wn; **Hụmmersalat** m . . .

:ed *or* evil person; (*Film,*
die ~n the wicked; **der ~**

olz) pine(wood).
en) jawbone.

. . .

:earl . . .
d; (*Luftbläschen*) bubble;
drop, droplet.
f: Hausmädchen) maid.

og) Sofia.

t) . . .

a *or* -se atlas.

a *vti* to eat . . .

vti (*lit, fig*) to

n; (*Nacht~*) watchman;
~, *Parkplatz~*) attendant.

elstück auch rickety; *Zahn,*
rma, Unternehmen shaky . . .

(*zittern*) to shake; (*Zahn,*
(*Thron*) to totter; (*Position*)

nmer to dial. **3.** (*durch Wahl*
er etc to elect; (*sich entschei-*
to vote for . . .

strol) Virgo.

) to freak out (*sl*).

Schlạgrahm (*S Ger*) siehe

Inhalt und Aufbau

Alle **Stichwörter** sind durch Fettdruck hervorgehoben.

Die **Tilde** ~ ersetzt in den Redewendungen und Beispielen das unmittelbar vorhergehende fettgedruckte Stichwort ohne die am Ende in Klammern stehenden Buchstaben.

Hochzahlen unterscheiden Homographen (Wörter mit gleicher Schreibung, aber verschiedener Herkunft und Bedeutung).

Die **römischen Ziffern** dienen zur Unterscheidung der verschiedenen Wortarten, denen ein Stichwort angehört, und zur Gliederung der Verben (*vt, vi, vr, vi impers* etc.).

Grundlegend verschiedene Bedeutungen eines Stichworts sind durch **arabische Ziffern** differenziert.

Die **Lautschrift** steht in eckigen Klammern hinter dem Stichwort in den Fällen, wo die Aussprache von den allgemeinen Regeln abweicht, oder wo mehrere Aussprachen möglich sind.
Bei allen anderen Stichwörtern sind Betonung und Länge des betonten Vokals gekennzeichnet. Ein langer betonter Vokal ist mit einem Strich, ein kurzer betonter Vokal mit einem Punkt unter dem betreffenden Vokal gekennzeichnet.
Der feine senkrechte Strich in einem Stichwort kennzeichnet den Knacklaut.

Unregelmäßige Pluralformen sind bei der Singularform angegeben. **Unregelmäßige Verbformen** sind bei der Grundform angegeben. Sind sind außerdem an der entsprechenden Stelle in der alphabetischen Reihenfolge aufgeführt und zur Singularform verwiesen.

Regelmäßige Verben, die das Partizip Perfekt ohne ge- bilden, sind mit einem Sternchen* gekennzeichnet.

Es werden zahlreiche Hinweise für die Verwendung des Stichworts und seiner Übersetzungen im Satzzusammenhang gegeben, z. B. durch

● **Erklärungen** zur Unterscheidung mehrerer Übersetzungen,

● **typische Kollokationen** (Verbindungen),

● Angabe von **typischen Subjekten**

und **typis** . . . .

● **Angabe** . . . . :n,

● **Kennzei** . . . . sprache abw.

● **Kennzei** . . . . *Sw,*
S Ger, N . . . .

D1492621

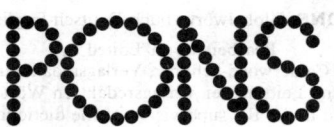

DEUTSCH-ENGLISCH

von

Roland Breitsprecher   Peter Terrell
Veronika Calderwood-Schnorr   Wendy V. A. Morris

Globalwörterbuch
Klett

PONS-Globalwörterbuch Deutsch-Englisch

Bearbeitet von/Edited by:
Veronika Calderwood-Schnorr, Verlagsredakteurin/Editor
unter Mitwirkung und Leitung der Verlagsredaktion Wörterbücher/in collaboration with and under the supervision of the dictionary department
Leiter/Publishing Manager: Wolfgang H. Kaul, M. A.
Verlagsredakteure/Editors: Marie-Pierre Hazera, Christian Nekvedavičius
auf der Basis von/based on
PONS-COLLINS Großwörterbuch
von/by Peter Terrell, Veronika Calderwood-Schnorr, Wendy V. A. Morris,
Roland Breitsprecher.

Warenzeichen

Wörter, die unseres Wissens eingetragene Warenzeichen darstellen, sind als solche gekennzeichnet. Es ist jedoch zu beachten, daß weder das Vorhandensein noch das Fehlen derartiger Kennzeichnungen die Rechtslage hinsichtlich eingetragener Warenzeichen berührt.

Trademarks

Words which we have reason to believe constitute registered trademarks are designated as such. However, neither the presence nor the absence of such designation should be regarded as affecting the legal status of any trademark.

CIP-Kurztitelaufnahme der Deutschen Bibliothek
Pons-Globalwörterbuch/von Roland Breitsprecher . . . – Stuttgart: Klett
NE: Breitsprecher, Roland [Mitverf.]
Deutsch-Englisch/[bearb. von Veronika Calderwood-Schnorr] –
1. Aufl. – 1983.
Nebent.: Collins-Klett, German dictionary ISBN 0-00-433462-0
NE: Calderwood-Schnorr, Veronika [Bearb.]; NT

ISBN 3-12-517141-5

1. Auflage 1983
© Copyright 1983 William Collins Sons & Co Ltd.
Alle Rechte vorbehalten/All rights reserved.
Typographische Konzeption/Typographical design: Erwin Poell, Heidelberg.
Fotosatz/Computer typeset by G. A. Pindar & Son Ltd, Scarborough, England.
Druck/Printed by Ernst Klett, Stuttgart.
Printed in Germany

Contents   Inhalt

Appendix   Anhang

Guide to the dictionary   Erläuterungen

1. Typefaces

1. Schriftarten

primary bold for headwords, irregular verb and plural forms, direct cross-references where no translation is given for the headword;

secondary bold for illustrative and idiomatic phrases and for Roman and Arabic numerals;

bold italics in a source language phrase indicate that the word is stressed;

italics for parts of speech and gender markings, for indicating and explanatory material, for field and style labels, to indicate emphasis on a word in the translation of a phrase;

roman for the target language equivalent (translation).

Fettdruck für Stichworteinträge, unregelmäßige Verb- und Pluralformen, Verweise, bei denen keine Übersetzung zum Stichwort gegeben wird;

Halbfettdruck für die Anwendungsbeispiele und Redewendungen der Quellsprache und für die römischen und arabischen Ziffern;

Halbfette kursiv in ausgangssprachlichen Wendungen bezeichnet betonte Wörter oder Silben;

Kursivschrift für Angaben von Wortarten und Genus etc., für erklärende Zusätze, für Bezeichnungen des Sachgebiets und der Sprachebene, um ein betontes Wort in der Übersetzung eines Beispielsatzes hervorzuheben;

Grundschrift für die Entsprechungen in der Zielsprache (Übersetzungen).

example: *Beispiel:*

lẹsen' *pret* **lạs,** *ptp* **gelẹsen I** *vti* **1.** to read; (*Eccl*) *Messe* to say. **hier/in der Zeitung steht** *or* **ist zu ~, daß ...** it says here/in the paper that ...; **die Schrift ist kaum zu ~** the writing is scarcely legible.
2. (*deuten*) *Gedanken* to read. **jdm (sein Schicksal) aus der Hand ~** to read sb's palm; **in den Sternen ~** to read *or* see in the stars; **aus ihren Zeilen habe ich einen Vorwurf gelesen** I could tell from what she had written that she was reproaching me; **etw in jds Augen/Miene** (*dat*) **~** to see sth in sb's eyes/from sb's manner; **es war in ihrem Gesicht zu ~** it was written all over her face, you could see it in her face.

II vi (*Univ*) to lecture (*über + acc* on).

III vr (*Buch, Bericht etc*) to read. **bei diesem Licht liest es sich nicht gut** this light isn't good for reading (in).

2. Order of headwords and layout of entries

2. Stichwortanordnung und Gliederung der Stichworteinträge

All headwords in bold type are in alphabetical order. If two variant spellings are not alphabetically adjacent each is treated as a separate headword and there is a cross-reference to the form treated in depth. Where a letter occurs in brackets in a headword, this letter is counted for the alphabetical order, e.g. **Beamte(r)** will be found in the place of **Beamter, vierte(r, s)** in the place of **vierter**.

Alle fettgedruckten Stichwörter sind alphabetisch angeordnet. Wo zwei verschiedene Schreibweisen alphabetisch nicht unmittelbar benachbart sind, wird jede als eigenes Stichwort behandelt. Es erfolgt ein Querverweis zu der ausführlich dargestellten Variante. In Klammern stehende Buchstaben in einem Stichwort unterliegen ebenfalls der Alphabetisierung, so findet man z. B. **Beamte(r)** an der Stelle von **Beamter, vierte(r, s)** unter **vierter**.

Abbreviations, acronyms and proper nouns will be found in their alphabetical place in the word list.

Abkürzungen, Akronyme und Eigennamen sind in alphabetischer Ordnung im Wörterverzeichnis zu finden.

Superior numbers are used to differentiate between words of like spelling.

Hochgestelle Ziffern werden verwendet, um zwischen Wörtern gleicher Schreibung zu unterscheiden.

übersetzen¹, übersetzen²

Nouns which are always used in the plural are entered in the plural form.

Substantive, die stets im Plural verwendet werden, sind in der Pluralform angegeben.

Ferien *pl*, Kosten *pl*

Compounds will be found in their alphabetical place in the word list. The term „compound" is taken to cover not only solid compounds but also set collocations consisting of several elements (e.g. **a conto, summa summarum** etc). Where the alphabetical order permits, compounds are run on in blocks.

Zusammengesetze Wörter stehen an ihrer Stelle im Alphabet. Der Begriff „zusammengesetzte Wörter" bezeichnet nicht nur zusammengeschriebene Komposita, sondern auch aus mehreren einzelnen Elementen bestehende feste Verbindungen (z. B. **a conto, summa summarum** etc.). Wo die alphabetische Reihenfolge es gestattet, werden Zusammensetzungen in Nestern angeordnet.

Idioms and set phrases will normally be found under the first meaningful element of the first word in the phrase which remains constant despite minor variations in the phrase itself. Certain very common verbs such as *bringen, haben, geben, machen, tun* which form the basis of a great many phrases e.g. *etw in Ordnung bringen, etw in Gang*

Redensarten und feste Wendungen sind im allgemeinen unter dem ersten bedeutungtragenden Element oder dem ersten Wort der Wendung, das trotz leichter Abwandlungen in der Wendung selbst unverändert bleibt, zu finden. Bei als Funktionsverben gebrauchten Verben wie *bringen, haben, geben, machen, tun* werden die meisten festen

bringing, have been considered as having a diminished meaning and in such cases the set phrase will be found under the most significant element in the phrase.

Wendungen, wie z. B. *etw in Ordnung bringen, etw in Gang bringen*, unter dem bedeutungstragenden Bestandteil der Wendung behandelt.

Roman numerals are used to distinguish between the different parts of speech of the headword and to subdivide verbs (*vt, vi, vr, vi impers, vt impers, vi+prep obj* etc).

Die *römischen Ziffern* dienen zur Unterscheidung der verschiedenen Wortarten, denen ein Stichwort angehört, und zur Gliederung der Verben (*vt, vi, vr, vi impers, vt impers, vi + prep obj* etc.).

example: *Beispiel:*

nördlich I *adj* northern; *Kurs, Wind, Richtung* northerly. **der** ~**e Polarkreis** the Arctic Circle; **der** ~**e Wendekreis** the Tropic of Cander; **N**~**es Eismeer** Arctic Ocean; **52 Grad** ~**er Breite** 52 degrees north.
II *adv* (to the) north. ~ **von Köln (gelegen)** north of Cologne; **es liegt** ~**er** *or* **weiter** ~ it is further (to the) north.
III *prep+gen* (to the) north of.

Arabic numerals are used to distinguish meanings which are fundamentally different.

Grundlegend verschiedene Bedeutungen eines Stichworts sind durch *arabische Ziffern* differenziert.

example: *Beispiel:*

Drạchen *m* **-s, -** **1.** (*Papier*~) kite; (*Sport: Fluggerät*) hang-glider. **einen** ~ **steigen lassen** to fly a kite. **2.** (*inf: zänkisches Weib*) dragon (*inf*), battleaxe (*inf*). **3.** (*Wikingerschiff*) longship; (*Segelschiff*) dragon class yacht.

3. Indicating material

3. Erklärende Zusätze

Wherever translations are not interchangeable the differences in meaning and usage are indicated in the following ways:

Bei nicht austauschbaren Übersetzungen sind die Unterschiede in Gebrauch und Bedeutung in der folgenden Form dargestellt:

Indicators in parentheses:

In Klammern stehende Zusätze (Indikatoren):

synonyms and partial definitions,

Synonyme und Teildefinitionen,

Bịldung *f* **1.** (*Erziehung*) education. **zu seiner** ~ **macht er Abendkurse/liest er viel/reist er** he does evening classes to try and educate himself/reads to improve his mind/travels to broaden his mind; ~ **haben** to be educated.

2. *no pl (das Formen)* formation, forming; *(von Figuren etc auch)* fashioning; *(fig: von Charakter etc auch)* shaping. **zur ~ des Passivs** to form the passive.
3. *(Form: von Baum, Hand etc, Ling: Wort etc)* form.
4. *no pl (Entstehung)* formation.
5. *no pl (Einrichtung)* setting-up.
6. *no pl (Zusammenstellung) (von Kabinett, Regierung)* formation, forming; *(von Ausschuß, Gruppe auch)* setting-up; *(von Vermögen)* acquisition.

within verb entries, typical subjects of the headword,	typische Subjekte in Verb-Einträgen,

ạnsteigen *vi sep irreg aux sein* to rise; *(Weg auch, Mensch)* to ascend; *(Temperatur, Preis, Zahl auch)* to go up, to increase.

within noun entries, typical noun complements of the headword.	typische Substantiv-Ergänzungen des Stichworts in Substantiv-Einträgen.

Ạnstieg *m* **-(e)s, -e 1.** *(Aufstieg)* climb, ascent; *(Weg)* ascent. **2.** *(von Straße)* incline; *(von Temperatur, Kosten, Preisen etc)* rise, increase.

Collocators, not in parentheses:	**Kollokatoren, die nicht in Klammern stehen:**

within transitive verb entries, typical objects of the headword,	typische Objekte des Stichworts bei transitiven Verb-Einträgen,

ạbgewöhnen* *vt sep* **jdm etw ~** *Gewohnheiten, schlechte Manieren* to cure sb of sth; *das Rauchen, Trinken* to get sb to give up *or* stop sth; **sich** *(dat)* **etw/das Trinken ~** to give sth up/give up *or* stop drinking; **noch eins/einen zum A~** *(hum)* one last one; *(von Alkohol auch)* one for the road; **das/die ist ja zum A~** *(sl)* that/she is enough to put anyone off.

within adjective entries, typical nouns modified by the headword,	typische, durch das Stichwort näher bestimmte Substantive in Adjektiv-Einträgen,

alternativ *adj* alternative; *(Pol) Partei, Kreise etc* unconventional; *(umweltbewußt)* ecologically minded; *(umweltfreundlich) Energiequellen, Technologien etc* alternative.

within adverb entries, typical verbs or adjectives modified by the headword.	typische, durch das Stichwort näher bestimmte Verben oder Adjektive bei Adverb-Einträgen.

dar<u>au</u>f adv (emph **dar<u>au</u>f**) 1. (räumlich)
on it/that/them etc; (in Richtung)
towards it/that/them etc; schießen,
zielen, losfahren at it/that/them etc;
(fig) fußen, basieren, aufbauen on it/
that; zurückführen, beziehen to it/
that.

Field labels are used to differentiate various meanings of the headword and when the meaning in the source language is clear but may be ambiguous in the target language.	**Fachgebietsangaben** (z. B. *Med, Bot* etc.) werden verwendet, um die verschiedenen Bedeutungen des Stichworts zu unterscheiden, und wenn die Bedeutung in der Ausgangssprache klar ist, in der Zielsprache jedoch mehrdeutig sein könnte.

J<u>u</u>ngfrau f virgin f; (Astron, Astrol)
Virgo.

Style labels are used to mark all words and phrases which are not neutral in style level or which are no longer current in the language. This labelling is given for both source and target languages and serves primarily as an aid to the non-native speaker. When a style label is given at the beginning of an entry or category it covers all meanings and phrases in that entry or category.	**Stilangaben** werden verwendet zur Kennzeichnung aller Wörter und Wendungen, die keiner neutralen Stilebene oder nicht mehr dem modernen Sprachgebrauch angehören. Die Angaben erfolgen sowohl in der Ausgangs- als auch in der Zielsprache und sollen in erster Linie dem Nicht-Muttersprachler helfen. Stilangaben zu Beginn eines Eintrages oder einer Kategorie beziehen sich auf alle Bedeutungen und Wendungen innerhalb dieses Eintrages oder dieser Kategorie.
(*inf*) denotes colloquial language typically used in an informal conversational context or a chatty letter, but which would be inappropriate in more formal speech or writing.	(*inf*) bezeichnet umgangssprachlichen Gebrauch, wie er für eine formlose Unterhaltung oder einen zwanglosen Brief typisch ist, in förmlicherer Rede oder förmlicherem Schriftverkehr jedoch unangebracht wäre.
(*sl*) indicates that the word or phrase is highly informal and is only appropriate in very restricted contexts, for example among members of a particular age group. When combined with a field label eg (*Mil sl*), (*Sch sl*) it denotes that the expression belongs to the jargon of that group.	(*sl*) soll anzeigen, daß das Wort oder die Wendung äußerst salopp ist und nur unter ganz bestimmten Umständen, z. B. unter Mitgliedern einer besonderen Altersgruppe, verwendet wird. In Verbindung mit einer Fachgebietsangabe, z. B. (*Mil sl*), (*Sch sl*), wird auf die Zugehörigkeit des Ausdrucks zum Jargon dieser Gruppe hingewiesen.

(*vulg*) denotes words generally regarded as taboo which are likely to cause offence.

(*vulg*) bezeichnet Wörter, die allgemein als tabu gelten und an denen vielfach Anstoß genommen wird.

(*geh*) denotes an elevated style of spoken or written German such as might be used by an educated speaker choosing his words with care.

(*geh*) bezeichnet einen gehobenen Stil, sowohl im gesprochenen wie geschriebenen Deutsch, wie er von gebildeten, sich gewählt ausdrückenden Sprechern verwendet werden kann.

(*from*) denotes formal language such as that used on official forms, for official communications and in formal speeches.

(*from*) bezeichnet förmlichen Sprachgebrauch, wie er uns auf Formularen, im amtlichen Schriftverkehr oder in förmlichen Ansprachen begegnet.

(*spec*) indicates that the expression is a technical term restricted to the vocabulary of specialists.

(*spec*) gibt an, daß es sich um einen Fachausdruck handelt, der ausschließlich dem Wortschatz des Fachmanns angehört.

(*dated*) indicates that the word or phrase, while still occasionally being used especially by older speakers, now sounds somewhat old-fashioned.

(*dated*) weist darauf hin, daß das Wort bzw. die Wendung heute recht altmodisch klingt, obwohl sie besonders von älteren Sprechern noch gelegentlich benutzt werden.

(*old*) denotes languages no longer in current use but which the user will find in reading.

(*old*) bezeichnet nicht mehr geläufiges Wortgut, das dem Benutzer jedoch noch beim Lesen begegnet.

(*obs*) denotes obsolete words which the user will normally only find in classical literature.

(*obs*) bezeichnet veraltete Wörter, die der Benutzer im allgemeinen nur in der klassischen Literatur antreffen wird.

(*liter*) denotes language of a literary style level. It should not be confused with the field label (*Liter*) which indicates that the expression belongs to the field of literary studies, or with the abbreviation (*lit*) which indicates the literal as opposed to the figurative meaning of a word.

(*liter*) bezeichnet literarischen Sprachgebrauch. Es sollte nicht mit der Fachgebietsangabe (*Liter*) verwechselt werden, die angibt, daß der betreffende Ausdruck dem Gebiet der Literaturwissenschaften angehört, und ebensowenig mit der Abkürzung (*lit*), die die wörtliche im Gegensatz zur übertragenen Bedeutung eines Wortes bezeichnet.

A full list of field and style labels is given on the end-papers at the back of the dictionary.

Eine vollständige Liste der Abkürzungen befindet sich auf den hinteren Vorsatzblättern.

Grammatical Information

Grammatische Angaben

Nouns

Substantive

All German nouns are marked for the gender.

Alle deutschen Substantive sind mit einer Geschlechtsangabe versehen.

The genitive and plural endings are given for all noun headwords except for certain regular noun endings. A complete list of these is given on page XXII.

Bei allen Substantiv-Stichwörtern sind Genitivendung und Plural angegeben, mit Ausnahme bestimmter regelmäßiger Endungen. Diese sind in einer vollständigen Liste auf S. XXII erfaßt.

The genitive and plural endings for German compound nouns are only given where the final element does not exist as a headword in its own right.

Die Genitivendung und der Plural sind bei zusammengesetzten Substantiven nur angegeben, wenn das letzte Element der Zusammensetzung nicht als Einzelwort vorkommt.

The genitive of the proper names of people, cities, countries etc takes two forms.

Der Genitiv von Eigen-, Länder- und Städtenamen etc. kann zwei Formen haben.

1. When used with an article the word remains unchanged:

1. Das Substantiv bleibt in Verbindung mit einem Artikel unverändert:

des Aristoteles, der Veronika, des schönen München

2. When used without an article an 's' is added to the noun:

2. Beim Gebrauch ohne Artikel wird ein „s" angefügt:

Veronikas Buch, Münchens Frauen, die Politik Deutschlands

When the noun ends in s, ß, x or z an apostrophe is added:

Bei Namen, die auf s, ß, x oder z enden, wird ein Apostroph angefügt:

Aristoteles' Schriften, die Straßen Calais'

In most cases in this dictionary the genitive form given for the proper names of people is that which is correct for use with an article. For the proper names of countries and cities the form of use without an article is given.

Bei Eigennamen ist meist die Genitivform, die beim Gebrauch mit dem Artikel steht, angeführt. Bei Länder- und Städtenamen steht die Genitivangabe für den Gebrauch ohne Artikel.

Nouns marked *no pl* are not normally used in the plural or with an indefinite article or with numerals, *no pl* is used:

Substantive mit der Angabe *no pl* werden im allgemeinen nicht im Plural, mit dem unbestimmten Artikel oder mit Zahlwörtern verwendet, *no pl* dient:

1. to give a warning to the non-native speaker who might otherwise use the word wrongly;

1. Als Warnung an den Nicht-Muttersprachler, der das Wort sonst falsch benutzen könnte;

2. as an indicator to distinguish the uncountable meanings of a headword in the source language.

2. zur Unterscheidung der unzählbaren und zählbaren Bedeutungen in der Ausgangssprache.

Nouns marked *no art* are not normally used with either a definite of an indefinite article except when followed by a relative clause.

Mit *no art* bezeichnete Substantive stehen im allgemeinen weder mit dem unbestimmten noch mit dem bestimmten Artikel, außer wenn ein Relativsatz von ihnen abhängig ist.

Nouns of the form **Reisende(r)** *mf decl as adj* can either be masculine or feminine and take the same declensional endings as adjectives. They are listed in the alphabetical place of -er.

Substantive des Typs **Reisende(r)** *mf decl as adj* können sowohl männlich wie weiblich sein und haben die gleichen Deklinationsendungen wie Adjektive. Sie sind alphabetisch unter -er eingeordnet.

m der Reisende, ein Reisender, die Reisenden *pl*
f die Reisende, eine Reisende, die Reisenden *pl*

Nouns of the form **Beamte(r)** *m decl as adj* take the same declensional endings as adjectives. They, too, are listed in the alphabetical place of -er.

Substantive nach dem Muster **Beamte(r)** *m decl as adj* haben die gleichen Deklinationsendungen wie Adjektive. Auch sie sind alphabetisch unter -er eingeordnet.

Nouns of the form **Schüler(in** *f***)** *m* are only used in the bracketed form in the feminine.

Substantive des Typs **Schüler(in** *f***)** *m* werden nur im Femininum in der eingeklammerten Form benutzt.

der/ein Schüler
die/eine Schülerin

The feminine forms are shown, where relevant, for all noun headwords; unless otherwise indicated, the English translation will be the same as for the masculine form.

Für alle Substantive, die ein natürliches Geschlecht haben, wird die weibliche neben der männlichen Form angegeben. Wenn nicht anders angegeben, lautet die englische Form für beide gleich.

Where the feminine form is separated alphabetically from the masculine form but has the same translation it is given as a separate headword with a cross-reference to the masculine form.

Wo die weibliche Form in der alphabetischen Reihenfolge nicht unmittelbar auf die männliche folgt, aber die gleiche Übersetzung hat, wird sie als eigenes Stichwort angegeben, wobei ein Querverweis auf die männliche Form erfolgt.

Where the feminine form requires a different translation in English it is given as a separate headword.

Wenn die weibliche Form im Englischen eine andere Übersetzung hat, wird sie als eigenes Stichwort angegeben.

Where there is no distinction between the translations given for the masculine and feminine forms and yet the context calls for a distinction, the user should prefix the translation with 'male/female *or* woman *or* lady ...'

Wo die für die männliche und für die weibliche Form angegebene Übersetzung dieselbe ist, im entsprechenden Zusammenhang aber betont werden soll, daß es sich um einen Mann bzw. eine Frau handelt, sollte der Benutzer der Übersetzung „male/female *or* woman *or* lady ..." voranstellen.

male teacher, female *or* **woman** *or* **lady teacher**

For compound nouns the feminine forms have only been given where the English calls for a different translation.

Die weiblichen Formen der zusammengesetzten Substantive sind nur angegeben, wenn im Englischen eine eigene Übersetzung erforderlich ist.

Verbs

Tables of verb declensions can be found in the Guide to German grammar in the appendix.

Irregular forms of verbs are given in the dictionary section in their alphabetical place and with the infinitive. They are also listed in the appendix.

All Verbs which form the past participle without *ge-* are marked with an asterisk in the text.

Verben

Konjugationstabellen zu Verben finden sich in der deutschen Kurzgrammatik im Anhang.

Unregelmäßige Verbformen sind im Wörterbuchteil an der entsprechenden alphabetischen Stelle und beim Infinitiv aufgeführt. Eine separate Liste der unregelmäßigen Verben befindet sich im Anhang.

Alle Verben, die das 2. Partizip ohne *ge-* bilden, sind im Text durch Sternchen gekennzeichnet.

umarmen* *vt insep* — *ptp* **umarmt**
manövrieren* *vi* — *ptp* **manövriert**

All beginning with a prefix which can allow separability are marked *sep* or *insep* as appropriate.

Alle Verben, die mit einer oft trennbaren Vorsilbe beginnen, werden durch *sep* oder *insep* (= trennbar/untrennbar) bezeichnet.

überrieseln* *vt insep* **ein Schauer überrieselte ihn**
umschmeißen *vt sep irreg* **das schmeißt alle meine Pläne um**

Separable verbs form their past participle by adding *ge-* between the prefix and the stem.

Zur Bildung des 2. Partizips wird bei trennbaren Verben *ge-* zwischen Vorsilbe und Simplex eingefügt.

umschmeißen — **umgeschmissen**
auftischen — **aufgetischt**

Inseparable verbs do not add *ge-*.

Bei untrennbaren Verben steht kein *ge-*.

überrieseln* — **überrieselt**
durchtanzen* — **durchtanzt**
zerfließen* — **zerflossen**

Verbs beginning with the prefixes *be-, emp-, ent-, er-, ver-, zer-* are always inseparable.

Irregular verbs composed of prefix and verb are marked *irreg*, and the forms can be found under the simple verb.

All verbs which take 'sein' as the auxiliary are marked *aux sein*.

Verben mit den Vorsilben *be-, emp-, ent-, er-, ver-, zer-* sind immer untrennbar.

Zusammengesetzte unregelmäßige Verben sind durch *irreg* bezeichnet, ihre Stammformen sind beim Simplex angegeben.

Alle Verben, die die zusammengesetzten Zeiten mit „sein" bilden, sind durch *aux sein* gekennzeichnet.

gehen *pret* **ging,** *ptp* **gegangen** *aux sein*

Where the auxilliary is not stated, 'haben' is used.

If the present or past participle of a verb has adjectival value it is treated as a separate headword in its alphabetical place.

Efolgt keine Angabe, ist „haben" zu verwenden.

Wenn 1. oder 2. Partizip eines Verbs den Status eines Adjektivs haben, werden sie wie eigenständige Stichwörter in alphabetischer Reihenfolge aufgeführt.

abgeschlafft *adj* (*inf*) whacked (*inf*).

ạbgeschlagen I *ptp of* **abschlagen.**
II *adj* washed out (*inf*), shattered (*inf*).
bezeichnend *adj* (*für* of) characteristic, typical.

Adjectives and adverbs

Adjectives are given in their undeclined form.
Adjectives of the form **letzte(r, s)** do
not exist in an undeclined form and
are only used attributively.

Adjektive und Adverbien

Adjektive sind in ihrer unflektierten
Form angegeben.
Adjektive nach dem Muster **letzte(r,
s)** haben keine unflektierte Form
und werden nur attributiv verwendet.

der letzte Mann, ein letzter Mann
die letzte Frau, eine letzte Frau
das letzte Kind, ein letztes Kind

These adjectives are given in the alphabetical place of -er.
As a general rule, adjective translations of more than one word should
be used postnominally or adverbially,
but not before the noun.

Diese Adjektive sind an der alphabetischen Stelle von -er eingeordnet.
Grundsätzlich sollen Übersetzungen
von Adjektiven, die aus mehreren
Wörtern bestehen, nur nachgestellt
oder adverbial gebraucht und nicht
dem Substantiv vorangestellt werden.

nacheifernswert *adj* worth emulating, worthy of emulation.

Adverbs have only been treated as
separate grammatical entries distinct
from adjective entries:
when their use is purely adverbial,

Adverbien sind als selbständige
grammatische Einträge von Adjektiven nur dann unterschieden worden:
wenn es sich um echte Adverbien
handelt,

höchst, wohl, sehr

when the adverbial use is as common
as the adjective use,

wenn der adverbiale Gebrauch genauso häufig ist wie der adjektivi-
sche,

ordentlich

when the English translation of the
adverbial use cannot be derived from
the adjectival translations by the
rules of adverb formation.

wenn die englische Übersetzung eines adverbial verwendeten Adjektivs
nicht mit Hilfe der Regeln erschlossen werden kann, nach denen im
Englischen Adverbien aus Adjektiven gebildet werden.

gut, schnell

Where no separate entry is given for
the adverbial use of a German adjective, the user should form the English adverb from the translations
given according to the following
rules:

1. most adverbs are formed by adding -*ly* to the adjective:

Wo für den adverbialen Gebrauch eines deutschen Adjektivs kein geson-
derter Eintrag vorliegt, ist es dem Benutzer selbst überlassen, aus den angegebenen Übersetzungen die englischen Adverbien nach den nachste-
henden Regeln zu bilden:

1. Die meisten Adjektive bilden das
Adverb durch Anhängen von -*ly*:

strange -ly, odd -ly, beautiful -ly

2. Adjectives which end in -y change the final -y into i and then add -ly:

2. Adjektive, die auf Konsonant + y enden, wandeln das auslautende -y in -i um und erhalten dann die Endung -ly:

happy — happily
merry — merrily

3. Adjectives which end in -ic normally add -ally:

3. Adjektive, die auf -ic enden, bilden normalerweise das Adverb durch Anhängen von -ally:

scenic -ally
linguistic -ally

Prepositions

Präpositionale Ergänzungen

Prepositions used in combination with verbs, nouns and adjectives are given in brackets together with their translations.

Bei Verben, Substantiven und Adjektiven, die mit bestimmten Präpositionen verbunden werden, ist die zugehörige Präposition und ihre Übersetzung in Klammern angegeben.

example: *Beispiel:*

nachsinnen *vi sep irreg* to ponder (*über* + *acc* over, about).

Pronunciation

German pronunciation is largely regular, and a knowledge of the basic patterns is assumed.

A full list of the IPA symbols used is given on page XXIII.

Stress

1. The stress and the length of the stressed vowel are shown for every German headword.

2. The stressed vowel is usually marked in the headword, either with a dot if it is a short vowel

e.g. **sofọrt, Aọrta**

or a dash if it is a long vowel or diphthong

e.g. **họchmütig, algebrạisch, kạufen**

Glottal Stop

1. A glottal stop (*Knacklaut*) occurs at the beginning of any word starting with a vowel.

2. When a glottal stop occurs elsewhere it is marked by a hairline before the vowel

e.g. **Be|amte(r)**

Vowel length

1. When phonetics are given for the headword a long vowel is indicated in the transcription by the length mark after it
e.g. **Chemie** [çe'mi:]
2. Where no phonetics are given a short stressed vowel is marked with a dot in the headword
e.g. **Mu̇tter**
and a long stressed vowel is marked with a dash
e.g. **Va̱ter**
3. Unstressed vowels are usually short; where this is not the case, phonetics are given for that vowel
e.g. **Almosen** [-o:-]

Diphthongs and double vowels

1. Where phonetics are not given, vowel combinations which represent a stressed diphthong or a stressed long vowel are marked with an unbroken dash in the headword
e.g. **beiderlei, Haar, sieben**
2. *ie*
Stressed *ie* pronounced [i:] is marked by an unbroken line
e.g. **sieben**
When the plural ending *-n* is added, the pronunciation changes to [-i:ən]
e.g. **Allegorie̱, *pl* Allegorien** [-i:ən]
When *ie* occurs in an unstressed syllable the pronunciation of that syllable is given
e.g. **Hortęnsie** [-iə]
3. *ee* is pronounced [e:].
When the plural ending *-n* is added, the change in pronunciation is shown
e.g. **Allee̱** *f* **-, -n** [-e:ən]

Consonants

Where a consonant is capable of more than one pronunciation the following rules have been assumed:
1. *v*
v is generally pronounced [f]
e.g. **Vater** ['fa:tɐ]
Where this is not the case phonetics are given
e.g. **Alkoven** [al'ko:vn, 'alko:vn]

Words ending in *-iv* are pronounced [i:f] when undeclined, but when an ending is added the pronunciation changes to [i:v]. This also applies to derivatives.
e.g. **aktiv** [ak'ti:f]
   aktive (as in **'der aktive Sportler'**) [ak'ti:və]
   Aktiva [ak'ti:va]
   Aktivität [aktivi'tɛ:t]

2. *ng*
ng is generally pronounced [ŋ]
e.g. **Finger** ['fɪŋɐ]
Where this is not the case phonetics are given
e.g. **Angora** [aŋ'go:ra]
In compound words where the first element ends in *-n* and the second element begins with *g-* the two sounds are pronounced individually
e.g. **Eingang** ['aingaŋ]
   ungeheuer ['ʊngəhɔyɐ]

3. *tion* is always pronounced [-tsio:n] at the end of a word and [-tsion-] in the middle of a word
e.g. **Nation** [na'tsio:n]
   national [natsio'na:l]

4. *st, sp*

Where *st* or *sp* occurs in the middle or at the end of a word the pronunciation is [st], [sp]

e.g. **Fest** [fɛst], **Wespe** ['vɛspə]

At the beginning of a word or at the beginning of the second element of a compound word the standard pronunciation is [ʃt] [ʃp].

e.g. **Stand** [ʃtant], **sperren** ['ʃpɛrən]

     Abstand ['ap-ʃtant], **absperren** ['ap-ʃpɛrən]

5. *ch*

ch is pronounced [ç] after *ä-, e-, i-, ö-, ü-, y-, ai-, ei-, äu-, eu-* and after consonants

e.g. **ich** [ıç],

     Milch [mılç]

ch is pronounced [x] after *a-, o-, u-, au-*

e.g. **doch** [dɔx], **Bauch** [baux]

Phonetics are given for all words beginning with *ch*.

6. *ig* is pronounced [ıç] at the end of a word.

e.g. **König** ['køːnıç]

When an ending beginning with a vowel is added, it is pronounced [ıg]

e.g. **Könige** ['køːnıgə]

7. *h* is pronounced [h]

at the beginning of a word,

between vowels in interjections,

e.g. **oho** [oˈhoː]

in words such as **Ahorn** ['aːhɔrn] and **Uhu** ['uhːu].

It is mute in the middle and at the end of non-foreign words

e.g. **leihen** ['laiən], **weh** [veː].

Where *h* is pronounced in words of foreign origin, this is shown in the text.

8. *th* is pronounced [t].

9. *qu* is pronounced [kv].

10. *z* is pronounced [ts].

Phonetics are given where these rules do not apply and for foreign words which do not follow the German pronunciation patterns.

Where more than one pronunciation is possible this is also shown.

Partial phonetics are given where only part of a word presents a pronunciation difficulty.

Where the pronunciation of a compound or derivative can be deduced from the simplex no phonetics are given.

9. Punctuation and Symbols

, between translations indicates that the translations are interchangeable;
between source language phrases indicates that the phrases have the same meaning.

; between translations indicates a difference in meaning which is clarified by indicating material unless:
1. the distinction has already been made within the same entry;
2. in the case of some compounds the distinction is made unter the simple form;
3. the distinction is self-evident.

: between a headword and a phrase indicates that the headword is normally only used in that phrase.

/ between translations indicates parallel structure but different meanings, e.g. to feel good/bad.

1. in a source language phrase it will normally be paralleled in the translation; where this is not the case, the translation covers both meanings.

2. in a target language phrase where it is not paralleled by an oblique in the source language the distinction will either be made clear earlier in the entry or will be self-evident;

3. in compounds it may be used to reflect a distinction made under the simple form.

9. Satzzeichen und Symbole

, zwischen Übersetzungen zeigt an, daß die Übersetzungen gleichwertig sind:
zwischen Wendungen in der Ausgangssprache zeigt an, daß die Wendungen die gleiche Bedeutung haben.

; zwischen Übersetzungen zeigt einen Bedeutungsunterschied an, der durch erklärende Zusätze erläutert ist, außer:
1. wenn die Unterscheidung innerhalb desselben Eintrags schon gemacht worden ist;
2. bei Komposita, wo die Unterscheidung schon unter dem Simplex getroffen wurde;
3. wenn die Unterscheidung offensichtlich ist.

: zwischen Stichwort und Wendung gibt an, daß das Stichwort im allgemeinen nur in der aufgeführten Wendung vorkommt.

/ zwischen Übersetzungen zeigt an, daß es sich um analoge Strukturen, aber verschiedene Übersetzungen handelt, z. B. to feel good/bad.

1. der Schrägstrich in einer ausgangssprachlichen Wendung wird im allgemeinen seine Entsprechung in der Übersetzung finden; wo das nicht der Fall ist, gilt die Übersetzung für beide Bedeutungen.

2. hat ein Schrägstrich in der Zielsprache kein Äquivalent in der Ausgangssprache, geht die getroffene Unterscheidung entweder aus dem Eintrag bereits Gesagten hervor, oder sie ist offensichtlich.

3. bei Zusammensetzungen kann der Schrägstrich verwendet werden, um an eine für das Simplex getroffene Unterscheidung anzuknüpfen.

~	replaces the immediately preceding headword without the bracketed letters at the end in the following phrases.	~	ersetzt in den Redewendungen und Beispielen das unmittelbar vorhergehende fettgedruckte Stichwort ohne die am Ende in Klammern stehenden Buchstaben.
–	separates two speakers.	–	unterscheidet zwischen zwei Sprechern.
≃	indicates that the translation is the cultural equivalent of the term and may not be exactly the same in every detail.	≃	soll darauf hinweisen, daß es sich bei der Übersetzung zwar um eine Entsprechung handelt, daß aber auf Grund kultureller Unterschiede Deckungsgleichheit nicht in allen Aspekten gegeben ist.
or	is used to separate parts of a word of phrase which are semantically interchangeable.	or	wird verwendet, um Bestandteile einer Wendung zu unterscheiden, die semantisch austauschbar sind.
also, auch	used after indicating material denotes that the translations following it can be used in addition to the first translation or set of interchangeable translations given in the respective entry, category or phrase.	also, auch	nach erklärenden Zusätzen gibt an, daß die folgende(n) Übersetzung(en) zusätzlich zu der ersten Übersetzung oder Folge von austauschbaren Übersetzungen, die in dem Eintrag oder der Kategorie angegeben sind, benutzt werden kann/können.

Regular Noun Endings
Regelmäßige Substantivendungen

nom		gen	pl
-ade	*f*	-ade	-aden
-ant	*m*	-anten	-anten
-anz	*f*	-anz	-anzen
-ar	*m*	-ars	-are
-är	*m*	-ärs	-äre
-at	*nt*	-at(e)s	-ate
-atte	*f*	-atte	-atten
-chen	*nt*	-chens	-chen
-ei	*f*	-ei	-eien
-elle	*f*	-elle	-ellen
-ent	*m*	-enten	-enten
-enz	*f*	-enz	-enzen
-esse	*f*	-esse	-essen
-ette	*f*	-ette	-etten
-eur [-øːɐ]	*m*	-eurs	-eure
-eurin [-øːrɪn]	*f*	-eurin	-eurinnen
-euse [-øːzə]	*f*	-euse	-eusen
-graph [-graːf]	*m*	-graphen	-graphen
-heit	*f*	-heit	-heiten
-ie	*f*	-ie	-ien
-ik	*f*	-ik	-iken
-in	*f*	-in	-innen
-ine	*f*	-ine	-inen
-ion	*f*	-ion	-ionen
-ist	*m*	-isten	-isten
-ium	*nt*	-iums	-ien [-iən]
-ius	*m*	-ius	-iusse
-ive [-iːvə]	*f*	-ive	-iven
-ivum [-iːvʊm]	*nt*	-ivums	-iva
-keit	*f*	-keit	-keiten
-lein	*nt*	-leins	-lein
-ling	*m*	-lings	-linge
-ment	*nt*	-ments	-mente
-mus	*m*	-mus	-men
-nis	*f*	-nis	-nisse
-nis	*nt*	-nisses	-nisse
-nom	*m*	-nomen	-nomen
-oge	*m*	-ogen	-ogen
-or [-ɔr]	*m*	-ors	-oren [-oːrən]
-rich	*m*	-richs	-riche
-schaft	*f*	-schaft	-schaften
-sel	*nt*	-sels	-sel
-tät	*f*	-tät	-täten
-tiv [-tiːf]	*nt, m*	-tivs	-tive [-tiːvə]
-tum	*nt*	-tums	-tümer
-ung	*f*	-ung	-ungen
-ur	*f*	-ur	-uren

Phonetic Symbols

Liste der Lautschriftzeichen

Vowels
Vokale

[a]	matt, hat
[a:]	haben, Fahne
[e]	Vater, Bauer
[ã]	Chanson
[ã:]	Gourmand, Balance
[e]	Etage, Geologe
[e:]	Seele, Mehl
[ɛ]	Wäsche, Bett
[ɛ:]	zählen, quälen
[ɛ̃]	timbrieren
[ɛ̃:]	Timbre, Teint
[ə]	mache, Gepäck
[ɪ]	Kiste, mit
[i]	privat, Biologe
[i:]	Ziel, prima
[o]	Oase, Projekt
[o:]	ohne, oben
[õ]	Fondue
[õ:]	Chanson
[ɔ]	Most, oft
[ø]	ökonomisch
[ø:]	blöd, Höhle
[œ]	Götter, öffnen
[œ̃:]	Parfum
[u]	zuletzt, Purist
[u:]	Mut, gut
[ʊ]	Mutter, Putte
[y]	Typ, Zypresse
[y:]	Kübel, Zyklus
[Y]	Sünde, Zyste

Diphthongs
Diphthonge

[ai]	weit, bei
[au]	Haus, laufen
[ɔy]	Heu, Häuser

Consonats
Konsonanten

[b]	Ball, Nebel
[ç]	mich, ächten
[d]	denn, bedenken
[f]	Frevel, Vielfalt
[g]	gern, gegen
[h]	Hand
[j]	ja, Million
[k]	Kind, Schick
[l]	links, Pult
[m]	matt, Mumm
[n]	Nest, nennen
[ŋ]	lang, fangen
[p]	Paar, Pappe
[r]	rennen
[s]	fassen, Mars
[ʃ]	Stein, Schlag
[t]	Tafel, Hütte
[v]	wer
[x]	Loch, Bach
[z]	singen, Sense
[ʒ]	genieren, Garage

|	glottal stop/Knacklaut
[']	main stress/Hauptton
[ˌ]	secondary stress/Nebenton

A

A, a [a:] *nt* -, - *or* (*inf*) **-s, -s** A, a. **das A und (das) O** (*fig*) the essential thing(s), the be-all and end-all; (*eines Wissensgebietes*) the basics *pl*; **von A bis Z** (*fig inf*) from beginning to end, from A to Z; **wer A sagt, muß auch B sagen** (*prov*) in for a penny, in for a pound (*prov*); (*moralisch*) if you start something, you should see it through.

à [a] *prep* (*esp Comm*) at.

Ä, ä [ɛ:] *nt* -, - *or* (*inf*) **-s, -s** Ae, ae, A/a umlaut.

Aa [a'|a] *nt* -, *no pl* (*baby-talk*) ~ **machen** to do a big job *or* number two (*baby-talk*).

Aal *m* **-(e)s, -e** eel. **sich (drehen und) winden wie ein** ~ (*aus Verlegenheit*) to wriggle like an eel; (*aus Unaufrichtigkeit*) to try and wriggle out of it; **glatt wie ein** ~ (*fig*) (as) slippery as an eel.

aalen *vr* (*inf*) to stretch out. **sich in der Sonne** ~ to bask in the sun.

aalglatt *adj* (*pej*) slippery (as an eel), slick; **er verstand es meisterhaft, sich** ~ **herauszureden** he very slickly *or* smoothly managed to talk himself out of it; **Aalsuppe** *f* eel soup.

a.a.O. *abbr of* **am angegebenen** *or* **angeführten Ort** loc cit.

Aar *m* **-(e)s, -e** (*obs liter*) eagle, lord of the skies (*liter*).

Aas *nt* **-es, -e 1.** (*Tierleiche*) carrion, rotting carcass. **2.** *pl* **Äser** (*inf: Luder*) bugger (*sl*), sod (*sl*), devil (*inf*). **kein** ~ not a single bloody person (*inf*).

aasen *vi* (*inf*) to be wasteful. **mit etw** ~ to waste sth; **mit Geld, Gütern auch** to squander sth, to be extravagant *or* wasteful with sth; **mit Gesundheit** to ruin sth.

Aasfresser *m* scavenger, carrion-eater; **Aasgeier** *m* (*lit, fig*) vulture.

aasig *adj* (*inf: sehr*) abominably (*inf*).

Aaskäfer *m* burying *or* sexton beetle.

ab [ap] **I** *adv* off, away; (*Theat*) exit *sing*, exeunt *pl*. **die nächste Straße rechts** ~ the next street (off) to *or* on the right; ~ **Zoologischer Garten** from Zoological Gardens; ~ **Hamburg** after Hamburg; **München** ~ **12²⁰ Uhr** (*Rail*) leaving Munich 12.20; ~ **wann?** from when?, as of when?; ~ **nach Hause** go *or* off you go home; ~ **ins Bett mit euch!** off to bed with you *or* you go; **Mütze/Helm** ~! caps/hats off; **Tell** ~ exit Tell; **N und M** ~ (*Theat*) exeunt N and M; ~ **durch die Mitte** (*inf*) beat it! (*inf*), hop it! (*inf*); ~ **und zu** *or* (*N Ger*) **an** from time to time, now and again, now and then.

II *prep* + *dat* (*räumlich*) from; (*zeitlich*) from, as of, as from. **Kinder** ~ **14 Jahren** children from (the age of) 14 up; **alle** ~ **Gehaltsstufe 4** everybody from grade 4 up; ~ **Werk** (*Comm*) ex works; ~ **sofort** as of now/then.

Abakus *m* -, - abacus.

ab|ändern *vt sep* to alter (*in* +*acc* to); (*überarbeiten auch*) to revise; *Gesetzentwurf* to amend (*in* +*acc* to); *Strafe, Urteil* to revise (*in* +*acc* to).

Ab|änderung *f siehe vt* alteration (*gen* to); revision; amendment; revision.

Ab|änderungs|antrag *m* (*Parl*) proposed amendment. **einen** ~ **einbringen** to submit an amendment.

ab|arbeiten *sep* **I** *vt Schuld* to work off; *Überfahrt* to work; (*hinter sich bringen*) *Vertragszeit* to work. **II** *vr* to slave (away), to work like a slave; *siehe* **abgearbeitet.**

Ab|art *f* variety (*auch Biol*); (*Variation*) variation (*gen* on).

ab|artig *adj* abnormal, deviant.

Ab|artigkeit *f* abnormality, deviancy.

Abbau *m* **-(e)s,** *no pl* **1.** (*Förderung*) (*über Tage*) quarrying; (*unter Tage*) mining. **2.** (*lit, fig: Demontage*) dismantling. **3.** (*Chem*) decomposition; (*im Körper auch*) breakdown; (*fig: Verfall*) decline; (*der Persönlichkeit*) disintegration. **4.** (*Verringerung*) (*von Personal, Produktion etc*) reduction (*gen* in, of), cutback (*gen* in); (*von überflüssigen Vorräten*) gradual elimination (*gen* of); (*von Privilegien*) reduction (*gen* of), stripping away (*gen* of); (*von Vorurteilen*) gradual collapse (*gen* of). **der** ~ **von Beamtenstellen** the reduction in the number of civil service posts.

abbauen *sep* **I** *vt* **1.** (*fördern*) (*über Tage*) to quarry; (*unter Tage*) to mine. **2.** (*demontieren*) *Gerüst, System* to dismantle; *Maschine auch* to strip down; *Gerüst auch* to take down; *Kulissen* to take down, to strike; *Zelt* to strike; *Lager* to break, to strike. **ein System allmählich** ~ to phase out a system. **3.** (*Chem*) to break down, to decompose. **4.** (*verringern*) *Produktion, Bürokratie* to cut back, to reduce, to cut down on; *Arbeitsplätze, -kräfte* to reduce the number of; *Privilegien* to cut back, to strip away.

II *vi* (*inf*) (*Sportler etc*) to go downhill; (*erlahmen*) to flag, to wilt.

Abbauprodukt *nt* (*Chem*) by-product.

abbeißen *sep irreg* **I** *vt* to bite off. **eine Zigarre** ~ to bite the end of a cigar; **sich** (*dat*) **die Zunge** ~ to bite one's tongue off. **II** *vi* to take a bite. **nun beiß doch mal richtig ab!** now bite it off properly!

abbeizen *vt sep* to strip.

Abbeizmittel *nt* paint stripper.

abbekommen* *vt sep irreg* **1.** to get. **etwas** ~ to get some (of it); (*beschädigt werden*) to get damaged; (*verletzt werden*) to get hurt; (*Prügel* ~) to catch *or* cop it (*inf*); **das Auto/er hat dabei ganz schön was** ~ (*inf*) the car/he really copped it (*inf*); **nichts** ~ not to get any (of it); (*nicht*

beschädigt werden) not to get damaged; (*nicht verletzt werden*) to come off unscathed; **sein(en) Teil ~** (*lit, fig*) to get one's fair share.
2. (*abmachen können*) to get off (*von etw* sth).

abberufen* *vt sep irreg Diplomaten, Minister* to recall. **(von Gott) ~ werden** (*euph*) to be called to one's maker.

Abberufung *f* recall.

abbestellen* *vt sep* to cancel; *jdn auch* to tell not to call *or* come; *Telefon* to have disconnected.

Abbestellung *f siehe vt* cancellation; disconnection.

abbetteln *vt sep* **jdm etw ~** to scrounge sth off *or* from sb (*inf*).

abbezahlen* *sep* I *vt Raten, Auto etc* to pay off. II *vi* (*auf Raten*) to pay in instalments; (*Raten ~*) to pay sth off.

abbiegen *sep irreg* I *vt* **1.** to bend; (*abbrechen*) to bend off.
2. (*inf: verhindern*) *Frage, Thema* to head off, to avoid; *Frage* to deflect. **das Gespräch ~** to change the subject; **zum Glück konnte ich das ~** luckily I managed to stop that; **ich sollte eine Rede halten, aber zum Glück konnte ich das ~** I was supposed to make a speech but luckily I managed to get out of it.
II *vi aux sein* to turn off (*in +acc* into); (*bei Gabelungen auch*) to fork off; (*Straße*) to bend. **nach rechts ~** to turn (off to the) right; to fork right; to bend (to the) right.

Abbild *nt* (*Nachahmung, Kopie*) copy, reproduction; (*Spiegelbild*) reflection; (*Wiedergabe*) picture, portrayal, representation; (*von Mensch*) image, likeness.

abbilden *vt sep* (*lit, fig*) to depict, to portray, to show; *Verhältnisse etc auch* to reflect; (*wiedergeben*) to reproduce. **auf der Titelseite ist ein Teddybär abgebildet** there's a picture of a teddy bear on the front page; **auf dem Foto ist eine Schulklasse abgebildet** there's a school class (shown) in the photo.

Abbildung *f* **1.** (*das Abbilden*) depiction, portrayal; (*Wiedergabe*) reproduction. **2.** (*Illustration*) illustration; (*Schaubild*) diagram. **siehe ~ S.12** see the illustration on p12; **das Buch ist mit zahlreichen ~en versehen** the book is copiously illustrated *or* has numerous illustrations.

abbinden *sep irreg* I *vt* **1.** to undo, to untie; (*Med*) *Arm, Bein etc* to ligature. **sich** (*dat*) **die Schürze ~** to take off one's apron. **2.** (*Cook*) to bind. II *vi* (*Beton, Mörtel*) to set; (*Cook*) to bind.

Abbitte *f* apology. **(bei jdm wegen etw) ~ tun** *or* **leisten** to make *or* offer one's apologies *or* to apologize (to sb for sth).

abblasen *sep irreg* I *vt* **1.** *Staub, Schmutz* to blow off (*von etw* sth); *Tisch, Buch* to blow the dust *etc* off, to blow clean; *Gas* to release, to let off. **2.** (*Tech*)*Hochofen* to let burn down. **3.** (*inf*) *Veranstaltung, Feier, Streik* to call off.
II *vi* (*Tech: Hochofen*) to burn down.

abblättern *vi sep aux sein* (*Putz, Farbe*) to flake *or* peel (off).

abbleiben *vi sep irreg aux sein* (*N Ger inf*) to get to (*inf*). **wo ist er abgeblieben?** where has he got to?; **irgendwo muß er/es abgeblieben sein** he/it must be somewhere.

abblendbar *adj Rückspiegel* anti-dazzle.

Abblende *f* (*Film*) fade(-out).

abblenden *sep* I *vt Lampe* to shade, to screen; *Scheinwerfer* to dip (*Brit*), to dim (*US*). II *vi* (*Phot*) to stop down; (*Film*) to fade out; (*Aut*) to dip *or* dim (*US*) one's headlights. **dann wurde abgeblendet** the scene (was) faded out.

Abblendlicht *nt* (*Aut*) dipped (*Brit*) *or* dimmed (*US*) headlights *pl*. **mit ~ fahren** to drive on dipped *or* dimmed headlights.

abblitzen *vi sep aux sein* (*inf*) to be sent packing (*bei* by) (*inf*). **jdn ~ lassen** to send sb packing (*inf*).

Abbrand *m* (*Kernenergie*) burn-up.

abbrausen *sep* I *vt* to give a shower. **sich ~** to have *or* take a shower, to shower. II *vi aux sein* (*inf*) to roar off *or* away.

abbrechen *sep irreg* I *vt* **1.** to break off; *Zweig, Ast auch* to snap off; *Bleistift* to break, to snap. **etw von etw ~** to break sth off sth; **(nun) brich dir (mal) keine Verzierung(en)** (*inf*) *or* **keinen** (*sl*) **ab!** don't make such a palaver (*inf*) *or* song and dance (*inf*); **sich** (*dat*) **einen ~** (*sl*) (*Umstände machen*) to make heavy weather of it (*inf*); (*sich sehr anstrengen*) to go to a lot of bother, to bust one's arse (*vulg*).
2. (*abbauen*) *Zelt* to strike; *Lager auch* to break; (*niederreißen*) to demolish; *Gebäude* to demolish, to pull *or* tear down; *siehe Zelt.*
3. (*unterbrechen*) to break off; *Sportveranstaltung* to stop; *Streik* to call off; *siehe* **abgebrochen.**
II *vi* **1.** *aux sein* to break off; (*Ast, Zweig auch*) to snap off; (*Bleistift, Fingernagel*) to break.
2. (*aufhören*) to break off, to stop.

abbremsen *sep* I *vt Motor* to brake; (*fig*) to curb. II *vi siehe* **bremsen. auf 30 ~** to brake down to 30.

abbrennen *sep irreg* I *vt Böschung* to burn off *or* away the scrub on; *Gehöft, Dorf* to burn down; *Feuerwerk, Rakete* to let off; *Kerze etc* to burn; (*wegbrennen*) *Lack* to burn off; (*Tech: abbeizen*) to pickle, to scour; *Stahl* to blaze off. **ein Feuerwerk ~** to have fireworks *or* a firework display.
II *vi aux sein* to burn down. **unser Gehöft ist/wir sind abgebrannt** our farm was/we were burnt down.

abbringen *vt sep irreg* **jdn davon ~, etw zu tun** to stop sb doing sth; (*abraten auch*) to persuade sb not to do sth, to dissuade sb from doing sth; **jdn von etw ~** to make sb change his/her mind about sth; **ich lasse mich von meiner Meinung nicht ~** you won't get me to change my mind, nothing will make me change my mind; **jdn vom Thema ~** to get sb off the subject; **jdn vom Rauchen/Trinken ~** to get sb to stop smoking/ drinking, to stop sb smoking/ drinking; **jdn/einen Hund von der Spur ~** to throw *or* put sb/a dog off the scent; **jdn/ etw vom Kurs ~** to throw *or* put sb/sth off course.

abbröckeln vi sep aux sein to crumble away; (fig) to fall off (auch St Ex), to drop off. **die Aktienkurse sind am A~** the share prices are falling (off).

Abbruch m, no pl **1.** (das Niederreißen) demolition; (von Gebäuden auch) pulling down. **auf ~ verkaufen** to sell for demolition.
  2. (Beendigung) (von Beziehungen, Verhandlungen, Reise) breaking off; (von Sportveranstaltung) stopping. **einem Land mit ~ der diplomatischen Beziehungen drohen** to threaten to break off diplomatic relations with a country; **es kam zum ~ des Kampfes** the fight had to be stopped.
  3. (Schaden) harm, damage. **einer Sache** (dat) **~ tun** to harm or damage sth, to do (some) harm or damage to sth; **das tut der Liebe keinen ~** it doesn't harm their/our relationship; **das tut unseren Interessen ~** that is detrimental to our interests; **das hat der Fröhlichkeit keinen ~ getan** it didn't spoil the happy mood.

Abbruch|arbeiten pl demolition work; **Abbruchfirma** f demolition firm; **abbruchreif** adj only fit for demolition; (zum Abbruch freigegeben) condemned.

abbrühen vt sep to scald; Mandeln to blanch; siehe **abgebrüht.**

abbrummen sep I vt (inf) Zeit to do (inf). **eine Strafe ~** to do time (inf). II vi aux sein (inf) to roar off or away.

abbuchen vt sep (im Einzelfall) to debit (von to, against); (durch Dauerauftrag) to pay by standing order (von from); (fig: abschreiben) to write off. **für das A~ erhebt die Bank Gebühren** the bank makes a charge for each debit/for a standing order.

Abbuchung f siehe vt debit; (payment by) standing order; writing off.

abbummeln vt sep (inf) Stunden to take off. **Überstunden ~** to take time off for overtime done.

abbürsten vt sep Staub to brush off (von etw sth); Kleid, Mantel, Jacke to brush (down); Schuhe to brush.

abbüßen vt sep Strafe to serve.

Abbüßung f serving. **nach ~ der Strafe** after serving or having served the sentence.

Abc [abe'tse:, a:be:'tse:] nt -, - (lit, fig) ABC. **Wörter/Namen nach dem ~ ordnen** to arrange words/names in alphabetical order or alphabetically.

ABC- in cpds (Mil) atomic, biological and chemical, Abc.

abchecken ['apt∫εkn] vt sep to check; (abhaken) to check off (US), to tick off (Brit).

Abc-Schütze m (hum) school-beginner. **dies Bild zeigt mich als ~n** this picture shows me when I was starting school.

Abdampf m exhaust steam.

abdampfen sep I vi aux sein **1.** (Speisen) to dry off. **2.** (Chem: verdunsten) to evaporate. **3.** (Zug) to steam off; (fig inf: losgehen, -fahren) to hit the trail (inf) or road (inf), to push off (inf). II vt (Chem: verdunsten lassen) to evaporate.

abdanken vi sep to resign; (König etc) to abdicate.

Abdankung f **1.** (Thronverzicht) abdica-

tion; (Rücktritt) resignation. **jdn zur ~ zwingen** to force sb to abdicate/resign. **2.** (Dienstentlassung) retirement. **3.** (Sw: Trauerfeier) funeral service.

abdecken vt sep **1.** (herunternehmen) Bettdecke to turn back or down.
  2. (freilegen) Tisch to clear; Bett to turn down; Haus to tear the roof off.
  3. (old: Fell abziehen) Tierkadaver to flay, to skin.
  4. (zudecken) Grab, Loch to cover (over); (verdecken auch) to hide.
  5. (schützen, ausgleichen, einschließen) to cover; (Ftbl auch) to mark.

Abdecker(in f) m -s, - knacker.

Abdeckerei f knacker's yard.

Abdeckung f **1.** cover. **2.** no pl (Vorgang) covering.

abdichten vt sep (isolieren) to insulate; (verschließen) Loch, Leck, Rohr to seal (up); Ritzen to fill, to stop up. **gegen Luft/ Wasser ~** to make airtight/watertight; **gegen Feuchtigkeit/Zugluft ~** to dampproof/(make) draughtproof; **gegen Lärm/ Geräusch/Schall ~** to soundproof.

Abdichtung f (Isolierung) insulation; (das Isolieren auch) insulating; (Verschluß, Dichtung) seal; (das Verschließen) sealing; (von Ritzen) filling, stopping up. **~ gegen Zugluft/Feuchtigkeit/Wasser** draughtproofing/damp-proofing/waterproofing; **~ gegen Lärm/Geräusch/Schall** soundproofing.

abdorren vi sep aux sein (Zweig) to dry up, to wither.

abdrängen vt sep to push away (von from) or out of the way (von of); (fig) Bettler etc to shake off. **einen Spieler vom Ball ~** to push or barge a player off the ball; **vom Winde abgedrängt werden** to be blown off course (by the wind).

abdrehen sep I vt **1.** Gas, Wasser, Hahn to turn off; Licht, Radio auch to switch off.
  2. Film to shoot, to film.
  3. Hals to wring. **er drehte dem Huhn/ der Blume den Kopf ab** he wrung the chicken's neck/he twisted the head off the flower; **jdm den Hals** or **die Gurgel ~** to wring sb's neck (inf); (sl: ruinieren) to strangle sb, to bankrupt sb.
  II vi aux sein or haben (Richtung ändern) to change course; (zur Seite auch) to veer off or away. **nach Osten ~** to turn east.

Abdrift f -, -en (Naut, Aviat) drift.

abdriften vi sep aux sein to drift (away).

abdrosseln vt sep Motor to throttle back or (gänzlich auch) down; (fig) Produktion to cut back, to cut down on.

Abdrosselung, Abdroßlung f throttling back/down; (fig) cutback (gen in).

Abdruck¹ m -(e)s, **Abdrücke** imprint, impression; (Stempel~) stamp; (von Schlüssel) impression, mould; (Finger~, Fuß~) print; (Gebiß~) mould, cast, impression; (Gesteins~) imprint, impression, cast. **einen ~ abnehmen** or **machen** (inf) to take or make an impression; **auf diesem Leder sieht man jeden ~** you can see every mark on this leather.

Abdruck² m -(e)s, -e (das Nachdrucken)

reprinting; (*das Kopieren*) copying; (*Kopie*) copy; (*Nachdruck*) reprint. **der ~ dieses Romans wurde verboten** it was forbidden to reprint this novel; **ich habe den ~ des Interviews im SPIEGEL gelesen** I read the text *or* printed version of the interview in Spiegel.

abdrucken *vt sep* to print. **wieder ~** to reprint.

abdrücken *sep* **I** *vt* **1.** *Gewehr* to fire.

2. (*inf*) *jdn* to squeeze, to hug.

3. (*nachbilden*) to make an impression of.

4. *Vene* to constrict. **jdm die Luft ~** (*inf*) (*lit*) to squeeze all the breath out of sb; (*fig*) to squeeze the lifeblood out of sb.

II *vi* to pull *or* squeeze the trigger.

III *vr* to leave an imprint *or* impression. **sich (durch etw) ~** to show through (sth).

abducken *vi sep* (*Boxen*) to duck.

abdunkeln *vt sep Lampe* to dim; *Zimmer auch* to darken; *Farbe* to darken, to make darker.

abduschen *vt sep siehe* **abbrausen I.**

ab|ebben *vi sep aus sein* to die *or* fade away; (*Zorn, Lärm auch*) to abate.

abend *adv* **heute/gestern/morgen/Mittwoch ~** this/yesterday/ tomorrow/Wednesday evening, tonight/last/tomorrow/Wednesday night.

Abend *m* **-s, -e 1.** evening. **am ~** in the evening; (*jeden ~*) in the evening(s); **am ~ des 4. April** on the evening *or* night of April 4th; **die Vorstellung wird zweimal pro ~ gegeben** there are two performances every night *or* evening; **jeden ~** every evening *or* night; **gegen ~** towards (the) evening; **~ für** *or* **um** (*geh*) **~** every evening *or* night, night after night; **am nächsten** *or* **den nächsten ~** the next evening; **eines ~s** one evening; **den ganzen ~ über** the whole evening; **es wird ~** it's getting late, evening is drawing on; **es wurde ~** evening came; **jdm guten ~ sagen** to say good evening to sb, to bid sb good evening (*form*); **guten ~** good evening; **'n ~** [na:mt] (*inf*) evening (*inf*); **letzten ~** yesterday evening, last night; **des ~s** (*geh*) in the evening(s), of an evening; **du kannst mich am ~ besuchen!** (*euph inf*) you can take a running jump (*inf*); **zu ~ essen** (*geh*) to have supper *or* dinner, to dine (*form*); **je später der ~, desto schöner** *or* **netter die Gäste** (*prov*) the best guests always come late; **es ist noch nicht aller Tage ~** it's early days still *or* yet; **man soll den Tag nicht vor dem ~ loben** (*Prov*) don't count your chickens before they're hatched (*Prov*).

2. (*~unterhaltung*) evening.

3. (*Vor~*) eve. **am ~ vor der Schlacht** on the eve of the battle.

4. (*liter: Ende*) close. **am ~ des Lebens** in the twilight *or* evening of one's life (*liter*), in one's twilight years (*liter*).

5. (*liter: Westen*) west. **gen ~** (*liter*) to(wards) the west, westward(s).

Abend- *in cpds* evening; **Abend|andacht** *f* evening service; **Abend|anzug** *m* dinner jacket *or* suit, DJ (*inf*), tuxedo (*US*); **im ~ erscheinen** to come in a dinner jacket/ dinner jackets *etc*; **Abendblatt** *nt* evening

(news)paper; **Abendbrot** *nt* supper, tea (*Scot, N Engl*); **~ essen** to have (one's) supper/tea; **Abenddämmerung** *f* dusk, twilight.

abendelang *adj attr* night after *or* upon night, evening after *or* upon evening.

Abend|essen *nt* supper, evening meal, dinner; **mit dem ~ auf jdn warten** to wait with supper *or* dinner *or* one's evening meal for sb; **abendfüllend** *adj* taking up the whole evening; *Film, Stück* full-length; **~ sein** to take up *or* fill the whole evening; **Abendgesellschaft** *f* soirée; **Abendgymnasium** *nt* night school (*where one can study for the Abitur*); **Abendkasse** *f* (*Theat*) box office; **Abendkleid** *nt* evening dress *or* gown; **Abendkleidung** *f* evening dress *no pl*; **Abendkurs(us)** *m* evening course, evening classes *pl* (*für* in); **Abendland** *nt, no pl* (*geh*) West, western world, Occident (*liter*); **das christliche ~** the Christian West; **abendländisch** (*geh*) **I** *adj* western, occidental (*liter*); **II** *adv* in a western way *or* fashion.

abendlich *adj no pred* evening *attr.* **die ~e Stille** the quiet *or* still of evening; **die ~e Kühle** the cool of the evening; **es war schon um drei Uhr ~ kühl** at three it was already as cool as (in the) evening.

Abendmahl *nt* **1.** (*Eccl*) Communion, Lord's Supper. **das ~ nehmen** *or* **empfangen** to take *or* receive Communion, to communicate (*form*); **das ~ spenden** *or* **reichen** *or* **erteilen** to administer (Holy) Communion, to communicate (*form*); **zum ~ gehen** to go to (Holy) Communion.

2. das (Letzte) ~ the Last Supper.

Abendmahlsgottesdienst *m* (Holy) Communion, Communion service; **Abendmahlswein** *m* Communion wine.

Abendmahlzeit *f* evening meal; **Abendprogramm** *nt* (*Rad, TV*) evening('s) programmes *pl*; **damit ist unser heutiges ~ beendet** and that ends our programmes for this evening; **Abendrot** *nt*, **Abendröte** *f* (*liter*) sunset; **die Felder lagen im Abendrot** the fields lay bathed in the glow of the sunset *or* the light of the setting sun.

abends *adv* in the evening; (*jeden Abend*) in the evening(s). **spät ~** late in the evening; **~ um neun** at nine in the evening; **was machst du ~ immer?** what do you do in the evenings *or* of an evening *or* at night?

Abendschule *f* night school; **Abendschüler** *m* night-school student; **Abendstern** *m* evening star; **Abendstille** *f* still *or* quiet of the evening; **Abendstunde** *f* evening (hour); **zu dieser späten ~** at this late hour of the evening; **die frühen/ schönen ~n** the early hours of the evening/the beautiful evening hours; **sich bis in die ~n hinziehen** to go on (late) into the evening; **Abendvorstellung** *f* evening performance; (*Film auch*) evening showing; **Abendzeit** *f* **zur ~** in the evening.

Abenteuer *nt* **-s, -** adventure; (*Liebes~ auch*) affair. **ein militärisches/politisches/ verbrecherisches ~** a military/ political/ criminal venture; **auf ~ ausgehen/aussein** to go out in search of adventure/to be looking for adventure; **ein ~ mit jdm haben** to have an affair with sb.

abenteuerlich adj **1.** adventurous; (erlebnishungrig auch) adventuresome. **2.** (phantastisch) bizarre; Gestalten, Verkleidung auch) eccentric; Erzählung auch fantastic.

Abenteuerlichkeit f siehe adj adventurousness; bizarreness; eccentricity; (Unwahrscheinlichkeit) improbability, unlikeliness.

Abenteuerlust f thirst for adventure; **von der ~ gepackt werden** to be seized with a thirst for adventure; **Abenteuerroman** m adventure story; **Abenteuerspielplatz** m adventure playground.

Abenteurer m **-s, -** adventurer (auch pej).

Abenteu(r)erin f adventuress.

aber I conj **1.** but. **~ dennoch** or **trotzdem** but still; **es regnete, ~ dennoch haben wir uns köstlich amüsiert** it was raining, but we still had a great time or but we had a great time though or all the same; **schönes Wetter heute, was? — ja, ~ etwas kalt** nice weather, eh? — yes, a bit cold though or yes but it's a bit cold; **komm doch mit! — ich habe ~ keine Zeit!** come with us! — but I haven't got the time!; **da er ~ nicht wußte ...** but since he didn't know ..., since, however, he didn't know ...; **oder ~** or else.

2. (zur Verstärkung) **~ ja!** oh, yes!; (sicher) but of course; **~ selbstverständlich** or **gewiß (doch)!** but of course; **~ nein!** oh, no!; (selbstverständlich nicht) of course not!; **~ Renate!** but Renate!; **~, ~!** now, now!, tut, tut!, come, come!; **~ ich kann nichts dafür!** but I can't help it!; **~ das wollte ich doch gar nicht!** but I didn't want that!; **das ist ~ schrecklich!** but that's awful!; **das mach' ich ~ nicht!** I will not do that!; **dann ist er ~ wütend geworden** then he really got mad, (God), did he get mad!; **das ist ~ heiß/schön!** that's really hot/nice; **da haben wir uns ~ gefreut** we were really pleased; **du hast ~ einen schönen Ball!** you've got a nice ball, haven't you?; **bist du ~ braun!** aren't you brown!; **das geht ~ zu weit!** that's just or really going too far!; **ein Bier, ~'n bißchen dalli!** (inf) a beer, and make it snappy!; **schreib das noch mal ab, ~ sauber!** write it out again, and make it tidy!

II adv (liter) **~ und ~mals** again and again, time and again; **tausend und ~ tausend** or (Aus) **~tausend** thousands and or upon thousands.

Aber nt **-s, -** or (inf) **-s** but. **kein ~!** no buts (about it); **die Sache hat ein ~** there's just one problem or snag.

Aberglaube(n) m superstition; (fig auch) myth. **~n neigen** to be superstitious.

abergläubisch adj superstitious.

aberhundert num (esp Aus) hundreds upon hundreds of; **Aberhunderte** pl (esp Aus) hundreds upon hundreds pl.

ab|erkennen* vt sep or (rare) insep irreg **jdm etw ~** to deprive or strip sb of sth.

Ab|erkennung f deprivation, stripping.

abermalig adj attr repeated; **abermals** adv once again or more.

ab|ernten vti sep to harvest.

Ab|erration f (Astron) aberration.

abertausend num (esp Aus) thousands upon thousands of; **Abertausende** pl (esp Aus) thousands upon thousands pl.

Aberwitz m (liter) siehe **Wahnwitz**.

aberwitzig adj (liter) siehe **wahnwitzig**.

ab|essen sep irreg I vt **1.** (herunteressen) to eat. **sie aß nur die Erdbeeren von der Torte ab** she just ate the strawberries off the tart. **2.** (leer essen) to eat or finish up; Teller to finish. II vi to eat up.

Abess|inien [-iən] nt **-s 1.** Abyssinia. **2.** (dated hum: Nacktbadestrand) nudist beach.

Abess|inier(in f) [-iɐ, -iərɪn] m **-s, -** Abyssinian.

abfackeln vt Erdgas to burn off.

abfahrbereit adj siehe **abfahrtbereit**.

abfahren sep irreg aux sein I vi **1.** to leave, to depart (form); (Schiff auch) to sail; (Ski: zu Tal fahren) to ski down. **~!** (Rail) order given to a train driver to pull out; **der Zug fährt um 8⁰⁰ in** or **von Bremen ab** the train leaves Bremen or departs from Bremen at 8 o'clock; **der Zug fährt in Kürze ab** the train will be leaving or will depart shortly; **der Zug ist abgefahren** (lit) the train has left or gone; (fig) we've/you've etc missed the boat.

2. (inf: abgewiesen werden) **jdn ~ lassen** to tell sb to push off (inf) or get lost (inf); **er ist bei ihr abgefahren** she told him to push off (inf) or get lost (inf).

II vt **1.** Güter to take away, to remove, to cart off (inf).

2. Körperteil to cut off, to sever; Stück von Mauer etc to knock off. **der Trecker hat ihm ein Bein abgefahren** the tractor cut off or severed his leg.

3. aux sein or haben Strecke (bereisen) to cover, to do (inf); (überprüfen, ausprobieren) to go over. **er hat ganz Belgien abgefahren** he travelled or went all over Belgium; **wir mußten die ganze Strecke noch einmal ~, um ... zu suchen** we had to go over the whole stretch again to look for ...

4. (abnutzen) Schienen, Skier to wear out; Reifen auch to wear down; (benutzen) Fahrkarte to use; (ausnutzen) Zeitkarte, Fahrkarte to get one's money's worth for. **abgefahrene Reifen/Schienen** worn tyres/rails.

5. (Film, TV: beginnen) Kamera to roll; Film to start. **bitte ~!** roll 'em!

III vr (Reifen etc) to wear out or down.

Abfahrt f **1.** (von Zug, Bus etc) departure. **Vorsicht bei der ~ des Zuges!** stand clear, the train is about to leave! **2.** (Ski) (Talfahrt) descent; (~sstrecke) (ski-)run. **3.** (inf: Autobahn~) exit. **die ~ Gießen** the Gießen exit, the exit for Gießen.

abfahrtbereit adj ready to leave.

Abfahrtslauf m (Ski) downhill; **Abfahrtszeit** f departure time.

Abfall m **-s, Abfälle 1.** no pl (Müll) waste; (Haus~) rubbish, garbage (esp US); (Straßen~) litter (Brit), trash (US). **in den ~ kommen** to be thrown away or out, to go into the dustbin or trashcan (US); (Fleisch-/Stoff)abfälle scraps (of meat/ material).

2. (*Rückstand*) waste *no pl.*

3. *no pl* (*Lossagung*) break (*von* with); (*von Partei*) breaking away (*von* from). **seit ihrem ~ von der Kirche** since they broke with *or* since their break with the Church.

4. *no pl* (*Rückgang*) drop (*gen* in), fall (*gen* in), falling off; (*Verschlechterung auch*) deterioration.

5. *no pl* (*Hang*) drop.

Abfallbeseitigung *f* refuse *or* garbage (*US*) disposal; **Abfall|eimer** *m* rubbish bin, waste bin, garbage *or* trashcan (*US*); (*auf öffentlichen Plätzen*) litter bin (*Brit*), trashcan (*US*).

abfallen *vi sep irreg aux sein* **1.** (*herunterfallen*) to fall *or* drop off; (*Blätter, Blüten etc*) to fall. **von etw ~** to fall *or* drop off (from) sth.

2. (*inf: herausspringen*) **wieviel fällt bei dem Geschäft für mich ab?** how much do I get out of the deal?; **es fällt immer ziemlich viel Trinkgeld ab** you/they *etc* always get quite a lot of tips (out of it).

3. (*fig: übrigbleiben*) to be left (over).

4. (*schlechter werden*) to fall *or* drop off, to go downhill; (*Sport: zurückbleiben*) to drop back. **gegen etw ~** to compare badly with sth.

5. (*fig: sich lösen*) to melt away. **alle Scheu/Unsicherheit/ Furcht fiel von ihm ab** all his shyness/uncertainty/fear left him, all his shyness/uncertainty/fear melted away (from him) *or* dissolved.

6. (*von einer Partei*) to break (*von* with), to drop out (*von* of); (*Fraktion*) to break away (*von* from).

7. (*sich senken: Gelände*) to fall *or* drop away; (*sich vermindern: Druck, Temperatur*) to fall, to drop. **der Weg talwärts verläuft sacht ~d** the path down to the valley slopes gently *or* falls gently away.

Abfallgrube *f* rubbish pit; **Abfallhaufen** *m* rubbish *or* refuse dump *or* tip.

abfällig *adj Bemerkung, Kritik* disparaging, derisive; *Lächeln* derisive; *Urteil* adverse. **über jdn ~ reden/sprechen** to be disparaging of *or* about sb, to speak disparagingly of *or* about sb; **über jdn ~ urteilen** to be disparaging about sb; **etw ~ beurteilen** to be disparaging about sth.

Abfallprodukt *nt* (*lit, fig*) waste-product; **Abfallschacht** *m* waste *or* (*US*) garbage disposal chute; **Abfallverwertung** *f* waste utilization.

abfälschen *vti sep* (*Sport*) to deflect.

abfangen *vt sep irreg* **1.** *Flugzeug, Funkspruch, Brief, Ball* to intercept; *Menschen auch* to catch (*inf*); *Schlag* to block; (*inf: anlocken*) *Kunden* to catch (*inf*), to lure *or* draw away.

2. (*abstützen*) *Gebäude* to prop up, to support.

3. (*bremsen*) *Fahrzeug* to bring under control; *Flugzeug auch* to pull out; *Aufprall* to absorb; *Trend* to check.

Abfangjäger *m* (*Mil*) interceptor.

abfärben *vi sep* **1.** (*Wäsche*) to run. **das rote Handtuch hat auf die weißen Tischdecken abgefärbt** the colour has come out of the red towel onto the white tablecloths.

2. (*fig*) **auf jdn ~** to rub off on sb.

abfassen *vt sep* **1.** (*verfassen*) to write; *Erstentwurf* to draft. **2.** (*inf: abtasten*) to touch up (*inf*).

Abfassung *f siehe vt 1.* writing; drafting.

abfaulen *vi sep aux sein* to rot away *or* off.

abfedern *sep* **I** *vt Sprung, Stoß* to cushion.

II *vi* to absorb the shock; (*Sport*) (*beim Abspringen*) to push off; (*beim Aufkommen*) to bend at the knees. **er ist** *or* **hat schlecht abgefedert** he landed stiffly.

abfegen *vt sep Schmutz* to sweep away *or* off; *Balkon, Hof* to sweep. **den Schnee vom Dach ~** to sweep the snow off the roof.

abfeiern *vt sep* (*inf*) *Stunden, Tage* to take off.

abfeilen *vt sep* to file off *or* (*glättend*) down.

abfertigen *sep* **I** *vt* **1.** (*versandfertig machen*) *Pakete, Waren* to prepare *or* make ready *or* get ready for dispatch, to process (*form*); *Gepäck* to check (in); (*be- und entladen*) *Flugzeug* to service, to make ready for take-off; *Schiff* to make ready to sail. **die Schauerleute fertigen keine Schiffe aus Chile mehr ab** the dockers won't handle any more ships from Chile.

2. (*bedienen*) *Kunden, Antragsteller* to attend to, to deal with; (*inf: Sport*) *Gegner* to deal with. **jdn kurz** *or* **schroff ~** (*inf*) to snub sb; **ich lasse mich doch nicht mit 10 Mark ~** I'm not going to be fobbed off with 10 marks.

II *vti* (*kontrollieren*) *Waren, Reisende* to clear. **die Zöllner fertigten (die Reisenden) sehr zügig ab** the customs officers dealt with the travellers very quickly.

Abfertigung *f* **1.** *siehe vt 1.* making ready for dispatch, processing (*form*); checking; servicing, making ready for take-off; making ready to sail.

2. (*~sstelle*) dispatch office.

3. (*Bedienung*) (*von Kunden*) service; (*von Antragstellern*) dealing with; (*fig: Abweisung*) rebuff, snub. **eine so unfreundliche ~ habe ich bisher noch nie erlebt** I've never been attended to *or* dealt with in such an unfriendly way before.

4. (*von Waren, Reisenden*) clearance. **die ~ an der Grenze** customs clearance.

abfeuern *vt sep* to fire; (*Ftbl inf*) to let fire with.

abfinden *sep irreg* **I** *vt* to pay off; *Gläubiger auch* to settle with; (*entschädigen*) to compensate. **er wurde von der Versicherung mit 20.000 DM abgefunden** he was paid 20,000 DM (in) compensation by the insurance company; **einen Fürst/König mit einer Apanage ~** to endow a prince/king with an appanage; **jdn mit leeren Versprechungen ~** to fob sb off with empty promises.

II *vr* **sich mit jdm/etw ~** to come to terms with sb/sth; **sich mit jdm/etw nicht ~ können** to be unable to accept sb/sth *or* to come to terms with sb/sth; **er konnte sich nie damit ~, daß ...** he could never accept the fact that ...; **sich mit jdm/etw schwer ~** to find it hard to accept sb/sth; **mit allem kann ich mich ~, aber nicht ...** I can put up with most things, but not ...

Abfindung *f* **1.** (*von Gläubigern*) paying off; (*Entschädigung*) compensation.

2. *siehe* **Abfindungssumme.**

Abfindungssumme *f* payment, (sum in) settlement; (*Entschädigung*) compensation *no pl*, indemnity.

abflachen *sep* **I** *vt* to level (off), to flatten (out). **II** *vr* (*Land*) to flatten out, to grow *or* get flatter; (*fig: sinken*) to drop *or* fall (off). **III** *vi aux sein* (*fig: sinken*) to drop *or* fall (off), to decline.

Abflachung *f* flattening out; (*fig*) dropping off, falling off.

abflauen *vi sep aux sein* **1.** (*Wind*) to drop, to die away *or* down, to abate. **nach** (**dem**) **A~ des Windes** when the wind had dropped *or* died down *or* abated.
2. (*fig*) (*Empörung, Erregung*) to fade, to die away; (*Interesse auch*) to flag, to wane; (*Börsenkurse*) to fall, to drop; (*Geschäfte*) to fall *or* drop off.

abfliegen *vi sep irreg aux sein* (*Aviat*) to take off (*nach* for); (*Zugvögel*) to migrate, to fly off *or* away; (*inf: sich lösen*) to fly off. **sie sind gestern nach München/von Hamburg abgeflogen** they flew to Munich/from Hamburg yesterday.

abfließen *vi sep irreg aux sein* (*wegfließen*) to drain *or* run *or* flow away; (*durch ein Leck*) to leak away; (*Verkehr*) to flow. **ins Ausland ~** (*Geld*) to flow out of the country; **der Ausguß/die Wanne fließt nicht/schlecht ab** the water isn't running *or* draining out of the sink/bath (at all)/very well; **den Verkehr ~ lassen** to get the traffic flowing.

Abflug *m* take-off; (*von Zugvögeln*) migration; (*inf:* ~*stelle*) departure point. **~ Glasgow 8⁰⁰** departure Glasgow 8.00 a.m.

abflugbereit *adj* ready for take-off;
Abflughafen *m* departure airport.

Abfluß *m* **1.** (*Abfließen*) draining away; (*durch ein Leck*) leaking away; (*fig: von Geld*) draining away; (*von Verkehr*) flow. **eine Dachrinne dient dem ~ des Regenwassers** a drainpipe allows the rainwater to drain away; **dem ~ von Kapital ins Ausland Schranken setzen** to impose limits on the (out)flow of capital out of the country.
2. (~*stelle*) drain; (*von Teich etc*) outlet; (~*rohr*) drainpipe; (*von sanitären Anlagen auch*) wastepipe.

Abflußgraben *m* drainage ditch; **Abflußhahn** *m* tap, drain-cock; **Abflußrinne** *f* gutter; **Abflußrohr** *nt* outlet; (*im Gebäude*) waste pipe; (*außen am Gebäude*) drainpipe; (*unterirdisch*) drain, sewer.

Abfolge *f* (*geh*) sequence, succession.

abfordern *vt sep* **jdm etw ~** to demand sth from sb; **jdm den Ausweis ~** to ask to see sb's papers.

abfragen *vt sep* (*esp Sch*) **jdn** *or* **jdm etw ~** to question sb on sth; (*Lehrer*) to test sb orally on sth; **eine Lektion ~** to give an oral test on a lesson.

abfressen *vt sep irreg* **Blätter** to eat; **Gras** *auch* to crop. **das Aas bis auf die Knochen ~** to strip the carcass to the bones; **die Giraffe frißt die Blätter von den Bäumen ab** the giraffe strips the leaves off the trees.

abfrieren *sep irreg* **I** *vi aux sein* to get frostbitten. **ihm sind die Füße abgefroren** his

feet got frostbite; **abgefroren sein** (*Körperteil*) to be frostbitten. **II** *vr sich* (*dat*) **etw ~** to get frostbite in sth; **sich** (*dat*) **einen ~** (*sl*) to freeze to death (*inf*).

abfrottieren* *vt sep* to towel down *or* dry.

Abfuhr *f* **-, -en 1.** *no pl* (*Abtransport*) removal. **2.** (*inf: Zurückweisung*) snub, rebuff. **jdm eine ~ erteilen** to snub *or* rebuff sb, to give sb a snub *or* rebuff; (*Sport*) to thrash sb (*inf*), to give sb a thrashing (*inf*); **sich** (*dat*) **eine ~ holen** to meet with a snub *or* a rebuff, to be snubbed; **sich** (*dat*) (**gegen jdn**) **eine ~ holen** (*Sport*) to be given a thrashing *or* be thrashed (by sb) (*inf*).

abführen *sep* **I** *vt* **1.** (*wegführen*) to lead *or* take away; (*ableiten*) **Gase etc** to draw off. **~! away with him/her** *etc*, take him/her *etc* away!; **das führt uns vom Thema ab** that will take us away *or* divert us from our subject.
2. (*abgeben*) **Betrag** to pay (*an* +acc to). **Stuhl(gang) ~** to evacuate *or* move one's bowels, to have a bowel movement.
II *vi* **1.** (*wegführen*) **der Weg führt hier (von der Straße) ab** the path leaves the road here; **das würde vom Thema ~** that would take us off the subject.
2. (*den Darm anregen*) to have a laxative effect.
3. (*Stuhlgang haben*) to move *or* evacuate one's bowels, to have a bowel movement.

abführend *adj* laxative *no adv*, aperient *no adv* (*form*). **~ wirken** to have a laxative effect.

Abführ- *in cpds* laxative; **Abführmittel** *nt* laxative, aperient (*form*).

Abführung *f* closing quotation marks *pl*.

Abfüllbetrieb *m* bottling factory.

abfüllen *vt sep* **1.** (*abschöpfen*) to ladle off.
2. (*abziehen*) **Wein etc** to draw off (*in* + *acc* into); (*in Flaschen*) to bottle; **Flasche** to fill. **Wein in Flaschen ~** to bottle wine.

abfüttern *vt sep* (*lit, fig hum*) to feed.

Abfütterung *f* feeding *no pl*.

Abgabe *f* **1.** *no pl* (*Abliefern*) handing *or* giving in; (*von Gepäck auch*) depositing; (*Übergabe: von Brief etc*) delivery, handing over. **zur ~ von etw aufgefordert werden** to be told to hand sth in.
2. *no pl* (*Verkauf*) sale. **~ (von Prospekten) kostenlos** leaflets given away free.
3. *no pl* (*von Wärme etc*) giving off, emission.
4. *no pl* (*von Schuß, Salve*) firing. **nach ~ von vier Schüssen** after firing four shots.
5. *no pl* (*von Erklärung, Urteil*) giving; (*von Gutachten*) submission, submitting; (*von Stimme*) casting.
6. (*Sport*) (*Abspiel*) pass. **nach ~ von zwei Punkten ...** after conceding two points.
7. (*Steuer*) tax; (*auf Tabak etc auch*) duty; (*soziale ~*) contribution.

abgabe(n)frei *adj, adv* tax-free, exempt from tax; **abgabe(n)pflichtig** *adj* liable to taxation.

Abgabetermin *m* closing date; (*für Dissertation etc*) submission date.

Abgang *m* **1.** *no pl* (*Absendung*) dispatch. **vor ~ der Post** before the post goes.

2. *no pl (Abfahrt)* departure.
3. *no pl (Ausscheiden) (aus einem Amt)* leaving, departure; *(Schul~)* leaving.
4. *no pl (Theat, fig)* exit. **sich** *(dat)* **einen guten/glänzenden ~ verschaffen** to make a grand exit.
5. *(Sport)* dismount. **einen guten/ schwierigen ~ turnen** to do a good/ difficult dismount from the apparatus.
6. *(Med: Ausscheidung)* passing; *(von Eiter)* discharging; *(Fehlgeburt)* miscarriage, abortion *(form)*.
7. *(Person) (Schul~)* leaver; *(Med Mil sl)* death.
8. *(sl: Ejakulation)* ejaculation.
9. *(Comm)* waste; *(Aus: Fehlbetrag)* missing amount.

Abgänger(in *f) m* **-s, -** *(Sch)* (school) leaver.

abgängig *adj (Aus Admin)* missing *(aus* from). **ein A~er** a missing person.

Abgängigkeits|anzeige *f (Aus Admin)* siehe **Vermißtenanzeige.**

Abgangszeugnis *nt* leaving certificate.

Abgas *nt* exhaust *no pl*, exhaust fumes *pl*, waste gas *(esp Tech)*.

abgasfrei *adj Motor, Fahrzeug* exhaust-free; **~ verbrennen** to burn without producing exhaust; **Abgaswolke** *f* cloud of exhaust.

abgaunern *vt sep (inf)* **jdm etw ~** to con or trick sb out of sth *(inf)*.

abge|arbeitet *adj (verbraucht)* workworn; *(erschöpft)* worn out, exhausted.

abgeben *sep irreg* **I** *vt* **1.** *(abliefern)* to hand or give in; *(hinterlassen)* to leave; *Gepäck, Koffer* to leave, to deposit; *(übergeben)* to hand over, to deliver.
2. *(weggeben)* to give away; *(gegen Gebühr)* to sell; *(an einen anderen Inhaber)* to hand over. **Kinderwagen preisgünstig abzugeben** pram for sale at (a) bargain price.
3. *(verschenken)* to give away. **jdm etw ~** to give sth to sb; **jdm etw von seinem Kuchen ~** to give sb some of one's cake.
4. *(überlassen) Auftrag* to hand or pass on *(an +acc* to); *(abtreten) Posten* to relinquish, to hand over *(an +acc* to).
5. *(Sport) Punkte, Rang* to concede; *(abspielen)* to pass.
6. *(ausströmen)* to give off, to emit.
7. *(abfeuern) Schuß, Salve* to fire.
8. *(äußern) Erklärung* to give; *Gutachten* to submit; *Meinungsäußerung auch* to express; *Stimmen* to cast.
9. *(darstellen) Rahmen, Hintergrund,* *(liefern) Stoff, Material etc* to give, to provide, to furnish. **den Vermittler ~** *(inf)* to act as mediator.
II *vr* **sich mit jdm/etw ~** *(sich beschäftigen)* to bother oneself with sb/sth; *(sich einlassen)* to associate with sb/sth.
III *vi (Sport)* to pass.

abgebrannt **I** *ptp of* **abbrennen.** **II** *adj* *pred (inf)* broke *(inf)*. **völlig ~ sein** to be flat or stony broke *(inf)*.

abgebrochen **I** *ptp of* **abbrechen.** **II** *adj (nicht beendet) Studium* uncompleted.
mit einem ~en Studium kommt man nicht sehr weit you don't get very far if you

haven't finished university or your university course; **er ist ~er Mediziner** *(inf)* he broke off his medical studies.

abgebrüht *adj (inf) (skrupellos)* hard-boiled *(inf)*, hardened; *(frech)* cool.

abgedankt *adj Offizier, Dienstbote* discharged.

abgedroschen *adj (inf)* hackneyed, well-worn; *Witz auch* corny *(inf)*. **eine ~e Phrase/Redensart** a cliché/a hackneyed saying.

abgefeimt *adj* cunning, wily.

Abgefeimtheit *f* cunning, wiliness.

abgegriffen **I** *ptp of* **abgreifen.** **II** *adj Buch* (well-)worn; *(fig) Klischees, Phrasen etc* well-worn, hackneyed.

abgehackt **I** *ptp of* **abhacken.** **II** *adj* clipped. **~ sprechen** to clip one's words, to speak in a clipped manner.

abgehangen **I** *ptp of* **abhängen** **II.** **II** *adj* *(gut)* **~** well-hung.

abgehärmt **I** *ptp of* **abhärmen.** **II** *adj* careworn.

abgehärtet **I** *ptp of* **abhärten.** **II** *adj* tough, hardy; *(fig)* hardened. **gegen Erkältungen ~ sein** to be immune to colds.

abgehen *sep irreg aux sein* **I** *vi* **1.** *(abfahren)* to leave, to depart *(nach* for); *(Schiff auch)* to sail *(nach* for). **der Zug ging in** or **von Frankfurt ab** the train left from Frankfurt.
2. *(Sport: abspringen)* to jump down. **er ging gekonnt mit einem Doppelsalto vom Barren ab** he did a skilful double somersault down from or off the bars.
3. *(Theat: abtreten)* to exit, to make one's exit. **Othello geht ab** exit Othello.
4. *(ausscheiden) (von der Schule, old: aus einem Amt)* to leave. **von der Schule ~** to leave school.
5. *(Med sl: sterben)* to die.
6. *(sich lösen)* to come off; *(herausgehen: Farbe etc auch)* to come out. **an meiner Jacke ist ein Knopf abgegangen** a button has come off my jacket.
7. *(abgesondert werden)* to pass out; *(Eiter etc)* to be discharged; *(Fötus)* to be aborted. **ihm ist einer abgegangen** *(vulg)* he shot or came off *(vulg)*.
8. *(losgehen: Schuß)* to be fired.
9. *(abgesandt werden)* to be sent or dispatched; *(Funkspruch)* to be sent. **etw ~ lassen** to send or dispatch sth.
10. *(inf: fehlen)* **sie geht ihm sehr ab** he misses her a lot; **jdm geht Taktgefühl ab** sb lacks tact.
11. *(abgezogen werden) (vom Preis)* to be taken off; *(vom Verdienst auch)* to be deducted; *(vom Gewicht)* to come off. **(von etw) ~** *(von Preis)* to be taken off (sth); *(von Verdienst auch)* to be deducted (from sth); *(von Gewicht)* to be taken off (sth); **davon gehen 5% ab** 5% is taken off that.
12. *(abzweigen)* to branch off; *(bei Gabelung auch)* to fork off.
13. *(abweichen)* **von einem Plan/einer Forderung ~** to give up or drop a plan/ demand; **von seiner Meinung ~** to change or alter one's opinion; **davon kann ich nicht ~** I must insist on that; *(bei Versprechungen etc)* I can't go back on that.

14. (*verlaufen*) to go. **gut/glatt/friedlich ~** to go well/smoothly/peacefully; **es ging nicht ohne Streit ab** an argument was unavoidable.

II *vt* **1.** (*entlanggehen*) to go *or* walk along; (*hin und zurück*) to walk *or* go up and down; (*Mil*) *Gebäudekomplex, Gelände* to patrol.
2. (*messen*) to pace out.
3. (*Sch inf: verweisen*) **abgegangen werden** to be thrown *or* chucked (*inf*) out.

abgehend *adj Post* outgoing; *Zug, Schiff* departing.

abgehetzt I *ptp of* **abhetzen. II** *adj* out of breath.

abgekämpft I *ptp of* **abkämpfen. II** *adj* exhausted, shattered (*inf*), worn-out.

abgeklärt I *ptp of* **abklären. II** *adj* (*weise*) serene, tranquil.

Abgeklärtheit *f* serenity, tranquillity.

abgelagert I *ptp of* **ablagern. II** *adj Wein* mature; *Holz, Tabak* seasoned.

abgelebt I *ptp of* **ableben. II** *adj* **1.** (*verbraucht*) decrepit. **2.** (*altmodisch*) *Tradition, Vorstellung* antiquated.

abgelegen *adj* (*entfernt*) *Dorf, Land* remote; (*einsam*) isolated.

Abgelegenheit *f siehe adj* remoteness; isolation.

abgeleiert I *ptp of* **ableiern. II** *adj* (*pej*) *Melodie etc* banal, trite; *Redensart etc auch* hackneyed.

abgelten *vt sep irreg Ansprüche* to satisfy; *Verlust* to make up, to compensate for; *Schuld* to wipe out. **sein Urlaub wurde durch Bezahlung abgegolten** he was given payment in lieu of holiday.

abgemacht I *ptp of* **abmachen. II** *interj* OK, that's settled; (*bei Kauf*) it's a deal, done. **III** *adj* **eine ~e Sache** a fix (*inf*).

abgemagert I *ptp of* **abmagern. II** *adj* (*sehr dünn*) thin; (*ausgemergelt*) emaciated.

abgemergelt *adj* emaciated. **er war bis zum Skelett ~** he was nothing but skin and bones, he was a walking skeleton.

abgemessen I *ptp of* **abmessen. II** *adj Schritt, Takt, Worte* measured.

abgeneigt *adj* adverse *pred* (*dat* to). **ich wäre gar nicht ~** (*inf*) actually I wouldn't mind; **der allem Neuen ~e Direktor** the headmaster, who objected to anything new; **jdm ~ sein** to dislike sb.

abgenutzt I *ptp of* **abnutzen. II** *adj* worn, shabby; *Bürste, Besen* worn-out; *Reifen* worn-down; (*fig*) *Klischees, Phrasen* hackneyed, well-worn.

Abge|ordnetenbank *f* bench; **Abge|ordnetenhaus** *nt* house of representatives.

Abge|ordnete(r) *mf decl as adj* (*elected*) representative; (*von Nationalversammlung*) member of parliament. **Herr ~r/Frau ~!** sir/madam.

abgereichert *adj Uran* depleted.

abgerissen I *ptp of* **abreißen. II** *adj* **1.** (*zerlumpt*) *Kleidung, Eindruck* ragged, tattered. **2.** (*unzusammenhängend*) *Worte, Gedanken* disjointed, incoherent.

Abgesandte(r) *mf decl as adj* envoy.

Abgesang *m* (*Poet*) abgesang, *concluding section of the final strophe of the minnesang*; (*fig liter*) swan song, farewell.

abgeschabt I *ptp of* **abschaben. II** *adj* (*abgewetzt*) *Kleider* threadbare.

abgeschieden I *ptp of* **abscheiden. II** *adj* **1.** (*geh: einsam*) secluded. **~ leben/wohnen** to live a secluded life/in seclusion. **2.** (*liter: tot*) departed. **der A~e/die A~en** the departed.

Abgeschiedenheit *f* seclusion.

abgeschlafft *adj* (*inf*) whacked (*inf*).

abgeschlagen I *ptp of* **abschlagen. II** *adj* washed out (*inf*), shattered (*inf*).

Abgeschlagenheit *f* (feeling of) exhaustion.

abgeschlossen I *ptp of* **abschließen. II** *adj* (*einsam*) isolated; (*attr: geschlossen*) *Wohnung* self-contained; *Grundstück, Hof* enclosed. **~ leben** to live in isolation.

Abgeschlossenheit *f* isolation.

abgeschmackt *adj* (*geh*) fatuous; *Witz auch* corny.

Abgeschmacktheit *f* (*geh*) fatuousness; (*von Witz auch*) corniness; (*Bemerkung*) platitude.

abgesehen I *ptp of* **absehen. es auf jdn ~ haben** to have it in for sb (*inf*); **es auf jdn/etw ~ haben** (*interessiert sein*) to have one's eye on sb/sth; **du hast es nur darauf ~, mich zu ärgern** you're only trying to annoy me. **II** *adv:* **~ von jdm/etw** apart from sb/sth; **~ davon, daß ...** apart from the fact that ...

abgesondert I *ptp of* **absondern. II** *adj* isolated.

abgespannt I *ptp of* **abspannen. II** *adj* weary, tired.

Abgespanntheit *f, no pl* weariness, tiredness.

abgespielt I *ptp of* **abspielen. II** *adj Schallplatte* worn.

abgestanden I *ptp of* **abstehen. II** *adj Luft, Wasser* stale; *Bier, Limonade etc* flat; (*fig*) *Witz, Redensart* hackneyed.

abgestorben I *ptp of* **absterben. II** *adj Glieder* numb; *Pflanze, Ast, Gewebe* dead. **von der Kälte war mein Arm wie ~** my arm was numb with cold.

abgestumpft I *ptp of* **abstumpfen. II** *adj* (*gefühllos*) *Person* insensitive; *Gefühle, Gewissen* dulled, blunted.

Abgestumpftheit *f siehe adj* insensitivity; dullness, bluntedness.

abgetakelt I *ptp of* **abtakeln. II** *adj* (*pej inf*) worn out, shagged out (*sl*).

abgetan I *ptp of* **abtun. II** *adj pred* finished *or* done with. **damit ist die Sache ~** that settles the matter, that's the matter done with; **damit ist es (noch) nicht ~** that's not the end of the matter.

abgetragen I *ptp of* **abtragen. II** *adj* worn. **~e Kleider** old clothes.

abgewinnen* *vt sep irreg* **1.** (*lit*) **jdm etw ~** to win sth from sb.
2. (*fig*) **jdm Achtung ~** to win respect from sb *or* sb's respect; **jdm ein Lächeln ~** to persuade sb to smile; **dem Meer Land ~** to reclaim land from the sea; **jdm/einer Sache keinen Reiz ~ können** to be unable to see anything attractive in sb/sth; **einer Sache** (*dat*) **Geschmack ~** to acquire a taste for sth.

abgewirtschaftet I *ptp of* **abwirtschaften. II** *adj* (*pej*) rotten; *Firma auch* run-down.

einen total ~en Eindruck machen to be on its last legs.
abgewogen I *ptp of* **abwägen. II** *adj Urteil, Worte* balanced.
Abgewogenheit *f* balance.
abgewöhnen* *vt sep jdm etw ~ Gewohnheiten, schlechte Manieren* to cure sb of sth; *das Rauchen, Trinken* to get sb to give up *or* stop sth; **sich** (*dat*) **etw/das Trinken ~** to give sb up/give up *or* stop drinking; **noch eins/einen zum A~** (*hum*) one last one; (*von Alkohol auch*) one for the road; **das/die ist ja zum A~** (*sl*) that/she is enough to put anyone off.
abgewrackt I *ptp of* **abwracken. II** *adj* (*pej*) rotten; (*abgetakelt*) *Mensch* worn-out.
abgezehrt *adj* emaciated.
abgießen *vt sep irreg* **1.** *Flüssigkeit* to pour off *or* away; *Kartoffeln, Gemüse* to strain. **du mußt den Eimer etwas ~** you must pour some of the water *etc* out of the bucket; **gieß dir/ich gieße dir einen Schluck ab** help yourself to/I'll give you a drop; **er goß einen Schluck in mein Glas ab** he poured a drop into my glass. **2.** (*Art, Metal*) to cast.
Abglanz *m* reflection (*auch fig*). **nur ein schwacher** *or* **matter ~** (*fig*) a pale reflection.
abgleiten *vi sep irreg aux sein* (*geh*) **1.** (*abrutschen*) to slip; (*Gedanken*) to wander; (*Fin: Kurs*) to drop, to fall. **von etw ~** to slip off sth; **in Nebensächlichkeiten ~** to wander off *or* go off into side issues; **in Anarchie ~** to descend into anarchy.
  2. (*fig: abprallen*) **an/von jdm ~** to bounce off sb.
Abgott *m*, **Abgöttin** *f* idol. **Abgöttern dienen** to worship false gods; **jdn zum ~ machen** to idolize sb.
abgöttisch *adj* idolatrous. **~e Liebe** blind adoration; **jdn ~ lieben** to idolize sb; (*Eltern, Ehepartner auch*) to dote on sb; **jdn ~ verehren** to idolize sb, to worship sb (like a god).
abgraben *vt sep irreg Erdreich* to dig away. **jdm das Wasser ~** (*fig inf*) to take the bread from sb's mouth, to take away sb's livelihood.
abgrasen *vt sep Feld* to graze; (*fig inf*) *Ort, Geschäfte* to scour, to comb; *Gebiet, Thema* to do to death (*inf*).
abgrätschen *vi sep aux sein* (*Sport*) to straddle off.
abgreifen *sep irreg* **I** *vt* **1.** *Strecke, Entfernung* to measure off. **2.** *Buch, Heft* to wear; *siehe* **abgegriffen. 3.** *siehe* **abtasten. II** *vr* to wear *or* become worn.
abgrenzen *sep* **I** *vt Grundstück* to fence off; (*fig*) *Rechte, Pflichten, Einflußbereich, Begriff* to delimit (*gegen, von* from). **etw durch einen Zaun/ein Seil/eine Mauer/Hecke ~** to fence/rope/wall/hedge sth off; **diese Begriffe lassen sich nur schwer (gegeneinander) ~** it is hard to distinguish (between) these two concepts.
  II *vr* to define one's viewpoint (*gegen* as opposed to).
Abgrenzung *f* **1.** *no pl siehe vt* fencing/ roping/walling/ hedging off; (*fig*)

delimitation; distinguishing. **2.** *siehe vr* defining one's viewpoint (*gegen* as opposed to). **3.** (*Umzäunung, Zaun*) fencing *no pl.*
Abgrund *m* precipice; (*Schlucht, fig*) abyss, chasm. **sich am Rande eines ~es befinden** (*lit, fig*) to be on the edge of a precipice; **in einen ~ von Verrat/Gemeinheit blicken** (*fig*) to stare into a bottomless pit of treason/baseness; **die menschlichen Abgründe, der ~ der menschlichen Seele** the blackest depths of the human soul.
abgrundhäßlich *adj* loathsome, incredibly hideous.
abgründig *adj Humor, Ironie* cryptic.
abgrundtief *adj* profound.
abgucken *vti sep* to copy. **jdm etw ~** to copy sth from sb; **bei jdm (etw) ~** (*Sch*) to copy (sth) from *or* off (*inf*) sb; **ich guck' dir nichts ab!** (*inf*) don't worry, I've seen it all before.
Abguß *m* **1.** (*Art, Metal*) (*Vorgang*) casting; (*Form*) cast. **2.** (*dial: Ausguß*) sink.
abhaben *vt sep irreg* (*inf*) (*abbekommen*) to have. **willst du ein Stück/etwas (davon) ~?** do you want a bit/some (of it)?
abhacken *vt sep* to chop off, to hack off; *siehe* **Rübe, abgehackt.**
abhaken *vt sep* (*markieren*) to tick *or* (*esp US*) check off; (*fig*) to cross off.
abhalftern *vt sep Pferd* to take the halter off; (*fig inf: entlassen*) to get rid of; *esp Politiker* to oust.
abhalten *vt sep irreg* **1.** (*fernhalten*) *Kälte, Hitze* to keep off; *Mücken, Fliegen auch* to keep off *or* away; (*draußen halten*) to keep out.
  2. (*hindern*) to stop, to prevent. **jdn von etw/vom Trinken/von der Arbeit ~** to keep sb from sth/drinking/working; **jdn davon ~, etw zu tun** to stop sb doing sth, to prevent sb from doing sth; **laß dich nicht ~!** don't let me/us *etc* stop you.
  3. ein Kind auf der Toilette/Straße ~ to hold a child over the toilet/on the street.
  4. (*veranstalten*) *Versammlung, Wahlen, Gottesdienst* to hold.
Abhaltung *f, no pl* (*Durchführung*) holding. **nach ~ der Wahlen** after the elections (were held).
abhandeln *vt sep* **1.** *Thema* to treat, to deal with.
  2. (*abkaufen*) **jdm etw ~** to do *or* strike a deal with sb for sth; **sie wollte sich** (*dat*) **das Armband nicht ~ lassen** she didn't want to let her bracelet go.
  3. (*vom Preis ~*) **jdm 8 Mark ~** to beat sb down 8 marks; **er ließ sich von seinen Bedingungen nichts ~** he wouldn't give up any of his conditions.
abhanden *adv* **~ kommen** to get lost; **jdm ist etw ~ gekommen** sb has lost sth.
Abhandenkommen *nt* **-s,** *no pl* loss.
Abhandlung *f* **1.** treatise, discourse (*über* + *acc* (up)on). **~en** (*einer Akademie etc*) transactions. **2.** (*das Abhandeln*) treatment.
Abhang *m* slope, incline.
abhängen *sep* **I** *vt* **1.** *Bild* to take down; *Schlafwagen, Kurswagen* to uncouple; *Wohnwagen, Anhänger* to unhitch.
  2. (*inf*) *jdn* to shake off (*inf*).

II *vi* **1.** *irreg* (*Fleisch etc*) to hang; *siehe* **abgehangen.**

2. *irreg aux* **haben** *or* (*S Ger, Aus*) **sein von etw** ~ to depend (up)on sth, to be dependent (up)on sth; **das hängt ganz davon ab** it all depends; **davon hängt viel/ zuviel ab** a lot/too much depends on it; **von jdm (finanziell)** ~ to be (financially) dependent on sb.

3. (*inf: Telefon auflegen*) to hang up (*inf*). **er hat abgehängt** he hung up (on me *etc*).

abhängig *adj* **1.** (*bedingt durch*) dependent (*auch Math*); *Satz auch* subordinate; *Rede* indirect; *Kasus* oblique. **von etw** ~ **sein** (*Gram*) to be governed by sth.

2. (*angewiesen auf, euph: süchtig*) dependent (*von* on). **gegenseitig** *or* **voneinander** ~ **sein** to be dependent on each other *or* mutually dependent *or* interdependent.

Abhängige(r) *mf decl as adj* dependent, dependant.

Abhängigkeit *f* **1.** *no pl* (*Bedingtheit*) dependency *no pl* (*von* on).

2. (*Angewiesensein, euph: Sucht*) dependence (*von* on). **gegenseitige** ~ mutual dependence, interdependence.

Abhängigkeitsverhältnis *nt* dependent relationship; (*gegenseitig*) interdependence. **zwischen den beiden besteht ein** ~ the two of them are dependent on each other *or* mutually dependent *or* interdependent.

abhärmen *vr sep* to pine away (*um* for); *siehe* **abgehärmt.**

abhärten *sep* **I** *vt* to toughen up. **II** *vi ... das härtet (gegen Erkältung) ab ...* that toughens you up (and stops you catching cold). **III** *vr* to toughen oneself up. **sich gegen etw** ~ to toughen oneself against sth; (*fig*) to harden oneself to sth; *siehe* **abgehärtet.**

Abhärtung *f siehe vb* toughening up; hardening.

abhaspeln *vt sep Garn, Wolle* to unwind; (*fig*) *Rede, Gedicht* to reel *or* rattle off.

abhauen *sep* **I** *ptp* **abgehauen** *vi aux* **sein** (*inf*) to clear out; (*verschwinden auch*) to push off; (*aus einem Land auch*) to get away. **hau ab!** beat it (*inf*), get lost (*inf*).

II *vt* **1.** *pret* **hieb** *or* (*inf*) **haute ab,** *ptp* **abgehauen** *Kopf* to chop *or* cut off; *Baum auch* to chop *or* cut down.

2. *pret* **haute ab,** *ptp* **abgehauen** (*wegschlagen*) *Verputz, Schicht* to knock off.

abheben *sep irreg* **I** *vti* **1.** (*anheben*) to lift (up), to raise; (*abnehmen*) to take off; *Telefonhörer* to pick up, to lift (up); *Telefon* to answer; (*beim Stricken*) *Masche* to slip. **laß es doch klingeln, du brauchst nicht abzuheben** let it ring, you don't have to answer (it).

2. *vt only* (*Cards*) to take, to pick up.

3. *Geld* to withdraw. **wenn Sie** ~ **wollen ...** if you wish to make a withdrawal.

II *vi* **1.** (*Flugzeug*) to take off; (*Rakete*) to lift off.

2. auf etw (*acc*) ~ (*form, Jur*) to emphasize sth.

3. (*Cards*) (*vor Spielbeginn etc*) to cut; (*Karte nehmen*) to take a card.

III *vr* **sich von jdm/etw** *or* **gegen jdn/etw** ~ to stand out from/against sb/sth; **nur um sich von anderen** *or* **gegen andere abzuheben** just to be different (from other people), just to make oneself stand out.

abheften *vt sep* **1.** *Schriftverkehr* to file away. **2.** (*Sew*) to tack, to baste.

abheilen *vi sep aux* **sein** to heal (up).

abhelfen *vi sep irreg* +*dat* to remedy; *einem Fehler auch* to rectify, to correct. **dem ist leicht abzuhelfen** that can be *or* is easily remedied *etc.*

abhetzen *sep* **I** *vt Tiere* to exhaust, to tire out. **hetz mich nicht so ab!** (*inf*) stop hustling me like that! (*inf*). **II** *vr* to wear *or* tire oneself out; *siehe* **abgehetzt.**

abheuern *sep* (*Naut*) **I** *vi* to be paid off. **II** *vt* to pay off.

Abhilfe *f* -, *no pl* remedy, cure. ~ **schaffen** to take remedial action; **in einer Angelegenheit** ~ **schaffen** to remedy a matter.

abhin *adv* (*Sw*) **vom 18.9.78** ~ from 18.9.78 onwards.

abhobeln *vt sep Holz* to plane down. **wir müssen noch 2 cm** ~ we need to plane another 2 cms off.

abhold *adj* +*dat* (*old liter*) **jdm/einer Sache** ~ **sein** to be averse to *or* ill-disposed to-(wards) sb/averse to sth.

abholen *vt sep* to collect (*bei* from); *Bestelltes auch* to call for (*bei* at); *Fundsache* to claim (*bei* from); *jdn* to call for; (*mit dem Wagen auch*) to pick up; (*euph: verhaften*) to take away. **jdn am Bahnhof/ Flughafen** ~ to collect sb from *or* meet sb at the station/airport; (*mit dem Wagen auch*) to pick sb up from the station/ airport; **ich hole dich heute abend ab** I'll call for you *or* pick you up this evening; **er kam und wollte mich zu einem Spaziergang** ~ he called and asked me to go for a walk; **etw** ~ **lassen** to have sth collected; „**Geldbörse gefunden, abzuholen bei ...**" "purse found, claim from ..."

Abholung *f* collection. **zur** ~ **bereit** ready for *or* awaiting collection.

abholzen *vt sep Wald* to clear, to deforest; *Baumreihe* to fell, to cut down.

Abholzung *f siehe vt* clearing, deforesting; felling, cutting down.

Abhör|anlage, Abhör|einrichtung *f* bugging system.

abhorchen *sep vt* to sound, to listen to; *Patienten auch* to auscultate (*form*); *Boden* to put one's ear to.

abhören *vt sep* **1.** (*auch vi: überwachen*) *Gespräch* to bug; (*mithören*) to listen in on; *Telefon* to tap. **abgehört werden** (*inf*) to be bugged; **der Geheimdienst darf** (*Telefone*) ~ the Secret Service are allowed to tap telephones.

2. *Sender, Schallplatte etc* to listen to.

3. (*Med*) to sound, to listen to.

4. (*Sch*) *siehe* **abfragen.**

Abhörgerät *nt* bugging device.

abhungern *vr sep* **sich** (*dat*) **jeden Pfennig** ~ to starve oneself by scrimping and saving every penny; **er mußte sich** (*dat*) **sein Studium** ~ he had to starve himself to pay for his studies, he had to starve his way through college *etc*; **sich** (*dat*)

Gewicht/10 Kilo ~ to lose weight/10 kilos by going on a starvation diet; **abgehungerte Gestalten** emaciated figures.

Abi *nt* **-s, -s** (*Sch inf*) *abbr of* **Abitur**.

ab|irren *vi sep aux sein* (*geh*) to lose one's way; (*fig: abschweifen*) (*Gedanken*) to wander. **vom Weg(e)** ~ to wander off the path, to stray from the path; **vom rechten Weg** ~ (*fig*) to stray *or* wander *or* err from the straight and narrow; **vom Thema** ~ to wander off the subject, to digress.

Ab|irrung *f* (*geh*) **1.** (*Verirrung*) lapse, aberration. **2.** (*Astron*) aberration.

Abitur *nt* **-s,** (*rare*) **-e** *school-leaving exam and university entrance qualification*, ≈ A-levels *pl* (*Brit*), Highers *pl* (*Scot*). (**sein** *or* **das**) ~ **machen** to do *or* take (one's) school-leaving exam *or* A-levels *or* Highers; **sein** *or* **das** ~ **ablegen** (*form*) to obtain one's school-leaving exam *or* A-levels *or* Highers, ≈ to graduate from high school (*US*).

Abiturfeier *f* school-leaver's party, graduation ball (*US*).

Abiturient(in *f*) *m person who is doing/has done the Abitur*.

Abiturklasse *f* final year class at school who will take the Abitur, ≈ sixth form (*Brit*), senior grade (*US*); **Abiturzeugnis** *nt* certificate of having passed the Abitur, ≈ A-level (*Brit*) *or* Highers (*Scot*) certificate.

abjagen *sep* I *vt* **1.** *siehe* **abhetzen** l. **2.** jdm etw ~ to get sth off sb. II *vr* (*inf*) to wear oneself out.

abkämmen *vt sep* (*fig*) to comb, to scour.

abkämpfen *sep vr* to fight hard; *siehe* **abgekämpft**.

abkanzeln *vt sep* (*inf*) jdn ~ to give sb a dressing-down.

Abkanz(e)lung *f* dressing-down.

abkapseln *vr sep* (*lit*) to become encapsulated; (*fig*) to shut *or* cut oneself off, to isolate oneself.

Abkaps(e)lung *f* (*lit*) encapsulation; (*fig*) isolation.

abkarren *vt sep* to cart away; (*fig*) *Menschen* to cart off.

abkarten *vt sep* to rig (*inf*), to fix. **die Sache war von vornherein abgekartet** the whole thing was a put-up job (*inf*).

abkassieren* *vti sep* (*inf*) to cash up (*inf*). **jdn** *or* **bei jdm** ~ to get sb to pay; **darf ich mal (bei Ihnen)** ~? could I ask you to pay now?

abkauen *vt sep* **1.** *Fingernägel* to bite; *Bleistift* to chew. **2.** (*vulg*) jdm einen ~ to suck sb off (*vulg*).

abkaufen *vt sep* jdm etw ~ to buy sth from *or* off (*inf*) sb; (*inf: glauben*) to buy sth (*inf*).

Abkehr *f* -, *no pl* turning away (*von* from); (*von Glauben, von der Welt etc*) renunciation (*von* of); (*von der Familie*) estrangement (*von* from). **die** ~ **vom Materialismus** turning away from *or* rejecting materialism.

abkehren¹ *vt sep siehe* **abfegen**.

abkehren² *sep* I *vt* (*geh*) (*abwenden*) *Blick, Gesicht* to avert, to turn away. **sie mußte den Blick (davon)** ~ she had to look away.

II *vr* (*fig*) to turn away (*von* from); (*von Gott etc auch*) to renounce; (*von einer Politik*) to give up. **die uns abgekehrte Seite des Mondes** the side of the moon away from us, the far side of the moon; **sich von allem Irdischen** ~ to turn one's mind away from earthly things.

abkippen *sep* I *vt* (*abladen*) *Abfälle, Baustoffe* to tip; (*herunterklappen*) to let down. II *vi aux sein* to tilt; (*Flugzeug*) to nosedive.

abklappern *vt sep* (*inf*) *Läden, Gegend, Straße* to scour, to comb (*nach* for); *Kunden, Museen* to do (*inf*).

abklären *vt sep* **1.** (*klarstellen*) *Angelegenheit* to clear up, to clarify. **2.** *siehe* **abgeklärt**.

Abklärung *f* clearing up.

Abklatsch *m* **-(e)s, -e** (*Art*) cast, casting; (*fig pej*) poor imitation *or* copy.

abklatschen *sep* I *vt* **er klatschte sie ab** he got to dance with her during the excuse-me. II *vi* **beim A~** during the excuse-me.

abklemmen *vt sep* to clamp. **er hat sich** (*dat*) **in der Maschine den Finger abgeklemmt** he lost his finger in the machine.

abklingen *vi sep irreg aux sein* **1.** (*leiser werden*) to die *or* fade away. **2.** (*nachlassen*) to wear off, to abate; (*Erregung, Fieber auch*) to subside.

abklopfen *sep* I *vt* **1.** (*herunterklopfen*) to knock off; (*klopfend säubern*) to brush down; *Staub etc* to knock off; *Teppich, Polstermöbel* to beat. **er klopfte die Asche von der Zigarre ab** he tapped *or* knocked the ash off his cigar; **sich** (*dat*) **die Schuhe** ~ to knock the mud *etc* off one's shoes; **den Staub nicht abbürsten, sondern** ~ do not brush the dust off, pat it off.

2. (*beklopfen*) to tap; (*Med*) to sound, to percuss (*form*).

3. (*fig inf: untersuchen*) to go into.

II *vi* (*Mus*) **der Dirigent klopfte ab** the conductor stopped the orchestra (*by rapping his baton*).

abknabbern *vt sep* (*inf*) to nibble off; *Knochen* to gnaw at.

abknallen *vt sep* (*sl*) to shoot down (*inf*).

abknappen, abknapsen *vt sep* (*inf*) sich (*dat*) etw ~ to scrape together sth; **sich** (*dat*) **jeden Pfennig** ~ **müssen** to have to scrimp and save; **er hat mir 20 Mark abgeknapst** he took 20 marks off me.

abkneifen *vt sep irreg* to nip off; (*mit Zange auch*) to clip off.

abknicken *sep* I *vt* (*abbrechen*) to break *or* snap off; (*einknicken*) to break. II *vi aux sein* (*abzweigen*) to fork *or* branch off. **~de Vorfahrt** traffic turning left/right has priority; **in den Knien** ~ to bend at the knees.

abknipsen *vt sep* (*inf*) to snip off; *Film* to finish.

abknöpfen *vt sep* **1.** (*abnehmen*) to unbutton. **2.** (*inf: ablisten*) jdm etw ~ to get sth off sb; **jdm Geld** ~ to get money out of sb.

abknutschen *vt sep* (*sl*) to canoodle with (*inf*). **sich** ~ to canoodle (*inf*); **ich laß mich doch nicht von jedem** ~! I don't let just anyone kiss me.

abkochen *sep* I *vt* (*gar kochen*) to boil; (*durch Kochen keimfrei machen*) to sterilize (by boiling); *Milch auch* to scald.

jdn ~ (*sl*) to rook *or* fleece sb (*inf*). **II** *vi* to cook a meal in the open air, to have a cookout (*US*).

abkommandieren* *vt sep* (*Mil*) (*zu anderer Einheit*) to post; (*zu bestimmtem Dienst*) to detail (*zu* for).

abkommen *vi sep irreg aux sein* **1.** (*Sport: wegkommen*) to get away; (*zielen*) to aim; (*Flugzeug*) to take off. **schlecht/gut** ~ (*wegkommen*) to get away to *or* to make a bad/good start; **wie ist der Schütze abgekommen?** how well did he shoot?
2. von etw ~ (*abweichen*) to leave sth; (*abirren*) to wander off sth, to stray from sth; **vom Kurs** ~ to deviate from *or* leave one's course; (**vom Thema**) ~ to get off the subject, to digress; **vom rechten Weg** ~ (*fig*) to stray *or* wander from the straight and narrow.
3. (*aufgeben*) **von etw** ~ to drop sth, to give sth up; (*von Angewohnheit*) to give sth up; (*von Idee, Plan*) to abandon *or* drop sth; **von einer Meinung** ~ to revise one's opinion, to change one's mind; **von diesem alten Brauch kommt man immer mehr ab** this old custom is dying out more and more.
4. (*aus der Mode kommen*) to go out of fashion, to become outdated. **abgekommen sein** to have gone out (of fashion), to be out of fashion; **das kommt immer mehr ab** that's going more and more out of fashion.

Abkommen *nt* **-s,** - agreement (*auch Pol*).
abkömmlich *adj* available. **nicht** ~ **sein** to be unavailable.

Abkömmling *m* (*Nachkomme*) descendant; (*fig*) adherent. ~**e** *pl* (*Jur*) issue *no pl*; **er war (der)** ~ **einer Bankiersfamilie** he came from a banking family.

abkönnen *vt sep irreg* (*sl*) **1.** (*trinken*) **der kann ganz schön was ab** he can knock it back (*inf*) *or* put it away (*inf*); **er kann nicht viel ab** he can't take much (drink).
2. (*dial: mögen*) **das kann ich überhaupt nicht ab** I can't stand *or* abide it.

abkoppeln I *sep vt* (*Rail*) to uncouple; *Pferd* to untie; *Anhänger* to unhitch; *Raumfähre* to undock. **II** *vr* (*fig*) to dis-(as)ociate oneself (*von* from).

abkratzen *sep* **I** *vt Schmutz etc* to scratch off; (*mit einem Werkzeug*) to scrape off; *Wand, Gegenstand* to scratch ~ to scrape. **die Schuhe** ~ to scrape the mud/snow *etc* off one's shoes. **II** *vi aux sein* **1.** (*sl: sterben*) to kick the bucket (*sl*), to croak (*sl*).
2. (*dated inf: weglaufen*) to scram (*inf*), to scarper (*inf*), to beat it (*inf*).

Abkratzer *m* **-s,** - shoe scraper.
abkriegen *vt sep* (*inf*) *siehe* **abbekommen.**
abkühlen *sep* **I** *vt* to cool; *Speise auch* to cool down; (*fig*) *Freundschaft, Zuneigung* to cool; *Zorn, Leidenschaft* to cool, to calm.
II *vi aux sein* to cool down; (*fig: Freundschaft etc*) to cool off; (*Begeisterung*) to cool.
III *vr* to cool down *or* off; (*Wetter*) to become cool(er); (*fig*) to cool; (*Beziehungen auch*) to become cool(er).

Abkühlung *f* cooling.
Abkunft *f* **-,** *no pl* (*liter*) descent, origin;

(*Nationalität auch*) extraction.
abkürzen *sep* **I** *vt* **1.** (*abschneiden*) **den Weg** ~ to take a short cut.
2. (*verkürzen*) to cut short; *Verfahren* to shorten; *Aufenthalt, Urlaub auch* to curtail.
3. (*verkürzt schreiben*) *Namen* to abbreviate. **Millimeter wird mm abgekürzt** millimetre is abbreviated as mm, mm is the abbreviation for millimetres.
II *vi* **1.** (*abschneiden*) to take a short cut; (*Weg*) to be a short cut.
2. (*verkürzt schreiben*) to abbreviate, to use abbreviations.

Abkürzung *f* **1.** (*Weg*) short cut.
2. (*von Aufenthalt*) curtailment, cutting short; (*von Verfahren*) shortening; (*von Vortrag*) shortening, cutting short.
3. (*von Wort*) abbreviation.

Abkürzungsverzeichnis *nt* list of abbreviations.
abküssen *vt sep* to smother with kisses. **sie küßten sich stundenlang ab** they kissed away for hours.

abladen *vti sep irreg Last, Wagen* to unload; *Schutt* to dump; (*esp Comm*) *Passagiere, Ware* to off-load; (*fig inf*) *Kummer, Ärger auch* to vent (*bei jdm* on sb); *Verantwortung* to off-load, to shove (*inf*) (*auf +acc* onto). **sie lud ihren ganzen Kummer bei ihrem Mann ab** (*inf*) she unburdened herself *or* all her worries to her husband.

Ablage *f* **-, -n 1.** (*Gestell*) place to keep/put sth. **wir brauchen eine** ~ **für die Akten** we need somewhere for our files *or* where we can keep our files; **der Tisch dient als** ~ **für ihre Bücher** her books are kept on the table; **etw als** ~ **benutzen** (*für Akten, Bücher etc*) to use sth for storage; **sie haben das Bett als** ~ **benutzt** they put everything on the bed; **gibt es hier irgendeine** ~ **für Taschen und Schirme?** is there anywhere here where bags and umbrellas can be left *or* for bags and umbrellas?
2. (*Aktenordnung*) filing.
3. (*Sw*) *siehe* **Annahmestelle, Zweigstelle.**

ablagern *sep* **I** *vt* **1.** (*anhäufen*) to deposit.
2. (*deponieren*) to leave, to store.
II *vi aux sein or haben* (*ausreifen*) to mature; (*Holz auch*) to season. ~ **lassen** to allow to mature; *Holz auch* to (allow to) season; *siehe* **abgelagert.**
III *vr* to be deposited. **in einem Wasserkessel lagert sich Kalk ab** a chalk deposit forms *or* builds up in a kettle.

Ablagerung *f* (*Vorgang*) depositing, deposition; (*von Wein*) maturing, maturation; (*von Holz*) seasoning; (*abgelagerter Stoff*) deposit.

Ablaß *m* **-sses, Ablässe 1.** (*Eccl*) indulgence. **2.** *m* (*das Ablassen*) letting out; (*von Dampf*) letting off; (*Entleerung*) drainage, draining.

Ablaßbrief *m* (*Eccl*) letter of indulgence.
ablassen *sep irreg* **I** *vt* **1.** *Wasser, Luft* to let out; *Motoröl* to drain off; *Dampf* to let off; (*Zug, Kessel*) to give *or* let off. **die Luft aus den Reifen** ~ to let the tyres down.
2. (*leerlaufen lassen*) *Teich, Schwimm-*

becken to drain, to empty.

3. (*ermäßigen*) to knock off (*inf*). **er hat mir 20 Mark (vom Preis) abgelassen** he knocked off 20 marks off (the price) for me (*inf*), he reduced the price by 20 marks for me.

II *vi* (*liter*) **1.** (*mit etw aufhören*) to desist. **von einem Vorhaben** *etc* ~ to abandon a plan *etc*.

2. (*jdn in Ruhe lassen*) **von jdm** ~ to leave sb alone.

Ablaßhandel *m* (*Eccl*) selling of indulgences; **Ablaßventil** *nt* outlet valve.

Ablativ *m* ablative (case).

ablatschen *vt sep* (*sl*) *Schuhe* to wear out. **abgelatscht** (*fig*) worn-out, down at heel.

Ablauf *m* **1.** (*Abfluß*) drain; (*~stelle*) outlet; (*~rohr*) drain(pipe); (*im Haus*) wastepipe; (*Rinne*) drainage channel.

2. (*Ablaufen*) draining *or* running away.

3. (*Verlauf*) course; (*von Empfang, Staatsbesuch*) order of events (*gen* in); (*von Verbrechen*) sequence of events (*gen* in); (*von Handlung im Buch etc*) development. **er hat den** ~ **des Unglücks geschildert** he described the way the accident happened; **der** ~ **der Ereignisse** the course of events; **nach** ~ **der Vorstellung ...** after the performance (was over) ...; **es gab keinerlei Störungen im** ~ **des Programms** the programme went off without any disturbances; **der friedliche** ~ **der Veranstaltung hat alle überrascht** the fact that the event went off peacefully surprised everybody.

4. (*von Frist etc*) expiry. **nach** ~ **der Frist** after the deadline had passed *or* expired.

5. (*von Zeitraum*) passing. **nach** ~ **von 4 Stunden** after 4 hours (have/had passed *or* gone by); **nach** ~ **des Jahres/dieser Zeit** at the end of the year/this time.

ablaufen *sep irreg* **I** *vt* **1.** (*abnützen*) *Schuhsohlen, Schuhe* to wear out; *Absätze* to wear down. **sich** (*dat*) **die Beine** *or* **Hacken** *or* **Absätze** *or* **Schuhsohlen nach etw** ~ (*inf*) to walk one's legs off looking for sth; **das habe ich mir schon an den Schuhsohlen abgelaufen!** (*inf*) I've been through all that.

2. *aux sein or haben* (*entlanglaufen*) *Strecke* to go *or* walk over; (*hin und zurück*) to go *or* walk up and down; *Stadt, Geschäfte* to comb, to scour (*round*).

II *vi aux sein* **1.** (*abfließen: Flüssigkeit*) to drain *or* run away *or* off; (*sich leeren: Behälter*) to drain (off), to empty (itself); (*trocken werden: Geschirr*) to dry off. **aus der Badewanne** ~ to run *or* drain out of the bath; **bei** ~ **dem Wasser** (*Naut*) with an outgoing tide; **an ihm läuft alles ab** (*fig*) he just shrugs everything off; **jede Kritik läuft an ihm ab** (*fig*) with him criticism is just like water off a duck's back; **jdn** ~ **lassen** (*inf*) to cut *or* snub sb.

2. (*vonstatten gehen*) to go off. ...; **aber dann ist die Sache doch glimpflich abgelaufen** ... but it was all right in the end.

3. (*sich abwickeln: Seil, Kabel*) to wind out, to unwind; (*sich abspulen: Film, Tonband*) to run; (*Schallplatte*) to play. **eine**

Platte/einen Film/Tonband ~ **lassen** to play a record/to run *or* show a film/to run *or* play a tape; **abgelaufen sein** (*Film etc*) to have finished, to have come to an end.

4. (*ungültig werden: Paß, Visum etc*) to expire, to run out; (*enden: Frist, Vertrag etc auch*) to run out, to be up. **die Frist ist abgelaufen** the period has run out *or* is up.

5. (*Zeitraum*) to pass, to go by.

Ablaut *m* (*Gram*) ablaut.

ablauten *vi sep* (*Gram*) to undergo ablaut, to change by ablaut.

ableben (*old*) **I** *vi aux sein* to pass away, to decease (*form*). **II** *vt Zeit* to live out; *siehe* **abgelebt**.

Ableben *nt* **-s**, *no pl* (*form*) demise (*form*), decease (*form*).

ablecken *vt sep* to lick; *Teller, Löffel, Finger* to lick (clean); *Blut, Marmelade* to lick off. **sich** (*dat*) **etw von der Hand** ~ to lick sth off one's hand.

abledern *vt sep Fenster, Auto* to leather (off), to polish with a leather.

ablegen *sep* **I** *vt* **1.** (*niederlegen*) to put down; *Last, Waffen auch* to lay down; (*Zool*) *Eier* to lay.

2. (*abheften*) *Schriftwechsel* to file (away).

3. (*ausziehen*) *Hut, Mantel, Kleider* to take off, to remove (*form*).

4. (*nicht mehr tragen*) *Anzug, Kleid* to discard, to cast off; *Trauerkleidung, Ehering* to take off; *Orden, Auszeichnungen* to renounce. **abgelegte Kleider** cast-off *or* discarded clothes.

5. (*aufgeben*) *Mißtrauen, Scheu, Stolz* to lose, to shed, to cast off (*liter*); *schlechte Gewohnheit* to give up, to get rid of; *kindische Angewohnheit* to put aside; *Namen* to give up.

6. (*ableisten, machen*) *Schwur, Eid* to swear; *Gelübde auch* to make; *Zeugnis* to give; *Bekenntnis, Beichte, Geständnis* to make; *Prüfung* to take, to sit; (*erfolgreich*) to pass.

7. (*Cards*) to discard, to throw down.

II *vi* **1.** (*abfahren*) *Schiff* to cast off; (*Space auch*) to separate.

2. (*Schriftwechsel* ~) to file.

3. (*Garderobe* ~) to take one's things off.

4. (*Cards*) to discard.

III *vt impers* (*geh*) *siehe* **anlegen I 6**.

Ableger *m* **-s**, **-** (*Bot*) layer; (*fig: Zweigunternehmen*) branch, subsidiary; (*iro: Sohn*) son, offspring *no pl*. **durch** ~ by layering.

ablehnen *vt sep* **1.** *auch vi* (*zurückweisen, nein sagen*) to decline, to refuse; *Antrag, Angebot, Vorschlag, Bewerber, Stelle* to turn down, to reject; (*Parl*) *Gesetzentwurf* to throw out. **eine** ~**de Antwort** a negative answer; **ein** ~**der Bescheid** a rejection; **es** ~, **etw zu tun** to decline *or* refuse to do sth; **dankend** ~ to decline with thanks. **2.** (*mißbilligen*) to disapprove of. **ich lehne es ab, wie er ...** I disapprove of the way he ... ;

Ablehnung *f* **1.** (*Zurückweisung*) refusal; (*von Antrag, Bewerber etc*) rejection. **niemand hatte mit seiner** ~ **gerechnet** nobody had expected him to refuse/reject it.

2. (*Mißbilligung*) disapproval. **auf ~ stoßen** to meet with disapproval.

ableiern *vt sep Melodie* to churn out; (*inf*) *Gedicht etc* to reel off; *siehe* **abgeleiert.**

ableisten *vt sep* (*form*) *Zeit* to complete.

ableiten *sep* **I** *vt* **1.** (*herleiten*) to derive; (*logisch folgern auch*) to deduce (*aus* from); (*Math*) *Gleichung* to differentiate. **2.** (*umleiten*) *Bach, Fluß* to divert; (*herausleiten*) *Rauch, Dampf, Flüssigkeit* to draw off *or* out; (*ablenken*) *Blitz* to conduct.

II *vr* (*sich herleiten*) to be derived (*aus* from); (*logisch folgen auch*) to be deduced (*aus* from).

Ableitung *f* **1.** *siehe vt* derivation; deduction; differentiation; diversion; drawing off *or* out; conduction. **2.** (*Wort, Math*) derivative.

ablenken *sep* **I** *vt* **1.** (*ab-, wegleiten*) to deflect (*auch Phys*); to turn aside *or* away; *Wellen, Licht* to refract; *Schlag* to parry. **2.** (*zerstreuen*) **to** distract. **er ließ sich durch nichts ~** he wouldn't let anything distract him; **wir mußten die Kinder ~** we had to find something to take the children's minds off things; **jdn von seinem Schmerz/seinen Sorgen ~** to make sb forget his pain/worries, to take sb's mind off his pain/worries. **3.** (*abbringen*) to divert; *Verdacht* to avert. **jdn von der Arbeit ~** to distract sb from his work.

II *vi* **1.** (*ausweichen*) (**vom Thema**) ~ to change the subject; (*bei einem Gespräch auch*) to turn the conversation. **2.** (*zerstreuen*) to create a distraction. **sie geht jede Woche ins Kino, das lenkt ab** she goes to the cinema every week, which takes her mind off things.

III *vr* to take one's mind off things.

Ablenkung *f* **1.** (*Ab-, Wegleitung*) deflection (*auch Phys*); (*von Wellen, Licht*) refraction. **2.** (*Zerstreuung*) diversion, distraction. **~ brauchen** to need something to take one's mind off things; **sich** (*dat*) ~ **verschaffen** to provide oneself with a distraction *or* with something to take one's mind off things. **3.** (*Störung*) distraction.

Ablenkungsmanöver *nt* diversionary tactic; (*um vom Thema, Problem abzulenken auch*) red herring.

ablesen *vt sep irreg* **1.** (*auch vi: vom Blatt*) to read. **er muß (alles/seine Rede) ~** he has to read everything/his speech (from notes *etc*); (**jdm**) **etw von den Lippen ~** to lipread sth (that sb says). **2.** (*auch vi: registrieren*) *Meßgeräte, Barometer, Strom* to read; *Barometerstand* to take. **nächste Woche wird abgelesen** the meter(s) will be read next week. **3.** (*herausfinden, erkennen, folgern*) to see. **jdm etw vom Gesicht/von der Stirn ~** to see *or* tell sth from sb's face, to read sth in sb's face; **das konnte man ihr vom Gesicht ~** it was written all over her face; **aus der Reaktion der Presse war die Stimmung im Volke deutlich abzulesen** the mood of the people could be clearly

gauged *or* read from the press reaction; **jdm jeden Wunsch an** *or* **von den Augen ~** to anticipate sb's every wish; **daraus kann man ~, daß ...** it can be seen from this that ..., this shows that ...

Ableser(in *f*) *m* meter-reader, meter-man.

ableuchten *vt sep* to light up, to illuminate.

ableugnen *sep* **I** *vt Schuld, Tat* to deny; *Verantwortung auch* to disclaim; *Glauben* to renounce. **II** *vi* **er hat weiter abgeleugnet** he continued to deny it; **A~ hilft nichts** denying it won't do any good.

Ableugnung *f* denial; (*von Glauben*) renunciation.

ablichten *vt sep* (*form*) to photocopy; (*fotografieren*) to photograph.

Ablichtung *f* (*form*) *siehe vt* photocopy; photograph; (*Vorgang*) photocopying; photographing.

abliefern *vt sep* (*bei einer Person*) to hand over (*bei* to); *Examensarbeit auch* to hand in; (*bei einer Dienststelle*) to hand in (*bei* to); (*liefern*) to deliver (*bei* to); (*inf*) *Kinder, Freundin* to deposit (*inf*); (*nach Hause bringen*) to bring/take home. **ich habe die Kinder bei Tante Moni abgeliefert** I deposited *or* parked the kids with Aunty Moni (*inf*).

Ablieferung *f siehe vt* handing-over *no pl*; handing-in *no pl*; delivery.

abliegen *vi sep irreg* **1.** (*entfernt sein*) to be at a distance; (*fig*) to be removed. **das Haus liegt weit ab** the house is a long way off *or* away *or* is quite a distance away; *siehe* **abgelegen.** **2.** (*S Ger: lagern*) (*Obst*) to ripen; (*Fleisch*) to hang.

ablisten *vt sep jdm etw ~** to trick sb out of sth.

ablocken *vt sep jdm etw ~** to get sth out of sb; **diese Äußerung lockte ihm nur ein müdes Lächeln ab** this statement only drew a tired smile from him *or* got a tired smile out of him.

ablöschen *vt sep* **1.** (*mit dem Löschblatt*) to blot. **2.** *Tafel* to wipe, to clean; *Geschriebenes* to wipe *or* clean off. **3.** (*Cook*) to add water to.

Ablöse *f* **-**, **-n** (*Aus*) **1.** (*Abstand*) key money. **2.** (*Ablösungssumme*) transfer fee.

ablösen *sep* **I** *vt* **1.** (*abmachen*) to take off, to remove; *Etikett, Briefmarke etc auch* to detach; *Pflaster etc auch* to peel off. **2.** (*Fin*) (*kapitalisieren*) *Rente* to get paid in a lump sum; (*auszahlen*) to pay (off) in a lump sum; (*tilgen*) *Schuld, Hypothek* to pay off, to redeem. **3.** (*ersetzen*) *Wache* to relieve; *Kollegen auch* to take over from. **drei Minister wurden abgelöst** three ministers were relieved of their duties. **4.** (*fig: an Stelle treten von*) to take the place of; (*Methode, System*) to supersede. **Regen hat jetzt das schöne Wetter abgelöst** the fine weather has now given way to rain.

II *vr* **1.** (*abgehen*) to come off; (*Lack etc auch*) to peel off; (*Netzhaut*) to become detached. **2.** (*auch* **einander** ~) to take turns; (*Fahrer, Kollegen auch, Wachen*) to relieve each other. **wir lösen uns alle drei Stunden beim Babysitten ab** we each do three-hour shifts of babysitting, we take turns at babysitting, doing three hours each.

3. (*auch einander* ~: *alternieren*) to alternate. **bei ihr lösen sich Fröhlichkeit und Trauer ständig ab** she constantly alternates between being happy and being miserable.

Ablösesumme *f* (*Sport*) transfer fee.

Ablösung *f* **1.** (*Fin*) (*von Rente*) lump payment; (*von Hypothek, Schuld*) paying off, redemption.

2. (*Wachwechsel*) relieving; (*Wache*) relief; (*Entlassung*) replacement. **er kam als** ~ he came as a replacement; **bei dieser Arbeit braucht man alle zwei Stunden eine** ~ you need relieving every two hours in this work; **die** ~ **des Vorsitzenden erfolgte auf eigenen Wunsch** the chairman was relieved of his duties at his own request.

3. (*das Ablösen*) removal, detachment; (*von Pflaster etc auch*) peeling off; (*das Sichablösen*) separation; (*von Lack etc*) peeling off; (*von Netzhaut*) detachment.

Ablösungssumme *f* (*Sport*) transfer fee.

ablotsen, abluchsen *vt sep* (*inf*) **jdm etw** ~ to get *or* wangle (*inf*) sth out of sb.

Abluft *f* -, *no pl* (*Tech*) used air.

ablutschen *vt sep* to lick. **das Blut/den Honig (von etw)** ~ to lick the blood/honey off (sth); **sich** (*dat*) **die Finger** ~ to lick one's fingers (clean); **jdm einen** ~ (*vulg*) to suck sb off (*vulg*), to give sb a blow-job (*sl*).

abmachen *vt sep* (*inf*) **1.** (*entfernen*) to take off; *Schnur, Kette etc auch* to undo; (*herunternehmen*) to take down. **er machte dem Hund die Leine ab** he took the dog's lead off.

2. (*vereinbaren*) *Termin, Erkennungszeichen* to agree (on). **wir haben abgemacht, daß wir das tun werden** we've agreed to do it, we've agreed on doing it; *siehe* **abgemacht.**

3. (*besprechen*) to sort out, to settle. **etw mit sich allein** ~ to sort sth out for oneself, to come to terms with sth oneself.

4. (*ableisten*) *Zeit* to do.

Abmachung *f* agreement.

abmagern *vi sep aux sein* to get thinner, to lose weight. **sehr** ~ to lose a lot of weight; *siehe* **abgemagert.**

Abmagerung *f*, *no pl* (*Auszehrung*) emaciation; (*Gewichtsverlust*) slimming.

Abmagerungskur *f* diet. **eine** ~ **machen** to be on a diet, to be dieting; (*anfangen*) to go on a diet, to diet.

abmähen *vt sep* to mow.

abmalen *vt sep* (*abzeichnen*) to paint.

abmarkten *vt sep* **davon lassen wir uns nichts** ~ we will cede nothing on this point; **er ließ sich** (*dat*) **seine Rechte nicht** ~ he would not bargain away his rights.

Abmarsch *m* departure; (*von Soldaten auch*) march-off; (*von Demonstranten etc auch*) moving off. **zum** ~ **antreten** (*Mil*) to fall in (ready) for the march-off.

abmarschbereit *adj* ready to set out *or* off *or* move off; (*Mil*) ready to move off *or* march.

abmarschieren* *vi sep aux sein* to set out *or* off, to move off; (*Mil*) to march off.

abmelden *sep* **I** *vt* **1.** *Zeitungen etc* to cancel; *Telefon* to have disconnected; (*bei Verein*) *jdn* to cancel the membership of. **sein Auto** ~ to take one's car off the road; **seinen Fernsehapparat** ~ to cancel one's television licence; **ein Kind von einer Schule** ~ to take a child away from *or* remove a child from a school; **sich polizeilich** ~ to inform *or* notify the police that one is moving away.

2. (*inf*) **abgemeldet sein** (*Sport*) to be outplayed/ outboxed/outdriven *etc*; **jd/etw ist bei jdm abgemeldet** sb has lost interest in sb/sth; **er/sie ist bei mir abgemeldet** I don't want anything to do with him/her.

II *vr* to ask for permission to be absent; (*vor Abreise*) to say one is leaving, to announce one's departure; (*im Hotel*) to check out. **sich bei jdm** ~ to tell sb that one is leaving.

Abmeldung *f* (*von Zeitungen etc*) cancellation; (*von Telefon*) disconnection; (*bei der Polizei*) cancellation of one's registration; (*inf: Formular*) *form to be filled in so that one's registration with the police is cancelled*. **seit der** ~ **meines Autos** since I took my car off the road; **die** ~ **meines Fernsehapparats** the cancellation of my television licence.

abmergeln *vi sep siehe* **abgemergelt.**

abmessen *vt sep irreg* **1.** (*ausmessen*) to measure; (*genaue Maße feststellen von*) to measure up; (*fig*) *Worte* to weigh; (*abschätzen*) *Verlust, Schaden* to measure. **er maß seine Schritte genau ab** (*fig*) he walked with great deliberation *or* with measured tread (*liter*).

2. (*abteilen*) to measure off.

Abmessung *f usu pl* measurement; (*Ausmaß*) dimension.

abmildern *vt sep* *Geschmack* to tone down; *Äußerung auch* to moderate; *Aufprall* to cushion, to soften; *Schock* to lessen.

abmontieren* *vt sep* *Räder, Teile* to take off (*von etw* sth); *Maschine* to dismantle.

abmühen *vr sep* to struggle (away). **sich mit jdm/etw** ~ to struggle *or* slave away with sb/sth.

abmurksen *vt sep* (*dated sl*) *jdn* to do in (*inf*); (*schlachten*) to kill; *Motor* to stall.

abmustern *sep* (*Naut*) **I** *vt* *Besatzung* to pay off. **II** *vi* to sign off, to leave the ship.

abnabeln *vt sep* **ein Kind** ~ to cut a baby's umbilical cord.

abnagen *vt sep* to gnaw off; *Knochen* to gnaw.

abnähen *vt sep* to take in.

Abnäher *m* **-s,** - dart.

Abnahme *f* **-, -n 1.** (*Wegnahme*) removal; (*Herunternahme*) taking down. **die** ~ **vom Kreuz(e)** the Descent from the Cross, the Deposition (*form*).

2. (*Verringerung*) decrease (*gen* in); (*bei Anzahl, Menge auch*) drop (*gen* in); (*von Niveau auch*) decline (*gen* in); (*von Kräften, Energie*) decline (*gen* in); (*von Interesse, Nachfrage*) falling off, decline; (*von Aufmerksamkeit*) falling off, flagging, waning; (*Verlust*) loss. **eine** ~ **des**

Niveaus a drop in or dropping off of the level.
3. (von Prüfung) holding; (von Neubau, Fahrzeug etc) inspection; (von TÜV) carrying out; (von Eid) administering. **die ~ der Parade** the taking of the parade, the review of the troops; **die ~ der Prüfung kann erst erfolgen, wenn ...** the exam can only be held if ...
4. (Comm) purchase. **bei ~ von 50 Exemplaren** if you/we etc purchase or take 50 copies.

abnehmen sep irreg **I** vt **1.** (herunternehmen) to take off, to remove; Hörer to lift, to pick up; Obst to pick; (lüften) Hut to raise; Vorhang, Bild, Wäsche to take down; Maschen to decrease; (abrasieren) Bart to take or shave off; (Cards) Karte to take from the pile. **das Telefon ~** to answer the telephone; **den Deckel von der Kiste ~** to take the lid off the box, to take off the lid from the box.
2. (an sich nehmen) **jdm etw ~** to take sth from sb, to relieve sb of sth (form); (fig) Arbeit, Sorgen to take sth off sb's shoulders, to relieve sb of sth; **darf ich Ihnen den Mantel/die Tasche ~?** can I take your coat/bag?; **kann ich dir etwas ~?** (tragen) can I take something for you?; (helfen) can I do anything for you?; **jdm ein Versprechen ~** to make sb promise sth; **jdm einen Weg ~** to save sb a journey; **jdm eine Besorgung ~** to do an errand for sb.
3. (wegnehmen) to take away (jdm from sb); (rauben, abgewinnen) to take (jdm off sb); (inf: abverlangen) to take (jdm off sb). **diese Schweine haben mir alles abgenommen** (sl) the bastards have taken everything (I had) (sl); **diese Strolche haben ihr die ganze Rente abgenommen** the rogues robbed her of her entire pension or took her entire pension.
4. (begutachten) Gebäude, Wohnung to inspect; (abhalten) Prüfung to hold; TÜV to carry out.
5. (abkaufen) to take (dat off), to buy (dat from, off); (fig inf: glauben) to buy (inf). **dieses Märchen nimmt dir keiner ab!** (inf) nobody'll buy that tale!
6. Fingerabdrücke to take; Totenmaske to make (dat of).
II vi **1.** (sich verringern) to decrease; (Vorräte auch) to go down, to diminish; (mengenmäßig auch) to drop; (Unfälle, Diebstähle etc) to decrease (in number); (Niveau) to go down, to decline; (Kräfte, Energie) to fail, to decline; (Fieber) to lessen, to go down; (Interesse, Nachfrage) to fall off, to decline; (Aufmerksamkeit) to fall off, to flag, to wane; (Mond) to wane; (Tage) to grow or get shorter; (beim Stricken) to decrease. **(an Gewicht) ~** to lose weight; **in letzter Zeit hast du im Gesicht abgenommen** your face has got thinner recently.
2. (Hörer, Telefon ~) to answer.
Abnehmer m -s, - (Comm) buyer, purchaser, customer. **keine/viele/wenige ~ finden** not to sell/sell well/badly.
Abneigung f dislike (gegen of); (Widerstreben) aversion (gegen to).

abnorm, abnormal (Aus, Sw) adj abnormal.
Abnormität f abnorm(al)ity; (Monstrum auch) freak.
abnötigen vt sep (geh) **jdm etw ~** to wring or force sth from sb; **jdm Bewunderung ~** to win or gain sb's admiration; **jdm Respekt ~** to gain sb's respect.
abnutzen, abnützen sep **I** vt to wear out. **dieser Begriff ist sehr abgenutzt** this idea is pretty well-worn or has become hackneyed; siehe **abgenutzt. II** vr to wear out, to get worn out.
Abnutzung, Abnützung f wear (and tear). **die jahrelange ~ der Reifen** the years of wear (and tear) on the tyres.
Abonnement [abɔnəˈmãː] nt -s, -s or -e **1.** (Zeitungs~) subscription. **eine Zeitung im ~ beziehen** to subscribe to a newspaper, to have a subscription for a newspaper.
2. (Theater~) season ticket, subscription.
Abonnent(in f) m (Zeitungs~) subscriber; (Theater~) season-ticket holder.
abonnieren * **I** vt Zeitung to subscribe to, to have a subscription for; Theater to have a season ticket or subscription for.
II vi **auf eine Zeitung abonniert sein** to subscribe to or to have a subscription for a newspaper; **auf eine Konzertreihe abonniert sein** to have a season ticket or subscription for a concert series.
ab|ordnen vt sep to delegate. **jdn zu einer Versammlung ~** to send sb as a delegate to a meeting.
Ab|ordnung f delegation; (Delegation auch) deputation.
Abort[1] m -s, -e (form, S Ger) lavatory, toilet.
Abort[2] m -s, -e, **Ab|ortus** m -, - (spec) (Fehlgeburt) miscarriage, abortion (form); (Abtreibung) abortion.
abpacken vt sep to pack. **ein abgepacktes Brot** a wrapped loaf.
abpassen vt sep **1.** (abwarten) Gelegenheit, Zeitpunkt to wait for; (ergreifen) to seize. **den richtigen Augenblick or Zeitpunkt ~** (abwarten) to bide one's time, to wait for the right time; (ergreifen) to move at the right time; **etw gut ~** to manage or arrange sth well; (zeitlich auch) to time sth well.
2. (auf jdn warten) to catch; (jdm auflauern) to waylay.
3. (dated: abmessen) Kleid, Vorhang to fit, to adjust or alter the length of.
abpausen vt sep to trace, to make a tracing of.
abperlen vi sep aux sein to drip off (von etw sth); (Tautropfen) to fall.
abpfeifen sep irreg (Sport) **I** vi (Schiedsrichter) to blow one's whistle. **II** vt **das Spiel/die erste Halbzeit ~** to blow the whistle for the end of the game/for half-time.
Abpfiff m (Sport) final whistle. **~ zur Halbzeit** half-time whistle, whistle for half-time.
abpflücken vt sep to pick.
abplacken (inf), **abplagen** vr sep to struggle (away). **sich sein ganzes Leben**

lang (mit etw) ~ to slave away one's whole life (at sth).

abplatten *vt sep* to flatten (out).

abplatzen *vi sep aux sein* (*Lack, Ölfarbe*) to flake *or* crack off; (*Knopf*) to fly *or* burst off.

Abprall *m* (*von Ball*) rebound; (*von Geschoß, Kugel*) ricochet (*von* off).

abprallen *vi sep aux sein* (*Ball*) to bounce off; (*Kugel*) to ricochet (off). **von** *or* **an etw** (*dat*) ~ to bounce/ricochet off sth; **an jdm** ~ (*fig*) to make no impression on sb; (*Beleidigungen*) to bounce off sb.

abpressen *vt sep* **jdm etw** ~ to wring sth from sb; *Geld* to extort sth from sb.

abprotzen *sep* **I** *vti* (*Mil*) *Geschütz* to unlimber. **II** *vi* (*Mil sl*) to crap (*sl*).

abpumpen *vt sep Teich, Schwimmbecken* to pump dry, to pump the water out of; *Wasser, Öl* to pump off; *Muttermilch* to express.

abputzen *sep vt* to clean; *Schmutz* to clean off *or* up. **sich** (*dat*) **die Nase/den Mund/ die Hände/den Hintern** ~ (*inf*) to wipe one's nose/mouth/hands/to wipe *or* clean one's bottom; **putz dir die Schuhe ab!** wipe your feet!

abquälen *sep* **I** *vr* to struggle (away).
II *vt* **sich** (*dat*) **ein Lächeln** ~ to force (out) a smile; **sich** (*dat*) **eine Erklärung** ~ to finally manage to produce an explanation; **er quält sich immer noch mit seiner Doktorarbeit ab** he's still struggling with *or* sweating away over (*inf*) his PhD.

abqualifizieren* *vt sep* to dismiss, to write off.

abquetschen *vt sep* to crush. **sich** (*dat*) **den Arm** ~ to get one's arm crushed; **sich** (*dat*) **ein paar Tränen** ~ to force *or* squeeze out a couple of tears; **sich** (*dat*) **ein Gedicht/ eine Rede** ~ to deliver oneself of a poem/ speech (*iro*).

abrackern *vr sep* (*inf*) to struggle. **sich für jdn** ~ to slave away for sb; **sich im Garten** ~ to sweat away in the garden (*inf*).

Abraham *m* **-s** Abraham. **(sicher) wie in** ~s **Schoß** safe and secure.

abrahmen *vt sep* *Milch* to skim.

Abrakadabra *nt* **-s**, *no pl* (*Zauberwort*) abracadabra; (*Unsinn*) double dutch.

abrasieren* *vt sep* to shave off (*inf*); *Gebäude* to flatten, to raze to the ground.

abraten *vti sep irreg* **jdm (von) etw** ~ to warn sb against sth, to advise sb against sth; **jdm davon** ~, **etw zu tun** to warn *or* advise sb against doing sth; **es wird dringend abgeraten, hier zu baden** you are strongly advised not to swim here.

Abraum *m* (*Min*) overburden, overlay shelf.

abräumen *vti sep* **1.** to clear up *or* away. **den Tisch** ~ to clear the table. **2.** (*Min*) to clear.

Abraumhalde *f* (*Min*) slag heap.

abrauschen *vi sep aux sein* (*inf*) to roar away *or* off; (*Aufmerksamkeit erregend*) to sweep away; (*aus Zimmer*) to sweep out.

abreagieren* *sep* **I** *vt Spannung, Wut* to work off, to get rid of, to abreact (*Psych*). **seinen Ärger an andern** ~ to take it out on others.

II *vr* to work it off. **er war ganz wütend, aber jetzt hat er sich abreagiert** he was furious, but he's simmered down *or* cooled down now.

abrechnen *sep* **I** *vi* **1.** (*Kasse machen*) to cash up. **der Kellner wollte** ~ the waiter was wanting us/them to pay our/their bill (*Brit*) *or* check (*US*); **darf ich** ~? would you like to settle your bill *or* check now?
2. **mit jdm** ~ to settle up with sb; (*fig*) to settle (the score with) sb, to get even with sb.
II *vt* **1.** (*abziehen*) to deduct, to take off; (*berücksichtigen*) to allow for, to make allowance(s) for.
2. die Kasse ~ to cash up.

Abrechnung *f* **1.** (*Aufstellung*) statement (*über* +*acc* for); (*Rechnung*) bill, invoice; (*Bilanz*) balancing, reckoning up; (*das Kassemachen*) cashing up; (*fig: Rache*) revenge. **wieviel mußten Sie ausgeben? — ich bin gerade dabei, die** ~ **zu machen** *or* **ich bin gerade bei der** ~ how much did you have to spend? — I'm just working it out now; **er muß noch die ganzen** ~**en machen** he still has to do all the accounts *or* the bookwork; **der Tag der** ~ (*fig*) the day of reckoning.
2. (*Abzug*) deduction. **nach** ~ **von** after the deduction of; **in** ~ **bringen** *or* **stellen** (*form*) to deduct.

Abrede *f* (*form*) agreement. **etw in** ~ **stellen** to deny *or* dispute sth.

abregen *vr sep* (*inf*) to calm *or* cool down. **reg dich ab!** relax!, cool it! (*inf*).

abreiben *vt sep irreg Schmutz, Rost* to clean *or* rub off; (*säubern*) *Fenster, Schuhe* to wipe; (*trocknen*) to rub down, to give a rub-down; (*Cook*) to grate.

Abreibung *f* (*Med*) rub-down; (*inf: Prügel*) hiding, beating, thrashing.

Abreise *f* departure (*nach* for). **bei meiner** ~ when I left/ leave, on my departure.

abreisen *vi sep aux sein* to leave (*nach* for). **wann reisen Sie ab?** when will you be leaving?

abreißen *sep irreg* **I** *vt* **1.** (*abtrennen*) to tear *or* rip off; *Tapete, Blätter auch* to strip off; *Pflanzen* to tear out. **er hat sich** (*dat*) **den Knopf abgerissen** he's torn his button off; **er wird dir nicht (gleich) den Kopf** ~ (*inf*) he won't bite your head off (*inf*).
2. (*niederreißen*) *Gebäude* to pull down, to demolish.
3. (*sl: absitzen*) *Haftstrafe* to do.
II *vi aux sein* (*sich lösen*) to tear *or* come off; (*Schnürsenkel*) to break (off); (*fig: unterbrochen werden*) to break off. **das reißt nicht ab** (*fig*) there is no end to it; **den Kontakt** *etc* **nicht** ~ **lassen** to stay in touch.

Abreißkalender *m* tear-off calendar.

abreiten *sep irreg* **I** *vi aux sein* to ride off *or* away. **II** *vt aux sein or haben* (*inspizieren*) *Front* to ride along; (*hin und zurück*) to ride up and down.

abrennen *sep irreg* (*inf*) **sich** (*dat*) **die Hacken** *or* **Beine (nach etw)** ~ to run one's legs off (looking for sth).

abrichten *vt sep* (*dressieren*) *Tiere, Menschen* to train. **der Hund ist nur auf Einbrecher abgerichtet** the dog is trained to go only for burglars; **darauf abgerichtet sein, etw zu tun** to be trained to do sth.

Abrichter *m* **-s, -** trainer.

Abrichtung *f siehe vt* training.

abriegeln *vt sep* (*verschließen*) *Tür* to bolt; (*absperren*) *Straße, Gebiet* to seal *or* cordon *or* block off.

Abrieg(e)lung *f siehe vt* bolting; sealing *or* cordoning *or* blocking off.

abringen *vt sep irreg* **jdm etw** ~ to wring *or* force sth from *or* out of sb, to wrest sth from sb (*liter*); **sich** (*dat*) **ein Lächeln** ~ to force a smile; **sich** (*dat*) **eine Entscheidung/ein paar Worte** ~ to force oneself into (making) a decision/to manage to produce a few words; **dem Meer Land** ~ (*liter*) to wrest land away from the sea (*liter*).

Abriß *m* **1.** (*Abbruch*) demolition. **2.** (*Übersicht*) outline, summary. **3.** (*von Eintrittskarte etc*) tear-off part.

Abrißliste *f* (*inf*) demolition list; **auf der** ~ **stehen** to be condemned; **abrißreif** *adj* only fit for demolition; (*zum Abriß freigegeben*) condemned.

abrollen *sep* **I** *vt Papier, Stoff* to unroll; *Film, Bindfaden* to unwind, to unreel; *Kabel, Tau* to uncoil, to unwind.
II *vi aux sein* **1.** (*Papier, Stoff*) to unroll, to come unrolled; (*Film, Bindfaden*) to unwind, to come unwound; (*Kabel, Tau*) to uncoil, to come uncoiled.
2. (*Sport*) to roll.
3. (*abfahren*) (*Züge, Waggons*) to roll off *or* away; (*Flugzeug*) to taxi off.
4. (*inf*) (*vonstatten gehen*) (*Programm*) to run; (*Veranstaltung*) to go off; (*Ereignisse*) to unfold. **etw rollt vor jds Augen ab** sth unfolds *or* unfurls before sb's (very) eyes; **mein ganzes Leben rollte noch einmal vor meinen Augen ab** my whole life passed before me again.

abrücken *sep* **I** *vt* (*wegschieben*) to move away. **etw von der Wand** ~ to move sth away from *or* out from the wall. **II** *vi aux sein* **1.** (*wegrücken*) to move away; (*fig: sich distanzieren*) to dissociate oneself (*von* from). **2.** (*abmarschieren*) to move out.

Abruf *m* **1. sich auf** ~ **bereit halten** to be ready to be called (for); **Ihr Wagen steht jederzeit auf** ~ **bereit** your car will be ready at any time; **auf** ~ **zur Verfügung stehen** to be available on call.
2. (*Comm*) **etw auf** ~ **bestellen/kaufen** to order/buy sth (to be delivered) on call.
3. (*Datenverarbeitung*) retrieval. **auf** ~ **bereit** readily retrievable.

abrufbar *adj Daten* retrievable; **abrufbereit** *adj* **1.** *Mensch* ready to be called (for); (*einsatzbereit*) ready (and waiting); (*abholbereit*) ready to be called for; **2.** (*Comm, Fin*) ready on call.

abrufen *vt sep irreg* **1.** (*wegrufen*) to call away. **jdn aus dem Leben** ~ (*euph*) to gather sb to his fathers (*euph*). **2.** (*Comm*) to request delivery of; (*Fin: abheben*) to withdraw. **3.** *Daten* to retrieve.

abrunden *vt sep* (*lit, fig*) to round off. **eine Zahl nach oben/unten** ~ to round a number up/down; **DM 13,12, also abgerundet DM 13,10** 13 marks 12, so call it 13 marks

10; **die abgerundete, endgültige Form einer Sonate/eines Gedichts** the final polished *or* rounded form of a sonata/poem.

Abrundung *f* (*lit, fig*) rounding off. **zur** ~ **von etw** to round sth off.

abrupfen *vt sep Gras, Blumen* to rip *or* pull out; *Laub* to strip off; *Blätter* to pull *or* strip off.

abrupt *adj* abrupt.

Abruptheit *f* abruptness.

abrüsten *sep* **I** *vi* **1.** (*Mil, Pol*) to disarm. **2.** (*Build*) to take down *or* remove the scaffolding. **II** *vt* **1.** (*Mil, Pol*) to disarm. **2.** *Gebäude* to take down *or* remove the scaffolding from *or* on.

Abrüstung *f, no pl* **1.** (*Mil, Pol*) disarmament. **2.** (*Build*) removal of the scaffolding.

Abrüstungs- *in cpds* disarmament.

abrutschen *vi sep aux sein* (*abgleiten*) to slip; (*nach unten*) to slip down; (*Wagen*) to skid; (*Aviat*) to sideslip; (*fig*) (*Mannschaft, Schüler*) to drop (down) (*auf* +acc to); (*Leistungen*) to drop off, to go downhill; (*moralisch*) to go downhill.

absäbeln *vt sep* (*inf*) to hack *or* chop off.

absacken *sep vi aux sein* (*sinken*) to sink; (*Boden, Gebäude auch*) to subside; (*Flugzeug, Blutdruck*) to drop, to fall; (*fig inf: nachlassen*) to fall *or* drop off; (*Schüler*) to go down; (*verkommen*) to go to pot (*inf*). **sie ist in ihren Leistungen sehr abgesackt** her performance has dropped off a lot.

Absage *f* refusal; (*auf Einladung auch*) negative reply. **das ist eine** ~ **an die Demokratie** that's a denial of democracy; **jdm/einer Sache eine** ~ **erteilen** to reject sb/sth.

absagen *sep* **I** *vt* (*rückgängig machen*) *Veranstaltung, Besuch* to cancel, to call off; (*ablehnen*) *Einladung* to decline, to turn down, to refuse. **er hat seine Teilnahme abgesagt** he decided against taking part. **II** *vi* to cry off. **jdm** ~ to tell sb that one can't come.

absägen *vt sep* **1.** (*abtrennen*) to saw off. **2.** (*fig inf*) to chuck *or* sling out (*inf*); *Minister, Beamten* to oust; *Schüler* to make fail.

absahnen *sep* **I** *vt Milch* to skim; (*fig*) *Geld* to rake in; (*sich verschaffen*) to cream off; **das Beste** to take. **II** *vi* to skim milk; (*fig*) to take the best; (*in bezug auf Menschen auch*) to take the cream.

absatteln *vti sep* to unsaddle.

Absatz *m* (*Unterbrechung*) pause; (*Abschnitt*) paragraph; (*Typ*) indention; (*Jur*) section. **einen** ~ **machen** to make a pause/to start a new paragraph/to indent.
2. (*Treppen*~) half-landing; (*Mauer*~) overhang; (*herausragend*) ledge.
3. (*Schuh*~) heel. **spitze Absätze** stilettos, stiletto heels; **sich auf dem** ~ **umdrehen, auf dem** ~ **kehrtmachen** to turn on one's heel.
4. (*Verkauf*) sales *pl*. **um den/unseren** ~ **zu steigern** to increase sales/our sales; ~ **finden** *or* **haben** to sell; **guten/begeisterten** *or* **starken** *or* **reißenden** ~ **finden** to sell well/like hot cakes.

absatzfähig *adj* marketable, saleable; **Absatzflaute** *f* slump in sales *or* in the market; **Absatzgebiet** *nt* sales area; **Absatzgenossenschaft** *f* marketing cooperative; **Absatzland** *nt* customer, buyer; **Absatzmarkt** *m* market; **Absatzplanung** *f* sales planning; **Absatzschwierigkeiten** *pl* sales problems *pl*; **auf** ~ **stoßen** to meet with sales resistance; **Absatzsteigerung** *f* increase in sales, sales increase; **absatzweise** *adj* in paragraphs.

absaufen *vi sep irreg aux sein* (*sl: ertrinken*) to drown; (*inf: Motor, Min: Grube*) to flood; (*sl: Schiff etc*) to go down.

absaugen *vt sep* Flüssigkeit, Gas, Staub to suck out *or* off; (*mit Staubsauger*) to hoover (*Brit* ®) *or* vacuum up; Teppich, Sofa to hoover ®, to vacuum.

abschaben *vt sep* to scrape off; (*säubern*) to scrape (clean); Stoff to wear thin; *siehe* abgeschabt.

abschaffen *vt sep* 1. (*außer Kraft setzen*) to abolish, to do away with. 2. (*nicht länger halten*) to get rid of.

Abschaffung *f siehe vt* 1. abolition. 2. getting rid of.

abschälen *sep* I *vt* Haut, Rinde to peel off; Baumstamm to strip. **die Rinde eines Baumes** ~ to strip *or* peel the bark off a tree.
    II *vr* to peel off.

abschalten I *vti sep* (*lit, fig inf*) to switch off; Kontakt to break. II *vr* to switch itself off.

Abschaltung *f* switching off; (*von Kontakt*) breaking.

abschatten, abschattieren* *vt sep* (*lit*) to shade; (*fig*) to give a slight nuance to.

Abschattung, Abschattierung *f* (*lit*) shading; (*fig*) nuance.

abschätzen *vt sep* to estimate, to assess; Menschen, Fähigkeiten to assess, to appraise. **seine Lage** ~ to take stock of *or* assess one's position; **ein ~der Blick** an appraising look; **jdn mit einer ~den Miene betrachten** to look at sb appraisingly.

abschätzig I *adj* disparaging; Bemerkung *auch* derogatory. II *adv* disparagingly. **sich** ~ **über jdn äußern** to make disparaging *or* derogatory remarks about sb.

Abschaum *m, no pl* scum. **der** ~ **der Menschheit** *or* **der menschlichen Gesellschaft** the scum of the earth.

abscheiden *sep irreg* I *vt* 1. (*ausscheiden*) to give off, to produce; (*Biol auch*) to secrete; (*Chem*) to precipitate.
    2. *siehe* abgeschieden.
    II *vr* (*Flüssigkeit etc*) to be given off *or* produced; (*Biol auch*) to be secreted; (*Chem*) to be precipitated.
    III *vi aux sein* (*euph liter: sterben*) to depart this life (*liter*), to pass away. **sein A~** his passing; *siehe* abgeschieden.

abscheren *vt sep* Haare, Wolle to shear off; Bart to shave off; Kopf, Kinn to shave.

Abscheu *m -(e)s, no pl or f -, no pl* repugnance, repulsion, abhorrence (*vor +dat* at). **vor jdm/etw** ~ **haben** *or* **empfinden** to loathe *or* detest *or* abhor sb/sth; **jdm** ~ **einflößen** to fill sb with loathing *or* horror *or* abhorrence.

abscheuern *sep* I *vt* 1. (*reinigen*) Fußboden, Wand to scrub (down); Schmutz to scrub off. 2. (*abschürfen*) Haut to rub *or* scrape off. 3. (*abwetzen*) Kleidung, Stoff to rub *or* wear thin; Ellbogen to wear out *or* through. **ein abgescheuerter Kragen** a worn collar. II *vr* (*Stoff*) to wear thin; (*Tierfell*) to get rubbed *or* scraped off.

abscheulich *adj* abominable, atrocious, loathsome; Verbrechen *auch* heinous; Anblick *auch* repulsive; (*inf*) awful, terrible (*inf*). **wie** ~! how ghastly *or* awful *or* terrible!; **es ist** ~ **kalt** it's hideously cold.

Abscheulichkeit *f* (*Untat*) atrocity, abomination; (*no pl: Widerwärtigkeit*) loathsomeness, atrociousness; (*von Verbrechen auch*) heinousness; (*von Geschmack, Anblick*) repulsiveness.

abschicken *vt sep* to send; Paket, Brief to send off, to dispatch; (*mit der Post auch*) to post, to mail (*esp US*).

Abschiebehaft *f* (*Jur*) remand pending deportation. **jdn in** ~ **nehmen** to put sb on remand pending deportation.

abschieben *sep irreg* I *vt* 1. (*wegschieben*) Schrank etc to push out *or* away (*von* from); (*fig*) Verantwortung, Schuld to push *or* shift (*auf +acc* onto). **er versucht immer, die Verantwortung auf andere abzuschieben** he always tries to pass the buck.
    2. Ausländer, Häftling to deport.
    3. (*inf: loswerden*) to get rid of. **jdn in eine andere Abteilung** ~ to shunt sb off to another department.
    II *vi aux sein* (*sl*) to push *or* clear off (*inf*). **schieb ab!** shove off! (*inf*).

Abschiebung *f, no pl* (*Ausweisung*) deportation.

Abschied *m -(e)s, (rare) -e* 1. (*Trennung*) farewell, parting. **von jdm/etw** ~ **nehmen** to say goodbye to sb/sth, to take one's leave of sb/sth; **zum** ~ **überreichte er ihr einen Blumenstrauß** on parting, he presented her with a bunch of flowers; **ein trauriger** ~ a sad farewell; **es war ein** ~ **für immer** *or* **fürs Leben** it was goodbye for ever; **beim** ~ **meinte er, ...** as he was leaving he said ...; **der** ~ **von der Heimat fiel ihm schwer** it was hard for him to say goodbye to the land of his birth; **ihr** ~ **von der Bühne/vom Film** her departure from the stage/from films; (*letzte Vorstellung*) her farewell performance; **ihre Heirat bedeutete für sie den** ~ **von der Kindheit** her marriage marked the end of her childhood; **sein** ~ **vom bisherigen Leben/von alten Gewohnheiten** breaking with his previous way of life/with his old habits; **der** ~ **von der Vergangenheit** breaking *or* the break with the past.
    2. (*Rücktritt*) (*von Beamten*) resignation; (*von Offizieren*) discharge. **seinen** ~ **nehmen** *or* **einreichen** to tender *or* hand in one's resignation/to apply for a discharge; **seinen** ~ **erhalten** *or* **bekommen** to be dismissed/discharged.

Abschieds- *in cpds* farewell; **Abschiedsbesuch** *m* farewell *or* goodbye visit; **Abschiedsbrief** *m* letter of farewell, farewell letter; **Abschiedsfeier** *f* farewell *or* going-away *or* leaving party;

Abschiedsgesuch *nt* (*Pol*) letter of resignation; **sein ~ einreichen** to tender one's resignation; **Abschiedsgruß** *m* farewell; (*Wort zum ~*) word of farewell; **Abschiedskuß** *m* farewell *or* parting *or* goodbye kiss; **Abschiedsrede** *f* farewell speech, valedictory (speech) (*form*); **Abschiedsschmerz** *m* pain of parting; **Abschiedsstunde** *f* time *or* hour of parting, time to say goodbye; **Abschieds-szene** *f* farewell scene; **Abschiedsträne** *f* tear at parting.

abschießen *sep irreg* I *vt* 1. *Geschoß, Gewehr* to fire; *Pfeil* to shoot (off), to loose off; *Rakete* to launch: (*auf ein Ziel*) to fire; (*fig*) *Blick* to shoot. 2. (*außer Gefecht setzen*) *Flugzeug, Piloten* to shoot down; *Panzer* to knock out; (*wegschießen*) *Bein etc* to shoot off. 3. (*totschießen*) *Wild* to shoot; (*sl: Menschen*) to shoot down; (*fig inf: abschieben*) to get rid of; *siehe* **Vogel**.
II *vi* (*Sport*) to kick off.

abschilfern *vi sep aux sein* to peel off.

abschinden *vr sep reg and irreg* (*inf*) to knacker oneself (*sl*); (*schwer arbeiten*) to work one's fingers to the bone. **sich mit Gartenarbeit/einem schweren Koffer ~** to knacker oneself gardening/carrying a heavy suitcase.

abschirmen *sep* I *vt* to shield; (*schützen auch*) to protect; (*vor Licht auch*) to screen; *Lampe* to cover. **jdn vor etw** (*dat*) **~** to shield *or* protect sb from sth; **etw gegen die Sonne ~** to screen *or* shield sth from the sun.
II *vr* to shield oneself (*gegen* from); (*sich schützen*) to protect oneself (*gegen* from *or* against); (*sich isolieren*) to isolate oneself, to cut oneself off (*gegen* from).

Abschirmung *f, no pl* 1. *siehe vt* shielding; protection; screening; covering. 2. (*fig*) (*Selbstschutz, Pol*) protection; (*Isolierung*) isolation.

abschlachten *vt sep* to slaughter; *Menschen auch* to butcher.

abschlaffen *sep* (*inf*) I *vi aux sein* to flag; *siehe* **abgeschlafft**. II *vt* to whack (*inf*).

Abschlag *m* 1. (*Preisnachlaß*) reduction; (*Abzug*) deduction. 2. (*Zahlung*) part payment (*auf +acc* of). 3. (*Ftbl*) kick-out, punt; (*Hockey*) bully(-off); (*Golf*) tee-off; (*~fläche m*) (*Abholzung*) felling.

abschlagen *sep irreg* I *vt* 1. (*mit Hammer etc*) to knock off; (*mit Schwert etc*) to cut off; (*mit Beil*) to cut *or* chop off; *Baum, Wald* to cut *or* chop down; (*herunterschlagen*) to knock down. 2. (*ablehnen*) to refuse; *Einladung, Bitte auch, Antrag* to turn down. **jdm etw ~** to refuse sb sth; **sie/er kann niemandem etwas ~** she/he can never refuse anybody anything. 3. (*zurückschlagen*) *Angriff, Feind* to beat *or* drive off; *siehe* **abgeschlagen**. 4. *auch vi* (*Ftbl*) to punt; (*Hockey*) to bully off; (*Golf*) to tee off. 5. **sein Wasser ~** (*inf*) to relieve oneself.
II *vr* (*Dampf etc*) to condense.

abschlägig *adj* negative. **jdn/etw ~ bescheiden** (*form*) to reject sb/sth.

Abschlag(s)zahlung *f* part payment.

abschleifen *sep irreg* I *vt Kanten, Ecken* to grind down; *Rost* to polish off; *Messer* to grind; *Holzboden* to sand (down).
II *vr* to get worn off, to wear down; (*fig*) (*Angewohnheit etc*) to wear off; (*Mensch*) to have the rough edges taken off. **das schleift sich (noch) ab** (*fig*) that'll wear off.

Abschleppdienst *m* breakdown service, (vehicle) recovery service.

abschleppen *sep* I *vt* 1. (*wegziehen*) to drag *or* haul off *or* away; *Fahrzeug, Schiff* to tow, to take in tow; (*Behörde*) to tow away. 2. (*inf*) *Menschen* to drag along; (*sich aneignen*) to get one's hands on (*inf*); (*aufgabeln*) to pick up (*inf*).
II *vr* **sich mit etw ~** (*inf*) to struggle with sth.

Abschleppfahrzeug *nt* breakdown *or* recovery vehicle; **Abschleppseil** *nt* towrope.

abschließen *sep irreg* I *vt* 1. (*zuschließen*) to lock; *Auto, Raum, Schrank* to lock (up). **etw luftdicht ~** to put an airtight seal on sth. 2. (*beenden*) *Sitzung, Vortrag etc* to conclude, to bring to a close; (*mit Verzierung*) to finish off. **sein Studium ~** to take one's degree, to graduate; **mit abgeschlossenem Studium** with a degree. 3. (*vereinbaren*) *Geschäft* to conclude, to transact; *Versicherung* to take out; *Wette* to place. **einen Vertrag ~** (*Pol*) to conclude a treaty; (*Jur, Comm*) to complete a contract. 4. (*Comm: abrechnen*) *Bücher* to balance; *Konto auch* to settle; *Geschäftsjahr* to close; *Inventur* to complete; *Rechnung* to make up.
II *vr* (*sich isolieren*) to cut oneself off, to shut oneself away.
III *vi* 1. (*zuschließen*) to lock up. **sieh mal nach, ob auch abgeschlossen ist** will you see if everything's locked? 2. (*enden*) to close, to come to a close, to conclude; (*mit Verzierung*) to be finished off. 3. (*Comm*) (*Vertrag schließen*) to conclude the deal; (*Endabrechnung machen*) to do the books. 4. (*Schluß machen*) to finish, to end. **mit allem/dem Leben ~** to finish with everything/life; **mit der Vergangenheit ~** to break with the past.

abschließend I *adj* concluding. II *adv* in conclusion, finally.

Abschluß *m* 1. (*Beendigung*) end; (*inf: ~prüfung*) final examination; (*Univ*) degree. **zum ~ von etw** at the close *or* end of sth; **zum ~ möchte ich ...** finally *or* to conclude I would like ...; **seinen ~ finden** (*geh*), **zum ~ kommen** to come to an end; **etw zum ~ bringen** to finish sth; **zum ~ unseres Programms hören Sie ...** to conclude *or* end our programmes for today ...; **kurz vor dem ~ stehen** to be in the final stages; **der Kaiserwalzer bildete den ~ des Konzertabends** the Emperor Waltz brought the concert evening to a close *or* concluded the concert evening; **die Universität ohne ~ verlassen** to leave

university without taking a degree.
2. *no pl* (*Vereinbarung*) conclusion; (*von Wette*) placing; (*von Versicherung*) taking out. **bei ~ des Vertrages** on completion of the contract. **3.** (*Comm: Geschäft*) business deal. **zum ~ kommen** to make a deal. **4.** *no pl* (*Comm: der Bücher*) balancing; (*von Konto*) settlement; (*von Geschäftsjahr*) close; (*von Inventur*) completion. **5.** (*Rand, abschließender Teil*) border.

Abschlußball *m* (*von Tanzkurs*) final ball; **Abschlußfeier** *f* (*Sch*) speech *or* prize-giving day; **Abschlußklasse** *f* (*Sch*) final class *or* year; **Abschlußkommuniqué** *nt* final communiqué; **Abschlußprüfung** *f* **1.** (*Sch*) final examination; (*Univ auch*) finals *pl*; **2.** (*Comm*) audit; **Abschlußzeugnis** *nt* (*Sch*) leaving certificate, diploma (*US*).

abschmalzen (*Aus*) *vt sep* to gratinate.

abschmatzen *vt sep* (*inf*) to slobber over (*inf*).

abschmecken *sep* **I** *vt* (*kosten*) to taste, to sample; (*würzen*) to season. **II** *vi* (*kosten*) to taste; (*nachwürzen*) to add some seasoning.

abschmelzen *vti sep irreg* (*vi: aux sein*) to melt (away); (*Tech*) to melt down.

abschmettern *vt sep* (*inf*) (*Sport*) to smash; (*fig inf: zurückweisen*) to throw out. **mit seinem Antrag wurde er abgeschmettert** his application was thrown out; **er wurde abgeschmettert** he was shot down (*inf*).

abschmieren *vt sep* **1.** (*Tech*) *Auto* to grease, to lubricate. **2.** (*inf: abschreiben*) to crib (*inf*); (*unordentlich schreiben*) to scribble down.

abschminken *vt sep* **1.** *Gesicht, Haut* to remove the make-up from. **sich ~** to take off *or* remove one's make-up. **2.** (*inf: aufgeben*) **sich** (*dat*) **etw ~** to get sth out of one's head.

abschmirgeln *vt sep* to sand down.

abschnallen *sep* **I** *vt* to unfasten, to undo. **II** *vr* to unfasten one's seat belt. **III** *vi* (*sl*) **1.** (*nicht folgen können*) to give up. **2.** (*fassungslos sein*) to be staggered (*inf*). **da schnallste ab!** it's unbelievable!

abschneiden *sep irreg* **I** *vt* (*lit, fig*) to cut off; *Flucht, Ausweg auch* to block off; *Blumen, Scheibe* to cut (off); *Zigarre* to cut the end off; *Fingernägel, Haar* to cut; *Rock, Kleid* to cut the seam off. **jdm das Wort ~** to cut sb short.
II *vi* **1. bei etw gut/schlecht ~** (*inf*) to come off well/badly in sth.
2. (*abkürzen*) to take a short cut; (*Weg, Straße*) to be a short cut.

abschnippeln *vt sep* (*inf*) **etw von etw ~** to cut a bit off sth; (*mit Schere auch*) to snip sth off sth.

Abschnitt *m* **1.** section; (*Math*) segment; (*Mil*) sector, zone; (*Geschichts~, Zeit~*) period. **2.** (*Kontroll~*) (*von Scheck etc*) counterfoil; (*von Karte*) section; (*von Papier*) slip.

abschnüren *vt sep* to cut off (*von* from); (*Med*) *Glied* to put a tourniquet on. **jdm das Blut ~** to cut off sb's circulation; **jdm die Luft ~** (*lit*) to stop sb breathing; (*fig*) to bankrupt *or* ruin sb.

abschöpfen *vt sep* to skim off; *Kaufkraft* to absorb. **den Rahm** *or* **das Fett ~** (*fig*) to cream off the best part; **den Gewinn ~** to siphon off the profits.

abschotten *vt sep* (*Naut*) to separate with a bulkhead, to bulkhead off. **sich gegen etw ~** (*fig*) to cut oneself off from sth.

abschrägen *vt sep* to slope; *Holz, Brett* to bevel. **ein abgeschrägtes Dach** a sloping roof.

Abschrägung *f* slope; (*von Brett*) bevel.

abschrauben *vt sep* to unscrew.

abschrecken *sep* **I** *vt* **1.** (*fernhalten*) to deter, to put off; (*verjagen: Hund, Vogelscheuche*) to scare off. **jdn von etw ~** to deter sb from sth, to put sb off sth; **ich lasse mich dadurch nicht ~** that won't deter me, I won't be deterred by that. **2.** (*Cook*) to rinse with cold water. **II** *vi* (*Strafe*) to act as a deterrent.

abschreckend *adj* **1.** (*warnend*) deterrent. **ein ~es Beispiel** a warning; **eine ~e Wirkung haben, ~ wirken** to act as a deterrent. **2.** (*abstoßend*) *Häßlichkeit* repulsive.

Abschreckung *f* **1.** (*das Fernhalten*) deterrence; (*das Verjagen*) scaring off; (*~smittel*) deterrent. **2.** (*Cook*) rinsing with cold water.

Abschreckungsmaßnahme *f*, **-mittel** *nt* deterrent; **Abschreckungstheorie** *f* (*Jur*) theory of deterrence; **Abschreckungswaffe** *f* deterrent weapon.

abschreiben *sep irreg* **I** *vt* **1.** (*kopieren*) to copy out; (*Sch: abgucken*) to crib, to crib (*inf*); (*plagiieren*) to copy (*bei, von* from).
2. (*schreibend abnutzen*) to use up.
3. (*Comm: absetzen*) to deduct.
4. (*verloren geben*) to write off. **er ist bei mir abgeschrieben** I'm through *or* finished with him.
II *vi* **1.** (*Sch*) to copy, to crib (*inf*).
2. jdm ~ to write to sb to tell him that one cannot come *etc*.
III *vr* (*Bleistift, Farbband*) to get used up; (*Kugelschreiber etc auch*) to run out.

Abschreiber *m* (*pej*) plagiarist; (*Sch*) cribber.

Abschreibung *f* (*Comm*) deduction; (*Wertverminderung*) depreciation.

abschreiten *vt sep irreg* **1.** (*entlanggehen*) to walk along; (*hin und zurück*) to walk up and down; *Gelände* to patrol; (*inspizieren*) to inspect. **2.** (*messen*) to pace out.

Abschrift *f* copy.

abschriftlich *adv* (*form*) as a copy. **etw ~ beilegen** to enclose a copy of sth.

abschrubben *vt sep* (*inf*) **1.** *Schmutz* to scrub off *or* away; *Rücken, Kleid, Fußboden* to scrub (down). **schrubbt euch richtig ab!** give yourselves a good scrub! **2.** (*zurücklegen*) to do; (*Aut auch*) to clock up (*inf*).

abschuften *vr sep* (*inf*) to slog one's guts out (*inf*).

abschuppen *sep* **I** *vt Fisch* to scale. **II** *vr* to flake off.

abschürfen *vt sep* to graze.

Abschürfung *f* (*Wunde*) graze.

Abschuß *m* **1.** (*das Abfeuern*) firing, shooting; (*von Pfeil auch*) loosing off; (*von Rakete*) launch(ing); (*auf ein Ziel*) firing. **2.** (*das Außer-Gefecht-Setzen*) shooting down; (*von Panzer*) knocking out. **sie erzielten zwölf Abschüsse** they shot *or* brought down twelve planes. **3.** (*von Wild*) shooting. **Fasanen/ Elefanten sind jetzt zum ~ freigegeben** pheasant-shooting/the hunting of elephants is now permitted; **die Zahl der Abschüsse** the number of kills. **4.** (*Sport*) (goal) kick.

Abschußbasis *f* launching base.

abschüssig *adj* sloping. **eine sehr ~e Straße** a steep road, a steeply sloping road; **auf die ~e Bahn geraten** (*fig*) to go downhill.

Abschußliste *f* **er steht auf der ~** (*inf*) his days are numbered; **Abschußrampe** *f* launching pad.

abschütteln *vt sep Staub, Schnee* to shake off; *Decke, Tuch* to shake (out); (*fig*) *Verfolger* to shake off, to lose (*inf*); *Gedanken, Ärger etc* to get rid of; (*fig: Joch*) throw off.

abschütten *vt sep Flüssigkeit, Mehl, Sand etc* to pour off; (*Cook*) *Flüssigkeit* to drain off; *Kartoffeln etc* to drain; *Eimer* to empty.

abschwächen *sep* I *vt* to weaken; *Behauptung, Formulierung, Foto* to tone down; *Schock, Aufprall* to lessen; *Wirkung, Einfluß auch* to lessen; *Stoß, Eindruck* to soften.

II *vr* to drop *or* fall off, to diminish; (*Lärm*) to decrease; (*Met: Hoch, Tief*) to disperse; (*Preisauftrieb, Andrang*) to ease off; (*St Ex: Kurse*) to weaken.

Abschwächung *f siehe vb* weakening; toning down; lessening; softening; decrease; dispersal; easing off; weakening; reduction.

abschwatzen, abschwätzen (*S Ger*) *vt sep* (*inf*) **jdm etw ~** to talk sb into giving one sth; **das habe ich mir von meinem Bruder ~ lassen** I let my brother talk me into giving it to him.

abschweifen *vi sep aux sein* (*lit, fig*) to stray, to wander (off *or* away); (*Redner auch*) to digress. **er schweifte vom Thema ab** he deviated from the subject.

Abschweifung *f siehe vi* digression; deviation.

abschwellen *vi sep irreg aux sein* (*Entzündung*) to go down; (*Lärm*) to die *or* fade *or* ebb away. **der Fuß ist abgeschwollen** the swelling in his foot has gone down.

abschwenken *sep* I *vi aux sein* to turn away; (*Kamera*) to swing round, to pan. **(von der Straße) ~** to turn off (the road); **er ist nach links abgeschwenkt** (*lit*) he turned off to the left; (*fig*) he swung (over) to the left; **(nach rechts) ~** (*Mil*) to wheel (right).

II *vt* **1.** (*abspülen*) *Gläser etc* to rinse; (*abschütteln*) *Tropfen* to shake off.

2. (*Cook*) *Kartoffeln, Gemüse* to drain (off).

abschwindeln *vt sep* **jdm etw ~** to swindle sb out of sth.

abschwirren *vi sep aux sein* to whirr off; (*fig inf: weggehen*) to buzz off (*inf*). **die**

Vögel schwirrten plötzlich ab with a flutter of wings the birds suddenly flew off.

abschwören *vi sep irreg* (*old, rare*) to renounce (*dat* sth). **dem Glauben/Teufel ~** to renounce one's faith/the devil; **seinen Ketzereien ~** to recant one's heresies.

Abschwung *m* (*Sport*) dismount; (*Comm*) downward trend, downswing.

absegeln *vi sep* **1.** *aux sein* (*lossegeln*) to sail off *or* away, to set sail; (*inf: weggehen*) to sail off. **der Schoner segelte von Bremen ab** the schooner sailed from Bremen *or* set sail from Bremen. **2.** (*Sport: die Saison beenden*) to have one's last sail.

absegnen *vt sep* (*inf*) *Vorschlag, Plan* to give one's blessing to. **von jdm abgesegnet sein** to have sb's blessing.

absehbar *adj* foreseeable. **in ~er/auf ~e Zeit** in/for the foreseeable future; **das Ende seines Studiums ist noch nicht ~** the end of his studies is not yet in sight; **die Folgen sind noch gar nicht ~** there's no telling what the consequences will be.

absehen *sep irreg* I *vt* **1.** (*abgucken*) (**bei**) **jdm etw ~** to pick sth up from sb; (*abschreiben*) to copy sth from sb.

2. (*voraussehen*) to foresee. **es ist noch gar nicht abzusehen, wie lange die Arbeit dauern wird** there's no telling yet how long the work will last; **es ist ganz klar abzusehen, daß ...** it's easy to see that ...; **das Ende läßt sich noch nicht ~** the end is not yet in sight; *siehe* **abgesehen I**.

II *vi* **von etw ~** (*verzichten*) to refrain from sth; (*nicht berücksichtigen*) to disregard sth, to leave sth out of account *or* consideration; **davon ~, etw zu tun** to dispense with *or* to refrain from doing sth; *siehe* **abgesehen II**.

abseifen *vt sep* to soap down. **jdm den Rücken ~** to soap sb's back.

abseilen *sep* I *vt* to let *or* lower down on a rope. II *vr* to let *or* lower oneself down on a rope; (*Bergsteiger*) to abseil (down); (*fig inf*) to skedaddle (*inf*).

absein *vi sep irreg aux sein* (*inf*) **1.** (*weg sein*) to be off. **die Farbe/der Knopf ist ab** the paint/button has come off. **2.** (*abgelegen sein*) to be far away.

abseitig *adj* **1.** (*geh: abseits liegend*) remote. **2.** (*ausgefallen*) esoteric. **3.** (*pervers*) perverse.

abseits I *adv* to one side; (*abgelegen*) out of the way, remote; (*Sport*) offside. **~ liegen** to be out of the way *or* remote; **~ vom Wege** off the beaten track; **~ von der Straße** away from the road; **~ stehen** (*fig*) to be on the outside; (*Sport*) to be offside; **~ bleiben, sich ~ halten** (*fig*) to hold *or* keep to oneself.

II *prep* +*gen* away from. **~ des Weges** off the beaten track.

Abseits *nt* -, - (*Sport*) offside. **im ~ stehen** to be offside; **ein Leben im ~ führen, im ~ leben** (*fig*) to live in the shadows.

Abseitsposition, -stellung *f* offside position; **Abseitstor** *nt* offside goal.

absenden *vt sep* to send; *Brief, Paket* to send off, to dispatch; (*mit der Post auch*) to post, to mail (*esp US*).

Absender(in *f*) *m* **-s**, **-** ~ sender; (*Adresse*) (sender's) address.

absengen *vt sep* to singe off.

absenken *sep* I *vt* **1.** (*Build*) *Grundwasserstand* to lower; *Fundamente* to sink. **2.** (*Agr*) *Weinstöcke etc* to layer. II *vr* to subside. **das Gelände senkt sich zum Seeufer ab** the terrain slopes down towards the shore.

absentieren* *vr insep* (*old, hum*) to absent oneself.

abservieren* *sep* I *vi* to clear the table. II *vt* **1.** *Geschirr, Tisch* to clear. **2.** (*inf: absetzen*) *jdn* ~ to push sb out, to get rid of sb. **3.** (*sl: umbringen*) to do in (*inf*). **4.** (*Sport sl: besiegen*) to thrash (*inf*).

absetzbar *adj Ware* saleable; *Betrag* deductible; *Mensch* dismissible.

absetzen *sep* I *vt* **1.** (*abnehmen*) *Hut, Brille* to take off, to remove; (*hinstellen*) *Gepäck, Glas* to set *or* put down; *Geigenbogen, Feder* to lift; *Gewehr* to unshoulder.
2. (*aussteigen lassen*) *Mitfahrer, Fahrgast* to set down, to drop; *Fallschirmjäger* to drop. **wo kann ich dich ~?** where can I drop you?
3. *Theaterstück, Oper* to take off; *Fußballspiel, Termin* to cancel; *Punkt von der Tagesordnung* to delete. **etw vom Spielplan ~** to take sth off the programme.
4. (*entlassen*) to dismiss; *Minister, Vorsitzenden auch* to remove from office; *König, Kaiser* to depose.
5. (*entwöhnen*) *Jungtier* to wean; (*Med*) *Medikament, Tabletten* to come off, to stop taking; *Behandlung* to break off, to discontinue; (*Mil*) *Ration etc* to stop. **die Tabletten mußten abgesetzt werden** I/she *etc* had to stop taking the tablets *or* come off the tablets.
6. (*Comm: verkaufen*) *Waren* to sell. **sich gut ~ lassen** to sell well.
7. (*abziehen*) *Betrag, Summe* to deduct. **das kann man ~** that is tax deductible.
8. (*ablagern*) *Geröll* to deposit.
9. (*kontrastieren*) to contrast. **etw gegen etw ~** to set sth off against sth.
10. (*Typ*) *Manuskript* to (type)set, to compose. (**eine Zeile**) ~ to start a new line. II *vr* **1.** (*Chem, Geol*) to be deposited; (*Feuchtigkeit, Staub etc*) to collect.
2. (*inf: weggehen*) to get *or* clear out (*aus* of) (*inf*); (*Sport: Abstand vergrößern*) to pull ahead. **sich nach Brasilien ~** to clear off to Brazil.
3. sich gegen jdn/etw ~ to stand out against sb/sth; **sich vorteilhaft gegen jdn/ etw ~** to contrast favourably with sb/sth.
III *vi* to put one's glass down. **er trank das Glas aus, ohne abzusetzen** he emptied his glass in one.

Absetzung *f* **1.** (*Entlassung*) (*von Beamten*) dismissal; (*von Minister, Vorsitzendem auch*) removal from office; (*von König*) deposing, deposition.
2. (*von Theaterstück etc*) withdrawal; (*von Fußballspiel, Termin etc*) cancellation; (*von Punkt auf der Tagesordnung*) deletion.

absichern *sep* I *vt* to safeguard; (*garantieren*) to cover; *Bauplatz, Gefahrenstelle* to make safe; *Dach* to support. **jdn über**

die Landesliste ~ (*Pol*) ≃ to give sb a safe seat. II *vr* (*sich schützen*) to protect oneself; (*sich versichern*) to cover oneself.

Absicht *f* -, **-en** (*Vorsatz*) intention; (*Zweck*) purpose; (*Jur*) intent. **in der besten** ~ with the best of intentions; **in der** ~, **etw zu tun** with a view to doing sth, with the intention of doing sth; **die** ~ **haben, etw zu tun** to intend to do sth; **eine** ~ **mit etw verfolgen** to have something in mind with sth; **ernste** ~**en haben** (*inf*) to have serious intentions; **das war nicht meine** ~! I didn't intend that; **das war doch keine** ~! (*inf*) it wasn't deliberate *or* intentional; **etw mit/ohne** ~ **tun** to do/not to do sth on purpose *or* deliberately.

absichtlich *adj* deliberate, intentional. **etw** ~ **tun** to do sth on purpose *or* deliberately *or* intentionally.

absingen *vt sep irreg* **1.** (*vom Blatt*) to sightread. **2.** (*bis zu Ende*) to sing (right) through. **unter A**~ **der Nationalhymne/ Internationale** with the singing of the national anthem/ Internationale.

absinken *vi sep irreg aux sein* (*Schiff*) to sink; (*Boden auch*) to subside; (*Temperatur, Wasserspiegel, Kurs*) to fall, to go down; (*Interesse, Leistungen*) to fall *or* drop off; (*fig: moralisch*) to go downhill.

Absinth *m* **-(e)s, -e** absinth.

absitzen *sep irreg* I *vt* **1.** (*verbringen*) *Zeit* to sit out; (*verbüßen*) *Strafe* to serve.
2. (*abnutzen*) *Hose etc* to wear thin (at the seat); *Sessel, Polster* to wear (thin). II *vi* **1.** *aux sein* (*vom Pferd*) ~ to dismount (from a horse); **abgesessen!** dismount!
2. weit ~ to sit far away.

absolut *adj* (*alle Bedeutungen*) absolute; (*völlig auch*) complete, total. ~ **nicht/ nichts** absolutely not/nothing; **das ist** ~ **unmöglich** that's quite *or* absolutely impossible; ~ **genommen** *or* **betrachtet** considered in the absolute.

Absolute(s) *nt decl as adj* (*Philos*) Absolute, absolute.

Absolutheit *f, no pl* absoluteness.

Absolutheits|anspruch *m* claim to absolute right. **einen** ~ **vertreten** to claim absoluteness.

Absolution *f* (*Eccl*) absolution. **jdm die** ~ **erteilen** to grant *or* give sb absolution.

Absolutismus *m, no pl* absolutism.

absolutistisch *adj* absolutistic.

Absolvent(in *f*) [apzɔl'vɛnt(ɪn)] *m* (*Univ*) graduate. **die** ~**en eines Lehrgangs** the students who have completed a course.

absolvieren* [apzɔl'viːrən] *vt insep* **1.** (*Eccl*) to absolve. **2.** (*durchlaufen*) *Studium, Probezeit* to complete; *Schule* to finish, to graduate from (*US*); *Prüfung* to pass. **3.** (*ableisten*) to complete.

Absolvierung *f siehe vt* **2., 3.** completion; finishing; graduation (*gen* from); passing.

absonderlich *adj* peculiar, strange.

Absonderlichkeit *f* **1.** *no pl* strangeness. **2.** (*Eigenart*) peculiarity.

absondern *sep* I *vt* **1.** (*trennen*) to separate; (*isolieren*) to isolate. **2.** (*ausscheiden*) to secrete. II *vr* **1.** (*Mensch*) to cut oneself off. **sie sondert sich immer sehr ab** she always keeps herself very much to herself; *siehe auch* **abgesondert. 2.** (*ausgeschieden werden*) to be secreted.

Absonderung *f* **1.** *siehe vt* separation; isolation; secretion. **2.** *siehe vr* segregation; secretion. **3.** (*abgeschiedener Stoff*) secretion.

Absorber [ap'zɔrbɐ] *m* **-s, -** (*Tech*) absorber.

absorbieren* *vt insep* (*lit, fig*) to absorb.

Absorption *f* absorption.

abspalten *vtr sep* to split off; (*Chem*) to separate (off).

abspannen *sep* I *vt* **1.** *Pferd, Wagen* to unhitch; *Ochsen* to unyoke. **2.** (*Build*) to anchor. II (*fig: entspannen*) to relax; *siehe auch* **abgespannt.**

Abspannung *f* **1.** (*Erschöpfung*) *siehe* **Abgespanntheit. 2.** (*Build*) anchoring; (*Spannseil*) anchor (cable).

absparen *vt sep* **sich** (*dat*) **ein Auto vom Lohn** ~ to save up for a car from one's wages; **sich** (*dat*) **etw vom** *or* **am Munde** ~ to scrimp and save for sth.

abspecken *vt sep* (*inf*) to shed.

abspeisen *vt sep* **1.** (*inf: beköstigen*) to feed. **2.** (*fig: abfertigen*) **jdn mit etw** ~ to fob sb off with sth.

abspenstig *adj* **jdm jdn/etw** ~ **machen** to lure sb/sth away from sb; **jdm die Freundin** ~ **machen** to pinch sb's girlfriend (*inf*); **jdm seine Kunden** ~ **machen** to lure *or* draw sb's customers away from him.

absperren *sep* I *vt* **1.** (*versperren*) to block *or* close off. **2.** (*abdrehen*) *Wasser, Strom, Gas etc* to turn *or* shut off. **3.** (*S Ger: zuschließen*) to lock. II *vi* (*S Ger*) to lock up.

Absperrgitter *nt* barrier; **Absperrhahn** *m* stopcock; **Absperrkette** *f* chain.

Absperrung *f* **1.** (*Abriegelung*) blocking *or* closing off. **2.** (*Sperre*) barrier; (*Kordon*) cordon.

Abspiel *nt* (*das Abspielen*) passing; (*Schuß*) pass.

abspielen *sep* I *vt* **1.** *Schallplatte, Tonband* to play (through); *Nationalhymne* to play; (*vom Blatt*) *Musik* to sight-read; *siehe auch* **abgespielt. 2.** (*Sport*) *Ball* to pass; (*beim Billard*) to play. II *vr* (*sich ereignen*) to happen; (*stattfinden*) to take place. **wie mein Leben sich abspielt** what my life is like; **da spielt sich (bei mir) nichts ab!** (*inf*) nothing doing! (*inf*).

absplittern *sep* I *vti* (*vi: aux sein*) to chip off; *Holz auch* to splinter off. II *vr* to split *or* splinter off.

Absprache *f* arrangement. **eine** ~ **treffen** to make *or* come to an arrangement; **ohne vorherige** ~ without prior consultation.

absprachegemäß *adv* as arranged.

absprechen *sep irreg* I *vt* **1.** **jdm etw** ~ (*verweigern*) *Recht* to deny *or* refuse sb sth; (*in Abrede stellen*) *Begabung* to deny *or* dispute sb's sth; **er ist wirklich sehr klug, das kann man ihm nicht** ~ there's no denying that he's very clever.
2. (*verabreden*) *Termin* to arrange. **die Zeugen hatten ihre Aussagen vorher abgesprochen** the witnesses had agreed on what to say in advance.

II *vr* **sich mit jdm** ~ to make an arrange-

ment with sb; **die beiden hatten sich vorher abgesprochen** they had agreed on what to do/say *etc* in advance; **ich werde mich mit ihr** ~ I'll arrange *or* fix things with her; **sich** ~**, etw zu tun** to arrange to do sth.

abspreizen *vt sep* to extend; (*Build*) to brace.

abspringen *vi sep irreg aux sein* **1.** (*herunterspringen*) to jump down (*von* from); (*herausspringen*) to jump out (*von* of); (*Aviat*) to jump (*von* from); (*bei Gefahr*) to bale out; (*Sport*) to dismount; (*losspringen*) to take off; (*sl: Koitus interruptus praktizieren*) to pull out (*inf*). **mit dem rechten Bein** ~ to take off on the right leg.
2. (*sich lösen*) to come off; (*Farbe, Lack auch*) to flake *or* peel off; (*abprallen*) to bounce off (*von etw* sth).
3. (*fig inf: sich zurückziehen*) to get out; (*von Partei, Kurs etc*) to back out. **von etw** ~ to get *or* back out of sth.

abspritzen *sep* I *vt* **1.** **etw/jdn/sich** ~ to spray sth/sb/oneself down; *Schmutz* to spray off (*von etw* sth); (*Cook*) to sprinkle. **2.** (*NS euph sl: töten*) to give a lethal injection to. II *vi* **1.** *aux sein* to spray off. **2.** (*vulg: ejakulieren*) to spunk (*vulg*).

Absprung *m* jump (*auch Aviat*), leap; (*Sport*) take-off; (*Abgang*) dismount. **den** ~ **schaffen** (*fig*) to make the break (*inf*), to make it (*inf*); **er hat den** ~ **gewagt** (*fig*) he took the jump; **den** ~ (**ins Berufsleben**) **verpassen** (*fig*) to miss the boat.

abspulen *vt sep* *Kabel, Garn* to unwind; (*inf*) (*filmen*) to shoot; (*vorführen*) to show; (*fig*) to reel off.

abspülen *sep* I *vt* *Hände, Geschirr* to rinse; *Fett etc* to rinse off. II *vi* to wash up, to do the washing up.

abstammen *vi sep no ptp* to be descended (*von* from); (*Ling*) to be derived (*von* from).

Abstammung *f* descent; (*Abkunft auch*) origin; (*Ling*) origin, derivation. **ehelicher/unehelicher** ~ (*Jur*) of legitimate/illegitimate birth; **französischer** ~ of French extraction *or* descent.

Abstammungslehre, -theorie *f* theory of evolution.

Abstand *m* **1.** (*Zwischenraum*) distance; (*kürzerer* ~) gap, space; (*Zeit*~) interval; (*Punkte*~) gap; (*fig*) (*Distanz*) distance; (*Unterschied*) difference. **mit** ~ **by** far, far and away; ~ **von etw gewinnen** (*fig*) to distance oneself from sth; **in regelmäßigen Abständen/Abständen von 10 Minuten** at regular/10 minute intervals; ~ **halten** to keep one's distance; **mit großem** ~ **führen** to lead by a wide margin.
2. (*form: Verzicht*) **von etw** ~ **nehmen** to dispense with sth; **davon** ~ **nehmen, etw zu tun** to refrain from doing sth, to forbear to do sth (*old, form*).
3. (*Abfindung*) indemnity.

Abstandssumme *f* (*form*) indemnity.

abstatten *vt sep* (*form*) **jdm Bericht** ~ to report to sb; **jdm einen Besuch** ~ to pay sb a visit; **jdm seinen Dank** ~ to give thanks to sb.

abstauben *vti sep* **1.** *Möbel etc* to dust.
2. (*inf*) (*wegnehmen*) to pick up; (*schnor-*

ren) to cadge (*von, bei, dat* off, from). **er will immer nur** ~ he's always on the scrounge. **3.** (*Ftbl inf*) (**ein Tor** *or* **den Ball**) ~ to put the ball into the net, to tuck the ball away.

Abstauber *m* **-s, -** (*Ftbl inf*) **1.** (*auch* ~**tor**) easy goal. **2.** (*Spieler*) goal-hanger (*inf*).

abstechen *sep irreg* **I** *vt* **1. ein Tier** ~ to cut an animal's throat.

2. (*abtrennen*) *Torf* to cut; *Rasen* to trim (the edges of).

3. (*ablaufen lassen*) *Hochofen, Metall* to tap; *Gewässer* to drain; *Wein* to rack.

II *vi* **gegen jdn/etw** ~, **von jdm/etw** ~ to stand out against sb/sth.

Abstecher *m* **-s, -** (*Ausflug*) excursion, trip; (*Umweg*) detour; (*fig*) sortie.

abstecken *vt sep* **1.** *Gelände, Grenze, Trasse* to mark out; (*mit Pflöcken auch*) to peg *or* stake out; (*fig*) *Verhandlungsposition, Programm* to work out. **2.** *Kleid, Naht* to pin.

abstehen *sep irreg* **I** *vi* **1.** (*entfernt stehen*) to stand away; (*nicht anliegen*) to stick out. ~**de Ohren** ears that stick out.

2. (*old form: verzichten*) **von etw** ~ to abandon sth; **davon** ~, **etw zu tun** to refrain from doing sth, to forbear to do sth (*old, form*).

3. *siehe* **abgestanden.**

II *vt* (*inf*) **sich** (*dat*) **die Beine** ~ to stand for hours and hours.

Absteige *f* **-, -n** (*inf*) dosshouse (*inf*), flophouse (*US inf*); cheap hotel.

absteigen *vi sep irreg aux sein* **1.** (*heruntersteigen*) to get off (*von etw* sth); (*vom Pferd, Rad auch*) to dismount. **von einem Pferd/Rad** *etc* ~ to dismount, to get off a horse/bicycle *etc*; **Radfahrer** ~! no cycling, cycling prohibited.

2. (*abwärts gehen*) to make one's way down; (*Bergsteiger auch*) to climb down. **in** ~**der** *or* **der** ~**den Linie** in the line of descent; **auf dem** ~**den Ast sein** (*inf*) to be going downhill, to be on the decline; **gesellschaftlich** ~ to go down in society.

3. (*einkehren*) to stay; (*im Hotel auch*) to put up (*in* +*dat* at).

4. (*Sport: Mannschaft*) to go down, to be relegated. **aus der ersten Liga** ~ to be relegated from the first division.

Absteigequartier *nt siehe* **Absteige.**

Absteiger *m* **-s, -** (*Sport*) relegated team; team facing relegation. **gesellschaftlicher** ~ (*fig*) someone who has come down in the world.

Abstellbahnhof *m* railway yard.

abstellen *sep* **I** *vt* **1.** (*hinstellen*) to put down.

2. (*unterbringen*) to put; (*Aut: parken auch*) to park.

3. (*abrücken*) to put away from. **das Klavier von der Wand** ~ to leave the piano out from *or* away from the wall.

4. (*abkommandieren*) to order off, to detail; *Offizier auch* to second; (*fig: abordnen*) to assign; (*Sport*) *Spieler* to release.

5. (*ausrichten auf*) **etw auf jdn/etw** ~ to gear sth to sb/sth.

6. (*abdrehen*) to turn off; *Geräte, Licht auch* to switch off; (*Zufuhr unterbrechen*) *Gas, Strom* to cut off; *Telefon* to discon-

nect. **den Haupthahn für das Gas** ~ to turn the gas off at the mains.

7. (*sich abgewöhnen*) to give up.

8. (*unterbinden*) *Mangel, Unsitte etc* to bring to an end. **das läßt sich nicht/läßt sich** ~ nothing/something can be done about that; **läßt sich das nicht** ~? couldn't that be changed?

II *vi* **auf etw** (*acc*) ~ to be geared to sth; (*etw berücksichtigen*) to take sth into account.

Abstellgleis *nt* siding; **jdn aufs** ~ **schieben** (*fig*) to push *or* cast sb aside; **auf dem** ~ **sein** *or* **stehen** (*fig*) to have been pushed *or* cast aside; **Abstellkammer** *f* boxroom; **Abstellraum** *m* storeroom.

abstempeln *vt sep* to stamp; *Post* to postmark; (*fig*) to stamp, to brand (*zu, als* as).

absteppen *vt sep* to stitch, to sew; *Wattiertes, Daunendecke* to quilt; *Kragen etc* to topstitch.

absterben *vi sep irreg aux sein* (*eingehen, Med*) to die; (*gefühllos werden: Glieder*) to go *or* grow numb; (*fig*) (*Gefühle*) to die; (*Sitten*) to die out. **mir sind die Zehen abgestorben** my toes have gone *or* grown numb; *siehe* **abgestorben.**

Abstieg *m* **-(e)s, -e** (*das Absteigen*) way down, descent; (*Weg*) descent; (*Niedergang*) decline; (*Sport*) relegation. **vom** ~ **bedroht** (*Sport*) threatened by relegation, in danger of being relegated.

abstillen *sep* **I** *vt* *Kind* to wean, to stop breastfeeding. **II** *vi* to stop breastfeeding.

abstimmen *sep* **I** *vi* to take a vote. **über etw** (*acc*) ~ to vote *or* take a vote on sth; **über etw** (*acc*) ~ **lassen** to put sth to the vote; **geheim** ~ to have a secret ballot.

II *vt* (*harmonisieren*) *Instrumente* to tune (*auf* +*acc* to); *Radio* to tune (in) (*auf* +*acc* to); (*in Einklang bringen*) *Farben, Kleidung* to match (*auf* +*acc* with); *Termine* to coordinate (*auf* +*acc* with); (*anpassen*) to suit (*auf* +*acc* to); (*Comm*) *Bücher* to balance. **gut auf etw** (*acc*)/ **aufeinander abgestimmt sein** (*Instrumente*) to be in tune with sth/with each other; (*Farben, Speisen etc*) to go well with sth/with each other *or* together; (*Termine*) to fit in well with sth/with each other; (*einander angepaßt sein*) to be well-suited to sth/(to each other); **etw miteinander** ~ (*vereinbaren*) to settle sth amongst ourselves/themselves *etc.*

III *vr* **sich** ~ (*mit jdm/miteinander*) to come to an agreement (with sb/amongst ourselves/themselves *etc*).

Abstimmung *f* **1.** (*Stimmabgabe*) vote; (*geheime* ~) ballot; (*das Abstimmen*) voting. **zur** ~ **kommen** *or* **schreiten** (*form*) to come to the vote; **eine** ~ **durchführen** *or* **vornehmen** to take a vote/to hold a ballot. **2.** *siehe vt* tuning; matching; coordination; suiting; balancing. **3.** (*Vereinbarung*) agreement.

Abstimmung|sergebnis *nt* result of the vote; **Abstimmungsniederlage** *f* **eine** ~ **erleiden** to be defeated in a vote; **Abstimmungssieg** *m* **einen** ~ **erringen** to win a/the vote.

abstinent *adj* teetotal; (*geschlechtlich*) abstinent, continent, not indulging in sex. ~

leben to live a life of abstinence.
Abstinenz *f, no pl* teetotalism, abstinence; *(geschlechtlich)* abstinence.
Abstinenzler(in *f) m* **-s, -** teetotaller.
abstoppen *sep* I *vt* 1. *Auto, Maschine, Verkehr* to stop, to bring to a standstill *or* halt; *(drosseln)* to halt. 2. *(Sport) Ball* to stop; *(mit Stoppuhr)* to time. *jds Zeit* ~ to time sb. II *vi* to stop, to come to a halt.
Abstoß *m* 1. *(Ftbl)* goal kick; *(nach Fangen des Balls)* clearance. 2. **der** ~ **vom Ufer war so kräftig, daß** ... the boat was pushed away *or* out from the shore so forcefully that ...
abstoßen *sep irreg* I *vt* 1. *(wegstoßen) Boot* to push off *or* away *or* out; *(abschlagen) Ecken* to knock off; *Möbel* to batter; *(abschaben) Ärmel* to wear thin. **sich** *(dat)* **die Ecken und Kanten** ~ *(fig)* to have the rough edges knocked off one; *siehe* **Horn.**
2. *(zurückstoßen)* to repel; *(Comm) Ware, Aktien* to get rid of, to sell off; *(fig: anwidern)* to repulse, to repel. **dieser Stoff stößt Wasser ab** this material is water-repellent; **gleiche Pole stoßen sich** *or* **einander ab** like poles repel (each other).
3. *(Ftbl)* **den Ball** ~ to take the goal kick; *(nach Fangen)* to clear (the ball).
II *vr* 1. *(abgeschlagen werden)* to get broken; *(Möbel)* to get battered.
2. *(esp Sport: Mensch)* **sich mit den Füßen vom Boden** ~ to push oneself off.
III *vi* 1. *aux sein or haben (weggestoßen werden)* to push off.
2. *(anwidern)* to be repulsive. **sich von etw abgestoßen fühlen** to be repelled by sth, to find sth repulsive.
3. *(Ftbl)* to take a goal kick; *(nach Fangen)* to clear (the ball).
abstoßend *adj Aussehen, Äußeres* repulsive. **sein Wesen hat etwas A~es** there's something repulsive about him.
Abstoßung *f (Phys)* repulsion.
abstottern *vt sep (inf)* to pay off.
abstrafen *vt sep siehe* **bestrafen.**
abstrahieren* [apstra'hiːrən] *vti insep* to abstract *(aus* from).
abstrahlen *vt sep* 1. *Wärme, Energie, Programm etc* to emit. 2. *Fassaden etc* to sandblast.
abstrakt [ap'strakt] *adj* abstract. **etw zu** ~ **ausdrücken** to express sth too abstractly *or* too much in the abstract.
Abstraktion [-st-] *f* abstraction.
Abstraktionsvermögen [-st-] *nt* ability to abstract.
Abstraktum [-st-] *nt* **-s, Abstrakta** *(Begriff)* abstract (concept); *(Ling: Substantiv)* abstract noun.
abstrampeln *vr sep (inf)* to kick the bedclothes off; *(fig)* to sweat (away) *(inf),* to flog one's guts out *(sl).*
abstreichen *vt sep irreg* 1. *(wegstreichen)* to wipe off *or* away; *Asche* to knock *or* tap off; *(säubern)* to wipe. **den Hals/die Zunge** ~ *(Med)* to take a throat/tongue swab.
2. *(fig)* to discount. **davon kann/muß man die Hälfte** ~ *(fig)* you have to take it with a pinch of salt.
3. *(Mil) Gebiet, Himmel* to sweep.
abstreifen *vt sep* 1. *(abtreten) Schuhe, Füße* to wipe; *Schmutz* to wipe off. 2. *(abziehen)*

Kleidung, Schmuck to take off; *(entfernen) Haut* to cast, to shed; *(fig) Gewohnheit, Fehler* to get rid of. 3. *(absuchen)* to search, to scour.
abstreiten *vt sep irreg (streitig machen)* to dispute; *(leugnen)* to deny. **das kann man ihm nicht** ~ you can't deny it.
Abstrich *m* 1. *(Kürzung)* cutback. ~e **machen** to cut back *(an +dat* on), to make cuts *(an +dat* in); *(weniger erwarten etc)* to lower one's sights.
2. *(Med)* swab; *(Gebärmutter~)* smear. **einen** ~ **machen** to take a swab/smear.
3. *(Mus, beim Schreiben)* downstroke. **zu dicke** ~**e machen** to make one's downstrokes too thick.
abströmen *vi sep aux sein* to flow away *or* off; *(Wasser auch)* to run away *or* off; *(Menschenmassen)* to stream out.
abstrus [ap'struːs] *adj (geh)* abstruse.
abstufen *sep* I *vt Gelände* to terrace; *Haare* to layer; *Farben* to shade; *Gehälter, Steuern, Preise* to grade. II *vr* to be terraced. **der Weinberg stuft sich zum Fluß hin ab** the vineyard goes down in terraces to the river.
Abstufung *f siehe vt* terracing; layering; *(Nuancierung)* shading; *(Nuance)* shade; *(Staffelung)* grading; *(Stufe)* grade.
abstumpfen *sep* I *vt* 1. *(lit rare) Ecken, Kanten* to blunt; *Messer, Schneide auch* to take the edge off, to dull.
2. *Menschen* to dull; *Sinne auch* to deaden; *Gerechtigkeitssinn, Gewissen, Urteilsvermögen auch* to blunt; *siehe* **abgestumpft.**
II *vi aux sein (fig: Geschmack etc)* to become dulled. **wenn man ewig dasselbe machen muß, stumpft man nach und nach ab** always having to do the same thing dulls the mind; **gegen etw** ~ to become inured to sth.
Abstumpfung *f siehe vt* 2. dulling; deadening; blunting.
Absturz *m siehe vi* crash; fall. **ein Flugzeug zum** ~ **bringen** to bring a plane down.
abstürzen *vi sep aux sein* 1. *(Flugzeug)* to crash; *(Bergsteiger)* to fall. 2. *(schroff abfallen)* to fall *or* drop away.
Absturzstelle *f* location of a/the crash; *(beim Bergsteigen)* location of a/the fall. **die Rettungsarbeiten an der** ~ the rescue work at the scene of the crash.
abstützen *sep* I *vt* to support *(auch fig),* to prop up; *Haus, Mauer auch* to shore up.
II *vr* to support oneself, to prop oneself up; *(bei Bewegung)* to support oneself.
absuchen *vt sep* 1. to search; *Gegend auch* to comb, to scour; *Himmel, Horizont* to scan; *(Scheinwerfer)* to sweep. **wir haben den ganzen Garten abgesucht** we searched all over the garden.
2. *(suchend absammeln) Raupen etc* to pick off; *Strauch etc* to pick clean. **die Sträucher nach Schädlingen** ~ to examine the bush for pests.
Absud ['apzuːt] *m* **-(e)s, -e** *(old)* decoction.
absurd *adj* absurd, preposterous. ~**es Drama** *or* **Theater** theatre of the absurd; **das A~e** the absurd.
Absurdität *f* absurdity *(auch Philos),* preposterousness.

Abszeß *m* **-sses, -sse** abscess.

Abszisse *f* **-, -n** abscissa.

Abt *m* **-(e)s, ̈-e** abbot.

abtakeln *vt sep Schiff* to unrig; *(außer Dienst stellen)* to lay up; *siehe* **abgetakelt.**

abtasten *vt sep* to feel; *(Med auch)* to palpate; *(Elec)* to scan; *(bei Durchsuchung)* to frisk *(auf +acc* for); *(fig: erproben) jdn* to sound out, to suss out *(sl)*; *(Sport)* to get the measure of, to size up, to suss out *(sl)*.

abtauen *sep* **I** *vt* to thaw out; *Kühlschrank* to defrost. **II** *vi aux sein* to thaw. **der Schnee ist vom Dach abgetaut** the snow has thawed off the roof.

Abtei *f* abbey.

Abteikirche *f* abbey (church).

Abteil *nt* **-(e)s, -e** compartment. **~ erster Klasse** first-class compartment; **~ für Mutter und Kind** compartment reserved *for mothers with young children.*

abteilen *vt sep* **1.** *(einteilen)* to divide up. **fünf Stücke ~** to cut off five pieces. **2.** *(abtrennen)* to divide off; *(mit Wand auch)* to partition off.

Abteilung[1] *f, no pl siehe vt* dividing up; cutting off; dividing off; partitioning off.

Abteilung[2] *f* **1.** *(in Firma, Kaufhaus, Hochschule)* department; *(in Krankenhaus, Jur)* section; *(Mil)* unit, section. **er arbeitet in der ~ Verkauf** he works in the sales department. **2.** *(old: Abschnitt)* section.

Abteilungsleiter *m* head of department; *(in Kaufhaus)* department manager.

abtelefonieren* *vi sep* to telephone *or* ring *or* call to say one can't make it *or* come.

abteufen *vt sep Schacht* to sink.

abtippen *vt sep (inf)* to type out.

Äbtissin *f* abbess.

abtönen *vt sep Farbe* to tone down.

Abtönung *f (von Farbe)* toning down; *(Farbton)* tone, shade.

abtöten *vt sep (lit, fig)* to destroy, to kill (off); *Nerv* to deaden; *sinnliche Begierde* to mortify. **in mir ist jedes Gefühl abgetötet** I am dead to all feeling.

Abtötung *f siehe vt* destruction, killing (off); deadening; mortification.

Abtrag *m* **-(e)s,** *no pl (old)* harm. **einer Sache** *(dat)* **~ tun** to harm sth; **das tut der Sache keinen ~** that will do no ill *(old) or* harm.

abtragen *vt sep irreg* **1.** *(auch vi: abräumen) Geschirr, Speisen* to clear away. **2.** *Boden, Gelände* to level down. **3.** *(abbauen) Gebäude, Mauer* to dismantle, to take down; *(Fluß) Ufer* to erode, to wear away. **4.** *(abbezahlen) Schulden* to pay off. **5.** *(abnutzen) Kleider, Schuhe* to wear out; *siehe* **abgetragen.**

abträgig *(Sw)*, **abträglich** *adj* detrimental, harmful, injurious; *Bemerkung, Kritik etc* adverse, unfavourable.

Abtragung *f* **1.** *(Geol)* erosion. **2.** *(Abbau)* dismantling, taking down. **3.** *(Tilgung)* paying off.

Abtransport *m* transportation; *(aus Katastrophengebiet)* evacuation. **beim ~ der Gefangenen** when the prisoners were being taken away *or* transported.

abtransportieren* *vt sep Waren* to transport; *Personen auch* to take off *or* away; *(aus Katastrophengebiet)* to evacuate.

abtreiben *sep irreg* **I** *vt* **1. vom Kurs ~** *Flugzeug* to send *or* drive off course; *Boot auch, Schwimmer* to carry off course. **2.** *(zu Tal treiben) Vieh* to bring down. **3.** *Kind, Leibesfrucht* to abort. **sie hat das Kind ~ lassen** she had an abortion. **4.** *(Aus, S Ger: Cook)* to whisk. **II** *vi* **1.** *aux sein* (vom Kurs) *~ (Flugzeug)* to be sent *or* driven off course; *(Boot auch, Schwimmer)* to be carried off course. **2.** *(Abort vornehmen)* to carry out an abortion; *(generell)* to carry out *or* do abortions; *(Abort vornehmen lassen)* to have an abortion.

Abtreibung *f* abortion. **eine ~ vornehmen lassen/vornehmen** to have/carry out an abortion.

Abtreibungsversuch *m* attempt at an abortion. **einen ~ vornehmen** to try to give oneself an abortion, to attempt an abortion.

abtrennen *vt sep* **1.** *(lostrennen)* to detach; *Knöpfe, Besatz etc* to remove, to take off; *(abschneiden)* to cut off; *Bein, Finger etc (durch Unfall)* to sever, to cut off. „**hier ~"** "detach here"; **den Spitzenbesatz von einem Kleid ~** to take the lace trimming off a dress. **2.** *(abteilen)* to separate off; *(räumlich auch)* to divide off; *(mit Zwischenwand etc auch)* to partition off.

Abtrennung *f siehe vt* **2.** separation; division; partitioning.

abtreten *sep irreg* **I** *vt* **1.** *Teppich* to wear; *(völlig)* to wear out; *Schnee, Schmutz* to stamp off. **sich** *(dat)* **die Füße** *or* **Schuhe ~** to wipe one's feet. **2.** *(überlassen) (jdm or an jdn* to sb) to hand over; *Gebiet, Land auch* to cede *(form); Rechte, Ansprüche* to transfer, to cede *(form); Haus, Geldsumme* to transfer, to assign *(form).* **3.** *(inf)* **jdm etw ~** *(verborgen)* to lend sth to sb; *(borgen)* to borrow sth from sb. **II** *vr (Teppich etc)* to wear, to get worn; *(völlig)* to wear out. **III** *vi aux sein (Theat)* to go off (stage), to make one's exit; *(Mil)* to dismiss; *(inf: zurücktreten) (Politiker)* to step down *(inf)*, to resign; *(Monarch)* to abdicate, to step down *(inf); (euph: sterben)* to make one's last exit. **~! (Mil)** dismiss!

Abtreter *m* **-s, - *(Fuß~)*** doormat.

Abtretung *f (an +acc* to) transfer; *(von Rechten, Ansprüchen auch, von Gebiet)* ceding, cession *(form); (von Haus, Geldsumme auch)* assignment *(form).*

Abtrieb *m* **-(e)s, -e 1.** *(Vieh~)* **im Herbst beginnt der ~ des Viehs von den Bergweiden** in autumn they start to bring the cattle down from the mountain pastures. **2.** *(Tech)* output. **3.** *(Aus)* mixture.

abtrinken *vt sep irreg* to drink. **einen Schluck ~** to have *or* take a sip.

Abtritt *m* **1.** *(Theat)* exit; *(Rücktritt) (von Minister)* resignation; *(von Monarch)* abdication. **2.** *(old: Klosett)* privy *(old).*

abtrocknen *sep* **I** *vt* to dry (off); *Geschirr* to

dry, to wipe. **II** *vi* to dry up, to do the drying-up.

abtropfen *vi sep aux sein* to drip; *(Geschirr)* to drain. **etw ~ lassen** *Wäsche etc* to let sth drip; *Salat* to drain sth; *Geschirr* to let sth drain.

abtrotzen *vt sep* **jdm etw ~** *(geh)* to wring sth out of sb.

abtrünnig *adj* renegade, apostate *(form, esp Eccl)*; *(rebellisch)* rebel; *(treulos auch)* disloyal. **jdm/einer Gruppe** *etc* **~ werden** to desert sb/a group; *(sich erheben gegen)* to rebel against sb/a group; **er ist dem Glauben ~ geworden** he has left *or* deserted the faith, he has apostatized *(form)*.

Abtrünnigkeit *f* apostasy *(form)*; *(Treulosigkeit auch)* disloyalty; *(rebellische Gesinnung)* rebelliousness.

abtun *vt sep irreg (fig: beiseite schieben)* to dismiss. **etw mit einem Achselzucken/einem Lachen ~** to shrug/laugh sth off; **etw kurz ~** to brush sth aside; *siehe* **abgetan**.

abtupfen *vt sep Tränen, Blut* to dab away; *Gesicht, Mundwinkel* to dab; *Wunde* to swab, to dab.

ab|urteilen *vt sep* to pass sentence *or* judgement on; *(fig: verdammen)* to condemn.

Ab|urteilung *f* sentencing; *(fig)* condemnation. **bei der ~ des Täters** when sentence was/is being passed on the accused.

Abverkauf *m (Aus)* sale.

abverlangen* *vt sep siehe* **abfordern**.

abvermieten* *vt sep (form)* to let *(dat, an + acc* to).

abwägen *vt sep irreg* to weigh up; *Worte* to weigh. **er wog beide Möglichkeiten gegeneinander ab** he weighed up the two possibilities; *siehe* **abgewogen**.

Abwägung *f* weighing up; *(von Worten)* weighing.

Abwahl *f* voting out. **es kam zur ~ des gesamten Vorstands** the whole committee was voted out.

abwählbar *adj* **der Präsident ist nicht ~** the president cannot be voted out (of office).

abwählen *vt sep* to vote out (of office); *(Sch) Fach* to give up.

abwälzen *vt sep Schuld, Verantwortung* to shift *(auf +acc* onto); *Arbeit* to unload *(auf +acc* onto); *Kosten* to pass on *(auf + acc* to). **die Schuld von sich ~** to shift the blame onto somebody else.

abwandeln *vt sep Melodie* to adapt; *Thema auch* to modify.

abwandern *vi sep aux sein* to move (away) *(aus* from); *(Bevölkerung: zu einem anderen Ort auch)* to migrate *(aus* from); *(Kapital)* to be transferred *(aus* out of); *(inf: aus einer Veranstaltung etc)* to wander away *or* off *(inf)*. **viele Spieler/Abonnenten** *etc* **wandern ab** a lot of players/ subscribers *etc* are transferring.

Abwanderung *f siehe vi* moving away; migration; transference.

Abwanderungsverlust *m (Sociol)* population drain.

Abwandlung *f* adaptation, variation; *(von Thema etc auch)* modification.

Abwärme *f* waste heat.

Abwart(in *f) m (Sw)* concierge, janitor/ janitress.

abwarten *sep* **I** *vt* to wait for. **das Gewitter ~** to wait till the storm is over, to wait the storm out; **er kann es nicht mehr ~** he can't wait any longer; **das bleibt abzuwarten** that remains to be seen. **II** *vi* to wait. **warten Sie ab!** just wait a bit!; **~ und Tee trinken** *(inf)* to wait and see; **im Moment können wir gar nichts tun, wir müssen ~** we can't do anything at the moment, we'll have to bide our time; **eine ~de Haltung einnehmen** to play a waiting game, to adopt a policy of wait-and-see.

abwärts *adv* down; *(nach unten auch)* downwards. **den Fluß/Berg ~** down the river/mountain; ,,~!" *(im Fahrstuhl)* "going down!"; vom **Abteilungsleiter ~** from the head of department down(wards).

Abwärtsfahrt *f* journey down. **bei der ~ ist der Lift plötzlich stehengeblieben** the lift suddenly stopped on its *or* the way down.

abwärtsgehen *vi impers sep aux sein (fig)* **mit ihm/dem Land geht es abwärts** he/the country is going downhill.

Abwärtstrend *m* downwards *or* downhill trend.

Abwasch¹ *m* **-s**, *no pl* washing-up. **den ~ machen** to do the washing-up, to wash up; **... dann kannst du das auch machen, das ist (dann) ein ~** *(inf)* ... then you could do that as well and kill two birds with one stone *(prov)*.

Abwasch² *f* **-, -en** *(Aus)* sink.

abwaschbar *adj Tapete* washable.

abwaschen *sep irreg* **I** *vt Gesicht* to wash; *Geschirr* to wash (up); *Farbe, Schmutz* to wash off; *Pferd, Auto* to wash down; *(fig liter) Schande, Schmach* to wipe out. **den Schmutz (vom Gesicht) ~** to wash the dirt off (one's face). **II** *vi* to wash up, to do the washing-up.

Abwaschbecken *nt* sink; **Abwaschlappen** *m* dishcloth, washing-up cloth; **Abwaschtisch** *m* sink unit; **Abwaschwasser** *nt* washing-up water, dishwater; *(fig inf)* dishwater *(inf)*.

Abwasser *nt* sewage *no pl*. **industrielle Abwässer** industrial effluents *pl or* waste sing.

Abwasser|aufbereitung *f* reprocessing of sewage/effluents; **Abwasserkanal** *m* sewer; **Abwasserreinigung** *f* purification of sewage/effluents.

abwechseln *vir sep* to alternate. **sich** *or* **einander ~** to alternate; *(Menschen auch)* to take turns; **sich mit jdm ~** to take turns with sb; **(sich) miteinander ~** to alternate (with each other *or* one another); to take turns; **Regen und Schnee wechselten (sich) miteinander ab** first it rained and then it snowed.

abwechselnd *adv* alternately. **wir haben ~ Klavier gespielt** we took turns playing the piano; **er war ~ fröhlich und traurig** he alternated between being happy and sad, he was by turns happy and sad.

Abwechs(e)lung *f* change; *(Zerstreuung)* diversion. **eine angenehme/schöne ~** a pleasant/nice change; **zur ~** for a change; **für ~ sorgen** to provide entertainment; **dort ist reichlich für ~ gesorgt** there's quite a variety of things going on there;

hier haben wir wenig ~ there's not much variety in life here; **die** ~ **lieben** (*euph*) to enjoy (a little) variety.

abwechslungshalber *adv* for a change, to make a change; **abwechslungslos** *adj* monotonous; **abwechslungsreich** *adj* varied.

Abweg ['apve:k] *m* (*fig*) mistake, error. **jdn auf** ~**e führen** to mislead sb, to lead sb astray (*auch moralisch*); **auf** ~**e geraten** to go astray; (*moralisch auch*) to stray from the straight and narrow.

abwegig ['apve:gɪç] *adj* (*geh*) erroneous; (*bizarr*) eccentric, off-beat; *Verdacht* unfounded, groundless.

Abwegigkeit *f* (*geh*) *siehe adj* erroneousness; eccentricity, off-beat nature; groundlessness.

Abwehr *f, no pl* **1.** (*Biol, Psych, Med*) defence (*gen* against); (*Schutz*) protection (*gen* against). **Mechanismen der** ~ defence mechanisms; **der** ~ **von etw dienen** to provide *or* give protection against sth.
2. (*Zurückweisung*) repulse; (*Abweisung*) rejection; (*Spionage*~) counter-intelligence (service). **die** ~ **des Feindes** the repulsing *or* repelling of the enemy; **bei der** ~ **sein** to be with *or* in counter-intelligence; **auf** ~ **stoßen** to be repulsed, to meet with a repulse.
3. (*Sport*) defence; (~*aktion*) piece of defence (work); (*abgewehrter Ball*) clearance; (*gefangen auch*) save. **er ist besser in der** ~ he's better in *or* at defence.

abwehrbereit *adj* (*Mil*) ready for defence; **Abwehrbereitschaft** *f* defence readiness.

abwehren *sep* **I** *vt* **1.** *Gegner* to fend *or* ward off; *Angriff, Feind auch* to repulse, to repel; *Ball* to clear; *Schlag* to parry, to ward off. **hervorragend, wie der Torwart den Ball abwehrte** that was a really good save the goalkeeper made there.
2. (*fernhalten*) to keep away; *Krankheitserreger* to protect against; *Gefahr, üble Folgen* to avert.
3. (*abweisen*) *Anschuldigung* to dismiss. **eine** ~**de Geste** a dismissive wave of the hand.
II *vi* **1.** (*Sport*) to clear; (*Torwart auch*) to make a save. **mit dem Kopf** ~ to head clear; **zur Ecke** ~ to clear a corner.
2. (*ablehnen*) to refuse. **nein, wehrte sie ab** no, she said in refusal.

Abwehrkampf *m* (*Mil, Sport*) defence; **Abwehrmechanismus** *m* (*Psych*) defence mechanism; **Abwehrreaktion** *f* (*Psych*) defence reaction.

abweichen[1] *vi sep irreg aux sein* (*sich entfernen*) to deviate; (*sich unterscheiden*) to differ; (*zwei Theorien, Auffassungen etc*) to differ, to diverge. **vom Kurs** ~ to deviate *or* depart from one's course; **vom Thema** ~ to digress, to go off the point; **ich weiche erheblich von seiner Meinung ab** I hold quite a different view from him; ~**des Verhalten** (*Psych, Sociol*) deviant behaviour.

abweichen[2] *vti sep Briefmarke etc* to soak off.

Abweichler(in *f*) *m* **-s, -** (*Pol*) deviant.
abweichlerisch *adj* (*Pol*) deviant.

Abweichung *f siehe* **abweichen**[1] deviation; difference; divergence; (*von Magnetnadel*) declination. ~ **von der Parteilinie** failure to toe the party line, deviation from the party line; **zulässige** ~ (*Tech*) tolerance; (*zeitlich, zahlenmäßig*) allowance.

abweisen *vt sep irreg* to turn down, to reject; (*wegschicken*) to turn away; *Bitte auch* to refuse; (*Jur*) *Klage* to dismiss. **er läßt sich nicht** ~ he won't take no for an answer.

abweisend *adj Ton, Blick* cold, chilly.

Abweisung *f siehe vt* rejection; turning away; refusal; dismissal.

abwendbar *adj* avoidable.

abwenden *sep reg or irreg* **I** *vt* **1.** (*zur Seite wenden*) to turn away; *Blick* to avert; *Kopf* to turn. **er wandte das Gesicht ab** he looked away. **2.** (*verhindern*) *Unheil, Folgen* to avert. **II** *vr* to turn away.

abwerben *vt sep irreg* to woo away (*dat* from).

Abwerbung *f* wooing away.

abwerfen *sep irreg* **I** *vt* to throw off; *Reiter* to throw; *Bomben, Flugblätter etc* to drop; *Ballast* to jettison; *Geweih* to shed, to cast; *Blätter, Nadeln* to shed; (*Cards*) to discard, to throw away; (*Comm*) *Gewinn* to yield, to return, to show; *Zinsen* to bear, to yield; (*fig liter*) *Joch, Fesseln* to cast *or* throw off.
II *vti* (*Sport*) (*Ftbl*) *Ball* to throw out; *Speer etc* to throw; *Latte* to knock off *or* down.

abwerten *vt sep* **1.** *auch vi Währung* to devalue. **2.** (*fig*) *Ideale* to debase, to cheapen. **diese Tugend ist heute vollkommen abgewertet** this virtue is no longer valued today.

abwertend *adj* pejorative.

Abwertung *f siehe vt* **1.** devaluation. **eine** ~ **vornehmen** to devalue (the currency). **2.** (*fig*) debasement, cheapening.

abwesend *adj* (*form*) absent; (*von Hause auch*) away *pred*; (*iro: zerstreut auch*) far away. **die A~en** the absentees.

Abwesenheit *f* absence; (*fig: Geistes*~) abstraction. **in** ~ (*Jur*) in absence; **durch** ~ **glänzen** (*iro*) to be conspicuous by one's absence.

Abwetter *pl* (*Min*) used air.

abwetzen *sep* **I** *vt* (*abschaben*) to wear smooth. **II** *vi aux sein* (*inf*) to hare off (*inf*), to bolt (*inf*).

abwichsen *vt sep:* **sich/jdm einen** ~ (*vulg*) to jerk *or* wank off (*sl*)/jerk sb off (*sl*).

abwickeln *sep* **I** *vt* **1.** (*abspulen*) to unwind; *Verband auch* to take off, to remove.
2. (*fig: erledigen*) to deal with; *ein Geschäft* to complete, to conclude; *Kontrolle* to carry out; *Veranstaltung* to run; (*Comm: liuidieren*) to wind up.
II *vr* to unwind; (*vonstatten gehen*) to go *or* pass off.

Abwicklung *f siehe vt* **1.** unwinding; taking off, removal. **2.** completion, conclusion; carrying out; running; winding up. **die Polizei sorgte für eine reibungslose** ~ **der Veranstaltung** the police made sure that the event went *or* passed off smoothly.

abwiegeln *sep* **I** *vt* to appease; *wütende Menge etc auch* to calm down. **II** *vi* to calm things down. **das A~** appeasement.

abwiegen *vt sep irreg* to weigh out.

Abwiegler(in *f*) *m* **-s, -** appeaser, conciliator.

abwimmeln *vt sep (inf) jdn* to get rid of *(inf)*; *Auftrag* to get out of *(inf)*. **die Sekretärin hat mich abgewimmelt** his secretary turned me away; **laß dich nicht ~** don't let them get rid of you.

Abwind *m (Aviat)* downwash; *(Met)* down current.

abwinkeln *vt sep Arm* to bend. **mit abgewinkelten Armen** *(in den Hüften)* with arms akimbo.

abwinken *sep* **I** *vi (inf) (abwehrend)* to wave it/him *etc* aside; *(resignierend)* to groan; *(fig: ablehnen)* to say no. **als er merkte, wovon ich reden wollte, winkte er gleich ab** when he realised what I wanted to talk about he immediately put me off *or* stopped me; **wenn Bonn abwinkt ...** if the (German) government turns us/them *etc* down *or* says no ...; *siehe* **müde**.
  II *vti (bei Zug)* to give the "go" signal. **ein Rennen ~** to wave the chequered flag; *(nach Unfall etc)* to stop the race; **einen Rennfahrer ~** to wave a driver down.

abwirtschaften *vi sep (inf)* to go downhill. **endgültig abgewirtschaftet haben** to have eventually reached rock bottom.

abwischen *vt sep Staub, Schmutz etc* to wipe off *or* away; *Hände, Nase etc* to wipe; *Augen, Tränen* to dry. **er wischte sich (dat) den Schweiß/die Stirn ab** he mopped (the sweat from) his brow.

abwohnen *vt sep* **1.** *Möbel* to wear out; *Haus, Zimmer* to make shabby. **2.** *Baukostenzuschuß* to pay off with the rent.

abwracken *vt sep Schiff, Auto* to break (up); *siehe* **abgewrackt.**

Abwurf *m* throwing off; *(von Reiter)* throw; *(von Bomben etc)* dropping; *(von Ballast)* jettisoning; *(von Geweih)* casting; *(Sport) (der Latte)* knocking down *or* off; *(des Speers)* throwing. **ein ~ vom Tor** a goal-throw, a throw-out.

abwürgen *vt sep (inf)* to scotch; *Motor* to stall. **etw von vornherein ~** to nip sth in the bud.

abzahlen *vt sep* to pay off.

abzählen *sep* **I** *vt* to count. **er zählte zwanzig Hundertmarkscheine ab** he counted out twenty hundred-mark notes; **das läßt sich an den (zehn *or* fünf) Fingern ~** *(fig)* that's plain to see, any fool can see that *(inf)*; **bitte das Fahrgeld abgezählt bereithalten** please tender exact *or* correct fare *(form)*.
  II *vi* to number off.

Abzählreim, Abzählvers *m* counting-out rhyme *(such as "eeny meeny miney mo", for choosing a person).*

Abzahlung *f* **1.** *(Rückzahlung)* repayment, paying off. **2.** *(Ratenzahlung)* hire purchase *(Brit)*, HP *(Brit)*, instalment plan *(US)*; *(Rate)* (re)payment, instalment. **etw auf ~ kaufen** to buy sth on HP *(Brit) or* on hire purchase *(Brit) or* on the instalment plan *(US)*.

abzapfen *vt sep* to draw off. **jdm Blut ~** *(inf)* to take blood from sb; **jdm Geld ~** to get some money out of sb.

abzappeln *vr sep (inf)* to wear oneself out.

Abzäunung *f* fencing.

abzehren *sep* **I** *vt (liter)* to emaciate. **II** *vr* to waste *or* pine away.

Abzehrung *f (Abmagerung)* emaciation.

Abzeichen *nt* badge; *(Mil)* insignia *pl*; *(Orden, Auszeichnung)* decoration.

abzeichnen *sep* **I** *vt* **1.** to draw. **2.** *(signieren)* to initial. **II** *vr* to stand out; *(Unterwäsche)* to show; *(fig) (deutlich werden)* to emerge, to become apparent; *(drohend bevorstehen)* to loom (on the horizon).

Abziehbild *nt* transfer, decal *(US)*.

abziehen *sep irreg* **I** *vt* **1.** to skin; *Fell, Haut* to remove, to take off; *Bohnen* to string.
  2. *Bett* to strip; *Bettzeug* to strip off.
  3. *Mantel, Schürze, Ring etc* to take off; *Hut* to raise.
  4. *Schlüssel* to take out, to remove; *Abzugshahn* to press, to squeeze; *Pistole* to fire.
  5. *(zurückziehen) Truppen, Kapital* to withdraw; *(subtrahieren) Zahlen* to take away, to subtract; *Steuern* to deduct. **20 DM vom Preis ~** to take DM 20 off the price; **man hatte mir zuviel abgezogen** they'd deducted *or* taken off too much, I'd had too much deducted.
  6. *(abfüllen) Wein* to bottle. **Wein auf Flaschen ~** to bottle wine.
  7. *(Typ: vervielfältigen)* to run off; *Korrekturfahnen auch* to pull; *(Phot) Bilder* to make prints of. **etw zwanzigmal ~** to run off twenty copies of sth.
  8. *(schleifen)* to sharpen; *Rasiermesser auch* to strop; *Parkett* to sand (down).
  9. *(Cook) Suppe, Sauce* to thicken.
  II *vi* **1.** *aux sein (sich verflüchtigen) (Rauch, Dampf)* to escape, to go away; *(Sturmtief etc)* to move away.
  2. *aux sein (Soldaten)* to pull out *(aus* of), to withdraw *(aus* from); *(inf: weggehen)* to go off *or* away. **an die Front ~** to leave for the front; **zieh ab!** *(inf)* clear off! *(inf)*, beat it! *(inf)*.
  3. *(abdrücken)* to pull *or* squeeze the trigger, to fire.

Abziehpresse *f* proof press.

abzielen *vi sep* **auf etw** *(acc)* **~** *(Mensch)* to aim at sth; *(in Rede)* to get at sth; *(Bemerkung, Maßnahme etc)* to be aimed *or* directed at sth; **ich merkte sofort, worauf sie abzielte** I saw immediately what she was driving *or* getting at.

abzirkeln *vt sep (rare: mit Zirkel abmessen)* to measure (off) with compasses; *(fig: vorausplanen)* to calculate very carefully; *Worte, Bewegungen* to measure.

abzotteln *vi sep aux sein (inf)* to toddle off *(inf)*.

Abzug ['aptsu:k] *m* **1.** *no pl (Weggang)* departure; *(Met: von Tief)* moving away; *(Wegnahme: von Truppen, Kapital etc)* withdrawal. **jdm freien ~ gewähren** to give *or* grant sb a safe conduct.
  2. *(usu pl: vom Lohn etc)* deduction; *(Rabatt)* discount. **ohne ~** *(Comm)* net terms only; **er verdient ohne Abzüge ...** before deductions *or* stoppages he earns

...; **etw in ~ bringen** (*form*) to deduct sth.
   3. (*Typ*) copy; (*Korrekturfahne*) proof; (*Phot*) print.
   4. (*Öffnung für Rauch, Gas*) flue. **es muß für hinreichenden ~ gesorgt werden** there must be sufficient means for the gas/smoke to escape *or* to be drawn off.
   5. (*am Gewehr*) trigger.

abzüglich *prep* +gen (*Comm*) minus, less.

abzugsfähig *adj* (*Fin*) (tax-)deductible; **abzugsfrei** *adj* tax-free; **Abzugsrohr** *nt* flue (pipe).

abzwecken *vi sep* **auf etw** (*acc*) ~ to be aimed at sth.

Abzweig *m* (*form*) junction. **der ~ nach Saarbrücken** the turn-off to *or* for Saarbrücken.

Abzweigdose *f* junction box.

abzweigen *sep* **I** *vi aux sein* to branch off.
   II *vt* (*inf*) to set *or* put on one side.

Abzweigung *f* junction, turn-off; (*Nebenstrecke*) turn-off; (*Gabelung*) fork; (*Rail: Nebenlinie*) branch line; (*Elec*) junction.

abzwicken *vt sep* to pinch *or* nip off.

abzwingen *vt sep irreg* **jdm Respekt** *etc* ~ to gain sb's respect *etc*; **er zwang sich** (*dat*) **ein Lächeln ab** he forced a smile.

abzwitschern *vi sep aux sein* (*inf*) to go off, to take oneself off.

Accessoires [aksɛˈsoaːɐ(s)] *pl* accessories *pl*.

Acetat [atsɛˈtaːt] *nt* **-s, -e** acetate.

Aceton [atsɛˈtoːn] *nt* **-s, -e** acetone.

Acetylen [atsetyˈleːn] *nt* **-s,** *no pl* acetylene.

ach [ax] **I** *interj* oh; (*poet auch*) O; (*bedauernd auch*) alas (*old, liter*). ~ **nein!** oh no!; (*überrascht*) no!, really!; (*ablehnend*) no, no!; ~ **nein, ausgerechnet der!** well, well, him of all people; ~ **so!** I see!, aha!; (*ja richtig*) of course!; ~ **was** *or* **wo!** of course not; ~ **was** *or* **wo, das ist doch nicht so schlimm!** come on now, it's not that bad; ~ **was** *or* **wo, das ist nicht nötig!** no, no that's not necessary; ~ **wirklich?** oh really?, do you/does he *etc* really?; ~ **je!** oh dear!, oh dear(ie) me!; ~ **und weh schreien** to scream blue murder (*inf*).
   II *adv* (*geh*) ~ **so schnell/schön** *etc* oh so quickly/lovely *etc*.

Ach *nt*: **mit** ~ **und Krach** (*inf*) by the skin of one's teeth (*inf*); **eine Prüfung mit** ~ **und Krach bestehen** to scrape through an exam (by the skin of one's teeth); **ich habe die Behandlung überstanden, aber nur mit** ~ **und Weh** I had the treatment but I screamed blue murder (*inf*).

Achat *m* **-(e)s, -e** agate.

Achill(es) *m* Achilles.

Achillesferse *f* Achilles' heel; **Achillessehne** *f* Achilles' tendon.

Ach-Laut *m* voiceless velar fricative (*the sound "ch" in the Scottish "loch"*).

Achs|abstand *m* wheelbase; **Achsdruck** *m* axle weight.

Achse [ˈaksə] *f* **-, -n 1.** axis. **die** ~ **(Rom-Berlin)** (*Hist*) the (Rome-Berlin) Axis.
   2. (*Tech*) axle; (*Propeller~*) shaft. **auf (der)** ~ **sein** (*inf*) to be out (and about); (*Kraftfahrer, Vertreter etc*) to be on the road.

Achsel [ˈaksl] *f* **-, -n 1.** shoulder. **die** ~n *or* **mit den** ~n **zucken** to shrug (one's

shoulders). **2.** (~*höhle*) armpit.

Achselgriff *m* underarm grip; **Achselhaare** *pl* **die** ~ underarm hair, the hair under one's arms; **Achselhöhle** *f* armpit; **Achselklappe** *f*, **Achselstück** *nt* epaulette; **Achselpolster** *nt* shoulder pad *or* padding *no pl*; **Achselzucken** *nt* shrug; **mit einem** ~ with a shrug (of one's shoulders); **achselzuckend** *adj* shrugging; **er stand** ~ **da** he stood there shrugging his shoulders.

Achsenbruch *m* broken axle; **Achsenkreuz** *nt* coordinate system; **Achsenmächte** *pl* (*Hist*) Axis powers *pl*.

Achslast *f* axle weight; **Achsschenkel** *m* stub axle, steering knuckle (*US*); **Achsstand** *m* wheelbase.

acht *num* eight. **für** *or* **auf** ~ **Tage** for a week; **in** ~ **Tagen** in a week *or* a week's time; **heute/morgen in** ~ **Tagen** a week today/tomorrow, today/tomorrow week; **heute vor** ~ **Tagen war ich ...** a week ago today I was ...; *siehe auch* **vier.**

Acht[1] *f* **-, -en** eight; (*bei Fahrrad*) buckled wheel; (*beim Eislaufen etc*) figure (of) eight; *siehe auch* **Vier.**

Acht[2] *f*: **sich in a~ nehmen** to be careful, to take care, to watch *or* look out; **etw außer a~ lassen** to leave sth out of consideration, to disregard sth; **etw außer aller ~ lassen** (*geh*) to pay no attention *or* heed whatsoever to sth, not to heed sth; *siehe* **achtgeben.**

Acht[3] *f* **-,** *no pl* (*Hist*) outlawry, proscription. **jdn in** ~ **und Bann tun** to outlaw *or* proscribe sb; (*Eccl*) to place sb under the ban; (*fig*) to ostracize sb.

achtbar *adj* (*geh*) worthy.

Achtbarkeit *f* worthiness.

Acht|eck *nt* octagon.

acht|eckig *adj* octagonal, eight-sided.

achtel *adj* eighth; *siehe auch* **viertel.**

Achtel *nt* **-s, -** eighth; *siehe auch* **Viertel[1] 1.**

Achtelnote *f* quaver *or* eighth note (*US*); **Achtelpause** *f* quaver *or* eighth note (*US*) rest.

achten I *vt* **1.** (*schätzen*) to respect, to think highly of, to hold in high regard. **geachtete Leute** respected people.
   2. (*respektieren*) Gesetze, Bräuche, jds Gesinnung to respect.
   3. (*geh: betrachten*) to regard; (*berücksichtigen*) Gefahr, Kälte to pay heed to, to heed. **etw (für) gering** ~ to have scant regard for sth.
   II *vi* **auf etw** (*acc*) ~ to pay attention to sth; **auf die Kinder** ~ to keep an eye on the children; **darauf** ~, **daß ...** to be careful *or* to see *or* to take care that ...

ächten *vt* (*Hist*) to outlaw, to proscribe; (*fig*) to ostracize.

achtens *adv* eighthly, in the eighth place.

achtenswert *adj* Person worthy; Bemühungen, Handlung *auch* commendable.

achte(r, s) *adj* eighth; *siehe auch* **vierte(r, s).**

Achte(r) *mf decl as adj* eighth; *siehe auch* **Vierte(r).**

Achter *m* **-s, -** eight; (*Eislauf etc*) figure (of) eight; *siehe auch* **Vierer.**

achter|aus *adv* (*Naut*) astern; **Achterbahn** *f* big dipper (*Brit*), roller coaster (*US*), switchback; **Achterdeck** nt (Naut) after-deck; **achterlastig** adj (Naut) Schiff stern-heavy.

achtern adv aft, astern. **nach ~ gehen/abdrehen** to go aft/to turn astern; **von ~** from astern.

achtfach I adj eightfold. **in ~er Ausfertigung** with seven copies; siehe auch **vierfach. II** adv eightfold, eight times.

achtgeben vi sep irreg to take care, to be careful (auf +acc of); (aufmerksam sein) to pay attention (auf +acc to). **auf jdn/etw ~ (beaufsichtigen)** to keep an eye on or to look after sb/sth; **wenn man im Straßenverkehr nur einen Augenblick nicht achtgibt, ...** if your attention wanders for just a second in traffic ...; **,,O Mensch, gib acht!"** "O man, take heed".

achthaben vi sep irreg (geh) siehe **achtgeben.**

achthundert num eight hundred; siehe auch **vierhundert; Achtkampf** m gymnastic competition with eight events; **achtkantig** adj (lit) eight-sided; **~ rausfliegen** (sl) to be flung out on one's ear (inf) or arse over tit (sl); **jdn ~ rausschmeißen** (sl) to fling sb out on his/her ear (inf) or arse over tit (sl).

achtlos adj careless, thoughtless. **viele gehen ~ daran vorbei** many people just pass by without noticing them/it; **werfen Sie dieses Flugblatt nicht ~ weg!** don't just throw this pamphlet away without looking at it properly.

Achtlosigkeit f carelessness, thoughtlessness.

achtmal adv eight times.

Acht-Minuten-Takt m (Telec) eight-minute limit.

achtsam adj (geh) attentive; (sorgfältig) careful. **mit etw ~ umgehen** to be careful with sth.

Achtsamkeit f attentiveness; (Sorgfalt) care.

Achtstundentag m eight hour day; **achttägig** adj lasting a week, week-long; **mit ~er Verspätung** a week late; **der ~e Streik ist ...** the week-old or week-long strike is ...; **achttäglich** adj, adv weekly; **achttausend** num eight thousand; siehe auch **viertausend.**

Achtung f, no pl I. **~!** watch or look out!; (Mil: Befehl) attention!; **~, ~!** (your) attention please!; **~, ~, präsentiert das Gewehr!** present arms!; **,,~ Hochspannung!"** "danger, high voltage"; **,,~ Lebensgefahr!"** "danger"; **,,~ Stufe!"** "mind the step"; **~, fertig, los!** ready, steady or get set, go!

2. (Wertschätzung) respect (vor +dat for). **die ~ vor sich selbst** one's self-respect or self-esteem; **bei aller ~ vor jdm/etw** with all due respect to sb/sth; **in hoher ~ bei jdm stehen** to be held in high esteem or be highly esteemed by sb; **jdm ~ einflößen** to command or gain sb's respect; **sich (dat) ~ verschaffen** to make oneself respected, to gain respect for oneself; **jdm die nötige ~ entgegenbringen** to give sb the respect due to him/her etc; **alle ~!** good for you/him etc!

Ächtung f, no pl (Hist, des Krieges etc) proscription, outlawing; (fig: gesellschaftlich) ostracism.

achtunggebietend adj (geh) awe-inspiring.

Achtungs|applaus m polite applause; **Achtungs|erfolg** m succès d'estime; **achtungsvoll** adj (rare) respectful.

achtzehn num eighteen; siehe auch **vierzehn.**

achtzig num eighty. **jdn auf ~ bringen** (inf) to make sb's blood boil (inf); **auf ~ sein** (inf) to be livid, to be hopping mad (inf); **da war er gleich auf ~** (inf) then he got livid; **mit ~ Sachen** (sl) at fifty (miles an hour), at eighty kilometres an hour; (fig: rasend schnell) flat out (inf); siehe auch **vierzig.**

Achtziger(in f) m -s, - (Mensch) eighty-year-old, octogenarian; siehe auch **Vierziger.**

ächzen vi to groan (vor +dat with); (Brücke, Baum etc auch) to creak. **~ und stöhnen** to moan and groan.

Ächzer m -s, - groan.

Acker m -s, ⁼ 1. (Feld) field. **den ~/die ⁼ bestellen** to till the soil/plough the fields. 2. (old: Feldmaß) ≃ acre.

Ackerbau m, no pl agriculture, farming; **~ betreiben** to farm the land; **~ und Viehzucht** farming; **Ackerbauer** m husbandman (old, liter), farmer; **ackerbautreibend** adj attr farming; **Ackerfläche** f area of arable land; **Ackerfurche** f furrow; **Ackergaul** m (pej) farm horse, old nag (pej); siehe **Rennpferd; Ackergerät** nt farm or agricultural implement; **Ackerkrume** f topsoil; **Ackerland** nt arable land.

ackern I vi 1. (inf) to slog away (inf). 2. (old) to till the soil. **II** vt (old: pflügen) to till.

Ackerscholle f (liter) soil; **Ackerwalze** f (land) roller; **Ackerwinde** f (Bot) field bindweed.

a conto adv (Comm) on account.

Action ['ækʃɒn] f -, no pl action.

A.D. abbr of **Anno Domini** AD.

a.D. [a:'de:] abbr of **außer Dienst** ret(d).

Adabei ['a:dabai] m -s, -s (Aus inf) limelighter (inf).

ad absurdum adv **~ führen** to make a nonsense of; Argument etc to reduce to absurdity or absurdum.

ADAC [a:de:|a:'tse:] abbr of **Allgemeiner Deutscher Automobil-Club** ≃ AA (Brit), RAC(Brit), AAA(US).

ad acta adv: **etw ~ legen** (fig) to consider sth finished; Frage, Problem to consider sth closed.

Adam m -s, -s Adam. **seit ~s Zeiten** (inf) since the year dot (inf); **das stammt noch von ~ und Eva** (inf) it's out of the ark (inf); **bei ~ und Eva anfangen** (inf) to start right from scratch (inf) or from square one (inf); **der alte ~** the old Adam; siehe **Riese¹.**

Adams|apfel m (inf) Adam's apple; **Adamskostüm** nt (inf) birthday suit; **im ~** in one's birthday suit.

Adap(ta)tion f adaptation.

Adapter m -s, - adapter, adaptor.

adaptieren vt 1. to adapt. 2. (Aus: herrichten) to fix up.

adäquat adj (geh) Bemühung, Belohnung,

Übersetzung adequate; *Stellung, Verhalten* suitable; *Kritik* valid. **einer Sache** (*dat*) ~ **sein** to be adequate to sth.

Adäquatheit *f* (*geh*) *siehe adj* adequacy; suitability; validity.

addieren* I *vt* to add (up). **II** *vi* to add.

Addiermaschine *f* adding machine.

Addition *f* addition; (*fig*) agglomeration.

Additionsmaschine *f* adding machine.

ade *interj* (*old, S Ger*) farewell (*old, liter*), adieu (*old, liter*). **jdm** ~ **sagen** to bid sb farewell; **einer Sache** (*dat*) ~ **sagen** to say farewell to sth.

Adebar *m* **-s, -e** (*N Ger*) stork.

Adel *m* **-s,** *no pl* **1.** nobility; (*Brit auch*) peerage; (*hoher auch*) aristocracy. **von** ~ **sein** to be a member of the nobility, to be of noble birth; **er stammt aus altem** ~ he comes of an old aristocratic family; **der niedere** ~ the lesser nobility, the gentry; **der hohe** ~ the higher nobility, the aristocracy; **das ist verarmter** ~ they are impoverished nobility; ~ **verpflichtet** noblesse oblige.

2. (~*stitel*) title; (*des hohen Adels auch*) peerage. **erblicher/persönlicher** ~ hereditary/non-hereditary title; hereditary/life peerage; **den** ~ **ablegen** to renounce one's title.

3. (*liter: edle Gesinnung*) nobility. ~ **der Seele/des Herzens/des Geistes** nobility of the soul/of the heart/of mind.

adelig *adj siehe* **adlig.**

Adelige(r) *mf decl as adj siehe* **Adlige(r).**

adeln I *vt* to bestow a peerage on, to make a (life) peer (*Brit*), to ennoble; (*den Titel ,,Sir" verleihen*) to knight; (*niedrigen Adel verleihen*) to bestow a title on; (*fig liter: auszeichnen*) to ennoble. **II** *vi* **etw adelt** (*geh*) sth ennobles the soul.

Adelsbrief *m* patent of nobility; **Adelsprädikat** *nt* mark of nobility (*in a name*); **Adelsstand** *m* nobility; (*Brit auch*) peerage; (*hoher auch*) aristocracy; **Adelstitel** *m* title.

Adelung *f siehe vt* raising to the peerage; ennoblement; knighting; bestowing a title (*gen* on).

Adept(in *f*) *m* **-en, -en** (*old: der Geheimwissenschaften*) initiate; (*iro geh*) disciple.

Ader *f* **-, -n** (*Bot, Geol*) vein; (*Physiol*) blood vessel; (*Elec: Leitungsdraht*) core; (*fig: Veranlagung*) bent. **das spricht seine künstlerische/musikalische** ~ an that appeals to the artist/musician in him; **eine/ keine** ~ **für etw haben** to have feeling/no feeling for sth; **eine poetische/musikalische** ~ **haben** to have a feeling for poetry/music, to be of *or* have a poetic/ musical bent; **sich** (*dat*) **die** ~**n öffen** (*geh*) to slash one's wrists; **jdn zur** ~ **lassen** (*old, fig inf*) to bleed sb.

Äderchen *nt dim of* **Ader.**

Aderlaß *m* **-lasses, -lässe** (*old Med*) blood-letting (*auch fig*), bleeding. **bei jdm einen** ~ **machen** to bleed sb; **die Abwanderung von Wissenschaftlern ist ein** ~, **den sich das Land nicht länger leisten kann** the country can no longer afford the bleeding of its resources through the exodus of its scientists.

Äderung *f* veining.

Adhäsion *f* (*Phys*) adhesion.

Adhäsionskraft *f* adhesive power, power of adhesion; **Adhäsionsverschluß** *m* adhesive seal.

ad hoc *adv* (*geh*) ad hoc.

Ad-hoc-Maßnahme *f* ad hoc measure.

adieu [adiˈøː] *interj* (*old, dial*) adieu (*obs*), farewell (*old*). **jdm** ~ **sagen** to bid sb farewell (*old*), to say farewell *or* adieu to sb.

Adjektiv *nt* adjective.

adjektivisch *adj* adjectival.

Adjunkt *m* **-en, -en** (*Aus, Sw*) junior civil servant.

adjustieren* *vt* **1.** (*Tech*) Werkstück to adjust; *Meßgerät* to set. **2.** (*Aus*) to issue with uniforms/a uniform.

Adjustierung *f* **1.** *siehe vt* adjustment; setting; issue of uniforms. **2.** uniform.

Adjutant *m* adjutant; (*von General*) aide (-de-camp).

Adlatus *m* **-, Adlaten** *or* **Adlati** (*old, iro*) assistant.

Adler *m* **-s, -** eagle.

Adler|auge *nt* (*fig*) eagle eye; ~ **haben** to have eyes like a hawk, to be eagle-eyed; **Adlerfarn** *m* bracken; **Adlerhorst** *m* (eagle's) eyrie; **Adlernase** *f* aquiline nose.

adlig *adj* (*lit, fig*) noble. ~ **sein** to be of noble birth.

Adlige(r) *mf decl as adj* member of the nobility, nobleman/ -woman; (*Brit auch*) peer/peeress; (*hoher auch*) aristocrat.

Administration *f* administration.

administrativ *adj* administrative.

Administrator *m* administrator.

administrieren* *vi* to administrate.

Admiral *m* **-s, -e** *or* **Admiräle 1.** admiral. **2.** (*Zool*) red admiral.

Admiralität *f* **1.** (*die Admirale*) admirals *pl*. **2.** (*Marineleitung*) admiralty.

Admiralsrang *m* rank of admiral.

Adoleszenz *f* (*form*) adolescence.

Adonis *m* **-, -se** (*geh*) Adonis.

adoptieren* *vt* to adopt.

Adoption *f* adoption.

Adoptiv|eltern *pl* adoptive parents *pl*; **Adoptivkind** *nt* adopted child.

Adrenalin *nt* **-s,** *no pl* adrenalin.

Adressat *m* **-en, -en** (*geh*) addressee; (*Comm auch*) consignee (*form*). ~**en** (*fig*) target group.

Adressatengruppe *f* target group.

Adreßbuch *nt* directory; (*privat*) address book.

Adresse *f* **-, -n** (*Anschrift, Datenverarbeitung, form: Botschaft*) address. **eine Warnung an jds** ~ (*acc*) **richten** (*fig*) to address a warning to sb; **dieser Vorwurf geht an Ihre eigene** ~ this reproach is directed at *or* addressed to you (personally); **sich an die richtige** ~ **wenden** (*inf*) to go/come to the right place *or* person/ people; **an die falsche** *or* **verkehrte** ~ **kommen** *or* **geraten** (*all inf*) to go/come to the wrong person (*inf*); **an der falschen** ~ **sein** (*inf*) to have gone/come to the wrong person, to be knocking at the wrong door (*inf*).

adressieren* *vt* to address (*an* +*acc* to).

Adressiermaschine f addressograph.
adrett adj (dated) neat.
Adria f - Adriatic (Sea).
Adriatisches Meer nt (form) Adriatic Sea.
Advent [at'vɛnt] m -s, -e Advent. **im** ~ **in** Advent; **erster/vierter** ~ first/fourth Sunday in Advent.
Adventist [-vɛn-] m (Rel) (Second) Adventist.
Adventskalender m Advent calendar; **Adventskranz** m Advent wreath; **Adventssonntag** m Sunday in Advent; **Adventszeit** f (season of) Advent.
Adverb [at'vɛrp] nt -s, -ien [-biən] adverb.
abverbial adj adverbial.
Adverbialbestimmung f adverbial qualification; **mit** ~ qualified adverbially; **Adverbialsatz** m adverbial clause.
adversativ [atvɛrza'ti:f] adj (Gram) adversative.
Adversativsatz m adversative clause.
Advocatus diaboli [atvo'ka:tʊs di'a:boli] m - -, **Advocati** - (geh) devil's advocate.
Advokat [atvo'ka:t] m -en, -en (old Jur, fig) advocate; (Aus, Sw, auch pej) lawyer.
Advokatur [-vo-] f 1. legal profession. 2. (Büro) lawyer's office.
Advokaturbüro nt (Sw), **Advokaturskanzlei** f (Aus) lawyer's office.
Aero- [aero] in cpds aero; **Aerodynamik** f aerodynamics; **aerodynamisch** adj aerodynamic; **Aerogramm** nt air-letter, aerogramme; **Aeronautik** f dated aeronautics sing; **aeronautisch** adj aeronautic(al); **Aerosol** nt -s, -e aerosol.
Affäre f -, -n 1. (Angelegenheit) affair, business no pl; (Liebesabenteuer) affair. **in eine** ~ **verwickelt sein** to be mixed up or involved in an affair; **sich aus der** ~ **ziehen** (inf) to get (oneself) out of it (inf). 2. (Zwischenfall) incident, episode.
Äffchen nt dim of **Affe**.
Affe m -n, -n 1. monkey; (Menschen~) ape. **der Mensch stammt vom** ~**n ab** man is descended from the apes; **der nackte** ~ the naked ape; **klettern wie ein** ~ to climb like a monkey; **einen** ~**n haben** (sl) to have had one over the eight (inf); siehe **lausen, Schleifstein.**
2. (sl: Kerl) clown (inf), berk (Brit sl), twit (Brit sl). **ein eingebildeter** ~ a conceited ass (inf); **du (alter)** ~! (sl) you (great) berk or twit (sl).
3. (Mil inf) knapsack.
Affekt m -(e)s, -e emotion, affect (form). **ein im** ~ **begangenes Verbrechen** a crime committed under the effect of emotion or in the heat of the moment; **im** ~ **handeln** to act in the heat of the moment.
affektgeladen adj (geh) impassioned, passionate; **Affekthandlung** f act committed under the influence of emotion.
affektiert adj (pej) affected. **sich** ~ **benehmen** to be affected, to behave affectedly.
Affektiertheit f affectation, affectedness.
affektiv adj (Psych) affective.
Affektstau m (Psych) emotional block.
affenartig adj like a monkey; (menschen~) apelike; **mit** ~**er Geschwindigkeit** (inf) like greased lightning (inf), like or in a flash (inf);

Affenbrotbaum m monkey-bread (tree), baobab; **Affenhaus** nt ape house; **Affenhitze** f (inf) sweltering heat (inf); **gestern war eine** ~ yesterday was a scorcher (inf) or it was sweltering (inf); **Affenjäckchen** nt, **Affenjacke** f (Mil inf) monkey jacket; **Affenkäfig** m monkey's/ape's cage; **hier stinkt es/geht es zu wie in einem** ~(sl) it smells like a sewer or stinks to high heaven in here (inf)/it's absolute pandemonium or bedlam here (inf); **Affenliebe** f blind adoration (zu of); **Affenmensch** m (inf) ape-man; **Affenpinscher** m griffon (terrier); **Affenschande** f (inf) crying shame (inf); **Affenschaukel** f (inf) (Mil) fourragère; (usu pl: Frisur) looped plait; **Affenstall** m (sl) 1. siehe **Affenkäfig**; 2. (schlechte Unterkunft) hole (inf); **Affentempo** nt (inf) breakneck speed (inf); **in** or **mit einem** ~ at breakneck speed (inf); (laufen auch) like the clappers (sl); **Affentheater** nt (inf) to-do (inf), carry-on (inf), fuss; **ein** ~ **aufführen** to make a fuss; **Affenweibchen** nt female monkey/ape; **Affenzahn** m (sl) siehe **Affentempo.**
affig adj (inf) (eitel) stuck-up (inf), conceited; (geziert) affected; (lächerlich) ridiculous, ludicrous. **sein** ~**-arrogantes Benehmen** his stuck-up and arrogant behaviour; **sich** ~ **anstellen** or **haben** to be stuck-up (inf)/affected/ridiculous or ludicrous.
Affigkeit f (inf) (Geziertheit) affectedness; (Lächerlichkeit) ridiculousness, ludicrousness.
Äffin f female monkey/ape.
Affinität f affinity.
Affirmation f (geh) affirmation.
affirmativ adj (geh) affirmative.
Affix nt -es, -e (Ling) affix.
Affront [a'frõː] m -s, -s (geh) affront, insult (gegen to).
Afghane m -n, -n, **Afghanin** f Afghan.
afghanisch adj Afghan. ~**er Windhund** Afghan (hound).
Afghanistan nt -s Afghanistan.
Afrika nt -s Africa.
Afrikaans nt - Afrikaans.
Afrikaner(in f) m -s, - African.
afrikanisch adj African.
Afrikanistik f African studies pl.
Afroamerikaner m Afro-American; **afrokubanisch** adj Afro-Cuban; **Afro-Look** ['a:frʊk] m -s Afro-look.
After m -s, - (form) anus.
AG [a:'ge:] f -, -s abbr of **Aktiengesellschaft** Ltd (Brit), inc. (US).
Ägäis [ɛ'gɛːɪs] f - Aegean (Sea).
ägäisch [ɛ'gɛːɪʃ] adj Aegean. **Ä~es Meer** Aegean Sea.
Agave [a'ga:və] f -, -n agave.
Agens nt -, **Agenzien** [-iən] (Philos, Med, Ling) agent.
Agent m agent; (Spion) secret or foreign agent.
Agentenring m spy ring; **Agententätigkeit** f espionage; **ihre**~**her activity as a secret** or foreign agent.
Agentin f secret or foreign agent.
Agent provocateur [a'ʒãː:provoka'tøːʀ] m - -, -s -s agent provocateur.

Agentur f agency.

Agenturbericht m (news) agency report.

Agglutination f (Ling) agglutination.

agglutinierend (Ling) agglutinative, agglutinating.

Aggregat nt (Geol) aggregate; (Tech) unit, set of machines.

Aggregatzustand m state. **die drei Aggregatzustände** the three states of matter.

Aggression f aggression (gegen towards). **~en gegen jdn empfinden** to feel aggressive or aggression towards sb.

aggressionslüstern adj (pej) belligerent, bellicose; **Aggressionstrieb** m (Psych) aggressive impulse.

aggressiv adj aggressive.

Aggressivität f aggression, aggressiveness.

Aggressor m aggressor.

Ägide f -, no pl (liter): **unter jds ~** (dat) (Schutz) under the aegis of sb; (Schirmherrschaft auch) under sb's patronage.

agieren* vi to operate, to act; (Theat) to act. **als Spekulant ~** to operate or act as a speculator; **als jd ~** (Theat) to act or play the part of sb.

agil adj (körperlich) agile, nimble. **(geistig) ~** sharp, nimble-minded, mentally agile.

Agilität f siehe adj agility, nimbleness; sharpness, nimble-mindedness.

Agio ['a:dʒo] nt -, **Agien** ['a:dʒən] (Fin) (von Wertpapier) premium; (von Geldsorte) agio.

Agitation f (Pol) agitation. **~ treiben** to agitate.

Agitator(in f) [-'to:rɪn] m (Pol) agitator.

agitatorisch adj (Pol) agitative; Rede inflammatory, agitating attr.

agitieren* vi to agitate.

Agitprop f -, no pl agitprop.

Agnostiker(in f) m -s, - agnostic.

agnostisch adj agnostic.

Agnostizismus m agnosticism.

Agonie f (lit, fig geh) throes pl of death, death pangs pl. **in (der) ~ liegen** to be in the throes of death; **das Land liegt in tiefer ~** the country is in the final throes of death.

Agrar- in cpds agrarian; **Agrargesellschaft** f agrarian society.

Agrarier [-iɐ] m -s, - landowner; (hum, pej) country squire.

agrarisch adj agrarian.

Agrarland nt agrarian country; **Agrarmarkt** m agricultural commodities market; **Agrarpolitik** f agricultural policy; **Agrarzoll** m import tariff (on produce).

Agrément [agre'mã:] nt -s, -s (Pol) agrément. **einem Botschafter das ~ erteilen** to grant agrément to an ambassador.

Agrikultur f (form) agriculture.

Agrochemie f agricultural chemistry.

Agronom(in f) m (DDR) agronomist.

Agronomie f (DDR) agronomy.

Agrotechnik f (DDR) agricultural technology.

Ägypten nt -s Egypt.

Ägypter(in f) m -s, - Egyptian.

ägyptisch adj Egyptian. **~e Finsternis** (liter) Stygian darkness (liter).

ah [a:] interj (genießerisch) ooh, ah, mmm; (überrascht, bewundernd, verstehend) ah, oh.

äh [ɛ:] interj (beim Sprechen) er, um; (Ausdruck des Ekels) ugh.

aha interj aha; (verstehend auch) I see.

Aha-Erlebnis nt sudden insight, aha-experience (Psych).

Ahle f -, -n awl; (Typ) bodkin.

Ahn m -(e)s or -en, -en (geh) ancestor, for(e)father (liter); (fig) for(e)bear (liter).

ahnden vt (liter) Freveltat, Verbrechen to avenge; (form) Verstoß to punish.

Ahndung f siehe vt avengement; punishment.

Ahne[1] m -n, -n (liter) siehe **Ahn.**

Ahne[2] f -, -n (geh) (weiblicher Vorfahr) ancestress; (fig) for(e)bear (liter).

ähneln vi +dat to be like, to be similar to, to resemble. **sich or einander** (geh) **~** to be alike, to be similar, to resemble one another; **in diesem Punkt ähnelt sie sehr ihrem Vater** she's very like her father or very similar to her father or she greatly resembles her father in this respect; **die beiden Systeme ~ einander nicht sehr/~ sich wenig** the two systems are not very similar or alike/have little in common.

ahnen I vt (voraussehen) to foresee, to know; Gefahr, Tod etc to have a presentiment or premonition or foreboding of; (vermuten) to suspect; (erraten) to guess. **das kann ich doch nicht ~!** I couldn't be expected to know that!; **nichts Böses ~** to have no sense of foreboding, to be unsuspecting; **nichts Böses ~d** unsuspectingly; **ohne zu ~, daß ...** without dreaming or suspecting (for one minute) that ...; **ohne es zu ~** without suspecting, without having the slightest idea; **davon habe ich nichts geahnt** I didn't have the slightest inkling of it, I didn't suspect it for one moment; **so etwas habe ich doch geahnt** I did suspect something like that; **(ach), du ahnst es nicht!** (inf) would you believe it! (inf); **du ahnst es nicht, wen ich gestern getroffen habe!** you'll never guess or believe who I met yesterday!; **die Umrisse waren/der Nußgeschmack war nur zu ~** the contours could only be guessed at/ there was only the merest hint or suspicion of a nutty flavour.

II vi (geh) **mir ahnt etwas Schreckliches** I have a dreadful foreboding; **mir ahnt nichts Gutes** I have a premonition that all is not well.

Ahnenbild nt ancestral portrait; (auch Ahnenfigur) ancestral figure; **Ahnenforschung** f genealogy; **Ahnengalerie** f ancestral portrait gallery; **Ahnenkult** m ancestor worship or cult; **Ahnenreihe** f ancestral line; **Ahnentafel** f genealogical tree or table, genealogy, pedigree; **Ahnenjehrung** f ancestor worship.

Ahnfrau f (liter) ancestress; (Stammutter) progenitrix (form, liter); **Ahnherr** m (liter) ancestor; (Stammvater) progenitor (form, liter).

ähnlich I adj similar (+dat to). **ein dem Rokoko ~er Stil** a style similar to rococo, a similar style to rococo; **~ wie er/sie** like him/her; **~ wie damals/vor 10 Jahren** as then/10 years ago; **sie sind sich ~** they are similar or alike; **ein ~ aussehender Gegenstand** a similar-looking object; **eine ~**

komplizierte Sachlage a similarly complicated state of affairs; **ich denke ~ my thinking is similar, I think likewise; jdm ~ sehen** to be like sb, to resemble sb; **das sieht ihm (ganz) ~!** (*inf*) that's just like him!, that's him all over! (*inf*); **(etwas) Ä~es** something similar, something like it/that.

II *prep* +*dat* similar to, like.

Ähnlichkeit *f* (*mit* to) (*Vergleichbarkeit*) similarity; (*ähnliches Aussehen*) similarity, resemblance. **mit jdm/etw ~ haben** to resemble sb/sth, to be like sb/sth.

Ahnung *f* **1.** (*Vorgefühl*) hunch, presentiment; (*düster*) foreboding, premonition. **2.** (*Vorstellung, Wissen*) idea; (*Vermutung*) suspicion, hunch. **keine ~!** (*inf*) no idea! (*inf*), I haven't a clue! (*inf*); **er hat keine blasse** *or* **nicht die geringste ~** he hasn't a clue *or* the foggiest, he hasn't the faintest idea (*all inf*); **er redet zwar viel darüber, hat aber keine ~ davon** he talks a lot (about it) but he hasn't a clue *or* the slightest idea (*inf*) about it; **ich hatte keine ~, daß ...** I had no idea that ...; **hast du eine ~, wo er sein könnte?** have you any *or* an idea where he could be?; **du hast keine ~, wie schwierig das ist** you have no idea how difficult it is; **hast du eine ~!** (*iro inf*) a (fat) lot you know (about it)! (*inf*), that's what *you* know (about it)!

ahnungslos I *adj* (*nichts ahnend*) unsuspecting; (*unwissend*) clueless (*inf*); **II** *adv* unsuspectingly, innocently; **Ahnungslosigkeit** *f* (*Unwissenheit*) cluelessness (*inf*), ignorance; **ahnungsvoll** *adj* (*geh*) full of presentiment *or* (*Böses ahnend*) foreboding.

ahoi [a'hɔy] *interj* (*Naut*) **Schiff ~!** ship ahoy!

Ahorn *m* **-s, -e** maple.

Ahornblatt *nt* maple leaf.

Ähre *f* **-, -n** (*Getreide~*) ear; (*allgemeiner, Gras~*) head. **~n lesen** to glean (corn).

Ährenkranz *m* garland of corn; **Ährenlese** *f* gleaning; **Ährenleser** *m* gleaner.

Air [ɛːɐ] *nt* **-(s), -s** (*geh*) air, aura.

Airbus ['ɛːɐbʊs] *m* (*Aviat*) airbus.

ais, Ais ['aːɪs] *nt* **-, -** A sharp.

Aischylos ['aɪsçylɔs] *m* **-** Aeschylus.

Akademie *f* academy; (*Berg~, Forst~*) college, school.

Akademiker(in *f*) *m* **-s, -** person with a university education; (*Student*) (university) student; (*Hochschulabsolvent*) (university) graduate; (*Universitätslehrkraft*) academic; (*rare: Akademiemitglied*) academician.

akademisch *adj* (*lit, fig*) academic. **die ~e Jugend** (the) students *pl*; **das ~e Proletariat** (the) jobless graduates *pl*; **das ~e Viertel** (*Univ*) the quarter of an hour allowed between the announced start of a lecture etc and the actual start; **~ gebildet sein** to have (had) a university education, to be a graduate.

Akanthus *m* **-, -, Akanthusblatt** *nt* acanthus (leaf).

Akazie [-iə] *f* acacia.

Akklamation *f* (*form, Aus*) acclaim, acclamation. **Wahl per** *or* **durch ~** election by acclamation.

akklamieren* (*form, Aus*) **I** *vi* to applaud (*jdm* sb). **II** *vt* **Schauspieler, Szene** to acclaim, to applaud; (*wählen*) to elect by acclamation.

Akklimatisation *f* (*form*) acclimatization.

akklimatisieren* *vr* (*lit, fig*) (*in* +*dat* to) to become acclimatized, to acclimatize oneself/itself.

Akklimatisierung *f* acclimatization.

Akkord *m* **-(e)s, -e 1.** (*Mus*) chord. **2.** (*Stücklohn*) piece rate. **im** *or* **in** *or* **auf ~ arbeiten** to do piecework; **den ~ kaputtmachen** (*inf*) to sabotage the piece rate, to send the piece rate plummeting. **3.** (*Jur*) settlement.

Akkord|arbeit *f* piecework; **Akkord|arbeiter** *m* piece-worker.

Akkordeon [-ɛɔn] *nt* **-s, -s** accordion.

Akkordeonist(in *f*) *m* accordionist. **Akkordeonspieler(in** *f*) *m* accordionist.

Akkordlohn *m* piece wages *pl*, piece rate; **Akkordsatz** *m* piece rate.

akkreditieren* *vt* **1.** (*Pol*) to accredit (*bei* to, at). **2.** (*Fin*) **jdn ~** to give sb credit facilities; **akkreditiert sein** to have credit facilities; **jdn für einen Betrag ~** to credit an amount to sb *or* sb's account.

Akkreditierung *f* **1.** (*Pol*) accrediting, accreditation (*bei* to, at). **2.** (*Fin*) provision of credit facilities (*gen* to); (*von Betrag*) crediting.

Akkreditiv *nt* **1.** (*Pol*) credentials *pl.* **2.** (*Fin*) letter of credit.

Akku ['aku] *m* **-s, -s** (*inf*) *abbr of* **Akkumulator** accumulator.

Akkumulation *f* accumulation.

Akkumulator *m* accumulator.

akkumulieren* *vtir* to accumulate.

akkurat I *adj* (*dated, Aus, S Ger*) precise; (*sorgfältig auch*) meticulous. **II** *adv* (*esp Aus*) precisely, exactly; (*tatsächlich*) naturally, of course.

Akkuratesse *f*, *no pl* (*dated*) *siehe adj* precision; meticulousness.

Akkusativ *m* accusative. **im ~ stehen** to be in the accusative.

Akkusativ|objekt *nt* accusative object.

Akne *f* **-, -n** acne.

Akontozahlung *f* payment on account.

akquirieren* [akvi'riːrən] **I** *vt* (*old*) to acquire.**II** *vi* (*Comm*) to canvass for custom.

Akquisiteur [akvizi'tøːɐ] *m* agent, canvasser.

Akquisition [akvizitsi'oːn] *f* (*old*) acquisition; (*Comm*) (customer) canvassing.

Akribie *f*, *no pl* (*geh*) meticulousness.

akribisch *adj* (*geh*) meticulous, precise.

Akrobat(in *f*) *m* **-en, -en** acrobat.

Akrobatik *f*, *no pl* acrobatics *pl*; (*Geschicklichkeit*) acrobatic abilities *pl* or skill.

akrobatisch *adj* acrobatic.

Akronym *nt* **-s, -e** acronym.

Akt¹ *m* **-(e)s, -e 1.** (*Tat*) act; (*Zeremonie*) ceremony, ceremonial act. **2.** (*Theat, Zirkus~*) act. **3.** (*Art: ~bild*) nude. **4.** (*Geschlechts~*) sexual act, coitus *no art* (*form*).

Akt² *m* **-(e)s, -en** (*Aus*) *siehe* **Akte.**

Akt|aufnahme *f* nude (photograph); **Aktbild** *nt* nude (picture *or* portrait).

Akte *f* **-, -n** file, record. **die ~ Schmidt** the

Schmidt file; **das kommt in die ~n** this goes on file or record; **etw zu den ~n legen** to file sth away, to put sth on file; (*fig*) *Fall etc* to drop.

Aktenberg *m* (*inf*) mountain of files or records (*inf*); **Aktendeckel** *m* folder; **Akten|einsicht** *f* (*form*) inspection of records or files; **Aktenkoffer** *m* attaché case, executive case; **aktenkundig** *adj* on record; **~ werden** to be put on record; **Aktenmappe** *f* **1.** (*Tasche*) briefcase, portfolio; **2.** (*Umschlag*) folder, file; **Aktennotiz** *f* memo(randum); **Akten|ordner** *m* file; **Aktenschrank** *m* filing cabinet; **Aktentasche** *f* siehe **Aktenmappe 1.**; **Aktenwolf** *m* paper shredder; **Aktenzeichen** *nt* reference.

Akteur [ak'tø:ɐ] *m* (*geh*) participant, protagonist.

Aktfoto *nt* nude (photograph); **Aktfotografie** *f* nude photography; (*Bild*) nude photograph.

Aktie ['aktsiə] *f* share; (*~nschein*) share certificate. **in ~n anlegen** to invest in (stocks and) shares; **die ~n fallen/steigen** share prices are falling/rising; **die ~n stehen gut** share prices are looking good, shares are buoyant; (*fig*) things or the prospects are looking good; **wie stehen die ~n?** (*hum inf*) how are things?; (*wie sind die Aussichten*) what are the prospects?

Aktienbesitz *m* shareholdings *pl*, shares *pl* held; **Aktiengesellschaft** *f* joint-stock company, (public) limited company (*Brit*), corporation (*US*); **Aktienkapital** *nt* share capital; (*von Gesellschaft auch*) (capital) stock; **Aktienkurs** *m* share price; **Aktienmarkt** *m* stock market; **Aktienmehrheit** *f* majority shareholding or interest.

Aktinium *nt* **-s**, *no pl* (*abbr* **Ac**) actinium.

Aktion *f* (*Handlung*) action (*auch Mil*); (*Kampagne*) campaign; (*geplantes Unternehmen, Einsatz*) operation (*auch Mil*); (*Comm*) special offer. **in ~** in action; **sie muß ständig in ~ sein** she always has to be active or on the go (*inf*); **in ~ treten** to go into action.

Aktionär(in *f*) *m* shareholder, stockholder (*esp US*).

Aktionärsversammlung *f* shareholders' meeting.

Aktions|art *f* (*Gram*) aspect; **Aktions|ausschuß** *m* action committee; **Aktions|einheit** *f* (*Pol*) unity in action, working unity; **aktionsfähig** *adj* capable of action; **Aktionskomitee** *nt* action committee; **Aktionsradius** *m* (*Aviat, Naut*) range, radius; (*fig: Wirkungsbereich*) scope (for action); **aktions|unfähig** *adj* incapable of action.

aktiv *adj* active; (*Econ*) *Bilanz* positive, favourable; (*Mil*) *Soldat etc* on active service. **sich ~ an etw** (*dat*) **beteiligen** to take an active part in sth; **~ dienen** (*Mil*) to be on active duty or service.

Aktiv¹ *nt* (*Gram*) active.

Aktiv² *nt* **-s**, **-s** *or* **-e** (*esp DDR*) work team.

Aktiva *pl* assets. **~ und Passiva** assets and liabilities.

Aktive *f* **-n**, **-n** (*sl*) fag (*esp Brit sl*), butt (*US sl*).

Aktive(r) *mf decl as adj* (*Sport*) active participant.

aktivieren* [akti'vi:rən] *vt* (*Sci*) to activate; (*fig*) *Arbeit, Kampagne* to step up; *Mitarbeiter* to get moving; (*Comm*) to enter on the assets side.

Aktivismus *m, no pl* activism.

Aktivist *m* (*DDR*) activist.

Aktivität *f* activity.

Aktivposten *m* (*lit, fig*) asset; **Aktivsaldo** *m* credit balance; **Aktivseite** *f* assets side; **Aktivvermögen** *nt* realizable assets *pl*.

Aktmalerei *f* nude painting; **Aktmodell** *nt* nude model.

Aktrice [ak'tri:sə] *f* **-**, **-n** (*dated*) actress.

Aktstudie *f* nude study.

aktualisieren* *vt* to make topical.

Aktualität *f* relevance (to the present or current situation), topicality. **~en** *pl* (*geh: neueste Ereignisse*) current events.

Aktuar *m* **1.** (*old*) siehe **Gerichtsschreiber. 2.** (*Sw*) siehe **Schriftführer.**

aktuell *adj* relevant (to the current situation); *Frage auch* topical; *Buch, Film auch* of topical interest; *Thema* topical; (*gegenwärtig*) *Problem, Theorie, Thema* current; (*Fashion: modern*) *Mode* latest *attr*, current; *Stil auch* the (latest or current) fashion *pred*, fashionable; (*Econ*) *Bedarf, Kaufkraft* actual. **von ~em Interesse** or **~er Bedeutung** of topical interest/of relevance to the present situation; **dieses Problem ist nicht mehr ~** this is no longer a (current) problem; **das Buch ist wieder ~ geworden** the book has become relevant again or has regained topicality; **eine ~e Sendung** (*Rad, TV*) a current-affairs programme.

Aktzeichnung *f* nude (drawing), drawing of a nude.

Akupunkteur [-'tø:ɐ] *m* acupuncturist.

akupunktieren* **I** *vt* to acupuncture. **II** *vi* to perform acupuncture.

Akupunktur *f* acupuncture.

Akustik *f, no pl* (*von Gebäude etc*) acoustics *pl*; (*Phys: Lehre*) acoustics *sing*.

akustisch *adj* acoustic. **ich habe dich rein ~ nicht verstanden** I simply didn't catch what you said (properly).

akut *adj* (*Med, fig*) acute; *Frage auch* pressing, urgent.

Akut *m* **-(e)s**, **-e** acute (accent).

Akzent *m* **-(e)s**, **-e** (*Zeichen, Aussprache*) accent; (*Betonung auch*) stress; (*fig auch*) emphasis, stress. **den ~ auf etw** (*acc*) **legen** to emphasize sth; **dieses Jahr liegen die (modischen) ~e bei ...** this year the accent or emphasis is on ...: **~e setzen** (*fig*) to bring out or emphasize the main points or features; **wo sollen wir die ~e setzen?** (*fig*) where are we to lay the stress or emphasis?; **dieses Jahr hat neue ~e gesetzt** this year has seen the introduction of new trends.

Akzentbuchstabe *m* accented letter; **akzentfrei** *adj* without any or an accent.

akzentuieren* *vt* to articulate, to enunciate; (*betonen*) to stress; (*fig: hervorheben*) to accentuate.

Akzentverschiebung *f* (*Ling*) stress shift; (*fig*) shift of emphasis.

akzeptabel *adj* acceptable.

akzeptieren* *vt* to accept.

Akzeptierung *f* acceptance.

à la [a la] *adv* à la.

alaaf *interj* (*dial*) **Kölle** ~! up Cologne! (*used in carnival procession*).

Alabaster *m* **-s, -** alabaster.

Alarm *m* **-(e)s, -e** (*Warnung*) alarm; (*Flieger~*) air-raid warning; (*Zustand*) alert. **bei** ~ following an alarm/air-raid warning; (*während* ~) during an alert; (*während* ~) during an alert; ~! fire!/air-raid! *etc*; ~ **schlagen** to give *or* raise *or* sound the alarm.

Alarm|anlage *f* alarm system; **alarmbereit** *adj* on the alert; *Feuerwehr, Polizei auch* standing by; **sich** ~ **halten** to be on the alert/standing by; **Alarmbereitschaft** *f* *siehe adj* alert; stand-by; **in** ~ **sein** *or* **stehen** to be on the alert/standing by; **in** ~ **versetzen** to put on the alert, to alert; **Alarmglocke** *f* alarm bell.

alarmieren* *vt* *Polizei etc* to alert; (*fig: beunruhigen*) to alarm. ~**d** (*fig*) alarming; **aufs höchste alarmiert** (*fig*) highly alarmed.

Alarmruf *m* warning cry; **Alarmsignal** *nt* alarm signal; **Alarmstufe** *f* alert stage; **Alarm|übung** *f* practice exercise *or* drill; **Alarmvorrichtung** *f* alarm; **Alarmzustand** *m*; **im** ~ **sein** to be on the alert; **in den** ~ **versetzen** to put on the alert.

Alaska *nt* **-s** Alaska.

Alaun *m* **-s, -e** alum.

Alaunstein, Alaunstift *m* styptic pencil.

Alb¹ *m* **-(e)s, -en** (*Myth*) elf.

Alb² *f* **-, no pl** (*Geog*) mountain region. **die** ~ the Swabian mountains *pl*.

Albaner(in *f*) *m* **-s, -** Albanian.

Albanien [-iən] *nt* **-s** Albania.

albanisch *adj* Albanian.

Albatros *m* **-, -se** albatross.

Albe *f* **-, -n** (*Eccl*) alb.

Alben *pl of* **Alb¹, Albe, Album.**

Alberei *f* silliness; (*das Spaßmachen*) fooling about *or* around; (*Tat*) silly prank; (*Bemerkung*) inanity.

albern **I** *adj* silly, stupid, foolish; (*inf: lächerlich*) stupid, silly, ridiculous. **sich** ~ **benehmen** to act silly; (*Quatsch machen*) to fool about *or* around; ~**es Zeug** (silly) nonsense.

II *vi* to fool about *or* around.

Albernheit *f* **1.** *no pl* (*albernes Wesen*) silliness, foolishness; (*Lächerlichkeit*) ridiculousness. **2.** (*Tat*) silly prank; (*Bemerkung*) inanity.

Albino *m* **-s, -s** albino.

Albion ['albiən] *nt* **-s** (*liter*) Albion (*poet*).

Album *nt* **-s, Alben** album.

Alchemie (*esp Aus*), **Alchimie** *f* alchemy.

Alchemist(in *f*) (*esp Aus*), **Alchimist(in** *f*) *m* alchemist.

alchemistisch (*esp Aus*), **alchimistisch** *adj* alchemic(al).

alemannisch *adj* Alemannic.

alert *adj* (*geh*) vivacious, lively.

Alge *f* **-, -n** alga. ~**n** algae.

Algebra *f* **-, no pl** algebra.

algebraisch *adj* algebraic(al).

Algerien [-iən] *nt* **-s** Algeria.

Algerier(in *f*) [-iɐ, -iərɪn] *m* **-s, -** Algerian.

algerisch *adj* Algerian.

Algier ['alʒiːɐ] *nt* **-s** Algiers.

Algol *nt* **-(s),** *no pl* Algol.

Algorithmus *m* algorithm.

alias *adv* alias, also *or* otherwise known as.

Alibi *nt* **-s, -s** (*Jur, fig*) alibi.

Alibifunktion *f* (*fig*) ~ **haben** to be used as an alibi.

Alimente *pl* maintenance *sing.*

Alk *m* **-(e)s, -en** (*Orn*) auk.

Alkali *nt* **-s, Alkalien** [-iən] alkali. **mit** ~ **düngen** to fertilize with an alkali.

alkalisch *adj* alkaline.

Alkaloid *nt* **-(e)s, -e** alkaloid.

Alkohol ['alkoho:l, alko'ho:l] *m* **-s, -e** alcohol; (*alkoholische Getränke auch*) drink. **seinen Kummer im** ~ **ertränken** to drown one's sorrows; **jdn unter** ~ **setzen** to get sb drunk; **unter** ~ **stehen** to be under the influence (of alcohol *or* drink).

alkohol|arm *adj* low in alcohol (content); **Alkohol|ausschank** *m* sale of alcohol(ic drinks); **Alkohol|einfluß** *m*, **Alkohol|einwirkung** *f* influence of alcohol *or* drink; **unter** ~ under the influence of alcohol *or* drink; **Alkoholfahne** *f* (*inf*) smell of alcohol; **eine** ~ **haben** to smell of alcohol *or* drink; **alkoholfrei** *adj* non-alcoholic; *Getränk auch* soft; *Gegend, Stadt* dry; **ein** ~**es Café** a café serving no alcohol, ≈ an unlicensed café; **Alkohol|gegner** *m* opponent of alcohol; (*selbst abstinent*) teetotaller; (*Befürworter des Alkoholverbots*) prohibitionist; **Alkoholgehalt** *m* alcohol(ic) content; **Alkoholgenuß** *m* taking of alcohol; **alkoholhaltig** *adj* alcoholic, containing alcohol.

Alkoholika *pl* alcoholic drinks *pl*, liquor *sing.*

Alkoholiker(in *f*) *m* **-s, -** alcoholic.

alkoholisch *adj* alcoholic.

alkoholisiert *adj* (*betrunken*) inebriated. **in** ~**em Zustand** in a state of inebriation.

Alkoholismus *m* alcoholism.

Alkohol|konsum *m* consumption of alcohol; **Alkohol|pegel** (*hum*), **Alkohol|spiegel** *m* jds ~ the level of alcohol in sb's blood; **alkoholsüchtig** *adj* addicted to alcohol, suffering from alcoholism; **Alkoholsteuer** *f* duty *or* tax on alcohol; **Alkoholsünder** *m* (*inf*) drunk(en) driver; **Alkoholverbot** *nt* prohibition (on alcohol); **Alkoholvergiftung** *f* alcohol(ic) poisoning.

Alkoven [al'ko:vn, 'alko:vn] *m* **-s, -** alcove.

all *indef pron* ~ **das/mein ...** *etc* all the/my *etc*; *siehe* **alle(r, s).**

All *nt* **-s,** *no pl* (*Sci, Space*) space *no art*; (*außerhalb unseres Sternsystems*) outer space; (*liter, geh*) universe. **Spaziergang im** ~ space walk, walk in space; **die Weite des** ~**s** the immense universe.

all|abendlich **I** *adj* (*which takes place*) every evening; **der** ~**e Spaziergang** the regular evening walk; **II** *adv* every evening; **allbekannt** *adj* known to all *or* everybody, universally known; **alldem** *pron siehe* **alledem**; **alldieweil** (*old, hum*) **I** *adv* (*währenddessen*) all the while; **II** *conj* (*weil*) because.

alle **I** *pron siehe* **alle(r, s).** **II** *adj pred* (*inf*) all gone. **die Milch ist** ~ the milk's all gone, there's no milk left; **etw ~ machen** to finish sth off; **ich bin ganz ~** I'm all in; **~ werden** to be finished.

alledem *pron* **bei/trotz** *etc* **~** with/in spite of *etc* all that; **von ~ stimmt kein Wort** there's no truth in any of that *or* it; **zu ~** moreover.

Allee *f* -, **-n** [-e:ən] avenue.

Allegorie *f* allegory.

allegorisch *adj* allegorical.

Allegro *nt* **-s, -s** *or* **Allegri** allegro.

allein I *adj pred* (*esp inf auch* **alleine**) alone; *Gegenstand, Wort auch* by itself, on its own; (*ohne Gesellschaft, Begleitung, Hilfe auch*) by oneself, on one's own; (*einsam*) lonely, lonesome. **für sich ~** by oneself, on one's own, alone; **sie waren endlich ~** they were alone (together) *or* on their own at last; **von ~** by oneself/itself; **ich tue es schon von ~e** I'll do that in any case; **das weiß ich von ~e** you don't have to tell me (that); **ganz ~** (*einsam*) quite *or* all alone; (*ohne Begleitung, Hilfe*) all by oneself, all on one's own; **jdm ganz ~ gehören** to belong to sb alone, to belong completely to sb; **auf sich** (*acc*) **~ angewiesen sein** to be left to cope on one's own, to be left to one's own devices.

II *adv* (*nur*) alone. **das ist ~ seine Verantwortung** that is his responsibility alone, that is exclusively *or* solely his responsibility; **nicht ~, ... sondern auch** not only ... but also; **~ schon der Gedanke, (schon) der Gedanke ~ ...** the very *or* mere thought ..., the thought alone ...; **das Porto ~ kostet ...** the postage alone costs ..., just the postage is ...

III *conj* (*old: jedoch*) however, but.

Allein|erbe *m* sole *or* only heir; **allein-|erziehend** *adj* **~e Eltern** single parents; **Alleinflug** *m* solo flight; **im ~** solo; **Alleingang** *m* (*inf*) (*Sport*) solo run; (*von Bergsteiger*) solo climb; (*fig: Tat*) solo effort; **etw im ~ machen** (*fig*) to do sth on one's own; **Alleinherrschaft** *f* autocratic rule, absolute dictatorship; (*fig*) monopoly; **Alleinherrscher** *m* autocrat, absolute dictator.

alleinig *adj attr* sole, only; (*Aus, S Ger: ohne Begleitung*) unaccompanied.

Alleinsein *nt* being on one's own *no def art*, solitude; (*Einsamkeit*) loneliness; **alleinseligmachend** *adj* **die ~e Kirche** the only true church; **er betrachtet seine Lehre als die ~e** he considers his doctrine to be the only true one; **alleinstehend** *adj* living on one's own, living alone; **Alleinstehende(r)** *mf decl as adj* single person; **Allein|unterhalter** *m* solo entertainer; **Allein|untermiete** *f* (*Aus*) subletting (*where main tenant lives elsewhere*); **in ~ wohnen** ≈ to live in a furnished flat; **Alleinvertretung** *f* (*Comm*) sole agency; (*Pol*) sole representation. **Alleinvertrieb** *m* sole *or* exclusive marketing *or* distribution rights *pl*.

alleluja *interj siehe* **halleluja.**

allemal *adv* every *or* each time; (*ohne Schwierigkeit*) without any problem *or* trouble. **was er kann, kann ich noch ~** anything he can do I can do too; **~!** no

problem *or* trouble! (*inf*); **ein für ~** once and for all.

allenfalls *adv* (*nötigenfalls*) if need be, should the need arise; (*höchstens*) at most, at the outside; (*bestenfalls*) at best. **es waren ~ 40 Leute da** there were at most 40 people there, there were 40 people there at the outside; **das schaffen wir ~ in 3 Stunden/bis übermorgen** we'll do it in 3 hours/by the day after tomorrow at best.

allenthalben *adv* (*liter*) everywhere, on all sides.

alle(r, s) I *indef pron* **1.** *attr* all; (*bestimmte Menge, Anzahl*) all the; (*auf eine Person bezüglich: all sein*) *Geld, Liebe, Freunde, Erfahrungen* all one's. **~ Kinder unter 10 Jahren** all children under 10; **~ Kinder dieser Stadt** all the children in this town; **die Eltern fuhren mit ~n Kindern weg** the parents went off with all their children; **im Geschäft war ~s Brot ausverkauft** all the bread in the shop was sold out; **er hat ~s Geld verloren** he's lost all his money; **~ meine Kinder** all (of) my children; **wir haben ~n Haß vergessen** we have forgotten all (our *or* the) hatred; **~ Anwesenden/Betroffenen** all those present/affected; **~s erforderliche Material** all the required material; **mit ~m Nachdruck** with every emphasis; **trotz ~r Mühe** in spite of every effort; **ohne ~n Grund** without any reason, with no reason at all; **mit ~r Deutlichkeit** quite distinctly; **in ~r Unschuld** in all innocence; **ohne ~n Zweifel** without any doubt; *siehe auch* **all.**

2. (*substantivisch*) **~s** *sing* everything; (*inf: alle Menschen*) everybody, everyone; **~s, was ...** all *or* everything that/ everybody *or* everyone who ...; **das ~s** all that; **~s Schöne** everything beautiful, all that is beautiful; „**~s für das Baby/den Heimwerker**" "everything for baby/the handyman"; (**ich wünsche Dir**) **~s Gute** (I wish you) all the best; **~s und jedes** anything and everything; **in ~m** (*in jeder Beziehung*) in everything; **~s in ~m** all in all; **trotz ~m** in spite of everything; **über ~s** above all else; (*mehr als alles andere*) more than anything else; **vor ~m** above all; **du bist mein ein und (mein) ~s** you are everything to me, you are my everything *or* all; **das ist ~s, ~s war's** that's all, that's it (*inf*); **das ist ~s Unsinn** that's all nonsense; **das ist ~s andere als ...** that's anything but ...; **das geht dich doch ~s nichts an!** none of (all) that has anything to do with you!; **das ist mir ~s gleich** it's all the same to me; **was soll das ~s?** what's all this supposed to mean!; **~s schon mal dagewesen!** (*inf*) it's all been done before!; **es hat ~s keinen Sinn mehr** nothing makes sense any more, it has all become meaningless; **was habt ihr ~s gemacht?** what did you get up to?; **wer war ~s da?** who was there?; **was er (nicht) ~s weiß/kann!** the things he knows/can do!; **was es nicht ~s gibt!** well (now) I've seen everything!, well I never (*inf*).

3. (*substantivisch*) **~** *pl* all; (*alle Menschen auch*) everybody, everyone; **sie sind ~ alt** they're all old; **die haben mir ~ nicht gefallen** I didn't like any of them; **ich habe**

(sie) ~ **verschenkt** I've given them all *or* all of them away; ~ **beide/drei** both of them/all three of them; ~ **drei/diejenigen, die ...** all three/(those) who ...; **diese** ~ all (of) these; **der Kampf ~r gegen** ~ the free-for-all; ~ **für einen und einer für** ~ all for one and one for all; **sie kamen** ~ they all came, all of them came; **sie haben** ~ **kein Geld mehr** none of them has any money left; **redet nicht** ~ **auf einmal!** don't all talk at once!
4. (*mit Zeit-, Maßangaben*) *usu pl* every. ~ **fünf Minuten/ fünf Meter** every five minutes/five metres; ~ **Jahre wieder** year after year.
II *adj siehe* **alle.**
aller- *in cpds mit superl* (*zur Verstärkung*) by far; **das ~größte/die ~hübscheste** by far the biggest/prettiest, the biggest/ prettiest by far.
aller|aller- *in cpds mit superl* (*inf: zur Verstärkung*) far and away; **das ~größte/die ~hübscheste** far and away the biggest/ prettiest.
allerbeste(r, s) *adj* very best, best of all, best ... of all; (*exquisit*) *Waren, Qualität* very best; **ich wünsche Dir das A~** (I wish you) all the best; **der/die/das A~** the very best/the best of all; **du bist mein A~r** you're my (own) darling; **es ist das** ~ *or* **am ~n, zu ...** /wenn ... the best thing would be to ...; /if ...; **allerdings** *adv*
1. (*einschränkend*) though, mind you; **ich komme mit, ich muß** ~ **erst zur Bank** I'm coming but I must go to the bank first though; **das ist** ~ **wahr, aber ...** that may be true, but ..., (al)though that's true ...;
2. (*bekräftigend*) certainly; ~! (most) certainly!; **aller|erste(r, s)** *adj* very first; **allerfrühestens** *adv* at the very earliest.
Allergie *f* (*Med*) allergy; (*fig*) aversion (*gegen* to). **eine** ~ **gegen etw haben** to be allergic to sth (*auch fig hum*); (*fig auch*) to have an aversion to sth.
allergisch *adj* (*Med, fig*) allergic (*gegen* to). **auf etw** (*acc*) ~ **reagieren** to have an allergic reaction to sth.
allerhand *adj inv* (*substantivisch*) (*allerlei*) all kinds of things; (*ziemlich viel*) rather a lot; (*attributiv*) all kinds *or* sorts of; rather a lot of; **das ist** ~! (*zustimmend*) that's quite something!, not bad at all! (*inf*); **das ist ja** *or* **doch** ~! (*empört*) that's too much!, that's the limit!; **Allerheiligen** *nt* **-s** All Saints' Day, All Hallows (Day); **Allerheiligste(s)** *nt decl as adj* (*Rel*) inner sanctum; (*jüdisch, fig*) Holy of Holies; (*katholisch*) Blessed Sacrament; **allerhöchste(r, s)** *adj Berg etc* highest of all, highest ... of all, very highest; *Betrag, Belastung, Geschwindigkeit* maximum; *Funktionäre* highest, top *attr*; *Instanz, Kreise* very highest; **von ~r Stelle** from the very highest authority; **es wird** ~ **Zeit, daß ...** it's really high time that ...; **allerhöchstens** *adv* at the very most; **allerlei** *adj inv* (*substantivisch*) all sorts *or* kinds of things; (*attributiv*) all sorts *or* kinds of; **allerletzte(r, s)** *adj* very last; (*allerneueste*) very latest; (*inf: unmöglich*) most awful *attr* (*inf*); **in ~r Zeit** very recently; **der/die/das A~** the very last

(person)/thing; **der/das ist (ja) das A~** (*inf*) he's/it's the absolute end! (*inf*); **allerliebst** *adj* (*old: reizend*) enchanting, delightful; **allerliebste(r, s)** *adj* (*Lieblings-*) most favourite *attr*; **sie ist mir die A~** she's my absolute favourite; **es wäre mir das** ~ *or* **am ~n, wenn ...** I would much prefer it if ...; **am ~n geh' ich ins Kino** I like going to the cinema most *or* best of all; **Allerliebste(r)** *mf decl as adj* (*old, hum*) beloved, love of one's life; (*Frau auch*) ladylove; **allermeiste(r, s)** *adj* most of all, most ... of all; (*weitaus beste*) by far the most; **die** ~ **Zeit** the greatest part of the time by far, by far the greatest part of the time; **am ~n** most of all; **das A~** ist schon geschafft by far the greatest part is already done; **die A~n** the vast majority; **allernächste(r, s)** *adj* (*in Folge*) very next; (*räumlich*) nearest of all; *Verwandte* very closest; *Route* very shortest; **in ~r Nähe** right nearby, right close by; **in ~r Zeit** *or* **Zukunft** in the very near future; **allerneu(e)ste(r, s)** *adj* very latest; **aller|orten, aller|orts** *adv* (*old*) everywhere; **Allerseelen** *nt* **-s** All Souls' Day; **allerseits** *adv* on all sides, on every side; **guten Abend** ~! good evening everybody *or* everyone *or* all; **vielen Dank** ~! thank you all *or* everybody *or* everyone; **allerspätestens** *adv* at the very latest.
Allerwelts- *in cpds* (*Durchschnitts-*) common; (*nichtssagend*) commonplace; **~kerl** *m* Jack of all trades.
allerwenigstens *adv* at the very least; **allerwenigste(r, s)** *adj* least of all, least ... of all; (*pl*) fewest of all, fewest ... of all; (*äußerst wenig*) very little; (*pl*) very few; (*geringste*) *Mühe* least possible; **die ~n Menschen wissen das** very (very) few people know that; **das ist noch das A~!** that's the very least of it; **das ist doch das A~**, was man erwarten könnte but that's the very least one could expect; **er hat von uns allen das** ~ *or* **am ~n Geld** he has the least money of any of us; **das am** ~! least of all that!; **Allerwerteste(r)** *m decl as adj* (*hum*) posterior (*hum*).
alles *indef pron siehe* **alle(r, s) 2.**
allesamt *adv* all (of them/us *etc*), to a man. **ihr seid** ~ **Betrüger!** you're all cheats!, you're cheats, all *or* the lot of you!
Allesfresser *m* omnivore; **Alleskleber** *m* all-purpose adhesive *or* glue; **Alleswisser** *m* **-s, -** (*iro*) know-all (*inf*), know-it-all (*US inf*).
Allfällige(s) *nt decl as adj* (*Aus, Sw*) miscellaneous; **allgegenwärtig** *adj* omnipresent, ubiquitous.
allgemein I *adj* general; *Ablehnung, Zustimmung auch* common; *Feiertag* public; *Regelungen, Wahlrecht, Wehrpflicht* universal; (*öffentlich auch*) public. **im ~en** in general, generally; **im ~en Interesse** in the common interest; in the public interest; **von ~em Interesse** of general interest; **~e Redensarten** (*idiomatische Ausdrücke*) set expressions; (*Phrasen*) commonplaces; **auf ~en Wunsch** by popular *or* general request; **die ~e Meinung** the general opinion, the gen-

erally held opinion; public opinion; **das ~e Wohl** the common good; (the) public welfare, the public good; **zur ~en Überraschung** to the surprise of everyone, to everyone's surprise; **das A~e und das Besondere** the general and the particular.

II adv (überall, bei allen, von allen) generally; (ausnahmslos von allen) universally; (generell auch) in the main, for the most part; (nicht spezifisch) in general terms. **seine Thesen sind so ~ abgefaßt, daß …** his theses are worded in such general terms that …; **es ist ~ bekannt** it's common knowledge; **es ist ~ üblich, etw zu tun** it's the general rule that we/they etc do sth, it's commonly or generally the practice to do sth; **~ verbreitet** widespread; **~ zugänglich** open to all, open to the general public.

Allgemeinbefinden nt general condition, general state of being; **allgemeinbildend** adj providing (a) general or all-round education; Studium auch with general educational value; **~e Schulen** schools that provide (a) general or all-round education; **Allgemeinbildung** f general or all-round education; **allgemeingültig** adj attr general, universal, universally or generally applicable or valid; **Allgemeingültigkeit** f universal or general validity, universality; **Allgemeingut** nt (fig) common property; **Allgemeinheit** f 1. (no pl: Öffentlichkeit) general public, public at large; (alle) everyone, everybody; 2. (no pl: Unbestimmtheit), (Unspezifisches) generality; **Allgemeinmedizin** f general medicine; Arzt für ~ general practitioner, GP; **allgemeinverbindlich** adj attr generally binding; **allgemeinverständlich** adj no pred generally intelligible, intelligible to all; **Allgemeinwohl** nt public good or welfare.

Allheilmittel nt universal remedy, cure-all, panacea (esp fig).

Allianz f alliance.

Alligator m alligator.

alliieren* vr (geh) to form an alliance. **sich mit jdm ~** to ally (oneself) with sb.

alliiert adj attr allied; (im 2. Weltkrieg) Allied.

Alliierte(r) mf decl as adj ally. **die ~n** (im 2. Weltkrieg) the Allies.

Alliteration f (Poet) alliteration.

alliterierend adj (Poet) alliterative.

alljährlich I adj annual, yearly; II adv annually, yearly, every year; **Allmacht** f (esp von Gott) omnipotence; (von Konzern etc) all-pervading power; **allmächtig** adj all-powerful, omnipotent; Gott auch almighty; **Allmächtige(r)** m decl as adj (Gott) **der ~** Almighty God, God (the) Almighty, the Almighty; **~!** good Lord!, heavens above!

allmählich I adj attr gradual.

II adv gradually; (schrittweise auch) bit by bit, step by step; (inf: endlich) at last. **es wird ~ Zeit** (inf) it's about time; **~ verstand er, daß …** it gradually dawned on him that …, he realized gradually that …; **ich werde ~ müde** (inf) I'm beginning to get tired; **hoffentlich kommst du ~!**

(inf) are you coming at last?; **wir sollten ~ gehen** (inf) shall we think about going?

Allmende f -, -n common land.

allmonatlich I adj monthly; II adv every month, monthly; **allmorgendlich** I adj which takes place every morning; **die ~e Eile** the regular morning rush; II adv every morning; **allnächtlich** I adj nightly; II adv nightly, every night.

Allopathie f allopathy.

Allotria nt -(s), no pl (inf) (Unfug) monkey business (inf) no indef art; (ausgelassen, freudig) skylarking (inf) no indef art, fooling around or about (inf) no indef art; (Lärm) racket (inf), din. **~ treiben** (inf) to lark about (inf), to fool around or about (inf).

Allrad|antrieb m all-wheel drive.

Allround- in cpds all-round …; **~sportler/ ~künstler/~wissenschaftler** m all-round sportsman/artist/ scientist, all-rounder; **~man** m -s, -men all-rounder.

allseitig adj (allgemein) general; (ausnahmslos) universal; (vielseitig) all-round attr. **~ begabt sein** to have all-round talents, to be an all-rounder; **jdn ~ ausbilden** to provide sb with a general or an all-round education; **zur ~en Zufriedenheit** to the satisfaction of all or everyone; **~ interessiert sein** to have all-round interests.

allseits adv (überall) everywhere, on all sides; (in jeder Beziehung) in every respect.

Allstrom|empfänger m (Rad) all-mains or AC-DC receiver; **Allstromgerät** nt (Rad) all-mains or AC-DC appliance.

Alltag m 1. (Werktag) weekday. **am ~, an ~en** on weekdays; **mitten im ~** in the middle of the week. 2. (fig) everyday life. **der ~ der Ehe** the mundane side of married life.

alltäglich adj 1. (tagtäglich) daily.

2. (üblich) everyday attr, ordinary, mundane (pej); Gesicht, Mensch ordinary; Bemerkung commonplace. **es ist ganz ~** it's nothing unusual or out of the ordinary; **das ist nichts A~es, daß/wenn …** it doesn't happen every day that …, it's not every day that ….

Alltäglichkeit f no pl siehe adj 2. ordinariness; commonplaceness.

alltags adv on weekdays. **etw ~ tragen** to wear sth for every day.

Alltags- in cpds everyday; **Alltagsleben** nt everyday life; **danach begann wieder das ~** after that life got back to normal again; **Alltagsmensch** m ordinary person; **Alltagstrott** m (inf) daily round, treadmill of everyday life.

all|über|all adv (old, poet) everywhere.

all|umfassend adj all-embracing, global.

Allüren pl behaviour; (geziertes Verhalten) affectations pl; (eines Stars etc) airs and graces pl.

allwissend adj omniscient; (Gott,) **der A~e** God the Omniscient; **sie tut immer so ~** she acts as though she knows everything; **ich bin nicht ~!** I don't know everything!, I'm not omniscient!; **Allwissenheit** f omniscience; **allwöchentlich** I adj weekly; II adv every week; **allzeit** adv (geh)

always; ~ **bereit!** be prepared!
allzu *adv* all too; (+*neg*) too. ~ **viele Fehler** far too many mistakes; **nur** ~ only *or* all too.

allzufrüh *adv* far too early; (+*neg*) too early; **allzugern** *adv mögen* only too much; (*bereitwillig*) only too willingly; (+*neg*) all that much/willingly, too much/ willingly; **etw (nur)** ~/**nicht** ~ **machen** to like doing sth only too much/not like doing sth all that much *or* too much *or* overmuch; **allzumal** *adv* (*old, liter*) **1.** (*zusammen*) all; **2.** (*besonders weil*) especially as *or* since; (*überhaupt*) by far; **allzusehr** *adv* too much; *mögen* all too much; (+*neg*) too much, all that much, overmuch; *sich freuen, erfreut sein* only too; (+*neg*) too; *versuchen* too hard; *sich ärgern, enttäuscht sein* too; ... — **nicht** ~ ... — not too much *or* all that much; **sie war** ~/**nicht** ~ **in ihn verliebt** she was too much/wasn't too in love with him; **allzuviel** *adv* too much; ~ **ist ungesund** (*Prov*) you can have too much of a good thing (*prov*).
Allzweck- *in cpds* general purpose; **Allzweckhalle** *f* multi-purpose hall.
Alm *f* -, **-en** alpine pasture.
Almanach *m* **-s, -e** almanac.
Almosen [-o:-] *nt* **-s, - . 1.** (*geh: Spende*) alms *pl* (*old*). ~ *pl* (*fig*) charity. **2.** (*geringer Lohn*) pittance.
Almrausch *m*, **Almrose** *f siehe* **Alpenrose**.
Aloe ['a:loe] *f* -, **-n** aloe.
Alp¹ *f* -, **-en** *siehe* **Alm**.
Alp² *m* **-(e)s, -e** (*old: Nachtmahr*) demon believed to cause nightmares; (*fig geh: Bedrückung*) nightmare. **wie ein** ~ **auf jdm lasten** (*fig geh*) to lie *or* weigh heavily (up)on sb.
Alpaka *nt* **-s, -s 1.** (*Lamaart*) alpaca. **2.** (*auch* ~**wolle**) alpaca (wool). **3.** *no pl* (*Neusilber*) German *or* nickel silver.
Alpdruck *m* (*lit, fig*) nightmare; **wie ein** ~ **auf jdm lasten** to weigh sb down, to oppress sb; **Alpdrücken** *nt* **-s,** *no pl* nightmares *pl*.
Alpen *pl* Alps *pl*.
Alpen- *in cpds* alpine; **Alpendollar** *m* (*hum*) Austrian schilling; **Alpenglühen** *nt* **-s,** - alpenglow; **Alpenland** *nt* alpine country; **alpenländisch** *adj* alpine; **Alpenpaß** *m* alpine pass; **Alpenrose** *f* Alpine rose *or* rhododendron; **Alpenrot** *nt* **-s,** *no pl* red snow; **Alpenveilchen** *nt* cyclamen; **Alpenvorland** *nt* foothills *pl* of the Alps.
Alpha *nt* **-(s), -s** alpha.
Alphabet *nt* **-(e)s, -e** alphabet. **nach dem** ~ alphabetically, in alphabetical order; **das** ~ **lernen/aufsagen** to learn/say the *or* one's alphabet.
alphabetisch *adj* alphabetical. ~ **geordnet** arranged in alphabetical order *or* alphabetically.
alphabetisieren* *vt* to make literate.
Alphabetisierung *f* **ein Programm zur** ~ **Indiens** a programme against illiteracy in India; **die** ~ **Kubas ist abgeschlossen** the population of Cuba is now largely literate; **die fortschreitende** ~ **der Länder der Dritten Welt** the increasing literacy rate in the Third World countries.

alphanumerisch *adj* alphanumeric; **Alphastrahlen** *pl* alpha rays *pl*; **Alphateilchen** *nt* alpha particle.
Alphorn *nt* alp(en)horn.
alpin *adj* alpine.
Alpinist(in *f*) *m* alpinist.
Alpinistik *f* alpinism.
Älpler(in *f*) *m* **-s, -** inhabitant of the Alps.
Alptraum *m* (*lit, fig*) nightmare.
Alraun *m* **-(e)s, -e, Alraune** *f* -, **-n** mandrake.
als I *conj* **1.** (*nach comp*) than. **ich kam später** ~ **er** I came later than he (did) *or* him; **Hans ist größer** ~ **sein Bruder** Hans is taller than his brother; **mehr** ~ **arbeiten kann ich nicht** I can't do more than work.
    2. (*bei Vergleichen*) **so** ... ~ ... as ... as ...; **soviel/soweit** ~ **möglich** as much/far as possible; ~ **wie** as; **nichts/niemand/ nirgend anders** ~ nothing/nobody/nowhere but; **eher** *or* **lieber** ... ~ rather ... than; **ich würde eher sterben** ~ **das zu tun** I would rather die than do that *or* die rather than do that; **anders sein** ~ to be different from; **das machen wir anders** ~ **ihr** we do it differently to you; **alles andere** ~ anything but.
    3. (*in Modalsätzen*) as if *or* though. **es sieht aus,** ~ **würde es bald schneien** it looks as if *or* though it will snow soon; **sie sah aus,** ~ **ob** *or* **wenn sie schliefe** she looked as if *or* though she were asleep; ~ **ob ich das nicht wüßte!** as if I didn't know!
    4. (*in Aufzählung*) ~ **(da sind):** ... that is to say, ..., to wit, ... (*old, form*).
    5. (*in Konsekutivsätzen*) **sie ist zu alt,** ~ **daß sie das noch verstehen könnte** she is too old to understand that; **die Zeit war zu knapp,** ~ **daß wir** ...the time was too short for us to ...; **das ist um so trauriger,** ~ **es nicht das erste Mal war** that's all the sadder in that it wasn't the first time.
    6. (*in Temporalsätzen*) when; (*gleichzeitig*) as. **gleich,** ~ as soon as; **damals,** ~ (in the days) when; **gerade,** ~ just as.
    7. (*in der Eigenschaft*) as. ~ **Beweis** as proof; ~ **Antwort/Warnung** as an answer/ a warning; **sich** ~ **wahr/falsch erweisen** to prove to be true/false; ~ **Held/ Revolutionär** as a hero/revolutionary; ~ **Kind/Mädchen** *etc* as a child/girl *etc*; ~ **Rentner will er ein Buch schreiben** when he retires he is going to write a book.
    II *adv* (*dial inf*) **1.** (*immer*) **gehen Sie** ~ **geradeaus** keep going straight ahead.
    2. (*manchmal*) sometimes.
alsbald *adv* (*old, liter*) directly, straightway (*old*); **alsbaldig** *adj* (*form*) immediate; **,,zum ~en Verbrauch bestimmt"** "do not keep", "for immediate use only";
alsdann *adv* **1.** (*old liter: dann*) then; **2.** (*dial*) well then, well ... then.
also I *conj* **1.** (*folglich*) so, therefore.
    2. (*old: so, folgendermaßen*) thus.
    II *adv* so; (*nach Unterbrechung anknüpfend*) well; (*zusammenfassend, erklärend*) that is. ~ **doch** so ... after all; **du machst es** ~? so you'll do it then?; ~ **wie ich schon sagte** well (then), as I said before.
    III *interj* (*verwundert, entrüstet, auffordernd*) well; (*drohend*) just. ~**, daß du**

dich ordentlich benimmst! (you) just see that you behave yourself!; ~ **doch!** so he/ they *etc* did!; **na ~!** there you are!, you see?; **~, ich hab's doch gewußt!** I knew it!; **~ nein!** (oh) no!; **~ nein, daß sie sich das gefallen läßt** my God, she can't put up with that!; **~ gut** *or* **schön** well all right then; **~ dann!** right then!; **~ so was/so eine Frechheit!** well (I never)/what a cheek!

alt *adj, comp* **¨er,** *superl* **¨este(r, s)** *or adv* **am ¨esten 1.** old; *(betagt) Mensch auch* aged *(liter)*; *(sehr ~) Mythos, Sage, Aberglaube auch, Griechen, Geschichte* ancient; *Sprachen* classical. **das ~e Rom** ancient Rome; **das A~e Testament** the Old Testament; **die A~ Welt** the Old World; **der ~e Herr** *(inf: Vater)* the *or* one's old man *(inf)*; **die ~e Dame** *(inf: Mutter)* the old lady *(inf)*; **~er Junge** *or* **Freund** *(dated inf)* old boy *(dated)* *or* fellow *(dated)*; **~ und jung** (everybody) old and young; **ein drei Jahre ~es Kind** a three-year-old child, a child of three years of age; **wie ~ bist du?** how old are you?; **etw ~ kaufen** to buy sth second-hand; **man ist so ~, wie man sich fühlt** you're only as old as you feel *(prov)*; **ich werde heute nicht ~ (werden)** *(inf)* I won't last long today/tonight *etc (inf)*; **hier werde ich nicht ~** *(inf)* this isn't my scene *(inf)*; **aus ~ mach neu** *(Prov inf)* make do and mend *(Prov)*.

2. *(vertraut, gewohnt)* same old. **sie ist ganz die ~e (Ingrid)** she's the same old Ingrid, she hasn't changed a bit; **jetzt ist sie wieder ganz die ~e lustige** *or* **die ~e Veronika** she's the old happy/old Veronika again; **wir bleiben die ~en** we stay the same; **er ist nicht mehr der ~e** he's not what he was *or* the man he was; **es ist nicht mehr das ~e (Wien)** it's not the (same old) Vienna I/we *etc* knew; **alles bleibt beim ~en** everything stays as it was.

3. *(lange bestehend)* old. **~e Liebe rostet nicht** *(Prov)* true love never dies *(prov)*; **in ~er Freundschaft, dein ...** yours as ever ...

Alt¹ *m* **-s, -e** *(Mus)* alto; *(von Frau auch)* contralto; *(Gesamtheit der Stimmen)* altos *pl*; contraltos *pl*.

Alt² *nt* **-s, -** *siehe* **Altbier.**

Altan *m* **-(e)s, -e** balcony.

alt|angesehen *adj Familie* old and respected; *Firma* old-established; **alt|angesessen, alt|ansässig** *adj* old-established.

Altar *m* **-s, Altäre** altar. **eine Frau zum ~ führen** to lead a woman to the altar; **jdn/ etw auf dem ~ des Vaterlandes opfern** to sacrifice sb/sth for one's country.

Altar- *in cpds* altar; **Altarbild** *nt* altarpiece, reredos; **Altargemälde** *nt* altarpiece; **Altargerät** *nt* altar furniture; **Altarraum** *m* chancel.

altbacken *adj* **1.** *Brot* stale; **2.** *(fig) Mensch* old-fashioned; *Ansichten auch* outdated, out of date; **Altbau** *m* old building; **Altbauwohnung** *f* old flat, flat in an old building; **altbekannt** *adj* well-known; **altbewährt** *adj Mittel, Methode etc* well-tried; *Sitte, Tradition, Freundschaft etc* long-standing *usu attr*, of long standing; **Altbier** *nt* top-fermented German pale

beer; **Altbundeskanzler** *m* former Chancellor; **Altbürger(in** *f)* *m* senior citizen; **altdeutsch** *adj* old German; *Möbel, Stil* German Renaissance.

Alte *siehe* **Alte(r), Alte(s).**

alt|ehrwürdig *adj* venerable; *Bräuche* time-honoured; **alt|eingeführt** *adj* introduced long ago; **alt|eingesessen** *siehe* **alt-angesessen; Alt|eisen** *nt* scrap metal; **alt|englisch** *adj* old English; **Alt|englisch(e)** *nt* Old English, Anglo-Saxon.

Altenheim *nt siehe* **Altersheim; Altenhilfe** *f* old people's welfare; **Altenpfleger** *m* old people's nurse; **Altentagesstätte** *f* old people's day centre; **Altenteil** *nt* cottage *or* part of a farm reserved for the farmer when he hands the estate over to his son; **sich aufs ~ setzen** *or* **zurückziehen** *(fig)* to retire *or* withdraw from public life.

Alte(r) *mf decl as adj (alter Mann, inf: Ehemann, Vater)* old man; *(alte Frau, inf: Ehefrau, Mutter)* old woman; *(inf: Vorgesetzter)* boss. **die ~n** *(Eltern)* the folk(s) *pl (inf)*; *(Tiereltern)* the parents *pl*; *(ältere Generation)* the old people *pl or* folk *pl*; *(aus klassischer Zeit)* the ancients *pl*; **wie die ~n sungen, so zwitschern auch die Jungen** *(prov)* like father like son *(prov)*; **komischer ~r** *(Theat)* comic old man.

Alter *nt* **-s, -** age; *(letzter Lebensabschnitt, hohes ~)* old age. **im ~** in one's old age; **im ~ wird man weiser** one grows wiser with age; **in deinem ~** at your age; **er ist in deinem ~** he's your age; **im ~ von 18 Jahren** at the age of 18; **von mittlerem ~** middle-aged; **45, das ist doch kein ~** *(inf)* 45, that's no age at all; **er hat keinen Respekt vor dem ~** he has no respect for his elders; **~ schützt vor Torheit nicht** *(Prov)* there's no fool like an old fool *(prov)*.

älter *adj* **1.** *comp of* **alt** older; *Bruder, Tochter etc auch* elder. **werden Frauen ~ als Männer?** do women live longer than men?; **Holbein der Ä~e** Holbein the Elder. **2.** *attr (nicht ganz jung)* elderly. **die ~en Herrschaften** the older members of the party.

Ältere(r) *mf decl as adj* **1.** *(älterer Mensch)* older man/woman *etc*. **die ~n** the older ones. **2.** *(bei Namen)* Elder.

alt|erfahren *adj* experienced, of long experience.

altern I *vi aux sein* *or* *(rare)* **haben** to age; *(Mensch auch)* to get older; *(Wein)* to mature. **vorzeitig ~** to grow old before one's time; **~d** ageing. **II** *vt* to age; *Wein* to mature; *Metall* to age-harden.

alternativ *adj* alternative; *(Pol) Partei, Kreise etc* unconventional; *(umweltbewußt)* ecologically minded; *(umweltfreundlich) Energiequellen, Technologien etc* alternative.

Alternativ- *in cpds* alternative; *Bäckerei, Landwirtschaft etc* organic.

Alternative *f* alternative *(etw zu tun of* doing sth).

Alternative(r) *mf decl as adj (Pol)* member of the "alternative" movement.

alternieren* *vi* to alternate.

alternierend *adj* alternate; *Strom, Verse* alternating; *Fieber* intermittent.

alt|erprobt *adj* well-tried.

alters *adv* (*geh*) **von** *or* **seit** ~ (**her**) from time immemorial; **vor** ~ in olden days *or* times, in days of yore (*old*, *liter*).

Alters|asyl *nt* (*Sw*) *siehe* **Altersheim**; **altersbedingt** *adj* related to a particular age; related to *or* caused by old age; **Altersbeschwerden** *pl* complaints *pl* of old age, geriatric complaints *pl*; **Alters-|erscheinung** *f* sign of old age; **Altersforschung** *f* gerontology; **Altersfürsorge** *f* care of the elderly; **Altersgenosse** *m* contemporary; (*Kind*) child of the same age; (*Psych*, *Sociol*) peer; **seine** ~**n** children/people the same age as him; **wir sind ja** ~**n** we are the same age; **Altersgliederung** *f* age structure; **Altersgrenze** *f* age limit; (*Rentenalter*) retirement age; **Altersgründe** *pl* reasons of age *pl*; **Altersgruppe** *f* age-group; **Altersheim** *nt* old people's home; **Altersklasse** *f* (*Sport*) age-group; **Alterskrankheit** *f* geriatric illness; **Alterspräsident** *m* president by seniority; **Altersprozeß** *m* ageing process, senescence (*spec*); **Alterspyramide** *f* age pyramid *or* diagram; **Altersrente** *f* old age pension; **Altersruhegeld** *nt* retirement benefit; **altersschwach** *adj* *Mensch* old and infirm; *Tier* old and weak; *Auto*, *Möbel* decrepit; **Altersschwäche** *f siehe adj* infirmity; weakness; decrepitude; **Alterssitz** *m* **sein** ~ **war** Davos he spent his retirement in Davos; **Alterssoziologie** *f* sociology of old age; **Altersstarrsinn** *m* senile stubbornness; **Altersstil** *m* later style; **Altersstufe** *f* age-group; (*Lebensabschnitt*) age, stage in life; **Altersversicherung** *f* retirement insurance; **Alterswerk** *nt* later works *pl*.

Altertum *nt*, *no pl* antiquity *no art*. **das deutsche** ~ early German history.

Altertümelei *f* antiquarianism.

altertümeln *vi* to antiquarianize.

Altertümer *pl* antiquities *pl*.

altertümlich *adj* (*aus dem Altertum*) ancient; (*altehrwürdig*) old-world; (*altmodisch*) old-fashioned *no adv*; (*veraltet*) antiquated.

Altertümlichkeit *f siehe adj* ancientness; old-world quality; old-fashionedness; antiquated nature.

Altertumsforscher *m* archeologist; **Altertumsforschung** *f* archeology, archeological research; **Altertumskunde** *f* archeology; **Altertumswert** *m*: **das hat schon** ~ (*hum*) it has antique value.

Alterung *f* 1. *siehe* **altern I** ageing; maturation. **II.** *siehe* **altern II** ageing; maturation; age-hardening.

Alte(s) *nt decl as adj* **das** ~ (*das Gewohnte*, *Traditionelle*) the old; (*alte Dinge*) old things *pl*; **er hängt sehr am** ~**n** he clings to the past; **das** ~ **und das Neue** the old and the new, old and new.

Ältestenrat *m* council of elders; (*BRD Pol*) parliamentary advisory committee.

Älteste(r) *mf decl as adj* oldest; (*Sohn*, *Tochter auch*) eldest; (*Eccl*) elder.

älteste(r, s) *adj superl* of **alt** oldest; *Bruder etc auch* eldest. **der** ~ **Junge** (*Skat*) the jack of clubs.

Altflöte *f* treble recorder; (*Querflöte*) bass *or* alto flute; **altfränkisch** *adj* quaint; *Stadt etc auch* olde-worlde (*inf*); **Altfranzösisch(e)** *nt* Old French; **Altgold** *nt* old gold; (*Goldart*) artificially darkened gold; **altgriechisch** *adj* ancient Greek; (*Ling*) classical Greek; **Altgriechisch(e)** *nt* classical Greek; **althergebracht**, **althergkömmlich** *adj* (*old*) traditional; **Altherrenmannschaft** *f* (*Sport*) team of players over thirty; **althochdeutsch** *adj*, **Althochdeutsch(e)** *nt* Old High German.

Altist(in *f*) *m* (*Mus*) alto.

altjüngferlich *adj* old-maidish, spinsterish; **Altkanzler** *m* former chancellor; **Altkatholik** *m*, **altkatholisch** *adj* Old Catholic; **Altkleiderhändler** *m* secondhand clothes dealer; **altklug** *adj* precocious; **Altklugheit** *f* precociousness.

ältlich *adj* oldish.

Altmaterial *nt* scrap; **Altmeister** *m* doyen; (*Sport*) ex-champion; **Altmetall** *nt* scrap metal; **altmodisch** *adj* old-fashioned; (*rückständig*) outmoded; **Altpapier** *nt* wastepaper; **Altphilologe** *m* classical philologist; **Altphilologie** *f* classical philology; **altphilologisch** *adj* *Abteilung* of classical philology; *Bücher*, *Artikel* on classical philology; **altrenommiert** *adj* old-established; **altrosa** *adj* old rose.

Altruismus *m*, *no pl* (*geh*) altruism.

Altruist(in *f*) *m* (*geh*) altruist.

altruistisch *adj* (*geh*) altruistic.

altsächsisch *adj* old Saxon; **Altsängerin** *f* contralto (singer); **Altschlüssel** *m* (*Mus*) alto clef; **Altschnee** *m* old snow; **Altsein** *nt* being old *no art*; **Altsilber** *nt* old silver; (*Silberart*) artificially darkened silver; **Altsprachler** *m* **-s**, **-** classicist; (*Sprachwissenschaftler*) classical philologist; **altsprachlich** *adj* *Zweig* classical; *Abteilung* of classical languages; ~**es Gymnasium** grammar school (*Brit*), school teaching classical languages; **Altstadt** *f* old (part of a/the) town; **die Ulmer** ~ the old part of Ulm; **Altstadtsanierung** *f* renovation of the old part of a/the town; **Altsteinzeit** *f* Palaeolithic Age, Old Stone Age; **altsteinzeitlich** *adj* Palaeolithic; **Altstimme** *f* (*Mus*) alto *or* (*von Frau auch*) contralto, contralto voice; (*Partie*) alto/contralto part; **alttestamentarisch**, **alttestamentlich** *adj* Old Testament *attr*; **altväterisch**, **altväterlich** *adj* *Bräuche*, *Geister* ancestral; (*altmodisch*) old-fashioned *no adv*; *Erscheinung etc* patriarchal; **Altwarenhändler** *m* second-hand dealer.

Altweibergeschwätz *nt* old woman's talk; **Altweibersommer** *m* 1.(*Nachsommer*) Indian summer; 2. (*Spinnfäden*) gossamer.

Alufolie *f* tin *or* kitchen foil.

Aluminium *nt* **-s**, *no pl* (*abbr* **Al**) aluminium, aluminum (*US*).

Aluminiumfolie *f* tin foil; **Aluminium-(staub)lunge** *f* (*Med*) aluminosis (*form*).

am *prep* 1. *siehe* **an dem**.
2. (*zur Bildung des Superlativs*) **er war** ~ **tapfersten** he was (the) bravest; **er hat** ~ **tapfersten gekämpft** he fought (the)

most bravely; **sie war ~ schönsten** she was (the) most beautiful; **sie hat es ~ schönsten gemalt** she painted it (the) most beautifully; **~ besten machen wir das morgen** we'd do best to do it tomorrow, the best thing would be for us to do it tomorrow; **~ seltsamsten war ...** the strangest thing was ...
3. (*als Zeitangabe*) on. **~ letzten Sonntag** last Sunday; **~ 8. Mai** on the eighth of May, on May (the *Brit*) eighth; (*geschrieben*) on May 8th; **~ Morgen/ Abend** in the morning/ evening; **~ Tag darauf/zuvor** (on) the following/previous day.
4. (*als Ortsangabe*) on the; (*bei Gebirgen*) at the foot of the.
5. (*inf: als Verlaufsform*) **ich war gerade ~ Weggehen** I was just leaving.
6. (*Aus: auf dem*) on the.
7. (*Comm*) **~ Lager** in stock.
8. *in Verbindung mit n siehe auch dort* **du bist ~ Zug** it's your turn; **~ Ball sein/ bleiben** to be/keep on the ball.
Amalgam *nt* **-s, -e** amalgam.
amalgam|ieren* *vtr* (*lit, fig*) to amalgamate.
Amaryllis *f* **-, Amaryllen** amaryllis.
Amateur [-'tø:ɐ] *m* amateur.
Amateur- *in cpds* amateur; **amateurhaft** *adj* amateurish.
Amazonas *m* - Amazon.
Amazone *f* **-, -n 1.** (*Myth*) Amazon; (*fig*) amazon. **2.** (*Sport*) woman show-jumper.
Amber *m* **-s, -(n)** ambergris.
Ambiente *nt* **-**, *no pl* (*geh*) ambience.
Ambition *f* (*geh*) ambition. **~en auf etw** (*acc*) **haben** to have ambitions of getting sth.
ambivalent [-va'lɛnt] *adj* ambivalent.
Ambivalenz [-va'lɛnts] *f* ambivalence.
Amboß *m* **-sses, -sse** anvil; (*Anat auch*) incus.
Ambrosia *f* **-**, *no pl* ambrosia.
ambulant *adj* **1.** (*Med*) *Versorgung, Behandlung* out-patient *attr.* **~e Patienten** out-patients; **~ behandelt werden** (*Patient*) to receive out-patient treatment; (*Fall*) to be treated in the out-patient department. **2.** (*wandernd*) itinerant.
Ambulanz *f* **1.** (*Klinikstation*) out-patient department, out-patients *sing* (*inf*). **2.** (*~wagen*) ambulance.
Ambulanzhubschrauber *m* ambulance helicopter; **Ambulanzwagen** *m* ambulance.
Ameise *f* **-, -n** ant.
Ameisenbär *m* anteater; (*größer*) ant-bear, great anteater; **ameisenhaft** *adj* ant-like; *Getriebe etc* beaver-like; **Ameisenhaufen** *m* anthill; **Ameisensäure** *f* formic acid; **Ameisenstaat** *m* ant colony.
amen *interj* amen; *siehe* **ja.**
Amen *nt* **-s, -** amen. **sein ~ zu etw geben** to give one's blessing to sth; **das ist so sicher wie das ~ in der Kirche** (*inf*) you can bet your bottom dollar on that (*inf*).
Americium *nt* **-s**, *no pl* (*abbr Am*) americium.
Amerika *nt* **-s** America.
Amerikaner(in *f*) *m* **-s, - 1.** American. **2.** (*Gebäck*) flat iced cake.

amerikanisch *adj* American.
amerikanis|ieren* *vt* to Americanize.
Amerikanis|ierung *f* Americanization.
Amerikanismus *m* Americanism.
Amerikanist(in *f*) *m* specialist in American studies.
Amerikanistik *f* American studies *pl*.
Amethyst *m* **-s, -e** amethyst.
Ami *m* **-s, -s** (*inf*) Yank (*inf*); (*sl: Soldat*) GI (*inf*).
Aminosäure *f* amino acid.
Ammann *m*, *pl* **-männer** (*Sw*) **1.** mayor. **2.** (*Jur*) local magistrate.
Amme *f* **-, -n** (*old*) foster-mother; (*Nährmutter*) wet nurse.
Ammenmärchen *nt* fairy tale *or* story.
Ammer *f* **-, -n** (*Orn*) bunting.
Ammoniak *nt* **-s**, *no pl* ammonia.
Ammonit *m* **-en, -en** (*Archeol*) ammonite.
Ammonshorn *nt* **1.** (*Anat*) hippocampus major (*spec*). **2.** (*Archeol*) ammonite.
Amnesie *f* (*Med*) amnesia.
Amnestie *f* amnesty.
amnestieren* *vt* to grant an amnesty to.
Amöbe *f* **-, -n** (*Biol*) amoeba.
Amöbenruhr *f* (*Med*) amoebic dysentery.
Amok ['aːmɔk, a'mɔk] *m*: **~ laufen** to run amok *or* amuck.
Amokfahrer *m* mad *or* lunatic driver; **Amokfahrt** *f* mad *or* crazy ride; **Amokläufer** *m* sb who runs/ran amok *or* amuck; **Amokschütze** *m* crazed gunman.
Amor *m* - Cupid.
amoralisch *adj* **1.** (*unmoralisch*) immoral. **2.** (*wertfrei*) amoral.
Amoralität *f* immorality.
Amorette *f* little cupid, amoretto.
amorph *adj* (*geh*) amorphous.
Amortisation *f* **1.** (*Econ: von Investition*) amortization. **2.** (*DDR Econ: Abschreibung*) depreciation.
amortisieren* **I** *vt* (*Econ*) **eine Investition ~** to ensure that an investment pays for itself. **II** *vr* to pay for itself.
Amouren [a'muːrən] *pl* (*old, hum*) amours *pl* (*old, hum*).
amourös [amu'røːs] *adj* (*geh*) amorous.
Ampel *f* **-, -n 1.** (*Verkehrs~*) (traffic) lights *pl.* **er hat eine ~ umgefahren** he knocked a traffic light over; **halte an der nächsten ~ stop** at the next (set of) (traffic) lights. **2.** (*geh*) (*Hängelampe*) hanging lamp; (*Hängeblumentopf*) hanging flowerpot.
Ampel|anlage *f* (set of) traffic lights; **Ampelkreuzung** *f* junction controlled by traffic lights; **Ampelphase** *f* traffic light sequence; **die langen ~n an dieser Kreuzung** the length of time the lights take to change at this junction.
Ampere [am'pɛːɐ, am'pɛːɐ] *nt* **-(s), -** amp, ampere (*form*).
Amperemeter *nt* ammeter; **Amperesekunde** *f* ampere-second; **Amperestunde** *f* ampere-hour.
Ampfer *m* **-s, -** (*Bot*) dock; (*Sauer~*) sorrel.
Amphibie [-iə] *f* (*Zool*) amphibian.
Amphibienfahrzeug *nt* amphibious vehicle.
amphibisch *adj* amphibious.
Amphitheater *nt* amphitheatre.
Amphora *f* **-, Amphoren** amphora.
Amplitude *f* **-, -n** (*Phys*) amplitude.

Ampulle f -, -n 1. (*Behälter*) ampoule. 2. (*Anat*) ampulla.
Amputation f amputation.
amputieren* vt to amputate. **jdm den Arm** ~ to amputate sb's arm; **jdn** ~ to carry out an amputation on sb.
Amsel f -, -n blackbird.
Amsterdam nt -s Amsterdam.
Amt nt -(e)s, ̈er 1. (*Stellung*) office; (*Posten*) post. **im** ~ **sein** to be in *or* hold office; **jdn aus einem** ~ **entfernen** to remove sb from office; **in** ~ **und Würden** in an exalted position; **von** ~**s wegen** (*aufgrund von jds Beruf*) because of one's position; **kraft seines** ~**es** (*geh*) by virtue of one's office.
2. (*Aufgabe*) duty, task. **seines** ~**es walten** (*geh*) to carry out one's duties.
3. (*Behörde*) (*Friedhofs*~, *Fürsorge*~, *Sozial*~ *etc*) department; (*Einwohnermelde*~, *Paß*~, *Finanz*~) office; (*Stadtverwaltung*) offices pl; (*Oberschul*~) authority. **zum zuständigen** ~ **gehen** to go to the relevant authority; **die** ̈**er der Stadt** the town authorities; **der Ärger mit den** ̈**ern** the bother with the authorities; **von** ~**s wegen** (*auf behördliche Anordnung hin*) officially.
4. (*Telefon*~) operator; (*Zentrale*) exchange.
5. (*Eccl: Messe*) High Mass.
Ämtchen nt (*pej*) duty.
Ämterkauf m buying one's way into office.
Ämterpatronage f nepotism.
amtieren* vi 1. (*Amt innehaben*) to be in office. ~**d** incumbent; **als Minister/ Lehrer/Bürgermeister** ~ to hold the post of minister/to have a position as a teacher/ to hold the office of mayor.
2. (*Amt vorübergehend wahrnehmen*) to act. **er amtiert als Bürgermeister** he is acting mayor.
3. (*fungieren*) **als ...** ~ to act as ...
amtlich adj official; (*wichtig*) Miene, Gebaren officious; (*inf: sicher*) certain. ~**es Kennzeichen** registration (number), license number (US).
Amtmann m, pl -leute, **Amtmännin** f 1. (*Admin*) senior civil servant. 2. (*Jur*) local magistrate.
Amts|adel m (*Hist*) non-hereditary nobility who were created peers because of their office; **Amts|anmaßung** f unauthorized assumption of authority; (*Ausübung eines Amtes*) fraudulent exercise of a public office; **das ist ja** ~! he *etc* has overstepped his authority there; **Amts|antritt** m assumption of office/one's post; **Amts|anwalt** m prosecuting counsel in relatively minor cases; **Amts|arzt** m medical officer; **amts|ärztlich** adj Zeugnis from the medical officer; Untersuchung by the medical officer; ~ **untersucht werden** to have an official medical examination; **Amtsbereich** m area of competence; **Amtsblatt** nt gazette; **Amtsbote** m official messenger; **Amtsbruder** m (*Eccl*) fellow clergyman; **Amtsdauer** f term of office; **Amtsdeutsch(e)** nt officialese; **Amtsdiener** m clerk; (*Bote*) messenger; **Amts|eid** m oath of office; **den** ~ **ablegen** to be sworn in, to take the oath of office;

Amts|einführung, Amts|einsetzung f instalment, inauguration; **Amts|enthebung, Amts|entsetzung** (*Sw, Aus*) f dismissal *or* removal from office; **Amts|erschleichung** f obtaining office by devious means; **Amtsgeheimnis** nt 1. (*geheime Sache*) official secret; 2. (*Schweigepflicht*) official secrecy; **Amtsgericht** nt ≈ county (*Brit*) *or* district (*US*) court; **Amtsgerichtsrat** m ≈ county (*Brit*) *or* district (*US*) court judge; **Amtsgeschäfte** pl official duties pl; **Amtshandlung** f official duty; **Amtshilfe** f cooperation between authorities; **Amtskette** f chain of office; **Amtskleidung** f robes pl of office; **Amtsmiene** f official air; **seine** ~ **aufsetzen** to get *or* go all official (*inf*); **Amtsmißbrauch** m abuse of one's position; **Amtsperiode** f term of office; **Amtsperson** f official; **Amtsrichter** m ≈ county (*Brit*) *or* district (*US*) court judge; **Amtsschimmel** m (*hum*) officialism; **den** ~ **reiten** to do everything by the book; **der** ~ **wiehert** officialdom rears its ugly head; **Amtssprache** f official language; **Amtsstube** f (*dated*) office; **Amtsstunden** pl hours pl open to the public; **Amtstracht** f robes pl of office; (*Eccl*) vestments pl; **Amtsträger** m office bearer; office; **Amtsvergehen** nt malfeasance (*form*); **Amtsvormund** m (*Jur*) public guardian; **Amtsvormundschaft** f (*Jur*) public guardianship; **Amtsvorstand, Amtsvorsteher** m head *or* chief of a/the department *etc*; **Amtsweg** m official channels pl; **den** ~ **beschreiten** to go through the official channels; **Amtszeichen** nt (*Telec*) dialling tone (*Brit*), dial tone (*US*); **Amtszeit** f period of office; **Amtszimmer** nt office.
Amulett nt -(e)s, -e amulet, charm.
amüsant adj amusing; Film, Geschichte auch funny. ~ **plaudern** to talk in an amusing way.
Amüsement [amyzə'mã:] nt -s, -s (*geh*) amusement, entertainment.
Amüsierbetrieb m (*inf*) nightclub; (*Spielhalle etc*) amusement arcade. **der** ~ **in Las Vegas** the pleasure industry in Las Vegas.
amüsieren*I vt to amuse. **was amüsiert dich denn so?** what do you find so amusing *or* funny?; **lassen Sie sich ein bißchen** ~ have some fun; **amüsiert zuschauen** to look on amused *or* with amusement. **II** vr (*sich vergnügen*) to enjoy oneself, to have a good time, to have fun. **sich mit etw** ~ to amuse oneself with sth; (*iro*) to keep oneself amused with sth; **sich über etw** (*acc*) ~ to find sth funny; (*über etw lachen*) to laugh at sth; (*unfreundlich*) to make fun of sth; **sich darüber** ~, **daß ...** to find it funny that ...; **sich mit jdm** ~ to have a good time with sb; **amüsiert euch gut** have fun, enjoy yourselves.
Amüsierlokal nt nightclub; **Amüsierviertel** nt nightclub district.
amusisch adj unartistic.
an I prep +dat 1. (*räumlich: wo?*) at; (~ *etw dran*) on. **am Haus/Bahnhof** at the house/ station; ~ **dieser Schule** at this school; ~ **der Wand stehen** to stand by the wall; **am**

Fenster sitzen to sit at *or* by the window; **am Tatort** at the scene of the crime; ~ **der Tür/Wand** on the door/wall; ~ **der Donau/ Autobahn/am Ufer** by *or* (*direkt* ~ *gelegen*) on the Danube/motorway/bank **Frankfurt** ~ **der Oder** Frankfurt on (the) Oder; **ein Fleck am Kleid** a spot on the dress; ~ **etw hängen** (*lit*) to hang from *or* on sth; **zu nahe** ~ **etw stehen** to be too near to sth; **etw** ~ **etw festmachen** to fasten sth to sth; ~ **der gleichen Stelle** at *or* on the same spot; **jdn** ~ **der Hand nehmen** to take sb by the hand; **oben am Berg** up the mountain; **unten am Fluß** down by the river; **sie wohnen Tür** ~ **Tür** they live next door to one another, they are next-door neighbours; **Haus** ~ **Haus/Laden** ~ **Laden** one house/shop after the other; ~ **etw vorbeigehen** to go past sth, to pass sth; ~ **jdm vorbeischauen** to look past sb; **sich** (*dat*) **die Hand am Tuch abwischen** to wipe one's hand on the cloth.

2. (*zeitlich*) on. ~ **diesem Abend** (*on*) that evening; **am Tag zuvor** the day before, the previous day; ~ **dem Abend, als ich ...** the evening I ...; ~ **Ostern/ Weihnachten** (*dial*) at Easter/ Christmas.

3. (*fig*) *siehe auch Substantive, Adjektive, Verben* **jung** ~ **Jahren sein** to be young in years; **fünf** ~ **der Zahl** five in number; **jdn** ~ **etw erkennen** to recognize sb by sth; **das Schönste/Schlimmste** ~ **der Sache war ...** the nicest/worst thing about it was ...; **der Mangel/das Angebot** ~ **Waren** the lack/ choice of goods; ~ **etw arbeiten/schreiben/kauen** to be working on/writing/chewing sth; ~ **etw sterben/ leiden** to die of/suffer from sth; **arm** ~ **Fett/reich** ~ **Kalorien** low in fat/high in calories; **was haben Sie** ~ **Weinen da?** what wines do you have?; ~ **etw schuld sein** to be to blame for sth; ~ **der ganzen Sache ist nichts** there is nothing in it; **es** ~ **der Leber** *etc* **haben** (*inf*) to have trouble with one's liver *etc*, to have liver *etc* trouble; **was findet sie** ~ **dem Mann?** what does she see in that man?; **das gefällt mir nicht** ~ **ihm** that's what I don't like about him; **es ist** ~ **dem** (*es stimmt*) that's right; **sie hat etwas** ~ **sich, das ...** there is something about her that ...; **es ist** ~ **ihm, etwas zu tun** (*geh*) it's up to him to do something.

II *prep* +*acc* **1.** (*räumlich: wohin?*) to; (*gegen*) on, against. **etw** ~ **die Wand/Tafel schreiben** to write sth on the wall/ blackboard; **die Zweige reichten (bis)** ~ **den Boden/mein Fenster** the branches reached down to the ground/up to my window; **etw** ~ **etw hängen** to hang sth on sth; **er ging** ~s **Fenster** he went (over) to the window; **A**~ **den Vorsitzenden ...** (*bei Anschrift*) The Chairman ...; ~s **Telefon gehen** to answer the phone.

2. (*zeitlich: woran?*) ~ **die Zukunft/ Vergangenheit denken** to think of the future/past; **bis** ~ **mein Lebensende** to the end of my days.

3. (*fig*) *siehe auch Substantive, Adjektive, Verben* ~ **die Arbeit gehen** to get down to work; ~ **jdn/etw glauben** to believe in sb/sth; **ich habe eine Bitte/Frage**

~ **Sie** I have a request to make of you/ question to ask you; **eine Gruß/eine Frage** ~ **jdn** greetings/a question to sb; ~ (**und für**) **sich** actually; **eine** ~ (**und für**) **sich gute Idee** actually quite a good idea; **dagegen ist** ~ (**und für**) **sich nichts einzuwenden** there are really no objections to that; **wie war es?** — ~ (**und für**) **sich ganz schön** how was it? — on the whole it was quite nice; *siehe* **ab.**

III *adv* **1.** (*ungefähr*) about. ~ (**die**) **hundert** about a hundred.

2. (*Ankunftszeit*) **Frankfurt** ~: **18.30** (*Rail*) arriving Frankfurt 18.30.

3. von diesem Ort ~ from here onwards; **von diesem Tag/heute** ~ from this day on(wards)/from today onwards.

4. (*inf: angeschaltet, angezogen*) on. **Licht** ~! lights on!; **ohne etwas** ~ with nothing on, without anything on; *siehe* **ansein.**

Anachronismus [-kr-] *m* (*geh*) anachronism.

anachronistisch [-kr-] *adj* (*geh*) anachronistic.

Anagramm *nt* (*Liter*) anagram.

Anakoluth *nt* **-s, -e** anacoluthon.

Anakonda *f* -, **-s** anaconda.

anal *adj* (*Psych, Anat*) anal.

Anal‖erotik *f* anal eroticism.

analog *adj* **1.** analogous (+*dat, zu* to).

2. (*Datenverarbeitung*) analogue *attr*.

Analogie *f* analogy.

Analogie‖bildung *f* (*Ling*) analogy; **Analogie‖schluß** *m* (*Philos, Jur*) argument by analogy.

Analogrechner *m* analogue computer.

Analphabet(in *f*) *m* **-en, -en 1.** illiterate (person). **2.** (*pej: Unwissender*) ignoramus, dunce.

Analphabetentum *nt,* **Analphabetismus** *m* illiteracy.

analphabetisch *adj* illiterate.

Analverkehr *m* anal intercourse.

Analyse *f* -, **-n** analysis (*auch Psych inf*).

analys‖ieren* *vt* to analyze.

Analysis *f* -, *no pl* (*Math*) analysis.

Analytiker(in *f*) *m* **-s, -** analyst; (*analytisch Denkender*) analytical thinker.

analytisch *adj* analytical.

Anämie *f* anaemia.

anämisch *adj* anaemic.

Anamnese *f* -, **-n** case history.

Ananas *f* -, - *or* **-se** pineapple.

Anapäst *m* **-(e)s, -e** (*Poet*) anapest.

Anarchie *f* anarchy.

anarchisch *adj* anarchic.

Anarchismus *m* anarchism.

Anarchist(in *f*) *m* anarchist.

anarchistisch *adj* anarchistic; (*den Anarchismus vertretend auch*) anarchist *attr*.

Anarcho- *in cpds* anarcho-.

Anästhesie *f* ana(e)sthesia.

anästhes‖ieren* *vt* to an(a)esthetize.

Anästhetikum *nt* **-s, Anästhetika** an(a)esthetic.

anästhetisch *adj* an(a)esthetic; (*unempfindlich auch*) an(a)esthetized.

Anästhetist(in *f*) *m* an(a)esthetist.

Anatolien [-iən] *nt* **-s** Anatolia.

Anatom(in *f*) *m* **-en, -en** anatomist.

Anatomie f 1. (*Wissenschaft, Körperbau*) anatomy. 2. (*Institut*) anatomical institute.

Anatomiesaal m anatomical or anatomy lecture theatre.

anatomisch adj anatomical.

anbahnen sep I vt to initiate. II vr (*sich andeuten*) to be in the offing; (*Unangenehmes*) to be looming; (*Möglichkeiten, Zukunft etc*) to be opening up. **zwischen den beiden bahnt sich etwas an** (*Liebesverhältnis*) there is something going on between those two.

Anbahnung f initiation (*von, gen* of).

anbandeln (S Ger, Aus), **anbändeln** vi sep 1. (*Bekanntschaft schließen*) to take up (*mit* with). 2. (*Streit anfangen*) to start an argument (*mit* with).

Anbau¹ m -(e)s, no pl 1. (*Anpflanzung*) cultivation, growing. 2. (*von Gebäuden*) building. **den ~ einer Garage planen** to plan to build on a garage.

Anbau² m -(e)s, -ten (*Nebengebäude*) extension; (*freistehend*) annexe; (*Stallungen etc*) outhouse, outbuilding.

anbauen sep I vt 1. to cultivate, to grow; (*anpflanzen*) to plant; (*säen*) to sow. 2. (*Build*) to add, to build on. **etw ans Haus ~** to build sth onto the house. II vi to build an extension. **Möbel zum A~** unit furniture.

anbaufähig adj 1. Boden cultivable; Gemüse growable; 2. (*Build*) extendible; **Anbaufläche** f (area of) cultivable land; (*bebaute Ackerfläche*) area under cultivation; **Anbaugebiet** nt cultivable area; **ein gutes ~ für etw** a good area for cultivating sth; **Anbaumöbel** pl unit furniture; **Anbauschrank** m cupboard unit; **Anbautechnik** f, **Anbauverfahren** nt (Agr) growing methods pl.

anbefehlen* vt sep irreg (liter) 1. (*befehlen*) to urge (jdm etw sth on sb). 2. (*anvertrauen*) to commend (jdm etw sth to sb).

Anbeginn m (geh) beginning. **von ~ (an)** from the (very) beginning; **seit ~ der Welt** since the world began.

anbehalten* vt sep irreg to keep on.

anbei adv (form) enclosed. **~ schicken wir Ihnen ...** please find enclosed ...

anbeißen sep irreg I vi (Fisch) to bite; (fig) to take the bait.
II vt Apfel etc to bite into. **sie hat den Apfel nur angebissen** she only took one bite of the apple; **ein angebissener Apfel** a half-eaten apple; **sie sieht zum A~ aus** (inf) she looks nice enough to eat.

anbekommen* vt sep irreg (inf) to (manage to) get on; Feuer to (manage to) get going.

anbelangen* vt sep to concern. **was das/mich anbelangt ...** as far as that is/I am concerned ...

anbellen vt sep to bark at.

anbequemen* vr sep (geh) **sich einer Sache** (dat) **~** to adapt (oneself) to sth.

anberaumen* vt sep or (rare) insep (form) to arrange, to fix; Termin, Tag auch to set; Treffen auch to call.

Anberaumung f siehe vt arrangement, fixing; setting; calling.

anbeten vt sep to worship; Menschen auch to adore; siehe **Angebetete(r)**.

Anbeter m -s, - (Verehrer) admirer.

Anbetracht m: **in ~ (+gen)** in consideration or view of; **in ~ dessen, daß ...** in consideration or view of the fact that ...

anbetreffen* vt sep irreg siehe **anbelangen**.

anbetteln vt sep jdn ~ to beg from sb; **jdn um etw ~** to beg sth from sb.

Anbetung f siehe vt worship; adoration.

anbiedern vr sep (pej) **sich (bei jdm) ~** to curry favour (with sb); (anbändeln) to chat sb up.

Anbiederung f siehe vr currying favour (gen with); chatting-up.

Anbiederungsversuch m attempt to curry favour with sb/chat sb up.

anbieten sep irreg I vt to offer (jdm etw sb sth); (Comm) Waren to offer for sale; seinen Rücktritt to tender. **haben wir etwas zum A~ da?** have we anything to offer our guests?; **jdm das Du ~** to suggest sb uses the familiar form of address.
II vr 1. (Mensch) **sich (als etw) ~** to offer one's services (as sth); **sich für die Arbeit ~, sich ~, die Arbeit zu tun** to offer to do the work; **sich zur Unzucht ~** to solicit; **du darfst dich den Männern nicht so ~** you shouldn't make yourself so available; **der Ort bietet sich für die Konferenz an** that is the obvious place for the conference.
2. (in Betracht kommen: Gelegenheit) to present itself. **das bietet sich als Lösung an** that would provide a solution; **es bietet sich an, das Museum zu besuchen** the thing to do would be to visit the museum.

Anbieter m -s, - supplier.

anbinden vt sep irreg (an +acc or dat to) to tie (up); Pferd auch to tether; Boot auch to moor. **jdn ~** (fig) to tie sb down.

anblaffen vt sep (inf) (lit, fig) to bark at.

anblasen vt sep irreg 1. (blasen gegen) to blow at; (anfachen) to blow on. **jdn mit Rauch ~** to blow smoke at sb. 2. **die Jagd ~** to sound the horn for the start of the hunt.

anblecken vt sep (lit, fig) to bare one's teeth at.

anblenden vt sep to flash at; (fig: kurz erwähnen) to touch on.

Anblick m sight. **beim ersten ~** at first sight; **beim ~ des Hundes** when he etc saw the dog; **in den ~ von etw versunken sein** to be absorbed in looking at sth; **du bist ein ~ für die Götter** you really look a sight.

anblicken vt sep to look at. **jdn lange/feindselig ~** to gaze/glare at sb.

anblinken vt sep jdn ~ (Fahrer, Fahrzeug) to flash (at) sb; (Lampe) to flash in sb's eyes; (Gold) to shine before sb's very eyes.

anblinzeln vt sep 1. (blinzelnd ansehen) to squint at. 2. (zublinzeln) to wink at.

anbohren vt sep 1. (teilweise durchbohren) to bore into; (mit Bohrmaschine auch) to drill into. 2. (zugänglich machen) Quellen etc to open up (by boring/drilling).

anborgen vt sep (dated) jdn (um etw) ~ to borrow (sth) from sb.

Anbot ['anbo:t] nt -(e)s, -e (Aus form) siehe **Angebot**.

anbranden vi sep aux sein to surge.

anbraten vt sep irreg to brown; Steak etc to sear. **etw zu scharf ~** to brown sth too much.

anbrauchen vt sep to start using. **eine angebrauchte Schachtel/Flasche** an opened box/bottle; **das ist schon angebraucht** that has already been used/opened.

anbräunen vt sep (Cook) to brown (lightly).

anbrausen vi sep aux sein to roar up. **angebraust kommen** to come roaring up.

anbrechen sep irreg **I** vt **1.** Packung, Flasche etc to open; Vorrat to broach; Ersparnisse, Geldsumme, Geldschein to break into; siehe **angebrochen**.
   2. (teilweise brechen) Brett, Gefäß, Knochen etc to crack. **angebrochen sein** to be cracked.
   II vi aux sein (Epoche etc) to dawn; (Tag auch) to break; (Nacht) to fall; (Jahreszeit) to begin; (Winter) to close in.

anbremsen vti sep (**den Wagen**) **~** to brake, to apply the brakes.

anbrennen sep irreg **I** vi aux sein to start burning, to catch fire; (Holz, Kohle etc) to catch light; (Essen) to burn, to get burnt; (Stoff) to scorch, to get scorched. **gut ~** to catch fire easily; **mir ist das Essen angebrannt** I burnt the food, I let the food get burnt.
   II vt to light.

anbringen vt sep irreg **1.** (hierherbringen) to bring (with one); (nach Hause) to bring home (with one).
   2. (befestigen) to fix, to fasten (an +dat (on)to); (aufstellen, aufhängen) to put up; Telefon, Feuermelder etc to put in, to install; Stiel an Besen to put on; Beschläge, Hufeisen to mount. **sich** (dat) **Tätowierungen ~ lassen** to have oneself tattooed.
   3. (äußern) Bemerkung, Bitte, Gesuch, Beschwerde to make (bei to); Kenntnisse, Wissen to display; Argument to use. **er konnte seine Kritik/seinen Antrag nicht mehr ~** he couldn't get his criticism/motion in; siehe **angebracht**.
   4. (inf: loswerden) Ware to get rid of (inf).
   5. (dial) siehe **anbekommen**.

Anbruch m, no pl (geh: Anfang) beginning; (von Zeitalter, Epoche) dawn(ing). **bei ~ des Tages/Morgens** at daybreak, at break of day; **bei ~ der Nacht/Dunkelheit** at nightfall.

anbrüllen sep **I** vt (Löwe etc) to roar at; (Kuh, Stier) to bellow at; (inf: Mensch) to shout or bellow at. **II** vi **gegen etw ~** to shout above (the noise of) sth.

anbrummen sep **I** vt to growl at; (fig) to grumble at. **II** vi aux sein **angebrummt kommen** to come roaring along or (auf einen zu) up.

anbrüten vt sep to begin to sit on.

Anchovis [anˈço:vɪs, anˈʃo:vɪs] f -, - siehe **Anschovis**.

Andacht f -, -en **1.** no pl (das Beten) (silent) prayer or worship. **~ halten** to be at one's devotions; **in tiefer ~ versunken sein** to be sunk in deep devotion.
   2. (Gottesdienst) prayers pl.
   3. (Versenkung) rapt interest; (Ehrfurcht) reverence. **in tiefe(r) ~ versunken sein** to be completely absorbed; **er trank den Wein mit ~** (hum) he drank the wine reverently; **etw voller ~ tun** to do sth reverently.

andächtig adj **1.** (im Gebet) in prayer. **die ~en Gläubigen** the worshippers at their devotions or prayers. **2.** (versunken) rapt; (ehrfürchtig) reverent.

Andalusien [-iən] nt -s Andalusia.

andampfen vi sep aux sein (inf) **angedampft kommen** (lit, fig) to steam or come steaming along or (auf einen zu) up; (Mensch) to charge or come charging along or (auf einen zu) up.

Andauer f, no pl **bei langer ~ des Fiebers** if the fever continues for a long time.

andauern vi sep to continue; (anhalten) to last. **das dauert noch an** that is still going on or is continuing; **der Regen dauert noch an** the rain hasn't stopped; **das schöne Wetter wird nicht ~** the fine weather won't last.

andauernd adj (ständig) continuous; (anhaltend) continual. **die bis in den frühen Morgen ~en Verhandlungen** the negotiations which went on or continued till early morning; **wenn du mich ~ unterbrichst …** if you keep on interrupting me …

Anden pl Andes.

Andenken nt -s, no pl **1.** memory. **das ~ von etw feiern** to commemorate sth; **jdm ein ehrendes ~ bewahren** (geh) to honour the memory of sb; **jdn in freundlichem ~ behalten** to have fond memories of sb; **zum ~ an jdn/etw** (an Verstorbenen etc) in memory or remembrance of sb/sth; (an Freunde/Urlaub etc) to remind you/us etc of sb/sth.
   2. (Reise~) souvenir (an +acc of); (Erinnerungsstück) memento, keepsake (an +acc from).

ander(e)nfalls adv otherwise; **ander(e)n-|orts** adv (geh) elsewhere.

andere(r, s) indef pron **I** (adjektivisch) **1.** different; (weiterer) other. **ein ~r Mann/ ~s Auto/eine ~ Frau** a different man/car/woman; (ein weiterer etc) another man/car/woman; **jede ~ Frau hätte …** any other woman would have …; **haben Sie noch ~ Fragen?** do you have any more questions?; **ich habe eine ~ Auffassung als sie** my view is different from hers, I take a different view from her; **das machen wir ein ~s Mal** we'll do that another time; **seine ~n Dramen** his other plays; **das ~ Geschlecht** the other sex; **er ist ein ~r Mensch geworden** he is a changed man; **~ Länder, ~ Sitten** different countries have different customs; **daran habe ich mich gewöhnt, ~ Länder, ~ Sitten** I've got used to it, when in Rome do as the Romans do.
   2. (folgend) next, following. **am ~n Tag, ~n Tags** (liter) (on) the next or following day.
   II (substantivisch) **1.** (Ding) **ein ~r** a different one; (noch einer) another one; **etwas ~s** something or (jedes, in Fragen) anything else; **alle ~n** all the others; **er hat**

noch drei ~ he has three others or (von demselben) more; **ja, das ist etwas** ~s yes, that's a different matter; **das ist etwas ganz** ~s that's something quite different; **hast du etwas** ~s **gedacht?** did you think otherwise?; **ich muß mir etwas** ~s **anziehen** I must put on something else or different; **einen Tag um den** ~n/ein Mal **ums** ~ every single day/time; **ich habe** ~s **zu tun** I've other things to do; **ich habe** ~s **gehört** I heard differently; **nichts** ~s nothing else; **nichts** ~s **als** ... nothing but ...; **es blieb mir nichts** ~s **übrig, als selbst hinzugehen** I had no alternative but to go myself; **und vieles** ~ **mehr** and much more besides; **alles** ~ **als zufrieden** anything but pleased, far from pleased; **bist du müde?** — **nein, alles** ~ **als das** are you tired? — no, far from it or anything but; **unter** ~m among other things; **und** ~s **mehr** and more besides; **es kam eins zum** ~n one thing led to another; ... **man kann doch eines tun, ohne das** ~ **zu lassen** ... but you can have the best of both worlds; **ich habe ihn eines** ~n **belehrt** I taught him otherwise or (eines besseren) a lesson; **sie hat sich eines** ~n **besonnen** she changed her mind; **von einem Tag zum** ~n overnight; **von etwas** ~m **sprechen** to change the subject; **eines besser als das** ~ each one better than the next.

2. (Person) **ein** ~r/eine ~ a different person; (noch einer) another person; **jeder** ~/kein ~r anyone/no-one else; **es war kein** ~r **als** ... it was none other than ...; **niemand** ~s no-one else; **das haben mir** ~ **auch schon gesagt** other people or others have told me that too; **die** ~n the others; **alle** ~n all the others, everyone else; **jemand** ~s or ~r (S Ger) somebody or (jeder, in Fragen) anybody else; **wer** ~s? who else?; **wir/ihr** ~n the rest of us/you; **sie hat einen** ~n she has someone else; **der eine oder der** ~ von unseren **Kollegen** one or other of our colleagues; **es gibt immer den einen oder den** ~n, **der faulenzt** there is always someone who is lazy; **der eine** ..., **der** ~ ... this person ..., that person...; **einer nach dem** ~n one after the other; **eine schöner als die** ~ each one more beautiful than the next; **der eine kommt, der** ~ **geht** as one person comes another goes; (man geht ein und aus) people are coming and going; **das kannst du** ~n **erzählen!** (inf) go tell it to the marines (inf).

and(e)rserseits adv on the other hand.
andermal adv: **ein** ~ some other time.
ändern I vt to change, to alter; Meinung, Richtung to change; Kleidungsstück to alter. **das ändert die Sache** that changes things, that puts a different complexion on things; **ich kann es nicht** ~ I can't do anything about it; **das läßt sich nicht zu** ~, **das läßt sich nicht (mehr)** ~ nothing can be done about it; **das ändert nichts an der Tatsache, daß** ... that doesn't alter the fact that ...

II vr 1. to change, to alter; (Meinung, Richtung) to change. **hier ändert sich das Wetter oft** the weather here is very changeable; **es hat sich nichts/viel geän-**

dert nothing/a lot has changed.
2. (Mensch) to change; (sich bessern) to change for the better. **wenn sich das nicht ändert** ... if things don't improve ...
andern- in cpds siehe **ander(e)n-**.
anders adv 1. (sonst) else. **jemand/niemand** ~ somebody or anybody/nobody else; **wer/wo** ~? who/where else?; **irgendwo** ~ somewhere else.

2. (verschieden, besser, schöner) differently; (andersartig) sein, aussehen, klingen, schmecken different (als to). ~ **als jd denken/reagieren/aussehen** to think/react differently/look different from sb; ~ **als jd** (geh: im Gegensatz zu) unlike sb; **es** or **die Sache verhält sich ganz** ~ things or matters are quite different; ~ **geartet sein als jd** to be different from or to sb; ~ **ausgedrückt** to put it another way, in other words; **das machen wir so und nicht** ~ we'll do it this way and no other; **das hat sie nicht** ~ **erwartet** she expected nothing else; **wie nicht** ~ **zu erwarten** as was to be expected; **sie ist** ~ **geworden** she has changed; **wie könnte es** ~ **sein?** how could it be otherwise?; ... **und, wie könnte es** ~ **sein, sie kam zu spät** (iro) ... and, surprise surprise, she came too late; **es geht nicht** ~ there's no other way; **ich kann nicht** ~ (kann es nicht lassen) I can't help it; (muß leider) I have no choice; **es sich** (dat) ~ **überlegen** to change one's mind; **da wird mir ganz** ~ I start to feel funny; **ich kann auch** ~ (inf) you'd/he'd etc better watch it (inf); **das klingt schon** ~ (inf) now that's more like it.

3. (inf: anderenfalls) otherwise, or else.
anders|artig adj, no comp different; **andersdenkend** adj attr dissident, dissenting; **Andersdenkende(r)** mf decl as adj dissident, dissenter; **die Freiheit des** ~n the freedom to dissent.
anderseits adv siehe **and(e)rserseits**.
andersfarbig adj different-coloured, of a different colour; **Andersfarbige** pl people of a different colour; **andersgeschlechtlich** adj of the other or opposite sex; **andersgesinnt** adj of a different opinion; ~ **sein** to have a different opinion, to disagree (in +dat on); **Andersgesinnte(r)** mf decl as adj person of a different opinion; **andersgläubig** adj of a different faith or religion or creed; ~ **sein** to be of or have a different faith etc; **Andersgläubige(r)** mf decl as adj person of a different faith or religion or creed; **anders(he)rum I** adv the other way round; ~ **gehen** to go the other way round; **dreh die Schraube mal** ~ turn the screw the other way; **II** adj (sl: homosexuell) ~ **sein** to be bent (inf); **anderslautend** adj attr (form) contrary; ~e **Berichte** contrary reports, reports to the contrary; **andersrum** (inf) adv, adj siehe **anders(he)rum**; **anderssprachig** adj Literatur foreign(-language); **anderswie** adv (inf) (auf andere Weise) some other way; (unterschiedlich) differently; **anderswo** adv elsewhere; **das gibt es nicht** ~ you don't get that anywhere else; **anderswoher** adv from elsewhere; **anderswohin** adv elsewhere; **ich gehe**

nicht gerne I don't like going anywhere else.

anderthalb *num* one and a half. **~ Pfund Kaffee** a pound and a half of coffee; **~ Stunden** an hour and a half; **das Kind ist ~ Jahre alt** the child is eighteen months old *or* one and a half.

anderthalbfach *adj* one and a half times; **nimm die ~e Menge/das A~e** use half as much again; *siehe auch* **vierfach**; **anderthalbmal** *adv* one and a half times; **~ soviel/so viele** half as much/many again.

Änderung *f* change, alteration (*an +dat, gen* in, to); (*in jdm*) change (*in +dat* in); (*an Kleidungsstück, Gebäude*) alteration (*an +dat* to); (*der Gesellschaft, der Politik etc*) change (*gen* in).

Änderungs|antrag *m* (*Parl*) amendment; **Änderungsschneider** *m* tailor (who does alterations); **Änderungsvorschlag** *m* suggested change *or* alteration; **einen ~ machen** to suggest a change *or* an alteration; **Änderungswunsch** *m* wish to make changes *or* alterations; **haben Sie ~e?** are there any changes *or* alterations you would like made?

anderwärts *adv* elsewhere, somewhere else; **anderweitig I** *adj attr* (*andere, weitere*) other; **~e Ölvorkommen** (*an anderer Stelle*) other oil strikes, oil strikes elsewhere; **II** *adv* (*anders*) otherwise; (*an anderer Stelle*) elsewhere; **~ vergeben/ besetzt werden** to be given to/filled by someone else; **etw ~ verwenden** to use sth for a different purpose.

andeuten *sep* **I** *vt* (*zu verstehen geben*) to hint, to intimate (*jdm etw* sth to sb); (*kurz erwähnen*) *Problem* to mention briefly; (*Art, Mus*) to suggest; (*erkennen lassen*) to indicate. **der Wald war nur mit ein paar Strichen angedeutet** a few strokes gave a suggestion of the wood.

II *vr* to be indicated; (*Melodie etc*) to be suggested; (*Gewitter*) to be in the offing.

Andeutung *f* (*Anspielung, Anzeichen*) hint; (*flüchtiger Hinweis*) short *or* brief mention; (*Art, Mus*) suggestion *no pl*; (*Spur*) sign, trace; (*Anflug eines Lächelns etc auch*) faint suggestion. **eine ~ machen** to hint (*über +acc* at), to drop a hint (*über +acc* about); **versteckte ~en machen** to drop veiled hints.

andeutungsweise I *adv* (*als Anspielung, Anzeichen*) by way of a hint; (*als flüchtiger Hinweis*) in passing. **jdm ~ zu verstehen geben, daß ...** to hint to sb that ...; **man kann die Mauern noch ~ erkennen** you can still see traces of the walls.

II *adj attr* (*rare*) faint.

andichten *vt sep* **1.** **jdm etw ~** (*inf*) to impute sth to sb; *Fähigkeiten* to credit sb with sth; **alles kann man ihm ~, aber ...,** you can say what you like about him but ... **2. jdn ~** to write a poem/poems to sb; **jdn in Sonetten ~** to write sonnets to sb.

andicken *vt sep Suppe, Soße* to thicken.

andienen *sep* (*pej*) **I** *vt* **jdm etw ~** to force sth on sb; **man diente ihm einen hohen Posten im Ausland an, um ihn loszuwerden** they tried to get rid of him by palming him off with a high position abroad. **II** *vr*

sich jdm ~ to offer sb one's services (*als* as).

Andienungsstraße *f* (*Mot*) service road.

andiskutieren* *vt sep* to discuss briefly, to touch on.

andocken *vti sep* (*Space*) to dock.

andonnern *sep* (*inf*) **I** *vi aux sein* (*usu* **angedonnert kommen**) to come thundering *or* roaring along. **II** *vt jdn* to shout *or* bellow at.

Andrang *m* **-(e)s,** *no pl* **1.** (*Zustrom, Gedränge*) crowd, crush. **es herrschte großer ~** there was a great crowd *or* crush. **2.** (*von Blut*) rush; (*von Wassermassen*) onrush.

andrängen *vi sep aux sein* to push forward; (*Menschenmenge*) to surge forward; (*Wassermassen*) to surge. **die ~de Menschenmenge** the surging crowd.

Andreas *m* - Andrew.

Andreaskreuz *nt* diagonal cross; (*Rel*) St Andrew's cross.

andrehen *vt sep* **1.** (*anstellen*) to turn on. **2.** (*festdrehen*) to screw on; *Schraube* to screw in. **3. jdm etw ~** (*inf*) to palm sth off on sb.

andren- *in cpds siehe* **ander(e)n-.**

andre(r, s) *adj siehe* **andere(r, s).**

andrerseits *adv siehe* **and(e)rerseits.**

andringen *vi sep irreg aux sein* (*geh*) (*Menschen etc*) to push forward, to press (*gegen* towards); (*Wasser*) to press, to push (*gegen* against). **die ~de Flut von Pornographie** the rising flood of pornography.

Androgen *nt* **-s, -e** androgen.

androhen *vt sep* to threaten (*jdm etw* sb with sth).

Androhung *f* threat. **unter ~ der** *or* **von Gewalt** with the threat of violence; **unter der ~, etw zu tun** with the threat of doing sth; **unter ~** (*Jur*) under penalty (*von, gen* of).

Android(e) *m* **-en, -en** android.

Andruck *m* **1.** (*Typ*) proof. **2.** *no pl* (*Space*) g-force, gravitational force.

andrucken *sep* (*Typ*) **I** *vt* to pull a proof of. **II** *vi* to pull proofs; (*mit dem Druck beginnen*) to start *or* begin printing.

andrücken *vt sep* **1.** *Pflaster* to press on (*an +acc* to). **als ich kräftiger andrückte** when I pressed *or* pushed harder. **2.** (*beschädigen*) *Obst etc* to bruise.

andünsten *vti sep* (*Cook*) to braise briefly.

Äneas *m* - Aeneas.

an|ecken *vi sep aux sein* (*inf*) (*bei jdm/allen*) **~** to rub sb/everyone up the wrong way; **mit seinen Bemerkungen ist er schon oft angeeckt** his remarks have often rubbed people up the wrong way.

an|eifern *vt sep* (*S Ger, Aus*) *siehe* **anspornen.**

an|eignen *vr sep* **sich** (*dat*) **etw ~** (*etw erwerben*) to acquire sth; (*etw wegnehmen*) to appropriate sth; (*sich mit etw vertraut machen*) to learn sth; (*sich etw angewöhnen*) to pick sth up.

An|eignung *f siehe vr* acquisition; appropriation; learning; picking up. **widerrechtliche ~** (*Jur*) misappropriation.

an|einander *adv* **1.** (*gegenseitig, an sich*) **~**

denken to think of each other; **sich ~ gewöhnen** to get used to each other; **sich ~ halten** to hold on to each other; **sich ~ stoßen** (*lit*) to knock into each other; **Freude ~ haben** to enjoy each other's company.

2. (*mit Richtungsangabe*) **~ vorüber-/vorbeigehen** to go past each other; **~ vorbeireden** to talk *or* be at cross-purposes.

3. (*einer am anderen, zusammen*) befestigen together. **die Häuser stehen zu dicht ~** the houses are built too close together.

an|einander- *in cpds* together; **an|einanderbauen** *vt sep* to build together; **die Häuser waren ganz dicht aneinandergebaut** the houses were built very close together; **an|einanderfügen** *sep* I *vt* to put together; **II** *vr* to join together; **an|einandergeraten*** *vi sep irreg aux sein* to come to blows (*mit* with); (*streiten*) to have words (*mit* with); **an|einandergrenzen** *vi sep* to border on each other; **in Istanbul grenzen Orient und Okzident aneinander** in Istanbul East and West meet; **an|einanderhalten** *vt sep irreg* to hold against each other; **an|einanderhängen** *sep irreg* I *vi* 1. (*zusammenhängen*) to be linked (together); **2.** (*fig: Menschen*) to be attached to each other; **II** *vt* to link together; **an|einanderkoppeln** *vt sep* to couple; *Raumschiffe* to link up; **an|einanderlehnen** *vr sep* to lean on *or* against each other; **an|einanderliegen** *vi sep irreg* to be adjacent (to each other), to be next to each other; **an|einanderprallen** *vi sep aux sein* to collide; (*fig*) to clash; **an|einanderreihen** *sep* I *vt* to string together; **II** *vr* to be strung together; (*zeitlich: Tage etc*) to run together; **an|einanderschmiegen** *vr sep* to snuggle up; **an|einandersetzen** *vt sep* to put together; **an|einanderstellen** *vt sep* to put together; **an|einanderstoßen** *sep irreg* I *vt* to bang together; **II** *vi aux sein* to collide; (*Fahrzeuge, Köpfe auch, Menschen*) to bump into each other; (*~grenzen*) to meet.

Äneis [ɛˈneːɪs] *f* - Aeneid.

Anekdötchen *nt* (*hum*) little story *or* anecdote.

Anekdote *f* -, **-n** anecdote.

anekdotenhaft *adj* anecdotal.

an|ekeln *vt sep* (*anwidern*) to disgust, to nauseate. **die beiden ekeln sich nur noch an** they just find each other nauseating *or* make each other sick.

Anemone *f* -, **-n** anemone.

an|empfehlen* *vt sep or insep irreg* (*geh*) to recommend.

an|empfunden *adj* (*geh*) artificial, spurious, false.

An|erbieten *nt* **-s**, **-** (*geh*) offer.

an|erbieten* *vr sep or insep irreg* (*geh*) to offer one's services. **sich ~, etw zu tun** to offer to do sth.

an|erkannt I *ptp of* **anerkennen**. II *adj* recognized; *Tatsache auch* established; *Werk* standard; *Bedeutung* accepted; *Experte* acknowledged.

an|erkanntermaßen *adv* **diese Mannschaft ist ~ besser** it is generally acknowledged that this team is better.

an|erkennen* *vt sep or insep irreg Staat, König, Rekord* to recognize; *Forderung auch, Rechnung* to accept; *Vaterschaft* to accept, to acknowledge; (*würdigen*) *Leistung, Bemühung* to appreciate; *Meinung* to respect; (*loben*) to praise. **..., das muß man ~** (*zugeben*) admittedly, ..., ... you can't argue with that; (*würdigen*) ... one has to appreciate that; **als gleichwertiger Partner anerkannt sein** to be accepted as an equal partner; **ihr ~der Blick** her appreciative look.

an|erkennenswert *adj* commendable.

An|erkenntnis *nt* (*Jur*) acknowledgement.

An|erkennung *f* *siehe vt* recognition; acceptance; acknowledgement; appreciation; respect; praise.

An|erkennungsschreiben *nt* letter of appreciation *or* commendation.

an|erziehen* *vt insep irreg*: **jdm etw ~** (*Kindern*) to instil sth into sb; (*neuen Angestellten etc auch*) to drum sth into sb; **sich** (*dat*) **etw ~** to train oneself to do sth.

an|erzogen *adj* acquired. **das ist alles ~** she *etc* has just been trained to be like that.

anfachen *vt sep* (*geh*) **1.** *Glut, Feuer* to fan. **2.** (*fig*) to arouse; *Leidenschaft auch* to fan the flames of; *Haß auch* to inspire.

anfahren *sep irreg* I *vi aux sein* **1.** (*losfahren*) to start (up). **angefahren kommen** (*herbeifahren*) (*Wagen, Fahrer*) to drive up; (*Zug*) to pull up; (*ankommen*) to arrive; **beim A~** when starting (up); **das A~ am Berg üben** to practise a hill start.

2. (*inf*) **laß mal noch eine Runde ~** let's have another round.

II *vt* **1.** (*liefern*) *Kohlen, Kartoffeln* to deliver.

2. (*inf: spendieren*) to lay on.

3. (*ansteuern*) *Ort* to stop *or* call at; *Hafen auch* to put in at; (*Aut*) *Kurve* to approach. **die Insel wird zweimal wöchentlich von der Fähre angefahren** the ferry calls twice a week at the island.

4. (*anstoßen*) *Passanten, Baum etc* to run into, to hit; (*fig: schelten*) to shout at.

Anfahrt *f* (*~sweg, ~szeit*) journey; (*Zufahrt*) (*Einfahrt*) drive. **„nur ~ zum Krankenhaus"** "access to hospital only".

Anfall *m* **1.** attack; (*Wut~, epileptischer*) fit. **einen ~ haben/bekommen** (*lit*) to have an attack *or* fit; (*fig inf*) to have *or* throw a fit (*inf*); **da könnte man Anfälle kriegen** (*inf*) it's enough to send *or* drive you round the bend (*inf*); **in einem ~ von** (*fig*) in a fit of.

2. (*Ertrag, Nebenprodukte*) yield (*an* + *dat* of); (*von Zinsen auch*) accrual.

3. (*von Reparaturen, Kosten*) amount (*an* +*dat* of); (*form: Anhäufung*) accumulation. **bei ~ von Reparaturen** in case of necessary repair.

anfallen *sep irreg* I *vt* **1.** (*überfallen*) to attack; (*Sittenstrolch etc*) to assault.

2. (*liter*) *Heimweh/Sehnsucht fiel ihn an* he was assailed by homesickness/filled with longing.

II *vi aux sein* (*sich ergeben*) to arise; (*Zinsen*) to accrue; (*Nebenprodukte*) to be obtained; (*sich anhäufen*) to accumulate. **die ~den Kosten/**

Reparaturen/Probleme the costs/ repairs/ problems incurred; **die ~de Arbeit** the work which comes up.

anfällig adj (nicht widerstandsfähig) delicate; Motor, Maschine temperamental. **gegen** or **für etw/eine Krankheit ~ sein** to be susceptible to sth/prone to an illness.

Anfälligkeit f siehe adj delicateness; temperamental nature; susceptibility; proneness.

Anfang m -(e)s, **Anfänge** (Beginn) beginning, start; (erster Teil) beginning; (Ursprung) beginnings pl, origin. **zu** or **am ~** to start with; (anfänglich) at first; **gleich zu ~ darauf hinweisen, daß ...** to mention right at the beginning or outset that ...; **am ~ schuf Gott Himmel und Erde** in the beginning God created the heaven(s) and the earth; **im ~ war das Wort** (Bibl) in the beginning was the Word; **~ Fünfzig** in one's early fifties; **~ Juni/1978** etc at the beginning of June/1978 etc; **von ~ an** (right) from the beginning or start; **von ~ bis Ende** from start to finish; **den ~ machen** to start or begin; (den ersten Schritt tun) to make the first move; **einen neuen ~ machen** to make a new start; (im Leben) to turn over a new leaf; **ein ~ ist gemacht** it's a start; **seinen ~ nehmen** (geh) to commence; **das ist erst der ~** that's only the beginning; **aller ~ ist schwer** (Prov) the first step is always the most difficult; **aus kleinen/bescheidenen Anfängen** from small/ humble beginnings; **der ~ vom Ende** the beginning of the end.

anfangen sep irreg I vt 1. (beginnen) Arbeit, Brief, Gespräch, (inf: anbrauchen) neue Tube etc to start, to begin; Streit, Verhältnis, Fabrik to start.

2. (anstellen, machen) to do. **das mußt du anders ~** you'll have to go about it differently; **was soll ich damit ~?** what am I supposed to do with that?; (was nützt mir das?) what's the use of that?; **damit kann ich nichts ~** (nützt mir nichts) that's no good to me; (verstehe ich nicht) it doesn't mean a thing to me; **was fangen wir jetzt an?** what shall we do now?; **nichts mit sich/jdm anzufangen wissen** not to know what to do with oneself/sb; **mit dir ist heute (aber) gar nichts anzufangen!** you're no fun at all today!

II vi to begin, to start. **wer fängt an?** who's going to start or begin?; **fang (du) an!** (you) begin or start!; **ich habe schon angefangen** I've already started; **du hast angefangen!** you started!; (bei Streit) you started it!; **es fing zu regnen an** or **an zu regnen** it started raining or to rain; **das fängt ja schön** or **heiter an!** (iro) that's a good start!; **jetzt fängt das Leben erst an** life is only just beginning; **fang nicht wieder davon** or **damit an!** don't start all that again!, don't bring all that up again!; **mit etw ~** to start sth; **klein/unten ~** to start small/at the bottom; **er hat als kleiner Handwerker angefangen** he started out as a small-time tradesman; **bei einer Firma ~** to start with a firm or working for a firm.

Anfänger(in f) m -s, - beginner; (Neuling) novice; (Aut) learner; (inf: Nichtskönner)

amateur (pej). **du ~!** (inf) you amateur; **sie ist keine ~in mehr** (hum) she's certainly no beginner.

Anfängerkurs(us) m beginners' course; **Anfänger|übung** f introductory course.

anfänglich I adj attr initial. II adv at first, initially.

anfangs I adv at first, initially. **wie ich schon ~ erwähnte** as I mentioned at the beginning; **gleich ~ auf etw** (acc) **hinweisen** to mention sth right at the beginning or outset.

II prep +gen **~ der zwanziger Jahre/des Monats** in the early twenties/at the beginning of the month.

Anfangs- in cpds initial; **Anfangsbuchstabe** m first letter; **kleine/große ~n** small/large or capital initials; **Anfangsgehalt** nt initial or starting salary; **Anfangsgeschwindigkeit** f starting speed; (esp Phys) initial velocity; **Anfangsgründe** pl rudiments pl, elements pl; **Anfangskapital** nt starting capital; **Anfangsstadium** nt initial stage; **im ~ dieser Krankheit/dieses Projekts** in the initial stages of this illness/project; **meine Versuche sind schon im ~ steckengeblieben** my attempts never really got off the ground; **Anfangszeile** f first line; **Anfangszeit** f starting time.

anfassen sep I vt 1. (berühren) to touch. **faß mal meinen Kopf an** just feel my head.

2. (bei der Hand nehmen) **jdn ~** to take sb's hand or sb by the hand; **sich** or **einander** (geh) **~** to take each other by the hand; **faßt euch an!** hold hands!; **angefaßt gehen** to walk holding hands.

3. (fig) (anpacken) Problem to tackle, to go about; (behandeln) Menschen to treat.

II vi 1. (berühren) to feel. **nicht ~!** don't touch!

2. (mithelfen) **mit ~, (mit) ~ helfen** to give a hand.

III vr (sich anfühlen) to feel. **es faßt sich weich an** it feels or is soft (to the touch).

anfauchen vt sep (Katze) to spit at; (fig inf) to snap at.

anfaulen vi sep aux sein to begin to go bad; (Holz) to start rotting. **angefault** half-rotten.

anfechtbar adj contestable.

Anfechtbarkeit f contestability.

anfechten vt sep irreg 1. (nicht anerkennen) to contest; Meinung, Aussage auch to challenge; Urteil, Entscheidung to appeal against; Vertrag to dispute; Ehe to contest the validity of. 2. (beunruhigen) to trouble; (in Versuchung bringen) to tempt, to lead into temptation. **was ficht dich an?** (old) what ails you? (old); **das ficht mich gar nicht an** that doesn't concern me in the slightest.

Anfechtung f 1. siehe vt 1. contesting; challenging; appeal (gen against); disputing; (von Ehe) action for nullification or annulment. 2. (Versuchung) temptation; (Selbstzweifel) doubt.

anfeinden vt sep to treat with hostility.

Anfeindung f hostility. **trotz aller ~en** although he had aroused so much animosity.

anfertigen vt sep to make; Arznei to make up; Schriftstück, Hausaufgaben, Protokoll to do. **jdm etw** ~ to make sth for sb; **sich** (dat) **einen Anzug** etc ~ **lassen** to have a suit etc made.

Anfertigung f siehe vt making; making up; doing. **die** ~ **dieser Übersetzung/der Arznei hat eine halbe Stunde gedauert** it took half an hour to do the translation/to make up the prescription; **die** ~ **des Protokolls ist Aufgabe der Sekretärin** it's the secretary's job to do the minutes, doing the minutes is the secretary's job.

Anfertigungskosten pl production costs pl. **die** ~ **eines Smokings** the cost of making a dinner jacket/having a dinner jacket made.

anfeuchten vt sep to moisten; Schwamm, Lippen auch to wet; Bügelwäsche auch to damp.

anfeuern vt sep Ofen to light; (Ind) to fire; (fig: ermutigen) to spur on.

Anfeuerung f (fig) spurring on.

Anfeuerungsruf m cheer; (esp Pol) chant; (Anfeuerungswort) shout of encouragement.

anfinden vr sep irreg to be found, to turn up (again).

anflehen vt sep to beseech, to implore (um for). **ich flehe dich an, tu das nicht!** I beg you, don't!

anfletschen vt sep to bare one's teeth at.

anfliegen sep irreg I vi aux sein (auch angeflogen kommen) (Flugzeug) to come in to land; (Vogel, Geschoß, fig geh: Pferd, Fuhrwerk, Reiter) to come flying up.
  II vt 1. (Flugzeug) Flughafen, Piste, (Mil) Stellung to approach; (in/auf) to land (in/auf in/on). **diese Fluggesellschaft fliegt Bali an** this airline flies or operates a service to Bali.
  2. (geh: befallen) to overcome.

anflitzen vi sep aux sein (inf) (usu angeflitzt kommen) to come racing along or (auf einen zu) up (inf).

Anflug m 1. (Flugweg) flight; (das Heranfliegen) approach. **wir befinden uns im** ~ **auf Paris** we are now approaching Paris.
  2. (Spur) trace; (fig: Hauch auch) hint.

anflunkern vt sep (inf) to tell fibs/a fib to.

anfordern vt sep to request, to ask for.

Anforderung f 1. no pl (das Anfordern) request (gen, von for). **bei der** ~ **von Ersatzteilen** when requesting spare parts.
  2. (Anspruch) requirement; (Belastung) demand. **große** ~**en an jdn/etw stellen** to make great demands on sb/sth; **hohe/zu hohe** ~**en stellen** to demand a lot/too much (an +acc of); **den** ~**en im Beruf/in der Schule gewachsen sein** to be able to meet the demands of one's job/of school.
  3. ~**en** pl (Niveau) standards pl.

Anfrage f inquiry; (Parl) question; (Computers) calling. **kleine** ~ (written) Parliamentary question; **große** ~ Parliamentary question dealt with at a meeting of the Lower House.

anfragen vi sep to inquire (bei jdm of sb), to ask (bei jdm sb). **um Erlaubnis/Genehmigung** ~ to ask for permission/approval.

anfreunden vr sep to make or become friends. **sich mit etw** ~ (fig) to get to like sth; **mit Pop-Musik** etc to acquire a taste for sth.

anfrieren sep irreg vi aux sein (leicht gefrieren) to start to freeze; (Pflanze) to get a touch of frost; (haften bleiben) to freeze on (an +acc -to); (fig: Mensch) to freeze stiff.

anfügen vt sep to add.

Anfügung f addition; (zu einem Buch) addendum.

anfühlen sep I vt to feel. II vr to feel. **sich glatt/weich** etc ~ to feel smooth/soft etc, to be smooth/soft etc to the touch.

Anfuhr f -, -en transport(ation).

anführen vt sep 1. (vorangehen, befehligen) to lead.
  2. (zitieren) to quote, to cite; Tatsachen, Beispiel, Einzelheiten auch to give; Umstand to cite, to refer to; Grund, Beweis to give, to offer; (benennen) jdn to name, to cite.
  3. (Typ) to indicate or mark with (opening) quotation marks or inverted commas.
  4. **jdn** ~ (inf) to have sb on (inf), to take sb for a ride (inf); **der läßt sich leicht** ~ he's easily taken in or had on (inf).

Anführer m (Führer) leader; (pej: Anstifter) ringleader.

Anführung f 1. (das Vorangehen) leadership; (Befehligung auch) command. **unter** ~ **von ...** under the leadership of ..., led by ...2. (das Anführen) siehe vt 2. quotation, citation; giving; citing; referring to; giving, offering; naming; citing; (Zitat) quotation. **die** ~ **von Zitaten/Einzelheiten** giving quotations/ details.

Anführungsstrich m, **Anführungszeichen** nt quotation or quote mark, inverted comma. **in Anführungsstrichen** or **Anführungszeichen** in inverted commas, in quotation marks, in quotes; **Anführungsstriche** or **Anführungszeichen unten/oben** quote/unquote; **ein Wort mit Anführungszeichen versehen** to put a word in inverted commas.

anfüllen vt sep to fill (up). **mit etw angefüllt sein** to be full of or filled with sth.

anfunkeln vt sep to flash at.

anfuttern vr sep (inf) **sich** (dat) **einen Bauch** ~ to acquire or develop a paunch.

Angabe f -, -n 1. usu pl (Aussage) statement; (Anweisung) instruction; (Zahl, Detail) detail. ~**n über etw** (acc) **machen** to give details about sth; **laut** ~**n** (+gen) according to; **nach** ~**n der Zeugen** according to (the testimony of) the witness; ~**n zur Person** (form) personal details or particulars.
  2. (Nennung) giving. **wir bitten um** ~ **der Einzelheiten/ Preise** please give or quote details/prices; **er ist ohne** ~ **seiner neuen Adresse verzogen** he moved without informing anyone of or telling anyone his new address; **ohne** ~ **von Gründen** without giving any reasons.
  3. no pl (inf: Prahlerei) showing-off; (Reden auch) bragging, boasting.
  4. (Sport: Aufschlag) service, serve. **wer hat** ~**?** whose service or serve is it?, whose turn is it to serve?

angaffen vt sep (pej) to gape at.

angähnen vt sep to yawn at.

angaloppieren* vi sep aux sein to gallop up. **angaloppiert kommen** to come galloping up.

angängig adj (form) feasible; (erlaubt auch) permissible.

angeben sep irreg I vt **1.** (nennen) to give; (als Zeugen) to name, to cite; (schriftlich) to indicate; (erklären) to explain; (beim Zoll) to declare; (anzeigen) Preis, Temperatur etc to indicate; (aussagen) to state; (behaupten) to maintain. **2.** (bestimmen) Tempo, Kurs to set; (Mus) Tempo, Note to give. **den Takt ~** (klopfen) to beat time; siehe Ton².
II vi **1.** (prahlen) to show off; (durch Reden auch) to boast, to brag (mit about). **2.** (Tennis etc) to serve. **3.** (Cards) to deal.

Angeber m -s, - (Prahler) show-off; (durch Reden auch) boaster.

Angeberei f (inf) **1.** no pl (Prahlerei) showing-off (mit about); (verbal auch) boasting, bragging (mit about). **2.** usu pl (Äußerung) boast.

Angeberin f siehe Angeber.

angeberisch adj Reden boastful; Aussehen, Benehmen, Tonfall pretentious, showy, ostentatious.

Angebetete(r) mf decl as adj (hum, geh) (verehrter Mensch) idol; (Geliebte(r)) beloved.

Angebinde nt -s, - (dated geh) gift, present.

angeblich I adj attr so-called, alleged. II adv supposedly, allegedly. **er ist ~ Musiker** he says he's a musician.

angeboren adj innate, inherent; (Med, fig inf) congenital (bei to); **an seine Faulheit mußt du dich gewöhnen, die ist ~** (inf) you'll have to get used to his laziness, he was born that way.

Angebot nt **1.** (Anerbieten, angebotener Preis) offer; (bei Auktion) bid; (Comm: Offerte auch) tender (über +acc, für for). **2.** no pl (Comm, Fin) supply (an +dat, von of); (inf: Sonder~) special offer. **~ und Nachfrage** supply and demand.

Angebotslücke f gap in the market; **Angebotspreis** m asking price.

angebracht I ptp of anbringen. II adj appropriate; (sinnvoll) reasonable. **schlecht ~** uncalled-for.

angebrannt I ptp of anbrennen. II adj burnt. **~ riechen/schmecken** to smell/taste burnt; **es riecht hier so ~** there's a smell of burning here.

angebrochen I ptp of anbrechen.
II adj Packung, Flasche open(ed). **wieviel ist von den ~en hundert Mark übrig?** how much is left from the 100 marks we'd started using?; **ein ~er Abend/Nachmittag/Urlaub** (hum) the rest of an evening/afternoon/a holiday; **das Parken kostet für jede ~e Stunde eine Mark** parking costs one mark for every hour or part of an hour; **für mich ist das erst ein ~er Abend** as far as I'm concerned, the evening's just starting.

angebunden I ptp of anbinden. II adj (beschäftigt) tied (down). **kurz ~ sein** (inf) to be abrupt or curt or brusque.

angedeihen* vt sep irreg **jdm etw ~ lassen** (geh) to provide sb with sth.

Angedenken nt -s, no pl (geh) remembrance. **mein Großvater seligen ~s** my late lamented grandfather; **der Massenmörder Hamann unseligen ~s** the late notorious mass-murderer Hamann.

angeduselt adj (inf) tipsy, merry (inf).

ange|ekelt I ptp of anekeln. II adj disgusted.

angegangen I ptp of angehen. II adj (inf) **~ sein** to have gone off; **~e Lebensmittel** food which has gone off.

angegeben I ptp of angeben. II adj **am ~en Ort** loco citato.

angegossen adj **wie ~ sitzen** or **passen** to fit like a glove.

angegraut adj grey; Schläfen, Haar auch greying.

angegriffen I ptp of angreifen. II adj Gesundheit weakened; Mensch, Aussehen frail; (erschöpft) exhausted; (nervlich) strained. **sie ist nervlich/ gesundheitlich immer noch ~** her nerves are still strained/health is still weakened.

angehalten I ptp of anhalten. II adj **~ sein, etw zu tun/unterlassen** to be required or obliged to do/refrain from doing sth; **zu Pünktlichkeit ~ sein** to be required to be punctual.

angehaucht I ptp of anhauchen. II adj **links/rechts ~ sein** to have or show left-/ right-wing tendencies or leanings.

angeheiratet adj related by marriage. **ein ~er Cousin** a cousin by marriage.

angeheitert adj (inf) merry (inf), tipsy.

angehen sep irreg I vi aux sein **1.** (dial: beginnen) (Schule, Theater etc) to start; (Feuer) to start burning, to catch; (Radio) to come on; (Licht) to come or go on.
2. (entgegentreten) **gegen jdn ~** to fight sb, to tackle sb; **gegen etw ~** to fight sth; gegen Flammen, Hochwasser to fight sth back, to combat sth; gegen Mißstände, Zustände to take measures against sth; **dagegen muß man ~** something must be done about it.
II vt **1.** aux haben or (S Ger) sein Aufgabe, Schwierigkeiten, Hindernis to tackle; Gegner auch to attack; Kurve to take.
2. aux haben or (S Ger) sein (bitten) to ask (jdm um etw sb for sth).
3. aux sein (in bezug auf Personen), aux haben (in bezug auf Sachen) (betreffen) to concern. **was mich angeht** for my part; **was geht das ihn an?** (inf) what's that got to do with him?; **das geht ihn gar nichts** or **einen Dreck** or **einen feuchten Staub an** (inf) that's none of his business.
III vi impers aux sein **das geht nicht/ keinesfalls an** that won't do, that's not on, that's quite out of the question.

angehend adj Musiker, Künstler budding; Lehrer, Ehemann, Vater prospective. **mit 16 ist sie jetzt schon eine ~e junge Dame** at 16 she's rapidly becoming or is almost a young lady; **er ist ein ~er Sechziger** he's approaching sixty.

angehören* vi sep +dat to belong to; (einer Partei, einer Familie auch) to be a member of. **jdm/einander ~** (liter) to belong to sb/one another or each other.

angehörig *adj* belonging (*dat* to). **keiner Partei** ~**e Bürger** citizens who do not belong to any party.

Angehörige(r) *mf decl as adj* **1.** (*Mitglied*) member. **2.** (*Familien*~) relative, relation. **der nächste** ~ the next of kin.

angejahrt *adj* advanced in years.

Angeklagte(r) *mf decl as adj* accused, defendant.

angeknackst I *ptp of* **anknacksen.** II *adj* (*inf*) *Mensch* (*seelisch*) uptight (*inf*); *Selbstvertrauen, Selbstbewußtsein* weakened. **er/seine Gesundheit ist** ~ he is in bad shape *or* a bad way; **sie ist noch immer etwas** ~ she still hasn't got over it yet.

angekränkelt *adj* (*geh*) sickly, frail.

angekratzt I *ptp of* **ankratzen.** II *adj* (*inf*) seedy (*inf*), the worse for wear.

Angel [ˈaŋl] *f* -, -**n** **1.** (*Tür*~, *Fenster*~) hinge. **etw aus den** ~**n heben** (*lit*) to lift sth off its hinges; (*fig*) to revolutionize sth completely; **die Welt aus den** ~**n heben** (*fig*) to turn the world upside down. **2.** (*Fischfanggerät*) (fishing) rod and line, fishing pole (*US*); (*zum Schwimmenlernen*) swimming harness. **die** ~ **auswerfen** to cast (the line).

angelegen *adj* **sich** (*dat*) **etw** ~ **sein lassen** (*form*) to concern oneself with sth.

Angelegenheit *f* matter; (*politisch, persönlich*) affair; (*Aufgabe*) concern. **das ist meine/nicht meine** ~ that's my/not my concern *or* business; **sich um seine eigenen** ~**en kümmern** to mind one's own business; **in einer dienstlichen** ~ on official business; **in eigener** ~ on a private *or* personal matter.

angelegentlich *adj* (*geh*) *Bitte, Frage* pressing, insistent; (*dringend*) pressing, urgent; *Bemühung* enthusiastic; *Empfehlung* warm, eager. **sich** ~ **nach jdm erkundigen** to ask particularly about sb.

angelegt I *ptp of* **anlegen.** II *adj* calculated (*auf* +*acc* for).

angelernt I *ptp of* **anlernen.** II *adj Arbeiter* semi-skilled. **der Lohn für A**~**e** the wage for semi-skilled workers.

Angelgerät [ˈaŋl-] *nt* fishing tackle *no pl*; **Angelhaken** *m* fish-hook; **Angelleine** *f* fishing line.

angeln [ˈaŋln] I *vi* **1.** to angle, to fish. ~ **gehen** to go angling *or* fishing; **nach etw** *or* **auf etw** (*acc*) (*form*) ~ to fish for sth. **2.** (*zu greifen versuchen, hervorziehen*) to fish. **nach etw** ~ to fish (around) for sth. II *vt Fisch* to fish for; (*fangen*) to catch. **sich** (*dat*) **einen Mann** ~ (*inf*) to catch (oneself) a man.

Angeln [ˈaŋln] *pl* (*Hist*) Angles *pl*.

angeloben* *vt sep* **1.** (*liter*) **jdm etw** ~ to swear sth to sb. **2.** (*Aus: vereidigen*) to swear in.

Angelobung *f* (*Aus*) swearing in.

Angelpunkt [ˈaŋl-] *m* crucial *or* central point; (*Frage*) key *or* central issue; **Angelrute** *f* fishing rod.

Angelsachse [ˈaŋl-] *m decl as adj* Anglo-Saxon.

angelsächsisch [ˈaŋl-] *adj* Anglo-Saxon.

Angelschein [ˈaŋl-] *m* fishing permit; **Angelschnur** *f* fishing line; **Angelsport** *m* angling, fishing.

angemessen *adj* (*passend, entsprechend*) appropriate (*dat* to, for); (*adäquat*) adequate (*dat* for); *Preis* reasonable, fair. **eine der Leistung** ~**e Bezahlung** payment commensurate with the effort.

Angemessenheit *f siehe adj* appropriateness; adequacy; fairness, reasonableness.

angenehm *adj* pleasant, agreeable. **das wäre mir sehr** ~ I should be very *or* most grateful, I should greatly appreciate it; **es ist mir gar nicht** ~, **wenn ich früh aufstehen muß/daß er mich besuchen will** I don't like getting up early/the fact that he wants to visit me; **ist es Ihnen so** ~? is that all right for you?, is it all right like that for you?; **wenn Ihnen das** ~**er ist** if you prefer; ~**e Ruhe/Reise!** *etc* have a good *or* pleasant rest/journey *etc*; (**sehr**) ~! (*form*) delighted (to meet you); **das A**~**e mit dem Nützlichen verbinden** to combine business with pleasure.

angenommen I *ptp of* **annehmen.** II *adj* assumed; *Name auch, Kind* adopted. III *conj* assuming.

angepaßt I *ptp of* **anpassen.** II *adj* conformist.

Angepaßtheit *f* conformism.

Anger [ˈaŋɐ] *m* -**s**, - (*dial*) (*Dorf*~) village green; (*old: Wiese*) pasture, meadow.

Angerdorf [ˈaŋɐ-] *nt* village built around a village green.

angeregt I *ptp of* **anregen.** II *adj* lively, animated. ~ **diskutieren** to have a lively *or* an animated discussion.

Angeregtheit *f* liveliness, animation.

angereichert *adj Uran etc* enriched.

angesäuselt *adj* (*inf*) tipsy, merry (*inf*).

angeschissen (*sl*) I *ptp of* **anscheißen.** II *adj* buggered (*sl*). ~ **sein** to be buggered (*sl*) *or* in dead shtuck (*sl*).

angeschlagen I *ptp of* **anschlagen.** II *adj* (*inf*) *Mensch, Aussehen, Nerven* shattered (*inf*); *Gesundheit* groggy (*inf*); (*betrunken*) sloshed (*inf*). **von etw** ~ **sein** to be shattered by sth (*inf*).

angeschlossen I *ptp of* **anschließen.** II *adj* affiliated (*dat* to *or* (*US*) with), associated (*dat* with).

angeschmiert I *ptp of* **anschmieren.** II *adj pred* (*inf*) in trouble, in dead shtuck (*sl*). **mit dem/der Waschmaschine bist du ganz schön** ~ he/the washing machine is not all he/it is cracked up to be (*inf*); **der/die A**~**e sein** to have been had (*inf*).

angeschmutzt *adj* soiled; (*Comm*) shop-soiled.

angeschossen I *ptp of* **anschießen.** II *adj* (*inf*) **wie ein A**~**er** like a scalded cat (*inf*); **wie** ~ like a chicken with no head (*inf*).

angeschrieben I *ptp of* **anschreiben.** II *adj* (*inf*) **bei jdm gut/schlecht** ~ **sein** to be in sb's good/bad books, to be well in/ not very well in with sb (*inf*).

Angeschuldigte(r) *mf decl as adj* suspect.

angesehen I *ptp of* **ansehen.** II *adj* respected.

Angesicht *nt* -(**e)s**, -**er** *or* (*Aus*) -**e** (*geh*) face, countenance (*form*). **jdn von** ~ **(zu** ~**) sehen** to see sb's face to face; **jdn von** ~ **kennen** to know sb by sight; **im** ~ +*gen* (*fig*) in the face of.

angesichts *prep* +*gen* in the face of; (*im*

Hinblick auf) in view of. ~ **des Todes** in the face of death.

angesoffen *(sl)* I *ptp of* **ansaufen.** II *adj* pissed *(sl)*, sloshed *(inf)*. ~ *or* **in** ~**em Zustand Auto fahren** to drive (a car) (when) sloshed *(inf)*.

angespannt I *ptp of* **anspannen.**
II *adj* **1.** *(angestrengt)* Nerven tense, strained; *Aufmerksamkeit* close, keen. **aufs höchste** ~ **sein** to be very *or* highly tense; ~ **zuhören** to listen attentively *or* closely.
2. *(bedrohlich) politische Lage* tense, strained; *(Comm) Markt, Lage* tight, overstretched.

angestammt *adj (überkommen)* traditional; *(ererbt) Rechte* hereditary, ancestral; *Besitz* inherited.

angestellt I *ptp of* **anstellen.** II *adj pred* ~ **sein** to be an employee *or* on the staff *(bei* of); **fest** ~ **sein** to be on the permanent staff; **ich bin nicht beamtet, sondern nur** ~ I don't have permanent tenure in my job.

Angestellte(r) *mf decl as adj* (salaried) employee; *(Büro*~) office-worker, white-collar worker; *(Behörden*~) public employee (without tenure).

Angestelltengewerkschaft *f* white-collar union; **Angestelltenverhältnis** *nt* employment (without permanent tenure); **im** ~ in non-tenured employment; **Angestelltenversicherung** *f* (salaried) employees' insurance.

angestochen I *ptp of* **anstechen.** II *adj (inf)* **wie** ~ like a stuck pig *(inf)*.

angestrengt I *ptp of* **anstrengen.** II *adj Gesicht* strained; *Arbeiten, Denken* hard. ~ **diskutieren** to have an intense discussion.

angetan I *ptp of* **antun.**
II *adj pred* **1. von jdm/etw** ~ **sein** to be taken with sb/sth; **es jdm** ~ **haben** to have made quite an impression on sb; **das Mädchen hat es ihm** ~ he has fallen for that girl.
2. danach *or* **dazu** ~ **sein, etw zu tun** *(geh)* to be suitable for doing sth; *(Wesen, Atmosphäre, Benehmen etc)* to be apt *or* calculated to do sth.

Angetraute(r) *mf decl as adj (hum)* spouse, better half *(hum)*.

angetrunken I *ptp of* **antrinken.** II *adj Mensch, Zustand* inebriated, intoxicated.

angewachsen I *ptp of* **anwachsen.** II *adj* ~**e Ohrläppchen sind ein Zeichen von ...** not having ear-lobes is a sign of ...

angewandt I *ptp of* **anwenden.** II *adj attr Wissenschaft etc* applied.

angewidert I *ptp of* **anwidern.** II *adj* nauseated, disgusted. **vom Leben** ~ **sick** of life.

angewiesen I *ptp of* **anweisen.**
II *adj* **auf jdn/etw** ~ **sein** to have to rely on sb/sth, to be dependent on sb/sth; **auf sich selbst** ~ **sein** to have to fend for oneself; *(Kind)* to be left to one's own devices; **darauf bin ich nicht** ~ I can get along without it, I don't need it; **ich bin selbst auf jede Mark** ~ I need every mark myself.

angewöhnen* *vt sep* **jdm etw** ~ to get sb used to sth, to accustom sb to sth; **sich**

(dat) **etw** ~ **/es sich** *(dat)* ~, **etw zu tun** to get into the habit of sth/of doing sth.

Angewohnheit *f* habit.

angezecht *adj (inf)* tight *(inf)*, pickled *(inf)*.

angezeigt I *ptp of* **anzeigen.** II *adj (form)* advisable; *(angebracht)* appropriate.

angiften *vt sep (pej inf)* to snap at, to let fly at.

Angina [aŋˈgiːna] *f* -, **Anginen** *(Med)* angina. ~ **pectoris** angina (pectoris).

angleichen *sep irreg* I *vt* to bring into line, to align *(dat, an* +acc with).
II *vr (gegenseitig: Kulturen, Geschlechter, Methoden)* to grow closer together. **sich jdm/einer Sache** ~ *(einseitig)* to become like sb/sth; **die beiden haben sich (aneinander) angeglichen** the two of them have become more alike.

Angleichung *f* **1.** *siehe vt* alignment *(an* + *acc* with). **2.** *siehe vr* **die zunehmende** ~ **der Kulturen** the increasing similarity between the cultures.

Angler(in *f)* [ˈaŋlɐ, -rɪn] *m* **-s,** - angler.

angliedern *vt sep (Verein, Partei)* to affiliate *(dat, an* +acc to *or (US)* with); *Land* to annexe *(dat, an* +acc to).

Angliederung *f siehe vt* affiliation; annexation.

anglikanisch [aŋli-] *adj* Anglican. **die A**~**e Kirche** the Anglican Church.

Anglikanismus [aŋli-] *m* anglicanism.

anglisieren* [aŋli-] *vt* to anglicize.

Anglisierung [aŋli-] *f* anglicizing.

Anglist(in *f)* [aŋˈglɪ-] *m* English specialist, Anglicist; *(Student)* English student; *(Professor etc)* English lecturer/professor.

Anglistik [aŋˈglɪstɪk] *f* English (language and literature).

Anglizismus [aŋgli-] *m* anglicism.

Anglo- [-ŋg-] *in cpds* Anglo; **Anglo-Amerikaner** *m* Anglo-Saxon, member of the English-speaking world; **Anglo-|amerikaner** *m* Anglo-American; **anglophil** *adj* anglophil(e); **Anglophilie** *f* anglophilia; **anglophob** *adj* anglophobe.

anglotzen *vt sep (inf)* to gawp *or* gape at *(inf)*.

anglühen *vt sep (lit)* to heat red-hot; *(fig)* to glow at.

Angola [aŋˈgoːla] *nt* -s Angola.

Angolaner(in *f)* [aŋgo-] *m*, **-s,** - Angolan.

Angora- [aŋˈgoːra] *in cpds* Angora; **Angorakaninchen** *nt* Angora rabbit; **Angorakatze** *f* Angora cat; **Angorawolle** *f* Angora (wool).

Angostura ® [aŋgo-] *m* **-s, -s** Angostura (bitters *pl*).

angreifbar *adj Behauptung, Politiker* open to attack.

angreifen *sep irreg* I *vt* **1.** *(überfallen, Sport, kritisieren)* to attack.
2. *(schwächen) Organismus, Organ, Nerven* to weaken; *Gesundheit, Pflanzen* to affect; *(ermüden, anstrengen)* to strain; *(schädlich sein für, zersetzen) Lack, Farbe* to attack. **seine Krankheit hat ihn sehr angegriffen** his illness weakened him greatly; **das hat ihn sehr angegriffen** that affected him greatly; *siehe* **angegriffen.**
3. *(anbrechen) Vorräte, Geld* to break into, to draw on.

4. (*dial: anfassen*) to touch; (*fig: unternehmen, anpacken*) to attack, to tackle.
II *vi* **1.** (*Mil, Sport, fig*) to attack.
2. (*geh: ansetzen*) to proceed *or* start (*an +dat* from).
3. (*dial: anfassen*) to touch.

Angreifer *m* **-s, -** attacker (*auch Sport, fig*).

angrenzen *vi sep* **an etw** (*acc*) ~ to border on sth, to adjoin sth.

angrenzend *adj attr* adjacent (*an +acc* to), adjoining (*an etw* (*acc*) sth).

Angriff *m* (*Mil, Sport, fig*) attack (*gegen, auf +acc* on); (*Luft~*) (air) raid. ~ **ist die beste Verteidigung** (*prov*) attack is the best means of defence; **zum ~ übergehen** to go over to the attack, to take the offensive; **zum ~ blasen** (*Mil, fig*) to sound the charge; **etw in ~ nehmen** to tackle sth.

angriffig *adj* (*Sw*) aggressive.

Angriffsfläche *f* target; **jdm/einer Sache eine ~ bieten** (*lit, fig*) to provide sb/sth with a target; **Angriffskrieg** *m* war of aggression; **Angriffslust** *f* aggressiveness, aggression; **angriffslustig** *adj* aggressive; **Angriffsspiel** *nt* (*Sport*) aggressive *or* attacking game; **Angriffsspieler** *m* (*Sport*) attacking player; (*Ftbl*) forward; **Angriffswaffe** *f* offensive weapon.

angrinsen *vt sep* to grin at.

Angst *f* **-, ⸚e** (*innere Unruhe, Psych*) anxiety (*um* about); (*Sorge*) worry (*um* about); (*Befürchtung*) fear (*um* for, *vor +dat* of); (*stärker: Furcht, Grauen*) fear, dread (*vor +dat* of); (*Existenz~*) angst. ~ **haben** to be afraid *or* scared; ~ **vor Spinnen/vorm Fliegen haben** to be afraid *or* scared of spiders/ flying; ~ **um jdn/etw haben** to be anxious *or* worried about sb/sth; ~ **bekommen** *or* **kriegen** to get *or* become afraid *or* scared; (*erschrecken*) to take fright; **aus ~, etw zu tun** for fear of doing sth; **keine ~!** don't be afraid; **keine ~, ich sage ihm schon, was ich davon halte** (*inf*) don't you worry, I'll tell him what I think of that; **jdm ~ einflößen** *or* **einjagen** to frighten sb; **in tausend ⸚en schweben** to be terribly worried *or* anxious.

angst *adj pred* afraid. **ihr wurde ~ (und bange)** she became worried *or* anxious; **das machte ihm ~ (und bange)** that worried him *or* made him anxious.

Angsthase *m* (*inf*) scaredy-cat (*inf*).

ängstigen ['ɛŋstɪgn] **I** *vt* to frighten; (*unruhig machen*) to worry. **II** *vr* to be afraid; (*sich sorgen*) to worry. **sich vor etw** (*dat*) ~ to be afraid of sth; **sich wegen etw** ~ to worry about sth.

Angstkauf *m* panic buying *no pl.*

ängstlich ['ɛŋstlɪç] *adj* **1.** (*verängstigt*) anxious, apprehensive; (*schüchtern*) timid.
2. (*übertrieben genau*) particular, scrupulous, fastidious. ~ **darauf bedacht sein, etw zu tun** to be at pains to do sth; **ein ~ gehütetes Geheimnis** a closely guarded secret.

Ängstlichkeit *f siehe adj* **1.** anxiety, apprehension; timidity. **2.** particularity, scrupulousness, fastidiousness.

Angstmacher *m* (*inf*) scaremonger; **Angstneurose** *f* anxiety neurosis;

Angstparole *f* (*inf*) scaremongering *no pl*; ~**n verbreiten** to spread alarm, to scaremonger; **Angstpsychose** *f* anxiety psychosis; **Angströhre** *f* (*hum inf*) topper (*inf*); **Angstschrei** *m* cry of fear; **Angstschweiß** *m* cold sweat; **mir brach der ~ aus** I broke out in a cold sweat; **Angsttraum** *m* nightmare; **angstvoll** *adj* apprehensive, fearful; **Angstvorstellung** *f* (*Psych*) imaginary fear.

angucken *vt sep* to look at.

angurten *vt sep siehe* **anschnallen**.

anhaben *vt sep irreg* **1.** (*angezogen haben*) to have on, to wear.
2. (*zuleide tun*) to do harm. **jdm etwas ~ wollen** to want to harm sb; **die Kälte kann mir nichts ~** the cold doesn't worry *or* bother me.
3. (*am Zeuge flicken*) **Sie können/die Polizei kann mir nichts ~!** (*inf*) you/the police can't touch me.

anhaften *vi sep* **1.** (*lit*) to stick (*an +dat* to), to cling (*an +dat* to). ~**de Farbreste** bits of paint left sticking on. **2.** (*fig*) **+dat** to stick to, to stay with; (*zugehören: Risiko etc*) to be attached to.

Anhalt *m* **-(e)s,** (*rare*) **-e** *siehe* **Anhaltspunkt**.

anhalten *sep irreg* **I** *vi* **1.** (*stehenbleiben*) to stop. **im Sprechen ~** to stop talking.
2. (*fortdauern*) to last.
3. (*werben*) **(bei jdm) um ein Mädchen** *or* **um die Hand eines Mädchens ~** to ask (sb) for a girl's hand in marriage.
II *vt* **1.** (*stoppen*) to stop; *siehe* **Atem, Luft.**
2. (*anlegen*) *Lineal* to use. **sie hielt mir/sich das Kleid an** she held the dress up against me/herself.
3. (*anleiten*) to urge, to encourage; *siehe* **angehalten.**

anhaltend *adj* continuous, incessant.

Anhalter(in *f*) *m* **-s, -** hitch-hiker, hitcher (*inf*). **per ~ fahren** to hitch-hike, to hitch (*inf*).

Anhaltspunkt *m* (*Vermutung*) clue (*für* about); (*für Verdacht*) grounds *pl.* **ich habe keinerlei ~e** I have no idea.

anhand, an Hand *prep +gen siehe* **Hand.**

Anhang *m* **-(e)s, Anhänge 1.** (*Nachtrag*) appendix; (*von Testament*) codicil. **2.** *no pl* (*Gefolgschaft*) following; (*Angehörige*) family. **Witwe, 62, ohne ~** widow, 62, no family.

anhängen *sep* **I** *vt* **1.** (*ankuppeln*) to attach (*an +acc* to); (*Rail auch*) to couple on (*an +acc* -to); *Anhänger* to hitch up (*an +acc* to); (*fig: anfügen*) to add (*dat, an +acc* to).
2. *Mantel, Telefonhörer* to hang up.
3. (*inf*) **jdm etw ~** *Krankheit, alte Kleider* to pass sth on to sb; (*nachsagen, anlasten*) to blame sb for sth, to blame sth on sb; *schlechten Ruf, Spitznamen* to give sb sth; *Verdacht, Schuld* to pin sth on sb; **ich weiß nicht, warum er mir unbedingt etwas ~ will** I don't know why he always wants to give me a bad name.
II *vr* (*lit*) to hang on (*dat, an +acc* to); (*fig*) to tag along (*dat, an +acc* with); (*jdm hinterherfahren*) to follow (*dat, an + acc* sth).

III *vi irreg (fig)* **1.** *(anhaften)* **jdm** ~ to stay with sb; *(schlechter Ruf, Gefängnisstrafe auch)* to stick with sb. **2.** *(sich zugehörig fühlen)* +*dat* to adhere to, to subscribe to.

Anhänger *m* **-s, -** **1.** supporter; *(von Sportart auch)* fan; *(von Partei auch)* follower; *(von Verein)* member. **2.** *(Wagen)* trailer; *(Straßenbahn~)* second car. **die Straßenbahn hatte zwei** ~ the tram had two extra cars. **3.** *(Schmuckstück)* pendant. **4.** *(Koffer~ etc)* tag, label.

Anhängerin *f siehe* **Anhänger 1.**

Anhängerschaft *f siehe* **Anhänger 1.** supporters *pl*; fans *pl*; following, followers *pl*; membership, members *pl*; **Anhängerzahl** *f siehe* **Anhänger 1.** number of supporters/fans/ followers/ members.

anhängig *adj (Jur)* sub judice; *Zivilverfahren* pending. **etw** ~ **machen** to start legal proceedings over sth.

anhänglich *adj Kind, Freundin* clinging; *Haustier* devoted. **mein Sohn/Hund ist sehr** ~ my son/dog hardly leaves my side; **seine Freundin war ihm zu** ~ his girlfriend was too clinging.

Anhänglichkeit *f siehe adj* tendency to cling to one; devotion.

Anhängsel *nt* **1.** *(Überflüssiges, Mensch)* appendage *(an* +*dat* to); *(von Gruppe, Partei)* hanger-on. **2.** *(Schildchen)* tag; *(old: Schmuckstück)* pendant; *(an Armband)* charm; *(an Uhrkette)* fob. **3.** *(Zusatz)* addition; *(Nachtrag)* appendix.

Anhauch *m (geh)* aura; *(in Stimme)* trace, tinge.

anhauchen *vt sep* to breathe on; *siehe* **angehaucht.**

anhauen *vt sep (inf: ansprechen)* to accost *(um* for). **jdn um etw** ~ to be on the scrounge for sth from sb *(inf)*; **um Geld auch** to touch sb for sth *(inf)*.

anhäufen *sep* **I** *vt* to accumulate, to amass; *Vorräte, Geld* to hoard. **II** *vr* to pile up, to accumulate; *(Zinsen)* to accumulate, to accrue.

Anhäufung *f siehe vt* accumulation, amassing; hoarding.

anheben[1] *sep irreg* **I** *vt* **1.** *(hochheben)* to lift (up); *Glas* to raise. **2.** *(erhöhen)* to raise. **II** *vi* to lift.

anheben[2] *pret* **hob** *or (obs)* **hub an,** *ptp* **angehoben** *vi sep irreg (old)* to commence, to begin. **zu singen** ~ to begin singing; **..., hub er an** *(obs)* ..., quoth he *(old)*.

Anhebung *f* increase *(gen, von* in); *(das Anheben auch)* raising *(gen, von* of); *(Betrag, Größe auch)* rise *(gen, von* in). **eine** ~ **der Gehälter um 15%** an increase *or* a rise of 15% in salaries.

anheften *vt sep (an* +*acc or dat* to) to fasten (on), to attach. **jdm einen Orden** ~ to pin a medal on sb; **etw mit Reißzwecken/ Heftklammern/Büroklammern/Stichen** ~ to pin/staple/paperclip/tack sth on *(an* + *acc or dat* to).

anheilen *vi sep aux sein* to heal (up); *(Knochen)* to set, to mend.

anheimelnd *adj (geh)* homely; *Klänge* familiar.

anheimfallen *vi sep irreg aux sein* +*dat (liter)* to pass *or* fall to; *einer Krankheit* to fall prey to; *einem Betrug* to fall victim to; *der Vergessenheit* ~ to sink into oblivion; **anheimgeben** *vt sep irreg* +*dat (liter)* to commit *or* entrust to; **etw den Flammen** ~ to commit sth to the flames; **etw der Entscheidung eines anderen** ~ to entrust the decision about sth to somebody else; **anheimstellen** *vt sep* +*dat (geh)* **jdm etw** ~ to leave sth to sb's discretion.

anheischig *adv* **sich** ~ **machen, etw tun zu können** *(form)* to assert that one can do sth; **niemand kann sich** ~ **machen zu behaupten, alles zu wissen** no-one can claim to know *or* allege that they know everything.

anheizen *vt sep* **1.** *Ofen* to light. **2.** *(fig inf) (ankurbeln)* *Wirtschaft, Wachstum* to stimulate; *(verschlimmern)* *Krise* to aggravate.

anherrschen *vt sep* to bark at.

anhetzen *vi sep aux sein* **angehetzt kommen** to come rushing along *or (auf einen zu)* up.

anheuern *vti sep (Naut, fig)* to sign on *or* up.

Anhieb *m*: **auf (den ersten)** ~ *(inf)* straight *or* right away, straight off *(inf)*, first go *(inf)*; **das kann ich nicht auf** ~ **sagen** I can't say offhand.

Anhimmelei *f (inf)* adulation, idolization; *(schwärmerische Blicke)* adoring gaze.

anhimmeln *vt sep (inf)* to idolize, to worship; *(schwärmerisch ansehen)* to gaze adoringly at.

Anhöhe *f* hill.

anhören *sep* **I** *vt* **1.** *(Gehör schenken)* to hear; *Schallplatten, Konzert* to listen to. **jdn ganz** ~ to hear sb out. **2.** *(zufällig mithören)* to overhear. **ich kann das nicht mehr mit** ~ I can't listen to that any longer. **3.** *(anmerken)* **man konnte ihr/ihrer Stimme die Verzweiflung** ~ one could hear the despair in her voice; **das hört man ihm aber nicht an!** you can't tell that from his accent *or* from hearing him speak; **man hört ihm sofort den Ausländer an** you can hear at once that he's a foreigner. **II** *vr* **1. sich** *(dat)* **etw** ~ to listen to sth; **das höre ich mir nicht mehr länger mit an** I'm not going to listen to that any longer; **können Sie sich mal einen Moment** ~, **was ich zu sagen habe?** can you just listen for a moment to what I have to say? **2.** *(klingen)* to sound. **das hört sich ja gut an** *(inf)* that sounds good.

Anhörtermin *m* date for a hearing.

Anhörung *f* hearing.

Anhörungsverfahren *nt* hearing.

anhupen *vt sep* to hoot at, to sound one's horn at.

anhusten *vt sep* to cough at; *jdn* to cough in sb's face.

Anilin *nt* **-s,** *no pl* aniline.

Anilinfarbe *f siehe* **Teerfarben.**

animalisch *adj* animal; *(pej auch)* bestial, brutish.

Animateur(in *f)* [-'tøːɐ] *m* host/hostess.

Animation f (Film) animation.
Animationsfilm m (animated) cartoon (film).
Animator, Animatorin mf (Film) animator.
Animierdame f nightclub or bar hostess.
animieren* vt 1. (anregen) to encourage. **jdn zu einem Streich ~** to put sb up to a trick; **sich animiert fühlen, etw zu tun** to feel prompted to do sth; **durch das schöne Wetter animiert** encouraged or prompted by the good weather. 2. (Film) to animate.
animierend adj (geh) stimulating.
Animierlokal nt hostess bar, clipjoint (pej); **Animiermädchen** nt siehe **Animierdame.**
Animosität f (geh) (gegen towards) (Feindseligkeit) animosity, hostility; (Abneigung) hostility.
Animus m -, no pl (inf) hunch (inf), feeling. **ich habe da so einen ~** I've got a hunch or feeling about it.
Anion ['anio:n] nt -s, -en (Chem) anion.
Anis [a'ni:s, (S Ger, Aus) 'a:nɪs] m -(es), -e (Gewürz) aniseed; (Schnaps) aniseed brandy; (Pflanze) anise.
Anislikör m anisette, aniseed liqueur.
ankämpfen vi sep **gegen etw ~** gegen die Elemente, Strömung to battle with sth; gegen Gefühle, Versuchungen, Müdigkeit to fight sth; gegen Inflation, Mißbrauch, Ideen to fight (against) sth; **gegen jdn ~** to fight (against) sb, to (do) battle with sb; **gegen die Tränen ~** to fight back one's tears.
ankarren vt sep (inf) to cart along.
Ankauf m purchase, purchasing. **An- und Verkauf von ...** we buy and sell ...; **An- und Verkaufs-Geschäft** ≈ second-hand shop.
ankaufen sep I vti to purchase. II vr **sich (an einem Ort) ~** to buy oneself a place (somewhere).
Ankäufer m purchaser, buyer.
ankeifen vt sep (inf) to scream at.
Anker ['aŋkɐ] m -s, - (Naut, Archit, fig) anchor; (Elec) armature; (von Uhr) anchor. **~ werfen** to drop anchor; **vor ~ gehen** to drop anchor; (fig) (hum: heiraten) to settle down (bei with); (inf: Rast machen) to stop over; **sich vor ~ legen** to drop anchor; **vor ~ liegen** or **treiben** to lie or ride or be at anchor; **ein Schiff vor ~ legen** to bring a ship to anchor; **den/die ~ hieven** or **lichten** to weigh anchor.
Ankerboje f anchor buoy; **Ankergrund** m anchorage; **Ankerkette** f anchor cable.
ankern ['aŋkɐn] vi (Anker werfen) to anchor; (vor Anker liegen) to be anchored.
Ankerplatz m anchorage; **Ankerwinde** f capstan.
anketten vt sep to chain up (an +acc or dat to). **angekettet sein** (fig) to be tied up.
ankeuchen vi sep aux sein (inf) **angekeucht kommen** to come panting along or (auf einen zu) up.
ankitten vt sep to stick on (with putty) (an +acc -to).
ankläffen vt sep (pej) to bark at; (kleiner Hund) to yap at.

Anklage f 1. (Jur) charge; (~vertretung) prosecution. **gegen jdn ~ erheben** to bring or prefer charges against sb; **jdn unter ~ stellen** to charge sb (wegen with); (wegen etw) unter ~ stehen to have been charged (with sth).
2. (fig) (Verurteilung) condemnation (gegen, gen of); (Beschuldigung) accusation; (Anprangerung) indictment (an + acc of). **ihr Blick war voller ~** her eyes were full of reproach.
Anklagebank f dock; **auf der ~ (sitzen)** (lit, fig) (to be) in the dock; **jdn auf die ~ bringen** to put sb in the dock; **Anklageerhebung** f preferral of charges.
anklagen sep I vt 1. (Jur) to charge, to accuse. **jdn einer Sache** (gen) or **wegen etw ~** to charge sb with sth, to accuse sb of sth. 2. (fig) (verurteilen) to condemn; (Buch, Rede) to be a condemnation of; (anprangern) to be an indictment of. **jdn einer Sache** (gen) ~ (beschuldigen) to accuse sb of sth; **jdn ~, etw getan zu haben** to accuse sb of having done sth. II vi to cry out in protest or accusation; (Buch, Bilder etc) to cry out in condemnation.
anklagend adj Ton accusing, accusatory; Blick reproachful; Buch, Bild etc that cries out in condemnation.
Anklagepunkt m charge.
Ankläger m -s, - (Jur) prosecutor. **öffentlicher ~** public prosecutor.
anklägerisch adj siehe **anklagend.**
Anklageschrift f indictment; **Anklagevertreter** m (public) prosecutor, counsel for the prosecution.
anklammern sep I vt (mit Büroklammer) to clip (an +acc or dat (on)to); (mit Heftmaschine) to staple (an +acc or dat on(to), to); Wäsche to peg (an +acc or dat on). II vr **sich an etw** (acc or dat) ~ to cling (on)to sth, to hang onto sth.
Anklang m 1. no pl (Beifall) approval. ~ (bei jdm) finden to meet with (sb's) approval, to be well received (by sb); **großen/wenig/keinen ~ finden** to be very well/poorly/badly received.
2. (Reminiszenz) die Anklänge an Mozart sind unverkennbar the echoes of Mozart are unmistakable; Anklänge an etw (acc) enthalten to be reminiscent of sth.
anklatschen sep (inf) I vt Plakat etc to slap or bung up (inf). II vi aux sein seine Haare sind angeklatscht his hair is plastered down.
ankleben sep I vt to stick up (an +acc or dat on). II vi aux sein to stick.
ankleckern vi sep aux sein (inf) **angekleckert kommen** to come drifting along or (auf einen zu) up; (nach und nach eintreffen) to come in dribs and drabs (inf).
Ankleidekabine f changing cubicle.
ankleiden vtr sep (geh) to dress.
Ankleider(in f) m -s, - (Theat) dresser.
Ankleideraum m dressing-room; (im Schwimmbad, Geschäft) changing-room.
anklingeln vti sep (inf) to ring (up), to phone (up), to call (up). **jdn ~** to give sb a ring or a buzz (inf), to ring or phone or call sb (up).

anklingen *vi sep aux sein* (*erinnern*) to be reminiscent (*an* +*acc* of); (*angeschnitten werden*) to be touched (up)on; (*spürbar werden*) to be discernible. **in diesem Lied klingt Sehnsucht an** there is a suggestion *or* hint *or* note of longing (discernible) in this song.

anklopfen *vi sep* to knock (*an* +*acc or dat* at, on). **bei jdm wegen etw ~** (*fig inf*) to go/come knocking at sb's door for sth.

anknabbern *vt sep* (*inf*) (*annagen*) to gnaw *or* nibble (at). **zum A~ (aussehen)** (*fig*) (to look) good enough to eat.

anknacksen *vt sep* (*inf*) **1.** *Knochen* to crack; *Fuß, Gelenk etc* to crack a bone in. **2.** (*fig*) *Gesundheit* to affect; *Stolz* to injure,   to deal a blow to. **sein Selbstvertrauen/Stolz wurde dadurch angeknackst** that was a blow to his self-confidence/pride; *siehe* **angeknackst.**

anknattern *vi sep aux sein* (*inf*) **angeknattert kommen** to come roaring along *or* (*auf einen zu*) up.

anknipsen *vt sep* to switch *or* put on.

anknöpfen *vt sep* to button on (*an* +*acc or dat* -to).

anknoten *vt sep* to tie on (*an* +*acc or dat* -to).

anknüpfen *sep* **I** *vt* to tie on (*an* +*acc or dat* -to); *Beziehungen* to establish; *Verhältnis* to form, to start up; *Gespräch* to start up, to enter into. **II** *vi* **an etw** (*acc*) **~** to take sth up.

Anknüpfung *f* (*fig*) *siehe vt* establishing; forming; starting up. **die ~ an etw** (*acc*) taking sth up.

Anknüpfungspunkt *m* link.

anknurren *vt sep* (*lit, fig*) to growl at.

ankohlen *vt sep* **1.** *Holz* to char. **2.** (*inf: belügen*) to kid (*inf*).

ankommen *sep irreg aux sein* **I** *vi* **1.** to arrive; (*Brief, Paket auch*) to come; (*Zug, Bus etc auch*) to get in, to arrive. **bist du gut angekommen?** did you arrive safely *or* get there all right?; **bei etw angekommen sein** to have reached sth, to have got to sth; **wir sind schon beim Sekt/Dessert angekommen** we've already reached the champagne/dessert stage; **das Kind soll in 6 Wochen ~** the baby is due (to arrive) in 6 weeks.
2. (*sich nähern*) to approach.
3. (*Anklang, Resonanz finden*) (*bei* with) to go down well; (*Mode, Neuerungen*) to catch on. **dieser Witz kam gut an** the joke went down very well; **ein Lehrer, der bei seinen Schülern ausgezeichnet ankommt** a teacher who is a great success *or* who hits it off marvellously with his pupils; **es ist erstaunlich, wie er bei Mädchen ankommt** it's amazing what a success he is with the girls.
4. (*eine Stellung finden*) to be taken on (*bei* by).
5. (*inf*) (*auftreten, erscheinen*) to come along; (*wiederholt erwähnen*) to come up (*mit* with). **jdm mit etw ~** (*inf*) to come to sb with sth; **komm mir nachher nicht an, und verlange, daß ich ...** don't come running to me afterwards wanting me to ...
6. (*sich durchsetzen*) **gegen etw ~** *gegen Gewohnheit, Sucht etc* to be able to fight

sth; **gegen diese Konkurrenz kommen wir nicht an** we can't fight this competition; **er ist zu stark, ich komme gegen ihn nicht an** he's too strong, I'm no match for him; **die Mutter kommt gegen den Jungen nicht mehr an** the boy's mother can't cope *or* deal with him any longer.
II *vi impers* **1.** (*wichtig sein*) **darauf kommt es (uns) an** that is what matters (to us); **es kommt darauf an, daß wir ...** what matters is that we ...; **auf eine halbe Stunde kommt es jetzt nicht mehr an** it doesn't matter about the odd half-hour, an extra half-hour is neither here nor there (*inf*); **darauf soll es mir nicht ~** that's not the problem.
2. (*abhängig sein*) to depend (*auf* +*acc* on). **es kommt darauf an** it (all) depends; **es käme auf einen Versuch an** we'd have to give it a try; **es kommt (ganz) darauf an, in welcher Laune er ist** it (all) depends (on) what mood he's in.
3. (*inf*) **es darauf ~ lassen** to take a chance, to chance it; **laß es nicht drauf ~!** I don't push your luck! (*inf*); **lassen wir's darauf ~** let's chance it; **er ließ es auf einen Streit/einen Versuch ~** he was prepared to argue about it/to give it a try; **laß es doch nicht deswegen auf einen Prozeß ~** for goodness sake don't let it get as far as the courts.
III *vt* **1.** (*geh: Gefühl etc*) to come over. **Angst kam ihn an** fear crept *or* stole over him.
2. (*sein, erscheinen*) **etw kommt jdn schwer/hart an** sth is difficult/hard for sb; **das Rauchen aufzugeben, kommt ihn sauer an** he's finding it difficult to give up smoking.

Ankömmling *m* (new) arrival.

ankoppeln *vt sep* to hitch up (*an* +*acc* to) *or* on (*an* +*acc* -to); (*Rail*) to couple up (*an* +*acc* to) *or* on (*an* +*acc* -to); (*Space*) to link up (*an* +*acc* with, to).

ankotzen *vt sep* (*sl*) (*anwidern*) to make sick (*inf*).

ankrallen *vr sep* to clutch (*an* +*dat* at).

ankratzen *sep vt* to scratch; (*fig*) *jds Ruf etc* to damage; *siehe* **angekratzt.**

ankrausen *vt sep* (*Sew*) to gather.

ankreiden *vt sep* (*fig*) **jdm etw (dick** *or* **übel) ~** to hold sth against sb; **jdm sein Benehmen als Frechheit/Schwäche ~** to regard sb's behaviour as an impertinence/as weakness.

ankreuzen *vt sep* **1.** to mark with a cross, to put a cross beside. **2.** *aux sein or haben* (*Naut*) **gegen den Wind ~** to sail against *or* into the wind.

ankriegen *vt sep siehe* **anbekommen.**

ankünden *vtr sep* (*old*) *siehe* **ankündigen.**

ankündigen *sep* **I** *vt* **1.** (*ansagen, anmelden*) to announce; (*auf Plakat, in Zeitung etc*) to advertize. **heute kam endlich der angekündigte Brief** today the letter I/we had been expecting arrived; **er besucht uns nie, ohne sich vorher anzukündigen** he never visits us without letting us know in advance.
2. (*auf etw hindeuten*) to be a sign of.
II *vr* (*fig*) to be heralded (*durch* by). **der Frühling kündigt sich an** spring is in the

air; **diese Krankheit kündigt sich durch ... an** this illness is preceded by ...

Ankündigung *f* announcement; *(vorherige Benachrichtigung)* advance notice. **Preisänderungen nur nach vorheriger ~** price changes will be announced in advance, advance notice will be given of price changes.

Ankunft *f* -, **Ankünfte** arrival. **bei** *or* **nach ~** on arrival.

Ankunftshalle *f* arrivals lounge; **Ankunftstafel** *f* arrivals (indicator) board; **Ankunftszeit** *f* time of arrival.

ankuppeln *vt sep siehe* **ankoppeln**.

ankurbeln *vt sep Maschine* to wind up; *(Aut)* to crank; *(fig) Wirtschaft, Konjunktur* to boost, to reflate.

Ankurbelung *f* *(fig)* reflation.

ankuscheln *vr sep* **sich bei jdm** *or* **an jdn ~** to snuggle up to sb.

anlabern *vt sep (sl) siehe* **anquatschen**.

anlächeln *vt sep* to smile at; *(fig: Schicksal, Glück etc)* to smile (up)on. **jdn ~** to smile at sb, to give sb a smile.

anlachen *vt sep* to smile at; *(fig: Himmel, Sonne)* to smile (up)on. **sich** *(dat)* **jdn ~** *(inf)* to pick sb up *(inf)*.

Anlage *f* -, **-n 1.** *(Fabrik~)* plant.

2. *(Grün~, Park~)* (public) park; *(um ein Gebäude herum)* grounds *pl.*

3. *(Einrichtung)* *(Mil, Elec)* installation(s); *(Sport~ etc)* facilities *pl.*

4. *(inf: Stereo~)* (stereo) system *or* equipment.

5. *(Plan, Grundidee)* conception; *(eines Dramas etc)* structure.

6. *(Veranlagung)* *usu pl* aptitude, gift, talent *(zu* for); *(Neigung)* predisposition, tendency *(zu* to).

7. *(das Anlegen)* *(von Park)* laying out; *(von Stausee etc)* construction, building. **die Stadt hat die ~ von weiteren Grünflächen beschlossen** the town has decided to provide more parks.

8. *(Kapital~)* investment.

9. *(Beilage zu einem Schreiben)* enclosure. **als ~** *or* **in der ~ erhalten Sie ...** please find enclosed ...

anlagebedingt *adj* inherent. **Krampfadern sind ~** some people have an inherent tendency *or* a predisposition to varicose veins.

Anlageberater *m* advisor on investments.

anlagern *sep* **I** *vt* to take up. **II** *vr* *(Chem)* to be taken up *(an +acc* by).

Anlagevermögen *nt* fixed assets *pl.*

anlanden *sep* **I** *vi aux sein (Naut)* to land. **II** *vt* to land.

anlangen *sep* **I** *vi aux sein (an einem Ort)* to arrive. **in der Stadt/am Gipfel angelangt sein** to have reached the town/ summit, to have arrived in *or* at the town/at the summit.

II *vt* **1.** *(betreffen)* to concern. **was mich/ diese Frage anlangt** as for me/this question, so *or* as far as I am/this question is concerned.

2. *(S Ger: anfassen)* to touch.

Anlaß *m* **-sses, Anlässe 1.** *(Veranlassung)* (immediate) cause *(zu* for). **zum ~ von etw werden** to bring sth about, to trigger sth off; **das war zwar nicht der Grund,** **aber der ~** that wasn't the real reason but that's what finally brought it about *or* triggered it off; **welchen ~ hatte er, das zu tun?** what prompted him to do that?; **er hat keinen ~ zur Freude** he has no cause *or* reason *or* grounds for rejoicing; **es besteht kein ~ ...** there is no reason ...; **das ist kein ~ zu feiern** that doesn't call for a celebration; **etw zum ~ nehmen, zu ...** to use sth as an opportunity to ...; **beim geringsten/bei jedem ~** for the slightest reason/at every opportunity; **jdm ~ zu Beschwerden geben, jdm ~ geben, sich zu beschweren** to give sb reason *or* cause *or* grounds for complaint *or* for complaining; **das gibt ~ zur Sorge** this gives cause for concern.

2. *(Gelegenheit)* occasion. **aus ~** *(+gen)* on the occasion of; **aus diesem ~** on this occasion; **dem ~ entsprechend** as befits the occasion, as is befitting the occasion.

anlassen *sep irreg* **I** *vt* **1.** *(in Gang setzen) Motor, Wagen* to start (up).

2. *(inf) Schuhe, Mantel* to keep on; *Wasserhahn, Motor* to leave running *or* on; *Licht, Radio* to leave on; *Kerze* to leave burning; *Feuer* to leave in *or* burning.

II *vr* **sich gut/schlecht ~** to get off to a good/bad start; *(Lehrling, Student, Geschäft etc auch)* to make a good/bad start *or* beginning; **das Wetter läßt sich gut an** the weather looks promising.

Anlasser *m* **-s, -** *(Aut)* starter.

anläßlich *prep* +gen on the occasion of.

anlasten *vt sep* **jdm etw ~** to blame sb for sth, to lay the blame for sth on sb; **jdm etw als Schwäche ~** to regard *or* see sth as a weakness on sb's part.

anlatschen *vi sep aux sein (usu* **angelatscht kommen)** *(inf)* to come slouching along *or* *(auf einen zu)* up.

Anlauf *m* **1.** *(Sport)* run-up; *(Ski)* approach run. **mit/ohne ~** with a run-up/from standing; **Sprung mit/ohne ~** running/standing jump; **~ nehmen** to take a run-up; **~ zu etw nehmen** *(fig)* to pluck up courage to do sth.

2. *(fig: Versuch)* attempt, try. **beim ersten/zweiten ~** at the first/second attempt, first/second go *(inf)*; **noch einen ~ nehmen** *or* **machen** to have another go *(inf)* *or* try, to make another attempt.

3. *(Beginn)* start.

anlaufen *sep irreg* **I** *vi aux sein* **1.** *(beginnen)* to begin, to start; *(Saison auch, Film)* to open; *(Motor)* to start.

2. *(usu* **angelaufen kommen)** to come running along *or (auf einen zu)* up.

3. *(sich ansammeln)* to mount up *(auf + acc* to); *(Zinsen auch)* to accrue.

4. *(beschlagen) (Brille, Spiegel etc)* to steam *or* mist up; *(Metall)* to tarnish. **rot/ blau ~** to turn *or* go red/blue.

5. *(Sport) (zu laufen beginnen)* to start off; *(Anlauf nehmen)* to take a run-up.

II *vt* **1.** *(Naut) Hafen etc* to put into, to call at.

2. *(Sport) Rennen* to start off; *Strecke* to run.

Anlaufzeit *f* *(Aut)* warming-up time *or*

period; (*fig*) time to get going *or* started; **ein paar Wochen ~** a few weeks to get going *or* started.

Anlaut *m* (*Phon*) initial sound. **im ~ stehen** to be in initial position.

anlauten *vi sep* to begin.

anläuten *vti sep* (*dial: anrufen*) **jdn** *or* **bei jdm ~** to ring sb (up), to phone *or* call sb.

anlautend *adj attr* initial.

anlecken *vt sep* to lick.

Anlegebrücke *f* landing stage, jetty.

anlegen *sep* **I** *vt* **1.** *Leiter* to put up (*an +acc* against); *Brett, Karte, Dominostein* to lay (down) (*an +acc*); *Holz, Kohle* to put *or* lay on; *Lineal* to position, to set. **das Gewehr ~** to raise the gun to one's shoulder; **das Gewehr auf jdn/etw ~** to aim the gun at sb/sth; **strengere Maßstäbe ~** to impose *or* lay down stricter standards (*bei* in). **2.** (*geh: anziehen*) to don (*form*). **3.** (*anbringen*) **jdm etw ~** to put sth on sb; **jdm/einer Sache Zügel ~** to take sb in hand/to contain *or* control sth. **4.** *Kartei, Akte* to start; *Vorräte* to lay in; *Garten, Gelände, Aufsatz, Bericht* to lay out; *Liste, Plan, Statistiken* to draw up; *Roman, Drama* to structure; *siehe* **angelegt. 5.** (*investieren*) *Geld, Kapital* to invest; (*ausgeben*) to spend (*für* on). **6. es darauf ~, daß ...** to be determined that ...; **du legst es wohl auf einen Streit mit mir an** you're determined to have a fight with me, aren't you? **II** *vi* **1.** (*Naut*) to berth. **2.** (*Cards*) to lay down cards/a card (*bei jdm* on sb's hand). **3.** (*Gewehr ~*) to aim (*auf +acc* at). **III** *vr* **sich mit jdm ~** to pick an argument *or* quarrel *or* fight with sb.

Anlegeplatz *m* berth.

Anleger *m* **-s, -** (*Fin*) investor.

Anlegesteg *m* jetty, landing stage; **Anlegestelle** *f* mooring.

anlehnen *sep* **I** *vt* to lean *or* rest (*an +acc* against); *Tür, Fenster* to leave ajar *or* slightly open. **angelehnt sein** (*Tür, Fenster*) to be ajar *or* slightly open. **II** *vr* (*lit*) to lean (*an +acc* against). **sich an etw** (*acc*) ~ (*fig*) to follow sth.

Anlehnung *f* **1.** (*Stütze*) support (*an +acc* of); (*Anschluß*) dependence (*an +acc* on). **~ an jdn suchen** to seek sb's support. **2.** (*Imitation*) following (*an jdn/etw* sb/ sth). **in ~ an jdn/etw** following sb/sth.

Anlehnungsbedürfnis *nt* need of loving care; **anlehnungsbedürftig** *adj* needing loving care.

Anleihe *f* **-, -n, Anleihen** *nt* **-s, -** (*Sw*) **1.** (*Fin*) (*Geldaufnahme*) loan; (*Wertpapier*) bond. **eine ~ aufnehmen** to take out a loan; **bei jdm eine ~ machen** to borrow (money) from sb. **2.** (*von geistigem Eigentum*) borrowing. **bei jdm eine ~ machen** (*hum inf*) to borrow from sb.

anleimen *vt sep* to stick on (*an +acc or dat* -to).

anleinen *vt sep* (*festmachen*) to tie up. **den Hund ~** to put the dog's lead on, to put the dog on the lead; **den Hund an etw** (*acc or dat*) ~ to tie the dog to sth.

anleiten *vt sep* **1.** (*unterweisen*) to show, to teach, to instruct. **jdn bei einer Arbeit ~** to teach sb a job, to show sb how to do a job. **2.** (*erziehen*) **jdn zu etw ~** to teach sb sth; **jdn zu selbständigem Denken ~** to teach sb to think for himself/herself; **jdn zu Sauberkeit/Ehrlichkeit ~** to teach sb to be clean/honest, to teach sb cleanliness/ honesty.

Anleitung *f* (*Erklärung, Hilfe*) instructions *pl.* **unter der ~ seines Vaters** under his father's guidance *or* direction.

Anlernberuf *m* semi-skilled job.

anlernen *vt sep* **1.** (*ausbilden*) to train; *siehe* **angelernt. 2.** (*oberflächlich lernen*) **sich** (*dat*) **etw ~** to learn sth up; **angelerntes Wissen** superficially acquired knowledge.

Anlernling *m* trainee.

anlesen *vt sep irreg* **1.** *Buch, Aufsatz* to begin *or* start reading. **das angelesene Buch** the book I have/she has started reading. **2.** (*aneignen*) **sich** (*dat*) **etw ~** to learn sth by reading; **angelesenes Wissen** knowledge which comes straight out of books.

anleuchten *vt sep* **jdn ~** to shine a light/ lamp *etc* at sb; **jdn mit etw ~** to shine sth at sb.

anliefern *vt sep* to deliver.

Anlieferung *f* delivery.

Anliegen *nt* **-s, - 1.** (*Bitte*) request. **2.** (*wichtige Angelegenheit*) matter of concern.

anliegen *sep irreg* **I** *vi* **1.** (*anstehen, vorliegen*) to be on. **2.** (*Kleidung*) to fit closely *or* tightly (*an etw* (*dat*) sth); (*Haar*) to lie flat (*an +dat* against, on). **II** *vt* (*Naut*) (*zusteuern*) to be headed for; *Kurs* to be (headed) on.

anliegend *adj* **1.** *Ohren* flat. (**eng**) ~ *Kleidung* tight- *or* close-fitting. **2.** (*in Briefen*) enclosed. **3.** *Grundstück* adjacent.

Anlieger *m* **-s, -** neighbour; (*Anwohner*) (local) resident. **die ~ der Nordsee** the countries bordering (on) the North Sea; **~ frei, frei für ~** no thoroughfare – residents only.

Anliegerverkehr *m* (local) residents' vehicles; **,,~ frei"** "residents only".

anlocken *vt sep Touristen* to attract; *Vögel, Tiere auch* to lure.

Anlockung *f* attraction.

anlöten *vt sep* to solder on (*an +acc or dat* -to).

anlügen *vt sep irreg* to lie *or* tell lies to.

anluven *vt sep* (*Naut*) to luff.

Anm. *abbr of* **Anmerkung.**

anmachen *vt sep* **1.** (*inf: befestigen*) to put up (*an +acc or dat* on). **2.** (*zubereiten*) to mix; *Salat* to dress. **3.** (*anstellen*) *Radio, Licht, Heizung etc* to put *or* turn on; *Feuer* to light. **4.** (*sl: aufreizen*) to give the come-on to (*sl*). **das Publikum ~** to get the audience going (*inf*). **5.** (*sl: kritisieren*) to slam (*inf*).

anmahnen *vt sep* to send a reminder about.

anmalen *sep* **I** *vt* **1.** (*bemalen*) *Wand, Gegenstand* to paint; (*ausmalen*) to colour in. **2.** (*anzeichnen*) to paint (*an +acc* on).

3. (*schminken*) **sich** (*dat*) **die Lippen/ Lider** *etc* ~ to paint one's lips/eyelids *etc*; **sich** (*dat*) **einen Schnurrbart/ Sommersprossen** ~ to paint a moustache/ freckles on one's face *or* on oneself.

II *vr* (*pej: schminken*) to paint one's face *or* oneself.

Anmarsch *m, no pl* (*Weg*) walk (there); (*Mil*) advance. **im** ~ **sein** to be advancing (*auf +acc* on); (*auf inf*) to be on the way.

anmarschieren* *vi sep aux sein* (*Mil*) to advance. **anmarschiert kommen** to come marching along *or* (*auf einen zu*) up.

Anmarschweg *m* walk.

anmaßen *vr sep* **sich** (*dat*) **etw** ~ **Befugnis, Recht** to claim sth (for oneself); **Kritik** to take sth upon oneself; **Titel, Macht, Autorität** to assume sth; **sich** (*dat*) **ein Urteil/eine Meinung über etw** (*acc*) ~ to presume to pass judgement on/have an opinion about sth; **sich** (*dat*) ~ **, etw zu tun** to presume to do sth.

anmaßend *adj* presumptuous.

Anmaßung *f* presumption, presumptuousness. **es ist eine** ~ **zu meinen, ...** it is presumptuous to maintain that ...

anmeckern *vt sep* (*inf*) to keep on at (*inf*).

Anmeldeformular *nt* application form; **Anmeldefrist** *f* registration period; **Anmeldegebühr** *f* registration fee.

anmelden *sep* **I** *vt* **1.** (*ankündigen*) **Besuch** to announce. **einen Freund bei jdm** ~ to let sb know that a friend is coming to visit. **2.** (*bei Schule, Kurs etc*) to enrol (*bei* at, *zu* for). **3.** (*eintragen lassen*) **Patent** to apply for; **neuen Wohnsitz, Auto, Untermieter** to register (*bei* at); **Fernseher** to get a licence for. **Konkurs** ~ to declare oneself bankrupt. **4.** (*vormerken lassen*) to make an appointment for. **5.** (*Telec*) **Gespräch** to book. **6.** (*geltend machen*) **Recht, Ansprüche,** (*zu Steuerzwecken*) to declare; **Bedenken, Zweifel, Protest** to register; **Wünsche, Bedürfnisse** to make known. **ich melde starke Bedenken an** I have serious doubts about that, I'm rather doubtful *or* dubious about that.

II *vr* **1.** (*ankündigen*) (*Besucher*) to announce one's arrival; (*im Hotel*) to book (in); (*fig*) (*Baby*) to be on the way; (*Probleme, Zweifel etc*) to appear on the horizon. **sich bei jdm** ~ to tell sb one is coming. **2.** (*an Schule, zu Kurs etc*) to enrol (oneself) (*an +dat* at, *zu* for). **sich polizeilich** ~ to register with the police. **3.** (*sich einen Termin geben lassen*) to make an appointment. **sich beim Arzt** *etc* ~ to make an appointment at the doctor's *etc or* with the doctor *etc*.

anmeldepflichtig *adj* ~ **sein** (*Fernsehgerät, Hund*) to have to be licensed; (*Auto, Untermieter, Ausländer*) to have to be registered; (*Einfuhr, Waffenbesitz etc*) to be notifiable.

Anmeldung *f* **1.** *siehe vt* announcement; declaration; registration; making known (*von etw* sth); enrolment; application (*von, gen* for); registration; licensing;

making an appointment (*gen* for); (*Konkurs~*) bankruptcy petition. **die** ~ **eines Gespräches** booking a call. **2.** (*Ankündigung*) announcement of one's arrival; (*im Hotel*) booking; (*an Schule, zu Kurs etc*) enrolment (*an +dat* at, *zu* for); (*bei Polizei*) registration; (*beim Arzt etc*) making an appointment. **nur nach vorheriger** ~ by appointment only. **3.** (*Anmelderaum*) reception.

anmerken *vt sep* **1.** (*sagen*) to say; (*anstreichen*) to mark; (*als Fußnote*) to note. **sich** (*dat*) **etw** ~ to make a note of sth, to note sth down. **2. jdm seine Verlegenheit** *etc* ~ to notice sb's embarrassment *etc or* that sb is embarrassed *etc*; **sich** (*dat*) **etw** ~ **lassen** to let sth show; **man merkt ihm nicht an, daß ...** you wouldn't know *or* can't tell that ...

Anmerkung *f* (*Erläuterung*) note; (*Fußnote*) (foot)note; (*iro: Kommentar*) remark, comment.

anmieten *vt sep* to rent.

anmit *adv* (*Sw*) herewith.

anmustern *vti* (*Naut*) to sign on.

Anmut *f -, no pl* grace; (*Grazie auch*) gracefulness; (*Schönheit*) beauty, loveliness; (*von Landschaft, Gegenständen*) charm, beauty.

anmuten *sep* **I** *vt* (*geh*) to appear, to seem (*jdn* to sb). **jdn seltsam** ~ to appear *or* seem odd to sb; **es mutete ihn wie ein Traum an** it seemed like a dream to him. **II** *vi* **es mutet sonderbar an** it is *or* seems curious; **eine eigenartig ~de Geschichte** a story that strikes one as odd.

anmutig *adj* (*geh*) (*geschmeidig, behende*) **Bewegung** graceful; (*hübsch anzusehen*) lovely, charming.

annageln *vt sep* to nail on (*an +acc or dat* -to). **er stand wie angenagelt da** he stood there rooted to the spot.

annagen *vt sep* to gnaw (at).

annähen *vt sep* to sew on (*an +acc or dat* -to); **Saum** to sew up.

annähern *sep* **I** *vt* to bring closer (*dat, an + acc* to); (*in größere Übereinstimmung bringen auch*) to bring more into line (*dat, an +acc* with). **zwei Länder/Standpunkte soweit als möglich** ~ to bring two nations as close (to each other)/two points of view as much into line (with each other) as possible.

II *vr* **1.** (*lit, fig: sich nähern*) to approach (*einer Sache* (*dat*) sth). **2.** (*sich angleichen, näherkommen*) to come closer (*dat, an +acc* to).

annähernd **I** *adj* (*ungefähr*) approximate, rough.

II *adv* (*etwa*) roughly; (*fast*) almost. **können Sie mir den Betrag** ~ **nennen?** can you give me an approximate *or* a rough idea of the amount?; **nicht** ~ not nearly, nothing like; **nur** ~ **soviel** only about this/ that much; **nicht** ~ **soviel** not nearly as much, nothing like as much.

Annäherung *f* (*lit: Näherkommen, fig: Angleichung*) approach (*an +acc* towards); (*von Standpunkten*) convergence (*dat, an +acc* with). **eine** ~ **an die Wirklichkeit** an approximation of reality;

die ~ zwischen Ost und West the rapprochement of East and West; **die ~ von zwei Menschen** when two people come close (together); **die ~ an den Partner** coming closer to one's partner.
Annäherungsversuch m overtures pl; **annäherungsweise** adv approximately.
Annahme f -, **-n** 1. (*Vermutung, Voraussetzung*) assumption. **in der ~, daß ...** on the assumption that ...; **gehe ich recht in der ~, daß ...?** am I right in assuming or in the assumption that ...?; **der ~ sein, daß ...** to assume that ...; **von einer ~ ausgehen** to work on or from an assumption.
2. siehe annehmen I 1.-5., 7., 8. acceptance; taking; taking on; taking up; approval; passing; adoption; acceptance; adoption; picking up; taking on; acquisition; adoption; assuming; acceptance; adoption; taking. **~ an Kindes Statt** (child) adoption.
3. siehe **Annahmestelle**.
Annahmefrist f **eine ~ von vier Wochen** a period of four weeks during which applications/bets etc can be accepted; **~ bis zum 17. Juli** closing date 17th July; **die ~ einhalten** to meet the deadline for applications/bets etc; **Annahmestelle** f (*für Wetten, Lotto, Toto etc*) place where bets etc are accepted; (*für Reparaturen*) reception; (*für Material*) delivery point; **die ~ für das Altmaterial ist ...** please bring your jumble to ...; jumble will be taken at ...; **Annahmeverweigerung** f refusal; **bei ~** when delivery or when a parcel/ letter etc is refused.
Annalen pl annals pl. **in die ~ eingehen** (fig) to go down in the annals or in history.
annehmbar I adj acceptable; (*nicht schlecht*) reasonable, not bad. **sein altes Auto hat noch einen ~en Preis erzielt** he didn't get a bad price or he got a reasonable price for his old car. II adv reasonably well.
annehmen sep irreg I vt 1. (*entgegennehmen, akzeptieren*) to accept; **Geld auch, Nahrung, einen Rat, Telegramm, Lottoschein, Reparaturen** to take; **Arbeit, Auftrag, Wette auch** to take on; **Herausforderung, Angebot auch** to take up.
2. (*billigen*) to approve; **Gesetz** to pass; **Resolution** to adopt; **Antrag** to accept.
3. (*sich aneignen*) to adopt; **Gewohnheit etc auch** to pick up; **Staatsangehörigkeit auch** to take on; **Akzent, Tonfall** to acquire, to take on; (*imitieren*) to adopt; **Gestalt, Namen** to assume, to take on. **ein angenommener Name** an assumed name.
4. (*zulassen*) **Patienten, Bewerber** to accept, to take on.
5. (*adoptieren*) to adopt. **jdn an Kindes Statt ~** to adopt sb.
6. (*aufnehmen*) **Farbe** to take. **dieser Stoff/das Gefieder nimmt kein Wasser an** this material is/the feathers are water-repellent.
7. (*Sport*) to take.
8. (*vermuten*) to presume, to assume.
von jdm etw ~ (*erwarten*) to expect sth of sb; (*glauben*) to believe sth of sb; **er ist nicht so dumm, wie man es von ihm ~**

könnte he's not as stupid as you might think or suppose.
9. (*voraussetzen*) to assume. **wir wollen ~, daß ...** let us assume that ...; **etw als gegeben** or **Tatsache ~** to take sth as read or for granted; **das kann man wohl ~** you can take that as read; siehe **angenommen**.
II vr **sich jds/einer Sache ~** to look after a person/to see to or look after a matter.
Annehmlichkeit f (*Bequemlichkeit*) convenience; (*Vorteil*) advantage. **~en** pl comforts pl.
annektieren* vt to annex.
Annex m **-es, -e** (*Archit*) annex(e); (*Jur*) annex, appendix.
Annexion f annexation.
annexionistisch adj annexationist.
Anno, anno (*Aus*) adv in. **der härteste Winter seit ~ zwölf** the coldest winter since 1912; **ein harter Winter wie ~ 61** a cold winter, like the winter of '61; **von ~ dazumal** or **dunnemals** or **Tobak** (*all inf*) from the year dot (*inf*); **ein Überbleibsel von ~ dazumal** or **dunnemals** or **Tobak** (*all inf*) a hangover from the olden days.
Anno Domini adv in the year of Our Lord.
Annonce [a'nõːsə] f **-, -n** advertisement, advert (*Brit inf*), ad (*inf*).
annoncieren* [anõ'siːrən] I vi to advertise. II vt to advertise; (*geh: ankündigen*) **Veröffentlichung, Heirat etc** to announce.
annullieren* vt (*Jur*) to annul.
Annullierung f annulment.
Anode f **-, -n** anode.
an|öden vt sep (*inf*) (*langweilen*) to bore stiff (*inf*) or to tears (*inf*).
anomal adj (*regelwidrig*) unusual, abnormal; (*nicht normal*) strange, odd.
Anomalie f anomaly; (*Med: Mißbildung*) abnormality.
anonym adj anonymous.
Anonymität f anonymity. **er wollte die ~ wahren** he wanted to preserve his anonymity.
Anonymus m **-, Anonymi** anonym (*rare*), anonymous artist/author etc.
Anorak m **-s, -s** anorak.
an|ordnen vt sep 1. (*befehlen, festsetzen*) to order. 2. (*nach Plan ordnen, aufstellen*) to arrange; (*systematisch*) to order.
An|ordnung f 1. (*Befehl*) order. **laut (polizeilicher) ~** by order (of the police); **auf ~ des Arztes** on doctor's orders; **~en treffen** to give orders.
2. (*Aufstellung*) arrangement; (*systematische ~*) order; (*Formation*) formation.
an|organisch adj 1. (*Chem*) inorganic. 2. (*rare*) haphazard; **Wachstum** random attr. **die Stadt ist ~ gewachsen** the town has grown in a haphazard way.
anormal adj (*inf*) siehe **anomal**.
anpacken sep (*inf*) I vt 1. (*anfassen*) to take hold of, to grab; (*angreifen: Hund*) to grab. 2. (*handhaben, beginnen*) to tackle, to set about. 3. (*umgehen mit*) **jdn** to treat. II vi (*helfen*) (*auch mit ~*) to lend a hand.
anpassen sep I vt 1. **Kleidung** to fit (*dat* on); **Bauelemente** to fit (*dat* to).
2. (*abstimmen*) **etw einer Sache** (*dat*) **~** to suit sth to sth.
3. (*angleichen*) **etw einer Sache** (*dat*) **~**

to bring sth into line with sth.
II *vr* to adapt (oneself) (*dat* to); (*einer Situation, neuen Umgebung*) to adjust (*dat* to); (*gesellschaftlich*) to conform. **gesellschaftlich angepaßt** conformist; **Kinder passen sich leichter an als Erwachsene** children adapt (themselves) more easily *or* are more adaptable than adults; **wir mußten uns (ihren Wünschen)** ~ we had to fit in with their wishes *or* them; *siehe* **angepaßt.**

Anpassung *f* (*an* +*acc* to) adaptation; (*von Gehalt etc*) adjustment; (*an Gesellschaft, Normen etc*) conformity.

anpassungsfähig *adj* adaptable; **Anpassungsfähigkeit** *f* adaptability; **Anpassungsschwierigkeiten** *pl* difficulties *pl* in adapting.

anpeilen *vt sep* (*ansteuern*) to steer *or* head for; (*mit Radar, Funk etc*) to take a bearing on. **etw** ~ (*fig inf*) to set *or* have one's sights on sth; **jdn** ~ (*inf*) to eye sb.

anpeitschen *vt sep* to force.

anpesen *vi sep aux sein* (*inf*) (*usu* **angepest kommen**) to come belting along *or* (*auf einen zu*) up (*inf*).

anpfeifen *sep irreg* **I** *vi* (*Sport*) to blow the whistle. **II** *vt* **1.** (*Sport*) **das Spiel** ~ to start the game (by blowing one's whistle). **2.** (*inf*) to bawl out (*inf*).

Anpfiff *m* **1.** (*Sport*) (starting) whistle; (*Spielbeginn*) kick-off. **2.** (*inf*) bawling out (*inf*).

anpflanzen *vt sep* (*bepflanzen*) to plant; (*anbauen*) to grow.

Anpflanzung *f* **1.** *siehe vt* planting; growing. **2.** (*Fläche*) cultivated area. **eine** ~ **anlegen** to lay out an area for cultivation.

anpflaumen *vt sep* (*inf*) to poke fun at.

anpflocken *vt sep* to tie up; *Tier auch* to tether.

anpinkeln *vt sep* (*inf*) to pee on (*inf*).

anpinnen *vt sep* (*N Ger inf*) to pin up (*an* + *acc or dat* on).

anpinseln *vt sep* to paint; *Parolen etc* to paint (up).

anpirschen *sep* **I** *vt* to stalk. **II** *vr* to creep up (*an* +*acc* on).

anpissen *vt sep* (*sl*) to piss on (*sl*).

Anpöbelei *f* rudeness *no pl*.

anpöbeln *vt sep* (*inf*) to be rude to.

anpochen *vi sep* to knock (*an* +*acc* on, at).

Anprall *m* impact. **beim** ~ **gegen** on impact with.

anprallen *vi sep aux sein* to crash (*an or gegen jdn/etw* into sb/against sth).

anprangern *vt sep* to denounce. **jdn als Betrüger/etw als Korruption** ~ to denounce sb as a fraud/sth as corrupt.

Anprangerung *f* denunciation.

anpreisen *vt sep irreg* to extol (*jdm etw* sth to sb). **sich (als etw)** ~ to sell oneself as sth.

Anpreisung *f siehe vt* extolling.

anpreschen *vi sep aux sein* (*usu* **angeprescht kommen**) to come hurrying along *or* (*auf einen zu*) up.

anpressen *vt sep* to press on (*an* +*acc* -to).

Anprobe *f* **1.** fitting. **2.** (*Raum*) (*im Kaufhaus*) changing-room; (*beim Schneider*) fitting-room.

anprobieren* *sep* **I** *vt* to try on. **jdm etw** ~

(*inf*) to try sth on sb. **II** *vi* (*beim Schneider*) to have a fitting. **kann ich mal** ~? can I try this/it *etc* on?

anpumpen *vt sep* (*inf*) to borrow from. **jdn um 50 Mark** ~ to touch sb for 50 marks (*inf*), to borrow 50 marks from sb.

anpusten *vt sep* (*inf*) to blow at; *Feuer* to blow on.

anquasseln *vt sep* (*inf*) to speak to.

anquatschen *vt sep* (*inf*) to speak to; *Mädchen* to chat up (*inf*).

Anrainer *m* **-s, -** **1.** neighbour. **die** ~ **der Nordsee** the countries bordering (on) the North Sea. **2.** (*esp Aus*) *siehe* **Anlieger.**

anranzen *vt sep* (*inf*) to bawl out (*inf*).

Anranzer *m* **-s, -** (*inf*) bawling-out (*inf*).

anrasen *vi sep aux sein* (*usu* **angerast kommen**) to come tearing *or* rushing along *or* (*auf einen zu*) up.

anraten *vt sep irreg* **jdm etw** ~ to recommend sth to sb; **auf A**~ **des Arztes** *etc* on the doctor's *etc* advice *or* recommendation.

anrattern *vi sep aux sein* (*usu* **angerattert kommen**) to come clattering *or* rattling along *or* (*auf einen zu*) up.

anrauchen *vt sep* to light (up). **eine angerauchte Zigarette** a partly *or* half-smoked cigarette.

anräuchern *vt sep* to smoke lightly.

anrauhen *vt sep* to roughen; *Stimme* to make hoarse. **angerauht sein** to be rough.

anrauschen *vi sep aux sein* (*usu* **angerauscht kommen**) to come rushing *or* hurrying along *or* (*auf einen zu*) up.

anrechenbar *adj* countable. **auf etw** (*acc*) ~ **sein** to count towards sth.

anrechnen *vt sep* **1.** (*in Rechnung stellen*) to charge for (*jdm* sb). **das wird Ihnen später angerechnet** you'll be charged for that later, that will be charged to you later.

2. (*gutschreiben*) to count, to take into account (*jdm* for sb). **das Auslandsemester wird Ihnen nicht auf die gesamte Studienzeit angerechnet** the term abroad will not count towards your total study time; **das alte Auto rechnen wir (Ihnen) mit DM 500 an** we'll allow (you) DM 500 for the old car.

3. (*bewerten*) **jdm etw hoch** ~ to think highly of sb for sth; **jdm etw als Fehler** ~ (*Lehrer*) to count sth as a mistake (for sb); (*fig*) to consider sth as a fault on sb's part; **ich rechne es ihm als Verdienst an, daß …** I think it is greatly to his credit that …, I think it says a lot for him that …; **ich rechne es mir zur Ehre an** (*form*) I consider it an honour, I consider myself honoured.

Anrechnung *f* allowance; (*fig: Berücksichtigung*) counting, taking into account (*auf* +*acc* towards).

anrechnungsfähig *adj siehe* **anrechenbar.**

Anrecht *nt* **1.** (*Anspruch*) right, entitlement (*auf* +*acc* to). **ein** ~ **auf etw** (*acc*) **haben** *or* **besitzen** *auf Respekt, Ruhe etc* to be entitled to sth; *auf Geld, Land etc auch* to have a right to sth; **sein** ~ **(auf etw) geltend machen** to enforce one's right (to sth).

2. (*Abonnement*) subscription.

Anrede *f* form of address.

anreden *sep* I *vt* to address. **jdn mit „du"** ~ to address sb as "du", to use the "du" form (of address) to sb; **jdn mit seinem Titel** ~ to address sb by his title. II *vi* **gegen jdn/etw** ~ to argue against sb/to make oneself heard against sth.

anregen *vt sep* 1. (*ermuntern*) to prompt (*zu* to). **jdn zum Denken** ~ to make sb think.
2. (*geh: vorschlagen*) **Verbesserung** to propose, to suggest.
3. (*beleben*) to stimulate; **Appetit** *auch* to whet, to sharpen. **Kaffee** *etc* **regt an** coffee *etc* is a stimulant *or* has a stimulating effect; *siehe* **angeregt**.
4. (*Phys*) to activate.

anregend *adj* stimulating. **ein** ~**es Mittel** a stimulant; **die Verdauung/den Kreislauf** ~**e Mittel** stimulants to the digestion/circulation.

Anregung *f* 1. (*Antrieb, Impuls*) stimulus. **jdm eine** ~ **zum Denken geben** to make sb think. 2. (*Vorschlag*) idea. **auf** ~ **von** *or* + *gen* at *or* on the suggestion of. 3. (*Belebung*) stimulation.

Anregungsmittel *nt* stimulant.

anreichern *sep* I *vt* (*gehaltvoller machen*) to enrich; (*vergrößern*) **Sammlung** to enlarge, to increase. **das Gemisch mit Sauerstoff** ~ (*zufügen*) to add oxygen to the mixture; **angereichert werden** (*Chem: gespeichert werden*) to be accumulated; *siehe* **angereichert**. II *vr* (*Chem*) to accumulate.

Anreicherung *f* (*Bereicherung*) enrichment; (*Vergrößerung*) enlargement; (*Speicherung*) accumulation.

anreihen *sep* I *vt* 1. (*einer Reihe anfügen*) to add (*an* +*acc* to). 2. (*anheften*) to tack on; **Saum** to tack (up). II *vr* to follow (*einer Sache* (*dat*) sth).

Anreise *f* 1. (*Anfahrt*) journey there/here. **die** ~ **zu diesem abgelegenen Ort ist sehr mühsam** it is very difficult to get to this remote place. 2. (*Ankunft*) arrival. **Tag der** ~ **war Sonntag** the day of arrival was Sunday.

anreisen *vi sep aux sein* 1. (*ein Ziel anfahren*) to make a/the journey *or* trip (there/here). **über welche Strecke wollen Sie** ~? which route do you want to take (there/here)? 2. (*eintreffen*) (*auch* **angereist kommen**) to come.

anreißen *vt sep irreg* 1. (*einreißen*) to tear, to rip. 2. (*inf: anbrechen*) to start, to open. 3. **Außenbordmotor** *etc* to start (up). 4. (*Tech*) to mark (out). 5. (*kurz zur Sprache bringen*) to touch on. 6. (*pej inf*) **Kunden** to draw. 7. **Streichholz** to strike.

Anreißer *m* -s, - (*pej inf*) (*Kundenfänger*) tout; (*Gegenstand*) bait.

anreißerisch *adj* (*pej inf*) attention-grabbing *attr*.

anreiten *vi sep irreg aux sein* (*usu* **angeritten kommen**) to come riding along *or* (*auf einen zu*) up.

Anreiz *m* incentive. **ein** ~ **zum Lernen** *etc* an incentive to learn *etc or* for learning *etc*.

anreizen *sep* I *vt* 1. (*anspornen*) to encourage. **jdn zum Kauf/zu großen Leistungen** ~ to encourage sb to buy/to perform great feats. 2. (*erregen*) to stimulate,

to excite. II *vi* to act as an incentive (*zu* to). **dazu** ~, **daß jd etw tut** to act as an incentive for sb to do sth.

anrempeln *vt sep* 1. (*anstoßen*) to bump into; (*absichtlich*) **Menschen** to jostle. 2. (*fig: beschimpfen*) to insult.

anrennen *vi sep irreg aux sein* 1. **gegen etw** ~ **gegen Wind** *etc* to run against sth; (*Mil*) to storm sth; (*Sport*) to attack sth; (*sich stoßen*) to run into sth; (*fig: bekämpfen*) to fight against sth.
2. **angerannt kommen** (*inf*) to come running.

Anrichte *f* -, -n 1. (*Schrank*) dresser; (*Büfett*) sideboard. 2. (*Raum*) pantry.

anrichten *vt sep* 1. (*zubereiten*) **Speisen** to prepare; (*servieren*) to serve; **Salat** to dress. **es ist angerichtet** (*form*) dinner *etc* is served (*form*). 2. (*fig: verursachen*) **Schaden, Unheil** to cause, to bring about. **etwas** ~ (*inf: anstellen*) to get up to something (*inf*); **da hast du aber etwas angerichtet!** (*inf*) (*verursachen*) you've started something there all right; (*anstellen*) you've really made a mess there.

anritzen *vt sep* to slit (slightly).

anrollen *sep* I *vi aux sein* (*zu rollen beginnen*) to start to roll; (*heranrollen*) to roll up; (*Aviat*) to taxi. **angerollt kommen** to roll along *or* (*auf einen zu*) up. II *vt* to roll; (*heranrollen*) to roll up.

anrosten *vi sep aux sein* to get (a bit) rusty.

anrösten *vt sep* to brown lightly.

anrüchig *adj* 1. (*von üblem Ruf*) of ill repute; (*berüchtigt*) **Lokal** *etc* notorious. 2. (*anstößig*) offensive; (*unanständig*) indecent.

Anrüchigkeit *f siehe adj* ill repute; notoriety; offensiveness; indecency.

anrücken *sep* I *vi aux sein* 1. (*Truppen*) to advance; (*Polizei etc*) to move in; (*hum: Essen, Besuch*) to turn up. 2. (*weiter heranrücken*) to move up *or* closer. II *vt* to move up. **etw an etw** (*acc*) ~ to push sth against sth.

Anruf *m* call; (*Mil: eines Wachtpostens*) challenge. **etw auf** ~ **tun** to do sth when called; **ohne** ~ **schießen** to shoot without warning.

Anruf | **antworter** *m* (telephone) answering machine, answerphone.

anrufen *sep irreg* I *vt* 1. to shout to; (*Telec auch*) to ring, to phone; (*Mil: Posten*) to challenge. **darf ich dich** ~? can I give you a ring?, can I call you?
2. (*fig: appellieren an*) (*um* for) to appeal to; **Gott** to call on.
II *vi* (*telefonieren*) to phone, to make a (phone) call/phone calls. **bei jdm** ~ to phone sb; **kann man hier bei Ihnen** ~? can I make a (phone) call from here?; **kann man Sie** *or* **bei Ihnen** ~? are you on the phone?; **ins Ausland/nach Amerika** ~ to phone abroad/America.

Anrufer *m* caller.

Anrufung *f* (*Gottes, der Heiligen etc*) invocation; (*Jur*) appeal (*gen* to).

anrühren *vt sep* 1. (*berühren, sich befassen*) to touch; (*fig*) **Thema** to touch upon. **er rührt kein Fleisch/keinen Alkohol an** he doesn't touch meat/alcohol; **sie konnte nichts** ~ (*inf*) she couldn't touch food, she couldn't eat any-thing.

2. (*fig liter: rühren*) to move, to touch.

3. (*mischen*) *Farben* to mix; *Sauce* to blend; (*verrühren*) to stir.

ans *contr of* **an das. sich ~ Arbeiten machen** *or* **begeben** to set to work; **wenn es ~ Sterben geht** when it comes to dying.

ansäen *vt sep* to sow.

Ansage *f* announcement; (*Cards*) bid. **er übernimmt bei diesem Programm die ~** he is doing the announcements for this programme; **er hat die ~** (*Cards*) it's his bid.

ansagen *sep* **I** *vt* **1.** to announce. **jdm den Kampf ~** to declare war on sb.

2. (*diktieren*) to dictate.

3. (*Cards*) (*Bridge*) to bid; (*Skat*) to declare.

II *vr* (*Besuch ankündigen*) to say that one is coming; (*Termin vereinbaren*) to make an appointment; (*Zeit, Frühling*) to announce oneself (*liter*). **sich fürs Wochenende/zum Mittagessen/bei jdm ~** to say that one is coming for the weekend/for lunch/to visit sb.

III *vi* **1.** (*old, liter*) **sag an, Fremdling …** pray tell, stranger (*old, liter*) …

2. sie sagt im Radio an she's an announ-cer on the radio.

ansägen *vt sep* to saw into.

Ansager(in *f*) *m* **-s,** - (*Radio etc*) announ-cer; (*im Kabarett*) compère.

ansammeln *sep* **I** *vt* **1.** (*anhäufen*) to accumulate; *Reichtümer* to amass; *Vor-räte* to build up; *Zinsen* to build up, to accrue (*form*).

2. (*zusammenkommen lassen*) to gather together; *Truppen* to concentrate.

II *vr* **1.** (*sich versammeln*) to gather, to collect.

2. (*aufspeichern, aufhäufen*) to accumulate; (*Staub, Wasser auch, Fragen*) to collect; (*Druck, Stau, fig: Wut*) to build up; (*Zinsen*) to build up, to accrue (*form*).

Ansammlung *f* **1.** (*Anhäufung*) accumula-tion; (*Sammlung*) collection; (*von Druck, Stau, Wut*) build-up; (*Haufen*) pile.

2. (*Auflauf*) gathering, crowd; (*von Trup-pen*) concentration.

ansässig *adj* (*form*) resident. **alle in diesem Ort A~en** all local residents.

Ansatz *m* **1.** (*von Hals, Arm, Henkel etc*) base; (*an Stirn*) hairline.

2. (*Tech*) (*Zusatzstück*) attachment; (*zur Verlängerung*) extension; (*Naht*) join.

3. (*von Rost, Kalk etc*) formation, deposition; (*Schicht*) coating, layer.

4. (*erstes Anzeichen, Beginn*) first sign(s *pl*), beginning(s *pl*); (*Versuch*) at-tempt (*zu etw* at sth); (*Ausgangspunkt*) starting-point. **den ~ zu etw zeigen** to show the first signs *or* the beginnings of sth; **einen neuen ~ zu etw machen** to make a fresh attempt at sth; **die ersten Ansätze** the initial stages; **im ~** basically.

5. (*esp Philos, Liter etc*) approach.

6. (*Math*) formulation.

7. (*Mus*) intonation; (*Lippenstellung*) embouchure.

8. (*Econ form*) estimate; (*Fonds für Sonderzwecke*) appropriation. **außer ~ bleiben** to be excluded, to be left out of account; **etw für etw in ~ bringen** to appropriate sth for sth.

Ansatzpunkt *m* starting-point; **Ansatz-stück** *nt* (*Tech*) attachment; (*zur Verlän-gerung*) extension.

ansäuern *sep* **I** *vt* to make sour; *Brotteig* to leaven; (*Chem*) to acidify. **II** *vi aux sein* to start to go sour.

ansaufen *vr sep irreg* (*sl*) **sich** (*dat*) **einen** (**Rausch**) **~** to get plastered (*sl*).

ansaugen *sep* **I** *vt* to suck *or* draw in; (*an-fangen zu saugen*) to start to suck. **II** *vr* to attach itself (*by suction*).

ansäuseln *vr sep* **sich** (*dat*) **einen ~** (*hum*) to have a tipple (*inf*); **sie angesäuselt.**

anschaffen *sep* **I** *vt* **1.** (**sich** *dat*) **etw ~** to get oneself sth; (*kaufen*) to buy sth; **sich** (*dat*) **Kinder ~** (*inf*) to have children.

2. (*sl: stehlen*) to pick up.

II *vi* **1.** (*Aus, S Ger*) to give orders. **jdm ~** to order sb about, to give sb orders.

2. (*sl: durch Prostitution*) **~ gehen** to be on the game; **für jdn ~ gehen** to work on the game for sb.

Anschaffung *f* **1.** *no pl* acquisition; (*das Kaufen auch*) buying. **ich habe mich zur ~ eines Autos entschlossen** I have decided to get *or* buy a new car.

2. (*angeschaffter Gegenstand*) ac-quisition. **~en machen** to acquire things; (*Dinge kaufen*) to make purchases.

Anschaffungskosten *pl* cost *sing* of pur-chase; **Anschaffungspreis** *m* purchase price; **Anschaffungswert** *m* value at the time of purchase.

anschalten *vt sep* to switch on.

anschauen *vt sep* (*esp dial*) to look at; (*prüfend*) to examine. **sich** (*dat*) **etw ~** to have a look at sth; (**sich** *dat*) **eine Stadt/ Wohnung ~** to have a look at a town/flat; (**da**) **schau einer an!** (*inf*) well I never!

anschaulich *adj* clear; (*lebendig, bildhaft*) vivid; *Beschreibung* graphic; *Beispiel* con-crete. **etw ~ machen** to illustrate sth; **den Unterricht sehr ~ machen** to make teach-ing come alive.

Anschaulichkeit *f siehe adj* clearness; vividness; graphicness; concreteness.

Anschauung *f* (*Ansicht, Auffassung*) view; (*Meinung*) opinion; (*Vorstellung*) idea, notion; (*innere Versenkung*) contempla-tion; (*~svermögen*) ability to visualize things. **nach neuerer ~** according to the current way of thinking; **in ~ +gen** (*geh*) in view of; **aus eigener ~** from one's own experience.

Anschauungsmaterial *nt* illustrative material, visual aids *pl*; **Anschauungs-unterricht** *m* visual instruction; **An-schauungsvermögen** *nt* ability to visualize things; **Anschauungsweise** *f* (*geh*) view.

Anschein *m* appearance; (*Eindruck*) im-pression. **allem ~ nach** to all appearances, apparently; **den ~ erwecken, als …** to give the impression that …; **sich** (*dat*) **den ~ geben, als ob man informiert sei** to pretend to be informed; **es hat den ~, als ob …** it appears that *or* seems as if …

anscheinen *vt sep irreg* to shine (up)on.

anscheinend *adj* apparent.

anscheißen *vt sep irreg* (*fig sl*) **1.** (*betrügen*) **jdn** ~ to do the dirty on sb (*sl*); **da hast du dich aber ~ lassen** you were really done there; *siehe* **angeschissen.**

2. (*beschimpfen*) **jdn** ~ to give sb a bollocking (*sl*).

3. und dann kam er angeschissen and then the bugger came along (*sl*).

anschesen *vi sep aux sein* **angeschest kommen** (*N Ger inf*) to come tearing (*inf*) along *or* (*auf einen zu*) up.

anschicken *vr sep* **sich ~, etw zu tun** (*geh*) (*sich bereit machen*) to get ready *or* prepare to do sth; (*im Begriff sein, etw zu tun*) to be on the point of doing sth, to be about to do sth.

anschieben *vt sep irreg* **Fahrzeug** to push. **können Sie mich mal ~?** can you give me a push?

anschießen *sep irreg* **I** *vt* **1.** (*verletzen*) to shoot (and wound); **Vogel** (*in Flügel*) to wing; *siehe* **angeschossen.**

2. Gewehr to test-fire.

3. (*Sport*) **Rennen** to start.

4. **Tor** to shoot at; **Latte, Pfosten, Spieler** to hit.

5. (*inf: kritisieren*) to hit out at (*inf*).

II *vi aux sein* (*inf*) (*heranrasen*) to shoot up. **angeschossen kommen** to come shooting along *or* (*auf einen zu*) up.

anschimmeln *vi sep aux sein* (to start to) go mouldy.

anschirren *vt sep* to harness.

Anschiß *m* **-sses, -sse** (*sl*) bollocking (*sl*).

Anschlag *m* **1.** (*Plakat*) poster, bill, placard; (*Bekanntmachung*) notice. **einen ~ machen** to put up a poster/ notice.

2. (*Überfall*) attack (*auf +acc* on); (*Attentat*) attempt on sb's life; (*Verschwörung*) plot (*auf +acc* against). **einen ~ auf jdn verüben** to make an attempt on sb's life; **einem ~ zum Opfer fallen** to be assassinated.

3. (*Kosten~*) estimate. **etw in ~ bringen** (*form*) to take sth into account; **eine Summe in ~ bringen** (*form*) to calculate an amount.

4. (*Aufprall*) impact; (*von Wellen auch*) beating.

5. (*Sport*) (*beim Schwimmen*) touch; (*beim Versteckspiel*) home.

6. (*von Klavier(spieler), Schreibmaschine*) touch. **200 Anschläge in der Minute** ≈ 40 words per minute.

7. (*in Strickanleitung*) ~ **von 20 Maschen** cast on 20 stitches.

8. (*von Hund*) bark.

9. (*bei Hebel, Knopf etc*) stop. **etw bis zum ~ durchdrücken/ drehen** to push sth right down/to turn sth as far as it will go.

10. (*Mil*) aiming *or* firing position. **ein Gewehr im ~** to present a rifle.

Anschlagbrett *nt* notice-board, bulletin board (*US*).

anschlagen *sep irreg* **I** *vt* **1.** (*befestigen*) to fix on (*an+acc* -to); (*mit Nägeln*) to nail on (*an +acc* -to); (*aushängen*) **Plakat** to put up, to post (*an +acc* on).

2. **Stunde, Taste, Akkord** to strike; (*anstimmen*) **Melodie** to strike up;

Gelächter to burst into; (*Mus*) to play. **eine schnellere Gangart ~** (*fig*) to strike up a faster pace, to speed up; **ein anderes Thema/einen anderen Ton ~** (*fig*) to change the subject/one's tune; **einen weinerlichen/frechen Ton ~** to adopt a tearful tone/cheeky attitude.

3. (*beschädigen, verletzen*) **Geschirr** to chip. **sich** (*dat*) **den Kopf** *etc* ~ to knock one's head *etc*; *siehe* **angeschlagen.**

4. (*Sport*) **Ball** to hit. **den Ball seitlich ~** to chip the ball.

5. (*Aus: anzapfen*) **Faß** to tap.

6. Gewehr to aim, to level (*auf +acc* at).

7. (*aufnehmen*) **Maschen** to cast on.

II *vi* **1.** (*Welle*) to beat (*an +acc* against). **mit etw gegen/an etw** (*acc*) ~ to strike *or* knock sth against/on sth.

2. (*Sport*) (*Tennis etc*) to serve; (*beim Schwimmen*) to touch.

3. (*Glocke*) to ring.

4. (*Taste betätigen*) to strike the keys.

5. (*Laut geben*) (*Hund*) to give a bark; (*Vogel*) to give a screech.

6. (*wirken: Arznei etc*) to work, to take effect.

7. (*inf: dick machen*) **bei jdm** ~ to make sb put on weight.

anschleichen *sep irreg* **I** *vi aux sein* to creep along *or* (*auf einen zu*) up. **angeschlichen kommen** (*inf*) to come creeping along/up. **II** *vr* **sich an jdn/etw** ~ to creep up on sb/sth; (*sich anpirschen*) to stalk sth.

anschlendern *vi sep aux sein* to stroll *or* saunter along *or* (*auf einen zu*) up.

anschleppen *vt sep* **1.** **Auto** to tow-start.

2. (*inf*) (*unerwünscht mitbringen*) to bring along; (*nach Hause*) to bring home; **Freund etc auch** to drag along; (*mühsam herbeibringen*) to drag along; (*hum: hervorholen, anbieten*) to bring out.

anschließen *sep irreg* **I** *vt* **1.** (*an +acc* to) to lock; (*mit Schnappschloß*) to padlock; (*anketten*) to chain (up).

2. (*an +acc* to) (*Tech, Elec, Telec etc: verbinden*) to connect; (*in Steckdose*) to plug in.

3. (*fig: hinzufügen*) to add.

II *vr* **sich an jdn** *or* **an jdn** ~ (*folgen*) to follow sb; (*zugesellen*) to join sb; (*beipflichten*) to side with sb; **sich einer Sache** (*dat*) *or* **an etw** (*acc*) ~ (*folgen*) to follow sth; (*beitreten, sich beteiligen*) to join sth; (*beipflichten*) to endorse sth; (*angrenzen*) to adjoin sth; **sich leicht an andere ~** to make friends easily, to be sociable; **dem Vortrag** *or* **an den Vortrag schloß sich ein Film an** the lecture was followed by a film.

III *vi* **an etw** (*acc*) ~ to follow sth.

anschließend I *adv* afterwards. **II** *adj* following; **Ereignis, Diskussion auch** ensuing. **Essen mit ~em Tanz** dinner with a dance afterwards.

Anschluß *m* **1.** (*Verbindung*) connection; (*Beitritt*) entry (*an +acc* into); (*an Klub*) joining (*an +acc* of); (*Hist euph*) Anschluss. ~ **haben nach** (*Rail*) to have a connection to; **den ~ verpassen** (*Rail etc*) to miss one's connection; (*fig*) to miss the boat *or* bus; (*alte Jungfer*) to be left on the shelf; **ihm gelang der ~ an die Spitze**

(*Sport*) he managed to catch up with the leaders; **wir verloren den ~ an die Vordersten** we lost contact with the leaders.

2. (*Telec*) connection; (*Anlage*) telephone (connection); (*weiterer Apparat*) extension. ~ **bekommen** to get through; **der ~ ist besetzt** the line is engaged *or* busy (*esp US*); **kein ~ unter dieser Nummer** number unobtainable.

3. im ~ an (+*acc*) (*nach*) subsequent to, following; (*mit Bezug auf*) in connection with, further to; (*in Anlehnung an*) following, after.

4. (*fig*) (*Kontakt*) contact (*an* +*acc* with); (*Bekanntschaft*) friendship, companionship; (*Aufnahme*) integration. ~ **finden** to make friends (*an* +*acc* with); **er sucht ~** he wants to make friends.

Anschlußdose *f* **1.** (*Elec*) junction box; (*Steckdose*) socket; **2.** (*Telec*) connection box; **anschlußfertig** *adj* fully wired; **Anschlußflug** *m* connecting flight; **Anschlußnummer** *f* extension; **Anschlußschnur** *f* extension lead; **Anschlußstelle** *f* (*Mot*) junction; **Anschlußzug** *m* (*Rail*) connecting train, connection.

anschmieden *vt sep* to forge on (*an* +*acc* -to); (*anketten*) to chain (*an* +*acc* to); (*fig inf: fesseln*) to rivet (*an* +*acc* to).

anschmiegen *sep* **I** *vt* to nestle (*an* +*acc* against). **II** *vr* **sich an jdn/etw ~** (*Kind, Hund*) to snuggle *or* nestle up to *or* against sb/sth; (*Kleidung*) to cling to sb/ sth; (*geh: Dorf an Berg etc*) to nestle against sth.

anschmiegsam *adj Wesen* affectionate; *Material* smooth.

anschmieren *sep* **I** *vt* **1.** (*bemalen*) to smear.

2. jdn/sich mit etw ~ (*inf*) (*beschmutzen*) to get sth all over sb/oneself; (*pej: schminken*) to smear sth over sb's/one's lips/ face *etc*.

3. (*inf*) (*betrügen*) to con (*inf*), to take for a ride (*inf*); (*Streiche spielen*) to play tricks on; *siehe* **angeschmiert**.

II *vr* **sich bei jdm ~** (*inf*) to make up to sb (*inf*), to be all over sb (*inf*).

anschmoren *vt sep* (*Cook*) to braise lightly.

anschnallen *sep* **I** *vt* **1.** *Rucksack* to strap on; *Skier* to clip on.

2. *jdn* to strap up; (*in etw*) to strap in; (*Aviat, Aut*) to fasten sb's seat belt.

II *vr* (*Aviat, Aut*) to fasten one's seat belt. **bitte ~!** fasten your seat belts, please!; **hast du dich or bist du angeschnallt?** have you fastened your seat belt?, are you strapped in?

anschnaufen *vi sep aux sein:* **angeschnauft kommen** to come panting along *or* (*auf einen zu*) up.

anschnauzen *vt sep* (*inf*) to yell at (*inf*).

Anschnauzer *m* **-s, -** (*inf*) **einen ~ kriegen** to get yelled at (*inf*).

anschneiden *vt sep irreg* **1.** *Brot etc* to (start to) cut. **2.** (*fig*) *Frage, Thema* to touch on. **3.** (*Aut*) *Kurve*, (*Sport*) *Ball* to cut.

Anschnitt *m* (*Schnittfläche*) cut part; (*erstes Stück*) first slice; (*Ende*) cut end.

anschnorren *vt sep* (*pej inf*) to (try to) tap

(*inf*). **jdn um etw ~** to cadge sth from sb (*inf*), to tap sb for sth (*inf*).

Anschovis [an'ʃoːvɪs] *f* -, - anchovy.

anschrauben *vt sep* to screw on (*an* +*acc* -to); (*festschrauben*) to screw tight *or* up.

anschreiben *sep irreg* **I** *vt* **1.** (*aufschreiben*) to write up (*an* +*acc* on). **etw mit Kreide ~** to chalk sth up; **angeschrieben stehen** to be written up; *siehe* **angeschrieben**.

2. (*inf: in Rechnung stellen*) to chalk up.

3. *Behörde, Versandhaus etc* to write to. **es antworteten nur 20% der Angeschriebenen** only 20% of the people written to replied.

II *vi* (*inf*) **unser Kaufmann schreibt nicht an** our grocer doesn't give anything on tick (*inf*); **sie läßt immer ~** she always buys on tick (*inf*).

anschreien *vt sep irreg* to shout *or* yell at.

Anschrift *f* address. **ein Brief ohne ~** an unaddressed letter.

anschuldigen *vt sep* to accuse (*gen* of).

Anschuldigung *f* accusation.

anschüren *vt sep* to stoke up; (*fig*) *Streit* to stir up, to kindle.

anschwanken *vi sep aux sein* (*usu:* **angeschwankt kommen**) to come staggering along *or* (*auf einen zu*) up.

anschwärzen *vt sep* (*fig inf*) **jdn ~** to blacken sb's name (*bei* with); (*denunzieren*) to run sb down (*bei* to).

anschweben *vi sep aux sein* **1.** (*Aviat*) to come in to land. **2.** (*fig*) **sie kam angeschwebt** she came floating along *or* (*auf einen zu*) up.

anschweigen *vt sep irreg* to say nothing to; (*demonstrativ*) to refuse to speak to.

anschweißen *vt sep* to weld on (*an* +*acc* -to).

anschwellen *vi sep irreg aux sein* to swell (up); (*Wasser auch, Lärm*) to rise. **dick angeschwollen** very swollen.

Anschwellung *f* swelling.

anschwemmen *sep* **I** *vt* to wash up *or* ashore. **angeschwemmtes Land** alluvial land. **II** *vi aux sein* to be washed up *or* ashore.

Anschwemmung *f* (*in Fluß, Hafen*) silting up.

anschwimmen *sep irreg* **I** *vt* *Ziel* to swim towards.

II *vi aux sein* **1.** **angeschwommen kommen** (*Schwimmer, Wasservogel*) to come swimming along *or* (*auf einen zu*) up; (*Leiche, Brett*) to come drifting along *or* (*auf einen zu*) up; (*Flasche*) to come floating along *or* (*auf einen zu*) up.

2. gegen etw ~ to swim against sth.

anschwindeln *vt sep* (*inf*) **jdn ~** to tell sb fibs (*inf*).

ansegeln *sep* **I** *vt* (*zusegeln auf*) to sail for *or* towards, to make for; (*anlegen in*) *Hafen* to put into. **II** *vi* **1.** *aux sein* **angesegelt kommen** (*inf, fig*) to come sailing along *or* (*auf einen zu*) up. **2.** (*Saison eröffnen*) to start sailing, to start the sailing season.

ansehen *vt sep irreg* **1.** (*betrachten*) to look at. **er sah mich ganz verwundert/groß/ böse an** he looked at me with great surprise/stared at me/gave me an angry look; **hübsch/schrecklich** *etc* **anzusehen**

pretty/terrible *etc* to look at; **jdn nicht mehr ~** (*fig inf*) not to want to know sb any more; **das sehe sich einer an!** just look at that!; **sieh mal einer an!** (*inf*) well, I never! (*inf*).

2. (*fig*) to regard, to look upon (*als, für* as). **ich sehe es als meine Pflicht an** I consider it to be my duty; **sie sieht ihn nicht für voll an** she doesn't take him seriously.

3. (sich *dat*) **etw ~** (*besichtigen*) to (have a) look at sth; *Fernsehsendung* to watch sth; *Film, Stück, Sportveranstaltung* to see sth; **sich** (*dat*) **jdn/etw gründlich ~** (*lit, fig*) to take a close look at sb/sth; **sich** (*dat*) **die Welt ~** to see something of the world.

4. das sieht man ihm an/nicht an he looks it/doesn't look it; **das sieht man ihm an der Gesichtsfarbe an** you can tell (that) by the colour of his face; **man kann ihm die Strapazen der letzten Woche ~** he's showing the strain of the last week; **man sieht ihm sein Alter nicht an** he doesn't look his age; **jdm etw (an den Augen** *or* **an der Nasenspitze** *hum*) **~** to tell *or* guess sth by looking at sb; **jeder konnte ihm sein Glück ~** everyone could see that he was happy.

5. etw (mit) ~ to watch sth, to see sth happening; **das kann man doch nicht mit ~** you can't stand by and watch that; **ich kann das nicht länger mit ~** I can't stand it any more; **das habe ich (mir) lange genug (mit) angesehen!** I've had enough of that!

Ansehen *nt* -s, *no pl* **1.** (*Aussehen*) appearance. **ein anderes ~ gewinnen** to take on a different appearance *or* (*fig*) aspect; **jdn vom ~ kennen** to know sb by sight.

2. (*guter Ruf*) (high) reputation, standing; (*Prestige*) prestige. **großes ~ genießen** to enjoy a high reputation, to have a lot of standing; **zu ~ kommen** to acquire standing *or* a high reputation; **(bei jdm) in hohem ~ stehen** to be held in high regard *or* esteem (by sb); **an ~ verlieren** to lose credit *or* standing.

3. (*Jur*) **ohne ~ der Person** without respect of person.

ansehnlich *adj* (*beträchtlich*) considerable; *Leistung* impressive; (*dated: gut aussehend, stattlich*) handsome. **ein ~es Sümmchen/~er Bauch** (*hum*) a pretty *or* tidy little sum/quite a stomach.

Ansehung *f*: **in ~ +***gen* (*form*) in view of.

anseilen *vt sep* **jdn/sich ~** to rope sb/oneself up; **etw ~ und herunterlassen** to fasten sth with a rope and let it down.

ansein *vi sep irreg aux sein* (*Zusammenschreibung nur bei infin und ptp*) (*inf*) to be on.

ansengen *vti sep* (*vi: aux sein*) to singe. **es riecht angesengt** there's a smell of singeing.

ansetzen *sep* **I** *vt* **1.** (*anfügen*) to attach (*an* +*acc* to), to add (*an* +*acc* to), to put on (*an* +*acc* -to); (*annähen*) to sew on.

2. (*in Ausgangsstellung bringen*) to place in position. **eine Leiter an etw** (*acc*) **~** to put a ladder up against sth; **den Bleistift/die Feder ~** to put pencil/pen to paper; **die Flöte/Trompete** *etc* **~** to raise

the flute/trumpet to one's mouth; **das Glas ~** to raise the glass to one's lips; **an welcher Stelle muß man den Wagenheber ~?** where should the jack be put *or* placed?

3. (*mit, auf* +*acc* at) (*festlegen*) *Kosten, Termin* to fix; (*veranschlagen*) *Kosten, Zeitspanne* to estimate, to calculate.

4. (*einsetzen*) **jdn auf jdn/etw ~** to put sb on(to) sb/sth; **Hunde (auf jdn/jds Spur) ~** to put dogs on sb/sb's trail.

5. (*entstehen lassen*) *Blätter etc* to put out; *Frucht* to form, to produce. **Fett ~** to put on weight; **Rost ~** to get rusty.

6. (*Cook*) (*vorbereiten*) to prepare; *Bowle* to start; (*auf den Herd setzen*) to put on.

II *vr* (*Rost*) to form; (*Kalk etc*) to be deposited; (*Gekochtes*) to stick.

III *vi* **1.** (*beginnen*) to start, to begin. **mit der Arbeit ~** to start *or* begin work; **zur Landung ~** (*Aviat*) to come in to land; **zum Trinken/Sprechen ~** to start to drink/speak; **er setzte immer wieder an, aber ...** he kept opening his mouth to say something but ...; **zum Sprung/Spurt ~** to prepare *or* get ready to jump/to start one's spurt.

2. (*Nase, Brust, Haare etc*) to start.

3. (*hervorkommen*) (*Knospen*) to come forth; (*Früchte*) to set; (*Bäume*) to sprout.

4. (*Cook: sich festsetzen*) to stick.

Ansicht *f* -, -**en** **1.** view. **~ von hinten/vorn** rear/front view; **~ von oben/unten** view from above/below, top/bottom view.

2. (*das Betrachten, Prüfen*) inspection. **zur ~** (*Comm*) for (your/our *etc*) inspection; **jdm Waren zur ~ anschicken** (*Comm*) to send sb goods on approval.

3. (*Meinung*) opinion, view. **nach ~ +** *gen* in the opinion of; **meiner ~ nach** in my opinion *or* view; **ich bin der ~, daß ...** I am of the opinion that ...; **anderer/der gleichen ~ sein** to be of a different/the same opinion, to disagree/agree; **über etw** (*acc*) **anderer ~ sein** to take a different view of sth, to have a different opinion about sth; **ich bin ganz Ihrer ~** I entirely agree with you; **die ~en sind geteilt** *or* **verschieden** opinions differ, opinion is divided.

ansichtig *adj* **jds/einer Sache ~ werden** (*dated, geh*) to set eyes on sb/sth.

Ansichts(post)karte *f* picture postcard; **Ansichtssache** *f* **das ist ~** that is a matter of opinion.

ansiedeln *sep* **I** *vt* to settle; *Tierart* to introduce; *Vogelkolonie, Industrie* to establish. **dieser Begriff ist in der Literaturkritik angesiedelt** this term belongs to the field of literary criticism.

II *vr* to settle; (*Industrie etc*) to get established; (*Bakterien etc*) to establish themselves.

Ansiedler *m* settler.

Ansiedlung *f* **1.** settlement. **2.** (*das Ansiedeln*) settling; (*Kolonisierung von Tieren*) colonization; (*von Betrieben*) establishing.

Ansinnen *nt* (*geh*) (*Gedanke*) notion, idea; (*Vorschlag*) suggestion (*an* +*acc* to).

Ansitz *m* (*Hunt*) (raised) hide.

ansonsten adv (im anderen Fall, inf: im übrigen) otherwise. ~ gibt's nichts Neues (inf) there's nothing new apart from that; ~ hast du nichts auszusetzen? (iro) have you any more complaints?

anspannen sep I vt 1. (straffer spannen) to tauten, to tighten; Muskeln to tense. 2. (anstrengen) to strain, to tax; Geduld, Mittel auch to stretch. jdn zu sehr ~ to overtax sb; alle seine Kräfte ~ to strain every nerve, to exert all one's energy; siehe angespannt. 3. Wagen to hitch up; Pferd auch to harness; Ochsen auch to yoke up (zu for). II vi (Pferde/Wagen ~) to hitch up. ~ lassen to get a/the carriage ready; es ist angespannt! the carriage is ready.

Anspannung f (fig) strain; (körperliche Anstrengung auch) effort. unter ~ aller Kräfte by exerting all one's energies.

anspazieren* vi sep aux sein (usu anspaziert kommen) to come strolling along or (auf einen zu) up.

anspeien vt sep irreg (geh) to spit at.

Anspiel nt (Sport) start of play; (Cards) lead; (Chess) first move.

anspielen sep I vt 1. (Sport) to play the ball etc to; Spieler to pass to. 2. (Mus) Stück to play part of; Instrument to try out (for the first time). II vi 1. (Spiel beginnen) to start; (Ftbl) to kick off; (Cards) to lead, to open; (Chess) to open. 2. auf jdn/etw ~ to allude to sb/sth; worauf wollen Sie ~? what are you driving at?, what are you insinuating?; spielst du damit auf mich an? are you getting at me?

Anspielung f allusion (auf +acc to); (böse) insinuation, innuendo (auf +acc regarding).

anspinnen sep irreg I vt Faden to join; (fig) Verhältnis, Thema to develop, to enter into. II vr (fig) to develop, to start up. da spinnt sich doch etwas an! (inf) something is going on there!

anspitzen vt sep 1. Bleistift etc to sharpen. 2. (inf: antreiben) to have a go at. jdn ~, daß er etw tut to have a go at sb to do sth. 3. (sl: erregen) to get worked up (inf).

Ansporn m -(e)s, no pl incentive. ihm fehlt der innere ~ he has no motivation.

anspornen vt sep Pferd to spur (on); (fig auch) to encourage (zu to); Mannschaft to cheer on. Kinder zum Lernen ~ to encourage children to learn.

Ansprache f 1. (Rede) address, speech. eine ~ halten to hold an address, to make a speech. 2. (Beachtung) attention. wenn man tagelang keine ~ hat if you have no one to talk to for days on end.

ansprechbar adj (bereit, jdn anzuhören) open to conversation; (gut gelaunt) amenable; Patient responsive. er ist beschäftigt/wütend und zur Zeit nicht ~ he's so busy/angry that you can't talk to him just now; auf etw (acc) ~ sein to respond to sth.

ansprechen sep irreg I vt 1. (anreden) to speak to; (die Sprache an jdn richten, mit Titel, Vornamen etc) to address; (belästigend) to accost. jdn auf etw (acc)/um etw ~ to ask or approach sb about/for sth; es kommt darauf an, wie man die Leute

anspricht it depends on how you talk to people; damit sind Sie alle angesprochen this is directed at all of you. 2. (gefallen) to appeal to; (Eindruck machen auf) to make an impression on. 3. (erwähnen) to mention. II vi 1. (auf +acc to) (reagieren) (Patient, Gaspedal etc) to respond; (Meßgerät auch) to react. diese Tabletten sprechen bei ihr nicht an these tablets don't have any effect on her; leicht ~de Bremsen very responsive brakes. 2. (Anklang finden) to go down well, to meet with a good response.

ansprechend adj (reizvoll) Äußeres, Verpackung etc attractive, appealing; (angenehm) Umgebung etc pleasant.

Ansprechzeit f (Aut, Tech) response or operating time.

anspringen sep irreg I vt 1. (anfallen) to jump; (Raubtier) to pounce (up)on; (Hund: hochspringen) to jump up at. 2. (Sport) Gerät, Latte to jump at; Rolle, Überschlag to dive into. II vi aux sein 1. angesprungen kommen to come bounding along or (auf einen zu) up; auf etw (acc) ~ (fig inf) to jump at sth (inf); gegen etw ~ to jump against sth. 2. (Sport) to jump. 3. (Motor) to start.

anspritzen vt sep (bespritzen) to splash; (mit Spritzpistole, -düse etc) to spray.

Anspruch m 1. (esp Jur) claim; (Recht) right (auf +acc to). ~ auf Schadenersatz erheben/haben to make a claim for damages/to be entitled to damages; ~ auf etw (acc) haben to be entitled to sth, to have a right to sth. 2. (Anforderung) demand; (Standard) standard, requirement. an jdn dauernd Ansprüche stellen to make constant demands on sb; große or hohe Ansprüche stellen to be very demanding; (hohes Niveau verlangen) to demand high standards; den Ansprüchen gerecht werden to meet the necessary requirements. 3. (Behauptung) claim, pretension. diese Theorie erhebt keinen ~ auf Unwiderlegbarkeit this theory does not claim to be irrefutable, this theory lays no claim to irrefutability. 4. etw in ~ nehmen Recht to claim sth; jds Hilfe, Dienste to enlist sth; Möglichkeiten, Kantine etc to take advantage of sth; Zeit, Aufmerksamkeit, Kräfte to take up sth; jdn völlig in ~ nehmen to take up all of sb's time; (jds Aufmerksamkeit, Gedanken) to engross or preoccupy sb completely; sehr in ~ genommen very busy/preoccupied; darf ich Ihre Aufmerksamkeit in ~ nehmen? may I have your attention?

anspruchslos adj (ohne große Ansprüche) unpretentious; (bescheiden) modest, unassuming; (schlicht) plain, simple; (geistig nicht hochstehend) lowbrow; Roman etc light; (wenig Pflege, Geschick etc erfordernd) undemanding.

Anspruchslosigkeit f siehe adj unpretentiousness; modesty, unassuming nature; plainness, simplicity; lowbrow character; lightness; undemanding nature.

anspruchsvoll *adj* (*viel verlangend*) demanding; (*übertrieben* ~) hard to please, fastidious; (*wählerisch*) discriminating; (*kritisch*) critical; (*hohe Ansprüche stellend*) *Stil, Buch* ambitious; (*kultiviert*) sophisticated; (*hochwertig*) high-quality, superior. **eine Zeitung/der Füllhalter für A~e** a newspaper for the discriminating reader/the pen for people with discrimination.

anspucken *vt sep* to spit at *or* on.

anspülen *vt sep* to wash up *or* ashore.

anstacheln *vt sep* to spur (on); (*antreiben*) to drive *or* goad on.

Anstalt *f* -, **-en 1.** institution (*auch euph*); (*Institut*) institute. **eine ~ öffentlichen Rechts** a public institution.
　　2. ~**en** *pl* (*Maßnahmen*) measures *pl*; (*Vorbereitungen*) preparations *pl*; **für/zu etw ~en treffen** to take measures/make preparations for sth; **~en/keine ~en machen, etw zu tun** to make a/no move to do sth.

Anstalts|arzt *m* resident physician; **Anstaltsgeistliche(r)** *m* resident chaplain; **Anstaltskleidung** *f* institutional clothing; (*in Gefängnis*) prison clothing.

Anstand¹ *m* **1.** *no pl* (*Schicklichkeit*) decency, propriety; (*Manieren*) (good) manners *pl*. **keinen ~ haben** to have no sense of decency/no manners; **den ~ verletzen** to offend against decency; **sich mit ~ zurückziehen** to withdraw with good grace.
　　2. (*geh: Einwand*) **ohne ~** without demur (*form*) *or* hesitation; ~/**keinen ~ an etw** (*dat*) **nehmen** to object/not to object to sth, to demur/not to demur at sth (*form*).
　　3. (*esp S Ger: Ärger*) trouble *no pl*.

Anstand² *m* (*Hunt*) (raised) hide.

anständig I *adj* decent; *Witz auch* clean; (*ehrbar*) respectable; (*inf: beträchtlich*) sizeable, large. **das war nicht ~ von ihm** that was pretty bad of him; **bleib ~!** behave yourself!; **eine ~e Tracht Prügel** (*inf*) a good hiding.
　　II *adv* decently. **sich ~ benehmen** to behave oneself; **sich ~ hinsetzen** to sit properly; **jdn ~ bezahlen** (*inf*) to pay sb well; ~ **essen/ausschlafen** (*inf*) to have a decent meal/sleep.

anständigerweise *adv* out of decency.

Anständigkeit *f* decency; (*Ehrbarkeit*) respectability.

Anstandsbesuch *m* formal call; **Anstandsdame** *f* chaperon(e); **anstandshalber** *adv* out of politeness; **Anstandshappen** *m* (*inf*) **einen ~ übriglassen** to leave something for manners; **anstandslos** *adv* without difficulty; **Anstands|unterricht** *m* lessons *pl* in deportment; **Anstandswauwau** *m* (*hum inf*) chaperon(e); **den ~ spielen** to play gooseberry.

anstarren *vt sep* to stare at.

anstatt I *prep* +*gen* instead of. **II** *conj* ~ **zu arbeiten** instead of working; ~, **daß er das tut,** ... instead of doing that ...

anstauben *vi sep aux sein* to become *or* get dusty.

anstauen *sep* **I** *vt Wasser* to dam up; *Gefühle* to bottle up. **II** *vr* to accumulate; (*Blut in Adern etc*) to congest; (*fig auch: Gefühle*) to build up. **angestaute Wut** pent-up rage.

anstaunen *vt sep* to gaze *or* stare at in wonder, to marvel at; (*bewundern*) to admire. **was staunst du mich so an?** what are you staring at me like that for?

anstechen *vt sep irreg* to make a hole in, to pierce; *Kartoffeln, Fleisch* to prick; *Reifen* to puncture; *Blase* to lance, to pierce; *Faß* to tap, to broach.

anstecken *sep* **I** *vt* **1.** (*befestigen*) to pin on; *Ring* to put *or* slip on.
　　2. (*anzünden*) to light; (*in Brand stecken*) to set fire to, to set alight.
　　3. (*Med, fig*) to infect. **ich will dich nicht ~** I don't want to give it to you.
　　II *vr* **sich (mit etw) ~** to catch sth (*bei* from).
　　III *vi* (*Med, fig*) to be infectious *or* catching; (*durch Berührung, fig*) to be contagious.

ansteckend *adj* (*Med, fig*) infectious, catching *pred* (*inf*); (*durch Berührung, fig*) contagious.

Anstecknadel *f* pin, badge.

Ansteckung *f* (*Med*) infection; (*durch Berührung*) contagion.

Ansteckungsgefahr *f* danger of infection; **Ansteckungsherd** *m* centre of infection.

anstehen *vi sep irreg aux haben or* (*S Ger etc*) *sein* **1.** (*in Schlange*) to queue (up) (*Brit*), to stand in line (*nach* for).
　　2. (*auf Erledigung warten*) to be due to be dealt with; (*Verhandlungspunkt*) to be on the agenda. ~**de Probleme** problems facing us/them *etc*; **etw ~ lassen** to put off *or* delay *or* defer sth; **eine Schuld ~ lassen** to put off paying a debt, to defer payment of a debt (*form*).
　　3. (*Jur: Termin etc*) to be fixed *or* set (*für* for).
　　4. (*geh: zögern*) **nicht ~, etw zu tun** not to hesitate to do sth.
　　5. (*geh: geziemen*) **jdm ~** to become *or* befit sb (*form, old*); **das steht ihm schlecht an** that ill becomes *or* befits him.

ansteigen *vi sep irreg aux sein* to rise; (*Weg auch, Mensch*) to ascend; (*Temperatur, Preis, Zahl auch*) to go up, to increase.

anstelle *prep* +*gen* instead of, in place of.

anstellen *sep* **I** *vt* **1.** to place; (*anlehnen*) to lean (*an* +*acc* against).
　　2. (*dazustellen*) to add (*an* +*acc* to).
　　3. (*beschäftigen*) to employ, to take on.
　　4. (*anmachen, andrehen*) to turn on; (*in Gang setzen auch*) to start.
　　5. *Betrachtung, Vermutung etc* to make; *Vergleich auch* to draw; *Experiment* to conduct. (**neue**) **Überlegungen ~** (, **wie** ...) to (re)consider (how ...).
　　6. (*machen, unternehmen*) to do; (*fertigbringen*) to manage. **ich weiß nicht, wie ich es ~ soll** I don't know how to do *or* manage it; **wie kann ich es nur ~, daß sie nichts merkt?** how can I get her not to notice anything?
　　7. (*inf: Unfug treiben*) to get up to, to do. **etwas ~** to get up to mischief; **was hast du da wieder angestellt?** what have you

done now?, what have you been up to now?

II *vr* **1.** (*Schlange stehen*) to queue (up) (*Brit*), to stand in line.

2. (*inf: sich verhalten*) to act, to behave. **sich dumm/ungeschickt** ~ to act stupid/clumsily, to be stupid/clumsy; **sich geschickt** ~ to go about sth well.

3. (*inf: sich zieren*) to make a fuss, to act up (*inf*). **stell dich nicht so an!** don't make such a fuss!; (*sich dumm* ~) don't act so stupid!

anstellig *adj* (*dated*) able, clever.

Anstelligkeit *f* (*dated*) ability, skill.

Anstellung *f* employment; (*Stelle*) position, employment.

Anstellungsverhältnis *nt* contractual relationship between employer and employee; (*Vertrag*) contract. **im** ~ **sein** to have a contract, to be under contract.

ansteuern *vt sep* to make *or* steer *or* head (*auch hum*) for; (*lit, fig*) *Kurs* to head on, to follow; (*fig*) *Thema* to steer onwards.

Anstich *m* (*von Faß*) tapping, broaching; (*erstes Glas*) first draught; (*erster Spatenstich*) digging the first sod.

anstiefeln *vi sep aux sein*: **angestiefelt kommen** (*inf*) to come marching along *or* (*auf einen zu*) up.

Anstieg *m* **-(e)s, -e 1.** (*Aufstieg*) climb, ascent; (*Weg*) ascent. **2.** (*von Straße*) incline; (*von Temperatur, Kosten, Preisen etc*) rise, increase (+*gen* in).

anstieren *vt sep* (*pej*) to stare at.

anstiften *vt sep* (*anzetteln*) to instigate; (*verursachen*) to bring about, to cause. **jdn zu etw** ~ to incite sb to (do) sth, to put sb up to sth (*inf*); **jdn zu einem Verbrechen** ~ to incite sb to commit a crime.

Anstifter *m* instigator (+*gen, zu* of); (*Anführer*) ringleader.

Anstiftung *f* (*von Mensch*) incitement (*zu* to); (*von Tat*) instigation.

anstimmen *sep* **I** *vt* **1.** (*singen*) to begin singing; (*Chorleiter*) *Grundton* to give; (*spielen*) to start playing; (*Kapelle*) to strike up, to start playing.

2. (*fig*) **ein Geheul/Geschrei/Proteste** *etc* ~ to start whining/crying/protesting *etc*; **ein Gelächter** ~ to burst out laughing.

II *vi* to give the key-note.

anstinken *sep irreg* (*inf*) **I** *vt* **das stinkt mich an** (*fig*) I'm sick of that. **II** *vi* **dagegen/gegen ihn kannst du nicht** ~ you can't do anything about it/him.

anstolzieren* *vi sep aux sein*: **anstolziert kommen** to come strutting *or* swaggering along *or* (*auf einen zu*) up; (*Pfau etc*) to come strutting along/up.

Anstoß *m* **1. den (ersten)** ~ **zu etw geben** to initiate sth, to get sth going; **den** ~ **zu weiteren Forschungen geben** to give the impetus to *or* to stimulate further research; **jdm den** ~ **geben, etw zu tun** to give sb the inducement *or* to induce sb to do sth; **der** ~ **zu diesem Plan/der** ~ **ging von ihr aus** she originally got this plan/things going; **den** ~ **zu etw bekommen, den** ~ **bekommen, etw zu tun** to be prompted *or* encouraged to do sth; **es bedurfte eines neuen** ~**es** new impetus *or* a new impulse was needed.

2. (*Sport*) kick-off; (*Hockey*) bully-off.

3. (*Ärgernis*) annoyance (*für* to). ~ **erregen** to cause offence (*bei* to); **ein Stein des** ~**es** (*umstrittene Sache*) a bone of contention; **die ungenaue Formulierung des Vertrags war ein ständiger Stein des** ~**es** the inexact formulation of the contract was a constant obstacle *or* stumbling block.

4. (*Hindernis*) difficulty. **ohne jeden** ~ without a hitch *or* any difficulty.

anstoßen *sep irreg* **I** *vi* **1.** **aux sein** (**an etw** *acc*) ~ to bump into sth; **paß auf, daß du nicht anstößt** take care that you don't bump into anything; **mit dem Kopf an etw** (*acc*) ~ to bump *or* knock one's head on sth; **mit der Zunge** ~ to lisp.

2. (**mit den Gläsern**) ~ to touch *or* clink glasses; **auf jdn/etw** ~ to drink to sb/sth.

3. (*Sport*) to kick off; (*Hockey*) to bully off.

4. (*angrenzen*) **an etw** (*acc*) ~ to adjoin sth; (*Land auch*) to border on sth.

II *vt jdn* to knock (into); (*mit dem Fuß*) to kick; (*in Bewegung setzen*) to give a push; *Kugel, Ball* to hit. **sich** (*dat*) **den Kopf/Fuß** *etc* ~ to bang *or* knock one's head/foot.

anstößig *adj* offensive; *Kleidung* indecent.

Anstößigkeit *f siehe adj* offensiveness; indecency.

anstrahlen *vt sep* to floodlight; (*im Theater*) to spotlight; (*strahlend ansehen*) to beam at. **das Gebäude wird rot/von Scheinwerfern angestrahlt** the building is lit with a red light/is floodlit; **sie strahlte/ihre Augen strahlten mich an** she beamed at me.

anstreben *vt sep* to strive for.

anstrebenswert *adj* worth striving for.

anstreichen *vt sep irreg* **1.** (*mit Farbe etc*) to paint. **2.** (*markieren*) to mark. (**jdm**) **etw als Fehler** ~ to mark sth wrong (for sb); **er hat das/nichts angestrichen** he marked it wrong/didn't mark anything wrong. **3.** (*Mus*) *Saite* to bow. **4.** (*streichen*) *Zündholz* to strike, to light.

Anstreicher *m* **-s, -** (house) painter.

anstrengen *sep* **I** *vt* **1.** to strain; *Muskel, Geist* to exert; (*strapazieren*) *jdn* to tire out; *esp Patienten* to fatigue. **das viele Lesen strengt meine Augen/mich an** all this reading is *or* puts a strain on my eyes/is a strain (for me); **sein Gedächtnis** ~ to rack one's brains; **streng doch mal deinen Verstand ein bißchen an** think hard; *siehe* **angestrengt**.

2. (*Jur*) **eine Klage** ~ to initiate *or* institute proceedings (*gegen* against).

II *vr* to make an effort; (*körperlich auch*) to exert oneself. **sich mehr/sehr** ~ to make more of an effort/a big effort; **sich übermäßig** ~ to make too much of an effort; to overexert oneself; **sich** ~, **etw zu tun** to make an effort *or* try hard to do sth; **unsere Gastgeberin hatte sich sehr angestrengt** our hostess had gone to *or* taken a lot of trouble.

anstrengend *adj* (*körperlich*) strenuous; (*geistig*) demanding, taxing; *Zeit* taxing, exhausting; (*erschöpfend*) exhausting, tiring. **das ist** ~ **für die Augen** it's a strain on the eyes.

Anstrengung *f* effort; (*Strapaze*) strain. **große ~en machen** to make every effort; **~en machen, etw zu tun** to make an effort to do sth; **mit äußerster/letzter ~** with very great/one last effort.

Anstrich *m* **1.** (*das Anmalen, Tünchen*) painting; (*Farbüberzug*) paint; (*fig*) (*Anflug*) touch; (*von Wissenschaftlichkeit etc*) veneer; (*Anschein*) air. **ein zweiter ~** a second coat of paint.
  2. (*Mus*) first touch.
  3. (*beim Schreiben*) upstroke.

anstricken *vt sep* to knit on (*an +acc* -to); *Strumpf* to knit a piece onto.

anströmen *vi sep aux sein* to stream along. **angeströmt kommen** to come streaming *or* rushing along *or* (*auf einen zu*) up; **~de Kaltluft** a stream of cold air.

anstückeln, anstücken *vt sep Stück* to attach (*an +acc* to). **etw** (**an etw** *acc*) **~** to add sth (onto sth).

Ansturm *m* onslaught; (*Andrang*) (*auf Kaufhaus etc*) rush; (*auf Bank*) run; (*Menschenmenge*) crowd.

anstürmen *vi sep aux sein* **gegen etw ~** (*Mil*) to attack *or* storm sth; (*Wellen, Wind*) to pound sth; (*fig: ankämpfen*) to attack sth; **angestürmt kommen** to come storming along *or* (*auf einen zu*) up.

anstürzen *vi sep aux sein:* **angestürzt kommen** to charge along *or* (*auf einen zu*) up.

ansuchen *vi sep* (*dated, Aus*) **bei jdm um etw ~** (*bitten um*) to ask sb for sth; (*beantragen*) to apply to sb for sth.

Ansuchen *nt* **-s, -** (*dated, Aus*) request; (*Gesuch*) application. **auf jds ~** (*acc*) at sb's request.

Antagonismus *m* antagonism.

Antagonist(in *f*) *m* antagonist.

antagonistisch *adj* antagonistic.

antanzen *vi sep aux sein* (*fig inf*) to turn *or* show up (*inf*). **er kommt jeden Tag angetanzt** (*inf*) he turns up here every day.

Ant|arktika *f* - Antarctica.

Ant|arktis *f* -, *no pl* Antarctic.

ant|arktisch *adj* antarctic.

antasten *vt sep* **1.** (*verletzen*) *Ehre, Würde* to offend; *Rechte* to infringe, to encroach upon; (*anbrechen*) *Vorräte, Ersparnisse etc* to break into. **2.** (*berühren*) to touch.

antauen *vti sep* (*vi: aux sein*) to begin to defrost.

Anteil *m* **-(e)s, -e 1.** share; (*von Erbe auch*) portion; (*Fin*) share, interest. **er hat bei dem Unternehmen ~e von 30%** he has a 30% interest *or* share in the company.
  2. (*Beteiligung*) **~ an etw** (*dat*) **haben** (*beitragen*) to contribute to sth, to make a contribution to sth; (*teilnehmen*) to take part in sth.
  3. (*Teilnahme: an Leid etc*) sympathy (*an +dat* with). **an etw** (*dat*) **~ nehmen** *an Leid etc* to be deeply sympathetic over sth; *an Freude etc* to share in sth.
  4. (*Interesse*) interest (*an +dat* in), concern (*an +dat* about). **regen ~ an etw** (*dat*) **nehmen/zeigen** *or* **bekunden** (*geh*) to take/show a lively interest in sth.

anteilig, anteilmäßig *adj* proportionate, proportional.

Anteilnahme *f* -, *no pl* **1.** (*Beileid*) sym-

pathy (*an +dat* with); **mit ~ zuhören** to listen sympathetically; **2.** (*Beteiligung*) participation (*an +dat* in).

antelefonieren* *vti sep* (*inf*) to phone. **bei jdm ~** to phone sb up.

Antenne *f* -, **-n** (*Rad*) aerial; (*Zool*) feeler, antenna (*form*). **eine/keine ~ für etw haben** (*fig inf*) to have a/no feeling for sth.

Anthologie *f* anthology.

Anthrazit *m* **-s,** (*rare*) **-e** anthracite.

anthrazit(farben, -farbig) *adj* charcoal-grey, charcoal.

Anthropologe *m*, **Anthropologin** *f* anthropologist.

Anthropologie *f* anthropology.

anthropologisch *adj* anthropological.

anthropomorph *adj* anthropomorphous.

Anthroposoph(in *f*) *m* **-en, -en** anthroposophist.

Anthroposophie *f* anthroposophy.

anthroposophisch *adj* anthroposophic.

anthropozentrisch *adj* anthropocentric.

Anti- *pref* anti; **Anti|alkoholiker** *m* teetota(l)ler; **anti|autoritär** *adj* anti-authoritarian; **Antibabypille, Anti-Baby-Pille** *f* (*inf*) contraceptive pill; **Antibiotikum** *nt* **-s, -biotika** antibiotic; **antichambrieren*** [antiʃamˈbriːrən] *vi insep* **bei jdm ~** to lobby sb (*wegen* about); (*pej: kriechen*) to grovel to sb; **Antichrist** *m* **1. -(s)** Antichrist; **2. -en, -en** opponent of Christianity, antichristian; **antichristlich** *adj* antichristian; **Antifaschismus** *m* antifascism; **Antifaschist** *m* antifascist; **antifaschistisch** *adj* antifascist.

Antigen *nt* **-s, -e** (*Med, Biol*) antigen.

Antiheld *m* antihero; **Antiheldin** *f* antiheroine.

antik *adj* **1.** (*Hist*) ancient. **der ~e Mensch** man in the ancient world. **2.** (*Comm, inf*) antique.

Antike *f* -, **-n 1.** *no pl* antiquity. **die Kunst der ~** the art of the ancient world. **2.** (*Kunstwerk*) antiquity.

antikisieren* *vi* to imitate the classical style. **~de Dichtung** poetry in the classical style.

antiklerikal *adj* anticlerical; **Antiklerikalismus** *m* anticlericalism; **Antiklopfmittel** *nt* (*Tech*) antiknock (mixture); **Antikommunismus** *m* anticommunism; **Antikommunist** *m* anticommunist; **antikommunistisch** *adj* anticommunist; **Antikörper** *m* (*Med*) antibody.

Antilope *f* -, **-n** antelope.

Antimilitarismus *m* antimilitarism; **antimilitaristisch** *adj* antimilitaristic.

Antimon *nt* **-s,** *no pl* (*abbr* Sb) antimony.

Antipathie *f* antipathy (*gegen* to); **Antipode** *m* **-n, -n** antipodean; **die Engländer sind die ~ Australiens** the English live on the opposite side of the world from Australia; **politisch sind wir ~n** we have diametrically opposed political views.

antippen *vt sep* to tap; *Pedal, Bremse* to touch; (*fig*) *Thema* to touch on. **jdn ~** to tab sb on the shoulder/arm *etc*.

Antiqua *f* -, *no pl* (*Typ*) roman (type).

Antiquar(in *f*) *m* antiquarian *or* (*von moderneren Büchern*) second-hand bookseller.

Antiquariat *nt* (*Laden*) antiquarian *or* (*modernerer Bücher*) second-hand bookshop; (*Abteilung*) antiquarian/second-hand department; (*Handel*) antiquarian/second-hand book trade. **modernes** ~ remainder bookshop/department.

antiquarisch *adj* antiquarian; (*von moderneren Büchern*) second-hand. **ein Buch** ~ **kaufen** to buy a book second-hand.

antiquiert *adj* (*pej*) antiquated.

Antiquität *f usu pl* antique.

Antiquitätengeschäft *nt* antique shop; **Antiquitätenhandel** *m* antique business *or* trade; **Antiquitätenhändler** *m* antique dealer; **Antiquitätensammler** *m* antique collector.

Anti(raketen)rakete *f* anti(-missile)-missile; **Antisemit** *m* antisemite; **antisemitisch** *adj* antisemitic; **Antisemitismus** *m* antisemitism; **antiseptisch** *adj* antiseptic.

Antistatik- *in cpds* antistatic.

antistatisch *adj* antistatic; **Antiteilchen** *nt* (*Phys*) antiparticle; **Antithese** *f* antithesis; **antithetisch** *adj* antithetical; **Antitranspirant** *nt* **-s, -e** *or* **-s** (*form*) antiperspirant.

Antizipation *f* (*geh*) anticipation *no pl*.

antizipieren* *vt insep* to anticipate.

antizyklisch *adj* anticyclical.

Antlitz *nt* **-es, -e** (*poet*) countenance (*liter*), face.

Antonym *nt* **-s, -e** antonym.

antörnen *vt sep siehe* **anturnen²**.

antraben *vi sep aux sein* to start trotting, to go into a trot. **angetrabt kommen** to come trotting along *or* (*auf einen zu*) up.

Antrag *m* **-(e)s, Anträge** **1.** (*auf + acc* for) application; (*Gesuch auch*) request; (*Formular*) application form. **einen** ~ **auf etw** (*acc*) **stellen** to make an application for sth; **auf** ~ **+ *gen*** at the request of. **2.** (*Jur*) petition; (*Forderung bei Gericht*) claim. **einen** ~ **auf etw** (*acc*) **stellen** to file a petition/claim for sth. **3.** (*Parl*) motion. **einen** ~ **auf etw** (*acc*) **stellen** to propose a motion for sth. **4.** (*dated: Angebot*) proposal. **jdm unsittliche Anträge machen** to make improper suggestions to sb.

antragen *vt sep irreg* (*geh*) to offer (*jdm etw* sb sth).

Antragsformular *nt* application form; **Antragsteller** *m* **-s, -** applicant.

antrauen *vt sep* (*old*) **jdn jdm** ~ to marry sb to sb; **mein angetrauter Ehemann** my lawful wedded husband.

antreffen *vt sep irreg* to find; *Situation auch* to meet; (*zufällig auch*) to come across. **er ist schwer anzutreffen** it's difficult to catch him in; **ich habe ihn in guter Laune angetroffen** I found him in a good mood.

antreiben *sep irreg* **I** *vt* **1.** (*vorwärtstreiben*) *Tiere, Gefangene, Kolonne* to drive; (*fig*) to urge; (*veranlassen: Neugier, Liebe, Wunsch etc*) to drive on. **jdn zur Eile/Arbeit** ~ to urge sb to hurry up/to work; **ich lasse mich nicht** ~ I won't be pushed. **2.** (*bewegen*) *Rad, Fahrzeug etc* to drive; (*mit Motor auch*) to power. **3.** (*anschwemmen*) to wash up *or* (*an Strand auch*) ashore. **etw ans Ufer** ~ to

wash sth (up) onto the bank. **II** *vi aux sein* to wash up *or* (*an Strand auch*) ashore.

Antreiber *m* (*pej*) slave-driver (*pej*).

antreten *sep irreg* **I** *vt* **1.** *Reise, Strafe* to begin; *Stellung* to take up; *Amt* to take up, to assume; *Erbe, Erbschaft* to come into. **den Beweis** ~ to offer proof; **den Beweis** ~, **daß ...** to prove that ...; **seine Lehrzeit** ~ to start one's apprenticeship; **seine Amtszeit** ~ to take office; **die Regierung** ~ to come to power. **2.** *Motorrad* to kickstart. **3.** (*festtreten*) *Erde* to press *or* tread down firmly. **II** *vi aux sein* **1.** (*sich aufstellen*) to line up; (*Mil*) to fall in. **2.** (*erscheinen*) to assemble; (*bei einer Stellung*) to start; (*zum Dienst*) to report. **3.** (*zum Wettkampf*) to compete; (*spurten*) to put on a spurt; (*Radfahrer*) to sprint.

Antrieb *m* **1.** impetus *no pl*; (*innerer*) drive. **jdm** ~/**neuen** ~ **geben, etw zu tun** to give sb the/a new impetus to do sth; **aus eigenem** ~ on one's own initiative, off one's own bat (*inf*). **2.** (*Triebkraft*) drive. **Auto mit elektrischem** ~ electrically driven *or* powered car.

Antriebs|achse *f* (*Aut*) propeller shaft; **Antriebskraft** *f* (*Tech*) power; **Antriebsrad** *nt* drive wheel; **antriebsschwach** *adj* (*Psych*) lacking in drive; **antriebsstark** *adj* (*Psych*) full of drive; **Antriebswelle** *f* driveshaft, halfshaft.

antrinken *vt sep irreg* (*inf*) to start drinking. **sie hat ihren Kaffee nur angetrunken** she only drank some of her coffee; **sich** (*dat*) **einen** *or* **einen Rausch/Schwips** ~ to get (oneself) drunk/tipsy; **sich** (*dat*) **Mut** ~ to give oneself Dutch courage; **eine angetrunkene Flasche** an opened bottle; *siehe* **angetrunken**.

Antritt *m* **-(e)s,** *no pl* **1.** (*Beginn*) beginning, commencement (*form*). **bei** ~ **der Reise** when beginning one's journey; **nach** ~ **der Stellung/des Amtes/der Erbschaft/der Regierung** after taking up the post/taking up or assuming office/coming into the inheritance/coming to power. **2.** (*Sport: Spurt*) acceleration *no indef art*.

Antrittsrede *f* inaugural speech; (*Parl*) maiden speech; **Antrittsvorlesung** *f* inaugural lecture.

antrocknen *vi sep aux sein* to dry on (*an, in* + *dat* -to); (*trocken werden*) to begin *or* start to dry.

antun *vt sep irreg* **1.** (*erweisen*) **jdm etw** ~ to do sth for sb; **jdm etwas Gutes** ~ to do sb a good turn; **tun Sie mir die Ehre an, und speisen Sie mit mir** (*geh*) do me the honour of dining with me; **tu mir die Liebe an und komm mit** be a dear *or* an angel and come with me; **jdm (große) Ehre** ~ to pay (great) tribute to sb. **2.** (*zufügen*) **jdm etw** ~ to do sth to sb; **das könnte ich ihr nicht** ~ I couldn't do that to her; **sich** (*dat*) **ein Leid** ~ to injure oneself; **sich** (*dat*) **etwas** ~ (*euph*) to do

away with oneself; **jdm Schaden/Unrecht ~ to do sb** an injury/injustice; **tu mir keine Schande an!** don't bring shame upon me; **tun Sie sich** (*dat*) **keinen Zwang an!** (*inf*) don't stand on ceremony; **darf ich rauchen?— tu dir keinen Zwang an!** may I smoke?— feel free *or* please yourself.
   3. (*Sympathie erregen*) **es jdm ~** to appeal to sb; *siehe* **angetan.**
   4. (*Aus*) **sich** (*dat*) **etwas ~** (*sich aufregen*) to get excited *or* het-up (*inf*).

anturnen[1] *vi sep* **1.** **aux sein** (*inf*) (*usu* **angeturnt kommen**) to come romping along *or* (*auf einen zu*) up. **2.** (*Sport*) to open the season with a gymnastic event.

anturnen[2] ['antœrnən] *sep* (*sl*) **I** *vt* (*Drogen, Musik*) to turn on (*sl*). **II** *vi* to turn you on (*sl*).

Antwort *f* **-, -en 1.** (*auf Frage*) answer, reply; (*auf Brief*) reply, answer; (*Lösung, bei Examen, auf Fragebogen*) answer. **sie gab mir keine ~** she didn't reply (to me) *or* answer (me); **sie gab mir keine ~ auf die Frage** she didn't reply to *or* answer my question; **das ist doch keine ~** that's no answer; **in ~ auf etw** (*acc*) (*form*) in reply to sth; **um umgehende ~ wird gebeten** please reply at your earliest convenience; **um ~ wird gebeten** (*auf Einladungen*) RSVP; **keine ~ ist auch eine ~** (*Prov*) your silence is answer enough; *siehe* **Rede.**
   2. (*Reaktion*) response. **als ~ auf etw** (*acc*) in response to sth.

Antwortbrief *m* reply, answer.

antworten *vi* **1.** (*auf Frage*) to answer, to reply; (*auf Brief*) to reply, to answer. **jdm ~** to answer sb, to reply to sb; **auf etw** (*acc*) **~** to answer sth, to reply to sth; **was soll ich ihm ~?** what answer should I give him?, what should I tell him?; **jdm eine Frage ~** to reply to *or* answer sb's question; **mit Ja/Nein ~** to answer yes/no *or* in the affirmative/negative.
   2. (*reagieren*) to respond (*auf + acc* to, *mit* with).

Antwortkarte *f* reply card; **Antwortschein** *m* (*international*) reply coupon; **Antwortschreiben** *nt* reply, answer.

anvertrauen* *sep* **I** *vt* **1.** (*übergeben, anheimstellen*) **jdm etw ~** to entrust sth to sb *or* sb with sth.
   2. (*vertraulich erzählen*) **jdm etw ~** to confide sth to sb; **etw seinem Tagebuch ~** to confide sth to one's diary.
   II *vr* **sich jdm ~** (*sich mitteilen*) to confide in sb; (*sich in jds Schutz begeben*) to entrust oneself to sb; **sich jds Führung** (*dat*)**/Schutz** (*dat*) **~** to entrust oneself to sb's leadership/protection.

Anverwandte(r) *mf decl as adj* (*geh*) relative, relation.

anvisieren* ['anvi-] *vt sep* (*lit*) to sight; (*fig*) to set one's sights on; *Entwicklung, Zukunft etc* to envisage.

anwachsen *vi sep irreg aux sein* **1.** (*festwachsen*) to grow on; (*Haut*) to take; (*Nagel*) to grow; (*Pflanze etc*) to take root. **auf etw** (*dat*) **~** to grow onto sth; *siehe* **angewachsen.**
   2. (*zunehmen*) (*auf + acc* to) to increase; (*Lärm auch*) to grow.

Anwachsen *nt siehe vi* **1.** growing on;

taking; growing; taking root. **2.** increase; growth. **im ~ (begriffen) sein** to be on the increase, to be growing.

anwackeln *vi sep aux sein* (*usu* **angewackelt kommen**) to come waddling along *or* (*auf einen zu*) up; (*fig inf*) to come wandering up.

anwählen *vt sep* to dial; *jdn* to call.

Anwalt *m* **-(e)s, Anwälte 1.** *siehe* **Rechtsanwalt. 2.** (*fig: Fürsprecher*) advocate; (*der Armen etc auch*) champion.

Anwaltsbüro *nt* **1.** lawyer's office; **2.** (*Firma*) firm of solicitors.

Anwaltschaft *f* **1.** (*Vertretung*) **eine ~ übernehmen** to take over a case; **die ~ für jdn übernehmen** to accept sb's brief, to take over sb's case. **2.** (*Gesamtheit der Anwälte*) solicitors *pl*, legal profession.

Anwaltskammer *f* professional association of lawyers ≃ Law Society (*Brit*); **Anwaltskosten** *pl* legal expenses *pl*; **Anwaltspraxis** *f* legal practice; (*Räume*) lawyer's office.

anwandeln *vt sep* (*geh*) to come over. **jdn wandelt die Lust an, etw zu tun** sb feels the desire to do sth.

Anwandlung *f* (*von Furcht etc*) feeling; (*Laune*) mood; (*Drang*) impulse. **aus einer ~ heraus** on (an) impulse; **in einer ~ von Freigebigkeit** in a fit of generosity *etc*; **dann bekam er wieder seine ~en** (*inf*) then he had one of his fits again.

anwärmen *vt sep* to warm up.

Anwärter(in *f*) *m* (*Kandidat*) candidate (*auf + acc* for); (*Sport*) contender (*auf + acc* for); (*Thron~*) heir (*auf + acc* to). **der ~ auf den Thron** the pretender *or* (*Thronerbe*) heir to the throne.

Anwartschaft *f, no pl* candidature; (*Sport*) contention. **seine ~ auf die Titel anmelden** to say one is in contention for the title; **~ auf den Thron** claim to the throne.

anwatscheln *vi sep aux sein* (*inf*) **angewatschelt kommen** to come waddling along *or* (*auf einen zu*) up.

anwehen *sep* **I** *vt Sand* to blow; *Schnee* to drift; *jdn* (*fig geh: Gefühl*) to come over. **warme Luft wehte ihn an** warm air blew over him. **II** *vi aux sein* to drift.

anweisen *vt sep irreg* **1.** (*anleiten*) *Schüler, Lehrling etc* to instruct; (*beauftragen, befehlen auch*) to order. **2.** (*zuweisen*) (*jdm etw sb* sth) to allocate; *Zimmer auch* to give. **jdm einen Platz ~** to show sb to a seat. **3.** *Geld* to transfer.

Anweisung *f* **1.** (*Fin*) payment; (*auf Konto etc*) transfer; (*Formular*) payment slip; (*Post~*) postal order.
   2. (*Anordnung*) instruction, order. **eine ~ befolgen** to follow an instruction, to obey an order; **~ haben, etw zu tun** to have instructions to do sth; **auf ~ der Schulbehörde** on the instructions of *or* on instruction from the school authorities.
   3. (*Zuweisung*) allocation.
   4. (*Anleitung*) instructions *pl*; (*Gebrauchs~ auch*) set of instructions.

anwendbar *adj Theorie, Regel* applicable (*auf + acc* to). **die Methode ist auch hier ~** the method can also be applied *or* used here; **das ist in der Praxis nicht ~** that is not practicable.

Anwendbarkeit f applicability (*auf* +*acc* to).

anwenden vt sep auch irreg **1.** (*gebrauchen*) Methode, Mittel, Technik, Gewalt to use (*auf* +*acc* on); Regel to apply; Sorgfalt, Mühe to take (*auf* +*acc* over). **etw gut** or **nützlich** ~ to make good use of sth. **2.** Theorie, Prinzipien to apply (*auf* + *acc* to); Erfahrung, Einfluß to use, to bring to bear (*auf* +*acc* on). **sich auf etw** (*acc*) ~ **lassen** to be applicable to sth.

Anwendung f siehe vt **1.** use (*auf* +*acc* on); application; taking. **etw in** ~ (*acc*) or **zur** ~ **bringen** (*form*) to use/apply sth; **zur** ~ **gelangen** or **kommen,** ~ **finden** (*all form*) to be used/applied. **2.** application (*auf* + *acc* to); using, bringing to bear (*auf* +*acc* on).

Anwendungsgebiet nt area of application; **Anwendungsvorschrift** f instructions pl for use.

anwerben vt sep irreg to recruit (*für* to); (*Mil auch*) to enlist (*für* in). **sich** ~ **lassen** to enlist.

Anwerbung f siehe vt recruitment; enlistment.

anwerfen sep irreg **I** vt (*Tech*) to start up; Propeller to swing; (*inf*) Gerät to switch on. **II** vi (*Sport*) to take the first throw.

Anwesen nt -s, - (*geh*) estate.

anwesend adj present. ~ **sein** to be present (*bei, auf* +*dat* at); **ich war nicht ganz** ~ (*hum inf*) my thoughts were elsewhere.

Anwesende(r) mf decl as adj person present. **die** ~**n** those present; **jeder** ~/ **alle** ~**n** everyone/all those present.

Anwesenheit f presence. **in** ~ +*gen* or **von** in the presence of.

Anwesenheitsliste f attendance list; **Anwesenheitspflicht** f obligation to attend.

anwidern vt sep jdn ~ (*Essen, Anblick*) to make sb feel sick; **es/er widert mich an** I can't stand or I detest it/him.

anwinkeln vt sep to bend.

Anwohner m -s, - resident. **die** ~ **des Rheins** the people who live on the Rhine.

Anwohnerschaft f, no pl residents pl.

Anwurf m (*Sport*) first throw; (*fig: Schmähung*) reproof, rebuke.

anwurzeln vi sep aux sein to take root. **wie angewurzelt dastehen/stehenbleiben** to stand rooted to the spot.

Anzahl f, no pl number. **in ungleicher** ~ **vertreten** not represented in equal numbers; **eine ganze** ~ quite a number.

anzahlen vt sep Ware to pay a deposit on, to make a down payment on. **einen Betrag/100 DM** ~ to pay an amount/100 DM as a deposit.

Anzahlung f deposit, down payment (*für, auf* +*acc* on); (*erste Rate*) first instalment. **eine** ~ **machen** or **leisten** (*form*) to pay a deposit.

anzapfen vt sep Faß to broach; Baum, Telefon, Leitung to tap. **jdn** ~ (*inf*) (*ausfragen*) to pump sb; to tap sb's phone.

Anzeichen nt sign; (*Med auch*) symptom. **alle** ~ **deuten darauf hin, daß** ... all the signs are that ...; **wenn nicht alle** ~ **trügen** if all the signs are to be believed.

anzeichnen vt sep to mark; (*zeichnen*) to draw (*an* +*acc* on).

Anzeige f **1.** (*bei Behörde*) report (*wegen* of); (*bei Gericht*) legal proceedings pl. **wegen einer Sache (eine)** ~ **bei der Polizei erstatten** or **machen** to report sth to the police; **wegen einer Sache (eine)** ~ **bei Gericht erstatten** or **machen** to institute legal proceedings over sth; **jdn/etw zur** ~ **bringen** (*form*) (*bei Polizei*) to report sb/ sth to the police; (*bei Gericht*) to take sb/ bring sth to court. **2.** (*Bekanntgabe*) (*Karte, Brief*) announcement; (*in Zeitung auch*) notice; (*Inserat, Reklame*) advertisement. **3.** (*das Anzeigen: von Temperatur, Geschwindigkeit etc*) indication; (*Instrument*) indicator; (*Meßwerte*) reading; (*auf Informationstafel*) information. **auf die** ~ **des Spielstands warten** to wait for the score to be shown or indicated.

anzeigen vt sep **1.** jdn ~ (*bei der Polizei*) to report sb (to the police); (*bei Gericht*) to institute legal proceedings against sb; **sich selbst** ~ to give oneself up. **2.** (*bekanntgeben*) Heirat, Verlobung etc to announce; (*ausschreiben auch*) to advertise. **3.** (*mitteilen*) to announce; Richtung to indicate. **jdm etw** ~ (*durch Zeichen*) to signal sth to sb. **4.** (*angeben*) Spielstand, Temperatur, Zeit, Wetterlage, Geschwindigkeit to show, to indicate; Datum to show; (*fig: deuten auf*) to indicate, to show.

Anzeigenblatt nt advertiser; **Anzeigenteil** m advertisement section.

Anzeigepflicht f, no pl der ~ **unterliegen** (*form*) (*Krankheit*) to be notifiable.

anzeigepflichtig adj notifiable.

Anzeiger m **1.** (*bei Polizei*) person reporting offence etc to the police. **2.** (*Tech*) indicator. **3.** (*Zeitung*) advertiser, gazette.

Anzeigetafel f indicator board.

anzetteln vt sep to instigate; Unsinn to cause.

anziehen sep irreg **I** vt **1.** Kleidung to put on. **sich** (*dat*) **etw** ~ to put sth on; (*fig inf*) to take sth personally. **2.** (*straffen*) to pull (tight); Bremse (*betätigen*) to apply, to put on; (*härter einstellen*) to adjust; Zügel to pull; Saite, Schraube to tighten; (*dial*) Tür to pull to. **3.** (*an den Körper ziehen*) to draw up. **4.** (*lit*) Geruch, Feuchtigkeit to absorb; (*Magnet, fig*) to attract; Besucher to attract, to draw. **sich von etw angezogen fühlen** to feel attracted to or drawn by sth. **5.** (*obs: zitieren*) to quote, to cite. **II** vi **1.** (*sich in Bewegung setzen*) (*Pferde*) to start pulling or moving; (*Zug, Auto*) to start moving; (*beschleunigen*) to accelerate. **2.** (*Chess etc*) to make the first move. **3.** (*Fin: Preise, Aktien*) to rise. **4.** aux sein (*heranziehen*) to approach. **aus vielen Ländern angezogen kommen** to come from far and near. **III** vr **1.** (*sich kleiden*) to get dressed. **2.** (*fig*) (*Menschen*) to be attracted to each other; (*Gegensätze*) to attract.

anziehend adj (*ansprechend*) attractive; (*sympathisch*) pleasant.

Anziehung f attraction. **die Stadt hat eine**

große ~ für sie she is very attracted to the town.

Anziehungskraft f (*Phys*) force of attraction; (*fig*) attraction, appeal. **eine große ~ auf jdn ausüben** to attract sb strongly.

anzischen *sep* **I** *vt* (*lit, fig inf*) to hiss at. **II** *vi aux sein:* **angezischt kommen** to come whizzing along *or* (*auf einen zu*) up.

anzockeln *vi sep aux sein* (*usu* **angezockelt kommen**) (*inf*) to dawdle along *or* (*auf einen zu*) up; (*Pferd*) to plod along/up.

Anzug m **-(e)s, Anzüge 1.** (*Herren~*) suit. **jdn aus dem ~ stoßen/boxen** (*inf*) to beat the living daylights out of sb (*inf*); **aus dem ~ kippen** (*inf*) to be bowled over (*inf*) *or* flabbergasted (*inf*); (*ohnmächtig werden*) to pass out; *siehe* **hauen**.
2. (*das Heranrücken*) approach. **im ~ sein** to be coming; (*Mil*) to be advancing; (*fig*) (*Gewitter, Gefahr*) to be in the offing; (*Krankheit*) to be coming on.
3. (*Chess etc*) opening move. **Weiß ist als erster im ~** white has first move.

anzüglich *adj* lewd, suggestive. **~ werden** to get personal; **er ist mir gegenüber immer so ~** he always makes lewd *etc* remarks to me.

Anzüglichkeit f lewdness, suggestiveness. **~en** personal *or* lewd *or* suggestive remarks.

anzünden *vt sep* Feuer to light. **das Haus** *etc* **~** to set fire to the house *etc*, to set the house *etc* on fire.

Anzünder m lighter.

anzweifeln *vt sep* to question, to doubt.

anzwinkern *vt sep* to wink at.

anzwitschern *sep* (*inf*) **I** *vr sich* (*dat*) **einen ~** to get tipsy. **II** *vi aux sein* (*usu* **angezwitschert kommen**) to come strolling along *or* (*auf einen zu*) up.

AOK [aːoːˈkaː] f **-, -s** *abbr of* **Allgemeine Ortskrankenkasse.**

Äolsharfe [ˈɛːɔls-] f aeolian harp.

Äon [ɛˈoːn, ˈɛːɔn] m **-s, -en** *usu pl* (*geh*) (a)eon.

Aorta f **-, Aorten** aorta.

Apanage [-ˈnaːʒə] f **-, -n** appanage (*obs*), (large) allowance (*auch fig*).

apart **I** *adj* distinctive, unusual; *Mensch, Aussehen, Kleidungsstück auch* striking. **II** *adv* (*old*) separately, individually.

Apartheid [aˈpaːɐ̯thait] f **-, no pl** apartheid.

Apartheidpolitik f policy of apartheid, apartheid policy.

Apartheit f *siehe adj* distinctiveness, unusualness; strikingness.

Apartment [aˈpartmənt] nt **-s, -s** flat (*Brit*), apartment (*esp US*).

Apartmenthaus nt block of flats (*Brit*), apartment house (*esp US*), condominium (*US*); **Apartmentwohnung** f *siehe* **Apartment.**

Apathie f apathy; (*von Patienten*) listlessness.

apathisch *adj* apathetic; *Patient* listless.

aper *adj* (*Sw, Aus, S Ger*) snowless.

Aperçu [aperˈsy:] nt **-s, -s** (*geh*) witty remark, bon mot.

Aperitif m **-s, -s** *or* **-e** aperitif.

apern *vi* (*Sw, Aus, S Ger*) **es apert/die Hänge ~** the snow/the snow on the slopes is going.

Apfel m **-s, -** apple. **in den sauren ~ beißen** (*fig inf*) to swallow the bitter pill; **etw für einen ~ (und ein Ei) kaufen** (*inf*) to buy sth dirt cheap (*inf*) *or* for a song (*inf*); **der ~ fällt nicht weit vom Stamm** (*Prov*) it's in the blood, an apple doesn't fall far from the tree (*US*).

Apfel- *in cpds* apple; **Apfelbaum** m apple tree; **Apfelblüte** f **1.** apple blossom; **2.** (*das Blühen*) blossoming of the apple trees; **zur Zeit der ~** when the apple trees are/were in blossom.

Äpfelchen nt dim of **Apfel.**

Apfelklare(r) m clear apple schnapps; **Apfelkompott** nt stewed apple; **Apfelkuchen** m apple cake; **Apfelmost** m apple juice; **Apfelmus** nt apple puree *or* (*als Beilage*) sauce; **Apfelsaft** m apple juice; **Apfelschimmel** m dapple-grey (horse).

Apfelsine f **1.** orange. **2.** (*Baum*) orange tree.

Apfelstrudel m apfelstrudel; **Apfeltasche** f apple turnover; **Apfelwein** m cider.

Aphasie f (*Psych*) aphasia.

Aphorismus m aphorism.

aphoristisch *adj* aphoristic.

Aphrodisiakum nt **-s, Aphrodisiaka** aphrodisiac.

Apo, APO [ˈaːpo] f **-, no pl** *abbr of* **außerparlamentarische Opposition.**

apodiktisch *adj* apod(e)ictic.

Apokalypse f **-, -n** apocalypse.

apokalyptisch *adj* apocalyptic.

apokryph *adj* (*Rel*) apocryphal. **die A~en** *pl* the Apocrypha.

apolitisch *adj* non-political, apolitical.

Apoll m **-s,** (*rare*) **-s 1.** (*Myth*) *siehe* **Apollo(n). 2.** (*fig geh*) Apollo. **er ist nicht gerade ein ~** he doesn't exactly look like a Greek god.

apollinisch *adj* (*geh*) Apollonian.

Apollo(n) m **-s** Apollo.

Apologet(in f) m **-en, -en** (*geh*) apologist.

Apologetik f (*geh*) **1.** *siehe* **Apologie. 2.** (*Theol*) apologetics.

Apologie f apologia.

Aporie f (*geh*) aporia (*rare*), problem.

Apostel m **-s, -** apostle.

Apostelbrief m epistle; **Apostelgeschichte** f Acts of the Apostles *pl.*

a posteriori *adv* (*Philos, geh*) a posteriori.

apostolisch *adj* apostolic. **der A~e Stuhl** the Holy See; **das A~e Glaubensbekenntnis** the Apostles' Creed.

Apostroph m **-s, -e** apostrophe.

apostrophieren* *vt* **1.** (*Gram*) to apostrophize. **2.** (*bezeichnen*) **jdn als etw** (*acc*) **~** to call sb sth, to refer to sb as sth.

Apotheke f **-, -n 1.** chemist's shop, pharmacy (*old, US*). **2.** (*Haus~*) medicine chest *or* cupboard; (*Reise~, Auto~*) first-aid box. **3.** (*pej inf*) expensive shop. **das ist eine ~** that shop charges fancy prices.

apothekenpflichtig *adj* available only at a chemist's shop *or* pharmacy.

Apotheker(in f) m **-s, -** pharmacist, (dispensing) chemist, apothecary (*old Brit, US*).

Apothekergewicht nt apothecaries' weight; **Apothekerpreis** m (*pej inf*) fancy price; **Apothekerwaage** *f* (set of) precision scales.

Apotheose *f -*, **-n** apotheosis.

Apparat *m* **-(e)s, -e 1.** apparatus *no pl*, appliance; (*kleineres, technisches, mechanisches Gerät auch*) gadget; (*Röntgen~ etc*) machine. **2.** (*Radio*) radio; (*Fernseher*) set; (*Rasier~*) razor; (*Foto~*) camera. **3.** (*Telefon*) (tele)phone; (*Anschluß*) extension. **am ~** on the phone; (*als Antwort*) speaking; **wer war am ~?** who did you speak to?; **bleiben Sie am ~!** hold the line. **4.** (*sl*) (*nicht bestimmter Gegenstand*) thing; (*großer Gegenstand*) whopper. **5.** (*Personen und Hilfsmittel*) set-up; (*Verwaltungs~, Partei~*) machinery, apparatus; (*technischer etc*) equipment, apparatus. **6.** (*Zusammenstellung von Büchern*) collection of books to be used in conjunction with a particular course. **7.** (*Liter*) **(text)kritischer ~** critical apparatus.

Apparatebau *m* instrument-making, machine-making.

Apparatschik *m* **-s, -s** (*pej*) apparatchik.

Apparatur *f* equipment *no pl*, apparatus *no pl*. **~en/eine ~** pieces/a piece of equipment.

Appartement [apartə'mãː] *nt* **-s, -s 1.** *siehe* **Apartment. 2.** (*Zimmerflucht*) suite.

Appell *m* **-s, -e 1.** (*Aufruf*) appeal (*an +acc* to, *zu* for). **einen ~ an jdn richten** to (make an) appeal to sb. **2.** (*Mil*) roll call. **zum ~ antreten** to line up for roll call.

Appellation *f* (*Jur: obs, Sw*) appeal.

Appellativ, Apellativum [-'tiːvʊm] *nt* **-s,** **Appellativa** [-'tiːva] (*Ling*) appellative.

appellieren* *vi* to appeal (*an +acc* to).

Appendix *m -*, **Appendizes** appendix; (*fig: Anhängsel*) appendage.

Appetit *m* **-(e)s, -e** *no pl* (*lit, fig*) appetite. **~ auf etw** (*acc*) **haben** (*lit, fig*) to feel like sth; **guten ~!** bon appetit, enjoy your meal (*usu nothing said*); **jdm den ~ verderben** to spoil sb's appetite; (*inf: Witz etc*) to make sb feel sick; **jdm den ~ an etw** (*dat*) **verderben** (*fig*) to put sb off sth; **der ~ kommt beim** *or* **mit dem Essen** (*prov*) appetite grows with the eating (*prov*).

appetit|anregend *adj Speise etc* appetizing; **~es Mittel** appetite stimulant; **Appetithappen** *m* canapé; **appetithemmend** *adj* appetite suppressant; **~es Mittel** appetite suppressant; **Appetithemmer** *m* **-s, -** appetite suppressant; **appetitlich** *adj* (*lecker*) appetizing; (*verlockend aussehend, riechend*) tempting; (*hygienisch*) hygienic, savoury, (*fig*) *Mädchen* attractive; **~ verpackt** hygienically packed; **Appetitlosigkeit** *f* lack of appetite; **Appetitzügler** *m* **-s, -** appetite suppressant.

Appetizer ['æpətaɪzɐ] *m* **-s, -s** (*Pharm*) appetite stimulant.

applaudieren* *vti* to applaud. **jdm/einer Sache ~** to applaud sb/sth.

Applaus *m* **-es,** *no pl* applause.

Applikation *f* (*geh, Med*) (*Anwendung*)

application; (*von Heilmethode*) administering.

applizieren* *vt* **1.** (*geh: anwenden*) to apply. **2.** (*Sew: aufbügeln*) to apply; (*aufnähen auch*) to appliqué. **3.** (*Med*) *Heilmethode* to administer.

Apport *m* **-s, -e 1.** (*Hunt*) retrieving, fetching. **2.** (*Parapsychologie*) apport.

apportieren* *vti* to retrieve, to fetch.

Apportierhund *m* retriever.

Apposition *f* apposition.

appretieren* *vt* (*Tex*) to starch; (*imprägnieren*) to waterproof; *Holz* to dress, to finish; *Paper* to glaze.

Appretur *f* **1.** (*Mittel*) finish; (*Tex*) starch; (*Wasserundurchlässigkeit*) waterproofing; (*für Papier auch*) glaze. **2.** *siehe* **appretieren** starching; waterproofing; dressing, finishing; glazing.

Approbation *f* (*von Arzt, Apotheker*) certificate (*enabling a doctor etc to practise*). **einem Arzt die ~ entziehen** to take away a doctor's licence to practise, to strike a doctor off (the register) (*Brit*).

approbiert *adj Arzt, Apotheker* registered, certified.

Approximation *f* (*Math*) approximation, approximate value.

Après-Ski [apre'ʃiː] *nt -*, **-s** après-ski; (*Kleidung*) après-ski clothes.

Aprikose *f -*, **-n** apricot.

Aprikosen- *in cpds* apricot.

April *m* **-s,** *no pl* April. **~! ~!** April fool!; **der 1. ~** April *or* All Fools' Day; (*als Datum*) the 1st of April; **jdn in den ~ schicken** to make an April fool of sb; *siehe* **März.**

Aprilscherz *m* April fool's trick; **das ist doch wohl ein ~** (*fig*) you/they etc must be joking; **Aprilwetter** *nt* April weather.

a priori *adv* (*Philos, geh*) a priori.

apropos [apro'poː] *adv* by the way, that reminds me. **~ Afrika** talking about Africa.

Apsis *f -*, **Apsiden 1.** (*Archit*) apse. **2.** (*von Zelt*) bell.

Aquädukt *nt* **-(e)s, -e** aqueduct.

Aquamarin *nt* **-s, -e** aquamarine; **aquamarinblau** *adj* aquamarine; **Aquanaut** *m* **-en, -en** aquanaut; **Aquaplaning** *nt* **-s,** *no pl* (*Aut*) aquaplaning.

Aquarell *nt* **-s, -e** watercolour (painting). **~ malen** to paint in watercolours.

Aquarellfarbe *f* watercolour.

Aquarellmaler *m* watercolourist; **Aquarellmalerei** *f* **1.** (*Bild*) watercolour (painting); **2.** (*Vorgang*) painting in watercolours, watercolour painting.

Aquarien- [-iən] *in cpds* aquarium.

Aquarium *nt* aquarium.

Aquatinta *f -*, **Aquatinten** aquatint.

Äquator *m* **-s,** *no pl* equator.

äquatorial *adj* equatorial.

Äquatortaufe *f* (*Naut*) crossing-the-line ceremony.

Aquavit [akva'viːt] *m* **-s, -e** aquavit.

Äquilibrist *m* juggler; (*Seiltänzer*) tightrope walker.

Äquinoktium *nt* equinox.

Äquivalent [-va'lɛnt] *nt* **-s, -e** equivalent; (*Ausgleich*) compensation.

äquivalent [-va'lɛnt] *adj* equivalent.
Äquivalenz [-va'lɛnts] *f* equivalence.
Ar *nt or m* **-s, -e** (*Measure*) are (*100 m²*).
Ära *f* **-, Ären** era. **die ~ Adenauer** the Adenauer era.
Araber [*auch* 'aː-] *m* **-s, -** (*auch Pferd*), **Araberin** *f* Arab.
Arabeske *f* **-, -n** arabesque; (*Verzierung*) flourish.
Arabien [-iən] *nt* **-s** Arabia.
arabisch *adj* Arab; *Ziffer, Sprache, Schrift etc* Arabic. **die A~e Halbinsel** (*Geog*) the Arabian Peninsula, Arabia.
Arabisch(e) *nt* Arabic.
Arabistik *f, no pl* Arabic studies *pl*.
aramäisch *adj* Aramaic.
Arbeit *f* **1.** (*Tätigkeit, Phys, Sport*) work; (*das Arbeiten auch*) working; (*Pol, Econ, Lohn für ~*) labour. **~ und Kapital** capital and labour; **Tag der ~** Labour Day; **die ~en an der Autobahn** the work on the motorway; **bei der ~ mit Kindern** when working with children; **viel ~ machen** to be a lot of work (*jdm* for sb); **das ist/kostet viel ~** it's a lot of work *or* a big job; **an** *or* **bei der ~ sein** to be working; **sich an die ~ machen, an die ~ gehen** to get down to work, to start working; **an die ~!** to work!; **jdm bei der ~ zusehen** to watch sb working; **etw ist in ~** work on sth has started *or* is in progress; **etw in ~ haben** to be working on sth; **etw in ~ geben** to have sth done/made; **die ~ läuft dir nicht davon** (*hum*) the work will still be there when you get back; **erst die ~, dann das Vergnügen** (*prov*) business before pleasure (*prov*); **~ schändet nicht** (*Prov*) work is no disgrace.
2. *no pl* (*Ausführung*) work. **ganze** *or* **gründliche ~ leisten** (*lit, fig iro*) to do a good job.
3. *no pl* (*Mühe*) trouble, bother. **jdm ~ machen** to put sb to trouble; **machen Sie sich keine ~!** don't go to any trouble *or* bother; **was für vielleicht eine ~!** what hard work *or* what a job that was!; **die ~ zahlt sich aus** it's worth the trouble *or* effort.
4. (*Berufstätigkeit, inf: Arbeitsplatz, -stelle, -zeit*) work *no indef art*; (*Arbeitsverhältnis auch*) employment; (*Position*) job. **eine ~ als etw** work *or* a job as sth; **(eine) ~ suchen/finden** to look for/find work *or* a job; **einer (geregelten) ~ nachgehen** to have a (steady) job; **ohne ~ sein** to be out of work *or* unemployed; **bei jdm/einer Firma in ~ stehen** *or* **sein** to be employed by sb/with a firm; **zur** *or* **auf (**inf**) ~ gehen/von der ~ kommen** to go to/come back from work.
5. (*Aufgabe*) job. **seine ~ besteht darin, zu ...** his job is to ...
6. (*Produkt*) work; (*handwerkliche*) piece of work; (*Prüfungs~*) (examination) paper; (*wissenschaftliche*) paper; (*Buch*) work.
7. (*Sch*) test. **~en korrigieren** to mark test papers; **eine ~ schreiben/schreiben lassen** to do/set a test.
arbeiten I *vi* **1.** to work (*an +dat* on); (*sich anstrengen auch*) to labour (*old, liter*), to toil (*liter*). **~ wie ein Pferd/Wilder** (*inf*) to

work like a Trojan *or* horse/like mad (*inf*); **die Zeit arbeitet für/gegen uns** we have time on our side, time is on our side/ against us; **er arbeitet für zwei** (*inf*) he does the work of two *or* enough work for two; **er arbeitet über Schiller** he's working on Schiller; **er arbeitet mit Wasserfarben** he works in *or* uses watercolours.
2. (*funktionieren*) (*Organ*) to function, to work; (*Maschine, Anlage etc auch*) to operate. **die Anlage arbeitet automatisch** the plant is automatic; **die Anlage arbeitet elektrisch/mit Kohle** the plant runs *or* operates on electricity/coal.
3. (*berufstätig sein*) to work. **seine Frau arbeitet auch** his wife works *or* is working *or* goes out to work too; **für eine/bei einer Firma/Zeitung ~** to work for a firm/ newspaper; **die ~de Bevölkerung/Jugend** the working population/youth.
4. (*in Bewegung sein*) to work; (*Most etc auch*) to ferment; (*Holz*) to warp. **in seinem Kopf arbeitet es** his mind is at work; **in ihm begann es zu ~** he started to react, it began to work on him.
5. (*schneidern*) **wo/bei wem lassen Sie ~?** where do you have your clothes made/ who makes your clothes?
II *vr* **1.** **sich krank/müde/krüpplig ~** to make oneself ill/tire oneself out with work/to work oneself silly (*inf*); **sich zu Tode ~** to work oneself to death; **sich (**dat**) die Hände wund ~** to work one's fingers to the bone.
2. (*sich fortbewegen*) to work oneself (*in +acc* into, *durch* through, *zu* to). **sich in die Höhe** *or* **nach oben/an die Spitze ~** (*fig*) to work one's way up/(up) to the top.
3. *impers* **es arbeitet sich gut/schlecht** you can't/can't work well; **mit ihr arbeitet es sich angenehm** it's nice working with her.
III *vt* **1.** (*herstellen*) to make; (*aus Ton etc auch*) to work, to fashion.
2. (*tun*) to do. **was arbeitest du dort?** what are you doing there?; (*beruflich*) what do you do there?; **ich habe heute noch nichts gearbeitet** I haven't done anything *or* any work today; **du kannst auch ruhig mal was ~!** (*inf*) it wouldn't hurt you to do something *or* a bit of work either!
Arbeiter *m* **-s, -** worker; (*im Gegensatz zum Angestellten*) blue-collar worker; (*auf Bau, Bauernhof*) labourer; (*bei Straßenbau, im Haus*) workman. **der 22jährige ~ Horst Kuhn** the 22-year-old factory worker/labourer/workman Horst Kuhn; **die ~** (*Proletariat, Arbeitskräfte*) the workers; **~ und Arbeiterinnen** male and female workers; **~ und Arbeiterinnen gesucht für unser neues Werk** we are looking for men and women to work in our new factory.
Arbeiter|ameise *f* worker (ant); **Arbeiter|aufstand** *m* workers' revolt; **Arbeiterbewegung** *f* labour movement; **Arbeiterbiene** *f* worker (bee); **Arbeiterdemonstration** *f* workers' demonstration; **Arbeiterdenkmal** *nt* **1.** (*lit*) monument erected to the labouring *or* working classes; **2.** (*hum*) statue/

monument to inactivity (*hum*); **Arbeiterdichter** *m* poet of the working class; **Arbeiterfamilie** *f* working-class family; **arbeiterfeindlich** *adj* anti-working-class; **arbeiterfreundlich** *adj* pro-working-class; **Arbeiterführer** *m* (*Pol*) leader of the working classes; **Arbeitergewerkschaft** *f* blue-collar (trade) union, labor union (*US*).

Arbeiterin *f* **1.** *siehe* **Arbeiter. 2.** (*Zool*) worker.

Arbeiterjugend *f* young workers *pl*; **Arbeiterkampfgruß** *m* clenched-fist salute; **Arbeiterkampflied** *nt* socialist workers' song; **Arbeiterkind** *nt* child from a working-class family *or* background; **Arbeiterklasse** *f* working class(es *pl*); **Arbeiterkontrolle** *f* (*DDR*) *system of watchdog committees set up to check production etc*; **Arbeiterlied** *nt* workers' song; **Arbeiterpartei** *f* workers' party; **Arbeiterpriester** *m* worker-priest; **Arbeiterrat** *m* workers' council; **Arbeiterschaft** *f* work force; **Arbeiterschriftsteller** *m* working-class writer; **Arbeitersiedlung** *f* workers' housing estate; **Arbeitersohn** *m* son of a working-class family; **Arbeiterstadt** *f* working-class town; **Arbeiterstudent(in** *f*) *m* (*DDR*) *mature student who was previously a factory worker*; **Arbeiter-und-Bauern-Fakultät** *f* (*DDR*) *university department responsible for preparing young factory and agricultural workers for university*; **Arbeiter-und-Bauern-Inspektion** *f* (*DDR*) *public body set up to check implementation of government policy in production, trading standards and consumer protection*; **Arbeiter-und-Bauern-Staat** *m* (*DDR*) workers' and peasants' state; **Arbeiter-und-Soldaten-Rat** *m* workers' and soldiers' council; **Arbeiterunruhen** *pl* worker unrest, unrest among the workers; **Arbeiterverräter(in** *f*) *m* traitor to the labour movement; **Arbeiterveteran** *m* (*DDR*) veteran of the labour movement; **Arbeiterviertel** *nt* working-class area; **Arbeiterwohlfahrt** *f* workers' welfare association.

Arbeitgeber *m* employer.

Arbeitgeberanteil *m* employer's contribution; **Arbeitgeberseite** *f* employers' side; **Arbeitgeberverband** *m* employers' federation.

Arbeitnehmer *m* employee.

Arbeitnehmeranteil *m* employee's contribution; **Arbeitnehmerschaft** *f* employees *pl*; **Arbeitnehmerseite** *f* employees' side.

Arbeitsablauf *m* work routine; (*von Fabrik*) production *no art*.

arbeitsam *adj* industrious, hard-working.

Arbeitsamkeit *f* industriousness.

Arbeitsamt *nt* employment exchange, job centre (*Brit*), labour exchange (*dated Brit*); **Arbeitsanfall** *m* workload; **Arbeitsanleitung** *f* instructions *pl*; **Arbeitsantritt** *m* commencement of work (*form*); **bei** ~ when starting *or* commencing (*form*) work; **Arbeitsanzug** *m* working suit; **Arbeitsatmosphäre** *f* work(ing) atmosphere, work climate; **Arbeitsauffassung** *f* attitude to work; **Arbeitsaufwand** *m* expenditure of energy; (*Ind*) expenditure of labour; **mit geringem/großem** ~ with little/a lot of work; **der** ~ **für etw** the labour required for sth; **arbeitsaufwendig** *adj* energy-consuming; (*Ind*) expensive in labour; ~/ **nicht sehr** ~ **sein** to involve a lot of/not much work/labour; **Arbeitsausfall** *m* loss of working hours; **um weitere Arbeitsausfälle zu vermeiden** to avoid further working hours being lost; **Arbeitsbedingungen** *pl* working conditions *pl*; **Arbeitsbeginn** *m* start of work; **bei** ~ when one starts work; **Arbeitsbericht** *m* work report; **Arbeitsbeschaffung** *f* **1.** (*Arbeitsplatzbeschaffung*) job creation; **2.** (*Auftragsbeschaffung*) getting *or* bringing work in *no art*; **Arbeitsbescheinigung** *f* certificate of employment; **Arbeitsbesuch** *m* working visit; **Arbeitsdienst** *m* (*NS*) labour service; **Arbeitsdisziplin** *f* discipline at work *no art*; **Arbeitseifer** *m* enthusiasm for one's work; **Arbeitseinkommen** *nt* earned income; **Arbeitseinstellung** *f* **1.** *siehe* **Arbeitsauffassung**; **2.** (*Arbeitsniederlegung*) walkout; **die Belegschaft reagierte mit** ~ the work force reacted by downing tools *or* walking out; **Arbeitsemigrant** *m* immigrant worker; **Arbeitsende** *nt siehe* **Arbeitsschluß**; **Arbeitserlaubnis** *f* (*Recht*) permission to work; (*Bescheinigung*) work permit; **Arbeitserleichterung** *f* **das bedeutet eine große** ~ that makes the work much easier; **Arbeitsessen** *nt* (*esp Pol*) working lunch/dinner; **Arbeitsethos** *nt* work ethic; **Arbeitsexemplar** *nt* desk copy; **arbeitsfähig** *adj Person* able to work; (*gesund*) fit for *or* to work; *Regierung etc* viable; **Arbeitsfähigkeit** *f siehe adj* ability to work; fitness for work; viability; **Arbeitsfeld** *nt* (*geh*) field of work; **Arbeitsfriede(n)** *m* peaceful labour relations *pl, no art*; **Arbeitsgang** *m* **1.** (*Abschnitt*) operation; **2.** *siehe* **Arbeitsablauf**; **Arbeitsgebiet** *nt* field of work; **Arbeitsgemeinschaft** *f* team; (*Sch, Univ*) study-group; (*in Namen*) association; **Arbeitsgericht** *nt* industrial tribunal; **Arbeitsgruppe** *f* team; **Arbeitshaus** *nt* (*old*) workhouse; **Arbeitshypothese** *f* working hypothesis; **Arbeitsinspektion** *f* (*Aus, Sw*) factory supervision; **arbeitsintensiv** *adj* labour-intensive; **Arbeitskampf** *m* industrial action; **Arbeitskampfmaßnahmen** *pl* industrial action *sing*; **Arbeitskleidung** *f* working clothes *pl*; **Arbeitsklima** *nt* work climate, work(ing) atmosphere; **Arbeitskollege** *m* (*bei Angestellten etc*) colleague; (*bei Arbeitern*) workmate; **Arbeitskollektiv** *nt* (*DDR*) team; **Arbeitskosten** *pl* labour costs *pl*; **Arbeitskraft** *f* **1.** *no pl* capacity for work; **die menschliche** ~ **ersetzen** to replace human labour; **seine** ~ **verkaufen** to sell one's labour; **2.** (*Arbeiter*) worker; **Arbeitskreis** *m siehe* **Arbeitsgemeinschaft**; **Arbeitslager** *nt* labour *or* work camp; **Arbeitslärm** *m* industrial noise; **Arbeitslast** f burden of work; **Arbeitsleben** nt working life; **Arbeitsleistung** f (quantitativ) output, performance; (qualitativ) performance; **Arbeitslohn** m wages pl, earnings pl.

arbeitslos adj 1. unemployed, out of work. 2. Einkommen unearned.

Arbeitslosengeld nt earnings-related benefit; **Arbeitslosenhilfe** f unemployment benefit; **Arbeitslosen|unterstützung** f (dated) unemployment benefit, dole money (Brit inf); **Arbeitslosenversicherung** f ≈ National Insurance (Brit), social insurance (US); **Arbeitslosenzahlen** pl, **Arbeitslosenziffer** f unemployment figures pl.

Arbeitslose(r) mf decl as adj unemployed person/man/woman etc. **die** ~n the unemployed; **die Zahl der** ~n the number of unemployed or of people out of work.

Arbeitslosigkeit f unemployment.

Arbeitsmangel m lack of work; **Arbeitsmarkt** m labour market; **arbeitsmäßig** adj with respect to work; **Arbeitsmaterial** nt material for one's work; (Sch) teaching aids pl; **Arbeitsmedizin** f industrial medicine; **Arbeitsmensch** m (hard) worker; **Arbeitsmerkmale** pl job characteristics; **Arbeitsmethode** f method of working; **Arbeitsminister** m Employment Secretary (Brit), Labor Secretary (US); **Arbeitsmittel** nt siehe **Arbeitsmaterial**; **Arbeitsmoral** f siehe **Arbeitsethos**; **Arbeitsnachweis** m 1. employment agency; (amtlich) employment exchange; 2. (Bescheinigung) certificate of employment; **Arbeitsniederlegung** f walkout; **Arbeitsnorm** f 1. average work rate; 2. (DDR) time per unit of production; **Arbeits|organisation** f organization of the/one's work; **Arbeits|ort** m place of work; **Arbeitspapier** nt working paper; **Arbeitspapiere** pl cards, employment papers (form) pl; **Arbeitspause** f break; **Arbeitspensum** nt quota of work; **Arbeitspferd** nt (lit) workhorse; (fig) slogger (inf), hard worker; **Arbeitspflicht** f requirement to work; **Arbeitsplan** m work schedule; (in Fabrik) production schedule.

Arbeitsplatz m 1. (~stätte) place of work. **am** ~ at work; (in Büro auch) in the office; (in Fabrik auch) on the shop floor; **Demokratie am** ~ industrial democracy. 2. (in Büro, Fabrik) work station. **die Bibliothek hat 75 Arbeitsplätze** the library has room for 75 people to work or has working space for 75 people; **das Kind braucht einen richtigen** ~ the child needs a proper place to work. 3. (Stelle) job. **freie Arbeitsplätze** vacancies.

Arbeitsplatzbeschreibung f job description; **Arbeitsplatzteilung** f job sharing; **Arbeitsplatzwechsel** m change of jobs or employment (form).

Arbeitsprobe f sample of one's work; **Arbeitsproduktivität** f productivity per man-hour worked; **Arbeitsprozeß** m

work process; **Arbeitspsychologie** f industrial psychology; **Arbeitsraum** m workroom; (für geistige Arbeit) study; **Arbeitsrecht** nt industrial law; **arbeitsrechtlich** adj Streitfall, Angelegenheit concerning industrial law; Literatur on industrial law; **arbeitsreich** adj full of or filled with work, busy; **Arbeitsrhythmus** m work rhythm; **Arbeitsrichter** m judge in an industrial tribunal; **Arbeitsruhe** f (kurze Zeit) break from work; **gestern herrschte** ~ the factories and offices were closed yesterday; **arbeitsscheu** adj workshy; **Arbeitsschluß** m end of work; ~ **ist um** 17⁰⁰ work finishes at 5 p.m.; **nach** ~ after work; **Arbeitsschutz** m maintenance of industrial health and safety standards; **Arbeitssitzung** f working session; **Arbeitssklave** m (fig) slave to one's job; ~n pl slave labour sing; **Arbeitssoziologie** f industrial sociology; **Arbeitssprache** f language in which one works; **Arbeitsstätte** f place of work; **Goethes** ~ the place where Goethe worked; **Arbeitsstelle** f 1. place of work; 2. (Stellung) job; 3. (Abteilung) section; **Arbeitsstil** m workstyle, style of working; **Arbeitsstimmung** f **in der richtigen** ~ **sein** to be in the (right) mood for work; **Arbeitsstudie** f time and motion study; **Arbeitsstunde** f man-hour; ~n **werden extra berechnet** labour will be charged separately; **vier** ~n **kosten ...** four hours' labour costs ...; **Arbeitssuche** f search for work or employment or a job; **auf** ~ **sein** to be looking for a job or be job-hunting; **Arbeitstag** m working day; **ein harter** ~ a hard day; **Arbeitstagung** f conference, symposium; **Arbeitstätigkeit** f work; **arbeitsteilig** I adj based on the division of labour; II adv on the principle of the division of labour; **Arbeitsteilung** f division of labour; **Arbeitstempo** f rate of work; **Arbeitstherapie** f work therapy; **Arbeitstier** nt 1. (lit) working animal; 2. (fig) glutton for work; (Geistesarbeiter auch) workaholic (inf); **Arbeitstisch** m work-table; (für geistige Arbeit) desk; (für handwerkliche Arbeit) workbench; **Arbeitstitel** m provisional or draft title; **Arbeits|überlastung** f (von Mensch) overworking; (von Maschine) overloading.

arbeitsuchend adj attr looking for work or a job, seeking employment; **Arbeitsuchende(r)** mf decl as adj person etc looking for a job.

arbeits|unfähig adj unable to work; (krank) unfit for or to work; Regierung etc non-viable; **Arbeits|unfähigkeit** f siehe adj inability to work; unfitness for work; non-viability; **Arbeits|unfall** m industrial accident; **Arbeits|unterlage** f work paper; (Buch etc) source for one's work; **arbeits|unwillig** adj reluctant or unwilling to work; **Arbeits|urlaub** m working holiday; **Arbeitsverdienst** m earned income; **Arbeitsver|einfachung** f simplification of the/one's work; **Arbeitsverfahren** nt process; **Arbeitsverhältnis** nt employee-employer relationship; **ein**

~ **eingehen** to enter employment; **Arbeitsverhältnisse** *pl* working conditions *pl*; **Arbeitsvermittlung** *f* 1. (*Vorgang*) arranging employment; 2. (*Amt*) employment exchange; (*privat*) employment agency; **Arbeitsvertrag** *m* contract of employment; **Arbeitsverweigerung** *f* refusal to work; **Arbeitsvorbereitung** *f* 1. preparation for the/one's work; 2. (*Ind*) production planning; **Arbeitsvorgang** *m* work process; **Arbeitsvorhaben** *nt* project; **Arbeitsvorlage** *f* sketch/plan/model to work from; **jds** ~ **the sketch** *etc* sb works/worked from; **Arbeitsweise** *f* (*Praxis*) way *or* method of working, working method; (*von Maschine*) mode of operation (*form*); **die** ~ **dieser Maschine** the way this machine works; **Arbeitswelt** *f* working world; **die industrielle** ~ the world of industry; **Arbeitswille** *m* willingness to work; **arbeitswillig** *adj* willing to work; **Arbeitswillige(r)** *mf decl as adj* person willing to work; **Arbeitswissenschaft** *f* industrial science, manpower studies *sing* (*US*); **Arbeitswoche** *f* working week; **Arbeitswut** *f* work mania; **arbeitswütig** *adj* work-happy (*inf*); **Arbeitszeit** *f* 1. working hours *pl*; **während der** ~ **in** *or* during working hours; 2. (*benötigte Zeit*) **die** ~ **für etw** the time spent on sth; (*in Fabrik*) the production time for sth; **er ließ sich die** ~ **bezahlen** he wanted to be paid for his time; **Arbeitszeitverkürzung** *f* reduction in working hours; **Arbeitszimmer** *nt* study; **Arbeitszwang** *m* requirement to work.

Arbitrage [-a:ʒə] *f* -, -n (*St Ex*) arbitrage *no art*; (~*geschäft*) arbitrage business.

arbiträr *adj* (*geh*) arbitrary.

Arboretum *nt* -s, **Arboreten** arboretum.

Archaikum, Archäikum *nt* (*Geol*) arch(a)ean period.

archaisch *adj* archaic.

Archaismus *m* archaism.

Archäologe *m*, **Archäologin** *f* archaeologist.

Archäologie *f* archaeology.

archäologisch *adj* archaeological.

Arche *f* -, -n **die** ~ Noah Noah's Ark.

Archetyp *m* -s, -en archetype.

archetypisch *adj* archetypal.

Archipel *m* -s, -e archipelago.

Architekt(in *f*) *m* -en, -en (*lit, fig*) architect.

Architektenbüro *nt* architect's office; **Architektenkollektiv** *nt* team of architects.

Architektonik *f* architecture; (*geh: Aufbau von Kunstwerk*) structure, architectonics *sing* (*form*).

architektonisch *adj* siehe *n* architectural; structural, architectonic (*form*).

Architektur *f* architecture; (*Bau*) piece of architecture.

Architrav [-a:f] *m* -s, -e [-a:və] architrave.

Archiv *nt* archives *pl*.

Archivalien [-'va:liən] *pl* records *pl*.

Archivar(in *f*) [-'va:ɐ, -'va:rɪn] *m* archivist.

Archivbild *nt* photo from the archives; **Archivexemplar** *nt* file copy.

archivieren* [-'vi:rən] *vt* to put into the archives.

ARD ['a:|ɛr'de:] *f* -, *no pl abbr of* **Arbeitsgemeinschaft der Rundfunkanstalten Deutschlands**.

Are *f* -, -n (*Sw*) siehe **Ar**.

Areal *nt* -s, -e area.

areligiös *adj* areligious.

Ären *pl of* **Ära**.

Arena *f* -, **Arenen** (*lit, fig*) arena; (*Zirkus*~, *Stierkampf*~) ring.

arg I *adj, comp* **=er**, *superl* **=ste(r, s)** (*esp S Ger*) 1. (*old: böse*) evil, wicked. ~ **denken** to think evil thoughts.

2. (*schlimm*) bad; *Wetter auch, Gestank, Katastrophe, Verlust, Blamage, Verlegenheit, Schicksal* terrible; *Enttäuschung, Feind* bitter; *Säufer, Raucher* confirmed, inveterate. **sein =ster Feind** his worst enemy; **etw noch =er machen** to make sth worse; **das Ä=ste befürchten** to fear the worst; **etw liegt im ~en** sth is at sixes and sevens.

3. *attr* (*stark, groß*) terrible; (*dial*) *Freude, Liebenswürdigkeit etc* tremendous.

II *adv, comp* **=er**, *superl* **am =sten** (*schlimm*) badly; (*dial inf: sehr*) terribly (*inf*). **es geht ihr ~ schlecht** (*inf*) she's in a really bad way; **er hat sich ~ vertan** (*inf*) he's made a bad mistake; **sie ist ~ verliebt** (*inf*) she is very much *or* terribly in love; **hast du Lust? — nicht so ~** (*inf*) do you feel like it? — not much *or* not terribly (*inf*); **es zu ~ treiben** to go too far, to take things too far.

Argentinien [-iən] *nt* -s Argentina, the Argentine.

Argentinier(in *f*) [-iɐ, iərin] *m* -s, - Argentine, Argentinean.

argentinisch *adj* Argentine, Argentinean.

ärger *comp of* **arg**.

Ärger *m* -s, *no pl* 1. annoyance; (*stärker*) anger. ~ **über etw** (*acc*) **empfinden** to feel annoyed about sth; **zu jds** ~ *or* **jdm zum** ~ to sb's annoyance.

2. (*Unannehmlichkeiten, Streitigkeiten*) trouble; (*ärgerliche Erlebnisse auch*) bother; (*Sorgen*) worry. **jdm** ~ **machen** *or* **bereiten** to cause sb a lot of trouble *or* bother; **der tägliche** ~ **im Büro** the hassle (*inf*) in the office every day; ~ **bekommen** *or* **kriegen** (*inf*) to get into trouble; ~ **mit jdm haben** to be having trouble with sb; **mach keinen** ~! (*inf*) don't make *or* cause any trouble!, cool it (*sl*); **mach mir keinen** ~ (*inf*) don't make any trouble for me; **so ein** ~! (*inf*) how annoying!, what a nuisance!; **es gibt** ~ (*inf*) there'll be trouble.

ärgerlich *adj* 1. (*verärgert*) annoyed, cross. ~ **über** *or* **auf jdn/über etw** (*acc*) **sein** to be annoyed *or* cross with sb/about sth, to be angry *or* infuriated with *or* mad (*inf*) at sb/ about sth.

2. (*unangenehm*) annoying; (*stärker*) maddening, infuriating. **eine ~e Tatsache** an unpleasant fact.

ärgern I *vt* 1. to annoy, to irritate; (*stärker*) to make angry. **jdn krank/zu Tode** ~ to drive sb mad; **sich krank/zu Tode** ~ to drive oneself to distraction; **über so etwas könnte ich mich krank/zu Tode** ~ that sort of thing drives me mad; **das ärgert einen**

doch! but it's so annoying!
2. (*necken*) to torment.
II *vr* (*ärgerlich sein/werden*) to be/get
annoyed; (*stärker*) to be/get angry *or* infuriated (*über jdn/etw* with sb/about sth).

du darfst dich darüber nicht so ~ you
shouldn't let it annoy you so much; **nicht
~, nur wundern!** (*inf*) that's life.
Ärgernis *nt* 1. *no pl* (*Anstoß*) offence,
outrage. **~ erregen** to cause offence; **~ an
etw** (*dat*) **nehmen** (*old*) to be offended by
sth; **bei jdm ~ erregen** to offend sb; **wegen
Erregung öffentlichen ~ses angeklagt
werden** to be charged with offending
public decency.
2. (*Anstößiges*) outrage; (*etwas Ärgerliches*) terrible nuisance. **es ist ein ~ für
sie, wenn ...** it annoys her when ...; **um
~se zu vermeiden** to avoid upsetting anybody.
3. (*Unannehmlichkeit*) trouble.
Arglist *f -, no pl* (*Hinterlist*) cunning, guile,
craftiness; (*Boshaftigkeit*) malice; (*Jur*)
fraud.
arglistig *adj* cunning, crafty; (*böswillig*)
malicious. **~e Täuschung** fraud.
Arglistigkeit *f siehe adj* cunning, craftiness,
maliciousness.
arglos *adj* innocent; (*ohne Täuschungsab-
sicht*) guileless.
Arglosigkeit *f siehe adj* innocence; guile-
lessness.
Argon *nt -s, no pl* (*abbr* **Ar**) argon.
ärgste(r, s) *superl of* **arg.**
Argument *nt* argument. **das ist kein ~** that's
no argument; (*wäre unsinnig*) that's no
way to go about things; (*keine Entschuldigung*) that's no excuse.
Argumentation *f* 1. argument; (*Darlegung*) argumentation *no pl.* 2. (*Sch: Aufsatz*) critical analysis.
argumentativ *adj* ~ **ist er sehr schwach** his
argumentation is weak; **etw ~ erreichen/
bekämpfen** to achieve sth by (force of)
argument/to fight sth with arguments.
argumentieren* *vi* to argue. **mit etw ~** to
use sth as an argument.
Argus|auge *nt* (*geh*) Argus eye; **mit ~n**
Argus-eyed.
Argwohn *m -s, no pl* suspicion. **jds ~
erregen/zerstreuen** to arouse/allay sb's
suspicions; **~ gegen jdn hegen/schöpfen**
(*geh*) to have/form doubts about sb, to be/
become suspicious of sb; **mit *or* voller ~**
suspiciously.
argwöhnen *vt insep* (*geh*) to suspect.
argwöhnisch *adj* suspicious.
arid *adj* (*Geog*) arid.
Arie [-iə] *f* (*Mus*) aria.
Arier(in *f*) [-iɐ, -iərɪn] *m -s, -* Aryan.
Aries [ˈaːriːs] *m* (*Astron*) Aries.
arisch *adj* 1. (*Ling*) Indo-European, Indo-
Germanic. 2. (*NS*) Aryan.
arisieren* *vt* (*NS sl*) to Aryanize.
Aristokrat(in *f*) *m -en, -en* aristocrat.
Aristokratie *f* aristocracy.
aristokratisch *adj* aristocratic.
Aristoteles *m -* Aristotle.
aristotelisch *adj* Aristotelian.
Arithmetik *f -, no pl* arithmetic.
Arithmetiker(in *f*) *m -s, -* arithmetician.
arithmetisch *adj* arithmetic(al).

Arkade *f* (*Bogen*) arch(way). **~n** *pl*
(*Bogengang*) arcade.
Arkadien [-iən] *nt* Arcadia.
Arktis *f -, no pl* Arctic.
arktisch *adj* arctic.
arm *adj, comp* **⁓er**, *superl* **⁓ste(r, s)** *or adv*
am ⁓sten (*lit, fig*) poor; (*gering*) Vegetation, Wachstum sparse. **~ und reich** rich
and poor; **die A~en** the poor *pl*; **du ißt
mich noch mal ~!** (*inf*) you'll eat me out
of house and home!; **du machst mich noch
mal ~** (*inf*) you'll ruin me yet; **~ an etw**
(*dat*) **sein** to be somewhat lacking in sth;
die Landschaft hier ist ~ an Bäumen the
countryside around here doesn't have
many trees; **der Boden ist ~ an Nährstof-
fen** the soil is poor in nutrients; **~ an Vi-
taminen** low in vitamins; **um jdn/etw ⁓er
werden/sein** to lose/have lost sb/sth; **um
55 Mark ⁓er sein** to be 55 marks poorer
or worse off; **ach, du/Sie A~er!** (*iro*) you
poor thing!, poor you!; **ich A~er!** (*poet*)
woe is me! (*poet*); **~ dran sein** (*inf*) to
have a hard time of it; **~es Schwein** (*inf*)
poor so-and-so (*inf*); **~er Irrer** (*sl*) mad
fool (*inf*); (*bedauernswert*) poor fool.
Arm *m -(e)s, -e* 1. (*Anat, Tech, fig*) arm;
(*Fluß~ auch, Baum~*) branch; (*Waa-
ge~*) beam; (*Ärmel*) sleeve. **~ in ~** arm in
arm; **über/unter den ~** over/under one's
arm; **die ~e voll haben** to have one's arms
full; **jds ~ nehmen** to take sb's arm *or* sb
by the arm; **jdm den ~ bieten** (*geh*) *or*
reichen to offer sb one's arm; **jdn im ~ *or*
in den ~en halten** to hold sb in one's arms;
jdn am ~ führen to lead sb by the arm; **jdn
in die ~e nehmen** to take sb in one's arms;
jdn in die ~e schließen to take *or* clasp sb
in an embrace; **sich in den ~en liegen** to lie
in each other's arms; **sich aus jds ~en
lösen** (*geh*) to free oneself from sb's embrace; **jdn auf den ~ nehmen** to take sb
onto one's arm; (*fig inf*) to pull sb's leg
(*inf*); **jdm unter die ~e greifen** (*fig*) to
help sb out; **jdm in die ~e laufen** (*fig inf*)
to run *or* bump (*inf*) into sb; **jdn mit offenen ~en empfangen** (*fig*) to welcome sb
with open arms; **jdm in den ~ fallen** (*fig*)
to put a spoke in sb's wheel, to spike sb's
guns; **die Beine unter die ~e *or* den ~
nehmen** (*inf*) to run for dear life *or* as fast
as one's legs can carry one; **jdn jdm/einer
Sache in die ~e treiben** (*fig*) to drive sb
into sb's arms/to sth; **der ~ des Gesetzes**
the long arm of the law; **der ~ der
Gerechtigkeit** (*fig*) justice; **einen langen/
den längeren ~ haben** (*fig*) to have a lot
of/more pull (*inf*) *or* influence; **jds ver-
längerter ~** an extension of sb.
2. (*euph hum*) *siehe* **Arsch.**
Armada *f -, -s* *or* **Armaden** (*lit, fig*) armada.
Arm- *in cpds* arm; **arm|amputiert** *adj* with
an arm amputated; **~ sein** to have had an
arm amputated; **Arm|arbeit** *f* (*Boxen*) fist
work.
Armatur *f, usu pl* (*Tech*) (*Hahn, Leitung
etc*) fitting; (*Instrument*) instrument.
Armaturenbeleuchtung *f* (*Aut*) dash light;
Armaturenbrett *nt* instrument panel;
(*Aut*) dashboard.
Armband *nt* bracelet; (*von Uhr*) (watch)-

strap; **Armband|uhr** f wristwatch; **Armbeuge** f 1. inside of one's elbow; 2. (*Sport*) arm bend; **Armbinde** f armband; (*Med*) sling; **Armbruch** m (*Med*) broken *or* fractured arm; **Armbrust** f crossbow.

Ärmchen nt dim of **Arm.**

armdick adj as thick as one's arm.

Armee f -, -n [-e:ən] (*Mil*, *fig*) army; (*Gesamtheit der Streitkräfte*) (armed) forces pl. **bei der** ~ in the army/forces.

Armee- in cpds army.

Ärmel m -s, - sleeve. **sich** (*dat*) **die** ~ **hoch-** or **aufkrempeln** (*lit*, *fig*) to roll up one's sleeves; **etw aus dem** ~ **schütteln** to produce sth just like that.

Ärmel|aufschlag m cuff.

Armeleute|essen nt poor man's food; **Armeleutegeruch** m smell of poverty; **Armeleuteviertel** nt poor district.

Ärmelhalter m sleeve band.

Ärmelkanal m (English) Channel.

ärmellos adj sleeveless.

Armenhaus nt (*old*) poorhouse.

Armenien [-iən] nt Armenia.

Armenier(in f) [-iɐ, -iərɪn] m -s, - Armenian.

Armenkasse f (*Hist*) poor box; **Armenrecht** nt (*Jur*) legal aid.

Armensünder- in dated cpds (*Aus*) siehe **Armsünder-.**

Armenviertel nt poor district or quarter.

ärmer comp of **arm.**

Armeslänge f arm's length. **um zwei** ~**n** by two arms' length.

Armesünder- in cpds siehe **Armsünder-.**

Armflor m black armband; **Armgelenk** nt elbow joint; **Armhebel** m (*Sport*) arm lever.

armieren* vt 1. (*old Mil*) to arm. 2. (*Tech*) *Kabel* to sheathe; *Beton* to reinforce.

armlang adj arm-length; **Ärmlänge** f arm length; **Armlehne** f armrest; (*von Stuhl etc auch*) arm; **Armleuchter** m 1. chandelier; 2. (*pej inf: Mensch*) twit (*Brit inf*), fool, twirp (*inf*).

ärmlich adj (*lit*, *fig*) poor; *Kleidung*, *Wohnung* shabby; *Essen* meagre; *Verhältnisse* humble. **einen** ~**en Eindruck machen** to look poor/shabby; **aus** ~**en Verhältnissen** from a poor family.

Ärmlichkeit f siehe adj poorness; shabbiness; meagreness; humbleness.

Ärmling m oversleeve.

Armloch nt 1. armhole; 2. (*euph: Arschloch*) bum (*sl*); **Armmuskel** m biceps; **Armpolster** nt 1. (*an Kleidung*) shoulder padding; 2. (*Armlehne*) padded armrest; **Armprothese** f artificial arm; **Armreif(en)** m bangle; **Armschlüssel** m (*Sport*) armlock, hammerlock (*US*); **Armschutz** m (*Sport*) arm guard.

armselig adj (*dürftig*) miserable; (*mitleiderregend*) pathetic, pitiful, piteous; *Feigling etc* pathetic, miserable, wretched; *Summe*, *Ausrede* paltry. **für** ~**e zwei Mark** for a paltry two marks, for two paltry marks.

Armseligkeit f siehe adj miserableness; pitifulness, piteousness; wretchedness.

Armsessel, Armstuhl (*old*) m armchair.

ärmste(r, s) superl of **arm.**

Armstumpf m stump of one's arm; **Armstütze** f armrest.

Armsünderglocke f knell tolled during an execution; **Armsündermiene** f (*hum*) hangdog expression.

Armut f -, no pl (*lit*, *fig*) poverty. ~ **an etw** (*dat*) lack of sth; **geistige** ~ intellectual poverty; (*von Mensch*) lack of intellect.

Armutszeugnis nt (*fig*) **jdm/sich (selbst) ein** ~ **ausstellen** to show *or* prove sb's/one's (own) shortcomings; **das ist ein** ~ **für ihn** that shows him up.

Armvoll m -, - armful. **zwei** ~ **Holz** two armfuls of wood.

Arnika f -, -s arnica.

Aroma nt -s, **Aromen** or -s 1. (*Geruch*) aroma. 2. (*Geschmack*) flavour, taste. 3. no pl flavouring.

aromatisch adj 1. (*wohlriechend*) aromatic. 2. (*wohlschmeckend*) savoury.

aromatisieren* vt to give aroma to. **aromatisiert** aromatic; **zu stark aromatisiert sein** to have too strong an aroma.

Aronsstab m arum.

Arrak m -s, -s or -e arrack.

Arrangement [arãʒə'mã:] nt -s, -s (*alle Bedeutungen*) arrangement.

Arrangeur [arã'ʒø:ɐ] m (*geh*) organizer; (*Mus*) arranger.

arrangieren* [arã'ʒi:rən] I vti (*alle Bedeutungen*) to arrange (*jdm* for sb). II vr **sich mit jdm** ~ to come to an arrangement with sb; **sich mit etw** ~ to come to terms with sth.

Arrest m -(e)s, -s 1. (*Sch*, *Mil*, *Jur: Jugend~*) detention. 2. (*Econ*, *Jur*) (*auch persönlicher* ~) attachment; (*auch dinglicher* ~) distress (*form*), distraint. ~ **in jds Vermögen** distress upon sb's property.

Arrestant [-st-] m (*dated Jur*) detainee.

Arrestlokal nt (*dated*) detention room; (*Mil*) guardroom; **Arrestzelle** f detention cell.

arretieren* vt 1. (*dated*) jdn to take into custody. 2. (*Tech*) to lock (in place).

Arretierung f 1. siehe vt taking into custody; locking. 2. (*Vorrichtung*) locking mechanism.

arrivieren* [-'vi:-] vi aux sein to make it (*inf*), to become a success. **zu etw** ~ to rise to become sth.

arriviert [-'vi:ɐt] adj successful; (*pej*) upstart. **er ist jetzt** ~ he has arrived, he has made it (*inf*).

Arrivierte(r) mf decl as adj arrivé; (*pej*) parvenu.

arrogant adj arrogant.

Arroganz f -, no pl arrogance.

arrondieren* vt (*geh*) 1. *Grenze* to realign, to adjust; *Grundstück* to realign *or* adjust the boundaries of. 2. *Kanten etc* to round off.

Arsch m -(e)s, ⁱe 1. (*vulg*) arse (*vulg*), ass (*sl*), bum (*sl*), fanny (*US sl*), butt (*US sl*). **jdm** *or* **jdn in den** ~ **treten** to give sb a kick up the arse (*vulg*) *or* ass (*sl*); **auf den** ~ **fallen** (*fig: scheitern*) to fall flat on one's face; **den** ~ **voll kriegen** to get a bloody good hiding (*sl*); **leck mich am** ~! (*laß mich in Ruhe*) get stuffed! (*inf*), fuck off!

(*vulg*); (*verdammt noch mal*) bugger! (*sl*),
fuck it! (*vulg*); **er kann mich (mal) am ~**
lecken he can get stuffed (*inf*) *or* fuck off
(*vulg*); **jdm in den ~ kriechen** to lick sb's
arse (*vulg*) *or* ass (*sl*); **du hast wohl den ~**
offen! (*sl*) you're out of your tiny mind
(*inf*); **~ mit Ohren** (*sl*) silly bugger (*sl*);
aussehen wie ~ mit Ohren (*sl*) to be
shit-faced (*vulg*); **am ~ der Welt** (*sl*) in
the back of beyond; **im** *or* **am ~ sein/in**
den ~ gehen (*sl*) to be/get fucked up
(*vulg*); **jdn am ~ haben/kriegen** (*sl*) to
have/get sb by the short and curlies (*inf*);
einen kalten ~ kriegen/haben (*sl*) to kick/
have kicked the bucket (*inf*); **den ~ zu-**
kneifen (*sl*) to snuff it (*inf*); **ihm geht der**
~ mit Grundeis (*sl*) he's got the shits (*sl*),
he's shit-scared (*sl*); **ein ganzer ~ voll** (*sl*)
a whole lot; **Schütze ~** (*Mil*) simple
private; **sich auf den** *or* **seinen ~ setzen**
(*lit*) to park one's arse (*vulg*) *or* fanny (*US*
sl); (*fig sl*) (*sich Mühe geben*) to get one's
arse in gear (*vulg*), to get one's finger out
(*sl*); (*Überraschung*) to be knocked out
(*sl*).
  2. (*sl: Mensch*) bastard, bugger, sod (*all*
sl); (*Dummkopf*) stupid bastard *etc* (*sl*).
Arschbacke *f* (*vulg*) buttock, cheek;
Arschficken *nt* (*vulg*) bum-fucking
(*vulg*); **Arschficker** *m* **1.** (*lit vulg*) bum-
fucker (*vulg*); **2.** (*fig sl*) slimy bastard (*sl*);
Arschgeige *f* (*sl*) *siehe* **Arsch 2.**;
Arschkriecher *m* (*sl*) ass-kisser (*sl*).
ärschlings *adv* (*old*) backwards, arse first
(*vulg*).
Arschloch *nt* (*vulg*) **1.** (*lit*) arse-hole (*vulg*),
ass-hole (*sl*); **2.** *siehe* **Arsch 2.**;
Arschpauker *m* (*Sch sl*) bloody teacher
(*sl*); **Arschtritt** *m* (*sl*) kick up the arse
(*vulg*) *or* behind (*inf*); **Arschwisch** *m*
-(e)s, -e (*sl*) useless bumph (*inf*), bum
fodder (*sl*).
Arsen *nt* **-s**, *no pl* (*abbr* **As**) arsenic.
Arsenal *nt* **-s, -e** (*lit, fig*) arsenal.
arsenhaltig *adj* arsenic.
Arsenik *nt* **-s**, *no pl* arsenic, arsenic trioxide
(*form*).
Art. *abbr of* **Artikel**.
Art *f* **-, -en 1.** (*von Pflanze,*
Insekt etc auch) variety. **diese ~ Leute/**
Buch people/books like that, that kind *or*
sort of person/book; **jede ~ (von) Terror**
any kind *etc* of terrorism, terrorism in any
form; **alle möglichen ~en von Büchern,**
Bücher aller ~ all kinds *or* sorts of books,
books of all kinds *or* sorts; **ein Heuchler**
schlimmster ~ the worst type *or* kind of
hypocrite, a hypocrite of the worst type *or*
kind; **einzig in seiner ~ sein** to be the only
one of its kind, to be unique; **aus der ~**
schlagen not to take after anyone in the
family.
  2. (*Biol*) species.
  3. (*Methode*) way. **auf die ~** in that way
or manner; **auf die ~ geht es am schnell-**
sten that is the quickest way; **auf**
merkwürdige/grausame *etc* **~** in a strange/
cruel *etc* way; **die einfachste ~, etw zu tun**
the simplest way to do sth *or* of doing sth;
auf diese ~ und Weise in this way.
  4. (*Wesen*) nature; (*übliche Verhaltens-*
weise) way. **es entspricht nicht meiner ~**

it's not my nature; **das ist eigentlich nicht**
seine ~ it's not like him; **von lebhafter ~**
sein to have a lively nature; to have a lively way (with one).
  5. (*Stil*) style. **Schnitzel nach ~ des**
Hauses schnitzel à la maison.
  6. (*Benehmen*) behaviour. **daß es (nur**
so) eine ~ hat (*old*) with a vengeance; **das**
ist doch keine ~! that's no way to behave!;
ist das vielleicht *or* **etwa eine ~!** that's no
way to behave!
Art|angabe *f* (*Gram*) adverb of manner;
  (*Adverbialbestimmung*) adverbial phrase
  of manner.
art|eigen *adj* characteristic (of the species).
arten *vi aux sein* (*geh*) **nach jdm ~** to take
  after sb; *siehe auch* **geartet**.
artenreich *adj* with a large number of
  species. **diese Tierklasse ist sehr ~** this
  class of animal contains a large number of
  species.
art|erhaltend *adj* survival *attr*; **Art|erhal-**
tung *f* survival of the species.
Arterie [-iə] *f* artery.
arteriell *adj* arterial.
Arterienverkalkung [-iən-] *f* (*inf*) hardening of the arteries.
artesisch *adj* **~er Brunnen** artesian well.
artfremd *adj* foreign; **Artgenosse** *m*
  animal/plant of the same species;
  (*Mensch*) person of the same type; **art-**
gleich *adj* of the same species; *Mensch* of
  the same type.
Arthritis *f* -, **Arthritiden** arthritis.
arthritisch *adj* arthritic.
artig *adj* **1.** *Kind, Hund etc* good, well-
  behaved *no adv.* **sei schön ~** be a good
  boy/dog! *etc*, be good! **2.** (*old: galant*)
  courteous, civil. **3.** (*old: anmutig*) charming.
Artigkeit *f* **1.** *siehe adj* (*Wohlerzogenheit*)
  good behaviour; courtesy, courteousness,
  civility; charm. **2.** (*old*) (*Kompliment*)
  compliment; (*höfliche Bemerkung*)
  pleasantry.
Artikel *m* **-s, -** article; (*Lexikon~ auch*)
  entry; (*Comm auch*) item.
-artikel *pl in cpds* (*Ausrüstungen*) equipment; (*Kleidung*) wear.
Artikulation *f* articulation; (*deutliche Aus-*
sprache auch) enunciation; (*Mus*) phrasing.
artikulationsfähig *adj* articulate; (*Phon*)
  able to articulate; **Artikulationsfähig-**
keit *f siehe adj* articulateness; ability to
  articulate.
artikulatorisch *adj* (*Phon*) articulatory.
artikulieren* **I** *vti* to articulate; (*deutlich*
aussprechen auch) to enunciate; (*Mus*) to
  phrase. **sich artikuliert ausdrücken** to be
  articulate. **II** *vr* (*fig geh*) to express
  oneself.
Artillerie *f* artillery.
Artillerie- *in cpds* artillery; **Artillerie-**
beschuß *m* artillery fire.
Artillerist *m* artilleryman.
Artischocke *f* **-, -n** (*globe*) artichoke.
Artist *m* **1.** (*circus/variety*) artiste *or* performer. **2.** (*obs, geh: Meister*) artist (*gen at*).
  3. (*inf: Mensch*) joker (*inf*).
Artistik *f* artistry; (*Zirkus-, Varietékunst*)
  circus/variety performing.

Artistin f siehe **Artist**.

artistisch adj 1. sein ~es Können his ability as a performer; **eine ~e Glanzleistung**/ ~ **einmalige Leistung** a miracle/unique feat of circus etc artistry; **eine ~e Sensation** a sensational performance. 2. (geschickt) masterly no adv. 3. (formalkünstlerisch) artistic.

Artothek f -, -en picture (lending) library.

Artur m -s Arthur.

Artus m - (Hist, Myth) (King) Arthur.

artverschieden adj of different species; **artverwandt** adj generically related; **Artwort** nt (Gram) adjective.

Arznei f (lit, fig) medicine. das war für ihn **eine bittere/heilsame** ~ (fig) that was a painful/useful lesson for him.

Arzneibuch nt pharmacopoeia; **Arzneifläschchen** nt medicine bottle; **Arzneikunde** pharmacology.

Arzneimittel nt drug.

Arzneimittelforschung f pharmacological research; **Arzneimittelgesetz** nt law governing the manufacture and prescription of drugs; **Arzneimittelhersteller** m drug manufacturer or company; **Arzneimittelmißbrauch** m drug abuse.

Arzneipflanze f medicinal plant; **Arzneischränkchen** nt medicine cupboard.

Arzt m -es, ⁻e doctor, physician (old, form), medical practitioner (form); (Fach~) specialist; (Chirurg) surgeon. **praktischer** ~ general practitioner, GP abbr.

Arztberuf m medical profession.

Ärztebesteck nt set of surgical instruments; **Ärztekammer** f ≃ General Medical Council (Brit), State Medical Board of Registration (US); **Ärztekollegium** nt, **Ärztekommission** f medical advisory board; **Ärztemangel** m shortage of doctors; **Ärzteschaft** f medical profession; **Ärztevertreter** m pharmaceutical consultant.

Arztfrau f doctor's wife; **Arzthelferin** f (doctor's) receptionist; nurse.

Ärztin f woman doctor; siehe auch **Arzt**.

ärztlich adj medical. er ließ sich ~ **behandeln** he went to a doctor for treatment, he got medical treatment; ~ **empfohlen** recommended by the medical profession.

Arztpraxis f doctor's practice; **Arztrechnung** f doctor's bill.

As¹ nt -ses, -se (lit, fig) ace. alle vier ~se (lit) all the aces.

As² nt (Mus) A flat.

Asbest nt -(e)s, no pl asbestos.

Asbest- in cpds asbestos.

Aschantinuß f (Aus) siehe **Erdnuß**.

Aschbecher m siehe **Aschenbecher**; **aschblond** adj ash-blonde.

Asche f -, no pl ash(es pl); (von Zigarette, Vulkan) ash; (fig) (sterbliche Überreste) ashes pl; (Trümmer) ruins pl; (nach Feuer) ashes pl. zu ~ werden to turn to dust; sich (dat) ~ aufs Haupt streuen (fig geh) to wear sackcloth and ashes.

Aschenbahn f cinder track; **Aschenbecher** m ashtray; **Aschenbrödel** nt -s, - (Liter, fig) Cinderella, Cinders (inf); **Aschenbrödeldasein** nt Cinderella existence; **Aschen|eimer** m ash can (esp

US) or bin; **Aschenkasten** m ash pan; **Aschenputtel** nt -s, - siehe **Aschenbrödel**; **Aschenregen** m shower of ash.

Ascher m -s, - (inf) ashtray.

Aschermittwoch m Ash Wednesday.

aschfahl adj ashen; **aschfarben** adj ash-coloured; **aschgrau** adj ash-grey.

äsen (Hunt) I vir to graze, to browse. II vt to graze on.

aseptisch adj aseptic.

Äser¹ pl of **Aas**.

Äser² m -s, - (Hunt) mouth.

asexuell adj asexual.

Asiat(in f) m -en, -en Asian.

asiatisch adj Asian, Asiatic. ~e **Grippe** Asian or Asiatic (US) flu.

Asien [-ion] nt -s Asia.

Askese f -, no pl asceticism.

Asket m -en, -en ascetic.

asketisch adj ascetic.

Askorbinsäure f ascorbic acid.

Äskulapschlange f snake of Aesculapius; **Äskulapstab** m staff of Aesculapius.

Äsop m -s Aesop.

äsopisch adj Aesopic. eine Ä~e **Fabel** one of Aesop's Fables.

asozial adj antisocial.

Asoziale(r) mf decl as adj (pej) antisocial man/woman etc. ~ pl antisocial elements.

Aspekt m -(e)s, -e aspect. unter diesem ~ **betrachtet** looking at it from this point of view or aspect; **einen neuen** ~ **bekommen** to take on a different complexion.

Asphalt m -(e)s, -e asphalt.

Asphaltdecke f asphalt surface.

asphaltieren* vt to asphalt.

asphaltiert adj asphalt.

Asphaltstraße f asphalt road.

Aspik m or (Aus) nt -s, -e aspic.

Aspirant(in f) m 1. (geh) candidate (für, auf +acc for). 2. (DDR Univ) research assistant.

Aspirantur f (esp DDR) research assistantship.

Aspirata f -, **Aspiraten** (Phon) aspirate.

Aspiration f 1. usu pl (geh) aspiration. ~en **auf etw** (acc) or **nach etw haben** to have aspirations towards sth, to aspire to sth. 2. (Phon) aspiration.

aspirieren* I vi (geh) to aspire (auf +acc to); (Aus) to apply (auf +acc for). II vt (Phon) to aspirate.

aß pret of **essen**.

Assekuranz f (old) assurance; (Gesellschaft) assurance company.

Assel f -, -n isopod (form); (Roll~, Keller~, Land~ auch) woodlouse.

Asservat [-'va:t] nt (court) exhibit.

Asservatenkammer f room where court exhibits are kept.

Assessor(in f) m graduate civil servant who has completed his/her traineeship.

Assimilation f assimilation; (Anpassung) adjustment (an +acc to).

assimilatorisch adj assimilatory, assimilative.

assimilieren* I vti to assimilate. II vr to become assimilated. sich an etw (acc) ~ (Mensch) to adjust to sth.

Assistent(in f) m assistant.

Assistenz f assistance. unter ~ **von ...** with the assistance of ...

Assistenz|arzt m houseman (Brit), intern (US); **Assistenzprofessor** m assistant professor.

assistieren* vi to assist (jdm sb).

Assonanz f (Poet) assonance.

Assoziation f association.

assoziativ adj (Psych, geh) associative.

assoziieren* (geh) I vt mit Grün assoziiere ich Ruhe I associate green with peace.
II vi to make associations. frei ~ to make free associations.
III vr 1. (Vorstellungen etc) to have associations (in +dat, bei for).
2. (an-, zusammenschließen) sich mit jdm ~ to join with sb; sich an jdn/etw ~ to become associated to sb/sth.

assoziiert adj associated.

Ast m -(e)s, ⁻e 1. branch, bough; (fig: von Nerv) branch. sich in ⁻e teilen to branch; den ~ absägen, auf dem man sitzt (fig) to dig one's own grave; einen ~ durchsägen (hum) to snore like a grampus (inf), to saw wood (US inf); siehe absteigen 2.
2. (im Holz) knot.
3. (inf) (Rücken) back; (Buckel) hump(back), hunchback. sich (dat) einen ~ lachen (inf) to double up (with laughter).

AStA ['asta] m -s, Asten (Univ) abbr of Allgemeiner Studentenausschuß student's union.

Astat nt -s, no pl (abbr At) astatine.

asten (inf) I vi 1. (sich anstrengen) to slog (inf). 2. (büffeln) to swot. 3. aux sein (sich fortbewegen) to drag oneself. II vt to hump (inf), to lug (Brit inf).

Aster f -, -n aster, Michaelmas daisy.

Astgabel f fork (in a branch). eine ~ the fork of a branch.

Ästhet m -en, -en aesthete.

Ästhetik f 1. (Wissenschaft) aesthetics sing. 2. (Schönheit) aesthetics pl. 3. (Schönheitssinn) aesthetic sense.

Ästhetiker(in f) m -s, - aesthetician.

ästhetisch adj aesthetic.

ästhetisieren* (usu pej, geh) I vt to aestheticize. II vi to talk about aesthetics.

Ästhetizismus m (pej geh) aestheticism.

Ästhetizist(in f) m aestheticist.

ästhetizistisch adj (geh) aestheticist(ic).

Asthma nt -s, no pl asthma.

Asthmatiker(in f) m -s, - asthmatic.

asthmatisch adj asthmatic.

astig adj Holz knotty, gnarled.

Astloch nt knothole.

astral adj astral.

Astralleib m (Philos) astral body; (iro inf) beautiful or heavenly body.

astrein adj 1. Holz, Brett free of knots. 2. (fig inf: moralisch einwandfrei) straight (inf), on the level (inf). 3. (fig inf: echt) genuine. 4. (sl: prima) fantastic.

Astrologe m, **Astrologin** f astrologer; **Astrologie** f astrology; **astrologisch** adj astrological; **Astronaut(in** f) m -en, -en astronaut; **Astronautik** f astronautics sing; **astronautisch** adj astronautic(al).

Astronom(in f) m astronomer; **Astronomie** f astronomy; **astronomisch** adj (lit) astronomical; (fig auch) astronomic.

astrophisch adj (Poet) not divided into strophes.

Astrophysik f astrophysics sing; **Astrophysiker(in** f) m astrophysicist.

Astwerk nt branches pl.

Åsung f (Hunt) grazing.

ASW ['a:|εsve:] abbr of außersinnliche Wahrnehmung ESP.

Asyl nt -s, -e 1. (Schutz) sanctuary no art (liter); (politisches ~) (political) asylum no art. jdm ~ gewähren to grant sb sanctuary (liter)/(political) asylum; um ~ bitten or nachsuchen (form) to ask or apply (form) for (political) asylum.
2. (old: Heim) home, asylum.

Asylant(in f) m person seeking political asylum.

Asylrecht nt (Pol) right of (political) asylum; **Asylsuchende(r)** mf decl as adj, **Asylbewerber(in** f) m (Aus) person seeking (political) asylum.

Asymmetrie f lack of symmetry, asymmetry.

asymmetrisch adj asymmetric(al).

Asymptote f -, -n asymptote.

asynchron [-kro:n] adj asynchronous (form), out of synchronism.

Asyndeton nt -s, **Asyndeta** (Ling) parataxis.

Aszendent m 1. (Astrol) ascendant. 2. (Vorfahr) ancestor, ascendant (form).

aszendieren* vi 1. aux sein (Astron) to be in the ascendant. 2. aux sein or haben (obs) to be promoted (zu to).

at ['a:te:] abbr of Atmosphäre (Phys).

A.T. abbr of Altes Testament OT.

ata adv (baby-talk) ~ (~) gehen to go walkies (baby-talk).

Atavismus [ata'vɪsmʊs] m atavism.

atavistisch [ata'vɪstɪʃ] adj atavistic.

Atelier [-'lie:] nt -s, -s studio.

Atelier|aufnahme f 1. (Produkt) studio shot; 2. usu pl (Vorgang) studio work no pl; **Atelierfenster** nt studio window; **Atelierfest** nt studio party; **Atelierwohnung** f studio apartment.

Atem m -s, no pl 1. (das Atmen) breathing. den ~ anhalten (lit, fig) to hold one's breath; mit angehaltenem ~ (lit) holding one's breath; (fig) with bated breath; wieder zu ~ kommen to get one's breath back; den längeren ~ haben (fig) to have more staying power; jdn in ~ halten to keep sb in suspense or on tenterhooks; das verschlug mir den ~ that took my breath away.
2. (lit, fig: ~luft) breath. ~ holen or schöpfen (lit) to take or draw a breath; (fig) to get one's breath back.
3. (fig geh: Augenblick) in einem/im selben ~ in one/the same breath.

Atembeklemmung f difficulty in breathing; **atemberaubend** adj breathtaking; **Atembeschwerden** pl trouble in breathing; unter ~ leiden to have trouble in breathing; **Atemgerät** nt breathing apparatus; (Med) respirator; **Atemgeräusch** nt respiratory sounds pl; **Atemgymnastik** f breathing exercises pl; **Atemholen** nt -s, no pl breathing; man kommt nicht mehr zum ~ (fig) you hardly have time to breathe; **Atemlähmung** f respiratory paralysis; **atemlos** adj (lit, fig) breathless; **Atemlosigkeit** f breathlessness; **Atemluft** *f* unsere ~ the air we breathe; **Atemmaske** *f* breathing mask; **Atemnot** *f* difficulty in breathing; **Atempause** *f* (*fig*) breathing time *no art*, breathing space; **eine ~ einlegen** to take a breather; **Atemtechnik** *f* breathing technique; **Atem|übung** *f* (*Med*) breathing exercise; **Atemwege** *pl* (*Anat*) respiratory tracts *pl*; **Atemzug** *m* breath; **in einem/im selben ~** (*fig*) in one/the same breath.

Atheismus *m* atheism.

Atheist *m* **-en, -en** atheist.

atheistisch *adj* atheist(ic).

Athen *nt* **-s** Athens.

Athener *adj* Athenian.

Athener(in *f*) *m* **-s, -** Athenian.

Äther *m* **-s,** *no pl* 1. ether. 2. (*poet*) (a)ether (*poet*); (*Rad*) air. **etw in den ~ schicken** to put sth on the air; **über den ~** over the air.

ätherisch *adj* (*Liter, Chem*) ethereal.

ätherisieren* *vt* to etherize.

Äthernarkose *f* etherization; **Ätherwellen** *pl* (*Rad*) radio waves *pl*.

Äthiopien [ɛ'tio:piən] *nt* **-s** Ethiopia, Abyssinia.

Äthiopier(in *f*) [-piɐ, -iɐrɪn] **-s, -** Ethiopian, Abyssinian.

Athlet *m* **-en, -en** 1. athlete. 2. (*inf: kräftig*) he-man (*inf*).

Athletik *f* **-,** *no pl* athletics *sing*.

athletisch *adj* athletic.

Äthyl|alkohol *m* ethyl alcohol.

Äthyl|äther *m* ethyl ether.

Atlant *m* **-en, -en** atlas.

Atlanten *pl of* **Atlas**[1].

Atlantik *m* **-s** Atlantic.

atlantisch *adj* Atlantic. **ein ~es Hoch** a high-pressure area over/from the Atlantic; **der A~e Ozean** the Atlantic Ocean.

Atlas[1] *m* **- *or* -ses, Atlanten *or* -se** atlas.

Atlas[2] *m* **-,** *no pl* (*Myth*) Atlas.

Atlas[3] *m* **-,** *no pl* (*Geog*) Atlas Mountains *pl*.

Atlas[4] *m* **-ses, -se** (*Seiden~*) satin; (*Baumwolle*) sateen.

atmen I *vt* (*lit, fig geh*) to breathe. **II** *vi* to breathe, to respire (*form*). **frei ~** (*fig*) to breathe freely.

Atmosphäre *f* **-, -n** (*Phys, fig*) atmosphere.

Atmosphärendruck *m* atmospheric pressure; **Atmosphären|überdruck** *m* 1. atmospheric excess pressure; 2. (*Maßeinheit*) atmosphere (of pressure) above atmospheric pressure.

atmosphärisch *adj* atmospheric. **~e Störungen** atmospherics *pl*.

Atmung *f* **-,** *no pl* breathing; (*Med*) respiration.

Atmungs|organe *pl* respiratory organs *pl*.

Atoll *nt* **-s, -e** atoll.

Atom *nt* **-s, -e** atom.

Atom- *in cpds* atomic; *siehe auch* **Kern-;** **Atom|angriff** *m* nuclear attack; **Atom|antrieb** *m* nuclear *or* atomic propulsion; **ein U-Boot mit ~** a nuclear-powered submarine.

atomar *adj* atomic, nuclear; *Struktur* atomic; *Drohung* nuclear.

Atombombe *f* atomic *or* atom bomb; **Atombomben|explosion** *f* atomic *or* nuclear explosion; **atombombensicher** *adj* atomic *or* nuclear blast-proof; **Atom-**

bombenversuch *m* atomic *or* nuclear test; **Atombomber** *m* nuclear bomber; **Atombunker** *m* atomic *or* nuclear blast-proof bunker; **Atombusen** *m* (*dated inf*) big bust *or* boobs *pl* (*inf*); **Atom|energie** *f siehe* **Kernenergie; Atom|explosion** *f* atomic *or* nuclear explosion; **atomgetrieben** *adj* nuclear-powered; **Atomgewicht** *nt* atomic weight.

atomisieren* *vt* to atomize; (*fig*) to smash to pieces *or* smithereens.

Atomismus *m* atomism.

Atomkern *m* atomic nucleus; **Atomklub** *m* (*Press sl*) nuclear club; **Atomkraft** *f* atomic *or* nuclear power; **Atomkraftwerk** *nt* atomic *or* nuclear power station; **Atomkrieg** *m* atomic *or* nuclear war; **Atommacht** *f* nuclear power; **Atommeiler** *m siehe* **Kernreaktor; Atommodell** *nt* model of the atom; **Atommüll** *m* atomic *or* nuclear *or* radioactive waste; **Atomphysik** *f* atomic *or* nuclear physics *sing*; **Atomphysiker** *m* nuclear physicist; **Atompilz** *m* mushroom cloud; **Atomrakete** *f* nuclear-powered rocket; (*Waffe*) nuclear missile; **Atomreaktor** *m* atomic *or* nuclear reactor; **Atomrüstung** *f* nuclear armament; **Atomspaltung** *f siehe* **Kernspaltung; Atomsperrvertrag** *m siehe* **Atomwaffensperrvertrag; Atomsprengkopf** *m* atomic *or* nuclear warhead; **Atomstopp** *m* nuclear ban; **Atomstrahlung** *f* nuclear radiation; **Atomstreitmacht** *f* nuclear capability; **Atomstrom** *m* (*inf*) electricity generated by nuclear power; **Atomtest** *m* nuclear test; **Atomteststopp|abkommen** *nt* nuclear test ban treaty; **Atomtod** *m* (*Press sl*) nuclear death; **Atomtriebwerk** *nt* nuclear engine; **Atom|uhr** *f* atomic clock; **Atomversuch** *m* nuclear test; **Atomversuchsstopp** *m* nuclear test ban; **Atomwaffe** *f* nuclear *or* atomic weapon; **atomwaffenfrei** *adj* nuclear-free; **Atomwaffensperrvertrag** *m* nuclear *or* atomic weapons non-proliferation treaty; **Atomzeit|alter** *nt* atomic *or* nuclear age; **Atomzerfall** *m* atomic disintegration *or* decay; **Atomzertrümmerung** *f* splitting of the atom.

atonal *adj* atonal.

Atonalität *f* atonality.

atoxisch *adj* (*form*) non-toxic.

Atrium *nt* (*Archit, Anat*) atrium.

Atriumhaus *nt* house built around an atrium *or* open court.

Atrophie *f* (*Med*) atrophy.

atrophisch *adj* atrophied.

ätsch *interj* (*inf*) ha-ha.

Attaché [ata'ʃe:] *m* **-s, -s** attaché.

Attacke *f* **-, -n** (*Angriff*) attack; (*Mil Hist*) (cavalry) charge. **eine ~ gegen jdn/etw reiten** (*lit*) to charge sb/sth; (*fig*) to attack sb/sth.

attackieren* *vt* (*angreifen*) to attack; (*Mil Hist*) to charge.

Attentat [-ta:t] *nt* **-(e)s, -e** assassination; (*~sversuch*) assassination attempt. **ein ~ auf jdn verüben** to assassinate sb; to make an attempt on sb's life; **ich habe ein ~ auf dich vor** (*hum*) listen, I've got a great idea.

Attentäter(in *f*) *m* **-s, -** assassin; (*bei gescheitertem Versuch*) would-be assassin.

Attest *nt* **-(e)s, -e** certificate.

attestieren* *vt* (*form*) to certify. **jdm seine Dienstuntauglichkeit** *etc* ~ to certify sb as unfit for duty *etc*.

Attitüde *f* **-, -n** (*geh*) **1.** attitude. **2.** (*Geste*) gesture.

Attraktion *f* attraction.

attraktiv *adj* attractive.

Attraktivität *f* attractiveness.

Attrappe *f* **-, -n** dummy; (*fig: Schein*) sham. **die ~ eines ...** a dummy ...; **ihr Busen ist nur/bei ihr ist alles ~** her bosom/ everything about her is false.

Attribut *nt* **-(e)s, -e** (*geh, Gram*) attribute.

Attributivsatz *m* (*Gram*) relative clause.

atü [aː'tyː] *abbr of* **Atmosphärenüber-druck.**

Atü *nt* **-s, -** atmospheric excess pressure.

atypisch *adj* (*geh*) atypical.

atzen *vt* (*Hunt*) to feed.

ätzen *vti* **1.** to etch. **2.** (*Säure*) to corrode. **3.** (*Med*) to cauterize.

ätzend *adj* **1.** (*lit*) *Säure* corrosive; (*Med*) caustic. **2.** *Geruch* pungent; *Rauch* choking; *Spott* caustic.

Ätzmittel *nt* (*Chem*) corrosive; (*Med*) cautery, caustic; **Ätznatron** *nt* caustic soda; **Ätzstift** *m* (*Med*) cautery.

Atzung *f* (*Hunt, hum*) (*Vorgang*) feeding; (*Futter*) food, fodder.

Ätzung *f, no pl siehe vti* etching; corrosion; cauterization, cautery.

Au *f* **-, -en** (*S Ger, Aus*) *siehe* **Aue.**

au *interj* **1.** ow, ouch. **~, das war knapp!** oh *or* God, that was close! **2.** (*Ausdruck der Begeisterung*) oh.

aua *interj* ow, ouch.

aubergine [obɛr'ʒiːnə] *adj* *pred*, **auberginefarben** *adj* aubergine.

Aubergine [obɛr'ʒiːnə] *f* aubergine, eggplant.

auch *adv* **1.** (*zusätzlich, gleichfalls*) also, too, as well. **die Engländer müssen ~ zugeben, daß ...** the English must admit too *or* as well *or* must also admit that ...; **~ die Engländer müssen ...** the English too must ...; **das kann ich ~** I can do that too *or* as well; **das ist ~ möglich** that's possible too *or* as well, that's also possible; **ja, das ~** yes, that too; **~ gut** that's OK too; **du ~?** you too?, you as well?; **~ nicht** not ... either; **das ist ~ nicht richtig** that's not right either; **er kommt — ich ~** he's coming — so am I *or* me too; **ich will eins — ich ~** I want one — so do I *or* me too; **er kommt nicht — ich ~** he's not coming — nor *or* neither am I *or* I'm not either *or* me neither; **nicht nur ..., sondern ~** not only ... but also ..., not only ... but ... too *or* as well; **~ das noch!** that's all I needed!

2. (*tatsächlich*) too, as well. **und das tue/meine ich ~** and I'll do it/I mean it too *or* as well; **du siehst müde aus — das bin ich ~** you look tired — (so) I am; **das ist er ja ~** (and so) he is; **das müßt ihr aber ~ tun** but you have to do it; **so ist es ~** (so) it is.

3. (*sogar*) even. **~ wenn du Vorfahrt hast** even if you (do) have right of way; **ohne ~ nur zu fragen** without even asking.

4. (*emph*) **den Teufel ~!** damn it (all)!; **so was Ärgerliches aber ~!** it's really too annoying!; **wozu ~?** what on earth *or* whatever for?

5. (~ *immer*) **wie dem ~ sei** be that as it may; **was er ~ sagen mag** whatever he might say; **so schnell er ~ laufen mag** however fast he runs *or* may run, no matter how fast he runs; *siehe* **immer.**

Audienz *f* (*bei Papst, König etc*) audience.

Audienzsaal *m* audience chamber.

Audimax *nt* **-, no pl** (*Univ sl*) main lecture hall.

audiovisuell *adj* audiovisual.

auditiv *adj* auditory.

Auditorium *nt* **1.** (*Hörsaal*) lecture hall. **~ maximum** (*Univ*) main lecture hall. **2.** (*geh: Zuhörerschaft*) audience.

Aue *f* **-, -n 1.** (*dial, poet*) meadow, pasture, lea (*poet*), mead (*poet*). **2.** (*dial: Insel*) island.

Auerhahn *m* capercaillie.

Auerhenne *f*, **Auerhuhn** *nt* capercaillie (hen).

Auer|ochse *m* aurochs.

Auf *nt inv:* **das ~ und Ab** *or* **Nieder** the up and downs; (*fig*) the ups and downs.

auf I *prep siehe auch Substantive, Verben etc* **1.** +*dat* on; (*esp Schriftsprache auch*) upon. **~** (**der Insel**) **Skye** on the island of Skye; **~ den Orkneyinseln** on *or* in the Orkney Islands; **~ See** at sea; **~ meinem Zimmer** in my room; **~ der Bank/Post** at the bank/post office; **mein Geld ist ~ der Bank** my money is in the bank; **~ der Straße** on *or* in the street *or* road.

2. ~ der Geige spielen to play the violin; **etw ~ der Geige spielen** to play sth on the violin; **~ einem Ohr taub/einem Auge kurzsichtig sein** to be deaf in one ear/short-sighted in one eye; **das hat nichts ~ sich** (*inf*) it does not mean anything; **was hat es damit ~ sich?** what does it mean?; **die Tachonadel steht ~ 105** the speedometer is at *or* on 105; **~ der Fahrt/dem Weg** *etc* on the journey/way *etc*; **Greenwich liegt ~ 0 Grad** Greenwich lies at 0 degrees.

3. +*acc* on, onto. **etw ~ etw heben** to lift sth onto sth; **etw ~ etw stellen** to put sth on(to) *or* on top of sth; **sich ~ etw setzen/legen** to sit/lie (down) on sth; **sich ~ die Straße setzen** to sit down on *or* in the road; **das Wrack ist ~ den Meeresgrund gesunken** the wreck sank to the bottom of the sea; **jdm ~ den Rücken klopfen** to slap sb on the back; **er fiel ~ den Rücken** he fell on(to) his back; **etw ~ einen Zettel schreiben** to write sth on a piece of paper; **er ist ~ die Orkneyinseln gefahren** he has gone to the Orkney Islands; **jdn ~ den Mond schießen** to send sb to the moon; **er segelt ~ das Meer hinaus** he is sailing out to sea; **geh mal ~ die Seite** go to the side; **Geld ~ die Bank bringen** to take money to the bank; (*einzahlen*) to put money in the bank; **~ sein Zimmer/die Post/die Polizei** *etc* **gehen** to go to one's room/the post office/the police *etc*; **~s Gymnasium gehen** to go to (the) grammar school; **die Uhr ~ 10 stellen** to put *or* set the clock to 10; **Heiligabend fällt ~ einen Dienstag**

Christmas Eve falls on a Tuesday; **die Sitzung ~ morgen legen/verschieben** to arrange the meeting for tomorrow/to postpone the meeting until tomorrow; **~ eine Party** *etc* **gehen** to go to a party *etc*; **~ ihn!** at him!, get him!

4. +*acc* **~ 10 km/drei Tage** for 10 km/ three days; **~ eine Tasse Kaffee/eine Zigarette(nlänge)** for a cup of coffee/a smoke.

5. +*acc* (*Häufung*) **Niederlage ~ Niederlage** defeat after *or* upon defeat; **einer ~ den anderen** one after another.

6. +*acc* (*im Hinblick auf*) for. **ein Manuskript ~ Fehler prüfen** to check a manuscript for errors.

7. +*acc* (*als Reaktion, auch*: **auf ... hin**) at. **~ seinen Vorschlag (hin)** at his suggestion; **~ meinen Brief hin** because of *or* on account of my letter; **~ seine Bitte (hin)** at *or* upon his request.

8. (*sl: in einer bestimmten Art*) **komm mir bloß nicht ~ die wehleidige Tour!** just don't try the sad approach with me.

9. (*sonstige Anwendungen*) **es geht ~ Weihnachten zu** Christmas is approaching; **er kam ~ mich zu und sagte ...** he came up to me and said ...; **während er ~ mich zukam** as he was coming towards me; **die Nacht (von Montag) ~ Dienstag** Monday night; **das Bier geht ~ mich** (*inf*) the beer's on me; **~ wen geht das Bier?** (*inf*) who's paying for the beer?; **~ das** *or* **~s liebenswürdigste** *etc* (*geh*) most kindly *etc*; **~ einen Polizisten kommen 1.000 Bürger** there is one policeman for *or* to every 1,000 citizens; **~ jeden kamen zwei Flaschen Bier** there were two bottles of beer (for) each; **~ den Millimeter/die Sekunde genau** precise to the *or* to within one millimetre/second; **~ unseren lieben Onkel Egon/ein glückliches Gelingen** *etc* here's to dear Uncle Egon/a great success; **~ deine Gesundheit** (your very) good health; **~ morgen/ bald** till tomorrow/ soon; **die Dauer ~ ein Jahr reduzieren** to reduce the duration to one year; **ein Brett ~ einen Meter absägen** to saw a plank down to one metre.

II *adv* **1.** (*offen*) open. **Mund/Fenster ~!** open your mouth/the window.

2. (*hinauf*) up. **~ und ab** *or* **nieder** (*geh*) up and down.

3. (*sonstige Anwendungen*) **Helm/Brille ~!** helmets/glasses on; **ich war die halbe Nacht ~** I've been up half the night; **kaum drei Wochen ~, muß er wieder ins Krankenhaus** he's hardly been out of bed three weeks and he's already got to go back into hospital; **nachmittags Unterricht, und dann noch soviel ~!** (*inf*) school in the afternoon, and all that homework too!; **Handschuhe an, Wollmütze ~, so wird er sich nicht erkälten** with his gloves and woollen hat on he won't catch cold; **~ nach Chicago!** let's go to Chicago; **~ geht's!** let's go!; **~ und davon** up and away, off; **~, an die Arbeit!** come on, let's get on with it; **Sprung ~! marsch, marsch!** (*Mil*) jump to it!, at the double!; *siehe* **aufsein.**

III *conj* (*old, liter*) **~ daß** that (*old,*

liter); **~ daß wir niemals vergessen mögen** lest we should ever forget, that we might never forget.

auf|addieren* *vtr sep* to add up.

auf|arbeiten *vt sep* **1.** (*erneuern*) to refurbish, to do up; *Möbel etc auch* to recondition. **2.** (*auswerten*) *Literatur etc* to incorporate critically; *Vergangenheit* to reappraise. **3.** (*erledigen*) *Korrespondenz, Liegengebliebenes* to catch up with *or* on, to clear.

Auf|arbeitung *f siehe vt* refurbishing; reconditioning; critical incorporation; reappraisal; catching up.

auf|atmen *vi sep* (*lit, fig*) to breathe *or* heave a sigh of relief. **ein A~** a sigh of relief.

auf|backen *vt sep* to warm *or* crisp up.

auf|bahren *vt sep Sarg* to lay on the bier; *Leiche* to lay out. **einen Toten feierlich ~** to put a person's body to lie in state.

Aufbahrung *f* laying out; (*feierlich*) lying in state.

Aufbahrungshalle *f* funeral parlour, chapel of rest.

Aufbau *m* **1.** *no pl* (*das Aufbauen*) construction, building; (*das Wiederaufbauen*) reconstruction. **der wirtschaftliche ~** the building up of the economy. **2.** *pl* **-ten** (*Aufgebautes, Aufgesetztes*) top; (*von Auto, LKW*) coachwork *no pl*, body. **3.** *no pl* (*Struktur*) structure.

Aufbau|arbeit *f* construction (work); (*Wiederaufbau*) reconstruction (work).

aufbauen *sep* **I** *vt* **1.** (*errichten*) to put up; *zusammensetzbare Möbel, Lautsprecheranlage auch* to fix up; (*hinstellen*) *Ausstellungsstücke, kaltes Büfett, Brettspiel etc* to set *or* lay out; (*inf*) *Posten etc* to post; (*zusammenbauen*) *Motor etc* to put together, to assemble.

2. (*daraufbauen*) *Stockwerk* to add (on), to build on; *Karosserie* to mount.

3. (*fig: gestalten*) *Organisation, Land, Armee, Geschäft, Angriff, Druck, Spannung, Verbindung, Eiweiß* to build up; *Zerstörtes* to rebuild; *Theorie, Plan* to construct. **sich** (*dat*) **eine (neue) Existenz ~** to build (up) a new life for oneself.

4. (*fig: fördern*) *Gesundheit* to build up; *Star etc auch* to promote. **jdn/etw zu etw ~** to build sb/sth up into sth.

5. (*fig: gründen*) **etw auf etw** (*dat or acc*) **~** to base *or* found sth on sth.

6. (*strukturieren, konstruieren*) to construct; *Maschine auch* to build; *Rede etc, Organisation auch* to structure.

II *vi* **1.** (*sich gründen*) to be based *or* founded (*auf +dat or acc* on).

2. wir wollen ~ und nicht zerstören we want to build and not destroy.

III *vr* **1.** (*inf: sich postieren*) to take up position. **er baute sich vor dem Lehrer auf und ...** he stood up in front of the teacher and ...; **sich vor jdm drohend ~** to plant oneself in front of sb (*inf*).

2. (*sich bilden*) *Wolken, Hochdruckgebiet*) to build up.

3. (*bestehen aus*) **sich aus etw ~** to be built up *or* composed of sth.

4. (*sich gründen*) **sich auf etw** (*dat or acc*) **~** to be based *or* founded on sth.

aufbäumen *vr sep* (*Tier*) to rear. **sich gegen jdn/etw** ~ (*fig*) to rebel or revolt against sb/sth; **sich vor Schmerz** ~ to writhe with pain.

Aufbauprinzip *nt* structural principle. **die Motoren sind alle nach demselben** ~ **konstruiert** the engines are all constructed on the same principle.

aufbauschen *sep* **I** *vt* to blow out; *Segel auch* to (make) billow out, to belly out; (*fig*) to blow up, to exaggerate. **II** *vr* to blow out; (*Segel auch*) to billow (out), to belly (out); (*fig*) to blow up (*zu* into).

Aufbaustudium *nt* (*Univ*) research studies *pl*; **Aufbaustufe** *f*, **Aufbauzug** *m* (*Sch*) school class leading to university entrance, ≈ sixth form (*Brit*).

Aufbauten *pl* (*Naut*) superstructure.

aufbegehren* *vi sep* (*geh*) to rebel, to revolt (*gegen* against).

aufbehalten* *vt sep irreg* Hut, Brille etc to keep on; Tür, Schrank etc to leave or keep open; Knopf to leave or keep undone.

aufbeißen *vt sep irreg* Verpackung etc to bite open; Nuß etc to crack with one's teeth. **sich** (*dat*) **die Lippe** ~ to bite one's lip (and make it bleed).

aufbekommen* *vt sep irreg* (*inf*) **1.** (*öffnen*) to get open. **2.** *Aufgabe* to get as homework. **habt ihr keine Hausaufgaben** ~? didn't you get any homework?

aufbereiten* *vt sep* to process; Erze, Kohlen to prepare, to dress; Trinkwasser auch to purify; Text etc to work up. **etw literarisch/dramaturgisch** ~ to turn sth into literature/to adapt sth for the theatre.

Aufbereitung *f* siehe vt processing; preparation, dressing; purification; working up; adaptation.

Aufbereitungs\|anlage *f* processing plant.

aufbessern *vt sep* to improve; Gehalt etc auch to increase.

Aufbesserung, **Aufbeßrung** *f* siehe vt improvement; increase.

aufbewahren* *vt sep* to keep; Lebensmittel auch to store; (*behalten*) alte Zeitungen etc auch to save; Wertsachen etc to look after. **ein Dokument gut** ~ to keep a document in a safe place; **jds Dokumente** ~ to be looking after sb's documents, to have sb's documents in one's keeping; **kann ich hier mein Gepäck** ~ **lassen?** can I leave my luggage here?

Aufbewahrung *f* **1.** siehe vt keeping; storage; saving. **jdm etw zur** ~ **übergeben** to give sth to sb for safekeeping, to put sth in(to) sb's safekeeping; **jdm etw zur** ~ **anvertrauen** to entrust sth to sb's safekeeping; **einen Koffer in** ~ **geben** to deposit a suitcase (at the left-luggage). **2.** (*Stelle*) left-luggage (office) (*Brit*), check room (*US*).

Aufbewahrungs\|ort *m* place where sth is kept, home (*inf*); **etw an einen sicheren** ~ **bringen** to put sth in a safe place; **Aufbewahrungsschein** *m* left-luggage receipt or ticket (*Brit*), check room ticket (*US*).

aufbiegen *sep irreg* **I** *vt* to bend open. **II** *vr* (*Ring etc*) to bend open; (*sich hochbiegen: Zweig etc*) to bend itself upright.

aufbieten *vt sep irreg* **1.** Menschen, Mittel

to muster; Kräfte, Fähigkeiten auch to summon (up); calling in. to summon (up); Militär, Polizei to call in. **2.** Brautpaar to call the banns of. **die beiden werden morgen aufgeboten** their banns will be called or read tomorrow. **3.** (*bei Auktionen*) to put up.

Aufbietung *f* siehe vt 1. mustering; summoning (up); calling in. **unter** or **bei** ~ **aller Kräfte …** summoning (up) all his/her etc strength …

aufbinden *vt sep irreg* **1.** (*öffnen*) Schuh etc to undo, to untie. **2.** (*hochbinden*) Haare to put up or tie; Zweige etc to tie (up) straight. **3.** (*befestigen*) to tie on. **etw auf etw** (*acc*) ~ to tie sth on(to) sth. **4.** **laß dir doch so etwas nicht** ~ (*fig*) don't fall for that; siehe **Bär.** **5.** (*Typ*) Buch to bind.

aufblähen *sep* **I** *vt* to blow out; Segel auch to fill, to billow out, to belly out; (*Med*) to distend, to swell; (*fig*) to inflate. **II** *vr* to blow out; (*Segel auch*) to billow or belly out; (*Med*) to become distended or swollen; (*fig pej*) to puff oneself up.

Aufblähung *f* (*Med*) distension.

aufblasbar *adj* inflatable.

aufblasen *irreg* **I** *vt* **1.** to blow up; Reifen etc auch to inflate; Backen to puff out, to blow out. **2.** (*hochblasen*) to blow up. **II** *vr* (*fig pej*) to puff oneself up; siehe **aufgeblasen.**

aufbleiben *vi sep irreg aux sein* **1.** to stay up. **wegen jdm** ~ to wait or stay up for sb. **2.** (*geöffnet bleiben*) to stay open.

Aufblende *f* (*Film*) fade-in.

aufblenden *sep* **I** *vi* (*Phot*) to open up the lens, to increase the aperture; (*Film*) to fade in; (*Aut*) to turn the headlights on full (beam). **er fährt aufgeblendet** he drives on full beam. **II** *vt* (*Aut*) Scheinwerfer to turn on full (beam); (*Film*) Einstellung to fade in.

aufblicken *vi sep* to look up. **zu jdm/etw** ~ (*lit, fig*) to look up to sb/sth.

aufblinken *vi sep* (*lit, fig*) to flash; (*Aut inf: kurz aufblenden*) to flash (one's headlights).

aufblitzen *vi sep* **1.** to flash. **2.** aux sein (*fig*) (*Emotion, Haß etc*) to flare up; (*Gedanke, Erinnerung*) to flash through one's mind.

aufblühen *vi sep aux sein* **1.** (*Knospe*) to blossom (out); (*Blume auch*) to bloom. **2.** (*fig*) (*Mensch*) to blossom out; (*Wissenschaft, Kultur auch*) to (begin to) flourish; (*Gesicht*) to take on a rosy bloom.

aufbocken *vt sep* Auto to jack up; Motorrad to put on its stand.

aufbohren *vt sep* to bore or drill a hole in.

aufbranden *vi sep aux sein* (*geh*) to surge; (*fig: Beifall*) to burst forth.

aufbraten *vt sep irreg* Essen to warm up; (*in der Pfanne auch*) to fry up.

aufbrauchen *sep* **I** *vt* to use up. **II** *vr* (*sich verbrauchen*) to get used up.

aufbrausen *vi sep aux sein* **1.** (*Brandung etc*) to surge; (*Brausetablette, Brause etc*) to fizz up; (*fig: Beifall, Jubel*) to break out, to burst forth. **2.** (*fig: Mensch*) to flare up, to fly off the handle (*inf*).

aufbrausend *adj* Temperament irascible;

Mensch auch quick-tempered.

aufbrechen *sep irreg* **I** *vt* to break *or* force open; *Deckel* to prise off; *Tresor auch, Auto* to break into; *Boden, Oberfläche* to break up; *(geh) Brief* to break open; *(fig) System etc* to break down.

II *vi aux sein* **1.** *(sich öffnen) (Straßenbelag etc)* to break up; *(Knospen)* to (burst) open; *(Wunde)* to open.

2. *(fig: Konflikte etc)* to break out.

3. *(sich auf den Weg machen)* to start *or* set out *or* off.

aufbrennen *sep irreg* **I** *vt* **1.** **einem Tier ein Zeichen** ~ to brand an animal; **jdm eins** ~ *(inf) (schlagen)* to wallop *or* clout sb (one) *(inf)*; *(anschießen)* to shoot sb, to put a slug into sb *(sl)*.

2. *(verbrennen) Kerze etc* to burn up.

II *vi aux sein (lit, fig) (Baum etc)* to go up in flames; *(Kerze)* to burn out; *(Feuer, Leidenschaft)* to flare up.

aufbringen *vt sep irreg* **1.** *(beschaffen)* to find; *Geld auch* to raise; *Kraft, Mut, Energie auch* to summon up.

2. *(erzürnen)* to make angry, to irritate. **jdn gegen jdn/etw** ~ to set sb against sb/sth; *siehe* **aufgebracht.**

3. *(ins Leben rufen)* to start; *Gerücht auch* to set going, to put about.

4. *(Naut) Schiff* to seize; *(in Hafen zwingen)* to bring in.

5. *(auftragen) Farbe etc* to put on, to apply. **etw auf etw** *(acc)* ~ to put sth on sth, to apply sth to sth.

6. *(dial: aufbekommen) Tür etc* to get open.

Aufbruch *m* **1.** *no pl (Abreise, das Losgehen)* departure. **das Zeichen zum** ~ **geben** to give the signal to set out *or* off; **jdn zum** ~ **mahnen** to remind sb that it is time to set out *or* off; **eine Zeit des** ~**s** a time of new departures.

2. *(aufgebrochene Stelle)* crack.

aufbruchsbereit *adj* ready to set off *or* go *or* depart; **Aufbruchssignal** *nt* signal to set off; **Aufbruchsstimmung** *f* **hier herrscht schon** ~ *(bei Party etc)* it's all breaking up; *(in Gastwirtschaft)* they're packing up; **es herrschte allgemeine** ~ **(unter den Gästen)** the party was breaking up; **bist du schon in** ~? are you wanting *or* ready to go already?

aufbrühen *vt sep* to brew up.

aufbrüllen *vi sep* to shout *or* yell out; *(Tier)* to bellow.

aufbrummen *sep* **I** *vt (inf)* **jdm etw** ~ to give sb sth; **jdm die Kosten** ~ to land sb with the costs *(inf)*.

II *vi* **1.** to roar out. **2.** *aux sein (Aut inf)* to bang *or* prang *(inf) (auf + acc* into); *(Nautsl)* to run aground, to hit the bottom.

aufbügeln *vt sep* **1.** *Kleidungsstück* to iron out; *(fig inf)* to vamp up *(inf)*. **2.** *Flicken, Bild etc* to iron on. **Flicken zum A~** iron-on patches.

aufbumsen *vi sep aux sein (inf)* to bang. **etw auf etw** *(dat)* ~ **lassen** to plump *or* plonk *(inf)* sth down on sth; **mit dem Hinterkopf** ~ to bump *or* bang the back of one's head.

aufbürden *vt sep (geh)* **jdm etw** ~ *(lit)* to load sth onto sb; *(fig)* to encumber sb with

sth; **jdm die Schuld für etw** ~ to put the blame for sth on sb.

aufbürsten *vt sep* **etw** ~ to give sth a brush, to brush sth up.

aufdämmern *vi sep aux sein (geh) (Morgen, Tag)* to dawn, to break; *(fig: Verdacht)* to arise. **der Gedanke/die Einsicht dämmerte in ihm auf** the idea/realization dawned on him.

auf daß *conj siehe* **auf III.**

aufdecken *sep* **I** *vt* **1.** **jdn** to uncover; *Bett(decke)* to turn down; *Gefäß* to open; *Spielkarten* to show.

2. *(fig) Wahrheit, Verschwörung, Zusammenhänge* to discover, to uncover; *Verbrechen auch* to expose; *Schwäche* to lay bare; *Rätsel etc* to solve; *wahren Charakter* to disclose, to lay bare, to expose.

3. *(auf den Eßtisch stellen)* to put on the table.

II *vi* to lay *(Brit)* **or** set the table.

Aufdeckung *f siehe vt* **2.** uncovering; exposing, exposure; laying bare; solving; disclosing, disclosure.

aufdonnern *vr sep (pej inf)* to tart oneself up *(pej inf)*, to get dolled up *(inf)* **or** tarted up *(pej inf)*; *siehe* **aufgedonnert.**

aufdrängen *sep* **I** *vt* **jdm etw** ~ to impose **or** force **or** push sth on sb.

II *vr* to impose. **sich jdm** ~ *(Mensch)* to impose oneself **or** one's company on sb; *(fig: Erinnerung)* to come involuntarily to sb's mind; **dieser Gedanke/Verdacht drängte sich mir auf** I couldn't help thinking/suspecting that; **das drängt sich einem ja förmlich auf** it's perfectly obvious, the conclusion is irresistible.

aufdrehen *sep* **I** *vt* **1.** *Wasserhahn, Wasser etc* to turn on; *Ventil* to open; *Schraubverschluß* to unscrew; *Schraube* to loosen, to unscrew; *Radio etc* to turn up; *(Aus: einschalten) Radio etc* to turn **or** switch on.

2. *(inf: aufziehen) Uhr etc* to wind up.

3. *(aufrollen) Haar* to put in rollers.

II *vi (inf) (beschleunigen)* to put one's foot down hard, to open up; *(fig)* to get going, to start going like the clappers *(Brit inf)*; *(fig: ausgelassen werden)* to get going, to let it all hang out *(sl)*; *siehe* **aufgedreht.**

aufdringlich *adj Benehmen, Tapete* obtrusive; *Geruch, Parfüm* powerful; *Farbe auch* loud, insistent; *Mensch* insistent, pushing, pushy *(inf)*, importunate *(liter)*. **die** ~**e Art meines Mitreisenden** the way my fellow-passenger forced himself **or** his company upon me; **beim Tanzen wurde er** ~ when we/they were dancing he kept trying to get fresh *(inf)*.

Aufdringlichkeit *f siehe adj* obtrusiveness; powerfulness; loudness, insistence; insistence, pushiness, importunateness *(liter)*; *(aufdringliche Art)* pushy way **or** nature.

aufdröseln *vt sep (lit, fig)* to unravel; *Strickarbeit* to undo.

Aufdruck *m (Aufgedrucktes)* imprint; *(auf Briefmarke)* overprint.

aufdrucken *vt sep* **etw auf etw** *(acc)* ~ to print sth.

aufdrücken *sep* **I** *vt* **1.** **etw (auf etw** *acc***)** ~ to press sth on (sth); **den Bleistift nicht so**

fest ~! don't press (on) your pencil so hard. **2.** (*aufdrucken*) **etw auf etw** (*acc*) **~** to stamp sth on sth; **jdm einen ~** (*inf*) to give sb a kiss *or* a quick peck (*inf*); *siehe* **Stempel. 3.** (*öffnen*) *Tür etc* to push open; *Ventil auch* to force open; *Pickel etc* to squeeze. **4.** (*inf: durch Knopfdruck öffnen*) *Tür* to open (*by pressing the button*). **er drückte die Tür auf** he pressed *or* pushed the button and the door opened. **II** *vi* **1.** to press. **2.** (*inf: die Tür elektrisch öffnen*) to open the door (*by pressing a button*). **III** *vr* leave an impression (*auf +acc* on).

auf|einander *adv* **1.** on (top of) each other *or* one another. **2. sich ~ verlassen können** to be able to rely on each other *or* one another; **~ zufahren** to drive towards each other.

auf|einanderbeißen *vt sep irreg Zähne* to clench, to bite together; **auf|einanderdrücken** *vt sep* to press together; **Auf|einanderfolge** *f, no pl* sequence; (*zeitlich auch*) succession; **auf|einanderfolgen** *vi sep aux sein* to follow each other *or* one another, to come after each other *or* one another; **die beiden Söhne/Termine folgten unmittelbar aufeinander** the two sons/appointments followed *or* came one immediately after the other, one son/appointment came immediately after the other; **auf|einanderfolgend** *adj* successive; **drei schnell ~e Tore** three goals in quick succession; **auf|einanderhängen** *sep I vi irreg* **1.** (*inf: Leute*) to hang around together (*inf*); **die beiden Autos hängen zu nah aufeinander** the two cars are sticking too close (together); **in einer kleinen Wohnung hängt man immer zu eng aufeinander** in a small flat you're always too much on top of each other (*inf*); **2.** (*übereinanderhängen*) to hang one over the other; **II** *vt* to hang on top of each other; **auf|einanderhetzen** *vt sep* to set on *or* at each other; **auf|einanderlegen** *sep I vt* to lay on top of each other, to lay one on top of the other; **II** *vr* to lie on top of each other; **auf|einanderliegen** *vi sep irreg aux sein or haben* to lie on top of each other; **auf|einanderpassen** *vi sep* to fit on top of each other; **auf|einanderprallen** *vi sep aux sein* (*Autos etc*) to collide; (*Truppen etc*) to clash; **auf|einanderpressen** *vt sep* to press together; **auf|einanderschichten** *vt sep* to put in layers one on top of the other; **auf|einanderschlagen** *sep I vt aux sein* to knock *or* strike against each other; **II** *vt* to knock *or* strike together; **auf|einandersetzen** *sep I vt* to put on top of each other; **II** *vr* (*Gegenstände*) to be placed one on top of the other *or* on on top of each other; (*Bienen etc*) to settle on each other; **auf|einandersitzen** *vi sep irreg aux sein or haben* **1.** (*Gegenstände*) to lie on top of each other; **2.** (*inf: Menschen*) to sit on top of each other (*inf*); (*eng wohnen*) to live on top of each other

(*inf*); **auf|einanderstellen** *sep I vt* to put *or* place on top of each other; **II** *vr* to get on top of each other; **auf|einanderstoßen** *vi sep irreg aux sein* to bump into each other, to collide; (*fig: Meinungen, Farben*) to clash; **auf|einandertreffen** *vi sep irreg aux sein* (*Mannschaften, Gruppen etc*) to meet; (*Meinungen*) to clash, to come into conflict; (*Kugeln, Gegenstände etc*) to hit each other.

Auf|enthalt *m* **-(e)s, -e 1.** (*das Sich-Aufhalten*) stay; (*das Wohnen*) residence. **der ~ im Aktionsbereich des Krans ist verboten** do not stand within the radius of the crane, keep well clear of the crane. **2.** (*Aufenthaltszeit*) stay, sojourn (*liter*). **3.** (*esp Rail*) stop; (*bei Anschluß*) wait. **der Zug hat 20 Minuten ~** the train stops for 20 minutes; **wie lange haben wir ~?** how long do we stop for *or* do we have to wait? **4.** (*geh: Verzögerung*) delay, wait. **5.** (*geh: Aufenthaltsort*) abode (*form*), domicile, place of residence. **~ nehmen** to take up residence.

Auf|enthalter(in *f*) *m* **-s, -** (*Sw*) foreign resident, resident alien (*form*).

Auf|enthaltsberechtigung *f* right of residence; **Auf|enthaltsdauer** *f* length *or* duration of stay; **Auf|enthalts|erlaubnis** *f* residence permit; **Auf|enthalts|ort** *m* whereabouts *sing or pl*; (*Jur*) abode, residence; **Auf|enthaltsraum** *m* day room; (*in Betrieb*) recreation room; **Auf|enthaltsverbot** *nt* **jdm ~ erteilen** to ban sb from staying (in a country *etc*).

auf|erlegen* *vt sep or insep* (*geh*) to impose (*jdm etw* sth on sb); *Strafe auch* to inflict.

Auf|erstandene(r) *m decl as adj* (*Rel*) risen Christ.

auf|erstehen* *vi sep or insep irreg aux sein* to rise from the dead, to rise again (*esp Rel*). **Christus ist auferstanden** Christ is (a)risen.

Auf|erstehung *f* resurrection. (**fröhliche**) **~ feiern** (*hum*) to have been resurrected.

Auf|erstehungsfest *nt* (*geh*) Feast of the Resurrection; **Auf|erstehungsglaube** *m* (*Rel*) belief in the Resurrection.

auf|erwecken* *vt sep or insep* (*geh*) to raise from the dead; (*fig*) to reawaken.

Auf|erweckung *f* raising from the dead.

auf|essen *sep irreg I vt* to eat up. **II** *vi* to eat (everything) up.

auffächern *sep I vt* to fan out; (*fig*) to arrange *or* order neatly. **II** *vr* to fan out.

Auffächerung *f* fanning out; (*fig*) neat *or* orderly arrangement.

auffädeln *vt sep* to thread *or* string (together).

auffahren *sep irreg I vi aux sein* **1.** (*aufprallen*) **auf jdn/etw ~** to run *or* drive into sb/sth; **auf eine Sandbank ~** to run onto *or* run aground on a sandbank. **2.** (*näher heranfahren*) to drive up, to move up. **zu dicht ~** to drive too close behind (the car in front); **mein Hintermann fährt dauernd so dicht auf** the car behind me is right on my tail all the time.

4. (*nach oben fahren*) (*Bergleute*) to go up; (*Rel*) to ascend.

5. (*hinauffahren*) **auf etw** (*acc*) ~ to drive onto sth; (*auf Autobahn*) to enter sth.

6. (*aufschrecken*) to start. **aus dem Schlaf** ~ to awake with a start.

7. (*aufbrausen*) to flare up, to fly into a rage.

II *vt* **1.** (*herbeischaffen*) *Geschütze etc* to bring up; *Sand, Erde, Torf etc* to put down; (*inf*) *Getränke etc* to serve up; *Speisen, Argumente* to dish (*inf*) *or* serve up.

2. (*aufwühlen*) to churn *or* dig up.

auffahrend *adj Temperament* irascible, hasty; *Mensch auch* quick-tempered.

Auffahrt *f* **1.** (*das Hinauffahren*) climb, ascent. **2.** (*Zufahrt*) approach (road); (*bei Haus etc*) drive; (*Rampe*) ramp. **3.** (*von Fahrzeugen*) driving up. **4.** (*Sw*) *siehe* **Himmelfahrt.**

Auffahr|unfall *m* collision.

auffallen *sep irreg* I *vi aux sein* **1.** (*sich abheben*) to stand out; (*unangenehm* ~) to attract attention; (*sich hervortun*) to be remarkable (*durch* for). **er fällt durch seine roten Haare auf** his red hair makes him stand out; **er ist schon früher als unzuverlässig/Extremist aufgefallen** it has been noticed before that he is unreliable/an extremist; **angenehm/ unangenehm** ~ to make a good/bad impression; **nur nicht** ~! just don't be conspicuous, just don't make yourself noticed.

2. (*bemerkt werden*) **jdm fällt etw auf** sb notices sth, sth strikes sb; **so etwas fällt doch sofort/nicht auf** that will be noticed immediately/that will never be noticed; **der Fehler fällt nicht besonders auf** the mistake is not all that noticeable *or* does not show all that much; **fällt es/der Fleck auf?** does it/the stain show?, is it/the stain noticeable?; **was fällt dir an dem Satz auf?** what do you notice *or* what strikes you about this sentence?; **das muß dir doch aufgefallen sein!** surely you must have noticed (it).

3. (*auftreffen: Regen, Licht etc*) **auf etw** (*acc*) ~ to fall onto sth, to strike sth; **er fiel mit dem Knie** (*auf einen Stein*) **auf** he fell and hurt his knee (on a stone).

II *vr* (*rare*) **sich** (*dat*) **etw** ~ to fall and hurt sth, to fall on sth.

auffallend *adj* conspicuous, noticeable; *Schönheit, Ähnlichkeit, Farbe, Kleider* striking. **das A~ste an ihr sind die roten Haare** her most striking feature *or* the most striking thing about her is her red hair; **er ist** ~ **intelligent** he is strikingly *or* remarkably intelligent; **stimmt** ~! (*hum*) too true!, how right you are!

auffällig *adj* conspicuous; *Farbe, Kleidung* loud. **er hat** ~ **wenig mit ihr geredet** it was conspicuous how little he talked with her; **~er geht's nicht mehr** they/he *etc* couldn't make it more obvious *or* conspicuous if they/he *etc* tried.

auffalten *vtr sep* to unfold; (*Fallschirm*) to open; (*Geol*) to fold upward.

Auffangbecken *nt* collecting tank; (*fig*) gathering place.

auffangen *vt sep irreg* **1.** *Ball, Gesprächsfetzen* to catch; *Wagen, Flugzeug* to get *or* bring under control; *Flugzeug* to pull out; (*Telec*) *Nachricht* to pick up.

2. (*abfangen*) *Aufprall etc* to cushion, to absorb; *Faustschlag* to block; (*fig*) *Preissteigerung etc* to offset, to counterbalance.

3. (*sammeln*) *Regenwasser etc* to collect, to catch; (*fig*) *Flüchtlinge etc* to assemble.

Auffanglager *nt* reception camp *or* centre.

auffassen *sep* I *vt* **1.** to interpret, to understand. **etw als etw** (*acc*) ~ to take sth as sth; **das Herz als (eine Art) Pumpe** ~ to think *or* conceive of the heart as a (kind of) pump; **etw falsch/richtig** ~ to take sth the wrong way/in the right way. **2.** (*geistig aufnehmen*) to take in, to grasp. **II** *vi* to understand.

Auffassung *f* **1.** (*Meinung, Verständnis*) opinion, view; (*Begriff*) conception, view. **nach meiner** ~ in my opinion, to my mind; **nach christlicher** ~ according to Christian belief. **2.** (*Auffassungsgabe*) perception.

Auffassungsgabe *f* intelligence, grasp; **Auffassungssache** *f* (*inf*) question of interpretation; (*Ansichtssache*) matter of opinion.

auffegen *sep* I *vt* to sweep up. **II** *vi siehe* **fegen.**

auffindbar *adj* **es ist nicht/ist** ~ it isn't/is to be found, it can't/can be found.

auffinden *vt sep irreg* to find, to discover.

auffischen *vt sep* **1.** to fish up; (*inf*) *Schiffbrüchige* to fish out. **2.** (*fig inf*) to find; *Menschen auch* to dig up (*inf*).

aufflackern *vi sep aux sein* (*lit, fig*) to flare up.

aufflammen *vi sep aux sein* (*lit, fig: Feuer, Unruhen etc*) to flare up. **in seinen Augen flammte Empörung auf** his eyes flashed in indignation.

auffliegen *vi sep irreg aux sein* **1.** (*hochfliegen*) to fly up.

2. (*sich öffnen*) to fly open.

3. (*fig inf: jäh enden*) (*Konferenz etc*) to break up; (*Rauschgiftring, Verbrecher etc*) to be busted (*inf*). **einen Schmugglerring/eine Konferenz** ~ **lassen** to bust a ring of smugglers/to bust *or* break up a meeting (*inf*).

auffordern *vt sep* **1.** to ask. **wir fordern Sie auf, ...** you are required to ...**2.** (*bitten*) to ask, to invite; (*zum Wettkampf etc*) to challenge. **jdm zum Sitzen/Sprechen** ~ to ask *or* invite sb to sit down/to speak. **3.** (*zum Tanz bitten*) to ask to dance.

auffordernd *adj* inviting.

Aufforderung *f* request; (*nachdrücklicher*) demand; (*Einladung*) invitation; (*Jur*) incitement. **eine** ~ **zum Tanz** (*fig*) a challenge.

Aufforderungscharakter *m* (*Psych*) stimulative nature; **Aufforderungssatz** *m* (*Gram*) (*Hauptsatz*) imperative sentence, command (sentence); (*Teilsatz*) imperative clause.

aufforsten *sep* I *vt Gebiet* to reafforest; *Wald* to retimber, to restock. **II** *vi* **man ist**

dabei aufzuforsten they are doing some reafforesting/retimbering.

Aufforstung *f siehe vt* reafforestation; retimbering, restocking.

auffressen *sep irreg* I *vt* (*lit, fig*) to eat up. **ich könnte dich ~** (*inf*) I could eat you; **er wird dich deswegen nicht gleich ~** (*inf*) he's not going to eat you (*inf*). II *vi* (*Tier*) to eat all its food up; (*inf: aufessen*) to finish eating.

auffrischen *sep* I *vt* to freshen (up); *Anstrich, Farbe* to brighten up; *Möbel etc* to renovate, to refurbish; (*ergänzen*) *Vorräte* to replenish; (*fig*) *Erinnerungen* to refresh; *Kenntnisse* to polish up; *Sprachkenntnisse* to brush up; *persönliche Beziehungen* to renew; *Impfung* to boost.

II *vi aux sein or haben* (*Wind*) to freshen.

III *vi impers aux sein* to get fresher *or* cooler.

Auffrischung *f siehe vt* freshening (up); brightening up; renovation, refurbishment; replenishment; refreshing; polishing up; brushing up; renewal; boosting.

Auffrischungs|impfung *f* booster.

aufführbar *adj* (*Mus*) performable; (*Theat auch*) stageable. **Faust II ist praktisch gar nicht ~** it is practically impossible to perform *or* stage Faust II.

aufführen *sep* I *vt* 1. to put on; *Drama, Oper auch* to stage, to perform; *Musikwerk, Komponist* to perform. **ein Theater ~** (*fig*) to make a scene; **sie führte einen Freudentanz auf** she danced with joy.

2. (*auflisten*) to list; (*nennen*) *Zeugen, Beispiel* to cite; *Beispiel* to give, to quote, to cite. **einzeln ~** to itemize.

II *vr* to behave. **wie er sich wieder aufgeführt hat!** what a performance!

Aufführung *f* 1. *siehe vt* 1. putting on; staging, performance; performance. **etw zur ~ bringen** (*form*) to perform sth; **zur ~ kommen** *or* **gelangen** (*form*) to be performed. 2. (*Auflistung*) listing; (*Liste*) list. **einzelne ~** itemization.

Aufführungsrecht *nt* performing rights *pl*; **aufführungsreif** *adj* ready to be performed.

auffüllen *vt sep* 1. (*vollständig füllen*) to fill up; (*nachfüllen*) to top up; *Mulde etc auch* to fill in.

2. (*ergänzen*) *Flüssigkeit* to dilute; *Vorräte* to replenish; *Öl* to top up. **Benzin ~** to tank up, to fill up with petrol (*Brit*) *or* gas (*US*).

3. (*inf*) *auch vi Suppe, Essen* to serve. **soll ich dir noch mal ~?** can I give you some more?; (*Glas ~*) can I top you up?

auffuttern *vt sep* (*inf*) to eat up, to polish off.

Aufgabe *f* 1. (*Arbeit, Pflicht*) job, task. **es ist deine ~, ...** it is your job *or* task *or* responsibility to ...; **es ist nicht ~ der Regierung, ...** it is not the job *or* task *or* responsibility of the government to ...; **sich** (*dat*) **etw zur ~ machen** to make sth one's job *or* business.

2. (*Zweck, Funktion*) purpose, job.

3. (*esp Sch*) (*Problem*) question; (*Math auch*) problem; (*zur Übung*) exercise; (*usu pl: Haus~*) homework *no pl*.

4. (*Abgabe, Übergabe*) (*von Koffer, Gepäck*) registering, registration; (*Aviat*) checking(-in); (*von Brief*) handing in; (*von Anzeige*) placing *no pl*, insertion.

5. (*Verzicht auf weiteren Kampf etc*) (*Sport*) retirement; (*Mil etc*) surrender. **er hat das Spiel durch ~ verloren** he lost the game by retiring; **die Polizei forderte die Geiselnehmer zur ~ auf** the police appealed to the kidnappers to give themselves up *or* to surrender.

6. (*von Gewohnheit, Geschäft*) giving up; (*von Plänen, Forderungen auch*) dropping; (*von Hoffnung, Studium*) abandoning, abandonment.

7. (*das Verlorengeben*) giving up for lost.

8. (*Tennis etc*) service, serve.

aufgabeln *vt sep Heu, Mist etc* to fork up; (*fig inf*) *jdn* to pick up (*inf*); *Sache* to get hold of; *Schnupfen* to catch. **wo hat er denn die aufgegabelt?** (*inf*) where did he dig her up?

Aufgabenbereich *m*, **Aufgabengebiet** *nt* area of responsibility; **Aufgabenheft** *nt* (*Sch*) homework book; **Aufgabensammlung** *f* set of exercises *or* problems; maths (*Brit*) *or* math (*US*) question book; **Aufgabenstellung** *f* 1. (*Formulierung*) formulation; 2. (*Aufgabe*) type of problem; **Aufgabenverteilung** *f* allocation of responsibilities *or* tasks.

Aufgabe|ort *m* place where a letter *etc* was posted; **Aufgabestempel** *m* postmark.

Aufgang *m* 1. (*von Sonne, Mond*) rising; (*von Stern auch*) ascent; (*fig: von Stern*) appearance, emergence. 2. (*Treppen~*) stairs *pl*, staircase. **im ~** on the stairs *or* staircase. 3. (*Aufstieg*) ascent. 4. (*Sport*) opening, beginning, start.

Aufgangspunkt *m* (*Astron*) **der ~ eines Sterns** the point at which a star rises.

aufgeben *sep irreg* I *vt* 1. *Hausaufgaben* to give, to set; *schwierige Frage, Problem* to pose (*jdm* for sb). **jdm viel/nichts ~** (*Sch*) to give *or* set sb a lot of/no homework.

2. (*übergeben, abgeben*) *Koffer, Gepäck* to register; *Luftgepäck* to check in; *Brief* to post; *Anzeige* to put in, to place; *Bestellung* to place.

3. *Kampf, Hoffnung, Arbeitsstelle, Freund etc* to give up. **gib's auf!** why don't you give up?

4. (*verloren geben*) *Patienten* to give up; (*fig*) *Sohn, Schüler* to give up (with *or* on).

II *vi* (*sich geschlagen geben*) to give up *or* in.

aufgeblasen I *ptp of* **aufblasen**. II *adj* (*fig*) puffed-up, self-important.

Aufgeblasenheit *f* (*fig*) self-importance.

Aufgebot *nt* 1. (*Jur*) public notice.

2. (*zur Eheschließung*) notice of intended marriage; (*Eccl*) banns *pl*. **das ~ bestellen** to give notice of one's intended marriage; (*Eccl*) to put up the banns.

3. (*Ansammlung*) (*von Menschen*) contingent; (*von Material etc*) array.

aufgebracht I *ptp of* **aufbringen**. II *adj* outraged, incensed.

aufgedonnert I *ptp of* **aufdonnern**. II *adj*

(*pej inf*) tarted up (*pej inf*).
aufgedreht I *ptp of* **aufdrehen**. II *adj* (*inf*) in high spirits.
aufgedunsen *adj* swollen, bloated; *Gesicht auch* puffy.
Aufgedunsenheit *f* bloatedness; (*von Gesicht*) puffiness.
aufgehen *vi sep irreg aux sein* **1.** (*Sonne, Mond, Sterne*) to come up, to rise; (*Tag*) to break, to dawn.
   2. (*sich öffnen*) to open; (*Theat: Vorhang*) to go up; (*Knopf, Knoten etc*) to come undone.
   3. (*aufkeimen, Med: Pocken*) to come up.
   4. (*Cook*) to rise; (*Hefeteig auch*) to prove.
   5. (*klarwerden*) **jdm geht etw auf** sb realizes sth, it dawns on sb, sth becomes apparent to sb.
   6. (*Math*) (*Rechnung etc*) to work out, to come out; (*fig*) to come off, to work (out). **wenn man 20 durch 6 teilt, geht das nicht auf** 20 divided by 6 doesn't go.
   7. (*seine Erfüllung finden*) **in etw** (*dat*) ~ to be wrapped up in sth, to be taken up with sth; **er geht ganz in der Familie auf** his whole life revolves around his family.
   8. (*sich auflösen*) **in Flammen** *etc* ~ to go up in flames *etc*.
aufgehoben I *ptp of* **aufheben**. II *adj*: **(bei jdm) gut/schlecht** ~ **sein** to be/not to be in good keeping *or* hands (with sb).
aufgeilen *vt sep* (*sl*) to get worked up (*inf*).
aufgeklärt I *ptp of* **aufklären**. II *adj* **1.** enlightened (*auch Philos*). **der** ~**e Absolutismus** (*Hist*) Benevolent Despotism.
   2. (*sexualkundlich*) ~ **sein** to know the facts of life.
Aufgeklärtheit *f* enlightenment; (*sexualkundlich*) knowledge of the facts of life.
aufgeknöpft I *ptp of* **aufknöpfen**. II *adj* (*inf*) chatty (*inf*).
aufgekratzt I *ptp of* **aufkratzen**. II *adj* (*inf*) in high spirits, full of beans (*inf*), boisterous.
Aufgekratztheit *f, no pl* high spirits *pl*, boisterousness.
Aufgeld *nt* (*dial: Zuschlag*) extra charge; (*old: Anzahlung*) deposit, earnest (money) (*old*).
aufgelegt I *ptp of* **auflegen**.
   II *adj* **1. gut/schlecht** *etc* ~ in a good/bad *etc* mood; (**dazu**) ~ **sein, etw zu tun** to feel like doing sth; **zum Musikhören** ~ **sein** to be in the mood for *or* to feel like listening to music.
   2. *attr* (*dial*) (*offensichtlich*) blatant; *Unsinn auch* arrant; *Lüge auch* barefaced.
aufgelöst I *ptp of* **auflösen**. II *adj* **1.** (*außer sich*) beside oneself (*vor* +*dat* with), distraught; (*bestürzt*) upset. **in Tränen** ~ in tears. **2.** (*erschöpft*) exhausted, drained, shattered (*inf*).
aufgeräumt I *ptp of* **aufräumen**. II *adj* (*geh*) blithe, light-hearted.
aufgeregt I *ptp of* **aufregen**. II *adj* (*erregt*) excited; (*sexuell auch*) aroused; (*nervös*) nervous; (*durcheinander*) flustered.
Aufgeregtheit *f, no pl siehe adj* excitement; arousal; nervousness; flustered state.

aufgeschlossen I *ptp of* **aufschließen**.
   II *adj* (*nicht engstirnig*) open-minded (*für, gegenüber* about, as regards); (*empfänglich*) receptive, open (*für, gegenüber* to). **einer Sache** (*dat*) ~ **gegenüberstehen** to be open-minded about *or* as regards sth.
Aufgeschlossenheit *f, no pl siehe adj* open-mindedness; receptiveness, openness.
aufgeschmissen *adj pred* (*inf*) in a fix (*inf*), stuck (*inf*).
aufgeschossen I *ptp of* **aufschießen**. II *adj* (**hoch** *or* **lang**) ~ who/that has shot up; **ein lang** ~**er Junge** a tall lanky lad.
aufgeschwemmt I *ptp of* **aufschwemmen**. II *adj* bloated, swollen; *Mensch* bloated.
aufgetakelt I *ptp of* **auftakeln**. II *adj* (*pej*) dressed up to the nines (*inf*).
aufgewandt *ptp of* **aufwenden**.
aufgeweckt I *ptp of* **aufwecken**. II *adj* bright, quick, sharp.
Aufgewecktheit *f* intelligence, quickness, sharpness.
aufgewühlt I *ptp of* **aufwühlen**. II *adj* (*geh*) agitated, in a turmoil *pred*; *Gefühle auch* turbulent; *Wasser, Meer* churning, turbulent.
aufgießen *vt sep irreg* **1. etw** (**auf etw** *acc*) ~ to pour sth on (sth). **2.** *Kaffee* to make; *Tee auch* to brew.
aufglänzen *vi sep aux sein* (*lit, fig*) to light up; (*Mond, Sonne, Sterne*) to come out.
aufgliedern *sep* I *vt* (*in* +*acc* into) to split up, to (sub)divide; (*analysieren auch*) to break down, to analyse; (*in Kategorien auch*) to categorize, to break down. II *vr* (*in* +*acc* into) to (sub)divide, to break down.
Aufgliederung *f siehe vt* division; breakdown, analysis; categorization.
aufglimmen *vi sep irreg aux sein* to light up, to begin to glow; (*fig*) to glimmer.
aufglühen *vi sep aux sein or haben* to light up, to begin to glow; (*fig*) (*Gesicht*) to light up, to glow; (*Haß etc*) to (begin to) gleam; (*Leidenschaft etc*) to awaken.
aufgraben *vt sep irreg* to dig up.
aufgrätschen *vi sep aux sein or haben* (*Sport*) **auf etw** (*acc*) ~ to straddle sth.
aufgreifen *vt sep irreg* **1.** (*festnehmen*) to pick up, to apprehend (*form*). **2.** (*weiterverfolgen*) *Thema, Gedanken* to take up, to pick up; (*fortsetzen*) *Gespräch* to continue, to take up again.
aufgrund *prep* +*gen*, **auf Grund** *siehe* **Grund**.
aufgucken *vi sep* (*inf*) to look up (*von* from).
Aufguß *m* brew, infusion (*auch Sci*); (*fig pej*) rehash.
Aufgußbeutel *m* sachet (containing herbs *etc*) for brewing; (*Teebeutel*) tea bag.
aufhaben *sep irreg* I *vt* **1.** *Hut, Brille* to have on, to wear. **sie hat ihre Brille nicht aufgehabt** she didn't have her glasses on, she wasn't wearing her glasses.
   2. *Tür, Augen, Laden, Jacke* to have open.
   3. (*Sch: als Hausaufgabe*) **etw** ~ to have

sth (to do); **ich habe heute viel auf** I've got a lot of homework today.

4. (*inf: aufgemacht haben*) to have got *or* gotten (*US*) open.

5. (*inf: aufgegessen haben*) to have eaten up.

II *vi* (*Laden etc*) to be open.

aufhacken *vt sep Straße* to break up; (*Vogel*) to break *or* peck open.

aufhalsen *vt sep* (*inf*) **jdm/sich etw** ~ to saddle *or* land sb/oneself with sth (*inf*), to land sth on sb/oneself (*inf*).

aufhalten *sep irreg* **I** *vt* **1.** (*zum Halten bringen*) *Fahrzeug, Entwicklung* to stop, to halt; *Vormarsch auch, Inflation etc* to check, to arrest; (*verlangsamen*) to hold up, to delay; (*abhalten, stören*) (*bei* from) to hold back, to keep back. **ich will dich nicht länger** ~ I don't want to keep *or* hold you back any longer.

2. (*inf: offenhalten*) to keep open. **die Hand** ~ to hold one's hand out.

II *vr* **1.** (*an einem Ort bleiben*) to stay.

2. (*sich verzögern*) to stay on, to linger; (*bei der Arbeit etc*) to take a long time (*bei* over).

3. (*sich befassen*) **sich bei etw** ~ to dwell on sth, to linger over sth; **sich mit jdm/etw** ~ to spend time dealing with sb/sth.

aufhängen *sep* **I** *vt* **1.** to hang up; (*Aut*) *Rad* to suspend.

2. (*töten*) to hang (*an* + *dat* from).

3. (*inf*) **jdm etw** ~ (*aufschwatzen*) to palm sth off on sb; (*aufbürden*) to land *or* saddle sb with sth (*inf*).

4. etw an einer Frage/einem Thema ~ (*fig: entwickeln*) to use a question/theme as a peg to hang sth on.

II *vr* (*sich töten*) to hang oneself (*an* + *dat* from); (*hum: seine Kleider* ~) to hang one's things up.

Aufhänger *m* tab, loop. **ein** ~ (**für etw**) (*fig inf*) a peg to hang sth on (*fig*).

Aufhängung *f* (*Tech*) suspension.

aufhauen *sep* **I** *vt reg or* (*geh*) *irreg* (*öffnen*) to knock open, to hew open (*liter*); *Eis* to open up, to hew open (*liter*).

II *vi aux sein* (*inf: auftreffen*) **mit dem Kopf** *etc* **auf etw** (*acc or dat*) ~ to bash (*inf*) *or* bump one's head *etc* against *or* on sth.

aufhäufen *sep* **I** *vt* to pile up, to accumulate; (*fig auch*) to amass. **II** *vr* to accumulate, to pile up.

aufheben *sep irreg* **I** *vt* **1.** (*vom Boden*) to pick up; *größeren Gegenstand auch* to lift up; (*in die Höhe heben*) to raise, to lift (up); *Deckel* to lift off.

2. (*nicht wegwerfen*) to keep. **jdm etw** ~ to put sth aside for sb, to keep sth (back) for sb; *siehe* **aufgehoben.**

3. (*ungültig machen*) to abolish, to do away with; *Gesetz auch* to repeal, to rescind; *Vertrag* to cancel, to annul, to revoke; *Urteil* to reverse, to quash; *Verlobung* to break off. **dieses Gesetz hebt das andere auf** this law supersedes the other.

4. (*beenden*) *Blockade, Belagerung* to raise, to lift; *Beschränkung* to remove, to lift; *Sitzung* to close; *siehe* **Tafel.**

5. (*ausgleichen*) to offset, to make up for; *Widerspruch* to resolve; *Schwerkraft*

to neutralize, to cancel out.

II *vr* (*sich ausgleichen*) to cancel each other out, to offset each other; (*Math*) to cancel (each other) out.

Aufheben *nt* -s, *no pl* fuss. **viel** ~(s) (**von etw**) **machen** to make a lot of fuss (about *or* over sth); **viel** ~(s) **von jdm machen** to make a lot of fuss about sb; **ohne (jedes)** ~/ **ohne viel** *or* **großes** ~ without any/much *or* a big fuss.

Aufhebung *f* **1.** *siehe vt* **3.** abolition; repeal, rescinding; cancellation, annulment, revocation; dissolving; reversal, quashing; breaking off.

2. *siehe vt* **4.** raising, lifting; removal, lifting; closing.

3. (*von Widerspruch*) resolving, resolution; (*von Schwerkraft*) neutralization, cancelling out.

4. (*obs: Festnahme*) capture, seizure.

aufheitern *sep* **I** *vt jdn* to cheer up; *Rede, Leben* to brighten up (*jdm* for sb). **II** *vr* (*Himmel*) to clear, to brighten (up); (*Wetter*) to clear up, to brighten up.

aufheiternd *adj* (*Met*) becoming brighter, brightening up.

Aufheiterung *f siehe vt* cheering up; brightening up; (*Met*) brighter period. **zunehmende** ~ gradually brightening up.

aufheizen *sep* **I** *vt* to heat (up); (*fig*) *Zuhörer* to inflame, to stir up. **die Stimmung** ~ to whip *or* stir up feelings. **II** *vr* to heat up; (*fig*) to hot up (*inf*), to intensify, to build up.

aufhelfen *vi sep irreg* (*lit: beim Aufstehen*) to help up (*jdm* sb). **einer Sache** (*dat*) ~ (*aufbessern*) to help sth (to) improve; (*stärker*) to help strengthen sth.

aufhellen *sep* **I** *vt* to brighten (up); *Haare* to lighten; (*fig: klären*) to throw *or* shed light upon.

II *vr* (*Himmel, Wetter, fig: Miene*) to brighten (up); (*fig: Sinn*) to become clear.

Aufheller *m* -s, - (*in Reinigungsmitteln*) colour-brightener; (*für Haare*) lightener.

Aufhellung *f siehe vb* brightening; lightening; clarification.

aufhetzen *vt sep* to stir up, to incite. **jdn gegen jdn/etw** ~ to stir up sb's animosity against sb/sth; **jdn zu etw** ~ to incite sb to (do) sth.

Aufhetzung *f* incitement, agitation.

aufheulen *vi sep* to give a howl (*vor* of), to howl (*vor* with); (*Sirene*) to (start to) wail; (*Motor, Menge*) to (give a) roar; (*weinen*) to start to howl.

aufholen *sep* **I** *vt* **1.** *Zeit, Verspätung, Vorsprung* to make up; *Lernstoff* to catch up on; *Strecke* to make up, to catch up. *Versäumtes* ~ to make up for lost time, to catch up.

2. (*Naut*) to haul up, to raise.

II *vi* (*Wanderer, Mannschaft, Schüler, Arbeiter*) to catch up; (*Läufer, Rennfahrer etc auch*) to make up ground; (*Zug*) to make up time; (*Versäumtes* ~) to make up for lost time, to catch up.

aufhorchen *vi sep* to prick up one's ears, to sit up (and take notice).

aufhören *vi sep* to stop; (*bei Stellung*) to finish; (*Musik, Lärm, Straße auch, Freundschaft, Korrespondenz*) to (come

to an) end. **nicht** ~/~, **etw zu tun** to keep
on/stop doing sth; **hör doch endlich auf!**
(will you) stop it!; **mit etw** ~ to stop sth;
da hört sich doch alles auf! (*inf*) that's the
(absolute) limit!; **da hört bei ihm der Spaß
auf** (*inf*) he's not amused by that.
aufjagen *vt sep* (*lit*) to disturb; (*fig*) to
chase away.
aufjauchzen *vi sep* to shout (out) (*vor*
with).
aufjaulen *vi sep* to give a howl (*vor* of), to
howl (*vor* with).
aufjubeln *vi sep* to shout (out) with joy,
to cheer.
Aufkauf *m* buying up.
aufkaufen *vt sep* to buy up.
Aufkäufer *m* buyer.
aufkeimen *vi sep aux sein* to germinate, to
sprout; (*fig*) (*Hoffnung, Liebe, Sympathie*) to bud, to burgeon (*liter*);
(*Zweifel*) to (begin to) take root. ~**der
Zweifel** growing *or* nascent (*liter*) doubt.
aufklaffen *vi sep aux sein or haben* to
gape; (*Abgrund auch*) to yawn.
aufklappbar *adj Fenster* hinged; *Truhe*
which opens up; *Klappe* which lets down;
Verdeck which folds back, fold-back.
aufklappen *sep* **I** *vt* to open up; *Klappe* to
let down; *Verdeck* to fold back; *Messer* to
unclasp; *Fenster, Buch* to open; (*hochschlagen*) *Kragen* to turn up. **II** *vi aux sein*
to open.
aufklaren *sep* (*Met*) **I** *vi impers* to clear
(up), to brighten (up) (*auch fig*). **II** *vi*
(*Wetter*) to clear *or* brighten (up); (*Himmel*) to clear, to brighten (up).
aufklären *sep* **I** *vt* **1.** *Mißverständnis, Irrtum* to clear up, to resolve; *Verbrechen,
Rätsel auch* to solve; *Ereignis, Vorgang* to
throw *or* shed light upon, to elucidate.
2. *jdn* to enlighten. **Kinder** ~ (*sexualkundlich*) to explain the facts of life to
children, to tell children the facts of life;
(*in der Schule*) to give children sex education; **jdn über etw** (*acc*) ~ to inform sb
about sth.
3. (*Mil*) to reconnoitre.
II *vr* (*Irrtum, Geheimnis etc*) to resolve
itself, to be cleared up; (*Himmel*) to clear,
to brighten (up); (*fig: Miene, Gesicht*) to
brighten (up).
Aufklärer *m* -**s**, - **1.** (*Philos*) philosopher
of the Enlightenment. **2.** (*Mil*) reconnaissance plane; (*klein*) scout (plane).
3. (*DDR: Agitator*) political educator *or*
propagandist.
aufklärerisch *adj* (*Philos*) (of the) Enlightenment; (*freigeistig*) progressive,
striving to enlighten the people; (*erzieherisch, unterrichtend*) informative;
(*Pol*) educational.
Aufklärung *f* **1.** (*Philos*) **die** ~ the Enlightenment.
2. *siehe vt 1.* clearing up, resolution;
solution; elucidation.
3. (*Information*) enlightenment; (*von
offizieller Stelle*) informing (*über* +acc
about); (*Pol*) instruction.
4. (**sexuelle**) ~ (*in Schulen*) sex education.
5. (*DDR: Agitation*) (political) education *or* propaganda.

6. (*Mil*) reconnaissance.
Aufklärungs|arbeit *f* instructional *or*
educational work; **Aufklärungsbuch** *nt*
sex education book; **Aufklärungsfilm** *m*
sex education film; **Aufklärungsflug-
zeug** *nt siehe* **Aufklärer 2.**; **Aufklä-
rungskampagne** *f* information campaign; **Aufklärungspflicht** *f* (*Jur*)
*judge's duty to ensure that all the rel-
evant facts of a case are clearly presented*;
(*Med*) *duty to inform the patient of the
possible dangers of an operation/a course
of treatment etc*; **Aufklärungsquote**
f (*in Kriminalstatistik*) success rate (in
solving cases), percentage of cases
solved; **Aufklärungsschiff** *nt* (*Mil*)
reconnaissance ship; **Aufklärungs-
schrift** *f* information pamphlet; (*Pol*)
educational pamphlet; (*sexualkundlich*)
sex education pamphlet.
aufklatschen *vi sep aux sein* (*auf* +acc
on) to land with a smack; (*auf Wasser
auch*) to land with a splash.
aufklauben *vt sep* (*dial*) to pick up.
Aufklebe|adresse *f* adhesive address label.
aufkleben *vt sep* (*auf* +acc -to) to stick
on; (*mit Leim, Klebstoff*) to glue on; (*mit
Kleister*) to paste on; *Briefmarke auch* to
affix (*form*) (*auf* +acc to), to put on.
Aufkleber *m* sticker.
aufklingen *vi sep irreg aux sein* to ring
out; (*fig*) to echo.
aufklopfen *sep* **I** *vt* (*öffnen*) to crack
open; (*aufschütteln*) *Kissen* to fluff up.
II *vi* to (give a) knock (*auf* +acc on).
aufknacken *vt sep Nüsse etc* to crack
(open); (*inf*) *Tresor* to break into, to
break open, to crack (*inf*); *Auto* to break
into.
aufknallen *sep* (*inf*) **I** *vt* **1.** (*rare*) (*öffnen*)
to bang (open).
2. (*als Strafe*) to give.
II *vi aux sein* (*Auto*) to crash; (*Gegenstand, Mensch*) to crash down. **auf etw**
(*acc*) ~ (*gegen etw knallen*) to crash into
sth; (*auf etw fallen*) to crash (down) onto
sth; **mit dem Kopf (auf etw** *acc*) ~ to bang
or hit one's head on sth.
aufknöpfen *vt sep* (*öffnen*) to unbutton,
to undo. **etw auf etw** (*acc*) ~ to button sth
to sth.
aufknoten *vt sep* to untie, to undo.
aufknüpfen *sep* **I** *vt* **1.** (*aufhängen*) to
hang (*an* +dat from), to string up (*inf*) (*an
+dat* on).
2. (*aufknoten*) to untie, to undo.
II *vr* to hang oneself (*an* +dat from).
aufkochen *sep* **I** *vt* **1.** (*zum Kochen bringen*) to bring to the boil. **2.** (*erneut kochen
lassen*) to boil up again. **II** *vi* **1.** *aux sein* to
come to the boil; (*fig*) to begin to boil *or*
seethe. **etw** ~ **lassen** to bring sth to the
boil; **das Pulver in die aufkochende Milch
schütten** sprinkle the powder in the milk
as it comes to the boil. **2.** (*Aus*) to prepare
a fine spread.
aufkommen *vi sep irreg aux sein* **1.** (*lit,
fig: entstehen*) to arise; (*Nebel*) to come
down; (*Wind*) to spring *or* get up; (*auftreten: Mode etc auch*) to appear (on the
scene). **etw** ~ **lassen** (*fig*) *Zweifel, Kritik*
to give rise to sth.

2. ~ **für** (*Kosten tragen*) to bear the costs of, to pay for; (*Verantwortung tragen*) to carry the responsibility for, to be responsible for; (*Haftung tragen*) to be liable for; **für die Kinder** ~ (*finanziell*) to pay for the children's upkeep; **für die Kosten** ~ to bear *or* defray (*form*) the costs; **für den Schaden** ~ to make good *or* pay for the damage.

3. gegen jdn/etw ~ to prevail against sb/sth; **gegen jdn nicht** ~ **können** to be no match for sb.

4. er läßt niemanden neben sich (*dat*) ~ he won't allow anyone to rival him.

5. (*aufsetzen, auftreffen*) to land (*auf + dat* on).

6. (*dated*) (*sich erheben*) to rise, to get up; (*sich erholen*) to recover.

7. (*Naut: herankommen*) to come up; (*Sport: Rückstand aufholen*) (*bei Match*) to come back; (*bei Wettlauf, -rennen*) to catch up, to make up ground.

8. (*dial: Schwindel, Diebstahl etc*) to come out, to be discovered.

Aufkommen *nt* -s, - **1.** *no pl* (*das Auftreten*) appearance; (*von Methode, Mode etc auch*) advent, emergence. ~ **frischer Winde gegen Abend** a fresh wind will get up towards evening.

2. (*Fin*) (*Summe, Menge*) amount; (*von Steuern*) revenue (*aus*, +*gen* from).

3. (*DDR: Plansoll*) target.

aufkorken *vt sep* to uncork.

aufkratzen *sep* **I** *vt* (*zerkratzen*) to scratch; (*öffnen*) *Wunde* to scratch open; (*hum: rauh machen*) *Kehle* to make rough *or* raw; (*fig inf: aufheitern*) to liven up; *siehe* **aufgekratzt. II** *vr* to scratch oneself sore.

aufkreischen *vi sep* (*Mensch*) to (give a) scream *or* shriek; (*Bremsen, Maschine*) to (give a) screech.

aufkrempeln *vt sep* (**jdm/sich**) **die Ärmel** ~ to roll up sb's/one's sleeves.

aufkreuzen *vi sep* **1.** *aux sein* (*inf: erscheinen*) to turn *or* show up (*inf*). **2.** *aux sein or haben* **gegen den Wind** ~ (*Naut*) to tack.

aufkriegen *vt sep* (*inf*) *siehe* **aufbekommen.**

aufkünden (*geh*), **aufkündigen** *vt sep* *Vertrag etc* to revoke, to terminate. **jdm den Dienst** ~ to hand in one's notice to sb, to give notice to sb that one is leaving (one's employment); **jdm die Freundschaft** ~ (*geh*) to terminate one's friendship with sb; **jdm den Gehorsam** ~ to refuse obedience to sb.

Aufkündigung *f* termination, revocation; (*von Freundschaft*) termination.

auflachen *vi sep* to (give a) laugh; (*schallend*) to burst out laughing.

aufladen *sep irreg* **I** *vt* **1.** etw (**auf etw** *acc*) ~ to load sth on(to) sth; **jdm/sich etw** ~ to load sb/oneself down with sth, to burden sb/oneself with sth; (*fig*) to saddle sb/oneself with sth.

2. (*elektrisch*) to charge; (*neu* ~) to recharge. **emotional aufgeladen** (*fig*) emotionally charged.

II *vr* (*Batterie etc*) to be charged; (*neu*) to be recharged; (*elektrisch/elektrostatisch*

geladen werden) to become charged.

Auflage *f* **1.** (*Ausgabe*) edition; (*Druck*) impression; (~*höhe*) number of copies; (*von Zeitung*) circulation. **das Buch/die Zeitung hat hohe** ~**n erreicht** a large number of copies of this book have been published/this paper has attained a large circulation; **die Zeitung will ihre** ~ **erhöhen** the newspaper is wanting to improve its circulation figures.

2. (*Econ: Menge*) production.

3. (*Bedingung*) condition. **jdm etw zur** ~ **machen** to impose sth on sb as a condition; **jdm zur** ~ **machen, etw zu tun** to make it a condition for sb to do sth, to impose a condition on sb that he does sth; **mit der** ~, **etw zu tun** on condition that one does sth; **die** ~ **haben, etw zu tun** to be obliged to do sth.

4. (*Stütze*) support, rest.

5. (*Überzug*) plating *no pl*, coating; (*Polsterung*) pad, padding *no pl*. **eine** ~ **aus Silber** silver plating *or* coating.

6. (*DDR: Plansoll*) target.

Auflagefläche *f* supporting surface; **Auflage(n)höhe** *f* (*von Buch*) number of copies published; (*von Zeitung*) circulation; **das Buch/die Zeitung hatte eine** ~ **von 12.000** 12,000 copies of the book were published/the paper had a circulation of 12,000; **Auflagepunkt**, *m* point of support; **auflageschwach** *adj* low-circulation *attr*; **auflagestark** *adj* high-circulation *attr*; **Auflageziffer** *f* circulation (figures *pl*); (*von Buch*) number of copies published.

auflassen *vt sep irreg* **1.** (*inf*) (*offenlassen*) to leave open; (*aufbehalten*) *Hut* to keep *or* leave on. **das Kind länger** ~ to let the child stay up (longer).

2. (*schließen*) (*Min*) *Grube*, (*Aus, S Ger*) *Betrieb* to close *or* shut down. **eine aufgelassene Grube** a closed-down *or* an abandoned mine.

3. (*Jur*) *Grundstück* to convey (*form*), to transfer, to make over (*form*).

Auflassung *f* **1.** (*Min, Aus, S Ger: von Geschäft*) closing down, shut-down.

2. (*Jur*) conveyancing (*form*), conveyance (*form*), transference.

auflauern *vi sep* +*dat* to lie in wait for; (*und angreifen, ansprechen*) to waylay.

Auflauf *m* **1.** (*Menschen*~) crowd.

2. (*Cook*) (baked) pudding (*sweet or savoury*).

auflaufen *vi sep irreg aux sein* **1.** (*auf Grund laufen: Schiff*) to run aground (*auf* +*acc or dat* on).

2. (*aufprallen*) **auf jdn/etw** ~ to run into sb/sth, to collide with sb/sth; **jdn** ~ **lassen** (*Ftbl*) to bodycheck sb.

3. (*sich ansammeln*) to accumulate, to mount up.

4. (*Wasser: ansteigen*) to rise. ~**des Wasser** flood tide, rising tide.

Auflaufform *f* (*Cook*) ovenproof dish.

aufleben *vi sep aux sein* to revive; (*munter, lebendig werden*) to liven up, to come to life again; (*neuen Lebensmut bekommen*) to find a new lease of life. **Erinnerungen wieder** ~ **lassen** to revive memories.

auflecken *vt sep* to lick up.

auflegen *sep* I *vt* **1.** to put on; *Gedeck to* lay; *Kompresse auch* to apply; *Hörer to* put down, to replace. **jdm die Hand ~** (*Rel*) to lay hands on sb.
2. (*herausgeben*) *Buch* to bring out, to publish, to print. **ein Buch neu ~** to reprint a book; (*neu bearbeitet*) to bring out a new edition of a book.
3. (*zur Einsichtnahme*) to display, to put up.
4. (*Econ*) *Serie* to launch.
5. (*Fin*) *Aktien* to issue, to float.
6. (*Naut*) *Schiff* to lay up.
II *vi* **1.** (*Telefonhörer ~*) to hang up, to ring off (*Brit*).
2. (*Feuerholz etc ~*) to put on more firewood/coal *etc*.

auflehnen *vr sep* **sich gegen jdn/etw ~** to revolt *or* rebel against sb/sth.
Auflehnung *f* revolt, rebellion.
aufleimen *vt sep* to glue on (*auf +acc -to*).
auflesen *vt sep irreg* (*lit, fig inf*) to pick up. **jdn/etw von der Straße ~** to pick sb/ sth up off the street.
aufleuchten *vi sep aux sein or haben* (*lit, fig*) to light up.
auflichten *sep* I *vt* **1.** *Wald, Gebüsch* to thin out. **2.** (*aufhellen*) *Bild, Raum* to brighten up; (*fig*) *Hintergründe, Geheimnis* to clear up, to get to the bottom of. II *vr* (*Himmel*) to clear; (*fig: Hintergründe*) to be cleared up, to become clear.
Auflieferer *m* (*form*) sender; (*von Fracht*) consignor.
aufliefern *vt sep* (*form*) to dispatch; *Fracht* to consign (for delivery).
Auflieferung *f siehe vt* (*form*) dispatch; consignment (for delivery).
aufliegen *sep irreg* I *vi* **1.** to lie *or* rest on top; (*Schallplatte*) to be on the turntable; (*Hörer*) to be on; (*Tischdecke*) to be on (the table). **auf etw** (*dat*) **~** to lie *or* rest/be on sth.
2. *siehe* **ausliegen.**
3. (*erschienen sein: Buch*) to be published.
4. (*Naut*) to be laid up.
II *vr* (*inf*) (*Patient*) to get bedsores. **sich** (*dat*) **den Rücken** *etc* **~** to get bedsores on one's back.
auflisten *vt sep* to list.
Auflistung *f* listing; (*Liste*) list.
auflockern *sep* I *vt* **1.** *Boden* to break up, to loosen (up).
2. die Muskeln ~ to loosen up (one's muscles); (*durch Bewegung auch*) to limber up.
3. (*abwechslungsreicher machen*) *Unterricht, Stoff, Vortrag* to make less monotonous, to give relief to (*durch* with); (*weniger streng machen*) to make less severe; *Frisur, Muster* to soften, to make less severe.
4. (*entspannen, zwangloser machen*) to make more relaxed; *Verhältnis, Atmosphäre auch* to ease. **in aufgelockerter Stimmung** in a relaxed mood.
II *vr* **1.** (*Sport*) to limber *or* loosen up.
2. (*Bewölkung*) to break up, to disperse.
Auflockerung *f* **1.** (*von Boden*) breaking up, loosening (up); (*von Muskeln*)

loosening up. **... trägt zur ~ des strengen Musters bei** ... helps to make the pattern less severe.
2. *siehe vr* limbering *or* loosening up; breaking up, dispersal, dispersing.
auflodern *vi sep aux sein* (*Flammen*) to flare up; (*in Flammen aufgehen*) to go up in flames; (*lodernd brennen*) to blaze; (*fig: Kämpfe, Haß*) to flare up.
auflösen *sep* I *vt* **1.** (*in Flüssigkeit*) to dissolve; (*in Bestandteile zerlegen, Phot*) to resolve (*in +acc* into); (*Math*) *Klammern* to eliminate; *Gleichung* to (re)solve; (*Mus*) *Vorzeichen* to cancel; *Dissonanz* to resolve (*in +acc* into).
2. (*aufklären*) *Widerspruch, Mißverständnis* to clear up, to resolve; *Rätsel auch* to solve.
3. (*zerstreuen*) *Wolken, Versammlung* to disperse, to break up.
4. (*aufheben*) to dissolve (*auch Parl*); *Einheit, Gruppe* to disband; *Verlobung* to break off; *Vertrag* to cancel; *Konto* to close; *Haushalt* to break up.
5. (*geh*) *Haar* to let down; *geflochtenes Haar* to let loose; *Knoten* to undo. **mit aufgelösten Haaren** with one's hair loose.
II *vr* **1.** (*in Flüssigkeit*) to dissolve; (*sich zersetzen: Zellen, Ordnung*) to disintegrate; (*Probleme etc*) to disappear. **all ihre Probleme haben sich in nichts aufgelöst** all her problems have dissolved into thin air *or* have disappeared.
2. (*sich zerstreuen*) to disperse; (*Wolken auch*) to break up; (*Nebel auch*) to lift.
3. (*auseinandergehen*) (*Verband*) to disband; (*esp Parl*) to dissolve itself.
4. (*sich aufklären*) (*Mißverständnis, Problem*) to resolve itself, to be resolved; (*Rätsel auch*) to be solved.
5. sich in etw (*acc*) **~** (*verwandeln*) to turn into sth; (*undeutlich werden*) to dissolve into sth.
6. (*geh: Haar*) to become undone.
7. (*Phot*) to be resolved.
Auflösung *f siehe vt 1.–4.* **1.** dissolving; resolution; elimination; (re)solving; cancellation, resolution.
2. clearing up, resolving; solving.
3. dispersal.
4. dissolving; disbanding; breaking off; cancellation; closing; breaking up.
5. *siehe vr* dissolving; disintegration; disappearance; dispersal; disbandment; dissolution; resolution; solution (*gen, von* to).
6. (*Verstörtheit*) distraction.
Auflösungszeichen *nt* (*Mus*) natural.
aufmachen *sep* I *vt* **1.** (*öffnen*) to open; (*lösen, aufknöpfen etc*) to undo; *Haar* to loosen; (*inf: operieren*) to open up (*inf*), to cut open (*inf*).
2. (*eröffnen, gründen*) *Geschäft, Unternehmen* to open (up).
3. (*gestalten*) *Buch, Zeitung* to make *or* get up; (*zurechtmachen*) *jdn* to dress, to get up (*pej*); (*in Presse*) *Ereignis, Prozeß etc* to feature.
II *vi* (*Tür öffnen*) to open up, to open the door; (*Geschäft (er)öffnen*) to open (up).

III *vr* **1.** (*sich zurechtmachen*) to get oneself up.

2. (*sich anschicken*) to get ready, to make preparations; (*aufbrechen*) to set out, to start (out). **sich zu einem Spaziergang ~** to set out on a walk.

Aufmacher *m* (*Press*) lead.

Aufmachung *f* **1.** (*Kleidung*) turn-out, rig-out (*inf*). **in großer ~ erscheinen** to turn up in full dress.

2. (*Gestaltung*) presentation, style; (*von Buch*) presentation, make-up; (*von Seite, Zeitschrift*) layout. **der Artikel erschien in großer ~** the article was given a big spread *or* was featured prominently.

3. (*Press: Artikel etc auf Titelseite*) lead feature.

aufmalen *vt sep* to paint on (*auf etw* (*acc*) sth); (*inf*) to scrawl (*auf* +*acc* on).

Aufmarsch *m* **1.** (*Mil*) (*das Aufmarschieren*) marching up; (*in Stellung, Kampflinie*) deployment. **2.** (*Sw*) attendance.

aufmarschieren* *vi sep aux sein* (*heranmarschieren*) to march up; (*Mil: in Stellung gehen*) to deploy; (*vorbeimarschieren*) to march past. **~ lassen** (*Mil: an Kampflinie etc*) to deploy; (*fig hum*) to have march up/past.

aufmeißeln *vt sep* (*Med*) to trephine.

aufmerken *vi sep* (*aufhorchen*) to sit up and take notice; (*geh: achtgeben*) to pay heed *or* attention (*auf* +*acc* to).

aufmerksam *adj* **1.** *Zuhörer, Beobachter, Schüler* attentive; *Blicke auch, Augen* keen; (*scharf beobachtend*) observant. **jdn auf etw** (*acc*) **~ machen** to draw sb's attention to sth; **auf etw** (*acc*) **~ werden** to become aware of sth; **~ werden** to sit up and take notice.

2. (*zuvorkommend*) attentive. (**das ist**) **sehr ~ von Ihnen** (that's) most kind of you.

Aufmerksamkeit *f* **1.** *no pl* attention, attentiveness. **das ist meiner ~ entgangen** I failed to notice that, that slipped my notice *or* escaped my attention.

2. *no pl* (*Zuvorkommenheit*) attentiveness.

3. (*Geschenk*) token (gift). (**nur**) **eine kleine ~** (just) a little something *or* gift.

aufmöbeln *vt sep* (*inf*) *Gegenstand* to do up (*inf*); *Kenntnisse* to polish up (*inf*); *jdn* (*beleben*) to buck up (*inf*), to pep up (*inf*); (*aufmuntern*) to buck up (*inf*), to cheer up.

aufmontieren* *vt sep* to mount, to fit (on). **etw auf etw** (*acc*) **~** to mount sth on sth, to fit sth on *or* to sth.

aufmotzen *vt sep* (*inf*) to revamp (*inf*).

aufmucken, aufmucksen *vi sep* (*inf*) to protest (*gegen* at, against).

aufmuntern *vt sep* (*aufheitern*) to cheer up; (*beleben*) to liven up, to ginger up (*inf*); (*ermutigen*) to encourage. **ein ~des Lächeln** an encouraging smile.

Aufmunterung *f siehe vt* cheering up; livening up, gingering up (*inf*).

aufmüpfig *adj* (*inf*) rebellious.

aufnageln *vt sep* to nail on (*auf* +*acc* -to).

aufnähen *vt sep* to sew on (*auf* +*acc* -to).

Aufnahme *f* **-, -n 1.** (*Empfang, fig: Reaktion*) reception; (*Empfangsraum*) recep-

tion (area). **bei jdm freundliche ~ finden** (*lit, fig*) to meet with a warm reception from sb; **die ~ in ein Krankenhaus** admission (in)to hospital; **wie war die ~ beim Publikum?** how did the audience receive it *or* react?

2. (*in Verein, Orden etc*) admission (*in* +*acc* to); (*Aufgenommener*) recruit.

3. *no pl* (*lit, fig: Absorption*) absorption; (*Nahrungs~*) taking, ingestion.

4. *no pl* (*Einbeziehung*) inclusion, incorporation; (*in Liste etc*) inclusion.

5. *no pl* (*von Kapital etc*) raising.

6. *no pl* (*Aufzeichnung: von Protokoll, Diktat*) taking down; (*von Personalien*) taking (down); (*von Telegramm*) taking. **die ~ eines Unfalls** taking down details of an accident.

7. *no pl* (*Beginn*) (*von Gespräch etc*) start, commencement; (*von Tätigkeit auch*) taking up; (*von Beziehung, Verbindung auch*) establishment.

8. *no pl* (*das Fotografieren*) taking, photographing; (*das Filmen*) filming, shooting. **Achtung, ~!** action!

9. (*Fotografie*) photo(graph), shot (*inf*); (*Schnappschuß*) snap (*inf*). **eine ~ machen** to take a photo(graph) *etc*.

10. (*auf Tonband*) recording.

Aufnahme|antrag *m* application for membership *or* admission; **aufnahmebereit** *adj Boden* ready for planting; *Kamera* ready to shoot; (*fig*) receptive, open (*für* to); **Aufnahmebereitschaft** *f* (*fig*) receptiveness, receptivity; **aufnahmefähig** *adj* **1. für etw ~ sein** to be able to take sth in; **ich bin nicht mehr ~** I can't take anything else in; **2.** *Markt* active; **Aufnahmefähigkeit** *f* ability to take things in; **Aufnahmegebühr** *f* enrolment fee; (*in Verein*) admission fee; **Aufnahmegerät** *nt* (*Film*) (film) camera; (*Tonband~*) recorder; **Aufnahmeleiter** *m* (*Film*) production manager; (*Rad*) producer; **Aufnahmeprüfung** *f* entrance examination; **Aufnahmestudio** *nt* (film/recording) studio; **Aufnahmewagen** *m* (*Rad*) recording van; **aufnahmewürdig** *adj* (*für Verein*) worthy of admittance; (*für Wörterbuch etc*) worth including.

Aufnahmsprüfung *f* (*Aus*) *siehe* **Aufnahmeprüfung.**

aufnehmen *vt sep irreg* **1.** (*vom Boden*) to pick up; (*heben*) to lift up.

2. (*lit: empfangen, fig: reagieren auf*) to receive.

3. (*unterbringen*) to take (in); (*fassen*) to take, to hold; *Arbeitskräfte, Einwanderer* to absorb.

4. (*in Verein, Orden etc*) to admit (*in* +*acc* to); (*Schule auch*) to take on.

5. (*absorbieren*) to absorb, to take up; (*im Körper ~*) to take; (*fig: eindringen lassen*) *Eindrücke* to take in; (*begreifen auch*) to grasp. **etw in sich** (*dat*) **~** to take sth in; **er nimmt (alles) schnell auf** he takes things in *or* grasps things quickly, he's quick on the uptake.

6. (*mit einbeziehen*) to include, to incorporate; (*in Liste, Bibliographie*) to include; (*fig: aufgreifen*) to take up.

7. (*esp Ftbl*) *Ball* to take, to receive.
8. (*dial*) (*aufwischen*) to wipe up; (*mit Stück Brot auch*) to mop *or* soak up.
9. (*beginnen*) to begin, to commence; *Verbindung, Beziehung* to establish; *Tätigkeit, Studium auch* to take up. **den Kampf** ~ to commence battle; (*fig auch*) to take up the struggle; **Kontakt** *or* **Fühlung mit jdm** ~ to contact sb.
10. *Kapital, Summe, Gelder, Hypothek* to raise; *Kredit auch* to get.
11. (*niederschreiben*) *Protokoll, Diktat* to take down; *Personalien* to take (down); *Telegramm* to take.
12. (*fotografieren*) to take (a photograph *or* picture of), to photograph; (*filmen*) to film, to shoot (*inf*).
13. (*auf Tonband*) to record.
14. (*beim Stricken*) *Maschen* to increase, to make.
15. es mit jdm/etw ~ **können** to be a match for sb/sth, to be able to match sb/ sth; **es mit jdm/etw nicht** ~ **können** to be no match for sb/sth.

Aufnehmer *m* (*dial*) **1.** (*N. Ger: Scheuertuch*) cloth. **2.** (*dial: Müllschaufel*) shovel.

äufnen *vt* (*Sw*) *Geld etc* to accumulate.

aufnesteln *vt sep* (*inf*) *Knoten, Schnur* to undo; *Bluse, Haken auch* to unfasten.

aufnorden *vt sep* **1.** (*Pol*) to arianize.
2. (*dated hum: verbessern*) to tart up (*inf*), to improve; *Image* to brush up.

aufnotieren* *vt sep* (*sich dat*) *etw* ~ to note sth down, to make a note of sth.

aufnötigen *vt sep jdm etw* ~ *Geld, Essen* to force *or* press sth on sb; *Entscheidung, Meinung* to force *or* impose sth on sb.

auf|oktroyieren* *vt sep jdm etw* ~ (*geh*) to impose *or* force sth on sb.

auf|opfern *sep* **I** *vr* to sacrifice oneself.
II *vt* to sacrifice, to give up.

auf|opfernd *adj Mensch* self-sacrificing; *Liebe, Tätigkeit, Arbeit* devoted.

Auf|opferung *f* **1.** (*Aufgabe*) sacrifice.
2. (*Selbst~*) self-sacrifice.

auf|opferungsvoll *adj* self-sacrificing.

aufpacken *vt sep jdm etw* ~ to load sth onto sb, to load sb with sth; **jdm etw** ~ (*fig*) to burden *or* saddle (*inf*) sb with sth; **er packte sich** (*dat*) **den Rucksack auf** he put on his rucksack.

aufpäppeln *vt sep* (*inf*) (*mit Nahrung*) to feed up (*inf*); (*durch Pflege*) to nurse back to health.

aufpappen *vt sep* (*inf*) (*jdm*) *etw* ~ to stick sth on (sb); **etw (auf etw acc)** ~ to stick sth on (sth); **sich** (*dat*) **etw** ~ to stick sth on.

aufpassen *vi sep* **1.** (*beaufsichtigen*) **auf jdn/etw** ~ to watch sb/sth, to keep an eye on sb/sth; (*hüten*) to look after sb/sth; (*Aufsicht führen*) to supervise sb/sth.
2. (*aufmerksam sein, achtgeben*) to pay attention. **paß auf!, aufgepaßt!** look, watch; (*sei aufmerksam*) pay attention; (*Vorsicht*) watch out, mind (out).

Aufpasser(in *f*) *m* **-s, -** (*pej: Aufseher, Spitzel*) spy (*pej*), watchdog (*inf*); (*Beobachter*) supervisor; (*Wächter*) guard.

aufpeitschen *vt sep Meer, Wellen* to whip up; (*fig*) *Sinne* to inflame, to fire; *Menschen* to inflame, to work up; (*stärker*) to whip up into a frenzy. **eine ~de Rede** a rabble-rousing (*pej*) *or* inflammatory speech.

aufpflanzen *sep* **I** *vt* to plant; (*Mil*) *Bajonett* to fix. **II** *vr* **sich vor jdm** ~ to plant oneself in front of sb.

aufpflügen *vt sep* to plough up.

aufpfropfen *vt sep* (*lit*) to graft on (+*dat* -to); (*fig*) to superimpose (+*dat* on).

aufpicken *vt sep* **1.** to peck up; (*fig*) to glean, to pick up. **2.** (*öffnen*) to peck open.

aufpinseln *vt sep* (*inf*) (*hinschreiben*) to scrawl (*auf* +*acc* on); (*auftragen*) *Lack* to slap on (*inf*) (*auf etw* (*acc*) sth).

aufplatzen *vi sep aux sein* to burst open; (*Wunde*) to open up, to rupture; (*Knopf*) to pop open.

aufplustern *sep* **I** *vt Federn* to ruffle up; (*fig*) *Vorfall, Ereignis* to blow up, to exaggerate. **II** *vr* (*Vogel*) to ruffle (up) its feathers, to puff itself up; (*Mensch*) to puff oneself up.

aufpolieren* *vt sep* (*lit, fig*) to polish up.

aufprägen *vt sep* to emboss, to stamp. **jdm/einer Sache seinen/einen Stempel** ~ (*fig*) to leave one's/its mark on sb/sth.

Aufprall *m* impact.

aufprallen *vi sep aux sein* **auf etw** (*acc*) ~ to strike *or* hit sth; (*Fahrzeug auch*) to collide with sth, to run into sth.

Aufpreis *m* extra *or* additional charge. **gegen** ~ for an extra *or* additional charge.

aufpressen *vt sep* to press on (*auf* +*acc* -to); (*öffnen*) to press open.

aufprobieren* *vt sep* to try (on).

aufpulvern *vt sep* (*inf*) to pep *or* buck up (*inf*); *Moral* to lift, to boost.

aufpumpen *sep* **I** *vt Reifen, Ballon* to pump up, to inflate; *Fahrrad* to pump up *or* inflate the tyres of. **II** *vr* (*Vogel, fig: sich aufspielen*) to puff oneself up; (*fig: wütend werden*) to work oneself up (*inf*).

aufpusten *vt* (*inf*) siehe **aufblasen**.

aufputschen *sep* **I** *vt* **1.** (*aufwiegeln*) to rouse; *Gefühle, öffentliche Meinung auch* to whip *or* stir up (*gegen* against).
2. (*durch Reizmittel*) to stimulate. **~de Mittel** stimulants. **II** *vr* to pep oneself up (*inf*), to dope oneself (*Sport inf*).

Aufputschmittel *nt* stimulant.

Aufputz *m* get-up (*inf*), rig-out (*inf*); (*festlich geschmückt*) finery (*iro*), attire (*iro*).

aufputzen *vt sep* **1.** (*schmücken*) *Haus, Buch etc* to decorate; (*schön machen*) *jdn* to dress up, to deck out; (*fig: aufpolieren*) *Gegenstand* to do up; *Image* to polish *or* brush up. **2.** (*dial: aufwischen*) *Boden* to clean (up); *Flüssigkeit* to mop *or* wipe up.

aufquellen *vi sep irreg aux sein* **1.** (*anschwellen*) to swell (up). **aufgequollen** swollen; *Gesicht auch* puffy, bloated; *Mensch* bloated(-looking); **etw** ~ **lassen** to soak sth (to allow it to swell up).
2. (*geh: aufsteigen*) (*Rauch*) to rise; (*Flüssigkeit auch*) to well *or* spring up.

aufraffen *sep* **I** *vr* to pull oneself up; (*vom Boden auch*) to pick oneself up. **sich zu etw** ~ (*inf*) to rouse oneself to do sth.
II *vt Rock, Papiere, Eigentum* to gather

up; (*schnell aufheben*) to snatch up.

aufragen *vi sep aux sein or haben* (*in die Höhe* ~) to rise; (*sehr hoch auch*) to tower (up) (*über +dat* above, over). **die hoch ~den Türme** the soaring towers; **die hoch ~den Tannen** the towering fir trees.

aufrappeln *vr sep* (*inf*) **1.** *siehe* **aufraffen l. 2.** (*wieder zu Kräften kommen*) to recover, to get over it.

aufrauchen *vt sep* (*zu Ende rauchen*) to finish (smoking); (*aufbrauchen*) to smoke, to get through.

aufrauhen *vt sep* to roughen (up); (*Tex*) *Stoff* to nap; *Haut, Hände* to roughen, to make rough.

aufräumen *sep* **I** *vt* to tidy *or* clear up; (*wegräumen auch*) to clear *or* put away. **II** *vi* **1. mit etw** ~ to do away with sth. **2.** (*pej: dezimieren*) **unter der Bevölkerung** (**gründlich**) ~ (*Seuche etc*) to decimate the population, to wreak havoc among the population.

Aufräumungs|arbeiten *pl* clear(ing)-up operation *sing*.

aufrechnen *vt sep* **1. jdm etw** ~ to charge sth to sb *or* to sb's account; (*fig: vorwerfen*) to throw sth in sb's face. **2. etw gegen etw** ~ to set sth off *or* offset sth against sth.

aufrecht *adj* (*lit, fig*) upright; *Körperhaltung etc auch* erect. ~ **gehen** to walk upright *or* erect; ~ **sitzen** to sit up(right); **etw** ~ **hinstellen** to place sth upright *or* in an upright position; **sie kann sich kaum noch** ~ **halten** she's fit *or* ready to drop, she can hardly keep (herself) upright.

aufrecht|erhalten* *vt sep irreg* to maintain; *Kontakt, Bräuche auch* to keep up; *Behauptung auch* to stick to; *Entschluß, Glauben auch* to keep *or* adhere to, to uphold; *Verein* to keep going; (*moralisch stützen*) *jdn* to keep going, to sustain.

Aufrecht|erhaltung *f siehe vt* maintenance, maintaining; keeping up; sticking (*gen* to); adherence (*gen* to), upholding; keeping going.

aufreden *vt sep siehe* **aufschwatzen**.

aufregen *sep* **I** *vt* (*ärgerlich machen*) to irritate, to annoy; (*nervös machen*) to make nervous *or* edgy (*inf*); (*beunruhigen*) to agitate, to disturb; (*bestürzen*) to upset; (*erregen*) to excite. **du regst mich auf!** you're getting on my nerves; **er regt mich auf** he drives me mad (*inf*). **II** *vr* to get worked up (*inf*) *or* excited (*über +acc* about); *siehe* **aufgeregt**.

aufregend *adj* exciting.

Aufregung *f* excitement *no pl*; (*Beunruhigung*) agitation *no pl*. **nur keine** ~! don't get excited, don't get worked up (*inf*) *or* in a state (*inf*)!; **jdn in** ~ **versetzen** to put sb in a flurry, to get sb in a state (*inf*); **alles war in heller** ~ everything was in utter confusion, there was complete bedlam.

aufreiben *sep irreg* **I** *vt* **1.** (*wundreiben*) *Haut etc* to chafe, to rub sore. **sich** (*dat*) **die Hände/Haut** ~ to chafe one's hands/ oneself, to rub one's hands/oneself sore. **2.** (*fig: zermürben*) to wear down *or* out. **3.** (*Mil: völlig vernichten*) to wipe out, to annihilate.

II *vr* (*durch Sorgen etc*) to wear oneself out; (*durch Arbeit auch*) to work oneself into the ground.

aufreibend *adj* (*fig*) wearing, trying; (*stärker*) stressful. **nervlich** ~ stressful.

aufreihen *sep* **I** *vt* (*in Linie*) to line up, to put in a line/lines *or* a row/rows; *Perlen* to string; (*fig*) (*aufzählen*) to list, to enumerate. **II** *vr* to line up, to get in a line/ lines *or* a row/rows.

aufreißen *sep irreg* **I** *vt* **1.** (*durch Reißen öffnen, aufbrechen*) to tear *or* rip open; *Straße* to tear *or* rip up. **2.** *Tür, Fenster* to fling open; *Augen, Mund* to open wide. **3.** (*beschädigen*) *Kleidung* to tear, to rip; *Haut* to gash (open). **4.** (*Sport inf*) *Abwehr* to open up. **5.** (*in großen Zügen darstellen*) *Thema* to outline. **6.** (*sl*) *Mädchen* to pick up (*inf*); (*sich verschaffen*) *Job, Angebot* to land (oneself) (*inf*), to get. **II** *vi aux sein* (*Naht*) to split, to burst; (*Hose*) to tear, to rip; (*Wunde*) to tear open; (*Wolkendecke*) to break up.

aufreizen *vt sep* **1.** (*herausfordern*) to provoke; (*aufwiegeln*) to incite. **2.** (*erregen*) to excite; (*stärker*) to inflame.

aufreizend *adj* provocative.

aufreizen *vt sep* (*inf*) to unpick.

Aufribbeln *f* -, **-n** (*Sw*) *siehe* **Richtfest**.

aufrichten *sep* **I** *vt* **1.** (*in aufrechte Lage bringen*) *Gegenstand* to put *or* set upright; *jdn* to help up; *Oberkörper* to raise (up), to straighten (up). **2.** (*aufstellen*) to erect, to put up; (*fig*) to set up. **3.** (*fig: moralisch*) to put new heart into, to give fresh heart to, to lift. **II** *vr* (*gerade stehen*) to stand up (straight); (*gerade sitzen*) to sit up (straight); (*aus gebückter Haltung*) to straighten up; (*fig: moralisch*) to pick oneself up, to get back on one's feet. **sich im Bett** ~ to sit up in bed; **sich an jdm** ~ (*fig*) to find new strength in sb, to take heart from sb.

aufrichtig *adj* sincere (*zu, gegen* towards); (*ehrlich auch*) honest.

Aufrichtigkeit *f siehe adj* sincerity; honesty.

aufriegeln *vt sep* to unbolt.

Aufriß *m* **1.** (*Tech*) elevation. **etw im** ~ **zeichnen** to draw the side/ front elevation of sth. **2.** (*fig: Abriß*) outline, sketch.

aufritzen *vt sep* (*öffnen*) to slit open; (*verletzen*) to cut (open).

aufrollen *sep* **I** *vt* **1.** (*zusammenrollen*) *Teppich, Ärmel* to roll up; *Kabel* to coil *or* wind up; (*auf Rolle*) to wind up. **2.** (*entrollen*) to unroll; *Fahne* to unfurl; *Kabel* to uncoil, to unwind; (*von Rolle*) to unwind, to reel off. **3.** (*fig*) *Problem* to go into. **einen Fall/ Prozeß wieder** ~ to reopen a case/trial. **II** *vr* (*sich zusammenrollen*) to roll up.

aufrücken *vi sep aux sein* **1.** (*weiterrücken*) to move up *or* along. **2.** (*befördert werden*) to move up, to be promoted; (*Schüler*) to move *or* go up. **zum Geschäftsleiter** ~ to be promoted to manager.

Aufruf m **1.** appeal (an +acc to). **2.** (von Namen) nach ~ on being called, when called. **3.** (Datenverarbeitung) call. **4.** (Fin: von Banknoten) calling in.

aufrufen vt sep irreg I vt **1.** Namen to call; Wartenden to call (the name of). **Sie werden aufgerufen** your name or you will be called; **einen Schüler** ~ to ask a pupil (to answer) a question.
2. (auffordern) **jdn zu etw** ~ (zu Mithilfe, Unterstützung etc) to appeal to or call upon sb for sth; **jdn** ~, **etw zu tun** to appeal to or call upon sb to do sth; **Arbeiter zum Streik** ~ to call upon workers to strike. **3.** (Jur) Zeugen to summon. **4.** (Datenverarbeitung) to call up. **5.** (Fin: einziehen) Banknoten to call in.
II vi **zum Streik** etc ~ to call for a strike etc, to call upon people to strike etc.

Aufruhr m **-(e)s, -e 1.** (Auflehnung) revolt, rebellion, uprising.
2. (Bewegtheit, fig: Erregung) tumult, turmoil; (in Stadt, Publikum auch) pandemonium (gen in). **in** ~ **sein** to be in a tumult or turmoil; (Gefühle, Stadt auch) to be in a tumult; **in** ~ **geraten** to be in a turmoil; **jdn in** ~ **versetzen** to throw sb into a turmoil.

aufrühren vt sep to stir up; (fig auch) Gefühle to rouse. **alte Geschichten wieder** ~ to rake or stir up old stories.

Aufrührer(in f) m **-s, -** rabble-rouser.

aufrührerisch adj **1.** (aufwiegelnd) Rede, Pamphlet rabble-rousing, inflammatory. **2.** attr (in Aufruhr) rebellious; (meuternd) mutinous.

aufrunden vt sep Betrag, Zahl etc to round up (auf +acc to).

aufrüsten vti sep to arm. **ein Land atomar** ~ to give a country nuclear arms; **wieder** ~ to rearm.

Aufrüstung f arming. **atomare** ~ acquiring nuclear armaments.

aufrütteln vt sep to rouse (aus from); (aus Lethargie etc auch) to shake up (aus out of). **jdn/jds Gewissen** ~ to stir sb/sb's conscience.

Aufrütt(e)lung f (fig) (das Aufrütteln) rousing; (aus Lethargie etc auch) shaking up.

aufs contr of **auf das.**

aufsagen vt sep **1.** Gedicht etc to recite, to say. **2.** (geh: für beendet erklären) **jdm die Freundschaft** ~ to end one's friendship with sb; **jdm den Dienst/Gehorsam** ~ to refuse to serve/obey sb.

aufsammeln vt sep (lit, fig) to pick up.

aufsässig adj rebellious; esp Kind auch recalcitrant, obstreperous.

Aufsässigkeit f siehe adj rebelliousness; recalcitrance, obstreperousness.

aufsatteln vt sep **1.** Pferd to saddle (up). **2.** (Tech) Anhänger to hitch (up), to couple (on) (an +acc to).

Aufsatz m **1.** (Abhandlung) essay; (Schulauch) composition. **2.** (oberer Teil) top or upper part; (zur Verzierung) bit on top; (von Kamera etc) attachment. **3.** (Mil: von Geschütz) (gun) sight.

Ausatzsammlung f collection of essays;
Aufsatzthema nt essay subject.

aufsaugen vt sep irreg Flüssigkeit to soak up; (Sonne auch) to absorb; (fig) to absorb. **etw mit dem Staubsauger** ~ to vacuum sth up.

aufschauen vi sep siehe **aufblicken.**

aufschaufeln vt sep **1.** (aufhäufen) to pile up. **2.** (aufgraben) to dig up.

aufschaukeln vr sep (Fahrzeug) to bump up and down; (fig inf: Haß, Emotionen) to build up.

aufschäumen vi sep aux sein (Meer) to foam; (Getränke) to foam or froth up. **vor Zorn** ~ to boil with anger.

aufscheinen vi sep irreg aux sein **1.** (geh: aufleuchten) to light up; (Licht) to appear; (fig liter) to shine out. **2.** (Aus: erscheinen) to appear.

aufscheuchen vt sep to startle; (inf) Öffentlichkeit to startle, to shock. **jdn aus etw** ~ to jolt sb out of sth; **jdn von seiner Arbeit/Lektüre** ~ to disturb sb when he is working/reading.

aufscheuern sep I vt Fuß etc to rub sore; Haut to chafe. II vr to rub oneself sore. **meine Ellbogen/Knie haben sich aufgescheuert** I've rubbed my elbows/knees sore; **sich** (dat) **die Hände/Füße** ~ to take the skin off one's hands/feet.

aufschichten vt sep to stack, to pile up; Stapel to build up.

aufschieben vt sep irreg Fenster, Tür to slide open; Riegel to push or slide back; (fig: verschieben) to put off. **aufgeschoben ist nicht aufgehoben** (prov) putting something off does not mean it's solved.

aufschießen sep irreg I vi aux sein **1.** (Saat, Jugendlicher) to shoot up; (Flammen, Fontäne etc auch) to leap up. **2.** (emporschnellen, hochfahren) to shoot or leap up. II vt (Naut) Tau to coil.

aufschimmern vi sep aux sein or haben (geh) to glow.

Aufschlag m **1.** (das Aufschlagen) impact; (Geräusch) crash.
2. (Tennis etc) service, serve. **wer hat** ~**?** whose service or serve (is it)?; **sie hat** ~ she's serving, it's her service or serve. **3.** (Preis~) surcharge, extra charge. **4.** (Ärmel~) cuff; (Hosen~) turn-up (Brit); (Mantel~ etc) lapel.

aufschlagen sep irreg I vi **1.** aux sein (auftreffen) **auf etw** (dat) ~ to hit sth; **das Flugzeug schlug in einem Waldstück auf** the plane crashed into a wood; **mit dem Kopf** etc **auf etw** (acc or dat) ~ to hit one's head etc on sth; **dumpf** ~ to thud (auf +acc onto).
2. aux sein (sich öffnen) to open. **3.** aux sein (Flammen) to leap or blaze up (aus out of). **4.** aux haben or (rare) sein (Waren, Preise) to rise, to go up (um by). **5.** (Tennis etc) to serve.
II vt **1.** (durch Schlagen öffnen) to crack; Nuß to crack (open); Eis to crack a hole in. **jdm/sich den Kopf** ~ to crack or cut open sb's/one's head.
2. (aufklappen) to open; (zurückschlagen) Bett, Bettdecke to turn back; (hochschlagen) Kragen etc to turn up; Schleier to lift up, to raise. **schlagt Seite 111 auf** open your books at page 111.

3. *Augen* to open.
4. *(aufbauen) Bett, Liegestuhl* to put
up; *Zelt auch* to pitch; *(Nacht)lager* to set
up, to pitch. **er hat seinen Wohnsitz in
Wien aufgeschlagen** he has taken up
residence in Vienna.
5. *(Comm) Preise* to put up, to raise.
10% auf etw *(acc)* ~ to put 10% on sth.

Aufschläger *m (Tennis etc)* server.

Aufschlagzünder *m (Mil)* percussion fuse.

aufschließen *sep irreg* **I** *vt* **1.** *(öffnen)* to
unlock; *(geh: erklären)* to elucidate *(jdm
to sb)*. **jdm die Tür** *etc* ~ to unlock the
door *etc* for sb.
2. *(geh: offenbaren)* **jdm sein Herz/
Innerstes** ~ to open one's heart to sb/tell
sb one's innermost thoughts.
3. *(Chem, Biol)* to break down.
4. *Rohstoffe, Bauland* to develop.
II *vr (geh)* **sich jdm** ~ to be open *or*
frank with sb.
III *vi* **1.** *(öffnen)* **(jdm)** ~ to unlock the
door (for sb).
2. *(heranrücken)* to close up; *(Sport)* to
catch up *(zu* with).

aufschlitzen *vt sep* to rip (open); *(mit
Messer auch)* to slit (open); *Gesicht* to
slash; *Bauch* to slash open.

aufschluchzen *vi sep (geh)* to sob convul-
sively.

aufschlucken *vt sep Schall etc* to absorb;
(fig) Gelder etc to swallow up.

Aufschluß *m* **1.** *(Aufklärung)* information
no pl. **(jdm)** ~ **über etw** *(acc)* **geben** to
give (sb) information about sth. **2.** *(Chem,
Biol)* breaking down. **3.** *(Min: Er-
schließung)* development.

aufschlüsseln *vt sep* to break down *(nach*
into); *(klassifizieren)* to classify *(nach*
according to).

aufschlußreich *adj* informative, instructive.

aufschmieren *vt sep (inf)* to spread on;
Farbe to smear on.

aufschnallen *vt sep* **1.** *(befestigen)* to
buckle *or* strap on *(auf etw (acc)* (-to) sth).
2. *(lösen)* to unbuckle, to unstrap.

aufschnappen *sep* **I** *vt* to catch; *(inf)
Wort etc* to pick up. **II** *vi aux sein* to snap
or spring open.

aufschneiden *sep irreg* **I** *vt* **1.** to cut open;
(tranchieren) Braten to carve; *Buch* to
cut; *(Med) Geschwür* to lance; *siehe* **Puls-
ader. 2.** *(in Scheiben schneiden)* to slice.
II *vi (inf: prahlen)* to brag, to boast.

Aufschneider *m (inf)* braggart, boaster.

Aufschneiderei *f (inf)* bragging *no pl,*
boasting *no pl.*

aufschneiderisch *adj (inf)* boastful.

aufschnellen *vi sep aux sein (hochschnellen)* to leap *or* jump up; *(Schlange)* to rear
up.

Aufschnitt *m, no pl (assorted)* sliced cold
meat *or (rare: Käse)* cheese.

aufschnüren *vt sep* **1.** *(lösen)* to untie, to
undo; *Schuh auch* to unlace. **2.** *(rare:
befestigen)* to tie on *(auf +acc* -to).

aufschrammen *vt sep siehe* **aufschürfen.**

aufschrauben *vt sep* **1.** *Schraube etc* to
unscrew; *Flasche etc* to take the top off.
2. *(festschrauben)* to screw on *(auf +acc*
-to).

aufschrecken *sep pret* **schreckte auf,** *ptp*
aufgeschreckt **I** *vt* to startle; *(aus
Gleichgültigkeit)* to rouse *(aus* from), to
jolt *(aus* out of).
II *vi pret auch* **schrak auf** *aux sein* to
start (up), to be startled. **aus dem Schlaf**
~ to wake up with a start; **aus seinen
Gedanken** ~ to start.

Aufschrei *m* yell; *(schriller* ~) scream,
shriek. **ein** ~ **der Empörung/Entrüstung**
(fig) an outcry.

aufschreiben *vt sep irreg* **1.** *(niederschreiben)* **etw** ~ to write *or* note sth
down.
2. *(notieren)* **sich** *(dat)* **etw** ~ to make a
note of sth.
3. *(als Schulden anschreiben)* to put on
the slate *(inf)*, to chalk up *(inf)*.
4. *(inf: verordnen)* to prescribe.
5. *(inf: polizeilich* ~) **jdn** ~ to take sb's
particulars.

aufschreien *vi sep irreg* to yell out; *(schrill)*
to scream *or* shriek out.

Aufschrift *f (Beschriftung)* inscription;
(Etikett) label. **eine Flasche mit der** ~
„Vorsicht Gift" versehen to label a bottle
"Danger – Poison".

Aufschub *m (Verzögerung)* delay; *(Vertagung)* postponement. **die Sache duldet**
or **leidet** *(old)* **keinen** ~ *(geh)* the matter
brooks no delay *(liter)*; **jdm** ~ **gewähren**
(Zahlungs~) to allow sb grace.

aufschürfen *vt sep* **sich** *(dat)* **die Haut/das
Knie** ~ to graze *or* scrape oneself/one's
knee.

aufschütteln *vt sep Kissen etc* to shake *or*
plump up.

aufschütten *vt sep* **1.** *Flüssigkeit* to pour
on. **Wasser auf etw** *(acc)* ~ to pour water
on *or* over sth. **2.** *(nachfüllen) Kohle* to
put on (the fire). **3.** *Stroh, Steine* to
spread; *Damm, Deich* to throw up; *Straße*
to raise. **4.** *(Geol)* to deposit.

Aufschüttung *f* **1.** *(Damm)* bank of earth.
2. *(Geol)* deposit.

aufschwatzen, aufschwätzen *(dial) vt
sep (inf)* **jdm etw** ~ to talk sb into taking
sth.

aufschweißen *vt sep* to cut open (with an
oxyacetylene torch).

aufschwellen *sep* **I** *vi irreg aux sein* to
swell (up). **II** *vt reg* to swell; *(fig) Satz,
Buch* to pad out *(inf)*.

aufschwemmen *vti sep* **(jdn)** ~ to make
sb bloated.

aufschwingen *vr sep irreg* to swing oneself
up; *(Vogel)* to soar (up); *(fig: Gedanken)*
to rise to higher realms. **sich zu etw** ~
(sich aufraffen) to bring oneself to do sth;
(sich hocharbeiten) to work one's way up
to be(come) sth.

Aufschwung *m* **1.** *(Antrieb)* lift; *(der
Phantasie)* upswing; *(der Wirtschaft etc)*
upturn, upswing *(gen* in). **das gab ihr
(einen) neuen** ~ that gave her a lift; **durch
diese Erfindung hat die Firma einen** ~
genommen the firm received *or* got a
boost from this invention. **2.** *(Turnen)*
swing-up.

aufsehen *vi sep irreg siehe* **aufblicken.**

Aufsehen *nt -s, no pl* sensation. **großes** ~
erregen to cause a sensation *or* stir; **um**

etw viel ~ machen to make a lot of fuss about sth; ohne großes ~ without any to-do (inf) or fuss; ich möchte jedes ~ vermeiden I want to avoid any fuss.

aufsehen|erregend adj sensational.

Aufseher(in f) m (allgemein) supervisor; (bei Prüfung) invigilator; (Sklaven~) overseer; (Gefängnis~) warder; (Park~, Museums~ etc) attendant.

aufsein vi sep irreg aux sein (Zusammenschreibung nur bei infin und ptp) 1. (aufgestanden sein) to be up. 2. (geöffnet sein) to be open.

aufsetzen sep I vt 1. (auf etw setzen) Brille, Topf, Essen etc to put on; Kegel to set up; Knöpfe, Flicken etc to put on; Steine to lay; Tonarm to lower; Fuß to put on the ground or down; (fig) Lächeln, Miene etc to put on. ich kann den Fuß nicht richtig ~ I can't put any weight on my foot; sich (dat) den Hut ~ to put on one's hat.
   2. Flugzeug to land, to bring down; Boot to pull up, to beach; (unabsichtlich) to ground, to run aground.
   3. (aufrichten) Kranken etc to sit up.
   4. (verfassen) to draft; (ein Konzept machen für auch) to make a draft of.
   II vr to sit up.
   III vi (Flugzeug) to touch down, to land; (Tonarm) to come down.

Aufsetzer m -s, - (Sport) bouncing ball.

aufseufzen vi sep (tief/laut)~ to heave a (deep/loud) sigh.

Aufsicht f -, -en 1. no pl (Überwachung) supervision (über +acc of); (Obhut) charge. unter jds ~ (dat) under the supervision of sb; in the charge of sb; unter polizeilicher/ärztlicher ~ under police/medical supervision; ~ über jdn/etw führen to be in charge of sb/sth; bei einer Prüfung ~ führen to invigilate an exam; im Pausenhof ~ führen to be on duty during break; jdn ohne ~ lassen to leave sb unsupervised or without supervision; der Kranke darf niemals ohne ~ sein the patient must be kept under constant supervision; jdm obliegt die ~ über etw (acc) (form) sb is in charge of or responsible for sth.
   2. (~führender) person in charge; (Aufseher) supervisor. die ~ fragen (~sschalter) to ask at the office.

aufsichtführend adj attr Behörde supervisory; Beamter supervising; **Aufsichtführende(r)** mf decl as adj siehe Aufsicht 2.

Aufsichtsbe|amte(r) m (in Museum, Zoo etc) attendant; **Aufsichtsbehörde** f supervisory authority or body; **Aufsichtspersonal** nt supervisory staff; **Aufsichtpflicht** (Jur) legal responsibility to care for sb esp children; die ~ der Eltern (legal) parental responsibility; **Aufsichtsrat** m board (of directors); (Mitglied) member of the board (of directors); im ~ einer Firma sitzen to be or sit on the board of a firm; **Aufsichtsratsvorsitzende(r)** mf chairman/chairwoman of the board (of directors).

aufsitzen vi sep irreg 1. (aufgerichtet sitzen, aufbleiben) to sit up.
   2. aux sein (auf Reittier) to mount; (auf Fahrzeug) to get on. aufs Pferd ~ to mount the horse; aufgesessen! (Mil) mount!
   3. (ruhen auf) to sit on (auf etw (dat)) sth.
   4. (Naut) to run aground (auf +dat on).
   5. aux sein (inf: hereinfallen) jdm/einer Sache ~ to be taken in by sb/sth.
   6. aux sein (inf) jdn ~ lassen (im Stich lassen) to leave sb in the lurch, to let sb down.

aufspalten vtr sep to split; (fig auch) to split up. eine Klasse in drei Gruppen ~ to split up or divide up a class into three groups.

Aufspaltung f splitting; (fig auch) splitting-up.

aufspannen vt sep 1. Netz etc to stretch or spread out; Schirm to put up, to open.
   2. (aufziehen) Leinwand to stretch (auf + acc onto); Saite to put on (auf etw (acc)) sth).

aufsparen vt sep to save (up), to keep.

aufspeichern vt sep to store (up); Energie auch to accumulate.

aufsperren vt sep 1. (S Ger, Aus: aufschließen) Tür etc to unlock. 2. (aufreißen) Schnabel to open wide. die Ohren ~ to prick up one's ears.

aufspielen sep I vi (dated) to play; (anfangen) to strike up. II vr (inf) 1. (sich wichtig tun) to show off one's airs. 2. (sich ausgeben als) sich als etw ~ to set oneself up as sth; sich als Boß ~ to play the boss.

aufspießen vt sep to spear; (durchbohren) to run through; (mit Hörnern) to gore; Schmetterlinge to pin; Fleisch (mit Spieß) to skewer; (mit Gabel) to prong.

aufsplittern sep I vti (vi: aux sein) (Holz) to splinter; (Gruppe) to split (up). II vr (Gruppe etc) to split (up).

aufspringen vi sep irreg aux sein 1. (hochspringen) to jump or leap to one's feet or up. auf etw (acc) ~ to jump onto sth.
   2. (auftreffen) to bounce; (Ski) to land.
   3. (sich öffnen) Tür to burst or fly open; (platzen) to burst; (Rinde, Lack) to crack; (Haut, Lippen etc) to crack, to chap; (liter: Knospen) to burst open.

aufspritzen sep I vt etw (auf etw acc) ~ to spray sth on (sth). II vi aux sein to spurt (up).

aufsprudeln vi sep aux sein to bubble up.

aufsprühen sep I vt etw (auf etw acc) ~ to spray sth on (sth). II vi aux sein to spray up.

Aufsprung m (Sport) landing; (von Ball) bounce.

aufspulen vt sep to wind on a spool; Angelschnur, Garn auch to wind on a reel.

aufspülen vt sep 1. (anspülen) Sand, Schlick etc to wash up. 2. (aufwirbeln) Sand, Schlamm etc to whirl up.

aufspüren vt sep (lit, fig) to track down.

aufstacheln vt sep siehe **anstacheln**.

aufstampfen vi sep to stamp. mit dem Fuß ~ to stamp one's foot.

Aufstand m rebellion, revolt. im ~ in rebellion or revolt.

aufständisch adj rebellious, insurgent.

Aufständische(r) mf decl as adj rebel, insurgent.

aufstapeln *vt sep* to stack *or* pile up.

aufstauen *sep* I *vt Wasser* to dam. **etw in sich** (*dat*) ~ (*fig*) to bottle sth up inside (oneself). II *vr* to accumulate, to collect; (*fig: Ärger*) to be/become bottled up.

aufstechen *vt sep irreg* to puncture; (*Med*) to lance; (*aufdecken*) to bring into the open.

aufstecken *sep* I *vt* 1. (*auf etw stecken*) to put on (*auf +acc* -to); *Fahne, Gardinen* to put up (*auf +acc* on). **sich/jdm einen Ring** ~ to put on a ring/put a ring on sb's finger; **Kerzen auf einen Leuchter/den Baum** ~ to put candles in a candlestick/on the tree. 2. *Haar* to put up. 3. (*inf: aufgeben*) to pack in (*inf*). II *vi* (*inf: aufgeben*) to pack it in (*inf*); (*bei Rennen etc auch*) to retire.

aufstehen *vi sep irreg aux sein* 1. (*sich erheben*) to get *or* stand up; (*morgens aus dem Bett*) to get up; (*fig: Persönlichkeit*) to arise. **aus dem Sessel/Bett** ~ to get up out of the chair/to get out of bed; **vor jdm/ für jdn** ~ to stand up for sb; ~ **dürfen** (*Kranker*) to be allowed (to get) up; **da mußt du früher** *or* **eher** ~! (*fig inf*) you'll have to do better than that! 2. (*inf: offen sein*) to be open. 3. (*sich auflehnen*) to rise (in arms). 4. **aux haben** (*auf dem Boden etc stehen*) to stand (*auf +dat* on). **der Tisch steht nicht richtig auf** the table is not standing firmly.

aufsteigen *vi sep irreg aux sein* 1. (*auf Berg, Leiter*) to climb (up); (*Vogel, Drachen*) to soar (up); (*Flugzeug*) to climb; (*Stern, Sonne, Nebel*) to rise; (*Wolken*) to gather; (*Gefühl*) to rise; (*geh: aufragen*) to tower, to rise up; (*drohend*) to loom. **zum Gipfel** ~ to climb (up) to the summit; **einen Ballon** ~ **lassen** to release a balloon; **in einem Ballon** ~ to go up in a balloon; **an die Oberfläche** ~ to rise to the surface; **in** ~**der** *or* **der** ~**den Linie** in the line of ascent; **in jdm** ~ (*Haß, Erinnerung etc*) to well up in sb. 2. (*auf Fahrrad etc*) to get on (*auf etw* (*acc*) (-to) sth); (*auf Pferd auch*) to mount (*auf etw* (*acc*) sth). 3. (*fig: im Rang etc*) to rise (*zu* to); (*beruflich auch*) to be promoted; (*Sport*) to go up, to be promoted (*in +acc* to). **zum Abteilungsleiter** ~ to rise to be head of department.

Aufsteiger *m* 1. (*Sport*) league climber; (*in höhere Liga*) promoted team. 2. (**sozialer**) ~ social climber.

aufstellen *sep* I *vt* 1. (*aufrichten, aufbauen*) to put up (*auf +dat* on); *etw Liegendes* to stand up; *Zelt auch* to pitch; *Schild, Mast, Denkmal auch* to erect; *Kegel* to set up; *Maschine* to put in, to install; *Falle* to set; (*Mil*) to deploy; (*postieren*) *Wachposten* to post, to station; *Wagen* to line up; (*aufrichten*) *Ohren, Stacheln* to prick up. 2. *Essen etc* (*auf Herd*) to put on. 3. (*fig: zusammenstellen*) *Truppe* to raise; (*Sport*) *Spieler* to select, to pick; *Mannschaft* to throw up. 4. (*benennen*) *Kandidaten* to nominate;. (*erzielen*) *Rekord* to set (up). 5. *Forderung, Behauptung, Vermutung*

to put forward; *System* to establish; *Programm, Satzungen* to draw up. 6. *Rechnung* to draw up; *Liste auch* to make. II *vr* 1. (*sich postieren*) to stand; (*hintereinander*) to line up; (*Soldaten*) to fall into line. **sich im Karree/Kreis** *etc* ~ to form a square/circle *etc*. 2. (*Ohren etc*) to prick up.

Aufstellung *f* 1. *no pl* (*das Aufstellen*) putting up; (*von Zelt*) pitching; (*von Schild, Mast, Denkmal auch*) erection; (*von Maschine*) putting in, installation; (*von Falle*) setting; (*Mil*) deployment; (*von Wachposten*) posting, stationing; (*von Wagen*) lining up. ~ **nehmen** (*Mil*) to take up position. 2. *no pl* (*das Aufstellen*) (*von Truppen*) raising; (*von Spielern*) selecting, picking; (*von Mannschaft*) drawing up; (*Mannschaft*) line-up (*inf*), team. 3. *siehe vt* 4. nominating; setting. 4. *no pl siehe vt* 5. putting forward; establishing; drawing up. 5. *no pl siehe vt* 6. drawing up. 6. (*Liste*) list; (*Tabelle*) table; (*Inventar*) inventory.

aufstemmen *vt sep* to force *or* prise open (with a chisel *etc*).

aufstempeln *vt sep* to stamp on. **etw auf etw** (*acc*) ~ to stamp sth on sth.

aufsteppen *vt sep* to sew *or* stitch on (*auf etw* (*acc*) (-to) sth).

aufstieben *vi sep irreg aux sein* to fly up.

Aufstieg *m* -(**e**)**s**, **-e** 1. *no pl* (*auf Berg*) climb, ascent; (*von Flugzeug, Rakete*) climb; (*von Ballon*) ascent. 2. (*fig*) (*Aufschwung*) rise; (*beruflich, politisch, sozial*) advancement; (*Sport: von Mannschaft*) climb, rise; (*in höhere Liga*) promotion (*in +acc* to). **den** ~ **zu etw/ins Management schaffen** to rise to (become) sth/to work one's way up into the management. 3. (*Weg*) way up (*auf etw* (*acc*) sth), ascent (*auf +acc* of).

Aufstiegschance, **Aufstiegsmöglichkeit** *f* prospect of promotion; **Aufstiegsrunde** *f* (*Sport*) round deciding promotion; **Aufstiegsspiel** *nt* (*Sport*) match deciding promotion.

aufstöbern *vt sep Wild* to start, to flush; *Rebhühner etc auch* to put up; (*fig: stören*) to disturb; (*inf: entdecken*) to run to earth.

aufstocken *sep* I *vt* 1. *Haus* to build another storey onto. 2. *Kapital, Kredit, Armee* to increase (*um* by); *Vorräte* to build *or* stock up. II *vi* to build another storey.

aufstöhnen *vi sep* to groan loudly, to give a loud groan.

aufstören *vt sep* to disturb; *Wild* to start. **jdn aus dem** *or* **im Schlaf** ~ to disturb sb while he is sleeping.

aufstoßen *sep irreg* I *vt* (*öffnen*) to push open; (*mit dem Fuß*) to kick open. II *vi* 1. **auf etw** (*acc*) ~ *aux sein* to hit (on *or* against) sth; **er stieß mit dem Stock auf den Boden auf** he tapped his stick on the ground. 2. (*rülpsen*) to burp.

3. *aux sein or haben (Speisen)* to repeat. **Radieschen stoßen mir auf** radishes repeat on me; **das ist mir sauer aufgestoßen** *(fig inf)* it left a nasty taste in my mouth.
4. *aux sein (inf: auffallen)* to strike *(jdm sb)*.
III *vr* to graze oneself. **sich** *(dat)* **das Knie ~** to graze one's knee.

Aufstoßen *nt* **-s,** *no pl* burping, flatulence.

aufstreben *vi sep aux sein (geh: aufragen)* to soar, to tower.

aufstrebend *adj (fig) Land, Volk* striving for progress; *Stadt* up-and-coming, striving; *junger Mann* ambitious. **~e Berge** high soaring mountains.

aufstreuen *vt sep* to sprinkle on. **etw auf etw** *(acc)* **~** to sprinkle sth on(to) *or* over sth.

Aufstrich *m* **1.** *(auf Brot)* spread. **was möchten Sie als ~?** what would you like on your bread/toast *etc*? **2.** *(Mus)* up-bow. **3.** *(beim Schreiben)* upstroke.

aufstülpen *vt sep* **1.** *(draufstülpen)* to put on. **etw auf etw** *(acc)* **~** to put sth on sth.
2. *(umstülpen) Ärmel, Kragen etc* to turn up.

aufstützen *sep* **I** *vt Kranken etc* to prop up; *Ellbogen, Arme* to rest *(auf +acc or dat on).* **den Kopf ~** to rest one's head on one's hand. **II** *vr* to support oneself; *(im Bett, beim Essen)* to prop oneself up. **sich auf die** *or* **der Hand ~** to support oneself with one's hand.

aufsuchen *vt sep* **1.** *Bekannten* to call on; *Arzt, Ort, Toilette* to go to. **das Bett ~** *(geh)* to retire to bed. **2.** *(aufsammeln)* to pick up.

auftafeln *vti sep* to serve (up).

auftakeln *vt sep (Naut)* to rig up. **sich ~** *(pej inf)* to tart oneself up *(inf)*; *siehe* **aufgetakelt.**

Auftakt *m* **1.** *(Beginn)* start; *(Vorbereitung)* prelude. **den ~ von** *or* **zu etw bilden** to mark the beginning *or* start of sth/to form a prelude to sth. **2.** *(Mus)* upbeat; *(Poet)* arsis *(form)*.

auftanken *vti sep* to fill up; *(Aviat)* to refuel. **Benzin ~** to fill up with petrol *(Brit)* or gas *(US)*.

auftauchen *vi sep aux sein* **1.** *(aus dem Wasser)* to surface; *(Taucher etc auch)* to come up.
2. *(fig) (sichtbar werden)* to appear; *(aus Nebel etc auch)* to emerge.
3. *(gefunden werden, sich zeigen, kommen)* to turn up.
4. *(sich ergeben)* to arise. **allmählich tauchten Zweifel in** *or* **bei ihr auf** doubts slowly crept into *or* arose in her mind.

auftauen *sep* **I** *vi aux sein* to thaw; *(fig auch)* to unbend. **II** *vt Eis* to thaw; *Tiefkühlkost, Wasserleitung* to thaw (out).

aufteilen *vt sep* **1.** *(aufgliedern)* to divide *or* split up *(in +acc into)*. **2.** *(verteilen)* to share out *(an +acc between).*

Aufteilung *f siehe* **vt** division; sharing out.

auftischen *vt sep* to serve up; *(fig inf)* to come up with. **jdm etw ~** *(lit)* to give sb sth, to serve sb (with) sth; **jdm Lügen** *etc* **~** *(inf)* to give sb a lot of lies *etc*.

Auftrag *m* **-(e)s, Aufträge 1.** *no pl (Anweisung)* orders *pl*, instructions *pl*;

(zugeteilte Arbeit) job, task; *(Jur)* brief. **jdm den ~ geben, etw zu tun** to give sb the job of doing sth, to instruct sb to do sth; **einen ~ ausführen** to carry out an order; **ich habe den ~, Ihnen mitzuteilen ...** I have been instructed to tell you ...; **in jds ~** *(dat) (für jdn)* on sb's behalf; *(auf jds Anweisung)* on sb's instructions; **die Oper wurde im ~ des Königs komponiert** the opera was commissioned by the king; **im ~** *or* **i.A.: G. W. Kurz** pp G. W. Kurz.
2. *(Comm)* order *(über +acc* for); *(bei Künstlern, Freischaffenden etc)* commission *(über +acc* for). **etw in ~ geben** to order/commission sth *(bei* from); **im ~ und auf Rechnung von** by order and for account of.
3. *no pl (geh: Mission, Aufgabe)* task.
4. *(von Farbe etc)* application.

auftragen *sep irreg* **I** *vt* **1.** *(servieren)* to serve. **es ist aufgetragen!** *(geh)* lunch/dinner *etc* is served!
2. *Farbe, Salbe, Schminke* to apply, to put on. **etw auf etw** *(acc)* **~** to apply sth to sth, to put sth on sth.
3. *jdm etw ~ (form)* to instruct sb to do sth; **er hat mir Grüße an Sie aufgetragen** he has asked me to give you his regards.
4. *Kleider* to wear out.
II *vi* **1.** *(Kleider)* to make sb look fat. **die Jacke trägt auf** the jacket is not very flattering to your/her figure.
2. *(übertreiben)* **dick** *or* **stark ~** *(inf)* to lay it on thick *(inf) or* with a trowel *(inf)*.

Auftraggeber(in *f)* *m* client; *(von Firma, Freischaffenden)* customer; **Auftragnehmer(in** *f)* *m (Comm)* firm accepting the order; *(Build)* contractor.

Auftragsbestätigung *f* confirmation of order; **auftragsgemäß** *adj, adv* as instructed; *(Comm)* as per order; **Auftragslage** *f* order situation, situation concerning orders; **Auftragspolster** *nt* **wir haben ein dickes ~** our order books are well-filled; **Auftragsrückgang** *m* drop in orders.

auftreffen *vi sep irreg aux sein* **auf etw** *(dat or acc)* **~** to hit *or* strike sth; *(Rakete)* to land on sth.

auftreiben *sep irreg* **I** *vt* **1.** *Teig* to make rise; *Leib* to distend, to bloat.
2. *(inf: ausfindig machen)* to find, to get hold of *(inf)*.
3. *Vieh (zum Verkauf)* to drive to market; *(auf die Alm)* to drive up to the (Alpine) pastures.
II *vi aux sein (Teig)* to rise; *(Bauch etc)* to become distended *or* bloated.

auftrennen *vt sep* to undo.

auftreten *sep irreg* **I** *vi aux sein* **1.** *(lit)* to tread. **der Fuß tut so weh, daß ich (mit ihm) nicht mehr ~ kann** my foot hurts so much that I can't walk on it.
2. *(erscheinen)* to appear. **als Zeuge/Kläger ~** to appear as a witness/as plaintiff; **zum ersten Mal (im Theater) ~** to make one's début *or* first (stage) appearance; **gegen jdn/etw ~** to stand up *or* speak out against sb/sth; **geschlossen ~** to put up a united front.
3. *(fig: eintreten)* to occur; *(Schwierigkeiten etc)* to arise.

4. (*sich benehmen*) to behave. **bescheiden/arrogant** ~ to have a modest/arrogant manner.

5. (*handeln*) to act. **als Vermittler** *etc* ~ to act as intermediary *etc*.

II *vt Tür etc* to kick open.

Auftreten *nt* **-s**, *no pl* **1.** (*Erscheinen*) appearance. **2.** (*Benehmen*) manner. **3.** (*Vorkommen*) occurrence. **bei** ~ **von Schwellungen ...** in case swelling occurs ..., in the event of swelling ...

Auftrieb *m*, *no pl* **1.** (*Phys*) buoyancy (force); (*Aviat*) lift.

2. (*fig: Aufschwung*) impetus; (*Preis*~) upward trend (*gen* in); (*Ermunterung*) lift.

3. *no pl* (*des Alpenviehs*) **der** ~ **findet Anfang Mai statt** the cattle are driven up to the (Alpine) pastures at the beginning of May.

4. *no pl* (*von Marktvieh*) **der** ~ **an Vieh** the number of cattle (at the market).

Auftriebskraft *f* buoyancy force; (*Aviat*) lift.

Auftritt *m* **1.** (*Erscheinen*) entrance. **ich habe meinen** ~ **erst im zweiten Akt** I don't go *or* come on until the second act. **2.** (*Theat: Szene*) scene. **3.** (*Streit*) row.

Auftrittsverbot *nt* stage ban. ~ **bekommen/haben** to be banned from making a public appearance.

auftrumpfen *vi sep* to be full of oneself (*inf*); (*sich schadenfroh äußern*) to crow; (*seine Leistungsstärke zeigen*) to show how good one is.

auftun *sep irreg* **I** *vt* **1.** (*dated: öffnen*) to open. **tu den Mund auf, wenn du was willst** say when you want something.

2. (*inf: servieren*) **jdm/sich etw** ~ to put sth on sb's/one's plate, to help sb/oneself to sth.

3. (*inf: ausfindig machen*) to find.

II *vi* (*inf*) **jdm/sich** ~ to help sb (*inf*)/oneself (*von* to).

III *vr* (*sich öffnen*) to open (up).

auftürmen *sep* **I** *vt* to pile *or* stack up; (*Geol*) to build up (in layers). **II** *vr* (*Gebirge etc*) to tower *or* loom up; (*Schwierigkeiten*) to pile *or* mount up.

aufwachen *vi sep aux sein* (*lit, fig*) to wake up. **aus einer Narkose** ~ to come out of an anaesthetic.

aufwachsen *vi sep irreg aux sein* to grow up.

aufwallen *vi sep aux sein* to bubble up; (*Cook*) to boil up; (*Leidenschaft etc*) to surge up. **die Soße einmal** ~ **lassen** bring the sauce to the boil.

Aufwallung *f* (*fig*) (*von Leidenschaft*) surge; (*Wut*) outburst, fit (of rage).

Aufwand *m* **-(e)s**, *no pl* **1.** (*von Geld*) expenditure (*an* + *dat* of). **das erfordert einen** ~ **von 10 Millionen Mark** that will cost *or* take 10 million marks; **das erfordert einen großen** ~ **an Zeit/Energie/Geld** that requires a lot of time/energy/money; **der** ~ **war umsonst, das war ein unnützer** ~ that was a waste of money/time/energy *etc*; **der dazu nötige** ~ **an Konzentration/Zeit** the concentration/time needed.

2. (*Luxus, Prunk*) extravagance. **(großen)** ~ **treiben** to be (very) ex-

travagant; **was da für** ~ **getrieben wurde!** the extravagance!

Aufwands|entschädigung *f* expense allowance.

aufwärmen *sep* **I** *vt* to heat *or* warm up; (*inf: wieder erwähnen*) to bring up, to drag up (*inf*). **II** *vr* to warm oneself up; (*Sport*) to warm *or* limber up.

Aufwartefrau *f* char(woman).

aufwarten *vi sep* **1.** (*geh: bedienen*) to serve (*jdm* sb). **(bei Tisch)** ~ to wait at table; **uns wurde mit Sekt aufgewartet** we were served champagne.

2. (*zu bieten haben*) **mit etw** ~ to offer sth.

3. (*dated: besuchen*) **jdm** ~ to wait on sb (*old*), to visit sb.

aufwärts *adv* up, upward(s); (*bergauf*) uphill. **die Ecken haben sich** ~ **gebogen** the corners have curled up; **den Fluß** ~ upstream; **von einer Million** ~ from a million up(wards); **vom Feldwebel** ~ from sergeant up.

Aufwärtsbewegung *f* upward movement; (*Tech*) upstroke; **Aufwärts|entwicklung** *f* upward trend (*gen* in); **aufwärtsgehen** *vi impers sep irreg aux sein* **mit dem Staat/der Firma geht es aufwärts** things are looking up *or* getting better *or* improving for the country/firm; **mit ihm geht es aufwärts** (*finanziell, beruflich*) things are looking up for him; (*in der Schule, gesundheitlich*) he's doing *or* getting better; **mit seinen Leistungen geht es aufwärts** he's doing better; **Aufwärtshaken** *m* (*Boxen*) uppercut; **Aufwärtstrend** *m* upward trend.

Aufwartung *f* **1.** *no pl* (*dated: Bedienung*) waiting at table; (*Reinemachen*) cleaning. **2.** (*geh: Besuch*) **jdm seine** ~ **machen** to wait (up)on sb (*old*), to visit sb. **3.** (*dial: Aufwartefrau etc*) char(woman).

aufwaschen *vt sep irreg* (*dial*) *siehe* **abwaschen.**

aufwecken *vt sep* to wake (up), to waken; (*fig*) to rouse; *siehe* **aufgeweckt.**

aufwehen *sep* **I** *vt* **1.** (*in die Höhe wehen*) to blow up; (*auftürmen*) to pile up. **der Wind hat Dünen aufgeweht** the wind has blown the sand into dunes. **2.** (*öffnen*) to blow open. **II** *vi aux sein* to blow up.

aufweichen *sep* **I** *vt* to make soft; *Weg, Boden* to make sodden; *Brot* to soak; (*durch Wärme*) to soften; (*fig: lockern*) to weaken; *Doktrin* to water down. **II** *vi aux sein* to become *or* get soft; (*Weg, Boden*) to become *or* get sodden; (*fig: sich lockern*) to be weakened; (*Doktrin*) to become *or* get watered down.

aufweisen *vt sep irreg* to show. **die Leiche wies keinerlei Verletzungen auf** the body showed no signs of injury; **das Buch weist einige Fehler auf** the book contains some mistakes *or* has some mistakes in it; **etw aufzuweisen haben** to have sth to show for oneself.

aufwenden *vt sep irreg* to use; *Zeit, Energie* to expend; *Mühe* to take; *Geld* to spend. **viel Mühe/Zeit** ~, **etw zu tun** to take a lot of trouble/spend a lot of time doing sth.

aufwendig *adj* costly; (*üppig*) lavish.

Aufwendung f 1. no pl siehe vt using; expenditure; taking; spending. 2. ~en pl expenditure.

aufwerfen sep irreg I vt 1. (nach oben werfen) to throw up; (aufhäufen) to pile up; Damm etc to build (up).
 2. Kopf to toss; Lippen to purse. **ein aufgeworfener Mund** pursed lips.
 3. Tür to throw open.
 4. (zur Sprache bringen) Frage, Probleme to raise, to bring up.
 II vr **sich zu etw ~** to set oneself up as sth.

aufwerten vt sep 1. (auch vi) Währung to revalue. 2. (fig) to increase the value of; Menschen, Ideal auch to enhance the status of.

Aufwertung f (von Währung) revaluation; (fig) increase in value.

aufwickeln vt sep 1. (aufrollen) to roll up; (inf) Haar to put in curlers.
 2. (lösen) to untie; Windeln, Verband to take off.

Auf Wiedersehen, Auf Wiederschauen (geh, S Ger, Aus, Sw) interj goodbye.

aufwiegeln vt sep to stir up. **jdn zum Streik/Widerstand ~** to incite sb to strike/resist.

Aufwiegelung f incitement.

aufwiegen vt sep irreg (fig) to offset. **das ist nicht mit Geld aufzuwiegen** that can't be measured in terms of money.

Aufwiegler(in f) m -s, - agitator; (Anstifter) instigator.

Aufwind m (Aviat) upcurrent; (Met) upwind. **guter ~** good upcurrents pl; (durch etw) **neuen ~ bekommen** (fig) to get new impetus (from sth).

aufwirbeln sep I vi aux sein (Staub, Schnee) to swirl or whirl up. II vt to swirl or whirl up; Staub auch to raise. (viel) **Staub ~** (fig) to cause a (big) stir.

aufwischen sep I vt Wasser etc to wipe or mop up; Fußboden to wipe. **die Küche (feucht) ~** to wash the kitchen floor; **das Bier vom Boden ~** to mop the beer up off the floor. II vi to wipe the floor(s). **feucht ~** to wash the floor(s).

aufwühlen vt sep 1. (lit) Erde, Meer to churn (up). 2. (geh) to stir; (schmerzhaft) to churn up; Leidenschaften to rouse. **das hat ihn zutiefst aufgewühlt** that stirred him to the depths of his soul; **~d** stirring.

aufzahlen vt sep (S Ger, Aus) **100 Schilling/einen Zuschlag ~** to pay an additional 100 schillings/a surcharge (on top).

aufzählen vt sep (aufsagen) to list; Gründe, Namen etc auch to give (jdm sb); (aufführen auch) to enumerate; Geld to count out (jdm for sb). **er hat mir alle meine Fehler aufgezählt** he told me all my faults, he enumerated all my faults to me.

Aufzahlung f (S Ger, Aus) additional charge.

Aufzählung f list; (von Gründen, Fehlern etc auch) enumeration.

aufzäumen vt sep to bridle. **etw verkehrt ~** to go about sth the wrong way.

aufzehren sep I vt to exhaust; (fig) to sap. II vr to burn oneself out.

Aufzehrung f exhaustion; (fig) sapping.

aufzeichnen vt sep 1. Plan etc to draw, to sketch. 2. (notieren, Rad, TV) to record.

Aufzeichnung f 1. (Zeichnung) sketch. 2. usu pl (Notiz) note; (Niederschrift auch) record. 3. (Magnetband~, Film~) recording.

aufzeigen vt sep to show; (nachweisen auch) to demonstrate.

aufziehen sep irreg I vt 1. (hochziehen) to pull or draw up; schweren Gegenstand auch to haul up; (mit Flaschenzug etc) to hoist up; Schlagbaum etc to raise; Flagge, Segel to hoist; Jalousien to let up; (Med) Spritze to fill; Flüssigkeit to draw up.
 2. (öffnen) Reißverschluß to undo; Schleife etc auch to untie; Schublade to (pull) open; Flasche to uncork; Gardinen to draw (back).
 3. (aufspannen) Foto etc to mount; Leinwand, Stickerei to stretch; Landkarte etc to pull up; Saite, Reifen to fit, to put on. **Saiten/neue Saiten auf ein Instrument ~** to string/restring an instrument; siehe **Saite.**
 4. (spannen) Feder, Uhr etc to wind up.
 5. (großziehen) to raise; Kind auch to bring up; Tier auch to rear.
 6. (inf) (veranstalten) to set up; (gründen) Unternehmen to start up.
 7. (verspotten) **jdn ~** (inf) to make fun of sb, to tease sb (mit about).
 II vi aux sein (dunkle Wolke) to come up; (Gewitter, Wolken auch) to gather; (aufmarschieren) to march up. **die Wache zog vor der Kaserne auf** the soldiers mounted guard in front of the barracks.
 III vr to wind. **sich von selbst ~** to be self-winding.

Aufzucht f 1. no pl (das Großziehen) rearing, raising. 2. (Nachwuchs) young family.

Aufzug m 1. (Fahrstuhl) lift (Brit), elevator (US); (Güter~ auch) hoist.
 2. (Phot) wind-on.
 3. (Marsch) parade; (Festzug auch) procession.
 4. (von Gewitter etc) gathering.
 5. (Turnen) pull-up.
 6. (Theat) act.
 7. no pl (pej inf: Kleidung) get-up (inf).

Aufzug- in cpds lift (Brit), elevator (US):
 Aufzugführer m lift or elevator operator.

aufzwingen sep irreg I vt **jdm etw/seinen Willen ~** to force sth on sb/impose one's will on sb. II vr to force itself on one. **sich jdm ~** to force itself on sb; (Gedanke) to strike sb forcibly; **das zwingt sich einem doch förmlich auf** the conclusion is unavoidable.

Aug|apfel m eyeball. **jdn/etw wie seinen ~ hüten** to cherish sb/sth like life itself.

Auge nt -s, -n 1. (Sehorgan) eye. **gute/schlechte ~n haben** to have good/bad eyesight or eyes; **die ~n aufmachen or aufsperren** (inf) or **auftun** (inf) to open one's eyes; **mit den ~n zwinkern/blinzeln** to wink/blink; **jdm in die ~n sehen** to look sb in the eye(s); **jdn mit or aus großen ~n ansehen** to look at sb wide-eyed; **etw mit eigenen ~n gesehen haben** to have seen sth with one's own eyes; **die ~n schließen** (lit) to close one's eyes; (euph) to fall asleep; **mit bloßem or nacktem ~** with the naked eye; ~n rechts/links! (*Mil*) eyes right/left!; mit verbundenen ~n (*lit, fig*) blindfold; etw im ~ haben (*lit*) to have sth in one's eye; (*fig*) to have one's eye on sth; ein sicheres ~ für etw haben to have a good eye for sth; da muß man seine ~n überall or hinten und vorn (*inf*) haben you need eyes in the back of your head; ich kann doch meine ~n nicht überall haben I can't look everywhere at once; ich hab' doch hinten keine ~n! I don't have eyes in the back of my head; ich habe doch ~n im Kopf! I do have eyes in my head; haben Sie keine ~n im Kopf? (*inf*) haven't you got any eyes in your head?, use your eyes!; große ~n machen to be wide-eyed; jdm schöne or verliebte ~n machen to make eyes at sb; ich konnte kaum aus den ~n sehen or gucken I could hardly see straight; die ~n offen haben or offenhalten to keep one's eyes open or skinned (*inf*) or peeled (*inf*); geh mir aus den ~n! get out of my sight!; er guckte or schaute (*inf*) sich (*dat*) die ~n aus dem Kopf (*inf*) his eyes were popping out of his head (*inf*) or coming out on stalks (*inf*); unter jds ~n (*dat*) (*fig*) before sb's very eyes; vor aller ~n in front of everybody; jdn/etw mit anderen ~n (an)sehen to see sb/ sth in a different light; etwas fürs ~ sein to be a delight to the eyes, to be a treat to look at; die ~n sind größer als der Magen or Bauch (*inf*) his etc eyes are bigger than his etc stomach; aus den ~n, aus dem Sinn (*Prov*) out of sight, out of mind (*Prov*); das ~ des Gesetzes the law; so weit das ~ reicht as far as the eye can see; er hatte nur ~n für sie he only had eyes for her; ich habe kein ~ zugetan I didn't sleep a wink; da blieb kein ~ trocken (*hum*) there wasn't a dry eye in the place; ein ~ auf jdn/etw haben (*aufpassen*) to keep an eye on sb/sth; ein ~ auf jdn/etw (geworfen) haben to have one's eye on sb/sth; die ~n vor etw (*dat*) verschließen to close one's eyes to sth; ein ~/beide ~n zudrücken (*inf*) to turn a blind eye; jdn im ~ behalten (*beobachten*) to keep an eye on sb; (*vormerken*) to keep or bear sb in mind; etw im ~ behalten to keep or bear sth in mind; sie ließen ihn nicht aus den ~n they didn't let him out of their sight; jdn/etw aus den ~n verlieren to lose sight of sb/sth; (*fig*) to lose touch with sb/sth; jdm in die ~n stechen (*fig*) to catch or take sb's eye; ins ~ springen or fallen to leap to the eye; jdm etw vor ~n führen (*fig*) to make sb aware of sth; etw steht or schwebt jdm vor ~n sb has sth in mind; etw ins ~ fassen to contemplate sth; etw noch genau or lebhaft vor ~n haben to remember sth clearly or vividly; das muß man sich (*dat*) mal vor ~n führen! just imagine it!; jdm die ~n öffnen (*fig*) to open sb's eyes; ein ~ riskieren (*hum*) to risk a glance; das kann leicht ins ~ gehen (*fig inf*) it might easily go wrong; in den ~n der Leute/ Öffentlichkeit in the eyes of most people/ the public; in meinen ~n in my opinion or view; mit offenen ~n schlafen (*fig*) to daydream; ganz ~ und Ohr sein to be all ears; mit einem lachenden und einem weinenden ~ with mixed feelings; ~ in ~ face to face; ~ um ~, Zahn um Zahn (*Bibl*) an eye for an eye and a tooth for a tooth; vor meinem geistigen or inneren ~ in my mind's eye; dem Tod ins ~ sehen to look death in the face.

2. (*Knospenansatz*) (*bei Kartoffel*) eye; (*bei Zweig*) axil.

3. (*Punkt, Tupfen*) eye; (*Fett~*) globule of fat; (*Punkt bei Spielen*) point.

4. (*Rad*) magisches ~ magic eye.

äugeln I *vi* nach jdm ~ to eye sb; mit jdm ~ to make eyes at sb. II *vi* (*Bot*) to bud.

äugen *vi* to look.

Augen|arzt *m* eye specialist, ophthalmologist; **augen|ärztlich** *adj attr* Gutachten etc ophthalmological; Behandlung eye *attr*, ophthalmic; **Augen|aufschlag** *m* look; **Augenklappe** eye patch.

Augenblick *m* moment. alle ~e constantly, all the time; jeden ~ any time or minute or moment; einen ~, bitte one moment please!; ~ mal! (*inf*) just a minute or second or sec! (*inf*); im ~ at the moment; im letzten/richtigen etc ~ at the last/right etc moment; im ersten ~ for a moment; im nächsten ~ the (very) next moment; er ist gerade im ~ gegangen he just left this very moment; er zögerte keinen ~ he didn't hesitate for a moment.

augenblicklich I *adj* 1. (*sofortig*) immediate. 2. (*gegenwärtig*) present, current. die ~e Lage the present or current situation, the situation at the moment. 3. (*vorübergehend*) temporary; (*einen Augenblick dauernd*) momentary. II *adv* 1. (*sofort*) at once, immediately, instantly. 2. (*zur Zeit*) at the moment, presently.

augenblicks *adv* at once, immediately, instantly.

Augenblicksbildung *f* nonce word.

Augenblinzeln *nt* wink; **Augenbraue** *f* eyebrow; **Augenbrauenstift** *m* eyebrow pencil; **Augendeckel** *m siehe* Augenlid; **augenfällig** *adj* conspicuous; (*offensichtlich*) obvious; **Augenfarbe** *f* colour of eyes; **Augenglas** *nt* (*dated*) monocle; **Augengläser** *pl* (*esp Aus*) glasses *pl*, spectacles *pl*; **Augenheilkunde** *f* ophthalmology; **Augenhöhe** *f*: in ~ at eye level; **Augenhöhle** *f* eye socket, orbit (*form*); **Augenklappe** *f* 1. eye patch; 2. (*für Pferde*) blinker, blinder (*US*); **Augenkrankheit** *f* eye disease; **Augenlicht** *nt, no pl* (eye)sight; **Augenlid** *nt* eyelid; **Augenmaß** *nt* eye; (*für Entfernungen*) eye for distance(s); (*fig*) perceptiveness; nach ~ by eye; ~ haben (*lit*) to have a good eye (for distance(s)); (*fig*) to be able to assess or gauge things or situations; ein gutes/schlechtes ~ haben to have a good eye/no eye (for distance(s)); ein ~ für etw haben (*fig*) to have an eye for sth; **Augenmerk** *nt* -s, *no pl* (*Aufmerksamkeit*) attention; jds/sein ~ auf etw (*acc*) lenken or richten to direct sb's/ one's attention to sth; **Augennerv** *m* optic nerve; **Augen|operation** *f* eye operation; **Augen|optiker** *m* optician; **Augenpaar** *nt* pair of eyes; **Augenränder** *pl* rims of the/one's eyes; er hatte

rote ~, **seine** ~ **waren gerötet** the rims of his eyes were red; **Augenringe** pl rings round or under the/one's eyes; **Augenschatten** pl shadows pl under or round the/one's eyes; **Augenschein** m **-(e)s**, no pl **1.** (Anschein) appearance; **dem** ~ **nach** by all appearances, to judge by appearances; **der** ~ **trügt** appearances are deceptive; **nach dem** ~ **urteilen** to judge by appearances; **2. jdn/etw in** ~ **nehmen** to look closely at sb/sth, to have a close look at sb/sth; **augenscheinlich** adj obvious, evident; **die beiden sind** ~ **zerstritten** the two have obviously or clearly had a quarrel; **Augenschmaus** m (hum) feast for the eyes; **Augenspiegel** m ophthalmoscope; **Augenspiegelung** f ophthalmoscopy; **Augenstern** m **1.** (Liter: Pupille) pupil, orb (poet); **2.** (dated: Liebstes) apple of one's eye, darling; **Augentropfen** pl eyedrops pl; **Augenweide** f feast or treat for the eyes; **nicht gerade eine** ~ (iro) a bit of an eyesore; **Augenwimper** f eyelash; **Augenwinkel** m corner of the/one's eye; **Augenwischerei** f (fig) eyewash; **Augenzahl** f (Cards etc) number of points; **Augenzahn** m eyetooth; **Augenzeuge** m eyewitness (bei to); **Augenzeugenbericht** m eyewitness account; **Augenzwinkern** nt **-s**, no pl winking; **augenzwinkernd** adj winking attr; (fig) sly; **jdm etw** ~ **zu verstehen geben** to give sb to understand sth with a wink.

Augiasstall m (fig geh) dunghill, Augean stables pl (liter).

Augur m **-s** or **-en**, **-en** (Hist, fig geh) augur.

August[1] m **-(e)s**, **-e** August; siehe **März.**

August[2] m **-s** Augustus. **der dumme** ~ (inf) the clown; **den dummen** ~ **spielen** to play or act the clown or fool.

Augustfeier f (Sw) August public holiday.

Augustiner(mönch) m **-s**, **-** Augustinian (monk).

Auktion f auction.

Auktionator(in f) [-'to:rɪn] m auctioneer.

Aula f **-**, **Aulen** (Sch, Univ etc) (assembly) hall; (Atrium) atrium.

Au-pair- [o'pɛːr]: **Au-pair-Mädchen** nt au-pair (girl); **als** ~ **arbeiten** to work (as an) au-pair; **Au-pair-Stelle** f au-pair job.

Aura f **-**, no pl (Med, geh) aura.

Aureole f **-**, **-n** (Art) aureole, halo; (Met) corona, aureole; (fig rare) aura.

Aurora f **-s** (Myth, liter) Aurora.

aus I prep +dat **1.** (räumlich) from; (aus dem Inneren von) out of. ~ **dem Fenster/der Tür** out of the window/door; ~ **unserer Mitte** from our midst; ~ **der Flasche trinken** to drink from or out of the bottle; **jdm** ~ **einer Verlegenheit helfen** to help sb out of a difficulty.

2. (Herkunft, Quelle bezeichnend) from. ~ **dem Deutschen** from (the) German; ~ **ganz Frankreich** from all over France; ~ **guter Familie** from or of a good family; **er ist** ~ **Köln** he's from Cologne; **ein Wort** ~ **dem Zusammenhang herausgreifen** to take a word out of (its) context.

3. (auf Ursache deutend) out of. ~ **Haß/Mitleid** out of hatred/sympathy; ~ **Erfah-**

rung from experience; ~ **Furcht vor/Liebe zu** for fear/love of; ~ **dem Grunde, daß ...** for the reason that ...; ~ **einer Laune heraus** on (an) impulse; ~ **Spaß** for fun, for a laugh (inf); ~ **Unachtsamkeit** due to carelessness; ~ **Versehen** by mistake; ~ **sich heraus** of one's own accord, off one's own bat (inf); **ein Mord** or **ein Verbrechen** ~ **Leidenschaft** a crime of passion.

4. (zeitlich) from. ~ **dem Barock** from the Baroque period; ~ **der Goethezeit** from the time of Goethe.

5. (beschaffen ~) (made out) of. **ein Herz** ~ **Stein** a heart of stone.

6. (Herstellungsart) out of, from; (fig: Ausgangspunkt) out of. **einen anständigen Menschen** ~ **jdm machen** to make sb into a decent person; **was ist** ~ **ihm/dieser Sache geworden?** what has become of him/this?; ~ **der Sache ist nichts geworden** nothing came of it; ~ **ihm wird einmal ein guter Arzt** he'll make a good doctor one day.

7. ~ **dem Gleichgewicht** out of balance; ~ **der Mode** out of fashion.

II adv siehe auch **aussein 1.** (Sport) out; (Ftbl, Rugby auch) out of play, in touch.

2. (inf: vorbei, zu Ende) over. ~ **jetzt!** that's enough!, that'll do now! (inf); ~ **und vorbei** over and done with.

3. (gelöscht) out; (an Geräten) off. **Licht** ~**!** lights out!

4. (in Verbindung mit von) **vom Fenster** ~ from the window; **von München** ~ from Munich; **von sich** ~ off one's own bat (inf), of one's own accord; **von ihm** ~ as far as he's concerned; siehe **ein.**

Aus nt **-**, **-** (Sport) **1.** no pl (Ftbl, Rugby) touch no art. **ins** ~ **gehen** to go out of play; (seitlich) to go into touch. **2.** no pl (Ausscheiden) exit (für of).

aus|arbeiten sep I vt to work out; (errichten, entwerfen auch) System, Gedankengebäude to elaborate, to draw up; (vorbereiten) to prepare; (formulieren auch) to formulate, to compose. II vr to work until one is fit to drop; (Sport) to have a work-out.

Aus|arbeitung f siehe vt working out; elaboration, drawing up; preparation; formulation, composition.

aus|arten vi sep aux sein **1.** (Party etc) to get out of control. ~ **in** (+acc) or **zu** to degenerate into.

2. (ungezogen etc werden) to get out of hand, to become unruly; (pöbelhaft, ordinär etc werden) to misbehave; to use bad language.

aus|atmen vti sep to breathe out, to exhale.

ausbacken vt sep irreg **1.** (in Fett backen) to fry. **2.** (zu Ende backen) to bake (for) long enough; (durchbacken) to bake (right) through.

ausbaden vt sep (inf) to carry the can for (inf), to pay for. **ich muß jetzt alles** ~ I have to carry the can (inf).

ausbaggern vt sep Graben to excavate; Fahrrinne, Schlamm to dredge (out).

ausbalancieren* sep (lit, fig) I vt to

balance (out). **II** *vr* to balance (each other out).

ausbaldowern* *vt sep* (*inf*) to scout *or* nose out (*inf*).

Ausball *m* (*Sport*) **bei** ~ when the ball goes out of play.

Ausbau *m* **-(e)s, -ten 1.** *siehe vt* removal; extension (*zu* into); reinforcement; conversion (*zu* (in)to); fitting out; building up, cultivation; elaboration; consolidation, strengthening. **2.** (*dial: am Haus*) extension.

ausbauchen *vtr sep* to bulge (out). **weit ausgebaucht** bulging.

ausbauen *vt sep* **1.** (*herausmontieren*) to remove (*aus* from).

2. (*lit, fig: erweitern, vergrößern*) to extend (*zu* into); *Befestigungsanlagen* to reinforce; (*umbauen*) to convert (*zu* (in)to); (*innen* ~) to fit out; *Beziehungen, Freundschaft* to build up, to cultivate; *Plan* to elaborate; (*festigen*) *Position, Vorsprung* to consolidate, to strengthen.

ausbaufähig *adj Position* with good prospects; *Produktion, Markt* that can be extended; *Beziehungen* that can be built up; (*inf*) *Schüler, Mitarbeiter* promising.

ausbedingen* *vr sep irreg* **sich** (*dat*) **etw** ~ to insist on sth, to make sth a condition; **sich** (*dat*) ~, **daß ...** to stipulate that ..., to make it a condition that ...; **sich** (*dat*) **das Recht** ~, **etw zu tun** to reserve the right to do sth.

ausbeißen *vr sep irreg* **sich** (*dat*) **einen Zahn** ~ to break *or* lose a tooth (*when biting into sth*); **sich** (*dat*) **an etw** (*dat*) **die Zähne** ~ (*fig*) to have a tough time of it with sth.

ausbekommen* *vt sep irreg* (*inf*) *siehe* **auskriegen.**

ausbessern *vt sep* to repair; *Gegenstand, Wäsche etc auch* to mend; *Roststelle etc* to remove; *Fehler* to correct.

Ausbesserung *f siehe vt* repair; mending; correction.

Ausbesserungs|arbeiten *pl* repair work *sing*; **ausbesserungsbedürftig** *adj* in need of repair *etc*; **Ausbesserungswerk** *nt* (*Rail*) repair shop.

ausbetonieren* *vt sep* to concrete.

ausbeulen *sep* **I** *vt* **1.** *Kleidung* to make baggy; *Hut* to make floppy. **2.** (*Beule entfernen*) to remove a dent/dents in; (*Tech: durch Hämmern*) to beat out. **II** *vr* (*Hose*) to go baggy; (*Hut*) to go floppy.

Ausbeute *f* (*Gewinn*) profit, gain; (*Ertrag einer Grube etc*) yield (*an* +*dat* in); (*fig*) result(s); (*Einnahmen*) proceeds *pl*.

ausbeuten *vt sep* (*lit, fig*) to exploit; (*Min*) *eine Grube auch* to work; (*Agr*) *Boden* to overwork, to deplete.

Ausbeuter(in *f*) *m* **-s, -** exploiter.

Ausbeutergesellschaft *f* society based on exploitation.

ausbeuterisch *adj* exploitative (*form*); *Firma* which exploits.

Ausbeutung *f siehe vt* exploitation; working; overworking, depletion.

ausbezahlen* *vt sep Geld* to pay out; *Arbeitnehmer* to pay off; (*abfinden*) *Erben etc* to buy out, to pay off. **in bar ausbezahlt** paid in cash; **wieviel kriegst du pro Woche**

ausbezahlt? what is your weekly take-home pay?

ausbiegen *vi sep irreg aux sein* **jdm/einer Sache** ~ (*lit, fig*) to avoid sb/sth; **nach links/rechts** ~ to swerve to the left/right.

ausbieten *vt sep irreg* to put on offer, to offer (for sale). **ausgeboten werden** to be on offer; (*bei Versteigerung auch*) to be up for auction.

ausbilden *sep* **I** *vt* **1.** (*beruflich, Sport, Mil*) to train; (*unterrichten auch*) to instruct; (*akademisch*) to educate. **sich in etw** (*dat*)/**als** *or* **zu etw** ~ **lassen** (*esp Arbeiter, Lehrling*) to train in sth/as sth; (*studieren*) to study sth/to study to be sth; (*Qualifikation erwerben*) to qualify in sth/as sth; **jdn als Sänger** ~ **lassen** to have sb trained as a singer; **ein ausgebildeter Übersetzer** a trained/qualified translator.

2. *Fähigkeiten* to develop, to cultivate; (*Mus*) *Stimme* to train.

3. (*formen*) to form; (*gestalten*) to shape; (*entwickeln*) to develop. **etw oval** ~ to give sth an oval shape; (*Designer etc*) to design sth with an oval shape.

II *vr* **1.** (*sich entwickeln*) to develop; (*sich bilden*) to form.

2. (*sich schulen*) **sich in etw** (*dat*) ~ (*esp Arbeiter, Lehrling*) to train in sth; (*studieren*) to study sth; (*Qualifikation erwerben*) to qualify in sth.

Ausbilder(in *f*) *m* **-s, -** instructor/instructress.

Ausbildner *m* **-s, -** (*Aus Mil*) instructor.

Ausbildung *f siehe vt* training; instruction; education; development, cultivation; training; formation; shaping/shape.

Ausbildungsbeihilfe *f* (*für Schüler*) (education) grant; (*für Lehrling*) training allowance; **Ausbildungsberuf** *m* occupation that requires training; **Ausbildungsförderung** *f* promotion of training; **Ausbildungsgang** *m* training; **Ausbildungskompanie** *f* training unit (*for weapons training*); **Ausbildungslehrgang** *m* training course; **Ausbildungsmethode** *f* training method, method of training; **Ausbildungsplatz** *m* place to train; (*Stelle*) training vacancy; **Ausbildungsstand** *m* level of training; **Ausbildungsstätte** *f* place of training; **Ausbildungsversicherung** *f* education insurance; **Ausbildungsvertrag** *m* articles *pl* of apprenticeship; **Ausbildungszeit** *f* period of training; **nach zweijähriger** ~ after a two-year period of training *or* training period; **Ausbildungsziel** *nt* aims *pl* of education.

ausbitten *vr sep irreg* **sich** (*dat*) (**von jdm**) **etw** ~ (*geh*) to ask (sb) for sth, to request sth (from sb) (*form*); **das möchte ich mir (auch) ausgebeten haben!** I should think so too!; **ich bitte mir Ruhe aus!** I must *or* will have silence!

ausblasen *vt sep irreg* to blow out; *Hochofen* to shut down, to extinguish; *Ei* to blow.

ausbleiben *vi sep irreg aux sein* (*fortbleiben*) to stay out; (*nicht erscheinen: Gäste, Schüler, Schneefall*) to fail to appear; (*nicht eintreten: Erwartung, Befürchtung*) to fail to materialize;

(überfällig sein) to be overdue; *(aufhören: Puls, Atmung etc)* to stop. **die Strafe/ein Krieg wird nicht ~** punishment/a war is inevitable; **es konnte nicht ~, daß ...** it was inevitable that ...; **bei manchen Patienten bleiben diese Symptome aus** in some patients these symptoms are absent *or* do not appear.

Ausbleiben *nt* **-s**, *no pl (Fehlen)* absence; *(Nichterscheinen)* non-appearance. **bei ~ von ...** in the absence of ...; **bei ~ der Periode** if your period doesn't come.

ausbleichen *vti sep irreg (vi: aux sein)* to fade, to bleach.

ausblenden *sep* I *vti (TV etc)* to fade out; *(plötzlich)* to cut out. II *vr* **sich (aus einer Übertragung) ~** to leave a transmission.

Ausblick *m* **1.** view *(auf +acc of)*, outlook *(auf +acc* over, onto). **ein Zimmer mit ~ aufs Meer** a room with a view of the sea *or* overlooking the sea.
2. *(fig)* prospect, outlook *(auf +acc, in +acc* for). **einen ~ auf etw** *(acc)* **geben** to give the prospects for sth.

ausblicken *vi sep (geh)* **nach jdm ~** to look for sb.

ausbluten *sep* I *vi* **1.** aux sein *(verbluten)* to bleed to death; *(fig)* to be bled white. **ein Schwein ~ lassen** to bleed a pig dry. **2.** *(Wunde)* to stop bleeding. II *vt (fig)* to bleed white.

ausbohren *vt sep* to bore; *(Med)* to drill; *(herausbohren)* to bore/drill out.

ausbomben *vt sep* to bomb out. **die Ausgebombten** people who have been bombed out (of their homes).

ausbooten *sep* I *vt* **1.** *(inf)* jdn to kick *or* boot sb out *(inf)*. **2.** *(Naut)* to disembark *(in boats)*; *(abladen)* to unload. II *vi (Naut)* to disembark *(in boats)*.

ausborgen *vt sep (inf)* **sich** *(dat)* **etw (von jdm) ~** to borrow sth (from sb); **jdm etw ~** to lend sb sth, to lend sth (out) to sb.

ausbraten *sep irreg* I *vt (auslassen) Speck* to fry the fat out of. II *vi aux sein (Fett)* to run out *(aus* of). **ausgebratenes Fett** melted bacon *etc* fat.

ausbrechen *sep irreg* I *vt* **1.** *(herausbrechen) Steine* to break off *(aus* from); *Mauer* to break up; *Tür, Fenster* to put in.
2. *(erbrechen)* to bring up, to vomit (up).
II *vi aux sein* **1.** *(lit, fig: sich befreien)* to break out *(aus* of) *(auch Mil)*, to escape *(aus* from); *(herausbrechen)* to break *or* come away.
2. *(Richtung ändern: Pferd, Wagen)* to swerve.
3. *(Krieg, Seuche, Feuer, Schweiß etc)* to break out; *(Jubel, Zorn etc)* to erupt, to explode; *(Vulkan)* to erupt. **in Gelächter/ Tränen** *or* **Weinen ~** to burst into laughter/tears, to burst out laughing/ crying; **in Jubel ~** to erupt with jubilation; **in Schweiß ~** to break out in a sweat; **bei dir ist wohl der Wohlstand ausgebrochen!** *(iro)* have you struck it rich?

Ausbrecher(in *f***)** *m* **-s**, **-** **1.** *(inf) (Gefangener)* escaped prisoner, escapee; *(notorischer ~)* jail-breaker *(inf)*; *(Tier)* escaped animal, runaway. **2.** *(Pferd)* horse that swerves round jumps.

---

ausbreiten *sep* I *vt Landkarte, Handtuch* to spread (out); *Flügel, Äste* to spread (out), to extend; *Arme* to stretch out, to extend; *(ausstellen, fig: zeigen)* to display; *Licht, Wärme* to spread. **einen Plan/sein Leben** *etc* **vor jdm ~** to unfold a plan to sb/ to lay one's whole life before sb.
II *vr* **1.** *(sich verbreiten)* to spread.
2. *(sich erstrecken)* to extend, to stretch (out), to spread out.
3. *(inf: sich breitmachen)* to spread oneself out.
4. sich über etw *(acc)* **~** *(fig)* to dwell on sth.

Ausbreitung *f (das Sichausbreiten)* spread; *(das Ausbreiten)* spreading.

ausbrennen *sep irreg* I *vi aux sein* **1.** *(zu Ende brennen)* to burn out. **2.** *(völlig verbrennen)* to be burnt out, to be gutted. **er ist ausgebrannt** *(fig)* he's burnt out. II *vt* to burn out; *(Sonne: ausdörren)* to scorch; *(Med)* to cauterize.

ausbringen *vt sep irreg* **1.** *Trinkspruch* to propose. **2.** *(Naut) Boot, Anker* to lower. **3.** *(Typ) Zeile* to space out.

Ausbruch *m* **1.** *(aus* from) *(aus Gefängnis)* break-out *(auch Mil)*, escape *(auch fig)*. **2.** *(Beginn)* outbreak; *(von Vulkan)* eruption. **zum ~ kommen** to break out. **3.** *(fig) (Gefühls~, Zorn~)* outburst; *(stärker)* eruption, explosion.

Ausbruchsversuch *m (aus* from) attempted break-out *(auch Mil)* or escape, break-out *or* escape attempt; *(fig)* attempt at escape.

ausbrüten *vt sep* to hatch; *(esp in Brutkasten)* to incubate; *(fig inf) Plan etc* to cook up *(inf)*, to hatch (up).

ausbuchen *vt sep siehe* **ausgebucht.**

ausbuchten *sep* I *vt Ufer* to hollow out; *Straße* to make a curve in the side of; *Wand* to round out. II *vr* to bulge *or* curve out. **ein ausgebuchteter Strand** a beach with a (small) cove.

Ausbuchtung *f* bulge; *(von Strand)* (small) cove.

ausbuddeln *vt sep (inf, auch fig)* to dig up.

ausbügeln *vt sep (inf) Fehler, Verlust, Mängel* to make good; *Mißverständnis, Angelegenheit* to iron out *(inf)*.

ausbuhen *vt sep (inf)* to boo.

Ausbund *m* **-(e)s**, *no pl* **ein ~ von Tugend** a paragon *or* model of virtue, the epitome of virtue; **er ist ein ~ an** *or* **von Frechheit** he is cheek itself *or* personified.

ausbürgern *vt sep* **jdn ~** to expatriate sb.

Ausbürgerung *f* expatriation.

ausbürsten *vt sep* to brush out *(aus* of); *Anzug* to brush.

ausbüxen *vi sep aux sein (hum inf)* to run off, to scarper *(sl)*. **jdm ~** to run away from sb.

Ausdauer *f* **-**, *no pl* staying power, stamina; *(im Ertragen)* endurance; *(Beharrlichkeit)* perseverance, persistence, tenacity; *(Hartnäckigkeit)* persistence. **beim Lernen keine ~ haben** to have no staying power when it comes to learning.

ausdauernd *adj* **1.** with staying power, with stamina; *(im Ertragen)* with endurance; *(beharrlich)* persevering, tenacious;

(*hartnäckig*) persistent; *Bemühungen etc* untiring. ~ **lernen** to apply oneself to learning. 2. (*Bot: Pflanze*) perennial.

ausdehnbar *adj* expandable; (*dehnbar*) *Gummi etc* elastic; (*fig*) extendable (*auf* +*acc* to), extensible.

ausdehnen *sep I vt* 1. (*vergrößern*) to expand; (*dehnen*) to stretch, to extend; (*länger machen*) to elongate, to stretch.
2. (*fig*) to extend; (*zeitlich auch*) to prolong (*auf* +*acc* to).
II *vr* 1. (*größer werden*) to expand; (*durch Dehnen*) to stretch; (*sich erstrecken*) to extend, to stretch (*bis* as far as). **die Seuche/der Krieg dehnte sich über das ganze Land aus** the epidemic/the war spread over the whole country.
2. (*fig*) to extend (*über* +*acc* over, *bis* as far as, to); (*zeitlich*) to go on (*bis* until), to extend (*bis* until); *siehe* **ausgedehnt**.

Ausdehnung *f* 1. (*das Ausdehnen*) *siehe vt* expansion; stretching, extension; elongation; extension; prolongation. 2. (*Umfang*) expanse; (*Math: von Raum*) extension. **eine ~ von 10.000 km² haben** to cover an area of 10,000 sq km.

ausdehnungsfähig *adj* (*esp Phys*) capable of expansion, expansile, expansible; **Ausdehnungsfähigkeit** *f* ability to expand.

ausdenken *vt sep irreg* **sich** (*dat*) **etw ~** (*erfinden*) to think sth up; *Idee, Plan auch* to devise sth; (*in Einzelheiten*) to think sth out, to devise sth; *Wunsch* to think of sth; *Entschuldigung auch* to contrive sth; *Überraschung* to plan sth; *Geschichte auch* to make sth up; (*sich vorstellen*) to imagine sth; (*durchdenken*) to think sth through; **eine ausgedachte Geschichte** a made-up story; **das ist nicht auszudenken** (*unvorstellbar*) it's inconceivable; (*zu schrecklich etc*) it doesn't bear thinking about; **da mußt du dir schon etwas anderes ~!** (*inf*) you'll have to think of something better than that!

ausdeuten *vt sep* to interpret; *Äußerung, Wort auch* to construe. **falsch ~** to misinterpret; to misconstrue.

ausdeutschen *vt sep* (*Aus inf*) **jdm etw ~** to explain sth to sb in words of one syllable *or* ≃ in plain English.

Ausdeutung *f* interpretation.

ausdienen *vi sep* **ausgedient haben** (*Mil old*) to have finished one's military service; (*im Ruhestand sein*) to have been discharged; (*fig inf*) to have had its day; (*Kugelschreiber etc*) to be used up *or* finished.

ausdiskutieren* *sep I vt Thema* to discuss fully. **II** *vi* (*zu Ende diskutieren*) to finish discussing *or* talking.

ausdorren *vi sep aux sein siehe* **ausdörren II**.

ausdörren *sep I vt* to dry up; *Kehle* to parch; *Pflanzen* to shrivel. **II** *vi aux sein* to dry up; (*Boden auch*) to become parched; (*Pflanze auch*) to shrivel up.

ausdrehen *vt sep* (*ausschalten*) to turn *or* switch off; *Licht auch* to turn out; (*Tech*) *Bohrloch* to drill, to bore; *Gelenk* to dislocate.

Ausdruck¹ *m* -(e)s, **Ausdrücke** 1. *no pl*

(*Gesichts~*) expression. **der ~ ihrer Gesichter** the expression(s) on their faces.
2. *no pl* **als ~ meiner Dankbarkeit** as an expression of my gratitude; **mit dem ~ des Bedauerns** (*form*) expressing regret, with an expression of regret; **mit dem ~ der Hochachtung** (*form*) respectfully, with respect; **sein ~ ist mangelhaft** he expresses himself poorly; **etw zum ~ bringen, einer Sache** (*dat*) **~ geben** *or* **verleihen** (*form*) to express sth, to give expression to sth; **in seinen Worten kam Mitleid zum ~** his words expressed his sympathy.
3. (*Wort*) expression; (*Math, Fach~ auch*) term. **das ist gar kein ~!** that's not the word for it; **sich im ~ vergreifen** to use the wrong word.

Ausdruck² *m* -(e)s, -e (*von Computer etc*) print-out; (*Typ*) end of printing.

ausdrucken *sep I vt* 1. (*Typ*) (*fertig drucken*) to finish printing; (*ungekürzt drucken*) to print in full *or* out. 2. (*Telec, Computers*) to print out. **II** *vi* (*Buchstaben etc*) to come out.

ausdrücken *sep I vt* 1. to press out, to squeeze out; *Pickel* to squeeze; (*ausmachen*) to put out; *Zigarette* to stub out. **den Saft einer Zitrone ~** to press *or* squeeze juice out of a lemon, to squeeze a lemon.
2. (*zum Ausdruck bringen*) to express (*jdm* to sb); (*Verhalten, Gesicht auch*) *Trauer etc* to reveal. **anders ausgedrückt** in other words; **einfach ausgedrückt** put simply, in simple terms, in words of one syllable.
II *vr* (*Mensch*) to express oneself; (*Emotion*) to be expressed *or* revealed. **in ihrem Gesicht/Verhalten drückte sich Verzweiflung aus** her face/behaviour showed her despair; **er kann sich gewandt ~** he is very articulate.

ausdrücklich I *adj attr Wunsch, Genehmigung* express. **II** *adv* expressly; (*besonders*) particularly. **etw ~ betonen** to emphasize sth particularly *or* specifically.

ausdrucksfähig *adj* expressive; (*gewandt*) articulate; **Ausdrucksform** *f* form of expression; **Ausdruckskraft** *f, no pl* expressiveness; (*von Schriftsteller*) articulate- ness, word-power; **ausdrucksleer** *adj* expressionless; **ausdruckslos** *adj* inexpressive; *Gesicht, Blick auch* expressionless; **Ausdruckslosigkeit** *f siehe adj* inexpressiveness; expressionlessness; **Ausdrucksmittel** *nt* means of expression; **Ausdrucksmöglichkeit** *f* mode of expression; **ausdrucksschwach** *adj* inexpressive; **ausdrucksstark** *adj* expressive; **Ausdruckstanz** *m* free dance; **ausdrucksvoll** *adj* expressive; **Ausdrucksweise** *f* way of expressing oneself, mode of expression; **was ist denn das für eine ~!** what sort of language is that to use!

ausdünsten *vt sep Geruch* to give off; (*Med, Bot auch*) to transpire.

Ausdünstung *f* 1. (*das Ausdünsten*) evaporation; (*von Körper, Pflanze*) transpiration. 2. (*Dampf*) vapour; (*Geruch*) fume, smell; (*von Tier*) scent; (*von*

Mensch) smell; (*fig*) emanation.
aus|einander *adv* **1.** (*voneinander entfernt, getrennt*) apart. **weit ~** far apart; *Augen, Beine etc* wide apart; *Zähne* widely spaced; *Meinungen* very different; **etw ~ schreiben** to write sth as two words; **zwei Kinder ~ setzen** to separate two children; **sich ~ setzen** to sit apart; **die beiden sind (im Alter) ein Jahr ~** there is a year between the two of them; **~ sein** (*inf: Paar*) to have broken or split up.
2. (*jedes aus dem anderen*) from one another. **diese Begriffe kann man nur ~ erklären** one can only explain these concepts in relation to one another.
aus|einanderbekommen* *vt sep irreg* to be able to get apart; **aus|einanderbiegen** *vt sep irreg* to bend apart; **aus|einanderbrechen** *sep irreg* **I** *vt* to break in two; **II** *vi aux sein* (*lit, fig*) to break up; **aus-|einander|entwickeln*** *vr sep* to grow apart (from each other); (*Partner*) to drift apart; **aus|einanderfallen** *vi sep irreg aux sein* **1.** (*zerfallen*) to fall apart; (*fig auch*) to collapse; **2.** (*fig: sich gliedern*) to divide up (*in* +*acc* into); **aus|einanderfalten** *vt sep* to unfold; **aus|einanderfliegen** *vi sep irreg aux sein* to fly apart; (*nach allen Seiten*) to fly in all directions; **aus|einanderfließen** *vi sep irreg aux sein* (*nach allen Seiten*) to flow in all directions; (*zerfließen*) to melt; (*Farben*) to run; **aus|einandergehen** *vi sep irreg aux sein* **1.** (*lit, fig: sich trennen*) (*Menschen, Vorhang*) to part, to separate; (*Menge*) to disperse; (*Versammlung, Ehe etc*) to break up; (*auseinanderfallen: Schrank etc*) to fall apart; **2.** (*sich verzweigen: Weg etc*) to divide, to branch, to fork; (*zwei Wege*) to diverge; (*fig: Ansichten etc*) to diverge, to differ; **3.** (*inf: dick werden*) to get fat; **aus|einanderhalten** *vt sep irreg* to keep apart; (*unterscheiden*) *Begriffe* to distinguish between; *esp Zwillinge etc* to tell apart; **aus|einanderjagen** *vt sep* to scatter; **aus|einanderklaffen** *vi sep aux sein* to gape open; (*fig: Meinungen*) to be far apart, to diverge (wildly); **aus|ein-anderkriegen** *vt sep* (*inf*) *siehe* auseinanderbekommen; **aus|einanderlaufen** *vi sep irreg aux sein* **1.** (*zerlaufen*) to melt; (*Farbe*) to run; (*sich ausbreiten*) to spread; **2.** (*inf: sich trennen*) to break up; (*Menge*) to disperse; (*sich auseinanderentwickeln*) to go their separate ways; **3.** (*Wege*) to divide, to fork, to diverge; **aus|einanderleben** *vr sep* to drift apart (*mit* from); **aus|einandermachen** *vt sep* (*inf*) **1.** (*auseinandernehmen*) to take apart; **2.** (*auseinanderfalten*) to unfold; **3.** (*spreizen*) *Arme, Beine* to spread (apart), to open; **aus|einandernehmen** *vt sep irreg* to take apart; *Maschine etc auch* to dismantle; **aus|einanderreißen** *vt sep irreg* to tear or rip apart; (*fig*) *Familie* to tear apart; **aus|einanderschlagen** *vt sep irreg* (*zerschlagen*) to hack apart; (*öffnen*) *Mantel, Vorhang* to fling open; **aus-|einanderschrauben** *vt sep* to unscrew; **aus|einandersetzen** *sep* **I** *vt* (*fig*) (*jdm* to sb) to explain; (*schriftlich auch*) to set out;

II *vr* **sich mit etw ~** (*sich befassen*) to have a good look at sth; **sich kritisch mit etw ~** to have a critical look at sth; **mit dem Problem habe ich mich seit Jahren auseinandergesetzt** I've been working on this problem for years; **sich mit jdm ~** to talk or (*sich streiten*) to argue with sb; **sich mit jdm gerichtlich ~** to take sb to court.
Aus|einandersetzung *f* **1.** (*Diskussion*) discussion, debate (*über* +*acc* about, on); (*Streit*) argument; (*feindlicher Zusammenstoß*) clash (*wegen* over). **2.** (*das Befassen*) examination (*mit* of); (*kritisch*) analysis (*mit* of).
aus|einandersprengen *sep* **I** *vt* **1.** (*sprengen*) to blow up; (*zerbersten lassen*) to burst (apart); **2.** (*auseinanderjagen*) to scatter; *Demonstranten auch* to disperse; **II** *vi aux sein* to scatter; **aus|einanderspringen** *vi sep irreg aux sein* to shatter; **aus|einanderstieben** *vi sep irreg aux sein* to scatter; **aus|einanderstreben** *vi sep aux sein* (*lit*) to splay; (*fig: Meinungen, Tendenzen*) to diverge; **aus-|einandertreiben** *sep irreg* **I** *vt* (*trennen*) to drive apart; (*auseinanderjagen*) to scatter; *Demonstranten* to disperse; **II** *vi aux sein* to drift apart; **aus|einanderziehen** *sep irreg* **I** *vt* **1.** (*dehnen*) to stretch; **2.** (*trennen*) to pull apart; *Gardinen auch* to pull open; **II** *vr* to spread out; (*Kolonne auch*) to string out.
aus|erkiesen* *vt sep irreg* (*liter*) (*Gott*) to ordain (*liter*). **zu etw auserkoren (worden) sein** to be chosen or selected for sth.
aus|erkoren *adj* (*liter*) chosen, selected.
aus|erlesen **I** *adj* (*ausgesucht*) select; *Speisen, Weine auch* choice *attr*. **II** *ptp zu* **etw ~ (worden) sein** to be chosen or selected for sth. **III** *adv* (*verstärkend*) particularly, especially.
aus|ersehen* *vt sep irreg* (*geh*) to choose; (*für Amt auch*) to designate (*zu* as). **~ sein, etw zu tun** to be chosen to do sth.
aus|erwählen* *vt sep* (*geh*) to choose. **das auserwählte Volk** the Chosen People.
Aus|erwählte(r) *mf decl as adj* (*geh*) chosen one. **die ~n** the elect, the chosen (ones); **seine ~/ ihr ~r** (*hum*) his/her intended (*inf*).
aus|essen *sep irreg* **I** *vt Speise* to eat up, to finish (eating); *Schüssel* to empty, to clear; *Pampelmuse* to eat. **II** *vi* to finish eating.
ausfädeln *vr sep* **sich ~ aus** (*Aut*) to slip out of or from.
ausfahrbar *adj* extensible, extendable; *Antenne, Fahrgestell* retractable.
ausfahren *sep irreg* **I** *vt* **1.** *jdn* (*im Kinderwagen/Rollstuhl*) to take for a walk (in the pushchair (*Brit*) or stroller (*US*)/ wheelchair); (*im Auto*) to take for a drive or ride.
2. (*ausliefern*) *Waren* to deliver.
3. (*abnutzen*) *Weg* to rut, to wear out. **sich in ausgefahrenen Bahnen bewegen** (*fig*) to keep to well-trodden paths.
4. (*Aut*) *Kurve* to (drive) round; (*mit aux sein*) *Rennstrecke* to drive round.
5. (*austragen*) *Rennen* to hold.
6. ein Auto etc (voll) ~ to drive a car etc flat out.

7. (*Tech*) to extend; *Fahrgestell etc auch* to lower.

II *vi aux sein* **1.** (*spazierenfahren*) to go for a ride *or* (*im Auto auch*) drive. **mit dem Baby** ~ to take the baby out in the pushchair (*Brit*) *or* stroller (*US*).
2. (*abfahren*) (*Zug*) to pull out (*aus* of), to leave; (*Schiff*) to put to sea, to sail. **aus dem Hafen** ~ to sail out of the harbour, to leave harbour.
3. (*Min: aus dem Schacht*) to come up.
4. (*Straße verlassen*) to turn off, to leave a road/motorway.
5. (*Tech: Fahrgestell etc*) to come out.
6. (*eine heftige Bewegung machen*) to gesture.
7. (*böser Geist*) to come out (*aus* of).

Ausfahrt *f* **1.** *no pl* (*Abfahrt*) departure; (*Min: aus Schacht*) ascent (*aus* from). **der Zug hat keine** ~ the train has not been cleared for departure. **2.** (*Spazierfahrt*) drive, ride. **eine** ~ **machen** to go for a drive *or* ride. **3.** (*Ausgang, Autobahn*~) exit. ~ **Gütersloh** Gütersloh exit, exit for Gütersloh.
Ausfahrt(s)schild *nt* exit sign; **Ausfahrt(s)signal** *nt* (*Rail*) departure signal; **Ausfahrt(s)straße** *f* exit road.
Ausfall *m* **1.** *no pl* (*das Herausfallen*) loss.
2. (*Verlust, Fehlbetrag, Mil*) loss; (*das Versagen*) (*Tech, Med*) failure; (*von Motor*)breakdown;(*Produktionsstörung*) stoppage.
3. *no pl* (*von Sitzung, Unterricht etc*) cancellation.
4. *no pl* (*das Ausscheiden*) dropping out; (*im Rennen*) retirement; (*Abwesenheit*) absence.
5. (*Ling*) dropping, omission.
6. (*Mil: Ausbruch*) sortie, sally.
7. (*Sport*) (*Fechten*) thrust, lunge; (*Gewichtheben*) jerk.
8. (*fig: Angriff*) attack.
9. (*Ergebnis*) result, outcome.
ausfallen *vi sep irreg aux sein* **1.** (*herausfallen*) to fall out; (*Chem*) to be precipitated; (*Ling*) to be dropped *or* omitted. **mir fallen die Haare aus** my hair is falling out.
2. (*nicht stattfinden*) to be cancelled. **etw** ~ **lassen** to cancel sth; **die Schule fällt morgen aus** there's no school tomorrow.
3. (*nicht funktionieren*) to fail; (*Motor*) to break down.
4. (*wegfallen: Verdienst*) to be lost.
5. (*ausscheiden*) to drop out; (*während Rennen auch*) to retire; (*fernbleiben*) to be absent.
6. **gut/schlecht** *etc* ~ to turn out well/badly *etc*; **die Rede ist zu lang ausgefallen** the speech was too long *or* turned out to be too long; **die Bluse fällt zu eng aus** the blouse is too tight.
7. (*Mil*) to fall, to be lost (*bei* in); (*old: einen Ausfall machen*) to make a sortie.
8. (*Fechten*) to thrust, to lunge.
ausfällen *vt sep* (*Chem*) to precipitate.
ausfallend, **ausfällig** *adj* abusive.
Ausfallstraße *f* arterial road.
Ausfall(s)winkel *m* (*Phys*) angle of reflection.
Ausfallzeit *f* (*Insur*) time which counts

towards pension although no payments were made.

ausfechten *vt sep irreg* (*fig*) to fight (out).
ausfegen *vt sep Schmutz* to sweep up; *Zimmer* to sweep out.
ausfeilen *vt sep* to file (out); (*glätten*) to file down; (*fig*) to polish.
ausfertigen *vt sep* (*form*) **1.** *Dokument* to draw up; *Rechnung etc* to make out; *Paß* to issue. **2.** (*unterzeichnen*) to sign.
Ausfertigung *f* (*form*) **1.** *no pl siehe vt* drawing up; making out; issuing; signing. **2.** (*Abschrift*) copy. **die erste** ~ the top copy; **in doppelter/dreifacher** ~ in duplicate/triplicate.
Ausfertigungsdatum *nt* (*von Paß, Urkunde*) date of issue.
ausfinden *vr sep irreg* to find one's way (*in* +*dat* around).
ausfindig *adj*: ~ **machen** to find, to discover; (*Aufenthaltsort feststellen*) to locate, to trace.
ausfliegen *sep irreg* **I** *vi aux sein* (*wegfliegen*) to fly away *or* off; (*aus Gebiet etc*) to fly out (*aus* of); (*flügge werden*) to leave the nest; (*fig inf: weggehen*) to go out. **ausgeflogen sein** (*fig inf*) to be out, to have gone out; **der Vogel ist ausgeflogen** (*fig inf*) the bird has *or* is flown.
II *vt* (*Aviat*) **1.** *Verwundete etc* to evacuate (by air), to fly out (*aus* from).
2. *Flugzeug* to fly full out.
ausfliesen *vt sep* to tile.
ausfließen *vi sep irreg aux sein* (*herausfließen*) to flow out (*aus* of); (*auslaufen: Öl etc, Faß*) to leak (*aus* out of); (*Eiter etc*) to be discharged.
ausflippen *vi sep aux sein* (*sl*) to freak out (*sl*); *siehe* **ausgeflippt.**
Ausflucht *f* -, **Ausflüchte** excuse; (*geh: Flucht*) escape (*in* +*acc* into). **Ausflüchte machen** to make excuses.
Ausflug *m* **1.** trip, outing; (*esp mit Reisebüro*) excursion; (*Betriebs*~, *Schul*~) outing; (*Wanderung*) walk, hike; (*fig*) excursion. **einen** ~ **machen** to go on *or* for a trip *etc*; **einen** ~ **in die Politik machen** to make an excursion into politics.
2. (*von Vögeln etc*) flight; (*von Bienen*) swarming.
3. (*am Bienenstock*) hive exit.
Ausflügler(in *f*) *m* -**s**, - tripper.
Ausflugsdampfer *m* pleasure steamer; **Ausflugslokal** *nt* tourist café; (*am Meer*) seaside café; **Ausflugs|ort** *m* place to go for an outing; **Ausflugsverkehr** *m* (*an Feiertagen*) holiday traffic; (*am Wochenende*) weekend holiday traffic; **Ausflugsziel** *nt* destination (of one's outing).
Ausfluß *m* **1.** (*das Herausfließen*) outflow; (*das Auslaufen*) leaking. **2.** (~*stelle*) outlet. **3.** (*Med*) discharge. **4.** (*fig geh*) product, result.
ausfolgen *vt sep* (*Aus form*) to hand over (*jdm* to sb).
ausformen **sep** **I** *vt* to mo(u)ld, to shape (*zu* into); *Manuskript etc* to polish, to refine. **II** *vr* to take shape, to be formed.
ausformulieren* *vt sep* to formulate; *Rede* to tidy up.

Ausformung *f* **1.** *siehe vt* mo(u)lding, shaping; polishing, refining. **2.** (*Form*) shape, form.

ausforschen *vt sep* **1.** *Sache* to find out; (*erforschen*) to investigate. **2.** *jdn* to question. **3.** (*Aus*) *Täter* to apprehend.

ausfragen *vt sep* to question, to quiz (*inf*) (*nach* about); (*strenger*) to interrogate. **so fragt man die Leute aus** (*inf*) that would be telling (*inf*).

ausfransen *sep* **I** *vir* (*vi: aux sein*) to fray, to become frayed. **II** *vt* to fray.

ausfressen *vt sep irreg* **1.** *siehe* **auffressen. 2.** (*ausspülen: Wasser, Fluß*) to erode, to eat away. **3.** (*inf: anstellen*) **etwas** ~ to do something wrong; **was hat er denn wieder ausgefressen?** what's he (gone and) done now? (*inf*).

Ausfuhr *f -, -en* **1.** *no pl* (*das Ausführen*) export; (~*handel*) exports *pl.* **2.** ~**en** *pl* (~*güter*) exports *pl.*

Ausfuhr|artikel *m* export.

ausführbar *adj* **1.** *Plan* feasible, practicable, workable. **schwer** ~ difficult to carry out. **2.** (*Comm*) exportable.

Ausführbarkeit *f* feasibility, practicability.

Ausfuhr- *in cpds siehe auch* **Export-** export-; **Ausfuhrbestimmungen** *pl* export regulations *pl.*

ausführen *vt sep* **1.** (*zu Spaziergang, ins Theater etc*) to take out; *Hund* to take for a walk; (*hum*) *Kleid* to parade. **2.** (*durchführen*) to carry out; *Aufgabe*, (*Med*) *Operation auch* to perform; *Auftrag, Plan, Befehl, Bewegung*, (*Mil*) *Operation auch* to execute; *Anweisung auch, Gesetz* to implement; *Bauarbeiten* to undertake; (*Sport*) *Freistoß etc* to take. **die** ~**de Gewalt** (*Pol*) the executive. **3.** (*gestalten*) *Entwurf etc* to execute. **4.** (*erklären*) to explain; (*darlegen*) to set out; (*argumentierend*) to argue. **5.** (*Comm*) *Waren* to export.

Ausführende(r) *mf decl as adj* **1.** (*Spieler*) performer. **2.** (*Handelnder*) executive.

Ausfuhrgüter *pl* export goods *pl*, exports *pl*; **Ausfuhrhafen** *m* port of exportation; **Ausfuhrland** *nt* **1.** (*Land, das ausführt*) exporting country; **ein** ~ **für Jute** a jute-exporting country; **2.** (*Land, in das ausgeführt wird*) export market.

ausführlich I *adj* detailed; *Informationen, Gespräche, Katalog auch* full. **II** *adv* in detail, in full. **sehr** ~ in great detail; ~**er** in more *or* greater detail.

Ausführlichkeit *f siehe adj* detail; fullness. **in aller** ~ in (great) detail, in full.

Ausfuhrprämie *f* export premium; **Ausfuhrsperre** *f* export ban *or* embargo; **Ausfuhr|überschuß** *m* export surplus.

Ausführung *f* **1.** *no pl siehe vt 2.* carrying out; performance; execution; implementation; undertaking; taking. **zur** ~ **gelangen** *or* **kommen** to be carried out. **2.** *siehe vt 3.* execution. **3.** (*Erklärung*) explanation; (*von Thema etc*) exposition; (*Bemerkung*) remark; (*usu pl: Bericht*) report. **4.** (*von Waren*) design; (*Qualität*) quality; (*Modell*) model.

Ausfuhrwaren *pl* exports *pl*, export goods *pl.*

ausfüllen *vt sep* to fill; *Loch* to fill (up *or* out); *Ritze* to fill in; *Platz* to take up; *Formular* to fill in (*Brit*) *or* out; *Posten* to fill. **jdn (voll** *or* **ganz)** ~ (*befriedigen*) to give sb (complete) fulfilment, to satisfy sb (completely); (*Zeit in Anspruch nehmen*) to take (all) sb's time; **er füllt den Posten nicht/gut aus** he is not fitted/well-fitted for the post; **seine Zeit mit etw** ~ to pass one's time doing sth, to fill up one's time with sth; **ein ausgefülltes Leben** a full life.

ausfüttern *vt sep* **1.** (*Sew*) to line. **2.** *Tier* to feed.

Ausgabe *f -, -n* **1.** *no pl* (*Austeilung*) (*von Proviant, Decken etc*) distribution, giving out; (*von Befehl, Fahrkarten, Dokumenten etc*) issuing; (*von Essen*) serving; (*Ausdruck*) print-out. **2.** (*Schalter*) issuing counter; (*in Bibliothek*) issue desk; (*in Kantine*) serving counter; (*Stelle, Büro*) issuing office. **3.** (*von Buch, etc, Sendung*) edition; (*von Zeitschrift auch, Aktien*) issue. **4.** (*Ausführung*) version. **5.** (*Geldaufwand*) expense, expenditure *no pl.* ~**en** *pl* (*Geldverbrauch*) expenditure *sing* (*für* on); (*Kosten*) expenses *pl*, costs *pl.* **6.** (*Datenverarbeitung*) print-out.

Ausgabekurs *m* (*Fin*) rate of issue.

Ausgabe(n)beleg *m* receipt for expenditure; **Ausgabe(n)buch** *nt* cashbook; **Ausgabenpolitik** *f* expenditure policy; **Ausgabenseite** *f* expenditure column.

Ausgabeschalter *m* issuing counter; (*in Bibliothek etc*) issue desk.

Ausgang *m* **1.** (*Erlaubnis zum Ausgehen*) permission to go out; (*Mil*) pass. ~ **haben** to have the day off *or* (*am Abend*) the evening off; (*Mil*) to have a pass; **bis 10 Uhr** ~ **haben** to be allowed out/to have a pass till 10 o'clock. **2.** (*Spaziergang*) walk (*under supervision*). **3.** (*Auslaß, Weg nach draußen*) exit, way out (*gen, von* from); (*Dorf*~) end; (*von Wald*) edge; (*Med: von Organ*) opening (*gen* out of). **4.** *no pl* (*Ende*) end; (*von Epoche auch*) close; (*von Roman, Film auch*) ending; (*Ergebnis*) outcome, result. **ein Unfall mit tödlichem** ~ a fatal accident. **5.** *no pl* (*Ausgangspunkt*) starting point, point of departure; (*Anfang*) beginning. **6.** *no pl* (*der Post*) mailing, sending off. **7. Ausgänge** *pl* (*Post*) outgoing mail *sing*; (*Waren*) outgoing goods *pl.*

ausgangs *prep* +*gen* (*auch adv* ~ **von**) at the end of; (*der Schlußkurve etc*) coming out of. **eine Frau** ~ **der Siebziger** a woman in her late seventies.

Ausgangsbasis *f* fundamental basis; **Ausgangsposition** *f* initial *or* starting position; **Ausgangspunkt** *m* starting point; (*von Reise auch*) point of departure; **Ausgangssperre** *f* ban on going out; (*esp bei Belagerungszustand*) curfew; (*für Soldaten*) confinement to barracks; *siehe* **Ausgehverbot**; **Ausgangssprache** *f* source language; **Ausgangsstellung** *f* (*Sport*) starting position; (*Mil*) initial position; **Ausgangstür** f exit (door); **Ausgangsverbot** nt siehe **Ausgehverbot**; **Ausgangszeile** f (Typ) club-line, widow.

ausgebaut I ptp of **ausbauen**. II adj Schul-, Verkehrssystem etc fully developed.

ausgeben sep irreg I vt **1**. (austeilen) Proviant, Decken etc to distribute, to give out; (aushändigen) Dokumente, Fahrkarten, Aktien etc to issue; Befehl to issue, to give; Essen to serve; (Cards) to deal; (ausdrucken) Text to print out.
2. Geld to spend (für on). **eine Runde ~** to stand a round (inf); **ich gebe heute abend einen aus** (inf) it's my treat this evening; **darf ich dir einen/einen Whisky ~?** may I buy you a drink/a whisky?; **er gibt nicht gern einen aus** he doesn't like buying people drinks.
3. jdn/etw als or für jdn/etw ~ to pass sb/sth off as sb/sth; **sich als jd/etw ~** to pose as sb/sth, to pass oneself off as sb/sth.
II vr to exhaust oneself.

ausgebeult I ptp of **ausbeulen**. II adj Kleidung baggy; Hut battered.

Ausgebeutete(r) mf decl as adj **die ~n** the exploited pl.

ausgebucht adj Reise etc, (inf) Person booked up.

ausgebufft adj (sl) **1**. (erledigt) washed-up (inf); (erschöpft) knackered (sl). **2**. (trickreich) shrewd, fly (sl).

Ausgeburt f (pej) (der Phantasie etc) monstrous product or invention; (Geschöpf, Kreatur) monster. **eine ~ der Hölle** a fiend from hell, a fiendish monster.

ausgedehnt I ptp of **ausdehnen**. II adj Gummiband (over-)stretched; (breit, groß, fig: weitreichend) extensive; (zeitlich) lengthy, extended; Spaziergang long, extended.

ausgedient I ptp of **ausdienen**. II adj **1**. (dated) **ein ~er Soldat** a veteran, an exserviceman. **2**. (inf: unbrauchbar) Auto, Maschine clapped-out (inf). **meine ~en Sachen/Bücher** etc the things/books etc I don't have any further use for.

Ausgedinge nt -s, - siehe **Altenteil**.

ausgedörrt I ptp of **ausdörren**. II adj dried up; Boden, Kehle parched; Pflanzen shrivelled; Land, Gebiet arid; (fig) Hirn ossified, dull.

ausgefallen I ptp of **ausfallen**. II adj (ungewöhnlich) unusual; (übertrieben) extravagant; Mensch eccentric; (überspannt) odd, weird.

ausgefeilt I ptp of **ausfeilen**. II adj (fig) polished; Schrift stylized.

Ausgefeiltheit f polish; (von Schrift) stylized character.

ausgeflippt I ptp of **ausflippen**. II adj (sl) freaky (sl), freaked-out (sl), flipped-out (sl); (aus der Gesellschaft) drop-out (inf). **er ist ein richtig ~er Typ** he's really freaky (sl) or freaked out (sl)/a real drop-out (inf).

Ausgeflippte(r) mf decl as adj (sl) freak (sl); (aus der Gesellschaft) dropout (inf).

ausgefuchst adj (inf) clever; (listig) crafty (inf); Kartenspieler cunning.

ausgeglichen I ptp of **ausgleichen**. II adj

balanced; Spiel, Klima even; Torverhältnis equal; (gleichbleibend) consistent. **Ausgeglichenheit** f siehe adj balance; evenness; consistency. **ihre ~** her balanced nature or character.

ausgegoren adj Most fully fermented; (fig inf) Pläne worked out. **wenig ~** half-baked (inf).

ausgehen sep irreg aux sein I vi **1**. (weggehen, zum Vergnügen) to go out; (spazierengehen auch) to go (out) for a walk.
2. (ausfallen: Haare, Federn, Zähne) to fall out; (Farbe) to fade; (dial: Stoff) to fade. **ihm gehen die Haare/Zähne aus** his hair is falling out/he is losing his teeth.
3. (seinen Ausgang nehmen) to start (von at); (herrühren: Idee, Anregung etc) to come (von from). **von dem Platz gehen vier Straßen aus** four streets lead off (from) the square; **etw geht von jdm/etw aus** (wird ausgestrahlt) sb/sth radiates sth.
4. (abgeschickt werden: Post) to be sent off. **die ~de Post** the outgoing mail.
5. (zugrunde legen) to start out (von from). **gehen wir einmal davon aus, daß ...** let us assume that ..., let us start from the assumption that ...; **davon kann man nicht ~** you can't go by that.
6. **auf etw** (acc) ~ to be intent on sth; **auf Eroberungen ~** (hum inf) to be out to make a few conquests.
7. (einen bestimmten Ausgang haben: esp Sport) to end; (ausfallen) to turn out. **gut/schlecht ~** to turn out well/badly; (Film etc) to end happily/unhappily; (Abend, Spiel) to end well/ badly.
8. (Ling: enden) to end.
9. **straffrei** or **straflos ~** to receive no punishment; to get off scot-free (inf); **leer ~** (inf) to come away empty-handed.
10. (zu Ende sein: Vorräte etc) to run out; (dial: Vorstellung, Schule etc) to finish. **mir ging die Geduld/das Geld aus** I lost (my) patience/ran out of money; **ihm ist die Luft** or **die Puste** or **der Atem ausgegangen** (inf) (lit) he ran out of breath/ puff (inf); (fig) he ran out of steam (inf); (finanziell) he ran out of funds.
11. (aufhören zu brennen) to go out.
12. (inf: sich ausziehen lassen) to come off. **die nassen Sachen gehen so schwer aus** these wet things are so hard to take off.
II vr (Aus) **es geht sich aus** it works out all right; (Vorräte, Geld etc) there is enough.

ausgehend adj attr **im ~en Mittelalter** towards the end of the Middle Ages; **das ~e 20. Jahrhundert** the end or close of the 20th century.

Ausgeh|erlaubnis f permission to go out; (Mil) pass.

ausgehungert I ptp of **aushungern**. II adj starved; (abgezehrt) Mensch etc emaciated. **nach etw ~ sein** (fig) to be starved of sth.

Ausgeh|uniform f walking-out uniform; **Ausgehverbot** nt **jdm ~ erteilen** to forbid sb to go out; (Mil) to confine sb to barracks; **~ haben/bekommen** to be forbidden to go out; (Mil) to be confined to barracks.

ausgeklügelt I *ptp of* **ausklügeln**. II *adj* (*inf*) *System* cleverly thought-out; (*genial*) ingenious.

ausgekocht I *ptp of* **auskochen**. II *adj* (*pej inf*) (*durchtrieben*) cunning.

ausgelassen I *ptp of* **auslassen**. II *adj* (*heiter*) lively; *Stimmung* happy; (*wild*) *Kinder* boisterous; *Stimmung, Party* mad.

Ausgelassenheit f *siehe adj* liveliness; happiness; boisterousness; madness.

ausgelastet I *ptp of* **auslasten**.
II *adj Mensch* fully occupied; *Maschine, Anlage* working to capacity. **mit den vier Kindern ist sie voll ~** her four children keep her fully occupied.

ausgelatscht I *ptp of* **auslatschen**. II *adj* (*inf*) *Schuhe* worn. **meine Schuhe sind völlig ~** my shoes have gone completely out of shape.

ausgeleiert I *ptp of* **ausleiern**. II *adj Gummiband, Gewinde, Feder* worn.

ausgelernt I *ptp of* **auslernen**. II *adj* (*inf*) qualified.

ausgemacht I *ptp of* **ausmachen**. II *adj* **1.** (*abgemacht*) agreed. **es ist eine ~e Sache, daß ...** it is agreed that ... **2.** *attr* (*inf: vollkommen*) complete, utter.

ausgemergelt I *ptp of* **ausmergeln**. II *adj Körper, Gesicht* emaciated, gaunt.

ausgenommen I *ptp of* **ausnehmen**.
II *conj* except, apart from. **niemand/ alle, ~ du, niemand/alle, du** *or* **dich ~** no-one/everyone except (for) you *or* apart from *or* save yourself; **täglich ~ sonntags** daily except for *or* excluding Sundays; **Anwesende ~** present company excepted; **~ wenn/daß ...** except when/that ...

ausgepicht *adj* (*fig inf*) (*raffiniert*) *Mensch, Plan* cunning; (*verfeinert*) *Geschmack* refined.

ausgeprägt *adj Gesicht* distinctive; *Eigenschaft* distinct; *Charakter, Interesse* marked, pronounced. **ein (stark) ~er Sinn für alles Schöne** a well-developed sense for everything beautiful.

ausgepumpt I *ptp of* **auspumpen**. II *adj* (*inf*) whacked (*inf*).

ausgerechnet I *ptp of* **ausrechnen**. II *adv* **~ du/er** *etc* you/he *etc* of all people; **~ mir muß das passieren** why does it have to happen to me (of all people)?; **~ heute/ gestern** today/yesterday of all days; **muß das ~ heute sein?** does it have to be today (of all days)?; **~ jetzt kommt er** he would have to come just now; **~ dann kam er** he would have to come just at that moment; **~, als wir spazierengehen wollten, ...** just when we wanted to go for a walk ...

ausgeruht I *ptp of* **ausruhen**. II *adj* (well) rested.

ausgeschlossen I *ptp of* **ausschließen**.
II *adj pred* (*unmöglich*) impossible; (*nicht in Frage kommend*) out of the question. **es ist nicht ~, daß ...** it's just possible that ...; **diese Möglichkeit ist nicht ~** it's not impossible; **jeder Irrtum ist ~** there is no possibility of a mistake.

ausgeschnitten I *ptp of* **ausschneiden**.
II *adj Bluse, Kleid* low-cut. **sie geht heute tief ~** (*inf*) she's wearing a very low-cut dress/blouse *etc* today; **ein weit** *or* **tief ~es Kleid** a dress with a plunging neckline.

ausgeschrieben I *ptp of* **ausschreiben**.
II *adj Schrift* bold.

ausgespielt I *ptp of* **ausspielen**. II *adj* **~ haben** to be finished; **er hat bei mir ~** (*inf*) he's had it as far as I am concerned (*inf*), I'm finished *or* through with him.

ausgesprochen I *ptp of* **aussprechen**.
II *adj* (*besonders*) *Schönheit, Qualität, Vorliebe* definite; (*ausgeprägt*) *Trinkernase etc auch* pronounced; *Begabung* particular; *Ähnlichkeit auch* marked; *Geiz, Großzügigkeit* extreme; (*groß*) *Pech, Freundlichkeit, Hilfsbereitschaft etc* real. **eine ~e Frohnatur** a very sunny person; **~es Pech haben** to have really bad luck, to be really unlucky.
III *adv* really; *schön, begabt, groß, hilfsbereit etc auch* extremely; *geizig, frech etc auch* terribly.

ausgestalten * *vt sep* (*künstlerisch, musikalisch*) to arrange; (*planend gestalten*) to organize; (*dekorieren, einrichten*) to decorate; (*ausbauen*) *Theorie, Begriff, Methode* to build up.

Ausgestaltung f **1.** *siehe vt* arranging; organizing; decorating; building up. **2.** (*Gestalt, Form*) form.

ausgestellt I *ptp of* **ausstellen**. II *adj Rock etc* flared.

ausgestorben I *ptp of* **aussterben**. II *adj Tierart* extinct; (*fig*) deserted. **der Park war wie ~** the park was deserted.

Ausgestoßene(r) mf *decl as adj* outcast.

ausgesucht I *ptp of* **aussuchen**.
II *adj* **1.** (*besonders groß*) extreme, exceptional.
2. (*erlesen*) *Wein* choice, select; *Gesellschaft* select; *Worte* well-chosen.
III *adv* (*überaus, sehr*) extremely, exceptionally.

ausgetreten I *ptp of* **austreten**. II *adj Schuhe* well-worn; *Pfad auch* well-trodden; *Stufe* worn down.

ausgewachsen I *ptp of* **auswachsen**.
II *adj* fully-grown; (*inf*) *Blödsinn* utter, complete; *Skandal* huge.

ausgewählt I *ptp of* **auswählen**. II *adj* select; *Satz etc* well-chosen; *Werke* selected.

Ausgewanderte(r) mf *decl as adj* emigrant.

Ausgewiesene(r) mf *decl as adj* expellee.

ausgewogen *adj* balanced; *Maß* equal. **ein ~es Kräfteverhältnis** a balance of powers.

Ausgewogenheit f balance.

ausgezeichnet I *ptp of* **auszeichnen**.
II *adj* excellent. **sie kann ~ schwimmen/ tanzen** she is an excellent swimmer/ dancer; **es geht mir ~** I'm feeling marvellous.

ausgiebig I *adj Mahlzeit etc* substantial, large; *Mittagsschlaf* long; *Gebrauch* extensive. **~en Gebrauch von etw machen** to make full *or* good use of sth.
II *adv* **~ frühstücken** to have a substantial breakfast; **~ schlafen/schwimmen** to have a good (long) sleep/swim; **etw ~ gebrauchen** to use sth extensively.

ausgießen *vt sep irreg* **1.** (*aus einem Behälter*) to pour out; (*weggießen*) to pour away; *Behälter* to empty; (*verschütten*) to spill; (*über jdn/etw gießen*) to pour (*über +acc* over). **seinen Spott/Hohn über jdn ~** (*geh*) to pour scorn on/to mock sb.

2. (*füllen*) *Gußform* to fill; *Ritzen, Fugen* to fill in.

Ausgleich *m* **-(e)s** (*rare*) **-e 1.** (*Gleichgewicht*) balance; (*von Konto*) balancing; (*von Schulden*) settling; (*von Verlust, Fehler, Mangel*) compensation; (*von Abweichung, Unterschieden*) balancing out; (*von Meinungsverschiedenheiten, Konflikten*) evening out. **zum/als ~ für etw** in order to compensate for sth; **er treibt zum ~ Sport** he does sport for exercise; **Tennisspielen ist für mich ein guter ~** I like playing tennis, it gives me a change; **zum ~ Ihres Kontos** to balance your account. **2.** *no pl* (*Ballspiele*) equalizer; (*Tennis*) deuce.

ausgleichen *sep irreg* **I** *vt Ungleichheit, Unterschiede* to even out; *Unebenheit* to level out; *Konto* to balance; *Schulden* to settle; *Verlust, Fehler* to make good; *Verlust, Mangel* to compensate for; *Meinungsverschiedenheiten, Konflikte* to reconcile. **etw durch etw ~** to compensate for sth with sth/by doing sth; **~de Gerechtigkeit** poetic justice.
II *vi* **1.** (*Sport*) to equalize. **zum 1:1 ~** to equalize the score at 1 all.
2. (*vermitteln*) to act as a mediator. **~des Wesen** conciliatory manner.
III *vr* to balance out; (*Einnahmen und Ausgaben*) to balance. **das gleicht sich wieder aus** it balances itself out; **das gleicht sich dadurch aus, daß ...** it's balanced out by the fact that ...

Ausgleichssport sport *as a means to keep fit*; **Tennis spielen als ~** to play tennis to keep fit; *m* **Ausgleichstor** *nt*, **Ausgleichstreffer** *m* equalizer, equalizing goal; **Ausgleichszahlung** *f* compensation.

ausgleiten *vi sep irreg aux sein* **1.** (*geh: ausrutschen*) to slip (*auf +dat* on). **es ist ihm ausgeglitten** it slipped from his hands *or* grasp. **2.** (*Boot, Skifahrer*) to coast in.

ausgliedern *vt sep* to separate (*aus* from).

ausglühen *sep* **I** *vt* **1.** *Metall* to anneal; (*Med*) to sterilize (*by heating*). **2.** (*ausdörren*) *Land* to scorch. **II** *vi aux sein* to burn out.

ausgraben *vt sep irreg* to dig up; *Grube, Loch* to dig out; *Altertümer auch* to excavate; (*fig*) to dig up; (*hervorholen*) to dig out; *alte Geschichten* to bring up.

Ausgrabung *f* (*das Ausgraben*) excavation; (*Ort*) excavation site; (*Fund*) (archaeological) find.

ausgreifen *vi sep irreg* (*Pferd*) to lengthen its stride; (*beim Gehen*) to stride out; (*fig: Redner*) to go far afield. **weit ~d Schritte** long, lengthy; *Bewegung* striding.

ausgründen *vt sep* (*Econ*) to establish.

Ausguck *m* **-(e)s, -e** lookout. **~ halten** to keep a lookout.

ausgucken *sep* (*inf*) **I** *vi* **1.** (*Ausschau halten*) to look out (*nach* for). **2.** (*auskundschaften*) to have a look. **II** *vr sich* (*dat*) **die Augen nach jdm ~** (*inf*) to look everywhere for sb.

Ausguß *m* **1.** (*Becken*) sink; (*Abfluß*) drain; (*Tülle*) spout. **2.** (*Tech*) tap hole.

aushaben *sep irreg* (*inf*) **I** *vt* (*ausgezogen haben*) to have taken off. **II** *vi* (*Arbeit, Schule etc beendet haben*) to finish.

aushacken *vt sep* **1.** *Unkraut* to hoe; *Rüben etc* to hoe out. **2.** (*Vogel*) *Augen* to peck out; *Federn* to tear out; *siehe* **Krähe.**

aushaken *sep* **I** *vt Fensterladen, Kette* to unhook; *Reißverschluß* to undo. **II** *vi* (*inf*) **es hat bei ihm ausgehakt** (*Unverständnis*) he gave up (*inf*); (*Jähzorn*) something in him snapped (*inf*).

aushalten *sep irreg* **I** *vt* **1.** (*ertragen können*) to bear, to stand, to endure; (*standhalten*) *Gewicht etc* to bear; *Druck* to stand, to withstand; *jds Blick* to return. **den Vergleich mit etw ~** to bear comparison with sth; **es läßt sich ~** it's bearable; **hier läßt es sich ~** this is not a bad place; **das ist nicht auszuhalten** *or* **zum A~** it's unbearable; **mit ihr/ihm ist es nicht mehr auszuhalten** she/he has become quite unbearable; **ich halte es vor Hitze/zu Hause nicht mehr aus** I can't stand the heat/being at home any longer; **er hält es in keiner Stellung lange aus** he never stays in one job for long; **wie kann man es bei der Firma bloß ~?** how can anyone stand working for that firm?; **es bis zum Ende ~** (*auf Party etc*) to stay until the end; **hältst du's noch bis zur nächsten Tankstelle aus?** (*inf*) can you hold out till the next garage?; **er hält viel/nicht viel aus** he can take a lot/can't take much; **ein Stoff, der viel ~ muß** a material which has to take a lot of wear (and tear).
2. *Ton* to hold.
3. (*inf: unterhalten*) to keep. **sich von jdm ~ lassen** to be kept by sb.
II *vi* **1.** (*durchhalten*) to hold out. **hältst du noch aus?** can you hold out (any longer)?
2. **auf einem Ton ~** to hold a note.

aushandeln *vt sep Vertrag, Lösung* to negotiate; *Bedingungen, Löhne* to negotiate for; (*erfolgreich*) to negotiate.

aushändigen *vt sep* **jdm etw/einen Preis ~** to hand sth over to sb/give sb a prize; **wann können Sie mir die Schlüssel ~?** when can you hand over the keys?

Aushändigung *f* handing over. **die ~ der Preise nimmt der Direktor vor** the headmaster will be giving out the prizes.

Aushang *m* (*Bekanntmachung*) notice, announcement; (*das Aushängen*) posting. **etw durch ~ bekanntgeben** to post notice of sth.

Aushängekasten *m* (glass-fronted) noticeboard.

aushängen *sep* **I** *vt* **1.** (*bekanntmachen*) *Nachricht etc* to put up; *Plakat auch* to post; (*inf: ausstellen*) to show.
2. (*heraushaben*) *Tür* to unhinge; *Haken* to unhook.
II *vi irreg* (*Anzeige, Aufgebot*) to have been put up; (*inf: Brautleute*) to have the banns up. **am schwarzen Brett ~** to be on the noticeboard.
III *vr* (*sich glätten: Falten, Locken*) to drop out. **das Kleid wird sich ~** the creases will drop *or* hang out of the dress.

Aushängeschild *nt* (*lit: Reklametafel*) sign; (*fig: Reklame*) advertisement.

ausharren *vi sep* (*geh*) to wait. **auf seinem Posten ~** to stand by one's post.

aushauchen *vt sep* (*geh*) *Luft, Atem,*

Rauch to exhale; *(fig) Worte, Seufzer to* breathe; *(ausströmen) Geruch, Dünste to* emit. **sein Leben** ~ to breathe one's last.

aushauen *vt sep irreg* **1.** *Loch, Stufen to* cut out; *Weg, Durchgang to* hew out; *Statue to* carve out. **2.** *(roden) Wald, Weinberg to* clear; *(einzelne Bäume fällen) to* cut down; *(Zweige entfernen) to* prune.

aushäusig *adj (außer Haus)* outside the home; *(unterwegs)* away from home. **du warst doch letzte Woche wieder** ~? you were out gallivanting again last week, weren't you?

ausheben *vt sep irreg* **1.** *Tür etc to* take off its hinges.
    2. *Erde to* dig out; *Graben, Grab to* dig; *Baum to* dig up.
    3. *Vogelnest to* rob; *Vogeleier, Vogeljunge to* steal; *(fig) Diebesnest to* raid; *Bande to* make a raid on; *(Aus: leeren) Briefkasten to* empty.
    4. *(old) Truppen to* levy *(old)*.

Aushebung *f (old: von Truppen)* levying.

aushecken *vt sep (inf) Plan to* cook up *(inf),* to hatch. **neue Streiche** ~ to think up new tricks; **sich** *(dat) etw* ~ to think sth up.

ausheilen *sep* **I** *vt Krankheit to* cure; *Organ, Wunde to* heal. **II** *vi aux sein (Krankheit, Patient) to* be cured; *(Organ, Wunde) to* heal. **III** *vr to* recover.

aushelfen *vi sep irreg* to help out *(jdm* sb).

ausheulen *sep (inf)* **I** *vi (aufhören) to* stop crying; *(Sirene) to* stop sounding. **II** *vr to* have a good cry. **sich bei jdm** ~ to have a good cry on sb's shoulder.

Aushilfe *f* **1.** help, aid; *(Notbehelf)* temporary *or* makeshift substitute. **jdn zur** ~ **haben** to have sb to help out; **Stenotypistin zur** ~ **gesucht** shorthand typist wanted for temporary work.
    2. *(Mensch)* temporary worker; *(esp im Büro auch)* temp *(inf).* **als** ~ **arbeiten** to help out; *(im Büro auch)* to temp *(inf).*

Aushilfskraft *f* temporary worker; *(esp im Büro auch)* temp *(inf);* **Aushilfslehrer** *m* supply teacher; **Aushilfspersonal** *nt* temporary staff; **aushilfsweise** *adv* on a temporary basis; *(vorübergehend)* temporarily.

aushöhlen *vt sep* to hollow out; *Ufer, Steilküste to* erode; *(fig) (untergraben) to* undermine; *(erschöpfen) to* weaken.

Aushöhlung *f* **1.** *(ausgehöhlte Stelle)* hollow. **2.** *no pl siehe vt* hollowing out; erosion; undermining; weakening.

ausholen *vi sep* **1.** *(zum Schlag) to* raise one's arm/arm *etc; (zum Wurf) to* reach back; *(mit Schläger, Boxer) to* take a swing. **weit** ~ *(zum Schlag, beim Tennis) to* take a big swing; *(zum Wurf) to* reach back a long way; *(fig: Redner) to* go far afield; **bei einer Erzählung weit** ~ to go a long way back in a story; **mit dem Arm/der Hand zum Wurf/Schlag** ~ to raise one's arm/hand ready to throw/strike.
    2. *(ausgreifen) to* stride out. **er ging mit weit** ~**den Schritten** he walked with long strides.

ausholzen *vt sep* **1.** *(lichten) to* thin (out). **2.** *(abholzen) Schneise to* clear.

aushorchen *vt sep (inf) jdn to* sound out.

aushülsen *vt sep Erbsen to* shell, to pod.

aushungern *vt sep* to starve out; *siehe* **ausgehungert.**

aushusten *sep* **I** *vt to* cough up. **II** *vi (zu Ende husten) to* finish coughing. **er hustete sich aus, bis ...** he coughed and coughed until ...

aus|ixen *vt sep (inf) to* cross *or* ex out.

ausjammern *sep* **I** *vi to* stop moaning. **II** *vr* to have a good moan.

ausjäten *vt sep Blumenbeet to* weed. **im Garten Unkraut** ~ to weed the garden.

auskämmen *vt sep* **1.** *(entfernen) Staub, Haare to* comb out. **2.** *(frisieren) to* comb out. **3.** *(fig) (heraussuchen) to* weed out; *(durchsuchen) to* comb.

auskauen *vti sep to* finish chewing.

auskehren *sep* **I** *vt Schmutz to* sweep away; *Zimmer to* sweep out. **II** *vi to* do the sweeping.

auskeilen *vi sep* **1.** *(ausschlagen) to* kick out. **2.** *(keilförmig auslaufen) to* taper off.

auskeimen *vi sep aux sein (Getreide) to* germinate; *(Kartoffeln) to* sprout.

auskennen *vr sep irreg (an einem Ort) to* know one's way around; *(auf einem Gebiet) to* know a lot *(auf or in +dat* about). **sich in der Stadt** ~ to know one's way around the town; **man kennt sich bei ihm nie aus** you never know where you are with him.

auskernen *vt sep Obst to* stone.

auskippen *vt sep (inf) to* empty (out); *Flüssigkeit to* pour out.

ausklammern *vt sep Problem to* leave aside, to ignore; *(Math) Zahl to* put outside the brackets.

ausklamüsern* *vt sep (inf) to* work out.

Ausklang *m (geh)* conclusion, end; *(esp Mus)* finale. **zum** ~ **des Abends ...** to conclude the evening ...

ausklappbar *adj* folding. **dieser Tisch/diese Fußstütze ist** ~ this table can be opened out/this footrest can be pulled out.

ausklappen *vt sep to* open out; *Fußstütze etc to* pull out.

auskleiden *sep* **I** *vt* **1.** *(geh: entkleiden) to* undress.
    2. *(beziehen) to* line.
    II *vr (geh) to* get undressed.

Auskleidung *f* lining.

ausklingen *vi sep irreg* **1.** *(Glocken) to* finish ringing.
    2. *aux sein (Lied) to* finish; *(Abend, Feier etc) to* end *(in +dat* with). **das** ~**de Jahrhundert** the close of the century.

ausklinken *sep* **I** *vt to* release. **II** *vir to* release (itself).

ausklopfen *vt sep Teppich* ṭo beat; *Pfeife to* knock out; *Kleider to* beat the dust out of.

Ausklopfer *m* carpet beater.

ausklügeln *vt sep to* work out; *siehe* **ausgeklügelt.**

auskneifen *vi sep irreg aux sein (inf) to* run away *(dat, von* from).

ausknipsen *vt sep (inf) Licht, Lampe to* turn out *or* off, to switch out *or* off.

ausknobeln *vt sep* **1.** *(inf) Plan to* figure *(inf) or* work out. **2.** *(durch Knobeln entscheiden)* ≃ to toss for.

ausknöpfbar adj Futter detachable.

auskochen vt sep **1.** (Cook) Knochen to boil; (dial: Fett, Speck) to melt. **2.** Wäsche to boil; (Med) Instrumente to sterilize (in boiling water); (fig inf: sich ausdenken) to cook up (inf); siehe **ausgekocht.**

auskommen vi sep irreg aux sein **1.** (genügend haben, zurechtkommen) to get by (mit on), to manage (mit on, with). **das Auto kommt mit wenig Öl aus** the car doesn't need much oil; **ohne jdn/etw ~ to** manage or do without sb/sth.
2. mit jdm (gut) ~ to get on or along well with sb; **mit ihm ist nicht auszukommen** he's impossible to get on or along with.
3. (Aus: entkommen) to get away.

Auskommen nt **-s,** no pl (Einkommen) livelihood. **sein ~ haben/finden** to get by; **mit ihr ist kein ~** she's impossible to get on with.

auskömmlich adj Gehalt adequate; Verhältnisse comfortable. **~ leben** to live comfortably.

auskosten vt sep **1.** (genießen) to make the most of; Leben to enjoy to the full. **2.** (geh: erleiden) etw **~ müssen** (geh) to have to suffer sth.

auskotzen sep (sl) **I** vt to throw up (inf). **vor dem möchte ich ~** (fig) he makes me want to throw up (inf). **II** vr to throw up (inf).

auskramen vt sep (inf) **1.** to dig out, to unearth; (fig) alte Geschichten etc to bring up; Schulkenntnisse to dig up. **2.** (leeren) to turn out.

auskratzen vt sep to scrape out; (Med) Gebärmutter to scrape; Patientin to give a scrape. **jdm die Augen ~ to** scratch sb's eyes out.

Auskratzung f (Med) scrape.

auskriechen vi sep irreg aux sein to hatch out.

auskriegen vt sep (inf) Buch to finish; Flasche etc to empty; Schuhe etc to get off.

Auskristallisation f crystallization.

auskristallisieren* sep vtir (vi: aux sein) to crystallize.

auskugeln vr sep **sich** (dat) **den Arm ~ to** dislocate one's arm.

auskühlen sep **I** vt Speise to cool; Ofen etc to cool down; Körper, Menschen to chill through. **II** vi aux sein (abkühlen) to cool down. **etw ~ lassen** to leave sth to cool.

Auskühlung f cooling; (von Mensch) loss of body heat.

auskundschaften vt sep Weg, Lage to find out; Versteck to spy out; Geheimnis to ferret out; (esp Mil) to reconnoitre.

Auskunft f **-,** **Auskünfte 1.** (Mitteilung) information no pl (über + acc about). **nähere ~** more information, further details; **jdm eine ~ erteilen** or **geben** to give sb some information; **wo bekomme ich ~?** where can I get some information?; **eine ~** or **Auskünfte einholen** or **einziehen** to make (some) enquiries (über + acc about).
2. (Schalter) information office/desk; (am Bahnhof auch) enquiry office/desk; (für Telefonnummern) directory enquiries no art.

Auskunftei f credit enquiry agency.

Auskunftsbe|amte(r) m information officer; (am Bahnhof) information clerk; **Auskunftsperson** f infomer; (Beamter) information clerk; **Auskunftsschalter** m information desk; (am Bahnhof) enquiry desk; **Auskunftsstelle** f information office.

auskuppeln vi sep to disengage the clutch.

auskurieren* sep (inf) **I** vt to cure; Krankheit auch to get rid of (inf). **II** vr to get well, to recover.

auslachen sep **I** vt jdn to laugh at. **laß dich nicht ~** don't make a fool of yourself. **II** vi to stop laughing.

ausladen sep irreg **I** vt **1.** Ware, Ladung to unload; (Naut auch) to discharge. **2.** (inf) **jdn ~ to** tell sb not to come, to uninvite sb (hum). **II** vi (Äste) to spread; (Dach, Balkon) to protrude, to jut out.

ausladend adj Kinn etc protruding; Dach overhanging, projecting; Gebärden, Bewegung sweeping.

Auslage f **1.** (von Waren) display; (Schaufenster) (shop) window; (Schaukasten) showcase. **2.** usu pl expense. **seine ~n für Verpflegung** his outlay for food.

auslagern vt sep to evacuate; (aus dem Lager bringen) to take out of store.

Auslagerung f evacuation; taking out of store.

Ausland nt **-(e)s,** no pl foreign countries pl; (fig: die Ausländer) foreigners pl. **ins/im ~** abroad; **aus dem** or **vom ~** from abroad; **wie hat das ~ darauf reagiert?** what was the reaction abroad?; **Handel mit dem ~** foreign trade, trade with other countries; **das feindliche/nichtkapitalistische ~** enemy/non-capitalist countries.

Ausländer(in f) m **-s, -** foreigner; (Admin, Jur) alien.

ausländerfeindlich adj hostile to foreigners; **Ausländerfeindlichkeit** f xenophobia.

ausländisch adj **1.** attr foreign; Erzeugnisse, Freunde etc auch from abroad; (Bot) exotic. **2.** (fig: fremdländisch) exotic.

Auslands- in cpds foreign; **Auslands|anleihe** f foreign loan; **Auslands|auf|enthalt** m stay abroad; **Auslandsbeziehungen** pl foreign relations pl; **Auslandsbrief** m letter going/from abroad, overseas letter (Brit); **Auslandsdeutsche(r)** mf expatriate German, German national (living abroad); **Auslandsgespräch** nt international call; **Auslands|investition** f foreign investment; **Auslandskorrespondent** m foreign correspondent; **Auslandsreise** f journey or trip abroad; **Auslandsschule** f British/ German etc school (abroad); **die ~n in Brüssel** the foreign schools in Brussels; **Auslandsschutzbrief** m international travel cover; (Dokument) certificate of entitlement for international travel cover; **Auslandsvertretung** f agency abroad; (von Firma) foreign branch.

auslassen sep irreg **I** vt **1.** (weglassen, aussparen, übergehen) to leave or miss out; (versäumen) Chance, Gelegenheit to miss.

2. (*abreagieren*) to vent (*an* +*dat* on). **seine Gefühle** ~ to vent one's feelings, to let off steam (*inf*).
3. *Butter, Fett* to melt; *Speck auch* to render (down).
4. *Kleider etc* to let out; *Saum* to let down.
5. (*inf*) *Radio, Motor, Ofen etc* to leave off; *Licht auch* to leave out; (*nicht anziehen*) *Kleidung* to leave off.
6. *Hund* to let out.
7. (*Aus*) (*los-, freilassen*) to let go.
8. *siehe* **ausgelassen.**
II *vr* to talk (*über* +*acc* about). **sich über jdn/etw** ~ (*pej*) to go on about sb/sth (*pej*); **er hat sich nicht näher darüber ausgelassen** he didn't say any more about it.
III *vi* (*Aus*) (*loslassen*) to let go.
Auslassung *f* **1.** (*Weglassen*) omission.
2. ~**en** *pl* (*pej: Äußerungen*) remarks *pl*.
Auslassungspunkte *pl* suspension points *pl*, ellipsis *sing*; **Auslassungszeichen** *nt* apostrophe.
auslasten *vt sep* **1.** *Fahrzeug* to make full use of; *Maschine auch* to use to capacity.
2. *jdn* to occupy fully; *siehe* **ausgelastet.**
auslatschen *vt sep* (*inf*) to wear out of shape; *siehe* **ausgelatscht.**
Auslauf *m* **1.** *no pl* (*Bewegungsfreiheit*) exercise; (*für Kinder*) room to run about.
2. (*Gelände*) run.
3. (*Sport*) (*Leichtathletik*) slowing down; (*Strecke*) out-run.
4. *no pl* (*das Auslaufen*) discharge; (*das Lecken*) leakage.
5. (*Stelle*) outlet.
auslaufen *sep irreg* **I** *vi aux sein* **1.** (*Flüssigkeit*) to run out (*aus* of); (*Behälter*) to empty; (*undicht sein*) to leak; (*Wasserbett, Blase, Auge*) to drain; (*Eiter*) to drain, to discharge.
2. (*Naut: Schiff, Besatzung*) to sail.
3. (*nicht fortgeführt werden: Modell, Serie*) to be discontinued; (*ausgehen: Vorräte, Lager*) to run out.
4. (*aufhören: Straße, Vertrag etc*) to run out.
5. (*ein bestimmtes Ende nehmen*) to turn out.
6. (*zum Stillstand kommen*) (*Motor, Förderband*) to come to a stop; (*Sport*) (*Läufer*) to ease off, to slow down; (*Skifahrer*) to coast to a stop.
7. (*übergehen in*) to run; (*fig: Streit etc*) to turn (*in* +*acc* into). **die Berge laufen in die Ebene aus** the mountains run into the plain **in eine Bucht** ~ to open out into a bay.
8. (*Farbe, Stoff*) to run.
II *vr* to have some exercise. **sich** ~ **können** (*Kinder*) to have room to run about.
Ausläufer *m* **1.** (*Bot*) runner. **2.** (*Met*) (*von Hoch*) ridge; (*von Tief*) trough. **3.** (*Vorberge*) foothill *usu pl*. **4.** (*von Stadt*) suburb. **5.** (*Sw: Bote*) delivery boy/man.
auslaugen *vt sep* (*lit*) *Boden* to exhaust; (*Regen*) to wash the goodness out of; *Haut* to dry out; (*fig*) to exhaust, to wear out.
Auslaut *m* (*Ling*) final position.
auslauten *vi sep* to end (*auf* +*dat* in). ~ **der Konsonant** final consonant.

ausläuten *vi sep* to finish *or* cease ringing.
ausleben *sep* **I** *vr* (*Mensch*) to live it up; (*Phantasie etc*) to run free. **II** *vt* (*geh*) to realize.
auslecken *vt sep* to lick out.
ausleeren *vt sep Flüssigkeit* to pour out, to empty; *Gefäß* to empty; (*austrinken auch*) to drain.
auslegen *sep* **I** *vt* **1.** (*ausbreiten*) to lay out; *Waren etc auch* to display; *Köder* to put down; *Reusen* to drop; *Kabel, Minen* to lay; *Saatgut* to sow; *Kartoffeln* to plant.
2. (*bedecken*) to cover; (*auskleiden*) to line; (*mit Einlegearbeit*) to inlay. **den Boden/das Zimmer (mit Teppichen)** ~ to carpet the floor/room; **das Gebiet mit Minen** ~ to lay mines in *or* to mine the area.
3. (*erklären*) to explain; (*deuten*) to interpret. **etw richtig/ falsch** ~ to interpret sth correctly/wrongly *or* misinterpret sth; **jds Scherz/Tat übel** ~ to take sb's joke/action badly.
4. *Geld* to lend (*jdm etw* sb sth). **sie hat die 5 Mark für mich ausgelegt** she paid the 5 marks for me.
5. (*Tech*) to be designed (*auf* +*acc, für* for). **straff ausgelegt sein** (*Federung*) to be tightly set.
II *vi* (*dial inf: dicklich werden*) to put (it) on a bit (*inf*).
Ausleger *m* -**s**, - **1.** (*von Kran etc*) jib, boom. **2.** (*an Ruderboot*) rowlock; (*Kufe gegen Kentern*) outrigger. **3.** (*Deuter*) interpreter.
Auslegung *f* (*Deutung*) interpretation; (*Erklärung*) explanation (*zu* of). **falsche** ~ misinterpretation.
Auslegungsfrage *f* question *or* matter of interpretation; **Auslegungssache** *f* matter of interpretation.
ausleiden *vi sep irreg* **sie hat ausgelitten** her suffering is at an end.
ausleiern *sep* **I** *vt* (*inf*) **etw** ~ *Gummiband, Gewinde, Feder* to wear sth out. **II** *vi aux sein* to wear out.
Ausleihbibliothek, -bücherei *f* lending library.
Ausleihe *f* (*das Ausleihen*) lending; (*Schalter*) issue desk. **eine** ~ **ist nicht möglich** it is not possible to lend out anything.
ausleihen *vt sep irreg* (*verleihen*) to lend (*jdm, an jdn* to sb); (*von jdm leihen*) to borrow. **sich** (*dat*) **etw** ~ to borrow sth (*bei, von* from).
auslernen *vi sep* (*Lehrling*) to finish one's apprenticeship; (*inf: Schüler, Student etc*) to finish school/college *etc*. **man lernt nie aus** (*prov*) you live and learn (*prov*); *siehe* **ausgelernt.**
Auslese *f* **1.** *no pl* (*Auswahl*) selection; (*Liter: verschiedener Autoren*) anthology. **natürliche** ~ natural selection; **eine** ~ **treffen** *or* **vornehmen** to make a selection.
2. die ~ the élite. **3.** (*Wein*) high-quality wine made from selected grapes.
auslesen *vti sep* (*lit*) *Buch etc* to finish reading. **hast du bald ausgelesen?** will you finish (reading) it soon?; **er legte das ausgelesene Buch beiseite** he put away the book he had finished reading.
Ausleseprozeß *m* selection process;

Ausleseverfahren *nt* selection procedure.

ausliefern *vt sep* 1. *Waren* to deliver. 2. *jdn* to hand over (*an* +*acc* to); (*an anderen Staat*) to extradite (*an* +*acc* to); (*fig: preisgeben*) to leave (*jdm* in the hands of). **jdm/einer Sache ausgeliefert sein** to be at sb's mercy/the mercy of sth.

Auslieferung *f siehe vt* 1. delivery. 2. handing over; extradition.

ausliegen *vi sep irreg* (*Waren*) to be displayed; (*Zeitschriften, Liste etc*) to be available (to the public); (*Schlinge, Netz etc*) to be down.

Auslinie *f* (*Sport*) (*Ftbl*) touchline; (*bei Tennis, Hockey etc*) sideline.

ausloben *vt sep* (*form*) *Geldbetrag* to offer as a reward; (*als Gewinn*) to offer as a prize.

Auslobung *f siehe vt* offer of a reward/prize.

auslöffeln *vt sep Suppe etc* to eat up completely; *Teller* to empty. **etw ~ müssen** (*inf*) to have to take the consequences (of sth); **~ müssen, was man sich eingebrockt hat** (*inf*) to have to take the consequences.

auslöschen *vt sep* 1. *Feuer* to put out, to extinguish; *Kerze auch* to snuff out; (*geh*) *Licht* to extinguish. 2. (*auswischen*) *Spuren* to obliterate; (*mit Schwamm etc*) to wipe out; *Schrift* to erase (*an* +*dat* from); *Erinnerung, Schmach* to blot out. **ein Menschenleben ~** (*geh*) to destroy *or* blot out a human life.

auslosen *vt sep* to draw lots for; *Preis, Gewinner* to draw. **es wurde ausgelost, wer beginnt** lots were drawn to see who would start.

auslösen *vt sep* 1. *Mechanismus, Alarm, Reaktion* to set *or* trigger off, to trigger; *Kameraverschluß, Bombe* to release; (*fig*) *Wirkung* to produce; *Begeisterung, Mitgefühl, Überraschung* to arouse; *Aufstand, Beifall* to trigger off. 2. (*dated: einlösen*) *Gefangene* to release; (*durch Geld*) to ransom; *Wechsel, Pfand* to redeem. 3. (*dial*) *Knochen etc* to take out.

Auslöser *m* -**s**, - 1. trigger; (*für Bombe*) release button; (*Phot*) shutter release. 2. (*Anlaß*) cause. **der ~ für etw sein** to trigger sth off. 3. (*Psych*) trigger mechanism.

Auslosung *f* draw.

Auslösung *f* 1. *siehe vt* 1. setting *or* triggering off, triggering; release, releasing; producing; arousing; triggering off. 2. (*von Gefangenen*) release; (*von Wechsel, Pfand*) redemption; (*Lösegeld*) ransom. 3. (*dial*) taking out. 4. (*Entschädigung*) travel allowance.

ausloten *vt sep* (*Naut*) *Fahrrinne* to sound the depth of; *Tiefe* to sound; (*Tech*) *Mauer* to plumb; (*fig geh*) to plumb; *jds Wesen, Charakter* to plumb the depths of.

ausmachen *vt sep* 1. *Feuer, Kerze, Zigarette* to put out; *elektrisches Licht auch, Radio, Gas* to turn off. 2. (*ermitteln, sichten*) to make out; (*ausfindig machen*) to locate; (*feststellen*)

to determine. **es läßt sich nicht mehr ~, warum ...** it can no longer be determined why ... 3. (*vereinbaren*) to agree; *Streitigkeiten* to settle. **einen Termin ~** to agree (on) a time; **wir müssen nur noch ~, wann wir uns treffen** we only have to arrange when we should meet; **etw mit sich selbst ~ (müssen)** to (have to) sort sth out for oneself; *siehe* **ausgemacht.** 4. (*bewirken, darstellen*) (*to go*) to make up. **alles, was das Leben ausmacht** everything that is a part of life; **all der Luxus, der ein angenehmes Leben ausmacht** all the luxuries which go to make up a pleasant life. 5. (*betragen*) *Summe* to come to; *Unterschied auch* to make; (*zeitlich*) to make up. 6. (*bedeuten*) **viel/wenig** *or* **nicht viel ~** to make a big/not much difference; **das macht nichts aus** that doesn't matter; (*ist egal auch*) that doesn't make any difference. 7. (*stören*) to matter (*jdm* to). **macht es Ihnen etwas aus, wenn ...?** would you mind if ...?; **es macht mir nichts aus, den Platz zu wechseln** I don't mind changing places.

ausmalen *vr sep sich* (*dat*) **etw/sein Leben ~** to imagine sth/picture one's life.

ausmanövrieren* *vt sep* to outmanoeuvre.

ausmären *vr sep* (*dial inf*) (*langsam arbeiten*) to dawdle (*inf*); (*viel erzählen*) to rattle on (*über* +*acc* about) (*inf*). **mär dich endlich aus!** stop dawdling!

Ausmaß *nt* (*Größe: von Gegenstand, Fläche*) size; (*Umfang: von Katastrophe*) extent; (*Grad*) degree, extent; (*meiner Liebe etc*) extent; (*Größenordnung: von Änderungen, Verlust etc*) scale. **~e** *pl* proportions *pl*; **ein Verlust in diesem ~** a loss on this scale.

ausmergeln *vt sep Gesicht, Körper etc* to emaciate; *jdn auch* to make waste away; *Boden* to exhaust; *siehe* **ausgemergelt.**

ausmerzen *vt sep* (*ausrotten*) *Ungeziefer, Unkraut* to eradicate; (*aussondern*) *schwache Tiere* to cull; (*fig*) *schwache Teilnehmer* to sort *or* weed out; *Fehler, Mißstände* to eradicate; *Erinnerungen* to obliterate.

ausmessen *vt sep irreg Raum, Fläche etc* to measure (out). **das Zimmer ~** (*fig*) to pace up and down the room.

Ausmessung *f* 1. *siehe vt* measuring (out). 2. (*Maße*) dimensions *pl*.

ausmisten *sep* I *vt Stall* to muck out; (*fig inf*) *Schrank etc* to tidy out; *Zimmer* to clean out. II *vi* (*lit*) to muck out; (*fig*) to have a clean-out.

ausmustern *vt sep Maschine, Fahrzeug etc* to take out of service; (*Mil: entlassen*) to invalid out.

Ausnahme *f* -, -**n** exception. **mit ~ von ihm** *or* **seiner** (*geh*) with the exception of him, except (for) him; **ohne ~** without exception; **~n bestätigen die Regel** (*prov*), **keine Regel ohne ~** (*prov*) the exception proves the rule (*prov*).

Ausnahmebestimmung *f* special regulation; **Ausnahme|erscheinung** *f* exception; **Ausnahmefall** m exception, exceptional case; **Ausnahmesituation** f special or exceptional situation; **Ausnahmestellung** f special position; **Ausnahmezustand** m (Pol) state of emergency; **den ~ verhängen** to declare a state of emergency.

ausnahmslos I adv without exception. II adj Bewilligung, Zustimmung unanimous. **das ~e Erscheinen der ganzen Belegschaft** the appearance of all the staff without exception.

ausnahmsweise adv **darf ich das machen? — ~** may I do that? — just this once; **wenn er ~ auch mal einen Fehler macht** when he makes a mistake too just for once; **sie ließ es mir ~ einmal erlaubt** she let me do it once as a special exception; **er darf heute ~ früher von der Arbeit weggehen** as an exception he may leave work earlier today.

ausnehmen sep irreg I vt **1.** Fisch, Kaninchen to gut, to dress; Geflügel to draw; Hammel, Rind etc to dress; Eingeweide, Herz etc to take out, to remove.
2. (ausschließen) jdn to make an exception of; (befreien) to exempt. **ich nehme keinen aus** I'll make no exceptions.
3. (inf) jdn to fleece; (beim Kartenspiel) to clean out.
4. (Aus: erkennen) to make out.
II vr (geh: wirken) **sich schön** or **gut/schlecht ~** to look good/bad.

ausnehmend adj (geh) exceptional. **das gefällt mir ~ gut** I like that very much indeed.

ausnüchtern vtir sep to sober up.

Ausnüchterung f sobering up.

Ausnüchterungszelle f drying-out cell.

ausnutzen, ausnützen (esp S Ger, Aus) vt sep to use, to make use of; (ausbeuten) to exploit; Gelegenheit to make the most of; jds Gutmütigkeit, Leichtgläubigkeit etc to take advantage of.

Ausnutzung, Ausnützung (esp S Ger, Aus) f use; (Ausbeutung) exploitation.

auspacken sep I vti Koffer to unpack; Geschenk to unwrap. II vi (inf: alles sagen) to talk (inf); (seine Meinung sagen) to speak one's mind.

auspeitschen vt sep to whip.

auspellen sep (inf) I vt to peel; Nuß, Erbsen to shell. II vr to strip off.

auspennen vir sep (inf) to have a (good) kip (inf).

auspfeifen vt sep irreg to boo or hiss at; Stück, Schauspieler to boo off the stage.

auspflanzen vt sep (Hort) to plant out.

Auspizium nt, usu pl (geh) auspice.

ausplappern vt sep (inf) to blurt out (inf).

ausplaudern sep vt to let out.

ausplündern vt sep Dorf etc to plunder, to pillage; Kasse, Laden, (hum) Speisekammer etc to raid; jdn to plunder (inf), to clean out (inf).

ausposaunen vt sep (inf) to broadcast (inf).

auspowern [-po:vɐn] vt sep to impoverish; (ausbeuten) Massen, Boden to exploit.

Auspowerung f siehe vt impoverishment; exploitation.

ausprägen vr sep (Begabung, Charaktereigenschaft etc) to reveal or show itself. **die Erziehung prägt sich im Charakter/Verhalten aus** one's upbringing shapes or stamps one's character/behaviour or leaves its stamp on one's character/behaviour; siehe **ausgeprägt**.

Ausprägung f **1.** no pl (von Charakter) shaping, moulding. **2.** no pl (das Ausgeprägtsein) markedness. **in einer derart starken ~ ist mir diese Krankheit noch nicht begegnet** I have never come across this illness to such a marked degree. **3.** (Ausdruck) expression.

auspreisen vt sep Waren to price.

auspressen vt sep **1.** (herauspressen) Saft, Schwamm etc to squeeze out; Zitrone etc to squeeze. **2.** (fig: ausbeuten) to squeeze dry, to bleed white. **3.** (fig: ausfragen) to press; **jdn wie eine Zitrone ~** to squeeze sb like a lemon (for information).

ausprobieren* vt sep to try out; Auto auch to test-drive.

Auspuff m -(e)s, -e exhaust.

Auspuffgase pl exhaust fumes pl; **Auspuffrohr** nt exhaust pipe; **Auspufftopf** m silencer (Brit), muffler (US).

auspumpen vt sep to pump out; siehe **ausgepumpt**.

auspunkten vt sep (Boxen) to outpoint, to beat on points.

auspusten vt sep (inf) to blow out. **die Luft kräftig ~** to blow out hard; **jdm das Lebenslicht ~** to snuff out sb's life.

ausputzen sep I vt **1.** (esp S Ger, Aus: reinigen) to clean out; Kleider to clean; Flecken to get out. **2.** (Ftbl) Ball to clear. II vi (Ftbl) to clear (the ball); (Ausputzer sein) to act as or be the sweeper.

Ausputzer m -s, - (Ftbl) sweeper.

ausquartieren* vt sep to move out; (Mil) to billet out.

Ausquartierung f moving out; (Mil) billeting out.

ausquatschen sep (sl) I vt to blurt out (inf). II vr to have a heart-to-heart (bei jdm with sb), to get a load off one's chest.

ausquetschen vt sep Saft etc to squeeze out; Zitrone etc to squeeze; (inf: ausfragen) (Polizei etc) to grill (inf); (aus Neugier) to pump (inf).

ausradieren* vt sep to rub out, to erase; (fig: vernichten) to wipe out. **etw aus dem Gedächtnis ~** to erase sth from one's mind or memory.

ausrangieren* vt sep Kleider to throw out; Maschine, Auto to scrap. **ein altes ausrangiertes Auto** an old disused car.

ausrasieren* vt sep to shave; Koteletten to trim. **jdm/sich die Haare im Nacken ~** to shave sb's/one's neck.

ausrasten sep I vi aux sein **1.** (Tech) to come out. **2.** (hum inf: zornig werden) to blow one's top (inf), to do one's nut (inf). II vi impers (inf) **es rastet bei jdm aus** something snaps in sb (inf).

ausrauben vt sep to rob.

ausräubern vt sep (auch hum) to plunder, to raid. **jdn ~** to clean sb out (inf).

ausrauchen sep I vt Zigarette etc to finish (smoking).
II vi **1.** (zu Ende rauchen) to finish

smoking. **2.** *aux sein* (*Aus*) (*verdunsten*) to evaporate; (*Geschmack verlieren*) to lose its taste.

ausräuchern *vt sep Zimmer* to fumigate; *Tiere*, (*fig*) *Schlupfwinkel, Bande* to smoke out.

ausraufen *vt sep* to tear *or* pull out. **ich könnte mir die Haare** ~ I could kick myself.

ausräumen *vt sep* to clear out; *Möbel auch* to move out; *Magen, Darm* to purge; (*fig*) *Mißverständnisse, Konflikt* to clear up; *Vorurteile, Bedenken* to dispel; (*inf: ausrauben*) to clean out (*inf*).

ausrechnen *vt sep* to work out; (*ermitteln*) *Gewicht, Länge etc* to calculate. **sich** (*dat*) **etw** ~ **können** (*fig*) to be able to work sth out (for oneself); **sich** (*dat*) **große Chancen/einen Vorteil** ~ to reckon *or* fancy that one has a good chance/an advantage; *siehe* **ausgerechnet.**

Ausrechnung *f siehe vt* working out; calculation.

Ausrede *f* excuse.

ausreden *sep* **I** *vi* to finish speaking. **er hat mich gar nicht erst** ~ **lassen** he didn't even let me finish (speaking).

II *vt* **jdm etw** ~ to talk sb out of sth.

III *vr* (*esp Aus*) (*sich aussprechen*) to have a heart-to-heart.

ausreiben *vt sep irreg Fleck etc* to rub out; *Topf etc* to scour; *Gläser* to wipe out. **sich** (*dat*) **die Augen** ~ to rub one's eyes.

ausreichen *vi sep* to be sufficient *or* enough. **die Zeit reicht nicht aus** there is not sufficient time; **mit etw** ~ (*inf*) to manage on sth.

ausreichend **I** *adj* sufficient, enough; (*Sch*) satisfactory. **II** *adv* sufficiently.

ausreifen *vi sep aux sein* to ripen; (*fig auch*) to mature.

Ausreise *f* **bei der** ~ on leaving the country; (*Grenzübertritt*) on crossing the border; **jdm die** ~ **verweigern** to prohibit sb from leaving the country.

Ausreise|erlaubnis, **Ausreisegenehmigung** *f* exit permit.

ausreisen *vi sep aux sein* to leave (the country). **ins Ausland/ nach Frankreich** ~ to go abroad/to France.

Ausreisevisum *nt* exit visa.

ausreißen *sep irreg* **I** *vt Haare, Blatt* to tear out; *Unkraut, Blumen, Zahn* to pull out. **einem Käfer die Flügel/Beine** ~ to pull a beetle's wings/legs off; **er hat sich** (*dat*) **kein Bein ausgerissen** (*inf*) he didn't exactly overstrain himself *or* bust a gut (*sl*); **ich könnte Bäume** ~ (*inf*) I feel full of beans.

II *vi aux sein* **1.** (*sich lösen*) (*Ärmel etc*) to come away; (*Knopf, Griff*) to come off; (*einreißen*) (*Naht*) to come out; (*Knopfloch*) to tear.

2. (+*dat* from) (*inf: davonlaufen*) to run away; (*Sport*) to break away.

Ausreißer(in *f*) *m* **-s, -** (*inf*) runaway; (*Mil*) stray bullet; (*Sport*) runner/cyclist who breaks away.

ausreiten *sep irreg* **I** *vi aux sein* to ride out, to go riding *or* for a ride. **II** *vt Pferd* to take out, to exercise. **ein Pferd voll** ~ to ride a horse to its limit.

ausreizen *vt sep Karten* to bid up to strength; *Kontrahenten* to outbid.

ausrenken *vt sep* to dislocate. **sich/jdm den Arm** ~ to dislocate one's/sb's arm; **sich** (*dat*) (**fast**) **den Hals** ~ (*inf*) to crane one's neck.

ausrichten *sep* **I** *vt* **1.** (*aufstellen*) to line up, to get *or* bring into line; *Arbeitsstück etc auch, Gewehre* to align. **jdn/etw auf etw** (*acc*) ~ (*einstellen*) to orientate sb/sth to sth, to align sb/sth with sth; (*abstellen*) to gear sb/sth to sth.

2. (*veranstalten*) to organize; *Hochzeit, Fest* to arrange.

3. (*erreichen*) to achieve. **ich konnte bei ihr nichts** ~ I couldn't get anywhere with her.

4. (*übermitteln*) to tell; *Nachricht* to pass on. **jdm** ~, **daß ...** to tell sb (that) ...; **jdm etwas** ~ to give sb a message; **kann ich etwas** ~? can I give him/her *etc* a message?; **bitte richten Sie ihm einen Gruß aus** please give him my regards.

5. (*Aus: schlechtmachen*) to run down.

II *vr* to line up in a straight row; (*Mil*) to dress ranks. **sich nach dem Nebenmann/Vordermann/Hintermann** ~ to line up (exactly) with the person next to/in front of/behind one; **ausgerichtet in einer Reihe stehen** to stand next to one another in a straight line; **sich an etw** (*dat*) ~ (*fig*) to orientate oneself to sth.

Ausrichtung *f siehe vt* **1.** lining up; alignment. **2.** organization; arrangement. **3.** (*fig*) (*auf Ideologie etc*) orientation (*auf* +*acc* towards), alignment (*auf* +*acc* with); (*auf Bedürfnisse etc*) gearing (*auf* +*acc* to); (*an einer Ideologie*) orientation (*an* +*dat* to).

ausrinnen *vi sep irreg aux sein* (*S Ger, Aus*) to run out.

Ausritt *m* ride (out); (*das Ausreiten*) riding out.

ausrollen *sep* **I** *vt Teig, Teppich* to roll out; *Kabel auch* to run *or* pay out. **II** *vi aux sein* (*Flugzeug*) to taxi to a standstill *or* stop; (*Fahrzeug*) to coast to a stop.

ausrotten *vt sep* to wipe out; *Wanzen etc* to destroy; *Tiere, Volk auch* to exterminate; *Religion, Ideen auch* to stamp out, to eradicate.

Ausrottung *f siehe vt* wiping out; destruction; extermination; stamping out, eradication.

ausrücken *sep* **I** *vi aux sein* **1.** (*Mil*) to move *or* set out; (*Polizei, Feuerwehr*) to turn out.

2. (*inf: ausreißen*) to make off; (*von zu Hause*) to run away; (*aus Gefängnis*) to run away, to get out.

II *vt* **1.** (*Tech*) to disengage, to release. **2.** (*Typ*) *Zeilen etc* to reverse-indent (*spec*), to move out.

Ausruf *m* **1.** (*Ruf*) cry, shout. **2.** (*Bekanntmachung*) proclamation. **etw durch** ~ **bekanntmachen** to proclaim sth.

ausrufen *vt sep irreg* to exclaim; *Schlagzeilen* to cry out; *Waren* to cry; (*auf Auktion*) to start; (*verkünden*) to call out; *Haltestellen, Streik* to call. **jdn zum** *or* **als König** ~ to proclaim sb king; **jdn** *or* **jds Namen** ~ (**lassen**) (*über Lautsprecher etc*) to put out a call for sb; (*im Hotel*) to page sb.

Ausrufer *m* **-s,** - (*Hist*) (town) crier; (*von Waren*) crier.

Ausrufesatz *m* exclamation; **Ausrufezeichen** *nt* exclamation mark.

Ausrufung *f* proclamation. **die ~ eines Streiks** a strike call.

Ausrufungszeichen *nt* exclamation mark.

ausruhen *vtir sep* to rest; (*Mensch auch*) to take *or* have a rest. **meine Augen müssen (sich) ein wenig ~** I shall have to rest my eyes a little.

ausrupfen *vt sep* to pull out; *Federn auch* to pluck out.

ausrüsten *vt sep* (*lit, fig*) to equip; *Fahrzeug, Schiff* to fit out. **ein Fahrzeug mit etw ~** to fit a car with sth.

Ausrüstung *f* **1.** *no pl siehe vt* equipping; fitting-out. **2.** (*~sgegenstände*) equipment; (*esp Kleidung*) outfit.

Ausrüstungsgegenstand *m*, **-stück** *nt* piece of equipment.

ausrutschen *vi sep aux sein* to slip; (*Fahrzeug*) to skid; (*fig inf*) (*sich schlecht benehmen*) to drop a clanger (*inf*); (*straffällig werden*) to get into trouble. **das Messer/die Hand ist mir ausgerutscht** my knife/my hand slipped.

Ausrutscher *m* **-s,** - (*inf*) (*lit, fig*) slip; (*schlechte Leistung auch*) slip-up.

Aussaat *f* **1.** *no pl* (*das Säen*) sowing. **2.** (*Saat*) seed.

aussäen *vt sep* (*lit, fig*) to sow.

Aussage *f* statement; (*Behauptung*) opinion; (*Bericht*) report; (*Jur*) (*eines Beschuldigten, Angeklagten*) statement; (*Zeugen~*) evidence *no pl*, testimony; (*fig: von Roman etc*) message. **eine eidliche/schriftliche ~** a sworn/written statement; **hier steht ~ gegen ~** it's one person's word against another's; **der Angeklagte/Zeuge verweigerte die ~** the accused refused to make a statement/the witness refused to give evidence *or* testify; **eine ~ machen** to make a statement; to give evidence; **nach ~ seines Chefs** according to his boss.

Aussagekraft *f* meaningfulness; **aussagekräftig** *adj* meaningful.

aussagen *sep* **I** *vt* to say (*über +acc* about); (*behaupten*) to state; (*unter Eid*) to testify. **was will der Roman ~?** what message does this novel try to convey?; **etw über jdn ~** (*Jur*) to give sth in evidence about sb.

II *vi* (*Jur*) (*Zeuge*) to give evidence; (*Angeklagter, schriftlich*) to make a statement; (*unter Eid auch*) to testify. **eidlich** *or* **unter Eid ~** to give evidence under oath; **für/gegen jdn ~** to give evidence *or* to testify for/against sb; **schriftlich ~** to make a written statement.

aussägen *vt sep* to saw out.

Aussagesatz *m* statement; **aussagestark** *adj* powerful; **Aussageverweigerung** *f* (*Jur*) refusal to give evidence *or* to testify; **ein Recht auf ~ haben** to have a right to refuse to give evidence *or* to testify.

Aussatz *m* **-es,** *no pl* (*Med*) leprosy; (*fig*) pestilence.

aussätzig *adj* (*Med*) leprous.

Aussätzige(r) *mf decl as adj* (*lit, fig*) leper.

aussaufen *sep irreg* **I** *vt* (*Tier*) *Wasser* to drink up; *Napf* to empty; (*sl: Mensch*) *Flüssigkeit* to swill down (*inf*); *Glas etc* to empty. **wer hat mein Glas/meinen Whisky ausgesoffen?** (*sl*) who's drunk my drink/whisky? **II** *vi* (*sl*) **sauf endlich aus!** come on, get that down you!

aussaugen *vt sep Saft etc* to suck out; *Frucht* to suck (dry); *Wunde* to suck the poison out of; (*leersaugen*) *Glasglocke etc* to evacuate; (*fig: ausbeuten*) to drain dry. **jdn bis aufs Blut** *or* **Mark ~** to bleed sb white.

ausschaben *vt sep* to scrape out; (*Med auch*) to curette.

Ausschabung *f* (*Med*) curettage, scrape.

ausschachten *vt sep* to dig, to excavate; *Erde* to dig up; *Brunnen* to sink.

Ausschachtung *f* **1.** *no pl siehe vt* digging, excavation; digging up; sinking. **2.** (*Grube etc*) excavation.

Ausschachtungs|arbeiten *pl* excavation work.

ausschälen *vt sep* to remove, to cut out; *Nüsse, Hülsenfrüchte* to shell.

ausschalten *vt sep* **1.** (*abstellen*) to switch off, to turn off. **sich (automatisch) ~** to switch *or* turn (itself) off (automatically). **2.** (*fig*) to eliminate.

Ausschaltung *f siehe vt* **1.** switching off, turning off. **2.** elimination.

Ausschank *m* **1.** (*Schankraum*) bar, pub (*Brit*); (*Schanktisch*) bar, counter.

2. (*no pl: Getränkeausgabe*) serving of drinks. ,,~ von 9⁰⁰ bis 14⁰⁰‘‘ "open from 9.00 to 14.00"; ~ **über die Straße** off-sales *pl*; ,,**kein ~ an Jugendliche unter 16 Jahren**‘‘ "drinks not sold to persons under the age of 16".

Ausschank|erlaubnis *f* licence (*Brit*), license (*US*).

Ausschau *f*, *no pl*: ~ **halten** (*nach* for) to look out, to be on the *or* keep a look-out.

ausschauen *vi sep* **1.** (*geh*) (*nach* for) to look out, to be on the *or* keep a look-out.

2. (*dial*) *siehe* **aussehen. wie schaut's aus?** (*inf*) how's things? (*inf*).

ausschaufeln *vt sep Grube, Grab* to dig; *Erde* to dig out; *Leiche* to dig up.

Ausscheid *m* **-(e)s, -e** (*DDR*) *siehe* **Ausscheidungskampf.**

ausscheiden *sep irreg* **I** *vt* (*aussondern*) to take out; *esp Menschen* to remove; (*Physiol*) to excrete.

II *vi aux sein* **1.** (*aus einem Amt*) to retire (*aus* from); (*aus Club, Firma*) to leave (*aus etw* sth); (*Sport*) to be eliminated; (*in Wettkampf*) to drop out. **wer unfair kämpft, muß ~** whoever cheats will be disqualified.

2. (*nicht in Betracht kommen: Plan, Möglichkeit etc*) to be ruled out. **das/er scheidet aus** that/he has to be ruled out.

Ausscheidung *f* **1.** *no pl* (*das Aussondern*) removal; (*Physiol*) excretion. **2.** (*Med*) ~**en** *pl* excretions *pl*. **3.** (*Sport*) elimination; (*Vorkampf*) qualifying contest.

Ausscheidungs- *in cpds* (*Physiol*) excretory; (*Sport*) qualifying; **Aus-**

scheidungskampf m (*Sport*) qualifying contest; (*Leichtathletik, Schwimmen*) heat; **Ausscheidungs|organ** nt excretory organ; **Ausscheidungsprodukt** nt excretory product; **Ausscheidungs-spiel** nt qualifying match or game.

ausschelten vt sep irreg (geh) to scold.

ausschenken vti sep to pour (out); (am Ausschank) to serve.

ausscheren vi sep aux sein (aus Kolonne) (Soldat) to break rank; (Fahrzeug, Schiff) to leave the line or convoy; (Flugzeug) to break formation, to peel off; (zum Überholen) to pull out; (ausschwenken, von gerader Linie abweichen) to swing out; (fig) to step out of line. **aus der Parteilinie** ~ to deviate from the party line.

ausschicken vt sep to send out.

ausschießen sep irreg I vt 1. to shoot out. **jdm ein Auge** ~ to shoot out sb's eye. 2. (in Wettbewerb) to shoot for. 3. (Typ) to impose. II vi aux sein 1. (Pflanzen) to shoot up. 2. (S Ger, Aus: verbleichen) to fade.

ausschiffen sep I vt to disembark; Ladung, Waren to unload, to discharge. II vr to disembark.

Ausschiffung f siehe vb disembarkation; unloading, discharging.

ausschildern vt sep to signpost.

ausschimpfen vt sep to tell off.

ausschirren vt sep Pferd to unharness; Ochsen to unyoke.

ausschlachten vt sep 1. to gut, to dress. 2. (fig) Fahrzeuge, Maschinen etc to cannibalize. 3. (fig inf: ausnutzen) Skandal, Ereignis to exploit; Buch, Werk etc to get everything out of.

ausschlafen sep irreg I vt Rausch etc to sleep off. II vir to have a good sleep.

Ausschlag m 1. (Med) rash. **(einen)** ~ **bekommen** to come out in a rash. 2. (von Zeiger etc) swing; (von Kompaßnadel) deflection. 3. (fig) decisive factor. **den** ~ **geben** (fig) to be the decisive factor; **die Stimme des Vorsitzenden gibt den** ~ the chairman has the casting vote.

ausschlagen sep irreg I vt 1. (herausschlagen) to knock out; (dial: ausschütteln) Staubtuch etc to shake out. **jdm die Zähne** ~ to knock out sb's teeth out. 2. Feuer to beat out. 3. (auskleiden) to line. 4. (ablehnen) to turn down; Erbschaft to waive. **jdm etw** ~ to refuse sb sth. II vi 1. aux sein or haben (Baum, Strauch) to come out, to start to bud, to burgeon (out) (liter). 2. (los-, zuschlagen) to hit or lash out; (mit Füßen) to kick (out); (Pferd) to kick. 3. aux sein or haben (Zeiger etc) to swing; (Kompaßnadel) to be deflected; (Wünschelrute etc) to dip. 4. ausgeschlagen haben (Turmuhr) to have finished striking; (liter: Herz) to have beat its last (liter). 5. aux sein günstig/nachteilig ~ to turn out well or favourably/badly; zum Guten ~ to turn out all right.

ausschlaggebend adj decisive; Stimme auch deciding. ~ **sein** to be the decisive

factor; **das ist von** ~**er Bedeutung** that is of prime importance.

ausschließen vt sep irreg 1. (aussperren) to lock out. 2. (ausnehmen) to exclude; (aus Gemeinschaft) to expel; (vorübergehend) to suspend; (Sport) to disqualify; (Typ) to justify; Panne, Fehler, Möglichkeit etc to rule out. **das eine schließt das andere nicht aus** the one does not exclude the other; **ich will nicht** ~, **daß er ein Dieb ist, aber** ... I don't want to rule out the possibility that he's a thief but ...; **die Öffentlichkeit** ~ (Jur) to exclude the public.

ausschließlich I adj attr exclusive; Rechte auch sole. **II** adv exclusively. **III** prep + gen exclusive of, excluding.

Ausschließlichkeit f exclusiveness.

Ausschließlichkeits|anspruch m claim to sole rights.

ausschlüpfen vi sep aux sein to slip out; (aus Ei, Puppe) to hatch out.

Ausschluß m siehe **ausschließen** 2. exclusion; expulsion; suspension; disqualification; (Typ) spacing material. **mit** ~ **von** (dated) with the exception of; **unter** ~ **der Öffentlichkeit stattfinden** to be closed to the public; siehe **Rechtsweg**.

ausschmücken vt sep to decorate; (fig) Erzählung to embroider, to embellish. ~**de Details** embellishments.

Ausschmückung f siehe vt decorating, decoration; embroidery, embellishment.

Ausschneidebogen m cut-out sheet.

ausschneiden vt sep irreg 1. (herausschneiden) to cut out; Zweige etc to cut away. 2. Baum etc to prune.

Ausschnitt m 1. (Zeitungs~) cutting, clipping. 2. (Math) sector. 3. (Kleid~) neck. **ein tiefer** ~ a low neckline; **er versuchte, ihr in den** ~ **zu schauen** he was trying to look down her dress. 4. (fig: Teil) part; (aus einem Bild) detail; (aus einem Roman) excerpt, extract; (aus einem Film) clip. **ich kenne das Buch/den Film nur in** ~**en** I only know parts of the book/film.

ausschnitzen vt sep to carve out.

ausschöpfen vt sep 1. (herausschöpfen) Wasser etc to ladle out (aus of); (aus Boot) to bale out (aus of). 2. (leeren) to empty; Faß etc auch to drain; Boot to bale out; (fig) to exhaust. **die Kompetenzen voll** ~ to do everything within one's power.

ausschreiben vt sep irreg 1. to write out; (ungekürzt schreiben) to write (out) in full; siehe **ausgeschrieben**. 2. (ausstellen) Rechnung etc to make out; Formular to fill in (Brit) or out. 3. (bekanntmachen) to announce; Versammlung, Wahlen to call; Projekt to invite tenders for; Stellen to advertise; Steuern to impose.

Ausschreibung f siehe vt 1. no pl (rare: ungekürzte Schreibung) writing out. 2. making out; filling in (Brit) or out. 3. announcement; calling; invitation of tenders (gen for); advertising; imposition.

ausschreien sep irreg I vt 1. siehe **aus-**

rufen. 2. (*ausbuhen*) to shout down. **II** *vr* **1.** (*inf: zu Ende schreien*) to finish shouting. **2. sich** (*dat*) **die Kehle/Lunge** ~ (*inf*) to shout one's head off (*inf*). **III** *vi* to finish shouting.

ausschreiten *sep irreg* **I** *vi aux sein* (*geh*) to stride out, to step out. **II** *vt* to pace.

Ausschreitung *f* usu *pl* (*Aufruhr*) riot, rioting *no pl*; (*dated: Ausschweifung*) excess.

Ausschuß *m* **1.** *no pl* (*Comm*) rejects *pl*; (*fig inf*) trash. **2.** (*Komitee*) committee. **3.** (*eines Geschosses*) exit point; (*Wunde*) exit wound.

Ausschußmitglied *nt* committee member; **Ausschuß|öffnung** *f* point of exit, exit point/wound; **Ausschußsitzung** *f* committee meeting; **Ausschußware** *f* (*Comm*) rejects *pl*.

ausschütteln *vt sep* to shake out.

ausschütten *sep* **I** *vt* **1.** (*auskippen*) to tip out; *Eimer, Glas, Füllhorn* to empty. **jdm sein Herz** ~ (*fig*) to pour out one's heart to sb; *siehe* **Kind. 2.** (*verschütten*) to spill. **3.** (*Fin*) *Dividende etc* to distribute. **II** *vr* **sich** (*vor Lachen*) ~ (*inf*) to split one's sides laughing.

Ausschüttung *f* **1.** (*Fin*) distribution; (*Dividende*) dividend. **2.** (*Phys*) fall-out.

ausschwärmen *vi sep aux sein* (*Bienen, Menschen*) to swarm out; (*Mil*) to fan out.

ausschwefeln *vt sep* to sulphur, to fumigate (with sulphur); *Ungeziefer* to smoke out (with sulphur).

ausschweifen *vi* **I** *vi aux sein* (*Redner*) to digress; (*Phantasie*) to run riot; (*in Lebensweise*) to lead a dissipated life. **II** *vt* *Möbelstück* to curve.

ausschweifend *adj Leben* dissipated; *Phantasie* wild.

Ausschweifung *f* (*Maßlosigkeit*) excess; (*in Lebensweise*) dissipation.

ausschweigen *vr sep irreg* to remain silent (*über* +*acc, zu* about). **sich eisern** ~ to maintain a stony silence.

ausschwemmen *vt sep* to wash out; *Giftstoffe* to flush out (*aus* of); (*aushöhlen*) to hollow out.

ausschwenken *sep* **I** *vt* **1.** (*ausspülen*) to rinse out. **2.** (*Kran, Boot*) to swing out. **II** *vi aux sein* (*Mil*) to wheel. **nach links/rechts** ~ to wheel left/right.

ausschwitzen *sep* **I** *vt* to sweat out; (*Wände*) to sweat. **II** *vi aux sein* to sweat.

aussegnen *vt sep* (*Eccl*) *Toten* to give the last blessing to.

Aussegnung *f* last blessing.

aussehen *vi sep irreg* to look. **gut** ~ to look good; (*hübsch*) to be good looking; (*gesund*) to look well; **gesund/elend** ~ to look healthy/wretched; **es sieht nach Regen aus** it looks like rain *or* as if it's going to rain; **wie aus** (*inf: wie steht's*) how's things? (*inf*); **wie siehst du denn (bloß) aus!** what *do* you look like!, just look at you!; **es soll nach etwas** ~ it's got to look good; **es sieht danach** *or* **so aus, als ob ...** it looks as if ...; **ihr seht mir danach aus** (*iro*) I bet!; **seh' ich so** *or* **danach aus?** (*inf*) what do you

take me for?; **so siehst du (gerade) aus!** (*inf*) that's just like you!; **er sieht ganz so** *or* **danach aus** he looks it; **bei mir sieht es gut aus** I'm doing fine.

Aussehen *nt* **-s**, *no pl* appearance. **dem** ~ **nach** to go by appearances, by the looks of it; **etw dem** ~ **nach beurteilen** to judge sth by appearances.

aussein *sep irreg aux sein* (*Zusammenschreibung nur bei infin und ptp*) **I** *vi* (*inf*) **1.** (*zu Ende sein*) *Schule*) to be out, to have finished; (*Krieg, Stück auch*) to have ended; (*nicht ansein*) (*Feuer, Ofen*) to be out; (*Radio, Fernseher etc*) to be off; (*Sport*) (*außerhalb sein: Ball*) to be out (of play); (*ausgeschieden sein: Spieler*) to be out.

2. auf etw (*acc*) ~ to be (only) after sth *or* interested in sth *or* out for sth; **auf jdn** ~ to be after sb (*inf*); **nur auf Männer/auf eins** ~ to be interested only in men/one thing; **ich war gestern abend (mit ihr) aus** I went out (with her) last night.

II *vi impers* **es ist aus (und vorbei) zwischen uns** it's (all) over between us; **es ist aus mit ihm** he is finished, he has had it (*inf*); **es ist aus (und vorbei) mit dem bequemen Leben** the life of leisure is (all) over; **daraus ist nichts geworden, damit ist es aus** nothing came of it, it's finished.

außen *adv* **1. die Tasse ist** ~ **bemalt** the cup is painted on the outside; ~ **an der Windschutzscheibe** on the outside of the windscreen; **von** ~ **sieht es gut aus** outwardly *or* on the outside it looks good; **er kennt das Gefängnis nicht nur von** ~ he doesn't only know what prison is like from the outside; **er läuft** ~ he's running on the outside; **er spielt** ~ he's playing on the wing; **das Fenster geht nach** ~ **auf** the window opens outwards; **nach** ~ **hin** (*fig*) outwardly. **2.** (*Aus*) *siehe* **draußen.**

Außen[1] *m* **-, -** (*Sport*) wing. ~ **spielen** to play on the wing.

Außen[2] *nt* **-, *no pl* outside.

Außen|abmessung *f* external dimensions *pl*; **Außen|ansicht** *f* exterior, view of the outside; **Außen|antenne** *f* outdoor aerial; **Außen|aufnahme** *f* outdoor shot, exterior; **Außenbahn** *f* (*Sport*) outside lane; **Außenbeleuchtung** *f* exterior lighting; **Außenbezirk** *m* outlying district; **Außenborder** *m* (*inf*) outboard; **Außenbordmotor** *m* outboard motor; **außenbords** *adv* (*Naut*) outboard.

aussenden *vt sep irreg* to send out.

Außendienst *m* external duty. **im** ~ **sein** to work outside the office. ~ **machen** *or* **haben** to work outside the office.

Außenhandel *m* foreign trade.

Außenhandelsbilanz *f* balance of trade; **Außenhandelspolitik** *f* foreign trade policy.

Außenhaut *f* outer skin; **Außenkurve** *f* outside bend; **Außenläufer** *m* (*dated Ftbl*) wing half (*dated*); **Außenlinie** *f* (*Sport*) boundary (line); **Außenminister** *m* foreign minister, foreign secretary (*Brit*), secretary of state (*US*); **Außenministerium** *nt* foreign ministry, foreign office (*Brit*), state department (*US*);

Außenpolitik f (*Gebiet*) foreign politics *sing*; (*bestimmte*) foreign policy/policies; **Außenpolitiker** m foreign affairs politician; **außenpolitisch** adj *Debatte etc* foreign policy *attr; Fehler* as regards foreign affairs; *Berichterstattung* of foreign affairs; *Schulung, Erfahrung* in foreign affairs; *Sprecher* on foreign affairs; ~ **gesehen, aus** ~**er Sicht** from the point of view of foreign affairs; ~ **versagen** to fail with one's foreign policy; **Außenseite** f outside; **die vordere** ~ **des Hauses** the front exterior of the house.

Außenseiter(in f) m **-s, -** (*Sport, fig*) outsider.

Außenseiterrolle f role as an outsider; **eine** ~ **spielen** to play the role of an outsider.

Außenspiegel m (*Aut*) outside mirror; **Außenstände** pl (*esp Comm*) outstanding debts *pl*, arrears *pl*; **wir haben noch 2.000 Mark** ~ we still have *or* there are still 2,000 marks outstanding; **Außenstehende(r)** mf decl as adj outsider; **Außenstelle** f branch; **Außenstürmer** m (*Ftbl*) wing; **Außentasche** f outside pocket; **Außentemperatur** f outside temperature; (*außerhalb Gebäude*) outdoor temperature; **wir haben 20°** ~ the temperature outdoors is 20°; **bei 20°** ~ when the temperature outdoors *or* the outdoor temperature is 20°, when it's 20° outdoors; **Außentoilette** f outside toilet; (*auf dem Flur*) shared toilet; **Außentreppe** f outside staircase; **Außenwand** f outer wall; **Außenwelt** f outside world; **Außenwinkel** m (*Math*) exterior angle; **Außenwirtschaft** f foreign trade; **Außenzoll** m external tariff.

außer I prep +dat *or* (*rare*) gen **1.** (*räumlich*) out of. ~ **Sicht/Gefecht/Kurs** *etc* out of sight/action/circulation *etc*; ~ **sich** (*acc*) **geraten** to go wild; ~ **sich** (*dat*) **sein** to be beside oneself; ~ **Haus** *or* **Hauses sein/essen** to be/eat out; ~ **Atem** out of breath.

2. (*ausgenommen*) except (for); (*abgesehen von*) apart from, aside from (*esp US*). **alle** ~ **mir** all except (for) me; ~ **ihm habe ich keine Verwandten mehr** I have no relatives left apart from him *or* but him; ~ **sonntags** except Sundays.

3. (*zusätzlich zu*) in addition to.

II conj except. ~ **daß ...** except that ...; ~ **wenn ...** except when ...

Außer|achtlassen nt, **Außer|achtlassung** f disregard. **unter** ~ **der Regeln** in total disregard of *or* with total disregard for the rules.

außerdem adv besides; (*dazu*) in addition, as well; (*überdies*) anyway. **ich kann ihn nicht leiden, (und)** ~ **lügt er immer** I can't stand him and besides *or* anyway he always tells lies; **er ist Professor und** ~ **noch Gutachter** he's a professor and a consultant besides *or* as well.

außerdienstlich adj (*nicht dienstlich*) *Telefonat, Angelegenheit* private; (*außerhalb der Arbeitszeit*) social. **ich bin heute** ~ **unterwegs** I'm not on business today.

außer|ehelich I adj extramarital; *Kind* il-

legitimate. **II** adv outside marriage.

äußere(r, s) adj (*außerhalb gelegen, Geog*) outer; *Durchmesser, Verletzung*, (*außenpolitisch*) external; *Schein, Eindruck* outward.

Äußere(s) nt decl as adj exterior; (*fig: Aussehen auch*) outward appearance. **das** ~ **täuscht oft** appearances are often deceptive.

außer|europäisch adj attr non-European; *Raum* outside Europe; **außerfahrplanmäßig** adj non-scheduled; **außergerichtlich** adj out of court; **außergewöhnlich I** adj unusual, out of the ordinary; (*sehr groß auch*) remarkable; **A**~**es leisten** to do some remarkable things; **II** adv (*sehr*) extremely.

außerhalb I prep +gen outside. ~ **der Stadt** outside the town, out of town; ~ **der Dienststunden** outside *or* out of office hours; ~ **der Legalität** outside the law.

II adv (*außen*) outside; (~ *der Stadt*) out of town. ~ **wohnen/arbeiten** to live/ work out of town; **nach** ~ outside/out of town; **von** ~ from outside/out of town; ~ **stehen** (*fig*) to be on the outside.

außer|irdisch adj extraterrestrial; **Außerkraftsetzung** f repeal; **Außerkurssetzung** f (*von Währung*) withdrawal (from circulation); (*fig*) rejection.

äußerlich adj **1.** external. **2.** (*fig*) (*oberflächlich*) superficial; (*scheinbar*) outward; (*esp Philos*) external. „**nur** ~!", „**nur zur** ~**en Anwendung!**" for external use only; **rein** ~ **betrachtet** on the face of it; **einer Sache** (*dat*) ~ **sein** (*geh*) to be extrinsic to sth.

Äußerlichkeit f **1.** (*fig*) triviality; (*Oberflächlichkeit*) superficiality; (*Formalität*) formality. **2.** (*lit*) external characteristic. ~**en** (*in* outward) appearances.

äußerln vti infin only (*Aus*) **einen Hund** ~ (**führen**) to take a dog for a walk.

äußern I vt (*sagen*) to say; *Wunsch etc* to express; *Worte* to utter; *Kritik* to voice. **seine Meinung** ~ to give one's opinion *or* views. **II** vr (*Mensch*) to speak; (*Krankheit, Symptom*) to show *or* manifest itself. **sich dahin gehend** ~, **daß ...** to make a comment to the effect that ...; **ich will mich dazu nicht** ~ I don't want to say anything about that.

außer|ordentlich I adj extraordinary; (*ungewöhnlich auch*) exceptional; (*bemerkenswert auch*) remarkable, exceptional; *Professor* associate; **A**~**es leisten** to achieve some remarkable things; **II** adv (*sehr*) exceptionally, extremely, extraordinarily; **außer|orts** adv (*Sw, Aus*) out of town; **außerparlamentarisch** adj *Kräfte, Opposition* extraparliamentary; **außerplanmäßig** adj *Besuch, Treffen* unscheduled; *Mahlzeit* additional; *Ausgaben* non-budgetary; **außerschulisch** adj *Aktivitäten, Interessen* extracurricular; **außersinnlich** adj ~**e Wahrnehmung** extrasensory perception.

äußerst adv extremely, exceedingly.

außerstande adv (*unfähig*) incapable; (*nicht in der Lage*) unable. ~ **sein, etw zu tun** to be incapable of doing sth; to be unable to do sth.

äußerstenfalls *adv* at most.

äußerste(r, s) *adj, superl of* **äußere(r, s)** (*räumlich*) furthest; *Planet, Schicht* outermost; *Norden etc* extreme; (*zeitlich*) latest possible; (*fig*) utmost, extreme. **der ~ Preis** the last price; **im ~n Falle** if the worst comes to the worst; **mit ~r Kraft** with all one's strength; **von ~r Dringlichkeit** of (the) utmost urgency.

Äußerste(s) *nt decl as adj* **bis zum ~n gehen** to go to extremes; **er geht bis zum ~n** he would go to any extreme; **er hat sein ~s gegeben** he gave his all; **das ~ wagen** to risk everything; **ich bin auf das ~ gefaßt** I'm prepared for the worst.

außertourlich *adj* (*Aus, S Ger*) additional. **ein ~er Bus** a special; **und ich mache ~ noch Überstunden** and I do overtime as well *or* on top.

Äußerung *f* (*Bemerkung*) remark, comment; (*Ling, Behauptung*) statement; (*Zeichen*) expression. **als ~ der Trauer** as an expression of mourning.

Äußerungsform *f* manifestation.

aussetzen *sep* **I** *vt* **1.** *Kind, Haustier* to abandon; *Wild, Fische* to release; *Pflanzen* to plant out; (*Naut*) *Passagiere* to maroon; *Boot* to lower.

2. (*preisgeben*) **jdn/etw einer Sache** (*dat*) **~** to expose sb/sth to sth; **jdm/einer Sache ausgesetzt sein** (*ausgeliefert*) to be at the mercy of sb/sth; **jdn dem Gelächter ~** to expose sb to ridicule.

3. (*festsetzen*) *Belohnung, Preis* to offer; (*in Testament*) to bequeath, to leave. **auf jds Kopf** (*acc*) **1000 Dollar ~** to put 1,000 dollars on sb's head.

4. (*unterbrechen*) to interrupt; *Debatte, Prozeß* to adjourn; *Zahlung* to break off.

5. (*vertagen*) *Strafvollstreckung, Verfahren* to suspend; *Urteilsverkündung* to defer. **eine Strafe zur Bewährung ~** to give a suspended sentence.

6. an jdm/etw etwas auszusetzen haben to find fault with sb/sth; **daran ist nichts auszusetzen** there is nothing wrong with it; **daran habe ich nur eines auszusetzen** I've only one objection to make to that; **was haben Sie daran auszusetzen?** what don't you like about it?

7. *Billardkugel* to place.

8. (*Eccl*) *das Allerheiligste* to expose.

II *vi* (*aufhören*) to stop; (*Mensch auch*) to break off; (*bei Spiel*) to sit out; (*Herz*) to stop (beating); (*Motor auch*) to fail; (*versagen*) to give out. **mit etw ~** to stop sth; **mit der Pille/Behandlung ~** to stop taking the pill/to interrupt the treatment; **zwei Wochen mit der Arbeit ~** to interrupt one's work for two weeks; **ich setze besser mal aus** I'd better have a break; (*bei Spiel*) I'd better sit this one out; **einen Tag ~** to take a day off; **ohne auszusetzen** without a break.

Aussetzung *f* **1.** *siehe vt 1.* abandonment; releasing; planting out; marooning; lowering.

2. *siehe vt 3.* offer; bequest. **durch ~ einer Belohnung** by offering a reward, by the offer of a reward.

3. *siehe vt 4.* interruption; adjournment; breaking off.

4. (*Jur*) *siehe vt 5.* suspension; deferment. **die ~ der Strafe zur Bewährung war in diesem Falle nicht möglich** it was impossible to give a suspended sentence in this case.

5. (*Eccl*) *siehe vt 8.* exposition.

Aussicht *f* **1.** (*Blick*) view (*auf* +*acc* of). **ein Zimmer mit ~ auf den Park** a room overlooking the park; **jdm die ~ nehmen/ verbauen** to block *or* obstruct sb's view.

2. (*fig*) prospect (*auf* +*acc* of). **die ~, daß etw geschieht** the chances of sth happening; **gute ~en haben** to have good prospects; **unser Plan hat große ~en auf Erfolg** our plan has every prospect *or* chance of succeeding; **keine *or* nicht die geringste ~** no *or* not the slightest prospect *or* chance; **etw in ~ haben** to have good prospects of sth; **jdn/etw in ~ nehmen** (*form*) to take sb/sth into consideration; **jdm etw in ~ stellen** to promise sb sth; **in ~ stehen** to be expected; **das sind ja schöne ~en!** (*iro inf*) what a prospect!

aussichtslos *adj* hopeless; (*zwecklos*) pointless; (*völlig hoffnungslos*) desperate; **eine ~e Sache** a lost cause; **Aussichtslosigkeit** *f siehe adj* hopelessness; pointlessness; desperateness; **Aussichtspunkt** *m* vantage point; **aussichtsreich** *adj* promising; *Stellung* with good prospects; **Aussichtsturm** *m* observation *or* lookout tower; **Aussichtswagen** *m* (*Rail*) observation car.

aussieben *vt sep* (*lit, fig*) to sift out; (*Rad*) *Störungen* to filter out.

aussiedeln *vt sep* to resettle; (*evakuieren*) to evacuate.

Aussiedler *m* (*Auswanderer*) emigrant; (*Evakuierter*) evacuee.

Aussiedlung *f* resettlement; (*Evakuierung*) evacuation.

aussöhnen *sep* **I** *vt* **jdn mit jdm/etw ~** to reconcile sb with sb/to sth; **jdn ~** to appease sb. **II** *vr* **sich mit jdm/etw ~** to become reconciled with sb/to sth; **wir haben uns wieder ausgesöhnt** we have made it up again. **III** *vi* **mit etw ~** to compensate for sth.

Aussöhnung *f* reconciliation (*mit jdm* with sb, *mit etw* to sth).

aussondern *vt sep* to select; *Schlechtes* to pick out; (*euph*) *Menschen auch* to single out. **die ausgesonderte Ware wird billig abgegeben** the reject goods are sold cheaply.

Aussonderung *f siehe vt* selection; picking out; singling out.

aussorgen *vi sep:* **ausgesorgt haben** to have no more money worries.

aussortieren* *vt sep* to sort out.

ausspähen *sep* **I** *vt* **I** *vi* **nach jdm/etw ~** to look out for sb/sth. **II** *vt* to spy out; (*Mil*) to reconnoitre.

ausspannen *sep* **I** *vt* **1.** *Tuch, Netz* to spread out; *Schnur, Leine* to put up.

2. (*ausschirren*) to unharness, to unhitch; *Ochsen* to unyoke; (*aus Schreibmaschine*) *Bogen* to take out.

3. (*fig inf*) **jdm etw ~** to do sb out of sth (*inf*); **jdm die Freundin** *etc* **~** to pinch sb's girlfriend *etc* (*inf*).

II *vi* **1.** (*sich erholen*) to have a break.

2. (*Pferde* ~) to unharness the horses; (*Ochsen* ~) to unyoke the oxen.

Ausspannung *f, no pl* (*fig*) relaxation.

aussparen *vt sep Fläche* to leave blank; (*fig*) to omit.

Aussparung *f* (*Lücke*) gap; (*unbeschriebene Stelle*) blank space.

ausspeien *sep irreg* (*geh*) **I** *vt* (*ausspucken*) to spit out; (*erbrechen*) to bring up, to disgorge (*form*); (*fig: herausschleudern*) to spew out or forth. **II** *vi* to spit out.

aussperren *vt sep* to lock out.

Aussperrung *f* (*Ind*) lockout. **mit** ~ **drohen** to threaten (the workers with) a lockout; **die** ~ **sollte verboten werden** lockouts should be made illegal.

ausspielen *sep* **I** *vt* **1.** *Karte* to play; (*am Spielanfang*) to lead with. **seinen letzten/ einen Trumpf** ~ (*lit, fig*) to play one's last card/a or one's last trump card.

2. *Rolle, Szene* to act out. **er hat (seine Rolle) ausgespielt** (*fig*) he's finished or through (*inf*), he's played out (*fig*).

3. (*zu Ende spielen*) to finish playing.

4. (*fig: einsetzen*) *Überlegenheit etc* to display.

5. (*fig*) *jdn/etw gegen jdn/etw* ~ to play sb/sth off against sb/sth.

6. (*Sport*) *Pokal, Meisterschaft* to play for; *Gegner* to outplay.

7. *Gewinne* to give as a prize/as prizes. **II** *vi* **1.** (*Cards*) to play a card; (*als erster*) to lead. **wer spielt aus?** whose lead is it?, who has the lead?

2. (*zu Ende spielen*) to finish playing.

Ausspielung *f* (*im Lotto*) pay-out.

ausspinnen *vt sep irreg* to spin out; (*sich ausdenken*) to think up.

ausspionieren* *vt sep Pläne etc* to spy out; *Person* to spy (up)on.

ausspotten *vt sep* (*S Ger, Sw, Aus*) siehe **verspotten.**

Aussprache *f* **1.** pronunciation; (*Art des Artikulierens auch*) articulation; (*Akzent*) accent. **2.** (*Meinungsaustausch*) discussion; (*Gespräch auch*) talk. **es kam zu einer offenen** ~ **zwischen den beiden** they talked things out.

Aussprache|angabe, **Aussprachebezeichnung** *f* (*Ling*) phonetic transcription; **Aussprachewörterbuch** *nt* dictionary of pronunciation, pronouncing dictionary.

aussprechbar *adj* pronounceable. **leicht/ schwer/nicht** ~ easy/difficult to pronounce/unpronounceable.

aussprechen *sep irreg* **I** *vt Wörter, Urteil etc* to pronounce; *Scheidung* to grant; (*zu Ende sprechen*) *Satz* to finish; (*äußern*) to express (*jdm* to sb); *Verdächtigung* to voice; *Warnung* to give, to deliver. **jdm ein Lob** ~ to give sb a word of praise; **der Regierung sein Vertrauen** ~ to pass a vote of confidence in the government.

II *vr* **1.** (*Partner*) to talk things out; (*sein Herz ausschütten, seine Meinung sagen*) to say what's on one's mind. **sich mit jdm (über etw** *acc*) ~ to have a talk with sb (about sth); (*jdm sein Herz ausschütten*) to have a heart-to-heart with sb (about sth); **sich für/gegen etw** ~ to declare or pronounce oneself in favour of/against

sth, to come out in favour of/against sth; **sich lobend über jdn/etw** ~ to speak highly of sb/sth.

2. (*Wort*) to be pronounced. **dieses Wort spricht sich leicht/schwer aus** this word is easy/difficult to pronounce.

III *vi* (*zu Ende sprechen*) to finish (speaking); siehe **ausgesprochen.**

ausspringen *sep irreg* **I** *vi aux sein* (*Feder, Kette*) to jump out. **II** *vt* (*Ski*) **eine Schanze voll** ~ to jump the maximum length on a ski-jump.

ausspritzen *vt sep* **1.** *Flüssigkeit* to squirt out; (*sprühend*) to spray out; (*fig*) *Gift* to pour out. **2.** *Bottich* to flush (out); (*Med*) *Zahn etc* to rinse out; *Ohr* to syringe. **3.** *Feuer* to put out.

Ausspruch *m* remark; (*geflügeltes Wort*) saying.

ausspucken *sep* **I** *vt* to spit out; (*fig*) *Produkte* to pour or spew out; (*hum inf*) *Geld* to cough up (*inf*); *Gelerntes* to regurgitate. **II** *vi* to spit. **vor jdm** ~ to spit at sb's feet; (*fig*) to spit upon sb.

ausspülen *vt sep* to rinse (out); (*kräftiger*) to flush (out); (*Med, Geol*) to wash out. **sich** (*dat*) **den Mund** ~ to rinse one's mouth (out).

Ausspülung *f* (*Med*) irrigation.

ausstaffieren* *vt sep* (*inf*) to equip, to fit out; *jdn* to rig or kit out; (*herausputzen*) to dress up.

Ausstaffierung *f* (*inf*) equipment, fittings *pl*; (*Kleidung*) rig(-out) (*inf*), outfit.

Ausstand *m* **1.** (*Streik*) strike. **im** ~ **sein** to be on strike; **in den** ~ **treten** (to go on) strike. **2.** *usu pl* (*Comm*) outstanding debt. **3. seinen** ~ **geben** to hold a leaving party.

ausständig *adj* (*esp Aus*) outstanding.

ausstanzen *vt sep Metallteil* to stamp out; *Loch* to punch (out).

ausstatten *vt sep* to equip; (*versorgen*) to provide, to furnish; (*mit Rechten*) to vest (*esp Jur*); (*möblieren*) to furnish; *Buch* to produce. **mit Humor/Intelligenz** *etc* **ausgestattet sein** to be endowed with humour/ intelligence *etc*; **ein Zimmer neu** ~ to refurbish a room.

Ausstattung *f* **1.** siehe *vt* equipping; provision; vesting; furnishing; production. **2.** (*Ausrüstung*) equipment; (*Tech auch*) fittings *pl*; (*Kapital*) provisions *pl*; (*von Zimmer etc*) furnishings *pl*; (*Theat*) décor and costumes; (*Mitgift*) dowry; (*von Buch*) presentation.

ausstechen *vt sep irreg* **1.** *Pflanzen, Unkraut* to dig up; *Torf, Plätzchen* to cut out; *Apfel* to core; *Graben* to dig (out).

2. *Augen* (*esp als Strafe*) to gouge out, to put out.

3. (*fig*) *jdn* (*verdrängen*) to push out; (*übertreffen*) to outdo. **jdn bei einem Mädchen/beim Chef** ~ to take sb's place in a girl's affections/push sb out of favour with the boss.

Ausstechform *f* (*Cook*) cutter.

ausstehen *sep irreg* **I** *vt* (*ertragen*) to endure; (*erdulden auch*) to put up with; *Sorge, Angst* to go through, to suffer. **ich kann ihn/so etwas nicht** ~ I can't bear or stand him/anything like that; **jetzt ist es**

ausgestanden now it's all over; **mit jdm viel auszustehen haben** to have to go through a lot with sb.

II *vi* **1.** to be due; (*Antwort*) to be still to come; (*Buch*) to be still to appear; (*Entscheidung*) to be still to be taken; (*Lösung*) to be still to be found; (*noch zu erwarten sein*) to be still expected.
2. (*Schulden*) to be owing. **Geld ~ haben** to have money owing; **~de Forderungen** outstanding demands.

aussteigen *vi sep irreg aux sein* **1.** to get out (*aus* of); (*aus Bus, Zug etc auch*) to get off (*aus etw* sth), to alight (*aus* from) (*form*); (*Aviat sl*) to bale *or* bail out (*aus* of). **alles ~!** everybody out!; (*von Schaffner*) all change!
2. (*Sport: aufgeben*) to give up, to retire (*aus* from); (*bei Wettrennen auch*) to drop out (*aus* of). **einen Gegenspieler ~ lassen** (*esp Ftbl*) to outplay an opponent.
3. (*inf: aus Geschäft etc*) to get out (*aus* of); (*aus Gesellschaft*) to drop out (*aus* of).

Aussteiger(in) *m (f) m -s, -* (*aus Gesellschaft*) dropout.

ausstellen *sep* **I** *vt* **1.** (*zur Schau stellen*) to display; (*auf Messe, in Museum etc*) to exhibit.
2. (*ausschreiben*) to make out (*jdm* to sb), to write (out) (*jdm* sb); (*behördlich ausgeben*) to issue (*jdm etw* sb with sth, sth to sb). **einen Scheck auf jdn ~** to make out a cheque to sb, to make a cheque payable to sb; **eine Rechnung über DM 100 ~** to make out a bill for DM 100.
3. (*ausschalten*) *Gerät* to turn *or* switch off; *siehe* **ausgestellt.**
II *vi* to exhibit.

Aussteller(in) *m (f) m -s, -* **1.** (*auf Messe*) exhibitor. **2.** (*von Dokument*) issuer; (*von Scheck*) drawer.

Ausstellfenster *nt* (*Aut*) quarterlight.

Ausstellung *f* **1.** (*Kunst~, Messe*) exhibition; (*Blumen~, Hunde~ etc*) show. **2.** *no pl* (*von Scheck, Rezept, Rechnung etc*) making out; (*behördlich*) issuing.

Ausstellungs- *in cpds* exhibition; **Ausstellungsdatum** *nt* date of issue; **Ausstellungsfläche** *f* exhibition area; **Ausstellungsgelände** *nt* exhibition site *or* area; **Ausstellungsstück** *nt* (*in Ausstellung*) exhibit; (*in Schaufenster etc*) display item; **Ausstellungstag** *m* day of issue.

Aussterbeetat *m* (*hum*) **auf dem ~ stehen** *or* **sein** to be being phased out; **etw auf den ~ setzen** to phase sth out.

Aussterben *nt -s, no pl* extinction. **im ~ begriffen** dying out, becoming extinct; **vom ~ bedroht sein** to be threatened by extinction.

aussterben *vi sep irreg aux sein* to die out; (*esp Spezies, Geschlecht auch*) to become extinct. **die Dummen sterben nicht aus** there's one born every minute.

Aussteuer *f -, -n* dowry.

aussteuern *vt sep* **1.** *Tochter* to provide with a dowry. **2.** (*Insur*) to disqualify. **3.** *Auto* to steer out of trouble.

Aussteuerung *f* (*Insur*) disqualification.

Aussteuerversicherung *f* endowment in-

surance (*for one's daughter's wedding etc*).

Ausstieg *m -(e)s, -e* **1.** *no pl* (*das Aussteigen*) climbing out (*aus* of); (*aus Bus, Zug etc*) getting out *or* off, alighting (*aus* from) (*form*). **2.** (*Ausgang*) exit. **3.** (*auch ~luke*) escape hatch.

ausstopfen *vt sep Kissen etc, Tiere* to stuff; *Ritzen* to fill. **sich** (*dat*) **den Bauch ~** to pad one's stomach.

Ausstoß *m* **1.** (*esp Phys, Tech: das Ausstoßen*) expulsion, ejection, discharge; (*von Torpedo, Geschoß*) firing. **2.** (*Ausschluß von Verein etc*) expulsion. **3.** (*Produktion*) output, production.

ausstoßen *vt sep irreg* **1.** (*herausstoßen*) to eject, to discharge; *Atem, Plazenta* to expel; *Gas etc* to give off, to emit; (*Naut*) *Torpedo* to fire; (*herstellen*) *Teile, Stückzahl* to put *or* turn out, to produce.
2. sich (*dat*) **ein Auge/einen Zahn ~** to lose an eye/a tooth; **jdm ein Auge/einen Zahn ~** to put sb's eye out/to knock sb's tooth out.
3. (*ausschließen*) (*aus Verein, Armee etc*) to expel (*aus* from); (*verbannen*) to banish (*aus* from). **jdn aus der Gesellschaft ~** to banish sb *or* cast sb out from society; *siehe* **Ausgestoßene(r).**
4. (*äußern*) to utter; *Schrei* to give; *Seufzer* to heave.
5. (*Ling*) *Laut* to drop.

Ausstoßung *f -, no pl* (*aus* from) (*Ausschließung*) expulsion; (*aus der Gesellschaft*) banishment; (*aus einer Gemeinschaft auch*) exclusion.

ausstrahlen *sep* **I** *vt* to radiate (*auch fig*); *esp Licht, Wärme auch* to give off; (*Rad*) to transmit, to broadcast.
II *vi aux sein* to radiate; (*esp Licht, Wärme auch*) to be given off; (*Schmerz*) to extend, to spread (*bis in +acc* as far as). **seine Freude strahlte auf die Zuhörer aus** his joy was communicated to the listeners.

Ausstrahlung *f* radiation; (*Rad*) transmission, broadcast(ing); (*fig: von Mensch, Ort*) aura.

ausstrecken *sep* **I** *vt* to extend (*nach* towards); *Fühler auch* to put out; *Hand auch, Beine auch* to stretch out; *Zunge* to stick out (*nach* at). **mit ausgestreckten Armen** with arms extended. **II** *vr* to stretch (oneself) out.

ausstreichen *vt sep irreg* **1.** *Geschriebenes* to cross *or* strike out, to delete; (*fig*) to obliterate. **jds Namen auf einer Liste ~** to cross *or* strike sb's name off a list.
2. (*glätten*) *Falten* to smooth out.
3. (*breit streichen*) *Teig* to spread out.
4. *Backform* (*mit Fett*) to grease.
5. (*ausfüllen*) *Risse* to fill, to smooth over.

ausstreuen *vt sep* to scatter, to spread; (*fig*) *Gerücht* to spread, to put about. **etw mit etw ~** to cover sth with sth.

ausströmen *sep* **I** *vi aux sein* **1.** (*herausfließen*) to stream *or* pour out (*aus* of); (*entweichen*) to escape (*aus* from).
2. (*ausstrahlen*) **die Hitze, die vom Ofen ausströmt** the heat which is radiated from the stove; **etw strömt von jdm/etw aus** (*fig*) sb/sth radiates sth.

II vt Duft, Gas to give off; (ausstrahlen) Wärme, Ruhe etc to radiate.

aussuchen vt sep (auswählen) to choose; (esp iro) to pick. **such dir was aus!** choose or pick what you want, take your pick.

aussülzen vr sep (sl) to talk one's head off.

austarieren* vt sep **1.** (ins Gleichgewicht bringen) to balance. **2.** (Aus: Leergewicht feststellen) to determine the tare weight of.

Austausch m exchange; (von Gedanken etc auch) interchange; (Ersatz) replacement; (Sport) substitution. **im ~ für** or **gegen** in exchange for.

austauschbar adj interchangeable.

austauschen vt sep (lit, fig) to exchange (gegen for); (untereinander ~) to interchange; (ersetzen) to replace (gegen with).

Austauschlehrer m exchange teacher; **Austauschmotor** m replacement engine; **Austauschschüler** m exchange student or pupil; **Austauschstudent** m exchange student.

austeilen vt sep to distribute (unter +dat, an +acc among); (aushändigen auch) to hand out (unter +dat, an +acc to); Spielkarten to deal (out); Essen to serve; Sakrament to administer, to dispense; Befehle to give, to issue; Prügel to hand out, to administer.

Austeilung f distribution; (Aushändigung auch) handing out; (von Essen etc) serving; (von Sakrament) administration, dispensation.

Auster f -, -n oyster.

Austernbank f oyster bed or bank; **Austernfischer** m (Orn) oyster catcher; **Austernschale** f oyster shell; **Austernzucht** f oyster farm; (~züchtung) oyster farming.

austilgen vt sep (geh) to eradicate (auch fig); Schädlinge auch, Menschen to exterminate; Erinnerung to obliterate.

austoben sep **I** vt to work off (an +dat on).

II vr (Mensch) to let off steam; (sich müde machen) to tire oneself out; (ein wildes Leben führen) to have one's fling; (sich amüsieren) to let one's hair down. **ein Garten, wo sich die Kinder ~ können** a garden where the children can romp about; **hat sie sich jetzt ausgetobt?** has she cooled down now?

austollen vr sep (umherspringen etc) to have a good romp.

Austrag m -(e)s, no pl settlement, resolution; (Sport: von Wettkampf) holding. **zum ~ kommen/gelangen** to be up for settlement/to be settled or decided.

austragen sep irreg **I** vt **1.** Waren, Post etc to deliver.

2. Problem, Frage to deal with; Duell, Wettkampf etc to hold. **einen Streit mit jdm ~** to have it out with sb.

3. ein Kind ~ to carry a child (through) to the full term; (nicht abtreiben) to have a child.

4. Zahlen, Daten to take out; (aus Liste, bei Buchung) jdn to cancel sb's name.

II vr to sign out.

Austräger(in f) m delivery man/boy etc; (von Zeitungen) newspaper man/boy etc. **wir suchen Studenten als ~** we are looking for students to deliver newspapers.

Austragung f (Sport) holding.

Austragungs|ort m (Sport) venue.

Australien [-iən] nt -s Australia. **~ und Ozeanien** Australasia.

Australier(in f) [-iɐ, -iɐrɪn] m -s, - Australian.

australisch adj Australian. **A~er Bund** the Commonwealth of Australia.

austräumen vt sep to finish dreaming. **sein Traum vom Reichtum ist ausgeträumt** his dream of riches is over.

austreiben sep irreg **I** vt **1.** Vieh to drive or turn out.

2. (vertreiben) to drive out; Teufel etc auch to exorcise, to cast out (esp old, liter). **jdm etw ~** to cure sb of sth; (esp durch Schläge) to knock sth out of sb.

3. (Typ) Zeilen to space out.

II vi (sprießen) to sprout.

Austreibung f expulsion; (von Teufel etc) exorcism, driving out, casting out (esp old, liter).

austreten sep irreg **I** vi aux sein **1.** (herauskommen) to come out (aus of); (Blut etc auch) to issue (aus from); (entweichen) Gas etc to escape (aus from, through).

2. (Med: bei Bruch) to protrude.

3. (inf: zur Toilette gehen) to go to the loo or john (US) (inf); (Sch) to be excused (euph).

4. (ausscheiden) to leave (aus etw sth); (formell) to resign (aus from); (aus politischer Gemeinschaft) to withdraw (aus from).

II vt Spur, Feuer etc to tread out; Schuhe to wear out (of shape).

austricksen vt sep (inf: Sport, fig) to trick.

austrinken vti sep irreg to finish. **trink (deine Milch) aus!** drink (your milk) up.

Austritt m **1.** no pl (das Heraustreten) (von Flüssigkeit) outflow; (das Entweichen) escape; (von Kugel) exit; (esp von Eiter) discharge; (von Blut) issue; (Med: von Bruch) protrusion.

2. (das Ausscheiden) leaving no art (aus etw sth); (formell) resignation (aus from); (aus politischer Gemeinschaft) withdrawal (aus from). **die ~e aus der Kirche häufen sich** there are more and more people leaving the church.

Austritts|erklärung f (notice of) resignation.

Austro- in cpds Austro-.

austrocknen sep **I** vi aux sein to dry out; (Fluß etc) to dry up; (Kehle) to become parched. **II** vt to dry out; Fluß etc to dry up; Kehle to make parched; (trockenlegen) Sumpf auch to drain.

austrompeten* vt sep siehe **ausposaunen**.

austüfteln vt sep (inf) to work out; (ersinnen) to think up.

aus|üben vt sep **1.** Beruf, Kunst to practise; Gewerbe auch to carry on; Aufgabe, Funktion, Amt to perform; (innehaben) Amt to hold. **eine Praxis ~** to have a practice, to be in practice.

2. *Druck, Einfluß* to exert (*auf +acc* on); *Macht, Recht* to exercise; *Wirkung* to have (*auf +acc* on). **einen Reiz auf jdn ~** to have *or* hold an attraction for sb.

aus|übend *adj Arzt, Rechtsanwalt, Künstler* practising; *Gewalt* executive.

Aus|übung *f siehe vt* **1.** practice; performance; holding. **die ~ einer Praxis** having a practice; **in ~ seines Dienstes/seiner Pflicht** (*form*) in the execution of his duty; **in ~ seines Berufs** (*form*) in pursuance of one's profession (*form*). **2.** exertion; exercise.

aus|ufern *vi sep aux sein* (*lit rare: Fluß*) to burst *or* break its banks; (*fig*) to get out of hand; (*Konflikt etc*) to escalate (*zu* into).

Ausverkauf *m* (clearance) sale; (*wegen Geschäftsaufgabe*) closing-down sale; (*fig: Verrat*) sell-out. **etw im ~ kaufen** to buy sth at the sale(s).

ausverkaufen* *vt sep* to sell off, to clear.

ausverkauft *adj* sold out. **vor ~em Haus spielen** to play to a full house.

auswachsen *sep irreg* **I** *vi aux sein* **1.** (*dial*) **das ist (ja) zum A~** (*inf*) it's enough to drive you mad *or* round the bend (*inf*).
2. (*Getreide*) to sprout.
3. (*Narbe*) to grow over; (*Mißbildung auch*) to right itself.
II *vr* **1.** (*verschwinden*) to disappear; (*Narbe auch*) to grow over; (*sich verbessern*) to right itself.
2. sich zu etw ~ (*fig: Streit etc*) to turn into sth.

Auswahl *f* -, *no pl* selection (*an +dat* of); (*Angebot auch*) range; (*Wahl*) choice; (*die Besten*) pick; (*Vielfalt*) variety; (*Sport*) representative team. **ohne ~** indiscriminately; **viel/eine reiche ~** a large/wide selection *or* range; **viele Sachen zur ~ haben** to have many things to choose from; **drei Bewerber stehen zur ~** there are three applicants to choose from, there is a choice of three applicants; **eine ~ treffen** (*eines auswählen*) to make a choice; (*einige auswählen*) to make a selection.

Auswahlband *m* selection.

auswählen *vt sep* to select, to choose (*unter +dat* from among). **sich** (*dat*) **etw ~** to select *or* choose sth (for oneself).

Auswahlmannschaft *f* representative team; **Auswahlmöglichkeit** *f* choice; **Auswahlprinzip** *nt* selection principle, criterion; **Auswahlspieler** *m* representative player.

auswalzen *vt sep* **1.** *Metall* to roll out. **2.** (*fig*) to go to town on; *Thema auch* to drag out.

Auswanderer *m* emigrant.

Auswandererschiff *nt* emigrant ship; **Auswanderervisum** *nt* emigration visa.

Auswanderin *f* emigrant.

auswandern *vi sep aux sein* to emigrate (*nach, in +acc* to); (*Volk*) to migrate.

Auswanderung *f* emigration; (*Massen~*) migration.

auswärtig *adj attr* **1.** (*nicht ansässig*) nonlocal; *Schüler, Mitglied* from out of town. **eine ~e Filiale** a branch in another area. **2.** (*Pol*) foreign. **der ~e Dienst** the foreign service; **das A~e Amt** the Foreign Office (*Brit*), the State Department (*US*); **der**

Minister des A~en (*form*) the Foreign Minister (*Brit*), the Secretary of State (*US*).

auswärts *adv* **1.** (*nach außen*) outwards. **2.** (*außerhalb des Hauses*) away from home; (*außerhalb der Stadt*) out of town; (*Sport*) away. **~ essen** to eat out.

Auswärtsspiel *nt* (*Sport*) away (game).

auswaschen *sep irreg* **I** *vt* to wash out; (*spülen*) to rinse (out); (*Geol auch*) to erode. **II** *vr* (*Farbe*) to wash out.

auswechselbar *adj* (ex)changeable; (*untereinander ~*) interchangeable; (*ersetzbar*) replaceable.

auswechseln *sep* **I** *vt* to change; (*esp gegenseitig*) to exchange; (*ersetzen*) to replace; (*Sport*) to substitute (*gegen* for). **er ist wie ausgewechselt** (*fig*) he's a changed *or* different person. **II** *vi* (*Sport*) to bring on a substitute, to make a substitution.

Auswechselspieler(in *f)* *m* substitute.

Auswechs(e)lung *f* exchange; (*Ersatz*) replacement; (*Sport*) substitution.

Ausweg *m* way out; (*fig: Lösung auch*) solution. **der letzte ~** a last resort; **ich weiß keinen ~ mehr** I don't know any way out (*aus* of); **sich** (*dat*) **einen ~ offenlassen** *or* **offenhalten** to leave oneself an escape route *or* a way out.

ausweglos *adj* (*fig*) hopeless; **Ausweglosigkeit** *f* (*fig*) hopelessness.

ausweichen *vi sep irreg aux sein* **1.** (*Hindernis, Gefahr umgehen*) to get out of the way (*+dat* of); (*Platz machen*) to make way (*+dat* for). **nach rechts ~** to get out of the way/to make way by going to the right.
2. (*zu entgehen versuchen*) (*lit*) to get out of the way; (*fig*) to evade the point/issue *etc*. **einer Sache** (*dat*) ~ (*lit*) to avoid sth; (*fig*) to evade *or* dodge (*inf*) sth; **jdm/einer Begegnung ~** to avoid sb/a meeting; **dem Feind ~** to avoid (contact with) the enemy; **eine ~de Antwort** an evasive answer.
3. auf etw (*acc*) **~** (*fig*) to switch to sth.

Ausweichflughafen *m* alternative airport; **Ausweichmanöver** *nt* evasive action *or* manoeuvre; **Ausweichmöglichkeit** *f* (*fig*) alternative; (*lit*) possibility of getting out of the way; **Ausweichstelle** *f* (*auf Straßen*) passing place.

ausweiden *vt sep* (*Hunt*) to break up; *Opfertier etc* to disembowel.

ausweinen *sep* **I** *vr* to have a (good) cry; (*zu Ende weinen*) to finish crying. **sich bei jdm ~** to have a cry on sb's shoulder; **sich** (*dat*) **die Augen ~** to cry one's eyes *or* heart out (*nach* over). **II** *vi* to finish crying. **III** *vt* **seinen Kummer** *etc* ~ to weep (*bei jdm* on sb's shoulder).

Ausweis *m* **-es, -e 1.** (*Mitglieds~/Leser~/Studenten~ etc*) (membership/library/student) card; (*Personal~*) identity card; (*Berechtigungsnachweis*) pass. **~, bitte** your papers please; **ich habe sämtliche ~e verloren** I have lost all my papers.
2. (*Beleg*) proof; (*von Identität*) proof of identity, identification. **nach ~ +gen** (*form*) according to.
3. (*Bank~*) bank return.

ausweisen *sep irreg* I *vt* 1. (*aus dem Lande*) to expel, to deport. 2. (*Identität nachweisen*) to identify. 3. (*zeigen*) to reveal.

II *vr* 1. to identify oneself. **können Sie sich ~?** do you have any means of identification? 2. **sich als etw ~** (*sich erweisen*) to prove oneself to be sth.

Ausweiskarte *f siehe* **Ausweis** 1.; **Ausweiskontrolle** *f* identity check; **Ausweispapiere** *pl* identity papers *pl*; **Ausweispflicht** *f* obligation to carry an identity card.

Ausweisung *f* expulsion, deportation.

Ausweisungsbefehl *m* expulsion *or* deportation order.

ausweiten *sep* I *vt* to widen; *esp Dehnbares* to stretch; (*fig*) to expand (*zu* into). II *vr* to widen; (*esp Dehnbares*) to stretch; (*fig*) (*Thema, Bewegung*) to expand (*zu* into); (*sich verbreiten*) to spread.

Ausweitung *f* widening; (*Ausdehnung*) stretching; (*fig*) expansion; (*von Konflikt etc auch*) widening; (*Verbreitung*) spreading.

auswendig *adv* by heart, from memory. **etw ~ können/lernen** to know/learn sth (off) by heart; **das kann ich schon ~** (*fig inf*) I know it backwards (*inf*) *or* by heart; **ein Musikstück ~ spielen** to play a piece (of music) from memory; *siehe* **inwendig.**

Auswendiglernen *nt* **-s**, *no pl* (*von Geschichtszahlen, Fakten*) learning by heart, memorizing. **ein Gedicht zum ~ a** poem to learn by heart.

auswerfen *vt sep irreg* 1. *Anker, Netz, Leine* to cast. 2. *Lava, Asche* to throw out, to eject; *Geschoßhülsen* to eject. 3. *Schleim, Blut* to cough up. 4. (*herausschaufeln*) to shovel out; *Graben* to dig out. 5. (*verteilen*) *Dividende* to pay out; (*zuteilen*) *Mittel, Summen* to allocate. 6. (*Comm*) *Posten* to set out.

auswerten *vt sep* 1. (*bewerten*) to evaluate; (*analysieren*) to analyse. 2. (*nutzbar machen*) to utilize.

Auswertung *f siehe vt* 1. evaluation; analysis. 2. utilization.

auswetzen *vt sep siehe* **Scharte.**

auswickeln *vt sep* Paket, Bonbon etc to unwrap. **ein Kind ~** to take a child out of its blankets *etc*.

auswiegen *vt sep irreg* to weigh (out).

auswirken *vr sep* to have an effect (*auf* + *acc* on). **sich günstig/negativ ~** to have a favourable/negative effect; **sich in etw** (*dat*) **~** to result in sth; **sich zu jds Vorteil ~** to work *or* turn out to sb's advantage.

Auswirkung *f* (*Folge*) consequence; (*Wirkung*) effect; (*Rückwirkung*) repercussion.

auswischen *vt sep* to wipe out; *Glas etc, Wunde* to wipe clean; *Schrift etc* to rub *or* wipe out. **sich** (*dat*) **die Augen ~** to rub *or* wipe one's eyes; **jdm eins ~** (*inf*) to get one over on sb (*inf*); (*aus Rache*) to get one's own back on sb.

auswringen *vt sep irreg* to wring out.

Auswuchs *m* 1. (out)growth; (*Med, Bot auch*) excrescence (*form*); (*Mißbildung*) deformity. 2. (*fig*) (*Mißstand, Übersteigerung*) excess.

auswuchten *vt sep Räder* to balance.

Auswurf *m*, *no pl* 1. (*von Lava etc*) ejection, eruption; (*ausgeworfene Lava etc auch*) ejecta *pl* (*Geol*). 2. (*Med*) sputum. **~/ blutigen ~ haben** to bring up phlegm/be coughing up blood.

auswürfeln *sep* I *vi* to throw dice; (*das Glück entscheiden lassen*) to draw lots. II *vt* to (throw) dice for.

auszacken *vt sep* to serrate.

auszahlen *sep* I *vt* Geld etc to pay out; *Arbeiter, Gläubiger* to pay off; *Kompagnon* to buy out. **er bekommt DM 400 die Woche ausgezahlt** his net pay is DM 400 a week. II *vr* (*sich lohnen*) to pay (off).

auszählen *sep* I *vt Stimmen* to count (up); (*durch Zählen wählen*) *Person* to choose *or* select (by counting); (*Boxen*) to count out. II *vi* (*bei Kinderspielen*) to count out.

Auszahlung *f siehe vt* paying out; paying off; buying out. **zur ~ kommen** (*form*) *or* **gelangen** (*form*) to be paid out.

Auszählung *f* (*von Stimmen etc*) counting (up), count.

auszehren *vt sep* to drain, to exhaust.

Auszehrung *f* 1. (*Kräfteverfall*) emaciation. 2. (*obs Med*) consumption (*old*).

auszeichnen *sep* I *vt* 1. (*mit Zeichen versehen*) to mark; *Waren* to label; (*Typ*) *Manuskript* to mark-up; *Überschrift* to display. **etw mit einem Preis(schild) ~** to price sth. 2. (*ehren*) to honour. **jdn mit einem Orden ~** to decorate sb (with a medal); **jdn mit einem Preis/Titel ~** to award a prize/title to sb. 3. (*hervorheben*) to distinguish (from all others); (*kennzeichnen*) to be a feature of.

II *vr* to stand out (*durch* due to), to distinguish oneself (*durch* by) (*auch iro*). **dieser Wagen zeichnet sich durch gute Straßenlage aus** one of the remarkable features of this car is its good roadholding, what makes this car stand out is its good road-holding.

Auszeichnung *f* 1. (*no pl: das Auszeichnen*) (*von Baum etc*) marking; (*von Waren*) labelling; (*Typ: von Manuskript*) mark up. 2. (*no pl: das Ehren*) honouring; (*mit Orden*) decoration. **seine ~ mit einem Preis** his being awarded a prize. 3. (*Markierung*) marking (+*gen, an* + *dat* on); (*an Ware*) ticket; (*Typ: auf Manuskript*) mark-up. 4. (*Ehrung*) honour, distinction; (*Orden*) decoration; (*Preis*) award, prize. **mit ~ bestehen** to pass with distinction.

Auszeit *f* (*Sport*) time out.

ausziehbar *adj* extendible, extensible; *Antenne* telescopic. **ein ~er Tisch** a pull-out table.

ausziehen *sep irreg* I *vt* 1. (*herausziehen*) to pull out; (*verlängern auch*) to extend; *Metall* (*zu Draht*) to draw out (*zu* into). 2. *Kleider* to take off, to remove; *jdn* to undress. **jdm die Jacke** *etc* **~** to take off sb's jacket *etc*; **sich** (*dat*) **etw ~** to take off sth; **die Uniform** ~ (*fig*) to retire from the services; **das zieht einem ja die Schuhe** *or* **Socken** *or* **Stiefel aus!** (*sl*) it's enough to make you cringe!

3. (*nachzeichnen*) *Linie* to trace (*mit Tusche* in ink).

II *vr* (*sich entkleiden*) to undress, take off one's clothes.

III *vi aux sein* (*aufbrechen, abreisen*) to set out; (*demonstrativ*) to walk out; (*aus einer Wohnung*) to move (*aus* out of). **auf Abenteuer/Raub** ~ to set off *or* out in search of adventure/to rob and steal; **zur Jagd** ~ to set off for the hunt; **zum Kampf** ~ to set off to battle.

Ausziehfeder *f* drawing pen; **Ausziehleiter** *f* extension ladder; **Ausziehplatte** *f* (*von Tisch*) leaf; **Ausziehtisch** *m* extending *or* pull-out table; **Ausziehtusche** *f* drawing ink.

auszischen *vt sep* (*Theat*) to hiss (off).

Auszubildende(r) *mf decl as adj* trainee.

Auszug *m* 1. (*das Weggehen*) departure; (*demonstrativ*) walk-out; (*zeremoniell*) procession; (*aus der Wohnung*) move. **der** ~ **der Kinder Israel** (*Bibl*) the Exodus (of the Children of Israel).

2. (*Ausschnitt, Exzerpt*) excerpt; (*aus Buch auch*) extract; (*Zusammenfassung*) abstract, summary; (*Konto~*) statement; (*Chem*) extract; (*Mus*) arrangement. **etw in Auszügen drucken** to print extracts of sth.

auszugsweise *adv* in extracts *or* excerpts; (*gekürzt*) in an/the abridged version; ~ **aus etw lesen** to read extracts from sth.

autark *adj* self-sufficient (*auch fig*), autarkical (*Econ*).

Autarkie *f* self-sufficiency (*auch fig*), autarky (*Econ*).

authentisch *adj* authentic; (*Mus*) *Kadenz* perfect.

Authentizität *f* authenticity.

Autismus *m* autism.

autistisch *adj* autistic.

Auto *nt* -s, -s car, automobile (*esp US*, *dated*). ~ **fahren** (*selbst*) to drive (a car); (*als Mitfahrer*) to go by car; **mit dem** ~ **fahren** to go by car; **er guckt wie ein** ~ (*inf*) his eyes are popping out of his head (*inf*).

Auto|apotheke *f* first-aid kit (for the car); **Auto|atlas** *m* road atlas.

Autobahn *f* motorway (*Brit*), expressway (*US*), freeway (*US*).

Autobahn- *in cpds* motorway *etc*; **Autobahn|ausfahrt** *f* motorway *etc* exit; **Autobahndrei|eck** *nt* motorway *etc* merging point; **Autobahngebühr** *f* toll; **Autobahnkreuz** *nt* motorway *etc* intersection; **Autobahnrasthof** *m*, **Autobahnraststätte** *f* motorway *etc* service area *or* services *pl*; **Autobahnring** *m* motorway ring road; **Autobahnzubringer** *m* motorway *etc* approach road *or* feeder.

Autobatterie *f* car battery.

Autobiograph *m* autobiographer; **Autobiographie** *f* autobiography; **autobiographisch** *adj* autobiographical.

Autobus *m* bus; (*Reiseomnibus*) coach (*Brit*), bus. **einstöckiger/zweistöckiger** ~

single-decker/double-decker (bus).

Autocamping *nt* driving and camping; **Autocar** *m* -s, -s (*Sw*) coach (*Brit*), bus.

Autodidakt(in *f*) *m* -en, -en autodidact (*form*), self-educated person; **autodidaktisch** *adj* autodidactic (*form*), self taught *no adv*; **sein Wissen** ~ **erwerben** to acquire one's knowledge by oneself.

Autodieb *m* car thief; **Autodiebstahl** *m* car theft; **Autodrom** *nt* -s, -e 1. motor-racing circuit; 2. (*Aus*) dodgems *pl*; **Auto|elektrik** *f* (*car*) electrics *pl*; **Auto|erotik** *f* autoeroticism; **auto|erotisch** *adj* autoerotic; **Autofähre** *f* car ferry; **Autofahren** *nt* driving (a car); (*als Mitfahrer*) driving in a car; **Autofahrer** *m* (car) driver; **Autofahrergruß** *m* (*iro inf*) jdm den ~ **entbieten** ≃ to give sb a V (*Brit*) *or* the finger (*US*) sign; **Autofahrt** *f* drive; **Autofalle** *f* (*bei Überfällen*) road trap; (*Radarkontrolle*) speed *or* radar trap; **Autofriedhof** *m* (*inf*) car dump.

autogen *adj* autogenous. ~es **Training** (*Psych*) relaxation through self-hypnosis.

Autogramm *nt* -s, -e autograph.

Autogrammjäger *m* autograph hunter; **Autogrammstunde** *f* autograph(ing) session.

Auto|industrie *f* car industry; **Autokarte** *f* road map; **Autokino** *nt* drive-in (cinema); **Autoknacker** *m* (*inf*) car burglar; **Autokolonne** *f* line of cars; **Autokrat** *m* -en, -en autocrat; **Autokratie** *f* autocracy; **autokratisch** *adj* autocratic; **Autolenker** *m* (*esp Sw*) (car) driver; **Automarder** *m* (*sl*) *siehe* **Autoknacker**; **Automarke** *f* make (of car).

Automat *m* -en, -en (*auch fig: Mensch*) machine; (*Verkaufs~*) vending machine; (*Roboter*) automaton, robot; (*Musik~*) jukebox; (*Spiel~*) slot-machine; (*Rechen~*) calculator; (*rare: Telefon~*) pay-phone; (*Elec: selbsttätige Sicherung*) cut-out.

Automatenbüffet *nt* (*esp Aus*) automat; **Automatenknacker** *m* (*inf*) vandal (*who breaks into vending machines*); **Automatenrestaurant** *nt* siehe **Automatenbüffet**.

Automatic, Automatik¹ *m* -s, -s (*Aut*) automatic.

Automatik² *f* automatic mechanism (*auch fig*); (*Gesamtanlage*) automatic system; (*Rad*) automatic frequency control, AFC; (*Aut*) automatic transmission.

Automatikgurt *m* intertia-reel seat belt; **Automatikwagen** *m* automatic.

Automation *f* automation.

automatisch *adj* automatic.

automatisieren* *vt* to automate.

Automatisierung *f* automation.

Automatismus *m* automatism.

Automechaniker *m* car *or* motor mechanic; **Autominute** *f* minute by car, minute's drive.

Automobil *nt* -s, -e (*dated, geh*) motor-car, automobile (*esp US, dated*).

Automobil|ausstellung *f* motor show; **Automobilbau** *m* -s, *no pl* car *or* automobile (*US*) manufacture; **Auto-**

mobilclub *m* automobile association.

Automobilist *m (Sw, geh)* (car) driver.

Automobilklub *m siehe* **Automobilclub;**
Automobilsalon *m* motor show.

Automodell *nt* (car) model; *(Miniaturauto)*
model car; **autonom** *adj* autonomous
(auch fig); *Nervensystem* autonomic;
Autonomie *f* autonomy *(auch fig)*;
Autonomist *m* autonomist; **Auto-
nummer** *f* (car) number; **Auto|öl** *nt*
motor oil; **Autopilot** *m (Aviat)* autopilot.

Autopsie *f (Med)* autopsy.

Autor *m* author.

Autoradio *nt* car radio; **Autoreifen** *m* car
tyre; **Autoreisezug** *m* ≃ motorail
train; **mit dem ~ fahren** to go by motorail.

Autorenkollektiv *nt* team of authors.

Autorennbahn *f* motor-racing circuit; **Autorennen** *nt* (motor) race; *(Rennsport)*
motor racing; **Autorennsport** *m* motor
racing.

Autorenregister *nt* index of authors.

Autoreparaturwerkstatt *f* garage, car
repair shop.

Autorin *f* authoress.

autorisieren* *vt* to authorize.

autoritär *adj* authoritarian.

Autoritarismus *m (geh)* authoritarianism.

Autorität *f (alle Bedeutungen)* authority.

autoritativ *adj (geh)* authoritative.

autoritätsgläubig *adj* trusting in authority;
Autoritätsgläubigkeit *f* trust in authority.

Autorkorrektur *f* *(Korrekturfahne)*
author's proof; *(Änderung)* author's correction.

Autoschalter *m* drive-in counter; **Autoschlange** *f* queue *(Brit) or* line of cars;
Autoschlosser *m* panel beater; **Au-
toschlosserei** *f* body shop; **Auto-
skooter** ['-ˌskuːtɛ] *m* **-s, -** dodgem *or*
bumper car; **Autospengler** *m (S Ger,
Aus, Sw) siehe* **Autoschlosser; Auto-
stop(p)** *m (esp S Ger)* hitch-hiking,
hitching; **~ machen, per ~ fahren** to
hitch(hike); **Autostraße** *f* main road,
highway *(esp US)*; **Autostrich** *m (sl)*
prostitution to car-drivers; *(Gegend)*
*area where prostitutes are available for
car-drivers*; **Autostunde** *f* hour's drive;
Autosuggestion *f* autosuggestion;
Autotelefon *nt* car telephone; **Auto-
typie** *f* autotypy; **Auto|unfall** *m* car
accident; **Autoverkehr** *m* motor
traffic; **Autoverleih** *m*, **Autover-
mietung** *f* car hire *or* rental; *(Firma)* car
hire *or* rental firm; **Autoversicherung** *f*

car *or* motor insurance; **Autowerkstatt**
f garage, car repair shop *(US)*; **Auto-
wrack** *nt* (car) wreck, wrecked car;
Autozoom *nt (Phot)* automatic zoom
(lens); **Autozubehör** *nt* car *or* motor
accessories *pl*; **Autozug** *m siehe* **Autoreisezug.**

autsch *interj (inf)* ouch, ow.

auweh, auwei(a) *interj* oh dear.

Avance [a'vãːsə] *f* **-, -n jdm ~n machen**
(geh) to make approaches to sb.

avancieren* [avãˈsiːrən] *vi aux sein (dated,
geh)* to advance *(zu* to).

Avant- [avã]: **Avantgarde** *f (geh) (Art)*
avant-garde; *(Pol)* vanguard *(fig)*;
Avantgardismus *m* avant-gardism;
Avantgardist *m* member of the avant-
garde, avant-gardist; **avantgardistisch**
adj avant-garde.

AvD [aːfauˈdeː] *abbr of* **Automobilclub
von Deutschland.**

Ave-Maria [ˈaːvemaˈriːa] *nt* **-(s), -(s)** Ave
Maria; *(Gebet auch)* Hail Mary.

Avers [a'vers] *m* **-es, -e** face, obverse.

Aversion [averˈzioːn] *f* aversion *(gegen* to).

Avis [a'viː] *m or nt* **-, -,** **Avis** [a'viːs] *m or nt*
-es, -e *(Comm)* advice *(Comm)*; *(schrift-
lich)* advice-note.

avisieren* [aviˈziːrən] *vt* to send notification of, to advise of.

Aviso [a'viːzo] *nt* **-s, -s** *(Aus) siehe* **Avis.**

Avitaminose [avitamiˈnoːzə] *f* **-, -n** *(Med)*
avitaminosis.

Avocado, Avokato [avoˈkaːdo, -to] *f* **-, -s**
avocado.

Axel *m* **-s, -** *(Sport)* axel.

axial *adj* axial.

Axiom *nt* **-s, -e** axiom.

Axiomatik *f, no pl* axiomatics *sing.*

axiomatisch *adj* axiomatic.

Axt *f* **-, ⁻e** axe *(Brit)*, ax *(US)*. **sich wie
eine *or* die ~ im Wald benehmen** *(fig
inf)* to behave like a peasant *or* boor;
**die ~ im Haus erspart den Zimmer-
mann** *(Prov)* self-help is the best help;
**die ~ an etw/an die Wurzel einer Sache
legen** *(fig)* to tear up the very roots of
sth.

Axthieb *m* blow of the/an axe.

Azalee, Azalie [-iə] *f* **-, -n** *(Bot)* azalea.

Azoren *pl (Geog)* Azores *pl.*

Azteke *m* **-n, -n, Aztekin** *f* Aztec.

Azubi *m* **-s, -s** *abbr of* **Auszubildende(r).**

Azur *m* **-s, no pl** *(poet)* azure sky; *(Farbe)*
azure.

azurblau, azurn *(poet) adj* azure(-blue).

azyklisch *adj* acyclic.

B

B, b [be:] *nt* **-, -** B, b; (*Mus*) (*Ton*) B flat; (*Versetzungszeichen*) flat. **B-dur/b-Moll** (the key of) B flat major/minor.

babbeln *vi* (*inf*) to babble; (*Schwätzer auch*) to chatter.

Babel *nt* **-s** (*Bibl*) Babel; (*fig*) (*Sünden~*) sink of iniquity; (*von Sprachen*) melting pot.

Baby ['be:bi] *nt* **-s, -s** baby.

Baby- ['be:bi-] *in cpds* baby; **Baby|ausstattung** *f* layette; **Babydoll** *nt* **-(s), -s** baby-dolls *pl*, baby-doll pyjamas *pl*; **Babykorb** *m* bassinet.

babylonisch *adj* Babylonian. **eine ~e Sprachverwirrung** a Babel of languages; **der B~e Turm** the Tower of Babel; **die B~e Gefangenschaft** Babylonian captivity.

babysitten ['be:bi-] *vi insep* to babysit; **Babysitter(in** *f*) *m* **-s, -** babysitter; **Babyspeck** *m* (*inf*) puppy fat; **Babywaage** *f* scales *pl* for weighing babies.

Bacchanal [baxa'na:l] *nt* **-s, -ien** [-liən] **1.** (*in der Antike*) Bacchanalia. **2.** *pl* **-e** (*geh*) bacchanal, drunken orgy.

Bacchant(in *f*) [ba'xant(ɪn)] *m* bacchant.

bacchantisch *adj* bacchanalian.

Bacchus ['baxʊs] *m* **-** (*Myth*) Bacchus. **dem ~ huldigen** (*geh*) to imbibe (*form*).

Bach *m* **-(e)s, -̈e** stream (*auch fig*), brook; (*Naut, Aviat sl: Gewässer*) drink (*inf*).

bach|ab *adv* (*Sw*) downstream.

Bache *f* **-, -n** (wild) sow.

Bachforelle *f* brown trout.

Bächlein *nt dim of* **Bach** (small) stream, brooklet. **ein ~ machen** (*baby-talk*) to do a wee-wee (*baby-talk*).

Bachstelze *f* **-, -n** wagtail.

back *adv* (*Naut*) back.

Back *f* **-, -en** (*Naut*) **1.** (*Deck*) forecastle, fo'c'sle. **2.** (*Schüssel*) dixie, mess-tin, mess kit (*US*); (*Tafel*) mess table.

Backblech *nt* baking tray.

Backbord *nt* **-(e)s,** *no pl* (*Naut*) port (side). **von ~ nach Steuerbord** from port to starboard; **über ~** over the port side.

backbord(s) *adv* (*Naut*) on the port side. **(nach) ~** to port.

Bäckchen *nt* (little) cheek.

Backe *f* **-, -n 1.** (*Wange*) cheek. **mit vollen ~n kauen** to chew *or* eat with bulging cheeks; **au ~!** (*dated inf*) oh dear! **2.** (*inf: Hinter~*) buttock, cheek. **3.** (*von Schraubstock*) jaw; (*Brems~*) (*bei Auto*) shoe; (*bei Fahrrad*) block; (*von Skibindung*) toe-piece; (*von Gewehr*) cheekpiece.

backen¹ *pret* **backte** *or* (*old*) **buk**, *ptp* **gebacken I** *vt* to bake; *Brot, Kuchen auch* to make; (*dial: braten*) *Fisch, Eier etc* to fry; (*dial: dörren*) *Obst* to dry. **frisch/knusprig gebackenes Brot** fresh (baked)/crusty bread; **wir ~ alles selbst**

we do all our own baking; **gebackener Fisch** fried fish; (*im Ofen*) baked fish; **ein frisch gebackener Ehemann** (*inf*) a newly-wed; **ein frisch gebackener Arzt** (*inf*) a newly-fledged doctor.

II *vi* (*Brot, Kuchen*) to bake; (*dial: braten*) to fry; (*dial: dörren*) to dry. **der Kuchen muß noch 20 Minuten ~** the cake will have to be in the oven *or* will take another 20 minutes.

backen² (*dial inf*) *vi* (*kleben: Schnee etc*) to stick (*an +dat* to).

Backenbart *m* sideboards *pl*, sideburns *pl*, (side) whiskers *pl*; **Backenbremse** *f* (*bei Auto*) shoe brake; (*bei Fahrrad*) block brake; **Backenknochen** *m* cheekbone; **Backentasche** *f* (*Zool*) cheek pouch; **Backenzahn** *m* molar.

Bäcker *m* **-s, -** baker. **~ lernen** to learn the baker's trade, to be an apprentice baker; **~ werden** to be *or* become a baker; **beim ~** at the baker's; **zum ~ gehen** to go to the baker's.

Back|erbsen *pl* (*Aus, S Ger: Cook*) small round noodles eaten in soup.

Bäckerei *f* **1.** (*Bäckerladen*) baker's (shop); (*Backstube*) bakery. **2.** (*Gewerbe*) bakery, baking trade. **3.** (*Aus*) (*Gebäck*) pastries *pl*; (*Kekse*) biscuits *pl*.

Bäckergeselle *m* (journeyman) baker; **Bäckerjunge** *m* baker's boy; (*Lehrling*) baker's apprentice; **Bäckerladen** *m* baker's (shop); **Bäckermeister** *m* master baker.

Bäckersfrau *f* baker's wife.

Backfeige *f* (*dial*) *siehe* **Ohrfeige**.

backfertig *adj* oven-ready; **Backfett** *nt* cooking fat; **Backfisch** *m* **1.** fried fish; **2.** (*dated*) teenager, teenage girl; **Backform** *f* baking tin; (*für Kuchen auch*) cake tin.

Backhähnchen, Backhendl (*S Ger, Aus*), **Backhuhn** *nt* roast chicken.

Back|obst *nt* dried fruit; **Back|ofen** *m* oven; **es ist heiß wie in einem ~** it's like an oven; **Backpfeife** (*dial*) slap on *or* round (*inf*) the face; **Backpflaume** *f* prune; **Backpulver** *nt* baking powder; **Backrohr** *nt* (*Aus*), **Backröhre** *f* oven.

Backstein *m* brick.

Backsteinbau *m* brick building; **Backsteingotik** *f* Gothic architecture built in brick.

Backstube *f* bakery; **Backtrog** *m* kneading *or* dough trough, dough tray, hutch; **Backwaren** *pl* bread, cakes and pastries *pl*; **Backwerk** *nt* (*old*) cakes and pastries *pl*; **Backzeit** *f* baking time.

Bad *nt* **-(e)s, -̈er 1.** (*Wannen~, Badewanne, Phot*) bath; (*das Baden*) bathing. **ein ~ nehmen** to have *or* take a bath; (*sich dat*) **ein ~ einlaufen lassen** to run (oneself) a bath; **jdm ~er verschreiben** (*Med*) to prescribe sb a course of (therapeutic) baths.

2. (*im Meer etc*) bathe, swim; (*das Baden*) bathing, swimming.

3. (*Badezimmer*) bathroom. **Zimmer mit** ~ room with (private) bath.

4. (*Schwimm~*) (swimming) pool *or* bath(s). **die städtischen** ~**er** the public baths.

5. (*Heil~*) spa; (*See~*) (seaside) resort.

Bade|anstalt *f* (public) swimming baths *pl*; **Bade|anzug** *m* swimming costume, swimsuit; **Badegast** *m* 1. (*im Kurort*) spa visitor; 2. (*im Schwimmbad*) bather, swimmer; **Badegelegenheit** *f* **gibt es dort eine** ~? can one swim *or* bathe there?; **Bade(hand)tuch** *nt* bath towel; **Badehaube** *f* (*dated*) *siehe* **Badekappe**; **Badehose** *f* (swimming *or* bathing) trunks *pl*; **eine** ~ a pair of (swimming *or* bathing) trunks; **Badekabine** *f* changing cubicle; **Badekappe** *f* swimming cap *or* hat, bathing cap; **Badekostüm** *nt* (*geh*) swimming *or* bathing costume; **Badelaken** *nt* bath sheet; **Bademantel** *m* beach robe; (*Morgenmantel*) bathrobe, towelling dressing gown; **Badematte** *f* bathmat; **Bademeister** *m* (pool) attendant; **Bademütze** *f siehe* **Badekappe**.

baden I *vi* 1. to have a bath, to bath. **hast du schon gebadet?** have you had your bath already?; **warm/kalt** ~ to have a hot/ cold bath.

2. (*im Meer, Schwimmbad etc*) to swim, to bathe. **sie hat im Meer gebadet** she swam *or* bathed *or* had a swim in the sea; **die B~den** the bathers; ~ **gehen** to go swimming *or* (*einmal*) for a swim.

3. (*inf*) ~ **gehen** to come a cropper (*inf*); **wenn das passiert, gehe ich** ~ I'll be for it if that happens (*inf*).

II *vt* 1. *Kind etc* to bath. **er ist als Kind zu heiß gebadet worden** (*hum*) he was dropped on the head as a child (*hum*); **in Schweiß gebadet** bathed in sweat.

2. *Augen, Wunde etc* to bathe.

III *vr* to bathe, to have a bath.

Badenixe *f* (*hum*) bathing beauty *or* belle.

Baden-Württemberg *nt* **-s** Baden-Württemberg.

Bade|ofen *m* boiler; **Bade|ort** *m* (*Kurort*) spa; (*Seebad*) (seaside) resort; **Badeplatz** *m* place for bathing.

Bader *m* **-s, -** (*old*) barber (*old*); (*dial: Arzt*) village quack (*hum*).

Baderaum *m* bathroom; **Badereise** *f* (*dated*) trip to a spa; **Badesaison** *f* swimming season; (*in Kurort*) spa season; **Badesalz** *nt* bath salts *pl*; **Badeschaum** *m* bubble bath; **Badeschuh** *m* bathing shoe; **Badeschwamm** *m* sponge; **Badestrand** *m* (bathing) beach; **Badetrikot** *nt* swimming *or* bathing costume; **Badetuch** *nt siehe* **Bade(hand)-tuch**; **Badewanne** *f* bath(tub); **Badewärter** *m* swimming pool attendant; **Badewasser** *nt* bath water; **Badewetter** *nt* weather warm enough for bathing *or* swimming; **Badezeit** *f* bathing *or* swimming season; **Badezeug** *nt* swimming gear, swimming *or* bathing things *pl*; **Badezimmer** *nt* bathroom; **Badezusatz** *m* bath salts, bubble bath *etc*.

Badminton ['bɛtmɪntən] *nt* -, *no pl* badminton.

baff *adj pred* (*inf*) ~ **sein** to be flabbergasted.

BAFöG ['ba:føk] *nt abbr of* **Bundesausbildungsförderungsgesetz** (*Univ sl*) **er kriegt** ~ he gets a grant.

Bagage [ba'ga:ʒə] *f* -, *no pl* 1. (*old, Sw, inf: Gepäck*) luggage, baggage.

2. (*dated inf*) (*Gesindel*) crowd, crew (*inf*), gang (*inf*); (*Familie*) pack (*inf*). **die ganze** ~ the whole bloody lot (*sl*).

Bagatelldelikt *nt* petty *or* minor offence.

Bagatelle *f* trifle, bagatelle; (*Mus*) bagatelle.

bagatellisieren* I *vt* to trivialize, to minimize. II *vi* to trivialize.

Bagatellsache *f* (*Jur*) petty *or* minor case; **Bagatellschaden** *m* minor *or* superficial damage.

Bagger *m* **-s, -** excavator; (*für Schlamm*) dredger.

Baggerführer *m* driver of an/the excavator/dredger.

baggern *vti* *Graben* to excavate, to dig; *Fahrrinne* to dredge.

Baggersee *m* artificial lake in gravel pit etc.

bäh, bäh *interj* 1. (*aus Schadenfreude*) heehee (*inf*); (*vor Ekel*) ugh. 2. ~ **machen** (*baby-talk: Schaf*) to baa, to go baa.

Bählamm *nt* (*baby-talk*) baa-lamb.

Bahn *f* -, **-en** 1. (*Weg*) path, track; (*von Fluß*) course; (*fig*) path; (*Fahr~*) carriageway. ~ **frei!** make way!, (get) out of the way!; **jdm/einer Sache die** ~ **frei machen/ebnen** (*fig*) to clear/ pave the way for sb/sth; **die** ~ **ist frei** (*fig*) the way is clear; **sich** (*dat*) ~ **brechen** (*lit*) to force one's way; (*fig*) to make headway; (*Mensch*) to forge ahead; **einer Sache** (*dat*) ~ **brechen** to open *or* pave the way for sth, to blaze the trail for sth; **sich auf neuen** ~**en bewegen** to break new *or* fresh ground; **in gewohnten** ~**en verlaufen** to go on in the same old way, to continue as before; **von der rechten** ~ **abkommen** (*geh*) to stray from the straight and narrow; **jdn auf die rechte** ~ **bringen** (*fig*) to put sb on the straight and narrow; **etw in die richtigen** ~**en lenken** (*fig*) to channel sth properly; **jdn aus der** ~ **werfen** to throw sb off the track; (*fig*) to shatter sb.

2. (*Eisen~*) railway, railroad (*US*); (*Straßen~*) tram, streetcar (*US*); (*Zug*) (*der Eisen~, U-~*) train; (*der Straßen~*) tram, streetcar (*US*); (*~hof*) station; (*Verkehrsnetz, Verwaltung*) railway *usu pl*, railroad (*US*). **mit der** *or* **per** ~ by train *or* rail/tram; **frei** ~ (*Comm*) carriage free to station of destination; **er ist** *or* **arbeitet bei der** ~ he's with the railways *or* railroad (*US*), he works for *or* on the railways.

3. (*Sport*) track; (*Pferderen auch*) course; (*in Schwimmbecken*) pool; (*Kegel~*) (bowling) alley; (*für einzelne Teilnehmer*) lane; (*Schlitten~, Bob~*) run.

4. (*Astron*) orbit, path; (*Raketen~, Geschoß~*) (flight) path, trajectory.

5. (*Stoff~, Tapeten~*) length, strip.

Bahn|anschluß *m* railway *or* railroad (*US*) connection *or* link; ~ **haben** to be connected or linked to the railway or railroad (US) (system); **Bahn|arbeiter** m railwayman, railroader (US); **Bahnbe|amte(r)** m railway or railroad (US) official; **bahnbrechend** adj pioneering; **B~es leisten** to pioneer new developments; **~ sein/ wirken** to be pioneering; (Erfinder etc) to be a pioneer; **Bahnbrecher(in** f) m pioneer; **Bahnbus** m bus run by railway company.

Bähnchen nt dim of **Bahn**.

Bahndamm m (railway) embankment.

bahnen vt Pfad to clear; Flußbett to carve or channel out. **jdm/einer Sache den/einen Weg ~** to clear the/a way for sb/sth; (fig) to pave or prepare the way for sb/sth; **sich (dat) einen Weg ~** to fight or (lit auch) force one's way.

Bahnfahrt f rail journey; **Bahnfracht** f rail freight; **bahnfrei** adv (Comm) carriage free to station of destination; **Bahngelände** nt railway or railroad (US) area; **Bahngleis** nt railway or railroad (US) line; (von Straßenbahn) tram or streetcar (US) line.

Bahnhof m (railway or railroad (US)/bus/ tram or streetcar US) station; (dated: Straßen~) tram or streetcar (US) depot. **am** or **auf dem ~** at the station; **~ Schöneberg** Schöneberg station; **ich verstehe nur ~** (hum inf) it's as clear as mud (to me) (inf), it's all Greek to me (inf); **er wurde mit großem ~ empfangen** he was given the red carpet treatment, they rolled the red carpet out for him.

Bahnhof- (esp S Ger, Aus, Sw), **Bahnhofs-** in cpds station; **Bahnhofsbüffet** nt (esp Aus, Sw) station buffet; **Bahnhofsgaststätte** f station restaurant; **Bahnhofshalle** f (station) concourse; **in der ~ in** the station; **Bahnhofsmission** f travellers' aid; **Bahnhofsplatz** m station square; **Bahnhofs|uhr** f station clock; **Bahnhofsvorplatz** m station forecourt; **Bahnhofsvorstand** (Aus, Sw), **Bahnhofsvorsteher** m stationmaster; **Bahnhofswirtschaft** f station bar.

Bahnkörper m track; **bahnlagernd** adj (Comm) to be collected from the station; **Bahnlinie** f (railway or railroad US) line or track; **Bahnnetz** nt rail(way) or railroad (US) network; **Bahnpolizei** f railway or railroad (US) police; **Bahnpost** f travelling post office; **Bahnschranke** f, **Bahnschranken** m (Aus) level or grade (US) crossing barrier or gate; **Bahnsteig** m platform; **Bahnsteigkarte** f platform ticket; **Bahnstrecke** f railway or railroad (US) route or line; **Bahn|überführung** f railway or railroad (US) footbridge; **Bahn|übergang** m level or grade (US) crossing; **beschrankter/unbeschrankter ~** level crossing with gates/unguarded level crossing; **Bahn|unterführung** f railway or railroad (US) underpass; **Bahnwärter** m gatekeeper, (level crossing) attendant; **Bahnwärterhäuschen** nt gatekeeper's hut.

Bahre f -, -n (Kranken~) stretcher; (Toten~) bier.

Bahrtuch nt pall.

Bai f -, en bay.

bairisch adj (Hist, Ling) Bavarian.

Baiser [bɛ'zeː] nt -s, -s meringue.

Baisse ['bɛːs(ə)] f -, -n (St Ex) fall; (plötzliche) slump. **auf (die) ~ spekulieren** to bear.

Baissier [bɛ'siːe] m -s, -s bear.

Bajazzo m -s, -s clown.

Bajonett nt -(e)s, -e bayonet.

Bajonettfassung f (Elec) bayonet fitting; **Bajonettverschluß** m (Elec) bayonet socket.

Bajuware m -n, -n, **Bajuwarin** f (old, hum) Bavarian.

Bake f -, -n (Naut) marker buoy; (Aviat) beacon; (Verkehrszeichen) distance warning signal; (vor Bahnübergang, an Autobahn auch) countdown marker.

Bakkarat ['bakara(t)] nt -s, no pl (Cards) baccarat.

Bakschisch nt -s, -e or -s baksheesh; (Bestechungsgeld) bribe, backhander (inf). **~ geben** to give baksheesh/a bribe or backhander.

Bakterie [-riə] f -, -n usu pl germ, bacterium (spec). **~n** germs pl, bacteria pl.

bakteriell adj bacterial, bacteria attr. **~ verursacht** caused by germs or bacteria.

Bakterienkrieg m germ or biological warfare; **Bakterienkultur** f bacteria culture; **Bakterienträger** m carrier.

Bakteriologe m, **Bakteriologin** f bacteriologist.

Bakteriologie f bacteriology.

bakteriologisch adj Forschung, Test bacteriological; Krieg biological.

Bakterium nt (form) siehe **Bakterie**.

bakterizid adj germicidal, bactericidal.

Balalaika f -, -s or **Balalaiken** balalaika.

Balance [ba'lãː(ə)] f -, -n balance, equilibrium. **die ~ halten/verlieren** to keep/lose one's balance.

Balance|akt [ba'lãː(ə)-] m (lit) balancing or tightrope or high-wire act; (fig) balancing act.

balancieren* [balã'siːrən] I vi aux sein to balance; (fig) to achieve a balance (zwischen + dat between). **über etw (acc) ~** to balance one's way across sth. II vt to balance.

Balancierstange f (balancing) pole.

balbieren* vt (inf): **jdn über den Löffel ~** to pull the wool over sb's eyes, to lead sb by the nose (inf).

bald I adv, comp **eher** or **=er** (old, dial), superl **am ehesten 1.** (schnell, in Kürze) soon. **er kommt ~** he'll be coming soon; **~ ist Weihnachten/Winter** it will soon be Christmas/winter; **~ darauf** soon afterwards, a little later; **(all)zu ~** (all) too soon; **so ~ wie** or **als möglich, möglichst ~** as soon as possible; **nicht so ~** not in the near future; **wirst du wohl ~ ruhig sein?** will you just be quiet!; **wird's ~?** get a move on; **bis ~!** see you soon.

2. (fast) almost, nearly. **sie platzt ~ vor Neugier** she's almost bursting with curiosity; **das ist ~ nicht mehr schön** that is really beyond a joke; siehe **sobald**.

II conj (geh) **~ ..., ~ ...** one moment ..., the next ..., now ..., now ...; **~ hier, ~ da** now here, now there; **~ so, ~ so** now this way, now that.

Baldachin [-xi:n] *m* **-s, -e** canopy, baldachin; (*Archit*) baldachin, baldaquin.

Bälde *f*: **in** ~ in the near future.

baldig *adj attr, no comp* quick, speedy; *Antwort, Wiedersehen* early. **wir hoffen auf Ihr** ~**es Kommen** we hope you will come soon; **auf** ~**es Wiedersehen!** (hope to) see you soon!

baldigst *adv superl of* **baldig** (*form*) as soon as possible, without delay.

baldmöglichst *adv* as soon as possible.

Baldrian *m* **-s, -e** valerian.

Baldriantropfen *pl* valerian (drops *pl*).

Balearen *pl* **die** ~ the Balearic Islands *pl*.

Balg[1] *m* **-(e)s, -̈e 1.** (*Tierhaut*) pelt, skin; (*von Vogel*) skin; (*inf: Bauch*) belly (*inf*); (*einer Puppe*) body. **einem Tier den** ~ **abziehen** to skin an animal; **sich** (*dat*) **den** ~ **vollschlagen** *or* **vollstopfen** (*inf*) to stuff oneself (*inf*).
2. (*Blase~, Phot, Rail*) bellows *pl.* **die** ~**e treten** to work the bellows.

Balg[2] *m or nt* **-(e)s, -̈er** (*pej inf: Kind*) brat (*pej inf*).

Balgen *m* **-s, -** (*Phot*) bellows *pl.*

balgen *vr* to scrap (*um* over).

Balgerei *f* scrap, tussle. **hört jetzt auf mit der** ~! stop scrapping!

Balkan *m* **-s 1.** (~*halbinsel*, ~*länder*) **der** ~ the Balkans *pl*; **auf dem** ~ in the Balkans; **dort herrschen Zustände wie auf dem** ~ (*fig inf*) things are in a terrible state there.
2. (~*gebirge*) Balkan Mountains *pl*.

Balkanhalb|insel *f* Balkan Peninsula.

Balkanisierung *f* Balkanization.

Balken *m* **-s, - 1.** (*Holz*~, *Schwebe*~) beam; (*Stütz*~) prop, shore; (*Quer*~) joist, crossbeam; (*Sport: bei Hürdenlauf*) rail. **der** ~ **im eigenen Auge** (*Bibl*) the beam in one's own eye; **lügen, daß sich die** ~ **biegen** (*inf*) to lie in one's teeth, to tell a pack of lies; **Wasser hat keine** ~ (*Prov*) not everyone can walk on water.
2. (*Strich*) bar; (*Her auch*) fess(e); (*Uniformstreifen*) stripe.
3. (*an Waage*) beam.

Balkenbrücke *f* girder bridge; **Balkendecke** *f* ceiling with wooden beams; **Balkenkonstruktion** *f* timber-frame construction; **Balken|überschrift** *f* (*Press*) banner headline; **Balkenwaage** *f* (beam) balance; **Balkenwerk** *nt* timbering, timbers *pl*, beams *pl*.

Balkon [bal'kɔŋ, (*Aus*) bal'ko:n] *m* **-s, -s** *or* **-e** balcony; (*Theat*) (dress) circle. ~ **sitzen** (*Theat*) to have seats in the (dress) circle.

Balkonmöbel *pl* garden furniture *sing*; **Balkontür** *f* French window(s); **Balkonzimmer** *nt* room with a balcony.

Ball[1] *m* **-(e)s, -̈e** ball. ~ **spielen** to play (with a) ball; **am** ~ **sein** (*lit*) to have the ball, to be in possession of the ball; **bei jdm am** ~ **sein** (*fig*) to be in with sb; **immer am** ~ **sein** (*fig*) to be on the ball; **am** ~ **bleiben** (*lit*) to keep (possession of) the ball; (*fig: auf dem neuesten Stand bleiben*) to stay on the ball; **bei jdm am** ~ **bleiben** (*fig*) to keep in with sb; **hart am** ~ **bleiben** to stick at it; **jdm den** ~ **zuspielen** (*lit*) to pass (the ball) to sb; **jdm/sich gegenseitig die** ~**e zuspielen** *or* **zuwerfen** (*fig*) to feed sb/each other lines; **einen** ~ **machen**

(*Billard*) to pocket a ball; **der glutrote** ~ **der Sonne** (*poet*) the sun's fiery orb (*poet*).

Ball[2] *m* **-(e)s, -̈e** (*Tanzfest*) ball. **auf dem** ~ at the ball.

Ballade *f* ballad.

balladenhaft, balladesk I *adj* balladic, ballad-like. **II** *adv* in a balladic *or* ballad-like way *or* manner.

Balladensänger *m* balladier, ballad-singer.

Ballast [*or* -'-] *m* **-(e)s,** (*rare*) **-e** (*Naut, Aviat*) ballast; (*fig*) burden, encumbrance; (*in Büchern*) padding. ~ **abwerfen** *or* **über Bord werfen** (*lit*) to discharge *or* shed ballast; (*fig*) to get rid of a burden *or* an encumbrance; **jdn/etw als** ~ **empfinden** to find sb/sth (to be) a burden *or* an encumbrance.

Ballaststoffe *pl* (*Med*) roughage *sing*.

Ballen *m* **-s, - 1.** bale; (*Kaffee*~) sack. **in** ~ **verpacken** to bale. **2.** (*Anat: an Daumen, Zehen*) ball; (*an Pfote*) pad. **3.** (*Med: am Fußknochen*) bunion.

ballen I *vt* *Faust* to clench; *Papier* to crumple (into a ball); *Lehm etc* to press (into a ball); *siehe* **geballt, Faust.**
II *vr* (*Menschenmenge*) to crowd; (*Wolken*) to gather, to build up; (*Verkehr*) to build up; (*Faust*) to clench.

ballenweise *adv* in bales.

Ballerei *f* (*inf*) shoot-out (*inf*), shoot-up (*inf*).

Ballerina *f* **-,** **Ballerinen** ballerina, ballet dancer.

Ballermann *m* **-s, Ballermänner** (*sl*) iron (*sl*), gun.

ballern I *vi* (*inf*) to shoot, to fire; (*Schuß*) to ring out. **gegen die Tür** ~ to hammer on the door. **II** *vt* **jdm eine** ~ (*sl*) to sock sb one (*inf*); **du kriegst gleich eine geballert** (*sl*) I'll sock you one (*inf*).

Ballett *nt* **-(e)s, -e** ballet. **beim** ~ **sein** (*inf*) to be (a dancer) with the ballet, to be a ballet dancer; **zum** ~ **gehen** to become a ballet dancer.

Balletttänzer(in *f*) *m* getrennt: **Balletttänzer(in)** ballet dancer.

Balletteuse [-'tø:zə] *f* ballet dancer.

Ballett- *in cpds* ballet; **Ballettmeister** *m* ballet master, maître de ballet; **Ballettröckchen** *nt* tutu; **Balletttruppe** *f* ballet (company).

Ballführung *f* (*Sport*) ball control; **Ballgefühl** *nt* (*Sport*) feel for the ball; **Ballhaus** *nt* (*old*) real tennis court.

Ballistik *f, no pl* ballistics *sing*.

ballistisch *adj* ballistic.

Balljunge *m* (*Tennis*) ball boy; **Ballkleid** *nt* ball dress *or* gown; **Ballkönigin** *f* belle of the ball; **Ballkünstler** *m* (*Ftbl*) artist with the ball.

Ballon [ba'lɔŋ, (*Aus, Sw*) ba'lo:n] *m* **-s, -s** *or* **-e 1.** balloon. **2.** (*Chem*) carboy, demijohn. **3.** (*sl: Kopf*) nut (*inf*). **jdm eins auf den** ~ **geben** to hit sb on the nut (*inf*); **einen roten** ~ **kriegen** to go bright red.

Ballonmütze *f* baker's boy cap; **Ballonreifen** *m* balloon tyre.

Ballsaal *m* ballroom; **Ballschuh** *m* evening *or* dancing shoe; **Ballspiel** *nt* ball game; **Ballspielen** *nt* **-s, no pl** playing ball; ,,~ **verboten**" "no ball games"; **Balltechnik** f (*Sport*) technique with the ball; **Balltoilette** f : **in großer** ~ in full evening dress.

Ballung f concentration; (*von Truppen auch*) massing.

Ballungsgebiet nt, **Ballungsraum** m conurbation; **Ballungszentrum** nt centre (*of population, industry etc*).

Ballwechsel m (*Sport*) rally.

Balneologie f balneology.

Bal paradox m - -, -s - *ball at which women ask men to dance*.

Bal paré m - -, -s -s grand ball.

Balsaholz nt balsa wood.

Balsam m -s, -e balsam, balm (*liter*); (*fig*) balm. ~ **in jds Wunden** (*acc*) **träufeln** (*liter*) to pour balm on sb's wounds.

Balte m -n, -n, **Baltin** f Balt.

Baltikum nt **-s das** ~ the Baltic States.

baltisch adj Baltic attr.

Balustrade f balustrade.

Balz f -, -en 1. (*Paarungsspiel*) courtship display. 2. (*Paarungszeit*) mating season.

balzen vi to perform the courtship display.

Balzruf m mating call or cry; **Balzzeit** f siehe **Balz 2**.

Bambule f -, -n (sl) ructions pl. ~ **machen** to go on the rampage.

Bambus m -ses or -, -se bamboo.

Bambusrohr nt bamboo cane; **Bambussprossen** pl bamboo shoots pl; **Bambusstab** m (*Sport*) bamboo (vaulting) pole; **Bambusvorhang** m (*Pol*) bamboo curtain.

Bammel m -s, no pl (inf) (**einen**) ~ **vor jdm/ etw haben** to be nervous or (*stärker*) scared of sb/sth.

banal adj banal, trite.

banalisieren* vt to trivialize.

Banalität f 1. no pl banality, triteness. 2. usu pl (*Äußerung*) platitude.

Banane f -, -n banana.

Bananendampfer m banana boat; **Bananenrepublik** f (*Pol pej*) banana republic; **Bananenschale** f banana skin; **Bananenstecker** m jack plug.

Banause m -n, -n (pej) peasant (inf); (*Kultur*~ auch) philistine.

Banausentum nt, no pl (pej) philistinism.

banausisch adj philistine.

band pret of **binden**.

Band¹ nt -(e)s, "er 1. (*Seiden*~ etc) ribbon; (*Isolier*~, *Maß*~, *Ziel*~) tape; (*Haar*~, *Hut*~) band; (*Schürzen*~) string; (*Tech: zur Verpackung*) (metal) band; (*Faß*~) hoop; (*Art: Ornament*) band. **das Blaue** ~ the Blue Riband; **das silberne** ~ **des Nils** (*liter*) the silver ribbon of the Nile.

2. (*Ton*~) (recording) tape. **etw auf** ~ **aufnehmen** to tape or (tape-)record sth; **etw auf** ~ **sprechen/diktieren** to record sth on tape/dictate sth onto tape.

3. (*Fließ*~) conveyor belt; (*als Einrichtung*) production line; (*Montage*~) assembly line; (*in Autowerk*) track (inf). **am** ~ **arbeiten** or **stehen** to work on the conveyor belt etc; **vom** ~ **laufen** to come off the conveyor belt etc; **am laufenden** ~ (*fig*) non-stop, continuously; **es gab Ärger am laufenden** ~ there was non-stop or

continuous trouble; **etw am laufenden** ~ **tun** to keep on doing sth.

4. (*Rad*) wavelength, frequency band. **auf dem 44m-**~ **senden** to broadcast on the 44m band.

5. (*Anat*) usu pl ligament.

6. (*Baubeschlag*) hinge.

Band² nt -(e)s, -e (liter) 1. **das** ~ **der Freundschaft/Liebe** etc the bonds or ties of friendship/love etc; **familiäre** ~e family ties; **mit jdm freundschaftliche** ~e **anknüpfen** to become or make friends with sb; **zarte** ~e **knüpfen** to start a romance.

2. ~e **pl** (*Fesseln*) bonds pl, fetters pl; (*fig auch*) shackles pl; **jdn in** ~e **schlagen** to clap or put sb in irons.

Band³ m -(e)s, "e (*Buch*~) volume. **ein gewaltiger** ~ a mighty tome; **darüber könnte man** "e **schreiben/erzählen** you could write volumes or a book about that; **mit etw** "e **füllen** to write volumes about sth; **das spricht** "e that speaks volumes.

Band⁴ [bɛnt] f -, -s (*Mus*) band; (*Beat*~ auch*) group.

Bandage [-ˈdaːʒə] f -, -n bandage. **mit harten** ~n **kämpfen/verhandeln** (*fig inf*) to fight/negotiate with no holds barred; **das sind harte** ~n (*fig inf*) that is really tough.

bandagieren* [-ˈʒiːrən] vt to bandage (up).

Band|aufnahme f tape-recording; **Bandaufnahmegerät** nt tape-recorder; **Bandbreite** f 1. (*Rad*) waveband, frequency range; 2. (*von Meinungen, Gehältern etc*) range; 3. (*Fin*) (range of) fluctuation or variation.

Bändchen nt dim of **Band¹ 1.**, **Band³**.

Bande¹ f -, -n gang; (*Schmuggler*~) band; (*inf: Gruppe*) bunch (inf), crew (inf).

Bande² f -, -n (*Sport*) (*von Eisbahn*) barrier; (*von Reitbahn auch*) fence; (*Billard*) cushion; (*von Kegelbahn*) edge. **die Kugel an die** ~ **spielen** to play the ball off the cushion/edge.

Band|eisen nt metal hoop.

Bandenchef m (inf), **Bandenführer** m gangleader; **Bandendiebstahl** m gang robbery; **Bandenkrieg** m gang war.

Banderole f -, -n tax or revenue seal.

Bänderzerrung f (*Med*) pulled ligament.

Bandfilter m or nt (*Rad*) band-pass filter; **Bandförderer** m conveyor belt.

bändigen vt (*zähmen*) to tame; *Brand* to bring under control; (*niederhalten*) *Menschen, Tobenden etc* to (bring under) control, to subdue; (*zügeln*) *Leidenschaften etc* to (bring under) control, to master; *Wut* to control; *Naturgewalten* to harness; (*hum*) *temperamentvolle Frau* to tame; *Kinder* to (bring under) control.

Bändigung m, no pl siehe vt taming; controlling; subduing; mastering; harnessing; taming.

Bandit m -en, -en bandit, brigand; (*fig pej*) brigand. **einarmiger** ~ one-armed bandit.

Banditentum, -(un)wesen nt banditry.

Bandkeramik f (*Archeol*) ribbon ware, band ceramics pl.

Bandmaß nt tape measure; **Bandnudeln** pl ribbon noodles pl.

Bandoneon, Bandonion nt -s, -s bandoneon, bandonion.

Bandsäge f band-saw; **Bandscheibe** f (*Anat*) (intervertebral) disc; **er hat's an** or **mit der ~** (*inf*) he has slipped a disc or has a slipped disc; **Bandscheibenschaden**, **Bandscheibenvorfall** m slipped disc; **Bandstahl** m strip or band steel; **Band-wurm** m tapeworm; **Bandwurmsatz** m (*inf*) long or lengthy sentence.

Bangbüx f -, -en (*N Ger inf*) scaredy-cat (*inf*).

bang(e) adj, comp **-er** or **⁼er**, superl **-ste(r, s)** or **⁼ste(r, s) 1.** attr (*ängstlich*) scared, frightened; (*vor jdm auch*) afraid. **mir ist ~e vor ihm** I'm scared or frightened or afraid of him; **das wird schon klappen, da ist mir gar nicht ~(e).** it will be all right, I am quite sure of it; **jdm ~e machen** to scare or frighten sb; **~e machen** or **B~e-machen gilt nicht** (*inf*) you can't scare me, you won't put the wind up me (*inf*); **du bist gar nicht ~e** you've got a nerve; *siehe* **angst**.

2. (*geh: beklommen*) uneasy; *Augen-blicke, Stunden auch* anxious, worried (*um* about). **es wurde ihr ~ ums Herz** her heart sank, she got a sinking feeling; **ihr wurde ~ und ⁼er** she became more and more afraid; **eine ~e Ahnung** a sense of foreboding.

Bange f -, no pl (*esp N Ger*) **~ haben** to be scared or frightened (*vor +dat* of); **nur keine ~!** (*inf*) don't worry or be afraid.

bangen (*geh*) **I** vi **1.** (*Angst haben*) to be afraid (*vor +dat* of). **es bangt mir, mir bangt vor ihm** I'm afraid or frightened of him, I fear him.

2. (*sich sorgen*) to worry, to be worried (*um* about). **um jds Leben ~** to fear for sb's life.

II vr to be worried or anxious (*um* about).

Bangigkeit f (*Furcht*) nervousness; (*Sorge*) anxiety; (*Beklemmung*) apprehension. **nur keine ~!** don't be nervous or worried.

bänglich adj (*geh*) nervous.

Banjo ['banjo, 'bɛndʒo, 'bandʒo] nt -s, -s banjo.

Bank[1] f -, ⁼e **1.** bench; (*mit Lehne auch*) seat; (*Schul~, an langem Tisch auch*) form; (*Kirchen~*) pew; (*Parlaments~*) bench; (*Anklage~*) dock. **auf or in der ersten/letzten ~** on the front/back bench *etc*; **er predigte vor leeren ⁼en** he preached to an empty church; **die Debatte fand vor leeren ⁼en statt** the debate took place in an empty house; **(alle) durch die ~** (*inf*) every single or last one, the whole lot (of them) (*inf*); **etw auf die lange ~ schieben** (*inf*) to put sth off.

2. (*Arbeitstisch*) (work) bench; (*Dreh~*) lathe.

3. (*Sand~*) sandbank, sandbar; (*Nebel~, Wolken~*) bank; (*Austern~*) bed; (*Korallen~*) reef; (*Geol*) layer, bed.

4. (*Wrestling*) crouch (position).

Bank² f -, -en **1.** (*Comm*) bank. **Geld auf der ~ liegen haben** to have money in the bank; **ein Konto bei einer ~ eröffnen** to open an account with a bank; **bei der ~ arbeiten** or **sein** (*inf*) to work for the bank, to be with the bank.

2. (*bei Glücksspielen*) bank. **(die) ~**

halten (*inf*) to hold or be the bank, to be banker; **die ~ sprengen** to break the bank.

-bank f in cpds (*Med*) bank.

Bank|angestellte(r) mf, **Bank|be|amte(r)** m (*dated*) bank employee; **Bank|anwei-sung** f banker's order.

Bänkchen nt dim of **Bank¹**[1].

Bankdirektor m director of a/the bank; **Bank|einbruch** m bank raid; **Bank|einlage** f (*Comm*) bank deposit.

Bänkellied nt street ballad; **Bänkelsang** m ballad; **Bänkelsänger** m ballad-singer, minstrel.

Bankenviertel nt banking area.

Banker m -s, - (*inf*) banker.

Bankett[1] nt -(e)s, -e, **Bankette** f **1.** (*an Straßen*) verge, shoulder (*US*); (*an Autobahnen*) (hard) shoulder. **,,~e nicht befahrbar''**, **,,weiche ~e''** "soft verges or shoulder (*US*)". **2.** (*Build*) footing.

Bankett² nt -(e)s, -e (*Festessen*) banquet.

Bankfach nt **1.** (*Beruf*) banking, banking profession; **2.** (*Schließfach*) safe-deposit box; **Bankfiliale** f branch of a bank; **Bankgebäude** nt bank; **Bankgeheim-nis** nt confidentiality in banking; **Bank-geschäft** nt **1.** banking transaction; **2.** no pl (*Bankwesen*) banking world; **Bankguthaben** nt bank balance; **Bank-halter** m (*bei Glücksspielen*) bank, banker; **Bankhaus** nt ~ **Grün & Co** Grün & Co., Bankers.

Bankier [-'kie:] m -s, -s banker.

Bankkaufmann m (qualified) bank clerk; **Bankkonto** nt bank account; **Bankkredit** m bank loan; **Bankleitzahl** f bank code number; **Banknote** f banknote, bill (*US*).

Bankomat m -s, -en cash dispenser.

Bankraub m bank robbery; **Bankräuber** m bank robber.

bankrott adj bankrupt; *Mensch, Politik* discredited; *Kultur* debased; (*moralisch*) bankrupt. **~ gehen** or **machen** to go or become bankrupt; **jdn ~ machen** to make sb (go) bankrupt, to bankrupt sb; **er ist politisch/innerlich ~** he is a politically discredited/a broken man.

Bankrott m -(e)s, -e bankruptcy; (*fig*) breakdown, collapse; (*moralisch*) bank-ruptcy. **~ machen** to become or go bank-rupt; **den ~ anmelden** or **ansagen** or **er-klären** to declare oneself bankrupt.

Bankrott|erklärung f declaration of bank-ruptcy; (*fig*) sell-out (*inf*).

Bankrotteur(in f) [-'tø:ɐ, -'tø:rɪn] m (*lit, fig*) bankrupt; (*fig*) moral bankrupt.

Bankscheck m cheque; **Bank|überfall** m bank raid.

Bann m -(e)s, -e **1.** no pl (*geh: magische Gewalt*) spell. **im ~ eines Menschen/einer Sache stehen** to be under sb's spell/the spell of sth; **in jds ~** (*acc*) **geraten** to fall under sb's spell; **jdn in seinen ~ schlagen** to captivate sb; **sie zog** or **zwang ihn in ihren ~** she cast her spell over him.

2. (*Hist: Kirchen~*) excommunication. **jdn in den ~ tun, jdn mit dem ~ belegen** to excommunicate sb; **jdn vom ~ lösen** to absolve sb.

Bannbrief m, **Bannbulle** f (*Hist*) letter of excommunication.

bannen vt **1.** (*geh: bezaubern*) to bewitch,

to captivate, to entrance. (wie) gebannt fascinated, in fascination; (stärker) spellbound; **jdn/etw auf die Platte** (inf)/**die Leinwand** ~ (geh) to capture sb/sth on film/canvas. 2. (vertreiben) böse Geister, Teufel to exorcize; (abwenden) Gefahr to avert, to ward off. 3. (Hist) to excommunicate.

Banner nt **-s, -** (geh) banner; (fig auch) flag. **das ~ des Sozialismus hochhalten** to wave the banner or fly the flag of socialism.

Bannerträger m (geh) standard-bearer; (fig) vanguard no pl.

Bannfluch m excommunication. **den ~ gegen jdn schleudern** (liter) to excommunicate sb.

bannig adv (N Ger inf) terribly, really; (mit adj auch) ever so (inf). **das hat ~ Spaß gemacht** that was great fun.

Bannkreis m (fig) **in jds ~** (dat) **stehen** to be under sb's influence; **Bannmeile** f inviolable precincts pl (of city, Parliament etc); **Bannspruch** m excommunication; **Bannstrahl** m (liter) siehe **Bannfluch**; **Bannwald** m (Aus, Sw) forest for protection against avalanches etc.

Bantamgewicht nt bantamweight; **Bantamgewichtler** m **-s, -** bantamweight; **Bantam(huhn)** nt bantam.

Baptist(in f) m Baptist.

Baptisterium nt (Eccl) baptistry; (Taufbecken) font.

bar adj, no comp 1. cash. **~es Geld** cash; **wirf die Flasche nicht weg, das ist ~es Geld!** don't throw the bottle away, it's worth something or money; **eine Summe in ~** a sum in cash; **(in) ~ bezahlen** to pay (in) cash; **~ auf die Hand** cash on the nail; **(Verkauf) nur gegen ~** cash (sales) only; **etw für ~e Münze nehmen** (fig) to take sth at face value.

2. attr (rein) Zufall pure; Unsinn auch utter, absolute.

3. pred +gen (liter) devoid of, utterly or completely without. **~ aller Hoffnung, aller Hoffnung ~** devoid of hope, completely or utterly without hope.

4. (liter: bloß) bare. **~en Hauptes** bareheaded.

Bar[1] f **-, -s** 1. (Nachtlokal) nightclub, bar. 2. (Theke) bar.

Bar[2] nt **-s, -s** (Met) bar.

Bär m **-en, -en** 1. bear. **stark wie ein ~** (inf) (as) strong as an ox or a horse; **der Große/Kleine ~** (Astron) the Great/Little Bear, Ursa Major/Minor; **jdm einen ~en aufbinden** (inf) to have sb on (inf).

2. (inf: tolpatschiger Mensch) lumbering oaf (inf).

3. (Tech) (Schlag~) hammer; (Ramm~) rammer.

Baraber m **-s, -** (Aus inf) labourer; (Straßenarbeiter) navvy (inf).

barabern* vi (Aus inf) to labour.

Baracke f **-, -n** hut, shack; (pej: kleines Haus) hovel.

Barackenlager nt, **Barackensiedlung** f camp (made of huts).

Barbar(in f) m **-en, -en** 1. (pej) barbarian; (Rohling auch) brute. 2. (Hist) Barbarian.

Barbarei f (pej) 1. (Unmenschlichkeit)

barbarity. 2. (no pl: Kulturlosigkeit) barbarism.

barbarisch adj 1. (pej) (unmenschlich) Grausamkeit, Folter, Sitten barbarous, savage, brutal; (ungebildet) Geschmack, Benehmen barbaric; Mensch barbaric, uncivilized. 2. (Hist) Volk, Stamm barbarian. 3. (inf: fürchterlich) terrible, frightful, horrific. **~ kalt** terribly or frightfully cold.

bärbeißig adj (inf) Miene, Mensch grouchy (inf), grumpy; Antwort etc auch gruff.

Barbier m **-s, -e** (old, hum) barber.

barbieren* vt (old, hum) **jdn ~** to shave sb; (Bart beschneiden) to trim sb's beard; (die Haare schneiden) to cut sb's hair; **sich** (dat) **~ lassen** to go to the barber's.

Barbiturat nt barbiturate.

Barbitursäure f barbituric acid.

barbrüstig, barbusig adj topless.

Bardame f barmaid; (euph: Prostituierte) hostess (euph).

Barde m **-n, -n** (Liter) bard; (iro) minstrel.

Bärendienst m jdm/einer Sache einen ~ erweisen to do sb/sth a bad turn or a disservice; **Bärenführer** m bear trainer; (hum) (tourist) guide; **Bärenhatz** f siehe **Bärenjagd**; **Bärenhaut** f: **auf der ~ liegen, sich auf die ~ legen** (dated) to laze or loaf about; **Bärenhunger** m (inf) **einen ~ haben** to be famished (inf) or ravenous (inf); **Bärenjagd** f bear hunt/hunting; **Bärenkräfte** pl the strength sing of an ox; **Bärenmütze** f bearskin, busby; **Bärennatur** f **eine ~ haben** (inf) to be (physically) tough; **bärenstark** adj strapping, strong as an ox; **Bärenzwinger** m bear cage.

Barett nt **-(e)s, -e** or **-s** cap; (für Geistliche, Richter etc) biretta; (Univ) mortarboard; (Baskenmütze) beret.

barfuß adj pred barefoot(ed). **~ gehen** to go/walk barefoot(ed); **ich bin ~** I've got nothing on my feet, I am barefoot(ed).

barfüßig adj barefooted.

barg pret of **bergen**.

Bargeld nt cash; **bargeldlos I** adj cashless, without cash; **~ Zahlungsverkehr** payment by money transfer; **II** adv without using cash; **barhaupt** adj pred (liter), **barhäuptig** adj (geh) bareheaded; **Barhocker** m (bar) stool.

Bärin f (she-)bear.

Bariton [-tɔn] m **-s, -e** [-toːnə] baritone.

Baritonist m baritone.

Barium nt, no pl (abbr Ba) barium.

Bark f **-, -en** (Naut) barque.

Barkasse f **-, -n** launch; (Beiboot auch) longboat.

Barkauf m cash purchase. **~ ist billiger** it is cheaper to pay (in) cash.

Barke f **-, -n** (Naut) skiff; (liter) barque (liter).

Barkeeper ['baːɛkiːpɐ] m **-s, -** barman.

Barkredit m cash loan.

Barmann m, pl **-männer** barman.

barmen I vi (dial) to moan, to grumble (über +acc about). **II** vt (liter) **er barmt mich** I feel pity for him.

barmherzig adj (liter, Rel) merciful; (mitfühlend) compassionate. **~er Himmel!** (old, dial) good heavens above!; **der ~e**

Samariter (*lit, fig*) the good Samaritan.
Barmherzigheit *f* (*liter, Rel*) mercy, merci-fulness; (*Mitgefühl*) compassion. ~ **(an jdm) üben** to show mercy (to sb)/compassion (towards sb).
Barmittel *pl* cash (reserves *pl*).
Barmixer *m* barman.

barock *adj* baroque; (*fig*) (*überladen auch, verschnörkelt*) ornate; (*seltsam*) *Einfälle* bizarre, eccentric.
Barock *nt or m* **-(s)**, *no pl* baroque. **das Zeitalter des** ~ the baroque age.
Barock- *in cpds* baroque; **Barockzeit** *f* baroque period.
Barometer *nt* **-s**, - (*lit, fig*) barometer. **das ~ steht auf Sturm** the barometer is on stormy; (*fig*) things look stormy.
Barometerstand *m* barometer reading.
barometrisch *adj attr* barometric.
Baron *m* **-s**, -e **1.** baron. ~ (**von**) **Schnapf** Baron *or* Lord Schnapf; **Herr** ~ my lord. **2.** (*fig: Industrie~ etc*) baron, magnate.
Baroneß *f* **-**, **-ssen** (*dated*), **Baronesse** *f* daughter of a baron. **Fräulein** ~ my lady.
Baronin *f* baroness. **Frau** ~ my lady.
Barras *m* **-**, *no pl* (*sl*) army. **beim** ~ in the army; **zum** ~ **gehen** to join up (*inf*).
Barren *m* **-s**, - **1.** (*Metall~*) bar; (*esp Gold~*) ingot. **2.** (*Sport*) parallel bars *pl*.
Barrengold *nt* gold bullion.
Barriere *f* **-**, **-n** (*lit, fig*) barrier.
Barrikade *f* barricade. **auf die ~n gehen** (*lit, fig*) to go to the barricades.
Barrikadenkampf *m* street battle; (*das Kämpfen*) street fighting *no pl*.
Barsch *m* **-(e)s**, -e perch.
barsch *adj* brusque, curt; *Befehl auch* peremptory. **jdm eine ~e Abfuhr erteilen** to give sb short shrift; **jdn** ~ **anfahren** to snap at sb.
Barschaft *f*, *no pl* cash. **meine ganze** ~ **bestand aus 10 Mark** all I had on me was 10 marks.
Barscheck *m* open *or* uncrossed cheque.
Barsortiment *nt* book wholesaler's.
barst *pret of* **bersten.**
Bart *m* **-(e)s**, **⁻e 1.** (*von Mensch, Ziege, Vogel, Getreide*) beard; (*Schnurr~*) moustache; (*von Katze, Maus, Robbe etc*) whiskers *pl*. **sich** (*dat*) **einen** ~ **wachsen** *or* **stehen lassen** to grow a beard; **ein drei Tage alter** ~ three days' growth. **2.** (*fig inf*) (**sich** *dat*) **etwas in den** ~ **murmeln** *or* **brumme(l)n** to murmur *or* mutter sth in one's boots *or* beard (*inf*); **jdm um den** ~ **gehen**, to butter sb up (*inf*), to soft-soap sb (*inf*); **der Witz hat einen** ~ that's a real oldie (*inf*) *or* an old chestnut; **der** ~ **ist ab** that's that!, that's the end of it *or* that.
3. (*Schlüssel~*) bit.
Bärtchen *nt* (*Kinn~*) (small) beard; (*Oberlippen~*) toothbrush moustache; (*Menjou~*) pencil moustache.
Bartenwal *m* whalebone *or* baleen whale.
Bartfäden *pl* (*Zool*) barbels *pl*; **Bartflechte** *f* **1.** (*Med*) sycosis, barber's itch; **2.** (*Bot*) beard lichen *or* moss; **Barthaar** *nt* facial hair; (*Bart auch*) beard.
Bartholomäus *m* - Bartholomew.
Bartholomäusnacht *f* (*Hist*) Massacre of St. Bartholomew.

bärtig *adj* bearded.
bartlos *adj* beardless; (*glattrasiert*) clean-shaven; *Jüngling auch* smooth-faced; **Bartscherer** *m* **-s**, - (*old, hum*) barber; **Bartstoppeln** *pl* stubble *sing*; **Barttasse** *f* moustache cup; **Barttracht** *f* beard/moustache style; **Bartwichse** *f* (*dated*) wax (*for moustache etc*); **Bartwisch** *m* **-(e)s**, **-e** (*S Ger, Aus*) hand brush; **Bartwuchs** *m* beard; (*esp weiblicher*) facial hair *no indef art*; **er hat starken** ~ he has a strong *or* heavy growth of beard; **Bartzotteln** *pl* wispy beard *sing*.
Barverkauf *m* cash sales *pl*; **Barvermögen** *nt* cash *or* liquid assets *pl*; **Barzahlung** *f* payment *or* in cash; (**Verkauf**) **nur gegen** ~ cash (sales) only; **bei** ~ **3% Skonto** 3% discount for cash.
Basalt *m* **-(e)s**, -e basalt.
Basar *m* **-s**, -e **1.** (*orientalischer Markt*) bazaar. **auf dem** ~ in the bazaar. **2.** (*Wohltätigkeits~*) bazaar. **3.** (*Einkaufszentrum*) department store.
Base[1] *f* **-**, **-n** (*old, dial*) cousin; (*Tante*) aunt.
Base[2] *f* **-**, **-n** (*Chem*) base.
Baseball ['be:sbo:l] *m* **-s**, *no pl* baseball.
Basedow [-do] *m* **-s**, *no pl* (*inf*), **Basedowsche Krankheit** *f* (exophthalmic) goitre.
Basel *nt* **-s** Basle, Basel.
Basen *pl of* **Basis, Base.**
basieren* **I** *vi* (*auf +dat* on) to be based, to rest . **II** *vt* to base (*auf +acc* on).
Basilika *f* **-**, **Basiliken** basilica.
Basilikum *nt* **-s**, *no pl* basil.
Basilisk *m* **-en**, **-en** basilisk.
Basis *f* **-**, **Basen 1.** (*Archit, Mil, Math*) base.
2. (*fig*) basis. **auf breiter** ~ on a broad basis; **auf einer festen** *or* **soliden** ~ **ruhen** to be firmly established; **etw auf eine solide** ~ **stellen** to put sth on a firm footing; **sich auf gleicher** ~ **treffen** to meet on an equal footing *or* on equal terms.
3. (*Pol, Sociol*) ~ **und Überbau** foundation and superstructure.
4. (*Pol inf*) **die** ~ the grass roots (level); (*die Leute*) (those at the) grass roots.
Basis|arbeit *f* (*Pol*) groundwork.
basisch *adj* (*Chem*) basic.
Basisgruppe *f* action group.
Baske *m* **-n**, **-n**, **Baskin** *f* Basque.
Baskenland *nt* Basque region; **Baskenmütze** *f* beret.
Basketball *m* **-s**, *no pl* basketball.
baskisch *adj* Basque.
Basrelief ['barelief] *nt* (*Archit, Art*) bas-relief.
Baß *m* **-sses**, **⁻sse 1.** (*Stimme, Sänger*) bass. **hoher/tiefer** *or* **schwarzer** ~ basso cantante/profundo; **einen hohen/tiefen** ~ **haben** to be a basso cantante/profundo. **2.** (*Instrument*) double bass; (*im Jazz auch*) bass. **3.** (~*partie*) bass (part).
baß *adv* (*old, hum*): ~ **erstaunt** much *or* uncommonly (*old*) amazed.
Baßbariton *m* bass baritone.
Bassetthorn *nt* basset horn.
Baßgeige *f* (*inf*) (double) bass.
Bassin [ba'sɛ:] *nt* **-s**, **-s** (*Schwimm~*) pool; (*Garten~*) pond.

Bassist(in *f*) *m* **1.** (*Sänger*) bass (singer). **2.** (*im Orchester etc*) (double) bass player. ~ **sein** to be a (double) bass player, to play the (double) bass.

Baßklarinette *f* bass clarinet; **Baßpartie** *f* bass part; **Baßsänger** *m* bass (singer); **Baßschlüssel** *m* bass clef; **Baßstimme** *f* bass (voice); (*Partie*) bass (part).

Bast *m* **-(e)s**, (*rare*) **-e 1.** (*zum Binden, Flechten*) raffia; (*Bot*) bast, phloem. **2.** (*an Geweih*) velvet.

basta *interj* (**und damit**) ~**!** (and) that's that.

Bastard *m* **-(e)s**, **-e 1.** (*Hist: uneheliches Kind*) bastard. **2.** (*Biol: Kreuzung*) (*Pflanze*) hybrid; (*Tier*) cross-breed, cross; (*Mensch*) half-caste, half-breed.

bastardieren* *vt Pflanzen* to hybridize; *Tiere, Arten* to cross.

Bastei *f* bastion.

Bastelarbeit *f* piece of handcraft; (*das Basteln*) (doing) handcraft *or* handicrafts.

Bastelei *f* (*inf*) handcraft; (*Stümperei*) botched job (*inf*).

basteln I *vi* **1.** (*als Hobby*) to make things with one's hands; (*Handwerksarbeiten herstellen auch*) to do handcraft *or* handicrafts. **sie kann gut** ~ she is good with her hands. **2. an etw** (*dat*) ~ to make sth, to work on sth; (*an Modellflugzeug etc*) to build *or* make sth; (*an etw herumbasteln*) to mess around *or* tinker with sth; **mit Pappe/Holz** *etc* ~ to make things out of cardboard/wood *etc*. **II** *vt* to make; *Geräte etc auch* to build. **wer hat denn das gebastelt?** (*pej*) who botched (*inf*) that together?

Basteln *nt* **-s**, *no pl* handicraft, handicrafts *pl*; (*Schulfach auch*) handwork.

Bastelraum *m* workroom; (*in Schule etc*) handicrafts room.

Bastfaser *f* bast fibre.

Bastille [bas'ti:jə, -tɪljə] *f* - (*Hist*) **der Sturm auf die** ~ the storming of the Bastille.

Bastion *f* bastion, ramparts *pl*; (*fig*) bastion, bulwark.

Bastler(in *f*) *m* **-s**, - (*von Modellen etc*) modeller; (*von Möbeln etc*) do-it-yourselfer. **ein guter** ~ **sein** to be good *or* clever with one's hands, to be good at making things; (*in der Schule etc*) to be good at handicrafts *or* handwork.

Bastseide *f* wild silk, shantung (silk).

BAT ['be:|a:'te:] *abbr of* **Bundesangestelltentarif** government pay scale.

bat *pret of* **bitten.**

Bataillon [batal'jo:n] *nt* **-s**, **-e** (*Mil, fig*) battalion.

Bataillonsführer, Bataillonskommandeur *m* battalion commander.

Batate *f* -, **-n** sweet potato, yam (*esp US*), batata.

Batik *f* -, **-en** *or m* **-s**, **-en** batik.

batiken I *vi* to do batik. **II** *vt* to decorate with batik. **eine gebatikte Bluse** a batik blouse.

Batist *m* **-(e)s**, **-e** batiste, cambric.

Batterie *f* (*Elec, Mil*) battery; (*Misch~ etc*) regulator; (*Reihe von Flaschen auch*) row.

Batzen *m* **-s**, **- 1.** (*dated: Klumpen*) clod,

lump. **2.** (*obs: Münze*) batz (*silver coin*). **ein (schöner)** ~ **Geld** (*inf*) a tidy sum (*inf*), a pretty penny (*inf*).

Bau *m* **1. -(e)s**, *no pl* (*das Bauen*) building, construction. **im** *or* **in** ~ under construction; **im** ~ (**begriffen**) **sein, sich im** ~ **befinden** to be under construction; **alle im** ~ **befindlichen Projekte** all projects at present under construction *or* being built; **der** ~ **des Hauses dauerte ein Jahr** it took a year to build the house; **mit dem** ~ **beginnen** to begin building *or* construction; **mit dem** ~ **fertig sein** to have finished building, to have completed construction. **2. -(e)s**, *no pl* (*Auf~*) structure; (*von Satz, Maschine, Apparat auch*) construction. **von kräftigem/schwächlichem** ~ **sein** (*Körper~*) to be powerfully/slenderly built, to have a powerful/slender build *or* physique. **3. -s**, *no pl* (*~stelle*) building site. **auf dem** ~ **arbeiten, beim** ~ **sein** to be a building worker, to work on a building site; **vom** ~ **sein** (*fig inf*) to know the ropes (*inf*). **4. -(e)s**, **-ten** (*Gebäude*) building; (*~werk*) construction. **~ten** (*Film*) sets. **5. -(e)s**, **-e** (*Erdhöhle*) burrow, hole; (*Biber~*) lodge; (*Fuchs~*) den; (*Dachs~*) set(t); (*inf: Wohnung*) lair (*inf*), den (*inf*). **heute gehe ich nicht aus dem** ~(*inf*) I'm not sticking my nose out of doors today (*inf*). **6. -(e)s**, **-e** (*Min*) workings *pl*. **im** ~ **sein** to be down the pit *or* mine. **7. -(e)s**, *no pl* (*Mil sl*) guardhouse. **4 Tage** ~ 4 days in the guardhouse.

Bauabschnitt *m* stage *or* phase of construction; **Bauamt** *nt* planning department and building control office; **Bauarbeiten** *pl* building *or* construction work *sing*; (*Straßen~*) roadworks *pl*; **mit den** ~ **beginnen** to begin construction; **Bauarbeiter** *m* building *or* construction worker, building labourer; **Bauausführung** *f* construction, building; ~ **Firma Meyer** builders *or* constructors Meyer and Co; **Baubehörde** *f* planning department and building control office; **Bauboom** *m* building boom; **Baubude** *f* building workers' hut.

Bauch *m* **-(e)s**, **Bäuche 1.** (*von Mensch*) stomach, tummy (*inf*); (*Anat*) abdomen; (*von Tier*) stomach, belly; (*Fett~*) paunch, potbelly (*inf*). **ihm tat der** ~ **weh** he had stomach-ache *or* tummy-ache (*inf*); **sich** (*dat*) **den** ~ **vollschlagen** (*sl*) to stuff oneself (*inf*); **ein voller** ~ **studiert nicht gern** (*Prov*) you can't study on a full stomach; **sich** (*dat*) **(vor Lachen) den** ~ **halten** (*inf*) to split one's sides (laughing) (*inf*); **einen** ~ **ansetzen** *or* **kriegen** to get a stomach *or* tummy (*inf*); **einen dicken** ~ **haben** (*sl: schwanger sein*) to have a bun in the oven (*inf*); **er hat ihr einen dicken** ~ **gemacht** (*sl*) he knocked her up (*sl*) **vor jdm auf dem** ~ **rutschen** (*inf*) *or* **kriechen** (*inf*) to grovel *or* kowtow to sb (*inf*), to lick sb's boots (*inf*); **mit etw auf den** ~ **fallen** (*inf*) to come a cropper with sth (*inf*).

2. (*Wölbung*) belly; (*Innerstes: von Schiff auch, von Erde*) bowels pl.

Bauch|ansatz m beginning(s) of a paunch; **Bauchbinde** f **1.** (*für Frack*) cummerbund; (*Med*) abdominal bandage or support; **2.** (*um Zigarre, Buch*) band; **Bauchdecke** f abdominal wall; **Bauchfell** nt **1.** (*Anat*) peritoneum; **2.** (*Fell am Bauch*) stomach or belly fur; **Bauchfell|entzündung** f peritonitis; **Bauchfleck** m (*Aus inf*) siehe **Bauchklatscher**; **Bauchflosse** f ventral fin; **Bauchgrimmen** nt **-s** no pl (*inf*) stomach- or tummy-(*inf*) ache; **Bauchhöhle** f abdominal cavity, abdomen; **Bauchhöhlen-schwangerschaft** f ectopic pregnancy.

bauchig adj **Gefäß** bulbous.

Bauchklatscher m **-s, -** (*inf*) belly-flop (*inf*); **Bauchladen** m vendor's tray; **Bauchlandung** f (*inf*) (*Aviat*) belly landing; (*bei Sprung ins Wasser*) belly-flop.

Bäuchlein nt tummy (*inf*); (*hum: Fett~*) bit of a stomach or tummy (*inf*).

bäuchlings adv on one's front, face down. **~ fallen** to fall flat (on one's face); **~ ins Wasser fallen** to (do a) belly-flop into the water.

Bauchmuskel m stomach or abdominal muscle; **Bauchnabel** m navel, tummy-button (*inf*); **bauchpinseln** vt (*inf*) siehe **gebauchpinselt**; **bauchreden** vi sep infin, ptp only to ventriloquize; **Bauchredner** m ventriloquist; **Bauchschmerzen** pl stomach- or tummy- (*inf*) ache; **Bauchschuß** m shot in the stomach; (*Verletzung*) stomach wound; **einen ~ abbekommen** to be shot in the stomach; **Bauchspeck** m (*Cook*) belly of pork; (*hum*) spare tyre (*inf*); **Bauchspeicheldrüse** f pancreas; **Bauchtanz** m belly-dance/dancing; **Bauchtänzerin** f belly-dancer; **Bauchweh** nt siehe **Bauchschmerzen**; **Bauchwelle** f (*Sport*) circle on the beam.

Baude f **-, -n** (*dial*) mountain hut.

Baudenkmal nt historical monument; **Bau|element** nt component part.

bauen I vt **1.** to build, to construct; (*anfertigen auch*) to make; *Satz* to construct; *Höhle* to dig, to make. **sich** (*dat*) **ein Haus/ Nest ~** to build oneself a house/make or build oneself a nest (*auch fig*); **die Betten ~** (*esp Mil*) to make the beds; **sich** (*dat*) **einen Anzug ~ lassen** (*hum inf*) to have a suit made for oneself.

2. (*inf: verursachen*) *Unfall* to cause. **da hast du Mist** (*inf*) *or* **Scheiße** (*sl*) **gebaut** you really messed (*inf*) *or* cocked (*Brit sl*) that up; **bleib ruhig, bau keine Scheiße** (*sl*) cool it, don't make trouble (*inf*).

3. (*inf: machen, ablegen*) *Prüfung etc* to pass. **den Führerschein ~** to pass one's driving test; **seinen Doktor ~** to get one's doctorate.

4. (*rare: an~*) *Kartoffeln etc* to grow; (*liter: bestellen*) *Acker* to cultivate.

II vi **1.** to build. **wir haben neu/auf Sylt gebaut** we built a new house/a house on Sylt; **nächstes Jahr wollen wir ~** we're going to build or start building next year; **an etw** (*dat*) **~** to be working on sth, to be

building sth (*auch fig*); **hier wird viel gebaut** there is a lot of building or development going on round here; **hoch ~** to build high-rise buildings.

2. (*vertrauen*) to rely, to count (*auf + acc* on).

Bau|entwurf m building plans pl.

Bauer[1] m **-n** or (*rare*) **-s, -n 1.** (*Landwirt*) farmer; (*als Vertreter einer Klasse*) peasant; (*pej: ungehobelter Mensch*) (country) bumpkin, yokel. **die dümmsten ~n haben die größten** or **dicksten Kartoffeln** (*prov inf*) fortune favours fools (*prov*); **was der ~ nicht kennt, das frißt er nicht** (*prov inf*) you can't change the habits of a lifetime.

2. (*Chess*) pawn; (*Cards*) jack, knave.

Bauer[2] nt or (*rare*) m **-s, -** (bird-)cage.

Bäuerchen nt **1.** dim of **Bauer**[1]. **2.** (*baby-talk*) burp. **(ein) ~ machen** to (do a) burp.

Bäuerin f **1.** (*Frau des Bauern*) farmer's wife. **2.** (*Landwirtin*) farmer; (*als Vertreterin einer Klasse*) peasant (woman).

bäuerisch adj siehe **bäurisch**.

Bäuerlein nt (*liter, hum*) farmer.

bäuerlich adj rural; (*ländlich*) *Fest, Bräuche, Sitten* rustic, country attr. **~e Klein- und Großbetriebe** small and large farms.

Bauern|aufstand m peasants' revolt or uprising; **Bauernbrot** nt coarse rye bread; **Bauernbub** m (*S Ger, Aus, Sw*), **Bauernbursche** m country lad; **Bauerndorf** nt farming or country village; **Bauernfang** m: **auf ~ ausgehen** (*inf*) to play con tricks; **Bauernfänger** m (*inf*) con-man (*inf*), swindler; **Bauernfängerei** f (*inf*) con (*inf*), swindle; **das ist ja ~** that's a con or swindle; **Bauernfrühstück** nt bacon and potato omelette; **Bauerngut** nt farm(stead); **Bauernhaus** nt farmhouse; **Bauernhochzeit** f country wedding; **Bauernhof** m farm; **Bauernjunge** m country lad; **Bauernkalender** m country almanac; **Bauernkriege** pl (*Hist*) Peasant War(s); **Bauernmagd** f farmer's maid; **Bauernpartei** f country party; **Bauernregel** f country saying; **Bauernschaft** f, no pl farming community; (*ärmlich*) peasantry; **bauernschlau** adj cunning, crafty, shrewd; **Bauernschläue** f native or low cunning, craftiness, shrewdness; **Bauernstand** m farming community, farmers pl; **Bauernstube** f farmhouse parlour; (*in Gasthaus*) ploughman's bar; **im Stil einer ~ eingerichtet** decorated in country or rustic style; **Bauerntheater** nt rural folk theatre; **Bauerntölpel** m (*pej*) country bumpkin, yokel.

Bauersfrau f farmer's wife; **Bauersleute** pl farm(ing) folk, farmers pl.

Bau|erwartungsland nt (*Admin*) land set aside for building; **Baufach** nt construction industry; **baufällig** adj dilapidated; *Decke, Gewölbe* unsound, unsafe; **Baufälligkeit** f dilapidation; **wegen ~ gesperrt** closed because building unsafe; **Baufirma** f building contractor or firm; **Bauflucht** f line; **Baugelände** nt land for building; (*Baustelle*) building or (*US*) construction site; **Baugeld** *nt* building capital; **Baugenehmigung** *f* planning and building permission; **Baugenossenschaft** *f* housing association; **Baugerüst** *nt* scaffolding; **Baugeschäft** *nt* building firm; **Baugesellschaft** *f* property company; **Baugewerbe** *nt* building and construction trade; **Bauglied** *nt* (*Archit*) part of a building; **Baugrube** *f* excavation; **Baugrundstück** *nt* plot of land for building; **Bauhandwerk** *nt* building trade; **Bauhandwerker** *m* (trained) building worker; **Bauherr** *m* client (*for whom sth is being built*); **seitdem er** ~ **ist** ... since he has been having a house built ...; **der** ~ **ist die Stadt** the clients are the town authorities; ~ **Ministerium des Innern** under construction for Ministry of the Interior; **Bauholz** *nt* building timber; **Bau|industrie** *f* building and construction industry; **Bau|ingenieur** *m* civil engineer; **Baujahr** *nt* year of construction; (*von Gebäude auch*) year of building; (*von Auto*) year of manufacture; **VW** ~ **70** VW 1970 model, 1970 VW; **mein Auto ist** ~ **70** my car is a 1970 model; **welches** ~? what year?; **das** ~ **des Hauses** the year the house was built; **Baukasten** *m* building *or* construction kit; (*mit Holzklötzen*) box of bricks; (*Chemie*~) set; **Baukastensystem** *nt* (*Tech*) modular *or* unit construction system; **Bauklotz** *m* (building) brick *or* block; **Bauklötze(r) staunen** (*inf*) to gape (in astonishment); **Baukolonne** *f* gang of building workers *or* (*bei Straßenbau*) navvies; **Baukosten** *pl* building *or* construction costs *pl*; **Baukostenzuschuß** *m* building subsidy *or* grant; **Baukunst** *f* (*geh*) architecture; **Baukünstler** *m* (*geh*) architect; **Bauland** *nt* building land; (*für Stadtplanung*) development area; **einen Acker als** ~ **verkaufen** to sell a field for building; **Bauleiter** *m* (building) site manager; **Bauleitung** *f* **1.** (*Aufsicht*) (building) site supervision; (*Büro*) site office; **2.** (*die Bauleiter*) (building) site supervisory staff; **baulich** *adj* structural; **in gutem/schlechtem** ~ **Zustand** structurally sound/unsound; **Baulichkeit** *f usu pl* (*form*) building; **Baulöwe** *m* (*inf*) building speculator; **Baulücke** *f* empty site.

Baum *m* **-(e)s, Bäume** tree. **auf dem** ~ **in the tree**; **der** ~ **der Erkenntnis** (*Bibl*) the tree of knowledge; **er ist stark wie ein** ~ he's as strong as a horse; **zwischen** ~ **und Borke stecken** *or* **stehen** to be in two minds; **die Bäume wachsen nicht in den Himmel** (*prov*) all good things come to an end; **einen alten** ~ *or* **alte Bäume soll man nicht verpflanzen** (*prov*) you can't teach an old dog new tricks (*prov*).

Baumarkt *m* **1.** property market; **2.** (*Geschäft*) supermarket for building materials; **Baumaschine** *f* piece of building machinery; ~**n** *pl* building machinery *or* plant *sing*; **Baumaterial** *nt* building material.

Baumbestand *m* tree population *no pl*, stock of trees; **Baumblüte** *f* blossom. **Bäumchen** *nt* small tree; (*junger Baum*

auch) sapling. ~, **wechsle dich spielen** to play tag; (*hum: Partnertausch*) to swap partners.

Baumeister *m* **1.** master builder; (*Bauunternehmer*) building contractor; (*Architekt*) architect. **2.** (*Erbauer*) builder.

baumeln *vi* to dangle (*an* +*dat* from). **die Haarsträhnen baumelten ihm ins Gesicht** the strands of hair hung in his face; **jdn** ~ **lassen** (*sl*) to let sb swing (*inf*).

bäumen *vr siehe* **aufbäumen**.

Baumfarn *m* tree fern; **Baumgrenze** *f* tree *or* timber line; **Baumgruppe** *f* coppice, cluster of trees; **baumhoch** *adj* tree-high; **Baumkrone** *f* treetop; **baumlang** *adj* **ein** ~**er Kerl** (*inf*) a beanpole (*inf*); **Baumläufer** *m* tree creeper; **baumlos** *adj* treeless; **baumreich** *adj* wooded; **Baumriese** *m* (*liter*) giant tree; **Baumrinde** *f* tree bark; **Baumschere** *f* (tree) pruning shears *pl*, secateurs *pl*; **Baumschule** *f* tree nursery; **Baumstamm** *m* tree-trunk; **baumstark** *adj* **Arme** massive; **Mann** beefy (*inf*), hefty; **Baumsteppe** *f* scrub; **Baumstrunk, Baumstumpf** *m* tree stump; **Baumwipfel** *m* treetop.

Baumwoll- *in cpds* cotton.

Baumwolle *f* cotton. **ein Hemd aus** ~ a cotton shirt.

baumwollen *adj attr* cotton.

Baumwuchs *m* tree growth.

Bau|ordnung *f* building regulations *pl*; **Bauplan** *m* building plan *or* (*Vorhaben auch*) project; **Bauplanung** *f* planning (of a building); **Bauplastik** *f* architectural sculpture; **Bauplatz** *m* site (for building); **Baupolizei** *f* building control department; **Baupreis** *m* building price; **Baurecht** *nt* planning and building laws and regulations; **baureif** *adj* **Grundstück** available for building.

bäurisch *adj* (*pej*) boorish, rough.

Bauruine *f* (*inf*) unfinished building; **Bausaison** *f* building season; **Bausatz** *m* kit.

Bausch *m* **-es, Bäusche** *or* **-e 1.** (*Papier*~, *Wolle*~) ball; (*Med auch*) swab. **2.** (*Krause*) (*an Vorhang*) pleat; (*an Kleid*) bustle; (*an Ärmel*) puff. **3. in** ~ **und Bogen** lock, stock and barrel.

Bauschaffende(r) *mf decl as adj* (*DDR*) person working in the construction industry.

bauschen I *vr* **1.** (*sich aufblähen*) to billow (out). **2.** (*Kleidungsstück*) to puff out; (*ungewollt*) to bunch (up). **II** *vt* **1. Segel, Vorhänge** to fill, to swell. **2.** (*raffen*) to gather. **gebauschte Ärmel** puffed sleeves. **III** *vi* (*Kleidungsstück*) to bunch (up), to become bunched.

Bauschen *m* **-s, -** (*S Ger, Aus*) *siehe* **Bausch 1.**

bauschig *adj* **1.** (*gebläht*) billowing. **2. Rock, Vorhänge** full.

Bauschlosser *m* fitter on a building site; **Bauschutt** *m* building rubble; **Bauschuttmulde** *f* (*spec*) skip.

bausparen *vi sep usu infin* to save with a building society (*Brit*) *or* building and loan association (*US*).

Bausparer *m* saver with a building society

(Brit) or building and loan association *(US).*

Bausparkasse *f* building society *(Brit)*, building and loan association *(US)*; **Bausparvertrag** *m* savings contract with a building society *(Brit) or* building and loan association *(US)*.

Baustahl *m* mild *or* structured steel; **Baustein** *m* stone (for building); *(fig: Bestandteil)* constituent, ingredient; **Baustelle** *f* building *or* construction site; *(bei Straßenbau)* roadworks *pl*; *(bei Gleisbau)* railway construction site; „Achtung, ~!" "danger, men at work"; „Betreten der ~ verboten" "unauthorized entry prohibited", "trespassers will be prosecuted"; **die Strecke ist wegen einer ~ gesperrt** the road/line is closed because of roadworks/(railway) construction work; **Baustellenverkehr** *m* heavy traffic (from a building site); „Achtung, ~!" "heavy plant crossing"; **Baustil** *m* architectural style; **Baustoff** *m siehe* **Baumaterial**; **Baustopp** *m* **einen ~ verordnen** to impose a halt on building (projects); **Bausubstanz** *f* structure; **die ~ ist gut** the building is structurally sound; **Bautätigkeit** *f* building; **eine rege ~** a lot of building; **Bautechniker** *m* site engineer.

Bauten *pl of* **Bau 4.**

Bautischler *m* joiner; **Bauträger** *m* builder, building contractor; **Bau|unternehmen** *nt* building contractor; **Bau|unternehmer** *m* building contractor, builder; **Bauvolumen** *nt* volume of building; **Bauvorhaben** *nt* building project *or* scheme; **Bauweise** *f* type *or* method of construction; *(Stil)* style; **in konventioneller ~** built in the conventional way/style; **offene/geschlossene ~** detached/terraced houses; **Bauwerk** *nt* construction; *(Gebäude auch)* edifice, building; **Bauwesen** *nt* building and construction industry; **ein Ausdruck aus dem ~** a building term; **Bauwich** *m* **-(e)s, -e** *(Archit)* space between two neighbouring buildings; **Bauwirtschaft** *f* building and construction industry.

Bauxit *m* **-s, -e** bauxite.

bauz *interj* wham, crash, bang. **~ machen** *(baby-talk)* to go (crash bang) wallop.

Bauzaun *m* hoarding, fence; **Bauzeichnung** *f* building plan *usu pl*; **Bauzeit** *f* time taken for building *or* construction; **die ~ betrug drei Jahre** it took three years to build.

Bayer(in *f)* ['baiɐ, -ərɪn] *m* **-n, -n** Bavarian.

bay(e)risch ['bai(ə)rɪʃ] *adj* Bavarian. **der B~e Wald** the Bavarian Forest.

Bayern ['baiɐn] *nt* **-s** Bavaria.

Bazi *m* **-, -** *(Aus inf)* blighter, scoundrel.

Bazille *f* **-, -n** *(incorrect) siehe* **Bazillus.**

Bazillenträger *m* carrier.

Bazillus *m* **-, Bazillen 1.** bacillus, microbe; *(Krankheitserreger auch)* germ. **2.** *(fig)* cancer, growth.

Bazooka [ba'zu:ka] *f* **-, -s** bazooka.

Bd., Bde *abbr of* **Band, Bände.**

BDI ['be:de:'ʔi:] *m* **-,** *no pl abbr of* **Bundesverband der Deutschen Industrie** ≈ CBI *(Brit).*

be|absichtigen* *vti* to intend. **eine Reise/Steuererhöhung ~** *(form)* to intend to go on a journey/to increase taxes; **was ~ Sie damit?** what do you mean by that?; **das hatte ich nicht beabsichtigt** I didn't mean it *or* intend that to happen; **das war beabsichtigt** that was deliberate *or* intentional; **die beabsichtigte Wirkung** the desired *or* intended effect; **wie beabsichtigt** as planned *or* intended.

be|achten* *vt* **1.** *(befolgen)* to heed; *Ratschlag auch* to follow; *Vorschrift, Verbot, Verkehrszeichen* to observe, to comply with; *Regel* to observe, to follow; *Gebrauchsanweisung* to follow. **etw besser ~** to pay more attention to sth.

2. *(berücksichtigen)* to take into consideration *or* account. **es ist zu ~, daß ...** it should be taken into consideration *or* account that ...

3. *(Aufmerksamkeit schenken)* jdn to notice, to pay attention to; *(bei (Bild)erklärungen, Reiseführung etc)* to observe. **jdn nicht ~** to ignore sb, to take no notice of sb; **von der Öffentlichkeit kaum beachtet** scarcely noticed by the public; **das Ereignis wurde in der Öffentlichkeit kaum/stark beachtet** the incident aroused little/considerable public attention; „bitte Stufe ~!" "mind the step".

be|achtenswert *adj* noteworthy, remarkable.

be|achtlich I *adj* **1.** *(beträchtlich)* considerable; *Verbesserung, Zu- or Abnahme auch* marked; *Erfolg* notable; *Talent auch* remarkable, notable.

2. *(bedeutend) Ereignis* significant; *(lobenswert) Leistung* considerable, excellent; *(zu berücksichtigend)* relevant. **~!** *(dated)* well done; **er hat im Leben/Beruf B~es geleistet** he has achieved a considerable amount in life/his job.

II *adv (sehr)* significantly, considerably.

Be|achtung *f siehe vt* **1.** heeding; following; observance, compliance *(gen* with). **die ~ der Vorschriften** observance of *or* compliance with the regulations.

2. consideration. **unter ~ aller Umstände** considering *or* taking into consideration all the circumstances.

3. notice, attention *(gen* to). „zur ~" please note; **~ finden** to receive attention; **jdm/einer Sache ~ schenken** to pay attention to *or* take notice of sb/sth; **jdm keine ~ schenken** to ignore sb, to take no notice of sb.

be|ackern* *vt* **1.** *Feld* to till, to work.

2. *(inf) Thema, Wissensgebiet* to go into, to examine.

Be|amte *m siehe* **Beamte(r).**

Be|amten|apparat *m* bureaucracy; **Be|amtenbeleidigung** *f* insulting an official; **Be|amtenbestechung** *f* bribing an official; **Be|amtendeutsch** *nt siehe* **Amtsdeutsch; Be|amtenlaufbahn** *f* career in the civil service; **die ~ einschlagen** to enter *or* join the civil service; **Be|amtenrecht** *nt* civil service law; **Be|amtenschaft** *f* civil servants *pl*, civil service; **Be|amtentum** *nt, no pl* civil service; *(Beamtenschaft auch)* civil servants *pl*; **Be|amtenverhältnis** *nt* **im** ~ **stehen/ins** ~ **übernommen werden** to be/become a civil servant.

Be|amte(r) *m decl as adj* official; (*Staats*~) civil servant; (*Zoll*~ *auch*, *Polizei*~) officer; (*dated: Büro*~, *Schalter*~) clerk. **politischer** ~**r** politically-appointed civil servant; **er ist** ~**r** (*bei Land, Bund*) he is a civil servant *or* in the civil service; **er ist ein typischer** ~**r** he is a typical petty official *or* bureaucrat; **ein kleiner** ~**r** a minor *or* (*esp pej*) petty official.

be|amtet *adj* (*form*) established, appointed on a permanent basis (*by the state*).

Be|amtin *f siehe* **Beamte(r).**

be|ängstigen* *vt* (*geh*) to alarm, to frighten, to scare.

be|ängstigend *adj* alarming, frightening. **sein Zustand ist** ~ his condition is giving cause for concern.

Be|ängstigung *f* alarm, fear. **in großer** ~ in (a state of) great alarm.

be|anspruchen* *vt* **1.** (*fordern*) to claim; *Gebiet auch* to lay claim to. **etw** ~ **können** to be entitled to sth.
2. (*erfordern*) to take; *Zeit auch* to take up; *Platz auch* to take up, to occupy; *Kräfte auch, Aufmerksamkeit* to demand; (*benötigen*) to need.
3. (*ausnützen*) to use; *jds Gastfreundschaft* to take advantage of; *jds Geduld* to demand; *jds Hilfe* to ask for. **ich möchte Ihre Geduld nicht zu sehr** ~ I don't want to try your patience.
4. (*strapazieren*) *Maschine etc* to use; *jdn* to occupy, to keep busy. **etw/jdn stark** *or* **sehr** ~ to put sth under a lot of stress *etc*/keep sb very busy *or* occupied; **ihr Beruf beansprucht sie ganz** her job takes up all her time and energy.

Be|anspruchung *f* **1.** (*Forderung*) claim (*gen* to); (*Anforderung*) demand. **2.** (*Ausnutzung: von jds Geduld, Hilfe etc*) demand (*von* on). **3.** (*Belastung, Abnutzung*) use; (*von Beruf auch*) demands *pl*.

be|anstanden* *vt* to query, to complain about. **das ist beanstandet worden** there has been a query *or* complaint about that; **er hat an allem etwas zu** ~ he complaints about everything; **die beanstandete Ware** the goods complained about *or* queried.

Be|anstandung *f* complaint (*gen* about). **zu** ~**en Anlaß geben** (*form*) to give cause for complaint; **er hat ohne jede** ~ **seine Pflicht getan** he did his duty without giving any cause for complaint.

be|antragen* *vt* to apply for (*bei* to); (*Jur*) *Strafe* to demand, to ask for; (*vorschlagen: in Debatte etc*) to move, to propose. **er beantragte, versetzt zu werden** he applied for a transfer *or* to be transferred; **eine Summe in der beantragten Höhe** the amount applied for.

be|antworten* *vt* to answer; *Anfrage, Brief auch* to reply to; *Gruß, Beleidigung, Herausforderung auch* to respond to. **jdm eine Frage** ~ to answer sb's question; **eine Frage mit Nein** ~ to answer a question in the negative; **leicht zu** ~ easily answered.

Be|antwortung *f siehe vt* (*gen* to) answer; reply; response.

be|arbeiten* *vt* **1.** (*behandeln*) to work on; *Stein, Holz* to work, to dress. **etw mit dem Hammer/Meißel** ~ to hammer/chisel sth; **etw mit einer Bürste** ~ to brush sth hard.
2. (*sich befassen mit*) to deal with; *Fall auch* to handle; *Bestellungen etc* to process.
3. (*redigieren*) to edit; (*neu* ~) to revise; (*umändern*) *Roman etc* to adapt; *Musik* to arrange.
4. (*inf: einschlagen auf*) *jdn* to work over, to beat up (*inf*); *Klavier, Trommel etc* to hammer *or* bash away at; *Geige* to saw away at. **jdn mit Fußtritten/Fäusten** ~ to kick sb about/thump sb.
5. (*inf: einreden auf*) *jdn* to work on.
6. *Land* to cultivate.

Be|arbeiter(in *f*) *m* **1.** *siehe vt* **2.** person dealing with *etc* sth. **wer war der** ~ **der Akte?** who dealt with the file? **2.** *siehe vt* **3.** editor; reviser; adapter; arranger.

Be|arbeitung *f siehe vt* **1.** working (on); dressing; treating.
2. dealing with; handling; processing. **die** ~ **meines Antrags hat lange gedauert** it took a long time to deal with my claim.
3. editing; revising; adapting; arranging; (*bearbeitete Ausgabe etc*) edition; revision, revised edition; adaptation; arrangement. **neue** ~ (*von Film etc*) new version; **die deutsche** ~ the German version.

Be|arbeitungsgebühr *f* processing fee.

be|argwöhnen* *vt* to be suspicious of.

Beat [bi:t] *m* **-(s)**, *no pl* **1.** (*Musik*) beat *or* pop music. **2.** (*Rhythmus*) beat.

Beatband ['bi:t,bɛnt] *f* beat *or* pop group.

beaten ['bi:tn] *vi* to bop (*inf*); (*Beat spielen*) to play beat *or* pop music.

Beatlokal ['bi:t-] *nt* beat club.

be|atmen* *vt Ertrunkenen* to give artificial respiration to. **jdn künstlich** ~ to keep sb breathing artificially.

Be|atmung *f* artificial respiration.

Beatmusik ['bi:t-] *f* beat *or* pop music.

Beatnik ['bi:tnɪk] *m* **-s, -s** beatnik.

Beatschuppen ['bi:t-] *m* (*inf*) beat club.

Beau [bo:] *m* **-, -s** good looker (*inf*).

be|aufsichtigen* *vt Arbeit, Bau* to supervise; *Klasse, Schüler, Häftlinge auch* to keep under supervision; *Kind* to mind; *Prüfung* to invigilate at. **jdn bei einer Arbeit/beim Arbeiten** ~ to supervise sb's work/sb working; **staatlich beaufsichtigt** state-controlled, under state control.

Be|aufsichtigung *f siehe vt* supervision, supervising; minding; invigilation.

be|auftragen* *vt* **1.** (*heranziehen*) to engage; *Firma auch* to hire; *Architekten, Künstler etc, Forschungsinstitut* to commission; *Ausschuß etc* to appoint, to set up. **jdn mit etw** ~ to engage *etc* sb to do sth; **mit der Wahrnehmung beauftragt** temporarily in charge. **2.** (*anweisen*) *Untergebenen etc* to instruct. **wir sind beauftragt, das zu tun** we have been instructed to do that.

Be|auftragte(r) *mf decl as adj* representative.

be|äugen* *vt* (*inf*) to gaze *or* look at.

be|augenscheinigen* *vt* (*form, hum*) to inspect.

bebauen* vt *1. Grundstück* to build on, to develop. **das Grundstück ist jetzt mit einer Schule bebaut** the piece of land has had a school built on it; **das Viertel war dicht bebaut** the area was heavily built-up.
2. (*Agr*) to cultivate; *Land* to farm.

Bebauung f, no pl **1.** (*Vorgang*) building (*gen* on); (*von Gelände*) development; (*Bauten*) buildings pl. **2.** (*Agr*) cultivation; (*von Land*) farming.

Bebauungsdichte f density of building or development; **Bebauungsplan** m development plan or scheme.

Bébé [be'be:] nt **-s, -s** (*Sw*) baby.

beben vi to shake, to tremble; (*Stimme auch*) to quiver (*vor +dat* with). **am ganzen Leib** or **an allen Gliedern** ~ to tremble or shake all over; **um jdn** ~ (*liter*) to tremble for sb.

Beben nt **-s, -** (*Zittern*) shaking, trembling; (*von Stimme auch*) quivering; (*Erd~*) quake.

bebildern* vt *Buch, Vortrag* to illustrate.

Bebilderung f illustrations pl (*gen* in).

bebrillt adj (*hum inf*) bespectacled.

bebrüten* vt *Eier* to incubate. **die Lage** ~ (*fig inf*) to brood over the situation.

Becher m **-s, -**. cup; (*old: Kelch auch*) goblet; (*Glas~*) glass, tumbler; (*esp Porzellan~, Ton~ auch*) mug; (*Plastik~ auch*) beaker; (*Joghurt~ etc*) carton, tub; (*Eis~*) (*aus Pappe*) tub; (*aus Metall*) sundae dish. **ein** ~ **Eis** a tub of icecream/an icecream sundae; **der** ~ **der Freude/des Leidens** (*liter*) the cup of joy/sorrow.
2. (*Bot: Eichel~*) cup, cupule (*spec*).

Becherglas nt **1.** (*Trinkglas*) glass, tumbler; **2.** (*Chem*) glass, beaker; **Becherklang** m (*old, liter*) clink(ing) of glasses.

bechern vi (*hum inf*) to have a few (*inf*).

becircen* [bə'tsɪrtsn] vt (*inf*) to bewitch.

Becken nt **-s, -**. **1.** (*Brunnen~, Hafen~, Wasch~, Geol*) basin; (*Abwasch~*) sink; (*Toiletten~*) bowl, pan; (*Schwimm~*) pool; (*Stau~*) reservoir; (*Fisch~*) pond; (*Tauf~*) font. **2.** (*Anat*) pelvis, pelvic girdle. **ein breites** ~ broad hips. **3.** (*Mus*) cymbal.

Becken- (*Anat, Med*) pelvic; **Beckenbruch** m fractured pelvis, pelvic fracture; **Becken|endlage** f breech position or presentation; **Beckenknochen** m hipbone.

Beckmesser m **-s, -** (*pej*) caviller, carper.

Beckmesserei f (*pej*) cavilling, carping.

bedachen* vt to roof.

bedacht adj **1.** (*überlegt*) prudent, careful, cautious. **2. auf etw** (*acc*) ~ **sein** to be concerned about sth; **darauf** ~ **sein, etw zu tun** to be concerned about doing sth or to do sth.

Bedacht m **-s,** no pl (*geh*) **mit** ~ (*vorsichtig*) prudently, carefully, with care; (*absichtlich*) deliberately; **voll** ~ very prudently or carefully, with great care; **ohne** ~ without thinking; **etw mit** (*gutem*) ~ **tun** to do sth (quite) deliberately.

Bedachte(r) mf decl as adj (*Jur*) beneficiary.

bedächtig adj (*gemessen*) *Schritt, Sprache* measured no adv, deliberate; *Wesen* deliberate, steady; (*besonnen*) thoughtful, reflective. **mit** ~**en Schritten** or ~**en Schrittes** (*liter*) with measured or deliberate steps; **langsam und** ~ **sprechen** to speak in slow, measured tones.

Bedächtigkeit f, no pl siehe adj measuredness, deliberateness; steadiness; thoughtfulness, reflectiveness. **etw mit großer** ~ **tun** to do sth with great deliberation/very thoughtfully or reflectively.

bedachtsam adj (*geh*) careful, deliberate.

Bedachung f roofing; (*Dach auch*) roof.

bedang pret of **bedingen II.**

bedanken* I vr **1.** to say thank-you, to express one's thanks (*form*). **sich bei jdm** (**für etw**) ~ to thank sb (for sth), to say thank-you to sb (for sth); **ich bedanke mich** thank you; **ich bedanke mich herzlich** thank you very much, (very) many thanks; **dafür können Sie sich bei Herrn Weitz** ~ (*iro inf*) you've got Mr Weitz to thank or you can thank Mr Weitz for that (*iro*).
2. (*iro inf*) **dafür bedanke ich mich** (**bestens**) no thank you (very much); **dafür/für dergleichen wird er sich** ~ he'll love that (*iro*).
II vt (*form*) **seien Sie** (**herzlich**) **bedankt!** please accept my/our (grateful or deepest) thanks (*form*).

Bedarf m **-(e)s,** no pl **1.** (*Bedürfnis*) need (*an +dat* for); (*~smenge*) requirements pl, requisites pl. **bei** ~ as or when required; **bei dringendem** ~ in cases of urgent need; **der Bus hält hier nur bei** ~ the bus stops here only on request; **Dinge des täglichen** ~**s** basic or everyday necessities; **alles für den häuslichen** ~ all household requirements or requisites; **alles für den** ~ **des Rauchers/der jungen Mutter** everything for the smoker/young mother, everything the smoker/young mother needs; **seinen** ~ **an Wein/Lebensmitteln etc einkaufen** to buy one's supply of wine/food etc or the wine/food etc one needs; **einem** ~ **abhelfen** to meet a need; **an etw** (*dat*) ~ **haben** to need sth, to be in need of sth; **danke, kein** ~ (*iro inf*) no thank you, not on your life (*inf*).
2. (*Comm: Nachfrage*) demand (*an + dat* for). (**je**) **nach** ~ according to demand; **den** ~ **übersteigen** to exceed demand; **über** ~ in excess of demand.

Bedarfsbefriedigung, Bedarfsdeckung f satisfaction of the/sb's needs; **Bedarfsfall** m (*form*) need; **im** ~ if necessary; (*wenn gebraucht*) as necessary or required; **für den** ~ **vorsorgen** to provide for a time of need; **Bedarfsgüter** pl consumer goods pl; **Bedarfshaltestelle** f request (bus/tram) stop; **Bedarfsträger** m (*Comm*) consumer.

bedauerlich adj regrettable, unfortunate. ~**!** how unfortunate.

bedauerlicherweise adv regrettably, unfortunately.

bedauern* vt **1.** *etw* to regret. **einen Irrtum** ~ to regret one's mistake or having made a mistake; **wir** ~**, Ihnen mitteilen zu müssen, ...** we regret to have to inform you ...; **er hat sehr bedauert, daß ...** he

was very sorry that ...; **er schüttelte ~d
den Kopf** he shook his head regretfully;
(ich) bedau(e)re! I am sorry.

2. (*bemitleiden*) **jdn** to feel *or* be sorry
for. **sich selbst ~** to feel sorry for oneself;
er ist zu ~ he is to be pitied, one *or* you
should feel sorry for him; **er läßt sich
gerne ~, er will immer bedauert sein** he
always wants people to feel sorry for him.

Bedauern *nt* **-s,** *no pl* regret. **(sehr) zu
meinem ~** (much) to my regret; **zu
meinem ~ kann ich nicht kommen** I regret
that *or* to my regret I will not be able to
come; **zu meinem größten ~ muß ich
Ihnen mitteilen ...** it is with the deepest
regret that I must inform you ...; **mit ~
habe ich ...** it is with regret that I ...

bedauernswert, bedauernswürdig (*geh*)
adj Mensch pitiful; *Zustand* deplorable.

bedecken* I *vt* **1.** to cover. **von etw bedeckt
sein** to be covered in sth; **mit einem Tuch/
mit Papieren/Staub bedeckt sein** to be
covered with a cloth/with *or* in papers/
dust.

2. (*Astron*) Stern to eclipse, to occult
(*spec*).

II *vr* **1.** (*sich zudecken*) to cover
oneself.

2. (*Himmel*) to become overcast, to
cloud over.

bedeckt *adj* **1.** covered. **2.** (*bewölkt*) overcast, cloudy. **bei ~em Himmel** when the
sky *or* it is overcast *or* cloudy.

bedenken* *irreg* I *vt* **1.** (*überlegen*) Sache,
Lage, Maßnahme etc to consider, to think
about. **das will wohl bedacht sein** (*geh*)
that calls for careful consideration; **wenn
man es recht bedenkt, ...** if you think
about it properly ...

2. (*in Betracht ziehen*) Umstand, Folgen etc to consider, to take into consideration. **man muß ~, daß ...** one must take
into consideration the fact that ...; **das
hättest du früher** *or* **vorher ~ sollen** you
should have thought about that sooner *or*
before; **ich gebe (es) zu ~, daß ...** (*geh*) I
would ask you to consider that ...

3. (*in Testament*) to remember. **jdn mit
einem Geschenk ~** (*geh*) to give sb a
present; **jdn reich ~** (*geh*) to be generous
to sb; **mit etw bedacht werden** to receive
sth; **auch ich wurde bedacht** I was not forgotten (either), there was something for
me too.

II *vr* (*geh*) to think (about it), to reflect.
bedenke dich gut, ehe du ... think well
before you ...; **ohne sich lange zu ~**
without stopping to think *or* reflect.

Bedenken *nt* **-s, -** **1.** usu pl (*Zweifel, Einwand*) doubt, reservation, misgiving.
moralische ~ moral scruples; **~ haben** *or*
tragen (*geh*) to have one's doubts (*bei*
about); **ihm kommen ~** he is having
second thoughts; **ohne ~ vorgehen** to act
relentlessly *or* unrelentingly. **2.** *no pl* (*das
Überlegen*) consideration (*gen* of), reflection (*gen* (up)on). **nach langem ~** after
much thought; **ohne ~** without thinking.

bedenkenlos *adj* **1.** (*ohne Zögern*) Zustimmung unhesitating, prompt. **ich würde ~
hingehen** I would not hesitate to go *or*
would have no hesitation in going; **~ zu-**

stimmen to agree without hesitation.
2. (*skrupellos*) heedless of others;
(*unüberlegt*) thoughtless. **etw ~ tun** to do
sth without thinking.

Bedenkenlosigkeit *f, no pl* **1.** (*Bereitwilligkeit*) readiness, promptness. **2.** (*Skrupellosigkeit*) unscrupulousness, lack of
scruples; (*Unüberlegtheit*) thoughtlessness, lack of thought.

bedenkenswert *adj* worth thinking about
or considering.

bedenklich *adj* **1.** (*zweifelhaft*) Geschäfte,
Mittel etc dubious, questionable.

2. (*besorgniserregend*) Lage, Verschlimmerung etc serious, disturbing,
alarming; *Gesundheitszustand* serious.
der Zustand des Kranken ist ~ the
patient's condition is giving cause for concern.

3. (*besorgt*) apprehensive, anxious. **ein
~es Gesicht machen** to look apprehensive; **jdn ~ stimmen** to make sb (feel)
apprehensive.

Bedenkzeit *f* **jdm zwei Tage/bis Freitag ~
geben** to give sb two days/until Friday to
think about it; **sich** (*dat*) **(eine) ~ ausbitten** *or* **erbitten, um ~ bitten** to ask for time
to think about it.

bedeppert *adj* (*inf*) **1.** (*ratlos*) dazed,
stunned. **2.** (*trottelig*) dopey (*inf*), daft.

bedeuten* *vt* **1.** (*gleichzusetzen sein mit,
heißen, bezeichnen*) to mean; (*Math,
Ling*) to stand for, to denote; (*versinn-
bildlichen*) to signify, to symbolize. **was
bedeutet dieses Wort?** what does this word
mean?, what's the meaning of this word?;
was soll das ~? what does that mean?; **was
soll denn das ~!** what's the meaning of
that?; **das hat nichts zu ~** it doesn't mean
anything; (*macht nichts aus*) it doesn't
matter; **das bedeutet einen Eingriff in die
Menschenrechte** that amounts to an attack on human rights.

2. (*ankündigen, zur Folge haben*) to
mean. **diese Wolken ~ schlechtes Wetter**
these clouds mean *or* spell bad weather;
das hat etwas zu ~! that must mean something; **das bedeutet nichts Gutes** that spells
trouble, that bodes ill.

3. (*gelten*) to mean (*dat, für* to); (*sein,
gelten als auch*) to be. **Geld bedeutet mir
nichts** money doesn't mean anything *or*
means nothing to me.

4. (*geh: einen Hinweis geben*) to
indicate, to intimate; (*mit Geste*)
to indicate, to gesture; *Abneigung,
Zustimmung auch* to signify. **ich bedeutete ihm, das zu tun** I indicated *or*
intimated that he should do that; **man
bedeutete mir, daß ...** I was given to
understand that ...

bedeutend I *adj* **1.** (*wichtig, bemerkenswert*) Persönlichkeit important, distinguished, eminent; *Leistung, Rolle* significant, important. **etwas B~es leisten** to
achieve something important *or* significant. **2.** (*groß*) Summe, Erfolg considerable, significant. II *adv* (*beträchtlich*)
considerably.

bedeutsam *adj* **1.** (*vielsagend*) meaningful, significant; *Rede, Blick auch*
eloquent. **jdm ~ zulächeln** to smile

Bedeutung

Dienst) to be in the civil service.

Bedienstete(r) mf decl as adj 1. (im öffentlichen Dienst) public employee. 2. (old: Diener) servant.

Bedienung f 1. no pl (in Restaurant etc) service; (von Maschinen) operation. die ~ der Kunden serving the customers; zur freien or gefälligen (old) ~ please take one or help yourself; die ~ des Geräts erlernen to learn how to operate the machine.

2. (~sgeld) service (charge).

3. (~spersonal) staff; (Kellner etc) waiter/waitress. kommt denn hier keine ~? isn't anyone serving here?; hallo, ~!, ~ bitte! waiter/waitress!

4. (Mil: ~smannschaft) crew.

Bedienungs|anleitung f operating instructions pl or directions pl; **Bedienungs|aufschlag** m, **Bedienungsgeld** nt service charge; **Bedienungsmannschaft** f (Mil) crew; **Bedienungsvorschrift** f operating instructions pl; **Bedienungszuschlag** m service charge.

bedingen I pret **bedingte**, ptp **bedingt** vt 1. (bewirken) to cause; (notwendig machen) to necessitate; (Psych, Physiol) to condition; (logisch voraussetzen) to presuppose. sich gegenseitig ~ to be mutually dependent.

2. (voraussetzen, verlangen) to call for, to demand.

II pret **bedang** or **bedingte**, ptp **bedungen** vr sich (dat) etw ~ (old) to stipulate sth, to make sth a condition.

bedingt adj 1. (eingeschränkt) limited; Lob auch qualified. (nur) ~ richtig (only) partly or partially right; (nur) ~ gelten to be (only) partly or partially valid; ~ tauglich (Mil) fit for limited duties.

2. (an Bedingung geknüpft) Annahme, Straferlaß, Strafaussetzung conditional.

3. (Physiol) Reflex conditioned.

Bedingtheit f 1. (von Lob, Anerkennung) limitedness. 2. (von Existenz etc) determinedness.

Bedingung f 1. (Voraussetzung) condition; (Erfordernis) requirement. mit or unter der ~, daß ... on condition or with the proviso that ...; unter keiner ~ in or under no circumstances, on no condition; (nur) unter einer ~ (only) on one condition; unter jeder anderen ~ in any other circumstances; von einer ~ abhängen or abhängig sein to be conditional on one thing; ~ (für meine Zustimmung) ist, daß ... it is a condition (of my consent) that ...; es zur ~ machen, daß ... to stipulate that ...

2. (Forderung) term, condition. zu günstigen ~en (Comm) on favourable terms.

3. ~en pl (Umstände) conditions pl; unter guten/harten ~en arbeiten to work in good/under or in difficult conditions.

bedingungslos adj Kapitulation unconditional; Hingabe, Gehorsam, Gefolgschaft unquestioning; ~ für etw eintreten to support with reservation; **Bedingungssatz** m conditional clause.

bedrängen* vt Feind to attack; gegnerische Mannschaft to put pressure on, to pressurize; (belästigen) to plague, to badger; Schuldner to press (for payment);

meaning(ful)ly at sb. 2. (wichtig) Gespräch, Fortschritt etc important; (folgenschwer) significant (für for).

Bedeutung f 1. (Sinn, Wortsinn) meaning. in wörtlicher/übertragener ~ in the literal/figurative sense.

2. (Wichtigkeit) importance, significance; (Tragweite) significance. von ~ sein to be important or significant or of significance; von (großer or tiefer/geringer) ~ sein to be of (great/little) importance or (very/not very) important; ein Mann von ~ an important figure; nichts von ~ nothing of any importance; ohne ~ of no importance; große ~ besitzen to be of great importance.

Bedeutungs|erweiterung f (Ling) extension of meaning; **Bedeutungslehre** f (Ling) semantics sing, science of meaning (old); **bedeutungslos** adj 1. (unwichtig) insignificant, unimportant; 2. (nichts besagend) meaningless; **Bedeutungslosigkeit** f insignificance, unimportance; zur ~ verurteilt sein to be condemned to insignificance; **Bedeutungsver|eng(er)ung** f (Ling) narrowing of meaning; **Bedeutungsverschiebung** f (Ling) shift of meaning, sense or semantic shift; **bedeutungsverwandt** adj (Ling) semantically related; **bedeutungsvoll** adj siehe bedeutsam; **Bedeutungswandel** m change in meaning, semantic change; **Bedeutungswörterbuch** nt (defining) dictionary.

bedienen* I vt 1. (Verkäufer) to serve, to attend to; (Kellner auch) to wait on; (Handlanger) to assist; (Diener etc) to serve, to wait on. werden Sie schon bedient? are you being attended to or served?; hier wird man gut bedient the service is good here; er läßt sich gern ~ he likes to be waited on; mit diesem Ratschlag war ich schlecht bedient I was illserved by that advice; mit dieser Ware/damit sind Sie sehr gut bedient these goods/that should serve you very well; ich bin bedient! (inf) I've had enough, I've had all I can take.

2. (Verkehrsmittel) to serve. diese Flugroute wird von X bedient X operate (on) this route; Concorde soll demnächst Dallas ~ Concorde is due to operate to Dallas soon.

3. (handhaben) Maschine, Geschütz etc to operate; Telefon to answer.

4. (Sport) to pass or feed (the ball) to.

5. (Cards) eine Farbe/Karo ~ to follow suit/to follow suit in diamonds.

II vi 1. to serve; (Kellner auch) to wait (at table); (als Beruf) to wait, to be a waiter/waitress.

2. (Cards) du mußt ~ you must follow suit; falsch ~ to revoke, to fail to follow suit.

III vr 1. (bei Tisch) to help or serve oneself (mit to). bitte ~ Sie sich please help or serve yourself.

2. (geh: gebrauchen) sich jds/einer Sache ~ to use sb/sth.

Bedienerin f (Aus) charwoman.

bedienstet adj: bei jdm ~ sein to be in service with sb; ~ sein (Aus: im öffentlichen

Passanten, Mädchen to pester; *(bedrücken: Sorgen)* to beset; *(heimsuchen)* to haunt. **Zweifel bedrängten ihn** he was beset *or* haunted by doubts; **sich in einer bedrängten Lage befinden** to be in dire *or* desperate straits.

Bedrängnis *f (geh) (seelische ~)* distress, torment. **in arger** *or* **großer ~** in dire *or* desperate straits; **jdn/etw in ~ bringen** to get sb/sth into trouble; **in ~ geraten** to get into difficulties.

bedrohen* *vt* **1.** to threaten.

2. *(gefährden)* to endanger, to threaten; *Gesundheit* to endanger. **den Frieden ~** to be a threat to peace; **vom Tode/von Überschwemmung bedroht** in mortal danger/in danger of being flooded; **vom Aussterben bedroht** threatened with extinction, in danger of becoming extinct.

bedrohlich *adj (gefährlich)* dangerous, alarming; *(unheilverkündend)* ominous, menacing, threatening. **sich ~ verschlechtern** to deteriorate alarmingly; **in ~e Nähe rücken** *or* **kommen** to get dangerously *or* perilously close.

Bedrohung *f* threat *(gen* to); *(das Bedrohen auch)* threatening *(gen* of). **in ständiger ~ leben** to live under a constant threat.

bedrucken* *vt* to print on. **ein bedrucktes Kleid** a print dress; **bedruckter Stoff** print, printed fabric; **etw mit einem Muster ~ to** print a pattern on sth.

bedrücken* *vt* to depress. **jdn ~** to depress sb, to make sb feel depressed; **was bedrückt dich?** what is (weighing) on your mind?; **Sorgen bedrückten ihn** cares were weighing upon him.

bedrückend *adj Anblick, Nachrichten, Vorstellung* depressing; *(lastend)* oppressive; *Sorge, Not* pressing.

bedrückt *adj (niedergeschlagen)* depressed, dejected; *Schweigen* oppressive.

Bedrückung *f siehe adj* depression, dejection; oppressiveness.

Beduine *m* -n, -n, **Beduinin** *f* Bedouin.

bedungen *ptp of* **bedingen II.**

bedürfen*, bedürfte *ptp* **bedurft** *vi irreg + gen (geh)* to need, to require. **das bedarf keiner weiteren Erklärung** there's no need for any further explanation; **es hätte nur eines Wortes bedurft, um ...** it would only have taken a word to ...; **es bedarf nur eines Wortes von Ihnen** you only have to *or* need to say the word; **es bedarf einiger Mühe** some effort is called for *or* required; **ohne daß es eines Hinweises bedurft hätte, ...** without having to be asked ...

Bedürfnis *nt* **1.** *(Notwendigkeit)* need; *(no pl: Bedarf auch)* necessity. **die ~se des täglichen Lebens** everyday needs; **dafür liegt kein ~ vor** *or* **besteht kein ~** there is no need *or* necessity for that.

2. *no pl (Verlangen)* need; *(form: Anliegen)* wish, desire. **es war ihm ein ~, ...** it was his wish *or* desire to ..., he wished *or* desired to ...; **ich hatte das ~/das dringende ~, das zu tun** I felt the need/an urgent need to do that; **das ~ nach Schlaf haben** to be in need of sleep.

Bedürfnisanstalt *f (form)* **öffentliche ~** public convenience *or* restroom *(US)*;

Bedürfnisbefriedigung *f* satisfaction of one's/sb's needs; **bedürfnislos** *adj Mensch etc* undemanding, modest in one's needs; *Leben* humble, simple; **Bedürfnislosigkeit** *f* modesty of one's needs.

bedürftig *adj* **1.** *(hilfs~)* needy, in need. **die B~en** the needy *pl*, those in need. **2. einer Sache** *(gen)* **~ sein** *(geh)* to be *or* stand in need of sth, to have need of sth.

Bedürftigkeit *f, no pl* need. **jds ~ (amtlich) feststellen** to give sb a means test.

beduselt *adj (inf) (angetrunken)* sozzled *(inf)*, tipsy *(inf)*; *(benommen)* bemused, befuddled.

Beefsteak ['bi:fste:k] *nt* steak. **deutsches ~** hamburger, beefburger.

be|ehren* I *vt (iro, geh)* to honour. **wann ~ Sie uns (mit einem Besuch)?** when will you honour us with a visit?; **bitte ~ Sie uns bald wieder** *(Kellner etc)* I hope you'll do us the honour of coming again soon.

II *vr* **sich ~, etw zu tun** *(form)* to have the honour *or* privilege of doing sth *(form)*.

be|eiden* *(old) vt (beschwören) Sache, Aussage* to swear to.

be|eilen* *vr* to hurry (up), to get a move on *(inf)*. **beeil dich, das fertigzukriegen** hurry up and finish that; **sich sehr** *or* **mächtig** *(inf)* **~ to** get a real move on *(inf)*; **er beeilte sich hinzuzufügen ...** *(form)* he hastened to add ...

Be|eilung *interj (inf)* get a move on *(inf)*, step on it *(inf)*.

be|eindrucken* *vt* to impress; *(Eindruck hinterlassen auch)* to make an impression on. **davon lasse ich mich nicht ~** I won't be impressed by that.

be|eindruckend *adj* impressive.

be|einflußbar *adj Mensch* impressionable, suggestive. **er ist nur schwer ~** he is hard to influence *or* sway; **diese Vorgänge sind nicht ~** these events cannot be influenced *or* changed.

be|einflussen* *vt jdn* to influence; *Urteil, Meinung, Aussage auch* to sway; *Ereignisse, Vorgänge auch* to affect. **jdn günstig/nachhaltig ~** to have a favourable *or* good/lasting influence on sb; **er ist leicht/schwer zu ~** he is easily influenced/hard to influence; **kannst du deinen Freund nicht ~?** can't you persuade your friend?; **durch etw beeinflußt sein** to be *or* to have been influenced *or* affected by sth.

Be|einflussung *f (das Beeinflussen)* influencing; *(Einfluß)* influence *(durch* of).

be|einträchtigen* *vt (stören)* to spoil; *Vergnügen, Genuß auch* to detract from; *Konzentration auch* to disturb; *Rundfunkempfang* to interfere with, to impair; *(schädigen) jds Ruf* to damage, to harm; *(vermindern) Qualität, Wert, Absatz, Energie, Appetit* to reduce; *Sehvermögen etc* to impair; *Reaktionen, Leistung* to reduce, to impair; *(hemmen) Entscheidung* to interfere with; *Freiheit, Entschlußkraft* to restrict, to interfere with, to curb. **dadurch wird der Wert erheblich beeinträchtigt** that reduces the value considerably; **sich (gegenseitig) ~** to have an adverse effect on one another; **jdn in seiner Freiheit** *or* **jds Freiheit** ~ to restrict *or* interfere with *or* curb sb's freedom.

Be|einträchtigung *f siehe vt* spoiling; detracting (*gen* from); disturbance; interference (*gen* with), impairment; damage, harm (*gen* to); reduction (*gen* of, in); impairment; interference (*gen* with); restriction, curbing.

be|elenden* *vt* (*Sw*) to upset, to distress.

Beelzebub [beˈɛltsəbuːp, ˈbeːl-] *m* **-s** (*Bibl*) Beelzebub; *siehe* **Teufel**.

be|enden*, be|endigen* (*old*) *vt* to end; *Arbeit, Aufgabe etc* to finish, to complete; *Vortrag, Brief, Schulstunde, Versammlung auch* to bring to an end, to conclude; *Streik, Streit, Krieg, Verhältnis auch* to bring to an end; *Studium* to complete. **der Abend wurde mit einer Diskussion beendet** the evening ended with *or* finished with a discussion; **etw vorzeitig** ~ to cut sth short; **sein Leben** ~ (*geh*) to end one's days; (*durch Selbstmord*) to take one's life; **damit ist unser Konzert/unser heutiges Programm beendet** that concludes *or* brings to an end our concert/our programmes for today.

Be|endigung *f, no pl* ending; (*Ende*) end; (*Fertigstellung*) completion; (*Schluß*) conclusion. **zur** ~ **dieser Arbeit** to finish this piece of work; **nach** ~ **des Unterrichts** after school (ends).

be|engen* *vt* (*lit*) *Bewegung* to restrict, to cramp; (*Möbel etc*) *Zimmer* to make cramped; (*fig*) to stifle, to inhibit. **das Zimmer/Kleid beengt mich** the room is too cramped/the dress is too tight for me; ~**de Kleidung** tight *or* restricting clothing.

be|engt *adj* cramped, confined; (*fig auch*) stifled. ~ **wohnen** to live in cramped conditions; **sich** ~ **fühlen** to feel confined *etc*; ~**e Verhältnisse** (*fig*) restricted circumstances.

Be|engtheit *f* (*Eingeschränktheit*) restriction, confinement; (*von Räumen*) cramped conditions *pl*. **ein Gefühl der** ~ a restricted *or* confined *or* (*fig auch*) stifled feeling.

be|erben* *vt* **jdn** ~ to inherit sb's estate, to be heir to sb.

be|erdigen* *vt* to bury. **jdn kirchlich** ~ to give sb a Christian burial.

Be|erdigung *f* burial; (~*sfeier*) funeral. **auf der falschen** ~ **sein** (*hum sl*) to have come to the wrong place.

Be|erdigungs- *in cpds siehe auch* **Bestattungs-** funeral; **Be|erdigungsfeier** *f* funeral service.

Beere *f* **-, -n** berry; (*Wein*~) grape. ~**n tragen** to bear fruit; ~**n sammeln** to go berry-picking.

Beeren|auslese *f* (*Wein*) wine made from specially selected grapes; **Beerenlese** *f* fruit picking; **Beeren|obst** *nt* soft fruit.

Beet *nt* **-(e)s, -e** (*Blumen*~, *Spargel*~) bed; (*Gemüse*~) patch; (*Rabatte*) border (*mit* of).

befähigen* *vt* to enable; (*Ausbildung*) to qualify, to equip. **jdn zu etw** ~ to enable/ qualify *or* equip sb to do sth.

befähigt *adj* **1.** (*durch Ausbildung*) qualified. **sie ist zum Richteramt** ~ she is

qualified to be *or* become a judge. **2.** capable, competent. **zu etw** ~ **sein** to be capable of doing sth *or* competent to do sth.

Befähigung *f, no pl* **1.** (*durch Ausbildung, Voraussetzung*) qualifications *pl.* **die** ~ **zum Richteramt** the qualifications to be *or* become a judge.

2. (*Können, Eignung*) capability, ability. **er hat nicht die** ~ **dazu** he does not have the ability to do that.

Befähigungsnachweis *m* certificate of qualifications.

befahl *pret of* **befehlen**.

befahrbar *adj Straße* passable; *Seeweg, Fluß* navigable. ~ **sein** (*Straße*) to be open to traffic; **manche Alpenstraßen sind nur im Sommer** ~ some alpine roads are only open (to traffic) *or* passable in the summer; **nicht** ~ **sein** (*Straße*) to be closed (to traffic); (*wegen Schnee etc auch*) to be impassable; (*Seeweg, Fluß*) to be unnavigable *or* not navigable.

befahren¹* *vt irreg* **1.** *Straße, Weg* to use, to drive on *or* along; *Paßstraße* to drive over; *Gegend, Land* to drive *or* travel through; *Kreuzung, Seitenstreifen* to drive onto; *Eisenbahnstrecke* to travel on. **der Paß kann nur im Sommer** ~ **werden** the pass is only open to traffic *or* passable in summer; **die Strecke darf nur in einer Richtung** ~ **werden** this stretch of road is only open in one direction; **die Straße wird von Panzern** ~ tanks use this road; **diese Straße wird stark/wenig** ~ there is a lot of/not much traffic on this road; **diese Strecke wird nicht mehr von Zügen** ~ trains no longer use this stretch of track.

2. (*Schiff, Seemann*) to sail; *Fluß auch* to sail up/down; *Seeweg auch* to navigate; *Küste* to sail along. **der See wird von vielen Booten** ~ many boats sail on *or* use this lake; **diese Route wird nicht mehr von Schiffen** ~ ships no longer sail this route.

3. (*Min*) *Schacht* to go down. **die Grube wird nicht mehr** ~ the mine is not worked any more.

befahren² *adj Straße, Seeweg, Kanal* used. **eine viel** *or* **stark/wenig** ~**e Straße** *etc* a much/little used road *etc*.

Befahren *nt* **-s,** *no pl* use (*gen* of); (*Vorgang*) using. **beim** ~ **der Brücke** when using the bridge; ,,~ **verboten''** "road closed''; ,,~ **der Brücke verboten''** "bridge closed''.

Befall *m* **-(e)s,** *no pl* (*mit Schädlingen*) infestation. **der** ~ (**des Kohls**) **mit Raupen** the blight of caterpillars (on the cabbage).

befallen¹* *vt irreg* **1.** (*geh: überkommen*) to overcome; (*Angst auch*) to grip, to seize; (*Durst, Hunger auch*) to assail; (*Fieber, Krankheit, Seuche*) to attack, to strike. **Schlaf/(die) Reue befiel ihn** he was overcome by sleep/with remorse, sleep/ remorse overcame him; **Angst befiel uns** we were gripped by *or* seized with fear, fear gripped *or* seized us; **eine Schwäche/ eine Ohnmacht befiel sie** she felt faint/she fainted.

2. (*angreifen, infizieren*) to affect; (*Schädlinge, Ungeziefer*) to infest.

befallen² *adj* affected (*von* by); (*von Schädlingen*) infested (*von* with).

befangen *adj* **1.** *Mensch, Lächeln* bashful,

diffident; *Schweigen, Stille* awkward.

2. (*esp Jur: voreingenommen*) *Richter, Zeuge* prejudiced, bias(s)ed. **als ~ gelten** to be considered (to be) prejudiced *etc or* (*Jur auch*) an interested party; **sich für ~ erklären** (*Jur*) to declare one's interest; **jdn als ~ ablehnen** (*Jur*) to object to sb on grounds of interest.

3. (*geh: verstrickt*) **in der Vorstellung ~ sein, daß ... or ... zu ...** to have the impression that ...; **in einem Irrtum ~ sein** to labour under a misapprehension.

Befangenheit *f, no pl siehe adj* **1.** bashfulness, diffidence; awkwardness. **2.** bias, prejudice; (*Jur*) interest. **jdn wegen (Besorgnis der) ~ ablehnen** (*Jur*) to object to sb on grounds of interest.

befassen* **I** *vr* **1.** (*sich beschäftigen*) **sich mit etw ~** to deal with sth; *mit Problem, Frage auch* to look into sth; *mit Fall, Angelegenheit auch* to attend to sth; *mit Arbeit auch, Forschungsbereich etc* to work on sth; **damit haben wir uns jetzt lange genug befaßt** we have spent long enough on *or* over that; **mit solchen Kleinigkeiten hat er sich nie befaßt** he has never bothered with *or* concerned himself with such trivialities.

2. (*sich widmen*) **sich mit jdm ~** to deal with sb, to attend to sb; *mit Kindern auch* to see to sb; **sich mit jdm sehr ~** to give sb a lot of attention.

II *vt* **1.** (*dial: anfassen*) to touch.

2. (*form*) **jdn mit etw ~** to get sb to deal with sth; **mit etw befaßt sein** to be dealing with sth; **die mit diesem Fall befaßten Richter** the judges engaged on this case.

befehden* **I** *vt* (*Hist*) to be feuding with; (*fig*) to attack. **II** *vr* to be feuding. **sich mit Worten ~** to attack each other verbally.

Befehl *m* **-(e)s, -e 1.** (*Anordnung*) order, command (*an* +*acc* to, *von* from); (*Physiol*) command; (*bei Computer*) instruction. **einen ~ verweigern** to refuse to obey an order *etc*; **er gab (uns) den ~, ...** he ordered us to ...; **wir hatten den ~, ...** we had orders *or* were ordered to ...; **wir haben ~, Sie festzunehmen** we have orders *or* have been ordered to arrest you; **auf seinen ~ (hin)** on his orders, at his command; **auf ~** to order; (*sofort*) at the drop of a hat (*inf*); **auf ~ handeln** to act under *or* according to orders; **auf höheren ~ on orders from above; zu ~, Herr Hauptmann** (*Mil*) yes, sir; (*nach erhaltenem Befehl auch*) very good, sir; **zu ~, Herr Kapitän** aye-aye, sir; **~ ausgeführt!** mission accomplished; **~ ist ~** orders are orders; **~ vom Chef!** boss's orders; **dein Wunsch ist mir ~** (*hum*) your wish is my command.

2. (*Befehlsgewalt*) command. **den ~ haben** *or* **führen** to have command, to be in command (*über* +*acc* of); **den ~ übernehmen** to take *or* assume command.

befehlen *pret* **befahl**, *ptp* **befohlen** *vti* **1.** to order; (*vi: Befehle erteilen*) to give orders. **er befahl Stillschweigen** *or* **zu schweigen** he ordered them/us *etc* to be silent; **sie befahl ihm Stillschweigen** *or* **zu schweigen** she ordered him to keep quiet; **schweigen Sie, befahl er** be quiet, he ordered; **er**

befahl, **den Mann zu erschießen** *or* **die Erschießung des Mannes** he ordered the man to be shot; **sie befahl, daß ...** she ordered *or* gave orders that ...; **du hast mir gar nichts zu ~, von dir lasse ich mir nichts ~** I won't take orders from you; **gnädige Frau ~?, was ~ gnädige Frau?** (*old form*) yes, Madam?, what can I do for you, Madam?; **~ Sie sonst noch etwas, gnädige Frau?** (*form*) will there be anything else, Madam?; **er befiehlt gern** he likes giving orders; **hier habe nur ich zu ~** I give the orders around here; **wie Sie ~** as you wish; **wer ~ will, muß erst gehorchen lernen** (*prov*) if you wish to command you must first learn to obey.

2. (*beordern*) (*an die Front etc*) to order, to send; (*zu sich auch*) to summon.

3. *vi only* (*Mil: den Befehl haben*) to be in command, to have command (*über* + *acc* of).

4. (*liter: anvertrauen*) to entrust, to commend (*liter*). **seine Seele Gott ~** to commend *or* entrust one's soul to God; **Gott befohlen!** (*old*) God be with you! (*old*).

befehligen* *vt* (*Mil*) to command, to be in command of, to have command of.

Befehls|empfang *m* (*Mil*) receiving of orders; **Befehls|empfänger** *m* recipient of an order; **~ sein** to follow orders (*gen* from); **jdn zum ~ degradieren** (*fig*) to lower sb to the level of just following orders; **Befehlsform** *f* (*Gram*) imperative; **befehlsgemäß** *adj* as ordered, in accordance with (sb's) orders; **Befehlsgewalt** *f* (*Mil*) command; **jds ~** (*dat*) **unterstehen** to be under sb's command; **Befehlshaber** *m* **-s, -** commander; **Befehlsnotstand** *m* (*Jur*) compulsion *or* necessity to obey orders; **unter ~ handeln** to be acting under orders; **Befehlssatz** *m* (*Gram*) imperative, command; **Befehlsstab** *m* (*Rail*) signalling baton.

Befehlston *m* peremptory tone; **Befehlsverweigerung** *f* (*Mil*) refusal to obey orders.

befeinden* **I** *vt* (*geh*) *Land* to be hostile towards; *Ideologie, Schriften, Schriftsteller* to attack. **II** *vr* to be hostile (towards each other).

befestigen* *vt* **1.** (*an* +*dat* to) (*anbringen*) to fasten; (*festmachen auch*) to secure; *Boot* to tie up. **etw durch Nähen/ Kleben** *etc* **~** to sew/glue *etc* sth; **etw an der Wand/ Tür ~** to attach *or* fix sth to the wall/door; **die beiden Enden/Teile werden (aneinander) befestigt** the two ends/parts are fastened together; **ein loses Brett ~** to fasten down *or* secure a loose board.

2. (*fest, haltbar machen*) *Böschung, Deich* to reinforce; *Fahrbahn, Straße* to make up; (*fig: stärken*) *Herrschaft, Ruhm* to consolidate.

3. (*Mil: mit Festungsanlagen versehen*) to fortify.

Befestigung *f* **1.** (*das Befestigen*) fastening; (*das Festmachen auch*) securing; (*von Boot*) tying up. **zur ~ des Plakats ...** in order to attach the poster ...

2. (*Vorrichtung zum Befestigen*) fastening, catch.

3. (*das Haltbarmachen*) reinforcement; (*fig: Stärkung*) consolidation. **zur ~ der Macht des ...** in order to consolidate the power of ...
4. (*Mil*) fortification.
Befestigungs|anlage *f*, **Befestigungsbau** *m*, **Befestigungswerk** *nt* fortification, defence.
befeuchten* *vt* to moisten; *Finger auch* to wet; *Wäsche* to damp(en). **von Tränen befeuchtet** wet or moist with tears.
befeuern* *vt* **1.** (*beheizen*) to fuel. **2.** (*Naut, Aviat*) *Wasserstraße, Untiefen* to light or mark with beacons; *Start- und Landebahn* to light, to mark with lights. **3.** (*lit, fig: mit Geschossen*) to bombard. **4.** (*geh: anspornen*) to fire with enthusiasm.
Befeuerung *f* (*Aviat, Naut*) lights *pl*, beacons *pl*.
Beffchen *nt* Geneva band.
befiehl *imper sing of* **befehlen**.
befinden* *irreg* **I** *vr* **1.** (*sein*) to be; (*liegen auch*) to be situated; (*esp in Maschine, Körper etc auch*) to be located. **sich auf Reisen ~** to be away; **unter ihnen befanden sich einige, die ...** there were some amongst them who ...; **sich in Verwirrung/im Irrtum ~** to be confused/mistaken; **sich auf dem Weg der Besserung ~** to be on the road to recovery; **wenn man sich in schlechter Gesellschaft befindet ...** if you find yourself in bad company ...
2. (*form: sich fühlen*) to feel. **wie ~ Sie sich heute?** how are you (feeling) or how do you feel today?
II *vt* (*form: erachten*) to deem (*form*), to find. **etw für nötig/für or als gut ~** to deem or find sth (to be) necessary/good; **Ihre Papiere wurden in Ordnung befunden** your papers were found to be in order; **jdn für schuldig ~** to find sb guilty.
III *vi* (*geh: entscheiden*) to come to or make a decision, to decide (*über +acc* about, *in +dat* on). **darüber hat der Arzt zu ~/habe ich nicht zu ~** that is for the doctor/not for me to decide; **über jdn/etw ~** to pass judgement on sb/sth.
Befinden *nt* **-s**, *no pl* **1.** (*form: Gesundheitszustand*) (state of) health; (*eines Kranken*) condition. **seelisches ~** mental state or condition; **wie ist Ihr ~?** (*form*) how are you (feeling)?
2. (*geh: das Dafürhalten*) view, opinion. **nach meinem ~** in my view or opinion; **nach eigenem ~ entscheiden** to decide according to one's own judgement.
befindlich *adj usu attr* (*form*) **1.** (*an einem Ort*) *Gebäude, Park* situated, located; (*in Behälter*) contained. **der hinter dem Hause ~e Garten** the garden (situated) behind the house; **der an der Tür ~e Haken** the hook on the door.
2. (*in einem Zustand*) **das im Umbau ~e Hotel** the hotel which is being renovated; **das im Umlauf ~e Geld** the money in circulation; **die in Kraft ~e Verordnung** the regulation which is in force.
befingern* *vt* (*inf*) (*betasten*) to finger.
beflaggen* *vt Häuser* to (be)deck or

decorate with flags; *Schiff* to dress. **die beflaggten Straßen** the flag-decked streets, the streets (be)decked or decorated with flags; **anläßlich seines Todes wurden alle öffentlichen Gebäude beflaggt** flags were flown on all public buildings to mark his death.
Beflaggung *f* **1.** (*das Beflaggen*) (*von Gebäuden*) decoration with flags; (*von Schiffen*) dressing. **2.** (*Fahnenschmuck*) flags *pl*.
beflecken* *vt* **1.** (*lit*) to stain. **er hat seinen Anzug mit Farbe befleckt** he got paint on his suit; **er hat sich or seine Hände mit Blut befleckt** (*fig*) he has blood on his hands.
2. (*fig geh*) *Ruf, Ehre* to cast a slur on, to besmirch, to sully; *Heiligtum* to defile, to desecrate.
befleckt *adj* **1.** stained. **sein mit Blut ~er Anzug** his blood-stained suit. **2.** *Ruf, Ehre* sullied, besmirched.
Befleckung *f siehe vt* **1.** staining. **2.** besmirching, sullying; defilement, desecration.
befleißigen* *vr* (*geh*) **sich einer Sache** (*gen*) **~** to cultivate sth; **sich ~, etw zu tun** to make a great effort to do sth; **sich größter or der größten Höflichkeit ~** to go out of one's way to be polite.
befliegen* *vt irreg* (*Aviat*) *Strecke* to fly, to operate (on); *Gegend* to fly over; *Raum* to fly through or in. **eine viel beflogene Strecke** a heavily used route.
beflissen *adj* (*geh*) (*bemüht*) zealous, keen; (*pej: unterwürfig*) obsequious. **um etw ~ sein** to be concerned for sth; **~ sein, etw zu tun** to be concerned to do sth; **ängstlich ~** anxious.
Beflissenheit *f siehe adj* zeal, keenness; obsequiousness.
beflügeln* *vt* (*geh*) to inspire, to fire. **die Angst beflügelte seine Schritte** (*liter*) fear winged his steps (*liter*); **der Gedanke an den Erfolg beflügelte ihn** the thought of success spurred him on.
befohlen *ptp of* **befehlen**.
befolgen* *vt Vorschrift, Befehl etc* to obey, to comply with; *grammatische Regel* to follow, to obey; *Rat(schlag)* to follow.
Befolgung *f siehe vt* obeying, compliance (*gen* with); following, obeying; following. **~ der Vorschriften** obeying the rules, compliance with the rules.
Beförderer *m* (*form*) carrier.
befördern* *vt* **1.** *Waren, Gepäck* to transport, to carry; *Personen* to carry; *Post* to handle. **etw mit der Post/per Luftpost/Bahn/Schiff ~** to send sth by post/airmail/rail/ship; to ship sth; **jdn/etw von A nach B ~** to transport or convey sb/sth from A to B; **jdn an die (frische) Luft or zur Tür hinaus or ins Freie ~** (*fig*) to fling or chuck sb out (*inf*); **jdn ins Jenseits ~** (*inf*) to bump sb off (*inf*), to do sb in (*inf*).
2. (*dienstlich aufrücken lassen*) to promote. **er wurde zum Major befördert** he was promoted to (the rank of) major.
3. (*rare: begünstigen*) *siehe* **fördern 1.**
Beförderung *f siehe vt* **1.** transportation, carriage; carriage; handling. **die ~ der Post/eines Briefes dauert drei Tage** the post/a letter takes three days (to arrive);

für die ~ von 35 Personen zugelassen permitted to carry 35 persons; **~zu Lande/ zur Luft/per Bahn** land/air/rail transportation. **2.** promotion.

Beförderungsbedingungen *pl* terms *pl or* conditions *pl* of carriage; **Beförderungsmittel** *nt* means of transport; **Beförderungspflicht** *f* obligation *of taxis, buses etc* to accept passengers; **Beförderungstarif** *m* transportation charge.

befrachten* *vt Fahrzeug, Schiff* to load; *(fig geh auch)* to burden. **ein schwer befrachtetes Schiff** a heavily laden ship; **seine übermäßig mit Emotionen befrachtete Rede** his speech, overladen with emotion.

Befrachter *m* **-s, -** shipper, freighter.

Befrachtung *f* loading.

befrackt *adj* in tails, tail-coated. **~ sein** to be wearing tails.

befragen* I *vt* **1.** *(über + acc, zu, nach* about) to question; *Zeugen auch* to examine. **jdn im Kreuzverhör ~** to cross-question *or (esp Jur)* to cross-examine sb; **auf B~** when questioned.
2. *(um Stellungnahme bitten)* to consult *(über + acc, nach* about). **jdn um Rat/nach seiner Meinung ~** to ask sb for advice/his opinion, to ask sb's advice/opinion; **jdn in einer Angelegenheit ~** to consult sb about *or* on a matter.
II *vr (dated)* to make enquiries. **sich bei jdm/etw ~** to consult sb/sth.

Befragte(r) *mf decl as adj* person asked; *(in Umfrage auch)* interviewee. **alle ~n** all those asked.

Befragung *f siehe vt* **1.** questioning; examining, examination. **2.** consultation *(gen* with *or* of). **3.** *(Umfrage)* survey.

befreien* I *vt* **1.** *(frei machen)* to free, to release; *Volk, Land* to liberate, to free; *(freilassen) Gefangenen, Tier, Vogel* to set free, to free. **jdn aus einer schwierigen Lage ~** to rescue sb from *or* get sb out of a tricky situation.
2. *(freistellen) (von* from) to excuse; *(von Militärdienst, Steuern)* to exempt; *(von Eid etc)* to absolve; *(von Pflicht auch)* to release. **sich vom Religionsunterricht ~ lassen** to be excused religious instruction.
3. *(erlösen: von Schmerz etc)* to release, to free. **jdn von einer Last ~** to take a weight off sb's mind.
4. *(reinigen) (von* of) *(von Ungeziefer etc)* to rid; *(von Schnee, Eis)* to free. **seine Schuhe von Schmutz ~** to remove the dirt from one's shoes; **ein ~des Lachen** a healthy *or* an unrepressed laugh.
II *vr* **1.** *(Volk, Land)* to free oneself; *(entkommen)* to escape *(von, aus* from). **sich aus einer schwierigen Lage ~** to get oneself out of a difficult situation.
2. *(erleichtern)* to rid oneself *(von* of), to free oneself *(von* from).

Befreier(in *f)* *m* **-s, -** liberator.

befreit *adj (erleichtert)* relieved. **~ aufatmen** to heave *or* breathe a sigh of relief.

Befreiung *f siehe vt* **1.** freeing, releasing; liberation, freeing; setting free, freeing. **2.** excusing; exemption; absolving; releasing. **um ~ von etw bitten** to ask to be excused/exempted from sth. **3.** releasing;

(Erleichterung) relief. **4.** ridding; freeing.

Befreiungsbewegung *f* liberation movement; **Befreiungsfront** *f* liberation front; **Befreiungskampf** *m* struggle for liberation; **Befreiungskrieg** *m* war of liberation; **Befreiungsschlag** *m (Eishockey)* clearance; **Befreiungsversuch** *m* escape attempt.

befremden* I *vt* to displease. **es befremdet mich, daß ...** I'm displeased that ..., I find it displeasing that ...; **das befremdet mich an ihr** that (side of her) displeases me. II *vi* to cause displeasure.

Befremden *nt* **-s, no pl** displeasure. **nicht ohne ~ ...** it is with some displeasure that ...

befremdend *adj* displeasing.

befremdet *adj* disconcerted, taken aback.

befremdlich *adj (geh) siehe* **befremdend**.

befreunden* *vr* **1.** *(sich anfreunden)* to make *or* become friends. **ich habe mich schnell mit ihm befreundet** I quickly made friends with him, he and I quickly became friends.
2. *(fig: mit einem Gedanken etc)* to get used to, to get *or* grow accustomed to.

befreundet *adj* **wir/sie sind schon lange (miteinander) ~** we/they have been friends *or* friendly for a long time; **gut** *or* **eng ~ sein** to be good *or* close friends; **ein ~er Staat** a friendly nation; **das ~e Ausland** friendly (foreign) countries; **ein uns ~er Arzt** a doctor (who is a) friend of ours.

befrieden* *vt (geh)* to pacify.

befriedigen* I *vt* to satisfy; *Gläubiger auch* to pay; *Gelüste auch* to gratify; *Ansprüche, Forderungen, Verlangen auch* to meet, **jdn (sexuell) ~** to satisfy sb (sexually); **er ist leicht/schwer zu ~** he's easily/ not easily satisfied, he's easy/hard to satisfy.
II *vi* to be satisfactory. **Ihre Leistung hat nicht befriedigt** your performance was unsatisfactory.
III *vr sich (selbst) ~** to masturbate.

befriedigend *adj* satisfactory; *Verhältnisse, Leistung, Arbeit, Antwort auch* adequate; *Gefühl* satisfying; *Lösung auch* acceptable; *(Schulnote)* fair. **nicht ~ sein** to be unsatisfactory/inadequate/ unacceptable.

befriedigt *adj* satisfied, contented. **bist du nun endlich ~?** are you satisfied at last?; **er lächelte ~** he smiled with satisfaction.

Befriedigung *f* **1.** *siehe vt* satisfaction, satisfying; payment; assuagement *(form)*; gratification; meeting. **sexuelle ~** sexual satisfaction; **zur ~ deiner Neugier ...** to satisfy your curiosity ... **2.** *(Genugtuung)* satisfaction. **seine ~ in etw** *(dat)* **suchen** to look for *or* seek satisfaction in sth.

Befriedung *f (geh)* pacification.

befristen* *vt* to limit, to restrict *(auf +acc* to); *Aufgabe, Projekt* to put a time limit on.

befristet *adj Genehmigung, Visum* restricted, limited *(auf +acc* to); *Arbeitsverhältnis* temporary. **mein Arbeitsverhältnis ist auf zwei Jahre ~** my appointment is limited *or* restricted to two years; **~ sein/ auf zwei Jahre ~ sein** *(Paß etc)* to be valid for a limited time/for two years.

Befristung f limitation, restriction (*auf* + *acc* to).

befruchten* vt **1.** (*lit*) *Eizelle* to fertilize; (*schwängern auch*) to impregnate (*form*); *Blüte* to pollinate. **künstlich** ~ to inseminate artificially.
   2. (*fig: fruchtbar machen*) to make fertile.
   3. (*fig: geistig anregen*) to stimulate, to have a stimulating effect on. **auf etw** (*acc*) ~**d wirken** to have a stimulating effect on sth.

Befruchtung f **1.** *siehe vt 1.* fertilization; impregnation; pollination. **künstliche** ~ artificial insemination. **2.** (*fig*) stimulation.

befugen* vt (*form*) to authorize. **wer hat Sie dazu befugt?** who authorized you to do that?

Befugnis f (*form*) authority *no pl*; (*Erlaubnis*) authorization *no pl*. **eine** ~ **erhalten/ erteilen** to receive/give authorization *or* authority; **besondere** ~**se erhalten** to receive *or* be given special authority.

befugt adj (*form*) ~ **sein(, etw zu tun)** to have the authority *or* (*ermächtigt worden sein*) be authorized (to do sth).

befühlen* vt to feel; (*hinstreichen über auch*) to run one's hands over.

befummeln* vt (*inf*) **1.** (*betasten*) to paw (*inf*). **2.** (*bearbeiten*) to fix (*inf*).

Befund m **-(e)s, -e** results *pl*, findings *pl*. **der** ~ **war positiv/ negativ** (*Med*) the results were positive/negative; **ohne** ~ (*Med*) (results) negative.

befürchten* vt to fear, to be afraid of. **ich befürchte das Schlimmste** I fear the worst; **es ist zu** ~**, daß ...** it is (to be) feared that ...; **dabei sind Komplikationen/ist gar nichts zu** ~ it is feared there may be complications/there's nothing to fear with that; **das ist nicht zu** ~ there is no fear of that; **da Lawinen zu** ~ **waren ...** as there was a danger *or* risk of avalanches ...

Befürchtung f fear *usu pl*. ~**en** *or* **die** ~ **haben, daß ...** to fear *or* be afraid that ...; **die schlimmsten** ~**en haben** *or* **hegen** (*geh*) to fear the worst.

befürworten* vt to approve.

Befürworter(in f) m **-s, -** supporter; (*von Idee auch*) advocate.

Befürwortung f approval.

begaben* vt usu pass (*liter*) to endow. **mit etw begabt sein** to be endowed with sth.

begabt adj talented; (*esp geistig, musisch auch*) gifted. **für etw** ~ **sein** to be talented at sth; **für Musik, Kunst etc auch** to have a gift for sth.

Begabte(r) mf decl as adj talented *or* gifted person/man/ woman *etc*.

Begabung f **1.** (*Anlage*) talent; (*geistig, musisch auch*) gift. **er hat eine** ~ **dafür, immer das Falsche zu sagen** he has a gift for *or* a knack of always saying the wrong thing; **mangelnde** ~ a lack of talent, insufficient talent.
   2. (*begabter Mensch*) talented person. **sie ist eine musikalische** ~ she has a talent for music.

Begabungsreserve f reservoir of talent.

begaffen* vt (*pej inf*) to gape at (*inf*).

begann pret of **beginnen.**

begasen* vt (*Agr*) to gas.

begatten* (*esp Zool*) **I** vt to mate *or* copulate with; (*geh, hum*) to copulate with. **II** vr to mate, to copulate; (*geh, hum*) to copulate.

Begattung f (*esp Zool*) mating, copulation; (*geh, hum*) copulation.

Begattungs- *in cpds* mating; **Begattungsorgane** *pl* reproductive organs *pl*.

begeben* irreg **I** vr **1.** (*liter: gehen*) to betake oneself (*liter*), to go. **sich nach Hause** *or* **auf den Heimweg** ~ to wend (*liter*) *or* make one's way home; **sich auf eine Reise** ~ to undertake a journey; **sich zu Bett/zur Ruhe** ~ to repair to one's bed (*liter*)/to retire; **sich zu jdm** ~ to betake oneself to see sb (*liter*); **sich an seinen Platz** ~ to take one's place; **sich in ärztliche Behandlung** ~ to undergo medical treatment; **sich an die Arbeit** ~ to commence work.
   2. (*sich einer Sache aussetzen*) **sich in Gefahr** ~ to expose oneself to *or* put oneself in danger; **sich in jds Schutz** (*acc*) ~ to place oneself under sb's protection.
   3. (*old liter: geschehen*) to come to pass (*old liter*). **es begab sich aber zu der Zeit, daß ...** (*Bibl*) and it came to pass at that time that ...
   4. (*geh: aufgeben*) +*gen* to relinquish, to renounce.
   II vt (*Fin*) to issue.

Begebenheit f (*geh*), **Begebnis** nt (*old*) occurrence, event.

begegnen* vi aux sein +*dat* **1.** (*treffen*) to meet. **sich** *or* **einander** (*geh*) ~ to meet; **ihre Augen** *or* **Blicke begegneten sich** their eyes met; **sie** ~ **sich in dem Wunsch/in der Ansicht, ...** they are united in the wish/opinion ... (*form*).
   2. (*stoßen auf*) to encounter; **Schwierigkeiten auch** to run into. **dieses Wort wird uns später noch einmal** ~ we will encounter this word again later.
   3. (*widerfahren*) **jdm ist etw begegnet** sth has happened to sb; **es war mir schon einmal begegnet, daß ...** it had happened to me once already that ...
   4. (*geh: behandeln*) to treat. **man begegnete mir nur mit Spott** I only met with derision.
   5. (*geh*) (*entgegentreten*) *einer Krankheit, der Not* to combat; *einem Übel, Angriff auch* to oppose, to resist; (*überwinden*) *einer Gefahr, Schwierigkeiten* to confront, to meet, to face; (*reagieren auf*) *einem Wunsch, einer Ansicht* to meet, to respond to. **man begegnete seinen Vorschlägen mit Zurückhaltung** his suggestions met with reserve.
   6. (*geh: einwenden gegen*) *Behauptungen etc* to counter.

Begegnung f **1.** (*Treffen*) meeting, encounter; (*fig: mit Idee etc*) encounter. **bei der ersten** ~ **der beiden** at the first meeting between the two; **ein Ort internationaler** ~ an international meeting place.
   2. (*Sport*) encounter, match. **die** ~ **Spanien–Italien findet nächsten Monat statt** Spain and Italy meet next month.

begehen* *vt irreg* **1.** (*verüben*) *Selbstmord, Ehebruch, Sünde* to commit; *Verbrechen auch* to perpetrate (*form*); *Fehler* to make. **eine Indiskretion (gegenüber jdm)** ~ to be indiscreet (about sb); **einen Mord an jdm** ~ to murder sb; **eine Taktlosigkeit/ Unvorsichtigkeit** ~ to be tactless/careless; **die Taktlosigkeit/ Unvorsichtigkeit** ~, **...** to be so tactless/ careless as to ...; **an jdm ein Unrecht** ~ to wrong sb, to be unjust to sb; **Verrat an jdm/etw** ~ to betray sb/sth.
2. (*entlanggehen*) *Weg* to use. **der Weg ist viel begangen** the path is used a lot, it is a much-used path; ,,B~ **der Brücke auf eigene Gefahr''** "persons using this bridge do so at their own risk".
3. (*abschreiten*) *Bahnstrecke, Felder* to inspect (on foot).
4. (*geh: feiern*) to celebrate; (*Eccl*) *Fest auch* to observe.

Begehr *m or nt* **-s**, *no pl* (*old*) *siehe* **Begehren 2.**

begehren* *vt* **1.** (*liter: Verlangen haben nach*) to desire, to crave; *Frau* to desire; *Gegenstände, Besitz eines andern* to covet. **etw zu tun** ~ to desire *or* crave *or* wish to do sth; **ein Mädchen zur Frau** ~ to desire a girl's hand in marriage; **du sollst nicht** ~ **...** (*Bibl*) thou shalt not covet ...
2. (*old: wollen*) to desire.

Begehren *nt* **-s**, (*rare*) **-1.** (*geh: Verlangen*) desire (*nach* for). **das** ~ **fühlen** *or* **haben, etw zu tun** to feel the *or* a desire to do sth.
2. (*old: Wunsch, Forderung*) wish. **was ist Ihr** ~? what is your wish?; **nach jds** ~ **fragen** to inquire after sb's wishes; **auf mein** ~ **(hin)** at my request.

begehrenswert *adj* desirable, attractive; *Frau* desirable.

begehrlich *adj* (*geh*) covetous.

Begehrlichkeit *f* (*geh*) covetousness.

begehrt *adj* much *or* very sought-after; *Partner etc auch, Ferienziel* popular; *Junggeselle* eligible; *Posten auch* desirable.

Begehung *f* **1.** (*form*) (*einer Sünde*) committing; (*eines Verbrechens auch*) perpetrating (*form*). **nach** ~ **des Verbrechens** after committing *etc* the crime.
2. (*das Abschreiten*) inspection (on foot).

begeifern* *vt* (*fig pej*) to run down, to slam (*inf*); (*lit*) to dribble on.

begeistern* **I** *vt* **jdn** to fill with enthusiasm; (*inspirieren*) to inspire. **er begeistert alle mit seinem Talent** everybody is enthusiastic about his talent; **er ist für nichts zu** ~ he's never enthusiastic about anything. **II** *vr* to be *or* feel enthusiastic (*an* + *dat*, *für* about).

begeisternd *adj* inspiring; *Rede auch* stirring.

begeistert *adj* enthusiastic (*von* about).

Begeisterung *f*, *no pl* enthusiasm (*über* + *acc* about, *für* for). **etw mit** ~ **tun** to do sth enthusiastically *or* with enthusiasm; **in** ~ **geraten** to become enthusiastic *or* be filled with enthusiasm.

begeisterungsfähig *adj* able to get enthusiastic; *Publikum etc* quick to show one's enthusiasm; **sie ist zwar** ~, **aber ...** her enthusiasm is easily aroused but ...;

Begeisterungsfähigkeit *f* capacity for enthusiasm; **Begeisterungssturm** *m* storm of enthusiasm.

Begier *f* **-**, *no pl* (*liter*), **Begierde** *f* **-**, **-n** (*geh*) desire (*nach* for); (*Sehnsucht*) longing, yearning. **vor** ~ **brennen, etw zu tun** to be longing *or* burning to do sth; **voll** ~ **lauschte sie seinen Worten** she hung on his every word.

begierig *adj* (*voll Verlangen*) hungry, greedy; (*gespannt*) eager, keen; *Leser* avid. **auf etw** (*acc*) ~ **sein** to be eager for sth; ~ **(darauf) sein, etw zu tun** to be eager *or* keen to do sth.

begießen* *vt irreg* **1.** to pour water on; *Blumen, Beet* to water; (*mit Fett*) *Braten etc* to baste. **2.** (*fig inf*) *freudiges Ereignis etc* to celebrate. **das muß begossen werden!** that calls for a drink!

beging *pret of* **begehen.**

Beginn *m* **-(e)s**, *no pl* beginning, start. **am** *or* **bei** *or* **zu** ~ at the beginning; **mit** ~ **der Ferien** at the beginning *or* start of the holidays, when the holidays begin *or* start; **gleich zu** ~ right at the beginning *or* start, at the very beginning *or* start.

beginnen *pret* **begann**, *ptp* **begonnen I** *vi* to start, to begin, to commence (*form*); (*in Beruf etc auch*) to start off. **mit einer Arbeit** ~ to start *or* begin (to do) a job; **mit der Arbeit** ~ to start *or* begin work; **es beginnt zu regnen** it's starting *or* beginning to rain; **er hat als Lehrling/mit nichts begonnen** he started (off) *or* began as an apprentice/with nothing.
II *vt* **1.** (*anfangen*) to start, to begin; *Gespräch, Verhandlungen, Rede auch* to open. ~, **etw zu tun** to start *or* begin to do sth, to start doing sth.
2. (*anpacken*) *Aufgabe etc* to tackle, to go *or* set about.
3. (*geh: unternehmen*) to do. **er wußte damit/mit ihm nichts zu** ~ he had no idea what to do with it/him; **ich wußte nicht, was ich** ~ **sollte** I didn't know what to do; **wißt ihr nichts Besseres zu** ~? can't you think of anything better to do?

Beginnen *nt* **-s**, *no pl* (*geh*) (*Vorhaben*) enterprise, plan, scheme.

beginnend *adj attr* incipient (*form*). **eine** ~**e Erkältung** the beginnings of a cold; **bei** ~**er Dämmerung/Nacht** at dusk/ nightfall; **im** ~**en 19. Jahrhundert** in the early 19th century.

beglaubigen* *vt* **1.** *Testament, Unterschrift* to witness; *Zeugnisabschrift* to authenticate; *Echtheit* to attest (to). **etw behördlich/notariell** ~ **lassen** to have sth witnessed *etc* officially/by a notary.
2. *Botschafter etc* to accredit (*bei* to).

Beglaubigung *f* *siehe vt* **1.** witnessing; authentication; attestation. **2.** accrediting, accreditation (*form*).

Beglaubigungsschreiben *nt* credentials *pl*.

begleichen* *vt irreg* (*lit: bezahlen*) *Rechnung, Zeche* to settle, to pay; *Schulden auch* to discharge (*form*); (*fig*) *Schuld* to pay (off), to discharge. **ich habe mit ihm noch eine Rechnung zu** ~ (*fig*) I've a score to settle with you.

Begleichung *f* *siehe vt* settlement, payment; discharging; payment, discharging. **vollständige/teilweise** ~ payment in full/ part payment.

Begleitbrief m covering letter.

begleiten* vt **1.** to accompany; (zu Veranstaltung auch) to go/come with; (zum Schutz auch) to escort; esp Schiff auch to escort, to convoy. **er wurde stets von seinem Hund begleitet** his dog always went everywhere with him.

2. (fig) to accompany; (Glück, Erfolg auch) to attend. **meine Wünsche** ~ **Sie** my best wishes go with you; **~de Umstände** attendant or accompanying circumstances (form).

3. (Mus) to accompany (an or auf + dat on).

Begleiter(in f) m **-s, - 1.** companion; (zum Schutz) escort; (von Reisenden) courier. **ständiger** ~ constant companion. **2.** (Mus) accompanist.

Begleit|erscheinung f concomitant (form); (Med) side effect; **das ist eine** ~ **des Alters** that is a concomitant of old age (form), that goes with old age; **Begleit-flugzeug** nt escort plane; **Begleit|in-strument** nt accompanying instrument; **Begleitmannschaft** f (Mil) escort; **Begleitmusik** f accompaniment; (in Film etc) incidental music; **Begleitper-son** f escort; **die** ~ **eines Jugendlichen** the person accompanying a minor; **Begleit-personal** nt escort; **Begleitschreiben** nt covering letter; (für Waren auch) advice note; **Begleittext** m (accompanying) text; **Begleit|umstände** pl attendant circumstances pl.

Begleitung f **1.** no pl company. **er bot ihr seine** ~ **an** he offered to accompany or (zum Schutz auch) escort her; **in** ~ **seines Vaters/in Peters** ~ accompanied by his father/Peter; **ich bin in** ~ **hier** I'm with someone; **ohne** ~ **eines ...** without being accompanied by a ...

2. (Begleiter) companion; (zum Schutz) escort; (Gefolge) entourage, retinue. **ohne** ~ unaccompanied.

3. (Mus) (Begleitmusik) accompaniment; (das Begleiten auch) accompanying; (Begleitstimme) harmony. **ohne** ~ **spielen** to play unaccompanied.

beglotzen* vt (inf) to goggle or gawp or gape at (all inf).

beglücken* vt jdn ~ to make sb happy; **Casanova hat Tausende von Frauen be-glückt** (hum) Casanova bestowed his favours upon thousands of women; **ein** ~**des Gefühl/Erlebnis** a wonderful feel-ing/experience; **er ist sehr beglückt dar-über** he's very happy or pleased about it; **beglückt lächeln** to smile happily.

Beglücker m **-s, -** (liter, iro) benefactor. **er fühlt sich als** ~ **aller Frauen** (hum) he thinks he's God's gift to women.

Beglückung f (liter) (das Beglücken) bring-ing of happiness (gen to); (Glück) joy, happiness.

beglückwünschen* vt to congratulate, to offer one's congratulations (form) (zu on). **laß dich** ~**!** congratulations!

begnaden* vt (liter) to bless (liter), to endow. **ein begnadeter Künstler/Musiker**

a gifted artist/musician.

begnadigen* vt to reprieve; (Strafe erlassen) to pardon. **einen zum Tode Verurteilten zu lebenslänglicher Haft** ~ to commute sb's death sentence to life imprisonment.

Begnadigung f siehe vt reprieve; pardon. **um (jds)** ~ **ersuchen** to seek a reprieve (for sb).

Begnadigungsgesuch nt plea for (a) reprieve.

begnügen* vr **sich mit etw** ~ to be content or satisfied with sth, to content oneself with sth; **sich damit** ~**, etw zu tun** to be content or satisfied with doing sth or to do sth, to content oneself with doing sth; **damit begnüge ich mich nicht** that doesn't satisfy me, I'm not satisfied with that.

Begonie [-niə] f begonia.

begonnen ptp of **beginnen**.

begossen I adj **er stand da wie ein** ~**er Pudel** (inf) he looked that small, he looked so sheepish.

begraben* vt irreg **1.** (beerdigen) to bury. **dort möchte ich nicht** ~ **sein** (inf) I wouldn't like to be stuck in that hole (inf); **der kann sich** ~ **lassen** (inf) he is worse than useless; **damit kannst du dich** ~ **lassen** (inf) you can stuff that (sl).

2. (verschütten) to bury. **beim Einsturz begrub das Gebäude alle Bewohner unter sich** when the building collapsed all the residents were buried.

3. (aufgeben) Hoffnung, Wunsch to abandon, to relinquish; (beenden) Streit, Angelegenheit, Feindschaft to end. **ein längst** ~**er Wunsch** a long-abandoned wish; **diese Angelegenheit ist längst** ~ this matter was over (and done with) long ago.

Begräbnis nt burial; (~feier) funeral.

begradigen* vt to straighten.

Begradigung f straightening.

begrast adj grassy, grass-covered.

begreifbar adj conceivable.

begreifen* irreg I vt **1.** (verstehen) to un-derstand; Aufgabe, Problem(stellung), Zusammenhang auch to grasp, to com-prehend; jdn, jds Handlung auch to com-prehend; Sinn, Notwendigkeit, Lage auch to see, to appreciate. **~, daß ...** (einsehen) to realize that ...; **er begriff nicht, worum es ging** he didn't understand or com-prehend what it was about; **hast du mich begriffen?** did you understand what I said?; **es ist kaum zu** ~ it's almost incom-prehensible; **es läßt sich leicht** ~**, daß ...** it's easy to understand that ...; **wie kann man Gott/die Unendlichkeit** ~**?** how can one comprehend God/infinity?; **ich begreife mich selbst nicht** I don't under-stand myself.

2. (auffassen, interpretieren) to view, to see.

3. (geh: einschließen) **etw in sich** (dat) ~ to encompass or include sth.

II vi to understand, to comprehend. **schnell/langsam** ~ to be quick/slow on the uptake.

III vr to be understandable. **eine solche Tat läßt sich nicht leicht** ~ such an action cannot be easily understood; **es begreift sich, daß ...** it is understandable that ...

begreiflich adj understandable. **es wird**

mir allmählich ~, **warum ...** I'm beginning to understand why ...; **ich kann mich ihm nicht** ~ **machen** I can't make myself clear to him; **ich habe ihm das** ~ **gemacht** I've made it clear to him.

begreiflicherweise adv understandably.

begrenzen* vt **1.** (Grenze sein von) to mark or form the boundary of no pass; Horizont to mark; Straße etc to line. **das Gebiet wird durch** or **von einem Wald begrenzt** a forest marks or forms the boundary of the area. **2.** (beschränken) to restrict, to limit (auf +acc to).

begrenzt adj (beschränkt) restricted, limited; (geistig beschränkt) limited. **mein Aufenthalt ist nicht zeitlich** ~ there's no time limit on (the length of) my stay; **eine genau** ~**e Aufgabe** a clearly defined task.

Begrenztheit f, no pl (von Möglichkeiten, Talent etc) limitedness; (von Menschen) limitations pl.

Begrenzung f **1.** (das Begrenzen) (von Gebiet, Straße etc) demarcation; (von Horizont) marking; (von Geschwindigkeit, Redezeit) restriction; (von Offensivwaffen) limitation. **2.** (Grenze) boundary.

begriff pret of **begreifen**.

Begriff m -(e)s, -e **1.** (objektiv: Bedeutungsgehalt) concept; (Terminus) term. **etw in** ~**en ausdrücken** or **in** ~ **e fassen** to put sth into words; **sein Name ist mir ein/kein** ~ his name means something/doesn't mean anything to me; **ein** ~ **für Qualität!** a byword for quality.
   2. (subjektiv: Vorstellung, Eindruck) idea. **sein** ~ **von** or **der Freiheit** his idea or conception of freedom; **sich** (dat) **einen** ~ **von etw machen** to imagine sth; **du machst dir keinen** ~ **(davon)** (inf) you've no idea (about it) (inf); **das geht über meine** ~**e** that's beyond me; **nach unseren heutigen** ~**en** by today's standards; **nach menschlichen** ~**en** in human terms; **für meine** ~**e** in my opinion.
   3. im ~ **sein** or **stehen** (form), **etw zu tun** to be on the point of doing sth, to be about to do sth.
   4. schwer or **langsam/schnell von** ~ **sein** (inf) to be slow/ quick on the uptake.

begriffen adj: **in etw** (dat) ~ **sein** (form) to be in the process of doing sth; **ein noch in der Entwicklung** ~**er Plan** a plan still in the process of being developed.

begrifflich adj **1.** attr (bedeutungsmäßig) conceptual. ~**e Klärung** clarification of one's terms; ~ **bestimmen** to define (in clear terms); ~ **ordnen** to arrange according to conceptual groups. **2.** (gedanklich, abstrakt) abstract. **etw** ~ **erfassen** to understand sth in the abstract.

Begriffsbestimmung f definition; **Begriffsbildung** f formation of a concept/ concepts; **Begriffs|inhalt** m meaning; (in der Logik) connotation; **begriffsstutzig**, **begriffsstützig** (Aus) adj (inf) dense (inf); **Begriffsstutzigkeit** f (inf) denseness; **Begriffsvermögen** nt understanding; **das ging über ihr** ~ that was beyond her grasp or understanding; **Begriffsverwirrung** f confusion of concepts/ terms.

begründen* vt **1.** (Gründe anführen für) to give reasons for; (rechtfertigend) Forderung, Meinung, Ansicht to justify; Verhalten to account for; Verdacht, Behauptung to substantiate. **wie** or **womit begründete er seine Ablehnung?** how did he account for or justify his refusal?, what reason(s) did he give for his refusal?; **etw eingehend/näher** ~ to give detailed/ specific reasons for sth.
   2. (beginnen, gründen) to establish; Schule, Verein, Geschäft auch to found; Hausstand to set up.

Begründer m founder.

begründet adj well-founded; (berechtigt) justified; (bewiesen) Tatsache etc proven. **es besteht** ~**e/keine** ~**e Hoffnung, daß ...** there is reason/no reason to hope that ...; **sachlich** ~ founded on fact; **etw liegt** or **ist in etw** (dat) ~ sth has its roots in sth.

Begründung f **1.** reason (für, gen for), grounds pl (für, gen for); (von Anklage, Behauptung etc) grounds pl (gen for). **etwas zur** or **als** ~ **sagen** to say something in explanation. **2.** (Gründung) establishment; (von Schule, Verein, Geschäft auch) foundation; (von Hausstand) setting up.

Begründungssatz m (Gram) causal clause.

begrüßen* vt **1.** to greet; (als Gastgeber auch) to welcome. **jdn herzlich** ~ to greet sb heartily, to give sb a hearty welcome; **es ist mir eine große Ehre, Sie bei mir** ~ **zu dürfen** (form) it's a great honour to (be able to) welcome you here; **wir würden uns freuen, Sie bei uns** ~ **zu dürfen** (form) we would be delighted to have the pleasure of your company (form).
   2. (gut finden) Kritik, Entschluß etc to welcome; (esp iro, form) to appreciate. **es ist zu** ~**, daß ...** it's a good thing that ...
   3. (Sw: um Erlaubnis fragen) to ask (um for, wegen about).

begrüßenswert adj welcome. **es wäre** ~, **wenn ...** it would be desirable if ...

Begrüßung f greeting; (der Gäste) (das Begrüßen) welcoming; (Zeremonie) welcome. **er nickte zur** ~ **mit dem Kopf** he nodded his head in greeting; **jdm einen Blumenstrauß zur** ~ **überreichen** to welcome sb with a bouquet of flowers; **jdm die Hand zur** ~ **reichen** to hold out one's hand to sb in welcome.

Begrüßungs- in cpds welcoming.

begucken* vt (inf) to look at. **laß dich mal** ~ let's (have or take a) look at you!

begünstigen* vt **1.** (förderlich sein für) to favour; Wachstum, Handel to encourage; Pläne, Beziehungen to further; (Jur) to aid and abet. **vom Glück/von schönem Wetter begünstigt** blessed with good luck/ fine weather; **vom Schicksal begünstigt** smiled upon by fate; **durch die Dunkelheit begünstigt** assisted by the darkness.
   2. (bevorzugen) **jdn** ~ to favour sb; **von jdm begünstigt werden** to be favoured or shown favour by sb.

Begünstigung f **1.** (Jur) aiding and abetting. ~ **im Amt** connivance.
   2. (Bevorzugung) preferential treatment; (Vorteil) advantage.
   3. (Förderung) favouring; (von Wachs-

tum, Handel) encouragement; (*von Plänen, Beziehungen*) furthering.

begut|achten *vt* to give expert advice about; *Kunstwerk, Stipendiaten* to examine; *Projekte, Leistung* to judge; *Gelände, Haus* to survey; (*inf: ansehen*) to have *or* take a look at. **etw ~ lassen** to get *or* obtain expert advice about sth.

Begut|achtung *f* (expert) assessment; (*von Haus, Gelände*) survey; (*das Begutachten*) surveying.

begütert *adj* **1.** (*dated: Landgüter besitzend*) landed *attr*, propertied. **2.** (*reich*) wealthy, affluent. **die ~e Klasse/ Schicht** the rich *pl*.

begütigen* *vt* to placate, to appease.

begütigend *adj Worte etc* soothing. **~ auf jdn einreden** to calm sb down.

behaaren* *vr* to grow hair.

behaart *adj* hairy, hirsute. **stark/dicht/ schwarz ~** very hairy/(thickly) covered with hair/covered with black hair.

Behaarung *f* covering of hair, hairs *pl* (+ *gen, an* +*dat* on).

behäbig *adj* **1.** *Mensch* portly; (*phlegmatisch, geruhsam*) stolid; (*fig*) *Leben, Möbel, Auto* comfortable; *Architektur* solid; *Sprache, Ton* placid. **2.** (*old liter, Sw: wohlhabend*) well-to-do, affluent.

Behäbigkeit *f, no pl siehe adj 1.* portliness; stolidity; comfortableness; solidness; placidity.

behaftet *adj*: **mit etw ~ sein** *mit Krankheit etc* to be afflicted with sth; *mit Fehlern/ Vorurteilen etc* to be full of sth; *mit einer schweren Last/Sorgen/Schulden etc* to be encumbered with sth; *mit Makel* to be tainted with sth.

Behagen *nt* **-s,** *no pl* contentment. **mit sichtlichem ~** with visible *or* obvious pleasure; **mit ~ essen** to eat with relish; **er findet sein ~ daran** *or* **darin** it gives him pleasure.

behagen* *vi* **etw behagt jdm** sth pleases sb, sb likes sth; **etw behagt jdm nicht** (*nicht gefallen*) sth doesn't please sb, sb doesn't like sth; (*beunruhigen*) sb feels uneasy about sth; **er behagt ihr nicht** she doesn't like him.

behaglich *adj* cosy; (*heimelig auch*) snug, homely; (*bequem*) comfortable; (*zufrieden*) contented. **~ warm** comfortably warm; **es sich** (*dat*) **~ machen** to make oneself comfortable.

Behaglichkeit *f, no pl siehe adj* cosiness; snugness, homeliness; comfortableness; contentment.

behalten* *vt irreg* **1.** (*nicht weggeben, nicht zurückgeben*) to keep.

2. (*lassen, wo es ist*) to keep. **~ Sie (doch) Platz!** please don't get up!; **den Hut auf dem Kopf ~** to keep one's hat on; **der Kranke kann nichts bei sich ~** the patient can't keep anything down.

3. (*nicht verlieren*) to keep; *Wert auch* to retain. **die Ruhe/Nerven ~** to keep one's cool/nerve; **wenn wir solches Wetter ~** if this weather lasts.

4. (*nicht vergessen*) to remember. **im Gedächtnis/im Kopf ~** to remember, to keep in one's head; **er behielt die Melodie im Ohr** he kept the tune in his head; **ich**

habe die Zahl/seine Adresse nicht ~ I've forgotten the number/his address.

5. (*nicht weitersagen*) **etw für sich ~** to keep sth to oneself.

6. (*nicht weggehen lassen*) to keep; *Mitarbeiter auch* to keep on. **jdn bei sich ~** to keep sb with one.

7. (*nicht aufgeben*) *Stellung, Namen, Staatsangehörigkeit* to keep. **sie muß immer ihren Willen ~** she always has to have her own way.

8. (*aufbewahren, versorgen*) *Kinder, Katze, Gegenstand* to look after; (*nicht wegwerfen*) *Briefe etc* to keep. **jdn/etw in guter/schlechter Erinnerung ~** to have happy/unhappy memories of sb/sth.

9. (*zurückbehalten, nicht loswerden*) to be left with; *Schock, Schaden* to suffer. **vom Unfall hat er ein steifes Knie ~** after the accident he was left with a stiff knee.

Behälter *m* **-s, -** **1.** container, receptacle (*form*). **2.** (*Container*) container.

Behälterschiff *nt* container ship; **Behälterverkehr** *m* container traffic.

behämmern* *vt* (*lit, fig*) to hammer.

behämmert *adj* (*sl*) screwy (*sl*).

behandeln* *vt* **1.** *Stoff, Materie* to treat.

2. *Thema, Antrag* to deal with.

3. (*in bestimmter Weise umgehen mit*) to treat; (*verfahren mit*) to handle. **jdn/ etw gut/schlecht ~** to treat sb/sth well/ badly; **er weiß, wie man Kinder/die Maschine ~ muß** he knows how to handle children/the machine; **eine Angelegenheit diskret ~** to treat *or* handle a matter with discretion; **jdn/etw ungeschickt ~** to handle sb/sth clumsily.

4. (*ärztlich*) *Patienten, Krankheit* to treat; *Zähne* to attend to. **jdn/etw operativ ~** to operate on sb/sth; **der ~de Arzt** the doctor in attendance.

Behandlung *f siehe* **behandeln 1.** treatment.

2. treatment. **wir sind jetzt bei der ~ dieses Themas** we are now dealing with this theme; **um schnelle ~ des Antrags wird gebeten** please deal with the application as quickly as possible.

3. treatment; handling. **die schlechte ~ seiner Frau und Kinder** the ill-treatment *or* maltreatment of his wife and children.

4. treatment; attention (*gen* to). **waren Sie deswegen schon früher in ~?** have you had treatment *or* been treated for this before?; **bei wem sind Sie in ~?** who's treating you?

behandlungsbedürftig *adj* in need of treatment; **Behandlungskosten** *pl* cost *sing* of treatment; **Behandlungsmethode** *f* (method of) treatment; **Behandlungsraum** *m* treatment room; **Behandlungsstuhl** *m* doctor's/dentist's chair; **Behandlungsverfahren** *nt* therapy; **Behandlungsweise** *f* treatment.

behandschuht *adj* gloved.

Behang *m* **-(e)s, ⸚e** curtain; (*Wand~*) hanging; (*Schmuck*) decorations *pl*; (*Fransen*) fringe; (*Rüschen*) frill.

behangen *adj* laden.

behängen I *vt* to decorate; *Wände auch* to hang. II *vr* (*pej*) to deck oneself out (*mit* in *or* with).

beharren* vi 1. (hartnäckig sein) to insist (auf +dat on); (nicht aufgeben) to persist, to persevere (bei in). 2. (bleiben) in etw (dat) ~ (in Zustand) to persist in sth; (an Ort) to remain in sth.

Beharren nt -s, no pl siehe vi 1. insistence (auf on); persistence, perseverance (bei in). 2. (in +dat in) persistence, perseverance; remaining.

beharrlich adj (hartnäckig) insistent; (ausdauernd) persistent; Glaube, Liebe steadfast, unwavering. **~er Fleiß** perseverance; ~ **fortfahren, etw zu tun** to persist in doing sth.

Beharrlichkeit f siehe adj insistence; persistence; steadfastness.

Beharrung f (Phys) inertia.

Beharrungsvermögen nt (Phys) inertia.

behauchen* vt to breathe on; (Ling) to aspirate. **behauchte Laute** (Ling) aspirates.

behauen* vt, plp Holz ~ to hew; Stein to cut; (mit dem Meißel) to carve.

behaupten* I vt 1. (sagen) to claim; (bestimmte Aussage aufstellen auch) to maintain; (Unerwiesenes ~ auch) to assert. **steif und fest** ~ to insist; **von jdm ~, daß ...** to say (of sb) that ...; **es wird behauptet, daß ...** it is said or claimed that ...
2. (erfolgreich verteidigen) Stellung, Recht to maintain; Meinung to assert; Markt to keep one's share of.
II vr to assert oneself; (bei Diskussion) to hold one's own or one's ground (gegenüber, gegen against). **sich auf dem Markt** ~ to maintain one's hold on the market.

Behauptung f 1. claim; (esp unerwiesene ~) assertion. 2. (Aufrechterhaltung) assertion; (von Stellung) successful defence. 3. (das Sichbehaupten) assertion. **die ~ der Firma auf dem Markt** the firm's ability to maintain its hold on the market.

behausen* vt (liter: unterbringen) to accommodate, to house.

Behausung f 1. no pl (liter: das Behausen) accommodation, housing. 2. (geh, hum: Wohnung) dwelling.

Behaviorismus [bihevjə'rɪsmʊs] m, no pl behaviourism.

Behaviorist [bihevjə'rɪst] m behaviourist.

behavioristisch [bihevjə'rɪstɪʃ] adj behaviouristic.

beheben* vt irreg 1. (beseitigen) to remove; Mißstände to rectify, to remedy; Schaden to repair, to put right; Störung to clear.
2. (Aus: abheben) Geld to withdraw.

Behebung f, no pl siehe vt 1. removal; rectification, remedying; repairing, putting right; clearing. 2. (Aus) withdrawal.

beheimatet adj (ansässig) resident (in +dat in); (heimisch) indigenous, native (in +dat to). **wo sind Sie ~?** where is your home?

beheizbar adj heatable; Heckscheibe heated.

beheizen* vt to heat.

Behelf m -(e)s, -e (Ersatz) substitute; (Notlösung) makeshift. **als** ~ **dienen** to serve or act as a substitute/makeshift.

behelfen* vr irreg 1. (Ersatz verwenden) to manage, to make do. **sich mit Ausreden/**

Ausflüchten ~ to resort to excuses/to be evasive. 2. (auskommen) to manage, to get by. **er weiß sich allein nicht zu** ~ he can't manage or get by alone.

Behelfs- in cpds temporary; **Behelfsheim** nt temporary accommodation; **behelfsmäßig** adj makeshift; (zeitlich begrenzt) Straßenbelag, Ausweis temporary.

behelligen* vt to bother.

Behelligung f bother no pl. **jds** ~ **mit Fragen** (das Behelligen) bothering sb with questions; (das Behelligtwerden) sb being bothered with questions.

behelmt adj helmeted.

behend(e) adj (geh) (flink) swift, quick; (gewandt) nimble, agile.

Behendigkeit f, no pl siehe adj swiftness, quickness; nimbleness, agility.

beherbergen* vt (lit, fig) to house; Gäste to accommodate; Flüchtlinge auch to give shelter to.

Beherbergung f housing; (Unterkunft) accommodation.

beherrschen* I vt 1. (herrschen über) to rule, to govern; (fig: Gefühle, Vorstellungen) to dominate.
2. (fig) Stadtbild, Landschaft, Ebene, Markt to dominate.
3. (zügeln) to control; Zunge to curb.
4. (gut können) Handwerk, Sprache, Instrument, Tricks, Spielregeln to master; (bewältigen) Fahrzeug, Situation to have control of.
II vr to control oneself. **ich kann mich ~!** (iro) not likely! (inf).

Beherrscher m (liter) ruler.

beherrscht adj (fig) self-controlled.

Beherrschtheit f, no pl (fig) self-control.

Beherrschung f, no pl control; (Selbst~) self-control; (des Markts) domination; (eines Fachs) mastery.

beherzigen* vt to take to heart, to heed.

beherzigenswert adj worth heeding.

Beherzigung f heeding. **dies zur ~!** (old) heed this!, take heed!

beherzt adj (geh) courageous, brave.

Beherztheit f, no pl (geh) courage, bravery.

behexen* vt to bewitch.

behilflich adj helpful. **jdm (bei etw)** ~ **sein** to help sb (with sth).

behindern* vt to hinder; Sicht to impede; (bei Sport, im Verkehr) to obstruct. **jdn bei etw** ~ to hinder sb in sth; **eine behinderte Person** a handicapped person.

Behinderte(r) mf decl as adj handicapped person. **die ~n** the handicapped pl.

Behinderung f hindrance; (im Sport, Verkehr) obstruction; (körperlich, Nachteil) handicap.

Behörde f -, -n authority usu pl; (Amtsgebäude) office usu pl. **die ~n** the authorities; **die zuständige** ~ the appropriate or proper authorities.

behördlich adj official.

behost adj (inf) in trousers, trousered.

Behuf m -(e)s, -e (old form) **zu diesem** ~ to this end, for this purpose.

behufs prep +gen (old form) with a view to.

behuft adj hoofed.

behüten* vt (beschützen, bewachen) to look after; (esp Engel etc) to watch over; Geheimnis to keep. **jdn vor etw** (dat) ~ to save *or* protect sb from sth; **(Gott) behüte!** (*inf*) God *or* Heaven forbid!; **behüt' dich Gott!** (*old, S Ger*) (may) God be with you!

Behüter *m* **-s, -** (*geh*) protector.

behütet *adj Mädchen* carefully brought up; *Jugend* sheltered. ~ **aufwachsen** to have a sheltered upbringing.

behutsam *adj* cautious, careful; (*zart auch*) gentle. **man muß es ihr ~ beibringen** it will have to be broken to her gently.

Behutsamkeit *f, no pl* care(fulness), cautiousness; (*Zartheit auch*) gentleness; (*Feingefühl*) delicacy.

bei *prep +dat* **1.** (*räumlich*) (*in der Nähe von*) near; (*zum Aufenthalt*) at, with; (*Tätigkeitsbereich angebend, in Institutionen*) at; (*in Werken*) in; (*jdn betreffend*) with; (*Teilnahme bezeichnend*) at; (*unter, zwischen Menge*) among; (*Ort der Berührung bezeichnend*) by. **die Schlacht ~ Leipzig** the Battle of Leipzig; **dicht ~ dem Ort, wo ...** very near the place where ...; **ich stand/saß ~ ihm** I stood/sat beside him *or* next to him; **der Wert liegt ~ tausend Mark** the value is around a thousand marks; **~ seinen Eltern wohnen** to live with one's parents; **ich war ~ meiner Tante** I was at my aunt's; **~ Müller** (*auf Briefen*) care of *or* c/o Müller; **~ uns in Deutschland** in Germany; **~ uns zu Hause** (*im Haus*) at our house; (*im Land, in Familie*) back *or* at home; **~ Tisch** at table; **er ist** *or* **arbeitet ~ der Post** he works for the post office; **jdm Unterricht haben/Vorlesungen hören** to have lessons with *or* from sb/lectures from sb; **~m Militär** in the army; **~m Fleischer** at the butcher's; **ein Konto ~ der Bank** an account at the bank; **~ Shakespeare liest man ...** in Shakespeare it says ...; **~ Collins erschienen** published by Collins; **~ mir hast du damit kein Glück** you're wasting your time with me; **~ ihm ist es 8 Uhr** he makes it *or* he has (*esp US*) 8 o'clock; **das war ~ ihm der Fall** that was the case with him; **man weiß nicht, woran man ~ ihm ist** (*inf*) one never knows where one is with him; **~ einer Hochzeit sein** to be at a wedding; **er hat ~ der Aufführung mitgewirkt** he took part in the performance; **er nahm mich ~ der Hand** he took me by the hand; **ich habe kein Geld ~ mir** I have no money on me; **Kopf ~ Kopf/dicht ~ dicht** close together.

2. (*zeitlich*) (*Zeitspanne: während*) during; (*Zeitpunkt*) (up)on; (*bestimmten Zeitpunkt betreffend*) at. **~m letzten Gewitter** during the last storm; **~ meiner Ankunft** on my arrival; **~m Erwachen** (up)on waking; **~m Erscheinen der Königin ...** when the queen appeared ...; **~ Beginn und Ende der Vorstellung** at the beginning and end of the performance; **~ der ersten Gelegenheit** at the first opportunity; **~ Gelegenheit** when I *etc* get the chance; **~ Tag/Nacht** by day/at night; **~ Tag und Nacht** day and night.

3. (*Tätigkeit, Geschehen ausdrückend*) in, during. **~ reiflicher Überlegung** upon mature reflection; **ich habe ihm ~m Arbeiten/~ der Arbeit geholfen** I helped him with the work; **~m Arbeiten/~ der**

Arbeit when I'm *etc* working; **~m Lesen (dieses Artikels) ...** when reading (this article) ...; **~ dem Zugunglück starben viele Menschen** a lot of people died in the train crash; **er verliert ~m Kartenspiel immer** he always loses at cards.

4. (*Zustand, Umstand bezeichnend*) in. **~ Kerzenlicht essen** to eat by candlelight; **etw ~ einer Flasche Wein bereden** to discuss sth over a bottle of wine; **~ guter Gesundheit sein** to be in good health; **~ zehn Grad unter Null** when it's ten degrees below zero; **~ Regen** in the rain; **das Schönste ~ der Sache** the best thing about it; **nicht ~ sich sein** (*inf*) to be out of one's mind (*inf*); **~ offenem Fenster schlafen** to sleep with the window open; **~ alledem ...** in spite of everything, for all that.

5. (*konditionaler Nebensinn*) in case of. **~ Feuer Scheibe einschlagen** in case of fire break glass; **~ Nebel und Glatteis muß man vorsichtig fahren** when there is fog and ice one must drive carefully.

6. (*kausaler Nebensinn*) with. **~ dieser Sturheit/so vielen Schwierigkeiten** with this stubbornness/so many difficulties; **~ solcher Hitze/solchem Wind** in such heat/ such a wind; **~ seinem Talent** with his talent.

7. (*konzessiver Nebensinn*) in spite of, despite. **~ aller Vorsicht** in spite of *or* despite all one's caution; **es geht ~m besten Willen nicht** with the best will in the world it's not possible; **~ allen Bemühungen hat er es trotzdem nicht geschafft** in spite of *or* despite *or* for all his efforts he still didn't manage it.

8. (*in Schwurformeln*) by. **~ Gott** by God; **~ meiner Ehre** upon my honour.

beibehalten* *vt sep irreg* to keep; *Bräuche, Regelung auch* to retain; *Leitsatz, Richtung* to keep to; *Gewohnheit* to keep up.

Beibehaltung *f, no pl siehe vt* keeping; retention; keeping to; keeping up.

beibiegen *vt sep irreg* **jdm etw ~** (*inf*) to get sth through to sb (*inf*).

Beiblatt *nt* (*Press*) insert.

Beiboot *nt* (*Naut*) dinghy.

beibringen *vt sep irreg* **1.** **jdm etw ~** (*mitteilen*) to break sth to sb; (*zu verstehen geben*) to get sth across to sb, to get sb to understand sth.

2. (*unterweisen in*) to teach (*jdm etw* sb sth).

3. (*zufügen*) *Verluste, Wunde, Niederlage, Schläge* to inflict (*jdm etw* sth on sb).

4. (*herbeischaffen*) to produce; *Dokumente, Beweis, Geld etc* to furnish, to supply.

Beichte *f* **-, -n** confession. **zur ~ gehen** to go to confession; **(bei jdm) die ~ ablegen** to make one's confession (to sb); **eine ~ ablegen** (*fig*) to make a confession; **jdm die ~ abnehmen** to hear sb's confession.

beichten *vti* (*lit, fig*) to confess (*jdm etw* sth to sb). **~ gehen** to go to confession.

Beichtgeheimnis *nt* seal of confession *or* of the confessional; **beichthören** *vi sep* (*inf, Aus*) to hear confession **Beichtkind** *nt* penitent; **Beichtstuhl** *m* confessional; **Beichtvater** *m* father confessor.

beid|armig *adj* with both arms; *Lähmung* of *or* in both arms; **beidbeinig** *adj* with both legs; *Lähmung* of *or* in both legs; *Absprung* double-footed; ~ **abspringen** to take off with both feet.

beide *pron* **1.** (*adjektivisch*) (*ohne Artikel*) both; (*mit Artikel*) two. **alle** ~**n Teller** both plates; **seine** ~**n Brüder** both his brothers, his two brothers.
2. (*als Apposition*) both. **ihr** ~(**n**)/**euch** ~ you two; **euch** ~**n herzlichen Dank** many thanks to both of you.
3. (*substantivisch*) (*ohne Artikel*) both (of them); (*mit Artikel*) two (of them). **alle** ~ both (of them); **alle** ~ **wollten gleichzeitig Urlaub haben** both of them *or* they both wanted holidays at the same time; **keiner/keines** *etc* **von** ~**n** neither of them; **ich habe** ~ **nicht gesehen** I haven't seen either of them.
4. ~**s** (*substantivisch: zwei verschiedene Dinge*) both; (**alles**) ~**s ist erlaubt** both are permitted.

beidemal *adv* both times.

beiderlei *adj attr inv* both; **das Abendmahl in** *or* **unter** ~ **Gestalt** Communion of bread and wine; **beiderseitig** *adj* (*auf beiden Seiten*) on both sides; (*gegenseitig*) *Abkommen, Vertrag etc* bilateral; *Versicherungen, Einverständnis etc* mutual; **beiderseits I** *adv* on both sides; **sie haben** ~ **versichert ...** they have given mutual assurances *or* assurances on both sides ...; **II** *prep* +*gen* on both sides of.

beidfüßig *adj* two-footed; *Absprung* double-footed; ~ **abspringen** to take off with both feet; **beidhändig** *adj* (*mit beiden Händen gleich geschickt*) ambidextrous; (*mit beiden Händen zugleich*) two-handed.

beidrehen *vi sep* (*Naut*) to heave to.

beidseitig I *adj* (*auf beiden Seiten*) on both sides; (*gegenseitig*) mutual; ~**e Zufriedenheit** satisfaction on both sides/ mutual satisfaction; **II** *adv* on both sides; **beidseits** *prep* +*gen* (*Sw, S Ger*) on both sides of.

bei|einander *adv* together.

bei|einander- *pref* together; **bei-|einanderhaben** *vt sep irreg* (*inf*) to have together; **du hast sie nicht richtig** *or* **alle beieinander** you can't be all there (*inf*); **bei|einanderhalten** *vt sep irreg* to keep together; **bei|einandersein** *vi sep irreg aux sein* (*inf*) (*gesundheitlich*) to be in good shape (*inf*); (*geistig*) to be all there (*inf*); **gut** ~ to be in good shape/to be all there; (*S Ger: dick*) to be a bit chubby (*inf*).

Beifahrer *m* (*Aut*) (front-seat) passenger; (*bei einem Motorrad*) (*im Beiwagen*) sidecar passenger; (*auf dem Soziussitz*) pillion rider *or* passenger; (*berufsmäßiger Mitfahrer, Sport*) co-driver; (*bei einem LKW*) co-driver, driver's mate.

Beifahrersitz *m* passenger seat; (*auf Motorrad*) pillion.

Beifall *m* -(**e**)**s**, *no pl* (*Zustimmung*) approval; (*Händeklatschen*) applause; (*Zuruf*) cheering, cheers *pl*. ~ **finden** to

meet with approval; ~ **spenden/klatschen/ klopfen** *etc* to applaud.

beifallheischend *adj* looking for approval/applause.

beifällig *adj* approving. ~**e Worte/Laute** words/noises of approval; **er nickte** ~ **mit dem Kopf** he nodded his head approvingly *or* in approval; **dieser Vorschlag wurde** ~ **aufgenommen** this suggestion was favourably received *or* met with approval.

Beifallsbekundung *f* show *or* demonstration of (one's) approval; **Beifallsbezeigung**, **Beifallskundgebung** *f* applause *no pl*.

beifallspendend *adj* applauding.

Beifallsruf *m* cheer; **Beifallssturm** *m* storm of applause.

Beifilm *m* supporting film, B-film.

beifolgend *adj, adv* (*old form*) enclosed.

beifügen *vt sep* (*mitschicken*) to enclose (*dat* with); (*beiläufig sagen*) to add.

Beifügung *f* **1.** *no pl* (*form*) enclosure. **unter** ~ **eines Schecks** enclosing a cheque. **2.** (*Gram*) attribute.

Beifuß *m* -**es**, *no pl* (*Bot*) mugwort.

Beigabe *f* **1.** (*das Beigeben*) addition. **eine** ~ **von etw empfehlen** to recommend adding sth *or* the addition of sth; **unter** ~ **eines Löffels Senf** adding a spoonful of mustard.
2. (*Beigefügtes, Begleiterscheinung*) addition; (*Beilage: Gemüse, Salat etc*) side-dish; (*Comm: Zugabe*) free gift.

beige [beːʃ, ˈbɛːʒə, ˈbɛːʒə] *adj* (*geh: inv*) beige.

Beige¹ [beːʃ, ˈbɛːʒə, ˈbɛːʒə] *nt* -, *or* (*inf*) -**s** beige.

Beige² *f* -, -**n** (*S Ger, Aus, Sw*) pile.

beigeben *sep irreg* **I** *vt* (*zufügen*) to add (*dat* to); (*mitgeben*) *jdn* to assign (*jdm* to sb). **II** *vi*: **klein** ~ (*inf*) to give in.

beigefarben [ˈbeːʃ-, ˈbɛːʒə-, ˈbɛːʒə-] *adj* beige(-coloured).

beige|ordnet *adj* (*Gram*) Nebensatz coordinate.

Beige|ordnete(r) *mf decl as adj* (*town*) councillor.

Beigeschmack *m* aftertaste; (*fig: von Worten*) flavour. **es hat einen unangenehmen** ~ (*lit, fig*) it has a nasty *or* an unpleasant taste (to it).

beigesellen* *sep* (*geh*) **I** *vt* **ihr wurde ein Beschützer beigesellt** she was provided with an escort. **II** *vr* **sich jdm** ~ to join sb.

Beignet [benˈjeː] *m* -**s**, -**s** (*Cook*) fritter.

Beiheft *nt* supplement; (*Lösungsheft*) answer book.

beiheften *vt sep* to append, to attach.

Beihilfe *f* **1.** (*finanzielle Unterstützung*) financial assistance *no art*; (*Zuschuß, Kleidungs*~) allowance; (*für Arztkosten*) contribution; (*Studien*~) grant; (*Subvention*) subsidy. **2.** (*Jur*) abetment. **wegen** ~ **zum Mord** because of being an *or* acting as an accessory to the murder.

Beiklang *m* (*lit*) (accompanying) sound; (*fig*) overtone *usu pl*.

beikommen *vi sep irreg aux sein* **jdm** ~ (*zu fassen bekommen*) to get hold of sb; (*fertig werden mit*) to get the better of sb; **einer Sache** (*dat*) ~ (*bewältigen*) to deal with sth.

Beikost f supplementary diet.

Beil nt -(e)s, -e axe; (kleiner) hatchet; (Fleischer~) cleaver; (Richt~) axe; (Fall~) blade (of a/the guillotine).

beiladen vt sep irreg 1. to add (dat to). 2. (Jur) to call in.

Beiladung f 1. (das Beiladen) additional loading; (zusätzliche Ladung) extra or additional load. 2. (Jur) calling in.

Beilage f -, -n 1. (Gedrucktes) insert; (Beiheft) supplement.
2. (das Beilegen) enclosure; (in Buch) insertion; (Aus: zu Brief) enclosure.
3. (Cook) side-dish; (Gemüse~) vegetables pl; (Salat~) side-salad.

beiläufig adj 1. casual; Bemerkung, Erwähnung auch passing attr. etw ~ erwähnen to mention sth in passing or casually. 2. (Aus: ungefähr) approximate.

Beiläufigkeit f (von Bemerkung, in Benehmen etc) casualness; (Nebensächlichkeit) triviality. ~en trivia pl.

beilegen vt sep 1. (hinzulegen) to insert (dat in); (einem Brief, Paket) to enclose (dat with, in).
2. (beimessen) to attribute, to ascribe (dat to). einer Sache (dat) Gewicht/Wert ~ to attach importance/ value to sth.
3. (Titel geben) (dat on) to confer, to bestow. sich (dat) einen Grafentitel ~ to assume or adopt the title of count.
4. (schlichten) to settle.
5. (Naut: anlegen) to moor.

beileibe adv: ~ nicht! certainly not; das darf ~ nicht passieren that mustn't happen under any circumstances; ~ kein ... by no means a ..., certainly no ...

Beileid nt, no pl condolence(s), sympathy. jdm sein ~ aussprechen or ausdrücken to offer sb one's condolences, to express one's sympathy with sb.

Beileids- in cpds of condolence or sympathy; **Beileidsbesuch** m visit of condolence; **Beileidsbezeigung**, **Beileidsbezeugung** f expression of sympathy; (Brief, Telegramm etc) condolence; **Beileidskarte** f sympathy or condolence card.

Beilhieb m blow with or from an axe.

beiliegen vi sep irreg 1. (beigefügt sein) to be enclosed (dat with, in); (einer Zeitschrift etc) to be inserted (dat in). 2. (Naut) to lie to.

beiliegend adj enclosed. ~ finden Sie... please find enclosed ...

beim contr of bei dem.

beimengen vt sep to add (dat to).

Beimengung f addition. unter ~ des Mehls while adding the flour.

beimessen vt sep irreg jdm/einer Sache Bedeutung or Gewicht/Wert ~ to attach importance/value to sb/sth.

beimischen vt sep to add (dat to). unserer Freude war Traurigkeit beigemischt our joy was tinged with sadness.

Beimischung f addition. eine leichte ~ von ... (fig) a touch of ...; Freude mit einer ~ von Trauer joy tinged with sorrow.

Bein nt -(e)s, -e 1. leg. mit übereinandergeschlagenen ~en cross-legged; von einem ~ aufs andere treten to shift from one leg or foot to the other; sich kaum auf den ~en halten können to be hardly able to stay on one's feet; er ist noch gut auf den ~en he's still sprightly; jdm ein ~ stellen (lit, fig) to trip sb up; jdm wieder auf die ~e helfen (lit, fig) to help sb back on his feet; alles, was ~e hatte, ging zum Fußballspiel everything on two legs went to the football match; auf den ~en sein (nicht krank, in Bewegung) to be on one's feet; (unterwegs sein) to be out and about; sich auf die ~e machen (inf) to make tracks (inf); jdm ~e machen (inf) (antreiben) to make sb get a move on (inf); (wegjagen) to make sb clear off (inf); die ~e unter den Arm or in die Hand nehmen (inf) to take to one's heels; sich (dat) die ~e in den Bauch or Leib stehen (inf) to stand about until one is fit to drop (inf); mit beiden ~en im Leben or auf der Erde stehen (fig) to have both feet (firmly) on the ground; mit einem ~ im Grab/ im Gefängnis stehen (fig) to have one foot in the grave/to be likely to end up in jail; auf eigenen ~en stehen (fig) to be able to stand on one's own two feet; auf einem ~ kann man nicht stehen! (fig inf) you can't stop at one!; er fällt immer wieder auf die ~e (fig) he always falls on his feet; wieder auf die ~e kommen (fig) to get back on one's feet again; jdn/etw wieder auf die ~e bringen or stellen (fig) to get sb/sth back on his/its feet again; etw auf die ~e stellen (fig) to get sth off the ground; sich (dat) etw ans ~ binden (fig) to saddle oneself with sth; jdn/etw am ~ haben (fig inf) to have sb/sth round one's neck (inf).
2. (Knochen) bone. der Schreck ist ihm in die ~e gefahren the shock went right through him.
3. (dial: Fuß) foot.

beinah(e) adv almost, nearly. ~ in allen Fällen, in ~ allen Fällen in almost or nearly every case; das kommt ~ auf dasselbe heraus that comes to almost or nearly the same thing.

Beiname m epithet.

Bein|amputation f leg amputation; **bein|amputiert** adj with an amputated leg/ amputated legs; **Bein|arbeit** f (Sport) footwork; (beim Schwimmen) legwork; **Beinbruch** m fracture of the leg; das ist kein ~ (fig inf) it could be worse (inf).

beinern adj (aus Knochen) made of bone; (aus Elfenbein) ivory.

be|inhalten* vt (form) to comprise.

beinhart adj (Aus, S Ger) rock-hard; Mensch hard as nails; **Beinhaus** nt charnel-house; **Beinkleid** nt usu pl (old) breeches pl (old); **Beinling** m leg; **Beinprothese** f artificial leg; **Beinraum** m leg room; **Beinschiene** f (Hist) greave; (Sport) shin pad; (bei Cricket) (leg)pad; (Med) splint; **Beinstumpf** m stump.

bei|ordnen vt sep 1. (Gram) to coordinate. 2. (beigeben) jdm/einer Sache beigeordnet sein to be assigned to sb/ appointed to sth.

Beipack m additional consignment or order; (Frachtgut) part load (zu with).

beipacken vt sep to enclose; Frachtgut to add (dat to).

beipflichten vi sep jdm/einer Sache in etw

(*dat*) ~ to agree with sb/sth on sth.

Beiprogramm *nt* supporting programme.

Beirat *m* (*Person*) adviser; (*Körperschaft*) advisory council *or* committee *or* body.

be|irren* *vt* (*verwirren*) to disconcert. **sich nicht in etw** (*dat*) ~ **lassen** not to let oneself be shaken *or* swayed in sth; **sich (durch etw)** ~**/nicht** ~ **lassen** to let/not to let oneslf be put off (by sth); **er läßt sich nicht** ~ he won't be put off; **nichts konnte ihn (in seinem Vorhaben)** ~ nothing could shake him (in his intentions).

beisammen *adv* together.

beisammen- *pref* together; **beisammen-haben** *vt sep irreg* (*inf*) Geld, Leute to have got together; **seinen Verstand** *or* **seine fünf Sinne** ~ to have all one's wits about one; **(sie) nicht alle** ~ not to be all there; **beisammensein** *vi sep irreg aux sein* (*Zusammenschreibung nur bei infin und ptp*) (*fig*) (*körperlich*) to be in good shape; (*geistig*) to be all there; **gut** ~ to be in good shape; **Beisammensein** *nt* get-together.

Beisatz *m* (*Gram*) appositive.

Beischlaf *m* (*Jur*) sexual intercourse *or* relations *pl*. **außerehelicher** *or* **unehelicher** ~ extramarital intercourse *or* relations *pl*.

beischlafen *vi sep irreg* (*form*) to have sexual intercourse *or* relations *pl* (*dat* with).

Beischläfer(in *f*) *m* (*form*) bedfellow.

Beisein *nt* presence. **in/ohne jds** ~ in sb's presence/without sb being present.

beiseite *adv* aside (*auch Theat*); *treten, gehen, stehen auch* to one side; *legen, (fig) lassen auch* on one side; *setzen, (fig) schieben auch* to *or* on one side. **Spaß** *or* **Scherz** ~! joking aside *or* apart!; **jdn/etw** ~ **schaffen** *or* **bringen** to get rid of sb/sth.

Beiseiteschaffung *f* removal.

Beis(e)l *nt* **-s, -n** (*Aus inf*) pub (*Brit*).

beisetzen *vt sep* (*beerdigen*) to inter (*form*), to bury; *Urne* to install (in its resting place).

Beisetzung *f* funeral; (*von Urne*) installing in its resting place.

Beisetzungsfeierlichkeiten *pl* funeral ceremony.

Beisitzer(in *f*) *m* **-s, - 1.** (*Jur*) assessor. **2.** (*Ausschußmitglied*) committee member; (*bei Prüfung*) observer.

Beispiel *nt* **-(e)s, -e** example. **zum** ~ for example *or* instance; **wie zum** ~ such as; **jdm als** ~ **dienen** to be an example to sb; **jdm ein** ~ **geben** to set sb an example; **sich** (*dat*) **ein an jdm/etw nehmen** to take a leaf out of sb's book/to take sth as an example; **mit gutem** ~ **vorangehen** to set a good example.

beispielgebend *adj* exemplary; ~ **für etw sein** to serve as an example for sth; **bei-spielhaft** *adj* exemplary; **beispiellos** *adj* unprecedented; (*unerhört*) outrageous; **Beispielsatz** *m* example.

beispielsweise *adv* for example *or* instance.

beispringen *vi sep irreg aux sein* **jdm** ~ to rush to sb's aid; (*mit Geldbeträgen*) to help sb out.

beißen *pret* **biß**, *ptp* **gebissen I** *vti* to bite; (*brennen: Geschmack, Geruch, Schmerzen*) to sting; (*kauen*) to chew. **in den Apfel** ~ to bite into *or* take a bite out of the apple; **die Lösung beißt auf der Zunge** the solution stings the tongue; **der Hund hat mich** *or* **mir ins Bein gebissen** the dog has bitten my leg *or* me in the leg; **der Rauch/Wind beißt in den Augen** the smoke/wind makes one's eyes sting; **er wird dich schon nicht** ~ (*fig*) he won't eat *or* bite you; **etwas/nichts zu** ~ (*inf: essen*) something/nothing to eat; **an etw** (*dat*) **zu** ~ **haben** (*fig*) to have sth to chew over.

II *vr* (*Farben*) to clash. **sich** (*acc or dat*) **auf die Zunge/Lippen** ~ to bite one's tongue/lips; **sich in den Arsch** (*sl*) *or* **Hin-tern** (*inf*) ~ to kick oneself (*inf*).

beißend *adj* (*lit, fig*) biting; *Wind auch, Bemerkung* cutting; *Geschmack, Geruch* pungent, sharp; *Schmerz* gnawing; *Ironie, Hohn, Spott* bitter.

Beißerchen *pl* (*baby-talk*) toothy-pegs *pl*.

Beißring *m* teething ring; **Beißzange** *f* (*dial*) siehe **Kneifzange**.

Beistand *m* **-(e)s, ⁻e 1.** *no pl* (*Hilfe*) help, assistance; (*Unterstützung*) support; (*von Priester*) attendance, presence. **jdm** ~ **leisten** to give sb help *or* assistance/give *or* lend sb one's support/attend sb.

2. (*Jur*) legal adviser *or* representative; (*in Duell*) aid, representative, second.

Beistandspakt *m* mutual assistance pact; **Beistandsvertrag** *m* treaty of mutual assistance.

beistehen *vi sep irreg* **jdm** ~ to stand by sb.

beistellen *vt sep* **1.** (*Aus: zur Verfügung stellen*) (*dat* for) to make available, to provide. **2.** (*Rail: bereitstellen*) to put on.

Beistell- *in cpds* side; **Beistellherd** *m* auxiliary cooker; **Beistellmöbel** *pl* occasional furniture *sing*.

beisteuern *vt sep* to contribute.

beistimmen *vi sep siehe* **zustimmen**.

Beistrich *m* (*esp Aus*) comma.

Beitel *m* **-s, -** chisel.

Beitrag *m* **-(e)s, ⁻e 1.** (*Anteil*) contribution; (*Aufsatz auch*) article. **einen** ~ **zu etw leisten** to make a contribution to sth, to contribute to sth. **2.** (*Betrag*) contribution; (*Versiche-rungs*~) premium; (*Mitglieds*~) fee.

beitragen *vti sep irreg* to contribute (*zu* to); (*mithelfen auch*) to help (*zu* to). **das trägt nur dazu bei, die Lage zu verschlim-mern** that only helps to make the position worse.

beitragsfrei *adj* non-contributory; **Bei-tragsgruppe, Beitragsklasse** *f* insurance group; (*bei Verein etc*) class of membership; **Beitragsmarke** *f* stamp; **beitragspflichtig** *adj* contributory; ~ **sein** (*Mensch*) to have to pay contributions; **Beitragssatz** *m* member-ship rate.

beitreiben *vt sep irreg Steuern* to collect; *Schulden auch* to recover; (*esp Jur*) to en-force (the) payment of.

Beitreibung *f* (*Jur*) collection.

beitreten *vi sep irreg aux sein* +*dat* to join; *einem Pakt, Abkommen* to enter into; *einem Vertrag* to accede to.

Beitritt m joining (zu etw sth); (zu einem Pakt, Abkommen) agreement (zu to); (zu einem Vertrag) accession (zu to). **seinen ~ erklären** to become a member.

Beitritts|erklärung f confirmation of membership; **Beitrittsgesuch** nt application for membership.

Beiwagen m 1. (beim Motorrad) sidecar. 2. (dated: Anhänger) carriage.

Beiwagenfahrer m sidecar passenger; **Beiwagenmaschine** f motorcycle combination.

Beiwerk nt additions pl; (bei Aufsatz etc) details pl; (modisch) accessories pl.

beiwohnen vi sep +dat (geh) 1. (dabeisein) to be present at. 2. (dated euph) to have sexual relations with.

Beiwohnung f 1. (form: Anwesenheit) presence. 2. (Jur) intimacy no art.

Beiwort nt -(e)s, (rare) ̈-er 1. (Adjektiv) adjective. 2. (beschreibendes Wort) epithet.

Beiz f -, -en (Sw, S Ger inf) pub (Brit).

Beize¹ f -, -n 1. (Beizmittel) corrosive fluid; (Metall~) pickling solution, pickle; (Holz ~) stain; (zum Gerben) lye; (Tabak~) sauce; (Agr) disinfectant; (Färbemittel, Typ) mordant; (Cook) marinade. 2. (das Beizen) steeping in a/ the corrosive fluid etc. 3. (Hunt) hawking.

Beize² f -, -n (dial) pub (Brit).

beizeiten adv in good time.

beizen vt 1. to steep in corrosive fluid; (Metal) to pickle; Holz to stain; Häute to bate, to master; Tabak to steep in sauce; Saatgut to disinfect, to treat; Kupfer to etch; (Cook) to marinate. 2. (Hunt) to hawk.

Beizmittel nt siehe **Beize¹** 1.; **Beizvogel** m falcon, hawk.

bejahen* vti to answer in the affirmative; (gutheißen) to approve of. **das Leben ~** to have a positive attitude towards life.

bejahend adj positive, affirmative; Einstellung positive.

bejahrt adj elderly, advanced in years.

Bejahrtheit f elderliness, advanced age.

Bejahung f affirmative answer (gen to); (Gutheißung) approval.

bejammern* vt to lament; Schicksal, Los auch to bewail (liter); jdn to lament for.

bejammernswert adj deplorable, lamentable; Mensch pitiable; Schicksal pitiable, dreadful.

bejubeln* vt to cheer; Ereignis to rejoice at. **sie wurden als Befreier bejubelt** they were acclaimed as liberators.

bekacken* (vulg) I vt to shit on (sl); Kleidungsstück to shit. **bekackte Hosen** shitty pants (sl). II vr to shit oneself (sl).

bekakeln* vt (inf) to talk over, to discuss.

bekämpfen* vt to fight; (fig auch) to combat; Ungeziefer to control. **sich gegenseitig ~** to fight one another.

Bekämpfung f fight, battle (von, gen against); (von Ungeziefer) controlling. **zur ~ der Terroristen** to fight or combat the terrorists.

bekannt adj 1. (allgemein gekannt, gewußt) well-known (wegen for); Mensch auch famous. **die ~eren/~esten Spieler** the better-/best-known or more/most famous players; **wie ist er ~ geworden?** how did he become famous?; **sie ist in Wien ~** she is (well-) known in Vienna; **er ist ~ dafür, daß er seine Schulden nicht bezahlt** he is well-known for not paying his debts; **das/ sie ist mir ~** I know about that/I know her, she is known to me; **es ist allgemein/ durchaus ~, daß ...** it is common knowledge/a known fact that ...; **ich darf diese Tatsachen als ~ voraussetzen** I assume that these facts are known.
2. (nicht fremd) familiar. **jdn mit etw ~ machen** mit Aufgabe etc to show sb how to do sth; mit Gebiet, Fach etc to introduce sb to sth; mit Problem to familiarize sb with sth; **jdn/sich (mit jdm) ~ machen** to introduce sb/oneself (to sb); **wir sind miteinander ~** we already know each other, we have already met.

Bekanntenkreis m circle of acquaintances.

Bekannte(r) mf decl as adj acquaintance; (euph: Freund) friend.

bekanntermaßen adv (form) siehe **bekanntlich**.

Bekanntgabe f announcement; (in Zeitung etc) publication.

bekanntgeben vt sep irreg to announce; (in Zeitung etc) to publish. **ihre Verlobung geben bekannt ...** the engagement is announced between ...

Bekanntheit f fame; (von Fakten) knowledge.

Bekanntheitsgrad m degree of fame.

bekanntlich adv **~ gibt es ...** it is known that there are ...; **er hat ~ eine Schwäche für Frauen** he is known to have a weakness for women; **London ist ~ die Hauptstadt Englands** London is known to be the capital of England.

bekanntmachen vt sep to announce; (der Allgemeinheit mitteilen) to publicize; (in Zeitung auch) to publish; (durch Rundfunk, Fernsehen auch) to broadcast; siehe auch **bekannt**.

Bekanntmachung f 1. (das Bekanntmachen) siehe vt announcement; publicizing; publication; broadcasting. 2. (Anschlag etc) announcement, notice.

Bekanntschaft f 1. (das Bekanntwerden) acquaintance; (mit Materie, Gebiet) knowledge (mit of). **jds ~ machen** to make sb's acquaintance; **mit etw ~ machen** to come into contact with sth; **bei näherer ~** on closer acquaintance.
2. (inf: Bekannte) acquaintance. **meine ganze ~** all my acquaintances; **ich habe gestern eine nette ~ gemacht** I met a nice person yesterday.

bekanntwerden vi sep irreg aux sein to become known; (Geheimnis) to leak out.

bekehren* I vt to convert (zu to). II vr to be(come) converted (zu to). **er hat sich endlich bekehrt** (fig) he has finally turned over a new leaf or mended his ways.

Bekehrer(in f) m -s, - apostle (gen to); (Missionar) missionary (gen to); (fig) proselytizer.

Bekehrte(r) mf decl as adj convert, proselyte.

Bekehrung f conversion.

bekennen* irreg I vt to confess, to admit; Sünde to confess; Wahrheit to admit;

(*Rel*) *Glauben* to bear witness to.

II *vr* **sich** (**als** *or* **für**) **schuldig** ~ to admit *or* confess one's guilt; **sich als Homosexueller** ~ to declare oneself to be a homosexual; **sich zum Christentum/zu einem Glauben/zu Jesus** ~ to profess Christianity/a faith/one's faith in Jesus; **sich zu jdm/etw** ~ to declare oneself *or* one's support for sb/sth; **sich nicht zu jdm** ~ to deny sb; **die B~de Kirche** the (German) Confessional Church.

Bekenner(in *f*) *m* **-s, -** confessor.
Bekennermut *m* courage of one's convictions; **er hat seinen** ~ **mit dem Tode bezahlt** he paid for the strength of his convictions with death.
Bekenntnis *nt* 1. (*Geständnis*) confession (*zu* of); (*zum religiösen Glauben auch*) profession (*zu* of). **ein** ~ **zu den Menschenrechten** a declaration of belief in human rights; **sein** ~ **zum Sozialismus** his declared belief in socialism; **ein** ~ **zur Demokratie/zum Christentum ablegen** to declare one's belief in democracy/profess one's Christianity.
2. (*Rel: Konfession*) denomination.
Bekenntnisfreiheit *f* freedom of religious belief; **bekenntnisfreudig** *adj* eager to make confessions; **bekenntnislos** *adj* uncommitted to any religious denomination; **Bekenntnisschule** *f* denominational school; **bekenntnistreu** *adj* true to one's faith.
bekiffen* *vr* (*sl*) to get stoned (*sl*). **bekifft sein** to be stoned (*sl*).
beklagen* I *vt* to lament; *Los* to bewail; *Tod, Verlust* to mourn. **Menschenleben sind nicht zu** ~ there are no casualties.
   II *vr* to complain (*über +acc, wegen* about). **sich bei jdm über etw** (*acc*) ~ to complain *or* make a complaint to sb about sth; **ich kann mich nicht** ~ I can't complain, I've nothing to complain about.
beklagenswert, beklagenswürdig (*geh*) *adj Mensch* pitiful; *Zustand* lamentable, deplorable; *Mißerfolg, Vorfall, Scheitern* regrettable, unfortunate; *Unfall* terrible.
beklagt *adj* (*Jur*) **die ~e Partei** the defendant; (*bei Scheidung*) the respondent; **der ~e Ehegatte** the respondent.
Beklagte(r) *mf decl as adj* (*Jur*) defendant; (*bei Scheidung*) respondent.
beklatschen* *vt* 1. (*applaudieren*) to clap, to applaud. 2. (*inf: Klatsch verbreiten über*) to gossip about.
beklauen* *vt* (*inf*) *jdn* to rob.
bekleben* *vt* etw (*mit Papier/Plakaten etc*) ~ to stick paper/posters *etc* on(to) sth; **etw mit Etiketten** ~ to stick labels on(to) sth.
bekleckern* (*inf*) I *vt* to stain. **ich habe mir das Kleid bekleckert** I've made a mess on my dress.
   II *vr* **sich** (**mit Saft** *etc*) ~ to spill juice *etc* all down *or* over oneself; **er hat sich nicht gerade mit Ruhm bekleckert** he didn't exactly cover himself with glory.
bekleksen* I *vt* (*inf*) to splatter (*mit* with). **etw** (**mit Tinte/Farbe**) ~ to splatter ink/paint on sth; **ein beklecktes Heft** an ink-/paint- *etc* besplattered exercise book.
   II *vr* to splatter oneself with ink/paint *etc*.

bekleiden* (*geh*) I *vt* 1. (*anziehen*) to dress (*mit* in); (*Kleidung geben*) to clothe. **er war nur mit einer Hose bekleidet** he was only wearing a pair of trousers; **etw mit etw** ~ (*geh*) to cover sth in sth.
2. (*innehaben*) *Amt etc* to occupy, to hold. **jdn mit einem Amt/einer Würde** ~ to bestow an office/a title on sb.
   II *vr* to get dressed.
bekleidet *adj* dressed, clad (*mit* in). **sie war nur leicht** ~ she was only lightly *or* (*spärlich*) scantily dressed *or* clad; **nur mit einer Hose** ~ **sein** to be clad in *or* wearing only a pair of trousers.
Bekleidung *f* 1. (*Kleider*) clothes *pl*, clothing; (*Aufmachung*) dress, attire. **ohne** ~ without any clothes on. 2. (*form: eines Amtes*) tenure.
Bekleidungsgegenstand *m* garment, article of clothing; **Bekleidungsgewerbe** *nt* clothing *or* garment (*esp US*) trade; **Bekleidungs|industrie** *f* clothing *or* garment (*esp US*) industry, rag trade (*inf*); **Bekleidungsstück** *nt* garment, article of clothing.
bekleistern* *vt* 1. *Tapete etc* to paste. 2. (*bekleben*) **eine Wand** (**mit Plakaten**) ~ to stick posters all over a wall.
beklemmen* *vt* (*fig*) to oppress; (*Schuld auch*) to weigh upon.
beklemmend *adj* (*beengend*) oppressive, constricting; (*beängstigend*) tormenting, oppressive.
Beklemmung *f usu pl* feeling of oppressiveness; (*Gefühl der Angst*) feeling of apprehension *or* trepidation. **~en bekommen/haben** to start to feel/to feel oppressed/full of apprehension *or* trepidation.
beklommen *adj* apprehensive, anxious; *Mensch auch* full of trepidation.
Beklommenheit *f* trepidation, apprehensiveness.
beklönen* *vt* (*N Ger inf*) to talk over.
beklopfen* *vt* to tap; *Brust auch* to sound.
bekloppt *adj* (*sl*) crazy (*inf*), mad (*inf*).
beknackt *adj* (*sl*) lousy (*inf*).
beknien* *vt* (*inf*) *jdn* to beg.
bekochen* *vt* (*inf*) to cook for.
bekommen* *irreg* (*siehe auch kriegen*) I *vt* 1. to get; *Genehmigung, Stimmen, Nachricht auch* to obtain; *Geschenk, Brief, Lob, Belohnung auch* to receive; *Zug, Bus, Krankheit auch* to catch; *gutes Essen, Verpflegung auch, Schlaganfall, Junges, ein Kind, Besuch* to have; *Spritze, Tadel* to be given. **ein Jahr Gefängnis** ~ to be given one year in prison; **wir** ~ **Kälte/anderes Wetter** the weather is turning cold/is changing; **wir** ~ **Regen/Schnee** we're going to have rain/snow; **einen Stein/Ball** *etc* **an den Kopf** ~ to be hit on the head by a stone/ball *etc*; **kann ich das schriftlich** ~? can I have that in writing?; **wir haben das große Bett nicht nach oben** ~ we couldn't get the big bed upstairs; **jdn ins/aus dem Bett** ~ to get sb into/out of bed; **was bekommt der Herr?** what will you have, sir?; **ich bekomme bitte ein Glas Wein** I'll have a glass of wine, please; **was** ~ **Sie dafür/von mir?** how much is that/how much do I owe you for that?; **jdn**

dazu ~, etw zu tun to get sb to do sth; **er bekam es einfach nicht über sich, ...** he just could not bring himself to ...

2. (*entwickeln*) *Fieber, Schmerzen, Vorliebe, Komplexe* to get, to develop; *Zähne* to get, to cut; *Übung, neue Hoffnung* to gain. Rost/Flecken/Risse ~ to get *or* become rusty/spotty/ cracked, to develop rust/spots/cracks; **Heimweh** ~ to get *or* become homesick; **Sehnsucht** ~ to develop a longing (*nach* for); **graue Haare/eine Glatze** ~ to go grey/bald; **Hunger/Durst** ~ to get *or* become hungry/thirsty; **Angst** ~ to get *or* become afraid.

3. *mit Infinitivkonstruktion* to get. **etw zu essen/sehen/hören** ~ to get to eat/see/hear sth; **das bekommt man hier nicht zu kaufen** you can't buy that here; **es mit jdm zu tun** ~ to get into trouble with sb; **kann ich etwas anderes zu tun ~?** can I have something else to do?; **wenn ich ihn zu fassen bekomme ...** if I get my hands on him ...

4. *mit ptp oder adj siehe auch dort* etw **gemacht** ~ to get *or* have sth done; **seine Arbeit fertig** *or* **gemacht** (*inf*) ~ to get one's work finished *or* done; **etw geschenkt** ~ to be given sth (as a present); **ich habe das Buch geliehen** ~ I have been lent the book; **ihr bezahlt** ~ to get paid for sth; **einen Wunsch erfüllt** ~ to have a wish fulfilled.

5. *in Verbindung mit n siehe auch dort* **Lust** ~, **etw zu tun** to feel like doing sth; **es mit der Angst** ~ to become afraid; **Ärger** ~ to get into trouble; **eine Ohrfeige** *or* **eine** (*inf*) ~ to catch it (*inf*); **Prügel** ~ to be given *or* to get a hiding.

II *vi* **1.** *aux sein* +*dat* (*zuträglich sein*) **jdm (gut)** ~ to do sb good; (*Essen*) to agree with sb; **jdm nicht** *or* **schlecht** ~ not to do sb any good; (*Essen*) to disagree *or* not to agree with sb; **wie ist Ihnen das Bad** ~? how was your bath?; **wie bekommt ihm die Ehe?** how is he enjoying married life?; **wohl bekomm's!** your health!

2. (*bedient werden*) ~ **Sie schon?** are you being attended to *or* served?

bekömmlich *adj Speisen* (easily) digestible; *Klima* beneficial. **leicht/schwer** ~ **sein** to be easily digestible/difficult to digest.

Bekömmlichkeit *f siehe adj* digestibility; beneficial quality.

beköstigen* *vt* to cater for.

Beköstigung *f* (*das Beköstigen*) catering (*gen* for); (*Kost*) food.

bekotzen* (*vulg*) *vt* to spew *or* puke over (*sl*). **er hat sich/ seinen Anzug von oben bis unten bekotzt** he spewed *or* puked all down himself/his suit (*sl*).

bekräftigen* *vt* to confirm; *Vorschlag* to support, to back up. **etw nochmals** ~ to reaffirm sth; **seine Aussage mit einem Eid** ~ to reinforce one's evidence by swearing an oath; **eine Vereinbarung mit einem Handschlag** ~ to seal an agreement by shaking hands.

Bekräftigung *f* confirmation; (*Versicherung*) assurance. **zur** ~ **seiner Worte** to reinforce his words.

bekränzen* *vt* to crown with a wreath; (*mit Blumen*) to garland.

bekreuzigen* *vr* to cross oneself.

bekriegen* *vt* to wage war on; (*fig*) to fight. **sie** ~ **sich (gegenseitig) schon seit Jahren** they have been at war with one another for years; **bekriegt werden** to be attacked.

bekritteln* *vt* to criticize; *Arbeit auch* to find fault with.

bekritzeln* *vt* to scribble over. **das Buch mit Bemerkungen** ~ to scribble comments over the book.

bekucken* *vt* (*N Ger*) *siehe* **begucken.**

bekümmern* **I** *vt* to worry. **was bekümmert Sie das?** what concern is it of yours?; **das braucht dich nicht zu** ~ there is no need for you to worry about that. **II** *vr* **sich über etw** (*acc*) ~ to worry about sth; **sich um etw** ~ to concern oneself with sth.

Bekümmernis *f* (*geh*) distress.

bekümmert *adj* worried (*über* +*acc* about).

bekunden* **I** *vt* to show, to express; (*in Worten auch*) to state; (*Jur: bezeugen*) to testify to. ~, **daß ...** (*Jur*) to testify that ... **II** *vr* (*geh*) to manifest itself.

Bekundung *f siehe vt* expression, manifestation; statement; testimony.

belächeln* *vt* to smile at.

belachen* *vt* to laugh at.

beladen* *irreg* **I** *vt Schiff, Zug* to load (up); (*fig: mit Sorgen etc*) *jdn* to burden. **etw mit Holz etc** ~ to load sth with wood *etc*, to load wood *etc* onto sth; **ein Tier mit einer schweren Last** ~ to put a heavy load on an animal.

II *vr* (*mit Gepäck etc*) to load oneself up. **sich mit Verantwortung/Sorgen** ~ to take on responsibilities/worries; **sich mit Schuld** ~ to incur guilt.

III *adj* loaded; *Mensch* laden; (*mit Schuld*) laden, burdened. **mit etw** ~ **sein** to be loaded with sth; (*Mensch*) to be loaded down *or* laden with sth; (*mit Schuld etc*) to be weighed down *or* laden *or* burdened with sth.

Belag *m* **-(e)s, ¨e** coating; (*Schicht*) layer; (*Ölfilm etc*) film; (*auf Pizza, Brot*) topping; (*auf Tortenboden, zwischen zwei Brotscheiben*) filling; (*auf Zahn*) film; (*Zungen~*) fur; (*Brems~*) lining; (*Fußboden~*) covering; (*Straßen~*) surface.

Belagerer *m* **-s, -** besieger.

belagern* *vt* (*Mil*) to besiege (*auch fig*), to lay siege to.

Belagerung *f* siege.

Belagerungszustand *m* state of siege; **den** ~ **ausrufen** to declare a state of siege.

Belang *m* **-(e)s, -e 1.** (*no pl: Wichtigkeit*) importance, significance. **von/ohne** ~ (**für jdn/etw**) **sein** to be of importance/of no importance (to sb/for *or* to sth). **2.** ~**e** *pl* interests. **3.** (*form: Sache*) matter.

belangen* *vt* **1.** (*Jur*) to prosecute (*wegen* for); (*wegen Beleidigung, Verleumdung*) to sue. **dafür kann man belangt werden** you could be prosecuted for that. **2.** (*dated: betreffen*) **was mich belangt** as far as I am concerned.

belanglos *adj* inconsequential, trivial. **das ist für das Ergebnis** ~ that is irrelevant to the result.

Belanglosigkeit *f* **1.** *no pl* inconsequential-

ity, triviality. 2. (*Bemerkung*) triviality.
belangvoll *adj* relevant (*für* to).
belassen* *vt irreg* to leave. **wir wollen es dabei ~** let's leave it at that; **jdn in seinem Amt ~** to allow sb to remain in office; **etw an seinem Ort ~** to leave sth in its place; **das muß ihm ~ bleiben** that must be left up to him.
belastbar *adj* 1. (*mit Last, Gewicht*) **bis zu 500 Kilogramm ~ sein** to have a maximum load of *or* load-bearing capacity of 500 kilogrammes; **wie hoch ist diese Brücke ~?** what is the maximum load of this bridge?
2. (*fig*) **daran habe ich bemerkt, wie ~ ein Mensch ist** that made me see how much a person can take; **ich glaube nicht, daß sie noch zusätzlich ~ ist** I don't think she can take any more *or* (*mit Arbeit etc*) take on any more; **das Gedächtnis ist nur bis zu einem gewissen Grad ~** the memory can only absorb a certain amount.
3. (*beanspruchbar*) *Mensch, Körper, Organe, Kreislauf* resilient. **der Steuerzahler ist nicht weiter ~** the tax payer cannot be burdened any more; **die Atmosphäre ist nicht unbegrenzt (durch Schadstoffe) ~** the atmosphere cannot stand an unlimited degree of contamination; **da wird sich zeigen, wie ~ das Stromnetz/unser Wasserhaushalt ist** that will show how much pressure our electricity/water supply will take.
4. **wie hoch ist mein Konto ~?** what is the limit on my account?; **der Etat ist nicht unbegrenzt ~** the budget is not unlimited.
Belastbarkeit *f* 1. (*von Brücke, Aufzug*) load-bearing capacity.
2. (*von Menschen, Nerven*) ability to take stress; (*von Gedächtnis*) capacity.
3. (*von Stromnetz etc*) maximum capacity; (*von Menschen, Organ*) maximum resilience. **die höhere physische ~ eines Sportlers** an athlete's higher degree of physical resilience.
4. (*von Haushalt*) (maximum) limit (*gen* of, on); (*steuerlich*) maximum level of possible taxation.
belasten* I *vt* 1. (*lit*) (*mit Gewicht*) *Brücke, Balken, Träger, Ski* to put weight on; (*mit Last*) *Fahrzeug, Fahrstuhl* to load. **etw mit 50 Tonnen ~** to put a 50 ton load on sth, to put a weight of 50 tons on sth; **den Träger gleichmäßig ~** to distribute weight evenly over the girder; **die Brücke/das Fahrzeug etc zu sehr ~** to put too much weight on the bridge/to overload the vehicle.
2. (*fig*) **jdn mit etw ~** *mit Arbeit* to load sb with sth; *mit Verantwortung, Sorgen, Wissen* to burden sb with sth; **das Gedächtnis mit unnützem Wissen ~** to burden one's memory with useless knowledge; **jdn ~** (*mit Arbeit, Verantwortung, Sorgen*) to burden sb; (*nervlich, körperlich anstrengen*) to put a strain on sb; **jdn mit zu viel Arbeit/Verantwortung etc ~** to overload/overburden sb with work/responsibility.
3. (*fig: bedrücken*) **jdn/jds Gewissen/Seele mit etw ~** (*Mensch*) to burden sb/sb's conscience/soul with sth; **jdn/jds**

Gewissen *etc* ~ (*Schuld etc*) to weigh upon sb *or* sb's mind/conscience *etc*; **das belastet ihn sehr** that is weighing heavily on his mind; **mit einer Schuld belastet sein** to be burdened (down) by guilt; **von Sorgen belastet** weighed down with cares.
4. (*beanspruchen*) *Wasserhaushalt, Stromnetz, Leitung* to put pressure on, to stretch; *Atmosphäre* to pollute; (*Med*) *Kreislauf, Organe, Körper, Menschen* to put a strain on, to strain; *Nerven* to strain, to tax; *Steuerzahler* to burden. **jdn/etw zu sehr ~** to overstrain sb/sth; *Wasserhaushalt etc* to put too much pressure on *or* to overstretch sth.
5. (*Jur*) *Angeklagten* to incriminate. **~ des Material** incriminating evidence.
6. (*Fin*) *Konto* to charge; *Etat* to be a burden on; (*steuerlich*) *jdn* to burden. **etw (mit einer Hypothek) ~** to mortgage sth; **das Konto mit einem Betrag ~** to debit a sum from the account; **jdn mit den Kosten ~** to charge the costs to sb.
II *vr* 1. **sich mit etw ~** *mit Arbeit* to take sth on; *mit Verantwortung* to take sth upon oneself; *mit Sorgen* to burden oneself with sth; **sich mit Schuld ~** to incur guilt; **damit belaste ich mich nicht** (*mit Arbeit, Verantwortung*) I don't want to take that on.
2. (*Jur*) to incriminate oneself.
belästigen* *vt* (*zur Last fallen*) to bother; (*zudringlich werden*) to pester; (*körperlich*) to molest; (*Licht, Geräusch, Geruch*) to irritate.
Belästigung *f* annoyance; (*durch Lärm etc*) irritation; (*Zudringlichkeit auch*) pestering; (*körperlich*) molesting. **etw als eine ~ empfinden** to find sth an annoyance *or* a nuisance.
Belastung *f siehe vt* 1. (*das Belasten*) putting weight on; loading; (*Last, Gewicht*) weight; (*in Fahrzeug, Fahrstuhl etc*) load. **die erhöhte ~ der Brücke** the increased weight put on the bridge; **maximale ~ der Brücke/des Fahrstuhls** weight limit of the bridge/maximum load of the lift.
2. (*fig*) (*das Belasten*) (*mit Arbeit*) loading; (*mit Verantwortung etc*) burdening; (*Anstrengung*) strain; (*Last*) burden.
3. burden (*gen* on).
4. pressure (*gen* on); pollution (*gen* of); strain (*gen* on); burden (*gen* on).
5. incrimination.
6. (*Fin*) charge (*gen* on); (*von Etat, steuerlich*) burden (*gen* on); (*mit Hypothek*) mortgage (*gen* on).
Belastungsgrenze *f* (*von Brücke, Fahrzeug, Balken etc*) weight limit; (*von Atmosphäre, Wasserhaushalt*) maximum capacity; (*seelisch, physisch*) limit; (*Elec*) level of peak load; **Belastungsmaterial** *nt* (*Jur*) incriminating evidence; **Belastungsprobe** *f* endurance test; **Belastungsspitze** *f* (*Elec*) peak load; **Belastungszeuge** *m* (*Jur*) witness for the prosecution.
belauben* *vr* to come into leaf. **dicht belaubt sein** to have thick foliage.
Belaubung *f, no pl* (*Laub*) leaves *pl*, foliage; (*das Sichbelauben*) coming into leaf.

belauern* vt to eye; *Wild* to observe secretly; (*fig:Gefahr etc*) to menace.

belaufen* *irreg* I *vr* **sich auf etw** (*acc*) ~ to come *or* amount to sth. II *vt* (*rare: begehen*) to walk. **ein viel ~er Weg** a well-trodden path.

belauschen* *vt* to eavesdrop on; (*genau beobachten*) to observe.

beleben* I *vt* 1. (*anregen*) to liven up; (*neu ~*) *Natur* to revive; (*aufmuntern auch*) to brighten up; *Absatz, Konjunktur, jds Hoffnungen* to stimulate. **eine kalte Dusche wird dich ~** a cold shower will refresh you.
    2. (*lebendiger gestalten*) to brighten up; *Unterhaltung auch* to animate.
    3. (*zum Leben erwecken*) to bring to life.
    II *vr* (*Konjunktur*) to be stimulated; (*Augen, Gesicht*) to light up; (*Natur, Stadt*) to come to life; (*geschäftiger werden*) to liven up.
    III *vi* **das belebt** that livens you up.

belebend *adj* invigorating.

belebt *adj* 1. *Straße, Stadt etc* busy.
    2. (*lebendig*) living. **die ~e Natur** the living world; **~er Schlamm** activated sludge.

Belebtheit *f siehe adj* 1. bustle. 2. life.

Belebung *f* revival; (*der Wirtschaft, Konjunktur*) stimulation. **zur ~ trank er einen starken Kaffee** to revive himself he drank a cup of strong coffee.

Beleg *m* **-(e)s, -e** 1. (*Beweis*) instance, piece of evidence; (*Quellennachweis*) reference. **~e für den Gebrauch eines Wortes** instances of the use of a word. 2. (*Quittung*) receipt.

belegbar *adj* verifiable.

belegen* vt 1. (*bedecken*) to cover; *Brote, Tortenboden* to fill. **mit Beschuß/Bomben ~** to bombard/bomb *or* bombard.
    2. (*besetzen*) *Wohnung, Hotelbett* to occupy; (*reservieren*) to reserve, to book; (*Univ*) *Fach* to take; *Seminar, Vorlesung* to enrol for. **ein Haus mit Soldaten ~** to billet soldiers in a house; **eine Stadt mit Truppen ~** to station troops in a town; **den fünften Platz ~** to take fifth place, to come fifth.
    3. (*beweisen*) to verify.
    4. (*auferlegen*) **jdn mit etw ~** to impose sth on sb; **jdn mit dem Bann ~** to proscribe sb; (*Eccl*) to excommunicate sb; **etw mit einem Namen ~** to give sth a name.

Beleg|exemplar *nt* specimen copy; **Belegfrist** *f* (*Univ*) enrolment period; **Belegmaterial** *nt* documentation.

Belegschaft *f* 1. (*Beschäftigte*) staff; (*esp in Fabriken etc*) workforce. 2. (*inf: die Anwesenden*) **die ganze ~** the whole mob (*inf*) *or* gang (*inf*).

Belegschafts|aktien *pl* employees' shares; **Belegschaftsmitglied** *nt* employee.

belegt *adj Zunge* furred; *Stimme* hoarse; *Zimmer, Bett* occupied. **~e Brote** open sandwiches.

belehnen* vt 1. (*Hist*) to enfeoff. 2. (*Sw*) *Haus* to mortgage.

Belehnung *f* 1. (*Hist*) enfeoffment. 2. (*Sw*) mortgaging.

belehrbar *adj* teachable.

belehren* vt (*unterweisen*) to teach, to instruct; (*aufklären*) to inform, to advise (*form*) (*über +acc* of). **jdn eines anderen ~ to** teach sb otherwise; **sich eines anderen ~ lassen** to learn *or* be taught otherwise; **da mußte ich mich ~ lassen** I realized I was wrong; **er ist nicht zu** *or* **läßt sich nicht ~** he won't be told; **ich bin belehrt!** I've learned my lesson.

belehrend *adj* didactic.

Belehrung *f* explanation, lecture (*inf*); (*Anweisung*) instruction (*über +acc* about); (*von Zeugen, Angeklagten*) caution. **deine ~en kannst du dir sparen** there's no need to lecture me.

beleibt *adj* stout, corpulent, portly.

Beleibtheit *f* corpulence, stoutness.

beleidigen* vt jdn to insult; (*Verhalten, Anblick, Geruch etc*) to offend; (*Jur*) (*mündlich*) to slander; (*schriftlich*) to libel.

beleidigt *adj* insulted; (*gekränkt*) offended; *Gesicht, Miene auch* hurt. **~ weggehen** to go off in a huff (*inf*); **die ~e Leberwurst spielen** (*inf*) to be in a huff (*inf*); **bist du jetzt ~?** have I/they *etc* offended you?; **jetzt ist er ~** now he's in a huff (*inf*).

Beleidigung *f* insult; (*Jur*) (*mündliche*) slander; (*schriftliche*) libel. **eine ~ für den Geschmack/das Auge** an insult to one's taste/an eyesore; **etw als ~ auffassen** to take sth as an insult, to take offence at sth.

Beleidigungsklage *f* (*Jur*) slander/libel action, action for slander/libel; **Beleidigungsprozeß** *m* (*Jur*) slander/libel trial.

beleihen* vt irreg (*Comm*) to lend money on; *Haus , Grundstück auch* to mortgage, to give a mortgage on.

belemmern* vt (*N Ger inf: belästigen*) to bother.

belemmert *adj* (*inf*) (*betreten*) sheepish; (*niedergeschlagen*) miserable; (*scheußlich*) *Wetter, Angelegenheit* lousy (*inf*).

belesen *adj* well-read.

Belesenheit *f* wide reading. **eine gewisse ~** a certain degree of erudition.

Beletage [belɛˈtaːʒə] *f* (*old*) first floor (*Brit*), second floor (*US*).

beleuchten* vt (*Licht werfen auf*) to light up, to illuminate; (*mit Licht versehen*) *Straße, Bühne etc* to light; (*fig: betrachten*) to examine. **ein parkendes Auto muß beleuchtet sein** a parked car must have its lights on.

Beleuchter(in *f*) *m* **-s, -** lighting technician.

Beleuchterbrücke *f* lighting bridge.

Beleuchtung *f* 1. (*das Beleuchten*) lighting; (*das Bestrahlen*) illumination; (*fig*) examination, investigation. 2. (*Licht*) light; (*das Beleuchtetsein*) lighting; (*Lichter*) lights *pl*. **die ~ der Straßen/Fahrzeuge** street lighting/lights *pl* on vehicles.

Beleuchtungskörper *m* lighting appliance; **Beleuchtungsstärke** *f* intensity of light; **Beleuchtungstechnik** *f* lighting engineering.

beleumdet, beleumundet *adj* **gut/schlecht**

~ **sein** to have a good/bad reputation; **ein schlecht ~es Etablissement** an establishment with a bad reputation.

belfern vti to bark; (*Kanone*) to boom.

Belgien [-iən] nt **-s** Belgium.

Belgier(in f) [-iɐ, -iərɪn] m **-s, -** Belgian.

belgisch adj Belgian.

Belgrad nt **-s** Belgrade.

belichten* vt (*Phot*) to expose. **wie lange muß ich das Bild ~?** what exposure should I give the shot?

Belichtung f (*Phot*) exposure.

Belichtungsmesser m light meter; **Belichtungszeit** f exposure (time).

belieben nt **-s**, no pl **nach ~** just as you/they etc like, any way you etc want (to); **das steht** or **liegt in Ihrem ~** that is up to you or left to your discretion.

belieben* I vi impers (*geh*) **wie es Ihnen beliebt** as you like or wish; **was beliebt?** (*old: wird gewünscht*) what can I do for you?

II vt (*old, iro*) **es beliebt jdm, etw zu tun** (*hat Lust*) sb feels like doing sth; (*iro*) sb deigns or condescends to do sth; **was euch beliebt** as you wish or like; **er beliebt zu scherzen** (*iro*) he must be joking.

beliebig I adj any. **(irgend)eine/jede ~e Farbe** any colour at all or whatever or you like; **nicht jede ~e Farbe** not every colour; **jeder B~e** anyone at all; **eine ganz ~e Reihe von Beispielen** a quite arbitrary series of examples; **in ~er Reihenfolge** in any order whatever; **die Auswahl ist ~** the choice is open or free.

II adv as you etc like. **Sie können ~ lange bleiben** you can stay as long as you like; **die Farben können ~ ausgewählt werden** you can choose any colour you like.

beliebt adj popular (*bei* with). **sich bei jdm ~ machen** to make oneself popular with sb.

Beliebtheit f popularity.

beliefern* vt to supply. **jdn (mit etw) ~** to supply sb with sth.

Belieferung f supplying.

Belladonna f-, **Belladonnen** deadly nightshade, belladonna; (*Extrakt*) belladonna.

bellen I vi to bark; (*Kanonen*) to boom; (*Maschinengewehr*) to crack. II vt to bark; **Befehle** to bark out.

bellend adj Husten hacking; *Stimme* gruff; *Maschinengewehre* cracking; *Kanonen* booming.

Belletrist m (*geh*) belletrist.

Belletristik f fiction and poetry, belles lettres pl.

belletristisch adj Zeitschrift, Neigung literary. **~e Literatur/ Bücher** fiction and poetry/books of fiction and poetry; **~er Verlag** publisher specializing in fiction and poetry.

belobigen* vt to commend, to praise.

Belobigung f (*form*) commendation.

Belobigungsschreiben nt commendation.

belohnen* vt to reward; jds Treue, gute Tat auch to repay. **starker Beifall belohnte den Schauspieler** the actor received hearty applause.

Belohnung f reward; (*das Belohnen*) rewarding. **zur** or **als ~ (für)** as a reward

(for); **eine ~ aussetzen** to offer a reward; **zur ~ der Kinder für ihr gutes Benehmen** in order to reward the children for their good behaviour.

belüften* vt to ventilate; *Kleider* to air.

Belüftung f 1. (*das Belüften*) ventilating; airing. 2. (*inf: die Anlage*) ventilation.

belügen* vt irreg to lie or tell lies/a lie to. **sich selbst ~** to deceive oneself.

belustigen* I vt to amuse. II vr (*geh*) **sich ~ über jdn/etw** to make fun of sb/sth; **sich mit etw ~** to amuse oneself by (doing) sth.

belustigt I adj Gesichtsausdruck, Ton, Stimme amused. II adv in amusement.

Belustigung f (*geh: Veranstaltung*) entertainment; (*das Belustigtsein*) amusement.

bemächtigen* vr (*geh*) 1. (*in seine Gewalt bringen*) **sich eines Menschen/einer Sache ~** to take or seize hold of sb/sth; **sich des Thrones ~** to seize or take the throne; (*durch Intrige*) to usurp the throne. 2. (*Gefühl, Gedanke*) **sich jds ~** to come over sb.

bemäkeln* vt to find fault with.

Bemäkelung f criticizing, criticism.

bemalen* I vt to paint; (*verzieren auch*) to decorate. **etw mit Blumen ~** to paint flowers on sth; **bemalt sein** (*pej*) to be heavily made up. II vr to paint oneself; (*pej: schminken*) to put on one's war paint (*inf*).

Bemalung f siehe vt painting; decoration.

bemängeln* vt to find fault with, to fault. **was die Kritiker an dem Buch ~, ist ...** the fault the critics find with the book is ...

Bemängelung f finding fault (*gen* with), faulting (*gen* of).

bemannen* vt U-Boot, Raumschiff to man. **sie ist seit neuestem wieder bemannt** (*inf*) she has just recently got herself a man again or a new boyfriend.

Bemannung f manning; (*rare: Mannschaft*) crew.

bemänteln* vt to cover up.

Bemäntelung f covering-up.

Bembel m **-s, -** (*dial*) pitcher.

bemerkbar adj noticeable, perceptible. **sich ~ machen** (*sich zeigen*) to make itself felt, to become noticeable; (*auf sich aufmerksam machen*) to draw attention to oneself, to attract attention; **mach dich ~, wenn du etwas brauchst** let me know if you need anything.

Bemerken nt (*form*): **mit dem ~** with the observation.

bemerken* vt 1. (*wahrnehmen*) to notice; *Schmerzen auch* to feel. **er bemerkte rechtzeitig/zu spät, daß ...** he realized in time/too late that ...

2. (*äußern*) to remark, to comment. **hör auf, bemerkte sie** stop that, she said; **nebenbei bemerkt** by the way; **ich möchte dazu ~, daß ...** I would like to say or add, that ...; **er hatte einiges zu ~** he had a few comments or remarks to make.

bemerkenswert adj remarkable.

Bemerkung f remark, comment.

bemessen* irreg I vt (*zuteilen*) to allocate; (*einteilen*) to calculate. **reichlich/knapp ~** generous/not very generous; **meine Zeit ist kurz** or **knapp ~** my time is limited or restricted.

II *vr* (*form*) to be proportionate (*nach* to).

Bemessung *f siehe vt* allocation; calculation.

bemitleiden* *vt* to pity, to feel pity *or* feel sorry for. **er ist zu ~** he is to be pitied; **sich selbst ~** to feel sorry for oneself.

bemitleidenswert *adj* pitiable, pitiful.

bemittelt *adj* well-to-do, well-off.

Bemme *f* **-, -n** (*dial*) slice of buttered bread; (*zusammengeklappt*) sandwich.

bemogeln* *vt* (*inf*) to cheat.

bemoost *adj* mossy. **~es Haupt** (*inf*) old fogey; (*Student*) perpetual student.

Bemühen *nt* **-s,** *no pl* (*geh*) efforts *pl*, endeavours *pl* (*um* for).

bemühen* I *vt* to trouble, to bother. **jdn zu sich ~** to call in sb, to call upon the services of sb.

II *vr* **1.** (*sich Mühe geben*) to try hard, to endeavour. **sich um gute Beziehungen/eine Stelle ~** to try to get good relations/a job; **sich um jds Wohl/jds Vertrauen/jds Gunst ~** to take trouble over sb's wellbeing/try to win sb's trust/court sb's favour; **sich um eine Verbesserung der Lage ~** to try to improve the situation; **sich um jdn ~** (*für eine Stelle*) to try to get sb; (*um Kranken etc*) to look after sb; (*um jds Gunst*) to court sb; **bitte ~ Sie sich nicht** please don't trouble yourself *or* put yourself out; **sich redlich ~** to make a genuine effort.

2. (*geh: gehen*) to go, to proceed (*form*). **sich ins Nebenzimmer ~** to proceed to the next room (*form*); **sich zu jdm ~** to go to sb.

bemüht *adj* **1. ~ sein, etw zu tun** to try hard *or* endeavour to do sth; **um etw bemüht sein, darum bemüht sein, etw zu tun** to endeavour *or* be at pains to do sth. **2.** (*angestrengt*) forced; (*Mensch*) constrained.

Bemühung *f* effort, endeavour. **vielen Dank für Ihre (freundlichen) ~en** (*form*) thank you for your efforts *or* trouble.

bemüßigt *adj* **sich ~ fühlen/sehen** (*geh, usu iro*) to feel called upon *or* obliged.

bemuttern* *vt* to mother.

bemützt *adj* wearing a cap/hat.

benachbart *adj* neighbouring *attr*; *Haus, Familie auch* next door; *Staat auch* adjoining.

benachrichtigen* *vt* to inform (*von* of); (*amtlich auch*) to notify (*von* of).

Benachrichtigung *f* (*Nachricht*) notification; (*Comm*) advice note. **die ~ der Eltern ist in solchen Fällen vorgeschrieben** the parents must be notified in such cases.

benachteiligen* *vt* to put at a disadvantage; (*wegen Geschlecht, Klasse, Rasse, Glauben etc auch*) to discriminate against; (*körperliches Leiden auch*) to handicap. **benachteiligt sein** to be at a disadvantage/ discriminated against/handicapped.

Benachteiligte(r) *mf decl as adj* victim. **der/ die ~ sein** to be at a disadvantage.

Benachteiligung *f siehe vt* (*das Benachteiligen*) disadvantaging; discrimination (*gen* against); (*Zustand*) disadvantage; discrimination *no pl*.

benagen* *vt* to gnaw at.

benähen* *vt* **das Kleid** *etc* **mit etw ~** to sew sth onto the dress; **jdn ~** (*inf*) to sew (clothes) for sb.

benässen* *vt* (*geh*) to moisten.

benebeln* *vt* (*inf*) **jdn/jds Sinne/jds Kopf ~** to make sb's head swim *or* reel; (*Narkose, Sturz*) to daze sb, to make sb feel dazed; **benebelt sein** to be feeling dazed *or* (*von Alkohol auch*) muzzy (*inf*).

benedeien *vt* (*Eccl*) to bless; **Gott** to glorify. **Maria, du Gebenedeite unter den Weibern** Mary, thou most blessed among women.

Benediktiner(in *f*) *m* **-s, -** Benedictine (friar/nun).

Benediktus *nt* **-, -** (*Eccl*) Benedictus.

Benefiz *nt* **-es, -e, Benefizspiel** *nt*, **Benefizvorstellung** *f* benefit.

Benehmen *nt* **-s,** *no pl* **1.** behaviour. **kein ~ haben** to have no manners, to be bad-mannered. **2. sich mit jdm ins ~ setzen** (*form*) to get in touch with sb.

benehmen* *irreg* **I** *vt* (*geh*) **1.** (*rauben*) to take away. **jdm den Atem ~** to take sb's breath away; **jdm die Lust ~, etw zu tun** to deter sb from doing sth.

2. (*rare: die Sinne trüben*) **jdn/jdm die Sinne. ~** to make sb feel dazed.

II *vr* to behave; (*in Bezug auf Umgangsformen auch*) to behave oneself. **benimm dich!** behave yourself!; **sich gut ~** to behave oneself *or* well; **sich schlecht ~** to behave (oneself) badly, to misbehave.

beneiden* *vt* to envy. **jdn um etw ~** to envy sb sth; **er ist nicht zu ~** I don't envy him.

beneidenswert *adj* enviable. **sie ist nicht ~** I don't envy her; **~ naiv** (*iro*) amazingly naïve.

Benelux- [*auch* - - · -]: **Beneluxländer, Beneluxstaaten** *pl* Benelux countries *pl*.

benennen* *vt irreg* to name; **jdn auch** to call. **jdn/etw nach jdm ~** to name *or* call sb/sth after *or* for (*US*) sb.

Benennung *f* (*das Benennen*) naming; (*von Mensch*) calling; (*Bezeichnung*) name, designation (*form*).

benetzen* *vt* (*geh*) to moisten; (*Tau, Tränen auch*) to cover.

Bengalen *nt* **-s** Bengal.

bengalisch *adj* **1.** Bengalese; *Mensch, Sprache auch* Bengali. **2. ~es Feuer** brightly coloured flames from burning certain substances, Bengal light; **~e Beleuchtung** subdued multicoloured lighting.

Bengel *m* **-s, -(s)** boy, lad; (*frecher Junge*) rascal. **ein süßer ~** (*inf*) a dear little boy.

Benimm *m* **-s,** *no pl* (*inf*) manners *pl*.

Benjamin [-mi:n] *m* **-s, -e** Benjamin. **er ist der ~** he is the baby of the family.

benommen *adj* dazed; (*von Ereignissen auch*) bemused.

Benommenheit *f* daze, dazed state.

benoten* *vt* to mark. **etw mit ,,gut" ~** to mark sth "good".

benötigen* *vt* to need, to require. **das benötigte Geld** *etc* the necessary money *etc*, the money *etc* needed.

Benotung *f* mark; (*das Benoten*) marking.

benutzbar *adj* usable; *Weg* passable.

benutzen*, benützen* (*dial*) *vt* (*verwenden*) to use; *Literatur* to consult; *Gelegenheit auch* to make use of, to take advantage of. **etw als Schlafzimmer/Vorwand ~** to use sth as a bedroom/an excuse; **das benutzte Geschirr** the dirty dishes.

Benutzer, Benützer (*dial*) *m* **-s, -** user; (*von Leihbücherei*) borrower.

Benutzung, Benützung (*dial*) *f* use. **etw in ~ haben/nehmen** to be/start using sth; **jdm etw zur ~ überlassen** to put sth at sb's disposal; **etw zur ~ freigeben** *or* **bereitstellen** to open sth.

Benutzungsgebühr *f* charge; (*Leihgebühr*) hire charge.

Benzin *nt* **-s, -e** (*für Auto*) petrol (*Brit*), gasoline (*US*), gas (*US*); (*Reinigungs~*) benzine; (*Feuerzeug~*) lighter fuel.

Benzin|einspritzung *f* fuel injection.

Benziner *m* **-s, -** (*inf*) car which runs on petrol (*Brit*) *or* gasoline (*US*).

Benzinfeuerzeug *nt* petrol/gasoline lighter; **Benzingutschein** *m* petrol coupon; **Benzinhahn** *m* fuel cock; **Benzinkanister** *m* petrol/gasoline can; **Benzin|leitung** *f* fuel *or* petrol/gasoline pipe; **Benzinmotor** *m* petrol/gasoline engine; **Benzinpumpe** *f* fuel pump; **Benzin|uhr** *f* fuel gauge; **Benzinverbrauch** *m* fuel *or* petrol/gasoline consumption.

Benzoesäure *f* benzoic acid.

Benzol *nt* **-s, -e** benzol(e).

be|obachtbar *adj* observable.

be|obachten* *vt* to observe; (*bemerken auch*) to notice, to see; (*genau verfolgen, betrachten auch*) to watch. **etw an jdm ~** to notice sth in sb; **jdn ~ lassen** (*Polizei etc*) to put sb under surveillance.

Be|obachter(in *f*) *m* **-s, -** observer.

Be|obachtung *f* observation; (*polizeilich*) surveillance. **die ~ habe ich oft gemacht** I've often noticed that.

Be|obachtungsballon *m* observation balloon; **Be|obachtungsgabe** *f* talent for observation; **er hat eine gute ~** he has a very observant eye; **Be|obachtungsposten** *m* (*Mil*) observation post; (*Mensch*) lookout; **auf ~ sein** to be on lookout duty; **Be|obachtungsstation** *f* 1. (*Med*) observation ward; (*nach Operation*) postoperative ward; 2. (*Met*) weather station.

be|ölen* *vr* (*sl*) to piss (*sl*) *or* wet (*inf*) oneself (laughing).

be|ordern* *vt* to order; (*kommen lassen*) to summon, to send for; (*an andern Ort*) to instruct *or* order to go. **jdn zu sich ~** to send for sb.

bepacken* I *vt* to load (up). **jdn/etw mit etw ~** to load sb/sth up with sth. II *vr* to load oneself up.

bepflanzen* *vt* to plant. **das Blumenbeet mit etw ~** to plant sth in the flower bed.

Bepflanzung *f* 1. (*das Bepflanzen*) planting. 2. (*die Pflanzen*) plants *pl* (*gen* in).

bepflastern* *vt* 1. *Straße* to pave; (*fig: behängen*) to plaster. 2. (*inf*) *Wunde etc* to put a plaster on.

bepinkeln* (*inf*) I *vt* to pee on (*inf*). II *vr* to wet oneself (*inf*).

bepinseln* *vt* to paint (*auch fig*); (*Cook, Med*) to brush; *Zahnfleisch* to paint;

Wand to brush down; (*vollschreiben*) to scribble on.

bepissen* (*vulg*) I *vt* to piss on (*sl*). II *vr* to piss oneself (*sl*).

Beplankung *f* (*Tech*) planking.

bepudern* *vt* to powder (*auch fig*).

bequatschen* *vt* (*sl*) 1. *etw* to talk over. 2. (*überreden*) *jdn* to persuade. **wir haben sie bequatscht, daß sie kommt** we talked her into coming.

bequem *adj* (*angenehm*) comfortable; (*leicht, mühelos*) *Weg, Methode* easy; *Ausrede* convenient; (*träge*) *Mensch* idle. **es ~ haben** to have an easy time of it; **es sich** (*dat*) **~ machen** to make oneself comfortable; **machen Sie es sich ~** make yourself at home.

bequemen* *vr* **sich zu etw ~**, **sich (dazu) ~, etw zu tun** to bring oneself to do sth; **endlich bequemten sie sich nach Hause** they finally forced themselves to go home.

Bequemlichkeit *f* 1. *no pl* (*Behaglichkeit*) comfort; (*Trägheit*) idleness. 2. (*Einrichtung*) convenience.

berappen* *vti* (*inf*) to fork *or* shell out (*inf*); *Schulden* to pay off. **er mußte schwer ~** he had to fork out a lot.

beraten* *irreg* I *vt* 1. *jdn ~* to advise sb, to give sb advice; **gut/schlecht ~ sein** to be well-/ill-advised; **jdn gut/schlecht ~** to give sb good/bad advice; **sich von jdm ~ lassen, (wie ...)** to ask sb's advice (on how ...), to consult sb (about how ...). 2. (*besprechen*) to discuss. II *vi* to discuss. **mit jdm über etw** (*acc*) **~** to discuss sth with sb; **sie ~ noch** they are still discussing it. III *vr* to give each other advice; (*sich besprechen*) to discuss. **sich mit jdm ~** to consult (with) sb (*über +acc* about); **das Kabinett tritt heute zusammen, um sich zu ~** the cabinet meets today for talks.

beratend *adj* advisory, consultative; *Ingenieur* consultant. **jdm ~ zur Seite stehen** to act in an advisory capacity to sb; **er hat nur eine ~e Stimme** he is only in an advisory capacity.

Berater(in *f*) *m* **-s, -** adviser.

Beratervertrag *m* consultative contract.

beratschlagen* *vti insep* to discuss.

Beratschlagung *f* discussion.

Beratung *f* 1. (*das Beraten*) advice; (*bei Rechtsanwalt, Arzt etc*) consultation. 2. (*Besprechung*) discussion. **eine ~ haben/abhalten** to have *or* hold talks *or* discussions.

Beratungsstelle *f* advice centre; **Beratungszimmer** *nt* consultation room.

berauben* *vt* to rob. **jdn einer Sache** (*gen*) **~** to rob sb of sth; *seiner Freiheit, seines Rechtes* to deprive sb of sth; **aller Hoffnung beraubt** having lost all hope.

Beraubung *f* **sich vor ~ schützen** to protect oneself from being robbed.

berauschen* I *vt* (*trunken machen*) to intoxicate; (*Alkohol etc auch*) to inebriate; (*Droge auch*) to make euphoric; (*in Verzückung versetzen*) to intoxicate, to enrapture (*liter*); (*Geschwindigkeit*) to exhilarate. **von Glück/Leidenschaft berauscht ...** in transports of happiness/passion ...; **berauscht von dem Wein/der Poesie/den Klängen** intoxicated by the wine/intoxicated or enraptured by the poetry/the sounds.

II *vr* **sich an etw** (*dat*) ~ **an Wein, Drogen** to become intoxicated with sth; (*in Ekstase geraten*) to be intoxicated or enraptured (*liter*) or **an Geschwindigkeit** exhilarated by sth; **an Blut, Greueltat** etc to be in a frenzy over sth.

berauschend *adj Getränke, Drogen* intoxicating. **das war nicht sehr** ~ (*iro*) that wasn't very enthralling or exciting.

Berber *m* **-s, -1.** Berber. **2.** (*auch* ~**teppich**) Berber carpet. **3.** (*sl*) (*Obdachloser*) tramp; (*großer Mensch*) giant.

Berberitze *f* **-, -n** (*Bot*) barberry.

berechenbar *adj Kosten* calculable; *Verhalten* etc predictable.

Berechenbarkeit *f siehe adj* calculability; predictability.

berechnen* *vt* **1.** (*ausrechnen*) to calculate; *Umfang auch* to estimate; *Worte, Gesten* to calculate the effect of. **ihre Worte waren genau berechnet** her words were exactly calculated.

2. (*in Rechnung stellen*) to charge. **das** ~ **wir Ihnen nicht** we will not charge you for it; **das hat er mir mit DM 75 berechnet** he charged me 75 marks for it; **er hat mir das zu teuer berechnet** he charged me too much for it, he overcharged me.

3. (*vorsehen*) to intend, to mean. **alle Rezepte sind für 4 Personen berechnet** all the recipes are (calculated) for 4 persons.

berechnend *adj* (*pej*) *Mensch* calculating.

Berechnung *f siehe vt* **1.** calculation; estimation. **meiner** ~ **nach, nach meiner** ~ according to my calculations, by my reckoning; **aus** ~ **handeln** to act calculatingly or in a calculating manner; **mit kühler** ~ **vorgehen** to act in a cool and calculating manner; **es war alles genaue** ~ it was all calculated exactly.

2. charge. **ohne** ~ without any charge.

berechtigen* *vti* to entitle. (**jdn**) **zu etw** ~ **to** entitle sb to sth; **diese Karte berechtigt nicht zum Eintritt** this ticket does not entitle the bearer to admittance; **seine Begabung berechtigt zu den größten Hoffnungen** his talent gives grounds for the greatest hopes; **das berechtigt zu der Annahme, daß ...** this justifies the assumption that ...

berechtigt *adj* justifiable; *Frage, Hoffnung* legitimate; *Anspruch* legitimate, rightful; *Vorwurf auch* just; *Forderung, Einwand auch* justified. ~ **sein, etw zu tun** to be entitled to do sth; **einen** ~**en Anspruch auf etw** (*acc*) **haben** to have a legitimate or rightful claim to sth.

berechtigterweise *adv* legitimately; (*verständlicherweise*) justifiably.

Berechtigung *f* **1.** (*Befugnis*) entitlement; (*Recht*) right. **die** ~/**keine** ~ **haben, etw zu tun** to be entitled/not to be entitled to do sth. **2.** (*Rechtmäßigkeit*) legitimacy; (*Verständlichkeit*) justifiability.

bereden* I *vt* **1.** (*besprechen*) to discuss, to talk over.

2. (*überreden*) **jdn zu etw** ~ to talk sb into sth; **jdn dazu** ~, **etw zu tun** to talk sb

into doing sth; **bleib bei deiner Entscheidung, laß dich nicht** ~ stick to your decision, don't let anybody talk you out of it.

3. (*inf: beklatschen*) to gossip about.

II *vr* **sich mit jdm über etw** (*acc*) ~ to talk sth over with sb, to discuss sth with sb.

beredsam *adj* (*liter*) eloquent; (*iro: redefreudig*) talkative.

Beredsamkeit *f siehe adj* eloquence; talkativeness.

beredt *adj* (*geh*) eloquent. **mit** ~**en Worten** eloquently.

Beredtheit *f* eloquence.

beregnen* *vt* to water, to sprinkle; (*vom Flugzeug aus*) to spray (with water). **beregnet werden** to be watered etc; (*natürlich*) to get rain.

Beregnungsanlage *f* sprinkler.

Bereich *m* **-(e)s, -e** **1.** area. **in nördlicheren** ~**en** in more northerly regions; **im** ~ **der Kaserne** inside the barracks; **im** ~ **des Domes** in the precincts of the cathedral; **im** ~ **der Innenstadt** in the town centre (area).

2. (*Einfluß*~, *Aufgaben*~) sphere; (*Sach*~) area, sphere, field; (*Sektor*) sector. **im** ~ **des Möglichen liegen** to be within the realms or bounds of possibility; **in jds** ~ (*acc*) **fallen** to be within sb's province.

bereichern* I *vt* (*lit, fig*) to enrich; *Sammlung etc auch* to enlarge. **das Gespräch hat mich sehr bereichert** I gained a great deal from the conversation. II *vr* to make a lot of money (*an* + *dat* out of). **sich auf Kosten anderer** ~ to feather one's nest at the expense of other people.

Bereicherung *f* **1.** (*das Bereichern*) enrichment; (*von Sammlung auch*) enlargement.

2. (*das Reichwerden*) moneymaking. **seine eigene** ~ making money for oneself.

3. (*Gewinn*) boon. **das Gespräch mit Ihnen war mir eine** ~ I gained a lot from my conversation with you; **das ist eine wertvolle** ~ that is a valuable addition.

bereifen* *vt Wagen* to put tyres on; *Rad* to put a tyre on; *Faß* to hoop. **richtig bereift sein** (*Auto*) to have the right tyres.

Bereifung *f* set of tyres. **eine neue** ~ new tyres, a new set of tyres; **die** ~ **bei diesem Auto** the tyres on this car.

bereinigen* *vt* to clear up, to resolve; *Meinungsverschiedenheiten auch* to settle. **ich habe mit ihr noch etwas zu** ~ I have something to clear up with her; **die Sache hat sich von selbst bereinigt** the matter resolved itself or cleared itself up.

Bereinigung *f siehe vt* clearing up, resolving; settlement.

bereisen* *vt ein Land* to travel around; (*Comm*) *Gebiet* to travel, to cover. **die Welt/fremde Länder** ~ to travel the world/in foreign countries.

bereit *adj usu pred* **1.** (*fertig*) ready; (*vorbereitet auch*) prepared. **es ist alles zum Essen/Aufbruch** ~ the meal is all ready or prepared/we're all ready to go; **zum Einsatz** ~**e Truppen** troops ready or prepared to go into action; **sich** ~ **halten** to be ready or prepared; **eine Antwort/Ausrede** ~

haben to have an answer/excuse ready *or* a ready answer/excuse.

2. (*willens*) willing, prepared. **zu Zugeständnissen/ Verhandlungen ~ sein** to be prepared to make concessions/to negotiate; **~ sein, etw zu tun** to be willing *or* prepared to do sth; **ich bin nicht ~, das zu ändern** I'm not willing *or* prepared *or* about (*esp US*) to change that; **sich ~ erklären, etw zu tun** to agree to do sth; **sich zu ~ finden** to be willing *or* prepared to do sth; **sich zur Ausführung einer Arbeit ~ finden**, to be willing *or* prepared to carry out a piece of work.

bereiten* *vt* **1.** (*zu~*) (*dat* for) to prepare; *Arznei* to make up; *Bett* to make (up).

2. (*verursachen*) to cause; *Überraschung, Empfang, Freude, Kopfschmerzen* to give. **jdm Kummer/Ärger ~** to cause sb grief/trouble; **er hat mir Schwierigkeiten bereitet** he made difficulties for me; **das bereitet mir Schwierigkeiten** it causes me difficulties; **einer Sache** (*dat*) **ein Ende ~** to put an end to sth; **es bereitet mir (viel *or* ein großes) Vergnügen** (*form*) it gives me (the greatest) pleasure.

bereithalten *vt sep irreg Fahrkarten etc* to have ready; (*für den Notfall*) to keep ready; *Überraschung* to have in store; **bereitlegen** *vt sep* to lay out ready; **bereitliegen** *vi sep irreg* to be ready; **bereitmachen** *vt sep* to get ready.

bereits *adv* already. **~ vor drei Wochen/ vor 100 Jahren/damals** even three weeks/ 100 years ago/then; **das haben wir ~ gestern gemacht** we did that yesterday; **er ist ~ vor zwei Stunden angekommen** he arrived two hours ago; **ich warte ~ seit einer Stunde** I've (already) been waiting for an hour; **der Bus ist ~ abgefahren** the bus has already left; **das hat man mir ~ gesagt** I've been told that already; **~ am nächsten Tage** on the very next day.

Bereitschaft *f* **1.** *no pl* readiness; (*Bereitwilligkeit auch*) willingness, preparedness. **in ~ sein** to be ready; (*Polizei, Feuerwehr, Soldaten etc*) to be on standby; (*Arzt*) to be on call *or* (*im Krankenhaus*) on duty; **etw in ~ haben** to have sth ready *or* in readiness.

2. *no pl* (*~sdienst*) **~ haben** (*Arzt etc*) to be on call *or* (*im Krankenhaus*) on duty; (*Apotheke*) to provide emergency *or* after-hours service; (*Polizei etc*) to be on stand-by.

3. (*Mannschaft*) squad.

Bereitschafts|arzt *m* doctor on call; (*im Krankenhaus*) duty doctor; **Bereitschaftsdienst** *m* emergency service; **~ haben** *siehe* Bereitschaft 2.; **Bereitschaftspolizei** *f* riot police.

bereitstehen *vi sep irreg* to be ready; (*Flugzeug auch, Truppen*) to stand by; **die Truppen stehen bereit** the troops are standing by; **Ihr Wagen steht bereit** your car is waiting; **zur Abfahrt ~** to be ready to depart; **bereitstellen** *vt sep* to get ready; *Material, Fahrzeug, Mittel* to provide, to supply; (*Rail*) to make available; *Truppen* to put on stand-by;

Bereitstellung *f* preparation; (*von Auto, Material, Mitteln*) provision, supply; (*von Truppen*) putting on stand-by.

Bereitung *f* preparation.

bereitwillig *adj* (*entgegenkommend*) willing; (*eifrig*) eager; **~ Auskunft erteilen** to give information willingly; **Bereitwilligkeit** *f siehe adj* willingness; eagerness.

berennen* *vt irreg* (*Mil*) to charge, to assault; (*Sport*) to rush, to storm.

berenten* *vt* (*Admin sl*) **berentet werden** to retire and receive a pension; **sich ~ lassen** to retire with a pension.

bereuen* *vt* to regret; *Schuld, Sünden* to repent of. **~, etw getan zu haben** to regret having done sth; **das wirst du noch ~!** you will be sorry (for that)!

Berg *m* **-(e)s, -e** **1.** hill; (*größer*) mountain. **wenn der ~ nicht zum Propheten kommt, muß der Prophet zum ~ kommen** (*Prov*) if the mountain won't come to Mahomet, then Mahomet must go to the mountain (*Prov*); **jdm goldene ~e versprechen** to promise sb the moon; **~e versetzen (können)** to (be able to) move mountains; **mit etw hinterm ~ halten** (*fig*) to keep sth to oneself, to keep quiet about sth; **über ~ und Tal** up hill and down dale; **über den ~ sein** (*inf*) to be out of the wood; **über alle ~e sein** (*inf*) to be long gone *or* miles away (*inf*); **die Haare standen ihm zu ~e** his hair stood on end; **da stehen einem ja die Haare zu ~e** it's enough to make your hair stand on end. **2.** (*große Menge*) heap, pile; (*von Sorgen*) mass; (*von Papieren auch*) mountain. **3.** **im ~ arbeiten** (*inf*) to work down the pit.

Berg- *in cpds* mountain; (*Bergbau-*) mining; **berg|ab(wärts)** *adv* downhill; **es geht mit ihm ~** (*fig*) he is going downhill; **Berg|abhang** *m* side of a mountain, mountainside; **Berg|ahorn** *m* sycamore (tree); **Berg|akademie** *f* mining college.

Bergamotte *f* **-, -n** bergamot.

Berg|amt *nt* mining authority; **berg|an** *adv siehe* bergauf; **Berg|arbeiter** *m* miner; **berg|auf(wärts)** *adv* uphill; **es geht wieder bergauf** (*fig*) things are getting better *or* looking up; **es geht mit seinem Geschäft/seiner Gesundheit wieder bergauf** his business/health is looking up; **Bergbahn** *f* mountain railway; (*Seilbahn auch*) cable railway; **Bergbau** *m* mining; **Bergbewohner** *m* mountain dweller.

Bergelohn *m* (*Naut*) salvage (money).

bergen *pret* **barg**, *ptp* **geborgen** *vt* **1.** (*retten*) *Menschen* to save, to rescue; *Leichen* to recover; *Ladung, Fahrzeug* to salvage; *Ernte* to get *or* gather (in). **aus dem Wasser/brennenden Haus tot/lebend geborgen werden** to be brought out of the water/burning house dead/alive.

2. (*geh: enthalten*) to hold; *Schätze auch* to hide. **das birgt viele Gefahren in sich** that holds many dangers; **diese Möglichkeit birgt die Gefahr/das Risiko in sich, daß ...** this possibility involves the danger/risk that ...

3. (*liter: verbergen*) *Gesicht* to hide; *Verfolgten etc* to shelter. **sie barg ihren Kopf an seiner Schulter** she buried her face on his shoulder; *siehe* **geborgen**.

Bergfahrt f 1. mountaineering or climbing expedition; 2. (auf Fluß) upstream passage; (von Seilbahn) uphill or upward journey; **Bergfest** nt(inf) party to celebrate the halfway stage; **Bergfried** m keep; **Bergführer** m mountain guide; **Berggeist** m mountain troll; **Berggipfel** m mountain top/peak; **Berggrat** m mountain ridge; **Berghang** m mountain slope; **berghoch** adj Wellen, Haufen mountainous; **der Abfall türmte sich ~** the rubbish was piled up to mountainous heights; **Berghütte** f mountain hut or refuge, bothy (Scot).

bergig adj hilly; (gebirgig) mountainous.

Berg|ingenieur m mining engineer; **Bergkamm** m mountain crest; **Bergkessel** m cirque, corrie; **Bergkette** f mountain range or chain, range or chain of mountains; **Bergknappe** m (dated) collier, miner; **Bergkrankheit** f mountain sickness; **Bergkristall** m rock crystal; **Bergkuppe** f (round) mountain top; **Bergland** nt hilly or (Gebirgsland) mountainous country/region; (Landschaft) hilly etc scenery; **das schottische ~** the Scottish mountains pl.

Bergmann m, pl **Bergleute** miner.

bergmännisch adj miner's attr.

Bergmannsgruß m miner's greeting; **Bergmannssprache** f mining terminology.

Bergnot f **in ~ sein/geraten** to be in/get into difficulties while climbing; **jdn aus~ retten** to rescue sb who was in difficulties while climbing; **Bergplateau** nt mountain plateau; **Bergpredigt** f (Bibl) Sermon on the Mount; **Bergrecht** nt mining law; **Bergrettungsdienst** m mountain rescue service; **Bergriese** m gigantic mountain; **Bergrücken** m mountain ridge or crest; **Bergrutsch** m landslide (auch fig), landslip; **Bergsattel** m (mountain) saddle, col; **Bergschuh** m climbing boot; **Bergspitze** f mountain peak; **Bergsport** m mountaineering, mountain climbing; **Bergstation** f station at the top end of a cable railway; **bergsteigen** vi sep irreg aux sein or haben to go mountain climbing or mountaineering, to mountaineer; **~ gehen** to go mountain climbing or mountaineering; **(das) B~** mountaineering, mountain climbing; **Bergsteiger** m mountaineer, mountain climber; **Bergsteigerei** f (inf) mountaineering, mountain climbing; **Bergstock** m 1. alpenstock; 2. (Geol) massif; **Bergstraße** f mountain road; **Bergsturz** m siehe **Bergrutsch**; **Bergtour** f trip round the mountains; (Bergbesteigung) (mountain) climb; **Berg-und-Tal-Bahn** f big dipper, rollercoaster (esp US), switchback; **Berg-und-Tal-Fahrt** f ride on the big dipper etc.

Bergung f, no pl 1. siehe **bergen** 1. saving, rescue; recovery; salvage, salvaging; gathering (in). 2. (liter: von Verfolgten) sheltering.

Bergungs|arbeit f rescue work; (bei Schiffen etc) salvage work; **Bergungsdampfer** m salvage vessel; **Bergungskommando** nt (esp Mil), **Bergungsmannschaft** f,

Bergungstrupp m rescue team.

Bergvolk nt mountain race; **Bergwacht** f mountain rescue service; **Bergwand** f mountain face; **Bergwanderung** f walk or hike in the mountains; **bergwärts** adv uphill; **Bergwelt** f mountains pl; **Bergwerk** nt mine; **im ~ arbeiten** to work down the mine; **Bergwiese** f mountain pasture; **Bergzinne** f (geh) mountain pinnacle.

Beriberi f ~, no pl (Med) beriberi.

Bericht m -(e)s, -e report (über +acc about, on, von on); (Erzählung auch) account; (Zeitungs~ auch) story; (Sch: Aufsatzform) commentary. **der ~ eines Augenzeugen** an eyewitness account; **~e zum Tagesgeschehen** news reports; **eigener ~ from our correspondent**; (über etw acc) ~ **erstatten** to report or give a report (on sth); **jdm über etw** (acc) ~ **erstatten** to give sb a report (on sth).

berichten* vti to report; (erzählen) to tell. **jdm über etw** (acc) ~ to report to sb about sth; to tell sb about sth; **mir ist (darüber) berichtet worden, daß ...** I have received reports or been told that ...; **uns wird soeben berichtet, daß ...** (Rad, TV) news is just coming in that ...; **wie unser Korrespondent berichtet** according to our correspondent; **wie soeben berichtet wird, sind die Verhandlungen abgebrochen worden** we are just receiving reports that negotiations have been broken off; **gibt es Neues zu ~?** has anything new happened?; **sie berichtete, daß ...** she said or reported that ...; **er berichtete von der Reise** he told us etc about his journey.

Bericht|erstatter m reporter; (Korrespondent) correspondent; **~ ist ...** (bei Jahresversammlung etc) the report will be given by ...; **Bericht|erstattung** f reporting; **~ durch Presse/Rundfunk** press/radio reporting; **die ~ über diese Vorgänge in der Presse** press coverage of these events; **zur ~ zurückgerufen werden** to be called back to report or make a report.

berichtigen* vt to correct; Fehler auch, (Jur) to rectify; Text, Aussage auch to amend.

Berichtigung f siehe vt correction; rectification; amendment.

Berichtsjahr nt (Comm) year under review or report.

beriechen* vt irreg to sniff at, to smell. **sich (gegenseitig) ~** (fig inf) to size each other up.

berieseln* vt 1. to spray with water etc; (durch Sprinkleranlage) to sprinkle. 2. (fig inf) **von etw berieselt werden** (fig) to be exposed to a constant stream of sth; **sich von Musik ~ lassen** to have a (constant stream of) music going on in the background.

Berieselung f watering. **die ständige ~ der Kunden mit Musik/Werbung** exposing the customers to a constant stream of music/advertisements; **die ~ mit or durch etw** (fig) the constant stream of sth.

Berieselungs|anlage f sprinkler (system).

beringen* vt to put a ring on; Vogel auch to ring. **mit Diamanten beringte Finger** fin-

gers ringed with diamonds.
Beringung f siehe vt putting a ring on; ringing; (Ring) ring.
beritten adj mounted, on horseback. ~**e Polizei** mounted police.
Berkelium nt, no pl (abbr Bk) berkelium.
Berlin nt -s Berlin.
Berliner[1] m -s, - (dial) doughnut.
Berliner[2] adj attr Berlin. ~ **Weiße (mit Schuß)** light, fizzy beer (with fruit juice added).
Berliner(in f) m -s, - Berliner.
berlinerisch adj (inf) Dialekt Berlin attr. **er spricht B**~ he speaks the Berlin dialect.
berlinern* vi (inf) to speak in the Berlin dialect.
berlinisch adj Berlin attr.
Bermuda|inseln, Bermudas pl Bermuda sing, no def art. **auf den** ~ in Bermuda or the Bermudas.
Bermudas, Bermudashorts pl Bermuda shorts pl, Bermudas pl.
Bern nt -s Bern(e).
Berner adj attr Berne(se).
Berner(in f) m -s, - Bernese.
Bernhardiner m -s, - Saint Bernard (dog).
Bernstein m, no pl amber.
bernsteinfarben, bernsteingelb adj amber(-coloured).
beröckt adj (hum) (dressed) in a skirt.
Berserker m -s, - (Hist) berserker. **wie ein** ~ **arbeiten/ kämpfen** to work/fight like mad or fury; **wie ein** ~ **toben** to go berserk.
bersten pret **barst**, ptp **geborsten** vi aux sein (geh) to crack; (auf~, zerbrechen) to break; (zerplatzen) to burst; (fig: vor Wut etc) to burst (vor with). **die Erde barst** the earth broke asunder (liter); **vor Ungeduld/ Neugier/Zorn** etc ~ to be bursting with impatience/curiosity/anger etc; **zum B**~ **voll** (auch inf) full to bursting.
berüchtigt adj notorious, infamous.
berücken* vt (geh) to charm, to enchant.
berückend adj charming, enchanting. **das ist nicht gerade** ~ (iro inf) it's not exactly stunning.
berücksichtigen* vt (beachten, bedenken) to take into account or consideration; Mangel, Alter, geringe Erfahrung, körperliches Leiden to make allowances for; (in Betracht ziehen) Antrag, Bewerbung, Bewerber to consider. **das ist zu** ~ that must be taken into account or consideration; **meine Vorschläge wurden nicht berücksichtigt** my suggestions were disregarded.
Berücksichtigung f consideration. **in** or **unter** ~ **der Umstände/der Tatsache, daß ...** in view of the circumstances/the fact that ...
Beruf m -(e)s, -e 1. (Tätigkeit) occupation; (akademischer auch) profession; (handwerklicher) trade; (Stellung) job. **was sind Sie von** ~? what is your occupation etc?, what do you do for a living?; **von** ~ **Arzt/ Bäcker/Hausfrau sein** to be a doctor by profession/baker by trade/housewife by occupation; **ihr stehen viele** ~**e offen** many careers are open to her; **einen** ~ **ausüben** to have an occupation/follow a profession/carry on a trade; **seinen** ~ **ver-**

fehlt haben to have missed one's vocation; **im** ~ **stehen** to be working; **von** ~**s wegen** on account of one's job.
2. (dated: Berufung) calling, vocation.
berufen* irreg I vt 1. (ernennen, einsetzen) to appoint. **jdn auf einen Lehrstuhl/zu einem Amt** ~ to appoint sb to a chair/an office.
2. (inf: beschwören) **ich will/wir wollen** etc **es nicht** ~ touch wood (inf); **ich will es nicht** ~, **aber ...** I don't want to tempt fate, but ...
II vr **sich auf jdn/etw** ~ to refer to sb/ sth.
III vi (Aus Jur: Berufung einlegen) to appeal.
IV adj 1. (befähigt) Kritiker competent, capable. **von** ~**er Seite, aus** ~**em Mund** from an authoritative source; **zu etw** ~ **sein,** ~ **sein, etw zu tun** to be competent to do sth.
2. (ausersehen) **zu etw** ~ **sein** to have a vocation for sth; (esp Rel) to be called to sth; **viele sind** ~ (Bibl) many are called; **sich zu etw** ~ **fühlen** to feel one has a mission to be/do sth.
beruflich adj (esp auf akademische Berufe bezüglich) professional; Weiterbildung auch job or career orientated. **sein** ~**er Werdegang** his career; ~**e Aussichten** job prospects; **verschiedene** ~**e Tätigkeiten** different jobs; **im** ~**en Leben** in my etc working life, in my etc career; **meine** ~**en Probleme** my problems at work or in my job; ~ **ist sie sehr erfolgreich** she is very successful in her career; **sich** ~ **weiterbilden** to undertake further job or career orientated or professional training; **er ist** ~ **viel unterwegs** he is away a lot on business.
Berufs|ausbildung f training (for an occupation); (für Handwerk) vocational training; **Berufs|aussichten** pl job prospects pl; **Berufsbe|amtentum** nt civil service with tenure; **Berufsbe|amte(r)** m civil servant with tenure; **berufsbedingt** adj occupational, caused by one's occupation; **Berufsberater** m careers adviser; **Berufsberatung** f careers guidance; **Berufsbezeichnung** f job title; **berufsbezogen** adj relevant to one's job; Unterricht vocationally orientated; **Berufsbild** nt job outline; **Berufsboxen** nt professional boxing; **Berufs|erfahrung** f (professional) experience; **Berufs|ethos** nt professional ethics pl; **Berufsfachschule** f training college (attended full-time); **Berufsfeuerwehr** f fire service; **Berufsfreiheit** f freedom to choose and carry out one's career; **berufsfremd** adj unconnected with one's occupation; Mensch without relevant experience; **eine** ~**e Tätigkeit** a job outside one's profession/trade; **Berufsfußball** m professional football; **Berufsgeheimnis** nt professional secret; (Schweigepflicht) professional secrecy, confidentiality; **Berufsgenossenschaft** f professional/ trade association; **Berufsgruppe** f occupational group; **Berufsheer** nt professional or regular army; **Berufskleidung** f working clothes pl; **Berufskrankheit** f

occupational disease; **Berufsleben** *nt* working *or* professional life; **im ~ stehen** to be working *or* in employment; **berufslos** *adj* without a profession/trade; **berufsmäßig** *adj* professional; **etw ~ betreiben** to do sth professionally *or* on a professional basis; **Beruf|soffizier** *m* regular officer; **Berufsrevolutionär** *m* professional revolutionary; **Berufsrisiko** *nt* occupational hazard *or* risk; **Berufsschule** *f* vocational school, ≈ technical college (*Brit*); **Berufsschüler** *m* student at vocational school *etc*; **Berufssoldat** *m* regular *or* professional soldier; **Berufsspieler** *m* professional player; **Berufssportler** *m* professional sportsman; **Berufssprache** *f* professional jargon; **Berufsstand** *m* profession, professional group;(*Gewerbe*) trade; **berufstätig** *adj* working; **~ sein** to be working, to work; **halbtags ~ sein** to work part-time; **ich bin auch ~** I go out to work too; **nicht mehr ~ sein** to have left work; **Berufstätige(r)** *mf decl as adj* working person; **beruf|sunfähig** *adj* unable to work; **Beruf|sunfähigkeit** *f* inability to work; **Berufsverband** *m* professional/trade organization *or* association; **Berufsverbot** *nt* berufsverbot, *exclusion from a civil service profession by government ruling*; **jdm ~ erteilen** to ban sb from a profession; **Berufsverbrecher** *m* professional criminal; **Berufsverkehr** *m* rush-hour traffic; **Berufswahl** *f* choice of occupation/profession/ trade; **Berufswechsel** *m* change of occupation; **Berufsziel** *nt* profession one is aiming for.

Berufung *f* 1. (*Jur*) appeal. **in die ~ gehen/ ~ einlegen** to appeal (*bei* to).

2. (*in ein Amt etc*) appointment (*auf or an* +*acc* to).

3. (*innerer Auftrag*) vocation; (*Rel auch*) mission, calling. **die ~ zu etw in sich** (*dat*) **fühlen** to feel one has a vocation *etc* to be sth.

4. **die ~ auf jdn/etw** reference to sb/sth; **unter ~ auf etw** (*acc*) with reference to sth.

Berufungsfrist *f* period in which an appeal must be submitted; **Berufungsgericht** *nt* appeal court, court of appeal; **Berufungs|instanz** *f* court of appeal; **Berufungsklage** *f* appeal; **Berufungskläger** *m* appellant.

beruhen* *vi* to be based *or* founded (*auf* + *dat* on). **das beruht auf Gegenseitigkeit** (*inf*) the feeling is mutual; **etw auf sich ~ lassen** to let sth rest.

beruhigen* I *vt* to calm (down); *Baby* to quieten; (*trösten*) to soothe, to comfort; (*versichern*) to reassure; *Magen* to settle; *Nerven auch* to soothe; *Gewissen* to soothe, to salve; *Schmerzen* to ease, to relieve. **na, dann bin ich ja beruhigt** well I must say I'm quite relieved; **dann kann ich ja beruhigt schlafen/nach Hause gehen** then I can go to sleep/go home with my mind at rest; **~d** (*körperlich, beschwichtigend*) soothing; (*tröstlich*) reassuring; **es ist ~d zu wissen, daß ...** it is reassuring to know that ...

II *vr* to calm down; (*Krise auch*) to ease

off, to lessen; (*Gewissen*) to be eased; (*Andrang, Verkehr, Kämpfe*) to subside, to lessen; (*Börse, Preise, Magen*) to settle down; (*Krämpfe, Schmerzen*) to lessen, to ease; (*Meer*) to become calm; (*Sturm*) to die down, to abate. **sie konnte sich gar nicht darüber ~, daß ...** she could not get over the fact that ...; **beruhige dich doch!** calm down!

Beruhigung *f, no pl* 1. *siehe vt* calming (down); quietening; soothing, comforting; reassuring; settling; placating, appeasing; soothing; soothing, salving; easing, relieving. **zu Ihrer ~ kann ich sagen ...** you'll be reassured to know that ...

2. *siehe vr* calming down; easing off, lessening; easing; subsiding, lessening; settling down; settling; lessening, easing; calming; abatement. **ein Gefühl der ~** a reassuring feeling.

Beryllium *nt, no pl* (*abbr* **Be**) beryllium.

Beruhigungsmittel *nt* sedative, tranquillizer; **Beruhigungspille** *f* sedative (pill), tranquillizer; **Beruhigungstablette** *f* sedative (pill), tranquillizer; **Beruhigungsspritze** *f* sedative (injection).

berühmt *adj* famous. **wegen** *or* **für etw ~ sein** to be famous *or* renowned for sth; **das war nicht ~** (*inf*) it was nothing to write home about (*inf*).

berühmt-berüchtigt *adj* infamous, notorious.

Berühmtheit *f* 1. fame. **~ erlangen** to become famous; **zu trauriger ~ gelangen** to become notorious *or* infamous.

2. (*Mensch*) celebrity.

berühren* I *vt* 1. (*anfassen, streifen, Math*) to touch; (*grenzen an*) to border on; (*auf Reise streifen*) *Länder* to touch; *Hafen* to stop at, to put in *or* call at; (*erwähnen*) *Thema, Punkt* to touch on. **B~ verboten** do not touch.

2. (*seelisch bewegen*) to move; (*auf jdn wirken*) to affect; (*betreffen*) to affect, to concern. **das berührt mich gar nicht!** that's nothing to do with me; **von etw peinlich/schmerzlich berührt sein** to be embarrassed/pained by sth; **es berührt mich angenehm/seltsam, daß ...** I am pleased/surprised that ...

II *vr* to touch; (*Menschen auch*) to touch each other; (*Drähte etc auch*) to be in/come into contact; (*Ideen, Vorstellungen, Interessen*) to coincide.

Berührung *f* touch; (*zwischen Drähten etc, menschlicher Kontakt*) contact; (*Erwähnung*) mention. **mit jdm/etw in ~ kommen** to come into contact with sb/sth; **körperliche ~** physical *or* bodily contact; **bei ~ Lebensgefahr!** danger! do not touch!; **Ansteckung durch ~** contagion, infection by contact.

Berührungspunkt *m* point of contact; (*Math auch*) tangential point; **unsere Interessen haben keinerlei ~e** there are no points of contact between our interests.

besabbern* (*inf*) I *vt* to slobber on *or* all over. II *vr* to slobber all over oneself.

besäen* *vt* (*lit*) to sow; *siehe* **besät**.

besagen* *vt* to say; (*bedeuten*) to mean, to imply. **das besagt nichts/viel** that does not mean anything/that means a lot; **das besagt nicht, daß ...** that does not mean (to say) that ...

besagt adj attr (form) said (form), aforementioned (form).

besaiten* vt to string. **etw neu ~ to** restring sth; siehe **zart.**

besamen* vt to fertilize; (künstlich) to inseminate; (Bot) to pollinate.

besammeln* vr (esp Sw) to assemble.

Besammlung f (esp Sw) assembly.

Besamung f siehe vt fertilization; insemination; pollination.

Besan m **-s, -e** (Naut) mizzen (sail/mast).

besänftigen* I vt to calm down, to soothe; **Menge** auch to pacify; jds Zorn, Erregung, Gemüt to soothe. **er war nicht zu ~** it was impossible to calm him down. II vr (Mensch) to calm down; (Meer, Elemente) to become calm.

Besänftigung f siehe vt calming (down), soothing; pacifying; soothing.

besät adj covered; (mit Blättern etc) strewn; (iro: mit Orden) studded. **der mit Sternen ~e Himmel** the star-spangled sky.

Besatz m **-es, ¨e 1.** edging, trimming; (an Tischtuch auch) border. **einen ~ aus etw haben** to be trimmed with sth. **2.** (Bestand) stock.

Besatzer m **-s, -** occupying forces pl.

Besatzung f **1.** (Mannschaft) crew; (Verteidigungstruppe) garrison. **2.** (~sarmee) occupying army or forces pl.

Besatzungs|armee f occupying army, army of occupation; **Besatzungsmacht** f occupying power; **Besatzungstruppen** pl occupying forces pl; **Besatzungszone** f occupation zone; **die amerikanische ~** the American(-occupied) zone.

besaufen* vr irreg (sl) to get plastered (sl).

Besäufnis nt (inf) booze-up (inf).

besäuselt adj tipsy, merry.

beschädigen* vt to damage. **beschädigt** damaged; Schiff auch disabled.

Beschädigung f damage (von to). **das Auto hat mehrere ~en** the car is damaged in several places.

beschaffen* I vt to procure (form), to get (hold of), to obtain. **jdm etw ~** to get (hold of) or obtain sth for sb; **jdm/sich eine Stelle ~** to get sb/oneself a job; **das ist schwer zu ~** that is difficult to get (hold of). II adj (form) **mit jdm/damit ist es gut/schlecht ~** sb/it is in a good/bad way; **so ~ sein wie ...** to be the same as ...; **sie ist nun einmal so ~** she's just made that way, that is the way she is; **die Sache ist folgendermaßen ~** the situation is as follows.

Beschaffenheit f, no pl composition; (von Mensch) (körperlich) constitution; (seelisch) nature, qualities pl. **die glatte ~ des Steins** the smoothness of the stone; **er hat für diesen Beruf nicht die seelische/körperliche ~** he doesn't have the right sort of psychological make-up/physique for this job; **je nach ~ der Lage** according to the situation.

Beschaffung f, no pl procuring, obtaining.

beschäftigen* I vr **sich mit etw ~** to occupy oneself with sth; (sich befassen, abhandeln) to deal with sth; **sich mit dem Tod ~**

to think about death; **sich mit Literatur ~** to be interested in literature; **sich mit der Frage ~, ob ...** to consider the question of whether ...; **sich mit jdm ~** to devote one's attention to sb; **sie beschäftigt sich viel mit den Kindern** she devotes a lot of her time to the children.

II vt **1.** (innerlich ~) **jdn ~** to be on sb's mind; **die Frage beschäftigt sie sehr** she is very preoccupied with that question, that question has been on her mind a lot.

2. (anstellen) to employ.

3. (eine Tätigkeit geben) to occupy, to keep occupied. **jdn mit etw ~** to give sb sth to do.

beschäftigt adj **1.** busy. **mit Nähen/jdm ~ sein** to be busy sewing/with sb; **mit sich selbst/seinen Problemen ~ sein** to be preoccupied with oneself/one's problems. **2.** (angestellt) employed (bei by).

Beschäftigte(r) mf decl as adj employee.

Beschäftigung f **1.** (berufliche Arbeit) work no indef art, job; (Anstellung, Angestelltsein) employment. **eine ~ suchen** to be looking for work or a job, to seek employment (form); **einer ~ nachgehen** (form) to be gainfully employed; **ohne ~ sein** to be unemployed or out of work.

2. (Tätigkeit) activity, occupation. **jdm eine ~ geben** to give sb something to do; **~ haben** to have something to do.

3. (geistige ~) preoccupation; (mit Frage) consideration; (mit Thema) treatment; (mit Literatur) study (mit of); (mit sich, seinen Problemen) preoccupation.

4. siehe vt **3.** (von Kindern, Patienten etc) occupying, keeping occupied.

beschäftigungslos adj unoccupied; (arbeitslos) unemployed, out-of-work; **Beschäftigungsprogramm** nt employment programme; **Beschäftigungstherapeut** m occupational therapist; **Beschäftigungstherapie** f occupational therapy.

beschälen* vt (form) to cover, to serve.

Beschäler m **-s, -** stallion, stud.

beschämen* vt to shame; (jds Großzügigkeit) to embarrass. **es beschämt mich zu sagen ...** I feel ashamed to have to say ...

beschämend adj **1.** (schändlich) shameful. **es war ~ für seine ganze Familie** it brought shame on or to his whole family. **2.** (Großzügigkeit) embarrassing. **3.** (demütigend) humiliating, shaming.

beschämt adj ashamed, abashed. **ich fühle mich durch deine Großzügigkeit ~** I am embarrassed by your generosity.

Beschämung f shame; (Verlegenheit) embarrassment. **zu meiner ~** to my shame; **seine Güte war eine ~ für uns alle** his kindness put us all to shame.

beschatten* vt **1.** (geh: Schatten geben) to shade; (fig: trüben) to overshadow. **2.** (überwachen) to shadow, to tail. **jdn ~ lassen** to have sb shadowed or tailed. **3.** (Sport) to mark closely.

Beschatter m **-s, - 1.** (Polizist etc) shadow, tail. **2.** (Sport) marker.

Beschattung f siehe vt **1.** shading; overshadowing. **2.** shadowing, tailing. **3.** marking.

beschauen* vt 1. *Fleisch etc* to inspect. 2. (*dial: betrachten*) to look at. **sich** (*dat*) **etw** ~ to look at sth.

Beschauer m **-s, -** (*Betrachter*) spectator; (*von Bild*) viewer.

beschaulich adj 1. (*geruhsam*) *Leben, Abend* quiet, tranquil; *Charakter, Mensch* pensive, contemplative. ~ **dasitzen** to sit contemplating. 2. (*Rel*) contemplative.

Beschaulichkeit f siehe adj 1. quietness, tranquillity; pensiveness, contemplation. **ein Leben in** ~ a life of contemplation. 2. (*Rel*) contemplativeness.

Bescheid m **-(e)s, -e** 1. (*Auskunft*) information; (*Nachricht*) notification; (*Entscheidung auf Antrag etc*) decision. **wir erwarten Ihren** ~ we look forward to hearing from you; **ich warte noch auf** ~ I am still waiting to hear, I still have not heard anything; **jdm (über etw** acc *or* **von etw)** ~ **sagen/geben** to let sb know (about sth), to tell sb (about sth); **jdm ordentlich** ~ **sagen** *or* **gründlich** ~ **stoßen** (*inf*) to tell sb where to get off (*inf*).

2. (**über etw** acc *or* **in etw** dat) ~ **wissen** to know (about sth); **weißt du** ~ **wegen Samstagabend?** do you know about Saturday evening?; **ich weiß hier nicht** ~ I don't know about things around here; **er weiß gut** ~ he is well informed; **auf dem Gebiet weiß ich nicht** ~ I don't know much about that sort of thing; **weißt du schon** ~? do you know?, have you heard?; **sag ihr, Egon habe angerufen, dann weiß sie schon** ~ if you tell her Egon phoned she'll understand.

bescheiden¹* irreg I vt 1. (*old: bestellen*) to summon (*form*) (**zu jdm** to sb). 2. (*form: entscheiden*) *Gesuch, Antrag* to decide upon. **etw abschlägig** ~ to turn sth down.

3. (*form: informieren*) **jdn** ~ to notify *or* inform sb of one's decision; **jdn dahin gehend** ~, **daß ...** to inform *or* notify sb that ...

4. (*geh: zuteil werden lassen*) **jdm etw** ~ to grant sb sth; **es war ihr nicht beschieden, den Erfolg zu genießen** she was not granted the opportunity to enjoy the success.

II vr (*geh*) to be content. **sich mit wenigem** ~ to be content *or* to content oneself with little.

bescheiden² adj 1. modest; *Mensch, Verhalten auch* unassuming. ~ *or* **in** ~**en Verhältnissen leben** to live modestly; **darf ich mal** ~ **fragen, ob ...** may I venture to ask whether ...; **eine** ~**e Frage** one small question; **aus** ~**en Anfängen** from humble beginnings.

2. (*euph: beschissen*) awful, terrible; (*inf: mäßig*) mediocre.

Bescheidenheit f siehe adj 1. modesty; unassumingness. **nur keine falsche** ~ no false modesty now; ~ **ist eine Zier, doch weiter kommt man ohne ihr** (*hum inf*) modesty is fine but it doesn't get you very far.

bescheinen* vt irreg to shine on; (*Feuer*) to light up. **vom Mond/von der Sonne beschienen** moonlit/sunlit.

bescheinigen* vt to certify; *Gesundheit, Tauglichkeit* to confirm in writing; *Empfang* to confirm, to acknowledge; (*durch Quittung*) to sign *or* give a receipt for. **sich** (*dat*) **die Arbeit/Überstunden** ~ **lassen** to get written confirmation of having done the work/overtime; **können Sie mir** ~, **daß ...** can you confirm in writing that ... *or* give me written confirmation that ...; **hiermit wird bescheinigt, daß ...** this is to certify that ...; **das kann ich ihm jederzeit** ~ I can confirm that any time.

Bescheinigung f siehe vt (*das Bescheinigen*) certification; confirmation; (*Schriftstück*) certificate; written confirmation; (*Quittung*) receipt.

bescheißen* irreg I vt (sl) **jdn** to swindle, to cheat, to do (*um* out of). II vi (sl) to cheat. III vr (*vulg*) to shit oneself (*vulg*).

beschenken* vt **jdn** to give presents/a present to. **jdn mit etw** ~ to give sb sth (as a present); **sich** (*gegenseitig*) ~ to give each other presents; **jdn reich** ~ to shower sb with presents; **damit bin ich reich beschenkt** that's very generous.

bescheren* vti 1. **jdn** ~ to give sb a Christmas present/presents; **jdn mit etw** ~ to give sb sth for Christmas; **um 5 Uhr wird beschert** the Christmas presents will be given out at 5 o'clock; **jdm eine Überraschung** ~ to give sb a nice surprise.

2. (*zuteil werden lassen*) **jdm etw** ~ to grant sb sth, to bestow sth upon sb; (*Gott*) to bless sb with sth.

Bescherung f 1. (*Feier*) giving out of Christmas presents. 2. (*iro inf*) **das ist ja eine schöne** ~! this is a nice mess; **die (ganze)** ~ the (whole) mess; **da haben wir die** ~! I told you so, what did I tell you!

bescheuert adj (*inf*) stupid; *Mensch auch* dumb (*inf*).

beschichten* vt (*Tech*) to coat, to cover. **mit Kunststoff beschichtet** laminated; **PVC-beschichtet** PVC coated.

beschicken* vt 1. (*Vertreter schicken auf*) to send representatives to; (*Exemplare schicken auf*) to send exhibits to. **eine Ausstellung mit jdm/etw** ~ to send sb/sth to an exhibition; **der Kongreß wurde von den meisten Ländern beschickt** most countries sent representatives to the congress.

2. (*Tech*) *Hochofen* to charge; *Kessel* to fire.

beschickert adj (*inf*) tipsy.

Beschickung f (*Tech*) (*von Hochofen*) charging; (*von Kessel*) firing; (*Ladung*) load.

beschießen* vt irreg 1. to shoot at, to fire on *or* at; (*mit Geschützen*) to bombard; (*aus Flugzeug auch*) to strafe; (*fig: mit Fragen, Vorwürfen, Argumenten*) to bombard. 2. (*Phys*) *Atomkern* to bombard.

Beschießung f siehe vt 1. shooting (*gen* at), firing (*gen* on, at); bombardment (*gen* of); strafing (*gen* of). 2. bombarding.

beschildern* vt to put signs *or* notices on; (*mit Schildchen*) *Ausstellungsgegenstand, Käfig etc* to label; (*mit Verkehrsschildern*) to signpost.

Beschilderung f siehe vt putting signs etc (von on); labelling; (Schilder) signs pl; labels pl; signposts pl.

beschimpfen* vt jdn to swear at, to abuse; Ruf, guten Namen to slander.

Beschimpfung f 1. (das Beschimpfen) abusing, swearing (gen at); (Jur) slander (gen on). 2. (Schimpfwort) insult.

beschirmen* vt 1. (geh: beschützen) to shield, to protect. 2. (geh: sich breiten über) to shade. 3. (mit Schirm versehen) Lampe to put a shade on.

Beschirmung f protection.

Beschiß m -sses, no pl (sl) swindle, rip off (sl). das ist ~ it's a swindle or swizz (inf).

beschissen adj (sl) bloody awful (Brit inf), lousy (inf), shit-awful (sl).

beschlafen* vt irreg (inf) 1. Sache to sleep on. 2. Mädchen to sleep with.

Beschlag m -(e)s, ⁻e 1. (an Koffer, Truhe, Buch) (ornamental) fitting; (an Tür, Fenster, Möbelstück, Sattel) (ornamental) mounting; (Scharnier/Schließe) ornamental hinge/ clasp; (von Pferd) shoes pl. ein schlechter ~ a bad set of shoes, bad shoes.
2. (das Beschlagen: von Pferd) shoeing.
3. jdn/etw mit ~ belegen, jdn/etw in ~ nehmen to monopolize sb/sth; mit ~ belegt sein (Mensch) to be occupied es ist schon den ganzen Tag mit ~ belegt somebody has been hogging it all day (inf).

beschlagen* irreg I vt 1. Truhen, Möbel, Türen to provide or fit with (metal) furnishings; Huftiere to shoe; Schuhe to put metal tips on; (mit Ziernägeln) to stud. ein Faß mit Reifen ~ to put hoops on a barrel, to hoop a barrel; ist das Pferd ~? is the horse shod?
2. (Hunt) Wild to cover, to serve.
II vir (vi: aux sein) (Brille, Glas, Fenster) to steam up, to get steamed up, to mist up or over; (Wand) to get covered in condensation, to get steamed up; (Silber etc) to tarnish; (einen Pilzbelag bekommen) to go mouldy.
III adj (erfahren) well-versed. in etw (dat) (gut) ~ sein to be (well-)versed in sth.

Beschlagenheit f, no pl sound knowledge or grasp (auf +dat of).

Beschlagnahme f -, -n confiscation, seizure, impounding.

beschlagnahmen* vt insep 1. to confiscate, to seize, to impound. 2. (inf: in Anspruch nehmen) (Mensch) to monopolize, to hog (inf); (Arbeit) Zeit to take up.

beschleichen* vt irreg to steal up to or up on; Wild to stalk; (fig) to creep over.

beschleunigen* I vt to accelerate, to speed up; Arbeit, Lieferung etc auch to expedite; Tempo auch to increase; Atem, Puls auch to quicken; Verfall, wirtschaftlichen Zusammenbruch etc to precipitate, to hasten, to accelerate. die Angst beschleunigte ihre Schritte fear quickened or hastened her steps.
II vr siehe vt to accelerate, to speed up; to increase; to quicken; to be precipitated or hastened.
III vi (Fahrzeug, Fahrer) to accelerate.

Beschleuniger m -s, - (Phys, Chem) accelerator.

beschleunigt adj faster. ~es Verfahren (Jur) summary proceedings pl.

Beschleunigung f 1. acceleration (auch Aut, Phys), speeding up; (von Tempo auch) increase; (von Atem, Puls auch) quickening; (von Verfall etc) precipitation, hastening. wir tun alles, was zur ~ der Arbeit führen könnte we are doing everything we can towards speeding up or in order to speed up the work. 2. (Eile) speed.

Beschleunigungsvermögen nt accelerating power, acceleration; **Beschleunigungswert** m (Aut) acceleration ratio.

beschließen* irreg I vt 1. (entscheiden über) to decide on; Gesetz to pass; Statuten to establish. ~, etw zu tun to decide or resolve to do sth. 2. (beenden) to end; Brief, Abend, Programm auch to conclude, to wind up. II vi über etw (acc) ~ to decide on sth.

beschlossen adj 1. (entschieden) decided, agreed. 2. in etw (dat) ~ liegen or sein to be contained in sth.

Beschluß m 1. (Entschluß) decision, resolution. einen ~ fassen to pass a resolution; auf ~ des Gerichts by order of the court; wie lautete der ~ des Gerichts? what was the court's decision? 2. (obs: Schluß) conclusion, end.

beschlußfähig adj ~ sein, eine ~e Mehrheit haben to have a quorum; **Beschlußfähigkeit** f, no pl quorum; wenn die ~ des Gremiums nicht gegeben ist if the committee does not have a quorum; **Beschlußfassung** f (passing of a) resolution; **beschluß|unfähig** adj ~ sein not to have a quorum.

beschmeißen* vt irreg (inf) to pelt, to bombard.

beschmieren* I vt 1. (bestreichen) Brot to spread; Körperteil, Maschinenteil to smear, to cover. Brot mit Butter/Käse ~ to butter bread/to spread cheese on the bread.
2. Kleidung to (be)smear; Wand auch to bedaub; Tafel to scrawl all over.
II vr to get (all) dirty, to get oneself in a mess. sich von oben bis unten mit etw ~ to get sth all over oneself, to cover oneself with sth.

beschmutzen* I vt to (make or get) dirty, to soil; (fig) Ruf, Namen to besmirch, to sully; Ehre to stain; siehe Nest. II vr to make or get oneself dirty.

Beschmutzung f siehe vt dirtying, soiling; besmirching, sullying; staining.

beschneiden* vt irreg 1. (zurechtschneiden, stutzen) to trim; Sträucher, Reben to prune; Bäume auch to lop; Flügel to clip; Fingernägel auch to cut, to pare. 2. (Med, Rel) to circumcise. 3. (fig: beschränken) to cut back, to curtail.

Beschneidung f, no pl siehe vt 1. trimming; pruning; lopping; clipping; cutting, paring. 2. circumcision. 3. (von Unterstützung etc) cut-back; (von Rechten) curtailing, curtailment.

beschneit adj snow-covered; Berge auch snow-capped.

beschnüffeln* I *vt* to sniff at; (*fig*) (*vorsichtig untersuchen*) to sniff out, to suss out (*sl*); *jdn* to size up; (*bespitzeln*) to spy out. II *vr* (*Hunde*) to have a sniff at each other, to sniff each other; (*fig*) to size each other up.

beschnuppern* *vtr siehe* **beschnüffeln.**

beschönigen* *vt* to gloss over. ~**der Ausdruck** euphemism; ... **sagte er** ~**d** ... he said, trying to make things seem better.

Beschönigung *f vt* to gloss over. **was er zur** ~ **angeführt hat,** ... what he said to make things seem better ...

beschranken* *vt Bahnübergang* to provide with gates, to put gates on.

beschränken* I *vt* (*auf* +*acc* to) to limit, to restrict; *Anzahl, Ausgaben auch* to confine.

II *vr* (*auf* +*acc* to) to limit *or* restrict; (*esp Jur, Rede, Aufsatz etc auch*) to confine oneself; (*sich einschränken*) to restrict oneself.

beschrankt *adj siehe* **Bahnübergang.**

beschränkt *adj* 1. (*eingeschränkt, knapp*) limited; *Gebrauch auch* restricted. **wir sind räumlich/zeitlich/finanziell** ~ we have only a limited amount of space/time/money; ~**e Haftung** limited liability; **Gesellschaft mit** ~**er Haftung** limited company (*Brit*), corporation (*US*).

2. (*pej*) (*geistig*) *Mensch, Intelligenz* limited; (*engstirnig auch*) narrow. **wie kann man nur so** ~ **sein?** how can anyone be so dim *or* stupid?

Beschränktheit *f siehe adj* 1. limitedness; restriction. **die** ~ **der Plätze/Zeit** the limited number of seats (available)/the limited (amount of) time (available). 2. limitedness, limited intelligence; (*Engstirnigkeit*) narrowness, limitedness. **er konnte in seiner** ~ **nicht begreifen** ... his simple mind could not grasp ...

Beschränkung *f* 1. *siehe vt* limitation, restriction; confinement. **eine** ~ **der Teilnehmerzahl unvermeidbar ist** the number of participants will have to be limited *or* restricted.

2. *siehe vr* (*auf* +*acc* to) limitation, restriction; confinement.

3. (*Maßnahme*) restriction, limitation. **jdm** ~**en auferlegen** to impose restrictions on sb.

beschreiben* *vt irreg* 1. (*darstellen*) to describe, to give a description of. **sein Glück/Schmerz war nicht zu** ~ his happiness/pain was indescribable *or* beyond (all) description; **ich kann dir nicht** ~**, wie erleichtert ich war** I can't tell you how relieved I was.

2. (*vollschreiben*) to write on.

3. *Kreis, Bahn* to describe.

Beschreibung *f* 1. description. 2. (*Gebrauchsanweisung*) instructions *pl*.

beschreien* *vt irreg* (*fig*) (*inf*) *siehe* **berufen I.**

beschreiten* *vt irreg* (*lit geh*) *Pfad* to walk *or* step along; *Brücke* to walk *or* step across; (*fig*) *neue Wege* to follow, to pursue, to take; *neue Methode* to follow, to pursue.

beschriften* *vt* to write on; *Grabstein, Sockel etc* to inscribe; (*mit Aufschrift*) to label; *Umschlag* to address. **etw mit**

seinem Namen ~ to write one's name on sth; **die Funde waren mit Tusche beschriftet** the finds were marked with ink.

Beschriftung *f siehe vt* 1. (*das Beschriften*) inscribing; labelling; addressing; marking. **bei der** ~ **der Etiketten** while filling in the labels. 2. (*Aufschrift*) writing; inscription; label.

beschuht *adj* wearing shoes, shod.

beschuldigen* *vt* to accuse; (*esp Jur auch, liter*) to charge. **jdn einer Sache** (*gen*) ~ to accuse sb of sth; to charge sb with sth.

Beschuldigte(r) *mf decl as adj* accused.

Beschuldigung *f* accusation; (*esp Jur auch, liter*) charge.

beschulen* *vt* (*form*) to provide with school(ing) facilities.

Beschulung *f, no pl* provision of school-(ing) facilities (*gen* for).

beschummeln*, **beschuppen*** *vti* (*inf*) to cheat. **jdn um etw** ~ to cheat *or* diddle (*inf*) sb out of sth.

beschuppt *adj* scaly. **dick** ~ thick-scaled, with thick scales.

beschupsen* *vti* (*inf*) *siehe* **beschummeln.**

Beschuß *m, no pl* (*Mil*) fire; (*mit Granaten auch*) shelling, bombardment; (*Phys*) bombardment, bombarding. **jdn/etw unter** ~ **nehmen** (*Mil*) to (start to) bombard *or* shell sb/sth; *Stellung auch* to fire on sth; (*fig*) to attack sb/sth, to launch an attack on sb/sth; **unter** ~ **stehen/geraten** (*Mil, fig*) to be/come under fire.

beschütten* *vt* (*mit Sand etc*) to cover. **jdn/etw** (*mit Wasser etc*) ~ to pour water *etc* on *or* over sb/sth; **die Straße mit Sand** ~ to throw *or* put sand on the road; **sie hat sich von oben bis unten** (*mit Wasser*) **beschüttet** she's poured *or* got water all down herself.

beschützen* *vt* to protect, to shield, to shelter (*vor* +*dat* from); *Werkstatt* to shelter. **beschütze mich!** protect me; ~**d** protective; *Werkstatt* sheltered.

Beschützer(in *f*) *m* -**s**, - protector/protectress.

beschwatzen*, **beschwätzen*** (*dial*) *vt* (*inf*) 1. (*überreden*) to talk over. **jdn zu etw** ~ to talk sb into sth; **sich zu etw** ~ **lassen** to get talked into sth; **versuch doch, ihn zu** ~ try and chat him up (*inf*).

2. (*bereden*) to chat about.

Beschwer *f- or nt* -**s**, *no pl* (*obs*) hardship. **jdm** ~ **machen** to cause sb hardship.

Beschwerde *f* -, -**n** 1. (*Mühe*) hardship.

2. ~**n** *pl* (*Leiden*) trouble; **das macht mir immer noch** ~**n** it's still causing *or* giving me trouble; **mit etw** ~**n haben** to have trouble with sth; **wenn Sie wieder ganz ohne** ~**n sind** when the trouble's cleared up completely.

3. (*Klage*) complaint; (*Jur*) appeal. **eine** ~ **gegen jdn** a complaint about sb; **wenn Sie eine** ~ **haben** if you have a complaint *or* grievance; ~ **führen** *or* **einlegen** *or* **erheben** (*form*) to lodge a complaint.

Beschwerdebuch *nt* complaints book; **beschwerdefrei** *adj* (*Med*) recovered; **er war nie wieder ganz** ~ the symptoms never completely disappeared; **Beschwerdefrist** *f* (*Jur*) period of time during which an appeal may be lodged *or* filed; **Beschwerdeführende(r)** *mf decl as adj*, **Beschwerdeführer** *m* (*form*) person who lodges a complaint, complainant; (*Jur*) appellant; **Beschwerdeschrift** *f* written (*or* formal) complaint, petition; **Beschwerdeweg** *m* (*form*) possibility of lodging a complaint with sb (in authority); **auf dem ~** by (means of) lodging *or* making a complaint; **den ~ beschreiten** to lodge a complaint.

beschweren¹ I *vt* (*mit Gewicht*) to weigh(t) down; (*fig: belasten*) (*Problem, Kummer*) to weigh on; (*Mensch*) to burden. **von Kummer beschwert** weighed down with sorrow. II *vr* 1. (*sich belasten*) (*lit*) to weigh oneself down; (*fig*) to encumber oneself. 2. (*sich beklagen*) to complain.

beschwerlich *adj* laborious, arduous; *Reise* arduous. **jdm ~ fallen** (*old*)/**werden** to be/ become a burden to sb; **das Gehen/Atmen ist für ihn ~** he finds walking/breathing hard work.

Beschwerlichkeit *f* difficulty; (*von Reise, Aufgabe auch*) laboriousness *no pl*, arduousness *no pl*.

Beschwernis *f or nt* (*geh*) (*Mühsal*) hardship; (*Kümmernis*) tribulation, vexation.

beschwichtigen* *vt jdn* to appease, to pacify; *Kinder* to calm down, to soothe; *jds Zorn, Gewissen* to soothe, to appease.

Beschwichtigung *f siehe vt* appeasement, pacification; calming down, soothing; soothing, appeasement; (*beschwichtigende Worte*) calming *or* soothing words *pl*.

Beschwichtigungspolitik *f* policy of appeasement.

beschwindeln* *vt* (*inf*) 1. (*belügen*) **jdn ~** to tell sb a lie or a fib (*inf*). 2. (*betrügen*) to cheat, to swindle, to do (*inf*).

beschwingen* *vt* to exhilarate, to elate.

beschwingt *adj* elated, exhilarated; *Musik, Mensch* vibrant. **sich ~ fühlen** to walk on air; **ein ~es Gefühl** a feeling of elation *or* exhilaration; **~en Schrittes** (*geh*) *or* **Fußes** (*liter*) with a spring *or* bounce in one's step, lightly tripping (*liter*).

Beschwingtheit *f siehe adj* elation, exhilaration; vibrancy.

beschwipsen* (*inf*) I *vt* to make tipsy, to go to sb's head. II *vr* to get tipsy.

beschwipst *adj* (*inf*) tipsy.

beschwören* *vt irreg* 1. (*beeiden*) to swear to; (*Jur auch*) to swear on oath.
    2. (*flehen*) to implore, to beseech. **sie hob ~d die Hände** she raised her hands imploringly *or* beseechingly.
    3. (*erscheinen lassen*) to conjure up; *Verstorbene auch* to raise, to call up; (*bannen*) *böse Geister* to exorcise, to lay; *Schlangen* to charm.
    4. (*geh: hervorrufen*) *Erinnerung etc* to conjure up. **das beschwor Erinnerungen in mir** that conjured up memories.

Beschwörung *f* 1. (*das Flehen*) entreaty. 2. *siehe vt* 3. conjuring up, conjuration; raising, calling up; exorcising, exorcism, laying; charming. 3. (*auch* **~sformel**) incantation.

beseelen* *vt* 1. (*lit: mit Seele versehen*) to give a soul to; *Natur, Kunstwerk* to breathe life into.

2. (*erfüllen*) to fill. **neuer Mut beseelte ihn** he was filled *or* imbued with fresh courage; **ein neuer Geist beseele das Jahrhundert** a new spirit pervaded *or* informed (*liter*) the century.

besehen* *irreg* I *vt* (*auch:* **sich** *dat* **~**) to take a look at, to look at. II *vr* to (take a) look at oneself.

beseitigen* *vt* 1. (*entfernen*) to remove, to get rid of; *Abfall, Schnee auch* to clear (away); *Schwierigkeiten auch* to sort *or* smooth out; *Fehler auch* to eliminate; *Mißstände* to get rid of, to do away with. 2. (*euph: umbringen*) to eliminate.

Beseitigung *f*, *no pl siehe vt* 1. removal, getting rid of; clearing (away); sorting *or* smoothing out; elimination; getting rid of, doing away with. 2. elimination.

beseligen* *vt* to make blissfully happy. **~d**/ **beseligt** blissful.

Besen *m* **-s, -** 1. (*Kehr~*) broom; (*Reisig~*) besom; (*von Hexe*) broomstick. **ich fresse einen ~, wenn das stimmt** (*inf*) if that's right, I'll eat my hat (*inf*); **neue ~ kehren gut** (*Prov*) a new broom sweeps clean (*Prov*). 2. (*pej inf: Frau*) old bag (*inf*), old boot (*inf*).

Besenbinder *m* broom-maker; **Besenkammer** *f* broom cupboard; **Besenmacher** *m siehe* **Besenbinder**; **besenrein** *adj* well-swept; **eine Wohnung ~ verlassen** to leave a flat in a clean and tidy condition (for the next tenant); **Besenschrank** *m* broom cupboard; **Besenstiel** *m* broom-stick, broomhandle; **steif wie ein ~** as stiff as a poker; **er sitzt da/tanzt, als hätte er einen ~ verschluckt** (*inf*) he's sitting there as stiff as a poker/he dances so stiffly.

besessen *adj* (*von bösen Geistern*) possessed (*von* by); (*von einer Idee, Leidenschaft etc*) obsessed (*von* with). **wie ~** like a thing *or* like one possessed.

Besessene(r) *mf decl as adj* one possessed *no art*. **die ~n** the possessed; **ein ~r wurde zu Jesus gebracht** a man possessed of an evil spirit was brought to Jesus.

Besessenheit *f*, *no pl siehe adj* possession; obsession.

besetzen* *vt* 1. (*dekorieren*) to trim; (*mit Edelsteinen*) to stud.
    2. (*belegen*) to occupy; (*reservieren*) to reserve; (*füllen*) *Plätze, Stühle* to fill. **ist hier** *or* **dieser Platz besetzt?** is this place taken?
    3. (*esp Mil*) to occupy.
    4. (*mit Person*) *Stelle, Amt, Posten* to fill; (*Theat*) *Rolle* to cast; (*mit Tieren*) to stock. **eine Stelle** *etc* **neu ~** to find a new person to fill a job.

besetzt *adj* (*belegt*) *Nummer, Leitung* engaged (*Brit*), busy (*esp US*); *WC* occupied, engaged; *Abteil, Tisch* taken; *Hörsaal* being used; (*vorgebucht*) booked; (*voll*) *Bus, Wagen, Abteil etc* full (up); (*anderweitig beschäftigt, verplant*) *Mensch* busy. **Freitag ist schon ~** Friday I'm/he's *etc* busy, Friday's out.

Besetztton *m*, **Besetztzeichen** *nt* (*Telec*) engaged (*Brit*) *or* busy (*esp US*) tone.

Besetzung *f* 1. (*das Besetzen*) (*von Stelle*)

filling; *(von Rolle)* casting; *(mit Tieren)* stocking; *(Theat: Schauspieler)* cast; *(Sport: Mannschaft)* team, side. **die Nationalelf in der neuen** ~ the new line-up for the international side; **das Stück in der neuen** ~ the play with the new cast. **2.** *(esp Mil)* occupation.

besichtigen* *vt (ansehen) Stadt, Kirche* to have a look at, to visit; *Betrieb* to tour, to have a look over *or* round; *(zur Prüfung) Haus* to view, to have a look at, to look over; *Ware* to have a look at, to inspect; *Schule auch* to inspect; *(inspizieren) Truppen* to inspect, to review; *(hum) Baby, zukünftigen Schwiegersohn etc* to inspect.

Besichtigung *f (von Sehenswürdigkeiten)* sight-seeing tour; *(von Museum, Kirche, Betrieb)* tour; *(zur Prüfung) (von Haus)* viewing; *(von Waren, Schule, Baby)* inspection; *(von Truppen)* inspection, review. **nach einer kurzen** ~ **der Kirche/ des Museums/Betriebs** *etc* after a short look round the church/museum/factory *etc*; **die Waren liegen zur** ~ **aus** the goods are on display.

Besichtigungszeiten *pl* hours *pl* of opening.

besiedeln* *vt (ansiedeln)* to populate, to settle *(mit* with); *(sich niederlassen in)* to settle; *(kolonisieren)* to colonize; *(Tiere)* to populate, to inhabit; *(Pflanzen)* to be found in, to inhabit. **dicht/ dünn/schwach besiedelt** densely/thinly/sparsely populated.

Besied(e)lung *f, no pl siehe vt* settlement; colonization. **dichte/dünne/schwache** ~ dense/thin/sparse population.

Besiedlungsdichte *f* population density.

besiegeln* *vt* to seal.

besiegen* *vt (schlagen)* to defeat, to beat; *Feind auch* to conquer, to vanquish *(liter)*; *(überwinden)* to overcome, to conquer. **sich selbst** ~ to overcome one's fears/ doubts *etc*; *(seine Triebe* ~) to repress the urge.

Besiegte(r) *mf decl as adj* defeated *or* vanquished person, loser.

besingen* *vt irreg* **1.** *(rühmen)* to sing of, to sing *(poet).* **jdn/etw** ~ to sing the praises of sb/sth. **2.** *Schallplatte etc* to record.

besinnen* *vr irreg (überlegen)* to reflect, to think; *(erinnern)* to remember *(auf jdn/ etw* sb/sth); *(es sich anders überlegen)* to have second thoughts. **besinne dich, mein Kind!** take thought, my child; **sich anders** *or* **eines anderen/eines Besseren** ~ to change one's mind/to think better of it; **er hat sich besonnen** he has seen the light; **ohne sich (viel) zu** ~ without a moment's thought *or* hesitation; **wenn ich mich recht besinne** if I remember correctly.

besinnlich *adj* contemplative. **eine** ~**e Zeit** a time of contemplation; ~ **werden** to become thoughtful *or* pensive.

Besinnlichkeit *f, no pl* contemplativeness, thoughtfulness.

Besinnung *f, no pl* **1.** *(Bewußtsein)* consciousness. **bei/ohne** ~ **sein** to be conscious/unconscious; **die** ~ **verlieren** to lose consciousness; *(fig)* to lose one's head; **wieder zur** ~ **kommen** to regain

consciousness, to come to; *(fig)* to come to one's senses; **jdn zur** ~ **bringen** to bring sb round; *(fig)* to bring sb to his senses. **2.** *(das Sichbesinnen)* contemplation *(auf +acc* of), reflection *(auf +acc* upon). **3.** *(das Nachdenken)* reflection. **ich brauche Zeit, zur** ~ **zu kommen** I need time to reflect *or* for reflection.

Besinnungs|aufsatz *m* discursive essay; **besinnungslos** *adj* unconscious, insensible; *(fig)* blind; *Wut* blind, insensate; ~ **werden** to lose consciousness; **Besinnungslosigkeit** *f, no pl (lit)* unconsciousness.

Besitz *m* **-es,** *no pl* **1.** *(das Besitzen)* possession. **im** ~ **von etw sein** to be in possession of sth; **ich bin im** ~ **Ihres Schreibens** I am in receipt of your letter; **etw in** ~ **nehmen** to take possession of; **von etw** ~ **ergreifen** to seize possession of sth; **von jdm** ~ **ergreifen** to take *or* seize hold of sb; *(Zweifel, Wahnsinn etc)* to take possession of sb's mind; **in privatem** ~ in private ownership; **jdm den** ~ **an etw** *(dat)* **streitig machen** to dispute sb's ownership of sth.
    2. *(Eigentum)* property; *(Landgut)* estate.

Besitz|anspruch *m* claim of ownership; *(Jur)* title; **einen** ~ **auf etw** *(acc)* **haben** to have a claim to sth; **seine Besitzansprüche (auf etw** *acc***) anmelden** to make one's claims (to sth), to lay claim to sth; **besitz|anzeigend** *adj (Gram)* possessive; **Besitzbürgertum** *nt* middle-class property owners *pl*, property-owning bourgeoisie.

besitzen* *vt irreg* to have, to possess; *käufliche Güter auch* to own; *Vermögen* to possess, to own; *Wertpapiere auch* to hold; *Narbe, grüne Augen* to have; *Rechte, jds Zuneigung etc auch* to enjoy. **das Zimmer besaß große Fenster** the room had big windows; **eine Frau** ~ *(euph)* to possess *or* have a woman; **große Schönheit/Fähigkeiten** *etc* ~ to be possessed of great beauty/abilities *etc*; **die** ~**den Klassen** the propertied classes.

Besitzer(in *f***)** *m* **-s,** - owner; *(von Wertpapieren auch, von Führerschein etc)* holder; *(Inhaber auch)* proprietor. **den** ~ **wechseln** to change hands.

Besitz|ergreifung *f* seizure; **Besitzgier** *f* acquisitive greed, acquisitiveness; **besitzlos** *adj* having no possessions; **sie ist nicht völlig** ~ she is not completely without possessions; **Besitztum** *nt (Eigentum)* possession, property *no pl*; *(Grundbesitz)* estate(s *pl*), property.

Besitzung *f* possession; *(privater Land- und Grundbesitz)* estate(s).

Besitzverhältnisse *pl* property situation *or* conditions *pl*.

besoffen *adj (sl) (betrunken)* pissed *(Brit)*, stoned, smashed *(all sl)*; *(verrückt)* out of one's mind, nuts *(inf)*.

Besoffene(r) *mf decl as adj (sl)* drunk.

besohlen* *vt* to sole; *(neu* ~) to resole.

Besohlung *f siehe vt* soling *no pl*; resoling.

besolden* *vt* to pay.

Besoldung *f* pay.

Besoldungsgruppe *f* pay *or* salary group;

Besoldungs|ordnung f pay or salary regulations pl.

besondere(r, s) adj **1.** (ungewöhnlich, eine Ausnahme bildend) special; (hervorragend) Qualität, Schönheit etc exceptional. **für mich bist du ein ~r Mensch** you're a special person for me; **das ist eine ~ Freude** it is a special or particular pleasure; **das sind ~ Umstände** those are special circumstances; **das ist eine ganz ~ Augenfarbe** that is a very unusual eye colour; **eine ganz ~ Anstrengung** a quite exceptional effort.

2. (speziell) special, particular; (bestimmt) particular. **unser ~s Interesse gilt ...** we are particularly or (e)specially interested in ...; **wir legen ~n Wert auf ...** we place particular or special emphasis on ...; **ohne ~ Begeisterung** without any particular enthusiasm; **es ist mein ganz ~r Wunsch, daß ...** it is my very special wish that ..., I particularly wish that ...; **keine ~n Vorlieben** no special or particular preferences; **das ist von ~r Bedeutung** it is of (e)special or particular importance.

3. (zusätzlich, separat, gesondert) special, separate.

Besondere(s) nt decl as adj **1. das ~ und das Allgemeine** the particular and the general; **im b~n** (im einzelnen) in particular cases; (vor allem) in particular.

2. etwas/nichts ~s something/nothing special; **er möchte etwas ~s sein** he thinks he's something special; **das ist doch nichts ~s** that's nothing special or out of the ordinary, what's special about that?; **das ~ daran** the special thing about it.

Besonderheit f exceptional or unusual quality or feature; (besondere Eigenschaft) peculiarity.

besonders adv sehr gut, hübsch, teuer etc particularly, (e)specially; (ausdrücklich, vor allem) particularly, in particular, (e)specially; (gesondert) separately, individually; (speziell) anfertigen etc specially. **~ du müßtest das wissen** you particularly or in particular or especially should know that; **nicht ~** (lustig/kalt) not particularly or not (e)specially (funny/cold); **nicht ~ viel Geld** not a particularly or not a(n) (e)specially large amount of money; **das Essen/der Film war nicht ~** (inf) the food/film was nothing special or nothing to write home about (inf); **wie geht's dir? — nicht ~** (inf) how are you? — not too hot (inf); **~ wenig Fehler** an exceptionally low number of mistakes; **er hat ~ viel/wenig gearbeitet/gegessen** he did a particularly large/small amount of work/he ate a particularly large amount of food/he ate particularly little.

besonnen adj considered, level-headed. **die Polizei ist ~ vorgegangen** the police proceeded in a careful and thoughtful way; **ihre ruhige, ~e Art** her calm and collected way.

Besonnenheit f, no pl level-headedness. **durch seine ~ hat er eine Katastrophe verhindert** by staying calm and collected he avoided a disaster.

besonnt adj sunny.

besorgen* vt **1.** (kaufen, beschaffen etc) to get; (euph inf: stehlen) to acquire (euph inf). **jdm/sich etw ~** to get sth for sb/ oneself, to get sb/oneself sth; **jdm eine Stelle ~** to get or find a job for sb or to fix sb up with a job.

2. (erledigen) to attend or see to. **was du heute kannst ~, das verschiebe nicht auf morgen** (Prov) never put off until tomorrow what you can do today.

3. (versorgen) to take care of, to look after.

4. (inf) **es jdm ~** to sort sb out (inf), to fix sb (inf).

5. (sl) **es jdm ~** to have it off with sb (sl); (jdn fellieren) to give sb a blow-job (sl).

Besorgnis f anxiety, worry, apprehension.

besorgnis|erregend adj alarming, disquieting, worrying.

besorgt adj **1.** (voller Sorge) anxious, worried (wegen about). **2. um jdn/etw ~ sein** to be concerned about sb/sth.

Besorgtheit f, no pl concern, solicitude.

Besorgung f **1.** (das Kaufen) purchase. **er wurde mit der ~ von ... beauftragt** he was asked to get ... **2.** (Erledigung) **jdn mit der ~ seiner Geschäfte betrauen** to entrust sb with looking after one's affairs; **die ~ des Haushaltes** looking after the house. **3.** (Einkauf) errand (dial). **~en** shopping; **~en machen** to do some shopping.

bespannen* vt **1.** (überziehen) (mit Material) to cover; (mit Saiten, Fäden etc) to string. **2.** (mit Zugtieren) Wagen to harness up. **den Wagen mit zwei Pferden ~** to harness two horses to the cart.

Bespannung f **1.** no pl (das Bespannen) covering; (mit Saiten etc) stringing; (mit Pferden) harnessing. **2.** (Material) covering; (Saiten, Fäden etc) strings pl.

bespeien* vt irreg (geh) to spit at or (up) on; (mit Erbrochenem) to spew over.

bespicken* vt (mit Fett) to lard; (mit Nägeln) to stud, to spike; (fig: dicht bestecken) to cover. **seine mit Orden bespickte Brust** his chest bristling with medals; **seine Reden mit Fremdwörtern ~** to pepper or lard one's speeches with loan words.

bespiegeln* I vr (lit: im Spiegel) to look at oneself in a/the mirror; (fig: Selbstbetrachtung machen) to contemplate oneself or one's own navel (hum). II vt (geh) das eigene Ich to contemplate; (Vergangenheit) to portray, to give a picture of.

bespielbar adj Rasen etc playable; Kassette capable of being recorded on.

bespielen* vt **1.** Schallplatte etc to record on, to make a recording on. **das Band ist mit klassischer Musik bespielt** the tape has a recording of classical music on it. **2.** (Theat) Ort to play. **3.** (Sport) to play on.

bespitzeln* vt to spy on.

Bespitz(e)lung f spying.

bespötteln* vt to mock (at), to ridicule.

besprechen* irreg I vt **1.** (über etw sprechen) to discuss, to talk about. **wie besprochen** as arranged.

2. (rezensieren) to review.

3. Schallplatte, Tonband to make a recording on. **ein besprochenes Band** a

tape of sb's voice or of sb talking.
  4. (beschwören) to (attempt a) cure by magic or incantation.
  II vr sich mit jdm ~ to confer with sb, to consult (with) sb (über + acc about); sich über etw (acc) ~ to discuss sth.

Besprechung f 1. (Unterredung) discussion, talk; (Konferenz) meeting. nach ~ mit ... after discussion with ..., after talking with ...; er ist bei einer ~, er hat eine ~ he's in a meeting. 2. (Rezension) review, notice. 3. (von Tonbändern, Schallplatten) recording. 4. (Beschwörung) conjuring away.

Besprechungs|exemplar nt review copy.

besprengen* vt to sprinkle.

besprenkeln* vt (mit Farbe, Schmutz) to speckle; (fig: übersäen) to stud.

bespringen* vt irreg (Tier) to mount, to cover.

bespritzen* I vt to spray; (beschmutzen) to (be)spatter, to splash. II vr to spray oneself; (sich beschmutzen) to (be)spatter oneself, to splash oneself.

besprühen* I vt to spray. II vr to spray oneself.

bespucken* vt to spit at or (up)on.

bespülen* vt (Wellen) to wash against.

besser adj, adv, comp of **gut, wohl** 1. better. ~e Kreise/Gegend better circles/neighbourhood; ~e Leute better class of people; er hat ~e Tage or Zeiten gesehen he has seen better days; soll es etwas B~es sein? did you have something of rather better quality in mind?; ~ ist ~ (it is) better to be on the safe side; um so ~! (inf) so much the better!; ~ (gesagt) or rather, or better; ~ werden to improve, to get better; sie will immer alles ~ wissen she always thinks she knows better; das ist auch ~ so it's better that way; es kommt noch ~ there's worse or more to come or follow; es ~ haben to have a better life; ich möchte, daß meine Kinder es ~ haben I want something better for my children; B~es zu tun haben (inf) to have better things to do; eine Wendung zum B~en nehmen to take a turn for the better; jdn eines B~en belehren to teach sb otherwise or better.
  2. laß das ~ bleiben you had better leave well alone; das solltest du ~ nicht tun you had better not do that; du tätest ~ daran ... you would do better to ..., you had better ...; dann geh ich ~ then I'd better go.
  3. das Essen war nur ein ~er Imbiß the meal was just a glorified snack.

bessergehen vi impers sep irreg aux sein es geht ihm besser he is feeling better; jetzt geht's der Firma wieder besser the firm is doing better again now; **bessergestellt** adj better-off; B~e pl better off pl.

bessern I vt 1. to improve, to (make) better; Verbrecher etc to reform. 2. (old) (verbessern) to improve. II vr (moralisch, im Benehmen) to mend one's ways. **bessere dich!** (hum inf) mend your ways!

besserstehen vr sep irreg (inf) to be better off; **besserstellen** sep I vt jdn ~ to improve sb's financial position; II vr to be better off.

Besserung f, no pl improvement; (von Verbrecher etc) reformation; (Genesung) recovery. (ich wünsche dir) gute ~! I wish you a speedy recovery, I hope you get better soon; auf dem Wege der ~ sein to be getting better, to be improving; (Patient auch) to be on the road to recovery.

Besserungs|anstalt f (dated) reformatory, approved school.

Besserwisser m -s, - (pej) know-all, know-it-all (US); **Besserwisserei** f (pej) know-all manner; **besserwisserisch** adj (pej) Einstellung, Art know-all attr; **er tut immer so** ~ he's such a know-all.

best- in cpds mit adj best.

bestallen* vt (form) to install, to appoint (zu as).

Bestallung f (form) installation, appointment.

Bestallungs|urkunde f certificate of appointment.

Bestand m -(e)s, ¨e 1. (Fortdauer) continued existence, continuance. **von** ~ **sein/**~ **haben** to be permanent, to endure; **zum 100jährigen** ~ **des Vereins** (Aus) on the (occasion of the) 100th anniversary of the society. 2. (vorhandene Menge, Tiere) stock (an +dat of); (Forst~ auch) forest or timber stand (US). ~ **aufnehmen** to take stock.

bestanden adj 1. (bewachsen) covered with trees; Allee lined with trees. **die mit Bäumen** ~en Alleen/Abhänge the tree-lined avenues/tree-covered slopes.
  2. **nach** ~er / mit „sehr gut" ~er Prüfung after passing the/an exam/after getting a "very good" in the exam; **sie feiert die** ~e Prüfung she's celebrating passing her exam.

beständig adj 1. no pred (dauernd) constant, continual. **ich mache mir** ~ **Sorgen** I am constantly or continually worried. 2. (gleichbleibend) constant; Mitarbeiter steady; Wetter settled. 3. no adv (widerstandsfähig) resistant (gegen to); Farbe fast; (dauerhaft) Freundschaft, Beziehung lasting, durable.

Beständigkeit f, no pl siehe adj 1. continualness. 2. constancy; steadiness; settledness. 3. resistance; fastness; lastingness, durability.

Bestands|aufnahme f stock-taking.

Bestandteil m component, part, element; (fig) essential or integral part. **sich in seine** ~e auflösen to fall to pieces, to come apart; **etw in seine** ~e zerlegen to take sth apart or to pieces.

Best|arbeiter m (DDR) worker with the highest output.

bestärken* vt to confirm; Verdacht auch to reinforce. **jdn in seinem Vorsatz/Wunsch** ~ to confirm sb in his intention/desire, to make sb's intention/desire firmer or stronger; **das hat mich nur darin bestärkt, es zu tun** that merely made me all the more determined to do it.

Bestärkung f confirmation; (von Verdacht auch) reinforcement.

bestätigen* I vt 1. to confirm; Theorie, Beweise, Alibi etc to bear out, to corroborate; (Jur) Urteil to uphold. **sich in**

etw (*dat*) **bestätigt finden** to be confirmed in sth; **~d** confirmative, confirmatory; **ein ~des Kopfnicken** a nod of confirmation; **... sagte er ~d** ... he said in confirmation. **2.** (*Comm*) *Empfang, Brief* to acknowledge (receipt of). **3.** (*beurkunden*) to confirm, to certify, to attest. **hiermit wird bestätigt, daß ...** this is to confirm *or* certify that ... **4.** (*anerkennen*) to acknowledge, to recognize. **jdn (im Amt) ~** to confirm sb's appointment.

II *vr* to be confirmed, to prove true, to be proved true. **sich selbst ~** to affirm oneself.

Bestätigung *f siehe vt* **1.** confirmation (*auch Dokument*); bearing out, corroboration; upholding. **2.** (*auch Dokument*) acknowledgement (of receipt). **3.** (*auch Dokument*) confirmation, certification, attestation. **4.** recognition; confirmation of appointment.

bestatten* *vt* to bury. **wo liegt er bestattet?** where is he buried?; **wann wird er bestattet?** when is the funeral (service)?

Bestatter *m* **-s, -** undertaker, mortician (*US*).

Bestattung *f* burial; (*Feuer~*) cremation; (*Feier auch*) funeral.

Bestattungs|institut, Bestattungs|unternehmen *nt* undertaker's, mortician's (*US*); **Bestattungs|unternehmer** *m* undertaker, funeral director, mortician (*US*).

bestäuben* *vt* to dust (*auch Cook*), to sprinkle; (*Bot*) to pollinate; (*Agr*) to dust, to spray.

Bestäubung *f* dusting, sprinkling; (*Bot*) pollination; (*Agr*) dusting, spraying.

bestaunen* *vt* to marvel at, to gaze at in wonder *or* admiration; (*verblüfft*) to gape at, to stare at in astonishment. **laß dich ~** let's have a good look at you; **sie wurde von allen bestaunt** they all gazed at her in admiration/gaped at her.

bestbezahlt *adj attr* best-paid.

beste *siehe* **beste(r, s).**

bestechen* *irreg* **I** *vt* **1.** (*mit Geld, Geschenken etc*) to bribe; *Beamte auch* to corrupt. **ich lasse mich nicht ~** I'm not open to bribery; (*mit Geld etc auch*) I don't take bribes.

2. (*beeindrucken*) to captivate.

II *vi* (*Eindruck machen*) to be impressive (*durch* because of). **ein Mädchen, dessen Schönheit besticht** a girl of captivating beauty.

bestechend *adj Schönheit, Eindruck* captivating; *Angebot* tempting, enticing; *Klarheit* irresistible; *Geist, Kondition* winning. **das ist so ~ einfach** it's so beautifully simple.

bestechlich *adj* bribable, corruptible, venal.

Bestechlichkeit *f, no pl* corruptibility, venality.

Bestechung *f* bribery; (*von Beamten etc auch*) corruption. **aktive ~** (*Jur*) offering of bribes/a bribe (to an official); **passive ~** (*Jur*) taking of bribes/a bribe (by an official).

Bestechungsgeld *nt usu pl* bribe; **Bestechungssumme** *f* bribe; **Bestechungsversuch** *m* attempted bribery.

Besteck *nt* **-(e)s, -e 1.** (*Eß~*) knives and forks *pl*, cutlery *sing* (*esp Brit*), flatware *sing* (*US*); (*Set, für ein Gedeck*) set of cutlery/flatware. **ein silbernes ~** a set of silver cutlery/flatware.

2. (*Instrumentsatz*) set of instruments. **chirurgisches ~** (set of) surgical instruments.

3. (*Naut*) reckoning, ship's position.

bestecken* *vt* to decorate.

Besteckkasten *m* cutlery tray; (*mit Deckel*) cutlery canteen, flatware chest (*US*); **Besteck(schub)fach** *nt* cutlery drawer.

bestehen* *irreg* **I** *vt* **1.** *Examen, Probe* to pass. **eine Prüfung mit Auszeichnung/ „sehr gut" ~** to get a distinction/"very good" (in an exam), to pass an exam with distinction/"very good".

2. (*durchstehen*) *Schicksalsschläge* to withstand; *schwere Zeit* to come through, to pull through; *Gefahr* to overcome; *Kampf* to win.

II *vi* **1.** (*existieren*) to exist, to be in existence; (*Zweifel, Hoffnung, Aussicht, Gefahr, Probleme etc*) to exist; (*Brauch auch*) to be extant. **~ bleiben** (*Frage, Hoffnung etc*) to remain; **die Universität/ Firma besteht seit hundert Jahren** the university/firm has been in existence *or* has existed for a hundred years; **es besteht die Hoffnung/der Verdacht, daß ...** there is (a) hope/a suspicion that ...

2. (*Bestand haben*) to continue to exist; (*Zweifel, Problem etc auch*) to persist.

3. (*sich zusammensetzen*) to consist (*aus* of). **in etw** (*dat*) **~** to consist in sth; (*Aufgabe*) to involve sth; **seine einzige Chance besteht darin, ...** his only chance is to ...; **die Schwierigkeit besteht darin, daß ...** the difficulty consists *or* lies in the fact that ..., the difficulty is that ...; **das Problem besteht darin, zu zeigen ...** the problem consists in showing ...

4. (*standhalten*) to hold one's own (*in + dat* in). **vor etw** (*dat*) **~** to stand up to *or* against sth; **wie soll meine Arbeit neben seiner Leistung ~?** how will my work ever match up to *or* hold up against his performance?

5. (*durchkommen*) to pass. (**in einer Prüfung) mit „sehr gut" ~** to get a "very good" (in an exam).

6. auf etw (*dat*) **~** to insist on sth; **ich bestehe darauf** I insist.

Bestehen *nt* **-s, no pl 1.** (*Vorhandensein, Dauer*) existence. **seit ~ der Firma/des Staates** ever since the firm/state came into existence *or* has existed; **das 100jährige ~ von etw feiern** to celebrate the hundredth anniversary *or* first hundred years of (the existence of) sth.

2. (*Beharren*) insistence (*auf +dat* von).

3. *siehe vt* **1., 2.** passing; withstanding; coming *or* pulling through; overcoming.

bestehenbleiben *vi sep irreg aux sein* to last, to endure; (*Hoffnung*) to remain; (*Vereinbarungen*) to hold good.

bestehend *adj* existing; *Gesetze auch* present, current; *Preise* current; *Um-*

stände, Verhältnisse auch prevailing. **die seit 1887 ~en Gesetze** the laws which have existed since 1887.

bestehenlassen *vt sep irreg* to keep, to retain; *Freundschaft* to keep alive.

bestehlen* *vt irreg* to rob. **jdn (um etw)** ~ *(lit, fig)* to rob sb of sth.

besteigen* *vt irreg Berg, Turm, Leiter* to climb (up); *Fahrrad, Pferd* to mount, to get *or* climb on(to); *Bus, Flugzeug* to get on, to enter; *Auto, Segelflugzeug, Hubschrauber* to get into; *Schiff* to go on *or* aboard; *Thron* to ascend.

Besteigung *f (von Berg)* climbing, ascent; *(von Thron)* accession *(gen* to).

bestellen* I *vt* 1. *(anfordern, in Restaurant)* to order; *(abonnieren auch)* to subscribe to. **sich** *(dat)* **etw** ~ to order sth; **das Material ist bestellt** the material has been ordered *or* is on order; **wie bestellt und nicht abgeholt** *(hum inf)* like orphan Annie *(inf)*.
  2. *(reservieren)* to book, to reserve.
  3. *(ausrichten)* **bestell ihm (von mir), daß ...** tell him (from me) that ...; **soll ich irgend etwas ~?** can I take a message?, can I give him/her a message?; **sie läßt ~, daß ...** she told me to tell you that ...; ~ **Sie ihm schöne Grüße von mir** give him my regards; **er hat nicht viel/nichts zu ~** he doesn't have much/any say here.
  4. *(kommen lassen)* **jdn** to send for, to summon. **jdn zu jdm/an einen Ort** ~ to summon sb to sb/a place, to ask sb to go/come to sb/a place; **ich bin um** *or* **für 10 Uhr bestellt** I have an appointment for *or* at 10 o'clock; **(für) wann sind Sie beim Arzt bestellt?** when is your appointment with the doctor?
  5. *(einsetzen, ernennen)* to nominate, to appoint.
  6. *(bearbeiten)* **Land** to till; *(old)* **Haus** to set in order.
  7. *(fig)* **es ist schlecht um ihn/mit seinen Finanzen bestellt** he is/his finances are in a bad way; **damit ist es schlecht bestellt** that's rather difficult.
  II *vi (in Restaurant)* to order.

Besteller *m* **-s, -** customer; *(Abonnent)* subscriber. **Hinweise für den** ~ ordering instructions, instructions on how to order.

Bestelliste *f getrennt:* **Bestell-liste** order list.

Bestellnummer *f* order number *or* code; **Bestellpraxis** *f* (doctor's) surgery where an appointment is necessary; **Bestellschein** *m* order form *or* slip.

Bestellung *f siehe vt 1.-3., 5., 6.* 1. *(Anforderung, das Angeforderte)* order; *(das Bestellen)* ordering; subscription.
  2. booking, reservation. 3. message.
  4. nomination, appointment. 5. tilling.

Bestellzettel *m siehe* **Bestellschein**.

besten *adv:* **am** ~ *siehe* **beste(r, s) II**.

bestenfalls *adv* at best.

bestens *adv (sehr gut)* very well; *(herzlich)* **danken** very warmly. **sie läßt** ~ **grüßen** she sends her best regards.

beste(r, s) I *adj, superl of* **gut, wohl** 1. *attr* best. **im** ~**n Fall** at (the) best; **im** ~**n Alter, in den** ~**n Jahren** in the prime of (one's) life; **mit (den)** ~**n Grüßen/ Wünschen** with best wishes; **in** ~**n Hän-**

den in the best of hands; **aus** ~**m Hause sein** to come from the very best of homes; **das kommt in den** ~**n Familien vor** *(hum)* that can happen in the best of families.
  2. **der/die/das erste** *or* **nächste** ~ the first (person/job *etc*) that comes along; the first (hotel/cinema *etc*) one comes to; **ich hielte es für das** ~**, wenn ...** I thought it (would be) best if ...; **das** ~ **wäre, wir ...** the best thing would be for us to ..., it would be best for us to ...; **aufs** *or* **auf das** ~ very well; **es steht nicht zum** ~**n** it does not look too promising *or* good *or* hopeful; **jdn zum** ~**n haben** *or* **halten** to pull sb's leg, to have sb on *(inf)*; **etw zum** ~**n geben** *(erzählen)* to tell sth.
  3. **der/die/das B~** the best; **der/die B~ sein** to be the best; *(in der Klasse auch)* to be top (of the class); **meine B~/ mein B~r!** *(dated inf)* (my) dear lady/my dear fellow; **zu deinem B~n** for your good; **ich will nur dein B~s** I've your best interests at heart; **sein B~s tun** to do one's best; **sein B~s geben** to give of one's best; **wir wollen das B~ hoffen** let's hope for the best.
  II *adv* **am** ~**n best; am** ~**n gehe ich jetzt** I'd *or* I had best go *or* be going now.

besternt *adj (geh)* star-studded, starry.

Beste(s) *nt siehe* **beste(r, s) I 3.**

besteuern* *vt* to tax. **Tabak ist sehr hoch besteuert** there is a high tax on tobacco, tobacco is heavily taxed.

Besteuerung *f* taxation; *(Steuersatz)* tax.

Bestform *f (esp Sport)* top *or* best form; **bestgehaßt** *adj attr (iro)* most hated.

bestialisch *adj* bestial; *(inf)* awful, beastly *(inf)*. ~ **kalt** beastly cold; ~ **stinken** to stink to high heaven *(inf)*; ~ **weh tun** to hurt like billy-o *(inf)*.

Bestialität *f* bestiality.

besticken* *vt* to embroider.

Bestie ['bɛstiə] *f* beast; *(fig)* animal.

bestimmbar *adj* determinable.

bestimmen* I *vt* 1. *(festsetzen)* to determine; *Grenze, Ort, Zeit etc auch* to fix, to set; *(entscheiden auch)* to decide. **sie will immer alles** ~ she always wants to decide the way things are to be done.
  2. *(prägen)* **Stadtbild, Landschaft** to characterize; *(beeinflussen)* **Preis, Anzahl** to determine; **Entwicklung, Werk, Stil** *etc* to have a determining influence on; *(Gram)* **Kasus, Tempus** to determine. **näher** ~ *(Gram: Adverb)* to qualify.
  3. *(wissenschaftlich feststellen)* **Alter, Standort** to determine, to ascertain; **Pflanze, Funde** to classify.
  4. *(vorsehen)* to intend, to mean *(für* for). **jdn zu etw** ~ to choose *or* designate sb as sth; **er ist zu Höherem bestimmt** he is destined for higher things; **wir waren füreinander bestimmt** we were meant for each other.
  II *vi* 1. to decide *(über +acc* on). **du hast hier nicht zu** ~ you don't make the decisions here.
  2. *(verfügen)* **er kann über sein Geld allein** ~ it is up to him what he does with his money; **du kannst nicht über ihn/seine Zeit/sein Geld** ~ it's not up to you to decide what he's going to do/how his time

is to be spent/you can't spend his money for him.

III vr **sich nach etw ~** to be determined by sth.

bestimmend adj (entscheidend) Faktor, Einfluß determining, decisive, determinant. **für etw ~ sein** to be characteristic of sth; (entscheidend) to have a determining influence on sth.

bestimmt I adj **1.** (gewiß, nicht genau genannt) Leute, Dinge, Vorstellungen, Aussagen etc certain; (speziell, genau genannt) particular, definite; (festgesetzt) Preis, Tag set, fixed; (klar, deutlich) Angaben, Ausdruck definite, precise; (Gram) Artikel, Zahlwort definite. **ich will ein ~es Buch** I want a particular or definite or certain book; **suchen Sie etwas B~es?** are you looking for anything in particular?

2. (entschieden) Auftreten, Ton, Mensch firm, resolute, decisive. **höflich, aber ~** polite but firm.

II adv **1.** (sicher) definitely, certainly. **ich weiß ganz ~, daß ...** I know for sure or for certain that ...; **kommst du? — ja — ~?** are you coming? — yes — definitely?; **ich komme ganz ~** I'll very definitely come; **ich schaffe es ~** I'll manage it all right; **er schafft es ~ nicht** he definitely won't manage it.

2. (wahrscheinlich) no doubt. **das hat er ~ verloren** he's bound to have lost it; **er kommt ~ wieder zu spät** he's bound to be late again.

Bestimmtheit f **1.** (Sicherheit) certainty. **ich kann mit ~ sagen, daß ...** I can say with certainty or definitely that ...; **ich weiß aber mit ~, daß ...** but I know for sure or for certain that ... **2.** (Entschiedenheit) firmness. **in** or **mit aller ~** quite categorically.

Bestimmung f **1.** (Vorschrift) regulation. **gesetzliche ~en** legal requirements.

2. no pl (Zweck) purpose. **eine Brücke/ Straße ihrer ~ übergeben** to open a new bridge/road officially.

3. (Schicksal) destiny.

4. (old: Ort) destination.

5. (Gram) modifier.

6. (das Bestimmen) determination; (von Grenze, Zeit etc) fixing, setting; (Gram, von Preis, Anzahl) determining, determination; (von Alter, Standort) determining, determination, ascertaining, ascertainment; (von Pflanze, Funden) classification; (Definition) definition. **nähere ~** (durch Adverb) qualifying, qualification.

Bestimmungsbahnhof m (station of) destination; **Bestimmungshafen** m (port of) destination; **Bestimmungsjort** m (place of) destination; **Bestimmungswort** nt (Gram) modifier.

bestirnt adj (poet) starry, star-studded.

Bestleistung f (esp Sport) best performance; **seine persönliche ~** his personal best; **Bestmarke** f record; **bestmöglich** adj no pred best possible; **wir haben unser B~es getan** we did our (level) best.

bestrafen* vt to punish; (Jur) jdn to sentence (mit to); (Sport) to penalize.

Bestrafung f siehe vt punishment; sentencing; penalization. **eine strengere ~ von ... forden** to demand more severe punishments or (Jur auch) sentences for ...

bestrahlen* vt to shine on; (beleuchten) Gebäude, Bühne to light up, to illuminate; (Med) to give ray or radiation treatment or radiotherapy to.

Bestrahlung f illumination; (Phys) irradiation; (Med) ray or radiation treatment, radiotherapy. **~ der Bevölkerung** (radioaktiv) exposure of the population; **15 ~en verordnen** to prescribe (a course of) 15 doses of ray treatment etc.

bestreben* vr (geh) siehe **bestrebt**.

Bestreben nt endeavour. **im** or **in seinem ~, ... zu** in his efforts or attempts or endeavours to ...

bestrebt adj **~ sein, etw zu tun** to endeavour to do sth; **wir waren immer ~, ...** we have always endeavoured ..., it has always been our endeavour ...

Bestrebung f usu pl endeavour, effort.

bestreichen* vt irreg **1.** to spread; (Cook) (mit Milch etc) to coat; (mit Butter auch) to butter; (mit Farbe) to paint. **etw mit Butter/Fett/Öl ~** to butter/grease/oil sth; **etw mit Butter/ Salbe/Klebstoff ~** to spread butter/ointment/glue on sth; **etw mit Farbe ~** to put a coat of paint on sth.

2. (Mil) to rake, to sweep.

3. (Scheinwerfer, Strahl) to sweep (over); (Elektronik: abtasten) to scan.

bestreiken* vt to black. **bestreikt** strikebound; **die Fabrik wird zur Zeit bestreikt** there's a strike on in the factory at the moment.

bestreitbar adj disputable, contestable.

bestreiten* vt irreg **1.** (abstreiten) to dispute, to contest, to challenge; (leugnen) to deny. **jdm das Recht auf ... ~** to dispute etc sb's right to ...; **das möchte ich nicht ~** I'm not disputing or denying it.

2. (finanzieren) to pay for, to finance; Kosten to carry, to defray (form).

3. (tragen, gestalten) to provide for, to carry. **er hat das ganze Gespräch allein bestritten** he did all the talking.

Bestreitung f siehe vt **2., 3.** financing; carrying, defrayal (form).

bestreuen* vt to cover (mit with); (Cook) to sprinkle.

bestricken* vt (fig) to charm, to captivate. **~der Charme** alluring charms.

Bestrickung f charm.

bestrumpft adj in stockings; Beine stockinged.

Bestseller ['best-] m **-s, -** best-seller.

Bestsellerjautor m best-selling author, best-seller; **Bestsellerliste** f best-seller list.

bestsituiert ['best-] adj attr (esp Aus) well-to-do, well-off.

bestücken* vt to fit, to equip; (Mil) to arm; Lager to stock.

Bestückung f **1.** siehe vt fitting, equipping; arming; stocking. **2.** (Ausstattung) equipment; (Geschütze) guns pl, armaments pl.

Bestuhlung f seating no indef art.

bestürmen* vt to storm; (mit Fragen,

Bitten) to bombard; (*mit Anfragen, Briefen, Anrufen*) to inundate. **er wurde um Autogramme bestürmt** he was besieged with requests for autographs.

Bestürmung *f siehe vt* storming; bombardment; inundation.

bestürzen* *vt* to shake, to fill with consternation.

bestürzend *adj* alarming. **ich finde es ~, wie wenig die Schüler wissen** it fills me with consternation to see how little the children know.

bestürzt *adj* filled with consternation. **sie machte ein ~es Gesicht** a look of consternation came over her face; **er sah mich ~ an** he looked at me in consternation.

Bestürzung *f* consternation.

Bestzeit *f* (*esp Sport*) best time; **Bestzustand** *m* perfect condition.

Besuch *m* **-(e)s, -e 1.** (*das Besuchen*) visit (*des Museums etc* to the museum *etc*); (*von Schule, Veranstaltung*) attendance (*gen* at). **ein ~ (von) meiner Tante** a visit from my aunt; **zu seinen Aufgaben gehört auch der ~ von Kunden** his jobs include visiting clients; **bei jdm auf** *or* **zu ~ sein** to be visiting sb; (**von jdm**) **~ erhalten** to have *or* get a visit (from sb); **jdm einen ~ abstatten** to pay sb a visit.

2. (*Besucher*) visitor; visitors *pl*. **er hat ~** he has company *or* visitors/a visitor; **er bekommt viel ~** he has a lot of visitors, he often has visitors.

besuchen* *vt jdn* to visit, to pay a visit to; (*Arzt*) *Patienten* to visit; *Vortrag, Schule, Gottesdienst* to attend, to go to; *Kino, Theater, Lokal* to go to; *Bordell, Museum* to go to, to visit.

Besucher(in *f) m* **-s, -** visitor; (*von Kino, Theater*) patron (*form*). **etwa 1.000 ~ waren zu der Veranstaltung/der Ausstellung gekommen** about 1,000 people attended *or* went to the function/visited the exhibition; **ein regelmäßiger ~ der Oper** a regular opera-goer, an habitué of the opera; **die ~ werden gebeten, sich auf ihre Plätze zu begeben** would you please take your seats now; (*Theat*) the audience are requested to take their seats.

Besucherritze *f* (*hum inf*) crack between the two mattresses *of twin beds*; **Besucherzahl** *f* attendance figures *pl*; (*bei Schloß, Museum, Ausstellung etc*) number of visitors.

Besuchs|erlaubnis *f* visitor's card; (*für Land*) visitor's visa; **~ haben/bekommen** to be allowed to receive visitors/to obtain permission to visit sb; **Besuchstag** *m* visiting day; **Besuchszeit** *f* visiting time; **Besuchszimmer** *nt* visitor's room.

besucht *adj* **gut/schlecht/schwach ~ sein** to be well/badly/poorly attended; (*Schloß etc*) to get a lot of/not many/only a handful of visitors.

besudeln* (*geh*) **I** *vt Wände* to besmear; *Kleidung, Hände* to soil; (*fig*) *Andenken, Namen, Ehre* to besmirch, to sully. **II** *vr* **sich mit Blut ~** to get blood on one's hands.

Beta *nt* **-(s), -s** beta.

betagt *adj* (*geh*) aged, well advanced in years.

Betagtheit *f, no pl* (*geh*) old age, advancing years *pl*.

betanken* *vt Fahrzeug* to tank up; *Flugzeug* to refuel.

betasten* *vt* to feel; (*Med auch*) to palpate (*form*).

Betastrahlen *pl* beta rays *pl*; **Betastrahler** *m* beta emitter; **Betastrahlung** *f* beta radiation; **Betateilchen** *nt* beta particle.

betätigen* **I** *vt* to operate, to work; *Muskeln, Gehirn, Darm* to activate; *Bremse auch* to apply, to put on; *Mechanismus auch* to activate, to actuate (*form*); *Knopf auch* to press; (*drehen*) to turn; *Schalter auch* to turn on; *Hebel* to move, to operate; *Sirene* to operate, to sound.

II *vr* to busy oneself; (*körperlich*) to get some exercise. **sich politisch ~** to be active in politics; **sich literarisch/ künstlerisch ~** to do some writing/ painting; **sich geistig und körperlich ~** to stay active in body and mind; **wenn man sich längere Zeit nicht geistig betätigt hat** if you haven't used your mind for months; **wenn er sich als Koch/Kindermädchen betätigt** when he acts as cook/nanny.

Betätigung *f* **1.** (*Tätigkeit*) activity. **an ~ fehlt es mir nicht** I've no lack of things to do.

2. *siehe vt* operation; activation; applying, application; activation, actuation; pressing; turning; turning on; moving, operation; operation, sounding. **etw zur ~ der Muskeln tun** to do sth to exercise one's muscles; **die ~ des Mechanismus erfolgt durch Knopfdruck** pressing the button activates the mechanism *or* sets the mechanism in motion.

Betätigungsfeld *nt* sphere *or* field of activity.

Betatron *nt* **-s, -e** betatron.

betatschen* *vt* (*inf*) to paw (*inf*).

betäuben* *vt* (*unempfindlich machen*) *Körperteil* to (be)numb, to deaden; *Nerv, Schmerzen* to deaden; *Schmerzen* to kill; (*durch Narkose*) to anaesthetize; (*mit einem Schlag*) to stun, to daze; (*fig*) *Kummer, Gewissen* to ease; (*fig: benommen machen*) to stun. **er versuchte, seinen Kummer mit Alkohol zu ~** he tried to drown his sorrows with alcohol; **~der Lärm** deafening noise; **ein ~der Duft** an overpowering smell.

Betäubung *f* **1.** *siehe vt* (be)numbing, deadening; deadening; killing; anaesthetization; stunning, dazing; easing; stunning. **2.** (*Narkose*) anaesthetic. **örtliche** *or* **lokale ~** local anaesthetic.

Betäubungsmittel *nt* anaesthetic.

Betbank *f* kneeler; **Betbruder** *m* (*pej inf*) churchy type, Holy Joe (*pej inf*).

Bete *f* **-, (*rare*) -n** beet. **rote ~** beetroot.

beteilen* *vt* (*Aus*) to give presents to; *Flüchtlinge etc* to give gifts to.

beteiligen* **I** *vt* **jdn an etw** (*dat*) **~** to let sb take part in sth, to involve sb in sth; (*finanziell*) to give sb a share in sth.

II *vr* to take part, to participate (*an + dat* in); (*finanziell*) to have a share (*an + dat* in). **sich an den Unkosten ~** to contribute to the expenses; **ich möchte mich an dem Geschenk ~** I would like to put something towards the present.

beteiligt adj an etw (dat) ~ sein/werden to be involved in sth, to have a part in sth; (finanziell) to have a share in sth; am Gewinn auch to have a slice of sth; an einem Unfall/einer Schlägerei ~ sein to be involved in an accident/a fight; an einer Tat/Sache ~ sein to be party to a deed/cause; er war an dem Gelingen der Aktion maßgeblich ~ he made a major contribution to the success of the campaign; er ist an dem Geschäft (mit 500.000 Mark) ~ he has a (500,000-mark) share in the business.

Beteiligte(r) mf decl as adj person involved; (Jur) party. die an der Diskussion ~n those taking part in or involved in the discussion; die am Unfall ~n those involved in the accident; an alle ~n to all concerned.

Beteiligung f, no pl 1. (Teilnahme) (an +dat) participation; (finanziell) share; (an Unfall) involvement. 2. (das Beteiligen) involvement (an +dat in). die ~ der Arbeiter am Gewinn giving the workers a share in the profits.

Betel m -s, no pl betel.

Betelnuß f betel nut.

beten I vi to pray (um, für for, zu to), to say one's prayers; (bei Tisch) to say grace. II vt to say.

Beter(in f) m -s, - prayer.

beteuern* vt to declare, to aver, to asseverate (liter); Unschuld auch to protest, to affirm. er beteuerte mir seine Liebe he professed his love for me.

Beteuerung f siehe vt declaration, averment, asseveration (liter); protestation.

betexten* vt Bild to write a caption for; Lied to write the words or lyric(s) for.

Bethaus nt temple.

betiteln* vt to entitle; (anreden) jdn to address as, to call; (beschimpfen) to call. die Sendung ist betitelt ... the broadcast is entitled ...; er betitelte seinen Beitrag ... he gave his article the title ... or entitled his article ...

Betitelung f (Titel) title; (Anrede) form of address; (Benennung) name. ich verbitte mir eine solche ~ I refuse to be called names like that.

Beton [be'tɔŋ, be'tõ:, (esp Aus) be'to:n] m -s, (rare) -s concrete.

Beton- in cpds concrete; **Betonbau** m 1. concrete building or structure; 2. no pl (Bauweise) concrete construction; **Betondecke** f concrete ceiling; (von Straße) concrete surface.

betonen* vt 1. (hervorheben) to emphasize; Hüften, Augen auch to accentuate; (Gewicht legen auf auch) to stress. ich möchte noch einmal ~, daß ... I want to stress or emphasize once again that ...

2. (Ling, Mus) to stress; (durch Tonfall) to intonate (form). ein Wort falsch ~ to give a word the wrong stress, to stress a word wrongly; du mußt den Satz anders ~ you must stress the sentence differently; (durch Tonfall) you must say the sentence with a different intonation.

betonieren* vti to concrete. **betoniert** concrete.

Betonierung f concreting; (Betondecke auch) concrete surface.

Betonklotz m (lit) block of concrete, concrete block; (fig pej) concrete block; **Betonmischmaschine** f concrete-mixer; **Betonsilo** m (pej inf) high-rise block, concrete block (pej).

betont adj Höflichkeit emphatic, deliberate; Kühle, Sachlichkeit pointed; Eleganz pronounced. sich ~ einfach kleiden to dress with marked or pronounced simplicity.

Betonung f 1. no pl siehe vt emphasis; accentuation; stressing; intonation. 2. (Akzent) stress; (fig: Gewicht) emphasis, stress, accent. die ~ liegt auf der ersten Silbe the stress is on the first syllable; er legte die ~ auf selbständiges Arbeiten he laid great emphasis or stress on independent work.

Betonungszeichen nt stress mark.

Betonwüste f (pej) concrete jungle.

betören* vt to bewitch, to beguile.

Betörer(in f) m -s, - (geh) bewitcher, beguiler.

Betörung f bewitchment.

Betpult nt prie-dieu, kneeler.

Betr. abbr of **Betreff**.

betr. abbr of **betreffend**, **betrifft**, **betreffs**.

Betracht m -(e)s, no pl außer ~ bleiben to be left out of consideration, to be disregarded; etw außer ~ lassen to leave sth out of consideration, to disregard sth; in ~ kommen to be considered; nicht in ~ kommen to be out of the question; jdn in ~ ziehen to take sb into consideration, to consider sb; etw in ~ ziehen to take sth into account or consideration.

betrachten* vt 1. (sehen, beurteilen) to look at; Situation etc auch to view. sich (dat) etw ~ to have a look at sth; bei näherem B~ on closer examination.

2. (halten für) als jd or jdn/etw ~ to regard or look upon or consider as sb/sth; ich betrachte ihn als Freund I regard etc him as a friend.

Betrachter m -s, - (von Anblick) observer, beholder (liter); (von Situation) observer. der aufmerksame ~ wird bei diesem Bild feststellen ... to the alert eye it will become apparent that in this picture ...

beträchtlich adj considerable. um ein ~es considerably.

Betrachtung f 1. (das Betrachten) contemplation. bei näherer ~ on closer examination, when you look more closely.

2. (Überlegung, Untersuchung) reflection. über etw (acc) ~en anstellen to reflect on or contemplate sth; in ~en versunken lost in thought or meditation.

Betrachtungsweise f verschiedene ~n der Lage different ways of looking at the situation; er hat eine völlig andere ~ he has a completely different way of looking at things.

Betrag m -(e)s, ⁻e amount, sum. der gesamte ~ the total (amount); ~ dankend erhalten (payment) received with thanks.

betragen* irreg I vi to be; (Kosten, Rechnung auch) to come to, to amount to. die Entfernung betrug 25 km the distance was

25 km; **der Unterschied beträgt 100 DM** the difference is *or* amounts to 100 DM.

II *vr* to behave. **sich gut/schlecht/ unhöflich** ~ **to** behave (oneself) well/ badly/to behave impolitely.

Betragen *nt* **-s,** *no pl* behaviour; (*esp im Zeugnis*) conduct.

betrauen* *vt* **jdn mit etw** ~ to entrust sb with sth; **jdn damit** ~, **etw zu tun** to give sb the task of doing sth; **jdn mit einem öffentlichen Amt** ~ to appoint sb to public office.

betrauern* *vt* to mourn; **jdn** *auch* to mourn for.

beträufeln* *vt* **den Fisch mit Zitrone** ~ to squeeze lemon juice over the fish; **die Wunde mit der Lösung** ~ to put drops of the solution on the wound.

Betrauung *f* entrustment, entrusting.

Betreff *m* **-(e)s, -e** (*form*) ~: **Ihr Schreiben vom …** re your letter of …; **den** ~ **angeben** to state the reference *or* subject matter; **in** ~ **dieser Frage** with respect *or* regard to this question.

betreffen* *vt irreg* **1.** (*angehen*) to concern. **das betrifft dich** it concerns you; **von dieser Regelung werde ich nicht betroffen** this rule does not concern *or* affect me; **was mich betrifft …** as far as I'm concerned …; **was das betrifft …** as far as that goes *or* is concerned …; **betrifft** re.

2. (*geh: widerfahren*) to befall.

3. (*geh: seelisch treffen*) to affect, to touch. **jdn schwer** ~ to affect sb deeply.

betreffend *adj attr* (*erwähnt*) in question; (*zuständig, für etw relevant*) relevant. **das ~e Wort richtig einsetzen** to insert the appropriate word in the right place; **ich habe den ~en Artikel gelesen** I've read the article concerned *or* in question.

Betreffende(r) *mf decl as adj* person concerned. **die ~n** those concerned.

betreffs *prep +gen* (*form*) concerning, re (*esp Comm*).

betreiben* *vt irreg* **1.** (*vorantreiben*) to push ahead *or* forward; *Geschäft, Untersuchung, Angelegenheit auch* to prosecute. **auf jds B~** (*acc*) **hin** at sb's instigation.

2. (*ausüben*) *Gewerbe, Handwerk* to carry on; *Geschäft auch* to conduct; *Handel auch, Sport* to do; *Politik* to pursue.

3. (*Tech*) to operate.

Betreibung *f siehe vt* **2.** carrying on; conduct; pursuit.

betreten¹* *vt irreg* (*hineingehen in*) to enter, to go/come into; (*auf etw treten*) *Rasen, Spielfeld etc* to walk on; *feuchten Zementboden* to step *or* walk on; *Bühne, Brücke* to walk *or* step onto; *Podium* to step (up) onto; (*fig*) *Zeitalter etc* to enter. **wir ~ damit ein noch unerforschtes Gebiet** we are here entering unknown *or* unexplored territory; **,,B~ (des Rasens) verboten!"** "keep off (the grass)"; **,,B~ für Unbefugte verboten"** "no entry to unauthorized persons".

betreten² *adj* embarrassed.

Betretenheit *f* embarrassment.

betreuen* *vt* to look after; *Reisegruppe, Abteilung auch* to be in charge of.

Betreuer(in *f*) *m* **-s, -** person who is in

charge of *or* looking after sb; (*von alten Leuten, Kranken*) nurse. **wir suchen noch** ~ **für …** we are still looking for people to look after *or* take charge of …; **der medizinische** ~ **der Nationalelf** the doctor who looks after the international team.

Betreuung *f* looking after; (*von Patienten, Tieren etc*) care. **er wurde mit der** ~ **der Gruppe beauftragt** he was put in charge of the group, the group was put in his care.

Betrieb *m* **-(e)s, -e 1.** (*Firma*) business, concern; (*DDR auch*) enterprise; (*Fabrik*) factory, works *sing or pl*; (*Arbeitsstelle*) place of work. **wir kommen um 5 Uhr aus dem** ~ we leave work at 5 o'clock; **ich esse im** ~ I have lunch at work; **der Direktor ist heute nicht im** ~ the director isn't at work *or* in (the office) today.

2. (*Tätigkeit*) work; (*von Maschine, Fabrik*) working, operation; (*von Eisenbahn*) running; (*von Bergwerk*) working. **den** ~ **stören** to be disruptive, to cause disruption; **er hält den ganzen** ~ **auf** he's holding everything up; **der ganze** ~ **stand still** everything stopped *or* came to a stop; **außer** ~ out of order; **die Maschinen sind in** ~ the machines are running; **eine Maschine in/außer** ~ **setzen** to start a machine up/to stop a machine; **eine Maschine/Fabrik in** ~ **nehmen** to put a machine/factory into operation, to start operating a machine/in a factory; **einen Bus in** ~ **nehmen** to put a bus into service; **etw dem** ~ **übergeben** to open sth.

3. (*Betriebsamkeit*) bustle. **in den Geschäften herrscht großer** ~ the shops are very busy; **auf den Straßen ist noch kein** ~ there is nobody about in the streets yet.

4. (*inf*) **ich habe den ganzen** ~ **satt!** I'm fed up with the whole business! (*inf*).

betrieblich *adj attr* internal company *attr*; *Nutzungsdauer etc* operational. **eine Sache** ~ **regeln** to settle a matter within the company.

Betriebs- in *cpds* (*Fabrik-*) factory, works; (*Firmen-*) company.

betriebsam *adj* busy, bustling *no adv*. **seine Assistenten huschten** ~ **herum** his assistants bustled around.

Betriebsamkeit *f* bustle; (*von Mensch*) active nature.

Betriebs|angehörige(r) *mf* employee; **Betriebs|anleitung** *f* operating instructions *pl*; **Betriebs|ausflug** *m* company outing; **Betriebsbegehung** *f* (*DDR*) round of inspection; **betriebsbereit** *adj* operational; **betriebsblind** *adj* blind to anything outside one's own company; **Betriebsblindheit** *f* organizational blindness **betriebs|eigen** *adj* company *attr*; (*DDR*) employees' *attr*; **Betriebs|ergebnis** *nt* (*DDR*) annual figures *pl*; **Betriebsferien** *pl* (annual) holiday; **wegen** ~ **geschlossen** closed for holidays; **betriebsfremd** *adj* outside; **~e Personen** non-company persons; **Betriebsführung** *f* management; **Betriebsgeheimnis** *nt* trade secret; **Betriebsgewerkschaftsleitung** *f* (*DDR*) company trade union committee; (*in Industrie*) works trade union committee; **Betriebs|ingenieur** m production engineer; **betriebs|intern** adj internal company attr; **etw ~ regeln** to settle sth within the company; **Betriebskampfgruppe** f (DDR) workers' militia branch; **Betriebskapital** nt (laufendes Kapital) working capital; (Anfangskapital) initial capital; **Betriebsklima** nt atmosphere at work, working atmosphere; **Betriebskollektivvertrag** m (DDR) union agreement; **Betriebskosten** pl (von Firma etc) overheads pl, overhead expenses pl; (von Maschine) operating costs pl; **Betriebsleiter** m (works or factory) manager; **Betriebsleitung** f management; **Betriebsnudel** f (inf) live wire (inf); (Frau auch) busy Lizzie (inf); (Witzbold) office/club etc clown; **Betriebsprüfung** f (government) audit; **Betriebspsychologie** f industrial psychology; **Betriebsrat** m 1. (Gremium) works or factory committee; 2. (inf: Person) works or factory committee member; **Betriebsruhe** f shutdown; **Betriebsschluß** m (von Firma) end of business hours; (von Fabrik) end of factory hours; **nach ~** after business/factory hours; **Betriebsschutz** m (von Anlagen) factory or works security; **betriebssicher** adj safe (to operate); **Betriebssoziologie** f industrial sociology; **Betriebsstoff** m (Rohstoff) raw or working materials pl; **Betriebsstörung** f breakdown; **Betriebstreue** f faithful service to the company; **Betriebs|unfall** m industrial accident; (hum sl) accident; **Betriebsverfassung** f regulations governing industrial relations; **Betriebsversammlung** f company meeting; **Betriebswirt** m management expert; **Betriebswirtschaft** f business management; **betriebswirtschaftlich** adj business management attr.

betrinken* vr irreg to get drunk; siehe **betrunken.**

betroffen adj 1. affected (von by). 2. (bestürzt) full of consternation; Schweigen embarrassed, awkward. **jdn ~ ansehen** to look at sb in consternation.

Betroffene(r) mf decl as adj person affected. **schließlich sind wir die ~n** after all we are the ones who are affected or on the receiving end (inf).

Betroffenheit f consternation. **stumme ~** embarrassed or awkward silence.

betrüben* I vt to sadden, to distress. **es betrübt mich sehr …** it grieves or saddens me greatly … II vr (dated, hum) to grieve (über + acc over).

betrüblich adj sad, distressing; Zustände, Unwissenheit, Unfähigkeit deplorable. **die Lage sieht ~ aus** things look bad.

betrüblicherweise adv lamentably.

Betrübnis f (geh) grief, sadness no pl, distress no pl. **~se** sorrows.

betrübt adj saddened, distressed.

Betrübtheit f sadness, distress, grief.

Betrug m -(e)s, no pl deceit, deception; (Jur) fraud. **das ist ja (alles) ~** it's (all) a cheat or fraud; **das ist ja ~, du hast geguckt!** that's cheating, you looked!

betrügen* irreg I vt to deceive; (geschäftlich auch) to cheat; Freund(in), Ehepartner auch to be unfaithful to, to cheat (on); (Jur) to defraud. **jdn um etw ~** to cheat or swindle sb out of sth; (Jur) to defraud sb of sth; **ich fühle mich betrogen** I feel betrayed; **sich um etw betrogen sehen** to feel deprived of or done out of sth; **sich in seinen Hoffnungen/seinem Vertrauen betrogen sehen** to be disappointed in one's hopes/to be proved wrong in trusting sb.
II vr to deceive oneself.

Betrüger(in f) m -s, - (beim Spiel) cheat; (geschäftlich) swindler; (Jur) defrauder; (Hochstapler) confidence trickster, con-man.

Betrügerei f deceit; (geschäftlich) cheating no pl, swindling no pl; (von Ehepartner) deceiving no or pl; (Jur) fraud. **seine Frau ist nie hinter seine ~en gekommen** (inf) his wife never found out that he was deceiving her or being unfaithful to her.

betrügerisch adj deceitful; (Jur) fraudulent. **in ~er Absicht** with intent to defraud.

betrunken adj drunk no adv, drunken attr. **er torkelte ~ nach Hause** he staggered home drunk; he staggered drunkenly home; **in ~em Zustand Auto fahren** to drive while under the influence of drink or alcohol (form).

Betrunkene(r) mf decl as adj drunk.

Betrunkenheit f drunkenness.

Betsaal m (prayer) hall; (in Gebäude) prayer room, oratory (form); **Betschemel** m siehe Betbank; **Betschwester** f (pej) churchy type; **Betstuhl** m siehe Betpult.

Bett nt -(e)s, -en (alle Bedeutungen) bed; (Feder~) (continental) quilt, duvet. **Frühstück ans ~** breakfast in bed; **an jds ~** (dat) **sitzen** to sit at sb's bedside or by sb's bed; **an jds ~** (acc) **gehen** to go to sb's bedside; **im ~** in bed; **jdn ins** or **zu ~ bringen** to put sb to bed; **mit jdm ins ~ gehen/steigen** (euph) to go to/jump into bed with sb; **mit jdm das ~ teilen** to share sb's bed.

Bettbank f (Aus) siehe Bettcouch; **Bettbezug** m duvet or (continental) quilt cover; **Bettcouch** f bed settee; **Bettdecke** f blanket; (gesteppt) (continental) quilt, duvet; **sich unter der ~ verstecken** to hide under the bedclothes.

Bettel m -s, no pl (dial: Kram) rubbish, lumber, junk. **der ganze ~** the whole rotten business; **jdm den (ganzen) ~ vor die Füße werfen** to throw the whole lot in sb's face.

bettel|arm adj destitute; **Bettelbrief** m begging letter.

Bettelei f begging.

Bettelleute pl (old) beggars pl, beggary (old); **Bettelmann** m, pl -leute (dated) beggarman (dated); **Bettelmönch** m mendicant or begging monk; **Bettelmusikant** m (dated) street musician.

betteln vi to beg. **um ein Almosen ~** to beg (for) alms; **„B~ verboten"** "no begging"; **(bei jdm) um etw ~** to beg (sb) for sth.

Bettel|orden m mendicant order; **Bettel-**

stab *m*: **an den ~ kommen** to be reduced to beggary; **jdn an den ~ bringen** to reduce sb to beggary; **Bettelvolk** *nt* (*pej*) beggars *pl*; **Bettelweib** *nt* (*old*) beggarwoman (*dated*).

betten I *vt* (*legen*) to make a bed for, to bed down; *Unfallopfer* to lay *or* bed down; *Kopf* to lay. **jdn weich/flach ~** to put sb on a soft bed/to lay sb down flat; **das Dorf liegt ins Tal gebettet** (*liter*) the village nestles *or* lies nestling in the valley.

II *vr* to make a bed for oneself, to bed oneself down. **wie man sich bettet, so liegt man** (*Prov*) as you make your bed so you must lie on it (*Prov*); **er hat sich schön weich gebettet** (*mit Heirat*) he's feathered his nest very nicely; (*in Stellung*) he's got a nice cushy little number for himself (*inf*).

Bettfeder *f* bedspring; (*Daune*) feather from a/the duvet; **Bettflasche** *f* hot-water bottle; **Bettgenosse** *m* (*dated, iro*) bedfellow; **Bettgeschichte** *f* (love) affair; **~n** bedroom antics; **Bettgestell** *nt* bedstead; **Betthäschen** *nt*, **Betthase** *m* (*inf*) sexy piece (*inf*); **ein richtiger Betthase** a very beddable little piece (*inf*); **Betthimmel** *m* canopy; **Betthupferl** *nt* **-s, -** (*S Ger*) late-night snack; **Bettkante** *f* edge of the bed; **Bettkasten** *m* ottoman; **Bettlade** *f* (*S Ger, Aus*) bedstead; **bettlägerig** *adj* bedridden, confined to bed; **Bettlägerigkeit** *f*, *no pl* confinement to bed; **Bettlaken** *nt* sheet; **Bettlektüre** *f* bedtime reading.

Bettler(in *f*) *m* **-s, -** beggar, mendicant (*form*).

Bettnachbar *m* neighbour, person in the next bed; **Bettnässen** *nt* **-s,** *no pl* bedwetting; **Bettnässer** *m* **-s, -** bed-wetter; **Bettpfanne** *f* bedpan; **Bettposten** *m* bedpost; **Bettplatz** *m* (*Rail*) sleeping berth; **Bettrand** *m* edge of the bed; **bettreif** *adj* ready for bed; **Bettrost** *m* (bed) base; **Bettruhe** *f* confinement to bed, bed rest; **der Arzt hat eine Woche ~ verordnet** the doctor ordered him *etc* to stay in bed for one week; **Bettschüssel** *f* bedpan; **Bettschwere** *f* (*inf*) **die nötige ~ haben/bekommen** to be/get tired enough to sleep; **Bettstelle** *f* bed; **Bettszene** *f* bedroom scene; **Bettüberwurf** *m* bedspread, counterpane.

Bettuch *nt getrennt:* **Bett-tuch** linen.

Bettumrandung *f* bed surround; **Bettvorleger** *m* bedside rug; **Bettwanze** *f* bedbug; **Bettwäsche** *f* bed linen; **Bettzeug** *nt* bedding; **Bettzipfel** *m* corner of the bed cover; **nach dem ~ schielen** (*hum*) to be longing for one's bed.

betucht *adj* (*inf*) well-to-do.

betulich *adj* **1.** (*übertrieben besorgt*) fussing *attr*; *Redeweise* twee. **sei doch nicht so ~** don't be such an old mother hen (*inf*). **2.** (*beschaulich*) leisurely *no adv*.

Betulichkeit *f siehe adj* **1.** fussing nature; tweeness. **2.** leisureliness.

betupfen* *vt* to dab (*Med*) to swab.

betuppen* *vt* (*dial inf*) to cheat, to trick.

betütert *adj* (*N Ger inf*) (*betrunken*) tipsy; (*verwirrt*) dazed.

beugbar *adj* (*Gram*) Substantiv, Adjektiv *etc* declinable; *Verb* conjugable.

Beuge *f* **-, -n** bend; (*von Arm auch*) crook; (*Rumpf~*) forward bend; (*seitlich*) sideways bend; (*Knie~*) knee-bend. **in die ~ gehen** to bend.

Beugehaft *f* (*Jur*) coercive detention.

Beugel *m* **-s, -** (*Aus*) croissant.

Beugemuskel *m* flexor.

beugen I *vt* **1.** (*krümmen*) to bend; (*Phys*) *Wellen* to diffract; *Strahlen, Licht* to deflect; (*fig*) *Stolz, Starrsinn* to break. **das Recht ~** to pervert the course of justice; **vom Alter gebeugt** bent *or* bowed by age; **von der Last gebeugt** bowed down with the weight; **von Kummer/Gram gebeugt** bowed down with grief/sorrow.

2. (*Gram*) Substantiv, Adjektiv *etc* to decline; *Verb* to conjugate. **ein stark/ schwach gebeugtes Substantiv/Verb** a strong/ weak noun/verb.

II *vr* to bend; (*fig*) to submit, to bow (*dat* to). **sich nach vorn ~** to bend *or* lean forward; **sich aus dem Fenster ~** to lean out of the window; **er beugte sich zu mir herüber** he leant across to me; **über seine Bücher/seinen Teller gebeugt** hunched over his books/his plate; **sich der Mehrheit ~** to bow *or* submit to the will of the majority.

Beuger *m* **-s, -** (*Anat*) flexor.

Beugung *f siehe vt* **1.** (*Krümmung*) bending; diffraction; deflection; breaking. **eine ~ des Rechts** a perversion of (the course of) justice. **2.** (*Gram*) declension; conjugation.

Beule *f* **-, -n** (*von Stoß etc*) bump; (*eiternd*) boil; (*Delle*) dent.

beulen *vi* to bag.

Beulenpest *f* bubonic plague.

be|unruhigen* I *vt* to worry; (*Nachricht etc auch*) to disquiet, to disturb; (*Mil*) to harass. **über etw** (*acc*) **beunruhigt sein** to be worried *or* disturbed about sth; **es ist ~d** it's worrying *or* disturbing, it gives cause for concern. II *vr* to worry (oneself) (*über + acc, um, wegen* about).

Be|unruhigung *f* concern, disquiet; (*Mil*) harassment.

be|urkunden* *vt* to certify; *Vertrag* to record; *Geschäft* to document.

Be|urkundung *f* **1.** *siehe vt* **1.** certification; recording; documentation. **2.** (*Dokument*) documentary proof *or* evidence *no indef art no pl*.

be|urlauben* *vt* to give *or* grant leave (of absence); (*Univ*) *Studenten* to give time off; *Lehrpersonal auch* to give *or* grant sabbatical leave; (*von Pflichten befreien*) to excuse (*von* from). **beurlaubt sein** to be on leave, to have leave of absence; to have time off; to be on sabbatical leave; (*suspendiert sein*) to have been relieved of one's duties; **sich ~ lassen** to take leave (of absence)/time off/sabbatical leave.

Be|urlaubung *f siehe vt* (*gen* to) granting of leave (of absence); giving time off; granting of sabbatical leave; (*Beurlaubtsein*) leave (of absence); time off; sabbatical leave. **seine ~ vom Dienst** (*Befreiung*) his being excused (from) his duties; (*Suspendierung*) his being relieved of his duties.

be|urteilen* vt to judge (nach by, from); Leistung, Wert to assess; Buch, Bild etc auch to give an opinion of. **etw richtig/ falsch** ~ to judge sth correctly/to misjudge sth; **du kannst das doch gar nicht** ~ you are not in a position to judge.

Be|urteilung f (das Beurteilen) judging, judgement; assessing, assessment; (Urteil) assessment; (Kritik: von Stück etc) review.

Be|urteilungsmaßstab m criterion.

Beuschel nt -s, - (Aus) 1. dish made of offal. 2. (sl) lungs pl; (Eingeweide) entrails pl.

Beute¹ f -, no pl 1. (Kriegs~, fig hum) spoils pl, booty, loot no indef art; (Diebes~) haul, loot (inf); (von Raubtieren etc) prey; (getötete) kill; (Jagd~) bag; (beim Fischen) catch. ~ **machen** to capture booty/make a haul/kill/get a bag/ catch; **ohne** ~/**mit reicher** ~ (Hunt) empty-handed/with a good bag.
2. (liter: Opfer) prey. **eine** ~ **einer Sache** (gen) **sein/werden** to have fallen (a) prey/to fall prey to sth; **eine leichte** ~ easy prey.

Beute² f -, -n (Bienenkasten) (bee)hive.

beutegierig adj Tier eager for the kill, ravening attr; (fig) eager for booty or a haul.

Beutel m -s, - 1. (Behälter) bag; (Tasche) (draw-string) bag or purse; (Tragetasche) carrier bag; (Tabaks~, Zool) pouch.
2. (inf: Geld~) (von Frau) purse; (von Mann) wallet. **tief in den** ~ **greifen** to put one's hand in one's pocket, to dig deep into one's pocket(s); **die Hand auf dem** ~ **haben, den** ~ **zuhalten** (dated) to be tight-fisted.

beuteln I vt (dial) to shake; (fig) to shake about. **II** vi (sich bauschen) to bag.

Beutelratte f didelphid; **Beutelschneider** m (obs: Gauner) cutpurse (obs), pickpocket; (dated geh: Wucherer) swindler; **Beutelschneiderei** f (obs) theft, thievery (old); (geh: Nepp) swindling; **Beutelttier** nt marsupial.

Beutestück nt booty; **Beutezug** m raid (auch fig). **auf** ~ **durch die Geschäfte gehen** (fig) to go on a foray of the shops.

bevölkern* I vt 1. (bewohnen) to inhabit; (beleben) to crowd, to fill. **schwach/stark** or **dicht bevölkert** thinly or sparsely/ densely or thickly populated; **Tausende bevölkerten den Marktplatz** the marketplace was crowded with thousands of people. 2. (besiedeln) to populate. **II** vr to become inhabited; (fig) to fill up.

Bevölkerung f 1. (die Bewohner) population. 2. no pl (das Bevölkern) peopling, populating.

Bevölkerungs|abnahme f fall or decrease in population; **Bevölkerungsdichte** f density of population, population density; **Bevölkerungs|explosion** f population explosion; **Bevölkerungsgruppe** f section of the population; **Bevölkerungsschicht** f class of society, social stratum or class; **Bevölkerungsstatistik** f population statistics pl; **Bevölkerungszahl** f (total) . population; **Bevölkerungszunahme** f rise or increase in population.

bevollmächtigen* vt to authorize (zu etw to do sth).

Bevollmächtigte(r) mf decl as adj authorized representative; (Pol) plenipotentiary.

Bevollmächtigung f authorization (durch from).

bevor conj before. ~ **Sie (nicht) die Rechnung bezahlt haben** until you pay or you have paid the bill.

bevormunden* vt to treat like a child. **jdn** ~ to make sb's decisions (for him/her), to make up sb's mind for him/her; **ich lasse mich von niemandem** ~ I shan't let anyone make my decisions (for me) or make up my mind for me.

Bevormundung f seine Schüler/ Untergebenen etc wehren sich gegen die ständige ~ his pupils/subordinates etc object to his constantly making up their minds for them; **unsere** ~ **durch den Staat** the State's making up our minds for us.

bevorrechten* (old), **bevorrechtigen*** vt insep to give preference or priority to.

bevorrechtigt adj (privilegiert) privileged; (wichtig) high-priority.

bevorstehen vi sep irreg to be imminent; (Winter etc) to be near, to approach. **jdm** ~ to be in store for sb; **ihm steht eine Überraschung bevor** there's a surprise in store for him; **das Schlimmste steht uns noch bevor** the worst is yet or still to come.

bevorstehend adj forthcoming; Gefahr, Krise imminent; Winter approaching.

bevorzugen* vt to prefer; (begünstigen) to favour, to give preference or preferential treatment to. **keines unserer Kinder wird bevorzugt** we don't give preference to any of our children; **hier wird niemand bevorzugt** there's no favouritism here.

bevorzugt I adj preferred; Behandlung preferential; (privilegiert) privileged. **die von mir** ~**en Bücher** the books I prefer. **II** adv **jdn** ~ **abfertigen/bedienen etc** to give sb preferential treatment; **etw** ~ **abfertigen/bedienen etc** to give sth priority.

Bevorzugung f preference (gen for); (vorrangige Behandlung) preferential treatment (bei in).

bewachen* vt to guard; (Sport) Tor to guard; Spieler to mark.

Bewacher m -s, - guard; (Sport: von Spieler) marker.

bewachsen* vt irreg to grow over, to cover. **II** adj overgrown, covered (mit in, with).

Bewachung f guarding; (Wachmannschaft) guard; (Sport) marking. **jdn unter** ~ **halten/stellen** to keep/put sb under guard.

bewaffnen* I vt to arm. **II** vr (lit, fig) to arm oneself.

bewaffnet adj armed. **bis an die Zähne** ~ armed to the teeth; ~**e Organe** (DDR) armed forces.

Bewaffnete(r) mf decl as adj armed man/ woman/person etc.

Bewaffnung f 1. no pl (das Bewaffnen) arming. **man hat die** ~ **der Polizei beschlossen** it was decided to arm the police. 2. (Waffen) weapons pl.

bewahren* vt 1. (beschützen) to protect (vor +dat from). jdn vor etw ~ to protect or save or preserve sb from sth; (i or Gott) bewahre! (inf) heaven or God forbid!
2. (geh: auf~) to keep. sich für jdn ~ (liter) to keep oneself for sb; jdn/etw in guter Erinnerung ~ to have happy memories of sb/sth.
3. (beibehalten) to keep, to retain, to preserve. sich (dat) etw ~ to keep or retain or preserve sth.

bewähren* I vt (dated) to prove.
II vr to prove oneself/itself, to prove one's/its worth; (Methode, Plan, Investition, Sparsamkeit, Fleiß) to pay off, to prove (to be) worthwhile; (Auto, Gerät etc) to prove (to be) a good investment. sich im Leben~ to make something of one's life; die Methode/das Gerät hat sich gut/schlecht bewährt the method proved/didn't prove (to be) very worthwhile/the appliance proved/didn't prove (to be) a very good investment; es bewährt sich immer, das zu tun it's always worthwhile doing that; ihre Freundschaft hat sich bewährt their friendship stood the test of time.

Bewahrer m -s, - guardian, custodian, keeper.

bewahrheiten* vr (Befürchtung, Hoffnung) to prove (to be) well-founded; (Prophezeiung) to come true.

bewährt adj proven, tried and tested, reliable; Geldanlage worthwhile; Rezept tried and tested. vielfach/seit langem ~ tried and tested/well-established.

Bewahrung f siehe vt 1. protection. 2. keeping. 3. keeping, retaining, preservation; conservation.

Bewährung f 1. siehe vr proving oneself/itself, proving one's/its worth; proving oneself/itself worthwhile. bei ~ der Methode ... if the method proves (to be) worthwhile ...
2. (Jur) probation. eine Strafe zur ~ aussetzen to impose a suspended sentence; ein Jahr Gefängnis mit ~ a suspended sentence of one year with probation.

Bewährungs|auflage f (Jur) probation order; **Bewährungsfrist** f (Jur) probation(ary) period, (period of) probation; **Bewährungshelfer** m probation officer; **Bewährungshilfe** f probation service; **Bewährungsprobe** f test; etw einer ~ (dat) unterziehen to put sth to the test; die ~ bestehen to pass the test; **Bewährungszeit** f time spent on probation.

bewalden* I vt to plant with trees, to afforest (form). II vr allmählich bewaldet sich das Gebiet trees are gradually beginning to grow in the area.

bewaldet adj wooded.

Bewaldung f (das Bewalden) planting with trees, afforestation (form); (Baumbestand) trees pl, woodlands pl. spärliche/dichte ~ few trees/dense woodlands.

bewältigen* vt (meistern) Schwierigkeiten to cope with; Arbeit, Aufgabe auch, Strecke to manage; (überwinden) Vergangenheit, Erlebnis etc to get over; Schüchternheit auch to overcome; (er-

ledigen, beenden) to deal with.

Bewältigung f siehe vt die ~ der Schwierigkeiten/der Arbeit/eines Erlebnisses etc coping with the difficulties/managing the work/getting over an experience etc.

bewandert adj experienced. in etw (dat)/auf einem Gebiet ~ sein to be familiar with or well-versed in sth/to be experienced or well-versed in a field.

Bewandtnis f reason, explanation. das hat or damit hat es eine andere ~ there's another reason or explanation for that; das hat or damit hat es seine eigene ~ that's a long story; mit der Liebe hat es seine eigene ~ love is a strange thing; das hat or damit hat es folgende ~ the fact/facts of the matter is/are this/these.

bewässern* vt to irrigate; (mit Sprühanlage) to water.

Bewässerung f siehe vt irrigation; watering.

Bewässerungs|anlage f irrigation plant; **Bewässerungsgraben** m irrigation channel, feeder; **Bewässerungskanal** m irrigation canal; **Bewässerungssystem** nt irrigation system.

bewegen[1]* I vt 1. (Lage verändern, regen) to move; Erdmassen, Möbelstück auch to shift; Hund, Pferd to exercise.
2. (innerlich ~) to move; (beschäftigen, angehen) to concern. dieser Gedanke bewegt mich seit langem this has been on my mind a long time; ~d moving.
II vr 1. to move. beide Reden bewegten sich in der gleichen Richtung both speeches were along the same lines.
2. (Bewegung haben: Mensch) to get some exercise; (inf: spazierengehen) to stretch one's legs, to take some exercise.
3. (fig) (variieren, schwanken) to vary, to range (zwischen between). der Preis bewegt sich um die 50 Mark the price is about 50 marks; die Verluste ~ sich in den Tausenden losses are in the thousands.
4. (sich benehmen) to behave, to act.

bewegen² pret bewog, ptp bewogen vt jdn zu etw ~ to induce or persuade sb to do sth; was hat dich dazu bewogen? what induced you to do that?; ich fühlte mich bewogen, etwas zu sagen I felt I had to say something; sich dazu ~ lassen, etw zu tun to allow oneself to be persuaded to do sth.

Beweggrund m motive.

beweglich adj 1. (bewegbar) movable; Hebel, Griff auch mobile; Truppe mobile.
2. (wendig) agile; Fahrzeug manoeuvrable; (geistig ~) agile-minded, nimble-minded; (fig) Geist auch nimble. mit einem Kleinwagen ist man in der Stadt ~er you're more mobile in town with a mini(car).

Beweglichkeit f, no pl siehe adj 1. movability; mobility. 2. agility; manoeuvrability; agility or nimbleness of mind; nimbleness.

bewegt adj 1. (unruhig) Wasser, See choppy; Zeiten, Vergangenheit, Leben eventful; Jugend eventful, turbulent. die See war stark ~/kaum ~ the sea was rough/fairly calm. 2. (gerührt) Stimme, Stille emotional. ~ sein to be moved.

Bewegung f 1. movement; (*Hand~ auch*) gesture; (*Sci, Tech auch*) motion. **eine falsche ~!** one false move!; **keine ~!** freeze! (*inf*), don't move!; **in ~ sein** (*Fahrzeug*) to be moving, to be in motion; (*Menge*) to mill around; **sich in ~ setzen** to start moving, to begin to move; **etw in ~ setzen/bringen** to set sth in motion, to start sth moving; **jdn in ~ bringen** to get sb moving; **alle Hebel or Himmel und Hölle in ~ setzen** to move heaven and earth; **jdn in ~ halten** to keep sb moving, to keep sb on the go (*inf*). **2.** (*körperliche ~*) exercise. **sich** (*dat*) **~ verschaffen or machen** to get (some) exercise. **3.** (*Unruhe*) agitation. **in ~ geraten** to get into a state of agitation. **4.** (*Ergriffenheit*) emotion. **bei jdm ~ bewirken** to move sb, to stir sb's emotions. **5.** (*Pol, Art etc*) movement.

Bewegungs|energie f kinetic energy; **bewegungsfähig** adj mobile; **Bewegungsfreiheit** f freedom of movement; (*fig*) freedom of action; **Bewegungskrieg** m mobile warfare; **bewegungslos** adj motionless, immobile; **Bewegungslosigkeit** f motionlessness, immobility; **Bewegungsmangel** m lack of exercise; **Bewegungsnerv** m motor nerve; **Bewegungsspiel** nt (*Sport*) active game; **Bewegungsstudie** f (*Art*) study in movement; **Bewegungstherapie** f (*aktiv*) therapeutic exercise; (*passiv*) manipulation; **bewegungs|unfähig** adj unable to move; (*gehunfähig*) unable to move or get about.

bewehren* (*old*) I vt to fortify; (*bewaffnen*) to arm. II vr (*auch iro*) to arm oneself.

Bewehrung f 1. *siehe* vt fortifying; arming. **2.** (*Wehranlagen*) fortifications pl; (*Waffen*) arms pl.

beweibt adj (*dated*) wedded (*dated*); (*hum*) hitched pred (*inf*). **er kam ~** (*hum*) he came along with a woman.

beweihräuchern* vt to (in)cense; (*fig*) to praise to the skies. **sich** (**selbst**) **~** to indulge in self-adulation.

beweinen* vt to mourn (for), to weep for.

Beweinung f mourning. **die ~ Christi** (*Art*) the Mourning of Christ.

Beweis m **-es, -e** proof (*für* of); (*Zeugnis*) evidence no pl. **als or zum ~** as proof or evidence; **ein eindeutiger ~** clear evidence; **sein Schweigen ist ein ~ seines Schuldgefühls** his silence is proof or evidence of his feeling of guilt; **den ~ antreten, einen/den ~ führen** to offer evidence or proof; **den ~ für etw/seiner Unschuld** (*gen*) **erbringen** to produce or supply evidence or proof of sth/one's innocence; **~ erheben** (*Jur*) to hear or take evidence; **jdm einen ~ seiner Hochachtung geben** to give sb a token of one's respect.

Beweis|antrag m (*Jur*) motion to take or hear evidence; **Beweis|aufnahme** f (*Jur*) taking or hearing of evidence; **beweisbar** adj provable, demonstrable, capable of being proved.

beweisen* irreg I vt 1. (*nachweisen*) to prove. **was zu ~ war** QED, quod erat demonstrandum; **was noch zu ~ wäre** that remains to be seen. **2.** (*erkennen lassen, dated: erweisen*) to show. **jdm Dank ~** to show one's gratitude to sb. II vr to prove oneself/itself.

Beweis|erhebung f (*Jur*) *siehe* **Beweisaufnahme**; **Beweisführung** f (*Jur*) presentation of one's case; (*Math*) proof; (*Argumentation*) (line of) argumentation or reasoning; **Beweisgegenstand** m (*esp Jur*) point at issue; **Beweisgrund** m argument; **Beweiskette** f chain of proof; (*Jur auch*) chain of evidence; **Beweiskraft** f evidential value, value as evidence; **beweiskräftig** adj evidential, probative (*form*); **Beweislast** f (*Jur*) onus, burden of proof; **Beweismaterial** nt (body of) evidence; **Beweismittel** nt evidence no pl; **Beweisnot** f (*Jur*) lack of evidence; **in ~ sein** to be lacking evidence; **Beweispflicht** f (*Jur*) onus, burden of proof; **Beweisstück** nt exhibit; **Beweiswürdigung** f (*Jur*) assessment of the evidence.

bewenden vt impers: **es bei or mit etw ~ lassen** to be content with sth; **wir wollen es dabei ~ lassen** let's leave it at that.

Bewenden nt: **damit hatte es sein/die Angelegenheit ihr ~** the matter rested there, that was the end of the matter.

Bewerb m **-(e)s, -e** (*Aus Sport*) *siehe* **Wettbewerb**.

bewerben* vr irreg to apply (*um* for, *als* for the post/job of). **sich bei einer Firma ~** to apply to a firm (for a job); **sich um jdn ~** (*dated*) to ask for sb's hand in marriage.

Bewerber(in f) m **-s, -** applicant; (*dated: Freier*) suitor (*dated*).

Bewerbung f application; (*dated: um Mädchen*) wooing (*dated*), courting (*dated*).

Bewerbungsbogen m application form; **Bewerbungsschreiben** nt (letter of) application; **Bewerbungs|unterlagen** pl application documents pl.

bewerfen* vt irreg 1. **jdn/etw mit etw ~** to throw sth at sb/sth; *mit Steinen, Pfeilen etc auch* to pelt sb with sth; (*fig*) to hurl sth at sb/sth; **jdn/jds guten Namen mit Schmutz or Dreck ~** to throw or sling mud at sb/sb's good name. **2.** (*Build*) to face, to cover; (*mit Rauhputz auch*) to roughcast; (*mit Gips auch*) to plaster; (*mit Zement auch*) to cement. **mit Kies beworfen** pebble-dashed.

bewerkstelligen* vt to manage; (*Geschäft*) to effect, to bring off. **es ~, daß jd etw tut** to manage or contrive to get sb to do sth.

Bewerkstelligung f, no pl managing.

bewerten* vt jdn to judge; *Gegenstand* to value, to put a value on; *Leistung auch, Schularbeit* to assess. **etw zu hoch/niedrig ~** to overvalue/undervalue sth; **jdn/etw nach einem Maßstab ~** to judge sb/ measure sth against a yardstick; **etw mit der Note 5 ~** to give sth a mark of 5; **eine Arbeit mit (der Note) „gut" ~** to mark a piece of work "good".

Bewertung f *siehe* vt judgement; valuation; assessment.

bewiesenermaßen *adv* was er sagt, ist ~ **unwahr** it has been proved that *or* there is evidence to show that what he is saying is untrue; **er ist ~ ein Betrüger** he has been proved to be a fraud.

bewilligen* *vt* to allow; *Planstelle auch, Etat, Steuererhöhung etc* to approve; *Mittel, Geld, Darlehen etc auch* to grant; *Stipendium* to award. **jdm etw ~** to allow/ grant/award sb sth.

Bewilligung *f siehe vt* allowing; approving, approval; granting; awarding; (*Genehmigung*) approval. **dafür brauchen Sie eine ~** you need approval for that; **die ~ für einen Kredit bekommen** to be allowed *or* granted credit.

Bewilligungsbescheid *m* approval; **bewilligungspflichtig** *adj* subject to approval.

bewillkommnen* *vt insep* (*geh*) to welcome.

bewimpelt *adj* decked out with flags *or* bunting.

bewimpert *adj Auge* lashed; (*Zool*) ciliate(d) (*spec*).

bewirken* *vt* 1. (*verursachen*) to cause, to bring about, to produce. **~, daß etw passiert** to cause sth to happen.
2. (*erreichen*) to achieve. **damit bewirkst du bei ihm nur das Gegenteil** that way you'll only achieve the opposite effect.

bewirten* *vt* **jdn ~** to feed sb; (*bei offiziellem Besuch etc*) to entertain sb to a meal; **wir wurden während der ganzen Zeit köstlich bewirtet** we were very well fed all the time, we were given excellent food all the time; **jdn mit Kaffee und Kuchen ~** to entertain sb to coffee and cakes; **wenn man so viele Leute zu ~ hat** if you have so many people to cater for *or* feed.

bewirtschaften* *vt* 1. *Betrieb etc* to manage, to run. **die Berghütte wird im Winter nicht/wird von Herrn und Frau X bewirtschaftet** the mountain hut is not serviced in the winter/is managed *or* run by Mr and Mrs X.
2. *Land* to farm, to cultivate, to work.
3. (*staatlich kontrollieren*) *Waren* to ration; *Devisen, Wohnraum* to control.

Bewirtschaftung *f siehe vt* 1. management, running; servicing. 2. farming, cultivation, working. 3. rationing; control.

Bewirtung *f* (*das Bewirten*) hospitality; (*im Hotel*) (food and) service; (*rare: Essen und Getränke*) food (and drink). **die ~ so vieler Gäste** catering for *or* feeding so many guests.

bewog *pret of* **bewegen²**.

bewogen *ptp of* **bewegen²**.

bewohnbar *adj* 1. *Gegend, Land etc* habitable. 2. *Haus, Wohnung etc* habitable, fit to live in; (*beziehbar*) habitable, ready to live in.

Bewohnbarkeit *f* habitability.

bewohnen* *vt* to live in; *Haus, Zimmer, Bau, Nest auch* to occupy; (*Volk*) to inhabit; (*Krankheit*) to be carried by. **die Höhle ist von einem Bären bewohnt** the cave is occupied *or* inhabited by a bear; **das Zimmer/das Haus war jahrelang nicht**

bewohnt the room was unoccupied/the house was uninhabited *or* unoccupied for years.

Bewohner(in *f*) *m* **-s, -** (*von Land, Gebiet*) inhabitant; (*von Haus etc*) occupier. **dieser Vogel ist ein ~ der Wälder** this bird is a forest-dweller *or* a denizen of the forest (*liter*).

Bewohnerschaft *f* occupants *pl*.

bewohnt *adj Land, Gebiet* inhabited; *Haus etc auch* occupied.

bewölken* *vr* (*lit, fig*) to cloud over.

bewölkt *adj* cloudy. **~ bis bedeckt** (*Met*) cloudy, perhaps overcast.

Bewölkung *f* (*das Sichbewölken*) clouding over, darkening; (*das Bewölktsein*) cloud. **wechselnde bis zunehmende ~** (*Met*) variable amounts of cloud, becoming cloudier.

Bewölkungsauflockerung *f* breakup of the cloud; **Bewölkungszunahme** *f* increase in cloud.

Bewuchs *m*, *no pl* vegetation.

Bewund(e)rer(in *f*) *m* **-s, -** admirer.

bewundern* *vt* to admire (*wegen* for). **~d** admiring; **ein überall bewunderter Künstler** a universally admired artist.

bewundernswert, bewundernswürdig *adj* admirable.

Bewunderung *f* admiration.

Bewurf *m* (*Build*) facing, covering; (*Rauhputz*) roughcast; (*Kies~*) pebble dash.

bewurzeln* *vr* to root, to grow roots.

bewußt I *adj* 1. *usu attr* (*Philos, Psych*) conscious.
2. *attr* (*überlegt*) conscious; *Mensch* self-aware. **er führte ein sehr ~es Leben** he lived a life of total awareness.
3. *pred sich* (*dat*) **einer Sache** (*gen*) **~ sein/werden** to be/become aware *or* conscious of sth, to realize sth; **etw ist jdm ~** sb is aware *or* conscious of sth; **es wurde ihm allmählich ~, daß ...** he gradually realized (that) ..., it gradually dawned on him (that) ...
4. *attr* (*willentlich*) deliberate, intentional; *Lüge* deliberate.
5. *attr* (*überzeugt*) convinced.
6. *attr* (*bekannt, besagt*) in question; *Zeit* agreed. **die ~e Kreuzung** the crossroads in question.

II *adv* 1. consciously; *leben* in total awareness.
2. (*willentlich*) deliberately, intentionally.

Bewußtheit *f*, *no pl siehe adj* 1., 2., 4., 5. 1. consciousness. 2. consciousness; self-awareness. 3. deliberate *or* intentional nature. 4. conviction.

bewußtlos *adj* unconscious, senseless; **~ werden** to lose consciousness, to become unconscious; **~ zusammenbrechen** to fall senseless; **Bewußtlose(r)** *mf decl as adj* unconscious man/woman/person *etc*; **die ~n** the unconscious; **Bewußtlosigkeit** *f* unconsciousness; **bis zur ~** (*inf*) ad nauseam; **bewußtmachen** *vt sep* **jdm etw ~** to make sb aware *or* conscious of sth, to make sb realize sth; **sich** (*dat*) **etw ~** to realize sth; **das muß man sich mal ~** one must realize that.

Bewußtsein *nt* **-s**, *no pl* **1.** (*Wissen*) awareness, consciousness. **etw kommt jdm zu(m)** ~ sb becomes aware or conscious of sth or realizes sth; **jdm etw zu** ~ **bringen/ins** ~ **rufen** to make sb (fully) conscious or aware of sth; **im** ~ +*gen*/, **daß …** in the knowledge of/that …

2. (*Philos, Psych, Med*) consciousness. **das** ~ **verlieren/wiedererlangen** to lose/regain consciousness; **bei** ~ **sein** to be conscious; **zu(m)** ~ **kommen** to regain consciousness; **bei vollem** ~ fully conscious.

3. er tat es mit (vollem)/ohne ~ he was (fully) aware/he was not aware of what he was doing.

4. (*Anschauungen*) convictions *pl*.

Bewußtseinsbildung *f* (*Pol*) shaping of political ideas; **bewußtseins|erweiternd** *adj* ~**e Drogen** mind-expanding or psychedelic drugs; **Bewußtseins|erweiterung** *f* consciousness raising; **Bewußtseins|inhalt** *m usu pl* (*Philos*) content of consciousness; **Bewußtseinslage** *f* (*Pol*) state of political awareness; **Bewußtseinslenkung** *f* (*Sociol*) manipulation of consciousness; **Bewußtseinsschwelle** *f* (*Psych*) threshold of consciousness; **Bewußtseinsspaltung** *f* (*Med, Psych*) splitting of the consciousness; **Bewußtseinsstörung** *f* (*Psych*) disturbance of consciousness; **Bewußtseinsstrom** *m* (*Liter*) stream of consciousness; **Bewußtseinstrübung** *f* (*Psych*) dimming of consciousness; **bewußtseinsver|ändernd** *adj* (*Psych*) ~**e Drogen** drugs which alter one's (state of) awareness; ~**e Erfahrungen** experiences which alter one's outlook; **Bewußtseinsver|änderung** *f siehe adj* change in the state of mind; change in outlook; **(politische)** ~ change in political outlook.

Bewußtwerdung *f* dawning of consciousness.

bezahlbar *adj* payable. **das ist zwar recht teuer, aber für die meisten doch durchaus** ~ although it's quite expensive most people can certainly afford it.

bezahlen* **I** *vt* **1.** *Rechnung, Schuld auch* to pay off, to settle. **jdm 10 Mark** ~ to pay sb 10 marks; **etw an jdn** ~ to pay sb sth.

2. *Sache, Leistung, Schaden* to pay for; *Zeche* to pay, to foot (*inf*). **etw bezahlt bekommen** or **kriegen** (*inf*)/**für etw nichts bezahlt bekommen** or **kriegen** (*inf*) to get/not to get paid for sth; **jdm etw** ~ (*für jdn kaufen*) to pay for sth for sb; (*Geld geben für*) to pay sb for sth; **laß mal, ich bezahl' das** it's OK, I'll pay for that or I'll get that; **er hat seinen Fehler mit seinem Leben bezahlt** he paid for his mistake with his life; **… als ob er es bezahlt bekäme** (*inf*) like mad or crazy (*inf*), like hell (*sl*).

II *vi* to pay. **Herr Ober,** ~ **bitte!** waiter, the bill or check (*esp US*) please!

bezahlt *adj* paid. **sich** ~ **machen** to be worth it, to pay off.

Bezahlung *f* **1.** *siehe vt* payment; paying off, settlement; paying for (*einer Sache*

(*gen*) sth). **2.** (*Lohn, Gehalt*) pay; (*für Dienste*) payment. **ohne/gegen/für** ~ without/for/for payment.

bezähmen* **I** *vt* (*fig geh*) *Begierden, Leidenschaften* to master, to control, to curb. **II** *vr* to control or restrain oneself.

bezaubern* **I** *vt* (*fig*) to charm, to captivate. **II** *vi* to be bewitching or captivating.

bezaubernd *adj* enchanting, charming.

Bezauberung *f* bewitchment, captivation; (*Entzücken*) enchantment, delight.

bezechen* *vr* (*inf*) to get drunk.

bezecht (*inf*) *adj* drunk. **total** ~ dead drunk (*inf*).

bezeichnen* *vt* **1.** (*kennzeichnen*) (*durch, mit* by) to mark; *Takt, Tonart* to indicate.

2. (*genau beschreiben*) to describe. **er bezeichnete uns den Weg** he described the way to us.

3. (*benennen*) to call, to describe. **ich weiß nicht, wie man das bezeichnet** I don't know what that's called; **das würde ich schlicht als eine Unverschämtheit** ~ I would describe that as or call that sheer effrontery; **so kann man es natürlich auch** ~ of course, you can call it that or describe it that way too; **jd/etw wird mit dem Wort … bezeichnet** sb/sth is described by the word …, the word … describes sb/sth; **jdn/etw als Betrüger/Betrug** ~ to describe sb/sth as a swindler/swindle, to call sb/sth a swindler/swindle; **er bezeichnet sich gern als Künstler** he likes to call himself an artist.

4. (*bedeuten*) to mean, to denote.

5. (*geh: typisch sein für*) to epitomize.

bezeichnend *adj* (*für* of) characteristic, typical.

bezeichnenderweise *adv* typically)anoʊgɹ(.

Bezeichnung *f* **1.** *siehe vt* **1.**, **2.** marking, indication; description. **2.** (*Ausdruck*) expression, term.

bezeigen* (*geh*) **I** *vt* **jdm etw** ~ to show sth to sb. **II** *vr* **sich dankbar** *etc* ~ to show one's gratitude *etc*.

bezeugen* *vt* **1.** (*Sache*) to attest; (*Person auch*) to testify to.~, **daß …** to attest the fact that …; to testify that … **2.** (*geh*) **jdm etw** ~ to show sb sth.

bezichtigen* *vt* to accuse. **jdn einer Sache** (*gen*) ~ to accuse sb of sth, to charge sb with sth; **jdn** ~, **etw getan zu haben** to accuse sb of having done sth.

Bezichtigung *f* accusation, charge.

beziehbar *adj* **1.** (*bezugsfertig*) *Wohnung etc* ready to move into. **2.** (*erhältlich*) *Waren etc* obtainable.

beziehen* *irreg* **I** *vt* **1.** (*überziehen*) *Polster, Regenschirm* to (re)cover; *Bettdecke, Kissen* to put a cover on; (*mit Saiten*) *Geige etc* to string. **die Betten frisch** ~ to put clean sheets on or to change the beds.

2. *Wohnung* to move into.

3. (*esp Mil*) *Posten, Stellung* to take up; (*old*) *Universität* to enter, to go up to; (*fig*) *Standpunkt* to take up, to adopt. **ein Lager** ~ to encamp; **Wache** ~ to mount guard, to go on guard.

4. (*sich beschaffen*) to get, to obtain; *Zeitungen etc* to take, to get.

5. (*erhalten*) to get, to receive; *Einkommen, Rente auch* to draw; *Prügel etc* to get.

6. (*in Beziehung setzen*) **etw auf jdn/etw ~** to apply sth to sb/sth; **warum bezieht er (bloß) immer alles auf sich?** why does he always take everything personally?

II *vr* **1.** (*sich bedecken*) (*Himmel*) to cloud over, to darken.

2. (*betreffen*) **sich auf jdn/etw ~** to refer to sb/sth; **diese Bemerkung bezog sich nicht auf dich/auf den gestrigen Vorfall** this remark wasn't meant to refer to you *or* wasn't intended for you/wasn't meant to refer to what happened yesterday.

3. (*sich berufen*) **sich ~ auf** (*+acc*) to refer to.

Bezieher(in *f*) *m* **-s,** - (*von Zeitung*) regular reader; (*Abonnent, von Aktien*) subscriber; (*von Waren*) purchaser; (*von Einkommen, Rente*) drawer.

Beziehung *f* **1.** (*Verhältnis*) relationship; (*Philos, Math*) relation.

2. *usu pl* (*Kontakt*) relations *pl.* **diplomatische ~en aufnehmen/abbrechen** to establish/break off diplomatic relations; **intime ~en zu jdm haben** to have intimate relations with sb; **menschliche ~en** human relations *or* intercourse.

3. (*Zusammenhang*) connection (*zu* with), relation. **etw zu etw in ~ setzen** to relate sth to sth; **zwischen den beiden Dingen besteht keinerlei ~** there is absolutely no connection between the two (things), the two (things) are totally unconnected *or* unrelated; **etw hat keine ~ zu etw** sth has no bearing on sth *or* no relationship to sth; **die ~ zur Wirklichkeit verlieren** to lose one's grip on reality.

4. *usu pl* (*Verbindung*) connections *pl* (*zu* with). **er hat die Stelle durch ~en bekommen** he got the post through his connections *or* through knowing the right people; **seine ~en spielen lassen** to pull strings; **~en muß/müßte man haben** you need to know the right people, you need to be able to pull strings.

5. (*Sympathie*) (*zu etw*) feeling (*zu* for); (*zu jdm*) affinity (*zu* for), rapport (*zu* with). **ich habe keine ~ zu abstrakter Malerei** I have no feeling for abstract art, abstract painting doesn't do anything for me; **er hat überhaupt keine ~ zu seinen Kindern** he just doesn't relate to his children, he has no affinity for his children.

6. (*Hinsicht*) **in einer/keiner ~** in one/no respect *or* way; **in jeder ~** in every respect, in all respects; **in mancher ~** in some *or* certain respects.

beziehungslos *adj* unrelated, unconnected; **Beziehungslosigkeit** *f* unrelatedness, unconnectedness; **beziehungsreich** *adj* having many associations; **beziehungsvoll** *adj* suggestive.

beziehungsweise *conj* **1.** (*oder aber*) or.

2. (*im anderen Fall*) and ... respectively. **zwei Briefmarken, die 50 ~ 70 Pfennig kosten** two stamps costing 50 and 70 Pfennig respectively; **geben Sie in Ihrer Bestellung Rot ~ Blau als gewünschte Farbe an** state your choice of colour in your order: red or blue.

3. (*genauer gesagt*) or rather, or that is to say.

Beziehungswort *nt* (*Gram*) antecedent.

beziffern* I *vt* **1.** to number.

2. (*angeben*) to estimate (*auf +acc, mit* at). **man bezifferte den Schaden auf 750.000 Mark** the damage was estimated at *or* was put at 750,000 marks.

II *vr* **sich ~ auf** (*+acc*) (*Verluste, Schaden, Gewinn*) to amount to, to come to; (*Teilnehmer, Besucher*) to number.

beziffert *adj* (*Mus*) *Baß* figured.

Bezifferung *f* **1.** (*das Beziffern*) numbering.

2. (*Zahlen*) numbers *pl*, figures *pl.*

Bezirk *m* **-(e)s, -e 1.** (*Gebiet*) district; (*fig: Bereich*) sphere, realm. **2.** (*Verwaltungseinheit*) (*Stadt*) ≃ district; (*von Land*) ≃ region.

Bezirksgericht *nt* **1.** (*DDR*) state court; **2.** (*Aus, Sw*) district court; **Bezirkshauptmann** *m* (*Aus*) chief officer of local government; **Bezirksklasse** *f* (*Sport*) regional division; **Bezirksliga** *f* (*Sport*) regional league; **Bezirksspital** *nt* (*esp Sw*) district hospital; **Bezirksstadt** *f* ≃ county town; **Bezirkstag** *m* (*DDR*) state parliament (*operating at regional level*).

bezirzen* *vt siehe* **becircen.**

bezogen *adj* **auf jdn/etw ~** referring to sb/sth.

Bezogene(r) *mf decl as adj* (*Fin*) (*von Scheck*) drawee; (*von Wechsel*) acceptor.

bezug *siehe* **Bezug 8.**

Bezug *m* **-(e)s, ⸚e 1.** (*Kissen~, Polster~ etc*) cover; (*Kopfkissen~*) pillow-case, pillow-slip.

2. (*Bespannung*) strings *pl.*

3. (*von Waren etc*) buying, purchase; (*von Zeitung*) taking. **der ~ der diversen Magazine kostet uns ...** the various magazines we take cost (us) ...; **bei regelmäßigem ~ der Zeitung ...** if you take the newspaper on a regular basis ...

4. (*von Einkommen, Rente etc*) drawing.

5. **⸚e** *pl* (*Einkünfte*) income, earnings *pl*; **⸚e aus Nebenerwerb** income *or* earnings from secondary sources.

6. (*Zusammenhang*) *siehe* **Beziehung 3.**

7. (*form: Berufung*) reference. **~ nehmen auf** (*+acc*) to refer to, to make reference to; **~ nehmend auf** (*+acc*) referring to, with reference to; **mit** *or* **unter ~ auf** (*+acc*) with reference to.

8. (*Hinsicht*): **in b~ auf** (*+acc*) regarding, with regard to, concerning; **in b~ darauf** regarding that.

Bezüger(in *f*) *m* **-s,** - (*Sw*) **1.** *siehe* **Bezieher(in). 2.** (*von Steuern*) collector.

bezüglich I *prep +gen* (*form*) regarding, with regard to, concerning, re (*Comm*). II *adj* (*sich beziehend*) **das ~e Fürwort** (*Gram*) the relative pronoun; **auf etw** (*acc*) **~** relating to sth; **alle darauf ~en Fragen** all questions relating to that.

Bezugnahme *f* **~, -n** (*form*) reference. **unter ~ auf** (*+acc*) with reference to.

Bezugsbedingungen *pl* (*von Zeitschriften*) terms of delivery *or* subscription; (*bei Katalogbestellungen etc*) conditions of purchase; **bezugsberechtigt** *adj* entitled to draw; **Bezugsberechtigte(r)** *mf* (*von Rente etc*) authorized drawer; (*von Versicherung*) beneficiary; **bezugsbereit, bezugsfertig** *adj Haus etc* ready to move into, ready for occupation; **Bezugsperson** *f* **die wichtigste ~ des Kleinkindes** the person to whom the small child relates most closely; **wenn die Großmutter die einzige ~ des Kindes** *or* **für das Kind ist** when the grandmother is the only person to whom the child relates; **Bezugspreis** *m* (*von Zeitungsabonnement etc*) subscription charge; **Bezugspunkt** *m* (*lit, fig*) point of reference; **Bezugsquelle** *f* source of supply; **Bezugsrecht** *nt* (*Fin*) option (on a new share issue), subscription right; **~e erwerben/verkaufen** to acquire an/sell one's option on new share issues; **Bezugsschein** *m* (*ration*) coupon; **Bezugssystem** *nt* frame of reference; (*Statistics*) reference system.

bezuschussen* *vt* to subsidize.

Bezuschussung *f* subsidizing; (*Betrag*) subsidy.

bezwecken* *vt* to aim at; (*Regelung, Maßnahme auch*) to have as its object. **etw mit etw ~** (*Mensch*) to intend sth by sth; **was soll das ~?** what's the point of that?

bezweifeln* *vt* to doubt, to question, to have one's doubts about. **das ist nicht zu ~** that's unquestionable *or* beyond question; **~, daß ...** to doubt that ..., to question whether ...

bezwingbar *adj siehe vt* conquerable; defeatable; beatable; **that can be conquered/defeated/overcome/beaten** *etc*.

bezwingen* *irreg* **I** *vt* to conquer; *Feind auch* to defeat, to overcome, to vanquish (*liter*); (*Sport*) to beat, to defeat; *Festung* to capture; *Zorn, Gefühle* to master, to overcome; *Berg* to conquer, to vanquish (*liter*); *Strecke* to do. **II** *vr* to overcome *or* master one's emotions/desires *etc*.

bezwingend *adj* compelling.

Bezwinger(in *f*) *m* **-s, -** (*von Berg, Feind*) conqueror, vanquisher (*liter*); (*Sport*) winner (*gen* over); (*von Burg*) captor.

Bezwingung *f siehe vt* conquering, conquest; defeat(ing), overcoming; vanquishing(*liter*); beating, defeat(ing); capture, capturing; mastering, overcoming; conquering, vanquishing (*liter*).

BGB ['be:ge:'be:] *nt* -, *no pl abbr of* **Bürgerliches Gesetzbuch**.

BGH [be:ge:'ha:] *m* **-s** *abbr of* **Bundesgerichtshof**.

BH [be:'ha:] *m* **-(s), -(s)** *abbr of* **Büstenhalter** bra.

bi [bi:] *adj pred* (*sl*) ac/dc (*sl*), bi (*sl*).

Biafra *nt* **-s** Biafra.

Biafraner(in *f*) *m* **-s,** Biafran.

biafranisch *adj* Biafran.

Biathlon *nt* **-s, -s** (*Sport*) biathlon.

bibbern *vi* (*inf*) (*vor Angst*) to tremble, to shake; (*vor Kälte*) to shiver.

Bibel *f* **-, -n** (*lit*) Bible; (*fig*) bible.

Bibel|**auslegung** *f* interpretation of the Bible; **bibelfest** *adj* well versed in the Bible; **Bibelforscher** *m* (*dated*) Jehovah's witness; **Bibelsprache** *f* biblical language; **Bibelspruch** *m* biblical saying, quotation from the Bible; **Bibelstelle** *f* passage *or* text from the Bible; **Bibelstunde** *f* Bible study *no pl*; **Bibeltext** *m* text of the Bible; (*Auszug*) text *or* passage from the Bible; **Bibelvers** *m* verse from/of the Bible; **Bibelwort** *nt*, *pl* **Bibelworte** biblical saying.

Biber *m* **-s, - 1.** (*Tier, Pelz, Tuch*) beaver. **2.** *auch nt* (*Tuch*) flannelette.

Biberbau *m*, *pl* **Biberbaue, Biberburg** *f* beaver's lodge; **Bibergeil** *nt* **-(e)s,** *no pl* castor(eum); **Biberpelz** *m* beaver (fur); **Biberschwanz** *m* **1.** beaver's tail. **2.** (*Build: Dachziegel*) flat tile, plain tile; **Bibertuch** *nt* flannelette.

Bibliograph(in *f*) *m* bibliographer; **Bibliographie** *f* bibliography; **bibliographisch** *adj* bibliographic(al); **Bibliomanie** *f* bibliomania; **bibliophil** *adj Mensch* bibliophilic (*form*), bibliophil(e) (*form*), book-loving *attr*; *Ausgabe* for bibliophil(e)s *or* book-lovers; **Bibliophilie** *f* love of books, bibliophily (*form*).

Bibliothek *f* **-, -en** library.

Bibliothekar(in *f*) *m* librarian.

bibliothekarisch *adj* library *attr*. **~e Ausbildung** training in librarianship *or* as a librarian.

Bibliothekskatalog *m* library catalogue; **Bibliothekskunde** *f* librarianship; **Bibliothekswesen** *nt*, *no pl* libraries *pl*; (*als Fach*) librarianship; **Bibliothekswissenschaft** *f* librarianship.

biblisch *adj* biblical. **ein ~es Alter** a great age, a ripe old age.

Bickbeere *f* (*N Ger*) *siehe* **Heidelbeere**.

Bidet [bi'de:] *nt* **-s, -s** bidet.

Bidonville [bidõ'vil] *nt* **-s, -s** (*geh*) slums *pl*; (*aus Wellblech etc*) shantytown.

bieder *adj* **1.** (*rechtschaffen*) honest; *Mensch, Leben auch* upright. **2.** (*pej*) conventional, conservative; *Miene* worthy (*iro*).

Biederkeit *f siehe adj* **1.** honesty; uprightness. **2.** conventionality, conservatism; worthiness.

Biedermann *m*, *pl* **-männer 1.** (*dated, iro*) honest man; **2.** (*pej geh*) petty bourgeois; **biedermännisch** *adj* **1.** (*dated*) honest; **2.** (*pej geh*) petty bourgeois; *Geschmack, Gesinnung auch* philistine.

Biedermeier *nt* **-s,** *no pl* Biedermeier period.

Biedermeiersträußchen *nt* posy (with paper frill).

Biedermiene *f* (*geh*) worthy air; **Biedersinn** *m* (*geh*) **1.** (*dated*) honest mentality; **2.** (*pej*) middle-class *or* petty-bourgeois mentality.

biegbar *adj Lampenarm, Metall etc* flexible; *Material auch* pliable.

biegen *pret* **bog**, *ptp* **gebogen I** *vt* **1.** to bend; *Glieder auch* to flex; (*fig: manipulieren*) to wangle (*inf*). **auf B~ oder Brechen** (*pej inf*) by hook or by crook (*inf*), come hell or high water (*inf*); **es geht auf B~ oder Brechen** (*inf*) it's do or die. **2.** (*Aus Gram: flektieren*) to inflect.

II *vi aux sein* (*Mensch, Wagen*) to turn; (*Weg, Straße auch*) to curve. **der Fahrer**

bog zur Seite the driver turned; (*als Ausweichmanöver*) the driver pulled over to one side.

   III *vr* to bend; (*sich verziehen*) (*Schallplatte, Holz*) to warp; (*Metall*) to buckle. **sich vor Lachen ~** (*fig*) to double up or crease up (*inf*) with laughter; **die Tafel bog sich unter der Last der Speisen** (*fig*) the table was groaning beneath the weight of the food.

biegsam *adj* flexible; *Holz auch* pliable; *Stock auch* pliant; *Metall auch* malleable, ductile; *Glieder, Körper* supple, lithe; *Einband* limp; (*fig*) pliable, pliant.

Biegsamkeit *f siehe adj* flexibility; pliability; pliancy; malleability, ductility; suppleness, litheness; pliability, pliancy.

Biegung *f* 1. bend; (*von Weg, Fluß auch, Wirbelsäule*) curve (*gen* in). **der Fluß/die Straße macht eine ~** the river/road curves or bends. 2. (*Aus Gram*) inflection.

Biene *f* -, -n 1. bee. 2. (*dated sl: Mädchen*) bird (*Brit sl*), chick (*esp US sl*).

Bienenfleiß *m* bustling industriousness; **bienenfleißig** *adj* industrious; **Bienengift** *nt* bee poison; **Bienenhaltung** *f* beekeeping; **Bienenhaus** *nt* apiary; **Bienenhonig** *m* real or natural honey; **Bienenkasten** *m* (bee)hive; **Bienenkönigin** *f* queen bee; **Bienenkorb** *m* (bee)hive; **Bienenschwarm** *m* swarm (of bees); **Bienensprache** *f* language of bees; **Bienenstaat** *m* bee colony; **Bienenstich** *m* 1. bee sting; 2. (*Cook*) cake coated with sugar and almonds filled with custard or cream; **Bienenstock** *m* (bee)hive; **Bienenwachs** *nt* beeswax; **Bienenzucht** *f* beekeeping, apiculture; **Bienenzüchter** *m* beekeeper, apiarist.

Biennale [bie'naːlə] *f* -, -n biennial film/art festival.

Bier *nt* -(e)s, -e beer. **zwei ~, bitte!** two beers, please; **zwanzig verschiedene ~e** twenty different kinds of beer, twenty different beers; **das ist mein** *etc* **~** (*fig inf*) that's my *etc* business.

Bier- *in cpds* beer; **Bier|arsch** *m* (*sl*) fat arse (*sl*); **Bierbaß** *m* (*inf*) deep bass voice; **Bierbauch** *m* (*inf*) beer gut (*inf*), beer belly (*inf*), pot-belly; **Bierbrauerei** *f* (*das Brauen*) (beer-)brewing; (*Betrieb*) brewery.

Bierchen *nt* (glass of) beer.

Bierdeckel *m* beer mat; **Bier|eifer, Bier|ernst** *m* (*inf*) deadly seriousness; **Bierfilz** *m* beer mat; **Biergarten** *m* beer garden; **Bierhefe** *f* brewer's yeast; **Bierkeller** *m* (*Lager*) beer cellar; (*Gaststätte auch*) bierkeller; **Bierkrug** *m* tankard, beer mug; (*aus Steingut*) (beer) stein; **Bierkutscher** *m* 1. brewer's drayman. 2. (*inf*) beer-lorry (*Brit*) or -truck (*US*) driver; **Bierlaune** *f* (*inf*) **in einer ~, aus einer ~ heraus** after a few beers; **Bierleiche** *f* (*inf*) drunk; **Bierreise** *f* (*hum*) pub-crawl; **Bierruhe** *f* (*inf*) cool (*inf*); **Bierschinken** *m* ham sausage; **Bierseidel** *nt* tankard; **bierselig** *adj Mensch* boozed up (*inf*); **Bier|ulk** *m* (*inf*) drunken prank; **Bierverlag, Biervertrieb** *m* beer wholesaler's; **Bierwärmer** *m* beer-warmer; **Bierzeitung** *f* (*inf*) comic

newspaper; **Bierzelt** *nt* beer tent.

Biese *f* -, -n 1. (*an Hose*) braid. 2. (*Sew*) tuck; (*an Schuh*) decorative seam.

Biest *nt* -(e)s, -er (*pej inf*) 1. (*Tier*) creature; (*Insekt auch*) bug. 2. (*Mensch*) (little) wretch; (*Frau*) bitch (*sl*), cow (*sl*). **sie ist ein süßes ~** she looks a sweet little thing but she can be a bitch at times (*sl*). 3. (*Sache*) beast (of a thing) (*inf*).

Biet *nt* -(e)s, -e (*S Ger, Sw*) area.

bieten *pret* **bot**, *ptp* **geboten** I *vt* 1. (*anbieten*) to offer (*jdm etw* sb sth, sth to sb); (*bei Auktion*) to bid (*auf* +*acc* for); *Möglichkeit, Gelegenheit auch* to give (*jdm etw* sb sth, sth to sb). **jdm die Hand ~** to hold out one's hand to sb, to offer sb one's hand; (*fig auch*) to make a conciliatory gesture to sb; **jdm die Hand zur Versöhnung ~** (*fig*) to hold out the olive branch to sb; **jdm den Arm ~** to offer sb one's arm; **wer bietet mehr?** will anyone offer me *etc* more?; (*bei Auktion*) any more bids?; **diese Stadt/dieser Mann hat nichts zu ~** this town/man has nothing to offer.

   2. (*geben*) to give (*jdm etw* sb sth); *Gewähr, Sicherheit, Anlaß etc auch* to provide (*etw* sth, *jdm etw* sb with sth); *Asyl* to grant (*jdm etw* sb sth).

   3. (*haben, aufweisen*) to have; *Problem, Schwierigkeit* to present. **das Hochhaus bietet fünfzig Familien Wohnung/ Wohnungen für fünfzig Familien** the tower block provides accommodation/flats for fifty families.

   4. (*zeigen, darbieten*) *Anblick, Bild* to present; *Film* to show; *Leistung* to give. **die Mannschaft bot ein hervorragendes Spiel/hervorragende Leistungen** the team played an excellent game/played marvellously.

   5. (*zumuten*) **sich** (*dat*) **etw ~ lassen** to stand for sth; **so etwas könnte man mir nicht ~** I wouldn't stand for that sort of thing.

   6. (*geh: sagen*) **jdm einen Gruß ~** to greet sb; *siehe* **Paroli, geboten**.

   II *vi* (*Cards*) to bid; (*bei Auktion auch*) to make a bid (*auf* +*acc* for).

   III *vr* (*Gelegenheit, Lösung, Anblick etc*) to present itself (*jdm* to sb). **ein grauenhaftes Schauspiel bot sich unseren Augen** a terrible scene met our eyes.

Bieter(in *f*) *m* -s, - bidder.

Bigamie *f* bigamy.

Bigamist(in *f*) *m* bigamist.

bigamistisch *adj* bigamous.

bigott *adj* overly pious.

Bigotterie *f* (*pej*) 1. *no pl* excessive piousness. 2. (*Handlung*) overly pious behaviour *no pl*.

Bijouterie [biʒutə'riː] *f* 1. (*Schmuck*) jewellery. 2. (*Sw, obs: Geschäft*) jeweller's shop.

Bikarbonat *nt* bicarbonate.

Bikini *m* -s, -s bikini.

bikonkav *adj* biconcave.

bikonvex *adj* biconvex.

Bilanz *f* 1. (*Econ, Comm: Lage*) balance; (*Abrechnung*) balance sheet. **eine ~ aufstellen** to draw up a balance sheet; **~ machen** (*fig inf*) to check one's finances.

2. (*fig: Ergebnis*) end result. (**die**) ~ **ziehen** to take stock (*aus* of).

Bilanzbuchhalter *m* accountant.

bilanzieren* *vti* to balance; (*fig*) to assess.

Bilanzprüfer *m* auditor; **Bilanzsumme** *f* balance.

bilateral *adj* bilateral.

Bild *nt* **-(e)s, -er 1.** (*lit, fig*) picture; (*Fotografie auch*) photo; (*Film*) frame; (*Art: Zeichnung*) drawing; (*Gemälde*) painting; (*Cards*) court *or* face (*US*) card, picture card (*inf*). **ein ~ machen** to take a photo *or* picture; **etw im ~ festhalten** to photograph/paint/draw sth as a permanent record; **sie ist ein ~ von einer Frau** she's a fine specimen of a woman; **ein ~ des Elends** a picture of misery; **~: Hans Schwarz** (*TV, Film*) camera: Hans Schwarz.

2. (*Abbild*) image; (*Spiegel~ auch*) reflection.

3. (*Anblick, Ansicht*) sight. **das äußere ~ der Stadt** the appearance of the town.

4. (*Opt*) image.

5. (*Theat: Szene*) scene; *siehe* **lebend.**

6. (*Metapher*) metaphor, image. **um mit einem *or* im ~ zu sprechen ...** to use a metaphor ...; **im ~ bleiben** to use the same metaphor.

7. (*Erscheinungs~*) character. **sie gehören zum ~ dieser Stadt** they are part of the scene in this town.

8. (*fig: Vorstellung*) image, picture. **im ~e sein** to be in the picture (*über* + *acc* about); **jdn ins ~ setzen** to put sb in the picture (*über* + *acc* about); **sich** (*dat*) **von jdm/etw ein ~ machen** to get an idea of sb/sth; **du machst dir kein ~ davon, wie schwer das war** you've no idea *or* conception how hard it was; **das ~ des Deutschen** the image of the German.

Bild|archiv *nt* photo archives *pl*; **Bild|atlas** *m* pictorial atlas; **Bild|ausfall** *m* (*TV*) loss of vision; **Bild|autor** *m* photographer; **Bildband** *m* coffee-table book.

bildbar *adj* (*lit, fig*) malleable.

Bildbeilage *f* colour supplement; **Bildbericht** *m* photographic report; **Bildbeschreibung** *f* (*Sch*) description of a picture.

Bildchen *nt, pl auch* **Bilderchen** *dim of* **Bild.**

Bilddokument *nt* photograph/painting/ drawing of documentary value; **Bild|empfänger** *m* (*Tech*) picture receiver.

bilden I *vt* **1.** (*formen*) to form; *Figuren etc auch* to fashion; (*fig*) *Charakter auch* to shape, to mould; *Körper, Figur* to shape. **sich** (*dat*) **ein Urteil/eine Meinung ~** to form a judgement/an opinion.

2. (*hervorbringen, Gram*) to form. **das Seifenwasser bildet Schaum** the soapy water produces lather.

3. (*einrichten*) *Fond, Institution etc* to set up.

4. (*zusammenstellen*) *Kabinett, Regierung* to form; *Ausschuß, Gruppe auch* to set up; *Vermögen* to acquire.

5. (*ausmachen*) *Höhepunkt, Regel, Ausnahme, Problem, Gefahr etc* to constitute; *Dreieck, Kreis etc* to form. **die**

Teile ~ ein Ganzes the parts make up *or* form a whole; **die drei ~ ein hervorragendes Team** the three of them make (up) an excellent team.

6. (*erziehen*) to educate.

II *vr* **1.** (*entstehen*) to form, to develop.

2. (*lernen*) to educate oneself; (*durch Lesen etc*) to improve one's mind; (*durch Reisen etc*) to broaden one's mind.

III *vi siehe* **vr 2.** to be educational; to improve the *or* one's mind; to broaden the *or* one's mind.

bildend *adj*: **die ~e Kunst** art; **die ~en Künste** the fine arts; **~er Künstler** artist.

Bilderbogen *m* illustrated broadsheet.

Bilderbuch *nt* picture book. **eine Landschaft/Landung wie im ~** a picturesque landscape/a textbook landing.

Bilderbuch- *in cpds* (*lit*) picture-book; (*fig*) perfect. **eine ~landung** a textbook landing.

Bildergeschichte *f* picture story; (*in Comic, Zeitung*) strip cartoon; (*lustig*) comic strip; **Bilderrahmen** *m* picture-frame; **Bilderrätsel** *nt* picture-puzzle; **bilderreich** *adj Buch etc* full of pictures; (*fig*) *Sprache* rich in imagery; **~ sprechen** to use a lot of images; **Bilderschrift** *f* pictographic writing system; **Bildersprache** *f* metaphorical language; **Bilderstreit** *m* (*Eccl Hist*) controversy over image-worship, iconographic controversy; **Bildersturm** *m* (*Eccl Hist*) iconoclasm; **Bilderstürmer** *m* (*lit, fig*) iconoclast; **bilderstürmerisch** *adj* (*lit, fig*) iconoclastic.

Bildfernsprecher *m* video-phone; **Bildfläche** *f* **1.** (*Leinwand*) projection surface; (*von Fotoapparat*) film plane; **2.** (*fig inf*) **auf der ~ erscheinen** to appear on the scene; **von der ~ verschwinden** to disappear (from the scene); **Bildfolge** *f* sequence of pictures; (*Film*) sequence of shots; **Bildfrequenz** *f* filming speed; **Bildfunk** *m* radio photography; **bildhaft** *adj* pictorial; *Beschreibung, Vorstellung, Sprache* vivid; **Bildhauer** *m* sculptor; **Bildhauerei** *f* sculpture; **Bildhauerin** *f* sculptress; **bildhauerisch** *adj* sculptural; **Bildhauerkunst** *f* sculpture; **bildhauern** *vti insep* (*inf*) to sculpt; **bildhübsch** *adj* *Mädchen* (as) pretty as a picture; *Kleid, Garten etc* really lovely; **Bildkarte** *f* court or face (*US*) card, picture card (*inf*); **Bildkonserve** *f* film recording.

bildlich *adj* pictorial; *Ausdruck etc* metaphorical, figurative. **sich** (*dat*) **etw ~ vorstellen** to picture sth in one's mind's eye; **stell dir das mal ~ vor!** just picture it.

Bildlichkeit *f* (*von Sprache*) figurativeness; (*von Beschreibung*) graphicness.

Bildmaterial *nt* pictures *pl*; (*für Vortrag*) visual material, photographic and film material; (*für Buch*) pictorial material; (*Sch*) visual aids *pl*; **Bildmischer** *m* **-s, -** (*TV*) vision mixer.

Bildner(in *f*) *m* **-s, - 1.** (*geh: Schöpfer*) creator. **2.** (*dated: Erzieher*) educator.

bildnerisch *adj* *Begabung, Fähigkeit, Wille* artistic; *Element, Mittel, Gestaltung* visual.

Bildnis *nt* (*liter*) portrait.

Bildplatte f video disc; **Bildplattenspieler** m video disc player; **Bildqualität** f (TV, Film) picture quality; (Phot) print quality; **Bildredakteur** m picture editor; **Bildröhre** f (TV) cathode ray tube; **Bildschärfe** f definition no indef art; **Bildschirm** m (TV) screen; **Bildschirmgerät** nt visual display unit; **Bildschirmtext** m viewdata; **Bildschnitzer** m wood-carver; **Bildschnitzerei** f (wood) carving; **bildschön** adj beautiful; **Bildseite** f 1. face, obverse (form); 2. (von Buch) picture page; **Bildstelle** f educational film hire service; **Bildstock** m 1. wayside shrine; 2. (Typ) block; **Bildstörung** f (TV) interference (on vision or the picture); **bildsynchron** adj (Film, TV) synchronized (with the picture); **Bildtafel** f plate; **Bildtelefon** nt siehe **Bildfernsprecher**; **Bildtelegramm** nt phototelegram; **Bildtext** m caption.

Bildung f 1. (Erziehung) education. **zu seiner ~ macht er Abendkurse/liest er viel/reist er** he does evening classes to try and educate himself/reads to improve his mind/travels to broaden his mind; **~ haben** to be educated.

2. no pl (das Formen) formation, forming; (von Figuren etc auch) fashioning; (fig: von Charakter etc auch) shaping. **zur ~ des Passivs** to form the passive.

3. (Form: von Baum, Hand etc, Ling: Wort etc) form.

4. no pl (Entstehung) formation.

5. no pl (Einrichtung) setting-up.

6. no pl (Zusammenstellung) (von Kabinett, Regierung) formation, forming; (von Ausschuß, Gruppe auch) setting-up; (von Vermögen) acquisition.

Bildungs|anstalt f (form) educational establishment; **Bildungs|arbeit** f work in the field of education; **bildungsbeflissen** adj eager to improve one's mind; **Bildungsbürger** m member of the educated classes; **Bildungschancen** pl educational opportunities pl; **Bildungs|einrichtung** f educational institution; (Kulturstätte) cultural institution; **Bildungs|erlebnis** nt educational experience; **bildungsfähig** adj educable; **bildungsfeindlich** adj anti-education; **Bildungsgang** m school (and university/college) career; **Bildungsgrad** m level of education; **Bildungsgut** nt established part of one's general education; **Bildungshunger** m thirst for education; **Bildungs|ideal** nt educational ideal; **Bildungs|institut** nt siehe **Bildungseinrichtung**; **Bildungslücke** f gap in one's education; **Bildungsmonopol** nt monopoly on education; **Bildungsniveau** nt standard or level of education; **Bildungsplanung** f education(al) planning no indef art; **Bildungspolitik** f education policy; **Bildungspolitiker** m politician with a special interest in or responsibility for education; **bildungspolitisch** adj politico-educational; **Bildungsreform** f educational reform; **Bildungsreise** f educational trip or journey; **Bildungsroman** m (Liter) Bildungsroman (form),

novel concerned with the intellectual or spiritual development of the main character; **Bildungsstand** m level of education, educational level; **Bildungsstätte** f (geh) place or seat of learning; **Bildungsstreben** nt striving after education; **Bildungsstufe** f level of education; **eine hohe/niedrige ~ haben** to be highly/not very educated; **Bildungs|urlaub** m educational holiday; **Bildungsweg** m jds ~ the course of sb's education; **auf dem zweiten ~** through night school; **Bildungswesen** nt education system.

Bild|unterschrift f caption; **Bildwand** f projection wall; **Bildwerfer** m projector; **Bildwerk** nt (geh) sculpture; (aus Holz) carving; **Bildwinkel** m (Opt, Phot) angle of view; **Bildwörterbuch** nt pictorial or picture dictionary; **Bildzuschrift** f reply enclosing photograph.

Bilge f -, -n (Naut) bilge.

bilingual [bilɪŋ'gua:l] adj bilingual.

Billard ['bɪljart] nt -s, -e or (Aus) -s 1. (Spiel) billiards sing. 2. (inf: Spieltisch) billiard table.

Billard- in cpds billiard; **Billardkugel** f billiard ball; **Billardstock** m billiard cue.

Billet(t) [bɪl'jet] nt -(e)s, -e or -s 1. (Sw, dated: Fahr~, Eintrittskarte) ticket. 2. (Aus, obs: Schreiben) note; (Briefkarte) letter-card.

Billet(t)eur [bɪljɛ'tøːɐ] m 1. (Aus: Platzanweiser) usher. 2. (Sw: Schaffner) conductor.

Billiarde f -, -n thousand billion (Brit), thousand trillion (US).

billig adj 1. (preisgünstig) cheap; Preis low; (minderwertig auch) cheapjack attr. **~ abzugeben** going cheap; **~ davonkommen** (inf) to get off lightly.

2. (pej: primitiv) cheap; Trick, Masche auch shabby; Ausrede feeble. **ein ~er Trost** cold comfort.

3. (old) (angemessen) proper, meet (old); (gerecht, berechtigt) just, fair; siehe **recht**.

billigen vt to approve. **etw stillschweigend ~** to condone sth; **~, daß jd etw tut** to approve of sb's doing sth.

billigerweise adv (old) (mit Recht) rightly; (gerechterweise) by rights.

Billigkeit f siehe adj 1. cheapness; lowness. 2. cheapness; shabbiness; feebleness; cheapjack nature. 3. (old) properness, meetness (old); justness, fairness.

Billigpreis m low price.

Billigung f approval. **jds ~ finden** to meet with sb's approval.

Billion f billion (Brit), trillion (US).

bimbam interj ding-dong.

Bimbam m: **ach, du heiliger ~!** (inf) hell's bells! (inf).

Bimetall nt (Material) bimetal; (~streifen) bimetal strip.

Bimetallismus m bimetallism.

Bimmel f -, -n (inf) bell.

Bimmelbahn f (inf) small train with a warning bell.

Bimmelei f (pej) ringing.

bimmeln vi (inf) to ring.

Bimse f -, no pl (inf) **~ kriegen** to get a walloping (inf).

bimsen vt (inf) **1.** (drillen) to drill. **2.** (einüben) Vokabeln etc to swot (inf), to cram (inf); Griffe etc to practise.
Bimsstein m **1.** pumice stone. **2.** (Build) breezeblock.
bin 1. pers sing present of **sein**.
binar, binär, binarisch adj binary.
Binde f -, -n **1.** (Med) bandage; (Schlinge) sling. **2.** (Band) strip of material; (Schnur) cord; (Arm~) armband; (Augen~) blindfold. **3.** (Monats~) (sanitary) towel or napkin (US). **4.** (dated: Krawatte) tie. **sich** (dat) **einen hinter die ~ gießen** or **kippen** (inf) to put a few drinks away.
Bindegewebe nt (Anat) connective tissue; **Bindeglied** nt (fig) link; **Bindehaut** f (Anat) conjunctiva; **Bindehaut|entzündung** f conjunctivitis; **Bindemittel** nt binder.
binden pret **band**, ptp **gebunden** I vt **1.** (zusammen~) to tie; (fest~) to bind; (fig geh) to bind to unite. **etw zu etw or in etw** (acc) ~ to tie or bind sth into sth.
2. (durch Binden herstellen) to bind; Strauß, Kranz to make up; Knoten etc to tie; Faß to hoop.
3. (zu~) Schal to tie; Krawatte to knot. **sich** (dat) **die Schuhe ~** to tie (up) one's shoelaces.
4. (fesseln, befestigen) (an + acc to) to tie (up); Menschen auch to bind; Ziege, Pferd auch to tether; Boot auch to moor; (fig) Menschen to bind, to tie; (an einen Ort) to tie; (Vertrag, Eid etc) to bind. **jdn an Händen und Füßen ~** to tie or bind sb hand and foot; **jdm die Hände auf den Rücken ~** to tie sb's hands behind his back; **mir sind die Hände gebunden** (fig) my hands are tied; **sie versuchte, ihn an sich zu ~** she tried to tie him to her.
5. (festhalten) Staub, Erdreich to bind; (Chem) (aufnehmen) to absorb; (sich verbinden mit) to combine with.
6. (zusammenhalten, Cook) Farbe, Soße to bind.
7. (verbinden) (Poet) to bind; (fig geh auch) to unite; (Mus) Töne to slur; gleiche Note to tie. **was Gott gebunden hat, soll der Mensch nicht trennen** what God has joined together let no man put asunder.
II vi (Mehl, Zement, Soße etc) to bind; (Klebstoff) to bond; (fig) to be tying, to tie one down.
III vr (sich verpflichten) to commit oneself (an +acc to). **ich will mich nicht ~** I don't want to get involved.
bindend adj binding (für on); Zusage definite.
Binder m -s, - **1.** (Krawatte) tie. **2.** (Agr) (Bindemaschine) binder; (Mäh~) reaperbinder. **3.** (Build) (Stein) header; (Balken) truss beam. **4.** (Bindemittel) binder.
Binderei f (Buch~) bindery; (Blumen~) wreath and bouquet department.
Bindestrich m hyphen; **Bindevokal** m thematic vowel; **Bindewort** nt (Gram) conjunction.
Bindfaden m string. **es regnet ~** (inf) it's sheeting down (inf).
Bindung f **1.** (Beziehung zu einem Partner) relationship (an +acc with); (Verbundenheit mit einem Menschen, Ort) tie, bond

(an +acc with); (Verpflichtung: an Beruf etc, durch Vertrag) commitment (an +acc to). **seine enge ~ an die Heimat** his close ties with his home country.
2. (Ski~) binding.
3. (Chem) bond.
4. (Tex) weave.
binnen prep +dat or (geh) gen (form) within. **~ kurzem** shortly.
Binnendeich m inner dyke; **binnendeutsch** adj Sprache, Wort used in Germany; Sprache, Dialekt spoken in Germany; **Binnenfischerei** f freshwater fishing; **Binnengewässer** nt inland water; **Binnenhafen** m river port; **Binnenhandel** m domestic trade; **Binnenland** nt **1.** (Landesinneres) interior; **2.** (N Ger: eingedeichtes Gebiet) dyked land; **Binnenländer** m -s, - inlander; **binnenländisch** adj inland; **Binnenmarkt** m home market; **Binnenmeer** nt **1.** inland sea; **2.** siehe **Binnensee; Binnenreim** m (Poet) internal rhyme; **Binnenschiffahrt** f inland navigation; **Binnenschiffer** m sailor on inland waterways; (auf Schleppkahn) bargeman; **Binnensee** m lake, continental lake (form); **Binnenstaat** m landlocked country or state; **Binnenverkehr** m inland traffic; **Binnenwährung** f internal currency; **Binnenwasserstraße** f inland waterway; **Binnenwirtschaft** f domestic economy; **Binnenzoll** m internal duty.
Binom nt -s, -e binomial.
binomisch adj binomial.
Binse f -, -n usu pl rush. **in die ~n gehen** (fig inf) (mißlingen) to be a wash-out (inf); (verlorengehen) to go west (inf), to go for a burton (inf); (kaputtgehen) to give out (inf).
Binsenwahrheit, Binsenweisheit f truism.
Bio f -, no pl (Sch sl) biol (sl), bio (esp US sl), bilge (hum sl).
Bio- in cpds bio-; **bio|aktiv** adj Waschmittel biological; **Biochemie** f biochemistry; **biodynamisch** adj biodynamic; **Biogenese** f biogenesis; **biogenetisch** adj biogenetic.
Biograph(in f) m biographer.
Biographie f biography.
biographisch adj biographical.
Biologe m, **Biologin** f biologist.
Biologie f biology.
biologisch adj biological.
Biomasse f biomass.
Biophysik f biophysics sing.
Biopsie f (Med) biopsy.
Biorhythmus m biorhythm; **Biosphäre** f biosphere; **Biotop** nt -s, -e biotope; **Biowissenschaft** f biological science.
Birchermüesli (Sw), **Birchermüsli** nt muesli (with fresh fruit).
birg imper sing of **bergen**.
Birke f -, -n birch; (Baum auch) birch tree.
Birkenwald m birch wood or forest; **Birkenwasser** nt hair lotion (made from birch sap).
Birkhahn m black cock; **Birkhuhn** nt black grouse.
Birma nt -s Burma.
Birmane m -n, -n, **Birmanin** f Burmese.

birmanisch *adj* Burmese.
Birnbaum *m* (*Baum*) pear tree; (*Holz*) pear-wood.
Birne *f* -, -n **1.** pear. **2.** (*Glühlampe*) (light) bulb. **3.** (*inf: Kopf*) nut (*inf*). **eine weiche** ~ **haben** (*sl*) to be soft in the head (*inf*).
birnenförmig *adj* pear-shaped.
bis[1] *adv* (*Mus*) bis, twice.
bis[2] **I** *prep* +acc **1.** (*zeitlich*) until, till; (*die ganze Zeit über bis zu einem bestimmtem Zeitpunkt auch*) up to, up until, up till; (*bis spätestens, nicht später als*) by. **das muß** ~ **Ende Mai warten** that will have to wait until *or* till the end of May; ~ **Ende Mai bin ich noch in London** I'll be in London until *etc or* up to *etc* the end of May; ~ **Ende Mai bin ich wieder in Berlin** I'll be in Berlin again by the end of May; ~ **5 Uhr mache ich Hausaufgaben, und dann ...** I do my homework until 5 o'clock, and then ...; ~ **jetzt hat er nichts gesagt** up to now *or* so far he has said nothing; ~ **dato** (*form*) to date; ~ **dahin** *or* **dann** until *etc/* up to *etc/*by then; ~ **dahin bin ich alt und grau** I'll be old and grey by then; ~ **wann gilt der Fahrplan/ist das fertig/können Sie das machen?** when is the timetable valid till/will that be finished by/can you do that for me by?; ~ **wann?** when till/by?, till/by when?; ~ **wann bleibt ihr hier?** how long are you staying here?, when are you staying here till?; ~ **dann!** see you then!; ~ **bald** *etc*! see you soon *etc*!; **von ... bis ... (einschließlich)** ... from ... to *or* till *or* through (*US*) *or* thru (*US*) ...; **von ... bis ...** (*mit Uhrzeiten*) from ... till *or* to ...; **Montag ~ Freitag** Monday to *or* thru (*US*) Friday; ~ **einschließlich 5. Mai** up to and including 5th May; ~ **spätestens Montag brauche ich das Geld** I need the money by Monday at the latest; ~ **spätestens Montag darfst du es behalten** you can keep it until Monday at the latest; **die Wäsche ist frühestens** ~ **nächsten Montag fertig** the laundry won't be ready until *or* before next Monday at the earliest *or* will be ready by next Monday at the earliest; **ich kann nur (noch)** ~ **nächste Woche warten** I can only wait until *etc* next week, no longer.
2. (*räumlich*) to; (*in Buch, Film etc auch*) up to. **ich fahre nur** ~ **München** I'm only going to *or* as far as Munich; **ich habe das Buch nur** ~ **Seite 35 gelesen** I've only read up to *or* as far as page 35; ~ **wo/wohin ...?** where ... to?; ~ **dort/dorthin/dahin** (to) there; ~ **dorthin sind es nur 5 km** it's only 5 km there; ~ **hierher** (*lit*) (to) here; (*fig*) this *or* so *or* thus far; ~ **hierher und nicht weiter** (*lit, fig*) this far and no further; ~ **einschließlich** up to and including.
3. (*bei Alters-, Maß-, Mengen-, Temperaturangaben*) (*bis zu einer oberen Grenze von*) up to; (*bis zu einer unteren Grenze von*) to. **Kinder ~ sechs Jahre** children up to the age of six.
II *adv* **1.** (*zeitlich*) until, till; (*bis spätestens*) by. ~ **zu diesem Zeitpunkt war alles ...** up to this time everything was ...; **das sollte ~ zum nächsten Sommer fertig sein** that should be finished by next summer;

dieser Brauch hat sich ~ ins 19. Jh. gehalten this custom continued until *or* till into the 19th century; ~ **in den Sommer/die Nacht hinein** (until *or* till) into the summer/night; **er ist ~ gegen 5 Uhr noch da** he'll be there (up) until *or* till about 5 o'clock; ~ **auf weiteres** until further notice.
2. (*räumlich*) to; **durch, über, unter** right. ~ **an unser Grundstück** (right *or* up) to our plot; ~ **vor den Baum** (up) to the tree; **es sind noch 10 km ~ nach Schlüchtern** it's another 10 km to Schlüchtern; ~ **ins letzte/kleinste** (right) down to the last/smallest detail.
3. (*bei Alters-, Maß-, Mengen-, Temperaturangaben*) ~ **zu** (*bis zu einer oberen Grenze von*) up to; (*bis zu einer unteren Grenze von*) (down) to; **Gefängnis ~ zu 8 Jahren** a maximum of 8 years' imprisonment.
4. ~ **auf** (+acc) (*außer*) except (for); (*einschließlich*) (right) down to.
III *conj* **1.** (*beiordnend*) to. **zehn ~ zwanzig Stück** ten to twenty; **bewölkt ~ bedeckt** cloudy or overcast.
2. (*unterordnend: zeitlich*) until, till; (*nicht später als*) by the time. **ich warte noch, ~ es dunkel wird,** I'll wait until *or* till it gets dark; ~ **es dunkel wird, möchte ich zu Hause sein** I want to get home by the time it's dark; ~ **daß der Tod euch scheide(t)** (*form*) until *or* till death you do part (*form*); ~ **das einer merkt!** it'll be ages before anyone realizes (*inf*); **du gehst hier nicht weg, ~ das (nicht) gemacht ist** you're not leaving until *or* before that's done.
Bisam *m* -s, -e *or* -s **1.** (*Pelz*) musquash. **2.** *no pl siehe* **Moschus.**
Bisamratte *f* muskrat (beaver).
Bischof *m* -s, -e bishop.
bischöflich *adj* episcopal.
Bischofs- *in cpds* episcopal; **Bischofs|amt** *nt* episcopate; **Bischofsmütze** *f* (bishop's) mitre; **Bischofssitz** *m* diocesan town; **Bischofsstab** *m* crosier, (bishop's) crook.
bisexuell *adj* bisexual.
bisher *adv* until *or* till now, hitherto; (*und immer noch*) up to now. ~ **nicht** not until *or* till now, not before; (*und immer noch nicht*) not as yet; **das wußte ich ~ nicht** I didn't know that before; ~ **habe ich es ihm nicht gesagt** I haven't told him as yet; **ein ~ unbekannter Stern** a star unknown until *or* till now; **alle ~ bekannten Sterne** all the known stars.
bisherig *adj attr* (*vorherig*) previous; (*momentan*) present, up to now. **der ~e Außenminister wird jetzt Kanzler** the present minister for foreign affairs *or* the person who was minister for foreign affairs up to now will become chancellor; **wir müssen unsere ~en Anschauungen revidieren** we will have to revise our present views; **die ~en Bestimmungen gelten seit letzter Woche/ab nächster Woche nicht mehr** the regulations previously/presently in force ceased to be valid last week/cease to be valid next week.

Biskaya [bɪs'ka:ja] *f* die ~ (the) Biscay; **Golf von** ~ Bay of Biscay.
Biskuit [bɪs'kvi:t, bɪs'kui:t] *nt or m* **-(e)s, -s** *or* **-e** (fatless) sponge.
Biskuitgebäck *nt* sponge cake/cakes; **Biskuitrolle** *f* Swiss roll; **Biskuitteig** *m* sponge mixture.
bislang *adv siehe* **bisher.**
Bismarckhering *m* Bismarck herring (*filleted pickled herring*).
Bison *m* **-s, -e** bison.
biß *pret of* **beißen.**
Biß *m* **-sses, -sse** bite; (*Zahnmedizin auch*) occlusion. **mit einem** ~ **war das Törtchen verschwunden** the tart disappeared in one mouthful; **die Mannschaft hatte heute keinen** ~ (*sl*) the team didn't play with much punch today.
Bißchen *nt dim of* **Biß, Bissen.**
bißchen I *adj inv* **ein** ~ **Geld/Liebe/Wärme** a bit of *or* a little money/love/warmth; **ein** ~ **Milch/Wasser** a drop *or* bit of milk/water, a little milk/water; **ein klein** ~ ... a little bit/drop of ...; **kein** ~ ... not one (little) bit/not a drop of ...; **das** ~ **Geld/Whisky** that little bit of money/drop of whisky; **ich habe kein** ~ **Hunger** I'm not a bit hungry.
II *adv* **ein** ~ a bit, a little; **ein klein** ~ a little bit; **ein** ~ **wenig** not very much; **ein** ~ **mehr/viel/teuer** *etc* a bit more/ much/ expensive *etc*; **ein** ~ **zu wenig** not quite enough; **ein** ~ **zu viel/teuer** *etc* a bit too much/expensive *etc*; **ein** ~ **sehr** (*inf*) a little bit too much.
III *nt inv:* **ein** ~ a bit, a little; (*Flüssigkeit*) a drop, a little.
Bissen *m* **-s, -** mouthful; (*Imbiß*) bite (to eat). **er will keinen** ~ **anrühren** he won't eat a thing; **einen** ~ **zu sich nehmen** to have a bite to eat; **sich** (*dat*) **jeden** ~ **vom** *or* **am Munde absparen** to go short on self/ to watch every penny one spends.
bissenweise *adv* mouthful by mouthful; (*fig*) bit by bit.
bissig *adj* 1. (*lit, fig*) vicious. ~ **sein** to bite; „**Vorsicht,** ~**er Hund"** "beware of the dog". 2. (*übellaunig*) waspish. **du brauchst nicht gleich** ~ **zu werden** there's no need to bite my *etc* head off.
Bissigkeit *f siehe adj* 1. viciousness. (*Bemerkung*) vicious remark. 2. waspishness; (*Bemerkung*) waspish remark.
Bißwunde *f* bite.
bist 2. *pers sing present of* **sein.**
Bistum ['bɪstu:m] *nt* diocese, bishopric.
bisweilen *adv* (*geh*) from time to time, now and then.
Bit *nt* **-(s), -(s)** (*Computers*) bit.
Bittbrief *m* petition.
Bitte *f* **-, -n** request; (*inständig*) plea. **auf seine** ~ **hin** at his request; **ich habe eine große** ~ **an dich** I have a (great) favour to ask you; **ich habe nur die eine** ~, ... I have (just) one request, ...; **sich mit einer** ~ **an jdn wenden** to make a request to sb; **er kann ihr keine** ~ **abschlagen** he can't refuse her anything; **er gab den** ~**n der Kinder nach** he gave in to the children's pleas.
bitte *interj* 1. (*bittend, auffordernd*) please. ~ **schön** please; **nun hör mir doch mal** ~

zu listen to me please; ~ **sei so gut und ruf mich an** would you phone me, please *or* please phone me; **wo ist** ~ **das nächste Telefon?** could you please tell me where the nearest telephone is?; ~ **nicht!** no, please!, please don't!; **ja** ~! yes please; ~ **machen** (*inf*) (*Kind*) ≃ to say pretty please (*inf*); (*inf*) (*Hund*) to beg; ~ **zahlen, zahlen** ~! (could I/we have) the bill, please; ~ **nach Ihnen!** after you.
2. (*bei höflicher Frage, Aufforderung*) *meist nicht übersetzt* ~ **schön?**, ~(, **was darf es sein)?** (*in Geschäft*) can I help you?; (*in Gaststätte*) what would you like?; ~(, **Sie wünschen)?** what can I do for you?; ~ (**schön** *or* **sehr**)**, Ihr Bier/ Kaffee!** *meist nicht übersetzt* your beer/ coffee, here you are (*inf*); **noch etwas Tee,** ~? (would you like some) more tea?; **ja** ~? yes?; ~(, **treten Sie ein)!** come in!, come!; ~(, **nehmen Sie doch Platz)!** (*form*) please *or* do sit down; ~ **hier, hier** ~! (over) here, please; **Entschuldigung!** — ~! I'm sorry! — that's all right; ~ (**gern**)**!/(selbstverständlich)!** yes, certainly/of course; **aber** ~! sure (*inf*), go (right) ahead (*inf*), please do; ~, **nur zu!** help yourself; **na** ~! there you are!
3. (*sarkastisch: nun gut*) all right. ~, **wie du willst** (all right,) just as you like; ~, **wenn du es besser weißt** if you know better.
4. (*Dank erwidernd*) you're welcome, not at all (*Brit*), sure (*US inf*). ~ **sehr** *or* **schön** you're welcome, not at all (*Brit*); ~ (, **gern geschehen**) (not at all,) my pleasure; **aber** ~! there's no need to thank me.
5. (*nachfragend*) (**wie**) ~? (I beg your) pardon? (*auch iro*), sorry(, what did you say)?
bitten *pret* **bat,** *ptp* **gebeten I** *vt* 1. to ask; (*inständig*) to beg; (*Eccl*) to beseech. **jdn um etw** ~ to ask/beg/beseech sb for sth; **jdn (darum)** ~, **etw zu tun** *or* **daß er etw tut** to ask *etc* sb to do sth; **jdn etw** (*acc*) ~ (*dated*) to ask sb of sth; **darf ich Sie um Ihren Namen** ~? might I ask your name?; **um Ruhe wird gebeten** silence is requested; (*auf Schild*) silence please; **darf ich Sie um den nächsten Tanz** ~? may I have the pleasure of the next dance?; **er wollte sie um den nächsten Tanz** ~ he wanted to ask her for the next dance; **es wird gebeten, keine Fahrräder abzustellen** no bicycles (by request); **wir** ~ **dich, erhöre uns!** (*Eccl*) we beseech Thee to hear us; (*katholisch*) Lord hear us; **ich bitte dich um alles in der Welt** I beg *or* implore you; **er läßt sich gerne** ~ he likes people to keep asking him; **er läßt sich nicht (lange)** ~ you don't have to ask him twice; **aber ich bitte dich!** not at all; **wenn ich** ~ **darf** (*form*) if you please, if you wouldn't mind; **ich bitte darum** (*form*) I'd be glad if you would, if you wouldn't mind; (*keineswegs,*) **ich bitte sogar darum** (*form*) (not at all,) I should be glad; **darum möchte ich doch sehr gebeten haben!** (*form*) I should hope so indeed; **ich muß doch (sehr)** ~! well I must say!
2. (*einladen*) to ask, to invite. **jdn auf**

ein Glas Wein ~ to invite sb to have a glass of wine; **jdn zum Abendessen (zu sich)** ~ to ask or invite sb to dinner; **jdn zu Tisch** ~ to ask sb to come to table; **jdn ins Zimmer** ~ to ask or invite sb to come in.
3. (*bestellen*) **jdn an einen Ort** ~ to ask sb (to come) somewhere; **jdn zu sich** ~ to ask sb to come and see one.
II vi **1.** to ask; (*inständig*) to plead, to beg. **um etw** ~ to ask (for) or request sth; to plead or beg for sth; **bei jdm um etw** ~ to ask sb for sth; ~ **und betteln** to beg and plead; **du bittest vergeblich** pleading won't help you.
2. (*einladen*) **der Herr Professor läßt** ~ the Professor will see you now; **ich lasse** ~ he/she can come in now, would you ask him/her to come in now?; **darf ich (um den nächsten Tanz)** ~? may I have the pleasure (of the next dance)?

Bitten nt -s, no pl pleading. **sich aufs** ~ **verlegen** to resort to pleas or pleading; **auf** ~ **von** at the request of.

bittend adj pleading. **mit** ~**en Augen** with a look of pleading.

bitter adj **1.** bitter; *Schokolade* plain; (*fig*) *Geschmack* nasty.
2. (*fig*) *Enttäuschung, Erfahrung, Ironie* bitter; *Wahrheit, Lehre, Verlust* hard, painful; *Zeit, Schicksal* hard; *Ernst, Feind* deadly; *Hohn, Spott* cruel. **bis zum** ~**en Ende** to the bitter end.
3. (*fig: verbittert*) bitter. ~**e Klagen führen** to complain bitterly.
4. (*stark*) *Kälte, Frost, Reue, Tränen* bitter; *Not, Notwendigkeit* dire; *Leid, Unrecht* grievous. **jdn/etw** ~ **entbehren/vermissen** to miss sb/sth sadly; **etw** ~ **nötig haben** to be in dire need of sth; **solche Fehler rächen sich** ~ one pays dearly for mistakes like that.

Bitter m -s, - bitters pl.
bitterböse adj furious.
Bittere(r) m decl as adj siehe **Bitter**.
bitter|ernst adj *Situation etc* extremely serious; *Mensch* deadly serious; **damit ist es mir** ~ I am deadly serious or in deadly earnest; **bitterkalt** adj attr bitterly cold, bitter; **Bitterkeit** f (*lit, fig*) bitterness; **bitterlich** I adj bitter; **II** adv bitterly; **Bittermandel** f bitter almond.

Bitternis f (*geh*) bitterness no pl; (*fig: von Mensch auch*) embitterment no pl; (*Leiden*) adversity, hardship.

bittersüß adj (*lit, fig*) bitter-sweet.

Bitteschön nt -s, -s (*bittend, auffordernd*) please; (*Dank erwidernd*) not at all; (*anbietend*) (*von Verkäufer*) can I help you?; (*von Kellner*) what would you like?

Bittgang m (*geh*) **einen** ~ **zu jdm machen** to go to sb with a request; (*Bittprozession*) rogation procession; **Bittgebet** nt (prayer of) supplication; **Bittgesuch** nt petition; **Bittgottesdienst** m rogation service; **Bittschrift** f (*dated*) siehe **Bittgesuch**; **Bittsteller(in** f) m **-s, -** petitioner, supplicant.

Bitumen nt -s, - or **Bitumina** bitumen.

bitzeln (*dial*) vi (*prickeln*) to tingle; (*Bläschen bilden*) to sparkle, to bubble.

bivalent [-va-] adj bivalent.

Biwak nt -s, -s or -e bivouac.

biwakieren* vi to bivouac.

bizarr adj bizarre; *Form, Gestalt etc auch* fantastic.

Bizeps m -es, -e biceps.

blabla interj (*inf*) blah blah blah (*inf*).

Blabla nt -s, no pl (*inf*) blah (*inf*).

blaffen, bläffen vi to yelp; (*schimpfen*) to snap.

Blag nt -s, -en, **Blage** f -, -n (*pej dial*) brat.

blähen I vt to swell; *Segel auch* to belly (out), to fill; *Anorak, Gardine, Windsack* to fill; *Nüstern* to dilate; *Bauch* to swell, to distend (*form*). **voller Stolz blähte er seine Brust** his chest swelled with pride.
II vr to swell; (*Segel auch*) to belly out, to billow; (*Anorak, Gardine*) to billow; (*Nüstern*) to dilate; (*fig: Mensch*) to puff oneself up (*inf*).
III vi to cause flatulence or wind.

blähend adj (*Med*) flatulent (*form*).

Blähung f usu pl (*Med*) wind no pl, flatulence no pl. **eine** ~ **abgehen lassen** to break wind.

blakig adj (*verrußt*) sooty; (*rußend*) smoky.

blamabel adj shameful.

Blamage [bla'maːʒə] f -, -n disgrace.

blamieren* I vt to disgrace; siehe **Innung**.
II vr to make a fool of oneself; (*durch Benehmen*) to disgrace oneself.

blanchieren* [blãˈʃiːrən] vt (*Cook*) to blanch.

blank adj **1.** (*glänzend, sauber*) shiny, shining; (*abgescheuert*) *Hosenboden etc* shiny. **etw** ~ **scheuern/polieren, etw scheuern/polieren, bis es** ~ **wird** to clean/ polish sth till it shines; **der** ~**e Hans** (*poet*) the wild North Sea.
2. (*poet: strahlend*) *Licht* bright; *Augen auch* shining. **der** ~**e Tag** broad daylight.
3. (*nackt*) bare; *Schwert etc auch* naked; (*Aus: ohne Mantel*) coatless; (*inf: ohne Geld*) broke; (*Cards: einzeln*) single. **eine Karte** ~ **haben** to have only one card of a suit; **die Herzzehn habe ich** ~ the ten of hearts is my only heart I have.
4. (*rein*) pure, sheer; *Hohn* utter.

Blankett nt -s, -e (*Fin*) blank form.

blankgewetzt adj attr shiny, worn shiny.

blanko adj pred **1.** *Papier* plain. **2.** *Scheck etc* blank.

Blanko- in cpds blank; **Blankoscheck** m blank cheque; **Blankovollmacht** f carte blanche.

blankpoliert adj attr brightly polished.

Blankvers m blank verse.

blankziehen sep irreg **I** vt to draw. **II** vi (*sl*) to draw (one's gun).

Bläschen ['blɛːsçən] nt **1.** dim of **Blase**.
2. (*Med*) vesicle (*form*), small blister.

Bläschen|ausschlag m vesicular eruption (*form*), blistery rash (*inf*); (*von Pferden etc*) herpes sing (*form*).

Blase f -, -n **1.** (*Hohlraum*) bubble; (*Sprech~*) balloon. ~**n werfen** or **ziehen** (*Farbe*) to blister; (*Teig*) to become light and frothy; ~**n werfen** (*fig*) to cause a stir; ~**n ziehen** (*fig*) to cause trouble.
2. (*Med*) blister; (*Fieber~ auch*) vesicle (*form*). **sich** (*dat*) ~**n laufen** etc to get blisters from walking etc.
3. (*Anat*) bladder. **sich** (*dat*) **die** ~ **erkälten** to get a chill on the bladder.

4. (*pej inf: Clique*) mob (*inf*).
Blasebalg *m* (pair of) bellows.
blasen *pret* **blies**, *ptp* **geblasen** I *vi* 1. to
blow; (*Posaunenbläser etc*) to play; (*auf
Essen*) to blow on it; (*auf Wunde etc*) ≃ to
kiss it better. **zum Rückzug ~** (*lit, fig*) to
sound the retreat; **zum Aufbruch ~** (*lit*) to
sound the departure; (*fig*) to say it's time
to go; **auf dem Kamm ~** to play a tune on
one's comb; **es bläst** (*inf*) it's blowy (*inf*)
or windy, there's a wind blowing.
  2. (*sl: fellieren*) to suck (*sl*).
  II *vt* **1.** to blow.
  2. *Melodie, Posaune etc* to play.
  3. (*inf: mitteilen*) to tell. **jdm etw ins
Ohr ~** to whisper sth in sb's ear.
  4. (*sl: fellieren*) **jdn ~, jdm einen ~** to
suck sb off (*sl*), to do a blow job on sb
(*sl*).
Blasenbildung *f* formation of bubbles; (*bei
Anstrich, an Fuß etc*) blistering; **Blasen|-
entzündung** *f*, **Blasenkatarrh** *m* cys-
titis; **Blasenleiden** *nt* bladder trouble *no
art*; **Blasenstein** *m* bladder stone;
Blasentee *m* herb tea beneficial in cases
of bladder trouble.
Bläser(in *f*) *m* **-s, -** (*Mus*) wind player. **die
~ the wind** (section).
Bläserquartett *nt* wind quartet.
blasiert *adj* (*pej geh*) blasé.
Blasiertheit *f* (*pej geh*) blasé character;
(*von Mensch*) blasé attitude.
blasig *adj* full of bubbles; (*Flüssigkeit etc*)
aerated; *Teig* light and frothy; (*Med*) blis-
tered.
Blas|instrument *nt* wind instrument; **Blas-
kapelle** *f* brass band.
Blasphemie *f* blasphemy.
blasphemisch *adj* blasphemous.
Blasrohr *nt* **1.** (*Waffe*) blow-pipe.
  2. (*Tech*) blast pipe.
blaß *adj* **1.** *Gesicht, Haut etc* pale. **~ werden**
to go *or* grow pale, to pale; (*vor Schreck
auch*) to blanch; **~ vor Neid werden** to go
green with envy.
  2. *Farbe, Schrift etc* pale.
  3. (*geh*) *Licht, Mond* pale, wan.
  4. (*fig*) faint; *Ahnung, Vorstellung auch*
vague; *Erinnerung auch* dim, vague; *Ausdruck, Sprache, Schilderung* colourless.
ich habe keinen blassen Schimmer *or*
Dunst (davon) (*inf*) I haven't a clue *or* the
faintest (idea) (about it) (*inf*).
Blässe *f* **-, -n** **1.** paleness; (*von Haut,
Gesicht etc auch*) pallor; (*von Licht auch*)
wanness; (*fig: von Ausdruck, Schilderung
etc*) colourlessness. **2.** *siehe* **Blesse.**
Bläßhuhn *nt* coot.
bläßlich *adj* palish, rather pale.
Blatt *nt* **-(e)s, ̈er 1.** (*Bot*) leaf. **kein ~ vor
den Mund nehmen** not to mince one's
words.
  2. (*Papier etc*) sheet. **ein ~ Papier** a
sheet of paper; **eine Packung mit 50 ~** a
packet of 50 sheets; **(noch) ein
unbeschriebenes ~ sein** (*unerfahren*) to be
inexperienced; (*ohne Image*) to be an
unknown quantity; *siehe* **fliegend.**
  3. (*Seite*) page. **das steht auf einem anderen ~** (*fig*) that's another story.
  4. (*Noten~*) sheet. **vom ~ singen/
spielen** to sight-read.

  5. (*Kunst~*) print; (*Reproduktion*)
reproduction.
  6. (*bei Landkartenserien*) sheet.
  7. (*Zeitung*) paper.
  8. (*von Messer, Ruder, Propeller*)
blade.
  9. (*Cards*) hand; (*Einzelkarte*) card.
das ~ hat sich gewendet (*fig*) the tables
have been turned.
  10. (*Hunt, Cook*) shoulder.
Blatt|ader *f* (*Bot*) leaf vein.
Blättchen *nt dim of* **Blatt** (*pej: Zeitung*) rag
(*inf*).
Blatter *f* **-, -n** (*dated Med*) (*Pocke*) pock,
pustule. **~n** *pl* (*Krankheit*) smallpox.
blätt(e)rig *adj* flaky; *Farbe etc* flaking.
~ werden (*Farbe etc*) to start flaking.
Blättermagen *m* (*Zool*) omasum (*spec*).
blättern I *vi* **1.** (*in Buch*) to leaf *or* (*schnell*)
flick through it/them. **in etw** (*dat*) **~** to
leaf *or* flick through sth.
  2. *aux sein* (*rare*) (*in Schichten zerfallen*) to flake; (*abblättern*) to flake off.
  II *vt Geldscheine, Spielkarten* to put
down one by one. **er blätterte mir die 100
Mark auf den Tisch** he put the 100 marks
down note by note on the table for me.
Blatternarbe *f* (*dated*) pockmark; **blat-
ternarbig** *adj* (*dated*) pockmarked.
Blätterpilz *m* agaric; **Blätterteig** *m* puff
pastry *or* paste (*US*); **Blätterteiggebäck**
nt puff pastry; (*Backwaren*) puff pastries
pl; **Blätterwald** *m* (*Press hum*) press; **es
rauscht im deutschen ~** there are mur-
murings in the German press; **Blätter-
werk** *nt, no pl siehe* **Blattwerk.**
Blattfeder *f* (*Tech*) leaf spring; **Blattform** *f*
(*Bot*) leafshape; **blattförmig** *adj* leaf-
shaped, foliar (*form*); **Blattgemüse** *nt*
greens *pl*, green *or* leaf (*form*) vegetables
pl; **ein ~** a leaf vegetable; **Blattgold** *nt*
gold leaf; **Blattgrün** *nt* chlorophyll;
Blattknospe *f* leafbud; **Blattlaus** *f*
greenfly, aphid; **blattlos** *adj* leafless;
Blattpflanze *f* foliate plant; **blattreich**
adj leafy; **Blattrippe** *f* (*Bot*) (leaf) rib *or*
vein; **Blattsalat** *m* green salad;
Blattschuß *m* (*Hunt*) shot through the
shoulder to the heart; **Blattsilber** *nt* silver
leaf; **Blattwerk** *nt, no pl* foliage.
blau *adj* **1.** blue. **Forelle** *etc* **~** (*Cook*)
trout *etc* au bleu; **~er Anton** (*inf*) boilersuit; **ein ~es Auge** (*inf*) a black eye; **ich tu
das nicht wegen deiner schönen ~n Augen**
(*fig*) I'm not doing it for the sake of your
bonny blue eyes; **mit einem ~en Auge
davonkommen** (*fig*) to get off lightly; **die
~e Blume** (*Liter*) the Blue Flower; **~es
Blut in den Adern haben** to have blue
blood in one's veins; **ein ~er Brief** (*Sch*)
*letter informing parents that their child
must repeat a year*; (*von Hauswirt*) notice
to quit; (*von der Firma*) one's cards; **ein
~er Fleck** a bruise; **~e Flecken haben** to
be bruised; **die ~en Jungs** (*inf*) the boys in
blue (*inf*), the navy; **der ~e Planet** the blue
planet; **der B~e Reiter** (*Art*) the Blaue
Reiter; **die ~e Stunde** (*poet*) the twilight
hour; **er wird sein ~es Wunder erleben**
(*inf*) he won't know what's hit him.
  2. *usu pred* (*inf: betrunken*) drunk, tight
(*inf*), canned (*inf*).

3. (*inf: geschwänzt*) **einen ~en Montag machen** to skip work on Monday (*inf*); **der letzte Freitag war für mich ~** I skipped work last Friday (*inf*).

Blau nt **-s, -** or (*inf*) **-s** blue.

blau|äugig adj blue-eyed; (*fig*) naïve; **Blau|äugigkeit** f (*fig*) naïvety; **Blaubart** m (*geh*) Bluebeard; **Blaubeere** f siehe **Heidelbeere**; **blaublütig** adj blue-blooded; **Blaubuch** nt bluebook.

Blaue[1] m: **der ~** siehe **Blaue(r)**.

Blaue[2] nt **-n,** no pl **1.** **das ~** (*Farbe*) the blue; **es spielt ins ~** it has a touch of blue in it; **das ~ vom Himmel (herunter) lügen** (*inf*) to tell a pack of lies; **jdm das ~ vom Himmel (herunter) versprechen** (*inf*) to promise sb the moon.
2. (*ohne Ziel*) **ins ~ hinein** (*inf*) at random; **arbeiten** with no particular goal; **wir wollen ins ~ fahren** we'll just set off and see where we end up; **eine Fahrt ins ~** a trip to nowhere in particular; (*Veranstaltung*) a mystery tour.

Bläue f **-,** no pl blueness; (*des Himmels auch*) blue.

blauen vi (*liter*) (*Himmel*) to turn blue.

bläuen I vt **1.** to dye blue; *Lackmuspapier etc* to turn blue. **2.** *Wäsche* to blue. II vr to turn or go blue.

Blaue(r) m decl as adj **1.** (*inf: Polizist*) cop (*inf*), copper (*inf*). **2.** (*sl: Geldschein*) blue one (*inf*). **ein kleiner/großer ~r** a ten/hundred mark note.

Blaufelchen m whitefish, powan (*spec*); **Blaufilter** m or nt (*Phot*) blue filter; **Blaufuchs** m arctic fox; **blaugrau** adj blue-grey, bluish or bluey grey; **blaugrün** adj blue-green, bluish or bluey green; **Blauhelm** m (*Press sl*) UN soldier; **Blauhemd** nt (*DDR*) **1.** blue shirt (*worn by members of the Free German Youth*); **2.** (*inf: Mensch*) member of the Free German Youth; **Blaujacke** f (*inf*) bluejacket (*inf*), sailor; **Blaukraut** nt (*S Ger, Aus*) siehe **Rotkohl**; **Blaukreuz(l)er(in** f) m **-s, -** member of the Blue Cross Temperance League.

bläulich adj bluish, bluey.

Blaulicht nt (*von Polizei etc*) flashing blue light; (*Lampe*) blue light; **mit ~** with its blue light flashing; **blaumachen** sep (*inf*) I vi to skip work; II vt **den Freitag/zwei Tage ~** to skip work on Friday/for two days; **Blaumann** m, pl **-männer** (*inf*) boilersuit; **Blaumeise** f bluetit; **Blaupapier** nt carbon paper; **Blaupause** f blueprint; **blaurot** adj purple; **Blausäure** f prussic or hydrocyanic acid; **Blauschimmelkäse** m blue cheese; **blauschwarz** adj blue-black, bluey black; **Blaustich** m (*Phot*) blue cast; **blaustichig** adj (*Phot*) with a blue cast; **Blaustift** m **1.** blue pencil; (*zum Malen*) blue crayon; **2.** siehe **Tintenstift**; **Blaustrumpf** m bluestocking; **blaustrümpfig** adj bluestocking attr; **Blautanne** f blue or colorado spruce; **blauviolett** adj (dark) bluish or bluey purple; **Blauwal** m blue whale.

Blazer ['ble:zɐ] m **-s, -** f blazer.

Blech nt **-(e)s, -e 1.** no pl (sheet) metal; (*von Auto*) body. **eine Dose aus ~** a tin

(*Brit*), a metal container; **das ist doch nur ~** it's just ordinary metal.
2. (*Blechstück*) metal plate.
3. (*Backblech*) (baking) tray.
4. no pl (*inf: Blechinstrumente*) brass.
5. no pl (*pej inf: Orden etc*) gongs pl (*inf*), fruit salad (*US inf*).
6. no pl (*inf: Unsinn*) rubbish no art (*inf*), trash no art (*inf*).

Blechbläser m brass player; **die ~** the brass (section); **Blechblas|instrument** nt brass instrument; **Blechbüchse** f tin (*Brit*), can; **Blechdose** f tin container; (*esp für Konserven*) tin (*Brit*), can.

blechen vti (*inf*) to cough or pay up (*inf*), to fork out (*inf*).

blechern adj **1.** attr metal. **2.** *Geräusch, Stimme etc* tinny; (*fig: hohl*) hollow, empty.

Blechgeschirr nt metal pots and pans pl or utensils pl (*form*); **Blech|instrument** nt brass instrument; **Blechkanister** m metal can; **Blechkiste** f (*pej inf*) (old) crate (*inf*); **Blechlawine** f (*pej inf*) vast column of cars; **Blechlehre** f metal gauge; **Blechmusik** f (*usu pej*) brass (band) music; **Blechnapf** m metal bowl; **Blechschaden** m damage to the bodywork; **Blechschere** f (pair of) metal shears; (*Maschine*) metal shearer; **Blechtrommel** f tin drum.

blecken I vt **die Zähne ~** to bare or show one's teeth. II vi (*rare*) to flash; (*Flammen*) to dart, to leap.

Blei[1] nt **-(e)s, -e 1.** no pl (*abbr Pb, Metall*) lead. **jdm wie ~ in den Gliedern or Knochen liegen** (*Schreck*) to paralyse sb; (*Depression*) to weigh sb down; **die Müdigkeit lag ihm wie ~ in den Gliedern or Knochen** his whole body ached with tiredness.
2. (*Lot*) plumb, (plumb-)bob.
3. (*Munition*) lead; (*Typ*) hot metal.

Blei[2] m or nt **-(e)s, -e** (*inf*) siehe **Bleistift**.

Blei- in cpds lead; **Blei|ader** f lead vein.

Bleibe f **-, -n 1.** (*Unterkunft*) place to stay. **keine ~ haben** to have nowhere to stay. **2.** (*Institution*) remand home.

bleiben pret **blieb,** ptp **geblieben** vi aux **sein 1.** (*sich nicht verändern*) to stay, to remain. **unbeachtet ~** to go unnoticed, to escape notice; **unbeantwortet ~** to be left or to remain unanswered; **unvergessen ~** to continue to be remembered; **an Samstagen bleibt unser Geschäft geschlossen** this shop is closed on Saturdays; **in Verbindung ~** to keep or stay or remain in touch; **ohne Folgen ~** to have no consequences; **in Übung/Form ~** to keep in practice/form; **jdm in or in jds Erinnerung ~** to stay or remain in sb's mind; **ruhig/still ~** to keep calm/quiet; **wach ~** to stay or keep awake; **wenn das Wetter so bleibt** if this weather continues, if the weather stays or remains or keeps like this; **Freunde ~** to stay or remain friends, to go on being friends.
2. (*sich nicht bewegen, zu Besuch ~*) to stay; (*nicht weggehen, nicht zurückkommen auch*) to remain. **sitzen/stehen ~** to stay sitting down/standing up, to remain seated/standing; **bitte, ~ Sie doch sitzen**

please don't get up; **jdn zum B~ einladen** *or* **auffordern** to invite sb to stay; **wo bleibst du so lange?** (*inf*) what's keeping you (all this time)?; **wo bleibt er so lange?** (*inf*) where has he got to?; **wo sind denn all die alten Häuser geblieben?** what (has) happened to all the old houses?, where have all the old houses gone (to)?; **bleibe im Lande und nähre dich redlich** (*Prov*) east, west, home's best (*prov*); **hier ist meines B~s nicht** (*mehr or länger*) (*geh*) I cannot remain here (any longer).

3. (*fig*) **bei etw ~** to keep *or* stick (*inf*) to sth; **das bleibt unter uns** that's (just) between ourselves; **wir möchten für** *or* **unter uns ~** we want to keep ourselves to ourselves.

4. (*übrigbleiben*) to be left, to remain. **es blieb mir/es blieb keine andere Wahl** I had/there was no other choice.

5. (*sein*) **es bleibt abzuwarten** it remains to be seen; **es bleibt zu hoffen/wünschen, daß ...** I/we can only hope that ...

6. (*inf: versorgt werden*) **sie können (selber) sehen, wo sie ~** they'll just have to look out for themselves (*inf*); **sieh zu, wo du bleibst!** you're on your own! (*inf*), you'd better look out for yourself! (*inf*).

7. (*euph: umkommen*) **er ist auf See/im Krieg geblieben** he died at sea/didn't come back from the war.

bleibend *adj* Wert, Erinnerung etc lasting; Schaden, Zähne permanent.

bleibenlassen *vt sep irreg* (*inf*) **1.** (*unterlassen*) **etw ~** to give sth a miss (*inf*); **das werde ich/wirst du ganz schön ~** I'll/you'll do nothing of the sort! (*inf*). **2.** (*aufgeben*) to give up. **das Rauchen ~** to give up *or* stop smoking.

bleich *adj* pale; (*fig*) Grauen, Entsetzen sheer. **~ wie der Tod** deathly pale, pale as death.

Bleiche *f* -, -n (*Hist: Bleichplatz*) bleachery (*obs*), green where sheets etc were laid out to be bleached by the sun.

bleichen I *vt* to bleach. **II** *vi pret* **bleichte** *or* (*old*) **blich,** *ptp* **gebleicht** to be *or* become bleached. **in der Sonne ~** to be bleached by the sun.

Bleichgesicht *nt* **1.** (*inf: blasser Mensch*) pasty-face (*inf*), pale-faced person; **2.** (*Weißer*) paleface; **bleichgesichtig** *adj* (*inf*) pale-faced, pasty-faced (*inf*); **Bleichmittel** *nt* bleach, bleaching agent; **Bleichsucht** *f* (*old Med*) anaemia; **bleichsüchtig** *adj* (*old Med*) anaemic.

bleiern *adj* **1.** *attr* (*aus Blei*) lead; (*fig*) Farbe, Himmel leaden. **wie eine ~e Ente schwimmen** (*hum*) to swim like a brick. **2.** (*fig*) leaden; Verantwortung onerous. **die Verantwortung lastete ~ auf ihm** the responsibility weighed heavily upon him.

Bleierz *nt* lead ore; **Bleifarbe** *f* lead paint; **bleifarbig, bleifarben** *adj* lead-coloured, lead-grey; Himmel leaden. **bleifrei** *adj* lead-free, unleaded (*US*); **Bleifuß** *m*: **mit ~ fahren** (*inf*) to keep one's foot down; **Bleigehalt** *m* lead content; **Bleigewicht** *nt* lead weight; (*Angeln*) sinker; **Bleigießen** *nt* New Year's Eve custom of telling fortunes by the shapes made by molten lead dropped

into cold water; **Bleiglanz** *m* galena, galenite; **bleigrau** *adj* lead-grey; **bleihaltig** *adj* containing lead; Erz, Gestein plumbiferous (*spec*); **~/ zu ~ sein** to contain lead/too much lead; **mir wird die Luft hier zu ~** (*fig inf*) the air's a bit too thick with bullets for my liking, there's too much lead flying about here; **Bleihütte** *f* lead works *pl*; **Bleikristall** *nt* lead crystal; **Bleikugel** *f* lead bullet; lead ball; **Bleioxid, Bleioxyd** *nt* lead oxide; **Bleisatz** *m* (*Typ*) hot-metal setting; **Bleischürze** *f* lead apron; **bleischwer** *adj siehe* bleiern **2.; Bleisoldat** *m* ≈ tin soldier.

Bleistift *m* pencil; (*zum Malen*) crayon. **mit/in ~** with a/in pencil.

Bleistift|absatz *m* stiletto heel; **Bleistiftspitzer** *m* pencil sharpener.

Bleivergiftung *f* lead poisoning; **bleiverglast** *adj* leaded; **Bleiverglasung** *f* lead glazing; Fenster **mit ~** leaded windows; **Bleiweiß** *nt* white lead.

Blende *f* -, -n **1.** (*Lichtschutz*) shade, screen; (*Aut*) (sun) visor; (*an Fenster*) blind.

2. (*Opt*) filter.

3. (*Phot*) (*Öffnung*) aperture; (*Einstellungsposition*) f-stop; (*Vorrichtung*) diaphragm. **die ~ öffnen/schließen** to open up the aperture/to stop down; **bei** *or* **mit ~ 2.8** at (an aperture setting of) f/2.8; **~ 4 einstellen** to set the aperture to f/4.

4. (*Film, TV, Tontechnik: Aufblende, Abblende*) fade.

5. (*Archit*) blind window/arch etc.

6. (*Sew*) trim.

7. (*Verkleidung*) cover.

8. (*Geol*) blende.

blenden I *vt* **1.** (*lit, fig: bezaubern*) to dazzle; (*fig: täuschen auch*) to blind. **2.** (*blind machen*) to blind. **II** *vi* **1.** to be dazzling. **~d weiß sein** to be shining *or* dazzling white. **2.** (*fig: täuschen*) to dazzle.

Blenden|automatik *f* (*Phot*) automatic diaphragm.

blendend I *prp of* blenden. **II** *adj* splendid; Pianist, Schüler etc brilliant; Laune, Stimmung sparkling. **es geht mir ~** I feel wonderful; **sich ~ amüsieren** to have a splendid *or* wonderful time.

blendendweiß *adj attr* shining *or* dazzling white.

Blender(in *f*) *m* -s, - phoney (*inf*).

blendfrei *adj* dazzle-free; Glas, Fernsehschirm non-reflective; **Blendlaterne** *f* signalling lantern; **Blendrahmen** *m* **1.** (*Art*) canvas-stretcher; **2.** (*Build*) frame; **Blendschutz** *m* **1.** protection against dazzle; **2.** (*Vorrichtung*) anti-dazzle device; **Blendschutzgitter** *nt*, **Blendschutzzaun** *m* anti-dazzle barrier.

Blendung *f siehe vt* **1.** dazzling; blinding. **2.** blinding.

Blendwerk *nt* (*liter*) illusion; (*Vortäuschung*) deception; **Blendzaun** *m* anti-dazzle barrier.

Blesse *f* -, -n **1.** (*Fleck*) blaze. **2.** (*Tier*) horse with a blaze.

blessieren* *vt* (*old: verwunden*) to wound.

Blessur f (old) wound.

bleu [blø:] adj inv (Fashion) light blue.

bleuen vti siehe **prügeln.**

blich (old) pret of **bleichen II.**

Blick m -(e)s, -e 1. (das Blicken) look; (flüchtiger ~) glance. **auf den ersten ~** at first glance; **Liebe auf den ersten ~** love at first sight; **auf den zweiten ~** when one looks (at it) again, the second time one looks (at it); **mit einem ~** at a glance; **jds ~** (dat) **ausweichen** to avoid sb's eye; **jds ~ erwidern** to return sb's gaze; **~e miteinander wechseln** to exchange glances; **jdn mit seinen ~en verschlingen** to devour sb with one's eyes; **sie zog alle ~e auf sich** everybody's eyes were drawn to her; **einen ~ auf etw** (acc) **tun** or **werfen** to throw a glance at sth; **einen ~ hinter die Kulissen tun** or **werfen** (fig) to take a look behind the scenes; **sie würdigte ihn keines ~es** she did not deign to look at him; **jdm einen/keinen ~ schenken** to look at sb/not to spare sb a glance; **er hat keinen ~ für sie/dafür** he takes no notice of her/it; **wenn ~e töten könnten!** if looks could kill!

2. (~richtung) eyes pl. **mein ~ fiel auf sein leeres Glas** my eye fell on his empty glass; **von hier aus fällt der ~ auf den Dom** from here one can see the cathedral; **den ~ heben** to raise one's eyes, to look up; **den ~ senken** to look down.

3. (Augenausdruck) expression or look in one's eyes. **den bösen ~ haben** to have the evil eye; **in ihrem ~ lag Verzweiflung** there was a look of despair in her eyes; **er musterte sie mit finsterem ~** he looked at her darkly.

4. (Ausblick) view. **ein Zimmer mit ~ auf den Park** a room with a view of the park, a room overlooking the park; **dem ~ entschwinden** to disappear from view or sight, to go out of sight.

5. (Verständnis) **seinen ~ für etw schärfen** to increase one's awareness of sth; **einen klaren ~ haben** to see things clearly; **einen (guten) ~ für etw haben** to have an eye or a good eye for sth; **er hat keinen ~ dafür** he doesn't see that sort of thing.

blicken vi (auf + acc at) to look; (flüchtig ~) to glance; (fig: hervorsehen) to peep. **sich ~ lassen** to put in an appearance; **laß dich hier ja nicht mehr ~!** don't let me see you here again!, don't show your face here again!; **laß dich doch mal wieder ~!** why don't you drop in some time?; **das läßt tief ~** that's very revealing.

Blickfang m eye-catcher; **als ~** to catch the eye; **Blickfeld** nt field of vision; **ins ~ (der Öffentlichkeit) rücken** to become the focus of (public) attention; **Blickkontakt** m visual contact; **Blickpunkt** m 1. (Zentrum der Aufmerksamkeit) centre of one's field of vision; (fig) limelight; **im ~ der Öffentlichkeit stehen** to be in the public eye; 2. (fig: Standpunkt) viewpoint, point of view; **Blickrichtung** f line of vision or sight; (fig) outlook; **in ~ (nach) links** looking to the left; **Blickwechsel** m exchange of glances; (fig) change in one's viewpoint; **Blickwinkel** m angle of vision; (fig) viewpoint.

blind adj 1. (lit, fig) blind (für to); Zufall pure, sheer; Alarm false. **~für etw** or **in bezug auf etw** (acc) **sein** (fig) to be blind to sth; **ich bin doch nicht ~!** (fig) I'm not blind; **jdn ~ machen** (lit, fig) to blind sb, to make sb blind; **ein ~es Huhn findet auch mal ein Korn** (Prov) anyone can be lucky now and again; **~ landen** (Aviat) to make a blind landing, to land blind; **~er Fleck** (Anat) blind spot; **ihr Blick war von** or **vor Tränen ~** she was blinded with tears; **~er Eifer** blind enthusiasm; **~er Eifer schadet nur** (Prov) it's not a good thing to be over-enthusiastic; **etw ~ herausgreifen** to take or pick sth at random; **~ in etw** (acc) **hineingreifen** to put one's hand in sth without looking.

2. (getrübt) dull; Spiegel etc clouded; Metall auch tarnished; Fleck blind.

3. (verdeckt) Naht etc invisible; (vorgetäuscht) (Archit) false; Fenster blind, false. **ein ~er Passagier** a stowaway.

Blindband m (Typ) dummy; **Blindboden** m (Archit) subfloor.

Blinddarm m (Anat) caecum; (inf: Wurmfortsatz) appendix.

Blinddarm|entzündung f appendicitis; **Blinddarm|operation** f append(ic)ectomy.

Blindekuh(spiel nt) f no art blind man's buff.

Blindenhund m guide-dog; **Blindenschrift** f braille.

Blinde(r) mf decl as adj blind person/man/woman etc. **die ~n** the blind; **die ~n und die Lahmen** (Bibl) the lame and the blind; **das sieht doch ein ~r (mit dem Krückstock)** (hum inf) any fool can see that; **unter den ~n ist der Einäugige König** (prov) in the country of the blind the one-eyed man is king; **von etw reden, wie der ~ von der Farbe** (prov) to talk about sth when one knows nothing about it.

blindfliegen vi sep irreg aux sein to fly blind; **Blindflug** m blind flight; (das Blindfliegen) blind flying; **Blindgänger** m (Mil) dud (shot); (inf: Versager) dud (inf), dead loss (inf); **blindgeboren** adj attr blind from birth; **Blindgeborene(r)** mf decl as adj person blind from birth; **blindgläubig** adj credulous; **Blindheit** f (lit, fig) blindness; **jdn mit ~ schlagen** (Bibl, liter) to strike sb blind; **wie mit ~ geschlagen** (fig) as though blind; **mit ~ geschlagen sein** (fig) to be blind; **Blindlandung** f blind landing; **blindlings** adv blindly; **Blindmaterial** nt (Typ) leads pl; **Blindschleiche** f slow-worm; **blindschreiben** vti sep irreg to touch-type; **Blindschreibverfahren** nt touch-typing; **Blindspiel** nt (Chess) blind game; **blindspielen** vi sep to play blind; **Blindstart** m (Aviat) blind take-off; **blindwütig** adj in a blind rage.

blinken I vi 1. (funkeln) to gleam.

2. (Blinkzeichen geben) (Boje, Leuchtturm) to flash; (Aut) to indicate.

II vt Signal to flash. **SOS ~** to flash an SOS (signal); **rechts/links ~** to indicate right/left.

Blinker m -s, - 1. (Aut) indicator, winker

(*inf*). **2.** (*Angeln*) blinker.
blinkern *vi* **1.** (*inf: blinken*) to flash. **er blinkerte mit den Augen** he blinked. **2.** (*Angeln*) to use a spinner.
Blinkfeuer *nt* flashing light; **Blinkleuchte** *f* indicator; **Blinklicht** *nt* flashing light; (*inf: Blinkleuchte*) indicator, winker (*inf*); **Blinkzeichen** *nt* signal.
blinzeln *vi* to blink; (*zwinkern*) to wink; (*geblendet*) to squint.
Blitz *m* **-es, -e 1.** (*das Blitzen*) lightning *no pl, no indef art*; (*~strahl*) flash of lightning; (*Lichtstrahl*) flash (of light). **vom ~ getroffen/erschlagen werden** to be struck by lightning; **wie vom ~ getroffen** (*fig*) thunderstruck; **aus ihren Augen schossen** *or* **sprühten ~e** her eyes flashed; **einschlagen wie ein ~** (*fig*) to be a bombshell; **wie ein ~ aus heiterem Himmel** (*fig*) like a bolt from the blue; **wie der ~** (*inf*) like lightning; **laufen wie ein geölter ~** (*inf*) to run like greased lightning.
2. (*Phot inf*) flash; (*Blitzlichtgerät auch*) flashgun.
Blitz- *in cpds* (*esp Mil: schnell*) lightning; **Blitz|ableiter** *m* lightning conductor; **jdn als ~ benutzen** to vent one's anger on sb; **Blitz|aktion** *f* lightning operation; **Blitz|angriff** *m* (*Mil*) lightning attack; **der ~ auf London** the London Blitz; **blitz|artig I** *adj* lightning *attr*; **II** *adv* (*schnell*) *reagieren* like lightning; (*plötzlich*) *verschwinden* in a flash; **blitz(e)blank** *adj* (*inf*) spick and span.
blitzen I *vi impers* **es blitzt** there is lightning; (*mehrmals auch*) there are flashes of lightning; **es blitzt und donnert** there is thunder and lightning; **hat es eben geblitzt?** was that (a flash of) lightning?; **bei dir blitzt es** (*hum inf*) your slip is showing, Charlie's dead (*Brit inf*).
II *vi* **1.** (*strahlen*) to flash; (*Gold, Zähne*) to sparkle. **vor Sauberkeit ~** to be sparkling clean; **Zorn blitzte aus seinen Augen** his eyes flashed with anger.
2. (*inf: unbekleidet flitzen*) to streak.
3. (*Phot inf*) to use (a) flash.
III *vt* (*Phot inf*) to take a flash photograph of.
Blitzer(in *f*) *m* **-s, -** (*inf*) streaker.
Blitzesschnelle *f* lightning speed. **mit ~** at lightning speed; **in ~** in a flash.
Blitzgerät *nt* (*Phot*) flash(gun); **blitzgescheit** *adj* (*inf*) brilliant; **Blitzgespräch** *nt* special priority telephone call; **Blitzkarriere** *f* rapid rise; **eine ~ machen** to rise rapidly; **Blitzkrieg** *m* blitzkrieg; **Blitzlicht** *nt* (*Phot*) flash(light); **Blitzlichtbirne, Blitzlichtlampe** *f* flashbulb; **Blitzmädel** *nt* (*Mil inf old*) signals operator; **Blitzmerker(in** *f*) *m* **-s, -** (*inf: usu iro*) bright spark (*inf*); **Blitzreise** *f* flying visit; **blitzsauber** *adj* spick and span; **Blitzschaden** *m* damage caused by lightning; **Blitzschlag** *m* flash of lightning; **vom ~ getroffen** struck by lightning; **blitzschnell I** *adj* lightning *attr*; **II** *adv* like lightning; (*plötzlich*) *verschwinden* in a flash; **Blitzsieg** *m* lightning victory; **Blitzstrahl** *m* flash of lightning; **Blitz|umfrage** *f* quick poll; **Blitzwürfel** *m* (*Phot*) flashcube.

Blizzard ['blɪzɐt] *m* **-s, -s** blizzard.
Bloch *m or nt* **-(e)s, -e** *or* **⁼er** (*S Ger, Aus*) log.
Block *m* **-(e)s, ⁼e 1.** block (*von, aus* of); (*von Seife, Schokolade*) bar.
2. *pl auch* **-s** (*Häuser~, Haus*) block.
3. *pl auch* **-s** (*Papier~*) pad; (*Briefmarken~*) block; (*von Fahrkarten*) book.
4. *pl* **-s** (*Rail*) block.
5. (*Zusammengefaßtes*) block. **etw im ~ kaufen** to buy sth in bulk.
6. *pl auch* **-s** (*Pol*) (*Staaten~*) bloc; (*Fraktion*) faction.
7. (*NS*) *smallest organizational unit of Nazi party based on a block of houses.*
8. (*Sport*) wall.
9. *pl auch* **-s** (mental) block.
10. (*Folter~*) stocks *pl*.
Blockade *f* (*Absperrung*) blockade. **eine ~ brechen** to run *or* break a blockade.
Blockadebrecher *m* blockade runner.
Blockbau *m* **1.** *pl* **-bauten** (*Gebäude*) log cabin; **2.** *no pl* (*auch ~weise*) method of building houses from logs; **Blockbildung** *f* (*Pol*) formation of blocs/factions; **Blockbuchstabe** *m* block letter *or* capital.
blocken *vti* **1.** (*Rail*) to block. **2.** (*Hunt*) to perch. **3.** (*abfangen*) to block, to stop. **4.** (*Sport: sperren*) to block.
Blockflöte *f* recorder; **blockfrei** *adj* nonaligned; **Blockfreiheit** *f* non-alignment; **Blockhaus** *nt*, **Blockhütte** *f* log cabin.
blockieren* **I** *vt* **1.** (*sperren, hemmen*) to block; *Verkehr, Verhandlung* to obstruct; *Flugverkehr* to halt; *Gesetz* to block the passage of; *Rad, Lenkung* to lock. **2.** (*mit Blockade belegen*) to blockade. **II** *vi* to jam; (*Bremsen, Rad etc*) to lock.
Blockleiter *m* (*NS*) block leader; **Blockmalz** *nt* type of cough sweet; **Blockpartei** *f* (*esp DDR*) party in a faction; **Blockpolitik** *f* joint policy; **Blocksatz** *m* (*Typ*) justified lines; **Blockschokolade** *f*, *no pl* cooking chocolate; **Blockschrift** *f* block capitals *pl or* letters *pl*; **Blockstelle** *f* (*Rail*) block signal; **Blockstunde** *f* (*Sch*) double period; **Blocksystem** *nt* **1.** (*Rail*) block system; **2.** (*Pol*) system of factions; **Block|unterricht** *m* (*Sch*) teaching by topics; **Blockwart** *m* (*NS*) block leader; **Blockwerk** *nt* (*Rail*) block signal.
blöd(e) *adj* (*inf*) **1.** (*dumm*) silly, stupid, idiotic; *Wetter* terrible; *Gefühl* funny. **2.** (*Med: schwachsinnig*) imbecilic. **3.** (*Sw: schüchtern*) shy. **4.** (*S Ger: abgescheuert*) worn.
Blödel *m* **-s, -** (*inf*) *siehe* **Blödian**.
Blödelei *f* (*inf*) (*Albernheit*) messing (*inf*) *or* fooling about *or* around; (*Witz*) joke; (*dumme Streiche*) pranks *pl*.
blödeln *vi* (*inf*) to mess (*inf*) *or* fool about *or* around; (*Witze machen*) to make jokes. **mit jdm ~** to have fun with sb.
blöderweise *adv* (*inf*) stupidly.
Blödhammel *m* (*sl*) bloody fool (*Brit sl*), mother (*US sl*).
Blödheit *f* **1.** (*Dummheit*) stupidity. **2.** (*blödes Verhalten*) stupid thing; (*alberne Bemerkung*) silly *or* stupid remark.

3. (*Med: Schwachsinnigkeit*) imbecility.
Blödian *m* **-(e)s, -e** (*inf*) idiot.
Blödmann *m, pl* **-männer** (*inf*) stupid fool (*inf*).
Blödsinn *m, no pl* **1.** (*Unsinn*) nonsense, rubbish; (*Unfug*) stupid tricks *pl.* **so ein ~** what nonsense *or* rubbish/how stupid; **das ist doch ~** that's nonsense *or* rubbish/ stupid; **~ machen** to fool *or* mess about; **mach keinen ~** don't fool *or* mess about. **2.** (*Schwachsinn*) imbecility.
blödsinnig *adj* **1.** stupid, idiotic. **2.** (*Med*) imbecilic.
Blödsinnigkeit *f* (*inf*) **1.** (*Eigenschaft*) stupidity, idiocy. **2.** (*Verhalten*) stupid thing. **laß diese ~en** stop being stupid.
blöken *vi* (*Schaf*) to bleat; (*geh: Rinder*) to low.
blond *adj* **1.** (*blondhaarig*) fair(-haired); (*bei Frauen auch*) blonde; (*bei Männern, Menschenrasse auch*) blond. **~es Gift** (*hum inf*) blonde bombshell (*inf*). **2.** (*hum inf: hellfarbig*) light-coloured; *Bier* light, pale; *Kaffee* milky.
Blond *nt* **-s,** *no pl* blonde; blond.
Blonde(s) *nt decl as adj* (*inf: Bier*) lager.
blondgefärbt *adj attr* dyed blonde/blond; **blondgelockt** *adj* with fair curly hair; *Haar* fair curly *attr*; **~ sein** to have fair curly hair; **Blondhaar** *nt* (*geh*) fair *or* blonde/blond hair; **blondhaarig** *adj* fair-haired, blonde/blond.
blondieren* *vt* to bleach. **blondiert** *Haare* bleached; *Mensch* with bleached hair.
Blondine *f* blonde.
Blondkopf *m* **1.** (*Haare*) fair *or* blonde/ blond hair *or* head; **2.** (*Mensch*) fair-haired *or* blonde/blond person/girl/boy *etc*; **blondlockig** *adj* with fair *or* blonde/ blond curly hair; **Blondschopf** *m siehe* **Blondkopf.**
bloß I *adj* **1.** (*unbedeckt*) bare. **etw auf der ~en Haut tragen** to wear sth without anything on underneath; **mit ~en Füßen** bare-footed, barefoot; **mit der ~en Hand** with one's bare hand; **mit ~em Kopf** bareheaded; **mit ~em Schwert** with bared sword; *siehe* **Oberkörper.**
  2. *attr* (*alleinig*) mere; *Neid, Dummheit* sheer; (*allein schon auch*) *Gedanke, Anblick* very. **er kam mit dem ~en Schrecken davon** he got off with no more than a fright.
  II *adv* only. **wie kann so etwas ~ geschehen?** how on earth can something like that happen?; **was er ~ hat?** what on earth *or* whatever is wrong with him?; **tu das ~ nicht wieder!** don't you dare do that again; **geh mir ~ aus dem Weg** just get out of my way; **nicht ~ ..., sondern auch ...** not only ... but also ...
Blöße *f* **-, -n 1.** (*geh*) (*Unbedecktheit*) bareness; (*Nacktheit*) nakedness. **2.** (*im Wald*) clearing. **3.** (*Sport*) opening. **jdm eine ~ bieten** (*lit*) to drop one's guard; (*fig*) to show sb one's ignorance; **sich** (*dat*) **eine ~ geben** (*fig*) to reveal *or* show one's ignorance.
bloßlegen *vt sep* to uncover; (*ausgraben auch, Med*) to expose; (*fig*) *Geheimnis* to reveal; *Hintergründe* to bring to light; **bloßliegen** *vi sep irreg aux sein* to be *or* lie

uncovered; (*Ausgegrabenes auch, Med*) to be exposed; (*fig geh: Geheimnis*) to be revealed; **bloßstellen** *sep* I *vt jdn* to show up; *Lügner, Betrüger* to unmask, to expose; II *vr* to show oneself up; to expose oneself; **bloßstrampeln** *vr sep* to kick one's covers off.
Blouson [blu'zõ:] *m or nt* **-(s), -s** blouson, bomber jacket.
blubbern *vi* (*inf*) to bubble; (*dial: undeutlich sprechen*) to gabble.
Blücher *m*: **er geht ran wie ~** (*inf*) he doesn't hang about (*inf*).
Blue jeans ['blu:dʒi:ns] *pl* (pair of) (blue) jeans *or* denims.
Blues [blu:s] *m* **-,** - blues *sing or pl.*
Bluff [bluf, (*dated*) blœf] *m* **-(e)s, -s** bluff.
bluffen ['blufn, (*dated*) 'blœfn] *vti* to bluff.
blühen I *vi* **1.** (*Blume*) to be in flower *or* bloom, to bloom, to flower; (*Bäume*) to be in blossom, to blossom; (*Garten, Wiese*) to be full of flowers; (*fig: gedeihen*) to flourish, to thrive. **weiß ~** to have *or* bear white flowers.
  2. (*inf: bevorstehen*) to be in store (*jdm* for sb). **... dann blüht dir aber was ...** then you'll be in for it (*inf*); **das kann mir auch noch ~** that may happen to me too.
  II *vi impers* **es blüht** there are flowers.
blühend *adj Baum* blossoming; *Pflanze, Frau, Aussehen* blooming; *Gesichtsfarbe, Gesundheit* glowing; *Garten, Wiese* full of flowers; (*fig*) *Geschäft, Stadt etc* flourishing, thriving; *Unsinn* absolute; *Phantasie* vivid, lively. **im ~en Alter von 18 Jahren** at the early age of 18; **wie das ~e Leben** *or* **~ aussehen** to look the very picture of health.
Blümchen *nt dim of* **Blume.**
Blümchenkaffee *m* (*inf*) weak coffee.
Blume *f* **-, -n 1.** (*Blüte, Pflanze*) flower; (*Topfblume*) (flowering) pot plant; (*poet: Frau*) pearl. **vielen Dank für die ~n** (*iro*) thanks for nothing, thank you very much (*iro*); **jdm etw durch die ~ sagen/zu verstehen geben** to say/put sth in a roundabout way to sb.
  2. (*von Wein, Weinbrand*) bouquet; (*von Bier*) head.
  3. (*Hunt*) (*von Kaninchen, Hasen*) scut; (*von Fuchs*) tag.
Blumen- *in cpds* flower; **Blumenbank** *f* (*am Fenster*) windowsill; (*~ständer*) flower stand; **Blumenbeet** *nt* flowerbed; **Blumenbinder(in** *f*) *m* florist; **Blumenblatt** *nt* petal; **Blumendraht** *m* florist's wire; **Blumenerde** *f* potting compost; **Blumenfenster** *nt* window full of flowers; (*Archit*) window for keeping and displaying flowers and pot plants; **Blumenfrau** *f* flower woman; **Blumengeschäft** *nt* florist's, flower shop; **blumengeschmückt** *adj* adorned with flowers; **Blumengruß** *m* jdm einen ~ übermitteln to send sb flowers; **Blumenigel** *m* pinholder; **Blumenkasten** *m* window box; **Blumenkind** *nt* (*inf*) flower child, hippie; **Blumenkohl** *m* **-s,** *no pl* cauliflower; **Blumenkohlohr** *nt* (*inf*) cauliflower ear; **Blumenkorso** *m* flower carnival; **Blumenkranz** *m* floral wreath; **Blumenmädchen** *nt* flower girl; **Blumenmalerei**

f flower painting; **Blumenmeer** *nt* sea of flowers; **Blumenmuster** *nt* floral pattern; **Blumenrabatte** *f* herbaceous border; **blumenreich** *adj* full of flowers, flowery; *(fig) Stil, Sprache etc* flowery, ornate; **Blumensprache** *f* language of flowers; **Blumenständer** *m* flower stand; **Blumenstock** *m* flowering plant; **Blumenstrauß** *m* bouquet *or* bunch of flowers; **Blumenstück** *nt (Art)* flower painting; **Blumenteppich** *m* carpet of flowers; **Blumentopf** *m* flowerpot; *(Pflanze)* flowering plant; **damit ist kein ~ zu gewinnen** *(inf)* that's nothing to write home about *(inf)*; **Blumenvase** *f* (flower) vase; **Blumenzucht** *f* growing of flowers, floriculture *(form)*; **Blumenzüchter** *m* flower-grower, floriculturist *(form)*; **Blumenzwiebel** *f* bulb.

blümerant *adj Gefühl* queer. **jdm wird es ~** sb feels queer.

blumig *adj Parfüm* flowery; *Wein* with a flowery bouquet; *(fig) Stil, Sprache auch* ornate.

Bluse *f -, -n* blouse. **eine pralle ~ haben** *(sl)* to be well stacked *(sl)*; **ganz schön was in *or* unter der ~ haben** *(sl)* to have a nice pair *(sl)*.

Blut *nt -(e)s, no pl (lit, fig)* blood. **er lag in seinem ~** he lay in a pool of blood; **es ist viel ~ vergossen worden** *or* **geflossen** there was a lot of bloodshed; **er kann kein ~ sehen** he can't stand the sight of blood; **~ lecken** *(lit: Hund)* to taste blood; *(fig)* to develop a taste *or* liking for it; **böses ~ machen** *or* **schaffen** *or* **geben** to cause bad *or* ill feeling; **jdm steigt das ~ in den Kopf** the blood rushes to sb's head; **ihnen gefror** *or* **stockte** *or* **gerann** *or* **erstarrte das ~ in den Adern** their blood froze; **vor Scham/ Zorn schoß ihr das ~ ins Gesicht** she blushed with shame/went red with anger; **ihr kocht das ~ in den Adern** *(geh)* her blood is boiling; **heißes** *or* **feuriges ~ haben** to be hot-blooded; **kaltes ~ bewahren** to remain unmoved; **(nur) ruhig ~** keep your shirt on *(inf)*; **ein junges ~** *(liter)* a young blood *(dated)* or *(Mädchen)* thing; **frisches ~** *(fig)* new blood; **~ und Boden** *(NS)* blood and soil, *idea that political stability and power depend on unification of race and territory*; **~ und Wasser schwitzen** *(inf)* to sweat blood; **die Stimme des ~es** the call of the blood; **das liegt mir/ihm** *etc* **im ~** that's in my/his *etc* blood; **es geht (einem) ins ~** it gets into your blood.

Blut|acker *m (Bibl)* field of blood; **Blut| ader** *f* vein; **Blut|alkohol(gehalt)** *m* blood alcohol level *or* content; **Blut|andrang** *m* congestion; **Blut|apfelsine** *f* blood orange; **blut|arm** *adj* **1.** ['bluːt-] *(Med)* anaemic; *(fig auch)* colourless; **2.** ['-arm] *(liter)* very poor, penniless; **Blut| armut** *f (Med)* anaemia; **Blut|auffrischung** *f* blood replacement; **Blut|austausch** *m (Med)* exchange transfusion; **Blutbad** *nt* bloodbath; **Blutbahn** *f* bloodstream; **Blutbank** *f* blood bank; **Blutbann** *m* power over life and death; **blutbefleckt** *adj* bloodstained; **blutbeschmiert** *adj* smeared with blood;

Blutbild *nt* blood picture; **blutbildend** *adj* haematinic *(spec)*; *Nahrung* full of iron; **Blutblase** *f* blood blister; **Blutbuche** *f* copper beech; **Blutdruck** *m* blood pressure; **blutdrucksenkend** *adj* hypotensive; *Mittel* anti-hypertensive; **Blutdurst** *m (geh)* blood lust; **blutdürstig** *adj (geh)* bloodthirsty.

Blüte *f -, -n* **1.** *(Bot: Pflanzenteil) (von Blume)* flower, bloom; *(von Baum)* blossom. **~n treiben** to be in flower *or* bloom, to be flowering *or* blooming; *(Baum)* to be blossoming *or* in blossom; **merkwürdige ~n treiben** to produce strange effects; *(Phantasie, Angst)* to produce strange fancies.

2. *(das Blühen, Blütezeit)* **zur ~ des Klees/der Kirschbäume** when the clover is in flower *or* bloom/cherry trees are blossoming *or* in blossom; **die ~ beginnt** the flowers/trees are coming into bloom/ blossom; **in (voller) ~ stehen** to be in (full) flower/blossom; *(Kultur, Geschäft)* to be flourishing; **sich zur vollen ~ entfalten** to come into full flower; *(Mädchen, Kultur)* to blossom; **seine ~ erreichen** *or* **erleben** *(Kultur etc)* to reach its peak; **in der ~ seiner Jahre** in his prime, in the prime of his life; **eine neue ~ erleben** to undergo a revival.

3. *(liter: Elite)* cream; *(der Jugend auch)* flower.

4. *(Med: Ausschlag)* rash.

5. *(inf: gefälschte Note)* dud *(inf)*.

Blut|egel *m* leech.

bluten *vi* to bleed *(an +dat, aus* from). **mir blutet das Herz** my heart bleeds; **~den Herzens** with heavy heart.

Blütenblatt *nt* petal; **Blütenhonig** *m* honey *(made from flowers)*; **Blütenkelch** *m* calyx; **Blütenknospe** *f* flower bud; **blütenlos** *adj* non-flowering; **Blütenstand** *m* inflorescence; **Blütenstaub** *m* pollen.

Blut|entnahme *f* taking of a blood sample.

Blütenzweig *m* flowering twig.

Bluter *m -s, - (Med)* haemophiliac.

Blut|erguß *m* haemorrhage; *(blauer Fleck)* bruise.

Bluterkrankheit *f* haemophilia.

Blütezeit *f* **1.** **während der ~ der Kirschbäume** while the cherries were in blossom. **2.** *(fig)* heyday; *(von Mensch)* prime.

Blutfarbstoff *m* haemoglobin; **Blutfaserstoff** *m* fibrin; **Blutfleck** *m* bloodstain; **Blutgefäß** *nt* blood vessel; **Blutgeld** *nt* blood money; **Blutgerinnsel** *nt* blood clot; **Blutgerinnung** *f* clotting of the blood; **Blutgerüst** *nt (liter)* scaffold; **Blutgier** *f* blood lust; **blutgierig** *adj* bloodthirsty.

Blutgruppe *f* blood group. **die ~ O haben** to be blood group O; **jds ~ bestimmen** to type *or* group sb's blood.

Blutgruppenbestimmung *f* blood-typing.

Bluthochdruck *m* high blood pressure; **Bluthund** *m (lit, fig)* bloodhound.

blutig *adj* **1.** *(lit, fig)* bloody. **jdn ~ schlagen** to beat sb to a pulp; **sich ~ machen** to get blood on oneself. **2.** *(inf) Anfänger* absolute; *Ernst* deadly.

blutjung *adj* very young; **Blutkonserve** *f* unit *or* pint of stored blood; **Blutkörperchen** *nt* blood corpuscle; **Blutkrankheit** *f* blood disease; **Blutkrebs** *m* leukaemia; **Blutkreislauf** *m* blood circulation; **Blutlache** *f* pool of blood; **blutleer** *adj* bloodless; **blutlos** *adj* bloodless; *(fig) Stil* colourless, anaemic; **Blut|opfer** *nt* 1. *(Opferung)* blood sacrifice; 2. *(Geopferter)* victim; *(fig)* casualty; **Blut|orange** *f* blood orange; **Blutpaß** *m* card *giving blood group etc*; **Blutpfropf** *m* clot of blood; **Blutplasma** *nt* blood plasma; **Blutplättchen** *nt* platelet; **Blutprobe** *f* blood test; **Blutrache** *f* blood feud; **Blutrausch** *m* frenzy; **blutreinigend** *adj* blood-cleansing, depurative *(spec)*; **blutrot** *adj (liter)* blood-red; **blutrünstig** *adj* bloodthirsty; **Blutsauger** *m (lit, fig)* bloodsucker; *(Vampir)* vampire.

Blutsbruder *m* blood brother; **Blutsbrüderschaft** *f* blood brotherhood.

Blutschande *f* incest; **Blutschuld** *f (liter)* blood guilt; **Blutschwamm** *m (Med)* strawberry mark; **Blutsenkung** *f (Med)* sedimentation of the blood; **eine ~ machen** to test the sedimentation rate of the blood; **Blutserum** *nt* blood serum; **Blutspende** *f* unit *or* pint of blood *(given by a donor)*; **Blutspenden** *nt* giving blood *no art*; **zum ~ aufrufen** to appeal for blood donors; **Blutspender** *m* blood donor; **Blutspur** *f* trail of blood; **~en** traces of blood; **Blutstauung** *f* congestion; **blutstillend** *adj* styptic; **Blutstrom** *m* bloodstream; *(aus Wunde)* stream of blood.

Blutstropfen ['blu:ts-] *m* drop of blood.

Blutstuhl *m (Med)* blood in the faeces; **Blutsturz** *m* haemorrhage.

blutsverwandt *adj* related by blood; **Blutsverwandte(r)** *mf* blood relation *or* relative; **Blutsverwandtschaft** *f* blood relationship.

Bluttat *f* bloody deed; **Bluttransfusion** *f* blood transfusion; **blut|überströmt** *adj* streaming with blood; **Blut|übertragung** *f* blood transfusion.

Blutung *f* bleeding *no pl*; *(starke)* haemorrhage; *(monatliche)* period.

blut|unterlaufen *adj* suffused with blood; *Augen* bloodshot; **Blut|untersuchung** *f* blood test; **Blutvergießen** *nt* **-s**, *no pl* bloodshed *no indef art*; **Blutvergiftung** *f* blood-poisoning *no indef art*; **Blutverlust** *m* loss of blood; **blutverschmiert** *adj* bloody, smeared with blood; **blutvoll** *adj* vivid, lively; **Blutwallung** *f* congestion; *(bei Frau)* hot flush; **Blutwäsche** *f (Med)* detoxification of the blood; **Blutwurst** *f* blutwurst *(US)*, blood sausage; *(zum Warmmachen)* black pudding *(Brit)*; **Blutzelle** *f* blood corpuscle *or* cell; **Blutzeuge** *m (old)* martyr; **Blutzirkulation** *f* blood circulation; **Blutzoll** *m (geh)* toll (of lives); **Blutzucker** *m* blood sugar; **Blutzuckerspiegel** *m* blood sugar level; **Blutzufuhr** *f* blood supply.

BND [be:|ɛn'de:] *m* **- s** *abbr of* **Bundesnachrichtendienst.**

BLZ *abbr of* **Bankleitzahl.**

Bö *f* **-**, **-en** gust (of wind); *(stärker, mit Regen)* squall.

Boa *f* **-**, **-s** *(Schlange, Schal)* boa.

Bob *m* **-s**, **-s** bob(sleigh).

Bobbahn *f* bob(sleigh) run; **Bobfahrer** *m* bobber.

Boccia ['bɔtʃa] *nt* **-(s)** *or* *f* **-**, *no pl* bowls *sing.*

Bock¹ *m* **-(e)s**, **⸚e** 1. *(Reh~, Kaninchen~)* buck; *(Schafs~)* ram; *(Ziegen~)* he-goat, billy-goat. **alter ~** *(inf)* old goat *(inf)*; **sturer/geiler ~** *(inf)* stubborn old devil *(inf)*/randy *(Brit) or* horny old goat *(inf)*; **wie ein ~ stinken** to smell like a pig *(inf)*, to stink to high heaven *(inf)*; **die ⸚e von den Schafen scheiden** *or* **trennen** *(fig)* to separate the sheep from the goats; **den ~ zum Gärtner machen** *(fig)* to be asking for trouble; **ihn stößt der ~** *(inf)* he's (just) being awkward *or* difficult; **einen ~ schießen** *(fig inf)* to (make a) boob *(inf)*; *(Faux-pas auch)* to drop a clanger *(inf)*. 2. *(inf: Trotz)* stubbornness. **(s)einen ~ haben** to be awkward *or* difficult, to play up *(inf)*. 3. *(Gestell)* stand; *(Stützgerät)* support; *(für Auto)* ramp; *(aus Holzbalken, mit Beinen)* trestle; *(Säge~)* sawhorse. 4. *(Sport)* vaulting horse. 5. *(Schemel)* (high) stool. 6. *(Kutsch~)* box (seat). 7. *(Ramme)* (battering) ram. 8. *(sl: Lust, Spaß)* **~e** *or* **(einen) ~ auf etw** *(acc)* **haben** to fancy sth *(inf)*; **⸚e** *or* **(einen) ~ haben, etw zu tun** to fancy doing sth; **keinen** *or* **null ~ haben, etw zu tun** not to feel like doing sth; **null ~ auf nichts** pissed off with everything *(sl)*.

Bock² *nt* **-s**, **-** *siehe* **Bockbier.**

bockbeinig *adj (inf)* contrary, awkward; **Bockbeinigkeit** *f (inf)* contrariness, awkwardness; **Bockbier** *nt* bock (beer) *(type of strong beer)*.

bocken *vi* 1. *(Zugtier etc)* to refuse to move; *(nicht springen wollen: Pferd)* to refuse; *(fig inf: Auto, Motor etc)* to refuse to start/go properly. **vor einer Hürde ~** to refuse a jump. 2. *(inf: trotzen)* to play *or* act up *(inf)*. 3. *(sl: koitieren)* to have it off *(sl)*.

bockig *adj (inf)* contrary, awkward.

Bockleiter *f* stepladder; **Bockmist** *m (inf) (dummes Gerede)* bullshit *(sl)*; **~ machen** to make a balls-up *(sl)*.

Bocksbeutel *m* wide, rounded bottle containing a particular type of wine; **Bockshorn** *nt*: **jdn ins ~ jagen** to put the wind up sb *(inf)*; **sie ließ sich nicht ins ~ jagen** she didn't let herself get into a state.

Bockspringen *nt* **-s**, *no pl* leapfrog; *(Sport)* vaulting; **~ machen** to play leapfrog; **Bocksprung** *m* 1. *(Sprung über Menschen)* leap; *(Sport)* vault; 2. *(ungeschickter Sprung)* leap, bound; **Bockwurst** *f* bockwurst *(type of sausage)*.

Boden *m* **-s**, **⸚** 1. *no pl (Erde, Grundfläche)* ground; *(Erdreich auch)* soil; *(Fuß~)* floor; *(Grundbesitz)* land; *(no pl: Terrain)* soil. **auf spanischem ~** on Spanish soil; **zu ~ fallen** to fall to the ground; **jdn zu ~ schlagen** *or* **strecken** to knock sb down, to floor sb; **festen ~ unter den Füßen haben, auf festem ~ sein** to be *or* stand on firm ground, to be on terra firma; *(fig) (finanziell abgesichert)* to be secure;

(fundierte Argumente haben) to be on firm ground; **den ~ unter den Füßen verlieren** *(lit)* to lose one's footing; *(fig: in Diskussion)* to get out of one's depth; **ihm wurde der ~ (unter den Füßen) zu heiß** *(fig)* things were getting too hot for him; **jdm den ~ unter den Füßen wegziehen** *(fig)* to cut the ground from under sb's feet; **ich hätte (vor Scham) im ~ versinken können** *(fig)* I was so ashamed that I wished the ground would (open and) swallow me up; **etw am ~ zerstören** to destroy sth utterly *or* completely; *(Feuer auch)* to burn sth to the ground; **am ~ zerstört sein** *(inf)* to be shattered *(fig inf)*; **(an) ~ gewinnen/verlieren** *(fig)* to gain/lose ground; **~ gutmachen** *or* **wettmachen** *(fig)* to make up ground, to catch up; **etw aus dem ~ stampfen** *(fig)* to conjure sth up out of nothing; *(Häuser auch)* to build overnight; **auf fruchtbaren ~ fallen** *(fig)* to fall on fertile ground; **jdm/einer Sache den ~ bereiten** *(fig)* to prepare the ground for sb/sth.

2. *(von Behälter)* bottom; *(Hosen~)* seat; *(Torten~)* base.

3. *(Raum)* *(Dach~, Heu~)* loft; *(Trocken~)* *(für Getreide)* drying floor/room; *(für Wäsche)* drying room.

4. *no pl* *(fig: Grundlage)* **auf dem ~ der Wirklichkeit stehen** to base oneself on reality; *(Behauptung)* to be based *or* founded on reality; **auf dem ~ der Tatsachen bleiben** to stick to the facts; **sich auf unsicherem ~ bewegen** to be on shaky ground.

Bodenbelag *m* floor covering; **Bodenbeschaffenheit** *f* condition of the ground; *(von Acker etc)* condition of the soil; **Boden|erhebung** *f* elevation; **Boden|ertrag** *m* *(Agr)* crop yield; **Bodenfeuchtigkeit** *f* *(Hort, Agr)* soil *or* ground humidity; **Bodenfläche** *f* *(Agr)* area of land; *(von Zimmer)* floor space *or* area; **Bodenfrost** *m* ground frost; **Bodenhaftung** *f* *(Aut)* roadholding *no indef art*; **Bodenheizung** *f* underfloor (central) heating; **Bodenkammer** *f* attic; **Bodenkampf** *m* *(Sport)* floorwork; **Bodenkontrolle** *f* *(Space)* ground control; **Bodenkunde** *f* soil science; **Bodenleger** *m* **-s**, **-** floor layer; **bodenlos** *adj* bottomless; *(inf: unerhört)* indescribable, incredible; **ins B~e fallen** to fall into an abyss; **Bodennebel** *m* ground mist; **Bodennutzung** *f* land utilization; **Bodenpersonal** *nt* *(Aviat)* ground personnel *pl or* staff *pl*; **Bodenreform** *f* land *or* agrarian reform, reorganization of land *(US)*; **Bodensatz** *m* sediment; *(von Kaffee)* grounds *pl*, dregs *pl*; **Bodenschätze** *pl* mineral resources *pl*; **Bodenschicht** *f* layer of soil; *(Geol)* stratum; **Bodensee** *m*: **der ~** Lake Constance; **Bodensenke** *f* depression, hollow; **Bodensicht** *f* *(Aviat)* ground visibility; **Bodenspekulation** *f* land speculation; **bodenständig** *adj* *(einheimisch)* native *(in +dat* to); *(lang ansässig)* long-established; *(fig: mit dem Boden verwurzelt)* rooted in the soil; **Bodenstation** *f* *(Space)* ground station; **Bodenturnen** *nt* floor exercises *pl*;

Boden|übung *f* *(Sport)* floor exercise; **Bodenvase** *f* large vase *(placed on the floor)*; **Bodenwelle** *f* **1.** bump; **2.** *(Rad)* ground wave.

Bodmerei *f* *(Naut)* bottomry.

Bodybuilding ['bɔdibɪldɪŋ] *nt* **-s**, *no pl* bodybuilding. **~ machen** to do bodybuilding exercises.

Bodycheck ['bɔdɪtʃɛk] *m* **-s**, **-s** *(Sport)* bodycheck.

bog *pret of* **biegen.**

Bogen *m* **-s**, **-** *or* **̈ - 1.** *(gekrümmte Linie)* curve; *(Kurve)* bend; *(Umweg)* detour; *(Math)* arc; *(Mus)* *(zwischen zwei Noten gleicher Höhe)* tie; *(zur Bindung von verschiedenen Noten)* slur (mark); *(Ski)* turn. **einen ~ fahren** *(Ski)* to do *or* execute a turn; **den ~ heraushaben** *(inf)* to have got the hang of it *(inf)*; **einen ~ machen** *(Fluß etc)* to curve, to describe a curve *(form)*; *(einen Umweg machen)* to make a detour; **einen großen ~ um jdn/etw machen** *(meiden)* to keep well clear of sb/sth, to give sb/sth a wide berth; **jdn in hohem ~ hinauswerfen** *(inf)* to send sb flying out.

2. *(Archit)* arch.

3. *(Waffe, Mus: Geigen~ etc)* bow. **den ~ überspannen** *(fig)* to overstep the mark, to go too far.

4. *(Papier~)* sheet (of paper).

Bogenfenster *nt* bow window; **bogenförmig** *adj* arched; **Bogenführung** *f* *(Mus)* bowing; **Bogengang** *m* **1.** *(Archit)* arcade; **2.** *(Anat: von Ohr)* semicircular canal; **Bogenlampe** *f* arc lamp *or* light; **Bogenschießen** *nt* archery; **Bogenschütze** *m* archer, bowman; **Bogensehne** *f* bowstring; **Bogenstrich** *m* *(Mus)* bowing.

Boheme [boˈeːm, boˈɛːm] *f* **-**, *no pl* bohemian world.

Bohemien [boeˈmiɛ̃ː, boheˈmiɛ̃ː] *m* **-s**, **-s** bohemian.

Bohle *f* **-**, **-n** (thick) board; *(Rail)* sleeper.

böhmakeln* *vi* *(Aus inf)* to speak with a dreadful accent.

Böhme *m* **-n**, **-n**, **Böhmin** *f* Bohemian *(inhabitant of Bohemia)*.

Böhmen *nt* **-s** Bohemia.

Böhmerwald *m* Bohemian Forest.

böhmisch *adj* Bohemian. **das sind für mich ~e Dörfer** *(inf)* that's all Greek to me *(inf)*; **das kommt mir ~ vor** *(inf)* that sounds a bit Irish to me *(inf)*; **~ einkaufen** *(Aus inf)* to shoplift.

Bohne *f* **-**, **-n** bean; *(inf: Kot des Kaninchens)* droppings *pl*. **dicke/grüne/weiße ~n** broad/green *or* French *or* runner/haricot beans; **blaue ~** *(dated Mil sl)* bullet; **nicht die ~** *(inf)* not a scrap *(inf)*, not one little bit; **das kümmert mich nicht die ~** I don't care a fig about that *(inf)*; **du hast wohl ~n in den Ohren** *(inf)* are you deaf?

Bohnen|eintopf *m* bean stew; **Bohnenkaffee** *m* real coffee; **gemahlener ~** ground coffee; **Bohnenkraut** *nt* savo(u)ry; **Bohnenstange** *f* bean support; *(fig inf)* beanpole *(inf)*; **Bohnenstroh** *nt*: **dumm wie ~** *(inf)* (as) thick as two (short) planks *(inf)*; **Bohnensuppe** *f* bean soup.

Bohner *m* **-s**, **-**, **Bohnerbesen** *m*, **Bohner-**

bürste *f* floor-polishing brush.
bohnern *vti* to polish.
Bohnerwachs *nt* floor polish *or* wax.
Bohr|arbeiten *pl* drillings *pl*.

bohren I *vt* to bore; (*mit Bohrer, Bohrmaschine auch*) to drill; *Brunnen* to sink; (*hineindrücken*) *Stange, Pfahl, Schwert etc* to sink (*in* +*acc* into). **ein Schiff in den Grund** ~ to send a ship to the bottom (of the sea).
II *vi* **1.** to bore (*in* +*dat* into); to drill (*nach* for). **in einem Zahn** ~ to drill a tooth; **in der Nase** ~ to pick one's nose.
2. (*fig*) (*drängen*) to keep on; (*peinigen: Schmerz, Zweifel etc*) to gnaw.
III *vr* **sich in/durch etw** (*acc*) ~ to bore its way into/through sth.

bohrend *adj* (*fig*) *Blick* piercing; *Schmerz, Zweifel, Hunger, Reue* gnawing; *Frage* probing.
Bohrer *m* **-s, - 1.** (*elektrisch, Drill*~) drill; (*Hand*~) gimlet, auger. **2.** (*Arbeiter*) driller.
Bohr|insel *f* drilling rig; (*für Öl auch*) oilrig; **Bohrloch** *nt* borehole; (*in Holz, Metall etc*) drill-hole; **Bohrmaschine** *f* drill; **Bohrprobe** *f* drilling; **Bohrturm** *m* derrick.
Bohrung *f* **1.** *siehe* *vt* boring; drilling; sinking. **2.** (*Loch*) bore(-hole); (*in Holz, Metall etc*) drill-hole.
böig *adj siehe* **Bö** gusty; squally.
Boiler ['bɔylɐ] *m* **-s, -** (hot-water) tank. **den** ~ **anstellen** to put the water heater on.
Boje *f* **-, -n** buoy.
Bolero *m* **-s, -s** (*Tanz, Jäckchen*) bolero.
Bolivien [-viən] *nt* **-s** Bolivia.
Böller *m* **-s, -** (small) cannon (*for ceremonial use*).
bollern *vi aux sein* (*dial: poltern*) to thud.
böllern *vi* to fire. **es böllert** there is firing.
Böllerschuß *m* gun salute. **5 Böllerschüsse** 5 shots from the cannon.
Bollwerk *nt* (*lit, fig*) bulwark (*usu fig*), bastion, stronghold; (*Kai*) bulwark.
Bolschewik *m* **-en, -en** *or* **-i** Bolshevik.
bolschewikisch *adj* (*pej*) Bolshevik *attr*, bolshy (*pej inf*).
Bolschewismus *m* Bolshevism.
Bolschewist *m* Bolshevist.
bolschewistisch *adj* Bolshevist, Bolshevik *attr*.
Bolzen *m* **-s, - 1.** (*Tech*) pin; (*esp mit Gewinde*) bolt. **2.** (*Geschoß*) bolt.
bolzen (*inf*) **I** *vi* to kick about. **II** *vt Ball* to slam; *Stein* to chuck (*inf*); to fling.
Bombardement [bɔmbardə'mã:, (*Aus*) bombard'mã:] *nt* **-s, -s** bombardment; (*mit Bomben*) bombing. **ein** ~ **von** (*fig*) a deluge *or* shower of.
bombardieren *vt* (*mit Bomben belegen*) to bomb; (*mit Granaten beschießen, fig*) to bombard.
Bombardierung *f* (*mit Bomben*) bombing; (*mit Granaten, fig*) bombardment.
Bombast *m* **-(e)s, no pl** bombast.
bombastisch *adj Sprache* bombastic; *Kleidung, Architektur, Hauseinrichtung* overdone *pred*.
Bombay ['bɔmbe] *nt* **-s** Bombay.
Bombe *f* **-, -n** bomb; (*dated: Könner*) ace (*in* +*dat* at); (*Sport inf: Schuß*) cracker

(*inf*). **mit** ~**n belegen** to bomb; **wie eine** ~ **einschlagen** to come as a (real) bombshell; **eine/die** ~ **platzen lassen** (*fig*) to drop a/ the bombshell.
bomben *vt* (*Sport inf*) *Ball* to smash (*inf*), to slam (*inf*). (**den Ball**) **ins Tor** ~ to smash *or* slam the ball into the back of the net (*inf*).
Bomben- *in cpds* (*Mil*) bomb; (*inf: hervorragend*) fantastic (*inf*), great (*inf*); **Bomben|angriff** *m* bomb attack *or* raid; **Bomben|anschlag** *m* bomb attack; **Bombenbesetzung** *f* (*inf*) fantastic *or* great cast (*inf*); **Bomben|erfolg** *m* (*inf*) smash hit (*inf*); **bombenfest** *adj* **1.** (*Mil*) bombproof; **2.** (*inf*) *Klebestelle, Naht* absolutely secure; *Entschluß* unshakeable; **Bombenflugzeug** *nt* bomber; **Bombengeschäft** *nt* (*inf*) **ein** ~ **machen** to do a roaring trade (*inf*) (*mit* in); **Bombengeschwader** *nt* bomber squadron; **Bombennacht** *f* night of bombing; **Bombenschaden** *m* bomb damage; **Bombenschuß** *m* (*inf*) unstoppable shot; **bombensicher** *adj* **1.** (*Mil*) bombproof; **2.** (*inf*) dead certain (*inf*); ~ **sein, eine** ~**e Sache sein** to be a dead cert (*inf*); **Bombensplitter** *m* bomb fragment; **Bombenstellung** *f* (*inf*) job in a million (*inf*), fantastic job (*inf*); **Bombenteppich** *m* **einen** ~ **legen** to blanket-bomb an/the area; **Bombenterror** *m* terror bombing; **Bombentrichter** *m* bomb crater.
Bombe *m* **-s, -** bomber.
bombig *adj* (*dated inf*) smashing (*inf*).
Bommel *f* **-, -n** (*dial*) bobble.
Bon [bɔŋ] *m* **-s, -s** voucher, coupon; (*Kassenzettel*) receipt, (sales) slip.
Bonbon [bɔŋ'bɔŋ] *nt or m* **-s, -s** sweet (*Brit*), candy (*US*); (*fig*) treat.
bonbonfarben, bonbonfarbig *adj* candy-coloured.
Bonbonniere [bɔŋbɔ'nie:rə] *f* **-, -n** box of chocolates.
bongen *vt Betrag etc* to ring up.
Bongotrommel *f* bongo (drum).
Bonmot [bõ'mo:] *nt* **-s, -s** bon mot.
Bonn *nt* **-s** Bonn.
Bonner *adj attr* Bonn.
Bonner(in *f*) *m* **-s, -** native of Bonn; (*Einwohner*) inhabitant of Bonn.
Bonus *m* **- or -ses, - or -se** (*Comm, bei Versicherung*) bonus; (*Univ, Sport: Punktvorteil*) bonus points *pl*.
Bonze *m* **-n, -n 1.** (*Rel*) bonze. **2.** (*pej*) bigwig (*inf*), big shot (*inf*).
Boogie(-Woogie) ['bʊgi('vʊgi)] *m* **-(s), -s** boogie-woogie.
Boom [bu:m] *m* **-s, -s** boom.
Boot *nt* **-(e)s, -e** boat. ~ **fahren** to go out in a boat; (*zum Vergnügen*) to go boating; **wir sitzen alle in einem** *or* **im gleichen** ~ (*fig*) we're all in the same boat.
Bootsbauer *m* boatbuilder; **Bootsfahrt** *f* boat trip; **Bootshaus** *nt* boathouse; **Bootslänge** *f* (*Sport*) (boat's) length; **Bootsmann** *m, pl* **-leute** (*Naut*) bo'sun, boatswain; (*Dienstgrad*) petty officer; **Bootssteg** *m* landing-stage; **Bootsverleih** *m* boat hire business; **Bootsverleiher** *m* boat hirer.

Bor nt -s, no pl (abbr B) boron.

Borax m -(es), no pl borax.

Bord¹ m -(e)s, no pl an ~ (eines Schiffes/der „Bremen") aboard or on board (a ship/ the "Bremen"); **alle Mann an ~!** all aboard!; **frei an** ~ (Comm) free on board, f.o.b.; **an ~ gehen** to board or go aboard (the ship/plane), to go on board; **Mann über ~!** man overboard!; **über ~ gehen** to go overboard; (fig) to go by the board; **über ~ werfen** (lit, fig) to throw overboard, to jettison; **von ~ gehen** to leave (the) ship/the plane; (esp Passagiere am Ziel) to disembark.

Bord² nt -(e)s, -e (Wandbrett) shelf.

Bord³ nt -(e)s, -e (Sw) (Rand) ledge, raised edge; (Böschung) embankment, bank.

Bordbuch nt log(book); **Bordcomputer** m (Space) on-board computer.

Bordell nt -s, -e brothel.

Bordellwirtin f brothel-keeper, madam.

Bordfunk m (Naut) (ship's) radio; (Aviat) (aircraft) radio equipment; **Bordfunker** m (Naut, Aviat) radio operator.

bordieren* vt (Sew) to edge, to border.

Bordkante f kerb; **Bordmechaniker** m ship's/aircraft mechanic; **Bordstein** m kerb; **den ~ mitnehmen** (inf) to hit the kerb; **Bordsteinkante** f, **Bordsteinrand** m kerb.

Bordüre f -, -n edging, border.

Bordwaffen pl (Mil) aircraft/tank/ship armaments pl; **Bordwand** f (Naut) ship's side; (Aviat) side of the aircraft.

Borg m (dated): **auf ~** on credit; **etw auf ~ kaufen** to buy sth on credit or tick (inf).

borgen vti 1. (erhalten) to borrow (von from). 2. (geben) to lend, to loan (jdm etw sb sth, sth to sb).

Borke f -, -n bark.

Borkenkäfer m bark beetle; **Borkenkrepp** m (Tex) crepe.

Born m -(e)s, -e (old, liter) (Brunnen) well; (Quelle) spring; (fig) fountain, fount (liter).

borniert adj bigoted, narrow-minded.

Bor(r)etsch m -(e)s, no pl borage.

Borsalbe f boric acid ointment.

Börse f -, -n 1. (Geld~) (für Frauen) purse; (für Männer) wallet. 2. (Wertpapierhandel) stock market; (Ort) stock exchange.

Börsenbeginn m opening of the stock market; **bei ~** when the stock market opens/ opened; **Börsenbericht** m stock market report; **Börsengeschäft** nt (Wertpapierhandel) stockbroking; (Transaktion) stock market transaction; **Börsenkurs** m stock market price; **Börsenmakler** m stockbroker; **Börsennotierung** f quotation (on the stock exchange); **Börsenschluß** m, no pl close of the stock market; **bei ~** when the stock market closes/closed; **Börsenspekulant** m speculator on the stock market; **Börsenspekulation** f speculation on the stock market; **Börsensturz** m collapse of the market; **Börsentendenz** f stock market trend; **Börsentip** m market tip.

Börsianer m -s, - (inf) (Makler) broker; (Spekulant) speculator.

Borste f -, -n bristle.

Borstenvieh nt pigs pl, swine pl.

borstig adj bristly; (fig) snappish.

Borte f -, -n braid trimming.

Borwasser nt boric acid lotion.

bös adj siehe **böse.**

bösartig adj malicious, nasty; Tier, (stärker) Mensch, Wesen vicious; (Med) Geschwür malignant.

Bösartigkeit f siehe adj maliciousness, nastiness; viciousness; malignancy.

Böschung f (von Straße) bank, embankment; (von Bahndamm) embankment; (von Fluß) bank.

böse adj 1. (sittlich schlecht) bad; (stärker) evil, wicked; (inf: unartig auch) naughty. **die ~ Fee/Stiefmutter** the Wicked Fairy/ Stepmother; **ein ~r Geist** an evil spirit; ~ **Kräfte** evil or malevolent forces; **das war keine ~ Absicht** there was no harm intended; **das war nicht ~ gemeint** I/he etc didn't mean it nastily; **eine ~ Zunge** or **ein ~s Mundwerk haben** to have a malicious or wicked tongue.

2. no pred (unangenehm, übel) Traum, Angelegenheit, Krankheit bad; Überraschung, Streich, Geschichte nasty. **ein ~s Erwachen** a rude awakening; ~ **Folgen** dire consequences; ~ **Zeiten** bad times; **er ist ~ dran** life's not easy for him; (gesundheitlich) he's in a bad way; **das/es sieht ~ aus** things look/it looks bad; siehe **Blut, Ende.**

3. (verärgert) angry, cross (+dat, auf + acc, mit with). **ein ~s Gesicht machen** to scowl; **im ~n auseinandergehen** to part on bad terms.

4. (inf) (schmerzend, entzündet) bad attr, sore; (krank, schlimm) bad; Wunde, Husten nasty, bad.

5. (inf: verstärkend) real (inf); Enttäuschung, Sturz bad, terrible.

Böse(r) mf decl as adj wicked or evil person; (Film, Theat) villain, baddy (inf). **die ~n** the wicked; **der ~** (Teufel) the Evil One.

Böse(s) nt decl as adj evil; (Schaden, Leid) harm. **jdm ~s antun** to do sb harm; **ich will dir doch nichts ~s** I don't mean you any harm; **mir schwant ~s** it sounds/looks ominous (to me); **ich dachte an gar nichts ~s, als ...** I was quite unsuspecting when ...

Bösewicht m -(e)s, -e or -er (old, hum) villain.

boshaft adj malicious, spiteful, nasty; **Bosheit** f malice, nastiness; (Bemerkung, Handlung) malicious or nasty remark/ thing to do; **er hat es mit konstanter ~ getan** maliciously he kept on doing it.

Boskop m -s, - ≈ russet.

Boß m **Bosses, Bosse** (inf) boss (inf).

Bosse f -, -n (Archit) boss.

bosseln (inf) **I** vi to tinker or fiddle about (inf) (an +dat with). **II** vt (zusammenbasteln) to rig up (inf) (jdm for sb).

böswillig adj malicious; (Jur auch) wilful. **in ~er Absicht** with malicious intent.

Böswilligkeit f malice, maliciousness.

bot pret of **bieten.**

Botanik f botany.

Botaniker(in f) m -s, - botanist.

botanisch adj botanic.

botanisieren* vi to collect and study plants, to botanize (rare).

Botanisiertrommel f (botanist's) specimen container.

Bote m -n, -n 1. (usu mit Nachricht) messenger; (Kurier) courier; (Post~) postman; (Zeitungs~) paperboy; (Laufbursche) errand boy; (Gerichts~) messenger-at-arms. 2. (fig: Anzeichen) herald, harbinger (liter).

Botendienst m errand; (Einrichtung) messenger service; **Botengang** m errand; **einen ~ machen** to run an errand; **Botenlohn** m delivery fee; (Bezahlung des Boten) messenger's/errand boy's fee.

Botin f siehe Bote 1. messenger; courier; postwoman; papergirl; errand girl.

botmäßig adj (old, geh) (untertänig) compliant, submissive; (gehorsam) obedient. **jdm ~ sein** to be at sb's command.

Botmäßigkeit f, no pl (old, geh) 1. (Herrschaft) dominion, rule. 2. siehe adj compliance, submissiveness; obedience.

Botschaft f 1. message; (esp amtlich) communication; (Neuigkeit) piece of news, news no indef art or pl. **eine freudige ~** good news, glad tidings pl (liter, hum); **die frohe ~** the Gospel. 2. (Pol: Gesandtschaft) embassy.

Botschafter m -s, - ambassador.

Botschafter|ebene f: **auf ~** at ambassadorial level.

Botschafterin f ambassadress.

Böttcher m -s, - cooper.

Böttcherei f (no pl: Gewerbe) cooper's trade, cooperage; (Werkstatt) cooper's (work)shop, cooperage.

Bottich m -(e)s, -e tub.

Bouclé¹ [bu'kle:] nt -s, -s bouclé (yarn).

Bouclé² [bu'kle:] m -s, -s 1. (Gewebe) bouclé (fabric). 2. (Teppich) loop-pile carpeting.

Boudoir [bu'doa:ɐ] nt -s, -s (dated geh) boudoir.

Bouillon [bʊl'jɔn, bʊl'jõː, (Aus) bu'jõː] f -, -s stock, bouillon; (auf Speisekarte) bouillon, consommé.

Bouillonwürfel m stock or bouillon cube.

Boulevard [bulə'va:ɐ, (Aus) bul'va:ɐ] m -s, -s boulevard.

Boulevardblatt nt (inf) popular daily, tabloid; **Boulevardpresse** f (inf) popular press; **Boulevardtheater** nt light theatre.

Bourgeois [bʊr'ʒoa] m -, - (geh) bourgeois.

bourgeois [bʊr'ʒoa] adj (geh) bourgeois, middle-class.

Bourgeoisie [bʊrʒoa'zi:] f (geh) bourgeoisie.

Boutique [bu'ti:k] f -, -n boutique.

Bovist [auch 'bo:vɪst] m -s, -e (Bot) puffball, bovista (spec).

Bowle ['bo:lə] f -, -n 1. (Getränk) punch. 2. (Gefäß, Schüssel) punchbowl; (Garnitur) punch set (punchbowl and cups).

Bowlenschüssel f punchbowl.

Bowling ['bo:lɪŋ] nt -s, -s (Spiel) (tenpin) bowling; (Ort) bowling alley. **~ spielen gehen** to go bowling.

Bowlingkugel f bowl.

Box f 1. (abgeteilter Raum) compartment; (für Pferde) box; (in Großgarage) (partitioned-off) parking place; (für Rennwagen) pit; (bei Ausstellungen) stand. 2. (Kamera) box camera. 3. (Behälter) box. 4. (Musik~) jukebox; (Lautsprecher~) speaker (unit).

Boxen nt -s, no pl (Sport) boxing.

boxen I vi (Sport) to box; (zur Übung) to spar; (mit Fäusten zuschlagen) to hit out, to punch. **um einen Titel ~** to fight for a title; **gegen jdn ~** to fight sb.

II vt 1. (schlagen) jdn to punch, to hit.

2. (Sport sl: antreten gegen) to fight.

3. (mit der Faust) Ball to punch.

III vr 1. (inf: sich schlagen) to have a punch-up (inf) or a fight.

2. (sich einen Weg bahnen) to fight one's way. **sich durchs Leben/nach oben ~** (fig inf) to fight one's way through life/up.

Boxer m -s, - (Sportler, Hund) boxer; (esp Aus: Schlag) punch.

Boxer|aufstand m (Hist) Boxer Rebellion; **Boxermotor** m (Tech) opposed cylinder engine; **Boxernase** f boxer's nose, broken nose.

Boxhandschuh m boxing glove; **Boxkalf** nt -s, no pl box calf; **Boxkampf** m (Disziplin) boxing no art; (Einzelkampf) fight, bout, (boxing) match; **Boxring** m boxing ring; **Boxsport** m (sport of) boxing; **Boxstellung** f boxer's stance.

Boy [bɔy] m -s, -s pageboy (Brit), bellhop (esp US).

Boykott [bɔy'kɔt] m -(e)s, -e or -s boycott.

boykottieren* [bɔykɔ'ti:rən] vt to boycott.

brabbeln vi (inf) to mumble, to mutter; (Baby) to babble.

brach¹ pret of brechen.

brach² adj attr (old) fallow.

Brache f -, -n (old) (Land) fallow (land); (Zeit) fallow period.

Brachfeld nt fallow field.

Brachialgewalt f (inf) brute force.

Brachland nt fallow (land); **brachlegen** vt sep to leave fallow; **brachliegen** vi sep irreg to lie fallow; (fig) to be left unexploited; **~de Kenntnisse** unexploited knowledge.

brachte pret of bringen.

Brachvogel m curlew.

brackig adj brackish.

Brackwasser nt brackish water.

Brahmane m -n, -n Brahman, Brahmin.

brahmanisch adj Brahminical, Brahman attr.

bramarbasieren* vi (geh) to brag (von about), to boast (von about), to swagger.

Bramsegel nt topgallant sail; **Bramstenge** f topgallant stay.

Branche ['brã:ʃə] f -, -n (Fach) field, department; (Gewerbe) trade; (Geschäftszweig) area of business, trade; (Wirtschaftszweig) (branch of) industry.

branchenfremd adj Waren foreign to the trade/industry; **Kollege** not versed in the trade; **Branchenkenntnis** f knowledge of the trade/industry; **branchenkundig** adj experienced or well-versed in the trade/industry; **branchen|üblich** adj usual in the trade/industry; **Branchenverzeichnis** nt yellow pages.

Brand m -(e)s, -̈e 1. (Feuer) fire; (lodernd auch) blaze, conflagration (liter). **in ~ geraten** to catch fire; (in Flammen aufgehen) to burst into flames; **etw in ~**

setzen *or* **stecken** to set fire to sth, to set sth alight *or* on fire.
2. *usu pl* (*brennendes Holz etc*) firebrand.
3. (*das Brennen, von Porzellan etc*) firing.
4. (*fig inf: großer Durst*) raging thirst.
5. (*dial inf*) (*Brennstoff*) fuel; (*Holz auch*) firewood.
6. (*Med*) gangrene *no art*.
7. (*Pflanzenkrankheit*) blight.

brand|aktuell *adj* (*inf*) *Thema, Frage* red-hot (*inf*); *Buch* hot from the presses; *Platte etc* the latest thing (*inf*); **Brandbinde** *f* bandage for burns; **Brandblase** *f* (burn) blister; **Brandbombe** *f* firebomb, incendiary bomb *or* device; **Branddirektor** *m* ≃ fire chief; **brand|eilig** *adj* (*inf*) extremely urgent.

branden *vi* to surge (*auch fig*). **an** *or* **gegen etw** (*acc*) ~ to break against sth.

Brandfackel *f* firebrand; **Brandfleck** *m* burn; **Brandgans** *f* shelduck; **Brandgefahr** *f* danger of fire; **Brandgeruch** *m* smell of burning; **Brandherd** *m* source of the fire *or* blaze; (*fig*) source.

brandig *adj* **1.** (*Bot*) suffering from blight; (*Med*) gangrenous. **2.** ~ **riechen** to smell of burning; (*bei ausgegangenem Brand*) to have a burnt smell.

Brand|inspektor *m* fire inspector; **Brandkasse** *f* fire insurance company; **Brandkatastrophe** *f* fire disaster; **Brandleger** *m* -s, - (*esp Aus*) *siehe* **Brandstifter**; **Brandloch** *nt* burn hole; **Brandmal** *nt* -s, -e brand; (*fig auch*) stigma; **Brandmalerei** *f* poker-work; (*Bild*) piece of pokerwork; **brandmarken** *vt insep* to brand; (*fig*) to denounce; **jdn als etw** ~ (*fig*) to brand sb (as) sth; **Brandmauer** *f* fire-(proof) wall; **Brandmeister** *m* fire chief; **brandneu** *adj* (*inf*) brand-new, spanking new (*inf*); **Brand|opfer** *nt* **1.** (*Rel*) burnt offering; **2.** (*Mensch*) fire victim; **Brandsalbe** *f* ointment for burns; **Brandsatz** *m* incendiary compound; **Brandschaden** *m* fire damage; **brandschatzen** *vt insep* to sack, to lay waste to; (*Hist*) to lay under contribution; **die** ~**den Horden** the pillaging mob; **Brandschatzung** *f* (*Hist*) contribution; **Brandsohle** *f* insole; **Brandstelle** *f* (*Ort des Brandes*) fire, blaze; (*verbrannte Stelle*) burnt patch; **Brandstifter** *m* fire-raiser, arsonist (*esp Jur*), incendiary (*Jur*); **Brandstiftung** *f* arson (*auch Jur*), fire-raising; **Brandteig** *m* choux pastry.

Brandung *f* surf, breakers *pl*; (*fig geh*) surge.

Brandungswelle *f* breaker.

Brand|ursache *f* cause of a/the fire *or* blaze; **Brandwache** *f* **1.** (*Überwachung der Brandstelle*) firewatch; **2.** (*Personen*) firewatch team; **Brandwunde** *f* burn; (*durch Flüssigkeit*) scald; **Brandzeichen** *nt* brand.

brannte *pret of* **brennen.**

Branntwein *m* spirits *pl*. **jede Art von** ~ all types *or* every type of spirit(s); **Whisky ist**

ein ~ whisky is a (type of) spirit. **Branntweinbrenner** *m* distiller; **Branntweinbrennerei** *f* distillery; (*Branntweinbrennen*) distilling *or* distillation of spirits; **Branntweinschank** *f* -, **-en** (*Aus*) ≃ public house (*Brit*), bar; **Branntweinsteuer** *f* tax on spirits.

Brasil[1] *f* -, **-(s)** Brazil cigar.

Brasil[2] *m* -s, **-e** *or* **-s** (*Tabak*) Brazil(ian) tobacco.

Brasilholz *nt* brazilwood.

Brasilianer(in *f*) *m* -s, - Brazilian.

brasilianisch *adj* Brazilian.

Brasilien [-iən] *nt* -s Brazil.

Brasse *f* -, **-n** (*Naut*) brace.

brassen *vt* (*Naut*) to brace.

Brät *nt* -s, *no pl* sausage meat.

Brat|apfel *m* baked apple.

braten *pret* **briet,** *ptp* **gebraten I** *vti* (*am Spieß, im Ofen: mit Fett*) to roast; (*im Ofen: ohne Fett*) to bake; (*in der Pfanne*) to fry. **etw braun/knusprig** ~ to roast/fry sth until it is brown/crispy. **II** *vi* (*inf: in der Sonne*) to roast (*inf*). **sich** ~ **lassen** to roast oneself (*inf*).

Braten *m* -s, - ≃ pot-roast meat *no indef art*, *no pl*; (*im Ofen gebraten*) joint, roast, roast meat *no indef art*, *no pl*. **kalter** ~ cold meat; **ein fetter** ~ (*fig*) a prize catch; **den** ~ **riechen** *or* **schmecken** (*inf*) to smell a rat (*inf*), to get wind of it/something.

Bratenfett *nt* meat fat and juices *pl*; **Bratenrock** *m* frock coat, Prince Albert (coat) (*US*); **Bratensoße** *f* gravy; **Bratenwender** *m* -s, - fishslice.

Bratfett *nt* fat for frying/roasting; **Bratfisch** *m* fried fish; **Brathähnchen** *nt*, **Brathendl** *nt* -s, **-(n)** (*Aus, S Ger*) roast chicken; **Brathering** *m* fried herring (*sold cold*); **Brathuhn, Brathühnchen** *nt* roast chicken; (*Huhn zum Braten*) roasting chicken; **Bratkartoffeln** *pl* fried *or* sauté potatoes; **Bratkartoffelverhältnis** *nt* (*hum*) **er hat ein** ~ **mit ihr** he only sees her because she feeds and waters him (*hum*); **Brat|ofen** *m* oven; **Bratpfanne** *f* frying pan; **Bratröhre** *f* oven; **Bratrost** *m* grill; (*über offenem Feuer auch*) gridiron.

Bratsche *f* -, **-n** viola.

Bratscher *m* -s, -, **Bratschist(in** *f*) *m* violist, viola player.

Bratspieß *m* skewer; (*Teil des Grills*) spit; (*Gericht*) kebab; **Bratwurst** *f* (*zum Braten*) (frying) sausage; (*gebraten*) (fried) sausage.

Bräu *nt* -(e)s, **-e** (*Biersorte*) brew, beer; (*Brauerei*) brewery; (*rare: Schenke*) inn (*old*), pub (*Brit*).

Brauch *m* -(e)s, **Bräuche** custom, tradition. **nach altem** ~ according to (established) custom *or* tradition; **etw ist** ~ sth is traditional, sth is the custom; **so ist es** ~, **so will es der** ~ that's the tradition *or* custom; **das ist bei uns so** ~ (*inf*) that's traditional with us.

brauchbar *adj* **1.** (*benutzbar*) useable; *Plan* workable; (*nützlich*) useful. **2.** (*ordentlich*) *Schüler, Idee* decent, reasonable; *Arbeit, Arbeiter etc auch* useful *attr* (*inf*).

brauchen I *vt* **1.** (*nötig haben*) to need, to require (*form*) (*für, zu* for).
2. (*bei Zeitangaben*) **Zeit/zwei Minuten**

etc ~ to need time/two minutes *etc*; **normalerweise brauche ich zwei Stunden dafür** I normally take two hours to do it; **es braucht alles seine Zeit** everything takes time; **wie lange braucht man, um ...?** how long does it take to ...?; **er hat zwei Tage dafür gebraucht** he took two days over it, he needed two days to do it.

3. (*inf: nützlich finden*) **das könnte ich** ~ I could do with *or* use that; **wir können das/ihn nicht** ~ we could *or* can do without that/him, we don't need that/him; **kannst du die Sachen** ~? have you any use for the things?, are the things of any use to you?; **er ist zu allem zu** ~ (*inf*) he's a really useful type (to have around) (*inf*); **heute bin ich zu nichts zu** ~ (*inf*) I'm useless today (*inf*).

4. (*benutzen*) *Verstand, Gerät* to use.

5. (*inf: verbrauchen*) to use (up); *Strom etc* to use.

II *v aux* to need. **du brauchst es ihm nicht (zu) sagen** you needn't tell *or* don't need to tell him that; (*er weiß das schon*) you don't need to tell him that; **du hättest das nicht (zu) tun** ~ you needn't have done that, you didn't need to *or* had no need to do that; **du brauchst nur an(zu)rufen** you only have *or* need to call, you need only call; **es braucht nicht gleich zu sein** it doesn't need to be done immediately, there's no immediate need for that; **es hätte nicht zu sein** ~ there was no need for that; (*das hätte nicht geschehen müssen*) that needn't have happened.

Brauchtum *nt* customs *pl*, traditions *pl*.

Braue *f* -, -n (eye)brow.

brauen I *vti Bier* to brew; (*inf: zubereiten*) *Tee* to brew up; *Kaffee* to make; *Zaubertrank, Punsch etc* to concoct. **II** *vi* (*old liter*) (*Nebel*) to build up.

Brauer *m* -s, - brewer.

Brauerei *f* 1. brewery. 2. *no pl* (*das Brauen*) brewing.

Brauereiwesen *nt* brewing trade *or* industry.

Brauhaus *nt* brewery; **Braumeister** *m* master brewer.

braun *adj* brown; (*von Sonne auch*) *Mensch, Haut* (sun-)tanned; (*inf: ~haarig*) brown-haired; (*pej: Nazi~*) Nazi. ~ **werden** (*Mensch*) to get a (sun-)tan, to go *or* get brown, to tan; **von der Sonne** ~ **gebrannt sein** to be tanned (by the sun); **die B**~**en** (*Nazis*) the Brownshirts.

Braun *nt* -s, - brown.

braun|äugig *adj* brown-eyed; **Braunbär** *m* brown bear.

Bräune *f* -, *no pl* (*braune Färbung*) brown(ness); (*von Sonne*) (sun-)tan.

bräunen I *vt* (*Cook*) to brown; (*Sonne etc*) to tan. **II** *vi* (*Cook*) to go *or* turn brown; (*Mensch*) to tan, to go brown; (*Sonne*) to tan. **sich in der Sonne** ~ **lassen** to get a (sun-)tan. **III** *vr* (*Haut*) to go brown; (*Mensch auch*) to tan.

braungebrannt *adj attr* (sun-)tanned, bronzed, brown; **braunhaarig** *adj* brown-haired; *Frau auch* brunette; **Braunkohle** *f* brown coal.

bräunlich *adj* brownish, browny.

braunrot *adj* reddish brown.

Braunschweig *nt* -s Brunswick.

Bräunung *f* browning; (*von Haut*) bronzing. **eine tiefe** ~ **der Haut** a deep (sun-)tan.

Braus *m siehe* **Saus.**

Brause *f* -, -n **1.** (*Dusche, Duschvorrichtung*) shower. **sich unter die** ~ **stellen** to have a shower. **2.** (~*aufsatz*) shower attachment; (*an Schlauch, Gießkanne*) rose, spray (attachment). **3.** (*Getränk*) pop; (*Limonade*) (fizzy) lemonade; (~*pulver*) lemonade powder.

Brausebad *nt* shower(bath); **Brausekopf** *m* (*dated*) hothead; **Brauselimonade** *f* fizzy lemonade.

brausen I *vi* **1.** (*tosen*) to roar; (*Orgel, Beifall*) to thunder; (*Jubel*) to ring out; (*sprudeln*) (*Wasser, Brandung*) to foam; (*geh: Blut*) to pound. ~**der Beifall** thunderous applause.

2. *aux sein* (*rasen, rennen, schnell fahren*) to race; (*Mensch auch*) to storm.

3. *auch vr* (*duschen*) to (have a) shower.

II *vt* (*abspülen*) *Gegenstände* to rinse (off); (*abduschen*) *Körperteil, Kinder* to put under the shower.

Brausepulver *nt* lemonade powder; **Brausetablette** *f* lemonade tablet.

Braut *f* -, **Bräute** bride; (*dated*) (*Verlobte*) fiancée, betrothed (*old*), bride-to-be; (*Freundin*) girl(-friend). ~ **Christi** bride of Christ.

-braut *f in cpds* (*inf*) **Rocker**~/**Motorrad**~ rocker/motor-cycle queen (*sl*); **Fußball**~ footballer's girl *or* moll (*hum sl*).

Brautführer *m* person who gives away the bride; **Brautgemach** *nt* (*Hist*) nuptial chamber.

Bräutigam *m* -s, -e (bride)groom; (*dated: Verlobter*) fiancé, betrothed (*old*), husband-to-be.

Brautjungfer *f* bridesmaid; **Brautkleid** *nt* wedding dress; **Brautkranz** *m* headdress of myrtle leaves traditionally worn by a bride; **Brautleute** *pl siehe* **Brautpaar**; **Brautmutter** *f* bride's mother; **Brautpaar** *nt* bride and (bride-)groom, bridal pair *or* couple; (*dated: Verlobte*) engaged couple; **Brautschau** *f*: **auf (die)** ~ **gehen/auf** ~ **sein** to go looking/be looking for a bride *or* wife; (*hum sl*) to be out to make a kill (*inf*); **Brautschleier** *m* wedding *or* bridal veil; **Brautstand** *m*, *no pl* (*dated*) engagement; **Braut|unterricht** *m in RC church, religious instruction of engaged couple prior to marriage*; **Brautvater** *m* bride's father; **Brautwerbung** *f* courtship, wooing.

brav *adj* **1.** (*gehorsam*) *Kind* good, well-behaved. **sei schön** ~! be a good boy/girl; ~ (**gemacht**)! (*zu Tier*) good boy!, well done.

2. (*rechtschaffen*) upright, worthy, (good) honest; (*bieder*) *Frisur, Kleid* plain. ~ **seine Pflicht tun** to do one's duty worthily; **etw** ~ **spielen** to give an uninspired rendition of sth.

3. (*obs: tapfer*) brave.

bravo ['bra:vo] *interj* well done; (*für Künstler*) bravo.

Bravoruf *m* cheer.

Bravour [bra'vu:ɐ] *f -, no pl (geh)* bravura; (*old: Kühnheit*) bravery, daring. **mit ~** with style.

Bravourleistung [bra'vu:ɐ-] *f (geh)* brilliant performance.

bravourös [bravu'rø:s] *adj* **1.** (*meisterhaft*) brilliant. **2.** (*forsch*) mit **~em Tempo** with verve; **~ dahinbrausen** to surge along.

Bravourstück [bra'vu:ɐ] *nt (geh)* brilliant coup; (*Mus*) bravura.

BRD [be:ɛr'de:] *f - (nicht amtlich) abbr of* **Bundesrepublik Deutschland** FRG.

brechbar *adj* breakable; **Brechbohnen** *pl* French beans *pl*; **Brechdurchfall** *m* diarrhoea and sickness; **Brecheisen** *nt* crowbar; (*von Dieb*) jemmy, jimmy (*US*).

brechen *pret* **brach**, *ptp* **gebrochen I** *vt* **1.** to break; *Schiefer, Stein, Marmor* to cut; *Widerstand, Trotz auch* to overcome; *Licht* to refract; (*geh: pflücken*) *Blumen* to pluck, to pick. **sich/jdm den Arm ~** to break one's/sb's arm; **einer Flasche den Hals ~** to crack (open) a bottle; **das wird ihm das Genick or den Hals ~** (*fig*) that will bring about his downfall; **jdm die Treue ~** to be unfaithful to sb.

2. (*erbrechen*) to vomit up, to bring up.

II *vi* **1.** *aux sein* to break. **seine Augen brachen** (*old, liter*) he passed away; **mir bricht das Herz** it breaks my heart; **mit jdm/etw ~** to break with sb/sth; **zum B~ or ~d voll sein** to be full to bursting.

2. (*sich erbrechen*) to be sick, to throw up.

III *vr* (*Wellen*) to break; (*Lichtstrahl*) to be refracted; (*Schall*) to rebound (*an + dat* off).

Brecher *m* **-s, - 1.** (*Welle*) breaker. **2.** (*Tech*) crusher.

Brechmittel *nt* emetic; **er/das ist das reinste ~ (für mich)** he/it makes me feel ill; **Brechreiz** *m* nausea; **Brechstange** *f* crowbar.

Brechung *f* **1.** (*der Wellen*) breaking; (*des Lichts*) refraction; (*des Schalls*) rebounding. **2.** (*Ling*) mutation.

Brechungswinkel *m* angle of refraction.

Bredouille [bre'dʊljə] *f* **in der ~ sein** *or* **sitzen/in die ~ geraten** *or* **kommen** to be in/get into a scrape (*inf*).

Brei *m* **-(e)s, -e** mush, paste, goo (*inf*); (*für Kinder, Kranke*) mash, semi-solid food; (*Hafer~*) porridge; (*Grieß~*) semolina; (*Reis~*) rice pudding; (*Papier~*) pulp. **verrühren Sie die Zutaten zu einem dünnen ~** mix the ingredients to a thin paste; **die Lava fließt wie ein zäher ~** the lava flows like a sluggish pulp; **jdn zu ~ schlagen** (*inf*) to beat sb to a pulp (*inf*); **um den heißen ~ herumreden** (*inf*) to beat about the bush (*inf*); **jdm ~ ums Maul schmieren** (*inf*) to soft-soap sb (*inf*).

breiig *adj* mushy. **eine ~e Masse** a paste, a paste-like substance.

breit I *adj* broad; (*esp bei Maßangabe*) wide; *Bekanntenkreis, Publikum, Interessen auch* wide; *Schrift* broadly spaced, sprawling. **etw ~er machen** to broaden *or* widen sth; **~es Lachen** guffaw; **er hat ein ~es Lachen** he guffaws; **die ~e Masse** the masses *pl*, the broad mass of the population; **ein ~es Angebot** a broad *or*

wide selection; **~e Streuung des Eigentums** widespread distribution of property, distribution of property on a broad basis; **er hat einen ~en Rücken or Buckel** (*fig inf*) he has a broad back, his shoulders are broad.

II *adv* **~ lachen** to laugh; **~ sprechen** to speak with a broad accent; **~ gebaut** sturdily built; **die Schuhe ~ treten** to wear one's shoes out of shape; **sich ~ hinsetzen** to sit down squarely.

breitbeinig I *adj* **in ~er Stellung** with one's legs apart; **~er Gang** rolling gait; **II** *adv* with one's legs apart; **breitdrücken** *vt sep* to press flat.

Breite *f* **-, -n 1.** breadth; (*von Dialekt, Aussprache*) broadness; (*esp bei Maßangaben*) width; (*von Angebot*) breadth; (*von Interessen*) breadth, wide range. **der ~ nach** widthways; **etw in aller ~ erklären** to explain sth in great detail; **in voller ~ vor jdm** smack in front of sb; **in die ~ gehen** to go into detail; (*inf: dick werden*) to put on weight, to put it on a bit (*inf*).

2. (*Geog*) latitude; (*Gebiet*) part of the world. **in südlichere ~n fahren** (*inf*) to travel to more southerly climes *or* parts; **es liegt (auf) 20° nördlicher ~** it lies 20° north.

breiten *vtr* to spread. **sich über das Tal/jds Gesicht ~** to spread across the valley/across *or* over sb's face.

Breitenarbeit *f* broader *or* more general work; **Breitengrad** *m* (degree of) latitude; **Breitenkreis** *m* parallel; **Breitensport** *m* popular sport; **Breitenwirkung** *f* large *or* widespread impact.

breitflächig *adj* *Gesicht* wide; **~ malen** to paint with broad strokes; **breitkrempig** *adj* broad-brimmed; **breitmachen** *vr sep* (*inf*) **wenn er sich auf dem Sofa breitmacht …** when he plants himself on the sofa …; **mach dich doch nicht so breit!** don't take up so much room; **sie hat sich im Zimmer breitgemacht** she spread her things all over the room; **die Touristen haben sich im Hotel breitgemacht** the tourists in the hotel behaved as if they owned the place; **breitrandig** *adj* *Hut* broadbrimmed; *Bild* having a wide edge *or* margin; *Gefäß, Brille* broad-rimmed; **breitschlagen** *vt sep irreg* (*inf*) **jdn (zu etw) ~** to talk sb round (to sth); **sich ~ lassen** to let oneself be talked round; **breitschult(e)rig** *adj* broad-shouldered; **Breitschwanz** *m, no pl* caracul; **Breitseite** *f* (*Naut*) broadside; (*von Tisch*) short end; **eine ~ abgeben** to fire a broadside; **Breitspurbahn** *f* broad-gauge railway; **breitspurig** *adj* broad-gauge *attr*; **breittreten** *vt sep irreg* (*inf*) to go on about (*inf*); *Thema, Witz* to flog to death (*inf*); **Breitwand** *f* wide screen; **Breitwandfilm** *m* film for the wide screen.

Bremen *nt* **-s** Bremen.

Bremsbacke *f* brake block; **Bremsbelag** *m* brake lining.

Bremse[1] *f* **-, -n** (*bei Fahrzeugen*) brake. **auf die ~ treten/ steigen** (*inf*) *or* **latschen** (*sl*) to put on *or* apply/slam on (*inf*) the brake(s).

Bremse[2] *f* **-, -n** (*Insekt*) horsefly.

bremsen I *vi* **1.** to brake; (*Vorrichtung*) to

function as a brake. **der Dynamo/Wind bremst** the dynamo acts as a brake/the wind slows *etc* down.

2. (*inf: zurückstecken*) to ease off, to put on the brakes (*inf*). **mit etw ~** to cut down (on) sth; **jetzt sollten wir mit den Ausgaben ~** it's time to apply the (financial) brakes.

II *vt* **1.** *Fahrzeug* to brake.

2. (*fig*) to restrict, to limit; *Entwicklung* to slow down; *Begeisterung* to dampen; (*inf*) *jdn* to check. **er ist nicht zu ~** (*inf*) there's no stopping him.

III *vr* (*inf*) **ich kann** *or* **werd' mich ~** not likely!, no fear!

Bremser *m* **-s, -** (*Rail, Sport*) brakeman.
Bremsfallschirm *m* brake parachute; **Bremsflüssigkeit** *f* brake fluid; **Bremshebel** *m* brake lever; **Bremsklappe** *f* (*Aviat*) brake flap; **Bremsklotz** *m* brake chock; (*anmontiert*) brake block; **Bremskraft** *f* braking power; **Bremsleuchte** *f*, **Bremslicht** *nt* brake light; **Bremspedal** *nt* brake pedal; **Bremsprobe** *f* brake test; **eine ~ machen** to test one's brakes; **Bremsrakete** *f* retrorocket; **Bremsschuh** *m* brake shoe; **Bremsspur** *f* skid mark *usu pl*.
Bremsung *f* braking.
Bremsvorrichtung *f* brake mechanism; **Bremsweg** *m* braking distance.
brennbar *adj* combustible, inflammable; **leicht ~** highly combustible *or* inflammable; **Brenn|element** *nt* fuel element.
brennen *pret* **brannte**, *ptp* **gebrannt I** *vi* to burn; (*Haus, Wald auch*) to be on fire; (*elektrisches Gerät, Glühbirne etc*) to be on; (*Zigarette, Sparflamme*) to be alight; (*Stich*) to sting; (*Füße*) to hurt, to be sore. **das Streichholz/Feuerzeug brennt nicht** the match/lighter won't light; **auf der Haut/in den Augen ~** to burn *or* sting the skin/eyes; **das Licht ~ lassen** to leave the light on; **im Zimmer brennt noch Licht** the light is still on in the room; **es brennt!** fire, fire!; (*fig*) it's urgent; **wo brennt's denn?** (*inf*) what's the panic?; **darauf ~, etw zu tun** to be dying to do sth; **vor Ungeduld ~** to burn with impatience; **es brennt mir unter den Nägeln ...** (*fig*) I am itching *or* dying ...

II *vt* to burn; *Branntwein* to distil; *Mandeln, Kaffee* to roast; *Porzellan, Ton, Ziegel* to fire, to bake; *Tier* to brand. **sich** (*dat*) **Locken ins Haar ~** to curl one's hair with curling tongs; **ein gebranntes Kind scheut das Feuer** (*Prov*) once bitten, twice shy (*Prov*).

III *vr* (*lit*) to burn oneself (*an +dat* on).
brennend *adj* (*lit, fig*) burning; *Zigarette* lighted; *Durst* raging; *Haß* consuming. **das interessiert mich ~** (*inf*) I would be incredibly interested; **ich wüßte ~ gern ...** I'm dying *or* itching to know ... (*inf*).
Brenner *m* **-s, -** **1.** (*Tech*) burner. **2.** (*Beruf*) (*Branntwein~*) distiller; (*Kaffee~*) coffee-roaster; (*Ziegel~*) brick-firer.
Brennerei *f* distillery; (*Kaffee~*) coffee-roasting plant; (*Ziegel~*) brickworks *sing or pl*.
Brennessel *f getrennt*: **Brenn-nessel** stinging nettle.

Brennglas *nt* burning glass; **Brennholz** *nt* firewood; **Brennmaterial** *nt* fuel (for heating); **Brenn|ofen** *m* kiln; **Brennpunkt** *m* (*Math, Opt*) focus; **im ~ des Interesses stehen** to be the focus *or* focal point of attention; **Brennschere** *f* curling tongs *pl*; **Brennspiegel** *m* burning glass; **Brennspiritus** *m* methylated spirits *sing or pl*; **Brennstoff** *m* fuel; **Brennweite** *f* (*Opt*) focal length.
brenzlig *adj* **1.** (*dated*) **ein ~er Geruch** a smell of burning. **2.** (*inf*) *Situation, Angelegenheit* precarious, dicey (*Brit inf*). **die Sache/die Lage wurde ihm zu ~** things got too hot for him.
Bresche *f* **-, -n** breach, gap. **in etw** (*acc*) **eine ~ schießen** to breach sth; **in die ~ springen** (*fig*) to step into *or* fill the breach; **für jdn/etw eine ~ schlagen** (*fig*) to stand up for sb/sth.
Bretagne [bre'tanjə] *f* **- die ~** Brittany.
Bretone *m* **-n, -n, Bretonin** *f* Breton.
bretonisch *adj* Breton.
Brett *nt* **-(e)s, -er 1.** (*Holzplatte*) board; (*länger und dicker*) plank; (*Spiel~, Sprung~*) board; (*Bücher~, Gewürz~*) shelf; (*inf: Tablett*) tray; (*Frühstücks~*) platter, wooden plate. **schwarzes ~** noticeboard; **etw mit ~ern vernageln** to board sth up; **hier ist die Welt mit ~ern vernagelt** this is a parochial little place; **bei der Frage hatte ich ein ~ vorm Kopf** (*inf*) my mind went blank *or* I had a mental block (when he *etc* asked me that).

2. ~er *pl* (*fig*) (*Bühne*) stage, boards *pl*, planks *pl* (*inf*); (*Boden des Boxrings*) floor, canvas; (*Skier*) planks *pl* (*sl*); **die ~er, die die Welt bedeuten** the stage; **auf den ~ern** (**stehen**) (to be) on the stage; (*auf Skiern*) to ski.
Brettchen *nt* (*inf*) platter, wooden plate; (*zum Schneiden*) board.
Bretterboden *m* wooden floor (*made from floorboards*); **Bretterbude** *f* booth; (*pej*) shack; **Bretterwand** *f* wooden wall; (*Trennwand*) wooden partition; (*Zaun, für Reklame*) hoarding; **Bretterzaun** *m* wooden fence; (*an Baustellen auch*) hoarding.
Brettspiel *nt* board game.
Brevier [bre'vi:ɐ] *nt* **-s, -e 1.** (*Eccl*) breviary. **2.** (*Auswahl von Texten*) extracts *pl*; (*Leitfaden*) guide (*gen* to).
Brezel *f* **-, -n** pretzel.
brich *imper sing of* **brechen**.
Bridge [brɪtʃ] *nt* **-, no pl** (*Cards*) bridge.
Brief *m* **-(e)s, -e** letter; (*Bibl*) epistle. **aus seinen ~en** from his letters *or* correspondence; **etw als ~ schicken** to send sth (by) letter post; **jdm ~ und Siegel auf etw** (*acc*) **geben** to give sb one's word.
Brief- *in cpds* letter; **Briefbeschwerer** *m* **-s, -** paperweight; **Briefblock** *m* writing *or* letter pad; **Briefbogen** *m* (sheet of) writing *or* letter *or* note paper; **Briefbombe** *f* letter bomb.
Briefchen *nt* **1.** note. **2. ein ~ Streichhölzer** a book of matches; **ein ~ Nadeln** a packet *or* paper of needles/pins.
Briefdrucksache *f* circular; **Brief|einwurf** *m* (*in Tür*) letter-box; (*in Postamt etc*) post-box; **Brieffach** *nt* pigeon-hole;

Brieffreund(in *f*) *m* penfriend, pen-pal (*inf*); **Brieffreundschaft** *f* correspondence with a penfriend; **eine ~ mit jdm haben** to be penfriends with sb; **Briefgeheimnis** *nt* privacy of the post; **Briefkarte** *f* correspondence card; **Briefkasten** *m* (*am Haus*) letter box, mail box (*US*); (*der Post*) post- or pillar-box, mail box (*US*); (*in Zeitungen*) problem column, agony column; **Briefkastenfirma** *f* **das ist nur eine ~** that firm is just an accommodation address; **Briefkastentante** *f* (*inf*) agony columnist; **Briefkopf** *m* letterhead; (*handgeschrieben*) heading.

brieflich I *adj* by letter. **wir bitten um ~e Mitteilung** please inform us by letter. **II** *adv* by letter. **mit jdm ~ verkehren** to correspond with sb.

Briefmarke *f* stamp.

Briefmarken- *in cpds* stamp; **Briefmarkenbogen** *m* sheet of stamps; **Briefmarkenkunde** *f* philately; **Briefmarkensammler** *m* stamp collector, philatelist; **Briefmarkensammlung** *f* stamp collection.

Brief|öffner *m* letter opener, paper knife; **Briefpapier** *nt* letter or writing or note paper; **Briefporto** *nt* postage; (*Gebühr*) postage rate for letters, letter rate; **Briefpost** *f* letter post; **Briefroman** *m* epistolary novel, novel in letter form; **Briefsendung** *f* letter, item sent by letter post; **Brieftasche** *f* wallet, billfold (*US*); **Brieftaube** *f* carrier pigeon; **Briefträger(in** *f*) *m* postman/-woman, mailman/-woman (*US*); **Brief|umschlag** *m* envelope; **Briefwaage** *f* letter scales *pl*; **Briefwahl** *f* postal vote; **seine Stimme durch ~ abgeben** to use the postal vote, to vote by post; **Briefwähler** *m* postal voter; **Briefwechsel** *m* correspondence; **im ~ mit jdm stehen, einen ~ mit jdm führen** to be in correspondence or corresponding with sb; **Briefzusteller** *m* (*form*) postman, mailman (*US*).

briet *pret of* **braten**.

Brigade *f* **1.** (*Mil*) brigade. **2.** (*DDR*) (work) team or group.

Brigadegeneral *m* brigadier, brigadier general (*US*).

Brigadier [-'diːɐ̯] *m* **-s, -e** (*DDR*) (work) team leader.

Brigg *f* **-, -s** (*Naut: Schiff*) brig.

Brikett *nt* **-s, -s** or (*rare*) **-e** briquette.

Brikettzange *f* fire tongs *pl*.

brillant [brɪl'jant] *adj* brilliant.

Brillant [brɪl'jant] *m* brilliant, diamond.

Brillant- *in cpds* diamond; **Brillantkollier** *nt* diamond necklace; **Brillantschmuck** *m* diamonds *pl*.

Brillanz [brɪl'jants] *f* brilliance.

Brille *f* **-, -n 1.** (*Opt*) glasses *pl*, spectacles *pl*, specs (*inf*) *pl*; (*Schutz~*) goggles *pl*; (*Sonnen~*) glasses *pl*. **eine ~** a pair of glasses or spectacles. **eine ~ tragen** to wear glasses. **2.** (*Klosett~*) (toilet) seat.

Brillen|etui *nt* glasses or spectacle case; **Brillenglas** *nt* lens; **Brillenschlange** *f* (*pej*) four-eyes (*pej inf*), woman who wears glasses; **Brillenträger(in** *f*) *m* person who wears glasses; **er ist ~** he wears glasses.

brillieren* [brɪl'jiːrən] *vi* (*geh*) to be brilliant. **sie brillierte mit ihrem Gesang** her singing was brilliant.

Brimborium *nt* (*inf*) fuss.

bringen *pret* **brachte,** *ptp* **gebracht** *vt* **1.** (*her~*) to bring; (*holen auch*) to get (*jdm* for sb); (*befördern*) to take. **wir haben der Gastgeberin Blumen gebracht** we took our hostess flowers; **alle Gäste hatten Blumen gebracht** all the guests had taken or brought flowers; **sich** (*dat*) **etw ~ lassen** to have sth brought to one; **das Essen auf den Tisch ~** to serve the food; **jdm eine Nachricht ~** to give sb some news; **was für Nachricht ~ Sie?** what news have you got?; **der letzte Sommer brachte uns viel Regen** last summer brought us a lot of rain; **jdn/etw unter** or **in seine Gewalt ~** to gain control over or of sb/sth; **er bringt es nicht übers Herz** or **über sich** he can't bring himself to do it; **etw an sich** (*acc*) **~** to acquire sth; **etw mit sich ~** to involve or imply or mean sth; **etw hinter sich** (*acc*) **~** to get sth over and done with, to get sth behind one; **diese Wolken ~ schönes Wetter** these clouds mean fine weather; (**jdm**) **Glück/Unglück ~** to bring sb good/bad luck.

2. (*weg~, begleiten*) to take; (*im Auto mitnehmen auch*) to give a lift. **bring das Auto in die Garage** put the car in the garage; **jdn ins Krankenhaus/zum Bahnhof/nach Hause ~** to take sb to hospital/to the station/home; **die Kinder zu** or **ins Bett ~** to put the children to bed.

3. (*ein~*) *Geld, Gewinn* to bring in, to make, to earn; (*Boden, Mine etc*) to produce; *Ärger* to cause; *Freude* to give, to bring; *Vorteile* to bring. **das Bild brachte DM 100** the picture went for or fetched 100 marks; **das bringt nichts** (*fig inf*) it's pointless.

4. (*lenken, bewirken*) to bring. **etw in die richtige Form ~** to get or put sth in the right form; **etw zum Stehen ~** to bring sth to a stop; **das bringt dich vors Gericht/ins Gefängnis** you'll end up in court/prison if you do that; **das Gespräch/die Rede auf etw** (*acc*) **~** to bring the conversation/talk round to sth; **jdn auf die schiefe Bahn/auf den rechten Weg ~** (*fig*) to lead sb astray/ to bring or get sb back on the straight and narrow; **jdn in Gefahr ~** to put sb in danger; **jdn zum Lachen/Weinen ~** to make sb laugh/cry; **jdn zur Verzweiflung ~** to drive sb to despair; **jdn zur Vernunft ~** to bring sb to his senses; **jdn außer sich** (*acc*) **~** to upset sb; **jdn dazu ~, etw zu tun** to get sb to do sth; **jdn so weit** or **dahin ~, daß ...** to force sb to ...; **du wirst es noch so weit** or **dahin ~, daß man dich hinauswirft** you will make them throw you out.

5. (*leisten, erreichen*) **es auf 80 Jahre ~** to reach the age of 80; **der Motor hat es auf 180.000 km gebracht** the engine has kept going for 180,000 km; **das Auto bringt 180 km/h** (*inf*) the car can do 180 km/h; **er hat es auf 25 Punkte gebracht** he got or received 25 points; **es zu etwas/nichts ~** to get somewhere/nowhere or achieve something/nothing; **es weit (im Leben) ~** to do very well (for oneself), to get far; **er**

hat es bis zum Direktor gebracht he became a director, he made it to director.

6. (*darbieten*) *Opfer* to offer. **welche Sprünge bringst du in deiner Übung?** what leaps are you doing in your exercise?

7. (*senden*) *Bericht etc* to broadcast; *Sonderbericht* to present; (*im Fernsehen auch*) to show. **das Fernsehen brachte nichts darüber** there was nothing on television about it; **wir ~ Nachrichten!** here is the news; **um zehn Uhr ~ wir Nachrichten** at ten o'clock we have the news; **die nächsten Nachrichten ~ wir um ...** the next news will be at ...; **was bringt das Radio/Fernsehen heute abend?** what's on television/the radio tonight?

8. (*veröffentlichen*) (*Verlag*) to publish; (*Zeitung*) to print, to publish. **etw in die Zeitung ~** to publish *or* put sth in the paper; *Verlobung, Angebot* to announce *or* put in the paper; **die Zeitung brachte nichts/einen Artikel darüber** there was nothing/an article in the paper about it, the paper had an article about it; **alle Zeitungen brachten es auf der ersten Seite** all the papers had it on the front page.

9. (*aufführen*) *Stück* to do.

10. **jdn um etw ~** to make sb lose sth, to do sb out of sth; **das bringt mich noch um den Verstand** it's driving me mad; **der Lärm hat mich um den Schlaf gebracht** the noise stopped me getting any sleep; **jdn ums Leben ~** to kill sb.

11. (*sl: schaffen, können*) **das bringt er nicht** he's not up to it; **er bringt's** he's got what it takes; **der Motor bringt's nicht mehr** the engine has had it (*inf*); **das bringt's doch nicht!** that's no damn use (*inf*)!; **das kannst du doch nicht ~** that's not on (*inf*).

brisant *adj* (*lit, fig*) explosive.

Brisanz *f* explosive force; (*fig*) explosive nature. **ein Thema von äußerster ~** an extremely explosive subject.

Brise *f* -, **-n** breeze.

Britannien [-iən] *nt* **-s** (*Hist*) Britain, Britannia (*Hist*).

britannisch *adj* (*Hist*) Britannic.

Brite *m* **-n, -n, Britin** *f* Briton. **er ist ~** he is British; **die ~n** the British.

britisch *adj* British. **die B~en Inseln** the British Isles.

Bröckchen *nt dim of* **Brocken.**

bröckelig *adj* crumbly; *Mauer* crumbling. **~ werden** to (start to) crumble.

bröckeln *vti* to crumble; (*Gestein auch*) to crumble away.

Brocken *m* **-s, -** lump, chunk; (*fig: Bruchstück*) scrap; (*Hunt*) bait; (*inf: Person*) lump (*inf*). **das Baby ist ein richtiger ~** the baby's a regular little dumpling (*inf*); **ein paar ~ Spanisch/ Psychologie** a smattering of Spanish/psychology; **das ist ein harter ~** that's a tough nut to crack.

brocken *vt Brot* to break.

brockenweise *adv* bit by bit.

brodeln *vi* (*Wasser, Suppe*) to bubble; (*in Krater auch*) to seethe; (*Dämpfe, liter: Nebel*) to swirl, to seethe. **es brodelt** (*fig*) there is seething unrest.

Brodem *m* **-s, -** (*liter*) foul-smelling vapour.

Brokat *m* **-(e)s, -e** brocade.

Brom *nt* **-s,** *no pl* (*abbr* **Br**) bromine.

Brombeere *f* blackberry, bramble.

Brombeerstrauch *m* bramble *or* blackberry bush.

Bromsilber *nt* silver bromide.

bronchial *adj* bronchial.

Bronchial|asthma *nt* bronchial asthma; **Bronchialkatarrh** *m* bronchial catarrh.

Bronchie [-iə] *f usu pl* bronchial tube, bronchus (*form*).

Bronchitis *f* -, **Bronchitiden** bronchitis.

Bronn *m* **-s, -en, Bronnen** *m* **-s, -** (*obs, liter*) fount (*liter*).

Brontosaurus *m* -, **-se, Brontosaurier** *m* brontosaurus.

Bronze ['brõːsə] *f* -, **-n** bronze.

Bronzemedaille ['brõːsə-] *f* bronze medal.

bronzen ['brõːsn] *adj* bronze.

Brosame *f* -, **-n** (*liter*) crumb.

Brosche *f* -, **-n** brooch.

broschiert *adj Ausgabe* paperback; (*geheftet*) sewn; (*geklammert*) wire-stitched.

Broschüre *f* -, **-n** booklet.

Brösel *m* **-s, -** crumb.

brös(e)lig *adj* crumbly.

bröseln *vi* (*Kuchen, Stein*) to crumble; (*Mensch*) to make crumbs.

Brot *nt* **-(e)s, -e** bread; (*Laib*) loaf (of bread); (*Scheibe*) slice (of bread); (*Stulle*) sandwich; (*fig: Unterhalt*) daily bread (*hum*), living. **ein ~ mit Käse** a slice of bread and cheese; **das ist ein hartes *or* schweres ~** (*fig*) that's a hard way to earn one's living; **wes ~ ich ess', des Lied ich sing'** (*Prov*) he who pays the piper calls the tune (*Prov*); **der Mensch lebt nicht vom ~ allein** (*Prov*) Man does not live by bread alone.

Brot|aufstrich *m* spread (*for bread*); **Brotbelag** *m* topping (*for bread*); **Brotbeutel** *m* haversack.

Brötchen *nt* roll. **(sich** *dat*) **seine ~ verdienen** (*inf*) to earn one's living *or* one's daily bread (*hum*); **kleine ~ backen** (*inf*) to set one's sights lower.

Brötchengeber *m* (*inf*) employer, provider (*hum*).

Brot|erwerb *m* (way of earning one's) living; **etw zum ~ betreiben** to do sth for a living; **Brotkarte** *f* bread rationing card; **Brotkasten** *m* bread bin; **Brotkorb** *m* bread basket; **jdm den ~ höher hängen** (*fig*) to keep sb short; **Brotkrume** *f* breadcrumb; **Brotkruste** *f* crust; **brotlos** *adj* unemployed, out of work; **jdn ~ machen** to put sb out of work; *siehe* **Kunst; Brotmaschine** *f* bread slicer; **Brotmesser** *nt* bread knife; **Brotneid** *m* envy of other people's incomes/jobs; **das ist der reine ~** he *etc* is just jealous of your salary/job; **Brotrinde** *f* crust; **Brotröster** *m* **-s, -** toaster; **Brotschnitte** *f* slice of bread; **Brotsuppe** *f* soup made from bread, crust etc; **Brotteig** *m* bread dough; **Brotzeit** *f* (*dial*) **1.** (*Pause*) tea break; **~ machen** to have a tea break; **2.** (*Essen*) sandwiches *pl*.

brr *interj* (*Befehl an Zugtiere*) whoa; (*Zeichen des Ekels*) ugh, yuck; (*bei Kälte*) brr.

Bruch[1] *m* **-(e)s, -̈e 1.** (~*stelle*) break; (*in Porzellan etc auch*) crack; (*im Damm*) breach; (das Brechen) breaking; (von Fels) breaking-off; (von Damm) breaching. zu ~ gehen to get broken; zu ~ fahren to smash; ~ machen (inf) (mit Flugzeug, Auto) to crash (mit etw sth); (beim Abwaschen) to break something.

2. (fig) (von Vertrag, Eid etc) breaking; (von Gesetz, Abkommen auch) violation, infringement; (mit Vergangenheit, Partei, in einer Entwicklung) break; (des Vertrauens) breach; (von Freundschaft) break-up; (im Stil) discontinuity, break; (von Verlöbnis) breaking-off. in die ~e gehen (Ehe, Freundschaft) to break up; es kam zum ~ zwischen ihnen they broke up.

3. (zerbrochene Ware) broken biscuits/chocolate etc; (Porzellan) breakage.

4. (Med) (Knochen~) fracture, break; (Eingeweide~) hernia, rupture. sich (dat) einen ~ heben to rupture oneself (by lifting something), to give oneself a hernia.

5. (Stein~) quarry.

6. (Geol) fault.

7. (Math) fraction.

8. (sl: Einbruch) break-in. (einen) ~ in einem Geschäft machen to break into a shop; einen ~ machen to do a break-in.

Bruch² m or nt **-(e)s, ^e** marsh(land), bog.

Bruchband nt truss; **Bruchbude** f (pej) hovel; **Bruchfläche** f surface of the break; **die ~n zusammendrücken** press the two broken edges together.

brüchig adj brittle, fragile; Gestein, Mauerwerk crumbling; Leder cracked, split; (fig) Stimme cracked, rough; Verhältnisse, Ehe, Moral crumbling. ~ werden (Gestein, Macht etc) to (begin to) crumble; (Ehe, Verhältnisse auch) to (begin to) break up; (Leder) to crack or split.

Bruchkante f edge (of break/split etc); **Bruchlandung** f crash-landing; **eine ~ machen** to crash-land; **bruchrechnen** vi infin only to do fractions; **Bruchrechnen** nt fractions sing or pl; **Bruchrechnung** f fractions sing or pl; (Aufgabe) sum with fractions; **Bruchstein** m rough, undressed stone; **Bruchstelle** f break; (von Knochen auch) fracture; **Bruchstrich** m (Math) line (of a fraction); **Bruchstück** nt fragment; (von Lied, Rede etc auch) snatch; **bruchstückhaft** adj fragmentary; **ich kenne die Geschichte nur ~** I only know parts or fragments of the story; **Bruchteil** m fraction; **im ~ einer Sekunde** in a split second; **Bruchzahl** f (Math) fraction.

Brücke f **-, -n** 1. (lit, fig) bridge. **alle ~n hinter sich (dat) abbrechen** (fig) to burn one's bridges or boats behind one; **jdm eine ~ bauen** (fig) to give sb a helping hand; **jdm goldene ~n bauen** to make things easy for sb; **eine ~ schlagen** (liter) to build or throw (liter) a bridge (über + acc across); **~n schlagen** (fig) to forge links.

2. (Turnen) crab; (Ringen) bridge.

3. (Anat) pons Varolii.

4. (Naut) bridge; (Landungs~) gangway, gangplank.

5. (Zahn~) bridge.

6. (Elec) bridge.

7. (Teppich) rug.

Brückenbau m 1. no pl bridge-building; 2. (Brücke) bridge; **Brückenbogen** m arch (of a/the bridge); **Brückengebühr** f (bridge) toll; **Brückengeländer** nt parapet; **Brückenkopf** m (Mil, fig) bridgehead; **Brückenpfeiler** m pier (of a/the bridge); **Brückenschlag** m (fig) **das war der erste** ~that forged the first link; **Brückenzoll** m bridge toll.

Bruder m **-s, ^** 1. brother. **der große ~** (fig) Big Brother; **die ~ Müller/Grimm** the Müller brothers/the Brothers Grimm; **~ (Rel)** brothers pl, brethren pl; **unter ~n** (inf) between friends.

2. (Mönch) friar, brother. **~ Franziskus** (als Anrede) Brother Francis; **die ~** the brothers pl, the brethren pl.

3. (inf: Mann) guy (inf), bloke (Brit inf). **ein warmer ~** (dated) a poof (sl), a pansy (sl); **ein zwielichtiger ~** a shady character or customer (inf); **euch ~ kenn' ich** (pej) I know you lot.

Bruderbund m (geh, esp DDR) (link of) comradeship, fraternal or brotherly link.

Brüderchen nt little brother, baby brother.

Bruderhand f (liter) hand of brotherhood; **Bruderherz** nt (hum) dear brother; **na ~, wie geht's?** well, brother dear or dear brother, how are you?; **Bruderkrieg** m war between brothers, fratricidal war; **Bruderkuß** m (fig) fraternal or brotherly kiss; **Bruderland** nt (DDR) brother nation.

Brüderlein nt siehe **Brüderchen**.

brüderlich adj fraternal, brotherly no adv. **~ teilen** to share and share alike; **mit jdm ~ teilen** to share generously with sb.

Brudermord m fratricide; **Brudermörder** m fratricide; **Bruderpartei** f (DDR) brother party.

Brüderschaft, Bruderschaft f (esp Eccl) f 1. (Eccl) brotherhood. 2. (Freundschaft) close or intimate friendship (in which the familiar 'du' is used). **mit jdm ~ trinken** to agree to use the familiar 'du' (over a drink).

Brudervolk nt (geh) sister people; **unser ~ in Kuba** our Cuban brothers; **Bruderzwist** m (liter) fraternal feud.

Brügge nt **-s** Bruges.

Brühe f **-, -n** (Suppe) (clear) soup; (als Suppengrundlage) stock; (dial: von Gemüse) vegetable water; (pej) (schmutzige Flüssigkeit) sludge; (Getränk) dishwater (inf), muck (inf).

brühen vt 1. to blanch, to pour boiling water over. 2. Tee to brew; Kaffee to make in the jug or pot. 3. (rare: ver~) to scald.

Brühkartoffeln pl potatoes boiled in meat stock; **brühwarm** adj (inf) hot from the press (inf); **er hat das sofort ~ weitererzählt** he promptly went straight off and spread it around; **Brühwürfel** m stock cube; **Brühwurst** f sausage (to be heated in water).

Brüll|affe m howling monkey, howler.

brüllen vti 1. to shout, to roar; (pej: laut weinen) to yell, to bawl; (Stier) to bellow; (Elefant) to trumpet. **brüll doch nicht so!** don't shout; **er brüllte vor Schmerzen** he screamed with pain; **~des Gelächter** roars or howls or screams of laughter (all pl); **~**

wie am Spieß to cry *or* scream blue murder (*inf*); **das ist zum B~** (*inf*) it's a scream (*inf*).

Brummbär *m* (*inf*) **1.** (*baby-talk*) teddy bear (*baby-talk*); **2.** (*brummiger Mann*) crosspatch (*inf*), grouch (*inf*); **Brummbaß** *m* (*inf*) (*Baßgeige*) (double) bass; (*Baßstimme*) deep bass (voice).

brummeln *vti* (*inf*) to mumble, to mutter.

brummen *vti* **1.** (*Insekt*) to buzz; (*Bär*) to growl; (*Motor, Baß*) to drone; (*Kreisel etc*) to hum. **mir brummt der Kopf** *or* **Schädel** my head is throbbing.
2. (*beim Singen*) to drone.
3. (*murren*) to grumble, to grouch (*inf*), to grouse (*inf*).
4. (*brummeln*) to mumble, to mutter.
5. (*inf*) (*in Haft sein*) to be locked up (*inf*); (*Sch: nachsitzen*) to be kept in. **vier Monate ~** to do four months (*inf*).

Brummer *m* **-s, -** **1.** (*Schmeißfliege*) bluebottle. **2.** (*inf*) (*etwas Großes*) whopper (*inf*); (*Lastwagen*) juggernaut.

brummig *adj* grumpy, grouchy (*inf*), sour-tempered.

Brummkreisel *m* (*inf*) humming-top; **Brummschädel** *m* (*inf*) thick head (*inf*).

brünett *adj* dark(-haired). **~es Mädchen** dark-haired girl, brunette; **sie ist ~** she is (a) brunette.

Brünette *f* brunette.

Brunft *f* **-, ¨e** (*Hunt*) rut; (*~zeit auch*) rutting season. **in der ~ sein** to be rutting.

brunftig *adj* (*Hunt*) rutting.

Brunftplatz *m* rutting ground; **Brunftschrei** *m* bell, mating *or* rutting call; **Brunftzeit** *f* rutting season, rut.

Brunnen *m* **-s, -** **1.** well; (*fig liter*) fountain, fount (*liter*). **den ~ erst zudecken, wenn das Kind hineingefallen ist** (*fig*) to lock the stable door after the horse has bolted (*prov*).
2. (*Spring~*) fountain.
3. (*Heilquelle*) spring. **~ trinken** to take the waters.

Brunnenbauer(in *f*) *m* **-s, -** well-digger *or* -borer; **Brunnenbecken** *nt* basin (of a well/fountain); **Brunnenfigur** *f* (decorative) sculpture on a fountain; **Brunnenhaus** *nt* pump room; **Brunnenkresse** *f* watercress; **Brunnenkur** *f* (course of) spa treatment, cure; **Brunnenschacht** *m* well shaft; **Brunnenvergifter(in** *f*) *m* **-s, -** **1.** well-poisoner; **2.** (*fig pej*) sb who poisons the political atmosphere; **Brunnenvergiftung** *f* well-poisoning; **politische ~** poisoning the political atmosphere; **Brunnenwasser** *nt* well water.

Brünnlein *nt* dim of **Brunnen**.

Brunst *f* **-, ¨e** (*von männlichen Tieren*) rut; (*von weiblichen Tieren*) heat; (*~zeit*) rutting season/heat; (*hum: von Mensch*) lust, sexual appetite. **in der ~** rutting/on *or* in heat.

brünstig *adj* **1.** *siehe* **Brunst** rutting/on *or* in heat; (*hum: von Mensch*) (feeling) sexy (*hum*). **2.** (*liter: inbrünstig*) fervent.

Brunstschrei *m* mating call; **Brunstzeit** *f* *siehe* **Brunst**.

brunzen *vi* (*S Ger sl*) to (have a) piss (*sl*).

brüsk *adj* brusque, abrupt, curt. **sich ~**

abwenden to turn away abruptly *or* brusquely.

brüskieren* *vt* to snub.

Brüskierung *f* snub.

Brüssel *nt* **-s** Brussels.

Brüsseler, Brüßler *adj attr* Brussels. **~ Spitzen** Brussels lace.

Brust *f* **-, ¨e** **1.** (*Körperteil*) chest; (*fig: Inneres*) breast, heart. **einen zur ~ nehmen** (*inf*) to have a quick drink *or* quick one *or* quickie (*inf*); **~ (he)raus!** chest out!; **~ an ~ face to face; sich an jds ~** (*dat*) **ausweinen** to weep on sb's shoulder; **sich** (*dat*) **an die ~ schlagen** (*fig*) to beat one's breast; **sich in die ~ werfen** (*fig*) to puff oneself up; **mit geschwellter ~** (*fig*) as proud as Punch *or* a peacock; **schwach auf der ~ sein** (*inf*) to have a weak chest; (*hum: an Geldmangel leiden*) to be a bit short (*inf*).
2. (*weibliche ~*) breast. **einem Kind die ~ geben, ein Kind an die ~ legen** to feed a baby (*at the breast*), to nurse a baby.
3. (*Cook*) breast.
4. (*~schwimmen*) breast-stroke.

Brustbein *nt* (*Anat*) breastbone, sternum; **Brustbeutel** *m* money bag (*worn around the neck*); **Brustbild** *nt* half-length portrait; **Brustbreite** *f* **um ~** by a whisker; **Brustdrüse** *f* mammary gland.

brüsten *vr* to boast, to brag (*mit* about). **deswegen brauchst du dich nicht zu ~!** that's nothing to be proud of *or* boast about *or* brag about!

Brustfell *nt* (*Anat*) pleura; **Brustfell|entzündung** *f* pleurisy; **Brustflosse** *f* pectoral fin; **Brustgegend** *f* thoracic region; **Brusthaar** *nt* hair on the chest, chest hair; **Brustharnisch** *m* breastplate; **brusthoch** *adj* chest-high; **Brusthöhe** *f*: **in ~** chest high; **Brusthöhle** *f* thoracic cavity; **Brustkasten** *m* (*inf*) *siehe* **Brustkorb; Brustkorb** *m* (*Anat*) thorax; **Brustkrebs** *m* breast cancer, cancer of the breast; **Brustkreuz** *nt* (*Eccl*) pectoral cross; **Brustlage** *f* prone position; **in ~ schwimmen** to swim in the prone position; **Brustmuskel** *m* pectoral muscle; **Brustpanzer** *m* breastplate; **Brustplastik** *f* cosmetic breast surgery; **Brustschutz** *m* (*esp Fechten*) breast *or* chest protector, plastron; **Brustschwimmen** *nt* breast-stroke; **brustschwimmen** *vi infin only* to swim *or* do the breast-stroke; **Brustschwimmer** *m* breast-stroke swimmer; **Bruststimme** *f* chest-voice; **Bruststück** *nt* (*Cook*) breast; **Brusttasche** *f* breast pocket; (*Innentasche*) inside (breast) pocket; **Brusttee** *m* herbal tea (*for infections of the respiratory tract*); **Brustton** *m* (*Mus*) chest note; **im ~ der Überzeugung, (daß ...)** in a tone of utter conviction (that ...); **Brust|umfang** *m* chest measurement; (*von Frau*) bust measurement.

Brüstung *f* parapet; (*Balkon~ etc auch*) balustrade; (*Fenster~*) breast.

Brustwarze *f* nipple; **Brustwehr** *f* (*Mil*) breastwork; (*Hist*) parapet; **Brustweite** *f* *siehe* **Brustumfang; Brustwickel** *m* chest compress; **Brustwirbel** *m* thoracic *or* dorsal vertebra.

Brut *f* **-, -en 1.** *no pl* (*das Brüten*) brooding,

sitting, incubating. 2. (*die Jungen*) brood; (*pej*) lot, mob (*inf*). 3. (*bei Pflanzen*) offset, offshoot.
brutal *adj* brutal; (*gewalttätig auch*) violent.
brutalisieren* *vt* to brutalize.
Brutalisierung *f* brutalization.
Brutalität *f* 1. *no pl siehe adj* brutality; violence. 2. (*Gewalttat*) act of violence *or* brutality.
Brutapparat *m* incubator.
brüten I *vi* to brood, to sit, to incubate; (*fig*) to ponder (*über* +*dat* over). **~de** Hitze oppressive *or* stifling heat. **II** *vt* 1. (*künstlich*) to incubate; (*Tech*) to breed. 2. (*geh*) *Rache, Verrat* to plot.
brütendheiß *adj attr* sweltering, boiling (hot) (*inf*).
Brüter *m* **-s, -** (*Tech*) breeder (reactor). **schneller ~** fast-breeder (reactor).
Bruthenne *f* sitting hen; **Bruthitze** *f* (*inf*) stifling *or* sweltering heat; **Brutkasten** *m* (*Med*) incubator; **hier ist eine Hitze wie in einem ~** (*inf*) it's like an oven *or* a furnace in here (*inf*); **Brutofen** *m* (*fig*) furnace; **Brutpflege** *f* care of the brood; **Brutplatz** *m* breeding ground; **Brutreaktor** *m* breeder (reactor); **hier ist eine Hitze wie** incubator; **Brutstätte** *f* breeding ground (*gen* for); (*fig auch*) hotbed (*gen* of).
brutto *adv* gross. **~ 1000 DM, 1000 DM ~** DM 1000 gross.
Bruttoeinkommen *nt* gross *or* before-tax income; **Bruttoertrag** *m* gross *or* before-tax profit; **Bruttogehalt** *nt* gross salary; **Bruttolohn** *m* gross *or* before-tax wage(s); **Bruttoregistertonne** *f* register ton; **Bruttosozialprodukt** *nt* gross national product, GNP; **Bruttoverdienst** *m* gross *or* before-tax earnings *pl*.
Brutzeit *f* incubation (period).
brutzeln I *vi* to sizzle (away). **II** *vt* to fry (up).
Bruyère [bry'jɛ:r] *nt* **-s,** *no pl*, **Bruyèreholz** *nt* briar *or* brier (wood).
Bruyère(pfeife) *f* **-, -s** briar *or* brier (pipe).
Bub *m* **-en, -en** (*S Ger, Aus, Sw*) boy, lad.
Bube *m* **-n, -n** 1. (*old*) rogue, knave (*old*). 2. (*Cards*) jack, knave.
Bubenstreich *m*, **Bubenstück** *nt*, **Büberei** *f* 1. (*old*) piece of knavery (*old*) *or* villainy, knavish trick (*old*). 2. *siehe* **Dummejungenstreich.**
Bubi *m* **-s, -s** (*inf*) little boy *or* lad, laddie (*inf*); (*pej inf*) (school)boy; (*als Anrede*) laddie (*inf*).
Bubikopf *m* bobbed hair *no pl*, bob. **sich** (*dat*) **einen ~ machen lassen** to have one's hair bobbed *or* cut in a bob.
bübisch *adj* 1. (*old: schurkenhaft*) villainous, knavish (*old*). 2. (*verschmitzt*) roguish, mischievous.
Buch *nt* **-(e)s, ̈er** 1. book; (*Band*) volume; (*Dreh~*) script. **über den ̈ern sitzen** to pore over one's books; **reden wie ein ~** (*inf*) to talk like a book; **ein Gentleman, wie er im ~e steht** a perfect example of a gentleman; **das ~ der ̈er** the Book of Books; **die ̈er Mose** the Pentateuch; **das erste/zweite/dritte/ vierte/fünfte ~ Mose** Genesis/Exodus/Leviticus/Numbers/ Deuteronomy; **ein ~ mit sieben Siegeln** (*fig*) a closed book; **er ist für mich ein**

offenes *or* aufgeschlagenes ~ I can read him like a book; **~ machen** (*Pferderennen*) to make a book.
   2. *usu pl* (*Comm: Geschäfts~*) books *pl*, accounts *pl*. **über etw** (*acc*) **~ führen** to keep a record of sth; **jdm die ̈er führen** to keep sb's accounts *or* books; **zu ~(e) schlagen** to make a (significant) difference; **das schlägt mit 1000 DM zu ~(e)** that gives you DM 1000; **zu ~(e) stehen mit** to be valued at.
Buchbesprechung *f* book review; **Buchbinder(in** *f*) *m* bookbinder; **Buchbinderei** *f* (*Betrieb*) bookbindery; (*Handwerk*) bookbinding; **Buchblock** *m* **-s, -s** book block; **Buchdeckel** *m* book cover; **Buchdruck** *m, no pl* letterpress (printing); **Buchdrucker** *m* printer; **Buchdruckerei** *f* (*Betrieb*) printing works *sing or pl*; (*Handwerk*) printing; **Buchdruckerkunst** *f* art of printing.
Buche *f* **-, -n** beech (tree).
Buchecker *f* **-, -n** beechnut.
Bucheinband *m* binding, (book) cover.
buchen¹ *vt* 1. (*Comm*) to enter, to post (*spec*); (*Kasse*) to register; (*fig: registrieren*) to register, to record. **einen Erfolg für sich ~** to chalk (*inf*) *or* mark up a success (for oneself); **etw als Erfolg ~** to put sth down as a success. 2. (*vorbestellen*) to book, to reserve.
buchen² *adj* (*rare*) (made) of beech (wood), beech.
Buchenholz *nt* beech wood.
Bücherbord, Bücherbrett *nt* bookshelf.
Bücherei *f* (lending) library.
Bücherfreund *m* book-lover, bibliophile; **Büchergestell** *nt* bookcase; **Büchernarr** *m* book-fan, book-freak (*inf*); **Bücherreff** *nt* case for transporting books; **Bücherregal** *nt* bookshelf; **Bücherrevision** *f* audit; **Bücherschrank** *m* bookcase; **Büchersendung** *f* consignment of books; (*im Postwesen*) books (sent) at printed paper rate; **Bücherstube** *f* bookshop; **Bücherstütze** *f* bookend; **Bücherverbrennung** *f* burning of books; **Bücherverzeichnis** *nt* bibliography; **Bücherwand** *f* wall of book shelves; (*als Möbelstück*) (large) set of book shelves; **Bücherweisheit** *f* book learning; **Bücherwurm** *m* (*lit, fig hum*) bookworm.
Buchfink *m* chaffinch.
Buchform *f*: **in ~** in book form; **Buchformat** *nt* format for a book; **Buchführung** *f* book-keeping, accounting; **einfache/ doppelte ~** single/double entry bookkeeping; **Buchgemeinschaft** *f* book club; **Buchhalter(in** *f*) *m* book-keeper; **buchhalterisch** *adj* book-keeping; **Buchhaltung** *f* 1. *siehe* **Buchführung;** 2. (*Abteilung einer Firma*) accounts department; **Buchhandel** *m* book trade; **im ~ erhältlich** available *or* on sale in bookshops; **Buchhändler** *m* bookseller; **buchhändlerisch** *adj of or* connected with the book trade; **Buchhandlung** *f* bookshop, bookstore (*US*); **Buchhülle** *f* dust jacket *or* cover; **Buchkritik** *f* 1. (*das Rezensieren*) book reviewing; (*Rezension*) book review; 2. *no pl* (*die Rezensen-*

ten) book reviewers *pl or* critics *pl*; **Buchladen** *m* bookshop, bookstore (*US*); **Buchmacher** *m* bookmaker, bookie (*inf*); **Buchmalerei** *f* illumination; **Buchmesse** *f* book fair; **Buchprüfer** *m* auditor; **Buchprüfung** *f* audit; **Buchrücken** *m* spine.

Buchs ['buks] *m* -es, -e, **Buchsbaum** *m* box(tree).

Buchse ['buksə] *f* -, -n (*Elec*) socket; (*Tech*) (*von Zylinder*) liner; (*von Lager*) bush.

Büchse ['byksə] *f* -, -n **1.** tin; (*Konserven-*~) can, tin (*Brit*); (*Sammel-*~) collecting box. **die ~ der Pandora** (*Myth, liter*) Pandora's box. **2.** (*Gewehr*) rifle, (shot)gun.

Büchsenfleisch *nt* canned *or* tinned (*Brit*) meat; **Büchsengemüse** *nt* canned *or* tinned (*Brit*) vegetables *pl*; **Büchsenmacher** *m* gunsmith; **Büchsenmilch** *f* tinned (*Brit*) *or* evaporated milk; **Büchsen|öffner** *m* can *or* tin (*Brit*) opener.

Buchstabe *m* -n(s), -n letter; (*esp Druck-*~) character. **kleiner ~** small letter; **großer ~** capital (letter); **ein fetter ~** a bold character, a character in bold (face); **in fetten ~n** in bold (face); **dem ~n nach** (*fig*) literally; **nach dem ~n des Gesetzes ist das verboten, aber ...** according to the letter of the law that's illegal but ...

buchstabengetreu *adj* literal; **etw ~ befolgen** to follow sth to the letter; **Buchstabenkombination** *f* combination (of letters); **Buchstabenrätsel** *nt* word-puzzle, anagram; **Buchstabenrechnung** *f* algebra; **Buchstabenschloß** *nt* combination lock (*using letters*); **Buchstabenschrift** *f* alphabetic script.

buchstabieren* *vt* **1.** to spell. **2.** (*mühsam lesen*) to spell out.

Buchstabiermethode *f* alphabetical method; **Buchstabiertafel** *f* word spelling alphabet.

buchstäblich *adj* literal.

Buchstütze *f* book-end.

Bucht *f* -, -en **1.** (*im Meer*) bay; (*kleiner*) cove. **2.** (*für Schweine etc*) stall.

Buchteln *pl* (*Aus Cook*) jam-filled yeast dumplings.

buchtenreich, buchtig *adj* indented.

Buchtitel *m* (book) title; **Buch|umschlag** *m* dust jacket *or* cover.

Buchung *f* (*Comm*) entry; (*Reservierung*) booking, reservation.

Buchungsmaschine *f* accounting machine.

Buchweizen *m* buckwheat.

Buchwesen *nt* book business, books *pl no art*; **Buchwissen** *nt* (*pej*) book learning.

Buckel *m* -s, - **1.** hump(back), hunchback; (*inf: Rücken*) back. **einen ~ machen** (*Katze*) to arch its back; **steh gerade, mach nicht so einen ~!** stand up (straight), don't hunch your back *or* shoulders like that!; **einen krummen ~ machen** (*fig inf*) to bow and scrape, to kowtow; **den ~ voll kriegen** (*inf*) to get a good hiding, to get a belting (*inf*); **er kann mir den ~ runterrutschen** (*inf*) he can (go and) take a running jump, he can get lost *or* knotted (*all inf*); **viel/genug auf dem ~ haben** (*inf*) to

have a lot/enough on one's plate (*inf*); **den ~ voll Schulden haben** (*inf*) to be up to one's neck *or* eyes in debt (*inf*); **seine 80 Jahre auf dem ~ haben** (*inf*) to be 80 (years old), to have seen 80 summers. **2.** (*inf: Hügel*) hummock, hillock. **3.** (*inf: Auswölbung*) bulge, hump. **4.** (*von Schild*) boss.

buck(e)lig *adj* hunchbacked, humpbacked; (*inf*) *Straße* bumpy; *Landschaft* undulating, hilly.

Buck(e)lige(r) *mf decl as adj* hunchback, humpback.

buckeln *vi* (*pej*) to bow and scrape, to kowtow. **nach oben ~ und nach unten treten** to bow to superiors and tread inferiors underfoot.

Buckelrind *nt* zebu.

bücken *vr* to bend (down), to stoop. **sich nach etw ~** to bend down *or* to stoop to pick sth up.

Bückling *m* **1.** (*Cook*) smoked herring. **2.** (*hum inf: Verbeugung*) bow.

Budapest *nt* -s Budapest.

Buddel *f* -, -n (*N Ger inf*) bottle.

Buddelei *f* (*im Sand*) digging; (*inf: Tiefbauarbeiten*) constant digging (up) (*of road etc*).

Buddelkasten *m* (*dial*) sand-box.

buddeln I *vi* (*inf*) to dig. **in der Straße wird dauernd gebuddelt** they're always digging up the road. **II** *vt* (*dial*) (*ausgraben*) *Kartoffeln* to dig up; *Loch* to dig.

Buddha ['buda] *m* -s, -s Buddha.

Buddhismus *m* Buddhism.

Buddhist(in *f*) *m* Buddhist.

buddhistisch *adj* Buddhist(ic).

Bude *f* -, -n **1.** (*Bretterbau*) hut; (*Bau-*~) (workmen's) hut; (*Markt-*~, *Verkaufs-*~) stall, stand, booth; (*Zeitungs-*~) kiosk. **2.** (*pej inf: Laden etc*) dump (*inf*). **3.** (*inf*) (*Zimmer*) room; (*von Untermieter auch*) digs *pl* (*inf*); (*Wohnung*) pad (*inf*). **Leben in die ~ bringen** to liven *or* brighten up the place; **jdm die ~ einrennen** *or* **einlaufen** to pester *or* badger sb; **mir fällt die ~ auf den Kopf** I'm going mad shut up in here; **jdm auf die ~ rücken** (*als Besucher*) to drop in on sb, to land on sb (*inf*); (*aus einem bestimmten Grund*) to pay sb a visit, to go/come round to sb's place; **jdm die ~ auf den Kopf stellen** to turn sb's place upside down.

Budenzauber *m* (*dated inf*) knees-up (*dated sl*), jamboree (*dated inf*).

Budget [by'dʒe:] *nt* -s, -s budget.

budgetär [bydʒe'tɛ:ɐ] *adj* budgetary.

Budgetberatung *f* budget debate; **Budget|entwurf** *m* draft budget; **Budgetvorlage** *f* presentation of the budget.

Budike *f* -, -n (*dial*) bar, pub (*Brit*), saloon (*US*).

Budiker(in *f*) *m* -s, - (*dial*) bar keeper, landlord (*Brit*).

Büfett *nt* -(e)s, -e *or* -s **1.** (*Geschirrschrank*) sideboard. **2.** (*Schanktisch*) bar; (*Verkaufstisch*) counter. **3. kaltes ~** cold buffet.

Büfettdame *f*, **Büfettfräulein** *nt* (*dated*) (*in Gastwirtschaft*) barmaid; (*in Konditorei*) (counter) assistant.

Büfettier [byfɛ'tie:] *m* -s, -s barman.

Büffel m -s, - buffalo.

Büffelherde f herd of buffalo; **Büffelleder** nt buff (leather), buffalo skin.

Büffelei f (inf) swotting (inf), cramming (inf).

büffeln (inf) **I** vi to swot (inf), to cram (inf). **II** vt Lernstoff to swot up (inf).

Buffet, Büffet [by'fe:] (esp Aus) nt -s, -s siehe **Büfett**.

Buffo m -s, -s or **Buffi** buffo.

Buffo|oper f opera bouffe.

Bug m -(e)s, ̈e or -e **1.** (Schiffs~) bow usu pl; (Flugzeug~) nose. **jdm eins vor den ~ knallen** (sl) to sock sb one (sl). **2.** (Cook: Schultergegend) shoulder.

Bügel m -s, - **1.** (Kleider~) (coat-)hanger. **2.** (Steig~) stirrup. **3.** (Stromabnehmer) bow (collector). **4.** (von Säge) frame; (von Handtasche) frame; (Brillen~) side or ear-piece, bow; (von Gewehr) trigger-guard; (für Einweckgläser) clip, clamp; (am Lift) T-bar.

Bügel|automat m rotary iron; **Bügelbrett** nt ironing board; **wie ein ~ aussehen** (hum inf) to be as flat as a board (inf); **bügel|echt** adj ironable; **Bügel|eisen** nt iron; **Bügelfalte** f crease in one's trousers; **bügelfertig** adj ready for ironing; **bügelfrei** adj non-iron; **Bügelmaschine** f rotary iron.

bügeln I vt Wäsche to iron; Hose to press; (Sport sl) to lick, to hammer, to thrash (all inf); siehe **gebügelt**. **II** vi to iron.

Bügler(in f) m -s, - ironer.

Bugmann m, pl -männer (Sport) bow-(man); **Bugrad** nt (Aviat) nose wheel.

Bugsierdampfer m (Naut) tug(boat).

bugsieren[1] vt **1.** (Naut) to tow. **2.** (inf) Möbelstück etc to manoeuvre, to edge. **jdn aus dem Zimmer ~** to steer or hustle sb out of the room. **3.** (inf: lancieren) **jdn in einen Posten ~** to wangle or fiddle a job for sb (inf). **II** vi **1.** (Naut) to tow. Schlepper, **die im Hafen ~** tugs that do the towing in the port. **2.** (inf: hantieren) **wir mußten umständlich ~, bis ...** we had to make all kinds of manoeuvres to ...

Bugsiertrosse f (Naut) towline, towrope.

Bugspriet nt (Naut) bowsprit; **Bugwelle** f bow wave.

buh interj boo.

buhen vi (inf) to boo.

Buhle[1] m -n, -n (old liter) paramour (obs, liter), lover.

Buhle[2] f -, -n (old liter) paramour (obs, liter), mistress.

buhlen vi (pej: werben) **um jdn/ Anerkennung ~** to woo sb/recognition; **um jds Gunst ~** to woo or court sb's favour.

Buhler(in f) m -s, - **1.** (old liter) siehe **Buhle**. **2.** (pej: Werbender) wooer.

buhlerisch adj **1.** (old liter) amorous. **2.** (pej) fawning attr. **~ um jdn werben** to woo sb obsequiously.

Buhmann m, pl -männer (inf) bogeyman

Bühne f -, -n **1.** (lit, fig) stage; (von Konzertsaal, Aula etc auch) platform. **über die ~ gehen** (inf) to go or pass off; **etw über die**

~ bringen (inf) to stage sth; **hinter der ~** (lit, fig) behind the scenes; **von der ~ abtreten** or **verschwinden** (inf), **die ~ verlassen** to make one's exit, to leave the scene. **2.** (Theater) theatre; (als Beruf) stage. **Städtische ~n** Municipal Theatres; **zur ~ gehen** to go on the stage, to go into the theatre; **sie steht seit zwanzig Jahren auf der ~** she has been on the stage or in the theatre for twenty years; **das Stück ging über alle ~n** the play was put on or staged everywhere or in all the theatres. **3.** (Tech: Hebe~) ramp.

Bühnen|anweisung f stage direction; **Bühnen|arbeiter** m stagehand; **Bühnen-|ausbildung** f dramatic training; **Bühnen(aus)sprache** f pronunciation; **Bühnen|ausstattung** f stage property or props pl; **Bühnen|autor** m playwright, dramatist; **Bühnenbe|arbeitung** f stage adaptation; **Bühnenbeleuchter** m lighting man; **Bühnenbeleuchtung** f stage lighting; **Bühnenbild** nt (stage) set; **Bühnenbildner** m -s, - set-designer; **Bühnendichtung** f dramatic verse; **Bühnen|effekt** m stage effect; **Bühnen-|erfolg** m success; (Stück auch) (stage) hit; **Bühnenfassung** f stage adaptation; **bühnengerecht** adj suitable for the stage; **etw ~ bearbeiten** to adapt sth for the stage; **Bühnenhaus** nt fly tower; **Bühnenhimmel** m cyclorama; **Bühnenmaler** m scene painter; **Bühnenmalerei** f scene painting; **Bühnenmeister** m stage manager; **Bühnenmusik** f incidental music; **Bühnenpersonal** nt theatre staff; **Bühnenraum** m stage and backstage area; **bühnenreif** adj ready for the stage; **Bühnenstück** nt (stage) play; **Bühnentechniker** m stage-technician; **Bühnenwerk** nt stage entertainment, dramatic work; **bühnenwirksam** adj effective on the stage; **läßt sich dieser Stoff ~ gestalten?** would this material be effective on the stage?

Buhruf m boo, catcall; **Buhrufer** m der Redner wurde von **~n empfangen** the speaker was booed or greeted by boos or booing.

buk (old) pret of **backen**.

Bukarest nt -s Bucharest.

Bukett nt -s, -s or -e (geh) **1.** (Blumen~) bouquet. **2.** (von Wein) bouquet, nose.

Bukolik f (Liter) bucolic or pastoral poetry.

bukolisch adj (Liter) bucolic, pastoral.

Bulette f (dial) meat ball. **ran an die ~n** (inf) go right ahead!

Bulgare m -n, -n, **Bulgarin** f Bulgarian.

Bulgarien [-iən] nt -s Bulgaria.

bulgarisch adj Bulgarian.

Bulgarisch(e) nt decl as adj Bulgarian; siehe **Deutsch(e)**.

Bull|auge nt (Naut) porthole.

Bulldogge f bulldog.

Bulldozer ['buldo:zɐ] m -s, - bulldozer.

Bulle[1] m -n, -n **1.** bull. **2.** (inf: starker Mann) great ox of a man. **3.** (inf: Polizist) cop (inf), **die ~n** the fuzz (pej sl), the cops (inf).

Bulle[2] f -, -n (Hist, Eccl) bull.

Bullenbeißer m -s, - **1.** (fig pej) cantankerous or sour-tempered character; **2.** (lit: Bulldogge) bulldog; **Bullenhitze** f (inf) sweltering or boiling (inf) heat; **bullenstark** adj (inf) beefy (inf), brawny, strong as an ox.

bull(e)rig adj (dial) sour-tempered, cantankerous.

bullern vi (inf) **1.** (poltern) to thud, to rumble; (Wasser, Flüssigkeit) to bubble; (Ofen) to roar. **2.** (dial: schimpfen) to bellyache (inf), to moan and groan (inf).

Bulletin [bylˈtɛ:] nt **-s, -s** bulletin.

bullig adj (inf) **1.** brawny, beefy (inf). **2.** Hitze sweltering, boiling (inf).

Bullterrier m bull-terrier.

bum interj bang; (tiefer) boom.

Bumerang m **-s, -s** or **-e** (lit, fig) boomerang.

Bumerang|effekt m boomerang effect.

Bummel m **-s, -** stroll; (durch Lokale) wander (durch around), tour (durch of). **einen ~ machen, auf einen ~ gehen** to go for or take a stroll; **einen ~ durch die Stadt/ Nachtlokale machen** to go for or take a stroll round (the) town, to (go for a) wander round (the) town/to take in a few nightclubs.

Bummelant m (inf) **1.** (Trödler) slowcoach (Brit inf), slowpoke (US inf), dawdler. **2.** (Faulenzer) loafer (inf), idler.

Bummelantentum nt (pej) absenteeism.

Bummelei f (inf) (Trödelei) dawdling; (Faulenzerei) loafing about (inf), idling.

Bummelfritze m (inf) loafer (inf), idler.

bumm(e)lig adj (trödelnd) slow; (faul) idle.

Bummelleben nt (inf) life of idleness.

bummeln vi **1.** aux sein (spazierengehen) to stroll; (Lokale besuchen) to go round the pubs/bars etc; (ausgehen) to go out on the town. **im Park ~ gehen** to go for or take a stroll in the park. **2.** (trödeln) to dawdle, to hang about (inf). **3.** (faulenzen) to idle or fritter one's time away, to take it easy.

Bummelstreik m go-slow; **Bummelzug** m (inf) slow or stopping train.

Bummler(in f) m **-s, -** . **1.** (Spaziergänger) stroller. **2.** siehe **Bummelant.**

bums interj thump, thud. **~, da fiel der Kleine hin** bang! down went the little one.

Bums m **-es, -e** (inf) **1.** (Schlag) bang, thump; (Ftbl sl) kick. **2.** (sl) (Tanzvergnügen) hop (inf); (Tanzlokal) dance hall.

bumsen I vi impers (inf: dröhnen) **...**, **daß es bumste** ... with a bang; **er schlug gegen die Tür, daß es bumste** he hammered or thumped on the door; **es hat gebumst** (von Fahrzeugen) there's been a smash-up (inf) or crash; **gleich bumst es!** you'll catch it (inf), you'll get clobbered (sl).

II vi **1.** (schlagen) to thump, to hammer; (Ftbl sl) to kick.

2. aux sein (prallen, stoßen) to bump, to bang, to clout (inf); (fallen) to fall with a bang or bump. **mit dem Kopf gegen etw ~** to bump or bang one's head on sth.

3. (inf: koitieren) to have it off (Brit sl) or away (Brit sl), to have sex.

III vt **1.** (Ftbl sl) Ball to thump, to bang.

2. (inf) jdn ~ to lay sb, to have it off or away with sb (Brit sl), to have sex with sb; **gebumst werden** to get laid (sl).

Bumslokal nt (pej inf) (low) dive; **Bumsmusik** f (inf) loud (vulgar) music; **bumsvoll** adj (inf) full to bursting.

Bund¹ m **-(e)s, ⁼e 1.** (Vereinigung, Gemeinschaft) bond; (Bündnis) alliance. **mit jdm im ~e stehen** or **sein** to be in league with sb; **sich** (dat) **die Hand zum ~e reichen** (geh) to enter into a bond of friendship; **den ~ der Ehe eingehen** to enter (into) the bond of marriage; **ein ~ der Freundschaft** a bond of friendship; **den ~ fürs Leben schließen** to take the marriage vows.

2. (Organisation) association, (con)federation; (Staaten~) league, alliance.

3. (Pol: Bundesstaat) Federal Government. **~ und Länder** the Federal Government and the/its Länder.

4. (BRD inf: Bundeswehr) **der ~** the army, the services pl.

5. (an Kleidern) waist-band.

6. (Mus: bei Saiteninstrumenten) fret.

Bund² nt **-(e)s, -e** (von Stroh, Flachs, Reisig etc) bundle; (von Radieschen, Spargel etc) bunch.

Bündchen nt neck- or sleeve-band.

Bündel nt **-s, -** bundle, sheaf; (Stroh~) sheaf; (von Banknoten auch) wad; (von Karotten, Radieschen etc) bunch; (Opt: Strahlen~) pencil; (Math) sheaf; (fig) (von Fragen, Problemen etc) cluster; (von Vorschlägen etc) set. **ein hilfloses/ schreiendes ~** a helpless/howling (little) bundle; **sein ~ schnüren** or **packen** (dated) to pack one's bags; **jeder hat sein ~ zu tragen** everybody has his cross to bear.

bündeln vt Zeitungen etc to bundle up; Garben, Stroh to sheave; Karotten etc to tie into bunches/a bunch; (Opt) Strahlen to focus, to concentrate.

bündelweise adv by the bundle, in bundles. **er holte ~ Banknoten aus der Tasche** he pulled wads of banknotes out of his pocket.

Bundes- in cpds federal; **Bundes|amt** nt Federal Office; **Bundes|angestellten- tarif** m (BRD) statutory salary scale; **Bundes|anleihe** f government bond; **Bundes|anstalt** f Federal Institute; **Bundes|anwalt** m **1.** (BRD) attorney of the Federal Supreme Court; **2.** (Sw) ≃ Public Prosecutor; **Bundes|anwalt- schaft** f (BRD) Federal German bar; **Bundes|anzeiger** m (BRD) Federal Legal Gazette; **Bundes|aufsicht** f (BRD) Government supervision; **Bundes|auto- bahn** f (BRD, Aus) Federal autobahn (maintained by the Federal Government); **Bundesbahn** f (BRD, Aus, Sw) Federal Railway(s pl); **Bundesbank** f Federal bank; **Deutsche ~** Federal Bank of Germany; **Bundesbehörde** f Federal authority; **Bundesblatt** nt (Sw) Federal Law Gazette; **Bundesbürger** m West German, citizen of West Germany; **bundesdeutsch** adj West German; **Bundesdeutsche(r)** mf West German; **Bundes|ebene** f: **auf ~** at a national level; **bundes|eigen** adj Federal- (-owned), national; **bundes|einheitlich** adj Federal, national; **Bundesfern- straße** f trunk road (maintained by the Federal Government); **Bundesgebiet** nt

(*BRD*) federal territory; **Bundesgenosse** *m* ally, confederate; **Bundesgericht** *nt* 1. Federal Court; 2. (*Sw*) Federal Appeal Court; **Bundesgerichtshof** *m* (*BRD*) Federal Supreme Court; **Bundesgesetzblatt** *nt* (*BRD, Aus*) Federal Law Gazette; **Bundesgrenzschutz** *m* (*BRD*) Federal Border Guard; **Bundeshauptstadt** *f* federal capital; **Bundeshaus** *nt* (*BRD, Sw*) Federal Houses of Parliament; **Bundeshaushalt** *m* federal budget; **Bundesheer** *nt* (*Aus*) services *pl*, army, (federal) armed forces; **Bundeskabinett** *nt* Federal cabinet; **Bundeskanzler** *m* 1. (*BRD, Aus*) Federal *or* West German Chancellor; 2. (*Sw*) Head of the Federal Chancellery; **Bundeskanzler|amt** *nt* (*BRD, Aus*) Federal Chancellery; **Bundeskriminal|amt** *nt* (*BRD*) Federal Criminal Police Office; **Bundeslade** *f* (*Bibl*) Ark of the Covenant; **Bundesland** *nt* 1. state; 2. Land of the Federal Republic of Germany; **Bundesliga** *f* (*BRD Sport*) national league; **Bundesligist** *m* (*BRD Sport*) national league team; **Bundesminister** *m* (*BRD, Aus*) Federal Minister; **Bundesministerium** *nt* (*BRD, Aus*) Federal Ministry; **Bundesmittel** *pl* Federal funds *pl*; **Bundesnachrichtendienst** *m* (*BRD*) Federal Intelligence Service; **Bundespost** *f*: **die (Deutsche) ~** the (German) Federal Post (Office); **Bundespräsident** *m* (*BRD, Aus*) (Federal) President; (*Sw*) President of the Federal Council; **Bundespresse|amt** *nt* (*BRD*) Federal Government's Press and Information Office; **Bundesrat** *m* Bundesrat (*upper house of the West German Parliament*); **Bundesrecht** *nt* Federal law; **Bundesregierung** *f* (*BRD, Aus*) Federal Government; **Bundesrepublik** *f* Federal Republic; **~ Deutschland** Federal Republic of Germany; **bundesrepublikanisch** *adj* West German; **Bundesstaat** *m* (*Staatenbund, Gliedstaat*) federal state; **Bundesstraße** *f* federal road (*maintained by the Federal Government*).

Bundestag *m* Bundestag, (*lower house of the*) *West German Parliament;* (*Hist*) Diet of the German Confederation.

Bundestags- (*BRD*): **Bundestagsabge|ordnete(r)** *m* German member of Parliament, member of the *Bundestag*; **Bundestagsfraktion** *f* group *or* faction in the *Bundestag*; **Bundestagspräsident** *m* President of the *Bundestag or* West German Parliament; **Bundestagswahl** *f* (federal) parliamentary elections *pl.*

Bundestrainer *m* (*BRD Sport*) national coach; **Bundesverdienstkreuz** *nt* (*BRD*) order of the Federal Republic of Germany, ≃ OBE (*Brit*); **Bundesverfassung** *f* federal constitution; **Bundesverfassungsgericht** *nt* (*BRD*) Federal Constitutional Court; **Bundesversammlung** *f* 1. (*BRD*) Federal Convention; 2. (*Sw*) Federal Assembly; **Bundesverwaltungsgericht** *nt* (*BRD*) Supreme Administrative Court; **Bundes-**

wehr *f* (*BRD*) services *pl*, army, (West German) armed forces *pl*; **bundesweit** *adj* nationwide.

Bundhose *f* knee breeches *pl.*

Bundi *m* **-s, -s** (*DDR inf*) West German.

bündig *adj* 1. (*schlüssig*) conclusive; (*bestimmt*) concise, succinct, terse. 2. (*in gleicher Ebene*) flush *pred*, level.

Bündigkeit *f* (*Schlüssigkeit*) conclusiveness; (*Bestimmtheit*) conciseness, succinctness, terseness.

Bündnis *nt* alliance.

Bündnisblock *m* allied bloc; **Bündnispolitik** *f* policy vis-à-vis one's allies; **Bündnissystem** *nt* system of alliances; **Bündnistreue** *f* loyalty to the alliance; **Bündnisverpflichtung** *f* commitment to one's allies; **Bündnisvertrag** *m* pact of alliance.

Bundweite *f* waist measurement.

Bungalow ['bʊŋgalo] *m* **-s, -s** bungalow.

Bunker *m* **-s, -** 1. (*Mil*) bunker; (*Luftschutz~*) air-raid shelter. 2. (*Sammelbehälter*) bin; (*Kohlen~*) bunker; (*Getreide~*) silo. 3. (*Golf*) bunker. 4. (*Mil sl: Gefängnis*) clink (*sl*).

Bunkerkohle *f* bunker coal.

bunkern *vti* 1. *Kohle* to bunker; *Öl* to refuel. 2. (*sl: verstecken*) to stash (away) (*sl*).

Bunker|öl *nt* bunker oil *or* fuel.

Bunsenbrenner *m* Bunsen burner.

bunt *adj* 1. (*farbig*) coloured; (*mehrfarbig*) colourful; (*vielfarbig*) multi-coloured, many-coloured; (*gefleckt*) mottled, spotted. **~ gestreift** *pred* colourfully striped; **zu ~e Kleidung** loud *or* gaudy clothing; **~e Farben** bright *or* gay colours; **~es Glas** stained glass; **etw ~ anstreichen** to paint sth colourfully; **etw ~ bekleben** to stick coloured paper on sth; **~ gekleidet sein** to be colourfully *or* brightly dressed, to have colourful clothes on; **~ fotografieren** (*inf*) to photograph in colour; **B~es** (*DDR inf: Westgeld*) Deutschmark; **die B~en** (*Pol*) = fringe groups.

2. (*fig: abwechslungsreich*) varied. **eine ~e Menge** an assorted *or* a motley crowd; **ein ~es Bild** a colourful picture; **in ~er Reihenfolge** in a varied sequence; **ein ~er Teller** a plate of cakes and sweets (*Brit*) *or* candy (*US*); **ein ~er Abend** a social; (*Rad, TV*) a variety programme.

3. (*fig: wirr*) confused, higgledy-piggledy. **jetzt wird's mir aber zu ~!** (*inf*) that's going too far!, that's too much; **es zu ~ treiben** (*inf*) to carry things *or* go too far, to overstep the mark.

buntbemalt *adj attr* colourfully *or* brightly *or* gaily painted, painted in bright colours; **Buntdruck** *m* colour print; **buntfarbig** *adj* colourful, brightly coloured; **Buntfilm** *m* (*inf*) *siehe* **Farbfilm; buntgeblümt** *adj attr Stoff* with a colourful flower design *or* pattern; **buntgefärbt** *adj attr* multicoloured, many-coloured; **buntgefiedert** *adj attr* with multicoloured *or* bright feathers *or* plumage; **buntgefleckt** *adj attr Tier* spotted, mottled; **buntgemisch** *adj attr Programm* varied; **buntgestreift** *adj attr* with coloured stripes; **Buntheit** *f* colourfulness, gay *or* bright colours *pl*; **buntkariert** *adj attr* with a coloured check (pattern); **Buntmetall** *nt* non-ferrous metal; **Buntpapier** *nt* coloured paper; **Buntsandstein** *m* new red sandstone; **buntscheckig** *adj* spotted; *Pferd* dappled; **buntschillernd** *adj attr* 1. iridescent; 2. (*fig*) colourful; *Vergangenheit auch* chequered (*Brit*) *or* checkered (*US*); **Buntspecht** *m* spotted woodpecker; **Buntstift** *m* coloured pencil; **Buntwäsche** *f* coloureds *pl*.

Bürde *f* -, -n (*geh*) load, weight; (*fig*) burden. **jdm eine ~ aufladen** (*fig*) to impose a burden on sb.

Bure *m* -n, -n, **Burin** *f* Boer.

Burenkrieg *m* Boer War.

Burg *f* -, -en 1. castle; (*Strand~*) wall of sand (*built on beach by holiday-maker to demarcate his chosen spot*). 2. (*Biberbau*) (beaver's) lodge.

Burg|anlage *f* castle buildings *pl or* complex; **Burgberg** *m* castle hill *or* mound.

Bürge *m* -n, -n guarantor; (*fig*) guarantee (*für* of). **für jdn ~ sein** to be sb's guarantor, to stand surety for sb; **einen ~n stellen** (*Fin*) to offer surety.

bürgen *vi* **für etw ~** to guarantee sth, to vouch for sth; (*fig*) to guarantee sth, to be a guarantee of sth; **für jdn ~** (*Fin*) to stand surety for sb; (*fig*) to vouch for sb.

Bürger *m* -s, - (*von Staat, Gemeinde*) citizen, burgher (*Hist*); (*Sociol, pej*) bourgeois; (*im Gegensatz zu Landbewohner*) town/city-dweller. **die ~ von Ulm** the townsfolk of Ulm.

Bürgerbe|auftragte(r) *mf* ombudsman; **Bürgerbegehren** *nt* (*BRD*) public petition; **Bürger|entscheid** *m* (*BRD*) citizen's *or* public decision; **Bürgerfamilie** *f* merchant family; **Bürgerhaus** *nt* 1. town house *or* residence; 2. (*dated: Bürgerfamilie*) merchant family; **Bürger|initiative** *f* citizen's initiative *or* action group; **Bürgerkomitee** *nt* citizen's committee; **Bürgerkrieg** *m* civil war.

bürgerlich *adj* 1. *attr Ehe, Recht etc* civil; *Pflicht* civic. **B~es Gesetzbuch** Civil Code.
    2. (*dem Bürgerstand angehörend*) middle-class (*auch pej*), bourgeois (*esp pej*); (*Hist*) bourgeois. **aus guter ~er Familie** from a good respectable *or* middle-class family; **~es Essen/ Küche** good plain food/cooking; **~es Trauerspiel** (*Liter*) domestic tragedy.

Bürgerliche(r) *mf decl as adj* commoner.

Bürgermeister *m* mayor; **Bürgermeister|amt** *nt* 1. (*Aufgabe*) office of mayor; 2. (*Behörde, Gebäude*) town hall; **Bürgermeisterei** *f* (*old*) 1. district council; (*Gebäude*) district council offices *pl*; 2. (*dial*) *siehe* **Bürgermeisteramt** 2.; **Bürgermeisterin** *f* mayor(ess); **Bürgerpflicht** *f* civic duty; **Ruhe ist die erste ~** law and order is the citizen's first duty, the first duty of the citizen is law and order; **Bürgerrecht** *nt usu pl* civil rights *pl*; **jdm die ~e aberkennen** *or* **entziehen** to strip sb of his civil rights; **Bürgerrechtler** *m* -s, - civil rights campaigner; **Bürgerrechtsbewegung** *f* civil rights move-

ment; **Bürgerschaft** *f* citizens *pl*; (*Vertretung*) City Parliament; **Bürgerschreck** *m* bog(e)y of the middle classes.

Bürgersfrau *f* (*old*) middle-class woman, bourgeoise (*Hist*).

Bürgersmann *m, pl* **-leute** (*old*) citizen, bourgeois (*Hist*).

Bürger(s)sohn *m* (*usu iro*) son of the middle classes.

Bürgerstand *m* (*old*) middle class(es), bourgeoisie (*Hist*).

Bürgersteig *m* pavement (*Brit*), sidewalk (*US*).

Bürgerstochter *f* (*usu iro*) daughter of the middle classes.

Bürgertum *nt, no pl* (*Hist*) bourgeoisie (*Hist*); **Bürgerwehr** *f* (*Hist*) militia.

Burgfräulein *nt* damsel of the/a castle (*old*); **Burgfried** *m* -(e)s, -e keep; **Burgfriede(n)** *m* (*Hist, and fig*) truce; **Burgherr** *m* lord of the/a castle.

Bürgschaft *f* (*Jur*) (*gegenüber Gläubigern*) security, surety; (*Haftungssumme*) penalty; (*old liter*) pledge (*old liter*). **~ für jdn leisten** to stand surety for sb, to act as guarantor for sb; (*fig*) to vouch for sb; **ich habe für ihn die ~ übernommen** I have agreed to stand surety *or* act as guarantor for him.

Bürgschafts|erklärung *f* declaration of suretyship.

Burgund *nt* -(s) Burgundy.

Burgunder *m* -s, - 1. (*Einwohner*) Burgundian. 2. (*auch ~wein*) burgundy.

burgundisch *adj* Burgundian. **die B~e Pforte** the Belfort Gap.

Burgverlies *nt* (castle) dungeon.

burlesk *adj* burlesque *no adv*.

Burleske *f* -, -n burlesque.

Burma *nt - siehe* Birma.

burmesisch *adj siehe* **birmanisch**.

Burnus *m - or* **-ses**, **-se** burnous(e).

Büro *nt* -s, -s office.

Büro- *in cpds* office; **Büro|angestellte(r)** *mf* office worker; **Büro|arbeit** *f* office work; **Büro|artikel** *m* item of office equipment; *pl* office supplies *pl or* equipment; **Bürobedarf** *m* office supplies *pl or* equipment; **Bürogehilfe** *m* (office) junior, office boy; **Bürohaus** *nt* office block; **Bürohengst** *m* (*sl pej inf*) office worker; **Bürokaufmann** *m* (office) buyer; **Büroklammer** *f* paper clip; **Bürokraft** *f* (office) clerk.

Bürokrat *m* -en, -en bureaucrat.

Bürokratie *f* bureaucracy.

bürokratisieren* *vt* to bureaucratize.

Bürokratismus *m, no pl* bureaucracy.

Büromaschine *f* office machine; **Büromensch** *m* (*inf*) office worker, pen pusher (*pej inf*); **Büroschluß** *m* office closing time; **nach ~** after office hours; **Bürostunden** *pl* office hours *pl*; **Bürotätigkeit** *f* office work; **Bürovorsteher** *m* (*dated*) senior *or* chief clerk.

Bürschchen *nt dim of* **Bursche** little lad *or* fellow. **freches ~** cheeky little devil; **mein ~!** laddie!

Bursche *m* -n, -n 1. (*old, dial*) boy, lad; (*dial: Freund*) young man. **ein toller ~** quite a lad.
    2. (*inf: Kerl*) fellow, guy (*inf*), so-and-

so (*pej inf*). **ein übler** ~ a bad lot.
 3. (*Lauf~*) boy.
 4. (*old Mil*) batman (*Brit*), orderly.
Burschenschaft *f* student fraternity;
 Burschenschaft(l)er *m* **-s, -** member of
 a student fraternity; **burschenschaft-
 lich** *adj attr* of a/the (student) fraternity.
burschikos *adj* **1.** (*jungenhaft*) (tom)-
 boyish. **benimm dich doch nicht so** ~ stop
 behaving like a tomboy. **2.** (*unbekümmert*) casual.
Burschikosität *f siehe adj* **1.** (tom)-
 boyishness. **2.** casualness.
Bürste *f* **-, -n** brush; (*inf: Bürstenfrisur*)
 crew cut.
bürsten *vt* to brush; (*vulg: koitieren*) to
 screw (*sl.*).
Bürstenbinder *m* (*old*) brushmaker; **wie
 ein** ~ (*inf*) like mad (*inf*); *siehe* **saufen;
 Bürstenfrisur** *f*, **Bürsten(haar)schnitt**
 m crew cut; **Bürstenmassage** *f* brush
 massage.
Bürzel *m* **-s - 1.** (*Orn*) rump. **2.** (*Hunt*) tail.
 3. (*Cook*) parson's nose.
Bus *m* **-ses, -se** bus; (*Privat- und
 Überland~ auch*) coach (*Brit*).
Busbahnhof *m* bus/coach (*Brit*) station.
Busch *m* **-(e)s, ¨e 1.** (*Strauch*) bush, shrub.
 etwas ist im ~ (*inf*) there's something up;
 mit etw hinter dem ~ **halten** (*inf*) to keep
 sth quiet *or* to oneself; **auf den** ~ **klopfen**
 (*inf*) to fish (about) for information (*inf*);
 bei jdm auf den ~ **klopfen** (*inf*) to sound
 sb out; **sich (seitwärts) in die** ~**e schlagen**
 (*inf*) to slip away; (*euph hum*) to go
 behind a tree (*euph hum*).
 2. (*Geog: in den Tropen*) bush; (*inf:
 Wildnis*) jungle.
 3. (*Strauß*) bunch; (*rare: Büschel*) tuft.
Buschbohne *f* dwarf bean.
Büschel *nt* **-s, -** (*von Gras, Haaren*) tuft;
 (*von Heu, Stroh*) bundle; (*von Blumen,
 Rettichen*) bunch. **in** ~**n wachsen** to grow
 in tufts; (*Blumen*) to grow in clumps.
büsch(e)lig *adj* in tufts; (*Blüten*) in clus-
 ters.
büscheln *vt* (*S Ger, Sw*) to tie into bunches.
büschelweise *adv siehe n* in tufts/bundles/
 bunches/clumps.
Buschen *m* **-s, -** (*dial*) bunch of leaves *etc*.
Buschenschenke *f* (*Aus*) inn *serving wine
 from its own vineyard.*
buschig *adj* bushy.
Buschklepper *m* **-s, -** (*dated*) highwayman.
Buschmann *m*, *pl* **-männer** bushman;
 Buschmesser *nt* machete; **Buschwerk**
 nt bushes *pl*; **Buschwindröschen** *nt*
 (wood) anemone.
Busen *m* **-s, -** (*von Frau*) bust, bosom;
 (*old: Oberteil des Kleides*) bodice; (*liter*)
 (*von Mann*) breast (*liter*); (*fig geh: Innerstes, von Natur*) bosom (*liter*). **ein
 Geheimnis in seinem** ~ **wahren** (*liter*) to
 keep a secret deep in one's heart (*liter*).
busenfrei *adj* topless; **Busenfreund** *m*
 (*iro*) bosom friend; **Busenstar** *m* (*inf*)
 busty filmstar (*inf*).
Buslinie *f* bus route. **welche** ~ **fährt zum
 Bahnhof?** which bus goes to the station?
Bussard *m* **-s, -e** buzzard.
Buße *f* **-, -n 1.** (*Rel*) (*Reue*) repentance,
 penitence; (*Bußauflage*) penance; (*tätige*

~) atonement. ~ **tun** to do penance; **zur**
 ~ **as a penance; zur** ~ **bereit sein** to be
 ready to do penance *or* to atone; **das Sakrament der** ~ the sacrament of penance.
 2. (*Jur*) (*Schadenersatz*) damages *pl*;
 (*Geldstrafe*) fine. **eine** ~ **von DM 100** a
 100 mark fine; **jdn zu einer** ~ **verurteilen**
 to make sb pay (the) damages; to fine sb,
 to impose a fine on sb.
büßen I *vt* to pay for; *Sünden* to atone for,
 to expiate. **das wirst** *or* **sollst du mir** ~ I'll
 make you *or* you'll pay for that. **II** *vi* **für
 etw** ~ (*auch Rel*) to atone for sth; (*wiedergutmachen*) to make amends for sth; *für
 Leichtsinn etc* to pay for sth; **schwer (für
 etw)** ~ **müssen** to have to pay dearly (for
 sth).
Büßer(in *f*) *m* **-s, -** penitent.
Büßergewand, Büßerhemd, Büßerkleid
 nt penitential robe, hairshirt.
Busse(r)l *nt* **-s, -(n)** (*S Ger, Aus*) kiss.
busse(r)ln *vti* (*S Ger, Aus*) to kiss.
Büßerschnee *m* (*spec*) penitent snow
 (*spec*).
bußfertig *adj* repentant, contrite; (*Rel
 auch*) penitent; **Bußgang** *m* penitential
 pilgrimage; **einen** ~ **antreten** (*fig*) to don
 sackcloth and ashes; **Bußgebet** *nt* prayer
 of repentance.
Bußgeld *nt* fine.
Bußgeldbescheid *m* notice of payment
 due (*for traffic offence etc*); **Bußgeld-
 katalog** *m* list of offences punishable by
 fines; **Bußgeldverfahren** *nt* fining system.
Bußgesang *m*, **Bußlied** *nt* penitential
 hymn; **Bußprediger** *m* preacher of
 repentance; **Bußpredigt** *f* sermon calling
 to repentance; **Bußsakrament** *nt* sacrament of penance; **Bußtag** *m* day of repentance; **Bußübung** *f* act of penance; **Buß-
 und Bettag** *m* day of prayer and repentance.
Büste *f* **-, -n** bust; (*Schneider~*) tailor's
 dummy; (*weibliche*) dressmaker's
 dummy.
Büstenhalter *m* bra, brassière (*dated*).
Busverbindung *f* bus connection.
Butan *nt* **-s, -e, Butangas** *nt* butane (gas).
Butt *m* **-(e)s, -e** flounder, butt. **die** ~**e** the
 bothidae (*form*), flounders.
Bütt *f* **-, -en** (*dial*) speaker's platform. **in die**
 ~ **steigen** to mount the platform.
Butte *f* **-, -n 1.** *siehe* **Bütte. 2.** grape con-
 tainer.
Bütte *f* **-, -n** vat; (*dial: Wanne*) tub.
Büttel *m* **-s, -** (*old*) bailiff; (*pej*) henchman
 (*pej*); (*Polizist*) cop(per) (*inf*). **die** ~ the
 law (*inf*), the cops (*inf*).
Bütteldienst *m* dirty work (*pej inf*).
Bütten(papier) *nt* **-s,** *no pl* handmade
 paper (*with deckle edge*).
Büttenrand *m* deckle edge; **Büttenrede** *f*
 carnival speech.
Butter *f* **-,** *no pl* butter. **braune** ~ browned
 (melted) butter; **gute** ~ real butter; **es
 schmolz wie** ~ **in der Sonne** it vanished
 into thin air; **alles (ist) in** ~ (*inf*) everything is fine *or* OK *or* hunky-dory (*inf*);
 sein Herz ist weich wie ~ his heart is as soft
 as butter; **jdm die** ~ **auf dem Brot nicht**

gönnen (*fig inf*) to begrudge sb the very air he breathes; **wir lassen uns nicht die ~ vom Brot nehmen** (*inf*) we're not going to let somebody put one over on us (*inf*), we're going to stick up for our rights.

Butter- *in cpds* butter; **Butterberg** *m* butter mountain; **Butterblume** *f* buttercup; **Butterbrot** *nt* bread and butter *no art, no pl*, slice *or* piece of bread and butter; (*inf: Pausenbrot*) sandwich; **für ein ~** (*inf*) for next to nothing; *kaufen, verkaufen auch* for a song; **das wird er mir noch lange aufs ~ schmieren, daß ich ...** he'll keep on rubbing in the fact that I ...; **Butterbrotpapier** *nt* greaseproof paper; **Buttercreme** *f* butter cream; **Butterdose** *f* butterdish; **Butterfaß** *nt* butter churn; **Butterfett** *nt* butterfat; **Butterflöckchen** *nt* (*Cook*) (small knob of) butter. **Butterfly(stil)** ['bʌtəflaɪ-] *m* -s, - butterfly (stroke).

Buttergelb *nt* 1. (*Farbe*) butter yellow; 2. (*Farbstoff*) butter colour; **buttergelb** *adj* butter yellow.

butt(e)rig *adj* buttery.

Butterkäse *m* (full fat) cream cheese; **Butterkeks** *m* ≈ morning coffee biscuit;

Buttermilch *f* buttermilk.

buttern I *vt* 1. *Brot* to butter; *Gericht* to add butter to. 2. *Milch* to make into butter. 3. (*inf: investieren*) to put (*in* +*acc* into). 4. (*Sport sl*) to slam (*inf*). **II** *vi* to make butter.

Butterpilz *m* boletus luteus (*form*); **Buttersäure** *f* butyric acid; **Butterschmalz** *nt* clarified butter; **butterweich** *adj Frucht, Landung* beautifully soft; (*Sport*) *Abgabe, Paß, Aufschlag* gentle.

Büttner *m* -s, - (*dial*) *siehe* **Böttcher.**

Button ['batn] *m* -s, -s badge.

Butzenscheibe *f* bull's-eye (window) pane.

Bux *f* -, -en (*N Ger*), **Buxe** *f* -, -n (*dial*) trousers *pl* (*Brit*), pants *pl*.

Buxtehude *nt* (*inf*): **aus/nach ~** from/to the back of beyond (*inf*).

b.w. *abbr of* **bitte wenden** pto.

Byte [baɪt] *nt* -s, -s (*Computers*) byte.

Byzantiner(in *f*) *m* -s, - 1. Byzantine. 2. (*dated: Kriecher*) sycophant.

byzantinisch *adj* 1. Byzantine. 2. (*dated: kriecherisch*) servile, sycophantic(al).

Byzantinistik *f* Byzantine studies *pl*.

Byzanz *nt* -' Byzantium.

bzw. *abbr of* **beziehungsweise.**

C

(siehe auch **K, Z;** *für* CH *siehe auch* SCH*)*

C, c [tse:] *nt* -, - C, c. **C-Schlüssel** *m* alto *or* C clef.
C *abbr of* **Celsius.**
ca. *abbr of* **circa** approx.
Cabrio *nt* **-s, -s** *siehe* **Kabrio.**
Cabriolet [-'le:] *nt* **-(s), -s** *siehe* **Kabriolett.**
Cachou [ka'ʃuː] *nt* **-s, -s, Cachoubonbon** *nt* cachou.
Cadmium *nt, no pl (abbr* **Cd)** cadmium.
Café [ka'feː] *nt* **-s, -s** café.
Cafeteria *f* **-, -s** cafeteria.
Cafetier [kafe'tieː] *m* **-s, -s** *(old, Aus)* coffee-house proprietor.
cal *abbr of* **(Gramm)kalorie** (gramme-) calorie.
Calais [ka'leː] *nt* **-'** Calais. **die Straße von ~** the Straits of Dover.
Calcium ['kaltsiʊm] *nt, no pl siehe* **Kalzium.**
Californium *nt, no pl (abbr* **Cf)** californium.
Callboy ['koːlbɔy] *m* **-s, -s** male prostitute.
Callgirl ['koːlgøːɐl] *nt* **-s, -s** callgirl.
Camembert ['kamәmbeːɐ] *m* **-s, -s** Camembert.
Camion ['kamiõ:] *m* **-s, -s** *(Sw) siehe* **Lastwagen.**
Camouflage [kamu'flaː3ə] *f* **-, -n** *(dated, geh)* camouflage.
camouflieren* [kamu'fliːrən] *vtr (dated, geh)* to camouflage.
Camp [kɛmp] *nt* **-s, -s** camp.
campen ['kɛmpn] *vi* to camp.
Camper(in *f)* ['kɛmpɐ, -ərɪn] *m* **-s, -** camper.
campieren* [kam'piːrən] *vi* **1.** *siehe* **kampieren. 2.** *(Aus, Sw) siehe* **campen.**
Camping ['kɛmpɪŋ] *nt* **-s,** *no pl* camping *no art.* **zum ~ fahren** to go camping.
Camping- *in cpds* camping; **Camping-|artikel** *m* piece *or* item of camping equipment; *pl* camping equipment *sing;* **Campingbus** *m* dormobile ® *(Brit),* camper *(US);* **Campingführer** *m* camping *or* camper's guide(book); **Campingplatz** *m* campsite; **Campingzubehör** *nt* camping equipment.
Campus *m* **-,** - *(Univ)* campus. **auf dem ~** on (the) campus.
Canasta *nt* **-s,** *no pl* canasta.
Cancan [kã'kãː] *m* **-s, -s** cancan.
cand. *abbr of* **candidatus** *siehe* **Kandidat. ~ phil./med.** *etc* final year arts/medical *etc* student.
Cannabis *m* **-,** *no pl* cannabis.
Cañon ['kanjɔn] *m* **-s, -s** canyon.
Canossa *nt* **-(s)** *siehe* **Kanossa.**
Canto *m* **-s, -s** *(Liter)* canto.
Cape [keːp] *nt* **-s, -s** cape.
Capriccio [ka'prɪtʃo] *nt* **-s, -s** *(Mus)* caprice, capriccio.
Car *m* **-s, -s** *(Sw)* coach *(Brit),* bus.

Caravan ['ka(ː)ravan] *m* **-s, -s 1.** *(Kombiwagen)* estate car *(Brit),* station wagon. **2.** *(Wohnwagen)* caravan *(Brit),* trailer *(US).*
Carepaket ['kɛə-] *nt* CARE packet *or* parcel.
cartesianisch *adj etc siehe* **kartesianisch.**
Casanova [kaza'noːva] *m* **-s, -s** *(fig)* Casanova.
Cäsar¹ ['tsɛːzar] *m* **-s** Caesar.
Cäsar² ['tsɛːzar] *m* **-en, -en** [tsɛ'zaːrən] *(Titel)* Caesar.
Cäsarenwahn(sinn) *m* megalomania.
Cäsarismus [tsɛza'rɪsmʊs] *m* Caesarism, autocracy.
Cashewnuß ['kɛʃu-] *f* cashew (nut).
Cäsium ['tsɛːziʊm] *nt, no pl (abbr* **Cs)** caesium.
Casus belli *m* **-, - -** *(geh)* casus belli *(form).*
Catch-as-catch-can ['kætʃəz'kætʃʃkæn] *nt* -, *no pl (lit)* catch-as-catch-can, all-in wrestling; *(fig)* free-for-all.
catchen ['kɛtʃn] *vi* to do catch(-as-catch-`can)-wrestling, to do all-in wrestling. **er catcht gegen X** he has an all-in *or* catch bout against X; **er catcht gut** he's a good all-in *or* catch wrestler.
Catcher(in *f)* ['kɛtʃɐ, -ərɪn] *m* **-s, -** all-in wrestler, catch(-as-catch-can) wrestler.
Cayennepfeffer [ka'jɛn-] *m* cayenne (pepper).
cbm *abbr of* **Kubikmeter** cubic metre.
ccm *abbr of* **Kubikzentimeter** cc, cubic centimetre.
CDU ['tseːdeː'|uː] *f - abbr of* **Christlich-Demokratische Union** Christian Democratic Union.
Cedille [se'diːjə] *f* **-, -n** cedilla.
Cellist(in *f)* [tʃɛ'lɪst(ɪn)] *m* cellist.
Cello ['tʃɛlo] *nt* **-s, -s** *or* **Celli** cello.
Cellophan ® [tselo'faːn] *nt* **-s,** *no pl,* **Cellophanpapier** *nt (inf)* cellophane (paper).
Celsius ['tsɛlziʊs] *no art, inv* centigrade.
Celsiusskala *f* centigrade scale.
Cembalo ['tʃɛmbalo] *nt* **-s, -s** cembalo, harpsichord.
Cent [tsɛnt] *m* **-s, -s** cent.
cerise [sə'riːz] *adj (Fashion)* cerise, cherry.
ces, Ces [tsɛs] *nt* -, - *(Mus)* C flat.
Ceylon ['tsailɔn] *nt* **-s** Ceylon.
Ceylonese [tsai-] *m* **-n, -n, Ceylonesin** *f* Ceylonese.
ceylonesisch [tsai-] *adj* Ceylonese.
Cha-Cha-Cha ['tʃatʃatʃa] *m* **-(s), -s** cha-cha(-cha).
Chagrinleder [ʃa'grɛ:-] *nt* shagreen.
Chaise ['ʃɛːzə] *f* **-, -n 1.** *(old) (Kutsche)* (post)chaise *(old);* *(Stuhl)* chair. **2.** *(inf)* jaloppy *(inf),* banger *(Brit inf).*
Chaiselongue [ʃɛzə'lɔŋ] *f* **-, -s** *(old)* chaise longue.
Chalet [ʃa'leː] *nt* **-s, -s** chalet.

Chamäleon [ka'mɛːleɔn] *nt* **-s, -s** (*lit, fig*) chameleon.

Chambre séparée [ʃãbrəsepaˈreː] *nt* - -, -s -s (*dated*) private room.

Chamois [ʃaˈmoa] *nt* -, *no pl* 1. (*Farbe*) buff (colour), (light) tan (colour). 2. (*auch* ~leder) chamois (leather).

Champagner [ʃamˈpanjɐ] *m* -s, - champagne.

Champignon [ˈʃampɪnjɔŋ] *m* -s, -s mushroom.

Champignonkultur [ˈʃampɪnjɔŋ-] *f* mushroom culture; **Champignonzucht** *f* mushroom cultivation *or* growing.

Champion [ˈtʃɛmpiən] *m* -s, -s champion; (*Mannschaft*) champions *pl*.

Chance [ˈʃãːsə, (*Aus*) ˈʃãːs] *f* -, -n 1. chance; (*bei Wetten*) odds *pl*. **keine ~ haben** not to have *or* stand a chance; **nicht die geringste ~ haben** not to have an earthly (chance) (*inf*); **jdm eine (letzte) ~ geben** to give sb one (last) chance; **die ~n stehen 100:1** the odds are a hundred to one; **die ~n steigen/verringern sich** the odds are shortening/lengthening; (*fig auch*) the chances are improving/getting worse.
2. ~n *pl* (*Aussichten*) prospects *pl*; **im Beruf ~n haben** to have good career prospects; (**bei jdm**) ~**n haben** (*inf*) to stand a chance (with sb) (*inf*).

Chancengleichheit [ˈʃãːsən-] *f* equality of opportunity.

changieren* [ʃãˈʒiːrən] *vi* 1. (*schillern*) to be iridescent. ~**de Seide** shot silk. 2. (*Pferd*) to change step.

Chanson [ʃãˈsõː] *nt* -s, -s (political *or* satirical) song.

Chanson(n)ette [ʃãsoˈnɛtə] *f*, **Chansonnier** [ʃãsoˈnieː] *m* -s, -s political/satirical song-writer; singer of political/satirical songs.

Chaos [ˈkaːɔs] *nt* -, *no pl* chaos. **ein einziges ~ sein** to be in utter chaos.

Chaot(in *f)* [kaˈoːt(ɪn)] *m* -en, -en (*pej*) anarchist (*pej*); (*fig*) chaotic person.

chaotisch [kaˈoːtɪʃ] *adj* chaotic. ~**e Zustände** a state of (utter) chaos; **es geht ~ zu** there is utter chaos.

Chapeau claque [ʃapoˈklak] *m* - -, -x -s opera hat.

chaplinesk [tʃa-] *adj* Chaplinesque.

Charakter [kaˈraktɐ] *m* -s, -e [-ˈteːrə] 1. (*Wesen, Eigenart*) character. **er ist ein Mann von ~** he is a man of character; **etw prägt den ~** sth is character-forming; **keinen ~ haben** to have no *or* to lack character; (*nicht ehrenhaft auch*) to have no principles; **seine Warnung hatte mehr den ~ einer Drohung** his warning was more like a threat; **der vertrauliche ~ dieses Gespräches** the confidential nature of this conservation.
2. (*Person*) character, personality; (*Liter, Theat*) character. **sie sind ganz gegensätzliche ~e** their characters are entirely different, they have entirely different personalities.

Charakter|anlage *f* characteristic, trait; **angeborene ~** innate characteristics; **Charakterbild** *nt* character (image); (*Charakterschilderung*) character study;

charakterbildend *adj* character-forming; **Charakterdarsteller** *m* character actor; **Charakter|eigenschaft** *f* character trait; **Charakterfehler** *m* character defect; **charakterfest** *adj* strong-minded, of firm *or* strong character; **ein ~er Mann** a man of firm *or* strong character; **Charakterfestigkeit** *f* strength of character, strong-mindedness.

charakterisieren* [ka-] *vt* to characterize. **jdn als etw ~** to portray *or* characterize sb as sth.

Charakterisierung *f* characterization.

Charakteristik [ka-] *f* 1. description; (*typische Eigenschaften*) characteristics *pl*. 2. (*Tech*) characteristic curve.

Charakteristikum [ka-] *nt* -s, **Charakteristika** (*geh*) characteristic (feature).

charakteristisch [ka-] *adj* characteristic (*für* of).

charakteristischerweise *adv* characteristically.

Charakterkopf *m* 1. (*Kopf*) distinctive *or* striking features *pl*; 2. (*Person*) **er ist ein ~** he is a man of distinctive *or* striking appearance; **charakterlich I** *adj* (of) character, personal; ~**e Stärke/Mängel/ Qualitäten** strength of character/ character defects/personal qualities; **II** *adv* in character; **sie hat sich ~ sehr verändert** her character has changed a lot; **jdn ~ stark prägen** to have a strong influence on sb's character; **charakterlos** *adj* 1. (*niederträchtig*) *Mensch, Verhalten etc* unprincipled; ~ **handeln** to act in an unprincipled way; 2. (*ohne Prägung*) characterless; *Spiel, Vortrag* colourless, insipid; **Charakterlosigkeit** *f* 1. (*Niederträchtigkeit*) lack of principle; (*Handlung*) unprincipled behaviour *no pl*; **es ist eine ~, das zu tun** it shows complete lack of principle to do that; 2. (*Prägungslosigkeit*) characterlessness; colourlessness; insipidity; **Charaktermerkmal** *nt* characteristic.

Charakterologe [ka-] *m*, **Charakterologin** *f* characterologist.

Charakterologie [karakterolɔˈgiː] *f* characterology.

charakterologisch [ka-] *adj* characterological.

Charakterrolle *f* character part *or* role; **Charaktersache** *f* (*inf*) **das ist ~** it's a matter of character; **charakterschwach** *adj* weak, of weak character; **Charakterschwäche** *f* weakness of character; **Charakterschwein** *nt* (*inf*) unprincipled character; **charakterstark** *adj* strong, of strong character; **Charakterstärke** *f* strength of character; **Charakterstudie** *f* character study; **charaktervoll** *adj* 1. (*anständig*) *Verhalten* which shows character; **er hat sich ~ verhalten** his behaviour showed character; 2. (*ausgeprägt*) full of character; **Charakterzug** *m* characteristic; (*von Menschen auch*) (character) trait; **es ist kein sehr schöner ~ von ihm,** ... it is not very nice of him ...

Charge [ˈʃarʒə] *f* -, -n 1. (*Mil, fig: Dienstgrad, Person*) rank. 2. (*Theat*) minor character part.

chargieren* [ʃarˈʒiːrən] *vi* (*Theat*) (*übertreiben*) to overact, to ham (*inf*);

(*eine Charge spielen*) to play a minor character part.

Charisma ['ça:rɪsma] *nt* **-s, Charismen** *or* **Charismata** (*Rel, fig*) charisma.

charismatisch [ça-] *adj* charismatic.

Charleston ['tʃarlstn] *m* **-, -s** charleston.

charmant [ʃar'mant] *adj* charming.

Charme [ʃarm] *m* **-s,** *no pl* charm.

Charmeur [ʃar'møːɐ] *m* charmer; (*Schmeichler*) flatterer. **du alter ~!** you old smoothy! (*inf*).

Charmeuse [ʃar'møːz] *f, no pl* (*Tex*) charmeuse.

Charta ['karta] *f* **-, -s** charter. **Magna ~** Magna Carta.

Charterflug ['tʃartɐ-] *m* charter flight; **Charter(flug)gesellschaft** *f* charter (flight) company; **Chartermaschine** *f* charter plane.

chartern ['tʃartɐn] *vt Schiff, Flugzeug* to charter; (*fig inf*) *Arbeitskräfte etc* to hire.

Chassis [ʃa'siː] *nt* **-, -** [-iː(s), -iːs] (*Aut, Rad, TV*) chassis.

Chauffeur [ʃɔ'føːɐ] *m* chauffeur.

chauffieren* [ʃɔ-] *vti* (*dated*) to chauffeur, to drive.

Chaussee [ʃo'seː] *f* **-, -n** [-eːən] (*dated*) high road; (*in Straßennamen*) Avenue.

Chausseebaum *m* (*dated*) roadside tree; **Chausseegraben** *m* (*dated*) ditch.

Chauvi(e) [ʃo:vi] *m* **-s, -s** (*sl*) male chauvinist pig.

Chauvinismus [ʃovi-] *m* chauvinism; (*Benehmen, Äußerung*) chauvinist(ic) action/remark.

Chauvinist(in *f*) *m* chauvinist.

chauvinistisch [ʃovi-] *adj* chauvinist(ic).

checken ['tʃɛkn] **I** *vt* **1.** (*überprüfen*) to check.
    2. (*sl: verstehen*) to get (*inf*).
    3. (*sl: merken*) to cotton on to (*inf*), to wise up to (*sl*). **er hat das nicht gecheckt** he didn't cotton on (*inf*).
    II *vti* (*Eishockey*) to block; (*anrempeln*) to barge.

Checkliste ['tʃɛk-] *f* check list; **Checkpoint** ['tʃɛkpɔynt] *m* **-s, -s** checkpoint.

Chef [ʃɛf, (*Aus*) ʃeːf] *m* **-s, -s** boss; (*von Bande etc*) leader; (*von Organisation, inf: Schuldirektor*) head; (*der Polizei*) chief; (*Mil: von Kompanie*) commander. **~ des Stabes** Chief of Staff; **er ist der ~ vom ganzen** he's in charge or the boss here; **hallo ~!** (*inf*) hey, gov(ernor) or chief or squire (*all Brit inf*) or mac (*US inf*).

Chefarzt *m* senior consultant; **Chefetage** *f* management or executive floor; **Chefideologe** *m* (*inf*) chief ideologist.

Chefin ['ʃɛftn, (*Aus*) 'ʃeːfm] *f* **1.** boss; (*Sch*) head; (*von Delegation etc*) head. **2.** (*inf: Frau des Chefs*) boss's wife. **Frau ~!** ma'am (*US*), ≈ excuse me.

Chefkoch *m* chef, head cook; **Chefredakteur** *m* editor-in-chief; **Chefredaktion** *f* **1.** (*Aufgabe*) (chief) editorship; **2.** (*Büro*) main editorial office; *siehe* **Redaktion**; **Chefsekretär(in** *f*) *m* personal assistant/secretary; **Chefvisite** *f* (*Med*) consultant's round.

chem. *abbr of* **chemisch.**

Chemie [çe'mi:, (*esp S Ger*) ke'mi:] *f* **-,** *no*

pl (*lit, fig*) chemistry; (*inf: Chemikalien*) chemicals *pl.* **was die so essen, ist alles ~** they just eat synthetic food.

Chemiearbeiter *m* chemical worker; **Chemiefaser** *f* synthetic or man-made fibre; **Chemieunterricht** *m* chemistry.

Chemikalie [çemi'ka:liə] *f* **-, -n** *usu pl* chemical.

Chemiker(in *f*) ['çe:-, (*esp S Ger*) 'ke:-] *m* **-s, -** chemist.

Cheminée ['ʃmɪnə] *nt* **-s, -s** (*Sw*) fireplace.

chemisch ['çe:-, (*esp S Ger*) 'ke:-] *adj* chemical; *siehe* **Reinigung.**

chemisieren* [çe-] *vti* (*DDR*) to make increasing use of chemistry (in).

Chemo- [çemo-]: **Chemotechnik** *f* chemical engineering, technochemistry; **Chemotechniker** *m* chemical engineer.

Cherub ['çe:rʊp] *m* **-s, -im** ['-bi:m] *or* **-inen** [-'bi:nən] cherub.

chevaleresk [ʃəvalə'rɛsk] *adj* (*geh*) chivalrous.

Chiasmus ['çiasmʊs] *m* (*Ling*) chiasmus.

chic [ʃɪk] *adj siehe* **schick.**

Chicorée [ʃiko're:] *f* **-** *or* *m* **-s,** *no pl* chicory.

Chiffon ['ʃɪfo(:)] *m* **-s, -s** chiffon.

Chiffre ['ʃɪfə, 'ʃɪfrə] *f* **-, -n 1.** cipher. **2.** (*in Zeitung*) box number.

Chiffreschrift *f* cipher, code.

chiffrieren* [ʃɪf-] *vti* to encipher, to code. **chiffriert** coded.

Chile ['tʃiːlə] *nt* **-s** Chile.

Chilene [tʃiˈleːnə] *m* **-n, -n, Chilenin** *f* Chilean.

chilenisch [tʃi-] *adj* Chilean.

Chilesalpeter *m* chile saltpetre, sodium nitrate.

Chili ['tʃiːli] *m* **-s,** *no pl* chil(l)i (pepper).

China ['çi:na, (*esp S Ger*) 'ki:na] *nt* **-s** China.

Chinakohl *m* Chinese cabbage; **Chinakracher** *m* **-s, -** banger (*Brit*), firecracker (*US*); **Chinakrepp** *m* crêpe de Chine.

Chinchilla¹ [tʃɪn'tʃɪla] *f* **-, -s** (*Tier*) chinchilla.

Chinchilla² *nt* **-s, -s 1.** (*Pelz*) chinchilla. **2.** (*auch* **~kaninchen**) chinchilla rabbit.

Chinese [çi-, (*esp S Ger*) ki-] *m* **-n, -n** Chinaman; (*heutig auch*) Chinese.

Chinesin [çi-, (*esp S Ger*) ki-] *f* Chinese woman; (*heutig auch*) Chinese.

chinesisch [çi-, (*esp S Ger*) ki-] *adj* Chinese. **die C~e Mauer** the Great Wall of China; **das ist ~ für mich** (*inf*) that's all Greek or Chinese to me (*inf*).

Chinesisch(e) [çi-, (*esp S Ger*) ki-] *nt decl as adj* Chinese; *siehe auch* **Deutsch(e).**

Chinin [çi'ni:n] *nt* **-s,** *no pl* quinine.

Chip [tʃɪp] *m* **-s, -s 1.** (*Spiel~, Computers*) chip. **2.** *usu pl* (*Kartoffel~*) (potato) crisp (*Brit*), potato chip (*US*).

Chiromant(in *f*) [çi-] *m* chiromancer.

Chiromantie [çiroman'ti:] *f* chiromancy.

Chiro- [çiro-]: **Chiropraktik** *f* chiropractic; **Chiropraktiker** *m* chiropractor.

Chirurg(in *f*) [çi'rʊrg(ɪn)] *m* **-en, -en** surgeon.

Chirurgie [çirʊr'gi:] *f* surgery. **er liegt in der ~** he's in surgery.

chirurgisch [çi-] *adj* surgical. **ein ~er Eingriff** surgery.

Chitin [çiˈtiːn] *nt* **-s**, *no pl* chitin.
Chlor [kloːɐ] *nt* **-s**, *no pl* (*abbr* **Cl**) chlorine.
chloren, chlorieren* [klo-] *vt* to chlorinate.
chlorig [ˈkloː-] *adj* (*Chem*) chlorous.
Chloro- [kloro-]: **Chloroform** *nt* **-s**, *no pl* chloroform; **chloroformieren*** *vt insep* to chloroform; **Chlorophyll** *nt* **-s**, *no pl* chlorophyll.
Chlorwasser *nt* 1. (*Chem*) chlorine water. 2. (*im Hallenbad*) chlorinated water.
Choke [tʃoːk] *m* **-s**, **-s** choke.
Cholera [ˈkoːlera] *f* -, *no pl* cholera.
Choleriker(in *f)* [ko-] *m* **-s**, - choleric person; (*fig*) irascible *or* hot-tempered person.
cholerisch [ko-] *adj* choleric.
Cholesterin [ço-] *nt* **-s**, *no pl* cholesterol.
Cholesterinspiegel *m* cholesterol level.
Chor¹ [koːɐ] *m* **-(e)s**, ⸚e 1. (*Sänger~*) choir; (*Bläser~ etc*) section. **im ~ singen** to sing in the choir; (*zusammen singen*) to sing in chorus, to chorus; **im ~ sprechen/rufen** to speak/shout in chorus; **ja, riefen sie im ~** yes, they chorused. 2. (*Theat*) chorus. 3. (*Komposition*) choral work *or* composition. 4. (*bei Orgel*) rank. 5. (*bei Klavier, Laute etc*) group of strings tuned in unison *or* to the same pitch.
Chor² [koːɐ] *m or* (*rare*) *nt* **-(e)s**, **-e** *or* ⸚e (*Archit*) 1. (*Altarraum*) chancel, choir. 2. (*Chorempore*) loft, gallery.
Choral [koˈraːl] *m* **-s**, **Choräle** (*Mus*) 1. (*Gregorianischer*) chant, plainsong. 2. (*Kirchenlied*) hymn.
Choreo- [koreo-]: **Choreograph(in** *f) m* choreographer; **Choreographie** *f* choreography; **choreographisch** *adj* choreographic(al).
Chor- [ˈkoːɐ]: **Chorfrau** *f* (*Eccl*) canoness; **Chorgebet** *nt* Divine office; **Chorgesang** *m* (*Lied*) choral music; (*das Singen*) choral singing; **Chorgestühl** *nt* choir stalls *pl*; **Chorherr** *m* (*Eccl*) canon.
chorisch [ˈkoː-] *adj* choral.
Chorist(in *f)* [ko-] *m siehe* **Chorsänger(in).**
Chor- [ˈkoːɐ]: **Chorknabe** *m* choirboy; **Chorleiter** *m* choirmaster; **Chorsänger(in** *f) m* member of a choir; (*im Kirchenchor*) chorister; (*im Opernchor etc*) member of the chorus; **Chorstuhl** *m* choirstall.
Chorus [ˈkoːrʊs] *m* -, **-se** (*Jazz: Variationsthema*) theme.
Chose [ˈʃoːzə] *f* -, **-n** (*inf*) 1. (*Angelegenheit*) business, thing. 2. (*Zeug*) stuff. **die ganze ~** the whole lot.
Chow-Chow [tʃaʊˈtʃaʊ] *m* **-s**, **-s** chow.
Chr. *abbr of* **Christus, Christi.**
Christ [krɪst] *m* **-en**, **-en** Christian.
Christbaum *m* (*dial*) Christmas tree; (*Mil inf*) flares *pl*.
Christbaumkugel *f* Christmas tree ball; **Christbaumschmuck** *m* Christmas tree decorations *pl*.
Christ- [ˈkrɪst-]: **Christdemokrat** *m* Christian Democrat; **christdemokratisch** *adj* Christian Democratic.

Christen- [ˈkrɪstn-]: **Christengemeinde** *f* Christian community; **Christenglaube(n)** *m* Christian faith; **Christenheit** *f* Christendom; **Christenpflicht** *f* (one's) duty as a Christian, (one's) Christian duty; **Christentum** *nt*, *no pl* Christianity; **Christenverfolgung** *f* persecution of the Christians.
Christfest *nt* (*dated, dial*) *siehe* **Weihnachtsfest.**
Christi *gen of* **Christus.**
christianisieren* [kri-] *vt* to convert to Christianity, to christianize.
Christianisierung *f* conversion to Christianity, Christianization.
Christin [ˈkrɪstɪn] *f* Christian.
Christkind(chen) [ˈkrɪst-] *nt*, *no pl* baby *or* infant Jesus, Christ Child; (*Sinnbild für Weihnachten*) Christmas; (*das Geschenke bringt*) Father Christmas.
christlich [ˈkrɪ-] I *adj* Christian. **er ist bei der ~en Seefahrt** (*hum*) he is a seafaring man; **C~er Verein Junger Männer** Young Men's Christian Association. II *adv* like *or* as a Christian. **~ leben** to live a Christian life; **~ handeln** to act like a Christian; **~ aufwachsen/jdn ~ erziehen** to grow up/bring sb up as a Christian.
Christlichkeit *f* Christianity.
Christ- [ˈkrɪst-]: **Christmesse** *f* Midnight Mass; **Christmette** *f* (*katholisch*) Midnight Mass; (*evangelisch*) Midnight Service.
Christologie [krɪstoloˈgiː] *f* Christology.
Christoph [ˈkrɪ-] *m* **-s** Christopher.
Christrose [ˈkrɪst-] *f* Christmas rose.
Christus [ˈkrɪstʊs] *m* **Christi**, *dat - or* (*form*) **Christo**, *acc - or* (*form*) **Christum** Christ; (*~figur auch*) figure of Christ. **vor Christi Geburt, vor ~** before Christ, BC; **nach Christi Geburt** AD, Anno Domini, in the year of our Lord (*liter*); **Christi Himmelfahrt** the Ascension of Christ; (*Himmelfahrtstag*) Ascension Day.
Chrom [kroːm] *nt* **-s**, *no pl* chrome; (*Chem*, *abbr* **Cr**) chromium.
Chromatik [kro-] *f* 1. (*Mus*) chromaticism. 2. (*Opt*) chromatics *sing*.
chromatisch [kro-] *adj* (*Mus, Opt*) chromatic.
chromblitzend *adj* gleaming with chrome.
Chromosom [kro-] *nt* **-s**, **-en** chromosome.
Chromosomensatz *m* set of chromosomes.
Chronik [ˈkro-] *f* chronicle. **etw in einer ~ aufzeichnen** to chronicle sth, to record sth in a chronicle.
chronisch [ˈkro-] *adj* (*Med, fig*) chronic.
Chronist(in *f)* [kro-] *m* chronicler.
Chronologie [kronoloˈgiː] *f* chronology.
chronologisch [kro-] *adj* chronological.
Chronometer [kro-] *nt* **-s**, - chronometer.
Chrysantheme [kryzanˈteːmə] *f* -, **-n** chrysanthemum.
Chuzpe [ˈxʊtspə] *f* -, *no pl* (*sl*) chutzpa(h) (*sl*), audacity.
CIA [ˈsiːˈaiˈei] *f or m* - CIA.
Cicero¹ [ˈtsiːtsero] *m* **-s** Cicero.
Cicero² [ˈtsiːtsero] *f or m* -, *no pl* (*Typ*) twelve-point type, pica.
Cicerone [tʃitʃeˈroːnə] *m* **-(s)**, **-s** *or* (*geh*) **Ciceroni** 1. (*Mensch*) cicerone (*form*),

guide. 2. (*Buch*) (travel) guide(book).
ciceronisch [tsitse'ro:nɪʃ] *adj* Ciceronian.
Cie. (*Sw*) *abbr of* **Kompanie**.
Cineast(in *f*) [sine'ast(ɪn)] *m* **-en, -en** cineast(e).
circa ['tsɪrka] *adv siehe* **zirka**.
Circe ['tsɪrtsə] *f* **-, -n** (*Myth*) Circe; (*fig geh*) femme fatale.
Circulus vitiosus ['tsɪrkulʊs vi'tsio:zʊs] *m* **- -, Circuli vitiosi** (*geh*) (*Teufelskreis*) vicious circle; (*Zirkelschluß auch*) circular argument, petitio principii (*form*).
cis, Cis [tsɪs] *nt* **-, -** (*Mus*) C sharp.
City ['sɪti] *f* **-, -s** city centre.
Clair-obscur [klɛrɔps'ky:ɐ] *nt* **-s,** *no pl* (*Art*) chiaroscuro.
Clan [kla:n] *m* **-s, -s** (*lit, fig*) clan.
Claque ['klakə] *f* **-,** *no pl* claque.
Claqueur [kla'kø:ɐ] *m* hired applauder, claqueur.
Clavicembalo [klavi'tʃɛmbalo] *nt* **-s, -s** *or* **Clavicembali** clavicembalo, harpsichord.
clean [kli:n] *adj pred* (*sl*) off drugs. **~ werden** to kick the (habit) (*sl*).
clever ['klevɐ] *adj* (*intelligent*) clever, bright; (*raffiniert*) sharp, shrewd; (*gerissen*) crafty, cunning; (*geschickt*) clever.
Cleverness, Cleverneß ['klevɐnɛs] *f*-, *no pl siehe adj* cleverness, brightness; sharpness, shrewdness; craftiness, cunning.
Clinch [klɪntʃ] *m* **-(e)s,** *no pl* (*Boxen, fig*) clinch. **in den ~ gehen** (*lit, fig*) to go into a clinch; (*fig: Verhandlungspartner*) to get stuck into each other (*inf*); **jdn in den ~ nehmen** (*lit*) to go into a clinch with sb; (*fig*) to get stuck into sb (*inf*); **sich aus dem ~ lösen, den ~ lösen** to break the clinch.
Clip *m* **-s, -s** (*Haar~, am Füller etc*) clip; (*Brosche*) clip-on brooch; (*Ohr~*) (clip-on) earring.
Clips *m* **-, -** *siehe* **Clip**.
Clique ['klɪkə] *f* **-, -n 1.** (*Freundeskreis*) group, set. **wir fahren mit der ganzen ~ in Urlaub** the whole gang or crowd of us are going on holiday together; **Thomas und seine ~** Thomas and his set. **2.** (*pej*) clique.
Cliquenbildung *f* forming of cliques; **Cliquen(un)wesen** *nt* (*pej*) cliquishness; **Cliquenwirtschaft** *f* (*pej inf*) cliquey set-up (*inf*).
Clochard [klɔ'ʃa:r] *m* **-s, -s** tramp.
Clou [klu:] *m* **-s, -s** (*von Geschichte*) (whole) point; (*von Show*) highlight, high spot; (*von Begebenheit*) show-stopper; (*Witz*) real laugh (*inf*). **und jetzt kommt der ~ der Geschichte** and now, wait for it, ...; **das ist doch gerade der ~** but that's just it, but that's the whole point.
Clown [klaun] *m* **-s, -s** (*lit, fig*) clown. **den ~ spielen** to clown around, to play the fool; **sich/jdn zum ~ machen** to make a clown of oneself/sb.
Clownerie [klaunə'ri:] *f* clowning (around) *no pl*.
Club *m* **-s, -s** *siehe* **Klub**.
cm *abbr of* **Zentimeter** cm.
Co. *abbr of* **Kompagnon; Kompanie** Co.
Coach [ko:tʃ] *m* **-(s), -s** (*Sport*) coach.
coachen ['ko:tʃn] *vti* (*Sport*) to coach.
Coca *f* **-, -(s)** *or nt* **-(s), -(s)** (*inf*) Coke ® (*inf*).

Cockerspaniel *m* cocker spaniel.
Cockpit *nt* **-s, -s** cockpit.
Cocktail ['kɔkte:l] *m* **-s, -s 1.** (*Getränk*) cocktail. **2.** (*DDR: Empfang*) reception. **3.** (*~party*) cocktail party. **jdn zum ~ einladen** to invite sb for cocktails.
Cocktailkleid *nt* cocktail dress; **Cocktailparty** *f* cocktail party.
Code [ko:t] *m* **-s, -s** *siehe* **Kode**.
Codex *m* **-es** *or* **-, -e** *or* **Codices** ['ko:ditse:s] *siehe* **Kodex**.
Cognac ® ['kɔnjak] *m* **-s, -s** cognac.
Coiffeur [koa'fø:ɐ] *m*, **Coiffeuse** [koa'fø:zə] *f* (*Sw*) hairdresser.
Coiffure [koa'fy:ɐ] *f* **-, -n 1.** (*geh*) hairstyling. **2.** (*Sw*) hairdressing salon.
Cola *f* **-, -(s)** *or nt* **-(s), -(s)** (*inf*) Coke ® (*inf*).
Colanuß *f* cola nut.
Collage [kɔ'la:ʒə] *f* **-, -n** (*Art, fig*) collage; (*Musik*) medley.
Collie *m* **-s, -s** collie.
Collier [kɔ'lie:] *nt* **-s, -s** *siehe* **Kollier**.
Coloniakübel *m* (*Aus*) *siehe* **Koloniakübel**.
Color- *in cpds* colour.
Colt ® *m* **-s, -s** Colt.
Combo *f* **-, -s** combo.
Comeback [kam'bek] *nt* **-(s), -s** comeback.
Comecon, COMECON ['kɔmekɔn] *m or nt* **-** Comecon.
Computer [kɔm'pju:tɐ] *m* **-s, -** computer.
Computer- *in cpds* computer-; **Computerblitz** *m* (*Phot*) *siehe* **Elektronenblitz**; **Computerdiagnostik** *f* (*Med*) computer diagnosis; **Computergeneration** *f* computer generation; **computergerecht** *adj* (ready) for the computer; **computergesteuert** *adj* controlled by computer, computer-controlled.
computerisieren * [kɔmpjutəri'zi:rən] *vti* to computerize.
Comtesse *f* countess.
Conditio sine qua non [kɔn'di:tsio] *f* **- - - -,** *no pl* (*geh*) sine qua non.
Conférencier [kõferã'sie:] *m* **-s, -s** compère, MC.
Confiserie [kõfizə'ri:] *f siehe* **Konfiserie**.
Container [kɔn'te:nɐ] *m* **-s, -** container; (*Bauschutt~*) skip.
Container- *in cpds* container; **Containerbahnhof** *m* container depot; **Containerterminal** *m or nt* container terminal; **Containerverkehr** *m* container traffic; **auf ~ umstellen** to containerize.
Contenance [kõtə'nã:s(ə)] *f* **-,** *no pl* (*geh*) composure.
Contergan ® *nt* **-s** thalidomide.
Contergankind *nt* (*inf*) thalidomide child/baby.
cool [ku:l] *adj* (*sl*) **1.** (*gefaßt*) cool. **du mußt ~ bleiben** you must keep your cool (*inf*) or stay cool (*inf*). **2.** (*angenehm*) cool (*sl*). **die Party war ~** the party was (real) cool (*sl*). **3.** (*ungefährlich*) safe. **4.** (*fair*) on the level (*inf*), fair.
Copyright ['kɔpirait] *nt* **-s, -s** copyright.
coram publico *adv* (*geh*) publicly.
Cord *m* **-s,** *no pl* (*Tex*) cord, corduroy.
Cord- *in cpds* cord, corduroy; **Cordjeans** *pl* cords *pl*.

Cordon bleu [kɔrdõ'blø] *nt* - -, **-s** -**s** (*Cook*) veal cordon bleu.

Corner ['kɔːɐnɐ] *m* -**s**, - (*Aus Sport*) corner.

Corn-flakes ® ['kɔːɐnfleːks] *pl* cornflakes *pl.*

Cornichon [kɔrni'ʃõː] *nt* -**s**, -**s** gherkin.

Corps [koːɐ] *nt* -, - *siehe* **Korps.**

Corpus *nt* -, **Corpora** (*Ling*) *siehe* **Korpus².**

Corpus delicti *nt* - -, **Corpora** - corpus delicti; (*hum*) culprit (*inf*).

cos. *abbr of* **Kosinus** cos.

Costa Rica *nt* -**s** Costa Rica.

Costaricaner(in *f*) *m* -**s**, - Costa Rican.

Couch [kautʃ] *f or* (*Sw*) *m* -, **-es** *or* **-en** couch.

Couchgarnitur ['kautʃ-] *f* three-piece suite; **Couchtisch** *m* coffee table.

Couleur [ku'løːɐ] *f* -, -**s** **1.** (*geh*) kind, sort. **Faschisten/ Sozialisten jeder** ~ Fascists/ Socialists of every shade. **2.** (*Univ*) colours *pl.*

Countdown ['kaunt'daun] *m or nt* -**s**, -**s** (*Space, fig*) countdown.

Coup [kuː] *m* -**s**, -**s** coup. **einen** ~ (**gegen jdn/etw) landen** to bring *or* pull (*inf*) off a coup (against sb/sth).

Coupé [kuˈpeː] *nt* -**s**, -**s** coupé.

Couplet [ku'pleː] *nt* -**s**, -**s** political/cabaret/ music-hall song.

Coupon [kuˈpõː] *m* -**s**, -**s** **1.** (*Zettel*) coupon. **2.** (*Fin*) (interest) coupon. **3.** (*Stoff*~) length (of material).

Courage [ku'raːʒə] *f* -, *no pl* (*geh*) courage, pluck.

couragiert [kura'ʒiːɐt] *adj* (*geh*) courageous, plucky.

Courtage [kʊr'taːʒə] *f* -, -**n** (*Fin*) commission.

Cousin [ku'zẽː] *m* -**s**, -**s**, **Cousine** [ku'ziːnə] *f* cousin.

Cover ['kavɐ] *nt* -**s**, -**s** cover.

Cracker ['krɛkɐ] *m* -**s**, -(**s**) **1.** (*Keks*) cracker. **2.** (*Feuerwerkskörper*) banger (*Brit*), fire-cracker (*US*).

Craquelé [krakə'leː] *nt* -**s**, -**s** crackle.

Credo *nt* -**s**, -**s** *siehe* **Kredo.**

Creme [kreːm] *f* -, -**s** (*Haut*~, *Cook, fig*) cream. **die** ~ **der Gesellschaft** the cream of

society, the crème de la crème (*liter*).

creme [kreːm] *adj pred* (*Fashion*) cream.

cremefarben *adj* cream-coloured; **Cremetorte** *f* cream gateau.

cremig *adj* creamy.

Crêpe de Chine [krɛpdə'ʃin] *m* - - -, -**s** - - crêpe de Chine.

Crescendo [krɛ'ʃɛndo] *nt* -**s**, -**s** *or* **Crescendi 1.** (*Mus*) crescendo. **2.** (*Sport*) final spurt.

Crew [kruː] *f* -, -**s** crew; (*Kadettenjahrgang*) cadets of the same year/age.

Croissant [kroa'sãː] *nt* -**s**, -**s** croissant.

Cromargan ® [kro-] *nt* -**s**, *no pl* stainless steel.

Croupier [kru'pieː] *m* -**s**, -**s** croupier.

Crux *f* -, *no pl* **1.** (*Last*) nuisance. **2.** (*Schwierigkeit*) trouble, problem. **die** ~ **bei der Sache ist, ...** the trouble *or* problem (with that) is ...

CSU [tseː|ɛs'|uː] *f* - *abbr of* **Christlich-Soziale Union** Christian Social Union.

c.t. ['tseː'teː] *abbr of* **cum tempore** *adv* within fifteen minutes of the time stated. **18.30** ~ 6.30 for 6.45.

cum grano salis *adv* (*geh*) with a pinch of salt.

cum laude *adv* (*Univ*) cum laude (*form*), with distinction.

Cunnilingus [-'lɪŋɡʊs] *m* -, **Cunnilingi** [-'lɪŋɡi] cunnilingus, cunnilinctus.

Cup [kap] *m* -**s**, -**s** (*Sport*) cup.

Cupido *m* -**s** Cupid.

Curie [ky'riː] *nt* -, - (*abbr* **Ci**) curie.

Curium *nt*, *no pl* (*abbr* **Cu**) curium.

Curling ['køːəlɪŋ] *nt* -**s**, *no pl* curling.

curricular *adj attr* (*geh*) curricular.

Curriculum *nt* -**s**, **Curricula** (*geh*) curriculum.

Curry ['kari] *m or nt* -**s**, *no pl* curry.

Currywurst *f* curried sausage.

Cut [kat, kœt], **Cutaway** ['katəve, 'kœtəve] *m* -**s**, -**s** (*dated*) cutaway.

cutten ['katn] *vti* (*Film, Rad, TV*) to cut, to edit.

Cutter(in *f*) ['katɐ, -ərɪn] *m* -**s**, - (*Film, Rad, TV*) editor.

C.V.J.M. [tseː:faujɔt'|ɛm] *m abbr of* **Christlicher Verein Junger Männer** YMCA.

D

D, d [de:] *nt* -, - D, d.
d.Ä. *abbr of* **der Ältere** sen.
da I *adv* **1.** (*örtlich*) (*dort*) there; (*hier*)
here. **es liegt ~ draußen/drinnen/drüben/
vorn** it's out there/in there/over there/
there in front; **geh ~ herum** go round
there; **hier und ~, ~ und dort** here and
there; **wer ~?** who goes there?; **he,
Sie ~!** hey, you there!; **die Frau ~** that
woman (over) there; **~ bin ich/sind wir**
here I am/we are; **~ bist du ja!** there you
are!; **~ kommt er ja** here he comes; **~, wo
...** where ...; **wo die Straße über den Fluß
geht, ~ fängt Schottland an** Scotland
begins where the road crosses the river,
where the road crosses the river, that's
where Scotland begins; **ganz am Ende der
Straße, ~ siehst du ein Schild** at the end
of the street you'll see a signpost; **ach, ~ war
der Brief!** so that's where the letter was; **~
möchte ich auch einmal hinfahren** I'd like
to go there one day; **geben Sie mir ein
halbes Pfund von dem ~** give me half a
pound of that one (there); **~ haben wir's**
or **den Salat** (*inf*) that had to happen; **~
hast du deinen Kram/dein Geld!** (there
you are,) there's your stuff/money; **~,
nimm schon!** here, take it!
  2. (*zeitlich: dann, damals*) then. **ich
ging gerade aus dem Haus, ~ schlug es
zwei** I was just going out of the house
when the clock struck two; **vor vielen,
vielen Jahren, ~ lebte ein König** (*liter*)
long, long ago there lived a king; **~ kommen Sie mal gleich mit** (*inf*) you just come
along with me; **~ siehst du, was du
angerichtet hast** now see what you've
done.
  3. (*daraufhin*) *sagen* to that; *lachen* at
that. **sie weinte, ~ ließ er sich erweichen**
when she started to cry he softened, she
started to cry, whereupon he softened
(*liter*); **als er das Elend der Leute sah, ~
nahm er sich vor ...** when he saw the
people's suffering he decided ...
  4. (*folglich*) so; (*dann*) then. **es war
niemand im Zimmer, ~ habe ich ...** there
was nobody in the room, so I ...; **wenn ich
schon gehen muß, ~ gehe ich lieber gleich**
if I have to go, (then) I'd rather go straight
away.
  5. (*inf: in diesem Fall*) there. **~ haben
wir aber Glück gehabt!** we were lucky
there!; **~ muß man vorsichtig sein** you've
got to be careful there; **was gibt's denn ~
zu lachen/ fragen?** what's funny about
that?/what is there to ask?; **~ kann man
nichts mehr machen** there's nothing more
to be done (there *or* about it); **~ kann
man** *or* **läßt sich nichts machen** nothing
can be done about it; **~ kann man nur
lachen/sich nur fragen, warum/sich nur
wundern** you can't help laughing/asking
yourself why/being amazed; **~ kann man**

nur den Kopf schütteln you can only shake
your head in despair/bewilderment *etc*;
und ~ fragst du noch? and you still have
to ask?; **und ~ soll einer** *or* **ein Mensch
wissen, warum!** and you're meant to know
why!; **~ fragt man sich (doch), ob der
Mann noch normal ist** it makes you wonder if the man's normal; **~ hätte ich die
Arbeit ja auch gleich selbst machen können** I might just as well have done it
myself straight away; **~ hat doch jemand
gelacht/alle Kekse gegessen** somebody
laughed/has eaten all the biscuits.
  6. (*zur Hervorhebung*) **wir haben ~
eine neue Mitschülerin** we've got this new
girl in our school; **~ fällt mir gerade ein ...**
it's just occurred to me ...
  7. (*N Ger*) *siehe* **dabei, dafür** *etc*.
  II *conj* **1.** (*weil*) as, since, seeing that.
  2. (*liter: als*) when. **die Stunde, ~ ...** the
hour when ...; **nun** *or* **jetzt, ~** now that.
dabehalten* *vt sep irreg* to keep (here/
there); (*in Haft auch*) to detain (there);
Schüler to keep behind.
dabei *adv* **1.** (*örtlich*) with it; (*bei Gruppe
von Menschen, Dingen*) there. **ein
Häuschen mit einem Garten ~** a little
house with a garden (attached to it *or*
attached); **ist die Lösung ~?** is the
solution given (there)?; **nahe ~** nearby.
  2. (*zeitlich*) (*gleichzeitig*) at the same
time; (*währenddessen, wodurch*) in the
course of this. **er aß weiter und blätterte ~
in dem Buch** he went on eating, leafing
through the book as he did so *or* at the
same time; **Sie können doch auch ~ sitzen**
you can sit down while you're doing it;
**nach der Explosion entstand eine Panik; ~
wurden drei Kinder verletzt** there was a
general panic after the explosion, in the
course of which *or* during which three
children were injured; **... orkanartige
Winde; ~ kam es zu schweren Schäden ...**
gale-force winds, which have resulted in
serious damage.
  3. (*außerdem*) as well, into the bargain
(*inf*), with it (*inf*). **sie ist schön und ~ auch
noch klug** she's pretty, and clever as well
etc.
  4. (*wenn, während man etw tut*) in the
process; *ertappen, erwischen* at it. **er
wollte helfen und wurde ~ selbst verletzt**
he wanted to help and got injured in the
process *or* (in) doing so *or* while he was
about it (*inf*); **du warst bei einem
Vortrag? hast du denn ~ etwas gelernt?**
you were at a lecture? did you learn anything there *or* from it?; **~ darf man nicht
vergessen, daß ...** it shouldn't be forgotten
that ...; (*Einschränkung eines Arguments*)
it should not be forgotten here that ...; **die
~ entstehenden Kosten** the expenses arising from this/that; **als er das tat, hat er ~
... ** when he did that he ...; **wenn man das**

tut, muß man ~ ... when you do that you have to ...; **wir haben ihn ~ ertappt, wie er über den Zaun stieg** we caught him in the act of climbing over the fence.

5. (*in dieser Angelegenheit*) **das Schwierigste ~** the most difficult part of it; **wichtig ~ ist ...** the important thing here *or* about it is ...; **mir ist nicht ganz wohl ~** I don't really feel happy about it; **~ kann man viel Geld verdienen, da kann man viel Geld bei verdienen** (*N Ger*) there's a lot of money in that; **er hat ~ einen Fehler gemacht** he's made a mistake; **es kommt doch nichts ~ heraus** nothing will come of it.

6. (*einräumend: doch*) (and) yet. **er hat mich geschlagen, ~ hatte ich gar nichts gemacht** he hit me and I hadn't even done anything *or* and yet I hadn't done anything; **ich habe fünf Stück gegessen, ~ hatte ich gar keinen Hunger** I've eaten five pieces, and I wasn't even hungry.

7. du gehst sofort nach Hause, und ~ bleibt es! you're going straight home and that's that *or* that's the end of it!; **es bleibt ~, daß ihr morgen alle mitkommt** we'll stick to that *or* keep it like that, you're all coming tomorrow; **ich bleibe ~** I'm not changing my mind; **er bleibt ~, daß er es nicht gewesen ist** he still insists *or* he's still sticking to his guns that he didn't do it; **aber ~ sollte es nicht bleiben** but it shouldn't stop there *or* at that; **lassen wir es ~** let's leave it at that!; **was ist schon ~?** so what? (*inf*), what of it? (*inf*); **was ist schon ~, wenn man das tut?** what harm is there in doing that?; **ich finde gar nichts ~** I don't see any harm in it; **es ist nichts ~** *or* (*N Ger*) **da ist nichts bei, wenn man das tut** (*schadet nichts*) there's no harm in doing that; (*will nichts bedeuten*) doing that doesn't mean anything; **nimm meine Bemerkung nicht so ernst, ich habe mir nichts ~ gedacht** don't take my remark so seriously, I didn't mean anything by it; **was hast du dir denn ~ gedacht?** what were you thinking of?

dabeibleiben *vi sep irreg aux sein* to stay with it; (*bei Firma, Stelle, Armee etc*) to stay on; *siehe auch* **dabei 7.**

dabeihaben *vt sep irreg* (*Zusammenschreibung nur bei infin und ptp*) to have with one; *Geld, Paß, Schirm etc auch* to have on one.

dabeisein *vi sep irreg aux sein* (*Zusammenschreibung nur bei infin und ptp*) **1.** to be there (*bei* at); (*mitmachen*) to be involved (*bei* in). **ich bin dabei!** count me in!; **er war bei der Flugzeugentführung dabei** he was there when the plane was hijacked, he was there at the hijacking; **ein wenig Furcht ist immer dabei** I'm/ you're *etc* always a bit scared; **er will überall ~** he wants to be in on everything. **2.** (*im Begriff sein*) **~, etw zu tun to** be just doing sth; **ich bin (gerade) dabei** I'm just doing it.

dabeisitzen *vi sep irreg* to sit there. **bei einer Besprechung ~** to sit in on a discussion.

dabeistehen *vi sep irreg* to stand there.

dableiben *vi sep irreg aux sein* to stay (on);

(*nachsitzen*) to stay behind. **(jetzt wird) dageblieben!** (you just) stay right there!

da capo *adv* da capo. **~ ~ rufen** to call for an encore.

Dach *nt* **-(e)s, ⁻er 1.** roof; (*Aut auch*) top. **das ~ der Welt** the roof of the world; **ein/ kein ~ über dem Kopf haben** (*inf*) to have a/no roof over one's head; **mit jdm unter einem ~ wohnen** to live under the same roof as sb; **jdm das ~ überm Kopf anzünden** to burn down sb's house; **unterm ~ juchhe** (*inf*) right under the eaves; **unterm ~ wohnen** (*inf*) to live in an attic room/flat (*Brit*) *or* apartment; (*im obersten Stock*) to live right on the top floor; **unter ~ und Fach sein** (*abgeschlossen*) to be all wrapped up *or* in the bag (*inf*); (*Vertrag, Geschäft auch*) to be signed and sealed; (*in Sicherheit*) to be safely under cover; (*Ernte*) to be safely in. **2.** (*fig inf*) **jdm eins aufs ~ geben** (*schlagen*) to smash sb on the head (*inf*); (*ausschimpfen*) to give sb a (good) talking-to; **eins aufs ~ bekommen** *or* **kriegen** (*geschlagen werden*) to get hit on the head; (*ausgeschimpft werden*) to be given a (good) talking-to; **jdm aufs ~ steigen** (*inf*) to get onto sb (*inf*).

Dach- *in cpds* roof; **Dachbalken** *m* roof joist *or* beam; **Dachboden** *m* attic; **auf dem ~** in the attic; **Dachdecker** *m* **-s, -** roofer; (*mit Ziegeln*) tiler; (*mit Schiefer*) slater; (*mit Stroh*) thatcher; **das kannst du halten wie ein ~** (*fig inf*) it doesn't matter two ha'pence (*Brit*) *or* one jot (*inf*); **Dachdecker|arbeiten** *pl* roofing; tiling; slating; thatching; **Dach|erker** *m* dormer window; **Dachfenster** *nt* skylight; (*ausgestellt*) dormer window; **Dachfirst** *m* ridge of the roof; **Dachgarten** *m* roof garden; **Dachgebälk** *nt* roof timbers *pl*; **Dachgeschoß** *nt* attic storey; (*oberster Stock*) top floor *or* storey; **Dachgesellschaft** *f* parent company; **Dachgesims** *nt* (*roof*) cornice; **Dachgestühl** *nt* roof truss; **Dachgiebel** *m* gable; **Dachgleiche(nfeier)** *f* -, -n (*Aus*) topping-out ceremony; **Dachhase** *m* (*hum*) cat; **Dachkammer** *f* attic room, garret (*dated*); **Dachlatte** *f* tile *or* roof batten; **Dachluke** *f* skylight; **Dach|organisation** *f* umbrella *or* (*Comm*) parent organization; **Dachpappe** *f* roofing felt; **Dachreiter** *m* (*Archit*) roof *or* ridge turret; **Dachrinne** *f* gutter.

Dachs [daks] *m* **-es, -e 1.** (*Zool*) badger. **schlafen wie ein ~** (*inf*) to sleep like a log (*inf*). **2.** (*inf: Mensch*) **ein frecher ~!** a cheeky devil!; **ein junger ~** a young whippersnapper.

Dachsbau ['daks-] *m* badger's sett.

Dachschaden *m* **1.** (*lit*) damage to the roof; **2.** (*inf*) **einen (kleinen) ~ haben** to have a slate loose (*inf*); **Dachschiefer** *m* roofing slate; **Dachschindel** *f* (*roof*) shingle.

Dachshund ['daks-] *m* (*form*) dachshund.

Dachsilhouette *f* outline of the roof.

Dächsin ['dɛksɪn] *f* female badger.

Dachsparren *m* rafter; **Dachstein** *m* (cement) roofing slab; **Dachstroh** *nt* thatch; **Dachstube** *f*, **Dachstübchen** *nt* attic room, garret (*dated*); **Dachstuhl** *m* siehe **Dachgestühl**; **Dachstuhlbrand** *m* roof fire.

dachte *pret of* **denken**.

Dachterrasse *f* sun roof; (*Garten*) roof garden; **Dachträger** *m* (*Aut*) roof rack; **Dachtraufe** *f* rain spout; **Dachverband** *m* umbrella organization; **Dachwohnung** *f* attic flat (*Brit*) *or* apartment; **Dachziegel** *m* roofing tile; **Dachzimmer** *nt* attic room, garret.

Dackel *m* **-s, -** dachshund, sausage dog (*inf*); (*inf: Person*) silly clot (*inf*).

Dackelbeine *pl* (*inf*) short stumpy legs *pl*.

Dadaismus *m* Dadaism, Dada.

Dadaist(in *f*) *m* Dadaist. **die ~en** the Dada group, the Dadaists.

dadurch *adv* (*emph* **dadurch**) **1.** (*örtlich*) through there; (*wenn Bezugsobjekt vorher erwähnt*) through it; (*geh: in Relativsatz*) through which.

2. (*kausal*) thereby (*form*); (*mit Hilfe von, aus diesem Grund auch*) because of this/that, through this/that; (*durch diesen Umstand, diese Tat etc auch*) by *or* with that; (*auf diese Weise*) in this/that way. **was willst du ~ gewinnen?** what do you hope to gain by *or* from that?; **meinst du, ~ wird alles wieder gut?** do you think that will make everything all right again?; **~ kam es, daß er nicht dabeisein konnte** that was why he couldn't be there.

3. **~, daß er das tat, hat er ...** (*durch diesen Umstand, diese Tat*) by doing that he ...; (*deswegen, weil*) because he did that he ...; **~, daß ich das tat, hat er ...** by my doing that he ..., because I did that he ...; **~, daß er den zweiten Satz gewonnen hat, sind seine Chancen wieder gestiegen** his chances improved again with him *or* his winning the second set; **~, daß das Haus isoliert ist, ist es viel wärmer** the house is much warmer because it's insulated *or* for being insulated.

dafür *adv* (*emph* **dafür**) **1.** (*für das, diese Tat etc*) for that/it. **wir haben kein Geld ~** we've no money for that; **~ haben wir kein Geld, da haben wir kein Geld für** (*N Ger inf*) we've no money for that sort of thing; **der Grund ~ ist, daß ...** the reason for that is (that) ...; **warum ist er so böse? er hat doch keinen Grund ~** why is he so angry? there's no reason for it *or* he has no reason to be; **ich bin nicht ~ verantwortlich, was mein Bruder macht** I'm not responsible for what my brother does; **~ bin ich ja hier** that's what I'm here for, that's why I'm here; **..., ~ wirst du auch besser bezahlt** ..., that's why you're paid more; **er ist ~ bestraft worden, daß er frech zum Lehrer war** he was punished for being cheeky to the teacher.

2. (*Zustimmung*) for that/it, in favour (of that/it). **ich bin ganz ~** I'm all for it (*inf*), I'm all in favour; **ich bin (ganz) ~, daß wir/sie das machen** I'm (all) for *or* in favour of doing that/them doing that; **~ stimmen** *or* to vote for it.

3. (*als Ersatz*) instead, in its place; (*als Bezahlung*) for that/it; (*bei Tausch*) in exchange; (*als Gegenleistung*) in return. **... ich mache dir ~ deine Hausaufgaben** ...

and I'll do your homework in return.

4. (*zum Ausgleich*) but ... to make up. **in Mathematik ist er schlecht, ~ kann er gut Fußball spielen** he's very bad at maths but he makes up for it at football *or* but he's good at football to make up.

5. (*im Hinblick darauf*) **der Junge ist erst drei Jahre, ~ ist er sehr klug** the boy is only three, (so) considering that he's very clever; **~, daß er erst drei Jahre ist, ist er sehr klug** seeing *or* considering that he's only three he's very clever.

6. *in Verbindung mit n, vb etc siehe auch dort* **er interessiert sich nicht ~** he's not interested in that/it; **er gibt sein ganzes Geld ~ aus** he spends all his money on that/it; **ein Beispiel ~ wäre ...** an example of that would be ...; **ich kann mich nicht ~ begeistern** I can't get enthusiastic about it, I can't rouse any enthusiasm for it; **sie ist dreißig/sehr intelligent — ~ hätte ich sie nicht gehalten** she's thirty/very intelligent — I would never have thought it *or* thought she was; **ich werde ~ sorgen, daß ...** I'll see to it that ...

dafürhalten *vi sep irreg* (*geh*) to be of the opinion; **nach meinem D~** in my opinion; **dafürkönnen** *vt sep irreg* **er kann nichts dafür** he can't help it, it's not his fault; **er kann nichts dafür, daß er dumm ist** he can't help being stupid, it's not his fault that he's stupid; **was kann ich dafür, daß es heute regnet?** it's not my fault (that) *or* I can't help that it's raining today; **als ob ich da was für könnte!** (*N Ger inf*) as if I could help it!, as if it were my fault!; **dafürstehen** *vir sep irreg* (*Aus*) to be worth it *or* worthwhile; **es steht sich dafür, das zu tun** it's worth(while) doing it.

DAG [de:|a:'ge:] *f* **-** *abbr of* **Deutsche Angestellten-Gewerkschaft** Trade Union of German Employees.

dagegen I *adv* (*emph* **dagegen**) **1.** (*örtlich*) against it. **es stand ein Baum im Weg und der Vogel/Wagen prallte ~** there was a tree in the way and the bird/car crashed into it; **die Tür war verschlossen, also pochte er ~** the door was locked, so he hammered on it; **mach das Licht an, und halte das Dia ~** put the light on and hold the slide up to it *or* against it.

2. (*als Einwand, Ablehnung*) against that/it. **~ sein** to be against it *or* opposed (to it); **etwas/nichts ~ haben** to object/not to object; **ich habe etwas ~, da habe ich was gegen** (*N Ger inf*) I object to that; **was hat er ~, daß wir früher anfangen?** what has he got against us starting earlier?, why does he object to us *or* our starting earlier?; **haben Sie was ~, wenn ich rauche?** do you mind if I smoke?, would you mind *or* object if I smoked?; **was hieltest du davon, wenn sie ins Ausland ginge? — ich habe/hätte nichts ~** what would you think of her going abroad? — I've/I'd have nothing against it *or* no objection(s); **sollen wir ins Kino gehen? — ich hätte nichts ~ (einzuwenden)** shall we go to the cinema? — that's okay by me (*inf*); **ich hätte nichts ~, wenn er nicht kommen würde** I wouldn't mind at all if he didn't come; **ich werde ~ protestieren** I will protest against that/it.

3. (*als Gegenmaßnahme*) *tun, unternehmen* about it; (*Medikamente einnehmen etc*) for it. ~ **läßt sich nichts machen** nothing can be done about it; **bei mir regnet es herein, aber ich kann nichts ~ machen** the rain comes in, but I can't do anything to stop it *or* about it.

4. (*verglichen damit*) compared with that/it/them, in comparison. **die Stürme letztes Jahr waren furchtbar, ~ sind die jetzigen nicht so schlimm** the gales last year were terrible, compared with them *or* those, these aren't so bad *or* these aren't so bad in comparison.

5. (*als Ersatz, Gegenwert*) for that/it/them.

II *conj* (*im Gegensatz dazu*) on the other hand, however. **er sprach fließend Französisch, ~ konnte er kein Deutsch** he spoke French fluently, but (on the other hand) he could not speak any German.

dagegenhalten *vt sep irreg* **1.** (*vergleichen*) to compare it/them with; **2.** (*einwenden*) *siehe* **dagegensetzen; dagegensetzen** *vt sep* (*fig*) **das einzige, was Sie ~ könnten, wäre ...** the only objection you could put forward would be ...; **ich kann nichts ~** I have no objections to put forward; **dagegensprechen** *vi sep irreg* to be against it; **was spricht dagegen?** what is there against it?; **was spricht dagegen, daß wir es so machen?** why shouldn't we do it that way?; **es spricht nichts dagegen, es so zu machen** there's no reason not to do it that way; **dagegenstellen** *vr sep* (*fig*) to oppose it; **warum mußt du dich immer dagegenstellen?** why must you always oppose everything?; **dagegenstemmen** *vr sep* (*fig*) to fight it, to oppose it bitterly; **dagegenwirken** *vi sep* to act against it.

Daguerreotypie [dagɜroty'pi:] *f* daguerreotype.

dahaben *vt sep irreg* (*Zusammenschreibung nur bei infin und ptp*) **1.** (*vorrätig haben*) to have here/there; (*in Geschäft etc*) to have in stock. **2.** (*zu Besuch haben*) to have here/there; (*zum Essen etc*) to have in.

daheim *adv* (*S Ger, Aus, Sw*) at home; (*nach prep*) home. **bei uns ~** back home (where I/we come from); **das Buch liegt bei mir ~** *or* ~ **bei mir** I've got the book at home; **wir haben bei mir ~** *or* ~ **bei mir gefeiert** we had a celebration at my place; **~ sein** (*lit, fig*) to be at home; (*nach Reise*) to be home; **wo bist du ~?** where's your home?; **sie ist in Schwaben ~** her home is Swabia; **ich bin für niemanden ~** I'm not at home to anybody.

Daheim *nt* **-s,** *no pl* home.

Daheimgebliebene(r) *mf decl as adj* person/friend/son *etc* (left) at home; **die/alle ~n** those/all those at home.

daher **I** *adv* (*auch* **daher**) **1.** (*von dort*) from there. **von ~** from there; **~ habe ich das** that's where I got it from.

2. (*dial: hierher*) here.

3. (*durch diesen Umstand*) that is why. **~ weiß ich das** that's how *or* why I know that; **~ die große Eile/all der Lärm** that's why there's *or* that's the reason for all this hurry/noise; **~ der Name X** that's why it's called X; **~ kommt es, daß ...** that is (the reason) why ...; **das kommt** *or* **rührt ~, daß ...** that is because ...

II *conj* (*deshalb*) that is why.

daherbringen *vt sep irreg* (*Aus*) to produce, to bring along; **dahergelaufen** *adj* **jeder D~e, jeder ~e Kerl** any Tom, Dick or Harry, any guy who comes/came along; **sie hat so einen ~en Kerl geheiratet** she married some fellow who just happened along (*inf*); **daherkommen** *vi irreg aux sein* to come along; **da kommt so einer daher ...** this guy comes along (*inf*); **wie kann man nur so schlampig ~?** (*inf*) how can anybody go around looking so scruffy?; **daherlaufen** *vi sep irreg aux sein* (*gehen*) to walk up; (*laufen*) to run up; **dahergelaufen kommen** to come running up; **daherreden** *sep* **I** *vi* to talk away; **red doch nicht so (dumm) daher!** don't talk such rubbish!; **II** *vt* to say without thinking; **was er alles/für ein blödes Zeug daherredet** the things/the rubbish he comes out with! (*inf*); **das war nur so dahergeredet** I/he *etc* just said that.

daherum *adv* round there.

dahier *adv* (*old, Aus, Sw*) here.

dahin **I** *adv* (*emph* **dahin**) **1.** (*räumlich*) there; (*hierhin*) here. **kommst du auch ~?** are you coming too?; **~ und dorthin blicken** to look here and there; **~ gehe ich nie wieder, da gehe ich nie wieder hin** (*inf*) I'm never going there again; **bis ~ as far** as there, up to that point; **ist es noch weit bis ~?** is it still a long way?; **es steht mir bis ~** I've had it up to here (*inf*).

2. (*fig: so weit*) **~ kommen** to come to that, to reach such a pass; **es ist ~ gekommen, daß ...** things have got to the stage where *or* have reached such a pass that ...; **du wirst es ~ bringen, daß ...** you'll bring things to such a pass that ...

3. (*in dem Sinne, in die Richtung*) **er äußerte sich ~ gehend, daß ...** he said something to the effect that ...; **eine ~ gehende Aussage/Änderung** *etc* a statement/change to that effect; **wir sind ~ gehend verblieben, daß ...** we agreed that ...; **er hat den Bericht ~ (gehend) interpretiert, daß ...** he interpreted the report as saying ...; **wir haben uns ~ geeinigt/abgesprochen, daß ...** we have agreed that ...; **alle meine Hoffnungen/Bemühungen gehen ~, daß ich dieses Ziel bald erreiche** all my hopes/efforts are directed towards (my) reaching this goal soon.

4. (*zeitlich*) then; *siehe* **bis²**.

II *adj pred* **~ sein** to have gone; **sein Leben** *or* **er ist ~** (*geh*) his life is over; **das Auto ist ~** (*hum inf*) the car has had it (*inf*).

dahinab *adv siehe* **dorthinab; dahinauf** *adv siehe* **dorthinauf; dahinaus** *adv* there; *transportieren, bringen* out that way; **~ muß der Dieb entkommen sein** that must be where the thief escaped; **~ will er also!** (*fig*) so that's what he's getting at!

dahinbewegen* *vr sep* to move on one's way; (*Fluß*) to flow on its way; **dahindämmern** *vi sep aux sein* to lie/sit

there in a stupor; **dahin|eilen** *vi sep aux sein* (*liter*) to hurry along; (*Zeit*) to pass swiftly.
dahinein *adv siehe* **dorthinein**.
dahinfliegen *vi sep irreg aux sein* (*liter*) (*wegfliegen*) to fly off; (*fig*) (*schnell fahren, vergehen*) to fly along *or* past; **dahingeben** *vt sep irreg* (*liter*) *Leben, Gut, Besitz* to give up; **Dahingegangene(r)** *mf decl as adj* (*liter*) departed.
dahingegen *adv* on the other hand.
dahingehen *vi sep irreg aux sein* (*geh*)
1. (*vergehen*) (*Zeit, Jahre*) to pass (*jdm* for sb). **2.** (*vorbeigehen, entlanggehen*) to pass. **3.** (*sterben*) to pass away *or* on.
dahingehend *adv siehe* **dahin I 3.**
dahingestellt *adj* ~ **sein lassen, ob ...** to leave it open whether ...; **es bleibt** *or* **sei** ~, **ob ...** it is an open question whether ...;
dahinleben *vi sep* to exist, to vegetate (*pej*); **dahinraffen** *vt sep* (*liter*) to carry off; **dahinreden** *vi sep* to say the first thing that comes into one's head; **dahinsagen** *vt sep* to say without (really) thinking; **das war nur so dahingesagt** I/he *etc* just said that (without thinking); **dahinscheiden** *vi sep irreg aux sein* (*geh*) to pass away; **dahinschleppen** *vr sep* (*lit: sich fortbewegen*) to drag oneself along; (*fig: Verhandlungen, Zeit*) to drag on; **dahinschwinden** *vi sep irreg aux sein* (*geh*) (*Vorräte, Geld, Kraft*) to dwindle (away); (*Interesse, Gefühle etc*) to dwindle; (*vergehen: Zeit*) to go past; **dahinsiechen** *vi sep aux sein* (*geh*) to waste away; **vor Kummer** ~ to pine away; **jahrelang siechte er in einem dunklen Keller dahin** for years he languished in a dark cellar; **dahinstehen** *vi sep irreg* to be debatable.
dahinten *adv* (*emph* **dahinten**) over there; (*hinter Sprecher*) back there. **ganz weit** ~ right *or* way (*inf*) over there.
dahinter *adv* (*emph* **dahinter**) **1.** (*räumlich*) behind (it/that/him *etc*). **was ist wohl** ~ **verbirgt?** (*lit, fig*) I wonder what's behind that?; **da ist schon etwas** ~ (*fig*) there's something in that; (**da ist**) **nichts** ~ (*fig*) there's nothing behind it. **2.** (*danach*) beyond.
dahinterher *adj*: ~ **sein** (*inf*) to push (*daß* to see that).
dahinterklemmen, dahinterknien *vr sep* (*inf*) to put one's back into it, to get *or* pull one's finger out (*sl*); **klemm** *or* **knie dich mal ein bißchen dahinter** make a bit of an effort; **dahinterkommen** *vi sep irreg aux sein* (*inf*) to find out; (*langsam verstehen*) to get it (*inf*); **dahinterstecken** *vi sep* (*inf*) to be behind it/that; **da steckt doch etwas dahinter** there's something behind it; **da werden die Eltern** ~, **daß er nicht mehr kommen will** his parents must be behind his *or* him not wanting to come any more; **er redet viel, es steckt aber nichts dahinter** he talks a lot but there's nothing behind it; **dahinterstehen** *vi sep irreg* **1.** (*unterstützen*) to back it/that, to be behind it/that; **2.** (*zugrunde liegen*) to underlie it/that.
dahinunter *adv siehe* **dorthinunter**.
Dahlie [-iə] *f* dahlia.

Dakapo *nt* **-s, -s** encore.
Dakaporuf *m* call for an encore.
Daktylogramm *nt* (*von einem Finger*) fingerprint; (*von ganzer Hand*) fingerprints *pl*; **Daktylographie** *f* (*Sw*) typing; **Daktylographin** *f* (*Sw*) typist; **Daktyloskopie** *f* fingerprinting; **daktyloskopisch** *adj* fingerprint *attr*.
Daktylus *m* **-, Daktylen** (*Poet*) dactyl.
dalassen *vt sep irreg* to leave (here/there); **daliegen** *vi sep irreg* to lie there; **... sonst liegst du nachher da mit einer schweren Grippe** (*inf*) otherwise you'll be in bed with a bad dose of flu.
dalli *adv* (*inf*) ~, ~! on the double! (*inf*), look smart! (*inf*); **mach ein bißchen** ~! get a move on! (*inf*); **verzieh dich, aber** ~! beat it, go on, quick!
Dalmatiner *m* **-s, -** (*Hund*) dalmatian.
damalig *adj attr* at that *or* the time; *Inhaber eines Amtes auch* then *attr*; *Sitten auch* in those days.
damals *adv* at that time, then. **seit** ~ since then, since that time; **von** ~ of that time; ~, **als ...** at the time when ...; **wenn ich daran denke, was** ~ **war** when I think of that time *or* of what things were like then.
Damast *m* **-(e)s, -e** damask.
damasten *adj attr* (*liter*) damask.
Dämchen *nt* (*pej*) precocious young madam; (*Dirne*) tart (*inf*).
Dame *f* **-, -n 1.** lady. **sehr verehrte** (*form*) *or* **meine** ~**n und Herren!** ladies and gentlemen!; **guten Abend, die** ~**n** (*old, hum*) good evening, ladies; ,,~**n"** (*Toilette*) "Ladies"; **die** ~ **wünscht?** (*old*) can I be of assistance, madam? (*form*); **ganz** ~ **sein** to be the perfect lady.
2. (*allgemein gesehen: Tanzpartnerin, Begleiterin*) lady; (*auf einen bestimmten Herrn bezogen*) partner; (*bei Cocktailparty, Theaterbesuch etc*) (lady) companion. **seine** ~ **ist eben mit einem anderen weggegangen** the lady he came with has just left with someone else; **bringen Sie ruhig Ihre** ~**n** mit do by all means bring your wives and girlfriends.
3. (*Sport*) woman, lady. **Hundert-Meter-Staffel der** ~**n** women's *or* ladies' hundred metre relay.
4. (*Spiel*) draughts *sing*, checkers *sing* (*US*); (*Doppelstein*) king.
Damebrett *nt* draught(s)board, checkerboard (*US*).
Damen- *in cpds* ladies'; **Damenbart** *m* facial hair; **Damenbegleitung** *f* ~ **erwünscht** please bring a lady *or* (*bei Ball*) partner; **in** ~ in the company of a lady; **Damenbekanntschaft** *f* female acquaintance (*inf*); **eine** ~ **machen** to make the acquaintance of a lady/young lady; **Damenbesuch** *m* lady visitor/visitors; **Damenbinde** *f* sanitary towel *or* napkin (*US*); **Damendoppel** *nt* (*Tennis etc*) ladies' doubles *sing*; **Damen|einzel** *nt* (*Tennis etc*) ladies' singles *sing*; **Damengesellschaft** *f* **1.** *no pl* (*Begleitung von Dame*) company of ladies/a lady; **2.** (*gesellige Runde*) ladies' gathering; **damenhaft** *adj* ladylike *no adv*; **sich** ~ **benehmen/kleiden** to behave/dress in a

ladylike way; **Damenkonfektion** f ladies' wear (department); **Damenmangel** m shortage of ladies; **Damen|oberbekleidung** f ladies' wear; **Damenrede** f toast to the ladies; **Damensattel** m side-saddle; **im ~ reiten** to ride side-saddle; **Damenschneider** m dressmaker; **Damenschneiderei** f 1. dressmaking; 2. (*Werkstatt*) dressmaker's; **Damensitz** m side-saddle style of riding; **im ~** side-saddle; **Damenstift** nt home for gentlewomen run by nuns; **Damentoilette** f (*WC*) ladies, ladies' toilet or restroom (*US*); **Damen|unterwäsche** f ladies' underwear, lingerie; **Damenwahl** f ladies' choice.

Damespiel nt draughts sing, checkers sing (*US*); **Damestein** m draughtsman, checker (*US*).

Damhirsch m fallow deer.

damisch (*S Ger, Aus inf*) **I** adj **1.** (*dämlich*) daft (*inf*). **2.** (*pred: schwindelig*) dizzy, giddy. **II** adv (*sehr*) terribly (*inf*).

damit I adv (*emph auch* **damit**) siehe auch **mit**, vbs +mit **1.** (*mit diesem Gegenstand, dieser Tätigkeit, mit Hilfe davon*) with it/ that. **sie hatte zwei Koffer und stand ~ am Bahnhof** she had two cases and was standing there with them in the station; **sie hat Ärger mit der Waschmaschine — ~ habe ich auch Probleme** she's got trouble with the washing machine — I've got problems with mine too; **was will er ~?** what does he want that for?, what does he want with that?; **was soll ich ~?** what am I meant to do with that?; **ist Ihre Frage ~ beantwortet?** does that answer your question?; **~ kann er mich ärgern, da kann er mich mit ärgern** (*N Ger inf*) I get really annoyed when he does that.

2. (*mit, in dieser Angelegenheit*) **meint er mich ~?** does he mean me?; **weißt du, was er ~ meint?** do you know what he means by that?; **was ist ~?** what about it?; **wie wäre es ~?** how about it?; **er konnte mir nicht sagen, was es ~ auf sich hat** he couldn't tell me what it was all about; **wie sieht es ~ aus?** what's happening about it?; **muß er denn immer wieder ~ ankommen?** must he keep on about it?; **das/er hat gar nichts ~ zu tun** that/he has nothing to do with it; **~ ist nichts** (*inf*) it's no go (*inf*); **hör auf ~!** (*inf*) lay off! (*inf*); **~ hat es noch Zeit** there's no hurry for that.

3. (*bei Verben*) siehe vb +mit **was willst du ~ sagen?** what's that supposed or meant to mean?; **~ will ich nicht sagen, daß ...** I don't mean to say that ...; **sind Sie ~ einverstanden?** do you agree to that?; **er hatte nicht ~ gerechnet** he hadn't reckoned on or with that; **er hatte nicht ~ gerechnet, daß sie mitkommen würde** he hadn't reckoned on or with her coming along too; **sie fangen schon ~ an** they're already starting on it; **sie fangen schon ~ an, das Haus abzureißen** they're already starting to pull down the house; **~ fing der Streit an** the argument started with that; **der Streit fing ~ an, daß er behauptete ...** the argument started when he said ...; **er fing ~ an, daß er ... sagte** he began by saying that ...

4. (*bei Befehlen*) with it. **weg/heraus ~!** away/out with it; **her ~!** give it here! (*inf*); **Schluß/genug ~!** that's enough (of that)!

5. (*begründend*) because of that. **er verlor den zweiten Satz und ~ das Spiel** he lost the second set and because of that the match; **~ ist klar, daß er es war** from that it's clear that it was he (*form*) or him.

6. (*daraufhin, dann, jetzt*) with that. **~ schließe ich für heute** I'll close with that for today; **~ kommen wir zum Ende des Programms** that brings us to the end of our programmes.

II conj so that. **~ er nicht fällt** so that he does not fall, lest he (should) fall (*old*).

dämlich adj (*inf*) stupid, dumb (*inf*). **komm mir nicht so ~!** don't give me that! (*inf*), don't come that with me! (*inf*); **er ist mir vielleicht ~ gekommen** he acted really dumb (*inf*) or stupid; **~ fragen** to ask stupid or dumb (*inf*) questions/a stupid or dumb (*inf*) question.

Dämlichkeit f **1.** stupidity, dumbness (*inf*). **2.** (*dumme Handlung*) stupid or dumb (*inf*) thing.

Damm m -(e)s, ⸚e **1.** (*Deich*) dyke; (*Stau~*) dam; (*Hafen~*) wall; (*Ufer~*) embankment, levee (*esp US*); (*Verkehrsverbindung zu Insel*) causeway; (*fig*) barrier. **wenn wir das kleinste bißchen nachgeben, werden alle ⸚e brechen** if we give way at all, the floodgates will open wide. **2.** (*Bahn~, Straßen~*) embankment. **3.** (*dial: Fahr~*) road. **4.** (*Anat*) perineum. **5.** (*fig inf*) **wieder auf dem ~ sein** to be back to normal; **nicht recht auf dem ~ sein** not to be up to the mark (*inf*).

Dammbruch m breach in a/the dyke etc.

dämmen vt **1.** (*geh*) (*lit*) to dam; (*fig*) to check; *Tränen, Gefühle* to (hold in) check; *Umtriebe, Gefühle, Seuche* to curb, to check. **2.** (*Tech*) *Wärme* to keep in; *Schall* to absorb.

Dämmer m -s, no pl **1.** (*poet*) siehe **Dämmerung**. **2.** (*fig geh*) nebulousness.

dämmerhaft adj (*liter*) hazy, nebulous.

dämm(e)rig adj *Licht* dim, faint; *Stunden* twilight attr. **es wird ~** (*abends*) dusk is falling; (*morgens*) dawn is breaking.

Dämmerlicht nt twilight; (*abends auch*) dusk; (*Halbdunkel*) half-light, gloom.

dämmern I vi **1.** (*Tag, Morgen*) to dawn; (*Abend*) to fall. **als der Tag** or **Morgen/Abend dämmerte ...** as dawn was breaking/ dusk was falling; **die Erkenntnis/es dämmerte ihm, daß ...** (*inf*) he began to realize that ...

2. (*im Halbschlaf sein*) to doze; (*Kranker*) to be dopey. **vor sich hin ~** (*im Halbschlaf sein*) to doze; (*nicht bei klarem Verstand sein*) to be dopey.

II vi impers **es dämmert** (*morgens*) dawn is breaking; (*abends*) dusk is falling; **jetzt dämmert's (bei) mir!** (*inf*) now it's dawning (on me)!

Dämmerschein m (*liter*) glow; **Dämmerschlaf** m doze; **ich war nur im ~** I was only dozing; **Dämmerschoppen** m early evening drink; **Dämmerstunde** f twilight, dusk.

Dämmerung f twilight; (*Abend~ auch*)

dusk; (*Morgen~ auch*) dawn; (*Halbdunkel*) half-light.**bei** *or* **mit Anbruch der ~** when dusk began/begins to fall/dawn began/begins to break; **in der ~** at dusk/dawn.

Dämmerzustand *m* (*Halbschlaf*) dozy state; (*Bewußtseinstrübung*) dopey state.

dämmrig *adj siehe* **dämm(e)rig**.

Dammriß *m* (*Med*) tear of the perineum; **Dammschnitt** *m* (*Med*) episiotomy.

Dämmstoffe *pl* insulating materials *pl*.

Dämmung *f* insulation.

Damoklesschwert *nt* (*lit, fig*) sword of Damocles.

Dämon *m* **-s, Dämonen** demon. **ein böser ~** an evil spirit, a demon.

Dämonie *f* demonic nature.

dämonisch *adj* demonic.

Dampf *m* **-(e)s, ⁼e 1.** vapour; (*Wasser~*) steam. **~ ablassen** *or* **abblasen** (*lit, fig*) to let off steam; **unter ~ sein** *or* **stehen** to have (its) steam up; **aus dem Schornstein quoll der ~ in weißen Wolken** clouds of white smoke poured from the chimney.
2. (*inf: Schwung*) force. **jdm ~ machen** (*inf*) to make sb get a move on (*inf*); **~ dahinter machen** to get a move on (*inf*); **vorm Chef hat sie unheimlich ~** the boss really puts the wind up her (*inf*); **~ drauf haben** (*dated inf*) to be going at full steam.

Dampf- *in cpds* steam; **Dampf|antrieb** *m* steam drive; **Maschine mit ~** steam-driven engine; **Dampfbad** *nt* (*Med*) steam *or* vapour bath; **Dampfboot** *nt* steamboat; **Dampfbügel|eisen** *nt* steam iron; **Dampfdruck** *m* steam pressure.

dampfen *vi* **1.** (*Dampf abgeben*) to steam; (*Badezimmer etc*) to be full of steam; (*Pferd*) to be in a lather. **ein ~des Bad/Essen** a steaming hot bath/meal.
2. *aus sein* (*Zug, Schiff*) to steam.

dämpfen *vt* **1.** (*abschwächen*) to muffle; *Geräusch, Schall auch* to deaden, to dampen; *Geige, Trompete, Farbe* to mute; *Licht, Stimme* to lower; *Wut* to calm; *Freude, Stimmung* to dampen; *Aufprall* to deaden; (*fig*) *jdn* to subdue; *Konjunktur* to depress.
2. (*Cook*) to steam.
3. (*bügeln*) to press with a damp cloth/steam iron.

Dampfer *m* **-s, -** steamer, steamship. **auf dem falschen ~ sein** *or* **sitzen** (*fig inf*) to have got the wrong idea.

Dämpfer *m* **-s, -** (*Mus: bei Klavier*) damper; (*bei Geige, Trompete*) mute. **dadurch hat er/sein Optimismus einen ~ bekommen** that dampened his spirits/optimism; **jdm einen ~ aufsetzen** to dampen sb's spirits; **einer Sache** (*dat*) **einen ~ aufsetzen** to put a damper on sth.

Dampfer|anlegestelle *f* steamer jetty. **Dampferlinie** *f* steamship line.

dampfförmig *adj* vaporous; **Dampfheizung** *f* steam heating.

dampfig *adj* steamy.

Dampfkessel *m* (*Tech*) steam-boiler; (*Cook*) steamer; **Dampfkocher, Dampf-(koch)topf** *m* pressure cooker; **Dampfkraft** *f* steam power; **Dampfkraftwerk** *nt* steam power station; **Dampflokomotive, Dampflok** (*inf*) *f* steam engine *or*

locomotive; **Dampfmaschine** *f* steam(-driven) engine; **Dampfnudel** *f* (*Cook*) *sweet yeast dumpling cooked in milk and sugar;* **aufgehen wie eine ~** (*fig inf*) to blow up like a balloon (*inf*); **Dampfpfeife** *f* steam whistle; (*von Schiff*) siren; **Dampfschiff** *nt* steamship, steamer; **Dampfschiffahrt** *f* steam navigation; **Dampfschiffahrtsgesellschaft** *f* steam-ship company; **Dampfturbine** *f* steam turbine.

Dämpfung *f* (*Mus*) damping; (*Phys, Rad, TV*) attenuation.

Dampfwalze *f* steamroller.

Damwild *nt* fallow deer.

danach *adv* (*emph auch* **danach**) **1.** (*zeitlich*) after that/it; (*nachher auch*) afterwards, after (*inf*). **ich habe einen Whisky getrunken, ~ fühlte ich mich schon besser** I had a whisky and felt better after that *or* afterwards *or* after (*inf*); **ich las das Buch zu Ende, erst ~ konnte ich einschlafen** only when I had finished reading the book could I get to sleep; **zehn Minuten ~ war sie schon wieder da** ten minutes later she was back.
2. (*in der Reihenfolge*) (*örtlich*) behind (that/it/him/them *etc*); (*zeitlich*) after that/it/him/them *etc*. **als erster ging der Engländer durchs Ziel und gleich ~ der Russe** the Englishman finished first, immediately followed by the Russian *or* and the Russian immediately after him.
3. (*dementsprechend*) accordingly; (*laut diesem*) according to that; (*im Einklang damit*) in accordance with that/it. **wir haben hier einen Bericht; ~ war die Stimmung damals ganz anders** we have a report here, according to which the atmosphere at the time was quite different; **~ sein** (*Wetter, Bedingungen, Stimmung* etc) to be right; **er hat den Aufsatz in zehn Minuten geschrieben — ~ ist er auch** (*inf*) he wrote the essay in ten minutes — it looks like it too; **die Torte hat nur 2 Mark gekostet — ~ ist sie auch** the gateau only cost 2 marks — it tastes like it too; **sie sieht auch/nicht ~ aus** she looks/doesn't look (like) it; (*als ob sie es getan hätte*) she looks/doesn't look the type; **~ siehst du gerade aus** (*iro*) I can just see that (*iro*); **~ zu urteilen** judging by *or* from that; **mir war nicht ~** (*inf*) *or* **~ zumute** I didn't feel like it; **mir steht der Sinn nicht ~** (*geh*) I don't feel inclined to.
4. (*in bestimmte Richtung*) towards it. **er griff schnell ~** he grabbed at it, he made a grab for it; **hinter ihm war etwas, aber er hat sich nicht ~ umgesehen** there was something behind him, but he didn't look round to see what it was.
5. *in Verbindung mit n, vb etc siehe auch dort* **sie sehnte sich ~** she longed for that/it; **sie sehnte sich ~, ihren Sohn wiederzusehen** she longed to see her son again; **er hatte großes Verlangen ~** he felt a great desire for it; **er hatte großes Verlangen ~, wieder einmal die Heimat zu sehen** he felt a great desire to see his home again; **~ kann man nicht gehen** you can't go by that; **wenn es ~ ginge, was ich sage/was mir Spaß macht, dann ...** if it were a

matter of what I say/enjoy then ...

Danaergeschenk ['da:naɐ̯-] *nt* (*fig*) two-edged gift.

Dandy ['dɛndi] *m* **-s**, **-s** dandy.

Däne *m* **-n, -n** Dane, Danish man/boy.

daneben *adv* (*emph auch* **daneben**)
1. (*räumlich*) (*in unmittelbarer Nähe von jdm/etw*) next to him/her/that/it *etc*; (*seitlich von jdm/etw auch, zum Vergleich*) beside him/her/ that/it *etc*. **links/rechts ~** (*neben Sache*) to the left/right of it; (*neben Mensch*) to his/her *etc* left/right; **ich stand direkt ~, als die Bombe losging** the bomb went off right next to me; **wir wohnen im Haus ~** we live in the house next door; **die Limousine fuhr durch die Straßen, während zwei Polizisten ~ herfuhren** the limousine drove through the streets flanked by two policemen *or* with two policemen riding alongside (it).
2. (*verglichen damit*) compared with that/it/him/them *etc*, in comparison.
3. (*außerdem*) besides that, as well as that, in addition (to that); (*gleichzeitig*) at the same time. **sie arbeitet bei uns in der Firma, ~ schreibt sie an einem Roman** she works in our firm, and besides that *etc* she's writing a novel.

danebenbenehmen* *vr sep irreg* (*inf*) to make an exhibition of oneself; **danebengehen** *vi sep irreg aux sein* **1.** (*verfehlen: Schuß etc*) to miss; **2.** (*inf: scheitern*) to go wrong; (*Witz*) to fall flat; **danebengeraten*** *vi sep irreg aux sein* to go wrong; (*Übersetzung*) not to hit the mark; **danebengreifen** *vi sep irreg* **1.** (*verfehlen*) (*auf dem Klavier etc*) to play a wrong note/some wrong notes; (*beim Fangen*) to miss (the mark), to be wide of the mark; **2.** (*fig inf*) (*mit Schätzung, Prognose etc*) to be wide of the mark *or* way out (*inf*); **im Ton ~** to strike the wrong note; **mit seiner Bemerkung hat er aber ganz schön danebengegriffen** he really put his foot in it with that remark (*inf*); **danebenhauen** *vi sep irreg* **1.** (*beim Schlagen*) to miss; (*beim Klavierspielen*) to play a wrong note/some wrong notes; **2.** (*inf: sich irren*) to miss the mark, to be wide of the mark; (*beim Berechnen, Raten, Schätzen auch*) to be way out (*inf*); **danebenliegen** *vi sep irreg* (*inf: sich irren*) to be quite wrong *or* way out (*inf*); **danebenraten** *vi sep irreg* (*inf*) to guess wrong; **danebenschießen** *vi sep irreg* **1.** (*verfehlen*) to miss; **2.** (*absichtlich vorbeischießen*) to shoot to miss; **danebentippen** *vi sep* (*inf*) to guess wrong; **danebentreffen** *vi sep irreg siehe* **danebenschießen 1.**; **danebenzielen** *vi sep* to aim to miss.

Dänemark *nt* **-s** Denmark.

daniederliegen *vi sep irreg* **1.** (*old liter: krank sein*) to be laid low, to be ill. **2.** (*fig geh: schwach sein*) to be depressed.

Dänin *f* Dane, Danish woman/girl.

dänisch *adj* Danish.

Dänisch(e) *nt decl as adj* Danish; *siehe auch* Deutsch(e).

Dank *m* **-(e)s**, *no pl* (*ausgedrückt*) thanks *pl*; (*Gefühl der Dankbarkeit*) gratitude. **besten** *or* **herzlichen** *or* **schönen** *or* **vielen**

~ many thanks, thank you very much, **thanks a lot** (*inf*); **vielen herzlichen/tausend ~!** many/very many thanks!, **thanks a million!** (*inf*); **haben Sie/hab ~!** (*geh*) thank you!; (*für Hilfe auch*) I'm much obliged to you; **jdm für etw ~ sagen** (*liter*) to express one's *or* give (*esp Eccl*) thanks to sb for sth; **~ sagen** (*Aus*) to express one's thanks; (*Eccl*) to give thanks; **jdm ~ schulden** (*form*), **jdm zu ~ verpflichtet sein** (*form*) to owe sb a debt of gratitude; **jdm für etw ~ wissen** (*form*) to be indebted to sb for sth; **etw mit ~ annehmen** to accept sth with thanks; **mit bestem ~ zurück!** many thanks for lending it/them to me; **das war ein schlechter ~** that was poor thanks; **das ist der (ganze) ~ dafür** that's all the thanks one gets; **als ~ für seine Dienste** in grateful recognition of his service; **zum ~ (dafür)** as a way of saying thank you; **der ~ des Vaterlandes ist dir gewiß** (*iro*) you'll get a medal for that.

dank *prep* +*gen or dat* thanks to.

Dank|adresse *f* official letter of thanks.

dankbar *adj* **1.** (*dankerfüllt*) grateful; (*erleichtert, froh*) thankful; *Publikum, Zuhörer* appreciative. **jdm ~ sein** to be grateful to sb (*für* for); (*für Rat, Hilfe etc auch*) to be indebted to sb (*für* for); **sich ~ erweisen** *or* **zeigen** to show one's gratitude (*gegenüber* to); **ich wäre dir ~, wenn du ... ** I would be grateful *or* I would appreciate it if you ...
2. (*lohnend*) *Arbeit, Aufgabe, Rolle* rewarding; *Stoff* easy-care *attr*; (*haltbar*) hard-wearing. **eine ~e Pflanze** a plant which doesn't need much attention.

Dankbarkeit *f* gratitude (*gegen, gegenüber* to); (*Erleichterung*) thankfulness.

Dankbrief *m* thank you letter.

danke *interj* **1.** thank you, thanks (*inf*), ta (*Brit inf*); (*ablehnend*) no thank you. **~ ja, ja, ~** yes please, yes, thank you; **~ nein, nein, ~** no thank you; **~ schön** *or* **sehr** thank you *or* thanks (*inf*) very much; **(zu jdm) ~ (schön) sagen** to say thank you (to sb); **~ vielmals** many thanks; (*iro*) thanks a million (*inf*); **~ der Nachfrage** (*form*) thank you for your concern; **wie geht's?** — **~, ich kann nicht klagen** how's it going? — (I) can't complain; **soll ich helfen?** — **~, ich glaube, ich komme allein zurecht** can I help? — thanks (all the same), but I think I can manage.
2. (*inf*) **mir geht's ~** I'm OK (*inf*); **sonst geht's dir (wohl) ~!** (*iro*) are you feeling all right?

danken I *vi* **1.** (*Dankbarkeit zeigen*) to express one's thanks. **jdm ~** to thank sb (*für* for); **mit überschwenglichen Worten/einem Strauß Blumen ~** to be effusive in one's thanks/to express one's thanks with a bunch of flowers; **ich danke dir für das Geschenk/die Gastfreundschaft** *etc* thank you for your *or* the present/your hospitality; **wir ~ für die Einladung** thank you for your *or* the invitation; **(ich) danke!** yes please; (*ablehnend*) no thank you, no thanks (*inf*); **(ich) danke bestens** (*iro*) thanks a million (*inf*), thanks for nothing (*inf*); **man dankt** (*inf*) thanks (*inf*), ta

(*Brit inf*); **jdm ~ lassen** to send sb one's thanks; **bestellen Sie bitte Ihrem Vater, ich lasse herzlich ~** please give your father my thanks; **nichts zu ~** don't mention it, not at all; **dafür or für so was danke ich** (*iro*) not on your life!, not a chance! (*inf*); **na, ich danke** (*iro*) no thank you; **~d erhalten/annehmen/ablehnen** to receive/accept/decline with thanks.
2. (*ablehnen*) to decline.
3. (*Gruß erwidern*) to return a/the greeting.
II *vt* **1.** (*geh: verdanken*) **jdm/einer Sache etw ~** to owe sth to sb/sth; **ihm danke ich es, daß ...** I owe it to him that ...; **nur dem rechtzeitigen Erscheinen der Feuerwehr ist es zu ~, daß ...** it was only thanks to the prompt turn-out of the fire brigade that ...
2. jdm etw ~ (*jdm dankbar sein für*) to thank sb for sth; (*jdm etw lohnen*) to repay sb for sth; **man wird es dir nicht ~/nicht zu ~ wissen** you won't be thanked for it/it won't be appreciated; **sie werden es mir später einmal ~, daß ich das getan habe** they'll thank me for doing that one day; **man hat es mir schlecht gedankt, daß ich das getan habe** I got small thanks or I didn't get a lot of thanks for doing it; **wie kann ich Ihnen das jemals ~?** how can I ever thank you?

dankenswert *adj* Bemühung, Hingabe commendable; Hilfe kind; (*lohnenswert*) Aufgabe, Arbeit rewarding.

dankenswerterweise *adv* generously.

dank|erfüllt *adj* (*liter*) grateful.

Dankeschön *nt* **-s**, *no pl* thank-you.

Dankesworte *pl* words *pl* of thanks; (*von Redner*) vote *sing* of thanks.

Dankgebet *nt* prayer of thanksgiving; **Dankgottesdienst** *m* service of thanksgiving; **Dank|opfer** *nt* thanks-offering; **danksagen** *pret* **danksagte**, *ptp* **danksagt**, *infin auch* **dankzusagen** *vi* (*geh*) to express one's thanks (*jdm* to sb); (*Eccl*) to give thanks (*jdm* to sb); **Danksagung** *f* **1.** (*Eccl*) thanksgiving; **2.** (*Brief*) note of thanks; **Dankschreiben** *nt* letter of thanks.

dann *adv* **1.** (*Reihenfolge ausdrückend, später*) then. **~ und ~** round about then; **~ und wann** now and then; **gerade ~, wenn ...** just when ...; **wenn das gemacht ist, ~ kannst du gehen** when that's done you can go; **noch eine Woche, ~ ist Weihnachten** another week till Christmas, another week and (then) it's Christmas; *siehe* bis².
2. (*unter diesen Umständen*) then. **wenn ..., ~ if ...**, (then); **wenn du was brauchst, ~ sag's mir**, just tell me if you need anything; **ja, selbst ~** yes, even then; **nein, selbst ~ nicht** no, not even then; **selbst ~ /selbst ~ nicht, wenn ...** even/not even if ...; **erst ~, wenn ...** only when ...; **ja, ~!** (oh) well then!; **ich habe keine Lust mehr — ~ hör doch auf!** I'm not in the mood any more — well stop then!; **wenn er seine Gedichte selbst nicht versteht, wer ~?** if he can't understand his own poems, who else could (understand them)?; **wenn man nicht einmal in Schottland echten Whisky**

bekommt, wo ~? if you can't get real whisky in Scotland, where *can* you expect to find it?; **~ eben nicht** well, in that case (there's no more to be said); **~ erst recht nicht!** in that case no way (*sl*) or not a chance (*inf*)!; **~ ist ja alles in Ordnung** (oh well,) everything's all right then, in that case everything's all right; **~ will ich lieber gehen** well, I'd better be getting along (then); **ja ~, auf Wiedersehen** well then, good-bye; **also ~ bis morgen** right then, see you tomorrow, see you tomorrow then.
3. (*außerdem*) **~ ... noch** on top of that; **strohdumm und ~ auch noch frech** as thick as they come and cheeky into the bargain.

dannen *adv*: **von ~** (*obs: von woher*) thence (*old*), from thence (*Eccl*); (*liter: weg*) away.

daran *adv* (*auch* **dran**) **1.** (*räumlich: an dieser Stelle, diesem Ort, Gegenstand*) on it/that; *schieben, lehnen, stellen* against it/that; *legen* next to it/that; *kleben, befestigen, machen, geben* to it/that; *sich setzen* at it/that. **nahe** or **dicht ~** right up against or up close against it; **nahe ~ sein** (*fig*) to be on the point of it, to be just about to; **nahe ~ sein, etw zu tun** to be on the point of doing sth or just about to do sth; **zu nahe ~** too close (to it); **~ vorbei** past it; **er hat dicht ~ vorbeigeschossen** his shot just missed it; **~ kommen or fassen/riechen/schlagen** to touch/smell/hit it/that; **er hielt seine Hand ~** he touched it with his hand; **die Kinder sind wieder ~ gewesen** (*inf*) the children have been at it again.
2. (*zeitlich: danach anschließend*) **im Anschluß ~, ~ anschließend** following that/this; **im Anschluß ~ findet eine Diskussion statt** it/this/that will be followed by a discussion; **erst fand ein Vortrag statt, ~ schloß sich eine Diskussion** first there was a lecture which was followed by a discussion *or* and after that a discussion.
3. (*inf*) **er ist schlecht/gut ~** (*gesundheitlich, finanziell*) he's in a bad way (*inf*)/he's OK (*inf*); **ich weiß nie, wie ich (bei ihm) ~ bin** I never know where I am with him; **sie sind sehr arm ~** (*haben wenig Geld*) they're not at all well-off; (*sind bedauernswert*) they are poor creatures.
4. *in Verbindung mit n, adj, vb siehe auch dort; arbeiten* on it/that; *sterben, erinnern, Bedarf, Mangel* of it/that; *interessieren, sich beteiligen, arm, reich* in it/that; *sich klammern* to it/that. **~ sticken/bauen** to embroider/build it/that; **was macht der Aufsatz? — ich bin zur Zeit ~** how's the essay doing? — I'm (working) on it now; **er war ~ interessiert** he was interested in it; **er war ~ interessiert, es zu tun** he was interested in doing it; **ich zweifle nicht ~** I don't doubt it's; **ich zweifle nicht ~, daß ...** I don't doubt that ...; **~ wird er zugrunde gehen** that will be the ruin of him; **wird sich etwas ~ ändern?** will that change at all?; **wir können nichts ~ machen** we can't do anything about it; **~ sieht man, wie ...** there you (can) see how ...; **Sie würden gut ~ tun, dieses**

Angebot anzunehmen you would do well or would be well-advised to accept this offer; **das Beste/Schönste/ Schlimmste** etc ~ the best/nicest/worst etc thing about it; **es ist kein wahres Wort** ~ there isn't a word of truth in it, not a word of it is true; **an den Gerüchten ist nichts** ~ there's nothing in those rumours; **es ist nichts** ~ (*ist nicht fundiert*) there's nothing in it; (*ist nichts Besonderes*) it's nothing special; *siehe auch* **dran**.

darangeben vt sep irreg (geh) to sacrifice; **darangehen** vi sep irreg aux sein to set about it; ~, **etw zu tun** to set about doing sth; **daranmachen** vr sep (inf) to set about it; (*endlich in Angriff nehmen*) to get down to it; **sich** ~, **etw zu tun** to set about doing it/to get down to doing it; **daransetzen** sep I vt (*einsetzen*) to exert; (*aufs Spiel setzen*) to stake, to risk; **seine ganzen Kräfte** ~, **etw zu tun** to spare no effort to do sth; II vr to sit down to it.

darauf adv (emph **darauf**) 1. (*räumlich*) on it/that/them etc; (in Richtung) towards it/that/them etc; **schießen, zielen, losfahren** at it/that/them etc; (fig) **fußen, basieren, aufbauen** on it/that; **zurückführen, beziehen** to it/that. **er hielt den Nagel fest und schlug mit dem Hammer** ~ he held the nail in place and hit it with the hammer; **leg die Wäsche** ~ put the washing on there; **seine Behauptungen stützen sich** ~, **daß der Mensch von Natur aus gut ist** his claims are based on the supposition that man is naturally good.

2. (*Reihenfolge: zeitlich, örtlich*) after that. **die Tage, die** ~ **folgten** the days which followed; ~ **folgte ... that** was followed by ..., after that came ...; **zuerst kam der Wagen des Premiers**, ~ **folgten Polizisten** the prime minister's car came first, followed by policemen; **am Tag/Abend/Jahr** ~ the next day/evening/ year, the day/evening/year after (that).

3. (*infolgedessen*) because of that. **er hat gestohlen und wurde** ~ **von der Schule verwiesen** he was caught stealing and because of that was expelled.

4. (*als Reaktion*) **sagen, reagieren** to that. ~ **antworten** to answer that; **eine Antwort** ~ an answer to that; **er hat ein Gedicht** ~ **geschrieben** that prompted him to write a poem; ~ **haben sich viele Interessenten gemeldet** a lot of people have shown an interest in it/that; ~ **steht die Todesstrafe/stehen mindestens fünf Jahre Gefängnis** that carries the death penalty/a minimum sentence of five years' imprisonment.

5. *in Verbindung mit* n, adj, vb *siehe auch dort*; **bestehen, verlassen, wetten, Zeit/Mühe verschwenden, Einfluß** on that/it; **hoffen, warten, sich vorbereiten, gefaßt sein, reinfallen** for that/it; **trinken** to that/it; **stolz sein** of that/it. **ich bin stolz** ~, **daß sie gewonnen hat** I'm proud that she won or of her winning; **ich bestehe** ~, **daß du kommst** I insist that you come or on your coming; **wir müssen** ~ **Rücksicht nehmen/Rücksicht** ~ **nehmen, daß ... we** must take that into consideration/take into consideration that ...; **gib mir die**

Hand ~ shake on it; ~ **freuen wir uns schon** we're looking forward to it already; **wir freuen uns schon** ~, **daß du bald kommst** we're looking forward to your or you coming; ~ **kommen** (auffinden) to come (up)on that/it; (sich erinnern) to think of that/it; **wir kamen auch** ~ **zu sprechen** we talked about that too; ~ **willst du hinaus!** that's what you're getting at!; **er war nur** ~ **aus** he was only after that or interested in that; **er war nur** ~ **aus, möglichst viel Geld zu verdienen** he was only interested in earning as much money as possible.

darauffolgend adj attr after him/it/that etc; **Tag** etc following; **Wagen** etc behind pred.

daraufhin adv 1. (aus diesem Anlaß, deshalb) as a result (of that/this); (danach) after that, thereupon. 2. (daraufhin) (im Hinblick darauf) with regard to that/this. **wir müssen es** ~ **prüfen, ob es für unsere Zwecke geeignet ist** we must test it with a view to whether it is suitable for our purposes.

daraus adv (emph auch **daraus**) 1. (räumlich) out of that/it/them.

2. (aus diesem Material etc) from or out of that/it/them. ~ **kann man Wein herstellen** you can make wine from that.

3. (aus dieser Sache, Angelegenheit) from that/it/them; in Verbindung mit n, vb siehe auch dort. ~ **ergibt sich/folgt, daß ...** it follows from that that ...; ~ **sieht man ...** from this it can be seen ...

darben vi (geh) (entbehren) to live in want; (hungern) to starve.

darbieten sep irreg I vt (geh) 1. (vorführen) Tänze, Schauspiel to perform; (vortragen) Lehrstoff to present.

2. (anbieten) to offer; Speisen to serve; Hand, Geschenk etc auch to proffer.

II vr to present itself; (Gelegenheit, Möglichkeit auch) to offer itself. **dort bot sich (ihnen) ein schauerlicher Anblick dar** a horrible sight met their eyes, they were faced with a horrible sight.

Darbietung f (das Darbieten) performance; (das Dargebotene) act.

darbringen vt sep irreg (geh) Opfer to offer.

Dardanellen pl die ~ the Dardanelles pl.

darein adv (emph auch **darein**) 1. (räumlich: hinein) in there; (wenn Bezugsobjekt vorher erwähnt) in it/them. **hierein?** — **nein, ~!** in here? — no, in there.

2. (old: in diese Lage) einwilligen, sich ergeben to that. **wir müssen uns** ~ **fügen** we must accept that or bow to that.

darein- pref siehe auch **drein-**; **dareinfinden** vr sep irreg (geh) to come to terms with it, to learn to accept it; **sich** ~, **etw zu tun** to come to terms with or learn to accept doing sth; **dareinreden** vi sep (in Angelegenheiten) to interfere (jdm in sb's affairs); **dareinsetzen** vt sep (fig geh) Energie to put into it, to devote to it; **seine ganze Energie** ~, **etw zu tun** to put all one's energy into or devote all one's energy to doing sth; **er setzte seinen ganzen Stolz darein** it was a matter of pride with him.

darin adv (emph auch **darin**) 1. (räumlich) in there; (wenn Bezugsobjekt vorher er-

wähnt) in it/them; (*fig*) in that/it. ~ **liegt ein Widerspruch** there is a contradiction in that.

2. (*in dieser Beziehung*) in that respect. ~ **ist er ganz groß** (*inf*) he's very good at that; ~ **unterscheiden sich die beiden** the two of them differ in that (respect); **die beiden unterscheiden sich** ~, **daß ...** the two of them differ in that ...; ~ **liegt der Unterschied** that is the difference, that is where the difference is; **wir stimmen** ~ **überein, daß ...** we agree that ...; *in Verbindung mit vb siehe auch dort*.

3. (*old: worin*) in which. **das Haus,** ~ **er geboren** the house in which he was born; *siehe auch* **drin.**

darinnen *adv* (*old*) therein (*old*).

darlegen *vt sep* to explain (*jdm* to sb); *Theorie, Plan, Ansichten auch* to expound (*jdm* to sb).

Darlegung *f* explanation.

Darleh(e)n *nt* **-s, -** loan. **als** ~ as a loan.

Darleh(e)nsgeber *m* lender; **Darleh(e)nskasse** *f* credit bank; **Darleh(e)nskonto** *nt* loan account; **Darleh(e)nsnehmer** *m* borrower; **Darleh(e)nsschuld** *f* loan; **Darleh(e)nssumme** *f* **die** ~ the amount of the/a loan; **eine** ~ a loan.

Darm *m* **-(e)s, -̈e** intestine(*s pl*), bowel(*s pl*), gut(*s pl*); (*für Wurst*) (sausage) skin *or* case; (*Material: für Saiten, Schläger etc*) gut. **Wurst in echtem/künstlichem** ~ sausage in real/synthetic skin.

Darm- *in cpds* intestinal; **Darm|ausgang** *m* anus; **Darmbewegung** *f* peristalsis *no art, no pl*, peristaltic movement; **Darm|entleerung** *f* evacuation of the bowels; **Darmgrippe** *f* gastric influenza *or* 'flu; **Darmkatarrh** *m* enteritis; **Darmkrebs** *m* cancer of the intestine; **Darmleiden** *nt* intestinal trouble *no art*; **Darmsaite** *f* gut string; **Darmspülung** *f* enema; **Darmtätigkeit** *f* peristalsis *no art*; **die** ~ **fördern/regulieren** to stimulate/regulate the movement of the bowels; **Darmträgheit** *f* under-activity of the intestines; **Darmverschlingung** *f* volvulus (*form*), twisting of the intestine; **Darmverschluß** *m* obstruction of the bowels *or* intestines.

darob *adv* (*old*) **er war** ~ **sehr erstaunt** he was very surprised by that; **er wurde** ~ **sehr bewundert** he was much admired for that *or* on that account.

Darre *f* **-, -n** drying kiln *or* oven; (*Hopfen* ~, *Malz* ~) oast.

darreichen *vt sep* (*liter*) (*anbieten*) to offer (*jdm etw* sb sth, sth to sb); (*reichen auch*) to proffer (*jdm etw* sth to sb).

darren *vt* to (kiln-)dry; *Malz, Hopfen* to (oast-)dry.

darstellbar *adj* (*in Literaturwerk etc*) portrayable; (*in Bild etc auch*) depictable; (*durch Diagramm etc*) representable; (*beschreibbar*) describable. **schwer/leicht** ~ hard/easy to portray/depict/show/ describe; **dieses Phänomen ist graphisch** ~ this phenomenon can be shown on a graph.

darstellen *sep* **I** *vt* **1.** to show; (*ein Bild entwerfen von*) to portray, to depict; (*Theat*) to portray, to play; *Rolle* to play; (*beschreiben*) to describe. **etw in einem**

möglichst günstigen Licht ~ to show sth in the best possible light; **etw kurz** *or* **knapp** ~ to give a short description of sth; **was sollen diese verworrenen Striche** ~? what are these confused lines supposed to show *or* (*in Zeichnung*) be?; **die** ~**den Künste** (*Theater*) the dramatic *or* performing arts; (*Malerei, Plastik*) the visual arts; **er stellt etwas/ nichts dar** (*fig*) he has a certain air/doesn't have much of an air about him.

2. (*Math*) *Funktion* to plot; (*Chem*) to produce. ~**de Geometrie** projective geometry.

3. (*bedeuten*) to constitute.

II *vr* (*Eindruck vermitteln*) to appear (*jdm* to sb); (*sich erweisen*) to show oneself.

Darsteller *m* **-s, -** (*Theat*) actor. **der** ~ **des Hamlet** the actor playing Hamlet; **ein** ~ **tragischer Rollen** an actor in tragic roles.

Darstellerin *f* (*Theat*) actress; *siehe auch* **Darsteller.**

darstellerisch *adj* dramatic. **eine** ~**e Höchstleistung** a magnificent piece of acting.

Darstellung *f* **1.** portrayal; (*in Buch, Bild auch*) depiction; (*durch Diagramm etc*) representation; (*Beschreibung*) description; (*Bericht*) account. **an den Wänden fand man** ~**en der Heldentaten des Königs** on the walls one could see the King's heroic deeds depicted; **eine falsche** ~ **der Fakten** a misrepresentation of the facts.

2. (*Math*) **graphische** ~ graph.

3. (*Chem*) preparation.

Darstellungsform *f* form of representation (*gen* in); (*Theat*) dramatic art form; **Darstellungskunst** *f* stage technique; (*Theat*) acting technique; **Darstellungsmittel** *nt* technique (of representation).

dartun *vt sep irreg* (*geh*) to set forth; *Überlegenheit* to demonstrate.

darüber *adv* (*emph* **darüber**) **1.** (*räumlich*) over that/it/them; (*quer* ~) across *or* over there; (*wenn Bezugsobjekt vorher erwähnt*) across *or* over it/them; (*höher als etw*) above (there/it/them); (*direkt auf etw*) on top (of it/them). **geh** ~, **nicht hierüber!** go across *or* over there, not here!; **die Aufgabe war sehr schwer, ich habe lange** ~ **gesessen** the exercise was very difficult, I sat over it for a long time; ~ **hinweg sein** to have got over it; **jetzt ist er** ~ **hinaus** he is past that now.

2. (*deswegen, in dieser Beziehung*) about that/it. **sich** ~ **beschweren/beklagen** *etc* to complain/moan *etc* about it; **sich** ~ **beschweren/beklagen** *etc*, **daß ...** to complain/moan *etc* that ...; **wir wollen nicht** ~ **streiten, ob ...** we don't want to argue *or* disagree about whether ...

3. (*davon*) about that/it. **Rechenschaft** ~ **ablegen** to account for it; **sie führt eine Liste** ~ she keeps a list of it; *in Verbindung mit n, vb siehe auch dort*.

4. (*währenddessen*) in the meantime. **Wochen gingen** ~ **hin** meanwhile *or* in the meantime weeks went past.

5. (*mehr, höher*) above *or* over that. **21 Jahre/4 DM und** ~ 21 years/4 DM and above *or* over; **kein Pfennig** ~ not a penny over (that) *or* more; ~ **hinaus** over and above that; moreover; **es geht nichts** ~ there is nothing to beat it.

darüberfahren *vi sep irreg aux sein* (*fig*) to run over it; **wenn du mit der Hand darüberfährst, ...** if you run your hand over it ...; **darüberliegen** *vi sep irreg* (*fig*) to be higher; **darübermachen** *vr sep* (*inf*) to get to work on it (*inf*), to set about it (*inf*); **darüberstehen** *vi sep irreg* (*fig*) to be above such things.

darum *adv* (*emph* **darum**) **1.** (*räumlich*) round that/it/him/her/them. ~ **herum** round about (it/him/her/them).

2. (*um diese Angelegenheit*) *in Verbindung mit n, vb siehe auch* **dort**. **es geht** ~, **daß ...** the thing is that ...; ~ **geht es gar nicht** that isn't the point; ~ **geht es** that is what it is about, that's it; ~ **geht es mir/geht es mir nicht** that's my point/that's not the point for me; **es geht mir** ~, **Ihnen das klarzumachen** I'm trying to make it clear to you; **wir kommen leider nicht** ~ **herum, die Preise heraufzusetzen** unfortunately we cannot avoid raising prices; **wir wollen nicht lange** ~ **herumreden** we don't want to spend a long time talking around the subject; **ich gäbe viel** ~, **die Wahrheit zu erfahren** I would give a lot to learn the truth; **ich habe ihn schon ein paarmal** ~ **gebeten, aber ...** I've asked him a few times (for it/to do it), but ...; **könntest du ihn** ~ **bitten, zu mir zu kommen?** could you ask him to to come to me?; **sie haben sich** ~ **gestritten** they argued over it; **sie haben sich** ~ **gestritten, wer ...** they argued over who ...

3. (*liter: darüber, davon*) about that/it. **nur wenige wissen** ~, **wie ...** (*geh*) few people know how ...

4. (*deshalb*) that's why, because of that. ~, **daß** *or* **weil ...** because of that; **eben** ~ that is exactly why; **ach** ~! so that's why!; ~? because of that?; **warum willst du nicht mitkommen?** — ~! (*inf*) why don't you want to come? — (just) 'cos! (*inf*); *siehe auch* **drum**.

darumstehen *vi sep irreg* to stand around.

darunter *adv* (*emph auch* **darunter**) **1.** (*räumlich*) under that/it/them, underneath *or* beneath (that/it/them); (*niedriger als etw auch*) below (that/it/them). ~ **hervorkommen** to appear from underneath.

2. (*weniger*) under that. **Leute im Alter von 35 Jahren und** ~ people aged 35 and under; **der Preis beträgt 50 DM,** ~ **kann ich die Ware nicht abgeben** the price is 50 marks, I can't sell for less; **kein Pfennig** ~ not a penny under that *or* less; ~ **macht sie's nicht** (*inf*) she won't do it for less.

3. (*dabei*) among them. ~ **waren viele Ausländer** there were a lot of foreigners among them.

4. (*unter dieser Angelegenheit*) *in Verbindung mit n, vb siehe auch* **dort**. **was verstehen Sie** ~? what do you understand by that/it?; ~ **kann ich mir nichts vorstellen** that doesn't mean anything to me; *siehe auch* **drunter**.

darunterfallen *vi sep irreg aux sein* (*fig*) (*dazugerechnet werden*) to be included;

(*davon betroffen werden*) to come *or* fall under it/them; **daruntergehen** *vi sep irreg aux sein* (*darunterpassen*) to fit underneath; **darunterliegen** *vi sep irreg aux haben or sein* (*lit*) to lie underneath; **daruntermischen** *sep* **I** *vt Mehl etc* to mix in; **II** *vr* (*Mensch*) to mingle (with) them; **daruntersetzen** *vt sep Unterschrift* to put to it.

das *art etc siehe* **der²**.

Dasein *nt* -s, *no pl* (*Leben, Existenz, Philos*) existence; (*Anwesendsein*) presence. **der Kampf ums** ~ the struggle for existence; **etw ins** ~ **rufen** (*liter*) to bring sth into existence, to call sth into being.

dasein *vi sep irreg aux sein* (*Zusammenschreibung nur bei infin und ptp*) (*lit, fig inf*) to be there. **noch** ~ to be still there; (*übrig sein auch*) to be left; **wieder** ~ to be back; **ich bin gleich wieder da** I'll be right *or* straight back; **sind Sie schon lange da?** have you been here/there long?; **ist Post/ sind Besucher für mich da?** is there any mail/are there any visitors for me?; **war der Briefträger schon da?** has the postman been yet?; **ist die Milch schon da?** has the milk come yet?; **für jdn** ~ to be there *or* available for sb; **sie ist nur für ihren Mann da** she lives for her husband; **ein Arzt, der immer für seine Patienten da ist** a doctor who always has time for his patients; **voll** ~ (*inf*) to be all there (*inf*); **so etwas ist noch nie dagewesen** it's quite unprecedented; **es ist alles schon mal dagewesen** it's all been done before; **das übertrifft alles bisher Dagewesene** that beats everything; **ein nie dagewesener Erfolg** an unprecedented success.

Daseinsbedingungen *pl* living conditions *pl*; **Daseinsberechtigung** *f siehe* **Existenzberechtigung**; **Daseinsform** *f* form of life *or* existence; **Daseinsfreude** *f* zest for life, joie de vivre; **Daseinskampf** *m* struggle for existence; **Daseinsweise** *f* mode of being.

daselbst *adv* (*old*) in said place; (*bei Quellenangaben*) ibidem, ibid *abbr*. **geboren 1714 zu Florenz, gestorben 1768** ~ born in Florence 1714, died there 1768.

dasitzen *vi sep irreg* to sit there. **ohne Hilfe/ einen Pfennig** ~ (*inf*) to be left without any help/without a penny.

dasjenige *dem pron siehe* **derjenige**.

daß *conj* **1.** (*mit Subjektsatz*) that. ~ **wir alle sterben müssen, ist sicher** it is certain (that) we all must die.

2. (*mit Objektsatz*) (that). **ich bin überzeugt,** ~ **du das Richtige getan hast** I'm sure (that) you have done the right thing; **ich verstehe nicht,** ~ **man ihn abgelehnt hat** I don't understand why he was turned down; **ich sehe nicht ein,** ~ **wir hungern sollen** I don't see why we should starve.

3. (*mit Attributivsatz*) that. **vorausgesetzt,** ~ **...** provided that ...; **ich bin dagegen,** ~ **ihr alle kommt** I'm against you all coming; **ich bin mir dessen bewußt,** ~ **...** I am aware (that) *or* of the fact that ...; **unter der Bedingung,** ~ **...** on (the) condition that ...

4. (*mit Kausalsatz*) that. **ich war böse,**

~ ... I was annoyed that ...; **ich freue mich darüber,** ~ ... I'm glad (that) ...; **das kommt daher,** ~ ... that comes from ...; **das liegt daran,** ~ ... that is because ...; **das kommt davon,** ~ **er niemals aufpaßt** that comes from him or his never paying attention.

5. (*mit Konsekutivsatz*) that. **er fuhr so schnell,** ~ **er sich überschlug** he drove so fast that he overturned.

6. (*geh: mit Finalsatz*) so that. **ich gab ihm den Brief,** ~ **er ihn selbst lesen konnte** I gave him the letter so that he could read it himself.

7. (*als Einleitung eines Instrumentalsatzes*) **er verbringt seine Freizeit damit,** ~ **er Rosen züchtet** he spends his free time breeding roses.

8. (*geh*) (*mit Wunschsatz*) if only, would that (*liter*); (*in Befehl*) see that. ~ **er immer da wäre!** would that he were always there (*liter*), if only he were always there; ~ **es mir nur gelingt!** if only I succeed; ~ **du es mir nicht verlierst!** see that you don't lose it!

9. *siehe* **als, auf, außer, ohne, so** *etc*.

dasselbe, dasselbige *dem pron siehe* **derselbe.**

dastehen *vi sep irreg* **1.** to stand there. **wie stehst denn du wieder da!** what sort of a way do you call that to stand!; **steh nicht so dumm da!** don't just stand there looking stupid.

2. (*fig*) **anders/glänzend/gut/schlecht** ~ to be in a different/splendid/good/bad position; **die Firma/Regierung steht wieder gut da** the company/government is doing all right again (*inf*) or is in a good position again; **allein** ~ to be on one's own; **einzig** ~ to be unique or unparalleled; **jetzt stehe ich ohne Mittel/als Lügner da** now I'm left with no money/looking like a liar; **wie stehe ich jetzt da!** (*Selbstlob*) just look at me now!; (*Vorwurf*) what kind of fool do I look now!

Datei *f* data file.

Daten *pl of* **Datum.**

Daten|aufbereitung *f* data preparation; **Datenbank** *f* data bank; **Daten|eingabe** *f* data input; **Daten|erfassung** *f* data capture; **Datenfernver|arbeitung** *f* teleprocessing; **Datenschutz** *m* data protection; **Datensichtgerät** *nt* visual display unit; **Datentechnik** *f* computer science; **Datenträger** *m* data carrier; **Datentypist(in** *f*) *m* terminal operator; **Daten|übertragung** *f* data transmission; **Datenver|arbeitung** *f* data processing; **elektronische** ~ computer processing, electronic data processing; **Datenver|arbeitungs|anlage** *f* data processor.

datieren* **I** *vt Brief, Fund* to date. **der Brief ist vom 20. April datiert** the letter is dated 20th April.

II *vi* (*stammen*) to date (*aus* from). **dieser Brief datiert vom 1. Januar** this letter is dated January 1st; **unsere Freundschaft datiert seit einem Urlaub vor zehn Jahren** our friendship dates from or dates back to a holiday ten years ago.

Dativ *m* (*Gram*) dative (case).

Dativ|objekt *nt* (*Gram*) indirect object.

dato *adv*: **bis** ~ (*Comm, inf*) to date.

Datowechsel *m* (*Comm*) time bill.

Datscha *f* -, **Datschen, Datsche** *f* -, -n (*esp DDR*) country cottage.

Dattel *f* -, -n date.

Dattel- *in cpds* date; **Dattelpalme** *f* date palm.

Datum *nt* -s, **Daten 1.** date. **was für ein** ~ **haben wir heute?** what is the date today?; **das heutige/gestrige/morgige** ~ today's/ yesterday's/tomorrow's date; **sich im** ~ **irren** to get the date wrong; **ein Brief gleichen** ~**s** a letter of the same date; **etw mit dem** ~ **versehen** to date sth; **der Brief trägt das** ~ **vom 1. April** the letter is dated 1st April; **ein Brief ohne** ~ an undated letter; ~ **des Poststempels** date as postmark; **ein Nachschlagewerk neueren** ~**s** a recent reference work.

2. *usu pl* (*Faktum*) fact; (*statistische Zahlenangabe etc*) datum (*form*), piece of data. **technische Daten** technical data *pl*.

Datumsgrenze *f* (*Geog*) (international) date line; **Datumsstempel** *m* date stamp.

Daube *f* -, -n stave; (*beim Eisschießen*) tee.

Dauer *f* -, *no pl* (*das Andauern*) duration; (*Zeitspanne*) period, term; (*Länge: einer Sendung etc*) length. **während der** ~ **des Krieges** for the duration of the war; **für die** ~ **eines Monats** for a period of one month; **von** ~ **sein** to be long-lasting; **seine Begeisterung war nicht von** ~ his enthusiasm was short-lived or wasn't long-lasting; **keine** ~ **haben** to be short-lived; **von langer/kurzer** ~ **sein** to last a long time/ not to last long; **auf die** ~ in the long term; **auf die** ~ **wird das langweilig** it gets boring in the long run; **das kann man auf die** ~ **nicht ertragen** you can't stand it for any length of time; **das kann auf die** ~ **nicht so weitergehen** it can't go on like that indefinitely; **auf** ~ permanently; **für die** ~ **Ihres Aufenthaltes in unserem Hause** as long as you stay with us, for the period or duration of your stay with us (*form*).

Dauer- *in cpds* date; **Dauer|auftrag** *m* (*Fin*) standing order; **Dauer|ausweis** *m* (permanent) identity card; (*Fahrkarte etc*) season ticket; **Dauerbelastung** *f* continual pressure *no indef art*; (*von Maschine*) constant load; **unter** ~**load**/**a** constant continual pressure/a constant load; **Dauerbeschäftigung** *f* (*Stellung*) permanent position; **Dauerbeziehung** *f* permanent relationship; **Dauerbrand-|ofen** *m* slow-burning stove; **Dauerbrenner** *m* **1.** *siehe* **Dauerbrandofen; 2.** long runner; (*hum: Kuß*) long passionate kiss; **Dauer|einrichtung** *f* permanent institution; **Dauer|erfolg** *m* long-running success; **Dauerflug** *m* (*Aviat*) long haul flight; **Dauerfrostboden** *m* permafrost; **Dauergast** *m* permanent guest; (*häufiger Gast*) regular visitor, permanent fixture (*hum*); **er scheint sich hier als** ~ **einrichten zu wollen** (*iro inf*) he seems to be settling down for a long stay; **Dauergeschwindigkeit** *f* cruising speed.

dauerhaft *adj Zustand, Einrichtung, Farbe* permanent; *Bündnis, Frieden, Beziehung* lasting *attr*, long-lasting, durable. **durch eine Impfung sind Sie gegen diese Krankheit ~ geschützt** one vaccination gives you lasting immunity to this disease.

Dauerhaftigkeit *f* permanence; (*von Material*) durability.

Dauerkarte *f* season ticket; **Dauerlauf** *m* (*Sport*) jog; (*das Laufen*) jogging; **im ~** at a jog *or* trot; **einen ~ machen** to jog, to go jogging *or* for a jog; **Dauerlutscher** *m* lollipop; **Dauermarsch** *m* (*Mil*) forced march; **Dauermieter** *m* long-term tenant; **Dauermilch** *f* long-life milk.

dauern[1] *vi* **1.** (*an~*) to last, to go on. **das Gewitter dauerte zwei Stunden** the thunderstorm lasted (for) *or* went on for two hours; **die Verhandlungen ~ schon drei Wochen** the negotiations have already been going on for three weeks; **wie lange soll dieser Zustand noch ~?** how long will this situation last *or* go on (for) *or* continue?
2. (*Zeit benötigen*) to take a while *or* some time; (*lange*) to take a long time. **das dauert noch** (*inf*) it'll be a while *or* some time yet; **warum dauert das Anziehen bei dir immer so lange?** why do you always take so long to get dressed?; **es dauerte lange, bis er sich befreit hatte** it took him a long time to get free; **das dauert mir zu lange** it takes too long for me; **muß das so lange ~?** does it have to take so long?; **das dauert und dauert** (*inf*) it takes forever (*inf*); **es dauert jetzt nicht mehr lange** it won't take much longer.
3. (*geh: dauerhaft sein*) to last.

dauern[2] *vt* (*old, liter*) **etw dauert jdn** sb regrets sth; **er/sie dauert mich** I feel sorry for him/her; **es dauert mich, daß ... I** regret *or* I'm sorry that ...; **das arme Tier kann einen ~** you can't help feeling sorry for the poor animal.

dauernd I *adj* (*anhaltend*) *Frieden, Regelung* lasting; (*ständig*) *Wohnsitz, Ausstellung* permanent; (*fortwährend*) *Unterbrechung, Nörgelei, Sorge* constant, perpetual.
II *adv* **etw ~ tun** to keep doing sth; (*stärker*) to be always *or* forever (*inf*) doing sth; **sie mußte ~ auf die Toilette** she had to keep going to the toilet; **er beschwert sich ~ darüber** he's always *or* forever (*inf*) complaining about it; **frag nicht ~ so dumm!** don't keep asking stupid questions.

Dauer|obst *nt* fruit suitable for storing; **Dauerparker** *m* **-s, -** long-stay parker; **Parkplatz für ~** long-stay car park; **Dauerredner** *m* (*pej*) interminable speaker; **Dauerregen** *m* continuous rain; **ein mehrtägiger ~** several days of continuous rain; **Dauerschlaf** *m* prolonged sleep; **Dauersitzung** *f* prolonged *or* lengthy session; **Dauerstellung** *f* permanent position; **in ~ beschäftigt** employed in a permanent capacity; **Dauerstrom** *m* (*Elec*) constant current; **Dauerton** *m* continuous tone; **Dauerwald** *m* permanent forest; **Dauerwelle** *f* perm, permanent wave; **Dauerwirkung** *f* (long-)lasting effect; **Dauerzustand** *m* permanent state of affairs; **ich möchte**

das nicht zum ~ werden lassen I don't want that to become permanent.

Däumchen *nt* **1.** *dim of* **Daumen. 2.** (*inf*) **~ drehen** to twiddle one's thumbs; **und da mußten wir ~ drehen** and we were left twiddling our thumbs.

Daumen *m* **-s, -** thumb. **am ~ lutschen** to suck one's thumb; **jdm** *or* **für jdn die Daumen drücken** *or* **halten** to keep one's fingers crossed for sb; **den ~ auf etw** (*acc*) **halten** (*inf*) to hold on to sth.

Daumen|abdruck *m* thumbprint; **Daumenballen** *m* ball of the/one's thumb; **daumenbreit** *adj* as broad as your thumb; **Daumenbreite** *f* thumb's width; **Daumenlutscher** *m* thumb-sucker; **Daumennagel** *m* thumbnail; **Daumenregister** *nt* thumb index; **Daumenschraube** *f* (*Hist*) thumbscrew; **jdm die ~n anlegen** (*lit, fig inf*) to put the (thumb)screws on sb.

Däumling *m* **1.** (*im Märchen*) **der ~** Tom Thumb. **2.** (*von Handschuh*) thumb.

Daune *f* **-, -n** down feather. **~n down** *sing*; **ich schlief dort wie auf ~n** it was like sleeping on air; **weich wie ~n** as soft as thistledown.

Daunenbett *nt*, **Daunendecke** *f* (downfilled) duvet *or* continental quilt; **Daunenfeder** *f* down feather; **Daunenkissen** *nt* down-filled cushion; (*Kopfkissen*) down pillow; **daunenweich** *adj* soft as down.

Daus *m*: **(ei) der ~!** (*old*), **was der ~!** (*old*) what the devil *or* deuce! (*dated*).

David(s)stern *m* star of David.

Davis- ['deɪvɪs]: **Davis cup** [-kap], **Davispokal** *m* Davis cup.

davon *adv* (*emph* **davon**) **1.** (*räumlich*) from there; (*wenn Bezugsobjekt vorher erwähnt*) from it/them; (*mit Entfernungsangabe*) away (from there/it/them). **weg ~!** (*inf*) get away from there/it/them; **~ zweigt ein Weg ab** a path branches off it.
2. (*fig*) in Verbindung mit *n, vb* siehe auch *dort* **es unterscheidet sich ~ nur in der Farbe** it only differs from it in the colour; **nein, weit ~ entfernt!** no, far from it!; **ich bin weit ~ entfernt, Ihnen Vorwürfe machen zu wollen** the last thing I want to do is reproach you; **wenn wir einmal ~ absehen, daß ...** if for once we overlook the fact that ...; **wir möchten in diesem Fall ~ absehen, Ihnen den Betrag zu berechnen** in this case we shall not invoice you; **in ihren Berechnungen sind sie ~ ausgegangen, daß ...** they made their calculations on the basis that ...
3. (*fig: dadurch*) *leben, abhängen* on that/it/them; *sterben* of that/it; *krank/braun werden* from that/it/them. **... und ~ kommt die rote Farbe** ... and that's where the red colour comes from, ... and the red colour comes from that; **das kommt ~!** I told you so!; **das hängt ~ ab, ob ...** that depends on whether ...; **der Erfolg hängt ~ ab, daß alle mitarbeiten** success depends on everyone doing their bit; **~ hat man nur Ärger** you get nothing but trouble with it; **~ wird man müde** that makes you tired; **er ißt keine Kartoffeln,**

weil man ~ dick wird he doesn't eat potatoes because they make you fat; ~ kann sie doch nicht satt werden that won't fill her up; ~ stirbst du nicht it won't kill you; was habe ich denn ~? what do I get out of it?; was habe ich denn ~? why should I?; was hast du denn ~, daß du so schuftest? what do you get out of slaving away like that?

4. (mit Passiv) by that/it/them. ~ betroffen werden or sein to be affected by it/them.

5. (Anteil, Ausgangsstoff) of that/it/them. ~ essen/trinken/ nehmen to eat/drink/take some of that/it/them; die Hälfte ~ half of that/it/them; das Doppelte ~ twice or double that; zwei/ein Viertelpfund ~, bitte! would you give me two of those/a quarter of a pound of that/those, please; früher war er sehr reich, aber nach dem Krieg ist ihm nichts ~ geblieben he used to be very rich but after the war nothing was left of his earlier wealth.

6. (darüber) hören, wissen, sprechen about that/it/them; verstehen, halten of that/it/them. genug ~! enough of this!; ich habe keine Ahnung ~ I've no idea about that/it; nichts mehr ~! no more of that!; nichts ~ halten not to think much of it; ich halte viel ~ I think it is quite good; was wissen Sie ~! what do you know about it anyway?; in Verbindung mit n, vb siehe auch dort.

davon|eilen vi sep aux sein (geh) to hurry or hasten away; **davonfahren** vi sep irreg aux sein **1.** (geh) to drive away; (auf Fahrrad etc) to ride away; (Zug) to pull away; **2. jdm** ~ to speed away from sb; **davonfliegen** vi sep irreg aux sein (geh) to fly away; **davongehen** vi sep irreg aux sein (geh) to walk away; **davonjagen** vt sep to chase off or away; **davonkommen** vi sep irreg aux sein (entkommen) to get away, to escape; (nicht bestraft werden) to get away with it; (freigesprochen werden) to get off; **mit dem Schrecken/dem Leben/einer Geldstrafe** ~ to escape with no more than a shock/with one's life/to get off with a fine; **davonlassen** vt sep irreg die Finger ~ (inf) to leave it/them well alone; **du sollst die Finger** ~ keep your hands or fingers off (it/them); **davonlaufen** vi sep irreg aux sein **1.** to run away (jdm/vor jdm from sb); (verlassen) to walk out (jdm on sb); **von zu Hause** ~ to run away from home; **der Läufer ist dem ganzen übrigen Feld davongelaufen** the runner outstripped the whole of the rest of the field; **das Hausmädchen/ihr Mann ist ihr davongelaufen** (inf) the maid/her husband walked out on her; **es ist zum D—! (**inf**)** it's all too much!; **2.** (außer Kontrolle geraten) to get out of hand; **die Preise sind davongelaufen** prices have run away with themselves or have got out of hand; **die Preise sind uns/den Löhnen davongelaufen** prices are beyond our control/have outstripped wages; **davonmachen** vr sep to make off; **davonrennen** vi sep irreg aux sein (inf) siehe **davonlaufen; davonschleichen** vir sep irreg (vi: aux sein) to creep or slink away or off; **davon-**

stehlen vr sep irreg (geh) to steal away; **davontragen** vt sep irreg **1.** (wegtragen) Gegenstände, Verletzte to carry away; Preis to carry off; Sieg, Ruhm to win; **2.** (erleiden) Schaden, Verletzung to suffer; **davonziehen** vi sep irreg aux sein (liter) to leave; (Prozession etc) to move off; (Sport inf) to pull away (jdm from sb).

davor adv (emph davor) **1.** (räumlich) in front (of that/it/ them); (wenn Bezugsobjekt vorher erwähnt) in front of it/them. **ein Haus mit einem großen Rasen** ~ a house with a big front lawn or with a big lawn in front.

2. (zeitlich) (vor einem bestimmten Datum) before that; (bevor man etw tut) beforehand. **ist er 1950 ausgewandert? — nein, schon** ~ did he emigrate in 1950? — no, before that.

3. in Verbindung mit n, vb siehe auch dort; bewahren, schützen from that/it; warnen of or about that/it; Angst haben of that/it; sich ekeln by that/it. **ich habe Angst** ~, **das zu tun** I'm afraid of doing that; **ich habe Angst** ~, **daß der Hund beißen könnte** I'm afraid that the dog might bite; **sein Ekel** ~ his disgust of it; **er hat sie** ~ **bewahrt, in den sicheren Tod zu gehen** he saved her from (a) certain death; **ich warne Sie** ~! I warn you!

davorliegen vi sep irreg to lie in front of it/them; **davorstehen** vi sep irreg to stand in front of it/them; **davorstellen** sep **I** vt to put in front of it/them; **II** vr to stand in front of it/them.

dawider adv (old) against it. **dafür und** ~ for and against.

dawiderreden vi sep (old) to contradict.

dazu adv (emph dazu) **1.** (räumlich) there. **wozu gehört das? —** ~! where does that belong? — there!

2. (dabei, damit) with it; (außerdem, obendrein auch) into the bargain (inf), at the same time. **er ist dumm und** ~ **auch noch faul** he's stupid and lazy with it or into the bargain (inf) or as well; **sie ist hübsch und** ~ **nicht unintelligent** she's pretty and not unintelligent either; **noch** ~ as well, too; **noch** ~, **wo ...** when ... too; **er machte ein so lustiges Gesicht** ~, **daß ...** he pulled such a funny face as he did/said it that ...; ~ **reicht or serviert man am besten Reis** it's best to serve rice with it; **er singt und spielt Gitarre** ~ he sings and accompanies himself on the guitar.

3. (zu diesem Ergebnis) to that/it. **auf dem besten Wege** ~ **sein, etw zu tun** to be well on the way to doing sth; **das führt** ~, **daß weitere Forderungen gestellt werden** that will lead to further demands being made; ~ **führt das dann** that's what it leads to; **wie konnte es nur** ~ **kommen?** how could that happen?; **wer weiß, wie sie** ~ **gekommen ist** (zu diesem Auto etc) who knows how she came by it; **wer weiß, wie sie** ~ **gekommen ist, Alkoholikerin zu werden** who knows how she came to be an alcoholic; **wie komme ich** ~? (empört) why on earth should I?; ... **aber ich bin nicht** ~ **gekommen** ... but I didn't get round to it; mit n, vb siehe auch dort.

4. (*dafür, zu diesem Zweck*) for that/it. ~ **bin ich zu alt** I'm too old for that; **ich bin zu alt ~, noch tanzen zu gehen** I'm too old to go dancing; ~ **habe ich dich nicht studieren lassen, daß du ...** I didn't send you to university so that you could *or* for you to ...; **ich habe ihm ~ geraten I** advised him to (do that); **Sie sind ~ wie geschaffen** it's as if you were made for it; ~ **fähig/bereit sein, etw zu tun** to be capable of doing sth/prepared to do sth; **er war nicht ~ fähig/ bereit** he wasn't capable of it/prepared to; ~ **gehört viel Geld** that takes a lot of money; ~ **ist er da** that's what he's there for, that's why he's there; **die Erlaubnis/die Mittel/das Recht ~** permission/the means/the right to do it; **ich habe keine Lust ~** I don't feel like it; ~ **habe ich keine Zeit, da habe ich keine Zeit zu** (*N Ger inf*) I haven't the time (for that); **ich bin nicht ~ in der Lage** I'm not in a position to; *in Verbindung mit n, vb siehe auch dort.*

5. (*darüber, zum Thema*) about that/it. **was sagst/ meinst du ~?** what do you say to/think about that?; **meine Gedanken/ Meinung ~** my thoughts about/opinion of that; **..., ~ hören Sie jetzt einen Kommentar** ... we now bring you a commentary; **er hat sich nur kurz ~ geäußert** he only commented briefly on that/it.

6. (*in Wendungen*) **im Gegensatz/ Vergleich ~** in contrast to/comparison with that; **er war nicht immer Lord, er wurde erst ~ gemacht** he wasn't born a Lord, he was made *or* created one; ~ **wird man nicht gewählt, sondern ernannt** one is appointed rather than elected to that; *in Verbindung mit n, vb siehe auch dort.*

dazugeben *vt sep irreg* to add; **dazugehören*** *vi sep* to belong (*to* it/us *etc*); (*als Ergänzung*) to go with it/them; (*eingeschlossen sein*) to be included (in it/ them); **bei einer Familienfeier gehört Onkel Otto auch dazu** Uncle Otto should be part of or any family gathering too; **das gehört mit dazu** that belongs to/goes with/ is included in it; (*versteht sich von selbst*) it's all part of it; **es gehört schon einiges dazu** that takes a lot; **dazugehörig** *adj attr* which goes/go with it/them; *Schlüssel etc* belonging to it/them; (*zu dieser Arbeit gehörend*) *Werkzeuge, Material* necessary; (*gebührlich*) obligatory; **dazukommen** *vi sep irreg aux sein* 1. (*ankommen*) to arrive (on the scene); **er kam zufällig dazu** he happened to arrive on the scene; 2. (*hinzugefügt werden*) to be added; **es kommen laufend neue Bücher dazu** new books are always being added; **kommt noch etwas dazu?** is there *or* will there be anything else?; **es kommt noch dazu, daß er faul ist** on top of that *or* in addition to that he's lazy; 3. (*Aus, Sw: Zeit dafür finden*) to get round to it; **dazulegen** *sep* I *vt* to add to it; **jdm/sich noch ein Stückchen Fleisch ~** to give sb/oneself another piece of meat; **leg die Sachen ruhig dazu** just put the things with it/them; II *vr* to lie down with him/them *etc*; **dazulernen** *vt sep* **viel/nichts ~** to learn a lot more/ nothing new; **man kann immer was ~**

there's always something to learn; **schon wieder was dazugelernt!** you learn something (new) every day!

dazumal *adv* (*old*) in those days; *siehe* **Anno.**

dazurechnen *vt sep* 1. *Kosten, Betrag, Zahl* to add on; 2. (*mit berücksichtigen*) to consider also; **dazusetzen** *sep* I *vt* 1. **können wir den Jungen hier noch ~?** could the boy sit here too?; 2. (*dazuschreiben*) to add; II *vr* to join him/us *etc*; **komm, setz dich doch dazu** come and sit with *or* join us; **dazutun** *vt sep irreg* (*inf*) to add.

Dazutun *nt* **er hat es ohne dein ~ geschafft** he managed it without your doing/saying anything; **ohne dein ~ hätte er es nicht geschafft** he wouldn't have managed it if you hadn't done/said something *or* without your doing/saying anything.

dazwischen *adv* (*räumlich, zeitlich*) in between; (*in der betreffenden Menge, Gruppe*) amongst them, in with them. **die Betten standen dicht nebeneinander, es hing nur ein Vorhang ~** the beds were very close together, there was only a curtain between them.

dazwischenfahren *vi sep irreg aux sein* 1. (*eingreifen*) to step in and put a stop to things; 2. (*unterbrechen*) to break in, to interrupt; **dazwischenfunken** *vi sep* (*inf: eingreifen*) to put one's oar in (*inf*); (*etw vereiteln*) to put a spoke in it (*inf*); **dazwischenkommen** *vi sep irreg aux sein* 1. **mit der Hand/der Hose etc ~** to get one's hand/trousers *etc* caught in it/them; 2. (*störend erscheinen*) to come along and spoil things; **dann kam mir diese lästige Grippe dazwischen** then I caught the wretched flu which spoilt things; **... wenn nichts dazwischenkommt!** ... if all goes well; **leider ist** *or* **mir ist leider etwas dazwischengekommen, ich kann nicht dabeisein** something has come *or* cropped up, I'm afraid I can't be there; **dazwischenreden** *vi sep* (*unterbrechen*) to interrupt (*jdm* sb); **dazwischenrufen** *vti sep irreg* to yell out; **dazwischenschlagen** *vi sep irreg* to wade in, to lam in (*esp US inf*); **dazwischenstehen** *vi sep irreg* 1. (*lit*) to be amongst *or* (*zwischen zweien*) between them; 2. (*zwischen den Parteien*) to be neutral; 3. (*geh: hindernd*) to be in the way; **dazwischentreten** *vi sep irreg aux sein* 1. (*schlichtend*) to intervene; **sein D~** his intervention; 2. (*geh: störend*) to come between them.

DB [de:'be:] *f - abbr of* **Deutsche Bundesbahn.**

DDR [de:de:'|ɛr] *f - abbr of* **Deutsche Demokratische Republik** GDR, German Democratic Republic, East Germany.

DDR-Bürger *m* East German, citizen of the German Democratic Republic.

DDT [de:de:'te:] *nt - abbr of* **Dichlordiphenyltrichloräthan** DDT.

Dealer(in *f*) ['di:lɐ, -ərɪn] *m* **-s, -** (*inf*) pusher; (*international*) trafficker.

Debakel *nt* **-s, -** debacle. **ein ~ erleiden** (*Stück etc*) to be a debacle; **damit hat die Regierung ein ~ erlitten** that turned into something of a debacle for the government.

Debatte f -, -n debate. **etw in die ~ werfen** to throw sth into the discussion; **etw zur ~ stellen** to put sth up for discussion *or* (*Parl*) debate; **was steht zur ~?** what is being discussed *or* is under discussion?; (*Parl*) what is being debated?; **das steht hier nicht zur ~** that's not the issue; **sich in eine ~ (über etw** *acc*) **einlassen** to enter into a discussion (about sth).

debattieren* vti to debate. **über etw** (*acc*) **(mit jdm) ~** to discuss sth (with sb); **mit ihm kann man schlecht ~** you can't have a good discussion with him.

Debet nt -s, -s (*Fin*) debits pl.

debil adj (*Med*) feeble-minded.

Debilität f (*Med*) feeble-mindedness.

Debitor m (*Fin*) debtor.

Debüt [de'by:] nt -s, -s debut.

Debütant m person making his debut; (*fig:* Anfänger, Neuling) novice.

Debütantin f 1. siehe **Debütant**. 2. (*in der Gesellschaft*) debutante, deb.

Debütantinnenball m debutantes' ball.

debütieren* vi (*Theat, fig*) to make one's debut.

Dechanat nt (*Eccl*) deanery.

Dechanei f (*Eccl*) deanery.

Dechant m (*Eccl*) dean.

dechiffrieren* [deʃɪ'fri:rən] vt to decode; Text, Geheimschrift auch to decipher.

Dechiffrierung f siehe vt decoding; deciphering.

Deck nt -(e)s, -s deck; (*in Parkhaus*) level. **auf ~** on deck; **an ~ gehen** to go on deck; **alle Mann an ~!** all hands on deck!; **nicht ganz auf ~ sein** (*inf*) to feel under the weather (*inf*); **wieder auf ~ sein** (*inf*) to be in the pink again (*dated inf*).

Deck|adresse f accommodation *or* cover (*US*) address; **Deck|anstrich** m top *or* final coat; **Deck|aufbauten** pl (*Naut*) superstructure sing; **Deckbett** nt feather quilt; **Deckblatt** nt (*Bot*) bract; (*von Zigarre*) wrapper; (*Schutzblatt*) cover; (*Einlageblatt*) overlay.

Decke f -, -n 1. cloth; (*Woll~*) blanket; (*kleiner*) rug; (*Stepp~*) quilt; (*Bett~*) cover; (*fig:* Schnee~, Staub~ etc) blanket. **unter die ~ kriechen** to pull the bedclothes up over one's head; **sich nach der ~ strecken** (*fig*) to cut one's coat according to one's cloth; **mit jdm unter einer ~ stecken** (*fig*) to be in league *or* in cahoots (*inf*) *or* hand in glove with sb. 2. (*Zimmer~*) ceiling; (*Min*) roof. **es tropft von der ~** there's water coming through the ceiling; **an die ~ gehen** (*inf*) to hit the roof (*inf*); **vor Freude an die ~ springen** (*inf*) to jump for joy; **mir fällt die ~ auf den Kopf** (*fig inf*) I feel really claustrophobic *or* shut in. 3. (*Schicht*) layer; (*Straßen~*) surface; (*Reifen~*) outer tyre *or* cover *or* casing.

Deckel m -s, - lid; (*von Schachtel, Glas auch, von Flasche*) top; (*Buch~, Uhr~*) cover; (*inf:* Hut, Mütze) titfer (*Brit inf*), hat. **eins auf den ~ kriegen** (*inf*) (ge-

schlagen werden) to get hit on the head; (*ausgeschimpft werden*) to be given a (good) talking-to (*inf*); **jdm eins auf den ~ geben** (*inf*) (*schlagen*) to smash sb on the head; (*ausschimpfen*) to give sb a (good) talking-to (*inf*).

Deckel- in cpds with a lid.

decken I vt 1. (zu ~) to cover. **ein Dach mit Schiefer/Ziegeln ~** to roof a building with slate/tiles; **ein Dach mit Stroh/Reet ~** to thatch a roof (with straw/reeds). 2. (*zurechtmachen*) Tisch, Tafel to set, to lay. **es ist für vier Personen gedeckt** the table is laid *or* set for four (people); **sich an einen gedeckten Tisch setzen** (*lit*) to find one's meal ready and waiting; (*fig*) to be handed everything on a plate. 3. (*breiten*) **die Hand/ein Tuch über etw** (*acc*) **~** to cover sth with one's hand/a cloth, to put one's hand/a cloth over sth. 4. (*schützen*) to cover; (*Ftbl*) Spieler auch to mark; (*Komplizen*) to cover up for. 5. Kosten, Schulden, Bedarf to cover, to meet. **mein Bedarf ist gedeckt** I have all I need; (*fig inf*) I've had enough (to last me some time); **damit ist unser Bedarf gedeckt** that will meet *or* cover our needs. 6. (*Comm, Fin: absichern*) Scheck, Darlehen to cover; Defizit to offset. **der Schaden wird voll durch die Versicherung gedeckt** the cost of the damage will be fully met by the insurance. 7. (*begatten*) Stute, Ziege to cover.

II vi to cover; (*Boxen*) to guard; (*Ftbl:* Spieler ~ auch) to mark; (*Tisch~*) to lay a/the table. **es ist gedeckt** luncheon/dinner is served.

III vr 1. (*Standpunkte, Interessen, Begriffe*) to coincide; (*Aussagen*) to correspond, to agree; (*Math: Dreiecke, Figur*) to be congruent. **sich ~de Dreiecke** congruent triangles; **sich ~de Begriffe/Interessen** concepts/interests which coincide. 2. (*sich schützen*) to defend oneself; (*mit Schild etc*) to protect oneself; (*Boxer etc*) to cover oneself; (*sich absichern*) to cover oneself.

Decken- in cpds ceiling; **Deckengemälde** nt ceiling fresco; **Deckengewölbe** nt (*Archit*) vaulting; **Deckenheizung** f overhead heating; **Deckenlampe** f ceiling light; **Deckenträger** m ceiling girder.

Deckfarbe f opaque water colour; **Deckflügel** m (*Zool*) wing case; **Deckgeld** nt (*Agr*) stud fee; **Deckglas** nt (*Opt*) cover glass; **Deckhaar** nt top hair; **Deckhaus** nt (*Naut*) deckhouse; **Deckhengst** m stud(horse), stallion; **Deckmantel** m (*fig*) mask, blind; **unter dem ~ von ...** under the guise of ...; **Deckname** m assumed name; (*Mil*) code name; **Deck|offizier** m (*Naut*) ≃ warrant officer; **Deckpassagier** m (*Naut*) first-class passenger; **Deckplane** f (*Aut*) tarpaulin; **Deckplatte** f (*Build*) slab; (*von Mauer*) coping stone; (*von Grab*) covering stone *or* slab; **Decksalon** m (*Naut*) first-class lounge; **Deckschicht** f surface layer; (*von Straße*) surface; (*Geol*) top layer *or* stratum; **Deckstation** f stud (farm); **Deckstein** m (*Build*) coping stone; (von Grab) covering stone.

Deckung f 1. (Schutz) cover; (Fbtl, Chess) defence; (Boxen, Fechten) guard. **in** ~ **gehen** to take cover; **volle** ~**!** (Mil) take cover!; **jdm** ~ **geben** to cover sb; (Feuerschutz auch) to give sb cover.
2. (Verheimlichung) **die** ~ **von etw** covering up for sth; **er kann mit** ~ **durch den Minister rechnen** he can count on the minister covering up for him.
3. (Comm, Fin) (von Scheck, Wechsel) cover; (das Decken) covering; (von Darlehen) security; (das Begleichen) meeting. **der Scheck ist ohne** ~ the cheque is not covered; **zur** ~ **seiner Schulden** to meet his debts; **als** ~ **für seine Schulden** as security or surety for his debts; **dafür ist auf meinem Konto keine** ~ there are no funds to cover that in my account; **die Versicherung übernahm die** ~ **des Schadens** the insurance company agreed to meet the cost of the damage.
4. (Befriedigung) meeting. **eine** ~ **der Nachfrage ist unmöglich** demand cannot possibly be met.
5. (Übereinstimmung) (Math) congruence. **zur** ~ **bringen** (Math) to make congruent; **lassen sich diese Standpunkte/Interessen zur** ~ **bringen?** can these points of view/interests be made to coincide?; **diese beiden Zeugenaussagen lassen sich schwer zur** ~ **bringen** these two statements can't be made to agree.

Deckungs|auflage f (Typ) break-even quantity; **deckungsgleich** adj (Math) congruent; ~ **sein** (fig) to coincide; (Aussagen) to agree; **Deckungsgleichheit** f (Math) congruence; **wegen der** ~**der Ansichten/Aussagen** because of the degree to which these views coincide/these statements agree; **Deckungsgraben** m (Mil) shelter trench; **Deckungskapital** nt (Insur) covering funds pl; **Deckungsloch** nt 1. (Mil) foxhole; 2. (Fin) **dafür hat der Haushalt ein** ~ no provision has been made for that in the Budget; **Deckungslücke** f (Fin) siehe **Deckungsloch 2.**

Deckweiß nt opaque white; **Deckwort** nt code word.

Decoder [de'ko:dɐ, dɪ'kʊʊdə] m -s, - decoder.

decodieren* vt to decode.

Décolleté [dekɔl'te:] nt -s, -s siehe **Dekolleté.**

Decrescendo [dekre'ʃɛndo] nt -s, -s or **Decrescendi** (Mus) diminuendo.

Dedikations|exemplar nt presentation copy.

dedizieren* vt (geh) 1. (widmen) to dedicate. 2. (schenken) **jdm etw** ~ to present sth to sb.

Deduktion f deduction.

deduktiv adj deductive.

deduzieren* vt to deduce (aus from).

Deern [de:ɐn] f -, -s (N Ger inf) lass(ie).

De|eskalation f (Mil) de-escalation.

Deez m -es, -e (hum inf) siehe **Dez.**

de facto adv de facto.

De-facto-Anerkennung f (Pol) de facto recognition.

defäkieren* vi (form) to defecate.

Defätismus m, no pl defeatism.

Defätist m defeatist.

defätistisch adj defeatist no adv.

defäzieren* vi (form) siehe **defäkieren.**

defekt adj Gerät etc faulty, defective.

Defekt m -(e)s, -e fault, defect; (Med) deficiency. **körperlicher/geistiger** ~ physical defect/mental deficiency; **einen** ~ **haben** to be faulty or defective; (inf: von Mensch) to be a bit lacking (inf).

defektiv adj (Gram) defective.

Defektivum [-'ti:vʊm] nt -s, **Defektiva** (Gram) defective.

defensiv adj Maßnahmen, Taktik defensive; Fahrweise defensive (US), nonaggressive. **sich** ~ **verhalten** to be on the defensive.

Defensivbündnis nt defence alliance.

Defensive [-'zi:və] f, no pl defensive. **in der** ~ **bleiben** to remain on the defensive; **jdn in die** ~ **drängen** to force sb onto the defensive.

Defensiv- in cpds defensive; **Defensivkrieg** m defensive warfare; **Defensivspiel** nt defensive game; **Defensivstellung** f defensive position, position of defence.

Defilee [defi'le:] nt -s, -s or -n [-e:ən] (Mil) march-past; (fig) parade.

defilieren* vi aux haben or sein (Mil) to march past; (fig) to parade past.

definierbar adj definable. **schwer/leicht** ~ hard/easy to define.

definieren* vt to define.

Definition f definition.

definitiv adj definite.

definitorisch adj (geh) Frage, Problem of definition. **ein** ~ **schwieriges Problem** a problem which is hard to define.

Defizit nt -s, -e (Fehlbetrag) deficit; (Mangel) deficiency (an +dat of).

defizitär adj in deficit. **die Bahn entwickelt sich immer** ~**er** the railways have a larger deficit every year; **die** ~**e Entwicklung der Organisation** the trend in the organization to run to a deficit; **eine** ~**e Haushaltspolitik führen** to follow an economic policy which can only lead to deficit.

Deflation f (Econ) deflation.

deflationär, deflationistisch adj deflationary no adv.

Deflationspolitik f deflationary policy.

Defloration f defloration.

deflorieren* vt to deflower.

Deformation f deformation, distortion; (Mißbildung) deformity; (Entstellung) disfigurement.

deformieren* vt (Tech) to deform, to contort; (lit, fig: mißbilden) to deform; (entstellen) to disfigure. **eine deformierte Nase** a misshapen nose.

Deformierung f 1. (das Deformieren) deformation; (Entstellung) disfigurement. 2. siehe **Deformation.**

Defroster m -s, - (Aut) heated windscreen; (Sprühmittel) de-icer; (im Kühlschrank) defroster.

deftig adj 1. (derb, urwüchsig) Witz, Humor ribald.
2. (kräftig) Lüge whopping (inf), huge; Mahlzeit solid; Wurst etc substantial,

good solid *attr; Ohrfeige* cracking (*inf*). **er hat sich ganz ~ ins Zeug gelegt** he really got going (*inf*); **dann langten die Kinder ~ zu** then the kids really got stuck in (*inf*).

Deftigkeit *f, no pl siehe adj* **1.** ribaldry. **2.** hugeness; solidness; substantialness; soundness.

Degen *m* **-s, -** rapier; (*Sportfechten*) épée. **mit bloßem** *or* **nacktem ~** with one's rapier drawn.

Degeneration *f* degeneration.

Degenerations|erscheinung *f* sign of degeneration.

degenerativ *adj Schäden* degenerative.

degenerieren* *vi aux sein* to degenerate (*zu* into).

degeneriert *adj* degenerate.

Degenfechten *nt* épée fencing; **Degenklinge** *f* rapier blade; **Degenknauf** *m* pommel; **Degenkorb** *m* guard.

Degout [de'gu:] *m* **-s,** *no pl* (*geh*) distaste.

degoutant [degu'tant] *adj* (*geh*) distasteful.

degoutieren* [degu'ti:rən] *vt* (*geh*) to disgust.

degradieren* *vt* (*Mil*) to demote (*zu* to); (*fig: herabwürdigen*) to degrade. **jdn/etw zu etw ~** (*fig*) to lower sb/sth to the level of sth.

Degradierung *f* (*Mil*) demotion (*zu* to); (*fig*) degradation. **diese Behandlung empfand er als (eine) ~** he felt such treatment to be degrading.

Degression *f* (*Fin*) degression.

degressiv *adj* (*Fin*) degressive.

Degustation *f* (*esp Sw*) tasting.

degustieren* *vti* (*esp Sw*) *Wein* to taste.

dehnbar *adj* (*lit*) elastic; (*fig auch*) flexible; *Stoff* stretch *attr*, stretchy (*inf*), elastic; *Metall* ductile.

Dehnbarkeit *f, no pl siehe adj* elasticity; flexibility; stretchiness (*inf*), elasticity; ductility. **Eisen hat eine geringere ~ als Blei** iron is less ductile than lead.

dehnen I *vt* to stretch; (*Med auch*) to dilate; *Laut, Silbe* to lengthen. **er sprach das Wort „relax" sehr gedehnt aus** he really drawled the word "relax"; **Vokale gedehnt aussprechen** to pronounce one's vowels long.

II *vr* to stretch. **er dehnte und streckte sich** he had a good stretch; **vor ihnen dehnte sich der Ozean** (*geh*) the ocean stretched out before them; **der Weg dehnte sich endlos** the road seemed to go on for ever.

Dehnung *f siehe vt* stretching; dilation; lengthening.

Dehnungs-h *nt* h with a lengthening effect on the preceding vowel; **Dehnungsstrich** *m* length mark marked.

dehydrieren* *vt* (*Chem*) to dehydrate.

Dehydrierung *f* (*Chem*) dehydration.

Deibel *m* **-s, -** (*N Ger inf*) *siehe* **Teufel, pfui.**

Deich *m* **-(e)s, -e** dyke, dike (*esp US*).

Deichbau *m* dyke; (*das Bauen*) dyke building; **Deichgraf, Deichhauptmann** *m* dyke reeve (*old*) *or* warden; **Deichkrone** *f* dyke top.

Deichsel [-ks-] *f* **-, -n** shaft; (*Doppel~*) shafts *pl*. **ein Pferd in der ~** a horse in *or* between the shafts.

Deichselbruch *m* broken shaft/shafts; **Deichselkreuz** *nt* **1.** handle; **2.** (*Rel*) Y-shaped cross.

deichseln [-ks-] *vt* (*inf*) to wangle (*inf*). **das werden wir schon ~** we'll wangle it somehow.

Deichvogt *m* (*old*) *siehe* **Deichgraf.**

Deifikation [deifika'tsio:n] *f* (*Philos*) deification.

dein I *poss pron* **1.** (*adjektivisch*) (*in Briefen*: **D~**) your, thy (*obs, dial*). **~ doofes/schönes Gesicht** that stupid/beautiful face of yours, your stupid/beautiful face; **rauchst du immer noch ~e 20 Zigaretten pro Tag?** are you still smoking your 20 cigarettes a day?; **herzliche Grüße, D~e Elke** with best wishes, yours *or* (*herzlicher*) love Elke; **stets** *or* **immer D~ Otto** yours ever, Otto; **D~ Wille geschehe** (*Bibl*) Thy will be done. **2.** (*old: substantivisch*) yours. **behalte, was ~ ist** keep what is yours.

II *pers pron gen of* **du** (*old, poet*) **ich werde ewig ~ gedenken** I shall remember you forever.

deiner *pers pron gen of* **du** (*geh*) of you. **wir werden ~ gedenken** we will remember you.

deine(r, s) *poss pron* (*substantivisch*) yours. **der/die/das ~** (*geh*) yours; **tu du das D~** (*geh*) you do your bit; **stets** *or* **immer der D~** (*form*) yours ever; **die D~n** (*geh*) your family, your people; **du und die D~n** (*geh: Familie*) you and yours; **das D~** (*geh: Besitz*) what is yours.

deinerseits *adv* (*auf deiner Seite*) for your part; (*von deiner Seite*) on your part. **den Vorschlag hast du ~ gemacht** you made the suggestion yourself.

deinesgleichen *pron inv* people like you *or* yourself; (*pej auch*) your sort, the likes of you. **an Schönheit ist keine ~** (*liter*) in beauty there is none to equal you (*liter*).

deinethalben (*dated*), **deinetwegen** *adv* (*wegen dir*) because of you, on account of you, on your account; (*dir zuliebe auch*) for your sake; (*um dich*) about you; (*für dich*) on your behalf; **deinetwillen** *adv* **um ~** for your sake.

deinige *poss pron* (*old, geh*) **der/die/das ~** yours; **die D~n** your family *or* people; **das D~** (*Besitz*) what is yours; **tu du das D~** you do your bit.

deins *poss pron* yours.

Deismus *m, no pl* (*Philos*) deism.

Deiwel (*N Ger*), **Deixel** (*S Ger*) *m* **-s, -** *siehe* **Teufel.**

Déjà-vu-Erlebnis [deʒa'vy:-] *nt* (*Psych*) sense *or* feeling of déjà vu.

de jure *adv* de jure.

De-jure-Anerkennung *f* de jure recognition.

Deka *nt* **-(s), -** (*Aus*) *siehe* **Dekagramm.**

Dekade *f* (*10 Tage*) ten days, ten-day period; (*10 Jahre*) decade.

dekadent *adj* decadent.

Dekadenz *f, no pl* decadence.

dekadisch *adj Zahlensystem* decimal. **~er Logarithmus** common logarithm.

Dekaeder *m* **-s, -** decahedron; **Dekagon** *nt* **-s, -e** decagon; **Dekagramm** [(*Aus*) 'deka-] *nt* decagram(me); **10 ~ Schinken**

(*Aus*) 100 grams of ham; **Dekaliter** *m* decalitre; **Dekalog** *m* **-(e)s** (*Bibl*) decalogue.

Dekameter *m* decametre.

Dekan *m* **-s, -e** (*Univ, Eccl*) dean.

Dekanat *nt* 1. (*Univ, Eccl: Amt, Amtszeit*) deanship. 2. (*Amtssitz*) (*Univ*) office of the dean; (*Eccl*) deanery.

Dekanei *f* (*Eccl*) deanery.

Deklamation *f* declamation. ~**en** (*pej*) (empty) rhetoric *sing*.

deklamatorisch *adj* declamatory, rhetorical.

deklamieren* *vti* to declaim.

Deklaration *f* (*alle Bedeutungen*) declaration.

deklarieren* *vt* (*alle Bedeutungen*) to declare.

Deklarierung *f* declaration.

deklassieren* *vt* 1. to downgrade. 2. (*Sport: weit übertreffen*) to outclass.

Deklassierung *f siehe vt* downgrading; outclassing.

deklinabel *adj* (*Gram*) declinable.

Deklination *f* 1. (*Gram*) declension. 2. (*Astron, Phys*) declination.

deklinierbar *adj* (*Gram*) declinable.

deklinieren* *vt* (*Gram*) to decline.

dekodieren* *vt siehe* **decodieren.**

Dekolleté [dekɔl'teː] *nt* **-s, -s** low-cut *or* décolleté neckline, décolletage. **ein Kleid mit einem tiefen/gewagten** ~ a very/ daringly low-cut *or* décolleté dress; **ihr** ~ **ging fast bis zum Bauchnabel** her neckline plunged almost to her navel.

dekolletiert [dekɔl'tiːʀt] *adj* (*Kleid*) low-cut, décolleté. **eine** ~**e Dame** a woman in a low-cut dress.

Dekolonisation *f* decolonization.

dekolonisieren* *vt* to decolonize.

Dekolonisierung *f* decolonizing.

Dekomposition *f* decomposition.

Dekompression *f* decompression.

Dekompressionskammer *f* decompression chamber.

Dekontamination *f* decontamination.

dekontaminieren* *vt* to decontaminate.

Dekonzentration *f* deconcentration, decentralization.

Dekor *m or nt* **-s, -s** *or* **-e** 1. decoration; (*von Raum auch*) décor; (*Muster*) pattern. 2. (*Theat, Film etc*) décor.

Dekorateur(in *f*) [dekora'tøːɐ, -ø:rɪn] *m* (*Schaufenster*~) window-dresser; (*von Innenräumen*) interior designer.

Dekoration *f* 1. *no pl* (*das Ausschmücken*) decorating, decoration.
  2. (*Einrichtung*) décor *no pl*; (*Fenster*~) window dressing *or* decoration; (*Theat: Bühnenbild*) set. **zur** ~ **dienen** to be decorative; **zu Weihnachten haben viele Kaufhäuser schöne** ~**en** many department stores have beautifully decorated windows for Christmas.
  3. (*Ordensverleihung*) decoration.

Dekorations|arbeiten *pl* decorating *no pl*; **Dekorationsmaler** *m* (interior) decorator; (*Theat*) scene-painter; **Dekorationsstoff** *m* (*Tex*) furnishing fabric; **Dekorationsstück** *nt* piece of the décor; **das ist nur ein** ~ that's just for decoration.

dekorativ *adj* decorative.

dekorieren* *vt* to decorate; *Schaufenster* to dress.

Dekorum *nt* **-s,** *no pl* (*liter*) propriety, decorum. **das** ~ **wahren** to maintain *or* observe the proprieties.

Dekostoff *m siehe* **Dekorationsstoff.**

Dekret *nt* **-(e)s, -e** decree.

dekretieren* *vt* to decree.

dekuvrieren* [deku'vriːʀən] (*geh*) I *vt Skandal, Machenschaften* to expose, to uncover; *Person, Betrüger etc* to expose. II *vr* to reveal oneself. **er hat sich als Spion dekuvriert** he revealed himself to be a spy.

Deleatur(zeichen) *nt* **-s, -** (*Typ*) deletion mark.

Delegat *m* **-en, -en** delegate.

Delegation *f* delegation.

Delegationschef *m* head of a delegation. **der koreanische** ~ the head of the Korean delegation.

delegieren* *vt* (*alle Bedeutungen*) to delegate (*an + acc* to).

Delegiertenkonferenz, Delegiertenversammlung *f* delegates' conference.

Delegierte(r) *mf decl as adj* delegate.

delektieren* (*geh*) I *vr* **sich an etw** (*dat*) ~ to delight in sth. II *vt* **jdn mit etw** ~ to delight sb with sth; **sie delektierten den Sultan mit Tänzen** they danced for the sultan's delectation (*liter*).

Delfter *adj attr Porzellan etc* Delft.

delikat *adj* 1. (*wohlschmeckend*) exquisite, delicious. 2. (*behutsam*) delicate; *Andeutung auch* gentle. 3. (*heikel*) *Problem, Frage* delicate, sensitive; (*gewagt*) risqué. 4. (*geh: empfindlich*) delicate.

Delikateß- *in cpds* top-quality.

Delikatesse *f* 1. (*Leckerbissen, fig*) delicacy. **ein Geschäft für Obst und** ~**n** a fruit shop and delicatessen *sing*. 2. *no pl* (*Feinfühligkeit*) delicacy, sensitivity.

Delikatessengeschäft *nt*, **Delikatessenhandlung** *f* delicatessen *sing*, deli (*US inf*).

Delikt *nt* **-(e)s, -e** (*Jur*) offence; (*schwerer*) crime.

Delinquent [delɪŋ'kvɛnt] *m* (*geh*) offender.

delinquent [delɪŋ'kvɛnt] *adj* (*Sociol, Psych*) delinquent.

Delinquenz [delɪŋ'kvɛnts] *f* (*Sociol, Psych*) delinquency.

delirieren* *vi* (*geh, Med*) to be delirious. **er delirierte im Fieber** he was delirious with fever.

Delirium *nt* delirium. **im** ~ **sein** to be delirious *or* in a state of delirium; (*betrunken*) to be paralytic (*inf*); **im** ~ **redete der Kranke wirr und konfus** the sick man raved deliriously; ~ **tremens** delirium tremens, the DT's.

deliziös *adj* (*liter*) most delectable.

Delle *f* **-, -n** 1. (*dial*) dent. **eine** ~ **bekommen** to get a dent, to get *or* be dented. 2. (*Boden*~) hollow, dip.

delogieren* [delo'ʒiːʀən] *vt* (*Aus*) *Mieter* to evict.

Delphi *nt* **-s** Delphi. **das Orakel von** ~ the Delphic oracle, the oracle of Delphi.

Delphin[1] *m* **-s, -e** (*Zool*) dolphin.

Delphin[2] *nt* **-s,** *no pl siehe* **Delphinschwimmen.**

Delphinarium *nt* dolphinarium.
Delphinschwimmen *nt* butterfly.
delphisch *adj* Delphic. **das D~e Orakel** the Delphic oracle.
Delta¹ *nt* **-s, -s** *or* **Delten** (*Geog*) delta.
Delta² *nt* **-(s), -s** (*Buchstabe*) delta.
deltaförmig *adj* delta-shaped, deltaic (*rare*); **Deltamündung** *f* delta estuary; **Deltamuskel** *m* deltoid; **Deltastrahlen** *pl* (*Phys*) delta rays *pl*.
De-Luxe-Ausführung [də'lyks-] *f* (*Comm*) de-luxe version.
dem I *dat of def art* **der, das 1.** to the; (*mit Präposition*) the.
 2. es ist nicht an ~ that is not the case *or* how it is; **wenn ~ so ist** if that is the way it is; **wie ~ auch sei** be that as it may.
 II *dat of dem pron* **der, das 1.** *attr* to that; (*mit Präposition*) that.
 2. (*substantivisch*) to that one; that one; (*Menschen*) to him; him; (*von mehreren*) to that one; that man.
 III *dat of rel pron* **der, das** to whom, that *or* who(m) ... to; (*mit Präposition*) who(m); (*von Sachen*) to which, which *or* that ... to; which.
Demagoge *m* demagogue.
Demagogentum *nt*, **Demagogie** *f* demagogy, demagoguery.
demagogisch *adj Rede etc* demagogic. **er hat in seiner Rede die Tatsachen ~ verzerrt** in his speech he twisted the facts to demagogic ends.
Demarche [de'marʃə] *f* **-, -n** (*Pol*) (diplomatic) representation, démarche. **eine ~ unternehmen** to lodge a diplomatic protest.
Demarkation *f* demarcation.
Demarkationslinie *f* (*Pol, Mil*) demarcation line.
demarkieren* *vt Grenze, Bereiche* to demarcate.
demaskieren* I *vt* to unmask, to expose. **jdn als etw ~** to expose sb as sth. II *vr* to unmask oneself, to take off one's mask. **sich als etw ~** to show oneself to be sth.
Dementi *nt* **-s, -s** denial, disclaimer.
dementieren* I *vt* to deny. II *vi* to deny it.
Dementierung *f* denial, denying.
dem|entsprechend I *adv* correspondingly; (*demnach*) accordingly; *bezahlt* commensurately. II *adj* appropriate; *Bemerkung auch* apposite; *Gehalt* commensurate. ... **aber sein Verhalten ist nicht ~** ... but he does not behave accordingly *or* correspondingly.
Demenz *f* (*Med*) dementia.
demgegenüber *adv* (*wohingegen*) on the other hand; (*im Vergleich dazu*) in contrast; **demgemäß** *adv, adj siehe* **dementsprechend.**
demilitarisieren* *vt* to demilitarize.
Demilitarisierung *f* demilitarization.
Demimonde [dəmi'mõːd] *f* **-, no pl** (*pej geh*) demimonde.
Demission *f* (*Pol*) (*Rücktritt*) resignation; (*Entlassung*) dismissal. **um seine ~ bitten** to ask to be relieved of one's duties; **er wurde zur ~ gezwungen** he was forced to resign.
demissionieren* *vi* (*Pol, Sw: kündigen*) to resign.

Demiurg *m* **-en** *or* **-s,** *no pl* (*Myth, liter*) demiurge.
demnach *adv* therefore; (*dementsprechend*) accordingly; **demnächst** *adv* soon; **~ (in diesem Kino)** coming soon.
Demo *f* **-, -s** (*inf*) demo (*inf*).
Demobilisation *f* (*Mil*) demobilization.
demobilisieren* I *vt* to demobilize; *Soldaten auch* to demob (*Brit inf*). II *vi* to demobilize.
Demobilisierung *f* demobilization; (*von Soldaten auch*) demob (*Brit inf*).
Demograph(in *f*) *m* demographer.
Demographie *f* demography.
demographisch *adj* demographic.
Demokrat(in *f*) *m* **-en, -en** democrat.
Demokratie *f* democracy.
Demokratieverständnis *nt* understanding of (the meaning of) democracy.
demokratisch *adj* democratic.
demokratisieren* *vt* to democratize, to make democratic.
Demokratisierung *f* democratization.
demolieren* *vt* to wreck, to smash up; (*Rowdy auch*) to vandalize. **nach dem Unfall war das Auto total demoliert** after the accident the car was a complete wreck.
Demonstrant(in *f*) *m* demonstrator.
Demonstration *f* (*alle Bedeutungen*) demonstration. **zur ~ seiner Friedfertigkeit** ... as a demonstration of *or* to demonstrate his peaceful intentions ...; **eine ~ für/gegen etw** a demonstration in support of/against sth.
Demonstrationsmaterial *nt* teaching material *or* aids *pl*; **Demonstrationsrecht** *nt* right to demonstrate *or* hold demonstrations; **Demonstrationszug** *m* demonstration, (protest) march.
demonstrativ *adj* demonstrative (*auch Gram*); *Beifall* acclamatory; *Protest, Fehlen* pointed; *Beispiel* clear. **der Botschafter verließ ~ den Saal** the ambassador pointedly left the room.
Demonstrativ- *in cpds* (*Gram*) demonstrative.
demonstrieren* *vti* (*alle Bedeutungen*) to demonstrate. **für/gegen etw ~** to demonstrate in support of/against sth; **die Regierung hat ihre Entschlossenheit demonstriert** the government gave a demonstration of *or* demonstrated its determination.
Demontage [-'taːʒə] *f* **-, -n** (*lit, fig*) dismantling.
demontieren* *vt* (*lit, fig*) to dismantle; *Räder* to take off.
Demoralisation *f* (*Entmutigung*) demoralization; (*Sittenverfall*) moral decline.
demoralisieren* *vt* (*entmutigen*) to demoralize; (*korrumpieren*) to corrupt. **die römische Gesellschaft war am Ende so demoralisiert, daß ...** ultimately Roman society had suffered such a moral decline that ...
Demoralisierung *f siehe* **Demoralisation.**
Demoskop(in *f*) *m* **-en -en** (opinion) pollster.
Demoskopie *f, no pl* (public) opinion research.
demoskopisch *adj* **~es Institut** (public) opinion research institute; **alle ~en**

Voraussagen waren falsch all the predictions in the opinion polls were wrong; **eine ~e Untersuchung** a (public) opinion poll.

demselben *dat of* **derselbe, dasselbe.**

Demut *f -, no pl* humility. **in ~** with humility.

demütig *adj Bitte, Blick* humble.

demütigen I *vt Gefangenen, Besiegten, Volk* to humiliate; *(eine Lektion erteilen) stolzen Menschen etc* to humble. **II** *vr* to humble oneself *(vor +dat* before).

Demütigung *f* humiliation. **jdm ~en/eine ~ zufügen** to humiliate sb.

Demutsgebärde, Demutshaltung *f (esp Zool)* submissive posture; **demutsvoll** *adj* humble.

demzufolge *adv* therefore.

den I 1. *acc of def art* **der**. **2.** *dat pl of def art* **der, die, das** the; to the. **II** *acc of dem pron* **der 1.** *attr* that. **2.** *(substantivisch)* that one; *(Menschen)* him; *(von mehreren)* that one. **III** *acc of rel pron* **der** who(m), that; *(von Sachen)* which, that.

denaturalisieren* *vt* to denaturalize.

denaturieren* I *vt* to denature. **II** *vi* **zu etw ~** *(fig geh)* to degenerate into sth.

Dendrit *m* **-en, -en** *(Geol, Med)* dendrite.

Dendrochronologie *f* dendrochronology; **Dendrologie** *f* dendrology.

denen I *dat pl of dem pron* **der, die, das** to them; *(mit Präposition)* them. **II** *dat pl of rel pron* **der, die, das** to whom, that *or* who(m) ... to; *(mit Präposition)* whom; *(von Sachen)* to which, that *or* which ... to; which.

dengeln *vt Sense* to sharpen, to hone.

Denk|ansatz *m* starting point; **Denk|anstoß** *m* something to start one thinking; **jdm Denkanstöße geben** to give sb something to think about, to give sb food for thought; **Denk|art** *f* way of thinking; **eine edle/niedrige ~** high-mindedness/low-mindedness; **Denk|aufgabe** *f* brainteaser; **denkbar I** *adj* conceivable; **es ist durchaus ~, daß er kommt** it's very possible *or* likely that he'll come; **II** *adv* extremely; *(ziemlich)* rather; **den ~ schlechtesten/besten Eindruck machen** to make the worst/best possible impression; **sich im ~ besten Einvernehmen trennen** to part on the very best of terms.

Denken *nt* **-s**, *no pl* **1.** *(Gedankenwelt)* thought; *(Denkweise)* thinking. **im ~ Goethes/der Aufklärung** in Goethe's thought/in the thinking of the Enlightenment; **abstraktes ~** abstract thought *or* thinking. **2.** *(Gedanken)* thoughts *pl*, thinking. **3.** *(Denkvermögen)* mind.

denken *pret* **dachte**, *ptp* **gedacht I** *vi* **1.** *(überlegen)* to think. **bei sich ~** to think to oneself; **wo ~ Sie hin!** what an idea!; **ich denke, also bin ich** I think, therefore I am; **der Mensch denkt, (und) Gott lenkt** *(Prov)* man proposes, God disposes *(Prov)*; **das gibt mir/einem zu ~** it starts you thinking, it makes you think; **langsam/schnell ~** to be a slow/quick thinker.

2. *(urteilen)* to think *(über +acc* about, of). **wie ~ Sie darüber?** what do you think about it?; **schlecht von jdm ~** to think

badly of sb; **ich denke genauso** I think the same (way); **wieviel soll ich spenden? — wie Sie ~** how much should I donate? — it's up to you *or* as much as you think fit.

3. *(gesinnt sein)* to think. **edel ~** to be of a noble frame of mind, to be noble-minded; **kleinlich ~** to be petty-minded; **alle, die damals liberal gedacht haben, ...** all those who were thinking along liberal lines ...

4. *(im Sinn haben)* **an jdn/etw ~** to think of sb/sth, to have sb/sth in mind; **daran ist gar nicht zu ~** that's (quite) out of the question; **ich denke nicht daran!** no way! *(inf)*, not on your life!; **ich denke nicht daran, das zu tun** there's no way I'm going to do that *(inf)*.

5. *(besorgt sein)* **an jdn/etw ~** to think of *or* about sb/sth; **an die bevorstehende Prüfung denke ich mit gemischten Gefühlen** I'm looking ahead to the coming exam with mixed feelings.

6. *(sich erinnern)* **an jdn/etw ~** to think of sb/sth; **solange ich ~ kann** (for) as long as I can remember *or* recall; **denk daran!** don't forget!; **an das Geld habe ich gar nicht mehr gedacht** I had forgotten about the money; **~ Sie zum Beispiel an England im 19. Jahrhundert** look at *or* think of England in the 19th century, for example; **wenn ich so an früher denke** when I cast my mind back, when I think back; **die viele Arbeit, ich darf gar nicht daran ~** all that work, it doesn't bear thinking about.

7. *(Einfall haben)* **an etw** *(acc)* **~** to think of sth; **das erste, woran ich dachte** the first thing I thought of, the first thing that came *or* sprang to (my) mind.

II *vt* **1.** *Gedanken* to think; *(sich vorstellen)* to conceive of. **er war der erste, der diesen Gedanken gedacht hat** he was the first to conceive of this idea; **was denkst du jetzt?** what are you thinking (about)?; **... das wage ich kaum zu ~ ...** I hardly dare think; **wieviel Trinkgeld gibt man? — soviel, wie Sie ~** how big a tip does one give? — it's up to you *or* as much as you think fit.

2. *(annehmen, glauben)* to think. **(nur) Schlechtes/Gutes von jdm ~** to think ill/well of sb; **wer hätte das (von ihr) gedacht!** who'd have thought *or* believed it (of her)!; **was sollen bloß die Leute ~!** what will people think!; **ich dächte, ...** I would have thought ...; **ich denke schon** I think so; **ich denke nicht** I don't think so, I think not; **denkste!** *(inf)* that's what you think!

3. *(vorsehen)* **für jdn/etw gedacht sein** to be intended *or* meant for sb/sth; **so war das nicht gedacht** that wasn't what I/he *etc* had in mind.

III *vr* **1.** *(vorstellen)* **sich** *(dat)* **etw ~** to imagine; **das kann ich mir ~** I can imagine; **wieviel soll ich Ihnen zahlen? — was Sie sich** *(dat)* **so gedacht haben** what shall I pay you? — whatever you had in mind; **wie denkst du dir das eigentlich?** *(inf)* what's the big idea? *(inf)*; **ich habe mir das so gedacht: ...** this is what I had in mind: ..., this is what I'd thought: ...; **das habe ich mir gleich gedacht** I thought that from the first; **das habe ich mir** *gedacht* I thought so; **das habe ich mir beinahe gedacht** I thought as much; *dachte* **ich mir's doch!** I knew it!; **ich denke mir mein Teil** I have my own thoughts on the matter.

2. (*beabsichtigen*) **sich** (*dat*) **etw bei etw ~** to mean sth by sth; **ich habe mir nichts Böses dabei gedacht** I meant no harm (in it); **was hast du dir bei dieser Bemerkung bloß gedacht?** what were you thinking of when you made that remark?; **sie läuft zu Hause immer nackt herum und denkt sich nichts dabei** she runs around the house with nothing on and doesn't think anything of it.

Denker(in *f*) *m* **-s, -** thinker. **das Volk der Dichter und ~** the nation of poets and philosophers.

Denkerfalte *f usu pl* (*hum*) furrow on one's brow. **er zog seine Stirn in ~n** (*acc*) he furrowed his brow.

denkerisch *adj* intellectual.

Denkerstirn *f* lofty brow.

denkfaul *adj* (mentally) lazy; **er ist ~** he can't be bothered to think; **sei nicht so ~!** get your brain working!; **Denkfaulheit** *f* (mental) laziness *or* sloth; **Denkfehler** *m* mistake in the/one's logic, flaw in the/ one's reasoning; **ein ~ in der Beurteilung der Lage** an error in the assessment of the situation; **Denkgewohnheit** *f usu pl* thought habit, habitual way of thinking; **Denkhemmung** *f* (mental) block; **Denkhilfe** *f* clue, hint; (*Merkhilfe*) reminder.

Denkmal [-maːl] *nt* **-s, ¨-er** *or* (*liter*) **-e 1.** (*Gedenkstätte*) monument, memorial (*für* to); (*Standbild*) statue. **die Stadt hat ihm ein ~ gesetzt** the town put up *or* erected a memorial/statue to him; **er hat sich** (*dat*) **ein ~ gesetzt** he has left a memorial (to himself). **2.** (*Zeugnis: literarisch etc*) monument (*gen* to).

Denkmal(s)pflege *f* preservation of historical monuments; **Denkmal(s)pfleger** *m* curator of monuments; **Denkmal(s)-schändung** *f* defacing a monument *no art*; **Denkmal(s)schutz** *m* protection of historical monuments; **etw unter ~ stellen** to classify sth as a historical monument; **unter ~ stehen** to be under a preservation order *or* classified as a historical monument.

Denkmodell *nt* (*Entwurf*) plan for further discussion; (*wissenschaftlich*) working hypothesis; (*Denkmuster*) thought pattern; **Denkmuster** *nt* pattern of thought; **Denkpause** *f* break, adjournment; **eine ~ einlegen** to have a break *or* to adjourn to think things over; **Denkprozeß** *m* thought-process; **Denkpsychologie** *f* psychology of thought; **Denkschablone** *f* (*pej*) (set *or* hackneyed) thought pattern; **Denkschema** *nt* thought pattern; **Denkschrift** *f* memorandum; **Denkspiel** *nt* mental *or* mind game; **Denksport** *m* mental exercise; „**~**‟ "puzzle corner"; **er ist ein Liebhaber des ~s** he loves doing puzzles and brain-teasers; **Denksport-|aufgabe** *f* brain-teaser; **Denkspruch** *m* motto.

denkste *interj siehe* **denken II 2.**

Denk|übung *f* mental exercise.

Denk(ungs)art, Denk(ungs)weise *f siehe* **Denkart.**

Denkvermögen *nt* capacity for thought, intellectual capacity; **Denkvers** *m* mnemonic (verse); **Denkweise** *f siehe* **Denkart; denkwürdig** *adj* memorable, notable; **Denkwürdigkeit** *f* **1.** (*von Ereignis*) memorability, notability; **2.** (*liter: Ereignis*) memorable *or* notable event; **~en** memorabilia *pl*; **Denkzentrum** *nt* thought centre; **Denkzettel** *m* (*inf*) warning.

denn I *conj* **1.** (*kausal*) because, for (*esp liter*).

2. (*geh: vergleichend*) than. **schöner ~ je** more beautiful than ever.

3. (*konzessiv*) **es sei ~, (daß)** unless.

II *adv* **1.** (*verstärkend*) **wann/woran/ wer/wie/wo ~?** when/why/who/how/ where?; **ich habe ihn gestern gesehen — wo ~?** I saw him yesterday — oh, where?; **wieso ~?** why?, how come?; **warum ~ nicht?** why not?; **wie geht's ~?** how are you *or* things then?, how's it going then?; **wo bleibt er ~?** where has he got to?; **was soll das ~?** what's all this then?

2. (*N Ger inf: dann*) then. **na, ~ man los!** right then, let's go!; **na, ~ prost!** well, cheers (then).

dennoch *adv* nevertheless, nonetheless, still. **~ liebte er sie** yet he still loved her *or* he loved her nevertheless; **er hat es ~ getan** (but *or* yet) he still did it, he did it nonetheless *or* nevertheless; **und ~, ...** and yet ...

Denominativ *nt* (*Ling*) denominative.

Denotat *nt* (*Ling*) denotation.

denselben I *acc of* **derselbe. II** *dat of* **dieselben.**

dental *adj* (*Med, Ling*) dental.

Dental(laut) *m* **-s, -e** (*Ling*) dental.

Dentist(in *f*) *m* (*dated*) dentist.

Denunziant(in *f*) *m* (*pej*) informer.

Denunziantentum *nt* system of informers.

Denunziation *f* informing *no pl* (*von* on, against); (*Anzeige*) denunciation (*von* of).

denunzieren* *vt* (*pej*) **1.** (*verraten*) to inform on *or* against, to denounce (*bei* to). **2.** (*geh: verunglimpfen*) to denounce, to condemn.

Deodorant *nt* **-s, -s** *or* **-e** deodorant.

Deodorantspray *nt or m* deodorant spray.

deodorierend *adj* deodorant.

Deo-Roller *m* **-s, -** roll-on deodorant.

Deospray *nt or m siehe* **Deodorantspray.**

Departement [departəˈmãː] *nt* **-s, -s** (*esp Sw*) department.

Dependance [depãˈdãːs] *f* **-, -n 1.** (*geh*) branch. **2.** (*Hotel~*) annexe.

Dependenz *f* (*Philos*) dependence.

Dependenzgrammatik *f* dependence grammar.

Depesche *f* **-, -n** (*dated*) dispatch.

deplaciert [deplaˈsiːɐt], **deplaziert** *adj* out of place.

Deponie *f* dump, disposal site.

deponieren* *vt* (*geh*) to deposit.

Deportation *f* deportation.

deportieren* *vt* to deport.

Deportierte(r) *mf decl as adj* deportee.

Depositär, Depositar *m* (*Fin*) depositary.

Depositen pl (Fin) deposits pl.

Depositen- (Fin): **Depositenbank** f deposit bank; **Depositengelder** pl deposits pl, deposit(ed) money; **Depositengeschäft** nt deposit banking; **Depositenkonto** nt deposit account.

Depot [de'po:] nt -s, -s depot; (Aufbewahrungsort auch) depository; (in Bank) strong room; (aufbewahrte Gegenstände) deposits pl; (Med) deposit.

Depotbehandlung f (Med) depot treatment; **Depotfett** nt (Med) adipose fat; **Depotgeschäft** nt (Fin) security deposit business.

Depp m -en or -s, -e(n) (S Ger, Aus, Sw pej) twit (inf).

deppert adj (S Ger, Aus inf) dopey (inf).

depraviert [depra'vi:et] adj (geh) depraved.

Depression f (alle Bedeutungen) depression.

depressiv adj depressive; (Econ) depressed.

Depressivität f depressiveness.

deprimieren* vt to depress.

deprimierend adj depressing.

deprimiert adj depressed.

Deprivation [depriva'tsio:n] f (Psych) deprivation.

Deputat nt 1. (esp Agr) payment in kind. 2. (Sch) teaching load.

Deputation f deputation.

deputieren* vt to deputize.

Deputierte(r) mf decl as adj deputy.

Deputiertenkammer f (Pol) Chamber of Deputies.

der¹ I 1. gen of def art **die** sing, pl of the. **das Miauen ~ Katze** the miaowing of the cat, the cat's miaowing.

   2. dat of def art **die** sing to the; (mit Präposition) the.
      II dat of dem pron **die** sing 1. (adjektivisch) that; to that.
      2. (substantivisch) her; to her.
      III dat of rel pron **die** sing to whom, that or who(m) ... to; (mit Präposition) who(m); (von Sachen) to which, which ... to; which.

der², **die**, **das**, pl **die** I def art gen **des**, **der**, **des**, pl **der**; dat **dem**, **der**, **dem**, pl **den**; acc **den**, **die**, **das**, pl **die** the. **der/die Arme!** the poor man/woman or girl!; **die Toten** the dead pl; **die Engländer** the English pl; **der Engländer** (dated inf: die Engländer) the Englishman; **der Hans** (inf)/ **der Faust** Hans/ Faust; **der kleine Hans** little Hans; **der Rhein** the Rhine; **der Michigansee** Lake Michigan; **die Domstraße** Cathedral Street; **die „Bismarck"** the "Bismarck"; **der Lehrer/die Frau** (im allgemeinen) teachers pl/women pl; **der Tod/die Liebe/das Leben** death/love/life; **der Tod des Sokrates** the death of Socrates; **das Viktorianische England** Victorian England; **er liebt den Jazz/die Oper/das Kino** he likes jazz/(the) opera/ the cinema; **das Singen macht ihm Freude** singing gives him pleasure; **mir fiel das Atmen schwer** I found breathing difficult; **der Papa/die Mama** (baby-talk) Daddy/ Mummy; **die Callas** Callas; **der spätere Wittgenstein** the later Wittgenstein; **er war nicht mehr der Hans, den** ... he was

no longer the Hans that ...; **er hat sich den Fuß verletzt** he has hurt his foot; **wascht euch** (dat) **mal das Gesicht!** wash your face; **er nimmt den Hut ab** he takes his hat off; **das ist der Verlobte** that is her or the fiancé; **eine Mark das Stück** one mark apiece or each; **10 Mark die Stunde** 10 marks an or per hour.

   II dem pron gen **dessen** or (old) **des**, **deren**, **dessen**, pl **deren**; dat **dem**, **der**, **dem**, pl **denen**; acc **den**, **die**, **das**, pl **die** 1. (attr) (jener, dieser) that; pl those, them (inf). **zu der und der Zeit** at such and such a time; **an dem und dem Ort** at such and such a place.
   2. (substantivisch) he/she/it; pl those, them (inf). **der/die war es** it was him/her; **die mit dem Holzbein** the one or her (inf) with the wooden leg; **der mit der großen Nase** the one or him (inf) with the big nose; **die** (pl) **mit den roten Haaren** those or them (inf) with red hair; **der und schwimmen?** him, swimming?, swimming?, (what) him?; **der/die hier/da** (von Menschen) he/she, this/that man/woman etc; (von Gegenständen) this/that (one); (von mehreren) this one/that one; **die hier/da** pl they, these/those men/women etc; these/those, them (inf); **der, den ich meine** the one I mean; **der und der/die und die** so-and-so; **das und das** such and such.
   III rel pron (decl as II) (Mensch) who, that; (Gegenstand, Tier) which, that.
   IV rel +dem pron (decl as II) **der/die dafür verantwortlich war**, ... the man/ woman who was responsible for it; **die so etwas tun**, ... those or people who do that sort of thing ...

der|art adv 1. (Art und Weise) in such a way. **er hat sich ~ benommen, daß** ... he behaved so badly that ...; **sein Benehmen war ~, daß** ... his behaviour was so bad that ...; **~ vorbereitet**, ... thus prepared ...
   2. (Ausmaß) (vor adj) so; (vor vb) so much, to such an extent. **ein ~ unzuverlässiger Mensch** such an unreliable person, so unreliable a person; **er hat mich ~ geärgert, daß** ... he annoyed me so much that ...; **es hat ~ geregnet, daß** ... it rained so much that ...

der|artig I adj such, of that kind. **bei ~en Versuchen** in such experiments, in experiments of that kind; (etwas) **D~es** something like that or of the kind. II adv siehe **derart**.

derb adj 1. (kräftig) strong; Stoff, Leder auch tough; Schuhe auch stout; Kost coarse. **jdn ~ anfassen** to manhandle sb; (fig) to be rough with sb.
   2. (grob) coarse; Manieren, Kerl auch uncouth; Witz, Sprache, Ausdrucksweise auch earthy, crude (pej). **um mich einmal ~ auszudrücken** ... to put it crudely ...
   3. (unfreundlich) gruff.

Derbheit f siehe adj 1. strength; toughness; stoutness; coarseness. 2. coarseness; uncouthness; earthiness, crudeness. **~en** crudities. 3. gruffness.

Derby ['dɛrbi] nt -s, -s horse-race for three-year-olds, derby (US); (fig: sportliche Begegnung) derby. **das (englische) ~** the Derby.

der|einst adv (liter) 1. (in der Zukunft) one day. 2. (rare: früher) at one time, once.

der|einstig adj (liter) 1. (künftig) future, tomorrow's. **im ~en vereinten Europa** in tomorrow's united Europe, in the united Europe of tomorrow. 2. (damalig) of former times.

deren I gen pl of dem pron **der, die, das** their. **II 1.** gen sing of rel pron **die** whose. **2.** gen pl of rel pron **der, die, das** whose, of whom; (von Sachen) of which.

derenthalben (dated), **derentwegen** adv (weswegen) because of whom, on whose account; (von Sachen) because of which, on account of which; (welcher zuliebe auch) for whose sake; for the sake of which; (um welche) about whom; (von Sachen) about which; (für welche) on whose behalf; **derentwillen** adv **um ~ 1.** (rel) for whose sake; (von Sachen) for the sake of which; **2.** (dem) sing for her/its sake; pl for their sake.

derer gen pl of dem pron **der, die, das** of those. **das Geschlecht ~ von Hohenstein** (geh) the von Hohenstein family.

deret- in cpds siehe **derent-**.

dergestalt adv (geh) in such a way; (Ausmaß) so much; to such an extent. **~ ausgerüstet, ...** thus equipped ...

dergleichen inv **I** dem pron **1.** (adjektivisch) of that kind, such, like that. **~ Dinge** things of that kind or like that, such things.
     2. (substantivisch) that sort of thing. **nichts ~** nothing of that kind or like it; **er tat nichts ~** he did nothing of the kind; **und ~ (mehr)** and suchlike.
     II rel pron (old) of the kind that. **Juwelen, ~ man selten sieht** jewels whose like or the like of which one rarely sees.

Derivat [-'va:t] nt (Chem, Ling) derivative.

Derivativ nt (Ling) derivative.

derjenige, diejenige, dasjenige, pl **diejenigen** dem pron **1.** (substantivisch) the one; pl those. **sie ist immer diejenige, welche** (inf) it's always her; **du warst also derjenige, welcher!** (inf) so it was you!, so you're the one! **2.** (form: adjektivisch) the; pl those.

derlei dem pron inv **1.** (adjektivisch) such, like that, that kind of. **~ Probleme** problems like that, that kind of or such problems. **2.** (substantivisch) that sort or kind of thing. **und ~ (mehr)** and suchlike.

dermaßen adv (mit adj) so; (mit vb) so much. **~ dumm** so stupid; **ein ~ dummer Kerl** such a stupid fellow; **sie hatte ~ Angst, daß ...** she was so afraid that ...; **er hat sich geärgert, und zwar ~, daß ...** he was angry, so much so that ...

Dermatologe m, **Dermatologin** f dermatologist; **Dermatologie** f dermatology.

dero poss pron (obs) her; pl their. **D~ Gnaden** Your Grace.

derselbe, dieselbe, dasselbe, pl **dieselben** dem pron **1.** (substantivisch) the same; (old: er, sie, es) he/she/it; (inf: der, die, das gleiche) the same. **er sagt in jeder Vorlesung dasselbe** he says the same (thing) in every lecture; **jedes Jahr kriegen dieselben mehr Geld** every year

the same people get more money; **sie/er ist immer noch ganz dieselbe/derselbe** she/he is still exactly the same; **es sind immer dieselben** it's always the same ones or people; **noch mal dasselbe, bitte!** (inf) same again, please.
     2. (adjektivisch) the same. **ein und derselbe Mensch** one and the same person.

derweil(en) I adv in the meantime, meanwhile. **II** conj (old) whilst, while.

Derwisch m **-es, -e** dervish.

derzeit adv **1.** (jetzt) at present, at the moment. **2.** (rare: damals) at that or the time, then.

derzeitig adj attr **1.** (jetzig) present, current. **2.** (rare: damalig) of that or the time.

des¹ 1. gen of def art **der, das** of the. **das Bellen ~ Hundes** the barking of the dog, the dog's barking. **2.** (old) siehe **dessen**.

des², Des nt **-, no pl** (Mus) D flat.

Desaster [de'zastɐ] nt **-s, -** disaster.

desavouieren* [dɛs|avu'iːrən] vt (geh) to disavow; Bemühungen, Pläne to compromise.

Des|avou|ierung f (geh)   siehe   vt disavowal; compromising.

Desensibilisator m (Phot) desensitizer.

desensibilisieren* vt (Phot, Med) to desensitize.

Deserteur(in f) [-'tøːɐ, -'tøːərɪn] m (Mil, fig) deserter.

desertieren* vi aux sein or (rare) haben (Mil, fig) to desert.

Desertion f (Mil, fig) desertion.

desgleichen I adv (ebenso) likewise, also. **er ist Vegetarier, ~ seine Frau** he is a vegetarian, as is his wife. **II** dem pron inv (old: dasselbe) the same. **~ habe ich noch nie gehört** I have never heard the like.

deshalb adv, conj therefore; (aus diesem Grunde, darüber) because of that; (dafür) for that. **es ist schon spät, ~ wollen wir anfangen** it is late, so let us start; **~ bin ich hergekommen** that is what I came here for, that is why I came here; **ich bin ~ hergekommen, weil ich dich sprechen wollte** what I came here for was to speak to you, the reason I came here was that I wanted to speak to you; **~ also!** so that's why or the reason!; **~ muß er nicht dumm sein** that does not (necessarily) mean (to say) he is stupid; **~ frage ich ja** that's exactly why I'm asking.

Desiderat nt, **Desideratum** nt **-s, Desiderata** desideratum; (Anschaffungsvorschlag) suggestion.

Design [di'zaɪn] nt **-s, -s** design.

Designer(in f) [di'zaɪnɐ, -ərɪn] m **-s, -** designer.

designieren* [dezɪ'gniːrən] vt to designate (jdn zu etw sb as sth).

designiert [dezɪ'gniːɐt] adj attr der **~e Vorsitzende** the chairman designate.

des|illusionieren* vt to disillusion.

Des|illusion|ierung f disillusionment.

Des|infektion f disinfection.

Des|infektionsmittel nt disinfectant.

des|infizieren* vt Zimmer, Bett etc to disinfect; Spritze, Gefäß etc to sterilize.

Des|infizierung f siehe vt disinfection; sterilization.

Des|information f disinformation no pl.

Des|integration f (Sociol, Psych) disintegration.

Des|interesse nt lack of interest (an +dat in).

des|interessiert adj uninterested; Gesicht bored.

Deskription f (geh) description.

deskriptiv adj descriptive.

Desodorant nt -s, -s or -e siehe **Deodorant**.

desolat adj (geh) desolate; Zustand, wirtschaftliche Lage desperate.

Des|organisation f disorganization; (Auflösung auch) disruption. **auf der Tagung herrschte eine völlige ~** there was complete chaos at the conference.

des|organisieren* vt to disorganize.

des|orientieren* vt to disorient(ate).

Des|orientiertheit, Des|orientierung f disorientation.

Des|oxyribonukleinsäure f (abbr DNS) desoxyribonucleic acid.

despektierlich [despɛk'tiːɐlɪç] adj (old, hum) disrespectful.

Desperado [dɛspe'raːdo] m -s, -s desperado.

desperat [dɛspe'raːt] adj (geh) desperate.

Despot [dɛs'poːt] m -en, -en despot.

Despotie [dɛspo'tiː] f despotism.

despotisch [dɛs'poːtɪʃ] adj despotic.

Despotismus [dɛspo-] m, no pl despotism.

desselben gen of **derselbe, dasselbe**.

dessen I gen of **dem** pron **der², das** his; (von Sachen, Tieren) its. **II** gen of rel pron **der², das** whose; (von Sachen) of which, which ... of.

dessentwillen adv: **um ~ 1.** (rel) for whose sake; **2.** (dem) for his/its sake.

dessen|unge|achtet adv (geh) nevertheless, notwithstanding (this).

Dessert [dɛ'seːɐ] nt -s, -s dessert.

Dessin [dɛ'sɛ̃ː] nt -s, -s (Tex) pattern, ²design.

Dessous [de'suː] nt -, - [de'suːs] usu pl (dated) undergarment, underwear no pl.

Destillat [dɛstɪ'laːt] nt (Chem) distillation, distillate; (fig) distillation.

Destillateur [dɛstɪla'tøːɐ] m distiller.

Destillation [dɛstɪla'tsioːn] f **1.** (Chem) distillation. **2.** (Branntweinbrennerei) distillery. **3.** (dated dial: Großgaststätte) drinking establishment.

Destille [dɛs'tɪlə] f -, -n **1.** (dial inf: Gaststätte) (big) pub (Brit), bar. **2.** (Brennerei) distillery.

destillieren* [dɛstɪ'liːrən] vt to distil; (fig) to condense.

Destillierkolben [dɛstɪ'liː-] m (Chem) retort.

desto conj **~ mehr/besser** all the more/better; **~ grausamer/schneller** all the more cruel/all the faster; **~ wahrscheinlicher ist es, daß wir ...** that makes it all the more probable that we ...; siehe **je**.

Destruktion [dɛstrʊk'tsioːn] f destruction.

Destruktionstrieb m (Psych) destructive instinct.

destruktiv [dɛstrʊk'tiːf] adj destructive.

Destruktivität [-ivi'tɛːt] f destructiveness.

deswegen adv siehe **deshalb**.

Deszendent m im **~en sein** (Astrol) to be in the descendent.

Deszendenz f **1.** (Abstammung) descent; (Nachkommenschaft) descendants pl. **2.** (Astron) descendence (spec), setting.

Deszendenztheorie f (Biol) theory of evolution.

Detail [de'tai, de'taj] nt -s, -s detail; (Filmeinstellung) big close-up. **ins ~ gehen** to go into detail(s); **im ~** in detail; **in allen ~s** in the greatest detail; **etw mit allen ~s berichten** to report sth in full detail, to give a fully detailed account of sth; **die Schwierigkeiten liegen im ~** it is the details that are most difficult.

Detailfrage [de'tai-] f question of detail; **Detailhandel** m (dated) siehe **Einzelhandel**; **Detailkenntnisse** pl detailed knowledge no pl.

detaillieren* [deta'jiːrən] vt (genau beschreiben) to specify, to give full particulars of. **etw genauer ~** to specify sth more precisely.

detailliert [deta'jiːɐt] adj detailed.

Detailliertheit f detail.

Detailpreis [de'tai-] m (dated Comm) retail price; **detailreich** adj fully detailed; **etw ~ schildern** to describe sth in great detail; **Detailschilderung** f detailed account; **Detailzeichnung** f detail drawing.

Detektei f (private) detective agency, firm of (private) investigators. **,, ~ R.B. von Halske"** "R.B. von Halske, private investigator".

Detektiv(in f) m private investigator or detective or eye (inf).

Detektivbüro nt siehe **Detektei**.

detektivisch adj in **~er Kleinarbeit** with detailed detection work; **bei etw ~ vorgehen** to go about sth like a detective.

Detektivroman m detective novel.

Detektor m (Rad) detector.

Detektor|empfänger m (Rad) crystal set.

Détente [de'tãːt] f -, no pl (Pol) détente.

Determinante f -, -n (Math, Biol) determinant.

determinieren* vt to (pre)determine; (Gram) to govern.

Determinismus m, no pl (Philos) determinism.

Determinist(in f) m (Philos) determinist.

deterministisch adj (Philos) deterministic.

Detonation f explosion, blast. **etw (acc) zur ~ bringen** to detonate sth.

detonieren* vi aux sein to explode, to go off.

Deubel m -s, - (dial) siehe **Teufel**.

deucht (obs) 3rd pers sing of **dünken**.

Deus ex machina ['deːʊs ɛks 'maxina] m - - -, Dei - - (rare) deus ex machina.

Deut m um keinen **~** not one iota or jot; **seine Ratschläge sind keinen ~ wert** his advice is not worth tuppence; **er versteht nicht einen ~ davon** he does not know the first thing about it; **daran ist kein ~ wahr** there is not a grain of truth in it; **du bist keinen ~ besser** you're not one jot or iota or whit better.

deutbar adj interpretable. **nicht/schwer ~** impossible/difficult to interpret; **es ist nicht anders ~** it cannot be explained in any other way.

Deutelei f (pej geh) quibbling, quibbles pl, cavilling.

deuteln vi (geh) to quibble, to cavil. **an jedem Wort** ~ to quibble over every word; **daran gibt es nichts zu** ~! there are no ifs and buts about it!

deuten I vt (auslegen) to interpret; Zukunft auch to read. **sich** (dat) **etw** ~ (geh) to understand sth; **etw falsch** ~ to misinterpret sth.

II vi **1.** (zeigen) (mit dem Finger) **auf etw** (acc) ~ to point (one's finger) at sth. **2.** (fig) to indicate. **alles deutet auf Regen/ Schnee** all the signs are that it is going to rain/snow, everything points to rain/snow; **alles deutet darauf, daß ...** all the indications are that ..., everything indicates that ...

Deuter m **-s, -** **1.** (geh) interpreter. **2.** (Aus: Wink) sign.

deutlich adj **1.** (klar) clear. ~ **erkennbar/ sichtbar/hörbar/ wahrnehmbar** clearly or plainly recognizable/visible/audible/ perceptible; ~ **sehen** to see clearly; ~ **fühlen** to feel distinctly; **ich fühle** ~, **daß ...** I have the distinct feeling ...; ~ **unterscheiden** to distinguish clearly. **2.** (unmißverständlich) clear, plain. **jdm etw** ~ **vor Augen führen** to make sth perfectly clear or plain to sb; **eine** ~**e Sprache mit jdm reden** to speak plainly or bluntly with sb; **sich** ~ **ausdrücken**, ~ **werden** to make oneself clear or plain; **das war** ~! (taktlos) that was clear or plain enough; **muß ich** ~**er werden?** have I not made myself clear or plain enough?; **ich muß es einmal** ~ **sagen** let me make myself clear or plain; **jdm** ~ **zu verstehen geben, daß ...** to make it clear or plain to sb that ...

Deutlichkeit f clarity. **etw mit aller** ~ **sagen** to make sth perfectly clear or plain; **seine Antwort ließ an** ~ **nichts zu wünschen übrig** his answer was perfectly clear or plain and left no possible doubt.

deutlichkeitshalber adv for the sake of clarity.

deutsch I adj German. ~**e Schrift** Gothic script; ~**er Schäferhund** Alsatian (Brit), German shepherd (US); ~**e Gründlichkeit** etc German or Teutonic efficiency etc; **die D**~**e Bucht** the German Bight; **D**~**e Mark** deutschmark, German mark; **der D**~**e Orden** (Hist) the Teutonic Order (of Knights).

II adv (in bezug auf Sprache) German. **er hat** ~, **nicht englisch gesprochen** he spoke German not English; **sich (auf)** ~ **unterhalten** to speak (in) German; **auf** or **zu** ~ **heißt das ...** in German it means ...; **der Text ist (in)** ~ **geschrieben** the text is written in German; **der Vortrag wird in** or **auf** ~ **gehalten** the lecture will be given in German; **etw** ~ **aussprechen** to pronounce sth in a German(ic) way, to give sth a German pronunciation; ~ **denken** to think in German; **mit jdm** ~ **reden** (fig inf: deutlich) to speak bluntly with sb; **auf gut** ~ **(gesagt)** (fig inf) in plain English.

Deutsch nt **-(s)**, dat **-**, no pl German. **das** ~ **Thomas Manns** Thomas Mann's German; **gut(es)** ~ **sprechen** to speak good German; (Ausländer auch) to speak German well; ~ **lernen/verstehen** to learn/ understand German; **der Unterricht/die Schulnote in** ~ German lessons pl/school mark in or for German.

Deutsch|amerikaner m German American; **deutsch|amerikanisch** adj German-American.

Deutsch(e) nt **-n**, dat **-n**, no pl (Sprache) German. **aus dem** ~**en/ins** ~**e übersetzt** translated from the/into (the) German; **das** ~ **des Mittelalters** medieval German, the German of the Middle Ages; **die Aussprache des** ~**en** the pronunciation of German, German pronunciation.

Deutschenfeind m anti-German, Germanophobe; **Deutschenfreund** m Germanophile.

deutsch-|englisch adj **1.** (Pol) Anglo-German. **2.** (Ling) German-English.

Deutschenhaß m Germanophobia; **Deutschenhasser** m **-s, -** Germanophobe, German-hater.

Deutsche(r) mf decl as adj **er ist** ~**r** he is (a) German; **die** ~**n** the Germans.

deutschfeindlich adj anti-German, Germanophobic; **Deutschfeindlichkeit** f Germanophobia; **deutsch-französisch** adj **1.** (Pol) Franco-German; **der D**~**e Krieg** the Franco-Prussian war; **2.** (Ling) German-French; **deutschfreundlich** adj pro-German, Germanophile; **Deutschfreundlichkeit** f Germanophilia; **Deutschherren|orden** m (Hist) Teutonic Order of Knights.

Deutschland nt **-s** Germany. **die beiden** ~**(s)** the two Germanys.

Deutschlandfrage f (Pol) German question; **Deutschlandlied** nt West German national anthem; **Deutschlandpolitik** f home or domestic policy; (von fremdem Staat) policy on or towards Germany.

Deutschlehrer m German teacher; **deutschnational** adj German National; **Deutsch|ordensritter** m (Hist) Teutonic Knight; **Deutschschweizer** m German Swiss; **deutschschweizerisch** adj German-Swiss; **deutschsprachig** adj Bevölkerung, Gebiete German-speaking; Zeitung, Ausgabe German language; Literatur German; **deutschsprachlich** adj German(-language); **deutschsprechend** adj German-speaking; **deutschstämmig** adj of German origin or stock; **Deutschstämmige(r)** mf decl as adj ethnic German; **Deutschtum** nt, no pl Germanness; (die Deutschen) Germans pl; **Deutschtümelei** f (pej) hyper-Germanness.

Deutung f interpretation. **eine falsche** ~ a misinterpretation.

Deutungsversuch m attempt at an interpretation. **einen neuen** ~ **des ... unternehmen** to attempt a new interpretation of ...

Devise [de'vi:zə] f **-, -n 1.** (Wahlspruch) maxim, motto; (Her auch) device. **2.** (Fin) ~**n** pl foreign exchange or currency.

Devisen|abkommen nt foreign exchange agreement; **Devisenbeschränkungen** pl foreign exchange restrictions pl; **Devisenbestimmungen** pl foreign exchange control regulations *pl*; **Devisenbewirtschaftung** *f* foreign exchange control; **Devisenbilanz** *f* foreign exchange balance; **Devisenbörse** *f* foreign exchange market; **Devisenbringer** *m* **-s**, - bringer *or* (*Geschäft etc*) earner of foreign exchange *or* currency; **Devisengeschäft** *nt* foreign exchange dealing; **Devisenhandel** *m* foreign currency *or* exchange dealings *pl*, sale and purchase of currencies; **Devisenknappheit** *f* shortage of foreign exchange; **Devisenkurs** *m* exchange rate, rate of exchange; **Devisenmarkt** *m* foreign exchange market; **Devisenschmuggel** *m* currency smuggling; **Devisenvergehen** *nt* breach of exchange control regulations.

devot [de'vo:t] *adj* (*geh*) **1.** (*pej: unterwürfig*) obsequious. **2.** (*old: demütig*) humble.

Devotion [devo'tsio:n] *f siehe adj* (*geh*) **1.** obsequiousness. **2.** humility.

Devotionalien [devotsio'na:liən] *pl* devotional objects *pl*.

Devotionalienhandlung *f* devotional objects shop.

Dextrose *f* -, *no pl* (*Chem*) dextrose.

Dez *m* **-es**, **-e** (*dial inf*) bonce (*inf*).

Dezember *m* **-s**, - December; *siehe auch* **März.**

dezent *adj* discreet.

dezentral *adj* decentralized.

Dezentralisation *f* decentralization.

dezentralisieren* *vt* to decentralize.

Dezentralisierung *f* decentralization.

Dezenz *f*, *no pl* (*geh*) **1.** (*old: Anstand*) sense of decency. **2.** (*von Geschmack, Kleidung etc*) discreetness; (*von Benehmen auch*) discretion.

Dezernat *nt* (*Admin*) department.

Dezernent(in *f*) *m* (*Admin*) head of department.

Dezibel ['de:tsibɛl, -'bɛl] *nt* **-s**, - (*Phys*) decibel.

dezidiert *adj* (*geh*) firm, determined.

Dezigramm *nt* decigram(me); **Deziliter** *m or nt* decilitre.

dezimal *adj* decimal.

Dezimalbruch *m* decimal fraction.

dezimalisieren* *vt* to decimalize. **als in Großbritannien dezimalisiert wurde** when Great Britain went decimal.

Dezimalisierung *f* decimalization.

Dezimalklassifikation *f* decimal classification; **Dezimalmaß** *nt* decimal measure; **Dezimalrechnung** *f* decimals *pl*; **Dezimalstelle** *f* decimal place; **auf zwei ~n genau** correct to two decimal places; **Dezimalsystem** *nt* decimal system; **Dezimalwaage** *f* decimal balance; **Dezimalzahl** *f* decimal number.

Dezime *f* -, **-n** (*Mus*) tenth.

Dezimeter *m or nt* decimetre.

dezimieren* (*fig*) **I** *vt* to decimate. **II** *vr* to be decimated.

Dezimierung *f* (*fig*) decimation.

DGB [de:ge:'be:] *m* **-s** *abbr of* **Deutscher Gewerkschaftsbund** Federation of German Trade Unions.

dgl. *abbr of* **dergleichen, desgleichen** the like.

d. Gr. *abbr of* **der Große.**

d.h. *abbr of* **das heißt** i.e.

Dia *nt* **-s**, **-s** (*Phot*) slide, transparency.

Diabetes [dia'be:təs] *m* -, *no pl* diabetes.

Diabetiker- *in cpds* diabetic.

Diabetiker(in *f*) *m* **-s**, - diabetic.

diabetisch *adj* diabetic.

Diabetrachter *m* slide viewer.

Diabolik *f* (*geh*) diabolicalness, fiendishness.

diabolisch *adj* (*geh*) diabolical, fiendish.

Diachronie [diakro'ni:] *f* (*Ling*) diachrony.

diachron(isch) *adj* (*Ling*) diachronic.

Diadem *nt* **-s**, **-e** diadem.

Diadochen *pl* (*Hist*) diadochi *pl*; (*fig*) rivals *pl* in a power struggle.

Diadochenkämpfe *pl* (*fig*) power struggle.

Diagnose *f* -, **-n** diagnosis. **eine ~ stellen** to make a diagnosis.

Diagnosezentrum *nt* diagnostic centre.

Diagnostik *f* diagnosis.

Diagnostiker(in *f*) *m* **-s**, - diagnostician.

diagnostisch *adj* diagnostic.

diagnostizieren* *vti* (*Med*, *fig*) to diagnose. **(auf) etw** (*acc*) **~** to diagnose sth.

diagonal *adj* diagonal. **ein Buch ~ lesen** (*inf*) to skim *or* flick through a book.

Diagonale *f* -, **-n** diagonal.

Diagonalreifen *m* (*Aut*) cross-ply (tyre).

Diagramm *nt* **-s**, **-e** diagram.

Diakon [dia'ko:n, (*Aus*) 'di:ako:n] *m* **-s** *or* **-en**, **-e(n)** (*Eccl*) deacon.

Diakonat *nt* (*Eccl*) **1.** (*Amt*) deaconry, deaconship, diaconate. **2.** (*Wohnung*) deacon's house.

Diakonie *f* (*Eccl*) social welfare work.

Diakonisse *f* -, **-n**, **Diakonissin** *f* (*Eccl*) deaconess.

diakritisch *adj* diacritic. **~e Zeichen** diacritics, diacritic(al) marks *or* signs.

Dialekt *m* **-(e)s**, **-e** dialect.

dialektal *adj* dialectal.

Dialekt- *in cpds* dialect; **Dialektfärbung** *f* accent, dialect features *pl*; **Dialektforscher** *m* dialectologist, dialectician; **Dialektforschung** *f* dialect research, dialectology; **dialektfrei** *adj* without a trace of dialect.

Dialektik *f* (*Philos*) dialectics *sing or pl*.

Dialektiker(in *f*) *m* **-s**, - (*Philos*) dialectician.

dialektisch *adj* **1.** (*Philos*) dialectic(al). **~er Materialismus** dialectical materialism. **2.** (*Ling*) *siehe* **dialektal.**

Dialektismus *m* (*Ling*) dialecticism.

Dialog *m* **-(e)s**, **-e** dialogue.

Dialog|autor *m* (*Film*) script-writer; **Dialogbetrieb** *m* (*Computers*) conversational mode; **Dialogform** *f* dialogue form; **Dialogregie** *f* (*Film*) script supervision; **Dialogstück** *nt* (*Theat*) dialogue play.

Dialyse *f* -, **-n** (*Med*) dialysis.

Diamant[1] *m* **-en**, **-en** diamond.

Diamant[2] *f* -, *no pl* (*Typ*) four-point, diamond ($4\frac{1}{2}$ point).

diamanten *adj attr* diamond. **von ~er Härte** as hard as diamond; **~er Glanz** adamantine lustre (*liter*).

Diamantschleifer *m* diamond polisher; **Diamantschliff** *m* diamond polishing; **Diamantstahl** *m* diamond plate; **Diamantstaub** *m* diamond dust.

DIAMAT, Diamat [dia'ma(:)t] *m* -, *no pl*

abbr of **dialektischer Materialismus**.

diametral *adj* diametral; (*fig*) Ansichten diametrically opposed. ~ **entgegengesetzt sein, sich ~ gegenüberliegen** to be diametrically opposite; ~ **entgegengesetzt** (*fig*) diametrically opposed.

Dia- (*Phot*): **Diapositiv** *nt* slide, transparency; **Diaprojektor** *m* slide projector; **Diarahmen** *m* slide frame.

Diarrhö(e) [dia'rø:] *f* -, -en (*Med*) diarrhoea.

Diaspora *f* -, *no pl* (*Eccl*) diaspora.

Diastole [di'astole, dia'sto:lə] *f* -, -n (*Med*) diastole.

diastolisch *adj* diastolic.

diät *adv* **kochen, essen** according to a diet; **leben** on a special diet.

Diät *f* -, -en (*Med*) diet. ~ **halten** to keep to *or* observe a strict diet; **nach einer ~ leben** to live on a diet *or* (*wegen Krankheit*) special diet.

Diät|assistent(in *f*) *m* dietician; **Diätbier** *nt* diabetic beer.

Diäten *pl* (*Parl*) parliamentary allowance.

Diätetik *f* dietetics *sing*.

diätetisch *adj* dietetic.

Diätfahrplan *m* (*hum*) dieting course *or* schedule.

Diathek *f* slide collection *or* library.

Diätist(in *f*) *m* dietician.

Diätkost *f* dietary preparations *pl*; ~ **bekommen** to be on a special diet; **Diätkur** *f* dietary *or* dietetic treatment.

diatonisch *adj* (*Mus*) diatonic.

dich **I** *pers pron acc of* **du** you; (*obs, dial*) thee. **II** *refl pron* yourself. **wie fühlst du ~?** how do you feel?

Dichotomie *f* dichotomy.

dicht **I** *adj* **1.** *Gefieder, Haar, Hecke* thick; *Laub, Nebel auch, Wald*, (*Menschen*)-*menge, Gewühl* dense; *Verkehr auch* heavy, dense; *Gewebe* close; *Stoff* closely-woven; (*fig: konzentriert*) *Stil* dense; *Szene* full, compact. **in ~er Folge** in rapid *or* quick succession; **sie standen in ~en Reihen** they were standing row upon row close together.

2. (*undurchlässig*) watertight; airtight; *Vorhänge* thick, heavy; *Rolladen* heavy. ~ **machen** to make watertight/airtight; *Fenster* to seal; ~ **schließen** to shut tightly; ~ **verhängen** to curtain heavily.

3. (*inf: zu*) shut, closed.

II *adv* **1.** (*nahe*) closely. (~ **an**) ~ **stehen** to stand close together; ~ **gefolgt von** closely followed by.

2. (*sehr stark*) *bevölkert* densely; *bewaldet auch* thickly. ~ **mit Efeu bewachsen** with ivy growing thickly over it; ~/~**er behaart sein** to be very hairy/have more hair.

3. (*mit Präpositionen*) ~ **an/bei** close to; ~ **dahinter/ darüber/davor** right behind/above/in front; ~ **daneben** right *or* close beside it; ~ **bevor** right before; ~ **daran** hard by it; ~ **hintereinander** close-(ly) *or* right behind one another; ~ **beieinander** *or* **beisammen** close together; ~ **am Winde halten** (*Naut*) to sail close to *or* to hug the wind; ~ **hinter jdm her sein** to be right *or* hard *or* close behind sb.

dicht|auf *adv* closely; ~ **folgen** to follow

close behind *or* closely; **dichtbehaart** *adj attr* (very) hairy; **dichtbelaubt** *adj attr* thick with leaves, densely foliated; **dichtbevölkert** *adj attr* densely populated; **dichtbewölkt** *adj attr* heavily overcast.

Dichte *f* -, -n **1.** *no pl siehe adj* (*a*) thickness; denseness; heaviness, denseness; closeness; close weave; denseness; fullness, compactness. **2.** (*Phys*) density.

Dichtemesser *m* -s, - (*Phys*) densimeter.

dichten[1] **I** *vt* to write, to compose. **sein Glückwunsch war gedichtet** his congratulations were (written) in verse. **II** *vi* to write poems/a poem. **sein ganzes D~ und Trachten** (*dated geh*) all his hopes and endeavours.

dichten[2] *vt* (*undurchlässig machen*) to seal, to make watertight/airtight; (*Naut auch*) to caulk.

Dichter *m* -s, - poet; (*Schriftsteller*) writer, author.

Dichterfürst *m* prince among poets.

Dichterin *f siehe* **Dichter** poet(ess); writer, author(ess).

dichterisch *adj* poetic; (*schriftstellerisch*) literary. ~**e Freiheit** poetic licence.

Dichterkreis *m* circle of poets; **Dichterlesung** *f* reading (*by a poet/writer from his own works*); **Dichterling** *m* (*pej*) rhymester (*pej*), poetaster (*pej*); **Dichtersprache** *f* poetic language; **Dichterwort** *nt* (literary) quotation.

dichtgedrängt *adj attr* closely packed; **dichthalten** *vi sep irreg* (*inf*) to hold one's tongue (*inf*), to keep one's mouth shut (*inf*).

Dichtkunst *f* art of poetry; (*Schriftstellerei*) creative writing.

dichtmachen *vti sep* (*inf*) to shut up, to close. (**den Laden**) ~ to shut up shop (and go home) (*inf*).

Dichtung[1] *f* **1.** *no pl* (*Dichtkunst, Gesamtwerk*) literature; (*in Versform*) poetry. ~ **und Wahrheit** (*Liter*) poetry and truth; (*fig*) fact and fantasy *or* fiction. **2.** (*Dichtwerk*) poem, poetic work; literary work. **dramatische ~** dramatic poem.

Dichtung[2] *f* (*Tech*) washer; (*in Wasserhahn etc*) washer; (*Aut: von Zylinder, Vergaser*) gasket; (*das Abdichten*) sealing.

Dichtungsmanschette *f* seal; **Dichtungsmasse** *f* sealant; **Dichtungsmittel** *nt* sealing compound; **Dichtungsring** *m*, **Dichtungsscheibe** *f* seal, sealing ring; (*in Wasserhahn*) washer.

dick *adj* **1.** thick; *Mensch, Körperteil, Band, Buch, Brieftasche* fat; *Baum, Stamm* big, large, thick; (*inf*) *Gehalt, Belohnung, Rechnung, Gewinn* fat, hefty; (*inf*) *Tränen, Geschäft* big. **einen ~en Mercedes fahren** (*inf*) to drive a big Mercedes; **eine ~e Zigarre** a big fat cigar; **die ~e Berta** Big Bertha; **ein ~er Brocken** (*inf*) a hard *or* tough nut (to crack); ~ **machen** (*Speisen*) to be fattening; ~ **werden** (*Mensch: zunehmen*) to get fat; **sich/jdn ~ anziehen** to wrap up/sb up warmly; ~**(e) kommen** (*inf*) to come thick and fast; **etw ~ unterstreichen** to underline sth heavily; ~**e** (*inf: ausreichend*) easily; **er hat es ~(e)** (*inf*) (*satt*) he's had enough of it; (*viel*) he's got enough and to spare.

2. (*nach Maßangaben*) thick; *Erdschicht* deep. **3 m ~e Wände** walls 3 metres thick, 3 metre thick walls.

3. (*inf: schwerwiegend*) *Fehler, Verweis* big. **das ist ein ~er Tadel/ein ~es Lob** that's heavy criticism/high praise; **ach, du ~es Ei!** (*sl*) bloody hell! (*Brit sl*); **das ist ein ~er Hund** (*sl*) *or* **ein ~es Ei** (*sl*) that's a bit much (*inf*); **das ~e Ende kommt noch** (*prov*) the worst is yet to come.

4. (*geschwollen*) *Backe, Beine, Finger, Mandeln* swollen; *Beule* big. **ein ~er Kopf** (*inf*) a thick head (*inf*).

5. (*zähflüssig, dicht*) thick. **eine ~e Suppe** (*inf: Nebel*) a real pea-souper (*inf*); **~e Milch** sour milk; **durch ~ und dünn** through thick and thin.

6. (*inf: herzlich*) *Freundschaft, Freund* close. **mit jdm ~ befreundet** *or* **~e sein** to be thick with sb (*inf*).

dickbauchig *adj Vase, Krug* bulbous; **dickbäuchig** *adj Mensch* potbellied; (*krankhaft auch*) swollen-bellied; **Dickdarm** *m* (*Anat*) colon.

Dicke *f -, -n* **1.** (*Stärke, Durchmesser*) thickness; (*bei Maßangaben auch*) depth. **2.** (*von Menschen, Körperteilen*) fatness.

dicke *adv* (*inf*) *siehe* **dick 1., 6.**

Dicke(r) *mf decl as adj* (*inf*) fatty (*inf*).

Dickerchen *nt* (*inf*) chubby chops (*inf*).

dicketun *vr sep irreg siehe* **dicktun.**

dickfellig *adj* (*inf*) thick-skinned; **Dickfelligkeit** *f* (*inf*) insensitivity, rhinoceros hide (*inf*); **dickflüssig** *adj* thick, viscous; **Dickflüssigkeit** *f* thickness, viscosity; **Dickhäuter** *m -s, -* pachyderm; (*fig*) thick-skinned person.

Dickicht *nt -(e)s, -e* (*Gebüsch*) thicket; (*fig*) jungle, maze.

Dickkopf *m* **1.** (*Starrsinn*) obstinacy, stubbornness, mulishness; **einen ~ haben** to be obstinate *or* stubborn *or* mulish; **2.** (*Mensch*) mule (*inf*); **dickköpfig** *adj* (*fig*) stubborn; **dickleibig** *adj Buch* massive; *Mensch* corpulent; **Dickleibigkeit** *f siehe adj* massiveness; corpulence; **dicklich** *adj* plump; *Mensch auch* plumpish, tubby (*inf*); **Dickmilch** *f* (*Cook*) sour milk; **Dickschädel** *m* (*inf*) *siehe* **Dickkopf; dickschalig** *adj* thick-skinned, with a thick skin *or* peel.

Dicktuerei *f* (*inf*) swanking *no pl*; **dicktun** *vir sep irreg* (*inf*) to swank; **(sich) mit etw ~ to go** swanking around (the place) with sth (*inf*); **dickwandig** *adj Gebäude, Bunker etc* with thick walls, thick-walled; *Gefäß, Schale* with thick sides, thick; **Dickwanst** *m* (*pej inf*) fatso (*inf*).

Didaktik *f* didactics (*form*), teaching methods *pl*.

Didaktiker(in *f*) *m -s, -* (*Univ*) lecturer in teaching methods. **er ist ein miserabler ~** his teaching methods are terrible.

didaktisch *adj* didactic.

die *art etc siehe* **der²**.

Dieb *m -(e)s, -e* thief. **haltet den ~!** stop thief!; **sich wie ein ~ davonschleichen** to steal *or* slink away like a thief in the night.

Dieberei *f* thievery *no pl*, thieving *no pl*.

Diebesbande *f* band of thieves; **Diebesgesindel** *nt siehe* **Diebespack; Diebesgut** *nt* stolen property *or* goods *pl*;

Diebeshöhle *f* thieves' den; **Diebesnest** *nt* den of thieves; **Diebespack** *nt* (*pej*) thieving riff-raff (*pej*) *or* trash (*pej*).

Diebin *f* thief.

diebisch *adj* **1.** (*stehlend*) thieving *attr*. **2.** (*inf: groß, verschmitzt*) *Freude, Vergnügen* impish, mischievous.

Diebstahl ['di:p-ʃta:l] *m -(e)s, ¨e* theft; (*Jur auch*) larceny. **einfacher/schwerer ~** petty/grand larceny; **bewaffneter ~** armed robbery; **geistiger ~** plagiarism.

Diebstahlversicherung *f* insurance against theft.

diejenige *dem pron siehe* **derjenige.**

Diele *f -, -n* **1.** (*Fußbodenbrett*) floorboard. **2.** (*Vorraum*) hall, hallway.

Dielenbrett *nt* floorboard.

dienen *vi* **1.** (*Dienste tun, sich einsetzen*) to serve (*jdm* sb); (*old: angestellt sein*) to be in service (*bei* with). **bei Hof ~** to serve *or* wait at court; **bei der Messe** *or* **am Altar ~** to serve at mass.

2. (*Mil*) (*beim Militär sein*) to serve; (*Militärdienst leisten*) to do (one's) military service. **bei der Kavallerie ~** to serve in the cavalry; **ein gedienter Soldat** an ex-soldier; **18 Monate ~** to do 18 months' (military) service, to serve 18 months.

3. (*fördern*) (*einer Sache* dat) sth) to serve; *dem Fortschritt, der Erforschung* to aid; *dem Verständnis* to promote; (*nützlich sein*) to be of use *or* service (*jdm* to sb). **es dient einem guten Zweck/einer guten Sache** it serves a useful purpose/it is in a good cause; **der Verbesserung der Arbeitsbedingungen ~** to serve to improve working conditions.

4. (*behilflich sein*) to help (*jdm* sb), to be of help *or* service (*jdm* to sb). **womit kann ich Ihnen ~?** what can I do for you?; (*im Geschäft auch*) can I help you?; **damit kann ich leider nicht ~** I'm afraid I can't help you there; **damit ist mir wenig gedient** that's no use *or* good to me; **wäre Ihnen damit gedient?** would that be of any help to you?

5. (*verwendet werden*) **als/zu etw ~** to serve *or* be used as/for sth; **laß dir das als Warnung ~!** let that serve as *or* be a warning to you!

Diener *m -s, -* **1.** (*Mensch*) (*lit, fig*) servant; (*Lakai auch*) valet. **~ Gottes** servant of God; **Ihr ergebenster ~** (*old*) (*in Briefen*) your (most) obedient servant. **2.** (*inf: Verbeugung*) bow.

Dienerin *f* maid(-servant *old*).

dienern *vi* (*vor +dat* to) (*lit*) to bow; (*fig pej*) to bow and scrape.

Dienerschaft *f* servants *pl*, domestic staff.

dienlich *adj* useful, helpful; (*ratsam*) expedient, advisable. **jdm/einer Sache ~ sein** to help sb/sth, to be of use *or* help to sb/sth.

Dienst *m -(e)s, -e* **1.** service; (*Arbeitsstelle*) position. **diplomatischer/öffentlicher ~** diplomatic/civil service; **bei jdm in ~(en)** *or* **in jds ~(en)** (*dat*) **sein** *or* **stehen** to be in sb's service; **jdn in (seinen) ~ nehmen** to engage sb; **in jds ~(e)** (*acc*) **treten** to enter sb's service; **Oberst** *etc* **außer ~** (*abbr* **a.D.**) retired colonel *etc*, ex-colonel *etc*; **den ~ quittieren, aus dem ~**

(aus)scheiden to resign one's post; (*Mil*) to leave the service; **nicht mehr im** ~ **sein** to have left the service.

2. (*Berufsausübung, Amtspflicht*) duty; (*Arbeit, Arbeitszeit*) work. **im** ~ **sein,** ~ **haben** (*Arzt, Feuerwehrmann etc*) to be on duty; (*Apotheke*) to be open; **im** ~ **sein** (*Angestellter etc*) to be working; **außer** ~ **sein** to be off duty; **nach** ~ after work; **zum** ~ **gehen** to go to work; ~ **tun** to serve (*bei* in, *als* as); **jdn vom** ~ **beurlauben** to grant sb leave of absence; **jdn vom** ~ **befreien** to exempt sb from his duties; ~ **ist** ~**, und Schnaps ist Schnaps** (*inf*) there's a time for everything.

3. (*Tätigkeit, Leistung, Hilfe*) service. **im** ~**(e) einer Sache/ der Menschheit** in the service of sth/humanity; **sich in den** ~ **der Sache stellen** to embrace the cause; **jdm einen** ~**/einen schlechten** ~ **erweisen** to do sb a good/bad turn *or* a service/disservice; **jdm gute** ~**e leisten** *or* **tun** to serve sb well; **die Stimme** *etc* **versagte ihr den** ~ her voice *etc* failed (her) *or* gave way; ~ **am Vaterland** service to one's country; ~ **am Kunden** customer service; **etw in** ~ **stellen** to put sth into commission *or* service; **jdm zu** ~**en** *or* **zu jds** ~**en stehen** to be at sb's disposal; (*Mensch auch*) to be at sb's service; (**ich stehe) zu** ~**en!** (*old*) at your service!; **was steht zu** ~**en?** (*old*) you wish, sir/madam?

4. (*Einrichtung: oft in cpds*) service.

5. (*Archit*) engaged column *or* shaft.

Dienst|abteil *nt* (*Rail*) ≃ guard's compartment, conductor's car (*US*).

Dienstag *m* Tuesday. ~ **abend/morgen/ nachmittag** (on) Tuesday evening/ morning/afternoon; ~ **abends/nachts/ vormittags** on Tuesday evenings/nights/ mornings; **am** ~ on Tuesday; **hast du** ~ **Zeit?** have you time on Tuesday?; **heute ist** ~**, der 10. Juni** today is Tuesday the tenth of June *or* Tuesday June the tenth; **alle** ~**e** every Tuesday; **eines** ~**s** one Tuesday; **des** ~**s** (*geh*) on Tuesdays; **die Nacht von** ~ **auf** *or* **zum Mittwoch** the night of Tuesday to Wednesday; **den (ganzen)** ~ **über** all (day) Tuesday, the whole of Tuesday; **ab nächsten** *or* **nächstem** ~ from next Tuesday; ~ **in 8 Tagen** *or* **in einer Woche** a week on Tuesday, Tuesday week; **seit letzten** *or* **letztem** ~ since last Tuesday; ~ **vor einer Woche** *or* **acht Tagen** a week (ago) last Tuesday.

Dienstag|abend *m* Tuesday evening; **Dienstagnachmittag** *m* Tuesday afternoon.

dienstags *adv* on Tuesdays, on a Tuesday. ~ **abends** on Tuesday evenings, on a Tuesday evening.

Dienst|alter *nt* length of service; **Dienst|älteste(r)** *mf* (most) senior member of staff; **Dienst|antritt** *m* assumption of one's duties; (*jeden Tag*) commencement of work; **bei** ~ on taking up one's duties/ on commencing work; **Dienst|anweisung** *f* instructions *pl*, regulations *pl*; **Dienst|auffassung** *f* conception of one's duties; **was ist denn das für eine** ~**?** have you no sense of duty!; **Dienst|aufsicht** *f* supervision; **die** ~ **über etw** (*acc*)

haben to be in charge of sth; **dienstbar** *adj* **1.** (*Hist*) subject; **2.** (*fig: helfend*) ~**er Geist** helpful soul; ~**e Geister** willing hands; **sich** (*dat*) **etw** ~ **machen** to utilize sth; **Dienstbarkeit** *f* **1.** (*Jur*) servitude; **2.** (*Hist: Leibeigenschaft*) servitude; **etw in seine** ~ **bringen** (*fig geh*) to utilize sth; **3.** (*Gefälligkeit*) service; **Dienstbeflissen** *adj* zealous, assiduous; **Dienstbeflissenheit** *f* zealousness, assiduousness, assiduity; **Dienstbefreiung** *f* (*Mil*) leave, furlough (*US*); **dienstbereit** *adj* **1.** (*geöffnet*) *Apotheke* open *pred*; *Arzt* on duty; **2.** (*hilfsbereit*) willing to be of service, obliging; **Dienstbereitschaft** *f* **1.** **in** ~ **sein** to be on stand-by duty; **welche Apotheke hat dieses Wochenende** ~**?** which chemist is open this weekend?; **2.** willingness to be of service; **Dienstbezüge** *pl* salary *sing*; **Dienstbote** *m* servant; **Dienstboten|eingang** *m* tradesmen's *or* service entrance; **Dienst|eid** *m* oath of service; **Dienst|eifer** *m* zeal; **dienst|eifrig** *adj* zealous, assiduous; **dienstfrei** *adj* free; ~**er Tag** day off, free day; ~ **haben/bekommen** to have/be given a day off; **Dienstgebrauch** *m* (*Mil, Admin*) **nur für den** ~ for official use only; **Dienstgeheimnis** *nt* official secret; **Dienstgespräch** *nt* business call; (*von Beamten*) official call; **Dienstgrad** *m* (*Mil*) **1.** (*Rangstufe*) rank; **2.** (*Mensch*) **ein höherer** ~ a person of higher rank, a higher ranking person; **Dienstgrad|abzeichen** *nt* (*Mil*) insignia; **diensthabend** *adj attr* *Arzt, Offizier* duty *attr*, on duty; **der D**~**e** (*Mil*) the duty officer; **Dienstherr** *m* employer; **Dienstjahr** *nt usu pl* (*Mil, Admin*) year of service; **Dienstkleidung** *f* working dress; uniform; (*Mil*) service dress; **Dienstleistung** *f* service; **Dienstleistungsberuf** *m* job in the services sector; **Dienstleistungsbetrieb** *m* service industry; **Dienstleistungsgewerbe** *nt* services trade; **dienstlich** **I** *adj* *Angelegenheiten* business *attr*; (*Schreiben, Befehl*) official; ~ **werden** (*inf*) to become businesslike; **II** *adv* on business; **wir haben hier** ~ **zu tun** we have business here; **Dienstmädchen** *nt* maid; **Dienstmagd** *f* maid; farmgirl; **Dienstmann** *m*, *pl* **-männer** *or* **-leute** (*Gepäckträger*) porter; **Dienstmütze** *f* uniform cap; **Dienst|ordnung** *f* (*Admin*) official regulations *pl*; (*Mil*) service regulations *pl*; **Dienstpersonal** *nt* staff, personnel; **Dienstpflicht** *f* compulsory service; **dienstpflichtig** *adj* liable for compulsory service; **Dienstplan** *m* duty rota; **Dienstrang** *m* grade; (*Mil*) rank; **Dienstreise** *f* business trip; **Dienstschluß** *m* end of work; **nach** ~ after working hours; **wir haben jetzt** ~ we finish work now; **Dienstsiegel** *nt*, **Dienststempel** *m* official stamp; **Dienststelle** *f* (*Admin*) department; (*Mil*) section; **Dienststunden** *pl* working hours *pl*; **diensttauglich** *adj* (*Mil*) fit for duty; **diensttuend** *adj* *Arzt* duty *attr*, on duty; **dienst|unfähig** *adj* unfit for work; (*Mil*) unfit for duty; **dienst|untauglich** *adj*

(*Mil*) unfit for service; **Dienstvergehen** *nt* breach of duty; **dienstverpflichten*** *vt insep* to call up *or* draft (*US*) for essential service; **Dienstvertrag** *m* contract of employment; **Dienstvorschrift** *f* official regulations *pl*; (*Mil*) service regulations *pl*; **Dienstwagen** *m* company car; (*von Beamten*) official car; (*Mil*) staff car; (*Rail*) ≃ guard's carriage, conductor's car (*US*); **Dienstweg** *m* **auf dem** ~ through the proper *or* official channels *pl*; **Dienstwohnung** *f* police/army *etc* house, house provided by the police/army *etc*; **Dienstzeit** *f* 1. period of service; 2. (*Arbeitszeit*) working hours *pl*; (*Mil*) hours *pl* of duty; **Dienstzeugnis** *nt* testimonial.

dies *dem pron inv* this; *pl* these. ~ **sind** these are; *siehe auch* **dieser.**

diesbezüglich *adj* (*form*) relating to *or* regarding this. **sich** ~ **äußern** to give one's views regarding this *or* on this matter.

diese *dem pron siehe* **dieser.**

Diesel *m* **-s, -** (*inf*) diesel.

dieselbe, dieselbige *dem pron siehe* **derselbe.**

diesel|elektrisch *adj* diesel-electric; **Diesellok(omotive)** *f* diesel locomotive; **Dieselmotor** *m* diesel engine; **Diesel|öl** *nt* diesel oil.

dieser, diese, dies(es), *pl* **diese** *dem pron* 1. (*substantivisch*) this; (~ **dort, da**) that; *pl* these; (*diese dort, da*) those. **diese(r, s) hier** this (one); **diese(r, s) da** that (one); **dieser ist es!** this/that is the one!; **dieser ..., jener ...** the latter ..., the former ...; **schließlich fragte ich einen Polizisten; dieser sagte mir ...** in the end I asked a policeman, he told me ...; **dies und das, dieses und jenes** this and that; **dieser und jener** this person and that; **dieser oder jener** someone or other.
2. *attr* this; (~ **dort, da**) that; *pl* these; (*diese dort, da*) those. **gib mir dieses Buch** give me that book; **dies(es) Jahr/dieser Monat** this year/month; **Anfang dieses Jahres/Monats** at the beginning of the *or* this *or* the current (*form*) year/month; **in diesen Wochen/Jahren habe ich viel erlebt** I experienced a lot in those weeks/years; **ich fahre diese Woche/dieses Jahr noch weg** I'm going away this week/year; **am 5. dieses Monats** on the 5th of this month; (*in Briefen auch*) on the 5th inst. (*form*); **dieser Tage** (*vergangen*) the other day; (*zukünftig*) one of these days; (**nur**) **dieses eine Mal** just this/that once; **dies alles, alles dies** all this/that; **dieser Maier** (*inf*) that *or* this Maier; *siehe* **Nacht.**

dieses *dem pron siehe* **dieser.**

diesig *adj Wetter, Luft* hazy, misty.

Diesigkeit *f* haziness, mistiness.

diesjährig *adj attr* this year's; **die** ~**e Ernte** this year's harvest; **diesmal** *adv* this time; **diesseitig** *adj* 1. *Ufer* near-(side) *attr*, (on) this side; 2. (*irdisch*) of this world; *Leben* in this world; **diesseits** *prep* +*gen* on this side of; **Diesseits** *nt* **-**, *no pl* **das** ~ this life; **im** ~ in this life, on earth.

Dietrich *m* **-s, -e** picklock, skeleton key.

dieweil (*obs*) **I** *adv* meanwhile, in the

meantime. **II** *conj* whilst, while.

diffamieren* *vt* to defame.

diffamierend *adj* defamatory.

Diffamierung *f* (*das Diffamieren*) defamation (of character); (*Bemerkung etc*) defamatory statement. **die** ~ **seines Gegners** the defamation of his opponent's character.

Differential [-'tsia:l] *nt* **-s, -e** 1. (*Math*) differential. 2. (*Aut: auch* ~**getriebe** *nt*) differential (gear).

Differential- *in cpds* (*Tech, Math*) differential; **Differentialrechnung** *f* (*Math*) differential calculus.

Differenz *f* 1. (*Unterschied, fehlender Betrag, Math*) difference; (*Abweichung*) discrepancy. 2. (*usu pl: Meinungsverschiedenheit*) difference (of opinion), disagreement.

Differenzbetrag *m* difference, balance.

differenzieren* **I** *vt* 1. to make distinctions/a distinction in; *Behauptung, Urteil* to be discriminating in; (*abändern*) to make changes/a change in, to modify. **zwischen zwei Dingen** ~ to differentiate between two things.
2. (*Math*) to differentiate. **II** *vi* to make distinctions/a distinction (*zwischen* + *dat* between, *bei* in); (*den Unterschied verstehen*) to differentiate (*zwischen* + *dat* between, *bei* in); (*bei Behauptung, Urteil*) to be discriminating, to discriminate (*bei* in). **genau** ~ to make a precise distinction.
III *vr* to become sophisticated; (*sich auseinanderentwickeln*) to become differentiated.

differenziert *adj* (*fein unterscheidend*) subtly differentiated; (*verfeinert*) sophisticated; *Charakter, Mensch, Gefühlsleben* complex; (*verschiedenartig*) *Farbgebung, Anschauungen* subtly diversified; *Warenangebot* diverse.

Differenzierung *f* 1. *siehe vt* 1. distinction; modification; differentiation. 2. (*Math*) differentiation. 3. *siehe vr* sophistication; differentiation.

differieren* *vi* to differ.

diffizil *adj* (*geh*) difficult, awkward; *Mensch* complicated.

diffus *adj Licht* diffuse; *Gedanken, Ausdrucksweise* confused.

Diffusion *f* diffusion.

Digital- *in cpds* digital; **Digitalrechner** *m* digital calculator; **Digital|uhr** *f* digital clock/watch.

Diktaphon *nt* **-s, -e** dictaphone ®.

Diktat *nt* 1. dictation. **etw nach** ~ **schreiben** to write sth from dictation; **nach** ~ **verreist** dictated by X and signed in his absence. 2. (*fig: Gebot*) dictate; (*Pol auch*) diktat.

Diktator *m* dictator.

diktatorisch *adj* dictatorial.

Diktatur *f* dictatorship.

diktieren* *vt Brief,* (*fig*) *Bedingungen* to dictate.

Diktiergerät *nt*, **Diktiermaschine** *f* dictating machine.

Diktion *f* style.

Diktionär [dɪktsio'nɛːɐ] *nt or m* **-s, -e** (*old*) dictionary.

Dilemma *nt* **-s, -s** *or* (*geh*) **-ta** dilemma.
Dilettant *m* amateur; (*pej auch*) dilettante.
dilettantisch *adj* amateurish.
Dilettantismus *m* amateurism.
dilettieren* *vi* (*geh*) to dabble (*in* +*dat* in).
Dill *m* **-s, -e** (*Bot, Cook*) dill.
diluvial [dilu'via:l] *adj* (*Geol*) diluvial.
Diluvium *nt* (*Geol*) glacial epoch, ice age.
Dimension *f* (*Phys, Math, fig*) dimension.
diminutiv *adj Form, Endung* diminutive (*zu, von* of).
Diminutivform *f* diminutive form.
Diminutiv(um) *nt* diminutive (*zu, von* of).
DIN¹ ® [dɪn, di:n] *f* **-**, *no pl abbr of* **Deutsche Industrie-Normen** German Industrial Standard. ~ **A4** A4; ~**-Format** German standard paper size.
DIN² [di:n] *nt* **-(s)**, *no pl* (*Phot*) DIN. ~**-Grad** *m* DIN-speed.
dinarisch *adj* Dinaric.
Diner [di'ne:] *nt* **-s, -s** (*form*) (*Mittagessen*) luncheon; (*Abendessen*) dinner.
Ding¹ *nt* **-(e)s, -e** *or* (*inf*) **-er 1.** (*Sache, Gegenstand*) thing. **die Welt der ~e** (*Philos*) the world of material objects; **das ~ an sich** (*Philos*) the thing-in-itself; **das ist ein ~ der Unmöglichkeit** that is quite impossible; **bei ihm ist kein ~ unmöglich** nothing is impossible for him; **guter ~e sein** (*old, liter*) to be in good spirits *or* of good cheer (*old*); **die ~e beim (rechten) Namen nennen** to call a spade a spade (*prov*); **jedes ~ hat zwei Seiten** (*Prov*) there are two sides to everything; **gut ~ will Weile haben** (*Prov*) it takes time to do a thing well.
2. (*Gegebenheit*) thing; (*Angelegenheit, Thema auch*) matter; (*Ereignis auch*) event. **in diesen ~en** about these things *or* matters; **vergangene/berufliche ~e** past events/professional matters; **reden wir von andern ~en** let's talk about something else; **wir harrten der ~e, die da kommen sollten** we waited to see what would happen; **die ~e sind nun mal nicht so** things aren't like that; **so wie die ~e liegen** as things are, as matters lie; **wie ich die ~e sehe** as I see things *or* matters; **über den ~en stehen** to be above things; **nach Lage der ~e** the way things are; **das ist ein ander ~** (*old*) that is another matter; **das ist ein eigen ~** (*old, liter*) that is a strange thing; **vor allen ~en** above all (things), first and foremost; **es müßte nicht mit rechten ~en zugehen, wenn ...** it would be more than a little strange if ...
3. (*inf*) *auch* ~**s** (*unbestimmtes Etwas*) thing; (*Vorrichtung auch*) gadget; **was ist das für ein ~?** what's that thing?; **das ~(s) da** (*inf*) that thing (over) there; **das ist ein ~!** now there's a thing! (*inf*); **ein tolles ~!** great! (*inf*); **das ~ ist gut!** that's a good one! (*inf*).
4. *pl* **-er** (*sl: Verbrechen*) job; **sich** (*dat*) **ein ~ leisten** to get up to something; **da hast du dir aber ein ~ geleistet** that was quite something you got up to (*inf*); ~**er machen** to get up to all sorts of tricks (*inf*); **was macht ihr bloß für ~er?** the things you do! (*inf*); **das war vielleicht ein ~** (*inf*) that was quite something (*inf*).

5. (*inf: Mädchen*) thing, creature.
6. (*sl: Penis*) tool (*sl*), dong (*US sl*).
Ding² *nt* **-(e)s, -e** (*Hist*) thing.
Dingelchen *nt* (*inf*) dear *or* sweet little thing.
dingen *pret* **dang** *or* **dingte**, *ptp* **gedungen** *vt* (*old*) *Diener* to hire, to engage. **gedungener Mörder** hired assassin.
Dingens *nt* **-, -** (*dial inf*) *siehe* **Ding¹ 3.**
dingfest *adj* **jdn ~ machen** to take sb into custody, to arrest sb.
Dingi ['dɪŋgi] *nt* **-s, -s** dinghy.
dinglich I *adj* material. ~**er Anspruch/Klage** (*Jur*) claim/action in rem. **II** *adv* (*Fin*) ~ **gesicherte Forderungen** claims covered by assets.
Dinglichkeit *f* materiality.
Dings, Dingsbums, Dingsda *nt* **-**, *no pl* (*inf*) (*Sache*) what'sit, doo-dah, thingummy(-bob *or* -jig) (*all inf*); (*Person: auch* **der/die ~**) what's-his-/-her-name (*inf*).
Dingsda *nt* **-**, *no pl*, **Dingskirchen** *nt* **-s**, *no pl* (*inf*) what's-its-name.
dinieren* *vi* (*geh*) to dine (*form*).
Dinosaurier *m* dinosaur.
Diode *f* **-, -n** diode.
dionysisch *adj* Dionysian.
Dioptrie *f* (*Opt*) diopter.
Dioskuren *pl* (*Myth*) heavenly twins (*auch fig*), Dioscuri (*form*).
Dioxyd, Dioxid *nt* **-s, -e** dioxide.
Diözesan *m* **-en, -en** diocesan.
Diözese *f* **-, -n** diocese. **die ~ Münster** the diocese of Münster.
Diphtherie [dɪfte'ri:] *f* diphtheria.
Diphthong [dɪf'tɔŋ] *m* **-s, -e** diphthong.
Diphthongierung [-ŋ-] *f* diphthongization.
diphthongisch [dɪf'tɔŋɪʃ] *adj* diphthongized. ~ **aussprechen** to pronounce as a diphthong.
Dipl. *abbr of* **Diplom.**
Dipl.-Ing. *abbr of* **Diplomingenieur** academically trained engineer.
Dipl.-Kfm. *abbr of* **Diplomkaufmann** person holding a diploma in commerce.
Diplom *nt* **-s, -e** diploma; (*Zeugnis auch*) certificate. **sein ~ machen** to take *or* do one's diploma.
Diplom- *in cpds* (*vor Berufsbezeichnung*) qualified.
Diplomand *m* **-en, -en** *student about to take his diploma.*
Diplom|arbeit *f* dissertation (*submitted for a diploma*).
Diplomat *m* **-en, -en** diplomat.
Diplomatenkoffer *m* executive case.
Diplomatie *f* (*lit, fig*) diplomacy.
diplomatisch *adj* (*Pol, fig*) diplomatic.
diplomiert *adj* qualified.
Dipol ['di:po:l] *m* **-s, -e 1.** (*Phys*) dipole. **2.** (*auch* ~**antenne**) dipole (aerial *or* antenna).
dippen *vt* (*Naut*) *Flagge* to dip.
dir *pers pron dat of* **du** to you; (*obs, dial*) to thee; (*nach Präpositionen*) you; (*obs, dial*) thou; *siehe* **ihm.**
direkt I *adj* **1.** (*unmittelbar, gerade*) direct; *Erledigung* immediate. **eine ~e Verbindung** a through train/direct flight; ~**e Rede** direct speech.

2. (*unverblümt*) Mensch, Frage, Ausdrucksweise direct, blunt; (*genau*) Hinweis plain; *Vorstellungen, Antwort* clear.
3. (*inf: ausgesprochen*) perfect, sheer. **es war keine ~e Katastrophe** it wasn't exactly a catastrophe.
II *adv* **1.** (*unmittelbar*) directly; (*geradewegs auch*) straight. **~ aus** *or* **von/zu** *or* **nach** straight *or* direct from/to; **~ an/neben/unter/über** directly *or* right by/next to/under/over; **~ gegenüber** right *or* directly *or* straight opposite; **jdm ~ ins Gesicht/in die Augen sehen** to look sb straight in the face/the eyes; **~ übertragen** *or* **senden** to transmit live; **ich kann von hier nicht ~ telefonieren** I can't dial direct from here.
2. (*unverblümt*) bluntly. **jdm etw ~ ins Gesicht sagen** to tell sb sth (straight) to his face; **~ fragen** to ask outright *or* straight out; **~ antworten** to give sb a clear answer.
3. (*inf: geradezu*) really. **nicht ~** not exactly *or* really.
Direkt- *in cpds* direct; (*Rad, TV*) live.
Direktion *f* **1.** (*Leitung*) management, administration; (*von Schule*) headship (*Brit*), principalship (*US*). **2.** (*Direktoren, Vorstand*) management. **3.** (*inf: Direktionsbüro*) manager's office.
Direktive *f* (*geh*) directive.
Direktmandat *nt* (*Pol*) direct mandate.
Direktor *m* director; (*von Gefängnis*) governor, warden (*US*); (*von Schule*) head(master/mistress), principal (*esp US*). **geschäftsführender ~** (*Univ*) head of department.
Direktorat *nt* **1.** (*Amt*) directorship; (*von Schule*) headship, principalship (*esp US*). **2.** (*Diensträume: von Schule*) head(master/mistress)'s *or* principal's (*esp US*) study *or* room.
Direktorin *f siehe* **Direktor**.
Direktorium *nt* **1.** board of directors, directorate. **2.** (*Hist*) Directory, Directoire.
Direktrice [dirɛk'tri:sə] *f* **-, -n** manageress.
Direkt|übertragung *f* (*Rad, TV*) live transmission; **Direktverbindung** *f* (*Rail*) through train; (*Aviat*) direct flight.
Direx *m* **-, -e** (*Sch sl*) head, principal (*esp US*).
Dirigent *m* (*Mus*) conductor; (*fig*) leader.
Dirigentenstab *m* (conductor's) bâton.
dirigieren* *vt* **1.** (*auch vi*) (*Mus*) to conduct; (*fig*) to lead. **2.** (*leiten, einweisen*) *Verkehr etc* to direct.
Dirigismus *m* (*Pol*) dirigism.
Dirn *f* **-, -en 1.** (*S Ger, Aus: Magd*) maid. **2.** (*N Ger: Mädchen*) girl, lass (*dial inf*).
Dirndl *nt* **-s, - 1.** (*auch ~kleid*) dirndl. **2.** (*S Ger, Aus: Mädchen*) girl, lass (*dial inf*).
Dirne *f* **-, -n 1.** (*Prostituierte*) prostitute, hooker (*US inf*). **2.** (*obs: Mädchen*) lass (*old, dial*).
Dirnenviertel *nt* red light district.
dis, Dis *nt* **-, -** (*Mus*) D sharp.
Disco *f* **-, -s** disco.
Discount- [dɪs'kaunt] *in cpds* discount.
Disharmonie *f* (*Mus*) discord, dissonance, disharmony; (*fig: Unstimmigkeit*) discord *no pl*, friction *no pl*, disagreement; (*von Farben*) clash.

disharmonieren* *vi* (*geh*) (*Mus*) to be discordant *or* dissonant; (*Farben*) to clash; (*Menschen*) to be at variance, to disaccord (*form*).
disharmonisch *adj Akkord* discordant, dissonant, disharmonious; *Farbzusammenstellung* clashing; *Ehe, Verbindung, Atmosphäre* discordant.
Diskant *m* **-s, -e** (*Stimmlage*) treble; (*Gegenstimme*) descant.
Diskantschlüssel *m* soprano clef.
Diskjockey ['dɪskdʒɔke] *m* **-s, -s** disc jockey, deejay (*inf*), DJ (*inf*).
Diskont *m* **-s, -e** (*Fin*) discount.
Diskonten *pl* (*Fin*) discounted bills *pl*.
diskontieren* *vt* (*Fin*) to discount.
diskontinuierlich *adj* (*geh*) discontinuous.
Diskontinuität *f* (*geh*) discontinuity.
Diskontsatz *m* (*Fin*) discount rate.
Diskothek *f* **-, -en 1.** (*Tanzbar*) discotheque. **2.** (*Plattensammlung*) record collection.
diskreditieren* *vt* (*geh*) to discredit.
Diskrepanz *f* discrepancy.
diskret *adj* **1.** (*taktvoll, unaufdringlich*) discreet; (*vertraulich*) *Angelegenheit, Gespräch* confidential. **er ist sehr ~** (*verschwiegen*) he's not one to betray a confidence; **du mußt lernen, etwas ~er zu sein** you must learn to be more discreet about confidential matters.
2. (*Math*) discrete.
Diskretion *f* discretion; (*vertrauliche Behandlung*) confidentiality. **~ üben** to be discreet; **strengste ~ wahren** to preserve the strictest confidence; **jdn um ~ in einer Angelegenheit bitten** to ask sb to treat an affair as a matter of confidence; **~ ist Ehrensache!** you can count on my discretion.
diskriminieren* *vt* to discriminate against.
diskriminierend *adj* discriminatory.
Diskriminierung *f* discrimination.
Diskurs *m* **-es, -e** (*geh*) discourse.
diskursiv *adj* (*Philos*) discursive.
Diskus *m* **-, -se** *or* **Disken** discus.
Diskussion *f* discussion. **zur ~ stehen** to be under discussion; **etw zur ~ stellen** to put *or* bring sth up for discussion; **sich mit jdm auf eine ~ einlassen** to be drawn *or* to get into discussion with sb.
Diskussionsbeitrag *m* contribution to the discussion; **Diskussionsredner** *m* speaker (in a discussion); **Diskussionsteilnehmer** *m* participant (in a discussion).
Diskuswerfen *nt* **-s, *no pl*** throwing the discus; **Diskuswerfer(in** *f*) *m* discus-thrower.
diskutabel, diskutierbar *adj* worth discussing. **das ist überhaupt nicht ~** that's not even worth talking about.
diskutieren* *vti* to discuss. **über etw** (*acc*) **~** to discuss sth; **darüber läßt sich ~** that's debatable; **wir haben stundenlang diskutiert** we've spent hours in discussion; **was gibt's denn da zu ~?** what is there to talk about *or* to discuss?
Dispens [dɪs'pɛns] *m* **-es, -e** *or* (*Aus, Eccl*) *f* **-, -en** dispensation.
dispensieren* [dɪspɛn'zi:rən] *vt* **jdn** to excuse (*von* from); (*Eccl*) to dispense.

Dispersion [dispɛr'zio:n] *f* (*Chem, Opt*) dispersion.

disponibel *adj* available.

disponieren* [dispo'ni:rən] *vi* (*geh*) **1.** (*verfügen*) **über jdn ~** to command sb's services (*form*); **über etw** (*acc*) **(frei) ~** to do as one wishes *or* likes with sth; **über etw** (*acc*) **~ können** (*zur Verfügung haben*) to have sth at one's disposal; **ich kann über meine Zeit frei ~** my time is my own (to do with as I wish).
   2. (*planen*) to make arrangements.

disponiert [dispo'ni:ɐt] *adj* (*geh*) **gut/schlecht ~ sein** to be on/off form *or* in good/bad form; **zu** *or* **für etw ~ sein** (*Med*) to be prone to sth; **weil sie entsprechend ~ ist** because she has the kind of disposition for this.

Disposition [dispozi'tsio:n] *f* (*geh*) **1.** (*Verfügung*) **jdm zur** *or* **zu jds ~ stehen** to be at sb's disposal; **jdm etw zur ~ stellen** to place sth at sb's disposal.
   2. (*Anordnung*) arrangement, provision. **seine ~en treffen** to make (one's) arrangements *or* plans.
   3. (*Gliederung*) layout, plan.
   4. (*Med: Anlage*) susceptibility, proneness (*zu* to).

disproportioniert [disproportsio'ni:ɐt] *adj* ill-proportioned.

Disput [dis'pu:t] *m* **-(e)s, -e** (*geh*) dispute.

Disputant [dispu'tant] *m* disputant.

Disputation [disputa'tsio:n] *f* (*old*) disputation.

disputieren* [dispu'ti:rən] *vi* (*geh*) to dispute (*über etw* (*acc*) sth).

Disqualifikation *f* disqualification.

disqualifizieren* *vt* to disqualify.

Disqualifizierung *f* disqualification.

Dissens *m* **-es, -e** dissent, disagreement *no indef art*.

Dissertation *f* thesis.

Dissident *m* dissident.

Dissimilation *f* (*Ling*) dissimilation; (*Biol auch*) catabolism.

dissimilieren* *vt* (*Ling*) *Laut* to dissimilate; (*Biol*) *Stoffe* to break down.

dissonant *adj* dissonant.

Dissonanz *f* (*Mus*) dissonance; (*fig*) (note of) discord.

Distanz *f* **1.** (*lit*) distance; (*fig*) (*Abstand, Entfernung*) detachment; (*Zurückhaltung*) reserve. **~ halten** *or* **wahren** (*lit, fig*) to keep one's distance; **auf ~ gehen** (*fig*) to become distant; **die nötige ~ zu etw finden/haben** to become/be sufficiently detached from sth. **2.** (*Sport*) distance.

distanzieren* I *vr* **sich von jdm/etw ~** to dissociate oneself from sb/sth. II *vt* (*Sport*) to outdistance.

distanziert *adj Verhalten* distant.

Distel *f* **-, -n** thistle.

Distelfink *m* goldfinch.

distinguiert [distıŋ'gi:ɐt] *adj* (*geh*) distinguished.

Distribution *f* distribution.

distributiv *adj* (*Gram, Math*) distributive.

Distrikt *m* **-(e)s, -e** district.

Disziplin *f* **-, -en** **1.** *no pl* (*Zucht, Ordnung*) discipline. **~ halten** (*Lehrer*) to keep *or* maintain discipline; (*Klasse*) to behave in a disciplined manner. **2.** (*Fach-*

richtung, Sportart) discipline.

Disziplinargewalt *f* disciplinary powers *pl*.

disziplinarisch *adj* disciplinary. **jdn ~ bestrafen** to take disciplinary action against sb.

Disziplinarstrafe *f* punishment; **mit einer ~ rechnen** to expect disciplinary action; **Disziplinarverfahren** *nt* disciplinary proceedings *pl*.

disziplinieren* I *vt* to discipline. II *vr* to discipline oneself.

diszipliniert I *adj* disciplined. II *adv* in a disciplined manner.

disziplinlos I *adj* undisciplined; II *adv* in an undisciplined manner; **Disziplinlosigkeit** *f* lack *no pl* of discipline.

dito *adv* (*Comm, hum*) ditto.

Diva ['di:va] *f* **-, -s** *or* **Diven** star; (*Film~*) screen goddess.

divergent [divɛr'gɛnt] *adj* divergent.

Divergenz [divɛr'gɛnts] *f* **1.** *no pl* divergence. **2.** *usu pl* (*Meinungsverschiedenheit*) difference (of opinion).

divergieren* [divɛrgi:rən] *vi* to diverge.

divers [di'vɛrs] *adj attr* various. **die ~esten ...** the most diverse ...; **~e** (*mehrere der gleichen Art*) several; „**D~es**" "miscellaneous"; **wir haben noch D~es zu erledigen** we still have various *or* several things to see to.

Diversant [divɛr'zant] *m* (*DDR*) subversive.

Diversifikation [divɛrzifika'tsio:n] *f* (*Econ*) diversification.

Dividend [divi'dɛnt] *m* **-en, -en** (*Math*) dividend.

Dividende [divi'dɛndə] *f* **-, -n** (*Fin*) dividend.

Dividenden|ausschüttung *f* (*Fin*) distribution of dividends.

dividieren* [divi'di:rən] *vti* to divide (*durch* by).

Divis [di'vi:s] *nt* **-es, -e** (*Typ*) hyphen.

Division [divi'zio:n] *f* (*Math, Mil*) division.

Divisionär [divizio'nɛ:ɐ] *m* (*Sw*) divisional commander.

Divisions- *in cpds* (*Math*) division; (*Mil*) divisional; **Divisionsstab** *m* divisional headquarters *pl*.

Divisor [di'vi:zɔr] *m* (*Math*) divisor.

Diwan *m* **-s, -e** divan.

d. J. *abbr of* **1. dieses Jahres** of this year. **2. der Jüngere** jun.

DJH [de:jɔt'ha:] *nt* **-(s)** *abbr of* **Deutsches Jugendherbergswerk** German Youth Hostel Association.

DKP [de:ka:'pe:] *f* **-** *abbr of* **Deutsche Kommunistische Partei.**

DM ['de:'|ɛm] *no art* **-, -** *abbr of* **Deutsche Mark.**

d. M. *abbr of* **dieses Monats** inst.

D-Mark ['de:mark] *f* **-, -** deutschmark, (West) German mark.

DNS [de:|ɛn'|ɛs] *f* **-** *abbr of* **Desoxyribonukleinsäure** DNA.

Dobermann *m*, *pl* **-männer** (*Hund*) Doberman pinscher.

doch I *conj* (*aber, allein*) but; (*jedoch, trotzdem*) but still, yet. **und ~ hat er es getan** but he still *or* but still he did it.
   II *adv* **1.** (*betont: dennoch*) after all; (*trotzdem*) anyway, all the same; (*sowieso*)

anyway. **jetzt ist er ~ nicht gekommen** now he hasn't come after all; **..., aber ich bin ~ gegangen** ... but I went anyway *or* all the same *or* after all; **du weißt es ja ~ besser** you always know better anyway; **das geht denn ~ zu weit!** that really is going too far; **und ~, ...** and yet ...

2. (*betont: tatsächlich*) really. **ja ~!** of course!, sure! (*esp US*); **nein ~!** of course *or* certainly not!; **also ~!** so it *is*/so he *did*!*etc*; **er hat es gestohlen — also ~!** he stole it — so it *was* him!; **er hat es also ~ gesagt** so he *did* say it; **es ist ~ so, wie ich vermutet hatte** so it (really) *is* as I thought; **das ist er ~!** (why,) that *is* him!; **das ist ~ interessant, was er da sagt** what he's saying is really interesting.

3. (*als bejahende Antwort*) yes I do/it does *etc.* **hat es dir nicht gefallen? — (~,) ~!** didn't you like it? — (oh) yes I did! *or* oh I did, I did!; **will er nicht mitkommen? — ~!** doesn't he want to come? — (oh) yes, he does; **~, schon, aber ...** yes it does/ I do *etc* but ...

4. (*auffordernd*) *nicht übersetzt, aber emphatisches „to do" wird oft gebraucht.* **komm ~** do come; **kommen Sie ~ bitte morgen wieder** won't you come back tomorrow?; **gib ~ mal her** (come on,) give it to me; **seid ~ endlich still!** do keep quiet!, keep quiet, can't you?; **sei ~ nicht so frech!** don't you be so cheeky!; **laß ihn ~!** just leave him!; **soll er ~!** well let him!, let him then!; **nicht ~!** don't (do that)!

5. (*verstärkend*) but; (*Bestätigung erwartend*) isn't it/ haven't you *etc*? **sie ist ~ noch so jung** but she's still so young; **es wäre ~ schön, wenn ...** (but) it *would* be nice if ...; **das ist ~ die Höhe** *or* **das Letzte!** well, that's the limit!, that really is the limit!; **das ist ~ gar nicht wahr!** (but) that's just not true!; **das ist ~ wohl nicht wahr?** that's not true, is it? **du hast ~ nicht etwa ...?** you haven't ..., have you?, surely you haven't *or* you haven't by any chance ...(, have you)?; **ich habe ~ (aber) gefragt** (but) I did ask.

6. (*eigentlich*) really, actually. **es war ~ ganz interessant** it was really *or* actually quite interesting.

7. (*als bekannt Angenommenes wiederholend*) *nicht übersetzt.* **Sie wissen ~, wie das so ist** (well,) you know how it is, don't you?; **du kennst dich ~ hier aus, wo ist denn ...?** you know your way around here, where is ...?; **wie war ~ Ihr Name?** (I'm sorry,) what was your name?; **hier darf man ~ nicht rauchen** you can't smoke here(, you know).

8. (*in Wunschsätzen*) **wenn ~** if only; **wäre es ~ schon Frühling!** if only it were spring!; **daß dich ~ der Teufel hole!** (oh) go to blazes!, the devil take you (*old*).

9. (*geh: begründet*) but then. **er sprach etwas verwirrt, war er ~ eben erst aufgestanden** he spoke in a somewhat confused manner, but then he had only just got out of bed.

Docht *m* **-(e)s, -e** wick.
Dochthalter *m* wick-holder.
Dock *nt* **-s, -s** *or* **-e** dock.
Docke *f* **-, -n 1.** (*Korn*) stook; (*Wolle,*

Garn) hank, skein. **2.** (*dial: Puppe*) doll.
docken¹ *vti* to dock.
docken² *vt Korn etc* to stook; *Wolle etc* to wind into a hank *or* skein.
Docker *m* **-s, -** docker.
Docking *nt* **-s, -s** (*Space*) docking.
Doge ['do:ʒə] *m* **-n, -n** (*Hist*) doge.
Dogge *f* **-, -n** mastiff. **englische ~** (English) mastiff; **deutsche ~** great Dane.
Doggerbank *f* (*Geog*) **die ~** the Dogger Bank.
Dogma *nt* **-s, Dogmen** dogma. **etw zum ~ erheben** to make sth into dogma.
Dogmatik *f* dogmatics *sing*; (*fig: usu pej*) dogmatism.
Dogmatiker(in *f)* *m* **-s, -** dogmatist.
dogmatisch *adj* (*Rel, fig*) dogmatic.
Dogmatismus *m* (*pej*) dogmatism.
Dohle *f* **-, -n** (*Orn*) jackdaw.
Doktor *m* (*auch inf: Arzt*) doctor. **ja, Herr/ Frau ~** yes, Doctor; **er ist ~ der Philosophie/Theologie** he is a doctor of philosophy/theology; **sie hat den ~, sie ist ~** she has a doctorate *or* PhD, she has *or* is a PhD; **den ~ seinen ~ machen** *or* **bauen** (*inf*) to do a doctorate *or* PhD; **zum ~ promoviert werden** to receive one's doctorate *or* PhD; **~ spielen** (*inf*) to play doctors and nurses.
Doktorand *m* **-en, -en, Doktorandin** *f* graduate student studying for a doctorate.
Doktorarbeit *f* doctoral *or* PhD thesis.
Doktorat *nt* **1.** (*dated*) doctorate. **2.** (*Aus*) *siehe* **Doktorprüfung.**
Doktordiplom *nt* doctor's diploma; **Doktorexamen** *nt siehe* **Doktorprüfung;** **Doktorfrage** *f* (*inf*) awkward *or* thorny problem, poser; **Doktorgrad** *m* doctorate, doctor's degree, PhD; **den ~ erwerben** to obtain one's doctorate; **Doktorhut** *m* doctor's cap; (*fig*) doctorate.
Doktorin *f* doctor.
Doktorprüfung *f* examination for a/one's doctorate; **Doktorspiele** *pl* doctors and nurses *sing*; **Doktortitel** *m* doctorate; **den ~führen** to use one's title (of doctor); **jdm den ~ verleihen** to confer a doctorate *or* the degree of doctor (up)on sb; **Doktorvater** *m* supervisor; **Doktorwürde** *f siehe* **Doktortitel.**
Doktrin *f* **-, -en** doctrine.
doktrinär *adj* doctrinal; (*pej: stur*) doctrinaire.
Dokument *nt* document; (*fig: Zeugnis*) record.
Dokumentar(in *f)* *m* documentalist.
Dokumentar- *in cpds* documentary; **Dokumentarfilm** *m* documentary (film).
dokumentarisch I *adj* documentary. **II** *adv* (*mit Dokumenten*) with documents. **etw ~ belegen/festhalten** to provide documentary evidence for *or* of sth/to document sth.
Dokumentarsendung *f* documentary.
Dokumentation *f* documentation; (*Sammlung auch*) records *pl*.
dokumentieren* I *vt* to document; (*fig: zu erkennen geben*) to reveal, to show. **II** *vr* (*fig*) to become evident.
Dolce vita ['dɔltʃə 'vi:ta] *nt or f -, -, no pl* life

of ease, dolce vita. ~ ~ **machen** (*inf*) to live a life of ease.

Dolch *m* **-(e)s, -e** dagger; (*inf: Messer*) knife.

Dolchstoß *m* (*esp fig*) stab (*auch fig*), dagger thrust. **ein** ~ **(von hinten)** (*fig*) a stab in the back.

Dolchstoßlegende *f* (*Hist*) myth of the stab in the back (*betrayal of Germany in the first World War by its own politicians*).

Dolde *f* -, **-n** umbel.

Doldenblütler *m* **-s, -** umbellifer, umbelliferous plant; **doldenförmig** *adj* umbellate; **Doldengewächs** *nt* umbellifer; **die** ~**e** the umbelliferae.

doll *adj* (*dial, sl*) **1.** *siehe* **toll. 2.** (*unerhört*) incredible. **das hat** ~ **weh getan** that hurt like hell (*inf*).

Dollar *m* **-(s), -s** dollar. **hundert** ~ a hundred dollars.

Dollarzeichen *nt* dollar sign.

Dollbord *nt* (*Naut*) gunwale.

Dolle *f* -, **-n** (*Naut*) rowlock, oarlock (*US*).

Dolly ['dɔli] *m* **-(s), -s** (*Film*) dolly.

Dolmen *m* **-s, -** (*Archeol*) dolmen.

Dolmetsch *m* **-(e)s, -e 1.** (*Aus, old*) interpreter. **2.** (*geh: Fürsprecher*) spokesman (*gen, von* for).

dolmetschen *vti* to interpret.

Dolmetscher(in *f*) *m* **-s, -** interpreter.

Dolmetscher|institut *nt,* **Dolmetscherschule** *f* school or institute of interpreting.

Dolomit *m* **-s, -e** (*Geol, Chem*) dolomite.

Dolomiten *pl* (*Geog*) Dolomites *pl*.

Dom *m* **-(e)s, -e 1.** cathedral. **2.** (*fig poet*) vault (*poet*), dome (*poet*).

Domäne *f* -, **-n** (*Hist, Jur*) demesne; (*fig*) domain, province.

Domestikation *f* domestication.

Domestik(e) *m* **-en, -en** (*pej old*) (domestic) servant, domestic.

domestizieren* *vt* to domesticate; (*fig auch*) to tame.

Domherr *m* (*Eccl*) canon.

dominant *adj* dominant (*auch Biol*), dominating.

Dominant- *in cpds* (*Mus*) dominant.

Dominante *f* -, **-n 1.** (*Mus*) dominant. **2.** (*wichtigster Faktor*) dominant or dominating feature.

Dominanz *f* (*Biol, Psych*) dominance.

dominieren* **I** *vi* (*vorherrschen*) to be (pre)dominant, to predominate; (*Mensch*) to dominate. **II** *vt* to dominate.

dominierend *adj* dominating, dominant.

Dominikaner(in *f*) *m* **-s, - 1.** (*Eccl*) Dominican. **2.** (*Geog*) Dominican.

Dominikanerkloster *nt* Dominican monastery; **Dominikaner|orden** *m* Order of St Dominic, Dominicans *pl*.

dominikanisch *adj* **1.** (*Eccl*) Dominican. **2.** (*Geog*) **die D~e Republik** the Dominican Republic.

Domino¹ *m* **-s, -s** domino.

Domino² *nt* **-s, -s** (*Spiel*) dominoes *sing*.

Dominospiel *nt* dominoes *sing*; (*Spielmaterial*) set of dominoes; (*Partie*) game of dominoes.

Dominostein *m* **1.** domino. **2.** (*Cook*) small chocolate cake with chocolate and vanilla icing.

Domizil *nt* **-s, -e** domicile (*form*).

domizilieren* **I** *vi* (*iro, geh*) to reside, to dwell (*liter*); (*form: Büro, Firma*) to be based. **II** *vt* (*Fin*) **Wechsel** to domicile.

Domkapitel *nt* cathedral chapter; **Domkapitular** *m* canon; **Dompfaff** *m* (*Orn*) bullfinch; **Dompropst** *m* dean of a/ the cathedral.

Dompteur [dɔmp'tø:ɐ] *m*, **Dompteuse** [-'tø:zə] *f* trainer; (*von Raubtieren*) tamer.

Donar *m* **-s** Thor.

Donau *f* - **die** ~ the (river) Danube.

Donau- *in cpds* Danube *attr*, Danubian; **Donaumonarchie** *f* (*Hist*) Austria-Hungary, Austro-Hungarian Empire; **Donauschwaben** *pl* Swabian settlers on the Danube in Hungary.

Donner *m* **-s,** (*rare*) **- (***lit, fig***)** thunder *no indef art, no pl*; (~*schlag*) peal or clap of thunder. **wie vom** ~ **gerührt** (*fig inf*) thunderstruck; ~ **und Doria** *or* **Blitz!** (*dated inf*) by thunder! (*dated inf*).

Donnerbalken *m* (*Mil sl*) thunderbox (*old sl*); **Donnerbüchse** *f* (*hum dated*) shotgun; **Donnergepolter, Donnergetöse** *nt* thunderous or deafening crash; **Donnergott** *m* god of thunder; **Donnergrollen** *nt* **-s,** *no pl* rolling thunder; **Donnerkeil** *m* (*Geol*) thunderstone; (*Archeol*) flintstone; ~! (*dated*), **Donnerkiel** (*dated*) my word!, heavens!, **Donnermaschine** *f* (*Theat*) thunder machine.

donnern I *vi impers* to thunder. **es donnerte in der Ferne** there was (the sound of) thunder in the distance.

II *vi aux haben or* (*bei Bewegung*) *sein* to thunder. **gegen etw** ~ (*prallen*) to crash into sth; (*schlagen*) to hammer on sth; (*schimpfen*) to thunder against sth.

III *vt* (*inf*) (*brüllen*) to thunder out; (*schleudern, schlagen*) to slam, to crash. **jdm eine** ~ to thump sb (*inf*).

donnernd *adj* (*fig*) **Beifall** thunderous.

Donnerrollen *nt* **-s,** *no pl* rolling of thunder; **Donnerschlag** *m* clap *or* peal of thunder, thunderclap; **die Nachricht traf mich wie ein** ~ the news left me thunderstruck, the news came like a thunderclap to me.

Donnerstag *m* Thursday; *siehe* **Dienstag.**

Donnerwetter *nt* (*lit old*) thunderstorm; (*fig inf: Schelte*) row; **das wird ein schönes** ~ **geben** (*inf*) all hell will be let loose (*inf*); ~! (*inf: anerkennend*) my word!; (**zum**) ~! (*inf: zornig*) damn *or* blast (it)! (*inf*); **wer, zum** ~, **hat dir das gesagt?** (*inf*) who told you that for heaven's sake?

Donquichot(t)erie [dɔnkiʃɔtə'ri:] *f* (*geh*) quixotism; (*Handlung*) quixotic gesture *or* act.

Don Quijote, Don Quixote [dɔnki'xo:tə] *m* **- -s, - -s** (*Liter, fig*) Don Quixote.

Döntjes *pl* (*N Ger*) story, anecdote.

doof *adj* (*inf*) stupid, dumb (*esp US inf*).

Doofheit *f* (*inf*) stupidity, dumbness (*esp US inf*).

Doofi *m* **-(s), -s** (*inf*) thicky, dummy, dumb-dumb (*all inf*). **wie klein** ~ **mit Plüschohren aussehen** to look a proper charlie (*inf*).

Doofkopp (*sl*), **Doofmann** (*inf*) *m* thickhead (*inf*), blockhead (*inf*).

Dope [do:p] *nt* **-s, -s** (*sl*) dope (*sl*).

dopen 288 **Doppelte(s)**

dopen ['dɔpn, 'doːpn] (*Sport*) **I** *vt* to dope.
II *vir* to take drugs.
Doping ['dɔpɪŋ, 'doːpɪŋ] *nt* **-s, -s** (*Sport*)
doping.
Doppel *nt* **-s, -** **1.** (*Duplikat*) duplicate
(copy) (*gen, zu* of). **2.** (*Tennis etc*)
doubles *sing*; (*Mannschaft*) doubles pair.

Doppel- *in cpds* **Doppel|adler** *m*
double eagle; **Doppel|agent** *m* double
agent; **Doppel-b** *nt* (*Mus*) double flat;
Doppelband *m* (*von doppeltem Umfang*)
double-sized volume; (*zwei Bände*) two
volumes *pl*; **Doppelbelastung** *f* double
or dual load or burden (*gen* on); **steuer-
liche** ~ double taxation; **Doppelbe-
schluß** *m* two-track or twin-track or
double-track resolution; **Doppelbe-
steuerung** *f* double taxation; **Doppel-
bett** *nt* double bed; (*zwei Betten*) twin
beds *pl*; **Doppelbock** *nt or m* double-
(-strength) bock beer; **doppelbödig** *adj*
Koffer etc false-bottomed; (*doppeldeutig*)
ambiguous; **Doppelbogen** *m* double
sheet (of paper); **Doppelbrief** *m letter
weighing over 20 g*; **Doppelbruch** *m*
(*Math*) compound fraction; **Doppelbüchse** *f* double-barrelled gun or
(*Schrotbüchse*) shotgun; **Doppelbuch-
stabe** *m* double letter; **Doppeldecker** *m*
-s, - **1.** (*Aviat*) biplane; **2.** (*auch* ~**bus**)
double-decker (bus); **doppeldeutig** *adj*
ambiguous; **Doppeldeutigkeit** *f* ambi-
guity; **Doppel|ehe** *f* bigamous marriage;
eine ~ **führen** to live bigamously;
Doppelfehler *m* (*Tennis*) double fault;
(*Sch*) double mistake; **einen** ~ **machen**
(*Tennis*) to (serve a) double-fault;
Doppelfenster *nt* double window; ~
haben to have double-glazing; **Doppel-
flinte** *f siehe* **Doppelbüchse**; **Doppel-
funktion** *f* dual or twin function; **Doppel-
gänger(in** *f*) *m* **-s, -** double, doppelgän-
ger (*esp Liter*); **doppelgeschlechtig** *adj*
(*Bot*) hermaphrodite; **doppelgesichtig**
adj two-faced, having two faces; (*fig*) two-
sided; **Doppelgestirn** *nt siehe* **Doppelstern**; **doppelgleisig** *adj* (*Rail*) double-
track, twin-track; (*fig*) double; ~ **sein**
(*lit*) to have two tracks; ~ **fahren** (*fig*) to
play a double game; **Doppelgriff** *m*
(*Mus*) double-stop; **Doppelhaus** *nt* semi-
detached house, semi (*Brit inf*), duplex
(house) (*US*); **er bewohnt eine Hälfte
eines** ~**es** he lives in a semi(-detached)
house); **Doppelheft** *nt* (*von Zeitschrift*)
double number or edition; (*Sch*) exercise
book of double thickness; **Doppelkabine**
f double or twin cabin or (*von LKW*) cab;
Doppelkinn *nt* double chin; **Doppel-
kolbenmotor** *m* two cylinder engine;
Doppelkonsonant *m* double or
geminate (*spec*) consonant; **Doppelkopf**
m German card game; **Doppelkorn** *m*
type of schnapps; **Doppelkreuz** *nt* (*Mus*)
double sharp; (*Typ*) double dagger;
Doppellauf *m* double barrel; **doppel-
läufig** *adj* double-barrelled; **Doppellaut**
m (*Ling*) (*Konsonant*) double or
geminate (*spec*) consonant; (*Vokal*)
double vowel; (*Diphthong*) diphthong;
Doppelleben *nt* double life; **Doppel-
moral** *f* double (moral) standard(s *pl*);

Doppelmord *m* double murder.
doppeln *vt* **1.** *siehe* **verdoppeln**. **2.** (*Aus:
besohlen*) to resole.
Doppelnaht *f* double-stitched seam;
Doppelname *m* (*Nachname*) double-
barrelled name; (*Vorname*) double name;
Doppelnelson *m* (*Ringen*) full nelson;
Doppelnummer *f* (*von Zeitschrift*)
double issue; **Doppelpartner** *m* (*Sport*)
doubles partner; **Doppelpaß** *m* (*Ftbl*)
one-two; **Doppelpunkt** *m* colon; **Doppel-
rolle** *f* two roles; **in meiner** ~ **als** in my
double role as; **doppelschläfrig** *adj Bett*
double; **Doppelschlag** *m* (*Mus*) turn;
Doppelschnitte *f* sandwich; **doppel-
seitig** *adj* two-sided, double-sided; *Lungenentzündung* double; ~**e Anzeige**
double page spread; ~**e Lähmung** di-
plegia; **Doppelsinn** *m* double meaning,
ambiguity; **doppelsinnig** *adj* ambiguous;
Doppelspiel *nt* **1.** (*Tennis*) (game of)
doubles *sing*; **2.** (*fig*) double game;
doppelspurig *adj siehe* **zweispurig**;
Doppelsteckdose *f* double socket;
Doppelstecker *m* two-way adaptor;
Doppelstern *m* double star; **Doppel-
stockbus** *m* double-decker (bus);
doppelstöckig *adj Haus* two-storey,
twin-storey; *Bus* double-decker *attr*;
(*hum inf*) *Schnaps* double; **ein** ~**es Bett**
bunk beds *pl*; **Doppelstrich** *m* (*Mus*)
double bar; **Doppelstudium** *nt* joint
course (of study); **Doppelstunde** *f* (*esp
Sch*) double period.
doppelt I *adj* double; (*verstärkt*) *Enthusiasmus* redoubled; (*mit zwei identischen
Teilen*) twin *attr*; (*zweimal soviel*) twice;
(*Comm*) *Buchführung* double-entry;
Staatsbürgerschaft dual. **die** ~**e Freude/
Länge/Menge** double or twice the
pleasure/length/amount; ~**e Negation** or
Verneinung double negative; ~**er Boden**
(*von Koffer*) false bottom; (*von Boot*)
double bottom; ~**e Moral** double standards *pl*, a double standard; **in** ~**er Hinsicht** in two respects; **ein** ~**es Spiel spielen**
or **treiben** to play a double game.
II *adv sehen, zählen* double; (*zweimal*)
twice; (*direkt vor Adjektiv*) doubly. ~ **so
schön/soviel** *etc* twice as nice/much *etc*; **sie
ist** ~ **so alt wie ich** she is twice as old as I
am or twice my age; **dieser ist** ~ **so groß
wie jener** this is twice as big or twice the
size of that one; **das/die Karte habe ich** ~
I have two of them/these cards; **das freut
mich** ~ that gives me double or twice the
pleasure; ~ **gemoppelt** (*inf*) tautologous,
saying the same thing twice over; **sich** ~ **in
acht nehmen** to be doubly careful; ~ **und
dreifach** *bereuen, leid tun* deeply; *sich entschuldigen* profusely; *prüfen* thoroughly;
versichern absolutely; **seine Schuld** ~ **und
dreifach bezahlen** to pay back one's debt
with interest; **der Stoff liegt** ~ the material
is double width; ~ **genäht hält besser**
(*prov*) ≃ better safe than sorry (*prov*).
Doppelte(r) *m decl as adj* (*inf*) double.
Doppelte(s) *nt decl as adj* double. **um das** ~
größer twice as large; (*Gegenstand auch*)
double the size; **das** ~ **bezahlen** to pay
twice as much; **etw um das** ~ **erhöhen** to
increase sth by double the amount.

doppeltkohlensauer *adj* **doppeltkohlensaures Natron** sodium bicarbonate, bicarbonate of soda; **Doppeltsehen** *nt* double vision.

Doppelverdiener *m* person with two incomes; (*pl: Paar*) couple with two incomes; **Doppelvergaser** *m* twin carburettors *pl or* carbs *pl*; **Doppelvierer** *m* (*Sport*) quadruple sculls *pl*; **Doppelvokal** *m* double vowel; **Doppelwährung** *f* bimetallism; **Doppelzentner** *m* 100 kilos, (metric) quintal; **Doppelzimmer** *nt* double room; **doppelzüngig** *adj* (*fig*) devious; (*stärker*) deceitful; *Mensch auch* two-faced; ~ **reden** to say one thing and mean another; **Doppelzüngigkeit** *f no pl siehe adj* deviousness; deceitfulness; twofacedness; **Doppelzweier** *m* (*Sport*) double sculls *pl*.

Doppler|effekt *m* (*Phys*) Doppler effect.

Dorado *nt* -s, -s *siehe* Eldorado.

Dorf *nt* -(e)s, ⁻er village; (*fig*) backwater. **auf dem ~(e)** (*in einem bestimmten Dorf*) in the village; (*auf dem Land*) in the country; **das Leben auf dem ~e** village life; **er ist vom ~** he's from the/our village; (*vom Lande*) he's from the country; **nie aus seinem ~ herausgekommen sein** (*fig*) to be parochial *or* insular.

Dorf- *in cpds* village; **Dorf|akademie** *f* (*DDR*) *village college for adult further education through evening classes*; **Dorf|älteste(r)** *m* village elder; **Dorf|anger** *m* (*dated*) village green; **Dorfbewohner** *m* villager.

Dörfchen *nt dim of* **Dorf** small village, hamlet.

Dorfgasthaus *nt*, **Dorfgasthof** *m* village inn; **Dorfgemeinde** *f* village community; (*Admin*) rural district; (*Eccl*) village parish; **Dorfgeschichte** *f* 1. (*Liter: Erzählung*) story of village life; 2. *no pl* village history; **Dorfjugend** *f* young people *pl* of the village, village youth *pl*; **Dorfkrug** *m* village inn *or* pub (*Brit*).

Dörflein *nt dim of* **Dorf.**

Dörfler(in *f*) *m* -s, - (*dated*) villager.

Dorfleute *pl* villagers *pl*.

dörflich *adj* village *attr*; (*ländlich*) rustic, rural.

Dorfplatz *m* village square; **Dorfschaft** *f* (*Sw*) hamlet; **Dorfschöne**, **Dorfschönheit** *f* (*iro*) village beauty; **Dorfschulze** *m* (*Hist*) village mayor; **Dorftrottel** *m* (*inf*) village idiot.

dorisch *adj* (*Archit*) Doric; (*Hist auch*, *Mus*) Dorian.

Dorn *m* -(e)s, -en *or* (*inf*) ⁻er 1. (*Bot*, *fig*) thorn. **das ist mir ein ~ im Auge** (*fig*) that is a thorn in my flesh; (*Anblick*) I find that an eyesore. 2. *pl* -e (*poet*: ~*busch*) briar, thornbush. 3. *pl* -e (*Sporn*) spike; (*von Schnalle*) tongue; (*von Scharnier*) pin; (*Tech; Werkzeug*) awl.

Dornbusch *m* briar, thornbush. **der brennende ~** (*Bibl*) the burning bush.

dornengekrönt *adj* (*Bibl*) wearing a crown of thorns, crowned with thorns; **Dornengestrüpp** *nt* thorny bushes *pl or* undergrowth; **Dornenhecke** *f* thorn(y) hedge; **Dornenkrone** *f* (*Bibl*) crown of thorns; **dornenreich** *adj* thorny; (*fig*)

fraught with difficulty; **dornenvoll** *adj* (*fig*) fraught with difficulty.

Dornfortsatz *m* (*Anat*) spiny *or* spinous (*spec*) process.

dornig *adj* thorny; (*fig auch*) fraught with difficulty.

Dornröschen *nt* the Sleeping Beauty; **Dornröschenschlaf** *f* (*fig*) torpor, slumber.

dörren I *vt* to dry. **II** *vi aux sein* to dry; (*austrocknen*) to dry up.

Dörr- *in cpds* dried; **Dörrfisch** *m* dried fish; **Dörrfleisch** *nt* dried meat; **Dörr|obst** *nt* dried fruit; **Dörrpflaume** *f* prune.

dorsal *adj* (*Zool*, *Ling*) dorsal.

Dorsal *m* -s, -e, **Dorsallaut** *m* (*Ling*) dorsal (consonant).

Dorsch *m* -(e)s, -e fish of the cod group; (*Kabeljau*) cod(fish).

Dorschleber *f* cod liver.

dort *adv* there; *siehe da* I 1.

dortbehalten* *vt sep irreg* to keep there; **dortbleiben** *vi sep irreg aux sein* to stay *or* remain there.

dorten *adv* (*old*, *Aus*) there.

dorther *adv* **von ~** from there, thence (*old*, *liter*); **dortherum** *adv* around (there), thereabouts; **dorthin** *adv* there, thither (*old*, *liter*); **bis ~** as far as there, up to that place; **wie komme ich ~?** how do I get there?; **dorthinab** *adv* down there; **dorthinauf** *adv* up there; **dorthinaus** *adv* out there; **frech bis ~** (*inf*) really cheeky; **das ärgert mich bis ~** (*inf*) that really gets me (*inf*), that doesn't half annoy me (*Brit inf*); **dorthinein** *adv* in there; **dorthinunter** *adv* down there.

dortig *adj* there (*nachgestellt*). **die ~en Behörden** the authorities there.

Döschen ['dø:sçən] *nt dim of* **Dose.**

Dose *f* -, -n 1. (*Blech~*) tin; (*Konserven~*) can, tin (*Brit*); (*Bier~*) can; (*esp aus Holz*) box; (*Pillen~*, *für Schmuck*) box; (*Butter~*) dish; (*Zucker~*) bowl; (*für Gesichtspuder*) compact. **in ~n** (*Konserven*) canned, tinned (*Brit*). 2. (*Elec*) socket. 3. (*Pharm*) *siehe* **Dosis.** 4. (*sl: Vagina*) hole (*sl*).

dösen *vi* (*inf*) to doze.

Dosen- *in cpds* canned, tinned (*Brit*); **Dosenbier** *nt* canned beer; **Dosenblech** *nt* tin for making cans *or* tins; **Dosen|öffner** *m* can-opener, tin-opener (*Brit*).

dosierbar *adj* **leichter ~** easier to be more easily measured into exact doses; **etw in ~en Mengen verabreichen** to administer sth in exact doses.

dosieren* *vt Arznei* to measure into doses; *Menge* to measure out; (*fig*) *Rat*, *Liebe*, *Geschenke*, *Lob* to dispense, to measure *or* hand out; *Stoff*, *Hinweise* to dispense. **ein Medikament genau ~** to measure out an exact dose of a medicine.

Dosierung *f* 1. (*Dosis*) dosage, dose. 2. *siehe vt* measuring into doses; measuring out; dispensing, handing out; dispensing.

dösig *adj* (*inf*) dozy (*inf*), drowsy.

Dosis *f* -, **Dosen** dose. **in kleinen Dosen** (*lit*, *fig*) in small doses.

Döskopp *m* (*N Ger inf*) dozy idiot (*inf*).

Dossier [dɔ'sie:] *nt or* (*dated*) *m* **-s, -s** dossier.

Dotation *f* endowment.

dotieren* *vt Posten* to remunerate (*mit* with); *Preis* to endow (*mit* with). **eine gut dotierte Stellung** a remunerative position.

Dotierung *f* endowment; (*von Posten*) remuneration.

Dotter *m or nt* **-s, -** yolk.

Dotterblume *f* globe flower; (*Sumpf~*) marsh marigold; **Dottersack** *m* (*Zool*) yolk sac.

doubeln ['du:bln] I *vt jdn* to stand in for; *Szene* to shoot with a stand-in; *Gesangsszene, Sänger* to dub. **ein Stuntman hat die Szene für ihn gedoubelt** a stuntman doubled for him in the scene.
   II *vi* to stand in; (*als Double arbeiten*) to work as a stand-in.

Double ['du:bl] *nt* **-s, -s** (*Film etc*) stand-in; (*für Gesang*) dubber.

Doublé, Doublee [du'ble:] *nt* **-s, -s** *siehe* **Dublee.**

doublieren* [du'bli:rən] *vt siehe* **dublieren.**

Douglasfichte, Douglastanne ['du:glas-] *f* Douglas fir *or* pine.

down [daun] *adj pred* (*sl*) **~ sein** to be (feeling) down *or* blue (*inf*).

Doyen [doa'jɛ:] *m* **-s, -s** (*lit, fig*) doyen.

Doyenne [doa'jɛn] *f* **-, -n** doyenne.

Dozent(in *f*) *m* lecturer (*für* in), (assistant) professor (*US*) (*für* of).

Dozentur *f* lectureship (*für* in), (assistant) professorship (*US*) (*für* of).

dozieren* (*Univ*) I *vi* to lecture (*über* + *acc* on, *an* + *dat* at); (*pej auch*) to hold forth (*über* + *acc* on), to pontificate (*über* + *acc* about). II *vt* to lecture in.

dpa ['de:pe:'|a:] *f* **-** *abbr of* **Deutsche Presse-Agentur.**

dpt *abbr of* **Dioptrie.**

Dr. ['dɔktɔr] *abbr of* **Doktor. Dr. rer. nat./ rer. pol./phil.** PhD; **Dr. theol./jur.** DD/ LLD; **Dr. med.** M.D.

Drache *m* **-n, -n** *siehe auch* **Drachen**
1. (*Myth*) dragon. **2.** (*Astron*) Draco.

Drachen *m* **-s, -. 1.** (*Papier~*) kite; (*Sport: Fluggerät*) hang-glider. **einen ~ steigen lassen** to fly a kite. **2.** (*inf: zänkisches Weib*) dragon (*inf*), battleaxe (*inf*). **3.** (*Wikingerschiff*) longship; (*Segelschiff*) dragon class yacht.

Drachenblut *nt* (*Myth*) dragon's blood; **Drachenfliegen** *nt* (*Sport*) hang-gliding; **Drachenflieger** *m* (*Sport*) hang-glider. **Drachenkampf** *m* (*Myth*) battle *or* fight with a/the dragon; **Drachensaat** *f* (*pej geh*) seeds of discord *pl*; **Drachentöter** *m* dragon-killer.

Drachme *f* **-, -n** drachma; (*Pharm old*) drachm.

Dragée, Dragee [dra'ʒe:] *nt* **-s, -s 1.** (*Bonbon*) sugar-coated chocolate sweet; (*Nuß~, Mandel~*) dragee. **2.** (*Pharm*) dragee, sugar-coated pill *or* tablet.

Drageeform *f* **in ~** coated with sugar, in sugar-coated form.

Dragoner *m* **-s, -** (*Hist*) dragoon; (*pej: Frau*) battleaxe, dragon.

Draht *m* **-(e)s, ⸚e** wire. **per** *or* **über ~** by wire *or* (*ins Ausland*) cable; **eine Nachricht per ~ übermitteln** to wire a message; **auf ~**

sein (*inf*) to be on the ball (*inf*); (*wissensmäßig auch*) to know one's stuff; **du bist wohl heute nicht ganz auf ~** (*inf*) you're not quite with it today (*inf*); **jdn auf ~ bringen** (*inf*) to bring sb up to scratch.

Draht- *in cpds* wire; **Draht|auslöser** *m* (*Phot*) cable release; **Drahtbürste** *f* wire brush.

drahten *vt* (*dated*) to wire, to cable.

Draht|esel *m* (*dated hum*) trusty bicycle; (*alt auch*) boneshaker (*inf*); **Drahtfunk** *m* wire *or* line broadcasting; **Drahtgeflecht** *nt* wire mesh; **Drahtgitter** *nt* wire netting; **Drahthaar(dackel)** *m* wire-haired dachshund; **drahthaarig** *adj* wire-haired; **Drahthaarterrier** *m* wire-haired terrier.

drahtig *adj Haar, Mensch* wiry.

drahtlos *adj Telegrafie* wireless; **Drahtschneider** *m* **-s, -** wire cutters *pl*.

Drahtseil *nt* wire cable. **Nerven wie ~e** (*inf*) nerves of steel.

Drahtseilbahn *f* cable railway; **Drahtseilkünstler** *m* (*Seiltänzer*) tightrope artist *or* walker.

Drahtsieb *nt* wire sieve; **Drahtverhau** *m* wire entanglement; (*Käfig*) wire enclosure; **Drahtzaun** *m* wire fence; **Drahtzieher(in** *f*) *m* **-s, -** wire-drawer; (*fig*) wire-puller.

Drainage [drɛ'na:ʒə, (*Aus*) drɛ'na:ʒ] *f* **-, -n** drainage (*auch Med etc*).

drainieren* [drɛ'ni:rən] *vti* to drain (*auch Med*).

Draisine [drai'zi:nə, drɛ'zi:nə] *f* (*Rail*) trolley; (*Fahrrad*) dandy horse.

drakonisch *adj* draconian.

drall *adj Mädchen, Arme* strapping, sturdy; *Busen, Hintern* ample; *Backen* rounded.

Drall *m* **-(e)s, -e 1.** (*von Kugel, Ball*) spin; (*um Längsachse auch*) twist; (*Abweichung von Bahn*) swerve; (*inf: von Auto*) pull. **einen ~ nach links haben** (*Auto*) to pull to the left.
   2. (*fig: Hang*) tendency, inclination. **sie hat einen ~ nach links/zum Moralisieren** she inclines *or* leans to the left/tends to moralize.

Drallheit *f siehe adj* strappingness, sturdiness; ampleness; roundedness.

Dralon ® *nt* **-(s)**, *no pl* dralon.

Drama *nt* **-s, Dramen** (*lit: Stück, Gattung, fig: dramatisches Geschehen*) drama; (*fig*) (*Katastrophe*) disaster; (*Aufheben*) to-do.

Dramatik *f* (*lit, fig*) drama.

Dramatiker(in *f*) *m* **-s, -** dramatist.

dramatisch *adj* (*lit, fig*) dramatic.

dramatisieren* *vt* (*lit, fig*) to dramatize.

Dramatisierung *f* dramatization.

Dramaturg(in *f*) *m* **-en, -en** dramaturge (*form*), literary manager.

Dramaturgie *f* dramaturgy; (*Abteilung*) drama department.

dramaturgisch *adj* dramatic, dramaturgical (*rare*); *Abteilung* drama *attr*.

dran *adv* (*inf*) *siehe auch* **daran 1.** (*an der Reihe*) **jetzt bist du ~** it's your turn now; (*beim Spielen auch*) it's your go now; (*wenn er erwischt wird,*) **dann ist er ~** *or* (*hum*) **am ~sten** (if he gets caught) he'll be for it *or* for the high jump (*inf*); **er war ~** (*mußte sterben*) his time had come;

morgen ist Mathematik ~ we've got maths tomorrow.

2. schlecht ~ sein to be in a bad way; (*unglücklich auch*) to be unfortunate; **gut ~ sein** to be well-off; (*glücklich*) to be fortunate; (*gesundheitlich*) to be well; **früh/spät ~ sein** to be early/late.

3. an ihm ist nichts ~ (*sehr dünn*) he's nothing but skin and bone; (*nicht attraktiv, nicht interessant*) there is nothing to him; **an dem Hühnchen ist nichts ~** there is no meat on that chicken; **was ist an ihm ~, daß …?** what is there about him that …?; **da ist alles ~!** that's sort of everything; **da wird schon etwas (Wahres) ~ sein** there must be something *or* some truth in that; **ich weiß nicht, wo ich (bei ihm) ~ bin** I don't know where I stand (with him).

Dränage [drɛˈnaːʒə] *f* -, -**n** (*esp Aus, Sw*) *siehe* **Drainage**.

dranbleiben *vi sep irreg aux sein* (*inf*) **1.** (*sich nicht entfernen*) to stay close; (*am Apparat*) to hang on; (*an der Arbeit*) to stick at it. **am Gegner/an der Arbeit ~** to stick to one's opponent/at one's work.

Drang *m* -**(e)s, ⁻e 1.** (*Antrieb*) urge (*auch Physiol*), impulse; (*Sehnsucht*) yearning (*nach* for); (*nach Wissen*) thirst (*nach* for). **~ nach Bewegung** urge *or* impulse to move.

2. der ~ zum Tor (*Sport*) the surge towards the goal; **der ~ nach Osten** the drive towards the East.

3. (*geh: Druck*) pressure; (*des Augenblicks auch*) stress. **im ~ der Ereignisse** under the pressure of events.

drang *pret of* **dringen**.

drangeben *vt sep irreg* (*inf*) **1.** (*zufügen*) to add (*an + acc* to). **ich geb' noch 10 Minuten dran** I'll give you/him *etc* another ten minutes. **2.** (*opfern*) to give up; *Leben auch* to sacrifice; *Geld* to fork out (*inf*). **sein Leben für etw ~** to give one's life for sth.

drangehen *vi sep irreg aux sein* (*inf*) **1.** (*berühren, sich zu schaffen machen an*) to touch (*an etw* (*acc*) sth). **an etw** (*acc*) **(zu nahe) ~** to go too close to sth.

2. *siehe* **darangehen**.

Drängelei *f* (*inf*) pushing, jostling; (*Bettelei*) pestering.

drängeln (*inf*) **I** *vi* to push, to jostle. **II** *vti* (*betteln*) to pester. **III** *vr* **sich nach vorne** *etc* **~** to push one's way to the front *etc*; **sich ~, etw zu tun** (*fig*) to fall over oneself to do sth (*inf*).

drängen *f* **I** *vi* **1.** (*in Menge*) to push, to press. **die Menge drängte zum Ausgang** the crowd pressed towards the exit.

2. (*Sport: offensiv spielen*) to press *or* push forward.

3. (*fordern*) to press (*auf + acc* for). **auf Antwort ~** to press for an answer; **darauf ~, daß jd etw tut/etw getan wird** to press for sb to do sth/for sth to be done; **zum Aufbruch/zur Eile ~** to be insistent that one should leave/hurry.

4. (*zeitlich*) to be pressing, to press. **die Zeit drängt** time is pressing *or* presses; **es drängt/drängt nicht** it's/it's not pressing *or* urgent.

II *vt* **1.** (*mit Ortsangabe*) to push.

2. (*auffordern*) to press, to urge. **es drängt mich, das zu tun** I feel moved *or* the urge to do that.

III *vr* (*Menge*) to throng *or* crowd; (*fig: Termine etc*) to mount up. **sich nach vorn/ durch die Menge ~** to push *or* force one's way to the front/through the crowd.

Drängen *nt* -**s,** *no pl* urging; (*Bitten*) requests *pl*; (*Bestehen*) insistence.

drängend *adj* pressing, urgent.

Drangsal [ˈdraŋzaːl] *f* -, -**e** (*old, liter*) (*Not*) hardship; (*Leiden*) suffering, distress.

drangsalieren* *vt* (*plagen*) to pester, to plague; (*unterdrücken*) to oppress.

dranhalten *sep irreg* (*inf*) **I** *vt* to hold up (*dat, an + acc* to). **etw näher an etw** (*acc*) **~** to hold sth closer to sth.

II *vr* (*sich beeilen*) to hurry up, to get a move on (*inf*); (*sich anstrengen*) to make an effort, to get one's finger out (*sl*); (*nahe dranbleiben*) to keep close to it.

dranhängen *sep* (*inf*) **I** *vt* **etw an etw** (*acc*) **~** to hang sth onto sth; **viel Zeit** *etc* **~, etw zu tun** to put a lot of time *etc* into doing sth.

II *vi irreg* **an etw** (*dat*) **~** to hang from sth; **es hing ein Zettel dran** a tag was attached (*an + dat* to).

III *vr* to hang on; (*verfolgen*) to stay close behind, to stick to sb's tail (*inf*); (*ständig begleiten*) to latch on (*bei* to); (*jds Beispiel folgen*) to follow suit.

dranieren* *vt siehe* **drainieren**.

drankommen *vi sep irreg aux sein* (*inf*) **1.** (*berühren*) to touch.

2. (*erreichen können*) to be able to reach (*an etw* (*acc*) sth).

3. (*an die Reihe kommen*) to have one's turn *or* (*bei Spielen auch*) go; (*Sch: beim Melden*) to be called; (*Frage, Aufgabe etc*) to come up. **jetzt kommst du dran** now it's your turn/go; **du kommst als erster/ nächster dran** it's your turn/go first/next; **nun kommt das Schlafzimmer dran** it's the bedroom next.

drankriegen *vt sep* (*inf*) **jdn ~** to get sb (*inf*); (*zu einer Arbeit*) to get sb to do it/ sth; (*mit Witz, Streich*) to catch sb out.

Dranktonne *f* (*N Ger*) swill bucket; (*fig inf*) walking dustbin (*hum*).

dranlassen *vt sep irreg* (*inf*) **etw (an etw** *dat*) **~** to leave sth on (sth).

dranmachen *sep* (*inf*) **I** *vr siehe* **daranmachen**. **II** *vt* **etw (an etw** *acc*) **~** to put sth on (sth).

drannehmen *vt sep irreg Schüler* to ask, to question; *Patienten* to take, to see.

dransetzen *sep* (*inf*) **I** *vt* **1.** (*anfügen*) **ein Stück/ein Teil** *etc* **(an etw** *acc*) **~** to add a piece/part (to sth).

2. (*einsetzen*) **seine Kraft/sein Vermögen** *etc* **~** to put one's effort/money into it; **alles ~** to make every effort; **jdn ~** to put sb onto the job *or* it.

II *vr* **1.** (*nahe an etw*) **sich (an etw** *acc*) **~** to sit (down) next to sth.

2. (*Arbeit anfangen*) to get down to work *or* it.

dransten *adv* (*hum*) *superl of* **dran**.

dranwollen *vi sep* (*inf*) (*drankommen wollen*) to want to have one's turn;

(*probieren wollen*) to want to have a go.
drapieren* *vt* to drape; (*fig*) to cloak.
Drapierung *f* 1. (*das Drapieren*) *siehe vt* draping; cloaking. 2. (*Schmuck, kunstvolle Falten*) drape. **~en** (*fig: beschönigende Worte*) fine phrases.
Drastik *f, no pl* (*Derbheit*) drasticness; (*Deutlichkeit*) graphicness. **etw mit besonderer ~ beschreiben** to describe sth particularly graphically *or* in very extreme tones.
drastisch *adj* (*derb*) drastic; (*deutlich*) graphic.
drauf *adv* (*inf*) *siehe auch* **darauf. immer feste ~!** get stuck in there! (*inf*), let him have it! (*inf*); **~ und dran sein, etw zu tun** to be on the point *or* verge of doing sth; **etw ~ haben** (*sl*) (*können*) to be able to do sth no bother (*inf*); *Kenntnisse* to be well up on sth (*inf*); *Witze, Sprüche* to have sth off pat (*inf*); **160 Sachen ~ haben** (*inf*) to be doing 160; **gut ~ sein** (*sl*) to be on form.
draufbekommen* *vt sep irreg* (*inf*) **eins ~** to be given a smack; **Draufgabe** *f* 1. (*Comm*) deposit; 2. (*Aus*) *siehe* **Zugabe**; **Draufgänger** *m* -s, - daredevil, adventurous type; (*bei Frauen*) wolf; **draufgängerisch** *adj* daring, adventurous; (*negativ*) reckless; (*bei Frauen*) wolfish; **draufgehen** *vi sep irreg aux sein* (*inf*) (*sterben*) to bite the dust (*inf*); (*Geld*) to disappear; **draufhalten** *sep irreg* (*inf*) **I** *vt* etw (*auf etw acc*) **~** to hold sth on (sth); **II** *vi* (*als Ziel angehen*) to aim for it; **draufhauen** *sep irreg vi* (*inf: schlagen*) to hit hard; **draufkommen** *vi sep irreg aux sein* (*inf*) (*sich erinnern*) to remember; (*begreifen*) to catch on, to get it (*inf*); **draufkriegen** *vt sep* (*inf*) **etw (auf etw acc) ~** to get *or* fit sth on (to sth); **eins ~** to be given what-for (*inf*); (*geschlagen werden*) to be given a smack; (*besiegt werden*) to be given a thrashing; **drauflassen** *vt sep irreg* (*inf*) **etw (auf etw dat) ~** to leave sth on (sth); **drauflegen** *vt sep* (*inf*) 1. *auch vi* to lay out; **20 Mark ~** to lay out an extra 20 marks; 2. **etw (auf etw acc) ~** to put *or* lay sth on (to sth).
drauflos *adv* (**nur) immer feste** *or* **munter ~!** (just) keep at it!, keep it up!
drauflos|arbeiten *vi sep* (*inf*) to work away, to beaver away (*inf*); (*anfangen*) to start working; **drauflosgehen** *vi sep irreg aux sein* (*inf*) (*auf ein Ziel*) to make straight for it; (*ohne Ziel*) to set off; (*nicht zögern*) to set to work; **drauflosreden** *vi sep* (*inf*) to talk away; (*anfangen*) to start talking; **drauflosschlagen** *vi sep irreg* (*inf*) to hit out, to let fly (*inf*).
draufmachen *vt sep* (*inf*) **etw (auf etw acc) ~** to put sth on (to sth); **einen ~** to make a night of it (*inf*); **Draufsicht** *f* (*inf*) top view; **draufstehen** *vi sep irreg* (*inf*) **aux haben auf etw** (*dat*) **~** (*Mensch, Sache*) to stand on sth; (*Aufschrift*) to be on sth; **draufstoßen** *sep irreg* (*inf*) **I** *vi aux sein* to come *or* hit upon it; (*gegen etw stoßen*) to bump *or* run into it; (*finden*) to come across it; **wenn Sie geradeaus weitergehen, stößt man drauf** if you go on straight ahead, you can't miss it; **II** *vt* **jdn ~** to

point it out to sb; **draufzahlen** *vi sep* (*inf*) 1. *siehe* **drauflegen** 1.; 2. (*fig: Einbußen erleben*) to pay the price.
draus *adv siehe* **daraus.**
draußen *adv* outside; (*im Freien auch*) out of doors, outdoors; (*da ~, weit weg von hier*) out there; (*im Ausland*) abroad. **~ (an der Front)** out there (on the front); **~ auf dem Lande/dem Balkon/im Garten** out in the country/on the balcony/in the garden; **~ (auf dem Meer)** out at sea; **da/hier ~** out there/here; **ganz da ~** way out there; **~ (vor der Tür)** at the door; **nach ~** outside; (*ferner weg*) out there; **weit/weiter ~** far/further out; **~ bleiben/lassen** to stay/leave out (*auch fig inf*) *or* outside; **,,Hunde müssen ~ bleiben''** "no dogs (please)", "please leave your dog outside"; **etw ~ tragen** to wear sth outside.
drechseln I *vt* to turn (*on a wood lathe*); (*fig pej*) to over-elaborate; *Vers* to turn; *siehe auch* **gedrechselt. II** *vi* to work the (wood) lathe.
Drechsler(in *f*) *m* -s, - (wood) turner.
Drechsler|arbeit *f* (wood) turning; (*Gegenstand*) piece turned on the lathe.
Drechslerei *f* (*Werkstatt*) (wood-)turner's workshop; (*Handwerk*) (wood) turning.
Dreck *m* -(e)s, *no pl* 1. dirt; (*esp ekelhaft*) filth; (*Schlamm*) mud; (*Kot*) muck; (*fig*) (*Schund*) rubbish; (*Schmutz, Obszönes*) dirt, muck; (*stärker*) filth; (*inf: schlimme Lage*) mess, jam (*inf*). **~ machen** to make a mess; **im ~ sitzen** *or* **stecken** (*inf*) to be in a mess *or* jam (*inf*); **aus dem größten ~ heraussein** (*inf*) to be through *or* past the worst; **jdn wie den letzten ~ behandeln** (*inf*) to treat sb like dirt; **der letzte ~ sein** (*sl*) to be the lowest of the low; **~ am Stecken haben** (*fig*) to have a skeleton in the cupboard; **etw in den ~ ziehen** *or* **treten** (*fig*) to drag sth through the mud.
2. (*inf*) (*Angelegenheit, Kram*) business, stuff (*inf*); (*Kleinigkeit*) little thing. **sich einen ~ um jdn/etw kümmern** *or* **scheren** not to care *or* give a damn about sb/sth (*inf*); **mach deinen ~ alleine!** do it yourself; **die Nase in jeden ~ stecken** to poke one's nose into everyone's business *or* into everything; **das geht ihn einen ~ an** that's none of his business, that's got damn all to do with him (*sl*); **einen ~ wissen/verstehen/wert sein** to know/understand/be worth damn all (*sl*).
Dreck|arbeit *f* (*inf*) 1. (*lit, fig: schmutzige Arbeit*) dirty work; 2. (*pej: niedere Arbeit*) drudgery *no pl*; **Dreckding** *nt* (*pej inf*) dirty *or* filthy thing; (*ärgerliche Sache*) damn thing (*inf*); **Dreckfinger** *pl* (*lit, fig*) dirty fingers *pl*.
dreckig *adj* (*lit, fig*) dirty; (*stärker*) filthy. **~ lachen** to give *or* laugh a dirty laugh; **es geht mir ~** (*inf*) I'm in a bad way; (*finanziell*) I'm badly off; **wenn er erwischt wird, geht es ihm ~** (*inf*) if they catch him, he'll be sorry *or* in for it (*inf*).
Dreckloch *nt* (*pej*) hole (*inf*), hovel; **Drecknest** *nt* (*pej*) dump (*inf*), hole (*inf*); **Dreckpfoten** *pl* (*inf*) (*lit, fig*) dirty *or* filthy paws *pl*; **Drecksack** *m* (*sl*) dirty bastard (*sl*); **Drecksau** *m* (*vulg*) filthy swine (*inf*); **Dreckschleuder** *f* (*pej*)

(*Mundwerk*) foul mouth; (*Mensch*) foul-mouthed person; **Dreckschwein** *nt* (*sl*) dirty pig (*inf*).
Dreckskerl *m* (*sl*) dirty swine (*inf*), louse (*inf*).
Dreckspatz *m* (*inf*) (*Kind*) mucky pup (*inf*); (*Schimpfwort*) filthy beggar (*inf*).
Dreckswetter *nt* (*inf*) filthy weather (*inf*).
Dreh *m* **-s, -s** *or* **-e** (*List*) dodge; (*Kunstgriff*) trick. **den** ~ **heraushaben, etw zu tun** to have got the knack of doing sth; **den (richtigen)** ~ **heraushaben** *or* **weghaben** (*inf*) to have got the hang of it.
Dreh|achse *f* axis of rotation; **Dreh|arbeiten** *pl* (*Film*) shooting *sing*; **Drehbank** *f* lathe; **drehbar** *adj* (*rundum*) rotating, revolving *attr*; (*um einen Festpunkt*) swivelling *attr*; (*drehgelagert*) pivoted; ~ **sein** to rotate *or* revolve/ swivel; **Drehbeginn** *m* (*Film*) start of shooting; **Drehbewegung** *f* turn(ing motion); (*esp Tech*) rotation, rotary motion; **eine** ~ **machen** to turn/rotate/ revolve once; **Drehbleistift** *m* propelling (*Brit*) *or* mechanical (*US*) pencil; **Drehbrücke** *f* swing bridge; **Drehbuch** *nt* (*Film*) screenplay, (film) script; **Drehbuch|autor** *m* scriptwriter, screenplay writer; **Drehbühne** *f* revolving stage.
Drehe *f* **-**, *no pl* (*inf*) (**so**) **um die** ~ (*zeitlich*) or thereabouts, round about then; (**so**) **in der** ~ (*örtlich*) (there) or thereabouts, round about there.
drehen I *vt* to turn (*auch Tech: auf Drehbank*); (*um eine Achse auch*) to rotate; (*um Mittelpunkt auch*) to revolve, to rotate; *Stuhl* to swivel; *Kreisel* to spin; *Kopf* auch to twist; *Zwirne* to twist; *Zigaretten, Pillen* to roll; *Film* to shoot; (*fig: verdrehen*) to twist; (*inf: schaffen*) to fix (*inf*), to work (*inf*). **jdm den Rücken** ~ to turn one's back on sb; **das Gas hoch/auf klein** ~ to turn the gas up high/down low; **Fleisch durch den Wolf** ~ to put meat through the mincer; **ein Ding** ~ (*sl*) to play a *or* to pull off a prank; (*Verbrecher*) to pull a job (*inf*) *or* caper (*sl*); **wie man es auch dreht und wendet** no matter how you look at it.
II *vi* to turn; (*Wind*) to shift, to change; (*Film*) to shoot, to film; (*Zigaretten* ~) to roll one's own. **an etw** (*dat*) ~ to turn sth; **am Radio** ~ to turn a knob on the radio; **daran ist nichts zu** ~ **und deuteln** (*fig*) there are no two ways about it.
III *vr* **1.** to turn (*um* about); (*um Mittelpunkt auch*) to revolve, to rotate; (*um Achse auch*) to rotate; (*sehr schnell: Kreisel*) to spin; (*Wind*) to shift, to change. **sich auf den Rücken** ~ to turn on(to) one's back; **sich um etw** ~ to revolve *or* rotate around sth; **sich um sich (selbst)** ~ to rotate, to revolve on its own axis; (*Mensch*) to turn round; (*Auto*) to spin; **sich im Kreise** ~ to turn round and round; **sich im Tanze** ~ (*liter*) to spin around; **mir dreht sich alles im Kopf** my head is spinning *or* swimming; **sich** ~ **und winden** (*fig*) to twist and turn.
2. **sich um etw** ~ (*betreffen*) to concern sth, to be about sth; (*um zentrale Frage*) to centre on sth; **alles dreht sich um sie**

everything revolves around her; (*steht im Mittelpunkt*) she's the centre of attention *or* interest; **es dreht sich darum, daß ...** the point is that ...; **in dieser Sendung drehte es sich um ...**, **die Sendung drehte sich um ...** the broadcast was about ... *or* concerned ...
Dreher *m* **-s, - 1.** lathe operator.
 2. (*Tanz*) country waltz.
Dreherin *f siehe* **Dreher 1.**
Drehgeschwindigkeit *f* rotary *or* rotating speed; **Drehgestell** *nt* (*Rail*) bogie; **Drehimpuls** *m* angular momentum; **Drehknopf** *m* knob; **Drehkran** *m* slewing *or* rotary crane; **Drehkreuz** *nt* turnstile; **Drehleier** *f* barrel-organ, hurdy-gurdy; **Drehmaschine** *f* motorized (metal-turning) lathe; **Drehmoment** *nt* torque; **Drehorgel** *f* barrel-organ, hurdy-gurdy; **Drehorgelspieler** *m* organ-grinder, hurdy-gurdy man; **Drehort** *m* (*Film*) location; **Drehpause** *f* (*Film*) break in shooting; **Drehpunkt** *m* pivot; **Drehrestaurant** *nt* revolving restaurant; **Drehschalter** *m* rotary switch; **Drehscheibe** *f* **1.** (*Rail*) turntable; **2.** *siehe* **Töpferscheibe**; **Drehstrom** *m* three-phase current; **Drehstuhl** *m* swivel-chair; **Drehtag** *m* (*Film*) day of shooting; **Drehtür** *f* revolving door.
Drehung *f* **1.** turn; (*ganze* ~ *um eigene Achse auch*) rotation; (*um einen Punkt auch*) revolution. **eine halbe/ganze** ~ a half/complete turn; **eine** ~ **um 180°** a 180° turn, a turn through 180°.
 2. (*das Drehen*) turning; (*um eigene Achse auch*) rotation; (*um einen Punkt auch*) revolving.
Drehwurm *m* (*inf*): **einen** *or* **den** ~ **kriegen/ haben** to get giddy.
Drehzahl *f* number of revolutions *or* revs.
Drehzahlbereich *m* (*Aut*) engine speed range; **im niederen/hohen** ~ at low/high revs; **Drehzahlmesser** *m* rev counter.
drei *num* three. **von uns** ~**en** from the three of us; **die (Heiligen) D**~ **Könige, die** ~ **Weisen aus dem Morgenland** the Three Kings *or* Wise Men (from the East), the Magi; **die** ~ **tollen Tage** *the last three days of Fasching in Germany*; **aller guten Dinge sind** ~! (*prov*) all good things/disasters come in threes!; (*nach zwei mißglückten Versuchen*) third time lucky!; **er arbeitet/ ißt für** ~ (*inf*) he does the work of/ eats enough for three; **etw in** ~ **Worten erklären** (*inf*) to explain sth briefly *or* in a few words; **ehe man bis** ~ **zählen konnte** (*inf*) in a trice, before you could say Jack Robinson (*inf*); **sie sieht aus, als ob sie nicht bis** ~ **zählen könnte** (*inf*) she looks pretty vacuous *or* empty-headed; (*unschuldig*) she looks as if butter wouldn't melt in her mouth; **siehe auch vier.**
Drei *f* **-**, **-en** three; *siehe auch* **Vier.**
Drei- *in cpds* three-, tri-; **Drei|achteltakt** *m* three-eight time; **drei|ad(e)rig** *adj* (*Elec*) three-core; **drei|beinig** *adj* three-legged; **Drei-D-** [draiˈdeː] *in cpds* 3-D; **drei|dimensional** *adj* three-dimensional.
Drei|eck *nt* **-(e)s, -e** triangle; (*Zeichen* ~) set-square; (*Sport: Winkel*) top left/right hand corner of the goal.

drei|eckig *adj* triangular, three-sided.
Drei|eckstuch *nt* triangular scarf; (*um die Schultern getragen*) triangular shawl; (*Med*) triangular bandage; **Drei|ecksverhältnis** *nt* (eternal) triangle; **ein ~ haben** to be involved in an eternal triangle.

drei|einig *adj* triune, three in one *pred.* **der ~e Gott** the Holy Trinity, the Triune God.

Drei|einigkeit *f* Trinity. **die ~ Gottes** the Holy Trinity.

Dreier *m* -s, - 1. (*old: Münze*) three pfennig piece, ≈ thruppence (*Brit*). 2. (*Aus, S Ger: Ziffer, Note*) three. 3. (*Sport*) (*Eislauf etc*) three; (*Golf*) threesome.

Dreier- *in cpds siehe* **Vierer-, vierer-.**

dreifach I *adj* triple, threefold (*liter*). **die ~e Menge** triple *or* treble *or* three times the amount; **ein ~es Hoch!** three cheers! **II** *adv* three times. **~ abgesichert/verstärkt** trebly secure/reinforced.

Dreifache(s) *nt decl as adj* **das ~** triple *or* treble *or* three times the amount, three times as much; **9 ist das ~ von 3** 9 is *or* equals three times 3; **ein ~s kosten** to cost three times as much; **er verdient das ~ von dem, was ich bekomme** he earns three times as much as *or* treble the amount that I do; **etw um das ~ vermehren** to multiply sth three times *or* Zahl *auch* by three.

Dreifach- *in cpds* triple; **Dreifachstecker** *m* three-way adapter.

dreifältig *adj siehe* **dreifach; Dreifaltigkeit** *f* Trinity; **Dreifaltigkeitsfest** *nt,* **Dreifaltigkeitssonntag** *m* Trinity Sunday; **Dreifarbendruck** *m* 1. (*Verfahren*) three-colour printing; 2. (*Gedrucktes*) three-colour print; **dreifarbig, dreifärbig** (*Aus*) *adj* three-colour *attr,* three-coloured, trichromatic (*form*); **Dreifelderwirtschaft** *f* three-field system; **Dreifuß** *m* tripod; (*Gestell für Kessel*) trivet; (*Schemel*) three-legged stool; **dreifüßig** *adj Vers* three-foot *attr.*

Dreigang *m* (*inf*) *siehe* **Dreigangschaltung.**

Dreiganggetriebe *nt* three-speed gear; **Dreigangrad** *nt* three-speed bike; **Dreigangschaltung** *f* three-speed gear; **ein Fahrrad mit ~** a three-speed bicycle.

Dreigespann *nt* troika; (*fig*) threesome; (*an leitender Stelle*) triumvirate; **Dreigestirn** *nt* (*lit*) triple star; (*fig geh*) big three; **dreigestrichen** *adj* (*Mus*) **das ~e C/F** the C/F two octaves above middle C; **dreigeteilt** *adj* divided into three (parts); **dreiglied(e)rig** *adj* (*Math*) trinomial; **Dreigroschenheft(chen)** *nt* (*pej*) penny-dreadful (*dated inf*).

Dreiheit *f* trinity.

dreihundert *num* three hundred; *siehe* **vierhundert; Dreikampf** *m* three-part competition (*100 m sprint, long jump and shot-put*); **Dreikant** *nt or m* -(e)s, -e trihedron; **Dreikäsehoch** *m* -s, -s (*inf*) tiny tot (*inf*); **Dreiklang** *m* triad; **Dreikönige** *pl* Epiphany *sing;* **Dreikönigsfest** *nt* (feast of) Epiphany; **Dreikönigstag** *m* feast of Epiphany; **Dreiländer|eck** *nt* place where three countries meet.

dreimal *adv* three times, thrice (*old*); *siehe auch* **viermal.**

Dreimaster *m* -s, - three-master; **Dreimeilenzone** *f* three-mile zone; **Dreimeterbrett** *nt* three-metre board.

drein *adv* (*inf*) *siehe* **darein.**

drein- *in cpds siehe auch* **darein-; dreinblicken** *vi sep* **traurig** *etc* **~** to look sad *etc;* **dreinfügen** *vr sep* to resign oneself (to it), to come to terms with it; **dreinreden** *vi sep* (*dial*) (*dazwischenreden*) to interrupt; (*sich einmischen*) to interfere (*bei in, with*); **ich lasse mir in dieser Angelegenheit von niemandem ~** I won't have anyone interfering (with this); **er ließ sich nirgends ~** he would never be told; **dreinschauen** *vi sep siehe* **dreinblicken; dreinschlagen** *vi sep irreg* (*dial*) to weigh in (*inf*).

Dreiphasenstrom *m* three-phase current; **Dreipunkt(sicherheits)gurt** *m* lap and diagonal seat belt; **Dreirad** *nt* tricycle; (*inf: Auto*) three-wheeler; **dreiräd(e)rig** *adj* three-wheeled; **Dreiradwagen** *m* three-wheeled vehicle, three-wheeler; **Dreisatz** *m* (*Math*) rule of three; **Dreisatzrechnung** *f* calculation using the rule of three; **dreischiffig** *adj Kirche* with three naves; **Dreisitzer** *m* (*Aut*) three-seater; **Dreispitz** *m* three-cornered hat, tricorn; **Dreisprung** *m* triple jump, hop, step and jump.

dreißig *num* thirty; *siehe auch* **vierzig.**

dreißig- *in cpds siehe auch* **vierzig-; dreißigjährig** *adj* (*dreißig Jahre dauernd*) thirty years' *attr,* lasting thirty years; (*dreißig Jahre alt*) thirty years old, thirty-year-old *attr;* **der D~e Krieg** the Thirty Years' War.

Dreißigstel[1] *nt* -s, - thirtieth; *siehe* **Viertel[1].**

Dreißigstel[2] *f* -, *no pl* (*Phot inf*) thirtieth (of a second).

dreißigste(r, s) *adj* thirtieth.

dreist *adj* bold; *Handlung auch* audacious.

Dreistigkeit *f* 1. *no pl* (*Person*) boldness; audacity. 2. (*Bemerkung*) bold remark; (*Handlung*) bold *or* audacious act.

Dreistufenrakete *f* three-stage rocket; **dreistufig** *adj Rakete* three-stage *attr,* with three stages; *Plan auch* three-phase *attr;* **dreiteilig** *adj* (*aus 3 Teilen*) *Kostüm etc* three-piece *attr;* (*in 3 Teile geteilt*) three-part *attr,* tripartite (*form*); **Dreiteilung** *f* division into three.

dreiviertel [ˈdraiˈfɪrtl] *siehe auch* **viertel I** *adj inv* threequarter. **eine ~ Stunde** threequarters of an hour; **~ zwei** (*dial*) a quarter to two. **II** *adv* threequarters.

Dreiviertel [ˈdraiˈfɪrtl] *nt* threequarters. **in einem ~ der Zeit** in threequarters of the time; **das Saal war zu einem ~ leer** the room was threequarters empty.

Dreiviertel|ärmel *m* threequarter-(-length) sleeve; **Dreivierteljacke** *f* threequarter-length coat; **dreiviertellang** *adj* threequarter-length; **Dreiviertelliterflasche** *f* three-quarter litre bottle; **Dreiviertelmehrheit** *f* threequarters majority; **Dreiviertelstunde** *f* threequarters of an hour *no indef art;* **Dreivierteltakt** *m* three-four time.

Dreiweg- *in cpds* (*Elec*) three-way; **Dreiweg(lautsprecher)box** *f* three-way loudspeaker system; **Dreiwegschalter** *m* three-way switch; **Dreiwegstecker** *m* three-way adapter.

dreiwertig *adj* (*Chem*) trivalent; (*Ling*) three-place; **dreiwöchentlich I** *adj attr* three-weekly; **II** *adv* every three weeks, at three-weekly intervals; **dreiwöchig** *adj attr* three-week; **Dreizack** *m* **-s, -e** trident; **dreizackig** *adj* three-pointed.

dreizehn *adj num* thirteen. **jetzt schlägt's aber ~** (*inf*) that's a bit much *or* thick (*inf*); *siehe auch* **vierzehn**.

Dreschboden *m* threshing floor.

Dresche *f -, no pl* (*inf*) thrashing. **~ kriegen** to get a thrashing.

dreschen *pret* **drosch**, *ptp* **gedroschen I** *vt* **1.** *Korn* to thresh; (*inf*) *Phrasen* to bandy. **leeres Stroh ~** (*fig*) to talk a lot of hot air (*inf*), to talk/write a lot of claptrap (*inf*); **Skat ~** (*inf*) to play skat with enthusiasm.
2. (*inf: prügeln*) to thrash.
3. (*Sport inf: treten, schlagen*) to slam (*inf*), to wallop (*inf*).
II *vi* **1.** to thresh.
2. (*inf: schlagen, treten*) to hit violently. **auf die Tasten ~** to thump *or* pound the keys.
III *vr* (*inf: sich prügeln*) to have a fight.

Dreschflegel *m* flail; **Dreschmaschine** *f* threshing machine; **Dreschtenne** *f* threshing floor.

Dreß *m* **-sses, -sse**, (*Aus*) *f* **-, -ssen** (*Sport*) (sports) kit; (*für Fußball auch*) strip.

Dresseur [-'søːɐ] *m* trainer.

dressieren* *vt* **1.** *Tier* to train; (*pej*) *Mensch auch* to condition, to discipline. **auf jdn/etw dressiert sein** to be trained to respond to sb/sth; **auf den Mann dressiert sein** to be trained to attack people; **zu etw dressiert sein** to be trained *etc* to do sth.
2. (*Cook*) *Geflügel* to dress; *Braten* to prepare; (*esp Aus*) *Torte etc* to decorate; *Teig, Creme* to pipe.

Dressman ['drɛsmən] *m* **-s, Dressmen** male model.

Dressur *f* training; (*für ~reiten*) dressage; (*fig*) conditioning.

Dressurreiten *nt* dressage; **Dressurreiter** *m* dressage rider.

dribbeln *vti* to dribble. **mit dem Ball ~** to dribble the ball.

Dribbling *nt* **-s, -s** dribble.

Drift *f* **-, -en** (*Naut*) drift.

driften *vi aux sein* (*Naut, fig*) to drift.

Drill *m* **-(e)s**, *no pl* (*Mil, fig*) drill; (*Sch auch*) drills *pl*.

Drillbohrer *m* drill.

drillen *vti* **1.** (*Mil, fig*) to drill. **jdn auf etw** (*acc*) **~** to drill sb in sth; **auf etw** (*acc*) **gedrillt sein** (*fig inf*) to be practised at doing sth. **2.** *Loch* to drill. **3.** (*Agr*) to drill, to sow *or* plant in drills.

Drillich *m* **-s, -e** drill; (*für Matratzen etc*) ticking; (*für Markisen*) canvas.

Drillich|anzug *m* overalls *pl*, dungarees *pl*; **Drillichzeug** *nt* overalls *pl*.

Drilling *m* **1.** triplet. **2.** (*Angelhaken*) three-pronged hook. **3.** (*Jagdgewehr*) triple-barrelled shotgun.

Drillingsgeburt *f* triple birth.

drin *adv* **1.** (*inf*) *siehe* **darin 1., drinnen.**

2. (*inf*) **da ~** *siehe* **darin 2.**
3. in it. **er/es ist da ~** he/it is in there; **in der Flasche ist noch etwas ~** there's still something in the bottle; **hallo, ist da jemand ~?** hello, is (there) anyone in there?; *siehe* **~sitzen** *etc*.
4. (*inf: in Redewendungen*) **das ist** *or* **liegt bei dem alles ~** anything's possible with him; **bis jetzt ist** *or* **liegt noch alles ~** everything is still quite open; **~ sein** (*in der Arbeit*) to be into it; **das ist doch nicht ~** (*geht nicht*) that's not on (*inf*).

dringen *pret* **drang**, *ptp* **gedrungen** *vi* **1.** *aux sein* to penetrate, to come through; (*fig: Nachricht, Geheimnis*) to penetrate, to get through (*an or in* +*acc* to). (**durch etw**) **~** to come through (sth), to penetrate (sth); **an** *or* **in die Öffentlichkeit ~** to leak *or* get out, to become public knowledge; **der Pfeil drang ihm in die Brust** the arrow penetrated (into) his chest; **hinter die Ursache/ein Rätsel ~** to get to the bottom of this/a puzzle.
2. *aux sein* **in jdn ~** to press *or* urge sb; **mit Bitten/Fragen in jdn ~** to ply *or* press sb with requests/questions.
3. **auf etw** (*acc*) **~** to insist on sth; **er drang darauf, einen Arzt zu holen** *or* **daß man einen Arzt holte** he insisted on fetching a doctor.

dringend *adj* (*eilig, wichtig*) urgent, pressing; (*nachdrücklich, zwingend*) strong; *Abraten, Anraten* strong, strenuous; *Gründe* compelling. **etw ~ machen** (*inf*) to treat sth as urgent; **ein ~er Fall** (*Med*) an emergency; **jdn ~ bitten, etw zu unterlassen** to urge sb to stop doing sth; **~ notwendig/erforderlich** urgently needed, essential; **~ verdächtig** strongly suspected; **~ empfehlen/abraten** to recommend/advise strongly.

dringlich *adj* urgent, pressing.

Dringlichkeit *f* urgency.

Dringlichkeits|anfrage *f* (*Parl*) emergency question; **Dringlichkeits|antrag** *m* (*Parl*) emergency motion; **Dringlichkeitsstufe** *f* priority; **~ 1** top priority.

drinhängen *vi sep irreg* (*inf*) *siehe* **drinstecken 3.**

Drink *m* **-s, -s** drink.

drinnen *adv* (*in geschlossenem Raum*) inside; (*im Haus auch*) indoors; (*fig: im Inland*) internally, at home. **~ und draußen** inside and outside; (*im Inland etc*) at home and abroad; **hier/ dort ~** in here/there; **ich gehe nach ~** (*inf*) I'm going in(side).

drinsitzen *vi sep irreg* (*inf*) to be in trouble.

drinstecken *vi sep* (*inf*) **1.** (*verborgen sein*) to be (contained).
2. (*investiert sein*) **da steckt eine Menge Geld/Arbeit etc drin** a lot of money/work *etc* has gone into it.
3. (*verwickelt sein*) to be involved in it. **er steckt bis über die Ohren drin** he's up to his ears in it.
4. (*voraussehen können*) **da steckt man nicht drin** one never knows *or* can never tell (what will happen).

drisch *imper sing of* **dreschen.**

dritt *adv* **wir kommen zu ~** three of us are coming together; *siehe* **viert.**

dritt- *in cpds* third; **dritt|älteste(r, s)** *adj* third oldest.

Dritteil *(obs)*, **Drittel** *nt* **-s, -** third; *siehe* **Viertel**[1].

dritteln *vt* to divide into three (parts).

Dritten|abschlagen *nt children's game,* ≃ tag.

drittens *adv* thirdly; *siehe* **viertens**.

Dritte(r) *mf decl as adj* third person, third man/woman *etc*; *(Unbeteiligter)* third party. **der lachende ~** *the third party who benefits from a division between two others*; **in dieser Angelegenheit ist er der lachende ~** he comes off best from this matter; **wenn zwei sich streiten, freut sich der ~** *(prov)* when two people quarrel a third one rejoices; **der ~ im Bunde** the third in *or* of the trio; **im Beisein ~r** in the presence of a third party; *siehe* **Vierte(r)**.

dritte(r, s) *adj* third. **der ~ Fall** the dative case; **an einem ~n Ort** on neutral territory; **von ~r Seite (eine Neuigkeit erfahren)** (to learn a piece of news) from a third party; **Menschen ~r Klasse** third-class citizens; **ein D~s** a third thing; *siehe* **vierte(r, s)**.

Dritte-Welt-Laden *m* ≃ OXFAM shop.

drittgrößte(r, s) *adj* third-biggest *or* -largest; **dritthöchste(r, s)** *adj* third highest; **drittklassig** *adj* third-rate *(pej)*, third-class; **Drittkläßler(in** *f)* *m* **-s, -** *(Sch)* third-former; **drittletzte(r, s)** *adj* third from last, last but one; **an ~r Stelle** third from last, last but two; **Drittperson** *f* third person *or* party; **drittrangig** *adj* third-rate; **Drittschaden** *m* damage suffered by a third party.

Drive [draif] *m* **-s, -s** *(Mus, Sport)* drive.

DRK [ˈdeːˈɛrˈkaː] *nt - abbr of* **Deutsches Rotes Kreuz.**

drob *adv (obs) siehe* **darob.**

droben *adv (old, dial)* up there. **dort ~** up there.

Droge *f* **-, -n** drug.

dröge *adj (N Ger dial) siehe* **trocken.**

drogen|abhängig *adj* addicted to drugs; **er ist ~** he's a drug addict; **Drogen|abhängige(r)** *mf decl as adj* drug addict; **Drogen|abhängigkeit** *f* drug addiction *no art*; **Drogenhandel** *m* drug traffic; **Drogenmißbrauch** *m* drug abuse *no art*; **Drogensucht** *f* drug addiction; **drogensüchtig** *adj* addicted to drugs; **drogensüchtige(r)** *mf* drug addict; **Drogenszene** *f* drug scene.

Drogerie *f* chemist's (shop), drugstore *(US)*.

Drogist(in *f)* *m* chemist, druggist *(US)*.

Drohbrief *m* threatening letter.

drohen I *vi* **1.** to threaten *(jdm* sb). **er drohte dem Kind mit erhobenem Zeigefinger** he raised a warning finger to the child.

2. (jdm) mit etw ~ to threaten (sb with) sth; **er droht mit Selbstmord** he threatens to commit suicide; **(jdm) ~, etw zu tun** to threaten to do sth.

3. *(bevorstehen) (Gefahr)* to threaten; *(Gewitter)* to be imminent *or* in the offing; *(Streik, Krieg)* to be imminent *or* looming. **jdm droht etw** sb is being threatened by sth; **jdm droht Gefahr/der Tod** sb is in danger/in danger of dying; **es droht**

Gefahr/ein Streik there is the threat of danger/a strike.

II *v aux* to threaten. **das Schiff drohte zu sinken** the ship threatened to sink, the ship was in danger of sinking.

drohend *adj* **1.** *Handbewegung, Haltung, Blick, Wolken* threatening, menacing. **2.** *(bevorstehend) Unheil, Gefahr, Krieg* imminent, impending.

Drohgebärde *f* threatening gesture.

Drohn *m* **-en, -en** *(form)*, **Drohne** *f* **-, -n** drone; *(fig pej auch)* idler, parasite.

dröhnen *vi* **1.** to roar; *(Donner)* to rumble; *(Lautsprecher, Musik, Stimme)* to boom. **etw dröhnt jdm in den Ohren/im Kopf** sth roars *etc* in sb's ears/head. **2.** *(Raum etc)* to resound, to echo. **mir ~ die Ohren/dröhnt der Kopf** my ears/head are/is ringing.

dröhnend *adj Lärm, Applaus* resounding, echoing; *Stimme* booming; *Gelächter* roaring.

Drohnendasein *nt (fig pej)* idle *or* parasitic life.

Drohung *f* threat.

Drohverhalten *nt* threatening *or* aggressive behaviour; **Drohwort** *nt* threat.

drollig *adj* **1.** funny, comical, droll. **2.** *(seltsam)* odd, strange. **werd' nicht ~!** don't be funny!; **ein ~er Kauz** an odd bod *(inf)*, an oddball *(esp US inf)*.

Dromedar [*auch:* ˈdroː-] *nt* **-s, -e** dromedary.

Dropout [ˈdrɔpaʊt] *m* **-s, -s 1.** *(Mensch)* dropout. **2.** *(in Bandaufzeichnung)* fade.

Drops *m or nt* **-, -** *or* **-e** fruit drop.

drosch *pret of* **dreschen.**

Droschke *f* **-, -n 1.** *(Pferde~)* (hackney) cab, hackney-carriage. **2.** *(form: Taxi)* (taxi-)cab.

Droschken(halte)platz *m* *(dated)* cab rank; **Droschkenkutscher** *m* cab driver.

Drosophila [droˈzoːfila] *f* **-, Drosophilae** [droˈzoːfilɛ] drosophila.

Drossel *f* **-, -n** *(Orn)* thrush.

Drosselklappe *f* *(Tech)* throttle valve.

drosseln *vt* **1.** *Motor, Dampf etc* to throttle, to choke; *Heizung, Wärme* to turn down; *Strom* to reduce; *Tempo, Produktion etc* to cut down. **2.** *(dated: würgen)* to throttle, to strangle.

Drosselspule *f* *(Elec)* choking coil.

Drosselung, Droßlung *f siehe vt* **1.** throttling, choking; turning down; reducing; cutting down.

Drosselventil *nt* throttle valve.

drüben *adv* over there; *(auf der anderen Seite, inf: auf DDR/BRD bezogen)* on the other side; *(inf: auf Amerika bezogen)* over the water. **hier/dort** *or* **da ~** over here/there; **nach ~** over there; **bei der Nachbarin ~** over at my neighbour's; **~ über dem Rhein** on the other side of the Rhine; **nach/von ~** over/from over there.

drüber *adv (inf)* **1.** *siehe* **darüber, hinüber. 2. da ~** *siehe* **darüber.**

Druck[1] *m* **-(e)s, ⁺e 1.** *(Phys, fig)* pressure. **unter ~ stehen** *(lit, fig)* to be under pressure; **jdn unter ~ setzen** *(fig)* to put pressure on sb, to pressurize sb; **(fürchterlich) in ~ sein** *(fig)* to be under (terrible) pressure; **~ auf jdn/etw ausüben** *(lit, fig)* to exert *or* put pressure on sb/sth; ~ **hinter etw** (*acc*) **machen** (*inf*) to put some pressure on sth; ~ **und Gegendruck** pressure and resistance; **ein ~ im Kopf/ Magen** a feeling of pressure in one's head/ stomach. **2.** (*das Drücken*) pressure (*gen* from) *no indef art.* **durch einen ~ auf den Knopf** by pressing the button.

Druck² *m* **-(e)s, -e 1.** (*das Drucken*) printing; (*Art des Drucks, Schriftart*) print; (*Druckwerk*) copy. **~ und Satz** setting and printing; **das Buch ist im ~** the book is in the press *or* is being printed; **im ~ erscheinen** to appear in print; **in ~ gehen** to go into print; **etw in ~ geben** to send sth to press *or* to be printed; **~ und Verlag von ...** printed and published by ... **2.** (*Kunst~*) print. **3.** *pl* **-s** (*Tex*) print.

Druck|abfall *m* drop *or* fall in pressure; **Druck|anstieg** *m* rise in pressure; **Druck|anzug** *m* pressure suit; **Druck|ausgleich** *m* pressure balance; **Druckbehälter** *m* pressure vessel; **Druckbleistift** *m* retractable pencil; **Druckbogen** *m* (*Typ*) printed sheet; **Druckbuchstabe** *m* printed character *or* letter; **den Bogen bitte in ~n ausfüllen** please fill out the form in block capitals *or* block letters; **in ~n schreiben** to print.

Drückeberger *m* **-s, -** (*pej inf*) shirker, idle so-and-so (*inf*); (*in der Schule auch*) skiver (*Brit inf*); (*Feigling*) coward.

Drückebergerei *f*, *no pl* (*pej inf*) shirking; (*in der Schule auch*) skiving (*Brit inf*).

druck|empfindlich *adj* sensitive (to pressure).

drucken *vti* (*Typ, Tex*) to print. **ein Buch ~ lassen** to have a book printed; **ein Buch in 1000 Exemplaren/einer hohen Auflage ~** to print 1000 copies/a large edition of a book; *siehe* **gedruckt**.

drücken, (*dial*) **drucken I** *vt* **1.** *Hand, Klinke, Hebel* to press; *Knopf auch* to push; *Obst, Saft, Eiter* to squeeze. **jdm etw in die Hand ~** to press *or* slip sth into sb's hand; **jdn ~** to squeeze sb; (*umarmen*) to hug sb; **jdn/etw an sich** (*acc*) **~** to press *or* clasp sb/sth to one; **jdn zur Seite/in einen Stuhl ~** to push sb aside/into a chair; **den Hut in die Stirn ~** to pull one's hat down over one's brow *or* forehead.

2. (*fig: bedrücken*) to weigh heavily upon. **was drückt dich denn?** what's on your mind?

3. (*Druckgefühl erzeugen: Schuhe, Korsett etc*) to pinch, to nip. **jdn im Magen ~** (*Essen*) to lie *or* weigh heavily on sb's stomach; **mich drückt der Magen** my stomach feels heavy.

4. (*verringern, herabsetzen*) to force down; *Rekord* to beat; *Leistung, Niveau* to lower.

5. (*inf: unterdrücken*) *jdn* to keep down; *Stimmung* to dampen.

6. (*Sport*) *Gewicht* to press; *Handstand* to press into.

II *vi* **1.** to press; (*Wetter, Hitze*) to be oppressive; (*Brille, Schuhe, Korsett etc*) to pinch; (*Essen*) to weigh (on one's stomach). „**bitte ~**" "push"; **auf etw** (*acc*)/**an etw** (*acc*) **~** to press sth; **der Kaffee drückt auf die Blase** coffee presses on the bladder; **aufs Gemüt ~** to dampen *or* depress one's spirits, to get one down; **auf die Stimmung ~** to dampen one's mood.

2. (*drängeln, stoßen*) to push.

3. (*bei Stuhlentleerung*) to strain.

III *vr* **1.** (*mit Ortsangabe*) (*in +acc* into, *an + acc* against) (*sich quetschen*) to squeeze; (*schutzsuchend*) to huddle.

2. (*inf*) to shirk, to dodge; (*vor Militärdienst*) to dodge. **sich vor etw** (*dat*) **~** to shirk *or* dodge sth; **sich (um etw) ~** to get out of (doing) sth; (*esp in Schule auch*) to skive off *or* out of (doing) sth (*Brit inf*).

drückend *adj Last, Steuern* heavy; *Sorgen* serious; *Armut* grinding; *Wetter, Hitze* oppressive, close. **es ist ~ heiß** it's oppressively hot.

Drucker(in *f*) *m* **-s, -** printer.

Drücker *m* **-s, - 1.** (*Knopf*) (push) button; (*inf: von Pistole etc*) trigger; (*von Klingel*) push. **die Hand am ~ haben** (*fig inf*) to be ready to act; **am ~ sein** *or* **sitzen** (*fig inf*) (*in Machtposition*) to be in a key position; (*an der Quelle*) to be ideally placed *or* in an ideal position; **auf den letzten ~** (*fig inf*) at the last minute.

2. (*Türklinke*) handle; (*von Schnappschloß*) latch.

Druckerei *f* **1.** printing works *pl*, printery; (*Firma auch*) printer's. **2.** (*Druckwesen*) printing *no art.*

Druck|erlaubnis *f* imprimatur.

Druckerpresse *f* printing press; **Druckerschwärze** *f* printer's ink; **Druckersprache** *f* printer's language; **Druckerzeichen** *nt* printer's mark.

Druck|erzeugnis *nt* printed material; **Druckfahne** *f* galley (proof), proof; **Druckfarbe** *f* coloured printing ink; **Druckfehler** *m* misprint, typographical *or* printer's error; **Druckfehlerteufel** *m* (*inf*) gremlin (*which causes misprints*); **druckfertig** *adj* ready to print *or* for the press; **Druckform** *f* (*Typ*) printing forme, quoin; **druckfrisch** *adj* hot from the press; **Druckgefälle** *nt* (*Phys*) difference in pressure; **Druckgefühl** *nt* feeling of pressure; **Druckkabine** *f* pressurized cabin; **Druckknopf** *m* **1.** (*Sew*) press-stud, snap fastener; **2.** (*Tech*) push-button; **Druckkosten** *pl* printing costs *pl*; **Drucklegung** *f* printing; **Druckluft** *f* compressed air; **Druckluftbremse** *f* air-brake; **Druckmaschine** *f* (*Typ*) printing press; **Druckmesser** *m* **-s, -** pressure gauge; **Druckmittel** *nt* (*fig*) form of pressure, means of exerting pressure; **als politisches ~** as a form of political pressure, as a means of exerting political pressure; **Druckmuster** *nt* print(ed pattern *or* design); **Stoffe mit ~** prints, printed materials; **Druck|ort** *m* place of printing; **Druckpapier** *nt* printing paper; **Druckplatte** *f* printing plate; **Druckposten** *m* (*inf*) cushy job *or* number (*inf*); **Druckpresse** *f* printing press; **Druckpumpe** *f* pressure pump; **druckreif** *adj* ready for printing, passed for press; (*fig*) polished; **~ sprechen** to speak in a polished style; **Drucksache** *f* **I.** (*Post*)

business letter; „,~" "printed matter";
etw als ~ schicken ≃ to send sth at
printed-paper rate; **Druckschalter** m
push-button switch; **Druckschrift** f
1. (*Schriftart*) printing; **in ~ schreiben** to
print; **2.** (*gedrucktes Werk*) pamphlet;
Druckseite f printed page.

drucksen vi (*inf*) to hum and haw (*inf*).

Druckstelle f place or (*Mal*) mark (*where
pressure has been applied*); (*Fleck auf
Pfirsich, Haut*) bruise; **Druckstock** m
(*Typ*) relief plate; **Drucktaste** f push-
button; **Drucktechnik** f printing technology or (*Verfahren*) technique; **Drucktype**
f type; **druck|un|empfindlich** adj insen-
sitive to pressure; **Druckverband** m
(*Med*) pressure bandage; **Druckver-
fahren** nt printing process; **Druckverlust**
m (*Tech*) loss of pressure, reduction in
pressure; **Druckvorlage** f (*Typ*) setting
copy; **Druckwasserreaktor** m
pressurized water reactor; **Druckwelle** f
shock wave; **Druckwerk** nt printed work,
publication; **Druckwesen** nt printing no
art; **Druckzeile** f line of print.

Drudenfuß m (*Myth*) pentagram.

druff adv (*dial inf*) siehe **drauf**.

Druide m -n, -n Druid.

druidisch adj druidic(al), druid attr.

drum adv (*inf*) around, round (*Brit*). **~ rum**
all around or round (*Brit*); **~ rumreden** to
beat about the bush; **da wirst du nicht ~
rumkommen** there's no getting out of it;
sei's ~! never mind; **das D~ und Dran** the
paraphernalia; (*Begleiterscheinungen*)
the fuss and bother; **mit allem D~ und
Dran** with all the bits and pieces (*inf*) or
(*Mahlzeit*) trimmings pl; siehe **darum**.

Drumherum nt -s no pl trappings pl.

drunten adv (*old, dial*) down there.

drunter adv under(neath). **da kann ich mir
nichts ~ vorstellen** that means nothing to
me; **~ und drüber** upside down, topsy-
turvy; **alles ging ~ und drüber** everything
was upside down or topsy-turvy; **das D~
und Drüber** the confusion, the muddle;
siehe **darunter**.

Drusch m -(e)s, -e (*Agr*) threshing;
(*Produkt*) threshed corn.

Drüse f -, -n gland.

drüsen|artig adj glandular; **Drüsenfieber**
nt glandular fever, mono(nucleosis)
(*US*); **Drüsenfunktion** f glandular function; **Drüsenkrankheit** f glandular disorder; **Drüsenschwellung** f glandular
swelling, swollen glands pl; **Drüsen-
|überfunktion** f hyperactivity or overact-
ivity of the glands; **Drüsen|unter-
funktion** f underactivity of the glands.

DSB [deːɛsˈbeː] m -s abbr of **Deutscher
Sportbund** German Sports Association.

Dschungel m -s, - (*lit, fig*) jungle. **sich im
~ der Paragraphen zurechtfinden** to wade
one's way through the legal verbiage.

Dschungelfieber nt yellow fever;
Dschungelgesetz nt law of the jungle;
Dschungelkrieg m jungle war/warfare.

Dschunke f -, -n junk.

DSG [deːɛsˈgeː] f - abbr of **Deutsche
Schlafwagen- und Speisewagen-
Gesellschaft** German sleeping car and
restaurant car company.

dt(sch). abbr of **deutsch**.

Dtzd. abbr of **Dutzend**.

du pers pron gen **deiner**, dat **dir**, acc **dich**
you (*familiar form of address*), thou (*obs,
dial*); (*man*) you. D~ (*in Briefen*) you; **ich
gehe heute ins Kino. Und ~?** I'm going to
the cinema today, how about you? **~ (zu
jdm) sagen** to use the familiar form of
address (with sb), to say "du" (to sb); **~,
der ~ es erlebt hast** you who have experienced it; **mit jdm auf ~ und ~ stehen**
to be pals with sb; **mit jdm per ~ sein** to
be on familiar or friendly terms with sb; **~
bist es** it's you; **bist ~ es** or **das?** is it or that
you?; **Vater unser, der ~ bist im Himmel**
our Father, who or which art in heaven;
mach ~ das doch! you do it!, do it yourself!; **~, meine Heimat!** (*poet*) thou, my
homeland!; **~ Glücklicher!/Idiot!** lucky
you or you lucky thing/ you idiot; **~
Schlingel/Schuft(, ~)!** you rascal/scoun-
drel etc, (you)! **ach ~ lieber Gott** or **liebe
Güte** good Lord!, good heavens!; **~
(Mutti), kannst ~ mir mal helfen?** hey
(mummy), can you help me?; **~, ich muß
jetzt aber gehen** listen, I have to go now;
~, ~! (*inf: drohend*) naughty, naughty.

Du nt -(s), -(s) "du", familiar form of
address. **jdm das ~ anbieten** to suggest
that sb uses "du" or the familiar form of
address.

Dual m -s, -e, **Dualis** m -, **Duale** dual.

Dualismus m (*Philos, Pol, geh*) dualism.

Dualist(in f) m (*Philos*) dualist.

dualistisch adj (*Philos, Pol, geh*) dualistic.

Dualität f (*geh*) duality.

Dualsystem nt (*Math*) binary system.

Dübel m -s, - plug; (*Holz~*) dowel.

Dübelmasse f plugging compound, filler.

dübeln vti to plug.

dubios, dubiös adj (*geh*) dubious.

Dublee nt -s, -s rolled gold no pl; (*Gegenstand*) article made of rolled gold.

Dubleegold nt rolled gold.

Dublette f **1.** duplicate. **2.** (*Edelstein*)
doublet. **3.** (*Boxen*) one-two.

dublieren* vt Metall to coat with gold;
Garn to twist.

ducken I vr to duck; (*fig pej*) to cringe, to
cower; (*fig: Bäume, Häuser*) to nestle. **ich
duckte mich vor dem Hieb** I ducked the
blow; **sich in eine Ecke ~** to duck or dodge
into a corner. **II** vt Kopf, Menschen to
duck; (*fig*) to humiliate. **III** vi (*fig pej*) to
cower.

Duckmäuser m -s, - (*pej*) moral coward.

duckmäuserisch adj (*pej*) showing moral
cowardice.

Duckmäusertum nt (*pej*) chicken-
heartedness. **jdn zum ~ erziehen** to bring
sb up to be chicken-hearted.

Dudelei f (*pej*) humming; (*auf Flöte*)
tootling.

Dudelkasten m (*pej inf*) noise-box.

dudeln (*pej inf*) **I** vi to hum; (*auf Flöte*) to
tootle (*auf +dat* on). **II** vt Lied to hum;
(*auf Flöte*) to toot.

Dudelsack m bagpipes pl.

Dudelsackpfeifer, Dudelsackspieler m
(bag)piper.

Duell nt -s, -e (*lit, fig*) duel (*um* over). **ein ~
auf Degen** a duel with swords; **ein ~ (mit**

jdm) **austragen** to fight *or* have a duel (with sb); **jdn zum ~ (heraus)fordern/ins ~ fordern** to challenge sb to a duel.
Duellant [due'lant] *m* dueller, duellist.
duellieren* [due'li:rən] *vr* to (fight a) duel.
Duellpistole *f* duelling pistol.
Duett *nt* **-(e)s, -e 1.** (*Mus, fig*) duet. **im ~ singen** to sing a duet; **etw im ~ singen** to sing sth as a duet. **2.** (*fig inf: Paar*) duo (*inf*).
Dufflecoat ['daflko:t] *m* **-s, -s** dufflecoat.
Duft *m* **-(e)s, ⁻e 1.** (pleasant) smell, scent; (*von Blumen, Parfüm auch*) fragrance, perfume; (*von Essen, Kaffee etc*) smell, aroma; (*Absonderung von Tieren*) scent; (*fig*) allure. **den ~ der großen weiten Welt verspüren** (*usu iro*) to get a taste of the big, wide world.
    2. (*liter: Dunst*) haze.
    3. (*Sw*) *siehe* **Rauhreif.**
Duftdrüse *f* scent gland.
dufte *adj, adv* (*inf*) smashing (*inf*), great (*inf*).
duften I *vi* to smell. **nach etw ~** to smell *or* have a smell of sth; **was duftet denn hier so (gut)?** what's that nice smell? **II** *vi impers* **hier duftet es nach Kaffee** there is a smell *or* it smells of coffee here; **hier duftet es (gut)** what a nice smell there is here.
duftend *adj attr* nice-smelling; *Parfüm, Blumen etc* fragrant.
duftig *adj* **1.** *Kleid, Stoff* gossamery; *Spitzen* frothy; *Wolken* fluffy; *Kuchen, Klöße etc* light. **2.** (*poet: zart dunstig*) hazy.
Duftmarke *f* scent mark; **Duftnote** *f* (*von Parfüm*) scent; (*von Mensch*) smell; **Duftstoff** *m* scent; (*für Parfüm, Waschmittel etc*) fragrance; **Duftwasser** *nt* toilet water; (*hum: Parfüm*) perfume, scent; **Duftwolke** *f* (*iro*) fragrance (*iro*); (*von Parfüm*) cloud of perfume.
duhn *adj* (*N Ger inf*) sloshed (*inf*).
Dukaten *m* **-s, -** ducat.
Dukatengold *nt* fine gold; **Dukaten-scheißer** *m* (*inf*) **einen ~ haben, ein ~ sein** to be a goldmine, to be made of money.
Duktus *m* **-, no pl** (*geh*) characteristic style; (*von Handschrift*) characteristics *pl*, flow.
dulden I *vi* (*geh: leiden*) to suffer.
    II *vt* **1.** (*zulassen*) to tolerate; *Widerspruch auch* to countenance. **ich dulde das nicht** I won't tolerate that; **die Sache duldet keinen Aufschub** the matter cannot be delayed *or* postponed; **etw stillschweigend ~** to connive at sth.
    2. (*nicht vertreiben*) to tolerate. **er ist hier nur geduldet** he's only tolerated here, he's only here on sufferance.
    3. (*geh: erdulden*) *Not, Schmerz* to suffer. **es duldet mich hier nicht länger** I must away *or* hence (*liter*).
Dulder(in *f*) *m* **-s, -** silent sufferer.
Duldermiene *f* (*iro*) air of patient suffering. **mit ~** with an air of patient suffering.
duldsam *adj* tolerant (*gegenüber* of, *jdm gegenüber* towards sb).
Duldsamkeit *f* tolerance.
Duldung *f* toleration. **unter** *or* **bei** *or* **mit stillschweigender ~ der Behörden** *etc* with the (tacit) connivance of the authorities *etc*.

Dumdum *nt* **-(s), -(s), Dumdumgeschoß** *nt* dumdum (bullet).
dumm *adj comp* ⁻**er,** *superl* ⁻**ste(r, s),** *adv* **am** ⁻**sten 1.** stupid, dumb (*esp US*); *Mensch auch* thick (*inf*); (*unklug, unvernünftig auch*) silly, foolish. **der ~e August** (*inf*) the clown; **~e Gans** silly goose; **~es Zeug (reden)** (to talk) nonsense *or* rubbish; **ein ~es Gesicht machen, ~ gucken** to look stupid; **jdn wie einen ~en Jungen behandeln** (*inf*) to treat sb like a child; **jdn für ~ verkaufen** (*inf*) to think sb is stupid; **du willst mich wohl für ~ verkaufen** you must think I'm stupid; **ich lasse mich nicht für ~ verkaufen** I'm not so stupid (*inf*); **das ist gar nicht (so) ~** that's not a bad idea; **sich ~ anstellen** to behave stupidly; **sich ~ stellen** to act stupid *or* dumb (*esp US*); **~ fragen** to ask a silly question/silly questions; **~ dastehen** to look stupid *or* foolish; **sich ~ und dämlich reden** (*inf*) to talk till one is blue in the face (*inf*); **sich ~ und dämlich suchen** to search high and low; **sich ~ und dämlich verdienen** to earn the earth (*inf*); **~ geboren, nichts dazugelernt** (*prov*) he/she *etc* hasn't got the sense he/she *etc* was born with (*prov*); **jetzt wird's mir zu ~** I've had enough.
    2. (*ärgerlich, unangenehm*) annoying; *Gefühl auch* nagging; *Sache, Geschichte auch* silly. **es ist zu ~, daß er nicht kommen kann** it's too bad that he can't come; **jdm ~ kommen** to get funny with sb (*inf*); **etw D~es** a silly *or* stupid thing; **so etwas D~es** how silly *or* stupid; (*wie ärgerlich*) what a nuisance.
Dummchen *nt* (*inf*) silly-billy (*inf*).
dummdreist *adj* insolent.
Dummejungenstreich *m* silly *or* foolish *or* childish prank.
Dumme(r) *mf decl as adj* (*inf*) mug (*inf*), fool, sucker (*inf*). **der ~ sein** to be left to carry the can (*inf*), to be left holding the baby (*inf*); **einen ~n finden** to find a mug (*inf*) *or* a sucker (*inf*).
Dummerchen *nt* (*inf*) silly-billy (*inf*). **mein ~** you silly-billy.
dummerweise *adv* unfortunately; (*aus Dummheit*) stupidly, foolishly.
Dummheit *f* **1.** *no pl* stupidity; (*von Menschen auch*) foolishness. **2.** (*dumme Handlung*) stupid *or* foolish thing. **mach bloß keine ~en!** just don't do anything stupid *or* foolish.
Dummkopf *m* (*inf*) idiot, fool.
dümmlich *adj* silly, stupid; *Mensch auch* foolish, dumb (*esp US*). **eine ~e Blondine** a dumb blonde.
Dümmling *m* fool.
dümpeln *vi* (*Naut*) to bob up and down.
dumpf *adj* **1.** *Geräusch, Ton* muffled. **~ aufprallen** to land with a thud. **2.** *Luft, Geruch, Keller, Geschmack etc* musty; (*fig*) *Atmosphäre* stifling. **3.** *Gefühl, Ahnung, Erinnerung* vague; *Schmerz* dull; (*bedrückend*) gloomy; (*stumpfsinnig*) dull; *Mensch, Geist, Sinn* dulled.
Dumpfheit *f, no pl siehe adj* **1.** muffledness. **2.** mustiness; stiflingness. **3.** vagueness;

dullness; gloominess; dullness; dulledness.

dumpfig adj (feucht) dank, damp; (muffig) musty; (moderig) mouldy.

Dumpfigkeit f, no pl siehe adj dankness, dampness; mustiness; mouldiness.

Dumping ['dampɪŋ] nt -s, no pl (Econ) dumping.

Dumpingpreis m give-away price.

dun adj (N Ger inf) sloshed (inf).

Düne f -, -n (sand-)dune.

Dünengras nt marram (grass); **Dünensand** m dune-sand.

Dung m -(e)s, no pl dung, manure.

Düngemittel nt fertilizer.

düngen I vt to fertilize. II vi (Stoff) to act as a fertilizer; (Mensch) to apply fertilizer. **im Garten** ~ to put fertilizer on the garden.

Dünger m -s, - fertilizer.

Dungfliege f dung fly; **Dunggrube** f manure pit; **Dunghaufen** m dung or manure heap.

Düngung f 1. (das Düngen) fertilizing. 2. siehe **Dünger**.

dunkel adj 1. (finster) dark; (fig auch) black. **im D~n** in the dark; **in dunkler Nacht** at dead of night.
　　2. (farblich) dark. ~ **gefärbt sein** to be a dark colour; **sich** ~ **kleiden** to dress in dark colours; **etw** ~ **anmalen** to paint sth a dark colour; **ein Dunkles, bitte!** ≃ a brown ale (Brit) or dark beer, please.
　　3. (tief) Stimme, Ton deep.
　　4. (unbestimmt, unklar) vague; Erinnerung auch dim; Textstelle unclear. **in dunkler Vorzeit** in the dim and distant past; **im** ~**n tappen** (fig) to grope (about) in the dark; **jdn im** ~**n lassen** to leave sb in the dark; **das liegt noch im** ~**n** that is still not clear.
　　5. (zwielichtig) shady (inf), dubious.

Dunkel nt -s, no pl (lit, fig) darkness. **im** ~ **der Vorzeit** in the dim and distant past; **in** ~ **gehüllt sein** (fig) to be shrouded in mystery; **im** ~ **der Nacht** at dead of night.

Dünkel m -s, no pl conceit, arrogance.

dunkel- in cpds dark; **dunkelblau** adj dark blue; **dunkelblond** adj dark blond, light brown; **dunkelgekleidet** adj attr dressed in dark(-coloured) clothes; **dunkelhaarig** adj dark-haired.

dünkelhaft adj arrogant, conceited.

dunkelhäutig adj dark-skinned; **Dunkelheit** f (lit, fig) darkness; **bei Einbruch der** ~ at nightfall; **Dunkelkammer** f (Phot) darkroom; **Dunkelkammerlampe** f safelight; **Dunkelmann** m, pl -männer (pej) 1. shady character; 2. (liter) obscurant(ist).

dunkeln I vi impers es dunkelt (geh) darkness is falling, it is growing dark. II vi 1. (poet: Nacht, Abend) to grow dark. 2. aux sein (dunkel werden) to become darker, to darken.

dunkelrot adj dark red, maroon; **dunkelweiß** adj (hum) off-white; **Dunkelwerden** nt nightfall; **Dunkelziffer** f estimated number of unreported/undetected cases; **Dunkelzone** f twilight zone.

dünken pret dünkte or (obs) deuchte, ptp

gedünkt or (obs) gedeucht (old) I vti impers das dünkt mich gut, das dünkt mich or mir gut zu sein it seems good to me; mich dünkt, er kommt nicht mehr I think or methinks (obs) he will not come. II vr to think or imagine (oneself). sie dünkt sich sehr klug she thinks herself very clever.

dünn adj thin; Suppe, Bier auch watery; Kaffee, Tee watery, weak; (fein) Schleier, Regen, Strümpfe fine; Haarwuchs, Besiedlung auch sparse. ~ **gesät** (fig) thin on the ground, few and far between; **sich** ~ **machen** (hum) to breathe in; siehe **dick**, **dünnmachen**.

dünnbesiedelt, **dünnbevölkert** adj sparsely populated; **Dünnbier** nt weak beer; **Dünnbrettbohrer** m (pej inf) chancer (inf); **Dünndarm** m small intestine; **Dünndruck|ausgabe** f India paper edition; **Dünndruckpapier** nt India paper.

dünne adj pred (dial) siehe **dünn**.

dünnemachen vr sep (dial, inf) siehe **dünnmachen**.

dunnemals adv (dated, hum) siehe **damals**, **Anno**.

dünnflüssig adj thin; Teig runny; **Dünnflüssigkeit** f siehe adj thinness; runniness; **dünngesät** adj attr sparse; **dünnhäutig** adj thin-skinned; (fig auch) sensitive; **Dünnheit** f siehe adj thinness; wateriness; weakness; fineness; sparseness; **dünnlippig** adj thin-lipped; **dünnmachen** vr sep (inf) to make oneself scarce; **Dünnpfiff** m (inf) the runs (inf); **dünnschalig** adj Obst thin-skinned; Nüsse, Ei etc thin-shelled; **Dünnschiß** m (sl) siehe **Dünnpfiff**; **dünnwandig** adj Haus thin-walled, with thin walls; Behälter thin.

Dunst m -(e)s, ¨e (leichter Nebel) mist, haze; (Dampf) steam; (Smog) smog; (Geruch) smell. **blauer** ~ (fig inf) sheer invention; **jdm blauen** ~ **vormachen** (inf) to throw dust in sb's eyes; **sich in** ~ **auflösen** to go up in smoke.

Dunst|abzugshaube f extractor hood (over a cooker).

dunsten vi 1. (dampfen) to steam. 2. (Dunst ausströmen) to give off a smell, to smell.

dünsten vt (Cook) to steam; Obst to stew.

Dunstglocke f haze; pall of smog.

dunstig adj hazy, misty.

Dünst|obst nt (Cook) stewed fruit.

Dunstschleier m veil of haze or mist; **Dunstwolke** f cloud of smog.

Dünung f (Naut) swell.

Duo nt -s, -s 1. (Mus) (Musikstück) duet, duo; (Ausführende) duo. 2. (Paar) duo.

Duodezfürst m (pej geh) princeling, minor or petty prince; **Duodezfürstentum** nt (pej geh) minor or petty princedom.

Duodezimalsystem nt duodecimal system.

Duodezstaat m (pej geh) miniature state.

düpieren* vt to dupe.

Duplikat nt duplicate (copy).

Duplikation f (geh) duplication.

duplizieren* vt (geh) to duplicate.

Duplizität f (geh) duplication.

Dur nt -, - (Mus) major. **ein Stück in** ~/**in G-**

~ a piece in a major key/in G major.
Dur|akkord *m* major chord.
durch I *prep +acc* **1.** (*räumlich: hindurch*)
through. **quer** ~ right across; **mitten** ~ **die
Stadt** through the middle of the town; ~
den Fluß waten to wade across the river;
~ **die ganze Welt reisen** to travel all over
the world *or* throughout the world.
2. (*mittels, von*) through, by (means
of); (*in Passivkonstruktion: von*) by;
(*über jdn/etw, mit jds Hilfe*) through, via;
(*den Grund, die Ursache nennend*)
through, because of. **Tod** ~ **Ertrinken/
den Strang** death by drowning/hanging;
Tod ~ **Erfrieren/Herzschlag** *etc* death
from exposure/a heart attack *etc*; ~
Gottes Güte by the grace of God; **neun
(geteilt)** ~ **drei** nine divided by three,
three into nine; ~ **Zufall/das Los** by
chance/lot; ~ **die Post** by post; ~ **den
Lautsprecher** through the loudspeaker; **er
ist** ~ **Rundfunk und Fernsehen bekannt
geworden** he became famous through
radio and television.
3. (*aufgrund, infolge von*) due *or* owing
to.
4. (*Aus: zeitlich*) for.
II *adv* **1.** (*hin*~) through. **die ganze
Nacht** ~ all through the night, throughout
the night; **es ist 4 Uhr** ~ it's past *or* gone
4 o'clock; ~ **und** ~ **kennen** through and
through; *verlogen, überzeugt* completely,
utterly; ~ **und** ~ **ehrlich** honest through
and through; ~ **und** ~ **naß** wet through;
das geht mir ~ **und** ~ that goes right
through me.
2. (*Cook*) *Steak* well-done. **das Fleisch
ist noch nicht** ~ the meat isn't done yet.
durch- *in Verbindung mit Verben* through.
durch|abfertigen *vt sep siehe* **durch-
checken 1.**
durch|ackern *sep* (*inf*) **I** *vt* to plough
through. **II** *vr* to plough one's way
through (*durch etw* sth).
durch|arbeiten *sep* **I** *vt* **1.** *Buch, Stoff etc* to
work *or* go through. **2.** (*ausarbeiten*) to
work out (in detail). **3.** (*durchkneten*)
Teig, Knetmasse to work *or* knead
thoroughly; *Muskeln* to massage *or* knead
thoroughly. **II** *vi* to work through. **III** *vr
sich durch etw* ~ to work one's way
through sth.
durch|arbeitet *adj* **nach fünf** ~**en Nächten**
after being up working five whole nights.
durch|atmen *vi sep* to breathe deeply.
durch|aus *adv* (*emph auch* **durch|aus**)
1. (*in bejahten Sätzen: unbedingt*) **sie
wollte** ~ **mitgehen/ein neues Auto haben**
she insisted on going too/having a new
car; **wenn du das** ~ **willst** if you insist, if
you absolutely must; **hat er sich anständig
benommen?** — **ja** ~ did he behave himself
properly? — yes, perfectly *or* absolutely;
es mußte ~ **dieses Kleid sein** it absolutely
had to be this dress; **er will** ~ **recht haben**
he (absolutely) insists that he is right.
2. (*bekräftigend in bejahten Sätzen*)
quite; *verständlich, richtig, korrekt, möglich auch* perfectly; *passen, annehmen*
perfectly well; *sich freuen, gefallen* really.
das könnte man ~ **machen, das läßt sich** ~
machen that sounds feasible, I/we *etc*

could do that; **ich bin** ~ **Ihrer Meinung** I
quite *or* absolutely agree with you; **ich
hätte** ~ **Lust/Zeit ...** I *would* like to/I
would have time; **es ist mir** ~ **ernst damit**
I am quite *or* perfectly *or* absolutely
serious about it; **es ist** ~ **anzunehmen, daß
sie kommt** it's highly likely that she'll be
coming; **das ist zwar** ~ **möglich, aber...**
that is quite *or* perfectly possible, but ...
3. (*in bejahten Sätzen: ganz und gar*)
ehrlich, zufrieden, unerfreulich thoroughly, completely. **ein** ~ **gelungener Abend** a
thoroughly successful evening.
4. (*in verneinten Sätzen*) ~ **nicht** (*als
Verstärkung*) by no means; (*als Antwort*)
not at all; (*stärker*) absolutely not; ~ **nicht
reich/so klug** by no means rich/as clever;
etw ~ **nicht tun wollen** to refuse absolutely to do sth; **das braucht** ~ **nicht schlecht
zu sein** that does not *have* to be bad; **das
ist** ~ **kein Witz** that's no joke at all; **er ist**
~ **kein schlechter Mensch** he is by no
means a bad person; **es ist** ~ **nicht so einfach wie ...** it is by no means as easy as ...
durchbacken *sep* **I** *vt* to bake through. **II** *vi*
to bake thoroughly.
durchbeben* *vt insep* (*geh*) to run through.
durchbeißen¹ *sep irreg* **I** *vt* (*in zwei Teile*)
to bite through. **II** *vr* (*inf*) (*durch etw* sth)
to struggle through; (*mit Erfolg*) to win
through.
durchbeißen²* *vt insep irreg* **jdm die
Kehle** ~ to tear sb's throat open.
durchbekommen* *vt sep irreg* (*inf*) to get
through.
durchbetteln *vr sep* to beg one's way.
durchbeuteln *vt sep* (*S Ger inf*) to shake
thoroughly (*auch fig*).
durchbiegen *sep irreg* **I** *vt Knie* to bend.
II *vr* to sag.
durchblasen *sep irreg* **I** *vt* **1.** to blow
through (*durch etw* sth); *Eileiter, Rohr,
Ohren etc* to clear (by blowing). **2.** (*Wind*)
to blow. **II** *vi* to blow through (*durch
etw* sth).
durchblättern *vt sep or* **durchblättern***
insep Buch etc to leaf *or* flick through.
durchbleuen *vt sep* (*inf*) to beat black and
blue.
Durchblick *m* vista (*auf +acc* of); (*Ausblick*) view (*auf +acc* of); (*fig inf: Verständnis, Überblick*) knowledge. **den** ~
haben (*inf*) to know what's what (*inf*); **den**
~ **verlieren** to lose track (*bei* of).
durchblicken *vi sep* **1.** (*lit*) to look through
(*durch etw* sth); (*zum Vorschein kom-
men*) to shine through. **2.** (*fig*) **etw** ~
lassen to hint at sth, to intimate sth. **3.** (*fig
inf: verstehen*) to understand. **blickst du
da durch?** do you get it? (*inf*).
durchbluten¹* *vt insep* to supply with
blood.
durchbluten² *vti sep* **die Wunde hat durch-
geblutet** the wound has bled through,
blood from the wound has soaked
through; **es blutet durch** the blood is soaking through; **der Verband ist durch-
geblutet** the bandage is soaked through
with blood.
durchblutet *adj* supplied with blood.
Durchblutung *f* circulation (of the blood)
(*gen* to).

Durchblutungsstörung f circulatory disturbance, disturbance of the circulation.

durchbohren¹* vt insep Wand, Brett to drill through; (mit Schwert etc) to run through; (Kugel) to go through. **jdn mit Blicken ~** (fig) to look piercingly at sb; (haßerfüllt) to look daggers at sb; **sie sah mich an, als wollte sie mich mit Blicken ~** she looked daggers at me.

durchbohren² sep I vt etw durch etw ~ Loch, Tunnel to drill sth through sth; Schwert etc to run sth through sth; Nagel to pierce sth through sth. II vi to drill through (durch etw sth). III vr (durch etw sth) to bore one's way through; (Speer) to go through.

durchbohrend adj piercing; Blicke auch penetrating.

durchboxen sep (fig inf) (durch etw sth) I vt to push or force through. II vr to fight one's way through.

durchbraten vti sep irreg to cook through. **durchgebraten** well done.

durchbrausen vi sep aux sein to tear or roar through (durch etw sth).

durchbrechen¹ sep irreg I vt to break (in two).

II vi aux sein 1. to break (in two).

2. (einbrechen: Mensch) to fall through (durch etw sth).

3. (hervorbrechen) (Knospen) to appear; (Zahn) to come through; (Sonne auch) to break through (durch etw sth); (Charakter) to reveal itself.

4. (Med: Blinddarm etc) to burst, to perforate.

durchbrechen²* vt insep irreg Schallmauer to break; Mauer, Blockade etc to break through; (fig) to break.

Durchbrechung f siehe vt insep breaking; breaking through; breaking.

durchbrennen vi sep irreg 1. (nicht ausgehen: Ofen, Feuer) to stay alight. 2. aux sein (Sicherung, Glühbirne) to blow, to burn out; (inf: davonlaufen) to run off or away, to abscond. **jdn ~** (inf) to run away from sb. 3. aux sein (vollständig brennen: Kohlen, Holz, Feuer) to burn through.

durchbringen sep irreg I vt 1. (durch etw sth) (durchsetzen, durch Prüfung, Kontrolle) to get through; (durch Krankheit) to pull through; (für Unterhalt sorgen) to provide for, to support. 2. Geld to get through, to blow (inf). II vr to get by. **sich kümmerlich ~** to scrape by.

durchbrochen adj open; Stickerei etc openwork attr.

Durchbruch m 1. (durch etw sth) (durch Eis) falling through no art; (von Knospen) appearance; (von Zahn) coming through; (von Sonne) breaking through; (von Charakter) revelation; (von Blinddarm) perforation. **zum ~ kommen** (fig) (Gewohnheit etc) to assert or show itself; (Natur) to reveal itself; **der Patient wurde mit einem ~ (des Blinddarms) eingeliefert** the patient was admitted with a perforated appendix.

2. (Mil) breakthrough; (Sport auch) break; (fig: Erfolg) breakthrough. **eine Idee kommt zum ~** an idea comes to the fore or emerges; **jdm/einer Sache zum**

~ verhelfen to help sb/sth on the road to success.

3. (Bruchstelle) breach; (Öffnung) opening; (Geog: von Fluß) rise, resurgence.

durchbuchstabieren* vt sep to spell out.

durchbummeln¹ vi sep aux sein (inf) (durchschlendern) to stroll through (durch etw sth). **die Nacht ~** to spend the night on the tiles (inf).

durchbummeln²* vt insep Nacht to spend on the tiles (inf).

durchbürsten vt sep to brush thoroughly.

durchchecken [-tʃɛkn] vt sep 1. Gepäck to check through. 2. (inf: überprüfen) to check through.

durchdacht adj thought-out.

durchdenken* insep, **durchdenken** sep vt irreg to think out or through.

durchdiskutieren* vt sep to discuss thoroughly, to talk through.

durchdrängeln (inf), **durchdrängen** vr sep to push or force one's way through (durch etw sth).

durchdrehen sep I vt Fleisch etc to mince. II vi 1. (Rad) to spin. 2. (inf) to do one's nut (sl); to flip (inf); (nervlich) to crack up (inf). **ganz durchgedreht sein** (inf) to be really uptight (inf) or (aus dem Gleichgewicht) confused.

durchdringen¹ vi sep irreg aux sein 1. to penetrate (durch etw sth); (Flüssigkeit, Kälte auch, Sonne) to come through (durch etw sth); (Stimme, Geräusch auch) to be heard (durch etw through itself). **bis zu jdm ~** (fig) to go or get as far as sb.

2. (sich durchsetzen, sich verständlich machen) to get through. **zu jdm ~** to get through to sb; **mit einem Vorschlag ~** to get a suggestion accepted (bei, in +dat by).

durchdringen²* vt insep irreg Materie, Dunkelheit etc to penetrate; (Gefühl, Idee, Gedanke) to pervade.

durchdringend adj piercing; Kälte, Wind auch biting; Stimme, Geräusch, Blick auch penetrating; Geruch pungent, sharp.

Durchdringung f 1. penetration; (Sättigung) saturation. 2. (fig: Erfassen) investigation, exploration.

durchdrücken sep I vt 1. (durch Sieb) to rub through; (durch Presse) to press through; Creme, Teig to pipe.

2. (fig) Gesetz, Reformen etc to push or force through; seinen Willen to get. **es ~, daß ...** to get the decision that ... through.

3. Knie, Ellbogen etc to straighten.

II vr to squeeze or push (one's way) through (durch etw sth).

durchdrungen adj pred imbued (von with). **ganz von einer Idee ~ sein** to be taken with an idea; **von einem Gefühl der Freude ~ sein** to be full of or imbued with a feeling of joy.

durchdürfen vi sep irreg (inf) to be allowed through. **darf ich mal ~?** can I get through?

durch|einander I adv mixed or muddled up, in a muddle or mess. **alles ~ trinken** to drink indiscriminately. II adj pred **~ sein** (inf) (Mensch) to be confused or (aufgeregt) in a state (inf); (Zimmer) to be in a mess or muddle.

Durch|einander nt -s, no pl (Unordnung) mess, muddle; (Wirrwarr) confusion. **in dem Zimmer herrscht ein wüstes ~** the room is in a terrible mess or muddle.

durch|einanderbringen vt sep irreg to muddle or mix up; (in Unordnung bringen auch) to get into a mess or muddle; (verwirren) jdn to confuse; **er bringt alles durcheinander** he's getting everything confused or mixed up; **durch|einandergeraten*** vi sep irreg aux sein to get mixed or muddled up; **diese Begriffe geraten bei mir immer durcheinander** I always get these concepts mixed or muddled up; **durch|einanderkommen** vi sep irreg aux sein 1. (vermischt werden) to get mixed or muddled up; 2. (inf) siehe **durcheinandergeraten**; **durch|einanderlaufen** vi sep irreg aux sein to run about or around all over the place; **durch|einanderliegen** vi sep irreg aux haben or sein to be in a muddle, to be all over the place; **durch|einanderreden** vi sep to all speak or talk at once or at the same time; **durch|einanderrennen** vi sep irreg aux sein siehe **durcheinanderlaufen**; **durch|einanderrufen**, **durch|einanderschreien** vi sep irreg to all shout out at once or at the same time; **durch|einanderwerfen** vt sep irreg to muddle up; (fig inf: verwechseln) to mix up, to confuse.

durch|essen vr sep irreg 1. **sich bei jdm ~** to eat at sb's expense. 2. **sich durch etw ~** to eat one's way through sth.

durch|exerzieren* vt sep to rehearse, to run or go through.

durchfahren[1] vi sep irreg aux sein 1. to go through (durch etw sth). 2. (nicht anhalten/umsteigen) to go straight through (without stopping/changing). **er ist bei Rot durchgefahren** he jumped the lights; **die Nacht ~** to travel through the night.

durchfahren[2]* vt insep irreg to travel through; (fig: Schreck, Zittern etc) to shoot through. **ein Gedanke durchfuhr ihn blitzartig** a (sudden) thought flashed through his mind.

Durchfahrt f 1. (Durchreise) way through. **auf der ~ sein** to be passing through. 2. (Passage) thoroughfare; (Naut) thoroughfare, channel. **~ bitte freihalten!** please keep access free. 3. (das Durchfahren) thoroughfare. **~ verboten!** no through road, no thoroughfare; **der Polizist gab endlich die ~ frei/gab das Zeichen zur ~** the policeman finally allowed/signalled the traffic through.

Durchfahrtshöhe f headroom, clearance; **Durchfahrtsrecht** nt right of way; **Durchfahrtsstraße** f through road; **Durchfahrtsverbot** nt **seit wann besteht hier ~?** since when has this been a no through road?

Durchfall m 1. (Med) diarrhoea, diarrhea (US) no art. 2. (Mißerfolg) failure; (von Theaterstück auch) flop.

durchfallen vi sep irreg aux sein 1. to fall through (durch etw sth). 2. (inf: nicht bestehen) to fail; (Theaterstück etc auch) to (be a) flop; (Wahlkandidat) to lose, to be defeated. **in** or **bei der Prüfung ~** to fail the exam; **beim Publikum/bei der Kritik ~** to be a failure or flop with the public/critics; **bei der Wahl ~** to lose the election, to be defeated in the election.

durchfärben sep I vt to dye or colour (evenly). II vi to come or seep through (durch etw sth).

durchfaulen vi sep aux sein to rot through.

durchfechten vt sep irreg etw ~ to fight to get sth through.

durchfedern vi sep to bend one's knees.

durchfegen sep I vt to sweep out. II vi to sweep up.

durchfeiern[1] vi sep to stay up all night celebrating.

durchfeiern[2]* vt insep **die Nacht ~** to stay up all night celebrating; **nach durchfeierter Nacht** after celebrating all night.

durchfeilen sep or **durchfeilen*** insep vt to file through; (fig) Aufsatz to polish up.

durchfeuchten* vt insep to soak. **von etw durchfeuchtet sein** to be soaked (through) with sth.

durchfinden vir sep irreg (lit, fig) to find one's way through (durch etw sth). **ich finde (mich) hier nicht mehr durch** (fig) I am simply lost.

durchflechten* vt insep irreg **etw mit etw ~** (lit) to thread or weave sth through, to intertwine sth with sth; (fig) to interweave sth with sth.

durchfliegen[1] vi sep irreg aux sein 1. to fly through (durch etw sth); (ohne Landung) to fly non-stop or direct. 2. (inf) (durch Prüfung) to fail, to flunk (inf) (durch etw, in etw (dat) (in) sth).

durchfliegen[2]* vt insep irreg Luft, Wolken to fly through; Luftkorridor to fly along; Strecke to cover; (flüchtig lesen) to skim through.

durchfließen[1] vi sep irreg aux sein to flow or run through (durch etw sth).

durchfließen[2]* vt insep irreg (lit, fig) to flow or run through.

Durchflug m flight through; (das Durchfliegen) flying through (durch etw sth). **Passagiere auf dem ~** transit passengers.

Durchfluß m (das Fließen, ~menge) flow; (Öffnung) opening.

durchfluten[1] vi sep aux sein (geh) to flow through (durch etw sth).

durchfluten[2]* vt insep (geh) (Fluß) to flow through; (fig) (Licht, Sonne) to flood; (Wärme, Gefühl) to flow or flood through. **Licht durchflutete das Zimmer** the room was flooded with or bathed in light, light flooded the room.

durchformen vt sep to work out (down) to the last detail.

durchforschen* vt insep Gegend to search; Land, Wissensgebiet to explore; Akten, Bücher to search through.

durchforsten* vt insep, **durchforsten** vt sep Wald to thin out; (fig) Bücher, Akten etc to go through.

durchfragen vr sep to ask one's way.

durchfressen sep irreg I vr (durch etw sth) (Säure, Rost, Tier) to eat (its way) through. **sich (bei jdm) ~** (pej inf) to live on sb's hospitality.

II vt (*Rost, Maus*) to eat (its way) through; (*Motten*) to eat holes in. **ein Loch durch etw ~** to eat a hole in sth.

durchfretten vr sep (*Aus, S Ger*) to eke out an existence.

durchfrieren vi sep irreg aux sein (*See, Fluß*) to freeze through, to freeze solid; (*Mensch*) to get frozen stiff, to get chilled to the bone.

durchfroren adj siehe **durchgefroren**.

Durchfuhr f transit, passage.

durchführbar adj practicable, feasible, workable.

durchführen sep **I** vt **1.** (*durchleiten*) (*durch etw* sth) jdn to lead through, to take through; *Fluß* to lead through; *Leitung, Rohr* to run through; *Straße* to build through, to lay through; *Kanal, Tunnel* to dig through. **etw durch etw ~** to lead etc sth through sth; **jdn durch eine Wohnung ~** to show sb around a flat.

2. (*verwirklichen*) *Vorhaben, Beschluß* to carry out; *Gesetz* to implement, to enforce; *Experiment, Haussuchung, Sammlung, Untersuchung, Reform* to carry out; *Expedition, Reise* to undertake; *Messung* to take; *Kursus* to run; *Wahl, Prüfung* to hold; *Unterricht* to take, to give.

3. (*konsequent zu Ende bringen*) to carry through; *Gedankengang* to carry through (to its conclusion).

II vi (*durch etw* sth) to lead through; (*Straße*) to go through. **zwischen/unter etw** (*dat*) **~** to lead/go between/under sth.

Durchfuhrland nt country of transit.

Durchführung f siehe vt **1.** leading (through); running (through); building (through); digging (through).

2. (*fig*) carrying out; implementation; enforcement; carrying out; undertaking; taking; running; holding; taking, giving. **zur ~ kommen** (*form*) (*Reform, Gesetz, Maßnahme*) to come into force; **zur ~ bringen** (*form*) *Reform, Gesetz, Maßnahme* to bring into force.

3. carrying through.

4. (*Mus*) (*von Sonate*) development; (*von Fuge*) exposition.

Durchfuhrzoll m transit duty.

durchfurchen * vt insep (*geh*) *Land* to plough; *Wogen* to plough through.

durchfüttern vt sep (*inf*) to feed. **sich von jdm ~ lassen** to live off sb.

Durchgabe f **1.** (*von Nachricht, Lottozahlen etc*) announcement; (*von Hinweis, Bericht*) giving. **bei der ~ der Zahlen übers Telefon kommen oft Fehler vor** when numbers are given over the telephone mistakes are often made.

2. (*Nachricht, Ankündigung*) announcement; (*telefonisch*) message (over the telephone).

Durchgang m **1.** (*Weg, Passage*) way; (*schmaler auch*) passage(way); (*Torweg*) gateway.

2. (*Zugang*) **kein ~!**, **~ verboten!** no right of way; **er hat mir den ~ versperrt** he blocked my passage.

3. (*von Experiment, bei Arbeit, Parl*) stage.

4. (*bei Wettbewerb, von Wahl, Sport*) round; (*beim Rennen*) heat.

5. (*Astron*) transit.

Durchgänger m **-s, -** (*Pferd*) bolter; (*dated: Ausreißer*) runaway.

durchgängig adj universal, general. **eine ~e Eigenart in seinen Romanen** a constant feature in or of his novels.

Durchgangsbahnhof m through station;

Durchgangslager nt transit camp;

Durchgangsstadium nt transition stage;

Durchgangsstraße f through road, thoroughfare; **Durchgangsverkehr** m (*Mot*) through traffic; (*Transitverkehr*) transit traffic.

durchgaren sep **I** vt to cook thoroughly.

II vi aux sein to cook through.

durchgeben vt sep irreg **1.** to pass through (*durch etw* sth).

2. (*Rad, TV*) *Hinweis, Meldung, Wetter, Straßenzustandsbericht* to give; *Nachricht, Lottozahlen* to announce. **jdm etw telefonisch ~** to let sb know sth by telephone, to telephone sth to sb; **ein Telegramm telefonisch ~** to telephone a telegram; **jdm ~, daß ...** to let sb know that ..., to tell sb that ...; **es wurde im Radio durchgegeben** it was announced on the radio.

durchgefroren adj Mensch frozen stiff, perishing (cold) (*inf*) pred.

durchgehen sep irreg aux sein **I** vi **1.** (*lit*) (*durch etw* sth) to go through, to walk through; (*durch Kontrolle, Zoll*) to pass through; (*weitergehen, inf: sich durchstecken lassen*) to go through. **bitte ~!** (*im Bus*) pass right down (the bus) please!

2. (*Fluß, Weg, Linie etc*) (*durch etw* sth) to run through, to go through; (*fig: Thema*) to run through.

3. (*durchdringen*) to come through (*durch etw* sth).

4. (*nicht zurückgewiesen werden*) (*Gesetz*) to be passed, to go through; (*Antrag auch*) to be carried; (*Postsendung*) to get through.

5. (*toleriert werden*) to be allowed (to pass), to be tolerated. **jdm etw ~ lassen** to let sb get away with sth, to overlook sth; **das lasse ich noch mal ~** I'll let it pass.

6. (*gehalten werden für*) **für etw ~** to pass for sth, to be taken for sth.

7. (*durchpassen*) to go through (*durch etw* sth). **zwischen/unter etw** (*dat*) **~** to go (through) between/under sth.

8. (*ohne Unterbrechung*) to go straight through; (*Fußgänger auch*) to walk straight through; (*Flug*) to be non-stop or direct; (*zeitlich: Party etc; örtlich: Straße auch*) to run (right) through. **die ganze Nacht ~** (*Mensch*) to walk all night long, to walk through(out) the night.

9. (*Pferd etc*) to bolt; (*inf: weglaufen*) to run off or away. **mit jdm ~** to run or go off with sb, to elope with sb; **jdm ~** to run away from sb; **seine Frau ist ihm durchgegangen** his wife has run off and left him; **mit etw ~** to run or make off with sth.

10. (*außer Kontrolle geraten*) **mit jdm ~** (*Temperament, Nerven*) to get the better of sb; (*Gefühle auch*) to run away with sb.

II vt auch aux haben (*durchsehen, -sprechen etc*) to go or run through, to go or run over.

durchgehend I *adj Öffnungszeiten* round-the-clock *attr*, continuous; *Straße* straight; *Verkehrsverbindung* direct; *Zug* non-stop, through *attr*, direct; *Fahrkarte* through *attr*; *Muster* continuous; *Eigenschaft* constant. ~**e Güter** goods in transit.
II *adv* throughout, right through. ~ **geöffnet** open right through; open 24 hours; ~ **gefüttert** fully lined, lined throughout.

durchgeistigt *adj* cerebral.

durchgellen* *vt insep* (*geh*) to pierce.

durchgeschwitzt *adj Mensch* bathed in sweat; *Kleidung* soaked in sweat, sweat-soaked *attr*.

durchgestalten* *vt sep* to work out (down) to the last detail.

durchgießen *vt sep irreg* to pour through (*durch etw* sth). **etw durch ein Sieb** ~ to strain sth, to pour sth through a sieve.

durchgliedern *vt sep* to subdivide.

durchglühen *sep* **I** *vi aux sein* to glow red-hot; (*Lampe, Draht*) to burn out. **II** *vt Eisen* to heat until red-hot *or* to red heat.

durchgraben *sep irreg* **I** *vt* to dig through (*durch etw* sth). **II** *vr* to dig one's way through (*durch etw* sth).

durchgreifen *vi sep irreg* to reach through (*durch etw* sth); (*fig*) to take vigorous action, to resort to drastic measures. **hier muß strenger durchgegriffen werden** much vigorous action is needed here.

durchgreifend *adj Änderung, Maßnahme* drastic; (*weitreichend*) *Änderung* far-reaching, radical, sweeping *attr*.

durchgucken *vi sep* **1.** (*durch etw* sth) (*Mensch*) to look through, to peep through. **2.** (*fig inf*) *siehe* **durchblicken 3.**

durchhaben *vt sep irreg* (*inf*) **etw** ~ (*hindurchbekommen haben*) to have got sth through (*durch etw* sth); (*durchgelesen etc haben*) to have got through sth, to have finished sth; (*zerteilt haben*) to have got through sth, to be through sth.

durchhacken *vt sep* to chop through.

durchhalten *sep irreg* **I** *vt* (*durchstehen*) *Zeit, Ehe, Kampf etc* to survive; *Streik* to hold out till the end of, to see through; *Belastung* to (with)stand; (*Sport*) *Strecke* to stay; *Tempo* (*beibehalten*) to keep up; (*aushalten*) to stand. **das Rennen** ~ to stay the course.
II *vi* to hold out, to stick it out (*inf*); (*beharren*) to persevere, to stick it out (*inf*); (*bei Rennen auch*) to stay the course. **eisern** ~ to hold out grimly.

Durchhalteparole *f* exhortation to hold out; **Durchhaltevermögen** *nt* staying power, (powers *pl* of) endurance *no indef art*.

durchhängen *vi sep irreg aux haben or sein* to sag.

durchhauen *sep irreg or* (*inf*) *reg* **I** *vt* **1.** to chop *or* hack in two; (*spalten*) to split, to cleave.
2. (*inf: verprügeln*) **jdn** ~ to give sb a thrashing *or* walloping (*inf*), to thrash *or* wallop (*inf*) sb.
3. (*inf*) *Sicherung* to blow.
II *vr* (*lit*) to hack one's way through (*durch etw* sth).

durchhecheln *vt sep* **1.** *Flachs etc* to hackle.
2. (*fig inf*) to gossip about, to pull to pieces (*inf*). **in allen Zeitungen durchgehechelt** dragged through all the papers.

durchheizen *sep* **I** *vt* (*gründlich heizen*) to heat through; (*ohne Unterbrechung heizen*) to heat continuously, to heat day and night. **II** *vi* (*ohne Unterbrechung*) to keep the heating on. **hier muß mal richtig durchgeheizt werden** this place needs to be well heated.

durchhelfen *sep irreg* **I** *vi* **jdm** (*durch etw*) ~ to help sb through (sth). **II** *vr* to get by, to get along, to manage.

durchhören *vt sep* **etw** (*durch etw*) ~ (*lit*) *Lärm* to hear sth (through sth); (*fig*) *Gefühl, Enttäuschung auch* to discern sth (through sth); **ich konnte** ~, **daß ... I** could hear *or* tell that ...

durchhungern *vr sep* to struggle along on the breadline, to scrape by.

durch|irren* *vt insep* to wander *or* rove *or* roam through.

durch|ixen *vt sep* (*inf*) to ex out.

durchjagen *sep* **I** *vt* **1.** to chase through (*durch etw* sth).
2. (*fig*) *Gesetz, Prozeß etc* to rush *or* push through.
II *vi aux sein* to race *or* tear through. **zwischen/unter etw** (*dat*) ~ to race *or* tear between/under sth.

durchkämmen *vt sep* **1.** *Haare* to comb out.
2. *auch* **durchkämmen*** *insep* (*absuchen*) to comb (through).

durchkämpfen *sep* **I** *vt* (*durchsetzen*) to push *or* force through.
II *vr* **1.** (*durch etw* sth) to fight *or* battle one's way through; (*fig*) to struggle through.
2. *siehe* **durchringen.**
III *vi* (*Kampf nicht aufgeben*) (*Soldaten*) to carry on fighting; (*Sportler*) to battle on, to carry on the battle *or* struggle.

durchkauen *vt sep Essen* to chew (thoroughly); (*inf: besprechen*) to go over *or* through.

durchklettern *vi sep aux sein* to climb through (*durch etw* sth).

durchklingen *vi sep irreg aux haben or sein* (*durch etw* sth) to sound through; (*fig*) to come through (*durch etw* sth), to come across (*durch etw* through sth). **die Musik klang durch den Lärm durch** the music could be heard above the noise.

durchkneifen *vt sep irreg Draht* to snip through.

durchkneten *vt sep Teig etc* to knead thoroughly; (*bei Massage*) to massage thoroughly. **sich** ~ **lassen** to have a thorough massage.

durchknöpfen *vt sep* to button all the way up. **ein durchgeknöpftes Kleid** a button-through dress.

durchkochen *vti sep* to boil thoroughly.

durchkommen *vi sep irreg aux sein*
1. (*durch etw* sth) (*durchfahren*) to come through; (*vorbeikommen, passieren auch*) to come past. **er ist durch diese Straße/ Stadt/unter dieser Brücke durchgekommen** he came through this street/town/ under *or* through this bridge.
2. (*durch etw* sth) to get through; (*Son-*

ne, Wasser etc) to come through; (*Sender, Farbe*) to come through; (*Charakterzug*) to show through, to come out *or* through; (*sichtbar werden*) (*Sonne*) to come out; (*Blumen*) to come through. **es kommt immer wieder durch, daß sie Ausländerin ist** the fact that she is a foreigner keeps showing *or* coming through. **3.** (*lit, fig: mit Erfolg* ~) to succeed (*durch etw* in sth), to get through (*durch etw* sth); (*sich durchsetzen*) (*telefonisch*) to get through; (*finanziell*) to get by. **ich komme mit meiner Hand nicht (durch das Loch) durch** I can't get my hand through (the hole); **mit etw** ~ (*mit Forderungen etc*) to succeed with sth; (*mit Betrug, Schmeichelei etc*) to get away with sth; **damit kommt er bei mir nicht durch** he won't get away with that with me. **4.** (*Prüfung bestehen*) to pass. **5.** (*überleben*) to come through; (*Patient auch*) to pull through. **6.** (*im Radio*) to be announced.

durchkomponieren* *vt sep* **1.** (*Mus*) *Libretto* to set to music; *Gedicht* to set to music (with a different setting for each stanza). **2.** (*fig*) *Bild, Text* to work out in detail.

durchkönnen *vi sep irreg* (*inf*) to be able to get through (*durch etw* sth).

durchkonstruieren* *vt sep* **ein Auto** ~ to construct a car well throughout.

durchkosten *vt sep* (*geh*) to taste (one after the other); (*fig*) *Freuden* to taste; *Leiden* to endure, to experience.

durchkreuzen¹* *vt insep* **1.** *Land, Wüste, Ozean* to cross, to travel across. **2.** (*fig*) *Pläne etc* to thwart, to foil, to frustrate.

durchkreuzen² *vt sep* to cross out, to cross through.

Durchkreuzung *f* **1.** (*von Land etc*) crossing. **2.** (*von Plänen etc*) thwarting, foiling, frustrating.

durchkriechen *vi sep irreg aux sein* to crawl through, to creep through (*durch etw* sth).

durchkriegen *vt sep* (*inf*) *siehe* **durchbekommen.**

durchladen *vti sep irreg Gewehr* to reload.

durchlangen *sep* (*inf*) **I** *vi* (*durch etw* sth) to reach through, to put one's hand through. **II** *vt* (*durchreichen*) to pass through.

Durchlaß *m* **-sses, Durchlässe 1.** (*Durchgang*) passage, way through; (*für Wasser*) duct. **2.** *no pl* (*geh*) permission to pass. **jdm/sich** ~ **verschaffen** to obtain permission for sb/to obtain permission to pass; (*mit Gewalt*) to force a way through for sb/to force one's way through.

durchlassen *vt sep irreg* (*durch etw* sth) (*passieren lassen*) to allow *or* let through; *Licht, Wasser etc* (*durchdringen lassen*) to let through; (*eindringen lassen*) to let in; (*inf: durchgehen lassen*) *Fehler etc* to let pass, to overlook.

durchlässig *adj Material* permeable; (*porös*) porous; *Zelt, Regenmantel, Schuh* that lets water in; *Zelt, Schuh* leaky; *Krug, Vase* that lets water out *or* through; *Grenze* open. **eine** ~**e Stelle** (*fig*) a leak.

Durchlässigkeit *f* permeability; (*Porosität*) porosity.

Durchlaucht *f-*, **-en** serenity. **Seine** ~ His (Serene) Highness; (**Euer**) ~ Your Highness.

durchlauchtig *adj attr* (*old*) serene.

Durchlauf *m* **1.** (*das Durchlaufen*) flow. **2.** (*Datenverarbeitung*) run. **3.** (*TV, Rad*) run-through. **4.** (*Ski*) heat.

durchlaufen¹ *sep irreg* **I** *vt Schuhe, Sohlen* to go *or* wear through.

II *vi aux sein* **1.** (*durch etw* sth) (*durch Straße, Öffnung etc gehen*) to go through; (*passieren auch*) to pass through; (*Straße, Rohr etc auch*) to run through; (*Flüssigkeit*) to run through. **2.** (*ohne Unterbrechung: Mensch*) to run without stopping. **8 Stunden lang ohne Pause** ~ to run for 8 hours without stopping; **der Fries/das Geländer läuft von der einen Seite des Gebäudes zur anderen durch** the frieze/railing runs uninterrupted *or* without a break from one end of the building to the other.

durchlaufen²* *vt insep irreg* **1.** *Gebiet* to run through; *Strecke* to cover, to run; (*Astron*) *Bahn* to describe; *Lehrzeit, Schule, Phase* to pass *or* go through. **2.** (*erfassen, erfüllen*) (*Gerücht*) to spread through; (*Gefühl*) to run through. **es durchlief mich heiß** I felt hot all over.

durchlaufend *adj* continuous.

Durchlauf|erhitzer *m* **-s, -** continuous-flow water heater; **Durchlaufzeit** *f* (*Datenverarbeitung*) length of a/the run.

durchlavieren* *vr sep* to steer *or* manoeuvre one's way through (*durch etw* sth).

durchleben* *vt insep Jugend, Gefühl* to go through, to experience; *Zeit* to go *or* live through.

durchleiden* *vt insep irreg* to suffer, to endure.

durchleiten *vt sep* to lead through (*durch etw* sth).

durchlesen *vt sep irreg* to read through. **etw ganz** ~ to read sth all the way through; **etw flüchtig** ~ to skim *or* glance through sth; **etw auf Fehler (hin)** ~ to read sth through (looking) for mistakes; **sich** (*dat*) **etw** ~ to read sth through.

durchleuchten¹* *vt insep* **1.** (*untersuchen*) *Patienten* to X-ray; *Eier* to candle; (*fig*) *Angelegenheit etc* to investigate, to probe. **jdm die Lunge** ~ to X-ray sb's lungs; **sich** ~ **lassen** to have an X-ray; **sich** (*dat*) **die Lunge** ~ **lassen** to have one's lungs X-rayed. **2.** (*geh: Schein, Sonne etc*) to light up, to flood with light.

durchleuchten² *vi sep* to shine through (*durch etw* sth).

Durchleuchtung *f* (*Med: mit Röntgenstrahlen*) X-ray examination; (*fig: von Angelegenheit etc*) investigation. **zur** ~ **gehen** to go for an X-ray.

durchliegen *sep irreg* **I** *vt Matratze, Bett* to wear down (in the middle). **II** *vr* to get *or* develop bedsores.

durchlöchern* *vt insep* to make holes in; (*Motten auch, Rost*) to eat holes in; *Socken etc* to wear holes in; (*fig*) to undermine completely; *Argumente auch* to shoot down. **(mit Schüssen)** ~ to riddle with bullets; **er hatte völlig durchlöcherte Socken/Kleidung an** his socks/clothes were full of holes; **von Rost durchlöchert** eaten away with rust.

durchlotsen *vt sep (durch etw* sth) *Schiff* to pilot through; *Autofahrer* to guide through; *(fig)* to steer through. **jdn durch etw** ~ to pilot *etc* sb through sth.

durchlüften¹ *vti sep* to air thoroughly; *Wäsche auch* to air through.

durchlüften²* *vt insep* to air thoroughly.

durchlügen *vr sep irreg (inf)* to lie one's way through *(durch etw* sth).

durchmachen *sep* I *vt* **1.** *(erdulden)* to go through; *Krankheit* to have; *Operation* to undergo, to have. **er hat viel durchgemacht** he has been *or* gone through a lot.

2. *(durchlaufen)* to go through; *Lehre* to serve; *(fig) Entwicklung* to undergo; *Wandlung* to undergo, to experience.

3. *(inf: durchbewegen, durchstecken etc) Faden, Nadel, Stange etc* to put through *(durch etw* sth).

4. *(inf) (durcharbeiten)* to work through. **eine ganze Nacht/Woche** ~ *(durchfeiern)* to have an all-night/week-long party, to make a night/week of it *(inf)*.

II *vi (inf) (durcharbeiten)* to work right through; *(durchfeiern)* to keep going all night/day *etc*.

Durchmarsch *m* **1.** march(ing) through. **der** ~ **durch die Stadt** the march through the town; **auf dem** ~ when marching through. **2.** *(inf: Durchfall)* runs *pl (inf)*. **3.** *(Cards)* grand slam.

durchmarschieren* *vi sep aux sein* to march through *(durch etw* sth).

durchmengen *vt sep siehe* **durchmischen¹**.

durchmessen²* *vt insep irreg (geh) Raum* to stride across; *Strecke* to cover.

Durchmesser *m* **-s, -** diameter. **120 cm im** ~ 120 cm in diameter.

durchmischen¹ *vt sep* to mix thoroughly.

durchmischen²* *vt insep* to (inter)mix. **etw mit etw** ~ to mix sth with sth.

durchmogeln *sep (inf)* I *vr* to wangle *(inf) or* fiddle *(inf)* one's way through. II *vt* to fiddle through *(inf) (durch etw* sth).

durchmüssen *vi sep irreg (inf) (durch etw* sth) to have to go *or* get through; *(fig) (durch schwere Zeit)* to have to go through; *(durch Unangenehmes)* to have to go through with *(inf)*.

durchnagen *sep* I *vt* to gnaw through. II *vr* to gnaw one's way through *(durch etw* sth).

durchnässen¹* *vt insep* to soak, to drench, to make wet through. **völlig durchnäßt** wet through, soaking wet, drenched.

durchnässen² *vi sep (Flüßigkeit)* to come *or* seep through *(durch etw* sth).

durchnehmen *vt sep irreg* **1.** *(Sch)* to go through, to do *(inf)*. **2.** *(pej inf)* to gossip about.

durchnumerieren* *vt sep* to number consecutively (all the way through).

durchorganisieren* *vt sep* to organize down to the last detail.

durchpauken *vt sep (inf)* **1.** *(Schüler)* to

cram *(inf)*, to swot up *(inf)*. **etw mit jdm** ~ to drum sth into sb *(inf)*.

2. *(durchsetzen) Gesetz, Änderungen* to force *or* push through.

3. *(durch Schwierigkeiten bringen) Schüler* to push through. **dein Anwalt wird dich schon irgendwie** ~ your lawyer will get you off somehow.

durchpausen *vt sep* to trace.

durchpeitschen *vt sep* to flog; *(fig)* to rush through, to railroad through *(inf)*.

durchpflügen* *vt insep* to plough through.

durchplanen *vt sep* to plan (down) to the last detail.

durchplumpsen *vi sep aux sein (inf) (lit)* to fall through *(durch etw* sth); *(bei Prüfung)* to fail, to flunk *(inf) (durch etw, in etw (dat)* (in) sth).

durchpressen *vt sep* to press through, to squeeze through; *Knoblauch* to crush; *Kartoffeln* to mash *(by pushing through a press)*; *Teig* to pipe.

durchproben *vt sep* to rehearse right through.

durchprobieren* *vt sep* to try one after the other.

durchprügeln *vt sep* to thrash, to beat.

durchpulsen* *vt insep (geh)* to pulsate through. **von etw durchpulst sein** to be pulsating with sth; **von Leben durchpulst** pulsating *or* throbbing with life.

durchpusten *vt sep (inf) Rohr, Düse* to blow through. **etw (durch etw)** ~ to blow sth through (sth); **der Wind hat uns kräftig durchgepustet** the wind blew right through us.

durchqueren* *vt insep* to cross; *Land, Gebiet auch* to pass through, to traverse.

durchquetschen *sep (inf)* I *vt siehe* **durchpressen**. II *vr (inf)* to squeeze (one's way) through.

durchrasen¹ *vi sep aux sein (durch etw* sth) to race *or* tear through; *(inf: durchrennen auch)* to dash through.

durchrasen²* *vt insep* to race through, to tear through; *(liter: Schmerz)* to shoot through.

durchrasseln *vi sep aux sein (inf)* to fail, to flunk *(inf) (durch etw, in etw (dat)* (in) sth).

durchrauschen *vi sep aux sein (inf) (durch etw* sth) to sweep through.

durchrechnen *vt sep* to calculate. **eine Rechnung noch einmal** ~ to go over *or* through a calculation (again).

durchregnen *sep* I *vi impers* **1.** *(durchkommen)* **es regnet durchs Dach durch** the rain is coming through the roof.

2. *(ununterbrochen regnen)* to rain continuously. **es hat die Nacht durchgeregnet** it rained all night long, it rained all through the night.

II *vt:* **durchgeregnet sein** to be soaked to the skin *or* through.

durchreiben *sep irreg* I *vt* to rub through; *Material* to wear through. II *vr (Material)* to wear through.

Durchreiche *f* **-, -n** (serving) hatch, pass-through *(US)*.

durchreichen *vt sep* to pass *or* hand through *(durch etw* sth).

Durchreise *f* journey through. **auf der** ~

sein to be on the way through, to be passing through.

durchreisen[1] *vi sep aux sein* (*durch etw* sth) to travel through, to pass through.

durchreisen[2*] *vt insep* to travel through, to traverse (*form*).

Durchreisende(r) *mf decl as adj* traveller (passing through), transient (*US*). ~ **nach München** through passengers to Munich.

Durchreisevisum *nt* transit visa.

durchreißen *sep irreg* **I** *vt* to tear in two or in half. **etw (in der Mitte)** ~ to tear sth in two *or* in half *or* down the middle. **II** *vi aux sein* to tear in two *or* in half; (*Seil*) to snap (in two *or* in half).

durchreiten[1] *sep irreg* **I** *vi aux sein* to ride through (*durch etw* sth). **die Nacht** ~ to ride through(out) the night, to ride all night long. **II** *vr* to make oneself sore riding.

durchreiten[2*] *vt insep irreg* to ride through; *Land auch* to ride across.

durchrennen *vi sep irreg aux sein* to run *or* race through (*durch etw* sth).

durchrieseln[1] *vi sep aux sein* to trickle through (*durch etw* sth).

durchrieseln[2*] *vt insep* (*fig: Gefühl, Schauer*) to run through.

durchringen *vr sep irreg* to make up one's mind finally. **er hat sich endlich durchgerungen** after much hesitation, he has finally made up his mind *or* come to a decision; **sich zu einem Entschluß** ~ to force oneself to take a decision; **sich dazu** ~, **etw zu tun** to bring *or* force oneself to do sth.

durchrinnen *vi sep irreg aux sein* to run through (*durch etw* sth); (*durchsickern*) to trickle through. **zwischen etw** (*dat*) ~ to run between sth; **das Geld rinnt mir nur so zwischen den Fingern durch** (*fig inf*) money just runs through my fingers *or* burns a hole in my pockets (*inf*).

durchrosten *vi sep aux sein* to rust through.

durchrufen *vi sep irreg* (*inf*) to ring.

durchrühren *vt sep* to mix thoroughly.

durchrutschen *vi sep aux sein* (*lit*) to slip through (*durch etw* sth); (*fig*) (*Fehler etc*) to slip through; (*bei Prüfung*) to scrape through. **zwischen etw** (*dat*) ~ to slip between sth; **einige Fehler sind ihm durchgerutscht** a few mistakes slipped past him, he let a few mistakes slip through.

durchrütteln *vt sep* to shake about.

durchs = durch das.

durchsacken *vi sep aux sein* **1.** (*durchbrechen*) (*Dach, Sitz*) to give way. **2.** (*Aviat: Flugzeug*) to pancake.

Durchsage *f* message; (*im Radio*) announcement. **eine** ~ **der Polizei** a police announcement.

durchsagen *vt sep* **1.** *siehe* durchgeben **2.**. **2.** *Parole, Losung* to pass on.

durchsägen *vt sep* to saw through.

durchsaufen[1] *sep irreg* (*sl*) **I** *vi* to booze the whole night/day long (*inf*). **die Nacht** *etc* ~ to booze all the night *etc* long (*inf*). **II** *vr* to booze at somebody else's expense (*inf*).

durchsaufen[2*] *vt insep irreg* (*sl*) *siehe* durchsoffen.

durchsausen *vi sep aux sein* (*inf*) **1.** to rush *or* whizz (*inf*) through. **2.** (*inf: nicht bestehen*) to fail, to flunk (*inf*) (*durch etw, in etw* (*dat*)) (in) sth.

durchschalten *sep* **I** *vt* (*Elec*) to connect through. **II** *vi* **1.** (*Elec*) to connect through. **2.** (*Aut*) to change through the gears.

durchschaubar *adj* (*fig*) *Hintergründe, Plan, Ereignisse* clear; *Lüge* transparent. **gut/leicht** ~ (*verständlich*) easily comprehensible *or* understood; (*erkennbar, offensichtlich*) perfectly clear. **eine leicht** ~**e Lüge** a lie that is easy to see through; **schwer** ~**er Charakter/Mensch** inscrutable *or* enigmatic character/person.

durchschauen[1*] *vt insep* (*erkennen*) *Absichten, Lüge, jdn, Spiel* to see through; *Sachlage* to see clearly; (*begreifen*) to understand, to comprehend. **du bist durchschaut!** I've/we've seen through you, I/we know what you're up to (*inf*) *or* what your little game is (*inf*).

durchschauen[2] *vti sep siehe* durchsehen.

durchschauern *vt insep* to run through. **es durchschauert mich** a shiver *or* shudder runs through me.

durchscheinen *vi sep irreg* (*durch etw* sth) (*Licht, Sonne*) to shine through; (*Farbe, Muster*) to show through; (*fig*) to shine through.

durchscheinend *adj* transparent; *Bluse etc* see-through; *Porzellan, Papier auch* translucent; *Stoff auch* diaphanous.

durchscheuern *sep* **I** *vt* to wear through. **sich** (*dat*) **die Haut** ~ to graze one's skin; **durchgescheuert sein** to be *or* have worn through. **II** *vr* to wear through.

durchschieben *sep irreg* **I** *vt* to push *or* shove (*inf*) through (*durch etw* sth). **II** *vr* to push *or* shove (*inf*) (one's way) through (*durch etw* sth).

durchschießen[1] *vi sep irreg* **1. durch etw** ~ to shoot through sth; **zwischen etw** (*dat*) ~ to shoot between sth. **2.** *aux sein* (*schnell fahren, rennen*) to shoot through. **zwischen etw** (*dat*) ~ to shoot between sth.

durchschießen[2*] *vt insep irreg* **1.** (*mit Kugeln*) to shoot through; (*fig*) to shoot *or* flash through. **die Lunge** ~ to shoot through the lung.

2. (*Typ: leere Seiten einfügen*) to interleave.

3. (*Tex*) *Stoff* to interweave.

durchschiffen* *vt insep* to sail across, to cross.

durchschimmern *vi sep* (*durch etw* sth) to shimmer through; (*Farbe, fig*) to show through.

durchschlafen *vi sep irreg* to sleep through.

Durchschlag *m* **1.** (*Kopie*) carbon (copy), copy. **2.** (*Küchengerät*) sieve, strainer. **3.** (*Loch*) hole; (*in Reifen auch*) puncture. **4.** (*Elec*) disruptive discharge.

durchschlagen[1] *sep irreg* **I** *vt* **1. etw** ~ (*entzweischlagen*) to chop through sth; (*durchtreiben*) to knock sth through (*durch etw* sth); (*Cook*) to rub sth through a sieve, to sieve sth.

2. (*Elec*) *Sicherung* to blow.

II *vi* **1.** *aux sein* (*durchkommen*) (*durch etw* sth) to come through; (*fig: Charakter, Eigenschaft, Untugend*) to show through. **bei ihm schlägt der Vater durch** you can see his father in him. **2.** *aux sein* (*Loch verursachen*) to come/go through (*durch etw* sth). **3.** *aux haben* (*abführen*) to have a laxative effect. **grüne Äpfel schlagen (bei mir/ihm) durch** (*inf*) green apples run *or* go straight through me/him. **4.** *aux sein* (*Wirkung haben*) to catch on. **auf etw** (*acc*) ~ to make one's/its mark on sth; **auf jdn** ~ to rub off on sb. **5.** *aux sein* (*Sicherung*) to blow, to go. **6.** (*Tech*) (*Federung, Stoßdämpfer*) to seize up. **das Auto schlug durch** the suspension went.

III *vr* **1.** (*sich durchbringen*) to fight one's way through; (*im Leben*) to struggle through *or* along. **2.** (*ein Ziel erreichen*) to fight one's way through.

durchschlagen²* *vt insep irreg* to blast a hole in.

durchschlagend *adj Sieg, Erfolg* sweeping; *Maßnahmen* effective, decisive; *Argument, Beweis* decisive, conclusive; *Grund* compelling, cogent. **eine ~e Wirkung haben** to be totally effective.

Durchschlagpapier *nt* copy paper; (*Kohlepapier*) carbon paper.

Durchschlagskraft *f* (*von Geschoß*) penetration; (*fig*) (*von Argument*) decisiveness, conclusiveness; (*von Maßnahmen*) effectiveness; (*von Grund*) cogency; **durchschlagskräftig** *adj* (*fig*) *Argument, Beweis* decisive, conclusive; *Grund* compelling, cogent; *Maßnahme* effective, decisive.

durchschlängeln *vr sep* (*durch etw* sth) (*Fluß*) to wind (its way) through, to meander through; (*Mensch*) to thread one's way through; (*fig*) to manoeuvre one's way through.

durchschleichen *vir sep irreg* (*vi: aux sein*) to slip through (*durch etw* sth).

durchschleppen *sep* **I** *vt* to drag *or* haul through (*durch etw* sth); (*fig*) *jdn* to drag along; *Kollegen, Mitglied etc* to carry along. **II** *vr* (*lit: mühsam gehen*) to drag oneself along; (*fig*) to struggle through (*durch etw* sth).

durchschleusen *vt sep* **1. ein Schiff** ~ to pass a ship through a lock. **2.** (*fig*) (*durch etw* sth) (*durch schmale Stelle*) to guide *or* lead through; (*durchschmuggeln*) to smuggle *or* get through.

Durchschlupf *m* **-(e)s, Durchschlüpfe** way through.

durchschlüpfen *vi sep aux sein* to slip through, to creep through (*durch etw* sth). **er ist der Polizei durchgeschlüpft** he slipped through the fingers of the police.

durchschmecken *sep* **I** *vt* to taste. **man kann den Essig** ~ one can taste the vinegar through the other flavours. **II** *vi* to come through.

durchschmuggeln *vt sep* to smuggle through (*durch etw* sth).

durchschneiden¹ *vt sep irreg* to cut through, to cut in two. **etw in der Mitte** ~ to cut sth (down) through the middle.

durchschneiden²* *vt insep irreg* to cut through, to cut in two; (*Schiff*) *Wellen* to plough through; (*Straße, Weg*) to cut through; (*fig: Schrei*) to pierce. **Wasserwege** ~ **das Land** the country is crisscrossed by waterways.

Durchschnitt *m* **1.** (*Mittelwert, Mittelmaß*) average; (*in Statistik*) mean; (*Math*) average, (arithmetic) mean. **der** ~ (*normale Menschen*) the average person; **im** ~ on average; **im** ~ **100 km/h fahren/im** ~ **8 Stunden täglich arbeiten** to average 100 kmph/8 hours a day, to work on average 8 hours a day; **über/unter dem** ~ above/below average; ~ **sein** to be average; **guter** ~ **sein** to be a good average. **2.** (*form: Querschnitt*) (cross-)section.

durchschnittlich I *adj* average; *Wert auch* mean *attr*; (*mittelmäßig auch*) ordinary. **II** *adv* (*im Durchschnitt*) verdienen, schlafen, essen etc on (an) average. ~ **begabt/groß** etc of average ability/height etc; ~ **gut** good on average; **die Mannschaft hat sehr** ~ **gespielt** the team played a very average game; **er arbeitet** ~ **fünf Stunden pro Tag** he works on average five hours a day, he averages five hours a day.

Durchschnitts- *in cpds* average; **Durchschnitts|alter** *nt* average age; **Durchschnitts|ehe** *f* average *or* normal marriage; **Durchschnitts|einkommen** *nt* average income; **Durchschnittsgeschwindigkeit** *f* average speed; **Durchschnittsgesicht** *nt* ordinary *or* nondescript (*pej*) face; **Durchschnittsmensch** *m* average person; **Durchschnittsschüler** *m* average pupil; **Durchschnittstemperatur** *f* average *or* mean (*spec*) temperature; **Durchschnittswert** *m* average *or* mean (*Math*) value; **Durchschnittszeit** *f* average time.

durchschnüffeln *sep* **or durchschnüffeln*** *insep vt* (*pej inf*) *Post, Tasche* to nose through (*inf*); *Wohnung* to sniff *or* nose around in (*inf*).

durchschossen *adj* (*Typ*) *Buch* interleaved; *Satz* spaced.

Durchschreibeblock *m* duplicating pad.

durchschreiben *sep irreg* **I** *vt* to make a (carbon) copy of. **II** *vi* **1.** (*Kopie anfertigen*) to make a (carbon) copy. **2.** (*Kopie liefern*) to print through, to produce a copy.

Durchschreibepapier *nt* copy paper.

durchschreiten¹ *vi sep irreg aux sein* (*geh*) to stride through.

durchschreiten²* *vt insep irreg* (*geh*) to stride through.

Durchschrift *f* (carbon) copy.

Durchschuß *m* **1.** (*durchgehender Schuß*) shot passing right through. **2.** (*Loch*) bullet hole; (*Wunde*) gunshot wound *where the bullet has passed right through*. **ein** ~ **durch den Darm** a gunshot wound right through the intestine. **3.** (*Tex: Schußfaden*) weft. **4.** (*Typ: Zwischenraum*) space. **ohne** ~ unspaced, unleaded; **mit viel/wenig** ~ widely/lightly spaced.

durchschütteln *vt sep Mischung* to shake thoroughly; *jdn* (*zur Strafe*) to give a good shaking; (in Auto, Bus etc) to shake about.

durchschwärmen* vt insep (geh) Gebäude, Gelände to swarm through. **die Nacht** ~ to make a merry night of it.

durchschweben[1] vi sep aux sein (Wolken, Ballon) to float through.

durchschweben[2]* vt insep (poet) (Vogel) to glide through; (Wolken auch) to float through.

durchschweifen* vt insep (liter) to roam or wander through.

durchschweißen vt sep to through-weld.

durchschwimmen[1] vi sep irreg aux sein 1. (durch etw sth) to swim through; (Dinge) to float through. **unter/zwischen etw** (dat) ~ to swim/float under/between sth. 2. (ohne Pause schwimmen) to swim without stopping.

durchschwimmen[2]* vt insep irreg to swim through; Strecke to swim.

durchschwindeln vr sep to trick or cheat one's way through.

durchschwitzen sep or **durchschwitzen*** insep vt to soak with or in sweat; siehe **durchgeschwitzt**.

durchsegeln[1] vi sep aux sein 1. (Schiff) to sail through (durch etw sth). **unter/zwischen etw** (dat) ~ to sail under/between sth. 2. (inf: nicht bestehen) to fail, to flunk (inf) (durch etw, bei etw sth).

durchsegeln[2]* vt insep to sail across. **die Meere** ~ to sail (across) the seas.

durchsehen sep irreg I vi 1. (hindurch-schauen) to look through (durch etw sth). **ein Stoff, durch den man** ~ **kann** material one can see through. 2. (inf: verstehen, überblicken) to see what's going on, to see what's what (inf). II vt 1. (überprüfen) etw ~ to look or check sth through or over, to have a look through sth, to go or look or check through or over sth (auf +acc for); etw flüchtig ~ to glance or skim through sth. 2. (durch etw hindurch) to see through (durch etw sth).

durchseihen vt sep (Cook) to strain.

durchsein vi sep irreg aux sein (Zusammen-schreibung nur bei infin und ptp) (inf) 1. (hindurchgekommen sein) to be through (durch etw sth); (vorbeigekom-men sein) to have gone. 2. (fertig sein) to have finished, to be through (esp US). **durch etw** ~ to have got through sth, to have finished sth. 3. (durchgetrennt sein) to be through, to be in half; (durchgescheuert sein) to have worn or gone through. 4. (Gesetz, Antrag) to have gone or got through. 5. (eine Krankheit überstanden haben) to have pulled through; (eine Prüfung be-standen haben) to be through, to have got through. 6. (Cook) (Steak, Gemüse, Kuchen) to be done; (Käse) to be ripe.

durchsetzen[1] sep I vt Maßnahmen, Refor-men to put or carry through; Anspruch, Forderung to push through; Vorschlag, Plan to carry through; Ziel to achieve, to accomplish. **etw bei jdm** ~ to get sb to agree to sth; **seinen Willen (bei jdm)** ~ to

impose one's will (on sb), to get one's (own) way (with sb); **ich habe durch-gesetzt, daß der Laden offenbleibt** I have succeeded in getting the shop to stay open.

II vr 1. (Mensch) to assert oneself (bei jdm with sb); (Partei etc) to be successful, to win through. **sich gegen etw** ~ to win through against sth; **sich gegen jdn** ~ to assert oneself against sb, to have one's way despite sb; **sich mit etw** ~ to be suc-cessful with sth; **sich im Leben** ~ to make one's way in life, to be a success in life. 2. (Idee, Meinung, Neuheit) to be (generally) accepted, to gain acceptance, to catch on.

durchsetzen[2]* vt insep etw mit etw ~ to intersperse sth with sth; **ein Land mit Spionen** ~ to infiltrate spies into a country; **von etw durchsetzt sein** to be interspersed with sth.

Durchsetzung f siehe **durchsetzen**[1] I put-ting or carrying through; pushing through; carrying through; achievement, accomplishment.

Durchsicht f examination, inspection, check. **jdm etw zur** ~ **geben/vorlegen** to give sb sth to look through or over, to give sb sth to check (through) or to examine; **bei** ~ **der Bücher** on checking the books.

durchsichtig adj Material transparent; Bluse etc auch see-through; Wasser, Luft clear; (fig) transparent, obvious; Stil clear, lucid, transparent.

durchsickern vi sep aux sein (lit, fig) to trickle through, to seep through; (fig: trotz Geheimhaltung) to leak out or through. **Informationen** ~ **lassen** to leak information.

durchsieben[1] vt sep to sieve, to sift; (fig) Bewerber, Prüflinge to sift through.

durchsieben[2]* vt insep (inf) etw (mit etw) ~ to riddle sth with sth.

durchsitzen sep irreg I vt Sessel to wear out (the seat of). II vr (Sessel, Polster) to wear out.

durchsoffen adj attr (sl) drunken. **eine ~e Nacht** a night of drinking, a drunken night.

durchsonnt adj (poet) sunny, sun-drenched, sun-soaked.

durchspielen sep I vt Szene, Spiel, Stück to play through; Rolle to act through; (fig) to go through. II vi (zu Ende spielen) to play through. III vr (Sport) to get through.

durchsprechen sep irreg I vi to speak or talk through (durch etw sth). II vt 1. Prob-lem, Möglichkeiten, Taktik to talk over or through, to go over or through. 2. (Theat) Rolle to read through.

durchspülen vt sep to rinse or flush or wash (out) thoroughly; Mund, Wäsche to rinse (out) thoroughly.

durchstarten sep I vi (Aviat) to pull up (out of a landing), to overshoot; (Aut) to accelerate off again; (beim, vorm Anfahren) to rev up. II vt Flugzeug to pull up; Motor, Auto to rev (up).

durchstechen[1] sep irreg I vt Nadel etc to stick through (durch etw sth); Ohren to pierce; Deich etc to cut through; Kanal etc to build or put through (durch etw sth).

II *vi* to pierce; (*mit einer dünnen Nadel*) to prick.

durchstechen²* *vt insep irreg* to pierce; (*mit Degen, Spieß etc*) to run through; (*mit Nadel*) to prick.

durchstecken *vt sep* (*durch etw sth*) to put or stick (*inf*) through; *Nadel etc* to stick through.

durchstehen *sep or* **durchstehen*** *insep vt irreg Zeit, Prüfung, Situation* to get through; *Krankheit* to pull or come through, to get over; *Tempo, Test, Qualen* to (with)stand; *Abenteuer* to have.

Durchstehvermögen *nt* endurance, staying power.

durchsteigen *vi sep irreg aux sein* to climb through (*durch etw sth*); (*fig sl*) to get (*inf*), to see. **da steigt doch kein Mensch durch** (*fig sl*) you couldn't expect anyone to get that (*inf*).

durchstellen *vt sep* to put through; (*durchreichen auch*) to pass through. **einen Moment, ich stelle durch** one moment, I'll put you through.

Durchstich *m* (*Vorgang*) cut(ting); (*Öffnung*) cut.

Durchstieg *m* passage.

durchstöbern* *insep or* **durchstöbern** *sep vt* to hunt through (*nach* for), to rummage through (*nach* for); *Stadt, Gegend* to scour (*nach* for); (*durchwühlen*) to ransack (*nach* looking for, in search of).

Durchstoß *m* breakthrough.

durchstoßen¹* *vt insep irreg* to break through; (*Mil auch*) to penetrate.

durchstoßen² *sep irreg* I *vi aux sein* (*zu einem Ziel gelangen*) to break through (*esp Mil*).
II *vt* (*durchbrechen*) to break through; (*abnutzen*) *Schuhe, Ärmel* to wear through. **etw (durch etw)** ~ to push sth through (sth).
III *vr* (*Kragen, Manschetten, Schuhe*) to wear through.

durchstreichen *vt sep irreg* to cross out or through, to strike out, to delete.

durchstreifen* *vt insep* (*geh*) to roam or wander or rove through.

durchströmen¹ *vi sep aux sein* to flow or run through; (*fig: Menschenmenge*) to stream or pour through.

durchströmen²* *vt insep* (*lit, fig*) to flow or run through.

durchstrukturieren* *vt sep Aufsatz* to give a polished structure to; *Gesetzesvorlage* to work out in detail.

durchsuchen¹* *vt insep* (*nach* for) to search (through); *jdn* to search, to frisk; *Stadt, Gegend auch* to scour.

durchsuchen² *vt sep* to search (through).

Durchsuchung *f* search (*auf +dat* for).

Durchsuchungsbefehl *m* search warrant. **richterlicher** ~ official search warrant.

durchtanzen¹ *vi sep* to dance through. **die Nacht** ~ to dance all night.

durchtanzen²* *vt insep* to dance through. **eine durchtanzte Nacht** a night of dancing.

durchtrainieren* *vt sep Sportler, Mannschaft, Körper, Muskeln* to get fit. **(gut) durchtrainiert** *Sportler* completely or thoroughly fit; *Muskeln, Körper* in superb condition.

durchtränken* *vt insep* to soak or saturate (completely). **mit/von etw durchtränkt sein** (*fig geh*) to be imbued with sth.

durchtrennen *sep or* **durchtrennen*** *insep vt Stoff, Papier* to tear (through), to tear in two; (*schneiden*) to cut (through), to cut in two; *Nerv, Sehne* to sever; *Nabelschnur* to cut (through).

durchtreten *sep irreg* I *vt* 1. *Pedal* to step on; *Starter* to kick.
2. (*abnutzen*) *Teppich, Schuh, Sohle* to go or wear through.
3. (*durchkicken*) to kick through (*durch etw* sth).
II *vi* 1. (*Aut: Pedal* ~) to step on the accelerator/brake/ clutch.
2. (*Ftbl*) to kick out.
3. *aux sein* (*durchsickern, durchdringen*) to come through (*durch etw* sth).
III *vr* to wear through.

durchtrieben *adj* cunning, crafty, sly.

Durchtriebenheit *f, no pl* cunning, craftiness, slyness.

Durchtritt *m* (*das Durchtreten*) passage.

durchtropfen *vi sep aux sein* to drip through (*durch etw* sth).

durchwachen¹ *vi sep* to stay awake. **die Nacht** ~ to stay awake all night.

durchwachen²* *vt insep* **die Nacht** ~ to watch through the night.

durchwachsen¹ *vi sep irreg aux sein* to grow through (*durch etw* sth).

durchwachsen² *adj* 1. (*lit*) *Speck* streaky; *Fleisch, Schinken* with fat running through (it).
2. *pred* (*hum inf: mittelmäßig*) so-so (*inf*), like the curate's egg (*hum*), fair to middling. **ihm geht es** ~ he's having his ups and downs.

Durchwahl *f* (*Telec*) direct dialling.

durchwählen *vi sep* to dial direct. **nach London** ~ to dial London direct, to dial through to London (direct).

Durchwahlnummer *f* dialling code.

durchwalken *vt sep* (*inf*) *jdn* ~ to give sb a belting (*inf*) or hammering (*inf*), to belt sb (*inf*).

durchwandern¹ *vi sep aux sein* (*durch Gegend*) to hike through (*durch etw* sth). **den ganzen Tag** ~ to hike all day (long).

durchwandern²* *vt insep Gegend* to walk through; (*hum*) *Zimmer, Straßen etc* to wander through. **die halbe Welt** ~ to wander half way round the world.

durchwaschen *vt sep irreg* to wash through.

durchwaten¹ *vi sep aux sein* to wade through (*durch etw* sth).

durchwaten²* *vt insep* to wade through.

durchweben* *vt insep irreg* (*mit, von* with) to interweave; (*fig liter auch*) to intersperse.

durchweg, durchwegs (*Aus*) *adv* (*bei adj*) (*ausnahmslos*) without exception; (*in jeder Hinsicht*) in every way or respect; (*bei n*) without exception; (*bei vb*) (*völlig*) totally; (*ausnahmslos*) without exception.

durchwehen¹* *vt insep* (*geh*) to waft through.

durchwehen² *vti sep* to blow through. **(etw) durch etw** ~ to blow (sth) through sth.

durchweichen *sep* I *vi aux sein* (*sehr naß werden*) to get wet through, to get soaked or drenched; (*weich werden: Boden etc*) to go soggy. II *vt Kleidung, jdn* to soak, to drench; *Boden etc* to make soggy.

durchwetzen *vtr sep* to wear through.

durchwinden *vr sep irreg* (*Fluß*) to wind its way, to meander (*durch etw* through sth); (*Mensch*) to thread or worm one's way through (*durch etw* sth); (*fig*) to worm one's way through (*durch etw* sth). **sich zwischen etw** (*dat*) ~ to wind its way/to thread or worm one's way between sth.

durchwirken* *vt insep* (*geh*) *Gewebe* to interweave.

durchwitschen *vi sep aux sein* (*inf*) to slip through (*durch etw* sth).

durchwogen* *vt insep* (*fig geh*) to surge through.

durchwollen *vi sep* (*inf*) to want to go/come through (*durch etw* sth). **zwischen/unter etw** (*dat*) ~ to want to pass between/under sth.

durchwühlen¹ *sep* I *vt* to rummage through, to rummage about in (*nach* for); *Zimmer, Haus auch* to ransack (*nach* looking for, in search of). II *vr* (*durch etw* sth) to burrow through; (*fig*) to work one's way through, to plough through.

durchwühlen²* *vt insep* to rummage through, to rummage about in (*nach* for); *Zimmer auch* to ransack (*nach* looking for, in search of); *Boden* to dig up.

durchwurschteln, durchwursteln *vr sep* (*inf*) to muddle through.

durchzählen *sep* I *vt* to count through or up. II *vi* to count or number off.

durchzechen¹ *vi sep* to carry on drinking.

durchzechen²* *vt insep* **die Nacht** ~ to drink through the night, to carry on drinking all night; **eine durchzechte Nacht** a night of drinking.

durchzeichnen *vt sep siehe* **durchpausen**.

durchziehen¹ *sep irreg* I *vt* 1. (*durch etw hindurchziehen*) to pull or draw through (*durch etw* sth).

2. (*inf: erledigen*) to get through.

3. (*sl: rauchen*) *Joint* to smoke. **einen** ~ to have or smoke a joint (*sl*).

4. (*durchbauen*) (*durch etw* sth) *Graben* to dig through; *Mauer* to build through.

II *vi aux sein* 1. (*durchkommen*) (*durch etw* sth) to pass or go/come through; (*Truppe auch*) to march through; (*Schmerz*) to go through.

2. to soak. **etw in etw** (*dat*) ~ **lassen** to steep or soak sth in sth; (*in Marinade*) to marinate sth in sth.

III *vr* to run through (*durch etw* sth).

durchziehen²* *vt insep irreg* (*durchwandern*) to pass through, to go/come through; (*Straße, Fluß, fig: Thema*) to run through; (*Geruch*) to fill, to pervade; (*Graben*) to cut through. **sein Haar ist von grauen Fäden durchzogen** his hair is streaked with grey; **ein Feld mit Gräben** ~ to crisscross a field with ditches; **ein mit Goldfäden durchzogener Stoff** material with a gold thread running through it.

durchzucken* *vt insep* (*Blitz*) to flash across; (*fig: Gedanke*) to flash through.

Durchzug *m* 1. *no pl* (*Luftzug*) draught.

~ **machen** to create a draught; (*zur Lüftung*) to get the air moving. 2. (*durch ein Gebiet*) passage; (*von Truppen*) march through. **auf dem/beim** ~ **durch ein Land** while passing through a country.

Durchzugsrecht *nt* right of passage.

dürfen *pret* **durfte**, *ptp* **gedurft** or (*modal aux vb*) **dürfen** *vi* 1. (*Erlaubnis haben*) **etw tun** ~ to be allowed to do sth, to be permitted to do sth; **darf ich/man das tun?** may I/one do it?, am I/is one allowed to do it?; **darf ich?** — **ja, Sie** ~ may I? — yes, you may; **darf ich ins Kino?** may I go to the cinema?; **er hat nicht gedurft** he wasn't allowed to.

2. (*verneint*) **man darf etw nicht (tun)** (*sollte, muß nicht*) one must not or mustn't do sth; (*hat keine Erlaubnis*) one isn't allowed to do sth, one may not do sth; (*kann nicht*) one may not do sth; **hier darf man nicht rauchen/durchfahren** (*ist verboten*) smoking is prohibited here/ driving through here is prohibited, it is prohibited to smoke/drive through here; **diesen Zug darf ich nicht verpassen** I must not miss this train; **du darfst ihm das nicht übelnehmen** you must not take offence at him; **die Kinder** ~ **hier nicht spielen** the children aren't allowed to or may not play here; **das darf doch nicht wahr sein!** that can't be true!; **da darf er sich nicht wundern** that shouldn't surprise him.

3. (*in Höflichkeitsformeln*) **darf ich das tun?** may I do that?; **Ruhe, wenn ich bitten darf!** quiet, (if you) please; **darf ich Sie bitten, das zu tun?** may or could I ask you to do that?; **was darf es sein?** can I help you, what can I do for you?; (*vom Gastgeber gesagt*) what can I get you?, what'll you have?; **dürfte ich bitte Ihren Ausweis sehen?** may or might I see your identity card, please.

4. (*Veranlassung haben, können*) **wir freuen uns, Ihnen mitteilen zu** ~ we are pleased to be able to tell you; **ich darf wohl sagen, daß** ... I think I can say that ...; **man darf doch wohl fragen** one can or may ask, surely?; **Sie** ~ **mir das ruhig glauben** you can or may take my word for it.

5. (*im Konjunktiv*) **das dürfte** ... (*als Annahme*) that must ...; (*sollte*) that should or ought to ...; (*könnte*) that could ...; **das dürfte Emil sein** that must be Emil; **das dürfte wohl das Beste sein** that is probably the best thing; **das dürfte reichen** that should be enough, that ought to be enough.

dürftig *adj* 1. (*ärmlich*) wretched, miserable; *Essen auch* meagre; *Bekleidung* poor.

2. (*pej: unzureichend*) miserable, pathetic (*inf*); *Kenntnisse auch* sketchy, scanty; *Ausrede auch* feeble, lame; *Einkommen auch* paltry; *Ersatz* poor *attr*; (*spärlich*) *Haarwuchs, Pflanzenwuchs* sparse; *Bekleidung* scanty, skimpy. **ein paar** ~**e Tannen** a few scrawny fir trees.

Dürftigkeit *f* -, *no pl siehe adj* 1. wretchedness, miserableness; meagreness; poorness. 2. (*pej*) miserableness, patheticness; sketchiness, scantiness; feebleness, lameness; paltriness; poorness; sparseness; scantiness, skimpiness.

dürr adj 1. (trocken) dry; (ausgetrocknet) Boden arid, barren; Ast, Strauch dried up, withered. 2. (pej: mager) skinny, scrawny, scraggy. 3. (fig) mit ~en Worten in plain terms, plainly, bluntly; die ~en Jahre (Bibl, fig) the lean years.

Dürre f -, -n (Zeit der ~) drought.

Dürrejahr nt year of drought; **Dürrekatastrophe** f catastrophic or disastrous drought; **Dürreperiode** f (period of) drought; (fig) barren period.

Dürrheit f, no pl (Trockenheit) dryness; (von Boden auch) aridity, barrenness; (pej: Magerkeit) skinniness, scrawniness, scragginess.

Durst m -(e)s, no pl (lit, fig) thirst (nach for). ~ haben to be thirsty; ~ bekommen to get or become thirsty; den ~ löschen or stillen to quench one's thirst; das macht ~ that makes you thirsty, that gives you a thirst; einen or ein Glas über den ~ getrunken haben (inf) to have had one too many or one over the eight (inf).

dursten vi 1. (geh) to be thirsty, to thirst (liter). er mußte ~ he had to go thirsty. 2. (fig) siehe dürsten II.

dürsten I vt impers (liter) es dürstet mich, mich dürstet I thirst (liter); es dürstet ihn nach Rache he thirsts for revenge. II vi (fig) er dürstet nach Rache he is thirsty for revenge.

durstig adj thirsty. jdn ~ machen to make sb thirsty, to give sb a thirst; diese Arbeit macht ~ this is thirsty work (inf), this work makes you thirsty; nach etw ~ sein (fig geh) to be thirsty for sth, to thirst for sth (liter); sie ist eine ~e Seele (hum inf) she likes the bottle (hum).

Durstgefühl nt feeling of thirst; **durstlöschend, durststillend** adj thirst-quenching; **Durststrecke** f hard times pl; (Mangel an Inspiration) barren period; **Durststreik** m thirst strike.

Durton|art f major key; **Durtonleiter** f major scale.

Duschbad nt shower(-bath). ein ~ nehmen to have or take a shower(-bath).

Dusche f -, -n shower. unter der ~ sein or stehen to be in the shower, to be taking a shower; eine ~ nehmen to have or take a shower; das war eine kalte ~ (fig) that really brought him/her etc down with a bump.

duschen I vir to have or take a shower, to shower. (sich) kalt ~ to have or take a cold shower. II vt jdn ~ to give sb a shower; jdm/sich den Kopf/Rücken ~ to spray sb's/one's head/back.

Duschkabine f shower (cubicle); **Duschraum** m shower room, showers pl; **Duschvorhang** m shower curtain.

Düse f -, -n nozzle; (Mech auch) jet; (von Flugzeug) jet.

Dusel m -s, no pl 1. (inf) (Glück) luck. ~ haben to be lucky; so ein ~! that was lucky!, that was a piece of luck! 2. (dial) (Trancezustand) daze, dream; (durch Alkohol) fuddle.

dus(e)lig adj (schlaftrunken) drowsy; (benommen) dizzy, giddy; (dial durch

Alkohol) (be)fuddled.

duseln vi (inf) to doze.

Düsen|antrieb m jet propulsion; mit ~ jet-propelled, with jet propulsion; **Düsenbomber** m jet bomber; **Düsenflugzeug** nt jet aircraft or plane, jet; **düsengetrieben** adj jet-propelled, jet-powered; **Düsenjäger** m 1. (Mil) jet fighter; 2. (inf) siehe Düsenflugzeug **Düsenmaschine** f jet (aircraft or plane); **Düsentriebwerk** nt jet power-unit.

Dussel m -s, - (inf) twit (Brit inf), twerp (inf), dope (inf).

Dusselei f (inf) stupidity.

dusselig, dußlig adj (inf) stupid.

Dusseligkeit, Dußligkeit f (inf) stupidity.

düster adj gloomy; Nacht auch murky; Tag, Wetter auch dismal, murky; Musik auch funereal, lugubrious; Farbe, Gesicht auch sombre, dismal; Bild, Gedanken, sombre, dismal, dark; Miene, Stimmung auch dark, black; (unheimlich) Gestalten, Stadtteil sinister, (dark and) forbidding.

Düsterheit, Düsterkeit f gloominess; (Dunkelheit) gloom, dark(ness).

Dutt m -(e)s, -s or -e (dial) bun.

Dutzend nt -s, -e dozen. ein halbes ~ half-a-dozen, a half-dozen; zwei/drei ~ two/three dozen; ein ~ frische or frischer (geh) Eier kostet or kosten ... a dozen fresh eggs cost(s) ...; das ~ kostet 4 Mark they cost 4 marks a dozen; ~e pl (inf) dozens pl; sie kamen in or zu ~en they came in (their) dozens; im ~ billiger (inf) (bei größerer Menge) the more you buy, the more you save; siehe zwölf.

dutzend(e)mal adv (inf) dozens of times.

dutzendfach I adj dozens of; II adv in dozens of ways; **Dutzendgesicht** nt (pej) nondescript or ordinary or run-of-the-mill face; **Dutzendpreis** m price per dozen; **Dutzendware** f (pej) (cheap) mass-produced item; **dutzendweise** adv in dozens, by the dozen.

duzen vt to address with the familiar "du"-form. wir ~ uns we use "du" or the "du"-form (to each other).

Duzfreund m good friend; alte ~e old friends; **Duzfuß** m: mit jdm auf dem ~ stehen (inf) to be on familiar terms with sb.

DV [de:'fau] f abbr of **Datenverarbeitung** DP.

dwars adv (N Ger Naut) abeam.

Dynamik f, no pl 1. (Phys) dynamics sing. 2. (fig) dynamism.

dynamisch adj 1. dynamic. ~e Gesetze laws of dynamics. 2. (fig) dynamic; Renten ≈ index-linked.

dynamisieren vt (geh) Politik to make dynamic; (vorantreiben) Prozeß, Reform to speed up; Renten ≈ to index-link.

Dynamisierung f (geh) (von Reform etc) speeding up; (von Renten) ≈ index-linking.

Dynamit nt -s, no pl (lit, fig) dynamite.

Dynamo(maschine f) m -s, -s dynamo; (fig) powerhouse.

Dynast m -en, -en dynast.

Dynastie f dynasty.

dynastisch adj dynastic.

Dysprosium *nt, no pl* (*abbr* **Dy**) dysprosium.

D-Zug ['deːtsuːk] *m* fast train; (*hält nur in großen Städten*) non-stop *or* through train. **ein alter Mann/eine alte Frau ist doch kein ~** (*inf*) I am going as fast as I can, I can't go any faster.

D-Zug-Tempo ['deː-] *nt* (*inf*) fantastic speed (*inf*); **im ~** like greased lightning (*inf*), in double-quick time (*inf*); **D-Zug-Zuschlag** *m* express travel supplement, supplement payable on fast trains.

E

E, e [e:] *nt* -, - E, e.
Eau de Cologne ['o: də ko'lɔnjə] *nt* - - -, *no pl* eau de Cologne.
Ebbe *f* -, **-n 1.** (*ablaufendes Wasser*) ebb tide; (*Niedrigwasser*) low tide. ~ **und Flut** the tides, ebb and flow; **bei ~auslaufen** to go out on the (ebb) tide; (*bei Niedrigwasser*) to go out at low tide; **mit der** ~ on *or* with the ebb tide; **es ist** ~ the tide is going out; (*es ist Niedrigwasser*) it's low tide, the tide is out.
2. (*fig*) **bei mir** *or* **in meinem Geldbeutel ist** *or* **herrscht** ~ I'm a bit hard up (*inf*) *or* my finances are at a pretty low ebb at the moment.
eben I *adj* (*glatt*) smooth; (*gleichmäßig*) even; (*gleich hoch*) level; (*flach*) flat; (*Math*) plane. **zu ~er Erde** at ground level; **auf ~er Strecke** on the flat.
II *adv* **1.** (*zeitlich: so~*) just; (*schnell, kurz*) for a minute *or* second. **das wollte ich** ~ **sagen** I was just about to say that; **mein Bleistift war doch** ~ **noch da** my pencil was there (just) a minute ago; **kommst du** ~ **mal mit?** will you come with me for a minute *or* second?
2. (*gerade* or *genau das*) exactly, precisely. **(na)** ~! exactly!, quite!, precisely!; **das ist es ja** ~! that's just *or* precisely it!; **das** ~ **nicht!** no, not that!; ~ **das wollte ich sagen** that's just *or* exactly what I wanted to say; **nicht** ~ **angenehm** *etc* not exactly pleasant *etc*.
3. (*gerade noch*) just. **das reicht so** *or* **nur** ~ **aus** it's only just enough; **wir haben den Zug** ~ **noch erreicht** we just caught the train.
4. (*nun einmal, einfach*) just, simply. **das ist** ~ **so** that's just the way it is *or* things are; **dann bleibst du** ~ **zu Hause** then you'll just have to stay at home; *siehe* **dann.**
Ebenbild *nt* image. **dein** ~ the image of you; **das genaue** ~ **seines Vaters** the spitting image of his father.
ebenbürtig *adj* **1.** (*Hist: gleichrangig*) of equal birth.
2. (*gleichwertig*) equal; *Gegner* evenly matched. **jdm an Kraft/Ausdauer** ~ **sein** to be sb's equal in strength/endurance; **sie war ihm an Kenntnissen** ~ her knowledge equalled his *or* was equal to his; **wir sind einander** ~ we are equal(s).
Ebenbürtigkeit *f* **1.** (*Hist*) equality of birth.
2. (*Gleichwertigkeit*) equality. **die** ~ **dieser beiden Gegner wurde deutlich** it became clear that the two opponents were evenly matched.
ebenda *adv* **1.** (*gerade dort*) ~ **will auch ich hin** that is exactly where I am bound too;
2. (*in Büchern*) ibid, ibidem; **ebendahin** *adv* ~ **zieht es auch mich hin** that is exactly where *or* whither (*old*) I am bound too; **ebendarum** *adv* that is why, for that

reason; **ebender, ebendie, ebendas** *pron* he; she; it; **ebendeshalb, ebendeswegen** *adv* that is exactly why; **ebendiese(r, s) I** *pron* (*liter*) he; she; it; **und** ~**r wurde später ermordet** and this same man was later murdered; **II** *adj* this very *or* same; **und** ~**n Mann hat sie geheiratet** and this was the very man she married; **ebendort** *adv* (*old*) at that very place.
Ebene *f* -, **-n** (*Tief~*) plain; (*Hoch~*) plateau; (*Math, Phys*) plane; (*fig*) level. **auf höchster/der gleichen** ~ (*fig*) at the highest/the same level.
ebenlerdig *adj* at ground level; **ebenfalls** *adv* as well, likewise; (*bei Verneinungen*) either; **er hat** ~ **nichts davon gewußt** he knew nothing about it either; **danke,** ~! thank you, the same to you!
Ebenholz *nt* ebony.
ebenjene(r, s) (*liter*) **I** *pron* he; she; it; ~**r wurde später Präsident** this same man later became president; **II** *adj* that very *or* same; **Ebenmaß** *nt* (*von Gestalt, Gesichtszügen*) elegant proportions *pl*; (*von Zähnen*) evenness; (*von Versen*) even flow; **ebenmäßig** *adj siehe* **Ebenmaß** elegantly proportioned; even; evenly flowing; ~ **geformt** elegantly proportioned.
ebenso *adv* (*genauso*) just as; (*auch, ebenfalls*) as well. **das kann doch** ~ **eine Frau machen** a woman can do that just as well; **die Geschäfte sind geschlossen,** ~ **alle Kinos** the shops are closed, as are all the cinemas; **er freute sich** ~ **wie ich** he was just as pleased as I was; **er hat ein** ~ **großes Zimmer wie wir** he has just as big a room as we have.
ebensogern *adv* **ich mag sie** ~ I like her just as much *or* equally well; **ich komme** ~ **morgen** I'd just as soon come tomorrow; **ebensogut** *adv* (just) as well; **ebenso lang(e)** *adv* just as long.
ebensolche(r,s) *adj* (exactly) the same.
ebensoloft *adv* just as often *or* frequently; **ebensosehr** *adv* just as much; **ebensoviel** *adv* just as much; **ebensowenig** *adv* just as little.
Eber *m* **-s,** - boar.
Eberlesche *f* rowan, mountain ash.
ebnen *vt* to level (off), to make level. **jdm/einer Sache den Weg** ~ (*fig*) to smooth the way for sb/sth.
echauffieren* [eʃɔ'fiːrən] *vr* (*dated*) to get into a taking (*dated*), to get het-up.
Echo *nt* **-s, -s** echo; (*fig*) response (*auf* + *acc* to). **er war nur das** ~ **seines Chefs** (*fig*) was only an echo of his boss; **ein starkes** *or* **lebhaftes** ~ **finden** (*fig*) to meet with a lively *or* positive response (*bei* from).
Echolot *nt* (*Naut*) echo-sounder, sonar; (*Aviat*) sonic altimeter.
Echse ['ɛksə] *f* -, **-n** (*Zool*) lizard.
echt I *adj, adv* **1.** real, genuine; *Gefühle auch* sincere; *Haar, Perlen, Gold* real;

Unterschrift, Geldschein, Gemälde genuine; *Haarfarbe* natural. **der Geldschein war nicht** ~ the note was a forgery *or* was forged; **der Ring ist** ~ **golden** the ring is real gold.

2. (*typisch*) typical. **ein** ~**er Bayer** a real *or* typical Bavarian; ~ **englisch** typically English; ~ **Shakespeare** typical of Shakespeare, typically Shakespearean; ~ **Franz/Frau** typical of *or* just like Franz/a woman, Franz/a woman all over (*inf*). **3.** *Farbe* fast.

4. (*Math*) ~**er Bruch** proper fraction. **II** *adv* (*inf*) really. **der spinnt doch** ~ he must be cracked (*inf*).

echtgolden *adj attr* real gold.

Echtheit *f* genuineness; (*von Unterschrift, Dokument auch*) authenticity; (*von Gefühlen etc*) sincerity; (*von Haarfarbe*) naturalness; (*von Farbe*) fastness.

echtsilbern *adj attr* real silver.

Eck *nt* -**(e)s, -e 1.** (*esp Aus, S Ger*) *siehe* **Ecke.**

2. (*Sport*) **das kurze/lange** ~ the near/far corner of the goal.

3. über ~ diagonally across *or* opposite; **die Schrauben über** ~ **anziehen** to tighten the nuts working diagonally across.

Eckart *m* -**s der getreue** ~ (*liter*) the faithful Eckart *mythical figure in medieval German literature*; (*fig*) the old faithful.

Eck- *in cpds* corner; **Eckball** *m* (*Sport*) corner; **einen** ~ **schießen/geben** to take/give a corner; **Eckbank** *f* corner seat.

Ecke *f* -, -**n 1.** corner; (*Kante*) edge; (*von Kragen*) point; (*Sport: Eckball*) corner. **Kantstraße** ~ **Goethestraße** at the corner of Kantstraße and Goethestraße; **ein Laden an der** ~ a corner shop; **er wohnt gleich um die** ~ he lives just round the corner; **ein Kind in die** ~ **stellen** to make a child stand in the corner; **jdn in die** ~ **drängen** (*fig*) to push sb into the background; **an allen** ~**n und Enden sparen** to pinch and scrape (*inf*); **jdn um die** ~ **bringen** (*inf*) to bump sb off (*inf*), to do away with sb (*inf*); **mit jdm um ein paar** ~**n herum verwandt sein** (*inf*) to be distantly related to sb, to be sb's second cousin twice removed (*hum inf*); **die neutrale** ~ (*Boxen*) the neutral corner.

2. (*Käse*~) wedge.

3. (*inf*) (*Gegend*) corner, area; (*von Stadt auch*) quarter; (*Strecke*) way. **eine ganze** ~ **entfernt** quite a (long) way away, a fair way away; **aus welcher** ~ **kommst du?** what part of the world are you from?

Eckensteher *m* (*inf*) loafer (*inf*).

Ecker *f* -, -**n** (*Bot*) beechnut.

Eckfahne *f* (*Sport*) corner flag; **Eckfenster** *nt* corner window; **Eckhaus** *nt* house at *or* on the corner; (*Reihen*~) end house.

eckig *adj* angular; *Tisch, Brot, Klammer* square; (*spitz*) sharp; (*fig*) *Bewegung, Gang* jerky.

Eckkneipe *f* (*inf*) pub on the corner (*Brit*); **Ecklohn** *m* basic wage; **Eckpfeiler** *m* corner pillar; (*fig*) cornerstone; **Eckpfosten** *m* corner post; **Eckplatz** *m* (*in Zug etc*) corner seat; (*in Theater etc*) end seat, seat at the end of a row; **Eckschrank** *m* corner cupboard; **Eckstein** *m* **1.** (*lit, fig*) corner-

stone; **2.** (*Cards*) diamonds *pl*; **Eckstoß** *m siehe* **Eckball**; **Eckwurf** *m* (*Handball*) corner (throw); **Eckzahn** *m* canine tooth.

Eclair [eˈklɛ:ɐ] *nt* -**s, -s** (*Cook*) eclair.

Ecuador [ekuaˈdoːɐ] *nt* -**s** Ecuador.

ecuadorianisch *adj* Ecuadorian.

Edamer (Käse) *m* -**s, -** Edam (cheese).

Edda *f* -, **Edden** (*Liter*) Edda.

edel *adj* **1.** (*attr: vornehm, adlig*) noble. **2.** (*hochwertig*) precious; *Hölzer auch, Rosen* fine; *Wein* noble, fine; *Pferd* thoroughbred. **3.** (~ *geformt, harmonisch*) noble; *Nase* regal, aristocratic. **4.** (*fig*) *Gesinnung, Mensch, Tat* noble; (*großherzig auch*) generous. **er denkt** ~ he has noble thoughts; *siehe* **Spender(in).**

Edelfäule *f* (*bei Weintrauben*) noble rot; (*bei Käse*) (veins *pl* of) mould; **Edelfrau** *f* (*Hist*) noblewoman; **Edelfräulein** *nt* (*Hist*) unmarried noblewoman; **Edelgas** *nt* rare gas; **Edelholz** *nt* precious wood.

Edeling *m* (*Hist*) (Germanic) nobleman.

Edelkastanie *f* sweet *or* Spanish chestnut; **Edelkitsch** *m* (*iro*) pretentious rubbish *or* kitsch; **Edelmann** *m, pl* -**leute** (*Hist*) noble(man); **Edelmetall** *nt* precious metal; **Edelmut** *m* (*liter*) magnanimity; **edelmütig** *adj* (*liter*) magnanimous; **Edelpilzkäse** *m* blue (vein) cheese, mould-ripened cheese (*spec*); **Edelreis** *nt* scion; **Edelrost** *m* patina; **Edelschnulze** *f* (*iro*) sentimental ballad; **Edelstahl** *m* high-grade steel; **Edelstein** *m* precious stone; (*geschliffener auch*) jewel, gem; **Edeltanne** *f* noble fir; **Edelweiß** *nt* -**(es), -e** edelweiss.

Eden *nt* -**s,** *no pl* Eden. **der Garten** ~ (*Bibl*) the Garden of Eden.

edieren* *vt* to edit.

Edikt *nt* -**(e)s, -e** (*Hist*) edict.

Edition *f* (*das Herausgeben*) editing; (*die Ausgabe*) edition.

Editor(in *f*) [-ˈtoːrɪn] *m* editor.

editorisch *adj* editorial.

Edle(r) *mf decl as adj* **1.** *siehe* **Edelfrau, Edelmann. 2.** (*in Namen*) **Ulf** ~**r von Trautenau** Lord Ulf von Trautenau; **Johanna** ~ **von Fürstenberg** Lady Johanna von Fürstenberg.

Eduard *m* -**s** Edward.

EDV [eːdeːˈfau] *f* - *abbr of* **elektronische Datenverarbeitung** EDP. ~-**Fachmann/-Lehrgang** specialist/training in data processing.

EEG [eːeːˈgeː] *nt* -**s, -s** *abbr of* **Elektroenzephalogramm** EEG.

Efeu *m* -**s,** *no pl* ivy. **mit** ~ **bewachsen** covered in ivy, ivy-clad (*liter*), ivy-covered.

Effeff *nt* -, *no pl* (*inf*) **etw aus dem** ~ **können** to be able to do sth standing on one's head (*inf*), *or* just like that (*inf*); **etw aus dem** ~ **beherrschen/kennen** to know sth inside out.

Effekt *m* -**(e)s, -e** effect. **der** ~ **war gleich Null** it had absolutely nil effect *or* no effect whatsoever.

Effektbeleuchtung *f* special lighting; (*Theat*) special effect lighting.

Effekten *pl* (*Fin*) stocks and bonds *pl*.

Effektenbörse *f* stock exchange; **Effektenhandel** *m* stock dealing;

Effektenmarkt *m* stock market.
Effekthascherei *f* (*inf*) cheap showmanship.
effektiv *adj* effective. **~e Verzinsung** *or* **Rendite** net yield; **~nicht/kein** absolutely not/no.
Effektivität *f* effectiveness.
Effektivlohn *m* actual wage.
effektvoll *adj* effective.
effeminiert *adj* (*geh*) effeminate.
Effet [ε'fe:] *m or nt* **-s, -s** (*Billard*) side. **den Ball mit ~ schießen** to put side on a ball.
effizient *adj* efficient.
Effizienz *f* efficiency.
EG [e:'ge:] *f* - *abbr of* **Europäische Gemeinschaft** EC.
egal I *adj, adv* **1.** pred (*gleichgültig*) **das ist ~** that doesn't matter, that doesn't make any difference; **das ist mir ganz ~** it's all the same to me; (*beides ist mir gleich*) I don't mind (either way), it doesn't make any difference to me; (*es kümmert mich nicht*) I don't care, I couldn't care less; **ob du willst oder nicht, das ist mir ganz ~** I don't care whether you want to or not; **~ ob/wo/wie** it doesn't matter whether/where/how, no matter whether/where/how; **ihm ist alles ~** he doesn't care about anything.
2. (*inf*) (*gleichartig*) the same, identical; (*gleich groß*) the same size; (*gleichmäßig*) *Rocksaum* even.
II *adv* (*dial inf: ständig*) non-stop.
egalisieren* *vt* (*Sport*) *Rekord* to equal. **er egalisierte den Vorsprung des Gegners** he levelled with his opponent.
egalitär *adj* (*geh*) egalitarian.
Egalität *f* (*liter*) equality.
Egel *m* **-s, -** (*Zool*) leech.
Egge *f* **-, -n 1.** (*Agr*) harrow. **2.** (*Tex*) selvedge.
eggen *vt* (*Agr*) to harrow.
Ego *nt* **-s, -s** (*Psych*) ego.
Egoismus *m* ego(t)ism.
Egoist(in *f*) *m* ego(t)ist.
egoistisch *adj* ego(t)istical.
Egozentriker(in *f*) *m* **-s, -** egocentric; **egozentrisch** *adj* egocentric.
e.h. *abbr of* **ehrenhalber.**
eh I *interj* hey.
II *conj siehe* **ehe.**
III *adv* **1.** (*früher, damals*) **seit ~ und je** for ages, since the year dot (*inf*); **wie ~ und je** just as *or* like before; **es war alles wie ~ und je** everything was just as it always had been.
2. (*esp S Ger, Aus: sowieso*) anyway. **ich komme ~ nicht dazu** I won't get round to it anyway.
ehe *conj* (*bevor*) before, ere (*old, liter*). **~ ich es vergesse ...** before I forget ...; **wir können nichts tun, ~ wir (nicht) Nachricht haben** we can't do anything until *or* before we get some news.
Ehe *f* **-, -n** marriage. **er versprach ihr die ~** he promised to marry her; **in den Stand der ~ treten** (*form*), **die ~ eingehen** (*form*) to enter into matrimony (*form*) or the estate of matrimony (*form*); **mit jdm die ~ eingehen** *or* **schließen** (*form*) to marry sb, to enter into marriage with sb (*form*); **die ~ vollziehen** to consummate a/their/the

marriage; **eine glückliche/unglückliche ~ führen** to have a happy/an unhappy marriage; **die ~ brechen** (*form*) to commit adultery; **~ zur linken Hand, morganatische ~** (*Hist*) morganatic *or* left-handed marriage; **sie hat drei Kinder aus erster ~** she has three children from her first marriage; **er ist in zweiter ~ mit einer Adligen verheiratet** his second wife is an aristocrat; **ihre ~ ist 1975 geschieden worden** they were divorced in 1975; **sie leben in wilder ~** (*dated*) they are living in sin.
ehe|ähnlich *adj* (*form*) similar to marriage; **in einer ~en Gemeinschaft leben** to cohabit (*form*), to live together as man and wife; **Ehe|anbahnung** *f* marriage-broking; (*Institut*) marriage bureau; **Ehe|anbahnungs|institut** *nt* marriage bureau; **Eheberater(in** *f*) *m* marriage guidance counsellor; **Eheberatung** *f* (*das Beraten*) marriage guidance (counselling); (*Stelle*) marriage guidance council; **Ehebett** *nt* double bed; (*fig*) marital bed; **ehebrechen** *vi* (*infin only*) to commit adultery; **Ehebrecher** *m* **-s, -** adulterer; **Ehebrecherin** *f* adulteress; **ehebrecherisch** *adj* adulterous; **Ehebruch** *m* adultery.
ehedem *adv* (*old*) formerly. **seit ~** since time immemorial.
Ehefrau *f* wife; **Ehegatte** *m* (*form*) husband, spouse (*form*); **Ehegattin** *f* (*form*) wife, spouse (*form*); **Ehegemeinschaft** *f* (*form*) wedlock (*form*), matrimony; **Eheglück** *nt* married bliss *or* happiness; **Ehehafen** *m* (*hum*): **in den ~ einlaufen** to plight one's troth (*old, hum*); **Ehehälfte** *f* (*hum inf*) **meine bessere ~** my better half (*inf*); **Ehehindernis** *nt* (*Jur*) impediment to marriage; **Ehekrach** *m* marital row; **Ehekrise** *f* marital crisis; **Eheleben** *nt* married life; **Eheleute** *pl* (*form*) married couple; **die jungen ~** the young couple.
ehelich *adj* marital; *Pflichten, Rechte auch* conjugal; *Kind* legitimate. **für ~ erklären** to (declare *or* make) legitimate; **das ~e Leben** married life.
ehelichen *vt* (*old, hum*) to wed (*old*).
Ehelichkeit *f*, *no pl* (*von Kind*) legitimacy.
Ehelichkeits|erklärung *f* (*Jur*) declaration of legitimacy.
ehelos *adj* unmarried, single.
Ehelosigkeit *f*, *no pl* unmarried state; (*Rel*) celibacy.
ehemalig *adj attr* former. **die E~en seiner/ einer Schulklasse** his former classmates/ the ex-pupils *or* former pupils of a class; **ein ~er Häftling** an ex-convict; **ein E~r** (*inf*) an old lag (*Brit sl*), an ex-con (*inf*); **mein E~er/meine E~e** (*hum inf*) my ex (*inf*).
ehemals *adv* (*form*) formerly, previously.
Ehemann *m, pl* **-männer** married man; (*Partner*) husband; **seitdem er ~ ist** since he has been married; **ehemündig** *adj* (*Jur*) of marriageable age; **Ehemündigkeit** *f*, *no pl* (*Jur*) marriageable age; **Ehepaar** *nt* (married) couple; **Ehepartner** *m* husband; wife; **beide ~** both partners (in the marriage).
eher *adv* **1.** (*früher*) earlier, sooner. **je ~, je** *or* **desto lieber** the sooner the better; **nicht**

~ als bis/als not until/before.

2. (*lieber*) rather, sooner; (*wahrscheinlicher*) more likely; (*leichter*) more easily. ~ **verzichte ich** *or* **will ich verzichten, als daß ...** I would rather *or* sooner do without than ...; **um so ~, als** the more so *or* all the more because *or* as; **das läßt sich schon ~ hören** that sounds more like it (*inf*) *or* better; **das könnte man schon ~ sagen** that is more likely *or* probable.

3. (*vielmehr*) more. **er ist ~ faul als dumm** he's more lazy than stupid, he's lazy rather than stupid.

Eherecht *nt* marriage law; **Ehering** *m* wedding ring.

ehern *adj* (*liter*) (*lit*) made of ore; (*fig*) iron. **mit ~er Stirn** boldly; (*tollkühn auch*) brazenly.

Ehesache *f* (*Jur*) matrimonial matter; **Ehesakrament** *nt* marriage sacrament, sacrament of marriage; **Ehescheidung** *f* divorce; **Ehescheidungsklage** *f* (*Prozeß*) divorce case; **Eheschließung** *f* marriage ceremony, wedding.

ehest *adv* (*Aus*) as soon as possible.

Ehestand *m, no pl* matrimony, marriage; **Ehestandsdarlehen** *nt* low interest *bank loan given to newly married couples.*

ehestens *adv* **1.** (*frühestens*) ~ **morgen** tomorrow at the earliest.

2. (*Aus: baldigst*) as soon as possible, at the earliest opportunity.

eheste(r, s) **I** *adj* **bei ~r Gelegenheit** at the earliest opportunity.

II *adv* **am ~n** (*am liebsten*) best of all; (*am wahrscheinlichsten*) most likely; (*am leichtesten*) the easiest; (*zuerst*) first; **am ~n würde ich mir ein Auto kaufen** what I'd like best (of all) would be to buy myself a car; **das geht wohl am ~n** that's probably the best way; **er ist am ~n gekommen** he was the first (person) to come.

Ehestifter *m* matchmaker; **Ehestreit** *m* marital row *or* argument; **Ehetragödie** *f* marital tragedy; **Ehevermittlung** *f* marriage-broking; (*Büro*) marriage bureau; **Eheversprechen** *nt* (*Jur*) promise to marry; **Ehevertrag** *m* marriage contract; **Eheweib** *nt* (*old: Ehefrau*) wife; (*hum inf*) old woman (*inf*); **er nahm sie zum ~** (*obs*) he took her to wife (*old*) *or* as his lawful wedded wife (*form*); **ehewidrig** *adj* (*form*) *Beziehungen* extramarital, adulterous; *Verhalten* constituting a matrimonial offence.

Ehr|abschneider(in *f*) *m* **-s, -** calumniator (*form*).

ehrbar *adj* (*achtenswert*) respectable; (*ehrenhaft*) honourable; *Beruf auch* reputable.

Ehrbarkeit *f, no pl siehe adj* respectability; honourableness; reputability.

Ehrbegriff *m* sense of honour.

Ehre *f* **-, -n** honour; (*Ruhm*) glory. **etw in ~n halten** to treasure *or* cherish sth; **damit/mit ihm können Sie ~ einlegen** that/he does you credit *or* is a credit to you; **er wollte mit dieser Rede ~ einlegen** he was wanting to gain kudos with this speech; **bei jdm mit etw ~ einlegen** to make a good impression on sb with sth; **jdm ~/wenig ~**

machen to do sb credit/not do sb any credit; **auf ~!, bei meiner ~!** (*obs*) by my troth! (*obs*), 'pon my oath! (*obs*); **auf ~ und Gewissen** on my/his *etc* honour; **zu seiner ~ muß ich sagen, daß ...** in his favour I must say (that) ...; **etw um der ~ willen tun** to do sth for the honour of it; **ein Mann von ~** a man of honour; **keine ~ im Leib haben** (*dated*) to have not a shred of self-respect; **er ist in ~n ergraut** (*geh*) *or* **in ~n alt geworden** he has had a long and honourable life; **sein Wort/seine Kenntnisse in allen ~n, aber ...** I don't doubt his word/his knowledge, but ...; **sich** (*dat*) **etw zur ~ anrechnen** to count sth an honour; **sich** (*dat*) **es zur ~ anrechnen, daß ...** to feel honoured that ..., to count it an honour that ...; **das rechne ich ihm zur ~ an** I consider that a point in his honour *or* favour; **mit wem habe ich die ~?** (*iro, form*) with whom do I have the pleasure of speaking? (*form*); **was verschafft mir die ~?** (*iro, form*) to what do I owe the honour (of your visit)?; **es ist mir eine besondere ~, ...** (*form*) it is a great honour for me ...; **um der Wahrheit die ~ zu geben ...** (*geh*) to be perfectly honest ..., to tell you the truth ...; **wir geben uns die ..., Sie zu ... einzuladen** (*form*) we request the honour of your company at ... (*form*); **zu ~n** (+*gen*) in honour of; **habe die ~!** (*Aus, S Ger*) hullo; goodbye; **~, wem ~ gebührt** (*prov*) honour where honour is due (*prov*).

ehren *vt* (*Achtung erweisen, würdigen*) to honour. **etw ehrt jdn** sth does sb credit *or* honour; **dein Besuch/Ihr Vertrauen ehrt mich** I am honoured by your visit/trust; **der Präsident ehrte den Preisträger in einer Rede** the president made a speech in honour of the prizewinner; **der Preisträger wurde in einer Rede geehrt** a speech was made *or* there was a speech in honour of the prizewinner; **jdm ein ~des Andenken bewahren** to treasure sb's memory; **du sollst Vater und Mutter ~** (*Bibl*) honour thy father and thy mother; **siehe geehrt.**

Ehren|amt *nt* honorary office *or* post; **ehren|amtlich** **I** *adj* honorary; **~er Richter** ≃ member of the jury; **II** *adv* in an honorary capacity; **Ehrenbezeigung** *f* (*Mil*) salute; **jdm die ~ erweisen** to salute sb, to give sb a salute.

Ehrenbürger *m* freeman. **er wurde zum ~ der Stadt ernannt** he was given the freedom of the city/town.

Ehrenbürgerrecht *nt* freedom. **die Stadt verlieh ihm das ~** he was given the freedom of the city/town.

Ehrendoktor *m* honorary doctor; **Ehrendoktorwürde** *f* honorary doctorate; **ihm wurde die ~ der Universität Wien verliehen** he was made an honorary doctor of *or* given an honorary doctorate by the University of Vienna; **Ehren|erklärung** *f* (*von Beleidiger*) (formal) apology; (*von dritter Seite*) statement in defence (*of sb's honour*); **Ehrengarde** *f* guard of honour; **Ehrengast** *m* guest of honour; **Ehrengeleit** *nt* guard of honour; **Ehrengericht** *nt* tribunal; **ehrenhaft** *adj* honourable;

Ehrenhaftigkeit f honourableness; **ehrenhalber** adv er wurde ~ zum Vorsitzenden auf Lebenszeit ernannt he was made honorary president for life; **Doktor ~** (abbr e.h.) Doctor honoris causa (form), honorary doctor; **Ehrenhandel** m, pl -händel (old) eine Form des ~s war das Duell the duel was one way of settling an affair of honour; **Ehrenkodex** m code of honour; **Ehrenkompanie** f (Mil) guard of honour; **Ehrenkränkung** f insult, affront; **Ehrenkranz** m (old) wreath, garland; (Brautkranz) garland, circlet; **Ehrenlegion** f legion of honour; **Ehrenloge** f royal/VIP box; (in Stadion) directors' box; **Ehrenmal** nt memorial; **Ehrenmann** m, pl -männer man of honour; **Ehrenmitglied** nt honorary member; **Ehrenmitgliedschaft** f honorary membership; **Ehrennadel** f badge of honour; **Ehrenplatz** m (lit) place or seat of honour; (fig) special place; **Ehrenpreis** m 1. (Auszeichnung) prize; (Anerkennung) consolation prize; 2. (Bot) speedwell, veronica; **Ehrenrechte** pl (Jur) civil rights pl; **Verlust/Aberkennung der bürgerlichen ~** loss/forfeiture of one's civil rights; **Ehrenrettung** f retrieval of one's honour; **zu seiner ~ sei gesagt, daß ...** in his favour it must be said that ...; **ehrenrührig** adj defamatory; **etw als ~ empfinden** to regard sth as an insult to one's honour; **Ehrenrunde** f (Sport) lap of honour; **Ehrensache** f matter of honour; **~!** (inf) you can count on me; **das ist für mich ~!** that's a matter of honour for me; **Ehrensalut** m, **Ehrensalve** f salute; **Ehrensold** m honorarium; **Ehrentafel** f 1. (Tisch) top table; 2. (Gedenktafel) roll of honour; **Ehrentag** m (Geburtstag) birthday; (großer Tag) big or great day; **zum heutigen ~** on this special day; **Ehrentitel** m honorary title; **Ehrentreffer** m (Sport) consolation goal; **Ehrentribüne** f VIP rostrum; **Ehren|urkunde** f certificate (for outstanding performance in sport); **ehrenvoll** adj Friede honourable; Aufgabe auch noble; **Ehrenvorsitzende(r)** mf honorary chairman/chairwoman; **Ehrenwache** f guard of honour; **ehrenwert** adj Mensch honourable, worthy; **Ehrenwort** nt word of honour; **~!** (inf) cross my heart! (inf); **~?** (inf) cross your heart? (inf); **mein ~!** you have my word; **sein ~ geben/ halten/ brechen** to give/keep/break one's word; **Urlaub auf ~** = parole; **ehrenwörtlich** I adj Versprechen solemn, faithful; II adv on one's honour; **Ehrenzeichen** nt decoration.

ehr|erbietig adj respectful, deferential; **Ehr|erbietung** f respect, deference.

Ehrfurcht f, no pl great or deep respect (vor +dat for); (fromme Scheu) reverence (vor +dat for). **vor jdm/etw ~ haben** to respect/revere sb/sth, to have (great) respect for sb/sth; **von ~ ergriffen** overawed.

ehrfurchtgebietend adj Stimme, Geste authoritative. **er ist eine ~e Persönlichkeit** he's the kind of person who commands (one's) respect.

ehrfürchtig, ehrfurchtsvoll adj reverent.

ehrfurchtslos adj irreverent.

Ehrgefühl nt sense of honour; (Selbstachtung) self-respect.

Ehrgeiz m, no pl ambition.

ehrgeizig adj ambitious.

Ehrgeizling m (pej inf) pusher (inf).

ehrlich I adj, adv honest; Name good; Absicht, Zuneigung sincere. **der ~e Finder bekommt 100 Mark** a reward of 100 marks will be given to anyone finding and returning this; **eine ~e Haut** (inf) an honest soul; **ich hatte die ~e Absicht zu kommen** I honestly did intend to come; **er hat ~e Absichten**(inf) his intentions are honourable; **~ verdientes Geld** hard-earned money; **~ gesagt ...** quite frankly or honestly ..., to be quite frank ...; **er meint es ~ mit uns** he is being honest with us; **~ spielen** (Cards) to play straight; **~ währt am längsten** (Prov) honesty is the best policy (Prov).

II adv (wirklich) honestly, really (and truly), truly. **ich bin ~ begeistert** I'm really thrilled; **~!** honest!, really!

ehrlicherweise adv honestly, truly, in all honesty.

Ehrlichkeit f, no pl honesty; (von Absicht, Zuneigung) sincerity. **sie zweifelte an der ~ seiner Absichten** she doubted the sincerity of his intentions; (in bezug auf Heirat) she doubted that his intentions were honourable.

ehrlos adj dishonourable; **Ehrlosigkeit** f dishonourableness; (Schlechtigkeit) infamy; **ehrpusselig, ehrpußlig** adj (inf) sensitive about one's reputation; **ehrsam** adj (old) siehe **ehrbar**; **Ehrsucht** f (old) inordinate ambitiousness or ambition; **ehrsüchtig** adj (old) inordinately ambitious.

Ehrung f honour.

ehrverletzend adj (geh) insulting; **Ehrverletzung** f (geh) insult (to one's honour); **Ehrverlust** m loss of honour; (Jur) loss of one's civil rights.

Ehrwürden m -s, no pl Reverend. **Euer ~** Reverend Father/ Mother.

ehrwürdig adj venerable. **~e Mutter/~er Vater** (Eccl) Reverend Mother/Father.

Ehrwürdigkeit f venerability, venerableness.

ei interj (zärtlich) there (there); (old) (spöttisch) well; (bekräftigend) oh. **(bei einem Kind/Tier) ~ ~ machen** to pet a child/ an animal; **~ freilich** or **gewiß!** (old) but of course!

Ei nt -(e)s, -er 1. (Vogel~, Schlangen~) egg; (Physiol auch) ovum (spec). **das ist das ~ des Kolumbus** that's just the thing or just what we want; **das ~ will klüger sein als die Henne** you're trying to teach your grandmother to suck eggs (prov); **jdn wie ein rohes ~ behandeln** (fig) to handle sb with kid gloves; **wie auf ~ern gehen** (inf) to teeter along; **wie aus dem ~ gepellt aussehen** (inf) to look spruce; **sie gleichen sich** or **einander wie ein ~ dem anderen** they are as alike as two peas (in a pod); **das sind ungelegte ~er!** (inf) we'll cross that bridge when we come to it; **~er** pl (sl: Hoden) balls pl (sl); **jdm die ~er**

polieren (sl) to kick sb in the balls (sl). **2.** **~er** pl (sl: Geld) marks; (in GB) quid (inf); (in US) bucks (inf); **das kostet seine 50 ~er** that'll cost a good 50 marks. **3.** (Rugby sl) ball, pill (sl).

Eibe f -, -n (Bot) yew.

Eibisch m -(e)s, -e (Bot) marshmallow.

Eich|amt nt ≃ Weights and Measures Office (Brit).

Eichbaum siehe **Eich(en)baum.**

Eiche f -, -n oak; (Baum auch) oak tree.

Eichel f -, -n **1.** (Bot) acorn. **2.** (Anat) glans. **3.** (Cards) suit in German playing cards equivalent to clubs.

Eichelhäher m jay.

eichen[1] adj oak, oaken (old).

eichen[2] vt to calibrate; (prüfen auch) to check against official specifications. **darauf bin ich geeicht!** (inf) that's right up my street (inf).

Eich(en)baum m oak tree.

Eichenholz nt oak; **ein Tisch aus ~** an oak table; **Eichenlaub** nt oak leaves pl; **Eichensarg** m oak(en) coffin.

Eichhörnchen, Eichkätzchen nt squirrel.

Eichmaß nt standard measure; (Gewicht) standard weight; **Eichstrich** m official calibration; (an Gläsern) line measure; **ein Glas mit ~** a lined glass.

Eichung f calibration; (Prüfung auch) official verification.

Eid m -(e)s, - oath. **einen ~ ablegen** or **leisten** or **schwören** to take or swear an oath; **einen ~ auf die Verfassung leisten** to swear an oath on the constitution; **darauf kann ich einen ~ schwören** I can swear to that or take my oath on that; **ich nehme es auf meinen ~, daß ...** I would be prepared to swear that ...; **jdm den ~ abnehmen** to administer the oath to sb, to take the oath from sb; **unter ~** under or on oath; **eine Erklärung an ~es Statt abgeben** (Jur) to make a declaration in lieu of oath; **ich erkläre an ~es Statt, daß ...** I do solemnly declare that ...

Eidam m -(e)s, -e (obs) son-in-law.

Eidbruch m breach of one's oath; **einen ~ begehen** to break one's oath; **eidbrüchig** adj: **~ werden** to break one's oath.

Eidechse ['aidɛksə] f -, -n (Zool) lizard; (inf: Hubwagen) fork-lift truck.

Eider|ente f eider (duck).

Eidesformel f wording of the oath; **die ~ nachsprechen** to repeat the oath; **Eidesleistung** f swearing of the oath; **eidesstattlich** adj solem; **~e Erklärung** affidavit.

Eidetik f (Psych) eidetic ability.

Eidetiker(in f) m -s, eidetic, eidetiker.

eidetisch adj eidetic.

Eidgenosse m confederate; (Schweizer ~) Swiss citizen.

Eidgenossenschaft f confederation. **Schweizerische ~** Swiss Confederation.

eidgenössisch adj confederate; (schweizerisch) Swiss.

eidlich I adj sworn attr, given on or under oath. **II** adv on or under oath. **~ gebunden** bound by (one's) oath.

Eierdotter m or nt egg yolk.

Eierbecher m eggcup; **Eierbrikett** nt ovoid

(of coal); **Eierfarbe** f egg colo(u)r; **Eierhandgranate** f (Mil) (pineapple) hand grenade, pineapple (sl); **Eierkopf** m (inf) egghead (inf); (sl: Idiot) blockhead (inf), numbskull (inf); **Eierkuchen** m pancake; (Omelette) omelette made with a mixture containing flour; **Eierlaufen** nt egg and spoon race; **~ machen** to have an egg and spoon race; **Eierlikör** m advocaat; **Eierlöffel** m eggspoon.

eiern vi (inf) to wobble.

Eierpflaume f (large oval) plum; **Eierschale** f eggshell; **er hat noch die ~n hinter den Ohren** (inf) he's still wet behind the ears (inf); **eierschalenfarben** adj cream, off-wite; **Eierschaum, Eierschnee** m (Cook) beaten egg white; **Eierspeise** f **1.** egg dish; **2.** (Aus: Rührei) scrambled egg; **Eierstock** m (Anat) ovary; **Eiertanz** m **einen regelrechten ~ aufführen** (fig inf) to go through all kinds of contortions; **Eier|uhr** f egg timer.

Eifer m -s, no pl (Begeisterung) enthusiasm; (Eifrigkeit) eagerness, keenness. **mit ~** enthusiastically; eagerly, keenly; **mit ~ arbeiten** to work with a will or with great zeal; **in ~ geraten** to get agitated, to get into a state; **mit großem ~ bei der Sache sein** to put one's heart into it; **im ~ des Gefechts** (fig inf) in the heat of the moment.

Eiferer m -s, - (liter) fanatic; (Rel auch) zealot.

eifern vi (liter) **1.** **gegen jdn/etw ~** to rail or inveigh against sb/sth; **für etw ~** to crusade or campaign for sth. **2.** (streben) **nach etw ~** to strive for sth. **3.** (wett~) **um etw ~** to compete or vie for sth.

Eifersucht f jealousy (auf +acc of).

Eifersüchtelei f petty jealousy.

eifersüchtig adj jealous (auf +acc of).

Eifersuchtsszene f **ihr Mann hat ihr wieder eine ~ gemacht** her husband's jealousy caused another scene; **Eifersuchtstragödie** f „**~ in München**" "jealousy causes tragedy in Munich".

eiförmig adj egg-shaped, oval.

eifrig adj eager; Befürworter auch keen; Leser, Sammler keen, avid; (begeistert) enthusiastic; (emsig) assiduous, industrious, zealous; (heftig) vehement. **sie diskutierten ~** they were involved in an animated discussion.

Eigelb nt -s, -e or (bei Zahlenangabe) - egg yolk. **vier ~** the yolks of four eggs, four egg yolks.

eigen adj **1.** own; (selbständig) separate. **seine ~e Wohnung/ Meinung haben** to have a flat/an opinion of one's own, to have one's own flat/opinion; **etw sein ~ nennen** (geh) to have sth to one's name, to have sth to call one's own; **jdm etw zu ~ geben** (liter) to give sb sth; **meiner Mutter zu ~** (liter) for or (dedicated) to my mother; **~er Bericht** (Press) from or by our (own) correspondent; **Zimmer mit ~em Eingang** room with its own or a separate entrance; **sein ~ Fleisch und Blut** (liter) his own flesh and blood; **sich** (dat) **etw zu ~ machen** to adopt sth; (zur Gewohnheit machen) to make sth a habit, to make a habit of sth; **übergeben Sie diesen Brief dem Anwalt zu ~en Händen** (*form*) give this letter to the lawyer in person; **ich habe das Papier auf ~e Rechnung gekauft** I paid for the paper myself; **ich möchte kurz in ~er Sache sprechen** I would like to say something on my own account.

2. (*typisch, kennzeichnend*) typical. **das ist ihm ~** that is typical of him; **er antwortete mit dem ihm ~en Zynismus** he answered with (his) characteristic cynicism.

3. (*seltsam*) strange, peculiar. **es ist eine Landschaft von ganz ~em Reiz** the country is strangely attractive in its own way *or* has its own strange attractions; **siehe Ding[1] 2.**

4. (*ordentlich*) particular; (*übergenau*) fussy. **in Gelddingen** *or* **was Geld anbetrifft ist er sehr ~** he is very particular about money matters.

Eigen|antrieb *m* **Fahrzeuge mit ~** self-propelled vehicles; **~ haben** to be self-propelled.

Eigen|art *f* (*Besonderheit*) peculiarity; (*Eigenschaft*) characteristic; (*Individualität*) individuality; (*Eigentümlichkeit von Personen*) idiosyncrasy. **das gehört zur ~ der Bayern** that's a typically Bavarian characteristic.

eigen|artig *adj* peculiar; (*sonderbar auch*) strange; (*persönlich kennzeichnend*) idiosyncratic.

Eigenbau *m, no pl* **er fährt ein Fahrrad/ raucht Zigaretten Marke ~** (*hum inf*) he rides a home-made bike/ smokes home-grown cigarettes (*hum*); **Eigenbedarf** *m* (*von Mensch*) personal use; (*von Staat*) domestic requirements *pl*; **zum ~ for** (one's own) personal use/domestic requirements; **der Hausbesitzer machte ~ geltend** the landlord showed that he needed the house/flat for himself; **Eigenbericht** *m* (*Press*) **diese Zeitung bringt kaum ~e** this paper rarely carries articles by its own journalists; **Eigenbrötelei** [aignbrø:tə'lai] *f* (*inf*) eccentricity; (*Einzelgängertum*) solitary ways *pl*; **Eigenbrötler(in** *f*) *m* **-s, -** (*inf*) loner, lone wolf; (*komischer Kauz*) queer fish (*inf*), oddball (*esp US inf*); **eigenbrötlerisch** *adj* (*inf*) solitary; (*komisch*) eccentric; **Eigendynamik** *f* momentum; **eine ~ entwickeln** to gather momentum; **Eigenfinanzierung** *f* self-financing; **eigengesetzlich** *adj* autonomous; **jede Revolution entwickelt sich ~** every revolution develops according to laws of its own; **Eigengewicht** *nt* (*von LKW etc*) unladen weight; (*Comm*) net weight; (*Sci*) dead weight; **eigenhändig** *adj Brief, Unterschrift etc* in one's own hand, handwritten; *Übergabe* personal; **eine Arbeit ~ machen** to do a job oneself *or* personally *or* with one's own hands; **~ Urkunde** holograph; **Eigenheim** *nt* one's own home; **Eigenheit** *f siehe* **Eigenart; Eigen|initiative** *f* initiative of one's own; **auf ~** on one's own initiative; **Eigenkapital** *nt* (*von Person*) personal capital; (*von Firma*) company capital; **10.000 DM ~** 10,000 DM of one's own

capital; **Eigenleben** *nt, no pl* one's own life; (*selbständige Existenz*) independent existence; (*Privatleben*) private life; **Eigenliebe** *f* amour-propre; (*Selbstverliebtheit*) self-love, love of self; **Eigenlob** *nt* self-importance, vaingloriousness; **~ stinkt!** (*inf*) don't blow your own trumpet! (*prov*); **eigenmächtig** *adj* (*selbstherrlich*) high-handed; (*eigenverantwortlich*) taken/ done *etc* on one's own authority; **II** *adv* high-handedly; (*entirely*) on one's own authority; without any authorization; **eigenmächtigerweise** *adv* (*selbstherrlich*) high-handedly; (*unbefugt*) without any authorization; **Eigenmächtigkeit** *f* (*Selbstherrlichkeit*) high-handedness *no pl*; (*unbefugtes Handeln*) unauthorized behaviour *no pl*; **die ~ seines Vorgehens wurde von allen kritisiert** everyone criticized him for having acted high-handedly/without authorization; **Eigenmittel** *pl* (*form*) one's own resources; **man braucht nur 20% ~** you only need to find 20% yourself *or* from your own resources; **Eigenname** *m* proper name; **Eigennutz** *m, no pl* self-interest; **das habe ich ohne jeden ~ getan** I did that with no thought of myself *or* of furthering my own interests; **eigennützig** *adj* selfish; **Eigenproduktion** *f* **das ist eine ~** we/they *etc* made it ourselves/themselves *etc*; **etw in ~ herstellen** to make sth oneself.

eigens *adv* (e)specially; (*ausdrücklich auch*) specifically.

Eigenschaft *f* (*Attribut*) quality; (*Chem, Phys etc*) property; (*Merkmal*) characteristic, feature; (*Funktion*) capacity.

Eigenschaftswort *nt* adjective.

Eigensinn *m, no pl* stubbornness, obstinacy; (*inf: Trotzkopf*) stubborn child; **eigensinnig** *adj* stubborn, obstinate; **Eigensinnigkeit** *f* stubbornness, obstinacy; **~en** *pl* stubborn *or* obstinate behaviour; **eigenstaatlich** *adj* sovereign; **Eigenstaatlichkeit** *f* sovereignty; **eigenständig** *adj* original; (*unabhängig*) independent; (*eigengesetzlich*) autonomous; **Eigenständigkeit** *f siehe adj* originality; independence; autonomy; **Eigensucht** *f, no pl* selfishness; (*Egotismus auch*) self-centredness; **eigensüchtig** *adj siehe n* selfish; self-centred.

eigentlich I *adj* (*wirklich, tatsächlich*) real, actual; *Wert* true, real; (*ursprünglich*) original. **im ~en Sinne bedeutet das ...** that really means ...; **im ~en Sinne des Wortes ...** in the original meaning of the word ...

II *adv* actually; (*tatsächlich, wirklich auch*) really; (*überhaupt*) anyway. **~ wollte ich nur fünf Minuten bleiben** actually I was only *or* I was really only going to stay five minutes; **was willst du ~ hier?** what do you want here anyway?; **wissen Sie ~, wer ich bin?** do you know who I am?; **was ist ~ mit dir los?** what's the matter with you (anyway)?; **~ müßtest du das wissen** you should really know that; **~ dürftest du das nicht tun** you shouldn't really do that.

Eigentor nt (Sport) own goal. **ein ~ schießen** (fig) to score an own goal.

Eigentum nt, no pl property. **bewegliches ~** movables pl, movable property; **unbewegliches ~** immovables pl, real property; **~ an etw** (dat) **erwerben** to acquire possession of sth; **~ an den Produktionsmitteln** private ownership of the means of production.

Eigentümer(in f) m **-s, -** owner.

eigentümlich adj 1. (sonderbar, seltsam) strange, curious, odd.

2. (geh: typisch) **jdm/einer Sache ~ sein** to be characteristic or typical of sb/sth.

eigentümlicherweise adv strangely or curiously or oddly enough.

Eigentümlichkeit f 1. (Kennzeichen, Besonderheit) characteristic. 2. (Eigenheit) peculiarity.

Eigentumsbegriff m concept of property; **Eigentumsbildung** f private acquisition of property; **Eigentumsdelikt** nt (Jur) offence against property; **Eigentumsrecht** nt right of ownership; (Urheberrecht) copyright; **Eigentumsstreuung** f dispersal of property; **Eigentumsverhältnisse** pl distribution sing of property; **Eigentumsvorbehalt** m (Jur) reservation of proprietary rights; **Eigentumswohnung** f owner-occupied flat (Brit) or apartment, condominium (US); **er kaufte sich** (dat) **eine ~** he bought a flat (of his own); **~ bauen** to build flats for owner-occupation.

eigenver|antwortlich I adj autonomous; II adv on one's own authority; **~ für etw sorgen müssen** to be personally responsible for sth; **Eigenver|antwortlichkeit** f autonomy; **jds ~ für etw** sb's personal responsibility for sth; **Eigenwärme** f body heat; **Eigenwert** m intrinsic value; **eigenwillig** adj with a mind of one's own; (eigensinnig) self-willed; (unkonventionell) unconventional, original; **sie ist in allem recht ~** she has a mind of her own in everything; **Eigenwilligkeit** f siehe adj independence of mind; self-will; unconventionality, originality.

eignen I vr to be suitable (für, zu for, als as). **er eignet sich nicht zum Lehrer** he's not suited to teaching, he doesn't/wouldn't make a good teacher.

II vi (geh) **seinen Büchern eignet ein präziser Prosastil** his books are characterized by a precise narrative style.

Eigner(in f) m **-s, -** (form) owner.

Eignung f suitability; (Befähigung) aptitude.

Eignungsprüfung f, **Eignungstest** m aptitude test.

Eiklar nt **-s, -** (Aus, S Ger) egg white.

Eiland nt **-(e)s, -e** (liter) isle (liter).

Eilbote m messenger; **per** or **durch ~n** express; **Eilbrief** m express letter; **als ~** express.

Eile f **-**, no pl hurry. **in ~ sein** to be in a hurry; **~ haben** (Mensch) to be in a hurry or rush; (Sache) to be urgent; **damit hat es keine ~, das hat keine ~** there is no hurry or rush about it, it's not urgent; **er trieb uns zur ~ an** he hurried us up; **in aller ~** hurriedly, hastily; **mit ~/mit fieberhafter**

~ arbeiten to work very quickly/feverishly; **in der/meiner ~** in the hurry/my haste; **nur keine ~!** don't rush!

Eileiter m (Anat) Fallopian tube.

Eileiterschwangerschaft f ectopic pregnancy.

eilen I vi 1. aux sein to rush, to hasten (liter), to hurry. **er eilte dem Ertrinkenden zu Hilfe** he rushed or hastened to help the drowning man; **eile mit Weile** (Prov) more haste less speed (Prov).

2. (dringlich sein) to be urgent or pressing. **eilt!** (auf Briefen etc) urgent; **die Sache eilt** it's urgent, it's an urgent matter.

II vr (inf) to rush.

III vi impers **es eilt** it's urgent or pressing; **damit eilt es nicht** there's no great hurry or rush about it.

eilends adv hurriedly, hastily.

eilfertig adj (geh) zealous; **Eilfertigkeit** f (geh) zeal, zealousness; **Eilfracht** f express freight.

eilig adj 1. (schnell, rasch) quick, hurried, hasty. **es ~ haben** to be in a hurry or rush; **er bat ihn, ~st zu kommen** he asked him to come as quickly as possible; **nur nicht so ~!** don't be in such a hurry or rush!

2. (dringend) urgent. **er hatte nichts E~eres zu tun, als ...** (iro) he had nothing better to do than ... (iro).

Eilmarsch m (Mil) fast march; **Eilmeldung** f (Press) flash; **Eilpaket** nt express parcel; **Eilsendung** f express delivery or letter/parcel; **~en** pl express mail or post; **Eiltempo** nt **er kam im ~ auf mich zugerannt** he came rushing or tearing up to me; **Eilzug** m fast stopping train; **Eilzustellung** f special delivery.

Eimer m **-s, -** 1. bucket, pail; (Milch~) pail; (Müll~) (rubbish) bin. **ein ~ (voll) Wasser** a bucket(ful) of water; **es gießt wie mit** or **aus ~n** (inf) it's bucketing down (inf), it's raining cats and dogs (inf). 2. **im ~ sein** (sl) to be up the spout (sl); (kaputt auch) to be bust (inf).

eimerweise adv in bucketfuls, by the bucket(ful).

ein¹ adv (an Geräten) **E~/Aus** on/off; **~ und aus gehen** to come and go; **er geht bei uns ~ und aus** he is always round at our place; **ich weiß (mit ihm) nicht mehr ~ noch aus** I'm at my wit's end (with him).

ein², eine, ein I num one. **das kostet nur ~e Mark** it only costs one mark; **~ Uhr** one (o'clock); **~ Uhr zwanzig** twenty past one; **~ für allemal** once and for all; **~ und derselbe/dieselbe/dasselbe** one and the same; **er ist ihr ~ und alles** he means everything to her; siehe **eins.**

II indef art a; (vor Vokalen) an. **~ Mann/~e Frau/~ Kind** a man/woman/child; **~ Europäer** a European; **~ Hotel** a or an hotel; **der Sohn ~es Lehrers** the son of a teacher, a teacher's son; **nur ~ Hegel konnte das schreiben** only a Hegel could have written that; **~e Hitze ist das hier!** the or some heat here!; **~ Bier/~e Frau ist das!** that's some beer/she's some woman!; **was für ~ Wetter/Lärm!** some weather/noise, what a noise.

ein|achsig adj two-wheeled, single-axle attr.

Ein|akter *m* **-s, -** (*Theat*) one-act play.

einander *pron* one another, each other. **zwei ~ widersprechende Aussagen** two (mutually) contradictory statements.

ein|arbeiten *sep* **I** *vr* to get used to the work. **sie muß sich in ihr neues Gebiet ~** she has to get used to her new area of work. **II** *vt* **1.** **jdn** to train. **2.** (*einfügen*) to incorporate, to include. **3.** (*einnähen*) to sew in; *Futter, Polster auch* to attach.

Ein|arbeitungszeit *f* training period.

ein|armig *adj* one-armed.

ein|äschern *vt sep Leichnam* to cremate; *Stadt etc* to burn to the ground *or* down, to reduce to ashes.

Ein|äscherung *f siehe vt* cremation; burning down.

ein|atmen *vti sep* to breathe in.

ein|äugig *adj* one-eyed.

Einbahnstraße *f* one-way street.

einbalsamieren* *vt sep* to embalm.

Einbalsamierung *f* embalming, embalmment.

Einband *m* book cover, case (*spec*).

einbändig *adj* one-volume *attr*, in one volume.

Einbau *m* **-(e)s, -ten 1.** *no pl siehe vt* installation; fitting; working-in. **2.** (*usu pl: Schrank etc*) fixture.

einbauen *vt sep* to install, to put in; *Motor auch* to fit; (*inf: einfügen*) *Zitat etc* to work in. **eingebaute Möbel/eingebauter Belichtungsmesser** built-in furniture/ exposure meter.

Einbauküche *f* (fully-)fitted kitchen.

Einbaum *m* dug-out (canoe).

Einbaumöbel *pl* built-in *or* fitted furniture; (*Schränke*) fitted cupboards *pl*; **Einbauschrank** *m* built-in *or* fitted cupboard.

einbegriffen *adj* included.

einbehalten* *vt sep irreg* to keep back.

einbeinig *adj* one-legged.

einberechnen* *vt sep* to allow for (in one's calculations).

einberufen* *vt sep irreg Parlament, Abgeordnete* to summon; *Versammlung* to convene, to call; (*Mil*) to call up, to conscript, to draft (*US*).

Einberufene(r) *mf decl as adj* (*Mil*) conscript, draftee (*US*).

Einberufung *f* **1.** (*einer Versammlung*) convention, calling; (*des Parlaments*) summoning. **2.** (*Mil*) conscription; (*~sbescheid*) call-up.

Einberufungsbescheid *m* (*Mil*) call-up *or* draft (*US*) papers *pl*.

einbeschrieben *adj* (*Math*) *Kreis* inscribed.

einbetonieren* *vt sep* to cement in (*in + acc* -to).

einbetten *vt sep* to embed (*in +acc* in); *Rohr, Kabel* to lay (*in +acc* in).

Einbettzimmer *nt* single room.

einbeulen *vt sep* to dent (in).

einbeziehen* *vt sep irreg* to include (*in + acc* in).

Einbeziehung *f* inclusion. **unter ~ von etw** including sth; **unter ~ sämtlicher Gesichtspunkte** having regard to all points.

einbiegen *sep irreg* **I** *vi aux sein* to turn (off) (*in +acc* into). **du mußt hier links ~**

you have to turn (off to the) left here; **diese Straße biegt in die Hauptstraße ein** this road joins the main road. **II** *vt* to bend in.

einbilden *vr sep* **1.** **sich** (*dat*) **etw ~** to imagine sth; **er bildet sich** (*dat*) **ein, daß ...** he's got hold of the idea that ...; **sich** (*dat*) **steif und fest ~, daß ...** (*inf*) to get it fixed in one's head that ... (*inf*); **das bildest du dir nur ein** that's just your imagination; **er bildet sich** (*dat*) **viel ein!** he imagines a lot of things!; **bilde dir (doch) nichts ein!** don't kid (*inf*) *or* delude yourself!; **was bildest du dir eigentlich ein?** what's got into you?; **bilde dir bloß nicht ein, daß ich das glaube!** don't kid yourself (*inf*) *or* don't go thinking that I believe that!

2. (*stolz sein*) **sich** (*dat*) **viel auf etw** (*acc*) **~** to be conceited about *or* vain about sth; **darauf kann ich mir etwas ~** (*iro*) praise indeed!; **darauf können Sie sich etwas ~!** that's something to be proud of!, that's a feather in your cap!; **darauf brauchst du dir nichts einzubilden!** that's nothing to crow about (*inf*) *or* be proud of.

Einbildung *f* **1.** (*Vorstellung*) imagination; (*irrige Vorstellung*) illusion. **das sind ~en** that's pure imagination; **das ist alles nur ~** it's all in the mind, it's just (your/his) imagination.

2. (*Dünkel*) conceit. **an ~en leiden** (*hum inf*) to be (pretty) stuck on oneself (*inf*), to really fancy oneself (*inf*).

Einbildungskraft *f* (powers *pl* of) imagination.

einbimsen *vt sep* (*inf*) **jdm etw ~** to drum *or* din sth into sb (*inf*).

einbinden *vt sep irreg* **1.** *Buch* to bind; (*in Schutzhülle*) to cover. **neu ~** to rebind. **2.** (*fig: einbeziehen*) to integrate.

einblasen *vt sep irreg* to blow in (*in +acc* -to); *Kaltluft auch* to blast in (*in +acc* -to); (*Mus*) *Blasinstrument* to play *or* blow (*inf*) in. **jdm etw ~** (*fig inf*) to whisper sth to sb.

einblenden *vt* (*Film, TV, Rad*) **I** *vt* to insert, to slot in; (*nachträglich*) *Musik etc* to dub on. **II** *vr* **sich in etw** (*acc*) **~** to link up with sth; **sich bei jdm/etw~** to go over to sb/sth.

Einblendung *f siehe vt* insert; (*das Einblenden*) insertion; dubbing on.

einbleuen *vt sep* (*inf*) **jdm etw ~** (*durch Schläge*) to beat sth into sb; (*einschärfen*) to drum sth into sb, to ram sth into sb's head (*inf*); **ich habe ihm eingebleut, das ja nicht zu vergessen** I told him time and again not to forget it.

Einblick *m* **1.** (*rare: Blick in etw hinein*) view (*in +acc* of).

2. (*fig: Kenntnis*) insight. **~ in etw** (*acc*) **gewinnen** to gain an insight into sth; **~ in die Akten nehmen** to look at *or* examine the files; **jdm ~ in etw** (*acc*) **gewähren** to allow sb to look at sth; **er hat ~ in diese Vorgänge** he has some knowledge of these events.

einbrechen *sep irreg* **I** *vt Tür, Wand etc* to break down; *Eis* to break through.

II *vi* **1.** *aux sein* (*einstürzen*) to fall *or* cave in. **er ist (auf dem Eis) eingebrochen**

he went *or* fell through the ice.

2. *aux sein or haben* (*Einbruch verüben*) to break in. **in unser** *or* **unserem Haus sind Diebe eingebrochen** thieves broke into our house; **bei mir ist eingebrochen worden, man hat bei mir eingebrochen** I've had a break-in, I've been burgled *or* burglarized (*US*); **in neue Absatzmärkte** *etc* ~ to make inroads into new markets *etc*.

3. *aux sein* (*Nacht, Dämmerung, Dunkelheit*) to fall; (*Winter*) to set in. **bei** ~ **der Nacht** at nightfall.

Einbrecher(in *f*) *m* **-s, -** burglar.

einbringen *vt sep irreg* **1.** (*Parl*) to introduce.

2. (*Ertrag bringen*) *Geld, Nutzen* to bring in; *Ruhm* to bring; *Zinsen* to earn. **jdm etw** ~ to bring/earn sb sth; **das bringt nichts ein** (*fig*) it's not worth it.

3. *etw in die Ehe* ~ to bring sth into the marriage; *etw in die Firma* ~ to put sth into the firm.

4. (*hineinbringen, -schaffen*) to put in (*in* +*acc* -to); *Schiff* to bring in (*in* +*acc* -to); *Ernte* to bring *or* gather in.

5. (*wettmachen*) *Verlust* to make up.

6. (*Typ*) *Zeilen* to take in.

einbrocken *vt sep* to crumble (*in* +*acc* into). **jdm/sich etwas** ~ (*inf*) to land sb/oneself in it (*inf*) *or* in the soup (*inf*); **da hast du dir etwas Schönes eingebrockt!** (*inf*) you've really let yourself in for it there.

Einbruch *m* **1.** (~*diebstahl*) burglary (*in* +*acc* in), breaking and entering (*form*). **ein** ~ a break-in *or* burglary; **der** ~ **in die Bank** the bank break-in.

2. (*von Wasser*) penetration (*form*). ~ **kühler Meeresluft** (*Met*) a stream of cold air moving inland.

3. (*Einsturz: eines Stollens etc*) collapse; (*Geol*) rift valley. ~ **der Kurse** (*Fin*) collapse of the stock exchange.

4. (*fig*) (*der Nacht*) fall; (*des Winters*) onset. **bei/vor** ~ **der Nacht/Dämmerung** at/before nightfall/dusk.

Einbruch(s)diebstahl *m* (*Jur*) burglary, breaking and entering (*form*); **einbruch(s)sicher** *adj* burglar-proof; **Einbruch(s)versicherung** *f* burglary insurance; **Einbruch(s)werkzeug** *nt* housebreaking tool.

einbuchten *vt sep* (*lit*) to indent; (*inf*) to put away (*inf*), to lock up.

Einbuchtung *f* indentation; (*Bucht*) inlet, bay.

einbuddeln *sep* (*inf*) **I** *vt* to bury (*in* +*acc* in). **II** *vr* **sich** (**in den Sand**) ~ to dig oneself in(to the sand).

einbürgern *sep* **I** *vt Person* to naturalize; *Fremdwort, Gewohnheit, Pflanze* to introduce. **er ist in die** *or* **der Türkei eingebürgert worden** he has become a naturalized Turk.

II *vr* (*Person*) to become *or* be naturalized; (*Brauch, Tier, Pflanze*) to become established; (*Fremdwort*) to gain currency, to become established. **das hat sich so eingebürgert** (*Brauch*) it's just the way we/they *etc* have come to do things; (*Wort*) it's been adopted into the language; **es hat sich bei uns so eingebürgert,**

daß wir uns abwechseln we've got into the habit of taking turns.

Einbürgerung *f siehe vt* naturalization; introduction.

Einbuße *f* loss (*an* +*dat* to). **der Skandal hat seinem Ansehen schwere** ~ **getan** he lost a considerable amount of respect because of the scandal.

einbüßen *sep* **I** *vt* to lose; (*durch eigene Schuld*) to forfeit. **II** *vi* to lose something. **an Klarheit** (*dat*) ~ to lose some of its clarity.

eincremen *vt sep* to put cream on; *Gesicht etc auch* to cream.

eindämmen *vt sep Fluß* to dam; (*fig: halten, vermindern*) to check, to stem.

Eindämmung *f* **1.** (*Damm*) dam. **2.** *siehe vt* damming; checking; stemming.

eindampfen *vt sep* to evaporate.

eindecken *sep* **I** *vr* **sich** (**mit etw**) ~ to stock up (with sth); (*für den Haushalt*) to get in supplies (of sth); **ich bin gut/habe mich gut eingedeckt** I am well supplied.

II *vt* **1.** (*Build, Mil, fig*) to cover. **ein Dach mit Ziegeln/Stroh** ~ to tile/thatch a roof.

2. (*inf: überhäufen*) to inundate. **mit Arbeit eingedeckt sein** to be snowed under *or* inundated with work.

Eindecker *m* **-s, -** (*Aviat*) monoplane; (*Autobus*) single decker.

eindeichen *vt sep* to dyke; *Fluß auch* to embank.

eindellen *vt sep* (*inf*) to dent (in).

eindeutig *adj* clear; *Beweis auch* definite; (*nicht zweideutig*) unambiguous; *Witz* explicit. **jdm etw** ~ **sagen** to tell sb sth quite plainly *or* straight (*inf*); **das ist** ~ **der Fall** it's clearly *or* obviously the case.

Eindeutigkeit *f siehe adj* clearness; definiteness; unambiguity; explicitness.

eindeutschen *vt sep Fremdwort* to Germanize. *Clips*, ~**d auch Klips** Clips, sometimes Germanized as Klips.

Eindeutschung *f* Germanization.

eindicken *vti sep* (*vi: aux sein*) to thicken.

eindimensional *adj* one-dimensional, unidimensional.

eindosen *vt sep* to can, to tin (*Brit*).

eindösen *vi sep aux sein* (*inf*) to doze off, to drop off (*inf*).

eindrängen *sep* **I** *vr* to crowd in (*in* +*acc* -to); (*fig*) to intrude (*in* +*acc* upon); (*sich einmischen*) (*in* +*acc* in) to interfere, to meddle (*inf*).**II** *vi aux sein* (*lit, fig*) to crowd in (*auf* +*acc* on).

eindrecken *vt sep* (*inf*) to get dirty *or* muddy.

eindrehen *vt sep* **1.** (*einschrauben*) to screw in (*in* +*acc* -to). **2.** *Haar* to put in rollers.

eindreschen *vi sep irreg* (*inf*) **auf jdn** ~ to lay into (*inf*) *or* lambaste sb.

eindringen *vi sep irreg aux sein* **1.** (*einbrechen*) **in etw** (*acc*) ~ to force one's way into sth; (*Dieb etc auch*) to force an entry into sth; **in unsere Linien/das Land** ~ (*Mil*) to penetrate our lines/into the country.

2. in etw (*acc*) ~ (*Messer, Schwert*) to go into *or* penetrate (into) sth; (*Wasser, Gas auch*) to get into *or* find its way into sth; (*Fremdwörter etc*) to find its way into sth; **ich bin noch nicht genügend in diese Materie eingedrungen** I haven't yet gone into the subject deeply enough.

3. (*bestürmen*) **auf jdn ~** to go for *or* attack sb (*mit* with); (*mit Fragen, Bitten etc*) to besiege sb.

eindringlich *adj* (*nachdrücklich*) insistent; (*dringend auch*) urgent; *Schilderung* vivid. **mit ~en Worten** insistently, with insistence; vividly, in vivid words; **ich habe ihn ~ gebeten, zu Hause zu bleiben** I urged him to stay at home; **jdm ~ nahelegen, etw zu tun** to urge sb *or* advise sb most strongly to do sth.

Eindringlichkeit *f siehe adj* insistence; urgency; vividness.

Eindringling *m* intruder; (*in Gesellschaft etc*) interloper.

Eindruck *m* **-(e)s, ⁻e 1.** impression. **den ~ erwecken, als ob** *or* **daß ...** to give the impression that ...; **die ⁻e, die wir gewonnen hatten** our impressions; **ich habe den ~, daß ..., ich kann mich des ~s nicht erwehren, daß ...** (*geh*) I have the impression that ...; **großen ~ auf jdn machen** to make a great *or* big impression on sb; **er macht einen heiteren ~/den ~ eines heiteren Menschen** he gives the impression of being cheerful/a cheerful person; **die Rede hat ihren ~ auf ihn nicht verfehlt** the speech made a strong impression on him; **er will ~ (bei ihr) machen** *or* **schinden** (*inf*) he's out to impress (her); **ich stehe noch ganz unter dem ~ der Ereignisse** I'm still too close to it all; **viele (neue) ⁻e sammeln** to gain a whole host of new impressions.

2. (*rare: Spur*) impression, imprint.

eindrücken *sep* I *vt* **1.** to push in; *Fenster* to break; *Tür, Mauer* to push down; (*Sturm, Explosion*) to blow in/down; (*einbeulen*) to dent, to bash in (*inf*); *Brustkorb* to crush; *Nase* to flatten. **die Wassermassen drückten den Damm ein** the mass of the water made the dam collapse.

2. *Fußspuren etc* to impress.

II *vr* to make *or* leave an impression.

eindruckslos *adj* unimpressive; **eindrucksvoll** *adj* impressive.

eindübeln *vt sep Haken* to plug (*in* +*acc* into).

einduseln *vi sep aux sein* to doze off.

ein|ebnen *vt sep* (*lit*) to level (off); (*fig*) to level (out).

Ein|ebnung *f, no pl* levelling.

Ein|ehe *f* monogamy.

ein|eiig *adj Zwillinge* identical.

ein|einhalb *num* one and a half; *siehe* **anderthalb.**

ein|einhalbmal *adv* one and a half times.

Ein|eltern(teil)familie *f* single parent family.

einen *vtr* (*geh*) to unite.

ein|engen *vt sep* (*lit*) to constrict; (*fig*) *Begriff* to restrict, to narrow down; *Freiheit* to curb, to restrict. **sich (in seiner Freiheit) eingeengt fühlen** to feel cramped *or* restricted; **jdn in seiner Freiheit ~ to** curb sb's freedom; **eingeengt sitzen/stehen** to sit/stand (all) squashed up; **einen Begriff ~d interpretieren** to interpret a concept narrowly.

Ein|engung *f* (*lit*) constriction; (*fig*) restriction.

eine(r, s) *indef pron adj* **1.** one; (*jemand*) somebody, someone. **der/die/das ~** the one; **das ~ Buch habe ich schon gelesen** I've already read one of the books *or* the one book; **weder der ~ noch der andere** neither (one) of them; **die ~n sagen so, die anderen gerade das Gegenteil** some (people) say one thing and others *or* some say just the opposite; **~r für alle, alle für ~n** (*Prov*) all for one and one for all (*Prov*); **das ist ~r!** (*inf*) he's a (right) one! (*inf*); **du bist mir vielleicht ~!** (*inf*) you're a fine *or* right one (*inf*); **sieh mal ~r an!** (*iro*) well what do you know! (*inf*), surprise, surprise! (*inf*); **in ~m fort, in ~r Tour** (*inf*) non-stop; *siehe* **andere(r,s).**

2. (*man*) one (*form*), you. **und das soll ~r glauben!** (*inf*) and we're/you're meant to believe that!; **wie kann ~r nur so unklug sein!** how could anybody be so stupid!

3. ~s (*auch* **eins**) one thing; **~s gefällt mir nicht an ihm** (there's) one thing I don't like about him; **~s sag' ich dir** I'll tell you one thing; **noch ~s!** another one!; **noch ~s, bevor ich's vergesse:** (there's) something else *or* one other thing before I forget; **es kam ~s zum anderen** it was (just) one thing after another; **es läuft alles auf ~s hinaus,** it all comes to the same (thing) in the end.

4. (*inf*) **sich** (*dat*) **~n genehmigen** to have a quick one (*inf*) *or* drink; **jdm ~ kleben** to thump sb one (*inf*).

Einer *m* **-s, - 1.** (*Math*) unit. **2.** (*Ruderboot*) single scull. **Weltmeister im ~** world champion in the single sculls.

Einerkajak *m* single seater *or* one-man canoe *or* kayak; (*Disziplin*) single kayak *or* canoe.

einerlei *adj inv* **1.** *pred* (*gleichgültig*) all the same. **das ist mir ganz ~** it's all the same *or* all one to me; **was du machst ist mir ~** it's all the same to me what you do; **~, ob er kommt** no matter whether he comes or not.

2. **Stoff von ~ Farbe** self-coloured material; **sie kocht immer nur ~ Essen** she always cooks the same kind *or* sort of food.

Einerlei *nt* **-s,** *no pl* monotony.

einerseits *adv* **~ ... andererseits ...** on the one hand ... on the other hand ...

Einerstelle *f* (*Math*) unit (place).

einesteils *adv* **~ ... ander(e)nteils ...** on the one hand ... on the other hand.

einfach I *adj* **1.** simple; *Mensch* ordinary; *Essen* plain.

2. (*nicht doppelt*) simple; *Fahrkarte* single; *Fahrt* one-way, single; *Rockfalten* knife; *Buchführung* single-entry. **einmal ~!** (*in Bus etc*) one (ordinary) single; **das ist nicht so ~ zu verstehen** that is not so easy to understand *or* so easily understood.

II *adv* **1.** simply. **~ gefaltet** folded once.

2. (*verstärkend: geradezu*) simply, just. **~ gemein** downright mean; **das ist doch ~ dumm** that's (just) plain stupid.

Einfachheit *f siehe adj* simplicity; ordinariness; plainness. **der ~ halber** for the sake of simplicity.

einfädeln *sep* I *vt* 1. *Nadel, Faden* to thread (*in + acc* through); *Nähmaschine* to thread up. 2. *(inf) Intrige etc* to set up *(inf)*.
II *vr* **sich in eine Verkehrskolonne ~** to filter into a stream of traffic.

einfahren *sep irreg* I *vi* 1. *aux sein (Zug, Schiff)* to come in *(in +acc -to)*; *(Hunt: Fuchs, Dachs etc)* to go to earth. **in die Grube/den Schacht ~** *(Min)* to go down (to the face); **auf Bahnsteig 2 fährt der Zug aus München ein** the train from Munich is arriving at *or* coming in at platform 2.
2. *(inf: essen)* to tuck in.
II *vt* 1. *(kaputtfahren) Mauer, Zaun* to knock down.
2. *Ernte* to bring in.
3. *Fahrgestell, Periskop* to retract.
4. *(ans Fahren etc gewöhnen)* to break in; *Wagen* to run in *(Brit)*, to break in *(US)*.
5. *Verluste* to make; *Gewinne auch* to bring in.
III *vr* to get used to driving. **ich muß mich erst mit dem neuen Auto ~** I have to get used to (driving) the new car; **das hat sich so eingefahren** *(fig)* it has just become a habit.

Einfahrsignal *nt (Rail)* home signal.

Einfahrt *f* 1. *no pl (das Einfahren)* entry *(in +acc* to); *(Min)* descent. **Vorsicht bei (der) ~ des Zuges!** stand well back, the train is arriving; **der Schnellzug hat ~ auf Gleis 3** the express is arriving at platform 3; **der Zug hat noch keine ~** the train can't enter the station.
2. *(Eingang)* entrance; *(Tor~)* entry.

Einfall *m* 1. *(fig) (plötzlicher Gedanke)* idea; *(Grille, Laune)* notion. **auf den ~ kommen, etw zu tun** to get the idea of doing sth; **es war ein bloßer** *or* **nur so ein ~** it was just an idea; **er hat ~e wie ein altes Haus** *(hum inf)* he has some weird ideas.
2. *(Mil)* invasion *(in +acc* of).
3. *(des Lichts)* incidence *(spec)*.
4. *(liter) (der Nacht)* fall; *(des Winters)* onset. **vor ~ der Nacht** before nightfall.

einfallen *vi sep irreg aux sein* 1. to collapse, to cave in; *(Gesicht, Wangen)* to become sunken *or* haggard; *siehe* **eingefallen**.
2. *(eindringen)* **in ein Land ~** to invade a country; **in die feindlichen Reihen ~** to penetrate the enemy lines; **Wölfe sind in die Schafherde eingefallen** *(liter)* wolves fell upon the flock of sheep *(liter)*.
3. *(liter) (Nacht)* to fall; *(Winter)* to set in.
4. *(Licht)* to fall, to be incident *(spec)*; *(in Zimmer etc)* to come in *(in +acc* -to).
5. *(Hunt: Federwild)* to come in, to settle.
6. *(mitsingen, mitreden)* to join in; *(einsetzen: Chor, Stimmen)* to come in; *(dazwischenreden)* to break in *(in +acc* on).
7. *(Gedanke)* **jdm ~** to occur to sb; **das ist mir nicht eingefallen** I didn't think of that, that didn't occur to me; **mir fällt**

nichts ein, was ich schreiben kann I can't think of anything to write; **jetzt fällt mir ein, wie/warum ...** I've just thought of how/why ..., it's just occurred to me how/ why ...; **ihm fällt immer eine Ausrede ein** he can always think of an excuse; **das fällt mir nicht im Traum ein!** I wouldn't dream of it!; **hast du dir etwas ~ lassen?** have you had any ideas?, have you thought of anything?; **da mußt du dir schon etwas anderes/Besseres ~ lassen!** you'll really have to think of something else/better; **wie es ihm gerade einfällt** just as he likes, just as the fancy *or* mood takes him; **was fällt Ihnen ein!** what are you thinking of!
8. *(in Erinnerung kommen)* **jdm ~** to come to sb; **dabei fällt mir mein Onkel ein, der ...** that reminds me of my uncle, who ...; **es fällt mir jetzt nicht ein** I can't think of it *or* it won't come to me at the moment; **es wird Ihnen schon wieder ~** it will come back to you.

einfallslos *adj* unimaginative; **Einfallslosigkeit** *f* unimaginativeness; **einfallsreich** *adj* imaginative; **Einfallsreichtum** *m* imaginativeness; **Einfallstor** *nt* gateway; **Einfallswinkel** *m (Phys)* angle of incidence.

Einfalt *f -, no pl* 1. *(Arglosigkeit)* simplicity, naivety. 2. *(Dummheit)* simplemindedness, simpleness.

einfältig *adj siehe* **Einfalt** simple, naive; simple(-minded).

Einfältigkeit *f siehe* **Einfalt** 2.

Einfaltspinsel *m (inf)* simpleton.

Einfamilienhaus *nt* detached family house.

einfangen *vt sep irreg (lit, fig)* to catch, to capture.

einfärben *vt sep* 1. *Stoff, Haar* to dye.
2. *(Typ) Druckwalze* to ink.

einfarbig, einfärbig *(Aus) adj* all one colour; *(Tex)* self-coloured.

einfassen *vt sep* 1. *(umsäumen) Beet, Grab* to border, to edge; *Kleid, Naht* to trim.
2. **ein Grundstück (mit einem Zaun/ einer Mauer/Hecke) ~** to put a fence/wall/ hedge etc round a plot of land, to fence/ wall/hedge a plot of land round.
3. *Edelstein* to set *(mit* in); *Bild* to mount; *Quelle* to put a wall round.

Einfassung *f siehe vt* 1. border, edging; trimming. 2. fence; wall; hedge. 3. setting; mount; wall.

einfetten *vt sep* to grease; *Leder etc* to dubbin; *Haut* to cream, to rub cream into.

einfinden *vr sep irreg* to come; *(eintreffen)* to arrive; *(zu Prüfung etc)* to present oneself. **ich bitte alle, sich pünktlich in meinem Büro einzufinden** I would ask you all to be in my office punctually.

einflechten *vt sep irreg Band, Blumen* to twine; *(fig: ins Gespräch etc)* to work in *(in +acc* in), to introduce *(in +acc* in, into). **darf ich an dieser Stelle kurz ~, daß ...** I would just like to say at this point that ...

einfliegen *sep irreg* I *vt* 1. *Flugzeug* to test-fly. 2. *Proviant, Truppen* to fly in *(in +acc* -to). 3. *Verluste* to make; *Gewinne auch* to bring in. II *vi aux sein* to fly in *(in +acc* -to).

einfließen vi sep irreg aux sein to flow in; (Gelder auch) to run in; (Wasser auch) to run in; (fig) to have some influence (in +acc on), to leave its mark (in +acc on). **er ließ nebenbei ~, daß er Professor sei** he let it drop that he was a professor.

einflößen vt sep **jdm etw ~** to pour sth down sb's throat; Medizin auch to give sb sth; Ehrfurcht, Mut etc to instil sth into sb, to instil sb with a sense of sth.

Einflugschneise f (Aviat) flight or landing path.

Einfluß m 1. influence. **unter dem ~ von jdm/etw** under the influence of sb/sth; **unter ~ von Alkohol** under the influence (of alcohol); **~ auf jdn haben/ausüben** to have/exert an influence on sb; **~ nehmen** to bring an influence to bear; **auf die Entscheidung hat es keinen ~** it has no influence or bearing on the decision, it won't influence the decision; **darauf habe ich keinen ~** I can't influence that, I've no influence over that.
2. (lit: das Einfließen) (von Luft, fig) influx; (von Gas, Abwässern) inflow.

Einflußbereich m sphere of influence; **England liegt im ~ eines atlantischen Tiefs** England is being affected by an Atlantic depression; **einflußlos** adj uninfluential; **Einflußlosigkeit** f lack of influence; **Einflußnahme** f -, (rare) **-n** exertion of influence (gen by); **einflußreich** adj influential; **Einflußsphäre** f siehe Einflußbereich.

einflüstern vt sep **jdm etw ~** to whisper sth to sb; (fig) to insinuate sth to sb.

Einflüsterung f (fig) insinuation.

einfordern vt sep Schulden to demand payment of, to call (in).

einförmig adj uniform; (eintönig) monotonous.

Einförmigkeit f siehe adj uniformity; monotony.

einfressen vr sep irreg to eat in (in +acc -to). **der Haß hatte sich tief in ihn eingefressen** hate had eaten deep into his heart.

einfrieden vt sep (geh) to enclose.

Einfriedung f (geh) fence; wall; hedge.

einfrieren sep irreg **I** vi aux sein to freeze; (Wasserleitung, Schiff) to freeze up. **im Eis eingefroren** frozen into the ice; **die Beziehungen ~ lassen** to suspend relations. **II** vt (lit, fig) Nahrungsmittel, Löhne etc to freeze; (Pol) Beziehungen to suspend. **sich ~ lassen** to allow oneself to be put into deep-freeze.

Einfrierung f (fig) (von Löhnen etc) freezing; (von Beziehungen) suspension.

einfügen sep **I** vt Steine, Maschinenteile to fit (in +acc into); (nachtragen) to insert (in +acc in), to add (in +acc to). **darf ich an dieser Stelle ~, daß ...** may I add at this point that ...
II vr to fit in (in +acc -to); (sich anpassen) to adapt (in +acc to); (Haus in Umgebung etc) to fit in (in +acc with).

Einfügung f insertion, addition.

einfühlen vr sep **sich in jdn ~** to empathize with sb; (Theat) to feel oneself into (the role of) sb; **er kann sich gut in andere Leute ~** he's good at putting himself in other people's shoes (inf) or places or at empathizing with other people; **sich in etw (acc) ~** to understand sth; **sich in ein Gedicht ~** to experience a poem.

einfühlsam adj Interpretation sensitive; Mensch auch understanding, empath(et)ic (form).

Einfühlung f understanding (in +acc of); (in einen Menschen auch) empathy (in + acc with).

Einfühlungsvermögen nt capacity for understanding, empathy. **ein Buch mit großem ~ interpretieren** to interpret a book with a great deal of sensitivity.

Einfuhr f -, **-en** import.

Einfuhr- in cpds import; **Einfuhr|artikel** m import.

einführen sep **I** vt 1. (hineinstecken) to insert, to introduce (in +acc into).
2. (bekannt machen) to introduce (in + acc into); (Comm) Firma, Artikel to establish. **jdn in sein Amt/seine Arbeit ~** to install sb (in office)/introduce sb to his work; **jdn bei Hofe ~** to present sb at court; **~de Worte** introductory words, words of introduction.
3. (als Neuerung) to introduce, to bring in; neue Mode to set, to start; Sitte to start.
4. (Comm) Waren, Devisen to import.
II vr to introduce oneself. **sich gut gut ~** to make a good (initial) impression, to get off to a good start (inf).

Einfuhrgenehmigung f import permit; **Einfuhrhafen** m port of importation; **Einfuhrland** nt importing country; **Einfuhrsperre** f ban on imports.

Einführung f introduction (in + acc to); (Amts~) installation; (das Hineinstecken) insertion (in + acc into); (bei Hof) presentation.

Einführungs- in cpds introductory.

Einfuhrzoll m import duty.

einfüllen vt sep to pour in. **etw in Flaschen/Säcke/Fässer ~** to put sth into bottles/sacks/barrels, to bottle/sack/barrel sth.

Einfüll|öffnung f opening; **Einfüllstutzen** m (Aut) filler pipe.

Eingabe f 1. (form: Gesuch) petition (an +acc to). 2. (von Medizin) administration; (in Computer) input.

Eingabefrist f time limit for the filing of petitions; **Eingabegerät** nt (Computers) terminal.

Eingang m 1. entrance (in +acc to); (Zutritt, Aufnahme) entry. „**kein ~!**" "no entrance"; **jdm/sich ~ in etw (acc) verschaffen** to gain entry into sth; **in etw (acc) ~ finden** to find one's way into sth.
2. (Comm: Waren~, Post~) delivery; (Erhalt) receipt. **wir bestätigen den ~ Ihres Schreibens vom ...** we acknowledge receipt of your communication of the ...; **die Waren werden beim ~ gezählt** the goods are counted on delivery; **den ~ or die ~e bearbeiten** to deal with the incoming post or mail.
3. (Beginn) start, beginning. **zum ~ möchte ich bemerken ...** I would like to start by saying ...

eingängig adj Melodie, Spruch catchy; Theorie neat.

eingangs I *adv* at the start *or* beginning.
II *prep* +*gen* at the start *or* beginning of.
Eingangsbestätigung *f* (*Comm*) acknowledgement of receipt; **Eingangsbuch** *nt* (*Comm*) receipt book, book of receipts; **Eingangsdatum** *nt* date of delivery; **Eingangsformel** *f* (*Jur*) preamble; (*in Brief*) opening phrase; **Eingangshalle** *f* entrance hall; **Eingangsstempel** *m* (*Comm*) date stamp; **Eingangstür** *f* entrance, door; **Eingangsvermerk** *m* (*Comm*) notice of receipt.

eingeben *vt sep irreg* **1.** (*verabreichen*) to give. **jdm das Essen ~** to feed sb.
2. (*einspeichern*) **dem Computer etw ~** to feed *or* enter sth into the computer.
3. (*dated: einreichen*) *Gesuch etc* to submit (*an* +*acc* to).
4. (*liter*) *Gedanken etc* **jdm etw ~** to inspire sb with sth.

eingebettet *adj* **in** *or* **zwischen Wäldern/Hügeln ~** nestling among the woods/hills.
eingebildet *adj* **1.** (*hochmütig*) conceited.
2. (*imaginär*) imaginary; *Schwangerschaft* false. **ein ~er Kranker** a hypochondriac.
eingeboren *adj* (*einheimisch*) native; (*geh: angeboren*) innate, inborn (*dat* in). **Gottes ~er Sohn** the only begotten Son of God.

Eingeborenensprache *f* native language.
Eingeborene(r) *mf decl as adj* native (*auch hum*).
Eingebung *f* inspiration.
eingedenk (*old, liter*) **I** *prep* +*gen* bearing in mind, remembering. **~ dessen, daß ...** bearing in mind *or* remembering that ...
II *adj pred* **einer Sache** (*gen*) **~ sein** to bear sth in mind, to be mindful of sth (*old, liter*).
eingefahren *adj Verhaltensweise* well-worn. **die Diskussion bewegte sich in ~en Gleisen** the discussion stayed in the same old groove *or* covered the same old well-worn topics.
eingefallen *adj Wangen* hollow, sunken; *Augen* sunken, deep-set; *Gesicht* haggard, gaunt.
eingefleischt *adj* **1.** *attr* (*überzeugt*) confirmed; (*unverbesserlich*) dyed-in-the-wool. **~er Junggeselle** (*hum*) confirmed bachelor. **2.** (*zur zweiten Natur geworden*) ingrained, deep-rooted.
eingefuchst *adj* (*inf*) **~ sein** to have it all at one's fingertips.
eingehen *sep irreg aux sein* **I** *vi* **1.** (*old: eintreten*) to enter (*in* +*acc* into); (*Aufnahme finden: Wort, Sitte*) to be adopted (*in* +*acc* in). **in die Geschichte ~** to go down in (the annals of) history; **zur ewigen Ruhe** *or* **in den ewigen Frieden ~** to go to (one's) rest.
2. **etw geht jdm ein** (*wird verstanden*) sb grasps *or* understands sth; **es will mir einfach nicht ~, wie ...** it's beyond me how ..., I just cannot understand how ...
3. (*wirken*) **diese Musik geht einem leicht ein** this music is very catchy.
4. (*fig: einfließen*) to leave its mark, to have some influence (*in* +*acc* on). **die verschiedensten Einflüsse sind in das Werk eingegangen** there have been the most diverse influences on his work.

5. (*ankommen*) (*Briefe, Waren etc*) to arrive, to be received; (*Meldung, Spenden, Bewerbungen auch*) to come in. **~de Post/ Waren** incoming mail/goods; **eingegangene Post** mail received.
6. (*einlaufen: Stoff*) to shrink.
7. (*sterben: Tiere, Pflanze*) to die (*an* + *dat* of); (*inf: Firma etc*) to fold. **bei dieser Hitze/Kälte geht man ja ein!** (*inf*) this heat/cold is just too much (*inf*) *or* is killing (*inf*); **bei dem Boxkampf ist er mächtig eingegangen** (*sl*) he got a clobbering in the fight (*inf*).
8. auf etw (*acc*) **~** (*behandeln*) *Frage, Punkt etc* to go into sth; **darauf gehe ich noch näher ein** I will go into that in more detail; **niemand ging auf meine Frage/mich ein** nobody took any notice of my question/me.
9. (*sich einfühlen, einfühlen*) **auf jdn/etw ~** to give (one's) time and attention to sb/sth.
10. (*zustimmen*) **auf einen Vorschlag/Plan ~** to agree to *or* fall in with a suggestion/plan.
II *vt* (*abmachen, abschließen*) to enter into; *Risiko* to take; *Wette* to make. **er gewinnt, darauf gehe ich jede Wette ein** I bet you anything he wins; **einen Vergleich ~** (*Jur*) to reach a settlement.

eingehend *adj* (*ausführlich*) detailed; (*gründlich*) thorough; *Bericht, Studien, Untersuchungen auch* in-depth *attr*.
eingekeilt *adj* hemmed in; *Auto auch* boxed in; (*fig*) trapped.
Eingemachte(s) *nt decl as adj* bottled fruit and vegetables; (*Marmelade*) preserves *pl*. **ans ~ gehen** (*fig*) to make inroads into one's reserves.
eingemeinden* *vt sep* to incorporate (*in* +*acc*, *nach* into).
Eingemeindung *f* incorporation.
eingenommen *adj* **für jdn/etw ~ sein** to be taken with sb/sth, to be enamoured of sb/sth; **gegen jdn/etw ~ sein** to be prejudiced *or* biased against sb/sth; **er ist sehr von sich** (*dat*) **selbst ~** he thinks a lot of himself, he really fancies himself.
eingeschlechtig *adj* (*Bot*) unisexual, diclinous (*form*).
eingeschlechtlich *adj Gruppe* single-sex.
eingeschnappt *adj* (*inf*) cross. **~ sein** to be in a huff; **sie ist immer gleich ~** she always gets into a huff.
eingeschossig ['aɪngəʃɔsɪç] *adj Haus* single-storey.
eingeschränkt *adj* (*eingeengt*) restricted, limited; (*sparsam*) careful. **in ~en Verhältnissen leben** to live in straitened circumstances.
Eingeschränktheit *f* restriction; (*finanziell*) straitened circumstances *pl*.
eingeschrieben *adj Mitglied, Brief* registered.
eingeschworen *adj* confirmed; *Gemeinschaft* close. **auf etw** (*acc*) **~ sein** to swear by sth; **auf eine Politik ~ sein** to be committed to a policy; **die beiden sind aufeinander ~** the two of them are very close (to one another).
eingesessen *adj Einwohner, Familie* old-established; *Firma auch* long-established.

die Firma/Familie ist dort seit Generationen ~ the firm/family has been (established) there for generations.

Eingesottene(s) nt decl as adj (Aus) bottled fruit.

eingespannt adj busy.

eingespielt adj Mannschaft, Team (well-)-adjusted to working/playing together. **aufeinander** ~ **sein** to be used to one another.

eingestandenermaßen adv admittedly.

Eingeständnis nt admission, confession.

eingestehen* vt sep irreg to admit, to confess. **sie hat den Diebstahl eingestanden** she admitted (to) or confessed the theft; **sich** (dat) ~, **daß ...** to admit to oneself that ...

eingestellt adj materialistisch/fortschrittlich ~ **sein** to be materialistically/progressively minded or materialistic/progressive; **links/rechts** ~ **sein** to have leanings to the left/right; **wer so** ~ **ist wie er** anyone who thinks as he does, anyone like him; **gegen jdn** ~ **sein** to be set against sb; **ich bin im Moment nicht auf Besuch** ~ I'm not prepared for visitors; **auf Export** ~ **sein** to be geared to exports or tailored to the export market.

eingestrichen adj (Mus): **das** ~**e C/A** middle C/the A above middle C.

eingetragen adj Mitglied, Warenzeichen, Verein registered.

Eingeweide nt -**s**, - usu pl entrails pl, innards pl.

Eingeweihte(r) mf decl as adj initiate. **seine Lyrik ist nur** ~**n verständlich** his poetry can only be understood by the initiated; **ein paar** ~ a chosen few.

eingewöhnen* vr sep to settle down or in (in +dat in).

Eingewöhnung f settling down or in.

eingewurzelt adj deep-rooted, deep-seated. **tief bei jdm** ~ **sein** to be deeply ingrained in sb.

eingießen vt sep irreg (hineinschütten) to pour in (in +acc -to); (einschenken) to pour (out). **darf ich Ihnen noch Kaffee** ~? can I give you or pour you some more coffee?; **bitte gießen Sie sich** (dat) **noch ein!** do pour yourself some more.

eingipsen vt sep Arm, Bein to put in plaster; Dübel etc to plaster in (in +acc -to).

Einglas nt (dated) monocle.

eingleisig adj single-track. **der Zug/die Straßenbahn fährt hier nur** ~ the railway/tram-line is only single-track here; **er denkt sehr** ~ (fig) he's completely single-minded.

eingliedern sep I vt Firma, Gebiet to incorporate (dat into, with); jdn to integrate (in +acc into); (einordnen) to include (unter +acc under, in). II vr to fit in (dat, in +acc -to, in), to integrate oneself (dat, in +acc into) (form).

Eingliederung f (von Firma, Gebiet) incorporation; (von Behinderten, von Straffälligen) integration.

eingraben sep irreg I vt Pfahl, Pflanze, Krallen to dig in (in +acc -to); (vergraben) Schatz, Leiche to bury (in +acc in). **eine Inschrift in Granit** ~ (geh) to carve an inscription into granite.

II vr to dig oneself in (auch Mil). **der Fluß hat sich ins Gestein eingegraben** the river carved itself a channel in the rock; **dieses Erlebnis hat sich seinem Gedächtnis eingegraben** this experience has carved itself on his memory; **die Krallen gruben sich ins Fleisch des Opfers ein** the claws dug into the victim's flesh.

eingravieren* vt sep to engrave (in +acc in).

eingreifen vi sep irreg 1. (Tech) to mesh (in +acc with). 2. (einschreiten, Mil) to intervene. **in jds Rechte** (acc) ~ to intrude (up)on sb's rights.

eingrenzen vt sep (lit) to enclose; (fig) Problem, Thema to delimit, to circumscribe.

Eingriff m 1. (Med) operation. **ein verbotener** ~ an illegal abortion. 2. (Übergriff) intervention. **ein** ~ **in jds Rechte/Privatsphäre** an intrusion (up)on sb's rights/privacy.

eingruppieren* vt sep to group (in +acc in).

Eingruppierung f grouping.

einhacken vi sep to peck (auf +acc at). **auf jdn** ~ (fig) to pick on sb.

einhaken sep I vt to hook in (in +acc -to). II vi (inf: Punkt aufgreifen) to intervene; (in Unterhaltung auch) to break in. **wenn ich an diesem Punkt vielleicht** ~ **darf** if I might just take up that point. III vr **sie hakte sich bei ihm ein** she put or slipped her arm through his; **eingehakt gehen** to walk arm in arm.

Einhalt m -(e)s, no pl jdm/einer Sache ~ **gebieten** to stop or halt sb/sth; **einem Mißbrauch** auch to put an end or a stop to sth.

einhalten sep irreg I vt 1. (beachten) to keep; Spielregeln auch to obey; Diät, Vertrag auch to keep to; Verpflichtungen to carry out. **die Zeit** ~ to keep to time or schedule; **den Kurs** ~ (Aviat) to maintain (its) course, to stay on course.

2. (old: aufhalten) Schwungrad to stop.

3. (Sew) to gather.

II vi 1. (geh: aufhören) to stop or halt; (innehalten) to pause. **halt ein!** stop!

2. (dial: Harn, Stuhlgang zurückhalten) to wait.

Einhaltung f siehe vt 1. keeping (gen of); obedience (gen to); keeping (gen to); carrying out (gen of). **ich werde ihn zur** ~ **des Vertrages zwingen** I will force him to keep (to) the contract.

einhämmern sep I vt Nagel etc to hammer in (in +acc -to); Inschrift etc to chisel in (in +acc -to), to engrave (in +acc into). **jdm etw** ~ (fig) to hammer or drum sth into sb.

II vi auf etw (acc) ~to hammer on sth; **auf jdn** ~ (lit, fig) to pound sb; **die laute Musik hämmerte auf uns ein** the loud music pounded in our ears.

einhamstern vt sep (inf) to collect.

einhandeln vt sep 1. (gegen, für for) to trade, to swop, to exchange. 2. (bekommen) **sich** (dat) **etw** ~ (inf) to get sth.

einhändig adj one-handed.

einhändigen vt sep (form) to hand in, to submit (form).

Einhandsegler m 1. single-handed yachtsman. 2. (*Boot*) single-handed yacht, single-hander.

einhängen *sep* I *vt Tür* to hang; *Fenster* to put in; (*Telec*) *Hörer* to put down; *Lampe, Girlande* to hang up. **er hat eingehängt** he's hung up. II *vr siehe* **einhaken** III.

einhauchen *vt sep* (*liter*) **jdm/einer Sache etw ~** to breathe sth into sb/sth; **einer Sache** (*dat*) **neues Leben ~** to breathe new life into sth, to bring new life to sth.

einhauen *sep irreg* I *vt* 1. *Nagel etc* to knock *or* drive *or* bash (*inf*) in (*in* +*acc* -to).
2. (*zertrümmern*) to smash *or* bash (*inf*) in.
3. *Inschrift etc* to carve in (*in* +*acc* -to). II *vi* 1. **auf jdn ~** to lay into sb, to go for sb; **auf etw** (*acc*) **~** to go at sth.
2. (*inf: beim Essen*) to tuck in (*inf*).

einheben *vt sep irreg* 1. (*einhängen*) *Tür* to hang. 2. (*esp Aus*) *Steuern* to levy.

einheften *vt sep* 1. *Buchseiten* to stitch in; (*mit Heftmaschine*) to staple in; (*Sew*) *Futter* to tack in. 2. *Akten etc* to file.

einhegen *vt sep* to enclose.

einheimisch *adj Mensch, Tier, Pflanze* native, indigenous; *Produkt, Industrie, Mannschaft* local.

Einheimische(r) *mf decl as adj* local.

einheimsen *vt sep* (*inf*) to collect; *Erfolg, Ruhm auch* to walk off with; *Geld auch* to rake in (*inf*).

Einheirat *f* marriage (*in* +*acc* into).

einheiraten *vi sep* **in einen Betrieb ~** to marry into a business.

Einheit *f* 1. (*von Land etc*) unity; (*das Ganze*) whole. **eine geschlossene ~ bilden** to form an integrated whole; **~ von Forschung und Lehre** indivisibility of teaching and research. 2. (*Mil, Sci*) unit.

einheitlich *adj* (*gleich*) the same, uniform; (*genormt*) standard(ized); (*in sich geschlossen*) unified. **~ gekleidet** dressed alike *or* the same; **wir müssen ~ vorgehen** we must act in accordance with one another; **etw ~ gestalten/regeln** to have standardized regulations/a standardized design for sth.

Einheitlichkeit *f siehe adj* uniformity; standardization; unity.

Einheitsformat *nt* standard format; **Einheitsfront** *f* (*Pol*) united front; (*Volksfront*) popular front; **Einheitsgewerkschaft** *f* united trade *or* labor (*US*) union; **Einheitskleidung** *f* uniform; **Einheitsliste** *f* (*Pol*) single *or* unified list of candidates; **Einheitspartei** *f* united party; **Einheitspreis** *m* standard price; **Einheitstarif** *m* standard tariff.

einheizen *sep* I *vi* to put the heating on. **bei dieser Kälte muß man tüchtig ~** you have to have the heating going full blast in this cold weather; **jdm (tüchtig) ~** (*inf*) (*die Meinung sagen*) to haul sb over the coals; (*zu schaffen machen*) to make things hot for sb.
II *vt Ofen* to put on; *Zimmer* to heat (up).

einhellig *adj* unanimous.

Einhelligkeit *f* unanimity.

einher- *pref* (*entlang*) along; (*hin und her*)

up and down. **~reden** *siehe* **daherreden**.

einhöck(e)rig *adj Kamel* one-humped.

einholen *vt sep* 1. (*einziehen*) *Boot, Netz, Tau* to pull *or* haul in; *Fahne, Segel* to lower, to take down.
2. *Rat, Gutachten, Erlaubnis* to obtain. **bei jdm Rat ~** to obtain sb's advice *or* advice from sb.
3. (*erreichen, nachholen*) *Laufenden* to catch up; *Vorsprung, Versäumtes, Zeit* to make up; *Verlust* to make good.
4. *auch vi* (*dial*) *siehe* **einkaufen**.

Einholung *f* 1. (*von Fahne*) lowering.
2. (*von Rat, Gutachten etc*) obtaining.

Einhorn *nt* (*Myth, Astron*) unicorn.

Einhufer *m* **-s, -** (*Zool*) solidungulate (*spec*).

einhufig *adj* solidungulate (*spec*).

einhüllen *sep* I *vt Kind, Leichnam* to wrap (up), to swathe (*liter*) (*in* +*acc* in). **in Nebel/Wolken eingehüllt** shrouded *or* enveloped in mist/clouds. II *vr* (*geh*) to wrap oneself up.

einhundert *num* (*form*) *siehe* **hundert**.

einhüten *vi sep* (*N Ger*) to keep house (*bei* for); (*Kinder hüten*) to babysit (*bei* for).

einig *adj* 1. (*geeint*) united.
2. (*einer Meinung*) agreed, in agreement (*über* +*acc* on, about, *in* +*dat* on). **ich weiß mich in dieser Sache mit ihm ~** (*geh*) I know I am in agreement with him on this; **sich** (*dat*) **über etw** (*acc*) **~ werden** to agree on sth; **darüber** *or* **darin sind wir uns ~, daß ...** we are agreed that ...; **wir werden schon miteinander ~ werden** we will manage to come to an agreement; **Franz und Frieda sind sich ~** (*inf*) Franz and Frieda have an understanding.

ein|igeln *vr sep* (*Mil*) to take up a position of all-round defence; (*fig*) to hide (oneself) away.

einigemal *adv* a few times.

einigen I *vt Volk etc* to unite; *Streitende* to reconcile.
II *vr* to reach (an) agreement (*über* + *acc* about). **sich über den Preis/eine gemeinsame Politik ~** to reach agreement *or* to agree on the price/a common policy; **sich auf einen Kompromiß/Vergleich ~** to agree to a compromise/settlement; **sich dahin (gehend) ~, daß ...** to agree that ...

einige(r, s) *indef pron* 1. *sing* (*etwas*) some; (*ziemlich viel*) (quite) some. **in ~r Entfernung** some distance away; **nach ~r Zeit** after a while *or* some time; **ich könnte dir ~s über ihn erzählen, was ...** I could tell you a thing or two about him that ...; **das wird ~s kosten** that will cost something; **dazu ist noch ~s zu sagen** there are still one or two things to say about that; **dazu gehört schon ~s/~ Frechheit/~r Mut** that really takes something/that takes some cheek/some courage; **mit ~m guten Willen** (*mit Anstrengung*) with a bit of effort; **mit ~m guten Willen hätte der Richter ihn freisprechen können** the judge could have given him the benefit of the doubt and acquitted him.
2. *pl* some; (*mehrere auch*) several; (*ein paar auch*) a few. **mit ~n anderen** with several/a few others; **mit Ausnahme ~r** weniger with a few exceptions; **~ Male**

several times; ~ **hundert Menschen** a few hundred people; **an** ~**n Stellen** in some places; **in** ~**n Tagen** in a few days; **vor** ~**n Tagen** the other day, a few days ago.

einigermaßen I *adv* (*ziemlich*) rather, somewhat; (*vor adj*) fairly; (*ungefähr*) to some extent or degree. **ein** ~ **gutes Angebot** a fairly good offer, not a bad offer; ~ **Bescheid wissen** to have a fair idea; **er hat die Prüfung so** ~ **geschafft** he did so-so in the exam; **wie geht's dir?** — ~ how are you? — all right or so-so.

II *adj pred* (*inf: leidlich*) all right, fair, reasonable. **wie ist denn das Hotel? — na ja,** ~ what's the hotel like? — oh, fair or all right.

einiggehen *vi sep irreg aux sein* to agree, to be agreed (*in* +*dat* on). **ich gehe mit ihm darin einig, daß ...** I am agreed with him that ...

Einigkeit *f, no pl* (*Eintracht*) unity; (*Übereinstimmung*) agreement. **in diesem** or **über diesen Punkt herrschte** or **bestand** ~ there was agreement on this point; ~ **macht stark** (*Prov*) unity gives strength, strength through unity (*prov*).

Einigung *f* 1. (*Pol*) unification. 2. (*Übereinstimmung*) agreement; (*Jur: Vergleich*) settlement. **über etw** (*acc*) ~ **erzielen** to come to or reach agreement on sth.

ein|impfen *vt sep* **jdm etw** ~ (*lit*) to inject or inoculate sb with sth.

einjagen *vt sep* **jdm Furcht/einen Schrecken** ~ to frighten sb/to give sb a fright or a shock.

einjährig *adj Kind, Tier* one-year-old; *Pflanze* annual. **nach** ~**er Pause** after a break of one or a year; ~**e Frist/Dauer** a period of one or a year.

Einjährige(s) *nt decl as adj* (*old Sch*) ≃ lower school certificate (*old*).

einkalkulieren* *vt sep* to reckon with or on; *Kosten* to include, to take into account.

Einkammersystem *nt* (*Pol*) single-chamber or unicameral (*form*) system.

einkapseln *sep* **I** *vt Tabletten* to encapsulate. **II** *vr* (*Med*) to encapsulate (*form*); (*fig*) to withdraw or go into one's shell.

einkassieren* *vt sep* 1. *Geld, Schulden* to collect. 2. (*inf: wegnehmen*) to take. **er hat eine Ohrfeige einkassiert** he earned himself a clip on the ear.

Einkauf *m* 1. (*das Einkaufen*) buying (*auch Comm*), purchase. **Einkäufe machen** to go shopping; **ich muß noch ein paar Einkäufe machen** I still have a few things to buy or a few purchases to make.

2. (*Gekauftes*) purchase. **ein guter/schlechter** ~ a good/bad buy.

3. *no pl* (*Comm: Abteilung*) buying (department).

4. (*in Firma etc*) **er versucht durch Einkäufe in diese Firma in Europa Fuß zu fassen** he is trying to get a foothold in Europe by buying up shares in this firm.

5. (*Ftbl*) transfer.

einkaufen *sep* **I** *vt* to buy; *Vorräte* to buy (in). **II** *vi* to shop; (*Comm*) to buy, to do the buying. ~ **gehen** to go shopping; **ich kaufe nur bei Müller ein** I only shop at Müllers. **III** *vr* to buy one's way (*in* +*acc* into).

Einkäufer *m* (*Comm*) buyer.

Einkaufs- *in cpds* shopping; **Einkaufsbummel** *m* shopping spree; **einen** ~ **machen** to go on a shopping spree; **Einkaufsgenossenschaft** *f* consumers' co-operative society; **Einkaufsleiter** *m* (*Comm*) chief buyer; **Einkaufsnetz** *nt* string bag, shopping net; **Einkaufspreis** *m* wholesale price; **Einkaufsquelle** *f* **eine gute** ~ a good place to buy sth; **Einkaufsstraße** *f* shopping street; **Einkauftasche** *f* shopping bag; **Einkaufsviertel** *nt* shopping area; **Einkaufswagen** *m* trolley; **Einkaufszentrum** *nt* shopping centre; **Einkaufszettel** *m* shopping list.

Einkehr *f* -, *no pl* 1. (*in Gasthaus*) stop. **in einem Gasthaus** ~ **halten** to (make a) stop at an inn. 2. (*geh: Besinnung*) self-examination, reflection. **bei sich** ~ **halten** to look into or search one's heart.

einkehren *vi sep aux sein* 1. (*in Gasthof*) to (make a) stop, to stop off (*in* +*dat* at); (*bei Freunden*) to call in (*bei* on). 2. (*Ruhe, Friede*) to come (*bei* to); (*Not, Sorge*) to come (*bei* upon, to). **wieder** ~ to return (*bei* to).

einkellern *vt sep* to store in a cellar.

einkerben *vt sep* to cut a notch/notches in, to notch; (*schnitzen*) to cut, to chip.

Einkerbung *f* notch.

einkerkern *vt sep* to incarcerate.

einkesseln *vt sep* to encircle, to surround.

Einkesselung *f* encirclement, surrounding.

einklagbar *adj Schulden* (legally) recoverable.

einklagen *vt sep Schulden* to sue for (the recovery of).

einklammern *vt sep* to put in brackets, to put brackets around; (*fig*) *Thema, Frage* to leave aside.

Einklang *m* 1. (*Mus*) unison.

2. (*Übereinstimmung*) harmony. **in** ~ **bringen** to bring into accord; **in** or **im** ~ **mit etw stehen** to be in accord with sth; **seine Worte und Taten stehen nicht miteinander im** or **in** ~ his words and deeds were at variance or not in accord with one another.

Einklassenschule *f* one-class school.

einklassig *adj Schule* one-class *attr*.

einkleben *vt sep* to stick in (*in* +*acc* -to).

einkleiden *vt sep Soldaten* to fit or kit out (with a uniform); *Novizen* to accept (as a novice); (*fig*) *Gedanken* to couch. **jdn/sich völlig neu** ~ to buy sb/oneself a completely new wardrobe.

Einkleidung *f* 1. (*das Einkleiden*) fitting out; acceptance as a novice; (*von Gedanken*) couching. 2. (*Verhüllung*) veil. **in mystischer** ~ veiled in mysticism.

einklemmen *vt sep* 1. (*quetschen*) to jam; *Finger etc* to catch, to get caught. **er hat mir die Hand in der Tür eingeklemmt** he caught my hand in the door; **der Fahrer war hinter dem Steuer eingeklemmt** the driver was pinned behind the wheel.

2. (*festdrücken*) to clamp. **der Hund klemmte den Schwanz ein** the dog put his tail between his legs; **eingeklemmter Bruch** (*Med*) strangulated hernia.

einklinken *sep* **I** *vt Tür etc* to latch; *Segel-*

flugzeug, Leine to hitch up. **die Tür ist eingeklinkt** the door is on the latch. **II** *vi* (*Verschluß, Sicherheitsgurt*) to click shut; (*Tech: einrasten*) to engage.

einklopfen *vt sep Nagel etc* to knock in (*in +acc* -to).

einkneifen *vt sep irreg Lippen* to press together.

einknicken *sep* **I** *vt Papier* to crease (over); *Streichholz, Äste* to snap.
II *vi aux sein* (*Strohhalm*) to get bent; (*Äste*) to snap; (*Knie*) to give way, to buckle. **er knickt immer mit den Knien ein** his knees are always giving way; **mein Knöchel** *or* **Fuß knickt dauernd ein** I'm always going over on my ankle.

einknöpfbar *adj Futter* attachable.

einknöpfen *vt sep Futter* to button in.

einknüppeln *vi sep* **auf jdn** ~to beat sb (up) with cudgels; (*Polizei*) to beat sb (up) with batons *or* truncheons; (*fig*) to lash sb.

einkochen *sep* **I** *vt Gemüse* to preserve; *Obst auch, Marmelade* to bottle. **II** *vi aux sein* (*Marmelade etc*) to boil down; (*Wasser*) to boil away; (*Soße*) to thicken.

einkommen *vi sep irreg aux sein* (*form*)
1. (*eingenommen werden: Geld*) to come in. **2.** (**bei jdm**) **um etw** ~ to apply (to sb) for sth. **3.** (*Sport, Naut*) to come in.

Einkommen *nt* **-s,** **-** income.

Einkommens|ausfall *m* loss of income; **Einkommensgrenze** *f* income limit; **einkommenslos** *adj* (*form*) ~ **sein** to have no income, to be without an income; **einkommensschwach** *adj* low-income *attr*; **einkommensstark** *adj* high-income *attr*.

Einkommen(s)steuer *f* income tax.

Einkommen(s)steuer|erklärung *f* income tax return; **einkommen(s)steuerpflichtig** *adj* liable to income tax.

Einkommensverhältnisse *pl* (level of) income.

einköpfen *vti sep* (*Ftbl*) to head in (*in + acc* -to). **Müller köpfte zum 1:0 ein** Müller's header made the score 1-0.

einkrachen *vi sep aux sein* (*inf*) to crash down.

einkreisen *vt sep Feind, Wild* to surround; (*fig*) *Frage, Problem* to consider from all sides; (*Pol*) to isolate.

Einkreisung *f* surrounding; (*von Frage, Problem*) systematic consideration; (*Pol*) isolation.

Einkreisungspolitik *f* policy of isolation.

einkriegen *sep* **I** *vt* (*inf*) to catch up. **II** *vr* (*dial*) **sie konnte sich gar nicht mehr darüber** ~, **wie/daß …** she couldn't get over how/the fact that …

Einkünfte *pl* income *sing*; (*einer Firma auch*) receipts.

einkuppeln *sep* **I** *vi* (*Aut*) to let the clutch in, to engage the clutch. **II** *vt Eisenbahnwaggon* to couple (up).

einladen *vt sep irreg* **1.** *Waren* to load (*in +acc* into).
2. to invite. **jdn zu einer Party/ins Kino** ~ to invite *or* ask sb to a party/to ask sb to the cinema; **jdn auf ein Bier** ~ to invite sb for a beer; **jdn für acht Tage** ~ to invite sb (to stay) for a week; **laß mal, ich lade dich**

ein let me treat you; **wir sind heute abend eingeladen** we've been invited out this evening; **dieses hübsche Plätzchen lädt zum Bleiben ein** it's very tempting to linger in this pretty spot.

einladend *adj* inviting; *Geste* of invitation; *Speisen* appetizing.

Einladung *f* invitation. **einer** ~ **Folge leisten** (*form*) to accept an invitation.

Einladungskarte *f* invitation (card); **Einladungsschreiben** *nt* (official) invitation.

Einlage *f* **-,** **-n 1.** (*Zahn*~) temporary filling.
2. (*Schuh*~) insole; (*zum Stützen*) (arch) support.
3. (*Sew: Versteifung*) interfacing.
4. (*in Brief*) enclosure. **einen Prospekt als** ~ **beilegen** to enclose a pamphlet.
5. (*Cook*) noodles, vegetables, egg etc added to a clear soup.
6. (*Zwischenspiel*) interlude.
7. (*Fin: Kapital*~) investment; (*Spar*~ *auch*) deposit; (*Spiel*~) stake.

einlagern *sep* **I** *vt* to store. **II** *vr* to become deposited (*in +acc or dat* in); (*Met*) to settle.

Einlagerung *f* **1.** storage. **2.** (*Geol*) deposit.

einlangen *vi sep aux sein* (*Aus*) to arrive.

Einlaß *m* **-sses,** **-sse 1.** *no pl* (*Zutritt*) admission. **sich** (*dat*) ~ **in etw** (*acc*) **verschaffen** to gain entry *or* admission to sth.
2. (*Tech: Öffnung*) inlet, opening.

einlassen *sep irreg* **I** *vt* **1.** (*eintreten lassen*) to let in, to admit.
2. (*einlaufen lassen*) *Wasser* to run (*in + acc* into). **er ließ sich** (*dat*) **ein Bad ein** he ran himself a bath.
3. (*einpassen, einfügen*) to let in (*in + acc* -to); (*in Holz, Metall auch*) to set in (*in +acc* -to). **ein eingelassener Schrank** a built-in cupboard, a cupboard let into the wall.
4. (*Aus*) *Boden, Möbel* to varnish.
II *vr* **1.** **sich auf etw** (*acc*) ~ (*auf Angelegenheit, Abenteuer, Diskussion, Liebschaft*) to get involved in sth; (*auf Streit, zwielichtiges Unternehmen auch*) to get mixed up in sth, to get into sth; (*sich zu etw verpflichten*) to let oneself in for sth; **sich auf einen Kompromiß** ~ to agree to a compromise; **sich in ein Gespräch** ~ to get into (a) *or* get involved in a conversation; **ich lasse mich auf keine Diskussion ein** I'm not having any discussion about it; **darauf lasse ich mich nicht ein!** (*bei Geschäft, Angelegenheit*) I don't want anything to do with it; (*bei Kompromiß, Handel etc*) I'm not agreeing to that; **da habe ich mich aber auf etwas eingelassen!** I've let myself in for something there!
2. **sich mit jdm** ~ (*pej: Umgang pflegen mit*) to get mixed up *or* involved with sb; **er ließ sich mit diesem Flittchen ein** he was carrying on with this tarty little bit (*pej inf*); **sie läßt sich mit jedem ein!** she'll go with anyone.
3. (*Jur: sich äußern*) to testify (*zu* on).

einläßlich *adj* (*Sw*) *siehe* **ausführlich.**

Einlassung *f* (*Jur*) testimony.

Einlauf *m* **1.** *no pl* (*Sport*) (*am Ziel*) finish; (*ins Stadion etc*) entry. **beim ~ in die Zielgerade …** coming into the finishing straight …
2. (*Med*) enema. **jdm einen ~ machen** to give sb an enema.

einlaufen *sep irreg* **I** *vi aux sein* **1.** to come in (*in +acc* -to); (*ankommen auch*) to arrive (*in +acc* in); (*Sport*) (*ins Stadion*) to come *or* run in (*in +acc* -to), to enter (*in etw* (*acc*) sth); (*durchs Ziel*) to finish. **das Schiff läuft in den Hafen ein** the ship is coming into *or* entering the harbour.
2. (*hineinlaufen: Wasser*) to run in (*in + acc* -to).
3. (*eintreffen*) *Post* to arrive; *Bewerbungen etc* to be received, to come in.
4. (*eingehen: Stoff*) to shrink. **garantiert kein E~** guaranteed non-shrink.
II *vt Schuhe* to wear in.
III *vr* (*Motor, Maschine*) to run in, to be broken in (*US*); (*Sport*) to warm *or* limber up; (*fig: Geschäfte*) to settle down.

Einlaufwette *f* (*Sport*) three-way bet.
einläuten *vt sep Sonntag etc* to ring in; (*Sport*) *Runde* to sound the bell for.
einleben *vr sep* to settle down (*in or an + dat* in); (*fig: sich hineinversetzen*) to immerse oneself (*in +acc* in).
Einlege|arbeit *f* inlay work *no pl*.
einlegen *vt sep* **1.** (*in Holz etc*) to inlay. **eingelegte Arbeit** inlay work.
2. (*hineintun*) to insert (*in +acc* in), to put in (*in +acc* -to); *Film auch* to load (*in +acc* into); (*in Brief*) to enclose (*in +acc* in). **einen Pfeil (in den Bogen) ~** to fit an arrow (into the bow).
3. (*einfügen*) *Sonderschicht, Spurt, Sonderzug* to put on; *Lied, Kunststück, Pause* to have; (*Aut*) *Gang* to engage.
4. (*Fin: einzahlen*) to pay in, to deposit.
5. (*fig: geltend machen*) *Protest* to register. **ein gutes Wort für jdn ~** to put in a good word for sb (*bei* with); **sein Veto ~** to exercise *or* use one's veto.
6. (*Cook*) *Heringe etc* to pickle.
7. *Haare* to set, to put in rollers.
Einleger(in *f*) *m* **-s,** - investor.
Einlegesohle *f* insole.
einleiten *vt sep* **1.** (*in Gang setzen*) to initiate; *Maßnahmen auch, Schritte* to introduce, to take; *neues Zeitalter* to mark the start of, to inaugurate; (*Jur*) *Verfahren* to institute; (*Med*) *Geburt* to induce.
2. (*beginnen*) to start; (*eröffnen*) to open.
3. *Buch* (*durch Vorwort*) to write an introduction to, to introduce; (*Mus*) to prelude.
4. *Abwässer etc* to introduce (*in +acc* into).
einleitend *adj* introductory; *Worte auch* of introduction. **er sagte ~, daß …** he said by way of introduction that …
Einleitung *f* **1.** *siehe vt* **1.** initiation; introduction; inauguration; institution; induction.
2. (*Vorwort*) introduction; (*Mus*) prelude.
3. (*von Abwässern*) introduction (*in + acc* into).
einlenken *sep* **I** *vi* **1.** (*fig*) to yield, to give

way. **2.** (*einbiegen*) to turn in (*in +acc* -to). **II** *vt Rakete* to steer (*in +acc* onto).
einlernen *vt sep* (*pej inf*) **jdm etw ~** to teach sb sth; **sich** (*dat*) **etw ~** to memorize *or* learn sth.
einlesen *sep irreg* **I** *vr* **sich in ein Buch/Gebiet** *etc* **~** to get into a book/subject *etc*.
II *vt Daten* to feed (*in +acc* into).
einleuchten *vi sep* to be clear (*jdm* to sb). **der Grund seiner Abneigung leuchtet mir nicht ein** I don't see *or* understand *or* it's not clear to me why he doesn't like me; **ja, das leuchtet mir ein!** yes, I see that, yes, that's clear (to me); **das will mir nicht ~** I just don't understand *or* see that.
einleuchtend *adj* reasonable, plausible.
einliefern *vt sep Waren* to deliver. **jdn ins Krankenhaus ~** to admit sb to hospital; **jdn ins Gefängnis ~** to put sb in *or* commit sb to prison.
Einlieferung *f* (*von Waren*) delivery; (*ins Krankenhaus*) admission (*in +acc* to); (*ins Gefängnis*) committal (*in +acc* to); (*von Briefen etc*) sending.
Einlieferungsschein *m* certificate of posting.
einliegend *adj pred* (*form*) enclosed. **~ erhalten Sie …** please find enclosed …
einlochen *vt sep* **1.** (*inf: einsperren*) to put behind bars. **2.** (*Golf*) to hole out.
einlösbar *adj* redeemable.
einlösen *vt sep Pfand* to redeem; *Scheck, Wechsel* to cash (in); (*fig*) *Wort, Versprechen* to keep.
Einlösung *f* *siehe vt* redemption; cashing (in); keeping.
einlullen *vt sep Kind* to lull to sleep; (*fig*) *Mißtrauen, Wachsamkeit* to allay, to quiet. **jdn mit Versprechungen/schönen Worten ~** to lull sb with (soothing) promises/soft words.
einmachen *vt sep Obst, Gemüse* to preserve; (*in Gläser*) to bottle; (*in Dosen*) to can, to tin (*Brit*).
Einmachglas *nt* bottling jar; **Einmachtopf** *m* preserving pan.
einmahnen *vt sep* (*form*) to demand payment of.
einmal *adv* **1.** (*ein einziges Mal*) once; (*erstens*) first of all, firstly, for a start. **~ eins ist eins** once one *or* one times one is one; **~ sagt er dies, ~ das** sometimes he says one thing, sometimes another; **auf ~** (*plötzlich*) suddenly, all of a sudden, all at once; (*zugleich*) at once; **~ mehr** once again; **~ und nicht** *or* **nie wieder** once and never again; **noch ~** again; **versuch's noch ~** (*wieder*) try once more *or* again; **versuch's noch einmal** (*ein letztes Mal*) try one last time *or* once again; **noch ~ so groß wie** as big again as; **wenn sie da ist, ist es noch ~ so schön** it's twice as beautiful when she's there; **~ ist keinmal** (*Prov*) (*schadet nicht*) once won't hurt *or* do any harm; (*zählt nicht*) once doesn't count.
2. (*früher, vorher*) once; (*später, in Zukunft*) one *or* some day. **waren Sie schon ~ in Rom?** have you ever been to Rome?; **er hat schon ~ bessere Zeiten gesehen** he has seen better days; **sie waren ~ glücklich, aber jetzt …** they were happy once *or* at one time, but now …; **du wirst**

noch ~ an meine Worte denken you will think of my words some day; **es war ~ ...** once upon a time there was ...; **das war ~!** that was then; **besuchen Sie mich doch ~!** come and visit me some time!

3. (*verstärkend, eingrenzend*) *meist nicht übersetzt*. **nicht ~** not even; **auch ~** also, too; **wieder ~** again; **ich bin nun ~ so** that's the way I am, I'm just like that; **wie die Lage nun ~ ist** with things as *or* the way they are; **wenn er nun ~ hier ist ...** seeing he's here ...; **alle ~ herhören!** listen everyone!; **sag ~, ist das wahr?** tell me, is it true?

Einmal|eins *nt* -, *no pl* (multiplication) tables *pl*; (*fig*) ABC, basics *pl*. **das ~ lernen/aufsagen** to learn/say one's tables; **das kleine/große ~** (multiplication) tables up to/over ten.

Einmalhandtuch *nt* disposable towel.

einmalig *adj* **1.** *Gelegenheit, Angebot, Fall* unique.

2. (*nur einmal erforderlich*) single; *Anschaffung, Zahlung* one-off *attr*.

3. (*inf: hervorragend*) fantastic, amazing. **dieser Film ist etwas E~es** this film is really something (*inf*); **der Bursche ist wirklich ~** that guy is really something (*inf*).

Einmalspritze *f* disposable hypodermic syringe.

Einmannbetrieb *m* **1.** one-man business; **2. die Busse auf ~ umstellen** to convert the buses for one-man operation; **Einmannbus** *m* driver-operated bus; **Einmannwagen** *m* one-man tram.

Einmarkstück *nt* one-mark piece.

Einmarsch *m* entry (*in +acc* into); (*in ein Land*) invasion (*in +acc* of).

einmarschieren* *vi sep aux sein* to march in (*in +acc* -to).

einmassieren* *vt sep* to massage *or* rub in (*in +acc* -to).

Einmaster *m* **-s, -** (*Naut*) single-masted ship, single-master.

einmastig *adj* single-masted.

einmauern *vt sep* **1.** (*ummauern*) to wall in, to immure (*liter*) (*in +acc* in). **2.** (*einfügen*) to fix into the wall.

einmeißeln *vt sep* to chisel in (*in +acc* -to).

Einmeterbrett *nt* one-metre (diving) board.

einmieten *sep* **I** *vt* (*Agr*) to clamp. **II** *vr* **sich bei jdm ~** to take lodgings with sb; **er hat sich in der Wohnung unter uns eingemietet** he has taken the flat below us.

einmischen *vr sep* to interfere (*in +acc* in), to stick one's oar in (*inf*). **sie muß sich bei allem ~** she has to interfere *or* meddle in everything.

Einmischung *f* interference, meddling (*in +acc* in).

einmonatig *adj attr* one-month.

einmonatlich *adj* monthly.

einmontieren* *vt sep* to slot in (*in +acc* -to); (*Tech*) to fit in (*in +acc* -to).

einmotorig *adj Flugzeug* single-engine(d).

einmotten *vt sep Kleider etc* to put in mothballs; *Schiff, Flugzeug* to mothball.

einmumme(l)n *vt sep* (*inf*) to muffle up.

einmünden *vi sep aux sein* (*Fluß*) to flow in (*in +acc* -to); (*Straße*) to run *or* lead in (*in +acc* -to). **in etw** (*acc*) **~ auch** to join

sth; (*fig*) to end up in sth; (*Elemente, Einflüsse*) to go into sth.

Einmündung *f* (*von Fluß*) confluence; (*von Straße*) junction. **die ~ der Isar in die Donau** the confluence of the Isar and the Danube.

einmütig *adj* unanimous. **~ zusammenstehen** to stand together solidly *or* as a man.

Einmütigkeit *f* unanimity. **darüber besteht ~** it's complete agreement on that.

einnachten *vi impers sep* (*Sw*) **es nachtet ein** it's getting dark.

einnähen *vt sep* to sew in (*in +acc* -to); (*enger machen*) to take in.

Einnahme *f* -, **-n 1.** (*Mil*) seizure; (*einer Stellung, Stadt auch*) capture.

2. (*Ertrag*) receipt. **~n** *pl* income *sing*; (*Geschäfts~*) takings *pl*; (*aus Einzelverkauf*) proceeds *pl*; (*Gewinn*) earnings *pl*; (*eines Staates*) revenue *sing*; **~n und Ausgaben** income and expenditure.

3. (*das Einnehmen*) taking. **durch ~ von etw** by taking sth.

Einnahmebuch *nt* (*Comm*) book of receipts, receipt book; **Einnahmequelle** *f* source of income; (*eines Staates*) source of revenue.

einnässen *sep* (*form*) **I** *vt* to wet. **II** *vr* to wet oneself; (*nachtsüber*) to wet the bed.

einnebeln *sep* **I** *vt* (*Mil*) to put up a smokescreen round; (*fig*) to befog, to obfuscate (*liter*). **II** *vr* (*Mil*) to put up a smokescreen (around oneself). **es nebelt sich ein** (*inf*) it's getting misty, there's a mist coming down.

einnehmen *vt sep irreg* **1.** *Geld* (*Geschäft etc*) to take; (*Freiberufler*) to earn; *Steuern* to collect. **die eingenommenen Gelder** the takings.

2. (*Mil: erobern*) to take; *Stadt, Festung auch* to capture.

3. (*lit, fig*) *Platz etc* to take (up), to occupy; *Stelle* (*innehaben*) to have, to occupy (*form*); *Haltung, Standpunkt etc* to take up. **er nimmt vorübergehend die Stelle des Chefs ein** he is acting for the boss; **bitte, nehmen Sie Ihre Plätze ein!** (*form*) please take your seats!; **die Plätze ~** (*Sport*) to take one's marks.

4. (*zu sich nehmen*) *Mahlzeit, Arznei* to take.

5. er nahm uns alle für sich ein he won us all over; **jdn gegen sich/jdn/etw ~** to set *or* put sb against oneself/sb/sth; **das nimmt mich sehr für sie ein** that makes me think highly of her.

einnehmend *adj* likeable. **er hat etwas E~es** there is something likeable about him; **er hat ein ~es Wesen** (*gewinnend*) he's a likeable character; (*hum inf: habgierig*) he's a grabbing sort of person (*inf*).

einnicken *vi sep aux sein* (*inf*) to doze *or* nod off.

einnisten *vr sep* (*lit*) to nest; (*Parasiten, Ei*) to lodge; (*fig*) to park oneself (*bei* on). **in unserem Land haben sich so viele Kriminelle eingenistet** we have so many criminals settled in this country.

Ein|ödbauer *m* farmer of an isolated farm.

Ein|öde f Moore/Wüsten und ~ moors and wasteland/deserts and barren wastes pl; **er lebt in der ~ des schottischen Hochlands** he lives in the wilds of the Scottish Highlands.

Ein|ödhof m ≃ croft.

ein|ölen sep I vt to oil. II vr to rub oneself with oil, to oil oneself.

ein|ordnen sep I vt 1. (der Reihe nach) Bücher etc to (put in) order; Akten, Karteikarten to file.
   2. (klassifizieren) to classify; Begriff, Theorie, Denker auch to categorize.
   II vr 1. (in Gemeinschaft etc) to fit in (in +acc -to).
   2. (Aut) to get in(to) lane. **sich links/rechts ~** to get into the left/right lane; „E~" "get in lane".

einpacken sep I vt 1. (einwickeln) to wrap (up) (in +acc in). **jdn warm ~** (fig) to wrap sb up warmly.
   2. (hineintun) to pack (in +acc in). **mit deinen Witzen kannst du dich ~ lassen!** (inf) stuff you and your jokes! (sl).
   3. (packen) Paket to pack up.
   II vi to pack, to do one's packing. **dann können wir ~** (inf) in that case we may as well pack it all in (inf) or give up.

einparken vti sep to park. **(in eine Parklücke)** ~ to get into a parking space.

Einparteien- in cpds one-party.

einpassen sep I vt to fit in (in +acc -to). II vr to adjust, to adapt oneself (in +acc to).

einpauken vt sep (inf) to cram. **jdm etw ~** to drum sth into sb.

Einpauker m (inf) crammer (pej).

Einpeitscher m -s, - (Pol) whip (Brit), floor leader (US).

einpendeln sep I vi to commute in (in +acc -to). II vr (fig) to settle down; (Währung, Preise etc) to find its level, to level off.

einpennen vi sep aux sein (sl) to doze off, to drop off (inf).

Einpersonenhaushalt m single-person household;   **Einpersonenstück** nt (Theat) one-man play.

Einpfennigstück nt one-pfennig piece.

einpferchen vt sep Vieh to pen in (in +acc -to); (fig) to coop up (in +acc in).

einpflanzen vt sep to plant (in +dat in); (Med) to implant (jdm in(to) sb). **einem Patienten eine fremde Niere ~** to give sb a kidney transplant; **jdm etw ~** (fig) to imbue sb with a sense of sth, to instil (a sense of) sth into sb.

einpfropfen vt sep 1. Korken to put or bung in (in +acc -to). 2. (fig inf) **jdm Wissen ~** to cram knowledge into sb.

Einphasenwechselstrom m single-phase current.

einphasig adj single-phase.

einpinseln vt sep Wunde, Mandeln to paint; (Cook) to brush.

einplanen vt sep to plan (on), to include in one's plans; Verzögerungen, Verluste to allow for; Baby to plan.

einpökeln vt sep Fisch, Fleisch to salt.

einpolig adj single-pole.

einprägen sep I vt Muster, Spuren to imprint, to impress; Inschrift to stamp. **ein Muster in Papier ~** to emboss paper with a pattern; **sich** (dat) **etw ~** to remember sth; (auswendig lernen) to memorize sth, to commit sth to memory.
   II vr **sich jdm ins Gedächtnis/sich jdm ~** to make an impression on sb's mind/sb; **die Worte haben sich mir unauslöschlich eingeprägt** the words made an indelible impression on me.

einprägsam adj easily remembered; Slogan, Melodie auch catchy.

einprasseln vi sep aux sein **auf jdn ~** to rain down on sb, to come pouring down on sb; (Fragen) to be showered upon sb; **von allen Seiten prasselten Geschosse auf uns ein** we were caught in a hail of shots from all sides.

einproben vt sep to rehearse.

einprogrammieren* vt sep Daten to feed in; (fig) to take into account.

einprügeln sep (inf) I vt **jdm etw ~** to din (inf) or drum sth into sb. II vi **auf jdn ~** to lay into sb.

einpudern sep I vr to powder oneself. II vt to powder.

einpuppen vr sep (Zool) to pupate.

einquartieren* sep I vt to quarter; (Mil auch) to billet. **Gäste bei Freunden ~** to put visitors up with friends.
   II vr to be quartered (bei with); (Mil auch) to be billeted (bei on); (Gäste) to stop (bei with) (inf). **er hat sich bei uns anscheinend für ewig einquartiert** he seems to have dumped himself on us for good (inf).

Einquartierung f 1. (das Einquartieren) quartering; (Mil auch) billeting. 2. **wir haben ~** (inf) (Soldaten) we have soldiers billeted on us; (Besuch) we've got people staying or stopping (inf) (with us).

Einrad nt unicycle.

einräd(e)rig adj (Schub)karren one-wheeled.

einrahmen vt sep (lit, fig) to frame. **von zwei Schönen eingerahmt** with a beauty on either side; **das kannst du dir ~ lassen!** (inf) you ought to get that framed!

einrammen vt sep Stadttor to batter down or in; Pfähle to ram in (in +acc -to).

einrasten vti sep (vi: aux sein) to engage.

einräuchern vt sep 1. to envelop in smoke. **die Polizei räucherte die Demonstranten mit Tränengas ein** the police used tear gas against the demonstrators. 2. (inf) Zimmer to fill with smoke, to smoke up; Gardinen to make reek of smoke.

einräumen vt sep 1. Wäsche, Bücher etc to put away; Schrank, Regal etc to fill; Wohnung, Zimmer to arrange; Möbel to move in (in +acc -to). **Bücher ins Regal/in einen Schrank ~** to put books on the shelf/ in the cupboard; **er war mir beim E~ behilflich** he helped me sort things out; (der Wohnung) he helped me move in.
   2. (zugestehen) to concede, to admit; Freiheiten etc to allow; Frist, Kredit to give, to grant, to allow. **die Presse räumte diesem Skandal viel Platz ein** the press devoted a lot of space to this scandal; **jdm das Recht ~, etw zu tun** to give or grant sb the right to do sth, to allow sb to do sth.

Einräumungssatz *m* (*Gram*) concessive clause.

einrechnen *vt sep* to include. **ihn (mit) eingerechnet** including him; **Mehrwertsteuer eingerechnet** including VAT, inclusive of VAT.

einreden *sep* I *vt* **jdm etw** ~ to talk sb into believing sth, to persuade sb of sth; **sie hat ihm eingeredet, er sei dumm** she persuaded him that *or* talked him into believing that he was stupid; **wer hat dir denn diesen Unsinn eingeredet?** who put that rubbish into your head?; **er will mir ~, daß ...** he'd have me believe *or* he wants me to believe that ...; **sich** (*dat*) **etw** ~ to talk oneself into believing sth, to make oneself believe sth; **das redest du dir nur ein!** you're only imagining it.
II *vi* **auf jdn** ~ to keep on and on at sb.

einregnen *sep* I *vi aux sein* **1.** to get soaked (through).
2. (*fig*) (*Vorwürfe*) to rain down (*auf* + *acc* onto, on).
II *vr* **es hat sich eingeregnet** the rain has set in.

einreiben *vt sep irreg* **er rieb sich** (*dat*) **das Gesicht mit Schnee/Creme ein** he rubbed snow over/cream into his face.

Einreibung *f* ~**en verordnen** to prescribe embrocation.

einreichen *vt sep* **1.** *Antrag, Unterlagen* to submit (*bei* to); (*Jur*) *Klage* to file; *siehe* **Abschied 2.**
2. (*bitten um*) *Versetzung, Pensionierung* to apply for, to request.
3. (*inf*) **jdn für/zu etw** ~ to recommend sb for sth, to put sb up for sth (*inf*).

Einreichung *f*, *no pl siehe vt 1.*, *2.* submission; filing; application, request.

einreihen *sep* I *vt* (*einordnen, einfügen*) to put in (*in* +*acc* -to); (*klassifizieren*) to class, to classify. **er wurde in den Arbeitsprozeß eingereiht** he was fitted into *or* given a place in the work process.
II *vr* **sich in etw** (*acc*) ~ to join sth.

Einreiher *m* **-s**, **-** single-breasted suit/jacket/coat.

einreihig *adj Anzug, Jackett, Mantel* single-breasted.

Einreise *f* entry (*in* +*acc* into, to). **bei der** ~ **in die DDR** when entering the GDR, on entry to the GDR.

Einreise|erlaubnis *f* entry permit.

einreisen *vi sep aux sein* to enter the country. **er reiste in die Schweiz ein** he entered Switzerland; **ein- und ausreisen** to enter and leave the country.

Einreiseverbot *nt* refusal of entry; ~ **haben** to have been refused entry; **Einreisevisum** *nt* entry visa.

einreißen *sep irreg* I *vt* **1.** *Papier, Stoff, Nagel* to tear. **ich habe mir einen Splitter in den Zeh eingerissen** I've got a splinter in my toe. **2.** *Zaun, Barrikaden* to tear *or* pull down. II *vi aux sein* (*Papier*) to tear; (*fig inf: Unsitte etc*) to catch on (*inf*), to get to be a habit (*inf*).

einreiten *sep irreg* I *vt Pferd* to break in. II *vi aux sein* (*in die Manege etc*) to ride in (*in* +*acc* -to). III *vr* to warm up. **sich mit einem Pferd** ~ to get used to riding a particular horse.

einrenken *sep* I *vt Gelenk, Knie* to reduce (*spec*); (*fig inf*) to sort out. II *vr* (*fig inf*) to sort itself out.

einrennen *vt sep irreg* (*inf*) *Mauer, Tür etc* to batter *or* break down. **sich** (*dat*) **den Kopf an der Wand** ~ to bang *or* bash (*inf*) one's head against the wall.

einrichten *sep* I *vt* **1.** (*möblieren*) *Wohnung, Zimmer* to furnish; (*ausstatten*) *Hobbyraum, Spielzimmer* to fit out; *Praxis, Labor* to equip, to fit out. **sich** (*dat*) **eine moderne Küche** ~ to put in a modern kitchen; **eine Wohnung antik/ modern** ~ to furnish a flat in an old/a modern style; **seine Wohnung neu** ~ to refurnish one's flat; **Wohnungen im Dachgeschoß** ~ to convert the attic into flats; **er hat ihr eine Wohnung eingerichtet** he has set her up in a flat.
2. (*gründen, eröffnen*) to set up; *Lehrstuhl* to establish; *Konto* to open; *Katalog, Buslinie etc* to start.
3. (*einstellen*) *Maschine* to set up; *Motor* to set (*auf* +*acc* for); (*Mil*) *Geschütz* to aim (*auf* +*acc* at).
4. (*bearbeiten*) *Musikstück* to arrange; *Theaterstück* to adapt.
5. (*fig: arrangieren*) to arrange, to fix (*inf*). **kannst du es so** ~, **daß er nichts davon weiß?** can you arrange *or* fix things so that he doesn't know anything about it?; **ich werde es** ~, **daß wir um zwei Uhr da sind** I'll see to it that we're there at two; **das läßt sich** ~ that can be arranged.
6. (*Med*) *Arm, Knochen* to set.
II *vr* **1.** (*sich möblieren*) **sich** ~/**neu** ~ to furnish/refurnish one's flat/house; *siehe* **häuslich.**
2. (*sich der Lage anpassen*) to get along *or* by, to manage; (*sparsam sein*) to cut down.
3. sich auf etw (*acc*) ~ to prepare oneself for sth; **sich auf eine lange Wartezeit** ~ to be prepared for a long wait; **auf Tourismus/warme Speisen eingerichtet sein** to be geared to tourism/equipped for hot meals.

Einrichtung *f* **1.** (*das Einrichten*) (*von Wohnung, Zimmer*) furnishing; (*von Hobbyraum, Spielzimmer*) fitting-out; (*von Labor, Praxis*) equipping; (*von Maschine*) setting-up; (*von Geschütz*) aiming; (*Med*) setting.
2. (*Bearbeitung*) (*Mus*) arrangement; (*Theat*) adaptation.
3. (*Wohnungs~*) furnishings *pl*; (*Geschäfts~ etc*) fittings *pl*; (*Labor~ etc*) equipment *no pl*.
4. (*Gründung, Eröffnung*) setting-up; (*von Lehrstuhl*) establishment; (*von Konto*) opening; (*von Katalog, Busverkehr*) starting.
5. (*behördlich, wohltätig*) institution; (*Schwimmbäder, Transportmittel etc*) facility.

Einrichtungsgegenstand *m* item of furniture; (*Geschäfts~*) fitment; **Einrichtungshaus** *nt* furnishing house.

einriegeln *vtr sep* **jdn/sich** ~ to lock sb/ oneself in (*in* +*dat* -to).

einritzen *vt sep* to carve in (*in* +*acc* -to).

einrollen *sep* I *vt* (*einwickeln*) to roll up

(in +acc in); (Hockey) to roll on (in +acc
-to). **sich** (dat) **das Haar** ~ to put one's
hair in rollers. **II** vi aux sein to roll in (in
+acc -to). **III** vr to roll up; (Tier etc
auch) to roll oneself up.

einrosten vi sep aux sein to rust up; (fig:
Glieder) to stiffen up. **mein Latein ist
ziemlich eingerostet** my Latin has got
pretty rusty.

einrücken sep **I** vt Zeile to indent; Anzeige
(in Zeitung) to insert. **II** vi aux sein (Mil)
1. (in ein Land) to move in (in +acc -to);
(wieder ~) to return (in +acc to). **2.** (eingezogen werden) to report for duty; (nach
Urlaub etc) to report back.

einrühren vt sep to stir or mix in (in +acc
-to); (Cook) Ei to beat in (in +acc -to).

einrüsten vt sep Haus to put scaffolding
around.

eins num one. **es ist/schlägt** ~ it's one/just
striking one (o'clock); ~, **zwei, drei** (lit)
one, two, three; (fig) in a trice, in no time;
das ist ~, **zwei, drei geschehen** (fig) it
doesn't/won't take a second; ~ **zu** ~
(Sport) one all; ~ **mit jdm/etw sein** to be
one with sb; (übereinstimmen) to be in
agreement with sb; **sich mit jdm** ~ **wissen**
to know one is in agreement with sb; **das
ist doch alles** ~ (inf) it's all one or all the
same; **sehen und handeln waren** ~ to see
was to act; ~ **a** (inf) A 1 (inf), first-rate
(inf).

Eins f -, **-en** one; (Sch auch) A, alpha. **er
würfelte zwei** ~**en** he threw two ones; **eine**
~ **schreiben/bekommen** to get an A or
alpha or a one.

einsacken[1] vt sep **1.** (in Säcke füllen) to
put in sacks, to sack. **2.** (inf) (erbeuten) to
grab (inf); Geld, Gewinne to rake in (inf).

einsacken[2] vi sep aux sein (einsinken) to
sink; (Bürgersteig, Boden etc auch) to
subside.

einsalben vt sep to rub with ointment;
Wunde, Hände auch to rub ointment into.

einsalzen vt sep Fisch, Fleisch to salt.

einsam adj **1.** Mensch, Leben, Gefühl (allein, verlassen) lonely; (einzeln) solitary.
~ **leben** to live a lonely/solitary life; **sich**
~ **fühlen** to feel lonely or lonesome (esp
US); **ein** ~**es Boot/ein** ~**er Schwimmer** a
lone or solitary boat/swimmer.
2. (abgelegen) Haus, Insel secluded;
Dorf isolated; (menschenleer) empty;
Strände lonely, empty. ~ **liegen** to be
secluded/isolated.
3. (inf: hervorragend) ~**e Klasse/Spitze**
absolutely fantastic (inf), really great
(inf).

Einsamkeit f siehe adj **1.** loneliness;
solitariness. **er liebt die** ~ he likes
solitude; **die** ~ **vieler alter Leute** the
loneliness of many old people. **2.** seclusion; isolation; emptiness; loneliness.
die ~ **der Bergwelt** the solitude of the
mountains.

einsammeln vt sep to collect (in); Obst to
gather (in).

einsargen vt sep to put in a coffin. **laß
dich (doch)** ~! (inf) (go and) take a running jump! (inf), get stuffed! (sl).

Einsatz m **1.** (~teil) inset; (Schubladen~,
Koffer~) tray; (Topf~) compartment;

(Blusen~) false blouse etc collar and neck
to wear under pullover; (Hemd~) dicky
(dated).
2. (Spiel~) stake; (Kapital~) investment. **den** ~ **erhöhen** to raise the stakes;
den ~ **zurückkriegen** (inf) to recover
one's stake.
3. (Mus) entry; (Theat) entrance. **der
Dirigent gab den** ~ the conductor raised
his bâton and brought in the orchestra;
der Dirigent gab den Geigern den ~ the
conductor brought in the violins; **der** ~
der Streicher war verfrüht the strings
came in too early.
4. (Verwendung) use; (esp Mil) deployment; (von Arbeitskräften) employment.
im ~ in use; **die Ersatzspieler kamen nicht
zum** ~ the reserves weren't put in or used;
unter ~ **aller Kräfte** by making a supreme
effort.
5. (Aktion) (Mil) action; (von Polizei)
intervention. **im** ~ in action; **wo war er im**
~? where did he see action?; **zum** ~ **kommen** to go into action; **bei seinem ersten** ~
the first time he saw action or went into
action; **sich zum** ~ **melden** to report for
duty.
6. (Hingabe) commitment. **etw unter** ~
seines Lebens tun to risk one's life to do
sth, to do sth at the risk of one's life; **den**
~ **des eigenen Lebens nicht scheuen** (geh)
not to hesitate to sacrifice one's own life.

Einsatzbefehl m order to go into action;
einsatzbereit adj ready for use; (Mil)
ready for action; Rakete etc operational;
Einsatzbereitschaft f readiness for
use; (Mil) readiness for action; (Bereitschaftsdienst) stand-by (duty); **einsatz-
fähig** adj fit for use; (Mil) fit for action;
Sportler fit; **einsatzfreudig** adj eager
(for action), enthusiastic; **Einsatzkom-
mando** (Mil) nt task force; **Einsatz-
leiter** m head of operations; **Einsatz-
stück** nt (Tech) insert; (Zubehörteil) attachment; **Einsatzwagen** m police car;
fire engine; ambulance; (bei Straßenbahn, Bus) extra tram/bus.

einsaugen vt sep (lit, fig) to soak up, to
absorb; (einatmen) to breathe in; frische
Luft to draw or suck in.

einsäumen vt sep (Sew) to hem; (fig) to
edge, to line.

einschalten sep **I** vt **1.** (in Betrieb setzen)
to switch or turn on; Sender to tune in to.
2. (einfügen) to interpolate; Zitat, Erklärung etc auch to include (in +acc in).
3. jdn ~ to call sb in; jdn in etw (acc) ~
to bring sb into sth or in on sth.
II vr to intervene; (teilnehmen) to join
in. **wir schalten uns jetzt in die Sendungen
von Radio Bremen ein** we now go over to
or join Radio Bremen.

Einschalthebel m starting lever or
handle; **Einschaltquote** f (TV) viewing
figures pl.

Einschaltung f **1.** (von Licht, Motor etc)
switching or turning on. **2.** (von Nebensatz
etc) interpolation; (von Zitat) inclusion.
3. (von Person, Organisation) calling or
bringing in.

einschärfen vt sep jdm etw ~ to impress sth
(up)on sb; Höflichkeit, Rücksichtnahme

etc to inculcate sth in sb; **ich habe den Kindern eingeschärft, Fremden gegenüber vorsichtig zu sein** I have impressed upon the children to be careful of strangers; **schärf dir das ein!** get that firmly fixed in your mind.

einschätzen *vt sep* to assess (*auch Fin*), to evaluate; (*schätzen auch*) to estimate. **falsch ~** to misjudge; (*falsch schätzen*) to miscalculate; **wie ich die Lage einschätze** as I see the situation; **etw zu hoch/niedrig ~** to overestimate/underestimate sth; **jdn/sich zu hoch/niedrig ~** to overrate/ underrate sb/oneself, to have too high/low an opinion of sb/oneself.

Einschätzung *f siehe vt* assessment, evaluation; estimation. **falsche ~** misjudgement; miscalculation; **nach meiner ~** in my estimation.

einschenken *vt sep* to pour (out). **darf ich Ihnen noch Wein ~?** can I give *or* pour you some more wine?

einscheren *sep* **I** *vi aux sein* to get back. **II** *vt Tau* to reeve.

einschichtig *adj* **1.** single-layered. **2.** *Arbeitstag* single-shift. **unsere Fabrik arbeitet ~** our factory works a single shift.

einschicken *vt sep* to send in (*an +acc* to).

einschieben *vt sep irreg* **1.** (*hineinschieben*) to put in*:* (*in +acc* -to).
2. (*einfügen*) to put in; *Sonderzüge* to put on; (*dazwischenschieben*) *Diskussion, Schüler, Patienten* to fit *or* squeeze (*inf*) in (*in +acc* -to). **eine Pause ~** to have a break.

Einschienenbahn *f* monorail.

einschießen *sep irreg* **I** *vt* **1.** (*zertrümmern*) *Fenster* to shoot in; (*mit Ball etc*) to smash (in).
2. *Gewehr* to try out and adjust.
3. (*Tech*) *Dübel etc* to insert.
4. *Fäden* to weave in. **ein Gewebe mit eingeschossenen Goldfäden** a cloth shot with gold (thread).
5. (*Typ*) *Seiten, Blätter* to interleave.
6. *Fußball* to kick in. **Müller schoß den Ball zum 2:0 ein** Müller scored to make it 2-0.
II *vr* to find one's range, to get one's eye in. **sich auf ein Ziel ~** to get the range of a target; **sich auf jdn ~** (*fig*) to line sb up for the kill.
III *vi* **1.** (*Sport*) to score. **er schoß zum 1:0 ein** he scored to make it 1-0.
2. (*Med*) **die Milch schießt in die Brust ein** the milk comes in.

einschiffen *sep* **I** *vt* to ship. **II** *vr* to embark. **er schiffte sich in London nach Amerika ein** he boarded a ship in London for America.

Einschiffung *f* (*von Personen*) boarding, embarkation; (*von Gütern*) loading.

einschirren *vt sep Pferd* to harness.

einschlafen *vi sep irreg aux sein* to fall asleep, to go to sleep, to drop off (*inf*); (*Bein, Arm*) to go to sleep; (*euph: sterben*) to pass away; (*fig: Gewohnheit, Freundschaft*) to peter out, to tail off. **ich kann nicht ~** I can't get to sleep; **bei *or* über seiner Arbeit ~** to fall asleep over one's work; **vor dem E~ zu nehmen** (*Medizin*)

to be taken before retiring.

einschläf(e)rig *adj Bett* single.

einschläfern *vt sep* **1.** (*zum Schlafen bringen*) to send to sleep; (*schläfrig machen*) to make sleepy *or* drowsy; (*fig*) *Gewissen* to soothe, to quiet.
2. (*narkotisieren*) to give a soporific.
3. (*töten*) *Tier* to put to sleep, to put down, to destroy.

einschläfernd *adj* soporific; (*langweilig*) monotonous.

Einschlafstörung *f* problem in getting to sleep.

Einschlag *m* **1.** (*von Geschoß*) impact; (*von Blitz*) striking. **dieses Loch ist der ~ eines Geschosses** this hole was made by a bullet; **der ~ der Granate war deutlich zu sehen** the place where the grenade had landed was clearly visible.
2. (*Sew*) hem.
3. (*Tex*) weft, woof.
4. (*von Bäumen*) felling; (*gefällte Bäume*) timber.
5. (*Aut: des Lenkrads*) lock. **das Lenkrad bis zum (vollen) ~ drehen** to put the wheel on full lock.
6. (*Zusatz, Beimischung*) element. **einen starke(n) autoritären/südländischen ~ haben** to have more than a hint of authoritarianism/the Mediterranean about it/one *etc*.

einschlagen *sep irreg* **I** *vt* **1.** *Nagel* to hammer *or* knock in; *Pfahl* to drive in; *Krallen* to sink in (*in +acc* -to).
2. (*zertrümmern*) *Tür auch* to smash down; *Schädel auch* to bash in (*inf*); *Zähne* to knock out. **mit eingeschlagenem Schädel** with one's head bashed in.
3. *Bäume* to fell.
4. (*einwickeln*) *Ware* to wrap up; *Buch* to cover.
5. (*umlegen*) *Stoff, Decke* to turn up.
6. (*Aut*) *Räder* to turn.
7. (*wählen*) *Weg* to take; *Kurs* (*lit*) to follow; (*fig*) to pursue, to adopt; *Laufbahn etc* to enter on. **das Schiff änderte den eingeschlagenen Kurs** the ship changed from its previous course; **Peking schlägt einen weicheren/härteren Kurs ein** Peking is taking a softer/harder line.
II *vi* **1.** (*in etw acc*) **~** (*Blitz*) to strike (sth); (*Geschoß etc auch*) to hit (sth); **es muß irgendwo eingeschlagen haben** something must have been struck by lightning; **gut ~** (*inf*) to go down well, to be a big hit (*inf*).
2. auf jdn/etw ~ to hit out at sb/sth.
3. (*zur Bekräftigung*) to shake on it.

einschlägig *adj* appropriate; *Literatur, Paragraph auch* relevant. **er ist ~ vorbestraft** (*Jur*) he has a previous conviction for a similar offence.

einschleichen *vr sep irreg* (*in +acc* -to) to creep in; (*lit auch*) to steal *or* sneak (*inf*) in; (*fig: Fehler auch*) to slip in. **sich in jds Vertrauen ~** (*fig*) to worm one's way into sb's confidence.

einschleifen *vt sep irreg* to grind; (*eingravieren*) to cut in (*in +acc* -to). **eingeschliffene Verhaltensweisen** (*geh*) established patterns of behaviour.

einschleppen *vt sep* (*Naut*) *Schiff* to tow in (*in* +*acc* -to); (*fig*) *Krankheit, Ungeziefer* to bring in.

einschleusen *vt sep* to smuggle in (*in* + *acc, nach* -to).

einschließen *vt sep irreg* **1.** to lock up (*in* +*acc* in); (*Mil*) to confine to quarters. **er schloß sich/mich in dem** *or* **das Zimmer ein** he locked himself/me in the room.
2. (*umgeben*) to surround; (*Mil*) *Stadt, Feind auch* to encircle. **einen Satz in Klammern** ~ to put a sentence in brackets.
3. (*fig: einbegreifen*) to include.

einschließlich I *prep* +*gen* including, inclusive of. ~ **Porto** postage included; **Preis** ~ **Porto** price including postage *or* inclusive of postage.
II *adv* **vom 1. bis** ~ **31. Oktober** *or* **bis 31. Oktober** ~ **geschlossen** closed from 1st to 31st October inclusive.

Einschließung *f* (*esp Mil*) confinement.

einschlummern *vi sep aux sein* (*geh*) to fall asleep; (*euph: sterben*) to pass away.

Einschluß *m* **1.** (*von Gefangenen*) locking of the cells. **2. mit** *or* **unter** ~ **von** (*form*) with the inclusion of, including. **3.** (*Geol*) inclusion.

einschmeicheln *vr sep* **sich bei jdm** ~ to ingratiate oneself with sb, to insinuate oneself into sb's good graces; ~**de Musik** enticing music; ~**de Stimme** silky voice.

einschmeißen *vt sep irreg* (*inf*) *Fenster* to smash (in).

einschmelzen *sep irreg* **I** *vt* to melt down; (*fig: integrieren*) to put in the melting pot. **II** *vi aux sein* to melt.

einschmieren *vt sep* **1.** (*mit Fett*) to grease; (*mit Öl*) to oil; *Gesicht* (*mit Creme*) to cream, to put cream on. **er schmierte mir den Rücken mit Heilsalbe/ Sonnenöl ein** he rubbed my back with ointment/sun-tan oil. **2.** (*inf: beschmutzen*) to get dirty. **er hat sich ganz mit Dreck eingeschmiert** he has covered himself in dirt.

einschmuggeln *vt sep* to smuggle in (*in* + *acc* -to). **er hat sich in den Saal eingeschmuggelt** he sneaked into the hall.

einschnappen *vi sep aux sein* **1.** (*Schloß, Tür*) to click shut. **2.** (*inf: beleidigt sein*) to take offence, to get into a huff (*inf*).

einschneiden *sep irreg* **I** *vt* **1.** *Stoff, Papier* to cut. **er schnitt das Papier an den Ecken einige Zentimeter ein** he cut a few centimetres into the corners of the paper; **die Fesseln schneiden mir die Handgelenke ein** the bonds are cutting into my wrists.
2. (*einkerben*) *Namen, Zeichen* to carve (*in* +*acc* in, into). **der Fluß hat ein Tal in das Gestein eingeschnitten** the river has carved out *or* cut a valley in the rock; **eine tief eingeschnittene Schlucht** a deep ravine.
3. (*Cook*) *Zwiebeln in die Suppe* ~ to cut up some onions and put them in the soup.
4. (*Film*) to cut in (*in* +*acc* -to).
II *vi* to cut in (*in* +*acc* -to).

einschneidend *adj* (*fig*) drastic, radical; *Bedeutung, Wirkung* far-reaching.

einschneien *vi sep aux sein* to get snowed up; (*Auto, Mensch auch*) to get snowed in. **eingeschneit sein** to be snowed up/in.

Einschnitt *m* cut; (*Med*) incision; (*im Tal, Gebirge*) cleft; (*Zäsur*) break; (*im Leben*) decisive point.

einschnitzen *vt sep* to carve (*in* +*acc* into).

einschnüren *sep* **I** *vt* **1.** (*einengen*) to cut into; *Taille* (*mit Mieder*) to lace in. **dieser Kragen schnürt mir den Hals ein** this collar is nearly choking *or* strangling me.
2. (*zusammenbinden*) *Paket* to tie up.
II *vr* to lace oneself up *or* in.

einschränken *sep* **I** *vt* to reduce, to cut back *or* down; *Bewegungsfreiheit, Recht* to limit, to restrict; *Wünsche* to moderate; *Behauptung* to qualify. **jdn in seinen Rechten** ~ to limit *or* restrict sb's rights; ~**d möchte ich sagen, daß ...** I'd like to qualify that by saying ...; **das Rauchen/ Trinken/Essen** ~ to cut down on smoking/ on drinking/on what one eats.
II *vr* (*sparen*) to economize. **sich im Essen/Trinken** ~ to cut down on what one eats/on one's drinking.

Einschränkung *f* **1.** *siehe vt* reduction; limitation; restriction; moderation; qualification; (*Vorbehalt*) reservation. **ohne** ~ without reservations, unreservedly. **2.** (*Sparmaßnahme*) economy; (*das Einsparen*) economizing.

einschrauben *vt sep* to screw in (*in* +*acc* -to).

Einschreib(e)brief *m* recorded delivery (*Brit*) *or* certified (*US*) letter; **Einschreib(e)gebühr** *f* **1.** (*Post*) charge for recorded delivery (*Brit*) *or* certified mail (*US*); **2.** (*Univ*) registration fee; **3.** (*für Verein*) membership fee.

einschreiben *sep irreg* **I** *vt* (*eintragen*) to enter; *Post* to send recorded delivery (*Brit*) *or* certified mail (*US*). **II** *vr* (*in Verein, für Abendkurse etc*) to enrol; (*Univ*) to register. **er schrieb sich in die Liste ein** he put his name on the list.

Einschreiben *nt* recorded delivery (*Brit*) *or* certified (*US*) letter/parcel. ~ *pl* recorded delivery (*Brit*) *or* certified (*US*) mail *sing*; **einen Brief als** *or* **per** ~ **schicken** to send a letter recorded delivery (*Brit*) *or* certified mail (*US*).

Einschreib(e)sendung *f* letter/parcel sent recorded delivery (*Brit*) *or* certified mail (*US*).

Einschreibung *f* enrolment; (*Univ*) registration.

einschreien *vi sep irreg* **auf jdn** ~ to yell *or* bawl at sb.

einschreiten *vi sep irreg aux sein* to take action (*gegen* against); (*dazwischentreten*) to intervene, to step in.

Einschreiten *nt* **-s**, *no pl* intervention.

einschrumpeln (*inf*), **einschrumpfen** *vi sep aux sein* to shrivel (up).

Einschub *m* insertion.

einschüchtern *vt sep* to intimidate.

Einschüchterung *f* intimidation.

Einschüchterungsversuch *m* attempt at intimidation.

einschulen *vti sep* **eingeschult werden** (*Kind*) to start school; **wir schulen dieses**

Jahr weniger Kinder ein we have fewer children starting school this year.

Einschulung f first day at school. **die ~ findet im Alter von 6 Jahren statt** children start school at the age of 6.

Einschuß m 1. (~*stelle*) bullet hole; (*Med*) point of entry. **der Arzt desinfizierte den ~ im Bein des Verletzten** the doctor disinfected the bullet wound in the injured man's leg.
  2. (*Ftbl*) shot into goal.
  3. (*Tex*) weft, woof.

Einschußloch nt bullet hole; **Einschußstelle** f bullet hole; (*Med*) point of entry.

einschütten vt sep to tip in (in +acc -to); (inf) Flüssigkeiten to pour in (in +acc -to). **er hat sich** (dat) **noch etwas Kaffee eingeschüttet** (inf) he poured himself (out) or gave himself some more coffee.

einschwärzen vt sep to blacken, to make black.

einschweben vi sep aux sein to glide in (in +acc -to).

Einschweißfolie f shrink-foil.

einschweißen vt sep to shrink-wrap.

einschwenken vi sep aux sein to turn or swing in (in +acc -to). **links/rechts ~** (Mil) to wheel left/right; **auf etw** (acc) **~** (fig) to fall in with or go along with sth.

einschwören vt sep irreg jdn auf etw (acc) **~** to swear sb to sth.

einsegnen vt sep 1. (konfirmieren) to confirm. 2. Altar, Kirche to consecrate; Feld, Haus, Gläubige to bless.

Einsegnung f siehe vt confirmation; consecration; blessing.

einsehen sep irreg I vt 1. Gelände to see; (Mil) to observe.
  2. (prüfen) Akte to see, to look at.
  3. (verstehen, begreifen) to see; Fehler, Schuld auch to recognize. **das sehe ich nicht ein** I don't see why; (verstehe ich nicht) I don't see that.
  II vi 1. **in etw** (acc) **~** to see sth; (Mil) to observe sth.
  2. (prüfen) to look (in +acc at).

Einsehen nt: **ein ~ haben** to have some understanding (mit, für for); (Vernunft, Einsicht) to see reason or sense; **hab doch ein ~!** have a heart!; be reasonable!

einseifen vt sep to soap; (inf: betrügen) to con (inf), to take for a ride (inf); (inf: mit Schnee) to rub with snow.

einseitig adj 1. on one side; (Jur, Pol) Erklärung, Kündigung unilateral. **~e Lähmung** hemiplegia (form), paralysis of one side of the body.
  2. Freundschaft, Zuneigung one-sided.
  3. (beschränkt) Ausbildung one-sided; (parteiisch) Bericht, Standpunkt, Zeitung auch biased; Ernährung unbalanced. **etw ~ schildern** to give a one-sided portrayal of sth, to portray sth one-sidedly.

Einseitigkeit f (fig) one-sidedness; (von Bericht, Zeitung etc auch) biasedness; (von Ernährung) imbalance.

einsenden vt sep irreg to send in, to submit (form) (an +acc to).

Einsender(in f) m sender; (bei Preisausschreiben) competitor.

Einsendeschluß m last date for entries, closing date.

Einsendung f 1. no pl (das Einsenden) sending in, submission. 2. (das Eingesandte) letter/article/manuscript etc; (bei Preisausschreiben) entry.

einsenken sep I vt sep to sink in (in +acc -to). II vr (liter) dieses Bild senkte sich tief in seine Seele ein this image made a deep impression on him or his mind.

Einser m -s, - (dial) siehe **Eins**.

einsetzen sep I vt 1. (einfügen) to put in (in +acc -to); Maschinenteil auch to insert (in +acc into), to fit in (in +acc -to); Ärmel auch to set in (in +acc -to); Stück Stoff to let in (in +acc -to); (einschreiben auch) to enter (in +acc -to); Stiftzahn to put on (in +acc -to); Gebiß to fit. **Fische in einen Teich ~** to stock a pond with fish; **eingesetzte Taschen** pockets let or set into the seams.
  2. (ernennen, bestimmen) to appoint; Ausschuß auch to set up; Erben, Nachfolger to name. **jdn in ein Amt ~** to appoint sb to an office.
  3. (verwenden) to use (auch Sport), to employ; Truppen, Polizei, Feuerwehr to deploy, to bring into action; Schlagstöcke to use; Busse, Sonderzüge to put on; (Chess) König etc to bring into play. **etw als** or **zum Pfand ~** to give sth as a deposit.
  4. (beim Glücksspiel) to stake; (geh) Leben to risk. **seine ganze Kraft für etw ~** to devote all one's energies to sth.
  II vi (beginnen) to start, to begin; (Mus) to come in; (am Anfang) to start to play/sing. **die Ebbe/Flut setzt um 3 Uhr ein** the tide turns at 3 o'clock, the tide starts to go out/come in at 3 o'clock; **gegen Abend setzte stärkeres Fieber ein** the fever increased towards evening.
  III vr 1. sich (voll) **~** to show (complete) commitment (in +dat in).
  2. sich für jdn **~** to fight for sb, to support sb's cause; (sich verwenden für) to give or lend sb one's support; **sie hat sich so sehr für ihn eingesetzt** she did so much for him; **sich für etw ~** to support sth; **ich werde mich dafür ~, daß ...** I will do what I can to see that ...; **er setzte sich für die Freilassung seines Bruders ein** he did what he could to secure the release of his brother.

Einsetzung f appointment (in +acc to). **die ~ des Bischofs in sein Amt** the Bishop's investiture; siehe auch **Einsatz**.

Einsicht f 1. (in Akten, Bücher) **~ in etw** (acc) **haben/nehmen/verlangen** to look/ take a look/ask to look at sth; **jdm ~ in etw** (acc) **gewähren** to allow sb to look at or to see sth; **sie legte ihm die Akte zur ~ vor** she gave him the file to look at.
  2. (Vernunft) sense, reason; (Erkenntnis) insight; (Kenntnis) knowledge; (Verständnis) understanding; (euph: Reue) remorse. **zur ~ kommen** to come to one's senses; **ich bin zu der ~ gekommen, daß ...** I have come to the conclusion that ...; **~ ist der erste Schritt zur Besserung** a fault confessed is half redressed (Prov); **jdn zur ~ bringen** to bring sb to his/her senses; **er hat ~ in die internen Vorgänge der Firma** he has some knowledge of the internal affairs of the firm.

einsichtig adj 1. (vernünftig) reasonable; (verständnisvoll) understanding. **er war so ~, seinen Fehler zuzugeben** he was reasonable enough to admit his mistake.
2. (verständlich, begreiflich) understandable, comprehensible. **jdm etw ~ machen** to make sb understand or see sth.

Einsichtnahme f -, -n (form) perusal. **er bat um ~ in die Akten** he asked to see the files; **nach ~ in die Akten** after seeing the files; „**zur ~**" "for attention".

einsickern vi sep aux sein to seep in (in + acc -to); (fig) to filter in (in +acc -to). **Spione sickerten in unser Land ein** spies infiltrated (into) our country.

Einsiedelei f hermitage; (fig hum: einsames Haus) country retreat or hideaway.

einsieden vt sep irreg (S Ger, Aus) Obst to bottle; Marmelade to make.

Einsiedler(in f) m hermit; (fig auch) recluse.

einsiedlerisch adj hermit-like no adv.

Einsiedlerkrebs m hermit crab.

einsilbig adj Wort monosyllabic; Reim masculine, single; (fig) Mensch uncommunicative; Antwort monosyllabic.

Einsilbigkeit f (lit) monosyllabism; (von Reim) masculinity; (fig: von Mensch) uncommunicativeness.

Einsilb(l)er m -s, - monosyllable.

einsingen vr sep irreg to get oneself into voice.

einsinken vi sep irreg aux sein (im Morast, Schnee) to sink in (in +acc or dat -to); (Boden etc) to subside, to cave in; (Knie) to give way. **er sank bis zu den Knien im Schlamm ein** he sank up to his knees in the mud.

einsitzen vi sep irreg (form) to serve a prison sentence. **drei Jahre ~** to serve three years or a three-year sentence.

Einsitzer m -s, - single-seater.

einsitzig adj Fahrzeug single-seater.

einsortieren* vt sep to sort and put away. **in Körbe ~** to sort into baskets.

einspaltig adj (Typ) single-column. **etw ~ setzen** to set sth in a single column/in single columns.

einspannen vt sep 1. (in Rahmen) Leinwand to fit or put in (in +acc -to). Saiten **in einen Schläger ~** to string a racket.
2. (in Schraubstock) to clamp in (in + acc -to).
3. (in Kamera) to put in (in +acc -to); (in Schreibmaschine auch) to insert (in + acc in, into).
4. Pferde to harness.
5. (fig: arbeiten lassen) to rope in (für etw to do sth). **jdn für seine Zwecke ~** to use sb for one's own ends.

Einspänner m -s, - one-horse carriage; (Aus) black coffee in a glass served with whipped cream.

einspännig adj Wagen one-horse. **~ fahren** to drive a one-horse carriage.

einsparen vt sep to save; Energie, Strom auch to save or economize on; Kosten, Ausgaben to cut down on, to reduce; Posten to dispense with, to eliminate.

Einsparung f economy; siehe vt (von of) saving; reduction; elimination.

einspeicheln vt sep to insalivate.

einspeichern vt sep Daten to feed in (in + acc -to).

einsperren vt sep to lock up (in +acc or dat in), to lock in (in +acc or dat -to); (inf: ins Gefängnis) to put away (inf), to lock up.

einspielen sep I vr (Mus, Sport) to warm up; (nach Sommerpause etc) to get into practice; (Regelung, Arbeit) to work out. **das spielt sich alles noch ein** things should sort themselves out all right; **sich aufeinander ~** to become attuned to or to get used to one another.
II vt 1. (Mus, Sport) Instrument, Schläger to play in.
2. (Film, Theat) to bring in, to gross.
3. (aufnehmen) Lied to record; Schallplatte auch to cut.

Einspiel|ergebnis nt (von Film) box-office takings pl or receipts pl.

einspinnen sep irreg I vr (Spinne) to spin a web around itself; (Larve) to spin a cocoon around itself. II vt (Spinne) to spin a web around.

einsprachig adj monolingual.

einsprechen sep irreg I vi **auf jdn ~** to talk to sb. II vt Text to speak.

einsprengen vt sep (mit Wasser) to sprinkle with water, to dampen.

Einsprengsel nt -s, - (Geol) xenocryst (spec), embedded crystal.

einspringen sep irreg I vi aux sein 1. (Tech) to lock shut or into place; (Maschinenteile) to engage. 2. (inf: aushelfen) to stand in; (mit Geld etc) to help out. II vr (Sport) to do some practice jumps.

Einspritz- in cpds (Aut, Med) injection.

Einspritzdüse f (Aut) injector.

einspritzen vt sep 1. (Aut, Med) to inject. **er spritzte ihr/sich Insulin ein** he gave her/himself an insulin injection, he injected her/himself with insulin. 2. (einsprengen) Wäsche to dampen, to sprinkle with water.

Einspritzung f injection.

Einspruch m objection (auch Jur). **~ einlegen** (Admin) to file an objection, to register a protest; **gegen etw ~ erheben** to object to sth, to raise an objection to sth; **ich erhebe ~!** (Jur) objection!; **~ abgelehnt!** (Jur) objection overruled!; **dem ~ wird stattgegeben!** (Jur) objection sustained!

Einspruchsfrist f (Jur) period for filing an objection.

einspurig adj (Rail) single-track; (Aut) single-lane. **die Straße ist nur ~ befahrbar** only one lane of the road is open, it's single-lane traffic only; **er denkt sehr ~** his mind runs in well-worn grooves.

Einssein nt (liter) oneness.

einst adv 1. (früher, damals) once. **Preußen ~ und heute** Prussia past and present or yesterday and today or then and now. 2. (geh: in ferner Zukunft) one or some day.

einstampfen vt sep Papier to pulp (down); Trauben, Kohl to tread.

Einstand m 1. **ein guter ~** a good start to a new job; **er hat gestern seinen ~ gegeben** yesterday he celebrated starting his new job. 2. (Tennis) deuce.

einstanzen *vt sep* to stamp in (*in +acc* -to).

einstäuben *vt sep* (*mit Puder*) to dust with powder, to powder; (*mit Parfüm etc*) to spray.

einstechen *sep irreg* **I** *vt* to pierce; *Gummi, Haut, Membran auch* to puncture; *Nadel* to put or stick (*inf*) in (*in + acc* -to), to insert (*in +acc* in, into); (*Cook*) to prick; (*eingravieren*) to engrave. **II** *vi auf jdn/etw* ~ to stab at sb/ sth.

Einsteck|album *nt* (stamp) stock book (*spec*), stamp album.

einstecken *vt sep* **1.** (*in etw stecken*) to put in (*in +acc* -to); *Stecker auch, Gerät* to plug in; *Schwert* to sheathe.

2. (*in die Tasche etc*) (**sich** *dat*) **etw** ~ to take sth; **hast du deinen Paß eingesteckt?** have you got your passport with you?; **er steckte (sich) die Zeitung ein und ging los** he put the paper in his briefcase/pocket *etc or* he took the paper and left; **ich habe kein Geld eingesteckt** or (*incorrect*) ~ I haven't any money on me; **steck deine Pistole wieder ein** put away your pistol.

3. *Brief* to post, to mail (*esp US*).

4. (*inf*) *Kritik etc* to take; *Beleidigung auch* to swallow; (*verdienen*) *Profit* to pocket (*inf*). **der Boxer mußte viel** ~ the boxer had to take a lot of punishment; **er steckt sie alle ein** he beats the lot of them (*inf*).

einstehen *vi sep irreg aux sein* **1.** (*sich verbürgen*) **für jdn/etw** ~ to vouch for sb/sth; **ich stehe dafür ein, daß ...** I will vouch that ...; **er stand mit seinem Wort dafür ein** he vouched for it personally.

2. für etw ~ (*Ersatz leisten*) to make good sth; (*sich bekennen*) to answer for sth, to take responsibility for sth; **für jdn** ~ to assume liability or responsibility for sb; **ich habe das immer behauptet, und dafür stehe ich auch ein** I've always said that, and I'll stand by it.

einsteigen *vi sep irreg aux sein* **1.** (*in ein Fahrzeug etc*) to get in (*in +acc* -to); (*in Zug auch, in Bus*) to get on (*in +acc* -to). ~! (*Rail etc*) all aboard!; **in eine Felswand** ~ to attack a rockface; **er ist in die Problematik noch nicht so richtig eingestiegen** he hasn't really got to grips with the problem.

2. (*in ein Haus etc*) to climb or get in (*in +acc* -to).

3. (*Sport sl*) **hart** ~ to go in hard.

4. (*inf*) **in die Politik/ins Verlagsgeschäft** ~ to go into politics/publishing; **er ist mit einer Million in diese Firma/ins Börsengeschäft eingestiegen** he put a million into this firm/invested a million on the stock exchange; **er ist ganz groß in dieses Geschäft eingestiegen** he's (gone) into that business in a big way (*inf*).

Einsteinium *nt* **-s**, *no pl* (*abbr* **Es**) einsteinium.

einstellbar *adj* adjustable.

einstellen *sep* **I** *vt* **1.** (*hineinstellen*) to put in. **das Auto in die** or **der Garage** ~ to put the car in(to) the garage; **Bücher ins Regal** ~ to put books in the bookcase or away on the shelves; **das Buch ist falsch eingestellt** the book has been put in the wrong place.

2. (*anstellen*) *Arbeitskräfte* to take on. **,,wir stellen ein: Sekretärinnen"** "we have vacancies for or are looking for secretaries".

3. (*beenden*) to stop; (*endgültig auch*) to discontinue; *Expedition, Suche* to call off; (*Mil*) *Feindseligkeiten, Feuer* to cease; (*Jur*) *Prozeß, Verfahren* to abandon. **die Arbeit ist eingestellt worden** work has stopped; **die Zeitung hat ihr Erscheinen eingestellt** the paper has ceased publication; **die Arbeit** ~ (*in den Ausstand treten*) to withdraw one's labour.

4. (*regulieren*) to adjust (*auf +acc* to); *Kanone* to aim (*auf +acc* at); *Fernglas, Fotoapparat* (*auf Entfernung*) to focus (*auf +acc* on); *Wecker, Zünder* to set (*auf +acc* for); *Radio* to tune (in) (*auf +acc* to); *Sender* to tune in to. **die Steuerung auf Automatik** ~ to switch over to or put the plane on the automatic pilot; **das Radio auf Zimmerlautstärke** ~ to set the radio to normal listening volume.

5. (*fig: abstimmen*) to tailor (*auf +acc* to).

6. (*Sport*) *Rekord* to equal.

II *vr* **1.** (*Besucher etc*) to appear, to present oneself; (*Fieber, Regen*) to set in; (*Symptome*) to appear; (*Folgen*) to become apparent, to appear; (*Wort, Gedanke*) to come to mind; (*Jahreszeiten*) to come, to arrive.

2. sich auf jdn/etw ~ (*sich richten nach*) to adapt oneself to sb/sth; (*sich vorbereiten auf*) to prepare oneself for sb/sth.

III *vi* to take on staff/workers.

einstellig *adj Zahl* single-digit.

Einstellknopf *m* (*an Radio etc*) tuning knob; **Einstellplatz** *m* (*auf Hof*) carport; (*in großer Garage*) (covered) parking accommodation *no indef art*; **Einstellschraube** *f* adjustment screw.

Einstellung *f* **1.** (*Anstellung*) employment.

2. (*Beendigung*) *siehe vt* 3. stopping; discontinuation; calling-off; cessation; abandonment. **der Sturm zwang uns zur** ~ **der Suche/Bauarbeiten** the storm forced us to call off or abandon the search/to stop work on the building.

3. (*Regulierung*) *siehe vt* 4. adjustment; aiming; focusing; setting; tuning (in); (*Film: Szene*) take.

4. (*Gesinnung, Haltung*) attitude; (*politisch, religiös etc*) views *pl*. **er hat eine falsche** ~ **zum Leben** he doesn't have the right attitude to or outlook on life; **das ist doch keine** ~! what kind of attitude is that!, that's not the right attitude!

Einstellungsgespräch *nt* interview; **Einstellungsstopp** *m* halt in recruitment; **Einstellungstermin** *m* starting date.

Einstich *m* (~*stelle*) puncture, prick; (*Vorgang*) insertion.

Einstichstelle *f* puncture (mark).

Einstieg *m* **-(e)s**, **-e** **1.** *no pl* (*das Einsteigen*) getting in; (*in Bus*) getting on; (*von Dieb: in Haus etc*) entry; (*fig: zu einem Thema etc*) lead-in (*zu* to). ~ **nur vorn!** enter only at the front; **kein** ~ exit only; **beim** ~ **in die Eigernordwand** during

the assault on the north face of the Eiger.
2. (*von Bahn*) door; (*von Bus auch*) entrance.

einstig *adj attr* former.

einstimmen *sep* **I** *vi* (*in ein Lied*) to join in; (*fig*) (*beistimmen*) to agree (*in +acc* with); (*zustimmen*) to agree (*in +acc* to). **in den Gesang (mit)** ~ to join in the singing.
    II *vt* (*Mus*) *Instrument* to tune. **jdn/sich auf etw** (*acc*) ~ (*fig*) to get *or* put sb/ oneself in the (right) mood for sth; *auf eine Atmosphäre etc* to attune sb/oneself to sth.

einstimmig *adj* **1.** *Lied* for one voice. ~ **singen** to sing in unison; **riefen sie** ~ they called in unison. **2.** (*einmütig*) unanimous.

Einstimmigkeit *f* unanimity.

Einstimmung *f* (*Mus: von Instrumenten*) tuning.

einstippen *vt sep* (*dial*) to dunk.

einstmals *adv siehe* **einst.**

einstöckig *adj Haus* two-storey (*Brit*), two-story (*US*). ~ (**gebaut) sein** to have two storeys *or* stories.

einstöpseln *vt sep* (*Elec*) to plug in (*in + acc* -to).

einstoßen *vt sep irreg Tür, Mauer* to knock *or* break down.

einstrahlen *vi sep* to irradiate (*spec*), to shine.

Einstrahlung *f* (*Sonnen~*) irradiation (*spec*), shining.

einstreichen *vt sep irreg* **1.** *siehe* **bestreichen. 2.** (*inf*) *Gewinn* to pocket (*inf*).

einstreuen *vt sep* to sprinkle in (*in +acc* -to); (*fig*) *Bemerkung etc* to slip in (*in + acc* -to).

einströmen *vi sep aux sein* to pour *or* flood in (*in +acc* -to); (*Licht, fig auch*) to stream in (*in +acc* -to). ~**de Kaltluft** a stream of cold air.

einstrophig *adj* one-verse *attr*.

einstudieren* *vt sep* *Lied, Theaterstück* to rehearse. **einstudierte Antworten** (*fig*) well-rehearsed answers.

Einstudierung *f* (*Theat*) production.

einstufen *vt sep* to classify. **in eine Kategorie etc** ~ to put into a category *etc*.

einstufig *adj Rakete* single-stage.

Einstufung *f* classification. **nach seiner** ~ **in eine höhere Gehaltsklasse** after he was put on a higher salary grade.

einstündig *adj attr* one-hour. **mehr als** ~**e Verspätungen** delays of more than an hour; **nach** ~**er Pause** after an hour's *or* a one-hour break, after a break of an hour.

einstürmen *vi sep aux sein* **auf jdn** ~ (*Mil*) to storm sb; (*fig*) to assail sb; **mit Fragen auf jdn** ~ to bombard sb with questions.

Einsturz *m* collapse; (*von Mauer, Boden, Decke auch*) caving-in.

einstürzen *vi sep aux sein* to collapse; (*Mauer, Boden, Decke auch*) to cave in; (*Theorie, Gedankengebäude auch*) to crumble. **auf jdn** ~ (*fig*) to overwhelm sb.

Einsturzgefahr *f* danger of collapse.

einstweilen *adv* in the meantime; (*vorläufig*) temporarily.

einstweilig *adj attr* temporary. ~**e Verfügung/Anordnung** (*Jur*) temporary *or* interim injunction/order.

einsuggerieren* *vt sep* **jdm etw** ~ to suggest sth to sb; (*inf*) to brainwash sb into believing sth.

Einswerden *nt* (*geh*) becoming one *no art*.

eintägig *adj attr* one-day; *siehe* **viertägig.**

Eintagsfliege *f* (*Zool*) mayfly; (*fig*) nine-day wonder; (*Mode, Idee*) passing craze.

eintanzen *vr sep* (*vor Turnier etc*) to dance a few practice steps.

Eintänzer *m* gigolo.

eintätowieren* *vt sep* to tattoo (*in/auf + acc* on).

eintauchen *sep* **I** *vt* to dip (*in +acc* in, into); (*völlig*) to immerse (*in +acc* in); *Brot* (*in Kaffee etc*) to dunk (*in +acc* in). **II** *vi aux sein* (*Schwimmer*) to dive in; (*Springer*) to enter the water; (*U-Boot*) to dive. **das U-Boot ist jetzt ganz eingetaucht** the submarine is now completely submerged.

Eintausch *m* exchange, swap (*inf*). „~ **von Gutscheinen"** "coupons exchanged here".

eintauschen *vt sep* to exchange, to swap (*inf*) (*gegen, für* for); (*umtauschen*) *Devisen* to change.

eintausend *num* (*form*) *siehe* **tausend.**

einteilen *sep* **I** *vt* **1.** to divide (up) (*in +acc* into); (*aufgliedern auch*) to split (up) (*in +acc* into); (*in Grade*) *Thermometer* to graduate, to calibrate.
    2. (*sinnvoll aufteilen*) *Zeit, Arbeit* to plan (out), to organize; *Geld auch* to budget. **wenn ich mir eine Flasche gut einteile, reicht sie eine Woche** if I plan it well a bottle lasts me a week.
    3. (*dienstlich verpflichten*) to detail (*zu* for). **er ist heute zur Aufsicht eingeteilt** he has been detailed for *or* assigned supervisory duties today.
    II *vi* (*inf: haushalten*) to budget.

einteilig *adj Badeanzug* one-piece *attr*.

Einteilung *f siehe vt* **1.** division; splitting up; gradation, calibration. **2.** planning, organization; budgeting. **3.** detailment (*esp Mil*), assignment.

Eintel *nt* (*Sw auch m*) **-s, -** (*Math*) whole.

eintippen *vt sep* to type in (*in +acc* -to).

eintönig *adj* monotonous. ~ **reden** to talk in a monotone.

Eintönigkeit *f* monotony; (*von Stimme*) monotonousness.

Eintopf *m, no pl,* **Eintopfgericht** *nt* stew.

Eintracht *f, no pl* harmony, concord. ~ **X** (*Sport*) ≈ X United.

einträchtig *adj* peaceable.

Eintrag *m* **-(e)s, ⁺e 1.** (*schriftlich*) entry (*in +acc* in). **2.** (*geh*) **das tut der Sache keinen** ~ that does/will do no harm. **3.** (*Tex*) weft, woof.

eintragen *sep irreg* **I** *vt* **1.** (*in Liste, auf Konto etc*) to enter; (*amtlich registrieren*) to register. **sich** ~ **lassen** to have one's name put down; *siehe* **eingetragen.**
    2. (*geh*) **jdm Haß/Undank/Gewinn** ~ to bring sb hatred/ingratitude/profit.
    II *vr* to sign; (*sich vormerken lassen*) to put one's name down. **er trug sich ins Gästebuch/in die Warteliste ein** he signed

the guest book/put his name (down) on
the waiting list.

einträglich *adj* profitable; *Geschäft, Arbeit
auch* lucrative, remunerative.

Einträglichkeit *f* profitability, profitable-
ness.

Eintragung *f siehe* **Eintrag 1.**

eintrainieren* *vt sep* to practise.

einträufeln *vt sep* **jdm Medizin in die
Nase/ins Ohr** ~ to put drops up sb's nose/
in sb's ear.

eintreffen *vi sep irreg aux sein* **1.** (*ankommen*) to arrive. **,,Bananen frisch ein-
getroffen"** "bananas – just in". **2.** (*fig:
Wirklichkeit werden*) to come true; (*Prophezeiung auch*) to be fulfilled.

eintreiben *vt sep irreg* **1.** *Vieh, Pfahl* to
drive in (*in +acc* -to). **2.** (*einziehen*) *Geld*
to collect; *Schulden auch* to recover.

Eintreibung *f* (*von Geldbeträgen*) collection; (*von Schulden auch*) recovery.

eintreten *sep irreg* **I** *vi* **1.** *aux sein* (*hineingehen*) (*ins Zimmer etc*) to go/come in (*in
+acc* -to); (*in Verein, Partei etc*) to join
(*in etw* (*acc*) sth). **ins Haus** ~ to go into *or*
enter the house; **in eine Firma** ~ to go into
or join a firm; **in den diplomatischen
Dienst** ~ to go into *or* enter the diplomatic
service; **in den Krieg** ~ to enter the war;
in Verhandlungen ~ (*form*) to enter into
negotiations; **die Verhandlungen sind in
eine kritische Phase eingetreten** the
negotiations have entered a critical phase;
bitte treten Sie ein! (*form*) (please) do
come in.

2. auf jdn ~ to boot *or* kick sb.

3. *aux sein* (*sich ereignen*) (*Tod*) to
occur; (*Zeitpunkt*) to come; (*beginnen*)
(*Dunkelheit, Nacht*) to fall; (*Besserung,
Tauwetter*) to set in. **bei E~ der Dunkelheit** at nightfall; **es ist eine Besserung
eingetreten** there has been an improvement; **wenn der Fall eintritt, daß ...** if it
happens that ...

4. *aux sein* **für jdn/etw** ~ to stand *or*
speak up for sb/sth; **sein mutiges E~ für
seine Überzeugung** his courageous
defence of his conviction *or* belief.

II *vt* **1.** (*zertrümmern*) to kick in; *Tür
auch* to kick down.

2. *Schuhe* to wear *or* break in.

3. sich (*dat*) **etw (in den Fuß)** ~ to run
sth into one's foot.

eintrichtern, eintrimmen *vt sep* (*inf*) **jdm
etw** ~ to drum sth into sb.

Eintritt *m* **1.** (*das Eintreten*) entry (*in +acc*
(in)to); (*ins Zimmer etc auch*) entrance;
(*in Verein, Partei etc*) joining (*in +acc* of).
beim ~ **ins Zimmer** when *or* on entering
the room; **,,~ im Sekretariat"** "entrance
through the office"; **der** ~ **in den Staats-
dienst** entry (in)to the civil service; **der** ~
in die EWG entry to the EEC; **der** ~ **ins
Gymnasium** starting at grammar school;
seit seinem ~ **in die Armee** since joining
the army *or* joining up.

2. (*~sgeld*) admission (*in +acc* to);
(*Einlaß auch*) admittance (*in +acc* to).
was kostet der ~? how much *or* what is the
admission?; ~ **frei!** admission free; ~ **DM
1,50** admission DM 1.50; **,,~ verboten"**
"no admittance".

3. (*von Winter, Dunkelheit*) onset. **der**
~ **des Todes** the moment when death
occurs; **bei** ~ **der Dunkelheit** at nightfall,
as darkness fell/falls.

Eintrittsgeld *nt* entrance money, admission charge; **die Zuschauer verlangten
ihr** ~ **zurück** the audience asked for their
money back; **Eintrittskarte** *f* ticket (of
admission), entrance ticket; **Eintritts-
preis** *m* admission charge.

eintrocknen *vi sep aux sein* (*Fluß, Farbe*)
to dry up; (*Wasser, Blut*) to dry.

eintrommeln *sep* (*inf*) **I** *vt siehe* **eintrichtern. II** *vi* **auf jdn** ~ (*lit, fig*) to pound sb.

eintrüben *vr sep* (*Met*) to cloud over, to
become overcast.

Eintrübung *f* (*Met*) cloudiness *no pl.*

eintrudeln *vi sep aux sein* (*inf*) to drift in
(*inf*).

eintunken *vt sep Brot* to dunk (*in +acc* in).

eintüten *vt sep* (*form*) to put into (paper)
bags.

ein|üben *vt sep* to practise; *Theaterstück,
Rolle etc* to rehearse; *Rücksichtnahme,
Solidarität* to learn *or* acquire (through
practice). **sich** (*dat*) **etw** ~ to practise sth.

Ein|übung *f* practice; (*Theat etc*) rehearsal.

Einung *f* (*geh*) *siehe* **Einigung.**

einverleiben* *vt sep and insep* **1.** *Gebiet,
Land* to annex (*dat* to); *Firma, Ministerium* to incorporate (*dat* into). **2.** (*hum
inf*) **sich** (*dat*) **etw** ~ (*essen, trinken*) to put
sth away (*inf*), to polish sth off (*inf*); (*sich
aneignen, begreifen*) to assimilate sth, to
take sth in.

Einverleibung *f, no pl siehe vt 1.* annexation; incorporation.

Einvernahme *f* -, -n (*Jur: esp Aus, Sw*)
siehe **Vernehmung.**

einvernehmen* *vt insep irreg* (*Jur: esp
Aus, Sw*) *siehe* **vernehmen.**

Einvernehmen *nt* -s, *no pl* (*Eintracht*)
amity, harmony; (*Übereinstimmung*)
agreement. **in gutem** *or* **bestem** ~ **leben** to
live in perfect amity *or* harmony; **wir arbeiten in gutem** ~ (**miteinander**) we work
in perfect harmony (together); **im** ~ **mit
jdm** in agreement with sb; **in gegen-
seitigem** *or* **beiderseitigem** ~ by mutual
agreement.

einvernehmlich (*esp Aus form*) **I** *adj
Regelung* conjoint. **II** *adv* in conjunction,
conjointly.

einverstanden *adj* ~! okay! (*inf*),
agreed!; ~ **sein** to agree, to consent, to be
agreed; **ich bin** ~ that's okay *or* all right
by me (*inf*), I'm agreed; **mit jdm/etw** ~
sein to agree to sb/sth; (*übereinstimmen*)
to agree *or* be in agreement with sb/sth; **sie
ist damit** ~, **daß sie nur 10% bekommt** she
has agreed *or* consented to take only 10%,
it's all right by *or* with her that she only
gets 10% (*inf*); **ich bin mit deinem
Verhalten/mit dir gar nicht** ~ I don't
approve of your behaviour; **sich mit etw** ~
erklären to give one's agreement to sth.

einverständlich *adj* mutually agreed;
Ehescheidung by mutual consent.

Einverständnis *nt* agreement; (*Zustimmung*) consent. **wir haben uns in gegen-
seitigem** ~ **scheiden lassen** we were divorced by mutual consent; **er erklärte sein**

~ **mit dem Plan** he gave his agreement to the plan; **das geschieht mit meinem** ~ that has my consent *or* agreement; **im** ~ **mit jdm handeln** to act with sb's consent.

Einverständnis|erklärung *f* declaration of consent. **die schriftliche** ~ **der Eltern** the parents' written consent.

Einwaage *f, no pl* (*Comm*) **1.** (*Reingewicht*) weight of contents of can or jar excluding juice etc. **Frucht-~/Fleisch-~ 200 g** fruit/meat content 200g. **2.** (*Comm: Gewichtsverlust*) weight loss.

einwachsen[1] *vt sep Boden, Skier* to wax.

einwachsen[2] *vi sep irreg aux sein* (*Baum, Staude*) to establish itself; (*Finger-, Zehennagel*) to become ingrown. **der Zehennagel ist mir eingewachsen** I have an ingrowing toenail.

Einwand *m* **-(e)s, ⁻e** objection. **einen** ~ **erheben** *or* **vorbringen** *or* **geltend machen** (*form*) to put forward *or* raise an objection.

Einwanderer *m* immigrant.

einwandern *vi sep aux sein* (*nach, in +acc* to) to immigrate; (*Volk*) to migrate.

Einwanderung *f* immigration (*nach, in + acc* to).

Einwanderungs- *in cpds* immigration.

einwandfrei *adj* **1.** (*ohne Fehler*) perfect; *Sprache, Arbeit auch* faultless; *Benehmen, Leumund* irreproachable, impeccable; *Lebensmittel* perfectly fresh. **er arbeitet sehr genau und** ~ his work is very precise and absolutely faultless; **er spricht** ~ *or* **ein** ~**es Spanisch** he speaks perfect Spanish, he speaks Spanish perfectly. **2.** (*unzweifelhaft*) indisputable; *Beweis auch* definite. **etw** ~ **beweisen** to prove sth beyond doubt, to give definite proof of sth; **es steht** ~ **fest, daß ...** it is beyond question *or* quite indisputable that ...; **das ist** ~ **Betrug** that is a clear case of fraud.

einwärts *adv* inwards.

einwärtsgebogen *adj attr* bent inwards.

einwässern *vt sep* (*Cook*) to steep.

einweben *vt sep irreg* to weave in (*in + acc* -to); (*fig auch*) to work in (*in +acc* -to).

einwechseln *vt sep Geld* to change (*in + acc, gegen* into). **jdm Geld** ~ to change money for sb.

einwecken *vt sep* to preserve; *Obst etc auch* to bottle.

Einweckglas *nt* preserving jar; **Einweck-gummi, Einweckring** *m* rubber seal (*for preserving jar*).

Einweg- ['ainveːk]: **Einwegbetrieb** *m* (*Computers*) one-way communication; **Einwegflasche** *f* non-returnable bottle; **Einwegspiegel** *m* one-way mirror.

einweichen *vt sep* to soak.

einweihen *vt sep* **1.** (*feierlich eröffnen*) to open (officially); (*fig*) to christen, to baptize. **2. jdn in etw** (*acc*) ~ to initiate sb into sth; **er ist eingeweiht** he knows all about it.

Einweihung(sfeier) *f* (official) opening.

einweisen *vt sep irreg* **1.** (*in Wohnung, Haus*) to send, to assign (*in +acc* to). **2.** (*in Krankenhaus, Heilanstalt*) to admit (*in +acc* to). **3.** (*in Arbeit unterweisen*) **jdn** ~ to introduce sb to his job *or* work; **er wurde**

von seinem Vorgänger (in die Arbeit) eingewiesen his predecessor showed him what the job involved. **4.** (*in ein Amt*) to install (*in +acc* in). **5.** (*Aut*) to guide in (*in +acc* -to).

Einweisung *f siehe vt* **1.** accommodation (*in +acc* in). **2.** admission (*in +acc* to). **3. die** ~ **der neuen Mitarbeiter übernehmen** to assume responsibility for introducing new employees to their jobs *or* work. **4.** installation (*in +acc* in). **5.** guiding in.

einwenden *vt sep irreg etwas/nichts gegen etw einzuwenden haben* to have an objection/no objection to sth, to object/not to object to sth; **dagegen läßt sich** ~, **daß ...** one objection to this is that ...; **dagegen läßt sich nichts** ~ there can be no objection to that; **er wandte ein, daß ...** he objected *or* raised the objection that ...; **er hat immer etwas einzuwenden** he always finds something to object to, he always has some objection to make.

Einwendung *f* objection (*auch Jur*); *siehe auch* **Einwand**.

einwerfen *sep irreg* **I** *vt* **1.** *Fensterscheibe etc* to break, to smash. **2.** (*Sport*) *Ball* to throw in. **3.** *Brief* to post, to mail (*esp US*). **4.** (*fig*) *Bemerkung* to make, to throw in.

II *vi* (*Sport*) to throw in, to take the throw-in. **er hat falsch eingeworfen** he fouled when he was throwing in.

einwertig *adj* (*Chem*) monovalent; (*Ling*) one place.

einwickeln *vt sep* **1.** to wrap (up). **er wickelte sich fest in seinen Mantel ein** he wrapped himself up well in his coat. **2.** (*inf: übervorteilen, überlisten*) to fool (*inf*), to take in; (*durch Schmeicheleien*) to butter up (*inf*).

Einwickelpapier *nt* wrapping paper.

einwiegen[1] *vt sep Kind* to rock to sleep.

einwiegen[2] *vt sep irreg* (*Comm*) *Mehl etc* to weigh out.

einwilligen *vi sep* (*in +acc* to) to consent, to agree.

Einwilligung *f* (*in +acc* to) consent, agreement.

einwinken *vt sep* to guide *or* direct in.

einwirken *vi sep auf jdn/etw* ~ to have an effect on sb/sth; (*beeinflussen*) to influence sb/sth; **etw** ~ **lassen** (*Med*) to let sth work in; (*Chem*) to let sth react; *Beize* to let sth soak *or* work in.

Einwirkung *f* influence; (*einer Sache auch*) effect; (*eines Katalysators*) effect. **Bayern steht unter** ~ **eines atlantischen Hochs** Bavaria is being affected by an anticyclone over the Atlantic; **unter (der)** ~ **von Drogen etc** under the influence of drugs *etc*; **unter (der)** ~ **eines Schocks stehen** to be suffering (from) the effects of shock.

Einwirkungsmöglichkeit *f* influence. ~**en haben** to be able to bring one's influence to bear.

einwöchig *adj* one-week *attr*.

Einwohner(in *f*) *m* **-s, -** inhabitant.

Einwohnermelde|amt *nt* residents' registration office; **sich beim** ~ **(an)melden** ≈ to register with the police; **Einwohner-**

schaft *f, no pl* population, inhabitants *pl*; **Einwohnerzahl** *f* population, number of inhabitants.

Einwurf *m* **1.** (*das Hineinwerfen*) (*von Münze*) insertion; (*von Brief*) posting, mailing (*esp US*). ~ **2 Mark** insert 2 marks. **2.** (*Sport*) throw-in. **falscher** ~ foul throw. **3.** (*Schlitz*) slot; (*von Briefkasten*) slit. **4.** (*fig*) interjection; (*Einwand*) objection.

einwurzeln *vir sep* (*vi: aux sein*) (*Pflanzen*) to take root; (*fig auch*) to become rooted (*bei* in).

Einzahl *f* singular.

einzahlen *vt sep* to pay in. **Geld auf ein Konto** ~ to pay money into an account.

Einzahlung *f* deposit.

Einzahlungsschalter *m* (*Post*) counter for paying in deposits at a post office;

Einzahlungsschein *m* (*Beleg*) ≃ counterfoil; (*Sw: Zahlkarte*) pay(ing)-in slip, deposit slip (*US*).

einzäunen *vt sep* to fence in.

Einzäunung *f* (*Zaun*) fence, fencing; (*das Umzäunen*) fencing-in.

einzeichnen *vt sep* to draw *or* mark in. **ist der Ort eingezeichnet?** is the place marked?

Einzeiler *m* **-s, -** (*Liter*) one-line poem, one-liner (*inf*); monostich (*form*).

einzeilig *adj* one-line *attr*.

Einzel *nt* **-s, -** (*Tennis*) singles *sing*.

Einzel|aktion *f* independent action; (*Sport*) solo performance *or* effort; **Einzel|antrieb** *m* (*Tech*) independent drive; **Einzel|ausgabe** *f* separate edition; **Einzelbehandlung** *f* individual treatment; **Einzeldarstellung** *f* individual treatment; **Einzel|erscheinung** *f* isolated occurrence; **Einzelfall** *m* individual case; (*Sonderfall*) isolated case, exception; **Einzelfallstudie** *f* (*Sociol, Psych*) (individual) case study; **Einzelfertigung** *f* special order; **in** ~ **hergestellt** made to order, custom-made (*esp US*); **Einzelgänger** *m* **-s, -** loner, lone wolf; (*Elefant*) rogue; **Einzelhaft** *f* solitary confinement.

Einzelhandel *m* retail trade. **im** ~ **erhältlich** available retail; **im** ~ **kostet das ... it** retails at ...

Einzelhandelsgeschäft *nt* retail shop; **Einzelhandelskaufmann** *m* trained retail salesman; **Einzelhandelspreis** *m* retail price.

Einzelhändler *m* retailer, retail trader; **Einzelhaus** *nt* detached house; **Einzelheit** *f* detail, particular; **auf** ~**en eingehen** to go into detail(s); **etw in allen/bis in die kleinsten** ~**en schildern** to describe sth in great detail/right down to the last detail; **sich in** ~**en verlieren** to get bogged down in details; **Einzelkabine** *f* (individual) cubicle; **Einzelkampf** *m* **1.** (*Mil*) single combat; **2.** (*Sport*) individual competition; **Einzelkind** *nt* only child.

Einzeller *m* **-s, -** (*Biol*) single-celled *or* unicellular organism.

einzellig *adj* single-cell(ed) *attr*, unicellular.

einzeln I *adj* **1.** individual; (*getrennt*) separate; (*von Paar*) odd. ~**e Teile des**

Bestecks kann man nicht kaufen you cannot buy individual *or* separate *or* single pieces of this cutlery; **wir kamen** ~ came separately; **die Gäste kamen** ~ **herein** the guests came in separately *or* singly *or* one by one; **bitte** ~ **eintreten** please come in one (person) at a time; **Bände** ~ **verkaufen** to sell volumes separately *or* singly; ~ **aufführen** to list separately *or* individually *or* singly; **im** ~**en Fall** in the particular case.

2. *Mensch* individual.

3. (*alleinstehend*) *Baum, Haus* single, solitary.

4. (*mit pl n: einige, vereinzelte*) some; (*Met*) *Schauer* scattered. ~**e Firmen haben ...** some firms have ..., the odd firm has ..., a few odd firms have ...; ~**e Besucher kamen schon früher** a few *or* one or two visitors came earlier.

II *adj* (*substantivisch*) **1.** (*Mensch*) **der/ die** ~**e** the individual; **ein** ~**er** an individual, a single person; (*ein einziger Mensch*) one single person; ~**e** some (people), a few (people), one or two (people); **jeder** ~**e/jede** ~**e** each individual; **jeder** ~**e muß dabei helfen** (each and) every one of you/them *etc* must help; **als** ~**er kann man nichts machen** as an individual one can do nothing.

2. ~**es** some; ~**es hat mir gefallen** I liked parts *or* some of it; ~**e haben mir gefallen** I liked some of them.

3. das ~**e** the particular; **jedes** ~**e** each one; **im** ~**en auf etw** (*acc*) **eingehen** to go into detail(s) *or* particulars about sth; **etw im** ~**en besprechen** to discuss sth in detail.

einzelnstehend *adj attr* solitary. **ein paar** ~**e Bäume** a few scattered trees, a few trees here and there; **ein** ~**er Baum** a tree (standing) all by itself, a solitary tree.

Einzelnummer *f* (*von Zeitung*) single issue; **Einzelperson** *f* single person; **Einzelrad|aufhängung** *f* (*Aut*) independent suspension; **Einzelrichter** *m* judge sitting singly; **Einzelsieger** *m* individual winner; **Einzelspiel** *nt* (*Tennis*) singles *sing*; **Einzelstück** *nt* **ein schönes** ~ a beautiful piece; ~**e verkaufen wir nicht** we don't sell them singly; **Einzelstunde** *f* private *or* individual lesson; **Einzelteil** *nt* individual *or* separate part; (*Ersatzteil*) spare *or* replacement part; **etw in seine** ~**e zerlegen** to take sth to pieces; **Einzel|unterricht** *m* private lessons *pl or* tuition; **Einzelverkauf** *m* (*Comm*) retail sale; (*das Verkaufen*) retailing, retail selling; **Einzelwertung** *f* (*Sport*) individual placings *pl*; (*bei Kür*) individual marks *pl*; **Einzelwesen** *nt* individual; **Einzelwettbewerb** *m* (*Sport*) individual competition; **Einzelzelle** *f* single cell (*auch Biol*); **Einzelzimmer** *nt* single room.

einzementieren* *vt sep* Stein to cement; Safe to build *or* set into (the) concrete.

einziehbar *adj* retractable; Schulden recoverable.

einziehen *sep irreg* **I** *vt* **1.** (*hineinziehen, einfügen*) Gummiband, Faden to thread; (*in einen Bezug etc*) to put in; (*Build: einbauen*) Wand, Balken to put in.

2. (*einsaugen*) Flüssigkeit to soak up;

(*durch Strohhalm*) to draw up; *Duft* to breathe in; *Luft, Rauch* to draw in.

3. (*zurückziehen*) *Fühler, Krallen, Fahrgestell* to retract, to draw in; *Bauch, Netz* to pull *or* draw in; *Antenne* to retract; *Schultern* to hunch; *Periskop, Flagge, Segel* to lower, to take down; *Ruder* to ship, to take in. **den Kopf ~** to duck (one's head); **zieh den Bauch ein!** keep *or* tuck (*inf*) your tummy in; **der Hund zog den Schwanz ein** the dog put his tail between his legs; **mit eingezogenem Schwanz** (*lit, fig*) with its/his/her tail between its/his/her legs.

4. (*Mil*) (*zu* into) *Personen* to conscript, to call up, to draft (*esp US*); *Fahrzeuge etc* to requisition.

5. (*kassieren*) *Steuern, Gelder* to collect; (*fig*) *Erkundigungen* to make (*über* +*acc* about).

6. (*aus dem Verkehr ziehen*) *Banknoten, Münzen* to withdraw (from circulation), to call in; (*beschlagnahmen*) *Führerschein* to take away, to withdraw; *Vermögen* to confiscate.

7. (*Typ*) *Wörter, Zeilen* to indent.

II *vi aux sein* **1.** (*in Wohnung, Haus*) to move in. **wer ist im dritten Stock eingezogen?** who has moved into the third floor?; **er zog bei Bekannten ein** he moved in with friends; **ins Parlament ~** to take up one's seat (in parliament).

2. (*auch Mil: einmarschieren*) to march in (*in* +*acc* -to).

3. (*einkehren*) to come (*in* +*dat* to). **mit ihm zog eine fröhliche Stimmung bei uns ein** he brought a happy atmosphere with him; **Ruhe und Ordnung zogen wieder ein** law and order returned.

4. (*eindringen*) to soak in (*in* +*acc* -to).

Einziehung *f* **1.** (*Mil*) (*von Personen*) conscription, call-up, drafting (*esp US*); (*von Fahrzeugen*) requisitioning. **2.** (*Beschlagnahme*) (*von Vermögen, Publikationen*) confiscation; (*Rücknahme: von Banknoten, Führerschein etc*) withdrawal. **3.** (*Eintreiben: von Steuern etc*) collection.

einzig I *adj* **1.** *attr* only, sole. **ich sehe nur eine ~e Möglichkeit** I can see only one (single) possibility; **ich habe nicht einen ~en Brief bekommen** I haven't had a single *or* solitary letter; **kein** *or* **nicht ein ~es Mal** not once, not one single time.

2. (*emphatisch*) absolute, complete. **dieses Fußballspiel war eine ~e Schlammschlacht** this football match was just one big mudbath.

3. *pred* (*~artig*) unique. **es ist ~ in seiner Art** it is quite unique.

II *adj* (*substantivisch*) **der/die ~e** the only one; **das ~e** the only thing; **das ist das ~e, was wir tun können** that's the only thing we can do; **ein ~er hat geantwortet** only one (person) answered; **kein ~er wußte es** nobody *or* not a single *or* solitary person knew; **die ~en, die es wußten ...** the only ones who knew ...; **er hat als ~er das Ziel erreicht** he was the only one *or* the sole person to reach the finish; **Hans ist unser E~er** Hans is our only child *or* our one and only.

III *adv* **1.** (*allein*) only, solely. **seine Beförderung hat er ~ dir zu verdanken** he owes his promotion entirely to you; **die ~ mögliche Lösung** the only possible solution, the only solution possible; **~ und allein** solely; **~ und allein deshalb hat er gewonnen** he owes his victory solely *or* entirely to that, that's the only *or* sole reason he won; **das ~ Wahre** *or* **Senkrechte** (*inf*) the only thing; (*das beste*) the real McCoy; **jetzt Ferien machen/ein Bier trinken, das wäre das ~ Wahre** *etc* to take a holiday/have a beer, that's just what the doctor ordered (*inf*) *or* that would be just the job.

2. (*inf: außerordentlich*) fantastically.

einzig|artig *adj* unique. **der Film war ~ schön** the film was astoundingly beautiful.

Einzig|artigkeit *f* uniqueness.

Einzimmer- *in cpds* one-room.

Einzug *m* **1.** (*in Haus etc*) move (*in* +*acc* into). **vor dem ~** before moving in *or* the move; **der ~ in das neue Haus** moving *or* the move into the new house; **der ~ ins Parlament** taking up one's seat.

2. (*Einmarsch*) entry (*in* +*acc* into).

3. (*fig: von Stimmung, Winter etc*) advent. **der Winter hielt seinen ~ mit Schnee und Frost** winter arrived amid snow and frost; **der Frühling** *etc* **hält seinen ~** spring *etc* is coming.

4. (*von Steuern, Geldern*) collection; (*von Banknoten*) withdrawal, calling-in.

5. (*Typ*) indentation.

Einzugsbereich *m* catchment area; **Einzugsgebiet** *nt* (*lit, fig*) catchment area.

einzwängen *vt sep* (*lit*) to squeeze *or* jam *or* wedge in; (*fig*) *jdn* to constrain, to constrict; *Idee* to force.

Einzylindermotor *m* one- *or* single-cylinder engine.

Eipulver *nt* dried *or* powdered egg.

Eis *nt* **-es, -** **1.** *no pl* (*gefrorenes Wasser*) ice. **zu ~ gefrieren** to freeze, to turn to ice; **vom ~ eingeschlossen sein** to be iced in *or* icebound; **ein Herz von ~** (*fig*) a heart of stone; **das ~ brechen** (*fig*) to break the ice; **jdn aufs ~ führen** (*fig*) to take sb for a ride (*inf*), to lead sb up the garden path; **etw auf ~ legen** (*lit*) to chill sth, to put sth on ice; (*fig inf*) to put sth on ice *or* into cold storage.

2. (*Speise~*) ice(-cream). **er kaufte 3 ~** he bought 3 icecreams *or* ices; **~ am Stiel** ice(d)-lolly (*Brit*), popsicle (*US*)®.

Eisbahn *f* ice-rink; **Eisbär** *m* polar bear; **Eisbecher** *m* (*aus Pappe*) ice-cream tub; (*aus Metall*) sundae dish; (*Eis*) sundae; **eisbedeckt** *adj attr* ice-covered, covered in ice; **Eisbein** *nt* **1.** (*Cook*) knuckle of pork (*boiled and served with sauerkraut*); **2.** (*hum inf*) **wenn ich noch länger hier in dieser Kälte stehe, bekomme ich ~e** if I stand around here in this cold any longer my feet will turn to ice; **Eisberg** *m* iceberg; **die Spitze des ~s** (*fig*) the tip of the iceberg; **Eisbeutel** *m* ice pack; **eisblau** *adj*, **Eisblau** *nt* blue-white; **Eisblock** *m* block of ice; **Eisblume** *f usu pl* frost pattern; **Eisbombe** *f* (*Cook*) bombe glacée; **Eisbrecher** *m* icebreaker; **Eisbude** *f* ice-cream stall.

Eischnee *m* (*Cook*) beaten white of egg.
Eiscreme *f* ice(-cream); **Eisdecke** *f* ice sheet, sheet of ice; **Eisdiele** *f* ice-cream parlour.
eisen *vt Tee, Wodka* to ice, to chill.
Eisen *nt* **-s, -** **1.** (*no pl: abbr* Fe) iron. **ein Mann aus ~** a man of iron; **mehrere/noch ein ~ im Feuer haben** (*fig*) to have more than one/another iron in the fire; **zum alten ~ gehören** *or* **zählen** (*fig*) to be on the scrap heap; **jdn/etw zum alten ~ werfen** (*fig*) to throw sb/sth on the scrap heap; **man muß das ~ schmieden, solange es heiß ist** (*Prov*) one must strike while the iron is hot (*prov*).
  2. (*Bügel~, Golf*) iron; (*~beschlag*) iron fitting; (*~band*) iron band *or* hoop; (*Huf~*) shoe; (*Fang~*) trap; (*obs: Fesseln*) fetters *pl* (*obs*), irons *pl*; (*obs: Schwert*) iron (*obs*). **jdn in ~ legen** (*obs*) to put *or* clap sb in irons.
Eisenbahn *f* railway (*Brit*), railroad (*US*); (*~wesen*) railways *pl*, railroad (*US*); (*inf: Zug*) train; (*Spielzeug~*) train set. **ich fahre lieber (mit der) ~ als (mit dem) Bus** I prefer to travel by train *or* rail than by bus; **Onkel Alfred arbeitet bei der ~** uncle Alfred works for the railways/railroad; **es ist (aller)höchste ~** (*inf*) it's getting late.
Eisenbahn|abteil *nt* (railway/railroad) compartment; **Eisenbahnbrücke** *f* railway/railroad bridge.
Eisenbahner(in *f*) *m* **-s, -** railwayman (*Brit*), railway employee (*Brit*), railroader (*US*).
Eisenbahnfähre *f* train ferry; **Eisenbahnfahrkarte** *f* rail ticket; **Eisenbahnfahrt** *f* train *or* rail journey *or* ride; **Eisenbahngesellschaft** *f* railway/railroad company; **Eisenbahngleis** *nt* railway/railroad track; **Eisenbahnknotenpunkt** *m* railway/railroad junction; **Eisenbahnnetz** *nt* rail(way)/railroad network; **Eisenbahnschaffner** *m* (railway) guard, (railroad) conductor (*US*); **Eisenbahnschwelle** *f* (railway/railroad) sleeper; **Eisenbahnsignal** *nt* railway/railroad signal; **Eisenbahnstrecke** *f* railway line, railroad (*US*); **Eisenbahn|überführung** *f* (railway/railroad) footbridge; **Eisenbahn|unglück** *nt* railway/railroad accident, train crash; **Eisenbahn|unterführung** *f* railway/railroad underpass; **Eisenbahnverbindung** *f* rail link; (*Anschluß*) connection; **Eisenbahnverkehr** *m* rail(way)/railroad traffic; **Eisenbahnwagen** *m* (*Personen~*) railway/railroad carriage; (*Güter~*) goods wagon *or* truck; **Eisenbahnwesen** *nt* railway/railroad system; **Eisenbahnzug** *m* railway/railroad train.
Eisenbart(h) *m*: **Doktor ~** (*fig*) quack, horse-doctor (*inf*).
Eisenbergwerk *nt* iron mine; **Eisenbeschlag** *m* ironwork *no pl*; (*zum Verstärken*) iron band; **eisenbeschlagen** *adj* with iron fittings; *Stiefel* steel-tipped; **Eisenblech** *nt* sheet iron; **Eisenblock** *m* iron block, block of iron; **Eisenbohrer** *m* (*Tech*) iron *or* steel drill; **Eisendraht** *m* steel wire; **Eisen|erz** *nt* iron ore; **Eisenfeile** *f* iron file; **Eisenfeil-**

späne *pl* iron filings *pl*; **Eisenflecken** *pl* (*in Kartoffeln*) discoloured patches *pl*; **Eisengarn** *nt* steel thread; **Eisengehalt** *m* iron content; **Eisengießerei** *f* (*Vorgang*) iron smelting; (*Werkstatt*) iron foundry; **Eisenglanz, Eisenglimmer** *m* ferric oxide, iron glance; **Eisenguß** *m* iron casting; **eisenhaltig** *adj Gestein* iron-bearing, ferruginous (*form*); **das Wasser ist ~** the water contains iron; **Eisenhammer** *m* steam hammer; (*Werkstatt*) forge; **Eisenhandlung** *f* ironmonger's (shop); **eisenhart** *adj* (*lit*) as hard as iron; **ein ~er Mann/Wille** a man/will of iron; **Eisenhut** *m* **1.** (*Bot*) monk's hood, aconite; **2.** (*Hist*) iron helmet; **Eisenhütte** *f* ironworks *pl or sing*, iron foundry; **Eisenhüttenkombinat** *nt* (*DDR*) iron processing combine; **Eisen|industrie** *f* iron industry; **Eisen|kern** *m* iron core; **Eisenkitt** *m* iron-cement; **Eisenmangel** *m* iron deficiency; **Eisen|oxyd** *nt* ferric oxide; **Eisenpräparat** *nt* (*Med*) iron tonic/tablets *pl*; **eisenschüssig** *adj Boden* iron-bearing, ferruginous (*form*); **Eisenspäne** *pl* iron filings *pl*; **Eisenstange** *f* iron bar; **Eisenträger** *m* iron girder; **eisenver|arbeitend** *adj attr* iron processing; **Eisenverbindung** *f* (*Chem*) iron compound; **Eisenwaren** *pl* ironmongery *sing*; **Eisenwarenhändler** *m* ironmonger; **Eisenwarenhandlung** *f* ironmonger's (shop); **Eisenwerk** *nt* **1.** (*Art*) ironwork; **2.** *siehe* **Eisenhütte**; **Eisenzeit** *f* (*Hist*) Iron Age.
eisern *adj* **1.** *attr* (*aus Eisen*) iron. **das E~e Kreuz** (*Mil*) the Iron Cross; **der E~e Kanzler** the Iron Chancellor; **der ~e Vorhang** (*Theat*) the safety curtain; **der E~e Vorhang** (*Pol*) the Iron Curtain; **~e Lunge** (*Med*) iron lung; **die E~e Jungfrau** (*Hist*) the Iron Maiden; **~e Hochzeit** 65th wedding anniversary.
  2. (*fest, unnachgiebig*) *Disziplin* iron *attr*, strict; *Wille* iron *attr*, of iron; *Energie* unflagging, indefatigable; *Ruhe* unshakable. **~e Gesundheit** iron constitution; **sein Griff war ~** his grip was like iron; **er schwieg ~** he remained resolutely silent; **er ist ~ bei seinem Entschluß geblieben** he stuck steadfastly *or* firmly to his decision; **mit ~er Faust** with an iron hand; **ein ~es Regiment führen** to rule with a rod of iron; **in etw** (*dat*) **~ sein/bleiben** to be/remain resolute about sth; **da bin** *or* **bleibe ich ~!** (*inf*) that's definite; (*aber*) **~!** (*inf*) (but) of course!, absolutely!; **mit ~em Besen auskehren** to make a clean sweep, to be ruthless in creating order; **~ trainieren/sparen** to train/save resolutely *or* with iron determination.
  3. *attr* (*unantastbar*) *Reserve* emergency; *Ration auch* iron.
Eiseskälte *f* icy cold.
Eisfischerei *f* fishing through ice; **Eisfläche** *f* (surface of the) ice; **die ~ des Sees** the (sheet of) ice covering the lake; **eisfrei** *adj* ice-free *attr*, free of ice *pred*; **Eisgang** *m* ice drift; **eisgekühlt** *adj* chilled; **eisgrau** *adj* (*liter*) steel(y) grey; **Eisheiligen** *pl*: **die drei ~** *three*

Saints' Days, 12th-14th May, which are usually particularly cold and after which further frost is rare; **Eishockey** *nt* ice hockey, hockey (*US*).

eisig *adj* **1.** (*kalt*) *Wasser, Wind* icy (cold); *Kälte* icy. **2.** (*jäh*) *Schreck, Grauen* chilling. **3.** (*fig: abweisend*) icy, glacial; *Schweigen auch* frosty, chilly; *Ablehnung* cold; *Blick* icy, cold; *Lächeln* frosty.

Eisjacht *f* ice-yacht; **Eiskaffee** *m* iced coffee; **eiskalt** *adj* **1.** icy-cold; **2.** *siehe* **eisig 2.**; **3.** (*fig*) (*abweisend*) icy, cold, frosty; (*kalt und berechnend*) cold-blooded, cold and calculating; (*dreist*) cool; **machst du das?** — **ja!** ~ will you do it? — no problem; **Eiskappe** *f* icecap; **Eiskeller** *m* cold store, cold room; **unser Schlafzimmer ist ein** ~ our bedroom is like an icebox; **Eiskristall** *nt* ice crystal; **Eiskunstlauf** *m* figure skating; **Eiskunstläufer** *m* figure skater; **Eislauf** *m* ice-skating; **eislaufen** *vi sep irreg aux sein* to go ice-skating; **sie läuft eis** she ice-skates; **Eisläufer** *m* ice-skater; **Eismaschine** *f* ice-cream machine; **Eismeer** *nt* polar sea; **Nördliches/Südliches** ~ Arctic/Antarctic Ocean; **Eisnadeln** *pl* ice needles *pl*; **Eisnebel** *m* freezing fog; **Eispalast** *m* ice rink; (*hum inf*) icebox; **Eispickel** *m* ice axe, ice pick.

Eisprung *m* (*Physiol*) ovulation *no art.*

Eispulver *nt* (*Cook*) ice-cream mix; **Eisregen** *m* sleet; **Eisrevue** *f* ice revue, ice show; **Eisschießen** *nt* curling; **Eisschmelze** *f* thaw; **Eisschnellauf** *m* speed skating; **Eisschnelläufer** *m* speed skater; **Eisscholle** *f* ice floe; **Eisschrank** *m* refrigerator, fridge (*Brit*), icebox (*US*); **Eissegeln** *nt* ice-sailing; **Eissport** *m* ice sports *pl*; **Eis(sport)stadion** *nt* ice rink; **Eisstock** *m* (*Sport*) curling stone; **Eis-(stock)schießen** *nt* curling; **Eistanz** *m* ice-dancing; **Eistorte** *f* ice-cream cake; **Eisverkäufer** *m* ice-cream seller *or* man (*inf*); **Eisvogel** *m* **1.** kingfisher; **2.** (*Schmetterling*) white admiral; **Eiswasser** *nt* icy water; (*Getränk*) iced water; **Eiswein** *m* sweet wine made from grapes which have been exposed to frost; **Eiswürfel** *m* ice cube; **Eiszapfen** *m* icicle; **Eiszeit** *f* Ice Age, glacial epoch (*form*); **eiszeitlich** *adj* ice-age, of the Ice Age.

eitel *adj* **1.** *Mensch* vain; (*eingebildet auch*) conceited. ~ **wie ein Pfau** vain as a peacock.
　2. (*liter*) *Hoffnung, Wahn, Versuch, Gerede* vain. **alles ist** ~ all is vanity.
　3. *inv* (*obs: rein*) *Gold* pure. **es herrschte** ~ **Freude** (*obs, hum*) there was absolute joy.

Eitelkeit *f siehe adj 1., 2.* vanity; vainness.

Eiter *m* **-s**, *no pl* pus.

Eiterbeule *f* boil; (*fig*) canker; **Eiterbläschen** *nt*, **Eiterblase** *f* pustule; **Eitererreger** *m* pyogenic organism (*spec*); **Eiterherd** *m* suppurative focus (*spec*).

eit(e)rig *adj Ausfluß* purulent; *Wunde* festering, suppurating; *Binde* pus-covered.

eitern *vi* to fester, to discharge pus, to suppurate.

Eiterpfropf *m* core (*of a boil*); (*von Pickel*)

head; **Eiterpickel** *m* pimple (containing pus).

Eiweiß *nt* (egg-)white, white of egg, albumen (*spec*); (*Chem*) protein.

eiweiß|arm *adj* low in protein; ~**e Kost** a low-protein diet; **Eiweißgehalt** *m* protein content; **eiweißhaltig** *adj* protein-containing *attr*; **Fleisch ist sehr** ~ meat is high in protein *or* contains a lot of protein; **Eiweißmangel** *m* protein deficiency; **Eiweißpräparat** *nt* protein preparation.

Eizelle *f* (*Biol*) egg cell.

Ejakulat *nt* (*Med*) ejaculated semen, ejaculate (*spec*).

Ejakulation *f* ejaculation.

ejakulieren* *vi* to ejaculate.

EK [e:'ka:] *nt* **-s**, **-s**: **EK I/II** Iron Cross First/Second Class.

EKD [e:ka:'de:] *f ≈ abbr of* **Evangelische Kirche in Deutschland.**

ekel *adj attr* (*old*) nauseating, revolting, loathsome.

Ekel¹ *m* **-s**, *no pl* disgust, revulsion, loathing; (*Übelkeit*) nausea. **vor jdm/etw einen** ~ **haben** *or* **empfinden** to have a loathing of sb/sth, to loathe sb/sth; **dabei empfinde ich** ~ it gives me a feeling of disgust *etc*; **er hat das Essen vor** ~ **ausgespuckt** he spat out the food in disgust *or* revulsion; **er konnte es vor** ~ **nicht tun** he was too disgusted to do it; **er mußte sich vor** ~ **übergeben** he was so nauseated that he vomited.

Ekel² *nt* **-s**, **-** (*inf*) obnoxious person, horror (*inf*).

ekel|erregend *adj* nauseating, revolting, disgusting.

ekelhaft, ek(e)lig *adj* disgusting, revolting; (*inf*) *Schmerzen, Problem, Chef* nasty (*inf*), horrible, vile. **sei nicht so** ~ **zu ihr!** don't be so nasty to her.

ekeln I *vt* to disgust, to revolt, to nauseate.
　II *vt impers* **es ekelt mich vor diesem Anblick, mich** *or* **mir ekelt vor diesem Anblick** the sight of it fills me with disgust *or* revulsion, this sight is disgusting *or* revolting *or* nauseating.
　III *vr* to be *or* feel disgusted *or* revolted *or* nauseated. **sich vor etw** (*dat*) ~ to find sth disgusting *or* revolting *or* nauseating.

EKG [e:ka:'ge:] *nt* **-s**, **-s** *abbr of* **Elektrokardiogramm** ECG. **ein** ~ **machen lassen** to have an ECG.

Eklat [e'kla(:)] *m* **-s**, **-s** (*geh*) (*Aufsehen*) sensation, stir; (*Zusammenstoß*) row, (major) altercation (*form*).

eklatant *adj* (*aufsehenerregend*) *Fall* sensational, spectacular; (*offenkundig*) *Beispiel* striking; *Verletzung* flagrant.

Eklektiker(in *f*) *m* **-s**, **-** eclectic.

eklektisch *adj* eclectic.

Eklektizismus *m* eclecticism.

eklig *adj siehe* **ek(e)lig.**

Eklipse *f* **-**, **-n** eclipse.

Ekliptik *f* ecliptic.

ekliptisch *adj* ecliptical.

Ekstase *f* **-**, **-n** ecstasy. **in** ~ **geraten** to go into ecstasies; **jdn in** ~ **versetzen** to send sb into ecstasies.

ekstatisch *adj* ecstatic, full of ecstasy.

Ekzem *nt* **-s**, **-e** (*Med*) eczema.

Elaborat *nt* (*pej*) concoction (*pej*).

Elan [*auch* e'lã:] *m* **-s**, *no pl* élan, zest, vigour.

Elast *m* **-(e)s, -e** (*esp DDR*) rubber, elastomer (*spec*).

elastisch *adj* elastic; *Gang auch* springy; *Metall, Holz* springy, flexible; *Stoff auch* stretchy; (*fig*) (*spannkräftig*) *Muskel, Mensch* strong and supple; (*flexibel*) flexible, elastic. **er federte ~** he bent supply at the knees.

Elastizität *f siehe* **elastisch** elasticity; springiness; flexibility; stretchiness; flexibility, elasticity.

Elativ *m* (*Gram*) absolute superlative.

Elbkähne *pl* (*N Ger hum*) beetle-crushers *pl* (*inf*), clodhoppers *pl* (*inf*).

Elch *m* **-(e)s, -e** elk.

Eldorado *nt* **-s, -s** (*lit, fig*) eldorado.

Elefant *m* elephant. **wie ein ~ im Porzellanladen** (*inf*) like a bull in a china shop (*prov*).

Elefantenbaby *nt* (*inf*) baby elephant (*auch fig hum*); **Elefantenbulle** *m* bull elephant; **Elefantenkuh** *f* cow elephant; **Elefantenrüssel** *m* elephant's trunk.

Elefantiasis *f* -, *no pl* (*Med*) elephantiasis.

elegant *adj* elegant.

Eleganz *f* elegance.

Elegie *f* elegy.

Elegiendichter [-'gi:ən-], **Elegiker(in** *f*) *m* **-s, -** elegist.

elegisch *adj* elegiac; (*melancholisch auch*) melancholy. **~ gestimmt** in a melancholy mood.

elektrifizieren* *vt* to electrify.

Elektrifizierung *f* electrification.

Elektrik *f* 1. (*elektrische Anlagen*) electrical equipment. 2. (*inf: Elektrizitätslehre*) electricity.

Elektriker(in *f*) *m* **-s, -** electrician.

elektrisch *adj* electric; *Entladung, Widerstand* electrical. **~e Geräte** electrical appliances; **~er Schlag/Strom** electric shock/current; **der ~e Stuhl** the electric chair; **~ betrieben** electrically driven, driven *or* run by electricity, electric; **wir kochen ~** we cook by *or* with electricity; **bei uns ist alles ~** we're all electric; **das geht alles ~** (*inf*) it's all automatic.

Elektrische *f* **-n, -n** (*dated*) tram, streetcar- (*US*).

elektrisieren* I *vt* (*lit, fig*) to electrify; (*aufladen*) to charge with electricity; (*Med*) to treat with electricity. **der Plattenspieler hat mich elektrisiert** the record-player gave me a shock *or* an electric shock; **ich habe mich elektrisiert** I gave myself *or* got an electric shock; **wie elektrisiert** (as if) electrified. II *vi* to give an electric shock.

Elektrisiermaschine *f* electrostatic generator.

Elektrizität *f* electricity.

Elektrizitätsgesellschaft *f* electric power company; **Elektrizitätslehre** *f* (science of) electricity; **Elektrizitätsversorgung** *f* (electric) power supply; **Elektrizitätswerk** *nt* (electric) power station; (*Gesellschaft*) electric power company.

Elektro- *in cpds* electro- (*auch Sci*), electric; **Elektro|antrieb** *m* electric drive;

Elektro|artikel *m* electrical appliance; **Elektrochemie** *f* electrochemistry; **elektrochemisch** *adj* electrochemical.

Elektrode *f* **-, -n** electrode.

Elektrodenspannung *f* electrode potential.

Elektrodiagnostik *f* (*Med*) electrodiagnosis; **Elektrodynamik** *f* electrodynamics *sing*; **elektrodynamisch** *adj* electrodynamic; **Elektro|enzephalogramm** *nt* (*Med*) electroencephalogram, EEG; **Elektrofahrzeug** *nt* electric vehicle; **Elektrogerät** *nt* electrical appliance; **Elektrogeschäft** *nt* electrical shop; **Elektroherd** *m* electric cooker; **Elektro|industrie** *f* electrical industry; **Elektro|ingenieur** *m* electrical engineer; **Elektrokardiogramm** *nt* (*Med*) electrocardiogram, ECG; **Elektrokarren** *m* small electric truck; (*des Milchmannes etc*) electric float; **Elektrolyse** *f* **-, -n** electrolysis; **Elektrolyt** *m* **-en, -en** electrolyte; **elektrolytisch** *adj* electrolytic; **Elektromagnet** *m* electromagnet; **elektromagnetisch** *adj* electromagnetic; **Elektromechaniker** *m* electrician; **elektromechanisch** *adj* electromechanical; **Elektromotor** *m* electric motor.

Elektron ['e:lɛktrɔn, e'lɛktrɔn, elɛk'tro:n] *nt* **-s, -en** [elɛk'tro:nən] electron.

Elektronenblitz(gerät *nt*) *m* (*Phot*) electronic flash; **Elektronen(ge)hirn** *nt* electronic brain; **Elektronenhülle** *f* (*Phys*) electron shell *or* cloud; **Elektronenmikroskop** *nt* electron microscope; **Elektronenrechner** *m* (electronic) computer; **Elektronenröhre** *f* valve, electron tube (*US*); **Elektronenschleuder** *f* (*Phys*) electron accelerator, betatron (*spec*); **Elektronenstrahlen** *pl* electron *or* cathode rays *pl*.

Elektronik *f* electronics *sing*; (*elektronische Teile*) electronics *pl*.

elektronisch *adj* electronic.

Elektro|ofen *m* (*Metal*) electric furnace; (*Heizofen*) electric heater; **Elektrorasierer** *m* electric shaver *or* razor; **Elektroschock** *m* (*Med*) electric shock, electroshock; **Elektroschweißung** *f* electric welding; **Elektrostatik** *f* (*Phys*) electrostatics *sing*; **elektrostatisch** *adj* electrostatic; **Elektrotechnik** *f* electrical engineering; **Elektrotechniker** *m* electrician; (*Ingenieur*) electrical engineer; **elektrotechnisch** *adj* electrical, electrotechnical (*rare*); **Elektrotherapie** *f* (*Med*) electrotherapy.

Element *nt* element; (*Elec*) cell, battery. **~e** *pl* (*fig: Anfangsgründe*) elements *pl*, rudiments *pl*; **das Toben der ~e** (*liter*) the raging of the elements; **kriminelle ~e** (*pej*) criminal elements; **in seinem ~ sein** to be in one's element.

elementar *adj* (*grundlegend, wesentlich*) elementary; (*naturhaft, urwüchsig*) *Gewalt, Trieb* elemental; *Haß* strong, violent.

Elementar- *in cpds* (*grundlegend*) elementary; (*naturhaft*) elemental; **Elementarbegriff** *m* elementary *or* basic concept; **Elementargewalt** *f* (*liter*) elemental force; **Elementarkenntnisse** pl elementary knowledge sing; **Elementarladung** f (Phys) elementary charge; **Elementarteilchen** nt (Phys) elementary particle.

Elen m or nt (rare) **-s, -** siehe **Elch.**

elend adj **1.** (unglücklich, pej: gemein) wretched, miserable; (krank) wretched, awful (inf), ill pred. ~ **fühlen** to look/feel awful (inf) or wretched; **mir ist ganz ~** I feel really awful (inf) or wretched; **mir wird ganz ~, wenn ich daran denke** I feel quite ill when I think about it, thinking about it makes me feel quite ill. **2.** (inf) (sehr groß) Hunger, Hitze awful, dreadful; (sehr schlecht) Wetter, Kälte, Leistung wretched, dreadful, miserable. **ich habe ~ gefroren** I was miserably cold; **da bin ich ~ betrogen worden** I was cheated wretchedly; **es war ~ heiß/kalt** it was awfully or dreadfully hot/miserably or dreadfully cold.

Elend nt **-(e)s,** no pl (Unglück, Not) misery, distress; (Verwahrlosung) squalor; (Armut) poverty, penury. **ein Bild des ~s** a picture of misery/squalor; **ins ~ geraten** to fall into poverty, to be reduced to penury, to become destitute; **im (tiefsten) ~ leben** to live in (abject) misery/squalor/poverty; **jdn/sich (selbst) ins ~ stürzen** to plunge sb/oneself into misery/poverty; **(wie) ein Häufchen ~** (inf) (looking) a picture of misery; **da kann man das heulende ~ kriegen** (inf) it's enough to make you scream (inf); **es ist ein ~ mit ihm** (inf) he makes you want to weep (inf), he's hopeless; **es ist ein ~, ...** (inf) it's heartbreaking ...

elendig(lich) adv miserably, wretchedly. **~ zugrunde gehen** or **verrecken** (sl) to come to a wretched or miserable or dismal end.

Elendsquartier nt slum (dwelling), squalid dwelling; **Elendsviertel** nt slums pl, slum area.

Eleve [e'le:və] m **-n, -n, Elevin** [e'le:vɪn] f (Theat) student; (Agr) trainee, student; (old: Schüler) pupil.

elf num eleven; siehe auch **vier.**

Elf[1] f **-, -en** (Sport) team, eleven.

Elf[2] m **-en, -en, Elfe** f **-, -n** elf.

Elfenbein nt ivory.

Elfenbein|arbeit f ivory (carving).

elfenbeine(r)n I adj ivory, made of ivory. **~er Turm** (Rel) Tower of Ivory. **II** adv ivory-like.

elfenbeinfarben, elfenbeinfarbig adj ivory-coloured; **Elfenbeinküste** f Ivory Coast; **Elfenbeinturm** m (fig) ivory tower.

Elfenreich nt fairyland.

Elfer m **-s, -** (Ftbl inf) siehe **Elfmeter.**

elffach adj elevenfold; siehe **vierfach; elfmal** adv eleven times; siehe **viermal.**

Elfmeter m (Ftbl) penalty (kick) (für to, for). **einen ~ schießen** to take a penalty.

Elfmetermarke f, **Elfmeterpunkt** m (Ftbl) penalty spot; **Elfmeterschießen** nt (Ftbl) sudden-death play-off; **durch ~ entschieden** decided on penalties; **Elfmeterschuß** m (Ftbl) penalty (kick); **Elfmeterschütze** m (Ftbl) penalty-taker.

Elftel nt **-s, -** eleventh; siehe **Viertel**[1].

elftens adv eleventh, in the eleventh place.

elfte(r, s) adj eleventh; siehe **vierte(r, s).**

Elimination f elimination (auch Math).

eliminieren* vt to eliminate (auch Math).

Eliminierung f elimination.

elisabethanisch adj Elizabethan.

Elision f (Gram) elision.

elitär I adj elitist. **II** adv in an elitist fashion.

Elite f **-, -n** elite.

Elitedenken nt elitism; **Elitetruppe** f (Mil) crack or elite troops pl.

Elixier nt **-s, -e** elixir (liter), tonic.

Elle f **-, -n 1.** (Anat) ulna. **2.** (Hist) (Measure) cubit; (Maßstock) ≈ yardstick. **alles mit der gleichen** or **mit gleicher ~ messen** (fig) to measure everything with the same yardstick or standards.

Ell(en)bogen m **-s, -** elbow; (fig) push. **er bahnte sich seinen Weg mit den ~ durch die Menge** he elbowed his way through the crowd; **die ~ gebrauchen** (fig) to use one's elbows, to be ruthless.

Ell(en)bogenfreiheit f (fig) elbow room; **Ell(en)bogenmensch** m ruthless or pushy (inf) person, pusher (inf); **Ell(en)bogentaktik** f pushiness (inf).

ellenlang adj (fig inf) incredibly long (inf); Liste, Weg auch mile-long attr (inf), a mile long pred (inf); Geschichte etc auch lengthy, interminable; Kerl incredibly tall (inf).

Ellipse f **-, -n** (Math) ellipse; (Gram) ellipsis.

elliptisch adj (Math, Gram) elliptic(al).

Ellok, E-Lok ['e:lɔk] f **-, -s** abbr of **elektrische Lokomotive** electric locomotive or engine.

eloquent adj (geh) eloquent.

Eloquenz f (geh) eloquence.

Elsaß nt **-** or **-sses das ~** Alsace.

Elsässer(in f) m **-s, -** Alsatian, inhabitant of Alsace.

Elsässer, elsässisch adj Alsatian.

Elsaß-Lothringen nt Alsace-Lorraine.

Elster f **-, -n** magpie. **wie eine ~ stehlen** to be always stealing things, to have sticky fingers (inf); **eine diebische ~ sein** (fig) to be a thief or pilferer.

Elter m or nt **-s, -n** (Sci, Statistics) parent.

elterlich adj parental.

Eltern pl parents pl. **nicht von schlechten ~ sein** (inf) to be quite something (inf), to be a good one (inf).

Eltern|abend m (Sch) parents' evening; **Elternbeirat** m parents' council; **Elternhaus** nt (lit, fig) (parental) home; **aus gutem ~ stammen** to come from a good home; **Elternliebe** f parental love; **elternlos** adj orphaned, parentless; **Elternschaft** f parents pl; **Elternsprechstunde** f (Sch) consultation hour (for parents); **Elternteil** m parent.

Elysium nt **-s,** no pl (Myth, fig) **das ~** Elysium.

Email [e'mai, e'ma:j] nt **-s, -s** enamel.

Emaillack [e'mailak] m enamel paint.

Emaille [e'maljə, e'mai, e'ma:j] f **-, -n** siehe **Email.**

emaillieren* [ema'ji:rən, emal'ji:rən] vt to enamel.

Emailmalerei f enamel painting, enamelling.

Emanation f (*Philos, Chem*) emanation.

Emanze f -, -n (*sl*) women's libber (*inf*).

Emanzipation f emancipation.

emanzipatorisch adj emancipatory.

emanzipieren* I vt to emancipate. II vr to emancipate oneself.

Embargo nt -s, -s embargo. **etw mit einem** ~ **belegen, ein** ~ **über etw** (*acc*) **verhängen** to put *or* place an embargo on sth.

Emblem nt -(e)s, -e emblem.

Embolie f (*Med*) embolism.

Embryo m (*Aus auch* nt) -s, -s *or* -nen [-y'o:nən] embryo.

embryonal adj attr (*Biol, fig*) embryonic.

emeritieren* vt (*Univ*) to give emeritus status (to). **emeritierter Professor** emeritus professor.

Emeritus m -, **Emeriti** (*Univ*) emeritus.

Emigrant(in f) m emigrant; (*politischer Flüchtling*) émigré.

Emigration f emigration; (*die Emigranten*) emigrant/émigré community. **in der** ~ **leben** to live in (self-imposed) exile; **in die** ~ **gehen** to emigrate; *siehe* **innere(r, s).**

emigrieren* vi aux sein to emigrate.

eminent adj (*geh*) *Person* eminent. ~ **wichtig** of the utmost importance; **von** ~**er Bedeutung** of the utmost significance.

Eminenz f (*Eccl*) (**Seine/Eure**) ~ (His/Your) Eminence.

Emir m -s, -e emir.

Emirat nt emirate.

Emission f **1.** (*Fin*) issue. **2.** (*Phys*) emission.

Emissionskurs m rate of issue, issuing price.

emittieren* vt **1.** (*Fin*) to issue. **2.** (*Phys*) to emit.

Emmchen nt (*hum inf*) mark, ≈ quid (*Brit inf*), buck (*US inf*).

Emmentaler m -s, - Emment(h)aler.

Emotion f emotion.

emotional adj emotional; *Ausdrucksweise* emotive.

emotionalisieren* vt to emotionalize.

emotionell adj siehe **emotional.**

emotions|arm adj lacking in emotion, unfeeling; **emotionsgeladen** adj emotion-laden, emotionally-charged; **emotionslos** adj free of emotion, unemotional.

empfahl pret of **empfehlen.**

empfand pret of **empfinden.**

Empfang m -(e)s, ⁻e reception; (*von Brief, Ware etc*) receipt; (*von Sakramenten*) receiving. **zu jds** ~ **kommen** (*jdn begrüßen*) to (come to) receive sb; **einen** ~ **geben** *or* **veranstalten** to give *or* hold a reception; **jdn/etw in** ~ **nehmen** to receive sb/sth; (*Comm*) to take delivery of sth; **(zahlbar) nach/bei** ~ (+*gen*) (payable) on receipt (of); **auf** ~ **bleiben** (*Rad*) to stand by; **auf** ~ **schalten** (*Rad*) to switch over to "receive"; **wir wünschen Ihnen einen guten** ~ (*TV, Rad*) we wish you pleasant viewing/ happy listening.

empfangen pret **empfing,** ptp **empfangen** I vt to receive; (*begrüßen*) to greet, to receive (*form*); (*herzlich*) to welcome; **die Weihen** ~ (*Eccl*) to take Holy Orders; **die Polizisten wurden mit einem Steinhagel** ~ the police were greeted by a shower of stones.

II vti (*schwanger werden*) to conceive.

Empfänger m -s, - recipient, receiver (*auch Rad*); (*Adressat*) addressee; (*Waren*~) consignee. ~ **unbekannt** (*auf Briefen*) not known at this address; ~ **verzogen** gone away.

Empfänger|abschnitt m receipt slip.

empfänglich adj (*aufnahmebereit*) receptive (*für* to); (*beeinflußbar, anfällig*) susceptible (*für* to).

Empfänglichkeit f siehe adj receptivity; susceptibility.

Empfängnis f conception.

empfängnisverhütend adj contraceptive; ~ **Mittel** pl contraceptives pl; **Empfängnisverhütung** f contraception.

Empfangs|antenne f receiving aerial; **empfangsberechtigt** adj authorized to receive payment/goods etc; **Empfangsberechtigte(r)** mf authorized recipient; **Empfangsbescheinigung, Empfangsbestätigung** f (acknowledgment of) receipt; **Empfangschef** m (*von Hotel*) head porter; **Empfangsdame** f receptionist; **Empfangsgerät** nt (*Rad, TV*) (radio/TV) set, receiver; **Empfangsstation** f (*Rad*) receiving station; (*Space*) tracking station; (*Comm*) destination; **Empfangsstörung** f (*Rad, TV*) interference no pl; **Empfangszimmer** nt reception room.

empfehlen pret **empfahl,** ptp **empfohlen** I vt to recommend; (*liter: anvertrauen*) to commend (*form*), to entrust. (**jdm**) **etw/ jdn** ~ to recommend sth/sb (to sb); ~, **etw zu tun** to recommend *or* advise doing sth; **jdm** ~, **etw zu tun** to recommend *or* advise sb to do sth; **dieses Restaurant ist sehr zu** ~ I would recommend this restaurant, this restaurant is to be recommended; **ich würde dir Geduld** ~ I would recommend patience, I would advise *or* recommend you to be patient; **seinen Geist (dem Herrn)** ~ (*liter*) to commend one's soul to the Lord; **bitte,** ~ **Sie mich Ihrer Frau Gemahlin** (*form*) please convey my respects to your wife (*form*).

II vr **1.** to recommend itself/oneself. **sich für Reparaturen/als Experte** etc ~ to offer one's services for repairs/as an expert etc; **es empfiehlt sich, das zu tun** it is advisable to do that.

2. (*dated, hum: sich verabschieden*) to take one's leave. **ich empfehle mich!** I'll take my leave.

empfehlenswert adj to be recommended, recommendable.

Empfehlung f recommendation; (*Referenz*) testimonial, reference; (*form: Gruß*) regards pl, respects pl. **auf** ~ **von** on the recommendation of; **mit den besten** ~**en** (*am Briefende*) with best regards; **meine** ~ **an Ihre Frau Gemahlin!** (*form*) my regards *or* respects to your wife (*form*).

Empfehlungsschreiben nt letter of recommendation, testimonial.

empfiehl imper sing of **empfehlen.**

empfinden pret **empfand,** ptp **empfunden** vt to feel. **etw als kränkend/Beleidigung** ~ to feel sth as an insult, to find sth insulting; **er hat noch nie Hunger empfunden** he has never experienced *or* known hunger; **bei**

Musik Freude ~ to experience pleasure from music; **ich habe dabei viel Freude empfunden** it gave me great pleasure; **viel/ nichts für jdn** ~ to feel a lot/nothing for sb; **jdn als (einen)**.**Störenfried** ~ to think of sb as *or* feel sb to be a troublemaker.

Empfinden *nt* **-s**, *no pl* feeling. **meinem** ~ **nach** to my mind, the way I feel about it.

empfindlich *adj* 1. sensitive (*auch Phot, Tech*); *Gesundheit, Stoff, Glas, Keramik etc* delicate; (*leicht reizbar*) touchy (*inf*), (over)sensitive. ~ **reagieren** to be sensitive (*auf* +*acc* to); **wenn man ihren geschiedenen Mann erwähnt, reagiert sie sehr** ~ she is very sensitive to references to her ex-husband; ~**e Stelle** (*lit*) sensitive spot; (*fig auch*) sore point; **gegen etw** ~ **sein** to be sensitive to sth; **Kupfer ist sehr** ~ copper discolours/ dents *etc* easily.
    2. (*spürbar, schmerzlich*) *Verlust, Kälte, Strafe* severe; *Mangel* appreciable. **deine Kritik hat ihn** ~ **getroffen** your criticism cut him to the quick; **es ist** ~ **kalt** it is bitterly cold.

Empfindlichkeit *f siehe adj* 1. sensitivity (*auch Phot, Tech*), sensitiveness; delicateness, delicate nature; touchiness (*inf*), (over)sensitivity.

empfindsam *adj Mensch* sensitive; (*gefühlvoll, Liter*) sentimental.

Empfindsamkeit *f siehe adj* sensitivity; sentimentality. **das Zeitalter der** ~ (*Liter*) the age of sentimentalism.

Empfindung *f* feeling; (*Sinnes~ auch*) sensation; (*Ahnung auch*) impression.

empfindungslos *adj* (*lit, fig*) insensitive (*für, gegen* to); *Glieder* numb, without sensation; **Empfindungsnerven** *pl* (*Physiol*) sensory nerves *pl*; **Empfindungsvermögen** *nt* faculty of sensation; (*in Gliedern*) sensation; (*fig*) sensitivity, ability to feel; ~ **für etw** ability to feel *or* sense sth; (*fig*) sensitivity to sth.

empfing *pret of* **empfangen**.

empfohlen I *ptp of* **empfehlen**. II *adj* (**sehr** *or* **gut**) ~ (highly) recommended.

empfunden *ptp of* **empfinden**.

Emphase *f* **-**, **-n** emphasis.

emphatisch *adj* emphatic.

Empire[1] [ãˈpiːɐ] *nt* **-(s)**, *no pl* (*Hist*) Empire; (~*stil*) Empire style.

Empire[2] [ˈɛmpaɪə] *nt* **-(s)**, *no pl* (British) Empire.

Empirie *f* **-**, *no pl* empiricism.

Empiriker(in *f*) *m* **-s**, **-** empiricist.

empirisch *adj* empirical.

Empirismus *m* (*Philos, Sci*) empiricism.

empor *adv* (*liter*) upwards, up. **zum Licht** ~ up(wards) towards the light.

empor|arbeiten *vr sep* (*geh*) to work one's way up; **emporblicken** *vi sep* (*liter*) to raise one's eyes; (*fig*) to look up (*zu* to).

Empore *f* **-**, **-n** (*Archit*) gallery.

empören* I *vt* to fill with indignation, to outrage; (*stärker*) to incense.
    II *vr* 1. (*über* +*acc* at) to be indignant *or* outraged; (*stärker*) to be incensed. **das ist unerhört!, empörte er sich** that's scandalous!, he said indignantly.
    2. (*liter: sich auflehnen*) to rise (up) *or* rebel (*gegen* against).

empörend *adj* outrageous, scandalous.

Empörer(in *f*) *m* **-s**, **-** (*liter*) rebel, insurrectionist.

emporheben *vt sep irreg* (*geh*) to raise, to lift up; **jdn über andere** ~ (*fig*) to raise *or* elevate sb above others; **emporkommen** *vi sep irreg aux sein* (*geh*) to rise (up); (*fig*) (*aufkommen*) to come to the fore; (*vorankommen*) to rise *or* go up in the world, to get on; **Emporkömmling** *m* upstart, parvenu; **emporlodern** *vi sep aux sein or haben* (*liter*) to blaze *or* flare upwards; **emporragen** *vi sep aux haben or sein* (*geh: lit, fig*) to tower (*über* +*acc* above); **emporrecken** *sep* I *vt* (*liter*) *Faust* to raise aloft; II *vr* to stretch upwards; **emporschweben** *vi sep aux sein* (*geh*) to float upwards *or* aloft (*liter*); **emporsteigen** *sep irreg aux sein* (*geh*) I *vt* to climb (up); II *vi* to climb (up); (*Mond, Angst etc*) to rise (up); (*fig: Karriere machen*) to climb, to rise; **emporstreben** *vi sep aux sein* to soar upwards; (*fig*) *aux haben* to be ambitious.

empört I *ptp of* **empören**. II *adj* 1. (highly) indignant, outraged (*über* +*acc* at); (*schockiert*) outraged, scandalized. 2. (*liter: in Auflehnung*) rebellious.

Empörung *f* 1. *no pl* (*Entrüstung*) indignation (*über* +*acc* at). **über etw in** ~ **geraten** to become *or* get indignant about sth. 2. (*liter: Aufstand*) rebellion, uprising.

emporziehen *sep irreg* (*geh*) I *vt* to draw *or* pull up; II *vi aux sein* to drift upwards; **emporzüngeln** *vi sep aux sein* (*liter: Flammen*) to leap up(wards) *or* aloft (*liter*).

emsig *adj* busy, industrious; (*eifrig*) eager, keen; (*geschäftig*) bustling *attr*, busy.

Emsigkeit *f siehe adj* industry, industriousness; eagerness, zeal; bustle.

Emu *m* **-s**, **-s** emu.

emulgieren* *vti* to emulsify.

Emulsion *f* emulsion.

en bloc [ãˈblɔk] *adv* en bloc.

End- *in cpds* final; **End|abrechnung** *f* final account; **endbetont** *adj Wort* with final stress; **Endbetrag** *m* final amount.

Ende *nt* **-s**, **-n** end; (*eines Jahrhunderts etc auch*) close; (*Ausgang, Ergebnis*) outcome; result; (*Ausgang eines Films, Romans etc*) ending; (*Hunt: Geweih~*) point; (*inf: Stückchen*) (small) piece; (*Strecke*) way, stretch; (*Naut: Tau*) (rope's) end. ~ **Mai/der Woche** at the end of May/the week; ~ **der zwanziger Jahre** in the late twenties; **er ist** ~ **vierzig** he is in his late forties; **das** ~ **der Welt** the end of the world; **er wohnt am** ~ **der Welt** (*inf*) he lives at the back of beyond *or* in the middle of nowhere; **bis ans** ~ **der Welt** to the ends of the earth; **ein** ~ **mit Schrecken** a terrible *or* dreadful end; **lieber ein** ~ **mit Schrecken als ein Schrecken ohne** ~ (*Prov*) it's best to get unpleasant things over and done with; **letzten** ~**es** when all is said and done, after all; (*am Ende*) in the end, at the end of the day; **einer Sache** (*dat*) **ein** ~ **machen** to put an end to sth; **(bei** *or* **mit etw) kein** ~ **finden** (*inf*) to be unable (to bring oneself) to stop (sth *or* telling/doing *etc* sth); **beim**

Erzählen kann er kein ~ finden he really does go on a bit (*inf*), he can't seem to stop talking; **damit muß es jetzt ein ~ haben** there has to be an end to this now, this must stop now; **ein ~ nehmen** to come to an end; **das nimmt gar kein ~** (*inf*) there's no sign of it stopping, there's no end to it; **ein böses ~ nehmen** to come to a bad end; **... und kein ~** ... with no end in sight, ... without end; **es ist noch ein gutes** *or* **ganzes ~** (*inf*) there's still quite a way to go (yet); **am ~** at the end; (*schließlich*) in the end; (*inf: möglicherweise*) perhaps; **(am) ~ des Monats** at the end of the month; **am ~ sein** (*fig*) to be at the end of one's tether; **mit etw am ~ sein** to be at *or* have reached the end of sth; (*Vorrat*) to have run out of sth; **ich bin mit meiner Weisheit am ~** I'm at my wits' end; **meine Geduld ist am ~** my patience is at an end; **ein Problem am richtigen/falschen** *or* **verkehrten ~ anfassen** to tackle a problem from the right/wrong end; **Leiden ohne ~** endless suffering, suffering without end; **das ist eine Schraube ohne ~** (*fig*) it's an endless spiral; **zu ~** finished, over, at an end; **etw zu ~ bringen** *or* **führen** to finish (off) sth; **ein Buch/einen Brief zu ~ lesen/ schreiben** to finish (reading/ writing) a book/letter; **etw zu einem guten ~ bringen** *or* **führen** to bring sth to a satisfactory conclusion; **zu ~ gehen** to come to an end; (*Vorräte*) to run out; **~ gut, alles gut** (*Prov*) all's well that ends well (*Prov*); **alles hat einmal ein ~** (*Prov*) everything must come to an end sometime; (*angenehme Dinge*) all good things must come to an end (*Prov*).

End|effekt *m*: **im ~** (*inf*) in the end, in the final analysis.

endeln *vt* (*Aus*) *Saum* to whip, to oversew.

Endemie *f* (*Med*) endemic disease.

enden *vi* to end, to finish; (*Frist auch*) to run out, to expire; (*Zug*) to terminate; (*sterben*) to meet one's end. **auf** (+*acc*) *or* **mit etw ~** (*Wort*) to end with sth; **es endete damit, daß ...** the outcome was that ...; **der Streit endete vor Gericht** the quarrel ended up in court; **er endete im Gefängnis** he ended up in prison; **wie wird das noch mit ihm ~?** what will become of him?; **das wird böse ~!** no good will come of it!; **er wird schlimm ~** he will come to a bad end; **nicht ~ wollend** unending.

-ender *m suf* **-s, -** (*Hunt*) -pointer.

End|ergebnis *nt* final result.

Endgehalt *nt* final salary; **Endgeschwindigkeit** *f* terminal velocity.

endgültig *adj* final; *Beweis auch* conclusive; *Antwort* definite; (*geh: vorbildlich*) definitive. **damit ist die Sache ~ entschieden** that settles the matter once and for all; **das ist ~ aus** *or* **vorbei** that's (all) over and done with; **sie haben sich jetzt ~ getrennt** they've separated for good; **jetzt ist ~ Schluß!** that's the end!, that's it!; **etwas E~es läßt sich noch nicht sagen** I/we *etc* cannot say anything definite at this stage.

Endgültigkeit *f siehe adj* finality; conclusiveness; definitiveness.

Endhaltestelle *f* terminus.

endigen *vi* (*old*) *siehe* **enden.**

Endivie [-viə] *f* endive.

Endkampf *m* (*Mil*) final battle; (*Sport*) final; (*Endphase: Mil, Sport*) final stages *pl* (of a battle/contest); **Endlagerung** *f* final *or* ultimate storage.

endlich I *adj* 1. (*Math, Philos*) finite.
2. (*rare: langerwartet*) eventual.
II *adv* finally, at last; (*am Ende*) eventually, in the end, finally. **na ~!** at (long) last!; **hör ~ damit auf!** will you stop that!; **komm doch ~!** come on, get a move on!; **~ kam er doch** he eventually came after all, in the end he came (after all).

Endlichkeit *f* (*Math, Philos*) finiteness, finite nature.

endlos *adj* endless; (*langwierig auch*) interminable. **ich mußte ~ lange warten** I had to wait for an interminably long time, I had to wait for ages (*inf*).

Endlosigkeit *f* endlessness, infinite nature; (*Langwierigkeit*) interminableness, interminable nature.

Endlösung *f*: **die ~** the Final Solution (*extermination of the Jews by the Nazis*); **Endmoräne** *f* terminal moraine.

Endo- *in cpds* endo-; **endogen** *adj* (*Biol, Psych*) endogenous; **Endokrinologie** *f* (*Med*) endocrinology; **Endoskop** *nt* **-s, -e** (*Med*) endoscope.

Endphase *f* final stage(s *pl*); **Endpreis** *m* final price; **Endprodukt** *nt* end *or* final product; **Endpunkt** *m* (*lit, fig*) end; (*von Buslinie etc auch*) terminus; **Endreim** *m* (*Liter*) end rhyme; **Endresultat** *nt* final result.

Endrunde *f* (*Sport*) finals *pl*; (*Leichtathletik, Autorennen*) final lap; (*Boxen, fig*) final round.

Endrundenspiel *nt* final (match); **Endrundenteilnehmer** *m* finalist.

Endsieg *m* final *or* ultimate victory; **Endsilbe** *f* final syllable; **Endspiel** *nt* (*Sport*) final; (*Chess*) end game; **Endspurt** *m* (*Sport, fig*) final spurt; **Endstadium** *nt* final *or* (*Med*) terminal stage; **Endstation** *f* (*Rail etc*) terminus; (*fig*) end of the line; **Endstufe** *f* final stage; **Endsumme** *f* (sum) total.

Endung *f* (*Gram*) ending.

endungslos *adj* (*Gram*) without an ending.

End|urteil *nt* final verdict or judgement; **Endverbraucher** *m* consumer; **Endvierziger** *m* (*inf*) man in his late forties; **Endzeit** *f* last days *pl*; **endzeitlich** *adj attr Phase* final; *Stimmung, Prophezeiung* apocalyptic; **Endziel** *nt* ultimate goal *or* aim; **Endziffer** *f* final number; **Endzustand** *m* final state; **Endzweck** *m* ultimate aim *or* purpose.

Energetik *f* (*Phys*) energetics *sing*.

energetisch *adj* (*Phys*) energetic.

Energie *f* (*Sci, fig*) energy; (*Schwung auch*) vigour, vitality. **seine ganze ~ für etw einsetzen** *or* **aufbieten** to devote all one's energies to sth; **mit aller** *or* **ganzer ~** with all one's energy *or* energies.

Energiebedarf *m* energy requirement; **Energiegewinnung** *f* production of energy; **Energiehaushalt** *m* (*Physiol*) energy balance; **Energiekrise** *f* energy crisis; **energielos** *adj* lacking in energy, weak; **Energienutzung** f use of energy; **Energiepolitik** f energy policy/politics *sing or pl*; **Energiesparmaßnahmen** *pl* measures to save energy; **Energieverbrauch** m energy consumption; **Energieversorgung** f supply of energy; **Energiewirtschaft** f energy economy; (*Wirtschaftszweige*) energy industry; **Energiezufuhr** f energy supply.

energisch *adj* (*voller Energie*) energetic; (*entschlossen, streng*) forceful, firm; *Griff, Maßnahmen* vigorous, firm; *Worte* forceful, strong; *Protest* energetic, strong. ~ **durchgreifen** to take vigorous *or* firm action, to act vigorously *or* firmly; ~ **werden** to assert oneself *or* one's authority; **etw** ~ **betonen** to stress *or* emphasize sth strongly; **etw** ~ **dementieren** to deny sth strongly *or* strenuously *or* emphatically.

enervieren* [enɛr'viːrən] *vt* (*old*) to enervate (*form*).

Enfant terrible [ãfãt'riblˌ] *nt* - -, -s -s (*geh*) enfant terrible.

eng *adj* **1.** (*schmal*) *Straße etc* narrow; (*beengt*) *Raum* cramped, confined; (~*anliegend*) *Kleidung* tight, close-fitting; (*ärmlich*) *Verhältnisse* straitened, reduced; (*beschränkt*) *Horizont, Moralbegriff* narrow, limited, restricted. **ein Kleid** ~**er machen** to take a dress in; **im** ~**eren Sinne** in the narrow sense; **in dem Zimmer standen wir sehr** ~ we were very crowded in the room; ~ **zusammengedrängt sein** to be crowded together; **in die** ~**ere Wahl kommen** to be put on the short list, to be short-listed.
2. (*nah, dicht, vertraut*) close. ~ **nebeneinander** *or* **zusammen** close together; **aufs** ~**ste befreundet sein** to be on the closest possible terms; **eine Feier im** ~**sten Kreise** a small party for close friends; **die Hochzeit fand im** ~**sten Kreise der Familie statt** the wedding was celebrated with just the immediate family present; ~ **befreundet sein** to be close friends; **mit jdm** ~ **befreundet sein** to be a close friend of sb; **die** ~**ere Heimat** one's home area, the area (where) one comes from.

Engagement [ãɡaʒə'mãː] *nt* -s, -s **1.** (*Theat*) engagement. **2.** (*geh: Aktivität*) involvement, engagement; (*politisches* ~) commitment (*für* to).

engagieren* [ãɡa'ʒiːrən] **I** *vt* to engage.
II *vr* to be/become committed (*für* to); (*in einer Bekanntschaft*) to become involved. **er hat sich sehr dafür engagiert, daß ...** he completely committed himself to ...; **engagierte Literatur** (politically/ socially) committed literature; **er ist sehr engagiert** he is very committed.

eng|anliegend *adj attr* tight(-fitting), closefitting; **engbedruckt** *adj attr* closeprinted; **engbefreundet** *adj attr* close; **engbegrenzt** *adj attr* restricted, narrow; **engbeschrieben** *adj attr* closely written; **engbrüstig** *adj* narrow-chested.

Enge f -, -n **1.** *no pl* (*von Straße etc*) narrowness; (*von Wohnung*) confinement, crampedness; (*Gedrängtheit*) crush; (*von Kleid etc*) tightness; (*fig*) (*Ärmlichkeit*) in

straitened circumstances *pl*, poverty; (*Beschränktheit*) narrowness, limited *or* restricted nature. **2.** (*Meeres-*) strait; (*Engpaß*) pass, defile. **jdn in die** ~ **treiben** (*fig*) to drive sb into a corner.

Engel m -s, - (*lit, fig*) angel. **ein rettender/ guter** ~ (*fig*) a saviour/a guardian angel; **ich hörte die** ~ **im Himmel singen** (*inf*) it hurt like anything (*inf*), it was agony; **er ist auch nicht gerade ein** ~ (*inf*) he's no angel (*inf*).

Engelmacher(in f) m (*euph inf*) backstreet abortionist; **Engelschar** f host of angels, angelic host.

Engel(s)geduld f saintly patience; **sie hat eine** ~ she has the patience of a saint; **engel(s)gleich** *adj* angelic; **Engel(s)zungen** *pl*: (**wie**) **mit** ~ **reden** to use all one's powers of persuasion.

Engerling m (*Zool*) grub *or* larva of the May bug *or* cockchafer.

engherzig *adj* petty, hidebound; **Engherzigkeit** f pettiness.

engl. *abbr of* **englisch.**

England *nt* -s England.

Engländer m -s, - **1.** Englishman; English boy. **die** ~ *pl* the English, the Britishers (*US*); **er ist** ~ he's English. **2.** (*Tech*) adjustable spanner, monkey wrench.

Engländerin f Englishwoman; English girl.

englisch¹ *adj* English. **die** ~**e Krankheit** (*dated Med*) rickets *sing*; (*fig*) the English disease *or* sickness; **die E**~**e Kirche** the Anglican Church, the Church of England; **die E**~**en Fräulein** (*Eccl*) *institute of Catholic nuns for the education of girls*; ~**e Broschur** case binding; *siehe auch* **deutsch.**

englisch² *adj* (*Bibl*) angelic. **der E**~**e Gruß** the Angelic Salutation, the Ave Maria *or* Hail Mary.

Englisch(e) *nt decl as adj* English; *siehe auch* **Deutsch(e).**

englisch-deutsch *etc adj* Anglo-German *etc*; *Wörterbuch* English-German *etc*; **Englischhorn** *nt* (*Mus*) cor anglais; **Englischleder** *nt* moleskin; **englischsprachig** *adj Gebiet* Englishspeaking; **Englischtraben** *nt* rising trot.

engmaschig *adj* close-meshed; (*fig, Sport*) close; ~ **stricken** to knit to a fine tension; **Engpaß** m (narrow) pass, defile; (*Fahrbahnverengung, fig*) bottleneck.

en gros [ã'ɡro] *adv* wholesale.

Engrossist [ãɡrɔ'sɪst] m (*Aus*) wholesale dealer, wholesaler.

engstirnig *adj* narrow-minded, insular, parochial.

Enjambement [ãʒãbə'mãː] *nt* -s, -s (*Poet*) enjambement.

Enkel¹ m -s, - (~*kind*) grandchild; (~*sohn*) grandson; (*Nachfahr*) descendant.

Enkel² m -s, - (*dial*) ankle.

Enkelin f granddaughter.

Enkelkind *nt* grandchild; **Enkelsohn** m grandson; **Enkeltochter** f granddaughter.

Enklave [ɛn'klaːvə] f -, -n enclave.

en masse [ã'mas] *adv* en masse.

en miniature [ãminja'tyːr] *adv* (*geh*) in miniature.

enorm *adj* (*riesig*) enormous; (*inf: herrlich,*

kolossal) tremendous (*inf*). **er verdient ~ or ~ viel (Geld)** (*inf*) he earns an enormous amount (of money); **~e Hitze/Kälte** tremendous heat/cold.

en passant [āpɑ'sä] *adv* en passant, in passing.

Enquete [ä'ke:t(ə), ä'kɛt(ə)] *f* **-, -n** (*form*) survey; (*Aus auch: Arbeitstagung*) symposium.

Ensemble [ä'sãbl] *nt* **-s, -s** ensemble; (*Besetzung*) cast.

ent|arten* *vi aux sein* to degenerate (*zu* into).

ent|artet *adj* degenerate.

Ent|artung *f* degeneration.

Ent|artungs|erscheinung *f* symptom *or* sign of degeneration.

ent|äußern* *vr* **sich einer Sache** (*gen*) **~ (geh)** to relinquish sth, to divest oneself of sth (*form*); **sich ~** (*Philos*) to be realized.

entbehren* **I** *vt* (*vermissen*) to miss; (*auch vi: verzichten*) to do *or* manage without; (*zur Verfügung stellen*) to spare. **wir haben jahrelang ~ müssen** for years we had/we have had to do *or* go without; **wir können ihn heute nicht ~** we cannot spare him/it today. **II** *vi* (*fehlen*) **einer Sache** (*gen*) **~ (geh)** to lack sth, to be devoid of sth.

entbehrlich *adj* dispensable, unnecessary.

Entbehrung *f* privation, deprivation, want *no pl*. **~en auf sich** (*acc*) **nehmen** to make sacrifices.

entbehrungsreich *adj* full of privation; **die ~en Kriegsjahre** the deprivation of the war years.

entbieten* *vt irreg* (*form*) (**jdm**) **seinen Gruß ~** (*old*) to present one's compliments (to sb) (*form*); **der Vorsitzende entbot der Delegation herzliche Willkommensgrüße** the Chairman welcomed the delegation cordially.

entbinden* *irreg* **I** *vt* **1.** *Frau* to deliver. **sie ist von einem Sohn entbunden worden** she has given birth to a son, she has been delivered of a son (*liter, old*). **2.** (*befreien: von Versprechen, Amt etc*) to release (*von* from). **II** *vi* (*Frau*) to give birth.

Entbindung *f* delivery, birth; (*von Amt etc*) release.

Entbindungsheim *nt* maternity home *or* hospital; **Entbindungsstation** *f* maternity ward.

entblättern* **I** *vt* to strip (of leaves). **II** *vr* to shed its/their leaves; (*hum inf*) to strip, to shed one's clothes.

entblöden* *vr* **sich nicht ~, etw zu tun** to have the effrontery *or* audacity to do sth, to do sth unashamedly.

entblößen* *vt* (*form*) **1.** to bare, to expose (*auch Mil*); *Kopf* to bare, to uncover; *Schwert* to draw, to unsheathe; (*fig*) *sein Innenleben* to lay bare, to reveal. **er hat sich entblößt** (*Exhibitionist*) he exposed himself; (*seinen wahren Charakter*) he showed his true colours. **2.** (*liter: des Schutzes berauben*) to divest, to denude (*form*).

entblößt *adj* bare.

Entblößung *f siehe vt* **1.** baring, exposing; (*Mil*) exposure; drawing; laying bare, revelation. **2.** divesting, stripping.

entbrennen* *vi irreg aux sein* (*liter*) (*Kampf, Streit, Zorn*) to flare up, to erupt; (*Leidenschaft, Liebe*) to be (a)roused; (*Begeisterung*) to be fired. **in heißer Liebe zu jdm *or* für jdn ~** to fall passionately in love with sb; **in Wut ~** to become inflamed with anger.

Entchen *nt dim of* **Ente** duckling.

entdecken* **I** *vt* **1.** to discover; *Fehler, Anzeichen, Lücke auch* to detect, to spot; (*in der Ferne*) to discern, to spot; (*in einer Menge*) to spot. **2.** (*old: offenbaren*) **jdm etw ~** to reveal *or* discover (*obs*) sth to sb. **II** *vr* **sich jdm ~** (*old*) to reveal *or* discover (*obs*) oneself to sb (*form*).

Entdecker(in *f*) *m* **-s, -** discoverer.

Entdeckerfreude *f* joy(s) of discovery.

Entdeckung *f* discovery. (*von Fehler, Anzeichen auch*) detection, spotting; (*etw Entdecktes auch*) find.

Entdeckungsreise *f* voyage of discovery; (*zu Lande*) expedition of discovery. **auf ~ gehen** (*hum inf*) to go exploring.

Ente *f* **-, -n** duck; (*Press inf*) canard, hoax, false report; (*Med sl: Harngefäß*) (bed) urinal; (*Aut inf*) Citroën 2CV, deux-chevaux.

ent|ehren* *vt* to dishonour; (*entwürdigen*) to degrade; (*verleumden*) to defame; (*entjungfern*) to deflower. **~d** degrading; **sich ~** to degrade *or* disgrace oneself.

Ent|ehrung *f siehe vt* dishonouring; degradation; defamation; defloration.

ent|eignen* *vt* to expropriate; *Besitzer* to dispossess.

Ent|eignung *f siehe vt* expropriation; dispossession.

ent|eilen* *vi aux sein* (*old*) to hasten away (*liter*); (*liter: Zeit*) to fly by.

ent|eisen* *vt* to de-ice; *Kühlschrank* to defrost.

Ent|eisung *f siehe vt* de-icing; defrosting.

Entelechie *f* (*Philos*) entelechy.

Entenbraten *m* roast duck; **Enten|ei** *nt* duck's egg; **Entengrütze** *f* duckweed; **Entenküken** *nt* duckling.

Entente [ä'tã:t(ə)] *f* **-, -n** (*Pol*) entente.

Enterbeil *nt* boarding axe.

ent|erben* *vt* to disinherit.

Enterbrücke *f* boarding plank; **Enterhaken** *m* grappling iron *or* hook.

Enterich *m* drake.

entern (*Naut*) **I** *vti Schiff* to board. **II** *vi aux sein* to climb.

entfachen* *vt* (*geh*) *Feuer* to kindle; *Leidenschaft etc* to arouse, to kindle (the flames of); *Krieg etc* to provoke.

entfahren* *vi irreg aux sein* **jdm ~** to slip out, to escape sb's lips; **Blödsinn! entfuhr es ihm** nonsense, he cried inadvertently.

entfallen* *vi irreg aux sein +dat* **1.** (*form: herunterfallen*) **jds Händen ~** to slip *or* fall *or* drop from sb's hands; **das Glas entfiel ihm** he dropped the glass.

2. (*fig: aus dem Gedächtnis*) **der Name ist mir ~** the name has slipped my mind *or* escapes me.

3. (*nicht in Betracht kommen*) not to apply, to be inapplicable; (*wegfallen*) to be dropped; (*erlöschen*) to lapse. **dieser Punkt der Tagesordnung entfällt** this point on the agenda has been dropped.

4. auf jdn/etw ~ (*Geld, Kosten*) to be allotted *or* apportioned to sb/sth; **auf jeden** ~ **100 Mark** each person will receive/pay 100 marks.

entfalten* I *vt* **1.** (*auseinanderlegen*) to unfold, to open *or* spread out.

2. (*fig*) (*entwickeln*) *Kräfte, Begabung, Theorie* to develop; (*beginnen*) *Tätigkeit* to launch into; (*darlegen*) *Plan, Gedankengänge* to set forth *or* out, to unfold, to expound. **seine Fähigkeiten voll** ~ to develop one's abilities to the full.

3. (*fig: zeigen*) *Pracht, Prunk* to display, to exhibit.

II *vr* (*Knospe, Blüte*) to open, to unfold; (*fig*) to develop, to unfold, to blossom (out). **der Garten hat sich zu voller Pracht entfaltet** the garden blossomed (out) into its full magnificence; **hier kann ich mich nicht** ~ I can't make full use of my abilities here, I'm held back here.

Entfaltung *f* unfolding; (*von Blüte auch*) opening; (*fig*) (*Entwicklung*) development; (*einer Tätigkeit*) launching into; (*Darstellung*) (*eines Planes, Gedankens*) exposition, setting out, unfolding; (*von Prunk, Tatkraft*) display. **zur** ~ **kommen** to develop, to blossom.

entfärben* I *vt* to take the colour out of, to decolour (*Tech*), to decolorize (*Tech*); (*bleichen*) to bleach. **das E~** the removal of colour, decolorization (*Tech*). **II** *vr* (*Stoff, Blätter*) to lose (its/their) colour; (*Mensch*) to turn *or* go pale.

Entfärber *m*, **Entfärbungsmittel** *nt* colour *or* dye remover, decolorant (*Tech*).

entfernen* I *vt* to remove (*von, aus* from). **jdn aus der Schule** ~ to expel sb from school; **das entfernt uns (weit) vom Thema** that takes us a long way from our subject.

II *vr* **1.** sich (*von* or *aus etw*) ~ (*weggehen*) to go away (from sth), to leave (sth); (*abfahren, abziehen*) to move off (from sth), to depart (from sth); **sich von seinem Posten** ~ to leave one's post; **sich unerlaubt von der Truppe** ~ (*Mil*) to go absent without leave.

2. (*fig*) (*von* from) (*von jdm*) to become estranged; (*von Thema*) to depart, to digress; (*von Wahrheit*) to depart, to deviate. **er hat sich sehr weit von seinen früheren Ansichten entfernt** he has come a long way from his earlier views.

entfernt I *adj Ort, Verwandter* distant; (*abgelegen*) remote; (*gering*) *Ähnlichkeit* distant, remote, vague. **10 km** ~ **von** 10km (away) from; **das Haus liegt 2 km** ~ the house is 2km away; **ich hatte nicht den** ~ **esten Verdacht** I didn't have the slightest *or* remotest suspicion.

II *adv* remotely, slightly. **nicht einmal** ~ (**so gut/hübsch** *etc*) not even remotely (as good/pretty *etc*); ~ **verwandt** distantly related; **er erinnert mich** ~ **an meinen Onkel** he reminds me slightly *or* vaguely of my uncle; **das hat nur** ~ **mit dieser Angelegenheit zu tun** that only has a distant bearing on this matter *or* is only vaguely related *or* has only a remote connection with this matter; **wenn ich auch nur im** ~**esten gedacht hätte** ... if I had

had even the faintest suspicion ...

Entfernung *f* **1.** distance; (*Mil: bei Waffen*) range. **man hört das Echo auf große** ~ (**hin**) you can hear the echo from a great distance *or* a long way away; **aus** *or* **in der** ~ (**hörte er** ...) in the distance (he heard ...); **aus kurzer** ~ (**schießen**) (to fire) at *or* from close range; **aus einiger** ~ from a distance; **in einiger** ~ at a distance; **in einer** ~ **von 20 Metern** at a distance of 20 metres; **etw auf eine** ~ **von 50 Meter treffen** to hit sth at a distance of 50 metres.

2. (*das Entfernen*) removal; (*aus der Schule*) expulsion. **unerlaubte** ~ (**von der Truppe**) absence without leave.

Entfernungsmesser *m* **-s, -** (*Mil, Phot*) rangefinder.

**entfesseln* ** *vt* (*fig*) to unleash.

entfesselt *adj* unleashed; *Leidenschaft, Trieb* unbridled, uncontrolled; *Mensch* wild; *Naturgewalten* raging. **der** ~**e Prometheus** Prometheus Unbound.

**entfetten* ** *vt* to remove the grease from, to degrease (*Tech*); *Wolle* to scour.

Entfettungskur *f* weight-reducing course.

entflammbar *adj* inflammable.

entflammen* I *vt* (*fig*) to (a)rouse; *Leidenschaft, Haß auch* to inflame; *Begeisterung* to fire.

II *vr* (*fig*) to be (a)roused *or* fired *or* inflamed.

III *vi aux sein* to burst into flames, to catch fire, to ignite (*Chem etc*); (*fig*) (*Zorn, Streit*) to flare up; (*Leidenschaft, Liebe*) to be (a)roused *or* inflamed. **für etw entflammt sein** to be fired with enthusiasm for sth; **in Liebe** ~/**entflammt sein** to fall/be passionately in love.

**entflechten* ** *vt irreg* (*Pol*) *Kartell etc* to break up.

Entflechtung *f* (*Pol*) breaking up.

**entflecken* ** *vt* to remove the stain(s) from.

**entfleuchen* ** *vi aux sein* (*obs: wegfliegen*) to fly away; (*hum: weggehen*) to be off (*inf*).

**entfliegen* ** *vi irreg aux sein* to fly away, to escape (*dat or aus* from).

entfliehen* ** *vi irreg aux sein* (*geh*) **1. to escape, to flee (*dat or aus* from). **dem Lärm/der Unrast** *etc* ~ to escape *or* flee (from) the noise/unrest *etc*. **2.** (*vergehen: Zeit, Jugend etc*) to fly past.

entfremden* I *vt* to alienate (*auch Sociol, Philos*), to estrange. **jdn einer Person/ Sache** (*dat*) ~, **jdm eine Person/Sache** ~ to alienate *or* estrange sb from sb/sth; **die lange Trennung hat die Freunde (einander) entfremdet** the long separation estranged the friends from each other *or* made the two friends strangers to each other; **entfremdete Arbeit** (*Sociol*) alienated work; **etw seinem Zweck** ~ to use sth for the wrong purpose, not to use sth for its intended purpose.

II *vr* to become alienated *or* estranged (*dat* from). **er hat sich seiner Frau ganz entfremdet** he has become completely alienated from his wife, he has become a complete stranger to his wife.

Entfremdung *f* estrangement; (*Sociol, Philos*) alienation.

**entfrosten* ** *vt* to defrost.

Entfroster *m* **-s, -** defroster.

entführen* *vt jdn* to abduct, to kidnap; *Beute etc* to carry off, to make off with; *LKW, Flugzeug* to hijack; *Mädchen (mit Zustimmung zur Heirat)* to elope with, to run off with; *(hum inf: wegnehmen)* to borrow *(often hum)*. **wer hat mir denn meinen Bleistift entführt?** *(inf)* who's made off with my pencil? *(inf)*.

Entführer(in *f)* *m* **1.** abductor, kidnapper. **2.** *(Flugzeug~ etc)* hijacker; *(Flugzeug~ auch)* skyjacker *(inf)*.

Entführung *f siehe vt* abduction, kidnapping; hijacking; elopement. **„Die ~ aus dem Serail"** "The Abduction from the Seraglio".

entgegen I *adv (liter)* **dem Licht/der Zukunft** *etc* **~!** on towards the light/future *etc*!; **neuen Ufern/Abenteuern ~!** on to new shores/adventures!

II *prep* **+dat** contrary to, against. **~ meiner Bitte** contrary to my request; **~ allen Erwartungen** contrary to all *or* against all expectation(s).

entgegen|arbeiten *vi sep* **+dat** to oppose, to work against.

entgegenbringen *vt sep irreg jdm etw ~* to bring sth to sb; *(fig) Achtung, Freundschaft etc* to show *or* evince sth for sb.

entgegen|eilen *vi sep aux sein* **+dat** to rush towards; *(um jdn zu treffen)* to rush to meet.

entgegenfahren *vi sep irreg aux sein* **+dat** to travel towards, to approach; *(um jdn zu treffen)* to travel to meet; *(mit dem Auto)* to drive towards/to meet.

entgegengehen *vi sep irreg aux sein* **+dat** to go towards, to approach; *(um jdn zu treffen)* to go to meet; *(fig) einer Gefahr, dem Tode, der Zukunft* to face. **dem Ende ~** *(Leben, Krieg)* to draw to a close, to approach its end; **seinem Untergang/ Schwierigkeiten ~** to be heading for disaster/difficulties; **seiner Vollendung ~** to near *or* approach completion.

entgegengesetzt *adj Richtung, Meinung* opposite; *Charakter auch* contrasting; *(fig: einander widersprechend) Interessen, Meinungen* opposing *attr*, opposed, conflicting *attr*. **genau ~ denken/handeln** *etc* to think/do *etc* exactly the opposite; **er reagierte genau ~** his reaction was exactly the opposite, he did exactly the opposite.

entgegenhalten *vt sep irreg* **+dat 1. jdm etw ~** to hold sth out towards sb. **2.** *(fig)* **dieser Ansicht muß man ~, daß ...** against this view it must be objected that ...

entgegenkommen *vi sep irreg aux sein* **+ dat** to come towards, to approach; *(um jdn zu treffen)* to (come to) meet; *(fig)* to accommodate; *Wünschen, Bitten auch* to meet, to comply with. **jdm auf halbem Wege ~** *(lit, fig)* to meet sb halfway; **das kommt unseren Plänen** *etc* **sehr entgegen** that fits in very well with our plans *etc*; **Ihr Vorschlag kommt mir sehr entgegen** I find your suggestion very congenial.

Entgegenkommen *nt (Gefälligkeit)* kindness, obligingness; *(Zugeständnis)* concession, accommodation.

entgegenkommend *adj (fig)* obliging, accommodating.

entgegenkommenderweise *adv* obligingly, accommodatingly; *(als Zugeständnis)* as a concession.

entgegenlaufen *vi sep irreg aux sein* **+dat** to run towards; *(um jdn zu treffen)* to run to meet; *(fig)* to run contrary *or* counter to.

Entgegennahme *f* **-, -n** *(form) (Empfang)* receipt; *(Annahme)* acceptance.

entgegennehmen *vt sep irreg (empfangen)* to receive; *(annehmen)* to accept.

entgegenschlagen *vi sep irreg aux sein* **+dat** *(Geruch, Haß)* to confront, to meet; *(Flammen auch)* to leap towards; *(Jubel, Begeisterung)* to meet, to greet.

entgegensehen *vi sep irreg* **1. jdm ~** to see sb coming. **2.** *(fig)* **einer Sache** *(dat)* **~** to await sth; *(freudig)* to look forward to sth; **Ihrer baldigen Antwort ~d** *(form)* in anticipation of *or* looking forward to your early reply.

entgegensetzen *vt sep* **+ dat etw einer Sache ~** to set sth against sth; **wir können diesen Forderungen nichts ~** we have nothing to counter these claims with; **dem habe ich entgegenzusetzen, daß ...** against that I'd like to say that ...; **jdm/einer Sache Widerstand ~** to put up *or* offer resistance to sb/sth; **ihren Anklagen konnte er nichts ~** he could find no reply to her accusations.

entgegenstehen *vi sep irreg* **+dat** *(fig)* to stand in the way of, to be an obstacle to. **dem steht entgegen, daß ...** what stands in the way of that is that ...; **dem steht nichts entgegen** there's no obstacle to that, there's nothing against that.

entgegenstellen *vr sep* **sich jdm/einer Sache ~** to resist sb/sth, to oppose sb/sth.

entgegenstemmen *vr sep* **sich jdm/einer Sache ~** to pit oneself against sb/sth, to oppose sb/sth.

entgegenstrecken *vt sep jdm etw ~* to hold out sth to sb.

entgegenstürzen *vi sep aux sein* **+dat** to fall upon; *(zueilen auf)* to rush towards.

entgegentreten *vi sep aux sein* **+dat** to step *or* walk up to; *dem Feind* to go into action against; *Forderungen* to oppose; *Vorurteilen* to counter; *einer Gefahr* to take steps against, to act against.

entgegenwirken *vi sep* **+dat** to counteract.

entgegnen* *vti* to reply; *(kurz, barsch)* to retort *(auf* **+acc** to). **er entgegnete nichts** he made no reply; **darauf wußte er nichts zu ~** he didn't know what to reply to that.

Entgegnung *f* reply; *(kurz, barsch)* retort.

entgehen* *vi irreg aux sein* **+dat 1.** *(entkommen) Verfolgern, dem Feind* to elude, to escape (from); *dem Schicksal, der Gefahr, Strafe* to escape, to avoid. **2.** *(fig: nicht bemerkt werden)* **dieser Fehler ist mir entgangen** I failed to notice *or* I missed this mistake, this mistake escaped my notice; **mir ist kein Wort entgangen** I didn't miss a word (of it); **es ist meiner Aufmerksamkeit nicht entgangen, daß ...** it has not escaped my attention that ...; **ihr entgeht nichts** she doesn't miss anything *or* a thing; **sich** *(dat)* **etw ~ lassen** to miss sth.

entgeistert *adj* dumbfounded, thunderstruck, flabbergasted (*inf*). **er starrte mich ganz ~ an** he stared at me quite dumbfounded *or* thunderstruck *or* flabbergasted (*inf*).

Entgelt *nt* **-(e)s,** *no pl* (*form*) **1.** (*Bezahlung*) remuneration (*form*); (*Entschädigung*) recompense (*form*), compensation; (*Anerkennung*) reward. **2.** (*Gebühr*) fee, consideration. **gegen ~** for a fee *or* consideration; **etw gegen ~ abgeben** to give sb sth for a consideration.

entgelten* *vt irreg* (*geh*) **1.** (*büßen*) to pay for. **jdn etw ~ lassen** to make sb pay *or* suffer for sth. **2.** (*vergüten*) **jdm etw ~** to repay sb for sth.

entgiften* *vt* to decontaminate; (*Med*) to detoxicate, to detoxify.

Entgiftung *f* decontamination; (*Med*) detoxication.

entgleisen* *vi aux sein* **1.** (*Rail*) to be derailed; to leave *or* run off *or* jump the rails. **einen Zug zum E~ bringen** *or* **~ lassen** to derail a train. **2.** (*fig: Mensch*) to misbehave; (*einen Fauxpas begehen*) to commit a faux pas, to drop a clanger (*inf*).

Entgleisung *f* derailment; (*fig*) faux pas, gaffe, clanger (*inf*).

entgleiten* *vi irreg aux sein* +*dat* to slip. **jdm** *or* **jds Hand ~** to slip from *or* out of sb's grasp; **jdm/einer Sache ~** (*fig*) to slip away from sb/sth.

entgräten* *vt Fisch* to fillet, to bone.

enthaaren* *vt* to remove unwanted hair from, to depilate (*form*).

Enthaarungsmittel *nt* depilatory.

enthalten* *irreg* I *vt* to contain. **(mit) ~ sein in** (+*dat*) to be included in.

II *vr* **1.** (*geh*) **sich einer Sache** (*gen*) **~** to abstain from sth; **sich nicht ~ können, etw zu tun** to be unable to refrain from doing sth.

2. sich (der Stimme) ~ to abstain.

enthaltsam *adj* abstemious; (*geschlechtlich*) abstinent, continent; (*mäßig*) moderate.

Enthaltsamkeit *f siehe adj* abstemiousness; abstinence, continence; moderation.

Enthaltung *f* abstinence; (*Stimm~*) abstention.

enthärten* *vt Wasser* to soften.

Enthärter *m*, **Enthärtungsmittel** *nt* (water) softener.

enthaupten* *vt* to decapitate; (*als Hinrichtung auch*) to behead.

Enthauptung *f siehe vt* decapitation; beheading.

enthäuten* *vt* to skin; (*als Folter etc*) to flay.

entheben* *vt irreg* **jdn einer Sache** (*gen*) **~** to relieve sb of sth.

enthemmen* *vti* **jdn ~** to make sb lose his inhibitions, to free sb from his inhibitions; **Alkohol wirkt ~d** alcohol has a disinhibiting effect; (*moralisch etc*) **völlig enthemmt sein** to have no (moral *etc*) inhibitions whatsoever; to have lost one's (moral) inhibitions.

Enthemmtheit, Enthemmung *f* loss of inhibitions.

enthüllen* I *vt* to uncover, to reveal; *Skandal, Lüge auch* to expose; *Denkmal, Gesicht* to unveil; *Geheimnis, Plan, Hin-*

tergründe to reveal. II *vr* (*lit, hum*) to reveal oneself.

Enthüllung *f siehe vt* uncovering, revealing; unveiling; revealing. **noch eine sensationelle ~** another sensational revelation *or* disclosure.

Enthusiasmus *m* enthusiasm.

Enthusiast(in *f*) *m* enthusiast.

enthusiastisch *adj* enthusiastic.

ent|ideologisieren* I *vt* to free from ideology. II *vr* (*Partei*) to dispense with one's ideology.

Entität *f* (*Philos*) entity.

entjungfern* *vt* to deflower.

Entjungferung *f* defloration.

entkalken* *vt* to decalcify.

entkeimen* I *vt* **1.** *Kartoffeln* to remove the buds from. **2.** (*keimfrei machen*) to sterilize. II *vi aux sein* +*dat* (*liter*) to burgeon forth from (*liter*).

entkernen* *vt* **1.** *Orangen etc* to remove the pips from; *Kernobst* to core; *Steinobst* to stone. **2.** *Wohngebiet* (*Dichte reduzieren*) to reduce the density of; (*dezentralisieren*) to decentralize, to disperse.

Entkerner *m* **-s, -** *siehe vt 1.* corer; stoner.

entkleiden* (*geh*) I *vt* to undress. **jdn einer Sache** (*gen*) **~** (*fig*) to strip *or* divest sb of sth. II *vr* to undress, to take one's clothes off.

Entkleidungsnummer *f* striptease act *or* number.

entknoten* *vt* to untie, to undo; (*fig: entwirren*) to unravel.

entkoffeiniert [-kɔfei'ni:ɐt] *adj* decaffeinated.

entkolonialisieren* *vt* to decolonialize.

Entkolonialisierung *f* decolonialization.

entkommen* *vi irreg aux sein* to escape, to get away (+*dat, aus* from).

Entkommen *nt* escape.

entkorken* *vt Flasche* to uncork.

entkräften* *vt* (*schwächen*) to weaken, to debilitate, to enfeeble; (*erschöpfen*) to exhaust, to wear out; (*fig: widerlegen*) *Behauptung etc* to refute, to invalidate.

Entkräftung *f siehe vt* weakening, debilitation, enfeeblement; exhaustion; refutation, invalidation.

entkrampfen* *vt* (*fig*) to relax, to ease; *Lage* to ease. **eine entkrampfte Atmosphäre** a relaxed atmosphere.

Entkrampfung *f* (*fig*) relaxation, easing.

entladen* *irreg* I *vt* to unload; *Batterie etc* to discharge.

II *vr* (*Gewitter*) to break; (*Schußwaffe*) to go off, to discharge (*form*); (*elektrische Spannung, Batterie etc*) to discharge; (*langsam*) to run down; (*Sprengladung*) to explode, to go off; (*fig: Emotion*) to vent itself/themselves. **sein Zorn entlud sich über mir** he vented his anger on me.

Entladung *f* **1.** (*das Entladen*) unloading. **2.** *siehe vr* breaking; discharge; discharge; running down; explosion; venting. **etw zur ~ bringen** (*Mil, fig*) to detonate sth.

entlang I *prep nach n* +*acc or* (*rare*) +*dat, vor n* +*dat or* (*rare*) +*gen* along. **den** *or* (*rare*) **dem Fluß ~** along the river. II *adv* along. **am Bach ~** along (by the side of) the stream; **am Haus ~** along (by) the side of the house; **hier ~** this way.

entlang- *pref* along; **entlanggehen** *vti sep irreg aux sein* to walk along, to go along *(auch fig)*; **am Haus** ~ to walk along by the side of the house.

entlarven* *vt (fig) Spion, Dieb etc* to unmask, to expose; *Pläne, Betrug etc* to uncover, to expose. **sich** ~ to reveal one's true colours *or* character.

Entlarvung *f siehe vt* unmasking, exposure; uncovering, exposure.

entlassen* *vt irreg (aus* from) *(gehen lassen, kündigen)* to dismiss; *(betriebsbedingt) to make redundant; (aus dem Krankenhaus)* to discharge; *Soldaten* to discharge; *(in den Ruhestand versetzen)* to retire, to pension off; *(aus dem Gefängnis, aus Verpflichtungen)* to release, to discharge, to free; *(aus der Schule: als Strafe)* to expel. **aus der Schule** ~ **werden** to leave school; to be expelled from school; **jdn mit ein paar freundlichen Worten** ~ to dismiss sb *or* send sb away with a few kind words.

Entlassung *f siehe vt* dismissal; making redundant; discharge; discharge; retirement, pensioning off; release, discharge; expulsion. **es gab 20** ~**en** there were 20 redundancies.

Entlassungsgesuch *nt* (letter of) resignation; *(Jur)* petition for release; **Entlassungsschein** *m* certificate of discharge; *(Mil auch)* discharge papers *pl*; **Entlassungszeugnis** *nt (Sch)* school leaving certificate.

entlasten* *vt Achse, Telefonleitungen etc* to relieve the strain *or* load on; *Herz* to relieve the strain on; *(Mil, Rail)*, *Gewissen* to relieve; *Verkehr* to ease; *Stadtzentrum* to relieve congestion in; *(Arbeit abnehmen) Chef, Hausfrau* to take some of the load off, to relieve; *(Jur) Angeklagten (völlig)* to exonerate; *(teilweise)* to support the case of; *(Comm: gutheißen) Vorstand* to approve the activities of; *(von Verpflichtungen, Schulden) jdn* to discharge, to release. **jdn finanziell** ~ to ease sb's financial burden.

Entlastung *f* relief *(auch Mil, Rail etc)*; *(von Achse etc, Herz)* relief of the strain *(+gen* on); *(Jur)* exoneration; *(Comm: des Vorstands)* approval; *(Fin)* credit; *(von Verpflichtungen etc)* release, discharge. **zu jds** ~ (in order) to take some of the load off sb; *(Mil)* (in order) to relieve sb ...; **zu seiner** ~ **führte der Angeklagte an, daß ...** in his defence the defendant stated that ...

Entlastungsmaterial *nt (Jur)* evidence for the defence; **Entlastungszeuge** *m (Jur)* witness for the defence, defence witness; **Entlastungszug** *m* relief train.

entlauben* *vt* to strip of leaves; *(Sci)* to defoliate.

Entlaubung *f* defoliation.

Entlaubungsmittel *nt* defoliant.

entlaufen* *vi irreg aux sein* to run away *(dat, von* from). **ein** ~**er Sklave/** ~**es Kind** *etc* a runaway slave/child *etc*; **ein** ~**er Sträfling** an escaped convict; **ein** ~**er Hund** a lost *or* missing dog; „**Hund** ~" "dog missing".

entlausen* *vt* to delouse.

entledigen* *(form)* **I** *vr* **sich einer Person/ Sache** *(gen)* ~ to rid oneself of sb/sth; **sich einer Pflicht** ~ to discharge a duty; **sich eines Komplizen** ~ *(euph)* to eliminate *or* dispose of an accomplice *(euph)*; **sich seiner Kleidung** ~ to remove one's clothes.

    II *vt* **jdn einer Pflicht** *(gen)* ~ to release sb from a duty.

entleeren* *vt* to empty; *Darm* to evacuate.

Entleerung *f siehe vt* emptying; evacuation.

entlegen *adj Ort, Haus (abgelegen)* remote, out-of-the-way; *(weit weg)* far away *or* off, remote; *(fig) Gedanke etc* odd, out-of-the-way.

Entlegenheit *f* remoteness; *(fig)* oddness.

entlehnen* *vt (fig)* to borrow *(dat, von* from).

Entlehnung *f (fig)* borrowing.

entleiben* *vr (obs)* to take one's own life.

entleihen* *vt irreg* to borrow *(von, aus* from).

Entleiher *m* -s, - borrower.

Entlein *nt* duckling. **das häßliche** ~ the Ugly Duckling.

entloben* *vr* to break off one's engagement.

Entlobung *f* breaking off of one's engagement; broken engagement.

entlocken* *vt* **jdm/einer Sache etw** ~ to elicit sth from sb/sth; *(durch Überredung auch)* to coax sth out of sb; *(durch ständiges Fragen auch)* to worm sth out of sb.

entlohnen*, entlöhnen* *(Sw) vt* to pay; *(fig)* to reward.

Entlohnung, Entlöhnung *(Sw) f* pay(ment); *(fig)* reward.

entlüften* *vt* to ventilate, to air; *Bremsen* to bleed.

Entlüftung *f siehe vt* ventilation, airing; bleeding.

Entlüftungsanlage *f* ventilation system.

entmachten* *vt* to deprive of power.

Entmachtung *f* deprivation of power.

entmannen* *vt* to castrate; *(fig)* to emasculate, to unman.

Entmannung *f* castration.

entmaterialisieren* *vt* to dematerialize.

entmenschlichen* *vt* to dehumanize.

entmenscht *adj* bestial, inhuman.

entmilitarisieren* *vt* to demilitarize.

Entmilitarisierung *f* demilitarization.

entminen* *vt (Mil)* to clear of mines.

entmündigen* *vt (Jur)* to (legally) incapacitate, to declare incapable of managing one's own affairs; *(wegen Geisteskrankheit auch)* to certify.

Entmündigung *f siehe vt (Jur)* (legal) incapacitation; certification.

entmutigen* *vt* to discourage, to dishearten. **sich nicht** ~ **lassen** not to be discouraged *or* disheartened.

Entmutigung *f* discouragement.

entmythologisieren* *vt* to demythologize.

Entnahme *f* -, -n *(form)* removal, taking out; *(von Blut)* extraction; *(von Geld)* withdrawal.

entnazifizieren* *vt* to denazify.

Entnazifizierung *f* denazification.

entnehmen* *vt irreg (aus, dat)* to take out (of), to take (from); *(aus Kasse) Geld* to withdraw (from); (*einem Buch etc*) *Zitat* to take (from); (*fig: erkennen, folgern*) to infer (from), to gather (from). **wie ich Ihren Worten entnehme, ...** I gather from what you say that ...

entnerven* *vt* to unnerve. **~d** unnerving; (*nervtötend*) nerve-racking; **entnervt** unnerved, nervous.

Entoderm *nt* **-s, -e** (*Biol*) entoderm, endoderm.

ent|ölen* *vt Kakao* to extract the oil from.

Entomologie *f* entomology.

entomologisch *adj* entomological.

entpersönlichen* *vt* to depersonalize.

entpflichten* *vt* (*form*) *Pfarrer, Professor* to retire.

entpolitisieren* *vt* to depoliticize.

entpuppen *vr* (*Schmetterling*) to emerge from its cocoon *or* chrysalis. **sich als Betrüger** *etc* ~ to turn out to be a cheat *etc*; **die hat sich aber ganz schön entpuppt!** (*inf*) she's really shown her true character!, she's really shown herself in her true colours!

entrahmen* *vt Milch* to remove the cream from, to skim; (*mit Zentrifuge*) to separate.

Entrahmung *f* skimming; (*mit Zentrifuge*) separation.

entraten* *vi irreg* (*geh, old*) **einer Sache** (*gen*) ~ to be devoid of sth; **einer Person/ Sache** (*gen*) ~/**nicht** ~ **können** to be able/ unable to dispense with sb/sth.

enträtseln* *vt* to solve; *Sinn* to work out; *Schrift* to decipher.

entrechten* *vt jdn* ~ to deprive sb of his rights; **die Entrechteten** those who have lost *or* been deprived of their rights.

Entrechtung *f* deprivation of rights.

Entree [ã:'tre:] *nt* **-s, -s** (*dated*) (*Eingang*) entrance; (*obs: Vorraum*) (entrance) hall; (*Eintrittsgeld*) entrance *or* admission fee; (*Mus: Vorspiel*) introduction; (*Cook: Vorspeise*) entrée; (*Theat: Auftritt*) sole entrance.

entreißen* *vt irreg* **jdm etw** ~ (*lit, fig liter*) to snatch sth (away) from sb; **jdn dem Tode** ~ (*liter*) to snatch sb from the jaws of death.

entrichten* *vt* (*form*) to pay.

Entrichtung *f* (*form*) payment.

entrinden* *vt* to remove the bark from, to decorticate (*form*).

entringen* *irreg* **I** *vt* (*geh*) **jdm etw** ~ to wrench *or* wrest sth from sb; **jdm ein Geheimnis** *etc* ~ to wring a secret *etc* out of sb, to wrest a secret *etc* from sb. **II** *vr* (*liter*) **sich jds Lippen** (*dat*) ~ to escape from sb's lips; **ein Seufzer entrang sich seiner Brust** he heaved a sigh.

entrinnen* *vi irreg aux sein* (*geh*) **1.** +*dat* to escape from; **dem Tod** to escape. **es gibt kein E~** there is no escape. **2.** (*entfliehen: Zeit*) to fly by.

entrollen* **I** *vt Landkarte etc* to unroll; *Fahne, Segel* to unfurl. **ein Bild des Schreckens** ~ (*fig*) to reveal a picture of horror. **II** *vr* to unroll/unfurl. **ein Bild des Schreckens entrollte sich** (*fig*) a picture of horror unfolded.

Entropie *f* (*Phys*) entropy.

entrosten* *vt* to derust.

Entroster *m* **-s, -** deruster.

entrücken* *vt* (*geh*) **jdn jdm/einer Sache** ~ (*lit, fig*) to carry *or* bear (*liter*) sb away from sb/sth, to transport sb (away) from sb/sth; **einer Sache weit entrückt sein** (*fig*) to be far removed from sth; **er ist dieser Welt jetzt weit entrückt** he is now quite removed *or* apart from this world; **jds Blicken entrückt** (**sein**) (to be) out of (sb's) sight.

entrückt *adj* (*geh*) (*verzückt*) enraptured, transported; (*versunken*) lost in reverie, rapt.

Entrückung *f* (*geh, Rel*) rapture, ecstasy; (*Versunkenheit*) rapt absorption.

entrümpeln* *vt* to clear out.

Entrümp(e)lung *f* clear-out; (*das Entrümpeln*) clearing out.

entrüsten* **I** *vt* (*empören*) to fill with indignation, to outrage; (*zornig machen*) to incense, to anger; (*schockieren*) to outrage, to scandalize.

    II *vr* **sich** ~ **über** (+*acc*) (*sich empören*) to be filled with indignation at, to be outraged at; (*zornig werden*) to be incensed at; (*schockiert sein*) to be outraged *or* scandalized at.

entrüstet *adj siehe vt* (highly) indignant, outraged; incensed; outraged, scandalized.

Entrüstung *f* (*über* +*acc* at) indignation; (*Zorn*) anger. **ein Sturm der** ~ **brach los** a storm of indignation broke out.

entsaften* *vt* to extract the juice from.

Entsafter *m* **-s, -** juice extractor.

entsagen* *vi* +*dat* (*geh*) to renounce. **der Welt** ~ to renounce the world; **sie hat vielen Freuden** ~ **müssen** she had to forgo many pleasures.

Entsagung *f* (*geh*) (*von der Welt etc*) renunciation (of worldly things).

entsagungsvoll *adj* (*geh*) *Leben* (full) of privation; *Blick, Geste* resigned.

entsalzen* *vt* to desalinate.

Entsalzung *f* desalination.

Entsatz *m* **-es**, *no pl* (*Mil*) relief.

entschädigen* *vt* (*für* for) (*lit, fig*) to compensate, to recompense, to indemnify (*form*); (*für Dienste etc*) to reward; (*mit Geld auch*) to remunerate; (*Kosten erstatten*) to reimburse, to indemnify (*form*). **das Theaterstück entschädigte uns für das lange Warten** the play made up for the long wait.

Entschädigung *f siehe vt* compensation, recompense, indemnification (*form*); reward; remuneration; reimbursement. **jdm eine** ~ **zahlen** to pay sb compensation.

Entschädigungssumme *f* amount of compensation.

entschärfen* *vt* **1.** *Bombe etc* to defuse, to de-activate. **2.** (*fig*) *Kurve* to straighten out; *Krise, Lage* to defuse; *Argument* to neutralize; *Buch, Film* to tone down.

Entscheid *m* **-(e)s, -e** (*form*) *siehe* **Entscheidung.**

entscheiden* *pret* **entschied,** *ptp* **entschieden** **I** *vt* to decide. **das Gericht entschied, daß ...** the court decided *or* ruled that ...; ~ **Sie, wie es gemacht werden soll!** you decide how it is to be done;

das Spiel/die Wahl ist entschieden/schon entschieden the game/election has been decided/is already decided; **den Kampf (um etw) für sich** ~ to secure victory in the struggle (for sth); **das hat das Spiel zu unseren Gunsten entschieden** that decided the game in our favour; **es ist noch nichts entschieden** nothing has been decided (as) yet.

　II *vi* (*über* +*acc*) to decide (on); (*Jur auch*) to rule (on). **darüber habe ich nicht zu** ~ that is not for me to decide; **der Richter hat für/gegen den Kläger entschieden** the judge decided or ruled for/against the plaintiff.

　III *vr* (*Mensch*) to decide, to make up one's mind, to come to a decision; (*Angelegenheit*) to be decided. **sich für etw** ~ to decide in favour of sth, to decide on sth; **sich für jdn** ~ to decide in favour of sb; **sich gegen jdn/etw** ~ to decide against sb/sth; **jetzt wird es sich** ~, **wer der Schnellere ist** now we'll see or settle who is the quicker.

entscheidend *adj* decisive; *Faktor auch* deciding *attr*; *Argument, Aussage auch* conclusive; *Augenblick auch* crucial, critical; *Fehler, Irrtum auch* crucial. **die** ~**e Stimme** (*bei Wahlen etc*) the deciding or casting vote; **für jdn/etw** ~ **sein** to be decisive or crucial for sb/sth; **der alles** ~**e Augenblick** the all-decisive moment.

Entscheidung *f* decision; (*Jur auch*) ruling; (*der Geschworenen auch*) verdict. **um die** ~ **spielen** (*Sport*) to play the deciding match or the decider; (*bei gleichem Tor-, Punktverhältnis auch*) to play off; **Spiel um die** ~ (*Sport*) deciding match, decider; play-off; **mit den finanziellen** ~**en habe ich nichts zu tun** I have nothing to do with the financial decision-making or decisions; **wie ist die** ~ **ausgefallen?** which way did the decision go?; **es geht um die** ~ it's going to be decisive, it's going to decide things; **es geht um die** ~, **ob** ... it's a question of deciding whether ...; **die Frage kommt heute zur** ~ the question will be decided today.

Entscheidungsbefugnis *f* decision-making powers *pl*; **Entscheidungsfrage** *f* (*Gram*) yes-no question; **Entscheidungsfreiheit** *f* freedom of decision-making; **entscheidungsfreudig** *adj* able to make decisions, decisive; **Entscheidungskampf** *m* decisive encounter, show-down (*inf, auch fig*); (*Sport*) decider; **Entscheidungsschlacht** *f* decisive battle; (*fig*) show-down (*inf*); **Entscheidungsspiel** *nt* decider, deciding match; (*bei gleichem Punkt-, Torverhältnis auch*) play-off; **Entscheidungträger** *m* decision-maker.

entschied *ptp of* **entscheiden**.

entschieden I *ptp of* **entscheiden**.
　II *adj* 1. (*entschlossen*) determined, resolute; *Befürworter* staunch; *Ablehnung* firm, uncompromising. **etw** ~ **ablehnen** to reject sth firmly.
　2. *no pred* (*eindeutig*) decided, distinct. **das geht** ~ **zu weit** that is definitely going too far.

Entschiedenheit *f siehe adj* 1. determination, resolution; staunchness; firmness, uncompromising nature. **etw mit aller** ~ **dementieren/ablehnen** to deny sth categorically/reject sth flatly.

entschlacken* *vt* (*Metal*) to remove the slag from; (*Med*) *Körper* to purify.

Entschlackung *f* (*Metal*) removal of slag (*gen* from); (*Med*) purification.

entschlafen* *vi irreg aux sein* (*geh*) to fall asleep; (*euph auch: sterben*) to pass away. **der/die E~e/die E~en** the deceased, the departed.

entschleiern* I *vt* to unveil; (*fig auch*) to uncover, to reveal. II *vr* to unveil (oneself); (*hum*) to strip, to disrobe (*hum, form*); (*fig: Geheimnis etc*) to be unveiled or revealed.

entschließen* *pret* **entschloß**, *ptp* **entschlossen** *vr* to decide (*für, zu* on). **sich** ~, **etw zu tun** to decide or determine or resolve to do sth; **ich entschloß mich zum Kauf dieses Hauses** I decided to buy this house; **ich weiß nicht, wozu ich mich** ~ **soll** I don't know what to decide; **sich zu nichts** ~ **können** to be unable to make up one's mind; **ich bin fest entschlossen** I am absolutely determined; **zu allem entschlossen sein** to be ready for anything; **er ist zum Schlimmsten entschlossen** he will stop at nothing, he's prepared to do anything; **kurz entschlossen** straight away, without further ado.

Entschließung *f* resolution.

entschloß *pret of* **entschließen**.

entschlossen I *ptp of* **entschließen**. II *adj* determined, resolute. ~ **handeln** to act resolutely or with determination.

Entschlossenheit *f* determination, resolution. **in wilder** ~ with fierce determination.

entschlummern* *vi aux sein* (*liter, auch euph: sterben*) to fall asleep.

entschlüpfen* *vi aux sein* to escape (*dat* from), to slip away (*dat* from); (*Küken*) to be hatched; (*fig: Wort etc*) to slip out (*dat* from).

Entschluß *m* (*Entscheidung*) decision; (*Vorsatz*) resolution, resolve. **zu keinem** ~ **kommen können** to be unable to make up one's mind or come to a decision; **mein** ~ **ist gefaßt** my decision is made, my mind is made up; **aus eigenem** ~ **handeln** to act on one's own initiative; **seinen** ~ **ändern** to change one's mind; **es ist mein fester** ~ ... it is my firm intention ..., I firmly intend ...; **ein Mann von schnellen** ~**ssen sein** to be good at decision-making, to be able to decide quickly.

entschlüsseln* *vt* to decipher; *Funkspruch auch* to decode.

Entschlüsselung *f siehe vt* deciphering; decoding.

entschlußfreudig *adj* decisive; **Entschlußkraft** *f* decisiveness, determination; **entschlußlos** *adj* indecisive, irresolute.

entschuldbar *adj* excusable, pardonable.

entschuldigen* I *vt* to excuse. **etw mit etw** ~ to excuse sth as due to sth; **das ist durch nichts zu** ~!, **das läßt sich nicht** ~! that is inexcusable!; **jdn bei jdm** ~ to make or present sb's excuses or apologies to sb;

einen Schüler ~ lassen or **~ to ask for a pupil to be excused; ich möchte meine Tochter für morgen ~** I would like to have my daughter excused for tomorrow; **ich möchte meinen Sohn wegen seines Fehlens ~** I would like to excuse my son for being absent; **ich bitte mich zu ~** I beg to be excused; **bitte entschuldigt die Störung, aber...** please excuse or forgive the interruption, but ...

II vi **entschuldige/~ Sie (bitte)!** (do or please) excuse me!, sorry!; (bei Bitte, Frage etc) excuse me (please), pardon me (US).

III vr **sich (bei jdm) ~** (sich abmelden, sich rechtfertigen) to excuse oneself, to make one's excuses (to sb); (sich bei Lehrer, Chef abmelden) to ask (sb) to be excused; **sich (bei jdm) (wegen etw) ~** (um Verzeihung bitten) to apologize (to sb) (for sth); **sich (von jdm) ~ lassen** to send or convey (form) one's excuses or apologies (via sb); **sich mit Krankheit ~** to excuse oneself on account of illness.

entschuldigend adj apologetic.

Entschuldigung f (Grund) excuse; (Bitte um ~) apology; (Sch: Brief) letter of excuse, note. **~!** excuse me!; (Verzeihung auch) sorry!; **als** or **zur ~ für ...** as an excuse/apology for ..., in excuse of ... (form); **zu seiner ~ sagte er ...** he said in his defence that ...; **ohne ~ fehlen** to be absent without an excuse; **(jdn) (wegen einer Sache) um ~ bitten** to apologize (to sb) (for sth); **ich bitte vielmals um ~(, daß ich mich verspätet habe)!** I do apologize or beg your pardon (for being late)!

Entschuldigungsgrund m excuse.

entschweben* vi aux sein (geh, hum: weggehen) to float or waft away (dat from).

entschwefeln* vt to desulphurize.

entschwinden* vi irreg aux sein (geh: lit, fig) to vanish, to disappear (dat from, in +acc into). **die Tage entschwanden wie im Flug** the days flew or raced by.

entseelt adj (liter) lifeless, dead.

entsenden* vt irreg or reg Abgeordnete etc to send; Boten auch to dispatch.

Entsendung f siehe vt sending; dispatch.

entsetzen* I vt 1. (Mil) Festung, Truppen etc to relieve. 2. (in Grauen versetzen) to horrify, to appal. II vr **sich über jdn/etw ~** to be horrified or appalled at or by sb/sth.

Entsetzen nt -s, no pl horror; (Bestürzung auch) dismay; (Erschrecken) terror. **von ~ befallen werden** to be seized with horror/terror/dismay, to be horror-stricken; **zu meinem größten ~ bemerkte ich, daß ...** to my horror or great dismay I noticed that ...; **mit ~ sehen, daß ...** to be horrified/terrified/dismayed to see that ...

Entsetzensschrei m cry of horror.

entsetzlich adj dreadful, appalling, hideous; (inf: sehr unangenehm auch) terrible, awful. **~ viel (Geld)** an awful lot (of money) (inf).

Entsetzung f (Mil) relief.

entseuchen* vt (desinfizieren) to disinfect; (dekontaminieren) to decontaminate.

entsichern* vt **eine Pistole ~** to release the safety catch of a pistol; **eine entsicherte**

Pistole a pistol with the safety catch off.

entsiegeln* vt Brief to unseal.

entsinnen* vr irreg (einer Sache (gen), an etw (acc) sth) to remember, to recall, to recollect. **wenn ich mich recht entsinne** if my memory serves me correctly or right.

entsorgen* I vt **eine Stadt ~** to dispose of a town's refuse and sewage. II vi to dispose of refuse and sewage.

Entsorgung f waste management.

entspannen* I vt Muskeln, Nerven etc to relax; Bogen to unbend; Seil, Saite to slacken, to untighten; Wasser to reduce the surface tension of; (Tech) Feder to relax the tension of; (fig) Lage, Beziehungen to ease (up).

II vr to relax (auch fig); (ausruhen) to rest; (nach der Arbeit etc) to unwind, to unbend; (Lage etc) to ease; (Feder etc) to lose tension; (Bogen) to unbend.

Entspannung f relaxation (auch fig); (von Lage) easing(-up); (Pol) easing or reduction of tension (+gen in), détente; (Tech: von Feder etc) reduction of tension (+gen on); (des Wassers) reduction of surface tension; (von Bogen) unbending; (von Seil etc) slackening, untightening. **nach der Arbeit sehe ich zur ~ etwas fern** after work I watch television for a bit to help me unwind.

Entspannungspolitik f policy of détente; **Entspannungs|übungen** pl (Med etc) relaxation exercises.

entspinnen* vr irreg to develop, to arise.

entsprechen* vi irreg +dat to correspond to; der Wahrheit, den Tatsachen auch to be in accordance with; den Tatsachen auch to agree; (genügen) Anforderungen, Kriterien to fulfil, to meet; einem Anlaß to be in keeping with; Erwartungen to come or live up to; einer Beschreibung to answer, to fit; einer Bitte, einem Wunsch etc to meet, to comply with. **sich** or **einander ~** to correspond (with each other), to tally; **ihre Ausrüstung entsprach nicht den alpinen Bedingungen** her outfit wasn't suitable for the alpine conditions.

entsprechend I adj corresponding; (zuständig) relevant; (angemessen) appropriate. **der Film war besonders geschmacklos, und die Kritiken waren dann auch ~** the film was particularly tasteless and the reviews of it were correspondingly harsh; **ein der Leistung ~es Gehalt** a salary commensurate with one's performance.

II adv accordingly; (ähnlich, gleich) correspondingly; **er wurde ~ bestraft** he was suitably or appropriately punished; **etw ~ würdigen** to show suitable appreciation for sth.

III prep +dat in accordance with, according to; (ähnlich, gleich) corresponding to. **er wird seiner Leistung ~ bezahlt** he is paid according to output.

Entsprechung f equivalent; (Gegenstück) counterpart; (Analogie) parallel; (Übereinstimmung) correspondence.

entsprießen* vi irreg aux sein (liter: lit, fig) einer Sache (dat) or aus etw ~ to spring forth from sth (liter); (old, hum) aus Ehe, Familie etc to issue from sth (old, form).

entspringen* vi irreg aux sein **1.** (Fluß) to rise. **2.** (entfliehen) to escape (dat, aus from). **3.** (sich herleiten von) +dat to spring from, to arise from.

Entstalinisierung f destalinization.

entstammen* vi aux sein +dat to stem or come from; einer Familie auch to be descended from; (fig auch) to originate in or from.

entstauben* vt to remove the dust from, to free from dust.

entstehen* vi irreg aux sein (ins Dasein treten) to come into being; (seinen Ursprung haben) to originate; (sich entwickeln) to arise, to develop (aus, durch from); (hervorkommen) to emerge (aus, durch from); (verursacht werden) to result (aus, durch from); (Chem: Verbindungen) to be produced (aus from, durch through, via); (Kunstwerk: geschrieben/gebaut etc werden) to be written/built etc. **das Feuer war durch Nachlässigkeit entstanden** the fire was caused by negligence; **wir wollen nicht den Eindruck ~ lassen, ...** we don't want to give (rise to) the impression that ..., we don't want to let the impression emerge that ...; **im E~ begriffen sein** to be in the process of formation or development; **für den entstandenen Schaden** for damages incurred.

Entstehung f (das Werden) genesis, coming into being; (das Hervorkommen) emergence; (Ursprung) origin; (Bildung) formation.

Entstehungsgeschichte f genesis; **Entstehungs|ort** m place of origin.

entsteigen* vi irreg aux sein +dat (geh) einem Wagen to alight from (form); dem Wasser, dem Bad to emerge from; (fig: Dampf etc) to rise from.

entsteinen* vt to stone.

entstellen* vt (verunstalten) Gesicht to disfigure; (verzerren) Gesicht(szüge) to distort, to contort; (fig) Bericht, Wahrheit etc to distort. **etw entstellt wiedergeben** to distort or misrepresent sth; **sein von Haß/Schmerz entstelltes Gesicht** his face distorted or contorted with hate/pain.

Entstellung f disfigurement; (der Wahrheit) perversion, distortion.

entstielen* vt Obst to remove the stalk(s) from.

entstören* vt Radio, Telefon to free from interference; Auto, Staubsauger to fit a suppressor to, to suppress.

Entstörer m, **Entstörgerät** nt (für Auto etc) suppressor; (für Radio, Telefon) anti-interference device.

Entstörung f siehe vt freeing from interference, suppression of interference; fitting of a suppressor (gen to), suppressing.

Entstörungsstelle f siehe **Störungsstelle**.

entströmen* vi aux sein to pour or gush out (+dat, aus of); (Gas, Geruch etc) to issue or escape (+dat, aus from).

entsumpfen* vt Gebiet to drain.

enttabuisieren* [enttabui'ziːrən] vt to free from taboos, to remove the taboos from.

enttarnen* vt Spion to blow the cover of (inf).

enttäuschen* **I** vt to disappoint; Vertrauen to betray. **enttäuscht sein über** (+acc)/**von** to be disappointed at/by or in; **er ging enttäuscht nach Hause** he went home disappointed; **sie ist im Leben oft enttäuscht worden** she has had many disappointments in life; **du hast uns sehr enttäuscht** you have really let us down or disappointed us; **angenehm enttäuscht sein** to be pleasantly surprised.

II vi **unsere Mannschaft hat sehr enttäuscht** our team were very disappointing or played very disappointingly; **der neue Wagen hat enttäuscht** the new car is a disappointment or let-down (inf).

Enttäuschung f disappointment. **der Film war eine große ~** the film was a big disappointment or let-down (inf); **jdm eine ~ bereiten** to disappoint sb.

entthronen* vt (lit, fig) to dethrone.

Entthronung f (lit, fig) dethronement.

enttrümmern* **I** vt to clear of rubble. **II** vi to clear the rubble (away).

entvölkern* vt to depopulate.

Entvölkerung f depopulation.

entwachsen* vi irreg aux sein +dat **1.** (geh: herauswachsen aus) to spring from. **2.** (zu groß werden für) to outgrow.

entwaffnen* vt (lit, fig) to disarm.

entwaffnend adj disarming.

Entwaffnung f disarming; (eines Landes) disarmament.

entwalden* vt to deforest.

entwarnen* vi to sound or give the all-clear.

Entwarnung f sounding of the all-clear; (Signal) all-clear.

entwässern* vt Grundstück, Moor to drain; Gewebe, Ödem to dehydrate.

Entwässerungs|anlage f drainage system; **Entwässerungsgraben** m drainage ditch.

entweder [auch 'ɛntveːdə] conj ~ ... oder ... either ... or ...; ~ **oder!** make up your mind (one way or the other)!, yes or no; ~ **gleich oder gar nicht,** ~ **jetzt oder nie** it's now or never.

Entweder-Oder nt -, - **hier gibt es kein ~** there is no alternative.

entweichen* vi irreg aux sein (geh: fliehen) to escape or run away (+dat, aus from); (sich verflüchtigen: Gas, Flüssigkeit) to leak or escape (+dat, aus from, out of).

entweihen* vt to violate (auch fig); (entheiligen) to profane, to desecrate.

Entweihung f siehe vt violation; profanation, desecration.

entwenden* vt (form) jdm etw/etw aus etw ~ to steal or purloin (hum, form) sth from sb/sth.

entwerfen* vt irreg **1.** (zeichnen, gestalten) Zeichnung etc to sketch; Muster, Modell etc to design. **2.** (ausarbeiten) Gesetz, Vortrag, Schreiben etc to draft, to draw up; Plan to devise, to draw up. **3.** (fig) (darstellen, darlegen) Bild to depict, to draw; (in Umrissen darstellen) to outline.

entwerten* vt **1.** (im Wert mindern) to devalue, to depreciate; Zeugenaussage, Argument etc auch to undermine. **2.** (ungültig machen) to make or render invalid; Münzen to demonetize; Briefmarke, Fahrschein to cancel.

Entwerter m -s, - (ticket-)cancelling machine.

Entwertung f siehe vt devaluation, depreciation; undermining; invalidation; demonetization; cancellation.

entwickeln* **I** vt to develop (auch Phot); (Phot) esp Diapositive to process; Methode, Verfahren auch to evolve; (Math auch) Formel to expand; (Chem) Gas etc to produce, to generate; Mut, Energie to show, to display. **jdm etw ~ to** set out or expound sth to sb.

II vr to develop (zu into); (Chem: Gase etc) to be produced or generated. **das Projekt entwickelt sich gut** the project is coming along or shaping up nicely; **das Kind entwickelt sich gut** the baby is coming along nicely; **er hat sich ganz schön entwickelt** (inf) he's turned out really nicely.

Entwickler m **-s, -** (Phot) developer.

Entwicklerbad nt (Phot) developing bath.

Entwicklung f development; (von Methoden, Verfahren auch) evolution; (Math: von Formel auch) expansion; (Erzeugung, Chem: von Gasen etc) production, generation; (Phot) developing; (esp von Diapositiven) processing. **das Flugzeug ist noch in der ~** the plane is still being developed or is still in the development stage; **Jugendliche, die noch in der ~ sind** young people who are still in their adolescence or still developing.

Entwicklungs|alter nt adolescence; **Entwicklungs|arbeit** f development (work); **Entwicklungsbeschleunigung** f (Physiol) acceleration (in development); **Entwicklungsdienst** m voluntary service overseas (Brit), VSO (Brit), Peace Corps (US); **entwicklungsfähig** adj capable of development; **der Plan/die Idee ist durchaus ~** this plan/idea is definitely worth following up or expanding; **Entwicklungsfähigkeit** f capability of development, capacity for development; **Entwicklungsgeschichte** f developmental history, evolution; **Entwicklungshelfer** m person doing Voluntary Service Overseas (Brit), VSO worker (Brit), Peace Corps worker (US); **entwicklungshemmend** adj restricting or impeding development; **Entwicklungshilfe** f foreign aid; **Entwicklungsjahre** pl adolescent or formative (auch fig) years, adolescence; **Entwicklungsland** nt developing or third-world country; **Entwicklungsmöglichkeit** f possibility for development; **Entwicklungsphase** f (Psych) developmental stage; **Entwicklungspsychologie** f developmental psychology; **Entwicklungsroman** m (Liter) novel showing the development of a character; **Entwicklungsstadium** nt stage of development; (der Menschheit etc) evolutionary stage; **Entwicklungsstörung** f developmental disturbance, disturbance in development; **Entwicklungsstufe** f stage of development; (der Menschheit etc) evolutionary stage; **Entwicklungszeit** f period of development; (Biol, Psych) developmental period; (Phot) developing time.

entwinden* vt irreg (geh) **jdm etw ~ to** wrest sth from sb.

entwirrbar adj (fig) extricable, soluble.

entwirren* vt (lit, fig) to disentangle, to unravel.

entwischen* vi aux sein (inf) to escape, to get away (dat, aus from).

entwöhnen* vt jdn ~ (einer Gewohnheit, Sucht) to break sb of the habit (+dat, von of), to cure sb (+dat, von of), to wean sb (+dat, von from); Säugling, Jungtier to wean; **sich einer Sache** (gen) ~ (geh) to lose the habit of doing sth, to disaccustom oneself from sth (form).

entwölken* vr (lit, fig liter) to clear.

entwürdigen* **I** vt to degrade; (Schande bringen über) to disgrace. **II** vr to degrade or abase oneself.

entwürdigend adj degrading.

Entwürdigung f degradation, abasement; (Entehrung) disgrace (gen to).

Entwurf m **-s, ⁻e 1.** (Skizze, Abriß) outline, sketch; (Design) design; (Archit, fig) blueprint.

2. (Vertrags~, von Plan, Gesetz etc) draft (version), framework; (einer Theorie auch) outline; (Parl: Gesetz~) bill.

entwurzeln* vt (lit, fig) to uproot.

Entwurzelung f (lit, fig: das Entwurzeln) uprooting; (fig: das Entwurzeltsein) rootlessness.

entzaubern* vt jdn/etw ~ to break the spell on sb/sth; (fig auch) to deprive sb/sth of his/its mystique; **ihre romantischen Vorstellungen wurden entzaubert** her romantic illusions were shattered.

Entzauberung f breaking of the/a spell (gen on); (fig auch) deprivation of mystique; (von Vorstellungen) shattering, destruction.

entzerren* vt to correct, to rectify.

Entzerrung f correction, rectification.

entziehen* irreg **I** vt (+dat from) to withdraw, to take away; Gunst etc to withdraw; Flüssigkeit to draw, to extract; (Chem) to extract. **jdm Alkohol/Nikotin ~** to deprive sb of alcohol/ nicotine; **die Ärzte versuchten ihn zu ~** (inf) the doctors tried to cure him of his addiction; **jdm die Erlaubnis etc ~** to withdraw or revoke sb's permit etc, to take sb's permit etc away; **jdm sein Vertrauen ~** to withdraw one's confidence or trust in sb; **dem Redner das Wort ~** to ask the speaker to stop.

II vr **sich jdm/einer Sache ~** to evade or elude sb/sth; (entkommen auch) to escape (from) sb/sth; **sich seiner Verantwortung ~** to shirk one's responsibilities; **sich jds Verständnis/Kontrolle ~** to be beyond sb's understanding/control; **das entzieht sich meiner Kenntnis/Zuständigkeit** that is beyond my knowledge/authority; **sich jds Blicken ~** to be hidden from sight.

III vi (inf) to undergo treatment for (drug) addiction; (Alkoholiker) to dry out (inf).

Entziehung f **1.** (von Lizenz etc) withdrawal, revocation (form). **2.** (von Rauschgift etc) (Wegnahme) withdrawal, deprivation; (Behandlung) treatment for drug addiction/ alcoholism.

Entziehungs|anstalt f treatment centre for drug addicts/alcoholics; **Entziehungs-**

kur f cure for drug addiction/alcoholism cure.

entzifferbar adj siehe vt decipherable; decodable.

entziffern* vt to decipher; Funkspruch etc to decode.

Entzifferung f siehe vt deciphering; decoding.

entzücken* vt to delight. **von jdm/über etw** (acc) **entzückt sein** to be delighted by sb/at sth.

Entzücken nt -s, no pl delight, joy. **zu meinem (größten)** ~ to my (great) delight or joy; **in** ~ **geraten** to go into raptures.

entzückend adj delightful, charming. **das ist ja** ~! how delightful or charming!

Entzug m -(e)s, no pl 1. (einer Lizenz etc) withdrawal, revocation (form). 2. (Med: von Rauschgift etc) withdrawal; (Behandlung) cure for drug addiction/alcoholism. **er ist auf** ~ (Med sl) he is being treated for drug addiction; (Alkoholiker) he is being dried out (inf).

Entzugs|erscheinung f withdrawal symptom.

entzündbar adj (lit, fig) inflammable. **leicht** ~ highly inflammable.

entzünden I vt 1. Feuer to light; Holz etc auch to set light to, to ignite (esp Sci, Tech); Streichholz auch to strike; (fig) Streit etc to start, to spark off; Haß to inflame; Phantasie to fire; Begeisterung to fire, to kindle.
2. (Med) to inflame.
II vr 1. to catch fire, to ignite (esp Sci, Tech); (fig) (Streit) to be sparked off; (Haß) to be inflamed; (Begeisterung) to be kindled.
2. (Med) to become inflamed. **entzündet** inflamed.

entzündlich adj Gase, Brennstoff inflammable; (Med) inflammatory. ~**e Haut** skin which easily becomes inflamed.

Entzündung f 1. (Med) inflammation. 2. ignition (esp Sci, Tech).

entzündungshemmend adj anti-inflammatory, antiphlogistic (form); **Entzündungsherd** m focus of inflammation.

entzwei adj pred in two (pieces), in half, asunder (old, poet); (kaputt) broken; (zerrissen) torn.

entzweibrechen vti sep irreg (vi: aux sein) to break in two; (zerbrechen) to break.

entzweien* I vt to turn against each other, to divide, to set at variance.
II vr **sich (mit jdm)** ~ to fall out (with sb); (sich streiten) to quarrel (with sb).

entzweigehen vi sep irreg aux sein to break (in two or half), to break asunder (poet); **entzweischlagen** vt sep irreg to strike in half or in two or asunder (poet); (zerschlagen) to smash (to pieces).

Entzweiung f (fig) (Bruch) split, rupture, break; (Streit) quarrel.

en vogue [ã'vo:k] adj pred (geh) in vogue or fashion.

Enzephalogramm nt -s, -e (Med) encephalogram.

Enzian ['entsia:n] m -s, -e gentian; (Branntwein) spirit distilled from the roots of gentian.

Enzyklika f -, **Enzykliken** encyclical.

Enzyklopäd|ie f encyclop(a)edia.

enzyklopädisch adj encyclop(a)edic.

Enzyklopäd|ist m Encyclop(a)edist.

Enzym nt -s, -e enzyme.

Epaulette [epo'lɛtə] f epaulette.

Epen pl of **Epos**.

ephemer(isch) adj (geh) ephemeral.

Epidemie f (Med, fig) epidemic.

epidemisch adj (Med, fig) epidemic.

Epidermis f -, **Epidermen** epidermis.

Epigone m -n, -n epigone (liter); (Nachahmer) imitator.

epigonenhaft adj epigonic (liter, rare); (nachahmend) imitative.

Epigramm nt -s, -e epigram.

epigrammatisch adj epigrammatic.

Epigraph nt -s, -e epigraph.

Epik f epic poetry.

Epiker(in f) m -s, - epic poet.

Epikur m -s Epicurus.

Epikureer [epiku're:ɐ] m -s, - (Philos) Epicurean; (fig) epicure(an).

epikureisch [epiku're:ɪʃ] adj (Philos) Epicurean; (fig) epicurean.

Epilepsie f epilepsy.

Epileptiker(in f) m -s, - epileptic.

epileptisch adj epileptic.

Epilog m -s, -e epilogue.

episch adj (lit, fig) epic.

Episkop nt -s, -e episcope.

Episkopat m or nt episcopacy, episcopate.

Episode f -, -n episode.

episodenhaft, episodisch adj episodic.

Epistel f -, -n epistle (auch inf); (old: Lesung) lesson.

Epitaph nt -s, -e (liter) epitaph.

Epitheton [e'pi:tetɔn] nt -s, **Epitheta** (Poet) epithet.

Epizentrum nt epicentre.

epochal adj siehe **epochemachend**.

Epoche f -, -n epoch. ~ **machen** to be epoch-making, to mark a new epoch.

epochemachend adj epoch-making.

Epos nt -, **Epen** epic (poem), epos.

Eprouvette [epru'vɛt] f (Aus Chem) test tube.

Equipage [ek(v)i'pa:ʒə] f -, -n (old) equipage.

Equipe [e'kɪp] f -, -n team.

er pers pron gen **seiner**, dat **ihm**, acc **ihn** he; (von Dingen) it; (von Hund etc) it, he; (vom Mond) it, she (poet). **wenn ich** ~ **wäre** if I were him or he (form); ~ **ist es** it's him, it is he (form); **wer hat das gemacht/ist der Täter?** — ~/~ **(ist es)!** who did that/is the person responsible? — he did/is!, him (inf)!; ~ **war es nicht, ich war's** it wasn't him, it was me; **sie ist größer als** ~ she is taller than he is or him; **E~** (obs) you; (Bibl) He; **ein E~ und eine Sie** (hum inf) a he and a she.

er|achten* vt (geh) jdn/etw für or als etw ~ to consider or deem (form) sb/sth (to be) sth.

Er|achten nt -s, no pl: **meines** ~**s, nach meinem** ~ in my opinion.

er|ahnen* vt siehe **ahnen I**.

er|arbeiten* vt 1. (erwerben) Vermögen etc to work for; Wissen etc to acquire. 2. (erstellen) Entwurf etc to work out, to elaborate.

Erb|adel *m* hereditary nobility; **Erb|anlage** *f usu pl* hereditary factor(s *pl*); **Erb|anteil** *m* share *or* portion of an/the inheritance.

erbarmen* I *vt* jdn ~ to arouse sb's pity, to move sb to pity; **es kann einen ~** it's pitiable; **er sieht zum E~ aus** he's a pitiful sight; **sie singt zum E~** she sings appallingly, she's an appalling singer; **es möchte einen Hund ~** (*inf*) it would melt a heart of stone; **..., daß (es) Gott erbarm'** (*old*) piteously (*esp liter*).

 II *vr* (+*gen*) to have *or* take pity (on) (*auch hum inf*); (*verzeihen, verschonen*) to have mercy (on). **Herr, erbarme dich (unser)!** Lord, have mercy (upon us)!

Erbarmen *nt* **-s,** *no pl* (*Mitleid*) pity, compassion (*mit* on); (*Gnade*) mercy (*mit* on). **aus ~** out of pity; **ohne ~** pitiless(ly), merciless(ly); **er kennt kein ~** he knows no mercy; **kein ~ mit jdm kennen** to be merciless with sb, to show sb no mercy.

erbarmenswert *adj* pitiable, wretched, pitiful.

erbärmlich *adj* (*erbarmenswert, pej: dürftig*) pitiful, wretched; (*gemein, schlecht*) wretched, miserable; (*inf: furchtbar*) *Kälte* terrible, hideous. **~ aussehen** to look wretched *or* terrible; **sich ~ verhalten** to behave abominably *or* wretchedly.

Erbärmlichkeit *f* (*Elend*) wretchedness, misery; (*fig: Dürftigkeit, Gemeinheit etc*) wretchedness, miserableness.

erbarmungslos *adj* (*lit, fig*) pitiless, merciless; **erbarmungsvoll** *adj* compassionate, full of pity.

erbauen* I *vt* **1.** (*lit, fig: errichten*) to build.

 2. (*fig: seelisch bereichern*) to edify, to uplift. **der Chef ist von meinem Plan nicht besonders erbaut** (*inf*) the boss isn't particularly enthusiastic about my plan.

 II *vr* **sich ~ an** (+*dat*) to be uplifted *or* edified by; **abends erbaut er sich an Bachschen Kantaten** in the evenings he finds uplift *or* spiritual edification in Bach's cantatas.

Erbauer(in *f*) *m* **-s,** **-** builder; (*fig auch*) architect.

erbaulich *adj* edifying (*auch iro*), uplifting; (*Rel*) *Buch, Schriften* devotional.

Erbauung *f siehe vt* building; edification. **zur ~** for one's edification.

Erbauungsschrift *f* devotional writing.

Erbbauer *m* farmer with a hereditary right to his property; **Erbbegräbnis** *nt* family grave *or* (*Gruft*) vault; **erbberechtigt** *adj* entitled to inherit; **erbbiologisch** *adj* (*Jur*) **~es Gutachten** blood test (*to establish paternity*).

Erbe¹ *m* **-n, -n** (*lit, fig*) heir (*einer Person* *gen*) of *or* to sb, *einer Sache* (*gen*) to sth). **gesetzlicher ~** legal heir, heir at law (*Jur*), heir apparent (*Jur*); **leiblicher ~** blood-related heir, heir according to bloodright; **direkter ~** direct *or* lineal heir, heir of the body (*Jur*); **mutmaßlicher ~** presumptive heir, heir presumptive (*Jur*); **jdn zum** *or* **als ~n einsetzen** to appoint sb as *or* make sb one's/sb's heir.

Erbe² *nt* **-s,** *no pl* inheritance; (*fig*) heritage; (*esp Unerwünschtes*) legacy. **das ~ des Faschismus** the legacy of fascism.

erbeben* *vi aux sein* (*geh: Erde, Mensch etc*) to tremble, to shake, to shudder.

erbeigen *adj* (*geerbt, vererbt*) inherited; (*erblich*) hereditary.

erben I *vt* (*lit, fig*) to inherit (*von* from); *Vermögen auch* to come into; (*inf: geschenkt bekommen*) to get, to be given. **bei ihm ist nichts zu** *or* **kann man nichts ~** (*inf*) you won't get anything *or* a sausage (*inf*) out of him. II *vi* to inherit.

Erbengemeinschaft *f* community of heirs.

erbetteln* *vt* to get by begging. **seine Möbel hat er (sich** *dat***) alle bei seinen Bekannten erbettelt** he cadged all his furniture off his friends; **die Kinder erbettelten sich die Erlaubnis, ...** the children managed to wheedle permission ...

erbeuten* *vt* (*Tier*) *Opfer* to carry off; (*Dieb*) to get away with; (*im Krieg*) to capture, to take.

erbfähig *adj* entitled to inherit, heritable (*spec*); **Erbfaktor** *m* (*Biol*) (hereditary) factor, gene; **Erbfehler** *m* (*lit, fig*) hereditary defect; **Erbfeind** *m* traditional *or* arch enemy; **Erbfolge** *f* (line of) succession; **Erbfolgekrieg** *m* war of succession; **Erbgut** *nt* **1.** (*Hof*) ancestral estate; **2.** (*Nachlaß*) estate, inheritance; (*fig*) heritage; **3.** (*Biol*) genotype, genetic make-up; **Erbhof** *m siehe* **Erbgut 1.**

erbieten* *vr irreg* (*geh*) **sich ~, etw zu tun** to offer *or* volunteer to do sth.

Erbin *f* heiress.

erbitten* *vt irreg* to ask for, to request.

erbittern* *vt* to enrage, to incense.

erbittert *adj* *Widerstand, Gegner etc* bitter.

Erbitterung *f* rage; (*rare: Heftigkeit*) fierceness, bitterness.

Erbium *nt* **-s,** *no pl* (*abbr* **Er**) erbium.

Erbkrankheit *f* hereditary disease.

erblassen* *vi aux sein* to (go *or* turn) pale, to blanch. **vor Neid ~** to turn *or* go green with envy.

Erblasser(in *f*) *m* **-s, - 1.** person who leaves an inheritance. **2.** (*Testator*) testator; testatrix.

erbleichen* *vi aux sein* **1.** (go *or* turn) pale, to blanch. **2.** *pret* **erblich,** *ptp* **erblichen** (*obs, liter: sterben*) to expire.

erblich *adj* hereditary. **er ist ~ belastet, auch sein Vater ...** it's inherited, his father too ...; **er ist ~ (vor)belastet** it runs in the family.

erblicken* *vt* (*geh*) to see, to perceive; (*erspähen*) to spot, to catch sight of. **in jdm/ etw eine Gefahr** *etc* **~** to see sb/sth as a danger *etc*, to see a danger *etc* in sb/sth; **ich erblicke meine Aufgabe darin, ... zu ...** I see it as my task to ..., I see my task in (+*gerund*) ...

erblinden* *vi aux sein* to go blind, to lose one's sight.

Erblindung *f* loss of sight.

erblonden* *vi aux sein* (*hum*) to go blond(e).

erblühen* *vi aux sein* (*geh*) to bloom, to blossom. **zu voller Schönheit ~** (*fig*) to blossom out.

Erbmasse *f* estate, inheritance; (*Biol*) genotype, genetic make-up; **Erb|onkel** *m* (*inf*) rich uncle.

erbosen* (*geh*) I *vt* to infuriate, to anger.

erbost sein über (+*acc*) to be furious *or* infuriated at. **II** *vr* **sich ~ über** (+*acc*) to get *or* become furious *or* infuriated at.

erbötig *adj* **~ sein, etw zu tun** (*obs*) to be willing *or* prepared to do sth.

Erbpacht *f* hereditary lease(hold); **Erbpächter** *m* hereditary leaseholder; **Erbprinz** *m* hereditary prince; (*Thronfolger*) heir to the throne.

erbrechen* *irreg* **I** *vt* (*liter*) *Schloß, Siegel* to break open; *Tür auch* to force (open). **II** *vtir* (**sich**) ~ (*Med*) to vomit, to be sick (*not vt*); **etw bis zum E~ tun** (*fig*) to do sth ad nauseam; **etw zum E~ satt haben** (*fig*) to be absolutely sick of sth.

Erbrecht *nt* law of inheritance; (*Erbanspruch*) right of inheritance (*auf* +*acc* to).

erbringen* *vt irreg* to produce, to furnish, to adduce.

Erbrochene(s) *nt* **-n**, *no pl* vomit.

Erbschaden *m* hereditary defect.

Erbschaft *f* inheritance. **eine ~ machen** *or* **antreten** to come into an inheritance.

Erbschaftsklage *f* (*Jur*) action for recovery of an/the inheritance; **Erbschaftssteuer** *f* estate *or* death duty *or* duties *pl*.

Erbschein *m* certificate of inheritance; **Erbschleicher(in** *f*) *m* legacy-hunter; **Erbschleicherei** *f* legacy-hunting; **Erbschuld** *f* inherited debt.

Erbse *f* **-, -n** pea.

erbsengroß *adj* pea-size, the size of a pea; **Erbsenpüree** *nt* ≃ pease pudding; **Erbsensuppe** *f* pea soup.

Erbstück *nt* heirloom; **Erbsünde** *f* (*Rel*) original sin; **Erbtante** *f* (*inf*) rich aunt; **Erbteil** *nt* **1.** (*Jur: auch m*) (portion of an/the) inheritance; **2.** (*Veranlagung*) inherited trait; **Erbvertrag** *m* testamentary contract.

Erd|achse *f* earth's axis.

erdacht *adj Geschichte* made-up.

Erd|altertum *nt* (*Geol*) Palaeozoic; **Erd|anziehung** *f* gravitational pull of the earth; **Erd|apfel** *m* (*Aus, S Ger*) potato; **Erd|arbeiten** *pl* excavation (*s pl*), earthwork *sing*; **Erd|atmosphäre** *f* earth's atmosphere; **Erdbahn** *f* orbit of the earth, earth's orbit; **Erdball** *m* (*liter*) globe, world.

Erdbeben *nt* earthquake.

Erdbebenherd *m* seismic focus *or* centre; **Erdbebenmesser** *m* seismograph; **erdbebensicher** *adj* earthquake-proof; **Erdbebenwarte** *f* seismological station.

Erdbeere *f* strawberry; **erdbeerfarben** *adj* strawberry-colour(ed); **Erdbestattung** *f* burial, interment; **Erdbevölkerung** *f* population of the earth, earth's population; **Erdbewohner** *m* inhabitant of the earth; (*gegenüber Marsbewohnern etc*) terrestrial, earthling (*pej*).

Erdboden *m* ground, earth. **etw dem ~ gleichmachen** to level sth, to raze sth to the ground; **vom ~ verschwinden** to disappear from *or* off the face of the earth; **als hätte ihn der ~ verschluckt** as if the earth had swallowed him up.

Erde *f* **-, -n** **1.** (*Welt*) earth, world. **unsere Mutter ~** (*liter*) Mother Earth; **auf ~n** (*old, liter*) on earth; **auf der ganzen ~ all** over the world; **niemand auf der ganzen ~**

nobody in the whole world. **2.** (*Boden*) ground. **ihn deckt die kühle ~** (*liter*) the cold earth covers him; **in fremder ~ ruhen** (*liter*) to lie *or* rest in foreign soil (*liter*); **unter der ~** underground, below ground; (*fig*) beneath the soil; **du wirst mich noch unter die ~ bringen** (*inf*) you'll be the death of me yet (*inf*); **über der ~** above ground; **auf die ~ fallen** to fall to the ground; **mit beiden Beinen** *or* **Füßen (fest) auf der ~ stehen** (*fig*) to have both feet firmly on the ground. **3.** (*Erdreich, Bodenart*) soil, earth (*auch Chem*). **fette/trockene ~** rich/dry soil; **~ zu ~** (*Eccl*) dust to dust; **seltene ~n** (*Chem*) rare earths.
4. (*Elec: Erdung*) earth, ground (*US*).

erden *vt* (*Elec*) to earth, to ground (*US*).

Erdenbürger *m* (*geh*) mortal; **ein neuer ~** a new addition to the human race; **Erdenglück** *nt* (*liter*) earthly happiness.

erdenken* *vt irreg* to devise, to think up.

Erdenkind *nt* (*geh*) child of the earth (*liter*).

erdenklich *adj attr* conceivable, imaginable. **alles ~(e) Gute** all the very best; **sich** (*dat*) **alle ~e Mühe geben** to take the greatest (possible) pains; **alles E~e tun** to do everything conceivable *or* imaginable.

Erdenleben *nt* (*liter*) earthly life, life on earth; **Erdenrund** *nt* **-s**, *no pl* (*liter*) world.

erdfarben, erdfarbig *adj* earth-coloured; **Erdferne** *f* (*Astron*) apogee; **Erdgas** *nt* natural gas; **Erdgeborene(r)** *mf* (*liter*) mortal; **erdgebunden** *adj* (*liter*) earthbound; **Erdgeist** *m* earth-spirit; **Erdgeruch** *m* earthy smell; **Erdgeschichte** *f* geological history, history of the earth; **erdgeschichtlich** *adj no pred* geological; **Erdgeschoß** *nt* ground floor, first floor (*US*); **im ~** on the ground/first floor; **erdhaltig** *adj* containing earth; **Erdhaufen** *m* mound of earth.

erdichten* *vt* to invent, to fabricate, to make up.

erdig *adj* earthy.

Erd|innere(s) *nt* interior *or* bowels *pl* of the earth; **Erdkabel** *nt* underground cable; **Erdkarte** *f* map of the earth; **Erdkern** *m* earth's core; **Erdklumpen** *m* clod of earth; **Erdkreis** *m* globe, world; **auf dem ganzen ~** all over the world; **Erdkruste** *f* earth's crust; **Erdkugel** *f* world, earth, globe; **Erdkunde** *f* geography; **erdkundlich** *adj* geographical; **Erdleitung** *f* (*Elec*) earth *or* ground (*US*) (connection); (*Kabel*) underground wire; **Erdloch** *nt* (*Mil*) foxhole; **Erdmagnetismus** *m* geomagnetism; **Erdmantel** *m* mantle; **Erdmetalle** *pl* earth metals *pl*; **Erdmittel|alter** *nt* (*Geol*) Mesozoic; **Erdnähe** *f* (*Astron*) perigee; **Erdnuß** *f* peanut, groundnut; **Erd|oberfläche** *f* surface of the earth, earth's surface; **Erd|öl** *nt* (mineral) oil, petroleum.

erdolchen* *vt* to stab (to death).

Erd|ölleitung *f* oil pipeline; **Erd|ölpreis** *m* oil price; **Erdpech** *nt* bitumen, asphalt, mineral pitch; **Erdreich** *nt* soil, earth.

erdreisten* *vr* **sich ~, etw zu tun** to have the audacity to do sth.

Erdrinde f siehe **Erdkruste**.

erdröhnen* vi aux sein to boom out, to thunder out; (Kanonen auch) to roar; (Luft, Raum) to resound (von with).

erdrosseln* vt to strangle, to throttle.

erdrücken* vt to crush (to death); (fig: überwältigen) to overwhelm. **ein ~des Gefühl** a stifling feeling; **~de Übermacht/~des Beweismaterial** overwhelming superiority/ evidence.

Erdrutsch m landslide, landslip; **politischer ~** political upheaval; (überwältigender Wahlsieg) (political) landslide; **Erdsatellit** m earth satellite; **Erdschatten** m shadow of the earth; **Erdschicht** f layer (of the earth), stratum; **Erdschluß** m (Elec) accidental earth or ground (US); **Erdscholle** f clod of earth; **Erdspalte** f crevice; **Erdstoß** m (seismic) shock; **Erdteil** m continent; **Erdtrabant** m moon.

erdulden* vt to endure, to suffer.

Erd|umdrehung f rotation or revolution of the earth; **Erd|umfang** m circumference of the earth; **Erd|umlaufbahn** f earth's orbit; **Erd|umkreisung,**, **Erd|umrundung** f (durch Satelliten) orbit(ing) of the earth; **Erd|umsegelung** f voyage around the world, circumnavigation of the globe; **Erd|umsegler** m round-the-world sailor, circumnavigator of the globe.

Erdung f (Elec) earth(ing), ground(ing) (US).

erdverbunden, **erdverwachsen** adj earthy; **Erdwall** m earthwork, earth bank or wall; **erdwärts** adv earthward(s); **Erdzeit|alter** nt geological era.

erleifern* vr to get excited or worked up (über +acc over).

erleignen* vr to occur, to happen.

Erleignis nt event, occurrence; (Vorfall) incident, event; (besonderes) occasion, event.

erleignislos adj uneventful; **erleignisreich** adj eventful.

erleilen* vt (geh) to overtake.

erektil adj (Physiol) erectile.

Erektion f (Physiol) erection.

Eremit m -en, -en hermit.

Eremitage [eremi'ta:ʒə] f -, -n hermitage.

erlerben* vt to inherit.

erfahren irreg I vt 1. Nachricht etc to learn, to find out; (hören) to hear (von about, of). **wenn der Chef das erfährt, wird er wütend** if the boss gets to hear about it or finds that out he'll be furious; **etw zu ~ suchen** to try to find out sth; **darf man Ihre Absichten ~?** might one inquire as to your intentions?

2. (erleben) to experience; (erleiden auch) Rückschlag to suffer; (empfangen) Liebe, Verständnis to receive; Veränderungen etc to undergo.

II vi to hear (von about, of).

III adj experienced.

Erfahrenheit f experience.

Erfahrung f experience; (Übung auch) practical knowledge; (Philos auch) empirical knowledge. **aus (eigener) ~** from (one's own) experience; **nach meiner ~** in my experience; **~en sammeln** to gain experience; **die ~ hat gezeigt, daß ...** experience has shown that ...; **etw in ~ brin-**

gen to learn or to find out sth; **eine ~ machen** to have an experience; **seine ~en machen** to learn (things) the hard way; **ich habe die ~ gemacht, daß ...** I have found that ...; **mit dieser neuen Maschine/Mitarbeiterin haben wir nur gute/schlechte ~en gemacht** we have found this new machine/employee (to be) completely satisfactory/unsatisfactory; **was für ~en haben Sie mit ihm/damit gemacht?** how did you find him/it?; **ich habe mit der Ehe nur schlechte ~en gemacht** I've had a very bad experience of marriage; **durch ~ wird man klug** (Prov) one learns by experience.

Erfahrungs|austausch m (Pol) exchange of experiences; **erfahrungsgemäß** adv **~ ist es ...** experience shows ...; **Erfahrungstatsache** f empirical fact; **Erfahrungswissenschaft** f empirical science.

erfaßbar adj ascertainable.

erfassen* vt 1. (rare: ergreifen) to seize, to catch (hold of).

2. (mitreißen: Auto, Strömung) to catch.

3. (Furcht, Verlangen etc) to seize. **Angst erfaßte sie** she was seized by fear.

4. (begreifen) to grasp, to comprehend, to understand. **er hat's endlich erfaßt** he's caught on at last.

5. (einbeziehen) to include; (registrieren) to record, to register. **das ist noch nicht statistisch erfaßt worden** there are no statistics on it yet.

Erfassung f registration, recording; (Miteinbeziehung) inclusion.

erfechten* vt irreg Sieg to gain; Rechte to fight for and win.

erfinden* vt irreg to invent; (erdichten auch) to make up, to fabricate. **das hat sie glatt erfunden** she made it all up; **frei erfunden** completely fictitious; **er hat die Arbeit auch nicht erfunden** (inf) he's not exactly crazy about work (inf).

Erfinder(in f) m -s, - inventor.

Erfindergeist m inventive genius.

erfinderisch adj inventive; (phantasievoll auch) imaginative; (findig auch) ingenious.

Erfindung f invention; (Erdichtung, Lüge auch) fiction, fabrication. **eine ~ machen** to invent something.

Erfindungsgabe f inventiveness, invention.

erflehen* vt (geh) to beg for. **etw von jdm ~** to beg or beseech (liter) sb for sth, to beg sth of sb.

Erfolg m -(e)s, -e success; (Ergebnis, Folge) result, outcome. **mit/ohne ~** successfully/without success or unsuccessfully; **~/keinen ~ haben** to be successful/have no success or be unsuccessful; **ohne ~ bleiben** or **sein** to be unsuccessful; **ein voller ~** a great success; (Stück, Roman, Vorschlag etc auch) a hit; **~(e) bei Frauen haben** to be successful with women; **sie warnte mich mit dem ~, daß ...** the effect or result of her warning me was that ...

erfolgen* vi aux sein (form) (folgen) to follow, to ensue; (sich ergeben) to result; (vollzogen werden) to be effected (form) or carried out; (stattfinden) to take place, to occur; (*Zahlung*) to be effected (*form*) *or* made. **es erfolgte keine Antwort** no answer was forthcoming.

erfolglos *adj* unsuccessful, without success; **Erfolglosigkeit** *f* lack of success, unsuccessfulness; **erfolgreich** *adj* successful.

Erfolgs|autor *m* successful author; **Erfolgsbuch** *nt* bestseller, successful book; **Erfolgsdenken** *nt* positive way of thinking; **Erfolgs|erlebnis** *nt* feeling of success, sense of achievement; **Erfolgsleiter** *f* (*fig*) ladder to success; **Erfolgsmeldung** *f* news *sing* of success; **Erfolgsmensch** *m* success, successful person; **Erfolgsroman** *m* successful novel.

erfolgversprechend *adj* promising.

erforderlich *adj* necessary, required, requisite. **es ist dringend ~, daß ...** it is a matter of urgent necessity that ...; **etw ~ machen** to make sth necessary, to necessitate sth; **unbedingt ~** (absolutely) essential *or* imperative.

erforderlichenfalls *adv* (*form*) if required, if necessary, if need be.

erfordern* *vt* to require, to demand, to call for.

Erfordernis *nt* requirement; (*Voraussetzung auch*) prerequisite.

erforschen* *vt* **1.** *Land, Weltraum etc* to explore.
2. *Probleme etc* to explore, to investigate, to inquire into; (*in der Wissenschaft auch*) to research into; *Thema etc* to research; *Lage, Meinung, Wahrheit* to ascertain, to find out. **sein Gewissen ~** to search *or* examine one's conscience.

Erforscher *m* (*eines Landes*) explorer; (*in Wissenschaft*) investigator, researcher.

Erforschung *f siehe vt* **1.** examination, exploration. **2.** investigation, inquiry (+*gen* into); research (+*gen* into); researching; ascertaining.

erfragen* *vt Weg* to ask, to inquire; *Einzelheiten etc* to obtain, to ascertain.

erfrechen* *vr sich* **~, etw zu tun** to have the audacity to do sth; **wie können Sie sich zu so einer Behauptung ~?** how dare you (have the audacity to) claim such a thing!

erfreuen* **I** *vt* to please, to delight; *Herz* to gladden. **sehr erfreut!** (*dated: bei Vorstellung*) pleased to meet you!, delighted! (*dated*); **ja, sagte er erfreut** yes, he said delighted(ly); **über jdn/etw erfreut sein** to be pleased *or* delighted about *or* at sb/sth.
II *vr* **sich einer Sache** (*gen*) **~** (*geh*) to enjoy sth; **sich an etw** (*dat*) **~** to enjoy sth, to take pleasure in sth.

erfreulich *adj* pleasant; *Neuerung, Besserung etc* welcome; (*befriedigend*) gratifying. **es ist wenig ~, daß wir ...** it's not very satisfactory that we ...; **es wäre ~, wenn die Regierung ...** it would be good *or* nice if the government ...; **sehr ~!** very nice!; **er hat sich ~ wenig beklagt** it was pleasant *or* nice how little he complained; **wir haben ~ viel geleistet** it's very satisfactory *or* pleasing how much we've done.

erfreulicherweise *adv* happily. **wir haben ~ einmal ein Spiel gewonnen** I'm pleased *or* glad to say that we've won a game at last.

erfrieren* **I** *vi irreg aux sein* to freeze to death, to die of exposure; (*Pflanzen*) to be killed by frost. **erfrorene Glieder** frostbitten limbs. **II** *vt* **sich** (*dat*) **die Füße/Finger ~** to suffer frostbite in one's feet/fingers.

Erfrierung *f usu pl* frostbite *no pl*. **Tod durch ~** death from exposure.

erfrischen* **I** *vti* to refresh. **II** *vr* to refresh oneself; (*sich waschen*) to freshen up.

erfrischend *adj* (*lit, fig*) refreshing.

Erfrischung *f* refreshment. **es ist eine ~, das zu sehen** it is refreshing to see it.

Erfrischungsgetränk *nt* refreshment; **Erfrischungsraum** *m* refreshment room, cafeteria, snack bar.

erfüllen* **I** *vt* **1.** *Raum etc* to fill. **Haß/Liebe/Ekel etc erfüllte ihn** he was full of hate/love/disgust *etc*, he was filled with hate/love/disgust *etc*; **Schmerz erfüllte ihn** he was grief-stricken; **Freude erfüllte ihn** his heart was full of *or* filled with joy; **es erfüllt mich mit Genugtuung, daß ...** it gives me great satisfaction to see that ...; **ein erfülltes Leben** a full life.
2. (*ausführen, einhalten*) to fulfil; *Bedingungen auch* to meet, to comply with; *Wunsch, Bitte auch* to carry out; *Pflicht, Aufgabe auch* to carry out, to perform; *Erwartungen auch* to come up to; (*Jur*) *Soll* to achieve; *Plan* to carry through; *Formalitäten* to comply with; *Zweck, Funktion* to serve. **die Fee erfüllte ihm seinen Wunsch** the fairy granted him his wish; **ihr Wunsch nach einem Kind wurde erfüllt** their wish for a child came true *or* was granted; **erfüllst du mir einen Wunsch?** will you do something for me?
II *vr* (*Wunsch, Voraussagung*) to be fulfilled, to come true.
III *vi* (*Jur*) to discharge one's debts.

Erfüllung *f* fulfilment; (*einer Bitte, eines Wunsches auch*) carrying out; (*einer Pflicht, eines Vertrags auch*) performance; (*von Erwartungen*) realization; (*eines Solls*) achievement; (*eines Plans*) execution; (*Jur: Tilgung*) discharge. **in ~ gehen** to be fulfilled; **in etw** (*dat*) **~ finden** to find fulfilment in sth.

Erfüllungs|ort *m* (*Jur*) (*von Vertrag*) place where a contract is to be fulfilled; (*von Scheck*) place of payment; **Erfüllungspolitik** *f* (*Hist*) policy of fulfilment; (*pej*) (policy of) appeasement; **Erfüllungspolitiker** *m* (*Hist*) politician supporting the policy of fulfilment; (*pej*) appeaser.

Erg *nt* **-s, -** (*Sci*) erg.

ergänzen* *vt* to supplement; (*vervollständigen*) to complete; *Fehlendes* to supply; *Lager, Vorräte* to replenish; *Bericht auch* to add (sth) to; *Ausführungen* to amplify; *Worte, Summe* to add; *Gesetz, Gesetzentwurf* to amend. **seine Sammlung ~** to add to *or* build up one's collection; **einander** *or* **sich ~** to complement one another; **um das Team zu ~** to make up the numbers of the team; **~d hinzufügen** *or* **bemerken** to make an additional remark (*zu* to).

ergänzt *adj Ausgabe* expanded.

Ergänzung *f* **1.** (*das Ergänzen*) supplementing; (*Vervollständigung*) completion; (*von Fehlendem*) supply(ing);

(*eines Berichts*) addition (+gen to); (*von Summe*) addition; (*von Gesetz*) amendment; (*von Lager, Vorräten*) replenishment. **zur ~ meiner Sammlung** to add to *or* build up my collection; **zur ~ des vorher Gesagten möchte ich hinzufügen, daß** ... let me amplify the previous remarks by adding that ...
2. (*Zusatz, zu Buch etc*) supplement; (*Hinzugefügtes, Person*) addition; (*zu einem Gesetz*) amendment; (*Gram*) complement.

Ergänzungs|abgabe *f* supplementary tax; **Ergänzungs|antrag** *m* (*Parl*) amendment; **Ergänzungsband** *m* supplement(ary volume); **Ergänzungsbindestrich** *m* hyphen; **Ergänzungssatz** *m* (*Gram*) complementary clause.

ergattern* *vt* (*inf*) to get hold of.

ergaunern* *vt* (*inf*) (**sich** *dat*) **etw ~** to get by dishonest means.

ergeben* *irreg* **I** *vt* to yield, to produce; (*zum Ergebnis haben*) to result in; (*zeigen*) to reveal; *Betrag, Summe* to amount to, to come to.
II *vr* **1.** (*kapitulieren*) (*dat* to) to surrender, to yield, to capitulate. **sich auf Gnade oder Ungnade ~** to surrender unconditionally; **sich in etw** (*acc*) **~** to submit to sth.
2. sich einer Sache (*dat*) **~** (*sich hingeben*) to take to sth, to give oneself up to sth; *der Schwermut* to sink into sth; *dem Dienst etc auch* to devote oneself to sth; **sich dem Trunk** *or* **Suff** (*sl*) **~** to take to drink *or* the bottle (*inf*).
3. (*folgen*) to result, to arise, to ensue (*aus* from). **daraus können sich Nachteile ~** this could turn out to be disadvantageous; **das eine ergibt sich aus dem anderen** the one (thing) follows from the other.
4. (*sich herausstellen*) to come to light. **es ergab sich, daß unsere Befürchtungen** ... it turned out that our fears ...
III *adj* (*hingegeben, treu*) devoted; (*demütig*) humble; (*unterwürfig*) submissive. **jdm treu ~ sein** to be loyally devoted to sb; **einem Laster ~ sein** to be addicted to a vice; **Ihr (sehr) ~er** ... respectfully yours ... (*form*).

Ergebenheit *f* (*Hingabe, Treue*) devotion; (*Demut*) humility; (*Unterwürfigkeit*) submissiveness.

Ergebnis *nt* result; (*Auswirkung auch*) consequence, outcome. **die Verhandlungen führten zu keinem ~** the negotiations led nowhere *or* were inconclusive; **die Verhandlungen führten zu dem ~, daß** ... the negotiations led to the conclusion that ...; **zu einem ~ kommen** to come to *or* reach a conclusion; **unsere Anstrengungen blieben ohne ~** our efforts produced no results.

ergebnislos *adj* unsuccessful, without result, fruitless; *Verhandlungen auch* inconclusive. **~ bleiben/verlaufen** to come to nothing; **Verhandlungen ~ abbrechen** to break off negotiations without having reached any conclusions.

Ergebung *f* (*Mil, fig*) surrender, capitulation; (*fig: Demut*) humility.

ergehen* *irreg* **I** *vi aux sein* **1.** (*form*) (*an* +*acc* to) (*erteilt, erlassen werden*) to go out, to be issued; (*Einladung*) to go out, to be sent; (*Gesetz*) to be enacted. **~ lassen** to issue, to send, to enact.
2. sie ließ seine Vorwürfe/alles über sich (*acc*) **~** she let his reproaches/everything simply wash over her.
II *vi impers aux sein* **es ist ihm schlecht/gut ergangen** he fared badly/well; **es wird ihm schlecht ~** he will suffer.
III *vr* **1.** (*geh*) to go for a walk *or* stroll, to take the air.
2. (*fig*) **sich in etw** (*dat*) **~** to indulge in sth; **er erging sich in Schmähungen** he poured forth abuse; **sich (in langen Reden) über ein Thema ~** to hold forth at length on sth, to expatiate on sth.

ergiebig *adj* (*lit, fig*) productive; *Geschäft* profitable, lucrative; (*fruchtbar*) fertile; (*sparsam im Verbrauch*) economic.

Ergiebigkeit *f siehe adj* productiveness, productivity; profitability; fertility; economicalness.

ergießen* *irreg* **I** *vt* (*liter*) to pour (out *or* forth *liter*). **II** *vr* (*geh*) to pour forth (*liter*) *or* out (*auch fig*).

erglänzen* *vi aux sein* to shine, to gleam; (*Licht auch*) to shine out.

erglühen* *vi aux sein* (*liter*) to glow; (*fig*) (*vor Scham, Zorn*) to burn; (*vor Freude*) to glow.

ergo *conj* therefore, ergo (*liter, hum*).

Ergotherapie *f* ergotherapy.

ergötzen* **I** *vt* to delight. **zum E~ aller** to everyone's delight. **II** *vr* **sich an etw** (*dat*) **~** to be amused by sth, to take delight in sth.

ergötzlich *adj* delightful.

ergrauen* *vi aux sein* to turn *or* go grey.

ergreifen* *vt irreg* **1.** to seize; (*fassen auch*) to grasp, to grip; (*Krankheit*) to overcome; *Feder, Schwert auch* to take up; *Verbrecher* to seize, to apprehend. **das Feuer ergriff den ganzen Wald** the fire engulfed the whole forest.
2. (*fig*) *Gelegenheit, Macht* to seize; *Beruf* to take up; *Maßnahmen* to take, to resort to. **er ergriff das Wort** he began to speak; (*Parl, bei Versammlung etc*) he took the floor.
3. (*fig*) *jdn* (*packen*) to seize, to grip; (*bewegen*) to move. **von Furcht/Sehnsucht etc ergriffen werden** to be seized with fear/ longing *etc*; **wenn dich die Liebe ergreift** if love takes hold of you.

ergreifend *adj* (*fig*) moving, stirring, touching (*auch iro*).

ergriffen *adj* (*fig*) moved, deeply stirred.

Ergriffenheit *f* emotion.

ergrimmen* (*old, liter*) **I** *vi aux sein* to become angry *or* furious. **II** *vt* to incense.

ergründen* *vt Sinn etc* to fathom; *Geheimnis auch* to penetrate; *Ursache, Motiv* to discover.

Erguß *m* **-sses, -sse** effusion; (*Blut~*) bruise, contusion (*form*); (*Samen~*) ejaculation, emission; (*fig*) outpouring, effusion.

erhaben *adj* **1.** *Druck, Muster* raised, embossed.

2. (*fig*) *Gedanken, Stil* lofty, elevated, exalted; *Schönheit, Anblick* sublime; *Augenblick* solemn; *Herrscher* illustrious, eminent. **vom E~en zum Lächerlichen ist nur ein Schritt** it is but a step from the sublime to the ridiculous.

3. (*überlegen*) superior. **er dünkt sich über alles/alle** ~ he thinks himself to be above it all/superior to everybody; **über etw** (*acc*) ~ (**sein**) (to be) above sth; **über jeden Tadel/Verdacht** ~ **sein** to be above *or* beyond reproach/suspicion; ~ **tun** to act superior.

Erhabenheit *f siehe adj* (*fig*) loftiness, elevation, sublimity; solemnity; illustriousness, eminence.

Erhalt *m* **-(e)s,** *no pl* receipt.

erhalten* *irreg I vt* **1.** to get, to receive; *Preis, Orden auch* to be awarded; *Strafe, neuen Namen etc,* to be given; *Resultat, Produkt, Genehmigung* to obtain, to get. **der Aufsatz erhielt eine neue Fassung** the essay was given a new form; **das Wort** ~ to receive permission to speak; (**Betrag**) **dankend** ~ (*form*) received with thanks (the sum of...).

2. (*bewahren*) to preserve; *Gesundheit etc auch* to maintain. **jdn am Leben/bei guter Laune** ~ to keep sb alive/in a good mood; **ich hoffe, daß du uns noch lange** ~ **bleibst** I hope you'll be with us for a long time yet; (*nicht sterben*) I hope you'll have many more happy days; **er hat sich** (*dat*) **seinen Frohsinn/Optimismus** ~ he kept up *or* retained his cheerfulness/optimism; **gut** ~ well preserved (*auch hum inf*), in good condition; **von der Altstadt sind nur noch ein paar Kirchen** ~ of the old town only a few churches remain *or* still stand.

3. (*unterhalten*) *Familie* to support, to keep, to maintain.

II *vr* (*Brauch etc*) to be preserved, to remain. **sich frisch und gesund** ~ to keep *or* stay bright and healthy.

erhältlich *adj* obtainable, available. **schwer** ~ difficult to obtain, hard to come by.

Erhaltung *f* (*Bewahrung*) preservation; (*Unterhaltung*) support. **die** ~ **der Energie** (*Phys*) the conservation of energy.

erhandeln* *vt* to get by bargaining, to bargain for.

erhängen* *vt* to hang. **Tod durch E~** death by hanging; **sich** ~ to hang oneself.

erhärten* **I** *vt* to harden; (*fig*) *Behauptung etc* to substantiate, to corroborate; (*Verdacht*) to harden. **etw durch Eid** ~ to affirm sth on oath. **II** *vr* (*fig: Verdacht*) to harden.

Erhärtung *f* (*fig*) *siehe vt* substantiation, corroboration; hardening.

erhaschen* *vt* to catch (*auch fig*), to seize.

erheben* *irreg* **I** *vt* to raise (*auch Math*), to lift (up); *Glas, Stimme* to raise. **die Hand zum Gruß** ~ to raise one's hand in greeting; **seinen** *or* **den Blick** ~ to look up; **jdn in den Adelsstand** ~ to raise *or* elevate sb to the peerage; **etw zu einem Prinzip/einer Regel** ~ to make sth into a principle/a rule *etc*, to raise *or* elevate sth to (the level of) a principle/a rule *etc*; **jdn zum Herrscher** ~ to install sb as a/the ruler.

2. *Gebühren* to charge, to levy; *Steuern* (*einziehen*) to raise, to levy; (*auferlegen*) to impose.

3. (*S Ger, Aus*) *Fakten, Daten* to ascertain.

4. (*liter: loben*) to laud (*liter*), to extol (*liter*).

II *vr* **1.** (*aufstehen*) to get up, to rise; (*Flugzeug, Vogel*) to rise.

2. (*sich auflehnen*) to rise (up) (in revolt), to revolt.

3. (*aufragen*) to rise (*über +dat* above).

4. **sich über andere** ~ to elevate *or* place oneself above others.

5. (*aufkommen*) (*Wind etc, form: Frage etc*) to arise.

erhebend *adj* elevating, uplifting; (*beeindruckend*) impressive; (*erbaulich*) edifying.

erheblich *adj* (*beträchtlich*) considerable; (*wichtig*) important; (*relevant*) relevant, pertinent; *Verletzung* serious, severe.

Erhebung *f* **1.** (*Boden~*) elevation.

2. (*Aufstand*) uprising, revolt; (*Meuterei*) mutiny.

3. (*von Gebühren*) levying, imposition.

4. (*amtliche Ermittlung*) investigation, inquiry. ~**en machen** *or* **anstellen über** (*+acc*) to make inquiries about *or* into.

5. (*das Erheben*) raising; (*in den Adelsstand*) elevation; (*zum Herrscher*) installation (*zu* as). ~ **ins Quadrat/in die dritte Potenz** squaring/cubing, raising to the power of three.

erheischen* *vt* (*old, liter*) to require, to demand; *Achtung* to command.

erheitern* **I** *vt* to cheer (up); (*belustigen*) to entertain, to amuse. **II** *vr* to be amused (*über +acc* by); (*Gesicht*) to brighten, to cheer up.

Erheiterung *f* amusement.

erhellen* **I** *vt* to light up (*auch fig*), to illuminate; (*fig: klären*) to elucidate, to illuminate; *Geheimnis* to shed light on.

II *vr* (*lit, fig*) to brighten; (*plötzlich*) to light up.

III *vi* (*geh: hervorgehen*) to be evident *or* manifest.

Erhellung *f* (*fig*) elucidation, illumination.

erhitzen* **I** *vt* to heat (up) (*auf +acc* to). **die Gemüter** ~ to inflame passions, to whip up feeling.

II *vr* to get hot, to heat up; (*fig: sich erregen*) to become heated (*an + dat* over). **die Gemüter erhitzten sich** feelings were running high; **erhitzt aussehen** to look hot; (*fig*) to look hot and bothered; **vom Tanzen erhitzt** hot from the dancing.

Erhitzung *f* heating up; (*fig*) (*Erregung*) excitement; (*der Gemüter*) inflammation.

erhoffen* *vt* to hope for. **sich** (*dat*) **etw** ~ to hope for sth (*von* from); **was erhoffst du dir davon?** what do you hope to gain from it?

erhöhen* **I** *vt* to raise; *Preise etc auch* to increase, to put up; *Zahl auch, Produktion, Kraft* to increase; *Wirkung, Schönheit* to increase, to heighten, to enhance; *Spannung* to increase, to heighten; (*Mus*) *Note* to sharpen. **die Mauern wurden um zwei Meter erhöht** the walls were made two metres higher *or* were raised (by) two metres; **er hat sein Haus um ein Stockwerk erhöht** he has added another storey to his house; **etw um 10%** ~ to raise *or* put up *or* increase sth by 10%; **erhöhte Temperatur haben** to have a temperature; **erhöhten Puls haben** to have an accelerated pulse rate; **erhöhte Wachsamkeit/Anstrengungen** *etc* increased vigilance/efforts *etc*.

II *vr* to rise, to increase; (*Spannung etc auch*) to heighten, to intensify. **wer sich selbst erhöht, der wird erniedrigt (werden)** (*Bibl*) whosoever shall exalt himself shall be abased.

Erhöhung *f* **1.** (*das Erhöhen*) *siehe vt* raising; increase, heightening, enhancement; (*von Spannung*) heightening, intensification. **2.** (*Lohn~*) rise (*Brit*), raise (*US*); (*Preis~*) increase.

Erhöhungszeichen *nt* (*Mus*) sharp (sign).

erholen* *vr* (*von* from) to recover; (*von Krankheit auch*) to recuperate; (*sich entspannen auch*) to relax, to have a rest; (*fig: Preise, Aktien*) to recover, to rally, to pick up. **er hat sich von dem Schreck(en) noch nicht erholt** he hasn't got over the shock yet; **Sie müssen sich einmal gründlich** ~ you must have a thorough rest; **du siehst sehr erholt aus** you look very rested.

erholsam *adj* restful, refreshing.

Erholung *f siehe vr* recovery; recuperation; relaxation, rest; (*der Wirtschaft*) recovery, rallying. **er ist zur** ~ **in der Schweiz** he has gone to Switzerland for a holiday (*esp Brit*) *or* a vacation (*US*) and a rest; (*zur Genesung*) he is convalescing in Switzerland; **zur** ~ **an die See fahren** to go to the seaside in order to recover *or* recuperate *or* convalesce; **er braucht dringend** ~ he badly needs a holiday (*esp Brit*) *or* a vacation (*US*) *or* a break; **Urlaub ist zur** ~ **da** holidays are for relaxation; **gute** ~! have a good rest.

Erholungs|aufenthalt *m* holiday (*esp* Brit), vacation (*US*); **erholungsbedürftig** *adj* in need of a rest, run-down; **Erholungsheim** *nt* rest home; (*Ferienheim*) holiday home; (*Sanatorium*) convalescent home; **Erholungskur** *f* rest cure; **Erholungs|ort** *m* spa, health resort; **Erholungspause** *f* break; **Erholungsreise** *f* holiday/vacation trip; **Erholungs|urlaub** *m* holiday/vacation; (*nach Krankheit*) convalescent leave *or* holiday.

erhören* *vt Gebet etc* to hear; **Bitte, Liebhaber** to yield to.

Eriesee *m* Lake Erie *no art*.

erigieren* *vi* to become erect. **erigiert** erect.

Erika *f* **-, Eriken** (*Bot*) heather.

er|innerlich *adj pred* **soviel mir** ~ **ist** as far as I (can) remember *or* recall.

er|innern* I *vt* **jdn an etw** (*acc*) ~ to remind sb of sth; **jdn daran** ~, **etw zu tun/daß ...** to remind sb to do sth/that ...; **etw** ~ (*dial, sl*) to remember *or* recall sth.

II *vr* **sich an jdn/etw** ~, **sich einer Sache** (*gen*) ~ (*old*) to remember *or* recall *or* recollect sb/sth; **sich nur noch dunkel** ~ **an** (+*acc*) to have only a faint *or* dim recollection *or* memory of; **soweit ich mich** ~ **kann** as far as I remember *etc*, to the best of my recollection; **wenn ich mich**

recht erinnere, ... if my memory serves me right *or* correctly ..., if I remember rightly ...

III *vi* **1.** ~ **an** (+*acc*) to be reminiscent of, to call to mind, to recall; **sie erinnert sehr an ihre Mutter** she reminds one very much of her mother.

2. (*erwähnen*) **daran** ~, **daß ...** to point out that ...

Er|innerung *f* (*an* +*acc* of) memory, recollection; (*euph: Mahnung*) reminder; (*Andenken*) memento, remembrance, keepsake. **~en** *pl* (*Lebens~*) reminiscences *pl*; (*Liter*) memoirs *pl*; **~en austauschen** to reminisce; **zur** ~ **an**(+*acc*) in memory of; (*an Ereignis*) in commemoration of; (*als Andenken*) as a memento of; **jdn/etw in guter/schlechter** ~ **haben** *or* **behalten** to have pleasant/unpleasant memories of sb/sth.

Er|innerungslücke *f* gap in one's memory; **Er|innerungsschreiben** *nt* (*Comm*) reminder; **Er|innerungsstück** *nt* keepsake (*an* +*acc* from); **Er|innerungstafel** *f* commemorative plaque; **Er|innerungsvermögen** *nt* memory, powers *pl* of recollection; **Er|innerungswert** *m* sentimental value.

erjagen* *vt* to bag, to catch; (*fig: ergattern*) to get hold of, to hunt down.

erkalten* *vi aux sein* (*lit, fig*) to cool (down *or* off), to go cold.

erkälten* *vr* to catch (a) cold; (*esp sich verkühlen*) to catch a chill. **sich stark** *or* **sehr/leicht erkältet haben** to have (caught) a heavy/slight cold/chill; **sich** (*dat*) **die Blase** ~ to catch a chill in one's bladder.

erkältet *adj* with a cold. (*stark*) ~ **sein** to have a (bad *or* heavy) cold; **wir sind alle** ~ we all have colds.

Erkältung *f* cold; (*leicht*) chill. **sich** (*dat*) **eine** ~ **zuziehen** to catch a cold/chill.

Erkältungskrankheiten *pl* coughs and sneezes *pl*.

erkämpfen* *vt* to win, to secure. **sich** (*dat*) **etw** ~ to win sth; **hart erkämpft** hard-won; **er hat sich** (*dat*) **seine Position hart erkämpft** he fought hard for his *or* to secure his position.

erkaufen* *vt* to buy. **etw teuer** ~ to pay dearly for sth; **den Erfolg mit seiner Gesundheit** ~ to pay for one's success with one's health, to buy success at the price of one's health.

erkennbar *adj* (*wieder~*) recognizable; (*sichtbar*) visible; (*wahrnehmbar, ersichtlich*) discernible.

Erkennbarkeit *f siehe adj* recognizability; visibility; discernibility.

erkennen* *irreg* **I** *vt* **1.** (*wieder~, an~, einsehen*) to recognize (*an* +*dat* by); (*wahrnehmen*) to see, to make out, to discern; *Unterschied* to see; *Situation* to see, to understand. **er hat erkannt, daß das nicht stimmte** he realized that it wasn't right; **kannst du** ~, **ob das da drüben X ist?** can you see *or* tell if that's X over there?; **jdn für schuldig** ~ (*Jur*) to find sb guilty; (*jdm*) **etw zu** ~ **geben** to indicate sth (to sb); **jdm zu** ~ **geben, daß ...** to give sb to understand that ...; **sich zu** ~ **geben** to reveal oneself (*als* to be), to disclose one's

identity; ~ **lassen** to show, to reveal; **erkenne dich selbst!** know thyself!; **du bist erkannt!** I see what you're after, I know your game.
  2. (*Bibl, obs*) to know (*Bibl*).
  II *vi* ~ **auf** (+*acc*) (*Jur*) *Freispruch* to grant; *Strafe* to impose, to inflict; (*Sport*) *Freistoß etc* to give, to award; **auf drei Jahre Haft** ~ to impose a sentence of three years' imprisonment.

erkenntlich *adj* **1. sich (für etw)** ~ **zeigen** to show one's gratitude *or* appreciation (for sth). **2.** (*rare*) *siehe* **erkennbar**.

Erkenntlichkeit *f* (*Dankbarkeit*) gratitude; (*Gegenleistung*) token of one's gratitude *or* appreciation.

Erkenntnis[1] *f* (*Wissen*) knowledge *no pl*; (*das Erkennen*) recognition, realization; (*Philos, Psych*) cognition *no pl*; (*Einsicht*) insight, realization; (*Entdeckung*) finding, discovery. **zu der** ~ **kommen** *or* **gelangen, daß** ... to come to the realization that ..., to realize that ...

Erkenntnis[2] *nt* (*Jur*) decision, finding; (*der Geschworenen*) verdict.

erkenntnistheoretisch *adj* epistemological; **Erkenntnistheorie** *f* epistemology, theory of knowledge; **Erkenntnisvermögen** *nt* cognitive capacity.

Erkennungsdienst *m* police records department; **erkennungsdienstlich** *adv* **jdn** ~ **behandeln** to fingerprint and photograph sb; **Erkennungsmarke** *f* identity disc *or* tag; **Erkennungsmelodie** *f* signature tune; **Erkennungswort** *nt* password; **Erkennungszeichen** *nt* identification; (*Mil: Abzeichen*) badge; (*Aviat*) markings *pl*; (*Med*) sign (*für* of). **das ist mein** ~ that's what you'll recognize me by.

Erker *m* **-s, -** bay; (*kleiner Vorbau*) oriel.

Erkerfenster *nt* bay window; oriel window; **Erkerzimmer** *nt* room with a bay window; oriel window (recess).

erkiesen *pret* **erkor**, *ptp* **erkoren** *vt* (*obs, liter*) to choose, to elect (*zu* as, to be).

erklärbar *adj* explicable, explainable. **leicht** ~ easily explained; **schwer** ~ hard to explain; **nicht** ~ inexplicable.

erklären* **I** *vt* **1.** (*erläutern*) to explain (*jdm etw* sth to sb); (*begründen auch*) to account for. **ich kann mir nicht** ~, **warum** ... I can't understand why ...; **wie erklärt ihr euch das?** how can *or* do you explain that?, what do you make of that?
  2. (*äußern, bekanntgeben*) to declare (*als* to be); *Rücktritt* to announce; (*Politiker, Pressesprecher etc*) to say. **einem Staat den Krieg** ~ to declare war on a country; **eine Ausstellung** *etc* **für eröffnet** ~ to declare an exhibition *etc* open; **jdn für schuldig** *etc* ~ to pronounce sb guilty *etc*.
  II *vr* **1.** (*Sache*) to be explained. **das erklärt sich daraus, daß** ... it can be explained by the fact that ...; **das erklärt sich (von) selbst** that's self-explanatory.
  2. (*Mensch*) to declare oneself; (*Liebe gestehen auch*) to declare one's love. **sich für/gegen jdn/etw** ~ to declare oneself *or* come out for/against sb/sth.
  III *vi* to explain.

erklärend *adj* explanatory. **einige** ~**e Worte** a few words of explanation; **er fügte** ~ **hinzu** ... he added in explanation ...

erklärlich *adj* (*verständlich*) understandable. **ist Ihnen das** ~? can you find an explanation for that?; **mir ist einfach nicht** ~, **wie** ... I simply cannot understand how ...

erklärlicherweise *adv* understandably.

erklärt *adj attr Gegner etc* professed, avowed; *Favorit, Liebling* acknowledged.

erklärtermaßen *adv* avowedly.

Erklärung *f* **1.** explanation. **2.** (*Mitteilung, Bekanntgabe*) declaration; (*eines Politikers, Pressesprechers etc*) statement. **eine** ~ (**zu etw**) **abgeben** to make a statement (about *or* concerning sth).

erklecklich *adj* considerable.

erklettern* *vt* to climb (up); *Berg auch* to scale; *Alpengebiet* to climb.

erklimmen* *vt irreg* (*geh*) to scale; (*fig*) *Spitze, höchste Stufe* to climb to; (*fig*) *Leiter* to climb *or* ascend to the top of.

erklingen* *vi irreg* (*geh*) *aux sein* to ring out, to resound. **eine Harfe/ein Glöckchen erklang** (the sound of) a harp/bell was heard, I *etc* heard (the sound of) a harp/bell; **ein Lied** ~ **lassen** to burst (forth) into song; **die Gläser** ~ **lassen** to clink glasses.

erkor *pret of* **erkiesen, erküren**.

erkoren *ptp of* **erkiesen, erküren**.

erkranken* *vi aux sein* to be taken ill, to fall ill (*an* +*dat* with); (*Organ, Pflanze, Tier*) to become diseased (*an* +*dat* with). **erkrankt sein** (*krank sein*) to be ill/diseased; **an Krebs erkrankte Menschen** people with *or* suffering from cancer; **die erkrankten Stellen** the diseased *or* affected areas.

Erkrankung *f* illness; (*von Organ, Pflanze, Tier*) disease.

Erkrankungsfall *m* case of illness. **im** ~ in case of illness.

erkühnen* *vr* (*old, liter*) **sich** ~, **etw zu tun** to dare to do sth, to make so bold as to do sth.

erkunden* *vt* (*esp Mil*) *Gelände, Stellungen* to reconnoitre, to scout; (*feststellen*) to find out, to establish, to ascertain.

erkundigen* *vr* **sich (nach etw/über jdn)** ~ to ask *or* inquire (about sth/sb); **sich nach jdm** ~ to ask after sb; **sich bei jdm (nach etw)** ~ to ask sb (about sth); **ich werde mich** ~ I'll find out.

Erkundigung *f* inquiry; (*Nachforschung auch*) investigation. ~**en einholen** *or* **einziehen** to make inquiries.

Erkundung *f* (*Mil*) reconnaissance.

erküren* *pret* **erkor**, *ptp* **erkoren** *vt* (*obs, liter*) *siehe* **erkiesen**.

Erlagschein *m* (*Aus*) *siehe* **Zahlkarte**.

erlahmen* *vi aux sein* to tire, to grow weary; (*Kräfte, fig: Interesse, Eifer*) to flag, to wane.

erlangen* *vt* to attain, to achieve; *Alter, Ziel auch* to reach; *Bedeutung auch, Eintritt* to gain.

Erlangung *f* attainment.

Erlaß *m* **-sses, -sse** *or* (*Aus*) **-sse 1.** (*Verfügung*) decree, edict; (*der Regierung*) enactment, edict. **2.** (*Straf*~, *Schulden*~, *Sünden*~ *etc*) remission.

erlassen* vt irreg 1. Verfügung to pass; Gesetz to enact; Embargo etc to impose; Dekret to issue.
2. (von etw entbinden) Strafe, Schulden etc to remit; Gebühren to waive. jdm etw ~ Schulden etc to release sb from sth; Gebühren to waive sth for sb; jdm die Strafarbeit/eine Pflicht ~ to let sb off a punishment/to release sb from a duty; ich erlasse ihm den Rest (des Geldes) I'll waive the rest or let him off paying the rest (of the money).

erlauben* I vt (gestatten) to allow, to permit. jdm etw ~ to allow or permit sb (to do) sth; mein Vater erlaubt mir nicht, daß ich mit Mädchen ausgehe my father doesn't or won't allow me to go out with girls; es ist mir nicht erlaubt, das zu tun I am not allowed or permitted to do that; du erlaubst deinem Kind zuviel you allow your child too much freedom; ~ Sie?, Sie ~? (form) may I?; ~ Sie, daß ich das Fenster öffne? do you mind if I open the window?; ~ Sie, daß ich mich vorstelle allow or permit me to introduce myself; ~ Sie mal! do you mind!; soweit es meine Zeit erlaubt (form) time permitting.
II vr sich (dat) etw ~ (gestatten, sich gönnen) to allow or permit oneself sth; (wagen) Bemerkung, Vorschlag to venture sth; (sich leisten) to afford sth; sich (dat) ~, etw zu tun (so frei sein) to take the liberty of doing sth; (sich leisten) to afford to do sth; darf ich mir ~ ...? might I possibly...?; wenn ich mir die folgende Bemerkung ~ darf ... if I might venture or be allowed the following remark ...; sich (dat) Frechheiten ~ to take liberties, to be cheeky; sich (dat) einen Scherz ~ to have a joke; was die Jugend sich heutzutage alles erlaubt! the things young people get up to nowadays!; was ~ Sie sich (eigentlich)! how dare you!

Erlaubnis f permission; (Schriftstück) permit. mit Ihrer (freundlichen) ~ (form) with your (kind) permission, by your leave (form); (jdn) um ~ bitten to ask (sb) (for) permission, to ask or beg leave (of sb) (form); jdm zu etw die ~ geben or erteilen (form) to give sb permission or leave (form) for sth/to do sth.

Erlaubnisschein m permit.

erlaucht adj (obs, iro) illustrious.

Erlaucht f -, -en (Hist) Lordship.

erläutern* vt to explain, to elucidate; (klarstellen auch) to clarify; Text to comment on. ~d explanatory; ~d fügte er hinzu he added in explanation or clarification.

Erläuterung f siehe vt explanation; elucidation; clarification; comment, commentary. zur ~ in explanation.

Erle f -, -n alder.

erleben* vt to experience; (noch lebend erreichen) to live to see; (durchmachen) schwere Zeiten, Sturm to go through; Aufstieg, Abenteuer, Enttäuschung to have; Erfolg to have, to enjoy; Mißerfolg, Niederlage to have, to suffer; Aufführung to have, to receive; Jahrhundertwende, erste Mondlandung to see; Schauspieler to see (perform); Musik, Gedicht, Fußball-

spiel, Landschaft to experience. im Urlaub habe ich viel erlebt I had an eventful time on holiday; was haben Sie im Ausland erlebt? what sort of experiences did you have abroad?; wir haben wunderschöne Tage in Spanien erlebt we had a lovely time in Spain; etwas Angenehmes etc ~ to have a pleasant etc experience; er hat schon viel Schlimmes erlebt he's had a lot of bad times or experiences; wir haben mit unseren Kindern viel Freude erlebt our children have given us much pleasure; ich habe es oft erlebt ... I've often known or seen it happen ...; so wütend habe ich ihn noch nie erlebt I've never seen or known him so furious; unser Land hat schon bessere Zeiten erlebt our country has seen or known better times; er hat gesagt, er würde helfen — das möchte ich ~! he said he'd like to help — that I'd like to see!; das werde ich nicht mehr ~ I shan't live to see that; er möchte mal etwas ~ he wants to have a good time; er hat viel erlebt he has been around (inf), he has experienced a lot; eine erlebte Geschichte a true(-life) story; das muß man erlebt haben you've got to have experienced it (for) yourself; erlebte Rede (Liter) interior monologue; na, der kann was ~! (inf) he's going to be (in) for it! (inf); hat man so (et)was schon (mal) erlebt! (inf) I've never heard anything like it!; daß ich das ~ muß! I never thought I'd see the day!

Erlebensfall m im ~ in case of survival; Versicherung auf den ~ pure endowment insurance.

Erlebnis nt experience; (Abenteuer) adventure; (Liebschaft) affair. (jdm) zu einem ~ werden to be (quite) an experience (for sb).

Erlebnis|aufsatz m (Sch) essay based on personal experience; **Erlebnisfähigkeit** f receptivity to experiences, ability to experience things (deeply); **erlebnisreich** adj eventful.

erledigen* I vt 1. to deal with, to take care of; Akte etc to process; (ausführen) Auftrag to carry out; (beenden) Arbeit to finish off, to deal with; Sache to settle. Einkäufe ~ to do the shopping; ich habe noch einiges in der Stadt zu ~ I've still got a few things to do in town; ich muß noch schnell was ~ I've just got something to do; die Sache/er ist für mich erledigt as far as I'm concerned the matter's closed/I'm finished with him; erledigt! (Stempel) dealt with, processed; erledigt, reden wir nicht mehr darüber! OK, let's say no more about it!; das ist (damit) erledigt that's settled or taken care of; wird erledigt! shall or will do! (inf), right-ho! (Brit inf), sure thing! (US inf); zu ~ (Vermerk auf Akten) for attention; schon erledigt! I've already done it.
2. (inf: ermüden) to wear or knock (inf) out; (inf: ruinieren) to finish, to ruin; (sl: töten) to do in (sl); (sl: k.o. schlagen) to finish off, to knock out.
II vr das hat sich erledigt that's all settled; sich von selbst ~ to take care of itself.

erledigt *adj* 1. (*obs*) *Stelle* vacant. 2. (*inf*) (*erschöpft*) shattered (*inf*), done in *pred* (*inf*); (*ruiniert*) finished, ruined. **wenn jetzt die Bullen kommen, sind wir ~** if the cops come now, we've had it (*inf*).

Erledigung *f* (*Ausführung*) execution, carrying out; (*Durchführung, Beendung*) completion; (*einer Sache, eines Geschäfts*) settlement. **die ~ meiner Korrespondenz** dealing with my correspondence; **sie betraute ihn mit der ~ ihrer Geschäfte** she entrusted him with the execution of *or* with dealing with her business affairs; **einige ~en in der Stadt** a few things to do in town; **um rasche ~ wird gebeten** please give this your immediate attention; **in ~ Ihres Auftrages/Ihrer Anfrage** (*form*) in execution of your order/further to your inquiry (*form*).

erlegen* *vt* 1. *Wild* to shoot, to bag (*Hunt*). 2. (*Aus, Sw: bezahlen*) to pay.

erleichtern* I *vt* (*einfacher machen*) to make easier; (*fig*) *Last, Los* to lighten; (*beruhigen*) to relieve; (*lindern*) *Not, Schmerz etc* to relieve, to alleviate. **sein Herz/Gewissen** *or* **sich** (*dat*) **das Gewissen ~** to unburden one's heart/conscience; **jdm etw ~** to make sth easier for sb; **jdn um etw ~** (*hum*) to relieve sb of sth; **erleichtert aufatmen** to breathe a sigh of relief.
II *vr* (*old*) to relieve oneself.

Erleichterung *f* (*von Last etc*) lightening; (*Linderung*) relief, alleviation; (*Beruhigung*) relief; (*Zahlungs~*) facility. **einem Kranken ~ verschaffen** to give relief to a sick person.

erleiden* *vt irreg* to suffer; *Verluste, Schaden auch* to sustain, to incur. **den Tod ~** (*old*) to suffer death (*old*); *siehe* **Schiffbruch.**

erlernbar *adj* learnable.

erlernen* *vt* to learn.

erlesen *adj* exquisite.

Erlesenheit *f* exquisiteness.

erleuchten* *vt* to light (up), to illuminate; (*fig*) to enlighten, to inspire. **hell erleuchtet** brightly lit; *Stadt* brightly illuminated.

Erleuchtung *f* (*Eingebung*) inspiration; (*religiöse auch*) enlightenment (*fig*).

erliegen* *vi irreg aux sein* +*dat* (*lit, fig*) to succumb to; *einem Irrtum* to be the victim of. **zum E~ kommen/bringen** to come/bring to a standstill.

erlisch *imper sing of* **erlöschen.**

Erlös *m* **-es, -e** proceeds *pl.*

erlöschen *pret* **erlosch,** *ptp* **erloschen** *vi aux sein* (*Feuer*) to go out; (*Gefühle*) to die; (*Vulkan*) to become extinct; (*Leben*) to come to an end; (*Vertrag, Anspruch etc*) to expire, to lapse; (*Firma*) to be dissolved; (*Geschlecht*) to die out. **ein erloschener Vulkan** an extinct volcano; **seine Augen waren erloschen** (*liter*) his eyes were lifeless.

erlösen* *vt* 1. (*retten*) to save, to rescue (*aus, von* from); (*Rel*) to redeem, to save; (*von Sünden, Qualen*) to deliver (*esp Bibl*), to release. **erlöse uns von dem Bösen** (*Rel*) deliver us from evil. 2. (*Comm: aus Verkauf*) *Geld* to realize.

erlösend *adj* relieving, liberating. **sie**

sprach das ~e Wort she spoke the word he/she/everybody *etc* was waiting for; **~ wirken** to come as a relief.

Erlöser(in *f*) *m* **-s, -** (*Rel*) Redeemer; (*Befreier*) saviour.

Erlösung *f* release, deliverance; (*Erleichterung*) relief; (*Rel*) redemption. **der Tod war für sie eine ~** death was a release for her.

erlügen* *vt irreg* to fabricate, to make up, to invent. **eine erlogene Geschichte** a fabrication, a fiction.

ermächtigen* *vt* to authorize, to empower (*zu etw* to do sth).

ermächtigt *adj* authorized, empowered. **zur Unterschrift ~** authorized to sign.

Ermächtigung *f* authorization.

Ermächtigungsgesetz *nt* (*Pol*) Enabling Act (*esp that of Nazis in 1933*).

ermahnen* *vt* to exhort (*form*), to admonish, to urge; (*warnend*) to warn; (*Jur*) to caution. **jdn zum Fleiß/zur Aufmerksamkeit etc ~** to exhort (*form*) *or* urge sb to work hard/to be attentive *etc*; **muß ich dich immer erst ~?** do I always have to remind *or* tell you first?; **jdn im Guten ~** to give sb a friendly warning.

Ermahnung *f* exhortation, admonition, urging; (*warnend*) warning; (*Jur*) caution.

ermangeln* *vi einer Sache* (*gen*) **~** (*geh*) to lack sth.

Ermang(e)lung *f*: **in ~** +*gen* because of the lack of; **in ~ eines Besseren** for lack of something better.

ermannen* *vr* to pluck up courage.

ermäßigen* I *vt* to reduce. II *vr* to be reduced.

Ermäßigung *f* reduction; (*Steuer~*) relief.

Ermäßigungsfahrschein *m* concessionary ticket.

ermatten* (*geh*) I *vt* to tire, to exhaust. II *vi aux sein* to tire, to become exhausted.

ermattet *adj* (*geh*) exhausted, weary.

Ermattung *f* (*geh*) exhaustion, weariness, fatigue.

ermessen* *vt irreg* (*einschätzen*) *Größe, Weite, Wert* to gauge, to estimate; (*erfassen*) to appreciate, to realize.

Ermessen *nt* **-s,** *no pl* (*Urteil*) judgement, estimation; (*Gutdünken*) discretion. **nach meinem ~** in my estimation; **nach menschlichem ~** as far as anyone can judge; **nach freiem ~** at one's discretion; **nach eigenem ~ handeln** to act on one's own discretion; **etw in jds ~** (*acc*) **stellen** to leave sth to sb's discretion; **in jds ~** (*dat*) **liegen** *or* **stehen** to be within sb's discretion.

Ermessensfrage *f* matter of discretion; **Ermessensspielraum** *m* discretionary powers *pl.*

ermitteln* I *vt* to determine (*auch Chem, Math*), to ascertain; *Person* to trace; *Tatsache, Identität* to establish. II *vi* to investigate. **gegen jdn ~** to investigate sb; **in einem Fall ~** to investigate a case.

Ermittlung *f* 1. *no pl siehe vt* determination; ascertaining; tracing; establishing, establishment. 2. (*esp Jur: Erkundigung*) investigation, inquiry. **~en anstellen** to make inquiries (*über* +*acc* about).

Ermittlungs|ausschuß *m* committee of inquiry; **Ermittlungsrichter** *m* (*Jur*) examining magistrate; **Ermittlungsverfahren** *nt* (*Jur*) preliminary proceedings *pl*.

ermöglichen* *vt* to facilitate, to make possible. **es jdm ~, etw zu tun** to make it possible for sb *or* to enable sb to do sth; **jdm das Studium/eine Reise ~** to make it possible for sb to study/to go on a journey; **können Sie es ~, morgen zu kommen?** (*form*) would it be possible for you to *or* are you able to come tomorrow?

ermorden* *vt* to murder; (*esp aus politischen Gründen*) to assassinate.

Ermordung *f* murder; (*esp politisch*) assassination.

ermüden* I *vt* to tire. **II** *vi aux sein* to tire, to become tired; (*Tech*) to fatigue.

ermüdend *adj* tiring.

Ermüdung *f* fatigue, (*auch Tech*), tiredness, weariness.

Ermüdungs|erscheinung *f* sign *or* symptom of fatigue.

ermuntern* I *vt* (*ermutigen*) to encourage (*jdn zu etw* sb to do sth); (*beleben, erfrischen*) to liven up, to stimulate, to invigorate; (*aufmuntern*) to cheer up. **seine Gegenwart wirkt ~d auf mich** his presence has an enlivening effect on me *or* stimulates me. **II** *vr* (*rare*) to wake up, to rouse oneself.

Ermunterung *f siehe vt* encouragement; enlivening, stimulation; cheering-up.

ermutigen* *vt* (*ermuntern*) to encourage; (*Mut geben*) to give courage, to embolden (*form*). **jdn zu etw ~** to encourage sb to do sth/give sb the courage *or* embolden (*form*) sb to do sth.

Ermutigung *f* encouragement.

ernähren* I *vt* to feed; (*unterhalten*) to support, to keep, to maintain. **schlecht/gut ernährt** undernourished/well-nourished *or* -fed; **dieser Beruf ernährt seinen Mann** you can make a good living in this profession.
  II *vr* to eat. **sich von etw ~** to live *or* subsist on sth; **sich von Übersetzungen ~** to earn one's living by doing translations; **sich selbst ~ müssen** to have to earn one's own living.

Ernährer(in *f*) *m* **-s, -** breadwinner, provider.

Ernährung *f* (*das Ernähren*) feeding; (*Nahrung*) food, nourishment, nutrition (*esp Med*); (*Unterhalt*) maintenance. **auf vernünftige ~ achten** to eat sensibly; **die ~ einer großen Familie** feeding a big family; **falsche/richtige/pflanzliche ~** the wrong/a proper/a vegetarian diet.

Ernährungs- *in cpds* nutritional; **Ernährungsgewohnheiten** *pl* eating habits *pl*; **Ernährungskrankheit** *f* nutritional disease; **Ernährungsweise** *f* diet, form of nutrition; **Ernährungswissenschaft** *f* dietetics *sing*; **Ernährungswissenschaftler** *m* dietician, nutritionist.

ernennen* *vt irreg* to appoint. **jdn zu etw ~** to make *or* appoint sb sth.

Ernennung *f* appointment (*zum* as).

Ernennungs|urkunde *f* certificate of appointment.

Erneuerer *m* **-s, -, Erneuerin** *f* innovator.

erneuern* *vt* to renew; (*renovieren*) to renovate; (*restaurieren*) to restore; (*auswechseln*) Öl to change; *Maschinenteile* to replace; (*wiederbeleben*) to revive.

Erneuerung *f siehe vt* renewal; renovation; restoration; changing; replacement; revival.

erneut I *adj attr* renewed. **II** *adv* (*once*) again, once more.

erniedrigen* **I** *vt* (*demütigen*) to humiliate; (*herabsetzen*) to degrade; (*Mus*) to flatten, to flat (*US*). **II** *vr* to humble oneself; (*pej*) to demean *or* lower oneself.

Erniedrigung *f siehe vt* humiliation; degradation, abasement; flattening, flatting (*US*).

Erniedrigungszeichen *nt* (*Mus*) flat (sign).

Ernst[1] *m* **-s** Ernest.

Ernst[2] *m* **-(e)s,** *no pl* seriousness; (*Bedenklichkeit auch*) gravity; (*Dringlichkeit, Ernsthaftigkeit von Gesinnung*) earnestness. **feierlicher ~** solemnity; **im ~** seriously; **allen ~es** in all seriousness, quite seriously; **ist das Ihr ~?** are you (really) serious?, you're not serious, are you?; **das kann doch nicht dein ~ sein!** you can't mean that seriously!, you can't be serious!; **das ist mein** (*völliger or voller*) **~** I'm quite serious; **es ist mir ~ damit** I'm serious about it, I'm in earnest; **mit etw ~ machen** to be serious about sth; **mit einer Drohung ~ machen** to carry out a threat; **der ~ des Lebens** the serious side of life, the real world; **mit ~ bei der Sache sein** to do sth seriously.

ernst *adj* serious; (*bedenklich, bedrohlich, würdevoll auch*) grave; (*eifrig, ~haft*) *Mensch, Gesinnung* earnest; (*feier lich, elegisch*) solemn. **~e Absichten haben** (*inf*) to have honourable intentions; **es** (*mit jdm/etw*) **~ meinen** to be serious (about sb/sth); **jdn/etw ~ nehmen** to take sb/sth seriously; **es steht ~ um ihn/die Sache** things look bad for him/it; (*wegen Krankheit*) he's in a bad way; **es ist nichts E~es** it's nothing serious; **~ bleiben** to remain *or* be serious; (*sich das Lachen verbeißen*) to keep a straight face.

Ernstfall *m* emergency; **im ~** in case of emergency; **ernstgemeint** *adj attr* serious; **ernsthaft** *adj* serious; (*bedenklich, gewichtig auch*) grave; (*eindringlich, eifrig*) earnest; **etw ~ tun** to do sth seriously *or* in earnest; **Ernsthaftigkeit** *f siehe adj* seriousness; gravity; earnestness; **ernstlich** *adj* serious; (*bedrohlich auch*) grave; (*attr: eindringlich*) earnest; **~ besorgt um** seriously *or* gravely concerned about; **~ böse werden** to get really angry.

Ernte *f* **-, -n 1.** (*das Ernten*) (*von Getreide*) harvest(ing); (*von Kartoffeln*) digging; (*von Äpfeln etc*) picking.
  2. (*Ertrag*) harvest (*an* +*dat* of); (*von Kartoffeln etc auch, von Äpfeln, fig*) crop. **die ~ bergen** (*form*) *or* **einbringen** to bring in the harvest, to harvest the crop(s); **der Tod hielt grausige ~** (*liter*) death took a heavy toll.

Ernte|arbeiter *m* (*von Getreide*) reaper, harvester; (*von Kartoffeln, Obst, Hopfen*) picker; **Ernte|ausfall** *m* crop shortfall (*spec*) *or* failure; **Ernte(dank)fest** *nt* harvest festival; **Erntemaschine** *f* reaper, harvester.

ernten *vt* 1. *Getreide* to harvest, to reap; *Kartoffeln* to dig, to get in; *Äpfel, Erbsen* to pick. 2. (*fig*) *Früchte, Lohn, Unfrieden* to reap; (*Un*)*dank, Applaus, Spott* to get.

ernüchtern* *vt* to sober up; (*fig*) to bring down to earth, to sober. **~d** sobering.

Ernüchterung *f* sobering-up; (*fig*) disillusionment.

Er|oberer *m* **-s, -** conqueror.

er|obern* *vt* to conquer; *Festung, Stadt* to take, to capture; (*fig*) *Sympathie etc* to win, to capture; *Herz, Mädchen* to conquer; (*inf: ergattern*) to get hold of. **im Sturm ~** (*Mil, fig*) to take by storm.

Er|oberung *f* (*lit, fig*) conquest; (*einer Festung, Stadt*) capture, taking. **eine ~ machen** (*fig inf*) to make a conquest.

Er|oberungskrieg *m* war of conquest.

er|öffnen* **I** *vt* 1. to open (*auch Fin, Mil etc*); *Ausstellung auch* to inaugurate (*form*); *Konkursverfahren* to institute, to initiate; *Testament* to open. **etw für eröffnet erklären** to declare sth open.
2. (*Med*) *Geschwür* to lance; (*rare*) *Geburt* to induce.
3. (*hum, geh*) **jdm etw ~** to disclose *or* reveal sth to sb; **ich habe dir etwas zu ~ I** have something to tell you.
II *vr* 1. (*Aussichten etc*) to open up, to present itself/themselves.
2. (*geh*) **sich jdm ~** to open one's heart to sb.

Er|öffnung *f siehe vt* 1. opening; inauguration; institution, initiation; opening. 2. lancing; induction. 3. (*hum, geh*) disclosure, revelation. **jdm eine ~ machen** to disclose *or* reveal sth to sb; **ich habe dir eine ~ zu machen I** have something to tell you.

Er|öffnungs|ansprache *f* inaugural *or* opening address; **Er|öffnungswehen** *pl* (*Med*) labour pains *pl*.

erogen *adj* erogenous.

er|örtern* *vt* to discuss (in detail).

Er|örterung *f* discussion.

Eros *m* **-,** *no pl* (*esp Philos*) Eros.

Eros-Center ['eːrɔssɛntɐ] *nt* **-s, -** eros centre.

Erosion *f* (*Geol, Med*) erosion.

Eroten *pl* (*Art*) Cupids *pl*.

Erotik *f* eroticism.

Erotika *pl* (*Liter*) erotica *sing*.

erotisch *adj* erotic.

Erotomanie *f* (*Psych*) erotomania (*spec*).

Erpel *m* **-s, -** drake.

erpicht *adj* **auf etw** (*acc*) **~ sein** to be keen on sth; **er ist nur auf Geld ~** he's only after money.

erpressen* *vt Geld etc* to extort (*von* from); *jdn* to blackmail. **die Kidnapper haben den Vater erpreßt** the kidnappers tried to extort money from the father.

Erpresser(in *f*) *m* **-s, -** blackmailer; (*bei Entführung*) kidnapper.

Erpresserbrief *m* blackmail letter.

erpresserisch *adj* blackmailing *attr*.

Erpressermethoden *pl* blackmail *sing*.

Erpressung *f* (*von Geld, Zugeständnissen*) extortion; (*eines Menschen*) blackmail.

Erpressungsversuch *m* blackmail attempt; (*durch Gewaltandrohung*) attempt at obtaining money by menaces; (*bei Entführung*) attempt at getting a ransom.

erproben* *vt* to test; (*fig*) to (put to the) test. **erprobt** tried and tested, proven; (*zuverlässig*) reliable; (*erfahren*) experienced.

erquicken* *vt* (*old, liter*) to refresh.

erquicklich *adj* (*angenehm*) pleasant; (*anregend*) stimulating.

Erquickung *f* (*old*) refreshment.

Errata *pl* (*Typ*) errata *pl*.

erraten* *vt irreg* to guess; *Rätsel* to guess (the answer to). **~!** you guessed! **~** it! you guessed!

erratisch *adj* (*Geol*) erratic. **ein ~er Block** an erratic.

errechnen* *vt* to calculate, to work out.

erregbar *adj* excitable; (*sexuell*) easily aroused; (*empfindlich*) sensitive.

Erregbarkeit *f siehe adj* excitability; ability to be aroused; sensitivity.

erregen* **I** *vt* 1. (*aufregen*) *jdn, Nerven etc* to excite; (*sexuell auch*) to arouse; (*erzürnen*) to infuriate, to annoy. **er war vor Wut ganz erregt** he was in a rage *or* fury; **in der Debatte ging es erregt zu** feelings ran high in the debate, the debate was quite heated; **erregt lief er hin und her** he paced to and fro in a state of agitation; **freudig erregt** excited.
2. (*hervorrufen, erzeugen*) to arouse; *Zorn auch* to provoke; *Leidenschaften auch* to excite; *Aufsehen, öffentliches Ärgernis, Heiterkeit* to cause, to create; *Aufmerksamkeit* to attract; *Zweifel* to raise.
II *vr* to get worked up *or* excited (*über* +*acc* about, over); (*sich ärgern*) to get annoyed (*über* +*acc* at).

Erreger *m* **-s, -** (*Med*) cause, causative agent (*spec*); (*Bazillus etc*) pathogene (*spec*).

Erregung *f* 1. *no pl siehe vt* 1. excitation; arousal, arousing; infuriation, infuriating.
2. *no pl siehe vt* 2. arousal, arousing; excitation; causing, creating; attracting; raising.
3. (*Zustand*) (*esp angenehm*) excitement; (*sexuell auch*) arousal; (*Beunruhigung*) agitation; (*Wut*) rage. **in ~ geraten** to get excited/aroused/agitated/into a rage; **jdn in ~ versetzen** to get sb excited/aroused/agitated/put sb into a rage.

erreichbar *adj* able to be reached; (*nicht weit*) within reach; (*Telec*) obtainable; *Glück, Ziel* attainable. **leicht ~** easily reached/within easy reach/easily attainable; **schwer ~ sein** (*Ort*) not to be very accessible; (*Mensch*) to be difficult to get hold of; (*Gegenstand*) to be difficult to reach; **zu Fuß ~** able to be reached on foot; (*nicht weit*) within walking distance; **in ~er Nähe** near at hand (+*gen* to); **der Direktor ist nie ~** the director is never available; (*telefonisch*) the director can never be reached.

erreichen* *vt* to reach; *Ort auch* to get to, to arrive at; *Festland, Hafen auch* to make; *Zug* to catch; *Alter, Geschwindig-*

keit auch to attain; (*Absicht, Zweck* to achieve, to attain; (*einholen*) to catch up with; (*sich in Verbindung setzen mit*) jdn, *Büro etc* to contact, to get, to reach. **ein hohes Alter** ~ to live to a great age; **vom Bahnhof leicht zu** ~ within easy reach of the station; **zu Fuß zu** ~ able to be reached on foot; (*nicht weit*) within walking distance; **wann kann ich Sie morgen** ~? when can I get in touch with you tomorrow?; **du erreichst damit nur, daß** ... all you'll achieve that way is that ...; **wir haben nichts erreicht** we achieved nothing; **bei ihm war nichts zu** ~ you couldn't get anywhere with him *or* anything out of him.

Erreichung *f* (*form*) attainment; (*eines Ziels auch*) achievement. **bei** ~ **des 60. Lebensjahres** on reaching the age of 60.

erretten* *vt* (*liter, esp Rel*) to save, to deliver (*liter*).

Erretter *m* (*liter, esp Rel*) saviour (*esp Rel*), deliverer (*liter*).

Errettung *f, no pl* (*liter*) rescue, deliverance (*liter*); (*Rel*) salvation.

errichten* *vt* to erect (*auch Math*), to put up; (*fig: gründen*) to establish, to set up.

Errichtung *f, no pl* erection, construction; (*fig: Gründung*) establishment, setting-up.

erringen* *vt irreg* to gain, to win; *den 3. Platz, Erfolg* to gain, to achieve; *Rekord* to set.

erröten* *vi aux sein* (*über* +*acc* at) to flush; (*esp aus Verlegenheit, Scham*) to blush; (*Gesicht*) to go *or* turn red, to redden. **jdn zum E**~ **bringen** to make sb flush/blush.

Errungenschaft *f* achievement; (*inf: Anschaffung*) acquisition.

Ersatz *m* -es, *no pl* substitute (*auch Sport*); (*für Altes, Zerbrochenes, Mitarbeiter*) replacement; (*inf: die* ~*spieler*) substitutes *pl*; (*Mil:* ~*truppen*) replacements *pl*; (*das Ersetzen*) replacement, substitution; (*durch Geld*) compensation; (*von Kosten*) reimbursement. **als** *or* **zum** ~ as a substitute/replacement; **zum** ~ **der beschädigten Ware verpflichtet** obliged to replace the damaged item; **als** ~ **für jdn einspringen** to stand in for sb; **für etw** ~ **leisten** (*Jur*) to pay *or* provide compensation *or* restitution for sth; ~ **schaffen für** to find replacements/a replacement for, to replace.

Ersatz|anspruch *m* (*Jur*) entitlement to compensation; **Ersatzbefriedigung** *f* (*Psych*) vicarious satisfaction; **Ersatzdienst** *m* (*Mil*) alternative service; **Ersatzhandlung** *f* (*Psych*) substitute (act); **Ersatzkasse** *f* private health insurance; **Ersatzmann** *m, pl* -**männer** *or* -**leute** replacement; (*Sport*) substitute; **Ersatzmine** *f* refill; **Ersatzpflicht** *f* obligation to pay compensation; **ersatzpflichtig** *adj* liable to pay compensation; **Ersatzrad** *nt* (*Aut*) spare wheel; **Ersatzreifen** *m* (*Aut*) spare tyre; **Ersatzspieler** *m* (*Sport*) substitute; **Ersatzteil** *nt* spare (part); **Ersatztruppen** *pl* replacements *pl*; **ersatzweise** *adv* as an alternative.

ersaufen* *vi irreg aux sein* (*sl*) **1.** (*ertrinken*) to drown, to be drowned. **2.** (*überschwemmt werden, Aut*) to be flooded, to flood.

ersäufen* *vt* to drown. **seinen Kummer im Alkohol** ~ (*inf*) to drown one's sorrows (in drink) (*inf*).

erschaffen *vt irreg* to create.

Erschaffung *f* creation.

erschallen* *vi reg or irreg aux sein* (*geh*) (*Stimme, Lachen*) to ring out; (*Trompete*) to sound.

erschaudern* *vi aux sein* (*geh*) to shudder (*bei* at).

erschauern* *vi aux sein* (*geh*) (*vor Kälte*) to shiver; (*vor Erregung, Ehrfurcht*) to tremble, to shudder.

erscheinen* *vi irreg aux sein* to appear; (*vorkommen, wirken wie auch*) to seem (*dat* to); (*sich sehen lassen: auf Party etc auch*) to put in an appearance (*auf* +*dat* at); (*zur Arbeit auch*) to turn up (*zu* for); (*Buch auch*) to come out. **in einem anderen Licht** ~ to appear in a different light; **es erscheint (mir) wünschenswert** it seems *or* appears desirable (to me); **das Buch ist bei einem anderen Verlag erschienen** the book was published by *or* brought out by another publisher; **das Buch erscheint nicht mehr** the book is no longer published.

Erscheinen *nt* -s, *no pl* appearance; (*von Geist auch*) apparition; (*von Buch auch*) publication. **um rechtzeitiges** ~ **wird gebeten** you are kindly requested to attend punctually; **er dankte den Besuchern für ihr (zahlreiches)** ~ he thanked his (many) guests for coming; **mit seinem** ~ **hatte ich nicht mehr gerechnet** I no longer reckoned on his turning up *or* appearing.

Erscheinung *f* **1.** *no pl* (*das Erscheinen*) appearance. **das Fest der** ~ (*Eccl*) (the Feast of) the Epiphany; **in** ~ **treten** (*Merkmale*) to appear, to manifest themselves (*form*); (*Gefühle*) to show themselves, to become visible *or* obvious; **sie tritt (persönlich) fast nie in** ~ she hardly ever appears (in person).
2. (*äußere* ~) appearance; (*Philos auch, Natur*~, *Vorkommnis*) phenomenon; (*Krankheits*~, *Alters*~) symptom; (*Zeichen*) sign, manifestation.
3. (*Gestalt*) figure. **seiner äußeren** ~ **nach** judging by his appearance; **er ist eine stattliche** ~ he is a fine figure of a man.
4. (*Geister*~) apparition; (*Traumbild*) vision.

Erscheinungsbild *nt* (*Biol*) phenotype; **Erscheinungsform** *f* manifestation; **Erscheinungsjahr** *nt* (*von Buch*) year of publication; **Erscheinungs|ort** *m* (*von Buch*) place of publication; **Erscheinungsweise** *f* (*von Zeitschrift*) publication dates *pl*; ~ **monatlich** appearing monthly.

erschießen* *irreg* **I** *vt* to shoot (dead). **II** *vr* to shoot oneself. **dann kannst du dich** ~ you might as well stick your head in a gas oven; **Tod durch E**~ death by firing squad.

Erschießung *f* shooting; (*als Todesstrafe*) execution. **die Verurteilten wurden zur** ~ **abgeführt** the condemned were led off to be shot; **er drohte mit ~ der Geiseln** he threatened to shoot the hostages.

erschlaffen* I *vi aux sein* (*ermüden*) to tire, to grow weary; (*schlaff werden*) to go limp; (*Seil*) to slacken, to go slack; (*Interesse, Eifer*) to wane, to flag. II *vt* to tire.

Erschlaffung *f siehe vi* tiredness, weariness; limpness; slackness; waning, flagging.

erschlagen* I *vt irreg* to kill, to strike dead (*liter*). **vom Blitz ~ werden** to be struck (dead) by lightning. II *adj ~ sein* (*inf*) (*todmüde*) to be worn out *or* dead beat (*inf*); (*erstaunt*) to be thunderstruck *or* flabbergasted (*inf*).

erschleichen* *vt irreg* (**sich** *dat*) **etw ~** to obtain sth by devious means *or* in an underhand way; **sich** (*dat*) **jds Gunst/ Vertrauen ~** to worm oneself into sb's favour *or* good graces/confidence.

erschließen* *irreg* I *vt* **1.** *Gebiet, Absatzmarkt, Baugelände* to develop, to open up; *Einnahmequelle* to find, to acquire; *Rohstoffquellen, Bodenschätze* to tap.
   2. (*folgern*) to deduce, to infer (*aus* from).
   3. (*Ling, Liter*) to reconstruct.
   II *vr* (*liter*) (*Blüte*) to open (out). **sich jdm ~** (*verständlich werden*) to disclose itself to sb (*liter*); **sich** (*dat*) **etw ~** to master sth.

erschlossen *adj Gebiet* developed; (*Ling, Liter*) reconstructed.

erschöpfen* I *vt Mittel, Geduld* to exhaust; (*ermüden auch*) to tire out. **in erschöpftem Zustand** in a state of exhaustion.
   II *vr* **1.** (*körperlich*) to exhaust oneself.
   2. (*fig*) **sich in etw** (*dat*) **~** to amount to nothing more than sth; **darin erschöpft sich seine Bildung** that's the sum total of his education.

erschöpfend *adj* **1.** (*ermüdend*) exhausting. **2.** (*ausführlich*) exhaustive.

Erschöpfung *f* **1.** (*völlige Ermüdung*) exhaustion, fatigue. **bis zur ~ arbeiten** to work to the point of exhaustion. **2.** (*der Mittel, Vorräte etc*) exhaustion.

Erschöpfungszustand *m* state of exhaustion *no pl*.

erschossen *adj* (*inf*) (*völlig*) **~ sein** to be whacked (*inf*), to be dead (beat) (*inf*).

erschrak *pret of* **erschrecken** II.

erschrecken I *pret* **erschreckte**, *ptp* **erschreckt** *vt* to frighten, to scare; (*bestürzen*) to startle, to give a shock *or* a start; (*zusammenzucken lassen*) to make jump, to give a start, to startle. **es hat mich erschreckt, wie schlecht er aussah** it gave me a shock *or* a start *or* it startled me to see how bad he looked.
   II *pret* **erschreckte** *or* **erschrak**, *ptp* **erschreckt** *or* **erschrocken** *vir* (*vi: aux sein*) to be frightened (*vor* + *dat* by); (*bestürzt sein*) to be startled; (*zusammenzucken*) to jump, to start. **sie erschrak beim Gedanken, daß ...** the thought that ... gave her a start *or* a scare; **sie erschrak bei dem Knall** the bang made her jump; **~ Sie nicht, ich bin's nur** don't be frightened *or* afraid, it's only me.

Erschrecken *nt* **-s**, *no pl* fright, shock.

erschreckend I *prp of* **erschrecken**. II *adj*
alarming, frightening. **~ aussehen** to look dreadful *or* terrible; **~ wenig Leute** alarmingly few people; **~ viele** an alarmingly large number.

erschrick *imper sing of* **erschrecken**.

erschrocken I *ptp of* **erschrecken** II. II *adj* frightened, scared; (*bestürzt*) startled. **~ hochspringen/zusammenzucken** to jump, to (give a) start.

erschüttern* *vt Boden, Gebäude*, (*fig*) *Vertrauen, Glauben etc* to shake; (*fig*) *Glaubwürdigkeit* to cast doubt upon; (*fig*) *Gesundheit* to unsettle, to upset; (*fig: bewegen, Schock versetzen*) to shake severely. **jdn in seinem Glauben ~** to shake *or* shatter sb's faith; **seine Geschichte hat mich erschüttert** I was shattered (*inf*) by his story; **über etw** (*acc*) **erschüttert sein** to be shaken *or* shattered (*inf*) by sth; **mich kann nichts mehr ~** nothing surprises me any more; **er läßt sich durch nichts ~, ihn kann nichts ~** he always keeps his cool (*inf*).

erschütternd *adj* shattering (*inf*); *Nachricht auch* distressing; *Verhältnisse auch* shocking.

Erschütterung *f* (*des Bodens etc*) tremor, vibration; (*fig*) (*der Ruhe, Wirtschaftslage*) disruption; (*des Selbstvertrauens*) blow (*gen* to); (*seelische Ergriffenheit*) emotion, shock. **bei der ~ des Gebäudes** when the building shook; **ihr Tod löste allgemeine ~ aus** her death shocked everyone.

erschweren* *vt* to make more difficult; *Sachlage auch* to aggravate; *Fortschritt etc auch* to impede, to hinder. **~de Umstände** (*Jur*) aggravating circumstances; **es kommt noch ~d hinzu, daß ...** to make matters worse, ...

Erschwernis *f* difficulty.

Erschwerung *f* impediment (*gen* to), obstruction (*gen* to). **das bedeutet eine ~ meiner Arbeit** that will make my job more difficult.

erschwindeln* *vt* to obtain by fraud. **sich** (*dat*) (**von jdm**) **etw ~** to swindle *or* do (*inf*) sb out of sth.

erschwingen* *vt irreg* to afford.

erschwinglich *adj Preise* within one's means, reasonable. **das Haus ist für uns nicht ~** the house is not within our means.

ersehen* *vt irreg* (*form*) **etw aus etw ~** to see *or* gather sth from sth.

ersehnen* *vt* (*geh*) to long for.

ersehnt *adj* longed-for. **heiß** *or* **lang ~** much-longed-for.

ersetzbar *adj* replaceable; *Schaden* reparable.

ersetzen* *vt* to replace; (*als Ersatz dienen für, an die Stelle treten von auch*) to take the place of. **niemand kann Kindern die Mutter ~** no-one can take the place of *or* replace a child's mother.

Ersetzung *f, no pl* replacing; (*von Schaden, Verlust*) compensation, reparation (*gen* for); (*von Unkosten*) reimbursement.

ersichtlich *adj* obvious, clear, apparent. **hieraus ist klar ~, daß ...** it is obvious *etc* from this that ..., this shows clearly that ...

ersinnen* *vt irreg* to devise, to think up; (*erfinden*) to invent.

erspähen* vt to catch sight of, to spot, to espy (liter).

ersparen* vt Vermögen, Zeit, Kummer etc to save. **jdm/sich etw ~** to spare or save sb/oneself sth; **jdm eine Demütigung ~** to spare sb a humiliation; **ihr blieb auch nichts erspart** she was spared nothing; **das Ersparte** the savings pl; siehe auch **sparen** vt.

Ersparnis f or (Aus) nt **1.** no pl (an Zeit etc) saving (an +dat of). **2.** usu pl savings pl.

erspielen* vt (Sport) Punkte, Sieg to win, to gain.

ersprießlich adj (förderlich) beneficial, advantageous; (nützlich) fruitful, profitable; (angenehm) pleasant.

erst adv **1.** first; (anfänglich) at first. **mach ~ (ein)mal die Arbeit fertig** finish your work first; **~ einmal mußt du an deine Pflicht denken** you should consider your duty first; **wenn du das ~ einmal hinter dir hast** once you've got that behind you; **~ wollte er, dann wieder nicht** first he wanted to, then he didn't.

2. (nicht früher als, nicht mehr als, bloß) only; (nicht früher als auch) not until. **eben** or **gerade ~** just; **~ gestern** yesterday; **~ jetzt** (gerade eben) only just; **~ jetzt verstehe ich ...** I have only just understood ...; **~ jetzt wissen wir ...** it is only now that we know ...; **~ morgen** not until or before tomorrow; **~ vor kurzem** only a short time ago; **es ist ~ 6 Uhr** it is only 6 o'clock; **wir fahren ~ später** we're not going until later; **sie war ~ 6 Jahre** she was only 6; **~ als** only when, not until; **~ wenn** only if or when, not until.

3. (emph: gar, nun gar) **da ging's ~ richtig los** then it really got going; **was wird Mutter ~ sagen!** whatever will mother say!; **sie ist schon ziemlich blöd, aber ~ ihre Schwester!** she is fairly stupid, but you should see her sister!; **da fange ich ~ gar nicht an** I simply won't (bother to) begin; **jetzt ~ recht/recht nicht!** that just makes me all the more determined; **da tat er es ~ recht!** so he did it deliberately; **da habe ich mich ~ recht geärgert** then I really did get annoyed.

4. **wäre er doch ~ zurück!** if only he were back!; **diese Gerüchte darf man gar nicht ~ aufkommen lassen** these rumours mustn't even be allowed to start.

erstarken* vi aux sein (geh) to gain strength, to become stronger.

erstarren* vi aux sein (Finger) to grow stiff or numb; (Flüssigkeit) to solidify; (Gips, Zement etc) to set, to solidify; (Blut etc) to congeal; (fig: Blut) to freeze, to run cold; (Lächeln) to freeze; (vor Schrecken etc) to be paralyzed or petrified (vor + dat with); (Meinung) to become rigid or fixed; (Ideen etc) to ossify, to become rigid. **erstarrte Formen** fossilized forms.

Erstarrung f, no pl siehe vi stiffness, numbness; solidification; congelation, congealment; freezing; paralysis, petrification; ossification; fossilization.

erstatten* vt **1.** Unkosten to refund, to reimburse. **2.** (Straf)anzeige gegen jdn ~ to report sb; **Meldung ~** to report; **Bericht ~ to (give a) report** (über +acc on).

Erstattung f, no pl (von Unkosten) refund, reimbursement.

erst|aufführen ptp **erstaufgeführt** vt infin, ptp only (Theat) to give the first public performance of; **Erst|aufführung** f (Theat) first performance or night, première; **Erst|auflage** f first printing.

erstaunen* I vt to astonish, to amaze; siehe **erstaunt.** II vi **1.** aux sein (old: überrascht sein) to be astonished or amazed. **2.** (Erstaunen erregen) to cause astonishment or amazement, to astonish or amaze (people).

Erstaunen nt **-s**, no pl astonishment, amazement. **jdn in ~ (ver)setzen** to astonish or amaze sb.

erstaunlich adj astonishing, amazing.

erstaunt adj astonished, amazed (über + acc about). **er sah mich ~ an** he looked at me in astonishment or amazement.

Erst|ausgabe f first edition; **Erstbesteigung** f first ascent; **erstbeste(r, s)** adj attr siehe **erste(r, s) 2; Erstdruck** m first edition.

erstechen* vt irreg to stab to death.

erstehen* irreg I vt (inf) to buy, to get. II vi aux sein (form) to arise; (Städte) to rise up; (Bibl: auf~) to rise.

Erste-Hilfe-Leistung f administering first aid.

ersteigen* vt irreg to climb; Felswand auch, Stadtmauer to scale.

Ersteigung f siehe vt ascent; scaling.

erstellen* vt **1.** (bauen) to construct, to erect. **2.** (anfertigen) Liste etc to draw up, to make out.

Erstellung f siehe vt construction, erection; drawing up, making out.

erstemal adv **das ~** the first time; **das tue ich das ~** I'm doing this for the first time, it's the first time I've done this.

erstenmal adv **zum ~** for the first time.

erstens adv first(ly), in the first place.

erste(r, s) adj **1.** first; (fig: führend auch) best, foremost; Seite der Zeitung front. **~ Etage** first floor, second floor (US); **die ~ Klasse** (Rail) the first class (compartment); **~r Klasse fahren** to travel first class; **der ~ Rang** (Theat) the dress-circle, the (first) balcony (US); **~ Qualität** top quality; **E~ Hilfe** first aid; **die drei ~n/die ~n drei** the first three/the first three (from each group); **der E~ in der Klasse** the top of or best in the class; **die E~n werden die Letzten sein** (Bibl) the first shall be last; **der E~ des Monats** the first (day) of the month; **vom nächsten E~n an** as of the first of next month; **das ist das ~, was ich höre** that's the first I've heard of it; **er kam als ~r** he was the first to come; **als ~s** first of all; **an ~r Stelle** in the first place; **dieses Thema steht an ~r Stelle unserer Tagesordnung** this subject comes first on our agenda; **fürs ~** for the time being, for the present; **in ~r Linie** first and foremost; **zum ~n, zum zweiten, zum dritten** (bei Auktionen), going, going, gone!; siehe auch **vierte(r, s).**

2. **nimm das ~ beste!** take anything!; **er hat den ~n besten Kühlschrank gekauft**

he bought the first fridge he saw, he bought any old fridge (inf).

ersterben* vi irreg aux sein (liter) to die; (Lärm, Wort) to die away.

erstere(r, s) adj the former. **der/die/das ~** the former.

Erste(r)-Klasse-Abteil nt first class compartment.

Erstgebärende f primigravida (spec); **erstgeboren** adj attr first-born; **Erstgeburt** f (Kind) first-born (child); (Tier) first young; (Hist: auch **~srecht**) birthright, right of primogeniture (Jur); **erstgenannt** adj attr first-mentioned.

ersticken* I vt jdn to suffocate, to smother; Feuer to smother; Geräusche to stifle, to smother; (fig: unterdrücken) Aufruhr etc to suppress. **mit erstickter Stimme** in a choked voice.
II vi aux sein to suffocate; (Feuer) to die, to go out; (Stimme) to become choked. **an etw** (dat) ~ to be suffocated by sth; **an einer Gräte** ~ to choke (to death) on a bone; **vor Lachen** ~ to choke with laughter; **in der Arbeit** ~ (inf) to be snowed under with work, to be up to one's neck in work (inf); **er erstickt im Geld** (inf) he's rolling in money (inf); **die Luft im Zimmer war zum E~** the air in the room was suffocating or stifling.

Erstickung f suffocation, asphyxiation.
Erstickungsgefahr f danger of suffocation; **Erstickungstod** m death from or by suffocation, asphyxia.

erstklassig adj first-class, first-rate; **Erstkläßler(in** f) m (esp S Ger, Sw) pupil in the first class of primary school, first-grader (US); **Erstkommunion** f first communion.

Erstling m (Kind) first (child); (Tier) first young; (Werk) first work or baby (inf).
Erstlingswerk nt first work.

erstmalig I adj first; **II** adv for the first time; **erstmals** adv for the first time.

erstrahlen* vi aux sein (liter) to shine. **im Lichterglanz** ~ to be aglitter (with lights).

erstrangig adj first-rate.

erstreben* vt to strive for or after, to aspire to.
erstrebenswert adj worthwhile, desirable; Beruf desirable.

erstrecken* vr to extend (auf, über +acc over); (räumlich auch) to reach, to stretch (auf, über +acc over); (zeitlich auch) to carry on, to last (auf, über +acc for). **sich auf jdn/etw** ~ (betreffen) to apply to sb/sth.

Erststimme f first vote; **Ersttagsbrief** m first-day cover; **Ersttagsstempel** m date stamp or postmark from a first-day cover.

erstunken adj: **das ist** ~ **und erlogen** (inf) that's a pack of lies.

erstürmen* vt (Mil) to (take by) storm; (liter) Gipfel to conquer.
Erstürmung f (Mil) storming.

Erstveröffentlichung f first publication; **Erstwähler** m first-time voter.

ersuchen* vt (form) to request (jdn um etw sth of sb).
Ersuchen nt -s, - (form) request. **auf ~ von** at the request of; **ein ~ an jdn richten** or **stellen** to make a request of sb.

ertappen* vt to catch. **jdn/sich bei etw** ~ to catch sb/oneself at or doing sth; **ich habe ihn dabei ertappt** I caught him at it or doing it.

ertasten* vt to feel, to make out by touch(ing); (um zu finden) to feel for.

erteilen* vt to give; Genehmigung auch to grant; Lizenz to issue; Auftrag auch to place (jdm with sb). **jdm einen Verweis** ~ to reproach sb; **Unterricht** ~ to teach, to give lessons.

ertönen* vi aux sein (geh) to sound, to ring out. **von etw** ~ to resound with sth; ~ **lassen** to sound; **er ließ seine tiefe Baßstimme** ~ his deep bass voice rang out.

Ertrag m -(e)s, -̈e (von Acker) yield; (Ergebnis einer Arbeit) return; (Einnahmen) proceeds pl, return. ~ **abwerfen** or **bringen** to bring in a return; **vom** ~ **seines Kapitals leben** to live on the return on one's capital.

ertragen* vt irreg to bear; Schmerzen, Schicksal auch to endure; Ungewißheit, Zweifel etc auch to tolerate; (esp in Frage, Verneinung auch) to stand. **das ist nicht zu** ~ it's unbearable or intolerable; **wie erträgst du nur seine Launen?** how do you put up with or stand his moods?

erträglich adj bearable, endurable; (leidlich) tolerable.

ertraglos adj Acker unproductive, infertile; Geschäft unprofitable; **ertragreich** adj Acker productive, fertile; Geschäft profitable, lucrative.

ertrags|arm adj Boden poor, infertile; **Ertragsminderung** f decrease in profit(s) or return(s); **Ertragssteigerung** f increase in profit(s) or return(s); **Ertragssteuer** f profit(s) tax, tax on profit(s).

ertränken* I vt to drown. **seinen Kummer** or **seine Sorgen im Alkohol** ~ to drown one's sorrows. **II** vr to drown oneself.

erträumen* vt to dream of, to imagine. **sich** (dat) **etw** ~ to dream of sth, to imagine sth.

ertrinken* vi irreg aux sein to drown, to be drowned.
Ertrinken nt -s, no pl drowning.

ertrotzen* vt (geh) (sich dat) **etw** ~ to obtain sth by sheer obstinacy or defiance.

ertüchtigen* (geh) **I** vt to get in (good) trim, to toughen up. **II** vr to keep fit, to train.
Ertüchtigung f (geh) getting in (good) trim, toughening up. **körperliche** ~ physical training.

er|übrigen* I vt Zeit, Geld to spare. **II** vr to be unnecessary or superfluous. **jedes weitere Wort erübrigt sich** there's nothing more to be said.

eruieren* vt (form) Sachverhalt to investigate, to find out; (esp Aus) Person to trace.

Eruption f (Geol, Med, fig) eruption.
Eruptivgestein nt volcanic rock.

erwachen* vi aux sein to awake, to wake (up); (aus Ohnmacht etc) to come to or round (aus from); (fig: Gefühle, Verdacht) to be aroused; (liter: Tag) to dawn. **von etw** ~ to be awoken or woken up by sth; **ein böses E~** (fig) a rude awakening.

erwachsen* I vi irreg aux sein (geh) to

arise, to develop; (Vorteil, Kosten etc) to result, to accrue; (Stadt auch) to grow. **daraus erwuchsen ihm Unannehmlichkeiten** that caused him some trouble; **daraus wird ihm kein Nutzen ~** no advantage will accrue to him (from this); **mir sind Zweifel ~** I have come to have doubts.

II adj grown-up, adult. **~ sein** (Mensch) to be grown-up or an adult.

Erwachsenenbildung f adult education; **Erwachsenentaufe** f adult baptism.

Erwachsene(r) mf decl as adj adult, grown-up.

erwägen* vt irreg (überlegen) to consider, to deliberate; (prüfen) to consider, to examine; (in Betracht ziehen) to consider, to take into consideration.

erwägenswert adj worthy of consideration, worth considering.

Erwägung f consideration. **aus folgenden ~en (heraus)** for the following reasons or considerations; **etw in ~ ziehen** to consider sth, to take sth into consideration.

erwählen* vt to choose.

erwähnen* vt to mention, to refer to, to make mention of or reference to. **das hat er mit keinem Wort erwähnt** he did not mention or refer to it at all, he made no mention of or reference to it; **beiläufig** or **nebenbei ~** to mention in passing, to make a passing reference to.

erwähnenswert adj worth mentioning.

Erwähnung f mention (gen of), reference (gen to). **~ finden** (form) to be mentioned, to be referred to.

erwandern* vt **er hat sich** (dat) **die ganze Insel erwandert** he's walked all over the island and knows it inside out.

erwärmen* I vt to warm, to heat; (fig) to warm. II vr to warm up. **sich für jdn/etw ~** (fig) to take to sb/sth; **ich kann mich für Goethe/Geometrie nicht ~** Goethe/geometry leaves me cold.

erwarten* vt Gäste, Ereignis to expect. **etw von jdm/etw ~** to expect sth from or of sb/sth; **ein Kind ~** to be expecting a child or baby; **das war zu ~** that was to be expected; **er erwartet, daß wir sofort gehorchen** he expects us to obey immediately; **etw sehnsüchtig ~** to long for sth; **sie kann den Sommer kaum noch ~** she can hardly wait for the summer, she's really looking forward to the summer; **was mich da wohl erwartet?** I wonder what awaits me there; **von ihr ist nicht viel Gutes zu ~** no good can come of her; **es steht zu ~, daß ...** (form) it is to be expected that ...; **über E~** beyond expectation.

Erwartung f expectation; (Spannung, Ungeduld) anticipation. **in ~ Ihrer baldigen Antwort** (form) in anticipation of or looking forward to or awaiting your early reply; **zu großen ~en berechtigen** to show great promise; **den ~en entsprechen** to come up to expectations; (Voraussetzung erfüllen) to meet the requirements.

erwartungsgemäß adv as expected; **erwartungsvoll** adj expectant.

erwecken* vt **1.** (liter: aus Schlaf, Lethargie) to wake, to rouse; (Bibl: vom Tode) to raise (from the dead). **etw zu neuem**

Leben ~ to resurrect or revive sth.
2. (fig) Freude, Begeisterung etc to arouse; Hoffnungen, Zweifel to raise; Erinnerungen to bring back; siehe **Eindruck.**

Erweckung f, no pl (Bibl: vom Tode) resurrection, raising (from the dead); (Rel) revival; (fig) arousal, awakening.

erwehren* vr (+gen) (geh) to ward or fend off. **er konnte sich kaum der Tränen ~** he could hardly keep or hold back his tears; **ich konnte mich des Lachens nicht ~** I couldn't refrain from laughing.

erweichen* vt to soften; (fig: überreden auch) to move. **jds Herz ~** to touch sb's heart; **sich (durch Bitten) nicht ~ lassen** to be unmoved (by entreaties), not to give in or yield (to entreaties).

Erweis m -es, -e (form) proof.

erweisen* irreg **I** vt **1.** (nachweisen) to prove. **eine erwiesene Tatsache** a proven fact; **es ist noch nicht erwiesen** it has not been proved yet.
2. (zuteil werden lassen) to show. **jdm einen Gefallen/ Dienst ~** to do sb a favour/service; **jdm Achtung ~** to pay respect to sb; **wir danken für die erwiesene Anteilnahme** we thank you for the sympathy you have shown.

II vr **sich als etw ~** to prove to be sth, to turn out to be sth; **sich als zuverlässig ~** to prove to be reliable, to prove oneself reliable; **sich jdm gegenüber dankbar ~** to show or prove one's gratitude to sb, to show or prove oneself grateful to sb; **es hat sich erwiesen, daß ...** it turned out that ...

erweislich adj (geh) provable, demonstrable.

erweitern* vtr to widen, to enlarge; Absatzgebiet auch, Geschäft, Abteilung to expand; Kleid to let out; (Med) to dilate; (Math) Bruch to reduce to the lowest common denominator; (fig) Interessen, Kenntnisse, Horizont to broaden; Macht to extend.

Erweiterung f siehe vtr widening, enlargement; expansion; letting out; dilation; reduction to the lowest common denominator; broadening; extension.

Erweiterungsbau m, pl **-bauten** extension.

Erwerb m -(e)s, -e **1.** no pl acquisition; (Kauf) purchase. **beim ~ eines Autos** when buying a car. **2.** (Brot~, Beruf) living; (Verdienst, Lohn) earnings pl, income. **einem ~ nachgehen** to follow a profession.

erwerben* vt irreg to acquire; Achtung, Ehre, Vertrauen to earn, to gain, to win; Pokal to win; (Sport) Titel to win, to gain; (käuflich) to purchase. **sich** (dat) **etw ~** to acquire etc sth; **er hat sich** (dat) **große Verdienste um die Firma erworben** he has done great service for the firm.

erwerbsfähig adj (form) capable of gainful employment; **Erwerbsfähigkeit** f (form) fitness for work; **erwerbsgemindert** adj suffering a reduction in (one's) earning capacity; **erwerbslos** adj siehe **arbeitslos**; **Erwerbsminderung** f reduction in (one's) earning capacity; **Erwerbsquelle** f source of income; **erwerbstätig** adj (gainfully) employed; **Erwerbstätigkeit** f gainful employment; **erwerbs|unfähig** adj unable to work, incapacitated; **Erwerbs|unfähigkeit** f inability to work, incapacitation; **Erwerbszweig** m line of business.

Erwerbung f acquisition.

erwidern* vt 1. (antworten) to reply (auf + acc to); (schroff) to retort. **darauf konnte er nichts ~** he couldn't answer that, he had no answer to that; **auf meine Frage erwiderte sie, daß ...** in reply or answer to my question, she said that ... 2. (entgegnen, entgelten) Besuch, Grüße, Komplimente, Gefühle to return, to reciprocate; Blick, (Mil) Feuer to return.

Erwiderung f 1. (Antwort) reply, answer; (schroff) retort, rejoinder. 2. return, reciprocation; (von Gefühlen) reciprocation; (Mil: des Feuers) return.

erwiesenermaßen adv as has been proved or shown. **er hat dich ~ betrogen** it has been proved or shown that he has deceived you.

erwirken* vt (form) to obtain.

erwirtschaften* vt to make or obtain through good or careful management.

erwischen* vt (inf) (erreichen, ertappen) to catch; (ergattern) to get (hold of). **jdn beim Stehlen ~** to catch sb stealing; **du darfst dich nicht ~ lassen** you mustn't get caught; **ihn hat's erwischt!** (verliebt) he's got it bad (inf); (krank) he's got it, he's caught it; (gestorben) he's had it (inf); **die Kugel hat ihn am Bein erwischt** the bullet got or caught him in the leg.

erworben adj acquired (auch Med, Jur).

erwünscht adj Wirkung etc desired; Eigenschaft, Kenntnisse desirable; (willkommen) Gelegenheit, Anwesenheit welcome. **persönliche Vorstellung ~** applications should be made in person; **du bist hier nicht ~!** you're not welcome or wanted here!

erwürgen* vt to strangle, to throttle.

Erz nt -es, -e ore; (Bronze) bronze.

Erz- in cpds (Geol) mineral, ore; (Rangbezeichnend) arch-; **Erz|ader** f mineral vein, vein of ore.

erzählen* I vt 1. Geschichte, Witz etc to tell; (berichten) Traum, Vorfall, Erlebnis etc auch to relate, to recount, to give an account of. **er hat seinen Traum/den Vorfall erzählt** he told (us etc) about his dream/ the incident; **jdm etw ~** to tell sth to sb; **man erzählt sich, daß ...** people say or it is said that ...; **erzähl mal, was/wie ...** tell me/us what/how ...; **erzähl mal was** (inf) say something; **wem ~ Sie das!** (inf) you're telling me!; **das kannst du einem anderen ~** (inf) pull the other one (inf) or leg (inf), tell that to the marines (inf); **mir kannst du viel or nichts ~** (inf) don't give or tell me that! (inf); **dem werd' ich was ~!** (inf) I'll have something to say to him, I'll give him a piece of my mind (inf). 2. (Liter) to narrate. **~de Dichtung** narrative fiction.

II vi 1. to tell (von about, of liter). **er kann gut ~** he tells good stories, he's a good story-teller; **er hat die ganze Nacht**

erzählt he told stories all night. 2. (Liter) to narrate.

erzählenswert adj worth telling.

Erzähler(in f) m -s, - narrator (auch Liter); (Geschichten~) story-teller; (Schriftsteller) narrative writer.

erzählerisch adj narrative.

Erzählformen pl (Liter) narrative forms pl.

Erzählung f (Liter) story, tale; (das Erzählen) narration, relation; (Bericht, Schilderung) account. **in Form einer ~** in narrative form.

Erzählzeit f (Liter) narrative time.

Erzbergbau m ore mining; **Erzbischof** m archbishop; **erzbischöflich** adj attr archiepiscopal; **Erzbistum** nt archbishopric; **Erzbösewicht** m arrant rogue (old), arch-villain; **Erzdiözese** f archbishopric.

erzeigen* (geh) I vt jdm etw ~ to show sb sth, to show or display sth to sb. II vr sich dankbar ~ to show or prove oneself grateful.

erzen adj (liter) bronze.

Erz|engel m archangel.

erzeugen* vt (Chem, Elec, Phys) to generate, to produce; (Comm) Produkt to produce, to manufacture; Wein, Butter etc to produce; (rare) Kinder to beget (old); (fig: bewirken) to cause, to engender, to give rise to. **Mißtrauen etc bei jdm ~** to give rise to or produce or engender a sense of mistrust etc in sb; **der Autor versteht es, Spannung zu ~** the author knows how to create or generate tension.

Erzeuger m -s, - (form: Vater) begetter (old), progenitor (form); (Comm) producer, manufacturer; (von Naturprodukten) producer.

Erzeugerland nt country of origin; **Erzeugerpreis** m manufacturer's price.

Erzeugnis nt product; (Industrieprodukt auch) manufacture (esp Comm); (Agr) produce no indef art, no pl; (fig: geistiges, künstlerisches auch) creation. **deutsches ~** made in Germany.

Erzeugung f, no pl (Chem, Elec, Phys) generation, production; (von Waren) manufacture, production; (geistige, künstlerische) creation.

Erzeugungsgrammatik f (Ling) generative grammar.

erzfaul adj bone-idle; **Erzfeind** m archenemy; (Theologie auch) arch-fiend; **Erzgauner** m (inf) cunning or sly rascal (inf); **Erzgrube** f ore mine; **erzhaltig** adj ore-bearing, metalliferous (spec); **Erzherzog** m archduke; **Erzherzogin** f archduchess; **erzherzoglich** adj attr archducal; **Erzherzogtum** nt archduchy.

erziehbar adj Kind educable; Tier trainable. **schwer ~** Kind difficult; Hund difficult to train; **das Kind ist schwer ~** he/she is a problem or a difficult child.

erziehen* vt irreg Kind to bring up; Tier, Körper, Gehör to train; (ausbilden) to educate. **ein Tier zur Sauberkeit etc ~** to train an animal to be clean etc; **jdn zu einem tüchtigen Menschen ~** to bring sb up to be a fine, upstanding person; **ein gut/ schlecht erzogenes Kind** a well-/badly-brought-up child, a well-/ill-bred child.

Erzieher m -s, - educator; (Lehrer) teacher;

(*Privatlehrer*) tutor. **der Vater war ein strenger** ~ the father brought his children up strictly.

Erzieherin *f* educator; (*Lehrerin*) teacher; (*Gouvernante*) governess.

erzieherisch *adj* educational. **verschiedene** ~**e Methoden** different ways of bringing up children.

Erziehung *f*, *no pl* upbringing; (*Ausbildung*) education; (*das Erziehen*) bringing up; (*von Tieren, Körper, Gehör*) training; (*Manieren*) upbringing, (good) breeding. **die** ~ **zu(r) Höflichkeit** teaching (sb) good manners *or* politeness; (*durch Eltern auch*) bringing (sb) up to be polite *or* well-mannered.

Erziehungs|anstalt *f* (*dated*) approved school, borstal (*Brit*), reformatory (*US*); **Erziehungsberatung** *f* educational guidance *or* counselling; **erziehungsberechtigt** *adj* having parental authority; **Erziehungsberechtigte(r)** *mf* parent *or* (legal) guardian; **Erziehungsmethode** *f* educational method; **Erziehungswesen** *nt* educational system; **Erziehungswissenschaft** *f* educational science; **Erziehungswissenschaftler** *m* educationalist.

erzielen* *vt Erfolg, Ergebnis* to achieve, to attain, to obtain; *Kompromiß, Einigung* to reach, to arrive at; *Geschwindigkeit* to reach; *Gewinn* to make, to realize; *Preis* (*Mensch*) to secure, (*Gegenstand*) to fetch; (*Sport*) *Tor, Punkte* to score; *Rekord* to set.

erzittern* *vi aux sein* (*liter*) to tremble, to shake, to quake.

erzkonservativ *adj* ultraconservative; (*Pol auch*) dyed-in-the-wool conservative; **Erzlager** *nt* ore deposit; **Erzlump** *m* (*inf*) thorough *or* proper (*inf*) scoundrel; **Erzreaktionär** *m* ultrareactionary.

erzürnen* (*geh*) **I** *vt* to anger, to incense. **II** *vr* to become *or* grow angry (*über* +*acc* about).

Erzvater *m* (*Bibl*) patriarch; (*fig*) forefather.

erzwingen* *vt irreg* to force; (*gerichtlich*) to enforce. **etw von jdm** ~ to force sth from *or* out of sb; **sie erzwangen sich** (*dat*) **den Zutritt zur Wohnung mit Gewalt** they forced entry into the flat.

es¹ *pers pron gen* **seiner**, *dat* **ihm**, *acc* **es**
1. (*auf Dinge bezogen*) it; (*auf männliches Wesen bezogen*) (*nom*) he; (*acc*) him; (*aufweibliches Wesen bezogen*) (*nom*) she; (*acc*) her.

2. (*auf vorangehende Substantive, Adjektive bezüglich*) **wer ist da? — ich bin** ~ who's there? — it's me *or* I (*form*); **sie ist klug, er ist** ~ **auch** she is clever, so is he; **ich höre jemanden klopfen,** ~ **sind die Kinder** I can hear somebody knocking, it's the children; **wer ist die Dame? —** ~ **ist meine Frau** who's the lady? — it's *or* she's my wife.

3. (*auf vorangehenden Satzinhalt bezüglich*) **das Glas wurde zerbrochen, keiner will** ~ **getan haben** the glass had been broken, but nobody will admit to doing it; **alle dachten, daß das ungerecht war, aber niemand sagte** ~ everyone

thought it was unjust, but nobody said so.
4. (*rein formales Subjekt*) ~ **ist kalt/8 Uhr/Sonntag** it's cold/8 o'clock/Sunday; ~ **friert mich** I am cold; ~ **freut mich, daß** ... I am pleased *or* glad that ...; ~ **sei denn, daß** ... unless ...
5. (*rein formales Objekt*) **ich halte** ~ **für richtig, daß** ... I think it (is) right that ...; **ich hoffe** ~ I hope so; **ich habe** ~ **satt, zu** (+*infin*), **ich bin** ~ **müde, zu** (+*infin*) I've had enough of (+*prp*), I'm tired of (+*prp*).
6. (*bei unpersönlichem Gebrauch des Verbs*) ~ **gefällt mir** I like it; ~ **klopft** there's a knock (at the door); ~ **regnet** it's raining; ~ **sich** (*dat*) **schön machen** to have a good time; ~ **sitzt sich bequem hier** it's comfortable sitting here; ~ **darf geraucht werden** smoking is permitted; ~ **wurde gesagt, daß** ... it was said that ...; ~ **wurde getanzt** there was dancing.
7. (*Einleitewort mit folgendem Subjekt*) ~ **geschah ein Unglück** there was an accident; ~ **gibt viele Leute, die...** there are a lot of people who ...; ~ **kamen viele Leute** a lot of people came; ~ **lebe der König!** long live the king!; ~ **meldete sich niemand** nobody replied; ~ **war einmal eine Königin** once upon a time there was a queen.

es² *nt* **-**, **-** (*Mus*) E flat minor.

Es *nt* **-**, **-**. **1.** (*Mus: Dur*) E flat. **2.** (*Psych*) id, Id.

Esche *f* **-**, **-n** ash-tree.

Eschenholz *nt* ash.

Esel *m* **-s**, **-** donkey, ass (*old, esp Bibl*); (*inf: Dummkopf*) (silly) ass. **du alter** ~**!** you are an ass (*inf*) *or* a fool; **ich** ~**!** I am an ass *or* a fool!, silly (old) me!; **wenn es dem** ~ **zu wohl wird, geht er aufs Eis (tanzen)** (*Prov*) complacency makes one *or* you reckless.

Eselei *f* (*inf*) stupidity; (*Streich*) silly prank.

Eselin *f* she-ass.

Eselsbrücke *f* (*Gedächtnishilfe*) mnemonic, aide-mémoire; (*gereimt*) jingle; **Esels|ohr** *nt* (*fig*) dog-ear, turned-down corner; **ein Buch mit** ~**en** a dog-eared book.

Eskalation *f* escalation.

eskalieren* *vti* (*vi: aux sein*) to escalate.

Eskapade *f* (*von Pferd*) caper; (*fig*) escapade.

Eskimo *m* **-s**, **-s** Eskimo.

eskimotieren* *vi* (*Sport*) to roll.

Eskorte *f* **-**, **-n** (*Mil*) escort.

eskortieren* *vt* to escort.

Esoteriker(in *f*) *m* **-s**, **-** esoteric.

esoterisch *adj* esoteric.

Espe *f* **-**, **-n** aspen.

Espenlaub *nt* aspen leaves *pl*. **zittern wie** ~ to tremble like a leaf *or* an aspen.

Esperanto *nt* **-s**, *no pl* Esperanto.

Espresso¹ *m* **-(s)**, **-s** *or* **Espressi** espresso.

Espresso² *nt* **-(s)**, **-(s)**, **Espressobar** *f* (*Café*) coffee *or* espresso bar.

Esprit [es'pri:] *m* **-s**, *no,pl* wit. **ein Mann von** ~ a wit, a witty man.

Eß|apfel *m* eating apple, eater.

Essay ['ese, ɛ'se:] *m or nt* **-s**, **-s** (*Liter*) essay.

Essayist(in *f*) [ese'ɪst] *m* (*Liter*) essayist.

essayistisch [ese'ɪstɪʃ] *adj* (*Liter*) *Roman*

essayistic. **das ~e Werk Thomas Manns** the essays of Thomas Mann.

eßbar adj edible, eatable; Pilz edible; **habt ihr irgend etwas E~es im Haus?** have you got anything to eat in the house?; **nicht ~** inedible, uneatable; **Eßbesteck** nt knife, fork and spoon.

Esse f -, -n (dial: Schornstein) chimney; (Schmiede~) hearth.

essen pret **aß**, ptp **gegessen** vti to eat. **gut/ schlecht ~** (Appetit haben) to have a good/poor appetite; **in dem Restaurant kann man gut ~** that's a good restaurant; **die Franzosen ~ gut** the French eat well, French food is good; **warm/kalt ~** to have a hot/cold meal; **tüchtig** or **ordentlich ~** to eat well or properly; **iß mal tüchtig!** tuck in!, eat up!; **sich satt ~** to eat one's fill; **jdn arm ~** to eat sb out of house and home; **den Teller leer ~** to eat everything up, to empty one's plate; **~ Sie gern Äpfel?** do you like apples?; **wer hat davon gegessen?** who has been eating that? **gerade ~, beim E~ sein** to be in the middle of eating or a meal; **~ gehen** (auswärts) to eat out, to go out to eat; **wann gehst du ~?** when are you going to eat?; (normalerweise) when do you eat?; **ich bin ~** (inf) I've gone to eat; **wir waren gestern abend ~** we were out for a meal last night; **selber ~ macht fett** (prov) I'm all right, Jack (prov); **E~ und Trinken hält Leib und Seele zusammen** (prov) food and drink keep body and soul together.

Essen nt -s, - (Mahlzeit) meal; (Nahrung) food; (Küche) cooking; (Fest~) luncheon; dinner. **bleib doch zum ~** stay for lunch/supper, stay for a meal; **das ~ kochen** or **machen** (inf) to cook or get the meal; **jdn zum ~ einladen** to invite sb for a meal.

Essen(s)|ausgabe f serving of meals; (Stelle) serving counter; **Essen(s)marke** f meal voucher; **Essen(s)zeit** f mealtime; **die Kinder müssen abends zur ~ zu Hause sein** the children have to be at home in time for their evening meal; **Essen(s)- zuschuß** m meal subsidy.

essentiell [ɛsɛn'tsiɛl] adj (Philos) essential.

Essenz f 1. no pl (Philos) essence. 2. (Cook etc) essence.

Esser m -s, - diner; pl auch people eating. **ein guter** or **starker/schlechter ~ sein** to be a good or great/poor eater; **auf einen ~ mehr kommt es nicht an** one more person won't make any difference.

Eßgeschirr nt dinner service; (Mil) mess tin; **Eßgewohnheiten** pl eating habits pl.

Essig m -s, -e vinegar. **damit ist es ~** (inf) it's all off, it's up the spout (Brit sl).

Essig|essenz f vinegar concentrate; **Essiggurke** f (pickled) gherkin; **essig- sauer** adj (Chem) acetic; **essigsaure Tonerde** aluminium acetate; **Essigsäure** f acetic acid.

Eßkastanie f sweet chestnut; **Eßkultur** f gastronomic culture; **Eßlöffel** m soup/ dessert spoon; (in Rezept) tablespoon; **eßlöffelweise** adv in tablespoonfuls; (inf) by the spoonful; **Eßlust** f appetite; **Eßstäbchen** pl chopsticks pl.

eßt imper pl of essen.

Eßtisch m dining table; **Eßwaren** pl food, provisions pl; **Eßzimmer** nt dining room; **Eßzwang** m (Psych) compulsive eating.

Establishment [ɪsˈtæblɪʃmənt] nt -s, -s (Sociol, Press) establishment.

Este m -n, -n, **Estin** f Est(h)onian.

Ester m -s, - (Chem) ester.

Estland nt Est(h)onia.

Estnisch(e) nt decl as adj Est(h)onian.

Estrade f (esp DDR) 1. podium. 2. (auch ~nkonzert) concert of light music etc, especially performed out of doors.

Estragon m -s, no pl tarragon.

Estrich m -s, -e 1. stone or clay etc floor. 2. (Sw: Dachboden) attic.

Eszett nt -, - eszett, ß.

etablieren* I vt (dated) to establish. II vr to establish oneself; (als Geschäftsmann auch) to set up.

etabliert adj established. **die ~e Ober- schicht** the upper echelons of the establishment.

Etablissement [etablɪsəˈmãː] nt -s, -s establishment.

Etage [eˈtaːʒə] f -, -n floor. **in** or **auf der 2. ~** on the 2nd or 3rd (US) floor.

Etagenbett nt bunk bed; **Etagenheizung** f heating system which covers one floor of a building; **Etagenwohnung** f flat occupy- ing the whole of one floor of a building.

Etagere [etaˈʒɛːrə] f -, -n (dated) étagère.

Etappe f -, -n 1. (Abschnitt, Stufe, beim Radrennen) stage; (einer Strecke auch) leg. 2. (Mil) communications zone. **in der ~ liegen/sein** to be behind the lines.

Etappenhengst m (Mil sl) base wallah (Mil sl); **Etappensieg** m (Sport) stage- win; **Etappensieger** m (Sport) stage- winner; **etappenweise** I adj step-by- step, stage-by-stage; II adv step by step, stage by stage.

Etat [eˈtaː] m -s, -s budget.

Etatjahr nt financial year; **etatmäßig** adj (Admin) budgetary; **nicht ~ erfaßt** not in the budget, not budgeted for; **Etatposten** m item in the budget, budgetary item.

etc abbr of et cetera [ɛtˈtseːtera] etc, et cetera.

etc pp [ɛtˈtseːteraˈpeːˈpeː] adv (hum) and so on and so forth.

etepetete [eːtəpeˈteːtə] adj pred (inf) fussy, finicky (inf), pernickety (inf).

Eternit ® m or nt -s, no pl asbestos cement.

Ethik f ethics pl (als Fach sing). **die ~ Kants** Kantian ethics; **die christliche ~** the Christian ethic, Christian ethics.

Ethiker m -s, - moral philosopher.

ethisch adj ethical.

ethnisch adj ethnic.

Ethnograph(in) f m ethnographer.

Ethnographie f ethnography.

Ethnologe m, **Ethnologin** f ethnologist.

Ethnologie f ethnology.

Ethologe m, **Ethologin** f ethologist.

Ethologie f ethology.

Ethos [ˈeːtɔs] nt -, no pl ethos; (Berufs~) professional ethics pl.

Etikett nt -(e)s, -e (lit, fig) label.

Etikette f 1. etiquette. **gegen die ~ (bei Hofe) verstoßen** to offend against (court) etiquette, to commit a breach of (court) etiquette. 2. (Aus: Etikett) label.

Etikettenschwindel m (Pol) terminological juggling. **es ist reinster ~, wenn ... it is just playing or juggling with names if ...**
etikettieren* vt (lit, fig) to label.
etlichemal adv quite a few times.
etliche(r, s) indef pron **1.** sing attr quite a lot of. **nachdem ~ Zeit verstrichen war** after quite some time.
2. etliche pl (substantivisch) quite a few, several people/ things; (attr) several, quite a few.
3. ~s sing (substantivisch) quite a lot; **um ~s älter als ich** quite a lot or considerably older than me.
Etrusker(in f) m **-s, -** Etruscan.
etruskisch adj Etruscan.
Etsch f - Adige.
Etüde f -, -n (Mus) étude.
Etui [ɛt'viː, e'tyiː] nt **-s, -s** case.
etwa adv **1.** (ungefähr, annähernd) about, approximately. **so ~, ~ so** roughly or more or less like this; **wann ~ ...?** about or approximately or roughly when ...?
2. (zum Beispiel) for instance. **wenn man ~ behauptet, daß ...** for instance if one maintains that ...
3. (entrüstet, erstaunt) **hast du ~ schon wieder kein Geld dabei?** don't tell me or you don't mean to say you haven't got any money again!; **soll das ~ heißen, daß ...** is that supposed to mean ...?; **willst du ~ schon gehen?** (surely) you don't want to go already!
4. (zur Bestätigung) **Sie kommen doch, oder ~ nicht?** you are coming, aren't you?; **das haben Sie wohl nicht mit Absicht gesagt, oder ~ doch?** surely you didn't say that on purpose, you didn't say that on purpose — or did you?; **sind Sie ~ nicht einverstanden?** do you mean to say that you don't agree?; **ist das ~ nicht wahr?** do you mean to say it's not true?
5. (in Gegenüberstellung, einschränkend) **nicht ~, daß ...** (it's) not that ...; **er ist nicht ~ dumm, sondern nur faul** it's not that he's stupid, he's simply lazy; **das hat Fritz getan und nicht ~ sein Bruder** Fritz did it and not his brother; **ich wollte dich nicht ~ beleidigen** I didn't intend to insult you.
etwaig ['ɛtvaɪç, ɛt'vaːɪç] adj attr possible. **~e Einwände/Unkosten** any objections/ costs arising or which might arise; **bei ~en Beschwerden/Schäden** etc in the event of (any) complaints/damage etc.
etwas indef pron **1.** (substantivisch) something; (fragend, bedingend auch, verneinend) anything; (unbestimmter Teil einer Menge) some; any. **kannst du mir ~ (davon) leihen?** can you lend me some (of it)?; **ohne ~ zu erwähnen** without saying anything; **~ habe ich doch vergessen** there is something I've forgotten; **~ anderes** something else; **das ist ~ (ganz) anderes** that's something (quite) different; **~ sein** (inf) to be somebody (inf); **~ werden** (inf), **es zu ~ bringen** (inf) to make something of oneself , to get somewhere (inf); **aus ihm wird nie ~** (inf) he'll never become anything; **er kann ~** he's good; **das ist immerhin ~** at least that's something; **sein Wort gilt ~ beim Chef** what he

says counts for something with the boss; **hast du ~?** is (there) something wrong or the matter (with you)?; **sie hat ~ mit ihm** (inf) she's got something going on with him; **er hat ~ vom Schulmeister an sich** he has or there is something of the schoolmaster about him; **da ist ~ (Richtiges) dran** there's something in that; **da ist ~ Wahres dran** there is some truth in that.
2. (adjektivisch) some; (fragend, bedingend auch) any. **~ Salz?** some salt?; **kannst du mir vielleicht ~ Geld leihen?** could you possibly lend me some money?; **~ Nettes** something nice; **~ Schöneres habe ich noch nie gesehen** I have never seen anything more beautiful.
3. (adverbial) somewhat, a little.
Etwas nt **-,** no pl something. **das gewisse ~** that certain something; **ein winziges ~** a tiny little thing.
Etymologe m, **Etymologin** f etymologist.
Etymologie f etymology.
etymologisch adj etymological.
Et-Zeichen nt ampersand.
Etzel m **-s** Attila the Hun.
euch pers pron dat, acc of **ihr** (in Briefen: **E~**) you; (obs, dial) thee; (dat auch) to/ for you; to/for thee; (refl) yourselves. **wie ist das bei ~ (in Frankreich) mit den Ferien?** what are your holidays like in France?; **ein Freund von ~** a friend of yours; **wascht ~!** wash yourselves; **setzt ~!** sit (yourselves inf) down!; **vertragt ~!** stop quarrelling!
Eucharistie f (Eccl) Eucharist.
eucharistisch adj Kongreß Eucharistic.
euer I poss pron **1.** (adjektivisch) (in Briefen: **E~**) your. **E~** (Briefschluß) yours; (obs, dial) thy; **viele Grüße, E~ Hans** best wishes, yours, Hans; **das sind ~e or eure Bücher** those are your books; **ist das ~ Haus?** is that your house?; **E~** or **Eure Gnaden/Exzellenz/Majestät** your Grace/Excellency/Majesty.
2. (old: substantivisch) yours. **behaltet, was ~ ist** keep what is yours.
II pers pron gen of **ihr. wir werden ~ gedenken** we will think of you; **~ beider gemeinsame Zukunft** your common future.
euere(r, s) poss pron siehe **eure(r, s).**
Eugenik f (Biol) eugenics sing.
eugenisch adj (Biol) eugenic.
Eukalyptus m **-, Eukalypten** (Baum) eucalyptus (tree); (Öl) eucalyptus oil.
Eukalyptusbonbon m or nt eucalyptus sweet (Brit) or candy (US).
Euklid m **-s** Euclid.
euklidisch adj Euclidean.
Eule f **-, -n** owl; (pej: häßliche Frau) crow. **~n nach Athen tragen** (prov) to carry coals to Newcastle (prov).
Eulenspiegel m Till **~** (lit) Till Eulenspiegel; **unser Sohn ist ein richtiger ~** (fig) our son is a real scamp (inf) or rascal (inf); **Eulenspiegelei** f trick, caper.
Eunuch m **-en, -en** eunuch.
Euphemismus m euphemism.
euphemistisch adj euphemistic.
Euphorie f euphoria.
euphorisch adj euphoric.

Eurasien [-iən] *nt* **-s** Eurasia.
Eurasier(in *f*) [-iɐ, -iərɪn] *m* **-s, -** Eurasian.
eurasisch *adj* Eurasian.
Euratom *abbr of* **Europäische Atomgemeinschaft** European Atomic Community, Euratom.
eure(r, s) *poss pron* 1. *(substantivisch)* yours. **der/die/das** ~ *(geh)* yours; **tut ihr das E**~ *(geh)* you do your bit; **stets** *or* **immer der E**~ *(form)* yours ever; **die E**~**n** *(geh)* your family, your people; **ihr und die E**~**n** *(geh: Familie)* you and yours; **das E**~ *(geh: Besitz)* what is yours. 2. *(adjektivisch) siehe* **euer I 1.**
eurerseits *adv (auf eurer Seite)* for your part; *(von eurer Seite)* from *or* on your part.
euresgleichen *pron inv* people like you *or* yourselves; *(pej auch)* the likes of you, your sort.
eurethalben *(dated)*, **euretwegen** *adv (wegen euch)* because of you, on account of you, on your account; *(euch zuliebe auch)* for your sake; *(um euch)* about you; *(für euch)* on your behalf *or* behalves.
Eur(h)ythmie *f* eurhythmics.
eurige *poss pron (old, geh)* **der/die/das** ~ yours; **die E**~**n** your families; **tut ihr das E**~ you do your bit.
Euro- *in cpds* Euro-; **Eurodollar** *m* eurodollar; **Eurokrat** *m* **-en, -en** *(Press sl)* Eurocrat.
Europa *nt* **-s** Europe.
Europäer(in *f*) *m* **-s, -** European.
europäisch *adj* European. **das E**~**e Parlament** the European Parliament; **E**~**e Wirtschaftsgemeinschaft** European Economic Community, Common Market; **die E**~**en Gemeinschaften** the European Community.
europäisieren* *vt* to Europeanize.
Europameister *m (Sport)* European champion; *(Team, Land)* European champions *pl*; **Europameisterschaft** *f* European championship; **Europapokal** *m (Sport)* European cup; **Europarat** *m* Council of Europe; **Europastraße** *f* through route in Europe; **Europawahl** *f* European elections.
europid *adj Rasse* Caucasian.
Europide *mf* **-n, -n** Caucasian.
Europium *nt* **-s,** *no pl (abbr* **Eu)** europium.
Euroscheck *m* Eurocheque; **Eurovision** *f* Eurovision; **Eurovisionssendung** *f* Eurovision broadcast *or* programme.
Euter *nt* **-s, -** udder.
Euthanasie *f* euthanasia.
ev. *abbr of* **evangelisch** Prot.
e.V., E.V. *abbr of* **eingetragener Verein.**
Eva ['eːfa, 'eːva] *f* **-s** Eve. **sie ist eine echte** ~ *(hum)* she is the archetypal woman.
evakuieren* [evaku'iːrən] *vt* to evacuate.
Evakuierte(r) [evaku'iːɐtə] *mf decl as adj* evacuee.
Evakuierung [evaku'iːrʊŋ] *f* evacuation.
Evangelienbuch [evaŋ'geːliən-] *nt* book of the Gospels, Gospel.
evangelisch [evaŋ'geːlɪʃ] *adj* Protestant.
Evangelist [evaŋge'lɪst] *m* evangelist.
Evangelium [evaŋ'geːliʊm] *nt* Gospel; *(fig)* gospel. **alles, was er sagt, ist für sie (ein)** ~ *(fig)* everything he says is gospel to her.

evaporieren* [evapo'riːrən] *vi aux sein* to evaporate.
Eva(s)kostüm *nt (dated hum)* **im** ~ **in the** altogether *(hum)*, in her birthday suit *(hum)*; **Evastochter** *f (dated hum)* coquette.
Eventual- [eventu'aːl]: **Eventualfall** *m* eventuality; **Eventualhaushalt** *m (Parl)* emergency *or* contingency budget.
Eventualität [eventuali'tɛːt] *f* eventuality, contingency.
eventuell [eventu'ɛl] I *adj attr* possible. II *adv* possibly, perhaps. ~ **rufe ich Sie später an** I may possibly call you later; **ich komme** ~ **ein bißchen später** I might (possibly) come a little later.
Evergreen ['evɐgriːn] *m* **-s, -s** evergreen.
evident [evi'dɛnt] *adj (geh: offenbar)* obvious, clear.
Evidenz [evi'dɛnts] *f* 1. *(Philos)* evidence. 2. *(Aus)* **etw in** ~ **halten** to keep a current record of sth, to keep sth up-to-date.
ev.-luth. *abbr of* **evangelisch-lutherisch** Lutheran Protestant.
Evolution [evolu'tsioːn] *f* evolution.
evolutionär [evolutsio-] *adj* evolutionary.
Evolutionstheorie *f* theory of evolution.
evtl. *abbr of* **eventuell.**
E-Werk ['eːverk] *nt abbr of* **Elektrizitätswerk** generating *or* power station.
EWG [eːveː'geː] *f* - *abbr of* **Europäische Wirtschaftsgemeinschaft** EEC, Common Market.
ewig I *adj* eternal; *Leben auch* everlasting; *Eis, Schnee* perpetual; *(inf) Nörgelei etc auch* never-ending. **der E**~**e Jude** the Wandering Jew; **das E**~**e Licht** *(Eccl)* the sanctuary lamp; **in den** ~**en Frieden** *or* **die** ~**e Ruhe eingehen** to find eternal peace; **die E**~**e Stadt** the Eternal City; **(Gott,) der E**~**e** God, the Eternal. II *adv* for ever, eternally. **auf** ~ for ever; **das dauert ja** ~ **(und drei Tage** *hum*) it goes on for ever (and a day); **das dauert ja** ~**, bis ...** it'll take ages until ...; **er muß sich** ~ **beklagen** he's eternally *or* for ever complaining; ~ **dankbar** eternally grateful; **ich habe Sie** ~ **lange nicht gesehen** *(inf)* I haven't seen you for absolutely ages *or* for an eternity.
Ewigkeit *f* eternity; *(der Naturgesetze)* immutability; *(inf)* ages. **in die** ~ **eingehen** to go to eternal rest; **bis in alle** ~ for ever, for all eternity *(liter)*; **eine** ~ *or* **eine halbe** ~ *(hum)* **dauern** *(inf)* to last an age *or* an eternity; **es dauert eine** ~ *or* **eine halbe** ~ *(hum)*, **bis ...** it'll take absolutely ages until ...; **ich habe sie seit** ~**en** *or* **einer** ~ **nicht gesehen** *(inf)* I've not seen her for ages.
ewiglich *(liter)* I *adj attr* eternal, everlasting. II *adv* eternally, for ever, to the end of time *(liter)*.
ex *adv (inf)* 1. *(leer)* (trink) ~! down the hatch! *(inf)*; **etw** ~ **trinken** to drink sth down in one. 2. *(Schluß, vorbei)* (all) over, finished.
Ex- *in cpds* ex-.
exakt *adj* exact. **eine** ~**e Wissenschaft** an exact science; ~ **arbeiten** to work accurately.
Exaktheit *f* exactness, precision.

exaltiert adj exaggerated, effusive.

Examen nt -s, - or **Examina** exam, examination; (Univ) final examinations, finals pl. ~ **machen** to do or take one's exams or finals; **das ~ mit Eins machen** to get top marks in an exam; (Univ) ≈ to get a First; **das mündliche ~** oral examination; (Univ) viva (voce).

Examens|angst f exam nerves pl; **Examenskandidat** m candidate (for an examination), examinee.

examinieren* vt (geh) to examine. **jdn über etw** (acc) ~ (lit, fig) to question sb about sth.

Exegese f -, -n exegesis.

Exeget m -en, -en exegete.

exegetisch adj exegetic(al).

exekutieren* vt (form) to execute. **jdn ~** (Aus: pfänden) to seize or impound sb's possessions.

Exekution f execution; (Aus: Pfändung) seizing, impounding.

Exekutionskommando nt firing squad.

exekutiv adj executive.

Exekutiv|ausschuß m executive committee.

Exekutive [-'ti:və], **Exekutivgewalt** f executive; (Aus) forces pl of law and order.

Exekutor m (Aus) bailiff.

Exempel nt -s, - (geh) example; (dated Math: Rechen~) example (dated). **die Probe aufs ~ machen** to put it to the test; siehe **statuieren.**

Exemplar nt -s, -e specimen; (Buch~, Zeitschriften~) copy.

exemplarisch adj exemplary. **~es Lehren/ Lernen** teaching/ learning by example; **jdn ~ bestrafen** to punish sb as an example (to others).

exemplifizieren* vt (geh) to exemplify.

exerzieren* vti to drill; (fig) to practise.

Exerzierplatz m (Mil) parade ground.

Exerzitien [ɛksɛr'tsi:tsiən] pl (Eccl) spiritual exercises.

Exhibitionismus [ɛkshibitsio'nɪsmʊs] m exhibitionism.

Exhibitionist(in f) [ɛkshibitsio'nɪst(ɪn)] m exhibitionist.

exhibitionistisch [ɛkshibitsio'nɪstɪʃ] adj exhibitionist.

exhumieren* vt to exhume.

Exhumierung f exhumation.

Exil nt -s, -e exile. **im (amerikanischen) ~ leben** to live in exile (in America); **ins ~ gehen** to go into exile.

Exil|literatur f literature written in exile (esp by Germans exiled during the 3rd Reich); **Exil|regierung** f government in exile.

existent adj (geh) existing, existent.

Existentialismus [ɛksɪstɛntsia'lɪsmʊs] m existentialism.

Existentialist(in f) [ɛksɪstɛntsia'lɪst(ɪn)] m existentialist.

existentialistisch [-tsia'lɪstɪʃ] adj existential(ist).

Existentialphilosophie [ɛksɪstɛn'tsia:l-] f existential(ist) philosophy.

existentiell [ɛksɪstɛn'tsiɛl] adj (geh) existential. **von ~er Bedeutung** of vital significance.

Existenz f existence; (Lebensgrundlage, Auskommen) livelihood; (pej inf: Person) character, customer (inf). **eine gescheiterte** or **verkrachte ~** (inf) a failure; **sich eine (neue) ~ aufbauen** to make a (new) life for oneself.

Existenz|angst f (Philos) existential fear, angst; (wirtschaftlich) fear for one's livelihood or existence; **Existenzberechtigung** f right to exist; **existenzfähig** adj able to exist; Firma viable; **Existenzfähigkeit** f ability to exist; (von Firma) viability; **Existenzgrundlage** f basis of one's livelihood; **Existenzkampf** m struggle for existence; **Existenzminimum** nt subsistence level; (Lohn) minimal living wage or income; **das Gehalt liegt noch unter dem ~** that salary is not enough to live on, that is not even a living wage; **Existenzphilosophie** f existentialism.

existieren* [ɛksɪs'ti:rən] vi to exist; (Gesetz, Schule etc auch) to be in existence.

Exitus m -, no pl (Med) death.

Exklave [ɛks'kla:və] f -, -n (Pol) exclave.

exklusiv adj exclusive.

Exklusiv|bericht m (Press) exclusive (report).

exklusive [-'zi:və] I prep +gen exclusive of, excluding. II adv Getränke ~ excluding drinks; **bis zum 20. ~** to the 20th exclusively.

Exklusiv|interview nt (Press) exclusive interview.

Exklusivität [-zivi'tɛ:t] f exclusiveness.

Exkommunikation f excommunication.

exkommunizieren* vt to excommunicate.

Exkrement nt usu pl (geh) excrement no pl, excreta pl.

Exkretion f (Med) excretion.

Exkurs m -es, -e digression.

Exkursion f (study) trip.

Exlibris nt -, - ex libris, bookplate.

Exmatrikulation f (Univ) being taken off the university register.

exmatrikulieren* vt (Univ) to take off the university register. **sich ~ lassen** to withdraw from the university register.

exmittieren* vt (Admin) Mieter to evict.

Exmittierung f (Admin) eviction.

Exodus m - (Bibl, fig) exodus.

exogen adj (Biol, Psych) exogenous.

exorbitant adj (geh) Preise exorbitant.

Exorzismus m exorcism.

Exorzist m exorcist.

Exot(e) m -en, -en, **Exotin** f exotic or tropical animal/plant etc; (Mensch) exotic foreigner.

exotisch adj exotic.

Expander m -s, - (Sport) chest-expander.

expandieren* vi to expand.

Expansion f (Phys, Pol) expansion.

Expansionspolitik f expansionism, expansionist policies pl.

expansiv adj Politik expansionist; Wirtschaftszweige expanding; Gase expansile, expansive.

expatriieren* vt to expatriate.

Expedient m (Comm) dispatch clerk.

expedieren* vt to dispatch, to send (off).

Expedition f 1. (Forschungs~, Mil) expedition. 2. (Versendung) dispatch; (Versandabteilung) dispatch office.

Experiment *nt* experiment. **~e machen** *or* **anstellen** to carry out *or* do experiments.

Experimental- *in cpds* experimental.

experimentell *adj* experimental. **etw ~ nachweisen** to prove sth by experiment.

experimentieren* *vi* to experiment.

Experte *m* **-n, -n, Expertin** *f* expert (*für* in).

Expertise *f* **-, -n** (expert's) report.

explizieren* *vt* (*geh*) to explicate (*form*).

explizit *adj* explicit.

explodieren* *vi aux sein* (*lit, fig*) to explode.

Explosion *f* explosion. **etw zur ~ bringen** to detonate *or* explode sth.

Explosionsgefahr *f* danger of explosion; **Explosionsmotor** *m* internal combustion engine.

explosiv *adj* (*lit, fig*) explosive.

Explosiv(laut) *m* **-s, -e** (*Ling*) plosive.

Explosivstoff *m* explosive.

Exponat *nt* exhibit.

Exponent *m* (*Math*) exponent; (*fig auch*) spokesman.

Exponential- [ɛkspoˈnɛntsiaˌl-]: **Exponentialfunktion** *f* (*Math*) exponential function; **Exponentialgleichung** *f* (*Math*) exponential equation.

exponieren* **I** *vt* (*herausheben, dated Phot*) to expose. **an exponierter Stelle stehen** to be in an exposed position.

II *vr* (*sich auffällig benehmen*) to behave boisterously; (*in der Politik*) to take a prominent stance; (*in Diskussion*) to make one's presence felt, to come on strong (*inf*).

Export *m* **-(e)s, -e** export (*an* +*dat* of); (**~waren**) exports *pl*.

Export- *in cpds* export; **Exportabteilung** *f* export department; **Exportartikel** *m* export; **Exportausführung** *f* export model.

Exporteur [ɛkspɔrˈtøːɐ] *m* exporter.

Exportgeschäft *nt* (*Firma*) export business; **Exporthandel** *m* export business *or* trade.

exportieren* *vti* to export.

Exportkaufmann *m* exporter.

Exposé [ɛkspoˈzeː] *nt* **-s, -s** (*für Film, Buch etc*) outline, plan; (*Denkschrift*) memo(randum).

Exposition *f* (*Liter, Mus*) exposition; (*Gliederung*) outline, plan.

Expositur *f* (*Aus*) (*Zweigstelle*) branch; (*Sch*) annexe.

expreß *adv* (*dated*) quickly, expeditiously (*form*); (*Post*) express.

Expreß *m* **-sses, -s** *pl* **Expreßzüge** (*old Rail, Aus*) express (train).

Expreßgut *nt* express goods *pl*.

Expressionismus *m* expressionism.

Expressionist(in *f*) *m* expressionist.

expressionistisch *adj* expressionist *no adv*, expressionistic.

expressis verbis *adv* explicitly, expressly.

expressiv *adj* expressive.

Expreßreinigung *f* express dry-cleaning service.

Expropriation *f* (*dated*) expropriation.

exquisit *adj* exquisite.

extemporieren* *vti* (*geh*) to improvise, to extemporize.

extensiv *adj* (*auch Agr*) extensive.

extern *adj* (*Sch*) *Prüfung, Kandidat* exter-

nal. **ein ~er Schüler** a day boy.

Externe(r) *mf decl as adj* (*Sch*) day boy/girl.

Externist *m* (*Aus*) pupil educated by private tuition, not at school.

exterritorial *adj* extraterritorial.

extra **I** *adj inv* (*inf*) extra. **etwas E~es** (*inf*) something special.

II *adv* (*besonders, außerordentlich*) extra, (e)specially; (*eigens*) (e)specially, just; (*gesondert*) separately; (*zusätzlich*) extra, in addition; (*inf: absichtlich*) on purpose, deliberately. **etw ~ legen** to put sth in a separate place; **ich gebe Ihnen noch ein Exemplar ~** I'll give you an extra copy; **jetzt tu ich's ~!** (*inf*) just for that I will do it!

Extra *nt* **-s, -s** extra.

Extraausgabe *f* special edition; **Extrablatt** *nt* special edition; (*zusätzlich zur Zeitung*) special supplement; **extrafein** *adj* superfine; **~ gemahlener Kaffee** extra finely ground coffee.

extrahieren* [ɛkstraˈhiːrən] *vt* to extract.

Extrakt *m* **-(e)s, -e** (*Med, Pharm auch nt*) extract; (*von Buch etc*) synopsis. **etw im ~ wiedergeben** to summarize sth, to give a summary of sth.

Extraordinarius *m* (*Univ*) ≃ reader (*Brit*), associate professor (*US*); **Extrapolation** *f* (*Math, fig*) extrapolation; **extrapolieren*** *vti* (*Math, fig*) to extrapolate; **Extrapost** *f* (*old*) express postal service; (*Extrawagen*) post-chaise.

extravagant [-vaˈgant] *adj* extravagant; *Kleidung auch* flamboyant.

Extravaganz [-vaˈgants] *f siehe adj* extravagance; flamboyance.

extravertiert [-vɛrtiˈɛt] *adj* (*Psych*) extrovert.

Extrawurst *f* 1. (*inf: Sonderwunsch*) special favour. **jdm eine ~ braten** to make an exception of *or* for sb; **er will immer eine ~ (gebraten haben)** he always wants something different *or* special. 2. (*Aus*) *siehe* **Lyoner.**

extrem *adj* extreme; *Belastung* excessive; (*sl*) way-out (*sl*). **~ schlecht/gut** *etc* extremely badly/well *etc*; **die Lage hat sich ~ verschlechtert** the situation has deteriorated enormously.

Extrem *nt* **-s, -e** extreme. **von einem ~ ins andere fallen** to go from one extreme to the other.

Extremfall *m* extreme (case).

Extremist(in *f*) *m* extremist.

extremistisch *adj* extremist.

Extremität *f usu pl* extremity *usu pl*.

Extremwert *m* extreme (value).

exzellent *adj* (*geh*) excellent.

Exzellenz *f* Excellency.

exzentrisch *adj* (*Math, fig*) eccentric.

Exzentrizität *f* (*Geometry, Tech, fig*) eccentricity.

exzerpieren* *vt* to select *or* extract (*aus* from).

Exzerpt *nt* **-(e)s, -e** excerpt.

Exzeß *m* **-sses, -sse** 1. excess. **bis zum ~** excessively, to excess; **etw bis zum ~ treiben** to take sth to excess *or* extremes. 2. *usu pl* (*Ausschreitung*) excess.

exzessiv *adj* excessive.

E-Zug [ˈeːtsuːk] *m abbr of* **Eilzug.**

F

F, f [ɛf] *nt* -, - F, f. **nach Schema F** (*inf*) in the usual way.
F *abbr of* **Fahrenheit; Farad.**
f. *abbr of* **und folgende(r, s).**
Fa. *abbr of* **Firma.**
Fabel *f* -, **-n 1.** fable. **2.** (*inf*) fantastic story. **3.** (*Liter: Handlung*) plot.
Fabeldichter *m* writer of fables, fabulist (*form*).
Fabelei *f* **1.** (*das Fabeln*) romancing. **2.** (*Geschichte*) fantastic story.
fabelhaft *adj* splendid, magnificent; **ein ~ niedriger Preis** a fabulously *or* fantastically low price.
fabeln I *vi* to romance. **II** *vt Unsinn* to concoct, to fabricate.
Fabeltier *nt* mythical creature; **Fabelwesen** *nt* mythical creature.
Fabrik *f* -, **-en** factory; (*Papier~*) mill. **in die ~ gehen** (*inf*) to work in a factory.
Fabrikanlage *f* (manufacturing) plant; (*~gelände*) factory premises *pl*.
Fabrikant(in *f*) *m* **1.** (*Fabrikbesitzer*) industrialist. **2.** (*Hersteller*) manufacturer.
Fabrikarbeit *f, no pl* factory work; **Fabrikarbeiter** *m* factory worker.
Fabrikat *nt* **1.** (*Marke*) make; (*von Nahrungs- und Genußmitteln*) brand. **2.** (*Produkt*) product; (*Ausführung*) model.
Fabrikation *f* manufacture, production.
Fabrikationsfehler *m* manufacturing fault.
Fabrik- *in cpds* factory; **Fabrikbau** *m, pl* **-ten** factory (building); **Fabrikdirektor** *m* managing director (of a factory); **fabrikfrisch** *adj* straight from the factory; **Fabrikgelände** *nt* factory site; **Fabrikhalle** *f* factory building; **fabrikmäßig** *adj* **~e Herstellung** mass production; **fabrikneu** *adj* straight from the factory; (*nagelneu*) brand-new; **~ aussehen** to be in mint condition.
Fabriks- *in cpds* (*Aus*) *siehe* **Fabrik-.**
Fabrikschiff *nt* factory ship.
fabrizieren* *vt* **1.** (*dated*) (*industriell produzieren*) to manufacture, to produce, to fabricate (*dated*). **2.** (*inf*) *Möbelstück etc* to make; *geistiges Produkt* to produce; *Alibi etc* to concoct, to fabricate. **3.** (*inf: anstellen*) to get up to (*inf*).
fabulieren* *vi* (*geh*) **1.** (*pej: schwätzen*) to romance. **2.** (*phantasievoll erzählen*) to spin a yarn. **er fabulierte, wie ...** he spun some yarns about how ...
fabulös *adj* (*geh*) fabulous (*liter*); (*unglaubwürdig, hum: großartig*) fantastic.
Facette [faˈsɛtə] *f* facet.
facettenartig I *adj* facet(t)ed; **II** *adv* **schleifen** in facets; **Facettenauge** *nt* compound eye; **Facettenschliff** *m* facet(t)ing.
facettieren* [fasɛˈtiːrən] *vt* to facet. **facettiert** (*lit, fig*) facet(t)ed.
Fach *nt* **-(e)s, ̈er 1.** compartment; (*in Tasche, Brieftasche, Portemonnaie etc*

auch) pocket; (*in Schrank, Regal etc*) shelf; (*für Briefe etc*) pigeonhole. **2.** (*Wissens-, Sachgebiet*) subject; (*Gebiet*) field; (*Handwerk*) trade. **ein Mann vom ~** an expert; **er ist nicht gerade/ist vom ~** it isn't exactly/it's his subject/trade; **sein ~ verstehen** to know one's stuff (*inf*) *or* one's subject/trade; **das ~ Medizin** *etc* medicine *etc*. **3.** (*Theat*) mode.
-fach *adj suf* -fold; (*-mal*) times.
Facharbeiter *m* skilled worker; **Bau-/Brauerei~** *etc* construction/brewery *etc* workers; **Facharbeiterbrief** *m* certificate of proficiency; **Facharzt** *m* specialist (*für* in); **fachärztlich** *adj Behandlung* specialist *attr; Untersuchung* by a specialist; **ein ~es Attest/Gutachten** a certificate from *or* signed by a specialist/a specialist's opinion; **Fachausdruck** *m* technical *or* specialist term; **Fachbereich** *m* **1.** *siehe* **Fachgebiet; 2.** (*Univ*) school, faculty; **fachbezogen** *adj* specifically related to one's/the subject; (*fachlich beschränkt*) specialized; **~ denken** to think in terms of one's own subject; **Fachblatt** *nt* (specialist) journal; **Fachbuch** *nt* reference book; **wasserbautechnische Fachbücher** specialist books on hydraulic engineering; **Fachbuchhandlung** *f* specialist bookshop; **~ für Medizin/Mathematik** *etc* bookhop specializing in medical/mathematical *etc* books.
fächeln (*geh*) **I** *vt* to fan; *Blätter etc* to stir. **II** *vi* to stir.
Fächer *m* **-s, -** fan; (*fig*) range, array.
fächerartig I *adj* fanlike; **II** *adv* like a fan; **fächerförmig I** *adj* fan-shaped; **II** *adv* like a fan; **Fächergewölbe** *nt* fan vaulting; **ein ~** a fan vault.
fächern I *vt* to fan (out); (*fig*) to diversify. **gefächert** diverse; *Auswahl auch* varied; *Unterricht* diversified. **II** *vr* to fan out.
Fächerpalme *f* fan palm.
Fächerung *f, no pl* variety, range.
fachfremd *adj Lektüre, Aufgaben etc* unconnected with the/one's subject; *Mitarbeiter* with no background in the subject; *Methode* foreign to the subject; **Fachgebiet** *nt* (special) field; **fachgebunden** *adj* related (to the field/subject); **Fachgelehrte(r)** *mf* specialist; **fachgerecht** *adj* expert; *Ausbildung* specialist *attr;* **Fachgeschäft** *nt* specialist shop *or* store (*esp US*); **~ für Lederwaren** leather shop, shop *or* store specializing in leather goods; **Fachgespräch** *nt* professional *or* technical discussion; **Fachgröße** *f* authority; **Fachgruppe** *f* professional group; (*Univ*) study group; (*Gruppe von Experten*) team of specialists; **Fachhandel** *m* specialist shops *pl or* stores *pl* (*esp US*); **Fachhochschule** *f* college; **Fachidiot** *m* (*Univ sl*) crank who can

think of nothing but his/her subject, philosophy/chemistry *etc* freak (*sl*); **Fachjargon** *m* technical jargon; **Fachkenntnisse** *pl* specialized knowledge; **Fachkollege** *m* professional colleague; **Fachkraft** *f* qualified employee; **Fachkreise** *pl*: **in** ~**n** among experts; **fachkundig** *adj* informed *no adv*; (*erfahren*) with a knowledge of the subject; (*fachmännisch*) proficient; **jdn** ~ **beraten** to give sb informed advice; **Fachlehrer** *m* subject teacher.

fachlich *adj* technical; *Ausbildung* specialist *attr*; *Spezialisierung* in one aspect of a/ the subject; (*beruflich*) professional. **ein** ~ **ausgezeichneter Lehrer** a teacher who is academically excellent; ~ **hochqualifizierte Mitarbeiter** staff members who are highly qualified in their field; **sich** ~ **qualifizieren** to gain qualifications in one's field; ~ **auf dem laufenden bleiben** to keep up to date in one's subject.

Fachliteratur *f* specialist literature; **Fachmann** *m*, *pl* -**leute** *or* (*rare*) -**männer** expert; **fachmännisch** *adj* expert; **Fachpersonal** *nt* specialist staff; **Fachpresse** *f* specialist publications *pl*; **Fachredakteur** *m* (special) editor; ~ **für Sport** *etc* sports *etc* editor; **Fachrichtung** *f* subject area; **die** ~ **Mathematik** mathematics; **Fachschaft** *f* (*Univ*) students *pl* of the/a department; **Fachschule** *f* technical college; **Fachsimpelei** *f* (*inf*) shop-talk; **fachsimpeln** *vi insep* (*inf*) to talk shop; **fachspezifisch** *adj* technical, subject-specific; **Fachsprache** *f* technical terminology; **fachsprachlich** **I** *adj* technical; **II** *adv* in technical terminology; **Fachterminus** *m* technical term; **fach-|übergreifend** **I** *adj* Problematik, Lernziel *etc* inter-disciplinary, which extends across the disciplines; **II** *adv* across the disciplines; **Fachwerk** *nt*, *no pl* half-timbering; **Fachwerkbauweise** *f* half-timbering; **Fachwerkhaus** *nt* half-timbered house; **Fachwissen** *nt* (specialized) knowledge of the/one's subject; **Fachwissenschaftler** *m* specialist *or* expert (in a particular/the subject); **fachwissenschaftlich** *adj* technical; *Publikation auch* specialist; **Fachwörterbuch** *nt* specialist dictionary; (*wissenschaftliches auch*) technical dictionary; **Fachzeitschrift** *f* specialist journal; (*technisch*) technical journal; (*naturwissenschaftlich*) scientific journal; (*für Berufe*) trade journal.

Fackel *f* -, -**n** (*lit*, *fig*) torch; (*der Revolution auch*, *des Glaubens*) flame.

fackeln *vi* (*inf*) to shilly-shally (*inf*). **da wird nicht lange gefackelt** there won't be any shilly-shallying.

Fackelschein *m* torchlight; **im** ~ **sah man** ... you could see by the light of the torches ...; **Fackelzug** *m* torchlight procession.

fad *adj pred* **1.** *siehe* **fad(e)** **1.**, **2.** **2.** (*Aus*, *S Ger*) (*zimperlich*) soft (*inf*), wet (*inf*), soppy (*inf*).

Fädchen *nt* dim of **Faden** [1].

fad(e) *adj* **1.** *Geschmack* insipid; *Essen auch* tasteless. **2.** (*fig: langweilig*) dull. **3.** (*Aus*, *S Ger*) *siehe* **fad 2.**

fädeln *vt* to thread;

Faden[1] *m* -**s**, ⸚ **1.** (*lit*, *fig*) thread; (*an Marionetten*) string; (*Med*) stitch. **der rote** ~ (*fig*) the leitmotif, the central theme; **den** ~ **verlieren** (*fig*) to lose the thread; **alle** ⸚ **laufen in seiner Hand/hier zusammen** he is at the hub of the whole business/this is the hub *or* the nerve centre of the whole business; **er hält alle** ⸚ (**fest**) **in der Hand** he holds the reins; **sein Leben hing an einem** (**dünnen** *or* **seidenen**) ~ his life was hanging by a thread; **keinen guten** ~ **an jdm/etw lassen** (*inf*) to tear sb/sth to shreds (*inf*) *or* pieces (*inf*).
2. (*Spinnen* ~ *etc*) thread; (*Bohnen* ~) string. **der Klebstoff/Käse zieht** ⸚ the glue is tacky/the cheese has gone stringy; **die Bohnen haben** ⸚ the beans are stringy; **graue** ⸚ **im Haar haben** to have the odd grey hair.

Faden[2] *m* -**s**, - (*Naut*) fathom.

Fadenkreuz *nt* crosshair; **jdn/etw im** ~ **haben** to have sb/sth in one's sights; **Fadennudeln** *pl* vermicelli *pl*; **fadenscheinig** *adj* **1.** threadbare; **2.** (*fig*) flimsy; *Argument auch*, *Moral* threadbare *no adv*; *Ausrede auch* transparent; *Trost* poor; **Fadenschlag** *m* (*Sw Sew*) basted *or* tacked seam; **Fadenwurm** *m* threadworm.

Fadheit *f* *siehe* **fad(e)** **1.** insipidness, insipidity; tastelessness. **2.** (*fig*) dullness.

Fading ['fe:dɪŋ] *nt* -(**s**), *no pl* (*Rad*) fading.

fadisieren* *vr* (*Aus*) *siehe* **langweilen** **III**.

Fagott *nt* -(**e**)**s**, -**e** bassoon.

Fagottbläser(in *f*), **Fagottist(in** *f*) *m* bassoonist.

Fähe *f* -, -**n** (*Hunt*) (*Füchsin*) vixen; (*Dächsin*) sow.

fähig *adj* **1.** (*tüchtig*) Mensch, Mitarbeiter *etc* capable, competent, able. **sie ist ein** ~**er Kopf** she has an able mind. **2.** (*sl: gut*) great (*inf*). **3.** *pred* (*befähigt*, *bereit*) capable (*zu*, *gen* of). (**dazu**) ~ **sein**, **etw zu tun** to be capable of doing sth; **bei dem Lärm bin ich keines klaren Gedankens** ~ I can't think straight *or* hear myself think with all this noise; **zu allem** ~ **sein** to be capable of anything.

Fähigkeit *f* (*Begabung*) ability; (*Tüchtigkeit auch*) capability; (*Geschicklichkeit auch*) aptitude; (*praktisches Können*) skill. **die** ~ **haben, etw zu tun** to be capable of doing sth; **eine Frau von großen** ~**en** a woman of great ability; **bei deinen** ~**en** ... with your talents ...

fahl *adj* (*geh*) pale; *Mondlicht auch* wan (*liter*).

Fähnchen *nt* **1.** dim of **Fahne**; *siehe* **Wind**. **2.** (*Wimpel*) pennant. **3.** (*usu pej*, *inf*) flimsy dress.

fahnden *vi* to search (*nach* for).

Fahndung *f* search.

Fahndungsbuch *nt*, **Fahndungsliste** *f* wanted (persons) list.

Fahne *f* -, -**n** **1.** flag; (*von Verein etc auch*) banner; (*Mil*, *von Pfadfinder etc auch*) colours *pl*. **die** ~ **hochhalten** (*fig*) to keep the flag flying; **etw auf seine** ~ **schreiben** (*fig*) to take up the cause of sth; **mit fliegenden** *or* **wehenden** ~**n** with beat of drum and flourish of trumpets (*liter*); **mit**

fliegenden *or* **wehenden** ~n **untergehen** to go down with all flags flying; **zu den** ~n **eilen** (*old, geh*) to join the colours (*old*); **jdn zu den** ~n **rufen** (*old, geh*) to call sb up (for military service); **unter jds** ~n **fechten** *or* **kämpfen** (*old, geh*) to fight under sb's flag.

2. (*inf*) **eine** ~ **haben** to reek of alcohol; **man konnte seine** ~ **schon aus drei Meter Entfernung riechen** you could smell the alcohol on his breath ten feet away.

3. (*Typ*) galley (proof).

Fahnen|abzug m (*Typ*) galley (proof); **Fahnen|eid** m oath of allegiance; **Fahnenflucht** f (*Mil, fig*) desertion; **fahnenflüchtig** adj ~ **sein/werden** (*Mil, fig*) to be a deserter, to have deserted/to desert; **ein** ~**er Soldat** a deserter; **Fahnenflüchtige(r)** mf (*Mil, fig*) deserter; **fahnengeschmückt** adj beflagged, decorated with flags; **Fahnenmast** m flagpole; **Fahnenschmuck** m drapery of flags and bunting; **im** ~ decked out with flags and bunting; **Fahnenstange** f flagpole; **Fahnenträger** m standard-bearer, colourbearer; **Fahnentuch** nt **1.** (*Tex*) bunting; **2.** (*Fahne*) flag.

Fähnlein nt **1.** dim of **Fahne. 2.** (*kleine Gruppe*) troop.

Fähnrich m (*Hist*) standard-bearer; (*Mil*) sergeant. ~ **zur See** petty officer.

Fahr|ausweis m **1.** (*form*) ticket; **2.** (*Sw*) siehe **Führerschein**; **Fahrbahn** f carriageway (*Brit*), highway (*US*); (*Fahrspur*) lane; **Betreten der** ~ **verboten** pedestrians are not allowed on the road(way); **Fahrbahnmarkierung** f road marking; **fahrbar** adj **1.** on castors; *Kran* mobile; ~**er Untersatz** (*hum*) wheels pl (*hum*); **2.** (*dated*) siehe **befahrbar**; **fahrbereit** adj in running order.

Fährbetrieb m ferry service; **Fährboot** nt ferry (boat).

Fährbücherei f mobile *or* travelling library.

Fahrdienst m **1.** ~ **haben** to have crew duty. **2.** (*Rail*) rail service.

Fährdienst m ferry service.

Fahrdienstleiter m area manager.

Fahrdraht m (*Rail etc*) overhead contact wire *or* line.

Fähre f -, -n ferry.

Fahr|eigenschaft f usu pl handling characteristic. **die** ~**en eines Wagens** the handling of a car; **der Wagen hat hervorragende** ~**en** the car handles excellently.

fahren pret **fuhr**, ptp **gefahren I** vi **1.** aux sein (*sich fortbewegen*) (*Fahrzeug, Fahrgast*) to go; (*Fahrer*) to drive; (*Schiff*) to sail; (*Kran, Kamera, Rolltreppe etc*) to move. **mit dem Auto/Rad** ~ to drive/cycle, to go by car/bike; **mit dem Zug/Motorrad/Bus/Taxi** ~ to go by train *or* rail/motorbike/bus/ taxi; **mit dem Aufzug** ~ to take the lift, to ride the elevator (*US*); **wollen wir** ~ **oder zu Fuß gehen?** shall we go by car/bus *etc* or walk?; **links/rechts** ~ to drive on the left/right; **wie lange fährt man von hier nach Basel?** how long does it take to get to Basle from here?; **ich fahre lieber auf der Autobahn** I'd rather go on *or* take the motorway; **zweiter Klasse** ~ to travel *or* go *or* ride

(*US*) second class; **per Anhalter** to hitch-(hike); **der Wagen/Fahrer ist mir über den Fuß gefahren** the car/driver went *or* ran *or* drove over my foot; **gegen einen Baum** ~ to drive *or* go into a tree; **über den See** ~ to cross the lake; **die Lok fährt elektrisch/mit Dampf** the engine is electric *or* powered by electricity/is steam-driven; **der Wagen fährt sehr ruhig** the car is very quiet *or* is a very quiet runner; **gen Himmel/zur Hölle** ~ (*liter*) to ascend into heaven/descend into hell; **fahr zur Hölle** *or* **zum Teufel!** (*old*) the devil take you! (*old*).

2. aux sein or haben (*ein Fahrzeug lenken, Fahrer sein*) to drive.

3. aux sein (*losfahren*) (*Verkehrsmittel, Fahrer, Mitfahrer*) to go, to leave. **einen** ~ **lassen** (*inf*) to let off (*inf*), to fart (*vulg*).

4. aux sein (*verkehren*) to run. **es** ~ **täglich zwei Fähren** there are two ferries a day; ~ **da keine Züge?** don't any trains go there?; ~ **Sie bis Walterplatz?** do you go as far as *or* all the way to Walterplatz?; **hier fährt alle 20 Minuten ein Bus** there's a bus every 20 minutes from here; **die U-Bahn fährt alle fünf Minuten** the underground goes *or* runs every five minutes.

5. aux sein (*reisen*) to go. **ich fahre mit dem Auto nach Schweden** I'm taking the car to Sweden, I'm going to Sweden by car.

6. aux sein (*sich rasch bewegen*) **blitzartig fuhr es ihm durch den Kopf, daß …** the thought suddenly flashed through his mind that …; **was ist** (*denn*) **in dich gefahren?** what's got into you?; **in seine Kleider** ~ to fling on *or* leap into one's clothes; **der Blitz fuhr in die Eiche** the lightning struck the oak.

7. aux sein or haben (*streichen*) **er fuhr mit der Hand/einem Tuch/einer raschen Handbewegung über den Tisch** he ran his hand/a cloth over the table/he swept his hand over the table; **ihre Hand fuhr sanft über …** she gently ran her hand over …; **jdm/sich durchs Haar** ~ to run one's fingers through sb's/one's hair; **sich** (*dat*) **mit der Hand über die Stirn** ~ to pass one's hand over one's brow.

8. aux sein (*zurechtkommen*) (**mit jdm/etw**) **gut/schlecht** ~ to get on all right/not very well (with sb/sth), not to fare very well (with sb/sth); (**bei etw**) **gut/schlecht** ~ to do well/ badly (with sth).

9. (*Film: eine Kamerafahrt machen*) to track.

II vt **1.** (*lenken*) *Auto, Bus, Zug etc* to drive; *Fahrrad, Motorrad* to ride.

2. aux sein (*zum Fahren benutzen*) *Straße, Strecke, Buslinie etc* to take. **welche Strecke fährt der 59er?** which way does the 59 go?, which route does the 59 take?; **einen Umweg** ~ to go a long way round; **wir sind die Umleitung gefahren** we took *or* followed the diversion; **ich fahre lieber Autobahn als Landstraße** I prefer (driving on) motorways to ordinary roads.

3. (*benutzen*) *Kraftstoff etc* to use; *Reifen* to drive on.

4. (*befördern*) to take; (*hierher*~) to

bring; (*Lastwagen, Taxi: gewerbsmäßig*) to carry; *Personen auch* to drive. **ich fahre dich nach Hause** I'll take *or* drive you *or* give you a lift home.

5. **schrottreif** *or* **zu Schrott** ~ *Fahrzeug* (*durch Unfall*) to write off; (*durch Verschleiß*) to drive into the ground.

6. *aux sein Straße, Strecke* to drive; *Kurve, Gefälle etc* to take.

7. *aux sein Geschwindigkeit* to do.

8. *aux haben or sein* (*Sport*) *Rennen* to take part in; *Runde etc* to do; *Zeit, Rekord etc* to clock up.

9. (*Tech*) (*steuern, betreiben*) to run; (*abspielen*) *Platten etc* to play; (*senden*) to broadcast; (*durchführen*) *Sonderschicht* to put on; *Angriff* to launch.

10. (*Film*) *Aufnahme* to track.

III *vr* **1.** *impers* **mit diesem Wagen/bei solchem Wetter/auf dieser Straße fährt es sich gut** it's good driving this car/in that kind of weather/on this road.

2. (*Fahrzeug*) **der neue Wagen fährt sich gut** the new car is nice to drive.

fahrend *adj* itinerant; *Musikant auch* travelling. **~es Volk** travelling people; **~e Leute** itinerants; **ein ~er Sänger** a wandering minstrel.

Fahrenheit *no art* Fahrenheit.

fahrenlassen* *vt sep irreg* (*lit*) to let go of, to relinquish one's hold on; (*fig*) to abandon; *siehe* **fahren I 3.**

Fahrensmann *m, pl* **-leute** *or* **-männer** (*dial*) sailor, seafarer (*liter*).

Fahrer(in *f*) *m* **-s, -** **1.** driver; (*Chauffeur auch*) chauffeur/chauffeuse. **2.** (*Sport inf*) (*Rad~*) cyclist; (*Motorrad~*) motorcyclist.

Fahrerei *f* driving.

Fahrerflucht *f* hit-and-run driving; **~ begehen** to fail to stop after being involved in an accident, to be involved in a hit-and-run; *siehe* **Unfallflucht; fahrerflüchtig** *adj* (*form*) hit-and-run *attr*; **~ sein** to have failed to stop after being involved in an accident, to have committed a hit-and-run offence; **Fahrerhaus** *nt* (driver's) cab.

Fahr|erlaubnis *f* (*form*) driving licence (*Brit*), driver's license (*US*); **Fahrgastschiff** *nt* passenger boat; **Fahrgeld** *nt* fares *pl*; (*für einzelne Fahrt*) fare; **,,das ~ bitte passend** *or* **abgezählt bereithalten"** "please tender exact fare" (*form*), "please have the exact fare ready"; **Fahrgelegenheit** *f* transport *no indef art*, means of transport; **Fahrgemeinschaft** *f* car pool; **Fahrgeschwindigkeit** *f* (*form*) speed; **Fahrgestell** *nt* **1.** (*Aut*) chassis. **2.** *siehe* **Fahrwerk 1.; 3.** (*hum inf*) legs *pl*.

Fährhafen *m* ferry terminal.

fahrig *adj* nervous; (*unkonzentriert*) distracted.

Fahrkarte *f* **1.** ticket; (*Zeit~, Strecken-karte*) season ticket; (*fig*) passport (*nach to*). **mit diesem Sieg hatten sie die ~ zum Endspiel in der Tasche** this victory was their passport to the final. **2.** (*Schießsport*) miss.

Fahrkarten|ausgabe *f* ticket office; **Fahrkarten|automat** *m* ticket machine; **Fahrkartenschalter** *m* ticket office.

Fahrkomfort *m* (motoring) comfort; **Fahr-**

kosten *pl siehe* **Fahrtkosten; Fahrkünste** *pl* driving skills *pl*; **fahrlässig** *adj* negligent (*auch Jur*); **~ handeln** to be guilty of negligence, to be negligent; **Fahrlässigkeit** *f* negligence (*auch Jur*); **Fahrlehrer** *m* driving instructor; **Fahrleistung** *f* road performance.

Fährmann *m, pl* **-männer** *or* **-leute** ferryman.

Fährnis *f* (*obs*) peril.

Fahrpersonal *nt* drivers and conductors *pl*; (*Rail*) footplatemen *pl* (*Brit*), railroad crews *pl* (*US*); (*von Einzelfahrzeug*) bus/tram/train crew; **Fahrplan** *m* timetable, schedule (*US*); (*fig*) schedule; **fahrplanmäßig** *adj* scheduled *attr, pred*; **~ verkehren/ankommen** to run/arrive on schedule; **Fahrpraxis** *f, no pl* driving experience *no indef art*; **Fahrpreis** *m* fare; **Fahrpreis|anzeiger** *m* taxi meter; **Fahrprüfung** *f* driving test.

Fahrrad *nt* bicycle, cycle, bike (*inf*).

Fahrradfahrer *m* cyclist, bicyclist (*form*); **Fahrradhändler** *m* bicycle dealer; (*Geschäft*) cycle shop; **Fahrradständer** *m* (bi)cycle stand; **Fahrradweg** *m* cycle path, cycleway.

Fährrinne *f* (*Naut*) shipping channel, fairway.

Fahrschein *m* ticket.

Fahrscheinblock *m*, **Fahrscheinheft** *nt* book of tickets; **Fahrschein|entwerter** *m* automatic ticket stamping machine.

Fährschiff *nt* ferry(boat).

Fahrschule *f* driving school; **Fahrschüler** *m* **1.** (*bei Fahrschule*) learner driver, student driver (*US*); **2.** *pupil who has to travel some distance to and from school*; **Fahrsicherheit** *f* safe driving *or* motoring *no art*; **Fahrspur** *f* lane; **Fahrsteig** *m* moving walkway; **Fahrstil** *m* style of driving/riding/skiing *etc*; **Fahrstraße** *f* road (for vehicular traffic *form*); **Fahrstreifen** *m siehe* **Fahrspur; Fahrstuhl** *m* lift (*Brit*), elevator (*US*); **Fahrstuhlschacht** *m* lift (*Brit*) *or* elevator (*US*) shaft; **Fahrstunde** *f* driving lesson.

Fahrt *f* **-, -en 1.** (*das Fahren*) journey. **,,während der ~ nicht hinauslehnen"** "do not lean out of the window while the train *etc* is in motion"; **nach zwei Stunden ~** after travelling for two hours; (*mit Auto auch*) after two hours' drive; *siehe* **frei.**

2. (*Fahrgeschwindigkeit*) speed. **volle/halbe ~ voraus!** (*Naut*) full/half speed ahead!; **30 Knoten ~ machen** to do 30 knots; **~ aufnehmen** to pick up speed; **jdn in ~ bringen** to get sb going; **in ~ kommen** *or* **geraten/sein** to get/have got going.

3. (*Reise*) journey. **was kostet eine ~/eine einfache ~ nach London?** how much is it to London/how much is a single to London?, what is the fare/the single fare to London?; **gute ~!** bon voyage!, safe journey!; **auf ~ gehen** (*dated*) to take to the road.

4. (*Ausflug, Wanderung*) trip. **eine ~ machen** to go on a trip.

5. (*Naut*) voyage; (*Über~*) crossing. **für große/kleine ~ zugelassen sein** to be licensed for long/short voyages.

6. (*Film*) tracking shot.

fahrtauglich *adj* fit to drive; **Fahrtauglichkeit** *f* fitness to drive.

Fahrtdauer *f* time for the journey. **bei einer ~ von fünf Stunden** on a five-hour journey; **man muß für diese Strecke mit einer ~ von drei Stunden rechnen** you have to allow three hours for this stretch.

Fährte *f* **-, -n** tracks *pl*; (*Hunt auch*) spoor; (*Witterung*) scent; (*Spuren*) trail. **auf der richtigen/falschen ~ sein** (*fig*) to be on the right/wrong track; **jdn auf die richtige ~ bringen** (*fig*) to put sb on the right track; **jdn auf eine falsche ~ locken** (*fig*) to put sb off the scent; **eine ~ verfolgen** (*fig*) to follow up a lead.

Fahrtechnik *f* driving technique; **fahrtechnisch** *adj* as regards the technicalities of driving; **eine ~ schwierige Strecke** a difficult stretch of road (to drive).

Fahrtenbuch *nt* **1.** (*Kontrollbuch*) driver's log; **2.** (*Wandertagebuch*) diary of a trip; **Fahrtenmesser** *nt* sheath knife; **Fahrtenschreiber** *m* *siehe* **Fahrtschreiber; Fahrtenschwimmer** *m* *person who has passed an advanced swimming test*.

Fahrtest *m* road test.

Fahrtkosten *pl* travelling expenses *pl*; **Fahrtrichtung** *f* direction in which one is travelling; (*im Verkehr auch*) direction of the traffic; **entgegen der/in ~** (*im Zug*) with one's back to the engine/facing the engine; (*im Bus etc*) facing backwards/the front; **die Züge in ~ Norden/Süden** etc the northbound/southbound *etc* trains; **die Autobahn ist in ~ Norden gesperrt** the northbound carriageway of the motorway is closed; **Fahrtrichtungs|anzeiger** *m* (*Aut*) indicator; **Fahrtschreiber** *m* tachograph.

fahrtüchtig *adj* fit to drive; *Wagen etc* roadworthy; **Fahrtüchtigkeit** *f* driving ability; roadworthiness.

Fahrtwind *m* airstream.

fahr|untauglich *adj* unfit to drive; *Wagen etc* unroadworthy; **Fahr|untauglichkeit** *f* unfitness to drive; unroadworthiness; **Fahrverbot** *nt* loss of one's licence, driving ban; **jdn mit ~ belegen** to ban sb from driving, to take sb's licence away; **Fahrverhalten** *nt* (*von Fahrer*) behaviour behind the wheel; (*von Wagen*) road performance.

Fährverkehr *m* ferry traffic.

Fahrwasser *nt* **1.** (*Naut*) *siehe* **Fahrrinne; 2.** (*fig*) **in jds ~ geraten** to get in with sb; **in ein gefährliches ~ geraten** to get on to dangerous ground; **in jds ~** (*dat*) **segeln** *or* **schwimmen** to follow in sb's wake; **Fahrweise** *f* **seine ~** his driving, the way he drives; **Fahrwerk** *nt* **1.** (*Aviat*) undercarriage, landing gear; **2.** *siehe* **Fahrgestell 1.; Fahrwind** *m* **1.** (*Naut*) wind; **2.** *siehe* **Fahrtwind; Fahrzeit** *f* *siehe* **Fahrtdauer.**

Fahrzeug *nt* vehicle; (*Luft~*) aircraft; (*Wasser~*) vessel.

Fahrzeugbrief *m* registration document, log book (*Brit inf*); **Fahrzeugführer** *m* (*form*) driver of a vehicle; **Fahrzeughalter** *m* vehicle owner; **Fahrzeugkolonne** *f* **1.** (*Schlange*) queue (*Brit*) *or* line of vehicles *etc*; **2.** (*auch* **Fahrzeugkonvoi**) con-

voy; (*bei Staatsbesuchen etc*) motorcade; **Fahrzeugpapiere** *pl* vehicle documents *pl*; **Fahrzeugpark** *m* (*form*) fleet.

Faible ['fɛːbl] *nt* **-s, -s** (*geh*) liking; (*Schwäche auch*) weakness; (*Vorliebe auch*) penchant.

fair [fɛːɐ] **I** *adj* fair (*gegen* to). **II** *adv* fairly. **~ spielen** (*Sport*) to play fairly; (*fig*) to play fair.

Fairneß ['fɛːɐnɛs] *f* **-, *no pl*** fairness.

fäkal *adj* (*geh*) faecal.

Fäkalien [-iən] *pl* faeces *pl*.

Fäkalsprache *f* scatology.

Fakir *m* **-s, -e** fakir.

Faksimile [fak'ziːmile] *nt* **-s, -s** facsimile.

Faksimile|ausgabe *f* facsimile edition; **Faksimiledruck** *m* **1.** printed facsimile; **2.** (*Verfahren*) autotype; **Faksimile|unterschrift** *f* facsimile signature.

faksimilieren* *vt* to make a facsimile of, to reproduce in facsimile, to facsimile.

Fakt *nt or m* **-(e)s, -en** *siehe* **Faktum.**

Fakten *pl of* **Fakt, Faktum.**

Faktenmaterial *nt, no pl* facts *pl*; **Faktenwissen** *nt* factual knowledge.

Faktion *f* (*old, Sw*) *siehe* **Fraktion.**

faktisch I *adj attr* actual, real. **II** *adv* **1.** in reality *or* actuality (*form*). **2.** (*esp Aus inf: praktisch*) more or less.

Faktitiv(um) *nt* (*Gram*) factitive verb.

Faktor *m* **1.** factor (*auch Math*). **2.** (*Typ*) case-room/bookbindery *etc* supervisor.

Faktorei *f* (*Comm*) trading post.

Faktotum *nt* **-s, -s** *or* **Faktoten** factotum.

Faktum *nt* **-s, Fakten** fact.

Faktur *f* **1.** (*dated*) invoice. **2.** (*Mus*) structure.

Faktura *f* **-, Fakturen** (*Aus, dated*) *siehe* **Faktur 1.**

fakturieren* *vt* (*Comm*) to invoice.

Fakturist(in) *f) m* (*Comm*) **1.** bookkeeper. **2.** (*Aus: Rechnungsprüfer*) invoice clerk.

Fakultas *f* **-, Fakultäten: die ~ für ein Fach haben** to be qualified to teach a subject.

Fakultät *f* **1.** (*Univ: Fachbereich*) faculty. **2.** (*Math*) factorial.

fakultativ *adj* (*geh*) optional.

Falange [fa'laŋge] *f* **-, *no pl*** (*Pol*) Falange.

Falangist(in) *f)* [falaŋ'gɪst(ɪn)] *m* (*Pol*) Falangist.

falb *adj* (*geh*) dun.

Falbe *m* **-n, -n** dun.

Falke *m* **-n, -n** falcon; (*fig*) hawk.

Falken|auge *nt* (*Miner*) hawk's-eye; **Falkenbeize** *f*, **Falkenjagd** *f* falconry.

Falkner(in) *f) m* **-s, -** falconer.

Falknerei *f* **1.** falconry. **2.** (*Anlage*) falcon house.

Fall¹ *m* **-(e)s, ⸚e 1.** (*das Hinunterfallen*) fall. **im/beim ~ hat er ...** when/as he fell he ... **2.** (*das Zufallkommen*) fall; (*fig*) (*von Menschen, Regierung*) downfall; (*von Plänen, Gesetz etc*) failure. **zu ~ kommen** (*lit geh*) to fall; **über die Affäre ist er zu ~ gekommen** (*fig*) the affair was *or* caused his downfall; **zu ~ bringen** (*lit geh*) to make fall, to trip up; (*fig*) *Menschen* to cause the downfall of; *Regierung* to bring down; *Gesetz, Plan etc* to thwart; *Tabu* to break down. **3.** (*fig: Untergang, Sturz*) fall. **4.** (*von Gardine etc*) hang, drape.

Fall² *m* -(e)s, ⸚e **1.** (*Umstand*) gesetzt den ~ assuming *or* supposing (that); **für den ~, daß ich ...** in case I ...; **für den ~ meines Todes/einer Reifenpanne** in case I die/in case of a puncture; **für alle ~e** just in case; **in jedem/keinem ~(e)** always/never; **auf jeden/keinen ~** at any rate, at all events/ on no account; **auf alle ~e** in any case, anyway; **für solche ~e** for such occasions; **im äußersten ~(e)** if the worst comes to the worst; **im anderen ~(e)** if not, if that is not the case; **im günstigsten/ schlimmsten ~(e)** at best/worst; **im ~e eines ~es** if it comes to it; **wenn dieser ~ eintritt** if this should be the case, if this should arise.

2. (*gegebener Sachverhalt*) case. **in diesem ~** in this case *or* instance; **ein ~ von ...** a case *or* an instance of ...; **von ~ zu ~** from case to case, from one case to the next; (*hin und wieder*) periodically; **in diesem ~(e) will ich noch einmal von einer Bestrafung absehen, aber ...** I won't punish you on this occasion either, but ...; **jds ~ sein** (*inf*) to be sb's cup of tea (*inf*); **klarer ~!** (*inf*) sure thing! (*esp US inf*), you bet! (*inf*).

3. (*Jur, Med: Beispiel, Person*) case.

4. (*Gram: Kasus*) case. **der erste/ zweite/dritte/vierte/fünfte/sechste ~** the nominative / genitive / dative / accusative/ ablative/vocative case.

Fall³ *nt* -(e)s, -en (*Naut*) halyard.

Fallbeil *nt* guillotine; **Fallbeschleunigung** *f* gravitational acceleration, acceleration due to gravity; **Fallbö** *f* down gust; **Fallbrücke** *f* drawbridge; (*Enterbrücke*) gangplank.

Falle *f* -, -n **1.** (*lit, fig*) trap. **in eine ~ geraten** *or* **gehen** (*lit*) to get caught in a trap; (*fig*) to fall into a trap; **jdm in die ~ gehen** to walk *or* fall into sb's trap; **in der ~ sitzen** to be trapped; **jdn in eine ~ locken** (*fig*) to trick sb; **jdm eine ~ stellen** (*fig*) to set a trap for sb; **dieses Angebot war nur eine ~** that offer was just a con (*inf*).

2. (*Tech*) catch, latch.

3. (*inf: Bett*) bed. **in der ~ sein/liegen** to be in bed; **sich in die ~ hauen, in die ~ gehen** to hit the hay (*inf*), to turn in.

fallen *pret* **fiel**, *ptp* **gefallen** *vi aux sein* **1.** (*hinabfallen, umfallen*) to fall; (*Gegenstand, Wassermassen auch*) to drop; (*Theat, Vorhang auch*) to come down; (*Klappe auch*) to come down, to drop. **etw ~ lassen** to drop sth; **über etw** (*acc*) **~ to** trip over sth; **sich ~ lassen** to drop; (*fig*) to give up; **durch eine Prüfung** *etc* **~ to** fail an exam *etc*; **ein gefallenes Mädchen** (*dated*) a fallen woman (*dated*).

2. (*hängen: Vorhang, Kleid etc*) to hang; (*reichen*) to come down (*bis auf* + *acc* to). **die Haare ~ ihr bis auf die Schultern/ über die Augen/ins Gesicht/in die Stirn** her hair comes down to *or* reaches her shoulders/falls into her eyes/ face/onto her forehead.

3. (*abfallen, sinken*) to drop; (*Wasserstand, Preise, Fieber auch, Thermometer*) to go down; (*Fluß, Kurse, Wert, Aktien auch, Barometer*) to fall; (*Nachfrage, Ansehen*) to fall off, to decrease. **im Preis/**

Wert ~ to go down *or* drop *or* fall in price/ value; **im Kurs ~** to go down, to drop.

4. (*im Krieg ums Leben kommen*) to fall, to be killed. **mein Mann ist gefallen** my husband was killed in the war.

5. (*erobert werden: Stadt etc*) to fall.

6. (*fig*) (*Regierung*) to fall; (*Gesetz etc*) to be dropped; (*Tabu, Brauch etc*) to disappear.

7. (*mit schneller Bewegung*) **jdm ins Lenkrad ~** to grab the steering wheel from sb; **einem Pferd in die Zügel ~** to grab a horse's reins; **die Tür fällt ins Schloß** the door clicks shut; **die Tür ins Schloß ~ lassen** to let the door shut.

8. (*treffen*) to fall; (*Wahl, Verdacht auch*) to light (*form*). **das Licht fällt durch die Luke** the light comes in through the skylight; **das Los, das zu tun, fiel auf ihn** it fell to his lot to do that.

9. (*stattfinden, sich ereignen: Weihnachten, Datum etc*) to fall (*auf* +*acc* on); (*gehören*) to come (*unter* +*acc* under, *in* +*acc* within, under). **in eine Zeit ~** to belong to an era; **unter einen Begriff ~** to be part of a concept; **aus einer Gruppe/ Kategorie** *etc* **~** to come outside *or* be excluded from a group/category *etc*.

10. (*zufallen: Erbschaft etc*) to go (*an* + *acc* to). **das Elsaß fiel an Frankreich** Alsace fell to France; (*nach Verhandlungen*) Alsace went to France.

11. (*gemacht, erzielt werden*) (*Entscheidung*) to be made; (*Urteil*) to be passed *or* pronounced; (*Schuß*) to be fired; (*Sport: Tor*) to be scored.

12. (*Wort*) to be uttered *or* spoken; (*Name*) to be mentioned; (*Bemerkung*) to be made.

13. (*geraten*) **in Schlaf ~** to fall asleep; **in eine andere Tonart ~** to speak in *or* (*absichtlich*) adopt a different tone (of voice); **in eine andere Sprache ~** to lapse *or* drop into another language; **in eine andere Gangart ~** to change one's pace.

14. (*sein*) **das fällt ihm leicht** he finds that easy; *siehe* **Last, lästig** *etc*.

fällen *vt* **1.** (*umschlagen*) to fell.

2. (*fig*) *Entscheidung* to make, to come to; *Urteil* to pass, to pronounce.

3. (*zum Angriff senken*) *Lanze* to lower, to level. **mit gefälltem Bajonett** with bayonet(s) at the ready.

4. (*Chem*) to precipitate.

5. (*Math*) *siehe* **Lot¹ 4.**

fallenlassen* *vt sep irreg* **1.** (*aufgeben*) *Plan, Mitarbeiter* to drop. **2.** (*äußern*) *Bemerkung* to let drop.

Fallensteller *m* -s, - (*Hunt*) trapper.

Fallgeschwindigkeit *f* (*Phys*) speed of fall; **Fallgesetz** *nt* (*Phys*) law of falling bodies; **Fallgitter** *nt* portcullis; **Fallgrube** *f* (*Hunt*) pit; (*fig rare*) pitfall; **Fallhöhe** *f* (*Phys*) (height *or* depth of) drop; (*beim Wasserkraftwerk*) head.

fallieren* *vi* (*Fin*) to fail, to go bankrupt.

fällig *adj* due *pred*; (*Fin*) *Rechnung, Betrag etc auch* payable; *Wechsel* mature(d). **längst ~** long overdue; **die ~en Zinsen** the interest due; **~ werden** to become *or* fall due; (*Wechsel*) to mature; **am Wochenende ist endlich Rasenmähen/eine**

Party ~ the lawn is about due for a cut/a party is about due at the weekend; **bei ihm** *or* **für ihn ist (et)was** ~ (*inf*) he's got it coming to him (*inf*), he's asking for it (*inf*); **der Kerl ist** ~ (*inf*) he's for it (*inf*).

Fälligkeit *f* (*Fin*) settlement date; (*von Wechseln*) maturity. **zahlbar bei** ~ payable by settlement date; payable at *or* on maturity.

Fälligkeitstag *m* settlement date; (*von Wechsel*) date of maturity.

Fall|obst *nt* windfalls *pl*; (*sl: Hängebrüste*) floppy boobs (*sl*). **ein Stück** ~ a windfall.

Fallreep *nt* (*Naut*) rope ladder; (*Treppe*) gangway; **Fallrohr** *nt* drainpipe, downpipe (*form*); **Fallrückzieher** *m* (*Ftbl*) overhead kick, bicycle kick.

falls *conj* (*wenn*) if; (*für den Fall, daß*) in case. ~ **möglich** if possible; ~ **du Lust hast** if you (happen to) want to, if you should (happen to) want to; ~ **ich mich verspäten sollte, rufe ich vorher an** if I'm late *or* in the event of my being late (*form*) I'll phone you first.

Fallschirm *m* parachute. **mit dem** ~ **abspringen** to parachute, to make a parachute jump; **mit dem** ~ **über Frankreich abspringen** to parachute out over France; (*in Kriegszeit*) to parachute into France; **etw mit dem** ~ **abwerfen** to drop sth by parachute.

Fallschirm|absprung *m* parachute jump; **Fallschirmjäger** *m* (*Mil*) paratrooper; **die** ~ (*Einheit*) the paratroop(er)s; **Fallschirmspringen** *nt* parachuting; **Fallschirmspringer** *m* parachutist.

Fallstrick *m* (*fig*) trap, snare; **jdm** ~**e** *or* **einen** ~ **legen** to set a trap *or* snare for sb (to walk into); **Fallstudie** *f* case study; **Fallsucht** *f* (*old*) falling sickness (*old*); **fallsüchtig** *adj* (*old*) epileptic; **Falltür** *f* trapdoor.

Fällungsmittel *nt* (*Chem*) precipitant.

fallweise *adv* 1. from case to case; 2. (*esp Aus: gelegentlich*) now and again, occasionally; **Fallwind** *m* katabatic (*form*) *or* fall wind; **Fallwurf** *m* (*Sport*) diving throw.

falsch *adj* 1. (*verkehrt, fehlerhaft*) wrong; (*in der Logik etc*) false. **richtig/wahr oder** ~ right *or* wrong/true *or* false; **alles** ~ **machen** to do everything wrong; **wie man's macht, ist es** ~ (*inf*) whatever I/you *etc* do it's bound to be wrong; **du machst dir völlig** ~**e Vorstellungen** you have *or* you've got quite the wrong idea *or* some misconceptions; ~**er Alarm** (*lit, fig*) false alarm; **etw** ~ **verstehen** to misunderstand sth, to get sth wrong (*inf*); **etw** ~ **schreiben/aussprechen** to spell/pronounce sth wrongly, to misspell/mispronounce sth; **die Uhr geht** ~ the clock is wrong; **Kinder** ~ **erziehen** to bring children up badly; ~ **spielen** (*Mus*) to play the wrong note/notes; (*unrein*) to play off key *or* out of tune; ~ **singen** to sing out of tune *or* off key; **Sie sind hier** ~ you're in the wrong place; **bei jdm an den F**~**en geraten** *or* **kommen** to pick the wrong person in sb; ~ **liegen** (*inf*) to be wrong (*bei, in* +*dat* about, *mit* in).

2. (*unecht, nachgemacht*) *Zähne etc*

false; *Perlen auch* fake; *Würfel* loaded; (*gefälscht*) *Paß etc* forged, fake; *Geld* counterfeit; (*betrügerisch*) bogus, fake. ~**er Zopf** hairpiece, switch.

3. (*unaufrichtig, unangebracht*) *Gefühl, Freund, Scham, Pathos etc* false. **ein** ~**er Hund, eine** ~**e Schlange** (*inf*) a snake-in-the-grass; **ein** ~**es Spiel (mit jdm) treiben** to play (sb) false; ~ **lachen** to give a false laugh; **unter** ~**er Flagge segeln** (*lit, fig*) to sail under false colours.

4. (*dial: tückisch*) nasty.

Falsch *m* (*old*): **ohne** ~ **sein** to be without guile *or* artifice.

Falsch|aussage *f* (*Jur*) (**uneidliche**) ~ false statement; **Falsch|eid** *m* (*Jur*) (unintentional) false oath.

fälschen *vt* to forge, to fake; *Geld, Briefmarken auch* to counterfeit; (*Comm*) *Bücher* to falsify; *Geschichte, Tatsachen* to falsify.

Fälscher(in *f*) *m* **-s, -** forger; (*von Geld, Briefmarken auch*) counterfeiter.

Falschfahrer *m siehe* **Geisterfahrer**; **Falschgeld** *nt* counterfeit *or* forged money; **Falschheit** *f, no pl* falsity, falseness; (*dial: von Menschen*) nastiness.

fälschlich I *adj* false; *Behauptung auch* erroneous; *Annahme, Glaube auch* mistaken, erroneous. II *adv* wrongly, falsely; *behaupten, annehmen, glauben auch* mistakenly, erroneously; (*versehentlich*) by mistake.

fälschlicherweise *adv* wrongly, falsely; *behaupten, annehmen, glauben auch* mistakenly, erroneously.

Falschmeldung *f* (*Press*) false report; **Falschmünzer(in** *f*) *m* **-s, -** forger, counterfeiter; **Falschmünzerei** *f* forgery, counterfeiting; **falschspielen** *vi sep* (*Cards*) to cheat; **Falschspieler** *m* (*Cards*) cheat; (*professionell*) cardsharp(er).

Fälschung *f* 1. *no pl* (*das Fälschen*) forgery, forging, faking; (*von Geld, Briefmarken auch*) counterfeiting. 2. (*gefälschter Gegenstand*) forgery, fake.

Falsett *nt* **-(e)s, -e** falsetto. ~ **singen, mit** ~**stimme singen** to sing falsetto.

Falsifikat *nt* forgery, fake.

Falsifikation *f* falsification.

falsifizieren* *vt* to falsify.

faltbar *adj* foldable; (*zusammenklappbar*) collapsible; *Stuhl, Tisch, Fahrrad* folding *attr*, collapsible; **Faltblatt** *nt* leaflet; (*in Zeitschrift etc auch*) insert; **Faltboot** *nt* collapsible boat.

Fältchen *nt dim of* **Falte**.

Falte *f* **-, -n** 1. (*in Stoff, Papier*) fold; (*Knitter~, Bügel~*) crease. **in** ~**n legen** to fold; ~**n schlagen** to get creased, to crease; ~**n werfen** to fall in folds.

2. (*in Haut*) wrinkle. **die Stirn in** ~**n legen** to knit *or* furrow one's brow.

3. (*Geol*) fold.

fälteln *vt* to pleat.

falten I *vt* to fold. **die Stirn** ~ to knit one's brow. II *vr* to fold.

Faltengebirge *nt* fold mountains *pl*; **faltenlos** *adj Gesicht* unlined; *Haut auch* smooth; **faltenreich** *adj Haut* wrinkled; *Gesicht auch* lined; **Faltenrock** *m* pleated skirt; **Faltenwurf** *m* fall of the folds.

Falter *m* **-s, -** (*Tag~*) butterfly; (*Nacht~*) moth.

faltig *adj* (*zerknittert*) creased; (*in Falten gelegt*) hanging in folds; *Gesicht, Haut* wrinkled.

Faltkarte *f* folding *or* fold-up map; **Faltkarton** *m*, **Faltschachtel** *f* collapsible box; **Falttür** *f* folding door.

Falz *m* **-es, -e** (*Faltlinie*) fold; (*zwischen Buchrücken und -deckel*) joint; (*Tech*) rabbet; (*zwischen Blechrändern*) join, lock seam; (*Briefmarken~*) hinge.

falzen *vt Papierbogen* to fold; *Holz* to rabbet; *Blechränder* to join with a lock seam.

Fam. *abbr of* **Familie.**

familiär *adj* **1.** (*Familien~*) family *attr*. **2.** (*zwanglos*) informal; (*freundschaftlich*) close; (*pej: plump-vertraulich*) familiar. **ein** *~***er Ausdruck** a colloquialism.

Familie [fa'miːliə] *f* family. **~ Müller** the Müller family; **~ Otto Francke** (*als Anschrift*) Mr. & Mrs. Otto Francke and family; **eine ~ gründen** to start a family; **~ haben** (*inf*) to have a family; **aus guter ~ sein** to come from a good family; **es liegt in der ~** it runs in the family; **zur ~ gehören** to be one of the family; **es bleibt in der ~** it'll stay in the family.

Familien [-iən] *in cpds* family; **Familien|angehörige(r)** *m* dependant; **Familien|anschluß** *m* Unterkunft/Stellung mit ~ accommodation/job where one is treated as one of the family; **~ suchen** to wish to be treated as one of the family; **Familien|anzeigen** *pl* personal announcements *pl*; **Familienbad** *nt* family swimming/sauna; **Familienbesitz** *m* family property; **in ~ sein** to be owned by the family; **Familienbetrieb** *m* family concern *or* business; **Familienbuch** *nt* book of family events with some legal documents; **Familienfeier** *f*, **Familienfest** *nt* family party; **Familienforschung** *f* genealogy; **Familiengrab** *nt* family grave; **Familiengruft** *f* family vault; **Familienkreis** *m* family circle; **die Trauung fand im engsten ~ statt** only the immediate family were present at the wedding; **Familienleben** *nt* family life; **Familienmitglied** *nt* member of the family; **Familiennachrichten** *pl* births, marriages and deaths, personal announcements; **Familienname** *m* surname, family name (*US*); **Familien|oberhaupt** *nt* head of the family; **Familienpackung** *f* family(-size) pack; **Familienpaß** *m* family passport; **Familienplanung** *f* family planning; **Familienrat** *m* family council; **Familienrecht** *nt* family law; **Familienroman** *m* (family) saga; **Familienserie** *f* (*TV*) family series; **Familiensinn** *m* sense of family; **Familienstand** *m* marital status; **Familien|unterhalt** *m* family upkeep *or* maintenance; **den ~ verdienen** to support the family; **Familienvater** *m* father of a family; **Familienverhältnisse** *pl* family circumstances *pl or* background *sing*; **Familienvorstand** *m* (*form*) head of the family; **Familienwappen** *nt* family arms *pl*; **Familienzusammenführung** *f* (*Pol*)

principle of allowing families to be united; **Familienzuwachs** *m* addition to the family.

famos *adj* (*dated inf*) capital (*dated inf*).

famulieren* *vi* (*Med*) to do some practical work.

Famulus *m* **-,** **Famuli 1.** (*Med*) student doing practical work. **2.** (*old*) professor's assistant, student.

Fan [fɛn] *m* **-s, -s** fan; (*Ftbl auch*) supporter.

Fanal *nt* **-s, -e** (*liter*) signal (*gen* for).

Fanatiker(in *f*) *m* **-s, -** fanatic.

fanatisch *adj* fanatical.

fanatisiert *adj* (*geh*) rabid.

Fanatismus *m* fanaticism.

fand *pret of* **finden.**

Fanfare *f* **-, -n 1.** (*Mus*) fanfare. **2.** (*Aut*) horn.

Fanfarenstoß *m* flourish (of trumpets), fanfare; **Fanfarenzug** *m* trumpeters *pl*.

Fang *m* **-(e)s, ⁼e 1.** *no pl* (*das Fangen*) hunting; (*mit Fallen*) trapping; (*Fischen*) fishing. **auf ~ gehen** to go hunting/trapping/fishing; **zum ~ auslaufen** to go fishing.

2. *no pl* (*Beute*) (*lit, fig*) catch; (*von Wild auch*) bag; (*fig: von Gegenständen*) haul. **einen guten ~ machen** to make a good catch/get a good bag/haul.

3. *no pl* (*Hunt: Todesstoß*) coup de grâce.

4. *usu pl* (*Hunt*) (*Kralle*) talon; (*Reißzahn*) fang. **in den ⁼en +gen** (*fig*) in the clutches of; **wenn sie ihn in ihren ⁼en hat** when she's got her talons into him, when she's got him in her clutches.

Fang|arm *m* (*Zool*) tentacle; **Fang|eisen** *nt* (*Hunt*) gin trap.

fangen *pret* **fing,** *ptp* **gefangen I** *vt Tier, Fisch, Verbrecher* to catch; *Wild auch* to bag; (*mit Fallen*) to trap; (*fig: überlisten*) (*durch geschickte Fragen*) to trap; (*durch Versprechungen etc*) to trick.

II *vi* to catch. **F~ spielen** to play tag.

III *vr* **1.** (*in einer Falle*) to get caught. **er hat sich in der eigenen Falle gefangen** (*fig*) he was hoist with his own petard.

2. (*das Gleichgewicht wiederfinden*) to steady oneself; (*beim Reden etc*) to recover oneself; (*Flugzeug*) to straighten out; (*seelisch*) to get on an even keel again.

3. (*sich verfangen*) to get caught (up); (*Wind*) to get trapped.

Fänger *m* **-s, -** . **1.** (*Tier~*) hunter; (*mit Fallen*) trapper; (*Wal~*) whaler; (*Robben~*) sealer.

2. (*Sport*) catcher.

Fangfrage *f* catch *or* trick question; **Fanggründe** *pl* fishing grounds *pl*; **Fangkorb** *m* lifeguard, cowcatcher (*inf*); **Fangleine** *f* **1.** (*Naut*) hawser; **2.** (*Aviat*) arresting gear cable; **3.** (*von Fallschirm*) rigging line; **Fangmesser** *nt* hunting knife; **Fangnetz** *nt* **1.** (*Hunt, Fischen*) net; **2.** (*Aviat*) arresting gear; **Fangschiff** *nt* fishing boat; (*mit Netzen*) trawler; (*Walfangschiff*) whaler; **Fangschnur** *f* (*Mil*) aiguillette; **Fangschuß** *m* (*Hunt, fig*) coup de grâce (*with a gun*); **fangsicher** *adj* safe; **~ sein** to be a good catch;

Fangstoß *m* coup de grâce (*with a knife*);
Fangvorrichtung *f* arresting device;
Fangzahn *m* canine (tooth), fang; (*von Eber*) tusk.

Fantasie *f* **1.** (*Mus*) fantasia. **2.** *siehe* **Phantasie.**

Farad *nt* **-(s), -** farad.

Farb- *in cpds* colour; **Farb|abstimmung** *f* colour scheme; (*TV*) colour adjustment; **Farb|aufnahme** *f* colour photo(graph); **Farbband** *nt* (*von Schreibmaschine*) (typewriter) ribbon; **Farbbericht** *m* (*Press, TV*) report in colour; (*in Zeitschriften auch*) colour feature; **Farbbild** *nt* (*Phot*) colour photo(graph); **Farbdruck** *m* colour print.

Farbe *f* **-, -n 1.** (*Farbton, Tönung*) colour, color (*US*); (*Tönung auch*) shade. ~ **bekommen** to get a bit of colour, to catch the sun (*inf*); ~ **verlieren** to go pale; **in** ~ in colour; **einer Sache** (*dat*) **mehr** ~ **geben** (*fig*) to brighten sth up; **etw in den dunkelsten** ~**n schildern** *or* **malen** to paint a black picture of sth.
2. (*Maler~, Anstrich~*) paint; (*Färbemittel*) dye; (*Druck~*) ink.
3. (*Fahne*) ~**n** *pl* colours *pl*.
4. (*Cards*) suit. ~ **bedienen** to follow suit; ~ **bekennen** (*fig*) (*alles zugeben*) to make a clean breast of it, to come clean; (*sich entscheiden*) to nail one's colours to the mast.

farb|echt *adj* colourfast.
Färbemittel *nt* dye.
farb|empfindlich *adj* colour-sensitive.
färben I *vt* to colour; *Stoff, Haar* to dye; *siehe* **gefärbt. II** *vi* (*ab~*) to run (*inf*). **III** *vr* to change colour. **ihre Wangen färbten sich leicht** she coloured slightly; **sich grün/blau** *etc* ~ to turn green/blue *etc*.

Farben- *in cpds* colour; **farbenblind** *adj* colour-blind; **farbenfreudig** *adj* colourful; *Mensch* keen on bright colours; **farbenfroh** *adj* colourful; **Farbenlehre** *f* theory of colour; (*Fach auch*) chromatics *sing*; **Farbenpracht** *f* blaze of colour; **farbenprächtig** *adj* gloriously colourful; **farbenreich** *adj* colourful; **Farbenreichtum** *m* wealth of colours; **Farbensinn** *m* sense of colour (*auch Biol*), colour sense; **Farbenspiel** *nt* play *or* kaleidoscope of colours; **Farbenzusammenstellung** *f* colour combination.

Färber *m* **-s, -** dyer.
Färberei *f* **1.** (*Betrieb*) dyeing works *sing or pl*. **2.** *no pl* (*Verfahren*) dyeing.
Farbfernsehen *nt* colour television *or* TV; **Farbfernseher** *m*, **Farbfernsehgerät** *nt* colour television (set); **Farbfilm** *m* colour film; **Farbfilter** *m* (*Phot*) colour filter; **Farbfoto** *nt* colour photo(graph); **Farbfotografie** *f* (*Verfahren*) colour photography; (*Bild*) colour photo(graph); **Farbgebung** *f* colouring, coloration.

farbig *adj* **1.** coloured; (*fig*) *Schilderung* vivid, colourful. **ein** ~**er Druck/eine** ~**e Postkarte** a colour print/postcard; ~ **fotografieren** to take colour photographs. **2.** *attr* (*Hautfarbe*) coloured.

farbig *adj* (*Aus*) *siehe* **farbig 1.**
Farbige(r) *mf decl as adj* coloured man/woman/person *etc*. **die** ~**n** the coloureds

pl, coloured people *pl*.

Farbkasten *m* paintbox; **Farbkissen** *nt* inkpad; **Farbklecks** *m* blob of paint, paint spot; **farblos** *adj* (*lit, fig*) colourless; **Farblosigkeit** *f* (*lit, fig*) colourlessness; **Farbmine** *f* coloured-ink cartridge; **Farbmischung** *f* (*gemischte Farbe*) mixture of colours; **Farbstich** *m* (*Phot, TV*) colour fault; **Farbstift** *m* coloured pen; (*Buntstift*) crayon, coloured pencil; **Farbstoff** *m* (*in Lebensmitteln*) (artificial) colouring; (*der Haut*) pigment; **Farbtafel** *f* colour plate; (*Tabelle*) colour chart; **Farbton** *m* shade, hue; (*Tönung*) tint.

Färbung *f* (*das Färben*) colouring; (*Tönung*) tinge, hue; (*fig*) slant, bias.

Farce ['farsə] *f* **-, -n 1.** (*Theat, fig*) farce. **2.** (*Cook*) stuffing; (*Fleisch auch*) forcemeat.

farcieren* [far'si:rən] *vt* (*Cook*) to stuff.

Farm *f* **-, -en** farm.
Farmer *m* **-s, -** farmer.
Farmhaus *nt* farmhouse.

Farn *m* **-(e)s, -e**, **Farnkraut** *nt* fern; (*Adler~*) bracken.

Färöer *pl* Faeroes *pl*, Faeroe Islands *pl*.
Färse *f* **-, -n** heifer.
Fasan *m* **-s, -e** *or* **-en** pheasant.
Fasanerie *f* pheasant-house; (*im Freien*) pheasant-run.

Fasche *f* **-, -n** (*Aus*) bandage.
faschen *vt* (*Aus*) to bandage.
faschieren* *vt* (*Aus Cook*) to mince. **Faschiertes** mince, minced meat.

Faschine *f* fascine.
Fasching *m* **-s, -e** *or* **-s** (*S Ger*) *siehe* **Fastnacht.**
Faschings- *in cpds* carnival.
Faschismus *m* fascism.
Faschist(in) *m* *f* fascist.
faschistoid *adj* fascistic.

Fase *f* **-, -n** bevel, chamfer.
Faselei *f* (*pej*) *siehe* **Gefasel.**
Fas(e)ler *m* **-s, -** (*pej*) drivelling idiot (*pej*).
faseln (*pej*) **I** *vi* to drivel (*inf*). **II** *vt Blödsinn etc* ~ to talk drivel; **was hat er gefaselt?** what was he drivelling about?

Faser *f* **-, -n** fibre. **ein Pullover aus synthetischen** ~**n** a pullover made of synthetic fibre; **mit allen** ~**n des Herzens** (*liter*) with every fibre of one's being (*liter*).

Fasergewebe *nt* (*Biol*) fibrous tissue.
fas(e)rig *adj* fibrous; *Fleisch, Spargel auch* stringy (*inf*); (*zerfasert*) frayed.
fasern *vi* to fray.

Fasnacht *f siehe* **Fastnacht.**

Faß *nt* **Fasses, Fässer** barrel; (*kleines Bier~*) keg; (*zum Gären, Einlegen*) vat; (*zum Buttern*) (barrel) churn; (*für Öl, Benzin, Chemikalien*) drum. **etw in Fässer füllen** to put sth into barrels/drums, to barrel sth; **drei Fässer/~ Bier** three barrels of beer; **vom** ~ on tap; *Bier auch* on draught (*esp Brit*); *Sherry, Wein auch* from the wood (*esp Brit*); **er trinkt nur Bier vom** ~ he only drinks draught beer; **ein** ~ **ohne Boden** (*fig*) a bottomless pit; **ein** ~ **aufmachen** (*fig inf*) to kick up a shindy (*inf*) *or* a dust (*inf*); **das schlägt dem** ~ **den Boden aus** (*inf*) that beats everything!, that takes the biscuit! (*inf*);

das brachte das ~ zum Überlaufen (*fig*) that put the tin lid on it (*inf*).

Fassade *f* (*lit*, *fig*) façade; (*inf*: *Gesicht*) face. **das ist doch nur ~** (*fig*) that's just a façade.

Fassadenkletterer *m* cat burglar; **Fassadenreinigung** *f* exterior cleaning.

Faßband *nt* hoop (of a barrel); **faßbar** *adj* comprehensible, understandable; **das ist doch nicht ~!** that's incomprehensible!; **Faßbier** *nt* draught beer; **Faßbinder** *m* (*old*, *Aus*) cooper.

Fäßchen *nt dim of* **Faß** cask.

Faßdaube *f* stave.

fassen I *vt* 1. (*ergreifen*) to take hold of; (*hastig*, *kräftig*) to grab, to seize; (*festnehmen*) *Einbrecher etc* to apprehend (*form*), to seize. **jdn beim** *or* **am Arm ~** to take/grab sb by the arm; **er faßte ihre Hand** he took her hand; **faß!** seize!
2. (*fig*) *Beschluß*, *Entschluß* to make, to take; *Mut* to take. **Vertrauen zu jdm ~** to come to trust sb; **den Gedanken ~**, **etw zu tun** to form *or* have the idea of doing sth; **den Vorsatz ~**, **etw zu tun** to make a resolution to do sth.
3. (*begreifen*) to grasp, to understand. **es ist nicht zu ~** it's unbelievable *or* incredible.
4. (*enthalten*) to hold.
5. (*aufnehmen*) *Essen* to get; (*Rail*, *Naut*) *Wasser*, *Kohlen* to take on. **Essen ~!** come and get it!
6. (*ein~*) *Edelsteine* to set; *Bild* to frame; *Quelle* to surround; (*fig*: *ausdrücken*) to express. **in Verse/Worte ~** to put into verse/words; **neu ~** *Manuskript*, *Rede*, *Erzählung* to revise; **etw weit/eng ~** to interpret sth broadly/narrowly.
II *vi* 1. (*nicht abrutschen*) to grip; (*Zahnrad*) to bite.
2. (*greifen*) **an/in etw** (*acc*) **~** to feel sth; (*berühren*) to touch sth; **da faßt man sich** (*dat*) **an den Kopf** (*inf*) you wouldn't believe it, would you?
III *vr* (*sich beherrschen*) to compose oneself. **sich vor Freude kaum ~ können** to be beside oneself with joy; **sich in Geduld ~** to be patient, to possess one's soul in patience; **sich kurz ~** to be brief.

fässerweise *adv* (*in großen Mengen*) by the gallon; (*in Fässern*) by the barrel.

faßlich *adj* comprehensible, understandable.

Faßlichkeit *f*, *no pl* comprehensibility.

Fasson [faˈsõː] *f* **-**, **-s** (*von Kleidung*) style; (*von Frisur*) shape. **aus der ~ geraten** (*lit*) to go out of shape, to lose its shape; (*dated*: *dick werden*) to get a spare tyre (*inf*), to get a (bit) broad in the beam (*inf*); **jeder soll nach seiner ~ selig werden** (*prov*) everyone has to find his own salvation.

Fassonschnitt [faˈsõː-] *m* style in which the hair is shaped into the neck; (*für Herren*) short back and sides.

Faßreif(en) *m* hoop.

Fassung *f* 1. (*von Juwelen*) setting; (*von Bild*) frame; (*Elec*) holder.
2. (*Bearbeitung*, *Wortlaut*) version. **ein Film/Buch in ungekürzter ~** the uncut/unabridged version of a film/book; **ein**

Film in deutscher ~ a film with German dubbing; **das Lied hat noch eine andere ~** there's another version of the song.
3. *no pl* (*Besonnenheit*) composure. **die ~ bewahren** to maintain one's composure; **etw mit ~ tragen** to take sth calmly *or* with equanimity; **die ~ verlieren** to lose one's composure; **völlig außer ~ geraten** to lose all self-control; **jdn aus der ~ bringen** to disconcert *or* throw (*inf*) sb; *Redner auch* to put sb off.

fassungslos *adj* aghast, stunned; **Fassungslosigkeit** *f* complete bewilderment; **Fassungsvermögen** *nt* (*lit*, *fig*) capacity; **das übersteigt mein ~** that is beyond me *or* beyond the limits of my comprehension.

Faßwein *m* wine from the wood; **faßweise** *adv* by the barrel; (*in Fässern*) in barrels.

fast *adv* almost, nearly. **~ nie** hardly ever, almost never; **~ nichts** hardly anything, almost nothing; **ich wäre ~ überfahren worden** I was almost *or* nearly run over.

fasten *vi* to fast.

Fastenkur *f* diet; **eine ~ machen/anfangen** to be/go on a diet; **Fastenzeit** *f* period of fasting; (*Eccl*) Lent.

Fastnacht *f*, *no pl* (*dial*) Shrovetide carnival.

Fastnachtsdienstag *m* Shrove Tuesday, Pancake Day; **Fastnachtsnarr** *m* disguised figure in carnival celebrations; **Fastnachtsspiel** *nt* (*Liter*) Shrovetide play; **Fastnachts|umzug** *m* carnival procession; **Fastnachtszeit** *f* carnival period.

Fasttag *m* day of fasting.

Faszination *f* fascination. **~ ausstrahlen** to radiate charm; **jds ~** (*dat*) **erlegen sein** to succúmb to sb's fascinating power.

faszinieren* *vti* to fascinate (*an* +*dat* about). **~d** fascinating; **mich fasziniert der Gedanke, das zu tun** I'm very attracted by *or* to the idea of doing that.

fatal *adj* (*geh*) (*verhängnisvoll*) fatal, fateful, dire; (*peinlich*) embarrassing.

Fatalismus *m* fatalism.

Fatalist(in *f*) *m* fatalist.

fatalistisch *adj* fatalistic.

Fatalität *f* great misfortune.

Fata Morgana *f* **-** -, **- Morganen** *or* **-s** (*lit*, *fig*) Fata Morgana (*liter*), mirage.

Fatzke *m* **-n** *or* **-s**, **-n** *or* **-s** (*inf*) stuck-up twit (*inf*).

fauchen *vti* to hiss.

faul *adj* 1. (*verfault*) bad; *Lebensmittel auch* off *pred*; *Eier*, *Obst auch*, *Holz*, *Gesellschaftsordnung* rotten; *Geschmack*, *Geruch auch* foul, putrid; *Zahn auch* decayed; *Laub* rotting; *Wasser* foul.
2. (*verdächtig*) fishy (*inf*), suspicious, dubious; (*Comm*) *Wechsel* dud (*inf*); (*fadenscheinig*) *Ausreden* flimsy, feeble; *Kompromiß* uneasy; *Friede* empty; (*dumm*) *Witz* bad. **an der Sache ist etwas ~** (*inf*) there's something fishy about the whole business (*inf*); **etwas ist ~ im Staate Dänemark** (*prov*) there's something rotten in the State of Denmark (*prov*).
3. (*träge*) lazy, idle. **~ wie die Sünde** bone-idle; **nicht ~** (*reaktionsschnell*) quick as you please.

Fäule f -, no pl **1.** (Vet) (liver) rot. **2.** siehe **Fäulnis.**

faulen vi aux sein or haben to rot; (Aas auch) to putrefy; (Zahn) to decay; (Lebensmittel) to go bad.

faulenzen vi to laze or loaf (esp pej inf) about.

Faulenzer m -s, - **1.** layabout. **2.** (Aus: Linienblatt) sheet of ruled paper.

Faulenzerei f lazing or loafing (esp pej inf) about.

Faulheit f laziness, idleness. **er stinkt vor** ~ (inf) he's bone-idle.

faulig adj going bad; Lebensmittel auch going off; Eier, Obst auch going rotten; Wasser stale; (in Teich, See etc) stagnating; Geruch, Geschmack foul, putrid. ~ **riechen/schmecken** to taste/smell bad; (Wasser) to taste/smell foul.

Fäulnis f, no pl rottenness; (von Fleisch auch) putrefaction; (von Zahn) decay; (fig) decadence, degeneracy. **von ~ befallen** rotting, decaying; **in ~ übergehen** to go rotten; (Lebensmittel auch) to go bad; (Fleisch auch) to putrefy.

fäulnis|erregend adj putrefactive; **Fäulnis|erreger** m putrefier.

Faulpelz m (inf) lazybones sing (inf); **Faulschlamm** m sapropel (spec), sludge; **Faultier** nt sloth; (inf: Mensch) lazybones sing (inf).

Faun m -(e)s, -e (Myth) faun.

Fauna f -, **Faunen** fauna.

Faust f -, **Fäuste** fist. **die (Hand zur) ~ ballen** to clench one's fist; **jdm mit der ~ ins Gesicht schlagen** to punch sb in the face; **jdm die ~ unter die Nase halten** to shake one's fist in sb's face or under sb's nose; **mit der ~ auf den Tisch schlagen** (lit) to thump on the table (with one's fist); (fig) to take a hard line, to put one's foot down; **etw aus der ~ essen** to eat sth with one's hands; **die ~/Fäuste in der Tasche ballen** (fig) to bottle up or choke back one's anger; **das paßt wie die ~ aufs Auge** (paßt nicht) it's all wrong; (Farbe) it clashes horribly; (ist fehl am Platz) it's completely out of place; (paßt gut) it's just the thing (inf) or job (inf); **jds ~ im Nacken spüren** (fig) to have sb breathing down one's neck; **auf eigene ~** (fig) off one's own bat (inf); **reisen, fahren** under one's own steam.

Faust|abwehr f (Sport) save using the fists; **Faustball** m form of volleyball.

Fäustchen nt dim of **Faust; sich** (dat) **ins ~ lachen** to laugh up one's sleeve; (bei finanziellem Vorteil) to laugh all the way to the bank (inf).

faustdick adj (inf) **eine ~e Lüge** a whopper (inf), a whopping (great) lie (inf); **er hat es ~ hinter den Ohren** he's a fly or crafty one (inf); **~ auftragen** to lay it on thick.

Fäustel m or nt -s, - sledgehammer.

fausten vt Ball to punch; (Ftbl auch) to fist.

faustgroß adj as big as a fist, the size of a fist; **Fausthandschuh** m mitt(en).

faustisch adj Faustian.

Faustkampf m fist-fight; **Faustkämpfer** m (old) pugilist (old); **Faustkeil** m hand-axe.

Fäustling m mitt(en).

Faustpfand nt security; **Faustrecht** nt, no pl law of the jungle; **Faustregel** f rule of thumb; **Faustschlag** m punch.

Fauteuil [foˈtøːj] m -s, -s (old, Aus) leather armchair.

Fauxpas [foˈpa] m -, - gaffe, faux pas.

favorisieren* [favoriˈziːrən] vt to favour. **die Wettbüros ~ X als Sieger** the betting shops show X as favourite or have X to win; **favorisiert werden** to be favourite.

Favorit(in f) [favoˈriːt(ɪn)] m **-en, -en** favourite.

Faxen pl **1.** (Alberei) fooling about or around. **~ machen** to fool about or around. **2.** (Grimassen) **~ schneiden** to pull faces.

Fayence [faˈjãːs] f -, -n faïence.

Fazit nt **-s, -s** or **-e das ~ der Untersuchungen war ...** on balance the result of the investigations was ...; **wenn wir aus diesen vier Jahren das ~ ziehen** if we take stock of these four years.

FDGB [efdeːgeːˈbeː] m **-(s)** (DDR) abbr of **Freier Deutscher Gewerkschaftsbund** Free German Trades Union Congress.

FDJ [efdeːˈjɔt] f - (DDR) abbr of **Freie Deutsche Jugend** Free German Youth.

FDJler(in f) m -s, - (DDR) member of the Free German Youth.

F.D.P. [efdeːˈpeː] f - abbr of **Freie Demokratische Partei** Free Democratic Party.

Feature [ˈfiːtʃɐ] nt -s, -s (Rad, TV) feature programme.

Feber m -s, - (Aus) February.

Februar m -(s), -e February; siehe auch **März.**

fechten pret **focht**, ptp **gefochten** I vi (Sport) to fence; (geh: kämpfen) to fight. **das F~** fencing. II vt Degen/Säbel/Florett ~ to fence with épées/ sabres/foils; **einen Gang ~** to fence a bout.

Fechter(in f) m -s, - fencer.

Fechthandschuh m fencing glove; **Fechthieb** m (fencing) cut; **Fechtkunst** f art of fencing; (Geschick) skill in fencing; **Fechtmeister** m fencing master; **Fechtsport** m fencing.

Feder f -, -n **1.** (Vogel~) feather; (Gänse~ etc) quill; (lange Hut~) plume. **leicht wie eine ~** as light as a feather; **~n lassen müssen** (inf) not to escape unscathed; **in den ~n liegen** (inf) to be/stay in one's bed or pit (inf); **raus aus den ~n!** (inf) rise and shine! (inf), show a leg! (inf). **2.** (Schreib~) quill; (an ~halter) nib. **ich greife zur ~ ...** I take up my pen ...; **aus jds ~ fließen** to flow from sb's pen; **eine spitze ~ führen** to wield a wicked or deadly pen; **mit spitzer ~** with a deadly pen, with a pen dipped in vitriol (liter). **3.** (Tech) spring. **4.** (in Holz) tongue.

Feder|antrieb m clockwork; **Federball** m (Ball) shuttlecock; (Spiel) badminton; **Federbein** nt (Tech) suspension strut; **Federbesen** m feather duster; **Federbett** nt quilt; (in heutigen Zusammenhängen) continental quilt, duvet; **Federblatt** nt leaf of a spring; **Federbusch** m (von Vögeln) crest; (von Hut, Helm) plume;

Federdecke f siehe **Federbett**; **Feder-fuchser** m -s, - (pej) petty-minded pedant (pej); (Schreiberling) pettifogging pen-pusher (pej); **federführend** adj Behörde in overall charge (für of); **Federführung** f unter der ~ +gen under the overall control of; **Federgewicht** nt (Sport) featherweight (class); **Federgewichtler** m -s, - (Sport) featherweight; **Federhalter** m (dip) pen; (Füll~) (fountain) pen; (ohne Feder) pen(holder); **Federkasten** m (Sch) pencil box; **Federkernmatratze** f interior sprung mattress; **Federkiel** m quill; **Federkissen** nt feather cushion; (in Bett) feather pillow; **Federkleid** nt (liter) plumage; **federleicht** adj light as a feather; **Federlesen** nt: nicht viel ~s mit jdm/etw machen to waste no time on sb/sth, to make short work of sb/sth; ohne langes ~, ohne viel ~s without ceremony or any (further) ado; **Federmäppchen** nt, **Federmappe** f pencil case; **Feder-messer** nt penknife.

federn I vi 1. (Eigenschaft) to be springy. 2. (hoch~, zurück~) to spring back; (Fahrzeug) to bounce (up and down); (Knie) to give; (Turner: hochgeschleudert werden) to bounce. (in den Knien) ~ (Sport) to bend or give at the knees. 3. (Kissen etc) to shed (feathers); (Vogel) to moult, to shed its feathers. II vr to moult, to shed its feathers. III vt to spring; Auto, Räder auch to fit with suspension.

federnd adj (Tech) sprung. einen ~en Gang haben to have a jaunty or springy step or gait; mit ~en Schritten with a spring in one's step.

Federpennal nt (Aus) pencil case; **Feder-ring** m spring washer; **Federschmuck** m feather trimming; (von Indianern etc) headdress; (Federbusch) plume; (von Vogel) plumage; **Federskizze** f pen-and-ink sketch; **Federstrich** m pen-stroke, stroke of the pen; mit einem ~ with a single stroke of the pen.

Federung f springs pl, springing; (Aut auch) suspension.

Federvieh nt poultry; **Federwaage** f spring balance; **Federweiße(r)** m decl as adj (dial) new wine; **Federwild** nt (Hunt) game birds pl; **Federwisch** m (old) feather duster; **Federwolke** f fleecy cloud; **Federzeichnung** f pen-and-ink drawing.

Fee f -, -n ['fe:ən] fairy.

Fegefeuer nt das ~ purgatory.

fegen I vt 1. to sweep; (auf~) to sweep up. den Schmutz von etw ~ to sweep sth (clean). 2. (Hunt) Geweih to fray. II vi 1. (ausfegen) to sweep (up). 2. aux sein (inf: jagen) to sweep; (Wind auch) to race.

Fehde f -, -n (Hist) feud. mit jdm eine ~ ausfechten to feud or carry on a feud with sb; mit jdm in ~ liegen (lit, fig) to be feud-ing or in a state of feud with sb.

Fehdehandschuh m: jdm den ~ hinwerfen (lit, fig) to throw down the gauntlet (to sb); den ~ aufheben (lit, fig) to take up the gauntlet.

fehl adj: ~ am Platz(e) out of place.

Fehl m (old, liter): ohne ~ without (a) blemish.

Fehll|anzeige f (inf) dead loss (inf); ~! no go (inf); **Fehl|aufschlag** m (Sport) fault; einen ~ machen to serve a fault; **fehlbar** adj fallible; (Sw) guilty; **Fehlbesetzung** f miscasting; eine ~ a piece or bit of miscasting; **Fehlbetrag** m (form) deficit, shortfall; **Fehlbitte** f (form) vain request; **Fehldeutung** f misinterpretation; **Fehl-diagnose** f wrong or false diagnosis; **Fehll|einschätzung** f false estimation; (der Lage auch) misjudgement.

fehlen I vi 1. (mangeln) to be lacking; (nicht vorhanden sein) to be missing; (in der Schule etc) to be away or absent (in + dat from); (schmerzlich vermißt werden) to be missed. das Geld fehlt (ist nicht vor-handen) there is no money; (reicht nicht) there isn't enough money; etwas fehlt there's something missing; jdm fehlt etw sb lacks or doesn't have sth; (wird schmerzlich vermißt) sb misses sth; mir fehlt Geld I'm missing some money; mir ~ 20 Pfennig am Fahrgeld I'm 20 pfennigs short or I'm short of 20 pfennigs for my fare; mir ~ die Worte words fail me; du fehlst mir sehr I miss you a lot; der/das hat mir gerade noch gefehlt! (inf) he/that was all I needed (iro); das durfte nicht ~ that had to happen. 2. (los sein) was fehlt dir? what's the matter or what's up (with you)?; fehlt dir (et)was? is something the matter (with you)?; mir fehlt nichts there's nothing the matter (with me). 3. (old: etwas falsch machen) to err. II vi impers es fehlt etw or an etw (dat) there is a lack of sth; (völlig) there is no sth, sth is missing; es ~ drei Messer there are three knives missing; es fehlt jdm an etw (dat) sb lacks sth; es an etw (dat) ~ lassen to be lacking in sth, to lack sth; er ließ es uns an nichts ~ (geh) he let us want for nothing; es fehlt hinten und vorn(e) or an allen Ecken und Enden or Kanten we/they etc are short of everything; (bei Kenntnissen) he/she etc has a lot to learn or a long way to go; (bei Klassenarbeit etc) it's a long way from perfect; wo fehlt es? what's the trouble?, what's up? (inf); es fehlte nicht viel, und ich hätte ihn ver-prügelt I almost hit him. III vt (old Hunt) to miss. weit gefehlt! (fig) you're way out! (inf); (ganz im Gegenteil) far from it!

Fehll|entscheidung f wrong decision.

Fehler m -s, - 1. (Irrtum, Unrichtigkeit) mis-take, error; (Sport) fault. einen ~ machen or begehen to make a mistake or error; ihr ist ein ~ unterlaufen she's made a mis-take; ~! (Sport) fault! 2. (Mangel) fault, defect; (Charakter~ auch) failing. einen ~ aufweisen to prove faulty; jeder hat seine ~ we all have our faults, nobody's perfect; das ist nicht mein ~ that's not my fault; er hat den ~ an sich, immer dazwischenzureden the trouble with him is that he's always interrupting; in den ~ verfallen, etw zu tun to make the mistake of doing sth.

fehlerfrei adj perfect; Arbeit, Übersetzung,

Aussprache etc auch faultless, flawless; *Messung etc* correct; ~**er Sprung** (*Sport*) clear jump; **Fehlergrenze** *f* margin of error; **fehlerhaft** *adj* (*Mech, Tech*) faulty, defective; *Ware* substandard, imperfect; *Messung, Rechnung* incorrect; *Arbeit, Übersetzung, Aussprache* poor; **fehlerlos** *adj siehe* **fehlerfrei; Fehlerquelle** *f* cause of the fault; (*in Statistik*) source of error.

Fehlfarbe *f* (*Cards*) missing suit; (*Nicht-Trumpf*) plain *or* side suit; (*Zigarre*) cigar with a discoloured wrapper; **Fehlgeburt** *f* miscarriage.

fehlgehen *vi sep irreg aux sein* **1.** (*geh: sich verirren*) to go wrong, to miss the way; (*Schuß*) to go wide. **2.** (*sich irren*) to be wrong *or* mistaken, to err (*form*). **ich hoffe, ich gehe nicht fehl in der Annahme, daß ...** I trust I am not mistaken in assuming that ...

Fehlgriff *m* mistake; **Fehl|information** *f* incorrect information *no pl*; **Fehl|interpretation** *f* misinterpretation; **Fehl|investition** *f* bad investment; **Fehlkonstruktion** *f* bad design; **der Stuhl ist eine** ~ this chair is badly designed; **Fehllandung** *f* bad landing; **Fehlleistung** *f* slip, mistake; **Freudsche** ~ Freudian slip; **fehlleiten** *vt sep* to misdirect; **die Akte wurde fehlgeleitet** the file was sent to the wrong place; **Fehlpaß** *m* (*Ftbl*) bad pass; **Fehlplanung** *f* misplanning, bad planning; **eine** ~ a piece of bad planning *or* misplanning; **Fehlreaktion** *f* (*eines Menschen*) mistake made in the heat of the moment; **fehlschießen** *vi sep irreg* to shoot wide; **Fehlschlag** *m* (*fig*) failure; **fehlschlagen** *vi sep irreg aux sein* to go wrong; (*Hoffnung*) to be misplaced, to come to nothing; **Fehlschluß** *m* false conclusion; **Fehlschuß** *m* miss; **fehlsichtig** *adj* (*form*) with defective vision; **Fehlspekulation** *f* bad speculation; **Fehlstart** *m* false start; (*Space*) faulty launch; **Fehlstoß** *m* (*Billard*) miscue; **fehltreten** *vi sep irreg aux sein* (*geh*) to miss one's footing; (*fig*) to err, to lapse; **Fehltritt** *m* (*geh*) false step; (*fig*) (*Vergehen*) slip, lapse; (*Affäre*) indiscretion; **Fehl|urteil** *nt* miscarriage of justice; **Fehlverhalten** *nt* (*Psych*) abnormal behaviour; **Fehlversuch** *m* unsuccessful *or* abortive attempt; **Fehlwurf** *m* (*Sport*) misthrow, bad throw; **Fehlzündung** *f* misfiring *no pl*; **eine** ~ a backfire; **das war bei mir eine** ~ (*fig inf*) I got hold of the wrong end of the stick (*inf*).

feien *vt* (*old*) to protect (*gegen* from), to make proof (*gegen* against); *siehe* **gefeit.**

Feier *f* **-, -n** celebration; (*Party*) party; (*Zeremonie*) ceremony; (*Hochzeits~*) reception. **zur** ~ **von etw** to celebrate sth; **zur** ~ **des Tages** in honour of the occasion.

Feier|abend *m* **1.** (*Arbeitsschluß*) end of work; (*Geschäftsschluß*) closing time. ~ **machen** to finish work, to knock off (work) (*inf*); (*Geschäfte*) to close; **ich mache jetzt** ~ I think I'll call it a day (*inf*) *or* I'll knock off now (*inf*); ~**!** (*in Gaststätte*) time, please!; **nach** ~ after work; **jetzt ist aber** ~**!** (*fig inf*) enough is enough; **damit ist jetzt** ~ (*fig inf*) that's all

over now; **dann ist** ~ (*fig inf*) then it's all over, then it's the end of the road; **für mich ist** ~ (*fig inf*) I've had enough. **2.** (*Zeit nach Arbeitsschluß*) evening.

Feier|abendheim *nt* (*DDR*) old people's home.

feierlich *adj* (*ernsthaft, würdig*) solemn; (*festlich*) festive; (*förmlich*) ceremonial. **einen Tag** ~ **begehen** to celebrate a day; **das ist ja nicht mehr** ~ (*inf*) that's beyond a joke (*inf*).

Feierlichkeit *f* **1.** *siehe adj* solemnity; festiveness; ceremony. **2.** *usu pl* (*Veranstaltungen*) celebrations *pl*, festivities *pl*.

feiern I *vt* **1.** to celebrate; *Party, Fest, Orgie* to hold. **das muß gefeiert werden!** that calls for a celebration; **Triumphe** ~ to achieve a great triumph, to make one's mark.
2. (*umjubeln*) to fête.
II *vi* **1.** to celebrate. **die ganze Nacht** ~ to make a night of it.
2. (*nicht arbeiten*) to stay off work.

Feierschicht *f* cancelled shift; **eine** ~ **fahren/einlegen** to miss/cancel a shift; **Feierstunde** *f* ceremony; **Feiertag** *m* holiday; **feiertäglich** *adj* holiday *attr*.

feig(e) I *adj* cowardly. ~ **wie er war** like the coward he was. II *adv* in a cowardly way. **er zog sich** ~ **zurück** he retreated like a coward.

Feige *f* **-, -n** fig.

Feigenbaum *m* fig tree; **Feigenblatt** *nt* fig leaf; **ein** ~ **für etw** (*fig*) a front to hide sth; **als** ~ (*fig*) for appearances' sake; **als demokratisches** ~ (*fig*) to give a veneer of democracy.

Feigheit *f* cowardice, cowardliness.

Feigling *m* coward.

feil *adj* (*old, geh*) (up) for sale. **der Schmuck war ihr um** *or* **für nichts auf der Welt** ~ not for all the world would she have sold the jewellery; **eine** ~**e Dirne** a harlot (*old*).

feilbieten *vt sep irreg* (*old*) to offer for sale.

Feile *f* **-, -n** file.

feilen I *vt* to file. II *vi* to file; (*fig*) to make some improvements. **an etw** (*dat*) ~ (*lit*) to file (away at) sth; (*fig*) to hone sth, to polish sth up.

feilhalten *vt sep irreg* (*old*) to offer for sale.

feilschen *vi* (*pej*) to haggle (*um* over).

fein I *adj* **1.** (*nicht grob*) fine; *Humor, Ironie* delicate; (*fig: listig*) cunning.
2. (*erlesen*) excellent, choice *attr*; *Geruch, Geschmack* delicate; *Gold, Silber* refined; *Mensch, Charakter* thoroughly nice; (*prima*) great (*inf*), splendid, swell (*esp US inf*); (*iro*) fine. ~ **säuberlich** (nice and) neat; **ein** ~**er Kerl** a great guy (*inf*), a splendid person; ~**!** great! (*inf*), marvellous! (*in Ordnung*) fine!; ~**, daß ...** great that ... (*inf*), (I'm) so glad that ...; **das ist etwas F**~**es** that's really something (*inf*) *or* nice; ~ (**he**)**raussein** to be sitting pretty.
3. (*scharf*) sensitive, keen; *Gehör, Gefühl auch* acute. **etw** ~ **einstellen** to adjust sth accurately.
4. (*vornehm*) refined, fine (*esp iro*),

posh (*inf*). **nicht** ~ **genug sein** not to be good enough; **er/sie hat sich** ~ **gemacht** he's dressed to kill/she's all dolled up.

II *adv* (*baby-talk*) just; (*vor adj, adv*) nice and ... **sei jetzt mal** ~ **still** now keep nice and quiet.

Fein- *in cpds* fine; **Fein|abstimmung** *f* (*Rad, TV*) fine tuning; **Fein|arbeit** *f* precision work; **Feinbäckerei** *f* cake shop, patisserie; **Feinblech** *nt* thin sheet metal.

feind *adj pred* (*old*) **jdm/einer Sache** ~ **sein** to be hostile to sb/sth.

Feind *m* -(e)s, -e enemy, foe (*liter*). **jdn zum** ~ **haben** to have sb as an enemy; **sich** (*dat*) **jdn zum** ~ **machen** to make an enemy of sb; **sich** (*dat*) ~**e schaffen** to make enemies; **er war ein** ~ **jeden Fortschritts** he was opposed to progress in any shape or form; **ran an den** ~ (*inf*) let's get stuck in (*inf*); **der böse** ~ (*Bibl*) the Evil One, the Enemy; **liebet eure** ~**e** (*Bibl*) love thine enemy (*Bibl*).

Feind- *in cpds* enemy; **Feindberührung** *f* contact with the enemy; **Feindbild** *nt* concept of an/the enemy.

Feindeshand *f* (*old, liter*) the hands of the foe (*liter*); **Feindesland** *nt* (*old, liter*) enemy territory.

feindlich *adj* **1.** (*Mil: gegnerisch*) enemy. **im** ~**en Lager** (*lit, fig*) in the enemy camp. **2.** (*feindselig*) hostile. **jdm/einer Sache gegenüberstehen** to be hostile to sb/sth.

Feindmacht *f* enemy power.

Feindschaft *f* enmity. **sich** (*dat*) **jds** ~ **zuziehen** to make an enemy of sb; **mit jdm in** ~ **leben** *or* **liegen** to be at daggers drawn *or* to live in enmity with sb.

feindselig *adj* hostile.

Feindseligkeit *f* hostility.

feinfühlend, feinfühlig *adj* sensitive; (*taktvoll*) tactful; **Feinfühligkeit** *f siehe* **Feingefühl**; **Feingebäck** *nt* cakes and pastries *pl*; **Feingefühl** *nt, no pl* sensitivity; (*Takt*) delicacy, tact(fulness); **jds** ~ **verletzen** to hurt sb's feelings; **feingemahlen** *adj attr* finely ground; **feinglied(e)rig** *adj* delicate, slender; **Feingold** *nt* refined gold.

Feinheit *f siehe adj* **1.** fineness; delicacy. **2.** excellence; delicateness; refinement; niceness. **3.** keenness; acuteness. **4.** refinement, fineness, poshness (*inf*). **5.** ~**en** *pl* (*Nuancen*) subtleties *pl*; **das sind eben die** ~**en** it's the little things that make the difference.

feinkörnig *adj* Film fine-grain; *Sand, Salz auch* fine; **Feinkost** *f* delicacies *pl*; „,~" "Delicatessen"; **Feinkosthandlung** *f* delicatessen; **feinmaschig** *adj* with a fine mesh; *Strickwaren* finely knitted; **Feinmechanik** *f* precision engineering; **Feinmechaniker** *m* precision engineer; **Feinmeßgerät** *nt* precision instrument; **Feinschmecker** *m* -s, - gourmet, epicure; (*fig*) connoisseur; **Feinschnitt** *m* (*Tabak*) fine cut; (*Film*) final editing; **Feinsilber** *nt* refined silver; **feinsinnig** *adj* sensitive; **Feinsinnigkeit** *f* sensitivity.

Feinsliebchen *nt* (*poet*) lady-love (*poet*), sweetheart.

Feinstruktur *f* fine structure; **Fein-**

wäsche *f* delicates *pl*; **Feinwaschmittel** *nt* mild(-action) detergent.

feist *adj* fat; *Mensch auch* gross, obese.

Feitel *m* -s, - (*Aus*) penknife.

feixen *vi* (*inf*) to smirk.

Felchen *m* -s, - whitefish.

Feld *nt* -(e)s, -er **1.** (*offenes Gelände*) open country. **auf freiem** ~ in the open country; *siehe* **Wald.** **2.** (*Acker*) field. **3.** (*Flächenstück: auf Spielbrett*) square; (*an Zielscheibe*) ring; (*Her*) field. **4.** (*Sport: Spiel*~) field, pitch. **das** ~ **beherrschen** to be on top. **5.** (*Kriegsschauplatz*) (battle)field. **ins** ~ **ziehen** *or* **rücken** (*old*) to take the field, to march into battle; **im** ~ **stehen** (*old*) to be on the battlefield; **im** ~ **bleiben** (*euph*) to fall in action; **auf dem** ~**e der Ehre fallen** (*euph old*) to fall on the field of honour; **gegen jdn/etw zu** ~**e ziehen** (*fig*) to crusade against sb/sth; **Argumente ins** ~ **führen** to bring arguments to bear; **das** ~ **behaupten** (*fig*) to stand *or* stay one's ground; **das** ~ **räumen** (*fig*) to quit the field, to bow out; **jdm/einer Sache das** ~ **überlassen** to give way *or* yield to sb/sth; (*freiwillig*) to hand over to sb/sth. **6.** (*fig: Bereich*) field, area. **7.** (*Ling, Min, Phys*) field. **8.** (*Sport: Gruppe*) field. **er ließ das** ~ **hinter sich** (*dat*) he left the rest of the field behind (him); **das** ~ **ist geschlossen** the field is bunched (up).

Feld- *in cpds* field; **Feld|ahorn** *m* field maple; **Feld|arbeit** *f* (*Agr*) work in the fields; (*Sci, Sociol*) fieldwork; **Feld|arbeiter** *m* fieldworker; **Feld|arzt** *m* (*old Mil*) army doctor; **Feldbau** *m, no pl* cultivation (of the fields); **Feldbett** *nt* campbed; **Feldblume** *f* wild flower.

Felderwirtschaft *f* (*Agr*) crop rotation.

Feldflasche *f* canteen (*Mil*), water bottle; **Feldfrucht** *f* (*Agr*) agricultural crop; **Feldgeistliche(r)** *m* (*old Mil*) army chaplain, padre; **Feldgendarmerie** *f* (*old Mil*) military police; **Feldgeschrei** *nt* (*Mil*) battle cry; (*Her*) motto; **Feldgottesdienst** *m* (*Mil*) camp service; **Feldhandball** *m* European (outdoor) handball; **Feldhase** *m* European hare; **Feldhaubitze** *f* (*Mil*) (field) howitzer; **Feldheer** *nt* (*Mil*) army in the field; **Feldherr** *m* (*old*) commander; **Feldherrnkunst** *f* (*old*) strategy; **Feldherrnstab** *m* (*old*) (general's) baton *or* swagger stick; **Feldheuschrecke** *f* grasshopper; (*schädlich*) locust; **Feldhuhn** *nt* partridge; **Feldhüter** *m* watchman (*in charge of fields*); **Feldjäger** *m* **1.** (*old Mil*) (*Kurier*) courier; (*Infanterist*) infantryman; **2.** (*Mil*) military police; (*bei der Marine*) shore patrol; **Feldkraft** *f* (*Phys*) field intensity *or* strength; **Feldküche** *f* (*Mil*) field kitchen; **Feldlager** *nt* (*old Mil*) camp, encampment; **Feldlazarett** *nt* (*Mil*) field hospital; **Feldlerche** *f* skylark; **Feldlinie** *f* (*Phys*) line of force; **Feldmark** *f* (*von Gemeinde*) parish land; (*von Gut*) estate; **Feldmarschall** *m* (*old*) field marshal; **feldmarschmäßig** *adj* in full marching order; **Feldmaus** *f* field mouse (*loosely*), common vole (*spec*); **Feldpflanze** *f* agricultural crop; **Feldpost** *f* (*Mil*) forces' postal service; **Feldpostbrief** *m* (*Mil*) forces' letter; **Feldrain** *m* edge of the field; **Feldsalat** *m siehe* **Rapunzel.**

Feldscher *m* **-s, -e 1.** (*old Mil*) army doctor. **2.** (*DDR*) senior medical orderly.

Feldschlacht *f* (*old*) battle; **Feldschütz** *m* **-es, -e** *siehe* **Feldhüter; Feldspat** *m* (*Geol*) fel(d)spar; **Feldspieler** *m* (*Sport*) player (on the field); **Feldstärke** *f* (*Phys*) field strength *or* intensity; (*Rad, TV*) strength of the signal; **Feldstecher** *m* **-s, -** (pair of) binoculars *or* field glasses; **Feldstuhl** *m* folding stool; **Feldtelefon** *nt* (*Mil*) field telephone; **Feldtheorie** *f* (*Ling, Phys, Psych*) field theory; **Feldverweis** *m siehe* **Platzverweis.**

Feld-Wald-und-Wiesen- *in cpds* (*inf*) common-or-garden, run-of-the-mill.

Feldwebel *m* sergeant; (*fig inf*) sergeant-major (type); **Feldweg** *m* track across the fields; **Feldweibel** *m* (*Sw*) sergeant; **Feldwirtschaft** *f* agriculture, cultivation of the fields; **Feldzeichen** *nt* (*old Mil*) standard, ensign; **Feldzug** *m* (*old, fig*) campaign.

Felgaufschwung *m* (*Sport*) upward circle forwards.

Felge *f* **-, -n 1.** (*Tech*) (wheel) rim. **2.** (*Sport*) circle.

Felgenbremse *f* calliper brake.

Felgumschwung *m* (*Sport*) circle.

Fell *nt* **-(e)s, -e 1.** fur; (*von Schaf, Lamm*) fleece; (*von toten Tieren*) skin, fell. **ein gesundes** ~ a healthy coat; **einem Tier das** ~ **abziehen** to skin an animal; **ihm sind alle** *or* **die** ~**-e weggeschwommen** (*fig*) all his hopes were dashed.

2. (*fig inf: Menschenhaut*) skin, hide (*inf*). **ein dickes** ~ **haben** to be thick-skinned *or* have a thick skin; **jdm das** ~ **gerben** to tan sb's hide; **jdm das** ~ **über die Ohren ziehen** to dupe sb, to pull the wool over sb's eyes; **ihn** *or* **ihm juckt das** ~ he's asking for a good hiding; **das** ~ **versaufen** to hold the wake.

3. (*von Trommel*) skin.

Fell- *in cpds* fur; goatskin/sheepskin *etc.*

Fellache *m* **-n, -n** fellah.

Fellatio [fɛ'laːtsio] *f* **-, *no pl*** fellatio.

Fels *m* **-en, -en, Felsen** *m* **-s, -** rock; (*Klippe*) cliff.

Felsblock *m* boulder; **Felsbrocken** *m* (lump of) rock.

felsenfest *adj* firm; ~ **überzeugt sein** to be absolutely *or* firmly convinced; **sich** ~ **auf jdn verlassen** to put one's complete trust in sb; **Felsengebirge** *nt* **1.** rocky mountain range; **2.** (*Geog*) Rocky Mountains *pl*, Rockies *pl*; **Felsengrab** *nt* rock tomb; **Fels(en)höhle** *f* rock cave; **Fels(en)klippe** *f* rocky cliff; (*im Meer*) stack; **Fels(en)nest** *nt* mountain lair *or* hideout; **Fels(en)riff** *nt* (rocky) reef; **Fels(en)schlucht** *f* rocky valley *or* glen.

Felsentor *nt* **-(e)s, -e** arch in the rock.

Felsgestein *nt* (*Geol*) (solid) rock; **Felsgrat** *m* (rocky) ridge.

felsig *adj* rocky; (*steil abfallend*) *Küste* cliff-lined, cliffy.

Felskessel *m* corrie; **Felsmalerei** *f* rock painting; **Felsmassiv** *nt* rock massif; **Felsnase** *f* rock overhang *or* shelf; **Felsspalte** *f* crevice; **Felsvorsprung** *m* ledge; **Felswand** *f* rock face; **Felswüste** *f* rock desert.

Feluke *f* **-, -n** felucca.

Feme *f* **-, -n, Fem(e)gericht** *nt* (*Hist*) Vehmgericht; (*Bandengericht*) kangaroo court.

Fememord *m* (*Hist*) *killing ordered by a Vehmgericht*; (*fig*) lynch-law killing; (*bei Gangstern*) underworld killing.

feminin *adj* **1.** (*Gram*) feminine. **2.** (*fraulich*) feminine; (*pej*) effeminate.

Femininum *nt* **-s, Feminina** (*Gram*) feminine noun.

Feminismus *m* feminism.

Feminist(in *f*) *m* feminist.

feministisch *adj* feminist.

Fenchel *m* **-s, *no pl*** fennel.

Fender *m* **-s, -** fender.

Fenster *nt* **-s, -** window; *siehe* **Geld.**

Fenster- *in cpds* window; **Fensterbank** *f*, **Fensterbrett** *nt* window-sill, window ledge; **Fensterbrief** *m* *or* **umschlag** *m* window envelope; **Fensterflügel** *m* side of a window; **Fensterglas** *nt* window glass; (*in Brille*) plain glass; **Fenstergriff** *m* window catch; **Fensterkitt** *m* (window) putty; **Fensterkreuz** *nt* mullion and transom (*of a cross window*); **Fensterkurbel** *f* window handle (*for winding car windows*); **Fensterladen** *m* shutter; **Fensterleder** *nt* chamois, shammy (leather).

fensterln *vi* (*S Ger, Aus*) to climb through one's sweetheart's bedroom window.

fensterlos *adj* windowless; **Fensterplatz** *m* seat by the window, window seat; **Fensterputzer** *m* window cleaner; **Fensterrahmen** *m* window frame; **Fensterrose** *f* rose window; **Fensterscheibe** *f* window pane; **Fenstersims** *m* window ledge, windowsill; **Fensterstock** *m* (*Aus*) window frame; **Fenstersturz** *m* **1.** (*Build*) window lintel; **2.** (*Hist*) **der Prager** ~ the Prague defenestration.

Ferial- *in cpds* (*Aus*) *siehe* **Ferien-.**

Ferien ['feːriən] *pl* holidays *pl* (*Brit*), vacation *sing* (*US, Univ*); (~*reise*) holiday *sing* (*Brit*), vacation *sing* (*US*); (*Parlaments*~, *Jur*) recess *sing*. **die großen** ~ the summer holidays (*Brit*) *or* long vacation (*US, Univ*); ~ **haben** to be on holiday *or* vacation; ~ **machen** to have *or* take a holiday *or* vacation; **in die** ~ **gehen** *or* **fahren** to go on holiday *or* vacation.

Ferien- *in cpds* holiday (*Brit*), vacation (*US*); **Feriengast** *m* holiday-maker; (*Besuch*) person staying on holiday; **Ferienkind** *nt* *child from a town on a state-subsidized holiday*; **Ferienkolonie** *f* children's holiday camp; **Ferienordnung** *f* holiday dates *pl*; **Ferienort** *m* holiday resort; **Ferienreise** *f* holiday (*Brit*), vacation (*US*); **Ferientag** *m* day of one's holidays (*Brit*) *or* vacation (*US*); **Ferienzeit** *f* holiday period.

Ferkel *nt* **-s, -** piglet; (*fig*) (*unsauber*) pig; (*unanständig*) dirty pig (*inf*).

Ferkelei f (*inf*) (*Schmutz*) mess; (*Witz*) dirty joke; (*Handlung*) dirty *or* filthy *or* disgusting thing to do.

ferkeln vi 1. (*Zool*) to litter. 2. (*inf*) *siehe* **Ferkelei** to make a mess; to tell dirty jokes; to be dirty *or* filthy *or* disgusting.

Fermate f -, -n (*Mus*) pause.

Ferment nt -s, -e enzyme.

Fermentation f fermentation.

fermentieren* vt to ferment.

Fermium nt -s, *no pl* (*abbr* **Fm**) fermium.

fern I *adj* 1. (*räumlich*) distant, far-off, far-away. ~ **von hier** a long way (away) from *or* far away from here; **von** ~(**e**) **betrachtet** seen from a distance; **sich** ~ **sein** (*fig*) to be not at all close (to one another); **der F**~**e Osten** the Far East; **von** ~(**e**) **kennen** (*fig*) to know (only) slightly; **das sei** ~ **von mir** (*fig*) nothing is further from my thoughts, heaven forbid.
  2. (*zeitlich entfernt*) far-off. **in nicht zu** ~**er Zeit** in the not-too-distant future; **der Tag ist nicht mehr** ~, **wo ...** the day is not far off when ...
  II *prep* +*gen* far (away) from. ~ **der Heimat** (*liter*) far from home; **unrasiert und** ~ **der Heimat** (*hum inf*) down on one's luck and a long way from home.

fern|ab *adv* far away; ~ **gelegen** far away; **Fern|amt** nt (telephone) exchange; **das Gespräch wurde vom** ~ **vermittelt** the call was connected by the operator; **Fern|aufnahme** f (*Phot*) long shot; **Fern|auslöser** m (*Phot*) cable release; **Fernbahn** f (*Rail*) main-line service; **Fernbedienung** f remote control; **fernbleiben** vi sep irreg aux sein to stay away (*dat, von* from); **Fernblick** m good view; **ein herrlicher** ~ a splendid view for miles around.

ferne *adv* (*poet, geh*) *siehe* **fern**.

Ferne f -, -n 1. (*räumlich*) distance; (*old: ferne Länder*) distant lands pl *or* shores pl (*liter*). **in der** ~ in the distance; **aus der** ~ from a distance; **in die** ~ **ziehen** (*old*) to seek out far-off shores *or* distant climes (*liter*). 2. (*zeitlich*) (*Zukunft*) future; (*Vergangenheit*) (distant) past. **in weiter** ~ **liegen** to be a long time off *or* in the distant future.

Fern|empfang m (*Rad, TV*) long-distance reception.

ferner I *adj comp of* **fern** further. **für die** ~**e Zukunft** for the long term.
  II *adv* 1. further. ~ **liefen ...** (*Sport*) also-rans ...; **unter** ~ **liefen rangieren** *or* **kommen** (*inf*) to be among the also-rans.
  2. (*künftig*) in future. (**auch**) ~ **etw machen** to continue to do sth; **auch** ~ **im Amt bleiben** to continue in office.

fernerhin *adv siehe* **ferner** II 2.

fernerliegen vi sep irreg (*fig*) **nichts läge mir ferner, als ...** nothing could be further from my thoughts *or* mind than ...

Fernfahrer m long-distance lorry (*Brit*) *or* truck driver, trucker (*US*); **Fernfahrerlokal** nt transport café (*Brit*), truckstop (*US*); **Fernflug** m long-distance flight; **Ferngas** nt gas piped over a long distance; **ferngelenkt** *adj* remote-controlled; (*fig*) manipulated (*von* by); **Ferngespräch** nt trunk (*Brit*) *or* long-

distance call; **ferngesteuert** *adj* remote-controlled; (*durch Funk auch*) radio-controlled; **Fernglas** nt (pair of) binoculars *or* field glasses.

fernhalten sep irreg **I** vt to keep away. **II** vr to keep *or* stay away.

Fernheizung f district heating (*spec*); **Fernkurs(us)** m correspondence course; **Fernlaster** m (*inf*) long-distance lorry (*Brit*) *or* truck, juggernaut; **Fernlastfahrer** m (*inf*) long-distance lorry driver (*Brit*) *or* trucker; **Fernlastverkehr** m long-distance goods traffic; **Fernlastzug** m *siehe* **Fernlaster**; **Fernlehrgang** m correspondence course; **fernlenken** vt sep to operate by remote control; **Fernlenkung** f remote control; **Fernlenkwaffen** pl (*Mil*) guided missiles; **Fernlicht** nt (*Aut*) full *or* main *or* high (*esp US*) beam; **mit** ~ **fahren, (das)** ~ **anhaben** to be *or* drive on full beam; **fernliegen** vi sep irreg (*fig*) (*jdm*) ~ to be far from sb's thoughts *or* mind; **es liegt mir fern, das zu tun** far be it from me to do that; **es hat mir ferngelegen, dich zu kränken** the last thing I wanted (to do) was to offend you.

Fernmelde- in cpds telecommunications; telephone; (*Mil*) signals; **Fernmelde|amt** nt telephone exchange; **Fernmeldedienst** m telecommunications/telephone service; **Fernmeldegeheimnis** nt (*Jur*) secrecy of telecommunications.

Fernmelder m -s, - (*Mil inf*) signaller.

Fernmeldesatellit m communication satellite; **Fernmeldetechnik** f telecommunications/telephone engineering; **Fernmeldetruppe** f (*Mil*) signals corps sing; **Fernmeldewesen** nt telecommunications pl.

fernmündlich I *adj* telephone attr. **II** *adv* by telephone.

Fern|ost no art **aus/in/nach** ~ from/in/to the Far East.

Fern|ost- in cpds Far East.

fern|östlich *adj* Far Eastern attr.

Fern|ostreise f journey to the Far East.

Fernpendler m long-distance commuter; **Fernrakete** f long-range missile; **Fernrohr** nt telescope; (*Doppel*~) (pair of) binoculars *or* field glasses; **Fernruf** m (*form*) telephone number; ~ **68190** Tel. 68190; **Fernschreiben** nt telex; **Fernschreiber** m 1. teleprinter; (*Comm*) telex (-machine). 2. (*Mensch*) teleprinter/telex operator; **Fernschreibnetz** nt telex network; **fernschriftlich** *adj* by telex.

Fernseh- in cpds television, TV; **Fernseh|ansager** m television announcer; **Fernseh|anstalt** f television company; **Fernseh|apparat** m television *or* TV (set); **Fernseh|empfänger** m (*form*) television receiver.

fernsehen vi sep irreg to watch television *or* TV *or* telly (*Brit inf*).

Fernsehen nt -s, *no pl* television, TV, telly (*Brit inf*). ~ **haben** (*Familie etc*) to have a television; (*Staat etc*) to have television *or* TV; **beim** ~ **arbeiten** to work *or* be in television; **vom** ~ **übertragen werden** to be televised; **im** ~ on television *or* TV *or* (the) telly (*Brit inf*); **das** ~ **bringt etw** they're showing sth on television.

Fernseher *m* -s, - (*inf*) 1. (*Gerät*) television, TV, telly (*Brit inf*). 2. (*Zuschauer*) (television) viewer.

Fernsehgebühr *f* television licence fee; **Fernsehgerät** *nt* television *or* TV set; **Fernsehjournalist** *m* television *or* TV reporter; **Fernsehkamera** *f* television *or* TV camera; **wir haben Herrn Schmidt vor die ~ gebeten** we've asked Herr Schmidt to speak to us; **Fernsehkanal** *m* (television) channel; **Fernsehprogramm** *nt* 1. (*Kanal*) channel, station (*US*); 2. (*Sendung*) programme; (*Sendefolge*) programmes *pl*; **Fernsehpublikum** *nt* viewers *pl*, viewing public; **Fernsehröhre** *f* (cathode ray) tube; **Fernsehschirm** *m* television *or* TV screen; **Fernsehsender** *m* television transmitter; **Fernsehsendung** *f* television programme; **Fernsehspiel** *nt* television play; **Fernsehsprecher** *m* television announcer; **Fernsehspot** *m* 1. (*Werbespot*) TV ad(vertisement); 2. (*Kurzfilm*) TV short; **Fernsehteilnehmer** *m* (*form*) television licence holder; **Fernsehtruhe** *f* cabinet TV; **Fernsehturm** *m* television tower; **Fernseh|übertragung** *f* television broadcast; (*von außerhalb des Studios*) outside broadcast; **Fernseh|übertragungswagen** *m* outside broadcast vehicle *or* van; **Fernsehzuschauer** *m* (television) viewer.

Fernsicht *f* clear view; (**eine**) **gute ~ haben** to be able to see a long way; **fernsichtig** *adj* (*Med*) *siehe* **weitsichtig**.

Fernsprech- *in cpds* (*form*) telephone; **Fernsprech|auftragsdienst** *m* telephone services *pl*; **Fernsprechbuch** *nt* telephone directory.

Fernsprecher *m* -s, - (*form*) (public) telephone.

Fernsprechgebühr *f* telephone charges *pl*; **Fernsprechleitung** *f* (*per Draht*) (telephone) line; (*per Radio, Satellit*) telephone link; **Fernsprechnetz** *nt* telephone system; **Fernsprechstelle** *f* (telephone) number; **Fernsprechteilnehmer** *m* (*form*) telephone subscriber; **Fernsprechverbindung** *f* telephone link; **Fernsprechverkehr** *m* telephone traffic; **Fernsprechzelle** *f* (tele)phone box *or* booth (*US*), callbox; **Fernsprechzentrale** *f* telephone exchange.

fernstehen *vi sep irreg*: **jdm/einer Sache ~** to have no connection with sb/sth; **ich stehe ihm ziemlich fern** I'm not on very close terms with him; **fernsteuern** *vt sep* to operate by remote control; (*per Funk auch*) to control by radio; **Fernsteuerung** *f* remote/radio control; **~ haben** to be remote-/radio-controlled; **Fernstraße** *f* trunk *or* major road, highway (*US*); **Fernstudium** *nt* correspondence degree course (*also with radio, TV etc*), ≈ Open University course (*Brit*); **Ferntrauung** *f* marriage by proxy; **Fern|überwachung** *f* remote monitoring; **Fern|universität** *f* ≈ Open University (*Brit*); **Fernverkehr** *m* 1. (*Transport*) long-distance traffic; 2. (*Telec*) trunk (*Brit*) *or* long-distance traffic; **Fernverkehrsstraße** *f* siehe

Fernstraße; **Fernvermittlung(sstelle)** *f* telephone exchange; **Fernversorgung** *f* long-distance supply; **Fernwärme** *f* district heating (*spec*); **Fernweh** *nt* wanderlust; **Fernwirkung** *f* (*Phys*) long-distance effect; **Fernziel** *nt* long-term goal; **Fernzug** *m* long-distance train; **Fernzündung** *f* long-range *or* remote ignition.

Ferro- *in cpds* ferro-.

Ferse *f* -, -n heel. **jdm (dicht) auf den ~n sein** *or* **folgen/bleiben** to be/stay hard *or* close on sb's heels.

Fersenbein *nt* (*Anat*) heel bone, calcaneus (*spec*); **Fersengeld** *nt*: **~ geben** to take to one's heels.

fertig *adj* 1. (*abgeschlossen, vollendet*) finished; (*ausgebildet*) qualified; (*reif*) *Mensch, Charakter* mature. **etw ~ kaufen** to buy sth ready-made; *Essen* to buy sth ready-prepared *or* ready to eat; **~ ausgebildet** fully qualified; **mit der Ausbildung ~ sein** to have completed one's training.

2. (*zu Ende*) finished. **wird das/werden wir rechtzeitig ~ werden?** will it/we be finished in time?; **mit etw ~ sein, etw ~ haben** to have finished sth; **~ essen/lesen** to finish eating/ reading; **mit jdm ~ sein** (*fig*) to be finished *or* through with sb; **mit jdm/etw ~ werden** to cope with sb/sth; **ich werde damit nicht ~** I can't cope with it; **du darfst nicht gehen, ~!** you're not going and that's that *or* and that's the end of it!

3. (*bereit*) ready. **~ zur Abfahrt** ready to go *or* leave; **bist du/ist das Essen ~?** are you/is the meal ready?

4. (*inf*) shattered (*inf*), all in (*inf*); (*ruiniert*) finished; (*erstaunt*) knocked for six (*inf*). **mit den Nerven ~ sein** to be at the end of one's tether.

Fertig- *in cpds* finished; (*Build*) prefabricated; **Fertigbau** *m* (*Build*) (*no pl: Bauweise*) prefabricated building; (*Gebäude auch*) *pl* -bauten prefab; **fertigbekommen*** *vt sep irreg* to finish, to get finished; **fertigbringen** *vt sep irreg* 1. (*vollenden*) to get done; 2. (*imstande sein*) to manage; (*iro*) to be capable of; **ich habe es nicht fertiggebracht, ihr die Wahrheit zu sagen** I couldn't bring myself to tell her the truth; **er bringt das fertig** (*iro*) I wouldn't put it past him.

fertigen *vt* (*form*) to manufacture.

Fertigfabrikat *nt* finished product; **Fertiggericht** *nt* ready-to-serve meal; **Fertighaus** *nt* prefabricated house, prefab.

Fertigkeit *f* skill. **große ~ in etw** (*dat*) **haben** to be very skilled at *or* in sth.

fertigkriegen *vt sep* (*inf*) *siehe* **fertigbringen; fertigmachen** *vt sep* 1. (*vollenden*) to finish; 2. (*bereit machen*) to get ready; **sich ~** to get ready; **~!** get ready!; (*Sport*) get set!, steady!; 3. (*inf*) **jdn ~** (*erledigen*) to do for sb; (*ermüden*) to take it out of sb; (*deprimieren*) to get sb down; (*abkanzeln*) to lay into sb (*inf*); **sich ~** to do oneself in; **Fertigprodukt** *nt* finished product; **fertigstellen** *vt sep* to complete; **Fertigstellung** *f* completion; **Fertigteil** *nt* finished part.

Fertigung *f* production.

Fertigungs- *in cpds* production; **Fertigungsstraße** *f* production line; **Fertigungstechnik** *f* production engineering.

Fertigware *f* finished product.

Fes¹, fes *nt* -, *no pl (Mus)* F flat.

Fes² [fe:s] *m* **-(es), -(e)** fez.

fesch *adj (S Ger, Aus: inf) (modisch)* smart; *(hübsch)* attractive. **sei ~!** *(Aus) (sei brav)* be good; *(sei kein Frosch)* be a sport *(inf)*.

Fessel *f* -, **-n 1.** *(Bande) (lit, fig)* bond, fetter, shackle; *(Kette)* chain. **sich von den ~n befreien** to free oneself, to loose one's bonds *(liter)*; **jdn in ~n legen** to fetter *or* shackle sb/put sb in chains; **jdn in ~n schlagen** *(liter, fig)* to put sb in fetters, to enchain sb *(liter)*; **die ~n der Ehe** the shackles of marriage.
  2. *(Anat) (von Huftieren)* pastern; *(von Menschen)* ankle.

Fesselballon *m* captive balloon; **Fesselgelenk** *nt* pastern; *(von Menschen)* ankle joint; **Fesselgriff** *m* lock.

fesseln *vt* **1.** *(mit Tau etc)* to tie (up), to bind; *(Hist: mit Hand~, Fußschellen)* to fetter, to shackle; *(mit Ketten)* to chain (up). **jdn (an Händen und Füßen)** ~ to tie/fetter/chain sb (hand and foot); **jdm die Hände auf dem Rücken** ~ to tie sb's hands behind his back; **der Gefangene wurde gefesselt vorgeführt** the prisoner was brought in in chains; **jdn ans Bett** ~ *(fig)* to confine sb to (his) bed, to keep sb in bed; **jdn ans Haus** ~ *(fig)* to tie sb to the house; **jdn an sich** *(acc)* ~ *(fig)* to bind sb to oneself.
  2. *(faszinieren)* to grip; *Aufmerksamkeit* to hold.

fesselnd *adj* gripping.

fest I *adj* **1.** *(hart)* solid. **~e Nahrung** solid food, solids *pl*; **~e Form** *or* **Gestalt annehmen** *(fig)* to take shape.
  2. *(stabil)* solid; *Gewebe, Schuhe* tough, sturdy; *(Comm, Fin)* stable.
  3. *(sicher, entschlossen)* firm; *Plan auch* definite; *Stimme* steady. **~ versprechen** to promise faithfully; **~ verankert** *(lit)* firmly *or* securely anchored; *(fig)* firmly rooted; **eine ~e Meinung von etw haben** to have definite views on sth; **etw ist ~** sth is definite; **~ entschlossen sein** to be absolutely determined.
  4. *(kräftig)* firm; *Schlag* hard, heavy. **~ zuschlagen** to hit hard.
  5. *(nicht locker)* tight; *Griff* firm; *(fig) Schlaf* sound. **~ packen** to grip tightly *or* firmly; **etw ~ anziehen/zudrehen** to pull/screw sth tight; **die Handbremse ~ anziehen** to put the handbrake on firmly; **die Tür ~ schließen** to shut the door tight; **~ schlafen** to sleep soundly; **er hat schon ~ geschlafen** he was sound asleep; **jdn/etw ~ in der Hand haben** to have sb under one's thumb/have sth firmly under control.
  6. *(ständig)* regular; *Freund(in)* steady; *Stellung, Mitarbeiter* permanent; *Kosten, Tarif, Einkommen* fixed; *Redewendung* set. **~ befreundet sein** to be good friends; *(Freund und Freundin)* to be going steady; **jdn ~ anstellen** to employ sb as a regular member of staff; **Geld ~ anlegen** to tie up money; **in ~en Händen sein** *or*

sich befinden *(Besitz)* to be in private hands; *(inf: Mädchen)* to be spoken for; **sie hat keinen ~en Platz im Büro** she doesn't have her own desk in the office.
  II *adv (inf: tüchtig, kräftig) helfen, arbeiten* with a will. **du mußt ~ essen** you must eat properly.

Fest *nt* **-(e)s, -e 1.** *(Feier)* celebration; *(historische Begebenheit)* celebrations *pl*; *(Party)* party; *(Hochzeits~)* reception; *(Bankett)* banquet, feast *(old)*; *(Ball~)* ball; *(Kinder~, Schützen~)* carnival. **ein ~ zum hundertjährigen Bestehen des Vereins** the club's centenary celebrations, celebrations to mark the club's centenary; **das war ein ~!** *(inf)* it was great fun; **man soll die ~e feiern, wie sie fallen** *(prov)* make hay while the sun shines *(Prov)*.
  2. *(kirchlicher Feiertag)* feast, festival; *(Weihnachts~)* Christmas. **bewegliches/unbewegliches ~** movable/immovable feast; **frohes ~!** Merry *or* Happy Christmas!

Fest|akt *m* ceremony; **fest|angestellt** *adj* employed on a regular basis; **Fest|angestellte(r)** *mf* regular member of staff; **Fest|ansprache** *f* speech; **Fest|aufführung** *f* festival production; **Festbankett** *nt* ceremonial banquet; **festbeißen** *vr sep irreg (Hund etc)* to get a firm hold with its teeth *(an +dat* on); *(Zecke etc)* to attach itself firmly *(an +dat* to); *(fig: nicht weiterkommen)* to get bogged down *(inf) (an +dat* in); **Festbeleuchtung** *f* festive lighting *or* lights *pl*; *(inf: im Haus)* blazing lights *pl*; **festbinden** *vt sep irreg* to tie up; **jdn/etw an etw** *(dat)* ~ to tie sb/sth to sth; **festbleiben** *vi sep irreg aux sein* to stand firm; **festdrehen** *vt sep* to screw up tightly; **festdrücken** *vt sep* to press in/down/together firmly.

feste *adv (inf) siehe* **fest II**; **immer ~ druff!** let him/her *etc* have it! *(inf)*; give it to him/her *etc*! *(inf)*.

Feste *f* -, **-n** *(old) siehe* **Festung**.

Fest|essen *nt* banquet; Christmas dinner; **festfahren** *vr sep irreg (fig)* to get bogged down; *(lit auch)* to get stuck, to stick fast; **festfrieren** *vi sep irreg aux sein* to freeze solid; **Festgabe** *f* **1.** *(Geschenk)* presentation gift; **2.** *(Festschrift)* commemorative paper, festschrift; **Festgelage** *nt* banquet; **Festgeld** *nt* *(Fin)* time deposit; **Festgewand** *nt* *(liter)* festive garb *(liter)*; **festgewurzelt** *adj*: **wie ~** rooted to the spot; **Festgottesdienst** *m* festival service; **festgurten** *sep* **I** *vr* to strap oneself in; *(in Auto, Flugzeug auch)* to fasten one's seat belt; **II** *vt* to strap in; **festhaken** *sep* **I** *vt* to hook up *(an +dat* on); **II** *vr* to get caught (up) *(an +dat* on); **Festhalle** *f* festival hall.

festhalten *sep irreg* **I** *vt* **1.** to keep a firm hold on, to keep hold of, to hold on to. **jdn am Arm/Rockzipfel** ~ to hold on to sb's arm/the hem of sb's coat.
  2. *(bemerken)* to stress, to emphasize.
  3. *(inhaftieren)* to hold, to detain.
  4. *(speichern)* to record; *Atmosphäre etc* to capture. **etw schriftlich** ~ to record sth; **etw in Wort und Bild** ~ to record sth in words and pictures.

II *vi* **an etw** (*dat*) ~ to hold *or* stick (*inf*) to sth.

III *vr* to hold on (*an* +*dat* to). **sich irgendwo** ~ to hold on to something; **halt dich fest!** (*lit*) hold tight!

festigen I *vt* to strengthen; *Freundschaft, Macht, Ruf auch* to consolidate. **ein gefestigter Charakter** a firm *or* resolute character; **sittlich gefestigt sein** to have a sense of moral responsibility.

II *vr* to become stronger; (*Freundschaft, Macht, Ruf auch*) to consolidate.

Festigkeit *f, no pl* strength; (*fig*) steadfastness; (*von Meinung*) firmness.

Festigung *f siehe vb* strengthening; consolidation.

Festival ['fɛstivəl, 'fɛstivæl] *nt* -**s**, -**s** festival.

Festivität [fɛstivi'tɛːt] *f* (*old, hum inf*) celebration, festivity.

festklammern *sep* **I** *vt* to clip on (*an* +*dat* to); **Wäsche an** *or* **auf der Leine** ~ to peg washing on the line; **II** *vr* to cling (*an* +*dat* to); **festkleben** *vti sep* (*vi: aux sein*) to stick (firmly) (*an* +*dat* (on)to); **Festkleid** *nt* formal dress; **die Stadt legte ihr** ~ **an** (*liter*) the town decked itself out in all its finery; **festklemmen** *sep* **I** *vt* to wedge fast; (*mit Klammer, Klemme*) to clip; **festgeklemmt werden** (*aus Versehen*) to get stuck *or* jammed; **II** *vir* (*vi: aux sein*) to jam, to stick (fast); **festklopfen** *vt sep* to pack down; **festknoten** *vt sep siehe* **festbinden**; **Festkomma** *nt* fixed point; **Festkörper** *m* (*Phys*) solid; **Festkörperphysik** *f* solid-state physics *sing*; **festkrallen** *vr sep* (*Tier*) to dig one's claws in (*an* +*dat* -to); (*Mensch*) to dig one's nails in (*an* +*dat* -to); (*fig*) to cling (*an* +*dat* to).

Festland *nt* (*nicht Insel*) mainland; (*nicht Meer*) dry land; (*europäisches* ~) Continent, Europe.

festländisch *adj* mainland *attr*; Continental, European.

Festland(s)sockel *m* continental shelf.

festlaufen *sep irreg* **I** *vr* (*Schiff*) to run aground; (*fig*) (*Verhandlungen*) to founder. **II** *vi aux sein* (*Schiff*) to run aground.

festlegen *sep* **I** *vt* **1.** (*festsetzen*) *Reihenfolge, Termin, Kurs etc* to fix; *Grenze auch* to establish; *Sprachgebrauch* to establish, to lay down; (*bestimmen*) *Regelung, Arbeitszeiten* to lay down; (*feststellen*) *Geburtsdatum* to determine. **etw schriftlich/testamentarisch** ~ to stipulate *or* specify sth in writing/in one's will.

2. jdn auf etw (*acc*) ~/**darauf** ~, **etw zu tun** (*festnageln*) to tie sb (down) to sth/to doing sth; (*einschränken auch*) to restrict *or* limit sb to sth/to doing sth; (*verpflichten*) to commit sb to sth/to doing sth.

3. *Geld* to put on time deposit, to tie up.

II *vr* **1.** to tie oneself down (*auf* +*acc* to); (*sich verpflichten*) to commit oneself (*auf* +*acc* to). **sich darauf** ~, **etw zu tun** to tie oneself down/commit oneself to doing sth.

2. (*einen Entschluß fassen*) to decide (*auf* +*acc* on). **sich darauf** ~, **etw zu tun** to decide on doing sth *or* to do sth.

Festlegung *f siehe vt 1., 2.* **1.** fixing; establishing; laying-down; determining.

2. tying-down; restriction, limiting; commitment.

festlich *adj* festive; (*feierlich*) solemn; (*prächtig*) splendid, magnificent. **ein** ~**er Tag** a special *or* red-letter day; **etw** ~ **begehen** to celebrate sth.

Festlichkeit *f* celebration; (*Stimmung*) festiveness.

festliegen *vi sep irreg* **1.** (*festgesetzt sein*) to have been fixed *or* definitely decided; (*Sprachgebrauch, Grenze*) to have been established; (*Arbeitszeiten, Regelung*) to have been laid down; **2.** (*Fin: Geld*) to be on time deposit *or* tied up; **3.** (*nicht weiterkönnen*) to be stuck; (*Naut*) to be aground; **festmachen** *sep* **I** *vt* **1.** (*befestigen*) to fix on (*an* +*dat* -to); (*festbinden*) to fasten (*an* +*dat* (on)to); (*Naut*) to moor; **2.** (*vereinbaren*) to arrange; **ein Geschäft** ~ to clinch a deal; **3.** (*Hunt: aufspüren*) to bring to bay; **4.** (*beweisen, zeigen*) to demonstrate, to exemplify; **II** *vi* (*Naut*) to moor; **Festmahl** *nt* (*geh*) banquet, feast; **Festmeter** *m or nt* cubic metre of solid timber; **festnageln** *vt sep* **1.** to nail (down/ up/on); **etw an/auf etw** (*dat*) ~ to nail sth to sth; **2.** (*fig inf*) *jdn* to tie down (*auf* +*acc* to); **festnähen** *vt sep* to sew up/on; **Festnahme** *f* -, -**n** arrest, apprehension; **vorläufige** ~ temporary detention; **festnehmen** *vt sep irreg* to apprehend, to arrest; **vorläufig** ~ to take into custody; **Festplatz** *m* festival ground; (*für Volksfest*) fairground; **Festpreis** *m* (*Comm*) fixed price; **Festprogramm** *nt* festival programme; **Festpunkt** *m* fixed point; **Festrede** *f* speech; **die** ~ **halten** to give the main speech; **Festredner** *m* (main) speaker; **festrennen** *vr sep irreg* (*inf*) to get bogged down (*inf*); **unsere Spieler rannten sich (an der gegnerischen Abwehr) fest** our players came up against the solid line of the opponents' defence; **Festsaal** *m* hall; (*Speisesaal*) banqueting hall; (*Tanzsaal*) ballroom; **festsaugen** *vr sep* to attach itself firmly (*an* +*dat* to); **Festschmaus** *m* (*old*) *siehe* **Festmahl**; **Festschmuck** *m* festive decorations *pl*; **im** ~ festively decorated; **festschrauben** *vt sep* to screw (in/on/down/up) tight; **festschreiben** *vt sep irreg* (*fig*) to establish; **Festschrift** *f* commemorative publication; (*für Gelehrten*) festschrift.

festsetzen *sep* **I** *vt* **1.** (*bestimmen*) *Preis, Rente, Grenze* to fix (*bei, auf* +*acc* at); *Ort, Termin auch* to arrange (*auf* +*acc, bei* for); *Frist auch* to set; *Arbeitszeiten* to lay down. **der Beginn der Veranstaltung wurde auf zwei Uhr festgesetzt** the event was scheduled to begin at 2 o'clock.

2. (*inhaftieren*) to detain.

II *vr* (*Staub, Schmutz*) to collect; (*Rost, Ungeziefer, unerwünschte Personen*) to get a foothold; (*Mil*) to take up one's position; (*fig: Gedanke*) to take root, to implant itself.

Festsetzung *f* **1.** *siehe vt 1.* fixing; arrangement; setting; laying-down. **2.** (*Inhaftierung*) detention.

festsitzen *vi sep irreg* **1.** (*klemmen, haften*) to be stuck; (*Schmutz*) to cling; (*in*

Zwischenräumen) to be trapped. **2.** (*stek-kengeblieben sein*) to be stuck (*bei* on); (*Naut*) to be aground.

Festspiel *nt* (*einzelnes Stück*) festival production. ~e *pl* (*Veranstaltung*) festival *sing*.

Festspielhaus *nt* festival theatre.

feststampfen *vt sep* to pound down; (*mit den Füßen auch*) to stamp *or* tread down; **feststecken** *sep* **I** *vt* to pin (*an* +*dat* (on) to, *in* +*dat* in); (*beschlossen sein*) to pin up; **II** *vi aux sein* (*steckengeblieben sein*) to be stuck; **feststehen** *vi sep irreg* (*sicher sein*) to be certain; (*beschlossen sein*) to have been settled *or* fixed; (*unveränderlich sein*) to be definite; **fest steht daß ...** one thing's (for) certain *or* sure and that is that ..; **soviel steht fest** this *or* so much is certain; **feststehend** *adj* **1.** (*Mech*) fixed; **2.** *attr* (*bestimmt, verbindlich*) definite; *Redewendung, Reihenfolge* set; *Brauch* (well-)established; **feststellbar** *adj* **1.** (*Mech: arretierbar*) **der Wagen der Schreibmaschine ist** ~ the typewriter carriage can be locked in position; **2.** (*herauszufinden*) ascertainable.

feststellen *vt sep* **1.** (*Mech*) to lock (fast). **2.** (*ermitteln*) to ascertain, to find out; *Personalien, Sachverhalt, Datum etc auch* to establish; *Ursache, Grund auch* to establish, to determine; *Schaden* to assess; *Krankheit* to diagnose. **der Arzt konnte nur noch den Tod** ~ the doctor found him to be dead.
3. (*erkennen*) to tell (*an* +*dat* from); *Fehler, Unterschied* to find, to detect; (*bemerken*) to discover; (*einsehen*) to realize. **wir mußten** ~**, daß wir uns geirrt hatten** we were forced to realize that we had made a mistake; **ich mußte entsetzt/ überrascht** *etc* ~**, daß ...** I was horrified/ surprised *etc* to find that ...
4. (*aussprechen*) to stress, to emphasize.

Feststelltaste *f* shift lock.

Feststellung *f* **1.** *siehe vt* **2.** ascertainment; establishment; assessment; diagnosis.
2. (*Erkenntnis*) conclusion. **zu der** ~ **kommen** *or* **gelangen, daß ...** to come to the conclusion that ...
3. (*Wahrnehmung*) observation. **die** ~ **machen, daß ...** to realize that ...; **wir mußten leider die** ~ **machen, daß ...** (*form*) it has come to our notice that ...
4. (*Bemerkung*) remark, comment, observation. **die abschließende** ~ one's closing remarks; **die** ~ **machen, daß ...** to remark *or* observe that ...; **erlauben Sie mir die** ~**, daß ...** permit me to remark *or* observe that ...

Feststimmung *f* festive atmosphere; **Feststoffrakete** *f* solid-fuel rocket; **Festtafel** *f* banquet table; (*bei Familienanlässen*) (dinner) table.

Festtag *m* **1.** (*Ehrentag*) special *or* redletter day. **2.** (*Feiertag*) holiday, feast (day) (*Eccl*). **frohe** ~**e!** happy Christmas/ Easter *etc*!

Festtagslaune *f* festive mood; **in** ~ **sein** (*iro*) to have been celebrating; **Festtagsstimmung** *f* festive atmosphere; **in** ~ in a festive mood.

festtreten *sep irreg* **I** *vt* to tread down; (*in Teppich etc*) to tread in (*in* +*acc* -to); **II** *vr* to get trodden down/in; **das tritt sich fest!** (*hum inf*) don't worry, it's good for the carpet (*hum*); **festtrocknen** *vi sep aux sein* to dry (on); **fest|umrissen** *adj attr* clear-cut; **Fest|umzug** *m* procession.

Festung *f* (*Befestigung*) fortress; (*Burgfeste*) castle.

Festungshaft *f* imprisonment in a fortress; **Festungswall** *m* rampart.

Festver|anstaltung *f* function; **Festversammlung** *f* assembled company; **festverwurzelt** *adj attr* deep-rooted, deepseated; **festverzinslich** *adj* fixed-interest *attr*; **Festvorstellung** *f* gala performance; **Festvortrag** *m* lecture, talk; **Festwiese** *f* festival ground; (*für Volksfest*) fairground; **Festwoche** *f* festival week; **die** ~**n** the festival *sing*; **festwurzeln** *vi sep aux sein* to take root; *siehe* **festgewurzelt**; **Festzelt** *nt* marquee; **festziehen** *vt sep irreg* to pull tight; *Schraube* to tighten (up); **Festzug** *m* carnival procession; **festzurren** *vt sep* (*Naut*) to lash up.

Fete, Fête ['feːtə, 'feːtə] *f* -, -n party. **eine** ~ **feiern** (*als Gastgeber*) to have *or* give *or* throw a party; (*als Gast*) to go to a party.

Fetisch *m* -(e)s, -e fetish.

fetischisieren* *vt* (*geh*) to make a fetish of.

Fetischismus *m* fetishism.

Fetischist *m* fetishist.

fett *adj* **1.** (~*haltig*) *Speisen, Kost* fatty; (*fig inf: ölig*) *Stimme* fat. ~ **essen** to eat fatty food; ~ **kochen** to cook fatty food; (*viel Fett gebrauchen*) to use a lot of fat; ~ **lachen** to guffaw; **ein** ~**er Bissen** *or* **Brocken** *or* **Happen** (*lit*) a juicy morsel; (*fig*) a lucrative deal.
2. (*dick*) fat; (*Typ*) *Überschrift, Schlagzeilen* bold. ~ **gedruckt** (*Typ*) printed in bold(face); **sich dick und** ~ **fressen** (*sl*) to stuff oneself (*inf*) *or* one's face (*sl*).
3. (*üppig*) *Boden, Weide, Klee* rich, luxuriant; (*fig inf*) rich; *Beute, Gewinn* fat; *Geschäft* lucrative. ~**e Jahre** fat years.
4. (*Aut*) *Gemisch etc* rich.

Fett *nt* -(e)s, -e fat; (*zum Schmieren*) grease. ~ **ansetzen** to put on weight, to get fat; (*Tiere*) to fatten up; **mit heißem** ~ **übergießen** to baste (with hot fat); **in schwimmendem** ~ **backen** to deep-fry; **sein** ~ **bekommen** (*inf*) *or* **kriegen** (*inf*)/ **weghaben** (*inf*) to get/have got what was coming to one (*inf*) *or* one's comeuppance (*inf*); ~ **schwimmt oben** (*prov*) (*hum: Dicke im Wasser*) fat floats.

Fett|ablagerung *f*, *no pl* deposition of fat; ~**en** fatty deposits; **Fett|ansatz** *m* layer of fat; **zu** ~ **neigen** to tend to corpulence; **fett|arm** *adj* low-fat, with a low fat content; ~ **essen** to eat foods with a low fat content; **Fett|auge** *nt* globule of fat; **Fettbauch** *m* paunch; (*inf: fetter Mann*) fatso (*inf*); **fettbäuchig** *adj* (*inf*) paunchy, fat-bellied (*inf*); **Fettcreme** *f* skin cream with oil; **Fettdruck** *m* (*Typ*) bold type; **Fett|embolie** *f* (*Med*) fat-embolism.

fetten I *vt* to grease. **II** *vi* to be greasy; (*Fett absondern*) to get greasy.

Fettfilm *m* greasy film; **Fettfleck(en)** *m* grease spot, greasy mark; **fettfleckig** *adj* covered in grease spots; **fettfrei** *adj* fat-free; *Milch* non-fat; *Kost* non-fatty; *Creme* non-greasy; **fettgedruckt** *adj attr* (*Typ*) bold, in bold face; **Fettgehalt** *m* fat content; **Fettgeschwulst** *f* (*Med*) fatty tumour; **Fettgewebe** *nt* (*Anat*) fat(ty) tissue; **fetthaltig** *adj* fatty; **Fetthaushalt** *m* fat balance; **ein gestörter** ~ a fat imbalance; **Fetthenne** *f* (*Bot*) stonecrop; **Fettherz** *nt* fatty heart.

fettig *adj* greasy; *Haut auch* oily.

Fettkloß *m* (*pej*) fatty (*inf*), dumpling (*inf*); **Fettklumpen** *m* globule of fat; **Fettleber** *f* fatty liver; **fettleibig** *adj* (*geh*) obese, corpulent; **Fettleibigkeit** *f* (*geh*) obesity, corpulence; **fettlos** *adj* fat-free; **fettlöslich** *adj* fat-soluble; **Fettnäpfchen** *nt* (*inf*): **ins** ~ **treten** to put one's foot in it (*bei jdm* with sb), to drop a clanger (*inf*); **Fettpolster** *nt* (*Anat*) (layer of) subcutaneous fat; (*hum inf*) flab *no pl*, padding *no pl*; **fettreich** *adj* high-fat, with a high fat content; ~ **essen** to eat foods with a high fat content; **Fettsack** *m* (*sl*) fatso (*inf*); **Fettsalbe** *f* fat-based ointment; **Fettsäure** *f* (*Chem*) fatty acid; **Fettschicht** *f* layer of fat; **Fettsteiß** *m* (*Anat*) steatopygia (*spec*); **Fettstift** *m* grease pencil, lithographic crayon; **Fettsucht** *f*, *no pl* (*Med*) obesity; **fettsüchtig** *adj* (*Med*) obese; **fetttriefend** *adj* greasy, dripping with fat; **Fettwanst** *m* (*pej*) potbelly; (*Mensch*) paunchy man, fatso (*inf*).

Fetzen *m* **-s,** **- 1.** (*abgerissen*) shred; (*zerrissen auch*) tatter; (*Stoff*~, *Papier*~, *Gesprächs*~) scrap; (*Kleidung*) rag; (*Nebel*~) wisp. **in** ~ **sein** to be in tatters *or* shreds; **in** ~ **gekleidet** dressed in rags; *etw* **in** ~/**in tausend** ~ (**zer**)**reißen** to tear sth to shreds/into a thousand pieces; ..., **daß die** ~ **fliegen** (*inf*) ... like mad (*inf*) *or* crazy (*inf*).

2. (*Aus*) (*Scheuertuch*) rag.

fetzen I *vi* (*sl*) **1.** (*mitreißen*) to be mind-blowing (*sl*). **2.** *aux sein* (*rasen*) to hare (*inf*), to tear (*inf*). **II** *vt* to rip.

feucht *adj* damp; (*schlüpfrig*) moist; (*feuchtheiß*) *Klima* humid; *Hände* sweaty; *Tinte, Farbe* not quite dry. **sich ins** ~**e Element stürzen** (*hum*) to plunge into the water; **sie kriegte/hatte** ~**e Augen** her eyes moistened/were moist; **eine** ~**e Aussprache haben** (*hum inf*) to spatter one's audience when one speaks; **das geht dich einen** ~**en Kehricht** (*inf*) *or* **Dreck** (*sl*) *or* **Schmutz** (*sl*) **an** that's none of your goddamn (*sl*) *or* bloody (*Brit sl*) business.

Feuchte *f* **-,** *no pl siehe* **Feuchtigkeit**.

feuchtfröhlich *adj* (*hum*) merry, convivial; **ein** ~**er Abend** an evening of convivial drinking; **feuchtheiß** *adj* hot and damp, muggy.

Feuchtigkeit *f*, *no pl* **1.** *siehe adj* dampness; moistness; humidity; sweatiness; wetness. **2.** (*Flüssigkeit*) moisture; (*der Luft*) humidity.

Feuchtigkeitscreme *f* moisturizer, moisturizing cream; **Feuchtigkeitsgehalt** *m* moisture level *or* content.

feuchtkalt *adj* cold and damp; *Höhle,*

Keller etc auch dank; **feuchtwarm** *adj* muggy, humid.

feudal *adj* **1.** (*Pol, Hist*) feudal. **2.** (*inf: prächtig*) plush (*inf*).

Feudal- *in cpds* feudal; **Feudalherrschaft** *f* feudalism.

Feudalismus *m* feudalism.

feudalistisch *adj* feudalistic.

Feudalsystem, Feudalwesen *nt* feudalism, feudal system.

Feudel *m* **-s,** - (*N Ger*) (floor)cloth.

Feuer *nt* **-s,** - **1.** (*Flamme, Kamin*~) fire; (*olympisches* ~) flame. **am** ~ by the fire; ~ **machen** to light a/the fire; ~ **schlagen** to make fire, to strike a spark; ~ **speien** to spew flames *or* fire; **das brennt wie** ~ (*fig*) that burns; ~ **hinter etw** (*acc*) **machen** (*fig*) to chase sth up; **jdm** ~ **unter den Hintern** (*inf*) *or* **Arsch** (*sl*) **machen** to put a bomb under sb; **mit dem** ~ **spielen** (*fig*) to play with fire; **sie sind wie** ~ **und Wasser** they're as different as chalk and cheese.

2. (*Naut, Funk*~)beacon; (*von Leuchtturm*) light.

3. (*Herd*) fire. **auf offenem** ~ **kochen** to cook on an open fire.

4. (*für Zigarette etc*) light. **haben Sie** ~? have you got a light?; **jdm** ~ **geben** to give sb a light.

5. (*Brand*) fire. ~! fire!; ~ **legen** to start a fire; **an etw** (*acc*)/**in etw** (*dat*) ~ **legen** to set fire to sth; ~ **fangen** to catch fire; **mit** ~ **und Schwert** with fire and sword; **für jdn durchs** ~ **gehen** to go through fire and water for sb.

6. (*Schwung*) (*von Frau*) passion; (*von Liebhaber auch*) ardour; (*von Pferd*) mettle; (*von Wein*) vigour. ~ **haben** to be passionate/ardent/mettlesome/full of vigour; **das** ~ **der Jugend/Liebe** the fire of youth/love; **in** ~ **geraten** to become inflamed with passion; **sich in** ~ **reden** to become inflamed with passion; ~ **fangen** to be really taken (*bei* with); ~ **und Flamme sein** (*inf*) to be as keen as mustard (*inf*) (*für* on).

7. (*liter: Glanz*) sparkle, glitter.

8. (*Schießen*) fire. ~! fire!; ~ **frei!** open fire!; ~ **geben/das** ~ **eröffnen** to open fire; **das** ~ **einstellen** to cease fire *or* firing; **etw unter** ~ (*acc*) **nehmen** to open fire on sth; **unter** ~ (*dat*) **liegen** to be under fire; **zwischen zwei** ~ (*acc*) **geraten** (*fig*) to be caught between the Devil and the deep blue sea (*prov*).

Feuer- *in cpds* fire; **Feuer|alarm** *m* fire alarm; **Feuer|anzünder** *m* firelighter; **Feuerbake** *f* (*Naut*) light beacon; **Feuerball** *m* fireball; **Feuerbefehl** *m* (*Mil*) order to fire; **Feuerbekämpfung** *f* fire-fighting; **Feuerbereich** *m* (*Mil*) firing range; **feuerbereit** *adj* (*Mil*) ready to fire; **feuerbeständig** *adj* fire-resistant; **Feuerbestattung** *f* cremation; **Feuer|eifer** *m* zeal; **mit** ~ **spielen/diskutieren** to play/discuss with zeal; **Feuer|eimer** *m* fire-bucket; **Feuer|einstellung** *f* cessation of fire; (*Waffenstillstand*) cease-fire; **feuerfest** *adj* fireproof; *Geschirr* heat-resistant; ~**er Ton**/ *Ziegel* fireclay/firebrick; **Feuer-**

fresser m fire-eater; **Feuergasse** f fire lane; **Feuergefahr** f fire hazard or risk; **bei** ~ in the event of fire; **feuergefährlich** adj (highly) (in)flammable or combustible; **Feuergefecht** nt gun fight, shoot-out (inf); **Feuergeist** m (liter) volatile young genius, fireball; **Feuerglocke** f fire bell; **Feuergott** m god of fire; **Feuerhaken** m poker; **Feuerholz** nt, no pl firewood; **Feuerkäfer** m cardinal beetle; **Feuerkopf** m (geh) fireball; **Feuerland** nt Tierra del Fuego; **Feuerländer(in** f) m -s, - Fuegian; **Feuerleiter** f (am Haus) fire escape; (bei Feuerwehrauto) (fireman's) ladder; (fahrbar) turntable ladder; **Feuerlinie** f (Mil) firing line; **Feuerlöschboot** nt fireboat; **Feuerlöscher** m fire extinguisher; **Feuerlöschgerät** nt firefighting appliance; **Feuerlöschzug** m convoy of fire engines, set of appliances (form); **Feuermeer** nt sea of flames, blazing inferno; **Feuermelder** m -s, - fire alarm; **er hat ein Gesicht wie ein** ~ he's got the kind of face that just makes you want to hit it.

feuern I vi 1. (heizen) **mit Öl/Holz** ~ to have oil heating/use wood for one's heating.
2. (Mil) to fire.
II vt 1. Zimmer to heat; Ofen to light. **Öl/Briketts** ~ to have oil heating/use briquettes for one's heating.
2. (inf) (werfen) to fling (inf), to sling (inf); (Ftbl) Ball to slam (inf); (ins Tor) to slam home (inf) or in (inf). **du kriegst gleich eine gefeuert!** (sl) I'll thump you one in a minute (inf).
3. (inf: entlassen) to fire (inf), to sack (inf). **gefeuert werden** to get the sack, to be fired or sacked.

Feuer|ofen m (Bibl) fiery furnace; **Feuerpatsche** f fire-beater; **Feuerpause** f break in firing; **feuerpolizeilich** adj Bestimmungen laid down by the fire authorities; ~ **verboten** prohibited by order of the fire authorities; **Feuerprobe** f (Hist: Gottesurteil) ordeal by fire; **die** ~ **bestehen** (fig) to pass the (acid) test; **Feuerqualle** f stinging jellyfish; **Feuerrad** nt fire-wheel; (Feuerwerkskörper) catherine wheel; **feuerrot** adj fiery red; Haar auch flaming; Kleidung, Auto scarlet; ~ **werden** (vor Verlegenheit etc) to turn crimson or scarlet; **Feuersalamander** m fire or European salamander; **Feuersäule** f (Bibl) pillar of fire.

Feuersbrunst f (geh) conflagration.

Feuerschein m glow of the fire; **Feuerschiff** nt lightship; **Feuerschlucker** m -s, - siehe **Feuerfresser**; **feuerschnaubend** adj attr (poet) firebreathing; **Feuerschneise** f fire break; **Feuerschutz** m 1. (Vorbeugung) fire prevention; 2. (Mil: Deckung) covering fire; **Feuerschutzhelm** m fireman's helmet; **Feuerschweif** m fiery tail; **Feuersirene** f fire siren; **feuerspeiend** adj attr Drache fire-breathing; Berg spewing (forth) fire; **Feuerspritze** f fire hose; **Feuerstätte** f (form) 1. (Koch-, Heiz-

stelle) fireplace, hearth; 2. (Brandstelle) scene of the fire; **Feuerstein** m flint; **Feuerstelle** f campfire site; (Herd) fireplace; **Feuerstrahl** m (geh) jet of flame or fire; (poet: Blitz) thunderbolt; **Feuerstuhl** m (sl) (motor)bike; **Feuertaufe** f baptism of fire; **die** ~ **bestehen/erhalten** to go through/have one's baptism of fire; **Feuertod** m (Hist) (death at) the stake; **Feuertreppe** f fire escape; **Feuertür** f fire door; **Feuer|überfall** m armed attack.

Feuerung f 1. (das Beheizen) heating. 2. (Brennstoff) fuel. 3. (Heizanlage) heating system.

Feuerversicherung f fire insurance; **feuerverzinkt** adj galvanized; **Feuerwache** f fire station; **Feuerwaffe** f firearm; **Feuerwasser** nt (inf) firewater (inf); **Feuerwechsel** m exchange of fire.

Feuerwehr f fire brigade. **fahren wie die** ~ (inf) to drive like the clappers (Brit inf).

Feuerwehr|auto nt fire engine; **Feuerwehrmann** m, pl **-leute** or **-männer** fireman; **Feuerwehrschlauch** m fire hose; **Feuerwehr|übung** f fire-fighting exercise.

Feuerwerk nt fireworks pl; (Schauspiel auch) firework display; (fig) cavalcade; **Feuerwerker** m -s, - firework-maker; **Feuerwerkskörper** m firework; **Feuerzange** f fire tongs pl; **Feuerzangenbowle** f red wine punch containing rum which has been flamed off; **Feuerzeichen** nt (Signal) beacon; **Feuerzeug** nt (cigarette) lighter; **Feuerzeugbenzin** nt lighter fuel; **Feuerzunge** f (Bibl) tongue of flame.

Feuilleton [fœjə'tõ, 'fœjətõ] nt -s, -s (Press) 1. (Zeitungsteil) feature pages pl or section. 2. (Artikel) feature (article).

Feuilletonismus [fœjəto'nɪsmʊs] m style of writing used in feature articles, often regarded as facile.

Feuilletonist(in f) [fœjəto'nɪst(ɪn)] m feature writer.

feuilletonistisch [fœjəto'nɪstɪʃ] adj dieser **Journalist ist ein** ~**es Talent** this journalist has a natural flair for writing feature articles; **dieser Aufsatz ist zu** ~ (pej) this essay is too glib or facile.

Feuilletonschreiber m siehe **Feuilletonist(in).**

feurig adj fiery; (old: glühend) glowing.

Fex m -es or -en, -e or -en (S Ger, Aus) enthusiast.

Fez[1] [feːs] m -(es), -(e) fez.

Fez[2] m -(e)s, no pl (dated inf) larking about (inf). ~ **machen** to lark about (inf).

ff [ɛf'ɛf] adj inv first-class, top-grade; siehe **Effeff**.

ff. abbr of **folgende Seiten** pp.

Fiaker m -s, - (Aus) 1. (Kutsche) (hackney) cab. 2. (Kutscher) cab driver, cabby (inf).

Fiale f -n (Archit) pinnacle.

Fiasko nt -s, -s (inf) fiasco. **mit seinem Buch erlebte er ein** ~ his book was a complete failure or flop or fiasco; **dann gibt es ein** ~ it'll be disastrous or a fiasco.

Fibel[1] f -, -n (Sch) primer.

Fibel[2] f -, -n (Archeol) fibula (spec), clasp.

Fiber f -, -n fibre.

Fibrin *nt* **-s,** *no pl* (*Physiol*) fibrin.
Fibrom *nt* **-s, -e** (*Med*) fibroma (*spec*).
Fiche [fiːʃ] *m or nt* **-s** (micro)fiche.
Fichte *f* **-, -n** (*Bot*) spruce.
fichten *adj* spruce(wood).
Fichten- *in cpds* spruce; **Fichtennadel-|extrakt** *m* pine essence; **Fichtenzapfen** *m* spruce cone.
Fick *m* **-s, -s** (*vulg*) fuck (*vulg*).
ficken *vti* (*vulg*) to fuck (*vulg*). **mit jdm ~** to fuck sb (*vulg*).
fick(e)rig *adj* **1.** (*dial*) fidgety. **2.** (*vulg: geil*) randy (*Brit inf*), horny (*inf*).
fidel *adj* jolly, merry.
Fidibus *m* **- or -ses, - or -se** spill.
Fieber *nt* **-s, -** **1.** temperature; (*sehr hoch, mit Phantasieren*) fever. **~ haben** to have *or* be running a temperature; to be feverish *or* running a fever; **40° ~ haben** to have a temperature of 40; (**jdm**) **das ~ messen** to take sb's temperature; **das ~ der Leidenschaft hat ihn gepackt** he was seized with passion. **2.** (*Krankheit*) fever.
Fieber- *in cpds* feverish, febrile (*form*); **Fieber|anfall** *m* attack *or* bout of fever; **Fieberflecken** *pl* fever spots *pl*; **fieberfrei** *adj* free of fever; **Fieberfrost** *m* feverish shivering; **fieberhaft** *adj* **1.** (*fiebrig*) feverish, febrile (*form*); **2.** (*hektisch*) feverish.
fieb(e)rig *adj* feverish, febrile (*form*).
Fieberkurve *f* temperature curve; **Fiebermittel** *nt* anti-fever drug, antipyretic (*spec*); **Fiebermücke** *f* malarial mosquito.
fiebern *vi* **1.** to have a fever *or* temperature; (*schwer*) to be feverish *or* febrile (*form*). **2.** (*fig*) **nach etw ~** to long feverishly for sth; **vor Ungeduld/Erregung** (*dat*) **~** to be in a fever of impatience/excitement.
Fieberphantasien *pl* feverish *or* febrile (*form*) wanderings *pl or* ravings *pl*; **Fieberthermometer** *nt* (clinical) thermometer; **Fieberwahn** *m* (feverish *or* febrile) delirium.
Fiedel *f* **-, -n** fiddle.
Fiedelbogen *m* fiddle bow. **gespannt sein wie ein ~** (*inf*) to be on tenterhooks.
fiedeln (*hum, pej*) *vti* to fiddle.
fiedern *vr* (*Orn*) to acquire its plumage.
Fiederung *f* **1.** (*Orn*) plumage. **2.** (*Bot*) pinnation (*spec*).
Fiedler *m* **-s, -** (*hum, pej: Geiger*) fiddler.
fiel *pret of* **fallen.**
fiepen *vi* (*Reh*) to call; (*Hund, Mensch*) to whimper; (*Vogel*) to cheep.
fieren *vt* (*Naut*) *Segel, Last* to lower; *Tau* to pay out.
fies *adj* (*inf*) (*abstoßend, unangenehm*) *Mensch, Gesicht, Geruch, Arbeit* nasty, horrid, horrible; (*gemein*) *Charakter, Methoden auch* mean.
Fiesling *m* (*inf*) (*abstoßend*) slob (*sl*); (*gemein*) sod (*sl*), bastard (*sl*).
Fifa, FIFA *f* - FIFA.
fifty-fifty [ˈfɪftiˈfɪfti] *adv* (*inf*) fifty-fifty (*inf*). **~ machen** to go fifty-fifty; **die Sache steht ~** there's a fifty-fifty chance; **die Sache ist ~ ausgegangen** things were fifty-fifty *or* pretty even.

Figaro *m* **-s, -s** (*hum*) hairdresser.
Fight [faɪt] *m* **-s, -s** fight.
fighten [ˈfaɪtn] *vi* to fight.
Fighter [ˈfaɪtə] *m* **-s, -** fighter.
Figur *f* **1.** (*Bildwerk, Abbildung, Math*) figure; (*gedankenlos gezeichnet*) doodle. **2.** (*Gestalt, Persönlichkeit*) figure; (*Körperform*) (*von Frauen*) figure; (*von Männern*) physique; (*inf: Mensch*) character. **in ganzer ~** (*Phot, Art*) full-figure; **auf seine ~ achten** to watch one's figure; **eine gute/schlecht ~ machen** *or* **abgeben** to cut a good/poor figure; **eine komische ~** (*inf*) a strange customer (*inf*) *or* character. **3.** (*Roman~, Film~ etc*) character. **4.** (*Sport, Mus*) figure; (*rhetorische ~*) figure of speech.
figural *adj* (*Art*) figured.
Figuralmusik *f* figural *or* florid music.
Figurant *m* figurant.
Figurantin *f* figurante.
Figuration *f* figuration.
figurativ *adj* figurative.
Figürchen *nt dim of* **Figur.**
Figurenlaufen *nt* figure skating.
figurieren* **I** *vi* (*geh*) to figure. **II** *vt* (*Mus*) to figure.
Figurine *f* (*Art*) figure; (*kleine Statue*) figurine; (*Theat*) costume design *or* sketch.
figürlich *adj* **1.** (*übertragen*) figurative. **2.** (*figurmäßig*) as regards the/her figure; (*von Männern*) as regards physique.
Fiktion *f* fiction.
fiktiv *adj* fictitious.
Filet [fiˈleː] *nt* **-s, -s** (*Cook*) (*Schweine~, Geflügel~, Fisch~*) fillet; (*Rind~*) fillet steak; (*zum Braten*) piece of sirloin *or* tenderloin (*US*).
Filet|arbeit [fiˈleː-] *f* (*Tex*) netting.
filetieren* *vt* to fillet.
Filetsteak [fiˈleːsteːk] *nt* fillet steak.
Filialbetrieb *m* branch.
Filiale *f* **-, -n** branch.
Filialgeneration *f* (*Biol*) (first) filial generation; **Filialkirche** *f* daughter church; **Filialleiter** *m* branch manager; **Filialnetz** *nt* network of branches.
Filibuster¹ *m* **-s, -** *siehe* **Flibustier.**
Filibuster² [filiˈbastɐ] *nt* **-s, -** (*Pol*) filibuster.
Filigran *nt* **-s, -e** filigree.
Filigran|arbeit *f* filigree work; (*Schmuckstück*) piece of filigree work.
Filipino *m* **-s, -s** Filipino.
Filius *m* **-, -se** (*hum*) son, offspring (*hum*).
Film *m* **-(e)s, -e 1.** (*alle Bedeutungen*) film; (*Spiel~ auch*) movie (*esp US*), motion picture (*US*); (*Dokumentar~ auch*) documentary (film). **ein ~ nach dem Roman von E. Marlitt** a film of *or* based on the novel by E. Marlitt; **in einen ~ gehen** to go and see a film, to go to a film; **da ist bei mir der ~ gerissen** (*fig sl*) I had a mental blackout (*inf*). **2.** (*~branche*) films *pl*, movie (*esp US*) *or* motion-picture (*esp US*) business. **zum ~ gehen/kommen** to go/get *or* break into films *or* movies (*esp US*); **beim ~ arbeiten** *or* **sein** (*inf*) to work in films *or* the movie business (*esp US*).

Film- in cpds film, movie (esp US); **Film|amateur** m home-movie enthusiast or buff (inf); **Film|archiv** nt film archives pl; **Film|atelier** nt film studio; **Film|autor** m scriptwriter, screen-writer; **Film|ball** m film festival ball; **Filmbe|arbeitung** f (screen) adaptation; **Filmbericht** m film report; **Filmbühne** f (dated) picture house (dated), movie house (US); **Filmdiva** f screen goddess; **Filmdrama** nt film drama.

Filmemacher(in f) m film-maker, writer-director.

filmen vti to film. **jdn** ~ (fig inf) to take sb for a ride (inf).

Filmer m -s, - (inf) film or movie (esp US) director.

Filmerei f filming.

Filmfestival nt, **Filmfestspiele** pl film festival; **Filmformat** nt (für Fotoapparat) film size; (für Filmkamera) film gauge; **Filmfritze** m -n, -n (inf) film or movie (esp US) guy (inf); **Filmgeschäft** nt film or movie (esp US) or motion-picture (esp US) industry; **Filmgeschichte** f history of the cinema; ~ **machen** to make film history; **Filmgesellschaft** f film company; **Filmgröße** f great star of the screen; **Filmheld** m screen or movie (esp US) hero.

filmisch adj cinematic.

Filmkamera f film or movie (esp US) camera; (Schmalfilmkamera) cine-camera; **Filmkassette** f film cassette; **Filmkomponist** m composer of film music; **Filmkritik** f film criticism or reviewing; (Artikel) film review; (Kritiker) film critics pl; **Filmkulisse** f setting for a film; **Filmkunst** f cinematic art; **Filmkunsttheater** nt film theatre; **Filmleitzahl** f film speed; **Filmmaterial** nt film; **Filmmusik** f film music; **die originale** ~ the original soundtrack.

Filmothek f -, -en siehe **Kinemathek**.

Filmpalast m picture or movie (esp US) palace; **Filmpreis** m film or movie (esp US) award; **Filmproduzent** m film or movie (esp US) producer; **Filmprojektor** m film projector; **Filmprüfstelle** f film censorship office; **Filmrechte** pl film rights pl; **Filmregie** f direction of a/the film; **Filmregisseur** m film or movie (esp US) director; **Filmreportage** f film report; **Filmriß** m (lit) tear in a film; (fig inf) mental blackout (inf); **Filmrolle** f (Spule) spool of film; (für Fotoapparat) roll of film; (Part) film part or role; **Filmsalat** m (inf) camera buckle; **Filmsatz** m (Typ) siehe **Lichtsatz**; **Filmschauplatz** m setting of a film; **Filmschauspieler** m film or movie (esp US) actor; **Filmschauspielerin** f film or movie (esp US) actress; **Filmschönheit** f screen beauty; **Filmserie** f (esp TV) film series sing; **Filmspule** f film spool; **Filmstar** m filmstar; **Filmsternchen** nt starlet; **Filmstudio** nt film or movie (esp US) studio; **Filmszene** f scene of a film; **Filmtheater** nt (form) cinema, movie theater (US); **Filmtransport** m filmtransport; **Filmtrick** m film stunt; **Filmverleih** m film

distributors pl; **Filmvorführer** m projectionist; **Filmvorführgerät** nt (film) projector; **Filmvorstellung** f film show; **Filmwissenschaft** f film studies pl; **Filmzensur** f film censorship; (Zensoren) film censors pl.

Filou [fi'lu:] m -s, -s (dated inf) devil (inf).

Filter nt or m -s, - filter. **eine Zigarette mit/ ohne** ~ a (filter-) tipped/plain cigarette.

filterfein adj finely ground; ~ **mahlen** to grind finely; **Filterglas** nt tinted glass; **Filterkaffee** m filter or drip (US) coffee; **Filtermundstück** nt filter-tip.

filtern vti to filter.

Filterpapier nt filter paper; **Filtertuch** nt filter cloth; **Filtertüte** f filter bag; **Filterzigarette** f tipped or filter(-tipped) cigarette.

Filtrat nt filtrate.

Filtration f filtration.

filtrieren* vt to filter.

Filz m -es, -e 1. (Tex) felt; (inf: ~hut) felt hat. 2. (inf: Bierdeckel) beermat. 3. (Pol pej) siehe **Filzokratie**.

filzen I vi 1. (Tex) to felt, to go felty. 2. (inf: fest schlafen) to sleep. II vt (inf) (durchsuchen) jdn to frisk, to search; Gepäck etc to go through; (berauben) to do over (inf).

Filzhut m felt hat.

filzig adj (wie Filz) felty, feltlike.

Filzlatschen m (inf) carpet slipper; **Filzlaus** f crablouse.

Filzokrat m -en, -en (Pol pej) corrupt nepotist.

Filzokratie f (Pol pej) corruption and nepotism, spoils system (US).

Filzpantoffel m (carpet) slipper; **Filzschreiber** m felt(-tip) pen, felt-tip; **Filzsohle** f felt insole; **Filzstiefel** m felt boot; **Filzstift** m siehe **Filzschreiber**.

Fimmel m -s, - (inf) 1. (Tick) mania. **er hat diesen** ~ **mit dem Unkrautjäten** he's got this thing about weeding (inf). 2. (Spleen) obsession (mit about). **du hast wohl einen** ~! you're crazy (inf) or mad (inf).

final adj final.

Finale nt -s, -s or - (Mus) finale; (Sport) final, finals pl.

Finalist m finalist.

Finalsatz m final clause.

Financier [finã'sie:] m -s, -s financier.

Finanz f, no pl financial world. **die hohe** ~ siehe **Hochfinanz**.

Finanz- in cpds financial; **Finanz|amt** nt tax office; **Finanz|aristokratie** f plutocrats pl, plutocracy; **Finanz|ausgleich** m redistribution of income between 'Bund', 'Länder' and 'Gemeinden'; **Finanz|ausschuß** m finance committee; **Finanzbe|amte(r)** m tax official; **Finanzbehörde** f tax authority.

Finanzen pl finances pl. **das übersteigt meine** ~ that's beyond my means.

Finanzer m -s, - (Aus) siehe **Zollbeamte(r)**.

Finanzfrage f question of finance; **Finanzgebaren** nt management of public finances; **Finanzgenie** nt financial genius or wizard (inf); **Finanzgericht** nt tribunal dealing with tax and other financial matters; **Finanzgewaltige(r)** mf decl as adj (hum) financial mogul; **Finanzhoheit** f financial autonomy.

finanziell adj financial. **sich ~ an etw** (dat) **beteiligen** to take a (financial) stake in sth.

Finanzier [finan'tsie:] m -s, -s financier.

finanzieren* vt to finance. **frei ~** to finance privately; **ich kann meinen Urlaub nicht ~** I can't afford a holiday.

Finanzierung f financing. **zur ~ von etw** to finance sth; **die ~ meines Urlaubs ist noch nicht gesichert** it isn't certain whether I will have the money for my holiday.

Finanzjahr nt financial year; **finanzkräftig** adj financially strong; **Finanzminister** m minister of finance; **Finanzplan** m financial plan; **Finanzpolitik** f financial policy; (Wissenschaft, Disziplin) politics of finance; **finanzpolitisch** adj Fragen, Probleme relating to financial policy; **Finanzrecht** nt financial law; **finanzschwach** adj financially weak; **finanzstark** adj financially strong; **Finanzwesen** nt financial system.

finassieren* vi (pej) to machinate, to do some finagling (inf).

Findelkind nt (old) foundling (old).

finden pret **fand**, ptp **gefunden** I vt 1. (entdecken) to find. **ich finde es nicht** I can't find it; **es war nicht/nirgends zu ~** it was not/nowhere to be found; **das muß zu ~ sein** it must be somewhere (to be found); **es ließ sich niemand** ~we/they etc couldn't find anybody, there was nobody to be found; **der Grund/die Ursache läßt sich nicht ~** we/they etc couldn't find the reason/cause; **er findet immer etwas zu kritisieren** he always finds something to criticize; **etwas an jdm ~** to see something in sb; **nichts dabei ~** to think nothing of it.

2. (vor~) to find. **jdn schlafend/bei der Arbeit ~** to find sb asleep/working.

3. in Verbindung mit n siehe auch dort. Trost, Hilfe, Ruhe, Schlaf etc to find; Anklang, Zustimmung auch to meet with; Beifall to meet or be met with; Berücksichtigung, Beachtung to receive. **(den) Mut/(die) Kraft ~, etw zu tun** to find the courage/strength to do sth; **(bei jdm) Anerkennung ~** to find recognition (with sb); **Bestätigung ~** to be confirmed.

4. (ansehen, betrachten) to think. **es kalt/warm/ganz erträglich etc ~** to find it cold/warm/quite tolerable etc; **etw gut/zu teuer etc ~** to think (that) sth is good/too expensive etc; **jdn blöd/nett etc ~** to think (that) sb is stupid/ nice etc; **wie findest du das?** what do you think?; **wie finde ich denn das?** (inf) what do I think (of that)?

II vi (lit, fig: den Weg ~) to find one's way. **er findet nicht nach Hause** (lit) he can't find his or the way home; (fig) he can't tear or drag himself away (inf); **zu sich selbst ~** to sort oneself out.

III vti (meinen) to think. **~ Sie (das)?** do you think so?; **ich finde (das) nicht** I don't think so; **~ Sie (das) nicht auch?** don't you agree?, don't you think so too?; **ich finde, wir sollten/daß wir ...** I think we should/ that we ...; **ich fände es besser, wenn ...** I think it would be better if ...

IV vr 1. (zum Vorschein kommen) to be found; (wiederauftauchen auch) to turn up; (sich befinden auch) to be. **das wird**

sich (alles) ~ it will (all) turn up; (sich herausstellen) it'll all come out (inf); **es fand sich niemand, der sich freiwillig gemeldet hätte** there was nobody who volunteered.

2. (in Ordnung kommen: Angelegenheit etc) to sort itself out; (Mensch: zu sich ~) to sort oneself out. **das wird sich alles ~** it'll all sort itself out.

3. (sich fügen) **sich in etw** (acc) **~** to reconcile oneself or become reconciled to sth.

4. (sich treffen) (lit) to find each other; (fig) to meet.

Finder(in f) m -s, - finder.

Finderlohn m reward for the finder.

Fin de siècle [fɛ̃d'sjɛkl] nt - - -, no pl fin de siècle. **die Kunst des ~ ~ ~** fin de siècle art.

findig adj resourceful.

Findigkeit f resourcefulness.

Findling m 1. (Geol) erratic. 2. (Findelkind) foundling (old).

Finesse f 1. (Feinheit) refinement; (no pl: Kunstfertigkeit) finesse. **mit allen ~n** with every refinement. 2. (Trick) trick.

fing pret of **fangen**.

Finger m -s, - finger. **der kleine ~** one's little finger, one's pinkie (US, Scot inf); **der elfte ~** (hum) one's third leg (inf); **mit dem ~ auf jdn/etw zeigen** to point to sb/ sth; **mit ~n auf jdn zeigen** (fig) to look askance at sb; **mit mit dem ~ drohen** to wag one's finger at sb; **jdm eins/was auf die ~ geben** to give sb a rap/to rap sb across the knuckles; **jdm auf die ~ klopfen** (fig) to rap sb's knuckles, to give sb a rap on the knuckles; **zwei ~ breit** the width of two fingers, two fingers wide; **(nimm/laß die) ~ weg!** (get/keep your) hands off!; **sich** (dat) **nicht die ~ schmutzig machen** (lit, fig) not to get one's hands dirty, not to dirty one's hands; **das kann sich jeder an den (fünf or zehn) ~n abzählen** (inf) it sticks out a mile (to anybody) (inf); **jdn/ etw in die ~ bekommen** or **kriegen** (inf) to get one's hands on sb/sth, to get hold of sb/ sth; **er hat überall seine ~ drin** (sl) he has a finger in every pie (inf); **sich** (dat) **die ~ wund schreiben/arbeiten** etc to write/work etc one's fingers to the bone; **wenn man ihm/dem Teufel den kleinen ~ gibt, (dann) nimmt er (gleich) die ganze Hand** (prov) give him an inch and he'll take a mile (inf); **lange ~ machen** (hum inf) to be light-fingered; **jdm in** or **zwischen die ~ geraten** to fall into sb's hands or clutches; **die ~ von jdm/etw lassen** (inf) to keep away from sb/sth; **sich** (dat) **bei** or **an etw** (dat) **die ~ verbrennen** to burn one's fingers or get one's fingers burnt over sth; **jdm (scharf) auf die ~ sehen** to keep an eye or a close eye on sb; **sich** (dat) **etw aus den ~n saugen** to make sth up off the top of one's head (inf), to dream sth up; **sich** (dat) **die** or **alle ~ nach etw lecken** (inf) to be panting or dying for sth (inf); **für jdn keinen ~ rühren** not to lift a finger to help sb; **keinen ~ krumm machen** (inf) not to lift a finger (inf); **den ~ auf eine/die Wunde legen** to touch on a sore point; **mich** or **mir juckt es in den ~n (, etw zu tun)** (inf) I'm itching *or* dying to (do sth); **er hat eine** *or* **zehn an jedem** ~ he's got a woman for every day of the week; **jdn um den kleinen** ~ **wickeln** to twist sb round one's little finger; **etw im kleinen** ~ **haben** (*perfekt beherrschen*) to have sth at one's fingertips; (*sicher im Gefühl haben*) to have a feel for sth.

Finger|abdruck *m* fingerprint; **jds Fingerabdrücke nehmen** to take sb's fingerprints, to fingerprint sb; **Finger|alphabet** *nt* manual alphabet; **Fingerbreit** *m* -, -finger's breadth, fingerbreadth; (*fig*) inch; **keinen** ~ **nachgeben** not to give an inch; **fingerdick** *adj* as thick as a finger; **Fingerfarbe** *f* finger paint; **fingerfertig** *adj* nimble-fingered, dexterous; **Fingerfertigkeit** *f* dexterity; **Fingergelenk** *nt* finger joint; **Fingerglied** *nt* phalanx (of the finger) (*form*); **Fingerhakeln** *nt* finger-wrestling; **Fingerhandschuh** *m* glove; **Fingerhut** *m* 1. (*Sew*) thimble; **ein** ~ **(voll)** (*fig*) a thimbleful; 2. (*Bot*) foxglove; **Fingerknochen, Fingerknöchel** *m* knucklebone; **Fingerkuppe** *f* fingertip; **Fingerling** *m* fingerstall.

fingern I *vi* an *or* **mit etw** (*dat*) ~ to fiddle with sth; **nach etw** ~ to fumble (around) for sth. **II** *vt* (*hervorholen*) to fumble around and produce; (*sl: manipulieren*) to fiddle (*inf*).

Fingernagel *m* fingernail; ~ **kauen** to bite one's (finger)nails; **Fingerring** *m* ring (for one's finger); **Fingerschale** *f* fingerbowl; **Fingerspitze** *f* fingertip, tip of one's finger; **das muß man in den** ~**n haben** you have to have a feel for it; **mir juckt** *or* **kribbelt es in den** ~**n, das zu tun** I'm itching to do that; **Fingerspitzengefühl** *nt*, *no pl* (*Einfühlungsgabe*) instinctive feel *or* feeling; (*im Umgang mit Menschen*) tact and sensitivity, fine feeling; **Fingersprache** *f* manual alphabet, sign language; **Finger|übung** *f* (*Mus*) finger exercise; (*Übungsstück*) étude; (*fig*) (*erste Arbeit*) first stage of one's apprenticeship; (*Anfangswerk*) apprentice piece; **Fingerzeig** *m* -s, -e hint; **etw als** ~ **Gottes/des Schicksals empfinden** to regard sth as a sign from God/as meant.

fingieren* [fɪŋˈgiːrən] *vt* (*vortäuschen*) to fake; (*erdichten*) to fabricate.

fingiert [fɪŋˈgiːrt] *adj* (*vorgetäuscht*) bogus; (*erfunden*) fictitious.

Finish [ˈfɪnɪʃ] *nt* -s, -s 1. (*Endverarbeitung*) finish; (*Vorgang*) finishing. 2. (*Sport: Endspurt*) final spurt.

finit *adj* (*Gram*) finite.

Fink *m* -en, -en finch.

Finkenschlag *m*, *no pl* finch's song.

Finne¹ *f* -, -n 1. (*Zool: Stadium des Bandwurms*) bladder worm, cysticercus (*form*). 2. (*Med: Mitesser*) pimple. 3. (*Rückenflosse*) fin. 4. (*von Hammer*) peen.

Finne² *m* -n, -n, **Finnin** *f* Finn, Finnish man/woman/boy/girl.

finnisch *adj* Finnish. **der F**~**e Meerbusen** the Gulf of Finland; *siehe auch* **deutsch**.

Finnisch(e) *nt* -n Finnish; *siehe auch* **Deutsch(e)**.

Finnland *nt* Finland.

Finnländer(in *f*) *m* -s, - Finn.

finnländisch *adj* Finnish.

Finnlandisierung *f* (*Pol sl*) Finlandization.

Finnmark *f* (*Währung*) Finnish mark, markka (*form*).

finno|ugrisch, *adj* Finno-Ugric, Finno-Ugrian.

Finnwal *m* finback, finwhale.

finster *adj* 1. (*ohne Licht*) dark; *Zimmer, Wald, Nacht* dark (and gloomy); **im F**~**n** in the dark; **im F**~**n liegen** to be in darkness; ~ **machen** (*inf*) to plunge the place into darkness; **im** ~**n tappen** (*inf*) to be groping in the dark; **es sieht** ~ **aus** (*fig*) things look bleak. 2. (*dubious*) shady. 3. (*mürrisch, verdrossen, düster*) grim; *Wolken* dark, black. ~ **entschlossen sein** to be grimly determined; **jdn** ~ **ansehen** to give sb a black look. 4. (*fig: unaufgeklärt*) dark. **das** ~**(st)e Mittelalter** the Dark Ages *pl*. 5. (*unheimlich*) *Gestalt, Blick, Gedanken* sinister.

Finsterling *m* sinister character; (*Dunkelmann*) obscurantist.

Finsternis *f* 1. (*Dunkelheit, Bibl: Hölle*) darkness. 2. (*Astron*) eclipse.

Finte *f* -, -n 1. (*Sport*) feint; (*im Rugby*) dummy. 2. (*List*) ruse, subterfuge.

fintenreich *adj* artful, crafty.

finz(e)lig *adj* (*N Ger inf*) 1. (*winzig*) *Schrift* tiny, weeny (*inf*) 2. (*knifflig*) fiddly.

Fips *m* -es, -e (*dial*) little fellow (*inf*).

Firlefanz *m* -es, *no pl* (*inf*) 1. (*Kram*) frippery, trumpery. 2. (*Albernheit*) clowning *or* fooling around.

firm *adj pred* **in einem Fachgebiet** ~ **sein** to have a sound knowledge of sth, to be good at sth (*inf*).

Firma *f* -, **Firmen** 1. company, firm; (*Kleinbetrieb*) business. **die** ~ **Wahlster/Lexomat** Wahlster(s)/Lexomat; **die** ~ **dankt** (*hum*) much obliged (to you). 2. (*Geschäfts-, Handelsname*) **eine** ~ **löschen** to strike a company's name/the name of a business from the register; **eine** ~ **eintragen** to register a company name/the name of a business; **unter der** ~ **Smith** under the name of Smith.

Firmament *nt* -s, *no pl* (*liter*) heavens *pl* (*liter*), firmament (*Bibl*).

firmen *vt* (*Rel*) to confirm.

Firmen *pl of* **Firma**.

Firmen|aufdruck *m* company stamp; **Firmenchef** *m* head of the company *or* firm/business; **firmen|eigen** *adj* company *attr*; ~ **sein** to belong to the company; **Firmen|inhaber** *m* owner of the company/business; **firmen|intern** *adj* internal company *attr*; ~ **geregelt** decided internally by the company; **Firmenkopf** *m* company/business letterhead; **Firmenname** *m* company name/name of a business; **Firmenregister** *nt* register of companies/businesses; **Firmenschild** *nt* company/business plaque; **Firmenstempel** *m* company/business stamp; **Firmenverzeichnis** *nt* trade directory; **Firmenwagen** *m* company car; **Firmenwert** *m* (*Comm*) goodwill; **Firmenzeichen** *nt* trademark.

firmieren* vi: als or mit ... ~ (Comm, fig) to trade under the name of ...

Firmling m (Rel) candidate for confirmation.

Firmpate m, **Firmpatin** f sponsor.

Firmung f (Rel) confirmation.

Firn m -(e)s, -e névé, firn.

firnig adj Schnee névé attr.

Firnis m -ses, -se (Öl~) oil; (Lack~) varnish.

firnissen vt to oil; to varnish.

Firnschnee m névé, firn.

First m -(e)s, -e 1. (Dach~) (roof) ridge. 2. (geh: Gebirgskamm) crest, ridge.

Firstziegel m ridge tile.

Fis nt -, - (Mus) F sharp. **in** ~/f~ in F sharp major/minor.

Fisch m -(e)s, -e 1. (Zool, Cook) fish. ~e/ drei ~e fangen to catch fish/three fishes; das sind kleine ~e (fig inf) that's child's play (inf) (für to, for); ein großer or dicker ~ (fig inf) a big fish; ein kleiner ~ one of the small fry; ein (kalter) ~ sein (fig) to be a cold fish; munter sein wie ein ~ im Wasser to be in fine fettle; sich wohl fühlen wie ein ~im Wasser to be in one's element; stumm wie ein ~ sein to be as silent as a post; weder ~ noch Fleisch neither fish nor fowl; die ~e füttern (hum) to be sick; ~ will schwimmen (prov) fish gives you a thirst.
  2. (Astrol) Pisces. die ~e (Astron) Pisces sing, the Fish sing; ein ~ sein to be Pisces or a Piscean.
  3. (Typ) character from the wrong fount.

Fisch- in cpds fish; **Fisch|adler** m osprey; **fisch|arm** adj low in fish; **fisch|artig** adj (Zool) fish-like; Geschmack, Geruch fishy; **Fisch|auge** nt (Phot) fish-eye lens; **Fischbecken** nt fishpond; **Fischbein** nt, no pl whalebone; **Fischbestand** m fish population; **Fischblase** f 1. (Zool) air-bladder, swim bladder; 2. (Archit) foil; **Fischblut** nt (fig): ~ in den Adern haben to be a cold fish; **Fischbulette** f (dial) fishcake; **Fischbraterei**, **Fischbratküche** f fish and chip shop; **Fischbrut** f fry pl, young fish pl; **Fischdampfer** m trawler.

fischen vti (lit, fig) to fish. **mit (dem) Netz ~** to trawl; **(auf) Heringe ~** to fish for herring.

Fischer m -s, - fisherman.

Fischerboot nt fishing boat; **Fischerdorf** nt fishing village.

Fischerei f 1. (das Fangen) fishing. 2. (~gewerbe) fishing industry, fisheries pl (form).

Fischerei- in cpds fishing; **Fischereifrevel** m (Jur) poaching; **Fischereigerät** nt fishing tackle; (einzelnes Stück) piece of fishing tackle; **Fischereigrenze** f fishing limit; **Fischereihafen** m fishing port; **Fischereirecht** nt, no pl 1. fishing rights pl; 2. (Jur) law on fishing; **Fischereischutzboot** nt fishery protection vessel; **Fischereiwesen** nt fishing no art; **Ministerium für ~** ministry of fisheries.

Fischernetz nt fishing net; **Fischerring** m (Rel) Ring of the Fisherman.

Fischfang m, no pl **vom ~ leben** to live by

fishing; **zum ~ auslaufen** to set off for the fishing grounds.

Fischfangflotte f fishing fleet; **Fischfanggebiet** nt fishing grounds pl.

Fischfilet nt fish fillet; **Fischfrikadelle** f fishcake; **Fischfutter** nt fish food; **Fischgeruch** m smell of fish, fishy smell; **Fischgeschäft** nt fishmonger's (shop) (Brit), fish shop (Brit) or dealer (US); **Fischgräte** f fish bone; **Fischgrätenmuster** nt herringbone (pattern); **Fischgründe** pl fishing grounds pl, fisheries pl; **Fischhändler** m fishmonger (Brit), fish dealer (US); (Großhändler) fish merchant; **Fischköder** m bait; **Fischkonserve** f canned or tinned (Brit) fish; **Fischkutter** m fishing cutter; **Fischladen** m fish shop (Brit) or dealer (US); **Fischleder** nt shagreen; **Fischleim** m isinglass; **Fischmarkt** m fish market; **Fischmehl** nt fish meal; **Fischmilch** f milt, soft roe; **Fisch|otter** m otter; **Fischreichtum** m richness in fish; **Fischreiher** m grey heron; **Fischreuse** f fish trap, weir basket; **Fischrogen** m (hard) roe; **Fischschuppe** f (fish) scale; **Fischschwarm** m shoal of fish; **Fischstäbchen** nt fish finger; **Fischsterben** nt death of fish; **Fischtrawler** m trawler; **fischver|arbeitend** adj attr fish-processing; **Fischver|arbeitung** f fish processing; **Fischwasser** nt (Cook) fish stock; **Fischwehr** nt fish weir; **Fischweib** nt (dated) fish seller, fishwoman; (pej) fishwife; **Fischwilderei** f poaching; **Fischwirtschaft** f fishing industry; **Fischzaun** m fish weir; **Fischzucht** f fish-farming; **Fischzug** m (fig: Beutezug) raid, foray.

Fisimatenten pl (inf) (Ausflüchte) excuses pl; (Umstände) fuss; (Albernheiten) nonsense. ~ machen to make excuses/a fuss/ to get up to a lot of nonsense.

fiskalisch adj fiscal.

Fiskus m -, -se or **Fisken** (Staatsvermögen) treasury, exchequer (Brit); (fig: Staat) Treasury.

Fisolen pl (Aus) green beans pl.

fisselig adj (dial) fine; (empfindlich zu handhaben) fiddly.

Fission f fission.

Fissur f (Anat) fissure; (Med) crack.

Fistel f -, -n (Med) fistula (spec).

fisteln vi to speak in a falsetto (voice) or piping voice.

Fistelstimme f 1. (Mus) falsetto. 2. (hohes Sprechstimmchen) falsetto (voice), piping voice.

fit adj pred, no comp fit. **sich ~ halten/machen** to keep/get fit.

Fitness, Fitneß f -, no pl physical fitness.

Fitnesscenter nt health centre; **Fitnesstraining** nt fitness training.

fitten vt (Tech) to fit.

Fittich m -(e)s, -e (liter) wing, pinion (liter). **jdn unter seine ~e nehmen** (hum) to take sb under one's wing (fig).

Fitting nt -s, -s (Tech) fitting.

Fitzel m or nt -s, -, **Fitzelchen** nt little bit.

fix adj 1. (inf) (flink) quick; (intelligent auch) bright, smart. **in etw** (dat) ~ **sein** to

be quick at sth; **mach** ~! be quick!, look lively! (*inf*); **das geht ganz** ~ that doesn't/won't take long at all.
2. (*inf*) ~ **und fertig sein** to be all finished; (*bereit*) to be all ready; (*nervös*) to be at the end of one's tether; (*erschöpft*) to be worn out *or* done in (*inf*) *or* all in (*inf*); (*emotional, seelisch*) to be shattered; (*ruiniert*) to be done for (*inf*); **jdn** ~ **und fertig machen** (*nervös machen*) to drive sb mad; (*erschöpfen*) to wear sb out, to do sb in (*inf*); (*emotional, seelisch*) to shatter sb; (*in Prüfung, Wettbewerb, Kampf etc*) to give sb a thrashing (*inf*); (*ruinieren*) to do for sb (*inf*).
3. (*feststehend*) fixed. **~e Idee** obsession, idée fixe.
Fixa *pl of* **Fixum.**
Fixe *f* **-, -n** (*sl*) needle (*inf*).
fixen *vi* **1.** (*sl: Drogen spritzen*) to fix (*sl*), to shoot (*sl*). **2.** (*St Ex*) to bear.
Fixer(in *f*) *m* **-s, - 1.** (*sl*) fixer (*sl*). **2.** (*St Ex*) bear.
Fixgeschäft *nt* (*Comm*) transaction for delivery by a fixed date; (*St Ex*) time bargain.
Fixierbad *nt* fixer.
fixieren* *vt* **1.** (*anstarren*) **jdn/etw (mit seinem Blick/seinen Augen)** ~ to fix one's gaze/eyes on sb/sth.
2. (*festlegen*) to specify, to define; **Gehälter, Termin** *etc* to set (*auf + acc* for); (*schriftlich niederlegen*) to record. **er ist zu stark auf seine Mutter fixiert** (*Psych*) he has a mother fixation.
3. (*haltbar machen*) to fix.
4. (*Gewichtheben*) to lock; (*Ringen*) to get in a lock. **er fixierte seinen Gegner auf den Schultern** he pinned his opponent/his opponent's shoulders to the canvas.
Fixiersalz *nt* hypo.
Fixierung *f* **1.** (*Festlegung*) *siehe vt* 2. specification, definition; setting; recording; (*Psych*) fixation. **2.** (*Anstarren*) fixing of one's gaze (*gen* on).
Fixkosten *pl* fixed overheads *pl*; **Fixpunkt** *m siehe* **Festpunkt; Fixstern** *m* fixed star.
Fixum *nt* **-s, Fixa** basic salary, basic.
Fjord *m* **-(e)s, -e** fiord.
FKK [εfka:'ka:] *no art abbr of* **Freikörperkultur.** **~-Anhänger sein** to be a nudist *or* naturist; **~-Strand** *m* nudist beach.
Fla *f* **-, *no pl* (*Mil*) *abbr of* **Flugabwehr.**
flach *adj* **1.** (*eben, platt, niedrig*) flat; **Gebäude** low; **Abhang** gentle; **Boot** flatbottomed. **sich** ~ **hinlegen/** ~ **liegen** to lie down/lie flat; ~ **schlafen** to sleep without a pillow; **die ~e Klinge/Hand** the flat of the blade/one's hand; **eine ~e Brust** a hollow chest; (*Busen*) a flat chest; **auf dem ~en Land** in the middle of the country.
2. (*untief*) shallow.
3. (*fig*) flat; **Geschmack** insipid; (*oberflächlich*) shallow. ~ **atmen** to take shallow breaths.
Flach *nt* **-(e)s, -e** (*Naut*) shallows *pl.*
Flachbau *m, pl* **-ten** low building; **Flachbauweise** *f* low style of building; **flachbrüstig** *adj* flat-chested; **Flachdach** *nt* flat roof; **Flachdruck** *m* **1.** (*Verfahren*) planography; **2.** (*Produkt*) planograph.

Fläche *f* **-, -n** (*Ausdehnung, Flächeninhalt, Math*) area; (*Ober~*) surface; (*von Würfel*) face; (*Gelände, Land~, Wasser~*) expanse (of ground/water).
Flach|eisen *nt* flat bar; (*Werkzeug*) flat-bladed chisel.
Flächenbrand *m* extensive fire; **sich zu einem** ~ **ausweiten** (*fig*) to spread to epidemic proportions; **Flächen|ertrag** *m* yield per acre/hectare *etc*; **flächengleich** *adj* (*Math*) equal in area; **flächenhaft** *adj* (*ausgedehnt*) extensive; **Flächen|inhalt** *m* area; **Flächenmaß** *nt* unit of square measure; **Flächennutzung** *f* land utilization; **flächentreu** *adj* Projektion equal-area.
flachfallen *vi sep irreg aux sein* (*inf*) not to come off; (*Regelung*) to end; **Flachfeile** *f* flat file; **Flachglas** *nt* sheet-glass; **Flachhang** *m* gentle slope.
Flachheit *f siehe adj* **1.** flatness; lowness; gentleness. **2.** shallowness. **3.** flatness; insipidity, insipidness; shallowness.
flächig *adj* Gesicht flat; Aufforstungen extensive.
Flachland *nt* lowland; (*Tiefland*) plains *pl*; **Flachländer(in** *f*) *m* **-s, -** lowlander; plainsman; **flachlegen** *sep* (*inf*) **I** *vt* to lay out; **II** *vr* to lie down; **flachliegen** *vi sep irreg* (*inf*) to be laid up (*inf*); **Flachmann** *m, pl* **-männer** (*inf*) hipflask; **Flachmoor** *nt* fen; **Flachpaß** *m* (*Ftbl*) low pass; **Flachrelief** *nt* bas-relief; **Flachrennen** *nt* flat (race).
Flachs [flaks] *m* **-es, *no pl* 1.** (*Bot, Tex*) flax. **2.** (*inf: Neckerei, Witzelei*) kidding (*inf*); (*Bemerkung*) joke. ~ **machen** to kid around (*inf*); **jetzt mal ganz ohne** ~ joking *or* kidding (*inf*) apart.
flachsblond *adj* flaxen.
Flachschuß *m* (*Ftbl*) low shot.
Flachse ['flaksə] *f* **-, -n** (*Aus*) *siehe* **Flechse.**
flachsen ['flaksn] *vi* (*inf*) to kid around (*inf*). **mit jdm** ~ to kid sb (on) (*inf*).
flachsfarben *adj* flaxen; **Flachshaar** *nt* flaxen hair; **Flachskopf** *m* flaxen-haired child/youth.
Flachzange *f* flat-nosed pliers *pl.*
flackern *vi* (*lit, fig*) to flicker.
Fladen *m* **-s, - 1.** (*Cook*) round flat doughcake. **2.** (*inf: Kuh~*) cowpat.
Fladenbrot *nt* round flat loaf.
Flader *f* **-, -n** grain *no pl*; (*Jahresring*) ring.
Flagellant *m* flagellant.
Flagellat *m* **-en, -en** (*Biol*) flagellate.
Flagellation *f* (*Psych*) flagellation.
Flagge *f* **-, -n** flag. **die belgische** ~ **führen** to fly the Belgian flag *or* colours; **die** ~ **streichen** (*lit*) to strike the flag; (*fig*) to capitulate, to show the white flag; ~ **zeigen** to nail one's colours to the mast.
flaggen *vi* to fly flags/a flag. **geflaggt haben** to fly flags/a flag.
Flaggen|alphabet *nt* semaphore *no art*; **Flaggengruß** *m* dipping of the flag; **Flaggenmast** *m* flagpole, flagstaff; **Flaggenparade** *f* morning/evening colours *sing*; **Flaggensignal** *nt* flag signal.
Flaggleine *f* (flag) halyard; **Flagg|offizier** *m* flag officer; **Flaggschiff** *nt* (*lit, fig*) flagship.

flagrant adj flagrant; *siehe* **in flagranti.**

Flair [flɛ:ɐ] nt or (rare) m **-s**, no pl (geh) atmosphere; (Nimbus) aura; (esp Sw: Gespür) flair.

Flak f **-**, or **-s** abbr of **Flug(zeug)abwehrkanone 1.** antiaircraft or ack-ack gun. **2.** (Einheit) anti-aircraft or ack-ack unit.

Flakhelfer(in f) m (Hist) anti-aircraft auxiliary.

Flakon [flaˈkõː] nt or m **-s, -s** bottle, flacon.

flambieren* vt (Cook) to flambé.

flamboyant [flãboaˈjãː] adj (geh, Archit) flamboyant.

Flamboyantstil [flãboaˈjãː-] m flamboyant style.

Flame m **-n, -n** Fleming, Flemish man/boy.

Flamin, Flämin f Fleming, Flemish woman/girl.

Flamingo [flaˈmɪŋɡo] m **-s, -s** flamingo.

flämisch adj Flemish.

Flamme f **-**, **-n 1.** (lit, fig) flame. **mit ruhiger/flackernder ~ brennen** to burn with a steady/flickering flame; **in ~n aufgehen** to go up in flames; **in (hellen) ~n stehen** to be ablaze or in flames; **etw den ~n übergeben** (liter) to consign sth to the flames; **etw auf kleiner ~ kochen** (lit) to cook sth on a low flame; (fig) to let sth just tick over; **etw auf großer ~ kochen** to cook sth fast.
2. (Brennstelle) flame, burner.
3. (dated inf: Geliebte) flame (inf).

flammend adj fiery. **mit ~em Gesicht** blazing.

flammendrot adj (geh) flame red, blazing red.

Flammenmeer nt sea of flames; **Flammentod** m death by burning; **den ~ erleiden** to be burnt to death; **Flammenwerfer** m flame-thrower.

Flandern nt **-s** Flanders sing.

flandrisch adj Flemish.

Flanell m **-s, -e** flannel.

flanellen adj attr flannel.

Flaneur [flaˈnøːɐ] m **-s, -e** (geh) stroller.

flanieren* vi aux haben or sein to stroll, to saunter.

Flanke f **-**, **-n 1.** (Anat, Mil, Chess) flank; (von Bus, Lastzug etc) side. **dem Feind in die ~n fallen** to attack the enemy on the flank. **2.** (Sport) (Turnen) flank-vault; (Ftbl) centre pass; (Spielfeldseite) wing.

flanken vi (Turnen) to flank-vault; (Ftbl) to centre.

Flanken|angriff m (Mil, Chess) flank attack; **Flankenball** m (Ftbl) centre pass; **Flankendeckung** f (Mil) flank defence; **Flankenschutz** m (Mil) protection on the flank; **jdm ~ geben** (fig) to give sb added support.

flankieren* vt (Mil, Chess, fig) to flank; (fig: ergänzen) to accompany. **~de Maßnahmen** supporting measures.

Flansch m **-(e)s, -e** flange.

Flappe f **-**, **-n** (dial) pout. **eine ~ ziehen** to look petulant, to pout.

Flaps m **-es, -e** (inf) siehe **Flegel.**

flapsig adj (inf) siehe **flegelhaft.**

Fläschchen nt bottle.

Flasche f **-**, **-n 1.** bottle. **einem Baby die ~ geben** to give a baby its bottle; **mit der ~ aufziehen** to bottle-feed; **das Kind bekommt die ~** (momentan) the child is having its bottle; (generell) the child is bottle-fed; **eine ~ Wein/Bier** etc a bottle of wine/beer etc; **aus der ~ trinken** to drink (straight) from or out of the bottle; **zur ~ greifen** (fig) to take to the bottle.
2. (inf: Versager) dead loss (inf). **du ~!** you're a dead loss! (inf).

Flaschenbatterie f array of bottles; **Flaschenbier** nt bottled beer; **Flaschenbürste** f bottle-brush; **Flaschengärung** f fermentation in the bottle; **Flaschengestell** nt bottle rack; **flaschengrün** adj bottle-green; **Flaschenhals** m neck of a bottle; (fig) bottleneck; **Flaschenkind** nt bottle-fed baby; **Flaschenmilch** f bottled milk; **Flaschennahrung** f baby milk; **Flaschen|öffner** m bottle-opener; **Flaschenpfand** nt deposit on a/the bottle; **Flaschenpost** f message in a/the bottle; **mit der ~** in a bottle; **Flaschenregal** nt wine rack; **Flaschenverschluß** m bottle top; **Flaschenwein** m bottled wine; **flaschenweise** adv by the bottle; **Flaschenzug** m block and tackle.

Flaschner m **-s, -** (S Ger, Sw) plumber.

Flash [flɛʃ] m **-s, -s** (Film) flash, intercut scene (form); (Rückblende) flashback; (sl) flash (sl).

Flatter f: **die ~ machen** (sl) to beat it (inf).

Flattergeist m butterfly; **flatterhaft** adj butterfly attr, fickle; **sie ist ziemlich ~** she's a bit of a butterfly; **Flatterhaftigkeit** f fickleness.

flatterig adj fluttery; Puls fluttering.

Flattermann m, pl **-männer** (inf) **1. einen ~ haben** (Zittern der Hände) to have the shakes; (Lampenfieber) to have stage-fright. **2.** (hum: Hähnchen) chicken.

flattern vi (bei Richtungsangabe aux sein) (lit, fig) to flutter; (mit den Flügeln schlagen) to flap its wings; (Fahne, Segel beim Sturm, Hose) to flap; (Haar) to stream, to fly; (Blick) to flicker; (inf: Mensch) to be in a flap (inf); (Lenkung, Autorad) to wobble. **ein Brief flatterte mir auf den Schreibtisch** a letter turned up or arrived on my desk.

Flattersatz m (Typ) unjustified print.

flau adj **1.** Brise, Wind slack. **2.** Farbe weak; Geschmack insipid; Stimmung, (Phot inf) Negativ flat. **3.** (übel) queasy; (vor Hunger) faint. **mir ist ~** (im Magen) I feel queasy. **4.** (Comm) Markt, Börse slack. **in meiner Kasse sieht es ~ aus** (inf) my finances aren't too healthy (inf).

Flaum m **-(e)s**, no pl **1.** (~federn, Härchen, auf Obst) down. **2.** (dial: Schweinebauchfett) lard.

Flaumbart m downy beard, bum-fluff (sl) no indef art; **Flaumfeder** f down feather, plumule (spec).

flaumig adj downy; (Aus: flockig) light and creamy.

Flausch m **-(e)s, -e** fleece.

flauschig adj fleecy; (weich) soft.

Flausen pl (inf) **1.** (Ausflüchte) excuses pl. **das sind ~** that's just a pack of excuses (inf); **mach (mir) doch keine ~ (vor)** don't spin me any yarns (inf). **2.** (Unsinn) nonsense; (Illusionen) fancy ideas pl (inf). **macht keine ~!** don't try anything! (inf).

Flaute *f* -, -**n 1.** (*Met*) calm. **das Schiff geriet in eine** ~ the ship was becalmed. **2.** (*fig*) (*Comm*) lull, slack period; (*der Stimmung*) fit of the doldrums (*inf*); (*der Leistung*) period of slackness.

fläzen *vr* (*inf*) to sprawl (*in +acc* in).

Flechse ['flɛksə] *f* -, -**n** tendon.

flechsig ['flɛksɪç] *adj Fleisch* stringy (*inf*), sinewy.

Flecht|arbeit *f* wickerwork, basketwork; (*aus Rohr*) canework.

Flechte *f* -, -**n 1.** (*Bot, Med*) lichen. **2.** (*geh: Zopf*) plait, braid (*dated*).

flechten *pret* **flocht**, *ptp* **geflochten** *vt Haar* to plait, to braid (*dated*); *Kranz, Korb, Matte* to weave, to make; *Seil* to make; *Stuhl* to cane. **sich** (*dat*) **das Haar zu Zöpfen** *or* **in Zöpfe** ~ to plait *or* braid (*dated*) one's hair; **Blumen zu einem Kranz** ~ to weave flowers into a wreath.

Flechtwerk *nt* **1.** (*Art*) interlace. **2.** *siehe* **Geflecht.**

Fleck *m* -(e)s, -e *or* -en **1.** (*Schmutz*~) stain. **dieses Zeug macht** ~**en** this stuff stains (*in/auf etw* (*acc*) sth); **mach dir nur keinen** ~ **ins Hemd** (*sl*) don't be so ridiculous!; **einen** ~ **auf der** (**weißen**) **Weste haben** (*fig*) to have blotted one's copybook. **2.** (*Farb*~) splodge (*Brit*), splotch, blob; (*auf Arm etc*) blotch; (*auf Obst*) blemish. **ein grüner/gelber etc** ~ a patch of green/yellow *etc*, a green/yellow *etc* patch; **weißer** ~ white patch; (*auf Stirn von Pferd*) star, blaze; (*auf Landkarte*) blank area. **3.** (*Stelle*) spot, place. **auf demselben** ~ in the same place; **sich nicht vom** ~ **rühren** not to move *or* budge (*inf*); **nicht vom** ~ **kommen** not to get any further; **er hat das Herz auf dem rechten** ~ (*fig*) his heart is in the right place; **vom** ~ **weg** on the spot.

Fleckchen *nt* **1.** *dim* of **Fleck. 2. ein schönes** ~ (**Erde**) a lovely little spot.

flecken *vi* (*dial*) to stain.

Flecken *m* -s, - **1.** (*old: Markt*~) small town. **2.** *siehe* **Fleck 1., 2.**

fleckenlos *adj* (*lit, fig*) spotless.

Fleck|entferner *m* stain-remover.

Fleckenwasser *nt* stain-remover.

Fleckerlteppich *m* (*S Ger, Aus*) patchwork rug.

Fleckfieber *nt* **1.** typhus fever. **2.** (*inf: lästiger Mensch*) pest (*inf*).

fleckig *adj* marked; (*mit Flüssigkeit auch*) stained; *Obst* blemished; *Tierfell* speckled; *Gesichtshaut* blotchy.

fleddern *vt Leichen* to rob; (*inf: durchwühlen*) to rummage *or* ferret (*inf*) through.

Fledermaus *f* bat; **Flederwisch** *m* feather duster.

Fleet [fleːt] *nt* -(e)s, -e (*N Ger*) canal.

Flegel *m* -s, - **1.** (*Lümmel*) uncouth fellow; (*Kind*) brat (*inf*). **2.** (*Dresch*~, *old: Kriegs*~) flail.

Flegel|alter *nt* awkward adolescent phase.

Flegelei *f* uncouthness; *Benehmen, Bemerkung* uncouth behaviour *no pl*/remark; **so eine** ~! how rude *or* uncouth!

flegelhaft *adj* uncouth; **Flegeljahre** *pl siehe* **Flegelalter.**

flegeln *vr* to loll, to sprawl. **sich in die Bank/**

den Sessel ~ to loll *or* sprawl all over the bench/in the armchair.

flehen *vi* (*geh*) to plead (*um +acc* for, *zu* with). **..., flehte er zu Gott ...,** he beseeched *or* besought God (*liter, old*).

flehentlich *adj* imploring, pleading, beseeching (*liter, old*). **eine** ~**e Bitte an** earnest entreaty *or* plea; **jdn** ~ **bitten** to plead with sb; **jdn** ~ **bitten, etw zu tun** to entreat *or* implore sb to do sth.

Fleisch *nt* -(e)s, *no pl* **1.** (*Gewebe, Muskel*~) flesh. **nacktes** ~ (*lit, fig hum*) bare flesh; **vom** ~ **fallen** to lose (a lot of) weight; **sich** (*dat or acc*) **ins eigene** ~ **schneiden** to cut off one's nose to spite one's face; **den Weg allen** ~**es gehen** (*liter*) to go the way of all flesh; **sein eigen** ~ **und Blut** (*liter*) his own flesh and blood; **jdm in** ~ **und Blut übergehen** to become second nature to sb.

2. (*Nahrungsmittel*) meat; (*Frucht*~) flesh.

Fleisch- *in cpds* (*Cook*) meat; (*Anat*) flesh; **Fleisch|abfälle** *pl* (*meat*) scraps *pl*; **fleisch|arm** *adj* containing little meat; **Fleischberg** *m* (*pej inf*) mountain of flesh; **Fleischbeschau** *f* **1.** meat inspection; **2.** (*hum inf*) cattle market (*inf*); **Fleischbeschauer(in** *f*) *m* meat inspector; **Fleischbrocken** *m* lump of meat; **Fleischbrühe** *f* (*Gericht*) bouillon; (*Fond*) meat stock; **Fleisch|einlage** *f* meat; **Fleisch|einwaage** *f* meat content, weight of meat.

Fleischer *m* -s, - butcher; (*pej inf: Chirurg*) sawbones *sing* (*inf*).

Fleischerbeil *nt* meat cleaver.

Fleischerei *f* butcher's (shop).

Fleischerhandwerk *nt* butcher's trade, butchery; **Fleischerhund** *m* (*lit*) butcher's dog; (*fig*) brute of a dog; **ein Gemüt wie ein** ~ **haben** (*inf*) to be a callous brute; **Fleischermesser** *nt* butcher's knife.

Fleischeslust *f* (*old liter*) carnal lust, lusts *pl* of the flesh.

Fleisch|esser *m* meat-eater; **Fleisch|extrakt** *m* beef extract; **Fleischfarbe** *f* flesh colour; **fleischfarben, fleischfarbig** *adj* flesh-coloured; **Fleischfliege** *f* flesh-fly; **fleischfressend** *adj* (*Biol*) ~**e Pflanzen** carnivorous plants, carnivores; **Fleischfresser** *m* (*Zool*) carnivore; **Fleischgenuß** *m* consumption of meat; **fleischgeworden** *adj attr* (*inf*) incarnate; **Fleischhauer** *m* (*Aus*) butcher; **Fleischhauerei** *f* (*Aus*) butcher's (shop).

fleischig *adj* fleshy.

Fleischkäse *m* meat loaf; **Fleischklopfer** *m* steak hammer; **Fleischkloß** *m*, **Fleischklößchen** *nt* **1.** meatball; **2.** (*pej inf*) mountain of flesh; **Fleischkonserve** *f* can *or* tin (*Brit*) of meat; (*in Glas*) pot *or* jar of meat; ~**n** *pl* (*als Gattung*) canned *or* tinned (*Brit*) meat; (*in Glas*) potted meat.

fleischlich *adj attr Speisen, Kost* meat; (*old liter: Begierden*) carnal, of the flesh.

fleischlos *adj* **1.** (*ohne Fleisch*) meatless; *Kost, Ernährung* vegetarian; ~ **essen/kochen** to eat no meat/to cook without meat; **2.** (*mager*) thin, lean; **Fleisch-**

pastete f meat vol-au-vent; **Fleischreste** pl left-over meat sing; **Fleischsaft** m meat juices pl; **Fleischsalat** m diced meat salad with mayonnaise; **Fleischstück(chen)** nt piece of meat; **Fleischtopf** m 1. (Cook) meat pan; 2. **Fleischtöpfe** (Bibl) fleshpots pl; (fig) good life; **fleischver|arbeitend** adj attr meat-processing; **Fleischvergiftung** f food poisoning (from meat); **Fleischwaren** pl meat products pl; **Fleischwerdung** f (Rel, liter) incarnation; **Fleischwolf** m mincer, meat grinder (esp US); **jdn durch den ~ drehen** (inf) to put sb through the mill; **Fleischwunde** f flesh wound; **Fleischwurst** f pork sausage.

Fleiß m -(e)s, no pl diligence; (eifriges Tätigsein) industry; (Beharrlichkeit) application; (als Charaktereigenschaft) industriousness. **~ aufwenden** to apply oneself; **mit ~ kann es jeder zu etwas bringen** anybody can succeed if he works hard; **er hat die Prüfung ausschließlich durch ~ geschafft** he passed the exam by sheer hard work or simply by working hard; **mit ~ bei der Sache sein** to work hard; **mit großem ~ machte er sich an die Arbeit** he set about his work very industriously; **er verwandte großen ~ auf die Arbeit** he took great pains over the work; **mit ~** (old, S Ger: absichtlich) deliberately, on purpose; **ohne ~ kein Preis** (Prov) success never comes easily.

Fleiß|arbeit f industrious piece of work; (nichts als Fleiß erfordernd) laborious task. **eine (reine) ~** (pej) an industrious but uninspired piece of work.

fleißig adj 1. (arbeitsam) hard-working no adv, industrious, diligent. **~ studieren/ arbeiten** to study/work hard; **~e Hände** busy hands; **~es Lieschen** busy Lizzie.
2. (Fleiß zeigend) diligent, painstaking.
3. (inf: unverdrossen) assiduous, diligent; Theaterbesucher, Sammler etc keen. **wir haben immer ~ getrunken bis 12 Uhr** we were drinking away till 12 o'clock.

flektierbar adj (in)flectional (form); Verbum conjugable; Substantiv, Adjektiv declinable.

flektieren* I vt to inflect (form); Substantiv, Adjektiv to decline; Verbum to conjugate. II vi to inflect; to be declined; to be conjugated. **„schwimmen" flektiert stark** "schwimmen" is (conjugated as) a strong verb.

flennen vi (pej inf) to blubb(er) (inf).

fletschen vti **die Zähne** or **mit den Zähnen ~** to bare or show one's teeth.

fleucht (obs, poet) 3. pers sing of **fliegen**; siehe **kreucht.**

Fleurist(in f) [flø'rɪst(ɪn)] m -en, -en florist.

Fleurop ® ['fløyrɔp, 'fløːrɔp, fløˈroːp], flø'roːp] f - Interflora ®.

flexibel adj (lit, fig) flexible; Holz, Kunststoff auch pliable.

Flexibilität f siehe adj flexibility; pliability.

Flexion f (Gram) inflection.

Flexions|endung f inflectional ending or suffix; **flexionslos** adj uninflected.

Flibustier [fliˈbʊstiɐ] m -s, - (old, fig) buccaneer.

flicht imper sing and 3. pers sing present of **flechten.**

Flick|arbeit f (Sew) mending.

flicken vt to mend; Wäsche (stopfen auch) to darn; (mit Flicken) to patch; siehe **Zeug.**

Flicken m -s, - patch. **eine Jacke mit ~** a patched jacket; (als Schmuck) a patchwork jacket.

Flickflack m (Sport) backflip; **Flickschneider** m (dated) mender; (pej) bungler (inf), bungling tailor; **Flickschuster** m (old) cobbler; (fig pej) bungler (inf), botcher (inf); **Flickwerk** nt **die Reform war reinstes ~** the reform had been carried out piecemeal; **Flickwort** nt filler; **Flickzeug** nt (Nähzeug) sewing kit; (Reifen~) (puncture) repair outfit.

Flieder m -s, - 1. lilac; (dial: Holunder) elder. 2. (Aus inf: Geld) money.

Fliederbusch m lilac; **fliederfarben, fliederfarbig** adj lilac; **Fliedertee** m (dial) elderflower tea.

Fliege f -, -n 1. fly. **sie fielen um wie die ~n** they went down like ninepins; **sie starben wie die ~n** they fell like flies; **er tut keiner ~ etwas zuleide** (fig) he wouldn't hurt a fly; **zwei ~n mit einer Klappe schlagen** to kill two birds with one stone; **ihn stört die ~ an der Wand** every little thing irritates him; **die** or **'ne ~ machen** (sl) to beat it (inf).
2. (Bärtchen) imperial.
3. (Schlips) bow tie.

fliegen pret **flog,** ptp **geflogen** I vi aux sein 1. to fly; (Raumschiff, Raumfahrer) to go, to travel (form). **mit General Air ~** to fly (with or by) General Air; **in den Urlaub ~** to fly on holiday; **nach Köln fliegt man zwei Stunden** it takes two hours to fly to Cologne, it's a two-hour flight to Cologne; **ich kann doch nicht ~!** I haven't got wings (inf).
2. (eilen) to fly. **jdm um den Hals ~** to hurl oneself at sb; **ein Lächeln flog über sein Gesicht** a brief smile lit up his face; **die Zeit fliegt** time flies; **auf jdn/etw ~** (inf) to be mad or wild about sb/sth (inf).
3. (inf: fallen) to fall. **von der Leiter ~** to fall off the ladder; **durch die Prüfung ~** to fail or flunk (inf) one's exam.
4. (sl: hinausgeworfen werden) to be chucked or slung or kicked out (inf) (aus, von of). **aus der Firma ~** to get the sack or the boot (inf); **auf die Straße ~** to be put out on the street(s).
5. (bewegt werden) (Fahne, Haare) to fly, (Puls) to race. **das Tier flog am ganzen Körper** the animal was quivering or trembling all over.
6. (geworfen werden) to be thrown or flung (inf) or chucked (inf). **geflogen kommen** to come flying; **die Tür flog ins Schloß** the door flew shut; **ein Schuh flog ihm an den Kopf** he had a shoe flung at him; **der Hut flog ihm vom Kopf** his hat flew off his head; **aus der Kurve ~** to skid off the bend.
II vt Flugzeug, Güter, Personen, Route, Einsatz etc to fly.

fliegend adj attr Fische, Untertasse, Start flying; Personal flight; Würstchenbuden mobile. ~er Hund flying fox; in ~er Eile or Hast in a tremendous hurry; ~er Händler travelling hawker; (mit Lieferwagen) mobile trader; ~e Brigade (DDR) mobile work brigade; Der F~e Holländer the Flying Dutchman; ~e Hitze hot flushes pl; ~e Blätter loose leaves or sheets; (Hist) broadsheets.

Fliegendraht m wire mesh; Fliegendreck m fly droppings pl; Fliegenfänger m (Klebestreifen) fly-paper; Fliegenfenster nt wire-mesh window; Fliegengewicht nt (Sport, fig) flyweight; Fliegengewichtler m -s, - (Sport) flyweight; Fliegengitter nt fly screen; Fliegenklatsche f fly-swat; Fliegenkopf m (Typ) turn; Fliegennetz nt fly-net; Fliegenpilz m fly agaric.

Flieger m -s, - 1. (Pilot) airman, aviator (dated); (Mil: Rang) aircraftman (Brit), airman basic (US). er ist bei den ~n (dated) he's in the air force. 2. (inf: Flugzeug) plane. 3. (Vogel) flier. 4. (Sport) (Radrennen) sprinter; (Pferderennen) flier.

Flieger|alarm m air-raid warning; Flieger|angriff m air-raid; Fliegerbombe f aerial bomb.

Fliegerei f, no pl flying.

Fliegerhorst m (Mil) military airfield or aerodrome (Brit).

fliegerisch adj attr aeronautical.

Fliegerkarte f aviation chart; Fliegerschule f flying school; Fliegersprache f pilots' jargon; Fliegerstaffel f (Mil) (air force) squadron.

Fliehburg f refuge.

fliehen pret floh, ptp geflohen I vi aux sein to flee; (entkommen) to escape (aus from). vor jdm/der Polizei/einem Gewitter ~ to flee from sb/the police/before a storm; die Zeit flieht time flies; die Jahre ~ the years fly by; aus dem Lande ~ to flee the country.
II vt (liter) (meiden) to shun; (entkommen) to flee from. jds Gegenwart ~ to shun/flee sb's presence.

fliehend adj Kinn receding; Stirn sloping.

Fliehende(r) mf decl as adj fugitive.

Fliehkraft f centrifugal force; Fliehkraftkupplung f centrifugal clutch.

Fliese f -, -n tile. ~n legen to lay tiles; etw mit ~n auslegen to tile sth.

fliesen vt to tile.

Fliesen(fuß)boden m tiled floor; Fliesenleger m tiler.

Fließband nt conveyor-belt; (als Einrichtung) assembly or production line; am ~ arbeiten or stehen (inf) to work on the assembly or production line; Fließ(band)fertigung f belt production.

fließen pret floß, ptp geflossen vi aux sein to flow; Verkehr, Luftmassen auch to move; Fluß, Bach auch to run. es ist genug Blut geflossen enough blood has been shed or spilled; der Schweiß floß ihm von der Stirn sweat was pouring off his forehead; die Mittel für Jugendarbeit ~ immer spärlicher less and less money is being made available for youth work; aus der Feder ~ (geh) to flow from the pen; Nachrichten ~ spärlich the flow of news is

minimal; alles fließt (Philos) all is in a state of flux.

fließend adj flowing; Leitungswasser, Gewässer running; Verkehr moving; Rede, Vortrag, Sprache fluent; Grenze, Übergang fluid. sie spricht ~ Französisch or ein ~es Französisch she speaks fluent French, she speaks French fluently.

Fließheck nt fastback; Fließkomma nt floating point; Fließlaut m liquid; Fließstraße f (Tech) assembly or production line; Fließwasser nt (esp Aus) running water.

Flimmer m -s, - 1. (Anat) cilium. 2. no pl (liter: zitternder Glanz) shimmer.

flimmerfrei adj (Opt, Phot) flicker-free; Flimmerhärchen nt cilium; Flimmerkiste f (inf) TV (inf), (goggle-)box (Brit inf), telly (Brit inf).

flimmern I vi to shimmer; (Film, TV) to flicker. es flimmert mir vor den Augen everything is swimming or dancing in front of my eyes; über den Bildschirm ~ (inf) to be on the box (Brit inf) or on TV. II vt (dial: blank putzen) to polish, to shine (inf).

flink adj (geschickt) nimble; Bewegung, Finger auch deft; (schnell, dated: aufgeweckt) quick; Mundwerk, Zunge quick, ready; Augen sharp, bright. ein bißchen ~! (inf) get a move on!, make it snappy! (inf); mit etw ~ bei der Hand sein to be quick (off the mark) with sth.

Flinkheit f siehe adj nimbleness; deftness; quickness; readiness; sharpness, brightness.

Flinte f -, -n (Schrot~) shotgun. jdn/etw vor die ~ bekommen (fig) to get hold of sb/sth; die ~ ins Korn werfen (fig) to throw in the sponge or towel.

Flintenweib nt (pej) gunwoman.

Flintglas nt flint glass.

Flipflopschaltung f flip-flop circuit.

Flipper m -s, - pinball machine.

flippern vi to play pinball.

flirren vi to whirr; (Luft, Hitze) to shimmer.

Flirt [flɪrt, auch fløːɐt, flœrt] m -s, -s 1. (Flirten) flirtation. 2. (dated) (Schwarm) flame (dated); (Mann auch) beau (dated).

flirten ['flɪrtn, auch 'fløːɐtn, 'flœrtn] vi to flirt.

Flittchen nt (pej inf) slut.

Flitter m -s, - 1. (~schmuck) sequins pl, spangles pl. 2. no pl (pej: Tand) trumpery.

Flittergold nt gold foil.

flittern vi 1. to glitter, to sparkle. 2. (hum) to honeymoon.

Flitterwochen pl honeymoon sing; in die ~ fahren/in den ~ sein to go/be on one's honeymoon; Flitterwöchner m -s, - (hum) honeymooner.

Flitz(e)bogen m bow and arrow. ich bin gespannt wie ein ~ (inf) the suspense is killing me (inf).

flitzen vi aux sein (inf) 1. to whizz (inf), to dash. 2. (nackt rennen) to streak. (das) F~ streaking.

Flitzer m -s, - (inf) 1. (Fahrzeug) sporty little job (inf); (Schnelläufer) streak of lightning (inf). 2. (nackt Laufender) streaker.

floaten ['flo:tn] *vti* (*Fin*) to float. ~ (**lassen**) to float.

Floating ['flo:tɪŋ] *nt* (*Fin*) floating.

flocht *pret of* **flechten**.

Flöckchen *nt dim of* **Flocke**.

Flocke *f* -, -**n** flake; (*Woll*~) piece of wool; (*Schaum*~) blob (of foam); (*Staub*~) ball (of fluff).

flockig *adj* fluffy.

flog *pret of* **fliegen**.

floh *pret of* **fliehen**.

Floh *m* -(**e)s**, ⁻**e** 1. (*Zool*) flea. **von** ⁻**en zerbissen** *or* **zerstochen** flea-bitten *attr*, bitten by fleas; **es ist leichter, einen Sack** ⁻**e zu hüten, als ...** I'd as soon jump in the lake as ...; **jdm einen** ~ **ins Ohr setzen** (*inf*) to put an idea into sb's head; **die** ⁻**e husten hören** (*inf*) to imagine things.
2. (*sl: Geld*) ~**e** *pl* dough (*sl*).

Flohbiß *m* fleabite.

flöhen *vt* **jdn/sich** ~ to get rid of sb's/one's fleas, to debug sb/oneself (*inf*).

Flohhüpfen *nt* tiddl(e)ywinks *sing, no art*; **Flohkino** *nt* (*inf*) local fleapit (*inf*); **Flohmarkt** *m* flea market; **Flohspiel** *nt siehe* **Flohhüpfen**; **Flohzirkus** *m* flea circus.

Flom(en) *m* -**s**, *no pl* (*Cook*) *siehe* **Flaum**.

Flop *m* -**s**, -**s** (*inf*) flop (*inf*).

Flor[1] *m* -**s**, -**e** (*liter*) array of flowers. **ein** ~ **schöner Damen** a bevy of fair ladies.

Flor[2] *m* -**s**, -**e** *or* (*rare*)⁻**e** 1. (*dünnes Gewebe*) gauze; (*Trauer*~) crêpe; (*liter: Schleier*) veil. 2. (*Teppich*~, *Samt*~) pile.

Flora *f* -, **Floren** flora.

Florentiner I *m* -**s**, - 1. (*Geog, Cook*) Florentine. 2. (*auch* ~**hut**) picture hat. **II** *adj* Florentine.

florentinisch *adj* Florentine.

Florenz *nt* -' *or* -**ens** Florence.

Florett *nt* -(**e)s**, -**e** 1. (*Waffe*) foil. ~ **fechten** to fence with a foil. 2. (*auch* ~**fechten**) foil-fencing.

Florfliege *f* lacewing.

florieren* *vi* to flourish; to bloom.

Florist(in *f*) *m* -**en**, -**en** florist.

Floskel *f* -, -**n** set phrase. **eine höfliche/ abgedroschene** ~ a polite but meaningless/a hackneyed phrase.

floskelhaft *adj Stil* cliché-ridden; *Rede, Brief auch* full of set phrases.

floß *pret of* **fließen**.

Floß *nt* -**es**, ⁻**e** raft; (*Fishing*) float.

flößbar *adj* navigable by raft.

Floßbrücke *f* floating bridge.

Flosse *f* -, -**n** 1. (*Zool*) (*Fisch*~) fin; (*Wal*~, *Robben*~) flipper. 2. (*Aviat, Naut: Leitwerk*) fin. 3. (*Taucher*~) flipper. 4. (*sl: Hand*) paw (*inf*).

flößen *vti* to raft.

Flößer *m* -**s**, - raftsman.

Flößerei *f*, *no pl* rafting.

Flöte *f* -, -**n** 1. pipe; (*Quer*~, *in Zusammensetzungen*) flute; (*Block*~) recorder; (*Pikkolo*~) piccolo; (*des Pan*) pipes *pl*; (*Orgel*~) flute. **die** ~ *or* **auf der** ~ **spielen** *or* **blasen** to play the pipe *etc*. 2. (*Kelchglas*) flute glass. 3. (*Cards*) flush.

flöten I *vt* (*Mus*) to play on the flute. **II** *vi* (*Mus*) to play the flute. **III** *vti* 1. (*Vogel*) to warble; (*pej: pfeifen*) to whistle. 2. (*hum inf: süßlich sprechen*) to flute, to warble.

flötengehen *vi sep aux sein* (*sl*) to go west

(*inf*), to go for a burton (*inf*); **Flötenregister** *nt* flue-stop; **Flötenspiel** *nt* pipe-/flute- *etc* playing; (*Flötenmusik*) pipe-/flute- *etc* music; **Flötenspieler** *m* piper; flautist; recorder/piccolo player; **Flötenton** *m* 1. (*lit*) sound of flutes/a flute; 2. (*inf*) **jdm die** ⁻**e beibringen** to teach sb what's what (*inf*); **Flötenwerk** *nt* flue-work.

Flötist(in *f*) *m* -**en**, -**en** flautist; piccolo player.

flott *adj* 1. (*zügig*) *Fahrt* quick; *Tempo, Geschäft* brisk; *Arbeiter, Bedienung* speedy (*inf*), quick and efficient; *Tänzer* good; (*flüssig*) *Stil, Artikel* racy (*inf*). (*schwungvoll*) *Musik* lively. **aber ein bißchen** ~! and look lively!, and make it snappy!; **den** ~**en Otto** *or* **Heinrich haben** (*hum inf*) to have the runs (*inf*).
2. (*schick*) smart.
3. (*lebenslustig*) fun-loving, fast-living. **ein** ~**es Leben führen** to be a fast liver.
4. *pred* ~/**wieder** ~ **werden** (*Schiff*) to be floated off/refloated; (*fig inf*) (*Auto etc*) to be/get back on the road; (*Mensch*) to be out of the woods/back on top; (*Unternehmen*) to be/get back on its feet; **wieder** ~ **sein** (*Schiff*) to be afloat again; (*fig inf*) (*Auto etc*) to be back on the road; (*Mensch*) (*gesundheitlich*) to be in the pink again (*inf*); (*finanziell*) to be in funds again; (*Unternehmen*) to be back on its feet.

Flott *nt* -(**e)s**, *no pl* 1. (*N Ger*) skin of the milk. 2. (*Enten*~) duckweed.

flottbekommen* *vt sep irreg Schiff* to float off; (*fig inf*) *Auto etc* to get on the road; *Unternehmen* to get on its feet.

Flotte *f* -, -**n** 1. (*Naut*) fleet. 2. (*Tex*) (*Färbebad*) dye (solution); (*Bleichlösung*) bleach (solution); (*Einweichlösung*) soaking solution.

Flotten|abkommen *nt* naval treaty; **Flottenbasis** *f* naval base; **Flottenchef** *m* commander-in-chief of the fleet; **Flottenkommando** *nt* fleet command; **Flottenparade** *f* naval review; **die** ~ **abnehmen** to review the fleet; **Flottenstützpunkt** *m* naval base; **Flottenverband** *m* fleet.

Flottille [flɔtɪl(j)ə] *f* -, -**n** (*Mil*) flotilla; (*Fischfang*~) fleet.

Flottillen|admiral *m* (*Mil*) commodore.

flottkriegen, flottmachen *vt sep siehe* **flottbekommen**; **flottweg** [-vek] *adv* (*inf*) non-stop; **das geht immer** ~ there's no hanging about (*inf*).

Flöz *nt* -**es**, -**e** (*Min*) seam.

Fluch *m* -(**e)s**, ⁻**e** curse; (*Schimpfwort auch*) oath. **ein** ~ **lastet auf diesem Haus** there is a curse on this house, this house lies under a curse; ~ **dem Alkohol!** a curse on alcohol!; **das (eben) ist der** ~ **der bösen Tat** (*prov*) evil begets evil (*Prov*).

fluchbeladen *adj* (*liter*) accursed, cursed.

fluchen I *vi* (*Flüche ausstoßen, schimpfen*) to curse (and swear). **auf** *or* **über jdn/etw** ~ to curse sb/sth. **II** *vt* (*old*) **jdm/etw** ~ to curse sb/sth.

Flucht *f* -, -**en** 1. (*Fliehen*) flight; (*geglückt auch*) escape. **die** ~ **ergreifen** to take flight, to flee; (*erfolgreich auch*) to (make one's) escape; **ihm glückte die ~** he escaped, he succeeded in escaping; **auf der ~ sein** to be fleeing; (*Gesetzesbrecher*) to be on the run; **jdn/etw in die schlagen** to put sb/sth to flight; **in wilder** *or* **heilloser ~ davonjagen** to stampede; **jdm zur ~ verhelfen** to help sb to escape; **auf der ~ erschossen werden** to be shot while attempting to escape; **sein Heil in der ~ suchen** (*geh*) to take refuge in flight; **die ~ nach vorn antreten** to take the bull by the horns; **die ~ in die Anonymität/die Krankheit/die Öffentlichkeit antreten** to take refuge in anonymity/illness/to resort to publicity; **die ~ vor der Verantwortung** the abdication of one's responsibilities; **die ~ nach Ägypten** (*Bibl*) the flight into Egypt.

2. (*Hunt*) leap, bound. **eine ~ machen** to make a leap *or* bound.

3. (*Häuser~*) row; (*~linie*) alignment.

4. (*Zimmer~*) suite.

flucht|artig *adj* hasty, hurried, precipitate (*form*); **in ~er Eile** in great haste; **Flucht|auto** *nt* escape car; (*von Gesetzesbrecher*) getaway car; **Fluchtburg** *f* refuge.

flüchten *vi* **1.** *aux sein* (*davonlaufen*) to flee; (*erfolgreich auch*) to escape. **aus dem Land/Südafrika ~** to flee the country/ from South Africa; **vor der Wirklichkeit ~** to escape reality.

2. *auch vr* (*vi: aux sein*) (*Schutz suchen*) to take refuge.

Fluchtfahrzeug *nt* escape vehicle; (*von Gesetzesbrecher*) getaway vehicle; **Fluchtgefahr** *f* risk of escape *or* an escape attempt; **Fluchthelfer** *m* escape helper; **Fluchthilfe** *f* escape aid; **wegen ~ angeklagt** charged with aiding an escape/ aiding people to escape.

flüchtig *adj* **1.** (*geflüchtet*) fugitive. **~ sein** to be still at large; **ein ~er Verbrecher** a criminal who hasn't been caught.

2. (*kurz, schnell vorübergehend*) fleeting, brief; *Gruß* brief. **~ erwähnen** to mention in passing.

3. (*oberflächlich*) cursory, sketchy. **etw ~ lesen** to glance *or* skim through sth; **~ arbeiten** to work hurriedly *or* hastily; **jdn ~ kennen** to have met sb briefly.

4. (*Chem*) volatile.

Flüchtige(r) *mf decl as adj* fugitive; (*Ausbrecher*) escaper.

Flüchtigkeit *f* **1.** (*Kürze*) briefness, brevity.

2. (*Oberflächlichkeit*) cursoriness, sketchiness; (*von Arbeit*) hastiness; (*~sfehler*) careless mistake. **3.** (*Vergänglichkeit*) fleetingness, briefness.

4. (*Chem*) volatility.

Flüchtigkeitsfehler *m* careless mistake; (*beim Schreiben auch*) slip of the pen.

Flüchtling *m* refugee.

Flüchtlings- *in cpds* refugee; *siehe auch* **Vertriebenen-;** **Flüchtlings|ausweis** *m* refugee's identity card; **Flüchtlingshilfe** *f* aid to refugees; (*inf: ~organisation*) (refugee) relief agency; **Flüchtlingslager** *nt* refugee camp.

Fluchtlinie *f* alignment; (*einer Straße*) building line; **Fluchtpunkt** *m* vanishing point; **Fluchtverdacht** *m* **es besteht ~** there are grounds for suspecting that he/

she *etc* will try to abscond; **Fluchtversuch** *m* escape attempt *or* bid; **Fluchtweg** *m* escape route.

fluchtwürdig *adj* (*liter*) dastardly (*old*) no *adv*, execrable (*liter*).

Flug *m* **-(e)s, ¨e** (*alle Bedeutungen*) flight; (*Ski~*) jump. **im ~(e)** in the air; (*bei Vögeln auch*) in flight, on the wing; **einen ~ antreten** to take off (*nach* for); **einen ~ stornieren** to cancel a booking; **der ~ zum Mond** (*Fliegen*) travel to the moon; (*einzelne Fahrt*) the moon flight *or* trip; **wie im ~(e)** (*fig*) in a twinkling *or* flash.

Flug|abwehr *f* air defence; **Flug|abwehrkanone** *f* anti-aircraft gun; **Flug|angst** *f* fear of flying; **Flug|asche** *f* flying ashes *pl*; **Flugbahn** *f* (*von Vogel, Flugzeug*) flight path; (*von Rakete, Satelliten auch, von Kugel*) trajectory; (*Kreisbahn*) orbit; **Flugball** *m* (*Sport*) high ball; (*Tennis etc*) volley; **Flugbasis** *f* (*Mil*) air base; **Flugbegleiter(in** *f*) *m* flight attendant; **Flugbenzin** *nt* aviation fuel; **Flugbereich** *m* operational range *no pl*; **flugbereit** *adj* ready for take-off; **Flugbetrieb** *m* air traffic; **Flugbild** *nt* (*Zool*) flight silhouette; **Flugblatt** *nt* leaflet; (*als Werbung auch*) handbill; **Flugboot** *nt* flying boat; **Flugbuch** *nt* logbook; **Flug(daten)schreiber** *m* flight recorder; **Flugdauer** *f* flying time; **Flugdeck** *nt* flight deck; **Flug|echse** *f siehe* **Flugsaurier; Flug|eigenschaft** *f usu pl* handling characteristic.

Flügel *m* **-s, -**. **1.** (*Anat, Aviat*) wing. **mit den ~n schlagen** to beat *or* flap its wings; **einem Vogel/jdm die ~ stutzen** to clip a bird's/sb's wings; **die Hoffnung/der Gedanke verlieh ihm ~** (*liter*) hope/the thought lent him wings (*liter*).

2. (*von Hubschrauber, Ventilator*) blade; (*Propeller auch*) vane; (*Windmühlen~*) sail, vane.

3. (*Altar~*) sidepiece, wing; (*Fenster~*) casement (*form*), side; (*Tür~*) door (*of double doors*), leaf (*form*); (*Lungen~*) lung; (*Nasen~*) nostril.

4. (*Mil, Sport: Teil einer Truppe*) wing. **über den/auf dem linken ~ angreifen** to attack up/on the left wing.

5. (*Gebäude~*) wing.

6. (*Konzert~*) grand piano, grand (*inf*). **auf dem ~ spielen** to play the piano; **am ~: ...** at *or* on the piano: ...

Flügel|adjutant *m* (*Mil, Hist*) aide-de-camp (*often of the rank of general*); **Flügel|altar** *m* winged altar; **Flügelfenster** *nt* casement window; **flügelförmig** *adj* wing-shaped; **Flügelhaube** *f* pinner, cap with upturned lappets; **Flügelhorn** *nt* (*Mus*) flugelhorn; **Flügelkämpfe** *pl* strife between the right and left wing; **Flügelklappe** *f* (*Aviat*) wing flap, aileron (*spec*); **flügellahm** *adj* with injured wings/an injured wing; (*fig*) *Industrie etc* ailing; *Mensch* feeble; **~ sein** (*lit*) to have an injured wing/its wings injured; **einen Vogel ~ schießen** to wing a bird; **flügellos** *adj* wingless; **Flügelmann** *m*, *pl* **-männer** *or* **-leute** (*Ftbl*) wing forward, winger; (*Mil*) flank man; **Flügelmutter** *f* wing *or* butterfly nut; **Flügelroß** *nt* (*Myth*) winged horse; **Flügelschlag** m (liter) beat of its wings; **flügelschlagend** adj beating its wings; **Flügelschraube** f **1.** wing bolt; **2.** siehe **Flügelmutter; Flügelstürmer** m (Sport) wing forward; **Flügeltür** f leaved door (form); (mit zwei Flügeln) double door; (Verandatür) French door.

Flug|entfernung f air or flying distance; **Flug|erfahrung** f flying experience; **flugfähig** adj able to fly; Flugzeug (in Ordnung) airworthy; **Flugfeld** nt airfield; **Flugfuchs** m (Indian) flying fox; **Flugfunk** m air radio; **Fluggast** m (airline) passenger.

flügge adj fully-fledged; (fig) Jugendlicher independent; ~ **werden** (lit) to be able to fly; (fig) to leave the nest.

Fluggelände nt airfield; **Fluggepäck** nt baggage; **Fluggerät** nt, no pl aircraft; **Fluggeschwindigkeit** f (von Vögeln, Insekten) speed of flight; (von Flugzeug) flying speed; (von Rakete, Geschoß, Ball) velocity; **Fluggesellschaft** f airline (company); **Fluggewicht** nt all-up weight.

Flughafen m airport; (Mil) aerodrome (Brit), airdrome (US). **der** ~ **Hamburg** Hamburg airport; **auf dem** ~ at the airport.

Flughafengebühr f airport charges pl; **Flughafengelände** nt airport grounds pl; **Flughafensteuer** f airport tax.

Flughöhe f flying height (auch Orn); altitude; **unsere** or **die** ~ **beträgt 10.000 Meter** we are flying at an altitude of 10,000 metres; **Flughörnchen** nt flying squirrel; **Flughund** m flying fox; **Flug|ingenieur** m flight engineer; **Flugkanzel** f cockpit; **Flugkapitän** m captain (of an/the aircraft); **Flugkarte** f (Luftfahrtkarte) flight or aviation chart; **Flugkilometer** m (air) kilometre; **Flugkörper** m missile; **Flugkraftstoff** m aviation fuel; **Flugkünste** pl (Kunststücke) aerobatic feats pl; **Fluglärm** m aircraft noise; **Fluglehrer** m flying instructor; **Flugleitsystem** nt flight control system; **Flugleitung** f air-traffic or flight control; **Fluglinie** f **1.** (Strecke) airway, air route; **2.** siehe **Fluggesellschaft; Flugloch** nt entrance hole; (bei Bienenstock) (hive) entrance; **Fluglotse** m air-traffic or flight controller; **Flugmanöver** nt aerial manoeuvre; **Flugmaschine** f (Hist: Flugzeug) flying machine; **Flugmotor** m aircraft engine; **Flugnetz** nt network of air routes; **Flug|objekt** nt: **ein unbekanntes** ~ an unidentified flying object, a UFO; **Flugpassagier** m siehe **Fluggast; Flugpersonal** nt flight personnel pl; **Flugplan** m flight schedule; **Flugplatz** m airfield; (größer) airport; **Flugpreis** m air fare; **Flugprüfung** f examination for one's pilot's licence; **Flugreisende(r)** mf (airline) passenger; **Flugrichtung** f direction of flight; **die** ~ **ändern** to change one's flight course; **Flugroute** f air-route.

flugs [fluks] adv (dated) without delay, speedily.

Flugsand m drifting sand; **Flugsaurier** m pterodactyl; **die** ~ the pterosauria; **Flug-**

schanze f (Sport) ski-jump; **Flugschein** m **1.** pilot's licence; **2.** (Flugkarte) plane or air ticket; **Flugschneise** f flight path; **Flugschreiber** m siehe **Flug(daten)-schreiber; Flugschrift** f pamphlet; **Flugschüler** m trainee pilot; **Flugsicherheit** f air safety; **Flugsicherung** f air traffic control; **Flugsimulator** m flight simulator; **Flugsport** m flying, aviation; **Flugstaub** m flue dust; **Flugsteig** m gate; **Flugstrecke** f flying distance; **Flugstunde** f **1.** flying hour; **zehn** ~**n entfernt** ten hours away by air; **2.** (Unterricht) flying lesson; **flugtauglich** adj Pilot fit to fly; **Flugtechnik** f **1.** aircraft engineering; **2.** (Flugfertigkeit) flying technique; **Flugticket** nt plane ticket; **Flugtouristik** f holiday air travel; **flugtüchtig** adj airworthy; **flug|unfähig** adj unable to fly; Flugzeug (nicht in Ordnung) unairworthy; **flug|untauglich** adj unfit to fly; **Flug|unterbrechung** f stop; (mit Übernachtung auch) stopover; **flug|untüchtig** adj unairworthy; **Flugver|anstaltung** f air display or show; **Flugverbindung** f air connection; **es gibt auch eine** ~ there are flights there too; **Flugverbot** nt flying ban; **nachts besteht** ~ **auf dem Flughafen** the airport is closed to air traffic at night; **Flugverkehr** m air traffic; **Flugversuch** m attempt to fly or at flight; **Flugwesen** nt, no pl aviation no art; (mit Ballons etc) aeronautics sing no art; **Flugwetter** nt flying weather; **Flugzeit** f flying time; **Flugzettel** m (Aus) handbill; **Flugblatt.**

Flugzeug nt **-(e)s, -e** plane, aircraft, aeroplane (Brit), airplane (US); (Düsen~ auch) jet; (Segel~) glider. **im** or **mit dem** or **per** ~ by air or plane; **ein** ~ **der Lufthansa** a Lufthansa plane/jet.

Flugzeug- in cpds aircraft; **Flugzeug|absturz** m plane or air crash; **Flugzeug|abwehr** f (Mil) siehe **Flugabwehr; Flugzeugbau** m, no pl aircraft construction no art; **Flugzeugbesatzung** f air or plane crew; **Flugzeug|entführer** m (aircraft) hijacker, skyjacker (esp US); **Flugzeug|entführung** f (aircraft) hijacking, skyjacking (esp US); **Flugzeugführer** m (aircraft) pilot; **Flugzeughalle** f (aircraft) hangar; **Flugzeugkatastrophe** f air disaster; **Flugzeugmodell** nt model plane; **Flugzeugrumpf** m fuselage; **Flugzeugschleuder** f catapult; **Flugzeugstart** m aeroplane or airplane (US) take-off; **Flugzeugträger** m aircraft carrier; **Flugzeugtyp** m model of aircraft; **Flugzeug|unglück** nt plane or air crash; **Flugzeugverband** m (Mil) aircraft formation; **Flugzeugwrack** nt **ein** ~/**zwei** ~**s** the wreckage of a plane/two planes.

Flugziel nt destination.

Fluidum nt **-s, Fluida** (fig) aura; (von Städten, Orten) atmosphere. **von ihr ging ein geheimnisvolles** ~ **aus** she was surrounded by an aura of mystery.

Fluktuation f fluctuation (gen in).

fluktuieren* vi to fluctuate.

Flunder f **-, -n** flounder. **da war ich platt wie eine** ~ (inf) you could have knocked me down with a feather (inf).

Flunkerei f (inf) **1.** (no pl: Flunkern)

story-telling. **2.** (*kleine Lüge*) story.
Flunkerer *m* **-s,** - (*inf*) story-teller.
flunkern (*inf*) **I** *vi* to tell stories. **II** *vt* to make up.
Flunsch *m or f* **-(e)s, -e** (*inf*) pout. **eine(n) ~ ziehen** *or* **machen** to pout.
Fluor¹ *nt* **-s,** *no pl* (*abbr* **F**) fluorine; (~*verbindung*) fluoride.
Fluor² *m* **-s,** *no pl* (*Med*) (vaginal) discharge.
Fluoreszenz *f* fluorescence.
fluoreszieren* *vi* to be luminous, to fluoresce (*form*).
Fluorid *nt* **-(e)s, -e** (*Chem*) fluoride.
Flur¹ *m* **-(e)s, -e** corridor; (*Haus~*) hall.
Flur² *f* **-, -en** (*liter*) (*unbewaldetes Land*) open fields *pl*; (*Wiese*) meadow, mead (*poet*); (*Agr*) agricultural land of a community. **durch Wald/Feld und ~** through woods/fields and meadows; **allein auf weiter ~ stehen** (*fig*) to be out on a limb.
Flurbereinigung *f* reparcelling of the agricultural land of a community; **Flurfenster** *nt* corridor/hall window; **Flurform** *f* layout of the agricultural land of a community; **Flurgarderobe** *f* hall-stand; **Flurlicht** *nt* corridor/hall light; **Flurname** *m* field-name; **Flurname** *m* field-name; **Flurschaden** *m* damage to an agricultural area; **Flurtür** *f* door to the corridor; hall door.
Fluse *f* **-, -n** (*N Ger*) bit of fluff; (*Woll~*) bobble. **~n** fluff/ bobbles.
Fluß *m* **-sses, ⁻sse 1.** river. **am ~** by the river; *Stadt* on the river; **unten am ~** down by the river(side); **den ~ aufwärts/abwärts fahren** to go upstream *or* upriver/downstream *or* downriver.
    2. *no pl* (*Tech: Schmelz~*) molten mass. **im ~ sein** to be molten.
    3. (*kontinuierlicher Verlauf: von Verkehr, Rede, Strom, Elektronen*) flow; (*von Verhandlungen auch*) continuity. **etw in ~** (*acc*) **bringen** to get sth moving *or* going; **etw kommt** *or* **gerät in ~** sth gets underway *or* going; (*sich verändern*) sth moves into a state of flux; **im ~ sein** (*sich verändern*) to be in a state of flux; (*im Gange sein*) to be in progress *or* going on.
Fluß- *in cpds* river; **Fluß|aal** *m* common eel; **fluß|ab(wärts)** *adv* downstream, downriver; **Fluß|arm** *m* arm of a/the river; **fluß|aufwärts** *adv* upstream, upriver.
Flüßchen *nt dim of* **Fluß 1.**
Flußdiagramm *nt* flow chart *or* diagram; **Fluß|ebene** *f* fluvial plain; **Flußhafen** *m* river port.
flüssig *adj* **1.** (*nicht fest*) liquid; *Honig, Lack* runny; (*geschmolzen*) *Glas, Metall auch* molten; *Butter* melted. **~e Nahrung** liquids *pl*, liquid food; **~ ernährt werden** to be fed on liquids; **~ machen** to liquefy; *Glas, Metall, Wachs, Fett* to melt; **~ werden** to turn *or* become liquid, to liquefy; (*Lack*) to become runny; (*Glas, Metall*) to become molten; (*Wachs, Fett*) to melt.
    2. (*fließend*) *Stil, Spiel* flowing, fluid. **~ lesen/schreiben/sprechen** to read/write/talk fluently; **die Polizei meldete ~en Verkehr** the police reported that the traffic was flowing smoothly.
    3. (*verfügbar*) *Geld* available. **~es Ver-**

mögen liquid assets *pl*; **Wertpapiere ~ machen** to convert *or* realize securities; **ich bin im Moment nicht ~** (*inf*) I haven't much money *or* I'm out of funds at the moment; **wenn ich wieder ~ bin** when I'm in funds again.
Flüssiggas *nt* liquid gas.
Flüssigkeit *f* **1.** (*flüssiger Stoff*) liquid. **2.** *no pl* (*von Metall*) liquidity; (*von Geldern*) availability; (*von Stil*) fluidity.
Flüssigkeitsmaß *nt* liquid measure; **Flüssigkeitsmenge** *f* quantity *or* amount of liquid; **Flüssigkeitspresse** *f* hydraulic press.
Flüssigkristall *m* liquid crystal.
flüssigmachen *vt sep* to realize; (*in Geld umwandeln auch*) to convert (into cash).
Flußkrebs *m* crayfish (*Brit*), crawfish (*US*); **Flußlandschaft** *f* countryside by a/the river; (*Art*) riverscape; **Flußlauf** *m* course of a/the river; **Flußmündung** *f* river mouth; (*Gezeiten~*) estuary; **Flußniederung** *f* fluvial plain; **Flußpferd** *nt* hippopotamus; **Flußregulierung** *f* river control *no art, no pl*; **Flußsand** *m* river *or* fluvial sand; **Flußschiff** *nt* river boat; **Flußschiffahrt** *f, no pl* river navigation; (*Verkehr*) river traffic; **Flußspat** *m* fluorspar, fluorite (*US*).
Flüstergewölbe *nt* whispering gallery; **Flüsterlaut** *m* whisper.
flüstern *vti* to whisper; (*etwas lauter tuscheln*) to mutter. **jdm etw ins Ohr ~** to whisper sth in sb's ear; **sich ~d unterhalten** to talk in whispers; **miteinander ~** to whisper together; **es wurde viel geflüstert** there was a lot of whispering; **das kann ich dir ~** (*inf*) take it from me (*inf*); (*Zustimmung heischend auch*) I can tell you (*inf*); **dem werde ich was ~** (*inf*) I'll tell him a thing or two (*inf*).
Flüsterparole *f* rumour, whisper (*inf*); **Flüsterpropaganda** *f* underground rumours *pl*; **Flüsterstimme** *f* whisper; **mit ~ sprechen** to talk in a whisper *or* in whispers; **Flüsterton** *m* whisper; **sich im ~ unterhalter** to talk in whispers; **im ~ sprechen** to talk in a whisper *or* in whispers; **Flüstertüte** *f* (*hum inf*) megaphone; **Flüsterwitz** *m* underground joke.
Flut *f* **-, -en 1.** (*ansteigender Wasserstand*) incoming *or* flood (*spec*) tide; (*angestiegener Wasserstand*) high tide. **es ist ~** the tide is coming in; it's high tide, the tide's in; **die ~ kommt** *or* **steigt** (*form*) the tide's coming in *or* rising; **bei ~ baden** to swim when the tide is coming in; **mit der ~** with the tide *or* flood tide (*spec*); **die ~ setzt um 16³⁰ ein** the tide starts to come in *or* turns at 4.30 p.m.; **die ~ geht zurück** the tide has started to go out *or* has turned.
    2. *usu pl* (*Wassermasse*) waters *pl*. **sich in die kühlen ~en stürzen** (*hum*) to plunge into the water.
    3. (*fig: Menge*) flood. **eine ~ von Tränen** floods of tears.
fluten I *vi aux sein* (*geh*) (*Wasser, Licht*) to flood, to stream, to pour; (*Verkehr*) to stream, to pour; (*Musik*) to flood, to pour. **~des Licht** streaming light. **II** *vt* (*Naut*) to flood.

Fluthafen *m* tidal harbour; **Flutkata-strophe** *f* flood disaster; **Flutlicht** *nt* floodlight; **Flutlichtspiel** *nt* match played by floodlight, floodlit match.

flutschen *vi* (*inf*) **1.** *aux sein* (*rutschen*) to slide. **2.** (*funktionieren*) to go smoothly *or* well *or* swimmingly (*dated inf*).

Flutwelle *f* tidal wave.

focht *pret of* **fechten.**

Fock *f* -, **-en** (*Naut*) foresail.

Fockmast *m* foremast.

Föderalismus *m* federalism.

Föderalist(in *f*) *m* **-en, -en** federalist.

föderalistisch *adj* federalist.

Föderation *f* federation.

föderativ *adj* federal.

föderieren* *vr* to federate. **föderierte Staaten** federated states.

fohlen *vi* to foal.

Fohlen *nt* -s, - foal; (*männliches Pferd auch*) colt; (*weibliches Pferd auch*) filly.

Föhn *m* -(e)s, -e foehn, föhn. **wir haben ~** the foehn is blowing.

föhnig *adj* foehn *attr.* **es ist ~** there's a foehn (wind).

Föhre *f* -, **-n** Scots pine (tree).

fokal *adj* focal.

Fokal|infektion *f* focal infection.

Fokus *m* -, **-se** focus.

fokussieren* *vti* to focus.

Folge *f* -, **-n 1.** (*Reihen~*) order; (*Aufeinander~*) succession; (*zusammengehörige Reihe, Computers, Math*) sequence; (*Cards*) run, sequence; (*Lieferung einer Zeitschrift*) issue; (*Fortsetzung*) instalment; (*TV, Rad*) episode; (*Serie*) series. **in chronologischer/zwangloser ~** in chronological/no particular order; **in rascher/dichter ~** in rapid *or* quick/close succession; **Musik in bunter ~** a musical potpourri.

2. (*Ergebnis*) consequence; (*unmittelbare ~*) result; (*Auswirkung*) effect. **als ~ davon** in consequence, as a result (of that); **dies hatte zur ~, daß ...** the consequence *or* result of this was that ...; **dies hatte seine Entlassung zur ~** this resulted in his dismissal *or* in his being dismissed; **die ~n werden nicht ausbleiben** that won't be without (its) consequences; **für die ~n aufkommen** to take the consequences; **an den ~n eines Unfalls sterben** to die as a result of an accident; **das wird ~n haben** that will have serious consequences; **ohne ~n bleiben** to have no consequences; **ihr Verhältnis blieb nicht ohne ~n** (*euph*) their relationship was not exactly unfruitful.

3. (*form*) **einem Befehl/einer Einladung ~ leisten** to comply with *or* obey an order/ to accept an invitation.

Folge|einrichtung *f* facility *or* utility (*US*) for the community; **Folge|erscheinung** *f* result, consequence.

folgen *vi aux sein* **1.** to follow (*jdm/einer Sache* sb/sth). **auf etw** (*acc*) **~** to follow sth, to come after sth; **auf jdn** (**im Rang**) **~** to come *or* rank after sb; **~ Sie mir (bitte/unauffällig)!** come with me please; **es folgt nun** *or* **nun folgt ein Konzert** we now have a concert, a concert now follows; **Fortsetzung folgt** (to be) con-

tinued; **wie folgt** as follows.

2. (*verstehen*) to follow (*jdm/einer Sache* sb/sth). **können Sie mir ~?** are you with me? (*inf*), do you follow (me)?

3. (*gehorchen*) to do as *or* what one is told. **einem Befehl/einer Anordnung ~** to follow an order/instruction; **jdm ~** (*inf*) to do what sb tells one.

4. +*dat* (*sich richten nach*) *einer Mode, einem Vorschlag* to follow; *jdm* to agree with, to go along with (*inf*).

5. (*hervorgehen*) to follow (*aus* from). **was folgt daraus für die Zukunft?** what are the consequences of this for the future?

folgend *adj* following. **~es** the following; **er schreibt ~es** *or* **das F~e** he writes (as follows *or* the following); **im ~en** in the following; (*schriftlich auch*) below; **es handelt sich um ~es** the matter is this.

folgendermaßen *adv* like this, as follows. **wir werden das ~ machen** we'll do it like this *or* in the following way.

folgenlos *adj* without consequences; (*wirkungslos*) ineffective; **~ bleiben** not to have any consequences; to be ineffective; **folgenreich** *adj* (*bedeutsam*) momentous; (*wirkungsvoll*) effective; **folgenschwer** *adj* of serious consequence; **Folgenschwere** *f* seriousness.

folgerichtig *adj* (logically) consistent; **das einzig F~e in dieser Situation** the only logical *or* consistent thing to do in this situation; **Folgerichtigkeit** *f* logical consistency.

folgern I *vti* to conclude. **aus diesem Brief läßt sich ~, daß ...** it can be concluded *or* we can conclude from this letter that ... **II** *vi* to draw a/the conclusion. **logisch ~ lernen** to learn to think logically.

Folgerung *f* conclusion. **daraus ergibt sich die ~, daß ...** from this it can be concluded that ...

Folgesatz *m* (*Gram*) consecutive clause; **Folgetonhorn** *nt* (*Aus*) *siehe* **Martinshorn**; **folgewidrig** *adj* (*geh*) logically inconsistent; **Folgezeit** *f* following period, period following.

folglich *adv, conj* consequently, therefore.

folgsam *adj* obedient.

Folgsamkeit *f* obedience.

Foliant *m* folio (volume); (*dicker Band*) tome.

Folie ['fo:liə] *f* **1.** (*Plastik~*) film; (*Metall~, Typ*) foil; (*Schicht*) layer of film/foil. **eine ~ aus Kupfer** a thin layer of copper. **2.** (*fig: Hintergrund*) background.

Folien ['fo:liən] *pl of* **Folie, Folio.**

Folio *nt* -s, -s *or* **Folien** folio.

Folklore *f* -, *no pl* folklore; (*Volksmusik*) folk music.

Folklorist(in *f*) *m* folklorist.

folkloristisch *adj* folkloric; *Kleidung, Gaststätte etc* ethnic.

Folksänger *m* folk singer.

Folksong *m* folk song.

Follikel *m* -s, - follicle.

Follikelsprung *m* ovulation.

Folter *f* -, **-n 1.** (*lit, fig*) torture; (*fig auch*) torment. **die ~ anwenden** to use torture; **das ist die reinste ~** (*fig*) that's sheer torture. **2.** (*old: ~bank*) rack. **jdn auf die**

~ **spannen** (*fig*) to keep sb on tenter-hooks, to keep sb in an agony of suspense.
Folterbank *f* rack.
Folterer *m* -s, - torturer.
Foltergerät, Folter|instrument *nt* instrument of torture; **Folterkammer** *f*, **Folterkeller** *m* torture chamber; **Folterknecht** *m* torturer; **Foltermethode** *f* method of torture.
foltern I *vt* to torture; (*quälen auch*) to torment. **jdn ~ lassen** to have sb tortured. **II** *vi* to use torture.
Folterqual *f* (*lit*) agony of torture; (*fig*) agony of torment.
Folterung *f* torture.
Folterwerkzeug *nt* instrument of torture.
Fön ® *m* -(e)s, -e hair-dryer.
Fond [fõ:] *m* -s, -s **1**. (*geh: Wagen~*) back, rear. **2**. (*Hintergrund*) (*Art*) background; (*Tex*) (back)ground. **im ~ der Bühne** (*Theat*) at the back of the stage. **3**. (*Cook: Fleischsaft*) meat juices *pl*.
Fondant [fõ'dã:] *m or* (*Aus*) *nt* -s, -s (*Cook*) fondant.
Fonds [fõ:] *m* -, - **1**. (*Geldreserve, fig geh*) fund. **keinen ~ für etw haben** to have no funds for sth. **2**. (*Fin: Schuldverschreibung*) government bond.
Fondsbörse *f* ['fõ:-] market of government bonds.
Fondue [fõ'dy:] *nt* -s, -s *or f* -, -s fondue.
fönen *vt* to dry.
Fontäne *f* -, -n jet, fount (*poet*); (*geh: Springbrunnen*) fountain, fount (*poet*).
Fontanelle *f* -, -n (*Anat*) fontanelle.
foppen *vt* (*inf*) jdn ~ to make a fool of sb; (*necken*) to pull sb's leg (*inf*).
Fopperei *f* (*inf*) leg-pulling *no pl* (*inf*).
Fora (*Hist*) *pl of* **Forum**.
forcieren* [fɔr'siːrən] *vt* to push; *Entwicklung auch, Tempo* to force; *Konsum, Produktion* to push *or* force up. **seine Anstrengungen ~** to increase one's efforts.
forciert [fɔr'siːɐt] *adj* forced.
Förde *f* -, -n firth (*esp Scot*), *narrow coastal inlet.*
Förder|anlage *f* conveyor; **Förderband** *nt* conveyor belt; **Förderbetrag** *m* (*Univ*) grant; **Förderbetrieb** *m* (*Min*) production. **den ~ aufnehmen** to start production.
Förderer *m* -s, -, **Förderin** *f* sponsor; (*Gönner*) patron.
Förderklasse *f* (*Sch*) special class; **Förderkorb** *m* mine cage; **Förderkurs(us)** *m* (*Sch*) special classes *pl*; **Förderleistung** *f* (*Min*) output.
förderlich *adj* beneficial (*dat* to). **guten Beziehungen/jds Gesundheit/der Krebsbekämpfung ~ sein** to be conducive to *or* to promote good relations/to aid sb's recovery/to contribute to *or* to help in the fight against cancer.
Fördermaschine *f* winding engine.
fordern I *vt* **1**. (*verlangen*) to demand; *Preis* to ask; (*in Appell, Aufrufen etc, erfordern*) to call for; (*Anspruch erheben auf*) *Entschädigung, Lohnerhöhung* to claim. **viel/zuviel von jdm ~** to ask *or* demand a lot/too much of sb, to make too many demands on sb; **jdn vor Gericht ~** to summon sb to court.

2. (*fig: kosten*) *Leben, Opfer* to claim.
3. (*lit, fig: herausfordern*) to challenge. **er ist noch nie im Leben richtig gefordert worden** he has never been faced with a real challenge.
4. (*Sport*) to make demands on; (*das Äußerste abverlangen*) to stretch.
II *vi* to make demands. **er fordert nur, ohne selbst zu geben** he demands everything as a right, without giving anything himself.
fördern *vt* **1**. (*unterstützen*) *Handel, Projekt, Entwicklung, Arbeit, Kunst, Wissenschaft* to support; (*propagieren*) to promote; (*finanziell*) *bestimmtes Projekt* to sponsor; *Nachwuchs, Künstler* to support, to help; *jds Talent, Neigung* to encourage, to foster; (*voranbringen*) *Freundschaft, Frieden* to foster, to promote; *Verdauung* to aid; *Appetit* to stimulate; *Untersuchung*, to further. **jdn beruflich ~** to help sb in his career.
2. (*steigern*) *Wachstum* to promote; *Umsatz etc* to boost, to increase.
3. *Bodenschätze* to extract; *Kohle, Erz auch* to mine.
fordernd *adj* imperious.
Förderschacht *m* winding shaft; **Förderseil** *nt* winding rope; **Förderturm** *m* (*Min*) winding tower; (*auf Bohrstelle*) derrick.
Forderung *f* **1**. (*Verlangen*) demand (*nach* for); (*Lohn~, Entschädigungs~ etc*) claim (*nach* for); (*in Appell, Aufrufen etc*) call (*nach* for). **~en/hohe ~en an jdn stellen** to make demands on sb/to demand a lot of sb; **die Kinder heutzutage stellen nur ~en** children today demand everything as of right; **eine ~ nach etw erheben** to call for sth; **jds ~ or jdm eine ~ erfüllen** to meet sb's demands/claim.
2. (*geh: Erfordernis*) requirement. **die ~ des Tages sein** to be the/our *etc* number one priority.
3. (*Comm: Anspruch*) claim (*an +acc, gegen* on, against). **eine ~ einklagen/eintreiben or einziehen** to sue for payment of a debt/to collect a debt.
4. (*Herausforderung*) challenge.
Förderung *f* **1**. *siehe* **fördern 1**. support; promotion; sponsorship; support, help; encouragement, fostering; fostering, promotion; aid; stimulation; furtherance. **Maßnahmen zur ~ des Fremdenverkehrs** measures to promote tourism *or* for the promotion of tourism.
2. (*inf: Förderungsbetrag*) grant.
3. (*Gewinnung*) extraction; (*von Kohle, Erz auch*) mining.
Förderungsmaßnahme *f* supportive measure; **~n** *pl* assistance *sing*; **Förderungsmittel** *pl* aid *sing*; **Förderungsprogramm** *nt* aid programme; **Förderungswürdig** *adj* (*unterstützungswürdig*) deserving aid.
Förder|unterricht *m* special instruction.
Förderwagen *m* (*Min*) tram, mine car.
Forelle *f* trout.
Forellenzucht *f* trout farming; (*Anlage*) trout farm.
Foren *pl of* **Forum**.
forensisch *adj Medizin* forensic.

Forke f -, -n (N Ger) pitch fork.
Form f -, -en 1. form; (Gestalt, Umriß)
shape. in ~ von Regen/Steuerermäßi-
gungen in the form of rain/tax reductions;
in ~ von Dragees/Salbe in pill/cream
form, in the form of pills/cream; in ~ eines
Dreiecks shaped like or in the shape of a
triangle; eine bestimmte ~ haben to be in
a certain form; to be a certain shape; seine
~ verlieren/aus der ~ geraten to lose its
shape; (Kleidung auch) to go out of
shape; einer Sache (dat) ~ (und Gestalt)
geben (lit) to shape sth; (fig) to give sth a
coherent shape; feste ~ annehmen (fig) to
take shape; häßliche/gewalttätige ~en
annehmen (fig) to become ugly/violent;
(weibliche) ~en feminine figure; siehe
bringen.
  2. (Gestaltung) form. ~ und Inhalt
form and content.
  3. (Umgangs~en) ~en pl manners pl;
die ~ wahren to observe the proprieties;
der ~ wegen or halber, um der ~ zu
genügen for form's sake, as a matter of
form; in aller ~ formally.
  4. (Kondition) form. in bester ~ sein to
be in great form or shape; in ~ bleiben/
kommen to keep/get (oneself) fit or in
condition; (Sportler) to keep/get in form;
groß in ~ in great form or shape; außer ~
out of condition.
  5. (Gieß~) mould; (Kuchen~, Back~)
baking tin (Brit) or pan (US); (Hut~,
Schuh~) block.
formal adj 1. formal. ~ästhetisch formal
aesthetic. 2. (äußerlich) Besitzer, Fehler,
Grund technical.
Formal|ausbildung f drill.
Form|aldehyd m -s, no pl formaldehyde.
Formalie [-liə] f usu pl formality; (Äußerlichkeit) technicality.
formalisieren* vt to formalize.
Formalismus m formalism no pl.
Formalist(in f) m formalist.
formalistisch adj formalistic.
Formalität f formality; (Äußerlichkeit)
technicality. alle ~en erledigen to go
through all the formalities.
formaljuristisch adj technical.
Format nt 1. (Größenverhältnis) size; (von
Zeitung, Papierbogen, Photographie,
Buch, Film) format. im ~ Din A4 in A4
(format). 2. (Rang, Persönlichkeit)
stature. 3. (fig: Niveau) class
(inf), quality. internationales ~ haben to
be of international quality.
Formation f formation; (Gruppe) group.
Formationsflug m (Mil) formation flying.
formativ adj formative.
Formativ nt (Ling) syntactic morpheme;
(Formans) formative (element).
formbar adj (lit, fig) malleable;
formbeständig adj 1. ~ sein to hold or
retain its shape; 2. (Sport) consistent in
form; **Formblatt** nt form; **Form|eisen** nt
structural steel.
Formel f -, -n formula; (von Eid etc) wording; (Floskel) set phrase. etw auf eine ~
bringen to reduce sth to a formula.
Formel-1-Rennen ['fɔrml'|ains-] nt
formula-one race/racing.
Form|element nt (esp Art) formal element.

formelhaft adj (floskelhaft) Sprache, Stil
stereotyped; ~e Wendung set phrase; ~
reden to talk in set phrases; **Formelkram**
m (pej) tiresome formulae pl.
formell adj formal. als Bürgermeister mußte
er den Vorfall ~ verurteilen as mayor he
had to deplore the incident as a matter of
form.
Formelsammlung f (Math) formulary;
Formelsprache f system of notation.
formen I vt to form, to shape; (Charakter
auch, Eisen) to mould. schön geformte
Glieder beautifully shaped limbs; der
Krieg hat ihn geformt the war shaped his
character; ~de Kraft formative power.
  II vr (lit) to form or shape itself; (fig) to
mature.
Formenlehre f morphology; (Mus) theory
of musical forms; **formenreich** adj with a
great variety or wealth of forms;
Formenreichtum m wealth of forms;
Formensinn m sense of or feeling for
form; **Formensprache** f (geh) use of
forms.
Former(in f) m -s, - moulder.
Formerei f moulding shop.
Formfehler m irregularity; (gesellschaftlich)
breach of etiquette; **Formgebung** f (geh)
design; **formgerecht** adj (lit, fig) correct,
proper; **Formgestalter** m (geh) designer;
Formgestaltung f design; **form-
gewandt** adj urbane, suave.
formidabel adj (dated) formidable.
formieren* I vt Truppen to draw up;
Kolonne, Zug to form (into), to fall into;
(bilden) to form. **II** vr to form up.
Formierung f formation; (Mil: von Truppen) drawing-up.
Formkrise f (esp Sport) loss of form.
förmlich adj 1. (formell) formal. 2. (regelrecht) positive. ich hätte ~ weinen können
I really could have cried.
Förmlichkeit f 1. no pl (Benehmen) formality. 2. usu pl (Äußerlichkeit) social convention. bitte keine ~en! please don't
stand on ceremony.
formlos adj 1. (ohne Form) shapeless;
Vortrag, Aufsatz auch unstructured.
2. (zwanglos) informal, casual. 3. (Admin)
Antrag informal.
Formlosigkeit f 1. (Gestaltlosigkeit) shapelessness, lack of shape; (von Vortrag, Aufsatz auch) lack of structure. 2. (Zwanglosigkeit) informality, casualness.
Formsache f matter of form, formality;
formschön adj elegant, elegantly
proportioned; **Formschönheit** f elegant
proportions pl, elegance; **Formstrenge** f
strict observance of form; **Formtief** nt loss
of form; sich in einem ~ befinden to be
badly off form.
Formular nt -s, -e form.
formulieren* I vt to word, to phrase, to
formulate. ... wenn ich es mal so ~ darf ...
if I might put it like that. **II** vi to use words
skilfully. wenn ich mal so ~ darf if I might
put it like that.
Formulierung f 1. no pl wording, phrasing, formulation. 2. phraseology no pl.
eine bestimmte ~ a particular phrase.
Formung f 1. no pl (Formen) forming,
shaping; (von Eisen) moulding; (von

Charakter auch) moulding, formation. **2.** (*Form*) shape; (*von Felsen, Dünen etc auch*) formation.

Formver|änderung *f* change in the form; (*Gestaltveränderung*) change in the shape; **eine kleine ~ vornehmen** to make a small modification; **Formverstoß** *m* breach of form; **formvoll|endet** *adj* perfect; *Vase etc* perfectly shaped; *Gedicht, Musikstück* perfectly structured; **er verabschiedete/verneigte sich ~** he took his leave/bowed with perfect elegance.

forsch *adj* brash; (*dated: schneidig*) dashing. **eine Sache ~ anpacken** to attack sth energetically *or* with vigour.

forschen *vi* **1.** (*suchen*) to search (*nach* for), to seek (*liter*) (*nach jdm/etw* sb/sth). **in alten Papieren ~** to search in old papers; **nach der Wahrheit ~** to seek *or* search after truth. **2.** (*Forschung betreiben*) to research. **über etw** (*acc*) **~** to research on *or* into sth.

forschend *adj* inquiring; (*musternd*) searching.

Forscher *m* **-s, -** **1.** (*Wissenschaftler*) researcher; (*in Medizin, Naturwissenschaften*) research scientist. **2.** (*Forschungsreisender*) explorer.

Forscherblick *m, no pl* (*geh*) scientific eye; **Forschergeist** *m* (*geh*) inquiring mind; (*Entdeckungsreisender*) explorer; (*Entdeckergeist*) exploratory spirit.

Forscherin *f siehe* **Forscher.**

forscherisch *adj* (*als Wissenschaftler*) research *attr*; (*als Forschungsreisender*) explorative, exploratory. **eine ~e Höchstleistung** a triumph for research/exploration.

forscherlich *adj attr* scholarly.

Forschheit *f siehe* **forsch** brashness; dash.

Forschung *f* **1.** research *no pl*. **eingehende ~en** intensive research; **ältere/verschiedene ~en** older/various studies; **~en betreiben** to research, to be engaged in research. **2.** *no pl* (*Wissenschaft*) research *no art*. **~ und Lehre** research and teaching.

Forschungs- *in cpds* research; **Forschungs|arbeit** *f, no pl* research; **Forschungs|aufgabe** *f* research assignment; (*~auftrag eines Wissenschaftlers*) research duty; **Forschungs|auftrag** *m* research assignment *or* contract; **Forschungsballon** *m* observation balloon; **Forschungsbereich** *m siehe* **Forschungsgebiet; Forschungsbericht** *m* report of an/the inquiry; **Forschungs|ergebnis** *nt* result of the research; **neueste ~se** results of the latest research; **Forschungsgebiet** *nt* field of research; **ein/das ~ der Medizin** a/the field of medical research; **Forschungsgegenstand** *m* object of research; **Forschungsmethode** *f* method of research; **Forschungsministerium** *nt* ministry of research and development; **Forschungsreise** *f* expedition; **Forschungsreisende(r)** *mf decl as adj* explorer; **Forschungsschiff** *nt* research vessel; **Forschungssemester** *nt* sabbatical term; **Forschungsstation** *f* research station; **Forschungstätigkeit** *f* research

no indef art; **Forschungsvorhaben** *nt* research project; **Forschungszentrum** *nt* research centre; **Forschungszweig** *m* branch of research.

Forst *m* **-(e)s, -en** forest.

Forst|akademie *f* school of forestry; **Forst|amt** *nt* forestry office; **Forstbe|amte(r)** *m* forestry official.

Förster(in *f*) *m* **-s, -** forest warden *or* ranger (*US*).

Försterei *f* forest warden's *or* ranger's (*US*) lodge.

Forstfrevel *m* (*Jur*) offence against the forest laws; **Forsthaus** *nt* forester's lodge; **Forstrecht** *nt* forest law; **Forstrevier** *nt* forestry district; **Forstschaden** *m* forest damage *no pl*; **Forstschädling** *m* forest pest; **Forstverwaltung** *f* forestry commission; **Forstwesen** *nt* forestry *no art*; **Forstwirt** *m* graduate in forestry; **Forstwirtschaft** *f* forestry; **Forstwissenschaft** *f* forestry science.

Forsythie [fɔrˈzyːtsiə] *f* **-, -n** forsythia.

Fort [fɔːr] *nt* **-s, -s** fort.

fort *adv* **1.** (*weg*) away; (*verschwunden*) gone. **~ mit ihm/ damit!** away with him/it!, take him/it away!; **... und dann ~!** ... and then away with you/we'll get away; **etw ist ~** sth has gone *or* disappeared; **es war plötzlich ~** it suddenly disappeared; **er ist ~** he has left *or* gone; (*dial: ist nicht zu Hause*) he isn't here; **weit ~** far away, a long way away; **von zu Hause ~** away from home; **wann sind Sie von zu Hause ~?** (*dial*) when did you leave home?; **nur ~ von hier!** (*geh*) let us be begone (*old*); **~ von hier!** (*geh*) begone! (*old*), hence! (*old*).
2. (*weiter*) on. **und so ~** and so on, and so forth; **das ging immer so weiter und so ~ und so ~** (*inf*) that went on and on and on; **in einem ~, ~ und ~** (*old*) incessantly, continually.

fort- *pref in cpd vbs* (*weg*) away; *siehe auch* **weg-.**

fort|an (*geh*) *adv* from this time on, henceforth (*old, liter*), henceforward (*old*); **fortbegeben*** *vr sep irreg* (*geh*) to depart, to leave; **sich aus dem Schloß etc ~** to depart from (*form*) *or* to leave the castle etc; **Fortbestand** *m, no pl* continuance; (*von Staat, Institution*) continued existence; **fortbestehen*** *vi sep irreg* to continue; (*Staat, Institution*) to continue in existence; (*Zustand*) to continue (to exist); **fortbewegen*** *sep* **I** *vt* to move away; **II** *vr* to move; **Fortbewegung** *f, no pl* locomotion; **Fortbewegungsmittel** *nt* means of locomotion; **fortbilden** *vt sep* **jdn/sich ~** to continue sb's/one's education; **Fortbildung** *f, no pl* further education; **berufliche ~** further vocational training; **Fortbildungskurs(us)** *m* further education/vocational training course; **fortbleiben** *vi sep irreg aux sein* to stay away; **Fortbleiben** *nt* **-s,** *no pl* absence; **fortbringen** *vt sep irreg* to take away; (*zur Reparatur, Reinigung etc*) to take in; *Brief, Paket etc* to post; (*zurückbringen*) to take back; (*bewegen*) to move; **Fortdauer** *f* continuance, continuation; **fortdauern** *vi sep* to continue; **fortdauernd I** *adj* continuing; (*in der Ver-*

gangenheit) continued; **II** *adv* constantly, continuously.
forte *adv* (*Mus, Pharm*) forte.
Forte *nt* **-s, -s** *or* **Forti** forte.
fort|entwickeln* *sep* **I** *vt* to develop; **II** *vr* to develop; **Fort|entwicklung** *f, no pl* development; **fortfahren** *sep* **I** *vi aux sein* **1.** (*wegfahren*) to leave, to go; (*abfahren*) to leave, to go; (*einen Ausflug machen*) to go out; **2.** (*weitermachen*) to continue; ~, **etw zu tun** to continue doing sth *or* to do sth; **in einer Tätigkeit** ~ to continue with an activity; **ich fahre fort ...** as I was about to say ...; **II** *vt* (*wegbringen*) to take away; *Wagen* to drive away; **Fortfall** *m* discontinuance; **in** ~ **kommen** (*form*) to be discontinued; **fortfallen** *vi sep irreg aux sein* to cease to exist; (*nicht mehr zutreffend sein*) to cease to apply; (*Zuschuß etc*) to be discontinued *or* stopped; (*abgeschafft werden*) to be abolished; **fortfliegen** *vi sep aux sein* to fly away *or* off; **fortführen** *sep* **I** *vt* **1.** (*fortsetzen*) to continue, to carry on; **2.** (*wegführen*) to take away; (*zu Fuß, fig*) to lead away; **II** *vi* (*fig*) to lead away; **Fortführung** *f* continuation; **Fortgang** *m, no pl* **1.** (*Weggang*) departure (*aus* from); **bei/nach seinem** ~ when he left/after he had left, on/after his departure; **2.** (*Verlauf*) progress; **seinen** ~ **nehmen** to progress; **fortgehen** *vi sep aux sein* **1.** to leave; **von zu Hause** ~ to leave home; **geh fort/nicht fort!** go away/don't go (away)!; **2.** *siehe* **weitergehen**; **fortgeschritten** **I** *ptp of* **fortschreiten**; **II** *adj* advanced; **zu** ~**er Stunde wurden sie fröhlich** as the night wore on they got quite merry; **er kam zu** ~**er Stunde** he came at a late hour; **Fortgeschrittenenkurs(us)** *m* advanced course; **Fortgeschrittene(r)** *mf decl as adj* advanced student; **fortgesetzt** *adj* continual, constant, incessant; *Betrug, Steuerhinterziehung* repeated.
Forti *pl of* **Forte**.
fortjagen *sep* **I** *vt* *Menschen* to throw out (*aus, von* of); *Tier, Kinder* to chase out (*aus, von* of); **II** *vi aux sein* to race *or* career off; **fortkommen** *vi aux sein* **1.** (*wegkommen*) to get away; (*weggebracht werden*) to be taken away; **mach, daß du fortkommst!** begone! (*old*), be off!; **2.** (*abhanden kommen*) to disappear, to vanish; **3.** (*vorankommen*) to get on well; **Fortkommen** *nt* (*lit, fig: Weiterkommen*) progress; **jdn am** ~ **hindern** to hold sb back, to hinder sb's progress; **fortkönnen** *vi sep irreg* to be able to get away; **fortlassen** *vt sep irreg* **1.** (*weggehen lassen*) **jdn** ~ to let sb go, to allow sb to go; **2.** (*auslassen*) to leave out, to omit; **fortlaufen** *vi sep irreg aux sein* to run away; **der Hund/meine Freundin ist mir fortgelaufen** the dog has run away from me/my girlfriend has (gone off and) left me; **fortlaufend** *adj Handlung* ongoing *no adv*; *Erscheinen* serial *attr*; *Zahlungen* regular; (*andauernd*) continual; **die Handlung geht** ~ **weiter** the storyline unfolds steadily; ~ **numeriert** *Geldscheine, Motoren* serially numbered; *Bücher, Zeitschriften* consecutively paginated; **fort-**

leben *vi sep* (*liter*) to live on; **fortlocken** *vt sep* to lure away; **fortmüssen** *vi sep irreg* to have to go *or* leave; (*ausgehen müssen*) to have to go out; (*Brief*) to have to go (off); **fortnehmen** *vt sep irreg* to take away (*jdm* from sb); **hat jemand meinen Ring fortgenommen?** has somebody taken my ring?; **fortpflanzen** *vr sep* (*Mensch*) to reproduce; (*Pflanzen auch*) to propagate (itself); (*Schall, Wellen, Licht*) to travel, to be transmitted; (*Gerücht*) to spread.
Fortpflanzung *f* -, *no pl* reproduction; (*von Pflanzen*) propagation.
fortpflanzungsfähig *adj* capable of reproduction; *Pflanze* capable of propagation; **Fortpflanzungs|organ** *nt* reproductive organ; **Fortpflanzungstrieb** *m* reproductive instinct; **fortpflanzungs|unfähig** *adj* incapable of reproduction; *Pflanze* incapable of propagation.
forträumen *vt sep* (*lit, fig*) to clear away; **fortreißen** *vt sep irreg* to snatch *or* tear away; (*Menge, Flut, Strom*) to sweep *or* carry away; (*fig*) to carry away; **jdn/etw mit sich** ~ (*lit*) to carry *or* sweep sb/sth along; (*fig*) to carry sb/sth away; **fortrennen** *vi sep irreg aux sein* to race *or* tear (*inf*) off *or* away; **Fortsatz** *m* (*Anat*) process; **fortschaffen** *vt sep* to remove; **fortscheren** *vr sep* (*inf*) to clear off (*aus* out of) *or* out (*aus* of) (*inf*); **fortschicken** *vt sep* to send away; *Brief etc* to send off; **fortschreiben** *vt sep irreg* **1.** *Statistik etc* to extrapolate; **2.** (*weiterführend aktualisieren*) *Programm etc* to continue; **Fortschreibung** *f siehe vt* extrapolation; continuation; **fortschreiten** *vi sep irreg aux sein* (*vorwärtsschreiten*) to progress; (*weitergehen*) to continue; (*Entwicklung, Sprache*) to develop; (*Wissenschaft*) to advance; (*Zeit*) to go *or* march (*liter*) on; **die Ausbreitung der Epidemie schreitet weiter fort** the epidemic is continuing to spread; **fortschreitend** *adj* progressive; *Alter, Wissenschaft* advancing.
Fortschritt *m* advance; (*esp Pol*) progress *no pl*. **gute** ~**e machen** to make good progress, to get on (*inf*) *or* progress well; ~**e erzielen** to make progress; ~**e in der Medizin** advances in medicine; **das ist ein wesentlicher** ~ that's a considerable step forward *or* improvement; **dem** ~ **dienen** to further progress.
fortschrittlich *adj* progressive (*auch Pol*); *Mensch, Ideen auch* forward-looking.
Fortschrittlichkeit *f* progressiveness.
fortschrittsfeindlich *adj* anti-progressive; **Fortschrittsfeindlichkeit** *f* anti-progressiveness; **Fortschrittsglaube** *m* belief in progress; **fortschrittsgläubig** *adj* ~ **sein** to believe in progress; **das** ~**e 19. Jh.** the 19th century with its belief in progress; **Fortschrittsgläubigkeit** *f* naïve belief in progress.
fortsetzen *sep* **I** *vt* to continue; (*nach Unterbrechung auch*) to resume; **den Weg zu Fuß** ~ to continue on foot; „**wird fortgesetzt**" to be continued"; **II** *vr* (*zeitlich*) to continue; (*räumlich*) to extend; **Fortsetzung** *f* **1.** *no pl* (*Fortsetzen*) continuation; (*nach Unterbrechung auch*)

resumption; 2. *(folgender Teil)* *(Rad, TV)* episode; *(eines Romans)* instalment; **ein Film in drei ~en** a film in three parts; **,,~ folgt"** "to be continued"; 3. *(anschließendes Stück)* continuation; **Fortsetzungsroman** *m* serialized novel, novel in serial form; **forttreiben** *vt sep irreg* 1. *(verjagen)* to drive away; **jdn aus dem Haus ~** to drive sb out of the house; 2. *(weitertragen)* to carry away.

Fortuna *f* - *(Myth)* Fortuna; *(fig)* Fortune.

Fortune [fɔr'ty:n(ə)] *(geh)*, **Fortüne** *f* -, *no pl* good fortune. **politische ~ haben** to have good fortune in politics; **keine ~ haben** to have no luck.

fortwähren *vi sep* *(geh)* to continue, to persist; **fortwährend** *adj no pred* constant, continual, incessant; **fortweg** [-vɛk] *adv (rare)* the whole time, all the time; **er hat ~ geschwatzt** he was chattering the whole time *or* all the time; **fortwirken** *vi sep* to continue to have an effect; **das wirkt noch bis heute fort** that still has an effect today; **fortwollen** *vi sep* to want to get away *(aus* from); **fortzeugen** *vi sep* *(liter)* to continue to have an effect; **fortziehen** *sep irreg* **I** *vt* to pull away; *(mit großer Anstrengung)* to drag away; *(Strom, Strudel)* to carry away; **er zog den widerstrebenden Hund mit sich fort** he dragged *or* pulled the unwilling dog along *or* off *or* away; **II** *vi aux sein* 1. *(weiterziehen)* to move on; *(Vögel)* to migrate; 2. *(von einem Ort)* to move away *(aus* from); *(aus einer Wohnung)* to move out *(aus* of).

Forum *nt* -s, **Foren** *or (Hist)* **Fora** forum. **etw vor das ~ der Öffentlichkeit bringen** to bring sth before the forum of public opinion.

Forumsdiskussion *f*, **Forumsgespräch** *nt* forum (discussion).

fossil *adj attr* fossil *attr*, fossilized.

Fossil *nt* -s, -ien [iən] fossil.

fötal *adj* foetal.

Föten *pl* of **Fötus**.

Foto[1] *nt* -s, -s photo(graph), snap(shot) *(inf)*. **ein ~ machen** to take a photo(graph).

Foto[2] *m* -s, -s *(dial inf)* camera.

Foto- *in cpds (Sci)* photo; *siehe auch* **Photo-**; **Foto|album** *nt* photograph album; **Foto|apparat** *m* camera; **Foto|arbeiten** *pl* photographic work; **Foto|archiv** *nt* photo archives; **Foto|artikel** *pl* photographic equipment; **Foto|atelier** *nt* (photographic) studio; **Foto|ecke** *f* corner; **Fotofinish** *nt (Sport)* photo finish.

fotogen *adj* photogenic.

Fotogeschäft *nt* photographic shop.

Fotograf *m* -en, -en photographer.

Fotografie *f* 1. photography. 2. *(Bild)* photo(graph), snap(shot) *(inf)*.

fotografieren[*] **I** *vt* to photograph, to take a photo(graph) of. **sich ~ lassen** to have one's photo(graph) *or* picture taken; **sie läßt sich gut ~** she photographs well, she comes out well in photos. **II** *vi* to take photos *or* photographs.

Fotografin *f* photographer.

fotografisch *adj* **I** *adj* photographic. **II** *adv* photographically.

Foto|industrie *f* photographic industry; **Fotokopie** *f* photocopy; **Fotokopier|automat** *m* **Fotokopierer** *(inf)* *m* -s, - photocopying machine, photocopier; **fotokopieren**[*] *vt insep* to photocopy; **Fotolabor** *nt* darkroom; **Fotolaborant(in** *f)* *m* photographic lab(oratory) assistant; **fotomechanisch** *adj* photomechanical; **Fotomodell** *nt* photographic model; **Fotomontage** *f* photomontage; **Fotopapier** *nt* photographic paper; **Fotoreporter** *m* press photographer; **Fotosatz** *m (Typ)* *siehe* **Lichtsatz**.

Fotothek *f* -, -en photographic collection.

Fötus *m* -, **Föten** *or* -ses, -se foetus.

Fotze *f* -, -n 1. *(vulg)* cunt *(vulg)*. 2. *(sl: S Ger, Aus)* *(Maul)* gob *(sl)*; *(Ohrfeige)* box on the ears, clip round the ear.

Fötzel *m* -s, - *(Sw)* scoundrel, rogue.

foul [faul] *adj (Sport)*: **~ spielen** to foul.

Foul [faul] *nt* -s, -s *(Sport)* foul.

Foul|elfmeter ['faul-] *m* penalty (kick).

foulen ['faulən] *vti (Sport)* to foul. **es wurde viel gefoult** there was a lot of fouling.

Foulspiel ['faul-] *nt (Sport)* foul play.

Fox *m* -(es), -e, **Foxterrier** *m* fox-terrier.

Foxtrott *m* -s, -e *or* -s foxtrot.

Foyer [foa'je:] *nt* -s, -s foyer; *(in Hotel auch)* lobby, entrance hall.

Fr. *abbr of* **Frau** Mrs; Ms.

Fracht *f* -, -en 1. *(Ladung)* freight *no pl*; *(von Flugzeug, Schiff auch)* cargo; *(Güter auch)* payload. **etw per ~ schicken** to send sth freight, to freight sth. 2. *(~preis)* freight *no pl*, freightage *no pl*; *(bei Lastwagen)* carriage *no pl*; *(~tarif)* freight/carriage rate.

Frachtbrief *m* consignment note, waybill; **Frachtdampfer** *m (dated)* cargo *or* freight steamer; **Frachtenbahnhof** *m* *(Aus)* *siehe* **Güterbahnhof**.

Frachter *m* -s, - freighter.

Frachtflugzeug *nt* cargo *or* freight plane, (air) freighter; **frachtfrei** *adj* carriage paid *or* free; **Frachtführer** *m (form)* carrier; **Frachtgut** *nt* (ordinary) freight *no pl*; **etw als ~ schicken** to send sth freight *or* as ordinary freight; **Frachtkosten** *pl* freight charges *pl*; **Frachtraum** *m* hold; *(Ladefähigkeit)* cargo space; **Frachtschiff** *nt* cargo ship, freighter; **Frachtschiffahrt** *f* cargo shipping; **Frachtverkehr** *m* goods traffic.

Frack *m* -(e)s, -s *(inf)* *or* -̈e tails *pl*, tail coat. **im ~** in tails.

Frackhemd *nt* dress shirt; **Frackhose** *f* dress trousers *pl*; **Frackjacke** *f* tails *pl*, tail coat; **Fracksausen** *nt*: **~ haben** *(inf)* to be in a funk *(inf)*; **Frackschoß** *m* coat-tail; **Frackverleih** *m* dress hire (service); **Frackzwang** *m* requirement to wear tails; **(es herrscht) ~** tails are obligatory, you have to wear tails; **,,~"** "tails".

Frage *f* -, -n question; *(Rück-, Zwischen- auch)* query; *(Problem auch)* problem; *(Angelegenheit auch)* matter, issue *(esp Pol)*. **eine ~ zu etw** a question on sth; **jdm eine ~ stellen, an jdn eine ~ stellen** *or* **richten** to ask sb a question; **an jdn eine ~ haben** to have a question for sb; **gestatten Sie mir eine ~?** *(form)* might I ask a question?; *(in Diskussionen auch)* permit me to ask you a question (*form*); **auf eine ~ mit Ja oder Nein antworten** to answer a question with a straight yes or no; **sind noch ~n?, hat jemand noch eine ~?** does anyone have *or* are there any more *or* any further questions?; **auf eine dumme ~ (bekommt man) eine dumme Antwort** (*prov*) ask a silly question (get a silly answer) (*prov*); **die deutsche ~** the German question *or* issue; **das ist (doch sehr) die ~** that's (just *or* precisely) the question/problem, that's the whole question/problem; **das ist die große ~** that's the big *or* sixty-four thousand dollar (*inf*) question; **das ist gar keine ~, das steht** *or* **ist außer ~** there's no question *or* doubt about it; **daß ..., steht** *or* **ist außer ~** that ... is beyond question, ..., there's no question *or* doubt about it; **ohne ~** without question *or* doubt; **in ~ kommen** to be possible; **sollte er für diese Stelle in ~ kommen, ...** if he should be considered for this post ...; **für jdn/etw nicht in ~ kommen** to be out of the question for sb/sth; **das kommt (überhaupt) nicht in ~!** that's (quite) out of the question!; **in ~ kommend** possible; *Bewerber* worth considering; **eine ~ der Zeit/des Geldes** a question *or* matter of time/money.

Fragebogen *m* questionnaire; (*Formular*) form; **Fragefürwort** *nt* interrogative pronoun.

fragen I *vti* to ask. **nach** *or* **wegen** (*inf*) **jdm ~** to ask after sb; (*in Hotel etc*) to ask for sb; **ich fragte sie nach den Kindern** I asked her how the children were doing; **nach jds Namen/Alter/dem Weg ~** to ask sb's name/age/the way; **nach Arbeit/Post ~** to ask whether there is/was any work/mail; **nach den Ursachen ~** to inquire as to the causes; **ich fragte sie nach ihren Wünschen** I asked her what she wanted; **ich habe nicht nach Einzelheiten gefragt** I didn't ask any details; **nach den Folgen ~** to bother *or* care about the consequences; **er fragte nicht danach, ob ...** he didn't bother *or* care whether ...; **wegen etw ~** to ask about sth; **frag (mich/ihn) nicht** I'd rather you didn't ask (that), you'd better not ask (him) that; **das frage ich dich!** I could ask you the same; **da fragst du noch?** you still have to ask?, you still don't know?; **frag nicht so dumm!** don't ask silly questions; **du fragst zuviel** you ask too many questions; **da fragst du mich zuviel** (*inf*) I really couldn't say; **man wird ja wohl noch ~ dürfen** (*inf*) I was only asking (*inf*), there's no law against asking, is there? (*inf*); **wenn ich (mal) ~ darf?** if I may *or* might ask?; **ohne lange zu ~** without asking a lot of questions.

II *vr* to wonder. **das/da frage ich mich I** wonder; **das frage ich mich auch** that's just what I was wondering; **ja, das fragt man sich** yes, that's the question; **es/man fragt sich, ob ...** it's debatable *or* questionable/one wonders whether ...; **da muß man sich ~, ob ...** you can't help wondering if ...; **ich frage mich, wie/wo ...** I'd like to know how/where ...

fragend *adj* questioning, inquiring; (*Gram*) interrogative.

Fragenkomplex, Fragenkreis *m* complex of questions.

Fragesatz *m* (*Gram*) interrogative sentence/clause; **Fragesteller(in** *f*) *m* **-s, -** questioner; (*Interviewer*) interviewer; **Fragestellung** *f* **1.** formulation of a question; **das ist eine falsche ~** the question is wrongly put *or* stated *or* formulated; **2.** (*Frage*) question; **Fragestunde** *f* (*Parl*) question time; **Frage-und-Antwort-Spiel** *nt* question and answer game; **Fragewort** *nt* interrogative (particle); **Fragezeichen** *nt* question mark (*auch fig*), interrogation mark *or* point (*form*); **hinter diese Behauptung muß man ein dickes** *or* **großes ~ setzen** (*fig*) this statement should be taken with a large pinch of salt.

fragil *adj* (*geh*) fragile.

Fragilität *f, no pl* (*geh*) fragility.

fraglich *adj* **1.** (*zweifelhaft*) uncertain; (*fragwürdig*) doubtful, questionable. **2.** *attr* (*betreffend*) in question; *Angelegenheit* under discussion. **zu der ~en Zeit** at the time in question.

fraglos *adv* undoubtedly, unquestionably.

Fragment *nt* fragment. **~ bleiben** to remain a fragment.

fragmentarisch *adj* fragmentary. **die Manuskripte sind nur ~ erhalten** only fragments of the manuscript have been preserved.

fragwürdig *adj* **1.** doubtful, dubious. **2.** (*pej*) Lokal, Mensch, Kreise dubious.

Fragwürdigkeit *f siehe adj* doubtful *or* dubious nature, doubtfulness; dubiousness, dubious nature.

Fraisen ['fre:zən] *pl* (*Aus Med*) **die ~** (infant) spasms *pl*.

Fraktion *f* (*Pol*) ≃ parliamentary *or* congressional (*US*) party; (*von mehreren Parteien*) ≃ coalition party; (*Sondergruppe*) group, faction.

fraktionell [fraktsio'nɛl] *adj* (*Pol*) **~ entschieden** decided by the parliamentary *etc* party; **~e Gruppen** factions within the parliamentary *etc* party.

Fraktions- *in cpds* (*Pol*) party; **Fraktionsbildung** *f* formation of factions/a faction; **Fraktionsführer** *m* party whip, floor leader (*US*); **fraktionslos** *adj* independent; **Fraktionsmitglied** *nt* member of a parliamentary *etc* party; **Fraktionssitzung** *f* party meeting; **Fraktionsstärke** *f* **1.** numerical strength of a/the parliamentary *etc* party; **2.** (*erforderliche Mitgliederzahl*) numerical strength required for recognition of a parliamentary party; **Fraktionsvorsitzende(r)** *mf* party whip; **Fraktionszwang** *m* requirement to vote in accordance with party policy; **unter ~ stehen** to be under the whip.

Fraktur *f* **1.** (*Typ*) Gothic print, Fraktur. **(mit jdm) ~ reden** (*inf*) to be blunt (with sb). **2.** (*Med*) fracture.

Frakturschrift *f* Gothic script.

Franc [frã:] *m* **-, -s** franc.

Francium ['frantsium] *nt* **-s,** *no pl* francium.

frank *adv:* **~ und frei** frankly, openly.

Franke *m* **-n, -n** (*Geog*) Franconian; (*Hist*) Frank.

Franken[1] *nt* **-s** Franconia.

Franken² *m* **-s, - (Schweizer)** ~ (Swiss) franc.

Frankfurt *nt* **-s** ~ **(am Main)** Frankfurt (on the Main); ~ **(Oder)** Frankfurt on the Oder.

Frankfurter *m* **-s, - 1.** (*Einwohner Frankfurts*) Frankfurter. **2.** (*inf: Würstchen*) frankfurter.

frankieren* *vt* to stamp; (*mit Maschine*) to frank.

Frankiermaschine *f* franking machine.

Frankierung *f* franking; (*Porto auch*) postage.

fränkisch *adj* Franconian.

franko *adj inv* (*Comm*) carriage paid; (*von Postsendungen*) post-free, postpaid (*esp US*).

Frankokanadier *m* French-Canadian; **frankokanadisch** *adj* French-Canadian; **frankophil** *adj* (*geh*) Francophile; **Frankophilie** *f* Francophilia; **frankophon** *adj* francophone.

Frankreich *nt* France.

Franse *f* **-, -n** (*lose*) (loose) thread; (*von Haar*) strand of hair. **~n** (*als Besatz, Pony*) fringe; **ein mit ~n besetzter Schal** a shawl with a fringe, a fringed shawl.

fransen *vi* to fray (out).

fransig *adj* (*Sew*) fringed *no adv; Haar* straggly *no adv;* (*ausgefasert*) frayed *no adv.*

Franz *m* **-'** *or* **-ens** Francis.

Franzbranntwein *m* alcoholic liniment.

Franziskaner *m* **-s, -** (*Eccl*) Franciscan (friar).

Franziskanerin *f* (*Eccl*) Franciscan (nun).

Franziskaner|orden *m* (*Eccl*) Franciscan Order, Order of St. Francis.

Franzmann *m, pl* **Franzmänner** (*dated sl*) Frenchie (*inf*), frog (*pej inf*).

Franzose *m* **-n, -n 1.** Frenchman/French boy. **er ist** ~ he's French; **die ~n** the French. **2.** (*Werkzeug*) adjustable spanner, monkey wrench.

franzosenfeindlich *adj* anti-French; **Franzosenkrankheit** *f* (*old*) French disease (*old*), syphilis.

Französin *f* Frenchwoman/French girl. **sie ist** ~ she's French.

französisch *adj* French. **die ~e Schweiz** French-speaking Switzerland; **die F~e Revolution** the French Revolution; **die ~e Krankheit** (*old*) the French disease (*old*), syphilis; **~es Bett** divan bed; **~e Spielkarten** ordinary playing cards; **~ kochen** to do French cooking; **(auf) ~ Abschied nehmen** to leave without saying goodbye; **sich (auf) ~ empfehlen** to leave without saying good-bye/paying; (*sich unerlaubt entfernen*) to take French leave; *siehe auch* **deutsch.**

Französisch(e) *nt decl as adj* French; *siehe* **Deutsch(e).**

frappant *adj* (*geh*) *Schnelligkeit, Entdeckung* remarkable, astounding; *Verbesserung, Wirkung, Ähnlichkeit auch* striking. **auf jdn ~ wirken** to astound sb.

frappieren* I *vt* (*verblüffen*) to astound, to astonish, to amaze. II *vi* (*Sache*) to be astounding *or* astonishing.

frappierend *adj siehe* **frappant.**

Fräse *f* **-, -n 1.** (*Werkzeug*) milling cutter;

(*für Holz*) moulding cutter; (*Boden~*) rotary hoe. **2.** (*Bart*) chinstrap (beard).

fräsen *vt* to mill, to mill-cut; *Holz* to mould.

Fräser *m* **-s, - 1.** (*Beruf*) milling cutter. **2.** (*Maschinenteil*) milling cutter; (*für Holz*) moulding cutter.

Fräsmaschine *f* milling machine.

fraß *pret of* **fressen.**

Fraß *m* **-es, -e 1.** food; (*pej inf*) muck (*inf*) *no indef art.* **etw einem Tier zum ~ vorwerfen** to feed sth to an animal; **jdn den Kritikern zum ~ vorwerfen** to throw sb to the critics. **2.** (*Abfressen*) **vom ~ befallen** eaten away.

Frater *m* **-s, Fratres** (*Eccl*) Brother.

fraternisieren* *vi* to fraternize.

Fraternisierung *f* fraternization.

Fratz *m* **-es, -e** *or* (*Aus*) **-en, -en 1.** (*pej*) brat. **2.** (*schelmisches Mädchen*) rascal.

Fratze *f* **-, -n 1.** grotesque face. **2.** (*Grimasse*) grimace; (*inf: Gesicht*) face, phiz (*dated inf*); (*fig: Zerrbild*) caricature. **jdm eine ~ schneiden** to pull *or* make a face at sb; **eine ~ ziehen** to pull *or* make a face, to grimace.

Frau *f* **-, -en 1.** (*weiblicher Mensch*) woman. **zur ~ werden** to become a woman; **von ~ zu ~** woman to woman; **Unsere Liebe ~** (*Eccl*) our blessed Lady. **2.** (*Ehe~*) wife. **sich** (*dat*) **eine ~ nehmen** (*dated*) to marry, to take a wife (*old*); **willst du meine ~ werden?** will you marry me?, will you be my wife?; **jdn zur ~ haben** to be married to sb; **seine zukünftige/geschiedene ~** his bride-to-be/ his ex-wife; **die junge ~** (*dated*) the son's wife/the daughter-in-law.

3. (*Anrede*) madam; (*mit Namen*) Mrs; (*für eine unverheiratete ~*) Miss, Ms (*feministisch*). **liebe ~!** (*dated*) my dear lady!; **~ Doktor/Direktor** doctor/ headmistress; **Ihre (liebe) ~ Mutter/ Schwester** your good mother/sister; **~ Nachbarin** (*old*) neighbour (*old*).

Frauchen *nt dim of* **Frau** (*inf*) **1.** (*Koseform für eine Ehefrau*) little woman. **2.** (*Herrin von Hund*) mistress. **geh zum ~** go to your mistress.

Frauen- *in cpds* women's; (*einer bestimmten Frau*) woman's; (*Sport auch*) ladies'; **Frauen|arbeit** *f* **1.** (*Arbeit für Frauen, von Frauen*) female *or* women's labour; **das ist keine ~** that's no job for a woman; **niedrig bezahlte ~** badly paid jobs for women; **2.** (*Arbeit zugunsten der Frau*) work among women; **in der ~ tätig sein** to be involved in work among women; **Frauen|arzt** *m* gynaecologist; **Frauenberuf** *m* career for women; **Frauenbewegung** *f* women's (*auch Hist*) *or* feminist movement; **Frauenchor** *m* ladies' *or* female choir; **Frauen|emanzipation** *f* female emancipation *no art,* emancipation of women; (*in der heutigen Zeit auch*) women's lib(eration); **Frauenfeind** *m* misogynist; **frauenfeindlich** *adj* anti-women *pred; Mensch, Verhalten auch* misogynous; **Frauenfunk** *m* woman's radio; ≈ Woman's Hour (*Brit*); **Frauengefängnis** *nt* women's prison; **Frauengeschichte** *f* affair with a woman; **~n** (*Affären*) womanizing; (*Erlebnisse*) sexploits *pl* (*hum inf*), experiences with women *pl*; **Frauengestalt** *f* female figure; (*Liter, Art*) female character; **Frauenhaar** *nt* 1. woman's hair; 2. (*Bot*) maidenhair (fern); **frauenhaft** *adj* womanly *no adv*; **Frauenhand** *f*: von (zarter) ~ by a woman's fair hand; **Frauenhasser** *m* -s, - misogynist, woman-hater; **Frauenhaus** *nt* 1. refuge (for battered women); 2. (*Ethnologie*) women's house; **Frauenheilkunde** *f* gynaecology; **Frauenheld** *m* lady-killer; **Frauenherz** *nt* heart of a woman; ~en (*Frauen*) the fair sex; **Frauenkenner** *m* connoisseur of women; **Frauenkleider** *pl* women's clothes *pl or* clothing *sing*; **Frauenklinik** *f* gynaecological hospital *or* clinic; **Frauenkloster** *nt* convent, nunnery (*old*); **Frauenkrankheit** *f*, **Frauenleiden** *nt* gynaecological disorder; **Facharzt für ~en und Geburtshilfe** gynaecologist and obstetrician; **Frauenmantel** *m* (*Bot*) lady's mantle; **Frauenmörder** *m* murderer of *women/a woman*; **Frauen|orden** *m* (*Eccl*) women's order; **Frauenrechtlerin** *f* feminist; (*in der heutigen Zeit auch*) Women's Libber (*inf*); **Frauenschänder** *m* -s, - rapist; **Frauenschuh** *m no pl* (*Bot*) lady's slipper *no pl*. **Frauensperson** *f* female person; (*hum inf*) female (*inf*), broad (*US inf*).

Frauensport *m* women's sport; **Frauenstation** *f* women's ward; **Frauenstimme** *f* woman's voice; (*Parl*) woman's vote; ~n women's voices/votes; **Frauentausch** *m* wife-swapping; (*Anthropologie*) exchange of partners; **Frauentyp** *m* 1. feminine type (of woman); **mütterlicher** ~ motherly type of woman; 2. (*inf*) ladies' man; **Frauen|überschuß** *m* surplus of women; **Frauenverband**, **Frauenver|ein** *m* women's association *or* society; **Frauenwahlrecht** *nt* vote for women, female suffrage *no art*; **Frauenzeitschrift** *f* women's magazine; **Frauenzimmer** *nt* (*old, dated*) woman; (*hum*) woman, female (*inf*), broad (*US inf*).

Fräulein *nt* -s, - *or* -s 1. (*unverheiratete weibliche Person*) young lady. **ein altes** *or* **älteres** ~ an elderly spinster.
   2. (*Anrede*) Miss. **Ihr ~ Tochter/Braut** your daughter/bride.
   3. (*weibliche Angestellte*) young lady; (*Verkäuferin auch*) assistant; (*Kellnerin*) waitress; (*dated: Lehrerin*) teacher, mistress. ~! Miss!; (*Kellnerin auch*) waitress!

fraulich *adj* feminine; (*reif*) womanly *no adv*.

Fraulichkeit *f, no pl siehe adj* femininity; womanliness.

frech *adj* 1. cheeky (*esp Brit*), fresh *pred* (*esp US*), impudent; *Lüge* brazen, barefaced *no adv*. ~ **werden** to get cheeky *etc*; **jdm ~ kommen** to get cheeky *etc* with sb; **sich ~ benehmen** to be cheeky *etc*; **halt deinen ~en Mund!** (you) shut up and stop being cheeky *etc*; ~ **wie Oskar sein** (*inf*) to be a cheeky little devil (*Brit inf*), to be a little monkey.
   2. (*herausfordernd*) *Kleidung etc* saucy (*inf*), cheeky (*Brit inf*).

Frechdachs *m* (*inf*) cheeky monkey (*Brit inf*) *or* devil (*Brit inf*), monkey.

Frechheit *f* 1. *no pl* (*Verhalten*) impudence; (*esp von Kindern auch*) cheekiness (*esp Brit*). **das ist der Gipfel der** ~ that's the height of impudence; **die ~ haben** *or* **besitzen, ... zu ...** to have the cheek (*esp Brit*) *or* nerve (*inf*) *or* impudence to ...
   2. (*Äußerung, Handlung*) piece *or* bit of cheek (*esp Brit*) *or* impudence. **sich** (*dat*) **einige ~en erlauben** to be a bit cheeky (*esp Brit*) *or* fresh (*esp US*).

Freesie ['freːziə] *f* freesia.

Fregatte *f* frigate.

Fregattenkapitän *m* commander.

frei *adj* 1. (*uneingeschränkt, unbehindert*) free; *Blick* clear. ~**e Rhythmen** free verse; ~**e Hand haben** to have a free hand; **jdm ~e Hand lassen** to give sb free rein *or* a free hand; **jdm zur ~en Verfügung stehen** to be completely at sb's disposal; **das ~e Spiel der Kräfte** the free play of forces; **aus ~en Stücken** *or* ~**em Willen** of one's own free will; **das Recht der ~en Rede** the right of free speech *or* to freedom of speech; ~ **schalten und walten** to do what one wants *or* pleases; ~ **nach ...** based on ...; ~ **nach Goethe** (*Zitat*) as Goethe didn't say; **ich bin so ~** (*form*) may I ?; **von Kiel nach Hamburg hatten wir ~e Fahrt** we had a clear run from Kiel to Hamburg; **einem Zug ~e Fahrt geben** to give a train the "go" signal; **das Signal zeigte** *or* **stand auf ,,F~e Fahrt"** the signal was at clear *or* "go"; **für etw ~e Fahrt geben** (*fig*) to give sth the go-ahead *or* green light; **die Straße ~ machen** to clear the road; **der ~e Fall** (*Phys*) free fall; ~**er Durchgang** thoroughfare; ~**er Zutritt** entry; ~**er Zugang** unlimited *or* unrestricted access; **der Film ist ~** (**für Jugendliche**) **ab 16** (**Jahren**) the film may be seen by people over (the age of) 16; ~**es Geleit** safe conduct; **auf ~em Fuß sein,** ~ **herumlaufen** (*inf*) to be free, to be running around free (*inf*); **jdn auf ~en Fuß setzen** to set sb free; **sich von etw ~ machen** to rid oneself of *or* free oneself from sth; ~ **von etw** free of sth.
   2. (*unabhängig*) free; *Schriftsteller etc* freelance; (*nicht staatlich*) private. ~**er Beruf** independent profession; ~**er Mitarbeiter sein** to be freelance; ~**e Marktwirtschaft** free-market *or* open market economy; **die ~e Wirtschaft** private enterprise; **in die ~e Wirtschaft gehen** to go into industry; ~ **machen** to have a liberating effect; **Jesus macht ~** Jesus makes you free *or* gives you freedom; ~**e Reichsstadt** (*Hist*) free city of the Empire; **F~e und Hansestadt Hamburg/F~e Hansestadt Bremen** Free Hansa Town of Hamburg/Bremen; **F~er Deutscher Gewerkschaftsbund** (*DDR*) Free German Trades Union Congress; **F~e Deutsche Jugend** (*DDR*) Free German Youth; **F~e Demokratische Partei** (*BRD*) Free Democratic Party.
   3. (*ohne Hilfsmittel*) *Rede* extemporary. ~ **in der Luft schweben** to hang in mid-air; **ein Vortrag in ~er Rede** a talk given without notes, an extemporary talk;

~ **sprechen** to speak extempore *or* without notes, to extemporize.

4. (*verfügbar*) *Mittel, Geld* available; *Zeit, Mensch* free. **morgen/Mittwoch ist** ~ tomorrow/Wednesday is a holiday; **einen Tag** ~ **nehmen/haben** to take/have a day off; **Herr Mayer ist jetzt** ~ Mr Mayer is free now; **ich bin jetzt** ~ **für ihn** I can see him now; **fünf Minuten** ~ **haben** to have five minutes (free).

5. (*unbesetzt*) *Zimmer, Toilette* vacant, empty; *Platz* free; *Stelle* vacant, free; *Taxi* for hire, free. **ist hier** *or* **ist dieser Platz noch** ~? is anyone sitting here?, is this anyone's seat?, is this seat taken *or* free?; „~" (*an Taxi*) "for hire"; (*an Toilettentür*) "vacant"; „**Zimmer** ~" "vacancies"; **haben Sie noch etwas** ~? do you have anything?; have you got any vacancies *or* any rooms left *or* free?; **eine Stelle wird** ~ a position is becoming vacant, a vacancy is arising; **einen Platz** ~ **machen** (*aufstehen*) to vacate a seat; (*leer räumen*) to clear a seat; **für etw Platz** ~ **lassen/ machen** to leave/make room *or* space for sth; **eine Wohnung** ~ **machen** to vacate a flat; **einen Platz für jdn** ~ **lassen** to leave a seat for sb.

6. (*offen*) open. **unter** ~**em Himmel** in the open (air), out of doors, outdoors; **im** ~**en Raum** (*Astron*) in (outer) space; **eine Frage/Aussage im** ~**en Raum stehenlassen** to leave a question/statement hanging (in mid-air *or* in the air); **auf** ~**er Strecke** (*Rail*) between stations; (*Aut*) on the road; ~ **stehen** (*Haus*) to stand by itself; ~ **stehen** *or* **sein** (*Sport*) to be free *or* not marked; *siehe* **Freie.**

7. (*kostenlos*) free. **Eintritt** ~ admission free; ~ **Grenze** free frontier.

8. (*unkonventionell*) free, liberal. **sie benimmt sich etwas zu** ~ she's rather free in her behaviour.

9. (*unbekleidet*) bare. **sich** ~ **machen** to take one's clothes off, to strip; ~ **lassen** to leave bare.

10. (*ungeschützt*) *Autor* out of copyright. **seit die Rechte an Karl May** ~ **geworden sind** since Karl May's books have been out of copyright.

Frei|anlage f (*im Zoo*) outdoor *or* open-air enclosure; (*Sport*) sports ground *pl*, playing fields *pl*; (*Park*) park grounds *pl*; **Freibad** *nt* open-air (swimming) pool, lido; **Freiballon** *m* free balloon; **frei-bekommen*** *vt sep irreg* **1.** (*befreien*) **jdn** ~ to get sb freed *or* released; **etw** ~ to get sth free, to free sth; **2. einen Tag/eine Woche** ~ to get a day/a week off; **Frei-berufler(in** f) *m* -**s,** - self-employed person; **freiberuflich** *adj* self-employed; ~ **arbeiten** to be self-employed; **Frei-betrag** *m* tax allowance; **Freibeuter** *m* -**s,** - pirate, buccaneer, freebooter (*old*); (*fig*) exploiter; **Freibeuterei** f piracy, buccaneering, freebooting (*old*); (*fig*) exploitation; **freibeweglich** *adj* free-moving; **Freibier** *nt* free beer; **Freibrief** *m* **1.** (*Hist*) (*Privileg*) royal charter; (*Freilassung*) letter of manumission; **2.** (*fig*) licence; **Freideck** *nt* uncovered level (*of multistorey car park*); **Freiden-**

ker *m* freethinker; **Freidenkertum** *nt* freethinking *no art*.

Freie *nt* -**n,** *no pl* **das** ~ the open (air); **im** ~**n** in the open (air); **ins** ~ **gehen** to go outside *or* into the open (air); **im** ~**n über-nachten** to sleep out in the open.

freien (*old*) **I** *vt* to wed (*old, liter*). **II** *vi* **um ein Mädchen** ~ to woo (*old*) *or* court (*dated*) a girl; **jung gefreit hat nie gereut** (*Prov*) marry young and you'll never regret it.

Freie(r) *mf decl as adj* (*Hist*) freeman.

Freier *m* -**s,** - **1.** (*dated, hum*) suitor. **2.** (*inf: von Dirne*) client, john (*US inf*).

Freiersfüße *pl:* **auf** ~**n wandeln** (*hum*) to be courting (*dated*).

Frei|exemplar *nt* free copy; **Freifahr-schein** *m* free ticket; **Freifahrt** f free journey; **Freiflug** *m* free flight; **Freifrau** f baroness (*by marriage*); **Freifräulein** *nt* baroness (*in her own right*); **Freigabe** f *siehe* **freigeben:** release; decontrol, lifting of controls (*gen* on); opening; passing; putting back into play; **freigeben** *sep irreg* **I** *vt* to release (*an* +*acc* to); *Preise* to decontrol, to lift controls on; *Straße, Strecke* to open; *Film* to pass; (*Ftbl*) *Ball* to put back into play; **etw zum Verkauf** ~ to allow sth to be sold on the open market; **jdm den Weg** ~ to let sb past *or* by; **II** *vi* **jdm** ~ to give sb a holiday; **jdm zwei Tage** ~ to give sb two days off; **freigebig** *adj* generous; (*iro auch*) free, liberal; **Frei-gebigkeit** f generosity; (*iro*) liberalness; **Freigehege** *nt* open-air *or* outdoor enclosure; **Freigeist** *m* freethinker; **frei-geistig** *adj* freethinking; **Freigelände** *nt* open-air exhibition ground; **Freigepäck** *nt* baggage allowance; **Freigrenze** f (*bei Steuer*) tax exemption limit; **freihaben** *vi sep irreg* to have a holiday; **ich habe heute/zwei Tage frei** I have today/two days off; **eine Stunde/die sechste Stunde** ~ (*Sch*) to have a free period/have the sixth period free; **er hat mittags eine Stunde frei** he has an hour free at midday; **Freihafen** *m* free port; **freihalten** *sep irreg* **I** *vt* **1.** (*nicht besetzen*) to keep free *or* clear; **2.** (*reservieren*) to keep, to save; **3.** (*jds Zeche begleichen*) to pay for; **sich von jdm** ~ **lassen** to let sb pay for one; **II** *vr* **sich von etw** ~ to avoid sth; *von Verpflichtungen* to keep oneself free of sth; **Freihandbücherei** f open-shelf library; **Freihandel** *m* free trade; **Frei-handelszone** f free trade area; **die kleine** ~ EFTA, the European Free Trade Area; **freihändig** *adj Zeichnung* freehand; *Radfahren* without hands, (with) no hands; *Schießen* offhand (*spec*); without support.

Freiheit f **1.** *no pl* freedom. **die** ~ freedom; (*persönliche* ~ *als politisches Ideal*) liberty; ~, **Gleichheit, Brüderlich-keit** liberty, equality, fraternity; **persön-liche** ~ personal freedom; **in** ~ (*dat*) **sein** to be free; (*Tier*) to be in the wild; **jdm die** ~ **schenken** to give sb his/her *etc* freedom, to free sb; **der Weg in die** ~ the path to freedom.

2. (*Vorrecht*) freedom *no pl*. **dichte-rische** ~ poetic licence; **alle** ~**en haben** to have all the freedom possible; **die ~ haben** or **genießen** (geh), **etw zu tun** to be free or at liberty to do sth, to have or enjoy the freedom to do sth; **sich** (dat) **die ~ nehmen, etw zu tun** to take the liberty of doing sth; **sich** (dat) **zu viele ~en erlauben** to take too many liberties.

freiheitlich adj liberal; Verfassung based on the principle of liberty; Demokratie free. **die ~-demokratische Grundordnung** (BRD) the free democratic constitutional structure; **~ gesinnt** liberal.

Freiheitsbegriff m concept of freedom; **Freiheitsberaubung** f (Jur) wrongful deprivation of personal liberty; **Freiheitsbewegung** f liberation movement; **Freiheits|entzug** m imprisonment; **freiheitsfeindlich** adj operating against freedom; Kräfte auch anti-freedom attr; **Freiheitskampf** m fight for freedom; **Freiheitskämpfer** m freedom-fighter; **Freiheitskrieg** m war of liberation; **freiheitsliebend** adj freedom-loving; **Freiheitsrechte** pl civil rights and liberties pl; **Freiheitsstatue** f Statue of Liberty; **Freiheitsstrafe** f prison sentence; **er erhielt eine ~ von zwei Jahren** he was sentenced to two years' imprisonment or given a two-year prison sentence.

freiheraus adv candidly, frankly; **Freiherr** m baron; **freiherrlich** adj attr baronial.

Freiin f siehe Freifräulein.

freikämpfen sep **I** vt to get free; (durch Gewaltanwendung) to free by force; **II** vr to get free; to free oneself by force; **Freikarte** f free or complimentary ticket; **freikaufen** vt sep jdn/sich ~ to buy sb's/ one's freedom; **Freikirche** f Free Church; **freikommen** vi sep irreg aux sein 1. (entkommen) to get out (aus of); (befreit werden) to be released or freed (aus, von from); 2. (sich bewegen lassen: Boot) to come free; **Freikörperkultur** f, no pl nudism, naturism; **Freikorps** nt (Mil) volunteer corps sing.

Freiland nt (Hort) open beds pl. **auf/im ~** outdoors.

Freilandgemüse nt outdoor vegetables pl; **Freilandkultur** f outdoor cultivation.

freilassen vt sep irreg to set free, to free; (aus Haft, Gefangenschaft auch) to release; Hund to let off the lead or leash; **Freilassung** f release; (von Sklaven) setting free; **Freilauf** m (Aut) neutral; (bei Fahrrad) freewheel; **im ~ fahren** to coast (in neutral); to freewheel; **freilaufen** vr sep irreg (Sport) to get free; **freilebend** adj living free; **freilegen** vt sep to expose; Ruinen, Trümmer to uncover; (fig auch) to lay bare; **Freilegung** f siehe vt exposure; uncovering; laying bare; **Freileitung** f overhead cable.

freilich adv 1. (allerdings) admittedly. **es scheint ~ nicht leicht zu sein** admittedly or certainly it doesn't seem easy. 2. (esp S Ger: natürlich) certainly, sure (esp US). **aber ~!** of course!; **ja ~** yes of course.

Freilicht- in cpds open-air; **Freilichtbühne** f open-air theatre; **Freilichtkino** nt open-air cinema; (Autokino) drive-in cinema.

Freilos nt free lottery ticket; (Sport) bye;

freimachen sep **I** vt to stamp; (mit Frankiermaschine) to frank; **einen Brief mit 80 Pfennig ~** to put stamps to the value of 80 pfennigs on a letter; **II** vi to take time/a day/a week etc off; **ich habe eine Woche/gestern freigemacht** I took a week off/the day off yesterday; **III** vr to arrange to be free; **Freimarke** f (postage) stamp; **Freimaurer** m Mason, Freemason; **Freimaurerei** f Freemasonry; **Freimaurerloge** f Masonic Lodge.

Freimut m, no pl frankness, honesty, openness. **mit allem ~** perfectly frankly or honestly or openly.

freimütig adj frank, honest, open. **Freimütigkeit** f frankness, honesty, openness.

Freiplatz m 1. free or complimentary seat; 2. (Univ) scholarship; (Sch auch) free place; **freipressen** vt sep jdn ~ to obtain sb's release, to get sb set free; **Freiraum** m (fig) freedom no art, no pl (zu for); **~ brauchen, in dem man sich entwickeln kann** to need freedom to develop or in which to develop; **die Universität ist kein gesellschaftlicher ~** university isn't a social vacuum; **freireligiös** adj nondenominational; **freischaffend** adj attr freelance; **Freischaffende(r)** mf decl as adj freelance; **Freischärler** m -s, - guerrilla; (Hist) irregular (volunteer); **freischaufeln** vt sep to clear, to dig clear; **freischießen** vt sep irreg **sich** (dat) **den Weg ~** to shoot one's way out; **jdn ~** to shoot sb free; **Freischuß** m free shot; **freischwimmen** vr sep irreg (Sport) to pass a test by swimming for 15 minutes; (fig) to learn to stand on one's own two feet; **Freischwimmen** nt 15 minute swimming test; **freisetzen** vt sep to release; (euph) Arbeitskräfte to make redundant; (vorübergehend) to lay off; **Freisetzung** f release; (euph) dismissal; (vorübergehend) laying off; **Freisinn** m, no pl (dated) liberalism; **freisinnig** adj (dated) liberal; **Freispiel** nt free game; **freisprechen** vt sep irreg 1. to acquit; jdn von einer Schuld/von einem Verdacht ~ to acquit sb of guilt/clear sb of suspicion; jdn wegen erwiesener Unschuld ~ to prove sb not guilty; 2. (Handwerk) Lehrling to qualify; **Freispruch** m acquittal; **es ergeht ~** the verdict is "not guilty"; **auf ~ plädieren** to plead not guilty; **Freistaat** m free state; **der ~ Bayern** the Free State of Bavaria; **Freistatt, Freistätte** f (liter) sanctuary; **freistehen** vi sep irreg 1. (überlassen sein) **es steht jdm frei, etw zu tun** sb is free or at liberty to do sth; **das steht Ihnen völlig frei** that is completely up to you; **es steht Ihnen frei, ob ...** it is up to you whether ...; 2. (leerstehen) to stand empty; **freistellen** vt sep 1. (anheimstellen) **jdm etw ~** to leave sth (up) to sb; 2. (zur Verfügung stellen) Mittel to make available; Personal to release; 3. (befreien) to exempt; **einen Schüler vom Unterricht ~** to excuse a pupil from a lesson/his lessons; **Freistempel** m frank.

Freistil- in cpds freestyle; **Freistilringen** nt all-in or freestyle wrestling.

Freistoß m (*Ftbl*) free kick (*für* to, for); **Freistück** nt free copy; **Freistunde** f free hour; (*Sch*) free period.

Freitag m Friday. **der Schwarze ~** the day of the Wall Street crash; **ein schwarzer ~** a black day; *siehe auch* **Dienstag.**

freitäglich adj attr Friday.

freitags adv on Fridays, on a Friday.

Freitisch m free meals pl; **Freitod** m suicide; **den ~ wählen** or **suchen** to decide to put an end to one's life; **freitragend** adj self-supporting; *Konstruktion, Flügel* cantilever attr; *Treppe* hanging, cantilever attr; **Freitreppe** f (flight of) steps (*gen* leading up to); **Freiübung** f exercise; **~en machen** to do one's exercises; **Freiumschlag** m stamped addressed envelope, s.a.e.

freiweg ['fraɪ'vɛk] adv openly; (*freiheraus*) straight out, frankly. **er fing an, ~ zu erzählen** he started talking away.

Freiwild nt (*fig*) fair game; **ich kam mir vor wie ~** everyone seemed to consider me fair game; **freiwillig** adj voluntary; (*Jur*) *Gerichtsbarkeit auch* non-contentious; (*freigestellt*) *Versicherung, Unterricht* optional; **~e Feuerwehr** voluntary fire brigade; **sich ~ melden** to volunteer (*zu, für* for); **etw ~ machen** to do sth voluntarily or of one's own free will; **Freiwillige(r)** mf decl as adj volunteer; **~ vor!** volunteers, one pace forwards!; **Freiwilligkeit** f voluntary nature, voluntariness; **Freiwurf** m free throw; **Freizeichen** nt ringing tone.

Freizeit f 1. (*arbeitsfreie Zeit*) free or spare or leisure time. 2. (*Zusammenkunft*) weekend/holiday course; (*Eccl*) retreat. **Freizeitgestaltung** f organization of one's leisure time; **das Problem der ~** the leisure problem; **Freizeithemd** nt sports shirt; **Freizeitindustrie** f leisure industry; **Freizeitkleidung** f casual clothes pl; (*Warengattung*) leisurewear no pl; **Freizeitproblem** nt problem of leisure, leisure problem.

freizügig adj 1. (*reichlich*) *Gebrauch, Anwendung* liberal; 2. (*in moralischer Hinsicht*) permissive; **ein ~er Ausschnitt** a (low) plunging neckline; 3. (*den Wohnort frei wählen könnend*) free to move; **Freizügigkeit** f siehe adj 1. liberalness; 2. permissiveness; **die ~ ihres Ausschnitts** the revealing cut of her neckline; 3. freedom of movement.

fremd adj 1. (*andern gehörig*) someone else's; *Bank, Bibliothek, Firma* different; (*Comm, Fin, Pol*) outside attr. **ohne ~e Hilfe** without anyone else's/outside help, without help from anyone else/outside; **ich schlafe nicht gern in ~en Betten** I don't like sleeping in strange beds; **~es Eigentum** someone else's property, property not one's own (*form*); **das ist nicht für ~e Ohren** that is not for other people to hear; **von ~er Hand geschrieben** written in someone else's hand; **unter ~em Namen** under an assumed name; **etw geht in ~e Hände über** sth passes into the hands of strangers or into strange hands; **sich mit ~en Federn schmücken** to claim all the glory for oneself.

2. (*~ländisch*) foreign, alien (*esp Admin, Pol*).
3. (*andersartig*) strange; *Planeten* other; *Welt* different.
4. (*unvertraut*) strange. **jdm ~ sein** (*unbekannt*) to be unknown to sb; (*unverständlich*) to be foreign or alien to sb; (*nicht in jds Art*) to be foreign or alien to sb or to sb's nature; **es ist mir ~, wie ...** I don't understand how ...; **ich bin hier/in London ~** I'm a stranger here/to London; **meine Heimat ist mir ~ geworden** I've become a stranger in my own country, my own country has become quite foreign or alien to me; **sich** (*dat*) or **einander ~ werden** to grow apart, to become strangers (to one another); **sich ~ fühlen** to feel alien, to feel like a stranger.

Fremdarbeiter m (*dated*) foreign worker; **fremdartig** adj strange; (*exotisch*) exotic; **Fremdartigkeit** f siehe adj strangeness; exoticism; **Fremdbestäubung** f cross-fertilization; **fremdbestimmt** adj heteronomous; **Fremdbestimmung** f heteronomy.

Fremde f **-**, no pl (*liter*) **die ~** foreign parts pl; **in die ~ gehen/ in der ~ sein** to go to/ be in foreign parts, to go/be abroad.

fremde(l)n vi (*S Ger, Sw*) to be scared of strangers.

Fremdenbett nt spare or guest bed; (*in Hotel*) hotel bed; **fremdenfeindlich** adj hostile to strangers; (*ausländerfeindlich*) hostile to foreigners, xenophobic (*form*); **Fremdenführer** m 1. (*Mensch*) (tourist) guide; 2. (*Buch*) guide(book); **Fremdenlegion** f Foreign Legion; **Fremdenlegionär** m Foreign Legionnaire; **Fremdenpaß** m alien's passport; **Fremdenpolizei** f aliens branch (of the police).

Fremdenverkehr m tourism no def art.

Fremdenverkehrsort m tourist resort or centre; **Fremdenverkehrsverein** m tourist association.

Fremdenzimmer nt guest room.

Fremde(r) mf decl as adj (*Unbekannter, Orts~*) stranger; (*Ausländer*) foreigner; (*Admin, Pol*) alien; (*Tourist*) visitor.

Fremdfinanzierung f outside financing; **fremdgehen** vi sep irreg aux sein (*inf*) to be unfaithful; **Fremdheit** f, no pl (*ausländische Natur*) foreignness; (*Unvertrautheit*) strangeness; (*Entfremdung*) alienation; (*zwischen Menschen*) reserve; **Fremdherrschaft** f, no pl foreign rule; **Fremdkapital** nt outside capital; **Fremdkörper** m foreign body; (*fig*) alien element; **sich als ~ fühlen** to feel out of place; **fremdländisch** adj foreign no adv; (*exotisch*) exotic; **Fremdling** m (*liter*) stranger.

Fremdsprache f foreign language. **eine Begabung für ~n** a gift for languages. **Fremdsprachenkorrespondent** m foreign correspondence clerk; **Fremdsprachenunterricht** m language teaching.

fremdsprachig adj in a foreign language; *Fähigkeiten* (foreign) language; **fremdsprachlich** adj foreign; **~er Unterricht** language teaching; **Fremdstoff** m foreign matter no pl or substance;

Fremdwort nt borrowed or foreign word, borrowing; **Rücksichtnahme ist für ihn ein ~** (fig) he's never heard of the word consideration; **Fremdwörterbuch** nt dictionary of borrowed or foreign words.

frenetisch adj frenetic, frenzied; **Beifall** auch wild.

frequentieren* vt (geh) to frequent. *

Frequenz f 1. (Häufigkeit) frequency (auch Phys); (Med) (pulse) rate. 2. (Stärke) numbers pl; (Verkehrsdichte) volume of traffic.

Frequenz- in cpds frequency.

Fresko nt -s, Fresken fresco.

Fressalien [-iən] pl (inf) grub sing (inf), eats pl (inf).

Fresse f -, -n (sl) (Mund) trap (sl), gob (sl), cakehole (Brit sl); (Gesicht) mug (inf). **die ~ halten** to shut one's trap or gob or face (all sl); **eine große ~ haben** to be a loud-mouth (inf); **jdn or jdm in die ~ hauen, jdm die ~ polieren** to smash sb's face in (inf); **ach du meine ~!** bloody hell! (Brit sl), Jesus Christ! (sl).

fressen pret **fraß,** ptp **gefressen I** vi 1. to feed, to eat; (sl: Menschen) to eat; (gierig) to guzzle. **jdm aus der Hand ~** (lit, fig inf) to eat out of sb's hand; **für drei ~** to eat enough for a whole army (inf); **er ißt nicht, er frißt (wie ein Schwein)** he eats like a pig.

2. (zerstören) to eat away (an etw (dat)) sth).

II vt 1. (verzehren: Tier, sl: Mensch) to eat; (sich ernähren von) to feed or live on; (sl: gierig essen) to guzzle, to scoff. **etwas zu ~** something to eat; **den Napf leer ~** to lick the bowl clean; **jdn arm ~, jdm die Haare vom Kopf ~** to eat sb out of house and home.

2. (in Wendungen) **Kilometer ~** to burn up the kilometres; **Löcher in etw** (acc) **~** (lit) to eat holes in sth; **ein Loch in den Geldbeutel ~** to make a big hole in one's pocket; **ich habe dich zum F~ gern** (inf) you're good enough to eat (inf); **ich könnte dich ~** (inf) I could eat you (inf); **ich will dich doch nicht ~** (inf) I'm not going to eat you (inf); **sie sah mich an, als ob sie mich ~ wollte** (inf) she gave me a murderous look; **einen Besen ~, wenn ...** (inf) I'll eat my hat if ...; **jdn/etw gefressen haben** (inf) to have had one's fill or as much as one can take of sb/sth; **jetzt hat er es endlich gefressen** (inf) he's got it or got there at last (inf), at last the penny's dropped; **einen Narren an jdm/etw gefressen haben** to dote on sb/sth.

3. (verbrauchen) Benzin, Ersparnisse to eat or gobble up; Zeit to take up.

4. (geh: Neid, Haß) to eat up.

III vr 1. (sich bohren) to eat one's way (in +acc into, durch through).

2. **sich voll/satt ~** to gorge oneself/eat one's fill; (Mensch auch) to stuff oneself (inf); **sich krank ~** to eat oneself sick.

Fressen nt -s, no pl food; (sl) grub (sl); (sl: Schmaus) blow-out (inf).

Fresser m -s, - (Tier) eater; (sl: gieriger Mensch) glutton, greedyguts (inf).

Fresserei f (inf) 1. no pl (übermäßiges Essen) guzzling; (Gefräßigkeit) piggish-

ness (inf); gluttony. 2. (Schmaus) blow-out (inf), nosh-up (Brit sl).

Freßgier f voraciousness; (pej: von Menschen) gluttony, piggishness (inf); **freßgierig** adj Tier voracious; (pej) Mensch gluttonous, piggish (inf); **Freßkorb** m (inf) (für Picknick) picnic hamper; (Geschenkkorb) food hamper; **Freßnapf** m feeding bowl; **Freßpaket** nt (inf) food parcel; **Freßsucht** f (inf) gluttony; (krankhaft) craving for food.

frißt imper pl of **fressen.**

Freßwelle f (hum inf) wave of gluttony; **Freßwerkzeuge** pl feeding equipment no pl or organs pl; (von Insekten) mouthpart.

Frettchen nt ferret.

Freude f -, -n 1. no pl pleasure; (innig) joy (über +acc at); (Erfreutheit) delight (über +acc at). **~ an etw** (dat) **haben** to get or derive pleasure from sth; **er hat ~ an seinen Kindern** his children give him pleasure; **~ am Leben haben** to enjoy life; **wenn man an der Arbeit keine ~ hat** if you don't get any pleasure out of or if you don't enjoy your work; **die ~ an der Natur** the joy one gets from nature; **daran hat er seine ~** that gives him pleasure; (iro) he thinks that's fun; **es ist eine (wahre or reine) ~, zu ...** it's a (real) joy or pleasure to ...; **es war eine reine ~, das mit anzusehen** it was a joy to see; **es ist keine (reine) ~, das zu tun** (iro) it's not exactly fun doing that; **es ist mir eine ~, zu ...** it's a real pleasure for me to ...; **es macht mir ~, ihm zuzusehen** I really enjoy watching him, I get a lot of pleasure out of watching him; **das Kind macht seinen Eltern viel/ nur ~** the child gives his parents a lot of/ nothing but joy; **er macht ihnen keine/ wenig ~** he's no joy/not much of a joy to them; **es macht ihnen keine/wenig ~** they don't enjoy it (at all)/much; **jdm eine ~ machen or bereiten** to make sb happy; **jdm eine ~ machen wollen** to want to do something to please sb; **zu meiner großen ~** to my great delight; **zu unserer größten ~ können wir Ihnen mitteilen ...** we are pleased to be able to inform you ...; **Sie hätten seine ~ sehen sollen** you should have seen how happy he was; **aus ~ an der Sache** for the love of it or the thing; **aus Spaß an der ~** (inf) for the fun or hell (inf) of it or the thing; **in Freud und Leid zu jdm halten** (dated) to stand by sb come rain, come shine.

2. (Vergnügung) joy. **die kleinen ~n des Lebens** the pleasures of life; **herrlich und in ~n leben** to live a life of ease; **mit ~n** with pleasure.

Freudenbotschaft f good news sing, glad tidings pl (old, Bibl); **Freudenfest** nt celebration; **Freudenfeuer** nt bonfire; **Freudengeschrei** nt howls pl or shrieks pl of joy; **Freudenhaus** nt (dated, hum) house of pleasure or ill-repute; **Freudenmädchen** nt (dated, hum) lady of easy virtue (euph), prostitute; **Freudenmahl** nt celebration meal, banquet (old), feast; **Freudenschrei** m joyful cry, cry of joy; **Freudensprung** m joyful leap; **einen ~ machen** to jump for joy; **Freudentag** m happy or joyful (esp liter) day; **Freuden-**

tanz *m* dance of joy; **einen ~ auf-** *or* **voll-führen** to dance with joy; **Freuden-taumel** *m* ecstasy (*of* joy); **Freuden-tränen** *pl* tears *pl* of joy; **freudenvoll** *adj siehe* **freudvoll.**

freudestrahlend *adj no pred* beaming with delight; *Gesicht auch* beaming; **freu-detrunken** *adj* (*liter*) delirious with joy.

Freudianer(in *f*) *m* **-s, -** Freudian.

freudig *adj* **1.** (*frohgestimmt*) joyful; (*gern bereit*) willing; (*begeistert*) enthusiastic. **einen Vorschlag ~ begrüßen** to greet a suggestion with delight; **jdn ~ stimmen** to raise sb's spirits; **etw ~ erwarten** to look forward to sth with great pleasure; **~ überrascht sein** to have a delightful sur-prise.

2. (*beglückend*) happy, joyful (*liter*). **eine ~e Nachricht** some good *or* joyful (*liter*) news, some glad tidings *pl* (*old, Bibl*); **ein ~es Ereignis** (*euph*) a happy *or* blessed event (*euph*).

freudlos *adj* joyless, cheerless.

Freudsch *adj attr* Freudian.

freudvoll *adj* (*geh*) joyful, joyous (*liter*); *Tage, Leben* filled with joy.

freuen I *vr* **1.** to be glad *or* pleased (*über* +*acc*, (*geh*) +*gen* about). **sich über ein Geschenk ~** to be pleased with a present; **sich sehr** *or* **riesig** (*inf*) **~** to be delighted *or* ever so pleased (*inf*) (*über* + *acc* about); **ich habe es bekommen, freute sie sich** I've got it, she said happily *or* (*stärker*) joyfully; **sich an etw** (*dat*) **~** to get *or* derive a lot of pleasure from sth; **er freut sich sehr an seinen Kindern** his chil-dren give him a lot of pleasure; **sich für jdn ~** to be glad *or* pleased for sb *or* for sb's sake; **sich mit jdm ~** to share sb's happi-ness; **sich seines Lebens ~** to enjoy life; **ich freue mich, Ihnen mitteilen zu können, ...** I'm pleased to be able to tell you ...

2. sich auf jdn/etw ~ to look forward to seeing sb/to sth; **sich auf das Kind ~** to look forward to the child being born *or* to the child's birth; **sich zu früh ~** to get one's hopes up too soon.

II *vt impers* to be pleased. **es freut mich/ihn, daß ...** I'm/he's pleased *or* glad that ...; **es freut mich/ihn sehr, daß ...** I'm/he's delighted *or* very pleased *or* glad that ...; **das freut mich** I'm really pleased; **es freut mich sehr/es hat mich sehr gefreut, Ihre Bekanntschaft zu machen** (*form*) (I'm) pleased to meet/have met you.

freund *adj pred* (*old*) **jdm ~ sein/bleiben/werden** to be/remain/ become sb's friend.

Freund *m* **-(e)s, -e 1.** (*Kamerad*) friend. **wir sind schon seit 1924 ~e** we've been friends since 1924; **mit jdm gut ~ sein** to be good friends with sb; **das habe ich ihm unter ~en gesagt** that was just between our-selves; **10 Mark unter ~n** 10 marks to a friend; **~ und Feind** friend and foe; **ein schöner ~** (*iro inf*) a fine friend; **jdn zum ~ haben** to have sb for *or* as a friend.

2. (*Liebhaber*) boyfriend; (*älter auch*) gentleman-friend.

3. (*fig*) (*Anhänger*) lover; (*Förderer*) friend. **ein ~ der Kunst** an art-lover, a lover/friend of art; **ich bin kein ~ von Hunden** I'm no lover of dogs; **er ist kein ~**

von vielen Worten he's not one for talking much, he's a man of few words; **ich bin kein ~ von so etwas** I'm not one for that sort of thing; **ein ~ des Alkohols sein** to like one's drink.

Freundchen *nt* (*inf*) my friend (*iro*). **~! ~!** watch it, mate (*Brit inf*) *or* my friend!

Freundeskreis *m* circle of friends; **etw im engsten ~ feiern** to celebrate sth with one's closest friends; **Freundestreue** *f* (*geh*) loyal friendship.

Freund-Feind-Denken *nt* attitude that if you're not for us you're against us.

Freundin *f* **1.** friend; (*Liebhaberin*) girl-friend; (*älter auch*) lady-friend. **2.** (*fig: Anhänger, Förderer*) *siehe* **Freund 3.**

freundlich *adj* **1.** (*wohlgesinnt*) friendly *no adv*. **jdn ~ behandeln** to treat sb in a friendly way, to be friendly towards sb; **bitte recht ~!** say cheese! (*inf*), smile please!; **mit ~en Grüßen** *or* **~em Gruß** (with) best wishes.

2. (*liebenswürdig*) kind (*zu* to). **würden Sie bitte so ~ sein und das tun?** would you be so kind *or* good as to do that?, would you be kind *or* good enough to do that?; **das ist sehr ~ von Ihnen** that's very kind *or* good of you.

3. (*ansprechend*) *Aussehen, Land-schaft, Wetter etc* pleasant; *Zimmer, Ein-richtung, Farben* cheerful; *Atmosphäre* friendly, congenial.

freundlicherweise *adv* kindly. **er trug uns ~ die Koffer** he was kind enough to carry our cases for us, he kindly carried our cases (for us).

Freundlichkeit *f* **1.** *no pl siehe adj 1.-3.* friendliness; kindness; kindliness; pleasantness; cheerfulness; friendliness, congeniality. **würden Sie (wohl) die ~ haben, das zu tun?** would you be so kind *or* good as to do that *or* kind *or* good enough to do that? **2.** (*Gefälligkeit*) kindness, favour; (*freundliche Bemerkung*) kind remark. **jdm ~ en erweisen** to be kind to sb; **jdm ein paar ~en sagen** to say a few kind words *or* make a few kind remarks to sb.

Freundschaft *f* **1.** friendship. **mit jdm ~ schließen** to make *or* become friends with sb, to form a friendship with sb; **jdm die ~ anbieten** to offer sb one's friendship; **in aller ~** in all friendliness; **da hört die ~ auf** (*inf*) friendship doesn't go that far; **in Geldsachen hört die ~ auf** friendship doesn't extend to money matters; **~!** (*DDR*) greeting used by the Free German Youth.

2. (*Freundeskreis*) friends *pl.*

3. *no pl* (*dial: Verwandtschaft*) relatives *pl*, relations *pl.*

4. (*DDR*) the Pioneer groups in one school.

freundschaftlich *adj* friendly *no adv.* **jdm ~ gesinnt sein** to feel friendly towards sb; **jdm ~ auf die Schulter klopfen** to give sb a friendly slap on the back; **~e Gefühle** feelings of friendship.

Freundschaftsbande *pl* (*liter*) ties *pl* of friendship; **Freundschaftsbesuch** *m* (*Pol*) goodwill visit; **Freundschafts-dienst** *m* favour to a friend; **jdm einen ~**

erweisen to do sb a favour; **Freundschaftspreis** m (special) price for a friend; **er überließ mir sein Auto zu einem ~/einem ~ von 100 DM** he let me have his car cheaply/for 100 DM because we're friends; **Freundschaftsspiel** nt (Sport) friendly game or match, friendly (inf); **Freundschaftsvertrag** m (Pol) treaty of friendship.

Frevel m -s, - (geh) sin (gegen against); (Tat auch) heinous deed (liter); (fig) crime (an +dat against).

frevelhaft adj (geh) (verwerflich) sinful; Leichtsinn, Verschwendung wanton; **Frevelhaftigkeit** f (geh) siehe adj sinfulness; wantonness.

freveln vi (liter) to sin (gegen, an +dat against).

Freveltat f (liter) heinous deed (liter).

freventlich adj (obs liter) siehe **frevelhaft.**

Frevler(in f) m -s, - (liter) sinner. **die Strafe für den ~ an der Natur/gegen Gott** the punishment for someone who sins against nature/God.

frevlerisch adj (liter) siehe **frevelhaft.**

friderizianisch adj of Frederick the Great.

Friede m -ns, -n (old) peace. **der ~ der Natur** the tranquillity of nature; **~ auf Erden** peace on earth; **~ sei mit euch** peace be with you; **~ seiner Asche** God rest his soul.

Frieden m -s, - 1. peace. **ein langer, ungestörter ~** a long period of uninterrupted peace; **im ~** in peacetime, in time of peace; **in ~ und Freiheit leben** to live at peace and in freedom; **seit letztem Jahr herrscht in dieser Gegend ~** this region has been at peace since last year; **~ schließen** to make one's peace; (Pol) to conclude (form) or make peace; **~stiften** to make peace (zwischen +dat between). 2. (Friedensschluß) peace; (Vertrag) peace treaty. **der Westfälische ~** (Hist) the Peace of Westphalia; **den ~ diktieren** to dictate the peace terms; **über den ~ verhandeln** to hold peace negotiations; **den ~ einhalten** to keep the peace, to keep to the peace agreement. 3. (Harmonie) peace, tranquillity. **der häusliche ~** domestic harmony; **in ~ und Freundschaft** or **Eintracht leben** to live in peace and harmony or tranquillity. 4. (Ruhe) peace. **jdn in ~ lassen** to leave sb in peace; **um des lieben ~s willen** (inf) for the sake of peace and quiet; **sein schlechtes Gewissen ließ ihn keinen ~ mehr finden** his guilty conscience gave him no peace; **ich traue dem ~ nicht** (inf) something (fishy) is going on (inf); **(er) ruhe in ~** rest in peace.

Friedens- in cpds peace; **Friedensbedingungen** pl peace terms pl; **Friedensbewegung** f peace movement; **Friedens|engel** m (lit, fig) angel of peace; **Friedensfahrt** f (DDR) peace race, international cycling race through East Germany, Czechoslovakia and Poland; **Friedensforscher** m peace researcher; **Friedensforschung** f peace studies sing; **Friedensfühler** pl: **die ~ ausstrecken** (inf) to make a tentative move towards peace (in Richtung with);

Friedenskämpfer m pacifist; **Friedenskonferenz** f peace conference; **Friedenskuß** m (Eccl) pax, kiss of peace; **Friedensliebe** f love of peace; **Friedensnobelpreis** m Nobel peace prize; **Friedenspfeife** f peace-pipe; **mit jdm/miteinander die ~ rauchen** (lit) to smoke a peace-pipe with sb/together; (fig) to make (one's) peace with sb/to bury the hatchet; **Friedenspflicht** f (Ind) obligation binding on employers and unions to avoid industrial action during wages negotiations; **Friedenspolitik** f policy of peace; **Friedensproduktion** f peacetime production; **Friedensrichter** m justice of the peace, JP; **Friedensschluß** m peace agreement; **Friedenssicherung** f maintenance of peace; **Maßnahmen zur ~** peacekeeping measures; **Friedensstärke** f (Mil) peacetime strength; **Friedensstifter** m peacemaker; **Friedenstaube** f dove of peace; **Friedenstruppen** pl peacekeeping forces pl; **Friedensverhandlungen** pl peace negotiations pl; **Friedensvertrag** m peace treaty; **Friedenswirtschaft** f peacetime economy; **Friedenszeit** f period of peace; **in ~en** in peacetime, in times of peace.

friedfertig adj peaceable; Hund placid. **selig sind die F~en** (Bibl) blessed are the peacemakers.

Friedfertigkeit f peaceableness; (von Hund) placidness. **in seiner ~/aus reiner ~ hat er ...** peaceable as he is/because of his peaceable nature, he ...

Friedhof m (Kirchhof) graveyard; (Stadt~ etc) cemetery. **auf dem ~** in the graveyard/cemetery.

Friedhofskapelle f cemetery chapel; **Friedhofsruhe** f (lit) peace of the graveyard/cemetery; (fig) deathly quiet.

friedlich adj 1. (nicht kriegerisch, ohne Gewalt) Lösung, Demonstration, Volk, Zeiten peaceful; (friedfertig, ohne Streit) Mensch, Abschied peaceable; Hund placid. **etw auf ~em Wege lösen** to find a peaceful solution to sth, to solve sth peacefully or by peaceful means; **damit er endlich ~ ist** (inf) to keep him happy; **nun sei doch endlich ~!** (fig inf) give it a rest! (inf); **sei ~, ich will keinen Streit** take it easy, I don't want any trouble. 2. (friedvoll) peaceful. **~ sterben** or **einschlafen** (euph) to die peacefully.

Friedlichkeit f, no pl siehe adj 1. peacefulness; peaceableness; placidness, placidity. 2. peacefulness.

friedliebend adj peace-loving; **friedlos** adj 1. (Hist) Person outlawed; 2. (liter: ruhelos) Leben without peace; Mensch unable to find peace.

Friedrich m -s Frederick. **~ der Große** Frederick the Great; **seinen ~ Wilhelm unter etw** (acc) **setzen** to put one's signature or monicker (inf) to sth.

frieren pret **fror,** ptp **gefroren I** vi 1. auch vt impers (sich kalt fühlen) to be/get cold. **ich friere, mich friert, es friert mich** (geh) I'm cold; **wie ein Schneider ~** (inf) to be/get frozen to the marrow (inf); **mir** or **mich ~ die Zehen, mich friert es** or **ich**

friere an den Zehen my toes are/get cold. **2.** *aux sein (gefrieren)* to freeze; *(Fluß auch)* to freeze over.

II *vi impers* to freeze. **heute nacht hat es gefroren** it was below freezing last night.

Fries *m* **-es, -e** *(Archit, Tex)* frieze.

Friese *m* **-n, -n, Friesin** *f* Fri(e)sian.

friesisch *adj* Fri(e)sian.

frigid(e) *adj* frigid.

Frigidität *f* frigidity.

Frika(n)delle *f (Cook)* rissole.

Frikassee *nt* **-s, -s** *(Cook)* fricassee.

frikassieren* *vt (Cook)* to fricassee.

Frikativ(laut) *m (Ling)* fricative.

Friktion *f (Tech, fig geh)* friction *no pl*.

frisch *adj* **1.** fresh; *(feucht) Farbe, Fleck* wet. **~es Obst** fresh-picked fruit; **~e Eier** new-laid eggs; **ein ~es Faß Bier** a fresh *or* new barrel of beer; **Bier ~ vom Faß** beer (straight) from the barrel; **~ gestrichen** newly painted; *(auf Schild)* wet paint; **~ geschlachtet** fresh(ly) slaughtered; *Geflügel* fresh(ly) killed; **~ gefallener Schnee** freshly *or* newly fallen snow; **~ gewaschen** *Kind* clean; *Hemd etc auch* freshly washed *or* laundered; **das Bett ~ beziehen** to change the bed, to make the bed up with fresh sheets; **sich ~ machen** to freshen up; **mit ~en Kräften** with renewed vigour *or* strength; **~en Mut fassen** to gain new courage; **~e Luft schöpfen** to get some fresh air; **jdn an die ~e Luft setzen** *(inf)* to show sb the door; **das ist mir noch ~ in Erinnerung** that is still fresh in my mind *or* memory; **jdn auf ~er Tat ertappen** to catch sb in the act *or* red-handed.

2. *(munter) Wesen, Art* bright, cheery; *Erzählung* bright; *(gesund) Aussehen, Gesichtsfarbe* fresh; *Mädchen* fresh-looking. **~ und munter sein** *(inf)* to be bright and lively; **~, fromm, fröhlich, frei** *(prov)* motto of a 19th century gymnastic movement; *(iro)* cheerfully, gaily; **immer ~ drauflos!** don't hold back!; **er redet/ schreibt immer ~ drauflos** he just talks/ writes away; **~ gewagt ist halb gewonnen** *(Prov)* a good start is half the battle.

3. *(kühl)* cool, chilly; *Luft, Wind auch* fresh. **es weht ein ~er Wind** *(lit)* there's a fresh wind; *(fig)* the wind of change is blowing.

Frische *f* **-, no pl** **1.** freshness; *(Feuchtigkeit: von Farbe, Fleck)* wetness.

2. *(Munterkeit: von Wesen, Erzählung)* brightness; *(gesundes Aussehen)* freshness. **in voller körperlicher und geistiger ~** in perfect health both physically and mentally; **in alter ~** *(inf)* as always.

3. *(Kühle)* coolness, chilliness; *(von Luft, Wind auch)* freshness.

Frisch|ei *nt* new-laid egg; **Frischfisch** *m* fresh fish; **Frischfleisch** *nt* fresh meat; **frischfröhlich** *adj* bright and cheerful; **Frischgemüse** *nt* fresh vegetables *pl*; **Frischhaltebeutel** *m* airtight bag; **Frischhaltepackung** *f* airtight pack; **Frischling** *m* **1.** *(Hunt)* young wild boar; **2.** *(hum: Neuling)* raw beginner; **Frischluft** *f* fresh air; **Frischmilch** *f* fresh milk; **Frischwasser** *nt* fresh water; **frischweg** *adv (ohne Hemmungen)* straight out *(inf)*;

die Kinder fingen ~ an zu singen the children started to sing right off *(inf)*; **Frischzelle** *f (Med)* live cell; **Frischzellentherapie** *f (Med)* cellular *or* live-cell therapy.

Friseur [fri'zøːɐ] *m* hairdresser; *(Herren~ auch)* barber; *(Geschäft)* hairdresser's; barber's.

Friseursalon *m* hairdresser's, hairdressing salon.

Friseuse [fri'zøːzə] *f* hairdresser.

Frisiercreme *f* haircream.

frisieren* I *vt* **1.** *(kämmen)* **jdn ~, jdm das Haar ~** to do sb's hair; *(nach dem Legen)* to comb sb's hair *or* sb *(inf)* out; **ihr elegant frisierter Kopf** her elegant hairdo; **sie ist stets gut frisiert** her hair is always beautifully done; **eine modisch frisierte Dame** a lady with a fashionable hairstyle *or* hairdo.

2. *(inf: abändern) Abrechnung* to fiddle; *Bericht, Meldung* to doctor *(inf)*. **die Bilanzen ~** to cook the books *(inf)*.

3. *Auto* to hot *or* soup up *(inf)*; *Motor auch* to tweak *(sl)*.

II *vr* to do one's hair.

Frisierhaube *f (Trockner)* hairdryer hood; *(beim Friseur)* hairdryer; **Frisierkommode** *f* dressing table; **Frisiersalon** *m* hairdressing salon; *(für Herren)* barber's shop; **Frisierspiegel** *m* dressing (table) mirror; **Frisiertisch** *m* dressing table; **Frisierumhang** *m* hairdressing cape.

Frisör *m* **-s, -e, Frisöse** *f* **-n** *siehe* **Friseur, Friseuse.**

friß *imper sing of* **fressen.**

Frist *f* **-, -en** **1.** *(Zeitraum)* period; *(Kündigungs~)* period of notice. **eine ~ von vier Tagen/Wochen** *etc* four days/ weeks *etc*; **eine ~ einhalten** to meet a deadline; *(bei Rechnung)* to pay within the period stipulated; **jds ~ verlängern/ um zwei Tage verlängern** to give sb more time/two more days; **eine ~ verstreichen lassen** to let a deadline pass; *(bei Rechnung)* not to pay within the period stipulated; **innerhalb kürzester ~** without delay.

2. *(Zeitpunkt)* deadline *(zu for)*; *(bei Rechnung)* last date for payment.

3. *(Aufschub)* extension, period of grace. **jdm eine ~ von vier Tagen/Wochen geben** to give sb four days/weeks grace.

fristen *vt* **sein Leben** *or* **Dasein ~/mit etw ~** to eke out an existence/one's existence with sth; **ein kümmerliches Dasein ~** to eke out a miserable existence; *(Partei, Institution)* to exist on the fringes.

Fristenlösung, Fristenregelung *f law* allowing the termination of a pregnancy within the first three months.

fristgerecht *adj* within the period stipulated; **fristlos** *adj* instant, without notice; **Sie sind ~ entlassen** you are dismissed without notice; **Fristverlängerung** *f* extension.

Frisur *f* hairstyle.

Friteuse [fri'tøːzə] *f* chip pan, deep fat fryer.

fritieren* *vt* to (deep-)fry.

Fritüre *f* **-, -n** **1.** *siehe* **Friteuse. 2.** *(Fett)* fat.

3. (*Speise*) fried food.

-fritze *m in cpds* **-n, -n** (*inf*) guy (*inf*).

frivol [fri'vo:l] *adj* (*leichtfertig*) frivolous; (*anzüglich*) risqué, suggestive; (*verantwortungslos*) irresponsible.

Frivolität [frivoli'tɛ:t] *f* **1.** *no pl siehe adj* frivolity; suggestiveness; irresponsibility. **2.** (*Bemerkung*) risqué remark.

Frivolität|arbeit *f* (*Sew*) tatting.

Frl. *abbr of* **Fräulein** Miss.

froh *adj* **1.** (*heiter*) happy; (*dankbar auch*) glad; (*erfreut auch*) glad, pleased. **über etw** (*acc*) ~ **sein** to be pleased with sth; (**darüber**) ~ **sein, daß** ... to be glad *or* pleased that ...; ~**en Mutes** *or* **Sinnes sein** (*old, geh*) to be cheerful, to be of good cheer (*old*); **seines Lebens nicht (mehr)** ~ **werden** not to enjoy life any more.
2. (*erfreulich*) happy, joyful; *Nachricht auch* good. **~e Ostern!** Happy Easter!; **~e Weihnachten!** Happy *or* Merry Christmas!

Frohbotschaft *f* (*geh*) Good News; **frohgelaunt** *adj* joyful (*liter*), cheerful, happy; **frohgemut** *adj* (*old*) with a cheerful heart; **frohgestimmt** *adj* (*geh*) happy, joyful (*liter*).

fröhlich I *adj* happy, cheerful, merry; *Lieder, Lachen, Stimme auch* gay. **~e Weihnachten!** Happy *or* Merry Christmas!; **~es Treiben** gaiety. **II** *adv* (*unbekümmert*) merrily, blithely, gaily.

Fröhlichkeit *f, no pl* happiness; (*fröhliches Wesen*) happy *or* cheerful nature; (*gesellige Stimmung*) merriment, gaiety.

frohlocken* *vi* (*geh*) to rejoice (*über* +*acc* over, at); (*vor Schadenfreude auch*) to gloat (*über* +*acc* over, *bei* at).

Frohnatur *f* (*geh*) **1.** (*Mensch*) happy *or* cheerful soul *or* person; **2.** (*Wesensart*) happy *or* cheerful nature; **Frohsinn** *m, no pl* cheerfulness; (*fröhliches Wesen*) cheerful nature; **frohsinnig** *adj* cheerful.

fromm *adj, comp* **=er** *or* **-er,** *superl* **=ste(r, s)** *or* **-ste(r, s)** *or* **am =sten 1.** (*gläubig*) religious; *Christ* devout; *Werke* good; *Leben, Tun, Versenkung etc* godly, pious; (*scheinheilig*) pious, sanctimonious. ~ **werden** to become religious, to turn to *or* get (*inf*) religion; **mit ~em Augenaufschlag/Blick** looking as if butter wouldn't melt in his/her mouth.
2. (*old: rechtschaffen*) *Bürger, Leute, Denkungsart* god-fearing, upright.
3. (*old: gehorsam*) meek, docile; *Tier* quiet, docile. ~ **wie ein Lamm sein** to be as meek *or* (*Tier*) gentle as a lamb.
4. (*fig*) **eine ~e Lüge, ein ~er Betrug** self-deception; **das ist ja wohl nur ein ~er Wunsch** that's just a pipe-dream.

Frömmelei *f* (*pej*) false piety.

frömmeln *vi* (*pej*) to affect piety.

frommen *vi* (*old*) **jdm ~/nichts ~** to avail sb (*form*)/avail sb naught (*old*); **was frommt ihm das Geld?** of what avail is the money to him? (*form*).

Frömmigkeit *f siehe* **fromm 1., 2.** religiousness; devoutness; goodness; godliness; piousness; piousness, sanctimony; uprightness.

Frömmler(in *f*) *m* **-s, -** (*pej*) sanctimonious hypocrite.

frömmlerisch *adj* (*pej*) pious, sanctimonious.

Fron *f* **-, -en, Fron|arbeit** *f* (*Hist*) socage *no pl*; (*fig*) drudgery *no pl*; (*Sklavenarbeit*) slavery.

Fronde ['frõ:də] *f* **-, -n** (*Pol*) faction.

Frondeur [frõdø:ɐ] *m* factionist.

Frondienst *m* (*Hist*) socage *no pl*.

fronen *vi* (*Hist*) to labour for one's feudal lord; (*fig geh*) to labour.

frönen *vi* +*dat* (*geh*) to indulge in; *seiner Eitelkeit* to indulge.

Fronleichnam *no art* **-(e)s,** *no pl* (the Feast of) Corpus Christi.

Fronleichnamsfest *nt* Feast of Corpus Christi; **Fronleichnamsprozession** *f* Corpus Christi procession.

Front *f* **-, -en 1.** (*Vorderseite*) front; (*Vorderansicht*) frontage. **die hintere/rückwärtige** ~ the back/the rear; **der General schritt die** ~ **der Truppen ab** the general inspected the waiting troops; **er schritt die** ~ **der geparkten Wagen ab** he walked up and down in front of the parked cars.
2. (*Kampfgebiet*) front. **in vorderster** ~ **stehen** to be in the front line; **auf breiter** ~ along a wide front; **klare ~en schaffen** (*fig*) to clarify the/one's position.
3. (*Met*) front.
4. (*Einheit*) ranks *pl*; (*in Namen*) front. **sich einer geschlossenen** ~ (*dat*) **gegenübersehen** to be faced with a united front; ~ **gegen jdn/etw machen** to make a stand against sb/sth.
5. (*Sport: Führung*) **in** ~ **liegen/gehen** to be in/go into *or* take the lead.

Front|abschnitt *m* section of the front.

frontal I *adj no pred* frontal; *Zusammenstoß* head-on. **II** *adv* frontally; *zusammenstoßen* head-on.

Frontal|angriff *m* frontal attack; **Frontalzusammenstoß** *m* head-on collision.

Front|antrieb *m* (*Aut*) front-wheel drive; **Frontbegradigung** *f* straightening of the front; (*fig*) streamlining operation; **Frontbericht** *m* report from the front; **Frontdienst, Front|einsatz** *m* service at the front; **er wurde zum ~ nach Ruritanien abkommandiert** he was posted to serve on the Ruritanian front.

Frontispiz *nt* **-es, -e** (*Archit, Typ*) frontispiece.

Frontmotor *m* front-mounted engine; **Frontschwein** *nt* (*sl*), **Frontsoldat** *m* front-line soldier; **Frontstadt** *f* frontier town/city; **Front|urlaub** *m* leave from the front; **Frontwand** *f* frontage; **Frontwechsel** *m* (*fig*) about-turn; **Frontzulage** *f* supplement for service at the front.

Fronvogt *m* (*Hist*) (socage) overseer.

fror *pret of* **frieren**.

Frosch *m* **-(e)s, =e** frog; (*Feuerwerkskörper*) (fire)cracker, jumping jack (*Brit*). **einen ~ in der Kehle** *or* **im Hals haben** (*inf*) to have a frog in one's throat; **sei kein ~!** (*inf*) be a sport!

Frosch|auge *nt* (*fig inf*) pop eye; **Froschhüpfen** *nt* leapfrog; **Froschkönig** *m* Frog Prince; **Froschkonzert** *nt* (*hum*) frog chorus; **Froschlaich** *m* frogspawn;

Froschmann *m, pl* **-männer** frogman; **Froschperspektive** *f* worm's-eye view; *(fig)* blinkered view; **etw aus der ~ betrachten** *(fig)* to have a blinkered view of sth; **Froschschenkel** *m* frog's leg; **Froschtest** *m (Med)* Bickenbach (pregnancy) test.

Frost *m* **-(e)s, ¨e** 1. frost. **es herrscht strenger/klirrender ~** there's a hard *or* heavy/crisp frost; **bei eisigem ~** in heavy frost; **~ (ab)bekommen** *(Hände, Ohren)* to get frostbitten; **~ vertragen (können)** to be able to stand (the) frost.
   2. *(Med: Schüttel~)* fit of shivering *or* the shivers *(inf).* **er wurde von einem heftigen ~ geschüttelt** he shivered violently.

Frostaufbruch *m* frost damage; **frostbeständig** *adj* frost-resistant; **Frostbeule** *f* chilblain; **Frostboden** *m* frozen ground; *(ständig gefroren)* permafrost.

fröst(e)lig *adj (inf)* chilly.

frösteln I *vi* to shiver; *(vor Angst auch)* to tremble; *(vor Entsetzen auch)* to shudder. **im Fieber ~** to shiver feverishly. **II** *vt impers* **es fröstelte mich I** shivered/trembled/shuddered.

frosten *vt* to freeze.

Froster *m* **-s, -** *(im Kühlschrank)* icebox *(Brit),* freezer compartment; *(Gefriertruhe)* freezer, deep-freeze.

frostfrei *adj* frost-free, free from *or* of frost; **die Nacht war ~** there was no frost overnight; **Frostgefahr** *f* danger of frost.

frostig *adj (lit, fig)* frosty. **ein ~er Hauch** an icy draught.

Frostigkeit *f (fig)* frostiness.

frostklar *adj* clear and frosty; **frostklirrend** *adj attr (liter)* crisp and frosty; **Frostschaden** *m* frost damage; **Frostschutzmittel** *nt (Aut)* antifreeze; **Frostwarnung** *f* frost warning; **Frostwetter** *nt* frosty weather.

Frottee [frɔ'te:] *nt or m* **-s, -s** terry towelling. **ein Kleid aus ~** a towelling dress.

Frottee(hand)tuch *nt* (terry) towel; **Frotteekleid** *nt* towelling dress.

frottieren* *vt Haut* to rub; *jdn, sich* to rub down.

Frotzelei *f (inf)* teasing; *(Bemerkung)* teasing remark.

frotzeln *vti (inf)* to tease. **über jdn/etw ~** to make fun of sb/sth.

Frucht *f* **-, ¨e** *(Bot, fig)* fruit; *(Embryo)* foetus; *(no pl: Getreide)* crops *pl.* **¨e** *(Obst)* fruit *sing;* **¨e tragen** *(lit, fig)* to bear fruit; **die ¨e des Feldes** *(liter)* the fruits of the earth *(liter);* **verbotene ¨e** forbidden fruits; **an ihren ¨en sollt ihr sie erkennen** *(Bibl)* by their fruits ye shall know them *(Bibl).*

fruchtbar *adj* 1. *(lit, fig: zeugungsfähig, reiche Frucht bringend)* fertile. 2. *(lit, fig: viele Nachkommen zeugend, viel schaffend)* prolific; *(Bibl)* fruitful. 3. *(fig: nutzbringend)* fruitful, productive. **etw für etw ~ machen** to use sth for the good of sth, to use sth to benefit sth.

Fruchtbarkeit *f siehe adj* fertility; prolificness; fruitfulness, productiveness.

Fruchtbarkeitskult *m* fertility cult; **Fruchtbarkeitssymbol** *nt* fertility symbol.

Fruchtbarmachung *f (von Wüste)* reclamation.

Fruchtbecher *m* fruit sundae; *(Bot)* cupule *(spec),* cup; **Fruchtblase** *f* amniotic sac; **Fruchtbonbon** *m or nt* fruit drop; **fruchtbringend** *adj (geh)* fruitful, productive.

Früchtchen *nt dim of* **Frucht** *(inf) (Tunichtgut)* good-for-nothing; *(Kind)* rascal *(inf).* **du bist mir ein sauberes** *or* **nettes ~** *(iro)* you're a right one *(inf).*

Früchtebrot *nt* fruit loaf.

fruchten *vi* to bear fruit. **nichts ~** to be fruitless.

Fruchtfleisch *nt* flesh *(of a fruit);* **Fruchtfliege** *f* fruit-fly; **Fruchtfolge** *f (Agr)* rotation of crops.

fruchtig *adj* fruity.

Fruchtkapsel *f (Bot)* capsule; **Fruchtknoten** *m (Bot)* ovary; **fruchtlos** *adj (fig)* fruitless; **Fruchtmark** *nt (Cook)* fruit pulp; **Fruchtpresse** *f* fruit press *or* squeezer; **Fruchtsaft** *m* fruit juice; **Fruchtsäure** *f* fruit acid; **Fruchtstand** *m (Bot)* multiple fruit; **fruchttragend** *adj attr* fruit-bearing; **Fruchtwasser** *nt (Physiol)* amniotic fluid; **Fruchtwechsel** *m* crop rotation; **Fruchtzucker** *m* fructose.

frugal *adj (geh)* frugal.

früh I *adj* early. **am ~en Morgen** early in the morning, in the early morning; **in ~er Jugend** in one's early youth; **in ~er/~ester Kindheit** in one's early childhood/very early in one's childhood; **der ~e Goethe** the young Goethe; **ein Werk des ~en Picasso** an early work by Picasso; **ein ~er Picasso** an early Picasso.
   II *adv* 1. early; *(in jungen Jahren)* young, at an early age; *(in Entwicklung)* early on. **es ist noch ~ am Tag/im Jahr** it is still early in the day/year; **von ~ bis spät** from morning till night, from dawn to dusk; **er hat schon ~ erkannt, daß ...** he recognized early on that ...; **du hast dich nicht ~ genug angemeldet** you didn't apply early *or* soon enough; **zu ~ starten** to start too soon; **~ übt sich, was ein Meister werden will** *(Prov)* there's nothing like starting young.
   2. **Freitag/morgen ~** Friday/tomorrow morning; **heute ~** this morning.

frühauf *adv* **von ~** from an early age; **Frühaufsteher** *m* **-s,-** early riser, early bird *(inf);* **Frühbeet** *nt* cold frame; **Frühbehandlung** *f* early *or* prompt treatment *no indef art;* **frühchristlich** *adj* early Christian; **Frühdiagnose** *f* early diagnosis; **Frühdienst** *m* early duty; **haben** to be on early duty.

Frühe *f* **-,** *no pl* 1. *(liter: Frühzeit)* dawn. **in der ~ des Tages** in the early morning. 2. *(Morgen)* **in der ~** early in the morning; **in aller** *or* **gleich in der ~** at break *or* (the) crack of dawn.

Frühehe *f* young marriage.

früher *comp of* **früh I** *adj* 1. earlier. **in ~en Jahren/Zeiten** in the past; **in ~en Epochen** in past ages.
   2. *(ehemalig)* former; *(vorherig) Besitzer, Wohnsitz* previous. **seine ~en Freunde** his old friends.

II adv **1.** earlier. ~ **als 6 Uhr/Freitag kann ich nicht kommen** I can't come earlier than 6 o'clock/earlier or sooner than Friday; ~ **geht's nicht** it can't be done any/I etc can't make it earlier or sooner; ~ **am Abend hat er gesagt ...** earlier (on) in the evening he said ...; **das hättest du ~ sagen müssen/wissen sollen** you should have said that before or sooner/known that before; ~ **oder später** sooner or later.

2. (in jüngeren Jahren, in vergangenen Zeiten) **Herr X, ~ Direktor eines Industriebetriebs** Herr X, formerly director of an industrial concern; **ich habe ihn ~ mal gekannt** I used to know him; ~ **habe ich so etwas nie gemacht** I never used to do that kind of thing; ~ **stand hier eine Kirche** there used to be a church here; ~ **war alles besser/war das alles anders** things were better/different in the old days, things used to be better/different; **genau wie** ~ just as it/he etc used to be; **Erzählungen von/Erinnerungen an** ~ stories/memories of times gone by or of bygone days (liter); **das habe ich noch von** ~ I had it before; **ich kannte/kenne ihn von** ~ I knew him before/I've known him some time; **wir kennen uns noch von** ~ we got to know each other some time ago; **meine Freunde von** ~ my old friends.

Früh|erkennung f (Med) early diagnosis.

frühestens adv at the earliest. ~ **am Sonntag** on Sunday at the earliest; **wann kann das** ~ **fertig sein?** what is the earliest that can be ready?

frühestmöglich adj attr earliest possible.

Frühgeburt f premature birth; (Kind) premature baby; **sie hatte/meine Tochter war eine** ~ her baby/my daughter was premature or born prematurely; **Frühgeschichte** f early history; **Frühherbst** m early autumn or fall (US); **frühherbstlich** adj early autumn/fall attr; **Früh|invalidität** f early retirement due to ill health.

Frühjahr nt spring.

Frühjahrsbote m (liter) harbinger of spring (liter); **Frühjahrsmüdigkeit** f springtime lethargy; **Frühjahrsputz** m spring-cleaning no indef art; ~ **machen** to do the spring-cleaning, to spring-clean.

Frühkapitalismus m early capitalism; **Frühkartoffeln** pl early potatoes pl; **frühkindlich** adj (Psych) of early childhood; **Sexualität, Entwicklung** in early childhood; **Trauma, Erlebnisse** from early childhood; **Frühkultur** f **1.** early culture; **die griechische** ~ the culture of the early Greeks, early Greek culture; **2.** (Hort) propagated seedlings pl.

Frühling m spring. **es wird** ~, **der** ~ **kommt** spring is coming; **im** ~ **in** spring; **die Stadt des ewigen** ~**s** (poet) the springtime city (liter); **im** ~ **des Lebens** (poet) in the springtime of one's life (liter); **einem neuen** ~ **entgegengehen** (fig) to start to flourish again; **seinen zweiten** ~ **erleben** (hum) to go through one's second youth.

Frühlings- in cpds spring; **Frühlings-|anfang** m first day of spring; **am 21. März ist** ~ March 21st is the first day of spring; **Frühlingsfest** nt spring festival; **Frühlingsgefühle** pl (hum inf) ~ **haben/bekommen** to be/get frisky (hum inf); **wenn sich** ~ **(bei ihm) regen** when he starts to feel frisky (hum inf), when the sap starts to rise (hum); **frühlingshaft** adj springlike; **Frühlingszeit** f springtime, springtide (liter).

Frühmesse f early mass; **frühmorgens** adv early in the morning; **Frühnebel** m early morning mist; **Frühneuhochdeutsch** nt Early New High German; **frühreif** adj precocious; (körperlich) mature at an early age; **Frühreif** m (hoar) frost; **Frührentner** m person who has retired early; **Frühschicht** f early shift; **ich habe** ~ I'm on the early shift; **Frühschoppen** m morning/lunchtime drinking; **zum** ~ **gehen** to go for a morning/lunchtime drink; **Frühsommer** m early summer; **frühsommerlich** adj early summer attr; **das Wetter ist schon** ~ the weather is already quite summery; **Frühsport** m early morning exercise; **Frühstadium** nt early stage; **im** ~ in the early stages; **Frühstart** m false start.

Frühstück nt **-s, -e** breakfast; (~spause) morning or coffee break. **zweites** ~ ≈ elevenses (Brit inf), midmorning snack; **um 9 Uhr ist** ~ breakfast is at 9 o'clock; **was ißt du zum** ~? what do you have for breakfast?; **die ganze Familie saß beim** ~ the whole family were having breakfast.

frühstücken insep **I** vi to have breakfast, to breakfast. **II** vt to breakfast on.

Frühstücksbrett nt wooden platter; **Frühstücksbrot** nt sandwich (for one's morning snack); **Frühstücksfleisch** nt luncheon meat; **Frühstückspause** f morning or coffee break; **Frühstücksteller** m dessert plate.

frühvoll|endet adj attr (liter) **ein** ~**er Maler/ Dichter, ein F~er** a young artist/poet of genius whose life was soon over; **Frühwarnsystem** nt early warning system; **Frühwerk** nt early work; **Frühzeit** f early days pl; **die** ~ **des Christentums/der Menschheit** early Christian times/the early days of mankind; **frühzeitig I** adj early; (vorzeitig auch) premature; **Tod** auch premature, untimely; **II** adv early; (vorzeitig) prematurely; (früh genug auch) in good time; (ziemlich am Anfang) early on; **Frühzug** m early train; **Frühzündung** f (Aut) pre-ignition.

Frust m **-(e)s,** no pl (inf) frustration no art. **das ist der totale** ~, **wenn ...** it's totally frustrating when ...

Frustration f frustration.

frustrieren* vt to frustrate; (inf: enttäuschen) to upset.

F-Schlüssel ['ɛfʃlʏsl] m (Mus) F or bass clef.

Fuchs [fʊks] m **-es, -e 1.** (Tier) fox; (fig auch) cunning devil (inf). **ein alter** or **schlauer** ~ (inf) a cunning old devil (inf) or fox (inf); **wo sich die** ~**e** or **wo sich Hase und** ~ **gute Nacht sagen** (hum) in the back of beyond or the middle of nowhere.

2. (~pelz) fox (fur).

3. (Pferd) chestnut; (mit hellerem

Schwanz und Mähne) sorrel; (*inf: Mensch*) redhead.

4. (*Univ*) *siehe* **Fux.**

Fuchsbau *m* fox's den; **Fuchs|eisen** *nt* (*Hunt*) fox trap.

fuchsen ['fʊksn] (*inf*) **I** *vt* to vex, to annoy. **II** *vr* to be annoyed *or* cross.

Fuchsie ['fʊksiə] *f* (*Bot*) fuchsia.

fuchsig ['fʊksɪç] *adj* (*inf*) **1.** (*rotblond*) *Haar* ginger, carroty (*inf*). **2.** (*wütend*) mad (*inf*).

Füchsin ['fʏksɪn] *f* vixen.

Fuchsjagd *f* fox-hunt/-hunting; **Fuchs- loch** *nt* foxhole; **Fuchspelz** *m* fox fur; **fuchsrot** *adj Fell* red; *Pferd* chestnut; *Haar* ginger, carroty (*inf*); **Fuchs- schwanz** *m* **1.** fox's tail; (*Hunt*) (fox's) brush; **2.** (*Bot*) love-lies-bleeding, amaranth; **3.** (*Tech: Säge*) handsaw; **fuchsteufelswild** *adj* (*inf*) hopping mad (*inf*).

Fuchtel *f* -**, -n 1.** (*Hist: Degen*) broadsword; (*fig inf: Knute*) control. **unter jds ~** under sb's thumb; **er steht unter der ~** he's not his own master. **2.** (*Aus, S Ger inf: zän- kische Frau*) shrew, vixen.

fuchteln *vi* (*inf*) (**mit den Händen**) **~** to wave one's hands about (*inf*); **mit etw ~** to wave sth about *or* around; (*drohend*) to brandish sth.

fuchtig *adj* (*inf*) (hopping) mad (*inf*).

Fuder *nt* -**s, - 1.** (*Wagenladung*) cartload. **2.** (*Hohlmaß für Wein*) tun.

fuderweise *adv* by the cartload. **~ Salat essen** (*hum*) to eat tons of salad (*inf*).

Fuffziger *m* -**s, -** (*dial*) fifty-pfennig piece. **er ist ein falscher ~** (*sl*) he's a real crook (*inf*).

Fug *m*: **mit ~ und Recht** (*geh*) with com- plete justification; **etw mit ~ und Recht tun** to be completely justified in doing sth.

Fuge *f* -**, -n 1.** joint; (*Ritze*) gap, crack. **in allen ~n krachen** to creak at the joints; **aus den ~n gehen** *or* **geraten** (*Auto etc*) to come apart at the seams; **die Menschheit/ Welt ist aus den ~n geraten** (*geh*) man- kind has gone awry (*liter*)/the world is out of joint (*liter*). **2.** (*Mus*) fugue.

fugen *vt* to joint.

fügen I *vt* **1.** (*setzen*) to put, to place; (*ein~ auch*) to fix; (*geh*) *Worte, Satz* to for- mulate. **Wort an Wort ~** to string words together.

2. (*geh: bewirken*) to ordain; (*Schicksal auch*) to decree. **der Zufall fügte es, daß ...** fate decreed that ...

II *vr* **1.** (*sich unterordnen*) to be obedient, to obey. **sich jdm/einer Sache** *or* **in etw** (*acc*) (*geh*) **~** to bow to sb/sth; *Anordnungen etc* to obey sth; **sich dem** *or* **in das Schicksal ~** to accept one's fate, to bow to one's fate.

2. *impers* (*geh: geschehen*) **es hat sich so gefügt** it was decreed by fate; **es fügte sich, daß ...** it so happened that ...

fugenlos *adj* smooth; **Fugen-s** *nt* (*Ling*) linking 's'; **Fugenzeichen** *nt* (*Ling*) link- ing letter.

füglich *adv* (*geh*) justifiably, reasonably.

fügsam *adj* obedient.

Fügsamkeit *f* obedience.

Fügung *f* **1.** (*Bestimmung*) chance, stroke of fate. **eine glückliche ~** a stroke of good fortune; **göttliche ~** divine providence; **eine ~ Gottes/des Schicksals** an act of divine providence/of fate.

2. (*Ling: Wortgruppe*) construction.

fühlbar *adj* (*spürbar*) perceptible; (*beträchtlich auch*) marked. **bald wird die Krise auch bei uns ~** the crisis will soon be felt here too.

fühlen I *vt* **1.** (*spüren, empfinden*) to feel. **Mitleid mit jdm ~** to feel sympathy for sb.

2. (*ertasten*) *Puls* to take.

II *vi* **1.** (*geh: empfinden*) to feel.

2. nach etw ~ to feel for sth.

III *vr* **1.** (*empfinden, sich halten für*) to feel. **sich krank/beleidigt/verantwortlich ~** to feel ill/insulted/responsible; **wie ~ Sie sich?** how are you feeling *or* do you feel?; **er fühlte sich als Held** he felt (like) a hero.

2. (*inf: stolz sein*) to think one is so great (*inf*).

Fühler *m* -**s, -** (*Zool*) feeler, antenna; (*von Schnecke*) horn. **seine ~ ausstrecken** (*fig inf*) to put out feelers (*nach* towards).

Fühlung *f* contact. **mit jdm in ~ bleiben/ stehen** to remain *or* stay/be in contact *or* touch with sb.

Fühlungnahme *f* -**, -n die erste ~ der beiden Parteien** the initial contact be- tween the two parties.

fuhr *pret of* **fahren.**

Fuhr|amt *nt* (*form*) cleansing department; **Fuhrbetrieb** *m* haulage business.

Fuhre *f* -**, -n** (*Ladung*) load; (*Taxieinsatz*) fare. **eine ~ Stroh** a (cart- *or* waggon-) load of straw.

führen I *vt* **1.** (*geleiten*) to take; (*voran- gehen, -fahren*) to lead. **eine alte Dame über die Straße ~** to help an old lady over the road; **sie hat uns den richtigen Weg geführt** she showed us the right way; **er führte uns durch das Schloß/durch Italien** he showed us round the castle/he was our guide in Italy; **eine Klasse zum Abitur ~** to see a class through to A-levels; **jdn zum (Trau)altar ~** to lead sb to the altar.

2. (*leiten*) *Geschäft, Betrieb etc* to run; *Gruppe, Expedition etc* to lead, to head; *Schiff* to captain; *Armee etc* to command.

3. (*in eine Situation bringen*) to get (*inf*), to lead; (*veranlassen zu kommen/ gehen*) to bring/take. **der Hinweis führte die Polizei auf die Spur des Diebes** that tip put the police on the trail of the thief; **das führt uns auf das Thema ...** that brings *or* leads us (on)to the subject ...; **was führt Sie zu mir?** (*form*) what brings you to me?

4. (*registriert haben*) to have a record of. **wir ~ keinen Meier** we have no (record of a) Meier on our files.

5. *Pinsel, Bogen, Kamera etc* to wield. **den Löffel zum Mund/das Glas an die Lip- pen ~** to raise one's spoon to one's mouth/ one's glass to one's lips; **die Hand an die Mütze ~** to touch one's cap.

6. (*entlangführen*) *Leitung* to carry.

7. (*form: steuern*) *Kraftfahrzeug* to drive; *Flugzeug* to fly, to pilot; *Kran, Fahrstuhl* to operate; *Schiff* to sail.

8. (*transportieren*) to carry; (*haben*)

Autokennzeichen, Wappen, Namen to have, to bear; *Titel* to have; (*selbst gebrauchen*) to use. **Geld/seine Papiere bei sich** ~ (*form*) to carry money/one's papers on one's person; **der Fluß führt Hochwasser** the river is running high.
9. (*im Angebot haben*) to stock, to carry (*spec*), to keep. **etw ständig im Munde** ~ to be always talking about sth.

II *vi* **1.** (*in Führung liegen*) to lead; (*bei Wettkämpfen auch*) to be in the lead. **die Mannschaft führt mit 10 Punkten** the team has a lead of 10 points *or* is in the lead by 10 points.
2. (*verlaufen*) (*Straße*) to go; (*Kabel, Pipeline etc*) to run; (*Spur*) to lead. **das Rennen führt über 10 Runden/durch ganz Frankreich** the race takes place over 10 laps/covers France; **der Fahrstuhl führt in die 81. Etage** the lift goes up to the 81st *or* 82nd (*US*) floor; **die Autobahn führt nach Kiel/am Rhein entlang** the motorway goes to Kiel/runs *or* goes along the Rhine; **die Brücke führt über die Elbe** the bridge crosses *or* spans the Elbe; **der Waldweg führt zu einem Gasthof** the forest path leads *or* goes to an inn.
3. (*als Ergebnis haben*) **zu etw** ~ to lead to sth, to result in sth; **das führt zu nichts** that will come to nothing; **es führte zu dem Ergebnis, daß er entlassen wurde** it resulted in *or* led to his being dismissed.

III *vr* (*form: sich benehmen*) to conduct oneself.

führend *adj* leading *attr*; *Rolle, Persönlichkeit auch* prominent. **diese Firma ist im Stahlbau** ~ that is one of the leading firms in steel construction; **die Sowjets sind im Schach** ~ the Soviets lead the world in chess.

Führer *m* **-s, -** **1.** (*Leiter*) leader; (*Oberhaupt auch*) head. **der** ~ (*Hist*) the Führer *or* Fuehrer. **2.** (*Fremden~, Berg~*) guide. **3.** (*Buch*) guide. ~ **durch England** guide to England. **4.** (*form: Lenker*) driver; (*von Flugzeug*) pilot; (*von Kran, Fahrstuhl*) operator; (*von Schiff*) person in charge.

Führerhaus *nt* cab; (*von Kran auch*) cabin.
Führerin *f siehe* **Führer.**
führerlos *adj Gruppe, Partei* leaderless *no adv*, without a leader; *Wagen* driverless *no adv*, without a driver; *Flugzeug* pilotless *no adv*, without a pilot; *Schiff* with no-one at the helm; **Führerschein** *m* (*für Auto*) driving licence, driver's license (*US*); (*für Flugzeug*) pilot's licence; (*für Motorboot*) motorboat licence; **den** ~ **machen** (*Aut*) to take one's (dr....ing) test; **ihm ist der** ~ **abgenommen worden** he's lost his licence; **Führerschein|entzug** *m* disqualification from driving; **Führerstand** *m* (*von Zug*) cab; (*von Kran auch*) cabin.
führig *adj Schnee* good for skiing.
Fuhrlohn *m* delivery charge; **Fuhrmann** *m, pl* **-leute** carter; (*Kutscher*) coachman; **der** ~ (*Astron*) Auriga, the Charioteer; **Fuhrpark** *m* fleet (of vehicles).
Führung *f* **1.** *no pl* guidance, direction; (*von Partei, Expedition etc*) leadership; (*Mil*) command; (*eines Unternehmens*

etc) management. **unter der** ~ **+gen** under the direction/ leadership/ command/management of, directed/led *or* headed/commanded/managed by.
2. *no pl* (*die Führer*) leaders *pl*, leadership *sing*; (*Mil*) commanders *pl*; (*eines Unternehmens etc*) directors *pl*.
3. (*Besichtigung*) guided tour (*durch* of).
4. *no pl* (*Vorsprung*) lead. **die klare** ~ **haben** (*bei Wettkämpfen*) to have a clear lead; **die Firma hat eine klare** ~ **auf diesem Gebiet** the firm clearly leads the field in this area; **in** ~ **gehen/liegen** to go into/be in the lead.
5. *no pl* (*Betragen*) conduct.
6. *no pl* (*Handhabung*) touch.
7. (*Mech*) guide, guideway.
8. *no pl* (*Betreuung*) running. **die** ~ **der Akten/Bücher** keeping the files/books.
Führungs|anspruch *m* claims *pl* to leadership; **seinen** ~ **anmelden** to make a bid for the leadership; **Führungs|aufgabe** *f* executive duty; **Führungskraft** *f* executive; **Führungsrolle** *f* role of leader; **Führungsschicht** *f* ruling classes *pl*; **Führungsschiene** *f* guide rail; **Führungsspitze** *f* highest echelon of the leadership; (*eines Unternehmens etc*) top management; **Führungsstab** *m* (*Mil*) command *no pl*; (*Comm*) top management; **die** ~ **der Marine** naval command; **Führungstor** *nt* (*Ftbl*) goal which gives/gave a/the team the lead; **Führungszeugnis** *nt siehe* **polizeilich.**
Fuhr|unternehmen *nt* haulage business; **Fuhr|unternehmer** *m* haulier, haulage contractor, carrier; **Fuhrwerk** *nt* wag(g)on; (*Pferde~*) horse and cart; (*Ochsen~*) oxcart; **fuhrwerken** *vi insep* **1.** (*inf*) **in der Küche** ~ to bustle around in the kitchen; **mit den Armen** ~ to wave one's arms about; **2.** (*S Ger, Aus*) to drive a cart.
Fülle *f* **-**, *no pl* **1.** (*Körpermasse*) corpulence, portliness.
2. (*Stärke*) fullness; (*von Stimme, Klang auch*) richness; (*von Wein auch*) full-bodiedness.
3. (*Menge*) wealth. **eine** ~ **von Fragen/ Eindrücken** *etc* a whole host of questions/ impressions *etc*; **in** ~ in abundance.
füllen I *vt* **1.** to fill; (*Cook*) to stuff. **etw in Flaschen** ~ to bottle sth; **etw in Säcke** ~ to put sth into sacks; *siehe* **gefüllt. 2.** (*in Anspruch nehmen*) to fill, to occupy; *Regal auch* to take up. **II** *vr* (*Theater, Badewanne*) to fill up. **ihre Augen füllten sich mit Tränen** her eyes filled with tears.
Füllen *nt* **-s, -** *siehe* **Fohlen.**
Füller *m* **-s, -** **1.** (*Füllfederhalter*) fountain pen. **2.** (*Press*) filler.
Füllfederhalter *m* fountain pen; **Füllgewicht** *nt* **1.** (*Comm*) weight at time of packing; (*auf Dosen*) net weight; **2.** (*von Waschmaschine*) maximum load, capacity; **Füllhorn** *nt* (*liter*) cornucopia; (*fig auch*) horn of plenty; **das** ~ **der Natur** nature's infinite storehouse.
füllig *adj Mensch* corpulent, portly; *Figur, Busen* ample; *Frisur* bouffant *attr*.
Füllsel *nt* (*in Paket etc*) packing; (*in*

Geschriebenem) (*Wort*) filler; (*Floskel*) padding.

Füllung *f* filling; (*Geflügel~, Fleisch~, Stofftier~, Polster~*) stuffing; (*Tür~*) panel; (*von Pralinen*) centre.

Füllwort *nt* filler.

fulminant *adj* (*geh*) sparkling, brilliant.

Fummel *m* -s, - (*sl*) rag.

Fummelei *f* (*inf*) fidgeting, fiddling; (*sl: Petting*) petting, groping (*inf*). **ich finde Häkeln eine furchtbare ~** I find crocheting terribly fiddly (*inf*).

Fummelkram *m* (*inf*) fiddle (*inf*), fiddly job (*inf*).

fummeln *vi* (*inf*) to fiddle; (*hantieren*) to fumble; (*erotisch*) to pet, to grope (*inf*). **an etw** (*dat*) *or* **mit etw ~** to fiddle (about)/ fumble around with sth.

Fummeltrine *f* (*sl*) drag queen (*sl*).

Fund *m* -(e)s, -e find; (*das Entdecken*) discovery, finding. **einen ~ machen** to make a find.

Fundament *nt* (*lit, fig*) foundation (*usu pl*). **das ~ zu etw legen** *or* **für etw schaffen** (*fig*) to lay the foundations for sth.

fundamental *adj* fundamental.

Fundamentalismus *m* fundamentalism.

fundamentieren* *vi* to lay the foundations.

Fund|amt, Fundbüro *nt* lost property office; **Fundgrube** *f* (*fig*) treasure trove; **eine ~ des Wissens** a treasury of knowledge.

fundiert *adj* sound. **schlecht ~** unsound.

fündig *adj* (*Min*) *Sohle* rich. **~ werden** to make a strike; (*fig*) to strike it lucky.

Fund|ort *m* der **~ von etw** (the place) where sth is/was found; **Fundsachen** *pl* lost property *sing*; **Fundstätte** *f* die **~ von etw** (the place) where sth is/was found.

Fundus *m* -, - (*lit, fig*) fund; (*Theat*) basic equipment.

fünf *num* five. **es ist ~ Minuten vor zwölf** (*lit*) it's five to twelve; (*fig*) it's almost too late; **sie warteten bis ~ Minuten vor zwölf** (*fig*) they waited till the eleventh hour; **seine ~ Sinne beieinander-** *or* **beisammenhaben** to have all one's wits about one; **~(e) gerade sein lassen** (*inf*) to turn a blind eye, to look the other way; *siehe auch* **vier**.

Fünf *f* -, -en five; *siehe auch* **Vier**.

Fünf- *in cpds* five; *siehe auch* **Vier**-; **Fünf|eck** *nt* pentagon; **fünf|eckig** *adj* pentagonal, five-cornered.

Fünfer *m* -s, - (*inf*) five-pfennig piece; five-marks; *siehe auch* **Vierer**.

fünffach *adj* fivefold; *siehe auch* **vierfach**; **fünffüßig** *adj* (*Poet*) pentametrical; **~er Jambus** iambic pentameter; **Fünfganggetriebe** *nt* five-speed gearbox; **fünfhundert** *num* five hundred; *siehe auch* **vierhundert**; **Fünfjahr(es)plan** *m* five-year plan; **fünfjährig** *adj Frist, Plan etc* five-year, quinquennial (*form*); *Kind* five-year-old; *siehe auch* **vierjährig**; **Fünfkampf** *m* (*Sport*) pentathlon; **Fünfling** *m* quintuplet; **fünfmal** *adv* five times; *siehe auch* **viermal**; **Fünfmarkschein** *m* five-mark note; **Fünfmarkstück** *nt* five-mark piece; **Fünfpfennigstück** *nt* five-pfennig piece; **Fünfprozentklausel** *f* (*Parl*) clause in the con-

stitution of a country which debars parties with less than 5% of the vote from entering Parliament; **fünfseitig** *adj* (*Geom*) five-sided; (*Brief*) five-page *attr*; *siehe auch* **vierseitig**; **fünftägig** *adj* five-day *attr*; **fünftausend** *num* five thousand.

Fünftel *nt* -s, - fifth; *siehe auch* **Viertel**[1].

fünftens *adv* fifth(ly), in the fifth place.

fünfte(r, s) *adj* fifth. **die ~ Kolonne** the fifth column; *siehe auch* **vierte(r,s), Rad.**

Fünf|uhrtee *m* afternoon tea; **fünf|undzwanzig** *num* twenty-five; **fünfzehn** *num* fifteen.

fünfzig *num* fifty; *siehe auch* **vierzig**.

Fünfzig *f* -, -en fifties; *siehe auch* **Vierzig**.

Fünfziger *m* -s, - (*inf*) (*Fünfzigjähriger*) fifty-year-old; (*Geld*) fifty-pfennig piece; fifty-mark note; *siehe auch* **Vierziger(in)**.

fünfzigjährig *adj Person* fifty-year-old *attr*; *Zeitspanne* fifty-year; **er ist ~ verstorben** he died at (the age of) fifty; **Fünfzigmarkschein** *m* fifty-mark note; **Fünfzigpfennigstück** *nt* fifty-pfennig piece.

fungieren* [fʊŋˈgiːrən] *vi* to function (*als* as a).

Funk *m* -s, *no pl* radio, wireless (*dated*). **über** *or* **per ~** by radio; **er arbeitet beim ~** he works in radio *or* broadcasting.

Funk|amateur *m* radio ham, amateur radio enthusiast; **Funk|aufklärung** *f* (*Mil*) radio intelligence; **Funk|ausstellung** *f* radio and television exhibition; **Funkbake** *f siehe* **Funkfeuer**; **Funkbild** *nt* telephotograph (*spec*), radio picture.

Fünkchen *nt dim of* **Funke**. **ein/kein ~ Wahrheit** a grain/not a particle *or* shred of truth.

Funke *m* -ns, -n, **Funken** *m* -s, - 1. (*lit, fig*) spark. **~n sprühen** to spark, to send out *or* emit sparks; **ihre Augen sprühten ~n** her eyes flashed; **der zündende ~** (*fig*) the vital spark; **der ~ der Begeisterung sprang auf die Zuschauer über** the audience was infected by his/her *etc* enthusiasm; **arbeiten, daß die ~n fliegen** *or* **sprühen** (*inf*) to work like mad (*inf*) *or* crazy (*inf*); **zwischen den beiden sprang der ~ über** (*inf*) something clicked between them (*inf*). 2. (*ein bißchen*) scrap; (*von Hoffnung auch*) gleam, ray, glimmer; (*von Anstand auch*) spark.

funkeln *vi* to sparkle; (*Sterne auch*) to twinkle; (*Augen*) (*vor Freude*) to gleam, to twinkle; (*vor Zorn auch*) to glitter, to flash; (*Edelsteine auch*) to glitter; (*Edelmetall*) to gleam.

funkelnagelneu *adj* (*inf*) brand-new.

Funken *m* -s, - *siehe* **Funke**.

funken I *vt Signal* to radio. **SOS ~** to send out *or* radio an SOS. **II** *vi* 1. (*senden*) to radio. 2. (*Funken sprühen*) to give off *or* emit sparks, to spark; (*fig inf: funktionieren*) to work. **III** *vi impers* **endlich hat es bei ihm gefunkt** (*inf*) it finally clicked (with him) (*inf*).

Funkenflug *m* der **Brand wurde durch ~ von einer Lokomotive verursacht** the fire was caused by sparks from a locomotive; **funkensprühend** *adj* giving off *or* emitting sparks; (*fig*) *Diskussion* lively; *Augen* flashing *attr*, fiery.

Funker m -s, - radio or wireless operator.
Funk|erzählung f (Rad) story written for radio; **Funkfeuer** nt radio beacon; **Funkgerät** nt 1. no pl radio equipment; 2. (Sprech~) radio set, walkie-talkie; **Funkhaus** nt broadcasting centre, studios pl; **Funkkolleg** nt educational radio broadcasts pl; **Funknavigation** f radio navigation; **Funk|ortung** f radio-location; **Funkpeilung** f radio direction finding; **Funksprechgerät** nt radio telephone; (tragbar) walkie-talkie; **Funksprechverkehr** m radiotelephony; **Funkspruch** m radio signal; (Mitteilung) radio message; **Funkstille** f radio silence; (fig) silence; **Funkstreife** f police radio patrol; **Funkstreifenwagen** m police radio patrol or squad car; **Funktaxi** nt radio taxi; **Funktechnik** f radio technology.
Funktion f (no pl: Tätigkeit) functioning; (Zweck, Aufgabe, Math) function; (Amt) office; (Stellung) position. **in ~ treten/ sein** to come into/be in operation; (Organ, Maschine etc) to start to function/be functioning; **etw außer ~ setzen** to stop sth functioning; **dieser Bolzen hat die ~, zu ...** the function of this bolt is to ...
funktional [fʊŋktsio'naːl] adj siehe **funktionell**.
Funktionalismus [fʊŋktsiona'lɪsmʊs] m functionalism.
Funktionär(in f) [fʊŋktsio'nɛːɐ̯, -'nɛːərɪn] m functionary, official.
funktionell [fʊŋktsio'nɛl] adj functional (auch Med), practical.
funktionieren* [fʊŋktsio'niːrən] vi to work; (Maschine auch auch) to function, to operate; (inf: gehorchen) to obey.
funktionsfähig adj able to work/function or operate; **Funktionsstörung** f (Med) malfunction, functional disorder; **funktionstüchtig** adj in working order; Organ sound; **Funktionsverb** nt (Ling) empty verb.
Funkturm m radio tower; **Funk|universität** f university of the air; **Funkverbindung** f radio contact; **Funkverkehr** m radio communication or traffic; **Funkwagen** m radio car; **Funkwerbung** f radio advertizing.
Funzel f -, -n (inf) dim light, gloom.
Für nt: **das ~ und Wider** the pros and cons (pl).
für I prep +acc 1. for. **~ was ist denn dieses Werkzeug?** (dial) what is this tool (used) for?; **kann ich sonst noch etwas ~ Sie tun?** will there be anything else?; **~ mich für** me; (meiner Ansicht nach) in my opinion or view; **diese Frage muß jeder ~ sich (allein) entscheiden** everyone has to decide this question for or by themselves; **das ist gut ~ Migräne** that's good for migraine; **~ zwei arbeiten** (fig) to do the work of two people; **~ einen Deutschen ...** for a German ...; **~s nächstemal** next time.
2. (Zustimmung) for, in favour of. **sich ~ etw entscheiden** to decide in favour of sth; **was Sie da sagen, hat etwas ~ sich** there's something in what you're saying.
3. (Gegenleistung) (in exchange) for. **das hat er ~ zehn Pfund gekauft** he bought it for ten pounds.

4. (Ersatz) for, instead of, in place of. **~ jdn einspringen** to stand in for sb; **er hat mir Mehl ~ Zucker verkauft** he gave me flour instead of sugar.
5. (Aufeinanderfolge) **Tag ~ Tag** day after day; **Schritt ~ Schritt** step by step.
6. in Verbindung mit vb, adj siehe auch dort **etw ~ sich behalten** to keep sth to oneself; **~ etw bekannt sein** to be famous or known for sth; **ich halte sie ~ intelligent** I think she is intelligent.
7. was ~ siehe **was**.
II adv (old poet): **~ und ~** for ever and ever.
fürbaß adv (obs) onwards. **~ gehen/ schreiten** to continue on one's way.
Fürbitte f (Eccl, fig) intercession. **er legte beim Kaiser ~ für die Gefangenen ein** he interceded with the Emperor on behalf of the prisoners.
Fürbitten nt (Eccl) prayers pl; (fig) pleading.
Furche f -, -n (Acker~, Gesichtsfalte) furrow; (Wagenspur) rut.
furchen vt to furrow; (Gesicht etc auch) to line. **die Spuren des Traktors furchten den Weg** the tractor made ruts or furrows in the road; **eine gefurchte Stirn** a furrowed brow.
Furcht f -, no pl fear. **aus ~ vor jdm/etw** for fear of sb/sth; **ohne ~ sein** to be fearless or without fear; **~ vor jdm/etw haben** or **empfinden** to be afraid of sb/sth, to fear sb/sth; **jdn in ~ versetzen, jdm ~ einflößen** to frighten or scare sb.
furchtbar adj terrible, awful, dreadful. **ich habe einen ~en Hunger** I'm ever so or terribly hungry (inf).
furcht|einflößend adj terrifying, fearful.
fürchten I vt jdn/etw **~** to be afraid of sb/ sth, to fear sb/sth; **das Schlimmste ~** to fear the worst; **~, daß ...** to be afraid or fear that ...; **es war schlimmer, als ich gefürchtet hatte** it was worse than I had feared; **Gott ~** to fear God.
II vr to be afraid (vor +dat of). **sich im Dunkeln ~** to be afraid or scared of the dark.
III vi **für** or **um jdn/jds Leben/etw ~** to fear for sb's/sb's life/sth; **zum F~ aussehen** to look frightening or terrifying; **jdn das F~ lehren** to put the fear of God into sb.
fürchterlich adj siehe **furchtbar**.
furcht|erregend adj siehe **furchteinflößend**; **furchtlos** adj fearless, intrepid, dauntless; **Furchtlosigkeit** f fearlessness, intrepidity, dauntlessness; **furchtsam** adj timorous; **Furchtsamkeit** f timorousness.
Furchung f (Biol) cleavage.
fürder(hin) adv (obs) hereafter (old), in future.
für|einander adv for each other, for one another.
Furie ['fuːriə] f (Myth) fury; (fig) hellcat, termagant. **wie von ~n gejagt** or **gehetzt** (liter) as though the devil himself were after him/them etc; **sie gingen wie ~n aufeinander los** they went for each other like cats or wild things.
Furnier nt -s, -e veneer.
furnieren* vt to veneer. **mit Mahagoni fur-**

niert with a mahogany veneer.

Furore *f* - *or* nt **-s**, *no pl* sensation. ~ **machen** (*inf*) to cause a sensation.

Fürsorge *f*, *no pl* **1.** (*Betreuung*) care; (*Sozial~*) welfare.

2. (*inf: Sozialamt*) welfare (*inf*), welfare services. **der ~ zur Last fallen** to be a burden on the state.

3. (*inf dated: Sozialhilfe*) social security, welfare (*US*). **von der ~ leben** to live on social security.

Fürsorgeberuf *m* job in one of the welfare services; **Fürsorgepflicht** *f* (*Jur*) employer's obligation to provide for the welfare of his employees.

Fürsorger(in *f*) *m* **-s**, **-** (church) welfare worker.

fürsorglich *adj* careful; *Mensch auch* solicitous. **jdn sehr ~ behandeln** to lavish care on sb.

Fürsorglichkeit *f siehe adj* care; solicitousness.

Fürsprache *f* recommendation. **für jdn ~ einlegen** to recommend sb (*bei* to), to put in a word for sb (*inf*) (*bei* with); **auf ~ von jdm** on sb's recommendation.

Fürsprech *m* **-s**, **-e 1.** (*old: Rechtsbeistand*) counsel. **2.** (*Sw: Rechtsanwalt*) barrister.

Fürsprecher(in *f*) *m* **1.** advocate. **2.** *siehe* **Fürsprech.**

Fürst *m* **-en**, **-en** prince; (*Herrscher*) ruler. **geistlicher ~** prince-bishop; **wie ein ~ leben** to live like a lord *or* king; **der ~ der Finsternis** *or* **dieser Welt** (*liter*) the Prince of Darkness *or* of this world (*Bibl*).

Fürstengeschlecht, Fürstenhaus *nt* royal house; **Fürstenstand** *m* royal rank; **jdn in den ~ erheben** to create sb prince; **Fürstentum** *nt* principality, princedom (*old*); **das ~ Monaco/Liechtenstein** the principality of Monaco/Liechtenstein.

Fürstin *f* princess; (*Herrscherin*) ruler.

fürstlich *adj* (*lit*) princely *no adv*; (*fig auch*) handsome, lavish. **jdn ~ bewirten** to entertain sb right royally; **~ leben** to live like a lord.

Fürstlichkeit *f* **1.** *no pl* princeliness, handsomeness, lavishness. **2.** (*form: fürstl. Herrschaften*) royal personage (*form*).

Furt *f* **-**, **-en** ford.

Furunkel *nt or m* **-s**, **-** boil.

fürwahr *adv* (*old*) forsooth (*old*), in truth (*old*).

Fürwort *nt* **-(e)s**, **⸚er** (*Gram*) *siehe* **Pronomen.**

Furz *m* **-es**, **⸚e** (*sl*) fart (*vulg*). **einen ~ lassen** to let off a fart (*vulg*).

furzen *vi* (*sl*) to fart (*vulg*).

Fusel *m* **-s**, **-** (*pej*) rotgut (*inf*), hooch (*esp US inf*).

Fusel|öl *nt* fusel oil.

Füsilier *m* **-s**, **-e** (*old Mil*, *Sw*) fusilier.

füsilieren* *vt* (*old Mil*) to execute by firing squad.

Fusion *f* amalgamation; (*von Unternehmen auch*) merger; (*von Atomkernen*, *Zellen*) fusion.

fusionieren* *vti* to amalgamate; (*Unternehmen auch*) to merge.

Fuß *m* **-es**, **⸚e 1.** (*Körperteil*) foot; (*S Ger*, *Aus: Bein*) leg. **zu ~** on foot; **zu ~ gehen/ kommen** to walk, to go/come on foot; **er**

ist gut/schlecht zu ~ he is steady/not so steady on his feet; **sich jdm zu ⸚en werfen** to prostrate oneself before sb; **jdm zu ⸚en liegen/sitzen** to lie/sit at sb's feet; **jdm zu ⸚en fallen** *or* **sinken** (*fig: Bittsteller*) to go down on one's knees to *or* before sb; **das Publikum lag/sank ihm zu ⸚en** he had the audience at his feet; **den ~ in** *or* **zwischen die Tür stellen** to get *or* put one's foot in the door; **den ~ auf die Erde/den Mond setzen** to set foot on the earth/the moon; **über seine eigenen ⸚e stolpern** to trip over one's own feet; **kalte ⸚e bekommen** (*lit*, *fig*) to get cold feet; **so schnell/weit ihn seine ⸚e trugen** as fast/far as his legs would carry him; **bei ~!** heel!; **jdm zwischen die ⸚e geraten** *or* **kommen** to get under sb's feet; **jdm etw vor die ⸚e werfen** *or* **schmeißen** (*inf*) (*lit*) to throw sth at sb; (*fig*) to tell sb to keep *or* stuff (*sl*) sth; **jdn/etw mit ⸚en treten** (*lit*) to kick sb/sth about; (*fig*) to trample all over sb/sth; **(festen) ~ fassen** (*lit*, *fig*) to gain a foothold; (*sich niederlassen*) to settle down; **auf eigenen ⸚en stehen** (*lit*) to stand by oneself; (*fig*) to stand on one's own two feet; **jdn auf freien ~ setzen** to release sb, to set sb free; **auf großem ~ leben** to live the high life; **mit jdm auf gutem ~ stehen** to be on good terms with sb; **jdm/einer Sache auf dem ⸚e folgen** (*lit*) to be hot on the heels of sb/sth; (*fig*) to follow hard on sb/sth; **mit einem ~ im Grab stehen** to have one foot in the grave.

2. (*von Gegenstand*) base; (*Tisch-*, *Stuhlbein*) leg; (*von Schrank*, *Gebirge*) foot. **auf schwachen/tönernen ⸚en stehen** to be built on sand.

3. (*Poet*) foot.

4. (*von Strumpf*) foot.

5. *pl* - (*Längenmaß*) foot. **12 ~ lang** 12 foot *or* feet long.

Fuß|abdruck *m* footprint; **Fuß|abstreifer** *m* **-s**, **-** footscraper; **Fuß|abtreter** *m* **-s**, **-** doormat; **Fuß|angel** *f* (*lit*) mantrap; (*fig*) catch, trap; **Fußbad** *nt* foot bath.

Fußball *m* **1.** (*no pl*; *~spiel*) football; (*als Kampfsport auch*) soccer. **2.** (*Ball*) football.

Fußballer *m* **-s**, **-** (*inf*) footballer.

Fußballmannschaft *f* football team; **Fußballmatch** *nt* (*Aus*) football *or* soccer match; **Fußballmeisterschaft** *f* football league championship; **Fußballplatz** *m* football *or* soccer pitch; **Fußballschuh** *m* football boot; **Fußballspiel** *nt* football *or* soccer match; (*Sportart*) football; **Fußballspieler** *m* football *or* soccer player; **Fußballtoto** *m or nt* football pools *pl*.

Fußbank *f* footstool; **Fußboden** *m* floor; **Fußbodenbelag** *m* floor covering; **Fußbodenheizung** *f* underfloor heating; **Fußbreit** *m* **-**, *no pl* foot; **keinen ~ weichen** (*lit*, *fig*) not to budge an inch (*inf*); **Fußbremse** *f* footbrake; **Fuß|eisen** *nt* mantrap.

Fussel *f* **-**, **-n** *or m* **-s**, **-** fluff *no pl*. **ein(e) ~** some fluff, a bit of fluff.

fusselig *adj* fluffy. **sich** (*dat*) **den Mund ~ reden** (*inf*) to talk till one is blue in the face.

fusseln *vi* to go bobbly (*inf*), to pill (*spec*).

füßeln *vi* to play footsie (*inf*) (*mit* with).

fußen *vi* to rest, to be based (*auf* +*dat* on).

Fuß|ende *nt* (*von Bett*) foot; **Fußfall** *m siehe* **Kniefall**; **fußfällig** *adj siehe* **kniefällig**; **Fußfesseln** *pl* shackles *pl*.

Fußgänger *m* **-s,** - pedestrian.

Fußgängerbrücke *f* footbridge; **Fußgänger|überweg** *m* pedestrian crossing, crosswalk (*US*); (*auch* **Fußgängerüberführung**) pedestrian bridge; **Fußgänger|unterführung** *f* pedestrian subway; **Fußgängerzone** *f* pedestrian precinct.

Fußgelenk *nt* ankle; **fußhoch** *adj* ankle-deep; **fußkalt** *adj* **die Wohnung ist immer** ~ there's always a draught around your feet in that flat; **Fußlappen** *m* footcloth; **Fußleiden** *nt* foot complaint; **Fußleiste** *f* skirting (board) (*Brit*), baseboard (*US*).

fußlig *adj siehe* **fusselig**.

Füßling *m* (*von Strumpf*) foot; (*Socke*) footlet.

Fußmarsch *m* walk; (*Mil*) march; **Fußmatte** *f* doormat; **Fußnote** *f* footnote; **Fußpfad** *m* footpath; **Fußpflege** *f* chiropody; **zur** ~ **gehen** to go to the chiropodist; **Fußpfleger** *m* chiropodist; **Fußpilz** *m* (*Med*) athlete's foot; **Fußpuder** *m* foot powder; **Fußpunkt** *m* **1.** (*Astron*) nadir; **2.** (*Math*) foot (*of a perpendicular*); **Fußring** *m* ring; **Fußschweiß** *m* foot perspiration; **Fußsohle** *f* sole of the foot; **Fußsoldat** *m* (*Mil old*) foot soldier; **Fußspitze** *f siehe* **Zehenspitze**; **Fußsprung** *m* **einen** ~ **machen** to jump feet-first; **Fußspur** *f* footprint; **Fußstapfen** *m* footprint; **in jds** ~ **treten** (*fig*) to follow in sb's footsteps; **Fußsteig** *m* **1.** (*Weg*) footpath; **2.** (*S Ger: Bürgersteig*) pavement (*Brit*), sidewalk (*US*); **Fußstütze** *f* footrest; **fußtief** *adj* ankle-deep; **Fußtritt** *m* (*Geräusch*) footstep; (*Spur auch*) footprint; (*Stoß*) kick; **jdm einen** ~ **geben** *or* **versetzen** to kick sb, to

give sb a kick; **einen** ~ **bekommen** (*fig*) to be kicked out; **Fußtruppe** *f* infantry *no pl*; **Fußvolk** *nt* **1.** (*Mil old*) footmen *pl*; **2.** (*fig*) **das** ~ the rank and file; **Fußwanderung** *f* walk; **Fußweg** *m* **1.** (*Pfad*) footpath; **2.** (*Entfernung*) **es sind nur 15 Minuten** ~ it's only 15 minutes walk.

futsch *adj pred* (*inf*) (*weg*) gone, vanished; (*S Ger: kaputt*) bust (*inf*), broken.

Futter *nt* **-s,** - **1.** *no pl* (*animal*) food *or* feed; (*für Kühe, Pferde etc auch*) fodder. **gut im** ~ **sein** to be well-fed. **2.** (*Auskleidung*) (*Kleider*~, *Briefumschlag*~) lining; (*Tür*~) casing. **3.** (*Spann*~) chuck.

Futteral *nt* **-s, -e** case.

Futtergetreide *nt* forage cereal; **Futterkrippe** *f* manger; **an der** ~ **sitzen** (*inf*) to be well-placed.

futtern **I** *vi* (*hum inf*) to stuff oneself (*inf*). **II** *vt* (*hum inf*) to scoff.

füttern *vt* **1.** to feed. **ich füttere dem Papagei Reis** I feed the parrot rice; **,,F**~ **verboten"** "do not feed the animals". **2.** *Kleidungsstück* to line.

Futternapf *m* bowl; **Futterneid** *m* (*fig*) green-eyed monster (*hum*); **Futterpflanze** *f* forage plant; **Futterrübe** *f* root vegetable used for forage; **Futtersack** *m* nosebag; **Futterstoff** *m* lining (material); **Futtertrog** *m* feeding trough.

Fütterung *f* feeding. **die** ~ **der Nilpferde findet um 17⁰⁰ Uhr statt** feeding time for the hippos is 5 p.m.

Futur *nt* **-s, -e** (*Gram*) future (tense).

futurisch *adj* (*Gram*) future.

Futurismus *m* futurism.

Futurist *m* futurist.

futuristisch *adj* futurist(ic).

Futurologe *m* futurologist.

Futurologie *f* futurology.

futurologisch *adj* futurological.

Fux *m* **-es,** ⁼e (*Univ*) new member of a student fraternity.

G

G, g [ge:] *nt* -, - G, g.
g *abbr of* **Gramm.**
gab *pret of* **geben.**
Gabardine ['gabardi:n, gabar'di:n(ə)] *m* **-s,**
no pl or f **-,** *no pl* gaberdine, gabardine.
Gabe *f* **-, -n 1.** (*dated: Geschenk*) gift,
present (*gen* of, from); (*Schenkung*)
donation (*gen* from); (*Eccl: Opfer*) offer-
ing; *siehe* **mild(e).** **2.** (*Begabung*) gift. **die**
~ haben, etw zu tun to have a natural *or*
(*auch iro*) (great) gift for doing sth.
3. (*Med: Dosis*) dose.
Gabel *f* **-, -n** fork; (*Heu~, Mist~*) pitchfork; (*Deichsel*) shafts *pl*; (*Telec*) rest,
cradle; (*Geweih mit zwei Enden*) two-
pointed antler; (*zwei Enden des Geweihs*)
branch, fork.
Gabelbissen *m* canapé; **Gabeldeichsel** *f*
shafts *pl*; **gabelförmig** *adj* forked *no*
adv; **sich ~ teilen** to fork; **Gabelfrüh-**
stück *nt* buffet lunch, fork lunch;
Gabelhirsch *m* (*Hunt: Rothirsch*) two-
pointer; (*Andenhirsch*) guemal.
gabeln *vtr* to fork.
Gabelstapler *m* **-s, -** fork-lift truck.
Gabelung *f* fork.
Gabentisch *m* table for Christmas or birthday presents.
gackern *vi* (*lit, fig*) to cackle.
gacksen *vi* (*inf*) (*gackern*) to cackle.
Gadolinium *nt*, *no pl* (*abbr* **Gd**)
gadolinium.
Gaffel *f* **-, -n** (*Naut*) gaff.
Gaffelschoner *m* (*Naut*) fore-and-aft
schooner; **Gaffelsegel** *nt* (*Naut*) gaffsail.
gaffen *vi* to gape, to gawp (*inf*), to stare
(*nach* at).
Gaffer(in *f*) *m* **-s, -** gaper, gawper (*inf*),
starer. **die neugierigen ~ bei einem Unfall**
the nosy people standing gaping at an accident, rubberneckers at an accident (*US*).
Gag [gɛ(:)k] *m* **-s, -s** (*Film~*) gag; (*Werbe~*)
gimmick; (*Witz*) joke; (*inf: Spaß*) laugh.
Gagat *m* **-(e)s, -e, Gagatkohle** *f* jet.
Gage ['ga:ʒə] *f* **-, -n** (*esp Theat*) fee; (*regel-*
mäßige~) salary.
gähnen *vi* (*lit, fig*) to yawn. **~de Leere** total
emptiness; **im Kino herrschte ~de Leere**
the cinema was (totally) deserted; **ein ~**
der Abgrund/~des Loch a yawning abyss/
gaping hole; **ein G~** a yawn; **das G~**
unterdrücken to stop oneself (from)
yawning; **das war zum G~** (*langweilig*) it
was one big yawn (*inf*).
Gala *f* **-,** *no pl* formal *or* evening *or* gala
dress; (*Mil*) full *or* ceremonial *or* gala
dress. **sich in ~ werfen** to get all dressed
up (to the nines *inf*), to put on one's best
bib and tucker (*inf*).
Gala- *in cpds* formal, evening; (*Mil*) full
ceremonial, gala; (*Theat*) gala; **Gala-**
|anzug *m* formal *or* evening dress; (*Mil*)
full *or* ceremonial *or* gala dress;
Galadiner *nt* formal dinner; **Gala|emp-**

fang *m* formal reception.
galaktisch *adj* galactic.
Galan *m* **-s, -e** (*old*) gallant; (*hum inf*
auch) beau.
galant *adj* (*dated*) gallant. **die ~e Dichtung**
gallant poetry; **~es Abenteuer** affair of
the heart, amatory adventure.
Galanterie *f* (*dated*) gallantry.
Galanteriewaren *pl* (*old*) fashion
accessories *pl*.
Gala|uniform *f* (*Mil*) full dress *or*
ceremonial *or* gala uniform; **Galavor-**
stellung *f* (*Theat*) gala performance.
Gäle *m* **-n, -n** Gael.
Galeere *f* **-, -n** galley.
Galeerensklave, Galeerensträfling *m*
galley slave.
Galeone *f* **-, -n** (*Hist*) galleon.
Galerie *f* **1.** (*Empore, Gang, Kunst~, Mil,*
Naut) gallery. **auf der ~** in the gallery.
2. (*Geschäftspassage*) arcade.
Galerist(in *f*) *m* owner of a gallery.
Galgen *m* **-s, -** gallows *pl*, gibbet; (*Film*)
boom; (*Tech*) crossbeam; (*Spiel*) hang-
man. **jdn an den ~ bringen** to bring sb to
the gallows; **an den ~ mit ihm!** let him
swing!, to the gallows with him!; **jdn am ~**
hinrichten to hang sb (from the gallows).
Galgenfrist *f* (*inf*) reprieve; **jdm eine ~**
geben to give sb a reprieve, to reprieve sb;
Galgenhumor *m* gallows humour; **sagte**
er mit ~ he said with a macabre sense of
humour; **Galgenstrick, Galgenvogel** *m*
(*inf*) gallows bird (*inf*).
Galiläa *nt* **-s,** *no pl* Galilee.
Galiläer(in *f*) *m* **-s, -** Galilean.
Galionsfigur *f* figurehead.
gälisch *adj* Gaelic.
Gall|apfel *m* gallnut; (*an Eichen*) oak-
apple, oak-gall.
Galle *f* **-, -n** (*Anat*) (*Organ*) gallbladder;
(*Flüssigkeit*) bile, gall; (*Bot, Vet*) gall;
(*fig: Bosheit*) gall, virulence. **bitter wie ~**
bitter as gall *or* wormwood; **seine ~ ver-**
spritzen (*fig*) to pour out one's venom;
(*bei Rezension etc auch*) to dip one's pen
in gall; **jdm kommt die ~ hoch** sb's blood
begins to boil; **die ~ läuft ihm über** (*inf*)
he's seething *or* livid.
galle(n)bitter *adj* bitter as gall; **Wein,**
Geschmack auch acid, acrid; **Arznei auch**
bitter; **Bemerkung** caustic.
Gallen- *in cpds* gall; **Gallenblase** *f* gall-
bladder; **Gallengang** *m* bile duct; **Gal-**
lengrieß *m* small gall-stones *pl*; **Gallen-**
kolik *f* gall-stone colic; **Gallenleiden** *nt*
trouble with one's gall-bladder; **Gallen-**
stein *m* gall-stone.
Gallert *nt* **-(e)s, -e, Gallerte** *f* **-, -n** jelly.
gallert|artig *adj* jelly-like, gelatinous.
Gallien [-iən] *nt* **-s** Gaul.
Gallier(in *f*) [-iɐ, -iərɪn] *m* **-s, -** Gaul.
gallig *adj* gall-like *attr*; (*fig*) *Mensch,*
Bemerkung, Humor caustic, acerbic.

gallisch *adj* Gallic.

Gallium *nt, no pl (abbr* **Ga**) gallium.

Gallizismus *m (Ling)* Gallicism.

Gallone *f -, -n* gallon.

Galopp *m* **-s, -s** *or* **-e** gallop; *(Tanz)* galop. **im ~** *(lit)* at a gallop; *(fig)* at top *or* high speed; **langsamer ~** canter; **gestreckter/ kurzer ~** full/checked gallop; **in den ~ verfallen** to break into a gallop; **ein bißchen ~, bitte** *(inf)* get a move on please *(inf)*.

galoppieren* *vi aux* **haben** *or* **sein** to gallop. **~de Inflation** galloping inflation.

Galosche *f -, -n* galosh *usu pl*, overshoe.

galt *pret of* **gelten**.

Galvanisation [galvaniza'tsio:n] *f* galvanization; *(Chem auch)* electroplating.

galvanisch [gal'va:nɪʃ] *adj* galvanic.

Galvaniseur [galvani'zøːɐ] *m* electroplater.

Galvanisieranstalt *f* electroplating works *sing or pl*.

galvanisieren* [galvani'zi:rən] *vt* to electroplate; *(mit Zink auch)* to galvanize.

Galvanismus [galva'nɪsmʊs] *m* galvanism.

Galvano [gal'va:no] *nt* **-s, -s** *(Typ)* electrotype, electro *(inf)*.

Galvanometer *nt* galvanometer; **Galvanoplastik** *f (Tech)* electroforming, galvanoplasty *(form)*; *(Typ)* electrotype.

Gamasche *f -, -n* gaiter; *(kurze ~)* spat; *(Wickel~)* puttee. **sie hat ~n vor ihm/ davor** *(dated inf)* he/it makes her tremble in her boots *(inf)*.

Gamaschenhose *f* (pair *sing* of) leggings *pl*.

Gambe *f -, -n* viola da gamba.

Gammastrahlen *pl* gamma rays *pl*.

Gammel *m* **-s,** *no pl (dial)* junk *(inf)*, rubbish.

Gammeldienst *m (Mil sl)* lazy spell of duty.

gammelig *adj (inf)* *Lebensmittel* old, ancient *(inf)*; *Kleidung* tatty *(inf)*; *Auto auch* decrepit. **das Fleisch ist ja schon ganz ~** the meat has already gone bad *or* off.

Gammelleben *nt (inf)* loafing *or* bumming around *(inf) no art*.

gammeln *vi (inf)* to laze *or* loaf *(inf)* about, to bum around *(inf); (wie ein Gammler leben)* to live like a dropout.

Gammler(in *f) m* **-s, -** dropout.

Gams *f -, -(en) (Aus, S Ger, Hunt)* siehe **Gemse**.

Gamsbart *m* tuft of hair from a chamois worn as a hat decoration, shaving-brush *(hum inf)*; **Gamsbock** *m* chamois buck; **Gamsleder** *nt* chamois (leather).

gang *adj:* **~ und gäbe sein** to be the usual thing, to be quite usual.

Gang¹ *m* **-(e)s, ~e 1.** *(no pl: ~art)* walk, way of walking, gait; *(eines Pferdes)* gait, pace. **einen leichten/schnellen ~ haben** to be light on one's feet, to walk lightly/to be a fast walker; **jdn an seinem** *or* **am ~ erkennen** to recognize sb's walk *or* sb from the way he walks; **seinen ~ verlangsamen/ beschleunigen** to slow down/to speed up, to hasten one's step *(liter)*.

2. *(Besorgung)* errand; *(Spazier~)* walk. **einen ~ machen** *or* **tun** to go on an errand/to go for a walk; **einen ~zum**

Anwalt/zur Bank machen to go to *or* pay a visit to one's lawyer/the bank; **einen schweren ~ tun** to do something difficult; **das war für ihn immer ein schwerer ~** it was always hard for him; **ich muß einen schweren ~ tun** I have a difficult thing to do; **sein erster ~ war …** the first thing he did was …; **den ~ nach Canossa antreten** *(fig)* to eat humble pie; **der ~ nach Canossa** *(Hist)* the pilgrimage to Canossa.

3. *(no pl: Bewegung einer Maschine)* operation; *(Ablauf)* course; *(eines Dramas)* development. **der ~ der Ereignisse/der Dinge** the course of events/ things; **seinen gewohnten ~ gehen** *(fig)* to run its usual course; **etw in ~ bringen** *or* **setzen** to get *or* set sth going; *(fig auch)* to get sth off the ground *or* under way; **etw in ~ halten** *(lit, fig)* to keep sth going; *Maschine, Motor auch* to keep sth running; **in ~ kommen** to get going; *(fig auch)* to get off the ground *or* under way; **in ~ sein** to be going; *(eine Maschine auch)* to be in operation, to be running; *(fig)* to be off the ground *or* under way; *(los sein)* to be going on *or* happening; **in vollem ~** in full swing; **es ist etwas im ~(e)** *(inf)* something's up *(inf)*; **bei ihm/gegen ihn ist etwas im ~(e)** there's something up with him/there's a plot against him.

4. *(Arbeits~)* operation; *(Speisenfolge)* course; *(Fechten, im Zweikampf)* bout; *(beim Rennen)* heat. **ein Essen von** *or* **mit vier ~en** a four-course meal.

5. *(Verbindungs~)* passage(way); *(Rail, in Gebäuden)* corridor; *(Hausflur)* *(offen)* passage(way), close *(Scot)*; *(hinter Eingangstür)* hallway; *(im oberen Stock)* landing; *(Theat, Aviat, in Kirche, in Geschäft, in Stadion)* aisle; *(Aviat, in Stadion)* gangway; *(Bogen~)* arcade, passage; *(Wandel~)* walk; *(in einem Bergwerk)* tunnel, gallery; *(Durch~ zwischen Häusern)* passage(way); *(Anat)* duct; *(Gehör~)* meatus; *(Min: Erz~)* vein; *(Tech: eines Gewindes)* thread.

6. *(Mech)* gear; *(bei Fahrrad auch)* speed. **den ersten ~ einschalten** *or* **einlegen** to engage first (gear); **in den dritten ~ schalten** to change *or* shift *(US)* into third (gear).

Gang² [geŋ] *f -, -s* gang.

Gangart *f* **1.** walk, way of walking, gait; *(von Pferd)* gait, pace; *(Haltung)* carriage, bearing. **eine schnellere ~ vorlegen** to walk faster.

2. *(Min)* gangue, matrix.

gangbar *adj (lit)* *Weg, Brücke etc* passable; *(fig)* *Lösung, Weg* practicable. **nicht ~** impassable/impracticable.

Gängelband *nt:* **jdn am ~ führen** *(fig)* *(Lehrer etc)* to spoon-feed sb; *(Ehefrau, Mutter)* to keep sb tied to one's apron strings.

Gängelei *f* spoon-feeding. **warum wehrt er sich nicht gegen die ~ seiner Mutter/ Frau?** why doesn't he fight against being tied to his mother's/wife's apron strings?

gängeln *vt (fig)* **jdn ~** to spoon-feed sb, to treat sb like a child/children; *(Mutter,*

Ehefrau) to keep sb tied to one's apron strings.

Ganges *m* - Ganges.

gängig *adj* **1.** (*üblich*) common; (*aktuell*) current; *Münze* current; (*vertretbar*) possible.

2. (*gut gehend*) *Waren* popular, in demand. **die ~ste Ausführung** the best-selling model.

Ganglien [-iən] *pl* (*Anat*) ganglia *pl*.

Ganglienzelle *f* gangliocyte, ganglion cell.

Gangrän *nt* **-s, -e** (*Med*) gangrene.

Gangschaltung *f* gears *pl*.

Gangster ['gɛŋstɐ, 'gaŋstɐ] *m* **-s,** - gangster.

Gangsterboß *m* gang boss; **Gangsterbraut** *f* (*gang*) moll (*sl*); **Gangstermethode** *f* gangster method.

Gangway ['gæŋweɪ] *f* **-, -s** (*Naut*) gangway; (*Aviat*) steps *pl*.

Ganove [ga'noːvə] *m* **-n, -n** (*inf*) crook; (*hum: listiger Kerl*) sly old fox.

Ganoven|ehre *f* honour among(st) thieves; **Ganovensprache** *f* underworld slang.

Gans *f* **-, ⁻e** goose. **wie die ⁻e schnattern** to cackle away, to cackle like a bunch of old hens (*inf*).

Gans- *in cpds* (*Aus*) *siehe* **Gänse-.**

Gänschen ['gɛnsçən] *nt* gosling; (*fig inf*) little goose (*inf*).

Gänse- *in cpds* goose; **Gänseblümchen** *nt* daisy; **Gänsebraten** *m* roast goose; **Gänsebrust** *f* (*Cook*) breast of goose; **Gänsefeder** *f* (goose-)quill; **Gänsefüßchen** *pl* (*inf*) inverted commas *pl*, quotation marks *pl*, sixty-sixes and ninety-nines *pl* (*inf*); **Gänsehaut** *f* (*fig*) goose-pimples *pl*, goose-flesh; **eine ~ kriegen** (*inf*) to get goose-pimples *or* goose-flesh, to go all goose-pimply (*inf*); **Gänsekiel** *m* (goose-)quill; **Gänseklein** *nt* **-s,** *no pl* goose pieces *pl*; (*Innereien*) goose giblets *pl*; **Gänseleberpastete** *f* pâté de foie gras; **Gänsemarsch** *m*: **im ~** in single *or* Indian file.

Gänserich *m* **-s, -e** gander.

Gänseschmalz *nt* goose-dripping; **Gänsewein** *m* (*hum*) Adam's ale (*hum*), water.

Ganter *m* **-s,** - (*N Ger*) *siehe* **Gänserich.**

ganz I *adj* **1.** whole, entire; (*vollständig*) complete; *Wahrheit* whole. **eine ~e Zahl** a whole number, an integer; **eine ~e Note/Pause** (*Mus*) a semi-breve (*Brit*), a whole note (*US*)/a semi-breve *or* whole note rest; **die ~e Mannschaft war ...** the whole *or* entire team was ..., all the team were ...; **die ~en Tassen/Kinder** (*inf*) all the cups/children; **der ~e Vordergrund** the whole *or* entire foreground, the whole of the foreground, all the foreground; **~ England/London** the whole of England/London, all England/London; **wir fuhren durch ~ England** we travelled all over England; **in ~ England/London** in the whole of *or* in all England/London; **die ~e Zeit** all the time, the whole time; **der ~e Kram** the whole lot; **eine ~e Menge** quite a lot; **sein ~es Geld/Vermögen** all his money/fortune, his entire *or* whole fortune; **seine ~en Sachen** all his things; **seine ~e Kraft** all his strength; **sie ist seine ~e Freude** (*inf*) she's the apple of his eye

(*inf*); **du hast mir den ~en Spaß verdorben** you've spoilt all my fun; **ein ~er Mann** a real *or* proper man; **du bist ein ~ Schlauer** you're really a crafty one; **etwas ~ Intelligentes/Verrücktes** *etc* something really intelligent/mad *etc.*

2. eine Sammlung ~ *or* **im ~en kaufen** to buy a collection as a whole; **im (großen und) ~en (genommen)** on the whole, by and large, (taken) all in all.

3. (*inf: unbeschädigt*) intact. **etw wieder ~ machen** to mend sth; **wieder ~ sein** to be mended.

4. (*inf: nicht mehr als*) all of. **ich verdiene im Monat ~e 200 DM** I earn all of 200 marks a month; **noch ~e zehn Minuten** all of ten minutes.

II *adv* (*völlig*) quite; (*vollständig, ausnahmslos*) completely; (*ziemlich, leidlich*) quite; (*sehr*) really; (*genau*) exactly, just. **~ hinten/vorn** right at the back/front; **nicht ~** not quite; **~ gewiß!** most certainly, absolutely; **ein ~ gutes Buch** (*ziemlich*) quite a good book; (*sehr gut*) a very *or* really good book; **du hast ihn ~ fürchterlich beleidigt** you've really insulted him very badly; **ein ~ billiger Trick/böser Kerl** a really cheap trick/ evil character; **das war ~ lieb von dir** that was really nice of you; **das ist mir ~ gleich** it's all the same *or* all one to me; **er hat ~ recht** he's quite *or* absolutely right; **~ mit Ruß bedeckt** all *or* completely covered with soot; **~ allein** all alone; **du bist ja ~ naß** you're all wet; **so ~ vergnügt/traurig** *etc* so very happy/ sad *etc*; **~ Aufmerksamkeit** *etc* **sein** to be all attention *etc*; **es ist ~ aus** it's all over; **~ wie Sie meinen** just as you think (best); **~ gleich wer** it doesn't matter who, no matter who; **eine Zeitschrift ~ lesen** to read a magazine right through *or* from cover to cover; **das habe ich nicht ~ gelesen** I haven't read it all yet, I haven't finished reading it yet; **ein ~ ~ hoher Berg** a very very *or* really really high mountain; **~ und gar** completely, utterly; **~ und gar nicht** not at all, not in the least; **noch nicht ~ zwei Uhr** not quite two o'clock yet; **ich habe ~ den Eindruck, daß ...** I've rather got the impression that ...; **ein ~ klein wenig** just a little *or* tiny bit; **das mag ich ~ besonders gerne** I'm particularly *or* especially fond of that; **sie ist ~ die Mutter** she's just *or* exactly like her mother; **etw ~ oder gar nicht machen** to do sth properly *or* not at all.

Ganz|aufnahme *f* (*Phot*) full-length photo(graph).

Gänze *f* **-,** *no pl* (*form, Aus*) entirety. **zur ~** completely, fully, in its entirety.

Ganze(s) *nt decl as adj* whole; (*alle Sachen zusammen*) lot; (*ganzer Satz, ganze Ausrüstung*) complete set. **etw als ~s sehen** to see sth as a whole; **das ~ kostet ...** altogether it costs ...; **das ~ halt!** (*Mil*) parade, halt!; **das ist nichts ~s und nichts Halbes** that's neither one thing nor the other; **das ~ gefällt mir gar nicht** I don't like it at all, I don't like anything about it; **aufs ~ gehen** (*inf*) to go all out; **es geht ums ~** everything's at stake.

Ganzheit *f* (*Einheit*) unity; (*Vollständigkeit*)

entirety. **in seiner** ~ in its entirety.

ganzheitlich *adj* (*umfassend einheitlich*) integral. **ein Problem** ~ **betrachten/ darstellen** to view/present a problem in its entirety.

Ganzheitsmedizin *f* holistic medicine; **Ganzheitsmethode** *f* look-and-say method.

ganzjährig *adj* non-seasonal, all the year round; **Ganzlederband** *m* leather-bound volume; **ganzledern** *adj* leather-bound, bound in leather; **Ganzleinen** *nt* (*Stoff*) pure linen; **Ganzleinenband** *m* cloth-bound volume.

gänzlich I *adv* completely, totally. II *adj* (*rare*) complete, total.

ganztägig *adj* all-day; *Arbeit, Stelle* full-time; **ein ~er Ausflug** a day-trip; ~ **arbeiten** to work full-time; **das Schwimmbad ist ~ geöffnet** the swimming baths are open all day. **Ganztagsschule** *f* all-day schooling *no pl* or schools *pl*; **Ganztagsstelle** *f* full-time job. **Ganzton** *m* (*Mus*) (whole) tone.

gar I *adv* **1.** (*überhaupt*) at all; (*ganz*) quite. ~ **keines** not a single one, none whatsoever or at all; ~ **kein Grund** no reason whatsoever or at all, not the slightest reason; ~ **niemand** not a soul, nobody at all or whatsoever; ~ **nichts** nothing at all or whatsoever; ~ **nicht schlecht** or **übel** not bad at all, not at all bad.

2. (*geh, S Ger, Aus: zur Verstärkung*) **es war ~ so kalt/warm** it was really or so cold/warm; **er wäre ~ zu gern noch länger geblieben** he would really or so have liked to stay longer; **es ist ~ zu dumm, daß er nicht gekommen ist** (*geh, S Ger, Aus*) it's really or so or too stupid that he didn't come.

3. (*geh: sogar*) even. **er wird doch nicht ~ verunglückt sein?** he hasn't had an accident, has he?; **warum nicht ~!** (and) why not?, why not indeed?; **und nun will sie ~ ...** and now she even wants ...; **hast du eine Wohnung, oder ~ ein eigenes Haus?** do you have a flat, or perhaps even a house of your own?

4. (*obs: sehr*) really, indeed. **ein ~ feiner Mensch** a really splendid person, a splendid person indeed; **er kommt ~ oft** he comes really frequently or very frequently indeed; ~ **mancher** many a person; ~ **manchmal** many a time, many a time and oft (*old*).

II *adj* **1.** *Speise* done *pred*, cooked. **das Steak ist ja nur halb ~** this steak is only half-cooked.

2. (*form*) *Leder* tanned, dressed; (*Agr*) *Boden* well-prepared.

Garage [ga'ra:ʒə] *f* -, **-n** garage; (*Hoch~, Tief~*) car-park. **das Auto in einer ~ unterstellen** to garage one's car.

garagieren* [gara'ʒi:rən] *vt* (*Aus, Sw*) to park.

Garant *m* guarantor.

Garantie *f* (*lit, fig*) guarantee. **die Uhr hat ein Jahr ~** the watch is guaranteed for a year or has a year's guarantee; **das fällt noch unter die ~** or **geht noch auf ~** that comes under or is covered by the guarantee; **ich gebe dir meine ~ darauf** (*fig inf*) I guarantee (you) that.

Garantieanspruch *m* right to claim under guarantee; **Garantielohn** *m* guaranteed minimum wage.

garantieren* I *vt* to guarantee (*jdm etw sb* sth). **der Name dieser Firma garantiert Qualität** the name of this firm is a guarantee of good quality or guarantees good quality; **er konnte mir nicht ~, daß ...** he couldn't give me any guarantee that ...

II *vi* to give a guarantee. **für etw ~** to guarantee sth; **diese Marke garantiert für Qualität** this brand is a guarantee of quality; **er konnte für nichts ~** he couldn't guarantee anything.

garantiert *adv* guaranteed; (*inf*) I bet (*inf*). **er kommt garantiert nicht** I bet he won't come (*inf*), he's bound not to come.

Garantieschein *m* guarantee, certificate of guarantee (*form*).

Garaus *m*: (*inf*) **jdm den ~ machen** to do sb in (*inf*), to bump sb off (*inf*); **einer Sache den ~ machen** to put an end or a stop to a matter.

Garbe *f* -, **-n** (*Korn~*) sheaf; (*Licht~*) beam; (*Mil: Schuß~*) burst of fire. **das Getreide wurde in** or **zu ~n gebunden** the corn was bound into sheaves.

Gärbottich *m* fermenting vat.

Garçonnière [garsɔ'niɛːrə] *f* -, **-n** (*Aus*) one-room flat (*Brit*) or apartment.

Garde *f* -, **-n** guard. **bei der ~** in the Guards; **die alte ~** (*fig*) the old guard.

Gardemaß *nt* height required for eligibility for the Guards; ~ **haben** (*inf*) to be as tall as a tree; **Gardeoffizier** *m* Guards officer; **Garderegiment** *nt* Guards regiment.

Garderobe *f* -, **-n** **1.** (*Kleiderbestand*) wardrobe. **eine reiche ~ haben** to have a large wardrobe, to have a great many clothes.

2. (*Kleiderablage*) hall-stand; (*im Theater, Kino etc*) cloakroom, checkroom (*US*). **seinen Mantel an der ~ abgeben** to leave one's coat in the cloakroom.

3. (*Theat*) dressing-room.

Garderobenfrau *f* cloakroom or checkroom (*US*) attendant; **Garderobenhaken** *m* coat hook; **Garderobenmarke** *f* cloakroom or checkroom (*US*) number; **Garderobenschrank** *m* hall cupboard; **Garderobenständer** *m* hat-stand.

Garderobier [gardəro'bie:] *m* -**s**, -**s** **1.** (*Theat: für Kostüme*) wardrobe master; (*im Umkleideraum*) dresser. **2.** (*an der Abgabe*) cloakroom or checkroom (*US*) attendant.

Garderobiere [-'bie:rə] *f* -, **-n** **1.** wardrobe mistress, dresser. **2.** cloakroom or checkroom (*US*) attendant.

Gardine *f* curtain, drape (*US*); (*Scheiben~*) net curtain; *siehe* **schwedisch**.

Gardinenband *nt* curtain tape; **Gardinenleiste** *f* curtain rail; **Gardinenpredigt** *f* (*inf*) dressing-down, talking-to; **jdm eine ~ halten** to give sb a dressing-down or a talking-to; **Gardinenröllchen** *nt* curtain runner; **Gardinenschnur** *f* curtain cord; **Gardinenstange** *f* curtain rail; (*zum Ziehen*) curtain rod.

Gardist m (Mil) guardsman.

garen (Cook) vti to cook; (auf kleiner Flamme) to simmer.

gären I vi aux haben or sein to ferment; (Hefe) to work; (fig: Gefühle) to seethe. **die Wut gärte in ihm** he was seething with anger; **in ihm gärt es** he is in a state of inner turmoil. II vt to ferment.

Gärfutter nt (Agr) silage no pl.

garkochen vt sep to cook/boil etc sth (until done); siehe **kochen**.

Garn nt -(e)s, -e 1. thread; (Baumwoll~ auch) cotton; (Häkel~, fig: Seemanns~) yarn. **ein ~ spinnen** (fig) to spin a yarn. 2. (Netz) net. **jdm ins ~ gehen** (fig) to fall into sb's snare, to fall or walk into sb's trap.

Garnele f -, -n (Zool) prawn; (Granat) shrimp.

garni adj siehe **Hotel** ~.

garnieren* vt Kuchen, Kleid to decorate; Gericht, (fig) Reden etc to garnish.

Garnierung f siehe vt 1. (das Garnieren) decoration; garnishing. 2. (Material zur ~) decoration; garnish.

Garnison f (Mil) garrison. **mit ~ belegen** to garrison; **in ~ liegen** to be garrisoned or in garrison.

Garnison(s)- in cpds garrison; **Garnison(s)kirche** f garrison church; **Garnison(s)stadt** f garrison town.

Garnitur f 1. (Satz) set; (Unterwäsche) set of (matching) underwear. **die erste ~** (fig) the pick of the bunch, the top-notches pl (inf); **erste/zweite ~ sein, zur ersten/zweiten ~ gehören** to be first-rate or first-class/second-rate. 2. (Besatz) trimming. 3. (Mil: Uniform) uniform.

Garnknäuel m or nt ball of thread or yarn; **Garnrolle** f spool; (von Baumwolle, Nähgarn) cotton reel.

Garotte f -, -n garrotte.

garottieren* vt to garrotte.

garstig adj (dated) nasty, horrible.

Garstigkeit f (dated) nastiness.

Gärstoff m ferment.

Garten m -s, ⁻ garden; (Obst~) orchard. **öffentlicher/ botanischer/zoologischer ~** public/botanic(al)/zoological gardens pl; **im ~ arbeiten** to work in the garden, to do some gardening; **das ist nicht in seinem ~ gewachsen** (fig inf) (Ideen) he didn't think of that himself, that's not his own idea; (Leistungen) he didn't do that by himself.

Garten- in cpds garden; **Garten|arbeit** f gardening no pl; **Garten|architekt** m landscape gardener; **Gartenbau** m, no pl horticulture; **Gartenblume** f garden or cultivated flower; **Gartengerät** nt gardening tool or implement; **Gartenhaus** nt summer house; (für Geräte) garden shed; (Hinterhaus) back or rear building; **Gartenlaube** f (Häuschen) summer house; (aus Blattwerk) arbour, bower; (für Geräte) garden shed; **Gartenlokal** nt beer garden; (Restaurant) garden café; **Gartenmöbel** pl garden furniture; **Gartenschere** f secateurs pl (Brit), pruning-shears pl; (Heckenschere) shears pl; **Gartenschlauch** m garden hose; **Gartentür** f garden gate; **Gartenzwerg** m garden gnome; (pej inf) squirt (inf).

Gärtner m -s, - gardener; siehe **Bock¹**.

Gärtnerei f 1. (Baumschule, für Setzlinge) nursery; (für Obst, Gemüse, Schnittblumen) market-garden. 2. no pl (Gartenarbeit) gardening; (Gartenbau) horticulture.

Gärtnerin f gardener.

gärtnerisch I adj attr gardening; Ausbildung horticultural. **~e Gestaltung** landscaping. II adv **einen Park ~ gestalten** to landscape a park.

gärtnern vi to garden.

Gärung f fermentation; (fig) ferment, turmoil. **in ~ sein** (fig) to be in ferment or in a turmoil.

Gärungsprozeß m process of fermentation.

Gas nt -es, -e gas; (Aut: ~pedal) accelerator, gas pedal (esp US). **~ geben** (Aut) to accelerate, to put one's foot down (inf), to step on the gas (inf); (auf höhere Touren bringen) to rev up; **~ wegnehmen** (Aut) to decelerate, to ease one's foot off the accelerator, to throttle back (US); **mit ~ vergiften** to gas.

Gas- in cpds gas; **Gas|automat** m gas meter; **Gasbade|ofen** m gas(-fired) water heater; **Gasbehälter** m gas-holder, gasometer; **gasbeheizt** adj gas-heated; **Gasdichte** f (Phys) density of a/the gas; **Gas|erzeugung** f generation of gas; (Ind) gas-production; **Gasflasche** f bottle of gas, gas canister; **gasförmig** adj gaseous, gasiform; **Gasgeruch** m smell of gas; **Gasglühlicht** nt gaslight; (Vorrichtung) gas-lighting; **Gashahn** m gas-tap; **den ~ aufdrehen** (fig) to put one's head in the gas oven; **Gashebel** m (Aut) accelerator (pedal), gas pedal (esp US); (Hand~) (hand) throttle; **Gashülle** f atmosphere; **Gaskammer** f gas chamber; **Gaskocher** m camping stove; **Gaskrieg** m chemical or gas war/warfare; **Gaslaterne** f gas (street) lamp; **Gasleitung** f (Rohr) gas pipe; (Hauptrohr) gas main; **Gaslicht** nt gaslight; (Beleuchtung) gas-lighting; **Gasmann** m, pl -männer gasman; **Gasmaske** f gasmask; **Gas|ofen** m (Heizofen) gas fire or heater; (Heizungsofen) gas(-fired) boiler; (Backofen) gas oven; (Herd) gas cooker or stove.

Gasolin nt -s, no pl petroleum ether.

Gasometer m gasometer.

Gaspedal nt (Aut) accelerator (pedal), gas pedal (esp US); **Gaspistole** f tear-gas gun; **Gasrohr** nt siehe **Gasleitung**.

Gäßchen nt alley(way).

Gasse f -, -n lane; (Durchgang) alley(way); (S Ger, Aus: Stadtstraße) street; (Rugby) line-out. **die schmalen ~n der Altstadt** the narrow streets and alleys of the old town; **eine ~ bilden** to make a passage; (Rugby) to form a line-out; **sich** (dat) **eine ~ bahnen** to force one's way; **auf der ~** (S Ger, Aus) on the street; **etw über die ~ verkaufen** (Aus) to sell sth to take away.

Gassenhauer m (old, inf) popular melody; **Gassenjargon** m gutter language; **Gassenjunge** m street urchin or arab; **Gassenschänke** f (S Ger) off-sales (Brit), package store (US).

Gassi adv (inf) **~ gehen** to go walkies (inf);

mit einem Hund ~ gehen to take a dog (for) walkies (*inf*).

Gast¹ *m* **-es, ⁻e** guest; (*Besucher auch, Tourist*) visitor; (*in einer ~stätte*) customer; (*Theat*) guest (star). **Vorstellung vor geladenen⁻en** performance before an invited audience; **ungeladener ~** uninvited guest; (*bei einer Party auch*) gatecrasher; **jdn zu ~ bitten** (*form*) to request the pleasure of sb's company (*form*); **wir haben heute abend ⁻e** we're having people round *or* company this evening; **bei jdm zu ~ sein** to be sb's guest(s).

Gast² *m* **-(e)s, -en** (*Naut*) (*Signal~*) signal-man; (*Radio~*) operator.

Gast|arbeiter *m* immigrant *or* foreign worker; **Gastbett** *nt* spare *or* guest bed.

Gästebuch *nt* visitor's book.

Gastechnik *f* gas-engineering.

Gästehaus *nt* guest house; **Gästezimmer** *nt* guest room.

gastfrei *adj siehe* **gastfreundlich**; **Gast-freund** *m* (*old*) guest; (*Gastgeber*) host; **gastfreundlich** *adj* hospitable; **Gast-freundschaft** *f* hospitality; **gastgebend** *adj attr* **Land** host; **Gastgeber** *m* host; **Gastgeberin** *f* hostess; **Gastgeschenk** *nt* present *brought by a guest;* **Gasthaus** *nt*, **Gasthof** *m* inn; **Gasthörer(in** *f*) *m* (*Univ*) observer, auditor (*US*).

gastieren* *vi* to guest, to make a guest appearance.

Gastland *nt* host country; **gastlich** *adj siehe* **gastfreundlich**; **Gastlichkeit** *f siehe* Gastfreundschaft; **Gastmahl** *nt* (*old*) banquet; **Platos ,,~"** Plato's "Symposium".

Gastod *m* death by gassing. **den ~ sterben** to be gassed.

Gastprofessor *m* visiting professor; **Gast-recht** *nt* right to hospitality.

Gastritis *f* **-**, **Gastritiden** gastritis.

Gastrolle *f* (*Theat*) guest role. **eine ~ geben** *or* **spielen** (*lit*) to make a guest appearance; (*fig*) to put in *or* make a fleeting appearance.

Gastronom *m* (*Gastwirt*) restaurateur; (*Koch*) cuisinier, cordon-bleu cook.

Gastronomie *f* (*form: Gewerbe*) catering trade; (*geh: Kochkunst*) gastronomy.

gastronomisch *adj* gastronomic.

Gastroskopie *f* (*Med*) gastroscopy.

Gastspiel *nt* (*Theat*) guest performance; (*Sport*) away match; **ein ~ geben** (*lit*) to give a guest performance; (*fig inf*) to make *or* put in a fleeting *or* brief appearance; **Gastspielreise** *f* (*Theat*) tour; **Gaststätte** *f* (*Speise~*) restaurant; (*Trinklokal*) pub (*Brit*), bar; **Gast-stättengewerbe** *nt* catering trade; **Gaststube** *f* lounge.

Gasturbine *f* gas turbine.

Gastvorlesung *f* (*Univ*) guest lecture; **Gastvortrag** *m* guest lecture; **Gast-wirt(in** *f*) *m* (*Besitzer*) restaurant owner *or* proprietor/proprietress; (*Pächter*) restaurant manager(ess *f*); (*von Trinklokal*) landlord/landlady; **Gastwirtschaft** *f siehe* Gasthaus; **Gastzimmer** *nt* guest room.

Gas|uhr *f siehe* **Gaszähler**; **Gasver-**

brauch *m* gas consumption; **Gasvergif-tung** *f* gas poisoning; **Gasversorgung** *f* (*System*) gas supply (*gen* to); **Gaswerk** *nt* gasworks *sing or pl*; (*Gasverwaltung*) gas board; **Gaszähler** *m* gas meter.

Gatt *nt* **-(e)s, -en** *or* **-s** (*Naut*) (*Spei~*) scupper; (*Heckform*) stern; (*kleiner Raum*) locker; (*Loch*) clew.

Gatte *m* **-n, -n** (*form*) husband, spouse (*form*). **die (beiden) ~n** both partners, husband and wife.

Gattenliebe *f* (*form*) married *or* conjugal (*form*) love; **Gattenmord** *m* (*form*) murder of one's husband/wife; **Gattenwahl** *f* (*Biol*) choice of mate.

Gatter *nt* **-s, - 1.** (*Tür*) gate; (*Zaun*) fence; (*Rost*) grating, grid. **2.** (*Tech: auch ~säge*) gangsaw, framesaw.

Gattin *f* (*form*) wife, spouse (*form*).

Gattung *f* (*Biol*) genus; (*Liter, Mus, Aut*) genre, form; (*fig: Sorte*) type, kind.

Gattungsbegriff *m* generic concept; **Gattungsname** *m* generic term.

Gau *m or nt* **-(e)s, -e 1.** (*Hist*) gau, *a tribal district, later an administrative district under the Nazis.* **2.** (*Bezirk*) district, region, area.

Gaudi *nt* **-s** *or* (*S Ger, Aus*) *f* **-**, *no pl* (*inf*) fun. **das war eine ~** that was great fun; **das war eine ~ auf der Party** the party was great fun.

Gaudium *nt, no pl* (*old*) amusement.

Gaukelei *f* trickery *no pl*. **~en** tricks *pl*, trickery.

gaukeln I *vi* (*liter: Schmetterling*) to flutter; (*fig liter*) to flit. **II** *vt siehe* **vor~**.

Gaukelspiel *nt* (*liter*) illusion. **ein ~ mit jdm treiben** to play sb false (*liter*).

Gaukler *m* **-s, - 1.** (*liter*) travelling enter-tainer; (*fig*) story-teller. **2.** (*Orn*) bateleur eagle.

Gaul *m* **-(e)s, Gäule** (*pej*) nag, hack; (*rare: Arbeitspferd*) work-horse.

Gauleiter *m* (*Pol*) Gauleiter, *head of a Nazi administrative district.*

Gaullismus [go'lɪsmʊs] *m* Gaullism.

Gaullist [go'lɪst] *m* Gaullist.

Gaumen *m* **-s, -** palate (*auch fig*), roof of the/one's mouth. **die Zunge klebte ihm vor Durst am ~** his tongue was hanging out (with thirst); **einen feinen ~ haben** (*fig*) to be (something of) a gourmet, to enjoy good food; **das kitzelt mir den ~** (*fig*) that tickles my taste-buds *or* my palate.

Gaumenkitzel *m* (*inf*) delight for the taste-buds; **Gaumenlaut** *m* palatal (sound); **Gaumensegel** *nt* soft palate, velum (*spec*); **Gaumenzäpfchen** *nt* uvula.

Gauner *m* **-s, -** rogue, rascal, scoundrel; (*Betrüger*) crook; (*hum inf: Schelm auch*) scamp, scallywag (*inf*); (*inf: gerissener Kerl*) sly customer (*inf*).

Gaunerbande *f* bunch of rogues *or* rascals *or* scoundrels/crooks; (*hum: Kinder auch*) bunch of scamps *or* scallywags (*inf*).

Gaunerei *f* swindling *no pl*, cheating *no pl*.

gaunern (*inf*) *vi* **1.** (*betrügen*) to swindle, to cheat; (*stehlen*) to thieve. **er hat sich durchs Leben gegaunert** he cheated his way through life. **2.** *aux sein* (*sich herum-*

treiben) to bum around (*inf*), to mooch about (*inf*).

Gaunersprache *f* underworld jargon.

Gavotte [ga'vɔtə] *f* -, -n (*Mus*) gavotte.

Gaze ['ga:zə] *f* -, -n gauze; (*Draht~ auch*) (wire) mesh.

Gazelle *f* gazelle.

Gazette *f* (*old, pej*) gazette (*old*), (news)-paper, rag (*pej inf*).

Ge|ächtete(r) *mf decl as adj* outlaw; (*fig*) outcast.

ge|ädert *adj* veined.

ge|artet *adj* gutmütig/freundlich ~ sein to be good-natured/have a friendly nature; **sie ist ganz anders ~** she has a completely different nature, she's quite different; **so ~e Probleme** problems of this nature; **das Problem ist so ~, daß ...** the nature of the problem is such that ...

Ge|äst *nt* -(e)s, *no pl* branches *pl*, boughs *pl* (*liter*); (*von Adern etc*) branches *pl*.

geb. *abbr of* **geboren** née.

Gebäck *nt* -(e)s, -e (*Kekse*) biscuits *pl*; (*süße Teilchen*) pastries *pl*; (*rundes Hefe~*) buns *pl*; (*Törtchen*) tarts *pl*, tartlets *pl*. **allerlei (Kuchen und) ~** all kinds of cakes and pastries.

gebacken *ptp of* **backen**[1].

Gebälk *nt* -(e)s, -e timberwork *no pl*, timbers *pl*; (*Archit: Verbindung zu Säulen*) entablature. **ein Partisan im ~** (*inf*) a nigger in the woodpile (*inf*).

geballt *adj* (*konzentriert*) *Energie, Kraft, Ladung,* (*fig*) concentrated; *Stil auch* concise; *Beschuß* massed.

gebannt *adj* spellbound. **wie ~** as if spellbound.

gebar *pret of* **gebären**.

Gebärde *f* -, -n gesture; (*lebhafte auch*) gesticulation.

gebärden* *vr* to behave, to conduct oneself (*form*).

Gebärdenspiel *nt, no pl* gestures *pl*, gesticulation(s); **das ~ der Sänger** the singers' use of gesture; **Gebärdensprache** *f* gestures *pl*; (*Zeichensprache*) sign language; (*in Stummfilmen etc*) gesturing.

gebaren* *vr* (*rare*) *siehe* **gebärden**.

Gebaren *nt* -s, *no pl* **1.** behaviour. **2.** (*Comm: Geschäfts~*) conduct.

gebären *pret* **gebar**, *ptp* **geboren** I *vt* to give birth to; *Kind auch* to bear (*old, form*), to be delivered of (*old*); (*fig liter: erzeugen*) to breed. **jdm ein Kind ~** to bear *or* give sb a child; **geboren werden** to be born; **wo sind Sie geboren?** where were you born?; **aus der Not geboren** (*fig*) springing *or* stemming from necessity.
    II *vi* to give birth.

gebärfähig *adj* child-bearing; **gebärfreudig** *adj*: **ein ~es Becken haben** (*hum*) to have good child-bearing hips.

Gebärmutter *f* (*Anat*) womb, uterus.

Gebärmutterhals *m* neck of the womb *or* uterus, cervix; **Gebärmutterkrebs** *m* cancer of the uterus; **Gebärmuttermund** *m* mouth of the uterus.

Gebarung *f* (*Aus Comm*) *siehe* **Gebaren 2.**

gebauchpinselt *adj* (*hum inf*) **sich ~ fühlen** to be tickled pink (*inf*).

Gebäude *nt* -s, - building; (*Pracht~*) edifice; (*fig: Gefüge*) structure; (*von*

Ideen) edifice; construct; (*von Lügen*) web.

Gebäudekomplex *m* building complex; **Gebäudereiniger** *m* cleaner; (*Fensterputzer*) window cleaner; (*Fassadenreiniger*) building cleaner; **Gebäudereinigung** *f* (*das Reinigen*) commercial cleaning; (*Firma*) cleaning contractors *pl*; **Gebäudeteil** *m* part of the building.

gebaut *adj* built. **gut/stark ~ sein** to be well-built/to have a broad frame; **... so, wie du ~ bist** (*inf*) ... a big man/woman like you.

gebefreudig *adj* generous, open-handed.

Gebein *nt* -(e)s, -e **1.** skeleton. **der Schreck fuhr ihm ins ~** (*old*) his whole body trembled with fear. **2.** ~e *pl* (*geh*) bones *pl*, mortal remains *pl* (*liter*); (*von Heiligen etc auch*) relics *pl*.

Gebelfer *nt* -s, *no pl* (*inf*) yapping (*auch fig*), yelping.

Gebell(e) *nt* -s, *no pl* barking; (*von Jagdhunden*) baying.

geben *pret* **gab**, *ptp* **gegeben** I *vt* **1.** (*auch vi*) to give; (*reichen auch*) to pass, to hand; (*her~*) *Leben* to give up; (*fig*) *Schatten, Kühle* to provide; (*machen, zusprechen*) *Mut, Hoff nung* to give. **wer hat dir das gegeben?** who gave you that?; **gib's mir!** give it to me!, give me it!; **jdm einen Tritt ~** to kick sb, to give sb a kick; (*fig*) to get rid of sb; **gib's ihm (tüchtig)!** (*inf*) let him have it! (*inf*); **sich** (*dat*) (*von jdm*) **etw ~ lassen** to ask sb for sth; **was darf ich Ihnen ~?** what can I get you?; **~ Sie mir bitte zwei Flaschen Bier** I'd like two bottles of beer, please; **ich gebe dir das Auto für 100 Mark/zwei Tage** I'll let you have *or* I'll give you the car for 100 marks/two days; **jdm etw zu verstehen ~** to let sb know sth; **ein gutes Beispiel ~** to set a good example; **jdn/etw verloren ~** to give sb/sth up for *or* as lost; **~ Sie mir bitte Herrn Braun** (*Telec*) can I speak to Mr Braun please?; **ich gäbe viel darum, zu ...** I'd give a lot to ...; **sie gaben ihr Leben fürs Vaterland** they gave *or* laid down their lives for their country; **~ or G~ ist seliger denn nehmen** *or* **Nehmen** (*Bibl*) it is more blessed to give than to receive.

    2. (*stellen*) to give; *Thema, Aufgabe, Problem auch* to set; (*gewähren*) *Interview, Audienz auch* to grant; *Rabatt auch* to allow; (*vergönnen*) to grant; (*verleihen*) *Titel, Namen* to give; *Preis auch* to award; (*zusprechen*) *Verwarnung* to give; *Freistoß auch* to award. **Gott gebe, daß ...** God grant that ...; **es war ihm nicht gegeben, seine Eltern lebend wiederzusehen** he was not to see his parents alive again.

    3. (*schicken*) to send; (*dial: tun*) to put. **ein Auto in Reparatur/ein Manuskript in Druck ~** to have a car repaired/to send a manuscript to be printed; **ein Kind in Pflege ~** to put *or* place a child in care; **einen Jungen in die Lehre ~** (*dated*) to have a boy apprenticed; **Milch in den Teig ~** (*dial*) to add milk to the dough.

    4. (*ergeben, erzeugen*) to produce. **2 + 2 gibt 4** 2 + 2 makes 4; **die Kuh gibt Milch** the cow produces *or* yields milk; **ein Pfund**

gibt fünf Klöße you can get five dumplings from one pound; **ein Wort gab das andere** one word led to another; **das gibt keinen Sinn** that doesn't make sense; **Rotwein gibt Flecken** red wine leaves stains.
5. (*veranstalten*) *Konzert, Fest* to give; *Theaterstück etc* to put on; (*erteilen*) *Schulfach etc* to teach. **was wird heute im Theater gegeben?** what's on at the theatre today?; **Unterricht** ~ to teach; **er gibt Nachhilfeunterricht/Tanzstunden** he gives private coaching/ dancing lessons.
6. viel/nicht viel auf etw (*acc*) ~ to set great/not much store by sth; **auf die Meinung der Nachbarn brauchst du nichts zu** ~ you shouldn't pay any attention to what the neighbours say; **ich gebe nicht viel auf seinen Rat** I don't think much of his advice; **der Mann kann ihr nichts** ~ the man can't give her anything.
7. etw von sich ~ *Laut, Worte, Flüche* to utter; *Rede* to deliver; *Meinung* to express; *Lebenszeichen* to show, to give; *Essen* to bring up.

II *vi* (*rare vt*) (*Cards*) to deal; (*Sport: Aufschlag haben*) to serve. **wer gibt?** whose deal/serve is it?

III *vt impers* **es gibt** (+*acc*) there is/are; **was gibt's?** what's the matter?, what's up?, what is it?; **gibt es einen Gott?** is there a God?, does God exist?; **was gibt's zum Mittagessen?** what's (there) for lunch?; **wann gibt's was zu essen?** — **es gibt gleich was** when are we going to get something to eat? — in a minute; **freitags gibt es bei uns immer Fisch** we always have fish on Fridays; **heute gibt's noch Regen** we'll get some rain yet today; **es wird noch Ärger** ~ there'll be trouble (yet); **was wird das noch** ~? what will it come to?; **ein Mensch mit zwei Köpfen? das gibt's nicht!** a two-headed person? there's no such thing!; **das gibt's doch nicht!** that's impossible!, that can't be true!; **das hat es ja noch nie gegeben/so was gibt's bei uns nicht!** that's just not on! (*inf*); **da gibt's nichts** (*inf*) there's no two ways about it (*inf*); **gleich gibt's was!** (*inf*) there'll be trouble in a minute!; **hat es sonst noch etwas gegeben?** was there anything else?; **was es nicht alles gibt!** it's a strange *or* funny world.

IV *vr* **1.** (*nachlassen*) to ease off, to let up; (*Schmerz auch*) to get less.
2. (*sich erledigen*) to sort itself out; (*aufhören*) to stop. **er gab sich in sein Schicksal** he gave himself up to his fate; **sich gefangen/verloren** ~ to give oneself up/to give oneself up for lost; **das wird sich schon** ~ it'll all work out.
3. (*sich benehmen, aufführen*) to behave. **sich als etw** ~ to play sth; **nach außen gab er sich heiter** outwardly he seemed quite cheerful; **sie gibt sich, wie sie ist** she doesn't try to be anything she's not.

Gebenedeite *f* **-n**, *no pl* (*Eccl*) **die** ~ the Blessed Virgin.

Geber *m* **-s, -** giver; (*Cards*) dealer; (*Rad: Sender*) transmitter.

Geberlaune *f* generous mood. **in** ~ **sein** to be feeling generous, to be in a generous mood.

Gebet *nt* **-(e)s, -e** prayer. **ein** ~ **sprechen** to say a prayer; **sein** ~ **sprechen** *or* **verrichten** to say one's prayers; **das** ~ **des Herrn** the Lord's Prayer; **die Hände zum** ~ **falten** to join one's hands in prayer; **jdn ins** ~ **nehmen** (*fig*) to take sb to task.

Gebetbuch *nt* prayer-book, missal (*US*).

gebeten *ptp of* **bitten.**

Gebetsmühle *f* prayer wheel; **Gebetsteppich** *m* prayer mat *or* rug.

gebeugt *adj* **1.** *Haltung* stooped; *Kopf* bowed; *Schultern* sloping. ~ **sitzen/stehen** to sit/stand hunched up. **2.** (*Gram*) *Verb, Substantiv* inflected.

Gebiet *nt* **-(e)s, -e 1.** area, region; (*Fläche, Stadt~*) area; (*Staats~*) territory. **2.** (*fig: Fach*) field; (*Teil~*) branch. **auf diesem** ~ in this field.

gebieten *irreg* (*geh*) **I** *vti* (*verlangen*) to demand; (*befehlen*) to command. **jdm etw** ~ to command sb to do sth; **der Ernst der Lage gebietet sofortiges Handeln** the seriousness of the situation demands immediate action.

II *vi* **1.** (*liter: herrschen*) to have command (*über* +*acc* over). **über ein Land/ Volk** ~ to have dominion over a country/ nation.
2. (*geh: verfügen*) **über etw** (*acc*) ~ *Geld etc* to have sth at one's disposal; *Wissen etc* to have sth at one's command.

Gebieter *m* **-s, -** (*liter*) master, lord; (*über Heer*) commander (*über* +*acc* of). (**mein**) **Herr und** ~ (*old*) (my) lord and master.

Gebieterin *f* (*liter, old*) mistress, lady.

gebieterisch **I** *adj* (*geh*) imperious; (*herrisch*) domineering; *Ton* peremptory. **II** *adv* (*unbedingt*) absolutely.

Gebiets|abtretung *f* (*form*) cession of territory; **Gebiets|anspruch** *m* territorial claim; **Gebietshoheit** *f* territorial sovereignty; **Gebietskörperschaft** *f* regional administrative body; **Gebietsreform** *f* local government reform; **Gebietsteil** *m* area (of territory); **gebietsweise** *adv* locally.

Gebilde *nt* **-s, -** (*Ding*) thing; (*Gegenstand*) object; (*Bauwerk*) construction; (*Schöpfung*) creation; (*Muster*) pattern; (*Form*) shape; (*Einrichtung*) organization; (*der Phantasie*) figment.

gebildet *adj* educated; (*gelehrt*) learned, erudite; (*wohlerzogen*) well-bred; (*kultiviert*) cultured, cultivated; (*belesen*) well-read; *Manieren* refined.

Gebildete(r) *mf decl as adj* educated person. **die ~n** the intellectuals.

Gebimmel *nt* **-s,** *no pl* (*inf*) ting-a-ling (*inf*).

Gebinde *nt* **-s, - 1.** (*Blumen~*) arrangement; (*Sträußchen*) posy; (*Blumenkranz*) wreath. **2.** (*von Garn*) skein.

Gebirge *nt* **-s, - 1.** mountains *pl*, mountain range. **im/ins** ~ in/into the mountains. **2.** (*Min*) rock.

gebirgig *adj* mountainous.

Gebirgler(in *f*) *m* **-s, -** mountain-dweller, highlander.

Gebirgs- *in cpds* mountain; **Gebirgsbach** *m* mountain stream; **Gebirgsbahn** *f* mountain railway *crossing a mountain range*; (*in Alpen*) transalpine railway; **Gebirgsblume** *f* mountain flower, flower

growing in the mountains; **Gebirgsjäger**
m (*Mil*) mountain soldier; *pl auch* mountain troops; **Gebirgslandschaft** *f*
(*Gegend*) mountainous region; (*Gemälde*)
mountainscape; (*Ausblick*) mountain
scenery; **Gebirgsmassiv** *nt* massif;
Gebirgsrücken *m* mountain ridge;
Gebirgsstock *m* massif; **Gebirgsstraße**
f mountain road; **Gebirgstruppen** *pl*
mountain troops *pl*; **Gebirgszug** *m*
mountain range.

Gebiß *nt* -sses, -sse 1. (*die Zähne*) (set of)
teeth; (*künstliches* ~) dentures *pl*. **ich
habe noch mein ganzes** ~ I still have all my
teeth; **das scharfe** ~ **eines Wolfs** the sharp
teeth of a wolf. 2. (*am Pferdezaum*) bit.
Gebiß|abdruck *m* impression; **Gebiß-
|anomalie** *f* deformity of the teeth.

gebissen *ptp of* **beißen**.

Gebläse *nt* -s, - blower; (*Motor~*) supercharger; (*Verdichter*) compressor.

Gebläsemotor *m* supercharger (engine).

geblasen *ptp of* **blasen**.

geblichen *ptp of* **bleichen**.

geblieben *ptp of* **bleiben**.

Geblödel *nt* -s, *no pl* (*inf*) nonsense;
(*blödes Gerede auch*) twaddle (*inf*), baloney (*inf*); (*von Komiker*) patter.

Geblök(e) *nt* -(e)s, *no pl* (*von Schaf, Kalb*)
bleating; (*von Kuh*) lowing; (*inf: von
Mensch*) bawling (*inf*).

geblümt, geblumt (*Aus*) *adj* flowered;
(*Liter, fig*) *Stil* flowery.

Geblüt *nt* -(e)s, *no pl* (*geh*) (*Abstammung*)
descent, lineage; (*fig: Blut*) blood; (*liter:
Geschlecht*) family. **von edlem** ~ of noble
blood; **ein Prinz von** ~ a prince of the
blood (royal).

gebogen I *ptp of* **biegen**. II *adj* Nase
Roman.

geboren I *ptp of* **gebären**. II *adj* born.
blind ~ **sein** to have been born blind; **er ist
blind** ~ he was born blind; ~**er
Engländer/Londoner sein** to be English/a
Londoner by birth; **er ist der** ~**e Erfinder**
he's a born inventor; **Hanna Schmidt** ~**e**
or **geb. Müller** Hanna Schmidt, née
Müller; **sie ist eine** ~**e Müller** she was born
Müller, her maiden name was Müller.

Geborenzeichen *nt* asterisk used to denote
"*date of birth*".

geborgen I *ptp of* **bergen**. II *adj* sich ~
fühlen/ ~ **sein** to feel/be secure *or* safe.

Geborgenheit *f* security.

geborsten *ptp of* **bersten**.

Gebot *nt* -(e)s, -e 1. (*Gesetz*) law; (*Regel,
Vorschrift*) rule; (*Bibl*) commandment;
(*Grundsatz*) precept; (*old: Verordnung*)
decree; (*old: Befehl*) command.
2. (*geh: Erfordernis*) requirement. **das**
~ **der Stunde** the needs of the moment;
das ~ **der Vernunft** the dictates of reason.
3. (*Verfügung*) command. **jdm zu** ~**e
stehen** to be at sb's command *or* (*Geld etc*)
disposal.
4. (*Comm: bei Auktionen*) bid.

geboten I *ptp of* **gebieten** *and* **bieten**.
II *adj* (*geh*) (*ratsam*) advisable; (*notwendig*) necessary; (*dringend* ~) imperative.
er hat es am ~**en Respekt seiner Mutter
gegenüber fehlen lassen** he failed to give
his mother the respect due to her.

Gebotsschild *nt* sign giving orders.

Gebr. *abbr of* **Gebrüder** Bros.

Gebrabbel *nt* -s, *no pl* (*inf*) jabbering (*inf*),
prattling (*inf*).

gebracht *ptp of* **bringen**.

gebrannt I *ptp of* **brennen**. II *adj* ~**er Kalk**
quicklime; ~**e Mandeln** *pl* burnt almonds
pl; **ein** ~**es Kind scheut das Feuer** (*Prov*)
once bitten twice shy (*Prov*).

gebraten *ptp of* **braten**.

Gebratene(s) *nt decl as adj* fried food.

Gebräu *nt* -(e)s, -e brew; (*pej*) strange
concoction; (*fig*) concoction (*aus* of).

Gebrauch *m* -(e)s, **Gebräuche** (*Benutzung*) use; (*eines Wortes*) usage; (*Anwendung*) application; (*Brauch, Gepflogenheit*) custom. **falscher** ~ misuse; abuse;
misapplication; **von etw** ~ **machen** to
make use of sth; **außer** ~ **kommen** to fall
into disuse; (*von Sitte etc*) to become rare;
in ~ **sein** to be used *or* in use; (*Auto*) to be
running; **etw in** ~ (*dat*) **haben** to use sth;
Auto etc to run sth; **allgemein in** ~ (*dat*) in
general use; **etw in** ~ **nehmen** (*form*) to
put sth into use; **zum äußeren/inneren** ~
to be taken externally/internally; **vor** ~
(**gut**) **schütteln** shake (well) before use.

gebrauchen * *vt* (*benutzen*) to use; (*anwenden*) to apply. **sich zu etw** ~ **lassen** to
be useful for sth; (*mißbrauchen*) to be
used as sth; **nicht mehr zu** ~ **sein** to be no
longer any use, to be useless; **er/das ist zu
nichts zu** ~ he's/that's (of) no use to anybody *or* absolutely useless; **das kann ich
gut** ~ I can make good use of that, I can
really use that; **ich könnte ein neues Kleid/
einen Whisky** ~ I could use a new dress/a
whisky; **Geld kann ich immer** ~ money's
always useful.

gebräuchlich *adj* (*verbreitet*) common;
(*gewöhnlich*) usual, customary; (*herkömmlich*) conventional. **nicht mehr** ~
(*Ausdruck etc*) no longer used.

Gebrauchs|anleitung (*form*), **Ge-
brauchs|anweisung** *f* (*für Arznei*)
directions *pl*; (*für Geräte etc*) instructions
pl; **Gebrauchs|artikel** *m* article for
everyday use; ~ *pl* (*esp Comm*) basic
consumer goods *pl*; **gebrauchsfertig**
adj ready for use; *Nahrungsmittel* instant; **Gebrauchsgegenstand** *m*
necessary item, necessity, basic commodity; (*Werkzeug, Küchengerät*) utensil;
Gebrauchsgraphik *f* commercial art;
Gebrauchsgraphiker *m* commercial
artist; **Gebrauchsgut** *nt usu pl* consumer item; **Gebrauchsmöbel** *pl* utility
furniture *no pl*; **Gebrauchsmuster**
nt registered pattern *or* design; **Ge-
brauchswert** *m* utility value.

gebraucht *adj* second-hand, used. **etw** ~
kaufen to buy sth second-hand.

Gebrauchtwagen *m* used *or* second-hand
car; **Gebrauchtwaren** *pl* second-hand
goods *pl*; **Gebrauchtwarenladen** *m*
second-hand shop.

gebräunt *adj* (*braungebrannt*) (sun-)
tanned.

Gebrechen *nt* -s, - (*geh*) affliction; (*fig*)
weakness. **die** ~ **des Alters** the afflictions
or infirmities of old age.

gebrechen * *vi irreg* (*old liter*) **es gebricht an**

etw (*dat*) sth is lacking; **es gebricht ihm an Mut** he lacks courage.

gebrechlich *adj* frail; (*altersschwach*) infirm; (*fig: unvollkommen*) weak.

Gebrechlichkeit *f siehe adj* frailty; infirmness; weakness.

Gebresten *nt* **-s, -** (*obs*) ailment.

gebrochen I *ptp of* **brechen. II** *adj* broken; *Mensch auch* crushed. **mit ~em Herzen** broken-hearted; **an ~em Herzen** of a broken heart; **~ Deutsch sprechen** to speak broken German.

Gebrüder *pl* (*Comm*) Brothers *pl*. **~ Müller** Müller Brothers.

Gebrüll *nt* **-(e)s**, *no pl* (*von Rind*) bellowing; (*von Esel*) braying; (*von Löwe*) roar; (*von Mensch*) yelling. **auf ihn mit ~!** (*inf*) go for him!, at him!

Gebrumm(e) *nt* **-es**, *no pl* buzzing; (*von Motor, von Baß, Singen*) droning; (*inf: Gebrummel*) grumping (*inf*).

Gebrummel *nt* **-s**, *no pl* grumping.

gebückt *adj* **eine ~e Haltung** a stoop; **~ gehen** to stoop.

gebügelt *adj* (*inf: perplex*) knocked flat (*inf*); *siehe* **geschniegelt**.

Gebühr *f* **-, -en 1**. charge; (*Post~*) postage *no pl*; (*Honorar, Beitrag*) fee; (*Studien~*) fees *pl*; (*Vermittlungs~*) commission *no pl*; (*Straßenbenutzungs~*) toll. **~en erheben** to make *or* levy (*form*) a charge, to charge postage/a fee *etc*; **zu ermäßigter ~** at a reduced rate; **eine ~ von 50 DM** *or* **50 DM ~en bezahlen** to pay a fee/charge *etc* of DM 50; **~ (be)zahlt Empfänger** postage to be paid by addressee; **die ~en für Rundfunk/Fernsehen werden erhöht** radio/television licences are going up. **2**. (*Angemessenheit*) **nach ~** suitably, properly; **über ~** excessively.

gebühren* (*geh*) **I** *vi* to be due (*dat* to). **ihm gebührt Anerkennung/Achtung** he deserves *or* is due recognition/respect; **das gebührt ihm** (*steht ihm zu*) it is his (just) due; (*gehört sich für ihn*) it befits him. **II** *vr* to be proper *or* seemly *or* fitting. **wie es sich gebührt** as is proper; **es gebührt sich schlecht für ihn, zu** it ill befits him to.

gebührend *adj* (*verdient*) due; (*angemessen*) suitable; (*geziemend*) proper. **das ihm ~e Gehalt** the salary he deserves; **jdm die ~e Achtung erweisen** to pay sb the respect due to him.

Gebühren|einheit *f* (*Telec*) (tariff) unit; **Gebühren|erhöhung** *f* increase in charges/fees; **Gebühren|erlaß** *m* remission of charges/fees; **gebührenfrei** *adj* free of charge; *Brief, Paket* post- free; **Gebührenfreiheit** *f* exemption from charges/fees/postage; **Gebührenmarke** *f* revenue stamp; **Gebühren|ordnung** *f* scale of charges, tariff; **gebührenpflichtig** *adj* subject *or* liable to a charge, chargeable; *Autobahnbenutzung* subject to a toll; **~ Verwarnung** (*Jur*) fine; **jdn ~ verwarnen** to fine sb; **Gebührenzähler** *m* meter.

gebündelt *adj Strahlen* bundled; (*fig*) joint.

gebunden I *ptp of* **binden.**
II *adj* tied (*an +acc* to sth); (*durch Verpflichtungen etc*) tied down; *Kapital* tied up; *Preise* controlled; (*Ling, Phys,*

Buch) bound; *Wärme* latent; (*Mus*) legato. **in ~er Rede** in verse; **zeitlich/ vertraglich ~ sein** to be restricted as regards time/to be bound by contract; **anderweitig ~ sein** to be otherwise engaged.

Geburt *f* **-, -en** (*lit, fig*) birth; (*fig: Produkt*) fruit, product. **von ~ by** birth; **von ~ an** from birth; **von hoher/adliger ~** of good/ noble birth; **bei der ~ sterben** (*Mutter*) to die in childbirth; (*Kind*) to die at birth; **das war eine schwere ~!** (*fig inf*) that took some doing (*inf*).

Geburtenbeschränkung *f* population control; **Geburtenbuch** *nt* register of births; **Geburtenkontrolle, Geburtenregelung** *f* birth control; **Geburtenrückgang** *m* drop in the birth rate; **geburtenschwach** *adj Jahrgang* with a low birth rate; **geburtenstark** *adj Jahrgang* with a high birth rate; **Geburtenstatistik** *f* birth statistics *pl*; **Geburten|überschuß** *m* excess of births over deaths; **Geburtenziffer** *f* number of births; **Geburtenzuwachs** *m* increase in the birth rate.

gebürtig *adj* **~er Londoner** *or* **aus London ~ sein** to have been born in London, to be London-born, to be a native Londoner.

Geburts|adel *m* hereditary nobility; **Geburts|anzeige** *f* birth announcement; **Geburtsdatum** *nt* date of birth; **Geburtsfehler** *m* congenital defect; **Geburtshaus** *nt* **das ~ Kleists** the house where Kleist was born; **Geburtshelfer(in** *f*) *m* (*Arzt*) obstetrician; (*Laie*) assistant at a birth; **Geburtshilfe** *f* **1**. assistance at a birth; **~ leisten** to assist at a birth; (*fig*) to help sth see the light of day; **2**. (*als Fach*) obstetrics; (*von Hebamme auch*) midwifery; **Geburtsjahr** *nt* year of birth; **Geburtslage** *f* presentation; **Geburtsland** *nt* native country; **sein ~ Italien** his native Italy; **Geburts|ort** *m* birth place; **Geburtsstadt** *f* native town; **ihre ~ Wien** her native Vienna; **Geburtsstätte** *f* (*geh*) birthplace.

Geburtstag *m* birthday; (*auf Formularen*) date of birth. **herzlichen Glückwunsch zum ~!** happy birthday!, many happy returns (of the day)!; **jdm zum ~ gratulieren** to wish sb (a) happy birthday *or* many happy returns (of the day); **heute habe ich ~** it's my birthday today; **~ feiern** to celebrate one's/sb's birthday; **jdm etw zum ~ schenken** to give sb sth for his/her birthday.

Geburtstags- *in cpds* birthday; **Geburtstagskind** *nt* birthday boy/girl.

Geburts|urkunde *f* birth certificate; **Geburtswehen** *pl* labour pains *pl*; (*fig auch*) birth pangs *pl*; **Geburtszange** *f* (pair *sing* of) forceps *pl*.

Gebüsch *nt* **-(e)s, -e** bushes *pl*; (*Unterholz*) undergrowth, brush.

Geck *m* **-en, -en** (*pej*) fop, dandy.

geckenhaft *adj* (*pej*) foppish.

Gecko *m* **-s, -s** (*Zool*) gecko.

gedacht I *ptp of* **denken** *and* **gedenken. II** *adj Linie, Größe, Fall* imaginary.

Gedächtnis *nt* memory; (*Andenken auch*) remembrance. **etw aus dem ~ hersagen** to recite sth from memory; **das ist seinem ~ entfallen** it went out of his mind; **sich** (*dat*)

etw ins ~ zurückrufen to recall sth, to call sth to mind; **wenn mich mein ~ nicht trügt** if my memory serves me right; **noch frisch in jds ~** (*dat*) **sein** to be still fresh in sb's mind.

Gedächtnisfeier *f* commemoration; **Gedächtnishilfe** *f* memory aid, mnemonic; **er machte sich ein paar Notizen als ~** he made a few notes to aid his memory; **Gedächtnislücke** *f* gap in one's memory; (*Psych*) localized amnesia; **da habe ich eine ~** I just don't remember anything about it; **Gedächtnisrennen** *nt* memorial race; **Gedächtnisschulung** *f* memory training; **Gedächtnisschwund** *m* amnesia, loss of memory; **Gedächtnisstörung** *f* partial *or* (*vorübergehend*) temporary amnesia; **Gedächtnis|übung** *f* memory training exercise; **Gedächtnisverlust** *m* loss of memory.

gedämpft *adj Geräusch* muffled; *Farben, Musikinstrument, Stimmung* muted; *Licht, Freude* subdued; *Wut* suppressed; (*Tech*) *Schwingung* damped. **mit ~er Stimme** in a low voice.

Gedanke *m* **-ns, -n** thought (*über +acc* on, about); (*Idee, Plan, Einfall*) idea; (*Konzept*) concept; (*Betrachtung*) reflection (*über +acc* on). **der bloße ~ an ...** the mere thought of ...; **da kam mir ein ~** then I had an idea, then something occurred to me; **einen ~n fassen** to formulate an idea; **bei diesem Lärm kann man ja keinen ~n fassen** you can't have yourself think in this noise; **seine ~n beisammenhaben** to have one's mind *or* thoughts concentrated; **in ~n vertieft** *or* **versunken/verloren sein** to be deep *or* sunk/lost in thought; **in ~n bin ich bei dir** in thought I am with you, my thoughts are with you; **jdn auf andere ~n bringen** to make sb think of other things, to divert sb's thoughts; **schwarzen ~n nachhängen** to think gloomy *or* dismal thoughts; **wo hat er nur seine ~n?** whatever is he thinking about?; **sich** (*dat*) **über etw** (*acc*) **~n machen** to think about sth; (*sich sorgen*) to worry *or* be worried about sth; **mach dir keine ~n (darüber)!** don't worry about it!; **man macht sich** (*dat*) **so seine ~n** (*inf*) I've got my ideas; **kein ~ (daran)!** (*stimmt nicht*) not a bit of it! (*inf*); (*kommt nicht in Frage*) (that's) out of the question; **etw ganz in ~n** (*dat*) **tun** to do sth (quite) without thinking; **jds ~n lesen** to read sb's mind *or* thoughts; **seine ~n abschalten** to make one's mind a blank; **auf einen ~n kommen** to have *or* get an idea; **wie kommen Sie auf den ~n?** what gives you that idea?, what makes you think that?; **auf dumme ~n kommen** (*inf*) to get up to mischief; **jdn auf den ~n bringen, etw zu tun** to give sb the idea of doing sth; **sich mit dem ~n tragen, etw zu tun** (*geh*) to consider *or* entertain the idea of doing sth; **der Europa~** *or* **europäische/olympische ~** the European/Olympic Idea; **der Mitbestimmungs~** the concept *or* idea of co-determination.

Gedanken|armut *f* lack of thought; (*Ideenarmut*) lack of originality; **Gedanken-**

|austausch *m* (*Pol*) exchange of ideas; **Gedankenblitz** *m* brainwave; **Gedankenflug** *m* (*geh*) flight(s) of thought; **Gedankenfreiheit** *f* freedom of thought; **Gedankengang** *m* train of thought; **Gedankengebäude** *nt* edifice *or* construct of ideas; **Gedankengut** *nt* body of thought; **Gedankenlesen** *nt* mind-reading; **gedankenlos** *adj* (*unüberlegt*) unthinking; (*zerstreut*) absent-minded; (*rücksichtslos*) thoughtless; **etw ~ tun** to do sth without thinking; **Gedankenlosigkeit** *f* siehe *adj* lack of thought; absent-mindedness; thoughtlessness; **Gedankenlyrik** *f* reflective poetry; **Gedankenreichtum** *m* wealth of ideas; **Gedankensplitter** *m* aphorism; **Gedankensprung** *m* mental leap, jump from one idea to another; **Gedankenstrich** *m* dash; **Gedanken|übertragung** *f* telepathy (*auch fig*), thought transference; **Gedankenverbindung** *f* association of ideas; **gedankenverloren** *adj* lost in thought; **gedankenvoll** *adj* (*nachdenklich*) thoughtful, pensive; **Gedankenwelt** *f* world of thought *or* (*Ideenwelt*) ideas; **die römische ~** (the world of) Roman thought.

gedanklich *adj* intellectual; (*vorgestellt*) imaginary.**in ~er Hinsicht übereinstimmen** to have an affinity of mind; **die große ~e Klarheit in seinem Werk** the great clarity of thought in his work.

Gedärm(e) *nt* **-(e)s, -e** (*old, liter*) bowels *pl*, entrails *pl*.

Gedärme *pl* intestines *pl*.

Gedeck *nt* **-(e)s, -e 1.** (*Tisch~*) cover. **ein ~ auflegen** to lay *or* set a place; **ein ~ für drei Personen** places *or* covers for three people; **eine Tafel mit zehn ~en** a table laid for ten (people). **2.** (*Menü*) set meal, table d'hôte. **3.** (*im Nachtclub*) cover charge; drink with cover charge.

gedeckt *adj Farben* muted; *Basar, Gang* covered.

Gedeih *m*: **auf ~ und Verderb** for better or (for) worse; **jdm auf ~ und Verderb ausgeliefert sein** to be completely and utterly at sb's mercy.

gedeihen *pret* **gedieh,** *ptp* **gediehen** *vi aux sein* to thrive; (*wirtschaftlich auch*) to prosper, to flourish; (*geh: sich entwickeln*) to develop; (*fig: vorankommen*) to make progress *or* headway, to progress. **die Sache ist so weit gediehen, daß ...** the matter has reached the point or stage where ...

Gedeihen *nt* **-s,** *no pl* siehe *vi* thriving; prospering, flourishing; (*Gelingen*) success. **zum ~ dieses Vorhabens braucht es Geduld und Glück** if this plan is to succeed patience and luck will be called for.

gedeihlich *adj* (*geh*) (*vorteilhaft*) beneficial, advantageous, salutary; (*erfolgreich*) successful.

Gedenk|ausstellung *f* commemorative exhibition.

Gedenken *nt* **-s,** *no pl* memory. **zum** *or* **im ~ an jdn** in memory *or* remembrance of sb; **etw in gutem ~ behalten** to treasure the memory of sth; **jdm ein ehrendes ~ bewahren** to remember sb with honour.

gedenken* vi irreg +gen **1.** (geh: denken an) to remember, to think of; (erwähnen) to recall. **in seiner Rede gedachte er ...** in his speech he recalled ... **2.** (feiern) to commemorate, to remember. **3.** ~, **etw zu tun** to propose to do sth.

Gedenkfeier f commemoration; **Gedenkgottesdienst** m memorial or commemorative service; **Gedenkmarke** f commemorative stamp; **Gedenkminute** f minute's silence; **Gedenkmünze** f commemorative coin; **Gedenkrede** f commemorative speech; **Gedenkstätte** f memorial; **Gedenkstein** m commemorative or memorial stone; **Gedenkstunde** f hour of commemoration; **Gedenktafel** f plaque; **Gedenktag** m commemoration day.

gedeucht (obs) ptp of **dünken**.

Gedicht nt -(e)s, -e poem. **die ~e Enzensbergers** Enzensberger's poetry or poems; **dieses Kleid/der Nachtisch ist ein ~** (fig inf) this dress/the dessert is sheer poetry.

Gedichtform f poetic form; **in ~** in verse; **Gedichtsammlung** f collection of poems; (von mehreren Dichtern auch) anthology.

gediegen adj **1.** Metall pure, native (esp Min). **2.** (von guter Qualität) high-quality; (geschmackvoll) tasteful; (rechtschaffen) upright; Verarbeitung solid; Kenntnisse sound. **3.** (inf: wunderlich) peculiar.

Gediegenheit f siehe adj **1.** purity, nativeness. **2.** high quality; tastefulness; uprightness; solidity; soundness.

gedieh pret of **gedeihen**.

gediehen ptp of **gedeihen**.

gedient adj: **ein ~er Soldat** someone who has completed his military service.

Gedinge nt -s, - (Miner): **im ~ arbeiten** to work on a piece-rate basis.

Gedöns nt -es, no pl (dial inf) fuss, hullabaloo (inf).

Gedränge nt -s, no pl (Menschenmenge) crowd, crush; (Drängeln) jostling; (Sport) bunching; (Rugby) scrum(mage). **vor der Theaterkasse herrschte ~** there was a big crush at the ticket office; **ins ~ kommen** or **geraten** (fig) to get into a fix.

Gedrängel nt -s, no pl (inf) (Menschenmenge) crush; (Drängeln) shoving (inf).

gedrängt adj packed; (fig) Stil terse. **~ voll** packed full, jam-packed (inf); **~e Übersicht** synopsis; **~ stehen** to be crowded together.

gedrechselt adj (pej) Rede, Sätze, Stil stilted. **wie ~ reden** to speak in a stilted fashion or stiltedly; **kunstvoll ~e Sätze** nicely turned phrases.

Gedröhn(e) nt -es, no pl (von Motoren) droning; (von Kanonen, Lautsprecher, Hämmern etc) booming.

gedroschen ptp of **dreschen**.

gedruckt adj **lügen wie ~** (inf) to lie right, left and centre (inf).

gedrückt adj depressed, dejected. **~er Stimmung sein** to be in low spirits.

Gedrücktheit f depression, dejection.

gedrungen I ptp of **dringen**. II adj Gestalt sturdy, stocky.

Gedrungenheit f sturdiness, stockiness.

geduckt adj Haltung, Mensch crouching; Kopf lowered. **hinter einer Hecke ~** crouching down behind a hedge; **~ sitzen** to sit hunched up.

Gedudel nt -s, no pl (inf) (von Klarinette etc) tootling; (von Dudelsack) droning, whining; (von Radio) noise.

Geduld f -, no pl patience. **mit jdm/etw ~ haben** to be patient or have patience with sb/sth; **sich mit ~ wappnen** to possess one's soul in patience; **ich verliere die ~** I'm losing my patience; **jds ~ auf eine harte Probe stellen** to try sb's patience.

gedulden* vr to be patient.

geduldig adj patient. **~ wie ein Lamm** meek as a lamb.

Geduldsarbeit f job calling for patience; **Geduldsfaden** m **jetzt reißt mir aber der ~!** (inf) I'm just about losing my patience; **Geduldsprobe** f trial of (one's) patience; **das war eine harte ~** it was enough to try anyone's patience or to try the patience of a saint; **Geduldsspiel** nt puzzle.

gedungen ptp of **dingen**.

gedunsen adj bloated.

gedurft ptp of **dürfen**.

geehrt adj honoured, esteemed. **sehr ~e Damen und Herren!** Ladies and Gentlemen!; **sehr ~er Herr Kurz!** dear Mr Kurz; **sehr ~e Damen, sehr ~e Herren!** (in Briefen) dear Sir or Madam.

geeicht adj (inf) **darauf ist er ~** that's right up his street (inf).

geeignet adj (passend) suitable; (richtig) right. **sie ist für diesen Posten nicht ~** she's not the right person for this job; **er ist nicht der ~e Mann für meine Tochter** he's not the right or a suitable man for my daughter; **im ~en Augenblick** at the right moment; **er ist zu dieser Arbeit nicht ~** he's not suited to this work; **er wäre zum Lehrer gut ~** he would make a good teacher.

geeist adj Früchte, Getränke iced.

Geest f -, -en, **Geestland** nt coastal moorlands of N.W. Germany.

Gefahr f -, -en **1.** danger (für to, for); (Bedrohung) threat (für to, for). **die ~en des Dschungels/Verkehrs/dieses Berufs** the dangers or perils or hazards of the jungle/traffic/this job; **in ~ sein/schweben** to be in danger or jeopardy; (bedroht) to feel threatened; **außer ~** (nicht gefährdet) not in danger; (nicht mehr gefährdet) out of danger; (Patienten) out of danger, off the danger list; **sich ~en** or **einer ~ aussetzen** to expose oneself to danger, to put oneself in danger; **es besteht die ~, daß ...** there's a risk or the danger that ...; **ihm droht keine ~ von uns** he's in no danger from us; **er liebt die ~** he likes living dangerously; **(nur) bei ~ (bedienen)!** (to be used only) in case of emergency!; **wer sich in ~ begibt, kommt darin um** (Prov) if you play with fire, you must expect to get your fingers burned.

2. (Wagnis, Risiko) risk (für to, for). **auf eigene ~** at one's own risk or (stärker) peril; **auf die ~ hin, etw zu tun/daß jd etw tut** at the risk of doing sth/of sb doing sth; **~ laufen, etw zu tun** to run the risk of doing sth; **auf eigene Rechnung und ~**

(*Comm*) at one's own account and risk.

gefahrbringend *adj* dangerous.

gefährden* *vt* to endanger; *Wirtschaft, Chancen etc auch* to jeopardize; (*bedrohen*) to threaten; (*aufs Spiel setzen auch*) to put at risk. **Versetzung gefährdet** (*Sch*) *comment on a school report indicating that the pupil may have to repeat a year.*

gefährdet *adj Tierart* endangered; *Ehe, Jugend* at risk. **G~e** people at risk.

Gefährdung *f no pl* **1.** *siehe vt* endangering; jeopardizing; risking. **2.** (*Gefahr*) danger (*gen* to).

gefahren *ptp of* **fahren**.

Gefahrenherd *m* danger area; **Gefahrenmoment** *nt* potential danger; **Gefahrenquelle** *f* source of danger; **Gefahrenstelle** *f* danger spot; **Gefahrenzone** *f* danger zone *or* area; **Gefahrenzulage** *f* danger money.

gefährlich *adj* dangerous; (*gewagt auch*) risky; (*lebens~ auch*) perilous.

Gefährlichkeit *f siehe adj* dangerousness; riskiness; perilousness.

gefahrlos *adj* safe; (*harmlos*) harmless; **Gefahrlosigkeit** *f* safety; harmlessness.

Gefährt *nt* **-(e)s, -e** (*dated*) wagon, carriage; (*hum*) jalopy (*inf*).

Gefährte *m* **-n, -n, Gefährtin** *f* (*geh*) (*lit, fig*) companion; (*Lebens~ auch*) partner (through life).

gefahrvoll *adj* dangerous, full of danger; **Gefahrzeichen** *nt* danger sign.

Gefälle *nt* **-s, -** **1.** (*Neigung*) (*von Fluß*) drop, fall; (*von Land, Straße*) slope; (*Neigungsgrad*) gradient. **das Gelände/ der Fluß hat ein starkes ~** the land slopes down steeply/the river drops sharply; **ein ~ von 10%** a gradient of 10%; **starkes ~!** steep hill. **2.** (*fig: Unterschied*) difference.

gefallen¹ *pret* **gefiel**, *ptp* **~** *vi* to please (*jdm* sb). **es gefällt mir (gut)** I like it (very much *or* a lot); **es gefällt ihm, wie sie spricht** he likes the way she talks; **das gefällt mir gar nicht** I don't like it at all *or* one little bit; **das gefällt mir schon besser** (*inf*) that's more like it (*inf*); **er gefällt mir gar nicht** (*inf: gesundheitlich*) I don't like the look of him (*inf*); **sich** (*dat*) **in einer Rolle ~** to fancy oneself in a rôle; **er gefällt sich in der Rolle des Leidenden** he likes playing the martyr; **sich** (*dat*) **etw ~ lassen** (*dulden*) to put up with sth, to tolerate sth; **er läßt sich alles ~** he'll put up with anything; **das lasse ich mir (von Ihnen/ denen) nicht ~!** I won't stand for *or* put up with that (from you/them)!; **das lasse ich mir ~!** that's just the job (*inf*) *or* thing (*inf*), there's nothing I'd like better.

gefallen² I *ptp of* **fallen** and **gefallen¹**. II *adj Engel*, (*dated*) *Mädchen* fallen; (*Mil*) killed in action. **er ist ~** he was killed in action.

Gefallen¹ *nt* **-s**, *no pl* (*geh*) pleasure. **an etw** (*dat*) **~ finden** to derive *or* get pleasure from sth, to delight in sth; **an jdm/ aneinander (großes) ~ finden** to take a (great) fancy to sb/each other; **bei jdm ~ finden** to appeal to sb.

Gefallen² *m* **-s, -** favour. **jdn um einen ~ bitten** to ask a favour of sb; **tun Sie mir den**

~ **und schreiben Sie** would you do me a favour and write, would you do me the favour of writing; **Sie würden mir einen ~ tun, wenn ...** you'd be doing me a favour if ...; **jdm etw zu ~ tun** (*geh*) to do sth to please sb; **ihm zu ~** to please him.

Gefallenendenkmal *nt* war memorial.

Gefallene(r) *mf decl as adj* soldier killed in action. **ein Denkmal für die ~n des Krieges** a memorial to those killed in the war.

Gefäll(e)strecke *f* incline.

gefällig *adj* **1.** (*hilfsbereit*) helpful, obliging. **sich ~ zeigen** to show oneself willing to oblige; **jdm ~ sein** to oblige *or* help sb.
  2. (*ansprechend*) pleasing; (*freundlich*) pleasant.
  3. wenn es (Ihnen) ~ ist (*iro, form*) if that is all right (with you); **Zigarette ~?** (*form*) would you care for a cigarette?

Gefälligkeit *f* **1.** (*Gefallen*) favour. **jdm eine ~ erweisen** to do sb a favour. **2.** *no pl* (*Entgegenkommen*) helpfulness. **etw aus ~ tun** to do sth out of the kindness of one's heart.

Gefälligkeitswechsel *m* (*Fin*) accommodation bill *or* paper.

gefälligst *adv* (*inf*) kindly. **sei ~ still!** kindly keep your mouth shut! (*inf*).

gefallsüchtig *adj* desperate to be liked.

gefälscht *adj* forged.

gefangen I *ptp of* **fangen**. II *adj* (*~genommen*) captured; (*fig*) captivated. **sich ~ geben** to give oneself up, to surrender.

Gefangenen|austausch *m* exchange of prisoners; **Gefangenenbefreiung** *f* rescue of a prisoner/prisoners; (*als Delikt*) aiding and abetting the escape of a prisoner; **Gefangenenhaus** *nt* (*Aus*) prison; **Gefangenenlager** *nt* prison camp; **Gefangenenwärter** *m* prison officer, (prison) warder, jailer (*old, inf*).

Gefangene(r) *mf decl as adj* captive; (*Sträfling, Kriegs~, fig*) prisoner. **500 ~ machen** (*Mil*) to take 500 prisoners; **keine ~n machen** (*Mil*) to take no prisoners (alive).

gefangenhalten *vt sep irreg* to hold prisoner; *Tiere* to hold captive; (*fig*) to captivate; **Gefangennahme** *f* **-, -n** capture; (*Verhaftung*) arrest; **bei der ~ on** one's capture/arrest; **gefangennehmen** *vt sep irreg Mensch* to take captive; *Geiseln auch* to capture; (*verhaften*) arrest; (*Mil*) to take prisoner; (*fig*) to captivate; **Gefangenschaft** *f* captivity; **in ~ geraten** to be taken prisoner; **gefangensetzen** *vt sep* to take into captivity; (*verhaften*) to imprison.

Gefängnis *nt* prison, jail, gaol (*Brit*); (*~strafe*) imprisonment. **im ~ sein** *or* **sitzen** (*inf*) to be in prison; **ins ~ kommen** to be sent to prison; **zwei Jahre ~ bekommen** to get two years' imprisonment *or* two years in prison; **auf Meineid steht ~** perjury is punishable by imprisonment *or* by a prison sentence.

Gefängnis- *in cpds* prison; **Gefängnis|aufseher** *m* warder, prison officer, jailer (*old, inf*); **Gefängnisdirektor** *m* prison governor, prison warden (*esp US*); **Gefängnisgeistliche(r)** *m* prison chaplain; **Gefängnishof** m prison compound; **Gefängnis|insasse** m inmate; **Gefängnisstrafe** f prison sentence; **eine ~ von zehn Jahren** ten years' imprisonment; **er wurde zu einer ~ verurteilt** he was sent to prison, he was given a prison sentence; **Gefängnistor** nt prison gate usu pl; **Gefängniswärter** m siehe **Gefängnisaufseher**; **Gefängniszelle** f prison cell.

gefärbt adj dyed; Lebensmittel artificially coloured; (fig) Aussprache tinged; Bericht biased. **ihre Sprache ist schottisch ~** her accent has a Scottish tinge or ring to it; **konservativ ~ sein** to have a conservative bias.

Gefasel nt -s, no pl (pej) twaddle (inf), drivel (inf).

Gefäß nt -es, -e vessel (auch Anat, Bot); (Behälter) receptacle.

gefäß|erweiternd adj vasodilatory; **Gefäßleiden** nt angiopathy, vascular disease.

gefaßt adj (ruhig) composed, calm. **einen sehr ~ en Eindruck machen** to appear cool, calm and collected; **auf etw** (acc) **~ sein** to be prepared or ready for sth; **sich auf etw** (acc) **~ machen** to prepare oneself for sth; **er kann sich auf etwas ~ machen** (inf) I'll give him something to think about (inf).

Gefaßtheit f composure, calmness.

gefäßver|engend adj vasoconstrictive; **Gefäßverschluß** m, **Gefäßverstopfung** f embolism; **Gefäßwand** f vascular wall.

Gefecht nt -(e)s, -e (lit, fig) battle; (Mil) encounter, engagement; (Scharmützel) skirmish. **ein hartes ~** fierce fighting; **den Feind in ein ~ verwickeln** to engage the enemy (in battle); **jdn/etw außer ~ setzen** (lit, fig) to put sb/sth out of action; **mit diesen Argumenten setzte er seinen Gegner außer ~** he spiked his opponent's guns with these arguments; **im Eifer** or **in der Hitze des ~s** (fig) in the heat of the moment; **klar zum ~!** (Naut) clear for action!; (fig) clear the decks!

Gefechts|aufklärung f tactical reconnaissance; **Gefechts|ausbildung** f combat training; **gefechtsbereit** adj ready for action or battle; (einsatzfähig) (fully) operational; **Gefechtsbereitschaft** f readiness for action or battle; **gefechtsklar** adj (Naut) cleared for action; **ein Schiff ~ machen** to clear a ship for action; **Gefechtskopf** m warhead; **Gefechtslärm** m noise of battle; **gefechtsmäßig** adj combat attr, under combat conditions; **Gefechtspause** f break in the fighting; **Gefechtsstand** m command post; **Gefechtsstärke** f fighting strength; **Gefechts|übung** f field exercise, manoeuvres pl.

gefedert adj (Matratze) sprung; (Karosserie) spring-suspended. **ein gut ~es Auto/eine gut ~e Kutsche** a car with good suspension/a well-sprung carriage.

gefeiert adj celebrated.

gefeit adj **gegen etw ~ sein** to be immune to sth; **dagegen ist keiner ~** that could happen to anyone.

gefestigt adj Tradition established; Charakter steadfast.

Gefiedel nt -s, no pl (inf) fiddling (inf), scraping (pej).

Gefieder nt -s, - plumage, feathers pl; (old: von Pfeil) flight.

gefiedert adj feathered; Blatt pinnate. **die ~en Sänger** (poet) the feathered songsters (poet); **unsere ~en Freunde** (geh) our feathered friends.

gefiel pret of **gefallen**[1].

Gefilde nt -s, - (old, liter) realm. **die ~ der Seligen** the Elysian fields; **die heimatlichen ~** (hum) home pastures.

gefinkelt adj (esp Aus) cunning, crafty.

geflammt adj Marmor waved, rippled; Holz wavy-grained; Stoff watered.

Geflecht nt -(e)s, -e (lit, fig) network; (Gewebe) weave; (Rohr~) wickerwork, basketwork; (von Haaren) plaiting.

gefleckt adj spotted; Blume, Vogel speckled; Haut blotchy.

Geflimmer nt -s, no pl shimmering; (Film, TV) flicker(ing); (heiße Luft) heat-haze; (von Stern) twinkling.

geflissentlich adj (geh) deliberate, intentional. **zur ~en Beachtung** (form) for your attention.

geflochten ptp of **flechten**.

geflogen ptp of **fliegen**.

geflohen ptp of **fliehen**.

geflossen ptp of **fließen**.

Geflügel nt -s, no pl (Zool, Cook) poultry no pl; (Vögel auch) fowl.

Geflügel- in cpds poultry; **Geflügelcremesuppe** f cream of chicken/ turkey etc soup; **Geflügelfleisch** nt poultry; **Geflügelhändler** m poulterer, poultry dealer; **Geflügelhandlung** f poulterer's; **Geflügelklein** nt -s, no pl giblets pl; **Geflügelleber** f chicken/turkey etc liver; **Geflügelsalat** m chicken/turkey etc salad.

geflügelt adj winged. **~e Worte** familiar or standard quotations.

Geflunker nt -s, no pl (inf) fibbing (inf).

Geflüster nt -s, no pl whispering; (von Bäumen, Blättern auch) rustling.

gefochten ptp of **fechten**.

Gefolge nt -s, - retinue, entourage; (Trauer~) cortege; (fig) wake. **im ~** in the wake (+gen of); **etw im ~ haben** (fig) to result in sth, to bring sth in its wake.

Gefolgschaft f 1. (die Anhänger) following; (NS: Betriebs~) workforce; (Hist: Gefolge) retinue, entourage. 2. (Treue) fealty (Hist), allegiance (auch Hist), loyalty.

Gefolgschaftstreue f siehe **Gefolgschaft 2**.

Gefolgsmann m, pl **-leute** follower; (Hist) liegeman.

gefragt adj in demand pred.

gefräßig adj gluttonous; (fig geh) voracious.

Gefräßigkeit f gluttony; (fig geh) voracity.

Gefreite(r) mf decl as adj (Mil) lance corporal (Brit), private first class (US); (Naut) able seaman (Brit), seaman apprentice (US); (Aviat) leading aircraftman (Brit), airman first class (US).

gefressen ptp of **fressen**. **jdn ~ haben** (inf) to be sick of sb (inf).

G(e)frett nt -s, no pl (Aus) worry.

Gefrierchirurgie f cryosurgery.

gefrieren* vi irreg aux sein (lit, fig) to freeze; siehe **Blut.**

Gefrierfach nt freezing or ice compartment; **Gefrierfleisch** nt frozen meat; **Gefriergemüse** nt frozen vegetables pl; **gefriergetrocknet** adj freeze-dried; **Gefrierkost** f frozen food; **Gefrierpunkt** m freezing point; (von Thermometer) zero; **Temperaturen unter dem ~** temperatures below zero or freezing (point); **Gefrierraum** m deep-freeze room; **Gefrierschutzmittel** nt (Aut) anti-freeze; **Gefriertemperatur** f freezing temperature; **Gefriertrocknung** f freeze-drying; **Gefriertruhe** f freezer, deep freeze.

gefroren ptp of **frieren, gefrieren.**

Gefror(e)ne(s) nt decl as adj (dated: esp S Ger, Aus) ice cream.

Gefuchtel nt -s, no pl gesticulating.

Gefüge nt -s, - (lit, fig) structure; (Bau~ auch) construction; (Aufbau) structure, make-up.

gefügig adj (willfährig) submissive; (gehorsam) obedient. **jdn ~ machen** to make sb bend to one's will.

Gefügigkeit f siehe adj submissiveness; obedience.

Gefühl nt -(e)s, -e 1. (Sinneswahrnehmung) feeling. **etw im ~ haben** to have a feel for sth; **er hat kein ~ für heiß und kalt/oben und unten** he can't feel the difference between hot and cold/tell the difference between above and below.
2. (seelische Empfindung, Ahnung) feeling; (Emotionalität) sentiment. **ich habe das ~, daß ...** I have the feeling that ...; **ich habe ein ~, als ob ...** I feel as though ...; **es geht gegen mein ~ ...** I don't like ...; **mein ~ täuscht mich nie** my instinct is never wrong; **jds ~e erwidern/verletzen** to return sb's affection/hurt sb's feelings; **ein Mensch ohne ~** (hartherzig) a person without any feelings; (gefühlskalt) a person without any emotions; **er ist zu keinem menschlichen ~ fähig** he is incapable of (feeling) any human emotion; **~ und Verstand** emotion and reason; **das höchste der ~e** (inf) the ultimate.
3. (Verständnis) feeling; (Sinn) sense. **ein ~ für Zahlen/ Musik** a feeling for figures/music; **ein ~ für Gerechtigkeit** etc; a sense of justice etc; **Tiere haben ein ~ dafür, wer sie mag** animals can sense who likes them; **einen Apparat mit ~ behandeln** to treat an appliance sensitively.

gefühlig adj (pej geh) mawkish.

gefühllos adj (unempfindlich, hartherzig) insensitive; (mitleidlos) callous, unfeeling; Glieder numb, dead pred. **ich habe ganz ~e Finger** my fingers are quite numb or have gone dead.

Gefühllosigkeit f siehe adj insensitivity; callousness, unfeelingness; numbness, deadness.

Gefühls|anwandlung f (fit of) emotion; **gefühls|arm** adj unemotional; **Gefühls|armut** f lack of emotion or feeling; **Gefühls|ausbruch** m emotional outburst; **Gefühls|ausdruck** m, **Gefühls-**

|äußerung f expression of one's emotions; **gefühlsbedingt, gefühlsbestimmt** adj emotional; **gefühlsbetont** adj emotional; Rede, Äußerung auch emotive; **Gefühlsdinge** pl emotional matters pl; **Gefühlsduselei** f (pej) mawkishness; **gefühlskalt** adj cold; **Gefühlskälte** f coldness; **Gefühlslage** f emotional state; **Gefühlsleben** nt emotional life; **gefühlsmäßig** adj instinctive; **Gefühlsmensch** m emotional person; **Gefühlsnerv** m sensory nerve; **Gefühlsregung** f stir of emotion; (seelische Empfindung) feeling; **gefühlsroh** adj hardhearted; **Gefühlssache** f (Geschmackssache) matter of feeling; **Kochen ist zum großen Teil ~** cooking is largely something you have a feel for; **gefühlsselig** adj sentimental; **Gefühlstiefe** f (emotional)intensity; **Gefühlswelt** f emotions pl; **Gefühlswert** m sentimental value; **Gefühlswirkung** f emotional effect.

gefühlvoll adj 1. (empfindsam) sensitive; (ausdrucksvoll) expressive. **sehr ~ singen** to sing with real feeling. 2. (liebevoll) loving.

gefüllt adj Paprikaschoten etc stuffed; Brieftasche full. **~e Pralinen** chocolates or candies (US) with soft centres.

Gefummel nt -s, no pl (inf) fiddling (inf); (Hantieren) fumbling (inf); (erotisch) groping (inf).

gefunden I ptp of **finden.** II adj das war ein **~es Fressen für ihn** that was handing it to him on a plate.

gefurcht adj furrowed.

gefürchtet adj dreaded usu attr. **~sein** to be feared.

gegabelt adj forked, bifurcate.

Gegacker nt -s, no pl (lit, fig) cackle, cackling.

gegangen ptp of **gehen.**

gegeben I ptp of **geben.** II adj 1. (bekannt) given. 2. (vorhanden) given attr; (Philos: real) factual; Bedingung, Voraussetzung fulfilled pred. **im ~en Fall ...** should the situation arise ...; **bei den ~en Tatsachen/der ~en Situation** given these facts/this situation; **etw als ~ voraussetzen** to assume sth. 3. (günstig) **ist das ~e** it is the obvious thing; **zu ~er Zeit** in due course.

gegebenenfalls adv should the situation arise; (wenn nötig) if need be, if necessary; (eventuell) possibly; (Admin) if applicable.

Gegebenheit f (actual) fact; (Realität) actuality; (Zustand) condition. **sich mit den ~en abfinden** to come to terms with the facts as they are.

gegen prep +acc 1. (wider) against. **X ~ Y** (Sport, Jur) X versus Y; **für oder ~** for or against; **~ seinen Befehl** contrary to or against his orders; **haben Sie ein Mittel ~ Schnupfen?** do you have anything for colds?; **etwas/nichts ~ jdn/etw haben** to have something/nothing against sb/sth; **~ etw sein** to be against sth or opposed to sth; **10 ~ 1 wetten** to bet 10 to 1.
2. (in Richtung auf) towards, toward (US); (nach) to; (an) against. **~ einen Baum rennen/prallen** to run/crash into a

tree; **er pochte ~ das Tor** he hammered on the gate; **etw ~ das Licht halten** to hold sth to *or* against the light; **~ Osten** *etc* **fahren** to travel eastwards *etc*, to travel to(wards) the east *etc*; **es wird ~ abend kühler** it grows cooler towards evening. **3.** (*ungefähr*) round about, around; (*nicht mehr als*) getting on for; (*nicht später als*) towards. **4.** (*gegenüber*) towards, to. **5.** (*im Austausch für*) for. **~ bar** for cash; **~ Bezahlung/Quittung** against payment/a receipt. **6.** (*verglichen mit*) compared with, in comparison with.

Gegen|aktion *f* counteraction; **Gegen|angebot** *nt* counteroffer; **Gegen|angriff** *m* (*Mil, fig*) counterattack; **Gegen|ansicht** *f* opposite opinion; **Gegen|antrag** *m* countermotion; (*Jur*) counterclaim; **Gegen|anzeige** *f* (*Med*) contraindication; **Gegen|argument** *nt* counterargument; **Gegenbedingung** *f* countercondition, counterstipulation; **Gegenbehauptung** *f* counterclaim; **Gegenbeispiel** *nt* counterexample; **Gegenbesuch** *m* return visit; **jdm einen ~ machen** to return sb's visit; **Gegenbewegung** *f* (*Tech, fig*) countermovement; (*Mus*) contramotion; **Gegenbeweis** *m* counterevidence *no indef art, no pl*; **den ~ zu etw erbringen** *or* **antreten** to produce evidence to counter sth; **Gegenbuchung** *f* cross entry.

Gegend *f* -, **-en** area; (*Wohn~ auch*) neighbourhood, district; (*geographisches Gebiet, Körper~*) region; (*Richtung*) direction; (*inf: Nähe*) area. **die ~ von London, die Londoner ~** the London area; **er wohnt in der ~ des Bahnhofs** he lives in the area near the station; **Neuwied liegt in einer schönen ~** Neuwied is in a beautiful area; **eine schöne ~ Deutschlands** a beautiful part of Germany; **hier in der ~** (a)round here, in this area, hereabouts; **ungefähr in dieser ~** somewhere (a)round here *or* in this area/region; **ein bißchen durch die ~ laufen** (*inf*) to have a stroll around; **sie warfen die leeren Bierflaschen einfach in die ~** (*inf*) they just threw the empty beer bottles around anywhere.

Gegendarstellung *f* reply; **Gegendemonstration** *f* counter-demonstration; **Gegendienst** *m* favour in return; **jdm einen ~ erweisen** to return the favour, to do sb a favour in return; **Gegendruck** *m* (*Tech*) counterpressure; (*fig*) resistance.

gegen|einander *adv* against each other *or* one another; (*zueinander*) to(wards) each other *or* one another; (*im Austausch*) for each other *or* one another. **sie haben etwas ~** they've got something against each other.

Gegen|einander *nt* **-s,** *no pl* conflict.

gegen|einanderhalten *vt sep irreg* (*lit*) to hold side by side *or* together; (*fig*) to compare; **gegen|einanderprallen** *vi sep aux sein* to collide; **gegen|einanderstehen** *vi sep irreg* (*fig*) to be on opposite sides; (*Aussagen*) to conflict; **gegen|einanderstellen** *vt sep* (*lit*) to put together; (*fig*) to compare; **gegen|einanderstoßen** *vi sep irreg aux sein* to bump into each other; (*kollidieren*) to collide.

Gegen|erklärung *f* counterstatement; (*Dementi*) denial, disclaimer; **Gegenfahrbahn** *f* oncoming carriageway (*Brit*) *or* highway (*US*) *or* (*Spur*) lane; **Gegenfarbe** *f* complementary colour; **Gegenfeuer** *nt* backfire; **Gegenforderung** *f* counterdemand; (*Comm*) counterclaim; **Gegenfrage** *f* counterquestion; **darf ich mit einer ~ antworten?** may I answer your question with another (of my own)?; **Gegengerade** *f* (*Sport*) back straight, backstretch (*US*); **Gegengeschenk** *nt* present *or* gift in return; **jdm etw als ~ überreichen** to give sb sth in return; **Gegengewalt** *f* counterviolence; **Gewalt mit ~ beantworten** to counter violence with violence; **Gegengewicht** *nt* counterbalance (*auch fig*), counterweight, counterpoise; **als (ausgleichendes) ~ zu etw wirken** (*lit, fig*) to counterbalance sth; **Gegengift** *nt* antidote (*gegen* to); **Gegengleis** *nt* opposite track; **Gegengrund** *m* reason against; **Gründe und ~e (für etw)** reasons for and against (sth); **Gegenkandidat** *m* rival candidate; **als ~ zu jdm aufgestellt werden** to be put up as a candidate against sb; **Gegenklage** *f* (*Jur*) countercharge; **Gegenkläger** *m* (*Jur*) bringer of a countercharge; **Gegenkraft** *f* (*lit, fig*) counterforce; **Gegenkultur** *f* alternative culture; **Gegenkurs** *m* (*lit, fig*) opposite course; **einen ~ steuern** to take an opposing course of action; **gegenläufig** *adj* (*Tech*) *Bewegung* contrarotating; (*fig*) *Tendenz* contrary, opposite; **Gegenleistung** *f* service in return; **als ~ für etw** in return for sth; **gegenlenken** *vi sep* (*Aut*) to steer in the opposite direction; **gegenlesen** *vti sep irreg* countercheck.

Gegenlicht *nt* **etw bei** *or* **im ~ aufnehmen** (*Phot*) to take a contre-jour photo(graph) of sth.

Gegenlicht- (*Phot*): **Gegenlicht|aufnahme** *f* contre-jour photo(graph) *or* shot; **Gegenlichtblende** *f* lens hood.

Gegenliebe *f* requited love; (*fig: Zustimmung*) approval; **auf ~/wenig ~ stoßen** (*fig*) to be welcomed/hardly welcomed with open arms; **Gegenmacht** *f* hostile power; **Gegenmaßnahme** *f* countermeasure; **Gegenmeinung** *f* opposite view *or* opinion; **Gegenmittel** *nt* (*Med*) antidote (*gegen* to); **Gegenmutter** *f* (*Tech*) locknut; **Gegen|offensive** *f* (*lit, fig*) counteroffensive; **Gegenpapst** *m* (*Hist*) antipope; **Gegenpartei** *f* other side; (*Sport*) opposing side; (*Jur*) opposing party; **Gegenpol** *m* counterpole; (*fig*) antithesis (*zu* of, to); **Gegenposition** *f* opposite standpoint; **Gegenprobe** *f* crosscheck; **die ~ zu etw machen** to carry out a crosscheck on sth, to crosscheck sth; **Gegenpropaganda** *f* counterpropaganda; **Gegenreaktion** *f* counter-reaction; **Gegenrechnung** *f* **1.** (*Math: Gegenprobe*) crosscheck; **2.** (*Comm*) set-off; (*Gegenschuld*) offset; **die ~ aufmachen**

(*fig*) to present one's own reckoning; **Gegenrede** *f* (*Antwort*) reply; (*Widerrede*) contradiction; (**da gibt es**) **keine ~!** no contradiction!; **Rede und ~** dialogue; **Gegenreformation** *f* (*Hist*) Counter-Reformation; **Gegenregierung** *f* rival government; **Gegenrichtung** *f* opposite direction; **Gegenruder** *nt* opposed control surfaces.

Gegensatz *m* **-es, ⁓e** (*konträr ~*) contrast; (*kontradiktorischer ~, Gegenteil*) opposite; (*Unvereinbarkeit*) conflict; (*Unterschied*) difference; (*Philos*) antithesis; (*Mus*) countersubject. **⁓e** (*Meinungsverschiedenheiten*) differences *pl*; **im ~ zu** unlike, in contrast to; **Marx, im ~ zu …** Marx, as against …; **er, im ~ zu mir, …** unlike me, he …; **einen krassen ~ zu etw bilden** to contrast sharply with sth; **⁓e ziehen einander** *or* **sich an** (*prov*) opposites attract; **im ~ zu etw stehen** to conflict with sth; **unüberbrückbare ⁓e** irreconcilable differences.

gegensätzlich *adj* (*konträr*) contrasting; (*widersprüchlich*) opposing; (*unterschiedlich*) different; (*unvereinbar*) conflicting. **Schwarz und Weiß sind ~e Begriffe** black and white are opposites; **eine ~e Meinung** a conflicting view; **etw völlig ~ beurteilen** to assess sth totally differently; **sie verhalten sich völlig ~** they behave in totally different ways.

Gegensätzlichkeit *f* (*gen* between) *siehe adj* contrast; opposition; difference; conflict. **die ~ dieser beiden Systeme** the contrast between *or* contrasting nature of these two systems; **bei aller ~ …** in spite of all (the) differences …

Gegenschlag *m* (*Mil*) reprisal; (*fig*) retaliation *no pl*; **zum ~ ausholen** to prepare to retaliate; **Gegenseite** *f* (*lit, fig*) other side; (*gegenüberliegende Seite auch*) opposite side; **gegenseitig** *adj* mutual; (*wechselseitig auch*) reciprocal; **sie beschuldigten sich ~** they (each) accused one another *or* each other; **sich ~ bedingen** to be contingent (up)on one another *or* each other; **sich ~ ausschließen** to be mutually exclusive, to exclude one another; **~e Abhängigkeit** mutual dependence, interdependence; **Gegenseitigkeit** *f siehe adj* mutuality; reciprocity; **ein Abkommen/Vertrag auf ~** a reciprocal agreement/treaty; **Versicherung auf ~** mutual insurance; **Gegensinn** *m* **im ~** in the opposite direction; **gegensinnig** *adj* (*Tech*) in the opposite direction; **Gegenspieler** *m* opponent; (*Liter*) antagonist; (*bei Mannschaftsspielen auch*) opposite number; **Gegenspionage** *f* counterespionage; **Gegensprechanlage** *f* (two-way) intercom; (*Telec*) duplex (system); **Gegensprechverkehr** *m* two-way communication.

Gegenstand *m* **-(e)s, ⁓e** (*Ding*) object, thing; (*Econ: Artikel*) article; (*Thema, Angelegenheit, Stoff*) subject; (*von Gespräch, Diskussion*) subject, topic; (*der Neugier, des Hasses etc, Philos*) object; (*Aus: Schulfach*) subject. **sie wurde mit einem stumpfen ~ erschlagen** she was killed by a blow from a blunt instrument;

~ des Gespötts laughing-stock, object of ridicule; (*Mensch auch*) figure of fun.

gegenständlich *adj* concrete; (*Philos*) objective; (*Art*) representational; (*anschaulich*) graphical. **die ~e Welt** the world of objects.

Gegenständlichkeit *f siehe adj* concreteness; objectivity; representationalism; graphicalness.

Gegenstandpunkt *m* opposite point of view.

gegenstandslos *adj* (*überflüssig*) redundant, unnecessary; (*grundlos*) unfounded, groundless; (*hinfällig*) irrelevant; (*Art*) non-representational, abstract; **bitte betrachten Sie dieses Schreiben als ~, falls …** please disregard this notice if …

gegensteuern *vi sep* (*Aut*) to steer in the opposite direction; (*fig*) to take countermeasures; **Gegenstimme** *f* (*Parl*) vote against; **der Antrag wurde mit 250 Stimmen bei 30 ~n/ohne ~ angenommen** the motion was carried by 250 votes to 30/unanimously; **Gegenstoß** *m* (*Mil, Sport*) counterattack; **Gegenströmung** *f* (*lit, fig*) countercurrent; **Gegenstück** *nt* opposite; (*passendes ~*) counterpart.

Gegenteil *nt* opposite (*von* of); (*Umkehrung*) reverse (*von* of). **im ~!** on the contrary!; **ganz im ~** quite the reverse; **das ~ bewirken** to have the opposite effect; (*Mensch*) to achieve quite the opposite; **ins ~ umschlagen** to swing to the other extreme; **eine Äußerung ins ~ verkehren** to twist a statement to mean just the opposite.

gegenteilig *adj Ansicht, Wirkung* opposite, contrary. **eine ~e Meinung** a different opinion; **sich ~ entscheiden** to come to a different decision; **~e Behauptungen** statements to the contrary; **ich habe nichts G~es gehört** I've heard nothing to the contrary.

Gegentreffer *m* (*Sport*) **einen ~ hinnehmen müssen** to concede a goal.

gegen|über I *prep + dat* **1.** (*örtlich*) opposite. **er wohnt mir ~** he lives opposite me *or* across from me; **er saß mir genau/schräg ~** he sat directly opposite *or* facing me/diagonally across from me.

2. (*zu*) to; (*in bezug auf*) with regard *or* respect to, as regards; (*angesichts, vor*) in the face of; (*im Vergleich zu*) in comparison with, compared with. **mir ~ hat er das nicht geäußert** he didn't say that to me; **er ist allem Neuen ~ wenig aufgeschlossen** he's not very open-minded about anything new *or* where anything new is concerned.

II *adv* opposite. **der Park ~** the park opposite; **die Leute von ~** (*inf*) the people opposite *or* (from) across the way.

Gegen|über *nt* **-s, -** (*bei Kampf*) opponent; (*bei Diskussion*) opposite number. **mein ~ im Zug/am Tisch** the person (sitting) opposite me in the train/at (the) table; **wir haben einen freien Ausblick und kein ~** we've an open view with no building opposite.

gegen|übergestellt *adj*: **sich einer Sache** (*dat*) **~ sehen** to be faced *or* confronted

with sth; **gegen|überliegen** *sep irreg* **I** *vi*
+*dat* to be opposite, to face; **II** *vr* **sich**
(*dat*) ~ to face each other; **gegen|über-**
liegend *adj attr* opposite; **das ~e Grund-**
stück the plot of land opposite; **gegen-**
|übersehen *vr sep irreg* +*dat* **sich einer**
Aufgabe ~ to be faced *or* confronted with
a task; **gegen|übersitzen** *vi sep irreg*
+*dat* to sit opposite *or* facing; **gegen-**
|überstehen *vi sep irreg.* +*dat* to be op-
posite, to face; *jdm* to stand opposite *or*
facing; **jdm feindlich/freundlich** ~ to have
a hostile/friendly attitude towards sb;
einem Plan freundlich ~ to be favourably
disposed to a plan; **gegen|überstellen** *vt*
sep (*konfrontieren mit*) to confront (*dat*
with); (*fig: vergleichen*) to compare (*dat*
with); **Gegen|überstellung** *f* confronta-
tion; (*fig: Vergleich*) comparison; **gegen-**
|übertreten *vi sep irreg aux sein* **jdm** ~ to
face sb.

Gegenverkehr *m* oncoming traffic;
Gegenvorschlag *m* counterproposal.

Gegenwart *f*, *- no pl* **1.** (*jetziger Augenblick*)
present; (*heutiges Zeitalter*) present
(time *or* day); (*Gram*) present (tense). **in**
der ~ **leben** to live in the present; (*den*
Augenblick genießen) to live for the
present *or* for today; **die Literatur/ Musik**
der ~ contemporary literature/music; **die**
Probleme der ~ the problems of today,
today's problems; **in der** ~ **stehen** (*Gram*)
to be in the present (tense).

2. (*Anwesenheit*) presence. **in** ~ **des** in
the presence of.

gegenwärtig **I** *adj* **1.** *attr* (*jetzig*) present;
(*heutig auch*) current, present-day. **der**
~**e Minister/Preis** the present minister/
current price. **2.** (*geh: anwesend*) present
pred. **die** ~**en Gäste** the guests present;
bei einer Feier ~ **sein** to attend a party, to
be present at a party; **es ist mir im Moment**
nicht ~ I can't recall it at the moment.

II *adv* **1.** (*augenblicklich*) at present, at
the moment; (*heutzutage auch*) currently.

2. sich (*dat*) **etw** ~ **halten** (*geh*) to bear
sth in mind.

gegenwartsbezogen *adj* relevant to
present times; **ein sehr** ~**er Mensch** a person whose life revolves very much around
the present; **Gegenwartsform** *f* (*Gram*)
present (tense); **Gegenwartsfrage** *f* current *or* topical question; **gegenwarts-**
fremd *adj* out-of-touch (with reality);
gegenwartsnah(e) *adj* relevant (to the
present); **Gegenwartsroman** *m* contemporary novel; **Gegenwartssprache** *f*
present-day language; **die englische/**
deutsche ~ modern English/German.

Gegenwehr *f* resistance; **Gegenwert** *m*
equivalent; **Gegenwind** *m* headwind; **wir**
hatten starken ~ there was a strong headwind; **Gegenwinkel** *m* (*Geom*) opposite
angle; (*korrespondierend*) corresponding
angle; **Gegenwirkung** *f* reaction,
counteraction; **diese Tabletten können**
eine ~ **haben** these tablets can have the
opposite effect; **gegenzeichnen** *vt sep* to
countersign; **Gegenzeichnung** *f* (*Unter-*
schrift) countersignature; (*das Unter-*
schreiben) countersigning; **Gegenzeuge**
m witness for the other side; **Gegenzug**

m **1.** countermove; **im** ~ **zu etw** as a countermove to sth; **2.** (*Rail*) corresponding
train in the other direction; (*entgegen-*
kommender Zug) oncoming train.

gegessen *ptp of* **essen.**

geglichen *ptp of* **gleichen.**

gegliedert *adj* jointed; (*fig*) structured;
(*organisiert*) organized.

geglitten *ptp of* **gleiten.**

geglommen *ptp of* **glimmen.**

geglückt *adj Feier* successful; *Wahl* lucky;
Überraschung real.

Gegner(in *f*) *m* **-s, -** opponent (*auch*
Sport), adversary; (*Rivale*) rival; (*Feind*)
enemy. **ein** ~ **der Todesstrafe sein** to be
against *or* opposed to capital punishment.

gegnerisch *adj attr* opposing; (*Mil: feind-*
lich) enemy *attr*, hostile; **Übermacht** of
the enemy.

Gegnerschaft *f* opposition.

gegolten *ptp of* **gelten.**

gegoren *ptp of* **gären.**

gegossen *ptp of* **gießen.**

gegraben *ptp of* **graben.**

gegriffen *ptp of* **greifen.**

Gegröle *nt* **-s,** *no pl* (*inf*) raucous bawling.

Gehabe *nt* **-s,** *no pl* (*inf*) affected
behaviour.

gehaben* *vr* (*old*) to behave, to deport
oneself (*old, form*). **gehab dich wohl!**
(*old*) farewell! (*old*).

gehabt *ptp of* **haben.**

Gehackte(s) *nt decl as adj* mince (*Brit*),
minced *or* ground (*US*) meat.

Gehalt[1] *m* **-(e)s, -e 1.** (*Anteil*) content. **der**
~ **an Eiweiß/Kohlenhydraten** the protein/
carbohydrate content; **ein hoher** ~ **an**
Kohlenmonoxyd a high carbon monoxide
content. **2.** (*fig: Inhalt*) content; (*Sub-*
stanz) substance.

Gehalt[2] *nt or* (*Aus*) *m* **-(e)s, ¨er** salary; (*esp*
Eccl) stipend.

gehalten **I** *ptp of* **halten. II** *adj:* ~ **sein, etw**
zu tun (*form*) to be required to do sth.

gehaltlos *adj Nahrung* unnutritious; (*fig*)
empty; (*oberflächlich*) shallow, empty;
dieses Brot ist ziemlich ~ there's not much
nourishment in this bread; **Gehalt-**
losigkeit *f siehe adj* (*fig*) lack of
content/substance; emptiness; shallow-
ness; **gehaltreich** *adj* **1.** *Erz* high-yield;
2. *siehe* **gehaltvoll.**

Gehalts|abrechnung *f* salary statement;
Gehalts|abzug *m* salary deduction;
Gehalts|anspruch *m* salary claim;
Gehaltsbescheinigung *f* salary declara-
tion; **Gehalts|empfänger** *m* salary-
earner; **die Firma hat 500** ~ the firm has
500 salaried staff *or* employees; **Gehalts-**
|erhöhung *f* salary increase, rise in sal-
ary; (*regelmäßig*) increment; **Gehalts-**
forderung *f* salary claim; **Gehalts-**
gruppe *f* salary bracket; **er ist in der** ~ **6**
he's on grade 6 on the salary scale;
Gehaltskonto *nt* current account;
Gehaltskürzung *f* cut in salary;
Gehaltsstreifen *m* salary slip; **Gehalts-**
vorrückung *f* (*Aus*) *siehe* **Gehalts-**
erhöhung; Gehaltsvorstellung *f*,
Gehaltswunsch *m* salary requirement;
Gehaltszahlung *f* salary payment; **der**
Tag der ~ **ist der 28.** salaries are paid on

the 28th; **Gehaltszulage** f (*regelmäßige*) increment; (*Extrazulage*) salary bonus.

gehaltvoll adj *Speise* nutritious, nourishing; (*fig*) rich in content. **ein ~es Buch** a book which says a great deal.

Gehämmer nt **-s**, *no pl* hammering.

gehandikapt [gə'hɛndikɛpt] adj handicapped (*durch* by).

Gehänge nt **-s**, **- 1.** garland; (*Ohr~*) drop, pendant. **2.** (*Wehr~*) ammunition belt. **3.** (*Min: Abhang*) declivity, incline. **4.** (*sl*) balls pl (*sl*).

gehangen ptp of **hängen.**

Gehängte(r) mf decl as adj hanged man/woman. **die ~n** the hanged.

Gehänsel nt **-s**, *no pl* (*inf*) mocking.

geharnischt adj **1.** (*fig*) *Antwort, Rede* sharp, forceful; *Brief* strong. **jdm eine ~e Abfuhr erteilen** to rebuff sb in no uncertain terms. **2.** (*Hist: gepanzert*) armourclad. **ein ~er Ritter** a knight in armour.

gehässig adj spiteful.

Gehässigkeit f spite, spitefulness. **~en** spiteful things.

gehauen ptp of **hauen.**

gehäuft I adj *Löffel* heaped. **II** adv in large numbers.

Gehäuse nt **-s**, **- 1.** case; (*Radio~, Kamera~, Uhr~, Kompaß~auch*) casing; (*Lautsprecher~*) box; (*großes Lautsprecher~, Radio~*) cabinet. **2.** (*Schnecken~*) shell. **3.** (*Obst~*) core. **4.** (*Ftbl sl*) goal.

gehbehindert adj disabled.

Gehege nt **-s**, **-** reserve; (*im Zoo*) enclosure, compound; (*Wild~*) preserve. **jdm ins ~ kommen** (*fig inf*) to get under sb's feet (*inf*); (*ein Recht streitig machen*) to poach on sb's preserves.

geheiligt adj *Brauch, Tradition, Recht* sacred; *Räume* sacrosanct.

geheim adj secret. **seine ~sten Gefühle/Wünsche/Gedanken** his innermost or most private feelings/wishes/thoughts; **streng ~** top secret; **,,die ~en Verführer"** "the hidden persuaders"; **G~er Rat** privy council; (*Mitglied*) privy councillor; **~ bleiben** to remain (a) secret; **~ abstimmen** to vote by secret ballot; **im ~en** in secret, secretly.

Geheim- in cpds secret; **Geheimbund** m secret society; **Geheimbündelei** f organization/membership of illegal secret societies; **Geheimdienst** m secret service; **Geheimdienstler** m **-s**, **-** (*inf*) man from the secret service; **Geheimfach** nt secret compartment; (*Schublade*) secret drawer; **geheimhalten** vt sep irreg etw (**vor jdm**) ~ to keep sth a secret (from sb); **Geheimhaltung** f secrecy. **zur ~ von etw verpflichtet sein** to be bound to keep sth secret; **Geheimhaltungsstufe** f security classification; **Geheimkonto** nt private or secret account; **Geheimlehre** f esoteric doctrine; **Geheimmittel** nt (*lit*) (*Zaubertrank*) secret potion; (*Pulver*) secret powder; (*Heilmittel*) secret remedy; (*der Alchimisten*) arcanum, elixir; (*fig*) secret something (*inf*).

Geheimnis nt secret; (*rätselhaftes ~*) mystery. **das ~ der Schönheit/des Erfolgs** the secret of beauty/success; **das ~ des Lebens** the mystery of life; **ein offenes** or **öffentliches** (*rare*) **~** an open secret; **das ist das ganze ~** (*inf*) that's all there is to it; **aus etw ein/kein ~ machen** to make a big secret about sth/no secret of sth; **sie hat ein süßes ~** (*inf*) she's expecting a happy event.

Geheimniskrämer m (*inf*) mysterymonger (*inf*); **Geheimnisträger** m bearer of secrets; **Geheimnistuer(in** f) m **-s**, **-** mystery-monger (*inf*); **Geheimnistuerei** f secretiveness; **geheimnistuerisch** adj secretive; **geheimnis|umwittert** adj (*geh*) shrouded in mystery (*liter*); **Geheimnisverrat** m offence under the Official Secrets Act; **geheimnisvoll** adj mysterious; **~ tun** to be mysterious.

Geheimnummer f (*Telefon*) secret number; (*Konto*) secret account; **Geheimpolizei** f secret police; **Geheimpolizist** m member of the secret police; **Geheimrat** m privy councillor; **Geheimrats|ecken** pl (*inf*) receding hairline sing; **er hat ~** he is going bald at the temples; **Geheimrezept** nt secret recipe; **Geheimschloß** nt combination lock; **Geheimschrift** f code, secret writing; **Geheimtinte** f invisible ink; **Geheimtip** m (personal) tip; **geheimtun** vi sep irreg (*inf*) to be secretive; **mit etw ~** to be secretive about sth; **Geheimtür** f secret door; **Geheimwaffe** f secret weapon; **Geheimwissenschaft** f secret or esoteric lore.

Geheiß nt **-es**, *no pl* (*geh*) behest (*old, form*) *no pl*. **auf jds ~** (*acc*) at sb's behest or bidding.

geheißen ptp of **heißen.**

gehemmt adj *Mensch* inhibited; *Benehmen* self-conscious. **~ sprechen** to have inhibitions in speaking.

gehen pret **ging**, ptp **gegangen** aux sein **I** vi **1.** to go; (*zu Fuß*) to walk; (*Gerücht*) to go around. **im Schritt/Trab ~** to walk/trot; **über die Straße/Brücke ~** to cross the road/(over) the bridge; **auf die andere Seite ~** to cross (over) to the other side; **am Stock/auf Stelzen** (*dat*) **~** to walk with a stick/on stilts; **zur Post/zum Fleischer ~** to go to the post office/the butcher; **zur Schule ~** to go to school; **zu jdm ~** to go to see sb; **er ging im Zimmer auf und ab** he walked or paced up and down the room; **wie lange geht man bis zum Bus?** how long a walk is it to the bus?; **er kam gegangen** he came; **das Kind lernt ~** the baby is learning to walk; **wo er geht und steht** wherever he goes or is; **schwimmen/tanzen/spielen/schlafen ~** to go swimming/dancing/out to play/to bed; **bitte ~ Sie** (*höflich*) please carry on; (*bestimmt*) please go; **geh doch!** go on (then)!; **geh schon!** go on!; **ohne Hut/Schirm ~** not to wear a hat/take an umbrella; **mit jdm ~** to go with sb; (*befreundet sein*) to go out with sb, to be with sb; **mit der Zeit/Mode ~** to move with the times/follow the fashion; **in sich** (*acc*) **~** to think things over; (*bereuen*) to turn one's eyes inward; **er geht ins siebzigste Jahr** he's getting or going on for seventy; **das Erbe ging an ihn**

the inheritance went to him; **das geht gegen meine Überzeugung** that is contrary to or runs against my convictions; **er ging so weit, zu behaupten ...** *(fig)* he went so far as to claim ...; **das geht zu weit** *(fig)* that's going too far; **wie geht das Lied/Gedicht?** how does the song/poem go?; **das Lied geht so** the song goes like this **heute geht ein scharfer Wind** there's a biting wind today; **die See geht hoch** there's a high sea, the sea is running high; **der Schmerz ging sehr tief** the pain went very deep.

2. *(führen)* *(Weg, Straße)* to go; *(Tür)* to lead *(auf +acc, nach* onto); *(blicken)* *(Fenster)* to look out *(auf +acc, nach* onto), to give *(auf +acc, nach* onto). **die Brücke geht dort über den Fluß** the bridge crosses the river there; **die Reise geht über Dresden** we/they *etc* are going via Dresden; **es ging schon auf den Winter** *(geh)* winter was drawing near.

3. *(weg~)* to go; *(abfahren auch)* to leave; *(ausscheiden)* to leave, to go; *(aus einem Amt)* to go, to quit. **ich muß** ~ I must go or be going or be off; ~ **wir!** let's go; **das Schiff geht nach Harwich** the boat is going to or is bound for Harwich; **jdm aus dem Licht/Weg** ~ to get or move out of sb's light/way; **er ist gegangen worden** *(hum inf)* he was given a gentle push *(hum inf)*; **er ist von uns gegangen** *(euph)* he has gone from us *(euph)*.

4. *(funktionieren)* to work; *(Auto, Uhr)* to go. **die Uhr geht falsch/richtig** the clock is wrong/right.

5. *(laufen)* *(Geschäft)* to go; *(verkauft werden auch)* to sell. **wie** ~ **die Geschäfte?** how's business?

6. *(hineinpassen)* to go. **wie viele Leute** ~ **in deinen Wagen?** how many people can you get in your car?; **in diese Schachtel** ~ **20 Zigaretten** this packet holds 20 cigarettes; **das Klavier geht nicht durch die Tür** the piano won't go through the door; **3 geht in 9 dreimal** 3 into 9 goes 3; **das geht mir nicht in den Kopf** I just can't understand it.

7. *(dauern)* to go on. **wie lange geht das denn noch?** how much longer is it going to go on?; **es geht schon eine halbe Stunde** it's been going (on) for half an hour.

8. *(reichen)* to go. **das Wasser ging ihm bis zum Bauch** the water went up to his waist; **der Rock geht ihr bis zum Knie** her skirt goes or is down to her knee; **in die Tausende** ~ to run into (the) thousands.

9. *(Teig)* to rise; *(vor dem Backen auch)* to prove.

10. *(urteilen)* **nach etw** ~ to go by sth.

11. *(sich kleiden)* **in etw** *(dat)* ~ to wear sth; **als etw** ~ *(sich verkleiden)* to go as sth.

12. *(betreffen)* **der Artikel ging gegen ...** the article criticized ...; **die Wette geht um 100 Mark** the bet is for 100 marks; **das geht auf sein Konto** he's responsible for that; **mein Vorschlag geht dahin, daß ...** my suggestion is that ...

13. *(sich bewegen)* **ich hörte, wie die Tür** I heard the door (go); **diese Tür/Schublade geht schwer** this door/drawer is very stiff.

14. *(ertönen: Klingel, Glocke)* to ring.

15. *(übertreffen)* **das geht über meine Kräfte** that's beyond my power; *(seelisch)* that's too much for me; **sein Garten geht ihm über alles** his garden means more to him than anything else; **nichts geht über** *(+acc)* ... there's nothing to beat ..., there's nothing better than ...

16. *(inf)* **geh, geh** or **(ach) geh, so schlimm ist das nicht!** (oh) come on, it's not as bad as all that; ~ **Sie (mir) doch mit Ihren Ausreden!** none of your lame excuses!; **geh!** *(Aus: erstaunt)* get away! *(inf)*.

17. *(Beruf etc ergreifen)* **ins Kloster** ~ to go into or join a monastery/convent; **zur See** ~ to go to sea; **zum Militär** ~ to join the army; **zum Theater/zur Universität** ~ to go on the stage/become an academic; **in die Industrie/Politik** ~ to go into industry/politics; **in die Gewerkschaft/Partei** ~ to join the union/party; **unter die Künstler/Säufer** ~ *(usu hum)* to join the ranks of artists/alcoholics.

18. *(sich betätigen, arbeiten)* **als etw** ~ to earn one's living as sth; *(Beruf auch)* to get a job as sth.

19. *(möglich, gut sein)* to be all right, to be OK *(inf)*. **das geht doch nicht** that's not on; **Dienstag geht auch nicht** *(inf)* Tuesday's no good either.

20. was geht hier vor sich? what's going on here?; **ich weiß nicht, wie das vor sich geht** I don't know the procedure.

II *vi impers* **1.** *(gesundheitlich)* **wie geht es Ihnen?** how are you?; *(zu Patient)* how are you feeling?; **wie geht's denn (so)?** *(inf)* how are things (with you)? *(inf)*; **(danke,) es geht** *(inf)* all right or not too bad (, thanks) *(inf)*; **es geht ihm gut/schlecht** he's quite well/not at all well; **es geht mir (wieder) besser** I'm better (again) now; **nach einem Bad ging's mir gleich besser** I soon felt better after a bath; **sonst geht's dir gut?** *(iro)* are you sure you're feeling all right? *(iro)*.

2. *(ergehen)* **wie geht's?** how are things?; *(bei Arbeit etc)* how's it going?; **es geht** not too bad, so-so; **wie war denn die Prüfung?** — **ach, es ging ganz gut** how was the exam? — oh, it went quite well; **mir ist es genauso gegangen** *(ich habe dasselbe erlebt)* it was just the same or just like that with me; *(ich habe dasselbe empfunden)* I felt the same way; **laß es dir gut** ~ look after yourself, take care of yourself.

3. es geht *(läßt sich machen)* it's all right or OK *(inf)*; *(funktioniert)* it works; **solange es geht** as long as possible; **geht es?** *(ohne Hilfe)* can you manage?; **es geht nicht** *(ist nicht möglich)* it can't be done, it's impossible; *(kommt nicht in Frage)* it's not on; *(funktioniert nicht)* it won't or doesn't work; **es wird schon** ~ I'll/he'll *etc* manage; *(wird sich machen lassen)* it'll be all right; **so geht das, das geht so** so that/this is how it's done; **so geht es**, or **das geht so** that's all right or OK *(inf)*; **so geht es** or **das (eben)** *(so ist das Leben)* that's how it goes, that's the way things go; **so geht es** or **das nicht** that's not how it's done; *(entrüstet)* it just won't do; **morgen**

geht es nicht tomorrow's no good.
4. (betreffen) worum geht's denn? what's it about?; ich weiß nicht, worum es geht I don't know what this is about; es geht um seinen Vertrag it's about or it concerns his contract; worum geht es in diesem Film? what is this film about?; es geht um Leben und Tod it's a matter of life and death; das geht gegen meine Prinzipien that goes against my principles; es geht um meine Ehre my honour is at stake; bei diesem Job geht es mir nur ums Geld I'm just in this job for the money; darum geht es mir nicht that's not the point; (spielt keine Rolle) that's not important to me; es geht um 5 Millionen bei diesem Geschäft (im Spiel sein) the deal involves 5 million; (auf dem Spiel stehen) 5 million are at stake in the deal; wenn es nach mir ginge ... if it were or was up to me ..., if I had my way ...; es kann nicht immer alles nach dir ~ you can't expect to have your own way all the time.
5. (führen) dann geht es immer geradeaus (Richtung, in der jd geht) then you keep going straight on; (Straßenrichtung) then it just goes straight on; dann ging es nach Süden/ins Gebirge (Richtung, in der jd geht) then we/they etc were off to the south/the mountains; (Straßenrichtung) then it went south/ into the mountains.
6. es geht ein starker Wind there's a strong wind (blowing); es geht das Gerücht, daß ... there's a rumour going around that ...; es geht auf 9 Uhr it is approaching 9 o'clock.
III vt er ging eine Meile he walked a mile; ich gehe immer diesen Weg/diese Straße I always walk or go this way/along this road.
IV vr es geht sich schlecht hier it's hard to walk here, it's bad for walking here; in diesen Schuhen geht es sich bequem these shoes are comfortable to walk in or for walking in.

Gehen nt -s, no pl (Zu-Fuß-~) walking; (Abschied) leaving; (Sport) (Disziplin) walking; (Wettbewerb) walk.

Gehenkte(r) mf decl as adj hanged man/ woman. die ~n the hanged.

gehenlassen* vr sep irreg 1. (sich nicht beherrschen) to lose one's self-control, to lose control of oneself. 2. (nachlässig sein) to let oneself go.

Geher(in f) m -s, - (Sport) walker. er ist Weltmeister der ~ he's the world champion in walking.

gehetzt adj harassed.

geheuer adj nicht ~ (beängstigend) scary (inf); (spukhaft) eerie, creepy (inf), spooky; (verdächtig) dubious, fishy; (unbehaglich) uneasy; es ist mir nicht ganz ~ it is scary (inf); it is eerie etc or gives me the creeps (inf); it seems a bit dubious or fishy to me; mir ist es hier nicht ~ (mir ist unheimlich) this place gives me the creeps (inf); (mir ist unbehaglich) I have got an uneasy feeling about this place.

Geheul(e) nt -(e)s, no pl howling.

Gehilfe m -n, -n, **Gehilfin** f 1. (dated: Helfer) assistant, helper. 2. (kaufmännischer ~) trainee. 3. (Jur) accomplice.

Gehilfenbrief m diploma.

Gehilfenschaft f (Sw) aiding and abetting.

Gehirn nt -(e)s, -e brain; (Geist) mind. hast du denn kein ~ im Kopf? (inf) haven't you got any brains? (inf).

Gehirn- in cpds siehe auch **Hirn-**; **Gehirn|akrobatik** f (inf) mental acrobatics pl; **Gehirnblutung** f brain or cerebral haemorrhage; **Gehirnchirurgie** f brain surgery; **Gehirn|erschütterung** f concussion; **Gehirnkasten** m (inf) thick skull; **Gehirnnerv** m cranial nerve; **Gehirnrinde** f cerebral cortex; **Gehirnschlag** m stroke; **Gehirnsubstanz** f brain matter; **graue** ~ grey matter; **Gehirnwäsche** f brainwashing no pl; **jdn einer** ~ **unterziehen** to brainwash sb.

gehoben I ptp of **heben**. II adj Sprache, Ausdrucksweise elevated, lofty; (anspruchsvoll) sophisticated; Stellung senior, high; Stimmung elated. **Güter des ~en Bedarfs** semi-luxuries; **~er Dienst** professional and executive levels of the civil service.

Gehöft nt -(e)s, -e farm(stead).

geholfen ptp of **helfen**.

Gehölz nt -es, -e (geh) copse, coppice, spinney; (Dickicht) undergrowth.

Geholze nt -s, no pl (Sport inf) bad play; (unfair) rough play.

Gehör nt -(e)s, (rare) -e 1. (Hörvermögen) hearing; (Mus) ear. ein schlechtes ~ haben to be hard of hearing, to have bad hearing; (Mus) to have a bad ear (for music); nach dem ~ spielen to play by ear; absolutes ~ perfect pitch; das ~ verlieren to go or become deaf.
2. (geh: Anhörung) ein Musikstück zu ~ bringen to perform a piece of music; ~ finden to gain a hearing; er fand kein ~ he was not given a hearing; jdm ~/kein ~ schenken to listen/not to listen to sb; schenkt mir ~! (old) lend me your ears (old); um ~ bitten to request a hearing; der Vorsitzende bat das Publikum um ~ für den Redner the chairman requested the audience's attention for the speaker; sich (dat) ~ verschaffen to obtain a hearing; (Aufmerksamkeit) to gain attention.

gehorchen* vi to obey (jdm sb); (Wagen, Maschine etc) to respond (jdm/einer Sache to sb/sth). seine Stimme gehorchte ihm nicht mehr he lost control over his voice; der Junge gehorcht überhaupt nicht the boy is completely disobedient or is never obedient.

gehören I vi 1. jdm ~ (jds Eigentum sein) to belong to sb, to be sb's; das Haus gehört ihm he owns the house, the house belongs to him; ihm gehört meine ganze Liebe he is the only one I love, he has all my love; ihr Herz gehört einem anderen her heart belongs to another.
2. (den richtigen Platz haben) to go; (Mensch) to belong; (gebühren) to deserve. das gehört nicht hierher (Gegenstand) it doesn't go here; (Vorschlag) it is irrelevant here; das Buch gehört ins Regal the book belongs in or goes on the bookshelves; das gehört nicht zur Sache/zum Thema that is off the point or is irrelevant;

er gehört ins Bett he should be in bed; **er gehört verprügelt** (*dial*) he needs a thrashing, he ought to be thrashed.

3. ~ **zu** (*zählen zu*) to be amongst, to be one of; (*Bestandteil sein von*) to be part of; (*Mitglied sein von*) to belong to; **es gehört zu seiner Arbeit/zu seinen Pflichten** it's part of his work/one of his duties; **zur Familie** ~ to be one of the family; **zu diesem Kleid gehört ein blauer Hut** (*ist Bestandteil von*) a blue hat goes with *or* belongs to this dress; (*würde dazu passen*) a blue hat would go with this dress.

4. ~ **zu** (*Voraussetzung, nötig sein*) to be called for by; **zu dieser Arbeit gehört viel Konzentration** this work calls for *or* takes a lot of concentration; **dazu gehört Mut** that takes courage; **dazu gehört nicht viel** it doesn't take much; **dazu gehört (schon) einiges** *or* **etwas** that takes some doing (*inf*); **dazu gehört mehr** there's more to it than that.

II *vr* to be (right and) proper. **das gehört sich einfach nicht** that's just not done; **wie es sich gehört** (*wie es sich schickt*) as is (right and) proper; (*wie es zünftig ist*) comme il faut.

Gehörfehler *m* ein ~ a hearing defect, defective hearing; **Gehörgang** *m* auditory canal.

gehörig *adj* **1.** (*geh*) **jdm/zu etw** ~ belonging to sb/sth; **zu etw** ~ **sein** to belong to sth; **nicht zur Sache** ~ irrelevant; **alle nicht zum Thema** ~**en Vorschläge** all suggestions not pertaining to *or* relevant to the topic.

2. *attr*, *adv* (*gebührend*) proper; (*notwendig auch*) necessary, requisite. **er behandelt seinen Vater nicht mit dem** ~**en Respekt** he doesn't treat his father with proper respect *or* with the respect due to him.

3. (*inf: beträchtlich, groß*) good *attr*, good and proper (*inf*) *adv*, well and truly *adv*. **eine** ~**e Achtung vor jdm haben** to have a healthy respect for sb; **eine** ~**e Tracht Prügel** a good *or* proper thrashing; **ich hab's ihm** ~ **gegeben** (*inf*) I showed him what's what (*inf*), I gave him what for (*inf*); (*verbal*) I gave him a piece of my mind (*inf*).

gehörlos *adj* (*form*) deaf. ~ **sein** to have no hearing.

Gehörlose(r) *mf decl as adj* (*form*) deaf person.

Gehörlosigkeit *f* (*form*) lack of hearing; (*Taubheit*) deafness.

Gehörn *nt* -(e)s, -e (*Hunt*) antlers *pl*, set of antlers.

Gehörnerv *m* auditory nerve.

gehörnt *adj* horned; (*mit Geweih*) antlered. **ein** ~**er Ehemann** (*hum inf*) a cuckold.

gehorsam *adj* obedient. **ich bitte** ~**st** (*old*) I respectfully beg; **Ihr** ~**ster Diener** (*old*) your most obedient servant (*old*), yours obediently (*old*).

Gehorsam *m* -s, *no pl* obedience. **jdm den** ~ **verweigern** to refuse to obey sb.

Gehorsamkeit *f* obedience.

Gehorsamsverweigerung *f* (*Mil*) insubordination, refusal to obey orders.

Gehörsinn *m* sense of hearing.

Gehrock *m* frock coat.

Gehrung *f* (*Tech*) (*das Gehren*) mitring; (*Eckfuge*) mitre joint.

Gehsteig *m* pavement (*Brit*), sidewalk (*US*).

gehupft *ptp of* **hupfen.**

Gehverband *m* (*Med*) plaster cast *allowing the patient to walk*; **Gehweg** *m* footpath.

Geier *m* -s, - (*lit, fig*) vulture. **hol dich der** ~**!** (*inf*) go to hell! (*inf*); **weiß der** ~**!** (*inf*) God only knows (*inf*).

Geifer *m* -s, *no pl* slaver; (*Schaum vor dem Mund*) froth, foam; (*fig pej*) venom. **seinen** ~ (**gegen etw**) **verspritzen** to pour out one's venom (on sth).

geifern *vi* to slaver; (*Schaum vor dem Mund haben*) to foam at the mouth; (*fig pej*) to be bursting with venom. **gegen jdn/ etw** ~ to revile sb/sth.

Geige *f* -, -n violin, fiddle (*inf*). **die erste/ zweite** ~ **spielen** (*lit*) to play first/second violin; (*fig*) to call the tune/play second fiddle; **nach jds** ~ **tanzen** (*fig*) to dance to sb's tune.

geigen I *vi* to play the violin, to (play the) fiddle (*inf*). II *vt Lied* to play on a/the violin *or* fiddle (*inf*). **jdm die Meinung** ~ (*inf*) to give sb a piece of one's mind (*inf*).

Geigenbauer *m* violin-maker; **Geigenbogen** *m* violin bow; **Geigenharz** *nt* rosin; **Geigenkasten** *m* violin-case; **Geigenkästen** *pl* (*hum inf*) clodhoppers *pl* (*inf*); **Geigensaite** *f* violin string.

Geiger(in *f*) *m* -s, - violinist, fiddler (*inf*). **erster** ~ first violin.

Geigerzähler *m* Geiger counter.

geil *adj* **1.** randy (*Brit*), horny; (*pej: lüstern*) lecherous. **auf jdn** ~ **sein** to be lusting after sb. **2.** (*Agr*) *Boden* rich, fertile; (*üppig*) luxuriant; *Vegetation* rank.

Geilheit *f siehe adj* **1.** randiness (*Brit*), horniness; lecherousness. **2.** richness, fertility; luxuriance; rankness.

Geisel *f* -, -n hostage. **jdn als** ~ **nehmen** to take sb hostage; ~**n stellen** to produce hostages.

Geiselgangster *m* (*Press sl*) gangster who takes/took *etc* hostages; **Geiselnahme** *f* -, -n taking of hostages *no pl*; **Geiselnehmer(in** *f*) *m* hostage-taker.

Geisha [ˈgeːʃa] *f* -, -s geisha (girl).

Geiß *f* -, -en **1.** (*S Ger, Aus, Sw: Ziege*) (nanny-)goat. **2.** (*von Rehwild etc*) doe.

Geißblatt *nt* honeysuckle, woodbine; **Geißbock** *m* billy-goat.

Geißel *f* -, -n **1.** (*lit, fig*) scourge; (*dial: Peitsche*) whip. **2.** (*Biol*) flagellum.

geißeln *vt* **1.** to whip, to flagellate (*esp Rel*). **2.** (*fig*) (*kasteien*) to chastise; (*anprangern*) to castigate.

Geißeltierchen *nt* flagellate.

Geiß(e)lung *f siehe vt* **1.** whipping, flagellation. **2.** chastisement; castigation; scourging.

Geißfuß *m* **1.** (*Gebreisen*) parting tool; (*Brechstange*) crowbar; **2.** (*Bot*) goatweed; **Geißhirt** *m* goatherd; **Geißlein** *nt* kid.

Geißler *m* -s, - (*Rel*) flagellator.

Geist *m* -(e)s, -er **1.** *no pl* (*Denken, Vernunft*) mind. **der menschliche** ~, **der** ~ **des Menschen** the human mind; ~ **und**

Materie mind and matter; ,,**Phänomenologie des ~es"** "Phenomenology of the
Spirit".

2. (*Rel: Seele, außerirdisches Wesen*)
spirit; (*Gespenst*) ghost. ~ **und Körper**
mind and body; **seinen ~ aufgeben** *or*
aushauchen (*liter, iro*) to give up the
ghost; **der ~ ist willig, aber das Fleisch ist
schwach** the spirit is willing, but the flesh
is weak; **der Heilige ~** the Holy Ghost *or*
Spirit; **der ~ Gottes** the Spirit of God; **der
böse ~** the Evil One; **der ~ der Finsternis**
the Prince of Darkness; **gute/böse ~er**
good/evil spirits; **der gute ~ des Hauses**
(*geh*) the moving spirit in the household;
von allen guten ~ern verlassen sein (*inf*)
to have taken leave of one's senses (*inf*);
in dem Schloß gehen ~er um the castle is
haunted, the castle is walked by ghosts
(*liter*).

3. (*no pl: Intellekt*) intellect, mind; (*fig:
Denker, Genie*) mind. **~ haben** to have a
good mind *or* intellect; (*Witz*) to show
wit; **ein Mann von großem ~** a man of
great intellect *or* with a great mind; **die
Rede zeugte nicht von großem ~** the
speech was not particularly brilliant; **hier
scheiden sich die ~er** this is the parting of
the ways; **sie sind verwandte ~er** they are
kindred spirits; **kleine ~er** (*iro: ungebildet*) people of limited intellect; (*kleinmütig*) small- *or* petty-minded people.

4. *no pl* (*Wesen, Sinn, Gesinnung*)
spirit. **in kameradschaftlichem ~** in a
spirit of comradeship; **in diesem Büro
herrscht ein kollegialer ~** this office has a
friendly atmosphere; **in seinem/ihrem ~**
in his/her spirit; **in jds ~ handeln** to act in
the spirit of sb; **der ~ der Zeit** the spirit *or*
genius (*liter*) of the times; **nach dem ~ des
Gesetzes, nicht nach seinem Buchstaben
gehen** to go by the spirit rather than the
letter of the law; **daran zeigt sich, wes ~es
Kind er ist** that (just) shows what kind of
person he is.

5. *no pl* (*Vorstellung*) mind. **etw im
~(e) vor sich sehen** to see sth in one's
mind's eye; **sich im ~(e) als etw/als jd/an
einem Ort sehen** to see *or* picture oneself
as sth/as sb/in a place; **im ~e bin ich bei
Euch** I am with you in spirit, my thoughts
are with you.

Geisterbahn *f* ghost train; **Geister-
beschwörer(in** *f*) *m* **-s, -** 1. (*der Geister
herbeiruft*) necromancer; **2.** (*der Geister
austreibt*) exorcist; **Geisterbeschwö-
rung** *f* **1.** (*Herbeirufung*) necromancy;
2. (*Austreibung*) exorcism; **Geisterbild**
nt (*TV*) ghost image; **~er** ghosting *no pl*;
Geister|erscheinung *f* (ghostly) appari-
tion; (*im Traum etc*) vision; **Geisterfahrer** *m* (*inf*) ghost-driver (*US inf*), *person
driving in the wrong direction*; **Geister-
geschichte** *f* ghost story; **Geister-
glaube** *m* belief in the supernatural;
geisterhaft *adj* ghostly *no adv*, un-
earthly *no adv*; (*übernatürlich*) supernatural; **Geisterhand** *f*: **wie von** *or*
durch ~ as if by magic.

geistern *vi aux sein* to wander like a
ghost. **der Gedanke geisterte in seinem
Hirn/durch sein Hirn** the thought haunted

him *or* his mind; **Lichter geisterten
hinter den Fenstern** ghostly lights shone
through the windows.

Geisterseher(in *f*) *m* visionary; **Geister-
stadt** *f* ghost town; **Geisterstimme** *f*
ghostly voice; **Geisterstunde** *f* witching
hour; **Geisterwelt** *f* spirit world.

geistes|abwesend *adj* absent-minded;
Geistes|abwesenheit *f* absent-
mindedness; **Geistes|arbeiter** *m* brain-
worker (*inf*); **Geistes|armut** *f* dullness,
intellectual poverty; (*von Mensch auch*)
poverty of mind; **Geistesblitz** *m* brainwave; **Geistesgabe** *f* intellectual gift;
Geistesgegenwart *f* presence of mind;
geistesgegenwärtig *adj* quick-witted;
~ duckte er sich unter das Steuer with
great presence of mind he ducked below
the steering wheel; **Geistesgeschichte**
f history of ideas; **geistesgestört** *adj*
mentally disturbed *or* (*stärker*) deranged;
du bist wohl ~! (*inf*) are you out of your
mind? (*inf*); **ein G~er** a mentally
disturbed/ deranged person; **Geistes-
größe** *f* **1.** *no pl* (*Genialität*) greatness of
mind; **2.** (*genialer Mensch*) great mind,
genius; **Geisteshaltung** *f* attitude of
mind; **geisteskrank** *adj* mentally ill;
Geisteskranke(r) *mf* mentally ill person; **die G~n** the mentally ill; **Geisteskrankheit** *f* mental illness; (*Wahnsinn*)
insanity; **Geistesstörung** *f* mental disturbance *or* (*stärker*) derangement;
geistesverwandt *adj* mentally akin (*mit*
to); **die beiden sind ~** they are kindred
spirits; **Geistesverwandtschaft** *f* spiritual affinity (*mit* to); **Geistesverwirrung**
f mental confusion; **Geisteswelt** *f* (*liter*)
world of thought; **Geisteswissenschaft**
f arts subject; **die ~en** the arts; (*als Studium*) the humanities; **Geisteswissen-
schaftler** *m* arts scholar; (*Student*) arts
student; **geisteswissenschaftlich** *adj
Fach* arts *attr*; **Geisteszustand** *m* mental condition; **jdn auf seinen ~ untersuchen** to give sb a psychiatric examination.

geistfeindlich *adj* anti-intellectual.

geistig *adj* **1.** (*unkörperlich*) *Wesen,
Liebe, Existenz* spiritual. **ein ~es Band** a
spiritual bond; **~-seelisch** mental and
spiritual.

2. (*intellektuell*) intellectual; (*Phys,
Psych*) mental. **~e Arbeit** intellectual
work, brain-work (*inf*); **~e Nahrung**
intellectual nourishment; **~ anspruchs-
voll/anspruchslos** intellectually demand-
ing/undemanding, highbrow/lowbrow
(*inf*); **~ nicht mehr folgen können** to be
unable to understand *or* follow any more;
~er Diebstahl plagiarism *no pl*; **~es
Eigentum** intellectual property; **der ~e
Vater** the spiritual father; **~ behindert/
zurückgeblieben** mentally handicapped *or*
deficient/retarded.

3. (*imaginär*) **sein ~es Auge** one's
mind's eye; **etw vor seinem ~en Auge
sehen** to see sth in one's mind's eye.

4. *attr* (*alkoholisch*) spirituous.

Geistigkeit *f* intellectuality.

geistlich *adj Einstellung, Führer, Beistand*
spiritual; (*religiös*) *Dichtung, Schrift*
religious; *Musik* religious, sacred; (*kirch-*

lich) ecclesiastical; *Gewand* ecclesiastical, clerical. **~es Amt/~er Orden** religious office/order; **der ~e Stand** the clergy; **die ~en Weihen empfangen** to take holy orders.

Geistliche *f* -n, -n woman priest; (*von Freikirchen*) woman minister.

Geistliche(r) *m decl as adj* clergyman; (*Priester*) priest; (*Pastor, von Freikirchen*) minister; (*Gefängnis~, Militär~ etc*) chaplain.

Geistlichkeit *f siehe* **Geistliche(r)** clergy; priesthood; ministry.

geistlos *adj* (*dumm*) stupid; (*langweilig*) dull; (*einfallslos*) unimaginative; (*trivial*) inane; **Geistlosigkeit** *f* 1. *no pl siehe adj* stupidity; dullness; unimaginativeness; inaneness; 2. (*Äußerung*) dull/stupid *etc* remark; **geistreich** *adj* (*witzig*) witty; (*klug*) intelligent; (*einfallsreich*) ingenious; *Beschäftigung, Gespräch, Unterhaltung* intellectually stimulating; (*schlagfertig*) quick-witted; **das war sehr ~** (*iro*) that was bright (*iro*); **Geistreichelei** *f* (*iro inf*) 1. *no pl* (*geistreiches Getue*) wittiness, bons mots *pl*; 2. (*Äußerung*) witticism, bon mot; **geistreicheln** *vi insep* (*iro inf*) to witticize; **geistsprühend** *adj attr* (*geh*) scintillatingly *or* brilliantly witty; **geisttötend** *adj* soul-destroying; **geistvoll** *adj Mensch, Äußerung* wise, sage; *Buch, Gespräch, Beschäftigung* intellectual.

Geitau *nt* (*Naut*) stay.

Geiz *m* -es, *no pl* meanness; (*Sparsamkeit, Knauserei auch*) miserliness.

geizen *vi* to be mean; (*sparsam, knausrig sein auch*) to be miserly; (*mit Worten, Zeit*) to be sparing. **mit etw ~** to be mean *etc* with sth; **sie geizt nicht mit ihren Reizen** she doesn't mind showing what she's got; **nach etw ~** (*old*) to crave (for) sth.

Geizhals *m* miser, skinflint (*inf*).

geizig *adj* mean; (*sparsam, knausrig auch*) miserly; (*mit Geld auch*) tight-fisted. **„Der G~e"** "The Miser".

Geizkragen *m* (*inf*) *siehe* **Geizhals**.

Gejammer *nt* -s, *no pl* moaning (and groaning); (*inf: Klagen auch*) bellyaching (*inf*), griping (*inf*).

Gejohle *nt* -s, *no pl* howling; (*von Betrunkenen etc*) caterwauling.

gekannt *ptp of* **kennen**.

Gekeife *nt* -s, *no pl* carping, nagging.

Gekicher *nt* -s, *no pl* giggling, tittering; (*spöttisch*) sniggering, snickering.

Gekläff *nt* -(e)s, *no pl* yapping (*auch fig pej*), yelping.

Geklapper *nt* -s, *no pl* clatter(ing).

Geklatsche *nt* -s, *no pl* (*inf*) 1. (*von Händen*) clapping. 2. (*pej: Tratscherei*) gossiping, tittle-tattling.

gekleidet *adj* dressed. **gut/schlecht ~ sein** to be well/badly dressed; **weiß/schwarz ~ sein** to be dressed in white/black.

Geklimper *nt* -s, *no pl* (*inf*) (*Klavier~*) tinkling; (*stümperhaft*) plonking (*inf*); (*Banjo~ etc*) twanging; (*von Geld*) jingling; (*von Wimpern*) fluttering.

Geklirr(e) *nt* -(e)s, *no pl* clinking; (*von Gläsern auch*) tinkling; (*von Fensterscheiben*) rattling; (*von Ketten etc*) clang-

ing, clanking; (*von Waffen*) clashing; (*von Lautsprecher, Mikrophon*) crackling; (*von Eis*) crunching.

geklommen *ptp of* **klimmen**.

geklungen *ptp of* **klingen**.

Geknall(e) *nt* -(e)s, *no pl siehe* **Knallerei**.

Geknarr(e) *nt* -(e)s, *no pl* creaking; (*von Stimme*) rasping, grating.

Geknatter *nt* -s, *no pl* (*von Motorrad*) roaring; (*von Preßlufthammer*) hammering; (*von Maschinengewehr*) rattling, chattering; (*von Schüssen*) rattling (out).

geknickt *adj* (*inf*) glum, dejected.

gekniffen *ptp of* **kneifen**.

Geknister *nt* -s, *no pl* crackling, crackle; (*von Papier, Seide*) rustling.

gekommen *ptp of* **kommen**.

gekonnt I *ptp of* **können**. II *adj* neat; (*meisterhaft*) masterly.

Gekrächz(e) *nt* -es, *no pl* croaking; (*von Mensch auch*) rasping.

Gekrakel *nt* -s, *no pl* (*inf*) scrawl, scribble; (*Krakeln*) scrawling, scribbling.

gekräuselt *adj* ruffled.

Gekreisch(e) *nt* -(e)s, *no pl* screeching; (*von Vogel auch*) squawking; (*von Reifen, Bremsen auch*) squealing; (*von Mensch auch*) shrieking, squealing.

Gekreuzigte(r) *m decl as adj* crucified (person). **Jesus der ~** Jesus the Crucified.

Gekritzel *nt* -s, *no pl* 1. scribbling, scrawling; (*Männchenmalen*) doodling. 2. (*Gekritzeltes*) scribble, scrawl, doodle.

gekrochen *ptp of* **kriechen**.

Gekröse *nt* -s, - (*Anat*) mesentery; (*Kutteln*) tripe; (*eßbare Eingeweide*) chitterlings *pl*; (*von Geflügel*) giblets *pl*.

gekühlt *adj* chilled.

gekünstelt *adj* artificial; *Sprache, Benehmen auch* affected. **er spricht sehr ~** his speech is very affected.

Gel *nt* -s, -e gel.

Gelaber(e) *nt* -(e)s, *no pl* (*inf*) jabbering (*inf*), prattling (*inf*).

Gelache *nt* -s, *no pl* (*inf*) silly laughter.

Gelächter *nt* -s, - laughter. **in ~ ausbrechen** to burst into laughter, to burst out laughing; **jdn dem ~ preisgeben** (*geh*) to make sb a/the laughing-stock.

gelackmeiert *adj* (*inf*) duped, conned (*inf*). **~ *or* der G~e sein** (*hintergangen worden sein*) to have been duped *or* conned (*inf*); (*dumm dastehen*) to look a right fool (*inf*).

geladen I *ptp of* **laden¹, laden²**. II *adj* 1. loaded; (*Phys*) charged; (*inf: wütend*) (hopping *inf*) mad. 2. **~ haben** (*inf*) to be tanked up (*inf*).

Gelage *nt* -s, - feast, banquet; (*Zech~*) carouse.

gelagert *adj* **in anders/ähnlich ~en Fällen** in different/similar cases; **anders ~ sein** to be different.

gelähmt *adj* paralyzed. **er ist seit seinem Unfall ~** his accident left him paralyzed, he's been paralyzed since his accident; **er hat ~e Beine** his legs are paralyzed, he's paralyzed in the legs.

gelahrt *adj* (*obs*) *siehe* **gelehrt**.

Gelände *nt* -s, - 1. (*Land*) open country; (*Mil: Gebiet, Terrain*) ground. **offenes ~** open country; **schwieriges ~** difficult terrain *or* country; **das ~ erkunden** (*Mil*) to reconnoitre. 2. (*Gebiet*) area. 3. (*Grund-stück*) (*Fabrik~, Schul~ etc*) grounds *pl*; (*Bau~*) site; (*Ausstellungs~*) exhibition centre.

Geländefahrt *f* cross-country drive; **für ~en gut geeignet** well-suited to cross-country driving *or* to driving cross-country; **Geländefahrzeug** *nt* cross-country vehicle; **geländegängig** *adj Fahrzeug* suitable for cross-country work; **Geländelauf** *m* cross-country run; (*Wettbewerb*) cross-country race; **Geländemarsch** *m* cross-country march; **einen ~ machen** to march cross-country.

Geländer *nt* -s, - railing(s *pl*); (*Treppen~*) banister(s *pl*).

Geländerennen *nt* cross-country race; **Geländeritt** *m* cross-country riding; **ein ~** a cross-country ride; **Geländeübung** *f* field exercise; **Geländewagen** *m* cross-country *or* general-purpose vehicle.

gelang *pret of* **gelingen**.

gelangen* *vi aux sein* **an/auf** *etc* **etw** (*acc*)/**zu etw ~** (*lit, fig*) to reach sth; (*fig: mit Mühe*) to attain to sth; (*erwerben*) to acquire sth; **zum Ziel ~** to reach one's goal; (*fig auch*) to attain one's end *or* goal; **in jds Besitz ~** to come into sb's possession; **in die richtigen/falschen Hände ~** to fall into the right/wrong hands; **zu Reichtum ~** to come into a fortune; (*durch Arbeit*) to make a *or* one's fortune; **zu Ruhm ~** to achieve *or* acquire fame; **zur Reife ~** to reach *or* attain (*form*) maturity; **zu einer Überzeugung ~** to become convinced; **zur Abstimmung ~** (*form*) be put to the vote; **zur Durchführung/Aufführung ~** (*form*) to be carried out/performed; **zur Auszahlung ~** (*form*) to be paid out; **an die Macht ~** to come to power.

gelangweilt *adj* bored *no adv*. **die Zuschauer saßen ~ da** the audience sat there looking bored; **er hörte ihr ~ zu** he was bored listening to her.

gelappt *adj Blatt* lobate, lobed.

gelassen I *ptp of* **lassen**. II *adj* (*ruhig*) calm; (*gefaßt auch*) cool, composed *no adv*. **~ bleiben** to keep calm *or* cool; **etw ~ hinnehmen** to take sth calmly.

Gelassenheit *f siehe adj* calmness; coolness, composure.

Gelatine [ʒela'tiːnə] *f, no pl* gelatine.

gelatinieren* [ʒelati'niːrən] *vti* to gelatinize.

Geläuf *nt* -(e)s, -e 1. (*Hunt*) tracks *pl* (*of game birds*). 2. (*von Pferderennbahn*) turf.

gelaufen *ptp of* **laufen**.

geläufig *adj* (*üblich*) common; (*vertraut*) familiar; (*dated: fließend*) fluent. **eine ~e Redensart** a common saying; **das ist mir nicht ~** I'm not familiar with that, that isn't familiar to me.

Geläufigkeit *f* (*des Sprechens*) fluency; (*von Maschinenschreiben*) speed.

gelaunt *adj pred* **gut/schlecht ~** good-/bad-tempered, good-/ill-humoured; (*vorübergehend*) in a good/bad mood; **wie ist er ~?** what sort of mood is he in?

Geläut(e) *nt* -(e)s, *no pl* 1. (*Glockenläuten*) ringing; (*harmonisch auch*) chiming; (*Läutwerk*) chime. 2. (*Hunt*) baying.

gelb *adj* yellow; (*bei Verkehrsampel*) amber. **die Blätter werden ~** the leaves are turning (yellow); **~er Fleck** (*Anat*) yellow spot; **das ~e Fieber** yellow fever; **~e Rübe** (*dial*) carrot; **die ~e Rasse** the yellow race, the Orientals *pl*; **die ~e Gefahr** (*Pol pej*) the yellow peril; **der G~e Fluß/das G~e Meer** the Yellow River/Sea; **~ vor Neid** green with envy; **Löwenzahn blüht ~** the dandelion has a yellow flower.

Gelb *nt* -s, - *or* (*inf*) -s yellow; (*von Verkehrsampel*) amber. **die Ampel stand auf ~** the lights were amber *or* had turned amber; **bei ~ stehenbleiben** to stop on amber.

Gelbe(r) *mf decl as adj* Oriental.

Gelbe(s) *nt decl as adj* (*vom Ei*) yolk.

Gelbfieber *nt* yellow fever; **Gelbfilter** *m* (*Phot*) yellow filter; **gelbgrün** *adj* yellowish-green; **Gelbkreuz** *nt* (*Chem*) mustard gas.

gelblich *adj* yellowish, yellowy; *Gesichtsfarbe* sallow.

Gelbsucht *f* jaundice; **gelbsüchtig** *adj* jaundiced; **er ist ~** he has jaundice; **Gelbwurz(el)** *f* -, *no pl* tumeric.

Geld *nt* -(e)s, -er 1. *no pl* (*Zahlungsmittel*) money. **bares/großes/kleines ~** cash/notes *pl*/change; **~ und Gut** wealth and possessions; **alles für unser ~!** and we're paying for it!; **~ aufnehmen** to raise money; **aus etw ~ machen** to make money out of sth; **zu ~ machen** to sell off; *Aktien* to cash in; (**mit etw**) **~ machen** (*inf*) to make money (from sth); **um ~ spielen** to play for money; **ins ~ gehen** *or* **laufen** (*inf*) to cost a pretty penny (*inf*); **das kostet ein (wahnsinniges) ~** (*inf*) that costs a fortune *or* a packet (*inf*); **etw für teures ~ kaufen** to pay a lot for sth; **ich stand ohne ~ da** I was left penniless *or* without a penny; **in** *or* **im ~ schwimmen** (*inf*) to be rolling in it (*inf*), to be loaded (*inf*); **er hat ~ wie Heu** (*inf*) he's got stacks of money (*inf*); **das ~ auf die Straße werfen** (*inf*) *or* **zum Fenster hinauswerfen** (*inf*) to spend money like water *or* like it was going out of fashion (*inf*); **da hast du das Geld zum Fenster hinausgeworfen** (*inf*) that's money down the drain (*inf*); **mit ~ um sich werfen** *or* **schmeißen** (*inf*) to chuck one's money around (*inf*); **jdm das ~ aus der Tasche ziehen** (*inf*) to get *or* squeeze money out of sb; **hinterm ~ hersein** (*inf*) to be a money-grubber (*inf*); **das ist nicht für ~ zu haben** (*inf*) that can't be bought; **sie/das ist nicht mit ~ zu bezahlen** (*inf*) she/that is priceless; **nicht für ~ und gute Worte** (*inf*) not for love nor money; **~ allein macht nicht glücklich (, aber es beruhigt)** (*Prov*) money isn't everything (,but it helps) (*prov*); **~ oder Leben!** your money or your life!; **~ stinkt nicht** (*Prov*) there's nothing wrong with money; **~ regiert die Welt** (*Prov*) money makes the world go round (*prov*).

2. (*~summen*) **~er** *pl* money; **tägliche ~er** day-to-day money *or* loans *pl*; **staatliche/öffentliche ~er** state/public funds *pl or* money.

Geld|abwertung *f* currency devaluation; **Geld|angelegenheit** *f* financial matter;

jds ~en sb's financial affairs; **Geld|an-lage** f (financial) investment; **Geld|auf-wertung** f currency revaluation; **Geld-|ausgabe** f (financial) expenditure; **Geldbeutel** m, **Geldbörse** f purse; **tief in den ~ greifen** (inf) to dig deep (into one's pocket) (inf); **Geldbriefträger** m postman who delivers money orders; **Geld-buße** f (Jur) fine; **eine hohe ~** a heavy fine; **Geld|einlage** f capital invested no pl; **Geld|einwurf** m slot; **Geld|entwer-tung** f (Inflation) currency depreciation; **Geld|erwerb** m **zum ~ arbeiten** to work to earn money; **Geldfälschung** f counterfeiting; **Geldgeber(in** f) m financial backer; (esp Rad, TV) sponsor; (hum: Arbeitgeber) employer; **Geldgeschäft** nt financial transaction; **Geldgeschenk** nt gift of money; **Geldgier** f avarice; **geldgierig** adj avaricious; **Geldheirat** f **das war eine reine ~** she/he etc just got married for the money; **Geldherrschaft** f plutocracy; **Geld|institut** nt financial institution; **Geldkassette** f cash box; **Geldkatze** f (Hist) money pouch; (Gürtel) money-belt; **Geldknappheit** f shortage of money; **Geldkurs** m (St Ex) buying rate.

geldlich adj financial.

Geldmangel m lack of money; **Geldmann** m, pl **-leute** (inf) financier; **Geldmarkt** m money market; **Geldmenge** f money supply; **Geldmittel** pl funds pl; **Geldpolitik** f financial policy; **Geldprämie** f bonus; (als Auszeichnung) (financial) award; (als Belohnung) (financial) reward; **Geld-quelle** f source of income; **Geldrolle** f roll of money or coins; **Geldsache** f money or financial matter; **in ~n hört die Gemüt-lichkeit auf** (prov) business is business (prov); **Geldsack** m money bag; (pej inf: reicher Mann) moneybags sing; **auf dem ~ sitzen** (inf) to be sitting on a pile of money (inf); **Geldsäckel** m (dial) money bag; (fig: von Kanton, Staat etc) coffers pl; **Geldschein** m banknote, bill (US); **Geldschneider** m (inf) moneygrabber (inf); **Geldschneiderei** f (inf) money-grabbing (inf); **Geldschöpfung** f (Fin) money creation; **Geldschrank** m safe; **Geldschrankknacker** m (inf) safe-blower; **Geldschwierigkeiten** pl finan-cial difficulties pl; **Geldsorgen** pl finan-cial worries pl, money troubles pl; **~ haben, in ~ sein** to have financial worries or money troubles; **Geldsorte** f (Fin) (type of) currency; **Geldspende** f dona-tion, gift of money; **Geldspritze** f (inf) injection of money; **Geldstrafe** f fine; **jdn zu einer ~ verurteilen** or **mit einer ~ belegen** to fine sb, to impose a fine on sb; **Geldstück** nt coin; **Geldsumme** f sum of money; **Geldtasche** f purse, wallet (US); (Herren~) wallet; (sackartig) money bag; **Geld|umlauf** m̃ circulation of money; **Geldverdiener** m (inf) moneymaker (inf); **Geldverkehr** m money transactions pl; **Geldverlegenheit** f financial embar-rassment no pl; **in ~ sein** to be short of money; **Geldverleiher** m moneylender; **Geldverschwendung** f waste of money; **Geldwechsel** m exchange of money; „„„ "

"bureau de change"; **Geldwechsel-|automat** m, **Geldwechsler** m change machine; **Geldwert** m cash value; (Fin: Kaufkraft) (currency) value; **Geld-wertstabilität** f stability of a/the cur-rency; **Geldwesen** nt monetary system; **Geldwirtschaft** f money economy; **Geldzusteller** m (form) sb who delivers or deals with money orders; **Geld-zuwendungen** pl money sing; (Geld-geschenk) gifts pl of money; (regel-mäßiges Geldgeschenk) allowance sing.

geleckt adj **wie ~ aussehen** Mann to be spruced up; Zimmer, Boden etc to be spick and span.

Gelee [ʒeˈleː] m or nt **-s, -s** jelly.

Gelege nt **-s, -** (Vogel~) clutch (of eggs); (Frosch~) spawn no pl; (von Reptilien) eggs pl.

gelegen I ptp of **liegen**.

  II adj 1. (befindlich) Haus situated; Grundstück auch located. **ein herrlich ~er Ort** a place in a magnificent area.

  2. (passend) opportune. **zu ~er Zeit** at a convenient time; **du kommst mir gerade ~** you've come at just the right time; (iro) you do pick your time well; **es kommt mir sehr/nicht sehr ~** it comes just at the right/ wrong time.

  3. pred (wichtig) **mir ist viel/nichts daran ~** it matters a great deal/doesn't matter to me; **was ist (schon) daran ~?** what does it matter (after all)?

Gelegenheit f 1. (günstiger Umstand) op-portunity. **bei ~** some time (or other); **bei passender ~** when the opportunity arises; **bei passender/der ersten (besten) ~ werde ich ...** when I get the opportunity or chance/at the first opportunity I'll ...; **(die) ~ haben** to get an or the opportunity or a or the chance (etw zu tun to do sth); **jdm (die) ~ geben** or **bieten** to give sb an or the opportunity or a or the chance (etw zu tun to do sth); **~ macht Diebe** (Prov) opportunity makes a thief.

  2. (Anlaß) occasion. **bei dieser ~** on this occasion; **ein Kleid für alle ~en** a dress suitable for all occasions.

  3. (Comm) bargain.

Gelegenheits|arbeit f 1. casual work no pl; 2. (eines Autors) minor work; **Gelegenheits|arbeiter** m casual labourer; **Gelegenheitsdichter** m occasional poet; **Gelegenheitsgedicht** nt occasional poem; **Gelegenheitskauf** m bargain; **Gelegenheitsraucher** m occasional smoker.

gelegentlich I adj attr occasional. **von ~en Ausnahmen abgesehen** except for the odd occasion.

  II adv (manchmal) occasionally, now and again; (bei Gelegenheit) some time (or other). **wenn Sie ~ dort sind** if you happen to be there; **lassen Sie ~ etwas von sich hören!** keep in touch.

  III prep + gen (geh) **~ seines 60. Geburtstags** on the occasion of his 60th birthday.

gelehrig adj quick to learn. **sich bei etw ~ anstellen** to be quick to grasp sth.

Gelehrigkeit f quickness to learn.

gelehrsam adj 1. (old) siehe **gelehrt.**

2. (*rare*) *siehe* **gelehrig**.

Gelehrsamkeit *f* (*geh*) learning, erudition.

gelehrt *adj* learned, erudite; (*wissenschaftlich*) scholarly. ~**e Gesellschaft** (*old*) learned society.

Gelehrte(r) *mf decl as adj* scholar. **darüber sind sich die ~n noch nicht einig** that's a moot point.

Gelehrtenstreit *m* dispute amongst the scholars; **Gelehrtenwelt** *f* world of learning.

Gelehrtheit *f* learning, erudition.

Geleise *nt* -s, - (*geh, Aus*) *siehe* **Gleis**.

Geleit *nt* -(e)s, -e (*Hist: Gefolge*) retinue, entourage; (*Begleitung, Mil*) escort; (*Naut*) convoy, escort; (*Leichenzug*) cortege. **freies** *or* **sicheres** ~ safe-conduct; **jdm das** ~ **geben** to escort *or* accompany sb.

Geleitboot *nt* escort *or* convoy ship; **Geleitbrief** *m* (*Hist*) letter of safe-conduct.

geleiten* *vt* (*geh*) to escort; (*begleiten auch*) to accompany; (*Naut*) to convoy, to escort.

Geleitschutz *m* escort; (*Naut auch*) convoy; **jdm** ~ **gewähren** *or* **geben** to give sb an escort/a convoy; (*persönlich*) to escort/ convoy sb; **Geleitwort** *nt* (*geh*) preface; **Geleitzug** *m* (*Mil, Naut*) convoy; **im** ~ **fahren** to drive in/sail under convoy.

Gelenk *nt* -(e)s, -e joint; (*Hand*~) wrist; (*Fuß*~) ankle; (*Ketten*~) link; (*Scharnier*~) hinge.

Gelenk|entzündung *f* arthritis; **Gelenkfahrzeug** *nt* articulated vehicle.

gelenkig *adj* supple; *Mensch auch* agile. ~ **verbunden sein** (*Tech*) to be jointed; (*zusammengefügt*) to be articulated; (*mit Kettengelenk*) to be linked; (*mit Scharniergelenk*) to be hinged.

Gelenkigkeit *f* suppleness; (*von Mensch auch*) agility.

Gelenkkopf *m*, **Gelenkkugel** *f* (*Anat*) head of a bone, condyle; **Gelenk|omnibus** *m* articulated bus; **Gelenkpfanne** *f* (*Anat*) glenoid cavity; **Gelenkplastik** *f* (*Med*) anthroplasty; **Gelenkrheumatismus** *m* rheumatic fever; **Gelenkschmiere** *f* (*Anat*) synovial fluid; **Gelenkwelle** *f* (*Tech*) cardan shaft; **Gelenkzug** *m* articulated train.

gelernt *adj* trained; *Arbeiter* skilled.

gelesen *ptp of* **lesen**.

Gelichter *nt* -s, *no pl* (*dated pej*) rabble (*inf*), riff-raff (*inf*).

geliebt *adj* dear, beloved (*liter, Eccl*).

Geliebte *f decl as adj* sweetheart; (*Mätresse*) mistress; (*liter: als Anrede*) beloved (*liter*).

Geliebte(r) *f decl as adj* sweetheart, lover (*old*); (*Liebhaber*) lover; (*liter: als Anrede*) beloved (*liter*).

geliefert *adj* ~ **sein** (*inf*) to have had it (*inf*); **jetzt sind wir** ~ that's the end (*inf*).

geliehen *ptp of* **leihen**.

gelieren* [ʒeˈliːrən] *vi* to gel.

Gelier- [ʒeˈliːɐ]: **Geliermittel** *nt* gelling agent; **Gelierzucker** *m* preserving sugar.

gelind(e) *adj* (*geh*) 1. (*mäßig, mild*) mild; (*schonend, vorsichtig*) gentle; *Wind, Frost, Regen* light; *Klima, Anhöhe* gentle.

~ **gesagt** putting it mildly, to put it mildly. 2. (*inf: heftig*) awful (*inf*). **da packte mich** ~ **Wut** I got pretty angry.

gelingen *pret* **gelang**, *ptp* **gelungen** *vi aux sein* (*glücken*) to succeed; (*erfolgreich sein*) to be successful. **es gelang ihm, das zu tun** he succeeded in doing it; **es gelang ihm nicht, das zu tun** he failed to do it, he didn't succeed in doing it; **dem Häftling gelang die Flucht** the prisoner managed to escape *or* succeeded in escaping; **dein Plan wird dir nicht** ~ you won't succeed with your plan; **es will mir nicht** ~/~ **... zu** ... I can't seem to manage it/manage to ...; **das Bild ist ihr gut/schlecht gelungen** her picture turned out well/badly.

Gelingen *nt* -s, *no pl* (*geh*) (*Glück*) success; (*erfolgreiches Ergebnis*) successful outcome. **auf gutes** ~! to success!; **auf gutes** ~ **hoffen** to hope for success/a successful outcome.

Gelispel *nt* -s, *no pl* (*das Lispeln*) lisping; (*Geflüster*) whispering.

gelitten *ptp of* **leiden**.

gell[1] *adj* shrill, piercing.

gell[2], **gelle** *interj* (*S Ger, Sw*) *siehe* **gelt**.

gellen *vi* to shrill; (*von lauten Tönen erfüllt sein*) to ring. **der Lärm gellt mir in den Ohren** the noise makes my ears ring; **ein schriller Schrei gellte durch die Nacht** a shrill scream pierced the night.

gellend *adj* shrill, piercing. ~ **um Hilfe schreien** to scream for help.

geloben* *vt* (*geh*) to vow, to swear. **die Fürsten gelobten dem König Treue** the princes pledged their loyalty *or* vowed loyalty to the king; **das Gelobte Land** (*Bibl*) the Promised Land; **ich schwöre und gelobe, ... I** (do) solemnly swear and promise ...

Gelöbnis *nt* (*geh*) vow. **ein** *or* **das** ~ **ablegen** to take a vow.

gelockt *adj* *Haar* curly; *Mensch* curly-haired, curly-headed.

gelogen *ptp of* **lügen**.

gelöst *adj* relaxed. **danach war sie** ~ **und entspannt** afterwards she felt calm and relaxed.

Gelöstheit *f* feeling of relaxation; (*gelöste Stimmung*) relaxed mood.

Gelse *f* -, -n (*Aus*) gnat, mosquito.

gelt *interj* (*S Ger, Aus*) right. **morgen kommst du wieder,** ~? you'll be back tomorrow, won't you *or* right?; ~, **du leihst mir 5 Mark?** you'll lend me 5 marks, won't you *or* right?; **ich werde es mal versuchen,** ~? well, I'll give it a try.

gelten *pret* **galt**, *ptp* **gegolten** I *vi* 1. (*gültig sein*) to be valid; (*Gesetz*) to be in force; (*Preise*) to be effective; (*Münze*) to be legal tender; (*zählen*) to count. **die Wette gilt!** the bet's on!, it's a bet!; **was ich sage, gilt!** what I say goes!; **das gilt nicht!** that doesn't count!; (*nicht erlaubt*) that's not allowed!; **das Gesetz gilt für alle** the law is made for everyone; **diese Karte gilt nur für eine Person** this ticket only admits one.

2. +*dat* (*bestimmt sein für*) to be meant for *or* aimed at.

3. +*dat* (*geh: sich beziehen auf*) to be for. **seine ganze Liebe galt der Musik** music was his only love; **sein letzter**

Gedanke galt seinem Volk his last thought was for his people.

4. (*zutreffen*) **für jdn/etw** ~ to hold (good) for sb/sth, to go for sb/sth; **das gleiche gilt auch für ihn/von ihm** the same goes for him too/is true of him too.

5. ~ **als** *or* **für** (*rare*) to be regarded as; **es gilt als sicher, daß ...** it seems certain that ...

6. ~ **lassen** to accept; **das lasse ich ~!** I'll agree to that!, I accept that!; **für diesmal lasse ich es** ~ I'll let it go this time; **etw als etw** ~ **lassen** to accept sth as sth; **er läßt nur seine eigene Meinung** ~ he won't accept anybody's opinion but his own.

II *vti impers* (*geh*) **es gilt, ... zu ...** it is necessary to ...; **jetzt gilt es zusammenzuhalten** it is now a question of sticking together; **jetzt gilt's!** this is it!; **was gilt's?** (*bei Wette*) what do you bet?; **es gilt!** done!, you're on!, it's a deal!

III *vt* (*wert sein*) to be worth; (*zählen*) to count for. **was gilt die Wette?** what do you bet?

geltend *adj attr* Preise, Tarife current; Gesetz, Regelung currently operative *or* valid; (*vorherrschend*) Meinung etc currently accepted, prevailing. ~ **machen** (*form*) to assert; **einen Einwand** ~ **machen** to raise an objection.

Geltendmachung *f* (*form*) enforcement.

Geltung *f* (*Gültigkeit*) validity; (*von Münzen*) currency; (*Wert*) value, worth; (*Einfluß*) influence; (*Ansehen*) prestige. ~ **haben** to have validity; (*Münzen*) to be legal tender, to have currency; (*Gesetz*) to be in force; (*Preise*) to be effective; (*Auffassung etc*) to be prevalent; (*Einfluß haben*) to carry weight; (*angesehen sein*) to be recognized; **an** ~ **verlieren** to lose prestige; **einer Sache** (*dat*) ~ **verschaffen** to enforce sth; **sich** (*dat*) ~ **verschaffen** to establish one's position; **etw (voll) zur** ~ **bringen** to show sth (off) to (its best) advantage; (*durch Kontrast*) to set sth off; **zur** ~ **kommen** to show to advantage; (*durch Kontrast*) to be set off; **in diesem Konzertsaal kommt die Musik voll zur** ~ the music can be heard to its best advantage in this concert hall.

Geltungsbedürfnis *nt, no pl* need for admiration; **geltungsbedürftig** *adj* desperate for admiration; **Geltungsbereich** *m* **der** ~ **einer Fahrkarte/eines Gesetzes** the area within which a ticket is valid/a law is operative; **Geltungsdauer** *f* (*einer Fahrkarte etc*) period of validity; **die** ~ **eines Vertrages/einer Genehmigung** the period during which a contract is in force/a licence is valid; **Geltungssucht** *f* craving for admiration; **geltungssüchtig** *adj* craving (for) admiration; **Geltungstrieb** *m* (*Geltungsbedürfnis*) need for admiration; (*Geltungssucht*) craving for admiration.

Gelübde *nt* **-s, -** (*Rel, geh*) vow. **ein/das** ~ **ablegen** *or* **tun** to take a vow.

Gelump(e) *nt* **-s,** *no pl* (*inf: Plunder, Sachen*) junk, trash; (*pej: Gesindel*) trash.

gelungen I *ptp of* **gelingen**.

II *adj attr* (*geglückt*) successful. **ein gut ~er Abend/Braten** a very successful

evening/a roast that turned out very well; **eine nicht so recht ~e Überraschung** a surprise that didn't quite come off.

Gelüst(e) *nt* **-(e)s, -e** (*geh*) desire; (*Sucht*) craving (*auf +acc, nach* for).

gelüsten* *vt impers* (*liter, iro*) **es gelüstet mich** *or* **mich gelüstet nach ...** I am overcome by desire to ...; (*süchtig nach*) I have a craving for ...; **es gelüstet mich, das zu tun** I'm more than tempted *or* I'm sorely tempted to do that.

gemach *adv* (*old*) slowly. ~**!** not so fast!; (*nichts übereilen*) one mustn't rush things!

Gemach *nt* **-(e)s, ̈-er** (*geh*) chamber (*old, form*). **sich in seine** ~**er zurückziehen** to repair to one's chamber (*old, hum*).

gemächlich *adj* leisurely *no adv*; Mensch unhurried. **ein** ~ **fließender Strom** a gently flowing river; **er wanderte** ~ **durch die Wiesen** he strolled through the meadows, he took a leisurely stroll through the meadows; **ein ~es Leben führen** to lead a quiet life.

Gemächlichkeit *f* leisureliness; (*Ruhe*) peace.

gemacht *adj* **1.** made. **für etw** ~ **sein** to be made for sth; **ein ~er Mann sein** to be made *or* a made man. **2.** (*gewollt, gekünstelt*) false, contrived. **3.** (*ist*) ~**!** (*inf*) done! (*inf*).

Gemächt(e) *nt* **-(e)s,** *no pl* (*old, hum*) privy parts *pl* (*old*).

Gemahl¹ *m* **-s, -e** (*geh, form*) spouse (*old, form*), husband; (*Prinz~*) consort. **bitte grüßen Sie Ihren Herrn** ~ do give my regards to your husband.

Gemahl² *nt- or -(e)s, -e* (*obs*) spouse (*old, form*), wife.

Gemahlin *f* (*geh, form*) spouse (*old, form*), wife; (*von König auch*) consort. **bitte empfehlen Sie mich Ihrer Frau** ~ do give my regards to your lady wife (*form, hum*) *or* to your good lady.

gemahnen* *vt* (*geh*) **jdn an jdn/etw** ~ to remind sb of sb/sth, to put sb in mind of sb/sth.

Gemälde *nt* **-s, -** painting; (*fig: Schilderung*) portrayal.

Gemälde|ausstellung *f* exhibition of paintings; **Gemäldegalerie** *f* picture gallery; **Gemäldesammlung** *f* collection of paintings.

Gemarkung *f* (*dated, form*) (*Feldmark*) bounds *pl*; (*Gemeindegebiet*) district.

gemasert *adj* Holz grained.

gemäß I *prep + dat* in accordance with. **Ihren Anordnungen** ~ as per your instructions, in accordance with your instructions; ~ **den Bestimmungen** under the regulations; ~ § **209** under § 209.

II *adj* appropriate (*dat* to). **eine ihren Fähigkeiten ~e Arbeit** a job suited to her abilities; **das einzig G~e** the only fitting thing.

gemäßigt *adj* moderate; Klima, Zone temperate; Optimismus etc qualified.

Gemäuer *nt* **-s,** *no pl* (*geh*) masonry, walls *pl*; (*Ruine*) ruins *pl*.

Gemauschel *nt* **-s,** *no pl* (*pej inf*) scheming.

Gemeck(e)re, Gemecker *nt* **-s,** *no pl* (*von*

Ziegen) bleating; (*inf: Nörgelei*) moaning, belly-aching (*inf*).

gemein *adj* **1.** *pred, no comp* (*gemeinsam*) **etw ~ mit jdm/etw haben** to have sth in common with sb/sth; **Menschen/einer Sache** (*dat*) ~ **sein** (*geh*) to be common to people/sth; **sich mit jdm ~ machen** to lower oneself to sb's level; **das ist beiden** ~ it is common to both of them.

2. *attr, no comp* (*Biol, old: üblich, verbreitet, öffentlich*) common. **ein ~er Soldat** a common soldier; **das ~e Volk/ Wohl** the common people/good *or* weal (*old*); **der ~e Mann** the ordinary man.

3. (*niederträchtig*) mean; (*roh, unverschämt auch*) nasty; *Verräter, Lüge* base. **das war ~ von dir!** that was mean *or* nasty of you; **ein ~er Streich** a dirty *or* rotten trick; **alles ins G~e ziehen** to cheapen *or* debase everything.

4. (*ordinär*) vulgar; *Bemerkung, Witz auch* dirty, coarse.

5. (*inf: unangenehm*) horrible, awful. **die Prüfung war ~ schwer** the exam was horribly *or* awfully difficult.

Gemeinbesitz *m* common property.

Gemeinde *f* **-, -n 1.** (*Kommune*) municipality; (*~bewohner auch*) community; (*inf: ~amt*) local authority. **die ~ Burg** the municipality of Burg. **2.** (*Pfarr~*) parish; (*Gläubige auch*) parishioners *pl*; (*beim Gottesdienst*) congregation. **3.** (*Anhängerschaft*) (*von Theater etc*) patrons *pl*; (*von Schriftsteller etc*) following.

Gemeinde|abgaben *pl* rates and local taxes *pl*; **Gemeinde|ammann** *m* (*Sw*) **1.** *siehe* **Gemeindevorsteher**; **2.** bailiff; **Gemeinde|amt** *nt* local authority; (*Gebäude*) local administrative office; **Gemeindebau** *m, pl* **-ten** (*Aus*) council house; **Gemeindebe|amte(r)** *m* local government officer; **Gemeindebehörde** *f* local authority; **Gemeindebezirk** *m* district; (*Aus*) ward; **Gemeindediener** *m* (*dated*) beadle; **gemeinde|eigen** *adj* local authority *attr*; (*esp städtisch*) municipal; **Gemeinde|eigentum** *nt* communal property; **Gemeindeglied** *nt* (*Eccl*) parishioner; **Gemeindehaus** *nt* (*Eccl*) parish rooms *pl*; (*von Freikirchen*) church rooms *pl*; (*katholisch*) parish house; **Gemeindehelfer(in** *f*) *m* (*Eccl*) parish worker; **Gemeindemitglied** *nt* (*Eccl*) parishioner **Gemeinde|ordnung** *f* bylaws *pl*, ordinances *pl* (*US*); **Gemeindepräsident** *m* (*Sw*) mayor; **Gemeinderat** *m* district council; (*Mitglied*) district councillor; **Gemeindesaal** *m* (*Eccl*) church hall; **Gemeindeschwester** *f* district nurse; (*Eccl*) nun working in a parish as a nurse or social worker; **Gemeindespital** *nt* (*Aus*) local hospital; **Gemeindesteuer** *f* local tax; (*Grundsteuer*) rates *pl* (*Brit*).

gemeindeutsch *adj* standard German.

Gemeindevater *pl* (*hum*) venerable councillors *pl* (*hum*); **Gemeindevorstand** *m* ≃ aldermen *pl*; **Gemeindevorsteher** *m* head of the district council; (*Bürgermeister*) mayor; **Gemeindewahl** *f* local election; **Gemeindezentrum** *nt* community centre; (*Eccl*) parish rooms *pl*; (*von*

Freikirchen) church rooms *pl*; (*katholisch*) parish house.

Gemein|eigentum *nt* common property.

Gemeine(r) *m decl as adj* **1.** (*dated: Soldat*) common soldier. **die ~n** the ranks. **2.** (*Typ*) lower-case letter.

gemeingefährlich *adj* constituting a public danger; **ein ~er Verbrecher** a dangerous criminal; **Gemeingefährlichkeit** *f* danger to the public; **Gemeingeist** *m* public spirit; **Gemeingut** *nt* (*lit, fig*) common property.

Gemeinheit *f* **1.** *no pl* (*Niedertracht*) meanness; (*Roheit, Unverschämtheit auch*) nastiness. **2.** *no pl* (*Vulgarität*) vulgarity; (*von Bemerkung, Witz auch*) coarseness. **3.** (*Tat*) mean *or* dirty trick; (*Behandlung*) nasty treatment *no pl*; (*Worte*) mean thing. **das war eine ~** that was a mean thing to do/say. **4.** (*inf: ärgerlicher Umstand*) (blasted *inf*) nuisance.

gemeinhin *adv* generally; **Gemeinkosten** *pl* overheads *pl*, over head costs *pl*; **Gemeinnutz** *m* public *or* common good; **~ geht vor Eigennutz** (*dated prov*) service before self (*Prov*); **gemeinnützig** *adj* of benefit to the public *pred*; (*wohltätig*) charitable; **~er Verein** charitable *or* nonprofit-making organization; **~e Einrichtung** public utility; **Gemeinnützigkeit** *f* benefit to the public; **die ~ einer Organisation** the charitable status of an organization; **Gemeinplatz** *m* commonplace.

gemeinsam **I** *adj* (*mehreren gehörend*) *Eigenschaft, Interesse, Zwecke, Politik* common; *Konto* joint; *Freund* mutual; (*von mehreren unternommen*) *Aktion, Ausflug* joint. **sie haben vieles ~, ihnen ist vieles ~** they have a great deal in common; **die Firma ist ~es Eigentum** *or* **das ~e Eigentum der beiden Brüder** the firm belongs jointly to *or* is the joint property of the two brothers; **unser ~es Leben** our life together; **der G~e Markt** the Common Market; **mit jdm ~e Sache machen** to join up with *or* join forces with sb; **er betonte das G~e** he stressed all that we/ they had in common.

II *adv* together. **etw ~ haben** to have sth in common; **es gehört den beiden ~** it belongs jointly to the two of them.

Gemeinsamkeit *f* **1.** (*gemeinsame Interessen, Eigenschaft etc*) common ground *no pl*. **die ~en zwischen ihnen sind sehr groß** they have a great deal in common.

2. *no pl* (*gemeinsames Besitzen*) joint possession; (*von Freunden, Interessen*) mutuality.

Gemeinschaft *f* community; (*Gruppe*) group; (*Zusammensein*) company; (*Zusammengehörigkeitsgefühl*) sense of community. **die ~ der neun** (*Pol*) the nine; **in ~ mit** jointly with, together with; **die ~ mit jdm** sb's companionship; **in ~ mit jdm leben** to live in close companionship with sb; **die ~ der Heiligen/der Gläubigen** the communion of saints/of the faithful; **eheliche ~** (*Jur*) matrimony.

gemeinschaftlich *adj siehe* **gemeinsam**.

Gemeinschafts|anschluß *m* (*Telec*)

party line; **Gemeinschafts|antenne** f block or party aerial or antenna (esp US); **Gemeinschafts|arbeit** f teamwork; **das Buch ist eine ~** the book is a team effort; (von zwei Personen) the book is a joint effort; **Gemeinschafts|aufgabe** f joint task; (BRD: Aufgabe des Bundes) federal project; **gemeinschaftsbildend** adj community-building; (einigend) unifying; **Gemeinschafts|ehe** f group or communal marriage; **Gemeinschafts|erziehung** f coeducation; (soziale Erziehung) social education; **Gemeinschaftsgefühl** nt sense of community; (Uneigennützigkeit) public-spiritedness; **Gemeinschaftsgeist** m community spirit, esprit de corps; **Gemeinschaftsgrab** nt communal grave; **Gemeinschaftshaft** f group confinement; **Gemeinschaftsküche** f (Kantine) canteen; (gemeinsame Kochgelegenheit) communal or (kleiner) shared kitchen; **Gemeinschaftskunde** f social studies pl; **Gemeinschaftsleben** nt community life; **Gemeinschaftsleistung** f collective achievement; **Gemeinschaftspraxis** f joint practice; **Gemeinschaftsproduktion** f 1. siehe **Gemeinschaftsarbeit**; 2. (Rad, TV, Film) co-production; **Gemeinschaftsraum** m common room; **Gemeinschaftsschule** f interdenominational school; **Gemeinschaftssendung** f simultaneous broadcast; **Gemeinschaftsverpflegung** f canteen meals pl; **Gemeinschaftswerbung** f joint advertising no pl; **~ machen** to advertise jointly, to run a joint advertisement; **Gemeinschaftswohnung** f shared house/flat etc; **Gemeinschaftszelle** f communal cell.

Gemeinsinn m public spirit; **Gemeinsprache** f standard language; **gemeinverständlich** adj siehe **allgemeinverständlich**; **Gemeinwerk** nt (Sw) voluntary work; **Gemeinwesen** nt community; (Staat) polity; **Gemeinwille** m collective will; **Gemeinwirtschaft** f cooperative economy; **gemeinwirtschaftlich** adj cooperative; **Gemeinwohl** nt public welfare; **das dient dem ~** it is in the public interest.

Gemenge nt -s, - 1. (Mischung) mixture (aus of); (Agr) mixed crop; (fig) mixture; (Durcheinander) jumble (aus of). 2. (Gewühl) bustle; (Hand~) scuffle. **mit jdm ins ~ kommen** to come to blows with sb.

Gemengsel nt mixture (aus of).

gemessen I ptp of **messen. II** adj 1. (würdevoll) measured, studied. **~en Schrittes** with measured tread. 2. (dated: zurückhaltend) reticent. 3. attr (angemessen) Abstand, Entfernung respectful.

Gemessenheit f siehe adj 1. measuredness, studiedness. 2. reticence. 3. respectfulness.

Gemetzel nt -s, - bloodbath; (Massaker auch) slaughter, massacre.

gemieden ptp of **meiden.**

Gemisch nt -(e)s, -e (aus of) 1. (lit, fig) mixture. 2. no pl (Durcheinander) jumble.

gemischt adj mixed; (inf: nicht sehr gut auch) patchy. **mit ~en Gefühlen** with mixed feelings.

gemischtrassig adj of mixed race; (mit mehreren Rassen) multi-racial; **gemischtsprachig** adj multilingual; **Gemischtwarenhandlung** f (dated) grocery and general store.

gemittelt adj standardized.

Gemme f -, -n (erhaben) cameo; (vertieft) intaglio.

gemocht ptp of **mögen.**

gemolken ptp of **melken.**

gemoppelt adj siehe **doppelt.**

Gemsbock m chamois buck.

Gemse f -, -n chamois.

Gemsleder nt siehe **Gamsleder.**

Gemurmel nt -s, no pl murmuring; (unverständliches Reden auch) mumbling. **zustimmendes ~ ging durch den Saal** a murmur of approval ran through the hall.

Gemurre nt -s, no pl (inf) grumbling (inf).

Gemüse nt -s, (rare) - vegetables pl. **frisches ~** fresh vegetables; **ein ~** a vegetable; **junges ~** (hum inf) whippersnappers pl (inf), green young things pl (inf).

Gemüse(an)bau m, no pl vegetable-growing; (für den Handel) market gardening (Brit), truck farming (US); **Gemüsebeet** nt vegetable bed or patch; **Gemüsebeilage** f vegetables pl; **Gemüsefach** nt vegetable compartment; **Gemüsefrau** f (inf) vegetable woman (inf); **Gemüsefritze** m -n, -n (inf) vegetable seller; **Gemüsegarten** m vegetable or kitchen garden; **quer durch den ~** (hum inf) a real assortment; **Gemüsehändler** m greengrocer; (Großhändler) vegetable supplier; **Gemüsekonserve** f tinned (Brit) or canned vegetables pl; (in Gläsern) preserved vegetables pl; **Gemüseladen** m greengrocer's (shop); **Gemüsemarkt** m vegetable market; **Gemüseplatte** f (Cook) eine ~ assorted vegetables pl; **Gemüsesaft** m vegetable juice; **Gemüsesorte** f kind or type of vegetable; **Gemüsesuppe** f vegetable soup.

gemußt ptp of **müssen.**

gemustert adj patterned.

Gemüt nt -(e)s, -er 1. (Geist) mind; (Charakter) nature, disposition; (Seele) soul; (Gefühl) feeling; (Gutmütigkeit) warm-heartedness. **viel ~ haben** to be very warm-hearted; **die Menschen hatten damals mehr ~** people had more soul in those days; **das denkst du (dir) so einfach in deinem kindlichen ~!** that's what you think in your innocence; **etwas fürs ~** (hum) something for the soul; (Film, Buch etc) something sentimental; **jds ~ bewegen** (liter) to stir sb's heart or emotions; **sich (dat) etw zu ~e führen** (beherzigen) to take sth to heart; (hum inf) Glas Wein, Speise, Buch etc to indulge in sth; **das ist ihr aufs ~ geschlagen** that made her worry her heart out.

2. (fig: Mensch) person; (pl) people. **sie ist ein ängstliches ~** she's a nervous soul, she has a nervous disposition; **die ~er erregen** to cause a stir; **wir müssen warten, bis sich die ~er beruhigt haben** we must wait until feelings have cooled down.

gemütlich adj 1. (bequem, behaglich) comfortable, comfy (*inf*); (*freundlich*) friendly *no adv*; (*zwanglos*) informal; (*klein und intim*) cosy, snug; *Schwatz, Beisammensein etc* cosy. **wir verbrachten einen ~en Abend** we spent a very pleasant evening; **es sich/jdm ~ machen** to make oneself/sb comfortable. **2.** *Mensch* good-natured, pleasant; (*leutselig*) approachable, friendly; (*gelassen*) easy-going *no adv*, relaxed *no adv*. **3.** (*gemächlich*) unhurried, leisurely *no adv*. **in ~em Tempo** at a comfortable *or* leisurely speed; **er arbeitete ~ vor sich hin** he worked away at a leisurely pace *or* unhurriedly.

Gemütlichkeit *f siehe adj* **1.** comfortableness; friendliness; informality; cosiness, snugness. **2.** good-naturedness, pleasantness; approachability, friendliness; easy-going nature. **da hört doch die ~ auf!** (*inf*) that's going too far; **da hört bei mir die ~ auf** I won't stand for that. **3.** unhurriedness, leisure. **in aller ~** at one's leisure; **ihr sitzt da in aller ~, und ich arbeite wie ein Verrückter** you sit there as though there were all the time in the world and I'm working like mad.

gemüts|arm *adj* emotionally impoverished; **Gemüts|armut** *f* emotional impoverishment; **Gemüts|art** *f* disposition, nature; **Gemütsbewegung** *f* emotion; **bist du zu keiner ~ fähig?** can't you show some emotion? **gemütskalt** *adj* cold; **gemütskrank** *adj* emotionally disturbed; **Gemütskranke(r)** *mf* emotionally disturbed person; **Gemütskrankheit** *f* emotional disorder *or* disturbance; **Gemütslage** *f* mood; **je nach ~** as the mood takes me/him *etc*; **Gemütsleben** *nt* emotional life; **Gemütsmensch** *m* good-natured, phlegmatic person; **du bist vielleicht ein ~!** (*iro inf*) you're a fine one! (*inf*); (*das ist unmöglich*) you'll be lucky! (*inf*); **Gemütsregung** *f siehe* **Gemütsbewegung**; **Gemütsruhe** *f* calmness; (*Kaltblütigkeit*) sang-froid, composure, coolness; (*Phlegma*) placidness; **in aller ~** (*inf*) (as) cool as a cucumber (*inf*) *or* as you please (*inf*); (*gemächlich*) at a leisurely pace; (*aufreizend langsam*) as if there were all the time in the world; **deine ~ möchte ich haben!** (*iro*) I like your cool! (*inf*); **Gemütsverfassung** *f*, **Gemütszustand** *m* frame *or* state of mind.

gemütvoll *adj* sentimental; (*warmherzig*) warm-hearted.

gen *prep* +*acc* (*old, liter*) towards, toward. **~ Norden/Osten** *etc* northwards/eastwards *etc*; **~ Himmel blicken** to look up to the sky, to look heavenwards.

Gen *nt* **-s, -e** gene.

genannt *ptp of* **nennen**.

genant [ʒeˈnant] *adj* (*dated*) (*schüchtern*) bashful, shy; (*peinlich*) embarrassing.

genarbt *adj Leder* grained.

genas *pret of* **genesen**.

genäschig (*Aus*) *adj siehe* **naschhaft**.

genau I *adj* exact; (*richtig auch*) accurate; (*präzis auch*) precise; (*sorgfältig auch*) meticulous; (*förmlich ~ auch*) punctilious. **haben Sie die ~e Zeit?** have you got the right *or* exact time?; **G~eres**

further details *pl or* particulars *pl*; **G~eres weiß ich nicht** I don't know any more than that; **man weiß nichts G~es über ihn** noone knows anything definite about him.

II *adv* **~!** (*inf*) exactly!, precisely!, quite!; **~ dasselbe** just *or* exactly the same; **~ das Gegenteil** just *or* exactly the opposite; **~ in der Mitte** right in the middle; **~ das wollte ich sagen** that's just *or* exactly what I wanted to say; **ich kenne ihn ~** I know just *or* exactly what he's like; **etw ~ wissen** to know sth for certain *or* for sure; **etw ~ nehmen** to take sth seriously; **er nimmt es sehr/nicht sehr ~** he's very/not very particular (*mit etw* about sth); **meine Uhr geht ~** my watch keeps accurate time; **es stimmt auf den Millimeter ~** it's right to the millimetre; **die Schuhe paßten mir ~/nicht ganz ~** the shoes fitted me perfectly/didn't quite fit me; **das reicht ~** that's just enough; **~estens, aufs ~este** (right) down to the last (little) detail; **~ entgegengesetzt** diametrically opposed; **~ auf die Minute** dead (*inf*) *or* exactly on time; **so ~ wollte ich es (nun auch wieder) nicht wissen!** (*iro*) you can spare me the details.

genaugenommen *adv* strictly speaking.

Genauigkeit *f siehe adj* exactness, exactitude (*form*); accuracy; precision; meticulousness; punctiliousness.

genauso *adv* (*vor Adjektiv*) just as; (*alleinstehend*) just *or* exactly the same. **genauso-** *siehe* **ebenso-**.

Gendarm [ʒanˈdarm, ʒãˈd-] *m* **-en, -en** (*old, Aus*) gendarme.

Gendarmerie [ʒandarməˈriː, ʒãd-] *f* (*old, Aus*) gendarmerie.

Genealoge *m*, **Genealogin** *f* genealogist.

Genealogie *f* genealogy.

genealogisch *adj* genealogical.

genehm *adj* (*geh*) suitable, acceptable. **jdm ~ sein** to suit sb; **ist es so ~?** is that agreeable *or* acceptable to you?; **wenn es ~ ist** if you are agreeable.

genehmigen* *vt Baupläne, Antrag, Veränderungen* to approve; (*erlauben*) to sanction; (*Lizenz erteilen*) to license; *Durchreise, Aufenthalt* to authorize; (*zugestehen*) to grant; *Bitte auch* to agree to, to assent to. **„genehmigt"** "approved"; (*inf*) permission granted (*hum*); **sich** (*dat*) **etw ~** to indulge in sth; (*kaufen*) to lash *or* splash out on sth; **sich** (*dat*) **einen ~** (*hum inf*) to have a little drink.

Genehmigung *f siehe vt* **1.** (*das Genehmigen*) approval; sanctioning; licensing; authorization; granting. **2.** (*Erlaubnis*) approval; sanction; licence; authorization; agreement (*gen* to), assent (*gen* to); (*Berechtigungsschein*) permit. **mit freundlicher ~ von** by kind permission of.

Genehmigungspflicht *f* (*form*) licence requirement; **genehmigungspflichtig** *adj* (*form*) requiring official approval; (*mit Visum, Stempel, Marke*) requiring official authorization; (*mit schriftlicher Genehmigung*) requiring a licence; **Funkanlagen sind ~** a licence is required for radio transmitters.

geneigt *adj* (*geh*) *Zuhörer, Publikum* willing; *Aufmerksamkeit* kind; (*obs: huld-*

voll) gracious. **~er Leser!** gentle reader; **jdm/einer Sache ~ sein** to be well-disposed *or* favourably disposed to sb/sth; **~ sein, etw zu tun** to be inclined to do sth.

Geneigtheit *f* (*Bereitwilligkeit*) inclination; (*Wohlwollen*) goodwill (*gegenüber* towards); (*Huld*) favour (*gegenüber* to).

Genera *pl of* **Genus.**

General *m* **-(e)s, -e** *or* **¨e** (*Mil*, *Eccl*) general. **Herr ~** General.

General|absolution *f* general absolution; **General|agent** *m* general agent; **General|agentur** *f* general agency; **General|amnestie** *f* general amnesty; **General|angriff** *m* (*Mil*, *fig*) general attack; **Generalbaß** *m* (basso) continuo; **Generalbeichte** *f* general confession; **Generalbevollmächtigte(r)** *m* plenipotentiary; (*Comm*) general representative; **General|bundes|anwalt** *m* (*BRD*) Chief Federal Prosecutor; **Generaldirektion** *f* head office; **Generaldirektor** *m* chairman, president (*US*); **Generalfeldmarschall** *m* field marshal, general of the army (*US*); **Generalgouverneur** *m* governor-general; **General|inspekteur** *m* (*BRD*) inspector general; **General|intendant** *m* (*Theat*, *Mus*) director.

generalisieren* *vi* to generalize.

Generalisierung *f* generalization.

Generalissimus *m* **-,** **Generalissimi** *or* **-se** generalissimo.

Generalist *m* generalist.

Generalität *f* (*Mil*) generals *pl*.

Generalklausel *f* general *or* blanket clause; **Generalkonsul** *m* consul general; **Generalkonsulat** *nt* consulate general; **Generalleutnant** *m* (*BRD*) lieutenant general; (*Brit Aviat*) air marshal; **Generalmajor** *m* major general; **Generalmusikdirektor** *m* (chief) musical director, **General|obere(r)** *m* (*Eccl*) general (*of a religious order*); **General|oberst** *m* (*DDR*) general; (*Brit Aviat*) air chief marshal; **General|prävention** *f* (*Jur*) general deterrence; **Generalprobe** *f* (*Theat*, *fig*) dress rehearsal; **Generalrepräsentanz** *f* (*esp Aus*) sole *or* exclusive agency *or* distribution; **Generalsekretär** *m* secretary-general; **General|staats|anwalt** *m* *public prosecutor for a provincial court*, ≈ district attorney (*US*); **Generalstab** *m* general staff; **Generalstabskarte** *f* Ordnance Survey map (on the scale 1:100,000); **Generalstabs|offizier** *m* general staff officer; **Generalstreik** *m* general strike; **general|überholen*** *vt insep infin and ptp only* **etw ~** to give sth a general overhaul; **etw ~ lassen** to have sth generally overhauled; **Generalversammlung** *f* general meeting; **Generalvertreter** *m* general representative; **Generalvertretung** *f* sole agency; **Generalvikar** *m* vicar-general; **Generalvollmacht** *f* general *or* full power of attorney.

Generation *f* generation.

Generationenkonflikt *m* generation gap.

Generationsproblem *nt* problem of one generation; **Generationswechsel** *m* (*Biol*) alternation of generations; **wir brauchen einen ~ in der Regierung** we need a new generation in government.

generativ *adj* generative. **~e Zellen** reproductive cells; **~e Transformationsgrammatik** (transformational) generative grammar.

Generator *m* generator; (*Gas~ auch*) producer.

Generatorgas *nt* producer gas.

generell *adj* general. **~ kann man sagen, daß ...** generally *or* in general one can say that ...

generieren* *vt* (*Ling*, *geh*) to generate.

generös *adj* (*geh*) generous; (*freigebig auch*) munificent (*liter*).

Genese *f* **-, -n** (*Biol*, *fig*) genesis.

genesen *pret* **genas,** *ptp* **~** *vi aux sein* **1.** (*geh*) to convalesce; (*fig*) to recuperate. **2.** (*obs: gebären*) **sie genas eines Knaben** she was delivered of a boy child (*obs liter*).

Genesende(r) *mf decl as adj* convalescent.

Genesis *f* **-,** *no pl* genesis. **die ~** (*Bibl*) (the Book of) Genesis.

Genesung *f* convalescence, recovery (*auch fig*). **auf dem Wege der ~** on the road to recovery; **ich wünsche baldige ~** I wish you a speedy recovery.

Genesungsprozeß *m* convalescence; **Genesungs|urlaub** *m* convalescent leave.

Genetik *f* genetics *sing*.

Genetiker(in *f*) *m* **-s, -** geneticist.

genetisch *adj* genetic.

Genezareth: der See ~ the Sea of Galilee.

Genf *nt* **-s** Geneva.

Genfer *adj attr* Genevan. **der ~ See** Lake Geneva, Lake Leman; **~ Konvention** *f* Geneva Convention.

genial *adj Entdeckung, Einfall, Mensch* brilliant; *Künstler, Stil auch* inspired; (*erfinderisch*) ingenious. **ein ~er Mensch, ein G~er** a genius; **ein ~es Werk** the work of a genius; **das war eine ~e Idee** that idea was *or* showed a stroke of genius.

genialisch *adj* (*geh*) brilliant; (*unkonventionell*) eccentric.

Genialität *f* genius; (*Erfindungsreichtum*) ingenuity.

Genick *nt* **-(e)s, -e** neck. **jdn am ~ packen** to grab sb by the scruff of the neck; **ein Schlag ins ~** a blow on the back of the neck; **seinen Hut ins ~ schieben** to push one's hat back (on one's head); **sich** (*dat*) **das ~ brechen** to break one's neck; (*fig*) to kill oneself; **jdm/einer Sache das ~ brechen** (*fig*) to finish sb/sth.

Genickschuß *m* shot in the neck; **Genickstarre** *f* stiffness of the neck; (*Med*) (cerebral) meningitis; **~ haben** (*inf*) to have a stiff neck.

Genie [ʒeˈniː] *nt* **-s, -s** genius. **er ist ein ~** he's a (man of) genius; **er ist ein ~ im Taktieren** he's a genius when it comes to tactics, he has a genius for tactics.

Genien [ˈgeːnɪən] *pl of* **Genius.**

genieren* [ʒeˈniːrən] **I** *vr* to be embarrassed. **sich vor Fremden ~** to be shy of *or* with strangers; **~ Sie sich nicht!** don't be shy!; **ich geniere mich, das zu sagen** I don't like to say it; **er genierte sich (gar) nicht, das zu tun** it didn't bother him (at all) to do that.

II vt jdn ~ (peinlich berühren) to embarrass sb; (old, dial: stören) to bother or disturb sb; **das geniert mich wenig!** that doesn't bother or worry me.

genierlich [ʒe'ni:ɐlɪç] adj **1.** (inf: lästig) bothersome; (genant) embarrassing. **2.** (dated: schüchtern) shy, bashful.

geniert [ʒe'ni:ɐt] adj embarrassed. **III** adv with embarrassment.

genießbar adj (eßbar) edible; (trinkbar) drinkable; (fig: annehmbar) acceptable.

genießen pret **genoß**, ptp **genossen** vt **1.** (lit, fig: sich erfreuen an) to enjoy. **den Wein muß man** ~ you must savour the wine; **er ist heute nicht zu ~** (inf) he is unbearable today.

2. (essen) to eat; (trinken) to drink. **das Essen/der Wein ist kaum zu ~** the meal/wine is scarcely edible/drinkable.

Genießer(in f) m **-s, -** connoisseur; (des Lebens) pleasure-lover; (Feinschmecker) gourmet, epicure. **er ist ein richtiger/stiller ~** he really knows how to enjoy life/he really knows how to enjoy life in his quiet way.

genießerisch I adj appreciative. **sein ~er Ausdruck** his expression of pleasure. **II** adv appreciatively; (mit Behagen) pleasurably. **~ zog er an seiner Zigarre** he drew on his cigar with the utmost enjoyment.

Genie- [ʒe'ni:]: **Geniestreich** m stroke of genius; **Genietruppe** f (Sw Mil) engineer corps.

genital adj genital.

Genital- in cpds genital.

Genitale nt **-s, Genitalien** [-iən] genital. **die Genitalien** the genitals or genitalia (form).

Genitiv m (Fall) genitive (case); (Form) genitive (form). **im ~** in the genitive.

Genitiv|objekt nt genitive object.

Genius m **-, Genien** ['ge:niən] **1.** (Myth) genius, guardian spirit. **2.** (Genie) genius. **~ loci** (geh) genius loci. **3.** (Art) genius.

genommen ptp of **nehmen**.

genoppt adj Teppich, Stoff, Wolle nubbly; Gummi pimpled.

genoß pret of **genießen**.

Genosse m **-n, -n** comrade; (dated: Gefährte auch) companion; (Mitglied einer Genossenschaft) member of a co-operative; (pej: Kumpan) mate (Brit inf), buddy (US inf), pal (inf). **X und ~n** (Jur) X and others; (pej) X and co (inf), X and his mates (Brit inf).

genossen ptp of **genießen**.

Genossenschaft f co-operative; **Genossenschaft(l)er** m **-s, -** member of a co-operative; **genossenschaftlich** adj co-operative; **~ organisiert** organized as a co-operative.

Genossenschaftsbank f co-operative bank; **Genossenschaftsbauer** m co-operative farmer; **Genossenschaftsbetrieb** m co-operative.

Genossin f siehe **Genosse**.

genötigt adj **~ sein**, etw zu tun to be forced or obliged to do sth; **sich ~ sehen**, etw zu tun to feel (oneself) obliged to do sth.

Genozid m or nt **-(e)s, -e** or **-ien** [-iən] (geh) genocide.

Genre [ʒã:ɐ, 'ʒã:rə] nt **-s, -s** genre.

Genrebild ['ʒã:rə-] nt genre picture; **Genremalerei** f genre painting.

Gent nt **-s** Ghent.

Genua nt **-s** Genoa.

genuesisch [genu'e:zɪʃ] adj Genoese.

genug adj inv enough. **~ Platz, Platz ~** enough or sufficient room; **groß/alt/reich ~** big/old/rich enough; **~ davon** enough of that; **~ der vielen Worte!** enough of words!; **danke, das ist ~** that's enough, thank you; **das ist wenig ~** that's precious little; **und damit noch nicht ~** and that's not/that wasn't all; **sie sind jetzt ~, um ...** there are enough of them now to ...; **sag, wenn's ~ ist!** (beim Einschenken etc) say when!; **jetzt ist('s) aber ~!** that's enough, that does it!; **(von etw) ~ haben** to have (got) enough (of sth); (überdrüssig sein) to have had enough (of sth); **er kann nicht ~ bekommen** or **kriegen** he can't get enough; **nicht ~, daß er sein ganzes Geld verspielt, außerdem ... er ...** not only does he gamble away all his money, he also ...; **sich** (dat) **selbst ~ sein** to be sufficient unto oneself; (gern allein sein) to be content with one's own company; **Manns ~ sein, um zu ...** to be man enough to ...

Genüge f **-, no pl zur ~** enough; **das habe ich zur ~ getan/ gehört/gesehen** I have done/heard/seen it often enough or (stärker, abwertend) quite often enough; **etw zur ~ kennen** to know sth well enough; (abwertender) to know sth only too well, to be only too familiar with sth; **jdm ~ tun** (geh) to satisfy sb; **jds Forderungen ~ tun** (geh) to satisfy or meet sb's demands.

genügen* vi **1.** (ausreichen) to be enough or sufficient (dat for). **das genügt (mir)** that's enough or sufficient (for me), that will do (for me); **diese Wohnung genügt uns/für uns** we're happy with this flat/this flat is enough for us.

2. +dat (befriedigen, gerecht werden) den Anforderungen to satisfy; jds Wünschen etc, den Anforderungen to fulfil.

genügend adj **1.** inv (ausreichend) enough, sufficient. **2.** (befriedigend) satisfactory. **III** adv (reichlich) enough, sufficiently. **ich habe ~ oft versucht, zu ...** I have tried often enough or sufficiently often to ...

genugsam adv (geh) enough. **es ist ~ bekannt** it is sufficiently well-known.

genügsam adj (anspruchslos) Tier, Pflanze undemanding; Mensch auch modest. **~ leben, ein ~es Leben führen** to live modestly.

Genügsamkeit f siehe adj simple needs pl; undemandingness; modesty. **die ~ einer Pflanze/eines Tieres** the modest requirements of a plant/an animal.

genugtun vi sep irreg +dat (dated) to satisfy. **er konnte sich** (dat) **nicht ~, ihre Schönheit zu preisen** he couldn't praise her beauty enough, he never tired of praising her beauty.

Genugtuung f satisfaction (über +acc at). **für etw ~ leisten** to make amends for sth; **~ verlangen** or **fordern** to demand satisfaction; **ich hörte mit ~, daß ...** it gave me great satisfaction to hear that ...

Genus nt **-, Genera 1.** (Biol) genus.

2. (*Gram*) gender. ~ **verbi** voice of the verb.

Genuß *m* **-sses, ⁻sse 1.** *no pl* (*das Zusichnehmen*) consumption; (*von Drogen*) taking, use; (*von Tabak*) smoking. **der ~ von Alkohol ist Kindern verboten** children are forbidden to drink *or* consume (*form*) alcohol; **der übermäßige ~ von Tabak ist gesundheitsschädlich** excessive smoking is injurious to one's health; **nach dem ~ der Pilze** after eating the mushrooms.

2. (*Vergnügen*) pleasure. **die ⁻sse des Lebens** the pleasures *or* joys of life; **etw mit ~ essen** to eat sth with relish; **den Wein hat er mit ~ getrunken** he really enjoyed the wine.

3. *no pl* (*Nutznießung*) **in den ~ von etw kommen** (*von Vergünstigungen*) to enjoy sth; (*von Rente, Prämie etc*) to be in receipt of sth.

genußfreudig *adj* (*geh*) pleasure-loving *no adv*; **Genußgift** *nt* (*form*) social drug.

genüßlich *adj* pleasurable. **er schmatzte ~** he smacked his lips with relish.

Genußmensch *m* hedonist; (*auf Essen und Trinken bezogen*) bon-vivant; **Genußmittel** *nt* semi-luxury foods and tobacco; **Genußsucht** *f* hedonism; **genußsüchtig** *adj* hedonistic; **genußvoll** *adj Aufenthalt, Urlaub, Erlebnis, Abend* delightful; *Schmatzen* appreciative; *Lächeln* gratified; **er leckte sich ~ die Lippen** he licked his lips with obvious enjoyment. ·

Geodäsie *f* geodesy, geodetics *sing*.
Geodät(in *f*) *m* **-en, -en** geodesist.
geodätisch *adj* geodesic.
Geo-Drei|eck *nt* (*inf*) set square.
Geograph(in *f*) *m* geographer.
Geographie *f* geography.
geographisch *adj no pred* geographic(al).
Geologe *m*, **Geologin** *f* geologist.
Geologie *f* geology.
geologisch *adj no pred* geological.
Geometrie *f* geometry.
geometrisch *adj* geometric. **~er Ort** locus.
Geophysik *f* geophysics *sing*.
Geopolitik *f* geopolitics *pl or* (*Fach*) *sing*.
geopolitisch *adj no pred* geopolitical.
ge|ordnet *adj Leben, Zustände* well-ordered. **in ~en Verhältnissen leben** to live a well-ordered life; **~e Verhältnisse schaffen** to put things on an orderly basis.
Georgette [ʒɔrˈʒɛt] *f* -, -s, *or nt* **-s, -s** georgette.
geothermisch *adj* geothermal, geothermic.
geozentrisch *adj* geocentric.
Gepäck *nt* **-(e)s** *no pl* luggage *no pl* (*Brit*), baggage *no pl*; (*Mil: Marsch~*) baggage; (*von Soldat, Pfadfinder etc*) kit; (*von Bergsteiger*) pack. **mit leichtem ~ reisen** to travel light.
Gepäck-, Gepäcks- (*Aus*): **Gepäck|abfertigung** *f* (*Vorgang*) (*am Bahnhof*) luggage *or* baggage processing; (*am Flughafen*) checking-in of luggage *or* baggage; (*Stelle*) (*am Bahnhof*) luggage *or* baggage office; (*am Flughafen*) luggage *or* baggage check-in; **Gepäck|ablage** *f* luggage *or* baggage rack; **Gepäck|annahme** *f* (*Vorgang*) checking-in of luggage *or* baggage; (*auch* ~**stelle**) (*am Bahnhof*) (*zur Beförderung*) (in-counter

of the) luggage *or* baggage office; (*zur Aufbewahrung*) (in-counter of the) left-luggage office (*Brit*) *or* checkroom (*US*); (*am Flughafen*) luggage *or* baggage check-in; **Gepäck|aufbewahrung** *f* (*das Aufbewahren*) looking after left luggage *no art*; (*auch* ~**stelle**) left-luggage office (*Brit*), checkroom (*US*); **Gepäck|aufbewahrungsschein** *m* left-luggage ticket (*Brit*), check number (*US*); **Gepäck|ausgabe** *f* (*auch* ~**stelle**) (*am Bahnhof*) (*zur Beförderung*) (out-counter of the) luggage *or* baggage office; (*zur Aufbewahrung*) (out-counter of the) left-luggage office (*Brit*) *or* checkroom (*US*); (*am Flughafen*) luggage *or* baggage reclaim; **Gepäckkarren** *m* luggage *or* baggage trolley; **Gepäckkontrolle** *f* luggage *or* baggage control *or* check; **Gepäckmarsch** *m* (*Mil*) pack march; **Gepäcknetz** *nt* luggage *or* baggage rack; **Gepäckraum** *m* luggage *or* baggage hold; **Gepäckschein** *m* luggage *or* baggage ticket; **Gepäckschließfach** *nt* luggage *or* baggage locker; **Gepäckstück** *nt* piece *or* item of luggage *or* baggage; **Gepäckträger** *m* **1.** (*Person*) porter (*Brit*), baggage handler; **2.** (*am Fahrrad*) carrier; **Gepäckversicherung** *f* luggage *or* baggage insurance; **Gepäckwagen** *m* luggage van, baggage car (*US*).
Gepard *m* **-s, -e** cheetah.
gepfeffert *adj* (*inf*) (*hoch*) *Mieten* steep; *Preise auch* fancy (*inf*); (*schwierig*) *Fragen, Prüfung* tough; (*hart*) *Kritik* biting; *Strafpredigt* tough; (*anzüglich*) *Witz* spicy.
gepfiffen *ptp of* **pfeifen**.
gepflegt I *adj* **1.** (*nicht vernachlässigt*) well looked after; *Garten auch* well-tended; *Hände, Parkanlagen auch* well-kept; *Mensch, Äußeres, Hund* well-groomed; *Aussehen* well-groomed, soigné (*liter*).

2. (*inf: kultiviert, niveauvoll*) civilized; *Atmosphäre, Restaurant* sophisticated; *Ausdrucksweise, Gespräche* cultured; *Sprache, Stil* cultured, refined.

3. (*erstklassig*) *Speisen, Weine* select; (*inf: von guter Qualität*) decent. „,~e Küche" "excellent cuisine".

II *adv* (*kultiviert*) **sich ~ unterhalten** to have a civilized conversation; **sich ~ ausdrücken** to have a cultured way of speaking; **sehr ~ wohnen** to live in style; **so richtig ~ essen gehen** (*inf*) to go to a really nice restaurant.
Gepflegtheit *f* **1.** well-looked-after state. **die ~ seines Aussehens** his well-groomed appearance.

2. die ~ ihrer Aussprache/ihres Stils her refined *or* cultured accent/style.
gepflogen (*old*) *ptp of* **pflegen**.
Gepflogenheit *f* (*geh*) (*Gewohnheit*) habit; (*Verfahrensweise*) practice; (*Brauch*) custom, tradition.
Geplänkel *nt* **-s, -** skirmish; (*fig*) squabble.
Geplapper *nt* **-s,** *no pl* babbling; (*fig: Geschwätz auch*) chatter(ing).
Geplärr(e) *nt* **-(e)s,** *no pl* bawling; (*von Radio*) blaring.
Geplätscher *nt* **-s,** *no pl* splashing; (*pej inf: Unterhaltung*) babbling.

geplättet adj pred (sl) floored (inf). **ich bin ganz ~** (inf) I'm flabbergasted (inf).

Geplauder nt -s, no pl (geh) chatting.

Gepolter nt -s, no pl (Krach) din; (an Tür etc) banging, thudding; (von Kutsche etc) clattering; (inf: Geschimpfe) ranting. **die Fässer fielen mit ~ die Treppe hinunter** the barrels went thudding down the stairs.

Gepräge nt -s, no pl (auf Münzen) strike; (fig: Eigentümlichkeit) character; (Aura) aura. **das hat den 60er Jahren ihr ~ gegeben** or **verliehen** it has left its mark or stamp on the sixties.

Gepränge nt -s, no pl (geh) splendour, magnificence.

Geprassel nt -s, no pl clatter(ing), rattle, rattling; (von Regen, Hagel) drumming; (von Feuer) crackle, crackling.

gepriesen ptp of **preisen**.

gepunktet adj Linie dotted; Stoff, Kleid spotted; (regelmäßig) polka-dot.

gequält adj Lächeln forced; Miene, Ausdruck pained; Gesang, Stimme strained.

Gequassel nt -s, no pl (pej inf) chattering.

Gequatsche nt -s, no pl (pej sl) gabbing (inf); (Blödsinn) twaddle (inf).

gequollen ptp of **quellen**.

Ger m -(e)s, -e (old) javelin used by the ancient Germanic peoples.

gerade, **grade** (inf) **I** adj straight; Zahl even; (aufrecht) Haltung upright; (fig: aufrichtig) Charakter honest; Mensch upright, upstanding. **~ gewachsen sein** (Mensch) to be clean-limbed; (Baum) to be straight; **in ~r Linie von jdm abstammen** to be directly descended from sb; **seine ~ Linie haben** (fig) to remain true to oneself; **seinen ~n Weg gehen** (fig) to maintain one's integrity; **jdn mit ~m und offenem Blick ansehen** to look sb straight in the face; **das ~ Gegenteil** the exact or very opposite, exactly or just the opposite; **~sitzen/stehen** to sit up/stand up straight.

II adv **1.** (im Augenblick, soeben) just. **wenn Sie ~ Zeit haben** if you have time just now; **wo Sie ~ da sind** just while you're here; **er wollte ~ aufstehen** he was just about to get up; **der Zug war ~ weg** the train had just gone; **~ erst** only just; **da wir ~ von Geld sprechen, ...** talking of money ...; **es macht uns ~ so viel Spaß** we're just enjoying it so much.

2. (knapp) just. **~ so viel, daß er davon leben kann** just enough for him to live on; **sie hat die Prüfung ~ so bestanden** she just about passed the exam; **~ noch** only just; **~ noch zur rechten Zeit** just in time; **das hat ~ noch gefehlt!** (iro) that's all we wanted!

3. (genau) just; (direkt) right. **es ist ~ 8 Uhr** it's just 8 o'clock; **~ zur rechten Zeit** at just or exactly the right time, just at the right time; **~ heute hab' ich an dich gedacht** I was thinking of you just or only today; **~ deshalb** that's just or exactly why; **~ umgekehrt** or **das Gegenteil** exactly or just the opposite; **das ist es ja ~!** that's just or exactly it!

4. (speziell, besonders) especially. **~, weil ...** just because ...; **~ du solltest dafür Verständnis haben** you should be particu-

larly understanding; **sie ist nicht ~ eine Schönheit** she's not exactly a beauty; **das war nicht ~ schön/interessant** that wasn't particularly or exactly nice/interesting; **du kannst dich ~ beklagen** (iro) what are you complaining about?, you've got a lot to complain about (iro).

5. (ausgerechnet) warum ~ **das?** why that of all things?; **warum ~ heute/ich?** why today of all days/me of all people?; **warum ~ im Winter/in Venedig?** why in winter of all times/in Venice of all places?; **~ diesem Trottel mußte ich begegnen** of all people I would have to meet that idiot.

6. (inf: erst recht) **nun ~!** you try and stop me now! (inf); **jetzt** or **nun ~ nicht!** I'll be damned if I will! (inf).

Gerade f -n, -n **1.** (Math) straight line. **2.** (Sport) (von Renn-, Laufbahn) straight; (beim Boxen) straight left/right. **seine rechte ~ traf ihn genau am Kinn** he hit him with a straight right to the chin.

gerade|aus adv straight ahead; gehen, fahren auch straight on; **geradebiegen** vt sep irreg to straighten out; (fig in auch) to put straight, to sort out; **geradehalten** sep irreg **I** vt to hold straight; **II** vr to hold oneself (up) straight; **geradeheraus** (inf) **I** adj pred forthright, frank, plain-spoken; **II** adv frankly; **~ gesagt** quite frankly; **geradelegen** vt sep to put straight; **gerademachen** vt sep to straighten (out); **geraderichten** vt sep to straighten up; (horizontal) to straighten out.

gerädert adj (inf) **sich ~ sein**, **sich wie ~ fühlen** to be or feel (absolutely) whacked (inf).

geradesitzen vi sep irreg to sit up straight; **geradeso** adv siehe **ebenso**; **geradesoviel** adv just as much; **geradestehen** vi sep **1.** (aufrecht stehen) to stand up straight; **2. für jdn/etw ~** (fig) to be answerable or to answer for sb/sth; **gerade(s)wegs** adv straight; **~ auf etw** (acc) **losgehen** (fig) to get straight down to sth; **geradezu I** adv **1.** (beinahe) virtually, almost; (wirklich, durchaus) really; **das ist doch ~ Selbstmord** that's nothing short of suicide, that's absolute suicide; **das ist ja ~ verblüffend/lächerlich!** that is absolutely amazing/ridiculous!; **2.** (ohne Umschweife) frankly; **~ aufs Ziel zusteuern** (fig) to go straight to the point; **II** adj pred (inf: ehrlich) frank, candid; (unverblümt) blunt.

Geradheit f (fig) (Aufrichtigkeit) rectitude; (Freimut) frankness, candidness; **geradlinig** adj straight; Abkomme, Abstammung direct; Entwicklung etc linear; (fig: aufrichtig) straight; **eine Straße ~ anlegen** to build a road in a straight line; **~ denken/handeln** to be straight; **Geradlinigkeit** f (lit, fig) straightness.

gerammelt adv: **~ voll** (inf) (jam-) packed (inf), chock-a-block (inf).

Gerangel nt -s, no pl (Balgerei) scrapping; (fig: zäher Kampf) wrangling. **ein kurzes ~ der beiden Spieler** a short scrap between the two players; **das ~ um die Sonderangebote** the tussle over the bargains.

Geranie [-iə] f geranium.

gerann *pret of* **gerinnen**.

gerannt *ptp of* **rennen**.

Gerassel *nt* **-s**, *no pl* rattle, rattling.

Gerät *nt* **-(e)s**, **-e 1.** piece of equipment; (*Vorrichtung*) device; (*Apparat*) gadget; (*landwirtschaftliches* ~) implement; (*Elektro*~) appliance; (*Radio~, Fernseh~*) set; (*Meß~*) instrument; (*Küchen~*) utensil; (*Werkzeug, Garten~*) tool; (*Turn~*) piece of apparatus. **2.** *no pl* (*Ausrüstung*) equipment *no pl*; (*von Handwerker*) tools *pl*.

geraten[1] *pret* **geriet**, *ptp* **geraten I** *vi aux* **sein 1.** (*zufällig gelangen*) to get (*in* +*acc* into). **an jdn** ~ (*jdn kennenlernen*) to come across sb; (*jdn bekommen*) to find sb, to dig sb up (*pej*); **an etw** (*acc*) ~ to get sth, to come by sth; **an einen Ort** ~ to come to a place; **an den Richtigen/ Falschen** ~ to come to the right/ wrong person; **unter ein Fahrzeug** ~ to fall under a vehicle; **mit der Hand in eine Maschine** ~ to get one's hand caught in a machine; **in Gefangenschaft** ~ to be taken prisoner; **in eine Falle** ~ to fall into a trap; **das Schiff ist in einen Sturm** ~ the boat got caught in a storm; **in Bewegung** ~ to begin to move; **ins Stocken/Schleudern** ~ to come to a halt/get into a skid; **in Brand** ~ to catch fire; **in Schwierigkeiten** ~ to get into difficulties; **in Vergessenheit** ~ to fall into oblivion; **aus der Bahn** ~ (*lit*) to come off *or* leave the track; (*fig*) to go off the rails; **auf die schiefe Bahn** ~ to stray from the straight and narrow; **aus der Fassung/der Form** ~ to lose one's composure/one's shape; **außer sich** (*acc*) ~ **vor etw** (*dat*) to be beside oneself with sth; **unter schlechten Einfluß** ~ to come under a bad influence. **2.** (*sich entwickeln, gelingen, ausfallen*) to turn out. **mein Aufsatz ist mir zu lang** ~ my essay turned out too long; **das Essen/ die Torte ist mir schlecht** *or* **nicht** ~ the meal (I cooked)/my cake didn't turn out well *or* wasn't a success; **der Junge/Kaktus ist gut** ~ the boy/cactus turned out well; **nach jdm** ~ to take after sb; **zu etw** ~ (*geh*) to develop into sth.
II *adj* (*geh: ratsam*) advisable.

geraten[2] *ptp of* **raten, geraten**[1].

Geräteraum *m* equipment room; **Geräteschuppen** *m* toolshed; **Geräteturnen** *nt* apparatus gymnastics *no pl*.

Geratewohl *nt:* **aufs** ~ on the off-chance; (*aussuchen, auswählen etc*) at random; **er ist aufs** ~ **nach Amerika ausgewandert** he emigrated to America just like that; **wir schlugen aufs** ~ **diesen Weg ein** we decided to trust to luck and come this way.

Gerätschaften *pl* (*Ausrüstung*) equipment *sing*; (*Werkzeug*) tools *pl*.

Geratter *nt* **-s**, *no pl* clatter(ing), rattle, rattling; (*von Maschinengewehr*) chatter(ing).

Geräucherte(s) *nt*, *no pl decl as adj* smoked meat *especially* bacon and ham.

geraum *adj attr vor* ~**er Zeit** some time ago; **seit** ~**er Zeit** for some time; **es dauerte eine** ~**e Weile** it took some time.

geräumig *adj* Haus, Zimmer spacious, roomy; Kofferraum capacious.

Geräumigkeit *f*, *no pl siehe adj* spacious-

ness, roominess; capaciousness.

Geraune *nt* **-s**, *no pl* (*liter*) whispering.

Geräusch *nt* **-(e)s**, **-e** sound; (*esp unangenehm*) noise. **die** ~**e des Verkehrs** the noise of the traffic; **aus dem Keller hörte man verdächtige** ~**e** suspicious noises came from the cellar.

geräusch|arm *adj* quiet; **Geräuschdämpfung** *f* sound damping; (*stärker*) deadening of sound; **geräusch|empfindlich** *adj* sensitive to noise; (*Tech*) sound-sensitive; **Geräuschkulisse** *f* background noise; (*Film, Rad, TV*) sound effects *pl*; **geräuschlos** *adj* silent; ~ **öffnete er die Tür** without a sound *or* noiselessly *or* silently he opened the door; **Geräuschmesser** *m* sound level recorder; **Geräuschpegel** *m* sound level; **geräuschvoll** *adj* (*laut*) loud; (*lärmend*) noisy.

Geräusper *nt* **-s**, *no pl* throat-clearing.

gerben *vt* to tan. **vom Wetter gegerbte Haut** weather-beaten skin.

Gerber *m* **-s**, **-** tanner.

Gerbera *f* **-**, **-(s)** (*Bot*) gerbera.

Gerberei *f* **1.** *no pl* (*Gerben*) tanning. **2.** (*Werkstatt*) tannery.

Gerberlohe *f* tanbark.

gerecht *adj* **1.** (*rechtgemäß, verdient*) just; (*unparteiisch auch*) fair; (*rechtschaffen*) upright. ~ **gegen jdn sein** to be fair *or* just to sb; ~**er Lohn** fair wages; **seinen** ~**en Lohn bekommen** (*fig*) to get one's just deserts *or* reward; **das ist nur** ~ that's only fair *or* right *or* just; ~**er Gott** *or* **Himmel!** (*inf*) good heavens (above)!; **die G**~**en** the just; **der G**~**e muß viel leiden** (*prov*) no peace for the wicked (*iro prov*); **den Schlaf des G**~**en schlafen** (*usu hum*) to sleep the sleep of the just. **2.** (*berechtigt*) just, legitimate. ~**er Zorn** righteous anger; **sich für eine** ~**e Sache einsetzen** to fight for a just cause. **3.** **jdm/einer Sache** ~ **werden** to do justice to sb/sth; **den Bedingungen** ~ **werden** to fulfil the conditions; **jds Erwartungen** (*dat*) ~ **werden** to come up to *or* fulfil sb's expectations.

gerechterweise *adv* to be fair.

gerechtfertigt *adj* justified.

Gerechtigkeit *f* **1.** justice; (*das Gerechtsein*) justness; (*Unparteilichkeit*) fairness; (*Rechtschaffenheit*) righteousness. **die** ~ **nahm ihren Lauf** justice took its course; **jdm/einer Sache** ~ **widerfahren lassen** to be just to sb/sth; (*fig*) to do justice to sb/ sth. **2.** (*geh: Gerichtsbarkeit*) justice. **jdn (den Händen) der** ~ **ausliefern** to bring sb to justice.

Gerechtigkeitsgefühl *nt* sense of justice; **Gerechtigkeitsliebe** *f* love of justice; **gerechtigkeitsliebend** *adj* **ein** ~**er Mensch** a lover of justice, a person with a love of justice; **Gerechtigkeitssinn** *m* sense of justice.

Gerechtsame *f* **-**, **-n** (*Hist*) rights *pl*.

Gerede *nt* **-s**, *no pl* talk; (*Klatsch*) gossip(ing). **ins** ~ **kommen** *or* **geraten** to get oneself talked about; **jdn ins** ~ **bringen** to get sb talked about; **kümmere dich nicht um das** ~ **der Leute** don't worry about what people say.

geregelt adj Arbeit(szeiten), Mahlzeiten regular; Leben well-ordered.

gereichen* vi (geh) jdm zur Ehre ~ to do sb honour, to redound to sb's honour (form); jdm zum Schaden/Nutzen ~ to be damaging/beneficial to sb, to redound to sb's benefit (form); jdm/einer Sache zum Vorteil ~ to be an advantage to sb/sth, to redound to sb's advantage (form); (vorteilhaft erscheinen lassen) to be advantageous for sb/sth.

gereift adj (fig) mature.

gereizt adj (verärgert) irritated; (reizbar) irritable, touchy; (nervös) tetchy, edgy. im Zimmer herrschte ~e Stimmung there was a strained atmosphere in the room.

Gereiztheit f siehe adj irritation; irritability; tetchiness, edginess; strainedness; touchiness.

Gerenne nt -s, no pl (inf) running, racing; (das Umherlaufen) running or racing about or around.

gereuen* (old, geh) I vt impers es gereut mich, daß ... I regret that ..., I am sorry that ...; es wird Sie nicht ~ you will not regret it. II vt meine Tat gereut mich I regret my action.

Geriater m -s, - geriatrician.

Geriatrie f geriatrics sing.

geriatrisch adj geriatric.

Gericht[1] nt -(e)s, -e (Speise) dish. leckere ~e delicious meals.

Gericht[2] nt -(e)s, -e 1. (Behörde) court (of justice); (Gebäude) court(house), law courts pl; (die Richter) court, bench. Hohes ~! (Brit), Your Honor! (US); vor ~ erscheinen/aussagen to appear/testify in court; vor ~ kommen (Fall) to come to court; (Mensch) to come or appear before a/the court; vor ~ stehen to stand trial; jdn vor ~ laden to summon or call sb to appear in court; jdn/einen Fall vor ~ bringen to take sb/sth to court; mit etw vor ~ gehen to go to court or take legal action about sth; jdn/einen Fall vor ~ vertreten to represent sb/sth in court; das ~ zieht sich zur Beratung zurück the court will adjourn.

2. das Jüngste or Letzte ~ the Last Judgement; über jdn/etw ~ halten to pronounce judgement on sb/sth; über jdn zu ~ sitzen (fig) to sit in judgement on sb; mit jdm (scharf) ins ~ gehen (fig) to judge sb harshly.

gerichtlich adj attr judicial; Bestimmung, Entscheidung etc court; Medizin, Psychologie forensic; Verhandlung legal. laut ~em Beschluß according to the decision of a/the court or a/the court decision; ein ~es Nachspiel a court sequel; ein ~es Nachspiel haben to finish up in court; ~gegen jdn vorgehen to take court proceedings against sb, to litigate against sb; eine Sache ~ or auf ~em Weg klären to settle a matter in court or by litigation; Schulden ~ eintreiben to recover debts through the courts; ~ vereidigt sworn.

Gerichts|akten pl court records pl; **Gerichts|arzt** m court doctor; **Gerichts|assessor** m ≈ junior barrister (Brit) or lawyer.

Gerichtsbarkeit f jurisdiction.

Gerichtsbeschluß m decision of a/the court, court decision; **Gerichtsdiener** m (old) court usher; **Gerichts|entscheid** m, **Gerichts|entscheidung** f court decision; **Gerichtsferien** pl court vacation, recess; **Gerichtsherr** m (Hist) lord of the manor; **Gerichtshof** m court (of justice), law court; Oberster ~ Supreme Court (of Justice); **Gerichtshoheit** f jurisdiction; **Gerichtskasse** f den Betrag von DM 200 an die ~ zahlen to pay the court DM 200; **Gerichtskosten** pl court costs pl; jdm die ~ auferlegen (form) to order sb to pay costs; **Gerichtsmedizin** f forensic medicine, medical jurisprudence; **Gerichtsmediziner** m forensic doctor; **gerichtsmedizinisch** adj forensic medical attr; die Leiche wurde ~ untersucht the body was examined by an expert in forensic medicine; **gerichtsnotorisch** adj known to the court; **Gerichts|ort** m town etc with a court; **Gerichtspräsident** m president of the court; **Gerichtsreferendar** m law student who has passed the first State Examination ≈ articled barrister (Brit); **Gerichtsreporter** m legal correspondent; **Gerichtssaal** m courtroom; **Gerichtsschreiber** m clerk of the court; **Gerichtssprache** f language of the courts; **Gerichtsstand** m (form) court of jurisdiction; **Gerichtstag** m court day; **Gerichtstermin** m date of a/the trial; (für Zivilsachen) date of a/the hearing; einen ~ ansetzen to fix a date for a/the trial/hearing; **Gerichtsverfahren** nt court or legal proceedings pl; ein ~ gegen jdn einleiten to institute court proceedings against sb; (zivil auch) to litigate against sb; er wurde ohne ordentliches ~ verurteilt he was sentenced without a proper trial; **Gerichtsverhandlung** f trial; (zivil) hearing; **Gerichtsvollzieher** m bailiff; **Gerichtsweg** m auf dem ~ through the courts; **Gerichtswesen** nt judiciary, judicial system.

gerieben I ptp of reiben. II adj (fig inf) smart, sharp; (verschlagen auch) tricky, sly, fly (inf).

geriet pret of geraten[1].

gering adj 1. (nicht sehr groß, niedrig) Temperatur, Luftdruck, Leistung low; Gehalt, Preis low, modest; Menge, Vorrat, Betrag, Produktion, Entfernung, small; Wert little attr; (kurz) Zeit, Entfernung short. mit ~en Ausnahmen with few exceptions; ~ gerechnet at a conservative estimate; ~ Mann von ~em Selbstbewußtsein a man with very little self-confidence.

2. (unbedeutend, unerheblich) slight; Chance auch small, slim; Bedeutung, Rolle minor. die ~ste Kleinigkeit the least or smallest or slightest little thing; das ist meine ~ste Sorge that's the least of my worries; die Kosten sind nicht ~ the costs are not inconsiderable; nicht das G~ste nothing at all; nicht im ~sten not in the least or slightest; das G~ste the least thing; nichts G~eres als ... nothing less than ...

3. (*unzulänglich*) *Qualität, Kenntnisse* poor; (*abschätzig*) *Meinung* low, poor. ~ **von jdm sprechen/denken** to speak badly/ have a low opinion of sb.

4. *attr* (*fig geh*) *Familie, Herkunft* humble. (**auch**) **der G~ste** even the most humble person; **kein G~erer als Freud ...** no less a person than Freud ...

gering|achten *vt sep siehe* **geringschätzen.**

geringelt *adj Muster* ringed; *Socken* hooped.

geringfügig *adj* (*unwichtig*) insignificant; *Verbesserung, Unterschied* slight; *Vergehen, Verletzung* minor; *Einzelheiten* minor, trivial; *Betrag* small; **sein Zustand hat sich ~ gebessert** his condition is marginally *or* slightly improved; **Geringfügigkeit** *f* **1.** insignificance; slightness; (*von Vergehen, Einzelheiten*) triviality; smallness; **ein Verfahren wegen ~ einstellen** (*Jur*) to dismiss a case because of the trifling nature of the offence; **2.** (*Kleinigkeit*) little *or* small thing, trifle; **geringschätzen** *vt sep* (*verachten*) *Menschen, Leistung* to think little of, to have a poor *or* low opinion of; *Erfolg, Reichtum* to set little store by, to place little value on; *menschliches Leben* to have scant regard for, to place little value on; (*mißachten*) *Gefahr, Folgen* to disregard; **geringschätzig** *adj* contemptuous; *Bemerkung auch* disparaging; **Geringschätzigkeit** *f* contemptuousness; disparagement; **Geringschätzung** *f, no pl* (*Ablehnung*) disdain; (*von Bemerkung*) disparagement (*für, gen* of); (*schlechte Meinung*) poor *or* low opinion (*für, gen* of); (*für Erfolg, Reichtum, menschliches Leben*) low regard (*für, gen* for); **geringwertig** *adj* (*rare*) inferior; *Nahrung* low-value.

gerinnen *pret* **gerann,** *ptp* **geronnen** *vi aux sein* to coagulate; (*Blut auch*) to clot; (*Milch auch*) to curdle. **mir gerann (vor Schreck) das Blut in den Adern** (*fig*) my blood ran cold; **zu etw ~** (*fig geh*) to develop into sth.

Gerinnsel *nt* (*Blut~*) clot, coagulum (*spec*).

Gerinnung *f siehe vi* coagulation; clotting; curdling.

gerinnungsfähig *adj* coagulable; **Gerinnungsfähigkeit** *f* coagulability.

Gerippe *nt* **-s, -** skeleton; (*von Schiff, Flugzeug auch, von Schirm, Gebäude*) frame; (*von Blatt auch*) ribbing; (*fig: Grundplan*) framework. **er ist nur noch ein ~** he's nothing but skin and bones.

gerippt *adj* ribbed *no adv.*

Geriß *nt* **-sses,** *no pl* (*Aus inf*) crush.

gerissen I *ptp of* **reißen. II** *adj* crafty, cunning.

Gerissenheit *f* cunning.

geritten *ptp of* **reiten.**

geritzt *adj pred* (*inf*) **die Sache ist ~** everything's fixed up *or* settled.

Germane *m* **-n, -n** Teuton. **die alten ~n** the Teutons.

Germanentum *nt* Teutonicism; (*Kultur*) Teutonism; (*Gesamtheit der Germanen*) Teutonic world, Teutons *pl.*

Germania *f* - (*Myth*) Germania.

Germanien [-iən] *nt* **-s** Germania.

Germanin *f* Teuton.

germanisch *adj* Germanic. **G~es Seminar** Institute of Germanic Studies.

germanisieren* *vt* to Germanize.

Germanisierung *f* Germanization.

Germanismus *m* (*Ling*) Germanism.

Germanist(in *f*) *m* Germanist; (*Student auch*) German student; (*Wissenschaftler auch*) German specialist.

Germanistik *f* German (studies *pl*). ~ **studieren** to do German studies, to study German; **Professor der ~** professor of German studies *or* German.

germanistisch *adj* German; *Zeitschrift* on Germanic/German studies.

Germanium *nt, no pl* (*abbr* **Ge**) germanium.

germanophil *adj* Germanophile; **Germanophilie** *f* Germanophilia; **germanophob** *adj* Germanophobe.

gern(e) *adv, comp* **lieber,** *superl* **am liebsten 1.** (*freudig*) with pleasure; (*bereitwillig auch*) willingly, readily. (**aber**) **~!** of course!; **ja, ~!** (yes) please; **kommst du mit?** — **ja, ~** are you coming too? — oh yes, I'd like to; **darf ich das?** — **ja, ~** can I do that? — (yes,) of course; ~ **geschehen!** you're welcome! (*esp US*), not at all!, my pleasure!; **von mir aus kann er ja ~ älter sein** I don't mind if he's older; **etw ~ tun** to like doing sth *or* to do sth (*esp US*); **etw ~ essen/trinken** to like sth; **sie ißt am liebsten Spargel** asparagus is her favourite food; ~ **ins Kino gehen** to like *or* enjoy going to the cinema; **etw ~ sehen** to like sth; **das wird nicht ~ gesehen** that's frowned (up)on; **er sieht es nicht ~, wenn wir zu spät kommen** he doesn't like us coming too late; **ein ~ gesehener Gast** a welcome visitor; **das glaube ich ~** I can quite *or* well believe it, I'm quite willing to believe it; **das würde ich zu ~ tun** I'd really love to do that; **er macht seine Arbeit ~ und mit Freude** he does his work willingly and gets a lot of pleasure out of it; **ich bin ~ dazu bereit** I'm quite willing *or* happy to do it; **jdn/etw ~ haben** *or* **mögen** to like *or* be fond of sb/sth; **jdn/etw am liebsten haben** *or* **mögen** to like sb/sth best *or* most; **das kannst du ~ haben** you're welcome to it, you can have it with pleasure; **er hat es ~, wenn man ihm schmeichelt** he likes being flattered; **ich hätte** *or* **möchte ~ ...** I would like ...; **ich hätte ~ Herrn Kurtz gesprochen** could I speak to Mr Kurtz?, I would like to speak to Mr Kurtz, please; **wie hätten Sie's (denn) ~?** how would you like it?; **du kannst/er kann mich mal ~ haben!** (*inf*) (you can)/he can go to hell! (*inf*).

2. (*gewöhnlich, oft*) **etw ~ tun** to tend to do sth; **Weiden wachsen ~ an Flüssen** willows tend to grow by rivers; **morgens läßt er sich ~ viel Zeit** he likes to leave himself a lot of time in the mornings.

Gernegroß *m* -, **-e** (*hum*) **er war schon immer ein kleiner ~** he always did like to act big (*inf*).

Geröchel *nt* **-s,** *no pl* groans *pl*; (*von Sterbenden*) (death-)rattle.

gerochen ptp of **riechen**.

Geröll nt **-(e)s, -e** detritus no pl; (im Gebirge auch) scree no pl; (größeres) boulders pl.

Geröllhalde f scree (slope); **Geröllschutt** m rock debris.

geronnen ptp of **rinnen, gerinnen**.

Gerontologe m, **Gerontologin** f (Med) gerontologist.

Gerontologie f (Med) gerontology.

gerontologisch adj (Med) gerontological.

Geröstete pl decl as adj (S Ger, Aus: Cook) sauté potatoes pl.

Gerste f **-, -n** barley.

Gersten- in cpds barley; **Gerstengraupen** pl pearl barley sing; **Gerstenkorn** nt **1.** barleycorn; **2.** (Med) stye; **Gerstensaft** m (hum) John Barleycorn (hum), beer.

Gerte f **-, -n** switch; (Reit– auch) crop. **sie ist schlank wie eine ~** she is slim and willowy, she is as slender as a reed.

gertenschlank adj slim and willowy.

Geruch m **-(e)s, ¨e 1.** smell, odour (nach of); (Duft auch) fragrance, scent, perfume (nach of); (von Kuchen etc auch) aroma (nach of); (unangenehm auch) stench (nach of); **der starke ~ nach Alkohol/Knoblauch** the reek of alcohol/garlic.

2. no pl (~ssinn) sense of smell.

3. no pl (fig: Ruf) reputation. **in den ~ von etw kommen** to get a reputation for sth.

geruchlos adj odourless; (duftlos) scentless; **~ sein** not to have a smell, to be odourless; (Blumen) not to smell.

Geruch(s)belästigung f **das ist eine ~** the smell is a real nuisance; **Geruch(s)empfindung** f **1.** (Riechempfindung) smell; **2.** (Geruch(s)sinn) sense of smell; **Geruch(s)nerv** m olfactory nerve; **Geruch(s)organ** nt organ of smell, olfactory organ; **Geruch(s)sinn** m sense of smell; **Geruch(s)verschluß** m (Tech) odour trap.

Gerücht nt **-(e)s, -e** rumour. **es geht das ~, daß ...** there's a rumour (going round) that ...; it's rumoured that ...; **das halte ich für ein ~** (inf) I have my doubts about that.

Gerüchteküche f (inf) gossip factory (inf).

geruchtilgend adj deodorizing no adv, deodorant attr.

gerüchtweise adv etw **~ hören** to hear sth rumoured; **das ist mir ~ zu Ohren gekommen** I've heard it rumoured.

gerufen ptp of **rufen**.

geruhen* vt **~, etw zu tun** (dated form) to deign or condescend to do sth (auch iro), to be pleased to do sth.

geruhsam adj peaceful; Spaziergang etc leisurely no adv. **~ essen** to eat in peace (and quiet); **jdm eine ~e Nacht wünschen** to wish sb a good night's rest.

Gerümpel nt **-s,** no pl junk.

Gerundium nt gerund.

Gerund|v(um) nt **-s, -e** gerundive.

gerungen ptp of **ringen**.

Gerüst nt **-(e)s, -e** scaffolding no pl; (Gestell) trestle; (Brücken~, Dach~) truss; (Hänge~) cradle; (fig: Gerippe) framework (zu of).

Gerüstbau m erection of scaffolding; „W. Friedrich GmbH, ~" "W. Friedrich Ltd, Scaffolders"; **Gerüstbauer** m scaffolder.

gerüttelt adj **~ voll** chock-a-block (inf), jam-packed (inf), chock-full; **ein ~ Maß von** or **an etw** (dat) a fair amount of sth; **er besitzt ein ~ Maß Unverschämtheit** he has more than his fair share of cheek.

ges, Ges nt **-, -** (Mus) G flat.

gesalzen I ptp of **salzen**. **II** adj (fig inf) Witz spicy; Preis, Rechnung steep, fancy (inf), stiff.

gesammelt adj Aufmerksamkeit, Kraft collective; Werke collected.

gesamt adj attr whole, entire. **die ~e Familie** all the family, the whole or entire family; **die ~en Lehrkräfte** all the teachers; **im ~en** in all; **die ~en Kosten** the total costs.

Gesamt|ansicht f general or overall view; **Gesamt|auflage** f (von Zeitung etc) total circulation; (von Buch) total edition; **bisherige ~: 300.000 Stück** sales totalling 300,000; **Gesamt|ausgabe** f complete edition; **Gesamtbetrag** m total (amount); **Gesamtbild** nt general or overall picture; **gesamtdeutsch** adj all-German; **Gesamt|eindruck** m general or overall impression; **Gesamt|einkommen** nt total income; **Gesamt|erbe** m sole heir (gen to); **Gesamt|ergebnis** nt overall result; **Gesamt|erlös** m total proceeds pl; **Gesamt|ertrag** m total yield; **Gesamtfläche** f total area; **gesamtgesellschaftlich** adj (Sociol) Produktion by society as a whole; **Gesamtgewicht** nt total weight; (eines LKW etc auch) laden weight; **Gesamtgläubiger** pl (Jur) joint creditors pl; **gesamthaft** (esp Sw) **I** adj siehe gesamt; **II** adv siehe insgesamt; **Gesamthaftung** f (Jur) joint liability.

Gesamtheit f totality. **die ~ der ...** all the ...; (die Summe) the totality of ...; **die ~ (der Bevölkerung)** the population (as a whole); **die ~ der Studenten/Arbeiter** the entire student population/work-force, all the students/workers; **die ~ der Delegierten** all the delegates; **in seiner ~** in its entirety; **das Volk in seiner ~** the nation as a whole.

Gesamthochschule f polytechnic, comprehensive university; **Gesamt|interesse** nt general interest; **Gesamtkapital** nt total capital; **Gesamtklassement** nt (Sport) overall placings pl; **Gesamtkosten** pl total or overall costs pl; **Gesamtkunstwerk** nt synthesis of the arts; **Gesamtlage** f general situation; **Gesamtnote** f (Sch) overall mark; **Gesamtschaden** m total damage; **ein ~ von 5.000 Mark** damage totalling 5,000 marks; **Gesamtschau** f synopsis (über + acc of); **Gesamtschuldner** pl (Jur) (joint) debtors pl; **Gesamtschule** f comprehensive school; **Gesamtsieger** m (Sport) overall winner; **Gesamtstärke** f total strength; **Gesamtstrafe** f (Jur) overall sentence (for a series of offences, longer than the maximum sentence for the most serious offence but less than the total sentences taken consecutively); **Gesamt-**

|**übersicht** f general survey (*über* +*acc* of); **Gesamt|umsatz** m total turnover; **Gesamtwerk** nt complete works pl; **Gesamtwert** m total value; **im ~ von ...** totalling ... in value; **Gesamtwertung** f (*Sport*) overall placings pl; **er liegt in der ~ vorn** he's leading overall, he has the overall lead; **Gesamtwirtschaft** f national economy; **gesamtwirtschaftlich** adj national economic attr; **Gesamtzahl** f total number; **eine ~ von 8.000 Punkten** a total of 8,000 points; **Gesamtzusammenhang** m general view.

gesandt ptp of **senden**[1].

Gesandte(r) mf decl as adj envoy, legate; (*inf: Botschafter*) ambassador. **päpstlicher ~** (papal) nuncio.

Gesandtschaft f legation; (*inf: Botschaft*) embassy; (*päpstliche ~*) nunciature.

Gesang m **-(e)s, ⸚e 1.** (*Lied, Vogel~*) song; (*Preislied*) hymn; (*gregorianischer ~ etc*) chant. **erster ~ der Ilias/von Dantes Inferno** first book of the Iliad/first canto of Dante's Inferno; **geistliche ⸚e** religious hymns and chants. **2.** *no pl* (*das Singen*) singing; (*von Mönchen etc*) chanting.

Gesang-, Gesangs- (*Aus*): **Gesangbuch** nt (*Eccl*) hymnbook; **das richtige/falsche ~ haben** (*inf*) to belong to the right/wrong denomination; **Gesanglehrer** m singing teacher.

gesanglich adj vocal; *Begabung* for singing.

Gesangskunst f singing technique.

Gesang-, Gesangs- (*Aus*): **Gesangstunde** f singing lesson; **Gesang|unterricht** m singing lessons pl; **Gesangverein** m choral society; **mein lieber Herr ~!** (*hum*) ye gods and little fishes! (*hum*).

Gesäß nt **-es, -e** seat, bottom, posterior (*hum*).

Gesäßbacke f buttock, cheek; **Gesäßmuskel** m gluteal muscle (*spec*); **Gesäßtasche** f back pocket.

gesättigt adj (*Chem*) saturated.

Gesäusel nt **-s,** *no pl* (*von Blättern*) rustling, rustle, whisper; (*vom Wind*) murmur(ing), whisper(ing), sigh(ing); (*fig iro: von Menschen*) purring.

Geschädigte(r) mf decl as adj victim.

geschaffen ptp of **schaffen**[1].

Geschäft nt **-(e)s, -e 1.** (*Gewerbe, Handel*) business *no pl*; (*~sabschluß*) (business) deal *or* transaction. **~ ist ~** business is business; **wie gehen die ~e?** how's business?; **mit jdm ins ~ kommen** to do business with sb; **mit jdm ~e machen** to do business *or* have business dealings with sb; **im ~ sein** to be in business; **für jdn die ~e führen** to act for sb; (*im Gewerbe, Handel*) to run the business for sb; **ein ~ tätigen** to do a deal, to make *or* carry out a transaction; **dunkle ~e treiben** to be involved in some shady dealings *or* business; **ein gutes/schlechtes ~ machen** to make a good/bad deal; **dabei hat er ein ~ gemacht** he made a profit by it; **das war für mich ein/ kein ~** that was a good/bad bit of business for me; **~e mit etw machen** to make money out of sth; **viel in ~en unterwegs sein** to travel a lot on business; **das ~ mit der Lust** the sex industry;

Boulevardzeitungen leben von dem **~ mit der Angst** the popular press make their living by trading on people's fears. **2.** (*Aufgabe*) duty. **seinen ~en nachgehen** to go about one's business. **3.** (*Firma*) business (concern); (*Laden*) shop (*Brit*), store; (*dial: Büro*) office. **die ~e schließen um 17[30] Uhr** the shops *or* stores close at 5.30; **ich gehe um 8 Uhr ins ~** I go to work *or* to the office at 8.00; **im ~** at work, in the office; (*im Laden*) in the shop. **4.** (*baby-talk: Notdurft*) **kleines/großes ~** little/big job (*baby-talk*), number one/two (*baby-talk*); **ein ~ machen** to do a job (*baby-talk*); **sein ~ verrichten** to do one's business (*euph*).

geschäftehalber adv (*in Geschäften*) on business; (*wegen Geschäften*) because of business; **Geschäftemacher** m (*pej*) profiteer; **Geschäftemacherei** f (*pej*) profiteering *no indef art*.

geschäftig adj (*betriebsam*) busy; (*emsig, eifrig auch*) industrious, assiduous, zealous (*esp pej*). **~ tun, sich ~ geben** to look busy; **~es Treiben** *or* **Hin und Her** hustle and bustle, bustling activity; **~ hin und her laufen** to bustle around (busily).

Geschäftigkeit f busyness; (*Emsigkeit, Eifer auch*) industriousness, assiduousness, zealousness (*esp pej*); (*geschäftiges Treiben auch*) (hustle and) bustle.

geschäftlich I adj (*das Geschäft betreffend*) business attr; (*sachlich*) *Ton* businesslike.

II adv (*in Geschäften*) on business; (*wegen Geschäften*) because of business; (*~ gesehen*) from a business point of view. **er hat morgen ~ in Berlin zu tun** he has business in Berlin tomorrow *or* has to be in Berlin on business tomorrow; **~ verhindert** prevented by business; **~ verreist** away on business; **~ mit jdm verkehren** to have business dealings with sb; **ich habe mit ihm etwas G~es zu besprechen** I have some business *or* business matters to discuss with him.

Geschäfts|abschluß m business deal *or* transaction; **Geschäfts|anteil** m share of a/the business; **Geschäfts|aufgabe, Geschäfts|auflösung** f closure of a/the business; **Räumungsverkauf wegen ~** closing-down sale; **Geschäfts|auto** nt company car; **Geschäftsbedingungen** pl terms of business pl; **Geschäftsbereich** m (*Parl*) responsibilities pl; **Minister ohne ~** minister without portfolio; **Geschäftsbericht** m report; (*einer Gesellschaft*) company report; **Geschäftsbeziehungen** pl business connections pl (*zu* with); **Geschäftsbrief** m business letter; **Geschäftsbücher** pl books pl, accounts pl; **Geschäfts|eröffnung** f opening of a store *or* shop (*Brit*); **geschäftsfähig** adj (*Jur*) capable of contracting (*form*), competent (*form*); **voll/beschränkt ~ sein** to have complete/ limited competence; **Geschäftsfähigkeit** f (*Jur*) (legal) competence; **Geschäftsfrau** f businesswoman; **Geschäftsfreund** m business associate; **ein guter ~** a good business friend, a close business associate; **geschäftsführend** *adj attr* executive; (*stellvertretend*) acting; *Regierung* caretaker; **Geschäftsführer** *m* (*von Laden*) manager; (*von GmbH*) managing director; (*von Verein*) secretary; (*von Partei*) whip; **Geschäftsführung** *f* management; **mit der ~ beauftragt** (*abbr* **m.d.G.b.**) in charge of administration; **Geschäftsgang** *m* business *no art*; (*Besorgung*) errand; **Geschäftsgebaren** *nt* business methods *pl or* practices *pl*; **Geschäftshaus** *nt* 1. (*Gebäude*) business premises *pl*; (*von Büros*) office block; 2. (*Firma*) house, firm; **Geschäfts|inhaber** *m* owner (of a business); (*von Laden, Restaurant*) proprietor, owner; **Geschäfts|inhaberin** *f siehe* Geschäftsinhaber owner; proprietress; **Geschäfts|interesse** *nt* business interest; **Geschäftsjahr** *nt* financial year; **Geschäftskapital** *nt* working capital; **Geschäftskosten** *pl* business expenses *pl*; **das geht alles auf ~** it's all on expenses; **Geschäftslage** *f* 1. (*Wirtschaftslage*) business situation; 2. **in erstklassiger ~** in a good business location; **Geschäftsleben** *nt* business life; **er steht noch im ~** he's still active in the world of business; **Geschäftsleitung** *f siehe* Geschäftsführung; **Geschäftsmann** *m*, *pl* **-leute** businessman; **geschäftsmäßig** *adj* businesslike *no adv*; **Geschäftsmethoden** *pl* business methods *pl*; **Geschäfts|ordnung** *f* standing orders *pl*; **zur ~!** point of order!; **eine Frage zur ~** a question on a point of order; **Geschäftspapiere** *pl* business papers *pl*; **Geschäftspartner** *m* business partner; (*Geschäftsfreund*) business associate; **mein ~** my partner (in the business); **Geschäftsräume** *pl* (business) premises *pl*; (*Büroräume*) offices *pl*; **in den ~** on the premises/in the offices; **Geschäftsreise** *f* business trip; **auf ~ sein** to be on a business trip; **Geschäftssache** *f* business matter *or* affair; **geschäftsschädigend** *adj* bad for business; **~es Verhalten**, **Geschäftsschädigung** *f* conduct *no art* injurious to the interests of the company (*form*); **Geschäftsschluß** *m* close of business; (*von Läden*) closing-time; **nach ~** out of working hours/after closing-time; **Geschäftssinn** *m* business sense; **Geschäftssitz** *m* place of business; **Geschäftsstelle** *f* offices *pl*; (*von Gericht*) administrative office; **Geschäftsstraße** *f* shopping street; **Geschäftsstunden** *pl* office *or* working hours *pl*; (*von Läden*) (shop) opening hours; **„~"** "hours of opening"; **Geschäftsträger** *m* (*Pol*) chargé d'affaires; **geschäftstüchtig** *adj* business-minded; **Geschäfts|übernahme** *f* takeover of a/the business/store; **geschäfts|unfähig** *adj* (*Jur*) not capable of contracting (*form*), (legally) incompetent (*form*); **Geschäfts|unfähigkeit** *f* (*Jur*) (legal) incompetence; **Geschäftsverbindung** *f* business connection; **in ~ mit jdm stehen** to have business connections with sb; **Geschäftsverkehr** *m* business

no art; **in regem ~ mit einer Firma stehen** to do a considerable amount of business with a firm; **Geschäftsviertel** *nt* 1. shopping centre; 2. (*Banken- und Versicherungsviertel*) business *or* commercial district; **Geschäftswagen** *m* company car; **Geschäftswelt** *f* world of business, business world; **Geschäftswert** *m* value of a/the business; **Geschäftszimmer** *nt* office; **Geschäftszweig** *m* branch of a/the business.

geschah *pret of* **geschehen**.

Geschaukel *nt* **-s**, *no pl* (*im Schaukelstuhl*) swinging; (*in Bus, Wagen*) lurching; (*in Boot*) pitching, rolling.

gescheckt *adj* spotted; *Pferd* skewbald, pinto (*US*).

geschehen *pret* **geschah**, *ptp* **~** *vi aux sein* to happen (*jdm* to sb); (*vorkommen auch*) to occur; (*stattfinden auch*) to take place; (*ausgeführt werden*) to be done; (*Verbrechen*) to be committed. **es ist nun einmal ~** what's done is done; **Dein Wille geschehe** (*Bibl*) Thy *or* Your will be done; **es wird ihm nichts ~** nothing will happen to him; **das geschieht ihm (ganz) recht** it serves him (jolly well *inf*) right; **ihm ist ein Unrecht ~** he has been wronged; **er wußte nicht, wie ihm geschah** he didn't know what was happening *or* going on; **was soll mit ihm/damit ~?** what is to be done with him/it?; **es ist um ihn ~** it's all up with him; **als er sie sah, war es um ihn ~** he was lost the moment he set eyes on her; **es kann ~, daß ...** it could happen that ...; **und so geschah es, daß ...** and so it happened *or* came about that ...; **es muß etwas ~** something must be done; **es ~ am ...** such was the case on ...; **G~es ruhen lassen** (*geh*) to let bygones be bygones.

Geschehen *nt* **-s**, (*rare*) - events *pl*, happenings *pl*.

Geschehnis *nt* (*geh*) event; (*Vorfall auch*) incident.

gescheit *adj* clever; *Mensch, Idee auch* bright; (*vernünftig*) sensible. **du bist wohl nicht recht ~?** you must be out of your mind *or* off your head; **sei ~!** be sensible; **es wäre ~er ...** it would be wiser *or* more sensible ...; **jetzt bin ich so ~ wie vorher** I'm none the wiser now.

Geschenk *nt* **-(e)s**, **-e** present, gift; (*Schenkung*) gift. **jdm ein ~ machen** to give sb a present; **jdm etw zum ~ machen** to make sb a present of sth, to give sb sth (as a present); **ein ~ seiner Mutter** a present *or* gift from his mother; **ein ~ Gottes** a gift from *or* of God; **das war ein ~ des Himmels** it was a godsend; **kleine ~e erhalten die Freundschaft** (*prov*) little presents keep a friendship alive.

Geschenk-, **Geschenks-** (*Aus*) *in cpds* gift; **Geschenk|artikel** *m* gift; **Geschenkpackung** *f* gift pack *or* box; (*von Pralinen*) gift box; **Geschenksendung** *f* gift parcel.

Geschichte *f* **-**, **-n** 1. *no pl* (*Historie*) history. **~ des Altertums/der Neuzeit**, **Alte/Neuere ~** ancient/modern history; **die ~ Spaniens/der Menschheit** the history of Spain/mankind; **~ machen** to make his-

tory; **das ist längst** ~ that's past history.
2. (*Erzählung, Lügen~*) story; (*Märchen, Fabel etc auch*) tale; (*Kurz~*) short story. **das sind alles bloß ~n** that's all just made up, that's just a story; **~n erzählen** to tell stories.
3. (*inf: Angelegenheit, Sache*) affair, business *no pl*. **das sind alte ~n** that's old hat (*inf*); **das ist (wieder) die alte ~** it's the same old *or* the old old story (all over again); **alte ~n wieder aufwärmen** to rake up the past; **die ganze ~** the whole business; **das sind ja nette ~n!** (*iro*) this is a fine thing; **die ~ mit seinem Magen** the trouble *or* business with his stomach; **als er damals diese ~ mit der Tänzerin hatte** when he was having that affair with the dancer; **mach keine ~n!** don't be silly! (*inf*); (*Dummheiten*) don't get up to anything silly!; **mach keine langen ~n** don't make a fuss.

Geschichtenbuch *nt* storybook; **Geschichten\|erzähler** *m* (*lit, fig*) storyteller.

geschichtlich *adj* (*historisch*) historical; (*bedeutungsvoll*) historic. **~ bedeutsam** historic; **etw ~ betrachten** to consider sth from the historical point of view; **~ belegt** *or* **nachgewiesen sein** to be a historical fact.

Geschichts\|atlas *m* historical atlas; **Geschichts\|auffassung, Geschichtsbetrachtung** *f* conception of history; **Geschichtsbewußtsein** *nt* awareness of history, historical awareness; **Geschichtsbuch** *nt* history book; **Geschichtsdrama** *nt* historical drama; **Geschichts\|epoche** *f* period of history; **Geschichtsfälschung** *f* falsification of history; **Geschichtsforscher** *m* historian; **Geschichtsforschung** *f* historical research; **Geschichtskenntnis** *f* knowledge of history *no pl*, historical knowledge *no pl*; **Geschichtsklitterung** *f* historical misrepresentation; **Geschichtslehrer** *m* history teacher; **geschichtslos** *adj Land, Stadt* with no history; *Zeit* with no historical records; *Volk* with no sense of history, ahistorical; *Politik, Weltanschauung* ahistorical; **Geschichtslosigkeit** *f siehe adj* lack of history; absence of historical records (*gen* for); historical unawareness; ahistoricity (*form*); **Geschichtsphilosoph** *m* philosopher of history; **Geschichtsphilosophie** *f* philosophy of history; **geschichtsphilosophisch** *adj Interesse, Studien* in the philosophy of history; **ein Problem ~ interpretieren** to interpret a problem from the point of view of the philosophy of history; **Geschichtsschreiber** *m* historian, historiographer; **Geschichtsschreibung** *f* historiography; **Geschichtswerk** *nt* historical work; **Geschichtswissenschaft** *f* (science of) history; **Geschichtswissenschaftler** *m* historian; **Geschichtszahl** *f* (historical) date.

Geschick¹ *nt* -(e)s, -e (*geh*) (*Schicksal*) fate; (*politische etc Entwicklung, Situation*) fortune. **ein gütiges ~** good fortune, providence; **ein schlimmes/schweres/**

trauriges ~ a sad fate.
Geschick² *nt* -s, *no pl* skill.
Geschicklichkeit *f siehe* **geschickt** skill, skilfulness; cleverness; adroitness; dexterity; agility. **für** *or* **zu etw ~ haben** *or* **zeigen** to be clever at sth.
Geschicklichkeitsfahren *nt* (*Sport*) skill tests *pl*; (*Aut*) manoeuvring tests *pl*; **Geschicklichkeitsspiel** *nt* game of skill.
geschickt *adj* skilful; (*taktisch auch*) clever, adroit; (*fingerfertig auch*) dexterous; (*beweglich*) agile. **Geschicktheit** *f siehe* **Geschicklichkeit**.
Geschiebe *nt* -s, *no pl* **1.** (*Geol*) debris; (*in Flüssen*) deposit. **2.** (*Gedränge*) pushing and shoving (*inf*).
geschieden *ptp of* **scheiden**.
Geschiedene *f decl as adj* divorcee. **seine ~** (*inf*) his ex (*inf*).
Geschiedene(r) *m decl as adj* divorced man, divorcé. **ihr ~r** (*inf*) her ex (*inf*).
geschienen *ptp of* **scheinen**.
Geschirr *nt* -(e)s, -e **1.** *no pl* (*Haushaltsgefäße*) crockery (*Brit*), tableware; (*Küchen~*) pots and pans *pl*, kitchenware; (*Teller etc*) china; (*zu einer Mahlzeit benutzt*) dishes *pl*. (**das**) ~ (**ab**)**spülen** to wash *or* do the dishes, to wash up; **feuerfestes ~** ovenware.
2. (*Service*) (dinner/tea *etc*) service; (*Glas~*) set of glasses; (*feuerfestes ~*) set of ovenware. **das gute ~** the best china.
3. (*old*) (*Gefäß*) vessel, pot; (*Nacht~*) chamber-pot.
4. (*von Zugtieren*) harness. **einem Pferd das ~ anlegen** to harness (up) a horse; **sich ins ~ legen** *or* **werfen** (*Pferde, Ochsen*) to pull hard; (*fig*) to put one's shoulder to the wheel, to put one's back into it.
Geschirr\|aufzug *m* dumb waiter; **Geschirrschrank** *m* china cupboard; **Geschirrspülen** *nt* washing-up; **Geschirrspüler** *m* -s, - (*Mensch*), **Geschirrspülmaschine** *f* dishwasher; **Geschirrtuch** *nt* tea towel.
Geschiß *nt* -sses, *no pl* (*sl*) fuss and bother.
geschissen *ptp of* **scheißen**.
geschlafen *ptp of* **schlafen**.
geschlagen *ptp of* **schlagen**.
Geschlecht *nt* -(e)s, -er **1.** sex; (*Gram*) gender. **Jugendliche beiderlei ~s** young people of both sexes; **das andere ~** the opposite sex; **das schwache/schöne/starke ~** the weaker/ fair/stronger sex; **das dritte ~** transvestites *pl*; (*Homosexuelle*) homosexuals *pl*.
2. (*geh: Geschlechtsteil*) sex (*liter*).
3. (*liter*) (*Gattung*) race; (*Generation*) generation; (*Sippe*) house; (*Abstammung*) lineage. **das menschliche ~, das ~ der Menschen** the human race; **er ist vornehmen ~s** he is of noble lineage.
Geschlechterfolge *f* line; **Geschlechterkunde** *f* genealogy; **Geschlechtertrennung** *f* segregation of the sexes.
geschlechtlich *adj* sexual. **~e Erziehung** sex education; **~en Verkehr mit jdm haben, mit jdm ~ verkehren** to have sexual intercourse with sb.
Geschlechtlichkeit *f* sexuality.
Geschlechts\|akt *m* sex(ual) act; **Geschlechtsbestimmung** *f* sex determi-

nation; **Geschlechtschromosom** nt sex chromosome; **Geschlechtsdrüse** f sex gland; **Geschlechts|erziehung** f sex-(ual) education; **Geschlechtsgenosse** m person of the same sex; **Geschlechtshormon** nt sex hormone; **Geschlechtskrank** adj suffering from VD or a venereal disease; ~ **sein** to have VD; **ein G~er** a person with VD; **Geschlechtskrankheit** f venereal disease; **eine ~ haben** to have VD or a venereal disease; **Geschlechtsleben** nt sex life; **geschlechtslos** adj asexual (auch Biol), sexless; **Geschlechtslosigkeit** f asexuality (auch Biol), sexlessness; **Geschlechtslust** f (geh) lust; **Geschlechtsmerkmal** nt sex(ual) characteristic; **Geschlechts|organ** nt sex(ual) organ; **geschlechtsreif** adj sexually mature; **Geschlechtsreife** f sexual maturity; **Geschlechtsrolle** f (Sociol) sex role; **geschlechtsspezifisch** adj (Sociol) sex-specific; **Geschlechtsteil** nt genitals pl; **Geschlechtstrieb** m sex(ual) urge; sex(ual) drive; **Geschlechts|umwandlung** f sex change; **Geschlechts|unterschied** m difference between the sexes; **Geschlechtsverkehr** m sexual intercourse; **Geschlechtswort** nt (Gram) article; **Geschlechtszelle** f sexual cell.

geschlichen ptp of **schleichen.**

geschliffen I ptp of **schleifen²**. **II** adj Manieren, Ausdrucksweise polished, refined; Sätze polished.

Geschliffenheit f siehe adj refinement, polish.

geschlossen I ptp of **schließen.**
   II adj closed; (vereint) united, unified. **in sich** (dat) ~ self-contained; Mensch, Charakter well-rounded; Buch, Handlung well-knit; **es war eine ~e Wolkendecke vorhanden** the sky was completely overcast; **ein ~es Ganzes** a unified whole; **~e Gesellschaft** closed society; (Fest) private party; **in ~er Sitzung** in closed session; (Jur) in camera; **~e Gewässer** lakes, inland seas; **ein ~er Wagen** a saloon car; **~e Ortschaft** built-up area; **in ~er Formation** (Aviat) in close formation.
   III adv ~ **für etw sein/stimmen** to be/vote unanimously in favour of sth; **wir protestierten ~ gegen das neue Gesetz** we were unanimous in our protest against the new law; **~ hinter jdm stehen** to stand solidly behind sb; **dieses zwölfbändige Lexikon wird nur ~ abgegeben** this twelve-volume encyclopaedia is only sold as a complete set; **dieser Vokal wird ~ ausgesprochen** this vowel has closed articulation.

Geschlossenheit f unity.

geschlungen ptp of **schlingen¹** and **schlingen².**

Geschmack m -(e)s, ⁼e or (hum, inf) ⁼er (lit, fig) taste; (Aroma auch) flavour; (S Ger: Geruch) smell; (no pl: ~ssinn) sense of taste. **je nach ~** to one's own taste; **Salz (je) nach ~ hinzufügen** add salt to taste; **an etw** (dat) ~ **finden** to acquire a taste for sth; **auf den ~ kommen** to acquire a taste for it; **einen guten ~ haben** (Essen) to taste good; **er hat einen guten ~** (fig) he

has good taste; **für meinen ~** for my taste; **das ist nicht mein/nach meinem ~** that's not my/to my taste; **die ~⁼er sind verschieden** tastes differ; **über ~ läßt sich (nicht) streiten** (Prov) there's no accounting for taste(s) (prov).

geschmäcklerisch adj highly elaborate; Aufführung auch camp.

geschmacklich adj (lit, fig) as regards taste. **ausgezeichnete ~e Qualitäten** (form) exquisite flavour or taste.

geschmacklos adj (lit, fig) tasteless; (taktlos auch) in bad taste.

Geschmacklosigkeit f **1.** no pl (lit, fig) tastelessness, lack of taste; (Taktlosigkeit auch) bad taste. **2.** (Beispiel der ~) example of bad taste; (Bemerkung) remark in bad taste. **das ist eine ~!** that is the most appalling bad taste!

Geschmacksbildung f formation of good taste; **Geschmacksfrage** f matter or question of (good) taste; **Geschmacksknospen** pl taste buds pl; **geschmacksneutral** adj tasteless; **Geschmacksrichtung** f taste; **das liegt genau in meiner ~** that is exactly my taste; **Geschmackssache** f matter of taste; **das ist ~** it's (all) a matter of taste; **Geschmackssinn** m sense of taste; **Geschmacksver|irrung** f **unter ~ leiden** (iro) to have no taste; **der Hut ist eine ~** that hat is an aberration.

geschmackvoll adj tasteful; (taktvoll auch) in good taste. **~e Kleider tragen, sich ~ kleiden** to dress tastefully.

Geschmeide nt -s, - (geh) jewellery no pl. **ein ~** a piece of jewellery.

geschmeidig adj **1.** Haar, Leder, Haut supple; Körper, Bewegung auch lithe, lissom(e); Fell sleek; (weich) Handtuch, Haar soft; Teig workable; Wachs malleable; (anschmiegsam) soft and clinging. **er hat einen ~en Gang** he moves with supple grace; **~ glitt die Katze vom Stuhl** the cat slid off the chair with feline grace.
   2. (fig) (anpassungfähig) flexible; (wendig) adroit; Zunge, Worte glib, smooth.

Geschmeidigkeit f, no pl siehe adj **1.** suppleness; litheness, lissomeness; sleekness; softness; malleability; clinging softness. **2.** flexibility; adroitness; glibness.

Geschmeiß nt -es, no pl **1.** (old lit, fig) vermin pl. **2.** (Hunt) droppings pl.

Geschmetter nt -s, no pl flourish.

Geschmier(e) nt -s, no pl (inf) mess; (Handschrift) scrawl; (Geschriebenes) scribble; (schlechtes Bild) daub.

geschmissen ptp of **schmeißen.**

geschmolzen ptp of **schmelzen.**

Geschmorte(s) nt decl as adj (Cook) braised meat.

Geschmus(e) nt -es, no pl (inf) cuddling; (von Pärchen auch) canoodling (inf).

Geschnäbel nt -s, no pl billing; (hum: Küsserei) billing and cooing.

Geschnatter nt -s, no pl (lit) cackle, cackling; (fig) jabber, jabbering.

Geschnetzelte(s) nt decl as adj (esp Sw Cook) meat cut into strips stewed to produce a thick sauce.

geschniegelt adj (pej) flashy. ~ **und**

gebügelt or gestriegelt spruced up, all dressed up with one's hair smarmed down (*pej*).

geschnitten *ptp of* schneiden.

geschnoben (*old*) *ptp of* schnauben.

Geschnüffel *nt* -s, *no pl* sniffing; (*fig*) nosing or sniffing about.

geschoben *ptp of* schieben.

gescholten *ptp of* schelten.

Geschöpf *nt* -(e)s, -e (*Geschaffenes*) creation; (*Lebewesen*) creature. sie ist sein ~ (*geh*) she is his creature.

geschoren *ptp of* scheren[1].

Geschoß[1] *nt* -sses, -sse projectile (*form*); (*Wurf~, Rakete etc auch*) missile; (*Kugel auch*) bullet; (*fig inf: scharf geschossener Ball*) shot. ferngelenktes ~ guided missile.

Geschoß[2] *nt* -sses, sse (*Stockwerk*) floor, storey (*Brit*), story (*US*). im ersten ~ on the first (*Brit*) or second (*US*) floor; das Haus/Geschäft hat vier ~sse the house has four storeys/the store has four floors.

Geschoßbahn *f* trajectory; (*einer Rakete auch*) flight path.

geschossen *ptp of* schießen.

Geschoßgarbe *f* burst of fire; Geschoßhagel *m* hail of bullets.

geschraubt *adj* (*pej*) Stil, Redeweise pretentious.

Geschraubtheit *f* pretentiousness *no pl*; (*Ausdruck*) pretentious phrase.

Geschrei *nt* -s, *no pl* shouts *pl*, shouting; (*von Kindern, Fußballfans, Streitenden auch*) yells *pl*, yelling; (*von Verletzten, Babys, Popfans*) screams *pl*, screaming; (*schrilles ~*) shrieks *pl*, shrieking; (*fig: Aufhebens*) fuss, to-do (*inf*). viel ~ um etw machen to kick up (*inf*) or make a big fuss about sth; ein großes ~ erheben to set up a cry *etc*; (*fig*) to raise an outcry.

Geschreibsel *nt*, *no pl* (*inf*) scribble; (*fig: Schreiberei*) scribblings *pl*.

geschrieben *ptp of* schreiben.

geschrie(e)n *ptp of* schreien.

geschritten *ptp of* schreiten.

geschrocken (*old*) *ptp of* schrecken.

geschunden *ptp of* schinden.

Geschütz *nt* -es, -e gun. schweres ~ heavy artillery; eine Kanone ist ein ~ a cannon is a piece of artillery; ein ~ auffahren to bring up a gun; schweres or grobes ~ auffahren (*fig*) to bring up one's big guns.

Geschützbedienung *f* gunnery; (*Personal*) gun-crew; Geschützdonner *m* roar or booming of (the) guns; Geschützfeuer *nt* shell fire; Geschützrohr *nt* gun barrel; Geschützstand *m* gun emplacement.

geschützt *adj* Winkel, Ecke sheltered; Pflanze, Tier protected.

Geschützturm *m* gun turret.

Geschwader *nt* -s, - squadron.

Geschwaderkommandeur *m* (*Naut*) commodore.

Geschwafel *nt* -s, *no pl* (*pej inf*) waffle (*inf*).

geschwänzt *adj* Peitsche with tails.

Geschwätz *nt* -es, *no pl* (*pej*) prattle; (*Klatsch*) tittle-tattle (*inf*), gossip.

geschwätzig *adj* talkative, garrulous; (*klatschsüchtig*) gossipy.

Geschwätzigkeit *f*, *no pl siehe adj* tal-

kativeness, garrulousness; gossipiness.

geschweift *adj* 1. curved. 2. *Stern* with a tail.

geschweige *conj* ~ (denn) let or leave alone, never mind.

geschwiegen *ptp of* schweigen.

geschwind *adj* (*old, S Ger*) swift, quick, fast *no adv*. ~! quick(ly)!, hurry!; ~en Schrittes (*geh*) with rapid steps; ~ wie der Wind (*geh*) as swift as the wind.

Geschwindigkeit *f* speed; (*Schnelligkeit auch*) swiftness, quickness; (*Phys: von Masse*) velocity. mit einer ~ von ... at a speed of ...; mit höchster ~ at top speed; mit rasender ~ fahren to belt or tear along (*inf*); eine zu große ~ draufhaben (*inf*) to be going too fast; an ~ zunehmen (*Phys: Masse*) to gather or pick up speed; (*Phys: Masse*) to gain momentum; die ~ steigern/ verringern to increase/decrease one's speed, to speed up/slow down; die ~ eines Fahrzeugs steigern/verringern to increase/reduce the speed of a vehicle.

Geschwindigkeitsbegrenzung, Geschwindigkeitsbeschränkung *f* speed limit; gegen die ~ verstoßen to exceed the speed limit; Geschwindigkeitskontrolle *f* speed check; Geschwindigkeitsmesser *m* tachometer; (*Aut auch*) speedometer, speedo (*Brit inf*); Geschwindigkeitsüberschreitung, Geschwindigkeits|übertretung *f* exceeding the speed limit, speeding.

Geschwirr *nt* -s, *no pl* (*von Insekten*) buzzing; (*von Pfeilen*) whizzing.

Geschwister[1] *pl* brothers and sisters *pl*. wir sind drei ~ there are three of us in my or our family; haben Sie noch ~? do you have any brothers or sisters?
    II *nt* -s, - (*form*) sibling (*form*); (*Bruder*) brother; (*Schwester*) sister.

Geschwisterkind *nt* (*old*) 1. (*Neffe*) nephew; (*Nichte*) niece. 2. cousin.

geschwisterlich I *adj* brotherly/sisterly. II *adv* in a brotherly/sisterly way.

Geschwisterliebe *f* brotherly/sisterly love; (*gegenseitig*) love between a brother and a sister; geschwisterlos *adj* who have no brothers or sisters; Geschwisterpaar *nt* brother and sister *pl*.

geschwollen I *ptp of* schwellen. II *adj* (*pej*) turgid, pompous, bombastic.

geschwommen *ptp of* schwimmen.

geschworen I *ptp of* schwören. II *adj attr* sworn.

Geschworenenbank *f* jury-box; (*die Geschworenen*) jury; Geschworenenliste *f* panel.

Geschworene(r), Geschworne(r) (*Aus*) *mf decl as adj* juror. die ~n the jury *sing* or *pl*.

Geschwulst *f* -, -̈e growth; (*Hirn~, Krebs~ etc auch*) tumour.

geschwulst|artig *adj* growth-like; tumorous.

geschwunden *ptp of* schwinden.

geschwungen I *ptp of* schwingen. II *adj* curved. leicht/kühn ~e Nase slightly curved nose/aquiline nose.

Geschwür *nt* -s, -e ulcer; (*Haut~ auch*) sore; (*Furunkel*) boil; (*fig*) running sore, ulcer.

geschwür|artig *adj* ulcerous. **sich ~ verändern** to go ulcerous, to ulcerate.

gesegnet *adj (geh)* **mit etw ~ sein** to be blessed with sth; **~en Leibes sein** *(old, Bibl)* to be great with child *(old, Bibl)*; **~es Neues Jahr/~e Mahlzeit!** Happy New Year/for what we are about to receive may the Lord make us truly thankful; **im ~en Alter von 84 Jahren** at the age of 84; **einen ~en Appetit haben** to have a healthy appetite.

gesehen *ptp of* **sehen.**

Geseier, Geseire *nt* -s, *no pl, (pej inf)* *(Gejammer)* moaning, bellyaching *(inf)*; *(Geschwafel)* claptrap *(inf)*.

Geselchte(s) *nt decl as adj (S Ger, Aus)* salted and smoked meat.

Gesell *m* -en, -en *(obs)*, **Geselle** *m* -n, -n **1.** *(Handwerks~)* journeyman. **2.** *(old inf: Bursche)* fellow. **3.** *(dated: Kamerad)* companion.

gesellen* *vr* **sich zu jdm ~** to join sb; **zu diesem Problem gesellt sich noch ein weiteres** *(geh)* a further problem arises in connection with this one.

Gesellenbrief *m* articles *pl*; **Gesellenprüfung** *f* examination to become a journeyman; **Gesellenstück** *nt* journeyman's piece; **Gesellenzeit** *f* period as a journeyman.

gesellig *adj* sociable, convivial; *Tier* gregarious; *Verkehr* social. **~es Beisammensein** social gathering, get-together *(inf)*; **sie saßen ~ bei einer Flasche Wein zusammen** they were sitting together over a friendly bottle of wine.

Geselligkeit *f* **1.** *no pl* sociability, conviviality; *(von Tieren)* gregariousness; *(geselliges Leben)* social intercourse. **die ~ lieben** to be sociable, to enjoy company. **2.** *(Veranstaltung)* social gathering.

Gesellschaft *f* **1.** *(Sociol, fig: Oberschicht)* society. **die ~ verändern** to change society; **eine Dame der ~** a society lady; **jdn in die ~ einführen** to introduce sb into society.

2. *(Vereinigung)* society; *(Comm)* company. **die ~ der Freunde** the Society of Friends; **~ des bürgerlichen Rechts** private company *or* corporation *(US)*.

3. *(Abend~)* reception, party; *(Gäste)* guests *pl*, party. **geschlossene ~** private party; **eine erlesene ~ hatte sich eingefunden** a select group of people had gathered.

4. *(in Restaurant etc)* function.

5. *(Umgang, Begleitung)* company, society *(old, form)*. **zur ~** to be sociable; **in schlechte ~ geraten** to get into bad company; **da befindest du dich in guter ~** then you're in good company; **jdm ~ leisten** to keep sb company; **darf ich Ihnen ~ leisten?** may I join you?

6. *(Kreis von Menschen)* group of people; *(pej)* pack, bunch, crowd *(all inf)*. **wir waren eine bunte ~** we were a mixed bunch.

Gesellschafter(in *f) m* **-s, -** **1.** *(Unterhalter)* companion; *(euph: Prostituierte)* escort. **ein guter ~ sein** to be good company; **er ist nicht der Typ des ~s** he's not good company.

2. *(Comm)* *(Teilhaber)* shareholder;

(Partner) partner. **stiller ~** sleeping *(Brit) or* silent *(US)* partner.

gesellschaftlich *adj* social; *(Sociol auch)* societal. **~e Produktion** production by society; **er ist ~ erledigt** he's ruined socially; **sich ~ unmöglich machen** to disgrace oneself socially.

Gesellschafts|abend *m* social evening; **Gesellschafts|anzug** *m* formal dress; **Gesellschaftsbild** *nt (Sociol)* view of society; **Gesellschaftsdame** *f (old)* (lady's) companion; **gesellschaftsfähig** *adj Verhalten* socially acceptable; *Mensch, Aussehen auch* presentable; **Gesellschaftsfahrt** *f* group tour; **gesellschaftsfeindlich** *adj* hostile to society; **Gesellschaftsform** *f* social system; **Gesellschaftskapital** *nt (Comm)* company's capital; **Gesellschaftsklasse** *f (Sociol)* social class; **Gesellschaftskleidung** *f* formal dress; **Gesellschaftskritik** *f* social criticism, criticism of society; **Gesellschaftskritiker** *m* social critic; **gesellschaftskritisch** *adj* critical of society; **~ denken** to have a critical attitude towards society; **die ~e Funktion einer Zeitung** the function of a newspaper as a critic of society *or* social criticism; **Gesellschaftslehre** *f (dated)* sociology; *(Sch)* social studies *pl*; **Gesellschafts|ordnung** *f* social order; **Gesellschaftsraum** *m* function room; **Gesellschaftsreise** *f siehe* **Gesellschaftsfahrt**; **Gesellschaftsroman** *m* social novel; **Gesellschaftsschicht** *f* stratum of society, social stratum; **Gesellschaftsspiel** *nt* party game, parlour game; **Gesellschaftsstruktur** *f* structure of society; *(bestimmte auch)* social structure; **Gesellschaftssystem** *nt* social system; **Gesellschaftstanz** *m* ballroom dance; **Gesellschaftsver|änderung** *f* social change; **Gesellschaftsvertrag** *m* *(Philos)* social contract; *(Comm)* articles *pl* of partnership, partnership agreement; **Gesellschaftswissenschaften** *pl* social sciences *pl*; **gesellschaftswissenschaftlich** *adj* sociological.

Gesenk *nt* -(e)s, -e **1.** *(Tech)* die. **2.** *(Min)* blind shaft, winze.

Gesenkschmiede *f (Tech)* drop forge.

gesessen *ptp of* **sitzen.**

Gesetz *nt* -es, -e *(Jur, Natur~, Prinzip)* law; *(~buch)* statute book; *(Parl: Vorlage)* bill; *(Parl: nach der dritten Lesung)* act; *(Satzung, Regel)* rule. **das Miet-/Copyright-~** the Rent/Copyright Act; **(zum) ~ werden** to become law, to pass into law; **nach dem ~** under the law *(über +acc* on); **vor dem ~** in (the eyes of the) law; **im Sinne des ~es** within the meaning of the act; **steht etwas davon im ~?** is there any law about it?; **das ~ der Schwerkraft** the law of gravity; **das erste** *or* **oberste ~ (der Wirtschaft etc)** the golden rule (of industry *etc*); **das ~ Mose** *(Bibl)* the Law of Moses, the Mosaic Law; **ein ungeschriebenes ~** an unwritten rule; **wenn uns das ~ des Handelns aufgezwungen wird** if we are forced to take the initiative *or* the first step.

Gesetzblatt *nt* law gazette; **Gesetzbuch** *nt*

statute book; **Bürgerliches** ~ Civil Code; **Gesetz|entwurf** *m* (draft) bill.

Gesetzesbrecher(in *f*) *m* **-s,** - law-breaker; **Gesetzeshüter** *m* (*iro*) guardian of the law; **Gesetzes|initiative** *f* legislative initiative; (*Sw: Volksbegehren*) petition for a referendum; **Gesetzeskraft** *f* the force of law; ~ **erlangen** to become law; ~ **haben** to be law; **gesetzeskundig** *adj* (well-)versed in the law; **Gesetzes-novelle** *f* amendment; **Gesetzessammlung** *f* compendium of laws (*zu* on); **Gesetzestafeln** *pl* (*Bibl*) tablets *on which the Ten Commandments were written*; **Gesetzestext** *m* wording of a/the law; **gesetzestreu** *adj* law-abiding; **Gesetzestreue** *f* law-abidingness; **Gesetzes|übertretung** *f* infringement of a/the law; **Gesetzesvorlage** *f* (draft) bill; **Gesetzeswerk** *nt* corpus of laws.

gesetzgebend *adj attr* legislative, law-making; **die** ~**e Gewalt** legislature; **Gesetzgeber** *m* legislator, law-maker; (*Versammlung*) legislature, legislative body; **gesetzgeberisch** *adj attr* legislative; **Gesetzgebung** *f* legislation *no pl*; **Gesetzgebungshoheit** *f* legislative sovereignty.

gesetzlich I *adj Verpflichtung, Bestimmungen, Vertreter, Zahlungsmittel* legal; *Feiertag, Rücklage, Zinsen, Reglungen* statutory; (*rechtmäßig*) lawful, legitimate. **auf** ~**em Wege zur Macht gelangen** to come to power by legal means.

II *adv* legally; (*durch Gesetze auch*) by law; (*rechtmäßig*) lawfully, legitimately. ~ **zu etw verpflichtet sein** to be required by law *or* to be legally required to do sth.

Gesetzlichkeit *f, no pl* (*Gesetzmäßigkeit*) legality; (*Rechtmäßigkeit*) lawfulness, legitimacy; (*Rechtsordnung*) law.

gesetzlos *adj* lawless; **Gesetzlosigkeit** *f* lawlessness; **gesetzmäßig** *adj* **1.** (*gesetzlich*) legal; (*rechtmäßig*) lawful, legitimate; **2.** (*einem Naturgesetz folgend*) in accordance with a law (of nature); (*rare: regelmäßig*) regular; **Denkprozesse, die** ~ **ablaufen** thought processes which are law-governed; **Gesetzmäßigkeit** *f siehe adj* legality; lawfulness, legitimacy; regularity.

gesetzt I *adj* (*reif*) sedate, sober. **ein Herr im** ~**en Alter** a man of mature years. **II** *conj* ~ **den Fall, ...** assuming (that) ...

Gesetztheit *f* (*Reife*) sedateness.

gesetzwidrig *adj* illegal; (*unrechtmäßig*) unlawful; **Gesetzwidrigkeit** *f siehe adj* illegality; unlawfulness *no pl*.

ges. gesch. *abbr of* **gesetzlich geschützt** reg'd.

Gesicht¹ *nt* **-(e)s, -er 1.** face. **ein** ~ **machen** *or* **ziehen** (*inf*) to make *or* pull a face; **ein intelligentes/trauriges/böses/wütendes** ~ **machen** to look intelligent/sad/cross/angry; **ein langes** ~ **machen** to make *or* pull a long face; **was machst du denn heute für ein** ~? what's up with you today?; **jdm ein** ~ **schneiden** (*inf*) to make *or* pull a face at sb; **jdm ins** ~ **spucken** to spit in sb's face; **jdm ins** ~ **lachen/lügen/sehen** to laugh in sb's face/to lie to sb's face/to look sb in the face; **den Tatsachen ins** ~ **sehen** to face facts; **jdm etw ins** ~ **sagen** to tell sb sth to his face; **mir schien die Sonne ins** ~ the sun was (shining) in my eyes; **es stand ihm im** ~ **geschrieben** it was written all over his face; **jdm ins** ~ **springen** (*fig inf*) to go for sb; **aufs** ~ **fallen** to fall on one's face; (*fig inf: Brot etc*) to fall sticky side down; **sein wahres** ~ **zeigen** to show (oneself in) one's true colours; **neue** ~**er sehen** to see some new faces; **das sieht man ihm an** ~ an you can see *or* tell (that) from his face; **sich** (*dat*) **eine** (**Zigarette**) **ins** ~ **stecken** (*inf*) to stick a cigarette in one's mouth *or* face (*sl*); **jdm wie aus dem** ~ **geschnitten sein** to be the spitting image of sb; **der Hut steht ihr gut zu** ~ (*dated*) her hat is very becoming, her hat becomes her; **das/sein** ~ **verlieren** to lose face; **das** ~ **wahren** *or* **retten** to save face.

2. (*fig*) (*Aussehen*) look, appearance; (*einer Stadt, Landschaft etc auch*) face; (*geh: Charakter*) character. **ein anderes/ freundlicheres** ~ **bekommen** to look quite different/ more friendly; **die Sache bekommt ein anderes** ~ the matter takes on a different complexion; **das gibt der Sache ein neues** ~ that puts a different complexion on the matter *or* on things.

3. *no pl* (*old: Sehvermögen*) sight. **das Zweite** ~ second sight; **jdn aus dem** ~ **verlieren** (*lit*) to lose sight of sb; (*fig*) to lose touch with sb; **etw aus dem** ~ **verlieren** (*lit, fig*) to lose sight of sth; **jdn/etw zu** ~ **bekommen** to set eyes on sb/sth, to see sb/sth; **jdm zu** ~ **kommen** (*geh*) to be seen by sb.

Gesicht² *nt* **-(e)s, -e:** ~**e haben** to have visions.

Gesichts|ausdruck *m* (facial) expression; (*Mienenspiel auch*) face; **einen ängstlichen** ~ **haben** to look scared, to have a scared look *or* expression on one's face; **Gesichtsbildung** *f* (*geh*) features *pl*; **Gesichtscreme** *f* face cream; **Gesichts|erker** *m* (*hum inf*) hooter (*inf*), conk (*Brit inf*); **Gesichtsfarbe** *f* complexion; **Gesichtsfeld** *nt* field of vision, visual field; **Gesichtshälfte** *f* side *or* half of the face; **seine linke** ~ the left side *or* half of his face; **Gesichtshaut** *f* facial skin; **Gesichtskontrolle** *f* face check (*carried out by bouncers*); **Gesichtskreis** *m* **1.** (*dated*) (*Umkreis*) field of vision; (*Horizont*) horizon; **jds** ~ (*dat*) **entschwinden** to disappear from (sb's) sight, to be lost to sight; **2.** (*fig*) horizons *pl*, outlook; **Gesichtslähmung** *f* facial paralysis; **gesichtslos** *adj* (*fig*) faceless; **Gesichtsmaske** *f* face mask; (*eines Chirurgen*) mask; **Gesichtsmassage** *f* facial massage, facial; **Gesichtsmilch** *f* face lotion; **Gesichtsmuskel** *m* facial muscle; **Gesichtsnerv** *m* facial nerve; **Gesichts|operation** *f* operation on one's face; **sich einer** ~ **unterziehen** to undergo facial surgery; **Gesichtspackung** *f* face pack; **Gesichtspartie** *f* part of the/one's face; **Gesichtspflege** *f* care of one's face; **Gesichtsplastik** *f* facial *or* cosmetic surgery; **Gesichtspuder** *m* face powder; **Gesichtspunkt** *m* (*Betrachtungsweise*) point of view, standpoint; (*Einzelheit*) point; **unter diesem ~ betrachtet** looked at from this point of view *or* standpoint; **Gesichtsrose** *f* (*Med*) facial erysipelas (*spec*); **Gesichtsschädel** *m* (*Anat*) facial bones *pl*; **Gesichtsschnitt** *m* features *pl*; **Gesichtsverlust** *m* loss of face; **Gesichtswasser** *nt* face lotion; **Gesichtswinkel** *m* visual angle; (*fig*) angle, point of view; **Gesichtszüge** *pl* features *pl*.

Gesims *nt* **-es, -e** ledge.

Gesinde *nt* **-s, -** (*old*) servants *pl*; (*Bauern~*) (farm)hands *pl*.

Gesindel *nt* **-s,** *no pl* (*pej*) riff-raff *pl*.

Gesindestube *f* (*old*) servants' room.

Gesinge *nt* **-s,** *no pl* (*inf*) singing.

gesinnt *adj usu pred* **jdm gut/günstig/übel ~ sein** to be well/favourably/ill disposed to(wards) sb; **jdm freundlich/feindlich ~ sein** to be friendly/hostile to(wards) sb; **sozial/fortschrittlich ~ sein** to be socially/progressively minded; **er ist anders ~ als wir** his views are different from ours, he holds different views from us.

Gesinnung *f* (*Charakter*) cast of mind; (*Ansichten*) views *pl*, basic convictions *pl*; (*Einstellung*) fundamental attitude; (*Denkart*) way of thinking; (*einer Gruppe*) ethos. **eine liberale/edle ~** liberal-/noble-mindedness; **anständige/knechtische** (*geh*) **~** decency/servility; **seiner ~ treu bleiben** to remain loyal to one's basic convictions; **wegen seiner ~ verfolgt werden** to be persecuted because of one's views *or* basic convictions *or* way of thinking; **seine wahre ~ zeigen** to show (oneself in) one's true colours.

Gesinnungsfreund, Gesinnungsgenosse *m* like-minded person; **gesinnungslos** *adj* (*pej*) unprincipled; **sich ~ verhalten** to behave in an unprincipled manner, to show a total lack of character; **Gesinnungslosigkeit** *f* lack of principle, unprincipledness; **Gesinnungslump** *m* (*pej*) timeserver (*pej inf*); **Gesinnungsschnüffelei** *f* (*pej*) **~ betreiben** to snoop around and find out people's political convictions; **Gesinnungstäter** *m* person motivated by political/moral convictions; **gesinnungstreu** *adj* true to one's convictions; **Gesinnungstreue** *f* loyalty to one's convictions; **Gesinnungswandel, Gesinnungswechsel** *m* conversion.

gesittet *adj* **1.** (*wohlerzogen*) well-mannered, well-behaved. **die Kinder benahmen sich sehr ~** the children were very well-behaved *or* well-mannered. **2.** (*zivilisiert, kultiviert*) civilized.

Gesittung *f, no pl* (*geh*) (*zivilisiertes Verhalten*) civilized (mode of) behaviour; (*Gesinnung*) ethos.

Gesocks *nt* **-es,** *no pl* (*pej sl*) riff-raff *pl*.

Gesöff *nt* **-(e)s, -e** (*sl*) muck (*inf*), swill (*inf*); (*Bier*) piss (*vulg*).

gesoffen *ptp of* **saufen.**

gesogen *ptp of* **saugen.**

gesondert *adj* separate. **Ihre Frau wird ~ benachrichtigt** your wife will be informed separately.

gesonnen I *ptp of* **sinnen. II** *adj* **1. ~ sein, etw zu tun** to be of a mind to do sth. **2.** (*incorrect*) *siehe* **gesinnt.**

gesotten I *ptp of* **sieden. II** *adj* (*dial*)

boiled. **G~es** boiled meat.

gespalten I *ptp of* **spalten. II** *adj* **Bewußtsein** split; **Lippe, Rachen** cleft; **Huf** cloven; **Zunge** forked. **mit ~er Zunge reden** (*old, liter*) to talk falsely; (*esp in Indianergeschichten*) to talk with forked tongue.

Gespann *nt* **-(e)s, -e 1.** (*Zugtiere*) team; (*zwei Ochsen*) yoke. **2.** (*Wagen und Zugtier*) (*Ochsen~*) oxcart, ox-drawn cart; (*Pferde~*) horse and cart; (*zur Personenbeförderung*) horse and carriage; (*fig inf: Paar*) pair. **ein gutes ~ abgeben** to make a good team.

gespannt *adj* **1.** *Seil, Schnur* taut. **2.** (*fig*) tense; *Beziehungen auch* strained. **seine Nerven waren aufs äußerste ~** his nerves were at breaking point. **3.** (*neugierig*) curious; (*begierig*) eager; *Aufmerksamkeit* close. **in ~er Erwartung** in eager *or* keen anticipation; **ich bin ~, wie er darauf reagiert** I wonder how he'll react to that, I'd like to see how he reacts to that; **ich bin sehr ~, was ich zu Weihnachten bekomme** I'm longing *or* dying to know what I'm getting for Christmas; **ich bin schon sehr auf diesen Film ~** I'm dying to see this film; **ich bin auf seine Reaktion sehr ~** I'm longing *or* dying to see how he reacts; **ich bin ~ wie ein Regenschirm** (*hum inf*) *or* **Flitzbogen** (*hum inf*) I'm dying to know/see/find out, I'm on tenterhooks; **da bin ich aber ~!** I'm looking forward to that; (*iro*) oh really?, that I'd like to see!

Gespanntheit *f, no pl siehe adj* **1.** tension. **2.** tension; strain. **3.** curiosity; eagerness; closeness.

Gespenst *nt* **-(e)s, -er** ghost, spectre (*liter*); (*fig: Gefahr*) spectre. **~er sehen** (*fig inf*) to imagine things; **er sieht wie ein ~ aus** (*inf*) he looks like a ghost.

Gespenstergeschichte *f* ghost story; **Gespensterglaube** *m* belief in ghosts; **gespensterhaft** *adj* ghostly *no adv*; (*fig*) eerie, eery; **das Licht flackerte ~** the light flickered eerily.

gespenstern* *vi* (*rare*) *siehe* **geistern.**

Gespensterschiff *nt* phantom ship; **Gespensterstunde** *f* witching hour.

gespenstig (*rare*), **gespenstisch** *adj* **1.** *siehe* **gespensterhaft. 2.** (*fig: bizarr, unheimlich*) eerie, eery.

gespie(e)n *ptp of* **speien.**

Gespiele *m* **-n, -n** (*old liter, hum*), **Gespielin** *f* (*old liter, hum*) playmate.

gespielt *adj* feigned. **mit ~em Interesse** with a pretence of being interested.

Gespinst *nt* **-(e)s, -e 1.** (*Tex*) weave; (*gedrehtes Garn*) thread, spun yarn; (*von Spinne*) gossamer; (*von Raupe*) cocoon. **2.** (*fig geh*) web; (*von Lügen auch*) tissue; (*der Phantasie*) product, fabrication.

gesplissen *ptp of* **spleißen.**

gesponnen *ptp of* **spinnen.**

Gespons[1] *nt* **-es, -e** (*old, hum*) spouse (*hum, form*).

Gespons[2] *nt* **-es, -e** (*old, hum*) spouse (*hum, form*).

gespornt *adj siehe* **gestiefelt.**

Gespött *nt* **-(e)s,** *no pl* mockery; (*höhnisch*

auch) derision, ridicule; (*Gegenstand des Spotts*) laughing-stock. **jdn/sich zum ~ der Leute machen** to make sb/oneself a laughing stock *or* an object of ridicule; **zum ~ werden** to become a laughing stock; **zum ~ der ganzen Welt werden** to become the laughing stock of the whole world.

Gespräch *nt* **-(e)s, -e** 1. (*Unterhaltung*) conversation; (*Diskussion*) discussion; (*Dialog*) dialogue. **~e** (*Pol*) talks; **ich habe ein sehr interessantes ~ mit ihm geführt** I had a very interesting conversation *or* talk with him; **ein ~ unter vier Augen** a confidential *or* private talk; **das ~ auf etw** (*acc*) **bringen** to bring *or* steer the conversation *etc* round to sth; **im ~ sein** (*lit*) to be being discussed, to be being talked about; (*in der Schwebe*) to be under discussion; **mit jdm ins ~ kommen** to get into conversation with sb; (*fig*) to establish a dialogue with sb.

2. (*~sstoff*) **das ~ des Tages** the topic of the hour; **das ~ der Stadt** the talk of the town; **zum ~ werden** to become a talking-point.

3. (*Telec: Anruf*) (telephone) call. **wir haben in unserem gestrigen ~ vereinbart, daß ...** we agreed in our telephone conversation yesterday that ...; **ein ~ für dich** a call for you; **stundenlange ~e führen** to be on the telephone for hours.

gesprächig *adj* talkative, chatty (*inf*); (*mitteilsam*) communicative. **jdn ~ machen** to make sb talk, to loosen sb's tongue.

Gesprächigkeit *f, no pl* talkativeness, chattiness (*inf*); (*Mitteilsamkeit*) communicativeness. **von unglaublicher ~ sein** to be incredibly talkative *or* chatty (*inf*)/communicative.

gesprächsbereit *adj* (*esp Pol*) ready to talk; **Gesprächsbereitschaft** *f* (*esp Pol*) readiness to talk; **Gesprächsdauer** *f* 1. (*Telec*) call time; 2. **nach vierstündiger ~** after four hours of talks; **Gesprächs|einheit** *f* (*Telec*) unit; **Gesprächsfetzen** *m* scrap *or* snippet of conversation; **Gesprächsgebühr** *f* (*Telec*) charge for a/the call; **Gesprächsgegenstand** *m* topic; **der Skandal ist ~ Nummer eins** the scandal is the number one topic; **Gesprächspartner** *m* interlocutor (*form*); **mein ~ bei den Verhandlungen** my opposite number at the talks; **er ist nicht gerade ein anregender ~** he's not exactly an exciting conversationalist; **mein ~ heute abend ist ...** with me this evening is ...; **Gesprächspause** *f* break in a/the conversation/talks; **Gesprächsstoff** *m* topics *pl*; (*Diskussionsstoff*) topics to discuss; **Gesprächsteilnehmer** *m* somebody taking part in (the) talks; participant in a/the discussion; (*bei Fernsehserien etc*) panellist; **Gesprächstherapie** *f* client-centered therapy; **gesprächsweise** *adv* in conversation; **Gesprächszähler** *m* (*Telec*) telephone meter.

gespreizt *adj* (*fig*) affected, unnatural. **Gespreiztheit** *f* affectation, unnaturalness.

gesprenkelt *adj* speckled.

Gespritzte(r) *m decl as adj* (*S Ger, Aus*) wine with soda water, spritzer (*US*).

gesprochen *ptp of* **sprechen.**

gesprossen *ptp of* **sprießen.**

gesprungen *ptp of* **springen.**

Gespür *nt* **-s,** *no pl* feel(ing).

gest. *abbr of* **gestorben.**

Gestade *nt* **-s, -** (*liter*) strand (*poet*).

Gestalt *f* **-, -en** 1. (*lit, fig*) form; (*Umriß auch*) shape. **im Nebel zeichnete sich undeutlich eine ~ ab** a figure *or* form *or* shape loomed murkily out of the mist; **in ~ von** (*fig*) in the form of; (*feste*) **~ annehmen** to take shape; **einer Sache** (*dat*) **~ geben** *or* **verleihen** to shape sth; **das Abendmahl in beiderlei ~** (*Eccl*) Communion under both kinds; **sich in seiner wahren ~ zeigen** (*fig*) to show (oneself in) one's true colours; **~ geworden** (*liter*) made flesh *pred*.

2. (*Wuchs*) build.

3. (*Person, Persönlichkeit, Traum~*) figure; (*in Literaturwerken auch, pej: Mensch*) character.

gestalten* I *vt* to shape, to form, to fashion (*zu* into); *Wohnung* to lay out; *Programm, Abend* to arrange; *Schaufenster* to dress; *Freizeit* to organize, to structure. **ich gestalte mein Leben so, wie ich will** I live *or* organize my life the way I want to; **etw interessanter/moderner** *etc* **~** to make sth more interesting/ modern *etc*; **der Umbau wurde nach den ursprünglichen Plänen gestaltet** the conversion was carried out in accordance with the original plans; **die Gastgeber haben den Abend sehr lebendig gestaltet** our hosts laid on a very lively evening; **etw schöpferisch ~** to give artistic form to sth; **schöpferisches G~** creative expression; **einen Stoff literarisch ~** to give literary form to one's material.

II *vr* (*werden*) to become; (*sich entwickeln*) to turn *or* develop (*zu* into). **sich zu einem Erfolg ~** to turn out to be a success.

Gestalter(in *f*) *m* **-s, -** creator; (*Tech rare*) designer.

gestalterisch *adj* formal, structural. **er hat eine große ~e Begabung** he has a great feeling for form.

gestaltlos *adj* formless, shapeless, amorphous; **Gestaltpsychologie** *f* Gestalt psychology.

Gestaltung *f* 1. *siehe vt* shaping, forming, fashioning (*zu* into); lay-out; arrangement; dressing; structuring. **wir bemühen uns um eine möglichst interessante ~ des Sprachunterrichts** we are trying to make our language-teaching as interesting as possible *or* to structure our language-teaching as interestingly as possible.

2. (*liter: Gestaltetes*) creation.

Gestaltungsform *f* form; **Gestaltungskraft** *f* creative power; **Gestaltungsprinzip** *nt* formal principle.

Gestammel *nt* **-s,** *no pl* stammering, stuttering.

gestand *pret of* **gestehen.**

gestanden I *ptp of* **stehen, gestehen.** II *adj attr* **ein ~er Mann, ein ~es Mannsbild** a (fully grown) man.

geständig *adj* ~ **sein** to have confessed; **ein ~er Mörder** a murderer who confesses.

Geständnis *nt* confession. **ein ~ ablegen** to make a confession; **jdm ein ~ machen** to make a confession to sb; **jdn zu einem ~ zwingen** to force sb to make a confession.

Gestänge *nt* **-s, -** (*von Gerüst*) bars *pl*, struts *pl*; (*von Maschine*) linkage; (*Min: Bohr~*) drill stem.

Gestank *m* **-(e)s,** *no pl* stink, stench.

Gestapo [gɛˈstaːpo] *f* **-,** *no pl* Gestapo.

gestärkt *adj* strengthened.

gestatten* *vti* to allow, to permit; (*einwilligen in*) to agree *or* consent to. **jdm etw ~** to allow sb sth; **jdm ~, etw zu tun** to allow *or* permit sb to do sth; **~ Sie?** (**, darf ich ...**), **~ Sie, daß ich ...?** may I ...?, would you mind if I ...?; **wenn Sie ~ ...** with your permission ...; **~ Sie eine Frage?** may I ask you something *or* a question?; **sich** (*dat*)**~, etw zu tun** (*geh*) to take the liberty of doing sth, to be *or* make so bold as to do sth (*dated, hum*); **sich** (*dat*) **etw ~** to permit *or* allow oneself sth; **wenn ich mir eine Frage/Bemerkung ~ darf ...** (*geh*) if I might be permitted a question/comment, if I may make *or* be so bold *or* free as to ask a question/make a remark ...; **mein Gehalt gestattet mir das nicht** (*geh*) my salary won't permit it; **wenn es die Umstände ~ ...** (*geh*) circumstances permitting ...

Geste [ˈgɛstə, ˈgeːstə] *f* **-, -n** (*lit, fig*) gesture.

Gesteck *nt* **-(e)s, -e** flower arrangement.

gesteckt I *ptp of* **stecken.** II *adv* ~ **voll** (*dial*) chock-a-block (*inf*).

gestehen *pret* **gestand,** *ptp* **gestanden** *vti* to confess (*jdm etw* sth to sb). **offen gestanden** to be frank, quite frankly.

Gestehungskosten *pl* (*Comm*) production costs *pl*.

Gestein *nt* **-(e)s, -e** rock(s); (*Schicht*) rock stratum.

Gesteins|ader *f* vein of rock; **Gesteins|art** *f* type of rock; **Gesteinsbohrer** *m* rock drill; **Gesteinsbrocken** *m* rock; **Gesteinskunde** *f* petrography; **Gesteinsmasse** *f* mass of rock; **Gesteinsprobe** *f* rock sample; **Gesteinsschicht** *f* rock layer *or* stratum.

Gestell *nt* **-(e)s, -e** 1. stand; (*Regal*) shelf; (*Ablage*) rack; (*Rahmen, Bett~, Brillen~, Tisch~*) frame; (*auf Böcken*) trestle; (*Wäsche~*) clothes dryer; (*Wäsche~ aus Holz*) clothes horse; (*Fahr~*) chassis; (*Flugzeug~*) undercarriage, landing gear; (*Tech: von Hochofen*) hearth.
   2. (*fig inf*) (*Beine*) pins (*inf*) *pl*. **langes ~** beanpole (*inf*).

gestellt *adj* posed.

Gestellung *f* 1. (*old Mil*) muster. 2. (*form*) furnishing (*form*), making available. **ich bitte um ~ von zwei Lastwagen** I request that two lorries be made available.

Gestellungsbefehl *m* (*Mil*) call-up, draft papers *pl* (*US*).

gestelzt *adj* stilted.

gestern *adv* yesterday. ~ **abend** (*früh*) yesterday evening; (*spät*) last night; **die Zeitung von ~** yesterday's paper; **Ansichten von ~** outdated views, opinions of yesteryear (*liter*); **er ist nicht von ~** (*inf*) he

wasn't born yesterday; ~ **vor acht Tagen** a week (ago) yesterday, yesterday week; ~ **in acht Tagen** a week (from) yesterday.

Gestern *nt* **-,** *no pl* yesterday. **das ~** yesterday, yesteryear (*liter*); **im ~** in the past.

gestiefelt *adj* 1. wearing *or* in boots. **der G~e Kater** Puss-in-Boots. 2. ~ **und gespornt** (*fig inf*) ready and waiting, ready for the off (*inf*).

gestiegen *ptp of* **steigen.**

gestielt *adj* stemmed (*auch Bot*).

Gestik [ˈgɛstɪk] *f* **-,** *no pl* gestures *pl*.

Gestikulation [gɛstikulaˈtsio:n] *f* gesticulation(s).

gestikulieren* [gɛstikuˈliːrən] *vi* to gesticulate.

gestimmt *adj* **froh/düster ~** in a cheerful/ sombre mood.

Gestimmtheit *f siehe* **Stimmung.**

Gestirn *nt* **-(e)s, -e** star, heavenly body.

gestirnt *adj attr* (*geh*) starry, star-studded (*liter*).

gestisch [ˈgɛstɪʃ] *adj* gesticulatory. **all seine Worte waren ~ untermalt** everything he said was underlined by gesture.

gestoben *ptp of* **stieben.**

gestochen I *ptp of* **stechen.** II *adj* Handschrift clear, neat. ~ **scharfe Fotos** needlesharp photographs.

gestockt *adj* (*S Ger*) Milch soured.

gestohlen I *ptp of* **stehlen.** II *adj* **der/das kann mir ~ bleiben** (*inf*) he/it can go hang (*inf*).

Gestöhn(e) *nt* **-s,** *no pl* moaning, groaning.

gestopft *adv* ~ **voll** (*inf*) jam-packed (*inf*).

gestorben *ptp of* **sterben.**

gestört *adj* disturbed; Schlaf auch broken; Verhältnis auch troubled; Rundfunkempfang poor, with a lot of interference; Einverständnis troubled, disrupted. **seelisch/ geistig ~ sein** to be (psychologically/ mentally) unbalanced *or* disturbed; ~**er Kreislauf** circulation problems; **Kinder aus ~en Familien** children from problem families.

gestoßen *ptp of* **stoßen.**

Gestotter *nt* **-s,** *no pl* stuttering, stammering.

Gesträuch *nt* **-(e)s, -e** shrubbery, bushes *pl*; (*Dickicht*) thicket.

gestreckt *adj* Galopp full; Winkel, Flugbahn elongated.

gestreift *adj* striped. **eine rot-grün ~e Bluse** a red and green striped blouse; **sie zieht gern ~ an** (*inf*) she likes (wearing) stripes.

gestreng *adj* (*old*) strict, stern. ~**er Herr!** gracious master *or* Lord.

gestrichen I *ptp of* **streichen.**
   II *adj* 1. painted; Papier coated. **frisch ~!** wet paint.
   2. (*genau voll*) **ein ~es Maß** a level measure; ~ **voll** level; (*sehr voll*) full to the brim; **ein ~er Teelöffel voll** a level teaspoon(ful); **er hat die Hosen ~ voll** (*sl*) he's wetting (*inf*) *or* shitting (*vulg*) himself; **ich habe die Nase ~ voll** (*sl*) I'm fed up to the back teeth with it (*inf*).
   3. Wort, Satz deleted.

gestriegelt *adj:* ~ **und gebügelt** dressed up to the nines.

gestrig *adj attr* yesterday's. **unser ~es**

Gespräch/Schreiben our conversation (of) yesterday/our letter of yesterday; **am ~en Abend** (geh) (früh) yesterday evening; (spät) last night; **am ~en Tage** (geh) yesterday; **die ewig G~en** the stick-in-the-muds.

gestritten ptp of **streiten.**

Gestrüpp nt -(e)s, -e undergrowth, brushwood; (fig) jungle.

gestuft adj (in Stufen) terraced; (fig) (abgestuft) graded; (zeitlich) staggered.

Gestühl nt -(e)s, -e seating.

Gestümper nt -s, no pl (pej inf) bungling. **sein erbärmliches ~ auf dem Klavier** his pathetic plonking away on the piano (inf).

gestunken ptp of **stinken.**

Gestus ['gestus] m -, no pl (geh) **1.** siehe **Gestik. 2.** (fig: Ausdruck) air.

Gestüt nt -(e)s, -e stud; (Anlage auch) stud farm.

Gestütbuch nt stud book.

Gestütsbrand m stud brand; **Gestütshengst** m stud (horse); **Gestütspferd** nt horse at stud.

Gesuch nt -(e)s, -e petition (auf +acc, um for); (Antrag) application (auf +acc, um for). **ein ~ einreichen** or **stellen** to make or lodge a petition/an application.

Gesuchsteller(in f) m -s, - (dated) petitioner; (Antragsteller) applicant.

gesucht adj **1.** (begehrt) sought after. **sehr ~** (very) much sought after; **Ingenieure sind ~e Arbeitskräfte** engineers are much sought after. **2.** (gekünstelt) contrived.

Gesülze nt -s, no pl (sl) claptrap (inf).

Gesumm nt -(e)s, no pl (inf) humming, droning.

Gesums nt -es, no pl (inf) fuss.

gesund adj, comp **¨er** or **-er**, superl **¨este(r, s)** or **-este(r, s)** or adv **am ¨esten** or **-esten** (allgemein) healthy; (arbeits-, leistungsfähig) fit; Unternehmen, Politik auch sound; (heilsam) Lehre salutary. **frisch und ~, ~ und munter** in the pink, hale and hearty; **ich fühle mich nicht ganz ~** I don't feel very or too well; **jdn ~ schreiben** to certify sb (as) fit; **sonst bist du ~?** (iro inf) are you feeling all right? (iro), you need your head examined (inf); **jdn ~ pflegen** to nurse sb back to health; **wieder ~ werden** to get better, to get well again, to recover; **Äpfel sind ~** apples are healthy or good for you or good for your health; **bleib (schön) ~!** look after yourself.

gesundbeten vt sep to heal through prayer; **Gesundbeten** nt faith-healing; **Gesundbeter** m faith-healer; **Gesundbrunnen** m (fig) **das ist ein wahrer ~** it's like a fountain of youth.

gesunden* vi aux sein to recover (auch fig), to regain one's health.

Gesunde(r) mf decl as adj healthy person.

Gesundheit f -, no pl (seelisches, körperliches Wohlbefinden) health; (körperliche Verfassung) healthiness; (Arbeits~, Leistungsfähigkeit) fitness; (von Unternehmen, Politik) healthiness, soundness; (von Klima, Lebensweise etc) healthiness. **bei guter ~** in good health; **bei bester ~** in the best of health; **mit meiner ~ steht es nicht zum besten** I'm not in the best of health, my health is not all (that) it might

be; **~!** bless you; **auf Ihre ~!** your (very good) health; **eine robuste/eiserne/zarte ~ haben** to have a robust/an iron/a delicate constitution.

gesundheitlich adj **~ geht es mir nicht besonders** my health is not particularly good; **sein ~er Zustand** (the state of) his health; **aus ~en Gründen** for health reasons; **wie geht es Ihnen ~?** how is your health?

Gesundheits|amt nt public health department; **Gesundheits|apostel** m (iro) health nut (inf) or freak (inf); **Gesundheits|attest** nt health certificate; **Gesundheitsbehörde** f health authorities pl; **gesundheitsfördernd** adj healthy, good for the health; **Gesundheitsfürsorge** f health care; **gesundheitshalber** adv for health reasons; **Gesundheitspflege** f hygiene; **öffentliche ~** public health (care); **Gesundheitsschaden** m health defect; **~ damage to one's health; **gesundheitsschädlich** adj unhealthy, damaging to (one's) health; **Gesundheitswesen** nt health service; **Gesundheitszeugnis** nt certificate of health, health certificate; **Gesundheitszustand** m, no pl state of health.

gesundschrumpfen sep **I** vt (fig) to trim down, to streamline; **II** vi aux sein to be trimmed down or streamlined; **Gesundschrumpfung** f trimming down, streamlining; **gesundstoßen** vr sep irreg (sl) to line one's pockets (inf).

Gesundung f, no pl (lit, fig) recovery; (Genesung) convalescence, recuperation. **seine ~ macht Fortschritte** he's progressing well.

gesungen ptp of **singen.**

gesunken ptp of **sinken.**

Getäfel, Getäfer (Sw) nt -s, no pl panelling.

getan ptp of **tun. nach ~er Arbeit** when the day's work is done.

Getier nt -s, no pl **1.** (Tiere, esp Insekten) creatures pl. **2.** (einzelnes) creature.

getigert adj (mit Streifen) striped; (mit Flecken) piebald.

Getöse nt -s, no pl din, racket, row; (von Auto etc) roar. **mit ~** with a din etc.

getragen I ptp of **tragen. II** adj **1.** Kleidung, Schuhe second-hand. **2.** (fig) Melodie, Tempo etc stately no adv.

Getragenheit f stateliness.

Geträller nt -s, no pl trilling.

Getrampel nt -s, no pl trampling; (Beifalls~, Protest~) stamping.

Getränk nt -(e)s, -e drink, beverage (form).

Getränke|automat m drinks machine or dispenser; **Getränkekarte** f (in Café) list of beverages; (in Restaurant) wine list; **Getränkestand** m drinks stand; **Getränkesteuer** f alcohol tax.

Getrappel nt -s, no pl patter; (Huf~) clop.

Getratsch(e) nt -(e)s, no pl (pej) gossip, gossiping.

getrauen* vr to dare. **getraust du dich** or **dir** (inf) **das?** do you dare do that?; **ich getraue mich nicht dorthin** I don't dare (to) or daren't go there; **ich getraue mich zu behaupten, daß ...** (geh) I would venture to say that ...

Getreide nt -s, (form) - grain, cereal. **in diesem Klima wächst kein** ~ grain doesn't or cereals don't grow in this climate; **das** ~ **steht gut** the grain or cereal crop is doing well.

Getreide(an)bau m, no pl cultivation of grain or cereals; **Getreide|art** f cereal; **Getreidebörse** f grain or corn (Brit) exchange; **Getreide|ernte** f grain harvest; **Getreidefeld** nt grain field, cornfield (Brit); **Getreidegarbe** f sheaf of grain; **Getreidekorn** nt grain; **Getreideland** nt **1.** grain-growing land, cornland (Brit); **2.** no pl (Getreidefelder) grain fields pl, cornfields pl (Brit); **Getreidepflanze** f cereal (plant); **Getreideprodukt** nt cereal product; **Getreidesilo** nt or m, **Getreidespeicher** m silo; **Getreidewirtschaft** f grain cultivation.

getrennt adj separate. ~ **leben** to be separated, to live apart; **sie führten** ~**e Kasse** they each paid for themselves; ~ **schlafen** not to sleep together, to sleep in different rooms.

Getrenntschreibung f writing as two/three etc words. **zu beachten ist die** ~ **von „zu Hause"** remember that "zu Hause" is written as two (separate) words.

getreten ptp of **treten**.

getreu adj **1.** (genau, entsprechend) faithful, true no adv. **2.** pred +dat true to. **3.** (liter, dated) faithful, loyal, trusty (old). **jdm/sich selbst/einer Sache** ~ **sein/ bleiben** to be/remain true to sb/oneself/ sth.

Getreue(r) mf decl as adj (faithful or trusty) follower.

getreulich adj siehe **getreu 1**.

Getriebe nt -s, - **1.** (Tech) gears pl; (~kasten) gearbox; (Antrieb) drive; (von Uhr) movement, works pl; siehe **Sand. 2.** (lebhaftes Treiben) bustle, hurly-burly.

Getriebe- in cpds (Tech) gear.

getrieben ptp of **treiben**.

Getriebenheit f (geh) restlessness.

Getriebe|öl nt gear(box) oil; **Getriebeschaden** m gearbox trouble no indef art.

Getrippel nt -s, no pl tripping along; (affektiert) mincing.

getroffen ptp of **treffen, triefen**.

getrogen ptp of **trügen**.

Getrommel nt -s, no pl drumming.

getrost I adj confident. **du kannst** ~ **sein, sei** ~ **rest** assured, never fear; **er war** ~**en Mutes** (old) his mind was reassured.
II adv **1.** (vertrauensvoll) confidently. ~ **sterben** (geh) to die in peace.
2. (bedenkenlos) **du kannst dich** ~ **auf ihn verlassen** you need have no fears about relying on him; **man kann** ~ **behaupten/annehmen, daß ...** one need have no hesitation in or about asserting/ assuming that ...; **die Firma könnte** ~ **etwas mehr zahlen** the company could easily pay a little more.

getrunken ptp of **trinken**.

Getto nt -s, -s ghetto.

Getue [gə'tuːə] nt -s, no pl (pej) to-do (inf), fuss; (geheuchelte Höflichkeit) affectation. **ein** ~ **machen** to make a to-do (inf) or fuss; (überhöflich sein, sich wichtig

machen) to put on airs.

Getümmel nt -s, no pl turmoil. **das** ~ **des Kampfes** the tumult of battle; **sich ins** ~ **stürzen** to plunge into the tumult or hurly-burly.

Getuschel nt -s, no pl whispering.

ge|übt adj Auge, Ohr, Griff practised; Fahrer, Segler etc proficient. **im Schreiben/ Reden** ~ **sein** to be a proficient writer/ talker.

Gevatter m -s, or -n, -n (obs) (Pate) godfather; (fig) brother.

Gevatterin f (obs) godmother; (fig) sister (old).

Geviert [gə'fiːɐt] nt -s, -e (old: Quadrat) square; (Min) crib; (Typ) quad(rat). **5 Meter im** ~ (old) 5 metres square.

Gew abbr of **Gewerkschaft** TU.

GEW [geː|eː'veː] f - abbr of **Gewerkschaft Erziehung und Wissenschaft** ≃ NUT.

Gewächs nt -es, -e **1.** (Pflanze) plant. **er ist ein seltsames** ~ (dated) he is an odd specimen (inf). **2.** (Weinjahrgang) wine. **3.** (Med) growth.

gewachsen I ptp of **wachsen**[1].
II adj **1.** (von allein entstanden) evolved. **diese in Jahrtausenden** ~**en Traditionen** these traditions which have evolved over the millennia.
2. jdm/einer Sache ~ **sein** to be a match for sb/to be up to sth; **er ist seinem Bruder (an Stärke) durchaus** ~ he is his brother's equal in strength.

Gewächshaus nt greenhouse; (Treibhaus) hothouse.

Gewackel nt -s, no pl (inf) (von Tisch, Stuhl etc) wobbling. ~ **mit den Hüften** waggling one's hips.

gewagt adj **1.** (kühn) daring; (gefährlich) risky. **2.** (moralisch bedenklich) risqué.

gewählt adj Sprache refined no adv, elegant.

gewahr adj pred ~ **werden** +gen (geh) siehe **gewahren**.

Gewähr f -, no pl guarantee. **jdm** ~ **dafür geben, daß ...** to guarantee (sb or to sb) that ...; **dadurch ist die** ~ **gegeben, daß ...** that guarantees that ...; **die Angabe erfolgt ohne** ~ this information is supplied without liability; **„ohne** ~**"** (auf Fahrplan, Preisliste) "subject to change"; (bei Lottozahlen) "no liability assumed"; **für etw** ~ **leisten** to guarantee sth.

gewahren* vt (liter) to become aware of.

gewähren* vt to grant; Rabatt, Vorteile to give; Sicherheit, Trost, Schutz to afford, to give. **jdm Unterstützung** ~ to provide sb with support, to support sb; **jdn** ~ **lassen** (geh) not to stop sb.

gewährleisten* vt insep (sicherstellen) to ensure (jdm etw sb sth); (garantieren) to guarantee (jdm etw sb sth).

Gewährleistung f guarantee. **zur** ~ **der Sicherheit** to ensure safety.

Gewahrsam m -s, no pl **1.** (Verwahrung) safe-keeping. **etw in** ~ **nehmen/haben** to take sth into/have sth in safekeeping; **etw (bei jdm) in** ~ **geben** to hand sth over (to sb) for safekeeping.
2. (Haft) custody. **jdn in** ~ **nehmen** to take sb into custody; **in** ~ **sein, sich in** ~ **befinden** to be in custody.

Gewährsmann *m, pl* -männer *or* -leute source.

Gewährung *f* -, *no pl siehe vt* granting; giving; affording.

Gewalt *f* -, -en 1. (*Machtbefugnis, Macht*) power. die drei ~en (*Pol*) the three powers; die vollziehende/gesetzgebende/ richterliche ~ the executive/ legislature/ judiciary; elterliche ~ parental authority; jdn in seiner ~ haben to have sb in one's power; ~ über jdn haben *or* besitzen to have power over sb; etw in der ~ haben (*übersehen*) to have control of sth; (*steuern können*) to have sth under control; (*entscheiden können*) to have sth in one's power; sich in der ~ haben to have oneself under control; etw in/wieder in seine ~ bringen to gain/regain control of sth; in/unter jds ~ (*dat*) sein *or* stehen to be in sb's power/under sb's control; die ~ über etw (*acc*) verlieren to lose control of sth; ~ über Leben und Tod (haben) (to have) power over life and death.

2. *no pl* (*Zwang*) force; (*~tätigkeit*) violence. ~ anwenden to use force; höhere ~ acts/an act of God; nackte ~ brute force; mit ~ by force; mit aller ~ (*inf*) for all one is worth; etw mit aller ~ wollen (*inf*) to want sth desperately; jdm/ einer Sache ~ antun to do violence to sb/ sth; einer Frau ~ antun to violate a woman; sich (*dat*) ~ antun (*fig: sich über-winden*) to force oneself.

3. (*geh: Natur~*) force.

4. *no pl* (*Heftigkeit, Wucht*) force; (*elementare Kraft auch*) power. die ~ der Explosion the force of the explosion; er warf sich mit ~ gegen die Tür he hurled himself violently against the door.

Gewalt|akt *m* act of violence; Gewalt-|androhung *f* threat of violence; Gewalt-|anwendung *f* use of force *or* violence; Gewalt|einwirkung *f* violence.

Gewaltenteilung *f* separation of powers.

Gewaltfriede(n) *m* dictated peace; Gewalt-herrschaft *f, no pl* tyranny; Ge-waltherrscher *m* tyrant.

gewaltig *adj* 1. (*heftig*) Sturm etc violent.

2. (*riesig*) colossal, immense; (*wuchtig auch*) massive; Anblick tremendous; Stimme powerful; (*inf: sehr groß*) Unter-schied, Hitze etc tremendous, colossal (*inf*). sich ~ irren to be very much mis-taken *or* very wrong, to be way out (*inf*); du mußt dich ~ ändern you'll have to change one hell of a lot (*inf*); er hat sich ~ in meine Schwester verknallt (*inf*) he's really got it bad for my sister (*inf*).

3. (*geh: mächtig*) powerful. die G~en der Erde the mighty rulers of the earth.

Gewaltigkeit *f, no pl siehe adj* 1. violence.

2. colossalness, immenseness; massive-ness; tremendousness. 3. powerfulness.

Gewaltkur *f* drastic measures *pl*; (*Hunger-diät*) crash diet; Gewaltleistung *f* feat of strength, tour de force; gewaltlos I *adj* non-violent; II *adv* without force/ violence; Gewaltlosigkeit *f, no pl* non-violence; Gewaltmarsch *m* forced march; Gewaltmaßnahme *f* (*fig*) drastic measure; jdm mit ~n drohen to threaten to use force against sb; (*fig*) to threaten sb

with drastic action; Gewaltmensch *m* brute; gewaltsam I *adj* forcible; Tod violent; II *adv* forcibly, by force; Gewaltstreich *m* (*Mil*) storm; (*fig*) coup (de force); Gewalttat *f* act of violence; gewalttätig *adj* violent; Gewalttätigkeit *f* (*no pl: Brutalität*) violence; (*Handlung*) act of violence; Gewaltverbrechen *nt* crime of violence; Gewaltverbrecher *m* violent criminal; Gewaltverzicht *m* non-aggression; Gewaltverzichts|abkom-men *nt* non-aggression treaty.

Gewand *nt* -(e)s, ¨-er 1. (*geh: Kleidungs-stück*) garment; (*weites, langes*) robe, gown; (*Eccl*) vestment, robe; (*old: Kleidung*) garb, garments *pl*, apparel (*old*); (*fig: Äußeres*) look. ein altes Buch in neuem ~ an old book with a new look *or* appearance *or* livery, an old book dressed up; sich in neuem ~ zeigen (*fig*) to have a new look about it.

2. (*obs: Tuch*) fabric, cloth.

gewandet *adj* (*old, hum*) clad, apparelled (*old*). blau-/gelb- *etc* ~ clad in blue/yellow *etc.*

gewandt I *ptp of* wenden. II *adj* skilful; (*körperlich*) nimble; (*geschickt*) deft, dexterous; Auftreten, Redner elegant.

Gewandtheit *f, no pl siehe adj* skilfulness; nimbleness; deftness, dexterity; el-egance.

Gewandung *f* (*old, hum*) garb, apparel (*old*), raiment (*obs*).

gewann *pret of* gewinnen.

gewärtig *adj pred* (*geh*) prepared (*gen* for). ~ sein, daß ... to be prepared for the possibility that ...

gewärtigen* *vtr* (*geh*) to expect; (*sich ein-stellen auf auch*) to be prepared for. ~, daß ... to expect that .../to be prepared for the possibility that ...; etw ~ müssen to have to be prepared for sth, to have to expect sth.

Gewäsch *nt* -(e)s, *no pl* (*pej inf*) twaddle (*inf*), claptrap (*inf*).

gewaschen *ptp of* waschen.

Gewässer *nt* -s, - stretch of water. ~ *pl* inshore waters/*pl*; lakes, rivers and canals *pl*; ein fließendes/stehendes ~ a stretch of running/standing water.

Gewässerkunde *f* hydrography; Gewäs-serschutz *m* prevention of water pollution.

Gewebe *nt* -s, - (*Stoff*) fabric, material; (~ art) weave; (*Biol*) tissue; (*fig*) web.

Gewebe- *in cpds siehe auch* Gewebs-; Gewebeprobe *f* (*Med*) tissue sample; gewebeschonend *adj* (*Comm*) kind to fabrics.

Gewebsflüssigkeit *f* (*Med*) lymph; Ge-webstransplantation *f* (*Med*) tissue graft.

Gewehr *nt* -(e)s, -e (*Flinte*) rifle; (*Schrot-büchse*) shotgun. ~ ab! (*Mil*) order arms!; das ~ über! (*Mil*) shoulder arms!; an die ~e! (*Mil*) to arms!; präsentiert das ~! (*Mil*) present arms!; ~ bei Fuß stehen (*Mil*) to stand at order arms; (*fig inf*) to be at the ready.

Gewehrgriff *m* rifle position; ~ üben to do rifle drill; Gewehrkolben *m* rifle butt/ butt of a shotgun; Gewehrkugel *f* rifle bullet; **Gewehrlauf** m rifle barrel/barrel of a shotgun; **Gewehrmündung** f muzzle (of a rifle/shotgun); **Gewehrriemen** m rifle sling/gunsling.

Geweih nt -(e)s, -e (set of sing) antlers pl. **das/ein** ~ the antlers/a set of antlers.

Geweih|ende nt point or tine (spec) of an antler; **Geweihschaufel** f palm (of an antler).

Gewerbe nt -s, -. 1. trade. **Handel und** ~ trade and industry; **das älteste** ~ **der Welt** (hum) the oldest profession in the world (hum); **einem dunklen/seinem** ~ **nachgehen** to be in a shady trade or have a shady occupation/to carry on or practise one's trade; **ein** ~ **(be)treiben** or **ausüben** to follow a or carry on a trade; **aus etw ein** ~ **machen** to make sth one's trade.
2. (Sw: Bauerngehöft) farm.

Gewerbe|aufsicht f ≃ factory safety and health control; **Gewerbe|aufsichts|amt** nt ≃ factory inspectorate; **Gewerbebetrieb** m commercial enterprise; **Gewerbefreiheit** f freedom of trade; **Gewerbelehrer** m teacher in a trade school; **Gewerbe|ordnung** f trading regulations pl; **Gewerbeschein** m trading licence; **Gewerbeschule** f trade school; **Gewerbesteuer** f trade tax; **Gewerbetätigkeit** f commercial activity; **Gewerbetreibende(r)** mf decl as adj trader; **Gewerbezweig** m branch of a/the trade.

gewerblich adj commercial; Lehrling, Genossenschaft trade attr; (industriell) industrial. ~**e Arbeiter** industrial workers; **die** ~**e Wirtschaft** industry; **die** ~**en Berufe** the trades; **diese Räume dürfen nicht** ~ **genutzt werden** these rooms are not to be used for commercial purposes.

gewerbsmäßig I adj professional; ~**e Unzucht** (form) prostitution; **II** adv professionally, for gain.

Gewerkschaft f (trade or trades or labor US) union.

Gewerkschaft(l)er(in f) m -s, - trade or labor (US) unionist.

gewerkschaftlich adj (trade or labor US) union attr. ~**er Vertrauensmann** (im Betrieb) shop steward; **wir haben uns** ~ **organisiert** we organized ourselves into a union; ~ **organisierter Arbeiter** unionized or organized worker.

Gewerkschafts- in cpds (trade/labor) union; **Gewerkschaftsbank** f trade union bank/labor bank; **Gewerkschaftsbewegung** f (trade/labor) union movement; **Gewerkschaftsboß** m (usu pej) (trade/labor) union boss; **Gewerkschaftsbund** m federation of trade/labor unions, ≃ Trades Union Congress (Brit), ≃ Federation of Labor (US); **gewerkschafts|eigen** adj owned by a (trade/labor) union; **Gewerkschaftskongreß** m trade/labor union conference; **Gewerkschaftsmitglied** nt member of a/the (trade/labor) union; **Gewerkschaftsvorsitzende(r)** mf (trade/labor) union president.

Gewese nt -s, no pl (inf) fuss, to-do (inf).

gewesen I ptp of **sein**[1]. **II** adj attr former.

gewichen ptp of **weichen**[2].

gewichst [gə'vɪkst] adj (inf) fly (inf), crafty.

Gewicht nt -(e)s, -e 1. no pl (lit, fig) weight. **dieser Stein hat ein großes** ~/**ein** ~ **von 100 kg** this rock is very heavy/weighs 100 kg; **er hat sein** ~ **gehalten** he has stayed the same weight; **er brachte zuviel** ~ **auf die Waage** he weighed in too heavy; **er legte sein ganzes** ~ **in den Schlag** he put his whole weight behind or into the punch; **spezifisches** ~ specific gravity; **das hat ein** ~! (inf) it isn't half heavy! (inf); **etw nach** ~ **verkaufen** to sell sth by weight; ~ **haben** (lit) to be heavy; (fig) to carry weight; **ins** ~ **fallen** to be crucial; **nicht ins** ~ **fallen** to be of no consequence; **auf etw** (acc) ~ **legen, einer Sache** (dat) **beimessen** to set (great) store by sth, to lay stress on sth.
2. (Metallstück zum Beschweren etc, Sport) weight.

gewichten* vt (Statistik) to weight; (fig) to evaluate.

Gewichtheben nt -s, no pl (Sport) weight-lifting; **Gewichtheber** m weight-lifter.

gewichtig adj 1. (dated: schwer) heavy, hefty (inf). **eine** ~**e Persönlichkeit** (hum inf) a personage of some weight. 2. (fig) (wichtig) weighty; (wichtigtuerisch) self-important; (einflußreich) influential.

Gewichtigkeit f, no pl (fig) siehe adj 2. weightiness; self-importance; influence.

Gewichts|abnahme f loss of weight; **Gewichts|analyse** f (Chem) gravimetric analysis; **Gewichts|angabe** f indication of weight; **Gewichtsklasse** f (Sport) weight (category); **Gewichtskontrolle** f weight check; **gewichtslos** adj weightless; (fig) lacking substance; **Gewichtssatz** m set of weights; **Gewichtsverlagerung** f shifting of weight; (fig) shift of or in emphasis; **Gewichtsverlust** m loss of weight, weight loss; **Gewichtszunahme** f increase in weight.

Gewichtung f (Statistik) weighting; (fig) evaluation.

gewieft adj (inf) fly (inf), crafty (in +dat at).

gewiegt adj shrewd, slick (inf), canny (esp Scot inf).

Gewieher nt -s, no pl whinnying; (fig) guffawing, braying.

gewiesen ptp of **weisen**.

gewillt adj ~ **sein, etw zu tun** to be willing to do sth; (entschlossen) to be determined to do sth.

Gewimmel nt -s, no pl swarm, milling mass; (Menge) crush, throng.

Gewimmer nt -s, no pl whimpering.

Gewinde nt -s, - (Tech) thread.

Gewinde- (Tech): **Gewindebohrer** m (screw) tap; **Gewindegang** m pitch (of screw thread); **Gewindeschneiden** nt thread cutting; (für Innengewinde) tapping.

gewinkelt adj angled.

Gewinn m -(e)s, -e 1. (Ertrag) profit. ~**-und-Verlust-Rechnung** f profit-and-loss account; ~ **abwerfen** or **bringen/erzielen** to make a profit; **aus etw** ~ **schlagen** (inf) to make a profit out of sth; **etw mit** ~ **verkaufen** to sell sth at a profit.
2. (Preis, Treffer) prize; (bei Wetten, Glücksspiel) winnings pl. **einen großen** ~

machen to win a lot; **jedes Los ist ein ~** every ticket a winner; **mit einem ~ herauskommen** (*inf*) to get a prize.

3. *no pl* (*fig: Vorteil*) gain. **das ist ein großer ~ (für mich)** I have gained a lot from this, that is of great benefit (to me); **ein ~ für die Abteilung** a valuable addition to the department.

Gewinn|anteil *m* **1.** (*Comm*) dividend; **2.** (*beim Wetten etc*) share; **Gewinn-|ausschüttung** *f* prize draw; **Gewinn-beteiligung** *f* **1.** (*Ind*) (*Prinzip*) profit-sharing; (*Summe*) (profit-sharing) bonus; **2.** (*Dividende*) dividend; **gewinn-bringend** *adj* (*lit, fig*) profitable; **Gewinnchance** *f* chance of winning; **~n** (*beim Wetten*) odds.

gewinnen *pret* **gewann**, *ptp* **gewonnen** **I** *vt* **1.** (*siegen in*) to win; (*erwerben, bekommen auch*) to gain; **jds Herz** to win; *Preis* to win. **jdn (für etw) ~** to win sb over (to sth); **jdn für sich ~** to win sb over (to one's side); **jdn zum Freund ~** to win sb as a friend; **es gewinnt den Anschein, als ob ...** (*form*) it would appear that ...; **das Freie** *or* **Weite ~** to make good one's escape; **das Ufer ~** (*liter*) to reach *or* gain (*liter*) the bank; **Zeit ~** to gain time; **was ist damit gewonnen?** what good is that?; **was ist damit gewonnen, wenn du das tust?** what is the good *or* use of you *or* your doing that?; **wie gewonnen, so zerronnen** (*prov*) easy come easy go (*prov*); **(bei jdm) gewonnenes Spiel haben** to be home and dry (with sb).

2. (*als Profit*) to make (a profit of).

3. (*erzeugen*) to produce, to obtain; *Erze etc* to mine, to extract, to win (*liter*); (*aus Altmaterial*) to reclaim, to recover.

II *vi* **1.** to win (*bei, in +dat* at).

2. (*profitieren*) to gain; (*sich verbessern*) to gain something. **an Bedeutung ~** to gain (in) importance; **an Boden ~** (*fig*) to gain ground; **an Höhe/Geschwindigkeit ~** to gain height/to pick up *or* gain speed; **an Klarheit ~** to gain in clarity; **sie gewinnt durch ihre neue Frisur** her new hairstyle does something for her.

gewinnend *adj* (*fig*) winning, winsome.

Gewinner(in *f*) *m* **-s, -** winner.

Gewinnerstraße *f* (*Sport sl*) **auf der ~ sein** to be headed for a win, to be on the way to victory.

Gewinnklasse *f* prize category; **Gewinn-liste** *f* list of winners, winners list; **Gewinnlos** *nt* winning ticket; **Gewinnmaximierung** *f* maximization of profit(s); **Gewinnsatz** *m* (*Tennis etc*) **mit drei ~en spielen** to play the best of five sets; **Gewinnspanne** *f* profit margin; **Gewinnstreben** *nt* pursuit of profit; **Gewinnsucht** *f* profit-seeking; **aus ~** for motives of (financial/material) gain; **gewinnsüchtig** *adj* profit-seeking *attr*; **gewinnträchtig** *adj* profitable; **Gewinnummer** *getrennt:* **Gewinn-nummer, Gewinnzahl** *f* winning number.

Gewinsel *nt* **-s,** *no pl* (*lit, fig*) whining.

Gewirr *nt* **-(e)s,** *no pl* (*fig: Durch-einander*) jumble; (*von Paragraphen etc*) maze, confusion; (*von Gassen*) maze;

(*von Stimmen*) confusion, babble.

Gewisper *nt* **-s,** *no pl* whispering.

gewiß I *adj* **1.** (*sicher*) certain, sure (+*gen* of). **(ja) ~!** certainly, sure (*esp US*); **ich bin dessen ~** (*geh*) I'm certain *or* sure of it; **darüber weiß man noch nichts Gewisses** nothing certain is known as yet.

2. *attr* certain. **ein gewisser Herr Müller** a certain Herr Müller; **in gewissem Maße** to some *or* a certain extent; **in gewissem Sinne** in a (certain) sense.

II *adv* (*geh*) certainly. **Sie denken ~, daß ...** no doubt you think that ...; **ich weiß es ganz ~** I'm certain *or* sure of it; **eins ist** *or* **weiß ich (ganz) ~** one thing is certain *or* sure, there's one thing I know for certain *or* sure; **darf ich ...? — (aber) ~ (doch)!** may I ...? — but, of course *or* by all means.

Gewissen *nt* **-s,** *no pl* conscience. **ein schlechtes ~** a guilty *or* bad conscience; **jdn/etw auf dem ~ haben** to have sb/sth on one's conscience; **das hast du auf dem ~** it's your fault; **sich** (*dat*) **kein ~ daraus machen, etw zu tun** to have no scruples about *or* hesitation in doing sth; **jdm ins ~ reden** to have a serious talk with sb; **das mußt du vor deinem ~ verantworten** you'll have to answer to your own conscience for that; **ein gutes ~ ist ein sanftes Ruhekissen** (*Prov*) I *etc* just want to have a clear conscience, I *etc* just want to be able to sleep nights (*esp US*).

gewissenhaft *adj* conscientious; **Gewissenhaftigkeit** *f, no pl* conscien-tiousness; **gewissenlos** *adj* unprin-cipled, without conscience, unscrupulous; (*verantwortungslos*) irresponsible; **~ sein** to have no conscience; **wie kann man so ~ sein und ...** how could anybody be so unscrupulous/irresponsible as to ...; **Gewissenlosigkeit** *f* unscrupulousness, lack of principle; (*Verantwortungslosig-keit*) irresponsibility.

Gewissensbisse *pl* pangs of conscience *pl*; **mach dir deswegen keine ~!** there's nothing for you to feel guilty about; **~ bekommen** to get a guilty conscience; **ohne ~** without compunction (*liter*), without feeling guilty; **Gewissens-|entscheidung** *f* question of conscience, matter for one's conscience to decide; **Gewissens|erforschung** *f* examination of one's conscience; **Gewissensfrage** *f* matter of conscience; **Gewissensfreiheit** *f* freedom of conscience; **Gewissens-gründe** *pl* conscientious reasons *pl*; **Gewissenskonflikt** *m* moral conflict; **Gewissensnot** *f* moral dilemma, **Ge-wissensqual** (*geh*) *f* pangs of conscience *pl*; **Gewissensskrupel** *pl* (*moral*) scruples *pl*; **Gewissenszwang** *m, no pl* moral constraint(s).

gewissermaßen *adv* (*sozusagen*) so to speak, as it were; (*auf gewisse Weise*) in a way, to an extent.

Gewißheit *f* certainty. **mit ~** with certainty; *wissen* for certain *or* sure; **~ erlangen** to achieve certain knowledge; **(zur) ~ wer-den** to become a certainty.

Gewitter *nt* **-s, -** thunderstorm; (*fig*) storm.

Gewitterfliege *f* thunder fly; **Gewitterfront**

f (*Met*) storm front; **Gewitterhimmel** *m* stormy sky, thunderclouds *pl*.

gewitt(e)rig *adj* thundery. ~ **schwül** thundery (and oppressive) air; ~**e Schwüle** thundery (and oppressive) air.

Gewitterluft *f* thundery atmosphere.

gewittern* *vi impers* **es gewittert** it's thundering.

Gewitterneigung *f* (*Met*) likelihood of thunder storms; **Gewitterregen, Gewitterschauer** *m* thundery shower; **Gewitterstimmung** *f* (*fig*) stormy atmosphere; **Gewittersturm** *m* thunderstorm; **Gewitterwand** *f* wall or mass of thunderclouds; **Gewitterwolke** *f* thundercloud; (*fig inf*) storm-cloud; **Gewitterziege** *f* (*pej inf*) sour old hag.

Gewitzel *nt* -s, *no pl* joking, jokes *pl*.

Gewitzheit *f, no pl* craftiness, cunning.

gewitzigt *adj pred* (made) wiser. **ich bin jetzt** ~ I've learned by (bitter) experience, I'm wiser now.

gewitzt *adj* crafty, cunning.

gewoben *ptp* of **weben**.

Gewoge *nt* -s, *no pl* surging; (*von Kornfeld auch*) waving; (*hum: von Busen*) surging.

gewogen[1] *ptp* of **wägen, wiegen**[2].

gewogen[2] *adj* (*geh*) well-disposed, favourably disposed (+*dat* towards).

Gewogenheit *f, no pl* (*geh*) favourable attitude.

gewöhnen* I *vt* **jdn an etw** (*acc*) ~ to make sb used or accustomed to sth, to accustom sb to sth; **jdn an Höflichkeit** ~ to train or teach sb to be polite; **einen Hund an Sauberkeit** ~ to house-train a dog; **an jdn/etw gewöhnt sein, jdn/etw gewöhnt sein** (*inf*) to be used to sb/sth.

II *vr* **sich an jdn/etw** ~ to get or become used to sb/sth, to accustom oneself to sb/sth; **du mußt dich an Ordnung/Pünktlichkeit** ~ you must get used to being or get into the habit of being orderly/punctual; **sich daran** ~, **etw zu tun** to get used or accustomed to doing sth; **das bin ich gewöhnt** I'm used to it.

Gewohnheit *f* habit. **aus (lauter)** ~ **from** (sheer) force of habit; **die** ~ **haben, etw zu tun** to have a habit of doing sth; **wie es seine** ~ **war, nach alter** ~ as was his wont or custom; **das ist ihm zur** ~ **geworden** it's become a habit with him; **sich** (*dat*) **etw zur** ~ **machen** to make a habit of sth.

gewohnheitsmäßig I *adj* habitual; II *adv* (*ohne nachzudenken*) automatically; **Gewohnheitsmensch** *m* creature of habit; **Gewohnheitsrecht** *nt* (*Jur*) **1.** (*im Einzelfall*) established or customary right; **2.** (*als Rechtssystem*) common law; **Gewohnheitssache** *f* question of habit; **Gewohnheitstier** *nt*: **der Mensch ist ein** ~ (*inf*) man is a creature of habit; **Gewohnheitstrinker** *m* habitual drinker; **Gewohnheitsverbrecher** *m* habitual criminal.

gewöhnlich I *adj* **1.** *attr* (*allgemein, üblich*) usual, customary; (*normal*) normal; (*durchschnittlich*) ordinary; (*alltäglich*) everyday. **ein** ~**er Sterblicher** an ordinary mortal.

2. (*pej: ordinär*) common. **sie zieht sich immer so** ~ **an** she always wears such common clothes.

II *adv* normally, usually. **wie** ~ as usual, as per usual (*inf*).

Gewöhnlichkeit *f* (*pej*) commonness.

gewohnt *adj* usual. **etw** (*acc*) ~ **sein** to be used to sth; **ich bin es** ~, **früh aufzustehen** I am used to getting up early.

gewohntermaßen *adv* usually.

Gewöhnung *f, no pl* (*das Sichgewöhnen*) habituation (*an* +*acc* to); (*das Angewöhnen*) training (*an* +*acc* in); (*Sucht*) habit, addiction.

Gewölbe *nt* -s, - (*Decken*~) vault; (*Keller*~ *auch*) vaults *pl*.

Gewölbebogen *m* arch (of a vault); **Gewölbepfeiler** *m* pier (of a vault).

gewölbt *adj* **Stirn** domed; **Himmel, Decke** vaulted; **Brust** bulging; **Nase** aquiline.

Gewölk *nt* -(e)s, *no pl* clouds *pl*.

gewollt *adj* forced, artificial.

gewonnen *ptp* of **gewinnen**.

geworben *ptp* of **werben**.

geworden *ptp* of **werden**.

geworfen *ptp* of **werfen**.

gewrungen *ptp* of **wringen**.

Gewühl *nt* -(e)s, *no pl* **1.** (*pej: das Wühlen*) (*in Kisten, Schubladen etc*) rummaging around; (*im Schlamm etc*) wallowing (about). **2.** (*Gedränge*) crowd, throng; (*Verkehrs*~) chaos, snarl-up (*inf*).

gewunden I *ptp* of **winden**[1]. II *adj* **Weg, Fluß** *etc* winding; **Erklärung** roundabout *no adv*, tortuous.

gewunken (*dial*) *ptp* of **winken**.

gewürfelt *adj* check(ed).

Gewürm *nt* -(e)s, *no pl* worms *pl*; (*Kriechtiere*) creeping animals *pl*, creepy-crawlies *pl* (*inf*); (*fig*) vermin.

Gewürz *nt* -es, -e spice; (*Kräutersorte*) herb; (*Pfeffer, Salz*) condiment.

Gewürzgurke *f* pickled gherkin; **Gewürzmischung** *f* mixed herbs *pl*; **Gewürznelke** *f* clove; **Gewürzpflanze** *f* spice plant; (*Kräuterpflanze*) herb; **Gewürzständer** *m* spice rack.

Gewusel *nt* -s, *no pl* (*dial*) siehe **Gewimmel**.

gewußt *ptp* of **wissen**.

Geysir ['gaizir] *m* -s, -e geyser.

gez. *abbr. of* **gezeichnet** signed.

gezackt *adj* **Fels** jagged; **Hahnenkamm** toothed; **Blatt** serrated, dentate (*spec*).

gezähnt, gezähnt *adj* serrated; (*Bot*) serrated, dentate (*spec*); (*Tech*) cogged; **Briefmarke** perforated.

Gezänk, Gezanke (*inf*) *nt* -s, *no pl* quarrelling.

gezeichnet *adj* marked; (*als Straffälliger auch*) branded. **vom Tode** ~ or **ein vom Tode G~er sein** to have the mark of death on one.

Gezeiten *pl* tides *pl*.

Gezeitenkraftwerk *nt* tidal power plant or station; **Gezeitentafel** *f* table of (the) tides; **Gezeitenwechsel** *m* turn of the tide.

Gezeter *nt* -s, *no pl* (*inf*) (*lit*) nagging; (*fig*) clamour. **in** ~, (*acc*) **ausbrechen** (*fig*) to set up or raise a clamour.

geziehen *ptp* of **zeihen**.

gezielt *adj* purposeful; **Schuß** well-aimed; **Frage, Maßnahme, Forschung** *etc* specific;

Hilfe well-directed; *Indiskretion* deliberate. ~ **schießen** to shoot to kill; **er hat sehr** ~ **gefragt** he was obviously getting at something specific with his questions.

geziemen* *(old, geh)* **I** *vi + dat* to befit. **dieses Verhalten geziemt ihm nicht** such behaviour ill befits him.
II *vr* to be proper. **wie es sich geziemt** as is proper; **wie es sich für ein artiges Kind geziemt** as befits a well-behaved child.

geziemend *adj* proper.

geziert *adj* affected.

Geziertheit *f* affectedness.

gezogen I *ptp of* **ziehen. II** *adj* **Gewehrlauf** *etc* rifled; *Soldat* conscript(ed). **ein G~er** *(Mil inf)* a conscript.

Gezücht *nt* **-(e)s, -e** *(obs) (pej: Brut)* brood; *(inf: Gesindel)* riff-raff *pl*, rabble *pl*.

Gezweig *nt* **-(e)s,** *no pl (geh)* branches *pl*.

Gezwitscher *nt* **-s,** *no pl* chirruping, twitter(ing).

gezwungen I *ptp of* **zwingen. II** *adj (nicht entspannt)* forced; *Atmosphäre* strained; *Stil, Benehmen* stiff.

gezwungenermaßen *adv* of necessity. **etw** ~ **tun** to be forced to do sth, to do sth of necessity.

Gezwungenheit *f, no pl* artificiality; *(von Atmosphäre)* constraint; *(von Stil, Benehmen)* stiffness.

ggf. *abbr of* **gegebenenfalls.**

Ghetto *nt* **-s, -s** ghetto.

Ghostwriter ['goustraitə] *m* **-s, -** ghostwriter. **er ist der** ~ **des Premiers** he ghosts *or* ghostwrites for the PM.

gib *imper sing of* **geben.**

Gibbon *m* **-s, -s** gibbon.

Gicht *f* **-, -en 1.** *no pl (Med, Bot)* gout. **2.** *(Metal)* throat (of a/the furnace).

gichtbrüchig *adj (old)* gouty; **die G~en** *(Bibl)* the palsied, those stricken with the palsy; **Gichtgas** *nt (Metal)* top gas.

gichtisch *adj* gouty.

Gichtknoten *m* gouty deposit, tophus *(form)*; **gichtkrank** *adj* gouty; **Gichtkranke(r)** *mf decl as adj* gout sufferer.

gicksen *(dial)* **I** *vi (kichern)* to giggle; *(piepsen)* to squeak; *(Stimme)* to go squeaky. **II** *vt* to prod, to poke.

Giebel *m* **-s, -** gable; *(Tür~, Fenster~)* pediment.

Giebeldach *nt* gabled roof; **Giebelfenster** *nt* gable window; **Giebelhaus** *nt* gabled house.

gieb(e)lig *adj* gabled.

Giebelseite *f* gable end; **Giebelwand** *f* gable end *or* wall; **Giebelzimmer** *nt* attic room.

Gieper *m* **-s,** *no pl (dial)* craving *(auf +acc* for).

Gier *f* **-,** *no pl (nach* for*)* greed; *(nach Geld auch)* avarice, lust; *(nach Macht, Ruhm auch)* craving, lust; *(Lüsternheit)* lust.

gieren¹ *vi (pej)* to lust *(nach* for*)*.

gieren² *vi (Naut)* to yaw.

gierig *adj* greedy; *(nach Geld)* avaricious; *(lüstern)* lustful. ~ **nach etw sein** to be greedy for sth; *(nach Macht auch, sexuell)* to lust for sth; *(nach Vergnügen auch)* to

crave sth; *(nach Wissen auch)* to be avid for sth; **etw** ~ **verschlingen** *(lit, fig)* to devour sth greedily.

Gießbach *m* (mountain) torrent.

gießen *pret* **goß,** *ptp* **gegossen I** *vt* **1.** to pour; *(verschütten)* to spill; *Pflanzen, Garten etc* to water; *(liter) Licht* to shed. **gieß das Glas nicht so voll!** don't fill the glass so full!
2. *Glas* to found *(zu* (in)to*)*; *Metall auch* to cast *(zu* into*)*.
II *vi impers* to pour. **es gießt in Strömen** *or* **wie aus Eimern** it's pouring down, it's chucking it down *(inf)*.

Gießer *m* **-s, - 1.** *(Metal)* caster, founder. **2.** *(an Kanne)* pourer.

Gießerei *f* **1.** *no pl (Gießen)* casting, founding. **2.** *(Werkstatt)* foundry.

Gießereiarbeiter *m* foundry worker; **Gießereibetrieb** *m* foundry.

Gießkanne *f* watering can; **Gießkannenprinzip** *nt (inf)* principle of giving everyone a slice of the cake; **Gießkelle** *f*, **Gießlöffel** *m* casting ladle; **Gießofen** *m* foundry furnace; **Gießpfanne** *f* casting ladle.

Gift *nt* **-(e)s, -e** *(lit, fig)* poison; *(Bakterien~)* toxin; *(Schlangen~,* fig: *Bosheit)* venom. ~ **nehmen** to poison oneself; **das ist (wie)** ~ **für ihn** *(inf)* that is very bad for him; **darauf kannst du** ~ **nehmen** *(inf)* you can bet your bottom dollar *or* your life on that *(inf)*; **sein** ~ **verspritzen** to be venomous; ~ **und Galle spucken** *(inf) or* **speien** to be fuming, to be in a rage.

Giftampulle *f* poison capsule; **Giftbecher** *m* cup of poison; **Giftdrüse** *f* venom gland.

giften *(inf)* **I** *vt impers* to rile. **II** *vi* to be nasty *(gegen* about*)*.

Giftgas *nt* poison gas; **giftgrün** *adj* bilious green; **gifthaltig, gifthältig** *(Aus) adj* containing poison, poisonous, toxic; **Gifthauch** *m (liter)* miasma *(liter)*.

giftig *adj* **1.** poisonous; *Stoff, Chemikalien etc auch* toxic. **2.** *(fig) (boshaft)* venomous; *(zornig)* vitriolic. **3.** *(grell)* bilious.

Giftküche *f* devil's workshop; **Giftmischer(in** *f) m* **-s, -** preparer of poison; *(fig)* trouble-maker, stirrer *(inf)*; **Giftmord** *m* poisoning; **Giftmörder** *m* poisoner; **Giftmüll** *m* toxic waste; **Giftnudel** *f (hum inf)* **1.** *(Zigarre, Zigarette)* cancer tube *(hum inf)*; **2.** *(gehässige Frau)* vixen, shrew; **Giftpfeil** *m* poisoned arrow; **Giftpflanze** *f* poisonous plant; **Giftpilz** *m* poisonous toadstool; **Giftschlange** *f* poisonous snake; **Giftschrank** *m* poison cabinet; *(hum inf)* restricted access section of a library *etc*; **Giftstoff** *m* poisonous *or* toxic substance; **Giftzahn** *m* fang; **Giftzwerg** *m (inf)* spiteful little devil *(inf)*.

Gigant *m* giant; *(Myth)* Titan; *(fig auch)* colossus.

gigantisch *adj* gigantic, colossal.

Gigantismus *m (Med)* gigantism; *(fig)* giantism.

Gigantomanie *f, no pl* love of things big.

Gigerl *m or nt* **-s, -(n)** *(Aus inf)* dandy, peacock *(inf)*.

Gigolo ['ʒi:golo, 'ʒig-] *m* **-s, -s** gigolo.
gilben *vi aux sein* (*liter*) to yellow.
Gilde *f* **-, -n** guild.
Gildehaus *nt* guildhall.
Gilet [ʒi'le:] *nt* **-s, -s** (*Aus, Sw*) waistcoat (*Brit*), vest (*US*).
gilt *3. pers present of* **gelten.**
Gimpel *m* **-s, -** (*Orn*) bullfinch; (*inf: Einfalts-pinsel*) ninny (*inf*).
Gin [dʒɪn] *m* **-s, -s** gin. ~ **tonic** Gin and Tonic.
ging *pret of* **gehen.**
Ginseng ['gɪnzɛŋ, 'ʒɪnzɛŋ] *m* **-s, -s** (*Bot*) ginseng.
Ginster *m* **-s, -** (*Bot*) broom; (*Stech~*) gorse.
Gipfel *m* **-s, -. 1.** (*Bergspitze*) peak; (*höch-ster Punkt eines Berges*) summit; (*old: Baum~*) top, tip. **2.** (*fig: Höhepunkt*) height; (*des Ruhms, der Karriere auch*) peak; (*der Vollkommenheit*) epitome. **das ist der ~!** (*inf*) that's the limit, that takes the cake (*inf*). **3.** (*~konferenz*) summit.
Gipfelgespräch *nt* (*Pol*) summit talks *pl*;
Gipfelkonferenz *f* (*Pol*) summit con-ference; **Gipfelkreuz** *nt* cross on the sum-mit of a/the mountain.
gipfeln *vi* to culminate (*in* +*dat* in).
Gipfelpunkt *m* (*lit*) zenith; (*fig*) high point;
Gipfelstürmer *m* (*liter*) conqueror of a/ the peak; **Gipfeltreffen** *nt* (*Pol*) summit (meeting).
Gips *m* **-es, -e 1.** plaster; (*Med, Art auch*) plaster of Paris; (*Chem*) gypsum. **2.** (*~verband*) plaster. **einen Arm in ~ legen** to put an arm in plaster; **er lag sechs Wochen in ~** he was in plaster for six weeks.
Gips- *in cpds* plaster; **Gips|abdruck, Gips|abguß** *m* plaster cast, **Gipsbein** *m* (*inf*) leg in plaster.
gipsen *vt* to plaster; *Arm, Bein* to put in plaster.
Gipser *m* **-s, -** plasterer.
gipsern *adj attr* plaster.
Gipsfigur *f* plaster (of Paris) figure;
Gipskorsett *nt* (*Med*) plaster jacket;
Gipskrawatte *f* (*Med*) plaster collar;
Gipsverband *m* (*Med*) plaster cast *or* bandage (*form*); **er trug den Arm im ~** he had his arm in plaster *or* in a plaster cast.
Giraffe *f* **-, -n** giraffe.
Girl [gø:ɐl, gœrl] *nt* **-s, -s** (*inf*) girl; (*Revue~ etc*) chorus girl.
Girlande *f* **-, -n** garland (*aus* of). **etw mit ~n schmücken** to garland sth, to decorate sth with garlands.
Giro ['ʒi:ro] *nt* **-s, -s** *or* (*Aus*) **Giri** ['ʒi:ri] (*Fin*) (bank) giro; (*Indossament*) en-dorsement. **durch ~** by giro.
Girobank *f* clearing bank; **Girogeschäft** *nt* (bank) giro transfer; **Girokonto** *nt* cur-rent account; **Giroverkehr** *m* giro system; **Girozentrale** *f* clearing house.
girren *vi* (*lit, fig*) to coo.
Gis *nt* **-, -** (*Mus*) G sharp. **~-Dur/g~-Moll** G sharp major/minor.
Gischt *m* **-(e)s, -e** *or* *f* **-, -en** spray.
Gitarre *f* **-, -n** guitar.
Gitarre(n)spiel *nt* guitar-playing;
Gitarre(n)spieler *m* guitarist, guitar-player.
Gitarrist *m* guitarist.

Gitter *nt* **-s, -** bars *pl*; (*engstäbig, vor Türen, Schaufenstern*) grille; (*in Fußboden, Straßendecke*) grid, grating; (*für Gewächse etc*) lattice, trellis; (*feines Draht~*) (wire-)mesh; (*Kamin~*) fire-guard; (*Geländer*) railing *usu pl*; (*Phys, Chem: Kristall~*) lattice; (*Elec, Geog*) grid. **hinter ~n** (*fig inf*) behind bars.
Gitterbett *nt* cot (*Brit*), crib (*US*); **Gitter-|elektrode** *f* (*Elec*) grid (electrode);
Gitterfenster *nt* barred window;
Gittermast *m* (*Elec*) (lattice) pylon;
Gitternetz *nt* (*Geog*) grid; **Gitterrost** *m* grid, grating; **Gitterstab** *m* bar;
Gitterstruktur *f* (*Chem*) lattice structure;
Gittertür *f* (paled) gate; **Gitterzaun** *m* paling; (*mit gekreuzten Stäben*) lattice fence.
Glace [gla:s] *f* **-, -n** (*Sw*) ice(cream).
Glacéhandschuh [gla'se:-] *m* kid glove; **jdn mit ~en anfassen** (*fig*) to handle sb with kid gloves.
glacieren* [gla'si:rən] *vt* (*Cook*) to glaze.
Glacis [gla'si:] *nt* **-, -** (*Mil*) glacis.
Gladiator *m* gladiator.
Gladiole *f* **-, -n** (*Bot*) gladiolus.
Glamour ['glɛmɐ] *m or nt* **-s, no pl** (*Press sl*) glamour.
Glamourgirl *nt* glamour girl.
glamourös [glamu'rø:s] *adj* glamorous.
Glanz *m* **-es, no pl** gleam; (*von Oberfläche auch*) shine; (*Funkeln*) sparkle, glitter; (*von Augen*) sparkle; (*von Haaren*) sheen, shine; (*von Seide, Perlen*) sheen, lustre; (*von Farbe*) gloss; (*blendender: von Sonne*) glare; (*fig*) (*der Schönheit, Jugend*) radiance; (*von Ruhm, Erfolg*) glory; (*Pracht*) splendour. **mit ~ und Gloria** (*iro inf*) in grand style; **eine Prüfung mit ~ bestehen** (*inf*) to pass an exam with flying colours; **den ~ verlieren** (*Metall, Leder, Möbel*) to lose its shine; (*Diamanten, Augen, fig*) to lose its/one's sparkle; **welch ~ in dieser Hütte!** (*iro*) to what do I owe the honour (of this visit)? (*iro*).
Glanz|abzug *m* (*Phot*) glossy *or* gloss print.
glänzen *vi* (*lit, fig*) to shine; (*polierte auch*) to gleam; (*glitzern*) to glisten; (*funkeln*) to sparkle; (*blenden*) to glare; (*Hosen-boden, Nase*) to be shiny. **vor jdm ~ wollen** to want to shine in front of sb; **ihr Gesicht glänzte vor Freude** her face shone with *or* was radiant with joy.
glänzend *adj* shining; *Haar, Seide auch* lustrous; *Metall, Leder, Holz auch* gleam-ing; (*strahlend*) radiant; (*blendend*) dazzling; (*glitzernd*) glistening; (*funkelnd*) sparkling, glittering; *Papier* glossy, shiny; *Stoff, Nase, Hosenboden* shiny; (*fig*) brilliant; *Aussehen, Fest* dazzling; *Gesell-schaft* glittering; (*erstklassig*) marvellous, splendid. **~ in Form** (*inf*) in splendid form; **ein ~er Reinfall** (*iro*) a glorious failure; **wir haben uns ~ amüsiert** we had a marvellous *or* great (*inf*) time; **mir geht es ~** I'm just fine.
Glanzform *f, no pl* (*inf*) brilliant form;
Glanz|idee *f* (*inf*) brilliant idea;
Glanzlack *m* gloss (paint); **Glanzleder** *nt* patent leather; **Glanzleistung** *f* brilliant achievement; **eine wissenschaft-**

liche ~ a brilliant scientific achievement;
Glanzlicht *nt* **1.** (*Art, fig*) highlight;
2. (*Phys*) reflected light; **glanzlos** *adj* (*lit, fig*) dull; *Augen, Haar, Vorstellung auch* lacklustre; *Lack, Oberfläche* matt;
Glanznummer *f* big number, pièce de résistance; **Glanzpapier** *nt* glossy paper;
Glanzpolitur *f* gloss polish; **Glanzpunkt** *m* (*fig*) highlight, high spot; **Glanzrolle** *f* star role; **Glanzstück** *nt* pièce de résistance; **glanzvoll** *adj* (*fig*) brilliant; *Darstellung, Unterhaltung auch* sparkling; (*prachtvoll*) glittering; **Glanzzeit** *f* heyday; **seine ~ ist vorüber** he has had his day.

Glas¹ *nt* **-es, -̈er** *or* (*als Maßangabe*) **- 1.** (*Stoff, Gefäß*) glass; (*Konserven~*) jar.
buntes *or* **farbiges** *or* **gefärbtes ~** stained glass; **„Vorsicht ~!"** "glass – handle with care"; **ein ~ Milch** a glass of milk; **ein ~ Marmelade/Gurken** a pot (*Brit*) *or* jar of jam/a jar of gherkins; **zwei ~ Wein** two glasses of wine; **zu tief ins ~ gucken** (*inf*) *or* **schauen** (*inf*), **ein ~ über den Durst trinken** (*inf*) to have one too many *or* one over the eight (*inf*); **unter ~** behind glass; (*Gewächs*) under glass.
2. (*Brillen~*) lens *sing*; (*Fern~*) binoculars *pl*, (field-) glasses *pl*; (*Opern~*) opera glasses *pl*. **-̈er** (*old*) (*Brille*) spectacles *pl*, glasses *pl*.

Glas² *nt* **-es, -en** (*Naut: halbe Stunde*) bell.
es schlägt acht ~en it's eight bells.

Glas- *in cpds* glass; **Glasballon** *m* carboy; **Glasbau** *m, pl* **-ten** glass structure; **Glasbaustein** *m* glass block; **Glasbläser** *m* glassblower; **Glasbläserei** *f* **1.** *no pl* (*Handwerk*) glass-blowing; **2.** (*Werkstatt*) glassworks *sing or pl*; **Glasbruch** *m* broken glass; **Glasdach** *nt* glass roof.

Gläschen ['glɛːsçən] *nt dim of* **Glas¹** (*Getränk*) little drink. **darauf müssen wir ein ~ trinken** we must drink to that, that calls for a little drink.

Glaser *m* **-s, -** glazier.

Glaserei *f* **1.** *no pl* (*Handwerk*) glasswork.
2. (*Werkstatt*) glazier's workshop.

Gläserklang *m* (*dated*) the clink of glasses.
gläsern *adj* glass; (*liter: starr*) glassy.
Glasertuch *nt* glasscloth; **gläserweise** *adv* by the glassful.

Glasfabrik *f* glassworks *sing or pl*; **Glasfaser** *f* glass fibre; **Glasfenster** *nt* glass window; **Glasfiberstab** *m* (*Sport*) glass fibre pole; **Glasform** *f* glass mould; (*Backform*) glass *or* Pyrex ® dish; **Glasgeschirr** *nt* glassware; **Glasglocke** *f* glass cover *or* dome; (*als Lampenschirm*) glass ball; **Glasharfe** *f* musical glasses *pl*; **glashart** *adj* brittle; (*Sport sl*) cracking (*inf*); **Glashaus** *nt* greenhouse; (*in botanischen Gärten etc*) glasshouse; **wer (selbst) im ~ sitzt, soll nicht mit Steinen werfen** (*Prov*) people who live in glass houses shouldn't throw stones (*Prov*);
Glashütte *f* glassworks *sing or pl*.

glasieren* *vt* to glaze; *Kuchen* to ice, to frost (*esp US*).

glasig *adj Blick* glassy; (*Cook*) *Kartoffeln* waxy; *Speck, Zwiebeln* transparent.

Glasindustrie *f* glass industry; **Glaskasten** *m* glass case; (*in Fabrik, Büro*)

glass box; (*Hort*) cold frame; **glasklar** *adj* (*lit*) clear as glass; (*fig*) crystal-clear;
Glaskolben *m* glass flask; (*von Glühlampe etc*) glass bulb; **Glaskugel** *f* glass ball; (*Murmel*) marble; **Glasmalerei** *f* glass painting; **Glaspapier** *nt* glasspaper;
Glasperle *f* glass bead; **Glasplatte** *f* glass top; **Glasröhrchen** *nt* small glass tube;
Glasröhre *f* glass tube; **Glasscheibe** *f* sheet of glass; (*Fensterglas*) pane of glass;
Glasscherbe *f* fragment of glass, piece of broken glass; **~n** broken glass; **Glasschleifer** *m* (*Opt*) glass grinder; (*Art*) glass cutter; **Glasschliff** *m* (*Opt*) glass grinding; (*Art*) glass cutting; **Glasschmelze** *f* glass melt; **Glasschneider** *m* glass cutter; **Glasschrank** *m* glass-fronted cupboard; **Glassplitter** *m* splinter of glass.

Glasur *f* glaze; (*Metal*) enamel; (*Zuckerguß*) icing, frosting (*esp US*).

Glasveranda *f* glass veranda, sun parlor (*US*); **Glasversicherung** *f* glass insurance; **Glaswaren** *pl* glassware *sing*; **glasweise** *adj, adv* by the glass; **Glaswolle** *f* glass wool; **Glaszylinder** *m* glass cylinder; (*von Petroleumlampe*) (glass) chimney.

glatt I *adj, comp* **-er** *or* **-̈er**, *superl* **-este (r, s)** *or* **-̈este(r, s)** *or adv* **am -esten** *or* **-̈esten 1.** (*eben*) smooth; *Meer auch* unruffled; *Haar* straight; (*Med*) *Bruch* clean; *Stoff* (*faltenlos*) uncreased; (*ungemustert*) plain; (*Aus*) *Mehl* finely ground.
2. (*schlüpfrig*) slippery.
3. (*fig*) *Landung, Ablauf* smooth. **eine ~e Eins** (*Sch*) a straight A.
4. *attr* (*inf: klar, eindeutig*) outright; *Lüge, Unsinn etc auch* downright. **das kostet ~e 1000 Mark** it costs a good 1,000 marks.
5. (*pej: allzu gewandt*) smooth, slick.
II *adv* **1.** smoothly. **er hat sich ~ aus der Affäre gezogen** he wriggled neatly out of the whole affair.
2. (*ganz, völlig*) completely; *leugnen, ablehnen* flatly; *vergessen* clean. **jdm etw ~ ins Gesicht sagen** to tell sb sth to his/her face; **die Rechnung ist ~ aufgegangen** the sum works out exactly.
3. (*inf: wirklich*) really.
4. ~ stricken to knit garter stitch.

glattbügeln *vt sep* to iron smooth.

Glätte *f* **-**, *no pl* **1.** (*Ebenheit*) smoothness; (*von Haar*) sleekness. **2.** (*Schlüpfrigkeit*) slipperiness. **3.** (*Politur*) polish. **4.** (*fig*) (*des Auftretens*) smoothness, slickness; (*des Stils*) polish.

Glatteis *nt* ice. **„Vorsicht ~!"** "danger, black ice"; **sich auf ~ begeben** (*fig*), **aufs ~ geraten** (*fig*) to skate on thin ice; **jdn aufs ~ führen** (*fig*) to take sb for a ride.
Glatteisbildung *f* formation of black ice.
Glatteisgefahr *f* danger of black ice.

glätten I *vt* (*glattmachen*) to smooth out; (*glattstreichen*) *Haar, Tuch* to smooth; (*esp Sw: bügeln*) to iron; (*fig: stilistisch ~*) to polish up.
II *vr* to smooth out; (*Wellen, Meer, fig*) to subside.

Glätterin *f* (*esp Sw*) presser.

glattgehen *vi sep irreg aux sein* to go

smoothly *or* OK (*inf*); **glatthobeln** *vt sep* to plane smooth; **glattkämmen** *vt sep* to comb straight; (*mit Haarpomade*) to sleek down; **glattlegen** *vt sep* to fold up carefully; **glattmachen** *vt sep* **1.** (*glattstreichen*) to smooth out; *Haare* to smooth (down); (*mit Kamm*) to comb straight; **2.** (*inf: begleichen*) to settle; **glattrasieren*** *vt sep* to shave; **glattrasiert** *adj Mann, Kinn* clean-shaven; *Beine* shaved; **glattrühren** *vt sep* to stir till smooth; **glattschleifen** *vt sep irreg* to rub smooth; *Linsen, Diamanten etc* to grind smooth; *Felsen etc* to wear smooth; **glattschneiden** *vt sep irreg* to cut straight; **glattstreichen** *vt sep irreg* to smooth out; *Haare* to smooth (down); **glattwalzen** *vt sep* to roll smooth; **glattweg** ['glatvɛk] *adv* (*inf*) simply, just, just like that (*inf*); **er hat meinen Vorschlag ~ abgelehnt** he simply turned my suggestion down, he turned my suggestion down flat *or* just like that (*inf*); **glattzüngig** *adj* (*pej geh*) glib, smooth-tongued.

Glatze *f* **-, -n** bald head. **eine ~ bekommen/haben** to go/be bald; **ein Mann mit ~** a bald(-headed) man, a man with a bald head; **sich** (*dat*) **eine ~ schneiden lassen** to have one's head shaved.

Glatzkopf *m* bald head; (*inf: Mann mit Glatze*) baldie (*inf*); **glatzköpfig** *adj* bald(-headed).

Glaube *m* **-ns**, *no pl* (*Vertrauen, religiöse Überzeugung, Konfession*) faith (*an +acc* in); (*Überzeugung, Meinung*) belief (*an +acc* in). **~, Liebe, Hoffnung** faith, hope and charity; **in gutem ~n** in good faith; (**bei jdm**) **~n finden** to be believed (by sb); (*Bericht, Aussage etc auch*) to find credence (with sb); **den ~n an jdn/etw verlieren** to lose faith in sb/sth; **jdm ~n schenken** to believe sb, to give credence to sb; **laß ihn bei seinem ~!** let him keep his illusions; **er ist katholischen ~ns** he is of the Catholic faith.

Glauben *m* **-s**, *no pl siehe* **Glaube.**

glauben *vti* (*Glauben schenken, überzeugt sein, vertrauen*) to believe (*an +acc* in); (*meinen, annehmen, vermuten*) to think. **jdm ~** to believe sb; **das glaube ich dir gerne/nicht I** quite/don't believe you; **glaube es mir** believe me; **das soll ich dir ~?** do you expect me to believe that?; **er glaubte mir jedes Wort** he believed every word I said; **d(a)ran ~ müssen** (*inf*) to cop it (*sl*); (*sterben auch*) to buy it (*sl*); **das glaubst du doch selbst nicht!** you can't be serious; **jdn etw ~ machen wollen** to try to make sb believe sth; **das glaube ich nicht von ihm** I can't believe that of him; **ob du es glaubst oder nicht, ...** believe it or not ...; **wer's glaubt, wird selig** (*iro*) a likely story (*iro*); **ich glaubte ihn zu kennen, doch ...** I thought I knew him, but ...; **ich glaubte ihn in Berlin** I thought he was in Berlin; **er glaubte sich unbeobachtet** he thought nobody was watching him; **man glaubte ihm den Fachmann** one could well believe him to be an expert; **es ist nicht *or* kaum zu ~** it's incredible *or* unbelievable; **ich glaube dir jedes Wort (einzeln)** (*iro*) pull the other one (*inf*); **ich glaube, ja I**

think so; **ich glaube, nein I** don't think so, I think not.

Glaubens|artikel *m* article of faith; **Glaubensbekenntnis** *nt* creed; **Glaubensbewegung** *f* religious movement; **Glaubensbruder** *m* co-religionist (*form*), brother in faith, fellow Buddhist/ Christian/Jew *etc*; **Glaubensdinge** *pl* matters of faith *pl*; **Glaubens|eifer** *m* religious zeal; **Glaubensfrage** *f* question of faith; **Glaubensfreiheit** *f* freedom of worship, religious freedom; **Glaubensgemeinschaft** *f* religious sect; (*christliche auch*) denomination; **Glaubensgenosse** *m* co-religionist (*form*); **Glaubenskampf** *m* religious battle; **Glaubenskrieg** *m* religious war; **Glaubenslehre** *f* dogmatics *sing*; (*pej: Doktrin*) doctrine, dogma; **Glaubenssache** *f* matter of faith; **Glaubenssatz** *m* dogma, doctrine; **Glaubensspaltung** *f* schism; **Glaubensstreit** *m* religious controversy; **Glaubenswahrheit** *f* religious truth; **Glaubenswechsel** *m* change of faith *or* religion; **Glaubenszweifel** *m usu pl* religious doubt.

glaubhaft *adj* credible, believable; (*einleuchtend*) plausible. (**jdm**) **etw (überzeugend) ~ machen** to substantiate sth (to sb), to satisfy sb of sth.

Glaubhaftigkeit *f*, *no pl* credibility; (*Evidenz*) plausibility.

gläubig *adj* religious; (*vertrauensvoll*) trusting. **~ hörten sie meiner Geschichte zu** they listened to and believed my story.

Gläubige(r) *mf decl as adj* believer. **die ~n** the faithful.

Gläubiger(in *f*) *m* **-s, -** (*Comm*) creditor.

Gläubiger|ansprüche *pl* creditors' claims *pl*; **Gläubiger|ausschuß** *m* committee *or* board of creditors.

glaublich *adj*: **kaum ~** scarcely credible.

glaubwürdig *adj* credible. **~e Quellen** reliable sources.

Glaubwürdigkeit *f*, *no pl* credibility.

Glaukom *nt* **-s, -e** (*Med*) glaucoma.

Glazial *nt* **-s, -e** (*Geol*) glacial epoch *or* episode.

gleich I *adj* (*identisch, ähnlich*) same; (*mit indef art*) similar; (*~wertig, ~berechtigt, Math*) equal; (*auf ~er Höhe*) level. **der/ die/das ~e ... wie** the same ... as; **in ~em Abstand** at an equal distance; **wir sind in ~er Weise daran schuld** we are equally to blame; **zu ~en Teilen** in equal parts; **in ~er Weise** in the same way; **~er Lohn für ~e Arbeit** equal pay for equal work, the same pay for the same work; **mit ~er Post** with the same post; **~e Rechte, ~e Pflichten** (*prov*) equal rights, equal responsibilities; **zur ~en Zeit** at the same time; **ich habe den ~en Wagen wie Sie I** have the same car as you; **das ~e, aber nicht dasselbe Auto** a similar car, but not the same one; **das kommt *or* läuft aufs ~e hinaus** it comes (down) *or* amounts to the same thing; **wir wollten alle das ~e** we all wanted the same thing; **es ist genau das ~e** it's exactly the same; **es waren die ~en, die ...** it was the same ones who/which ...; **zwei mal zwei (ist) ~ vier** two twos are four, two times two equals *or* is four; **vier**

plus/durch/minus zwei ist ~ ... four plus/divided by/minus two equals *or* is ...; **jdm (an etw** *dat*) ~ **sein** to be sb's equal (in sth); **ihr Männer seid doch alle ~!** you men are all the same!; **es ist mir (alles** *or* **ganz)** ~ it's all the same to me; **ganz ~ wer/was** *etc* no matter who/what *etc*; **das sieht ihm ~** that's just like him, that's just his style (*inf*); **ein G~es tun** (*geh*) to do the same; **G~es mit G~em vergelten** to pay like with like; **~ und ~ gesellt sich gern** (*Prov*) birds of a feather flock together (*Prov*).

II *adv* **1.** (*ebenso*) equally; (*auf* ~e Weise) alike, the same. **sie sind ~ groß/alt/schwer** they are the same size/age/weight; **der Lehrer behandelt alle Kinder ~** the teacher treats all the children equally *or* the same; **~ gekleidet** dressed alike *or* the same.
2. (*räumlich*) right, immediately, just.
3. (*zur selben Zeit*) at once; (*sofort auch*) immediately, straight *or* right away; (*bald*) in a minute. **~zu** *or* **am Anfang** right at the beginning, at the very beginning; **~ danach** immediately *or* straight *or* right after(wards); **ich komme ~** I'm just coming, I'll be right there; **ich komme ~ wieder** I'll be right back *or* back in a moment; **das mache ich ~ heute** I'll do that today; **es muß nicht ~ sein** there's no hurry, it's not urgent; **es ist ~ drei Uhr** it's almost *or* very nearly three o'clock; **ich werde ihn ~ morgen besuchen** I'll go and see him tomorrow; **du kriegst ~ eine Ohrfeige** you'll get a slap in a minute; **habe ich es nicht ~ gesagt!** what did I tell you?; **das habe ich mir ~ gedacht** I thought that straight away; **warum nicht ~ so?** why didn't you say/do that in the first place *or* straight away?; **na komm schon! — ~!** come along — I'm just coming *or* I'll be right there; **wann machst du das? — ~!** when are you going to do it? — right away *or* in just a moment; **~ als** *or* **nachdem er ...** as soon as he ...; **so wirkt das Bild ~ ganz anders** suddenly, the picture has changed completely; **wenn das stimmt, kann ich's ja ~ aufgeben** if that's true I might as well give up right now; **deswegen braucht man nicht ~ Hunderte auszugeben** you don't have to spend hundreds because of that; **er ging ~ in die Küche/vor Gericht** he went straight to the kitchen/to court; **sie hat sich ~ zwei Hüte gekauft** she bought *two* hats; **bis ~!** see you in a while, see you later.
4. (*in Fragesätzen*) again. **wie war doch ~ Ihr Name?** what was your name again?; **woher kenne ich ihn doch ~ wieder?** where have I seen him before?

III *prep* +*dat* (*liter*) like. **einer Sintflut ~** like a deluge.

IV *conj* (*old, liter*) **ob er ~ ...** although he ...; **wenn er ~ ...** even if he ...

gleich|altrig *adj* (*of*) the same age; **die beiden sind ~** they are both the same age; **gleich|artig I** *adj* of the same kind (+*dat* as); (*ähnlich*) similar (+*dat* to); (*homogen*) homogeneous (+*dat* with); **II** *adv* in the same way; similarly; homogeneously; **gleich|auf** *adv* (*esp* Sport) equal; **~ liegen** to be lying *or* to be

equal, to be level-pegging; **gleichbedeutend** *adj* synonymous (*mit* with); (*so gut wie*) tantamount (*mit* to); **Gleichbehandlung** *f* equal treatment; **gleichberechtigt** *adj* with equal *or* the same rights; **~ sein** to have equal rights; **Gleichberechtigung** *f* equal rights *sing or pl*, equality (+*gen* for); **gleichbleiben** *sep irreg aux sein* **I** *vi* to stay *or* remain the same; (*Temperaturen, Geschwindigkeit, Kurs auch*) to remain constant; **II** *vr* **sich ~** (*Mensch*) to stay *or* remain the same; **das bleibt sich gleich** it doesn't matter; **gleichbleibend** *adj* Temperatur, Geschwindigkeit, Kurs constant, steady; **~ sein** to stay *or* remain the same; (*Temperatur etc auch*) to stay *or* remain steady *or* constant; **in ~em Abstand** always at the same distance; **er ist immer ~ zuvorkommend** he is always equally helpful.

gleichen *pret* **glich**, *ptp* **geglichen** *vi* **jdm/einer Sache ~** to be like sb/sth; **sich ~** to be alike *or* similar; **jdm an Schönheit ~** to be sb's equal *or* to equal sb in beauty.

gleichermaßen, **gleicherweise** *adv* equally.

gleichfalls *adv* (*ebenfalls*) likewise; (*auch*) also; (*zur gleichen Zeit*) at the same time; **danke ~!** thank you, (and) the same to you; **gleichfarbig** *adj* (*of*) the same colour; **gleichförmig** *adj* of the same shape; (*einheitlich, fig: eintönig*) uniform (*auch* Phys); (*ähnlich*) similar; **Gleichförmigkeit** *f siehe adj* similarity of shape; uniformity; similarity; **gleichgelagert** *adj* parallel; **gleichgeschlechtig** *adj* (*Biol, Zool*) of the same sex, same-sex *attr*; (*Bot*) homogamous; **gleichgeschlechtlich** *adj* **1.** homosexual; **2.** *siehe* **gleichgeschlechtig**; **gleichgesinnt** *adj* like-minded; „**Ehepaar sucht G~es**" "married couple seeks couple of similar interests"; **gleichgestellt** *adj* equal (+*dat* to, with), on a par (+*dat* with); **rechtlich ~** equal in law; **gleichgestimmt** *adj* (*Mus*) in tune (+*dat* with); (*fig*) in harmony (+*dat* with).

Gleichgewicht *nt, no pl* (*lit*) balance, equilibrium (*auch* Phys, Chem); (*fig*) (*Stabilität*) balance; (*seelisches* ~) equilibrium. **im ~** (*lit*) balanced, in equilibrium; **wieder im ~ sein** (*fig*) to become more balanced again; to regain one's equilibrium; **das ~ verlieren, aus dem ~ kommen** to lose one's balance *or* equilibrium (*auch fig*); **jdn aus dem ~ bringen** to throw sb off balance; (*fig auch*) to disturb sb's equilibrium; **das ~ einer Sache wiederherstellen** to get sth back into balance *or* equilibrium; **das ~ zwischen ...** (*dat*) **und ... halten** to maintain a proper balance between ... and ...; **diese Dinge müssen sich** (*dat*) **das ~ halten** (*fig*) these things should balance each other out.

gleichgewichtig *adj* (*ausgeglichen*) Verhältnis balanced; (*gleich wichtig*) equal in weight.

Gleichgewichtsgefühl *nt* sense of balance; **Gleichgewichtslage** *f* (*fig*) equilibrium; **Gleichgewichts|organ** *nt* organ of equilibrium; **Gleichgewichts-**

sinn *m* sense of balance; **Gleichgewichtsstörung** *f* impaired balance, disturbance of the sense of balance; **Gleichgewichtszustand** *m siehe* **Gleichgewichtslage.**

gleichgültig, gleichgiltig *(old) adj* indifferent *(gegenüber, gegen* to, towards); *(uninteressiert)* apathetic *(gegenüber, gegen* towards); *(unwesentlich)* trivial, immaterial, unimportant. **das ist mir** ~ it's a matter of (complete) indifference to me; **Politik ist ihm** ~ he doesn't care about politics; **wir müssen die G~en aufrütteln** we must jolt people out of their indifference; ~, **was er tut** no matter what he does, irrespective of what he does; **es ist mir** ~, **was er tut** I don't care what he does; **er war ihr nicht** ~ **geblieben** she had not remained indifferent to him; **bin ich dir gänzlich** ~ **geworden?** have I become a matter of complete indifference to you?, have you become quite indifferent towards me?

Gleichgültigkeit *f* indifference *(gegenüber, gegen* to, towards); *(Desinteresse)* apathy *(gegenüber, gegen* towards).

Gleichheit *f* 1. *no pl (gleiche Stellung)* equality; *(Identität)* identity; *(Übereinstimmung)* uniformity, correspondence; *(Ind)* parity. 2. *(Ähnlichkeit)* similarity. **Gleichheitsprinzip** *nt* principle of equality; **Gleichheitszeichen** *nt (Math)* equals sign.

Gleichklang *m (fig)* harmony, accord; **gleichkommen** *vi sep irreg aux sein + dat* 1. *(die gleiche Leistung etc erreichen)* to equal *(an +dat* for), to match *(an +dat* for, in); **niemand kommt ihm an Dummheit gleich** no-one can equal *or* match him for stupidity; 2. *(gleichbedeutend sein mit)* to be tantamount *or* equivalent to, to amount to; **gleichlaufend** *adj* parallel *(mit* to); *(Tech)* synchronized; **gleichlautend** *adj* identical; ~**e Wörter** homonyms; **gleichmachen** *vt sep* to make the same, to level out; **Gleichmacher** *m (pej)* leveller *(pej)*, egalitarian; **Gleichmacherei** *f (pej)* levelling down *(pej)*, egalitarianism; **Gleichmaß** *nt* 1. *(Ebenmaß)* evenness; *(von Proportionen)* symmetry; 2. *(geh: Regelhaftigkeit)* monotony *(pej)*, regularity; **gleichmäßig** *adj* even, regular; *Puls auch* steady; *Abstände* regular; *(ausgeglichen)* well-balanced, stable; *Proportionen auch* symmetrical; **er ist immer** ~ **freundlich** he is always equally friendly; **die Farbe** ~ **auftragen** apply the paint evenly; **Gleichmäßigkeit** *f siehe adj* evenness, regularity; steadiness; regularity; stability; symmetry; **mit** *or* **in schöner** ~ *(iro)* with monotonous regularity; **Gleichmut** *m* equanimity, serenity, composure; **gleichmütig** *adj* serene, composed; **gleichnamig** *adj* of the same name; *(Math)* with a common denominator.

Gleichnis *nt* 1. *(Liter)* simile. 2. *(Allegorie)* allegory; *(Bibl)* parable.

gleichnishaft *siehe n* **I** *adj* as a simile; allegorical; parabolic. **II** *adv* in a simile; al-

legorically; in a parable.

gleichrangig *adj Beamte etc* equal in rank *(mit* to); at the same level *(mit* as); *Straßen etc* of the same grade *(mit* as); similarly graded; *Probleme etc* equally important, of equal status; **das verdient eine** ~**e Behandlung** it merits equal treatment; **Gleichrichter** *m (Elec)* rectifier; **Gleichrichtung** *f (Elec)* rectification.

gleichsam *adv* as it were, so to speak. ~, **als ob** just as if.

gleichschalten *sep (Pol: NS, pej)* **I** *vt* to bring *or* force into line; **II** *vr* to conform, to step into line; **Gleichschaltung** *f (Pol: NS, pej)* bringing *or* forcing into line; *(unter Hitler auch)* gleichschaltung; **gleichschenk(e)lig** *adj Dreieck* isosceles; **Gleichschritt** *m, no pl (Mil)* marching in step; **im** ~ *(lit, fig)* in step; **im** ~, **marsch!** forward march!; **im** ~ **marschieren** to march in step; **aus dem** ~ **kommen** *(lit, fig)* to get out of step; **jdn zum** ~ **zwingen** *(fig)* to force sb to keep in step *or* to toe the line; **gleichsehen** *vi sep irreg (dial)* **jdm/einer Sache** ~ to look like sb/ sth; **das sieht dir gleich!** that's just like you; **gleichseitig** *adj Dreieck* equilateral; **gleichsetzen** *vt sep (als dasselbe ansehen)* to equate *(mit* with); *(als gleichwertig ansehen)* to treat as equivalent *(mit* to); **gleichsilbig** *adj* with the same number of syllables; **Gleichstand** *m, no pl* 1. *(Sport)* **den** ~ **erzielen** to draw level; **beim** ~ **von 1:1** with the scores level at 1 all; **das Spiel wurde beim** ~ **von 4:4 beendet** the game ended in *or* was a 4-all draw; 2. *(Pol)* equal stage of development; **gleichstehen** *vi sep irreg* to be equal *(+dat* to *or* with), to be on a par *(+dat* with); *(Sport auch)* to be level *(+dat* with); **er steht im Rang einem Hauptmann** ~ he is equal in rank to a captain; **G~e** equals, people on an equal footing; **gleichstellen** *vt sep (rechtlich etc)* to treat as equal, to give parity of treatment (to); **daß Frauen und Männer arbeitsrechtlich gleichzustellen sind** that men and women should be treated as equals *or* equally *or* given parity of treatment as far as work is concerned; **Gleichstellung** *f, no pl (rechtlich etc)* equality *(+gen* of, for), equal status *(+gen* of, for), parity; **Gleichstrom** *m (Elec)* direct current, DC; **gleichtun** *vt impers sep irreg* **es jdm** ~ to equal *or* match sb; **es jdm im Laufen etc** ~ to equal *or* match sb at *or* in running *etc*.

Gleichung *f* equation. **eine** ~ **ersten/ zweiten Grades** a simple *or* linear/ quadratic equation, an equation of the first/second degree *(form)*.

gleichviel *adv (geh)* nonetheless; ~ **ob** no matter whether; ~ **wie** however; ~ **wohin** no matter where; **gleichwertig** *adj* of the same value; *(gleich zu bewerten) Leistung, Qualität* equal *(+dat* to); *Gegner* equally *or* evenly matched; *(Chem)* equivalent; **Gleichwertigkeit** *f, no pl siehe adj* equal value; equality; equivalence, equivalency; **gleichwie** *adv (old)* (just) as; **gleichwink(e)lig** *adj (Geometry)* equiangular *(form)*, with (all) angles equal; **gleichwohl** (geh) adv nevertheless, nonetheless; **gleichzeitig** I adj simultaneous; II adv simultaneously, at the same time; (ebenso, sowohl) at the same time; **ihr sollt nicht alle ~ reden** you mustn't all speak at the same time; **Gleichzeitigkeit** f simultaneity; **gleichziehen** vi sep irreg (inf) to catch up (mit with).

Gleis nt -es, -e (Rail) line, track, rails pl; (einzelne Schiene) rail; (Bahnsteig) platform; (fig) rut. **~ 6** platform or track (US) 6; „Überschreiten der ~e verboten" "passengers must not cross the line"; **ein totes ~** (lit) a siding; (fig) a dead end; **jdn/etw aufs tote ~ schieben** to put sb/sth on ice (inf); **aus dem ~ springen** to jump the rails; **aus dem ~ kommen** (fig) to go off the rails (inf); **etw ins (rechte) ~ bringen** (fig) to straighten or sort sth out; **jdn aus dem ~ bringen** (fig) to put sb off his stroke; (verrückt machen) to make sb go or send sb off the rails (inf); **wieder ins richtige ~ kommen** (fig) to be/get back on the rails (inf) or right lines (inf).

Gleis|anlagen pl railway (Brit) or railroad (US) lines pl; **Gleis|anschluß** m works siding; **Gleis|arbeiten** pl work on the line; line or track repairs; **Gleisbau** m, no pl railway/railroad construction; **Gleisbett** nt ballast; **Gleisbremse** f rail brake; **Gleisdrei|eck** nt triangular junction; **Gleiskette** f caterpillar track; **Gleiskettenfahrzeug** nt caterpillar vehicle; **Gleiskörper** m railway embankment.

Gleisner m -s, - (old) dissembler (liter).
gleisnerisch adj (old) dissembling (liter).
gleißen vi (liter) to gleam, to glisten.
Gleitboot nt hydroplane.

gleiten pret **glitt**, ptp **geglitten** vi 1. aux sein (Vogel, Flugzeug, Tänzer, Boot, Skier, Schlange) to glide; (Blick) to pass, to range; (Hand auch) to slide. **ein Lächeln glitt über ihr Gesicht** a smile flickered across her face; **sein Auge über etw** (acc) **~ lassen** to cast an eye over sth; **die Finger über etw** (acc) **~ lassen** to glide or slide one's fingers over or across sth.
2. aux sein (rutschen) to slide; (Auto) to skid; (ent~: Gegenstand) to slip; (geh: ausrutschen) to slip. **zu Boden ~** to slip to the floor/ground; **ins Wasser ~** to slide or slip into the water; **ins G~ kommen** to start to slide or slip.
3. (Ind inf: ~de Arbeitszeit haben) to have flex(i)time.

gleitend adj **~e Löhne** or **Lohnskala** sliding wage scale; **~e Arbeitszeit** flexible working hours pl, flex(i)time.

Gleiter m -s, - (Aviat) glider.
Gleitflug m glide; **im ~ niedergehen** to glide or plane down; **Gleitklausel** f (Comm) escalator clause; **Gleitkomma** nt floating point; **Gleitkufe** f (Aviat) landing skid; **Gleitmittel** nt (Med) lubricant; **Gleitschutz** m (Aut) anti-skid(ding) device; **Gleitwachs** nt (für Skier) wax; **Gleitwinkel** m gliding angle; **Gleitzeit** f flex(i)time.

Glencheck ['glentʃek] m -(s), -s glencheck.
Gletscher m -s, - glacier.
Gletscherbach m glacial stream; **Glet-**

scherbrand m glacial sunburn; **Gletscher|eis** nt glacial ice; **Gletscherfeld** nt glacier; **Gletscherkunde** f glaciology; **Gletscherspalte** f crevasse; **Gletschertor** nt mouth (of glacier); **Gletscherwasser** nt glacier water.

Glibber m -s, no pl (N Ger inf) slime.
glibberig adj (N Ger inf) slimy.
glich pret of **gleichen**.

Glied nt -(e)s, -er 1. (Körperteil) limb, member (form); (Finger~, Zehen~) joint. **seine ~er recken** to stretch (oneself); **an allen ~ern zittern** to be shaking all over; **der Schreck fuhr ihm in alle ~er** the shock made him shake all over; **der Schreck sitzt** or **steckt ihr noch in den ~ern** she is still shaking with the shock.
2. (Penis) organ, member (form).
3. (Ketten~, fig) link.
4. (Teil) section, part.
5. (Mil~) member; (Mil etc) rank; (Bibl) generation; (Math) term. **aus dem ~ treten** (Mil) to step forward (out of the ranks); **ins ~ zurücktreten** (Mil) to step back into the ranks.

Glieder|armband nt (von Uhr) expanding bracelet; **Gliederbau** m, no pl limb structure; (Körperbau) build; **Gliederfüßer** m -s, - usu pl (Zool) arthropod; **gliederlahm** adj heavy-limbed, weary; **ich bin ganz ~** my limbs are so stiff.
gliedern I vt 1. (ordnen) to structure, to order, to organize. 2. (unterteilen) to (sub)divide (in +acc into). II vr (zerfallen in) **sich ~ in** (+acc) to (sub)divide into; (bestehen aus) to consist of.

Gliederpuppe f jointed doll; (Marionette) (string) puppet, marionette; (Art) lay figure; **Gliederreißen** nt, **Gliederschmerz** m rheumatic pains pl; **Gliedersatz** m (Ling) period; **Gliederschwere** f heaviness in one's limbs.

Gliederung f 1. (das Gliedern) structuring, organization; (das Unterteilen) subdivision. 2. (Aufbau) structure; (Unterteilung, von Organisation) subdivision. 3. (Aufstellung in Reihe etc) formation.

Gliederzucken nt twitching of the limbs; **Gliederzug** m articulated train.
Gliedkirche f member church; **Gliedmaßen** pl limbs pl; **Gliedsatz** m (Ling) subordinate clause; **Gliedstaat** m member or constituent state.

glimmen pret **glomm** or (rare) **glimmte**, ptp **geglommen** or (rare) **geglimmt** vi to glow; (Feuer, Asche auch) to smoulder. **~der Haß** (geh) smouldering hatred; **noch glomm ein Funken Hoffnung in ihm** (geh) a ray of hope still glimmered within him.

Glimmer m -s, - 1. (Min) mica. 2. (rare: Schimmer) gleam, glint.
Glimmlampe f glow lamp; **Glimmstengel** m (hum inf) fag (esp Brit inf), cigarette, butt (US inf).

glimpflich adj (mild) mild, light, lenient. **~ davonkommen** to get off lightly; **mit jdm ~ umgehen** or **verfahren** to treat sb mildly or leniently; **~ abgehen** or **ablaufen** or **verlaufen, einen ~en Ausgang nehmen** to pass off without serious consequences; **die Sache ist für sie ~ abgegangen** or **ver-**

laufen they got off lightly.

glitschen vi aux sein (inf) to slip (aus out of).

glitschig adj (inf) slippery, slippy (inf).

glitt pret of **gleiten**.

glitzern vi to glitter; (Stern auch) to twinkle.

global adj 1. (weltweit) global, worldwide. ~ **verbreitet** global, worldwide. 2. (ungefähr, pauschal) general. ~ **gerechnet** in round figures.

Globen pl of **Globus**.

Globalsteuerung f overall control; **Globalstrategie** f (Pol) global or worldwide strategy.

Globetrotter ['glo:bətrɔtɐ] m -s, - globetrotter.

Globus m - or -ses, **Globen** or -se globe.

Glöckchen nt (little) bell.

Glocke f -, -n (auch Blüte) bell; (Käse~ etc) cover; (Florett~) coquille; (in Labor) bell jar; (Taucher~) (diving) bell; (Damenhut) cloche; (inf: Herrenhut) bowler. **nach den ~n von Big Ben** after the chimes from Big Ben, after Big Ben strikes; **etw an die große ~ hängen** (inf) to shout sth from the rooftops, to bandy sth about; **wissen, was die ~ geschlagen hat** (inf) to know what one is in for (inf) or what's in store for one; **über der Stadt wölbte sich eine dichte ~ von Rauch** a thick pall of smoke hung over the city.

Glockenbalken m (bell) yoke; **Glockenblume** f bellflower, campanula; **glockenförmig** adj bell-shaped; **Glockengeläut(e)** nt (peal of) bells; **Glockengießer** m bell-founder; **Glockengießerei** f bellfoundry; **glockenhell** adj (geh) bell-like; Stimme auch as clear as a bell; **Glockenklang** m ringing or (esp hell auch) pealing (of bells); **Glockenklöppel** m clapper, tongue (of a/the bell); **Glockenläuten** nt siehe **Glockengeläut(e)**; **Glockenmantel** m cope (for founding bell); **glockenrein** adj (geh) bell-like; Stimme auch as clear as a bell; **Glockenrock** m flared skirt; **Glockenschlag** m stroke (of a/the bell); (von Uhr auch) chime; **es ist mit dem ~ 6 Uhr** on the stroke it will be 6 o'clock; **auf den** or **mit dem ~** (genau pünktlich) on the dot; **Glockenspeise** f bell metal; **Glockenspiel** nt (in Turm) carillon; (automatisch auch) chimes pl; (Instrument) glockenspiel; **Glockenstrang** m bell rope; **Glockenstube** f belfry; **Glockenstuhl** m bell cage; **Glockenton** m sound of a/the bell; **Glockenturm** m belltower, belfry; **Glockenzeichen** nt ring of a/the bell; **auf ein ~ erschien der Butler** a ring on the bell summoned the butler; **Glockenzug** m (Glockenstrang) bell rope; (Klingelschnur) bellpull, bell cord.

glockig adj bell-shaped.

Glöckner m -s, - bellringer. ,,Der ~ von Notre-Dame" ,,The Hunchback of Notre Dame".

glomm pret of **glimmen**.

Gloria[1] nt -s, -s (Eccl) gloria, Gloria.

Gloria[2] f - or nt -s, no pl (usu iro) glory.

Glorie [-iə] f 1. no pl (Ruhm) glory, splendour. 2. (Heiligenschein) halo.

Glorienschein [-iən-] m halo; (fig) aura.

glorifizieren* vt to glorify.

Glorifizierung f glorification.

Gloriole f -, -n halo; (fig) aura.

glorios adj (oft iro) glorious, magnificent.

glorreich adj glorious. **seine Laufbahn ~ beenden** to bring one's career to a glorious conclusion.

Glossar nt -s, -e glossary.

Glosse f -, -n 1. (Liter) gloss (zu on). 2. (Press, Rad etc) commentary. 3. ~n pl (inf) snide or sneering comments; **seine ~n über jdn/etw machen** (inf) to make snide comments about sb/sth.

Glossenschreiber m (Press) commentator.

glossieren* vt 1. (Liter) to gloss, to write a gloss/glosses on. 2. (bespötteln) to sneer at. 3. (Press, Rad etc) to do a commentary on, to commentate on.

Glotz|auge nt 1. (usu pl: inf) staring or goggle (inf) eye; **~n machen** to stare (goggle-eyed), to gawp; 2. (Med) exophthalmia (spec); **glotz|äugig** adj, adv (inf) goggle-eyed (inf).

Glotze f -, -n (sl) goggle-box (inf), one-eyed monster (pej inf).

glotzen vi (pej inf) (auf, in +acc at) to stare, to gawp, to gape.

Glotzkasten m (sl), goggle-box (inf), one-eyed monster (pej inf).

gluck interj 1. (von Huhn) cluck. 2. (von Flüssigkeit) glug. ~ ~, **weg war er** (inf) glug glug, and he'd gone.

Glück nt -(e)s, (rare) -e 1. luck. **ein seltenes ~** a funny stroke or piece of luck; **ein ~!** how lucky!, what a stroke or piece of luck!; **~/kein ~ haben** to be lucky/unlucky; **er hat das ~ gehabt, zu ...** he was lucky enough to ..., he had the good fortune to ...; **~ gehabt!** that was lucky; **auf gut ~** (aufs Geratewohl) on the off-chance; (unvorbereitet) trusting to luck; (wahllos) at random; **es ist ein wahres ~, daß ...** it's really lucky that ...; **du hast ~ im Unglück gehabt** it could have been a great deal worse (for you); **viel ~ (bei ...)!** good luck or the best of luck (with ...)!; **~ bei Frauen haben** to be successful with women; **jdm ~ für etw wünschen** to wish sb luck for sth; **jdm ~ wünschen zu ...** to congratulate sb on ...; **er wünscht/ich wünsche dir ~ bei deiner Prüfung** he wishes you (good) luck in your exam/good luck in your exam; **jdm zum neuen Jahr/ zum Geburtstag ~ wünschen** to wish sb (a) Happy New Year/happy birthday; **zum ~** luckily, fortunately; **zu seinem ~** luckily or fortunately for him; **das ist dein ~!** that's lucky for you!; **~ auf!** (Min) good luck!; **mehr ~ als Verstand haben** to have more luck than brains; **sie weiß noch nichts von ihrem ~** (iro) she doesn't know anything about it yet; **damit wirst du bei ihr kein ~ haben** you won't have any joy with her (with that) (inf), that won't work with her; **sein ~ machen** to make one's fortune; **sein ~ probieren** or **versuchen** to try one's luck; **er kann von ~ reden** or **sagen, daß ...** he can count himself lucky that ..., he can thank his lucky stars that ... (inf); **sein ~ mit Füßen treten** to turn one's back on fortune; ~ muß der Mensch haben (*inf*) my/your *etc* luck is/was in; das war das ~ des Tüchtigen (*prov*) he/she deserved the break (*inf*) *or* his/her good luck; das hat mir gerade noch zu meinem ~ gefehlt! (*iro*) that was all I wanted; man kann niemanden zu seinem ~ zwingen (*prov*) you can lead a horse to water but you can't make him drink (*Prov*); ein Kind/Stiefkind des ~s sein (*geh*) to have been born under a lucky star/to be a born loser; jeder ist seines ~es Schmied (*Prov*) life is what you make it (*prov*), everyone is the architect of his own future.

2. (*Freude*) happiness. eheliches ~ wedded *or* marital bliss; er ist ihr ganzes ~ he is her whole life; das Streben nach ~ the pursuit of happiness; ~ und Glas, wie leicht bricht das! (*prov*) happiness is such a fragile thing.

Glück|auf *nt* **-s**, *no pl* (cry of) "good luck"; **glückbringend** *adj* lucky, propitious (*form*).

Glucke *f* **-**, **-n** (*Bruthenne*) broody *or* sitting hen; (*mit Jungen*) mother hen.

glucken *vi* 1. (*brüten*) to brood; (*brüten wollen*) to go broody; (*fig inf*) to sit around. 2. (*Küken rufen*) to cluck.

glücken *vi aux sein* to be a success, to be successful. nicht ~ to be a failure, not to be a success; (*Plan auch*) to miscarry; ihm glückt alles/nichts everything/nothing he does is a success, he succeeds/fails at whatever he does; dieses Bild/die Torte ist dir gut geglückt your picture/cake has turned out very well; endlich ist es ihm geglückt at last he managed it; es wollte nicht ~ it wouldn't go right.

gluckern *vi* to glug.

glückhaft *adj* (*geh*) happy.

glücklich I *adj* 1. (*erfolgreich, vom Glück begünstigt*) lucky, fortunate; (*vorteilhaft, treffend, erfreulich*) happy. ~e Reise! bon voyage!, pleasant journey!; er kann sich ~ schätzen(, daß) he can count *or* consider himself lucky (that); wer ist der/die G~e? who is the lucky man/woman/girl *etc*?

2. (*froh*) happy. ein ~es Ende, ein ~er Ausgang a happy ending; jdn ~ machen to make sb happy, to bring sb happiness.

II *adv* 1. (*mit Glück*) by *or* through luck; (*vorteilhaft, treffend, erfreulich*) happily. ~ zurückkommen (*in Sicherheit*) to come back safely.

2. (*froh, selig*) happily.

3. (*inf: endlich*) finally, eventually.

glücklicherweise *adv* luckily, fortunately.

glücklos *adj* hapless, luckless.

Glücks|automat *m* (*fig*) gaming machine; **Glücksbote** *m* bearer of (the) glad *or* good tidings; **Glücksbotschaft** *f* glad *or* good tidings *pl*; **Glücksbringer** *m* **-s**, **-** bearer of (the) glad tidings; (*Talisman*) lucky charm; **Glücksbude** *f* try-your-luck stall.

glückselig *adj* blissfully happy, blissful; *Lächeln auch* rapturous.

Glückseligkeit *f* bliss, rapture.

glucksen *vi* 1. (*lachen*) (*Kleinkind*) to gurgle; (*Erwachsener*) to chortle. 2. *siehe* **gluckern**.

Glücksfall *m* piece *or* stroke of luck; durch einen ~ by a lucky chance; **Glücksgefühl** *nt* feeling of happiness; **Glücksgöttin** *f* goddess of luck; **Glücksgüter** *pl* (*geh*) mit ~n gesegnet sein to have been blessed with the good things in life; **Glückshafen** *m* (*S Ger, Aus*) *siehe* **Glücksbude**; **Glückskind** *nt* child of Fortune; **Glücksklee** *m* four-leaf(ed) clover; **Glückslinie** *f* line of fortune *or* luck; **Glückspfennig** *m* lucky penny, a new, shiny pfennig piece supposed to bring luck; **Glückspilz** *m* lucky beggar (*inf*) *or* devil (*inf*); **Glücksrad** *nt* wheel of fortune; **Glücksritter** *m* adventurer; **Glückssache** *f* das ist ~ it's a matter of luck; **Glücksschwein(chen)** *nt* pig as a symbol of good luck; **Glücksspiel** *nt* game of chance; **Glücksspieler** *m* gambler; **Glücksstern** *m* lucky star; **Glückssträhne** *f* lucky streak; eine ~ haben to be on a lucky streak; **Glückstag** *m* lucky day.

glückstrahlend *adj* beaming *or* Kind, Frau *auch* radiant (with happiness).

Glückstreffer *m* stroke of luck; (*beim Schießen, Ftbl*) lucky shot, fluke (*inf*); **Glückszahl** *f* lucky number.

Glückwunsch *m* **-es**, **-̈e** congratulations *pl* (zu on). herzlichen ~ congratulations; herzlichen ~ zum Geburtstag! happy birthday, many happy returns of the day; ~e zur bestandenen Prüfung congratulations on passing your examination.

Glückwunsch|adresse *f* message of congratulations, congratulatory message; **Glückwunschkarte** *f* greetings card; **Glückwunschtelegramm** *nt* greetings telegram.

Glühbirne *f* (electric) light bulb; **Glühdraht** *m* filament.

glühen I *vi* to glow; (*fig auch*) to be aglow. vor Fieber/Scham ~ to be flushed with fever/shame; der Haß glühte in ihm he was burning with hatred; vor Verlangen *etc* ~ (*liter*) to burn with desire *etc*. II *vt* to heat until red-hot.

glühend *adj* glowing; (*heiß~*) Metall red-hot; Hitze blazing; (*fig: leidenschaftlich*) ardent; Haß burning; Wangen flushed, burning. ~ heiß scorching; Sonne *auch* blazing hot.

Glühfaden *m* (*Elec*) filament; **Glühkerze** *f* (*Aut*) heater *or* incandescent plug; **Glühlampe** *f* (*form*) electric light bulb; **Glühofen** *m* (*Metal*) annealing furnace; **Glühstrumpf** *m* (gas) mantle; **Glühwein** *m* glühwein, mulled wine, glogg (*US*); **Glühwürmchen** *nt* glow-worm; (*fliegend*) firefly.

Glukose *f* **-**, **-n** glucose.

Glupsch|auge *nt* (*N Ger inf*) *siehe* **Glotzauge 1**.

glupschen *vi* (*N Ger inf*) *siehe* **glotzen**.

Glut *f* **-**, **-en** 1. (*glühende Masse, Kohle*) embers *pl*; (*Tabaks~*) burning ash; (*Hitze*) heat. 2. (*fig liter*) (*glühende Farbe, Hitze*) glow; (*auf Gesicht*) flush, redness; (*Leidenschaft*) ardour.

Glutamat *nt* glutamate.

Glutamin *nt* **-s**, **-e** glutamine.

Glutaminsäure *f* glutamic acid.

glut|äugig adj (geh) with smouldering eyes; Gluthauch m (liter) torrid or sweltering heat; glutheiß adj (geh) swelteringly hot; Gluthitze f sweltering heat; glutrot adj (liter) fiery red; Glutröte f (liter) fiery red; glutvoll adj passionate.

Glyzerin nt -s, no pl (Chem) glycerin(e).

GmbH [ge:|embe:'ha:] f -, -s abbr of Gesellschaft mit beschränkter Haftung limited company, Ltd.

Gnade f -, -n (Barmherzigkeit) mercy; (heiligmachende ~) grace; (Gunst) favour; (Verzeihung) pardon. um ~ bitten to ask for or crave (liter) mercy; jdn um ~ für seine Sünden bitten to ask sb to pardon (one for) one's sins; vor jds Augen (dat) ~ finden to find favour with sb or in sb's eyes; ~ vor Recht ergehen lassen to temper justice with mercy; etw aus ~ und Barmherzigkeit tun to do sth out of the kindness of one's heart; ohne ~ without mercy; ~! mercy!; von jds ~n by the grace of sb; Fürst von Gottes ~n (Hist) by the Grace of God, Prince; jdn in ~n entlassen to allow sb to go unpunished; jdm eine ~ gewähren (geh) to grant sb a favour; Euer ~n! (Hist) Your Grace; die ~ haben, etw zu tun (iro) to graciously consent to do sth.

gnaden vi: (dann) gnade dir Gott! (then) God help you or heaven have mercy on you.

Gnaden|akt m act of mercy; Gnadenbild nt (Eccl) picture/statue with miraculous powers; Gnadenbrot nt, no pl jdm/einem Tier das ~ geben to keep sb/an animal in his/her/its old age; einem Pferd das ~ geben to put a horse out to grass; das ~ bei jdm essen to be provided for by sb (in one's old age); Gnaden|erlaß m (Jur) general pardon; Gnadenfrist f (temporary) reprieve; eine ~ von 24 Stunden a 24 hour(s') reprieve, 24 hours' grace; Gnadengesuch nt plea for clemency; gnadenlos adj merciless; Gnadenlosigkeit f mercilessness; gnadenreich adj (old, Eccl) gracious; Gnadenschuß m coup de grâce (by shooting); Gnadenstoß m coup de grâce (with sword etc, fig); Gnadentod m (geh) mercy killing, euthanasia; Gnadenverheißung f promise of grace; Gnadenweg m auf dem ~ by a pardon.

gnädig adj (barmherzig) merciful; (herablassend) gracious; Strafe lenient; (freundlich) kind. das ~e Fräulein (form) the young lady; die ~e Frau (form) the mistress, madam; der ~e Herr (old) the master; darf ich das ~e Fräulein zum Tanz bitten? (form) may I have the pleasure of this dance? (form); ~es Fräulein (form) madam; (jüngere Dame) miss; ~e Frau (form) madam, ma'am; ~er Herr (old) sir; meine G~e (dated) or G~ste (dated) my dear madam; Gott sei uns ~! (geh) (may the good) Lord preserve us; ~ davonkommen to get off lightly; es ~ machen to be lenient, to show leniency.

Gnatz m -es, -e (dial) (old) bear (inf), bad-tempered so-and-so (inf).

Gneis m -es, -e (Geol) gneiss.

Gnom m -en, -en gnome.

gnomenhaft adj gnomish.

Gnosis f -, no pl (Rel) gnosis.

Gnostik f -, no pl (Rel) gnosticism.

Gnostiker m -s, - (Rel) gnostic.

gnostisch adj (Rel) gnostic.

Gnu nt -s, -s (Zool) gnu, wildebeest.

Go nt -, no pl go (Japanese board game).

Goal [go:l] nt -s, -s (Aus, Sw Sport) goal.

Goal- ['go:l-] (Aus, Sw): Goalgetter m -s, - scorer; Goalkeeper m -s -, Goalmann m, pl Goalmänner goalkeeper, goalie (inf).

Gobelin [gobə'lɛ̃:] m -s, -s tapestry, Gobelin; (Webart) tapestry weave.

Gockel m -s, - (esp S Ger, baby-talk) cock; (fig) old goat (inf).

Godemiché [go:dmi'ʃe:] m -, -s dildo.

Goethe ['gø:tə] m -s Goethe.

goethesch, goethisch adj Goethean.

Go-go-Girl ['go:gogo:əl] nt go-go dancer or girl.

Goi ['go:i] m -(s), Gojim goy, Gentile.

Go-in [go:'ɪn] nt -s, -s ein ~ veranstalten to disrupt a/the meeting.

Go-Kart m -(s), -s kart, go-cart.

Gold nt -(e)s, no pl (abbr Au) (lit, fig) gold. nicht mit ~ zu bezahlen or aufzuwiegen sein to be worth one's weight in gold; nicht für alles ~ der Welt (liter) not for all the money in the world; er hat ein Herz aus ~ he has a heart of gold; er hat ~ in der Kehle he has a golden voice; zehnmal olympisches ~ holen to win ten golds in the Olympics; es ist nicht alles ~, was glänzt (Prov) all that glitters or glisters is not gold (Prov).

Gold- in cpds gold; (von Farbe, Zool) golden; Gold|ader f vein of gold; Gold|ammer f yellowhammer; Gold|arbeit f goldwork; Goldbarren m gold ingot; Goldbarsch m (Rotbarsch) redfish; (Kaulbarsch) ruff; goldbestickt adj embroidered with gold (thread); goldbetreßt adj trimmed with gold braid; Goldblech nt gold foil; Goldborte f gold edging no pl; Goldbroiler m -s, - (DDR Cook) roast chicken; Golddeckung f (Fin) gold backing; Golddoublé, Golddublée nt gold-plated metal; Golddruck m gold print; (Schrift) gold lettering; golddurchwirkt adj shot with gold thread.

golden I adj attr (lit, fig) golden; (aus Gold) gold, golden (liter). ~e Schallplatte gold disc; ~er Humor irrepressible sense of humour; ~e Worte wise words, words of wisdom; ein ~es Herz haben to have a heart of gold; die ~e Mitte or den ~en Mittelweg wählen to strike a happy medium; ~e Hochzeit golden wedding (anniversary); G~er Schnitt (Math, Art) golden section; das G~e Buch the visitors' book; die G~e Stadt (geh) Prague; das G~e Horn (Geog) the Golden Horn; das G~e Zeitalter (Myth, fig) the golden age; das G~e Vlies (Myth) the Golden Fleece; das G~e Kalb (Bibl) the golden calf; der Tanz ums G~e Kalb (fig) the worship of Mammon (fig).

II adv like gold. ~ schimmern to shimmer like gold.

Gold|esel m (Liter) ass which rained gold coins; **leider habe ich keinen ~** (fig) money doesn't grow on trees, I'm afraid; **Goldfaden** m gold thread; **goldfarben, goldfarbig** adj golden, gold-coloured; **Goldfeder** f gold nib; **Goldfisch** m goldfish; **sich** (dat) **einen ~ angeln** (hum inf) to make a rich catch, to marry money; **Goldfuchs** m 1. (Pferd) golden chestnut (horse); 2. (old inf) gold piece; **goldgefaßt** adj Brille gold-rimmed; **goldgelockt** adj (dated) with golden locks; **goldgerändert** adj edged with gold; Brille gold-rimmed; **Goldgewicht** nt gold weight; ≈ troy weight; **Goldgier** f greed for gold; **goldgierig** adj greedy for gold; **Goldglanz** m (liter) golden gleam; **goldglänzend** adj (liter) gleaming gold; **Goldgräber** m gold-digger; **Goldgrube** f (lit, fig) goldmine; **Goldgrund** m, no pl (Art) gold ground; **goldhaltig, goldhältig** (Aus) adj goldbearing, auriferous (spec); **Goldhamster** m (golden) hamster.

goldig adj 1. (fig inf: allerliebst) sweet, cute. **du bist vielleicht ~!** (iro) the ideas you get! 2. (poet: golden) golden.

Goldjunge m (inf) blue-eyed boy (inf), golden boy (inf); (Sport) gold medallist; **Goldkehlchen** nt (inf) singer with a/the golden voice; **Goldkind** nt (inf) little treasure(inf), dear child; **mein ~** (als Anrede) (my) pet or precious; **Goldklumpen** m gold nugget; **Goldküste** f (Geog) Gold Coast; **Goldlack** m (Bot) wallflower; **Goldland** nt land of gold; **Goldmädchen** nt (inf) blue-eyed girl (inf), golden girl (inf); (Sport) gold medallist; **Goldmark** f (Hist) gold mark; **Goldmedaille** f gold medal; **Goldmedaillengewinner(in** f) m gold medallist; **Goldmine** f gold mine; **Goldmundstück** nt gold tip; **Goldpapier** nt gold foil; **Goldprobe** f assay (for gold); **Goldrahmen** m gilt frame; **Goldrand** m gold edge; **mit ~** with a gold edge; **Goldrausch** m gold fever; **Goldregen** m (Bot) laburnum; (Feuerwerkskörper) Roman candle; (fig) riches pl; **Goldreif** m (geh) circlet of gold; (Ring) gold ring; (Armband) gold bracelet; **Goldreserve** f (Fin) gold reserves pl; **goldrichtig** adj (inf) absolutely or dead (inf) right; Mensch all right (inf); **Goldschatz** m golden treasure; (von Geld) hoard of gold; (Kosewort) treasure.

Goldschmied m goldsmith.

Goldschmiede|arbeit f (Handwerk) gold work; (Gegenstand) worked gold article; **Goldschmiedehandwerk** nt, **Goldschmiedekunst** f gold work.

Goldschnitt| m, no pl gilt edging; **Goldschnitt|ausgabe** f gilt-edged edition; **Goldschrift** f gold lettering; **Goldstück** nt piece of gold; (Münze) gold coin or piece, piece of gold (old); (fig inf) jewel, treasure; **Goldsuche** f search for gold; **Goldsucher** m gold-hunter; **Goldton** m golden colour; **Goldtresse** f gold braid; **Gold|überzug** m layer of gold plate; **Gold|uhr** f gold watch;

Goldvorkommen nt gold deposit; **Goldwaage** f gold or bullion balance; **jedes Wort** or **alles auf die ~ legen** (sich vorsichtig ausdrücken) to weigh one's words; (überempfindlich sein) to be hypersensitive; **Goldwährung** f gold standard; **eine ~** a currency on the gold standard; **Goldwaren** pl gold articles pl; **Goldwäscher** m gold panner; **Goldwert** m, no pl value in gold; (Wert des Goldes) value of gold.

Golem m -s, no pl golem.

Golf[1] m -(e)s, -e (Meerbusen) gulf. **der ~ von Biskaya** the Bay of Biscay; **der (Persische) ~** the (Persian) Gulf.

Golf[2] nt -s, no pl (Sport) golf.

Golfer(in f) m -s, - (inf) golfer.

Golf- in cpds (Sport) golf; **Golfplatz** m golf course; **Golfschläger** m golf club; **Golfspieler** m golfer; **Golfstrom** m (Geog) Gulf Stream; **Golftasche** f golf bag, caddie.

Golgatha ['gɔlgata] nt -s (Bibl) Golgotha.

Goliath ['goːliat] m -s, -s (Bibl, fig) Goliath.

Gonade f (Biol) gonad.

Gondel f -, -n gondola; (von Sessellift etc auch) (cable-)car.

Gondelbahn f cable railway; (Sw) chairlift; **Gondelfahrt** f trip in a gondola.

gondeln vi aux sein to travel by gondola; (Gondelführer) to punt; (inf) (reisen) to travel around; (herumfahren) to drive around. **durch die Welt ~** to go globetrotting (inf).

Gondoliere [gɔndo'lieːrə] m -, **Gondolieri** gondolier.

Gong m -s, -s gong; (bei Boxkampf etc) bell. **der ~ zur dritten Runde** the bell for the third round.

gongen I vi impers **es hat gegongt** the gong has gone or sounded. II vi to ring or sound a/the gong.

Gongschlag m stroke of the gong.

gönnen vt **jdm etw ~** not to (be)grudge sb sth; (zuteil werden lassen) to grant or allow sb sth; **jdm etw nicht ~** to not to (be)grudge sb sth, not to grant or allow sb sth; **sich** (dat) **etw ~** to allow oneself sth; **jdm ~, daß ...** not to (be)grudge sb the fact that ...; **er gönnte mir keinen Blick** he didn't spare me a single glance; **er gönnt ihr nicht die Luft zum Atmen** he (be)grudges her the very air she breathes; **ich gönne ihm diesen Erfolg von ganzem Herzen** I'm delighted for him that he's had this success **das sei ihm gegönnt** I don't (be)grudge him that.

Gönner(in f) m -s, - patron.

gönnerhaft adj (pej) patronizing; **~ tun** to play the big benefactor; **Gönnerhaftigkeit** f (pej) patronizingness; **seine ~** his patronizing(ness); **Gönnermiene** f (pej) patronizing air; **Gönnerschaft** f (Förderung) patronage.

Gonokokkus m -, **Gonokokken** (usu pl) (Med) gonococcus.

Gonorrhö(e) [gɔnɔ'røː] f -, -en (Med) gonorrhoea.

Goodwill ['gʊdwɪl] m -s, no pl (auch Econ) goodwill, good will; (guter Ruf) good name.

Goodwillreise f goodwill journey or trip.

gor pret of **gären**.

Gör nt -(e)s, -en (N Ger inf) 1. (kleines Kind) brat (pej inf), kid (inf). 2. siehe **Göre**.

gordisch adj der **G~e Knoten** (Myth) the Gordian knot.

Göre f -, - (inf) 1. (kleines Mädchen) (cheeky or saucy) little miss. 2. siehe **Gör 1**.

Gorilla m -s, -s gorilla; (sl: Leibwächter auch) heavy (sl).

Gosche f -, -n, **Goschen** f -, - (S Ger, Aus: pej) gob (sl), mouth. **eine freche ~ haben** to have the cheek of the devil (inf); **halt die ~!** shut your mouth or gob (sl) or trap (inf).

Gospel ['gɔspl] nt or m -s, -s, **Gospelsong** m gospel song.

goß pret of **gießen**.

Gosse f -, -n 1. (Rinnstein) gutter; (rare: Abfluß, Gully) drain. 2. (fig) gutter. **in der ~ enden** or **landen** to end up in the gutter; **jdn aus der ~ holen** to take sb from the gutter **jdn** or **jds Namen durch die ~ ziehen** to drag sb's name through the mud.

Gossen|ausdruck m vulgarity; **Gossenjargon** m, **Gossensprache** f gutter language, language of the gutter.

Gote m -n, -n Goth.

Göteborg nt -s Gothenburg.

Gotha m -s, -s directory of the German nobility, ≃ Debrett's (Peerage) (Brit).

Gotik f -, no pl (Art) Gothic (style); (gotische Epoche) Gothic period. **ein Meisterwerk der ~** a masterpiece of Gothic architecture etc; **typisch für die ~** typical of Gothic.

gotisch adj Gothic. **~e Schrift** (Typ) Gothic (script).

Gott m -es, ⁼er 1. god; (als Name) God. **~ der Herr** the Lord God; **~ (der) Vater** God the Father; **~ der Allmächtige** Almighty God, God (the) Almighty; **der liebe ~** (dated) the good or dear Lord; **an ~ glauben** to believe in God; **zu ~ beten** or **flehen** (liter) to pray to God; **er ist ihr ~** she worships him like a god; **bei ~ schwören** to swear by Almighty God.

2. **in ~ entschlafen** (liter) to pass away or on; **dein Schicksal liegt in ~es Hand** you are or your fate is in God's hands; **dem lieben ~ den Tag stehlen** to laze the day(s) away; **den lieben ~ einen guten** or **frommen Mann sein lassen** (inf) to take things as they come; **~ ist mein Zeuge** (liter) as God is my witness; **wie ~ ihn geschaffen hat** (hum inf) as naked as the day (that) he was born; **ein Anblick** or **Bild für die ⁼er** (hum inf) a sight for sore eyes; **das wissen die ⁼er** (inf) heaven or God (only) knows; **er hat ~ weiß was erzählt** (inf) he said God knows what (inf); **ich bin weiß ~ nicht prüde, aber ...** heaven or God knows I'm no prude but ...; **so ~ will** (geh) God willing, D.V.; **vor ~ und der Welt** before the whole world; **~ und die Welt** (fig) everybody; **über ~ und die Welt reden** (fig) to talk about everything under the sun or anything and everything; **im Namen ~es** in the name of God; **leider ~es** unfortunately, alas; **bei ~ ist kein Ding unmöglich** with God all things are possible; **was ~ tut, das ist wohlgetan** God does all things well; **~es Mühlen mahlen langsam** (hum) the mills of God grind slowly (but they grind exceeding fine); **ein Leben wie ~ in Frankreich führen, wie ~ in Frankreich leben** (inf) to be in clover or the lap of luxury, to live the life of Riley (inf); **was ~ zusammengefügt hat, soll der Mensch nicht scheiden** (prov) what God has joined together let no man put asunder.

3. **grüß ~!** (esp S Ger, Aus) hello, good morning/afternoon/evening; **~ zum Gruß!** (old) God be with you (old); **~ sei mit dir!** (old) God be with you (old); **~ mit dir!** (old) God bless you; **vergelt's ~!** (dated) God bless you, may you be rewarded; **wollte** or **gebe ~, daß ...** (old) (may) God grant that ...; **~ steh' mir bei!** God help me!; **~ hab' ihn selig!** God have mercy on his soul; **in ~es Namen!** for heaven's or goodness sake!; **ach (du lieber) ~!** (inf) oh Lord! (inf), oh heavens! (inf); **mein ~!, ach ~!** (my) God!; (als Leerformel in Antworten) (oh) well, (oh) you know; **großer ~!** good Lord or God!; **~ im Himmel!** (dated) heavens above!; **bei ~!** by God!; **~ behüte** or **bewahre!, da sei ~ vor!** God or Heaven forbid!; **um ~es willen!** for heaven's or God's sake!; **~ sei Dank!** thank God!

gott|ähnlich I adj godlike; II adv verehren as a god; **gottbegnadet** adj divinely gifted; **gottbewahre** adv heaven or God forbid.

Gottchen nt (ach) **~!** (inf) gosh! (inf), golly! (inf).

Gott|erbarmen nt zum **~** (inf) pitiful(ly), pathetic(ally) (inf).

Götterbild nt idol; **Götterbote** m (Myth) messenger of the gods; **Götterdämmerung** f götterdämmerung, twilight of the gods; **Göttergatte** m (hum) lord and master (hum), better half (inf).

gott|ergeben adj (demütig) meek; (fromm) pious.

göttergleich adj godlike; **Göttersage** f myth about the gods/a god; (als Literaturform) mythology of the gods; **Götterspeise** f (Myth) food of the gods; (Cook) jelly (Brit), jello (US); **Göttertrank** m (Myth) drink of the gods; **Göttervater** m (Myth) father of the gods.

Gottes|acker m (old) God's acre; **Gottes|anbeterin** f (Zool) praying mantis; **Gottesbegriff** m conception of God; **Gottesbeweis** m proof of the existence of God; **der ontologische** etc **~** the ontological etc argument.

Gottesdienst m 1. (Gottesverehrung) worship. 2. (Eccl) service. **zum ~ gehen** to go to church; **dem ~ beiwohnen** (form) to attend church.

Gottesdienstbesuch m church attendance.

Gottesfriede m (Hist) (Pax Dei) Peace of God; (Treuga Dei) Truce of God; **Gottesfurcht** f (geh) fear of God; **gottesfürchtig** adj godfearing; **Gottesgabe** f gift of or from God; **Gottesgericht** nt 1. punishment of God;

2. (*Hist*) *siehe* **Gottesurteil**; **Gottes-gnadentum** *nt, no pl* (*Hist*) doctrine of divine right; **Gotteshaus** *nt* place of worship; **Gotteslamm** *nt* (*Rel*) Lamb of God; **Gotteslästerer** *m* blasphemer; **gottes-lästerlich** *adj* blasphemous; **Gottes-lästerung** *f* blasphemy; **Gotteslohn** *m, no pl* (*old*) reward from God; **etw für einen** ~ **tun** to do sth for love; **Gottesmann** *m, pl* **-männer** (*old, iro*) man of God; **Gottesmutter** *f* (*Rel*) Mother of God; **Maria, die** ~ Mary (the) Mother of God; **Gottessohn** *m* (*Rel*) Son of God; **Gottesstaat** *m* theocracy; **Augustins „~"** Augustine's "City of God"; **Gottes|urteil** *nt* (*Hist*) trial by ordeal.

gottgefällig *adj* (*old*) godly *no adv*, pleasing in the sight of God (*form*); **gott-gegeben** *adj* god-given; **gottgesandt** *adj* (*old, liter*) sent from God; **gottgeweiht** *adj* (*liter*) dedicated to God; **gottgewollt** *adj* willed by God; **gottgläubig** *adj* religious; (*NS*) non-denominational.

Gotthardchinese *m* (*Sw pej*) eyetie (*pej sl*), Italian.

Gottheit *f* **1.** *no pl* (*Göttlichkeit*) divinity, godhood, godship. **die** ~ (*Gott*) the Godhead. **2.** (*esp heidnische Göttergestalt*) deity. **jdn wie eine** ~ **verehren** to worship sb like a god.

Göttin *f* goddess.

göttlich *adj* (*lit, fig*) divine. **du bist ja** ~! (*dated*) you (really) are a one (*dated inf*).

Göttlichkeit *f, no pl* divinity.

gottlob *interj* thank God *or* heavens *or* goodness; **er ist** ~ **wieder gesund** he has recovered now thank God *or* heavens *or* goodness; **gottlos** *adj* godless; (*verwerflich*) ungodly; **Gottlosigkeit** *f, no pl* godlessness; **Gottseibe|uns** *m* (*euph*) **der** ~ the Evil One, the Tempter.

gotts|erbärmlich, *adj* (*inf*) dreadful, godawful (*sl*); **Gotts|oberste(r)** *m decl as adj* (*Aus iro*) his lordship (*iro*), my noble lord (*iro*); **die** ~n the noble lords.

Gottsucher *m* seeker after God; **Gottvater** *m, no pl* God the Father; **gottverdammt, gottverflucht** *adj attr* (*sl*) goddamn(ed) (*sl*), damn(ed) (*inf*), bloody (*Brit sl*); **gottverlassen** *adj* godforsaken; **Gottvertrauen** *nt* trust *or* faith in God; **gottvoll** *adj* (*fig inf*) divine; **du bist ja** ~! you (really) are a one! (*inf*).

Götze *m* **-n, -n** (*lit, fig*) idol.

Götzenbild *nt* idol, graven image (*Bibl*); **Götzendiener** *m* idolater; (*fig*) worshipper; **Götzendienerin** *f* idolatress; (*fig*) worshipper; **Götzendienst, Götzenglaube** *m,* **Götzenver|ehrung** *f* idolatry.

Götzzitat *nt* **das** ~ ≃the V-sign (*Brit*), the finger (*US*).

Gouache [gua(:)ʃ] *f* **-, -n** (*Art*) gouache.

Gourmand [gur'mã:] *m* **-s, -s** glutton, gourmand.

Gourmet [gur'mε, -'me:] *m* **-s, -s** gourmet.

goutieren [gu'ti:rən] *vt* (*geh*) (*Gefallen finden an*) to appreciate; (*gutheißen*) to approve (of).

Gouvernante [guver'nantə] *f* **-, -n** governess; (*pej*) schoolmarm.

gouvernantenhaft [guver'nantən-] *adj* schoolmarmish.

Gouvernement [guvεrnə'mã:] *nt* **-s, -s 1.** (*Hist*) (*Regierung*) government; (*Verwaltung*) administration. **2.** province.

Gouverneur [guver'nø:ɐ] *m* governor.

GPU [ge:pe:'|u:] *f* - GPU, Ogpu.

Grab *nt* **-(e)s, -er** grave; (*Gruft*) tomb, sepulchre; (*fig: Untergang*) end, ruination. **das Heilige** ~ the Holy Sepulchre; **jdn zu** ~**e tragen** to bear sb to his grave; **ins** ~ **sinken** (*old liter*) to be laid in the earth (*liter*); **ein frühes** ~ **finden** (*geh*) to go to an early grave; **ein** ~ **in fremder Erde finden** (*geh*) to be buried in foreign soil; **ein feuchtes** *or* **nasses** ~ **finden, sein** ~ **in den Wellen finden** (*liter*) to go to a watery grave, to meet a watery end; **ein Geheimnis mit ins** ~ **nehmen** to take a secret with one to the grave; **treu bis ans** ~ faithful to the end, faithful unto death (*liter*); **(bis) über das** ~ **hinaus** in death, beyond the grave; **verschwiegen wie ein** *or* **das** ~ (as) silent as the grave; **er würde sich im** ~**e umdrehen, wenn ...** he would turn in his grave if ...; **du bringst mich noch ins** ~ *or* **an den Rand des** ~**es!** you'll be the death of me yet (*inf*), you'll send me to an early grave; **das bringt mich/ dich noch ins** ~! it'll be the death of me/you yet (*inf*); **mit einem Bein** *or* **Fuß im** ~**e stehen** (*fig*) to have one foot in the grave; **sich** (*dat*) **selbst sein** *or* **sich** (*dat*) **sein eigenes** ~ **graben** *or* **schaufeln** (*fig*) to dig one's own grave; **seine Hoffnungen** *etc* **zu** ~**e tragen** (*geh*) to abandon *or* bury one's hopes *etc*.

Grabbeigabe *f* (*Archeol*) burial object.

Grabbelei *f* (*inf*) groping *or* rummaging (about) (*inf*).

grabbeln *vi* (*inf*) to grope about, to rummage (about).

Grabbeltisch *m* (*inf*) cheap goods table *or* counter.

Grabdenkmal *nt siehe* **Grabmal**.

graben *pret* **grub,** *ptp* **gegraben I** *vti* **1.** to dig; *Torf* to cut; *Kohle etc* to mine. **seine Zähne in etw** (*acc*) ~ to sink *or* bury one's teeth into sth; **nach Gold/Erz** ~ to dig for gold/ore.
    2. (*geh: gravieren, einkerben*) to engrave.
    II *vr* **sich in etw** (*acc*) ~ (*Zähnen, Krallen*) to sink into sth; **das hat sich mir tief ins Gedächtnis gegraben** (*geh*) it has imprinted itself firmly on my memory; *siehe* **Grube**.

Graben *m* **-s, -** ditch; (*trockener* ~, *Mil*) trench; (*Sport*) ditch; (*Sport: Wasser*~) water-jump; (*Burg*~) moat; (*Geol*) rift (valley), graben (*spec*). **im** ~ **liegen** (*Mil*) to be in the trenches.

Grabenkampf, Grabenkrieg *m* (*Mil*) trench warfare *no pl, no indef art*; **Grabensenke** *f* (rift) valley, graben (*spec*).

Gräber *pl of* **Grab**.

Gräberfeld *nt* cemetery, burial ground; **Gräberfund** *m* grave find.

Grabes- (*liter*): **Grabesdunkel** *nt* sepulchral darkness; **Grabeskälte** *f* grave-like cold; **Grabesrand** *m*: **am** ~ on the very brink of the grave; **Grabesruhe, Grabesstille** f deathly hush or silence; **Grabesstimme** f sepulchral voice.

Grabgeleit nt (geh) **jdm das ~ geben** to accompany or follow sb's coffin; **Grabgesang** m 1. funeral hymn, dirge; 2. (fig) **der ~ einer Sache** (gen) **sein** to sound the death knell of sth; **Grabgewölbe** nt vault; (von Kirche, Dom) crypt; **Grabhügel** m mound (over a grave); (Archeol) barrow, tumulus (form); **Grab|inschrift** f epitaph, inscription (on gravestone etc); **Grabkammer** f burial chamber; **Grabkapelle** f chapel (attached to burial ground); **Grabkreuz** nt (cross-shaped) gravestone, cross; **Grablegung** f burial, interment; **Grablicht** nt candle (on a grave); **Grabmal** nt **-s, -mäler** or (geh) **-e** monument; (Grabstein) gravestone; **das ~ des Unbekannten Soldaten** the tomb of the Unknown Warrior or Soldier; **Grabnische** f burial niche; **Grabpflege** f care of the grave(s)/of graves; **Grabplatte** f memorial slab; **Grabrede** f funeral oration; **Grabschänder(in** f) m **-s, -** defiler of the grave(s)/of graves; **Grabschändung** f defilement of graves.

grabschen vti siehe **grapschen**.

Grabschmuck m flowers/wreaths pl etc (on a grave); **Grabspruch** m epitaph, inscription (on a grave); **Grabstätte** f grave; (Gruft) tomb, sepulchre; **Grabstein** m gravestone, tombstone; **Grabstelle** f (burial) plot; **Grabstichel** m (Art) burin.

Grabung f (Archeol) excavation.

Grab|urne f funeral urn; **Grabwerkzeug** nt (Zool) claw.

Gracht f **-, -en** canal.

Grad m **-(e)s, -e** (Sci, Univ, fig) degree; (Mil) rank; (Typ: Schrift~) size. **ein Winkel von 45 ~** an angle of 45 degrees, a 45-degree angle; **unterm 32. ~ nördlicher Breite** latitude 32 degrees north; **4 ~ Kälte** 4 degrees below zero or freezing point, 4 degrees below; **4 ~ Wärme** 4 degrees above zero or freezing point; **20°** (gesprochen: ~) **Fahrenheit/Celsius** 20 (degrees) Fahrenheit/Centigrade; **um 5 ~ wärmer sein** to be 5 degrees warmer; **null ~** zero; **Wasser auf 80 ~ erhitzen** to heat water to 80 degrees; **es kocht bei 100 ~** boiling occurs at 100 degrees; **in ~e einteilen** to calibrate, to graduate; **Verwandte zweiten/dritten ~es** a relative once/twice removed; **Verbrennungen ersten ~es** (Med) first-degree burns; **bis zu einem gewissen ~e** up to a certain point, to a certain degree; **in hohem ~(e)** to a great or large extent; **im höchsten ~(e)** extremely.

grad- siehe **gerade-**.

Gradation f gradation.

Gradbogen m (Surv, Mil) quadrant; **Grad|einteilung** f calibration, graduation.

Gradient [gra'dient] m (Sci) gradient.

gradieren* vt 1. (in Grade einteilen) to calibrate, to graduate. 2. (abstufen) to grade.

Gradkreis m (Math) graduated circle; **Gradmesser** m (fig) gauge (gen, für of); **Gradnetz** nt (Geog) latitude and longitude grid.

graduell adj (allmählich) gradual; (gering) slight.

graduieren* I vt 1. (in Grade einteilen) to calibrate, to graduate. 2. (Univ) to confer a degree upon, to graduate. **graduierter Ingenieur** engineer with the diploma of a School of Engineering, engineering graduate. II vi (Univ) to graduate.

Graduierte(r) mf decl as adj graduate.

Graduierung f (Univ) graduation.

gradweise adj by degrees.

Graecum ['grɛːkʊm] nt **-s,** no pl (Univ, Sch) examination in Greek.

Graf m **-en, -en** count; (als Titel) Count; (britischer ~) earl; (als Titel) Earl. **wie ~ Koks von der Gasanstalt auftreten** (inf) to turn up behaving like Lord Muck (hum inf); **~ Rotz (von der Backe)** (sl) Lord Muck (hum inf).

Grafengeschlecht nt family of counts/earls; **Grafenkrone** f (count's/earl's) coronet; **Grafenstand** m (Hist) (Rang) rank of count/earldom; (Gesamtheit der Grafen) counts/earls pl; **jdn in den ~ erheben** to confer the rank of count/earl upon sb, to make sb a count/bestow an earldom upon sb.

Graffiti m or nt **-(s), Graffiti** (Art) graffito.

Grafik siehe **Graphik**.

Gräfin f countess.

gräflich adj count's/earl's. **das ~e Schloß** the count's/earl's castle; **ein ~er Diener** one of the count's/earl's servants.

Grafschaft f land of a count/earldom; (Admin) county.

Grahambrot nt (type of) wholemeal bread.

Gral m **-s,** no pl (Liter) **der (Heilige) ~** the (Holy) Grail.

Grals- in cpds of the (Holy) Grail; **Gralshüter** m (lit) keeper of the (Holy) Grail; (fig) guardian.

Gram m **-(e)s,** no pl (geh) grief, sorrow. **vom** or **von ~ gebeugt** bowed down with grief or sorrow.

gram adj pred (geh) **jdm ~ sein** to bear sb ill-will.

grämen I vr **sich über jdn/etw ~** to grieve over sb/sth; **sich zu Tode ~** to die of grief or sorrow. II vt to grieve.

gram|erfüllt adj (geh) grief-stricken, woebegone.

Gram-Färbung f (Med) Gram's method.

gramgebeugt adj (geh) bowed down with grief or sorrow.

grämlich adj morose, sullen; (Gedanken) morose.

Gramm nt **-s, -e** or (nach Zahlenangabe) - gram(me). **100 ~ Mehl** 100 gram(me)s of flour.

Grammatik f grammar; (~buch) grammar (book).

grammatikalisch adj grammatical.

Grammatiker(in f) m **-s, -** grammarian.

Grammatikregel f grammatical rule.

grammatisch adj grammatical.

Gramm|atom nt gram(me) atom.

Grammel f **-, -n** (S Ger, Aus: Cook) siehe **Griebe.**

Grammolekül nt getrennt: **Gramm-molekül** gram(me) molecule.

Grammophon [gramo'foːn] nt **-s, -e** (dated) gramophone (dated), phonograph.

gram- (Med): **gramnegativ** adj Gram-negative; **grampositiv** adj Gram-positive.

gramvoll *adj* grief-stricken, sorrowful.
Gran *nt* -(e)s, -e *or* (*nach Zahlenangabe*) - (*old*) **1.** (*Apothekergewicht*) grain. **2.** (*auch Grän: Edelmetallgewicht*) grain.
Granat *m* -(e)s, -e *or* (*Aus*) -en **1.** (*Miner*) garnet. **2.** (*N Ger: Garnele*) shrimp.
Granat|apfel *m* pomegranate.
Granate *f* -, -n (*Mil*) (*Geschoß*) shell; (*Hand~*) grenade; (*Ftbl sl: Schuß aufs Tor*) cannonball (*inf*). **voll wie eine ~** (*sl*) absolutely plastered (*sl*), smashed out of one's mind (*sl*).
Granatfeuer *nt* shelling, shellfire; **Granat|splitter** *m* shell/grenade splinter; **Granatwerfer** *m* mortar.
Grand [grã:] *m* -s, -s (*Cards*) grand. **~ ouvert** open grand; **~ Hand** grand solo.
Grande *m* -n, -n grandee.
Grandeur [grã'dø:ɐ] *f* -, *no pl* (*geh*) grandeur.
Grandezza *f* -, *no pl* grandeur.
Grandhotel ['grã:hotel] *nt* luxury hotel.
grandios *adj* magnificent, superb; (*hum*) fantastic (*inf*), terrific (*inf*).
Grandiosität *f* magnificence.
Grand Prix [grã'pri:] *m* - -, - - Grand Prix.
Grandseigneur [grãsɛn'jø:ɐ] *m* -s, -s *or* -e (*geh*) nobleman.
Grand-Tourisme-Wagen [grãtu'rism-], **GT-Wagen** [ge:'te:-] *m* (*Aut*) GT(-model).
Granit *m* -s, -e granite. **auf ~ beißen (bei …)** to bang one's head against a brick wall (with …).
graniten *adj attr* granite, granitic (*spec*); (*fig*) rigid.
Granne *f* -, -n **1.** (*Ährenborste*) awn, beard. **2.** (*bei Tieren*) long coarse hair.
Grant *m* -s, *no pl* (*inf: S Ger, Aus*) **einen ~ haben** to be mad (*inf*) *or* cross (*wegen* about, *auf jdn* at sb).
grantig *adj* (*S Ger, inf*) grumpy.
Granulat *nt* granules *pl*.
granulieren* *vti* to granulate.
Grapefruit ['gre:pfru:t] *f* -, -s grapefruit.
Graph[1] *m* -en, -en (*Sci*) graph.
Graph[2] *nt* -s, -e (*Ling*) graph.
Graphem *nt* -s, -e (*Ling*) grapheme.
Graphie *f* (*Ling*) written form.
Graphik *f* **1.** *no pl* (*Art*) graphic arts *pl*; (*Technik*) graphics *sing*; (*Entwurf*) design. **2.** (*Art: Darstellung*) graphic; (*Druck*) print; (*Schaubild*) illustration; (*technisches Schaubild*) diagram.
Graphiker(in *f*) *m* -s, - graphic artist; (*Illustrator*) illustrator; (*Gestalter*) (graphic) designer.
graphisch *adj* graphic; (*schematisch*) diagrammatic, schematic. **~es Gewerbe** graphic trades *pl*.
Graphit *m* -s, -e graphite.
graphitgrau *adj* dark grey; **Graphitstift** *m* lead pencil.
Graphologe *m*, **Graphologin** *f* graphologist; **Graphologie** *f* graphology.
grapschen (*inf*) **I** *vt* (**sich** *dat*) **etw ~** to grab sth; (*S Ger, Aus hum: stehlen*) to pinch (*inf*) *or* swipe (*inf*) sth. **II** *vi* **nach etw~** to make a grab at sth.
Gras *nt* -es, ̈-er grass. **ins ~ beißen** (*inf*) to bite the dust (*inf*); **das ~ wachsen hören** to be highly perceptive, to have a sixth

sense; (*zuviel hineindeuten*) to read too much into things; **über etw** (*acc*) **~ wachsen lassen** (*fig*) to let the dust settle on sth; **wo er zuschlägt, wächst kein ~ mehr** (*inf*) he really packs a punch.
grasbewachsen *adj* grassy, grass-covered; **Grasbüschel** *nt* tuft of grass.
grasen *vi* to graze.
Grasfläche *f* grassland; (*Rasen*) piece *or* patch of grass; **Grasfleck** *m* **1.** grassy spot; **2.** (*auf Kleidern etc*) grass stain; **Grasfresser** *m* herbivore; **Grasfrosch** *m* grass frog; **grasgrün** *adj* grass-green; **Grashalm** *m* blade of grass; **Grashüpfer** *m* -s, - (*inf*) grasshopper.
grasig *adj* grassy.
Grasland *nt*, *no pl* grassland; **Grasmücke** *f* (*Orn*) warbler; **Grasnarbe** *f* turf; **Grasnelke** *f* (*Bot*) thrift; **Graspflanze** *f* grass *or* graminaceous (*form*) plant.
Grass *nt* -, *no pl* (*sl*) grass (*sl*).
Grassamen *m* grass seed.
grassieren* *vi* to be rife; (*Krankheit auch*) to be rampant, to rage.
gräßlich *adj* **1.** hideous, horrible; *Verbrechen auch* heinous, abominable. **2.** (*unangenehm*) terrible, dreadful, awful; *Mensch* horrible, awful. **~ müde** terribly *or* dreadfully *or* awfully tired.
Gräßlichkeit *f* **1.** *siehe adj 1.* hideousness, horribleness; heinousness. **2.** (*gräßliche Tat etc*) atrocity.
Grassteppe *f* savanna(h); **Grasstreifen** *m* strip of grass, grassy strip; **Grasteppich** *m* (*geh*) sward *no indef art*, *no pl* (*liter*); **Graswuchs** *m* grass; **gras|überwachsen, gras|überwuchert** *adj* overgrown with grass.
Grat *m* -(e)s, -e (*Berg~*) ridge; (*Tech*) burr; (*Archit*) hip (*of roof*); (*fig*) (*dividing*) line, border.
Gräte *f* -, -n (fish-)bone. **sich** (*dat*) **die ~n brechen** (*sl*) to get (badly) smashed up (*inf*); **ich brech' dir alle ~n einzeln!** (*sl*) I'll break every bone in your body.
Gratifikation *f* bonus.
gratinieren* *vt* (*Cook*) to brown (the top of). **gratinierte Zwiebelsuppe** onion soup au gratin.
gratis *adv* free; (*Comm*) free (of charge). **~ und franko** (*dated*) free of charge.
Gratis- *in cpds* free; **Gratis|aktie** *f* bonus share; **Gratisprobe** *f* free sample.
Grätsche *f* -, -n (*Sport*) straddle.
grätschen I *vi aux sein* to do a straddle (vault). **II** *vt Beine* to straddle, to put apart.
Grätschsitz *m* straddle position; **Grätschsprung** *m* straddle vault; **Grätschstellung** *f* straddle (position).
Gratulant(in *f*) *m* well-wisher. **er war der erste ~** he was the first to offer his congratulations.
Gratulation *f* congratulations *pl*. **zur ~ bei jdm erscheinen** to call on sb to congratulate him/her.
Gratulationscour [-ku:ɐ] *f* congratulatory reception; **Gratulationskarte** *f* congratulations card.
gratulieren* *vi* **jdm (zu einer Sache) ~** to congratulate sb (on sth); **jdm zum Geburtstag ~** to wish sb many happy returns

(of the day); **(ich) gratuliere!** congratulations!; **Sie können sich** (*dat*) ~, **daß alles gutgegangen ist** you can count yourself lucky that everything went off all right.

Gratwanderung *f* (*lit*) ridge walk; (*fig*) tightrope walk.

grau *adj* grey, gray (*esp US*); *Gesichts* (*farbe*) auch ashen; (*trostlos*) gloomy, dark, bleak. ~**e Haare bekommen**, ~ **werden** (*inf*) to go grey; **der Himmel** *or* **es sieht** ~ **in** ~ **aus** the sky *or* it is looking very grey; **er malte die Lage** ~ **in** ~ (*fig*) he painted a gloomy *or* dark *or* bleak picture of the situation; ~**e Eminenz** éminence grise; **der** ~**e Markt** (*Comm*) the grey market; **die (kleinen)** ~**n Zellen** (*hum*) the little grey cells; **die** ~**e Substanz** (*Anat*) the grey matter; **der** ~**e Alltag** dull *or* drab reality, the daily round *or* grind; **in** ~**er Vorzeit** (*fig*) in the dim and distant *or* the misty past; **das liegt in** ~**er Ferne** (*fig*) it's in the dim and distant future; ~ **ist alle Theorie** (*prov*) theory is no use without practice; **das ist bloß** ~**e Theorie** that's all very well in theory.

Grau *nt* -s, -(s) grey; (*fig*) dullness, drabness.

grau|äugig *adj* grey-eyed; **Graubart** *m* (*inf: Mensch*) greybeard (*inf*); **graubärtig** *adj* with a grey beard, grey-bearded; **graublau** *adj* grey-blue; **Graubrot** *nt* (*dial*) siehe **Mischbrot**.

Graubünden *nt* -s (*Geog*) the Grisons.

Graubündner(in *f*) *m* -s, - inhabitant of the Grisons.

grauen[1] *vi* (*geh: Tag*) to dawn. **es begann zu** ~ dawn began to break.

grauen[2] *vi impers* **mir graut vor** *or* **es graut mir vor etw** (*dat*) I dread sth; **mir graut vor ihm** I'm terrified of him.

Grauen *nt* -s, *no pl* 1. horror (*vor* of). **mich überlief ein** ~ I shuddered with horror. 2. (*grauenhaftes Ereignis*) horror.

grauen|erregend, grauenhaft, grauenvoll *adj* terrible, atrocious; *Schmerz auch* gruesome.

Graugans *f* grey(lag) goose; **graugestreift** *adj* grey striped; **graugrün** *adj* grey-green; **grauhaarig** *adj* grey-haired; **Grauhörnchen** *nt* (*Zool*) grey squirrel; **Graukopf** *m* (*fig*) grey-haired man/woman; **grauköpfig** *adj* grey-haired.

graulen (*inf*) I *vi impers* **davor grault mir** I dread it; **mir grault vor ihm** I'm scared *or* frightened of him. II *vr* **sich vor jdm/etw** ~ to be scared *or* frightened of sb/sth. III *vt* to drive out (*aus* of).

graulich, gräulich *adj* greyish.

graumeliert *adj attr* flecked with grey; *Haar auch* greying.

Graupe *f* -, -n grain of pearl barley. ~**n** pearl barley *sing*.

Graupel *f* -, -n (*small*) hailstone. ~**n** soft hail *sing*, graupel *sing* (*spec*).

graup(e)lig *adj Schauer* of soft hail. ~**er Hagel** soft hail.

graupeln *vi impers* **es graupelt** a soft hail is falling.

Graupelschauer *m* sleet.

Graupensuppe *f* barley broth *or* soup.

graus *adj* (*old*) afeared (*old, liter*). **ein** ~**es Schicksal** (*obs*) a terrible fate.

Graus *m* -es, *no pl* (*old*) horror. **es ist ein** ~ **mit ihm** he's impossible *or* the limit, will he never learn!; **o** ~! (*old, hum*) oh horror! (*old, hum*), (alack and) alas! (*old, iro*).

grausam *adj* 1. (*gefühllos, roh*) cruel (*gegen, zu* to). ~ **ums Leben kommen** to die a cruel death; **sich** ~ **für etw rächen** to take (a) cruel revenge for sth. 2. (*inf*) terrible, awful, dreadful.

Grausamkeit *f* 1. *no pl* cruelty. 2. (*grausame Tat*) (act of) cruelty; (*stärker*) atrocity.

Grauschimmel *m* 1. (*Pferd*) grey (horse); 2. (*Pilz*) grey mould; **Grauschleier** *m* (*von Wäsche*) grey(ness); (*fig*) veil; **grauschwarz** *adj* greyish black.

grausen *vi impers* siehe **grauen**[2].

Grausen *nt* -s, *no pl* 1. siehe **Grauen** 1. 2. (*inf*) **da kann man das große** *or* **kalte** ~ **kriegen** it's enough to give you the creeps (*inf*) *or* willies (*sl*).

grausig *adj* siehe **grauenhaft**.

grauslich *adj* (*esp Aus*) siehe **gräßlich**.

Grauspecht *m* grey-headed woodpecker; **Grautier** *nt* (*hum inf*) (jack-)ass, donkey, mule; **Grauton** *m* grey colour; **grauweiß** *adj* greyish white; **Grauzone** *f* (*fig*) grey area.

Graveur(in *f*) [gra'vø:ɐ, -ø:rın] *m* engraver.

Gravier- [gra'vi:ɐ-]: **Gravier|anstalt** *f* engraving establishment; **Gravier|arbeit** *f* engraving.

gravieren* [gra'vi:rən] *vt* to engrave.

gravierend [gra'vi:rənt] *adj* serious, grave.

Gravier- [gra'vi:ɐ-]: **Graviermaschine** *f* engraving machine; **Graviernadel** *f* graver, burin.

Gravierung [gra'vi:rʊŋ] *f* engraving.

Gravimetrie [gravime'tri:] *f* gravimetry.

gravimetrisch [gravi-] *adj* gravimetric.

Gravis ['gra:vıs] *m* -, - (*Gram*) grave accent.

Gravitation [gravita'tsio:n] *f* gravitation, gravitational pull.

Gravitationsfeld *nt* gravitational field; **Gravitationsgesetz** *nt* law of gravitation/gravity.

gravitätisch [gravi'tɛ:tıʃ] *adj* grave, solemn.

gravitieren* [gravi'ti:rən] *vi* (*Phys, fig*) to gravitate (*zu* towards).

Gravur [gra'vu:ɐ], **Gravüre** [gra'vy:rə] *f* engraving.

Grazie [-iə] *f* 1. (*Myth*) Grace; (*hum*) beauty, belle. 2. *no pl* (*Liebreiz*) grace(fulness).

grazil *adj* (*delicately*) slender, gracile (*liter*); (*rare: geschmeidig*) nimble. ~ **gebaut sein** to have a delicate figure.

graziös *adj* graceful; (*lieblich*) charming.

Gräzismus *m* (*Ling*) Graecism.

Gräzist(in *f*) *m* Greek scholar, Hellenist.

Gräzistik *f* Greek studies *pl*.

Greenwicher Zeit ['grınıdʒɐ-] *f* (*die*) ~ GMT, Greenwich Mean Time.

Gregor *m* -s Gregory.

Gregorianik *f* Gregorian music.

gregorianisch *adj* Gregorian. **G~er Gesang** Gregorian chant, plainsong.

Greif *m* -(e)s, *or* -en, -e(n) (*Myth*) (*Vogel*) ~ griffin, griffon, gryphon.

Greif|arm *m* claw arm; **Greifbagger** *m*

grab dredger; **greifbar** adj (konkret) tangible, concrete; (erreichbar) available; Ware available, in stock pred; ~**e Formen annehmen** to take on (a) concrete or tangible form; ~ **nahe, in** ~**er Nähe** within reach.

greifen pret **griff**, ptp **gegriffen I** vt **1.** (nehmen, packen) to take hold of, to grasp; (grapschen) to seize, to grab; Saite to stop, to hold down; Akkord to strike. **eine Oktave** ~ to stretch or reach an octave; **diese Zahl ist zu hoch/zu niedrig gegriffen** (fig) this figure is too high/low; **zum G**~ **nahe sein** (Sieg) to be within reach; (Folgerung) to be obvious (to anyone); **die Gipfel waren zum G**~ **nahe** you could almost touch the peaks; **aus dem Leben gegriffen** taken from life.

2. (fangen) to catch. **G**~ **spielen** (dial) to play catch or tag; **den werde ich mir mal** ~ (inf) I'm going to tell him a thing or two (inf) or a few home truths.

II vi **1.** hinter sich (acc) ~ to reach behind one; **um sich** ~ (fig) to spread, to gain ground; **unter etw** (acc) ~ to reach under sth; **in etw** (acc) ~ to put one's hand into sth, to reach into sth; **nach einer Sache** ~ to reach for sth; (um zu halten) to clutch or (hastig) grab at sth; **an etw** (acc) ~ (fassen) to take hold of sth, to grasp sth; (berühren) to touch sth; **zu etw** ~ (zu Pistole) to reach for sth; (fig: zu Methoden, Mitteln) to turn or resort to sth; **zur Flasche** ~ to take or turn to the bottle; **sich** (dat) **an den Kopf or an die Stirn** ~ (fig) to shake one's head in disbelief; **tief in die Tasche** ~ (fig) to dig deep in one's pocket(s); **in die Saiten/Tasten** ~ to sweep one's hand over the strings/keys; **nach den Sternen** ~ to reach for the stars; **nach dem rettenden Strohhalm** ~ to clutch at a straw; **zu den Waffen** ~ to take up arms; **zum Äußersten** ~ to resort to extremes; **nach der Macht** ~ to try to seize power; **die Geschichte greift ans Herz** the story really tears or tugs at one's heartstrings.

2. (nicht rutschen, einrasten) to grip; (fig: wirksam werden) to be effective.

Greifer m -s, - **1.** (Tech) grab. **2.** (sl: Polizist) cop (sl).

Greiffuß m prehensile foot; **Greifreflex** m gripping reflex or response; **Greifvogel** m bird of prey, raptor (spec); **Greifwerkzeug** nt prehensile organ; **Greifzirkel** m (outside) callipers pl.

greinen vi (pej) to whine, to whimper.

Greis m -es, -e old man. **ein neunzigjähriger** ~ an old man of ninety, a ninety-year-old man.

greis adj aged; (ehrwürdig) venerable; (altersgrau) grey, hoary (liter, hum). **sein** ~**es Haupt schütteln** (usu iro) to shake one's wise old head.

Greisenalter nt extreme old age; **greisenhaft** adj very old, aged attr; (von jungerem Menschen) like an old man/woman; **Greisenhaftigkeit** f extreme old age; **Greisenhaupt** nt (geh) hoary head; (iro) wise old head.

Greisin f old lady; siehe **Greis**.

Greißler, m -s, - (Aus dated) grocer.

grell adj Stimme, Schrei, Ton shrill, piercing; Licht, Sonne glaring, dazzling; Farbe garish, gaudy, loud; Kleidung, Mode loud, flashy; Gegensatz sharp; (stärker) glaring. ~ **gegen etw** (acc) **abstechen** to contrast very sharply with sth.

grellbeleuchtet adj attr dazzlingly bright; **grellbunt** adj gaudily coloured.

Grellheit f siehe adj shrillness; glare, dazzling brightness; garishness, gaudiness; loudness, flashiness.

grellrot adj garish or gaudy red. ~ **geschminkt** painted a garish or gaudy red.

Gremium nt body; (Ausschuß) committee.

Grenadier m -s, -e (Mil) **1.** (Hist) grenadier. **2.** (Infanterist) infantryman.

Grenz- in cpds border, frontier; **Grenz|abfertigung** f border or frontier clearance; **Grenzbaum** m (Schlagbaum) frontier barrier; **Grenzbegradigung** f straightening of the border/a border/borders; **Grenzbereich** m frontier or border zone or area; (fig) limits pl; **im** ~ **liegen** (fig) to lie at the limits; **Grenzbevölkerung** f inhabitants pl of the/a border zone; (esp in unwegsamen Gebieten) frontiers-men pl; **Grenzbewohner** m inhabitant of the/a border zone; frontiersman/-woman; **Grenzdurchbruch** m breaking through the/a border or frontier.

Grenze f -, -n border; (Landes~ auch) frontier; (Stadt~, zwischen Grundstücken) boundary; (fig: zwischen Begriffen) dividing line, boundary; (fig: äußerstes Maß, Schranke) limits pl, bounds pl. **die** ~ **zwischen Spanien und Frankreich** the Spanish–French border or frontier; **die** ~ **zu Österreich** the border with Austria, the Austrian border; **über die** ~ **gehen/fahren** to cross the border; **(bis) zur äußersten** ~ **gehen** (fig) to go as far as one can; **jdm** ~**n setzen** to lay down limits for sb; **einer Sache** (dat) ~**n setzen** to set a limit or limits to sth; **keine** ~**n kennen** (fig) to know no bounds; **seine** ~**n kennen** to know one's limitations; **seiner Großzügigkeit sind keine** ~**n gesetzt** there is no limit to his generosity; **hart an der** ~ **des Erlaubten** bordering or verging on the limits of what is possible; **jdn in seine** ~**n verweisen** (fig) to put sb in his place; **die** ~**n einhalten** to stay within the limits; **sich in** ~**n halten** (fig) to be limited; **die** ~**n des Möglichen** the bounds of possibility; **die oberste/unterste** ~ (fig) the upper/lower limit; **die** ~**n seines Amtes überschreiten** to exceed one's office; **über die** ~ (+gen) **... hinaus** (fig) beyond the bounds of ...; **an** ~**n stoßen** (fig) to come up against limiting factors; **alles hat seine** ~**n** there is a limit or there are limits to everything.

grenzen vi **an etw** (acc) ~ (lit) to border (on) sth; (fig) to border or verge on sth.

grenzenlos I adj (lit, fig) boundless; **II** adv boundlessly; (fig) immensely; **Grenzenlosigkeit** f boundlessness; (fig) immensity.

Grenzer m -s, - (inf) (Zöllner) customs man; (Grenzsoldat) border or frontier guard; siehe auch **Grenzbewohner**.

Grenz- in cpds border, frontier; **Grenzfall**

m borderline case; **Grenzfluß** *m* river forming a/the border *or* frontier; **Grenzgänger** *m* **-s, -** (*Arbeiter*) international commuter (*across a local border*); (*heimlicher* ~) illegal border *or* frontier crosser; **Grenzgebiet** *nt* border *or* frontier area *or* zone; (*fig*) border(ing) area; **Grenzkonflikt** *m* border *or* frontier dispute; **Grenzland** *nt* border *or* frontier area *or* zone; **Grenzlinie** *f* border; (*Sport*) line; **Grenzmark** *f* (*Hist*) border *or* frontier area *or* zone; **grenznah** *adj* close to the border *or* frontier; **Grenznutzen** *m* (*Econ*) marginal utility; **Grenzpfahl** *m* boundary post; **Grenzposten** *m* border guard; **Grenzschutz** *m* **1.** *no pl* protection of the border(s) *or* frontier(s); **2.** (*Truppen*) border *or* frontier guard(s); **Grenzsicherungs|anlagen** *pl* (*esp DDR*) border *or* frontier protection *sing*; **Grenzsituation** *f* borderline situation; **Grenzsoldat** *m* border *or* frontier guard; **Grenzsperre** *f* border *or* frontier barrier; (*fig: des Grenzverkehrs*) ban on border traffic; **Grenzstadt** *f* border town; **Grenzstein** *m* boundary stone; **Grenzstreitigkeit** *f* boundary dispute; (*Pol*) border *or* frontier dispute; **Grenz|übergang** *m* **1.** border *or* frontier crossing(-point); **2.** *siehe* **Grenzübertritt**; **grenz|überschreitend** *adj attr* (*Comm, Jur*) across a/the border *or* frontier/(the) borders *or* frontiers; **Grenz|übertritt** *m* crossing of the border; **Grenzverkehr** *m* border *or* frontier traffic; **kleiner** ~ regular border traffic; **Grenzverlauf** *m* boundary line (*between countries*); **Grenzverletzung** *f* (*esp DDR*) violation of the/a border *or* frontier; **Grenzwacht** *f* (*Sw*) border *or* frontier guard; **Grenzwall** *m* border rampart; **Grenzwert** *m* (*Math*) limit; **Grenzzeichen** *nt* boundary marker; **Grenzziehung** *f* drawing up of the/a border *or* frontier; **Grenzzwischenfall** *m* border incident *or* clash.

Gretchenfrage *f* (*fig*) crunch question (*inf*), sixty-four-thousand-dollar-question (*inf*).

Greuel *m* **-s, - 1.** *no pl* (*Grauen, Abscheu*) horror. ~ **vor etw haben** to have a horror of sth.

    2. (~*tat*) atrocity.

    3. (*Gegenstand des Abscheus*) abomination. **sie/er/es ist mir ein** ~ I loathe *or* detest her/him/it; **es ist mir ein** ~**, das zu tun** I loathe *or* detest *or* cannot bear doing that.

Greuelmärchen *nt* horror story; **Greuelnachricht** *f* report of an atrocity/ atrocities; **Greuelpropaganda** *f* atrocity propaganda, horror stories *pl*; **Greueltat** *f* atrocity.

greulich *adj siehe* **gräßlich**.

Greyerzer ['graiɛtsɐ] *m* **-s, -** ~ (**Käse**) Gruyère.

Griebe *f* **-, -n** ≃ crackling *no indef art, no pl*, greaves *pl*.

Griebenschmalz *nt* dripping with greaves *or* crackling.

Griebs *m* **-es, -e** (*dial*) **1.** (*Apfel*~, *Birnen*~) core. **2.** (*Gurgel*) throat, gullet.

Grieche *m* **-n, -n** Greek.

Griechenland *nt* **-s** Greece.

Griechentum *nt* **das** ~ **1.** (*Volkstum*) Greekness, Hellenism. **2.** (*Zivilisation*) Hellenism, (the) Greek civilization; (*Kultur*) Greek culture, things *pl* Greek. **3.** (*Gesamtheit der Griechen*) the Greeks *pl*.

Griechin *f* Greek (woman/girl).

griechisch *adj* Greek; *Kleidung, Architektur, Vase, Stil, Profil auch* Grecian. **die** ~**e Tragödie** Greek tragedy; **das G**~**e** Greek; ~**-orthodox** Greek Orthodox; ~**-römisch** Graeco-Roman.

grienen *vi* (*N Ger inf*) to smirk (*inf*).

Griesgram *m* **-(e)s, -e** grouch (*inf*), misery.

griesgrämig *adj* grumpy, grouchy (*inf*).

Grieß *m* **-es, -e 1.** semolina. **2.** (*Kies*) gravel (*auch Med*); (*Sand*) grit.

Grießbrei *m* semolina; **Grießklößchen** *nt* semolina dumpling; **Grießpudding** *m* semolina pudding.

Griff *m* **-(e)s, -e 1.** (*das Greifen*) **der** ~ **an etw** (*acc*) taking hold of sth, grasping sth; (*Berührung*) touching sth; **der** ~ **nach etw** reaching for sth; **einen** ~ **in die Kasse tun** to put one's hand in the till; **ihm blieb als einziger Ausweg der** ~ **zum Revolver** the only way out was to reach for his gun; **der** ~ **nach der Droge/der Flasche** turning *or* taking to drugs/the bottle; **der** ~ **nach der Macht** the bid for power; **das ist ein** ~ **nach den Sternen** that's just reaching for the stars.

    2. (*Handgriff*) grip, grasp; (*beim Ringen, Judo, Bergsteigen*) hold; (*beim Turnen*) grip; (*Mus: Fingerstellung*) fingering; (*inf: Akkord*) chord; (*vom Tuch: Anfühlen*) feel, texture. **mit festem** ~ firmly; **einen** ~ **ansetzen** (*Ringen*) to put on *or* apply a hold; **jdn/etw im** ~ **haben** (*fig*) to have sb/sth under control, to have the upper hand of sb/sth; (*geistig*) to have a good grasp of sth; **jdn/etw in den** ~ **bekommen** (*fig*) to get the upper hand of sb/sth, to gain control of sb/sth; (*geistig*) to get a grasp of sth; (**mit jdm/etw) einen guten** *or* **glücklichen** ~ **tun** to make a wise choice (with sb/sth), to get on to a good thing (with sb/sth) (*inf*); **etw mit einem** ~ **tun** to do sth in the twinkling of an eye *or* in a flash.

    3. (*Stiel, Knauf*) handle; (*Pistolen*~) butt; (*Schwert*~) hilt; (*an Saiteninstrumenten*) neck.

    4. *usu pl* (*Hunt: Kralle*) talon.

    5. ~**e** (*Mil*) rifle positions *pl*; ~**e üben** *or* **kloppen** (*inf*) to do rifle drill.

griff *pret of* **greifen**.

griffbereit *adj* ready to hand, handy; **etw** ~ **halten** to keep sth handy *or* ready to hand; **Griffbrett** *nt* (*Mus*) fingerboard.

Griffel *m* **-s,** - slate pencil; (*Bot*) style.

Griffelkasten *m* pencil case *or* box.

griffig *adj* Boden, Fahrbahn *etc* that has a good grip; Rad, Maschine *auch* that grips well; Gewebe firm; (*fig*) Ausdruck useful, handy; (*Aus*) Mehl coarse-grained.

Griffloch *nt* finger hole.

Grill *m* **-s, -s** grill; (*Aut: Kühler*~) grille.

Grillade [gri'ja:də] *f* (*Cook*) grill.

Grille f -, -n 1. (Zool) cricket. 2. (dated inf: Laune) silly notion or idea. ~n **im Kopf haben** to be full of big ideas.

grillen vt to grill.

Grill- (Cook): **Grillgericht** nt grill; **Grillrestaurant** nt grillroom, grill and griddle.

Grimasse f -, -n grimace. ~n **schneiden** or **ziehen** or **machen** to grimace, to make or pull faces; **sein Gesicht zu einer ~ verziehen** to twist one's face into a grimace.

Grimassenschneider(in f) m face-puller.

grimassieren* vi to grimace.

Grimm m -(e)s, no pl (old) fury, wrath (old, liter), ire (old, liter) (auf +acc against).

Grimmdarm m colon.

grimmig adj 1. (zornig) furious, wrathful (liter). ~ **lächeln** to smile grimly; ~er **Humor** grim or morbid humour. 2. (sehr groß, heftig) Kälte etc severe, harsh.

Grind m -(e)s, -e scab.

Grindwal m pilot whale.

grinsen vi to grin; (vor Schadenfreude, Dreistigkeit, höhnisch auch) to smirk.

Grinsen nt -s, no pl siehe vi grin; smirk.

grippal adj (Med) influenzal. ~er **Infekt** influenza infection.

Grippe f -, -n 'flu, influenza; (Erkältung) cold.

Grippe- in cpds 'flu, influenza; **Grippewelle** f wave of 'flu or influenza.

Grips m -es, -e (inf) nous (Brit inf), sense. **nun strengt mal euren** ~ **an** use your nous (inf); ~ **zu etw haben** to have the nous to do sth (inf).

Grislybär, Grizzlybär ['grɪsli-] m grizzly (bear).

grob adj, comp "er, superl -ste(r, s) or adv **am** ~**sten** 1. (nicht fein) coarse; Arbeit dirty attr.

2. (ungefähr) rough. ~ **geschätzt/ gemessen** at a rough estimate; **in** ~**en Umrissen** roughly.

3. (schlimm, groß) gross (auch Jur). **den** ~**sten Schmutz habe ich schon weggeputzt** I have already cleaned off the worst of the dirt; **ein** ~**er Fehler** a bad mistake, a gross error; **wir sind aus dem G**~**sten heraus** we're out of the woods (now), we can see the light at the end of the tunnel (now); ~ **fahrlässig handeln** to commit an act of culpable negligence.

4. (brutal, derb) rough; (fig: derb) coarse; Antwort rude; (unhöflich) ill-mannered. ~ **gegen jdn werden** to become offensive (towards sb); **auf einen** ~**en Klotz gehört ein** ~**er Keil** (Prov) one must answer rudeness with rudeness.

Grob- in cpds coarse; **grobfas(e)rig** adj coarse-fibred; **grobgemahlen** adj attr coarse-ground; **Grobheit** f 1. no pl coarseness; 2. no pl (Brutalität) roughness; (fig) coarseness; (von Antwort) rudeness; (fig: Unhöflichkeit) ill-manneredness; 3. (Beschimpfung) nasty word or expression.

Grobian m -(e)s, -e brute.

grobknochig adj big-boned; **grobkörnig** adj coarse-grained.

gröblich adj 1. (form: schlimm) gross. 2. (geh: heftig, derb) gross. **jdn** ~

beleidigen to insult sb grossly.

grobmaschig I adj large-meshed; (grobgestrickt) loose-knit attr; II adv coarsely; **grobschlächtig** adj coarse; Mensch big-built, heavily built; (fig auch) unrefined; **Grobschnitt** m (Tabak) coarse cut.

Grog m -s, -s grog.

groggy ['grɔgi] adj pred (Boxen) groggy; (inf: erschöpft) all-in (inf).

grölen vti (pej) to bawl. ~**de Menge** raucous crowd; ~**d durch die Straßen ziehen** to roam rowdily through the streets.

Groll m -(e)s, no pl (Zorn) anger, wrath (liter); (Erbitterung) resentment. **einen** ~ **gegen jdn hegen** to harbour a grudge against sb.

grollen vi (geh) 1. to rumble; (Donner auch) to roll, to peal (liter). 2. (jdm) ~ (old) to be filled with wrath (against sb) (liter).

Grönland nt -s Greenland.

Grönländer(in f) m -s, - Greenlander.

grönländisch adj Greenland attr.

Gros[1] [gro:] nt -, - [gro:s] major or greater part, majority, bulk.

Gros[2] [grɔs] nt -ses, -se or (bei Zahlenangaben) - gross.

Groschen m -s, - 1. (Aus) groschen. 2. (inf) 10-pfennig piece; (fig) penny, cent (US). **das kostet mich keinen** ~ it doesn't cost me a penny/cent; **seine paar** ~ **zusammenhalten** to scrape together a few pence or pennies/ cents; **sich** (dat) **ein paar** ~ **verdienen** to earn (oneself) a few pence or pennies/cents, to earn (oneself) a bit of pocket money; **der** ~ **ist gefallen** (hum inf) the penny has dropped (inf).

Groschenblatt nt (pej) (cheap) rag (inf), sensational (news)paper; **die Groschenblätter** the gutter press (pej); **Groschengrab** nt (hum) penny-eater (hum inf); (Spielautomat) one-armed bandit; **Groschenheft** nt pulp magazine; (Krimi auch) penny dreadful (dated); **Groschenroman** m cheap or dime (US) novel.

groß I adj, comp "er, superl "te(r, s) 1. big; Fläche, Raum, Haus, Hände auch large; Höhe, Breite great; Buchstabe big, capital; Größe, Tube, Dose, Packung etc large; (hoch, hochgewachsen) tall. **wie** ~ **bist du?** how tall are you?; **du bist** ~ **geworden** you've grown; **ein ganz** ~**es Haus/Buch** a great big house/book; **der** ~**e (Uhr)zeiger** the big or main hand; **die Wiese ist 10.000 m²** ~ the field measures 10,000 square metres or is 100 metres square; **ein 2 Hektar** ~**es Grundstück** a 2 hectare piece of land; **er ist 1,80 m** ~ he is 1.80 metres (tall); **ein** ~**es Bier, ein G**~**es** (inf) ≈ a pint (of beer); **die** ~**e Masse** (fig) the vast majority; ~**es Geld** notes pl (Brit), bills pl (US); **ich habe nur** ~**es Geld** I haven't any change on me; **im** ~**en und ganzen (gesehen)** (taken) by and large; **im G**~**en einkaufen** to buy in bulk or quantity.

2. (zeitlich) Pause, Verzögerung, Rede big, long, lengthy. **die** ~**en Ferien** the long holidays, the long vacation (Univ).

3. (älter) Bruder, Schwester big. **die G**~**en** (Erwachsene) the grown-ups;

(*ältere Kinder*) the older children; **zu ~ für etw sein** to be too big for sth; **mit etw ~ geworden sein** to have grown up with sth; **~ und klein** young and old (alike); **unsere G~e/unser G~er** our eldest *or* oldest (daughter/son); (*von zwei*) our elder daughter/son.

4. (*beträchtlich, heftig, wichtig*) big; *Erfolg, Interesse, Enttäuschung, Schreck, Hoffnung, Eile auch* great; *Summe auch* large; *Freude, Vergnügen, Schmerzen, Leid etc* great; (*bedeutend*) *Dichter, Werk, Erfindung, Schauspieler etc* great; *Lärm* a lot of; *Geschwindigkeit* high. **~e Worte/Gefühle** big words/strong feelings; **~e Worte machen** to use grand *or* big words; **~en Hunger haben** to be very hungry; **eine ~ere Summe** a biggish *or* largish *or* fair sum; **eine der ~eren Firmen** one of the major companies; **eine ~e Dummheit machen** to do something very stupid; **die ~e Nummer** (*im Zirkus*) the big number, the star turn; **ich habe ~e Lust zu etw/, etw zu tun** I would really like sth/to do sth; **ich habe keine ~e Lust** I don't particularly want to; **~e Mode sein** to be all the fashion; **er ist ein ~es Kind** he's a big *or* a great big (*inf*) baby; **er ist kein ~er Esser/Trinker** (*inf*) he's not a big eater/drinker; **ich bin kein ~er Redner** (*inf*) I'm no great speaker; **die ~e Welt** (*die Fremde*) the big wide world; (*die oberen Zehntausend*) high society; **die G~en** the great figures; **jds ~e Stunde** sb's big moment; **einen ~en Namen haben** to be a big name; **im Kleinen wie im G~en** in small matters as well as in big *or* larger ones, whether the scale be large or small; **er hat G~es geleistet** he has achieved great things.

5. (*~artig, bewundernswert*) great. **das ist *or* finde ich ganz ~** (*inf*) that's really great (*inf*).

6. (*in Eigennamen*) Great; (*vor Namen von Ballungsräumen*) Greater. **Friedrich der G~e** Frederick the Great; **G~-München** Greater Munich; **die G~en Seen** the Great Lakes.

7. (*Mus*) **~e Terz** major third.

II *adv, comp* **~er,** *superl* **am ~ten jdn ~ anblicken** to give sb a hard stare; **was ist das schon ~?** (*inf*) big deal! (*inf*), so what? (*inf*); **was soll man da schon ~ machen/sagen?** (*inf*) you can't really do/ say anything *or* very much(, can you?) (*inf*), what are you supposed to do/say?; **ich kümmere mich nicht ~ darum** (*inf*) I don't take much notice; **~ daherreden** (*inf*) to talk big (*inf*); **~ und breit** (*fig inf*) at great *or* enormous length, at tedious length (*pej*); **~ machen** (*baby-talk*) to do number two (*baby-talk*); **ein Wort ~ schreiben** to write a word with a capital *or* with a big A/B *etc*; **~ in Mode sein** to be the fashion; **ganz ~ rauskommen** (*sl*) to make the big time (*inf*).

Groß- *pref* Great; (*vor Namen von Ballungsräumen*) Greater.

Großabnehmer *m* (*Comm*) bulk purchaser *or* buyer; **Großadmiral** *m* (*Naut Hist*) Grand Admiral, ≃ Admiral of the Fleet; **Großaktionär** *m* major *or* principal shareholder; **Großalarm** *m* red alert; **großangelegt** *adj attr* large-scale, on a large scale; **Großangriff** *m* large-scale *or* major attack; **großartig** *adj* wonderful, superb, splendid; (*prächtig*) *Bauwerk etc* magnificent, splendid; **eine ~e Frau** a wonderful *or* fine woman; **~ tun** (*pej*) to show off, to give oneself airs; **Großartigkeit** *f* (*Pracht*) magnificence, splendour; **Großaufnahme** *f* (*Phot, Film*) close-up; **Großbank** *f* major *or* big bank; **Großbauer** *m* big farmer; **großbäuerlich** *adj* of a big farmer/big farmers; **Großbaustelle** *f* construction site; **Großbehälter** *m* tank; (*Container*) container; **Großbetrieb** *m* large concern; (*Agr*) big farm; **Großbild** *nt* blow-up; **Großbildkamera** *f* plate camera; **Großbourgeoisie** *f* (*Sociol, Pol pej*) upper classes *pl*, upper bourgeoisie; **Großbrand** *m* enormous blaze, major *or* big fire; **Großbritannien** *nt* (Great) Britain; **großbritannisch** *adj* (Great) British, Britannic (*rare*); **Großbuchstabe** *m* capital (letter), upper case letter (*Typ*); **Großbürger** *m* (*Sociol*) member of the upper classes; **großbürgerlich** *adj* (*Sociol*) upper-class; **Großbürgertum** *nt* (*Sociol*) upper classes *pl*; **großdeutsch** *adj* (*Hist*) Pan-German; **das G~e Reich** (*NS*) the Reich; **Großdeutschland** *nt* (*NS*) Greater Germany; **Großdruckbuch** *nt* large-print book.

Größe *f* **-, -n 1.** (*Format, Maßeinheit*) size. **nach der ~** according to size; **er trägt *or* hat ~ 48** he takes *or* is size 48.

2. *no pl* (*Höhe, Körper~*) height; (*Flächeninhalt*) size, area, dimensions *pl*; (*Dimension*) size, dimensions *pl*; (*Math, Phys*) quantity; (*Astron*) magnitude. **nach der ~** according to height/size; **eine unbekannte ~** (*lit, fig*) an unknown quantity; **ein Stern erster ~** a star of the first magnitude.

3. *no pl* (*Ausmaß*) extent; (*Bedeutsamkeit*) significance.

4. *no pl* (*Erhabenheit*) greatness.

5. (*bedeutender Mensch*) leading light, important figure.

Großeinkauf *m* bulk purchase, bulk purchasing *no indef art, no pl*; **Großeinsatz** *m* ~ **der Feuerwehr/Polizei** *etc* large-scale operation by the fire brigade/police *etc*; **großelterlich** *adj attr* of one's grandparents; **im ~en Haus wohnen** to live in one's grandparents' house; **Großeltern** *pl* grandparents *pl*; **Großenkel** *m* great-grandchild; (*Junge*) great-grandson; **Großenkelin** *f* great-granddaughter.

Größenordnung *f* scale; (*Größe*) magnitude; (*Math*) order (of magnitude); **ich denke in anderen ~en** I think on a different scale.

großenteils *adv* mostly, for the most part. **er macht seine Arbeit ~ selbständig** he does his work mostly on his own, he does his work on his own for the most part.

Größenunterschied *m* (*im Format*) difference in size; (*in der Höhe, im Wuchs*) difference in height; (*in der Bedeutung*) difference in importance; **Größenverhältnis** *nt* proportions *pl* (*gen* between);

(*Maßstab*) scale; **im ~ 1:100** on the scale 1:100; **im richtigen ~ sehen** to see sth in perspective; **Größenwahn(sinn)** *m* megalomania, delusions *pl* of grandeur; **größenwahnsinnig** *adj* megalomaniac-(al); **~ sein** to be a megalomaniac.

größer *comp of* **groß**.

größer(e)nteils *adv siehe* **großenteils**.

Großfahndung *f* large-scale manhunt; **Großfamilie** *f* extended family; **Großfeuer** *nt* major fire, enormous blaze; **großflächig** *adj* extensive; *Gesicht* flat-featured; **Großflughafen** *m* major airport; **Großformat** *nt* large size; (*bei Büchern, Fotos auch*) large format; **ein ... im ~** a large-size .../large-format ...; **großformatig** *adj* large-size; *Bücher, Fotos auch* large-format; **Großfoto** *nt* giant photo(graph); **Großfürst** *m* (*Hist*) grand prince; **Großfürstin** *f* (*Hist*) grand princess; **großfüttern** *vt sep* to raise, to rear; **Großgemeinde** *f* municipality with *several villages or districts*; **großgewachsen** *adj* tall; **Großgrundbesitz** *m* 1. large-scale land-holding; 2. (*die Großgrundbesitzer*) big landowners *pl*; **Großgrundbesitzer** *m* big landowner.

Großhandel *m* wholesale trade, wholesaling *no art*. **etw im ~ kaufen** to buy sth wholesale. **Großhandels-** *in cpds* wholesale; **Großhandelskaufmann** *m* wholesaler. **Großhändler** *m* wholesaler; (*inf: Großhandlung*) wholesaler's; **Großhandlung** *f* wholesale business; **großherzig** *adj* generous, magnanimous; **Großherzigkeit** *f* generosity, magnanimity; **Großherzog** *m* grand duke; (**der**) **~ Roland** Grand Duke Roland; **Großherzogin** *f* grand duchess; **großherzoglich** *adj* grand ducal; **Großherzogtum** *nt* grand duchy; **das ~ Luxemburg** the Grand Duchy of Luxembourg; **Großhirn** *nt* cerebrum; **Großhirnrinde** *f* cerebral cortex; **Groß|industrielle(r)** *mf* major *or* big industrialist; **Groß|inquisitor** *m* (*Hist*) Grand Inquisitor.

Grossist *m siehe* **Großhändler**.

großjährig *adj* (*dated*) of age, major (*form*); **~ werden** to come of age, to reach the age of majority; **Großjährigkeit** *f* majority; **Großkampfschiff** *nt* capital ship; **Großkampftag** *m* (*Mil*) day of a/the great battle; **Montag ist bei uns im Büro meist ~** (*hum*) it's usually all systems go on Monday in the office (*inf*) **Großkapital** *nt* **das ~** big business; **Großkapitalist** *m* big capitalist; **großkariert** *adj* large-check-(ed); **Großkatze** *f* big cat; **Großkaufhaus** *nt* large (department) store; **Großkaufmann** *m* big merchant; **Großkind** *nt* (*Sw*) grandchild; **Großklima** *nt* macroclimate; **Großknecht** *m* (*old*) chief (farm)hand; **Großkonzern** *m* big *or* large combine; **Großkopfe(r)te(r)** *m decl as adj* **1.** (*Aus, S Ger: pej*) bigwig (*inf*), bigshot (*inf*); **2.** (*hum: Intellektueller*) egghead (*hum inf*); **großkotzig** *adj* (*pej sl*) swanky (*inf*); **Großkraftwerk** *nt* large power plant; **Großkreuz** *nt* Grand Cross; **Großküche** *f* canteen kitchen; **Großkundgebung** *f* mass rally;

Großloge *f* grand lodge.
Großmacht *f* (*Pol*) big *or* great power.
Großmachtpolitik *f* (big-)power politics; **Großmachtstellung** *f* great- *or* big-power status.
Großmama *f* grandmama (*dated*), grandma; **Großmannssucht** *f, no pl* (*pej*) craving for status; **Großmarkt** *m* central market; **Großmarkthalle** *f* central market hall; **Großmast** *m* mainmast; **Großmaul** *nt* (*pej inf*) big-mouth (*inf*), loudmouth (*inf*); **großmäulig** *adj* (*pej inf*) big-mouthed attr (*inf*), loudmouthed (*inf*); **~ verkünden, daß ...** to brag that ...; **Großmäuligkeit** *f, no pl* (*pej inf*) big mouth (*inf*); **Großmeister** *m* Grand Master; **Großmogul** *m* (*Hist*) Great Mogul; **Großmufti** *m* (*Hist*) grand mufti; **Großmut** *f* magnanimity; **großmütig** *adj* magnanimous; **Großmütigkeit** *f siehe* **Großmut**; **Großmutter** *f* grandmother; **das kannst du deiner ~ erzählen!** (*inf*) you can tell that one to the marines (*inf*), pull the other one (*inf*); **großmütterlich** *adj attr* **1.** (*von der Großmutter*) of one's grandmother; **im ~en Haus wohnen** to live in one's grandmother's house; **2.** (*in der Art einer Großmutter*) grandmotherly; **großmütterlicherseits** *adv* on one's grandmother's side; **Großneffe** *m* great-nephew; **Großnichte** *f* great-niece; **Groß|offensive** *f* (*Mil*) major offensive; **Groß|oktav** *nt* large octavo; **Groß|onkel** *m* great-uncle; **Großpapa** *m* grandpapa (*dated*), grandpa; **Großplastik** *f* large sculpture; **großporig** *adj* large-pored; **Großproduktion** *f* large-scale production; **Großproduzent** *m* large-scale producer; **Großprojekt** *nt* large-scale project; **Großquart** *nt* large quarto; **Großrat** *m* (*Sw*) member of a/the Cantonal parliament.

Großraum *m* **der ~ München** the Munich area *or* conurbation, Greater Munich.
Großraumbüro *nt* open-plan office; **Großraumflugzeug** *nt* large-capacity aircraft.
großräumig *adj* **1.** (*mit großen Räumen*) with large rooms; **~ sein** to have large rooms; **2.** (*mit viel Platz, geräumig*) roomy, spacious; **3.** (*über große Flächen*) extensive; **Großraumwagen** *m* (*von Straßenbahn*) articulated tram (*Brit*) *or* streetcar (*US*); (*Rail*) open-plan carriage (*Brit*) *or* car (*US*); **Großrazzia** *f* large-scale raid; **Großreinemachen** *nt* thorough cleaning, ≈ spring-cleaning; **Großschiffahrtsweg** *m* major waterway (*for seagoing ships*); **großschreiben** *vt sep irreg* **großgeschrieben werden** (*fig inf*) to be stressed, to be given pride of place, to be writ large; **Großschreibung** *f* capitalization; **Großsegel** *nt* (*Naut*) mainsail; **Großsprecher** *m* (*pej*) boaster, bragger, braggart; **Großsprecherei** *f* (*pej*) **1.** *no pl* (*Angeberei*) boasting, bragging; **2.** (*großsprecherische Äußerung*) boast; **großsprecherisch** *adj* (*pej*) boastful, boasting attr, bragging attr; **großspurig** *adj* (*pej*) flashy (*inf*), showy (*inf*).

Großstadt *f* city.
Großstadtbevölkerung *f* city population.
Großstädter *m* city-dweller.

großstädtisch adj big-city attr. **München wirkt ~er als Bonn** Munich has more of a big-city feel to it than Bonn.

Großstadt- in cpds city; **Großstadtmensch** m city-dweller; **der ~** urban man, city-dwellers pl; **Großstadtpflanze** f (dated) city child.

Großtante f great-aunt; **Großtat** f great feat; **eine medizinische ~** a great medical feat.

Großteil m large part. **zu einem ~** for the most part.

großteils, größtenteils adv in the main, for the most part.

größte(r, s) superl of **groß**.

größtmöglich adj attr greatest possible.

Großtuer [-tu:ɐ] m -s, - (pej) boaster, bragger, show-off; **Großtuerei** [-tu:əˈraɪ] f (pej) 1. no pl boasting, bragging, showing off; 2. (großtuerische Äußerung etc) boast; **großtuerisch** [-tu:ərɪʃ] adj (pej) boastful, bragging; **großtun** sep irreg (pej) I vi to boast, to brag, to show off; II vr sich mit etw ~ to show off or boast or brag about sth; **Groß|unternehmen** nt siehe **Großbetrieb**; **Groß|unternehmer** m big businessman or entrepreneur.

Großvater m grandfather.

großväterlich adj 1. (vom Großvater) of one's grandfather. **er hat den ~en Betrieb übernommen** he has taken over his grandfather's business; **das ~e Erbe** one's inheritance from one's grandfather. 2. (in der Art eines Großvaters) grandfatherly.

großväterlicherseits adv on one's grandfather's side.

Großvatersessel m (inf) fireside armchair; **Großvater|uhr** f (inf) grandfather clock.

Großver|anstaltung f big event; (Großkundgebung) mass rally; **Großverbraucher** m large consumer; **Großverdiener** m big earner; **Großversuch** m (esp Psych) large-scale experiment; **Großvieh** nt cattle and horses pl; **Großwesir** m (Hist) grand vizier; **Großwetterlage** f general weather situation; **die politische ~** the general political climate.

Großwild nt big game.

Großwildjagd f big-game hunting; **eine ~a** big-game hunt; **auf ~ gehen** to go big-game hunting; **Großwildjäger** m big-game hunter.

Großwörterbuch nt large or comprehensive dictionary; **großziehen** vt sep irreg to raise; Tier to rear; **großzügig** adj generous; (weiträumig) spacious; Plan large-scale, ambitious; (inf: ungenau) generous, liberal; **Großzügigkeit** f siehe adj generosity; spaciousness; (large) scale, ambitiousness; generousness, liberality.

grotesk adj grotesque.

Groteskf f -, no pl (Typ) grotesque, sans serif.

Grotesket f -, -n (Art) grotesque(rie); (Liter) grotesquerie.

groteskerweise adv ironically enough.

Grotte f -, -n grotto.

Groupie [ˈgruːpɪ] nt -s, -s groupie.

grub pret of **graben**.

Grubber m -s, - (Agr) grubber.

Grübchen nt dimple.

Grube f -, -n pit; (kleine) hole, hollow; (Min auch) mine; (dated: Gruft, Grab) grave. **wer andern eine ~ gräbt(, fällt selbst hinein)** (Prov) you can easily fall into your own trap; **in die ~ (ein)fahren** to go down the pit; **in die** or **zur ~ fahren** (old) to give up the ghost.

Grübelei f brooding no pl.

grübeln vi to brood (über + acc about, over).

Gruben- in cpds pit; **Grubengas** nt firedamp; **Grubenwagen** m mine car.

Grübler(in f) m -s, - brooder.

grüblerisch adj pensive, brooding.

grüezi [ˈgryːetsi] interj (Sw) hello, hi (inf), good morning/afternoon/evening.

Gruft f -, -̈e tomb, vault; (in Kirchen) crypt.

grummeln vi to rumble; (inf: brummeln) to mumble.

Grum(me)t nt -s, no pl (Agr) aftermath, rowen (dial, US).

grün adj (alle Bedeutungen) green; (Pol auch) ecologist. **~e Heringe** fresh herrings; **Aal ~** (Cook) (dish of) fresh eel (with parsley sauce); **~er Salat** lettuce; **die G~e Insel** the Emerald Isle; **ein ~er Junge** (inf) a greenhorn (inf); **~es Licht (für etw) geben/haben** (fig) to give/have got the green light (for sth); **komm an meine ~e Seite!** (inf) come and sit up close to me; **am ~en Tisch, vom ~en Tisch aus** from a bureaucratic ivory tower; **über die ~e Grenze fahren** (inf) to cross the border illegally (in a wood etc); **die ~e Hölle** (fig) the green hell of the jungle; **die ~en Lungen der Großstadt** (fig) the breathing spaces of the city; **~e Minna** (inf) Black Maria (Brit inf), paddy wagon (US inf); **jdn ~ und blau** or **gelb schlagen** (inf) to beat sb black and blue; **wir haben ~e Weihnachten gehabt** we didn't have a white Christmas; **~e Welle** phased traffic lights; **~e Welle bei 60 km/h** traffic lights phased for 60 kmph; **~ im Gesicht werden** to go green (about the gills inf); **~e Witwe** (inf) lonely suburban housewife; **auf keinen ~en Zweig kommen** (fig inf) to get nowhere; **die beiden sind sich gar nicht ~** (inf) there's no love lost between them; **er ist dir nicht ~** (inf) you're not in his good books (inf).

Grün nt -s, - or (inf) -s green; (~flächen) green spaces pl; (Golf) green; (Cards: Pik) spades pl. **die Ampel steht auf ~** the light is at green; **das ist dasselbe in ~** (inf) it's (one and) the same (thing).

Grün- in cpds green; **Grün|anlage** f green space or area; **grün|äugig** adj green-eyed; **grünblau** adj greenish blue, greeny blue; **grünblind** adj suffering from red-green colour-blindness.

Grund m -(e)s, -̈e 1. no pl (Erdboden) ground; (old, dial: Erdreich auch) soil. **~ und Boden** land; **in ~ und Boden** (fig) sich blamieren, schämen utterly; verdammen outright; **jdn in ~ und Boden reden** not to leave sb a leg to stand on, to shoot sb's arguments to pieces; **bis auf den ~ zerstören/abtragen** to raze to the ground. 2. (Aus) (Bauplatz) (building) plot; (~stück) grounds pl, land no indef art, no pl. 3. no pl (esp Art) ground; (Her) field.

4. no pl (von Gefäßen, Becken etc) bottom; (Meeres~ auch) (sea)bed; (liter: Tal~) bottom of the/a valley. **auf ~ laufen** (Naut) to (run to) ground; **ein Schiff auf ~ setzen** to scuttle a ship; **das Glas bis auf den ~ leeren** to drain the glass.

5. no pl (lit, fig: Fundament) foundation(s pl); (das Innerste) depths pl. **von ~ auf** or **aus** entirely, completely; **etw von ~ auf ändern** to change sth fundamentally or from top to bottom; **von ~ auf neu gebaut/geplant** rebuilt/re-planned from scratch; **den ~ zu etw legen** (fig) to lay the foundations of or for sth; **einer Sache** (dat) **auf den ~ gehen** (fig) to get to the bottom of sth; **auf ~ von** or (+gen) on the basis of; **im ~e seines Herzens** in one's heart of hearts; **im ~e (genommen)** basically, fundamentally.

6. (Ursache, Veranlassung, Ausrede) reason; (Beweg~ auch) grounds pl. **aus gesundheitlichen** etc **~en** for health etc reasons, on health etc grounds; **aus dem einfachen ~e, daß ...** for the simple reason that ...; **ohne ~** without reason; **auf ~ von Zeugenaussagen** on the basis or strength of the witnesses' testimonies; **die ~e für meinen Austritt** my reasons or grounds for leaving; **ich habe ~ zu der Annahme, daß ...** I have reason to believe or grounds for believing that ...; **~e und Gegengründe** pros and cons, arguments for and against; **einen ~ zum Feiern haben** to have good cause for (a) celebration; **es besteht kein ~ zum Klagen** you have no cause to complain or for complaint; **die ~e für und wider** the cases for and against; **jdm ~ (zu etw) geben** to give sb good reason or cause (for sth); **ich habe ihm keinen ~ gegeben** I've given him no reason or cause for that/it; **ich habe berechtigten ~ zu glauben, daß ...** I have good reason to believe or grounds for believing that ...; **aus diesem ~** for this reason; **mit gutem ~** with good reason; **aus welchem ~** e? for what reason?; **aus ~en** (+gen) for reasons (of).

Grund- in cpds basic; **Grund|akkord** m (Mus) chord in root position; **Grund|anschauung,** f fundamental philosophy; **grund|anständig** adj thoroughly decent; **Grund|anstrich** m first coat; (erstes Anstreichen) application of the first coat; **Grundbau** m **1.** (Archit) foundation(s pl); **2.** no pl (~arbeiten) laying of the foundations; **Grundbegriff** m basic concept; **Grundbesitz** m land, property; (das Besitzen) ownership of land or property; **Grundbesitzer** m landowner; **Grundbuch** nt land register; **Grundbuch|amt** nt land registry or office; **grund|ehrlich** adj thoroughly honest; **Grund|eigentümer** m landowner; **Grund|eis** nt ground ice, anchorice.

gründen I vt to found; Argument etc to base (auf +acc on); Heim, Geschäft to set up. **eine Familie ~** to get married (and have a family). **II** vi to be based or founded (in + dat on). **III** vr **sich auf etw** (acc) **~** to be based or founded on sth.

Gründer(in f) m **-s, -** founder.

Gründerjahre pl (Hist) years of rapid industrial expansion in Germany (from 1871).

Grund|erwerb m acquisition of land; **Grund|erwerbssteuer** f tax on land acquisition, land transfer tax; **grundfalsch** adj utterly wrong; **Grundfarbe** f primary colour; (Grundierfarbe) ground colour; **Grundfesten** pl (fig) foundations pl; **etw bis in die** or **in seinen ~ erschüttern** to shake sth to the or its very foundations; **an den ~ von etw rütteln** to shake the (very) foundations of sth; **Grundfläche** f (Math) base; **Grundform** f basic form; (Gram) infinitive; **Grundgebühr** f basic or standing charge; **Grundgedanke** m basic idea; **grundgescheit** adj extremely bright.

Grundgesetz nt **1.** (Grundprinzip) basic law. **2.** (BRD) constitution.

grundgesetzwidrig adj contrary to the Basic Law.

Grundhaltung f basic position; **Grundherr** m (Hist) lord of the manor; **Grundherrschaft** f (Hist) manorial system.

grundieren* vt to undercoat; (Art) to ground.

Grundierfarbe f undercoat.

Grundierung f **1.** no pl (das Grundieren) undercoating; (Art) grounding. **2.** (Farbe, Fläche) undercoat; (Art) ground.

Grundkapital nt share capital; (Anfangskapital) initial capital; **Grundkurs** m (Sch, Univ) basic or base course; **Grundlage** f basis; (Mus) root position; **als ~ für etw dienen** to serve as a basis for sth; **auf der ~** +gen or **von** on the basis of; **die ~n einer Wissenschaft** the fundamental principles of a science; **jeder ~ entbehren** to be completely unfounded or without foundation; **Grundlagenforschung** f pure research; **grundlegend** adj fundamental, basic (für to); Werk, Textbuch standard; **sich zu etw ~ äußern** to make a statement of fundamental importance on sth; **Grundlegung** f (lit, fig) laying of the foundations.

gründlich I adj thorough; Arbeit painstaking, careful; Vorbereitung auch careful. **II** adv thoroughly; (inf: sehr auch) really. **jdm ~ die Meinung sagen** to give sb a real piece of one's mind; **da haben Sie sich ~ getäuscht** you're completely mistaken there.

Gründlichkeit f, no pl siehe adj thoroughness; carefulness.

Gründling m (Zool) gudgeon.

Grundlinie f (Math, Sport) baseline; **Grundlohn** m basic pay or wage(s); **grundlos I** adj **1.** Tiefe etc bottomless; **2.** (fig: unbegründet) groundless, unfounded; **~es Lachen** laughter for no reason (at all); **II** adv (fig) without reason, for no reason (at all); **Grundmauer** f foundation wall; **bis auf die ~n niederbrennen** to be gutted; **Grundmoräne** f (Geol) ground moraine; **Grundnahrungsmittel** nt basic food(stuff).

Gründonnerstag [gry:n-] m Maundy Thursday.

Grund|ordnung f basic order; **Grundpfeiler** m (Archit) supporting pier; (fig) cornerstone, keystone; **Grundrechen|art,**

Grundrechnungs|art f basic arithmetical operation; **Grundrecht** nt basic or fundamental right; **Grundrente** f (Econ) ground rent; (Insur) basic pension; **Grundriß** m (von Gebäude) ground plan; (Math) base; (Abriß) outline, sketch.

Grundsatz m principle. **aus** ~ on principle; **ein Mann mit** or **von Grundsätzen** a man of principle; **an seinen Grundsätzen festhalten** to stand by or keep to one's principles; **es sich** (dat) **zum** ~ **machen, etw zu tun** to make a principle of doing sth, to make it a matter of principle to do sth.

Grundsatzdebatte f debate on (general) principles; **Grundsatz|entscheidung** f decision of general principle; **Grundsatz|erklärung** f declaration of principle.

grundsätzlich I adj fundamental; Frage of principle.

II adv (allgemein, im Prinzip) in principle; (aus Prinzip) on principle; (immer) always; (völlig) absolutely. **sich zu etw** ~ **äußern** to make a statement of principle on sth; **er ist** ~ **anderer Meinung als sie** he always disagrees with her, he disagrees with her on principle; **das erlaube ich Ihnen** ~ **nicht** I will most definitely not permit that; **das ist** ~ **verboten** it is absolutely forbidden; **er hat** ~ **kein Interesse für so etwas** he has absolutely no interest in that sort of thing.

Grundsätzlichkeit f fundamental nature.

Grundsatzreferat nt speech/paper setting out a basic principle; **Grundsatz|urteil** nt judgement that establishes a principle.

grundschlecht adj thoroughly bad; **Grundschrift** f (Typ) base type; **Grundschuld** f mortgage; **Grundschule** f primary (Brit) or elementary school; **Grundschüler** m primary/elementary(-school) pupil; **Grundschullehrer** m primary/elementary(-school) teacher; **grundsolide** adj very respectable; **Grundsprache** f parent language; **Grundstein** m (lit, fig) foundation stone; **der** ~ **zu etw sein** to form the foundation(s) of or for sth; **den** ~ **zu etw legen** (lit) to lay the foundation stone of sth; (fig) to lay the foundations of or for sth; **Grundsteinlegung** f laying of the foundation stone; **Grundstellung** f (Gymnastics) starting position; (Boxen) on-guard position; (Chess) initial or starting position; (Mus) root position; **Grundsteuer** f (local) property tax, ≃ rates pl (Brit); **Grundstimme** f bass; **Grundstimmung** f prevailing mood; **Grundstock** m basis, foundation; **Grundstoff** m (Rohstoff) raw material; (Chem) element; **Grundstoff|industrie** f primary industry.

Grundstück nt plot (of land); (Anwesen) estate; (Bau~ auch) site; (bebaut) property. **in** ~**en spekulieren** to speculate in property or in real estate.

Grundstücksmakler m estate agent (Brit), realtor (US); **Grundstückspreis** m land price; **Grundstücksspekulation** f property speculation.

Grundstudium nt (Univ) basic course; **Grundstufe** f 1. first stage; (Sch) ≃ junior (Brit) or grade (US) school;

2. (Gram) positive (degree); **Grundtext** m original (text); **Grundton** m (Mus) (eines Akkords) root; (einer Tonleiter) tonic keynote; (Grundfarbe) ground colour; **Grund|übel** nt basic or fundamental evil; (Nachteil) basic problem; **Grund|umsatz** m (Physiol) basal metabolism.

Gründung f founding, foundation; (Archit: Fundament) foundation(s pl); (das Anlegen des Fundaments) laying of the foundations; (von Heim, Geschäft) setting up. **die** ~ **einer Familie** getting married (and having a family).

Gründungsjahr nt year of the foundation; **Gründungskapital** nt initial capital; **Gründungsversammlung** f inaugural meeting (of a new company).

Gründüngung f (Agr) green manuring.

grundverkehrt adj completely wrong; **Grundvermögen** nt landed property, real estate; **grundverschieden** adj totally or entirely different; **Grundwasser** nt ground water; **Grundwasserspiegel** m water table, ground-water level; **Grundwehrdienst** m national (Brit) or selective (US) service; **den** ~ **leisten** to do one's national/selective service; **Grundwort** nt, pl -**wörter** (Gram) root; **Grundzahl** f (Math) base (number); (Kardinalzahl) cardinal number; **Grundzins** m (Hist) feudal dues pl (Hist); **Grundzug** m essential feature or trait; „**Grundzüge der Geometrie**" "Basic Geometry", "(The) Rudiments of Geometry"; **etw in seinen Grundzügen darstellen** to outline (the essentials of) sth.

grünen vi (geh) to turn green; (fig: Liebe, Hoffnung) to blossom (forth).

Grüne(r) m decl as adj (dated inf: Polizist) cop (inf), copper (Brit inf); (Pol) Ecologist, Green.

Grüne(s) nt decl as adj (Farbe) green; (als Ausschmückung) greenery; (Gemüse) greens pl, green vegetables pl; (Grünfutter) green stuff. **ins** ~ **fahren** to go to the country; **wir essen viel** ~**s** (inf) we eat a lot of greens.

Grünfink m greenfinch; **Grünfläche** f green space or area; **Grünfutter** nt green stuff; **grüngelb** adj greenish yellow, greeny-yellow; **Grüngürtel** m green belt; **Grünkohl** m (curly) kale; **Grünland** nt, no pl meadowland no indef art, grassland no indef art; **grünlich** adj greenish; **Grünpflanze** f non-flowering or foliage plant; **Grünrock** m (hum) gamekeeper; (Jäger) huntsman; **Grünschnabel** m (inf) (little) whippersnapper (inf); (Neuling) greenhorn (inf); **Grünspan** m, no pl verdigris; ~ **ansetzen** or **bilden** to form verdigris; (fig) to grow hoary; **Grünspecht** m green woodpecker; **Grünstich** m (Phot) green cast; **grünstichig** adj with a green cast; **Grünstreifen** m central reservation (Brit), median strip (US, Austral); (am Straßenrand) grass verge.

grunzen vti to grunt.

Grünzeug nt greens pl, green vegetables pl; (Kräuter) herbs pl.

Grunzlaut m grunt.

Grüppchen nt (usu pej) little group.

Gruppe *f* **-, -n** group (*auch Math*); (*von Mitarbeitern auch*) team; (*Mil*) ≃ squad; (*Aviat*) ≃ squadron (*Brit*), group (*US*); (*von Pfadfindern*) section; (*Klasse, Kategorie auch*) class. **eine ~ Zuschauer** *or* **von Zuschauern** a group of onlookers; **~n (zu je fünf/ sechs) bilden** to form (into) *or* to make groups (of five/six).

Gruppen- *in cpds* group; **Gruppen|arbeit** *f* teamwork; **Gruppenbild** *nt* group portrait; **Gruppenbildung** *f* group formation, formation of groups; **Gruppendynamik** *f* (*Psych*) group dynamics; **Gruppen|egoismus** *m* self-interest of the/a group; **Gruppenführer** *m* group leader; (*Mil*) squad leader; **Gruppenmitglied** *nt* member of a/ the group, group member; **Gruppenpädagogik** *f* group teaching; **Gruppenpsychologie** *f* group psychology; **Gruppenreise** *f* group travel *no pl*; **Gruppensex** *m* group sex; **Gruppensieg** *m* (*Sport*) **den ~ erringen** to win in one's group; **Gruppensieger** *m* (*Sport*) group winner, winner in *or* of a/the group; **gruppenspezifisch** *adj* group-specific; **Gruppentherapie** *f* group therapy; **Gruppen|unterricht** *m* group learning; **Gruppenvergewaltigung** *f* multiple rape, gang bang (*sl*); **gruppenweise** *adv* in groups; (*Ind, Comm, Sport auch*) in teams; (*Mil*) in squads; (*Aviat*) in squadrons.

gruppieren* I *vt* to group. II *vr* to form a group/groups, to group.

Gruppierung *f* 1. *no pl* grouping. 2. (*Konstellation*) grouping; (*Gruppe*) group; (*Pol auch*) faction.

Grus *m* **-es, -e** (*Gesteinsschutt*) rubble; (*Kohlen~*) slack.

Gruselfilm *m* horror *or* gothic film; **Gruselgeschichte** *f* tale of horror, horror *or* gothic story.

grus(e)lig *adj* horrifying, gruesome.

gruseln I *vti impers* **mich** *or* **mir gruselt auf Friedhöfen** cemeteries give me an eery feeling *or* give me the creeps; **ich kehre um, mir gruselt** I'm going back, I'm getting the creeps; **hier kann man das G~ lernen** this will teach you the meaning of fear.

II *vr* **hier würde ich mich ~** a place like this would give me the creeps; **sie gruselt sich vor Schlangen** snakes give her the creeps.

Gruß *m* **-es, ⸚e** 1. greeting; (*~geste, Mil*) salute. **zum ~** in greeting; **der Deutsche ~** (*NS*) the Nazi salute; **er ging ohne ~ an mir vorbei** he walked past me without saying hello.

2. (*als Zeichen der Verbundenheit*) **viele ~e** best wishes (*an* +acc to); **bestell Renate bitte viele ~e von mir** please give Renate my best wishes *or* my regards, remember me to Renate; **sag ihm einen schönen ~** say hello to him (from me); **einen (schönen) ~ an Ihre Gattin!** my regards to your wife.

3. (*als Briefformel*) **mit bestem ~** *or* **besten ~en** yours; **mit brüderlichem/ sozialistischem ~** (*Pol*) yours fraternally; **mit freundlichen ~en** *or* **freundlichem ~**

(*bei Anrede Mr/Mrs/Miss X*) Yours sincerely, Yours truly (*esp US*); (*bei Anrede Sir(s)/ Madam*) Yours faithfully, Yours truly (*esp US*).

Gruß|adresse, Grußbotschaft *f* message of greeting.

grüßen I *vt* 1. to greet; (*Mil*) to salute. **grüßt er dich auch nicht?** doesn't he say hello to you either?; **sei gegrüßt** (*old, geh, iro*) greetings; **grüß dich!** (*inf*) hello there!, hi! (*inf*).

2. (*Grüße übermitteln*) **Otto läßt dich (schön) ~** Otto sends his regards *or* best wishes *or* asked to be remembered to you; **ich soll Sie von ihm ~** he sends his regards *etc*; **grüß deine Mutter von mir!** remember me to your mother, give my regards to your mother; **und grüß mir Wien** and say hello to Vienna for me; **grüß Gott!** (*S Ger, Aus*) hello.

II *vi* to say hello, to give a greeting (*form*); (*Mil*) to salute. **Otto läßt ~** Otto sends his regards; **die Berge grüßten aus der Ferne** (*liter*) the mountains greeted us in the distance.

III *vr* **ich grüße mich nicht mehr mit ihm** I don't say hello to him any more.

Grußformel *f* form of greeting; (*am Briefanfang*) salutation; (*am Briefende*) complimentary close, ending.

Grüßfuß *m* (*inf*): **mit jdm auf (dem) ~ stehen** to have a nodding acquaintance with sb.

grußlos *adv* without a word of greeting/ farewell, without saying hello/goodbye; **Grußpflicht** *f* (*Mil*) obligation to salute; **Grußtelegramm** *nt* greetings telegram; (*Pol*) goodwill telegram; **Grußwort** *nt* greeting.

Grütze *f* **-, -n** 1. groats *pl*; (*Brei*) gruel. **rote ~** (type of) red fruit jelly. 2. *no pl* (*inf: Verstand*) brains (*inf*). **der hat ~ im Kopf** (*inf*) he's got brains (*inf*).

Gschaftlhuber *m* **-s, -** (*S Ger, Aus inf*) busybody.

gschamig *adj* (*Aus inf*) bashful.

Gschnas *nt* **-, no pl** (*Aus inf*) fancy-dress party.

Gspusi *nt* **-s, -s** (*S Ger, Aus inf*) 1. (*Liebschaft*) affair, carry-on (*inf*). 2. (*Liebste(r)*) darling, sweetheart.

Gstätten, Gstetten *f* **-, -** (*Aus inf*) grassy patch of land on a hillside.

Guatemala *nt* **-s** Guatemala.

Guatemalteke *m* **-n, -n, Guatemaltekin** *f* Guatemalan.

gucken I *vi* (*sehen*) to look (*zu* at); (*heimlich auch*) to peep, to peek; (*hervorschauen*) to peep (*aus* out of). **laß mal ~!** let's have a look, give us a look (*inf*); **jdm in die Karten ~** to look *or* have a look at sb's cards. II *vt* (*inf*) **Fernsehen ~** to watch television *or* telly (*Brit inf*).

Gucker *m* **-s, -** (*inf*) 1. (*Fernglas*) telescope; (*Opernglas*) opera glass(es). 2. *pl* (*Augen*) peepers (*inf*), eyes *pl*.

Guckfenster *nt* small window; (*in Tür*) judas window.

Gucki *m* **-s, -s** (*für Dias*) viewer.

Guckkasten *m* peepshow; (*inf: Fernseher*) telly (*Brit inf*), gogglebox (*Brit inf*), tube (*US inf*); **Guckkastenbühne** *f*

proscenium *or* fourth-wall stage;
Guckloch *nt* peephole.
Guerilla¹ [ge'rɪlja, ge'rɪla] *f* -, -s 1. (*~krieg*)
guerilla war/warfare. 2. (*~einheit*)
guerilla unit.
Guerilla² [ge'rɪlja] *m* -(s), -s (*~kämpfer*)
guerilla.
Guernsey ['gɔːnzɪ] *nt* -s Guernsey.
Gugelhupf (*S Ger, Aus*), **Gugelhopf** (*Sw*)
m -s, -e (*Cook*) gugelhupf.
Guillotine [gɪljo'tiːnə, (*Aus*) gijo'tiːnə] *f*
guillotine.
guillotinieren* [gɪljoti'niːrən] *vt* to guillotine.
Gulasch *nt or m* -(e)s, -e *or* -s goulash.
Gulaschkanone *f* (*Mil sl*) field kitchen;
Gulaschkommunismus *m* (*pej*) communism which is concerned only with
material well-being; **Gulaschsuppe** *f*
goulash soup.
Gulden *m* -s, - (*Hist*) florin; (*niederlän-
discher ~*) gu(i)lder, gulden.
gülden *adj* (*poet*) golden.
Gülle *f* -, *no pl* (*S Ger, Sw*) *siehe* **Jauche.**
Gully ['gʊli] *m or nt* -s, -s drain.
gültig *adj* valid. **nach den ~en Bestimmungen** according to current regulations;
diese Münze ist nicht mehr ~ this coin is
no longer legal tender; **ab wann ist der
Fahrplan ~?** when does the timetable
come into effect *or* force?; **~ für zehn
Fahrten** valid *or* good for ten trips; **~ werden** to become valid; (*Gesetz, Vertrag*) to
come into force *or* effect; (*Münze*) to
become legal tender.
Gültigkeit *f*, *no pl* validity; (*von Gesetz*)
legal force. **das Fünfmarkstück verliert im
Herbst seine ~** the five-mark piece ceases
to be legal tender in the autumn.
Gültigkeitsdauer *f* period of validity;
(*eines Gesetzes*) period in force.
Gummi *nt or m* -s, -s (*Material*) rubber;
(*~arabikum*) gum; (*Radier~*) rubber
(*Brit*), eraser; (*~band*) rubber *or* elastic
band; (*in Kleidung etc*) elastic; (*sl: Kondom*) rubber (*sl*), Durex ®.
Gummi- *in cpds* rubber; **Gummi|anzug** *m*
wetsuit; **Gummi|arabikum** *nt* -s, *no pl*
gum arabic; **gummi|artig I** *adj* rubbery;
II *adv* like rubber; **Gummiband** *nt*
rubber *or* elastic band; (*in Kleidung*) elastic; **Gummibär(chen** *nt*) *m* jellybaby;
Gummibaum *m* rubber plant;
Gummiboot *nt* inflatable boat, rubber
dinghy.
gummieren* *vt* to gum.
Gummierung *f* 1. (*Verfahren*) gumming.
2. (*gummierte Fläche*) gum.
Gummiharz *nt* gum resin; **Gummihöschen**
nt plastic pants *pl*; **Gummikissen** *nt* inflatable rubber cushion; **Gummiknüppel**
m rubber truncheon; **Gummilinse** *f*
(*Phot*) zoom lens; **Gummimantel** *m*
plastic raincoat *or* mac (*Brit*);
Gummiparagraph *m* (*inf*) ambiguous *or*
meaningless paragraph; **Gummireifen** *m*
rubber tyre; **Gummisauger** *m* rubber teat
(*Brit*) *or* nipple (*US*); **Gummischlauch**
m rubber hose; (*bei Fahrrad etc*) inner
tube; **Gummischutz** *m* (*dated*) sheath;
Gummistiefel *m* rubber boot, gumboot,
wellington (boot) (*Brit*), wellie (*Brit inf*);

(*bis zu den Oberschenkeln*) wader;
Gummistrumpf *m* rubber *or* elastic
stocking; **Gummitier** *nt* rubber animal;
(*aufblasbar*) inflatable animal; **Gummi-
|unterlage** *f* rubber sheet; **Gummiwaren**
pl rubber goods *pl*; **Gummizelle** *f* padded
cell; **Gummizug** *m* (piece of) elastic.
Gunst *f* -, *no pl* favour; (*Wohlwollen auch*)
goodwill; (*Gönnerschaft auch*) patron-
age; (*des Schicksals etc*) benevolence. **zu
meinen/deinen ~en** in my/your favour;
jdm eine ~ erweisen (*geh*) to do sb a kindness; **jdm die ~ erweisen, etw zu tun**
(*geh*) to be so gracious as to do sth for sb;
jds ~ besitzen *or* **genießen, in jds ~** (*dat*)
stehen to have *or* enjoy sb's favour, to be
in favour with sb.
Gunstbeweis *m*, **Gunstbezeigung** *f* mark
of favour, **Gunstgewerblerin** *f* (*hum*)
lady of easy virtue, prostitute.
günstig *adj* favourable; (*zeitlich, bei Reisen
etc*) convenient; *Angebot, Preis etc*
reasonable, good. **jdm/einer Sache ~
gesinnt sein** (*geh*) to be favourably disposed towards sb/sth; **es trifft sich ~, daß
...** it's very lucky that ...; **bei ~er Witterung** weather permitting; **die Stadt liegt
~ (für)** the town is well situated (for); **die
Fähre um 3 Uhr ist ~er** the 3 o'clock ferry
is more convenient *or* better; **im ~sten
Fall** (with luck; **im ~sten Licht** (*lit, fig*)
in the most favourable light; **etw ~
kaufen/verkaufen** to buy/sell sth for a
good price; **,,Kinderwagen ~ abzugeben"**
"pram for sale: bargain price"; **mit
Geschäften und Erholungsmöglichkeiten
in ~er Lage** convenient for shops and
recreational facilities.
günstigstenfalls *adv* at the very best.
Günstling *m* (*pej*) favourite.
Günstlingswirtschaft *f* (*pej*) (system of)
favouritism.
Gupf *m* -(e)s, -e (*Aus*) head.
Guppy ['gupi] *m* -s, -s (*Zool*) guppy.
Gurgel *f* -, -n throat; (*Schlund*) gullet. **jdm
die ~ zudrücken** (*lit, fig*) to strangle sb;
dann springt sie mir an die ~! (*inf*) she'll
kill me (*inf*); **sein Geld durch die ~ jagen**
(*inf*) to pour all one's money down one's
throat *or* gullet (*inf*); **sich** (*dat*) **die ~
schmieren** (*hum*) to oil one's throat *or*
gullet (*inf*).
gurgeln *vi* 1. (*den Rachen spülen*) to gargle.
2. (*Wasser, Laut*) to gurgle.
Gurgelmittel *nt* gargle.
Gürkchen *nt* midget gherkin.
Gurke *f* -, -n 1. cucumber; (*Essig~*) gherkin. **saure ~n** pickled gherkins. 2. (*hum
inf: Nase*) hooter (*inf*), conk (*Brit inf*).
gurken *vi aux sein* (*sl*) to drive.
Gurkenhobel *m* slicer; **Gurkensalat** *m*
cucumber salad.
gurren *vi* (*lit, fig*) to coo.
Gurt *m* -(e)s, -e (*Gürtel, Sicherheits~,
Patronen~, Ladestreifen*) belt; (*Riemen*)
strap; (*Sattel~*) girth; (*Archit*) girder.
Gurtband *nt* waistband.
Gürtel *m* -s, - (*Gurt, Zone*) belt; (*Absperrkette*) cordon. **den ~ enger schnallen** (*lit,
fig*) to tighten one's belt.
Gürtellinie *f* waist; **ein Schlag unter die ~**
(*lit*) a punch/blow *etc* below the belt; **das**

war ein Schlag unter die ~ (fig) that really was (hitting) below the belt; **Gürtelreifen** m radial (tyre); **Gürtelrose** f (Med) shingles sing or pl; **Gürtelschnalle** f belt buckle; **Gürteltier** nt armadillo.

gürten (geh) **I** vt to gird (old); Pferd to girth. **II** vr to gird oneself.

Guru m -s, -s guru.

Guß m Gusses, Güsse 1. (Metal) (no pl: das Gießen) casting, founding; (~stück) cast. (wie) aus einem ~ (fig) a unified whole.

2. (Strahl) stream, gush; (inf: Regen~) cloudburst, downpour. **kalte Güsse** (Med) cold affusions.

3. (Zucker~) icing, frosting (esp US); (durchsichtig) glaze. **einen Kuchen mit einem ~ überziehen** to ice a cake.

Gußbeton m cast concrete; **Guß|eisen** nt cast iron; **guß|eisern** adj cast-iron; **Gußform** f mould; **Gußstahl** m cast steel.

gustieren* vt 1. siehe **goutieren**. 2. (Aus) to taste, to try.

gustiös adj (Aus) appetizing.

Gusto m -s, (rare) -s (geh, Aus) 1. (Appetit) ~ auf etw (acc) haben to feel like sth. 2. (fig: Geschmack) taste. nach eignem ~ ad lib, just as one/he etc likes.

Gustostückerl nt -s, -(n) (Aus inf) delicacy.

gut I adj, comp **besser**, superl **beste(r, s)** good. **probieren Sie unsere** ~en Weine/ Speisen! try our fine wines/food; **er ist in der Schule/in Spanisch sehr** ~ he's very good at school/ Spanish; **~e Frau!** (dated) my dear lady; **die** ~e **Stube** the best or good room; **das ist** ~ **gegen** or **für** (inf) Husten it's good for coughs; **wozu ist das** ~? (inf) what's that for?; **er ist immer für eine Überraschung** ~ (inf) he's always good for a surprise; **das war Pech, aber wer weiß, wozu es** ~ **ist** it was bad luck, but it's an ill wind ...; **sei so** ~ **(und) gib mir das** would you mind giving me that; **würden Sie so** ~ **sein und ...** would you be good enough to ...; **jdm** ~ **sein** (old) to love sb; **bist du mir wieder** ~? (dated) are you friends with me again?; **dafür ist er sich zu** ~ he wouldn't stoop to that sort of thing; **sind die Bilder/die Plätzchen** ~ **geworden?** did the pictures/biscuits turn out all right?; **ist dein Magen wieder** ~? is your stomach better or all right again?; **es wird alles wieder** ~! everything will be all right; **es ist ganz** ~, **daß** ... it's good that ...; **wie** ~, **daß** ... it's good that ..., how fortunate that ...; ~, **daß du das endlich einsiehst** it's a good thing or job (that) you realize it at last; **so was ist immer** ~ that's always useful; **ich will es damit** ~ **sein lassen** I'll leave it at that; **laß mal** ~ **sein!** that's enough, that'll do; **das ist ja alles** ~ **und schön, aber ...** that's all very well but ... or all well and good but ...; **ein** ~es **Stück Weg(s)** (dated) a good way; ~e **Besserung!** get well soon; **auf** ~e **Freundschaft!** here's to us!; **auf** ~es **Gelingen!** here's to success!; ~! good; (in Ordnung) (all) right, OK; **schon** ~! (it's) all right or OK; ~, ~! all right or OK then; **nun** ~! fair enough, all right

then; ~ **und schön** (inf) fair enough, that's all well and good; **du bist** ~! (inf) you're a fine one!

II adv, comp **besser**, superl **am besten** well. ~ **schmecken/ riechen** to taste/smell good; **sie spricht** ~ **Schwedisch** she speaks Swedish well, she speaks good Swedish; **es** ~ **haben** to have a good time of it; **unser Volk hat es noch nie so** ~ **gehabt** our people have never had it so good; **er hat es in seiner Jugend nicht** ~ **gehabt** he had a hard time (of it) when he was young; **er hatte es immer** ~ **bei seinen Eltern** his parents were always good to him; **du hast es** ~! you've got it made; **hier ist (es)** ~ **sein** (dated) this is a good place to be; **das kann** ~ **sein** that may well be; **so** ~ **wie nichts** next to nothing; **so** ~ **wie nicht** hardly, scarcely; **so** ~ **wie verloren** as good as lost; **so** ~ **ich kann** as best I can, as well as I can; **es dauert** ~(e) **drei Stunden** it lasts a good three hours; **nehmen Sie** ~ **ein Pfund Mehl** take a good pound of flour; **das ist aber** ~ **gewogen/ eingeschenkt!** that's a generous measure; ~ **und gern** easily; **(das hast du)** ~ **gemacht!** well done!; **mach's** ~! (inf) cheers, cheerio!, bye!; (stärker) look after yourself, take care; **paß** ~ **auf!** be very careful; **ich kann ihn jetzt nicht** ~ **im Stich lassen** I can't very well let him down now.

Gut nt -(e)s, ~er 1. (Eigentum) property; (lit, fig: Besitztum) possession. **irdische** ~er worldly goods; **geistige** ~er intellectual wealth; **bewegliche/unbewegliche** ~er movables/immovables.

2. no pl (das Gute) good, Good. ~ **und Böse** good and evil, Good and Evil; **das höchste** ~ (Philos) the greatest good; (Gesundheit etc) one's most valuable possession.

3. (Ware, Fracht~) item. ~er goods; (Fracht~) freight sing, goods (esp Brit).

4. no pl (dated: Material) material (to be treated).

5. (Land~) estate.

6. no pl (Naut) rigging, gear. **laufendes/ stehendes** ~ running/standing rigging or gear.

gut|achten* vi insep (usu infin, auch prp) (esp Jur) to act as an expert witness; **Gut|achten** nt -s, - report; **Gut|achter(in** f) m -s, - expert; (Schätzer auch) valuator; (Jur: Prozeß) expert witness; **gut|artig** adj Kind, Hund etc good-natured; Geschwulst, Geschwür benign; **Gut|artigkeit** f (von Kind etc) good nature, good-naturedness; (von Geschwulst) benignity; **gutbezahlt** adj attr highly-paid; **gutbürgerlich** adj solid middle-class; Küche homely, good plain; **gutbezahlt** adj attr well-paid; **Gutdünken** nt -s, no pl discretion; **nach (eigenem)** ~ at one's own discretion, as one sees fit, as one thinks fit or best.

Güte f -, no pl 1. (Herzens~, Freundlichkeit) goodness, kindness; (Gottes auch) loving-kindness. **würden Sie die** ~ **haben, zu ...** (form) would you have the goodness or kindness to ... (form); **ein Vorschlag zur** ~ a suggestion; **in** ~ amicably; **ach du liebe** or **meine** ~! (inf) oh my goodness!

2. (*einer Ware*) quality. **ein Reinfall erster** ~ (*inf*) a first-class flop, a flop of the first order *or* water (*inf*).

Güteklasse *f* (*Comm*) grade.

Gutenachtgeschichte *f* bedtime story; **Gutenachtkuß** *m* goodnight kiss.

Gute(r) *mf decl as adj* **mein ~r** (*old*) my dear friend/husband; **meine ~** (*old*) my dear; **der/die ~** the dear kind soul; (*mitleidig*) the poor soul; **die ~n und die Bösen** the good and the bad.

Güter|abfertigung *f* **1.** *no pl* dispatch of freight *or* goods (*esp Brit*); **2.** (*Abfertigungsstelle*) freight *or* goods (*esp Brit*) office; **Güterbahnhof** *m* freight *or* goods (*esp Brit*) depot; **Güterfernverkehr** *m* long-distance haulage; **Gütergemeinschaft** *f* (*Jur*) community of property; **in ~ leben** to have community of property; **Güternahverkehr** *m* short-distance haulage (*up to 50 km*); **Güterschuppen** *m* freight depot, goods shed (*Brit*); **Gütertrennung** *f* (*Jur*) separation of property; **in ~ leben** to have separation of property; **Güterverkehr** *m* freight *or* goods (*esp Brit*) traffic; **Güterwagen** *m* (*Rail*) freight car (*US*), goods truck (*Brit*); **Güterzug** *m* freight *or* goods (*esp Brit*) train.

Gute(s) *nt decl as adj* **~s tun** to do good; **es hat alles sein ~s** (*prov*) every cloud has a silver lining (*Prov*), it's an ill wind (that blows no good) (*Prov*); **alles ~!** all the best!, good luck!; **man hört über sie nur ~s** you hear so many good things about her; **jdm** (**viel**) **~s tun** to be (very) good to sb; **des ~n zuviel tun** to overdo things; **das ist des ~n zuviel** that is too much of a good thing; **das ~ daran** the good thing about it; **das ~ im Menschen** the good in man; **im g~n wie im bösen** for better or for worse; **im g~n sich trennen** amicably; **ich sage es dir im g~n** I want to give you a friendly piece of advice.

Güteverhandlung *f* (*Jur*) conciliation proceedings *pl*; **Gütezeichen** *nt* mark of quality; (*fig auch*) hallmark.

gutgehen *sep irreg aux sein* **I** *vi impers* **es geht ihm gut** he is doing well *or* nicely; (*er ist gesund*) he is well; **sonst geht's dir gut** (*iro*) are you feeling all right?, are you in your right mind?; **II** *vi* to go (off) well; **das ist noch einmal gutgegangen** it turned out all right; **wenn es gutgeht** with luck; **das konnte ja nicht gutgehen** it was bound to go wrong; **hoffentlich geht es mit den beiden gut!** (*inf*) I hope things will work out for the two of them; **gutgehend** *adj attr* flourishing, thriving; **gutgelaunt** *adj* cheerful, in a good mood; **gutgemeint** *adj attr* well-meaning, well-meant; **gutgesinnt** *adj* well-disposed (+*dat* towards); (*von edler Gesinnung*) rightthinking; **gutgläubig** *adj* trusting; (*vertrauensselig auch*) credulous; **Gutgläubigkeit** *f siehe adj* trusting nature, trustingness; credulity; **guthaben** *vt sep irreg etw ~* to be owed with (*bei* by), to have sth coming (to one) (*bei* from) (*inf*); **Guthaben** *nt* **-s, -** (*Fin, Bank~*) credit; **auf meinem Konto ist** *or* **habe ich ein ~ von DM 500** my account is DM 500 in

credit; **gutheißen** *vt sep irreg* to approve of; (*genehmigen*) to approve; **gutherzig** *adj* kind-hearted, kindly.

gütig *adj* kind; (*edelmütig*) generous, gracious. **mit Ihrer ~en Erlaubnis** (*dated form*) with your kind permission; **würden Sie so ~ sein, zu ...** (*dated form*) would you be so kind as to ...

gütlich *adj* amicable. **sich an etw** (*dat*) ~ **tun** to make free with sth.

gutmachen *vt sep* **1.** (*in Ordnung bringen*) *Fehler* to put right, to correct; *Schaden* to make good; **das kann ich ja gar nicht wieder~!** (*fig*) how on earth can I ever repay you!; **du hast viel an ihm gutzumachen** you've a lot to make up to him (for); **2.** (*gewinnen*) to make (*bei* out of, on); **gutmütig** *adj* good-natured; **Gutmütigkeit** *f* good-naturedness; **gutnachbarlich I** *adj* neighbourly; **II** *adv* in a neighbourly fashion, as good neighbours; **gutsagen** *vi sep* (*dated*) to vouch (*für* for).

Gutsbesitzer(in *f*) *m* lord of the manor; (*als Vertreter einer Klasse*) landowner.

Gutschein *m* voucher, coupon; (*für Umtausch*) credit note; **gutschreiben** *vt sep irreg* to credit (*dat* to); **Gutschrift** *f* **1.** *no pl* (*Vorgang*) crediting; **2.** (*Bescheinigung*) credit note; (*Betrag*) credit (item).

Gutshaus *nt* manor (house); **Gutsherr** *m* squire, lord of the manor; **Gutsherrin** *f* lady of the manor; **Gutsherrschaft** *f* squire and his family; **Gutshof** *m* estate.

gutsituiert *adj attr* well-off; **gutsitzend** *adj attr* well-fitting.

Gutsverwalter(in *f*) *m* steward.

Guttempler(in *f*) *m* **-s, -** Good Templar; **guttun** *vi sep irreg* **jdm ~** to do sb good; **das tut gut** that's good.

Guttural -s, -e, Gutturallaut *m* (*Ling*) guttural (sound).

guttural *adj* guttural.

gut|unterrichtet *adj attr* well-informed; **gutverdienend** *adj attr* with a good salary, high-income; **gutwillig** *adj* willing; (*entgegenkommend*) obliging; (*nicht böswillig*) well-meaning; **Gutwilligkeit** *f siehe adj* willingness; obligingness; wellmeaningness.

gymnasial *adj attr* ≃ at grammar schools (*Brit*), at high schools (*US*).

Gymnasialbildung *f* ≃ grammar school education (*Brit*), high school education (*US*); **Gymnasiallehrer, Gymnasialprofessor** *m* (*Aus*) ≃ grammar school teacher (*Brit*), high school teacher (*US*).

Gymnasiast(in *f*) *m* **-en, -en** ≃ grammar school pupil (*Brit*), high school student (*US*).

Gymnasium *nt* **1.** (*Sch*) ≃ grammar school (*Brit*), high school (*US*). **2.** (*Hist*) gymnasium.

Gymnastik *f* keep-fit exercises *pl*; (*Turnen*) gymnastics *sing*.

Gymnastik|unterricht *m* gymnastics *sing*.

gymnastisch *adj* gymnastic.

Gynäkologe *m*, **Gynäkologin** *f* gynaecologist.

Gynäkologie *f* gynaecology.

gynäkologisch *adj* gynaecological.

H

H, h [ha:] *nt* -, - H, h; (*Mus*) B.
h *abbr of* **hora(e)** (*Stunde*) hr. **Abfahrt 8ʰ/13ʰ** (*gesprochen acht/dreizehn Uhr*) departure 8 a.m./1 p.m. *or* 8⁰⁰/13⁰⁰ hours (spoken: eight/thirteen hundred hours); **120 km/h** (*gesprochen: Kilometer pro Stunde*) 120 km/h *or* kmph.
ha¹ *abbr of* **Hektar** hectare.
ha² *interj* ha; (*triumphierend*) aha; (*überrascht, erstaunt, verärgert*) oh; (*verächtlich*) huh.
hä *interj* what.
Haag *m* **-s**: der ~, Den ~ The Hague; in *or* im ~, in Den ~ in The Hague.
Haager *adj attr* Hague. ~ **Konventionen** Hague Conventions; ~ **Schiedshof** International Court of Justice in The Hague.
Haar *nt* -(**e)s, -e 1.** (*Menschen~*) hair. **sie hat schönes** ~ *or* **schöne** ~**e** she has nice hair; **sich** (*dat*) **die** ~**e** *or* **das** ~ **schneiden lassen** to have *or* get one's hair cut, to have a haircut. **2.** (*Bot, Zool, Material*) hair. **3.** (*in Wendungen*) ~**e auf den Zähnen haben** to be a tough customer; ~**e lassen** (**müssen**) to suffer badly, to come off badly; **jdm kein** ~ **krümmen** not to harm a hair of sb's head; **darüber laß dir keine grauen** ~**e wachsen!** don't worry your head about it, don't lose any sleep over it; **er findet immer ein** ~ **in der Suppe** he always finds something to quibble about; **jdm aufs** ~ **gleichen** to be the spitting image of sb; **sie gleichen sich aufs** ~ they are the spitting image of each other, they're as alike as two peas in a pod; **das ist an den** ~**en herbeigezogen** that's rather far-fetched; **sich** (*dat*) **die** ~**e raufen** to tear one's hair out; **sich** (*dat*) **durch die** ~**e fahren** to run one's fingers through one's hair; **an jdm/etw kein** *or* **nicht ein gutes** ~ **lassen** to pick *or* pull sb/sth to pieces; **sich** (*dat*) **in die** ~**e geraten** *or* **kriegen** (*inf*) to quarrel *or* squabble; **sich** (*dat*) **in den** ~**en liegen** to be at loggerheads; **er hat mehr Schulden als** ~**e auf dem Kopf** he's up to his ears in debt; **um kein** ~ **besser** no better, not a bit *or* whit better; **um ein** *or* **ums** ~ very nearly, almost; **er hat mich um ein** ~ **getroffen** he just missed (hitting) me by a hair's breadth.
Haar|ansatz *m* hairline; **Haar|ausfall** *m* hair loss; **Haarband** *nt* hairband; (*Schleife*) hair ribbon; **Haarboden** *m* scalp; **Haarbreit** *nt*: **nicht ein** *or* **um kein** ~ not an inch; **Haarbürste** *f* hairbrush; **Haarbüschel** *nt* tuft of hair.
haaren I *vi* (*Tier*) to moult, to lose its coat *or* hair; (*Pelz etc*) to shed (hair); (*Teppich*) to shed. **II** *vr* (*Tier*) to moult.
Haar|entferner *m* **-s, -, Haar|entfernungsmittel** *nt* hair remover, depilatory.
Haaresbreite *f inv* (**nur**) **um** ~ almost,

very nearly; *verfehlen* by a hair's breadth; **er wich nicht um** ~ **von seiner Meinung ab** he did not change his opinion one iota.
Haarfarbe *f* hair colour; **Haarfestiger** *m* **-s, -** (hair) setting lotion; **Haarflechte** *f* (*old, geh*) plait, braid (*dated*); **Haargarn** *nt* yarn made from hair; **Haargefäß** *nt* (*Anat*) capillary; **haargenau** *adj* exact; *Übereinstimmung* total; **die Beschreibung trifft** ~ **auf ihn zu** the description fits him exactly *or* to a T (*inf*); **jdm etw** ~ **erklären** to explain sth to sb in great detail; **das trifft** ~ **zu** that is absolutely right.
haarig *adj* hairy; (*inf*) (*heikel, gefährlich*) hairy (*inf*); (*schwierig*) nasty.
Haarklammer *f* (*Klemme*) hairgrip; (*Spange*) hair slide, barrette (*US*); **Haarkleid** *nt* (*geh*) coat; **haarklein I** *adj* (*inf*) *Beschreibung* detailed; **II** *adv* in great *or* minute detail; **er hat mir alles** ~ **berechnet** he charged me for absolutely everything; **Haarklemme** *f* hairgrip; **Haarkranz** *m* (*von Männern*) fringe (of hair); (*Frauenfrisur*) plaits fixed around one's head; **Haarkünstler** *m* (*usu hum*) hair artiste; **haarlos** *adj* hairless; (*glatzköpfig*) bald; **Haarmode** *f* hairstyle; **Haarnadel** *f* hairpin; **Haarnadelkurve** *f* hairpin bend; **Haarnetz** *nt* hairnet; **Haar|öl** *nt* hair oil; **Haarpflege** *f* hair care; **zur** ~ (for caring) for one's hair; **Haarpracht** *f* superb head of hair; **Haarriß** *m* (*Tech*) (*in Metall, Pflaster etc*) hairline crack; **haarscharf** *adj* *Beschreibung, Wiedergabe* exact; *Gedächtnis* very sharp, very clear; *Unterschied* very fine; *Beobachtung* very close; **die Kugel ging** ~ **daneben** the bullet missed by a hair's breadth; ~ **an jdm vorbeizielen/vorbeischießen** to aim to just miss sb/to shoot just past sb; **der Glassplitter traf ihn** ~ **über dem Auge** the splinter of glass only just missed his eye; **Haarschleife** *f* hair ribbon; **Haarschmuck** *m* ornaments *pl* for one's hair; **Haarschneider** *m* **-s, -** 1. (*Gerät*) electric clippers *pl*; 2. (*inf: Friseur*) barber; **Haarschnitt** *m* 1. (*Frisur*) haircut, hairstyle; 2. (*das Haarschneiden*) haircut; **Haarschopf** *m* mop *or* shock of hair; **ihr roter** ~ her mop *or* shock of red hair; **Haarsieb** *nt* fine sieve; **Haarspalter(in** *f)* *m* **-s, -** pedant, hairsplitter; **Haarspalterei** *f* splitting hairs *no indef art, no pl*; **haarspalterisch** *adj* hairsplitting; *Unterschied* minute; **Haarspange** *f* hair slide, barrette (*US*); **Haarspitze** *f* end (of a hair); **gespaltene** ~**n** split ends; **Haarspray** *nt or m* hairspray; **Haarsträhne** *f* strand *or* (*dünner*) wisp of hair; **haarsträubend** *adj* hair-raising; (*empörend*) shocking, terrible; (*unglaublich*) *Frechheit* incredible; **Haarstrich**

m (*dünner Strich*) hairline, hairstroke; (*von Tierfell*) growth of the hair; **Haarteil** *nt* hairpiece; **Haartöner** *m* **-s,** - hairtinting lotion; **Haartönung** *f* tinting; **Haartracht** *f* (*dated, geh: Frisur*) hairstyle; **Haartransplantation** *f* hair transplant; (*Vorgang*) hair transplantation; **Haartrockner** *m* **-s,** - hair dryer; **Haarwäsche** *f* washing one's hair *no art*; **Haarwaschmittel** *nt* shampoo; **Haarwasser** *nt* hair lotion; **Haarwechsel** *m* change of coat; **Haarwild** *nt* (*Hunt*) game animals *pl*; **Haarwirbel** *m* cowlick; (*am Hinterkopf*) crown; **Haarwuchs** *m* growth of hair; **einen kräftigen/spärlichen** ~ **haben** to have a lot of hair *or* a thick head of hair/thin hair *or* a thin head of hair; **Haarwuchsmittel** *nt* hair restorer; **Haarwurzel** *f* root of a/the hair.

Hab *nt*: ~ **und Gut** *sing vb* possessions, belongings, worldly goods *all pl*.

Habe *f* -, *no pl* (*geh*) possessions *pl*, belongings *pl*.

Habeaskorpus|akte *f* (*Jur*) Act of Habeas Corpus.

Habe die Ehre *interj* (*Aus*) (*Gruß*) hello; goodbye; (*Ausdruck des Erstaunens, der Entrüstung*) good heavens.

haben *pret* **hatte,** *ptp* **gehabt** **I** *vt* **1.** to have, to have got (*esp Brit*). **ein Meter hat 100 cm** there are 100 cm in a metre; **da hast du 10 Mark/das Buch** there's 10 marks/the book; **was man hat, das hat man** (*inf*), **wer hat, der hat** (*inf*) I/she *etc* might as well have it as not; **die ~'s** (**ja**) (*inf*) they can afford it; **wie hätten Sie es gern?** how would you like it?; **ich kann das nicht** ~ (*inf*) I can't stand it; **sie hat heute Geburtstag** it's her birthday today; **Ferien** ~ to be on holiday; **er wollte sie zur Frau** ~ he wanted to make her his wife.

2. (*über etw verfügen*) *Zeit, Geld, Beziehungen* to have; (*vorrätig* ~, *führen auch*) to have got (*esp Brit*). **damit hat es noch Zeit die Sache hat Zeit** it's not urgent, it can wait; **Zeit** ~, **etw zu tun** to have the time to do sth.

3. (*Schülersprache*) *Lehrer, Unterricht, Schule* to have; *Note* to get; (*studieren*) *Fach* to do. **in der ersten Stunde** ~ **wir Mathe** we have maths first lesson; **was hast du diesmal in Englisch?** what did you get in English this time?

4. (*von etw ergriffen, erfüllt, bedrückt sein*) *Zweifel, Hoffnung, Wunsch* to have. **Hunger/Durst/Angst/Sorgen** ~ to be hungry/thirsty/afraid/worried; **eine Krankheit** ~ to have (got) an illness; **Fieber** ~ to have (got) a temperature; **was hat er denn?** what's the matter with him?, what's wrong with him?; **hast du was?** are you all right?, is (there) something the matter with you?; **ich habe nichts** there's nothing wrong *or* the matter with me; **gute/schlechte Laune** ~ to be in a good/bad mood.

5. (*vorhanden sein, herrschen*) *gutes, schlechtes Wetter* to have. **morgen werden wir Nebel** ~ we'll have fog tomorrow; **wieviel Uhr** ~ **wir?** what's the time?; **heute** ~ **wir 10°** it's 10° today; **in Australien** ~ **sie jetzt Winter** it's winter in

Australia now; **den Wievielten** ~ **wir heute?** what's the date today?, what's today's date?

6. (*mit adj*) **es gut/schön/bequem** ~ to have it good/ nice/easy; **sie hat es warm in ihrem Zimmer** it's warm in her room; **wir** ~ **es noch weit bis nach Hause** it's a long way home; **es schlecht** ~ to have a bad time (of it); **er hat es nicht leicht mit ihr** he has a hard time (of it) with her.

7. (*in Infinitivkonstruktion mit zu*) **ich habe nichts zu sagen/tun** I have nothing to say/do; **nichts vom Leben zu erwarten** ~ to have no expectations in life; **du hast zu gehorchen** you must *or* you have to obey; **ich habe nicht zu fragen** I'm not to ask questions; (*steht mir nicht zu*) it's not up to me to ask questions; **ich habe zu tun** I'm busy.

8. (*in Infinitivkonstruktion mit Raumangabe*) **etw auf dem Boden liegen/an der Wand hängen** ~ to have sth lying on the floor/hanging on the wall; **viele Bücher im Schrank stehen** ~ to have a lot of books in the cupboard.

9. (*in Infinitivkonstruktion mit sein*) **jd/etw ist zu** ~ (*erhältlich*) sb/sth is to be had; (*nicht verheiratet*) sb is single; (*sexuell*) sb is available; **für etw zu** ~ **sein** to be keen on sth; **für ein gutes Essen ist er immer zu** ~ he's always willing to have a good meal; **der ist doch für jeden Ulk zu** ~ he's always one for a joke; **er ist nicht dafür zu** ~ (*nicht interessiert*) he's not keen on that; (*möchte nicht beteiligt sein*) he won't have anything to do with it.

10. (*dial*) **es hat** (*es gibt*) there is/are.

11. (*inf: leiden*) **es am Herzen/Magen/an der Leber** ~ to have heart/stomach/liver trouble *or* trouble with one's heart/stomach/liver; **es in den Beinen** ~ to have trouble with one's legs.

12. (*Redewendungen*) **ich hab's** (*inf*) I've got it, I know; **du kannst mich gern** ~ (*inf*) I don't give a damn (*inf*); **da hast du's/**~ **wir's!** (*inf*) there you/we are; **woher hast du denn das?** where did you get that from?; **wie gehabt!** some things don't change.

13. *in Verbindung mit Präpositionen siehe auch dort* **jd/etw hat eine nette Art/etwas Freundliches** *etc* **an sich** (*dat*) there is something nice/friendly *etc* about sb/sth; **sie werden schon merken, was sie an ihm** ~ they'll see how valuable he is; **sie hat eine große Hilfe an ihren Kindern** her children are a great help to her; **das hat er/sie/es so an sich** (*dat*) that's just the way he/she/it is; **das hat es in sich** (*inf*) (*schwierig*) that's tough, that's a tough one; (*alkoholreich*) that's strong; (*reichhaltig*) that's rich; **das hat etwas für sich** there's something to be said for that; **was hat es damit auf sich?** what is all this about, what is all this supposed to mean?; **was hat es mit ihm/ihr auf sich?** what is he/she up to?; **man muß immer wissen, wen man vor sich** (*dat*) **hat** one must always know who one is talking to; **etwas mit jdm** ~ (*euph*) to have a thing with sb (*inf*); **etwas von etw** ~ (*inf*) to get something out of sth; **das hast du jetzt davon** now see what's happened *or* what's come of it; **das hat er von seinem Leichtsinn** that's what comes of his being frivolous; **nichts/mehr/ weniger von etw ~** (*inf*) to get nothing/ more/less out of *or* from sth; **nichts davon/ von etw ~** to get nothing out of it/sth *or* no benefit from it/sth; **viel/wenig von jdm ~** to take after/not to take after sb; **die blonden Haare hat sie von ihrem Vater** she gets her blonde hair from her father; **er hat etwas von einem Erpresser (an sich** *dat*) he's a bit of a blackmailer; **etw gegen jdn/ etw ~** to have sth against sb/sth; **jd hat jdn/etw gegen sich** sb has sb/sth against him.

   II *vr* (*inf: sich anstellen*) to make a fuss. **was hast du dich denn so?** what are you making such a fuss about?; **hab dich nicht so!** stop making such a fuss.

   III *vr impers* (*inf*) **und damit hat es sich** and that's that; **er gab ihr einen Kuß, und es hatte sich wieder** he gave her a kiss and everything was all right again; **die Sache hat sich** (*ist erledigt*) that's done; **hat sich was!** (*inf*) some hopes!

   IV *v aux* **ich habe/hatte gerufen** I have/ had called, I've/I'd called; **du hättest den Brief früher schreiben können** you could have written the letter earlier; **er will ihn gesehen ~** he says (that) he saw him.

Haben *nt* -s, *no pl* (*Fin*) credit.

Habenichts *m* -(es), -e have-not.

Habenseite *f* credit side; **Habenzinsen** *pl* interest on credit *sing*.

Haberer *m* -s, - (*Aus inf*) bloke (*inf*).

Habgier *f* greed, acquisitiveness; **habgierig** *adj* greedy, acquisitive; **habhaft** *adj* **jds/einer Sache ~ werden** (*geh*) to get hold of sb/sth.

Habicht *m* -s, -e hawk; (*Hühner~*) goshawk.

Habichtsnase *f* hooked nose.

habil. *abbr of* **habilitatus Dr. ~** doctor with postdoctoral university teaching qualification.

Habilitation *f* postdoctoral lecturing qualification.

Habilitationsschrift *f* postdoctoral thesis required for qualification as a university lecturer.

habilitieren* I *vr* to qualify as a university lecturer. **II** *vt* to confer qualification as a university lecturer on.

Habit [ha'bi:t, ha'bɪt] *nt or m* -s, -e (*Ordenskleid*) habit; (*geh: Aufzug*) attire.

Habitat *nt* (*Zool*) habitat.

habituell *adj* (*geh*) habitual.

Habitus *m* -, *no pl* (*geh, Med*) disposition.

Habsburg *nt* -s Hapsburg, Habsburg.

Habsburger(in *f*) *m* -s, - Hapsburg, Habsburg.

Habsburger *adj attr*, **habsburgisch** *adj* Hapsburg *attr*, Habsburg *attr*, of the Hapsburgs *or* Habsburgs.

Habseligkeiten *pl* possessions, belongings, effects (*form*) *all pl*; **Habsucht** *f siehe* **Habgier; habsüchtig** *adj siehe* **habgierig.**

Habt|achtstellung *f* (*Mil*) attention. **~ ein- nehmen** to stand to *or* be at attention.

hach *interj* oh; (*verächtlich*) huh.

Haché [ha'ʃe:] *nt* -s, -s *siehe* **Haschee.**

Hachel *f* -, -n (*Aus*) slicer.

hacheln *vti* (*Aus*) to chop, to slice.

Hachse ['haksə] *f* -, -n (*dial*) *siehe* **Haxe.**

Hackbank *f* butcher's chopping board; **Hackbau** *m, no pl* (*Agr*) hoe-farming; **Hackbeil** *nt* chopper, cleaver; **Hackblock** *m siehe* **Hackklotz; Hackbraten** *m* meat loaf; **Hackbrett** *nt* 1. chopping board; 2. (*Mus*) dulcimer.

Hacke¹ *f* -, -n 1. (*dial: Ferse, am Strumpf*) heel. 2. (*dial, Mil: Absatz*) heel. **die ~n zusammenschlagen** *or* **-klappen** (*Mil*) to click one's heels; **die ~n voll haben, einen im ~n haben** (*N Ger inf*) to be pickled (*inf*).

Hacke² *f* -, -n 1. (*Pickel*) pickaxe, pick; (*Garten~*) hoe. 2. (*Aus*) hatchet, axe.

Hackebeil *nt siehe* **Hackbeil.**

hacken I *vt* 1. (*zerkleinern*) to chop.
   2. *Garten, Erdreich* to hoe.
   3. (*mit spitzem Gegenstand*) *Loch* to hack, to chop; (*Vogel*) to peck.
   II *vi* 1. (*mit dem Schnabel*) to peck; (*mit spitzem Gegenstand*) to hack, to chop. **nach jdm/etw ~** to peck at sth/sb.
   2. (*im Garten etc*) to hoe.
   III *vr* (*sich verletzen*) to cut (oneself). **ich habe mich** *or* **mir in den Finger gehackt** I've cut my finger.

Hacken *m* -s, - *siehe* **Hacke¹** 1.

Hackentrick *m* (*Sport*) backheel.

Hackepeter *m* -s, - (*N Ger*) mince (*Brit*), minced (*Brit*) *or* ground (*US*) meat.

Hackfleisch *nt* mince (*Brit*), minced (*Brit*) *or* ground (*US*) meat; **jdn zu** *or* **aus jdm ~ machen** (*sl*) to make mincemeat of sb (*inf*); (*verprügeln*) to beat sb up; **Hackfrucht** *f* root crop; **Hackklotz** *m* chopping block; **Hack|ordnung** *f* (*lit, fig*) pecking order.

Häcksel *nt or m* -s, *no pl* chaff.

Häckselmaschine *f* chaffcutter.

Hacksteak *nt* hamburger; **Hackstock** *m* (*Aus*) *siehe* **Hackklotz.**

Hader *m* -s, *no pl* (*geh*) (*Zwist*) discord; (*Unzufriedenheit*) discontentment. **in ~ mit sich und der Welt leben** to be at odds with oneself and the world.

Haderlump *m* (*Aus, S Ger*) good-for-nothing.

hadern *vi* (*geh*) (*streiten*) to quarrel, to wrangle (*mit* with); (*unzufrieden sein*) to be at odds (*mit* with). **hadere nicht mit deinem Schicksal** you must accept your fate.

Hadernpapier *nt* rag paper.

Hades *m* -, *no pl* (*Myth*) Hades.

Hafen¹ *m* -s, - 1. harbour; (*Handels~, für große Schiffe*) port; (*Jacht~*) marina; (*~anlagen*) docks *pl*. **in den ~ einlaufen** to put into harbour/port. 2. (*fig*) haven. **in den ~ der Ehe einlaufen** to enter the state of matrimony.

Hafen² *m* -s, - *or* - (*dial*) 1. (*Kochtopf*) pot, pan; (*Schüssel*) dish, bowl; (*Krug*) jug. 2. (*Nachttopf*) chamber-pot.

Häfen *m* -s, - (*Aus*) 1. (sauce)pan. 2. (*inf: Gefängnis*) jug (*inf*), clink (*inf*).

Hafen- *in cpds* harbour; port; **Hafen|amt** *nt* harbour/port authority; **Hafen|anlagen** *pl* docks *pl*; **Hafen|arbeiter** *m* dock-worker, docker; **Hafenbehörden** *pl* harbour/port authorities *pl*; **Hafen|ein-**

fahrt f harbour entrance; **die ~ von Dover** the entrance to Dover Harbour; **Hafenkneipe** f (inf) dockland pub (Brit) or bar; **Hafenmeister** m harbourmaster; **Hafenpolizei** f port or dock police; **Hafenrundfahrt** f (boat-)trip round the harbour; **Hafenstadt** f port; (am Meer auch) seaport; **Hafenviertel** nt dock area.

Hafer m -s, - oats pl. **ihn sticht der ~** (inf) he's feeling his oats (inf).

Haferbrei m porridge; **Haferflocken** pl rolled oats pl; **Hafergrütze** f porridge; **Haferkorn** nt (oat) grain.

Haferlschuh m type of brogue.

Hafermehl nt oatmeal; **Hafersack** m fodder bag; **Haferschleim** m gruel.

Haff nt -(e)s, -s or -e lagoon.

Hafner, Häfner m -s, - (dial) (Töpfer) potter; (Ofensetzer) stove-fitter.

Hafnium nt, no pl (abbr **Hf**) hafnium.

Haft f -, no pl (Untersuchungs~) custody; (~strafe) imprisonment; (~zeit) prison sentence, term of imprisonment; (politisch) detention. **sich in ~ befinden** to be in custody/prison/detention; **jdn aus der ~ entlassen** to release sb from custody/prison/detention; **in ~ sitzen** to be held in custody/prison/detention; **in ~ nehmen** to take into custody, to detain.

Haft|anstalt f detention centre; **Haft|aussetzung** f parole; **haftbar** adj (für jdn) legally responsible; (für etw) (legally) liable; **Haftbarkeit** f siehe adj (legal) responsibility; (legal) liability; **Haftbefehl** m warrant; **einen ~ gegen jdn ausstellen** to issue a warrant for sb's arrest; **Haftbeschwerde** f appeal against a remand in custody; **Haftdauer** f term of imprisonment.

Haftel nt -s, -n (Aus) hook and eye sing.

Haftelmacher m (Aus) **aufpassen wie ein ~** to watch like a hawk.

haften[1] vi (Jur) **für jdn ~** to be (legally) responsible for sb; **für etw ~** to be (legally) liable for sth; (jdm) **für jdn/etw ~** (verantwortlich sein) to be responsible (to sb) for sb/sth; **die Versicherung hat für den Schaden nicht gehaftet** the insurance company did not accept liability (for the damage); **für Garderobe kann nicht gehaftet werden** the management can accept no responsibility for articles deposited, all articles are left at owner's risk.

haften[2] vi 1. (kleben) to stick (an +dat to); (Klebstoff auch, Reifen, Phys) to adhere; (sich festsetzen: Rauch, Schmutz, Geruch) to cling (an +dat to). **an jdm ~** (fig: Makel etc) to hang over sb, to stick to sb. 2. (Eindruck, Erinnerung) to stick (in one's mind); (Blick) to become fixed. **an etw** (dat) **~ (hängen)** to be fixed on sth; **bei den Schülern haftet nichts** nothing sinks in with these pupils.

haftenbleiben vi sep irreg aux sein to stick (an or auf +dat to); (sich festsetzen: Rauch, Schmutz, Geruch) to cling; (Klebstoff auch, Phys) to adhere; (Eindruck, Gelerntes) to stick.

Haft|entlassung f release from custody/prison/detention; **Haft|entschädigung** f compensation for wrongful imprisonment; **haftfähig** adj 1. Material adhesive;

Reifen with good road-holding; **auf etw** (dat) **~ sein** to stick to sth; 2. (Jur) fit to be kept in prison; **Haftfähigkeit** f 1. (von Material) adhesiveness, adhesive strength; (von Reifen) road-holding; 2. (Jur) fitness to be kept in prison; **Haftgrund** m 1. (Jur) grounds pl for detaining sb (in custody); 2. (Tech) base.

Häftling m prisoner; (politisch auch) detainee.

Haft|organ nt suction pad; **Haftpflicht** f 1. (Schadenersatzpflicht) (legal) liability; (für Personen) (legal) responsibility; **die ~ der Versicherung erstreckt sich nicht auf Glas** the insurance does not cover glass; 2. (inf: Haftpflichtversicherung) personal or public (US) liability insurance; (für Auto) ≃ third party insurance; **ich bin in keiner ~** I don't have any personal etc liability insurance; **haftpflichtig** adj liable; **haftpflichtversichert** adj **~ sein** to have personal liability insurance; (Autofahrer) ≃ to have third-party insurance; **Haftpflichtversicherung** f personal or public (US) liability insurance no indef art; (von Autofahrer) ≃ third-party insurance; **Haftprüfung** f review of remand in custody; **Haftpsychose** f prison psychosis no indef art; **Haftrichter** m magistrate; **Haftschalen** pl contact lenses pl; **Haftstrafe** f prison sentence; **haft|unfähig** adj (Jur) unfit to be kept in prison.

Haftung f 1. (Jur) (legal) liability; (für Personen) (legal) responsibility. **für Garderobe übernehmen wir keine ~** articles are left at owner's risk, the management accepts no responsibility for articles deposited. 2. (Tech, Phys, von Reifen) adhesion.

Haft|urlaub m parole; **Haftverschonung** f exemption from imprisonment; **Haftzeit** f prison sentence.

Hag m -(e)s, -e (poet, old) (Hain) grove; (Hecke) hedge.

Hagebutte f -, -n rose hip; (inf: Heckenrose) dogrose; **Hagebuttentee** m rose-hip tea; **Hagedorn** m hawthorn.

Hagel m -s, no pl 1. hail; (~schauer) hailstorm. 2. (von Steinen, Geschossen) hail; (von Vorwürfen etc) stream; (von Schimpfworten) stream, torrent.

Hagelkorn nt 1. hailstone. 2. (Med) eye cyst.

hageln I vi impers **es hagelt** it's hailing. II vi **etw hagelt auf jdn/etw** (Schläge, Geschosse, Steine) sth rains down on sb/sth; (Vorwürfe, Schimpfworte) sb is showered with sth. III vt impers (lit) to hail (down). **es hagelte etw** (fig) sth rained down; Vorwürfe, Schimpfworte there was a shower of sth.

Hagelschaden m damage caused by hail; **Hagelschauer** m (short) hailstorm; **Hagelschlag** m (Met) hail; (Hagelschauer) hailstorm; **Hagelsturm** m hailstorm; **Hagelwetter** nt (lit) hailstorm; (fig: von Schimpfworten, Vorwürfen etc) stream, torrent.

hager adj gaunt, thin; Mensch auch lean.

Hagerkeit f siehe adj gauntness, thinness; leanness.

Hagestolz *m* **-es, -e** (*old, hum*) confirmed bachelor.

Hagiographie *f* (*form*) hagiography.

haha, hahaha *interj* haha, ha, ha, ha.

Häher *m* **-s,** - jay.

Hahn *m* **-(e)s, ⁻e 1.** (*männlicher Vogel*) cock; (*männliches Haushuhn auch*) rooster; (*junger* ⁓) cockerel; (*Wetter~*) weathercock. **der gallische ⁓** the French cockerel; **⁓ im Korbe sein** (*Mann unter Frauen*) to be cock of the walk; (*wichtige Person*) to be a big shot (*inf*); **danach kräht kein ⁓ mehr** (*inf*) no one cares two hoots about that any more (*inf*); **jdm den (roten) ⁓ aufs Dach setzen** to set sb's house on fire.
2. *pl auch* **-en** (*Tech*) tap, faucet (*US*); (*Zapf~ auch*) spigot; (*Schwimmer~*) ballcock.
3. (*Abzug*) trigger.

Hähnchen *nt* chicken; (*junger Hahn*) cockerel.

Hahnenfeder *f* cock's plume; **Hahnenfuß** *m* (*Bot*) buttercup; **Hahnenfußgewächs** *nt* buttercup; **Hahnenkamm** *m* (*auch Frisur*) cockscomb; **Hahnenkampf** *m* cockfight; (*Sport*) cockfighting; **Hahnenschrei** *m* cockcrow; **beim ersten ⁓** (*fig*) at cockcrow; **Hahnensporn** *m* cock's spur; **Hahnentritt(muster)** (*nt*) *m* dogtooth check.

Hahnium *nt, no pl* (*abbr* **Ha**) hahnium.

Hahnrei *m* **-s, -e** (*dated, hum*) cuckold. **jdn zum ⁓ machen** to cuckold sb.

Hai *m* **-(e)s, -e, Haifisch** *m* (*lit, fig*) shark.

Haifischflossensuppe *f* shark-fin soup.

Hain *m* **-(e)s, -e** (*poet, geh*) grove.

Hainbuche *f* hornbeam.

Häkchen *nt* **1.** (*Sew*) (small) hook. **was ein ⁓ werden will, krümmt sich beizeiten** (*Prov*) there's nothing like starting young. **2.** (*Zeichen*) *siehe* **Haken 5.**

Häkelarbeit *f* crochet (work) *no indef art*; (*das Häkeln auch*) crocheting; (*Gegenstand*) piece of crochet (work).

Häkelei *f* crocheting, crochet work.

Häkelgarn *nt* crochet thread.

häkeln I *vi* (*Fingerhakeln machen*) to finger-wrestle. **II** *vti* **1.** (*Ftbl, Hockey etc*) *siehe* **haken III. 2.** (*Rugby*) to heel. **3.** (*Ringen*) Gegner to get in a foot-lock.

häkeln *vti* to crochet.

Häkelnadel *f* crochet hook.

haken I *vi* (*klemmen*) to stick. **es hakt** (*fig inf*) there's some delay; **es hakt (bei jdm)** (*inf: nicht verstehen*) sb is stuck.
II *vt* **1.** (*befestigen*) to hook (*an +acc* to).
2. (*einhängen, um etw legen*) to hook (*in +acc* in, *um* around).
III *vti* (*Sport*) to trip up.

Haken *m* **-s, - 1.** hook; (*aus Holz auch*) peg. **⁓ und Öse** hook and eye; **mit ⁓ und Ösen spielen** (*Ftbl inf*) to foul.
2. (*inf: Schwierigkeit*) snag, catch. **die Sache hat einen ⁓** there's a snag *or* a catch.
3. (*plötzlicher Richtungswechsel*) **einen ⁓ schlagen** to dart sideways; **⁓ *pl* schlagen** to dart from side to side.
4. (*Boxen*) hook.
5. (*Zeichen*) tick, check (*US*); (*auf*

Buchstaben) hachek (*spec*), wedge.

hakenförmig *adj* hooked, hook-shaped; **Hakenkreuz** *nt* swastika; **Hakennase** *f* hooked nose, hooknose.

Halali *nt* **-s, -(s)** (*Hunt*) mort.

halb I *adj* **1.** (*Bruchteil*) half; *Lehrauftrag etc* part-time. **ein ⁓er Kuchen/Meter** *etc* half a cake/metre *etc*; **der ⁓e Kuchen/Tag** *etc* half the cake/day *etc*; **eine ⁓e Stunde** half an hour; **alle ⁓e Stunde** every half hour; **ein ⁓es Jahr** six months *pl*, half a year; **ein ⁓es Dutzend** half a dozen; **auf ⁓er Höhe** at half the normal height; (*zum Gipfel*) halfway up; **auf ⁓em Wege** *or* **⁓er Strecke** (*lit*) halfway; (*fig*) halfway through; **jdm auf ⁓em Weg entgegenkommen** (*fig*) to meet sb halfway; **das ⁓e Hundert** fifty, half a hundred (*old*); **zum ⁓en Preis** (at) half price; **Kleid mit ⁓em Arm** dress with half-length sleeves.
2. (*Mus*) **eine ⁓e Note** a minim (*Brit*), a half-note (*US*); **ein ⁓er Ton** a semitone; **⁓e Pause** minim/half-note rest.
3. *inv* (*Uhrzeit*) **⁓ zehn** half past nine; **fünf Minuten vor/ nach ⁓ zwei** twenty-five (minutes) past two/to three; **es schlägt ⁓** it's striking the half hour; **um drei/fünf Minuten nach ⁓** at three minutes past the half hour/at twenty-five to.
4. *inv, no art* (*bei geographischen Namen*) **⁓ Deutschland/ London** half of Germany/London.
5. (*unvollständig*) *Maßnahmen* half; *Reformen* partial; (*vermindert*) *Tempo* half; *Lächeln* slight; *Licht* poor. **⁓e Arbeit leisten** to do a bad job; **die ⁓e Freude** half the pleasure; **die ⁓e Wahrheit** half of *or* part of the truth; **mit ⁓er Stimme** in a low voice; **nichts H⁓es und nichts Ganzes** neither one thing nor the other; **mit ⁓em Ohr** with half an ear; **ein ⁓er Mensch/eine ⁓e Frau sein, sich nur wie ein ⁓er Mensch fühlen** not to feel a complete person/ woman; (*energielos*) to feel half dead; **keine ⁓en Sachen machen** not to do things by halves.
6. (*inf*) (*große Anzahl, großer Teil*) **die ⁓e Stadt/Welt** half the town/world; **sie ist schon eine ⁓e Schottin** she is already half Scottish; **ein ⁓er Elektriker/Mechaniker** something of an electrician/mechanic; **(noch) ein ⁓es Kind sein** to be hardly *or* scarcely more than a child.

II *adv* **1.** (*zur Hälfte*) half. **⁓ rechts/ links abzweigen** (*Straße, Fahrer*) to fork (off) to the right/left, to turn half right/left; **den Apfel nur ⁓ essen** to eat only half the apple; **die Zeit ist ⁓ vorbei** half the time has already gone.
2. (*nicht ganz, teilweise*) half. **⁓ so gut** half as good; **etw nur ⁓ verstehen** to only half understand something; **ich hörte nur ⁓ zu** I was only half listening; **das ist ⁓ so schlimm** it's not as bad as all that; (*Zukünftiges*) that won't be too bad; **etw nur ⁓ machen** to only half-do sth (*inf*).
3. (*fast vollständig*) almost, nearly; *blind, roh* half. **ich war schon ⁓ fertig** I was almost *or* nearly finished; **wir haben uns ⁓ totgelacht** we almost died laughing; **ich hätte mich ⁓ totärgern können** I could have kicked myself (*inf*).

4. ~ **lachend,** ~ **weinend** half laughing, half crying; ~ **Mensch,** ~ **Pferd** half *or* part man, half *or* part horse.

5. mit jdm ~ **und** ~ *or* ~**e-~-e machen** (*inf*) to go halves with sb; ~ **und** ~ half and half; (*inf: beinahe*) more or less; **gefällt es dir?** — ~ **und** ~ do you like it? — sort of (*inf*) *or* so-so.

halb- *pref* **1.** half. ~**voll/**~**leer** half-full/ -empty. **2.** (*Tech*) semi-.

Halb|affe *m* prosimian; **halb|amtlich** *adj* semi-official; **Halbbildung** *f* smattering of knowledge *or* (*Ausbildung*) education; **halbbitter** *adj Schokolade* semi-sweet; **Halbblut** *nt* **-(e)s,** *no pl* **1.** (*Mensch*) half-caste; **2.** (*Tier*) crossbreed; **Halbblüter** *m* **-s,** - crossbreed; **Halbbruder** *m* half-brother; **halbdunkel** *adj attr* half-dark, dim; **Halbdunkel** *nt* semi-darkness, half-dark; (*Dämmerung*) dusk, twilight.

Halbe *f* **-n, -n** (*esp S Ger*) *siehe* **Halbe(r).**

Halb|edelstein *m* semi-precious stone.

Halbe(r) *m decl as adj* half a litre (of beer). **trinken Sie noch einen** ~**n!** ≃ have another pint!

halber[1] *prep* +*gen* (*nachgestellt*) (*dated, geh*) (*wegen*) on account of; (*um ...willen*) for the sake of.

-halber *adv suf* (*wegen*) on account of; (*um ...willen*) for the sake of. **gesundheits**~ for reasons of health, for medical reasons; **vorsichts**~ to be on the safe side, as a precaution; **sicherheits**~ (*aus Sicherheitsgründen*) for safety reasons; (*um sicher zu sein*) to be on the safe side.

halb|erwachsen *adj attr* half grown (up).

Halbe(s) *nt decl as adj siehe* **Halbe(r).**

Halbfabrikat *nt* semi-finished product; **halbfertig** *adj* half-finished; (*fig*) immature; **halbfest** *adj attr Zustand, Materie* semi-solid; *Gelee* half-set; **halbfett I** *adj* **1.** (*Typ*) secondary bold; **2.** *Lebensmittel* medium-fat; **II** *adv* in secondary bold; **Halbfinale** *nt* semi-final; **halbgar** *adj attr* half-cooked, half-done; **halbgebildet** *adj attr* half-educated; **Halbgeschwister** *pl* half brothers and sisters *pl*; **Halbgott** *m* (*Myth, fig*) demigod.

Halbheit *f* (*pej*) half-measure. **er ist nicht für** ~**en** he is not one for half-measures, he doesn't do things by halves; **mach keine** ~**en** (*inf*) don't do things by halves.

halbherzig *adj* half-hearted; **Halbherzigkeit** *f* half-heartedness; **halbhoch** *adj Baum* half-grown; **den Ball** ~ **abspielen** to pass the ball at shoulder height; ~ **fliegen** to fly at half (its/one's *etc* normal) height.

halbieren *vt* to halve, to divide in half *or* two; (*Geometrie*) to bisect; (*in zwei Teile schneiden*) to cut in half. **eine Zahl** ~ to divide a number by two.

Halbierung *f* halving, dividing in half *or* two; (*Geometrie*) bisection.

Halb|insel *f* peninsula; **Halb|invalide** *m* semi-invalid.

Halbjahr *nt* half-year (*auch Comm*), six months. **im ersten/ zweiten** ~ in the first/ last six months of the year.

Halbjahresbericht *m* half-yearly report; **Halbjahresbilanz** *f* half-yearly figures *pl*.

halbjährig *adj attr Kind* six-month-old;

Lehrgang etc six-month; *Kündigung* six months; **halbjährlich I** *adj* half-yearly (*auch Comm*), six-monthly; **in** ~**em Wechsel** changing every six months; **II** *adv* every six months, twice a year, twice yearly; **Halbjude** *m* half Jew; ~ **sein** to be half Jewish; **Halbkanton** *m* sub-canton; **Halbkonsonant** *m* semi-consonant; **Halbkreis** *m* semicircle; **halbkreisförmig I** *adj* semicircular; **II** *adv* in a semicircle; **Halbkugel** *f* hemisphere; **nördliche/südliche** ~ northern/ southern hemisphere; **halbkugelförmig** *adj* hemispherical; **halblang** *adj Kleid, Rock* mid-calf length; *Haar* chin-length; (**nun**) **mach mal** ~**!** (*inf*) now wait a minute!; **halblaut I** *adj* low; **II** *adv* in a low voice, in an undertone; **Halblederband** *m* (*Buch*) half-bound volume; (*Ausgabe*) half-bound edition; **halbleinen** *adj attr Stoff* made of a fifty per cent linen mixture; *Bucheinband* half-cloth; **Halbleinen** *nt* (*Stoff*) fifty per cent linen material; (*Bucheinband*) half-cloth; **Halbleinenband** *m* (*Buch*) volume bound in half-cloth; (*Ausgabe*) edition bound in half-cloth; **Halbleiter** *m* (*Phys*) semiconductor; **halblinke(r, s)** *adj* (*Sport*) inside left; **die** ~ **Abzweigung/ Straße** the left fork; **Halblinke(r)** *m decl as adj*, **Halblinks** *m* **-,** - (*Sport*) inside left; **halblinks** *adv* (*Sport*) *spielen* (at) inside left; (*im Theater*) *sitzen* left of centre; ~ **abbiegen** to fork left; **die Straße** ~ the left fork; **das Auto kam von** ~ the car approached sharp left; **halbmast** *adv* **1.** at half-mast; (**eine Flagge**) ~ **hissen** to hoist a flag to half-mast; ~ **flaggen** to fly a flag/flags at half-mast; **auf** ~ **stehen** to fly *or* be at half-mast; **halbmatt** *adj* (*Phot*) semimatt; **Halbmesser** *m siehe* **Radius**; **Halbmetall** *nt* semi-metal; **Halbmond** *m* (*Astron*) half-moon; (*Symbol*) crescent; (*an Fingernägeln*) half-moon; **bei** ~**when** there is a half-moon; **wir haben** ~ there's a half-moon; **halbmondförmig** *adj* crescent-shaped; **halbnackt** *adj attr* half-naked; *Arm* half-covered; **halb|offen** *adj attr* half-open; *Gefängnis* open; **halbpart** *adv:* ~ **machen** (*bei einer Unternehmung*) to go halves; (*bei Gewinn*) to split it fifty-fifty; **Halbpension** *f* half-board; **im** ~ **wohnen** to have half-board; **halbrechte(r, s)** *adj* (*Sport*) inside right; **die** ~ **Abzweigung/ Straße** the right fork; **Halbrechte(r)** *m decl as adj*, **Halbrechts** *m* **-,** - (*Sport*) inside right; **halbrechts** *adv* (*Sport*) *spielen* (at) inside right; (*im Theater*) *sitzen* right of centre; ~ **abbiegen** to fork right; **die Straße** ~ the right fork; **das Auto kam von** ~ the car approached sharp right; **halbreif** *adj attr* half-ripe; **Halbrelief** *nt* half-relief, mezzo relievo; **halbrund** *adj attr Tisch etc* semicircular; *Ecke* half-rounded; **Halbrund** *nt* semicircle, half circle; **im** ~ in a semicircle; **Halbschatten** *m* half shadow; (*Astron*) penumbra; **Halbschlaf** *m* light sleep, doze; **im** ~ **sein** to be half asleep; **Halbschuh** *m* shoe; **Halbschwergewicht** *nt* **1.** *no pl* (*Klasse*) light-heavyweight division; **ein**

Boxkampf im ~ a light-heavyweight contest; **2.** (*Boxer*) light-heavyweight; **Halbschwergewichtler** *m* light-heavyweight; **Halbschwester** *f* half-sister; **Halbseide** *f* fifty per cent silk mixture; **halbseiden** *adj* (*lit*) fifty per cent silk; (*fig*) *Dame* fast; *Aussehen* flashy; (*schwul*) gay; **~es Milieu/Kreise** the demimonde; **halbseitig** *adj Anzeige etc* half-page; **~e Lähmung** hemiplegia; **~ gelähmt** hemiplegic; **halbstaatlich** *adj attr* partly state-run *or* state-controlled; **halbstark** *adj attr Manieren, Jugendliche* rowdy; **Halbstarke(r)** *m decl as adj* young hooligan *or* rowdy; ≈ teddy boy (*Brit*); **halbstündig** *adj attr* half-hour *attr*, lasting half an hour; **halbstündlich I** *adj* half-hourly; **II** *adv* every half an hour, half-hourly; **Halbstürmer** *m* (*Ftbl*) half-back; **halbtags** *adv* in the mornings/afternoons; (*in bezug auf Angestellte auch*) part-time.

Halbtags|arbeit *f* half-day *or* morning/afternoon job; (*von Angestellten auch*) part-time job; **Halbtagsbeschäftigung** *f* half-day *or* part-time *or* morning/afternoon job; **Halbtagskraft** *f* worker employed for half-days *or* mornings/afternoons only.

Halbton *m* (*Mus*) semitone; (*Art, Phot*) half-tone; **Halbtonschritt** *m* semitone; **halbtot** *adj attr* (*lit*) half dead; **Halbtotale** *f* (*Film*) medium shot; **Halbvers** *m* half-line, hemistich; **Halbvokal** *m* semivowel; **halbvoll** *adj attr* half-filled; *Behälter auch* half-full; **halbwach** *adj attr* half awake; **in ~em Zustand** half awake; **Halbwahrheit** *f* half-truth; **Halbwaise** *f* child who has lost one parent; **er/sie ist ~** he/she has lost one of his/her parents; **halbwegs** *adv* **1.** partly; *gut, adäquat* reasonably; **wenn es dir wieder ~ besser geht** when you're feeling a bit better; **2.** (*dated: auf halber Strecke*) halfway; **Halbwelt** *f* demimonde; **Halbweltdame** *f* demimondaine; **Halbweltergewicht** *nt* (*Klasse*) light-welterweight *no def art*; (*Sportler*) light-welterweight; **Halbwert(s)zeit** *f* (*Phys*) half-life; **halbwild** *adj attr Mensch* uncivilized; *Tier* half wild; **wie die H~en** (*inf*) like (a bunch of) savages; **Halbwissen** *nt* (*pej*) superficial knowledge; **halbwüchsig** *adj* adolescent; **Halbwüchsige(r)** *mf decl as adj* adolescent; **Halbzeile** *f* (*Poet*) half line; **Halbzeit** *f* (*Sport*) (*Hälfte*) half; (*Pause*) half-time; **Halbzeitpfiff** *m* half-time whistle.

Halde *f* -, **-n 1.** (*Abfall~*) mound, heap; (*Min*) (*Abbau~*) slagheap; (*von Vorräten*) pile. **2.** (*geh: Abhang*) slope.

half *pret of* **helfen**.

Hälfte *f* -, **-n 1.** half. **die ~ der Kinder war abwesend** half the children were absent; **die ~ einer Sache** (*gen*) *or* **von etw** half (of) sth; **eine/die ~ des Apfels** half (of) the apple; **wir haben schon die ~ (des Vorrats) verbraucht** we have already used up half (the stocks); **die ~ ist gelogen** half of it is lies; **Rentner zahlen die ~** pensioners pay half price; **um die ~ mehr/zuviel** half as much again/too much by half; **um die ~ steigen** to increase by half *or* fifty per cent;

um die ~ kleiner/ größer half as small *or* big/half as big again; **es ist zur ~ fertig/ voll** it is half finished/full; **die Beiträge werden je zur ~ vom Arbeitgeber und Arbeitnehmer bezahlt** the employer and employee each pay half (of) the contribution; **meine bessere ~** (*hum inf*) my better half (*hum inf*).
2. (*Mitte: einer Fläche*) middle. **auf der ~ des Weges** halfway.

hälften *vt* (*rare*) *siehe* **halbieren**.

Halfter[1] *m or nt* -s, - (*für Tiere*) halter.

Halfter[2] *f* -, **-n** *or nt* -s, - (*Pistolen*) holster.

halftern *vt* to halter, to put a halter on.

Hall *m* -(e)s, -e **1.** reverberation, echo. **2.** (*Nachhall*) echo.

Halle *f* -, **-n** hall; (*Hotel~*) lobby, vestibule; (*Werks~*, *Fabrik~*) shed; (*Sport~*) (sports) hall, gym(nasium); (*Tennis~*) covered tennis court(s); (*Schwimm~*) indoor swimming pool; (*Flugzeug~*) hangar. **in der ~** (*im Gegensatz zu draußen*) inside, indoors; **Fußball in der ~** indoor football; **in diesen heiligen ~n** (*iro*) in these august surroundings (*iro*).

halleluja(h) *interj* halleluja(h).

Halleluja(h) *nt* -s, -s (*Rel, Mus*) halleluja(h). **das ~ aus Händels ,,Messias"** the Hallelujah Chorus from Handel's "Messiah".

hallen *vi* to reverberate, to echo (*auch fig*), to resound.

Hallen- *in cpds* (*Sport*) indoor; **Hallenbad** *nt* indoor swimming pool; **Hallenfußball** *m* indoor football; **Hallenkirche** *f* hall church; **Hallenschwimmbad** *nt* indoor swimming pool; **Hallensport** *m* indoor sport(s); **Hallentennis** *nt* indoor tennis.

Hallig *f* -, **-en** a small island off Schleswig-Holstein.

Hallimasch *m* -(e)s, -e (*Bot*) honey agaric.

hallo *interj* **1.** ['halo] hello; (*zur Begrüßung auch*) hi (*inf*). **2.** [ha'lo:] (*überrascht*) hello.

Hallo *nt* -s, -s cheer *usu pl*; (*Gruß*) hello.

Hallodri *m* -(s), -(s) (*Aus, S Ger inf*) rogue.

Halluzination *f* hallucination. **ich leide wohl an ~en** (*fig*) I must be seeing things.

halluzinatorisch *adj* hallucinatory.

halluzinieren* *vi* to hallucinate.

halluzinogen *adj* (*Med*) hallucinogenic.

Halluzinogen *nt* -s, -e (*Med*) hallucinogen.

Halm *m* -(e)s, -e stalk, stem; (*Gras~*) blade of grass; (*Stroh~*, *zum Trinken*) straw. **Getreide auf dem ~** standing grain.

Halo *m* -(s), -s *or* **-nen** [-'lo:nən] (*Astron, Met*) halo.

halogen *adj* halogenous.

Halogen *nt* -s, -e halogen.

Halogenlicht *nt* halogen light; **Halogenscheinwerfer** *m* halogen headlamp.

Hals[1] *m* -es, ⁼e **1.** (*von außen gesehen*) neck. **einen langen ~ machen, den ~ recken** to crane one's neck; **sich** (*dat*) **nach jdm/etw den ~ verrenken** (*inf*) to crane one's neck to see sb/sth; **jdm um den ~ fallen** to fling one's arms around sb's neck; **sich jdm an den ~ werfen** (*fig inf*) to throw oneself at sb; **sich** (*dat*) **den ~ brechen** (*inf*) to break one's neck; **etw kostet jdn** *or* **jdm** *or* **bricht jdm den ~** (*inf*) sth will cost sb his/her neck; **~ über Kopf abreisen/den Koffer**

packen to leave/pack one's case in a rush *or* hurry; **ihm steht das Wasser bis zum ~** (*fig*) he is up to his neck in it (*inf*); **bis über den ~** (*fig inf*) up to one's ears; **jdn auf dem *or* am ~ haben** (*inf*) to be lumbered *or* saddled with sb (*inf*); **jdm/sich etw auf den ~ laden** (*inf*) to lumber *or* saddle sb/oneself with sth (*inf*); **jdn jdm auf den ~ schicken** *or* **hetzen** (*inf*) to put sb onto sb; **jdm mit etw vom ~(e) bleiben** (*inf*) to keep sth out of sb's hair (*inf*); **sich/jdm jdn/etw vom ~e schaffen** (*inf*) to get sb/sth off one's/sb's back (*inf*); **sich** (*dat*) **die Pest an den ~ ärgern (können)** to be mad *or* furious with oneself (*mit* over).

2. (*Kehle, Rachen*) throat. **sie hat es im ~** (*inf*) she has a sore throat; **aus vollem ~(e)** at the top of one's voice; **aus vollem ~(e) lachen** to roar with laughter; **es hängt mir zum ~ heraus** (*inf*) I'm sick and tired of it, I've had it up to here (*inf*); **sie hat es in den falschen ~ bekommen** (*inf*) (*sich verschlucken*) it went down the wrong way; (*falsch verstehen*) she took it wrongly; **etw bleibt jdm im ~ stecken** (*lit, fig*) sth sticks in sb's throat; **er kann den ~ nicht voll (genug) kriegen** (*fig inf*) he is never satisfied.

3. (*Flaschen~, Geigen~, Säulen~*) neck; (*Knochen~*) stem.

4. (*von Knochen*) neck; (*Gebärmutter~*) cervix, neck of the womb.

Hals² *m* **-es,-en** (*Naut*) tack.

Hals|abschneider *m* **-s, -** (*pej inf*) shark (*inf*); **hals|abschneiderisch** *adj* (*pej inf*) *Preise, Maßnahme* extortionate, exorbitant; *Mensch* cutthroat (*inf*); **Hals|ausschnitt** *m* neck(line); **Halsband** *nt* (*Hunde~*) collar; (*Schmuck*) necklace; (*eng anliegend*) choker; **halsbrecherisch** *adj* dangerous, risky; *Tempo* breakneck; *Fahrt* hair-raising; *Weg* treacherous; **Halsbund** *m*, **Halsbündchen** *nt* neckband.

halsen *vi* (*Naut*) to wear.

Hals|entzündung *f* sore throat; **Halskette** *f* (*Schmuck*) necklace; (*für Hund*) chain; **Halskrause** *f* (*Fashion, Zool*) ruff; **Halslänge** *f* neck; **(um) eine ~/zwei ~n** by a neck/half a length; **halslos** *adj* without a neck; **Hals-Nasen-Ohren-Arzt** *m* ear, nose and throat specialist; **Hals-Nasen-Ohren-Heilkunde** *f* ear, nose and throat medicine; **Hals-Nasen-Ohren-Krankheit** *f* disease of the ear, nose and throat; **Halspartie** *f* neck/throat area, area *or* region of the neck/throat; **Halsschlag|ader** *f* carotid (artery); **Halsschmerzen** *pl* sore throat *sing*; **Halsschmuck** *m* necklace; (*Sammelbegriff*) necklaces *pl*; **halsstarrig** *adj* obstinate, stubborn; **Halsstarrigkeit** *f* obstinacy, stubbornness; **Halsstück** *nt* (*Cook*) neck; **Halstuch** *nt* scarf; **Hals- und Beinbruch** *interj* good luck; **Halsweh** *nt siehe* **Halsschmerzen**; **Halsweite** *f* neck size; **Halswirbel** *m* cervical vertebra.

Halt *m* **-(e)s, -e 1.** (*für Füße, Hände, Festigkeit*) hold; (*lit, fig: Stütze*) support; (*fig: innerer ~*) grip on oneself. **~/einen besseren ~ haben** (*Ding*) to hold/hold

better; **keinen ~ haben** to have no hold/support; to be insecure; **~ suchen/finden** to look for/find a hold/a support/security; **auf dem Eis den ~ verlieren** to lose one's footing on the ice; **ohne inneren ~** unstable, weak.

2. (*geh: Anhalten*) stop. **ohne ~** nonstop, without stopping.

halt¹ *interj* stop; (*Mil*) halt.

halt² *adv* (*dial*) *siehe* **eben II 4.**

haltbar *adj* **1.** (*nicht leicht verderblich*) **~ sein** (*Lebensmittel*) to keep (well); **~e Lebensmittel** food which keeps (well); **das ist sechs Monate ~** that will keep for six months; **etw ~ machen** to preserve sth; **~ bis 6.11.** use by 6 Nov; **nur begrenzt/schlecht ~** perishable/highly perishable.

2. (*widerstandsfähig*) durable; *Stoff, Kleider* hardwearing; *Beziehung, Ehe* long-lasting.

3. *Behauptung, Theorie* tenable.

4. *pred Festung* defensible. **die Stadt ist nicht mehr ~** the town can't be held any longer.

5. *Position, Rang,* tenable; *Zustand* tolerable. **diese Position ist nicht mehr ~** this position can't be maintained any longer.

6. (*Sport*) *Ball, Wurf* stoppable; *Schuß auch* savable.

Haltbarkeit *f siehe adj 1.–3.* **1.** (*von Lebensmitteln*) **eine längere ~ haben** to keep longer; **Lebensmittel von kurzer ~** perishable food; **die begrenzte ~ von Fleisch** the perishability of meat.

2. durability; hard-wearingness; long-lastingness.

3. tenability.

Haltbarkeitsdatum *nt* eat-by date.

Haltebogen *m* (*Mus*) tie; **Haltegriff** *m* **1.** grip, handle; (*in Bus*) strap; (*an Badewanne*) handrail; **2.** (*Sport*) hold; **Haltegurt** *m* seat *or* safety belt; (*an Kinderwagen*) safety harness.

halten *pret* **hielt**, *ptp* **gehalten I** *vt* **1.** (*festhalten, in Position ~*) to hold; (*fig: behalten*) to keep; (*auf~, zurück~*) to stop. **jdm etw ~** to hold sth for sb; **sich** (*dat*) **den Kopf/Bauch ~** to hold one's head/stomach; **den Schnabel** *or* **Mund ~** (*inf*) to keep one's mouth shut (*inf*), to hold one's tongue; **jdm den Mantel ~** to hold sb's coat (for him/her); **ich konnte ihn/es gerade noch ~** I just managed to grab hold of him/it; **sie läßt sich nicht ~, sie ist nicht zu ~** (*fig*) there's no holding her; **es hält mich hier nichts mehr** there's nothing to keep me here any more; **es hält dich niemand** nobody's stopping you.

2. einen Fuß ins Wasser ~ to put one's foot into the water; **etw gegen das Licht ~** to hold sth up to the light; **den Arm in die Höhe ~** to hold one's arm up.

3. (*tragen, stützen*) *Bild, Regal, Brücke* to hold up.

4. (*zurück~, in sich ~, fassen*) to hold; *Tränen* to hold *or* keep back. **die Wärme/Feuchtigkeit ~** to retain heat/moisture; **er kann das Wasser nicht ~** he can't hold his water, he's incontinent.

5. (*Sport*) to save.

6. (*unterhalten, besitzen*) *Haustier* to

keep; *Chauffeur, Lehrer* to employ; *Auto* to run. sich (*dat*) jdn/etw ~ to keep sb/sth; **wir können uns kein Auto** ~ we can't afford to run a car.

7. (*abonniert haben*) (sich *dat*) **eine Zeitung** *etc* ~ to take a paper *etc*.

8. (*behandeln*) to treat. **er hält seine Kinder sehr streng** he's very strict with his children.

9. (*behalten*) to keep; *Besitz auch* to hold on to; *Festung* to hold; *Position* to hold (on to); *Rekord* (*innehaben*) to hold; (*beibehalten*) to keep up.

10. (*aufrechterhalten*) to keep up, to maintain; *Disziplin, Temperatur* to maintain; *Kurs* to keep to, to hold. **Ruhe** ~ to keep quiet; **die Balance** *or* **das Gleichgewicht** ~ to keep one's balance; **den Ton** ~ to stay in tune *or* in key; **die These läßt sich nicht länger** ~ this thesis is no longer tenable; **Kontakt** ~ to keep in touch, to maintain contact; (**mit jdm**) **Verbindung** ~ to keep in touch (with sb).

11. (*in einem Zustand, an einem Ort* ~) to keep. **er hält sein Haus immer tadellos** he always keeps his house spotless; **den Abstand gleich** ~ to keep the distance the same; **ein Land besetzt** ~ to keep a country under occupation.

12. (*handhaben, verfahren mit*) **es mit etw so/anders** ~ to deal with *or* handle sth like this/differently; **das kannst du** ~, **wie du willst** that's completely up to you.

13. (*Neigung haben für*) **es** (**mehr** *or* **lieber**) **mit jdm/etw** ~ (*Neigung haben für*) to prefer sb/sth; (*einverstanden sein*) to agree with sb/sth; **er hält es mit der Bequemlichkeit** he likes things to be comfortable.

14. (*gestalten*) to do; *Aufsatz* to write; *Zimmer auch* to decorate. **ein in Braun gehaltener Raum** a room decorated in brown; **das Mobiliar ist in einem hellen Holz gehalten** the furniture is made of a light wood; **etw einfach** ~ to keep sth simple.

15. (*veranstalten, abhalten*) to give; *Rede auch* to make; *Gottesdienst, Zwiesprache* to hold; *Wache* to keep. **Mittagsschlaf** ~ to have an afternoon nap; **Winterschlaf** ~ to hibernate; **Unterricht** ~ to teach; **Selbstgespräche** ~ to talk to oneself.

16. (*einhalten, erfüllen*) to keep. **man muß** ~, **was man verspricht** a promise is a promise; **der Film hält nicht, was er/der Titel verspricht** the film doesn't live up to expectations/its title.

17. (*einschätzen*) **jdn/etw für jdn/etw** ~ to take sb/sth for *or* to be sb/sth; **ich habe ihn** (**irrtümlich**) **für seinen Bruder gehalten** I (mis)took him for his brother; **jdn für ehrlich** ~ to think *or* consider sb is honest; **es für Unsinn** ~ to think *or* consider sth is nonsense; **wofür** ~ **Sie mich?** what do you take me for?; **das halte ich nicht für möglich** I don't think that is possible.

18. (*denken über*) **etw von jdm/etw** ~ to think sth of sb/sth; **ich halte nichts davon, das zu tun** I don't think much of doing that; **etwas/viel auf etw** (*acc*) ~ to place some/great emphasis on sth, to attach some/great importance *or* value to sth; **du**

solltest mehr auf dich ~ (*auf Äußeres achten*) you should take more pride in yourself; **wenn man etwas auf sich** (*acc*) **hält ...** if you think you're somebody ...; **nicht viel von jdm/etw** ~ not to think much of sb/sth; **nicht viel vom Sparen** *etc* ~ not to be a great one for saving *etc* (*inf*).

II *vi* **1.** (*fest*~, *zusammen*~, *stand*~) to hold; (*haftenbleiben auch*) to stick. **kannst du mal 'n Moment** ~? can you just hold that (for) a moment?

2. (*bestehen bleiben, haltbar sein*) to last; (*Konserven auch*) to keep; (*Stoff*) to wear well. **dieser Stoff hält lange** this material wears well.

3. (*stehenbleiben, anhalten*) to stop. **ein** ~**der Wagen** a stationary car; **zum H**~ **bringen** to bring to a stop *or* standstill; ~ **lassen** (*Mil*) to call a halt; **halt mal,** ... (*Moment mal*) hang (*inf*) *or* hold on, ...

4. (*Sport*) to make a save. **unser Tormann hat heute wieder großartig gehalten** our goalkeeper made some good saves again today.

5. (*in einem Zustand erhalten*) to keep. **Sport hält jung** sport keeps you young.

6. **auf etw** (*acc*) ~ (*zielen*) to aim at sth; (*steuern*) to head for sth; **etwas mehr nach links** ~ to keep more to the left; (*zielen*) to aim more to the left; **nach Süden/auf Chicago** ~ to head south/for Chicago.

7. (*beistehen, treu sein*) **zu jdm** ~ to stand *or* stick by sb; (*favorisieren*) to support sb.

8. (*Wert legen auf, praktizieren*) (**sehr**) **auf etw** (*acc*) ~ to attach (a lot of) importance to sth.

9. (*sich beherrschen*) **an sich** (*acc*) ~ to control oneself.

III *vr* **1.** (*sich festhalten*) to hold on (*an* +*dat* -to).

2. (*sich nicht verändern, nicht verderben*) to keep; (*Blumen auch, Wetter*) to last; (*Preise*) to hold. **er hat sich gut gehalten** (*inf*) he's well-preserved.

3. (*bleiben*) to stay. **der Fahrer hielt sich ganz rechts** the driver kept to the right; **ich halte mich an die alte Methode** I'll stick to *or* with the old method.

4. (*bleiben*) to last; (*Schnee auch*) to stay; (*Geruch, Rauch*) to stay, to hang around.

5. (*sich richten nach*) to keep (*an* +*acc*, *nach* to). **sich an ein Versprechen** ~ to keep a promise; **sich an die Tatsachen/den Text** ~ to keep *or* stick to the facts/text; **sich** (*nach*) **links** ~ to keep (to the) left; **sich nach Westen** ~ to keep going westwards.

6. (*seine Position behaupten*) to hold *or* hang on; (*haften*) to hold, to stick. **sich auf den Beinen** ~ to stay on one's feet.

7. (*sich behaupten*) to bear up; (*in Kampf*) to hold out. **sich gut** ~ (*in Prüfung, Spiel etc*) to make a good showing, to do well.

8. (*sich beherrschen*) to control oneself. **sich nicht** ~ **können** to be unable to control oneself.

9. (*eine bestimmte Haltung haben*) to carry *or* hold oneself. **er hält sich sehr**

aufrecht/gerade he holds or carries himself very erect/straight; **sich (im Gleichgewicht)** ~ to keep one's balance.

10. **sich an jdn** ~ (*sich wenden an*) to ask sb; (*sich richten nach*) to follow sb; (*sich gut stellen mit*) to keep in with sb; **ich halte mich lieber an den Wein** I'd rather keep or stick to wine.

11. **er hält sich für einen Spezialisten/ besonders klug** he thinks he's a specialist/ very clever.

Halteplatz *m* (*Taxen~*) taxi rank or stand; **Haltepunkt** *m* (*Rail*) stop.

Halter *m* **-s, - 1.** (*Halterung*) holder; (*Handtuch~*) (towel) rail/ring *etc.* **2.** (*Feder~, Füll~*) pen. **3.** (*Kerzen~*) candlestick, candle holder. **4.** (*Jur*) (*Kraftfahrzeug~, Tier~*) owner.

Halteriemen *m* strap.

Halterung *f* mounting; (*für Regal etc*) support.

Halteschild *nt* stop or halt sign; **Halteschlaufe** *f* (*in Bus etc*) strap; **Haltesignal** *nt* (*Rail*) stop signal; **Haltestelle** *f* stop; **Halteverbot** *nt* (**absolutes** or **uneingeschränktes**) ~ no stopping; (*Stelle*) no stopping zone; **eingeschränktes** ~ no waiting; (*Stelle*) no waiting zone; **hier ist** ~ there's no stopping here; **Halteverbot(s)schild** *nt* no stopping sign; **Haltevorrichtung** *f siehe* **Halterung.**

haltlos *adj* (*schwach*) insecure; (*hemmungslos*) unrestrained; (*unbegründet*) groundless, unfounded; **Haltlosigkeit** *f siehe adj* lack of security; uninhibitedness; groundlessness; **haltmachen** *vi sep* to stop; **vor nichts** ~ (*fig*) to stop at nothing; **vor niemandem** ~ (*fig*) to spare no-one; **Haltsignal** *nt* (*Rail*) stop signal.

Haltung *f* **1.** (*Körper~*) posture; (*Stellung*) position; (*esp Sport*) (*typische Stellung*) stance; (*bei der Ausführung*) style. ~ **annehmen** (*esp Mil*) to stand to attention.

2. (*fig*) (*Auftreten*) manner; (*Einstellung*) attitude. **in majestätischer/würdiger** ~ with majestic/dignified bearing.

3. *no pl* (*Beherrschtheit*) composure. ~ **bewahren** to keep one's composure.

4. *no pl* (*von Tieren, Fahrzeugen*) owning.

Haltungsfehler *m* **1.** (*Med*) bad posture *no indef art, no pl*; **2.** (*Sport*) style fault; **Haltungsschaden** *m* damaged posture *no pl*; **zu Haltungsschäden führen** to damage one's posture.

Haltverbot *nt* (*form*) *siehe* **Halteverbot;** **Haltzeichen** *nt siehe* **Haltesignal.**

Halunke *m* **-n, -n 1.** scoundrel. **2.** (*hum*) rascal, scamp.

Ham and eggs ['hæm ənd 'εgz] *pl* bacon or ham (*US*) and eggs *sing or pl.*

Hämatit *m* **-s, -e** haematite.

Hämatologie *f* haematology.

hämatologisch *adj* haematological.

Hämatom *nt* **-s, -e** haematoma.

Hamburg *nt* **-s** Hamburg.

Hamburger[1] *m* **-s, -** (*Cook*) hamburger.

Hamburger[2] *adj attr* Hamburg.

Hamburger(in *f*) *m* **-s, -** native or (*Einwohner*) inhabitant of Hamburg.

hamburgisch *adj* Hamburg *attr.*

Häme *f* **-,** *no pl* malice.

hämisch *adj* malicious, spiteful. **er hat sich** ~ **gefreut** he gloated.

hamitisch *adj* Hamitic.

Hammel *m* **-s, -** or (*rare*) ¨ **1.** (*Zool*) wether, castrated ram. **2.** *no pl* (*Cook*) mutton. **3.** (*fig pej*) ass, donkey.

Hammelbeine *pl*: **jdm die** ~ **langziehen** (*hum inf*) to give sb a dressing-down; **jdn bei den** ~ **nehmen/ kriegen** (*inf*) to take sb to task/get hold of sb; **Hammelbraten** *m* roast mutton; **Hammelfleisch** *nt* mutton; **Hammelherde** *f* herd or flock of wethers or rams; (*pej inf*) flock of sheep; **Hammelkeule** *f* (*Cook*) leg of mutton; **Hammelsprung** *m* (*Parl*) division.

Hammer *m* **-s, -** ¨ **1.** hammer; (*Holz~*) mallet. ~ **und Sichel** hammer and sickle *sing*; ~ **und Zirkel im Ährenkranz** hammer and pair of compasses in a garland of corn, *symbol of the GDR*; **unter den** ~ **kommen** to come under the hammer; **das ist ein** ~**!** (*sl*) (*unerhört*) that's absurd!; (*prima*) that's fantastic! (*inf*).

2. (*Sportgerät*) hammer.

3. (*Anat*) hammer, malleus.

4. (*Klavier~, Glocken~*) hammer.

5. (*sl: schwerer Fehler*) howler (*inf*). **einen** ~ **haben** to be round the bend (*inf*).

Hämmerchen *nt dim of* **Hammer.**

Hammerhai *m* hammerhead (shark); **Hammerkopf** *m* hammerhead; (*Sport: auch* **Hammerkugel**) hammerhead.

hämmern I *vi* **1.** to hammer; (*fig auch, mit den Fäusten etc*) to pound; (*inf: beim Klavierspielen etc*) to pound, to thump.

2. (*Maschine, Motor*) to make a hammering sound.

3. (*Puls, Herz, Blut*) to pound.

4. (*Sport sl*) to hammer or slam the ball (*inf*).

II *vt* **1.** to hammer; *Blech auch, Metallgefäße, Schmuck etc* to beat.

2. (*inf*) *Melodie, Rhythmus etc* to hammer or pound out.

3. (*Sport sl*) to hammer (*inf*), to slam (*inf*).

4. (*fig inf: einprägen*) **jdm etw ins Bewußtsein** *etc* ~ to hammer or knock sth into sb's head (*inf*).

III *vi impers* **es hämmert** there's a sound of hammering.

Hammerschlag *m* **1.** hammer blow; (*fig*) bolt from the blue; **2.** (*Sport*) (*Boxen*) rabbit punch; (*Faustball*) smash; **3.** (*Schmiederei*) hammer or mill scale; **Hammerschmiede** *f* (*old*) hammer mill; **Hammerstiel** *m* handle or shaft of a/the hammer; **Hammerwerfen** *nt* **-s,** *no pl* (*Sport*) hammer(-throwing); **Hammerwerfer** *m* (*Sport*) hammer thrower; **Hammerwerk** *nt* (*old*) hammer mill; **Hammerwurf** *m* (*Sport*) **1.** hammer throw; **2.** *siehe* **Hammerwerfen**; **Hammerzehe** *f* (*Med*) hammertoe.

Hammond|orgel ['hæmənd-] *f* electric organ.

Hämoglobin *nt* **-s,** *no pl* haemoglobin.

Hämophilie *f* haemophilia.

Hämorrhoiden [hεmɔrɔ'iːdən] *pl* piles *pl*, haemorrhoids *pl.*

Hampelmann *m, pl* **-männer 1.** jumping jack. **2.** (*inf*) (*zappeliger Mensch*) fidget.

er ist nur ein ~ he just lets people walk all over him; **jdn zu einem ~ machen** to walk all over sb.

hampeln *vi* to jump about; (*zappeln*) to fidget.

Hamster *m* **-s, -** hamster.

Hamsterbacken *pl* (*fig inf*) chubby cheeks *pl*.

Hamsterer(in *f*) *m* **-s, -** (*inf*) squirrel (*inf*).

Hamsterkauf *m* panic-buying *no pl*; **Hamsterkäufe machen** to buy in order to hoard; (*bei Knappheit*) to panic-buy.

hamstern *vti* (*speichern*) to hoard; (*beim Bauern*) to forage; (*Hamsterkäufe machen*) to panic-buy.

Hand *f* **-, ~e 1.** hand. **jdm die ~ geben** *or* **reichen** (*geh*) to give sb one's hand; **jdm die ~ drücken/schütteln/küssen** to press/shake/kiss sb's hand; **jdn an der ~ haben/an die** *or* **bei der ~ nehmen/an der ~ fassen** to have/take/grab sb by the hand; **jdm etw aus der ~ nehmen** to take sth from *or* off sb (*auch fig*), to take sth out of sb's hand; **etw in ~en halten** (*geh*) to hold *or* have sth in one's hands; **die Arbeit seiner ~e** his handiwork; **in die ~e klatschen** to clap one's hands; **eine ~/zwei ~e breit** ≈ six inches/a foot wide.

2. (*old: ~schrift*) hand.

3. (*Mus*) hand. **Stück für vier ~e** *or* **zu vier ~en** (piano) duet; **zu vier ~en spielen** to play a (piano) duet.

4. (*Cards*) hand. **auf der ~** in one's hand.

5. *no pl* (*Sport: ~spiel*) hand-ball. **~ machen** to handle the ball.

6. (*Boxen*) punch.

7. (*Besitz, Obhut*) possession, hands. **aus** *or* **von privater ~** privately; **etw aus der ~ geben** to let sth out of one's sight; **durch jds ~e** *or* **~ gehen** to pass *or* go through sb's hands; **von ~ zu ~ gehen** to pass from hand to hand; **etw geht in jds ~e über** sth passes to sb *or* into sb's hands; **zu jds ~en, zu ~en von jdm** for the attention of sb.

8. (*nicht mit Maschine, Hilfsmittel*) **mit der ~, von ~** by hand; **von ~ geschrieben/genäht** handwritten/handsewn; **aus der ~ freehand**; **Vermittlung von ~** (*Telec*) operator-connected calls *pl*.

9. (*in Redewendungen*) **~e hoch!** (put your) hands up; **~ aufs Herz!** cross your heart, word of honour; **eine ~ wäscht die andere** if you scratch my back I'll scratch yours; **ich wasche meine ~e in Unschuld** I wash my hands of it *or* the matter; **er nimmt niemals ein Buch in die ~** he never picks up a book; **bei etw die** *or* **seine ~ im Spiel haben** to have a hand in sth; **er hat überall seine ~ im Spiel** he has a finger in every pie; **etw hat ~ und Fuß** sth makes sense; (*Arbeit*) sth is well done; **das hat weder ~ noch Fuß** that/it doesn't make sense; **sich mit ~en und Füßen gegen etw wehren** to fight sth tooth and nail; **mit ~en und Füßen reden** to talk *or* speak with one's hands; **man konnte die ~ nicht vor den Augen sehen** you couldn't see your hand in front of your face; **die ~e überm Kopf zusammenschlagen** to throw up one's hands in horror; **die** *or* **seine ~e über**

jdn halten to protect *or* shield sb.

10. (*in Verbindung mit Adjektiv*) **rechter/linker ~, zur rechten/linken ~** on the right-/left-hand side; **in guten/schlechten/sicheren ~en sein** to be in good/bad/safe hands; **eine ruhige/sichere ~** a steady hand; **eine starke** *or* **feste ~** (*fig*) a firm hand; **eine lockere** *or* **lose ~ haben** (*hum inf*) to let fly (*inf*) at the slightest provocation; **bei etw eine glückliche ~ haben** to have a lucky touch with sth; **ihm fehlt die leitende** *or* **lenkende ~** he lacks a guiding hand; **in festen ~en sein** to be spoken for; **mit leeren/vollen ~en** empty-handed/open-handedly; **mit der flachen ~** with the flat *or* palm of one's hand.

11. (*in Verbindung mit Verb*) **alle ~e voll zu tun haben** to have one's hands full; **jdm auf etw** (*acc*) **die ~ geben** to give sb one's hand on sth; **jdm etw in die ~ versprechen** to promise sb sth *or* sth to sb; **um jds ~ anhalten** *or* **bitten** to ask for sb's hand (in marriage); **jdm/sich** *or* **einander die ~ fürs Leben reichen** to marry sb/to tie the knot; **sich** *or* **einander** (*geh*) **die ~ reichen können** to be tarred with the same brush; **da können wir uns die ~ reichen** snap! (*inf*); **seine** *or* **die ~ für jdn ins Feuer legen** to vouch for sb; **jdn auf ~en tragen** to cherish sb; **jdm aus der ~ fressen** to eat out of sb's hand; **die** *or* **seine ~ hinhalten** *or* **aufhalten** (*fig inf*) to hold out one's hand (for money); (**bei etw**) **mit ~ anlegen** to lend a hand (with sth); **letzte ~ an etw** (*acc*) **legen** to put the finishing touches to sth; **die ~e in den Schoß legen** to sit back and do nothing; **~ an jdn legen** (*geh*) to lay a hand on sb; **~ an sich legen** (*geh*) to kill oneself; **die ~ auf der Tasche halten** (*inf*) to hold the purse-strings; **die ~ auf etw** (*dat*) **haben** *or* **halten** to keep a tight rein on sth; **das liegt auf der ~** (*inf*) that's obvious.

12. (*in Verbindung mit Präpositionen*) **an ~ eines Beispiels/von Beispielen** with an example/examples; **an ~ dieses Berichts/dieser Unterlagen** from this report/these documents; **jdn an der ~ haben** to know of sb; **etw aus erster/zweiter ~ wissen** to know sth first/second hand; **ein Auto aus erster/zweiter ~** a car which has had one previous owner/two previous owners; **etw aus der ~ essen** to eat sth out of one's hand; **etw aus der ~ legen** to put *or* lay sth aside; **etw bei der** *or* **zur ~ haben** to have sth to hand; (*Ausrede, Erklärung*) to have sth ready; **mit etw schnell** *or* **gleich bei der ~ sein** (*inf*) to be ready with sth; **~ in ~** hand in hand; **jdm/einer Sache in die ~e arbeiten** to play into sb's hands/the hands of sth; **jdm in die ~** *or* **~e fallen** *or* **geraten** *or* **kommen** to fall into sb's hands; **jdn/etw in die ~** *or* **~e kriegen** *or* **bekommen** to get one's hands on sb/sth; **jdn (fest) in der ~ haben** to have sb (well) in hand; **von der ~ in den Mund leben** to live from hand to mouth; **etw in der ~ haben** to have sth; **ich habe diese Entscheidung nicht in der ~** it's not in my hands; **etw gegen jdn in der ~ haben** to have something *or* some hold on sb; **sich in der ~ haben** to have oneself under control; **etw liegt** *or* **ist in jds ~** sth is in sb's hands; **in jds ~ sein** to be in sb's hands; **etw in die ~ nehmen** to pick sth up; *(fig)* to take sth in hand; **jdm etw in die ~** *or* **~e spielen** to pass sth on to sb; **hinter vorgehaltener ~** on the quiet; **das ist mit ~en zu greifen** that's as plain as a pikestaff *or* the nose on your face; **etw zerrinnt** *or* **schmilzt jdm unter den ~en** sb goes through sth like water *or* like nobody's business *(inf)*; **jdm unter der ~** *or* **den ~en wegsterben** to die while under sb's care; **von jds ~ sterben** to die at sb's hand; **etw geht jdm flott** *or* **schnell/leicht von der ~ sb** does sth quickly/finds sth easy; **etw läßt sich nicht von der ~ weisen, etw ist nicht von der ~ zu weisen** sth cannot be denied *or* gainsaid *(form)*; **zur ~ sein** to be at hand; **etw zur ~ nehmen** to pick sth up; **jdm zur ~** *or* **an die ~ gehen** to lend sb a helping hand.

Hand|abwehr f *(Sport)* save; **durch ~ klären** to save, to clear; **Hand|apparat** m **1.** reference books *(on open shelves)* pl; **2.** *(Telec)* handset.

Hand|arbeit f **1.** work done by hand; *(Gegenstand)* article made by hand, handmade article. **etw in ~ herstellen** to produce *or* make sth by hand; **der Tisch ist ~** the table is handmade *or* made by hand. **2.** *(körperliche Arbeit)* manual work. **3.** *(Nähen, Sticken etc, als Schulfach)* needlework *no pl*. **diese Tischdecke ist ~** this tablecloth is handmade. **4.** *(kunsthandwerklich)* handicraft *no pl*. **eine ~** a piece of handicraft work.

Hand|arbeiten nt **-s**, *no pl (Sch)* needlework.

hand|arbeiten vi *insep* to do needlework/knitting/crocheting.

Hand|arbeiter m manual worker.

Hand|arbeitsgeschäft nt needlework and wool shop; **Hand|arbeitskorb** m workbasket.

Hand|aufheben nt **-s**, *no pl (bei Wahl)* show of hands; **sich durch ~ zu Wort melden** to ask leave to speak by raising one's hand; **Hand|auflegen** nt **-s**, *no pl*, **Hand|auflegung** f laying on of hands; **Handball** m **1.** *(Ball)* handball; **2.** *no pl (inf auch nt) (Spiel)* handball; **Handballen** m *(Anat)* ball of the thumb; **Hand|baller(in** f) m **-s**, **-** *(inf) siehe* **Handballspieler; Handballspiel** nt **1.** *(Spiel)* game of handball; **2.** *(Disziplin)* handball *no def art*; **Handballspieler** m handball player; **handbedient** adj manually operated, hand-operated; **Handbedienung** f hand *or* manual operation *or* control; **mit** *or* **für ~** hand-operated; **Handbeil** nt hatchet; **Handbesen** m hand brush; **Handbetrieb** m hand *or* manual operation; **für** *or* **mit ~** hand-operated; **handbetrieben** adj hand-operated; **Handbewegung** f sweep of the hand; *(Geste, Zeichen)* gesture; **Handbibliothek** f reference library *or* books pl *(on open shelves)*; **Handbohrer** m gimlet, auger; **Handbohrmaschine** f (hand) drill; **handbreit I** adj ≃ six-inch wide attr, six inches wide pred; **II** adv ≃ six inches; **Handbreit** f **-,** **-** ≃ six inches; **Handbremse** f handbrake; **Handbuch** nt handbook, reference book; *(technisch)*

manual; **Handbücherei** f *siehe* **Handbibliothek.**

Händchen nt dim of **Hand** little hand. **~ halten** *(inf)* to hold hands; **für etw ein ~ haben** *(inf)* to have a knack for sth; *(gut können)* to be good at sth; **~ geben** to shake hands.

Händchenhalten nt **-s**, *no pl* holding hands *no def art*; **händchenhaltend** adj holding hands.

Handcreme f hand cream; **Handdeutung** f palmistry. **Handdusche** f shower attachment.

Händedruck m handshake; **Händehandtuch** nt hand towel; **Händeklatschen** nt applause *no pl*.

Handel[1] m **-s**, *no pl* **1.** *(das Handeln)* trade; *(esp mit illegaler Ware)* traffic. **~ mit etw/einem Land** trade in sth/with a country. **2.** *(Warenverkehr)* trade; *(Warenmarkt)* market. **im ~ sein** to be on the market; **etw in den ~ bringen/aus dem ~ ziehen** to put sth on/take sth off the market; **(mit jdm) ~ (be)treiben** to trade (with sb); **~ und Wandel** *(dated)* doings and dealings. **3.** *(Abmachung, Geschäft)* deal, transaction; *(inf)* deal. **4.** *(Wirtschaftszweig)* commerce, trade; *(die Handeltreibenden)* trade.

Handel[2] m **-s**, **-** *usu pl* quarrel, argument.

Hand|elfmeter m penalty for a hand-ball.

handeln I vi **1.** *(Handel treiben)* to trade. **er handelt mit Gemüse** he trades *or* deals in vegetables, he's in the vegetable trade; **er handelt mit Drogen** he traffics in drugs; **er handelt in Gebrauchtwagen** he's in the second-hand car trade; he sells second-hand cars. **2.** *(feilschen)* to bargain, to haggle *(um about, over)*; *(fig: verhandeln)* to negotiate *(um about)*. **ich lasse schon mit mir ~** I'm open to persuasion; *(in bezug auf Preis)* I'm open to offers. **3.** *(agieren)* to act. **er ist ein schnell ~der Mensch** he's a quick-acting person. **4.** *(sich verhalten)* to act, to behave. **gegen jdn** *or* **an jdm gut/als Freund ~** *(geh)* to act *or* behave well/as *or* like a friend towards sb. **5.** *(sprechen)* **von etw** *or* **über etw** *(acc)* **~** to deal with sth; *(Aufsatz etc auch)* to be about sth.

II vr impers **1.** **es handelt sich bei diesen UFOs um optische Täuschungen** these UFO's are optical illusions; **es handelt sich hier um ein Verbrechen** it's a crime we are dealing with here; **bei dem Verhafteten handelt es sich um X** the person arrested is X. **2.** *(betreffen)* **sich um etw ~** to be about sth, to concern sth; **worum handelt es sich, bitte?** what's it about, please?; **es handelt sich darum, daß ich einen Kredit beantragen möchte** it is about *or* concerns a loan which I wish to apply for. **3.** *(ankommen auf)* **sich um etw ~** to be a question *or* matter of sth; **es handelt sich nur ums Überleben** it's simply a question of survival.

III vt **1.** to sell *(für at, for)*; *(an der Börse)* to quote *(mit at)*; *Drogen etc* to traffic in.

2. *Preis etc* (*hinauf~*) to push up, to raise; (*herunter~*) to bring down.
Handeln *nt* -s, *no pl* **1.** (*Feilschen*) bargaining, haggling. **2.** (*das Handeltreiben*) trading. **3.** (*Verhalten*) behaviour. **4.** (*das Tätigwerden*) action.

Handels|abkommen *nt* trade agreement; **Handels|akademie** *f* (*Aus*) commercial college; **Handels|artikel** *m* commodity; **Handels|attaché** *m* commercial attaché; **Handelsbank** *f* merchant bank; **Handelsbeschränkung** *f* trading restriction, restriction on trade; **Handelsbetrieb** *m* trading *or* business concern; **Handelsbezeichnung** *f* trade name; **Handelsbeziehungen** *pl* trade relations *pl*; **Handelsbilanz** *f* balance of trade; **aktive/passive ~** balance of trade surplus/deficit; **Handelsbrauch** *m* trade *or* commercial practice; **Handelsdefizit** *nt* trade deficit; **handels|einig, handels|eins** *adj pred* **~ werden/sein** to agree terms, to come to an agreement; **Handelsfirma** *f* (commercial *or* business) firm; **Handelsflagge** *f* (*Naut*) merchant flag; **Handelsflotte** *f* merchant fleet; **Handelsfreiheit** *f* **1.** (*Comm*) freedom of trade *no pl*; **2.** *siehe* **Handlungsfreiheit**; **Handelsgeist** *m* commercialism; commercial spirit; **Handelsgesellschaft** *f* commercial company; **Handelsgesetz** *nt* commercial law; **Handelsgesetzbuch** *nt* code of commercial law; **Handelshafen** *m* trading port; **Handelshaus** *nt* business house, firm; **Handelskammer** *f* chamber of commerce; **Handelskette** *f* **1.** chain of retail shops; **2.** (*Weg der Ware*) sales route (*from manufacturer to buyer*); **Handelsklasse** *f* grade; **Heringe der ~ 1** grade 1 herring; **Handelslehrer(in** *f*) *m* teacher of commercial subjects; **Handelsmacht** *f* trading nation *or* power; **Handelsmakler** *m* broker; **Handelsmarine** *f* merchant navy, mercantile marine (*form*); **Handelsmarke** *f* trade name; **Handelsmetropole** *f* commercial metropolis; **Handelsminister** *m* ≃ Trade Secretary (*Brit*), Secretary of Commerce (*US*); **Handelsministerium** *nt* ≃ Board of Trade (*Brit*), Department of Commerce (*US*); **Handelsmission** *f* trade mission; **Handelsname** *m siehe* **Handelsbezeichnung**; **Handelsnation** *f* trading nation; **Handels|objekt** *nt* commodity; **Handelsplatz** *m* trading centre; **Handelspolitik** *f* trade *or* commercial policy; **Handelsrealschule** *f* (*esp Sw*) *siehe* **Handelsschule**; **Handelsrecht** *nt* commercial law *no def art, no pl*; **Handelsregister** *nt* register of companies; **Handelsreisende(r)** *m decl as adj siehe* **Handelsvertreter**; **Handelsschiff** *nt* trading ship *or* vessel, merchantman (*old*); **Handelsschiffahrt** *f* merchant shipping *no def art*; **Handelsschranke** *f usu pl* trade barrier; **Handelsschule** *f* commercial school *or* college; **Handelsschüler** *m* student at a commercial school *or* college; **Handelsspanne** *f* profit margin; **Handelssperre** *f* trade embargo (*gegen* on); **Handelssprache** *f* commercial language; **Handelsstadt** *f* trading

city *or* centre; **Handelsstraße** *f* (*Hist*) trade route; **handels|üblich** *adj* usual *or* customary (in the trade *or* in commerce); **etw zu den ~en Preisen kaufen** to buy sth at normal retail prices; **Handels|unternehmen** *nt* commercial enterprise; **Handelsverkehr** *m* trade; **Handelsvertrag** *m* trade agreement; **Handelsvertreter** *m* commercial traveller *or* representative; **Handelsvertretung** *f* trade mission; **Handelsvolk** *nt* trading nation; **Handelsware** *f* commodity; **~n** *pl* commodities *pl*, merchandise *sing*; „keine ~" "no commercial value"; **Handelsweg** *m* **1.** sales route; **2.** *siehe* **Handelsstraße**; **Handelszentrum** *nt* trading *or* commercial centre; **Handelszweig** *m* branch.

handeltreibend *adj attr* trading.
Handeltreibende(r) *mf decl as adj* trader, tradesman/-woman.

Händeringen *nt* -s, *no pl* (*fig*) wringing of one's hands; **händeringend** *adv* wringing one's hands; (*fig*) imploringly; **Händeschütteln** *nt* -s, *no pl* handshaking; **Händetrockner** *m* hand drier; **Händewaschen** *nt* -s, *no pl* washing one's hands; **jdn zum ~ schicken** to send sb to wash his/her hands; **das ~ kostet ...** it costs ... to wash your hands.

Handfeger *m* hand brush; **wie ein wild gewordener ~** (*inf*) like a wild thing; **Handfertigkeit** *f* dexterity; **Handfessel** *f* **1.** manacle; **2.** (*Handschelle*) handcuff; **handfest** *adj* **1.** (*kräftig*) *Mensch* sturdy, robust; *Essen* solid, substantial; **2.** (*fig*) *Schlägerei* violent; *Skandal* huge; *Vorschlag, Argument* well-founded, solid; *Beweis* solid, tangible; *Lüge, Betrug* flagrant, blatant; **Handfeuerlöscher** *m* hand fire extinguisher; **Handfeuerwaffe** *f* hand gun; **Handfläche** *f* palm *or* flat (of the/one's hand); **Handgas** *nt* (*Aut*) **1.** (*Vorrichtung*) hand throttle; **~ haben/geben** to have a/pull out the hand throttle; **mit ~ fahren** to use the hand throttle; **handge|arbeitet, handgefertigt** *adj* handmade; *Stickerei etc* handworked; **handgeknüpft** *adj* handwoven; **Handgeld** *nt* (*Sport*) transfer fee; (*Hist*) earnest money; (*Mil Hist*) bounty; **Handgelenk** *nt* wrist; **aus dem ~** (*fig inf*) (*ohne Mühe*) with the greatest of ease, effortlessly; (*improvisiert*) off the cuff; **etw aus dem ~ schütteln** (*fig inf*) to do sth effortlessly *or* with no trouble at all; **handgemacht** *adj* handmade; **handgemalt** *adj* handpainted; **handgemein** *adj* (**mit jdm**) **~ werden** to come to blows (with sb); **Handgemenge** *nt* scuffle, fight; **Handgepäck** *nt* hand luggage *no pl or* baggage *no pl*; **Handgerät** *nt* (*Sport*) hand apparatus; **handgerecht** *adj, adv* handy; **handgeschliffen** *adj* hand-ground; **handgeschmiedet** *adj* hand-forged; **handgeschöpft** *adj Papier* handmade; **handgeschrieben** *adj* handwritten; **handgesteuert** *adj* (*Tech*) hand-operated; **handgestrickt** *adj* hand-knitted; **handgewebt** *adj* handwoven; **Handgranate** *f* hand grenade; **handgreiflich** *adj* **1.** *Streit, Auseinander-*

setzung violent; ~ **werden** to become violent; **2.** (*fig: offensichtlich*) clear; *Erfolg auch* visible; *Lüge* blatant, flagrant; **etw** ~ **vor Augen führen** to demonstrate sth clearly; **Handgreiflichkeit** *f siehe adj* **1.** *usu pl* violence *no pl*; **2.** clarity; blatancy, flagrance; **Handgriff** *m* **1.** (*Bewegung*) movement; (*im Haushalt*) chore; **keinen** ~ **tun** not to lift a finger; **mit einem** ~ *öffnen* with one flick of the wrist; (*schnell*) in no time; **mit ein paar** ~**en** in next to no time; **2.** (*Gegenstand*) handle; **handhabbar** *adj* manageable; **leicht/schwer** ~ easy/difficult to manage; **Handhabe** *f* (*fig*) **ich habe gegen ihn keine** ~ I have no hold on him; **etw als** ~ (**gegen jdn**) **benutzen** to use sth as a lever (against sb); **handhaben** *vt insep* to handle; *Maschine auch* to operate, to work; *Gesetz* to implement, to administer; **Handhabung** *f siehe vt* handling; operation, working; implementation, administration; **Handharmonika** *f* concertina; **Handhebel** *m* hand-operated *or* manually operated lever.

Handikap ['hendikɛp] *nt* **-s, -s** (*Sport, fig*) handicap.

handikapen ['hendikɛpn] *vt insep* to handicap.

Handikaprennen *nt* handicap (race); **Handikapspiel** *nt* handicap game.

händisch *adj* (*Aus*) manual.

Handkamera *f* hand-held camera; **Handkantenschlag** *m* karate chop; **Handkarren** *m* handcart; **Handkäse** *m strongsmelling round German cheese*; **Handkatalog** *m* ready-reference catalogue; **Handkoffer** *m* (small) suitcase; **handkoloriert** *adj* hand-painted; **Handkurbel** *f* hand crank; (*Aut*) starting handle; **Handkuß** *m* kiss on the hand; (*Eccl*) kiss (*on the ring of a bishop etc*); **die Damen wurden mit** ~ **begrüßt** the ladies were greeted with a kiss on the hand; **mit** ~ (*fig inf*) with pleasure, gladly; **zum** ~ **kommen** (*Aus fig*) to come off worse; **Handlampe** *f siehe* **Handleuchte**; **Handlanger** *m* **-s, -** odd-job man, handyman; (*fig: Untergeordneter*) dogsbody (*inf*); (*fig pej: Gehilfe*) henchman; **Handlangerarbeit** *f* (*pej*) donkey work *no pl*; **Handlangerdienst** *m* dirty work *no pl*; **Handlauf** *m* handrail.

Händler(in *f*) *m* **-s, -** trader, dealer; (*Auto*~) dealer; (*Ladenbesitzer*) shopkeeper. **ambulanter** *or* **fliegender** ~ street trader.

Händlerpreis *m* trade price; **Händlerrabatt** *m* trade discount.

Handlesekunst *f* (**die**) ~ palmistry, (the art of) reading palms; **Handleser** *m* palm reader, palmist; **Handleuchte** *f* inspection lamp.

handlich *adj* **1.** *Gerät, Format, Form* handy; *Gepäckstück* manageable, easy to manage; *Auto* manoeuvrable.

2. (*Sw: behende*) handy, dexterous.

3. (*Sw: mit der Hand*) with one's hand(s).

Handlichkeit *f, no pl siehe adj 1.* handiness; manageability; manoeuvrability.

Handlinie *f* line (in the palm of the hand); **Handliniendeutung** *f* (**die**) ~ palmistry.

Handlung *f* **1.** (*Vorgehen, Handeln*) action, deed; (*Tat, Akt*) act.

2. (*Geschehen*) action; (~*sablauf*) plot. **der Ort der** ~ the scene of the action.

Handlungsablauf *m* plot; **handlungsarm** *adj* thin on plot; **Handlungsbevollmächtigte(r)** *mf* authorized agent, proxy; **handlungsfähig** *adj Regierung* capable of acting, able to act; (*Jur*) empowered *or* authorized to act; **eine** ~**e Mehrheit** a working majority; **Handlungsfähigkeit** *f* (*von Regierung*) ability to act; (*Jur*) power to act; **Handlungsfreiheit** *f* freedom of action; **handlungsreich** *adj* action-packed, full of action; **Handlungsreichtum** *m* abundance of action; **Handlungsreisende(r)** *m* (*Comm*) commercial traveller, rep(resentative); **Handlungsspielraum** *m* scope (of action); **handlungsunfähig** *adj Regierung* incapable of acting, unable to act; (*Jur*) without power to act; **Handlungsunfähigkeit** *f* (*von Regierung*) inability to act; (*Jur*) lack of power to act; **Handlungsverb** *nt* transitive verb; **Handlungsvollmacht** *f* proxy; **Handlungsweise** *f* way of behaving, behaviour *no pl*, conduct *no pl*; **eine selbstlose** ~ unselfish behaviour *or* conduct.

Handmehr *nt* **-s,** *no pl* (*Sw*) show of hands; **Handmühle** *f* hand-mill; **Handpflege** *f* care of one's hands; **Handpresse** *f* (*Typ*) hand-press; **Handpumpe** *f* hand-pump; **Handpuppe** *f* glove puppet; **Handreichung** *f* **1.** helping hand *no pl*; **2.** (*Instruktion, Empfehlung*) recommendation; **Handrücken** *m* back of the/one's hand; **Handsäge** *f* hand-saw; **Handsatz** *m* (*Typ*) hand-setting, hand-composition; **Handschelle** *f usu pl* handcuff; **jdm** ~**n anlegen** to handcuff sb, to put handcuffs on sb; **in** ~**n** in handcuffs, handcuffed; **Handschlag** *m* **1.** (*Händedruck*) handshake; **mit** *or* **durch** *or* **per** ~ with a handshake; **ein Geschäft durch** ~ **abschließen** to shake on a deal; **2. keinen** ~ **tun** not to do a stroke (of work); **Handschreiben** *nt* handwritten letter; **Handschrift** *f* **1.** handwriting; (*fig*) (trade)mark; **er hat eine gute/leserliche** ~ he has a good/legible hand, he has good/legible handwriting; **etw trägt/verrät jds** ~ (*fig*) sth bears *or* has sb's (trade)mark; (*Kunstwerk auch*) sth shows the hand of sb; **2.** (*Text*) manuscript; **Handschriftendeutung** *f* (**die**) ~ the study of handwriting, graphology; **handschriftlich I** *adj* handwritten; **II** *adv* **korrigieren,** *einfügen* by hand; *sich bewerben* in writing; **einen Brief** ~ **beantworten/schreiben** to answer a letter in writing *or* by hand/to write a letter.

Handschuh *m* (*Finger*~) glove; (*Faust*~) mitten, mitt (*inf*).

Handschuhfach *nt*, **Handschuhkasten** *m* (*Aut*) glove compartment; **Handschuhmacher** *m* glove maker.

Handsetzer *m* (*Typ*) hand compositor; **handsigniert** *adj* signed, autographed; **Handskizze** *f* rough sketch; **Handspiegel** *m* hand mirror *or* glass; **Hand-**

spiel nt, no pl **1.** (Sport) handball; **2.** (Cards) (finishing a game by) playing all one's hand at once; **Handstand** m (Sport) handstand; **Handstand|überschlag** m (Sport) handspring; **Handsteuerung** f manual control; **Handstreich** m in or durch einen ~ in a surprise coup; (Mil) by surprise; in einem or durch einen kühnen/detailliert geplanten ~ in a bold/minutely planned coup; **Handtasche** f handbag, purse (US); **Handteller** m palm (of the/one's hand); **Handtrommel** f hand drum.

Handtuch nt **1.** towel; (Geschirr~) tea towel, teacloth; (Papier~) paper towel. das ~ werfen or schmeißen (inf) (lit) to throw in the towel; (fig) to throw in the sponge or towel. **2.** (inf) (Raum) long narrow place; (Grundstück) thin strip.

Handtuch-: in cpds towel; **Handtuchhalter** m towel-rail; **Handtuchspender** m towel dispenser.

Hand|umdrehen nt (fig): im ~ in the twinkling of an eye; **handverlesen** adj Obst etc hand-graded; (fig) hand-picked; **handvermittelt** adj Telefongespräch connected through or by the operator; **Handvermittlung** f connection by the operator; **Handvoll** f -, - (lit, fig) handful; **Handwaffe** f hand weapon; **Handwagen** m handcart; **handwarm** adj hand-hot; etw ~ waschen to wash sth in hand-hot water; **Handwäsche** f washing by hand; (Wäschestücke) hand wash; **Handwebstuhl** m hand-loom.

Handwerk nt **1.** (Beruf) trade; (Kunst~) craft; (fig: Tätigkeit) business. das lederverarbeitende ~ the leather worker's trade; das ~ des Bäckers the baking trade; das ~ des Schneiders/Schreiners the trade of tailor/joiner; das ~ des Töpfers the potter's craft; der Krieg ist das einzige ~, das er versteht war is the only business he knows anything about; sein ~ verstehen or beherrschen (fig) to know one's job; jdm ins ~ pfuschen (fig) to tread on sb's toes; jdm das ~ legen (fig) to put a stop to sb's game (inf) or to sb. **2.** no pl (Wirtschaftsbereich) trade.

handwerkeln vi insep (hum) to potter about (making things).

Handwerker m **-s, -** (skilled) manual worker; (Kunst~) craftsman. wir haben seit Wochen die ~ im Haus we've had workmen in the house for weeks.

Handwerkerin f (skilled) manual worker; (Kunst~) craftswoman.

Handwerkerschaft f trade sing or pl.

handwerklich adj Ausbildung as a manual worker/craftsman; (fig) technical. ~er Beruf skilled trade; ~es Können craftsmanship; ~e Fähigkeiten manual skills; ~ ist der Fotograf perfekt technically the photographer is perfect.

Handwerksberuf m skilled trade; **Handwerksbetrieb** m workshop; **Handwerksbursche** m (old) travelling journeyman; **Handwerkskammer** f trade corporation; **Handwerkszeug** nt, no pl tools pl; (fig) tools of the trade pl, equipment.

Handwinde f hand-winch; **Handwörterbuch** nt concise dictionary; **Handwurzel**

f (Anat) carpus; **Handwurzelknochen** m (Anat) carpal bone; **Handzeichen** nt signal; (Geste auch) sign; (bei Abstimmung) show of hands; durch ~ by a show of hands; er gab mir durch ein ~ zu verstehen, daß ich still sein sollte he signalled to me to be quiet, he gave me a sign to be quiet; **Handzeichnung** f **1.** (Skizze) sketch; **2.** (Art) drawing; **Handzettel** m handout, leaflet, handbill.

hanebüchen adj outrageous, scandalous.

Hanf m -(e)s, no pl (Pflanze, Faser) hemp; (Samen) hempseed.

Hänfling m (Orn) linnet.

Hanf- in cpds hemp-; **Hanfseil** nt, **Hanfstrick** m hemp-rope.

Hang m -(e)s, ⁻e **1.** (Abhang) slope. **2.** no pl (Neigung) tendency (zu towards).

Hangar [ˈhaŋaːɐ, haŋˈɡaːɐ] m **-s, -s** hangar, shed.

Hängebacken pl flabby cheeks pl; **Hängebauch** m drooping belly (inf); **Hängebrücke** f suspension bridge; **Hängebrust** f, **Hängebusen** m (pej) sagging or droopy (inf) breasts pl or bosom no pl; **Hängedach** nt suspended roof; **Hängekleid** nt loose dress, smock; **Hängelampe** f drop-light.

hangeln vir (vi: aux sein und haben) er hangelte (sich) an einem Tau über den Fluß he moved hand over hand along a rope over the river; er hangelte sich am Fels hinunter he let himself down the cliff hand over hand.

Hängematte f hammock; **Hängegemikrophon** nt hanging microphone.

hangen vi (obs, dial) (dial: aux sein) siehe hängen I.

Hangen nt: mit ~ und Bangen with fear and trembling.

Hängen nt -s, no pl **1.** Tod durch ~ death by hanging. **2.** mit ~ und Würgen (inf) by the skin of one's teeth.

hängen I vi pret hing, ptp gehangen **1.** to hang. die Gardinen ~ schon the curtains are already up; die Tür hängt in den Angeln the door hangs on its hinges.

2. (gehenkt werden) to hang.

3. (herunter~) to hang. mit ~den Schultern with drooping shoulders; die Blumen ließen die Köpfe ~ the flowers hung their heads; den Kopf ~ lassen (fig) to be downcast or crestfallen.

4. (sich neigen) to lean. der Wagen hängt (stark) nach rechts the car leans (badly) to the right.

5. (inf: lässig sitzen) to slouch. in der Kurve ~ (Motorradfahrer) to lean into the bend.

6. (befestigt sein) to hang; (Wohnwagen etc) to be on (an etw dat) sth); (sich festhalten) to hang on (an +dat to). das Bild hängt an der Wand/an einem Aufhänger the picture is hanging on the wall/by a loop; sie hing ihm am Hals/an der Schulter she hung around his neck/clung to his shoulder; der Knopf hängt nur noch an einem Faden the button is only hanging (on) by a thread.

7. (angeschlossen, verbunden sein: Lautsprecher, Telefonapparat etc) to be connected (up) (an +dat to). der Patient

hängt an der künstlichen Niere/am Tropf the patient is on the kidney machine/ connected (up) to the drip.

8. (*inf: abhängen von*) **an jdm ~ to** depend on sb; **wo(ran) hängt es denn?** what's up (then)? (*inf*), what's the matter (then)?

9. (*inf: dazugehören*) to be involved (*an +dat* in). **daran hängt viel Arbeit** there's a lot of work involved in that.

10. (*vollgehängt sein*) to be full. **der Schrank hängt voll(er) Kleider** the cupboard is full of clothes; **der Baum hängt voller Früchte** the tree is laden with fruit.

11. (*kleben*) to be stuck (*an +dat* on). **ihre Blicke** *or* **Augen hingen an dem Sänger** her eyes were fixed on the singer; **sie hing an den Lippen des Redners** she hung on the speaker's every word.

12. (*festhängen*) to be caught (*mit* by).

13. (*schweben, im Raum stehen*) to hang. **eine unerträgliche Spannung hing im Raum** there was an unbearable tension in the room; **ein Fluch hängt über uns** a curse is hanging over us.

14. (*inf: sich aufhalten*) to hang about *or* around (*inf*). **er hängt den ganzen Tag vorm Fernseher/am Telefon** he spends all day in front of the telly/on the phone (*inf*).

15. (*nicht vorankommen*) to hang fire; (*inf: vergeblich warten*) to hang about (*inf*); (*Sch inf, Sports sl*) to be behind. **die Partie hängt** (*Chess*) the game is held over *or* adjourned.

16. (*sl: Schulden haben*) to be in the red (*inf*). **ich hänge bei meiner Schwester (mit 200 Mark)** I'm (200 marks) in debt to my sister, I owe my sister 200 marks.

17. (*Chess: Figur*) to be vulnerable. **der Springer hängt** the knight is vulnerable.

18. (*nicht verzichten mögen auf, lieben*) **an jdm/etw ~** to be very attached to *or* fond of sb/sth; **er hängt am Leben** he clings to life.

II *vt pret* **hängte**, *ptp* **gehängt**, (*dial auch*) *pret* **hing**, *ptp* **gehangen 1.** (*aufhängen, henken*) to hang. **wir müssen noch die Gardinen ~** we still have to put up *or* hang the curtains; **er hängt sich all sein Geld** *or* **alles auf den Leib** (*inf*) he spends all his money on clothes.

2. (*behängen mit*) to fill. **er hängte die Wand voll Bilder** he hung pictures all over the wall, he filled the wall with pictures.

3. (*einhängen*) **er hängte den Hörer in die Gabel** he hung up *or* rang off, he put *or* placed the receiver back on the hook.

4. (*hängenlassen, beugen*) to hang. **der Elefant hängte seinen Rüssel ins Wasser** the elephant dangled his trunk in the water; **seine Nase in etw** (*acc*) **~** (*inf: riechen*) to stick one's nose into sth (*inf*).

5. (*an +acc* to) (*anschließen*) to connect; *Wohnwagen etc* to hitch up.

III *vr pret* **hängte**, *ptp* **gehängt**, (*dial auch*) *pret* **hing**, *ptp* **gehangen 1. sich an etw** (*acc*) **~** to hang on to sth; **er hängte sich ihr an den Hals/Arm/Rockzipfel** he hung on to *or* clung to her neck/arm/ apron-strings; **sich ins Seil/in die Seile ~** (*Bergsteiger, Ringer*) to lean against the

rope/ropes; **er hängte sich ans Telefon** *or* **an die Strippe** (*inf*) he got on the phone; **sich an die Flasche/an den Wasserhahn ~** (*inf*) to have a good long drink.

2. sich an etw (*acc*) **~** (*sich festsetzen*) to cling *or* stick to sth; **sich an jdn ~** (*sich anschließen*) to latch on to sb (*inf*).

3. sich an jdn/etw ~ (*gefühlsmäßig binden*) to become attached to sb/sth.

4. (*verfolgen*) **sich an jdn/an ein Fahrzeug ~** to set off in (hot) pursuit of sb/a vehicle.

5. sich in etw (*acc*) **~** (*sl*) (*sich engagieren*) to get involved in sth; (*sich einmischen*) to meddle in sth.

6. (*sl: sich setzen*) to park oneself (*inf*).

hängenbleiben *vi sep irreg aux sein* **1.** to get caught (*an +dat* on).

2. (*Sport*) (*zurückbleiben*) to get left behind; (*nicht durch-, weiterkommen*) not to get through. **der Aufschlag blieb im Netz hängen** the ball didn't get past the net; **der Angriff blieb vor dem Strafraum hängen** the attack didn't get past the front of the penalty area.

3. (*Sch inf: nicht versetzt werden*) to stay down.

4. (*sich aufhalten*) to stay on. **bei einer Nebensächlichkeit ~** to get bogged down with a secondary issue, to get sidetracked.

5. (*sich festsetzen, haftenbleiben*) to get stuck *or* caught (*in, an +dat* on); (*Blick, Augen*) to rest (*an +dat* on). **es bleibt ja doch alles an mir hängen** (*fig inf*) I'm stuck *or* landed with everything (*inf*); **der Verdacht ist an ihm hängengeblieben** suspicion rested on him; **vom Lateinunterricht ist bei ihm nicht viel hängengeblieben** (*fig inf*) not much of his Latin stuck (*inf*).

hängend I *prp of* **hängen. II** *adj* hanging. **~e Gärten** hanging gardens; **mit ~er Zunge kam er angelaufen** (*fig*) he came running up panting; **mit ~em Kopf** (*fig*) in low spirits, crestfallen; **~ befestigt sein** to be hung up.

hängenlassen *sep irreg, ptp.* **hängen(ge)lassen I** *vt* **1.** (*vergessen*) to leave behind. **2.** (*inf: im Stich lassen*) to let down. **3.** (*Sch: nicht versetzen*) to keep down. **II** *vr* to let oneself go. **laß dich nicht so hängen!** don't let yourself go like this!, pull yourself together!; **er läßt sich furchtbar hängen** he has really let himself go.

Hänge|ohr *nt* lop ear; **Hängepartie** *f* (*Chess*) adjourned game; **Hängepflanze** *f* trailing plant.

Hänger *m* **-s, - 1.** *siehe* **Anhänger. 2.** *siehe* **Hängekleid. 3.** (*Mantel*) loose(-fitting) coat.

Hangerl *nt* **-s, -(n)** (*Aus*) tea towel.

Hängeschrank *m* wall-cupboard; **Hängeschultern** *pl* drooping shoulders *pl*.

hängig *adj* **1.** (*Sw Jur*) *siehe* **anhängig. 2.** (*form*) sloping, inclined.

Hanglage *f* sloping site. **in ~** situated on a slope.

Hängolin *nt* **-s,** *no pl* (*hum*) anti-sex drug.

Hangtäter *m* (*Jur*) person with criminal tendencies.

Hannemann *m:* **~ geh du voran** (*inf*) you go first.

Hannover [ha'noːfɐ] nt -s Hanover.
Hannoveraner [hanovə'raːnɐ] m -s, - Hanoverian (horse).
Hannoveraner(in f) m -s, - Hanoverian.
hannoversch [ha'noːfəʃ] adj Hanoverian.
Hans m -' or -ens: ~ **Guckindieluft** Johnny Head-in-the-Air; ~ **im Glück** (fig) lucky dog (inf) or devil (inf).
Hansa f -, no pl (Hist) siehe **Hanse**.
Hansaplast ® nt -(e)s, no pl Elastoplast ®.
Hänschen ['hɛnsçən] nt -s dim of **Hans**; **was** ~ **nicht lernt, lernt Hans nimmermehr** (Prov) ≃ you can't teach an old dog new tricks (Prov).
Hansdampf m -(e)s, -e Jack-of-all-trades (and master of none). **er ist ein** ~ **in allen Gassen** he knows everybody and everything.
Hanse f -, no pl (Hist) Hanseatic League, Hansa, Hanse.
Hanseat(in f) m -en, -en citizen of a Hansa town; (Hist) Hanseatic merchant, merchant belonging to the Hanseatic League.
hanseatisch adj 1. Hanseatic. 2. (fig: ~vornehm) cool and reserved.
Hänsel, Hänsel m -s dim of **Hans** (dial: Trottel) dolt, ninny (inf). ~ **und Gretel** Hansel and Gretel; **ein paar** ~ (dial: wenige) a few.
Hänselei f teasing no pl.
hänseln vt to tease.
Hansestadt f Hansa or Hanseatic or Hanse town; **hansestädtisch** adj Hanseatic.
Hanswurst m -(e)s, -e or (hum) ⁻e 1. buffoon, clown; 2. (Theat) fool, clown; **Hanswurstiade** f 1. clowning, buffoonery; 2. (Theat) ≃ harlequinade.
Hantel f -, -n (Sport) dumb-bell.
hanteln vi (Sport) to exercise with dumb-bells.
hantieren* vi 1. (arbeiten) to be busy. 2. (umgehen mit) **mit etw** ~ to handle sth; **seine Geschicklichkeit im H~ mit Begriffen** (fig) his skill in handling concepts. 3. (herum~) to tinker or fiddle about (an +dat with, on).
hantig adj (Aus, S Ger) 1. (bitter) bitter. 2. (barsch) brusque, abrupt.
hapern vi impers (inf) **es hapert an etw** (dat) (fehlt) there is a shortage or lack of sth; **es hapert bei jdm mit etw** (fehlt) sb is short of sth, sb is badly off for sth; **es hapert (bei jdm) mit etw** (klappt nicht) sb has a problem with sth; **mit der Grammatik hapert es bei ihm** he's weak in or poor at grammar.
Häppchen nt dim of **Happen** morsel, bit; (Appetithappen) titbit.
häppchenweise adv (inf: lit, fig) bit by bit.
Happen m -s, - (inf) mouthful, morsel; (kleine Mahlzeit) bite (inf), snack. **ein fetter** ~ (fig) a good catch; **nach dem Theater aßen wir noch einen** ~ after the theatre we had a bite to eat (inf) or a snack; **ich habe heute noch keinen** ~ **gegessen** I haven't had a bite to eat all day.
Happening ['hɛpənɪŋ] nt -s, -s (Art) action painting; (Theat) happening. **ein kleines** ~ **machen** (fig inf) to have a bit of fun.
happig adj (inf) steep (inf).

Happy-End, Happyend (Aus) ['hɛpiˈ|ɛnt] nt -s, -s happy ending. **ein Film/Buch/eine Geschichte mit** ~ a film/book/story with a happy ending.
Harakiri nt -(s), -s harakiri.
Härchen nt dim of **Haar** little or tiny hair.
Hard- ['haːd-]: **Hardtop** [-tɔp] nt -s, -s (Aut) (Dach, Wagen) hardtop; **ein Cabrio mit** ~ a cabriolet with a hardtop; **Hardware** [-wɛə] f -, -s (Computer) hardware.
Harem m -s, -s (auch hum inf) harem.
Haremsdame f lady of the/a harem; **Haremswächter** m harem guard.
hären adj (rare) ~**es Gewand** hairshirt.
Häretiker(in f) m -s, - (lit, fig) heretic.
häretisch adj (lit, fig) heretical.
Harfe f -, -n harp.
Harfenist(in f) m harpist.
Harfenspiel nt no pl harp-playing; **Harfenspieler** m harp-player, harpist.
Harke f -, -n (esp N Ger) rake. **jdm zeigen, was eine** ~ **ist** (fig inf) to show sb what's what (inf).
harken vti (esp N Ger) to rake.
Harlekin ['harlekiːn] m -s, -e Harlequin.
Harlekinade f siehe **Hanswurstiade**.
härmen vtr (old) siehe **grämen**.
harmlos adj 1. (ungefährlich) harmless; Berg, Piste, Kurve easy; Entzündung etc slight, mild. **eine** ~**e Grippe** a mild bout of flu. 2. (unschuldig, gutartig, naiv) innocent; (unbedenklich) harmless, innocuous. **er ist ein** ~**er Mensch** he's harmless (enough), he's an innocuous type.
Harmlosigkeit f, no pl siehe adj 1. harmlessness; easiness; slightness; mildness. 2. innocence; harmlessness. **in aller** ~ in all innocence.
Harmonie f (Mus, fig) harmony.
Harmonielehre f (Gebiet) harmony; (Theorie) harmonic theory.
harmonieren* vi (Mus, fig) to harmonize; (farblich auch) to go together, to match.
Harmonik f, no pl harmony.
Harmonika f -, -s or **Harmoniken** harmonica; (Mund~ auch) mouth organ; (Zieh~) accordion.
Harmonikatür f folding or accordion door.
harmonisch adj (Mus, Math) harmonic; (wohlklingend, fig) harmonious. **das klingt nicht sehr** ~ that's not a very harmonious sound; **sie leben** ~ **zusammen** they live together in harmony.
harmonisieren* vt (Mus) to harmonize; (fig) to coordinate.
Harmonisierung f (Mus) harmonization; (fig) coordination.
Harmonium nt harmonium.
Harn m -(e)s, -e urine. ~ **lassen** to pass water, to urinate.
Harnblase f bladder; **Harndrang** m (form) urge or need to pass water or to urinate.
harnen vi (form) to urinate, to pass water, to micturate (form).
Harnflasche f urinal.
Harnisch m -(e)s, -e armour. **in** ~ **sein** (fig) to be up in arms, to have one's hackles up; **jdn in** ~ **bringen** (fig) to get sb up in arms, to get sb's hackles up.
Harnlassen nt -s, no pl (form) urination, passing of water, micturition (form); **Harnleiter** m ureter; **Harnröhre**

f urethra; **Harnsäure** f (Chem) uric acid; **Harnstein** m (Med) urinary calculus; **Harnstoff** m (Chem) urea, carbamide; **harntreibend** adj (form) diuretic; **Harn|untersuchung** f urine analysis, urinalysis; **Harnvergiftung** f uraemia; **Harnwege** pl (Anat) urinary tract sing; **Harnzucker** m sugar in the urine.

Harpune f -, -n harpoon.

Harpunenwerfer m harpoon-gun.

Harpunier m -s, -e harpooner.

harpunieren* vti to harpoon.

harren vi (geh) jds/einer Sache ~, auf jdn/etw ~ to await sb/sth, to wait for sb/sth.

Harsch m -(e)s, no pl frozen snow.

harsch adj 1. harsh. 2. Schnee frozen.

harschig adj Schnee frozen.

Harschschnee m frozen snow.

hart I adj comp ⁼er, superl ⁼este(r, s)
1. (nicht weich, nicht sanft) hard; Matratze, Bett, Federung, Apfelschale auch firm; Aufprall, Ruck auch violent; Wind strong; Ei hard-boiled. ~ **werden** to get hard, to harden; **Eier** ~ **kochen** to hard-boil eggs; **der Boden ist** ~ **gefroren** the ground is frozen hard or solid; **er hat einen** ~**en Schädel** or **Kopf** (fig) he's pig-headed or obstinate; **ein** ~**es Herz haben** (fig) to have a hard heart, to be hard-hearted; ~ **wie Stahl/Stein** as hard as steel/stone.

2. (scharf) Konturen, Kontrast, Formen, (Phot) Negativ sharp; (Gesichts)-züge, Konsonant hard; Licht harsh, hard; Klang, Ton, Aussprache, Akzent harsh.

3. (rauh) Spiel, Gegner rough; (fig) Getränke, Droge, Pornographie hard; Kriminalfilm etc, Western tough.

4. (widerstandsfähig, robust) tough. **kalte Duschen machen** ~ cold showers toughen you up or make you tough; **gelobt sei, was** ~ **macht** (prov, usu iro) anything for toughness!; treat 'em rough, make 'em tough! (inf); **er ist** ~ **im Nehmen** he's tough.

5. (stabil, sicher) Währung, Devisen stable. **in** ~**en Dollars** in hard dollars.

6. (streng, gnadenlos, kompromißlos) Mensch, Kampf hard; Wort auch strong, harsh; Winter, Frost, Vertragsbedingung auch severe; Strafe, Urteil, Kritik severe, harsh; Maßnahmen, Gesetze, Politik, Kurs tough; Auseinandersetzung violent. **er ist durch eine** ~**e Schule gegangen** (fig) he has been through a hard school; ~ **bleiben** to stand or remain firm; ~ **mit jdm sein** to be hard on sb, to be harsh with sb; **es fielen** ~**e Worte** hard or strong or harsh words were used; **es geht** ~ **auf** ~ it's a tough fight or real battle.

7. (schwer zu ertragen) Schicksal, Tatsache hard, cruel; Verlust cruel; Wirklichkeit, Wahrheit harsh. **es war sehr** ~ **für ihn, daß er ...** it was very hard for him to ...

8. (mühevoll, anstrengend) Arbeit, Leben, Zeiten hard, tough.

9. (Phys) Strahlen hard.

II adv, comp ⁼er, superl am ⁼esten
1. hard. **er schläft gerne** ~ he likes sleeping on a hard surface/bed.

2. (scharf) kontrastiert sharply. ~ **klin-**

gen to sound harsh; **er spricht manche Laute zu** ~ **aus** he makes some sounds too hard.

3. (heftig, rauh) roughly; fallen, aufprallen hard. ~ **aneinandergeraten** to have a (real) set-to (inf); ~ **einsteigen** (Sport) to go hard at it; **jdn** ~ **anfahren** to bite sb's head off (inf); **jdm** ~ **zusetzen** to press sb hard; **etw trifft jdn** ~ (lit, fig) sth hits sb hard; ~ **diskutieren** to have a vigorous discussion; ~ **spielen** (Sport) to play rough.

4. (streng) severely, harshly. ~ **durchgreifen** to take tough or rigorous action; **jdn** ~ **anfassen** to be hard on sb.

5. (mühevoll) hard. ~ **arbeiten** to work hard; **es kommt mich** ~ **an** (geh) I find it hard.

6. (nahe) close (an +dat to). **das ist** ~ **an der Grenze der Legalität/des Zumutbaren** that's pushing legality/reasonableness to its (very) limit(s), that's on the very limits of legality/of what's reasonable; **das ist** ~ **an der Grenze zum Kriminellen/zum Kitsch** that's very close to being criminal/kitsch; ~ **am Wind** (segeln) (Naut) (to sail) close to the wind; ~ **auf ein Ziel zuhalten** (Naut) to head straight for a destination.

Hartbahn f (Sport) hard track; **hartbedrängt** adj attr hard-pressed; **Hartbeton** m (especially) hard concrete.

Härte f -, -n siehe adj 1. hardness; firmness; violence; (Härtegrad) degree or grade of (hardness).

2. no pl (Schärfe) sharpness; hardness; harshness.

3. (Rauheit) roughness no pl. **sie spielten mit größter** ~ they played very rough.

4. no pl (Robustheit) toughness.

5. no pl (Stabilität) stability.

6. no pl (Strenge) hardness; harshness; severity; toughness; violence. **eine Auseinandersetzung in großer** ~ **führen** to have a violent argument; **mit großer** ~ **diskutieren** to have a very heated discussion.

7. (schwere Erträglichkeit) cruelty, harshness. **der Schicksalsschlag traf ihn in seiner ganzen** ~ this blow of fate struck him with all its force or cruelty; **soziale** ~**n** social hardships; (Fälle) cases of social hardship.

8. (Phys) degree of penetration.

Härtefall m case of hardship; (inf: Mensch) hardship case; **Härtefonds** m hardship fund; **Härtegrad** m degree or grade of hardness; **Härteklausel** f hardship clause; **Härtemittel** nt (Metal) hardening agent.

härten I vt to harden; Stahl auch to temper. II vi to harden. III vr (Stoff) to harden; (rare: Mensch) to toughen oneself up.

härter comp of **hart**.

Härter m -s, - (Tech) hardener, hardening agent.

Härteskala f scale of hardness, Mohs scale.

härteste(r, s) superl of **hart**.

Härtezustand m hard state. **im** ~ **läßt sich das Material wie Metall bearbeiten** in the hard state or when it is hard this material can be worked like metal.

Hartfaserplatte f hardboard, fiberboard (US); **hartgefroren** adj attr frozen, frozen stiff pred, frozen hard pred; **hartgekocht** adj attr hard-boiled; **Hartgeld** nt hard cash; **hartgesotten** adj 1. (fig) hard-baked (inf), hard-boiled; 2. (Aus) siehe **hartgekocht**; **Hartgummi** nt hard rubber; **hartherzig** adj hard-hearted; **Hartherzigkeit** f hard-heartedness; **Hartholz** nt hardwood; **harthörig** adj (old) siehe **schwerhörig**; **Hartkäse** m hard cheese; **Hartlaubgewächs** nt (Bot) sclerophyllous evergreen (spec); **hartleibig** adj (Med old) constipated; **Hartleibigkeit** f (Med old) constipation; **Hartmetall** nt hard metal; **hartnäckig** adj (stur) Mensch, Haltung obstinate, stubborn; (ausdauernd) Widerstand stubborn; Lügner persistent; Beharrlichkeit dogged, persistent; (langwierig) Krankheit, Fleck stubborn; **Hartnäckigkeit** f siehe adj obstinacy, stubbornness; persistence; doggedness; stubbornness; **Hartpackung** f hard pack; **Hartpappe** f cardboard; **Hartplatz** m (Sport) hard sports area; (für Ballspiele) hard pitch; (Tennis) hard court; **hartschalig** adj Frucht hard-shelled, testaceous (spec); Apfel, Traube having a tough skin, tough-skinned.

Härtung f (Tech) hardening; (von Stahl auch) tempering.

Hartwurst f dry sausage.

Harz[1] nt -es, -e resin.

Harz[2] m -es (Geog) Harz Mountains pl.

harzen I vt Wein to treat with resin, to resinate. II vi (Baum, Holz) to secrete or exude resin.

Harzer[1] m -s, - (Cook) Harz cheese.

Harzer[2] adj (Geog) Harz. ~ **Roller** (Zool) roller; (Cook) (roll-shaped) Harz cheese; ~ **Käse** Harz cheese.

harzhaltig adj Holz resinous.

harzig adj 1. resinous, resiny. 2. (Sw fig: zähflüssig) slow-moving.

Hasard [ha'zart] nt -s, no pl siehe **Hasardspiel.** (mit etw) ~ **spielen** (fig geh) to gamble (with sth).

Hasardeur [hazar'dø:ɐ] m (geh) gambler.

Hasardspiel [ha'zart-] nt game of chance; (fig geh) gamble. **glatte Fahrbahnen machen das Fahren zum** ~ slippy roads make driving a treacherous business.

Hasch nt -(s), no pl (inf) hash (inf).

Haschee nt -s, -s (Cook) hash.

Haschen nt -s, no pl (dial) catch, tag.

haschen[1] (dated, geh) I vt to catch. **hasch mich, ich bin der Frühling** (hum inf) come and get me boys! (hum). II vi **nach etw** ~ to make a grab at sth; **nach Beifall/Lob** etc ~ to fish or angle for applause/praise etc.

haschen[2] vi (inf) to smoke (hash) (inf).

Häschen ['hɛ:sçən] nt 1. dim of **Hase** young hare, leveret. 2. (inf: Kaninchen, Playboy~) bunny (inf). 3. (Kosename) sweetheart, sweetie(pie).

Hascher(in f) m -s, - 1. (inf) hash smoker. 2. (Aus inf) poor soul or thing (inf).

Häscher m -s, - (old, geh) henchman.

Hascherl nt -s, -(n) 1. (Aus inf) poor soul or thing. 2. (naiver Mensch) simple soul.

Haschisch nt or m -(s), no pl hashish.

Haschmich m -s, no pl (inf) **einen** ~ **haben** to be off one's rocker (inf).

Hase m -n, -n hare; (männlicher ~ auch) buck; (dial: Kaninchen, Oster~, in Märchen) rabbit. **falscher** ~ (Cook) meat loaf; **wissen/sehen, wie der** ~ **läuft** (fig inf) to know/see which way the wind blows; **alter** ~ (fig inf) old hand; **da liegt der** ~ **im Pfeffer** (inf) that's the crux of the matter; **mein Name ist** ~ (, **ich weiß von nichts**) I don't know anything about anything.

Hasel f -, -n (Bot) hazel.

Haselhuhn nt hazel grouse; **Haselkätzchen** nt (Bot) (hazel) catkin, lamb's tail (inf); **Haselmaus** f dormouse; **Haselnuß** f hazelnut, cob-nut; **Haselrute** f hazel rod or switch; **Haselstrauch** m hazel-bush.

Hasenbraten m roast hare; **Hasenbrot** nt (inf) left-over sandwich; **Hasenfuß** nt 1. hare's foot; 2. (dated inf) milksop (dated); **Hasenherz** nt 1. hare's heart; 2. (dated inf) siehe **Hasenfuß** 2.; **Hasenjagd** f hare-hunt; **auf (die)** ~ **gehen** to go hunting hares or on a hare-hunt; **Hasenklein** nt -s, no pl (Cook) jointed hare; **Hasenpanier** nt **das** ~ **ergreifen** (dated inf) to turn tail (and run); **Hasenpfeffer** m (Cook) ≈ jugged hare; **hasenrein** adj (Hunt) Hund trained to chase hares only on command; **jd/etw ist nicht (ganz)** ~ (inf) sb/sth is not (quite) aboveboard, there's something fishy about sb/sth (inf); **Hasenscharte** f (Med) hare-lip.

Häsin f doe, female hare.

Haspel f -, -n 1. (Förderwinde) windlass. 2. (Garn~) reel.

haspeln vti 1. (inf: hastig sprechen) to splutter, to sputter; Gebete, Entschuldigung to sp(l)utter out. 2. (wickeln) to wind up, to reel up; (abwickeln) to unwind, to reel off.

Haß m **Hasses**, no pl 1. hatred, hate (auf + acc, gegen of). **Liebe und** ~ love and hate or hatred; **sich** (dat) **jds** ~ **zuziehen, jds** ~ **auf sich** (acc) **ziehen** to incur sb's hatred. 2. (inf: Wut, Ärger) **wenn ich so etwas sehe, könnt' ich einen** ~ **kriegen** (inf) when I see something like that I could get really angry; **einen** ~ **(auf jdn) haben** (inf) to be really sore (with sb) (inf).

Haß|ausbruch m burst of hatred.

hassen vti to hate, to detest, to loathe. **etw** ~ **wie die Pest** (inf) to hate sth like the plague (inf).

hassenswert adj hateful, odious, detestable.

haß|erfüllt adj full of hate or hatred; **Haßgefühl** nt feeling of hatred.

häßlich adj 1. ugly. ~ **wie die Nacht** or **die Sünde** (as) ugly as sin. 2. (gemein) nasty, mean. **das war** ~ **von ihm** that was nasty or mean of him; ~ **über jdn sprechen** to be nasty or mean about sb. 3. (unerfreulich) nasty; Vorfall, Streit auch ugly.

Häßlichkeit f siehe adj 1. ugliness no pl. 2. nastiness no pl, meanness no pl; (Bemerkung) nasty or mean remark. 3. nastiness; ugliness.

Haßliebe f love-hate relationship (für with); ~ **für jdn empfinden** to have a love-

Haßtirade 554 hauen

hate relationship with sb; **Haßtirade** f tirade of hatred; **haßverzerrt** adj Gesicht twisted (up) with hatred.

hast 2. pers sing present of **haben**.

Hast f -, no pl haste. **voller** ~ in great haste, in a great hurry or rush; **ohne** ~ without haste, without hurrying or rushing; **mit einer solchen** ~ in such a hurry or rush, in such haste; **nur keine** ~! not so fast!, hold your horses! (inf).

haste (inf) contr of **hast du**; (was) ~ **kannste** as quick or fast as possible; ~ **was, biste was** (prov) fortune brings status.

hasten vi aux sein (geh) to hasten (form), to hurry.

hastig adj hasty; Essen auch, Worte hurried, rushed. **nicht so** ~! not so fast!; **er schlang sein Essen** ~ **hinunter** he gobbled down his food; **sein** ~**es Rauchen** his hasty way of smoking.

Hastigkeit f hurriedness. **sie ißt/schwimmt** etc **mit einer solchen** ~ she eats/swims etc in such a hasty manner.

hat 3. pers sing present of **haben**.

Hätschelei f (pej) pampering, mollycoddling.

Hätschelkind nt (pej) (Kind) pampered child; (fig: Liebling) blue-eyed boy/girl (inf), darling.

hätscheln vt (liebkosen) to pet, to fondle; (zu weich behandeln) to pamper, to mollycoddle; (bevorzugen) to pamper, to indulge; (hängen an) Plan, Idee to cherish, to nurse.

hatschen vi aux sein (Aus, S Ger inf) (schlendern) to amble along; (mühsam gehen) to trudge along; (hinken) to hobble. **durch die Berge** ~ to trudge through the mountains.

hatschi interj atishoo. ~ **machen** (babytalk) to sneeze.

hatte pret of **haben**.

Hat-Trick, Hattrick ['hættrɪk] m -s, -s (Sport) hat trick.

Hatz f -, -en 1. (Hunt, fig) hunt. 2. (fig: esp S Ger, Aus) rush.

Haube f -, -n 1. bonnet; (Aus, S Ger: Mütze) (woollen) cap; (von Krankenschwester etc) cap. **jdn unter die** ~ **bringen** (hum) to marry sb off (inf); **unter der** ~ **sein/unter die** ~ **kommen** (hum) to be/get married.
2. (bei Vögeln) crest.
3. (allgemein: Bedeckung) cover; (Trocken~) (hair) dryer, drying hood (US); (für Kaffee-, Teekanne) cosy; (Motor~) bonnet, hood (US).

Haubenlerche f crested lark; **Haubenmeise** f crested tit; **Haubentaucher** m (Zool) great crested grebe.

Haubitze f -, -n howitzer.

Hauch m -(e)s, -e (geh, poet) 1. (Atem) breath.
2. (Luftzug) breath of air, breeze.
3. (Duft) smell; (von Parfüm auch) waft. **ein** ~ **von Frühling/Harz** a breath of spring/a delicate smell of resin.
4. (Flair) aura, air. **ihr Haus hat den** ~ **des Exotischen** their house has an exotic air (about it) or an aura of exoticism.
5. (Andeutung, Anflug) hint, touch;

(von Lächeln) hint, ghost.

hauchdünn adj extremely thin; Scheiben, Schokoladentäfelchen wafer-thin; (fig) Mehrheit extremely narrow; Sieg extremely close.

hauchen I vi to breathe. **gegen/auf etw** (acc) ~ to breathe on sth.
II vt (lit, fig, liter: flüstern) to breathe. **jdn einen Kuß auf die Wange** ~ (liter) to brush sb's cheek with one's lips; **das Jawort** — (liter) to breathe "I will"; **jdm etw** (acc) **ins Ohr** ~ (liter) to whisper sth in sb's ear; **er hauchte mir den Zigarettenrauch ins Gesicht** he blew the cigarette smoke in(to) my face.

hauchfein adj extremely fine; **Hauchlaut** m (Phon) aspirate; **hauchzart** adj very delicate; Schokoladentäfelchen wafer-thin.

Haudegen m (fig) old campaigner, (old) warhorse.

Haue f -, -n 1. (S Ger, Sw, Aus) siehe **Hacke²** 2. 2. no pl (inf: Prügel) (good) hiding (inf) or spanking. ~ **kriegen** to get a good hiding (inf) or spanking.

hauen pret **haute**, ptp **gehauen** or (dial) **gehaut I** vt 1. pret auch **hieb** (inf: schlagen) to hit, to clout (inf), to clobber (inf). **er haute den Stein in zwei Teile** he smashed the stone in two; **er haute ihr das Heft um die Ohren** he hit or clouted (inf) or clobbered (inf) her round the head with the exercise book.
2. (inf: verprügeln) to hit, to belt (sl), to thump (inf). **hau(t) ihn!** let him have it! (inf), belt or thump him (one) (sl).
3. (meißeln) Statue, Figur to carve; Stufen to cut, to hew (form); Loch to cut, to knock.
4. pret **hieb** (geh: mit Waffe schlagen) to make a thrust at sb. **jdn aus dem Sattel/vom Pferd** ~ to knock sb out of the saddle/from his horse.
5. (inf: stoßen) jdn, Gegenstand to shove (inf); Körperteil to bang, to knock (an +acc on, against). **das haut einen vom Stuhl** or **aus den Latschen** or **aus dem Anzug** or **den stärksten Mann aus dem Anzug** it really knocks you sideways (inf).
6. (inf) (werfen) to chuck (inf), to fling; (nachlässig machen) Aufsatz, Skizze to scribble, to scrawl (auf +acc on); Farbe to slap (inf) (auf +acc on).
7. (dial) (fällen) Baum to chop (down), to hew (down); (mähen) Gras to cut; (zerhacken) Holz, Fleisch to chop (up).
8. (Min) Erz to cut; Kohle to break.
II vi 1. pret auch **hieb** (inf: schlagen) to hit. **jdm ins Gesicht** ~ to hit or clout (inf) or clobber (inf) sb in the face; **jdm auf die Schulter** ~ to clap or slap sb on the shoulder; **hau doch nicht so (auf die Tasten)** don't thump like that.
2. (inf: prügeln) to hit. **nicht** ~, **Papi!** don't hit or thump (inf) me, daddy!; **er haut immer gleich** he's quick to hit out.
3. pret **hieb** (geh: mit Waffe) to lash out. **er hieb mit dem Degen (auf seinen Gegner)** he made a thrust (at his opponent) with his dagger; **es geht auf H~ und Stechen** (fig) there's a tough battle.
4. aux sein (inf: stoßen) to bang, to hit.

er ist mit dem Fuß gegen einen Stein gehauen he banged *or* hit his foot against a stone.

III *vr* (*inf*) **1.** (*sich prügeln*) to scrap, to fight. **sich mit jdm ~** to scrap *or* fight with sb.

2. (*sich setzen, legen*) to fling oneself.

Hauer *m* **-s, -**. **1.** (*Min*) face-worker. **2.** (*Aus*) *siehe* **Winzer(in). 3.** (*Zool*) tusk; (*hum: großer Zahn*) fang.

Häufchen *nt dim of* **Haufen** small heap *or* pile. **ein ~ Unglück** a picture of misery.

Haufe *m* **-ns, -n** (*rare*) *siehe* **Haufen.**

häufeln *vt* **1.** *Kartoffeln, Spargel* to hill up. **2.** (*Haufen machen aus*) to heap *or* pile up.

Haufen *m* **-s, -**. **1.** heap, pile. **jdn/ein Tier über den ~ rennen/ fahren** *etc* (*inf*) to knock *or* run sb/an animal down, to run over sb/an animal; **jdn/ein Tier über den ~ schießen** (*inf*) *or* **knallen** (*inf*) to shoot sb/an animal down; **etw** (*acc*) **über den ~ werfen** (*inf*) *or* **schmeißen** (*inf*) (*verwerfen*) to throw *or* chuck (*inf*) sth out; (*durchkreuzen*) to mess sth up (*inf*); **der Hund hat da einen ~ gemacht** the dog has made a mess there (*inf*); **so viele Dummköpfe/soviel Idiotie/soviel Geld habe ich noch nie auf einem ~ gesehen** (*inf*) I've never seen so many fools/so much idiocy/money in one place before.

2. (*inf: große Menge*) load (*inf*), heap (*inf*). **ein ~ Arbeit/Geld/Bücher** a load *or* heap of work/money/books (*all inf*), piles *or* loads *or* heaps of work/money/books (*all inf*); **ich habe noch einen ~ zu tun** I still have loads *or* piles *or* heaps *or* a load to do (*all inf*); **er hat einen ganzen ~ Freunde** he has a whole load of friends (*inf*), he has loads *or* heaps of friends (*inf*).

3. (*Schar*) crowd; (*von Vögeln*) flock. **ein ~ Schaulustige(r)** a crowd of onlookers.

4. (*Gruppe, Gemeinschaft*) crowd (*inf*), bunch (*inf*); (*Mil*) troop.

häufen I *vt* to pile up, to heap up; (*sammeln*) to accumulate. **Bücher auf den Tisch ~** to pile books onto the table; **ein gehäufter Teelöffel Salz** a heaped teaspoonful of salt; **Lob auf jdn ~** (*fig*) to heap praise(s) (up)on sb.

II *vr* (*lit, fig: sich ansammeln*) to mount up; (*zahlreicher werden: Unfälle, Fehler, Fachausdrücke etc*) to occur increasingly. **dieser Fehler tritt allerdings gehäuft auf** indeed this error occurs increasingly *or* occurs more and more frequently; **das kann schon mal vorkommen, es darf sich nur nicht ~** these things happen, just as long as they don't happen too often.

Haufendorf *nt* scattered village; **haufenweise** *adv* **1.** (*in Haufen*) in heaps *or* piles; **2.** (*inf: in großer Zahl, Menge*) piles *or* heaps *or* loads of (*all inf*); **etw ~ haben** to have piles *or* heaps *or* loads of sth (*all inf*); **Haufenwolke** *f* cumulus (cloud).

häufig I *adj* frequent; (*weit verbreitet auch*) common, widespread. **seine Anfälle werden ~er** his attacks are becoming more frequent. **II** *adv* often, frequently.

Häufigkeit *f* frequency; (*räumliche Verbreitung*) commonness.

Häufigkeits- *in cpds* frequency-; **Häufigkeitszahl,** **Häufigkeitsziffer** *f* frequency.

Häufung *f* **1.** (*fig: das Anhäufen*) accumulation, amassment. **2.** (*das Sichäufen*) increasing number. **in ähnlicher** *etc* **~** in similar *etc* numbers *pl*.

Haupt *nt* **-(e)s, Häupter 1.** (*geh: Kopf*) head. **entblößten ~es** bareheaded; **gesenkten/erhobenen ~es** with one's head bowed/ raised; **zu jds Häupten** at sb's head; **jdn aufs ~ schlagen** (*fig: besiegen*) to vanquish; **eine Reform an ~ und Gliedern** a total *or* wide-reaching reform.

2. (*zentrale Figur*) head.

3. (*poet: von Berg*) peak.

Haupt- *in cpds* main, principal, chief; **Haupt|achse** *f* main *or* principal axis; (*von Fahrzeug*) main axle; **Haupt|akteur** *m* (*lit, fig*) leading light; (*pej*) kingpin; **Haupt|aktionär** *m* principal *or* main shareholder; **Haupt|akzent** *m* **1.** (*Ling*) main *or* primary accent *or* stress; **2.** (*fig*) main emphasis; **auf etw** (*acc*) **den ~ legen** to put *or* place the main emphasis on sth; **Haupt|altar** *m* high altar; **haupt|amtlich I** *adj* full-time; **~e Tätigkeit** full-time office; **II** *adv* (on a) full-time (basis); **~ tätig sein** to work full-time; **Haupt|angeklagte(r)** *mf* main *or* principal defendant; **Haupt|anschluß** *m* (*Telec*) main extension; **nur einen ~ haben** to have a phone without extensions; **Haupt|anteil** *m* main *or* principal part *or* share; **Haupt|ausgang** *m* main exit; **Haupt-bahnhof** *m* main *or* (*in Namen*) central station; **Hauptbelastungszeuge** *m* main *or* principal *or* chief witness for the prosecution; **Hauptberuf** *m* chief *or* main occupation *or* profession; **er ist Lehrer im ~** his main *or* chief occupation *or* profession is that of teacher; **hauptberuflich I** *adj* Lehrer, Gärtner *etc* full-time; **~e Tätigkeit** main *or* chief occupation; **II** *adv* full-time; **~ tätig sein** to be employed full-time, to be in full-time employment; **Hauptbeschäftigung** *f* **1.** main *or* chief occupation *or* pursuit; **2.** (*Hauptberuf*) main *or* chief occupation *or* job; **Hauptbetrieb** *m* **1.** (*Zentralbetrieb*) headquarters *sing or pl*; **2.** (*geschäftigste Zeit*) peak period; (*Hauptverkehrszeit auch*) rush hour; **Hauptbuch** *nt* (*Comm*) ledger; **Hauptbüro** *nt* head office; **Hauptdarsteller(in** *f*) *m* principal actor/actress, leading man/lady; **Hauptdeck** *nt* main deck; **Haupt|eingang** *m* main entrance; **Haupt|einnahmequelle** *f* main *or* chief source of income.

Häuptel *nt* **-s, -(n)** (*Aus*) head (of lettuce etc).

Häuptelsalat *m* (*Aus*) lettuce.

Haupt|entlastungszeuge *m* main *or* principal witness for the defence; **Haupt|ereignis** *nt* main *or* principal event.

Haupteslänge *f* **jdn um ~ überragen** (*lit, fig*) to be head and shoulders above sb.

Hauptfach *nt* (*Sch, Univ*) main *or* principal subject, major (*US*); **etw im ~ studieren** to study sth as a main *or* principal subject, to major in sth (*US*);

Hauptfehler *m* main *or* chief *or* principal fault; **Hauptfeind** *m* main *or* chief enemy; **Hauptfeld** (*sl*), **Hauptfeldwebel** *m* (company) sergeant major; **Hauptfigur** *f* (*Liter*) central *or* main *or* principal character *or* figure; (*fig*) leading *or* central figure; **Hauptfilm** *m* main film; **Hauptgang** *m* 1. (*Archit etc*) main corridor; (*in Kirche, Theater, Kino*) central aisle; 2. (*Cook*) main course; **Hauptgebäude** *nt* main building; **Hauptgedanke** *m* main idea; **Hauptgefreite(r)** *m* ≃ lance corporal (*Brit*), private first class (*US*); **Hauptgericht** *nt* main course.

Hauptgeschäft *nt* 1. (*Zentrale*) head office, headquarters *sing or pl.* 2. (*Hauptverdienst*) main business, major part of one's business.

Hauptgeschäftsstelle *f* head office, headquarters *sing or pl*; **Hauptgeschäftsstraße** *f* main shopping street; **Hauptgeschäftszeit** *f* peak (shopping) period *or* hours *pl*.

Hauptgewicht *nt* (*lit*) major part of the weight, bulk of the weight; (*fig*) main emphasis; **Hauptgewinn** *m* first prize; **Hauptgrund** *m* main *or* principal *or* chief reason; **Haupthaar** *nt* (*geh*) hair (of the/one's head); **Haupthahn** *m* mains cock *or* tap (*Brit*); **Haupthandlung** *f* (*Liter etc*) main plot; **Haupt|interesse** *nt* main *or* chief interest; **Hauptkampflinie** *f* main front; **Hauptkläger** *m* principal plaintiff; **Hauptlast** *f* main load, major part of the load; (*fig*) main *or* major burden; **Hauptleitung** *f* mains *pl*; **Hauptleute** *pl of* **Hauptmann** 1.; **Hauptlieferant** *m* main *or* principal *or* chief supplier.

Häuptling *m* chief(tain); (*esp von Dorf*) headman.

Hauptmahlzeit *f* main meal; **Hauptmann** *m, pl* **-leute** 1. (*Mil*) captain; 2. (*Hist: Führer*) leader; **Hauptmasse** *f* bulk, main body; **Hauptmerkmal** *nt* main feature, chief *or* principal characteristic; **Hauptmieter** *m* main tenant; **Hauptmotiv** *nt* 1. (*Beweggrund*) primary *or* main motive; 2. (*Art, Liter, Mus*) main *or* principal motif; **Hauptnahrungsmittel** *nt* staple *or* principal food; **Hauptnenner** *m* (*Math, fig*) common denominator; **Hauptperson** *f* (*lit, fig*) central figure; **Hauptportal** *nt* main portal *or* doorway; **Hauptpost** *f* (*inf*), **Hauptpost|amt** *nt* main post office; **Hauptproblem** *nt* main *or* chief *or* principal problem; **Hauptprodukt** *nt* main product; (*esp im Gegensatz zu Nebenprodukt*) primary product; **Hauptquartier** *nt* (*Mil, fig*) headquarters *sing or pl*; **Hauptquelle** *f* (*lit, fig*) main *or* primary source; **Hauptrechnungs|art** *f* (*Math*) basic arithmetical operation; **Hauptredner** *m* main *or* principal speaker; **Hauptreisezeit** *f* peak travelling time(s *pl*); **Hauptrolle** *f* leading *or* main role *or* part, lead; **die** ~ **spielen** (*fig*) to be all-important; (*wichtigste Person sein*) to play the main role *or* part; **Hauptrunde** *f* (*Sport*) main round; **Hauptsache** *f* main thing; (*in Brief,*

Rede etc) main point; **in der** ~ in the main, mainly; ~, **es klappt/du bist glücklich** the main thing is that it comes off/ you're happy; **hauptsächlich I** *adv* mainly, chiefly, principally; **II** *adj* main, chief, principal; **Hauptsaison** *f* peak *or* high season; ~ **haben** to have its/their peak season; **Hauptsatz** *m* 1. (*Gram*) (*übergeordnet*) main clause; (*alleinstehend*) sentence; 2. (*Mus*) first *or* main subject; 3. (*Philos*) main proposition; **Hauptschalter** *m* (*Elec*) main *or* master switch; **Hauptschiff** *nt* (*Archit*) nave; **Hauptschlag|ader** *f* aorta; **Hauptschlüssel** *m* master key; **Hauptschul|abschluß** *m* **den** ~ **haben** ≃ to have completed secondary modern school (*Brit*) *or* junior high (school) (*US*); **Hauptschuld** *f* main blame, principal fault (*esp Jur*); **Hauptschuldige(r)** *mf* person mainly to blame *or* at fault, main offender (*esp Jur*); **Hauptschule** *f* ≃ secondary modern (school) (*Brit*), junior high (school) (*US*); **Hauptschüler** *m* ≃ secondary modern/junior high (school) pupil; **Hauptschullehrer** *m* ≃ secondary modern/ junior high (school) teacher; **Hauptschwierigkeit** *f* main *or* chief *or* principal difficulty; **Hauptsegel** *nt* main sail; **Hauptseminar** *nt* (*Univ*) seminar for advanced students; **Hauptsitz** *m* head office, headquarters *sing or pl*; **Hauptsorge** *f* main *or* chief worry; **Hauptstadt** *f* capital (city); **Hauptstädter** *m* citizen of the capital, metropolitan; **hauptstädtisch** *adj* metropolitan, of the capital (city); **Hauptstoßrichtung** *f* (*Mil, fig*) main object of one's/the attack (*gegen* on); **Hauptstraße** *f* (*Durchgangsstraße*) main *or* major road; (*im Stadtzentrum etc*) main street; **Hauptstrecke** *f* (*Rail*) main line; (*Straße*) main *or* primary (*Admin*) route; **Hauptströmung** *f* (*lit, fig*) main current; **Hauptstütze** *f* (*fig*) mainstay, main support *or* prop; **Hauptsünde** *f* (*Rel*) cardinal sin; **Haupttäter** *m* main *or* chief *or* principal culprit; **Hauptteil** *m* main part; (*größter Teil auch*) major part; **Hauptthema** *nt* main *or* principal topic; (*Mus, Liter*) main *or* principal theme; **Hauptton** *m* (*Ling*) main *or* primary stress; (*Mus*) principal note; **Haupttreffer** *m* top prize, jackpot (*inf*); **den** ~ **machen** (*inf*) to win the top prize, to hit the jackpot (*inf*); **Haupttribüne** *f* main stand; (*Sport auch*) grandstand; **Haupt- und Staats|aktion** *f* **aus etw eine** ~ **machen** to make a great issue of sth, to make a song and dance about sth (*inf*), to make a Federal case out of sth (*US inf*); **Haupt|unterschied** *m* main *or* principal difference; **Haupt|ursache** *f* main *or* chief *or* principal cause; **Hauptver|antwortliche(r)** *mf* person mainly *or* chiefly responsible; **Hauptver|antwortung** *f* main responsibility; **Hauptverdiener** *m* main *or* principal earner; **Hauptverhandlung** *f* (*Jur*) main hearing.

Hauptverkehr *m* peak(-hour) traffic; (*Verkehrsteilnehmer*) main traffic, bulk of the traffic.

Hauptverkehrs|ader *f* main highway, arterial route; **Hauptverkehrsstraße** *f* (*in Stadt*) main street; (*Durchgangsstraße*) main thoroughfare; (*zwischen Städten*) main highway, trunk road (*Brit*); **Hauptverkehrszeit** *f* peak traffic times *pl*; (*in Stadt, bei Pendlern auch*) rush hour.

Hauptversammlung *f* general meeting; **Hauptwache** *f* main police station; **Hauptwerk** *nt* 1. (*Art etc*) main *or* principal work; 2. (*Fabrik*) main factory *or* works *sing or pl*; **Hauptwohnsitz** *m* main place of residence, main domicile (*form*); **Hauptwort** *nt* (*Gram*) noun; **hauptwörtlich** *adj* (*Gram*) nominal; **Hauptzeit** *f* (*Hauptsaison*) peak times *pl*; (*in bezug auf Obst etc*) main season; **Hauptzeuge** *m* principal *or* main *or* chief witness; **Hauptziel** *nt* main *or* principal aim *or* goal; **Hauptzweck** *m* main *or* chief purpose *or* object.

hau ruck *interj* heave-ho.

Hauruck *nt* **-s, -s** heave.

Haus *nt* **-es, Häuser** 1. (*Gebäude*) (*esp Wohn~*) house; (*Firmengebäude*) building, premises *pl* (*form*). **er war nicht im ~, sondern im Garten** he wasn't in the house *or* indoors but in the garden; **laß uns ins ~ gehen** let's go in(doors) *or* inside *or* into the house; **Tomaten kann man im ~ ziehen** tomatoes can be grown indoors *or* inside *or* in the house; **der Klavierlehrer kommt ins ~** the piano teacher comes to the house; **er ist nicht im ~e** (*in der Firma*) he's not in the building *or* on the premises, he's not in; **aus dem ~ gehen** to leave the house; **mit jdm ~ an ~ wohnen** to live next door to sb; **wir wohnen ~ an ~** we live next door to each other, we are next-door neighbours; **von ~ zu ~ gehen** to go from door to door *or* from house to house; **das ~ Gottes** *or* **des Herrn** (*geh*) the House of God *or* of the Lord; **~ der Jugend** youth centre.

2. (*Zuhause, Heim*) home. **~ und Hof** (*fig*) house and home; **~ und Herd verlassen** to leave house and home, to leave one's home (behind); **etw ins/frei ~ liefern** (*Comm*) to deliver sth to the door/ to deliver sth free *or* carriage paid; **wir liefern frei ~** we offer free delivery; **ein großes ~ führen** (*fig*) to entertain lavishly *or* in style; **jdm das ~ führen** to keep house for sb; **jdm das ~ verbieten** not to allow sb in the house, to forbid sb (to enter) the house; **aus dem ~ sein** to be away from home; **außer ~ essen** to eat out; **im ~e meiner Schwester** at my sister's (house); **er hat nichts zu essen im ~** he has nothing in the house; **jdn ins ~ nehmen** to take sb in(to one's home); **ein Fernsehgerät kommt mir nicht ins ~!** I won't have a television set in the house!; **ins ~ stehen** (*fig*) to be coming up, to be forthcoming; **jdm steht etw ins ~** (*fig*) sb is facing sth; **nach ~e** (*lit, fig*) home; **jdn nach ~e bringen** to take *or* see sb home; **jdn nach ~e schicken** (*fig inf*) to send sb packing (*inf*); **Grüße von ~ zu ~** (*form*) regards from ourselves to you all; **zu ~e** at home (*auch Sport*); **bei jdm zu ~e** at sb's (place), in sb's house *or* home; **bei uns zu ~e** at

home; **wie geht's zu ~e?** how are they (all) at home?, how are the folks? (*inf*); **von zu ~e aus** from home; **für jdn/niemanden zu ~e sein** to be at home to sb/nobody; **irgendwo zu ~e sein** (*Mensch, Tier*) to live somewhere; (*sich heimisch fühlen*) to be at home somewhere; (*Brauch*) to be customary *or* practised somewhere; **in etw** (*dat*) **zu ~e sein** (*fig*) to be at home in sth; **sich wie zu ~e fühlen** to feel at home; **fühl dich wie zu ~e!** make yourself at home!

3. (*Bewohner eines ~es*) household. **ein Freund des ~es** a friend of the family; **die Dame/Tochter etc des ~es** (*form*) the lady/ daughter *etc* of the house; **der Herr des ~es** (*form*) the master of the house.

4. (*geh: Herkunft*) **aus gutem/bürgerlichem ~(e)** from a good/middle-class family; **aus adligem ~(e)** of noble birth, of *or* from a noble house (*form*); **von ~e aus** (*ursprünglich*) originally; (*von Natur aus*) naturally.

5. (*Dynastie*) House. **das ~ Habsburg** the House of the Hapsburgs, the Hapsburg dynasty; **das ~ Windsor** the House of Windsor.

6. (*geh: Unternehmen*) House (*form*). **das ~ Siemens** the House of Siemens; „**Talblick**" (*Name*) "Talblick (House)"; **das erste ~ am Platze** (*Hotel*) the finest *or* best hotel in town; (*Kaufhaus*) the top *or* best store in town; **ein gepflegtes** *or* **gut geführtes ~** (*Restaurant*) a well-run house.

7. (*Theater*) theatre; (*Saal, Publikum*) house. **vor vollem ~ spielen** to play to a full house; **das große/kleine ~** the large *or* main/small theatre.

8. (*Parl*) House. **Hohes ~!** (*form*) ≃ honourable members (of the House)!; **dieses hohe ~ ...** the *or* this House ...

9. (*Schnecken~*) shell, house (*inf*).

10. (*Astrol*) house.

11. (*dated inf: Kerl*) chap (*Brit inf*), fellow. **grüß dich Hans, (du) altes ~!** (*inf*) hallo Hans, old chap (*inf*).

Haus|altar *m* family *or* house altar; **Haus|angestellte(r)** *mf* domestic servant; (*esp Frau*) domestic; **Haus|anzug** *m* hostess trouser (*Brit*) *or* pants suit; **Haus|apotheke** *f* medicine cupboard *or* chest; **Haus|arbeit** *f* 1. housework *no pl*; 2. (*Sch*) homework *no indef art, no pl*; **Haus|arrest** *m* (*im Internat*) detention; (*Jur*) house arrest; **~ haben** to be in detention/under house arrest; **meine Eltern haben mir ~ angedroht** my parents threatened to keep me in; **Haus|arzt** *m* family doctor, GP (*Brit*); (*von Heim, Anstalt*) resident doctor; **Haus|aufgabe** *f* (*Sch*) homework *no indef art, no pl*, piece of homework; **~n** *pl* homework; **Haus|aufsatz** *m* (*Sch*) homework essay, essay for homework; **hausbacken** *adj* (*fig*) homespun, drab, homely (*US*); *Kleidung* unadventurous; **Hausball** *m* (private) ball *or* dance; **Hausbank** *f* bank; **Hausbar** *f* home bar; (*Möbelstück*) cocktail *or* drinks cabinet; **Hausbau** *m* house building *or* construction; (*das Bauen*) building of a/the house; **Hausbesetzer** *m* occupier of a/the house; (*esp um dort zu wohnen*) squatter; **Hausbesetzung** f *siehe* **Hausbesetzer** house occupation; squat(ting action); **Hausbesitz** m house ownership; ~ **haben** to own a house/houses; **Hausbesitzer(in** f) m house-owner; (*Hauswirt*) landlord/landlady; **Hausbesorger** m (*Aus*) *siehe* **Hausmeister; Hausbesuch** m home visit; **Hausbewohner** m (house) occupant *or* occupier; **Hausbibliothek** f library; **Hausboot** nt houseboat; **Hausbrand** m 1. house fire; 2. (*Brennstoff*) domestic *or* heating fuel; **Hausbuch** nt 1. (*häufig gelesenes Buch*) most frequent family reading *no indef art, no pl*; 2. (*old: Haushaltsbuch*) housekeeping book; 3. (*DDR*) list of (house) occupants *or* of tenants; **Hausbursche** m pageboy, bellboy (*US*), bellhop (*US*).

Häuschen ['hɔysçən] nt 1. *dim of* **Haus.** 2. (*fig inf*) **ganz aus dem ~ sein** to be out of one's mind with joy/excitement/fear *etc* (*inf*); **jdn (ganz) aus dem ~ bringen** to make sb go berserk (*inf*). 3. (*inf: Karo*) square, block. 4. (*euph inf: Toilette*) loo (*Brit inf*), bathroom (*US*), smallest room (*hum inf*); (*außerhalb des Gebäudes*) privy, outside loo (*Brit inf*).

Hausdame f housekeeper; **Hausdetektiv** m house detective; (*von Kaufhaus*) store detective; **Hausdiener** m 1. (*in Privathaushalt*) manservant; 2. (*in Hotel*) hotel servant; (*Gepäckträger*) (hotel) porter; **Hausdrachen** m (*inf*) dragon (*inf*), battle-axe (*inf*); **Hausdurchsuchung** f (*Aus*) *siehe* **Haussuchung; haus|eigen** adj belonging to a/the hotel/firm *etc*; **Haus|eigentümer** m home owner; **Haus|einfahrt** f (*Aus*), **Haus|eingang** m (house) entrance.

hausen vi 1. (*wohnen*) to live. 2. (*wüten*) (**übel** *or* **schlimm**) ~ to wreak *or* cause havoc; **schrecklich** ~ to wreak the most dreadful havoc; **wie die Wandalen** ~ to act like vandals. 3. (*Sw, S Ger: sparsam sein*) to be economical.

Häuserblock m block (of houses); **Häuserflucht** f *siehe* **Häuserreihe; Häuserfront** f front of a terrace *or* row of houses; **Häuserkampf** m (*Mil*) house-to-house fighting; (*Pol*) squatting actions pl; (*einzelner Fall*) squat(ting action); **Häusermakler** m estate agent, realtor (*US*); **Häusermeer** nt mass of houses; **Häuserreihe, Häuserzeile** f row of houses; (*aneinandergebaut*) terrace.

Hausflur m (entrance) hall, hallway.

Hausfrau f 1. housewife; (*Gastgeberin*) hostess. 2. (*Aus, S Ger*) *siehe* **Hauswirtin.**

Hausfrauen|art f **Wurst** *etc* **nach** ~ home-made-style sausage *etc*; **Hausfrauenbrigade** f (*DDR*) housewives' brigade; **Hausfrauenpflicht** f housewifely duty.

hausfraulich adj housewifely; **Hausfreund** m 1. (*Freund der Familie*) friend of the family; 2. (*euph inf*) man friend; **Hausfriede(n)** m domestic peace; **Hausfriedensbruch** m (*Jur*) trespass (*in sb's house*); **Hausgans** f (domestic) goose;

Hausgast m (*von Pension etc*) resident, guest; **Hausgebrauch** m **für den** ~ (*Gerät*) for domestic *or* household use; (*Obst-, Gemüsebau*) for one's own consumption; **sein Französisch reicht für den** ~ (*inf*) his French is (good) enough to get by (on); **Hausgehilfin** f home help; **hausgemacht** adj home-made; **Hausgemeinschaft** f household (community); **mit jdm in ~ leben** to live together with sb (in the same household); **Hausgenosse** m fellow tenant/lodger; **Hausgötter** pl (*Myth*) household gods pl.

Haushalt m -(e)s, -e 1. (*Hausgemeinschaft*) household; (~*sführung*) housekeeping. **den ~ führen** to run the household; **jdm den ~ führen** to keep house for sb. 2. (*fig: Biol etc*) balance. 3. (*Etat*) budget.

Haushalt- *in cpds siehe* **Haushalts-.**

haushalten vi sep irreg 1. (*sparsam wirtschaften*) to be economical. **mit etw ~ mit Geld, Zeit** to be economical with sth, to use sth economically; **mit Kräften, Vorräten** auch to conserve sth. 2. (*den Haushalt führen*) to keep house.

Haushälter(in f) m -s, - housekeeper.

haushälterisch adj thrifty, economical. **mit etw ~ umgehen** *siehe* **haushalten** 1.

Haushalts- *in cpds* household; (*Pol*) budget; **Haushalts|artikel** m household item *or* article; **Haushaltsbuch** nt housekeeping book; **Haushaltsdebatte** f (*Parl*) budget debate; **Haushaltsfragen** pl (*Pol*) budgetary questions pl; **Haushaltsgeld** nt housekeeping money; **Haushaltsgerät** nt household appliance; **Haushaltshilfe** f domestic help; **Haushaltsjahr** nt (*Pol, Econ*) financial *or* fiscal year; **Haushaltskasse** f household *or* family budget; **Haushaltsmittel** pl (*Pol*) budgetary funds pl; **Haushaltspackung** f family pack; **Haushaltsplan** m (*Pol*) budget; **Haushaltsplanung** f (*Pol*) budgetary planning, planning of a budget; **Haushaltspolitik** f (*Pol*) budgetary policy; **Haushaltswaage** f kitchen scales pl; **Haushaltswaren** pl household goods pl.

Haushaltung f 1. (*das Haushaltführen*) housekeeping, household management; (*das Sparsamsein*) economizing (*mit* with). 2. (*form*) *siehe* **Haushalt** 1.

Haushaltungsbuch nt housekeeping book; **Haushaltungsvorstand** m (*form*) head of the household.

Hausherr m 1. head of the household; (*Gastgeber, Sport*) host; 2. (*Jur*) householder; 3. (*Aus, S Ger*) *siehe* **Hausbesitzer(in); Hausherrin** f 1. lady of the house; (*Gastgeberin*) hostess; 2. (*Aus, S Ger*) *siehe* **Hausbesitzer(in); haushoch I** adj (as) high as a house/houses; (*fig*) **Sieg** crushing; **der haushohe Favorit** the hot favourite (*inf*); **II** adv high (in the sky); **jdn ~ schlagen** to give sb a hammering (*inf*) *or* thrashing (*inf*); **~ gewinnen** to win hands down *or* by miles (*inf*); **jdm ~ überlegen sein** to be head and shoulders above sb; **Haushuhn** nt domestic fowl.

hausieren* vi to hawk, to peddle (*mit etw* sth). **mit etw ~ gehen** (*fig*) **mit Plänen** *etc* to hawk sth about; *mit Gerüchten* to peddle sth; „**H~ verboten**" "no hawkers or peddlers".

Hausierer(in *f*) *m* **-s,** - hawker, peddler, pedlar.

Hausjacke *f* house jacket; **Hausjurist** *m* company lawyer; **Hauskaninchen** *nt* domestic rabbit; **Hauskapelle** *f* 1. (*Rel*) private chapel; 2. (*Musikkapelle*) resident band; (*an Fürstenhof*) resident *or* private orchestra; **Hauskatze** *f* domestic cat; **Hauskauf** *m* house-buying *no art*, house purchase; **Hauskleid** *nt* hostess gown; **Hauskonzert** *nt* family concert; **Hauslehrer(in** *f*) *m* (private) tutor.

häuslich *adj* domestic; (*der Familie gehörend*) family *attr*; (*an ~en Dingen interessiert*) domesticated; (*das Zuhause liebend*) home-loving. **der ~e Herd** the family home; **sich irgendwo ~ niederlassen** to make oneself at home somewhere; **sich irgendwo ~ einrichten** to settle in somewhere.

Häuslichkeit *f* domesticity.

Hausmacher|art *f* **Wurst** *etc* **nach ~** home-made-style sausage *etc*; **Hausmacherkost** *f* home cooking; **Hausmacht** *f* (*Hist*) allodium; (*fig*) power base; **Hausmädchen** *nt* (house)maid; **Hausmann** *m*, *pl* **-männer** (*den Haushalt versorgender Mann*) househusband; **Hausmannskost** *f* plain cooking *or* fare; **Hausmantel** *m* housecoat; **Hausmärchen** *nt* folk tale; „**Haus- und Kindermärchen**" "Fairy Tales"; **Hausmarke** *f* (*eigene Marke*) own brand *or* label; (*bevorzugte Marke*) favourite brand; **Hausmaus** *f* house mouse; **Hausmeister** *m* 1. caretaker; janitor; 2. (*Sw*) *siehe* **Hausbesitzer(in)**; **Hausmitteilung** *f* memo; **Hausmittel** *nt* household remedy; **Hausmusik** *f* music at home, family music; **Hausmutter** *f* (*von Herberge etc*) housemother; **Hausmütterchen** *nt* (*hum*) little mother; (*pej*) housewife, wife and mother; **Hausnummer** *f* street *or* house number; **Haus|ordnung** *f* house rules *pl* or regulations *pl*; **Hauspartei** *f* (*Aus*) tenant (and family); **Hauspostille** *f* (*old*) collection of instructional reading for the family; (*fig*) manual; **Hausputz** *m* house cleaning; **Hausrat** *m* **-(e)s,** *no pl* household equipment *or* goods *pl*; **Hausratsversicherung** *f*(household) contents insurance; **Hausrecht** *nt* right(s *pl*) as a householder (*to forbid sb entrance*); **von seinem ~ Gebrauch machen** to show sb the door, to tell sb to leave; **Hausrind** *nt* domestic cattle *pl*; **Haussammlung** *f* house-to-house *or* door-to-door collection; **Hausschlachtung** *f* home slaughtering; **Haus-schlüssel** *m* front-door key, house key; **Hausschuh** *m* slipper; **Hausschwamm** *m* dry rot; **Hausschwein** *nt* domestic pig.

Hausse ['ho:s(ə)] *f* **-, -n** (*Econ: Aufschwung*) boom (*an +dat* in); (*St Ex: Kurssteigerung*) bull market. **auf ~ spekulieren** (*St Ex*) to bull.

Haussegen *m* house blessing *or* benediction. **bei ihnen hängt der ~ schief** (*hum*)

they're a bit short on domestic bliss (*inf*).

Haussier [(h)o'sie:] *m* **-s, -s** (*St Ex*) bull.

Hausstand *m* household, home; **einen ~ gründen** to set up house *or* home; **Haussuchung** *f* (*in einem Haus*) house search; (*in mehreren Häusern*) house-to-house search; **Haussuchungsbefehl** *m* search-warrant; **Haustarif** *m* company wage/pay agreement; **Haustelefon** *nt* internal telephone; **Haustier** *nt* domestic animal; (*aus Liebhaberei gehalten*) pet; **Haustochter** *f* lady's help; **Haustür** *f* front door; **gleich vor der ~** (*fig inf*) on one's doorstep; **Haustyrann** *m* (*inf*) domestic *or* household tyrant; **Hausvater** *m* (*von Heim etc*) housefather; **Hausverbot** *nt* ban on entering the house/a place; **jdm ~ erteilen** to bar *or* ban sb from the house, to forbid sb to enter the house; **bei jdm ~ haben** to be barred *or* banned from sb's house/a building; **Hausverwalter** *m* (house) supervisor; **Hausverwaltung** *f* property *or* house management; **Hauswappen** *nt* family coat of arms; **Hauswart** *m* siehe **Hausmeister**; **Hauswirt** *m* landlord; **Hauswirtin** *f* landlady.

Hauswirtschaft *f* 1. (*Haushaltsführung*) housekeeping; (*finanziell auch*) home economics *sing*. 2. (*Sch*) home economics *sing*, domestic science.

hauswirtschaftlich *adj* domestic. **ein ~er Kurs** a course on home economics *or* domestic science.

Hauswirtschaftslehre *f* (*Sch*) home economics *sing*, domestic science; **Hauswirtschaftsschule** *f* school of home economics *or* domestic science.

Hauswurfsendung *f* (house-to-house) circular; **Hauszeitung, Hauszeitschrift** *f* company newspaper; **Hauszelt** *nt* frame tent; **Hauszentrale** *f* (*Telec*) (internal) switchboard.

Haus-zu-Haus-Transport *m* (*Rail etc*) door-to-door service; **Haus-zu-Haus-Verkehr** *m* (*Rail etc*) door-to-door service.

Haut *f* **-, Häute** skin; (*dick, esp von größerem Tier*) hide; (*geschälte Schale von Obst etc*) peel; (*inf: Mensch*) sort (*inf*). **naß bis auf die ~** soaked to the skin; **nur ~ und Knochen sein** to be only *or* nothing but skin and bone; **viel ~ zeigen** (*hum*) to show all one's got (*hum*), to show a lot (of bare skin); **mit ~ und Haar(en)** (*inf*) completely, totally; **er ist ihr mit ~ und Haar(en) verfallen** (*inf*) he's head over heels in love with her, he's fallen for her hook, line and sinker (*inf*); **das geht unter die ~** that gets under one's skin; **in seiner ~ möchte ich nicht stecken** I wouldn't like to be in his shoes; **er fühlt sich nicht wohl in seiner ~** (*inf*), **ihm ist nicht wohl in seiner ~** (*inf*) (*unglücklich, unzufrieden*) he's (feeling) rather unsettled; (*unbehaglich*) he feels uneasy *or* uncomfortable; **er kann nicht aus seiner ~ heraus** (*inf*) he can't change the way he is, a leopard can't change its spots (*prov*); **aus der ~ fahren** (*inf*) (*aus Ungeduld*) to work oneself up into a sweat (*inf*); (*aus Wut*) to go through the roof (*inf*), to hit the ceiling (*inf*); **auf der faulen ~ liegen** (*inf*), **sich auf die faule ~ legen** (*inf*) to sit back and do nothing, not to lift a finger (*inf*); **seine ~ zu Markte tragen** (*sich in Gefahr begeben*) to risk one's neck *or* hide (*inf*); (*euph: Frau*) to sell one's charms; **seine eigene ~ retten** to save one's (own) skin; (*esp vor Prügel*) to save one's (own) hide (*inf*); **sich seiner ~ wehren** to defend oneself vigorously; **seine ~ so teuer wie möglich verkaufen** (*inf*) to sell oneself as dearly as possible.

Haut- *in cpds* skin; **Haut|abschürfung** *f* graze; **Haut|arzt** *m* skin specialist, dermatologist; **Haut|atmung** *f* cutaneous respiration; **die ~ verhindern** to stop the skin from breathing; **Haut|ausschlag** *m* (skin) rash *or* eruption (*form*).

Häutchen *nt* **-s, -** *dim of* Haut (*auf Flüssigkeit*) skin; (*Anat, Bot*) membrane; (*an Fingernägeln*) cuticle.

Haute Couture [(h)o:tku'ty:ɐ] *f* **- -,** *no pl* haute couture.

häuten I *vt Tiere* to skin. II *vr* (*Tier*) to shed its skin; (*Schlange auch*) to slough (its skin); (*hum: Mensch*) to peel.

haut|eng *adj* skintight.

Hautevolee [(h)o:tvo'le:] *f* **-,** *no pl* upper crust.

Hautfalte *f* skin fold; **Hautfarbe** *f* skin colour; **nur, weil er eine andere ~ hat** just because his skin is a different colour; **hautfarben** *adj* flesh-coloured; **Hautflügler** *m* **-s,** hymenopter(on); **hautfreundlich** *adj* Stoff kind to one's *or* the skin; **Hautjucken** *nt* **-s,** *no pl* itching; **eine Creme gegen ~** a cream for skin irritations; **hautnah** *adj* **1.** (*sehr eng, Sport*) (very) close; **~ tanzen** to dance very close(ly); **2.** (*fig inf: wirklichkeitsnah*) Kontakt (very) close; Problem that affects us/him *etc* directly; Darstellung, Schilderung deeply affective; **~ in Kontakt mit etw kommen** to come into (very) close contact with sth; **Hautpflege** *f* skin care; **Hautpilz** *m* (*Med*) fungal skin infection, dermatophyte (*spec*); **hautschonend** *adj* kind to the skin; Spülmittel *auch* kind to the hands; **Hauttransplantation** *f* (*Operation*) skin graft; (*Verfahren*) skin grafting.

Häutung *f* skinning; (*von Schlange*) sloughing. **verschiedene ~en durchmachen** to slough several skins.

Hautwunde *f* superficial *or* skin wound.

Havanna(zigarre) [ha'vana-] *f* **-, -s** Havana (cigar).

Havarie [hava'ri:] *f* **1.** (*Naut, Aviat*) (*Unfall*) accident; (*Schaden*) average (*spec*), damage *no indef art, no pl.* **2.** (*Aus*) (*Kraftfahrzeugunfall*) accident; (*Schaden*) damage *no indef art, no pl.*

havariert [hava'ri:ɐt] *adj* damaged.

Hawaii [ha'vaii] *nt* **-s** Hawaii.

Hawaiigitarre *f* Hawaiian guitar.

hawaiisch [ha'vaiiʃ] *adj* Hawaiian.

Haxe *f* **-, -n** (*Cook*) leg (joint); (*S Ger inf*) (*Fuß*) foot, plate of meat (*Brit sl*); (*Bein*) leg. **„~n abkratzen!"** "wipe your feet!".

Hbf *abbr of* **Hauptbahnhof.**

H-Bombe ['ha:-] *f* H-bomb.

h.c. [ha:'tse:] *abbr of* **honoris causa.**

he *interj* hey; (*fragend*) eh.

Hearing ['hiːrɪŋ] *nt* **-s, -s** hearing.

Hebamme *f* **-, -n** midwife.

Hebebalken, Hebebaum *m* lever; **Hebebühne** *f* hydraulic ramp.

Hebel *m* **-s, -** **1.** (*Phys, Griff*) lever; (*an Maschinen auch*) handle. **den ~ ansetzen** to position the lever; (*fig*) to tackle it, to set about it; **den ~ an der richtigen Stelle ansetzen** (*fig*) to set about *or* tackle it in the right way; **alle ~ in Bewegung setzen** (*inf*) to move heaven and earth; **am längeren ~ sitzen** (*inf*) to have the whip hand.

2. (*Sport*) *siehe* **Hebelgriff.**

Hebel|arm *m* (lever) arm; **Hebelgriff** *m* (*Sport*) lever hold; **Hebelkraft** *f* leverage; **Hebelwirkung** *f* leverage.

heben *pret* **hob,** *ptp* **gehoben I** *vt* **1.** (*nach oben bewegen*) to lift, to raise; Augenbraue to raise; Kamera, Fernglas to raise. **die Stimme ~** (*lauter sprechen*) to raise one's voice, to speak up; **einen ~ gehen** (*inf*) to go for a drink; **er hebt gern einen** (*inf*) he likes *or* enjoys a drink.

2. (*nach oben befördern, hochheben*) to lift; Wrack to raise, to bring up; Schatz to dig up; (*Sport*) Gewicht to lift. **er hob das Kind auf die Mauer/vom Baum** he lifted the child (up) onto the wall/(down) from the tree; **jdn auf die Schultern ~** to hoist *or* lift sb onto one's shoulders *or* shoulder-high; **den Ball in den Strafraum/ins Tor ~** to lob the ball into the penalty area/goal.

3. (*verbessern*) Farbe to bring out, to enhance; Selbstbewußtsein, Effekt to heighten; Ertrag to increase; Geschäft to increase, to boost; Stimmung, Wohlstand to improve; Niveau to raise, to increase; jds Ansehen to boost, to enhance. **jds Stimmung ~** to cheer sb up; **das hebt den Mut** that boosts *or* raises one's morale.

4. (*S Ger: halten*) to hold.

II *vr* **1.** (*sich nach oben bewegen*) to rise; (*Vorhang auch*) to go up; (*Nebel, Deckel*) to lift. **sich ~ und senken** (*Schiff*) to rise and fall; (*Busen*) to heave.

2. (*geh: emporragen*) to tower up, to rise up.

3. (*verbessern*) (*Stimmung, Konjunktur, Handel*) to improve. **da hob sich seine Stimmung** that cheered him up.

4. (*S Ger: sich halten*) to hold on (*an + dat* to).

III *vi* **1.** (*Sport*) to do weight-lifting.

2. (*S Ger: haltbar sein*) to hold; (*Nahrungsmittel*) to keep.

Heber *m* **-s, -** **1.** (*Chem*) pipette. **2.** (*Tech*) (hydraulic) jack. **3.** (*Sport: Gewicht~*) weight-lifter.

Hebräer(in *f*) *m* **-s, -** Hebrew.

hebräisch *adj* Hebrew.

Hebräisch(e) *nt decl as adj* Hebrew; *siehe auch* **Deutsch(e).**

Hebung *f* **1.** (*von Schatz, Wrack etc*) recovery, raising.

2. (*Geol*) elevation, rise (in the ground).

3. (*fig: Verbesserung*) improvement; (*von Effekt, Selbstbewußtsein*) heightening; (*von Lebensstandard, Niveau*) rise.

seine Fröhlichkeit trug zur ~ der gedrück-
ten Stimmung bei his cheerfulness helped
to relieve the subdued mood.
  4. (*Poet*) stressed *or* accented syllable.
hecheln I *vt* *Flachs*, *Hanf* to hatchel, to
heckle. II *vi* **1.** (*inf: klatschen*) to gossip.
2. (*keuchen*) to pant.
Hecht *m* **-(e)s, -e 1.** (*Zool*) pike; (*inf:
Bursche*) chap (*inf*), bloke (*Brit inf*), guy
(*inf*). **das ist ein ~!** (*inf*) he's some guy
(*inf*) *or* quite a guy (*inf*); **er ist der ~ im
Karpfenteich** (*fig*) he certainly shakes
people up.
  2. (*sl: Tabaksqualm*) fug (*inf*). **hier ist
ein ~!** what a fug in here!
hechten *vi aux sein* (*inf*) to dive, to make a
(headlong) dive; (*beim Schwimmen*) to
do a racing dive; (*beim Geräteturnen*) to
do a forward dive.
Hechtrolle *f* (*Sport*) dive roll; **Hecht-
sprung** *m* (*beim Schwimmen*) racing
dive; (*beim Turnen*) forward dive; (*Ftbl
inf*) (headlong *or* full-length) dive;
Hechtsuppe *f*: **es zieht wie ~** (*inf*) it's
blowing a gale (in here).
Heck *nt* **-(e)s, -e** *pl auch* **-s** (*Naut*) stern;
(*Aviat*) tail, rear; (*Aut*) rear, back.
Heck|antrieb *m* (*Aut*) rear-wheel drive.
Hecke *f* **-, -n** hedge; (*am Wegrand*) hedge-
row.
Heckenrose *f* dogrose, wild rose; **Hecken-
schere** *f* hedge-clippers *pl*; **Hecken-
schütze** *m* sniper.
Heckfenster *nt* (*Aut*) rear window *or* wind-
screen; **Heckflosse** *f* (*Aut*) tail fin;
Heckklappe *f* (*Aut*) tailgate; **heck-
lastig** *adj* tail-heavy; **Hecklicht** *nt*
(*Aviat*) tail-light.
Heckmeck *m* **-s,** *no pl* (*inf*) (*dummes
Gerede*) nonsense, rubbish; (*dumme
Streiche*) stupid *or* daft (*inf*) things *pl*;
(*Umstände*) fuss, palaver (*inf*); (*unnötiges
Zeug*) rubbish. **mach doch keinen ~** don't
be so stupid *or* daft (*inf*).
Heckmotor *m* (*Aut*) rear engine; **Heck-
scheibe** *f* (*Aut*) rear window *or* wind-
screen; **Heckscheibenheizung** *f* heated
rear window; **Heckscheibenwischer** *m*
rear window wiper; **Hecktür** *f* (*Aut*) tail-
gate; (*von Lieferwagen*) rear doors *pl*;
Hecktürmodell *nt* hatchback (car);
Heckwelle *f* (*Naut*) wash *no pl*.
heda *interj* hey there.
Hederich *m* **-s,** *no pl* (*Bot*) wild radish.
Hedonismus *m* hedonism.
hedonistisch *adj* hedonistic.
Heer *nt* **-(e)s, -e** (*lit, fig*) army. **beim ~** in
the army.
Heerbann *m* (*Hist*) levy.
Heeresbericht *m* military communiqué *or*
despatch; **Heeresbestände** *pl* army
stores *pl* *or* supplies *pl*; **Heeresleitung** *f*
command; **Heer(es)zug** *m* (*Hist*) campaign.
Heerführer *m* (*Hist*) army commander;
Heerlager *nt* army camp; **der Flughafen
glich einem ~** the airport was like a
refugee camp; **Heerschar** *f* (*liter*)
legion, troop; (*fig: große Menge*) host; **die
himmlischen ~en** the heavenly hosts;
Heerschau *f* (*old*) military parade; **~
halten** to hold a military parade; **Heer-**

straße *f* military road.
Hefe *f* **-, -n** yeast. **die ~ des Volkes** (*geh:
treibende Kraft*) the (driving) force
behind the people; (*pej: Abschaum*) the
scum of the earth.
Hefegebäck *nt* yeast-risen pastry; **Hefe-
kuchen** *m* yeast cake; **Hefepilz** *m* yeast
plant; **Hefestück(chen)** *nt* yeast pastry,
≃ Danish pastry; **Hefeteig** *m* yeast
dough; **wie ein ~ auseinandergehen** (*fig
inf*) to put on mounds of fat.
Heft[1] *nt* **-(e)s, -e** (*von Werkzeug, Messer*)
handle; (*von Säge, Feile auch*) grip; (*von
Dolch, Schwert*) hilt. **das ~ in der Hand
haben** (*fig*) to hold the reins; **das ~ in der
Hand behalten** (*fig*) to remain in control
or at the helm; **das ~ aus der Hand geben**
(*fig*) to hand over control *or* the reins; **jdm
das ~ aus der Hand nehmen** (*fig*) to seize
control/power from sb; **ich lasse mir nicht
das ~ aus der Hand nehmen** nobody's
going to take over from me.
Heft[2] *nt* **-(e)s, -e 1.** (*Schreib~*) exercise
book. **2.** (*Zeitschrift*) magazine; (*Co-
mic~*) comic; (*Nummer*) number, issue.
,,**National Geographic 1979, ~ 3**" "National Geographic 1979, No. 3". **3.** (*gehef-
tetes Büchlein*) booklet.
Heftchen *nt* **1.** *dim of* **Heft**[2]. **2.** (*pej*) (*billiger
Roman*) rubbishy *or* cheap *or* pulp novel
(*pej*); (*schlechte Zeitschrift, Comic~*) rag
(*pej inf*). **3.** (*Fahrkarten~, Eintritts-
karten~*) book(let) of tickets; (*Brief-
marken~*) book of stamps.
heften I *vt* **1.** (*nähen*) to tack (up), to baste;
Buch to sew, to stitch; (*Klammern*) to clip
(*an +acc* to); (*mit Heftmaschine auch*) to
staple (*an +acc* to).
  2. (*befestigen*) to pin, to fix. **jdm ein
Abzeichen an die Brust ~** to pin a decoration to sb's chest; **den Blick *or* die Augen
auf jdn/etw ~** to gaze at *or* fix one's eyes
on sb/sth, to stare fixedly at sb/sth.
  II *vr* **1.** (*Blick, Augen*) **sich auf jdn/etw
~** to fix onto sb/sth.
  2. sich an jdn ~ to latch on to sb; **sich an
jds Spur *or* Fährte ~** to follow sb's trail;
sich an jds Fersen *or* Sohlen ~ (*fig*) (*jdn
verfolgen*) to dog sb's heels; (*bei Rennen
etc*) to stick to sb's heels.
Hefter *m* **-s, -** (loose-leaf) file.
Heftfaden *m*, **Heftgarn** *nt* tacking thread.
heftig *adj* **1.** (*stark, gewaltig*) violent; *Kopfschmerzen auch* severe, acute; *Schmerz*
intense, acute; *Erkältung* severe; *Fieber*
raging, severe; *Zorn, Ärger, Haß* violent,
burning *no adv*, intense; *Leidenschaft,
Liebe, Sehnsucht* ardent, burning *no adv*,
intense; *Leidenschaft* violent, fierce; *Abneigung auch* intense; *Widerstand* vehement; *Weinen* bitter; *Lachen* uproarious;
Atmen heavy; *Kontroverse, Kampf, Wind*
fierce; *Regen* lashing *no adv*, driving *no
adv*, heavy; *Frost* severe, heavy. **ein ~er
Regenguß** a downpour; **der Regen schlug
~ gegen die Scheiben** the rain pounded *or*
beat against the windows; **~ nicken/
rühren** to nod/stir *or* beat vigorously; **er
hat ~ dagegen gewettert** he raged
vehemently against it.
  2. (*jähzornig, ungehalten*) *Mensch, Art*
violent(-tempered); *Ton* fierce, vehe-

ment; *Worte* violent. ~ **werden** to fly into a passion.

Heftigkeit *f -, no pl siehe adj* **1.** violence; severity, acuteness; intensity, acuteness; severity; fierceness; vehemence; intensity; bitterness; uproariousness; heaviness; ferocity, fierceness; heaviness; severity, heaviness. **2.** violent temper, violence; fierceness, vehemence; violence.

Heftklammer *f* staple; **Heftmaschine** *f* stapler; **Heftnaht** *f* (*Sew*) basted *or* tacked seam; (*Tech*) tack weld; **Heftpflaster** *nt* (sticking) plaster, adhesive tape (*US*); **Heftstich** *m* tacking-stitch; **Heftzwecke** *f* drawing-pin (*Brit*), thumb-tack (*US*).

Hegelianer *m* **-s, -** Hegelian.

Hegemonie *f* hegemony.

hegen *vt* **1.** (*pflegen*) *Wild, Pflanzen* to care for, to tend; (*geh: umsorgen*) *jdn* to care for, to look after. **jdn ~ und pflegen** to lavish care and attention on sb.
2. (*empfinden, haben*) *Haß, Groll, Verdacht* to harbour; *Mißtrauen, Achtung, Abneigung* to feel; *Zweifel* to entertain; *Hoffnung, Wunsch* to cherish; *Plan, Unternehmen* to foster. **ich hege den starken Verdacht, daß ...** I have a strong suspicion that ...

Heger *m* **-s, -** gamekeeper.

Hehl *nt or m* **kein(en)** ~ **aus etw machen** to make no secret of sth.

Hehler(in *f*) *m* **-s, -** receiver (of stolen goods), fence (*inf*). **der ~ ist schlimmer als der Stehler** (*Prov*) it is worse to condone a crime than to commit it.

Hehlerei *f* **-, no pl** receiving (stolen goods).

hehr *adj* (*liter*) noble, sublime.

hei *interj* wow.

Heia *f* **-, no pl** (*baby-talk*) bye-byes (*baby-talk*), beddy-byes (*baby-talk*). **ab in die** ~ off to bye-byes *etc*; **in die** ~ **gehen** to go to bye-byes *etc*.

Heiabett *nt* (*baby-talk*) beddy-byes (*baby-talk*).

Heide[1] *m* **-n, -n, Heidin** *f* heathen, pagan.

Heide[2] *f* **-, -n 1.** moor, heath; (*~land*) moorland, heathland. **2.** (*~kraut*) heather.

Heidekraut *nt* heather; **Heideland** *nt* moorland, heathland.

Heidelbeere *f* bilberry, blueberry (*esp US, Scot*).

Heiden|angst *f* **eine** ~ **vor etw** (*dat*) **haben** (*inf*) to be scared stiff of sth (*inf*); **Heiden|arbeit** *f* (*inf*) real slog (*inf*); **Heiden|geld** *nt* (*inf*) packet (*inf*); **Heidenlärm** *m* (*inf*) unholy din (*inf*); **Heidenmission** *f* missionary work among the heathen; **Heidenrespekt** *m* (*inf*) healthy respect; **Heidenspaß** *m* (*inf*) terrific fun; **einen** ~ **haben** to have a whale of a time (*inf*); **das macht ihm einen** ~ he finds it terrific fun; **Heidenspektakel** *m* (*inf*) awful row; (*Schimpfen*) awful fuss.

Heidentum *nt, no pl* heathenism, heathendom, paganism. **das** ~ (*Menschen*) the heathen *pl*, the pagans *pl*.

heidi *interj*: ~ **ging es den Berg hinab** down the hill they/we *etc* went; ~**(, dann geht's**

los) here they/we *etc* go.

Heidin *f siehe* **Heide**[1].

heidnisch *adj* heathen; (*auf Götterkult bezüglich*) pagan. ~ **leben** to live a heathen *or* pagan life.

Heidschnucke *f* **-, -n** German moorland sheep.

heikel *adj* **1.** (*schwierig, gefährlich*) *Angelegenheit, Situation, Thema* tricky, delicate; *Frage* awkward, tricky.
2. (*dial*) *Mensch* particular, pernickety (*inf*) (*in bezug auf* +*acc* about); (*wählerisch auch*) fussy; (*in bezug aufs Essen auch*) fussy, choosy.

heil *adj* **1.** (*unverletzt*) *Mensch* unhurt, uninjured; *Glieder* unbroken; *Haut* undamaged. **wieder** ~ **sein/werden** (*Wunde*) to have healed/to heal up; (*Knochen*) to have mended/to mend; ~ **nach Hause kommen** to get home safe and sound; ~ **machen** (*inf*) (*heilen*) to make better; (*reparieren*) to fix, to mend; **etw** ~ **überstehen** *Unfall* to come through sth without a scratch; *Prüfung* to get through sth; **Gott sei Dank sind die Glieder noch** ~ thank goodness there are no broken bones; **mit** ~**en Gliedern** *or* ~ **am Ziel ankommen** to reach the finish without breaking any bones; **mit** ~**er Haut davonkommen** to escape unscathed *or* (*lit auch*) in one piece.
2. (*inf: ganz*) intact; *Kleidungsstück* decent (*inf*). **die** ~**e Welt** an ideal world (*without problems, uncertainties etc*).

Heil I *nt* **-s, no pl 1.** (*Wohlergehen*) well-being, good. **sein** ~ **bei jdm versuchen** (*inf*) to try one's luck with sb; **jdm** ~ **und Segen wünschen** to wish sb every blessing.
2. (*Eccl, fig*) salvation. **sein** ~ **in etw** (*dat*) **suchen** to seek one's salvation in sth; **sein** ~ **in der Flucht suchen** to flee for one's life; **zu jds** ~ **gereichen** (*geh*) to be sb's salvation; **im Jahr des** ~**s 1448** (*old*) in the year of grace 1448 (*old*).
II *interj*: ~! hail! (*old*); ~ **dem König!** long live *or* God save the King!; ~ **Hitler!** (*NS*) heil Hitler!; **Berg/Ski/Petri** ~! good climbing/skiing/fishing!

Heiland *m* **-(e)s, -e** (*Rel*) Saviour, Redeemer; (*fig geh: Retter*) saviour.

Heil|anstalt *f* nursing home; (*für Sucht- oder Nervenkranke*) home; **Heilbad** *nt* (*Bad*) medicinal bath; (*Ort*) spa, watering-place (*old*); **heilbar** *adj* curable; **Heilbarkeit** *f* curability; **heilbringend** *adj* (*Rel*) redeeming; *Wirkung, Kur* beneficial; *Kräuter* medicinal; **Heilbutt** *m* halibut.

heilen I *vi aux sein* (*Wunde, Bruch*) to heal (up); (*Entzündung*) to clear up.
II *vt Kranke, Krankheiten* to cure; *Wunde* to heal; (*Rel*) to heal. **als geheilt entlassen werden** to be discharged with a clean bill of health; **Jesus heilt uns von unseren Sünden** Jesus redeems us from our sins; **jdn von etw** ~ (*lit, fig*) to cure sb of sth; **von jdm/etw geheilt sein** (*fig*) to have got over sb/sth; **die Zeit heilt (alle) Wunden** time heals all wounds.

heilend *adj* healing.

Heiler *m* **-s, -** (*geh*) healer.

Heil|erde *f* healing earth; **Heil|erfolg** *m*

success; **zum ~ führen** to lead to a successful cure; **heilfroh** *adj pred (inf)* jolly glad *(inf)*; **Heilgymnastik** *f etc siehe* **Krankengymnastik** *etc*; **Heilhaut** *f* new skin; **ich habe eine gute ~** my skin heals easily.

heilig *adj* **1.** holy; *(geweiht, geheiligt auch)* sacred; *(bei Namen von Heiligen)* Saint; *(old: fromm auch)* devout, saintly; *(pej)* holier-than-thou. **jdm ~ sein** *(lit, fig)* to be sacred to sb; **bei allem, was ~ ist** by all that is *or* I hold sacred; **die ~e Veronika/der ~e Augustinus** Saint Veronica/Augustine; **H~er Abend** Christmas Eve; **das ~e Abendmahl/die ~e Kommunion** Holy Communion; **die H~e Dreifaltigkeit/Familie/Stadt** the Holy Trinity/Family/City; **die H~e Jungfrau** the Blessed Virgin; **H~e Maria** Holy Mary; **der H~e Geist/Vater/Stuhl** the Holy Spirit/Father/See; **die H~en Drei Könige** the Three Kings *or* Wise Men, the Magi; **das H~e Land** the Holy Land; **die H~e Schrift** the Holy Scriptures *pl*; **das H~e Römische Reich** the Holy Roman Empire. **2.** *(fig: ernst)* Eid, Pflicht sacred, solemn; *Recht* sacred; *Eifer, Zorn* righteous; *(von Ehrfurcht erfüllt)* Stille, Schauer awed; *(unantastbar)* Würde, Gefühl, Gewohnheit sacred. **es ist mein ~er Ernst** I am deadly serious *or* in dead earnest. **3.** *(inf: groß)* incredible *(inf)*; *Respekt auch* healthy. **mit jdm/etw seine ~e Not haben** to have a hard time with sb/sth; **von einer ~en Angst gepackt werden** to be scared out of one's wits. **4.** *(inf: in Ausrufen)* **(ach du) ~er Bimbam** *or* **Strohsack, ~es Kanonenrohr!** holy smoke! *(inf)*.

Heilig|abend *m* Christmas Eve.

heiligen *vt (weihen)* to hallow, to sanctify; *(heilighalten)* to hallow, to keep holy; *Sonntag etc* to keep holy, to observe. **der Zweck heiligt die Mittel** the end justifies the means; **durch die Zeit geheiligt** time-honoured.

Heiligenbild *nt* picture of a saint; **Heiligenschein** *m* halo; **jdn mit einem ~ umgeben** *(fig)* to put sb on a pedestal; **sich mit einem ~ umgeben** *(fig)* to be holier-than-thou; **Heiligenver|ehrung** *f* veneration of the saints.

Heilige(r) *mf decl as adj (lit, fig)* saint. **ein sonderbarer** *or* **wunderlicher ~r** *(inf)* a queer fish *(inf)*.

heilighalten *vt sep irreg* to keep holy *or* Andenken *auch* sacred; *Sonntag auch* to observe; **Heiligkeit** *f* holiness; *(Geweihtheit, Geheiligtheit auch, von Eigentum)* sacredness; *(von Zorn)* righteousness; **Eure/Seine ~** your/his Holiness; **heiligmäßig** *adj* Leben, Mensch saintly; **heiligsprechen** *vt sep irreg* to canonize; **Heiligsprechung** *f* canonization; **Heiligtum** *nt (Stätte)* shrine; *(Gegenstand)* (holy) relic; **jds ~ sein** *(inf)* (Zimmer) to be sb's sanctum; *(Gegenstand etc)* to be sacrosanct (to sb).

Heiligung *f* **die ~ des Sonntags** Sunday *or* Lord's day observance; **die ~ des Sabbats** the observance of the Sabbath.

Heilklima *nt* healthy climate; **Heilkraft** *f* healing power; **heilkräftig** *adj* Pflanze, Tee medicinal; *Wirkung* curative; **Heilkraut** *nt usu pl* medicinal herb; **Heilkunde** *f* medicine; **heilkundig** *adj* skilled in medicine *or* the art of healing; **Heilkundige(r)** *mf decl as adj* person skilled in medicine *or* the art of healing, healer; **heillos** *adj* unholy *(inf)*; *Durcheinander, Verwirrung auch* hopeless; *Schreck* terrible, frightful; **~ verschuldet sein** to be up to one's ears in debt; **Heilmethode** *f* cure; **Heilmittel** *nt (lit, fig)* remedy, cure; *(Medikament)* medicine; **Heilpädagogik** *f* remedial education; **Heilpflanze** *f* medicinal plant; **Heilpraktiker** *m* non-medical practitioner; **Heilquelle** *f* medicinal spring; **Heilsalbe** *f* (medicated) ointment; **heilsam** *adj* **1.** *(dated: heilend)* Wirkung healing; *Arznei auch* curative; *Klima* salutary, beneficial; **2.** *(fig: förderlich)* Erfahrung, Strafe salutary.

Heils|armee *f* Salvation Army; **Heilsbotschaft** *f* message of salvation, gospel.

Heilschlaf *m* healing sleep *(induced for therapeutic ends)*.

Heilsgeschichte *f* heilsgeschichte, *interpretation of history stressing God's saving grace*; **Heilslehre** *f (Rel, fig)* doctrine of salvation; **Heils|ordnung** *f* order of salvation.

Heilstätte *f (form)* sanatorium *(Brit)*, sanitarium *(US)*, clinic.

Heilung *f (das Heilen) (von Wunde)* healing; *(von Krankheit, Kranken)* curing; *(Rel)* healing; *(das Gesundwerden)* cure. **~ in etw** *(dat)* **finden** to find relief in sth.

Heilungsprozeß *m* healing process.

Heilverfahren *nt* (course of) treatment; **Heilzweck** *m*: **zu ~en** for medicinal purposes.

heim *adv (geh, dial)* home. **~, bitte** let's go home; **~ ins Reich** *(NS)* back to the Reich *(referring to formerly German areas and their inhabitants)*.

Heim *nt* **-(e)s, -e** *(Zuhause, Anstalt)* home; *(Obdachlosen ~, für Lehrlinge)* hostel; *(Studentenwohn~)* hall of residence, hostel; *(von Sportverein)* clubhouse; *(Freizeit~)* recreation centre. **~ und Herd** *(liter)* house and home.

Heim- *in cpds* home; **Heim|abend** *m* social evening; **Heim|arbeit** *f (Ind)* homework, outwork *both no indef art*; **etw in ~ herstellen lassen** to have sth produced by homeworkers; **Heim|arbeiter** *m (Ind)* homeworker.

Heimat *f* **-, -en** home; *(~ort auch)* home town; *(~land auch)* native country; *(Bot, Zool auch)* natural habitat. **die ~ verlassen** to leave one's home; **jdm zur ~ werden** to become sb's home.

Heimat- *in cpds* home; **Heimat|anschrift** *f* home address; **Heimatdichter** *m* regional writer; **Heimatdichtung** *f* regional literature; **Heimat|erde** *f* native soil; **Heimatfilm** *m* sentimental film in idealized regional setting; **Heimathafen** *m* home port; **Heimatkunde** *f (Sch)* local history; **Heimatkunst** *f* regional art; **Heimatland** *nt* native country *or* land; **heimatlich** adj (zur Heimat gehörend) native; Bräuche, Dialekt local; (an die Heimat erinnernd) Gefühle, Wehmut nostalgic; Klänge of home; **die ~en Berge** the mountains of (one's) home; **das mutet mich ~ an, das kommt mir ~ vor** that reminds me of home; **~er Boden** native soil; **Heimatliebe** f love of one's native country or land; **heimatlos** adj homeless; **Heimatlose(r)** mf decl as adj homeless person; **die ~n** the homeless; **Heimatlosigkeit** f homelessness; **Heimatmuseum** nt museum of local history; **Heimat|ort** m home town/village; **Heimatrecht** nt right of domicile; **Heimatschriftsteller** m regional writer; **Heimatsprache** f native language; **heimatvertrieben** adj displaced; **Heimatvertriebene(r)** mf decl as adj displaced person, expellee (esp from former Eastern German province).

heimbegeben* vr sep irreg (geh) to make one's way home; **heimbringen** vt sep irreg (dial) to bring home; (heimbegleiten) to take or see home.

Heimchen nt (Zool) house cricket. ~ (am **Herd**) (pej: Frau) housewife.

heimelig adj cosy, homely.

heimfahren vti sep irreg (vi: aux sein) (geh, dial) to drive home; **Heimfahrt** f journey home, return journey; (Naut) return voyage, voyage home; **heimfinden** vi sep irreg (geh, dial) to find one's way home; **heimführen** vt sep (geh) to take home; **ein Mädchen ~** (dated) to take a girl as one's wife (dated); **Heimgang** m (euph geh: Tod) passing away; **beim ~ meiner Mutter** when my mother was called to her Lord or Maker (euph); **Heimgegangene(r)** mf decl as adj (euph geh) deceased; **unser lieber ~r** our dear departed friend/father etc; **heimgehen** vi sep irreg aux sein (geh, dial) to go home; (euph geh) to pass away or on; **Heim|industrie** f cottage industry.

heimisch adj 1. (einheimisch) (Zool, Bot) indigenous, native (in +dat to); (national) home; (ortsansässig) local; (regional) regional; Gewässer home. **etw ~ machen** to introduce sth (in +dat to).

2. (vertraut) familiar. **an einem Ort ~ sein** to feel at home in a place; **sich ~ fühlen** to feel at home; **in einer Sprache** etc **~ sein** to be or feel at home in a language etc; **es sich** (dat) **~ machen** to make oneself at home; **~ werden** to become acclimatized (an, in +dat to), to settle in (an, in +dat to).

Heimkampf m (Sport) home match or game or (Boxen) fight; **Heimkehr** f -, no pl homecoming, return; **heimkehren** vi sep aux sein to return home (aus from); **Heimkehrer** m -s, - homecomer; **Heimkind** nt institution child, child brought up in a home; **Heimkino** nt home movies pl; (Ausrüstung) home movie kit; (inf: TV) goggle-box (Brit inf); **heimkommen** vi sep irreg aux sein (geh, dial) to come or return home; **Heimleiter** m head or warden of a/the home/hostel; **heimleuchten** vi sep (fig inf) jdm ~ to give sb a piece of one's mind.

heimlich I adj (geheim, verborgen) secret; Treffen auch clandestine; Benehmen secretive; Bewegungen furtive.

II adv secretly; treffen, tun auch in secret; lachen inwardly. **er blickte sie ~ an** he stole a glance at her; **sich ~ entfernen** to steal or sneak away; **~, still und leise** (inf) quietly, on the quiet.

Heimlichkeit f siehe adj secrecy; clandestineness; secretiveness; furtiveness; (Geheimnis) secret. **in aller ~** secretly, in secret; **nur keine ~en!** (inf) stop being (so) secretive, no secrets now!

Heimlichtuer(in f) m -s, - secretive person; **Heimlichtuerei** f secrecy, secretiveness; **heimlichtun** vi sep irreg to be secretive (mit about).

heimmüssen vi sep irreg (dial) to have to go home; **Heimreise** f journey home, homeward journey; (Naut) voyage home, homeward voyage; **heimreisen** vi sep aux sein (geh) to travel home; **Heimsauna** f home sauna; **heimschicken** vt sep (dial, geh) to send home; **Heimspiel** nt (Sport) home match or game; **Heimstatt** f (liter) home; **Heimstätte** f 1. (Zuhause) home; 2. (Jur) homestead.

heimsuchen vt sep to strike; (für längere Zeit) to plague; (Feind auch) to attack; (Gespenst) to haunt; (Krankheit auch) to afflict; (Alpträume, Vorstellungen) to afflict, to haunt; (Schicksal) to overtake, to afflict; (inf: besuchen) to descend on (inf). **von Dürre/Krieg heimgesucht** drought-stricken/war-torn or -ravaged; **Gott suchte die Ägypter mit schweren Plagen heim** God visited terrible plagues on the Egyptians.

Heimsuchung f 1. (Schicksalsschlag) affliction; (Katastrophe) disaster; (Plage) plague. 2. **Mariä ~** the visitation of Mary.

heimtrauen vr sep (dial) to dare to go home.

Heimtücke f, no pl siehe adj insidiousness; maliciousness; insidiousness; treacherousness.

heimtückisch adj (hinterlistig) insidious; (boshaft) malicious; Krankheit insidious; (gefährlich) Glatteis, Maschine treacherous.

Heimvorteil m (Sport) advantage of playing at home; **heimwärts** adv (geh: nach Hause zu) home; (dial: auf dem Heimweg) on the way home; **~ ziehen/gehen** to go homewards; **Heimweg** m way home; **sich auf den ~ machen** to set out or head for home; **Heimweh** nt homesickness no art; **~ haben/bekommen** to be/become homesick (nach for); **krank vor ~ sein** to be pining for home, to be very homesick; **heimwehkrank** adj homesick; **Heimwerker** m handyman; **heimwollen** vi sep (dial) to want to go home; **heimzahlen** vt sep jdm etw ~ to pay sb back for sth; **heimziehen** sep irreg (geh) I vi aux sein to return home; II vt impers **es zog ihn heim** he felt he wanted to go home; **heimzu** adv (dial) on the way home.

Hein m: **Freund ~** (old) Death.

Heini m -s, -s (inf) bloke (hostel); guy (inf); (Dummkopf) idiot, fool.

Heinzelmännchen nt brownie.

Heirat *f* -, **-en** marriage; (*Feier*) wedding; (*Partie*) match.

Heiraten *nt* **-s**, *no pl* marriage, getting married *no def art*.

heiraten I *vt* to marry.

II *vr* to get married.

III *vi* to get married, to marry. **aufs Land/in die Stadt/nach Berlin ~** to marry *or* get married and settle in the country/in town/in Berlin; **in eine reiche/alte Familie ~** to marry into a rich/old family; (**euph dated**) to have to get married; **,,wir ~"** "we are getting married"; **,,geheiratet haben: ..."** ≈ "marriages", "marriage announcements".

Heirats|absichten *pl* marriage plans *pl*; **Heirats|alter** *nt* marriageable *or* marrying age; (*Jur*) minimum legal age for marriage; **Heirats|antrag** *m* proposal (of marriage); **jdm einen ~ machen** to propose to sb; **Heirats|anzeige** *f* **1.** (*Bekanntgabe*) announcement of a forthcoming marriage; **2.** (*Annonce für Partnersuche*) advertisement for a marriage partner; **Heirats|erlaubnis** *f* consent (to a marriage); **heiratsfähig** *adj* marriageable; **Heiratskandidat** *m* (*Bräutigam*) husband-to-be; (*ehewilliger Junggeselle*) eligible bachelor; **Heirats|institut** *nt* marriage bureau; **heiratslustig** *adj* eager to get married; **Heiratsschwindel** *m* marriage proposal made under false pretences; **Heiratsschwindler** *m* person who makes a marriage proposal under false pretences; **Heirats|urkunde** *f* marriage certificate; **Heiratsvermittler** *m* marriage broker; **Heiratsvermittlung** *f* matchmaking *no pl*; (*Büro*) marriage bureau; **Heiratsversprechen** *nt* (*Jur*) promise of marriage.

heisa *interj* hey.

heischen *vt* (*geh*) **1.** *Beifall, Hochachtung, Aufmerksamkeit etc* to demand. **2.** (*dated: erbitten*) to beg *or* ask for.

heiser *adj* hoarse; (*dunkel klingend*) husky; *Laut* croaky. **~ reden** to talk hoarsely *or* in a hoarse voice; **sich ~ schreien/reden** (*lit, fig*) to shout/talk oneself hoarse.

Heiserkeit *f siehe adj* hoarseness; huskiness.

heiß *adj* **1.** hot; *Zone* torrid. **brennend/siedend/glühend ~** burning/boiling/scorching hot; **drückend ~** oppressively hot; **jdm ist/wird ~** sb is/is getting hot; **sie hat einen ~en Kopf** (*wegen Fieber*) she has a burning forehead; **etw ~ machen** to heat sth up; **es überläuft mich ~ und kalt** I feel hot and cold all over; **~e Tränen weinen** (*liter*) to cry one's heart out; **es wird nichts so ~ gegessen, wie es gekocht wird** (*prov*) things are never as bad as they seem; **eine/ein Paar H~e** (*dial*) a hot sausage/a couple of hot sausages; **~!** (*inf: fast gefunden*) you're hot.

2. (*heftig*) *Diskussion, Kampf* heated, fierce; *Zorn* impassioned; *Begierde* passionate, burning; (*innig*) *Liebe, Wunsch* burning, fervent. **das Gebiet/die Stadt ist ~ umkämpft** the area/town is being hotly *or* fiercely fought over; **jdn/etw ~ und innig lieben** to love sb/sth madly; **sich die Köpfe ~ reden, sich ~**

reden *or* **diskutieren** to talk till one is blue in the face; **~en Dank** very many thanks.

3. (*aufreizend*) *Musik, Bilder* hot; (*inf: sexuell erregt auch*) randy (*Brit inf*), horny (*inf*). **~e Höschen** hot pants.

4. (*gefährlich*) *Ware, Geld,* (*radioaktiv*) *Teilchen etc* hot; *Gegend, Thema* hotly-disputed. **das wird ein ~er Winter** things are going to be pretty hot this winter (*inf*); **ein ~es Eisen** a hot potato; **ein ~es Eisen anfassen** (*inf*) to grasp the nettle.

5. *attr* (*inf*) *Favorit, Tip, Maschine* hot. **ein ~er Draht** hot line/(*motor*)bike; **~er Draht** hot line; **~e Spur** hot trail.

6. *pred* (*inf: brünstig*) **~ sein** to be on heat.

heißa *interj* hey.

heißblütig *adj* (*erregbar*) hot-tempered; (*leidenschaftlich*) hot-blooded.

heißen *pret* **hieß**, *ptp* **geheißen I** *vt* **1.** (*nennen*) to call; (*old: Namen geben*) *jdn, Ort* to name. **das heiße ich klug vorgehen!** (*old*) that's what I call a good story/being clever; **jdn einen Lügner etc ~** to call sb a liar *etc*; **... oder wie man das heißt ...** (*dial*) or whatever it's called.

2. (*geh: auffordern*) to tell, to bid (*form*). **jdn etw tun ~** to tell sb to do sth, to bid sb do sth; **jdn willkommen ~** to bid sb welcome.

II *vi* **1.** (*den Namen haben, bezeichnet werden*) to be called; (*als Titel haben auch*) to be titled. **wie ~ Sie/heißt die Straße?** what are you/is the street called?, what's your name/the name of the street?; **ich heiße Müller** I'm called *or* my name is Müller; **sie heißt jetzt anders** her name is different now, she has changed her name; **nach jdm ~** to be called after (*Brit*) *or* for (*US*) sb; **wie kann man nur Gotthelf/so ~?** how can anyone have a name like Gotthelf/like that?; **wie heißt das?** what is that called?; **eigentlich heißt es richtig X** actually the correct word is X; **... und wie sie alle ~ ...** and the rest of them; **... so wahr ich Franz-Josef heiße** (*als Bekräftigung*) ... as sure as I'm standing here; **... dann will ich Fridolin ~** ... then I'm a Dutchman.

2. (*bestimmte Bedeutung haben*) to mean. **was heißt ,,gut" auf englisch?** what is the English (word) for "gut"?; **,,gut" heißt auf englisch ,,good"** the English (word) for "gut" is "good"; **ich weiß, was es heißt, allein zu sein** I know what it means to be alone.

3. (*lauten*) to be; (*Spruch, Gedicht etc*) to go.

4. das heißt that is; (*in anderen Worten*) that is to say.

III *vi impers* **1. es heißt, daß ...** (*es geht die Rede*) they say that ...; **es soll nicht ~, daß ...** never let it be said that ...

2. (*zu lesen sein*) **in der Bibel/im Gesetz/in seinem Brief heißt es, daß ...** the Bible/the law/his letter says that ..., in the Bible *etc* it says that ...; **bei Hegel/Goethe etc heißt es ...** Hegel/Goethe says ...; **es heißt hier ...** it says here ...

3. (*geh: es ist nötig*) **es heißt, etw zu tun** you/we/he *etc* must do sth; **nun heißt es**

handeln now it's time to act; **da heißt es aufpassen** you'd better watch out.

heiß|ersehnt adj attr much longed for; **heißgeliebt** adj dearly beloved; **Heißhunger** m ravenous or voracious appetite; **etw mit ~ essen** to eat sth ravenously or voraciously; **heißhungrig** adj ravenous, voracious; **heißlaufen** vi sep irreg aux sein (Motor, Auto, Maschinenteil) to overheat; (Telefonleitungen) to buzz.

Heißluft f hot air.

Heißluftheizung f hot-air heating; **Heißluftmotor** m hot-air or Stirling engine; **Heißlufttrockner** m hot-air dryer.

Heißmangel f (Gerät) rotary iron; (Ort) laundry specializing in ironing sheets etc; **Heißsporn** m hothead; **heiß|umkämpft** adj attr hotly disputed; **heiß|umstritten** adj attr hotly debated; **Heißwasserbereiter** m -s, - geyser, water heater; **Heißwasserspeicher** m hot (water) tank.

heiter adj (fröhlich) cheerful; Mensch, Wesen auch happy; (ausgeglichen) serene; (amüsant) Geschichte amusing, funny; (hell, klar) Farbe, Raum bright; Himmel, Tag bright, clear; Wetter clear, fine; (Met) fair. ~ **werden** to become cheerful; (Gesicht) to brighten; (Wetter) to brighten or clear up; **~er werden** to cheer up; (Wetter) to brighten up, to become brighter; **das kann ja ~ werden!** (iro) that sounds great (iro); **aus ~em Himmel** (fig) out of the blue.

Heiterkeit f, no pl siehe adj cheerfulness; happiness; serenity; amusingness, funniness; merriness; brightness; brightness, clearness; clearness, fineness; (heitere Stimmung) merriment; (Belustigung) amusement.

heizbar adj Heckscheibe etc heated; Zimmer auch with heating; **der Saal ist schwer ~** the hall is difficult to heat; **Heiz(bett)decke** f electric blanket.

heizen I vi (die Heizung anhaben) to have the/one's heating on; (Wärme abgeben) to give off heat. **der Ofen heizt gut** the stove gives (off) a good heat; **mit Holz/Strom** etc ~ to use wood/electricity etc for heating; **ab November wird geheizt** the heating is put on in November.

II vt (warm machen) to heat; (verbrennen) to burn; (be~) Lokomotive to stoke. **den Ofen heize ich nur mit Holz** I only burn wood in the stove.

III vr **sich gut/schlecht** ~ to be easily heated or easy to heat/not easily heated or hard to heat.

Heizer m -s, - boilerman; (von Lokomotive, Schiff) stoker.

Heizfläche f heating surface; **Heizgas** nt fuel gas; **Heizgerät** nt heater; **Heizkessel** m boiler; **Heizkissen** nt electric heat pad; **Heizkörper** m (Gerät) heater; (von Zentralheizung) radiator; (Element) heating element; **Heizkosten** pl heating costs pl; **Heizkraft** f calorific or heating power; **Heizlüfter** m fan heater; **Heiz|ofen** m siehe **Heizgerät**; **Heizöl** nt heating or fuel oil; **Heizplatte** f hot-plate; **Heizsonne** f electric fire; **Heiz-**

strahler m electric (wall) heater.

Heizung f heating; (Heizkörper) heater; (von Zentralheizung) radiator.

Heizungs|anlage f heating system; **Heizungsmonteur** m heating engineer; **Heizungsrohr** nt heating pipe.

Heizwert m calorific value.

Hektar m or nt -s, -e hectare.

Hektik f -, no pl (Hast) hectic rush; (von Leben etc) hectic pace. **sie ißt/arbeitet mit einer solchen ~** she eats/works at such a hectic pace; **nur keine ~** take it easy.

hektisch adj hectic; Mensch auch frantic; Arbeiten frantic, furious. **es geht ~ zu** things are hectic; **ich lebe zur Zeit ~** my life is very hectic just now; **nur mal nicht so ~** take it easy.

Hektographie f (Verfahren) hectography; (Abzug) hectograph (copy); **hektographieren*** vt insep to hectograph, to copy; **Hektoliter** m or nt hectolitre; **Hektowatt** nt hectowatt.

Helanca ® nt -, no pl stretch fabric.

helau interj greeting used at Carnival time.

Held m -en, -en hero. **der ~ des Tages** hero of the hour; **kein ~ in etw** (dat) **sein** not to be very brave about sth; **den ~en spielen** (inf) to come or play the (great) hero.

Heldenbrust f (hum) manly chest; **Heldendarsteller** m (Theat) heroic leading man; **Heldendichtung** f epic or heroic poetry; **Helden|epos** nt heroic epic; **Heldengedenktag** m (old) ≃ Remembrance Day, Memorial Day (US); **Heldengestalt** f hero; **heldenhaft** adj heroic, valiant; **Heldenlied** nt (Liter) epic song or lay; **Heldenmut** m heroic courage; **heldenmütig** adj siehe **heldenhaft**; **Heldenpose** f heroic pose; **Heldenrolle** f (Theat) hero's part or rôle; **Heldensage** f heroic saga; **Heldentat** f heroic deed or feat; **Heldentenor** m heroic tenor; **Heldentod** m heroic death, hero's death; **den ~ sterben** to die a hero's death; (Mil) to be killed in action; **Heldentum** nt, no pl heroism.

Heldin f heroine.

helfen pret **half**, ptp **geholfen** vi **1.** to help (jdm sb); (mit anfassen auch) to lend a hand. **jdm bei etw ~** to help sb with sth, to lend sb a hand with sth; **er half ihr aus dem Mantel/einer Verlegenheit** he helped her out of her coat or off with her coat/out of a difficulty; **ihm/dir ist nicht zu ~** (fig) he is/you are beyond help; **dem Kranken ist nicht mehr zu ~** the patient is beyond help; **ich kann mir nicht ~** I can't help it; **ich kann mir nicht ~, ich muß es tun** I can't help doing it; **ich werd' dir/ihm (schon) ~!** I'll give you/him what for (inf); **ich werde dir ~, die Tapeten zu beschmieren!** I'll teach you to mess up the wallpaper (inf); **er weiß sich** (dat) **zu ~** he is very resourceful; **man muß sich** (dat) **nur zu ~ wissen** (prov) you just have to use your head; **er weiß sich** (dat) **nicht mehr zu ~** he is at his wits' end; **hilf dir selbst, dann** or **so hilft dir Gott** (Prov) God helps those who help themselves (Prov).

2. auch vi impers (dienen, nützen) to help. **es hilft nichts** it's no use or no good;

da hilft alles nichts ... there's nothing for it ...; **da hilft kein Jammern und kein Klagen** it's no use moaning; **es hilft ihm nichts, daß** ... it's no use to him that ...; **das hilft mir wenig, damit ist mir nicht geholfen** that's not much help to me; **das hat mir schon viel geholfen** that has been a great help to me; **was hilft's?** what's the use?

3. (*heilsam sein*) to help; (*heilen auch: Arzt*) to cure. **diese Arznei hilft gegen** *or* **bei Kopfweh** this medicine is good for headaches *or* helps to relieve headaches; **jetzt kann nur noch eine Operation** ~ only an operation will help now.

Helfer *m* **-s, -** helper; (*Mitarbeiter*) assistant; (*von Verbrecher*) accomplice; (*inf: Gerät*) help. ~ **in Steuersachen** tax adviser; **ein** ~ **in der Not** a friend in need.

Helferin *f siehe* Helfer.

Helfershelfer *m* accomplice; (*Jur: vor/nach begangener Tat*) accessory before/after the fact.

Helgoland *nt* Heligoland.

Helikopter *m* **-s, -** helicopter.

Helium *nt* **-s,** *no pl* (*abbr* **He**) helium.

hell *adj* **1.** (*optisch*) light; *Licht, Beleuchtung, Himmel* bright; *Farbe auch* pale; *Kleidungsstück auch* light-coloured; *Haar, Teint* fair; *Hautfarbe* (*von Rasse*) fair, pale; (*fig*) *Zukunft* bright. **es wird** ~ it's getting light; ~ **bleiben** to stay light; **bis in den** ~**en Morgen schlafen** to sleep late; **in** ~**en Flammen** in flames, ablaze; ~**es Bier** ≈ lager.

2. (*akustisch*) *Laut, Ton, Stimme* high(-pitched); *Gelächter* ringing.

3. (*inf: klug*) *Junge* bright, intelligent; (*geistig klar*) *Augenblicke* lucid. **er ist ein** ~**er Kopf** he has brains.

4. *attr* (*stark, groß*) great; *Verwunderung etc* utter; *Verzweiflung, Unsinn* sheer, utter; *Neid* pure. **von etw** ~ **begeistert/entzückt sein** to be very enthusiastic/quite delighted about sth; **in** ~**en Scharen** in great numbers; **seine** ~**e Freude an etw** (*dat*) **haben** to find great joy *or* pleasure in sth.

Hellas *nt* Hellas.

hell- *in cpds* (*esp auf Farben bezüglich*) light; **hell|auf** *adv* completely, utterly; ~ **lachen** to laugh out loud; **hellblau** *adj* light blue; **hellblond** *adj* very fair, blonde; **hellbraun** *adj* light brown; **Helldunkel** *nt* (*Art*) chiaroscuro.

Helle *f* **-,** *no pl siehe* **Helligkeit.**

helle *adj pred* (*inf*) bright, clever. **Mensch, sei** ~! use your loaf, mate! (*inf*).

Hellebarde *f* **-, -n** (*Hist*) halberd.

Hellene *m* **-n, -n** (*ancient*) Greek, Hellene.

hellenisch *adj* Hellenic.

Hellenismus *m* Hellenism.

hellenistisch *adj* Hellenistic. **die** ~**e Staatenwelt** the Empire of Ancient Greece.

Heller *m* **-s, -** (*Hist*) heller. **das ist keinen (roten** *or* **lumpigen)** *or* **nicht einen** ~ **wert** that isn't worth a brass farthing; **er besitzt keinen (roten** *or* **lumpigen)** ~ he doesn't have a penny to his name, he doesn't have two pennies to rub together; **auf** ~ **und Pfennig** *or* **bis auf den letzten** ~ (down) to

the last farthing *or* penny; **stimmen** down to the last detail.

Helle(s) *nt decl as adj* ≈ lager.

hellleuchtend *adj attr getrennt:* **hell-leuchtend** brightly shining; *Farbe* bright; *Kleid* brightly coloured.

hellhaarig *adj* fair-haired; **hellhäutig** *adj* fair-skinned; (*von Rasse auch*) pale-skinned; **hellhörig** *adj* keen of hearing; (*Archit*) poorly soundproofed; ~ **sein** (*fig: Mensch*) to have sharp ears; **als er das sagte, wurde ich** ~ when he said that I pricked up my ears; **jdn** ~ **machen** to make sb prick up their ears.

hellicht *adj getrennt:* **hell-licht: am** ~**en Tage** in broad daylight; **es ist** ~**er Tag** it is broad daylight.

Helligkeit *f, no pl siehe* **hell 1.** lightness; brightness; paleness; fairness; paleness; brightness; (*helles Licht*) light; (*Phys, Astron*) luminosity.

Helling *f* **-, -en** *or* **Helligen** *or* *m* **-s, -e** (*Naut*) slipway.

hellrot *adj* bright red; **hellsehen** *vi infin only* ~ **können** to have second sight, to be clairvoyant; **du kannst wohl** ~! you must have second sight *or* be clairvoyant; **Hellseher(in** *f*) *m* (*lit, fig*) clairvoyant; **hellseherisch** *adj attr* clairvoyant; **hellwach** *adj* (*lit*) wide-awake; (*fig*) alert; **Hellwerden** *nt* **-s,** *no pl* daybreak.

Helm *m* **-(e)s, -e** helmet; (*Archit*) helm roof.

Helmbusch *m* plume; **Helmschmuck** *m* crest.

Helot *m* **-en, -en** Helot.

Helsinki *nt* **-s** Helsinki.

Hemd *nt* **-(e)s, -en** (*Ober*~) shirt; (*Unter*~) vest (*Brit*), undershirt (*US*). **etw wie das** *or* **sein** ~ **wechseln** (*fig*) to change sth with monotonous regularity; **naß bis aufs** ~ wet through, soaked to the skin; **jdn bis aufs** ~ **ausziehen** (*fig inf*) to have the shirt off sb's back (*inf*), to fleece sb (*inf*); **das zieht einem ja das** ~ **aus** (*inf*) it makes you cringe (*inf*), it's terrible; **ein Schlag, und du stehst im** ~ **da** (*inf*) I could floor you with one blow from my little finger; **das** ~ **ist mir näher als der Rock** (*Prov*) charity begins at home (*Prov*).

Hemdbluse *f* shirt(-blouse), shirtwaist (*US*); **Hemdblusenkleid** *nt* shirtwaister (dress); **Hemdbrust** *f* dickey.

Hemdenmatz *m* (*inf*) small child dressed only in a vest, ≈ Wee Willie Winkie; **Hemdenstoff** *m* shirting.

Hemdhose *f* combinations *pl*, coms *pl* (*inf*); **Hemdknopf** *m* shirt button; **Hemdkragen** *m* shirt collar.

Hemds|ärmel *m* shirt sleeve; **in** ~**n** in one's shirt sleeves; **hemds|ärmelig** *adj* shirt-sleeved; (*fig inf: salopp*) pally (*inf*); *Ausdrucksweise, Empfang* casual.

Hemisphäre *f* **-, -n** hemisphere.

hemisphärisch *adj* hemispheric(al).

hemmen *vt Entwicklung, Fortschritt* to hinder, to hamper; *Lauf der Geschehnisse etc* to check; (*verlangsamen*) to slow down; *Maschine, Rad* to check; *Wasserlauf* to stem; (*Med*) *Blut* to staunch; (*Psych*) to inhibit. **seinen Schritt** ~ to slow down, to slow *or* check one's pace;

jdn in seiner Entwicklung ~ to hinder *or* hamper sb's development.

Hemmnis *nt* hindrance, impediment (*für* to).

Hemmschuh *m* brake shoe; (*fig*) hindrance, impediment (*für* to).

Hemmung *f* 1. (*Psych*) inhibition; (*Bedenken*) scruple. **da habe ich** ~**en** I've got scruples about that; **keine** ~**en kennen** to have no inhibitions, not to feel inhibited; **nur keine** ~**en!** don't feel inhibited.
   2. *siehe vt* hindering, hampering; check (*gen* to); slowing down; checking; stemming; staunching.

hemmungslos *adj* (*rückhaltlos*) unrestrained; (*skrupellos*) unscrupulous; **Hemmungslosigkeit** *f siehe adj* lack of restraint; unscrupulousness.

Hendl *nt* **-s, -(n)** (*Aus*) chicken.

Hengst *m* **-(e)s, -e** stallion; (*Kamel*~, *Esel*~) male; (*sl: Mann*) stud (*sl*); (*sl: -heini*) wallah (*inf*).

Henkel *m* **-s, -** handle.

Henkelglas *nt* glass with a handle; **Henkelkorb** *m* basket with a handle; **Henkelkrug** *m* jug (with a handle); **Henkelmann** *m, pl* -**männer** (*inf*) canteen; **Henkeltopf** *m* pot *or* pan with a handle/handles.

henken *vt* (*old*) to hang.

Henker *m* **-s, -** hangman; (*Scharfrichter*) executioner. **zum** ~**!** (*old inf*) hang it all (*inf*), zounds (*obs inf*); **was zum** ~**!** (*old inf*) what the devil (*inf*); **hol's der** ~**!** (*old inf*) the devil take it! (*old inf*); **scher dich** *or* **geh zum** ~**!** (*old inf*) go to the devil! (*inf*).

Henker(s)beil *nt* executioner's axe; **Henkersknecht** *m* (*Hist*) hangman's *or* (*von Scharfrichter*) executioner's assistant; (*fig*) torturer; (*Handlanger*) henchman; **Henkersmahl(zeit** *f*) *nt* last meal before execution; (*hum inf*) last slap-up meal (*before examination etc*).

Henna *f* - *or nt* -(**s**), *no pl* henna. **mit** ~ **färben** to dye with henna, to henna.

Henne *f* -, -**n** hen.

Hepatitis *f* -, **Hepatitiden** hepatitis.

her *adv siehe auch* **herkommen, hermüssen, hersein** *etc* **1.** (*räumlich*) **von der Kirche/Frankreich/dem Meer** ~ from the church/France/the sea; ~ **zu mir!** come here (to me); **um mich** ~ (all) around me; **von weit** ~ from a long way off *or* away, from afar (*liter*).
   2. (*in Aufforderung*) **Bier/Essen** ~**!** bring (me/us) some beer/food (here); ~ **mit der Brieftasche!** hand over the briefcase, give me the briefcase; ~ **damit!** give me that, give that here (*inf*); **immer** ~ **damit!** let's have it/them (then).
   3. (*von etwas aus gesehen*) **von der Idee/Form/Farbe** ~ as for the idea/form/colour, as far as the idea/form/colour is concerned *or* goes; **von den Eltern** ~ **gute Anlagen haben** to have inherited good qualities from one's parents.
   4. (*zeitlich*) **ich kenne ihn von früher** ~ I know him from before *or* from earlier times, I used to know him (before); **von der Schule/meiner Kindheit** ~ since school/my childhood.

herab *adv* down. **den Hügel/die Treppe** ~

down the hill/stairs; **von oben** ~ (down) from above.

herab- *pref* down; *siehe auch* **herunter-**; **herabblicken** *vi sep siehe* **herabsehen**; **herabflehen** *vt sep* (*liter*) to call down; **herabfließen** *vi sep irreg aux sein* to flow down; **herabhängen** *vi sep irreg* to hang down; **langes** ~**des Haar** long, flowing hair; **herabkommen** *vi sep irreg aux sein* (*geh*) to come down, to descend (*liter, form*); **herablassen** *sep irreg* **I** *vt* to let down, to lower; **II** *vr* **1.** (*lit*) to let oneself down, to lower oneself; **2.** (*fig*) to lower oneself; **sich zu etw** ~ to condescend *or* deign to do sth; **sich auf jds Ebene** (*acc*) ~ to descend to sb's level; **herablassend** *adj* condescending; **Herablassung** *f* condescension; **herabmindern** *vt sep* (*schlechtmachen*) *Leistung, Qualitäten* to belittle, to disparage; (*bagatellisieren*) *Gefahr, Problem* to minimize, to make little of; **herabsehen** *vi sep irreg* (*lit, fig*) to look down (*auf* +*acc* on); **herabsetzen** *vt sep Ware* to reduce; *Preise, Kosten auch* to lower; *Geschwindigkeit auch* to slacken off; *Niveau* to lower, to debase; (*schlechtmachen*) *Leistungen, Fähigkeiten, jdn* to belittle, to disparage; **zu stark herabgesetzten Preisen** at greatly reduced prices; **Herabsetzung** *f siehe vt* reduction; lowering; slackening off; debasement, lowering; belittling, disparagement; (*Kränkung*) slight, snub; **herabsteigen** *vi sep irreg aux sein* to get down, to descend; (*von Pferd*) to dismount; (*von Berg*) to climb down, to descend; **herabstoßen** *vi sep irreg aux sein* to swoop (down); **herabstürzen** *sep* **I** *vt* to push off (*von etw* sth); **II** *vi aux sein* to fall off (*von etw* sth); (*Felsbrocken*) to fall down (*von* from); (*geh: Wasserfall*) to cascade *or* plunge down, to come rushing down; **III** *vr* to jump off (*von etw* sth); **er stürzte sich vom Turm herab** he threw himself *or* jumped off *or* from the tower; **herabwürdigen** *sep* **I** *vt* to belittle, to disparage; **II** *vr* to degrade *or* lower oneself; **Herabwürdigung** *sep* **I** *vt* belittling, disparagement.

Heraldik *f, no pl* heraldry.

heraldisch *adj* heraldic.

heran *adv* **rechts/links** ~**!** over to the right/left; **immer** *or* **nur** ~**!** come on *or* along (then)!; **bis an etw** (*acc*) ~ close *or* near to sth, right by *or* beside sth; (*mit Bewegungsverb*) right up to sth.

heran|arbeiten *vr sep* (*sich nähern*) to work one's way along; **sich an jdn/etw** ~ to work one's way (along *or* over) towards sb/sth; **heranbilden** *vt sep* to train (up); (*in der Schule*) to educate; **heranbringen** *vt sep irreg* (*herbringen*) to bring over; **sein Spurt brachte ihn näher an den führenden Läufer heran** his spurt brought him up towards *or* nearer to the leader; **heranfahren** *vti sep irreg aux sein* to drive *or* (*mit Fahrrad*) ride up (*an* +*acc* to); **heranführen** *sep* **I** *vt jdn* to lead up; *Truppen* to bring up; **jdn an etw** (*acc*) ~ (*lit*) to lead/bring sb up to sth; (*fig*) (*Frage, Problem*) to lead *or* bring sb to sth; (*Lehrer etc*) to introduce sb to sth; **II** *vi an etw* (*acc*) ~ (*lit*, *fig*) to lead to sth; **herangehen** *vi sep irreg aux sein* to go up (**an** +*acc* to); **ich würde nicht näher** ~ I wouldn't go any nearer *or* closer; **an jdn/ etw** ~ (*lit*) to go up to sb/sth; (*fig*: *angreifen*) *an Problem*, *Aufgabe* to tackle *or* approach sth; *an Gegner* to set about sb; **herankommen** *vi sep irreg aux sein* **1.** (*räumlich*) to come *or* draw near (**an** + *acc* to), to approach (**an etw** (*acc*) sth); (*zeitlich*) to draw near (**an** +*acc* to), to approach (**an etw** (*acc*) sth); **das lasse ich mal an mich** ~ (*fig inf*) I'll cross that bridge when I come to it (*prov*); **unsere Verfolger kamen immer näher heran** our pursuers were gaining on us; **unmittelbar an jdn** ~ to come *or* get right up (close) to sb; **auf 1:3** to pull up *or* back to 1-3; **er läßt alle Probleme an sich**~ he always adopts a wait-and-see attitude; **2.** (*erreichen*, *bekommen*) **an den Chef/Motor kommt man nicht heran** you can't get hold of the boss/get at *or* to the engine; **3.** (*sich messen können mit*) **an jdn** ~ to be up to the standard of sb; **an etw** (*acc*) ~ to be up to (the standard of) sth; **er kommt nicht an seinen Vater heran** he's not a patch on his father; **heranmachen** *vr sep* (*inf*) **sich an etw** (*acc*) ~ to get down to sth, to get going on sth (*inf*); **sich an jdn** ~ to approach sb, to have a go at sb (*inf*); *an Mädchen* to make up to sb, to chat sb up (*inf*); **herannahen** *vi sep aux sein* (*geh*) to approach; (*Katastrophe, Unwetter auch*) to be imminent; **heranreichen** *vi sep* **an jdn/etw** ~ (*lit*) (*Mensch*) to reach sb/sth; (*Weg, Gelände etc*) to reach (up to) sth; (*fig: sich messen können mit*) to come up to (the standard of) sb/sth, to come near sb/sth; **heranreifen** *vi sep aux sein* (*geh*) (*Obst*) to ripen; (*fig: Jugendliche*) to mature; (*Plan, Entschluß, Idee*) to mature, to ripen; **zur Frau/zum Mann/ zum Erwachsenen** ~ to mature into a woman/man/adult; **heranrücken** *sep* I *vi aux sein* (*sich nähern*) to approach (**an etw** (*acc*)); (*Truppen auch*) to advance (**an** +*acc* upon, towards); (*dicht aufrücken*) to come/go nearer *or* closer (**an** +*acc* to); **er rückte mit seinem Stuhl heran** he brought *or* drew his chair up *or* nearer; II *vt* to pull/push over *or* up (**an** +*acc* to); **rück deinen Stuhl heran** bring *or* draw up your chair; **heranschaffen** *vt sep* to bring (along); **heranschleichen** *vr sep irreg* (*vi: aux sein*) to creep up (**an etw** (*acc*) to sth, *an jdn* on sb); **herantasten** *vr sep* (*lit*) to feel *or* grope one's way over (**an** + *acc* to); (*fig*) to feel one's way; **sich an eine Frage** ~ to approach a matter cautiously; **herantragen** *vt sep irreg* to bring (over), to carry over; **etw an jdn** ~ (*fig*) to take/ bring sth to sb, to go to sb with sth; **herantreten** *vi sep irreg aux sein* (*lit*) to come/go up (**an** +*acc* to); **näher** ~ to come/go nearer; **an jdn** ~ (*fig*) (*konfrontieren: Probleme, Zweifel, Versuchung*) to confront *or* face sb; **mit etw an jdn** ~ (*sich wenden an*) to go to *or* approach sb with sth; **heranwachsen** *vi sep irreg aux sein* (*geh*) to grow; (*Kind*) to grow up; (*fig: Probleme, Konkurrenz*) to grow up

(*jdm* around sb); **zu einer schönen jungen Frau** ~ to grow (up) into *or* to be a lovely young woman; **die ~de Generation** the rising generation, the up and coming generation; **Heranwachsende** *pl* (*Jur*) adolescents *pl*; **heranwagen** *vr sep* to venture near, to dare to come/go near; **sich an etw** (*acc*) ~ (*lit*) to venture near sth, to dare to come/go near sth; (*fig*) to venture to tackle sth; **er wagte sich nicht an sie heran** he did not dare to approach her; **heranziehen** *sep irreg* I *vt* **1.** (*näher bringen*) to pull over, to draw near (**an** + *acc* to); **2.** (*zu Hilfe holen*) to call in; *Literatur* to consult; **jdn zur Hilfe/Unterstützung** ~ to enlist sb's aid *or* help/ support; **3.** (*einsetzen*) *Arbeitskräfte*, *Kapital* to bring in; **jdn zu einer Aufgabe** ~ to enlist sb to do a task; **4.** (*geltend machen*) *Recht, Paragraphen, Quelle, Zitat* to call *or* bring into play; **etw zum Vergleich** ~ to use sth by way of comparison; **5.** (*aufziehen*) *Tier, Kind* to raise; *Pflanze auch* to cultivate; **jdn zu etw** ~ to bring sb up to be sth; **sich** (*dat*) **Revolutionäre/Jasager** ~ (*pej*) to make revolutionaries/yes-men for oneself; II *vi aux sein* to approach; (*Mil*) to advance.

herauf I *adv* up. **vom Tal** ~ up from the valley; **von unten** ~ up from below; **vom Süden** ~ (*inf*) up from the south. II *prep* +*acc* up. **den Fluß/Berg/die Treppe** ~ up the river/mountain/stairs.

herauf- *pref* up; **herauflarbeiten** *vr sep* (*lit*, *fig*) to work one's way up; **heraufbeschwören*** *vt sep irreg* **1.** (*wachrufen*) Erinnerung, Vergangenheit to evoke; **2.** (*herbeiführen*) *Unglück, Streit, Krise* to cause, to give rise to; **heraufbringen** *vt sep irreg* to bring up; **heraufführen** *sep* I *vt Pferd etc* to lead up; *jdn* to show up; II *vi* (*Weg etc*) to lead up; **heraufkommen** *vi sep irreg aux sein* to come up; (*in oberes Stockwerk*) to come up(stairs); (*auf Boot, Kutsche*) to climb *or* come *or* get aboard; (*Mond, Geräusch, Nebel, Wolke auch*) to rise; (*Gewitter*) to approach; **heraufreichen** *sep* I *vt* to hand *or* pass up; II *vi* to reach; **der Baum reicht bis zum Fenster herauf** the tree reaches (up to) *or* comes up to the window; **heraufsetzen** *vt sep Preise etc* to increase, to raise; **heraufsteigen** *vi sep irreg aux sein* **1.** to climb up; (*Dampf, Rauch*) to rise; (*Erinnerungen*) to well up (*in jdm* in sb); **2.** (*liter: anbrechen*) (*Tag, neue Zeit*) to dawn; (*Dämmerung*) to break; **heraufziehen** *sep irreg* I *vt* to pull up; II *vi aux sein* (*Gewitter, Unheil etc*) to approach; (*liter: Nacht, Tag, Zeitalter auch*) to draw nigh (*liter*) *or* near.

heraus *adv siehe auch* **herauskommen**, **heraussein** *etc aus*. ~ **da!** (*inf*) get *or* come out of there!; **da** ~? out of there?; ~ **aus den Federn!** (*inf*) rise and shine! (*inf*); ~ **mit ihm** (*inf*) get him out!; ~ **damit!** (*inf*) (*gib her*) hand it over!; ~ **mit der Sprache** *or* **damit!** (*inf*) out with it! (*inf*); **zum Fenster** ~ out of the window; **nach vorn** ~ **wohnen** to live facing *or* at the front; **aus einem Gefühl der Verlassenheit/dem**

Wunsch ~ out of a feeling of forlornness/ the desire.

heraus- pref out; **heraus|arbeiten** sep I vt (aus Stein, Holz) to carve (aus out of); (fig) to bring out; II vr to work one's way out (aus of); **herausbekommen*** vt sep irreg **1.** Fleck, Nagel etc to get out (aus of); **2.** (ermitteln, herausfinden) Täter, Ursache, Geheimnis to find out (aus jdm from sb); Lösung, Aufgabe to work or figure out; **3.** Wechselgeld to get back; **Sie bekommen noch 1 Mark heraus** you still have 1 mark change to come; **herausbilden** vr sep to form, to develop (aus out of); **herausboxen** vt sep (aus of) Ball to punch out; (inf) jdn to bail out (inf); **herausbringen** vt sep irreg **1.** (lit) to bring out (aus of); **2.** (inf: entfernen, ermitteln) siehe **herausbekommen 1., 2.**; **3.** (auf den Markt bringen) to bring out; neues Modell auch to launch; **jdn/etw ganz groß** ~ to launch sb/sth in a big way, to give sb/sth a big build-up; **die Affäre wurde in allen Zeitungen groß herausgebracht** the affair made a big splash or they made a big splash of the affair in the papers; **4.** (hervorbringen) Worte to utter, to say; **er brachte kein Wort/keinen Ton heraus** he couldn't utter a word/sound; **aus ihm war kein Wort herauszubringen** they couldn't get a (single) word out of him; **herausdrehen** vt sep Birne, Schraube to unscrew (aus from); **herausdrücken** vt sep to squeeze out (aus of); **die Brust** ~ to stick one's chest out; **herausfahren** sep irreg I vi aux sein **1.** (aus of) to come out; (Auto, Fahrer auch) to drive out; (Zug auch) to pull or draw out; (Radfahrer auch) to ride out; **2.** (schnell herauskommen) to leap out; (entweichen) to come out; (Wort etc) to slip out, to come out; **das Wort ist mir nur so herausgefahren** that word just came or slipped out somehow; II vt **1.** (aus of) Zug, Auto to drive out; Fahrrad to ride out; **2.** (Sport) eine gute or schnelle Zeit/ den Vorsprung ~ to make good time/the lead; **einen Sieg** ~ to drive/ride to victory; **verlorene Minuten** ~ to make up for lost time; **herausfiltern** vt sep (aus of) to filter out; (fig auch) to sift out; **herausfinden** sep irreg I vt Fehler, Fakten, Täter etc to find out; (herauslesen) Gesuchtes to pick out (aus from among, from), to find (aus (from) among); **er hat herausgefunden, daß …** he has found out or discovered that …; (erkannt) he has found or discovered that …; II vir to find one's way out (aus of); **herausfischen** vt sep (inf) to fish out (inf) (aus of); **sich** (dat) **etw** ~ to pick sth out (for oneself); **sich immer das Beste aus allem** ~ always to take the best of everything; **herausfliegen** sep irreg I vi aux sein (aus of) (lit) to fly out; (inf: herausfallen) to come flying out; II vt to fly out (aus of).

Herausforderer m -s, - challenger.

herausfordern sep I vt (esp Sport) to challenge (zu to); (provozieren) to provoke (zu etw to do sth); Kritik, Protest to invite; (heraufbeschwören) Gefahr to court; Unglück to court, to invite. **das**

Schicksal ~ to tempt fate or providence. II vi zu etw ~ (provozieren) to invite sth.

herausfordernd adj provocative; (lockend auch) inviting; Blick auch come-hither attr; (Auseinandersetzung suchend) Reden, Haltung, Blick challenging.

Herausforderung f challenge; (Provokation) provocation.

herausfühlen vt sep (fig) to sense (aus from); **herausführen** vti sep (lit, fig) to lead out (aus of).

Herausgabe f **1.** (Rückgabe) return, handing back; (von Personen) handing over, surrender. **2.** (von Buch etc) publication.

herausgeben sep irreg I vt **1.** (zurückgeben) to return, to hand or give back; Gefangene etc to hand over, to surrender.
2. (veröffentlichen, erlassen) to issue; Buch, Zeitung to publish; (bearbeiten) to edit.
3. (Wechselgeld geben) Betrag to give in or as change. **wieviel hat er dir herausgegeben?** how much change or what change did he give you (back)?; **2 DM/zuwenig** ~ to give 2 marks change/too little change.
4. (herausreichen) to hand or pass out (aus of).
II vi (Wechselgeld geben) to give change (auf +acc for). **er hat vergessen, mir herauszugeben** he's forgotten to give me my change; **können Sie (mir)** ~? can you give me change?, have you got the or enough change?; **falsch** ~ to give the wrong change.

Herausgeber(in f) m (Verleger) publisher; (Redakteur) editor.

herausgehen vi sep irreg aux sein (aus of) to go out; (Fleck, Korken etc) to come out; **aus sich** ~ (fig) to come out of one's shell (fig); **herausgreifen** vt sep irreg to pick or single out (aus of); Beispiel to take; **sich** (dat) **einzelne Demonstranten** ~ to pick on or single out individual demonstrators; **herausbaben** vt sep irreg (inf) **1. ich will ihn aus der Firma** ~ I want him out of the firm; **2.** (begriffen haben) to have got (inf); (gelöst haben) Problem, Aufgabe to have solved; Geheimnis to have found out; **ich habe es jetzt heraus, wie man das am besten macht** I've got it – I know the best way to do it now; **3.** (zurückbekommen haben) to have got back; **heraushalten** sep irreg I vt **1.** (lit) Hand, Gegenstand to put or stick out (aus of); **2.** (fernhalten) Tiere, Eindringlinge to keep out (aus of); **3.** (fig: nicht ver wickeln) to keep out (aus of); II vr to keep out of it; sich aus etw ~ to keep out of sth; **halt du dich mal heraus!** you keep or stay out of it or this; **heraushelfen** vi sep irreg jdm ~ (lit, fig) to help sb out (aus of); **jdm aus dem Zug** ~ to help sb off the train; **herausholen** vt sep **1.** (lit) (aus of) to get out; (herausbringen) to bring or fetch out; **2.** (fig) Antwort, Geheimnis to get out (aus of), to extract (form) (aus from); Vorteil to gain (aus from); Zeit to make up; Ergebnis to get, to achieve; Sieg to win, to gain; **er hat bei diesem Geschäft**

ganz schön viel (Geld) herausgeholt he has made *or* got a lot of money out of this deal; **heraushören** *vt sep (wahrnehmen)* to hear; *(fühlen)* to detect, to sense *(aus* in); **herauskehren** *vt sep (fig: betonen) Bildung, Überlegenheit* to parade; **Strenge ~** to show one's sterner *or* stricter side; **den reichen Mann/Vorgesetzten ~** to parade the fact that one is rich/the boss.

herauskommen *vi sep irreg aux sein* **1.** to come out *(aus* of). **ich bin schon seit Tagen aus den Kleidern/dem Haus nicht herausgekommen** I haven't had these clothes off/ I haven't been out of the house in days; **er ist nie aus seinem Land/Dorf herausgekommen** he has never been out of or left his country/village; **aus sich ~** to come out of one's shell; **er kam aus dem Staunen/der Verwunderung nicht heraus** he couldn't get over his astonishment/ amazement; **er kam aus dem Lachen nicht heraus** he couldn't stop laughing.
2. *(inf: aus bestimmter Lage)* to get out *(aus* of). **aus seinen Schwierigkeiten/ Sorgen ~** to get over one's difficulties/ worries; **aus den Schulden ~** to get out of debt; **mit einem Gewinn ~** to get *or* win a prize.
3. *(auf den Markt kommen)* to come out; *(neues Modell auch)* to be launched. **mit einem neuen Modell ~** to bring out a new model, to come out with a new model.
4. *(bekanntgegeben werden)* to come out; *(Börsenkurse auch)* to be published; *(Gesetz)* to come into force; *(bekanntwerden: Schwindel, Betrug etc auch)* to come to light. **es wird bald ~, daß du das Auto gestohlen hast** they'll soon find out *or* it will soon come out that you stole the car.
5. *(sichtbar werden)* to come out; *(Fleck)* to appear; *(zur Geltung kommen, hörbar werden)* to come over. **ganz groß ~** *(inf)* to make a big splash *(inf)*, to have a big impact.
6. *(geäußert werden)* to come out. **mit etw ~** to come out with sth; **mit der Sprache ~** to come out with it *(inf)*.
7. *(Resultat haben)* **bei etw ~** to come of sth, to emerge from sth; **und was soll dabei ~?** and what is that supposed to achieve?, and where is that supposed to get us?; **es kommt nichts dabei heraus, da kommt nichts bei heraus** *(N Ger)* it doesn't lead anywhere *or* get us anywhere *or* achieve anything; **es kommt auf eins** *or* **auf dasselbe** *or* **aufs gleiche heraus** it comes (down) to *or* boils down to the same thing.
8. *(Sw: ausgehen)* to turn out.
9. *(inf: aus der Übung kommen)* to get out of practice.
10. *(Cards)* to lead. **wer kommt heraus?** whose lead is it?, who leads?

herauskriegen *vt sep (inf) siehe* **herausbekommen, rauskriegen; herauskristallisieren** *sep* I *vt (Chem)* to crystallize *(aus* out of); *(fig) Fakten, Essenz, Punkte* to extract *(aus* from); II *vr (Chem)* to crystallize (out); *(fig)* to crystallize, to take shape; **herauslassen** *vt sep irreg* to let out *(aus* of); *(inf: weglassen)* to leave out *(aus* of); **herauslaufen** *sep irreg* I *vi aux*

sein to run out *(aus* of); II *vt (Sport) Vorsprung, Zeit, Sekunden* to gain; *Sieg, zweiten Platz auch* to win; **herauslesen** *vt sep irreg (erkennen)* to gather *(aus* from); **aus seinem Brief/seiner Miene las ich Kummer heraus** from his letter/ expression I could tell *or* I gathered that he was worried; **herauslocken** *vt sep (aus* of) to entice out; *Gegner, Tier auch* to lure out; **etw aus jdm ~** *(ablisten)* to get *or* worm *(inf)* sth out of sb; **jdn aus seiner Reserve ~** to draw sb out of his shell; **herausmachen** *sep (inf)* I *vt (aus* of) to take out; *Fleck* to get out; II *vr (sich gut entwickeln)* to come on (well); *(finanziell)* to do well; *(nach Krankheit)* to pick up; **sie hat sich prächtig herausgemacht** she has really blossomed *or* bloomed; **herausmüssen** *vi sep irreg (inf)* **1.** *(entfernt werden müssen)* to have to come out; **2.** *(aufstehen müssen)* to have to get up; **3.** *(gesagt werden müssen)* to have to come out; **herausnehmbar** *adj* removable; **herausnehmen** *vt sep irreg* **1.** to take out *(aus* of); *(inf) Zahn auch* to pull out; *Kind (aus der Schule etc)* to take away, to remove *(aus* from); **sich *(dat)* die Mandeln ~ lassen** to have one's tonsils out; **den Gang ~** *(Aut)* to put the car into neutral; **2.** *(inf: sich erlauben)* **es sich *(dat)* ~, etw zu tun** to have the nerve to do sth *(inf)*; **sich *(dat)* Freiheiten ~** to take liberties; **Sie nehmen sich zuviel heraus** you're going too far; **herauspauken** *vt sep (inf)* **jdn (aus etw) ~** to get sb off the hook *(inf)*, to bail sb out (of sth) *(inf)*; **herauspicken** *vt sep (aus* of) *(Vögel)* to peck out; *(fig) das Beste* to pick out; **herausplatzen** *vi sep aux sein (inf) (spontan sagen)* to blurt it out; *(lachen)* to burst out laughing; **mit etw ~** to blurt sth out; **herauspressen** *vt sep (aus* of) to squeeze out; *Saft etc auch* to press out; *Geld, Geständnis auch* to wring out; **herausputzen** *vt sep jdn* to dress up; *(schmücken) Stadt, Weihnachtsbaum, Wohnung etc* to deck out; **sich prächtig ~** to get dressed up, to do oneself up *(inf)*; *(Stadt)* to be decked out magnificently; **herausragen** *vi sep siehe* **hervorragen; herausreden** *vr sep* to talk one's way out of it *(inf)*; **herausreißen** *vt sep irreg* **1.** *(lit) (aus* of) to tear *or* rip out; *Zahn, Baum* to pull out; **2.** **jdn aus etw ~** *(aus Umgebung)* to tear sb away from sth; *(aus Arbeit, Spiel, Unterhaltung)* to drag sb away from sth; *(aus Schlaf, Träumerei)* to startle sb out of sth; *(aus Lethargie, Sorgen)* to shake sb out of sth; **3.** *(inf: aus Schwierigkeiten)* **jdn ~** to get sb out of it *(inf)*; **4.** *(inf: wiedergutmachen)* to save; **herausrücken** *sep* I *vt* to push out *(aus* of); *(inf: hergeben) Geld* to cough up *(inf)*; *Beute, Gegenstand* to hand over; II *vi aux sein* **1.** *(lit)* to move out; **2.** *(inf: hergeben)* **mit etw ~** *(mit Geld)* to cough sth up *(inf)*; *(mit Beute)* to hand sth over; **3.** *(inf: aussprechen)* **mit etw ~** to come out with sth; **mit der Sprache ~** to come out with it; **herausrutschen** *vi sep aux sein (lit)* to slip out *(aus* of); *(fig inf: Bemerkung)* to slip out; **das ist mir nur so** ~ it just slipped out somehow, I just let it slip (out) somehow; **herausschälen** *sep* I *vt das Eßbare etc (aus of)* to get out, to dig out *(inf)*; *(ausschneiden) schlechte Stelle auch* to scrape out; *(fig: absondern) Fakten, Elemente* to single out; **sich aus seinen Sachen** ~ *(inf)* to peel off one's clothes; II *vr (fig: deutlich werden)* to become evident *or* apparent; **herausschauen** *vi sep (dial)* 1. *(Mensch)* to look out *(aus, zu* of); 2. *(zu sehen sein)* to show; 3. *(inf)* dabei schaut nichts heraus there's nothing to be got out of it *or* to be gained by it; **was schaut bei dem Geschäft *or* dabei (für mich) heraus?** what's in it for me? *(inf)*, what do I get out of it?; **herausschlagen** *sep irreg* I *vt* 1. *(lit)* to knock out *(aus* of); **aus einem Stein Funken** ~ to strike sparks from *or* off a stone; 2. *(inf: bekommen) Geld* to make; *Erlaubnis, Verzögerung, Gewinn, Vorteil* to get; *Zeit* to gain; II *vi aux sein (Flammen)* to leap *or* shoot out; **die Flammen schlugen zum Dach heraus** the flames were leaping through the roof; **herausschleudern** *vt sep (werfen)* to hurl out *(aus* of); *(fig) Fragen, Vorwürfe, wütende Worte* to burst out with; *Piloten* to eject; **herausschlüpfen** *vi sep aux sein (lit, fig)* to slip out *(aus* of); **herausschmecken** *sep* I *vt* to taste; II *vi* to be prominent (over the other flavours); **herausschneiden** *vt sep irreg* to cut out *(aus* of); **herausschreiben** *vt sep irreg Stellen, Zitat etc* to copy out *(aus* of); **herausschreien** *vt sep irreg Haß, Gefühle* to shout out.

heraussein *vi sep irreg aux sein (Zusammenschreibung nur bei infin und ptp)* 1. *(entfernt sein)* to be out; *(Blinddarm etc auch)* to have been taken out.
  2. *(herausgekommen sein: Buch, Programm etc)* to be out.
  3. *(bekannt sein)* to be known; *(entschieden sein)* to have been *or* to be settled *or* decided.
  4. *(hinter sich haben) (aus* of) to be out, to have got out. **aus der Schule** ~ to have left school; **aus dem Gröbsten *or* Ärgsten *or* Schlimmsten** ~ to have got past the worst (part); *(bei Krise, Krankheit)* to be over the worst.
  5. *(gesagt worden sein) (Wahrheit)* to be out; *(Worte)* to have come out.

heraußen *adv (S Ger, Aus)* out here.

herausspringen *vi sep irreg aux sein (aus* of) 1. *(lit)* to jump *or* leap out; 2. *(sich lösen)* to come out; **aus dem Gleis** ~ to jump the rails; 3. *(inf) siehe* **herausschauen** 3.; **herausprudeln** *sep* I *vi aux sein* to bubble out *(aus* of); II *vt Worte, Sätze* to come gushing out with; **herausstehen** *vi sep irreg* to stand *or* stick out, to protrude; **herausstellen** *sep* I *vt* 1. *(lit)* to put outside; *(Sport)* to send off; 2. *(fig: hervorheben)* to emphasize, to underline; *jdn* to give prominence to; II *vr (Unschuld, Wahrheit)* to come to light; **sich als falsch/wahr/richtig/begründet** ~ to show itself to be *or* to prove (to be) wrong/true/correct/well-founded; **es stellte sich heraus, daß ... it**

turned out *or* emerged that ...; **es wird sich** ~, **wer recht hat/was getan werden muß** we shall see who is right/what must be done; **das muß sich erst** ~ **that** remains to be seen; **herausstrecken** *vt sep* to stick out *(zu, aus* of); **herausstreichen** *vt sep irreg* 1. *Fehler etc* to cross out, to delete *(aus* in); 2. *(betonen) Verdienste etc* to stress, to lay great stress upon; **herausströmen** *vi sep aux sein (aus* of) *(Flüssigkeit)* to stream *or* pour out; *(Gas)* to come out; *(Menschenmenge)* to pour out; **herausstürzen** *vi sep aux sein* 1. *(auch herausgestürzt kommen) (eilen)* to rush out *(aus* of); 2. *(fallen)* to fall out; **zum Fenster** ~ to fall out of the window; **heraussuchen** *vt sep* to pick out; **heraustreten** *vi sep irreg aux sein* to step *or* come out *(aus* of), to emerge *(aus* from); *(Adern etc)* to stand out, to protrude; **herauswagen** *vr sep* to dare to come out *(aus* of); to venture out *(aus* of) *or* forth *(liter) (aus* from); **herauswinden** *vr sep irreg (fig)* to wriggle out of it; **sich aus etw** ~ to wriggle out of sth; **herauswirtschaften** *vt sep* to make *(aus* out of); **herauswollen** *vi sep* to want to get out *(aus* of); **er wollte nicht mit der Sprache heraus** *(inf)* he didn't want to come out with it *(inf)*; **herausziehen** *sep irreg* I *vt* to pull out *(aus* of); *(herausschleppen)* to drag out *(aus* of); II *vr* to pull oneself out *(aus* of).

herb *adj* 1. *Geruch* sharp; *Geschmack auch,* Parfüm tangy; *Wein* dry. 2. *Enttäuschung, Verlust* bitter; *Erwachen* rude; *Erkenntnis, Wahrheit* cruel. 3. *Züge, Gesicht* severe, harsh; *Art, Charakter, Mensch* dour; *Schönheit* severe, austere. 4. *Worte, Kritik* harsh.

Herbarium *nt* herbarium, herbary.

herbei *adv (geh)* come (here). **(alle Mann)** ~! come here (everybody)!

herbeibringen *vt sep irreg jdn, Gegenstand* to bring over; *Indizien, Beweise* to provide; *Sachverständige* to bring in; **herbeieilen** *vi sep aux sein* to hurry *or* rush over; **herbeiführen** *vt sep (bewirken) Entscheidung, Konfrontation etc* to bring about; *(verursachen auch)* to cause; **den Tod** *etc* ~ *(Med)* to cause death *etc (form)*; **herbeiholen** *vt sep* to bring; *Verstärkung* to bring in; *Arzt, Taxi, Polizisten* to fetch; **herbeilassen** *vr sep irreg* **sich zu etw** ~, **sich** ~, **etw zu tun** to condescend *or* deign to do sth; **herbeirufen** *vt sep irreg* to call over; *Verstärkung* to call in; *Arzt, Polizei, Taxi* to call; **herbeischaffen** *vt sep* to bring; *Geld* to get, to get hold of *(inf)*; *Beweise* to produce; **herbeisehnen** *vt sep* to long for; **herbeiströmen** *vi sep aux sein* to come flocking, to come in (their) crowds; **herbeiwinken** *vt sep* to beckon *or* wave over; *Taxi* to hail; **herbeiziehen** *sep irreg* I *vt siehe* **Haar**; II *vi aux sein siehe* **heranziehen** II.

herbekommen* *vt sep irreg (inf)* to get; **herbemühen*** *sep (geh)* I *vt jdn* ~ to trouble sb to come here; II *vr* to take the trouble to come here.

Herberge *f* -, **-n** 1. *no pl (Unterkunft)* lodging, accommodation *both no indef art*; (*fig*) refuge. **2.** (*old, Gasthaus*) inn; (*Jugend~*) (youth) hostel.

Herbergsmutter *f* (youth hostel) warden; **Herbergsvater** *m* (youth hostel) warden.

herbestellen* *vt sep* to ask to come; **herbeten** *vt sep* (*pej*) to rattle off.

Herbheit *f, no pl siehe adj* **1.** sharpness; tanginess; dryness. **2.** bitterness; rudeness; cruelness. **3.** severity, harshness; dourness; severity, austerity. **4.** harshness.

herbitten *vt sep irreg* to ask to come; **herbringen** *vt sep irreg* to bring (here); **bring mir den Bleistift her** bring me the pencil (over).

Herbst *m* -(e)s, -e autumn, fall (*US*). **im ~** in autumn, in the fall (*US*); **der ~ des Lebens** (*liter*) the autumn of (one's) life (*liter*); **auch der ~ hat noch schöne Tage** (*Prov*) old age has its compensations.

Herbst- *in cpds* autumn, fall (*US*); **Herbstanfang** *m* beginning of autumn; **Herbstaster** *f* Michaelmas daisy; **Herbstfarben** *pl* autumn *or* autumnal colours *pl*; **Herbstferien** *pl* autumn *or* fall (*US*) holiday(s); (*Sch*) half-term holiday(s) (*in the autumn term*); **herbstlich** *adj* autumn *attr*; (*wie im Herbst auch*) autumnal; **das Wetter wird schon ~** autumn is in the air; **das Wetter ist schon ~** it's already autumn weather; **~ kühles Wetter** cool autumn weather; **Herbstmonat** *m* autumn month; **der ~** (*old*) September; **Herbst-Tag|undnachtgleiche** *f* autumnal equinox; **Herbstzeitlose** *f* -n, -n meadow saffron.

Herd *m* -(e)s, -e **1.** (*Küchen~*) cooker, stove; (*Kohle~*) range; (*fig: Heim*) home. **eigener ~ ist Goldes wert** (*Prov*) there's no place like home (*Prov*); **den ganzen Tag am ~ stehen** (*fig*) to slave over a hot stove all day.

2. (*Med: Krankheits~*) focus; (*Geol: von Erdbeben*) epicentre; (*fig: von Rebellion etc*) seat.

3. (*Tech*) hearth.

Herde *f* -, -n (*lit*) herd; (*von Schafen, fig geh: Gemeinde*) flock. **mit der ~ laufen, der ~ folgen** (*pej*) to follow the herd.

Herden|instinkt *m* (*lit, fig pej*) herd instinct; **Herdentier** *nt* gregarious animal; **Herdentrieb** *m* (*lit, fig pej*) herd instinct; **herdenweise** *adv* in herds; (*Schafe*) in flocks; (*fig auch*) in crowds.

Herdplatte *f* (*von Kohleherd*) (top) plate; (*von Elektroherd*) hotplate.

herein *adv* in. **~!** come in!, come! (*form*); **nur ~!** do come in!; **immer ~!** come along in!; **hier ~!** in here!; **von (dr)außen ~** from outside.

herein- *pref* in; **hereinbekommen*** *vt sep irreg* (*inf*) *Waren* to get in; *Radiosender* to get; *Unkosten etc* to recover; **hereinbitten** *vt sep irreg* to ask (to come) in; **hereinbrechen** *vi sep irreg aux sein* **1.** (*eindringen: Wasser, Flut, Wellen*) to gush in; **über jdn/etw ~** (*lit, fig*) to descend upon sb/sth; **2.** (*Gewitter*) to break; (*Krieg, Rest*) to break out; **das Unglück brach über ihn herein** misfortune overtook him; **3.** (*liter: anbrechen*)

(*Nacht, Abend*) to fall, to close in; (*Winter*) to set in; **hereinbringen** *vt sep irreg* **1.** to bring in; **2.** (*inf: wettmachen*) *Geldverlust* to make good; *Zeit-, Produktionsverluste* to make up for; *Unkosten* to get back; **hereindringen** *vi sep irreg aux sein* (*Licht, Wasser*) to come in (*in +acc -to*); **hereindürfen** *vi sep irreg* (*inf*) to be allowed in; **darf ich herein?** may *or* can I come in?; **hereinfahren** *vti sep irreg* (*vi: aux sein*) to drive in; (*mit Fahrrad*) to ride in; **hereinfallen** *vi sep irreg aux sein* **1.** to fall in (*in +acc -to*); **2.** (*inf*) to fall for it (*inf*); (*betrogen werden*) to be had (*inf*); **auf jdn/etw ~** to be taken in by sb/sth, to be taken for a ride (by sb) (*inf*)/to fall for sth; **mit jdm/etw ~** to have a bad deal with sb/sth; **hereinführen** *vt sep* to show in; **hereinholen** *vt sep* to bring in (*in +acc -to*); **hereinkommen** *vi sep irreg aux sein* to come in (*in +acc -to*); **wie ist er hereingekommen?** how did he get in?; **ins Haus ~** to come in *or* inside; **hereinkriegen** *vt sep* (*inf*) *siehe* **hereinbekommen, reinkriegen; hereinlassen** *vt sep irreg* to let in (*in +acc -to*); **hereinlegen** *vt sep* (*inf*) **jdn ~** (*betrügen*) to take sb for a ride (*inf*); (*anführen*) to take sb in; **hereinnehmen** *vt sep irreg* to bring in (*in +acc -to*); (*in Liste, Kollektion etc aufnehmen*) to put in, to include; (*Comm*) *Aufträge* to accept; **hereinplatzen** *vi sep aux sein* (*inf*) to burst *or* come bursting in (*in +acc -to*); **bei jdm ~** to burst in on sb; **hereinregnen** *vi impers sep* **es regnet herein** the rain is coming in; **hereinreiten** *sep irreg* **I** *vti* (*vi: aux sein*) to ride in (*in +acc -to*); **II** *vr* (*inf*) to land oneself in it *or* in the soup (*inf*); **hereinrufen** *vt sep irreg* to call in; **hereinschauen** *vi sep* (*dial*) to look in (*in +acc -to*); (*bei jdm*) ~ (*inf*) to look in on sb (*inf*), to look sb up (*inf*); **hereinschneien** *sep* **I** *vi impers* **es schneit herein** the snow's coming in; **II** *vi aux sein* (*inf*) to drop in (*inf*); **hereinsehen** *vi sep irreg* to see/look in (*in +acc -to*); **hereinspazieren*** *vi sep aux sein* to breeze in (*in +acc -to*); **hereinspaziert!** come right in!; **hereinstecken** *vt sep* (*in +acc -to*) to put in; *Kopf, Hand auch* to stick in; **hereinströmen** *vi sep aux sein* (*in +acc -to*) to stream *or* pour in; **hereinstürzen** *vi sep aux sein* to rush in (*in +acc -to*); **hereinwagen** *vr sep* (*in +acc -to*) to dare to come in, to venture in; **hereinwollen** *vi sep* (*inf*) to want to come in.

herfahren *sep irreg* **I** *vi aux sein* to come *or* get here; **hinter/vor jdm/etw ~** to drive *or* (*mit Rad*) ride (along) behind/in front of *or* ahead of sb/sth; **der Detektiv fuhr hinter dem Auto her** the detective followed *or* trailed the car; **II** *vt* to drive *or* bring here; **Herfahrt** *f* journey here; **auf der ~** on the journey *or* way here; **herfallen** *vi sep irreg aux sein* **über jdn ~** to attack sb, to fall upon sb; (*mit Fragen*) to attack sb, to pitch into sb; (*kritisieren*) to pull sb to pieces; **über etw** (*acc*) ~ to descend upon sth; *über Geschenke, Eßbares etc* to pounce upon sth; **herfinden** *vi sep irreg* to find one's way here.

Hergang *m* **-(e)s**, *no pl* (*von Schlacht*) course. **schildern Sie mir genau den ~ dieses Vorfalls** tell me exactly what happened; **der ~ des Unfalls** the way the accident happened, the details of the accident.

hergeben *sep irreg* **I** *vt* (*weggeben*) to give away; (*überreichen, aushändigen*) to hand over; (*zurückgeben*) to give back; **gib das her!** give me that, let me have that; **viel/einiges/wenig ~** (*inf: erbringen*) to be a lot of use/of some use/not to be much use; **das Buch gibt nicht viel her** the book doesn't tell me/you (very) much; **das Thema gibt viel/nichts her** there's a lot/nothing to this topic; **was die Beine hergaben** as fast as one's legs would carry one; **was die Lunge/Stimme hergab** at the top of one's voice; **seinen Namen für etw ~** to lend one's name to sth; **II** *vr* **sich zu** *or* **für etw ~** to be (a) party to sth; **dazu gebe ich mich nicht her** I won't have anything to do with it; **eine Schauspielerin, die sich für solche Filme hergibt** an actress who allows herself to be involved in such films; **hergebracht** *adj* (*traditionell*) **in ~er Weise** as is/was traditional; **hergehen** *sep irreg aux sein* **I** *vi* **hinter/vor/neben jdm ~** to walk (along) behind/in front of *or* ahead of/beside sb; **~ und etw tun** (*einfach tun*) just *or* simply to (go and) do sth; **II** *vi impers* (*inf*) **1.** (*zugehen*) **so geht es her** that's the way it goes *or* is; **es ging heiß her** things got heated (*inf*), (the) sparks flew; **hier geht es hoch her** there's plenty going on here; **2. es geht über jdn/etw her** (*wird kritisiert*) sb/sth is being got at (*inf*) *or* pulled to pieces; **3. es geht über etw** (*acc*) **her** (*wird verbraucht*) sth suffers (*hum*) *or* is depleted; **hergehören*** *vi sep* to belong here; (*fig auch*) to be relevant; **hergelaufen** *adj attr* (*pej*) *siehe* **dahergelaufen**; **herhaben** *vt sep irreg* (*inf*) **wo hat er das her?** where did he get that from?; **herhalten** *sep irreg* **I** *vt* to hold out; **II** *vi* to suffer (for it), to pay for it; **für etw ~** to pay for sth; **als Sündenbock ~** he is the scapegoat; **als Entschuldigung für etw ~** to serve *or* be used as an excuse for etw; **herholen** *vt sep* (*inf*) to fetch; **~ lassen** to send for; **weit hergeholt sein** (*fig*) to be far-fetched; **herhören** *vi sep* (*inf*) to listen; **alle** *or* **alle mal ~!** listen (to me) *or* listen here (*inf*) *or* pay attention everybody, everybody listen (to me).

Hering *m* **-s**, **-e 1.** herring. **wie die ~e zusammengedrängt** packed in like sardines (in a tin); **dünn wie ein ~** as thin as a rake.
2. (*Zeltpflock*) (tent) peg.

herinnen *adv* (*S Ger, Aus*) *siehe* **drinnen, innen.**

herjagen *sep* **I** *vt* (*auf jdn zu*) to drive *or* chase over *or* across; **jdn vor sich** (*dat*) **~** to drive sb along in front of one; **II** *vi aux sein* **hinter jdm ~** to chase after sb; **hinter etw** (*dat*) **~** to be after sth; **herkommen** *vi sep irreg aux sein* to come here; (*sich nähern*) to come, to approach; (*herstammen*) to come from; **komm her!** come here!; **von jdm/etw ~** (*stammen*) to come

from sb/sth; **ich weiß nicht, wo das herkommt** (*was der Grund ist*) I don't know why it is *or* what the reason is; **herkömmlich** *adj* conventional; **nach ~em Brauch** according to convention.

Herkules *m* **-, -se** (*Myth, fig*) Hercules.
Herkules|arbeit *f* (*fig*) Herculean task.
Herkunft *f* **-**, *no pl* origin; (*soziale*) background, origins *pl*. **er ist britischer** (*gen*) **~, er ist seiner ~ nach Brite** he is of British extraction *or* descent *or* origin; **er ist aristokratischer** (*gen*) **~** he comes from an aristocratic family, he is of aristocratic descent.
Herkunftsland *nt* (*Comm*) country of origin.

herlaufen *vi sep irreg aux sein* to come running; **lauf doch mal her zu mir!** come over here to me; **hinter** (*lit, fig*)**/vor/neben jdm ~** to run after/ahead of/beside sb; **herleiten** *sep* **I** *vt* **1.** (*ableiten, folgern*) to derive (*aus* from); **2.** (*an bestimmten Ort leiten*) to bring; **II** *vr* **sich von etw ~** to come from sth, to be derived from sth; **hermachen** *sep* (*inf*) **I** *vr* **sich über etw** (*acc*) **~** (*in Angriff nehmen*) **Arbeit, Buch, Essen** to get stuck into sth (*inf*); (*Besitz ergreifen*) **Eigentum, Gegenstände** to pounce (up)on sth; **sich über jdn ~** to lay into sb (*inf*); **II** *vt* **viel ~** to look impressive; **wenig ~** not to look very impressive; **nichts ~** not to be up to much (*inf*); **von jdm/etw viel ~** to crack sb/sth up to be quite fantastic (*inf*), to make a big thing of sb/sth (*inf*); **viel von sich ~** to be full of oneself; **er macht wenig** *or* **nicht viel von sich her** he's pretty modest.

Hermaphrodit *m* **-en, -en** hermaphrodite.
Hermelin[1] *nt* **-s, -e** (*Zool*) ermine.
Hermelin[2] *m* **-s, -e** (*Pelz*) ermine.
Hermeneutik *f*, *no pl* hermeneutics *sing.*
hermeneutisch *adj* hermeneutic(al).
hermetisch *adj* hermetic. **die Häftlinge sind ~ von der Außenwelt abgeschlossen** the prisoners are completely shut off from the outside world; **~ abgeriegelt** completely sealed off.

hernach *adv* (*dated, dial*) afterwards.
hernehmen *vt sep irreg* **1.** (*beschaffen*) to get, to find. **wo soll ich das ~?** where am I supposed to get that from?
2. (*dial inf*) **jdn ~** (*stark fordern, belasten*) to make sb sweat (*inf*); (*mitnehmen: Krankheit, Schock, Nachricht, Anstrengung*) to take it out of sb (*inf*).
3. (*sich dat*) **jdn ~** (*dial: tadeln, verprügeln*) to let sb have it (*inf*).
hernieder *adv* (*liter*) down.
heroben *adv* (*Aus, S Ger*) up here.
Heroenkult(us) [he'ro:ən-] *m* (*geh*) hero-worship.
Heroin [hero'i:n] *nt* **-s**, *no pl* heroin.
Heroine [hero'i:nə] *f* (*dated Theat*) heroine.
heroisch [he'ro:ɪʃ] *adj* (*geh*) heroic.
heroisieren* [heroi'zi:rən] *vt jdn* to make a hero of; *Tat* to glorify.
Heroismus [hero'ɪsmʊs] *m*, *no pl* (*geh*) heroism.
Herold *m* **-(e)s, -e** (*Hist: Bote*) herald; (*fig: Vorbote auch*) harbinger.
Heros *m* **-, Heroen** hero.
herplappern *vt sep* (*inf*) to reel off. **was sie**

immer so herplappert the things she's always talking about.

Herr *m* **-n, -en 1.** (*Gebieter*) lord, master; (*Herrscher*) lord, ruler (*über* +*acc* of); (*von Hund*) master. **mein ~ und Gebieter** my lord and master; **der junge ~** (*form*) the young master; **die ~en der Schöpfung** (*hum: Männer*) the gentlemen; **sein eigener ~ sein** to be one's own master *or* boss; **~ im eigenen Haus sein** to be master in one's own house; **~ einer Sache** (*gen*) **sein/werden** (*in der Hand haben*) to have/get sth under control; **~ der Lage** *or* **Situation sein/bleiben** to be/remain master of the situation, to have/keep the situation under control; **nicht mehr ~ seiner Sinne sein** not to be in control of oneself any more; **~ über Leben und Tod sein** to have the power of life and death (*gen* over); **über jdn/etw ~ werden** to master sb/sth; **man kann nicht** *or* **niemand kann zwei ~en dienen** (*prov*) no man can serve two masters (*prov*); **wie der ~, so's Gescherr!** (*prov*) like master, like man! (*prov*).

2. (*Rel*) Lord. **Gott, der ~** the Lord God; **der ~ Jesus** the Lord Jesus; **der ~ der Heerscharen** the Lord of Hosts; **~, du meine Güte!** good(ness) gracious (me)!; **~ des Himmels!** good Lord!; **er ist ein großer Schwindler/Esser vor dem ~n** (*hum inf*) what a great fibber/ eater *etc* he is.

3. (*feiner ~, Mann*) gentleman. **ein geistlicher/adliger ~** *or* **~ von Adel** a clergyman/nobleman; **,,~en"** (*Toilette*) "gentlemen", "gents", "men"; **den (großen) ~n spielen** *or* **markieren** (*inf*) to give oneself airs.

4. (*vor Eigennamen*) Mr; (*vor Titeln*) *usu not translated*; (*in Anrede ohne Namen*) sir. (**mein**) **~!** sir!; **bitte, der ~** (*beim Servieren*) there you are, sir; **der ~ wünscht?** what can I do for you, sir?; **Ihr ~ Vater** (*form*) your father; **~ Nachbar** (*form*) excuse me, sir; **~ Dr./Doktor/ Professor Schmidt** Dr/Doctor/Professor Schmidt; **~ Doktor/Professor** doctor/ professor; **~ Präsident/Vorsitzender** Mr President/Chairman; **der ~ Präsident/ Vorsitzende** the President/Chairman; **lieber** *or* **werter** (*dated*) *or* **sehr geehrter** *or* **sehr verehrter** (*form*) **~ A** (*in Brief*) Dear Mr A; **sehr geehrte ~en** (*in Brief*) Dear Sirs.

5. (*Tanzpartner, Begleiter*) gentleman; (*auf bestimmte Dame bezogen*) partner; (*bei Cocktailparty, Theaterbesuch etc*) (gentleman) companion.

6. (*Sport*) **Vierhundert-Meter-Staffel der ~en** men's hundred metres relay.

Herrchen *nt* (*inf: von Hund*) master.

Herren- *in cpds* men's; (*auf Kleidung bezüglich auch*) gents' (*dated*); (*auf einzelnes Exemplar bezüglich*) man's; gents'; **Herren|abend** *m* stag night; **seinen ~ haben** to have a night out with the boys (*inf*); **Herren|artikel** *pl* gentlemen's requisites *pl* (*dated*); **Herren|ausstatter** *m* **-s, -** gents' *or* men's outfitter; **Herren-begleitung** *f* **~ erwünscht** please bring a gentleman *or* (*bei Ball*) partner; **in ~** in the company of a gentleman; **Herren-bekanntschaft** *f* gentleman acquaint-

ance; **eine ~ machen** to make the acquaintance of a gentleman; **Herren-bekleidung** *f* menswear; **Herrenbesuch** *m* (gentle)man visitor/visitors; **Herren-doppel** *nt* (*Tennis etc*) men's doubles *sing*; **Herren|einzel** *nt* (*Tennis etc*) men's singles *sing*; **Herrenfriseur** *m* men's hairdresser, barber; **Herrengesellschaft** *f* **1.** (*gesellige Runde*) stag party; **2.** *no pl* (*Begleitung von Herrn*) **in ~ sein** to be in the company of gentlemen/a gentleman; **Herrenhaus** *nt* **1.** manor house; **2.** (*Hist*) upper chamber; **Herrenjahre** *pl siehe* **Lehrjahr**; **Herrenkonfektion** *f* men's ready-to-wear clothes *pl*; (*Abteilung*) menswear department; **herrenlos** *adj* abandoned; *Hund etc* stray; **Herren-mensch** *m* member of the master race; **Herrenmode** *f* men's fashion; **Herren-rasse** *f* master race; **Herrenreiter** *m* **1.** (*Sport*) amateur jockey; **2.** (*iro*) stuffed shirt (*inf*); **Herrensattel** *m* (man's) saddle; **im ~ reiten** to ride astride; **Herrenschneider** *m* gentlemen's tailor; **Herrenschnitt** *m* (*Frisur*) haircut like a man's; **Herrensitz** *m* **1.** (*Gutshof*) manor house; **2.** **im ~ reiten** to ride astride; **Herrentoilette** *f* men's toilet *or* restroom (*US*), gents *sing*; **Herrenvolk** *nt* master race; **Herrenwitz** *m* dirty joke; **Herren-zimmer** *nt* smoking room.

Herrgott *m* (*dated inf*) (*Anrede*) God, Lord. **der ~** God, the Lord (God); (*S Ger, Aus: Figur*) figure of the Lord; **~ (Sakrament)!** (*inf*) good God *or* Lord!; **~ noch mal!** (*inf*) damn it all! (*inf*).

Herrgottsfrüh(e) *f*: **in aller ~** (*inf*) at the crack of dawn; **Herrgottsschnitzer** *m* (*S Ger, Aus*) carver of crucifixes; **Herr-gottswinkel** *m* (*S Ger, Aus*) corner of a room with a crucifix.

herrichten *sep* I *vt* **1.** (*vorbereiten*) to get ready (*dat, für* for); *Bett* to make; *Tisch* to set. **2.** (*instand setzen, ausbessern*) to do up (*inf*). II *vr* (*dial*) to get dressed up.

Herrin *f* (*Hist: Herrscherin*) female ruler; (*von Hund, old: Haus~*) mistress. **die ~** (*Anrede*) my lady.

herrisch *adj* overbearing, imperious; *Ton auch* peremptory.

herrje(h), **herrjemine** *interj* goodness gracious.

herrlich *adj* marvellous; *Anblick, Tag, Wetter auch* magnificent, glorious, lovely; *Kleid* gorgeous, lovely; *Essen, Witz, Geschichte auch* wonderful, lovely. **das ist ja ~** (*iro*) that's great; **du bist so ~ doof/ naiv** (*iro*) you are so wonderfully stupid/ naïve; **wir haben uns ~ amüsiert** we had marvellous fun.

Herrlichkeit *f* **1.** *no pl* (*Schönheit, Pracht*) glory, magnificence, splendour. **die ~ Gottes** the glory of God; **Pracht und ~** pomp and circumstance; (*von Natur*) glory; **die ~ wird nicht lange dauern** (*iro inf*) this is too good to last; **ist das die ganze ~?** is that all there is to it?; **aus und vorbei mit der ~** here we go again. **2.** *usu pl* (*prächtiger Gegenstand*) treasure. **3.** (*obs: Anrede*) lordship.

Herrschaft *f* **1.** (*Macht*) power; (*Staats-gewalt*) rule. **zur ~ gelangen** *or* **kommen**

to come to power; **sich der ~ bemächtigen** to seize power; **unter der ~** under the rule (*gen, von* of); **unter jds ~ (*acc*) fallen** to come under sb's rule.

2. (*Gewalt, Kontrolle*) control. **er verlor die ~ über sich** he lost his self-control; **er verlor die ~ über sein Auto** he lost control of his car, his car went out of control.

3. (*old: Dienst~*) master and mistress *pl.* **die ~en** (*Damen und Herren*) the ladies and gentlemen; **hohe ~en** (*dated*) persons of high rank *or* standing; **würden die ~en bitte ...** would sir and madam please .../ladies and gentlemen, would you please .../ladies, would you please .../ gentlemen, would you please ...; **was wünschen die ~en?** what can I get you?; (*von Butler*) you rang?; (**meine**) **~en!** ladies and gentlemen.

herrschaftlich *adj* of a person of high standing; (*vornehm*) grand. **die ~e Kutsche** his lordship's coach.

Herrschafts|anspruch *m* claim to power; (*von Thronfolger*) claim to the throne; **Herrschaftsbereich** *m* territory; **Herrschaftsform** *f* form *or* type of rule; **Herrschaftssystem** *nt* system of rule.

herrschen I *vi* **1.** (*Macht, Gewalt haben*) to rule; (*König*) to reign; (*fig*) (*Mensch*) to dominate; (*Geld*) to hold sway; (*Tod, Terror*) to rule, to hold sway.

2: (*vor~*) (*Angst, Ungewißheit, Zweifel*) to prevail; (*Verkehr, Ruhe, Betriebsamkeit*) to be prevalent; (*Nebel, Regen, Kälte*) to be predominant; (*Krankheit, Not*) to be rampant, to rage; (*Meinung, Ansicht*) to predominate. **überall herrschte Freude/Terror** there was joy/ terror everywhere; **im Zimmer herrschte bedrückende Stille** it was oppressively quiet in the room; **hier herrscht Ordnung** things are orderly round here; **hier herrscht ein anderer Ton** the atmosphere is different here; **hier ~ ja Zustände!** things are in a pretty state round here!

II *vi impers* **es herrscht schlechtes Wetter** the weather is bad, **es herrschte Schweigen** silence reigned; **es herrscht Ungewißheit darüber, ob ...** there is un- certainty about whether ...

herrschend *adj Partei, Klasse* ruling; *König* reigning; *Bedingungen, Verhältnisse, Meinungen* prevailing; *Mode* current. **die H~en** the rulers, those in power.

Herrscher(in *f*) *m* **-s, -** (*über +acc* of) ruler; (*König auch*) sovereign.

Herrschergeschlecht *nt* ruling dynasty; **Herrscherhaus** *nt* ruling house *or* dynasty; **Herrschernatur** *f* **1.** (*Mensch*) domineering person; **2.** (*Wesensart*) domineering character.

Herrschsucht *f* domineeringness.

herrschsüchtig *adj* domineering.

herrücken *sep* **I** *vt* to move nearer *or* closer; **II** *vi aux sein* to move *or* come nearer *or* closer; **herrufen** *vt sep irreg* to call (over); *Tier* to call; **herrühren** *vi sep von etw ~** to be due to sth, to stem from sth; **hersagen** *vt sep* to recite; **herschauen** *vi sep* (*dial*) to look here *or* this way; **zu jdm ~** to look in sb's direction; **da schau her!** (*Aus inf*)

well, I never! (*inf*); **herschenken** *vt sep* (*inf*) *siehe* **verschenken; herschicken** *vt sep* to send; **jdn hinter jdm ~** to send sb after sb; **herschleichen** *vir sep irreg* (*vi: aux sein*) **1.** to creep up; **2.** (**sich**) **hinter jdm ~** to creep along behind sb; **hersehen** *vi sep irreg* **1.** to look here *or* this way; **zu jdm ~** to look in sb's direction; **2. hinter jdm/etw ~** to follow sb with one's eyes; **hersein** *vi sep irreg aux sein* (*Zusammenschreibung nur bei infin und ptp*) **1.** (*zeitlich*) **das ist schon 5 Jahre her** that was 5 years ago; **es ist schon 5 Jahre her, daß ...** it was 5 years ago that ...; **es ist kaum ein Jahr her, daß ...** it's hardly a year since ...; **wie lange ist es her?** how long ago was it?; **2.** (*herstammen*) to come from; **mit jdm/etw ist es nicht weit her** (*inf*) sb/sth is not up to much (*inf*); **3.** hinter jdm/etw ~ to be after sb/sth; **dahinter ~, daß jd etw tut** to be on to sb to do sth; **herspionieren*** *vi sep* **hinter jdm ~** to spy on sb; **herstammen** *vi sep* **1.** (*abstammen*) to come from; **wo stammst du her?** where do you come from originally?; **2.** (*herrühren*) **von etw ~** to stem from sth; **3.** (*herkommen*) **von jdm/ etw ~** to come from sb/sth.

herstellen *vt sep* **1.** (*erzeugen*) to produce; (*industriell auch*) to manufacture. **von Hand ~** to make *or* produce sth by hand; **in Deutschland hergestellt** made in Germany.

2. (*zustande bringen*) to establish; *Kontakt auch,* (*Telec*) *Verbindung* to make.

3. (*gesundheitlich*) *jdn* to restore to health; *Gesundheit* to restore. **er ist wieder ganz hergestellt** he has quite recovered.

4. (*an bestimmten Platz*) to put *or* place here. **sich** (**zu jdm**) **~** to come over (to sb).

Hersteller *m* **-s, -** (*Produzent*) manufac- turer; (*im Verlag*) production manager. **Herstellerfirma** *f* manufacturing firm, manufacturer.

Herstellung *f, no pl* **1.** *siehe vt I.* produc- tion; manufacture. **2.** *siehe vt 2.* establish- ment; making. **3.** (*im Verlag*) production department.

Herstellungskosten *pl* manufacturing *or* production costs *pl*; **Herstellungsland** *nt* country of manufacture; **Herstellungs- preis** *m* cost of manufacture; **Herstellungs- preis** *m* cost of manufacture.

hertragen *vt sep irreg* **1.** (*an bestimmten Ort*) to carry here; **2. etw vor/hinter jdm/ etw ~** to carry sth in front of/behind sb/ sth; **hertrauen** *vr sep* to dare to come here.

Hertz *nt* **-, -** (*Phys, Rad*) hertz.

herüben *adv* (*S Ger, Aus*) over here.

herüber *adv* over here; (*über Fluß, Straße, Grenze etc*) across. **~ und hinüber** to and fro, back and forth; **da ~** over/across there.

herüber- *pref* over; (*über Straße, Fluß, Grenze etc*) across; **herüberbitten** *vt sep irreg* to ask (to come) over; **herüber- bringen** *vt sep irreg* to bring over/across (*über etw* (*acc*) sth); **herüberdürfen** *vi sep irreg* to be allowed (to come) over/ across; **herüberfahren** *sep irreg* **I** *vi aux sein* to come *or* (*mit Auto etc*) drive over/

accross (*über etw (acc)* sth); **II** *vt* (*über etw (acc)* sth) *Auto etc* to drive over/across; *Fahrgast, Güter* to take over/across; **herübergeben** *vt sep irreg* to pass (*über +acc* over); **herüberholen** *vt sep* to fetch; *jdn* to fetch over; **herüberkommen** *vi sep irreg aux sein* to come over/across (*über etw (acc)* sth); (*inf: zu Nachbarn*) to pop round (*inf*); **wie sind die Leute (über die Mauer/den Fluß) herübergekommen?** how did the people get over (the wall)/across (the river)?; **herüberlassen** *vt sep irreg* to allow (to come) over/across (*über etw (acc)* sth); (*aus Land*) to allow (to come) out; **herüberlaufen** *vi sep irreg aux sein* to run over/across (*über etw (acc)* sth); **herüberreichen** *sep* **I** *vt* **siehe herübergeben**; **II** *vi* to reach across (*über etw (acc)* sth); **herüberretten** *vt sep etw in die Gegenwart ~* to preserve sth; **herüberschicken** *vt sep* to send over/across; **herüberschwimmen** *vi sep irreg aux sein* to swim over/across (*über etw (acc)* sth); **herübersehen** *vi sep irreg* to look over (*über etw (acc)* sth); **zu jdm ~** to look over/across to sb; **herüberwechseln** *vi sep aux sein or haben* (*Tiere*) to cross (*über etw (acc)* sth); **in unsere Partei/unseren Verein ~** to join our party/club, to swap parties/clubs (and join ours); **herüberwehen** *sep* (*über etw (acc)* sth) **I** *vi* **1.** (*Wind*) to blow over/across; **2.** *aux sein* (*Klang*) to be blown over/across; (*Duft*) to waft over/across; **II** *vt* to blow over/across; **herüberwerfen** *vt sep irreg* to throw over/across (*über etw (acc)* sth); **herüberwollen** *vi sep* to want to come over/across (*über etw (acc)* sth); **herüberziehen** *vt sep irreg* (*über etw (acc)* sth) to pull over/across; (*fig*) to win over.

herum *adv* **1.** (*örtlich Richtung angebend*) **um ... ~** (a)round; **links/rechts ~** (a)round to the left/right; **hier/dort ~** (a)round here/there; **oben ~** (*über Gegenstand, Berg*) over the top; **sie ist oben ~ ziemlich füllig** she's quite well endowed (*hum*); **unten ~** (*um Berg, in bezug auf Körper*) around the bottom; **oben/unten ~ fahren** to take the top/lower road; **wasch dich auch unten ~** (*euph*) don't forget to wash down below; **verkehrt ~** the wrong way round; (*hinten nach vorn*) back to front; (*links nach außen*) inside out; (*oben nach unten*) upside down; **immer um etw ~** round and round sth. **2.** (*kreisförmig angeordnet, in der Nähe*) **um ... ~** around; **hier ~** (a)round here; (*in der Nähe auch*) hereabouts. **3. um ... ~** (*ungefähre Mengenangabe*) about, around; (*Zeitangabe*) (at) about or around; *siehe auch* **herumsein**.

herum- *pref* (a)round; *siehe auch* **umher-**; **herumalbern** *vi sep* (*inf*) to fool or lark (*inf*) around; **herum|ärgern** *vr sep* (*inf*) **sich mit jdm/etw ~** to keep struggling with sb/sth; **herumbekommen*** *vt sep irreg* (*inf*) *jdn* to talk round; **herumblättern** *vi sep* (**in einem Buch**) **~** to leaf or browse through a book; **herumbringen** *vt sep irreg Zeit* to get through; **herumbrüllen** *vi sep* to yell; **herumbummeln** *vi sep*

(*inf*) **1.** (*trödeln*) to mess about (*inf*); **2.** *aux sein* (*spazieren*) to stroll (a)round (*in etw (dat)* sth); **herumdoktern** *vi sep* (*inf*) **an jdm/einer Krankheit/einer Wunde ~** to try to cure sb/an illness/heal a wound (*unsuccessfully, using many different remedies*); **an etw (dat) ~** (*fig*) to fiddle or tinker about with sth; **herumdrehen** *sep* **I** *vt Schlüssel* to turn; (*wenden*) *Decke, Tuch, Braten etc* to turn (over); **jdm das Wort im Mund ~** to twist sb's words; **II** *vr* to turn (a)round; (*im Liegen*) to turn over; **herumdrücken** *sep* **I** *vr* (*inf: aufhalten*) to hang (a)round (*inf*) (*in etw* sth); **2.** (*vermeiden*) **sich um etw ~** to dodge sth; **II** *vt Hebel* to turn; **herumdrucksen** *vi sep* (*inf*) to hum and haw (*inf*); **herum|erzählen*** *vt sep etw bei jdm ~** to tell sb about sth; **erzähl das nicht herum** don't spread that around; **herumfahren** *sep irreg* **I** *vi aux sein* **1.** (*umherfahren*) to go or travel or (*mit Auto*) drive around; **in der Stadt ~** to go/drive (a)round the town; **2.** (*um etw ~*) to go or (*mit Auto*) drive or (*mit Schiff*) sail (a)round; **3.** (*sich rasch umdrehen*) to turn round quickly, to spin (a)round; **4.** *auch aux haben sich (dat)* (**mit den Händen**) **in den Haaren/im Gesicht ~** to run one's fingers through one's hair/to wipe one's face; **5.** (*inf: herumliegen*) to be kicking around (*inf*); **II** *vt* to drive (a)round; **herumfingern** *vi sep* (*inf*) **an etw (dat) ~** to fiddle about with sth; (*an Körperteil*) to finger sth; **herumflegeln** *vi sep* to loll about or around; **herumfliegen** *sep irreg* **I** *vi aux sein* to fly around (*um jdn/etw* sb/sth); (*inf: herumliegen*) to be kicking around (*inf*); **II** *vt* *jdn* to fly about or around; **herumfragen** *vi sep* (*inf*) to ask around (*bei* among); **herumfuchteln** *vi sep* (*inf*) (**mit den Händen**) **~** to wave one's hands about or around; **mit einer Pistole ~** to wave a pistol around, to brandish a pistol; **herumführen** *sep* **I** *vt* **1.** *jdn, Tier* to lead around (*um etw* sth); (*bei Besichtigung*) to take or show (a)round; **jdn in einer Stadt/im Haus ~** to take or show sb (a)round a town/the house; **jdn an der Nase ~** to lead sb up the garden path; **2.** (*leiten, dirigieren*) **jdn/etw um etw ~** to direct sb/sth around sth; **3.** (*bauen*) **etw um etw ~** to build or take sth (a)round sth; **II** *vi* **um etw ~** to go (a)round sth; **herumfuhrwerken** *vi sep* (*inf*) to bustle about, to busy oneself; **herumfummeln** *vi sep* (*inf*) (**an +dat** with) to fiddle or fumble about; (*an Auto*) to mess about; (*basteln*) to tinker (about); **herumgeben** *vt sep irreg* to hand or pass (a)round; **herumgehen** *vi sep irreg aux sein* (*inf*) **1.** (*um etw ~*) to walk or go (a)round (*um etw* sth); **2.** (*ziellos umhergehen*) to go or wander (a)round (*in etw (dat)* sth); **es ging ihm im Kopf herum** it went round and round in his head; **3.** (*von einem zum andern gehen: Mensch*) to go (a)round; (*herumgereicht werden*) to be passed or handed (a)round; (*weitererzählt werden*) to go around (*in etw (dat)* sth); **etw ~ lassen** to circulate sth; **4.** (*zeitlich: vorbeigehen*) to pass; **herumgeistern** *vi sep* aux sein (inf) (Gespenster etc) to haunt (in etw (dat) sth); (Mensch) to wander (a)round; **in jds Kopf ~** (Idee) to possess sb; **herumhaben** vt sep irreg (inf) **1.** Zeit to have finished; **2.** (überredet haben) to have talked round; **herumhacken** vi sep (fig inf) **auf jdm ~** to pick on sb (inf); **herumhängen** vi sep irreg **1.** (inf: unordentlich aufgehängt sein) to hang around; **2.** (inf: sich lümmeln) to loll about; **3.** (sl: ständig zu finden sein) to hang out (inf); **herumhorchen** vi sep (inf) to keep one's ears open; **herumhuren** vi sep (sl) to whore around (sl); **herum|irren** vi sep aux sein to wander around; **herumkommandieren*** sep (inf) **I** vt to order about, to boss around or about (inf); **II** vi to give orders; **herumkommen** vi sep irreg aux sein (inf) **1.** (um eine Ecke etc) to come round (um etw sth); **2.** (herumgehen, herumfahren etc können) to get round (um etw sth); **3.** (vermeiden können) **um etw ~** to get out of or avoid sth; **darum ~, etw zu tun** to get out of or avoid doing sth; **wir kommen um die Tatsache nicht herum, daß ...** we cannot get away from or overlook the fact that ...; **4.** (reisen) to get about or around (in etw (dat) sth); **er ist viel or weit herumgekommen** he has got around a great deal, he has seen a lot of the world; **herumkramen** vi sep (inf) to rummage about or around; **herumkrebsen** vi sep (inf) **1.** (sich verzweifelt bemühen) to struggle; **2.** (sich unwohl fühlen) to drag oneself around or about (inf); **herumkriechen** vi sep irreg aux sein (inf) to crawl about or around (um etw sth); **herumkriegen** vt sep (inf) siehe **herumbekommen**; **herumkritteln** vi sep to find fault (an + dat with), to pick holes (an +dat in); **herumkutschieren*** vti sep (vi: aux sein) to drive (a)round; **herumlaborieren*** vi sep (inf) **an etw** (dat) **~** to try to get rid of sth; **herumlaufen** vi sep irreg aux sein (inf) (um etw ~) to run round (um etw sth); (umherlaufen) to run or go about or around; **so kannst du doch nicht ~** (fig inf) you can't run or go around (looking) like that; **herumliegen** vi sep irreg (inf) to lie around or about (um etw sth); **herumlümmeln** vir sep (inf) to loll around; **herumlungern** vi sep (inf) to hang about or around; **herummachen** sep (inf) **I** vi **1.** (herumfingern) **an etw** (dat) **~** to pick at sth; (an den Haaren) to fiddle with sth; **2.** (~nörgeln) **an jdm/etw ~** to go on at sb/about sth (inf); **II** vt to put (a)round (um etw sth); **herumnörgeln** vi sep **an jdm/etw ~** to find fault with sb/sth; **herumpusseln** vi sep (inf) to fiddle about (an +dat with); **herumquälen** vr sep (inf) to struggle; (mit Problemen) to worry oneself sick (mit over) (inf); **sich mit Rheuma ~** to be plagued by rheumatism; **herumrätseln** vi sep (an etw dat) **~** to (try to) figure sth out; **herumreden** vi sep (inf) (belangloses Zeug reden) to talk or chat away; **um etw ~** (ausweichend) to talk (a)round sth; **herumreichen** vt sep (inf) (herumgeben) to pass round; (fig inf) Besucher to show off; **herumreisen** vi sep

aux sein to travel about; **herumreißen** vt sep irreg to pull or swing round (hard); **das Steuer ~** (fig) to change or alter course; **herumreiten** vi sep irreg **1.** aux sein (umherreiten) to ride around or about; (um etw ~) to ride (a)round (um etw sth); **2.** (fig inf) **auf jdm/etw ~** to keep on at sb/ about sth; **herumrennen** vi sep irreg aux sein (inf) (um etw ~) to run round (um etw sth); (umherrennen) to run about or around; **herumscharwenzeln*** vi sep aux sein (inf) to dance attendance (um on); **herumschicken** vt sep (inf) jdn to send round (bei to); Brief etc to circulate; **herumschlagen** sep irreg **I** vt Papier, Tuch etc to wrap round (um etw sth); **II** vr (inf) **sich mit jdm ~** (lit) to fight or scuffle with sb; **sich mit jdm/etw ~** (fig) to keep struggling with sb/sth; **herumschleichen** vi sep irreg aux sein to creep (a)round (um etw sth); **herumschlendern** vi sep aux sein to stroll or saunter about (in der Stadt (in) the town); **herumschleppen** vt sep (inf) Sachen to lug around (inf); jdn to drag around; **etw mit sich ~** Kummer, Sorge, Problem to be troubled or worried by sth; Krankheit, Infektion to be going around with sth; **herumschnüffeln** vi sep (inf) to sniff around (in etw (dat) sth); (fig) to snoop around (in +dat in); **herumschreien** vi sep irreg (inf) to shout out loud; **herumsein** vi sep irreg aux sein (inf) (Zusammenschreibung nur bei infin und ptp) **1.** (vorüber sein) to be past or over; **2.** (verbreitet worden sein: Gerücht, Neuigkeit, Nachricht) to have got (a)round; **3.** (in jds Nähe sein) **um jdn ~** to be (a)round sb; **4.** (um etw gelaufen, gefahren sein) to be round (um etw sth); **herumsitzen** vi sep irreg aux sein to sit round (um jdn/etw sb/sth); **herumspielen** vi sep (inf) **mit etw ~** to play about or around with sth; **an etw** (dat) **~** to fiddle about or around with sth; **herumsprechen** vr sep irreg to get about; **es dürfte sich herumgesprochen haben, daß ...** it has probably got about that ...; **herumspuken** vi sep to haunt; **die Idee spukt jdm im Kopf or in jds Kopf herum** sb has the idea; **herumstehen** vi sep irreg aux sein **1.** (Sachen) to be lying around; **2.** (Menschen) to stand (a)round (um jdn/ etw sb/sth); **herumstöbern** vi sep (inf) **1.** (suchen) to rummage around or about; **2.** (~schnüffeln) to snoop around; **herumstochern** vi sep (inf) to poke about; **im Essen ~** to pick at one's food; **in den Zähnen ~** to pick one's teeth; **herumstoßen** vt sep irreg jdn to shove around; **herumstreichen** vi sep irreg aux sein (um jdn/etw sb/sth) to creep around; (Verbrecher, Katze) to prowl around; **herumstreiten** vr sep irreg to squabble; **herumstreunen, herumstrolchen** vi sep aux sein (inf) to prowl around; **herumstromern** vi sep aux sein (inf) to wander or roam about or around; **herumtanzen** vi sep aux sein (inf) (umhertanzen) to dance around; **um jdn/etw ~** to dance (a)round sb/sth; **sie tanzt ihm auf der Nase herum** she does as she pleases or likes with him; **herumtasten** vi sep **1.** (tastend füh-

len) to grope around *or* about; **2.** *aux sein* (*inf: tastend gehen*) to grope around *or* about; **herúmtoben** *vi sep* (*inf*) **1.** *auch aux sein* (*umherlaufen*) to romp around *or* about; **2.** (*schimpfen*) to shout and scream; **herúmtragen** *vt sep irreg* (*inf*) **1.** to carry about *or* (a)round; **Sorgen mit sich** ~ to have worries; **eine Idee mit sich** ~ to be contemplating an idea, to be thinking about an idea; **2.** (*weitererzählen*) to spread around; **herúmtrampeln** *vi sep aux sein* (*inf*) to trample (*auf* +*dat* on); **jdm auf den Nerven** *or* **auf jds Nerven** ~ to get on sb's nerves; **auf jdm** ~ (*fig*) to walk all over sb; **herúmtreiben** *vr sep irreg* (*inf*) (*herumziehen in*) to hang around *or* about (*in* +*dat* in) (*inf*); (*liederlich leben*) to hang around *or* about in bad places/ company; **sie treibt sich mal wieder irgendwo in Spanien herum** she's off gadding about in Spain again (*inf*); **sich mit jdm** ~ to hang *or* knock around with sb (*inf*).

Herúmtreiber(in *f*) *m* **-s, -** (*pej*) **1.** (*Mensch ohne feste Arbeit, Wohnsitz*) tramp. **2.** (*inf*) (*Streuner*) vagabond.

herúmtrödeln *vi sep* (*inf*) to dawdle (*mit* over); **herúmturnen** *vi sep aux sein* (*inf*) to clamber *or* scramble about; **herúmwälzen** *sep* I *vt Stein* to turn over; **II** *vr* to roll around; **sich (schlaflos) im Bett** ~ to toss and turn in bed; **herúmwerfen** *sep irreg* I *vt* **1.** (*achtlos werfen*) to throw around (*in etw* (*dat*) sth); **2.** (*heftig bewegen*) *Kopf* to turn (quickly); *Steuer, Hebel* to throw around; **II** *vr* to roll over; **sich (im Bett)** ~ to toss and turn (in bed); **herúmwickeln** *vt sep* (*um etw* sth) to wrap (a)round; *Schnur, Faden etc* to wind (a)round; **herúmwirbeln** *vti sep* (*vi: aux sein*) **jdn** *or* **mit jdm** ~ to whirl *or* spin sb (a)round; **herúmwühlen** *vi sep* (*inf*) to rummage about *or* around; (*Schwein*) to root around; (*herumschnüffeln*) to nose *or* snoop about *or* around; **herúmzeigen** *vt sep* to show around; **herúmziehen** *sep irreg* I *vi aux sein* **1.** (*von Ort zu Ort ziehen*) to move around; (*inf: sich herumtreiben in*) to go around (*in etw* (*dat*) sth); **in der Welt** ~ to roam the world; **mit jdm** ~ (*inf*) to go *or* hang around with sb; **II** *vr* **sich um etw** ~ (*Hecke etc*) to run (a)round sth; **herúmziehend** *adj attr Händler* itinerant; *Musikant, Schauspieler* wandering, strolling.

herúnten *adv* (*S Ger, Aus*) down here.

herúnter I *adv* down. ~! get down!; ~ **mit euch!** get/come down; ~ **mit ihm!** get him down; ~ **damit!** get *or* bring it down; (*in bezug auf Kleider*) get *or* take it off; **da/ hier** ~ down there/here; **vom Berg** ~ down the mountain; **vom Himmel** ~ down from heaven; **bis ins Tal** ~ down into the valley.

II *prep* +*acc* (*nachgestellt*) down.

herúnter- *pref* down; *siehe auch* **runter-, herab-; herúnterbekommen*** *vt sep irreg siehe* **herunterkriegen; herúnterbitten** *vt sep irreg* **jdn** ~ to ask sb to come down; **herúnterbrennen** *vi sep irreg* **1.** (*Sonne*) to burn *or* scorch down; **2.** *aux sein* (*Haus, Feuer etc*) to burn down; **herúnter-**

bringen *vt sep irreg* **1.** to bring down; **2.** (*zugrunde richten*) to ruin; **herúnterdrücken** *vt sep Hebel, Pedal* to press down; *Preise* to force *or* bring down; *Niveau* to lower; **herúnterfahren** *sep irreg* I *vi aux sein* to go down; **herúntergefahren kommen** to come down; **II** *vt* to bring down; **herúnterfallen** *vi sep irreg aux sein* to fall down; **von etw** ~ to fall off sth; **herúntergeben** *vt sep irreg* to hand down; **herúntergehen** *vi sep irreg aux sein* to go down; (*Fieber, Temperatur auch*) to drop; (*Preise auch*) to come down, to drop; (*Flugzeug*) to descend; **von etw** ~ (*inf*) to get down from *or* get off sth; **auf etw** (*acc*) ~ (*Preise*) to go down to sth; (*Geschwindigkeit*) to slow down to sth; **mit den Preisen** ~ to lower *or* cut one's prices; **herúntergekommen** *adj Haus* dilapidated; *Stadt* run-down; *Mensch* down-at-heel; **herúnterhandeln** *vt sep* (*inf*) *Preis* to beat down; **etw um 20 Mark** ~ to get 20 marks knocked off sth; **herúnterhängen** *vi sep irreg* to hang down; (*Haare*) to hang; **herúnterhauen** *vt sep irreg* (*inf*) **1.** **jdm eine** ~ to give sb a clip round the ear (*inf*); **2.** (*schnell machen*) to dash *or* knock off (*inf*); **herúnterhelfen** *vi sep irreg* **jdm** ~ to help sb down; **herúnterholen** *vt sep* to fetch down; (*inf*) *Vogel* to bring down, to bag; *Flugzeug* to bring down; **herúnterklappen** *vt sep* to turn down; *Sitz* to fold down; *Deckel* to close; **herúnterklettern** *vi sep aux sein* to climb down; **herúnterkommen** *vi sep irreg aux sein* **1.** (*nach unten kommen*) to come down; (*inf: herunterkönnen*) to get down; **2.** (*fig inf: verfallen*) (*Stadt, Firma*) to go downhill; (*gesundheitlich*) to become run-down; **er ist so weit heruntergekommen, daß …** (*sittlich*) he has sunk so low that …; **3.** (*fig inf: von etw wegkommen*) (*von schlechten Noten*) to get over (*von etw* sth); **von Drogen/vom Alkohol** ~ to kick the habit (*sl*); **herúnterkönnen** *vi sep irreg* to be able to get down; **herúnterkriegen** *vt sep* (*inf*) (*herunterholen, schlucken können*) to get down; (*abmachen können*) to get off; **herúnterkurbeln** *vt sep Fensterscheibe* to wind down; **herúnterlassen** *sep irreg* I *vt* (*abseilen*) *Gegenstand* to let down, to lower; *Hose* to take down; *jdn* to lower; **II** *vr* (*am Seil*) to lower oneself; **herúnterleiern** *vt sep* (*inf*) to reel off; **herúntermachen** *vt sep* (*inf*) **1.** (*schlechtmachen*) to run down, to knock (*inf*); **2.** (*zurechtweisen*) to tell off; **3.** (*abmachen*) to take down; *Schminke, Farbe, Dreck* to take off; **herúnternehmen** *vt sep irreg* to take down; (*inf: von Schule*) to take away; **etw vom Tisch** *etc* ~ to take sth off the table *etc*; **herúnterputzen** *vt sep* (*inf*) **jdn** ~ to tear sb off a strip (*inf*); **herúnterrasseln** *vt sep* (*inf*) to rattle *or* reel off; **herúnterreichen** *sep* I *vt* to pass *or* hand down; **II** *vi* to reach down; **herúnterreißen** *vt sep irreg* (*inf*) **1.** (*von oben nach unten*) to pull *or* tear down; **2.** (*abreißen*) *Pflaster, Tapete etc* to pull off; **3.** (*sl*) *Zeit* to get through; **herúnterschalten** *vi sep* (*Aut*) to change or shift (US) down (in +acc into); **herunterschießen** sep irreg I vti (mit Geschoß) to shoot down; II vi aux sein (inf: sich schnell bewegen) to shoot down; **herunterschlagen** vt sep irreg **1.** jdm den Hut ~ to knock sb's hat etc off; **etw vom Baum** ~ to knock sth off the tree; **2.** Kragen, Hutkrempe to turn down; **herunterschlucken** vt sep to swallow; **herunterschrauben** vt sep (lit) Deckel etc to screw off; Petroleumlampe to turn down; (fig) Ansprüche, Niveau to lower; **heruntersehen** vi sep irreg **1.** (von oben) to look down; **2.** (fig: mustern) an jdm ~ to look sb up and down; **3.** (fig: geringschätzig behandeln) **auf jdn** ~ to look down on sb; **heruntersein** vi sep irreg aux sein (inf) (Zusammenschreibung nur bei infin und ptp) **1.** (von oben) to be down; **2.** (heruntergelassen sein) to be down; **3.** (abgeschnitten sein) to be (cut) off; **4.** (Fieber, Preise) to be lower or down; **wenn die 5 Kilo Übergewicht herunter sind** when I/you etc have lost those 5 kilos excess weight; **5.** (inf) **mit den Nerven/der Gesundheit** ~ to be at the end of one's tether/to be rundown; **6.** (abgewirtschaftet haben) to be in a bad way; **heruntersteigen** vi sep irreg aux sein to climb down; **herunterstürzen** sep I vi aux sein (herunterfallen) to fall or tumble down; (inf: heruntereilen) to rush down; II vt **1.** jdn ~ to throw/push sb down; **2.** (inf: schnell trinken) to gulp down; III vr to throw oneself down; **herunterwerfen** vt sep irreg to throw down; (unabsichtlich) to drop; **herunterwirtschaften** vt sep (inf) to bring to the brink of ruin; **herunterwollen** vi sep (inf) to want to get down; **herunterziehen** sep irreg I vt **1.** to pull down; Pullover etc to pull off; **etw von etw** ~ to pull sth off sth; **2.** (fig) jdn auf sein Niveau/zu sich ~ to pull sb down to one's own level; II vi aux sein to go or move down; III vr to go down.

hervor adv **aus etw** ~ out of sth; **hinter dem Tisch** ~ out from behind the table; ~ **mit euch!** (geh) out you come.

hervorbrechen vi sep irreg aux sein (geh) to burst or break out; (Sonne, fig: Gefühl) to break through; (Quelle, Flüssigkeit) to gush out or forth (liter); **hervorbringen** vt sep irreg **1.** to produce; Blüten, Früchte, Pflanzen auch to bring forth; Worte to utter; **2.** (verursachen) Unheil, Böses to create; **hervorgehen** vi sep irreg aux sein **1.** (geh: entstammen) to come (aus from); **aus der Ehe gingen zwei Kinder hervor** the marriage produced two children; **2.** (sich ergeben, zu folgern sein) to follow; **daraus geht hervor, daß ...** from this it follows that ...; **3.** (etwas übersehen) to emerge; **als Sieger** ~ to emerge victorious; **aus etw** ~ to come out of sth; **hervorgucken** vi sep (inf) to peep out (unter +dat from under); **hervorheben** vt sep irreg to emphasize, to stress; **hervorholen** vt sep to bring out; **hervorkehren** vt sep to emphasize; **er kehrt immer den feinen Mann hervor** he always emphasizes what a gentleman he is; **hervorkommen** vi sep irreg aux sein to come out (hinter +dat

from behind); **hervorlocken** vt sep to entice or lure out (aus from, hinter +dat from behind); **hervorquellen** vi sep irreg aux sein (Wasser) to gush forth (aus from) (liter); (Tränen) to well up (aus in); (Blut) to spurt out (aus of); (Körperfülle) to bulge or protrude (aus from, unter +dat from under); **hervorragen** vi sep **1.** (Felsen, Stein etc) to jut out, to project; (Nase) to protrude; **2.** (fig: sich auszeichnen) to stand out; **er ragt unter den anderen/durch seine Intelligenz hervor** he stands out from the others/because of his intelligence; **hervorragend** adj **1.** (lit: vorstehend) projecting; esp Körperteil protruding; **2.** (fig: ausgezeichnet) excellent; Mensch, Leistung etc auch outstanding; **er hat H~es geleistet** his achievement was outstanding; **hervorrufen** vt sep irreg (bewirken) to cause, to give rise to; Bewunderung to arouse; Reaktion, Krankheit to cause; Eindruck to create; **hervorsehen** vi sep irreg (Unterrock) to show; (Mensch) to look out; **hinter etw** (dat) ~ (Mond, Sterne) to shine out from behind sth; **hervorspringen** vi sep irreg aux sein **1.** to jump or leap out (hinter +dat from behind); **2.** (Felsen) to project, to jut out; (Nase) to protrude, to stick out; **hervorsprudeln** vi sep aux sein to bubble or gush out; (Worte) to rush (out); **hervorstehen** vi sep irreg aux sein (Spitze) to project, to jut out; (Nase, Ohren etc) to stick out; **hervorstoßen** vt sep irreg (fig) Worte to gasp (out); **hervortreten** vi sep irreg aux sein **1.** (heraustreten) to step out, to emerge (hinter +dat from behind); (Backenknochen) to protrude; (Adern) to bulge; (Sonne, Mond) to emerge (hinter +dat, aus from behind; **2.** (sichtbar werden) to stand out; (fig auch) to become evident; **3.** (an die Öffentlichkeit treten) to come to the fore; **hervortun** vr sep irreg to distinguish oneself; (inf: sich wichtig tun) to show off (mit etw sth); **hervorwagen** vr sep to dare to come out; **hervorzaubern** vt sep (lit, fig) to conjure up; **hervorziehen** vt sep irreg to pull out (unter +dat from under); **etw aus/zwischen etw** (dat) ~ to pull sth out of/from among sth.

herwagen vr sep to dare to come; **herwärts** adv on the way here; **Herweg** m way here; **auf dem** ~ on the way here.

Herz nt -ens, -en **1.** (Organ, ~förmiges, Cook) heart. **mir schlug das** ~ **bis zum Hals** my heart was thumping or pounding, my heart was in my mouth; **sein** ~ **schlug höher** his heart leapt; **die** ~**en höher schlagen lassen** to make people's hearts beat faster; **er drückte sie an sein** ~ he clasped her to his breast.

2. (Gemüt, Gefühl) heart. **ein goldenes** ~ a heart of gold; **ein gutes** ~ **haben** to be good-hearted, to have a good heart; **leichten/schweren/traurigen** ~**ens** lightheartedly or with a light heart/with a heavy/sad heart; **es gab mir einen Stich ins** ~ it hurt me; (stimmte traurig) it saddened me; **es ging mir bis ins** ~ it cut me to the quick; (stimmte traurig) it saddened me very much; **sich** (dat) **das** ~ **erleich-**

tern to unburden one's heart; **seinem ~en Luft machen** to give vent to one's feelings; **sich** (*dat*) **etw vom ~en reden** to get sth off one's chest; **den Weg in die** *or* **zu den ~en finden** to find one's way into people's hearts; **alle ~en im Sturm erobern** to capture people's hearts; **du sprichst mir aus dem ~en** you're voicing my innermost thoughts; **jdm das ~ schwer machen** to sadden *or* grieve sb; **mir ist das ~ schwer** I have a heavy heart; **haben Sie doch ein ~!** have a heart!; **im Grunde seines ~ens** in his heart of hearts; **aus tiefstem ~en** from the bottom of one's heart; **mit ganzem ~en** wholeheartedly; **er ist mit ganzem ~en bei der Arbeit** he is putting himself heart and soul into his work; **ohne ~** heartless; **ich weiß, wie es dir ums ~ ist** I know how you feel; **es wurde ihr leichter ums ~** she felt easier *or* relieved; **es ging mir zu ~en** it touched me deeply.

3. (*Liebe*) heart. **mein ~ gehört dir/der Musik** my heart belongs to you/to music; **jdm sein ~ schenken** to give sb one's heart; **dieser Hund ist mir ans ~ gewachsen** I have grown fond of *or* become attached to this dog; **ein ~ für etw haben** to feel sorry for sth; **sein ~ für etw entdecken** to start liking sth; **er hat sie in sein ~ geschlossen** he has grown fond of her; **sein ~ an jdn/etw hängen** to commit oneself heart and soul to sb/sth; **jds ~ hängt an jdm/etw** sb is committed heart and soul to sb/sth; (*an Geld*) sb is preoccupied with sth; **die Dame seines ~ens** the lady of his dreams.

4. (*liter: Mut*) heart, courage. **sich** (*dat*) **ein ~ fassen** *or* **nehmen** to take heart; **jdm rutscht** *or* **fällt das ~ in die Hose(ntasche)** (*inf*) sb's heart sinks; **das ~ haben, etw zu tun** to have the heart to do sth.

5. (*Inneres: von Salat, Stadt, Land*) heart.

6. *pl* - (*Cards*) (*no pl: Farbe*) hearts *pl*; (*~karte*) heart.

7. (*old: Kosewort*) dear (heart).

8. (*Redewendungen*) **ein ~ und eine Seele sein** to be the best of friends; **alles, was das ~ begehrt** everything one's heart desires; **mir blutet das ~, mein ~ blutet** my heart bleeds (*auch iro*); **es zerreißt mir das ~** it breaks my heart; **jds ~ brechen/gewinnen/stehlen** to break/win/steal sb's heart; **gib deinem ~en einen Stoß!** go on!; **er hat das ~ auf dem** *or* **am rechten Fleck** his heart is in the right place; **mir lacht das ~ im Leibe** my heart leaps with joy; **das ~ auf der Zunge tragen** to speak one's mind; **jdm dreht sich das ~ im Leib um/jdm tut das ~ im Leibe weh** sb feels sick at heart; **es liegt mir am ~en** I am very concerned about it; **jdm etw ans ~ legen** to entrust sth to sb; **ich lege es dir ans ~, das zu tun** I (would) ask you particularly to do that; **es brennt mir auf dem ~en** it is of the utmost importance to me; **etw auf dem ~en haben** to have sth on one's mind; **jdm/etw auf ~ und Nieren prüfen** to examine sb/sth very thoroughly; **ein Kind unter dem ~en tragen** (*Bibl, old*) to be with child (*old*); **von ~en** with all one's heart; **etw von ~en gern tun** to love doing sth; **jdn von ~en**

gern haben to love sb dearly; **jdm von ganzem ~en danken** to thank sb with all one's heart; **von ~en kommend** heartfelt; **sich** (*dat*) **etw zu ~en nehmen** to take sth to heart.

Herz- *in cpds* (*Anat, Med*) cardiac; **herz|allerliebst** *adj* (*old, hum*) most charming; **Herz|allerliebste(r)** *mf decl as adj* (*old, hum*) darling, dearest; **Herz|anfall** *m* heart attack; **Herz|as** *nt* ace of hearts; **herzbeklemmend** *adj* oppressive; **Herzbeklemmung** *f* **~en bekommen** to feel as if one cannot breathe; **Herzbeschwerden** *pl* heart trouble *sing*; **Herzbeutel** *m* pericardium; **herzbewegend** *adj* heart-rending; **Herzblatt** *nt* **1.** (*Bot*) grass of Parnassus; **2.** (*dated inf*) darling; **herzblättrig** *adj* heart-shaped; **Herzblut** *nt* (*poet*) lifeblood; **Herzbube** *m* jack *or* knave of hearts.

Herzchen *nt* little heart; (*inf: Kosewort*) (little) darling.

Herzchirurg *m* heart *or* cardiac surgeon; **Herzchirurgie** *f* heart *or* cardiac surgery; **Herzdame** *f* **1.** (*Cards*) queen of hearts; **2.** (*old, hum: Angebetete*) beloved.

herzeigen *vt sep* to show. **zeig (mal) her!** let me see, let's see; **das kann man ~** that's worth showing off.

Herzeleid *nt* (*old*) heartache.

herzen *vt* (*dated*) to hug.

Herzens|angelegenheit *f* (*dated*) affair of the heart, affaire de coeur; **Herzensbedürfnis** *nt* **es ist mir ein ~** it is a matter dear to my heart; **Herzensbildung** *f* (*geh*) nobleness of heart; **Herzensbrecher** *m* **-s, -** (*fig inf*) lady-killer; **Herzensfreude** *f* (*dated*) **es ist mir eine ~** it warms my heart; **Herzensfreund** *m* (*old*) dear friend; **herzensfroh** *adj* (*old*) heartily glad; **Herzensgrund** *m* (*dated*) **aus tiefstem ~** from the very bottom of one's heart; **herzensgut** *adj* good-hearted; **Herzensgüte** *f* good-heartedness; **Herzenslust** *f* **nach ~** to one's heart's content; **Herzenswunsch** *m* dearest wish.

herz|erfreuend *adj* heart-warming; **herz|erfrischend** *adj* refreshing; **herz|ergreifend** *adj* heart-rending; **herz|erquickend** *adj* refreshing; **herz|erwärmend** *adj* heart-warming; **herz|erweichend** *adj* heart-rending; **Herz|erweiterung** *f* cardiectasis (*spec*), dilation of the heart; **Herzfehler** *m* cardiac *or* heart defect; **Herzflattern** *nt* **-s,** *no pl* palpitations *pl* (of the heart); **Herzflimmern** *nt* **-s,** *no pl* heart flutter; (*Kammerflimmern*) (ventricular) fibrillation; **~ haben** to have a heart flutter/to be in fibrillation; **herzförmig** *adj* heart-shaped; **Herzgeräusche** *pl* heartbeats *pl*; **herzhaft** *adj* **1.** (*dated: mutig*) brave; **2.** (*kräftig*) hearty; **Händedruck, Griff** firm; **Geschmack** strong; **~ gähnen** to yawn widely; **alle packten ~ zu** everyone got stuck in (*inf*); **das schmeckt ~** that's tasty; **3.** (*nahrhaft*) *Essen* substantial.

herziehen *sep irreg* **I** *vt* to draw *or* pull closer *or* nearer. **jdn/etw hinter sich** (*dat*) **~** to pull *or* drag sb/sth (along) behind one.

II *vi* **1.** *aux sein* (*herankommen*) to approach. **hinter/ neben/vor jdm** ~ to march along behind/beside/in front of sb. **2.** *aux sein* (*umziehen*) to move here. **3.** *aux sein* **über jdn/etw** ~ (*inf*) to pull sb/sth to pieces (*inf*).

herzig *adj* delightful, sweet.

Herz|infarkt *m* heart attack, cardiac infarction (*spec*); **Herz|insuffizienz** *f* cardiac insufficiency; **Herz-Jesu-Bild** *nt* Sacred Heart painting; **Herzkammer** *f* ventricle; **Herzkirsche** *f* (bigarreau) cherry; **Herzklappe** *f* cardiac *or* heart valve; **Herzklappenfehler** *m* valvular heart defect; **Herzklopfen** *nt* **-s**, *no pl* **ich hatte/bekam** ~ **my heart was/ started pounding;** (*durch Kaffee*) I had/got palpitations; **mit** ~ **with a pounding heart, with one's heart in one's mouth; Herzkrampf** *m* heart spasm; **herzkrank** *adj* suffering from a heart condition; ~ **sein/werden** to have/ get a heart condition; **Herzkrankheit** *f* heart condition; **Herzkranzgefäß** *nt usu pl* coronary (blood) vessel; **Herzland** *nt*, *no pl* heart; **Herzleiden** *nt siehe* **Herzkrankheit; herzleidend** *adj* with a heart condition.

herzlich *adj Empfang, Freundschaft* warm; *Wesen, Mensch* warm(-hearted); *Lachen* hearty; *Bitte* sincere. ~**e Grüße an Ihre Frau Gemahlin** (*form*) kind(est) regards *or* remember me to your wife; **mit** ~**en Grüßen** kind regards; ~**en Dank!** many thanks, thank you very much indeed; ~**es Beileid!** you have my sincere *or* heartfelt sympathy *or* condolences *pl*; **zu jdm** ~ **sein** to be kind to sb; **eine** ~**e Bitte an jdn richten** to make a cordial request to sb; ~ **gern!** with the greatest of pleasure!; ~ **schlecht** pretty awful; ~ **wenig** precious little; **ich habe es** ~ **satt** I am thoroughly *or* utterly sick of it, I'm sick and tired of it.

Herzlichkeit *f siehe* **herzlich** warmth; warm-(hearted)ness; heartiness; sincerity.

Herzliebchen *nt* (*old*) sweetheart, dearest; **Herzlinie** *f* heart line; **herzlos** *adj* heartless, unfeeling; **Herzlosigkeit** *f* heartlessness *no pl*; **Herz-Lungen-Maschine** *f* heart-lung machine; **Herzmassage** *f* heart massage; **Herzmittel** *nt* cardiac drug; **Herzmuschel** *f* (*Zool*) cockle; **Herzmuskel** *m* heart *or* cardiac muscle.

Herzog ['hɛrtsoːk] *m* **-s**, **ˉe** *or* (*rare*) **-e** duke. **Otto** ~ **von Wittgenstein** Otto Duke of Wittgenstein, Duke Otto of Wittgenstein.

Herzogin ['hɛrtsoːgɪn] *f* duchess.

herzoglich ['hɛrtsoːklɪç] *adj attr* ducal.

Herzogswürde *f* (*Rang*) dignity *or* rank of a duke; (*Titel*) dukedom. **der König verlieh ihm die** ~ the king bestowed a dukedom *or* the rank of duke upon him.

Herzogtum *nt* dukedom, duchy.

Herzpatient *m* heart *or* cardiac patient; **Herzrhythmus** *m* heart *or* cardiac rhythm; **Herzschlag** *m* **1.** (*einzelner*) heartbeat; **mit jedem** ~ (*liter*) with every beat of my/his *etc* heart; **2.** (*Herztätigkeit*) heart *or* pulse rate; (*fig liter*) throbbing *or* pulsating life; **3.** (*Herzstillstand*) heart attack, heart failure *no art, no pl*; **Herz-**

schrittmacher *m* pacemaker; **Herzschwäche** *f* cardiac insufficiency *no indef art*; **wegen einer vorübergehenden** ~ because my/his *etc* heart faltered for a moment; **an** ~ **leiden** to have a weak heart; **herzstärkend** *adj* cardiotonic (*spec*); ~ **wirken** to stimulate the heart; **ein** ~**es Mittel** a cardiac stimulant, a cardiotonic (*spec*); **Herzstich** *m usu pl* stabbing pain in the chest; **Herzstillstand** *m* cardiac arrest; **Herzstolpern** *nt* irregular heartbeat; **Herzstück** *nt* (*fig geh*) heart, core; **Herztätigkeit** *f* heart *or* cardiac activity; **Herztod** *m* death from heart disease.

herzu- *siehe* **herbei-**.

Herzug *m* (*inf*) **1.** (*Rail*) downtrain. **2.** (*Umzug*) **seit meinem** ~ since I came here, since coming here.

Herzverfettung *f* fatty degeneration of the heart; **herzzerreißend** *adj* heartbreaking, heart-rending; ~ **weinen** to weep distressingly.

Hesse *m* **-n**, **-n**, **Hessin** *f* Hessian.

Hessen *nt* **-s** Hesse.

hessisch *adj* Hessian.

Hetäre *f* **-**, **-n** (*Hist*) hetaira; (*fig geh: Dirne*) courtesan.

hetero *adj pred* (*inf*) hetero (*inf*), straight (*sl*).

heterodox *adj* heterodox; **Heterodoxie** *f* heterodoxy; **heterogen** *adj* (*geh*) heterogeneous; **Heterogenität** *f* (*geh*) heterogeneity; **Heterosexualität** *f* heterosexuality; **heterosexuell** *adj* heterosexual.

Hethiter(in *f*) *m* **-s**, **-** Hittite.

Hetz *f* **-**, (*rare*) **-en** (*Aus inf*) laugh (*inf*). **aus** *or* **zur** ~ for a laugh.

Hetz- (*pej*) *in cpds* rabble-rousing (*pej*).

Hetze *f* **-**, **-n 1.** (*Hunt*) *siehe* **Hetzjagd. 2.** *no pl* (*Hast*) (mad) rush, hurry; (*Getriebensein*) hustle and bustle, (mad) rush. **3.** *no pl* (*pej*) (*Aufreizung*) rabble-rousing propaganda.

hetzen I *vt* **1.** (*lit, fig: jagen*) to hound. **die Hunde auf jdn/etw** ~ to set the dogs on (to) sb/sth.
2. (*inf: antreiben*) to rush, to hurry.
II *vr* to hurry oneself, to rush oneself.
III *vi* **1.** (*sich beeilen*) to rush. **hetz nicht so** don't be in such a rush.
2. *aux sein* (*eilen*) to tear, to race, to dash. **ich bin ganz schön gehetzt, um ...** I rushed like mad to ... (*inf*), I had an awful rush to ...; **hetz nicht so** don't go so fast.
3. (*pej: Haß schüren*) to agitate, to stir up hatred; (*inf: lästern*) to say malicious things. **gegen jdn/etw** ~ to agitate against *or* stir up hatred against sb/sth; **er hetzt immer gegen seinen Onkel** he's always running his uncle down *or* saying malicious things about his uncle; **sie hat so lange gehetzt, bis er ...** she kept on being nasty until he finally ...; **zum Krieg** ~ to agitate for war; **gegen Minderheiten** ~ to stir up hatred against minorities.

Hetzer(in *f*) *m* **-s**, **-** rabble-rouser, malicious agitator.

Hetzerei *f* **1.** *no pl* (*Hast*) *siehe* **Hetze 2.**
2. (*das Haßschüren*) rabble-rousing, malicious agitation, mischief-making.

3. (*hetzerische Äußerung*) rabble-rousing attack (*gegen* on).

hetzerisch *adj* rabble-rousing *attr*, virulent.

hetzhalber *adv* (*Aus inf*) for a laugh (*inf*); **Hetzhund** *m* hound, hunting dog; **Hetzjagd** *f* **1.** (*lit, fig*) hounding (*auf* +*acc* of); **2.** (*fig: Hast*) rush, hurry; **es war die reinste ~** it was one mad rush; **Hetzkampagne** *f* malicious campaign.

Heu *nt* **-(e)s**, *no pl* **1.** hay. **Geld wie ~ haben** (*inf*) to have pots *or* oodles of money (*inf*). **2.** (*sl: Marihuana*) grass (*sl*).

Heuboden *m*, **Heubühne** (*Sw*) *f* hayloft; **Heubündel** *nt* bundle *or* bale of hay.

Heuchelei *f* hypocrisy. **spar dir deine ~en** cut out the hypocrisy *or* cant.

heucheln I *vi* to be a *or* play the hypocrite. **II** *vt* Zuneigung, Mitleid *etc* to feign, to simulate.

Heuchler(in *f*) *m* **-s**, - hypocrite.

heuchlerisch *adj* hypocritical. **~es Gerede** hypocritical talk, cant.

heuen *vi* (*dial*) to make hay. **das H~** haymaking.

heuer *adv* (*S Ger, Aus, Sw*) this year.

Heuer *f* **-**, **-n** (*Naut*) pay.

heuern *vt* to sign on, to engage, to hire.

Heu|ernte *f* hay harvest; (*Ertrag*) hay crop.

Heuervertrag *m* contract of employment (*of seaman*).

Heuforke (*N Ger*), **Heugabel** *f* pitchfork, hayfork; **Heuhaufen** *m* haystack, hayrick.

Heul|boje *f* (*Naut*) whistling buoy; (*pej inf: Popsinger*) groaner (*inf*); (*Kind*) wailing Willie (*sl*).

heulen *vi* **1.** (*inf: weinen*) to howl, to bawl (*inf*), to wail; (*vor Schmerz*) to scream; (*vor Wut*) to howl. **ich hätte ~ können** I could have cried; **es ist einfach zum H~** it's enough to make you weep. **2.** (*Flugzeug, Motor*) to roar; (*Wind auch, Tiere*) to howl; (*Sirene*) to wail.

Heulen *nt* **-s**, *no pl siehe vi* **1.** howling, bawling, wailing. **~ und Zähneklappern** (*Bibl*) wailing and gnashing of teeth. **2.** roaring; howling; wailing.

Heuler *m* **-s**, - **1.** (*von Motor*) roar. **2.** (*Feuerwerkskörper*) screamer. **3.** (*sl*) **das ist ja der letzte ~** that's bloody incredible (*sl*).

Heul|krampf *m* fit of blubbering (*inf*); **Heulpeter** *m*, **Heulsuse** *f* (*inf*) cry-baby (*inf*); **Heulton** *m* (*von Sirene*) wail.

Heumahd *f* haymaking; **Heureiter** (*Aus*), **Heureuter** (*S Ger*) *m* rickstand.

heurig *adj attr* (*S Ger, Aus*) this year's. **der ~e Wein** this year's wine.

Heurige *pl decl as adj* (*esp Aus*) early potatoes *pl*.

Heurige(r) *m decl as adj* (*esp Aus*) new wine.

heuristisch *adj* (*Philos*) heuristic.

Heuschnupfen *m* hay fever; **Heuschober** *m* (*S Ger, Aus*) barn; **Heuschrecke** *f* **-**, **-n** grasshopper; (*in heißen Ländern*) locust; **Heuspeicher**, **Heustadel** *m* (*S Ger, Aus, Sw*) barn.

heute, heut (*inf*) *adv* **1.** today. **~ morgen/abend** this morning/this evening *or* tonight; **~ früh** this morning; **~ nacht**

tonight; **„~ geschlossen"** "closed today"; **ich muß ~ noch zur Bank** I must go to the bank today; **bis ~ nicht** (*noch nicht*) not ... to this day; **von ~ ab** *or* **an, ab ~** from today (on), from this day (forth) (*liter*); **~ in einer Woche** a week today *or* from now, today week; **~ vor acht Tagen** a week ago today; **~ in einem Jahr** a year from today *or* now, a year hence (*geh*); **die Zeitung von ~** today's paper; **~ mir, morgen dir** (*Prov*) (it's my turn today,) your turn may come tomorrow; **lieber ~ als morgen** the sooner the better; **etw von ~ auf morgen verschieben** to put sth off until tomorrow; **von ~ auf morgen** (*fig: rasch, plötzlich*) overnight, from one day to the next.

2. (*in der gegenwärtigen Zeit*) nowadays, these days, today. **~ noch** still ... today, even today; **bis ~** to this day; **das H~** the present, today; **das Italien/der Mensch von ~** present-day *or* contemporary *or* modern Italy/man; **der Bauer/die Frau/die Stadt von ~** the farmer/woman/ town of today, today's farmers/women/ towns; **die Jugend von ~** the young people of today, modern youth.

heutig *adj attr* today's; (*von heute auch*) the day's; (*gegenwärtig*) modern, contemporary. **der ~e Tag** today; **am ~en Abend** this evening; **anläßlich Ihres ~en Geburtstags** to mark your birthday today; **unser ~es Schreiben** (*Comm*) our letter of today('s date); **die ~e Zeitung** today's paper; **bis zum ~en Tage** to date, to this very day; **aus ~er Sicht** from today's standpoint, from a modern *or* contemporary point of view.

heutzutage *adv* nowadays, these days, today.

Heuwagen *m* haycart, haywagon; **Heuwender** *m* **-s**, - tedder.

Hexa- [hɛksa-] *in cpds* hexa-; **Hexaeder** *nt* **-s**, - hexahedron; **Hexagon** *nt* **-s**, **-e** hexagon; **hexagonal** *adj* hexagonal; **Hexameter** [hɛ'ksa:metɐ] *m* hexameter.

Hexe *f* **-**, **-n** witch; (*inf: altes Weib*) old hag *or* crone. **diese kleine ~!** that little minx *or* hussy!

hexen I *vi* to practise witchcraft. **er kann ~** he knows (how to work) black magic; **ich kann doch nicht ~** (*inf*) I can't work miracles. **II** *vt* to conjure up. **~, daß ...** to cast a (magic) spell so that ...

Hexen|einmal|eins *nt* magic square; **Hexenhäuschen** *nt* gingerbread house; **Hexenjagd** *f* witch-hunt; **Hexenkessel** *m* (*fig*) pandemonium *no art*, bedlam *no art*; **ein wahrer ~** absolute pandemonium *or* bedlam; **Hexenkunst** *f* witchcraft *no pl*, sorcery, witchery *no pl*; **Hexenmeister** *m* sorcerer; **Hexenprozeß** *m* witch trial; **Hexenring** *m* fairy ring; **Hexensabbat** *m* witches' sabbath; (*fig*) bedlam *no art*, pandemonium *no art*; **Hexenschuß** *m* (*Med*) lumbago; **Hexenverbrennung** *f* burning of a witch/ witches; **Hexenverfolgung** *f* witch-hunt; **Hexenwahn** *m* obsessive belief in witches.

Hexer *m* **-s**, - sorcerer.

Hexerei *f* witchcraft *no pl*, sorcery, witchery *no pl*; (*von Zaubertricks*) magic *no pl*.

HG *abbr of* **Handelsgesellschaft.**

hg. *abbr of* **herausgegeben** ed.

Hiatus *m* -, - hiatus.

Hibiskus *m* -, **Hibisken** hibiscus.

hick *interj* hic.

Hickhack *m or nt* **-s, -s** squabbling *no pl.*

hie *adv* (*old*) here. ~ **und da** (*manchmal*) (every) now and then, every so often, (every) once in a while; (*stellenweise*) here and there; ~ ... ~ *or* **da** on the one side ... on the other (side).

hieb (*geh*) *pret of* **hauen.**

Hieb *m* **-(e)s, -e 1.** (*Schlag*) stroke, blow; (*Faust~*) blow; (*Peitschen~*) lash, crack; (*Fechten*) cut. **auf einen ~** (*inf*) in one go; **ein Glas auf einen ~ leer trinken** (*inf*) to down a glass in one (*inf*).
2. (*~wunde*) gash, slash. **einen ~ haben** (*inf*) to be daft (*inf*).
3. ~e *pl* (*dated: Prügel*) hiding, thrashing, beating; **~e bekommen** to get a hiding *or* thrashing *or* beating.
4. (*fig*) dig, cutting remark. **der ~ saß** that (dig) went *or* struck home; **~e bekommen** to be on the receiving end of some cutting remarks.

hieb- und stichfest *adj* (*fig*) watertight; **Hiebwaffe** *f* cutting weapon; **Hiebwunde** *f* gash, slash.

hielt *pret of* **halten.**

hienieden *adv* (*old liter*) here below.

hier *adv* **1.** (*räumlich*) here; (*in diesem Land auch*) (here) in this country; (*~ am Ort auch*) locally. **das Haus ~** this house; **dieser ~** this one (here); **~!** (*beim Appell*) present!, here!; ~ **und da** here and there; **Herr Direktor ~, Herr Direktor da** (*iro*) yes sir, yes sir, three bags full sir; ~ **draußen/drinnen** out/in here; ~ **entlang** along here; ~ **oben/unten** up/down here; ~ **vorn/hinten** in front/at the back here, here in front/at the back; **er ist von ~** he's a local (man), he comes from (a)round here; **er ist nicht von ~** he's a stranger here, he's not a local; **Tag Klaus, ~ (ist) Hans** (*Telec*) hello Klaus, Hans here; ~ **spricht Dr. Müller** (*Telec*) this is Dr Müller (speaking); **von ~ ab** from here (on *or* onwards); **von ~ aus** from here; ~ **sehen Sie ...** here you (can) see ...; ~ **und heute** (*geh*) here and now; **das H~ und Heute** (*geh*) the here and now; **er ist ein bißchen ~** (*sl*) he's got a screw loose (*inf*).
2. (*zeitlich*) now. ~ **und da** (every) now and then, every so often; **von ~ ab or an** from now on, henceforth (*form*).
3. (*fig*) here. **das steht mir bis ~** (*inf*) I'm fed up to here (with it) (*inf*), I've had it up to here (*inf*); ~ **versagte ihm die Stimme** here *or* at this point *or* at this juncture his voice failed him.

hieran *adv* **1.** (*lit*) here. **2.** (*fig*) **er erinnert sich ~** he remembers this; ~ **erkenne ich es** I recognize it by this; ~ **kann es keinen Zweifel geben** there can be no doubt about that.

Hierarchie *f* hierarchy.

hierarchisch *adj* hierarchic(al).

hierauf *adv* **1.** (*lit*) (on) here, on this; **2.** (*fig*) on this; (*daraufhin*) hereupon; **er setzte sich, und ~ ...** he sat down and then ...; **hieraufhin** *adv* hereupon; **und ~ ...**

and then ...; **hieraus** *adv* **1.** (*lit*) out of/ from this, from here; ~ **ist das Geld gestohlen worden** the money was stolen from here; **2.** (*fig*) from this; ~ **folgt/geht hervor, daß ...** from this it follows that ..., hence (it follows that) ...; **hierbehalten*** *vt sep irreg* **jdn/etw** ~ to keep sb/sth here; **hierbei** *adv* **1.** (*lit*) (*währenddessen*) doing this; **2.** (*fig*) (*bei dieser Gelegenheit*) on this occasion; (*in diesem Zusammenhang*) in this connection; **hierbleiben** *vi sep irreg aux sein* to stay here; **hiergeblieben!** stop!; **hierdurch** *adv* **1.** (*lit*) through here; **2.** (*fig*) through this; **ich lasse mich ~ nicht ärgern** I shan't let this annoy me; **hierein** *adv* **1.** (*lit*) in(to) this, in here; **2.** (*fig*) in/to this; **hierfür** *adv* for this; **hiergegen** *adv* (*lit, fig*) against this; **hierher** *adv* here; (*komm*) ~! come here *or* hither (*liter, old*); **bis ~** (*örtlich*) up to here; (*zeitlich*) up to now, so far; **mir steht's bis ~** (*inf*) I'm fed up to here *or* to the back teeth (*inf*); **hierheraus** *adv* up here; **bis ~** up to here.

hierherbringen *vt sep irreg* to bring (over) here; **hierhergehören*** *vi sep* to belong here; (*fig: relevant sein*) to be relevant; **nicht ~de Bemerkungen** irrelevant remarks; **hierherholen** *vt sep* to bring here; lure here; **hierherschaffen** *vt sep* to bring here; **hierherschicken** *vt sep* to send here; **hierhersetzen** *sep* **I** *vt* to put here; **II** *vr* to sit (down) here; **hierherstellen** *sep* **I** *vt* to put here; **II** *vr* to stand here.

hierherum *adv* around *or* round (*esp Brit*) here; (*in diese Richtung*) this way around; (*inf: ungefähr hier*) hereabouts, around here (somewhere).

hierhin *adv* here; ~ **und dorthin** here and there, hither and thither (*liter*); **bis ~** up to here; **hierhinab** *adv* down here; **hierhinauf** *adv* up here; **hierhinaus** *adv* out here; **hierhinein** *adv* in here; **hierhinter** *adv* behind here; **hierhinunter** *adv* down here; **hierin** *adv* (*lit, fig*) in this; **hierlassen** *vt sep irreg* to leave here; **hiermit** *adv* with this, herewith (*obs, form*); ~ **ist der Fall erledigt** this settles the matter; ~ **bin ich einverstanden** I agree to this; ~ **erkläre ich ...** (*form*) I hereby declare ... (*form*); ~ **bestätigen wir den Eingang Ihres Briefes** we herewith *or* hereby acknowledge receipt of your letter; ~ **wird bescheinigt, daß ...** this is to certify that ...; **hiernach** *adv* after this, afterwards; (*daraus folgend*) according to this.

Hieroglyphe [hiero'gly:fə] *f* -, **-n** hieroglyph(ic); (*fig hum*) hieroglyphic.

hierorts *adv* (*geh*) here; **hiersein** *vi sep irreg aux sein* (*Zusammenschreibung nur bei infin und ptp*) to be here; **während meines H~s** during my stay; **was ist der Zweck seines H~s?** what is the purpose of his being here *or* this presence?; **hierselbst** *adv* (*old*) in this very place, even here (*old*); **hierüber** *adv* **1.** (*lit*) over this *or* here; (*oberhalb dieser Stelle*) over it; **2.** (*fig*) about this; (*geh: währenddessen*) in the midst of it (*geh*); ~ **ärgere ich mich** this makes me angry; **hierum** *adv*

1. (*lit*) (a)round this *or* here; **2.** (*fig*) about *or* concerning this; ~ **handelt es sich nicht** this isn't the issue; **hierunter** *adv* **1.** (*lit*) under *or* beneath this *or* here; **2.** (*fig*) by this *or* that; (*in dieser Kategorie*) among these; ~ **fallen auch die Sonntage** this includes Sundays; **hiervon** *adv* **1.** (*lit*) (*örtlich*) from here *or* this; (*von diesem etc*) from this; (*aus diesem Material*) out of this; **2.** ~ **abgesehen** apart from this; ~ **kannst du nichts haben** you can't have any of this; **hiervor** *adv* **1.** (*lit*) in front of this *or* here; **2.** (*fig*) ~ **ekele/fürchte ich mich** it revolts/frightens me; ~ **hat er großen Respekt** he has a great respect for this; **hierzu** *adv* **1.** (*dafür*) for this; (*dazu*) with this; **2.** (*außerdem*) in addition to this, moreover; **3.** (*zu diesem Punkt*) about this; ~ **gehören auch die Katzen** this also includes the cat(s); ~ **habe ich etwas Wichtiges zu sagen** I have something important to say on *or* about *or* to this; ~ **wünsche ich Ihnen viel Glück** I wish you luck in this; *vgl.* ~ **S.** 370 cf p 370; **hierzulande** *adv* in this country, in these parts, (over) here.

hiesig *adj attr* local. **die** ~**en Verhältnisse** local conditions, conditions here; **meine** ~**en Verwandten** my relatives here; **er ist kein H**~**er** he is not a local (man), he's not from these parts.

hieß *pret of* **heißen.**

hieven ['hi:fn, 'hi:vn] *vt* (*esp Naut*) to heave.

Hi-Fi-Anlage ['haifi-, 'hai'fai] *f* hi-fi set *or* system.

Hifthorn *nt* (*Hunt*) hunting horn.

high [haɪ] *adj pred* (*sl*) high (*sl*).

highjacken ['haidʒɛkn] *vt insep* (*inf*) to hi(gh)jack.

Highjacker ['haidʒɛkɐ] *m* **-s,** - hi(gh)jacker.

Highlife ['hailaif] *nt* **-s,** *no pl* high life. ~ **machen** (*inf*) to live it up (*inf*).

hihi *interj* heehee, teehee.

Hijacker ['haidʒɛkɐ] *m* **-s,** - hi(gh)jacker.

hilf *imper sing of* **helfen.**

Hilfe *f* **-,** **-n 1.** *no pl* help; (*finanzielle*) aid, assistance, help; (*für Notleidende*) aid, relief. **zu** ~**!** help!; **um** ~ **rufen/schreien** to call/shout for help; **jdm zu** ~ **kommen** to come to sb's aid *or* assistance *or* rescue; **jdn um** ~ **bitten** to ask sb for help *or* assistance; **jdm** ~ **leisten** to help sb; **bei jdm** ~ **suchen** to seek sb's help *or* assistance; **mit** ~ **with** the help *or* aid (*gen* of); **ohne** ~ without help *or* assistance; (*selbständig*) unaided; **etw zu** ~ **nehmen** to use sth; **ohne fremde** ~ **gehen** to walk unaided.

2. (*Hilfsmittel, Hilfestellung*) aid; (*Haushalts*~) (domestic) help. ~**n geben** (*beim Turnen*) to give support; (*beim Reiten*) to give aids; **du bist mir eine schöne** ~**!** (*iro*) a fine help *you* are (to me)! (*iro*).

hilfeflehend *adj* imploring, beseeching; **Hilfeleistung** *f* aid, assistance; **unterlassene** ~ (*Jur*) denial of assistance; **Hilferuf** *m* call for help; **Hilfeschrei** *m* cry *or* shout for help, cry of "help"; **Hilfestellung** *f* (*Sport, fig*) support; **jdm** ~ **geben** to give sb support; (*fig auch*) to back sb up; **hilfesuchend** *adj* **Mensch**

seeking help; *Blick* imploring, beseeching; **täglich wenden sich Hunderte** ~ **an diese Organisation** hundreds turn every day to this charity seeking help; **die H**~**en** those seeking help.

hilflos *adj* helpless; (*schutzlos auch*) defenceless; (*ratlos auch*) clueless (*inf*); **Hilflosigkeit** *f siehe adj* helplessness; defenceless; cluelessness (*inf*); **hilfreich** *adj* helpful; (*nützlich auch*) useful; **eine** ~**e Hand** a helping hand.

Hilfsaktion *f* relief action; **Hilfsarbeiter** *m* labourer; (*in Fabrik*) unskilled worker; **Hilfsassistent** *m* (*Univ*) ≃ tutorial assistant; **hilfsbedürftig** *adj* in need of help; (*notleidend*) needy, in need *pred*; **die H**~**en** the needy, those in need; **Hilfsbedürftigkeit** *f* need(iness); **hilfsbereit** *adj* helpful, ready to help *pred*; **Hilfsbereitschaft** *f* helpfulness, readiness to help; **Hilfsbremser** *m* **-s,** - (*Univ hum*) ≃ tutorial assistant; **Hilfsdienst** *m* emergency service; (*bei Katastrophenfall*) (emergency) relief service; (*Kfz*-~) emergency *or* (emergency) breakdown service; **Hilfsfeuerwehr** *f* auxiliary fire service; **Hilfsfonds** *m* relief fund; **Hilfsgeistliche(r)** *m* curate; **Hilfskomitee** *nt* relief action committee; **Hilfskonstruktion** *f* (*Math*) rough diagram; (*fig*) temporary measure; **Hilfskraft** *f* assistant helper; (*Aushilfe*) temporary worker; **wissenschaftliche/fachliche** ~ research/ technical assistant; **Hilfslinie** *f* (*Math*) auxiliary line; **Hilfsmaßnahme** *f* relief action *no pl*; (*zur Rettung*) rescue action *no pl*; **Hilfsmittel** *nt* aid; **Hilfsmotor** *m* (*Aut*) auxiliary engine; **Fahrrad mit** ~ motor-assisted bicycle; **Hilfsorganisation** *f* relief organization; **Hilfspersonal** *nt* auxiliary staff; (*Aushilfspersonal*) temporary staff *or* help; **Hilfspolizei** *f* auxiliary police; **Hilfspolizist** *m* auxiliary policeman; **Hilfsprediger, Hilfspriester** *m* curate; **Hilfsprogramm** *nt* relief *or* aid programme; **Hilfsquelle** *f* **1.** (*Geldquelle*) source of money, pecuniary *or* financial (re)sources *pl*; **2.** (*für wissenschaftliche Arbeit*) source; **Hilfsruder** *nt* (*Aviat*) auxiliary rudder; **Hilfsschiff** *nt* auxiliary vessel; **Hilfsschule** *f* (*dated*) school for backward children; **Hilfsschullehrer** *m* (*dated*) pupil at/from a school for backward children; **Hilfsschwester** *f* auxiliary (nurse); **Hilfssheriff** *m* assistant *or* deputy sheriff; **Hilfssprache** *f* auxiliary language; **Hilfstrupp** *m* group of helpers; **Hilfstruppe** *f* (*Mil*) auxiliary troops *pl*; (*Verstärkung*) reinforcements *pl*; (*Pol pej*) back-up army *or* boys *pl*; **Hilfsverb** *nt* auxiliary verb; **Hilfswerk** *nt* relief organization; **hilfswillig** *adj* willing to help *pred*; **Hilfswillige(r)** *mf decl as adj* voluntary helper; **Hilfswissenschaft** *f* (*gen to*) complementary science; (*Geisteswissenschaft*) complementary subject; **Hilfszeitwort** *nt siehe* **Hilfsverb.**

Himalaja *m* **-(s) der** ~ the Himalayas *pl*.

Himbeere *f* raspberry.

Himbeereis *nt* raspberry ice(-cream); **Himbeergeist** *m, no pl* (white) raspberry brandy; **himbeerrot** *adj* raspberry-coloured; **Himbeersaft** *m* raspberry juice; **Himbeerstrauch** *m* raspberry bush.

Himmel *m* **-s**, (*poet*) - **1.** sky. **am** ~ in the sky; **unter dem** ~ **Spaniens, unter spanischem** ~ under *or* beneath a Spanish sky; **zwischen** ~ **und Erde** in midair; **in den** ~ **ragen** to tower (up) into the sky; **jdn/etw in den** ~ (**er**)**heben** *or* **loben** *or* **rühmen** to praise sb/sth to the skies; **jdm hängt der** ~ **voller Geigen** everything in the garden is lovely for sb; **gute Lehrer fallen nicht vom** ~ good teachers don't grow on trees; **der Frieden fällt nicht einfach vom** ~, **sondern** ... peace doesn't just fall out of the blue, but ...

2. (*Rel*: ~*reich*) heaven. **im** ~ in heaven; **den Blick gen** ~ **richten** (*liter*) to look heavenward(s), to raise one's eyes towards heaven; **in den** ~ **kommen** to go to heaven; **zum** *or* **in den** ~ **auffahren, gen** ~ **fahren** to ascend into heaven; **der Sohn des** ~**s** (*Kaiser von China*) the Celestial Emperor; **der** ~ **auf Erden** heaven on earth; **dem** ~ **sei Dank** (*old*) thank God *or* Heaven(s); **der** ~ **ist** *or* **sei mein Zeuge** (*old*) as Heaven *or* God is my witness; (**das**) **weiß der** ~! (*inf*) God *or* Heaven (only) knows; **der** ~ **bewahre mich davor!** (*old*) may Heaven (*or* God) preserve me; **das schreit zum** ~ it's a scandal; **es stinkt zum** ~ (*inf*) it stinks to high heaven (*inf*); **Gott im** ~! (*old*) good Heavens!; (**ach**) **du lieber** ~! (*inf*) good Heavens!, good(ness) gracious!; ~ (**noch mal**)! (*inf*) good God!, **um(s)** ~**s willen** (*inf*) for Heaven's *or* goodness sake (*inf*); ~, **Arsch und Zwirn** (*sl*) Christ Almighty! (*sl*).

3. (*Bett*~ *etc*) canopy; (*im Auto*) roof. **himmel|angst** *adj pred* **mir wurde** ~ I was scared to death; **Himmelbett** *nt* four-poster (bed); **himmelblau** *adj* sky-blue, azure (*liter*); **Himmeldonnerwetter** *interj* (*sl*) damn it (*sl*); ~ **noch** (**ein**)**mal!** damn and blast it! (*sl*).

Himmelfahrt *f* **1.** (*Rel*) **Christi** ~ the Ascension of Christ; **Mariä** ~ the Assumption of the Virgin Mary. **2.** (*no art: Feiertag*) Ascension Day.

Himmelfahrtskommando *nt* (*Mil inf*) suicide squad *or* (*Unternehmen*) mission; **Himmelfahrtsnase** *f* (*hum inf*) turned-up *or* snub nose; **Himmelfahrtstag** *m* **der/am** ~ Ascension Day/on Ascension Day.

Himmelherrgott *interj* (*sl*) damn (it) (*sl*); ~ **noch** (**ein**)**mal!** damn and blast! (*sl*); **Himmelherrgottsakra** *interj* (*S Ger, Aus*) damn (it) (*sl*), bloody hell (*Brit sl*); **himmelhoch I** *adj* sky-high; **II** *adv* high into the sky; ~ **jauchzend, zu Tode betrübt** up one minute and down the next; **Himmelreich** *nt, no pl* (*Rel*) Kingdom of Heaven; **ins** ~ **eingehen** *or* **kommen** to enter the Kingdom of Heaven; **ein** ~ **für** ... I'd give anything *or* my right arm for ... **Himmels|achse** *f* celestial axis; **Himmels-|äquator** *m* celestial equator, equinoctial line *or* circle; **Himmelsbahn** *f* (*liter*) celestial path *or* orbit.

himmelschreiend *adj* **Unrecht** outrageous, scandalous; **Unkenntnis, Verhältnisse**

appalling; **Unsinn** utter *attr*; **Schande** crying *attr*.

Himmels|erscheinung *f* celestial phenomenon; **Himmelsgabe** *f* (*geh*) gift from heaven; **Himmelsgewölbe** *nt* (*liter*) vault of heaven (*liter*), firmament (*liter*); **Himmelskarte** *f* star map *or* chart; **Himmelskönigin** *f* (*Rel*) Queen of Heaven; **Himmelskörper** *m* heavenly *or* celestial body; **Himmelskugel** *f* (*liter*) celestial globe (*liter*) *or* sphere (*liter*); **Himmelslabor** *nt* (*Space*) space lab(oratory); **Himmelsleiter** *f* (*Bot*) Jacob's Ladder; **Himmelsmacht** *f*: **die Liebe ist eine** ~ love is a power of heaven; **Himmelspforte** *f* (*liter*) gate of heaven; **Himmelspol** *m* celestial pole; **Himmelsrichtung** *f* direction; **die vier** ~**en** the four points of the compass; **Himmelsschlüssel** *m or nt* (*Bot*) cowslip; **Himmelsschrift** *f* skywriting; **Himmelsspion** *m* (*inf*) spy satellite; **Himmelsstrich** *m* (*liter*) area, region, clime (*liter*); **unter diesem** ~ in these parts; **Himmelsstürmer** *m* (*liter*) (romantic) idealist.

himmelstürmend *adj attr* (*liter*) boundless. **Himmelswagen** *m* (*Astron*) Great Bear; **Himmelszelt** *nt* (*poet*) canopy of heaven (*poet*), firmament (*liter*).

himmelwärts *adv* (*liter*) heavenward(s); **himmelweit** *adj* (*fig inf*) tremendous, fantastic (*inf*); **zwischen uns besteht ein** ~**er Unterschied** there's a world of difference between us; ~ **voneinander entfernt**, ~ **verschieden** (*fig*) poles apart.

himmlisch *adj* **1.** *attr* (*göttlich*) heavenly, celestial (*liter*). **eine** ~**e Fügung** divine providence; **der** ~**e Vater** our Heavenly Father; **die H**~**en** (*old poet*) the gods; **das** ~**e Jerusalem** the new Jerusalem.

2. (*fig*) (*wunderbar*) heavenly, divine; (*unerschöpflich*) **Geduld** infinite. ~ **bequem** beautifully *or* wonderfully comfortable.

hin *adv* **1.** (*räumlich*) **bis zum Haus** ~ up to the house, as far as the house; **geh doch** ~ **zu ihr!** go to her; (*besuche sie auch*) go and see her; **nach Süden/Stuttgart** ~ towards the south/Stuttgart; **über die ganze Welt** ~ all over the world, throughout the world; **die Wüste erstreckt sich über 2000 km** ~ the desert stretches for 2000 km; **nach außen** ~ (*fig*) outwardly; ~ **fahre ich mit dem Zug, zurück** ... on the way out I'll take the train, coming back ...; **die Fähre geht heute abend nur noch (zur Insel)** ~ the ferry's only making the outward trip *or* is only going out (to the island) this evening; **zur anderen Seite** ~ **sind es 2 km** it's 2 kms to the other side; **bis zu diesem Punkt** ~ up to this point.

2. (*als Teil eines Wortpaares*) ~ **und her** (*räumlich*) to and fro, back and forth; **etw** ~ **und her überlegen/diskutieren** to think about sth a lot/to discuss sth over and over *or* a lot; **das H**~ **und Her** the comings and goings *or* to-ings and fro-ings *pl*; **nach langem H**~ **und Her** after a lot of to-ings and fro-ings; **das reicht nicht** ~ **und nicht her** (*inf*) that won't go very far at all, that's nothing like enough (*inf*); **Regen/Feiertag**

~, **Regen/Feiertag her** rain/holiday or no rain/holiday, whether it rains/whether it's a holiday or not; **Mörder/Sohn ~, Mörder/Sohn her** murderer/son or not, I don't care whether he *is* a murderer/his *etc* son; **~ und zurück** there and back; **eine Fahrkarte/einmal London ~ und zurück** a return (ticket), a round trip (*esp US*)/a return *or* round trip (*esp US*) to London; **~ und zurück?** — nein, nur ~ bitte return *or* round trip? — no, just a single please; **der Flug von X nach Y ~ und zurück kostet ...** the return flight *or* round trip from X to Y costs ...; **~ und wieder** (every) now and then, (every) now and again.

3. (*zeitlich*) **noch weit ~** a long way off *or* away; **lange Zeit ~** for a long time, over a long period; **zum Sommer ~** towards summer, as summer draws nearer *or* approaches; **gegen Mittag ~** towards midday; **über die Jahre ~** over the years, as (the) years go by; **bis in den Juni ~** up until (and during) June.

4. (*fig*) **auf meine Bitte/meinen Vorschlag ~** at my request/suggestion; **auf meinen Brief/Anruf ~** on account of my letter/phone-call; **auf die Gefahr ~, ... zu werden** at the risk of being ...; **auf sein Versprechen/seinen Rat ~** on the basis of his promise/(up)on his advice; **etw auf etw** (*acc*) **~ untersuchen/prüfen** to inspect/check sth for sth; **etw auf etw** (*acc*) **~ planen/anlegen** to plan/design sth with sth in mind; **vor sich ~ sprechen** *etc* to talk *etc* to oneself; **vor sich ~ stieren** to stare straight ahead *or* into space; **vor sich ~ dösen** to doze.

5. (*inf: als trennbarer Bestandteil von Adverbien*) **da will ich nicht ~** I don't want to go (there); **wo geht ihr ~?** where are you going?

6. (*elliptisch*) **nichts wie ~** (*inf*) let's go (then)!, what are we waiting for? (*inf*); **wo ist es/sie ~?** where has it/she gone?; **ist es weit bis ~?** (*inf*) is it far?

hinab *adv, pref siehe* **hinunter.**

hinan *adv* (*liter*) upwards. *siehe* **hinauf.**

hin|arbeiten *vi sep*: **auf etw** (*acc*) **~ auf ein Ziel** to work towards sth, to aim at sth; **auf eine Prüfung** to work for sth.

hinauf *adv* up. **den Berg/die Straße ~** up the mountain/street; **den Fluß ~** up the river; **die Treppe ~** up the stairs, upstairs; **dort ~** up there; **bis ~ zu** up to.

hinauf- *pref* up; **hinaufbegeben*** *vr sep irreg* to go up(stairs); **hinaufbegleiten*** *vt sep* to take up(stairs); **hinaufblicken** *vi sep* to look up; **hinaufbringen** *vt sep irreg* to bring/take up; **hinauffahren** *sep irreg* **I** *vi aux sein* to go up; (*in Auto auch*) to drive up; **II** *vt jdn* to take up; (*in Auto auch*) to drive up; *Aufzug* to take up; **hinauffallen** *vi sep irreg aux sein*: **die Treppe ~**(*hum*) to fall up the stairs; **hinaufführen** *vti sep* to lead up; **hinaufgehen** *vi sep irreg aux sein* to go up; (*Preise, Fieber auch*) to rise; **die Treppe ~** to go *or* walk up the stairs; **mit dem Preis ~** to put up the price; **hinaufklettern** *vi sep aux sein* to climb up; **auf einen Baum ~** to climb up a tree; **hinaufkommen** *vi sep irreg aux sein* to come up; (*schaffen*)

to (manage to) get up; **hinauflaufen** *vi sep irreg aux sein* to run up; **die Treppe ~** to run up the stairs; (*im Haus auch*) to run upstairs; **hinaufreichen** *sep* **I** *vi* to reach up; **II** *vt* to hand *or* pass up; **hinaufschauen** *vi sep* to look up; **hinaufschrauben** *vt sep* to screw up; (*fig*) *Preise* to put up; *Produktion, Forderungen* to step up; **hinaufsehen** *vi sep irreg* to look up; **hinaufsetzen** *vt sep* (*fig*) *Preis etc* to raise, to increase, to put up; **hinaufsteigen** *vi sep irreg aux sein* to climb up; **hinauftragen** *vt sep irreg* to carry *or* take up.

hinaus *adv* **1.** (*räumlich*) out. **~ (mit dir)!** (get) out!, out you go!; **über** (+*acc*) **~** beyond, over; **aus dem** *or* **zum Fenster ~** out of the window; **hier/dort ~** this/that way out; **hinten/vorn ~** at the back *or* rear/front; **nach hinten/vorn ~ wohnen** to live towards *or* facing the back/the front; **zur Straße ~** facing the street; **durch die Tür ~** out of *or* out through the door.

2. (*zeitlich*) **auf Jahre/Monate ~** for years/months to come; **bis weit über die Siebzig ~** until well over *or* after *or* past seventy; **wir werden damit über Mittwoch ~ beschäftigt sein** we'll be busy with that until after Wednesday.

3. (*fig*) **über** (+*acc*) **~** over and above; (*über Gehalt, Summe auch*) on top of; **über das Grab ~** beyond the grave; **darüber ~** over and above this, on top of this, in addition to this.

hinausbefördern* *vt sep* (*inf*) *jdn* to kick out (*inf*), to chuck out (*inf*) (*aus* of); **hinausbeugen** *vr sep* to lean out (*aus* of); **sich zum Fenster ~** to lean out of the window; **hinausblicken** *vi sep* to look out (*aus* of); **zum Fenster ~** to look out of the window; **hinausbringen** *vt sep irreg* (*aus* of) *etw* to take/bring out; *jdn* to take out; **hinausbugsieren*** *vt sep* (*inf*) *jdn* to steer *or* hustle out (*aus* of); **hinausdrängen** *sep* **I** *vt* to force out (*aus* of); (*eilig*) to hustle out (*aus* of); (*fig*) to oust (*aus* from), to force out (*aus* of); **II** *vi aux sein* to push *or* force one's way out (*aus* of); **hinausdürfen** *vi sep irreg* to be allowed (to go) out (*aus* of); **darf ich hinaus?** may I go out?; **über einen Punkt nicht ~** not to be allowed (to go) beyond a point; **hinausfahren** *sep irreg* **I** *vi aux sein* **1. aus etw ~** to go out of sth, to leave sth; (*in Fahrzeug auch*) to drive out of sth; **2.** (*reisen*) to go out; **aufs Meer ~** to sail out across the sea; **3. über etw** (*acc*) **~** to go beyond sth; **II** *vt Wagen* to drive out (*aus* of); **hinausfinden** *vi sep irreg* to find one's *or* the way out (*aus* of); **ich finde schon allein hinaus** I can find my own way out, I can see myself out; **hinausfliegen** *vi sep irreg aux sein* (*aus* of) **1.** to fly out; (*inf: hinausfallen*) to go flying out (*inf*); **über ein Ziel ~** to fly past *or* go flying past a target/destination; **2.** (*inf: hinausgeworfen werden*) to get kicked *or* chucked out (*inf*); **hinausführen** *sep* **I** *vi* **1.** (*nach draußen führen*) to lead out (*aus* of); **2.** (*weiter führen als*) **über etw** (*acc*) **~** (*lit, fig*) to go beyond sth; **II** *vt* to lead out (*aus* of); (*Weg,*

Reise) to take (*über* +*acc* beyond); **hinausgehen** *sep irreg aux sein* I *vi* **1.** (*nach draußen gehen*) to go out(side); **aus dem Zimmer/auf die Straße** ~ to go *or* walk out of the room/out onto the street; **2.** (*gesandt werden*) to go (out), to be sent out; **3. auf etw** (*acc*) ~ (*Tür, Zimmer*) to open onto sth; (*Fenster*) to look (out) onto *or* open onto sth; **das Fenster geht nach Osten hinaus** the window looks *or* faces east; **zu** *or* **nach etw** ~ (*Straße, Weg*) to go out to; **4.** (*fig: überschreiten*) **über etw** (*acc*) ~ to go beyond sth; **über seine Befugnisse** ~ to overstep one's authority, to exceed one's powers; II *vi impers* **wo geht es hinaus?** where's the way out?; **hinausgeleiten*** *vt sep* (*geh*) to show out (*aus* of); **hinausgucken** *vi sep* to look out (*aus* of); **zum Fenster** ~ to look out of the window; **hinaushalten** *vt sep irreg* to hold out; **den Kopf zum Fenster** ~ to stick *or* put one's head out of the window; **hinaushängen** *vti sep irreg* to hang out; **eine Fahne zum Fenster** ~ to hang a flag out of the window; **hinausjagen** *sep* (*aus* of) I *vt* (*lit: aus dem Zimmer, nach draußen*) to drive *or* chase out; (*fig: aus dem Haus*) to turn *or* drive out; II *vi aux sein* to bolt *or* dive out; **hinauskatapultieren*** *vt sep* (*Pol sl*) to throw out, to chuck out (*inf*) (*aus* of); **hinausklettern** *vi sep aux sein* to climb out (*aus* of); **hinauskommen** *vi sep irreg aux sein* **1.** to come out(side); **ich bin den ganzen Tag noch nicht hinausgekommen** I haven't been *or* got out(side) yet today; **zu jdm aufs Land** ~ to come out to see sb in the country; **2. über etw** (*acc*) ~ to go beyond sth; (*fig*) to get beyond sth; **3.** (*fig: hinauslaufen*) **das kommt auf dasselbe** *or* **auf eins** *or* **aufs gleiche hinaus** it boils *or* comes to the same thing, it amounts *or* comes to the same thing; **hinauskomplimentieren*** *vt sep* (*hum*) to usher out (*aus* of); **hinauslassen** *vt sep irreg* (*aus* of) to leave out; (*hinausbegleiten*) to show out; **hinauslaufen** *vi sep irreg aux sein* (*aus* of) **1.** (*lit*) to run out; **2.** (*fig*) **auf etw** (*acc*) ~ to amount to sth; **es läuft auf dasselbe** *or* **auf eins** *or* **aufs gleiche hinaus** it boils *or* comes down to the same thing, it amounts *or* comes to the same thing; **wo(rauf) soll das** ~? how's it all going to end?, what are things coming to?; **hinauslehnen** *vr sep* to lean out (*aus* of); **sich zum Fenster** ~ to lean out of the window; **hinausposaunen*** *vt sep* (*inf*) *siehe* **ausposaunen**; **hinausragen** *vi sep aux sein* **1.** (*horizontal*) to project, to jut out (*über* +*acc* beyond); (*vertikal*) to tower up (*über* +*acc* above, over); **2.** (*fig*) **über jdn/etw** ~ to tower above sb/sth; **hinausreichen** *sep* I *vt* to hand *or* pass out (*aus* of); **jdm etw zum Fenster** ~ to hand *or* pass sb sth out of the window; II *vi* **1.** (*bis nach draußen reichen*) to reach, to stretch (*bis* as far as); **2. über etw** (*acc*) ~ (*lit*) to stretch beyond sth; (*fig*) to go beyond sth; **hinausrennen** *vi sep irreg aux sein* to run out (*aus* of); **hinausschaffen** *vt sep* to take out (*aus* of); **hinausschauen** *vi sep siehe*

hinausblicken; **hinausschicken** *vt sep* to send out (*aus* of); **hinausschieben** *vt sep irreg* **1.** *Gegenstand* to push out (*aus* of); **2.** (*fig*) to put off, to postpone; **hinausschießen** *vi sep irreg aux sein* (*hinausrennen*) to shoot *or* dart out (*aus* of); **über das Ziel** ~ (*fig*) to go too far, to overshoot the mark; **hinausschmeißen** *vt sep irreg* (*inf*) to kick *or* chuck out (*inf*) (*aus* of); **Hinausschmiß** *m* **-sses, -sse** (*inf*) **man drohte ihm mit** ~ (**aus der Kneipe**) they threatened to kick *or* chuck him out (of the pub) (*inf*); **das war ein regelrechter** ~ he was simply kicked *or* chucked out (*inf*); **hinausschmuggeln** *vt sep* to smuggle out (*aus* of); **hinausschreien** *sep irreg* I *vi* to shout out (*aus* of); **zum Fenster** ~ to shout out of the window; II *vt* (*geh*) *Schmerz, Haß* to proclaim (*geh*); **hinausschwimmen** *vi sep irreg aux sein* (*aus* of, *über* +*acc* beyond, past) to swim out; **hinaussehen** *vi sep irreg siehe* **hinausblicken**; **hinaussein** *vi sep irreg aux sein* (*Zusammenschreibung nur bei infin und ptp*) (*fig: hinter sich haben*) **über etw** (*acc*) ~ *über Kindereien, Dummheiten* to be past *or* beyond sth; **über Enttäuschungen** to be over sth, to have got over sth; **über ein Alter** to be past sth; **hinaussetzen** *sep* I *vt* to put out(side); **jdn** ~ (*inf*) to chuck *or* kick sb out (*inf*); II *vr* to (go and) sit outside; **hinausstehlen** *vr sep irreg* (*geh*) to steal out (*geh*) (*aus* of); **hinaussteigen** *vi sep irreg aux sein* to climb out (*aus* of); **zum Fenster** ~ to climb out of the window; **hinausstellen** *vt sep* to put *or* take out(side); *Sportler* to send off; **hinausstrecken** *vt sep* to stick *or* put out (*aus* of); **hinausstürmen** *vi sep aux sein* to storm out (*aus* of); **hinausstürzen** *sep* (*aus* of) I *vi aux sein* **1.** (*hinausfallen*) to fall out; **2.** (*hinauseilen*) to rush *or* dash out; II *vr* to throw oneself *or* dive out; III *vt* to throw out; **hinaustragen** *vt sep irreg* **1.** to carry out (*aus* of); **2.** (*geh*) **etw in alle Welt** ~ to carry sth into all the world (*liter*), to spread sth throughout the world; **hinaustreiben** *vt sep irreg* to drive out (*aus* of); **hinaustreten** *vi sep irreg aux sein* to step out(side); **aus dem Haus** ~ to step out of the house; **ins Leben** ~ (*geh*) to go out into the world; **hinauswachsen** *vi sep irreg aux sein* **über etw** (*acc*) ~ (*lit*) to grow taller than sth; (*fig: durch Reiferwerden, Fortschritte etc*) to outgrow sth; **er wuchs über sich selbst hinaus** he surpassed himself; **hinauswagen** *vr sep* to venture out (*aus* of); **hinausweisen** *sep irreg* I *vt* **jdn** ~ to show sb the door, to ask sb to leave; II *vi* to point out(wards); **über eine Frage/Sache** ~ (*fig*) to reach *or* point beyond a question/matter; **hinauswerfen** *vt sep irreg* (*aus* of) **1.** to throw *or* cast (*liter*) out; **einen Blick** ~ to glance *or* look out(side), to take a glance *or* look out (*aus* of); **das ist hinausgeworfenes Geld** it's money down the drain; **Geld zum Fenster** ~ to throw money out of the window *or* down the drain; **2.** (*inf*) (*entfernen*) to chuck *or* kick out (*inf*); **hinauswollen** *vi sep* to want to go *or* get out (*aus* of); **worauf willst du hinaus?** (*fig*) what are you getting *or* driving at?; **hoch ~** to aim high, to set one's sights high; **hinausziehen** *sep irreg* I *vt* 1. (*nach draußen ziehen*) to pull out (*aus* of); 2. (*fig*) *Verhandlungen etc* to protract, to drag out; *Urlaub etc* to prolong; II *vi aux sein* to go out (*aus* of); **in die Welt ~** to go out into the world; **aufs Land/vor die Stadt ~** to move out into the country/out of town; **den Dampf/Rauch ~ lassen** to let the steam/smoke out; III *vr* (*Verhandlungen etc*) to drag on; (*Abfahrt etc*) to be delayed, to be put off; IV *vt impers* **es zog ihn hinaus in die weite Welt** he felt the urge to be off into the big wide world; **mich zieht's wieder hinaus in die Ferne** I've an urge to be off and away; **bei diesem schönen Wetter zieht's mich hinaus** I want to be out-of-doors with the weather like this; **hinauszögern** *sep* I *vt* to delay, to put off; II *vr* to be delayed, to be put off; **Hinauszögerung** *f* delaying, putting off.

hinbekommen* *vt sep irreg* (*inf*) *siehe* **hinkriegen**; **hinbestellen*** *vt sep* to tell to go/come; **hinbiegen** *vt sep irreg* (*fig inf*) 1. *etw* to arrange, to sort out; **das** *or* **die Sache werden wir schon ~** we'll sort it out *or* arrange matters somehow; 2. *jdn* to lick into shape (*inf*); **hinblättern** *vt sep* (*inf*) to fork *or* shell out (*inf*), to cough up (*inf*); **Hinblick** *m*: **im** *or* **in ~ auf** (+ *acc*) (*angesichts*) in view of; (*mit Bezug auf*) with regard to; **im ~ darauf, daß ...** in view of the fact that ...; **hinbreiten** *sep* I *vt* to spread out; II *vr* to stretch out; **hinbringen** *vt sep irreg* 1. *etw* to take there; (*begleiten*) *jdn* to take there; (*in Auto auch*) to drive there; 2. (*fig*) *Zeit* to spend, to pass; (*in Muße*) to idle *or* while away; **sein Leben kümmerlich ~** to eke out an existence; 3. (*inf*) *siehe* **hinkriegen**; **hindenken** *vi sep irreg* **wo denkst du hin?** whatever are you thinking of!

hinderlich *adj* **~ sein** to be in the way, to be a nuisance; (*Kleidungsstück auch*) to be restricting; **ein ~er Gipsverband** a restricting plaster cast, a plaster cast that gets in the way *or* is a nuisance; **jds Fortkommen** (*dat*) **~ sein** (*Gebrechen, Vorurteil etc*) to be a hindrance *or* obstacle to sb's advancement, to get in the way of sb's advancement; **eher ~ als nützlich sein** to be more of a hindrance than a help; **sich ~ auswirken** to prove to be a hindrance; **jdm ~ sein** to get in sb's way.

hindern I *vt* 1. *Fortschritte, Wachstum* to impede, to hamper; *jdn* to hinder (*bei* in).
2. (*abhalten von*) to prevent (*an* +*dat* from), to stop. **ja bitte, ich will Sie nicht ~** please do, I shan't stand in your way; **machen Sie, was Sie wollen, ich kann Sie nicht ~** do what you like, I can't stop *or* prevent you; **was hindert dich, hinzugehen?** what prevents *or* keeps you from going (there)?, what stops you going (there)?
II *vi* (*stören*) to be a hindrance (*bei* to).

Hindernis *nt* 1. (*lit, fig*) obstacle; (*Erschwernis, Behinderung*) hindrance;

(*beim Sprechen*) handicap, impediment. **sie empfand das Kind als ~/als ~ für ihre Karriere** she saw the child as a hindrance/as a hindrance to *or* an obstacle for her career; **gesetzliches ~** (*form*) legal impediment *or* obstacle; **jdm ~se in den Weg legen** (*fig*) to put obstacles in sb's path *or* way; **eine Reise mit ~sen** a journey full of hitches.
2. (*Sport*) (*beim ~lauf, auf Parcours*) jump; (*Hürde auch*) hurdle; (*beim Pferderennen auch*) fence; (*Golf*) hazard.
Hindernislauf *m* steeplechase (*in athletics*); **Hindernisläufer** *m* steeplechaser (*in athletics*); **Hindernisrennen** *nt* steeplechase.
Hinderung *f* **ohne ~** without let or hindrance (*Jur*); *siehe* **Behinderung**.
Hinderungsgrund *m* obstacle. **etw als ~ angeben** to give sth as an excuse.
hindeuten *vi sep* to point (*auf* +*acc, zu* at). **es deutet alles darauf hin, daß ...** everything indicates that *or* points to the fact that ...
Hindi *nt* - Hindi.
Hindin *f* (*old, liter*) hind.
Hindu *m* -(s), -(s) Hindu.
Hinduismus *m* Hinduism.
hinduistisch *adj* Hindu.
hindurch *adv* 1. (*räumlich*) through. **dort ~** through there; **mitten ~** straight through; **quer ~** straight across; **durch den Wald ~** through the wood.
2. (*zeitlich*) through(out). **das ganze Jahr ~** throughout the year, all (the) year round; **die ganze Nacht ~** all (through the) night, throughout the night, all night long; **die ganze Zeit ~** all the time; **Jahre ~** for years (and years); **den ganzen Tag ~** all day (long); **durch etw ~** through sth.
hindurchgehen *vi sep irreg aux sein* (*lit, fig*) to go through (*durch etw* sth).
hindürfen *vi sep irreg* to be allowed to go (*zu* to). **da darfst du nicht mehr hin** you are not to *or* you mustn't go there any more; **hineilen** *vi sep aux sein* to rush *or* hurry (*zu* to). **ich eilte sofort hin** I rushed there at once.
hinein *adv* 1. (*räumlich*) in *or* in there; **nur ~!** (*inf*) go right in!; **~ mit dir!** (*inf*) in you go!; **in etw** (*acc*) **~** into sth; **bis in etw** (*acc*) **~** right inside sth; **mitten ~ in etw** (*acc*) right into *or* right in the middle of sth; **leg es oben/unten ~** put it in the top/bottom.
2. (*zeitlich*) into. **bis tief in die Nacht ~** well *or* far into the night.
hinein- *pref*; *siehe auch* **ein-, herein-**; **hineinbegeben*** *vr sep irreg* to enter (*in etw* (*acc*) sth); **hineinbekommen*** *vt sep irreg* (*inf*) to get in (*in* +*acc* -to); **hineinblicken** *vi sep* to look in (*in* +*acc* -to); **ins Fenster ~** to look in at the window; **hineinbringen** *vt sep irreg* 1. (*hineintragen*) to bring/take in (*in* +*acc* -to); 2. *siehe* **hineinbekommen**; **hineinbugsieren*** *vt sep* (*inf*) to manoeuvre in (*in* +*acc* -to); **hineindenken** *vr sep irreg* **sich in ein Problem ~** to think oneself into a problem; **sich in jdn ~** to put oneself in sb's position; **hineindeuten** *vt sep* **etw in einen Satz ~** to read sth into a sentence;

etw in die Natur ~ to attribute nature with sth; **hineindrängen** *sep* (*in* +*acc* -to) **I** *vt* to push in; **II** *vir* (*vi: aux sein*) to push one's way in; **hineinfallen** *vi sep irreg aux sein* to fall in (*in* +*acc* -to); **hineinfinden** *vr sep irreg* (*fig*) (*sich vertraut machen*) to find one's feet; (*sich abfinden*) to come to terms with sth; **sich finden in etw** (*acc*) ~ to get familiar with sth; to come to terms with sth; **hineinfressen** *vt sep irreg* (*inf*) **etw in sich** (*acc*) ~ (*lit*) to wolf sth (down) (*inf*), to gobble sth down *or* up; (*fig*) *Kummer etc* to suppress sth; **hineingeheimnissen*** *vt sep* (*inf*) **etw in etw** (*acc*) ~ to read sth into sth; **hineingehen** *vi sep irreg aux sein* **1.** to go in; **in etw** (*acc*) ~ to go into sth, to enter sth; **2.** (*hineinpassen*) to go in (*in* +*acc* -to); **in den Bus gehen 50 Leute hinein** the bus holds 50 people, there is room for 50 people in the bus; **hineingeraten*** *vi sep irreg aux sein* **in etw** (*acc*) ~to get involved in sth, to get into sth; **in ein Unwetter** ~ to get into a thunderstorm; **in eine Schlägerei** ~to get into *or* get involved in a brawl; **hineingießen** *vt sep irreg* to pour in (*in* +*acc* -to); **etw in sich** (*acc*) ~ (*inf*) to pour sth down one's throat (*inf*), to down sth; **hineingreifen** *vi sep irreg* to reach inside; **in etw** (*acc*) ~ to reach into sth; **hineingucken** *vi sep* (*inf*) (*in Zimmer, Kiste*) to look *or* take a look in (*in* +*acc* -to); (*in Buch*) to take a look in (*in etw* (*acc*) sth); **hineinhalten** *sep irreg* **I** *vt* to put in (*in etw* (*acc*) sth); **II** *vi* (*inf*) (*mit Gewehr etc*) to aim (*in* +*acc* at); **mitten in die Menge** ~ to aim into the crowd; **hineininterpretieren*** *vt sep siehe* **hineindeuten**; **hineinklettern** *vi sep aux sein* to climb in (*in* +*acc* -to); **hineinknien** *vr sep* (*fig inf*) **sich in etw** (*acc*) ~ to get into sth (*inf*); **hineinkommen** *vi sep irreg aux sein* (*in* +*acc* -to) **1.** to come in; **2.** (*lit, fig: hinein gelangen können*) to get in; **nach 21 Uhr kommt man nicht (mehr) hinein** you can't get in after 9 o'clock; **3.** *siehe* **hineingeraten**; **hineinkomplimentieren*** *vt sep* to usher in (*in* +*acc* -to); **hineinkriegen** *vt sep* (*inf*) *siehe* **hineinbekommen**; **hineinlachen** *vi sep* **in sich** (*acc*) ~ lachen to laugh to oneself; **hineinlassen** *vt sep irreg* to let in (*in* +*acc* -to); **hineinlaufen** *vi sep irreg aux sein* to run in (*in* +*acc* -to); **etw in sich** (*acc*) ~ **lassen** (*inf*) to knock sth back (*inf*); **hineinlegen** *vt sep* **1.** (*lit, fig*) *Gefühl etc* to put in (*in* +*acc* -to); **2.** (*hineindeuten*) **etw in jds Worte** ~ to put sth in sb's mouth; **hineinmanövrieren*** *vt sep* to manoeuvre in (*in* +*acc* -to); **hineinpassen** *sep vi* **in etw** (*acc*) ~ to fit into sth; (*fig*) to fit in with sth; **hineinpfuschen** *vi sep* (*inf*) **jdm in seine Arbeit/Angelegenheiten** ~ to meddle *or* interfere in sb's work/affairs; **hineinplatzen** *vi sep aux sein* (*fig inf*) to burst in (*in* +*acc* -to); **hineinpressen** *vt sep* **1.** to press in (*in* +*acc* -to); **2.** (*fig*) **etw in ein Schema** ~to force sth into a mould; **hineinprojizieren*** *vt sep* to project (*in* +*acc* into); **hineinpumpen** *vt sep* to pump in (*in* +*acc* -to); *Geld auch* to pour

in; **hineinragen** *vi sep aux sein* (*lit, fig*) to project (*in* +*acc* into); **hineinreden** *vi sep* **1.** (*lit: unterbrechen*) to interrupt (*jdm* sb); **jdm** ~ (*fig: sich einmischen*) to meddle *or* interfere in sb's affairs; **jdm in seine Angelegenheiten/Entscheidungen/in alles** ~ to meddle *or* interfere in sb's affairs/decision-making/in all sb's affairs; **2. ins Leere** ~ to talk into a vacuum, to talk to oneself; **sich in (seine) Wut** ~ to talk onself into *or* work onself up into a rage; **hineinregnen** *vi impers sep* **es regnet (ins Zimmer) hinein** (the) rain is coming in(to) the room; **hineinreichen** *sep* **I** *vt* to hand *or* pass in; (*jdm*) **etw zum** *or* **durchs Fenster** ~ to hand *or* pass sth in (to sb) through the window; **II** *vi* (*lang genug sein*) to reach in (*in* +*acc* -to); (*sich erstrecken*) to extend (*in* +*acc* as far as); **hineinreißen** *vt sep irreg* (*fig inf*) to drag in (*in* +*acc* -to); **hineinreiten** *sep irreg* **I** *vi aux sein* to ride in (*in* +*acc* -to); **II** *vt* (*inf*) *siehe* **reinreiten**; **hineinrennen** *vi sep irreg aux sein* to run in (*in* +*acc* -to); **in sein Unglück/Verderben** ~ to be heading for misfortune/disaster; **hineinschaffen** *vt sep siehe* **hineinbringen**; **hineinschauen** *vi sep* to look in; **ins Zimmer/Fenster** ~ to look into the room/in at the window; **eben mal** ~ (*inf*) to look *or* pop in (*inf*); **sich** (*dat*) **in etw nicht** ~ **lassen** to keep sth to oneself; **hineinschießen** *vi sep irreg* **1.** *aux sein* (*inf: Wasser etc*) to rush *or* gush in (*in* +*acc* -to); **hineingeschossen kommen** (*Wasser*) to come gushing *or* rushing in; (*inf: Mensch*) to shoot in (*inf*), to come shooting in (*inf*); **2. in eine Menschenmenge** ~ to shoot into a crowd; **hineinschlagen** *vt sep irreg* (*in* +*acc* -to) *Nagel* to knock in; *Eier* to break in; *Krallen* to sink in; **ein Loch ins Eis** ~ to knock a hole in the ice; **hineinschleichen** *vir sep irreg* (*vi: aux sein*) to creep *or* sneak in (*in* +*acc* -to); **hineinschliddern, hineinschlittern** *vi sep aux sein* (*inf*) **in etw** (*acc*) ~ to get involved in *or* mixed up with sth; **hineinschlingen** *vt sep irreg* **etw (gierig) in sich** ~ to devour sth (greedily); **hineinschlüpfen** *vi sep aux sein* to slip in (*in* +*acc* -to); **hineinschmuggeln** *vt sep* to smuggle in (*in* +*acc* -to); **hineinschneien** *sep* **I** *vi impers* **es schneit (ins Zimmer) hinein** the snow is coming in(to) the room); **II** *vi aux sein siehe* **hereinschneien**; **hineinschreiben** *vt sep irreg* to write in (*in etw* (*acc*) sth); **hineinschütten** *vt sep* to pour in (*in* +*acc* -to); **etw in sich** ~ (*inf*) to knock sth back (*inf*); **hineinsehen** *vi sep irreg siehe* **hineinblicken**; **hineinsetzen** *sep* **I** *vt* to put in (*in* +*acc* -to); **II** *vr* (*in Fahrzeug*) to sit (oneself) inside (*in etw* (*acc*) sth); (*in Sessel*) to sit (oneself) down (*in* +*acc* in(to)); (*in Sessellift, Kettenkarussell etc*) to sit oneself in (*in etw* (*acc*) sth); **sich in einen Haufen** ~ to sit (down) in a heap **sich wieder** ~ **ins Zimmer** ~ to go back and sit inside/in the room; **hineinspazieren*** *vi sep aux sein* to walk in (*in* +*acc* -to); **nur hineinspaziert!** please go in; **hineinspielen** *sep* **I** *vi* (*beeinflussen*) to have a part to play (*in* +*acc* in); **in etw** (*acc*) ~ (*grenzen an*) to verge on sth; **da spielen noch andere Gesichtspunkte hinein** other factors have a part to play (in it) *or* enter into it; **II** *vt* (*Sport*) **den Ball in den Strafraum** *etc* ~ to play the ball into the penalty area *etc*; **hineinstecken** *vt sep* (*in* +*acc* -to) to put in; *Nadel etc auch* to stick in; **den Kopf zum Fenster** ~ to put *or* stick one's head in at *or* in through the window; **Geld/Arbeit** *etc* **in etw** (*acc*) ~ to put money/some work *etc* into sth; **viel Mühe in etw** (*acc*) ~ to put a lot of effort into sth; **hineinsteigern** *vr sep* to get into *or* work oneself up into a state, to get worked up; **sich in seine Wut/Hysterie/ seinen Ärger** ~ to work oneself up into a rage/hysterics/a temper; **sich in seinen Kummer/Schmerz** ~ to let oneself be completely taken up with one's worries/to let the pain take one over completely; **sich in eine Rolle** ~ to become completely caught up in a role; **hineinstopfen** *vt sep* to stuff *or* cram in (*in* +*acc* -to); **Essen in sich** (*acc*) ~ to stuff *or* cram oneself with food; **hineinstoßen** *sep irreg* **I** *vt Schwert etc* to thrust in (*in* +*acc* -to); **jdn in etw** ~ (*lit*) to push sb into sth; (*fig*) to plunge sb into sth; **II** *vi aux sein* **in eine Lücke** ~ to steer into a space; **in ein Gebiet** ~ to enter a district; **hinein- strömen** *vi sep aux sein* to stream *or* flood in (*in* +*acc* -to); **hineinstürzen** *sep* **I** *vi aux sein* to plunge in (*in* +*acc* -to); (*hin- eineilen*) to rush in (*in* +*acc* -to); **zur Tür** ~ to rush in through the door; **II** *vt* to throw *or* hurl in (*in* +*acc* -to); **III** *vr* (*in* + *acc* -to) to throw *or* hurl oneself in, to plunge in; **sich ins Vergnügen** ~ to plunge in and start enjoying oneself, to let it all hang out (*sl*); **hineintappen** *vi sep aux sein* (*fig inf*) to walk right into it (*inf*); **in eine Falle** ~ to walk into a trap; **hinein- tragen** *vt sep irreg* (*in* +*acc* -to) to carry in; (*fig*) to bring in; **hineinziehen** *vt sep irreg* to put in (*in* +*acc* -to); **einen Blick in etw** (*acc*) ~ to take a look in sth; *ins Buch etc* to take a look at sth; **hineinverset- zen*** *vr sep* **sich in jdn** *or* **in jds Lage** ~ to put oneself in sb's position; **sich in etw** (*acc*) **hineinversetzt fühlen** to imagine oneself in sth; **sich in eine Rolle** ~ to em- pathize with a part; **hineinwachsen** *vi sep irreg aux sein* **in etw** (*acc*) ~ (*lit*, *fig*) to grow into sth; **hineinwagen** *vr sep* to venture in (*in* +*acc* -to); **hineinwollen** *vi sep* (*inf*) to want to go *or* get in (*in* +*acc* -to); **das will mir nicht in den Kopf hinein** I just can't understand it; **hineinziehen** *sep irreg* **I** *vt* to pull *or* drag in (*in* +*acc* -to); **jdn in eine Angelegenheit/einen Streit** ~ to drag sb into an affair/a quarrel; **II** *vi aux sein* (*in* +*acc* -to) to go in; (*in ein Haus*) to move in; **hineinzwängen** *sep* (*in* +*acc* -to) **I** *vt* to force *or* squeeze in; **II** *vr* to squeeze (oneself) in; **hineinzwin- gen** *vt sep irreg* to force in (*in* +*acc* -to).

hinfahren *sep irreg* **I** *vi aux sein* to go there; (*mit Fahrzeug auch*) to drive there; (*mit Schiff auch*) to sail there; **II** *vt* to drive *or* take there; **Hinfahrt** *f* journey there; (*Naut*) voyage there; (*Rail*) outward jour-

ney; **auf der** ~ on the journey *or* way there *etc*; **hinfallen** *vi sep irreg aux sein* to fall (down).

hinfällig *adj* **1.** frail. **2.** (*fig: ungültig*) in- valid; *Argument auch* untenable; **etw** ~ **machen** to render sth invalid, to invalidate sth.

Hinfälligkeit *f*, *no pl* frailness; (*von Argu- ment*) invalidity.

hinfinden *vir sep irreg* (*inf*) to find one's way there; **hinfläzen, hinflegeln** *vr sep* (*inf*) to loll about *or* around; **hinfliegen** *vi sep irreg aux sein* to fly there; (*inf: hinfal- len*) to come a cropper (*inf*); **Hinflug** *m* outward flight.

hinfort *adv* (*old*) henceforth (*old*).

hinführen *sep* **I** *vt* to lead there; **jdn zu etw** ~ (*fig*) to lead sb to sth. **II** *vi* to lead *or* go there. **zu/zwischen etw** (*dat*) ~ to lead to/ between sth; **wo soll das** ~? (*fig*) where is this leading to?

hing *pret of* **hängen.**

Hingabe *f* -, *no pl* (*fig*) (*Begeisterung*) dedi- cation; (*Selbstlosigkeit*) devotion; (*völ- liges Aufgehen*) (self-)abandon. **mit** ~ **tanzen/singen** *etc* to dance/sing *etc* with abandon; **unter** ~ **seines Lebens** (*geh*) by laying down one's life.

hingeben *sep irreg* **I** *vt* to give up; *Ruf, Zeit, Geld auch* to sacrifice; *Leben* to sacrifice.
　　II *vr* **1. sich einer Sache** (*dat*) ~ *der Arbeit* to devote *or* dedicate oneself to sth; *dem Laster, Genuß, der Verzweiflung* to abandon oneself to sth; **sich Hoffnungen/einer Illusion** ~ to cherish hopes/to labour under an illusion.
　　2. sie gab sich ihm hin she gave herself *or* surrendered to him.

hingebend *adj* devoted.

Hingebung *f*, *no pl siehe* **Hingabe.**

hingebungsvoll I *adj* (*selbstlos*) devoted; (*begeistert*) abandoned. **II** *adv* devotedly; with abandon; *lauschen* raptly.

hingegen *conj* (*geh*) however; (*andererseits auch*) on the other hand.

hingegossen *adj* (*fig inf*) **sie lag/saß wie** ~ **auf dem Bett** she had draped herself artis- tically on the bed; **hingehen** *vi sep irreg aux sein* **1.** (*dorthin gehen*) to go (there); **gehst du auch hin?** are you going too?; **wo gehst du hin?** where are you going?; **wo geht es hier hin?** where does this go?; **sein Blick ging über die Landschaft hin** he *or* his eyes scanned the scenery; **2.** (*Zeit*) to pass, to go by; **3.** (*fig: tragbar sein*) **das geht gerade noch hin** that will just about do *or* pass; **diesmal mag es noch** ~ I'll let it go *or* pass this once; **hingehören*** *vi sep* to belong; **wo gehört das hin?** where does this belong *or* go?; **wo gehören die Gabeln hin?** where do the forks live? (*inf*); **hingeraten*** *vi sep irreg aux sein* **irgend- wo** ~ to get somewhere; **wo bin ich denn hier** ~? (*inf*) what kind of place is this then?; **hingerissen** *adj* enraptured, en- chanted; ~ **lauschen** to listen with rapt attention; **ich bin ganz hin- und her- gerissen** (*iro*) absolutely great *or* fantas- tic! (*iro*); **hinhalten** *vt sep irreg* **1.** (*ent- gegenstrecken*) to hold out (*jdm* to sb); **2.** (*fig*) *jdn* to put off, to stall; (*Mil*) to stave off.

Hinhaltepolitik *f* stalling *or* delaying policy; **Hinhaltetaktik** *f* stalling *or* delaying tactics.

hinhauen *sep irreg* (*inf*) **I** *vt* **1.** (*nachlässig machen*) to knock off (*inf*).

2. (*hinwerfen*) to slam *or* plonk (*inf*) *or* bang down.

II *vi* **1.** (*zuschlagen*) to hit hard.

2. (*gutgehen*) **es hat hingehauen** I/we *etc* just managed it; **das wird schon** ~ it will be OK (*inf*) *or* all right.

3. (*klappen, in Ordnung sein*) to work. **ich habe das so lange geübt, bis es hinhaute** I practised it till I could do it.

4. (*ausreichen*) to do.

III *vr* (*sl*) (*sich hinflegeln, hinlegen*) to flop down (*inf*); (*schlafen*) to have a kip (*Brit inf*).

hinhören *vi sep* to listen; **hinkauern** *vr sep* to cower (down).

Hinkebein *nt*, **Hinkefuß** *m* (*inf*) (*verletztes Bein*) gammy leg (*inf*). **das alte Hinkebein** the old man with his gammy leg.

Hinkelstein *m* (*inf*) menhir.

hinken *vi* **1.** (*gehbehindert sein*) to limp, to walk with a limp. **mit** *or* **auf dem rechten Bein** ~ to have a limp in one's right leg.

2. *aux sein* (*sich fortbewegen*) to limp.

3. (*fig*) (*Beispiel, Vergleich*) to be inappropriate.

hinknallen *sep* (*inf*) **I** *vt* to slam *or* bang down; **II** *vi aux sein* to fall flat; **hinknien** *vir sep* (*vi: aux sein*) to kneel (down); **hinkommen** *vi sep irreg aux sein* **1.** (*an einen Ort* ~) (**da**) ~ to get there; **nach X** ~ to get to X; **kommst du mit hin?** are you coming too?; **wie komme ich zu dir hin?** how do I get to your place?; **2.** (*an bestimmten Platz gehören*) to go; **wo ist das Buch hingekommen?** where has the book got to?; **wo kämen wir denn hin, wenn ...** (*inf*) where would we be if ...; **wo kämen wir denn da hin?** (*inf*) where would we be then?; **3.** (*inf: in Ordnung kommen*) **das kommt schon noch hin** that will turn out OK (*inf*); **4.** (*inf: auskommen*) to manage; **wir kommen (damit) hin** we will manage; **5.** (*inf: ausreichen, stimmen*) to be right; **hinkriegen** *vt sep* (*inf*) **1.** (*fertigbringen*) to do, to manage; **wie er es nur immer hinkriegt, daß die anderen alles für ihn machen** I don't know how he manages to get the others to do everything for him; **2.** (*in Ordnung bringen*) to mend, to fix; (*gesundheitlich*) to cure; **hinlangen** *vi sep* (*inf*) **1.** (*zupacken*) to grab him/her/it *etc*; (*ziehen/schieben*) to pull/ push hard; (*dial: anfassen*) to touch; (*zuschlagen*) to take a (good) swipe (*inf*); (*foulen*) to play rough; **2.** (*sich bedienen*) to help oneself to a lot; (*viel Geld verlangen*) to overcharge; **3.** (*ausreichen*) to do; (*Geld*) to stretch; **mein Geld langt dafür nicht hin** my money won't stretch to that; **hinlänglich I** *adj* (*ausreichend*) adequate; **keine** ~**e Anzahl** an insufficient number; **II** *adv* (*ausreichend*) adequately; (*zu Genüge*) sufficiently; **hinlassen** *vt sep irreg* **jdn** (**da**) ~ to let sb go (there); **hinlaufen** *vi sep irreg aux sein* **1.** (*zu bestimmter Stelle laufen*) to run there; (*vorbei-, entlang-, dahinlaufen*) to run;

(*inf: zu Veranstaltung, Amt, Rechtsanwalt etc*) to rush; **2.** (*dial inf: nicht fahren*) to walk; **3.** (*verlaufen: mit Ortsangabe, in bestimmte Richtung*) to run; **hinlegen** *sep* **I** *vt* **1.** to put down; *Zettel* to leave (*jdm* for sb); (*flach legen*) *Verletzten etc* to lay down; (*ins Bett, zum Schlafen*) to put to bed; (*inf: bezahlen müssen*) to fork out (*inf*); **2.** (*inf: glänzend darbieten*) to perform *or* Rede, Vortrag give effortlessly and brilliantly; **er hat einen tollen Steptanz hingelegt** he did a neat bit of tap-dancing; **II** *vr* to lie down; ~**!** (*Mil*) down!; **sich lang** *or* **der Länge nach** ~ (*inf*) to fall flat; **da legst du dich (lang) hin!** (*inf*) it's unbelievable; **hinlümmeln** *vr sep* (*inf*) to loll *or* lounge about *or* around (*auf +acc* on).

hinmachen *sep* **I** *vt* (*inf*) **1.** (*anbringen*) to put on; *Bild* to put up.

2. (*kaputtmachen*) to wreck, to ruin; (*sl: umbringen*) to bump off (*inf*), to do in (*inf*).

II *vi* **1.** (*inf: Notdurft verrichten*) to do one's/its *etc* business (*euph*).

2. (*dial: sich beeilen*) to get a move on (*inf*).

hinmorden *vt sep* (*geh*) to massacre; **hinmüssen** *vi sep irreg* to have to go; **Hinnahme** *f* -, *no pl* acceptance; **hinnehmen** *vt sep irreg* **1.** (*ertragen*) to take, to accept; *Beleidigung* to swallow; **etw als selbstverständlich** ~ to take sth for granted; **2.** (*inf: mitnehmen*) to take; **hinneigen** *sep* **I** *vt Kopf, Körper* to incline; **II** *vr* (*zu towards*) (*Mensch*) to lean; (*fig*) to incline *or* have leanings; **III** *vi* (*fig*) **zu etw** ~ to incline towards sth; *zu Vorbild* to tend to follow.

hinnen *adv* (*old, liter*) **von** ~ hence; **von** ~ **gehen** *or* **scheiden** (*fig*) to depart this life.

hinpassen *vi sep* (*Platz haben*) to fit (in); (*gut aussehen*) to go (well); (*Mensch: am Platz sein*) to fit in; **hinpfeffern** *vt sep* (*inf*) *Gegenstand* to bang *or* slam down (*inf*); (*fig*) *Antwort, Kritik* (*mündlich*) to rap out; (*schriftlich*) to scribble down; **hinplumpsen** *vi sep aux sein* (*inf*) to fall down (with a thud); **etw** ~ **lassen** to dump *or* plump (*inf*) sth down; **sich** ~ **lassen** to plump oneself down (*inf*), to flop down; **hinraffen** *vt sep siehe* **dahinraffen**; **hinreichen** *sep* **I** *vt jdm etw* ~ to hand *or* pass sb sth *or* sth to sb; *Hand* to hold out sth to sb; **2** *vi* **1.** (*ausreichen*) to be enough, to suffice (*form*); **2.** (*sich erstrecken*) **bis zu etw** ~ to stretch to sth; **hinreichend** *adj* (*ausreichend*) adequate; (*genug*) sufficient; (*reichlich*) ample; **keine** ~**en Beweise** insufficient evidence; **es ist noch** ~ **Zeit** there is ample time; **Hinreise** *f* journey there *or* out, outward journey; (*mit Schiff*) voyage out, outward voyage; **Hin- und Rückreise** journey there and back; **die** ~ **nach London** the journey to London; **auf der** ~ on the way there; **hinreißen** *vt sep irreg* (*fig*) **1.** (*begeistern*)- to thrill, to enrapture; *siehe* **hingerissen**; **2.** (*überwältigen*) **jdn zu etw** ~ to force sb into sth; **die Zuschauer zu Beifallsstürmen** ~ to elicit thunderous applause from the audience; **sich** ~ **lassen** to let oneself be *or* get carried away; **sich**

zu einem Geständnis ~ lassen to let oneself be carried away into making a confession; **hinreißend** *adj* fantastic; *Landschaft, Anblick* enchanting; *Schönheit, Mensch* captivating; *Redner auch* thrilling; **~ schön Klavier spielen** to play the piano quite enchantingly *or* delightfully; **hinrennen** *vi sep irreg aux sein siehe* **hinlaufen 1.; hinrichten** *vt sep* to execute; **jdn durch den Strang/elektrischen Stuhl ~** to hang sb/to send sb to the electric chair.

Hinrichtung *f* execution.

Hinrichtungskommando *nt* execution *or* (*bei Erschießen*) firing squad; **Hinrichtungsstätte** *f* place of execution.

hinschaffen *vt sep* to get there; **hinschauen** *vi sep* (*dial*) *siehe* **hinsehen; hinschaukeln** *vt sep* (*sl*) to fix (*inf*), to manage; **hinscheiden** *vi sep irreg aux sein* (*liter*) to pass away, to depart this life (*form*); **der Hingeschiedene** the deceased, the (dear) departed; **Hinscheiden** *nt* (*liter*) demise; **hinscheißen** *vi sep irreg* (*vulg*) to crap (*vulg*); **hinschicken** *vt sep* to send; **hinschlachten** *vt sep* to slaughter, to butcher; **hinschlagen** *vi sep irreg* **1.** to strike *or* hit; **2.** *aux sein* (*hinfallen*) to fall over; **der Länge nach** *or* **längelang** *or* **lang ~** (*inf*) to fall flat (on one's face); **hinschleichen** *vir sep irreg* (*vi: aux sein*) to creep *or* steal *or* sneak up; **hinschleppen** *sep* **I** *vt* to carry, to lug (*inf*); (*inf: mitnehmen*) to drag along; **II** *vr* (*Mensch*) to drag oneself along; (*fig*) to drag on; **hinschludern** *vt sep* (*inf*) *Arbeit* to dash off; **hinschmeißen** *vt sep irreg* (*inf*) (*hinwerfen*) to fling *or* chuck down (*inf*); (*fig: aufgeben*) *Arbeit etc* to chuck *or* pack in (*inf*); **hinschmelzen** *vi sep irreg aux sein* (*hum, inf*) (*Mensch*) to swoon; (*Wut*) to melt away; **hinschmieren** *vt sep* (*inf*) *Schmutz* to spread, to smear; (*pej*) (*malen*) to daub; (*flüchtig schreiben*) to scribble; **hinschreiben** *sep irreg* **I** *vt* to write; (*flüchtig niederschreiben*) to bung down (*inf*); *Aufsatz* to dash off; **II** *vi* (*inf*) to write (there); **hinschwinden** *vi sep irreg aux sein siehe* **dahinschwinden; hinsehen** *vi sep irreg* to look; **ich kann (gar) nicht ~** I can't bear to look; **bei genauerem H~** on looking more carefully.

hinsein *vi sep irreg aux sein* (*Zusammenschreibung nur bei infin und ptp*) (*inf*) **1.** (*kaputt sein*) to have had it. **hin ist hin** what's done is done.

    2. (*verloren sein*) to be lost; (*Ruhe*) to have disappeared; (*ruiniert sein*) to be in ruins.

    3. (*sl: tot sein*) to have kicked the bucket (*sl*).

    4. (*begeistert sein*) (**von etw**) **~** to be mad about sth.

    5. bis dahin ist es noch lange hin it's a long time till then.

hinsetzen *sep* **I** *vt* to put *or* set down; *jdn* to seat, to put; *Kind* to sit down. **II** *vr* **1.** (*lit*) to sit down. **sich gerade ~** to sit up straight. **2.** (*inf: sich bemühen*) to buckle down to it, to set to.

Hinsicht *f* -, *no pl* **in dieser ~** in this respect *or* regard; **in mancher** *or* **gewisser ~** in some *or* many respects *or* ways; **in jeder ~** in every respect; **in finanzieller/ wirtschaftlicher ~** financially/economically; **in beruflicher ~** with regard to my/his job.

hinsichtlich *prep* +*gen* (*bezüglich*) with regard to; (*in Anbetracht*) in view of.

hinsinken *vi sep irreg aux sein* (*geh*) to sink (down); (*ohnmächtig werden*) to faint, to swoon; (*tot*) to drop down dead; **hinsollen** *vi sep* (*inf*) **wo soll ich/das Buch hin?** where do I/does the book go?; **wo soll ich mit dem Paket hin?** what should I do with this parcel?; **eigentlich sollte ich ja zu der Party hin** I really ought to go to the party; **Hinspiel** *nt* (*Sport*) first leg; **hinstarren** *vi sep* to stare; **hinstellen** *sep* **I** *vt* **1.** (*niederstellen*) to put down; (*an bestimmte Stelle*) to put; (*inf*) *Gebäude* to put up; (*abstellen*) *Fahrzeug* to put, to park; **2.** (*auslegen*) *Vorfall, Angelegenheit, Sachlage* to describe; **jdn/etw als jdn/ etw ~** (*bezeichnen*) to make sb/sth out to be sb/sth; **II** *vr* to stand; (*Fahrer*) to park; **sich gerade ~** to stand up straight; **sich vor jdn** *or* **jdm ~** to stand in front of sb; **sie hat sich vor mich/ihn hingestellt** she came and stood in front of me/went and stood in front of him; **hinsteuern** *sep* **I** *vi* **1.** *aux sein* to steer; **wo steuert sie hin?** where is she going?; **2. in der Diskussion auf etw** (*acc*) **~** to steer the discussion towards sth; **auf ein Ziel ~** (*fig*) to aim at a goal; **II** *vt* to steer; **hinstrecken** *sep* **I** *vt* **1.** *Hand, Gegenstand* to hold out; **2.** (*liter*) *jdn* to fell; **II** *vr* to stretch (oneself) out, to lie down; **hinströmen** *vi sep aux sein* (*Fluß, Wasser*) to flow; (*Menschen*) to flock there; **hinstürzen** *vi sep aux sein* **1.** (*hinfallen*) to fall down heavily; **2.** (*hineilen*) **nach** *or* **zu jdm/etw ~** to rush *or* dash towards sb/sth.

hintansetzen *vt sep* (*zurückstellen*) to put last; (*vernachlässigen*) to neglect; **Hintansetzung** *f* disregard; (*Vernachlässigung*) neglect; **unter ~ einer Sache** (*gen*) (*form*) regardless of *or* without regard for sth; **hintanstellen** *vt sep siehe* **hintansetzen.**

hinten *adv* **1.** behind. **von ~** from the back; (*bei Menschen auch*) from behind; **nach ~** to the back; **von weit ~** from the very back; **~ im Buch/in der Schlange/auf der Liste** at the back of the book/queue/at the end of the list; **sich ~ anstellen** to join the end of the queue; **~ im Bild** in the back of the picture; **nach ~ abgehen** (*Theat*) to exit at the back of the stage; **nach ~ laufen** to run to the back; **von ~ anfangen** to begin from the end; **das Alphabet von ~ aufsagen** to say the alphabet backwards; **etw ~ anfügen** to add sth at the end; **~ bleiben** (*lit*) to stay behind *or* at the back; (*fig*) to lag behind.

    2. (*am rückwärtigen Ende*) at the back; (*Naut*) aft; (*am Gesäß*) on one's behind. **von ~** from behind; *jdn erkennen auch* from the back; **~ im Auto/Bus** in the back of the car/bus; **der Blinker ~** the rear indicator; **~ und vorn nichts haben** (*inf*) to be as flat as a pancake (*inf*); **nach** ~ to the back; *fallen, ziehen* backwards; **jdn am liebsten von** ~ **sehen** (*inf*) to be glad to see the back of sb; **nach** ~ **ausschlagen** (*Pferd*) to kick out; **jdm** ~ **reinkriechen** (*inf*) to lick sb's boots.

3. (*auf der Rückseite*) at the back; (*von Gebäude auch*) at the rear. **das Buch ist** ~ **schmutzig** the back (cover) of the book is dirty; **ein nach** ~ **gelegenes Zimmer** a room facing the back; **ein Blick nach** ~ a look behind; **etw von** ~ **und vorn betrachten** (*fig*) to consider sth from all angles.

4. (*weit entfernt*) **das Auto da** ~ the car back there; **sie waren ziemlich weit** ~ they were quite far back; ~ **in der Mongolei** far away in Mongolia.

5. (*fig*) ~ **und vorn** *betrügen* left, right and centre; *bedienen* hand and foot; *verwöhnen* rotten (*inf*); **das stimmt** ~ **und vorn nicht** *or* **weder** ~ **noch vorn** that is absolutely untrue; **das reicht** ~ **und vorn nicht** *or* **weder** ~ **noch vorn** that's nowhere near enough; **dann heißt es Frau Schmidt** ~ **und Frau Schmidt vorn** then it's Mrs Smith this and Mrs Smith that; **ich weiß nicht mehr, wo** ~ **und vorn ist** I don't know whether I'm coming or going.

hintendran *adv* (*inf*) at the back; **hintendrauf** *adv* (*inf*) on the back; (*von LKW*) in the back; (*auf Gesäß*) on one's behind; **hintendrein** *adv siehe* **hinterher**; **hintenherum** *adv* **1.** (*von der hinteren Seite*) from the back; **kommen Sie** ~ come round the back; **2.** (*fig inf*) (*auf Umwegen*) in a roundabout way; (*illegal*) under the counter; **er hat mir** ~ **erzählt, daß sie ...**; he told me behind her back that she ...; **hintennach** *adv* (*Aus, S Ger*) *siehe* **hinterher**; **hintenrum** *adv* (*inf*) *siehe* **hintenherum**; **hinten|über** *adv* backwards; **er fiel/kippte** ~ he fell over backwards.

hinter *prep* +*dat or* (*mit Bewegungsverben*) +*acc* **1.** (*räumlich*) behind. ~ **dem Haus** behind *or* at the back *or* rear of the house; ~ **jdm/etw her sein/sich/sth**; ~ **etw** (*acc*) **kommen** (*fig: herausfinden*) to get to the bottom of sth; ~ **die Wahrheit kommen** to get to the truth; **sich** ~ **jdn stellen** (*lit*) to stand behind sb; (*fig*) to support sb, to get behind sb; ~ **jdm/etw stehen** (*lit, fig*) to be behind sb/sth; **jdn** ~ **sich** (*dat*) **haben** (*lit, fig*) to have sb behind one; ~ **dem Hügel/ der Tür hervor** (out) from behind the hill/ door; **jdn weit** ~ **sich** (*dat*) **lassen** to leave sb far behind; (*im Rennen auch*) to outdistance sb; ~ **etw** (*dat*) **stecken, sich** ~ **etw** (*dat*) **verbergen** to be *or* lie behind sth.

2. +*dat* (*nach*) after. **vier Kilometer** ~ **Glasgow/**~ **der Grenze** four kilometres outside Glasgow/beyond the border; ~ **diesem Satz steht ein Fragezeichen** there is a question-mark at the end of this sentence; **er ist** ~ **mir dran** it's his turn after me.

3. +*dat* (*in Rangfolge*) after; (*in Bedeutung*) behind. **an Talent nicht** ~ **jdm zurückstehen** to be just as talented as sb; **sie stand nicht** ~ **ihm zurück** she did not lag behind him; **ich stelle das Privatleben** ~ **der Arbeit zurück** I put my work

before my private life.

4. **etw** ~ **sich** (*dat*) **haben** (*zurückgelegt haben*) to have got through sth; *Strecke* to have covered sth; *Land* to have left sth; (*überstanden haben*) to have got sth over (and done) with; *Krankheit, Zeit* to have been through sth; *anstrengende Tage* to have had sth; *Studium* to have completed *or* finished sth; **sie hat viel** ~ **sich** she has been through a lot; **das Schlimmste haben wir** ~ **uns** we're past *or* we've got the worst; **etw** ~ **sich** (*acc*) **bringen** to get sth over (and done) with; *Strecke* to cover sth; *Arbeit* to get sth done; **das liegt** ~ **ihr** that is behind her.

5. (*inf*) *siehe* **dahinter.**

Hinter|achse *f* rear *or* back axle; **Hinter|ausgang** *m* back *or* rear exit; **Hinterbacke** *f usu pl* (*inf*) buttock; (*von Tier*) hindquarter; **sich auf die** ~**n setzen** (*fig inf*) to get down to it; **Hinterbänkler** *m* **-s, -** (*Pol pej*) backbencher; **Hinterbein** *nt* hind leg; **sich auf die** ~**e stellen** *or* **setzen** (*lit*) to rear up (on one's hind legs); (*fig inf*) (*sich widersetzen*) to kick up a fuss (*inf*); (*sich anstrengen*) to pull one's socks up (*inf*).

Hinterbliebene(r) *mf decl as adj* surviving dependent. **die** ~**n** the bereaved family.

hinterbringen* *vt insep irreg* **jdm etw** ~ to mention sth to sb; **Hinterdeck** *nt* (*Naut*) afterdeck; **hinterdrein** *adv siehe* **hinterher.**

hinter|einander *adv* (*räumlich*) one behind the other, behind each other; (*in einer Reihe nebeneinander*) next to one another; (*in Reihenfolge, nicht gleichzeitig, ohne Unterbrechung*) one after the other. ~ **hereinkommen** to come in one by one *or* one at a time; **dicht** ~ (*räumlich*) close behind one another; (*zeitlich*) close on one another; **zwei Tage** ~ two days running; **dreimal** ~ three times in a row; **es hat monatelang** ~ **geregnet** it has rained for months on end; **etw** ~ **tun** (*nicht gleichzeitig*)to do sth one after the other; (*der Reihe nach*) to do sth in turn; (*ohne Unterbrechung*) to do sth in one go *or* all at once.

hinter|einanderfahren *vi sep irreg aux sein* (*mit Auto/Fahrrad*) to drive/ride behind one another *or* one behind the other; **hinter|einandergehen** *vi sep irreg aux sein* to walk behind one another *or* one behind the other; **hinter|einanderher** *adv* behind one another; **hinter|einanderschalten** *vt sep* (*Elec*) to connect in series; **hinter|einanderstehen** *vi sep irreg aux haben* to stand behind one another *or* one behind the other.

Hinter|eingang *m* rear entrance.

hintere(r, s) *adj* back; (*von Tier, Gebäude, Zug auch*) rear. **der/ die/das H**~ the one at the back; **das** ~ **Ende des Saals** the back *or* rear of the room; **am** ~**n Ende** at the far end.

hinterfotzig *adj* (*dial inf*) underhand(ed); **Hinterfotzigkeit** *f* (*dial inf*) underhandedness; (*Bemerkung*) underhand(ed) remark; **hinterfragen*** *vt insep* to analyze; **Hinterfuß** *m* hind foot; **Hintergaumenlaut** *m* velar (sound);

Hintergebäude nt siehe **Hinterhaus**; **Hintergedanke** m ulterior motive; **ohne ~n** without any ulterior motive(s); **hintergehen*** vt insep irreg (betrügen) to deceive; Ehepartner etc auch to be unfaithful to; (umgehen) Verordnung, Gesetze, Prinzip to circumvent; **Hinterglasmalerei** f (Bild) verre églomisé picture; (Technik) verre églomisé technique.

Hintergrund m (von Bild, Raum) background; (von Bühne, Saal) back; (Theat: Kulisse) backdrop, backcloth; (fig: Zusammenhänge) background no pl (gen to). im ~ in the background; im ~ der Bühne at the back of the stage; vor dem ~ (lit, fig) against the background; der musikalische/akustische ~ the background music/sounds pl; im ~ bleiben/ stehen (lit, fig) to stay/be in the background.

hintergründig adj cryptic, enigmatic; **Hintergründigkeit** f crypticness, enigmaticness; (Bemerkung) cryptic or enigmatic remark; **hinterhaken** vi sep (inf) to follow that/it etc up; **Hinterhalt** m 1. ambush; jdn aus dem ~ überfallen to ambush or waylay sb; jdn/etw aus dem ~ angreifen (esp Mil) to ambush sb/sth; (Sport, fig) to make a surprise attack on sb/sth; im ~ lauern or liegen to lie in wait or (esp Mil) ambush; 2. (inf) etw im ~ haben to have sth in reserve; ohne ~ unreservedly; **hinterhältig** adj underhand(ed); **Hinterhältigkeit** f underhandedness; (Handlung) underhand(ed) act; **Hinterhand** f (von Pferd, Hund) hindquarters pl; etw in der ~ haben (fig: in Reserve) to have sth up one's sleeve; **Hinterhaupt** nt back of one's/the head; **Hinterhaus** nt part of a tenement house accessible only through a courtyard.

hinterher adv (räumlich) behind, after; (zeitlich) afterwards; **hinterherfahren** vi sep irreg aux sein to drive behind (jdm sb); **hinterherhinken** vi sep irreg aux sein to lag behind (hinter etw (dat) sth, mit with, in); **hinterherkommen** vi sep irreg aux sein 1. (danach kommen) (räumlich) to follow (behind or after); (zeitlich) to come after; 2. (als letzter kommen) to bring up the rear; **hinterherlaufen** vi sep irreg aux sein to run behind (jdm sb); jdm ~ (fig inf: sich bemühen um) to run (around) after sb; einem Mädchen ~ (inf) to run after a girl; **hinterherschicken** vt sep to send on (jdm to sb); jdn to send after (jdm sb); **hinterhersein** vi sep irreg aux sein (Zusammenschreibung nur bei infin und ptp) (inf) (lit: verfolgen) to be after (jdm sb); (fig) (zurückgeblieben sein) to lag behind; ~, daß ... to see to it that ...

Hinterhof m backyard; (zwischen Vorder- und Hinterhaus) courtyard; **Hinterkopf** m back of one's head; etw im ~ haben/ behalten (inf) to have/keep sth in the back of one's mind; **Hinterlader** m -s, - breechloader; **Hinterland** nt hinterland; (Ind) back-up area; **hinterlassen*** vt insep irreg to leave; (testamentarisch auch) to bequeath (jdm etw sb sth, sth to sb); ~e

Werke/Schriften posthumous works; **Hinterlassenschaft** f estate; (literarisch, fig) legacy; jds ~ antreten (beerben) to inherit sb's estate; (jdm nachfolgen) to follow sb; **Hinterlassung** f (form) unter ~ von Schulden leaving (unsettled or unpaid) debts; **hinterlastig** adj (Aviat) tailheavy; (Naut) stern-heavy; **Hinterlauf** m (Hunt) hind leg; **hinterlegen*** vt insep 1. (verwahren lassen) to deposit; 2. (als Pfand) to deposit.

Hinterlegung f deposit.

Hinterlist f -, no pl 1. siehe adj craftiness, cunning; treachery; deceitfulness. 2. (Trick, List) ruse, trick.

hinterlistig adj (tückisch) crafty, cunning; (verräterisch) treacherous; (betrügerisch) deceitful.

hintern = hinter dem.

Hintermann m, pl -er 1. person/car behind (one). mein ~ the person/car behind me. 2. (inf) (Gewährsmann) contact. die ~er des Skandals the men behind the scandal.

Hintermannschaft f (Sport) defence.

hintern = hinter den.

Hintern m -s, - (inf) bottom (inf), backside (inf), behind. ein Tritt in den ~ a kick in the pants or up the backside (inf); jdm den ~ versohlen to tan sb's hide; ein paar auf den ~ or den ~ voll bekommen to get one's bottom smacked (inf); sich auf den ~ setzen (hinfallen) to fall on one's bottom etc; (eifrig arbeiten) to buckle down to work; jdm in den ~ kriechen to lick sb's boots, to suck up to sb.

Hinterpfote f hind paw; **Hinterpfuiteufel** nt -s, no pl (pej inf) siehe **Hintertupfing(en)**; **Hinterrad** nt rear or back wheel; **Hinterrad|antrieb** m rear wheel drive; **hinterrücks** adv from behind; (fig: heimtückisch) behind sb's back.

hinters = hinter das.

Hinterschiff nt stern; **Hinterseite** f back; (von Münze) reverse side; **Hintersinn** m underlying or deeper meaning (gen behind); **hintersinnig** adj cryptic.

hinterste(r, s) adj superl of **hintere(r, s)** very back, backmost; (entlegenste) remotest. die H~n those at the very back; das ~ Ende the very end or (von Saal) back; in der ~n Reihe in the very back row; das H~ zuvorderst kehren (inf) to turn everything upside down.

Hintersteven m (Naut) stern-post; **Hinterteil** nt 1. (inf) backside (inf); (von Tier) hindquarters pl; 2. auch m back or rear part; **Hintertreffen** nt im ~ sein to be at a disadvantage; ins ~ geraten or kommen to fall behind; **hintertreiben*** vt insep irreg (fig) to foil, to thwart; Gesetz to block; **Hintertreibung** f siehe vt foiling, thwarting; blocking; **Hintertreppe** f back stairs pl; **Hintertreppenroman** m (pej) cheap or trashy novel, penny dreadful (dated Brit), dime novel (US); **Hintertupfing(en)** nt -s, no pl (inf) the back of beyond; **Hintertür** f, (Aus) **Hintertürl** nt -s, -(n) back door; (fig inf: Ausweg, Umweg) loophole; durch die ~ (fig) through the back door; sich (dat)eine ~ or ein Hintertürchen offenhalten or offenlassen (fig) to leave oneself a

loophole or a way out; **Hinterwäldler** *m*
-s, - (*inf*) backwoodsman, hick (*US*);
hinterwäldlerisch *adj* (*inf*) backwoods
attr; *Ansichten, Benehmen, Methoden*
auch hick *attr*; **hinterziehen*** *vt insep*
irreg Steuern to evade; *Material* to
appropriate; **Hinterziehung** *f siehe vt*
evasion; appropriation; **Hinterzimmer** *nt*
back room.

hintragen *vt sep irreg* to take or carry there;
hintreiben *sep irreg* I *vt* (*Wind*) to blow;
(*Strömung*) to wash; II *vt impers* **es trieb**
ihn immer wieder hin something always
drove him back there; **quer** ~ right
across; **bis zum anderen Ufer** ~ over or
across to the other bank.

hinüber *adv* over; (*über Grenze, Straße,*
Fluß auch) across. **da** ~ over there; ~ **und**
herüber back and forth; **quer** ~ right
across; **bis zum anderen Ufer** ~ over or
across to the other bank.

hinüberbefördern* *vt sep* to transport
across (*über etw* (*acc*) sth); **hinüber-**
blicken *vi sep* to look across (*zu jdm* to
sb); **hinüberbringen** *vt sep irreg* to take
across (*über etw* (*acc*) sth); **hinüber-**
fahren *sep irreg* I *vt* (*über etw* (*acc*) sth)
jdn to take across; *Gepäck etc auch* to
carry across; *Auto* to drive across; II *vi*
aux sein to travel or go across; **nach**
Frankreich ~ to cross or go across to
France; **über den Fluß** ~ to cross the
river; **hinüberführen** *sep* I *vt* **jdn** (**über**
die Straße/dort/in das andere Zimmer) ~
to take sb across (the street)/over (there)/
over (into the other room); II *vi* (*ver-*
laufen: Straße, Brücke) to go across (*über*
etw (*acc*) sth); **hinübergehen** *vi sep irreg*
aux sein to go or walk across; (*über*
Brücke auch, zu anderem Haus, zu jdm)
to go or walk over (*über etw* (*acc*) sth);
hinüberhelfen *vi sep irreg* **jdm** ~ to help
sb across (*über etw* (*acc*) sth); (*fig: über*
Schwierigkeiten) to help sb out (*über* +
acc of); **hinüberkommen** *vi sep irreg aux*
sein (*über etw* (*acc*) sth) to come across;
(*über Brücke, Fluß auch, über Hindernis,*
zu Besuch) to come over; (*hinüberkönnen*)
to get across/over; **hinüberlassen** *vt sep*
irreg to let or allow across; (*über*
Kreuzung, Brücke auch, zu Besuch) to let
or allow over (*über etw* (*acc*) sth);
hinüberreichen *sep* I *vt* to pass across;
(*über Zaun etc*) to pass over (*jdm* to sb,
über etw (*acc*) sth); II *vi* to reach across
(*über etw* (*acc*) sth); (*fig*) to extend (*in* +
acc into); **hinüberretten** *sep* I *vt* to bring
to safety; (*fig*) *Humor, Tradition* to keep
alive; **etw in die Gegenwart** ~ to keep sth
alive; II *vr* (*über Grenze*) to reach safety;
(*fig: Brauch*) to be kept alive; **hinüber-**
schaffen *vt sep* to get across (*über etw*
(*acc*) sth); **hinüberschicken** *vt sep* to
send across or (*zu Besuch*) over (*über etw*
(*acc*) sth); **hinüberschwimmen** *vi sep*
irreg aux sein to swim across (*über etw*
(*acc*) sth); **hinübersein** *vi sep irreg aux*
sein (*Zusammenschreibung nur bei infin*
und ptp) (*inf*) **1.** (*verdorben sein*) to be off

or bad; (*kaputt, unbrauchbar, tot sein*) to
have had it (*inf*); (*ruiniert sein*) to be done
for; **2.** (*betrunken sein*) to be well away
(*inf*); (*betäubt sein*) to be (knocked) out
(*inf*); **hinübersteigen** *vi sep irreg aux*
sein to climb over (*über etw* (*acc*) sth);
hinüberwechseln *vi sep aux haben or*
sein to change over (*zu, in* +*acc* to); **zu**
einer anderen Partei ~ to go over to
another party; **hinüberwerfen** *vt sep*
irreg to throw over (*über etw* (*acc*) sth);
einen Blick ~ to glance over.

hin- und herbewegen* *vtr sep* to move to
and fro; **hin- und herfahren** *sep irreg* I *vi*
aux sein to travel to and fro or back and
forth; II *vt* to drive to and fro or back and
forth.

Hin|undhergerede *nt* (*inf*) **das ewige** ~ this
continual argy-bargy (*inf*) or carrying-on
(*inf*).

Hin- und Rückfahrt *f* return journey, round
trip (*US*); **Hin- und Rückflug** *m* return
flight; **Hin- und Rückweg** *m* round trip.

hinunter I *adv* down. **bis** ~ **zu** down to; **ins**
Tal ~ down into the valley; **am Hügel** ~
down the hill; **dort** or **da** ~ down there; ~
mit der Arznei get this medicine down.
II *prep* +*acc* (*nachgestellt*) down.

hinunter- *pref* down; **hinunterblicken** *vi*
sep to look down; **hinunterbringen** *vt sep*
irreg to take down; (*inf: schlucken können*)
to be able to get down; **hinunterfahren**
sep irreg I *vi aux sein* to go down; (*Fahr-*
stuhl, Bergbahn auch) to descend; **in etw**
(*acc*)/**nach etw** ~ to go down into sth/to
sth; II *vt Passagier* to take down; *Fahr-*
zeug to drive down; **hinunterfallen** *vi sep*
irreg aux sein to fall down; **hinunter-**
fließen *vi sep irreg aux sein* to flow down;
hinuntergehen *vi sep irreg aux sein* to go
down; (*zu Fuß auch*) to walk down;
(*Flugzeug*) to descend (*auf* +*acc* to);
hinunterkippen *vt sep* to tip down; (*inf*)
Getränke to knock back (*inf*); **hinunter-**
klettern *vi sep aux sein* to climb down;
hinunterlassen *vt sep irreg* to lower, to
let down; **er läßt mich nicht hinunter**
(*inf*) he won't let me get down; **hinunter-**
laufen *vi sep irreg aux sein* to run down;
es lief ihm eiskalt den Rücken hinunter a
shiver ran down his spine; **hinunter-**
reichen *sep* I *vt* to hand or pass down;
II *vi* to reach down; (*fig: in Rangfolge*) to
apply (*bis zu* down to); **hinunterreißen** *vt*
sep irreg to pull or drag down; **hinunter-**
schalten *vi sep* (*Aut*) to change or shift
(*US*) down; **hinunterschauen** *vi sep*
(*dial*) to look down; **hinunterschlingen**
vt sep irreg (*inf*) to gulp down; *Essen* to
gobble down; **hinunterschlucken** *vt sep*
to swallow down; (*fig*) *Beleidigung* to
swallow; *Kritik* to take; *Ärger, Tränen* to
choke back; **hinunterschmeißen** *vt sep*
irreg (*inf*) to throw or chuck (*inf*) down;
hinunterschütten *vt sep siehe* **hinunter-**
kippen; **hinuntersehen** *vi sep irreg* to
look down; **hinunterspülen** *vt sep* **1.** (*in*
Toilette, Ausguß) to flush away; **etw die**
Toilette/den Ausguß ~ to flush sth down
the toilet/drain; **2.** *Essen, Tablette* to wash
down; (*fig*) *Ärger* to soothe; **hinunter-**
stürzen *sep* I *vi aux sein* **1.** (~*fallen*) to

tumble *or* fall down; **2.** (*eilig ~laufen*) to rush *or* dash down; **II** *vt jdn* to throw *or* hurl down; *Getränk* to gulp down; **III** *vr* to throw *or* fling oneself down; **hinunter-werfen** *vt sep irreg* to throw down; (*inf: fallen lassen*) to drop; **hinunterwürgen** *vt sep Essen etc* to choke down; (*fig*) *Wut, Tränen* to choke back; **hinunterziehen** *sep irreg* **I** *vt* to pull down; **II** *vi aux sein* to move down; **III** *vr* to run down.

hinwagen *vr sep* to dare to go there; **hinwärts** *adj* on the way there; **Hinweg** *m* way there; **auf dem ~** on the way there.

hinweg *adv* **1.** (*old: fort*) away. ~ **mit euch** away with you; ~ **mit dem Despoten!** down with the tyrant.

2. über *jdn/etw* ~ over sb *or* sb's head/ sth; **über alle Hindernisse** *etc* ~ (*fig*) despite all the difficulties *etc*.

3. (*zeitlich*) **über eine Zeit/zwei Jahre** ~ over a period of time/over (a period of) two years.

hinweg- *pref* away; **hinwegbringen** *vt sep irreg* (*fig*) *jdn über etw* (*acc*) ~ to help sb to get over sth; **hinweggehen** *vi sep irreg* *aux sein über etw* (*acc*) ~ to pass over *or* across sth; (*nicht beachten*) to pass over *or* disregard sth; **hinweghelfen** *vi sep irreg* (*fig*) *jdm über etw* (*acc*) ~ to help sb get over sth; **hinwegkommen** *vi sep irreg aux sein* (*fig*) **über etw** (*acc*) ~ (*überstehen, verwinden*) to get over sth; (*sich hinweg-setzen können*) to dismiss sth; **ich komme nicht darüber hinweg, daß ...** (*inf*) I can't get over the fact that ...; **hinweggraffen** *vt sep* (*geh*) to carry off; **hinwegsehen** *vi sep irreg* **über** *jdn/etw* ~ (*lit*) to see over sb *or* sb's head/sth; (*fig*) (*ignorieren*) to ignore sb/sth; (*unbeachtet lassen*) to overlook sb/sth; **darüber ~, daß ...** to overlook the fact that ...; **hinwegsetzen** *vr sep* (*fig*) **sich über etw** (*acc*) ~ (*nicht beachten*) to disregard *or* dismiss sth; **hinwegtäuschen** *vt sep jdn über etw* (*acc*) ~ to mislead *or* deceive sb about sth; **darüber ~, daß ...** to hide the fact that ...; **sich nicht darüber ~ lassen, daß ...** not to blind oneself to the fact that ...; **hinweg-trösten** *vt sep jdn über etw* (*acc*) ~ to console sb about sth.

Hinweis *m* **-es, -e 1.** (*Rat*) tip, piece of advice; (*Bemerkung*) comment; (*amtlich*) notice. **darf ich mir den ~ erlauben, daß ... may** I point out *or* draw your attention to the fact that ...; **~e für den Benutzer** notes for the user.

2. (*Verweis*) reference. **unter ~ auf** (+ *acc*) with reference to.

3. (*Anhaltspunkt, Anzeichen*) indication; (*esp von Polizei*) clue.

4. (*Anspielung*) allusion (*auf* +*acc* to).

hinweisen *sep irreg* **I** *vt jdn auf etw* (*acc*) ~ to point sth out to sb. **II** *vi* **auf** *jdn/etw* ~ to point to sth/sb; (*verweisen*) to refer to sth/sb; **darauf ~, daß ...** to point out that ...; (*nachdrücklich*) to stress *or* emphasize that ...; (*anzeigen*) to indicate that ...

hinweisend *adj* (*Gram*) demonstrative.

Hinweisschild *nt,* **Hinweistafel** *f* sign.

hinwenden *sep irreg* **I** *vt* to turn (*zu, nach* towards); **II** *vr* (*lit*) to turn (*zu, nach* towards, to); (*fig: Mensch*) to turn (*zu*

to); **Hinwendung** *f* (*fig*) turning (*zu* to); **eine ~ zum Besseren** a turn for the better; **hinwerfen** *sep irreg* **I** *vt* **1.** (*wegwerfen, zu Boden werfen*) to throw down; (*fallen lassen*) to drop; **jdm etw ~** to throw sth to sb; **2.** (*flüchtig machen*) *Bemerkung* to drop casually; *Wort* to say casually; *Zeilen, Roman, Zeichnung* to dash off; **eine hingeworfene Bemerkung** a casual remark; **3.** (*inf: aufgeben*) *Arbeit, Stelle* to give up, to chuck (in) (*inf*); **II** *vr* to throw *or* fling oneself down; (*auf die Knie*) to go down *or* throw oneself down on one's knees.

hinwieder, hinwiederum (*old*) *adv* (*dagegen*) on the other hand; (*dann wieder*) in turn.

hinwirken *vi sep* **auf etw** (*acc*) ~ to work towards sth; **kannst du (nicht) (bei ihm) darauf ~, daß er mich empfängt?** couldn't you use your influence to get him to *or* make him see me?; **hinwollen** *vi sep* (*inf*) to want to go.

Hinz *m*: ~ **und Kunz** (*inf*) every Tom, Dick and Harry; **von ~ zu Kunz** from pillar to post.

hinzählen *vt sep* to count out (*jdm* to sb); **hinzaubern** *vi sep* (*fig*) to rustle *or* whip up (*inf*); **hinziehen** *sep irreg* **I** *vt* **1.** (*zu sich ziehen*) to draw *or* pull (*zu* towards); (*fig: anziehen*) to attract (*zu* to); **das Heimweh/es zieht mich nach München hin** homesickness is drawing me/I feel drawn to Munich; **es zieht sie zur Kunst hin** she feels attracted to art; **2.** (*fig: in die Länge ziehen*) to draw *or* drag out; **II** *vi aux sein* **1.** (*sich in bestimmte Richtung bewegen*) to move (*über* +*acc* across, *zu* towards); (*weggehen, -marschieren*) to move *or* go away; **2.** (*liter: Wolken, Rauch etc*) to drift, to move (*an* +*dat* across); **3.** (*umziehen*) to move there; **III** *vr* **1.** (*lange dauern, sich verzögern*) to drag on; (*sich verzögern*) to be delayed; **2.** (*sich erstrecken*) to stretch, to extend; **hinzielen** *vi sep* **auf etw** (*acc*) ~ to aim at sth; (*Pläne etc*) to be aimed at sth; (*Bemerkung*) to refer to sth.

hinzu *adv* (*räumlich*) there, thither (*obs*); (*überdies, obendrein*) besides, in addition.

hinzufügen *vt sep* to add (*dat* to); (*beilegen*) to enclose; **Hinzufügung** *f* addition; **unter ~ von etw** (*form*) by adding sth; (*als Beilage*) enclosing sth; **hinzugesellen*** *vr sep* to join (*jdm* sb); **hinzugewinnen*** *vt sep irreg* to get in addition; *neue Mitglieder* to gain; **hinzukommen** *vi sep irreg aux sein* **1.** (*hinkommen, eintreffen*) to arrive; **sie kam gerade hinzu, als ...** she happened to come on the scene when ...; **es werden später noch mehrere ~** more people will join us *or* come along later; (*zu etw*) ~ (*sich anschließen*) to join sth; **2.** (*zusätzlich eintreten*) to supervene, to ensue; (*beigefügt werden*) to be added; **zu etw ~** to be added to sth; **es kommt noch hinzu, daß ...** there is also the fact that ...; **hinzu kommt noch, daß ich ...** moreover I ...; **kommt sonst noch etwas hinzu?** will there be anything else?; **hinzunehmen** *vt sep* *irreg* to include; **etw zu etw ~** to add sth to sth; **hinzurechnen** *vt sep* to add on; **hinzusetzen** *vt sep* to add; **hinzutun** *vt sep irreg* (*inf*) to add; **hinzuzählen** *vt sep* to add; **hinzuziehen** *vt sep irreg* to consult; **Hinzuziehung** *f, no pl* consultation (*gen* with); **unter ~ eines Lexikons** by consulting a dictionary.

Hiob *m* **-s** Job. **das Buch ~** the Book of Job.

Hiobsbotschaft, Hiobspost (*old*) *f* bad news *no pl or* tidings *pl*.

Hippe *f* **-, -n** (*Messer*) pruning knife; (*Sense des Todes*) scythe.

hipp, hipp, hurra *interj* hip, hip, hurrah *or* hurray.

Hipphipphurra *nt* **-s, -s** cheer. **ein dreifaches ~** three cheers.

Hippie ['hɪpi] *m* **-s, -s** hippie.

Hippodrom *nt or m* **-s, -e** hippodrome.

hippokratisch *adj* Hippocratic. **~er Eid** Hippocratic oath.

Hirn *nt* **-(e)s, -e 1.** (*Anat*) brain.
2. (*inf*) (*Kopf*) head; (*Verstand*) brains *pl*, mind. **sich** (*dat*) **das ~ zermartern** to rack one's brain(s); **diese Idee ist doch nicht deinem ~ entsprungen?** that's not your own idea *or* brainwave, is it?
3. (*Cook*) brains *pl*.

Hirn- *siehe auch* **Gehirn-**; **Hirn|anhang** *m*, **Hirn|anhangsdrüse** *f* (*Anat*) pituitary gland; **Hirngespinst** *nt* fantasy; **Hirnhaut** *f* (*Anat*) meninges *pl*; **Hirnhaut|entzündung** *f* (*Med*) meningitis; **hirnlos** *adj* brainless; **Hirnrinde** *f* (*Anat*) cerebral cortex; **hirnrissig** *adj* harebrained; **Hirnstamm** *m* brainstorm; **Hirntod** *m* cerebral death; **Hirntumor** *m* brain tumour; **hirnverbrannt** *adj* harebrained; **Hirnwindung** *f* (*Anat*) convolution of the brain; **Hirnzentrum** *nt* brain centre.

Hirsch *m* **-es, -e 1.** (*Paarhufer*) deer; (*Rot-~*) red deer; (*männlicher Rot-~*) stag; (*Cook*) venison. **2.** (*dial sl: Könner*) smart *or* clever person. **3.** (*inf: Schimpfwort*) clot (*inf*).

Hirschbock *m* stag; **Hirschbraten** *m* (*Cook*) roast of venison; (*Gericht*) roast venison; **Hirschbrunft, Hirschbrunst** *f* rut; **zur Zeit der ~** during the rutting season; **Hirschfänger** *m* hunting knife; **Hirschgeweih** *nt* antlers *pl*; **Hirschhorn** *nt* horn; **Hirschjagd** *f* stag-hunt/-hunting; **Hirschkäfer** *m* stag-beetle; **Hirschkalb** *nt* (male) fawn, (male) deer calf; **Hirschkeule** *f* haunch of venison; **Hirschkuh** *f* hind; **Hirschleder** *nt* buckskin, deerskin; **Hirschlederne** *f decl as adj* (*esp Aus*) buckskin breeches *pl*, buckskins *pl* (*US*).

Hirse *f* **-, -n** millet.

Hirsebrei *m* millet gruel; **Hirsekorn** *nt* millet seed.

Hirt *m* **-en, -en** herdsman; (*Schaf-~*) shepherd. **wie der ~, so die Herde** (*Prov*) like master, like man (*prov*).

Hirte *m* **-n, -n 1.** (*liter*) *siehe* **Hirt**. **2.** (*Eccl: Seelsorger*) shepherd. **der Gute ~** the Good Shepherd.

Hirtenbrief *m* (*Eccl*) pastoral; **Hirtendichtung** *f siehe* **Schäferdichtung**; **Hirtenflöte** *f* shepherd's pipe;

Hirtengedicht *nt* pastoral; **Hirtenhund** *m* sheepdog; **Hirtenjunge, Hirtenknabe** (*liter*) *m* shepherd boy; **hirtenlos** *adj* (*lit, fig*) shepherdless; **Hirtenmädchen** *nt* young shepherdess; **Hirtenspiel** *nt* pastoral (play); **Hirtenstab** *m* shepherd's crook; (*Eccl*) crosier; **Hirtentäschel(kraut)** *nt* **-s, -** shepherd's-purse; **Hirtenvolk** *nt* pastoral people.

Hirtin *f* herdswoman; (*Schaf-~*) shepherdess.

His, his *nt* **-, -** (*Mus*) B sharp.

hissen *vt* to hoist.

Histamin *nt* **-s, *no pl* histamine.

Histologe *m*, **Histologin** *f* histologist.

Histologie *f* histology.

histologisch *adj* histological.

Histörchen *nt* anecdote; (*Klatschgeschichte*) little tale *or* story.

Historie [-iə] *f* (*old*) **1.** (*Geschichte*) history. **2.** (*Erzählung*) story, tale.

Historien [-iən] *pl* **Shakespeares ~** Shakespeare's history plays *or* histories.

Historienmaler *m* painter of historical scenes; **Historienmalerei** *f* (art of) painting historical scenes.

Historiker(in *f*) *m* **-s, -** historian.

Historiographie *f* historiography.

historisch *adj* historical; *Verständnis*, *Kenntnisse auch* of history; (*geschichtlich bedeutsam*) *Gestalt, Ereignis, Gebäude* historic. **das ist ~ belegt** there is historical evidence for this; **~ denken** to think in historical terms; **~ betrachtet** seen in the light of history.

historisch-kritisch *adj Ausgabe* historicocritical.

Historismus *m, no pl* historicism.

Hit *m* **-s, -s** (*Mus, fig inf*) hit.

Hitlerreich *nt* (Third) Reich; **Hitlerzeit** *f* Hitler era.

Hitliste *f* top ten/twenty/thirty; **Hitparade** *f* hit parade.

Hitze *f* **-, -n 1.** heat; (*~zeit, ~welle*) hot spell. **vor ~ umkommen** to be sweltering (in the heat); **eine ~ ist das!** the heat (is incredible)!; **die fliegende ~ bekommen** (*Med*) to get hot flushes; (*inf*) to get all hot and bothered; **bei starker/mittlerer/mäßiger ~ backen** (*Cook*) bake in a hot/medium/moderate oven.
2. (*fig*) passion. **in ~/leicht in ~ geraten** to get heated/to get worked up easily; **jdn in ~ bringen/sich in ~ reden** to get sb/oneself all worked up; **in der ~ des Gefecht(e)s** (*fig*) in the heat of the moment.
3. (*Zool*) heat.

hitze|abweisend *adj* heat-repellant; **Hitze|ausschlag** *m* heat rash, prickly heat *no art*; **hitzebeständig** *adj* heat-resistant; **Hitzebeständigkeit** *f* heat resistance; **Hitzebläschen** *nt* heat-spot; **hitze|empfindlich** *adj* sensitive to heat; **Hitzeferien** *pl* (*Sch*) time off from school on account of excessively hot weather; **hitzefrei** *adj* **~ haben** to have time off from school/work on account of excessively hot weather; **Hitzeschild** *m* (*Space*) heat shield; **Hitzewallung** *f usu pl* (*Med*) hot flush; **Hitzewelle** *f* heat wave.

hitzig *adj* **1.** (*aufbrausend*) *Mensch* hot-headed; *Antwort, Reaktion, Debatte* heated; (*leidenschaftlich*) *Temperament, Typ, Diskussionsteilnehmer* passionate; *Blut* hot. **~ werden** (*Mensch*) to flare up; (*Debatte*) to grow heated; **nicht so ~!** don't get so excited!, hold your horses!; **ein ~er Kopf** (*geh*) a hothead.

2. (*dated Med: fiebrig*) *Kopf, Gesichtsfarbe* fevered; *Fieber* high.

Hitzigkeit *f siehe adj 1.* hot-headedness; heatedness; passionateness.

Hitzkopf *m* hothead; **hitzköpfig** *adj* hot-headed; **Hitzschlag** *m* (*Med*) heat-stroke.

Hiwi *m* **-s, -s 1.** *abbr of* **Hilfswillige(r).**
2. (*Univ sl*) helper. **3.** (*pej inf: Hilfskraft*) dogsbody (*inf*).

hl. *abbr of* **heilig.**

Hl. *abbr of* **Heilige(r)** St.

hm *interj* hm.

H-Milch ['ha:-] *f* long-life milk.

h-Moll ['ha:-] *nt* **-,** *no pl* B-minor.

HNO-Arzt [ha:ɛn'|o:-] *m* ENT specialist.

hob *pret of* **heben.**

Hobby *nt* **-s, -s** hobby.

Hobbyraum *m* hobby-room, workroom.

Hobel *m* **-s, -** (*Tech*) plane; (*Cook*) slicer.

Hobelbank *f* carpenter's *or* joiner's bench; **Hobel|eisen** *nt* plane-iron; **Hobelmaschine** *f* planer, planing machine.

hobeln *vt* **1.** *auch vi* (*Tech*) to plane (*an etw* (*dat*) sth); (*glätten*) *Brett* to plane down. **wo gehobelt wird, da fallen Späne** (*Prov*) you can't make an omelette without breaking eggs (*Prov*). **2.** (*Cook*) to slice.

Hobelspan *m* (*Aus*) shaving.

Hoch *nt* **-s, -s 1.** (*Ruf*) **ein (dreifaches) ~ für** *or* **auf jdn ausbringen** to give three cheers for sb; **ein ~ dem Brautpaar** a toast to the bride and groom.

2. (*Met, fig*) high.

hoch I *adj, attr* **hohe(r, s),** *comp* **höher,** *superl* **"ste(r, s) 1.** (*räumliche Ausdehnung*) high; *Wuchs, Zimmer, Baum, Mast* tall; *Leiter* tall, long; *Schnee, Wasser* deep. **10 cm ~** 10 cm high; **auf dem hohen Roß sitzen** (*fig*) to be on one's high horse.

2. (*mengenmäßig, Ausmaß bezeichnend*) *Preis, Verdienst, Temperatur, Druck etc* high; *Betrag, Summe* large; *Strafe, Gewicht* heavy; *Profit auch, Lotteriegewinn* big; *Verlust auch* big, severe; *Schaden* extensive. **mit hoher Wahrscheinlichkeit** in all probability; **in hohem Maße** in *or* to a high degree.

3. (*in bezug auf Rang, Ansehen, Bedeutung*) *Stellung, Position, Amt, Adel, Meinung* high; *Geburt auch* noble; *Rang auch* superior; *Persönlichkeit* distinguished; *Ehre* great; *Fest auch, Besuch, Feiertag, Jubiläum* important; *Offizier* high-ranking; *Favorit* hot; (*Jur, Pol*) high. **das Hohe Haus** (*Parl*) the House; **ein hohes Tier** (*inf*) a big fish (*inf*); **hohe Herrschaften** (*form*) ladies and gentlemen; **ein Mann von hohem Ansehen/hoher Bildung** a man of high standing/of culture.

4. (*qualitativ, sehr groß*) *Lebensstandard, Ansprüche* high; *Bedeutung, Genuß, Gut, Glück* great.

5. (*esp Mus*) high. **das hohe C** top C.

6. *Alter* great, advanced. **ein hohes**

Alter erreichen to live to a ripe old age; **im hohen Mittelalter** at the height of the Middle Ages.

7. (*in Wendungen*) **das ist mir zu ~** (*inf*) that's (well) above my head; **in hoher Blüte stehen** to be in full bloom; (*fig*) (*Mensch*) to be in one's prime; (*Kultur*) to be at its zenith; (*Wohlstand*) to flourish, to be flourishing; **hohe Flut** spring tide; **die hohe Jagd** deer hunt(ing); **die Hohe Schule** (*beim Reiten*) haute école; (*old geh: Hochschule*) university, college; **es ist hohe Zeit** (*geh*) it's high time; **der hohe Norden** the far North.

II *adv, comp* **höher,** *superl* **am "sten 1.** (*nach oben*) up. **er sah zu uns ~** (*inf*) he looked up to us; **~ emporragend** towering (up); **ein ~ aufgeschossener Mann** a very tall man; **den Kopf ~ tragen** to hold one's head high; **die Nase ~ tragen** (*inf*) to be stuck up *or* toffee-nosed, to go around with one's nose in the air (*all inf*); **zwei Treppen ~ wohnen** to live two floors up; **nach Hamburg ~** up to Hamburg.

2. (*in einiger Höhe*) high. **~ oben** high up; **~ am Himmel** high (up) in the sky; **die Sonne steht ~** the sun is high in the sky; **~ zu Roß** on horseback; **~ werfen/sitzen/wachsen** to throw high/sit up high/grow tall; **4.000 m ~ fliegen** to fly at a height of 4,000 metres.

3. (*Bedeutung, Ansehen, Qualität bezeichnend*) *verehren, schätzen, qualifiziert* highly. **das rechne ich ihm ~ an** (I think) that is very much to his credit; **~ hinauswollen** to aim high, to be ambitious; **in der Rangordnung sehr ~ stehen** to be very high up in the hierarchy.

4. (*Ausmaß, Menge bezeichnend*) *bezahlen, versichern, willkommen, begabt* highly; *besteuern, verlieren* heavily; *gewinnen* handsomely; *verschuldet* deeply; *zufrieden, beglückt, erfreut etc* very. **drei Mann ~** (*inf*) three of them/us; **~ (ein)schätzen/zu ~ (ein)schätzen** to estimate generously/to overestimate; **wie ~ kalkulieren Sie den Bedarf?** how high would you put the requirements?; **wenn es ~ kommt** (*inf*) at (the) most, at the outside; **~ setzen** *or* **spielen** (*im Spiel*) to play for high stakes; **~ favorisiert sein** to be the hot favourite; **~ wetten** to place high bets; **~ zu stehen kommen** (*lit, fig*) to cost dearly; **der Alkoholgehalt ist sehr ~** the alcohol level is very high; **er ist ~ betagt** he has reached a ripe old age; **~ in den Siebzigern** well into his *etc* seventies; **wie ~ steht das Thermometer?** how high is the temperature?

5. (*Math*) **7 ~ 3** 7 to the power of 3, 7 to the 3rd.

6. (*Mus*) high.

7. (*in Wendungen*) **es ging ~ her** (*inf*) there were lively goings-on (*inf*); **die See geht ~** the sea is running high; **~ und heilig versprechen** to promise faithfully; **~ und heilig schwören** (*inf*) to swear blind (*inf*); **~!** cheers!

hoch- *pref* (*in Verbindung mit Bewegungsverb*) up; (*in Verbindung mit adj*) *bezahlt, qualifiziert, versichert, begabt etc* highly; *zufrieden, beglückt, erfreut, elegant etc* very; **besteuert** heavily; *verschuldet* deeply.

hoch|achten *vt sep* to respect highly; **Hoch|achtung** *f* deep respect; **jdm seine ~ für seine Leistung zollen** to be full of admiration for sb's achievement; **bei aller ~ vor jdm/etw** with (the greatest) respect for sb/sth; **meine ~!** well done!; **mit vorzüglicher ~** (*form: Briefschluß*) yours faithfully; (*bei namentlicher Anrede*) yours sincerely; **hoch|achtungsvoll** *adv* (*bei Anrede mit Namen*) yours sincerely; (*bei Anrede mit Sir/ Madam*) yours faithfully; **Hoch|adel** *m* high nobility; **hoch|aktuell** *adj* highly topical; **hoch|alpin** *adj* (high) alpine; **Hoch|altar** *m* high altar; **Hoch|amt** *nt* (*Eccl*) High Mass; **hoch|angesehen** *adj attr* highly regarded/ esteemed; **hoch|anständig** *adj* very decent; **hoch|arbeiten** *vr sep* to work one's way up; **hoch|aufgeschossen** *adj attr Mensch* lanky; *Pflanze* tall, that has shot up; **Hochbahn** *f* elevated railway *or* railroad (*US*), el (*US inf*); **Hochbau** *m, no pl* structural engineering; *siehe* **Hoch- und Tiefbau; hochbegabt** *adj attr* highly gifted *or* talented; **hochbeglückt** *adj attr* supremely *or* blissfully happy; **hochbeinig** *adj* long-legged; *Auto* high on the road; **hochbekommen*** *vt sep irreg siehe* **hochkriegen; hochbeladen** *adj attr* with a high load; **hochberühmt** *adj* very famous; **hochbetagt** *adj* aged *attr*, advanced in years; **Hochbetrieb** *m* (*in Geschäft, Fabrik etc*) peak period; (*im Verkehr*) rush hour; (*Hochsaison*) high season; **~ haben** to be at one's/its busiest; **hochbinden** *vt sep irreg Haare, Pflanze* to tie up; **hochblicken** *vi sep siehe* **hochsehen; Hochblüte** *f* (*fig*) (*von Geschichte, Literatur*) golden age; **seine ~ haben** to be at its zenith; **hochbocken** *vt sep* to jack up; **hochbringen** *vt sep irreg* (*inf*) **1.** (*nach oben bringen*) to bring *or* take up; **2.** (*hochheben, hochdrücken können*) to (manage to) get up; **einen/ keinen ~** (*sl*) to be able/not to be able to get it up (*sl*); **3.** (*fig*) (*leistungsfähig machen*) to get going; *Kranken* to get back on his *etc* feet; *Schüler* to get up to scratch; **4.** (*fig inf: ärgern*) **jdn ~** to get sb's back up (*inf*); **Hochburg** *f* (*fig*) stronghold; **hochdeutsch** *adj* standard *or* High German; **die ~e Lautverschiebung** the High German sound shift; **Hochdeutsch(e)** *nt* standard *or* High German, the standard *or* High German language; **hochdienen** *vr sep* to work one's way up; **hochdotiert** *adj attr Mensch* highly remunerated; *Posten* highly remunerative.

Hochdruck *m* **1.** (*Met*) high pressure.

2. (*Typ*) (*no pl: Verfahren*) surface *or* relief printing; (*Gedrucktes*) relief print.

3. (*Phys*) high pressure.

4. (*Med: Blutdruck*) high blood pressure.

5. (*fig*) **mit ~ arbeiten** to work at full stretch; **im Betrieb herrscht ~** there's

great pressure on at work.

Hochdruckgebiet *nt* (*Met*) high-pressure area, anticyclone.

Hoch|ebene *f* plateau; **hoch|empfindlich** *adj* (*Tech*) *Stoff, Material, Gerät, Instrumente* highly sensitive; *Film* fast; *Stoff* very delicate; **diese Farbe/dieser Teppich ist ~** this colour/carpet shows up everything; **hoch|entwickelt** *adj attr Kultur, Volk, Land* highly developed; (*verfeinert*) *Geräte, Maschinen, Methoden* sophisticated; **hoch|erhoben** *adj attr* raised high; **~en Hauptes** (*fig*) with head held high; **hoch|explosiv** *adj* (*lit, fig*) highly explosive; **hochfahren** *sep irreg* **I** *vi aux sein* **1.** (*nach oben fahren*) to go up; (*in Auto auch*) to drive up; **2.** (*erschreckt*) to start (up); **aus dem Schlaf ~** to wake up with a start; **3.** (*aufbrausen*) to flare up; **II** *vt* to take up; (*in Auto auch*) to drive up; **hochfahrend** *adj* **1.** (*überheblich*) arrogant; **2.** *siehe* **hochfliegend; Hochfinanz** *f* high finance; **Hochfläche** *f siehe* **Hochebene; hochfliegen** *vi sep irreg aux sein* to fly up; (*Vogel auch*) to soar; (*in die Luft geschleudert werden*) to be thrown up; **hochfliegend** *adj* ambitious; (*übertrieben*) high-flown; **Hochform** *f* top form; **Hochformat** *nt* vertical format.

Hochfrequenz *f* (*Elec*) high frequency.

Hochfrequenzstrom *m* high-frequency current; **Hochfrequenztechnik** *f* high-frequency engineering.

Hochfrisur *f* upswept hairstyle; **sie hat eine ~** she wears her hair up; **Hochgarage** *f* multi-storey car park; **Hochgebirge** *nt* high mountains *pl*, high mountain region *or* area; **Hochgebirgspflanze** *f* alpine plant; **hochgeboren** *adj* (*obs*) *siehe* **hochwohlgeboren; hochge|ehrt** *adj attr* highly honoured; **~er Herr** (*old: im Brief*) esteemed Sir (*old*); **Hochgefühl** *nt* elation; **im ~ des Sieges** elated by the victory; **hochgehen** *vi sep irreg aux sein* **1.** (*sich nach oben bewegen*) to rise; (*Preise auch*) to go up, to climb; (*Ballon auch*) to ascend; (*Wellen*) to surge; **2.** (*inf: hinaufgehen*) to go up; **3.** (*inf: explodieren*) to blow up; (*Bombe*) to go off; **etw ~ lassen** to blow sth up; **4.** (*inf: wütend werden*) to go through the roof; **da geht einem der Hut hoch** (*fig inf*) it's enough to make you blow your top (*inf*); **5.** (*inf: gefaßt werden*) (*einzelner Verbrecher*) to get nabbed (*inf*); (*Bande auch*) to be blown sky-high (*inf*); **jdn ~ lassen** to blow the gaff on sb (*inf*); **hochgeistig** *adj* highly intellectual; *Lektüre, Mensch auch* highbrow; **hochgelegen** *adj attr* high-altitude, high-lying; **ein ~er Ort in den Alpen** a place situated high up in the Alps; **hochgelehrt** *adj* erudite, very learned; **hochgemut** *adj* (*geh*) cheerful, in good spirits; **Hochgenuß** *m* great *or* special treat; (*großes Vergnügen*) great pleasure; **jdm ein ~ sein** to be a real treat for sb; **Hochgericht** *nt* (*Hist*) (*Gericht*) criminal court; (*Richtstätte*) scaffold; **hochgeschätzt** *adj attr Mensch* highly esteemed; *Sache* greatly valued, much treasured; **hochgeschlossen** *adj Kleid etc* high-necked; **hochgespannt** *adj* (*fig*) *Erwartungen* extreme; **hochgesteckt** adj (fig) Ziele ambitious; **hochgestellt** adj attr (fig) Persönlichkeit high-ranking, important; **hochgestochen** adj (pej inf) highbrow; Reden high-faluting; Stil pompous; (eingebildet) stuck-up; **hochgewachsen** adj tall; **hochgezüchtet** adj (usu pej) Motor souped-up (sl); Geräte fancy (inf); Tiere, Pflanzen overbred.

Hochglanz m high polish or shine; (Phot) gloss. etw auf ~ polieren or bringen to polish sth until it gleams, to make sth shine like a new pin; (fig) to make sth spick and span.

Hochglanz|abzug m (Phot) glossy print; **Hochglanzpapier** nt high gloss paper; **Hochglanzpolitur** f (Oberfläche) mirror polish or finish; (Poliermittel) (furniture) polish.

Hochgotik f high gothic period; **hochgradig** adj no pred extreme; **hochgucken** vi sep siehe **hochsehen**; **hochhackig** adj Schuhe high-heeled; **hochhalten** vt sep irreg 1. (in die Höhe halten) to hold up; 2. (in Ehren halten) to uphold; **Hochhaus** nt high-rise or multi-storey building; (Wolkenkratzer) sky-scraper; **hochheben** vt sep irreg Hand, Arm to lift, to raise, to hold up; Kind, Last to lift up; **hochherrschaftlich** adj very elegant or grand; Wohnung auch palatial; **hochherzig** adj generous, magnanimous; Mensch auch big-hearted; **Hochherzigkeit** f generosity, magnanimity; (von Mensch auch) big-heartedness; **hoch|industrialisiert** adj attr highly industrialized; **hoch|intelligent** adj highly intelligent; **hoch|interessant** adj most interesting; **hochjagen** vt sep (inf) 1. (aufscheuchen) Vögel to scare up; Menschen to get up; 2. (sprengen) to blow up; 3. Motor to rev up; **hochjubeln** vt sep (inf) Künstler, Film, Politiker etc to build up (excessively), to hype (US); **hochkämmen** vt sep Haar to put up; **hochkant** adv 1. (lit) on end; ~ stellen to upend, to put on end; 2. (fig inf: auch hochkantig) ~ hinauswerfen/hinausfliegen to chuck/be chucked out (inf); **hochkarätig** adj 1. Diamanten, Gold high-carat; 2. (fig) top-class; **Hochkirche** f High Church; **hochklappbar** adj Tisch, Stuhl folding; Sitz tip-up; **hochklappen** sep I vt Tisch, Stuhl to fold up; Sitz to tip up; Kühlerhaube, Deckel to raise, to lift up; Mantelkragen to turn up; II vi aux sein (Tisch, Stuhl) to fold up; (Sitz) to tip up; **hochklettern** vi sep aux sein (lit, fig) to climb up; **hochkommen** vi sep irreg aux sein 1. (inf: heraufkommen) to come up; 2. (inf) das Essen ist ihm hochgekommen he threw up (his meal) (inf); es kommt mir hoch it makes me sick; 3. (aufstehen können) to (manage to) get up; (fig: sich aufraffen, gesund werden) to get back on one's feet; 4. (inf: beruflich, gesellschaftlich) to come up in the world; niemandem (neben sich dat) ~ lassen not to tolerate competition; **Hochkonjunktur** f boom; **hochkönnen** vi sep irreg (inf) (aufstehen können) to be able to get up; (hinaufsteigen können) to be able to get up (auf etw (acc)

onto sth, auf Berg the mountain); hinten nicht mehr ~ (inf) to be more dead than alive; **hochkonzentriert** adj highly concentrated; **hochkrempeln** vt sep Ärmel, Hosenbeine to roll up; **hochkriegen** vt sep (inf) 1. to (manage to) lift or get up; 2. einen ~ (sl) to get a hard-on (sl); er kann keinen ~ (sl) he can't get it up (sl); **Hochkultur** f (very) advanced civilization; **hochkurbeln** vt sep Fenster to wind up; **Hochland** nt highland; das schottische ~ the Scottish Highlands pl; **Hochlautung** f (Ling) Standard German pronunciation; **hochleben** vi sep jdn ~ lassen to give three cheers for sb; er lebe hoch! three cheers (for him)!; hoch lebe der König! long live the King!; **hochlegen** vt sep 1. Beine etc to put up; 2. (inf: nach oben legen) to put high up.

Hochleistung f first-class performance. **Hochleistungsmotor** m high-performance engine; **Hochleistungssport** m competitive sport; **Hochleistungssportler** m top athlete; **Hochleistungstraining** nt intensive training.

hochmodern adj very modern, ultramodern; **Hochmoor** nt moor; **Hochmut** m arrogance; ~ kommt vor dem Fall (Prov) pride comes before a fall (Prov); **hochmütig** adj arrogant; **Hochmütigkeit** f arrogance; **hochnäsig** adj (inf) snooty (inf); **Hochnäsigkeit** f (inf) snootiness (inf); **Hochnebel** m (low) stratus; **hochnehmen** vt sep irreg 1. (heben) to lift; Kind, Hund to pick up or lift up; 2. (inf: necken) jdn ~ to pull sb's leg; 3. (inf: schröpfen) jdn ~ to fleece sb (inf); 4. (inf: verhaften) to pick up (inf); **Hochofen** m blast furnace; **hochpäppeln** vt sep (inf) Tier, Kind, Kranken to feed up; (fig) to nurse back to health; **Hochparterre** nt raised ground floor; **Hochplateau** nt plateau; **hochprozentig** adj alkoholische Getränke high-proof; Lösung highly concentrated; **hochqualifiziert** adj attr highly qualified; **Hochrad** nt penny-farthing (bicycle); **hochrädrig** adj with high wheels; **hochragen** vi sep aux sein or haben (Bäume) to rise (up); (Berge, Türme, Häuser) to tower (up), to rise up; **hochrechnen** sep I vt to project; II vi to make a projection; **Hochrechnung** f projection; **Hochreck** nt high or horizontal bar; **hochreißen** vt sep irreg Arme to bring up; Kamera, Waffe to lift quickly; (Aviat) to put into a steep climb, to hoick (spec); **Hochrelief** nt high relief; **hochrot** adj bright red; mit ~em Gesicht with one's face as red as a beetroot; **Hochruf** m cheer; **hochrutschen** vi sep aux sein (Kleidungsstück) to ride up; (inf: aufrücken) to move up; **Hochsaison** f high season; **hochschätzen** vt sep siehe hochachten; **hochschaukeln** vr sep to work oneself up; **hochschießen** sep irreg I vi aux sein to shoot up; II vt Feuerwerksrakete, Leuchtkugel to send up; **hochschlagen** sep irreg I vt Kragen to turn up; II vi aux sein (Wellen) to surge up; (Flammen) to leap up; **hochschnellen** vi sep aux sein (Lachse) to leap up; (Feder,

Mensch, Preise auch) to shoot up; **hochschrauben** *vt sep* (*lit*) to raise; (*fig*) *Preise* to force up; *Erwartungen* to raise; *Forderungen, Ansprüche* to increase; **hochschrecken** *vti sep* (*vi: irreg aux sein*) *siehe* **aufschrecken.**

Hochschul|abschluß *m* degree; **mit ~** with a degree; **Hochschul(aus)bildung** *f* (*Ausbildung*) college/university training; (*Bildung*) university education.

Hochschule *f* college; (*Universität*) university. **Technische ~** technical college, college of technology.

Hochschüler(in *f*) *m* student; (*Universitäts~ auch*) undergraduate.

Hochschullehrer *m* college/university teacher, lecturer (*Brit*); **Hochschulreform** *f* university reform; **Hochschulreife** *f* academic standard required for university entrance; **er hat (die) ~** ≃ he's got his A-levels (*Brit*), he's graduated from high school (*US*); **Hochschulstudium** *nt* university education.

hochschwanger *adj* well advanced in pregnancy, very pregnant (*inf*).

Hochsee *f* high sea. **auf ~** on the high seas *or* open sea.

Hochseefischerei *f* deep-sea fishing; **Hochseeschiffahrt** *f* deep-sea shipping; **hochseetüchtig** *adj* oceangoing.

hochsehen *vi sep irreg* to look up; **Hochseil** *nt* high wire, tightrope; **Hochseil|akt** *m* (*von Artisten*) high-wire *or* tightrope act; (*fig*) tightrope walk; **Hochsitz** *m* (*Hunt*) (raised) hide; **Hochsommer** *m* height of the summer; (*Zeitabschnitt*) midsummer *no art*; **hochsommerlich** *adj* very summery.

Hochspannung *f* (*Elec*) high voltage, high tension; (*fig*) high tension. „**Vorsicht ~**" "danger – high voltage".

Hochspannungsleitung *f* high tension line, power line; **Hochspannungsmast** *m* pylon.

hochspielen *vt sep* (*fig*) to blow up, to play up; *etw* (**künstlich**) **~** to blow sth up out of all proportion; **Hochsprache** *f* standard language; **hochsprachlich** *adj* standard; **~ heißt es ...** in standard German/English *etc* that's ...; **hochspringen** *vi sep irreg aux sein* 1. (*inf: aufspringen*) to jump up (*an jdm* on sb); 2. *infin, ptp only* (*Sport*) to do the high jump; **Hochspringer** *m* high jumper; **Hochsprung** *m* high jump.

höchst I *adj siehe* **höchste(r, s).** II *adv* (*überaus*) highly, extremely, most.

Höchst- *in cpds* (*obere Grenze angebend*) (*mit n*) maximum; (*mit adj*) *siehe* **Hoch-;** (*mit adj: Intensität ausdrückend*) extremely, most; **Höchst|alter** *nt* maximum age.

Hochstand *m* (*Hunt*) *siehe* **Hochsitz.**
Hochstapelei *f* swindle, con trick; (*fig: Aufschneiderei*) boasting *no pl*; **hochstapeln** *vi sep* to con people (*inf*), to practise fraud (*form*); (*fig*) to put one over (*inf*); **Hochstapler** *m* **-s, -** confidence trickster, con man (*inf*); (*fig*) fraud.

Höchstbetrag *m* maximum amount; **Höchstbietende(r)** *mf decl as adj* highest bidder.

höchste *adj siehe* **höchste(r, s).**

hochstecken *vt sep* to pin up; *Haare auch* to put up; **hochstehend** *adj* 1. (*gesellschaftlich*) of high standing; (*kulturell*) advanced; (*geistig*) highly intellectual. 2. (*entwicklungsmäßig, qualitativ*) superior; 3. *Kragen* turned-up.

höchst|eigen *adj, adv* **~, in ~er Person** (*dated, hum*) in person.

hochstellen *vt sep* 1. (*an höhere Stelle*) *Stühle etc* to put up; (*außer Reichweite*) to put *or* place high up. **hochgestellte Zahlen** superior numbers. 2. (*inf: höher einstellen*) *Heizung, Ventilator etc* to turn up.

höchstenfalls *adv* at (the) most, at the outside.

höchstens *adv* 1. (*nicht mehr, länger als*) not more than; (*bestenfalls*) at the most, at best. 2. (*außer*) except.

höchste(r, s) I *adj, superl of* **hoch** 1. (*räumliche Ausdehnung*) highest; *Wuchs, Zimmer, Baum, Mast* tallest; *Leiter* tallest, longest.

    2. *Preis, Verdienst, Temperatur, Druck etc* highest; *Betrag, Summe* largest; *Strafe, Gewicht* heaviest; *Profit auch, Lotteriegewinn* biggest; *Verlust* most severe; *Schaden* most expensive; (*maximal*) *Verdienst, Temperatur, Geschwindigkeit etc* maximum *attr.* **im ~n Grade/Maße** to the highest degree; **im ~n Fall(e)** at the most.

    3. (*im Rang*) highest; *Ehre* greatest; *Fest* most important; *Offizier* highest-ranking. **das ~ Wesen** the Supreme Being; **die ~ Instanz** the supreme court of appeal; **sich an ~r Stelle beschweren** to complain to the highest authority.

    4. *attr* (*qualitativ, äußerst*) *Lebensstandard, Ansprüche* highest; *Bedeutung, Genuß, Glück* greatest, supreme; *Gut* greatest; *Not, Gefahr, Wichtigkeit* utmost, greatest; *Freude* greatest; *Konzentration* extreme. **zu meiner ~n Zufriedenheit** to my great satisfaction.

    5. *Alter* greatest; (*Mus*) highest.

    6. (*in Wendungen*) **~ Zeit** *or* Eisenbahn (*inf*) high time; **das ist das ~ der Gefühle** (*hum*) that is the limit; **aufs ~ erfreut** *etc* highly *or* greatly *or* tremendously (*inf*) pleased *etc*; **das ist das ~, was ich bezahlen/tun kann** that is the most I can do/pay.

    II *adv* **am ~n** 1. (*in größter Höhe*) highest. **mittags steht die Sonne am ~n** the sun is highest at noon.

    2. (*in größtem Ausmaß*) *verehren, schätzen* most (of all); *versichern, begabt* most; *besteuert, verlieren* (the) most heavily; *verschuldet* (the) most deeply. **in der Rangordnung am ~n stehen** to be the highest up in the hierarchy; **er ist am ~n qualifiziert** he is the most (highly) qualified; **am ~n stehen** (*Kurse, Temperatur*) to be at its highest.

Höchste(s) *nt decl as adj* (*fig*) highest good. **nach dem ~n streben** to aspire to the ideal *or* to perfection.

Höchstfall *m* **im ~** *siehe* **höchstens 1.;** **Höchstform** *f* (*Sport*) top form; **Höchstgebot** *nt* highest bid; **Höchstgeschwindigkeit** *f* top *or* maximum speed; **zu-**

lässige ~ speed limit; **Höchstgrenze** f upper limit.

hochstilisieren* vt sep to build up (zu into); **Hochstimmung** f high spirits pl.

Höchstleistung f best performance; (bei Produktion) maximum output; **Höchstmaß** nt maximum amount (an +dat of); **höchstpersönlich** adv personally; **es ist der Prinz** ~ it's the prince in person; **Höchstpreis** m top or maximum price.

Hochstraße f fly-over.

höchstrichterlich adj of the supreme court; **Höchstsatz** m (beim Glücksspiel) maximum stake; (bei Versicherungen) maximum rate; **Höchststand** m highest level; **Höchststrafe** f maximum penalty; **höchstwahrscheinlich** adv in all probability, most probably or likely; **Höchstwert** m maximum value; **höchstzulässig** adj attr maximum (permissible).

hochtönend adj high-sounding; **Hochtour** f auf ~en laufen/arbeiten (Maschinen) to run at full speed; (fig: Mensch, Fabrik etc) to run/work etc at full steam; **etw auf ~en bringen** Motor to rev sth up to full speed; Maschine, Produktion, Kampagne to get sth into full swing; **jdn auf ~en bringen** (inf) to get sb really going (inf); **hochtourig** adj Motor high-revving; ~ **fahren** to drive at high revs; **hochtrabend** adj (pej) pompous, turgid; **hochtreiben** vt sep irreg (fig) Preise, Löhne, Kosten to force up; **Hoch- und Tiefbau** m structural and civil engineering; **hochverdient** adj attr Mensch of great merit; Lob much-deserved; **hochver|ehrt** adj attr highly respected or esteemed; (in Brief) esteemed (old); ~**er Herr Vorsitzender ...** Mr Chairman ...; ~**er Herr Präsident!** Mr President, Sir!; (in Brief) Dear Sir; **Hochverrat** m high treason; **Hochverräter** m person guilty of high treason, traitor; **hochverräterisch** adj treasonable; **hochverschuldet** adj attr deep in debt; **hochverzinslich** adj bearing or yielding a high rate/high rates of interest; **Hochwald** m timber forest.

Hochwasser nt 1. (Höchststand von Flut) high tide. 2. (überhoher Wasserstand in Flüssen, Seen) high water; (Überschwemmung) flood. ~ **haben** (Fluß) to be in flood.

Hochwassergefahr f danger of flooding; **Hochwasserkatastrophe** f flood disaster; **Hochwasserschaden** m flood damage; **Hochwasserstand** m highwater level.

hochwerfen vt sep irreg to throw up; **hochwertig** adj high-quality attr, of high quality; Nahrungsmittel highly nutritious; Stahl high-grade; (Chem) high-valency attr, of high valency; **Hochwild** nt big game (including bigger game birds); **hochwillkommen** adj attr most or very welcome; **hochwohlgeboren** adj (obs) honourable; (Euer) **H~** Your Honour; **Hochwürden** m -s, no pl (dated: Anrede) Reverend Father; **hochwürdig** adj (dated) Reverend; **Hochzahl** f exponent.

Hochzeit¹ f -, -en wedding; (Eheschließung auch) marriage. ~ **machen/haben** to get

---

married; ~ **halten/feiern** to have a wedding; **etw zur** ~ **geschenkt bekommen/ schenken** to get/ give sth as a wedding present; **grüne** ~ wedding day; **silberne/ goldene/diamantene** ~ silver/golden/ diamond wedding (anniversary); **man kann nicht auf zwei** ~**en tanzen** (prov) you can't have your cake and eat it (prov).

Hochzeit² f -, -en (liter: Blütezeit) golden age.

Hochzeiter m -s, - (dated, Aus, Sw, S Ger) bridegroom. **die** ~ the bride and groom.

hochzeitlich adj bridal attr, wedding attr. **die Braut/der Bräutigam war** ~ **gekleidet** the bride was in her wedding dress/ the groom was in his wedding attire; ~ **geschmückt** decorated for the wedding.

Hochzeits- in cpds wedding; **Hochzeits|anzeige** f wedding announcement; **Hochzeitsfeier** f wedding celebration; (Empfang) reception, wedding breakfast; **Hochzeitskleid** nt wedding dress, bridal dress or gown; **Hochzeitsnacht** f wedding night; **Hochzeitsreise** f honeymoon; **wohin geht die** ~? where are you going on (your) honeymoon?; **Hochzeitsreisende** pl honeymoon couple, honeymooners pl; **Hochzeitstag** m wedding day; (Jahrestag) wedding anniversary.

hochziehen sep irreg **I** vt 1. to pull up; Hosen etc auch to hitch up; Fahne to run up; Augenbrauen to raise, to lift; **die Maschine** ~ (Aviat) to put the aircraft into a steep climb; 2. (inf: bauen) to throw up (inf); **II** vr to pull oneself up; **sich an etw** (dat) ~ to climb up sth; (fig inf) to get a kick out of sth (inf).

Hocke¹ f -, -n squatting position; (Übung) squat; (beim Turnen) squat vault; (beim Skilaufen) crouch; (beim Ringen) mat position. **in die** ~ **gehen/in der** ~ **sitzen** to squat.

Hocke² f -, -n stook, shock.

hocken I vi (S Ger: aux sein) 1. (in der Hocke sitzen) to squat, to crouch. 2. (inf: sitzen) to sit; (auf Hocker) to perch. 3. (pej inf) to sit around. 4. (Sport) **übers Pferd** ~ to squat-vault over the horse. **II** vr 1. (in Hockstellung gehen) to squat. 2. (dial inf: sich setzen) to sit down, to plonk oneself down (inf).

Hocker m -s, - (Stuhl) stool.

Höcker m -s, - 1. (von Kamel, inf: Buckel) hump; (auf Schnabel) knob. 2. (Erhebung) bump; (in Gelände) hump; (kleiner Hügel) hummock, hump.

Hockergrab nt seated burial.

Hockey ['hɔki, 'hɔke] nt -s, no pl hockey.

Hockeyball m hockey ball; **Hockeyschläger** m hockey stick; **Hockeyspieler** m hockey player.

Hocksprung m (Sport) (über Gerät) squat vault; (beim Bodenturnen) crouch jump; **Hockstellung** f crouched or squatting position; (Archeol) seated position.

Hode m -n, -n, f-, -n, **Hoden** m -s, - testicle.

Hodenbruch m scrotal hernia; **Hodensack** m scrotum.

Hof m -(e)s, ¨e 1. (Platz) yard; (Innen~) courtyard; (Schul~) schoolyard, playground; (Kasernen~) square.

2. (*Bauern~*) farm; (*Gebäudekomplex auch*) farmyard.

3. (*Fürsten~*) court. **bei** *or* **am ~e** at court; **am ~e Ludwigs XIV.** at the court of Louis XIV.

4. einem Mädchen den ~ machen (*dated, hum*) to court a girl (*dated*), to pay court to a girl (*form*).

5. (*um Sonne, Mond*) halo.

6. (*in Namen: Gasthof, Hotel*) hotel, inn.

Hof|arzt *m* court physician; **Hofball** *m* court ball; **Hofdame** *f* lady-in-waiting; **Hofdichter** *m* court poet; (*in GB*) poet laureate.

höfeln *vi* (*Sw*) to flatter (*jdm* sb).

Hof|erbe *m* heir to a/the farm; **höffähig** *adj* acceptable at court; (*gesellschaftsfähig*) presentable.

Hoffart *f* -, *no pl* (*old*) pride, arrogance, haughtiness.

hoffärtig *adj* (*old*) proud, arrogant, haughty.

hoffen I *vi* **1.** (*von Hoffnung erfüllt sein*) to hope. **auf jdn ~** to set one's hopes on sb; **auf etw ~** (*acc*) to hope for sth; **da bleibt nur zu ~** one can only hope; **sie hofften auf ihre Verbündeten** (*auf Erscheinen*) they were waiting for their allies; (*auf Hilfe*) they set their hopes on their allies; **der Mensch hofft, solange er lebt** (*Prov*) hope springs eternal (*prov*); **H~ und Harren macht manchen zum Narren** (*Prov*) some people never give up hoping, pigs might fly (*inf*).

2. (*wünschen und erwarten*) to hope. **~, daß ...** to hope that ...; **ich will nicht ~, daß er das macht** I hope he doesn't do that; **ich will/wir wollen ~, daß ...** I/we can only hope that ..., it is to be hoped that ...

II *vt* to hope for. **~ wir das Beste!** let's hope for the best!; **es ist zu ~** it is to be hoped; **ich hoffe es** I hope so; **das will ich (doch wohl) ~** I should (jolly well *Brit inf*) hope so; **das wollen wir ~** let's hope so; **ich will es nicht ~** I hope not; **sie hatten nichts mehr zu ~** they had nothing left to hope for.

hoffentlich *adv* hopefully. **~!** I hope so, let us hope so; **~ nicht** I/we hope not; **~ ist das bald vorbei** I/we *etc* hope that it will be over soon, hopefully it will be over soon; **du bist mir doch ~ nicht böse** I (do) hope (that) you're not angry with me.

Hoffnung *f* hope. **sich** (*dat*) **~en machen** to have hopes; **sich** (*dat*) **keine ~en machen** not to hold out any hopes; **er macht sich ~en bei ihr** (*inf*) he fancies his chances with her (*inf*); **mach dir keine ~(en)!** I wouldn't even think about it; **jdm ~en machen** to raise sb's hopes; **jdm ~en machen, daß ...** to lead sb to hope that ...; **jdm auf etw** (*acc*) **~en machen** to lead sb to expect sth; **jdm keine ~en machen** not to hold out any hopes for sb; **seine ~en auf jdn/etw setzen** to place one's hopes in *or* pin one's hopes on sb/sth; **die ~ aufgeben/verlieren** to abandon/lose hope; **eine ~ zerstören/enttäuschen** to dash/disappoint sb's hopes; **in der ~, bald von Ihnen zu hören** hoping to hear *or* in the hope of

hearing from you soon; **sich unbegründeten/falschen ~en hingeben** to cherish unfounded/false hopes; **zu schönen** *or* **zu den schönsten ~en berechtigen** to give rise to great hopes; **~ auf etw** (*acc*) **haben** to have hopes of getting sth; **guter ~ sein** (*euph: schwanger*) to be expecting.

hoffnungsfreudig, hoffnungsfroh I *adj* hopeful; **II** *adv* in happy anticipation; **Hoffnungsfunke(n)** *m* glimmer of hope; **hoffnungslos** *adj* hopeless; **Hoffnungslosigkeit** *f*, *no pl* hopelessness; (*Verzweiflung*) despair; **Hoffnungsschimmer** *m* glimmer of hope; **hoffnungsvoll I** *adj* hopeful; (*vielversprechend*) promising; **II** *adv* full of hope.

Hofgesellschaft *f* court society; **Hofgesinde** *nt* (*old*) **1.** (*auf Bauernhof*) farm workers *pl*; **2.** (*am Fürstenhof*) servants *pl* at (the/a) court; **hofhalten** *vi sep irreg* (*lit, fig*) to hold court; **Hofhaltung** *f* (holding of) court; **Hofherr** *m* (*Gutsherr*) estate owner; (*in England*) squire; **Hofhund** *m* watchdog.

hofieren* *vt* to court.

höfisch *adj* **1.** (*eines Fürstenhofs*) *Leben, Sitten, Vergnügen* courtly *no adv*.

Hofknicks *m* court *or* formal curtsey; **Hoflager** *nt* (*Hist*) temporary residence; **~ halten** to hold court.

höflich *adj* polite; (*zuvorkommend*) courteous. **ich bitte Sie ~** I (would) respectfully ask you; **wir teilen Ihnen ~(st) mit** we beg to inform you.

Höflichkeit *f* **1.** *no pl siehe adj* politeness; courteousness. **jdm etw mit aller ~ sagen** to tell sb sth very politely *or* with the utmost politeness. **2.** (*höfliche Bemerkung*) compliment. **jdm ~en sagen** to compliment sb.

Höflichkeitsbesuch *m* courtesy visit; **Höflichkeitsfloskel** *f* (*pej*), **Höflichkeitsformel** *f* polite phrase; **höflichkeitshalber** *adv* out of courtesy.

Hoflieferant *m* purveyor to the court.

Höfling *m* courtier; (*pej: Schmeichler*) sycophant.

Hofmarschall *m* (*Hist*) major-domo; (*in GB*) Lord Chamberlain; **Hofnarr** *m* (*Hist*) court jester; **Hofprediger** *m* (*Hist*) court chaplain; **Hofrat** *m* **1.** (*Hist*) Court Counsellor; (*in GB*) Privy Counsellor; **2.** (*Aus: Ehrentitel*) Hofrat, ~ Counsellor; **Hofsänger** *m* (*Hist*) minstrel; **Hofschranze** *f* *or* (*rare*) *m* (*Hist pej*) fawning courtier; **Hofstaat** *m* (*Hist*) (royal *etc*) household; **Hofstatt** *f* -, **-en** *or* **~en** farmstead; **Hoftheater** *nt* (*Hist*) court *or* royal theatre; **Hoftor** *nt* yard gate; **Hoftrauer** *f* court mourning.

HO-Geschäft [ha:|'o:-] *nt* (*DDR*) state retail shop.

hohe *adj siehe* **hoch**.

Höhe *f* -, **-n 1.** (*Ausdehnung nach oben*) height; (*Flug~, Berg~, ~ über Meeresspiegel auch, Astron, Math*) altitude; (*von Schnee, Wasser*) depth. **in die/der ~** (up) into/in the air; **aus der ~** from above; **Ehre sei Gott in der ~** glory to God in the highest *or* on high; **an ~ gewinnen** (*Aviat*) to gain height, to climb; **in einer ~ von** at a height/an altitude of; **in die ~ gehen/ treiben** (*fig:*

Preise etc) to go up/force up; **in die ~ gehen** (*fig inf*) to hit the roof (*inf*).

2. (*An~*) hill; (*Gipfel*) top, summit; (*fig: ~punkt, Blütezeit etc*) height. **auf der ~ sein** (*fig inf*) (*leistungsfähig*) to be at one's best; (*gesund*) to be fighting fit (*inf*); **die sanften ~n** the gentle slopes; **sich nicht auf der ~ fühlen, nicht auf der ~ sein** (*leistungsfähig*) to feel below par; (*gesundheitlich*) not to be up to scratch; **auf der ~ des Lebens** in the prime of (one's) life; **die ~n und Tiefen des Lebens** the ups and downs of life; **auf der ~ der Zeit** up-to-date; **das ist doch die ~!** (*fig inf*) that's the limit!

3. (*Ausmaß, Größe*) (*von Preisen, Kosten, Temperatur, Geschwindigkeit, Strafe, Phys: Stromspannung*) level; (*von Summe, Gewinn, Verlust, Gewicht, Geldstrafe*) size, amount; (*von Wert, Druck*) amount; (*von Einkommen*) size; (*von Schaden*) extent. **ein Betrag in ~ von** an amount of; **Zinsen in ~ von** interest at the rate of; **bis zu einer ~ von** up to a maximum of.

4. (*fig: Größe*) (*von Lebensstandard, Ansprüchen etc*) level.

5. (*Mus: Ton~, von Stimme*) pitch; (*Rad: Ton~*) treble *no pl*.

6. (*Naut, Geog: Breitenlage*) latitude. **auf der ~ von** at the level of; **auf der ~ von Dover** (*Naut*) off Dover; **auf gleicher ~** level with each other.

Hoheit *f* **1.** *no pl* (*Staats~*) sovereignty (*über +acc* over). **2.** (*Mitglied einer fürstlichen Familie*) member of a/the royal family; (*als Anrede*) Highness. **Seine/Ihre Königliche ~** His/Her Royal Highness.

hoheitlich *adj* (*von Staatsgewalt ausgehend*) *Befehl, Handlung* sovereign; (*von einem Fürsten*) *Gemächer* royal; *Auftreten, Geste* majestic.

Hoheits|abzeichen *nt* nationality marking; **Hoheits|akt** *m* act of sovereignty; **Hoheitsbereich** *m* **1.** *siehe* **Hoheitsgebiet; 2.** (*Rechtsbereich*) jurisdiction; **Hoheitsgebiet** *nt* sovereign territory; **Hoheitsgewalt** *f* (national) jurisdiction; **Hoheitsgewässer** *pl* territorial waters *pl*; **Hoheitsrecht** *nt usu pl* sovereign jurisdiction *or* rights *pl*; **hoheitsvoll** *adj* majestic; **Hoheitszeichen** *nt* national emblem.

Hoheliedd *nt gen* **Hohenlied(e)s, im Hohenlied(e), in Salomo(n)s Hohemliede** (*Bibl*) Song of Songs; (*fig geh*) song. **ein Hohe(s)lied auf jdn/etw singen** (*fig*) to sing sb's/sth's praises.

Höhen|angabe *f* altitude reading; (*auf Karte*) altitude mark; **Höhen|angst** *f* fear of heights; **Höhenflosse** *f* (*Aviat*) tailplane; **Höhenflug** *m* high-altitude flight; **geistiger/künstlerischer ~** intellectual/artistic flight (of fancy); **höhengleich** **I** *adj* level; **II** *adv* on a level; **Höhenklima** *nt* mountain climate; **Höhenkrankheit** *f* (*Med*) altitude sickness; **Höhenkur|ort** *m* mountain (health) resort; **Höhenlage** *f* altitude; **Höhenleitwerk** *nt* (*Aviat*) elevators *pl*; **Höhenlinie** *f* contour (line); **Höhenmesser** *m* **-s, -** (*Aviat*) altimeter, altitude meter; **Höhenrücken** *m* (moun-

tain) crest *or* ridge; **Höhenruder** *nt* (*Aviat*) elevator; **Höhenschreiber** *m* (*Aviat*) altigraph; **Höhensonne** *f* (*im Gebirge*) mountain sun; (®*Lampe: auch* künstliche ~) sunray lamp; (*Behandlung*) sunray treatment; **Höhensteuer** *nt siehe* **Höhenruder; Höhenstrahlung** *f* cosmic radiation; **Höhentraining** *nt* (*Sport*) (high-)altitude training; **Höhen|unterschied** *m* difference in altitude; **Höhenverlust** *m* loss of height *or* altitude; **Höhenzug** *m* range of hills, mountain range.

Hohepriester *m* **des Hohenpriesters, dem/den Hohenpriester, ein Hoherpriester, zwei Hohepriester** high priest.

Höhepunkt *m* highest point; (*des Abends, des Tages, des Lebens*) high point, high spot; (*einer Veranstaltung*) high spot, highlight; (*einer Karriere, des Ruhms, der Macht*) pinnacle, peak, height; (*des Glücks*) height, peak; (*einer Entwicklung*) peak, summit, apex; (*einer Kurve*) vertex; (*eines Stücks, Orgasmus*) climax. **auf den ~ bringen** to bring to a climax; **den ~ erreichen** to reach a *or* its/one's climax; (*Krankheit*) to come to a crisis; **den ~ überschreiten** to pass the peak.

hohe(r, s) *adj siehe* **hoch.**

höher *adj comp of* **hoch** (*lit, fig*) higher; *Macht* superior; *Klasse* upper; *Auflage* bigger. **~e Bildung** higher education; **~es Lehramt** ≈ graduate teachership; **~e Schule** secondary school, high school (*esp US*); **~e Tochter** (*dated, hum*) young lady; **~e Gewalt** an act of God; **in ~em Maße** to a greater extent; **~er Blödsinn** (*iro*) utter nonsense; **in ~en Regionen** *or* **Sphären schweben** to have one's head in the clouds; **ihre Herzen schlugen ~** their hearts beat faster; **etw ~ bewerten** to rate sth higher *or* more highly; **sich ~ versichern** to increase one's insurance (premium); **sich zu H~em berufen fühlen** to feel (oneself) called to higher things *or* to greater things.

höhergestellt *adj attr* higher, more senior; **höherliegend** *adj attr* higher; **höherschrauben** *vt sep* (*fig*) *Anforderungen* to increase, to step up; *Ansprüche* to increase; *Preise* to force *or* push up; **höherstehend** *adj attr* higher; **höherstufen** *vt sep Person* to upgrade.

Hohe(s)lied *nt siehe* **Hohelied.**

hohl *adj* **1.** (*lit, fig: leer*) hollow; *Geschwätz etc* empty, shallow; *Blick* empty, vacant. **2.** (*konkav*) hollow; *Wangen auch* sunken; *Augen auch* deep-set. **ein ~es Kreuz** a hollow back; **in der ~en Hand** in the hollow of one's hand; **aus der ~en Hand trinken** to drink with cupped hands; **eine ~e Hand machen** (*lit*) to cup one's hand; (*fig inf*) to hold one's hand out (*for money etc*); **~e Gasse** narrow pass *or* defile. **3.** *Klang, Stimme, Husten* hollow.

hohl|äugig *adj* hollow- *or* sunken-eyed; **Hohlblock(stein), Hohlblockziegel** *m* cavity block.

Höhle *f* **-, -n** cave, cavern; (*in Baum*) hole, hollow bit; (*Tierbehausung*) cave, den; (*Augen~*) socket; (*fig: schlechte Wohnung*) hovel, hole (*inf*).

Höhlen- in cpds cave; **Höhlenbär** m cave-bear; **Höhlenbewohner** m cave dweller, caveman, troglodyte; **Höhlenforscher** m cave explorer; (unter der Erde auch) potholer; **Höhlenforschung, Höhlenkunde** f speleology; **Höhlenmalerei** f cave painting; **Höhlenmensch** m caveman.

Hohlheit f no pl (fig) siehe adj hollowness; emptiness, shallowness; **Hohlkopf** m (pej) blockhead (inf), numskull (inf); **Hohlkörper** m hollow body; **Hohlkreuz** nt (Med) hollow back; **Hohlkugel** f hollow sphere; **Hohlmaß** nt measure of capacity; (für Getreide etc auch) dry measure; **Hohlnadel** f (Med) cannula; **Hohlraum** m hollow space; (Build auch) cavity; **Hohlsaum** m (Sew) hemstitch; **Hohlschliff** m hollow grinding; **ein Messer mit** ~ a hollow-ground knife; **Hohlspiegel** m concave mirror; **Hohltiere** pl coelenterata (spec).

Höhlung f hollow.

hohlwangig adj hollow-cheeked; **Hohlweg** m narrow pass or defile; **Hohlziegel** m **1.** (Hohlstein) cavity brick; **2.** (Dachziegel) hollow tile.

Hohn m -(e)s, no pl scorn, derision, mockery. **jdn mit** ~ **und Spott überschütten** to heap or pour scorn on sb; **nur** ~ **und Spott ernten** to get nothing but scorn and derision; **das hat er mir zum** ~ **getan** he did it just to show his contempt for me; **ein** ~ **auf etw** (acc) a mockery of sth; **das ist der reine** or **reinste** ~ it's a sheer or utter mockery.

höhnen I vt (geh) jdn to mock. **II** vi to jeer, to scoff, to sneer (über +acc at).

Hohngelächter nt scornful or derisive or sneering laughter.

höhnisch adj scornful, mocking, sneering.

Hohnlächeln nt sneer, derisive or scornful smile; **hohnlachen** vi sep to laugh scornfully or derisively; **ich höre ihn schon** ~ I can hear his sneers already; **hohnsprechen** vi sep irreg to make a mockery (dat of); **das spricht jeder Vernunft hohn** that flies right in the face of all reason.

hoho interj oho.

Höker(in f) m -s, - (old) street trader or pedlar.

Hokuspokus m -, no pl (Zauberformel) hey presto; (Zauber stück) (conjuring) trick(s); (fig) (Täuschung) hocus-pocus (inf), jiggery-pokery (inf); (Drumherum) palaver (inf), fuss. **die veranstalten immer einen** ~, **wenn Besuch kommt** they always make such a palaver (inf) or fuss when they have visitors.

hold adj **1.** (poet, dated) fair, sweet; (hum) dear, beloved, fair. ~**er Friede** sweet or blessed peace; **die** ~**e Weiblichkeit** (hum) the fair sex; **mein** ~**er Gatte** (hum) my dear or beloved husband (hum); **meine H~e** my sweet.
   2. pred (poet: gewogen) **jdm** ~ **sein** to be fond of or well-disposed to(wards) sb; **das Glück war ihm** ~ fortune smiled upon him.

Holder m -s, - (dial) siehe **Holunder.**

Holdinggesellschaft f (Comm) holding company.

holdrio interj halloo.

holdselig adj (poet) sweet, lovely, fair.

holen vt **1.** to fetch, to get; (herunternehmen) to get or take or fetch down; (herausnehmen) to get or take out. **Luft/Atem** ~ to draw breath, to catch one's breath; **jdn aus dem Bett** ~ to get or drag (inf) sb out of bed.
   2. (abholen) to fetch, to pick up; Verbrecher, Patienten to take away.
   3. (kaufen) to get, to pick up (inf).
   4. (herbeirufen, ~ lassen) Polizei, Hilfe to fetch, to get. **jdn** ~ **lassen** to send for sb; **einen Moment, ich lasse ihn schnell ans Telefon** ~ just a moment, I'll have someone fetch or get him to the phone; **der Professor hat seinen Assistenten an die neue Uni geholt** the professor got his assistant a position at the new university.
   5. (erringen) Sieg, Preis to win, to get.
   6. (sich zuziehen) Krankheit to catch, to get; elektrischen Schlag to get. **sich** (dat) **Schläge** ~ to get a beating; **sonst wirst du dir etwas** ~ or you'll catch something; **sich** (dat) **eine Erkältung/den Tod** (inf) ~ to catch a cold/one's death (inf).
   7. (bekommen, erwerben) to get. **sich** (dat) **etw** ~ to get (oneself) sth; **dabei ist nichts zu** ~ (inf) there's nothing in it; **bei ihm ist nichts zu** ~ (inf) you etc won't get anything out of him.

holla interj hullo, hallo, hello, hey; (überrascht) hey; (hoppla) whoops.

Holland nt -s Holland, the Netherlands pl.

Holländer[1] m -s, - Dutchman. **die** ~ the Dutch (people); **er ist** ~ he is Dutch or a Dutchman.

Holländer[2] m -s, no pl Dutch cheese.

Holländerin f Dutchwoman, Dutch girl.

holländisch adj Dutch.

Holländisch(e) nt decl as adj Dutch, the Dutch language; siehe **Deutsch(e).**

Holle f: **Frau** ~ **schüttelt die Betten aus** it is snowing.

Hölle f -, (rare) -n hell. **in der** ~ in hell; **die** ~ **auf Erden** hell on earth; **fahr zur** ~! (liter) go to the devil!; **in die** ~ **kommen** to go to hell; **ich werde ihm die** ~ **heiß machen** (inf) I'll give him hell (inf); **sie machte ihm das Leben zur** ~ she made his life (a) hell (inf); **es war die (reinste)** ~ (inf) it was (pure) hell (inf); **die** ~ **ist los** (inf) all hell has broken loose (inf).

Höllen- in cpds (der Hölle) of hell, infernal; (inf: groß) hellish (inf), infernal (inf); **Höllenlangst** f terrible fear; **eine** ~ **haben** to be scared stiff (inf); **Höllenfahrt** f Descent into Hell; **Höllenfürst** m (liter) Prince of Darkness; **Höllenhund** m (Myth) hound of hell, hell-hound; **Höllenlärm** m hellish (inf) or infernal (inf) noise; **Höllenmaschine** f (dated) infernal machine (dated), time bomb; **Höllenqual** f (often pl) torments pl of hell; (fig inf) agony; **eine** ~/~**en ausstehen** to suffer agony; **Höllenstein** m (Chem) silver nitrate, lunar caustic.

höllisch adj **1.** attr (die Hölle betreffend) infernal, of hell.
   2. (inf: außerordentlich) dreadful, frightful, hellish (inf). **eine** ~**e Angst haben** to be scared stiff (inf); ~ **fluchen** to

swear like a trooper; **es tut ~ weh** it hurts like hell (*inf*), it's hellish(ly) painful (*inf*).
Hollywoodschaukel *f* ['hɔlɪwʊd-] swing hammock.
Holm *m* **-(e)s, -e 1.** (*von Barren*) bar; (*von Geländer*) rail; (*von Leiter*) side rail. **2.** (*Aviat*) (*längs*) longeron; (*quer*) spar. **3.** (*Stiel, Griff*) (*Axt~*) shaft, handle; (*Ruder~*) shaft.
Holmium *nt, no pl* (*abbr* Ho) holmium.
Holographie *f* holography.
holp(e)rig *adj* **1.** *Weg, Pflaster* bumpy. **2.** (*schwerfällig*) *Rede, Verse* clumsy, jerky. **~ lesen** to read jerkily *or* haltingly.
holpern *vi* (*mit Bewegungsverb: aux sein*) to jolt. **beim Lesen holpert er noch** he still stumbles (over his words) when reading, he still reads haltingly.
Holschuld *f* (*Comm*) *debt to be collected from the debtor at his residence*.
holterdiepolter *adv* helter-skelter. **der Wagen fuhr ~ den Berg hinunter** the cart went careering down the mountainside; **die Blechdose fiel ~ die Treppe hinunter** the tin went crash bang wallop down the stairs (*inf*).
hol|über *interj* (*old*) **Fährmann ~!** ahoy there, ferryman *or* boatman!
Holunder *m* **-s, -** elder; (*Früchte*) elderberries *pl*.
Holunder- *in cpds* elder; **Holunderbeere** *f* elderberry; **Holunderbusch, Holunderstrauch** *m* elder bush; **Holunderwein** *m* elderberry wine.
Holz *nt* **-es, ⁻er 1.** wood; (*Bau~, Tischler~ auch*) timber, lumber (*US*); (*Streich~*) match. **ein ~** a piece of wood *or* timber; **(~art)** a wood; **lange ⁻er** long, untrimmed logs *or* timbers; **runde ⁻er** short, untrimmed logs *or* timbers; **flüssiges ~** (*Tech*) plastic wood; **aus ~ gemacht** made of wood, wooden; **~ fällen** to fell *or* cut down trees; **~ sägen** (*lit*) to saw wood; (*inf: schnarchen*) to snore, to saw wood (*US inf*); **aus einem anderen ~ (geschnitzt) sein** (*fig*) to be cast in a different mould; **aus grobem ~ geschnitzt sein** (*fig*) to be insensitive; **aus hartem** *or* **härterem ~ geschnitzt sein** (*fig*) to be made of stern *or* sterner stuff; **aus demselben ~ geschnitzt sein** (*fig*) to be cast in the same mould; **~ vor der Hütte** *or* **Tür haben** (*inf*) to be well-endowed *or* well-stacked (*inf*), to have big boobs (*inf*); **~!** (*Tennis etc*) wood!; **Dummheit und Stolz wachsen auf einem ~** (*Prov*) stupidity and pride grow on the same tree. **2.** (*Kegel*) skittle, ninepin. **~ schieben** to play skittles *or* ninepins; **gut ~!** have a good game! **3.** (*dated: Gehölz*) wood, woods *pl*.
Holz- *in cpds* wood; (*aus ~ auch*) wooden; (*Build, Comm etc*) timber; **Holz|apfel** *m* crab apple; **Holz|arbeiter** *m siehe* **Holzfäller; holz|arm** *adj Papier* with (a) low wood content; **Holz|asche** *f* wood-ashes *pl*; **Holz|auge** *nt:* **~, sei wachsam** (*inf*) be careful; **Holzbau** *m* **-s 1.** *no pl* wood- *or* timber-frame construction; **2.** *pl* **-ten** wooden building; **Holzbe|arbeitung** *f* woodworking; (*im Sägewerk*) timber

processing; **Holzbein** *nt* wooden leg; **Holzbildhauer** *m* wood carver; **Holzbläser** *m* woodwind player; **wo sitzen die ~?** where do the woodwind sit *or* does the woodwind section sit?; **Holzblas|instrument** *nt* woodwind instrument; **Holzblock** *m* block of wood; **Holzbock** *m* **1.** (*Stützgestell*) wooden stand *or* trestle; **2.** (*Insekt*) wood tick, dog tick; **Holzboden** *m* wooden floor; (*von Truhe etc*) wooden bottom; **Holzbohrer** *m* **1.** (*Tech*) wood drill; **2.** (*Zool*) goat moth, leopard moth; **Holzbündel** *nt* bundle of wood, faggot.
Hölzchen *nt* small piece of wood; (*Streichholz*) match.
holzen *vi* **1.** (*old: Bäume fällen*) to cut down *or* fell timber, to lumber. **2.** (*esp Ftbl*) to hack.
Holzer *m* **-s, -** (*pej inf*) hacker, rough player.
Holzerei *f* (*dial inf*) (*Rauferei*) roughhouse (*inf*); (*Ftbl auch*) rough game *or* match.
hölzern *adj* (*lit, fig*) wooden.
Holzfällen *nt* **-s,** *no pl* tree-felling, lumbering; **Holzfäller** *m* **-s, -** woodcutter, woodsman, lumberjack; **Holzfaser** *f* wood fibre; **Holzfaserplatte** *f* (wood) fibreboard; **Holzfäule** *f* wood *or* dry/wet rot; **holzfrei** *adj Papier* wood-free; **Holzfrevel** *m* (*Jur*) offence against forest laws, infringement of forest regulations; **Holzhacken** *nt* **-s,** *no pl* cutting *or* chopping wood; **Holzhacker** *m* **-s, -** *siehe* **Holzfäller; holzhaltig** *adj Papier* woody; **Holzhammer** *m* mallet; **jdm etw mit dem ~ beibringen** to hammer sth into sb (*inf*); **Holzhammermethode** *f* (*inf*) sledgehammer method (*inf*); **Holzhandel** *m* timber trade; **Holzhaufen** *m* woodpile, pile *or* stack of wood; **Holzhaus** *nt* wooden *or* timber house.
holzig *adj* woody; *Spargel, Rettich auch* stringy, tough.
Holzkitt *m* plastic wood; **Holzklotz** *m* wood block, block of wood, log; (*Spielzeug*) wooden brick; **Holzkohle** *f* charcoal; **Holzkopf** *m* (*fig inf*) blockhead (*inf*); **Holzlager** *nt* timberyard; **Holznagel** *m* wooden nail *or* peg; **Holz|ofen** *m* wood-burning oven; **Holzpantine** *f*, **Holzpantoffel** *m* clog; **Holzpflaster** *nt* wood-block paving; **Holzpflock** *m* (wooden) peg; **Holzschädling** *m* wood pest; **Holzscheit** *nt* piece of (fire)wood, log; **Holzschlag** *m* (*Vorgang*) tree-felling, lumbering; (*Ort*) felling *or* lumbering area; **Holzschnitt** *m* (*Art*) **1.** *no pl* (*Kunst*) (art of) wood engraving; **2.** (*Gegenstand*) wood engraving, woodcut; **holzschnitt|artig** *adj* (*fig*) simplistic; **Holzschnitzer** *m* wood carver; **Holzschnitzerei** *f* (art *or* craft of) wood carving; **Holzschuh** *m* wooden shoe, clog, sabot; **Holzschuhtanz** *m* clog dance; **Holzschwamm** *m* wood fungus, dry rot; **Holzspan** *m* chip (of wood); (*beim Hobeln*) wood shaving; **Holzspielzeug** *nt* wooden toy; **Holzsplitter** *m* splinter *or* sliver of wood; **Holzstich** *m* wood engraving; **Holzstift** *m* small wooden nail *or* pin; **Holzstock** *m* (engraved) wood block; **Holzstoß** *m* pile

of wood; **Holztafel** f wooden panel; (Sch) wooden blackboard; **Holztäfelung** f wood(en) panelling; **Holztaube** f woodpigeon; **holzver|arbeitend** adj attr wood-processing; **Holzver|arbeitung** f wood-processing; **Holzverkohlung** f carbonization, wood distillation; **Holzverschlag** m **1.** (Schuppen) wooden shed; **2.** (Verpackung) wooden crate; **Holzwaren** pl wooden articles, articles made of wood; **Holzweg** m: **auf dem ~ sein** (fig inf) to be on the wrong track (inf); **wenn du meinst, ich gebe dir das, dann bist du auf dem ~** if you think I'm going to give it to you, you've got another think coming (inf); **Holzwirtschaft** f timber industry; **Holzwolle** f wood-wool; **Holzwurm** m woodworm.

homerisch adj Homeric.

Homo m **-s, -s** (dated inf), homo (dated inf), queer (inf).

Homo- in cpds homo; **homogen** adj homogeneous; **homogenisieren*** vt to homogenize; **Homogenität** f homogeneity; **Homonym** nt **-(e)s, -e** homonym; **homonym** adj homonymous; **Homonymie** f homonymy.

Homöopath m **-en, -en** homoeopath.

Homöopathie f, no pl homoeopathy.

homöopathisch adj homoeopathic.

homophon adj (Mus) homophonic; (Ling) homophonous; **Homosexualität** f homosexuality; **homosexuell** adj homosexual; **Homosexuelle(r)** mf decl as adj homosexual.

honett adj (dated, geh) honest, upright.

Honig m **-s,** no pl honey. **türkischer ~** halva(h); **sie schmierte ihm ~ ums Maul** or **um den Bart** or **Mund** (inf) she buttered him up (inf).

Honig|ameise f honey-ant; **Honigbiene** f honey-bee; **honigfarben** adj honey-coloured; **honiggelb** adj honey-yellow; **Honigkuchen** m honeycake; **Honigkuchenpferd** nt: **grinsen wie ein ~** (inf) to grin like a Cheshire cat; **Honiglecken** nt (fig) **das ist kein ~** it's no picnic; **Honigmond** m (rare) honeymoon; **Honigschleuder** f honey extractor; **honigsüß** adj as sweet as honey; (fig) Worte, Ton honeyed; Lächeln sickly sweet; **er lächelte ~** he smiled a sickly sweet smile; **Honigtau** m (pflanzlich, tierisch) honeydew; **Honigwabe** f honeycomb; **Honigwein** m mead **Honigzelle** f honeycomb cell.

Honneurs [(h)ɔ'nøːs] pl: **die ~ machen** (geh, iro) to do the honours.

Honorar nt **-s, -e** fee; (Autoren~) royalty.

honorarfrei adj free of charge; **Honorarprofessor** m honorary professor (with no say in faculty matters).

Honoratioren [honora'tsioːrən] pl dignitaries pl, notabilities pl.

honorieren* vt (Comm) Wechsel, Scheck to honour, to meet; (fig: anerkennen) to reward. **jdm etw ~** to pay sb (a fee) for sth, to remunerate sb for sth; **meine Arbeit wird schlecht honoriert** my work is poorly remunerated.

Honorierung f (einer Rechnung) payment (of a fee); (Bezahlung) remuneration; (Comm: von Wechsel etc) acceptance.

honorig adj (dated) (ehrenhaft) respectable, honourable; (anständig) decent.

honoris causa adv Dr. ~ ~ (abbr h.c.) honorary doctor.

hopfen vt Bier to hop.

Hopfen m **-s, -** (Bot) hop; (beim Brauen) hops pl. **bei** or **an ihm ist ~ und Malz verloren** (inf) he's a hopeless case, he's a dead loss (inf).

Hopfen- in cpds hop; **Hopfen(an)bau** m, no pl hop cultivation, hop-growing; **Hopfenstange** f hop-pole.

hopp interj quick. **bei ihr muß alles ~ ~ gehen** she insists on doing everything chop-chop or at the double or double-quick (all inf); **mach mal ein bißchen ~!** (inf) chop, chop! (inf); **~e ~e Reiter machen** (baby-talk) to ride a cock-horse.

hoppeln vi aux sein (Hase) to lollop.

Hoppelpoppel nt **-s, -** (dial) **1.** breakfast made from scrambled egg with ham and fried potatoes. **2.** (Getränk) eggnog.

hoppla interj (beim Stolpern, Zusammenstoßen, Fangen etc) whoops, oops; (beim Zuwerfen) catch. **~, jetzt habe ich die richtige Idee!** aha or Eureka, now I've got it!; **~, wer kommt denn da?** hullo, who's that coming there?; **~, jetzt komm' ich!** look out, here I come!

Hops m **-es, -e** (inf) hop, jump. **einen ~ über etw** (acc) **machen** to hop or jump over sth.

hops[1] interj jump. **~ waren sie über den Graben weg** with a jump they were over the ditch.

hops[2] adj pred **~ sein** (inf: verloren) to be lost; (Geld) to be down the drain (inf); (inf: entzwei) to be broken.

hopsala interj upsadaisy.

hopsasa interj up we go.

hopsen vi aux sein (inf) to hop, to skip.

Hopser m **-s, - 1.** (inf: kleiner Sprung) (little) jump or leap. **sein Herz tat vor Freude einen ~** his heart gave a little leap for joy. **2.** (Tanz) ecossaise.

hopsgehen (inf: verlorengehen) to get lost; (inf: entzweigehen) to get broken; (sl: verhaftet werden) to get nabbed (inf); (sl: sterben) to kick the bucket (sl), to croak (sl); **etw ~ lassen** (inf: stehlen) to pinch sth (inf); **hopsnehmen** vt sep irreg (sl) to nab (inf).

Hör|apparat m hearing aid; **hörbar** adj audible; **Hörbereich** m (des Ohrs) hearing range; (eines Senders) transmission area; **Hörbild** nt (Rad) feature broadcast, radio feature; **Hörbrille** f hearing-aid glasses pl or spectacles pl.

horchen vi to listen (dat, auf +acc to); (heimlich) to eavesdrop. **horch!** (liter) hark! (old, liter).

Horcher m **-s, -** eavesdropper. **der ~ an der Wand hört seine eigne Schand'** (Prov) eavesdroppers never hear any good of themselves.

Horchgerät nt (Mil) sound detector or locator; (Naut) hydrophone; **Horchposten** m (Mil) listening post; **auf ~ sein** to be listening out for sth.

Horde[1] f **-, -n** (lit, fig) horde.

Horde[2] f **-, -n** (Gestell) rack.

hören vti **1.** to hear. **ich höre dich nicht** I

can't hear you; **ich hörte ihn kommen** I heard him coming; **sei mal still, ich will das** ~ be quiet, I want to hear this *or* listen to this; **gut/schlecht** ~ to have good/bad hearing, to hear well; **schwer** ~ to be hard of hearing; **du hörst wohl schwer** *or* **schlecht!** (*inf*) you must be deaf!, are you hard of hearing?; **hört, hört!** (*Zustimmung*) hear! hear!; (*Mißfallen*) come, come!; **etw an etw** (*dat*) ~ to hear sth from sth; **das läßt sich** ~ (*fig*) that doesn't sound bad; **das läßt sich schon eher** ~ (*inf*) that sounds (a bit) more like it; **das werde ich noch lange** ~ **müssen** *or* **zu** ~ **bekommen** I shall never hear the end *or* last of it; **ich will gar nichts** ~! I don't want to hear it; **ich habe sagen** ~ I've heard said *or* tell; **ich habe es sagen** ~ I've heard it said; **er hört sich gern reden** he likes the sound of his own voice; **hör mal!**, ~ **Sie mal!** listen; **na hör mal!, na** ~ **Sie mal!** wait a minute!, look here!, listen here!

2. (*anhören*) *Hörspiel, Vortrag, Radio* to listen to; *Berichte, Sänger* to hear; (*zu Wort kommen lassen*) to listen to, to hear; (*Rad: empfangen*) to get. **ich will auch gehört werden** I want to be heard too; **bei wem** ~ **Sie in diesem Semester?** whose lectures are you going to this term?; **eine Vorlesung bei Professor X** ~ to go to a lecture by Professor X.

3. (*sich nach etw richten*) to listen, to pay attention; (*dial: gehorchen*) to obey, to listen. **auf jdn/etw** ~ to listen to *or* heed sb/sth; **wer nicht** ~ **will, muß fühlen** (*Prov*) what did I tell you?; **der Hund hört auf den Namen Tobias** the dog answers to the name of Tobias.

4. (*erfahren*) to hear. **von etw** ~ to hear about *or* of sth; **von jdm gehört haben** to have heard of sb; **von jdm** ~ (*Nachricht bekommen*) to hear from sb; **Sie werden noch von mir** ~ *or* **zu** ~ **kriegen** (*inf*) (*Drohung*) you'll be hearing from me, you haven't heard the last of this; **ich hörte nie mehr etwas von ihm** he was never heard of again; **nie gehört!** (*inf*) never heard of him/it; **etwas/nichts von sich** ~ **lassen** to get/not to get in touch; **lassen Sie von sich** ~ keep in touch; **ich lasse von mir** ~ I'll be in touch; **er läßt nichts von sich** ~ I *etc* haven't heard from him; **nach allem, was ich (über ihn/darüber)** **höre** from what I've heard *or* I hear (about him/it); **soviel man hört** from what I hear/one hears; **er kommt, wie ich höre** I hear he's coming; **man höre und staune!** would you believe it!; **das** *or* **so etwas habe ich ja noch nie gehört!** I've never heard anything like it (in all my life)!; **er wollte nichts** *or* **von nichts gehört haben** he pretended not to have heard anything about it; **ich will mal nichts gehört haben** (*inf*) I haven't heard a thing, right? (*inf*).

Hören *nt* **-s,** *no pl* hearing; (*Radio* ~) listening. **das** ~ **von Musik** listening to music; **ihm verging** ~ **und Sehen** he didn't know whether he was coming or going (*inf*); **er fuhr so schnell, daß mir** ~ **und Sehen verging** he drove so fast I almost passed out.

Hörensagen *nt*: **vom** ~ **from** *or* **by hearsay.**

Hörer *m* **-s, -** **1.** (*Rad*) listener; (*Univ*) student/person (attending lectures). **sich als** ~ **einschreiben** to enrol for a lecture course.

2. (*Telec*) receiver; (*Kopf*~) head- *or* earphone.

Hörerbrief *m* listener's letter.

Hörerin *f siehe* **Hörer 1.**

Hörerschaft *f* (*Rad*) listeners *pl*, audience; (*Univ*) number of students/people (attending a lecture).

Hörfehler *m* (*Med*) hearing defect; **das war ein** ~ I/he *etc* misheard it; **Hörfolge** *f* (*Rad*) radio series; (*Geschichte in Fortsetzung*) radio serial; **Hörfunk** *m* sound radio; **Hörgerät** *nt*, **Hörhilfe** *f* hearing aid.

hörig *adj* enslaved; (*Hist*) in bondage. **jdm (sexuell)** ~ **sein** to be (sexually) dependent on sb *or* enslaved to sb; **sich** (*dat*) **jdn** ~ **machen** to make sb sexually dependent on one.

Hörige(r) *mf decl as adj* (*Hist*) bondsman, bondswoman, serf; (*fig: sexuell* ~) person who is sexually dependent on sb.

Hörigkeit *f* (*Hist*) bondage, serfdom; (*sexuell*) sexual dependence.

Horizont *m* **-(e)s, -e** (*lit, fig*) horizon; (*Geol auch*) zone. **am** ~ on the horizon; **das geht über meinen** ~ (*fig*) that is beyond me *or* my comprehension; **er hat einen begrenzten** *or* **beschränkten** ~ he has limited horizons.

horizontal *adj* horizontal. **das** ~**e Gewerbe** (*inf*) the oldest profession in the world (*inf*).

Horizontale *f* **-n, -(n)** (*Math*) horizontal (line). **sich in die** ~ **begeben** (*inf*) to adopt the horizontal (*hum*).

Hormon *nt* **-s, -e** hormone.

hormonal, hormonell *adj* hormone *attr*, hormonal./ **jdn/etw** ~ **behandeln** to treat sb/sth with hormones, to give sb hormone treatment.

Hormondrüse *f* endocrine gland; **Hormonhaushalt** *m* hormone *or* hormonal balance; **Hormonpräparat** *nt* hormone preparation; **Hormonspiegel** *m* hormone level.

Hörmuschel *f* **-, -n** (*Telec*) earpiece.

Horn *nt* **-(e)s,** ~**er 1.** (*von Tieren, Trink* ~) horn; (*fig inf: Beule*) bump, lump. **jdn mit den** ~**ern aufspießen** to gore sb; **sich** (*dat*) **die** ~**er abstoßen** (*inf*) to sow one's wild oats; **den Stier bei den** ~**ern packen** (*fig*) to take the bull by the horns; **jdm** ~**er aufsetzen** (*inf*) to cuckold sb, to give sb horns (*old*); ~**er tragen** (*fig*) to be a cuckold.

2. (*Mus*) horn; (*Mil*) bugle; (*von Auto etc*) horn, hooter. **die** ~**er** (*im Orchester*) the horns *pl*, the horn section; **ins** ~ **stoßen** to blow *or* sound the horn; **ins gleiche/in jds** ~ **blasen** *or* **stoßen** *or* **tuten** (*inf*) to chime in.

3. (*bei Schnecke*) horn, feeler.

Hornberger Schießen *nt*: **wie das** ~ **ausgehen** to come to nothing; **Hornbläser** *m* (*Mus*) horn player; **Hornblende** *f* (*Geol*) hornblende; **Hornbrille** *f* horn-rimmed glasses *pl or* spectacles *pl*.

Hörnchen *nt* **-s, - 1.** (*kleines Horn*) little

horn. **2.** (*Gebäck*) croissant. **3.** (*Zool*) squirrel; (*Backen~*) chipmunk, ground squirrel; (*Flug~*) flying squirrel.

Hörnerklang *m* sound of horns *or* bugles.

hörnern *adj* (made of) horn.

Hörnerv *m* auditory nerve.

Hornhaut *f* (patch of) hard *or* horn skin, callous; (*des Auges*) cornea; **Hornhaut-|entzündung** *f* (*Med*) inflammation of the cornea, keratitis (*spec*); **Hornhaut-trübung** *f* (*Med*) corneal opacity.

Hornisse *f* -, **-n** hornet.

Hornist *m* horn player; (*Mil*) bugler.

Hornkamm *m* horn comb; **Horn|ochs(e)** *m* (*fig inf*) blockhead (*inf*), idiot; **Hornsignal** *nt* (*Mil*) bugle call; (*Rail*) horn signal; (*Auto*) honk, hoot.

Hör|organ *nt* organ of hearing.

Horoskop *nt* **-s, -e** horoscope. **jdm das ~ stellen** to cast sb's horoscope.

Hörprobe *f* **jetzt eine ~ aus seiner letzten Platte** now here's a sample from his latest record; **kann ich eine ~ machen?** can I listen to it?; **Hörprüfung** *f* hearing test.

horrend *adj* horrendous.

horrido *interj* (*Hunt*) halloo.

Hörrohr *nt* **1.** ear trumpet. **2.** (*Med*) stethoscope.

Horror *m* **-s**, *no pl* horror (*vor +dat* of). **ein unbeschreiblicher ~ überfiel mich** I was seized by an indescribable feeling of horror.

Horror- *in cpds* horror; **Horrorfilm** *m* horror film; **Horrorschocker** *m* (*Press sl*) horror film/novel/book.

Hörsaal *m* (*Univ*) lecture room *or* hall *or* theatre.

Horsd'œuvre [ɔr'dœ:vr] *nt* **-s, -s** hors d'œuvre.

Hörspiel *nt* (*Rad*) radio play.

Horst *m* **-(e)s, -e 1.** (*Nest*) nest; (*Adler~*) eyrie. **2.** (*Gehölz*) thicket, shrubbery. **3.** (*Geol*) horst. **4. siehe Fliegerhorst.**

Hort *m* **-(e)s, -e 1.** (*old, poet: Schatz*) hoard, treasure. **2.** (*geh: Zufluchtsstätte*) refuge, shelter. **ein ~ der Freiheit** a stronghold of liberty. **3.** (*Kinder~*) *day-home for schoolchildren in the afternoon.*

horten *vt* Geld, Vorräte *etc* to hoard; *Rohstoffe etc* to stockpile.

Hortensie [-iə] *f* hydrangea.

Hortnerin *f* attendant in a day-home (*for schoolchildren*).

Hörtrichter *m* siehe **Hörrohr 1.**; **Hörweite** *f* hearing range; **in/außer ~** within/out of hearing *or* earshot; **Hörzentrum** *nt* (*Anat*) auditory *or* acoustic centre.

Höschen ['hø:sçən] *nt* **1.** (*Kinderhose*) (pair of) trousers *or* pants; (*Strampel~*) (pair of) rompers *pl*. **kurze(s) ~** (pair of) shorts *pl*. **2.** (*Unterhose*) (pair of) panties *pl or* knickers *pl*; (*für Kinder*) (pair of) underpants *pl or* pants *pl* (*Brit*).

Hose *f* **-, -n** trousers *pl*, pants *pl*; (*Damen~ auch*) slacks *pl*; (*Bund~*) breeches *pl*; (*Reit~*) jodhpurs *pl*, (riding) breeches *pl*; (*Bade~*) swimming trunks *pl*; (*Unter~*) underpants *pl*, pants *pl* (*Brit*); (*von Vogel*) leg feathers *pl*. **ich brauche eine neue ~** I need a new pair of trousers *or* pants, I need some new trousers *or* pants; **zwei ~n** two pairs of trousers *or* pants; **die ~n**

anhaben (*fig inf*) to wear the trousers *or* pants (*inf*); **das Herz fiel** *or* **rutschte ihm in die ~** (*inf*) his heart was in his mouth; **die ~n voll haben** (*lit*) to have dirtied oneself, to have made a mess in one's pants; (*fig inf*) to be scared shitless (*vulg*), to be wetting oneself (*inf*); **sich** (*dat*) **in die ~n machen** (*lit*) to dirty oneself, to make a mess in one's pants; (*fig inf*) to shit (*vulg*) *or* wet (*inf*) oneself; **in die ~ gehen** (*inf: Witz, Prüfung*) to be a complete wash-out (*inf*) *or* flop (*inf*); **sich auf die ~n setzen** (*fig inf*) to get stuck in (*inf*), to knuckle down.

Hosen|anzug *m* trouser suit (*Brit*), pant-suit (*US*); **Hosen|aufschlag** *m* turn-up (*Brit*), cuff (*US*); **Hosenband** *nt* knee-band; **Hosenband|orden** *m* Order of the Garter; **Hosenbein** *nt* trouser leg; **Hosenboden** *m* seat (of trousers); **den ~ vollkriegen** (*inf*) to get a smacked bottom; **sich auf den ~ setzen** (*inf*) (*arbeiten*) to get stuck in (*inf*), to knuckle down; (*stillsitzen*) to sit down and stay sitting down; **Hosenbügel** *m* trouser hanger; **Hosenbund** *m* waistband; **Hosenklammer** *f* trouser clip, cycle clip; **Hosenklappe** *f* flap; **Hosenknopf** *m* trouser button; **Hosenlatz** *m* (*dial Verschluß*) flies *pl*, fly; (*von Latzhose*) bib; **Hosenmatz** *m* (*inf*) (*kleines Kind*) **du** (*kleiner*) **~** my little darling *or* chap *or* fellow; **Hosennaht** *f* trouser seam; **mit den Händen an der ~** (*Mil*) (stand to attention,) thumbs on (your) trouser seams; **Hosenrock** *m* divided skirt, culottes *pl*, pantskirt; **Hosenscheißer** *m* **1.** (*inf: Kind*) mucky pup (*inf*); **du kleiner ~** you mucky little pup; **2.** (*sl: Feigling*) chicken (*inf*); (*Junge*) scaredy-pants (*inf*); **Hosenschlitz** *m* flies *pl*, fly; **Hosenspanner** *m* trouser hanger; **Hosenstall** *m* (*hum*) (*Schlitz*) flies *pl*, fly; **Hosentasche** *f* trouser pocket, pants *or* trousers pocket (*US*); **Hosenträger** *pl* (a pair of) braces *pl* (*Brit*) *or* suspenders *pl* (*US*); **Hosentürchen** *nt* (*hum*) (*Schlitz*) flies *pl*, fly.

hosianna *interj* hosanna.

Hosianna *nt* **-s, -s** hosanna.

Hospital *nt* **-s, -e** *or* **Hospitäler** (*dated, dial*) **1.** (*Krankenhaus*) hospital. **2.** (*Pflegeheim*) (old people's) home.

Hospitalismus *m* (*Med*) hospitalism.

Hospitant *m* (*Univ*) someone sitting in on lectures/classes.

hospitieren* *vi* (*Univ*) to sit in on lectures/classes (*bei jdm* with sb).

Hospiz *nt* **-es, -e** hospice; (*christliches ~*) *private hotel under religious management.*

Hostess, Hosteß *f* **-, Hostessen** hostess.

Hostie ['hɔstiə] *f* (*Eccl*) host, consecrated wafer.

Hostien- [-iən]: **Hostiengefäß** *nt* pyx, ciborium; **Hostienkelch** *m* chalice; **Hostienschrein** *m* tabernacle; **Hostienteller** *m* paten.

Hotel *nt* **-s, -s** hotel.

Hotel- *in cpds* hotel; **Hotelboy** [-bɔy] *m* page (boy), bellboy (*US*), bellhop (*US*); **Hotelfach** *nt* hotel management; **Hotelfachschule** *f* college of hotel management; **Hotelführer** *m* hotel guide;

Hotel garni *nt* bed and breakfast hotel.
Hotelgewerbe *nt* hotel business;
Hotelhalle *f* (hotel) lobby.
Hotellerie *f* (geh, Sw) hotel business.
Hotelier [-'lie:] *m* **-s, -s** hotelier.
Hotelpage *m siehe* **Hotelboy**; **Hotelportier**
m hotel *or* hall porter; **Hotel- und**
Gaststättengewerbe *nt* hotel and res-
taurant trade, catering industry.

hott *interj* (vorwärts) gee up; (nach rechts)
gee.
Hr. *abbr of* **Herr** Mr.
Hrn. *abbr of* **Herrn**.
hrsg. *abbr of* **herausgegeben** edited, ed.
Hrsg. *abbr of* **Herausgeber** ed.
hu *interj* (Schaudern) ugh; (Schrecken,
Kälte etc) whew.
hü *interj* (vorwärts) gee up; (nach links) wo
hi. **einmal sagt er ~, einmal hott** (inf) first
he says one thing and then another, he's
always chopping and changing.
Hub *m* **-(e)s, -e** (Tech) 1. (bei Maschinen:
Kolben~) (piston) stroke. 2. (bei Kränen:
Leistung) lifting *or* hoisting capacity, lift.
Hub(b)el *m* **-s, -** (dial inf) bump.
hubb(e)lig *adj* (dial inf) bumpy.
Hubbrücke *f* lift bridge.
hüben *adv* over here, (on) this side. **~ und**
or **wie drüben** on both sides.
Hubkarren *m* lift(ing) truck; **Hubkraft** *f*
lifting *or* hoisting capacity; **Hubraum** *m*
(Aut) cubic capacity.
hübsch *adj* 1. (gutaussehend) pretty; (reizvoll) Ausflug, Geschenk lovely, delightful, nice; (inf: nett) lovely, nice. **sich ~**
machen to make oneself look pretty; **er**
macht das schon ganz ~ he's doing it very
nicely; **es wäre doch ~, wenn ...** it would
be lovely if ...; **ihr (beiden) H~en** (inf)
you two.
2. (iro inf: unangenehm) fine, pretty,
nice. **eine ~e Geschichte/Bescherung** a
pretty kettle of fish, a fine how-d'ye-do;
das kann ja ~ werden that'll be just great;
da hast du dir etwas H~es eingebrockt!
now you've got yourself into a fine *or*
pretty mess!
3. (inf: beträchtlich) tidy, pretty, nice.
ein ~es Vermögen/ ein ~es Sümmchen a
pretty penny (inf), a tidy sum.
4. *nur adv* (inf: ziemlich) pretty. **da**
mußte ich aber ganz ~ arbeiten I really
had to work pretty hard; **ganz ~ viel**
bezahlen to pay quite a bit.
5. *nur adv* (inf: wie es sein soll) **das**
werde ich ~ bleiben lassen I'm going to
leave well alone; **das wirst du ~ sein**
lassen you're going to do nothing of the
kind; **sei ~ artig!** be a good boy/girl;
immer ~ langsam! nice and easy does it,
(take it) nice and slowly.
Hubschrauber *m* **-s, -** helicopter;
Hubschrauberlandeplatz *m* heliport;
Hubvolumen *nt* (Tech) siehe **Hubraum**.
huch *interj* ooh.
Hucke *f* **-, -n** (obs) (Last) load; (Korb) pannier. **jdm die ~ vollhauen** (inf) to give sb
a good thrashing (inf) *or* hiding; **die ~**
vollkriegen (inf) to get a thrashing (inf) *or*
hiding; **jdm die ~ vollügen** (inf) to tell sb
a pack of lies; **sich** (dat) **die ~ vollsaufen**
(sl) to have a skinful (sl).

huckepack *adv* piggy-back, pick-a-back.
ein Kind ~ nehmen/ tragen to give a child
a piggy-back (ride), to carry a child piggy-
back *or* pick-a-back.
Huckepackverkehr *m* (Rail) piggy-back
transport (US), motorail service. **im ~** by
motorail *or* rail.
hudeln *vi* (esp S Ger, Aus inf) to work
sloppily, to do slipshod work.
Hudler *m* **-s, -** (esp S Ger, Aus inf) slipshod
or sloppy worker, bungler (inf).
hudlig *adj* (esp S Ger, Aus inf) slipshod,
sloppy (inf). **~ arbeiten** to work sloppily,
to do sloppy *or* slipshod work.
Huf *m* **-(e)s, -e** hoof. **einem Pferd die ~e**
beschlagen to shoe a horse.
Hufbeschlag *m* (horse)shoeing; **Hufeisen**
nt horseshoe; **hufeisenförmig** *adj*
horseshoe-shaped, (in) the shape of a
horseshoe.
Hufendorf *nt* village arranged in a straight
line with strips of farmland extending
behind each house.
Huflattich *m* (Bot) coltsfoot; **Hufnagel** *m*
horseshoe-nail; **Hufschlag** *m*
(Getrappel) hoofbeats *pl*; (Stoß) kick
(from a horse); **Hufschmied** *m* blacksmith, farrier; **Hufschmiede** *f* smithy,
blacksmith's *or* farrier's (workshop).
Hüftbein *nt* hip-bone.
Hüfte *f* **-, -n** hip; (von Tieren) haunch. **bis an**
die ~n reichen to come up to the waist;
wir standen bis an die ~n in Brennesseln/
im Wasser we stood waist-high *or* up to
the waist in stinging nettles/waist-deep *or*
up to the waist in water; **aus der ~**
schießen to shoot from the hip; **die ~n**
wiegen (geh), **mit den ~n wackeln** to
sway/wiggle (inf) *or* swing one's hips; **die**
Arme in die ~n stützen to put/have one's
hands on one's hips; **er stand mit den**
Armen in die ~n gestützt da he stood
there hands on hips *or* with arms akimbo.
Hüftgelenk *nt* hip joint; **Hüftgürtel**,
Hüfthalter *m* girdle; **hüfthoch** *adj* Pflanzen etc waist-high; Wasser etc waist-deep;
wir standen ~ in Farnkraut/Schlamm we
stood waist-high in ferns/waist-deep in
mud; **hüfthohe Gummistiefel** rubber
waders.
Huftier *nt* hoofed animal, ungulate (form).
Hüftknochen *m siehe* **Hüftbein**;
Hüftleiden *nt* hip trouble.
Hügel *m* **-s, -** hill; (Grab-, Erdhaufen)
mound. **ein kleiner ~** a hillock.
hügelab *adv* downhill; **hügelan, hügel-**
auf *adv* uphill; **Hügelgrab** *nt* (Archeol)
barrow, tumulus.
hüg(e)lig *adj* hilly, undulating, rolling *attr*.
Hügelland *nt* hilly country.
Hugenotte *m* **-n, -n, Hugenottin** *f*
Huguenot.
hüh *interj siehe* **hü**.
huh *interj siehe* **hu**.
Huhn *nt* **-(e)s, ⁻er** 1. chicken (auch Cook);
(Henne auch) hen; (Gattung) fowl, gal-
linaceous bird (form). **mit den ⁻ern auf-**
stehen (inf) to get up with the lark; **mit den**
⁻ern zu Bett gehen (inf) to go to bed
early; **da lachen ja die ⁻er** (inf) what a
joke, it's enough to make a cat laugh (inf).
2. (fig inf) **du krankes ~** you poor old

thing; **ein verrücktes** *or* **komisches** *or* **ulkiges** ~ a queer bird (*inf*) *or* fish (*inf*); **ein dummes** ~ a silly goose; **ein versoffenes** ~ a tippler.

Hühnchen *nt* (young) chicken, pullet; (*Brat*~) (roast) chicken. **mit jdm ein** ~ **zu rupfen haben** (*inf*) to have a bone to pick with sb (*inf*).

Hühner|auge *nt* (*Med*) corn; **jdm auf die ~n treten** (*hum*) to tread on sb's corns (*inf*); **Hühner|augenpflaster** *nt* corn plaster; **Hühnerbouillon, Hühnerbrühe** *f* (clear) chicken broth; **Hühnerbrust** *f* (*Cook*) chicken breast; (*Med, fig*) pigeonbreast, chicken-breast (*US*); **Hühnerdraht** *m* chicken wire; **Hühner|ei** *nt* hen's egg; **Hühnerfarm** *f* chicken farm; **Hühnerfrikassee** *nt* chicken fricassee; **Hühnerfutter** *nt* chicken feed; **Hühnerhabicht** *m* goshawk; **Hühnerhaus** *nt* henhouse, chicken-coop; **Hühnerhof** *m* chicken run; **Hühnerhund** *m* pointer; **Hühnerklein** *nt* **-s,** *no pl* (*Cook*) chicken trimmings *pl*; **Hühnerleiter** *f* chicken ladder; **Hühnerpastete** *f* chicken pie; **Hühnerpest** *f* (*Vet*) fowl pest; **Hühnerstall** *m* henhouse, chicken-coop; **Hühnerstange** *f* perch, (chicken) roost; **Hühnervögel** *pl* (*Orn*) gallinaceans *pl* (*form*), gallinaceous birds *pl* (*form*); **Hühnerzucht** *f* chicken breeding *or* farming.

hui [hui] *interj* whoosh. ~, **das war aber schnell!** wow, that was quick!; **im H**~ in a flash (*inf*), in a jiffy (*inf*). **oben** ~, **unten pfui** (*prov inf*) the outside's fine but underneath he/she etc is filthy.

Huld *f* **-,** *no pl* (*old liter*) (*Güte*) grace, graciousness; (*Gunst*) favour. **jdm seine ~ schenken** to bestow one's favour upon sb (*liter*); **sie stand in seiner** ~ she was in his good graces.

huldigen *vi* +*dat* (*liter*) **1.** *einem König, Papst etc* to render *or* do *or* pay homage to; *einem Künstler, Lehrmeister etc* to pay homage to; *einer Dame* to pay one's attentions *or* addresses to (*liter*). **2.** *einer Ansicht* to subscribe to; *einer Sitte, einem Glauben etc* to embrace; *einem Laster* to indulge in.

Huldigung *f* (*old, liter*) **1.** (*Hist: Treueeid*) homage, oath of allegiance. **2.** (*Verehrung*) homage; (*einer Dame*) attentions *pl* (*liter*), addresses *pl* (*liter*); (*Beifall*) homage. **jdm seine ~ darbringen** to pay homage to sb.

huldvoll *adj* (*old, liter*) gracious.

Hülle *f* **-,** **-n 1.** cover; (*Schallplatten*~ *auch*) sleeve; (*für Ausweiskarten etc auch*) holder, case; (*Cellophan*~) wrapping; (*liter, hum: Kleidung*) clothes *pl*, piece of clothing; (*liter: eines Menschen*) exterior; (*abgestreifte Schlangenhaut*) skin. **die ~ fallen lassen** to peel *or* strip off; **die letzten ~n fallen lassen** to shed the last layer; **die sterbliche** ~ the mortal remains *pl*.
  2. (*Anat*) integument.
  3. (*Bot*) involucre.
  4. (*Phys: Atom*~) shell.
  5. in ~ **und Fülle** in abundance; **Whisky/Frauen/ Sorgen** *etc* **in** ~ **und Fülle** whisky/women/worries galore; **es gab alles in** ~ **und Fülle** there was an abun-

dance *or* plenty of everything.

hüllen *vt* (*geh*) to wrap. **in Dunkel gehüllt** shrouded in darkness; **in Flammen gehüllt** enveloped in flames; **in Wolken gehüllt** covered *or* enveloped *or* veiled (*liter*) in clouds; **sich (über etw** *acc*) **in Schweigen** ~ to remain silent (on *or* about sth).

hüllenlos *adj* unclothed.

Hüllwort *nt* (*Ling*) euphemism.

Hülse *f* **-,** **-n 1.** (*Schale*) hull, husk; (*Schote*) pod; (*Bot: Frucht*) involucre (*form*). **2.** (*Etui, Kapsel*) case; (*für Film*) cartridge; (*Phys: für gefährliche Stoffe*) capsule; (*von Geschoß*) case; (*von Patronen*) (cartridge) case. **er ist nur noch eine leere** ~ he is now just an empty shell.

Hülsenfrucht *f usu pl* peas and beans *pl*, pulse (*form*).

human *adj* humane; (*verständnisvoll auch*) considerate.

Humangenetik *f* human genetics *sing*.

Humanisierung *f* humanization.

Humanismus *m* humanism; (*Hist*) Humanism.

Humanist(in *f*) *m* humanist; (*Hist*) Humanist; (*Altsprachler*) classicist.

humanistisch *adj siehe n* humanist(ic); Humanist; classical. ~ **gebildet** educated in the classics *or* humanities; ~**e Bildung** classical education, education in the classics *or* the humanities; ~**es Gymnasium** secondary school with bias on Latin and Greek; ≃ grammar school (*Brit*).

humanitär *adj* humanitarian.

Humanität *f, no pl* humaneness, humanity; (*als Bildungsideal*) humanitarianism.

Humanitätsduselei *f* (*pej*) sentimental humanitarianism.

Humanmedizin *f* (human) medicine; **Humanmediziner** *m* medic (*inf*); medical student; doctor of medicine.

Humbug *m* **-s,** *no pl* (*inf*) (*Schwindel*) humbug (*inf*); (*Unsinn auch*) stuff and nonsense (*inf*).

Hummel *f* **-,** **-n** bumble-bee. ~**n im** *or* **unterm Hintern haben** (*dated inf*) to have ants in one's pants (*inf*).

Hummer *m* **-s,** **-** lobster.

Hummerkrabben *pl* king prawn; **Hummersalat** *m* lobster salad.

Humor *m* **-s,** (*rare*) **-e** humour; (*Sinn für* ~) sense of humour. **er hat keinen (Sinn für)** ~ he has no sense of humour; **etw mit** ~ **nehmen/tragen** to take/bear sth with a sense of humour *or* cheerfully; **er nahm die Bemerkung mit** ~ **auf** he took the remark good-humouredly *or* in good humour; **er verliert nie den** ~ he never loses his sense of humour; **langsam verliere ich den** ~ it's getting beyond a joke; ~ **ist, wenn man trotzdem lacht** (*prov*) having a sense of humour means looking on the bright side.

Humoreske *f* **-,** **-n** (*liter*) humorous story/sketch; (*Mus*) humoresque.

humorig *adj* (*geh*) humorous, genial.

Humorist(in *f*) *m* humorist; (*Komiker*) comedian.

humoristisch *adj* humorous. **er ist/hat ein großes** ~**es Talent** he is a very funny *or* amusing person.

humorlos adj humourless; *Buch etc auch* lacking in or devoid of humour; *Mensch auch* lacking (a sense of) humour or in humour; **er hat recht ~ auf unsere Scherze reagiert** he didn't find our jokes funny at all; **Humorlosigkeit** f siehe adj humourlessness; lack of (a sense of) humour; **humorvoll** adj humorous, amusing; **er kann sehr ~ erzählen** he is a very amusing or humorous talker.

humpeln vi 1. *aux sein* to hobble. 2. *(inf: ständig hinken)* to limp, to walk with or have a limp.

Humpen m **-s, -** tankard, mug; *(aus Ton)* stein.

Humus m **-,** no pl humus.

Humusboden m, **Humuserde** f humus soil.

Hund m **-(e)s, -e** 1. dog; *(Jagd~ auch)* hound; *(sl: Schurke)* swine *(sl)*, bastard *(sl)*. **der Große/Kleine ~** *(Astron)* Great(-er) Dog/Little or Lesser Dog; **junger ~** puppy, pup; **die Familie der ~e** the dog or canine family; **~e, die (viel) bellen, beißen nicht** *(Prov)* empty vessels make most noise *(Prov)*; **getroffene ~e bellen** *(prov)* if the cap fits, wear it; **viele ~e sind des Hasen Tod** *(Prov)* there is not much one person can do against many; **wie ~ und Katze leben** to live like cat and dog, to lead a cat-and-dog life; **ich würde bei diesem Wetter keinen ~ auf die Straße jagen** I wouldn't send a dog out in this weather; **damit kann man keinen ~ hinterm Ofen hervorlocken** *(inf)* that's not going to tempt anybody; **müde wie ein ~ sein** *(inf)* to be dog-tired; **er ist bekannt wie ein bunter ~** *(inf)* everybody knows him; **kein ~ nimmt ein Stück Brot von ihm** everyone avoids him like the plague; **das ist (ja) zum Junge-~e-Kriegen** *(inf)* it's enough to give you kittens; **da wird der ~ in der Pfanne verrückt** *(inf)* it's enough to drive you round the twist *(inf)*; **da liegt der ~ begraben** *(inf)* (so) that's what is/was behind it all; *(Haken, Problem etc)* that's the problem; **er ist mit allen ~en gehetzt** *(inf)* he knows all the tricks, there are no flies on him *(inf)*; **er ist ein armer ~** he's a poor soul or devil *(inf)*; **er ist völlig auf dem ~** *(inf)* he's really gone to the dogs *(inf)*; **auf den ~ kommen** *(inf)* to go to the dogs *(inf)*; **jdn auf den ~ bringen** *(inf)* to ruin sb; *(gesundheitlich)* to ruin sb's health; **die Weiber haben/der Suff hat ihn auf den ~ gebracht** *(inf)* women have/drink has been his ruin or downfall; **vor die ~e gehen** *(sl)* to go to the dogs *(inf)*; *(sterben)* to die, to perish; *(getötet werden)* to cop it *(inf)*, to be killed; **du blöder ~** *(sl)* you silly or stupid bastard *(sl)*; **du gemeiner ~** *(sl)* you rotten bastard *(sl)*; **du schlauer or gerissener ~** *(sl)* you sly or crafty devil or old fox; **kein ~** *(inf)* not a (damn *inf*) soul.
  2. *(Min: Förderwagen)* truck, tub.

Hündchen nt dim of **Hund** doggy *(inf)*, little dog; *(kleiner Hund)* small or little dog; *(junger Hund)* puppy, pup, puppy-dog *(baby-talk)*.

Hundearbeit f *(fig inf)*: **eine ~** an awful job, the devil's own job *(inf)*; **Hundebiß**

m dog bite; **Hundedreck** m dog's muck; **hundeelend** adj *(inf)* **mir ist ~** I feel lousy *(inf)*; **Hundefänger** m dog-catcher; **Hundefloh** m dog flea; **Hundefutter** nt dog food; **Hundegebell** nt barking (of dogs); **Hundegekläff** nt *(pej)* yapping (of dogs); **Hundegespann** nt team of dogs; **Hundehalsband** nt dog collar; **Hundehalter(in** f**)** m *(form)* dog owner; **Hundehaltung** f owning dogs; **Hundehütte** f *(lit, fig)* (dog) kennel; **hundekalt** adj *(inf)* freezing cold; **Hundekälte** f *(inf)* freezing cold; **Hundekot** m dog dirt; **Hundekuchen** m dog-biscuit; **Hundeleben** nt *(inf)* dog's life *(inf)*; **Hundeleine** f dog lead or leash; **Hundelohn** m *(pej inf)* miserable or rotten *(inf)* wage(s); **Hundemarke** f dog licence disc, dog tag *(US)*; *(hum inf: Erkennungsmarke)* identity disc, dog-tag *(US inf)*; **hundemüde** adj pred, adv *(inf)* dog-tired; **Hundenarr** m *(inf)* fanatical dog lover, dog-freak *(inf)*; **Hunderasse** f breed (of dog); **Hunderennen** nt greyhound or dog racing no art, dogs *(inf)*; *(Wettkampf)* greyhound race.

hundert num a or one hundred. **einige ~ Menschen** a few hundred people; **einer unter ~** one in a hundred; **in ~ Jahren** in a hundred years (from now); **ich wette ~ gegen eins** *(inf)* I'll bet or lay a hundred to one, I'll bet you anything *(inf)*.

Hundert[^1] f **-, -en** *(Zahl)* hundred.

Hundert[^2] nt **-s, -e** hundred. **es geht in die ~e** it runs into the hundreds; **~e von Menschen** hundreds of people; **einer unter ~en** one out of hundreds; **zehn vom ~** ten per cent; **zu ~en** by the hundred, in (their) hundreds; **einige ~ (Stecknadeln)** a few hundred (pins).

hunderteins num a hundred and one.

Hunderter[^1] m **-s, -** 1. *(von Zahl)* (the) hundred. 2. *(Geldschein)* hundred(-pound/ -dollar etc note).

Hunderter[^2] f **-, -** *(inf)* hundred-watt (electric) bulb.

hunderterlei adj inv a hundred and one.

hundertfach, hundertfältig *(geh)* I adj hundredfold; **die ~e Menge** a hundred times the amount; II adv a hundred times; **jdm etw ~ zurückgeben/vergelten** *(fig)* to repay sb a hundredfold or a hundred times over for sth; **hundertfünfzigprozentig** adj *(iro)* fanatical; **er ist ein H~er** he's a fanatic; **Hundertjahrfeier** f centenary, centennial *(US)*; *(Festlichkeiten auch)* centenary or centennial celebrations pl; **hundertjährig** adj attr (one-)hundred-year-old; **der H~e Kalender** the Hundred Years' Calendar *(for weather prediction)*; **der H~e Krieg** *(Hist)* the Hundred Years' War; **das Ergebnis einer ~en Entwicklung/Arbeit** the result of a hundred years of development/ work; **Hundertjährige(r)** mf decl as adj centenarian; **hundertjährlich** adj every hundred years; **hundertmal** adv a hundred times; **ich hab' dir schon ~ gesagt ...** if I've told you once I've told you a hundred times ...; **Hundertmeterlauf** m *(Sport)* **der/ein ~** the/a 100 metres sing; **hundertprozentig** adj (a or one) hun-

[^1]: Hundert¹
[^2]: Hundert²

dred per cent; *Alkohol* pure; **ein ~er Konservativer** *etc* an out-and-out conservative *etc*; **Sie haben ~ recht** you're absolutely right; **ich bin mir ~ sicher** I'm a hundred per cent sure; **das weiß ich ~** that's a fact; **ich bin mit ihm ~ einer Meinung** I agree with him one hundred per cent; **~?** (*inf*) are you absolutely sure?; **Hundertsatz** *m* (*form*) percentage; **Hundertschaft** *f* (*Mil*) group of a *or* one hundred; (*Hist: bei den Römern*) century.

Hundertstel *nt* **-s,** - hundredth.

hundertste(r, s) *adj* hundredth. **vom H~n ins Tausendste kommen** (*fig*) to ramble on, to get carried away.

hunderttausend *num* a *or* one hundred thousand; **H~e von Menschen** hundreds of thousands of people; **Hunderttausendstel** *nt* **-s,** - hundred thousandth; **hundert|und|eins** *num* a *or* one hundred and one.

Hundesalon *m* dog parlour; **Hundescheiße** *f* (*sl*) dogshit (*vulg*), dog mess (*inf*); **Hundeschlitten** *m* dog sled(ge) *or* sleigh; **Hundeschnauze** *f* nose, snout; **kalt wie (eine) ~ sein** (*inf*) to be ice-cold *or* as cold as ice; **Hundesohn** *m* (*pej liter*) cur; **Hundesperre** *f* ban on (bringing in) dogs; **Hundestaffel** *f* dog branch; **Hundestaupe** *f* (*Vet*) distemper; **Hundesteuer** *f* dog licence fee; **Hundewetter** *nt* (*inf*) foul *or* filthy weather; **Hundezucht** *f* dog breeding; **Hundezwinger** *m* (dog) compound; (*städtisch*) dog pound.

Hündin *f* bitch.

hündisch *adj* (*fig*) fawning *attr*, sycophantic. **~e Ergebenheit** dog-like devotion.

Hündlein *nt dim of* **Hund** doggy (*inf*), little dog; (*kleiner Hund*) little *or* small dog.

Hundsfott *m* **-s, -e** *or* **¨er** (*obs, dial*) (miserable) cur; **hundsföttisch** *adj* (*obs, dial*) dastardly (*old*); **hundsgemein** *adj* (*inf*) shabby, mean; (*schwierig*) fiendishly difficult; *Schmerz etc* terrible; **es tut ~ weh** it hurts like hell (*inf*); **er kann ~ werden** he can get really nasty; **hundsmiserabel** *adj* (*inf*) abominable, abysmal (*inf*), lousy (*inf*); **mir geht es** *or* **ich fühle mich ~** I feel rotten (*inf*) *or* lousy (*inf*); **Hundsstern** *m* Dog Star; **Hundstage** *pl* dog days *pl*; **Hundsveilchen** *nt* (heath) dog violet.

Hüne *m* **-n, -n: ein ~ von Mensch** (*geh*) a giant of a man.

Hünengrab *nt* megalithic grave; **hünenhaft** *adj* (*geh*) gigantic, colossal.

Hunger *m* **-s,** *no pl* (*lit, fig*) hunger (*nach* for); (*Hungersnot auch*) famine; (*nach Bildung auch*) thirst; (*nach fernen Ländern, Sonne etc*) yearning; (*nach Literatur*) appetite. **~ bekommen/haben** to get/be hungry; **ich habe keinen richtigen ~** I'm not really hungry; **~ auf etw** (*acc*) **haben** to feel like (eating) sth; **den ~ bekämpfen** to combat hunger; **~ leiden** (*geh*) to go hungry, to starve; **ich habe ~ wie ein Wolf** *or* **Bär** (*inf*) I could eat a horse (*inf*); **~s** (*liter*) *or* **vor ~ sterben** to die of hunger *or* starvation, to starve to death; **ich sterbe vor ~** (*inf*) I'm starving (*inf*), I'm dying of hunger (*inf*); **~ ist der beste Koch** (*Prov*) hunger is the best sauce (*Prov*).

Hungerblockade *f* hunger *or* starvation

blockade; **Hungerdasein** *nt* existence at starvation level; **Hungergefühl** *nt* hungry feeling; **Hungerjahr** *nt* hungry year, year of hunger; **Hungerkünstler** *m* (professional) faster, *person who, for pay, goes without nourishment for prolonged periods*; **Hungerleben** *nt siehe* **Hungerdasein**; **Hungerleider** *m* **-s, -** (*dated*) starving wretch, starveling.

hungern I *vi* 1. (*Hunger leiden*) to go hungry, to starve. **jdn ~ lassen** to let sb go hungry; (*zur Strafe auch*) to make sb starve; **ich hungere schon seit fünf Tagen** I haven't eaten a thing for five days. 2. (*fasten*) to go without food. 3. (*fig geh: verlangen*) to hunger (*nach* for).

II *vt impers* (*geh*) **mich hungert** I am *or* feel hungry; **ihn hungert nach Macht** he hungers *or* is hungry for power.

III *vr* **sich zu Tode ~** to starve oneself to death; **sich schlank ~** to go on a starvation diet; **er hat sich durch die Studentenzeit gehungert** he starved his way through university.

hungernd *adj, no comp* hungry, starving.

Hunger|ödem *nt* (*Med*) famine oedema.

Hungersnot *f* famine.

Hungerstreik *m* hunger strike; **Hungertag** *m* (*inf*) fast day; **Hungertod** *m* death from starvation; **den ~ erleiden** *or* **sterben** to die of hunger *or* starvation; **Hungertuch** *nt* (*Eccl*) Lenten veil; **am ~ nagen** (*fig*) to be starving, to be on the breadline (*inf*).

hungrig *adj* (*lit, fig*) hungry (*nach* for). **Arbeit macht ~** work makes you hungry *or* gives you an appetite; **Gartenarbeit macht ~** gardening is hungry work; **~ nach** *or* **auf** (*acc*) **etw sein** to feel like (eating) sth; **~ nach Luft/Literatur** gasping for air/ thirsting for good literature.

Hunne *m* **-n -n,** **Hunnin** *f* (*Hist*) Hun.

Hupe *f* **-, -n** horn. **auf die ~ drücken** to press/sound the horn.

hupen *vi* to sound *or* hoot *or* honk (*Aut inf*) the horn, to hoot. **,,~" "**sound your horn".

hupfen *vi* (*esp S Ger*) *aux sein siehe* **hüpfen**. **das ist gehupft wie gesprungen** (*inf*) it doesn't make any difference, it's six of one and half a dozen of the other (*inf*).

hüpfen *vi aux sein* to hop; (*Lämmer, Zicklein etc*) to frisk, to gambol; (*Ball*) to bounce. **vor Freude ~** to jump for joy; **die Kinder hüpften vor Freude im Zimmer herum** the children went skipping round the room in sheer delight; **sein Herz hüpfte vor Freude** his heart leapt for joy; **H~ spielen** to play (at) hopscotch.

Hüpfer, Hupfer (*esp S Ger*) *m* **-s, -** hop, skip, bounce. **mein Herz machte einen ~** my heart leapt.

Hupkonzert *nt* (*inf*) chorus of hooting *or* horns; **Hupsignal** *nt* (*Aut*) hoot; *siehe* **Hupzeichen**; **Hupton** *m* sound of a horn/ hooter/whistle; **Hupzeichen** *nt* (*Aut*) hoot; **,,~ geben" "**sound your horn".

Hürde *f* **-, -n** 1. (*Sport, fig*) hurdle. **eine ~ nehmen** to take *or* clear a hurdle. 2. (*Viehzaun*) fold, pen.

Hürdenlauf *m* (*Sportart*) hurdling; (*Wett-*

kampf) hurdles *pl or sing*; **Hürdenläufer** *m* hurdler; **Hürdenrennen** *nt (Horse-racing)* steeplechase.

Hure *f -, -n* whore.

huren *vi (inf)* to whore, to go whoring.

Hurenbock *m (pej sl)* whoremonger; **hurenhaft** *adj (pej)* whorish; **Hurenhaus** *nt (dated)* whorehouse *(sl)*, brothel; **Hurenkind** *nt (Typ)* widow; **Hurensohn** *m (pej sl)* bastard *(sl)*, son of a bitch *(esp US sl)*.

Hurerei *f* whoring.

hurra [hʊˈraː, ˈhʊra] *interj* hurray, hurrah.

Hurra *nt -s, -s* cheers *pl*. **ein dreifaches ~** three cheers.

Hurrapatriot *m* flag-waving patriot, jingoist, chauvinist; **Hurrapatriotismus** *m* flag-waving, jingoism, chauvinism; **Hurraruf** *m* cheer.

Hurrikan *m -s, -e or (bei engl Aussprache) -s* hurricane.

hurtig *adj (old, dial)* nimble; *(schnell)* quick.

Hurtigkeit *f, no pl (old, dial) siehe adj* nimbleness; quickness, speed.

Husar *m -en, -en (Hist)* hussar.

Husarenstreich *m,* **Husarenstück** *nt (fig) (daring)* escapade *or* exploit.

husch *interj* **1.** *(aufscheuchend)* shoo. **2.** *(antreibend)* come on. **3.** *(schnell)* quick, quickly now. **er macht seine Arbeit immer ~ ~** *(inf)* he always whizzes through his work *(inf)*; **und ~, weg war er** and whoosh! he was gone.

Husch *m -(e)s, -e (inf)* **im ~** in a flash *(inf) or* jiffy *(inf)*; **er kam auf einen ~ vorbei** he dropped in on me *or* by for a minute.

huschen *vi aux sein* to dart, to flit; *(Mäuse etc auch)* to scurry; *(Lächeln)* to flash, to flit; *(Licht)* to flash.

hussa(sa) *interj (old, liter)* tally-ho; *(hü)* gee-up.

hüsteln *vi* to give a slight cough, to cough slightly. **er hüstelt noch** he still has a slight cough; **anstatt zu antworten, hüstelte er nur spöttisch** instead of answering he just cleared his throat sarcastically.

husten *I vi* to cough. **auf etw** *(acc)* **~** *(inf)* not to give a damn for sth *(inf)*; **der Motor hustet** *(inf)* the engine is coughing (and spluttering). *II vt* to cough; **Blut** to cough (up). **denen werde ich was ~** *(inf)* I'll tell them where they can get off *(inf)*.

Husten *m -s, no pl* cough. **~ haben** to have a cough.

Husten|anfall *m* coughing fit; **Hustenbonbon** *m or nt* cough drop *or* sweet; **Hustenmittel** *nt* cough medicine/drop *or* sweet; **Hustenreiz** *m* tickle in *or* irritation of the throat; **seinen ~ unterdrücken** to suppress the need *or* urge to cough; **Hustensaft** *m* cough syrup *or* mixture; **hustenstillend** *adj* cough-relieving; **das wirkt ~** it relieves coughing *or* one's cough; **Hustentee** *m* tea which is good for coughs; **Hustentropfen** *pl* cough drops *pl*.

Hut¹ *m -(e)s, ¨e* hat; *(von Pilz)* cap. **den ~ aufsetzen/abnehmen/ lüften** *(geh)* to put on/take off/raise one's hat; **den** *or* **mit dem ~ in der Hand** with his hat in his hand; **vor jdm den ~ abnehmen** *or* **ziehen** *(fig)* to take off one's hat to sb; **vor etw** *(dat)* **den**

~ ziehen *(fig)* to take off one's hat to sth; **~ ab!** I take my hat off to him/you *etc*; **~ ab vor solcher Leistung!** I take my hat off to you/that; **mit dem ~e in der Hand kommt man durch das ganze Land** *(Prov)* politeness will serve you well in life; **das kannst du dir an den ~ stecken!** *(inf)* you can stick *(sl) or* keep *(inf)* it; **unter einen ~ bringen** *or* **kriegen** *(inf)* to reconcile, to accommodate, to cater for; *Verpflichtungen, Termine* to fit in; **da geht einem der ~ hoch** *(inf) (vor Zorn)* it's enough to make you blow your top *(inf)*; *(vor Spaß, Überraschung)* it is amazing, it beats everything; **den** *or* **seinen ~ nehmen (müssen)** *(inf)* to (have to) go, to (have to) pack one's bags *(inf)*; **das ist doch ein alter ~!** *(inf)* that's old hat! *(inf)*; **jdm eins auf den ~ geben** *(inf)* to give sb a rocket *(inf) or* wigging *(inf)*; **eins auf den ~ kriegen** *(inf)* to get a rocket *(inf) or* wigging *(inf)*.

Hut² *f -, no pl* **1.** *(geh)* protection, keeping. **unter** *or* **in meiner ~** in my keeping; *(Kinder)* in my care; **in guter** *or* **sicherer ~** in safe keeping, in good *or* safe hands. **2. auf der ~ sein** to be on one's guard *(vor +dat* against).

Hut|ablage *f* hat rack; **Hutband** *nt* hatband; *(von Damenhut)* hat ribbon.

Hütchen *nt dim of Hut¹* little hat.

Hütejunge *m (old)* shepherd boy.

hüten *I vt* to look after, to mind; *Vieh etc auch* to tend, to keep watch over *(liter)*; *(geh)* Geheimnisse to guard, to keep; *(geh)* Briefe to keep. **das Bett/Haus ~** to stay in bed/indoors; **hüte deine Zunge!** *(liter)* guard your tongue! *(liter)*.

II vr to guard *or* be on one's guard *(vor +dat* against), to beware *(vor +dat* of). **ich werde mich ~!** no fear!, not likely!, I'll do nothing of the kind!; **du wirst dich schwer ~!** *(inf)* you'll do nothing of the kind!; **ich werde mich ~, ihm das zu erzählen** there's no chance of me telling him that; **sich ~, etw zu tun** to take care not to do sth; **hüte dich, etwas zu verraten** take care not to give anything away, mind you don't give anything away; **~ Sie sich vor ihm** be on your guard against him.

Hüter(in *f) m -s, -* guardian, keeper, custodian; *(Vieh~)* herdsman. **die ~ der Ordnung** *(hum)* the custodians of the law; **soll ich meines Bruders ~ sein?** *(Bibl)* am I my brother's keeper?

Hutfeder *f (hat)* feather; *(größere, bei Tracht)* plume; **Hutgeschäft** *nt* hat shop, hatter's (shop); *(für Damen auch)* milliner's (shop); **Hutgröße** *f* hat size, size of hat; **Hutkrempe** *f* brim (of a hat); **Hutmacher** *m* hatter, hat maker; *(für Damen auch)* milliner; **Hutmacherin** *f* milliner; **Hutnadel** *f* hat pin; **Hutschachtel** *f* hatbox.

Hutsche *f -, -n (Aus) siehe* **Schaukel.**

hutschen *(Aus)* *I vi siehe* **schaukeln.** *II vr (inf)* to go away.

Hutschleife *f* hat bow; **Hutschnur** *f* hat string *or* cord; **das geht mir über die ~** *(inf)* that's going too far; **Hutständer** *m* hatstand.

Hütte *f -, -n* **1.** hut; *(schäbiges Häuschen auch)* shack; *(hum: Haus)* humble abode;

(*Jagd*~) (hunting) lodge; (*Holz*~, *Block*~) cabin; (*Schutz*~) hut, bothy (*Scot*); (*Hunde*~) kennel; (*Bibl*) Tabernacle; (*Naut*) poop. **hier laßt uns ~n bauen** let's stay here.

2. (*Tech: Hüttenwerk*) iron and steel works *pl or sing*; (*Glas*~) glassworks *pl or sing*; (*Ziegel*~) brickworks *pl or sing*.

Hütten|arbeiter *m* worker in an iron and steel works; **Hütten|industrie** *f* iron and steel industry; **Hüttenkäse** *m* cottage cheese; **Hüttenkombinat** *nt* (*DDR*) iron and steel combine; **Hüttenkunde** *f* metallurgy; **Hüttenrauch** *m* (*Chem*) flaky arsenic; (*Metal*) waste gases *pl*; **Hüttenwerk** *nt siehe* **Hütte 2.**

Hutzel *f* -, **-n** (*S Ger*) **1.** dried pear. **2.** (*inf*) wizened *or* wrinkled old woman.

Hutzelbrot *nt* (*S Ger*) fruit bread. **ein ~ a** fruit loaf.

hutz(e)lig *adj Obst* dried; *Mensch* wizened.

Hutzelmännchen, Hutzelmännlein *nt* gnome; **Hutzelweiblein** *nt siehe* **Hutzel 2.**

Hyäne *f* -, **-n** hyena; (*fig*) wildcat.

Hyazinthe [hyaˈtsɪntə] *f* -, **-n** hyacinth.

hybrid *adj* **1.** (*Biol, Ling*) hybrid. **2.** (*liter: hochmütig*) arrogant, hubristic (*liter*).

Hybride *f* -, **-n** *or m* **-n, -n** (*Biol*) hybrid.

Hybris [ˈhy:brɪs] *f*-, *no pl* (*liter*) hubris (*liter*).

Hydra *f* - (*Zool, Myth, fig liter*) hydra.

Hydrant *m* hydrant.

Hydrat *nt* hydrate.

Hydraulik *f* hydraulics *sing*; (*Antrieb, Anlage*) hydraulic system, hydraulics *pl*.

hydraulisch *adj* hydraulic.

hydrieren* *vt* (*Chem*) to hydrogenate.

Hydro- [hydro-]: **Hydrobiologie** *f* hydrobiology; **Hydrodynamik** *f* hydrodynamics *sing*; **hydrographisch** *adj* hydrographic(al); **Hydrolyse** *f* -, **-n** (*Chem*) hydrolysis; **Hydrostatik** *f* (*Phys*) hydrostatics *sing*; **Hydrotherapie** *f* (*Med*) hydrotherapy.

Hygiene [hyˈgie:nə] *f* -, *no pl* hygiene.

hygienisch [hyˈgie:nɪʃ] *adj* hygienic.

Hygrometer *nt* (*Met*) hygrometer; **Hygroskop** *nt* **-s, -e** (*Met*) hygroscope.

Hymen [ˈhy:mən] *m or nt* **-s, -** (*Anat*) hymen, maidenhead.

Hymne [ˈhymnə] *f* -, **-n** hymn; (*National*~) (national) anthem.

hymnisch *adj* hymnal. **~e Worte** (*liter*) 'paean (*liter*); **jdn/etw in ~en Worten loben** (*liter*) to sing paeans to sb/sth (*liter*).

Hyperbel *f* -, **-n** (*Math*) hyperbola; (*Rhetorik*) hyperbole.

hyperbolisch *adj* hyperbolic.

hyperkorrekt *adj* hypercorrect; **hyperkritisch** *adj* hypercritical; **hypermodern** *adj* (*inf*) ultramodern; **hypersensibel** *adj* hypersensitive; **hypersensibilisieren*** *vt insep* (*esp Phot*) to hypersensitize; **Hypertonie** *f* (*Med*) hypertonia; **hypertroph** *adj* (*Med*) hypertrophic; (*fig liter*) hypertrophied (*liter*); **Hypertrophie** *f* (*Med*) hypertrophy.

Hypnose *f* -, **-n** hypnosis. **unter ~ stehen** to be under hypnosis; **jdn in ~ versetzen** to put sb under hypnosis.

Hypnosebehandlung *f* hypnotherapy.

Hypnotikum *nt* **-s, Hypnotika** (*Pharm*) hypnotic.

hypnotisch *adj* hypnotic.

Hypnotiseur [hypnoti'zø:ɐ] *m* hypnotist.

hypnotisierbar *adj* hypnotizable.

hypnotisieren* *vt* to hypnotize.

Hypnotismus *m* hypnotism.

Hypochonder [hypo'xɔndɐ] *m* **-s, -** hypochondriac.

Hypochondrie [hypoxɔn'dri:] *f* hypochondria.

hypochondrisch *adj* hypochondriac(al).

Hypophyse *f* -, **-n** (*Anat*) hypophysis (*spec*), pituitary gland.

Hypostase [hypo'sta:zə] *f*-, **-n** (*liter, Philos*) hypostasis.

hypostasieren* *vti* (*liter, Philos*) to hypostatize.

hypotaktisch *adj* (*Gram*) hypotactic.

Hypotaxe *f* -, **-n** (*Gram*) hypotaxis.

Hypotenuse *f* -, **-n** (*Math*) hypotenuse.

Hypothek *f* -, **-en** mortgage; (*fig*) (*Belastung*) burden of guilt; (*Handikap*) handicap. **eine ~ aufnehmen** to raise a mortgage; **etw mit einer ~ belasten** to mortgage sth.

Hypothekenbank *f* bank specializing in mortgages; **Hypothekenbrief** *m* mortgage deed *or* certificate; **Hypothekendarlehen** *nt* mortgage (loan); **hypothekenfrei** *adj* unmortgaged; **Hypothekengläubiger** *m* mortgagee; **Hypothekenschuld** *f* mortgage debt; **Hypothekenschuldner** *m* mortgagor, mortgager; **Hypothekenzinsen** *pl* mortgage interest.

Hypothese *f* -, **-n** hypothesis.

hypothetisch *adj* hypothetical.

Hysterie *f* hysteria.

Hysteriker(in *f*) *m* **-s, -** hysteric, hysterical person.

hysterisch *adj* hysterical. **einen ~en Anfall bekommen** (*fig*) to go into *or* have hysterics.

I

I, i [i:] *nt* I, i. **der Punkt** *or* **das Tüpfelchen auf dem i** (*lit*) the dot on the i; (*fig*) the final touch.

I [i:] *interj* (*inf*) ugh (*inf*). **~ bewahre!** (*dated*) not on your life! (*inf*); **~ wo!** not a bit of it! (*inf*), (good) heavens no!; **~ gitt** (**~ gitt**)**!** ugh! (*inf*).

i.A. *abbr of* **im Auftrag** pp.

iah ['i:'a:, i'a:] *interj* hee-haw.

Iambus ['iambʊs] *m* -, **iamben** *siehe* **Jambus**.

iberisch *adj* Iberian. **die I~e Halbinsel** the Iberian Peninsula.

Ibero|amerika *nt* Ibero-America.

ibero|amerikanisch *adj* Ibero-American.

IBFG [i:be:|ɛf ge:] *m* *abbr of* **Internationaler Bund Freier Gewerkschaften** ICFTU.

ich *pers pron gen* **meiner,** *dat* **mir,** *acc* **mich**
I. immer ~! (it's) always me!; **immer ~ soll an allem schuld sein** it's always my fault; **~ Idiot!** what an idiot I am!; **und ~ Idiot habe es gemacht** and I, like a fool, did it, and idiot that I am, I did it; **~ nicht!** not me!, not I!; **ihr könnt ja hingehen, aber ~ nicht!** you're welcome to go, but I won't; **wer hat den Schlüssel? — ~ nicht!** who's got the key? — not me, I haven't!; **~ selbst** I myself; **könnte ~ bitte den Chef sprechen? — das bin ~ (selbst)** could I speak to the boss? — I am the boss *or* that's me; **~ (selbst) war es** it was me *or* I (*form*); **wer hat gerufen? — ~!** who called? — (it was) me, I did!; **kennst du mich nicht mehr? — ~ bin's!** don't you remember me? it's me!; **~, der immer so gutmütig ist** *or* **der ~ immer so gutmütig bin** I, who am always so good-natured.

Ich *nt* -**(s)**, **s** self; (*Psych*) ego. **das eigene ~** one's (own) self/ego; **das eigene ~ verleugnen** to deny the self; **mein anderes** *or* **zweites ~** (*selbst*) my other self; (*andere Person*) my alter ego.

Ichbewußtsein *nt* awareness of the self; **ichbezogen** *adj* self-centred, egocentric; **Ich|erzählung** *f* story in the first person, first-person narrative; **Ichform** *f* first person; **Ich-Laut** *m* (*Phon*) ch sound as in ich, palatal fricative; **Ich-Roman** *m* novel in the first person, first-person novel; **Ichstärke** *f* (*Pysch*) ego strength; **Ichsucht** *f* egoism; **ichsüchtig** *adj* egoistic(al).

ideal *adj* ideal.

Ideal *nt* -**s**, **-e** ideal. **sie ist das ~ einer Lehrerin** she's the ideal *or* perfect teacher.

Ideal- *in cpds* ideal; **Idealbild** *nt* ideal; **Idealfall** *m* ideal case; **im ~** ideally; **Idealfigur** *f* ideal figure; **Idealgewicht** *nt* ideal *or* optimum weight.

idealisieren* *vt* to idealize.

Idealisierung *f* idealization.

Idealismus *m* idealism.

Idealist *m* idealist.

idealistisch *adj* idealistic.

Idealtypus *m* (*Sociol*) ideal type; **Idealvorstellung** *f* ideal; **Idealzustand** *m* ideal state of affairs.

Idee *f* -, **-n** [i'de:ən] **1.** (*Einfall, Philos*) idea. **die ~ zu etw** the idea for sth; **wie kommst du denn auf die ~?** whatever gave you that idea?; **ich kam auf die ~, sie zu fragen** I hit on the idea of asking her; **jdn auf die ~ bringen, etw zu tun** to give sb the idea of doing sth; **jdn auf andere ~n bringen** to make sb think about something else; **~n müßte man haben!** what it is to have ideas!
2. (*ein wenig*) shade, trifle. **eine ~ Salz** a touch *or* hint of salt; **keine ~ besser** not a whit better.

ideell *adj* ideational (*form, Philos*); **Wert, Gesichtspunkt, Ziele** non-material; **Bedürfnisse, Unterstützung** spiritual.

Ideen- [i'de:ən-]: **ideen|arm** *adj* (*einfallsarm*) lacking in ideas; (*phantasiearm*) unimaginative, lacking in imagination; **Ideen|armut** *f* lack of ideas; unimaginativeness, lack of imagination; **Ideengut** *nt* ideas *pl*, intellectual goods *pl*; **ideenlos** *adj* (*einfallslos*) devoid of ideas; (*phantasielos*) unimaginative, devoid of imagination; **Ideenlosigkeit** *f* lack of ideas; unimaginativeness, lack of imagination; **ideenreich** *adj* (*einfallsreich*) full of ideas; (*phantasiereich*) imaginative, full of imagination; **Ideenreichtum** *m* inventiveness; imaginativeness.

Iden *pl* **die ~ des März** the Ides of March.

Identifikation *f* identification.

identifizieren* **I** *vt* to identify. **II** *vr* **sich ~ mit** to identify (oneself) with.

Identifizierung *f* identification.

identisch *adj* identical (*mit* with).

Identität *f* identity.

Identitätskarte *f* (*esp Sw*) identity card; **Identitätskrise** *f* identity crisis; **Identitätsnachweis** *m* proof of identity.

Ideogramm *nt* -**s**, **-e** ideogram.

Ideologe *m*, **Ideologin** *f* ideologist.

Ideologie *f* ideology.

ideologisch *adj* ideological.

ideologisieren* *vt* to ideologize.

Ideologisierung *f* ideologization.

Idiom *nt* -**s**, **-e** idiom.

Idiomatik *f* idiomaticity; (*Redewendungen*) idioms *pl*.

idiomatisch *adj* idiomatic.

Idioplasma *nt* (*Biol*) germ plasm, idioplasm.

Idiot *m* -**en**, **-en** idiot; (*auch inf*) fool.

Idiotenhügel *m* (*hum inf*) nursery *or* beginners' slope; **idiotensicher** *adj* (*inf*) foolproof *no adv*.

Idiotie *f* idiocy; (*inf*) lunacy, madness.

Idiotin *f* idiot; (*auch inf*) fool.

idiotisch *adj* idiotic.

Idiotismus *m* idiotism; (*inf*) lunacy, madness, craziness.

Idol *nt* -s, -e idol.

Idyll *nt* -s, -e idyll; (*Gegend*) idyllic place.

Idylle *f* -, -n idyll.

idyllisch *adj* idyllic.

IG [iːˈgeː] *f abbr of* **Industriegewerkschaft** ≃ TU.

Igel *m* -s, -. 1. (*Zool*) hedgehog; (*Blumen-* ~) pin-holder. 2. (*Mil:* ~*stellung*) position of all-round defence.

Iglu [ˈiːglu] *m or nt* -s, -s igloo.

Ignorant *m* ignoramus.

Ignoranz *f* ignorance.

ignorieren* *vt* to ignore.

IHK [iːhaːˈkaː] *f abbr of* **Industrie- und Handelskammer.**

ihm *pers pron dat of* **er, es**[1] (*bei Personen*) to him; (*bei Tieren und Dingen*) to it; (*nach Präpositionen*) him/it. **ich gab es** ~ I gave it (to) him/it; **ich gab** ~ **den Brief** I gave him the letter, I gave the letter to him; **ich sagte** ~**, daß** ... I told him that ..., I said to him that ...; **ich werde es** ~ **sagen** I'll tell him; **es war** ~**, als ob er träumte** he felt as though he were dreaming; ~ **ist nicht gut** he doesn't feel well; **sie schnitt** ~ **die Haare/cremte** ~ **den Rücken ein** she cut his hair/creamed his back (for him); **ein Freund von** ~ a friend of his, one of his friends; **wir gingen zu** ~ (*haben ihn aufgesucht*) we went to see him; (*mit zu ihm nach Hause*) we went to his place; **ich habe** ~ **das gemacht** I did it for him; **sie hat** ~ **einen Schal gestrickt** she knitted him a scarf, she knitted a scarf for him.

ihn *pers pron acc of* **er** him; (*bei Tieren und Dingen*) it.

ihnen *pers pron dat of* **sie** *pl* to them; (*nach Präpositionen*) them; *siehe* **ihm.**

Ihnen *pers pron dat of* **Sie** to you; (*nach Präpositionen*) you; *siehe* **ihm.**

ihr I *pers pron* 1. gen **euer,** dat **euch,** acc **euch** 2. *pers pl nom* you. **I**~ (*in Briefen*) you; (*obs, dial: als Anrede eines Erwachsenen*) thou (*obs, dial*).

2. dat of **sie** sing (*bei Personen*) to her; (*bei Tieren und Dingen*) to it; (*nach Präpositionen*) her/it. **I**~ (*obs: in der Anrede als eines weiblichen Wesens*) (to) thee (*obs, dial*); *siehe* **ihm.**

II *poss pron* 1. (*einer Person*) her; (*eines Tiers, Dings, Abstraktum*) its.

2. (*von mehreren*) their.

Ihr I *pers pron siehe* **ihr I** 1., 2. II *poss pron* sing and pl your. ~ **Franz Müller** (*Briefschluß*) yours, Franz Müller.

ihrer *pers pron* 1. gen of **sie** sing (*bei Personen*) of her. **wir werden** ~ **gedenken** we will remember her. 2. gen of **sie** pl of them. **es waren** ~ **zehn** there were ten of them, they were ten; **wir werden** ~ **gedenken** we will remember them.

Ihrer *pers pron gen of* **Sie** of you. **wir werden** ~ **gedenken** we will remember you.

ihre(r, s) *poss pron* (*substantivisch*) 1. (*einer Person*) hers; (*eines Tiers*) its. **der/die/das** ~ (*geh*) hers/its; **sie tat das** ~ (*geh*) she did her part; **I**~ **Majestät** Her Majesty; **sie und die I**~**n** (*geh: Familie*) she and hers; **das I**~ (*geh: Besitz*) what is hers.

2. (*von mehreren*) theirs. **der/die/das** ~ (*geh*) theirs.

Ihre(r, s) *poss pron sing and pl* (*substan-*

tivisch) yours. **der/ die/das** ~ (*geh*) yours; **stets** *or* **ganz der** ~ (*old*) yours ever; **schöne Grüße an Sie und die** ~**n** (*geh*) best wishes to you and your family; **tun Sie das** ~ (*geh*) you do your bit.

ihrerseits *adv* (*bei einer Person*) for her part; (*bei mehreren*) for their part; (*von ihrer Seite*) on her/their part.

Ihrerseits *adv* for your part; (*von Ihrer Seite*) on your part.

ihresgleichen *pron inv* (*von einer Person*) people like her; (*von mehreren*) people like them; (*von Dingen*) others like it, similar ones; (*pej auch*) her/their sort, the likes of her/them. **sie fühlt/fühlen sich am wohlsten unter** ~ she feels/they feel most at home among her/their own kind *or* among people like her(self)/them(selves); **eine Frechheit, die** ~ **sucht!** an unparalleled cheek!

Ihresgleichen *pron inv* people like you; (*pej auch*) your sort, the likes of you. **Sie sollten Kontakt mit** ~ **pflegen** you should keep in contact with your own kind (of people) *or* with people like yourself *or* you.

ihrethalben (*dated*), **ihretwegen, ihretwillen** *adv* (*bei Personen*) (*wegen ihr/ ihnen*) (*sing*) because of her; (*pl*) because of them; (*ihr/ihnen zuliebe auch*) for her sake/their sake(s); (*um sie*) about her/ them; (*für sie*) on her/their behalf; **sie sagte,** ~ **könnten wir gehen** she said that, as far as she was concerned, we could go.

Ihrethalben (*dated*), **Ihretwegen, Ihretwillen** *adv* because of you; (*Ihnen zuliebe*) (*sing auch*) for your sake; (*pl auch*) for your sake(s); (*um Sie*) about you; (*für Sie*) on your behalf.

ihrige *poss pron* (*old, geh*) **der/die/das** ~ (*von einer Person*) hers; (*von mehreren*) theirs; *siehe auch* **ihre(r, s).**

Ihrige *poss pron* **der/die/das** ~ yours; *siehe auch* **Ihre(r, s).**

Ihro *poss pron* (*obs*) your.

i. J. *abbr of* **im Jahre.**

Ikone *f* -, -n icon.

Ilex *f or m* -, *no pl* holly.

Ilias *f* - Iliad.

illegal *adj* illegal.

Illegalität *f* illegality.

illegitim *adj* illegitimate.

illiquid *adj* insolvent.

illoyal *adj* disloyal.

Illoyalität *f* disloyalty.

Illumination *f* illumination.

Illuminator *m* illuminator.

illuminieren* *vt* to illuminate.

Illusion *f* illusion. **jdm alle** ~**en nehmen** *or* **rauben** to rob sb of all his/her *etc* illusions; **sich** (*dat*) ~**en machen** to delude oneself; **darüber macht er sich keine** ~**en** he doesn't have any illusions about it; **sich der** ~ **hingeben, daß** ... to be under the illusion that ..., to labour under the misapprehension that ...

illusionär *adj* illusionary.

Illusionismus *m* illusionism.

Illusionist *m* illusionist.

illusionistisch *adj* (*Art*) illusionistic.

illusionslos *adj* **ein** ~**er Mensch** a person with no illusions; ~ **sein** to have no

illusions; ~ **werden** to lose one's illusions.
illusorisch *adj* illusory. **es ist völlig ~, zu glauben ...** it's a complete illusion to believe ...
illuster *adj* (*geh*) illustrious.
Illustration *f* illustration. **zur ~ von etw** to illustrate sth, as an illustration of sth.
illustrativ *adj* **1.** (*mit Anschauungsmaterial*) illustrated. **etw ~ aufzeigen** to show sth with illustrations. **2.** (*anschaulich*) illustrative. **er hat sehr ~ geschildert, wie ...** he described very vividly how ...
Illustrator *m* illustrator.
illustrieren* *vt* to illustrate (*jdm etw* sth for sb).
Illustrierte *f* **-n, -n** magazine, mag (*inf*).
Illustrierung *f* illustration.
Iltis *m* **-ses, -se** polecat.
im *prep contr of* **in dem 1.** (*räumlich*) in the. ~ **zweiten Stock** on the second floor; ~ **Kino/Theater** at the cinema/theatre; **die Beleuchtung ~ Kino/Theater** the lighting in the cinema/theatre; **Freiburg ~ Breisgau** Freiburg in Breisgau; ~ **Bett** in bed; ~ ,,**Faust**" in "Faust". **2.** (*zeitlich*) in the. ~ **Mai** in May; ~ **Jahre 1866** in (the year) 1866; ~ **Alter von 91 Jahren** at the age of 91; ~ **letzten/nächsten Jahr** last/next year; ~ **letzten Jahr des Krieges** in the last year of the war. **3.** +*superl* **nicht ~ geringsten** not in the slightest. **4.** (*als Verlaufsform*) ~ **Kommen/Gehen** *etc* **sein** to be coming/going *etc*; **etw ~ Liegen/Stehen** *etc* **tun** to do sth lying down/standing up *etc*. **5.** ~ **Trab/Laufschritt** *etc* at a trot/run *etc*.
Image ['ɪmɪtʃ] *nt* **-(s), -s** image.
Imagepflege *f* (*inf*) cultivation of one's image; **Imageverlust** *m* damage to one's image.
imaginär *adj* imaginary.
Imagination *f* (*geh*) imagination.
Imbiß *m* **-sses, -sse** snack.
Imbißhalle *f* snack bar; **Imbißstand** *m* ≃ hot-dog stall *or* stand; **Imbißstube** *f* cafe; (*in Kaufhaus etc*) cafeteria.
Imitation *f* imitation.
Imitator *m*, **Imitatorin** *f* imitator; (*von Schmuck, einem Bild*) copyist.
imitieren* *vt* to imitate. **imitierter Schmuck** imitation jewellery.
Imker *m* **-s, -** beekeeper, apiarist (*form*).
Imkerei *f* beekeeping, apiculture (*form*).
immanent *adj* inherent, intrinsic; *Kriterien* internal; (*Philos*) immanent. **einer Sache** (*dat*) ~ **sein** to be inherent in sth.
Immanenz *f* (*Philos*) immanence.
immateriell *adj* incorporeal, immaterial.
Immatrikulation *f* matriculation (*form*), registration (*at university*).
immatrikulieren* **I** *vt* to register (*at university*) (*an* +*dat* at). **II** *vr* to matriculate (*form*), to register (*at university*).
Imme *f* **-, -n** (*poet*) bee.
immens *adj* immense, huge, enormous.
immer *adv* **1.** (*häufig, ständig*) always. **schon ~** always; **auf** *or* **für ~** for ever, for always; ~ **diese Aufregung/Nörgelei** this

continual *or* there's always this excitement/niggling; ~ **diese Probleme!** all these problems!; ~ **diese Studenten/das Telefon** these wretched students/that wretched phone; ~, **wenn ...** whenever ..., every time that ...; ~ **mal** (*inf*) from time to time, now and again; ~ **geradeaus gehen** to keep going straight on; ~ **und ewig** (*liter*) for ever and ever; ~ **langsam voran!** (*inf*), (**nur**) ~ **schön langsam!** (*inf*) take your time (about it), take it slowly; ~ (**schön**) **mit der Ruhe** (*inf*) take it easy; (**nur**) ~ **her damit!** (*inf*) (just) hand it over!; **noch ~**, ~ **noch** still; ~ **noch nicht** still not (yet); **bist du denn ~ noch nicht fertig?** are you still not ready?, aren't you ready yet?; **nur ~ zu!** keep it up!, keep up the good work!; ~ **wieder** again and again, time after time, time and (time) again; **etw ~ wieder tun** to keep on doing sth; **wie ~** as usual, as always.
2. +*comp* ~ **besser** better and better; ~ **häufiger** more and more often; ~ **mehr** more and more; **es nimmt ~ mehr zu** it increases all the time *or* continually, it keeps on increasing; ~ **größer werdende Schulden** constantly increasing debts; **sein Benehmen wird ~ schlechter** his behaviour gets worse and worse *or* goes from bad to worse.
3. wer/wie/wann/wo/was (**auch**) ~ whoever/however/whenever/wherever/whatever.
4. (*inf: jeweils*) **gib mir ~ drei Bücher auf einmal** give me three books at a time; **stellt euch in einer Reihe auf**, ~ **zwei zusammen** line up in twos; ~ **am dritten Tag** every third day.
immerdar *adv* (*liter*) forever, evermore;
immerfort *adv* all the time, the whole time, constantly; **immergrün** *adj attr* (*lit, fig*) evergreen; **Immergrün** *nt* evergreen;
immerhin *adv* all the same, anyhow, at any rate; (*wenigstens*) at least; (*schließlich*) after all; **immerwährend** *adj attr* perpetual, eternal; *Kalender* perpetual;
immerzu *adv siehe* **immerfort.**
Immigrant(in *f*) *m* immigrant.
Immigration *f* immigration.
immigrieren* *vi aux sein* to immigrate.
Immission *f* (*Jur*) effect on neighbouring property of gases, smoke, noise, smells *etc*.
immobil *adj* immobile, immoveable; *Vermögen, Besitz* real, immoveable.
Immobilien [-'biːliən] *pl* real estate *sing*, real *or* immoveable property *sing* (*form*), immoveables *pl* (*form*); (*in Zeitungsannoncen*) property *sing*.
Immobilienhändler(in *f*), **Immobilienmakler(in** *f*) *m* realtor (*US*), *m* (real) estate agent.
Immortelle *f* (*Bot*) everlasting (flower), immortelle.
immun *adj* immune (*gegen* to).
immunisieren* *vt* (*form*) to immunize (*gegen* against).
Immunisierung *f* (*form*) immunization (*gegen* against).
Immunität *f* immunity.
Imperativ *m* (*Gram*) imperative (form); (*Philos*) imperative.

imperativisch [-'ti:vɪʃ] *adj* (*Gram*) imperative.

Imperator *m* (*Hist*) emperor.

imperatorisch *adj* imperial.

Imperfekt *nt* **-s, -e** (*Gram*) imperfect (tense).

Imperialismus *m* imperialism.

Imperialist *m* imperialist.

imperialistisch *adj* imperialistic.

Imperium *nt* (*Gebiet*) empire; (*Herrschaft*) imperium.

impertinent *adj* (*geh*) impertinent, impudent.

Impertinenz *f* (*geh*) impertinence, impudence.

Impetus *m* **-**, *no pl* (*geh*) impetus, momentum; (*Tatkraft*) drive.

Impf|arzt *m* vaccinator, inoculator.

impfen *vt* to vaccinate, to inoculate.

Impfling *m* person who has just been or is to be vaccinated.

Impfpaß *m* vaccination card, *record of the vaccinations one has been given*; **Impfpistole** *f* vaccination gun; **Impfschaden** *m* vaccine damage; **Impfschein** *m* certificate of vaccination *or* inoculation; **Impfschutz** *m* protection given by vaccination; **Impfstoff** *m* vaccine, serum.

Impfung *f* vaccination, inoculation.

Implantat *nt* implant.

Implantation *f* implantation.

implizieren *vt* to imply.

implizit, implizite (*geh*) *adv* by implication, implicitly. **etw ~ sagen** to imply sth, to say sth by implication.

implodieren* *vi aux sein* to implode.

Implosion *f* implosion.

Imponderabilien [-'bi:liən] *pl* (*geh*) imponderables *pl*.

imponieren* *vi* to make an impression (*jdm* on sb), to impress (*jdm* sb). **dadurch hat er imponiert** he made an impression by that; **es imponiert mir, wie sie das schafft** it impresses me how she manages it, I'm impressed by the way she manages it.

imponierend *adj* impressive; *Gebäude auch* imposing.

Imponiergehabe *nt* (*Zool*) display pattern; (*fig pej*) exhibitionism.

Import *m* **-(e)s, -e** 1. (*Handel*) import. **der ~ sollte den Export nicht übersteigen** imports should not exceed exports; **der ~ von Obst und Gemüse ist gestiegen** the import *or* importation of fruit and vegetables has increased, fruit and vegetable imports have increased.

2. (*~ware*) import. **der Salat ist holländischer ~** the lettuce was imported from Holland *or* is a Dutch import.

Importe *f* **-**, **-n** *usu pl* imported cigar.

Importeur [ɪmpɔr'tøːɐ] *m* importer.

Import- *in cpds* import; **Importgeschäft** *nt* (*Handel*) import trade; (*Firma*) import business.

importieren* *vt* to import.

Importland *nt* importing country.

imposant *adj* imposing; *Leistung* impressive; *Stimme* commanding.

impotent *adj* impotent.

Impotenz *f* impotence.

imprägnieren* *vt* to impregnate; (*wasserdicht machen*) to (water)proof.

Imprägnierung *f* impregnation; (*von Geweben*) (water)proofing; (*nach der Reinigung*) reproofing.

impraktikabel *adj* impracticable.

Impresario *m* **-s, -s** impresario.

Impression *f* impression (*über +acc* of).

Impressionismus *m* impressionism.

Impressionist *m* impressionist.

impressionistisch *adj* impressionistic.

Impressum *nt* **-s, Impressen** imprint.

Improvisation [ɪmproviza'tsio:n] *f* improvization; (*von Rede, Gedicht, Musik auch*) extemporization.

Improvisationstalent *nt* talent for improvization; (*Mensch*) (great) improvizer.

improvisieren* [-vi'zi:rən] *vti* to improvize; (*Mus auch*) to extemporize; *eine Rede auch* to ad-lib (*inf*), to extemporize.

Impuls *m* **-es, -e** impulse. **etw aus einem ~ heraus tun** to do sth on the spur of the moment *or* on impulse; **einer Sache** (*dat*) **neue ~e geben** to give sth new impetus *or* momentum.

impulsiv *adj* impulsive. **~e Äußerungen/ Entschlüsse** spur of the moment *or* impulsive remarks/decisions; **~ handeln** to act impulsively *or* on impulse.

Impulsivität *f* impulsiveness.

imstande *adj pred* **~ sein, etw zu tun** (*fähig*) to be able to do sth, to be capable of doing sth; (*in der Lage*) to be in a position to do sth; **er ist zu allem ~** he's capable of anything; **er ist ~ und erzählt es meiner Mutter** he's (quite) capable of telling my mother.

in I *prep siehe auch* **im, ins** 1. (*räumlich*) (*wo? +dat*) in; (*innen auch*) inside; (*bei kleineren Orten auch*) at; (*wohin? +acc*) in, into. **sind Sie schon ~ Deutschland gewesen?** have you ever been to Germany?; **~ der Schweiz** in Switzerland; **er ist Professor ~ London** he is a professor at London (University); **~ die Schule/ Kirche gehen** to go to school/church; **er ist ~ der Schule/Kirche** he's at *or* in school/ church; **die Heizung ~ der Schule/Kirche** the heating in the school/church; **er ging ~s Theater/Kino** he went to the theatre/ cinema.

2. (*zeitlich*) (*wann? +dat*) in; (*bis +acc*) into. **~ diesem Jahr** (*laufendes Jahr*) this year; (*jenes Jahr*) (in) that year; **heute/morgen ~ acht Tagen/zwei Wochen** a week/two weeks today/tomorrow; **bis ~s 18. Jahrhundert** into *or* up to the 18th century; **vom 16. bis ~s 18. Jahrhundert** from the 16th to the 18th century; **bis ~s 18. Jahrhundert zurück** back to the 18th century.

3. **~ Englisch steht er sehr schwach** (*Sch*) he's very weak in *or* at English; **~s Englische übersetzen** to translate into English; **~ Mathe haben wir einen neuen Lehrer** we've a new teacher in *or* for maths; **~ die Hunderte gehen** to run into (the) hundreds; **sie hat es ~ sich** (*dat*) (*inf*) she's quite a girl; **der Text/die Rechenarbeit hat es ~ sich** (*dat*) (*inf*) the text/the arithmetic test is a tough one; **dieser Whisky hat es ~ sich** (*dat*) (*inf*) this whisky packs quite a

punch *or* has quite a kick (*inf*); **er macht jetzt ~ Gebrauchtwagen** (*inf*) he's in the second-hand car business.
  II *adj pred* (*inf*) ~ **sein** to be in (*inf*).

in|adäquat *adj* inadequate.

in|akkurat *adj* inaccurate.

in|aktiv *adj* inactive; *Mitglied* non-active; (*Mil*) inactive, on the reserve list.

in|akzeptabel *adj* un- *or* inacceptable.

in|angriffnahme *f* -, *no pl* (*form*) starting, commencement (*form*).

in|anspruchnahme *f* -, *no pl* (*form*) **1.** (*Beanspruchung*) demands *pl*, claims *pl* (*gen* on). **seine ~ durch diese Neben-beschäftigung** the demands *or* claims made on him by this second job; **im Falle einer ~ von Arbeitslosengeld** where unemployment benefit has been sought (*form*); **bei ~ des Versicherungsschutzes entfällt der Rabatt** the discount is forfeited should an insurance claim be submitted.
  2. (*Auslastung: von Einrichtungen, Verkehrsystems etc*) utilization. **wegen zu geringer ~ des Freizeitzentrums** as a result of under-utilization of the leisure centre, because too few people have been availing themselves of the leisure centre.

in|augenscheinnahme *f* -, *no pl* (*form*) inspection.

inbegriff *m* -(e)s, *no pl* perfect example; (*der Schönheit, Güte, des Bösen etc*) epitome, embodiment. **sie war der ~ der Schönheit/Tugend** she was beauty/virtue personified *or* incarnate; **diese neue Kirche ist der ~ moderner Architektur** this new church epitomizes modern architecture.

inbegriffen *adj pred* included. **die Mehrwertsteuer ist im Preis ~** the price includes VAT *or* is inclusive of VAT, VAT is included in the price.

inbesitznahme *f* -, -n (*form*) taking possession.

inbetriebnahme *f* -, -n (*form*) putting into operation; (*von Gebäude, U-Bahn etc*) inauguration. **die ~ des Geräts erfolgt in zwei Wochen** the appliance will be put into operation in two weeks.

inbrunst *f* -, *no pl* fervour, ardour.

inbrünstig *adj* fervent, ardent.

indefinitpronomen *nt* indefinite pronoun.

indem *conj* **1.** (*während der ganzen Zeit*) while, whilst (*liter*); (*in dem Augenblick*) as. **~ er sich hinsetzte, sagte er ...** sitting down, he said ..., as he sat down he said ... **2.** (*dadurch, daß*) ~ **man etw macht** by doing sth.

inder(in *f*) *m* -s, - Indian.

indes (*geh*), **indessen I** *adv* **1.** (*zeitlich*) meanwhile, (in the) meantime. **2.** (*adversativ*) however. **II** *conj* **1.** (*geh*) (*zeitlich*) while. **2.** (*adversativ*) **indes** (*liter*) however; (*andererseits*) whereas.

index *m* -(es), -e *or* **indizes** ['ɪnditseːs] index; (*Eccl*) index.

indianer(in *f*) *m* -s, - (Red *or* American) Indian.

indianisch *adj* (Red *or* American) Indian.

indien ['ɪndiən] *nt* -s India.

indifferent *adj* **1.** (*geh*) indifferent (*gegen-*

über to). **2.** (*Chem, Phys*) inert; *Gas auch* rare, inactive.

indifferenz *f* (*geh*) indifference (*gegenüber* to, towards).

indignation *f* (*geh*) indignation (*über* +*acc* at).

indigniert *adj* (*geh*) indignant.

indignität *f* (*Jur*) incapability of inheriting.

indigo *nt or m* -s, -s indigo.

indigoblau *adj* indigo blue.

indikation *f* (*Med*) indication. **ethische/eugenische/medizinische/soziale ~** ethical/eugenic/medical/social grounds for the termination of pregnancy.

indikativ *m* (*Gram*) indicative.

indikativisch ['ɪndikatiːvɪʃ] *adj* (*Gram*) indicative.

indikator *m* indicator.

indio *m* -s, -s (Central/South American) Indian.

indirekt *adj* indirect. **~e Rede** indirect *or* reported speech.

indisch *adj* Indian.

indiskret *adj* indiscreet.

indiskretion *f* indiscretion.

indiskutabel *adj* out of the question.

indisponiert *adj* (*geh*) indisposed.

indium *nt*, *no pl* (*abbr* In) indium.

individualisieren* [ɪndividuali'ziːrən] *vt* to individualize.

individualisierung [ɪndividuali'ziːrʊŋ] *f* individualization.

individualismus [ɪndividua'lɪsmʊs] *m* individualism.

individualist [ɪndividua'lɪst] *m* individualist.

individualistisch [ɪndividua'lɪstɪʃ] *adj* individualistic.

individualität [ɪndividuali'tɛːt] *f* **1.** *no pl* individuality. **2.** (*Charakterzüge*) individual characteristic.

individuell [ɪndivi'duɛl] *adj* individual. **etw ~ gestalten** to give sth a personal note; **es ist ~ verschieden** it differs from person to person *or* case to case, it's different for each person.

individuum [ɪndi'viːduʊm] *nt* -s, **individuen** [ɪndi'viːduən] individual.

indiz *nt* -es, -ien [-ən] **1.** (*Jur*) clue; (*als Beweismittel*) piece of circumstantial evidence. **alles beruht nur auf ~ien** everything rests only on circumstantial evidence. **2.** (*Anzeichen*) sign, indication (*für* of).

indizes *pl of* **index**.

indizienbeweis *m* circumstantial evidence *no pl*; piece of circumstantial evidence.

indizieren* *vt* (*Med*) to indicate; (*Eccl*) to put on the Index.

indochina *nt* Indochina.

indogermanisch *adj* Indo-Germanic, Indo-European.

indoktrination *f* indoctrination.

indoktrinieren* *vt* to indoctrinate.

indonesien [-ən] *nt* -s Indonesia.

indonesier(in *f*) [-iɐ, -iərɪn] *m* -s, - Indonesian.

indossament *nt* (*Comm*) endorsement.

indossant *m* (*Comm*) endorser.

indossat *m* -en, -en (*Comm*) endorsee.

induktion *f* induction.

induktionsstrom *m* induced current.

induktiv adj inductive.

industrialisieren* vt to industrialize.

Industrialisierung f industrialization.

Industrie f industry. **in der ~ arbeiten** to be or work in industry.

Industrie- in cpds industrial; **Industrie-anlage** f industrial plant or works pl; **Industriebetrieb** m industrial firm or company; **Industrieerzeugnis** nt industrial product; **Industriegebiet** nt industrial area; **Industriegewerkschaft** f industrial (trade) union; **Industriekapitän** m (inf) captain of industry; **Industriekaufladen** m (DDR) factory shop; **Industriekaufmann** m industrial manager; **Industriekombinat** nt (DDR) industrial combine; **Industrielandschaft** f industrial landscape.

industriell adj industrial.

Industrielle(r) m decl as adj industrialist.

Industriestaat m industrial nation or country; **Industriestadt** f industrial town; **Industrie- und Handelskammer** f chamber of industry and commerce; **Industriezweig** m branch of industry.

induzieren* vt (Phys) to induce.

ineffektiv adj ineffective, ineffectual; (unproduktiv auch) inefficient.

ineinander adv sein, liegen etc in(side) one another or each other; legen, hängen etc into one another or each other. **~ übergehen** to merge (into one another or each other); **die Fäden haben sich alle ~ verwickelt** the threads have got all tangled up in each other or in one another; **sich ~ verlieben** to fall in love with each other.

ineinanderfließen vi sep irreg aux sein to merge; (Farben, Flüsse auch) to flow into each other or one another; **ineinandergreifen** vi sep irreg (lit) to interlock; (Zahnräder, Zinken auch) to mesh or engage (with each other or one another); (fig: Ereignisse, Ressorts etc) to overlap.

infam adj infamous.

Infamie f infamy. **das ist eine ~** that's infamous or outrageous.

Infant m infante.

Infanterie f infantry.

Infanterieregiment nt infantry or foot regiment.

Infanterist m infantryman, foot soldier.

infantil adj infantile.

Infantilismus m infantilism.

Infantilität f childishness, puerility (pej).

Infantin f infanta.

Infarkt m -(e)s, -e (Med) infarct (spec); (Herz~) coronary (thrombosis).

Infekt m -(e)s, -e, **Infektion** f infection.

Infektionsgefahr f danger of infection; **Infektionsherd** m focus of infection; **Infektionskrankheit** f infectious disease.

infektiös [ɪnfɛk'tsi̯øːs] adj infectious.

infernalisch adj (geh) infernal.

Inferno nt -s, no pl (lit, fig) inferno.

Infiltration f infiltration.

infiltrieren* vt to infiltrate.

infinit adj (Gram) non-finite.

infinitesimal adj (Math) infinitesimal.

Infinitiv m infinitive.

Infinitivsatz m infinitive clause.

infizieren* I vt to infect. II vr to be or get infected (bei by).

in flagranti adv in the act, red-handed, in flagrante delicto (form).

Inflation f inflation.

inflationär [ɪnflatsi̯o'nɛːɐ] adj inflationary. **sich ~ entwickeln** to develop in an inflationary way.

inflationistisch [ɪnflatsi̯o'nɪstɪʃ] adj inflationary.

inflexibel adj (lit, fig) inflexible.

Inflexibilität f (lit, fig) inflexibility.

infolge prep +gen or von as a result of, owing to, because of.

infolgedessen adv consequently, as a result (of that), because of that.

Informatik f information or computer science, informatics sing.

Informatiker(in f) m information or computer scientist.

Information f information no pl (über +acc about, on). **eine ~** (a piece of) information; **~en weitergeben** to pass on information; **zu Ihrer ~** for your information.

Informationsaustausch m exchange of information; **Informationsmaterial** nt informative material; **Informationsquelle** f source of information; **Informationstheorie** f information theory.

informativ adj informative.

informell adj informal.

informieren* I vt to inform (über +acc, von about, of). **da bist du falsch** or **nicht richtig informiert** you've been misinformed, you've been wrongly informed; **jdn nur unvollständig/einseitig ~** to give sb only part/one side of the information; **informierte Kreise** informed circles.

II vr to find out, to inform oneself (über +acc about). **sich ständig über den neuesten Stand der Medizin ~** to keep oneself informed about the latest developments in medicine.

Informierung f informing.

infrarot adj infra-red; **Infrarotstrahler** m -s, - infra-red lamp; **Infraschall** m infrasonic or subsonic waves pl; **Infrastruktur** f infrastructure.

Infusion f infusion.

Ing. abbr of **Ingenieur.**

Ingenieur(in f) [ɪnʒe'ni̯øːɐ, -i̯ø:rɪn] m engineer.

Ingenieurbüro nt engineer's office; **Ingenieurschule** f school of engineering.

Ingrimm m -(e)s, no pl (liter) wrath, ire (liter).

ingrimmig adj (liter) wrathful (liter), ireful (liter).

Ingwer m -s, no pl ginger.

Inh. abbr of **Inhaber** prop.; **Inhalt.**

Inhaber(in f) m -s, - (von Geschäft, Firma) owner; (von Hotel, Restaurant auch) proprietor/proprietress; (von Konto, Aktie, Lizenz, Patent, Rekord, Orden) holder; (von Scheck, Paß) bearer.

inhaftieren* vt insep to take into custody.

Inhaftierung f (das Inhaftieren) arrest; (Haft) imprisonment.

inhalieren* vti insep (Med, inf) to inhale.

Inhalt m -(e)s, -e 1. (von Behälter, Paket) contents pl.
  2. (von Buch, Brief, Begriff) content, contents pl; (des Lebens) meaning. **wel-**

chen ~ hatte der Film/das Gespräch?, was hatte der Film/das Gespräch zum ~? what was the subject matter or content of the film/discussion?; **ein Brief des ~s, daß ...** (form) a letter to the effect that ...
3. (Math) (Flächen~) area; (Raum~) volume.

inhaltlich adj as regards content.

Inhalts|angabe f summary, précis(esp Sch); **Inhalts|arm, Inhaltsleer** adj (geh) lacking (in) content; Leben meaningless; **inhaltslos** adj empty; Leben auch meaningless; Buch, Vortrag lacking in content; **inhaltsreich** adj full; **inhaltsschwer** adj (geh: bedeutungsvoll) significant, of consequence; **Inhalts|übersicht** f summary of the contents; **Inhaltsverzeichnis** nt list or table of contents; ,,~" "contents".

inhärent adj (geh) inherent.

inhuman adj (unmenschlich, brutal) inhuman; (unbarmherzig) inhumane.

Inhumanität f inhumanity.

Initiale [ini'tsiaːlə] f -, -n (geh) initial.

Initiationsritus m initiation rite.

initiativ [initsiaˈtiːf] adj ~ werden to take the initiative.

Initiative [initsiaˈtiːvə] f 1. no pl initiative. **aus eigener ~** on one's own initiative; **die ~ ergreifen** to take the initiative. 2. (Anstoß) initiative. **auf jds ~ (acc) hin** on sb's initiative; (Sw Pol) siehe **Volksbegehren**.

Initiator(in f) [iniˈtsiaːtɔr, -ˈtoːrɪn] m (geh) initiator.

initiieren* [initsiˈiːrən] vt (geh) initiate.

Injektion f injection.

Injektionsspritze f hypodermic (syringe).

injizieren* [ɪnjiˈtsiːrən] vt (form) to inject (jdm etw sb with sth).

Inka m -(s), -s Inca.

Inkarnation f incarnation.

Inkasso nt -s, -s or (Aus) **Inkassi** (Fin) collection.

Inkaufnahme f -, no pl (form) acceptance. **unter ~ finanzieller Verluste** accepting the inevitable financial losses.

inkl. abbr of **inklusive.**

inklusive [-ˈziːvə] I prep +gen inclusive of. **~ Heizung** heating included, inclusive of or including heating. II adv inclusive.

inkognito nt -s, -s incognito.

inkognito adv incognito.

inkompetent adj incompetent.

Inkompetenz f incompetence.

inkongruent adj (Math) non-congruent.

Inkongruenz f (Math) non-congruence.

inkonsequent adj inconsistent.

Inkonsequenz f inconsistency.

Inkorporation f (geh) incorporation.

inkorporieren* vt (geh) to incorporate (in +acc in, into).

inkorrekt adj incorrect.

Inkrafttreten nt -s, no pl coming into effect or force. **das ~ von etw verhindern** to prevent sth from coming into effect or force.

Inkubation f incubation.

Inkubationszeit f incubation period.

Inkubator m incubator.

inkulant adj disobliging.

Inkulanz f disobligingness.

Inkunabel f -, -n incunabulum.

Inland nt -(e)s, no pl 1. (als Staatsgebiet)

home. **im ~ hergestellte Waren** home-produced goods, goods produced at home; **im In- und Ausland** at home and abroad. 2. (Inneres eines Landes) inland. **im ~** inland; **ins ~ ziehen** to move inland.

Inland- in cpds (Comm) home, domestic; (Geog) inland; **Inlandbedarf** m home or domestic requirements pl; **Inland|eis** nt ice sheet; **Inlandflug** m domestic or internal flight.

inländisch adj home attr, domestic; (Geog) inland.

Inlandsmarkt m home or domestic market; **Inlandsporto** nt inland postage; **Inlandsverkehr** m domestic traffic; (Handel) home trade; **Briefe im ~** letters within the country, inland or domestic letters.

Inlaut m **im ~ vorkommen** to occur (word) medially or in (word) medial position.

Inlett nt -(e)s, -e (Hülle) cambric case; (~stoff) cambric.

inmitten I prep +gen in the middle or midst of. II adv ~ **von** amongst, surrounded by.

innehaben vt sep irreg (form) to hold.

innehalten vi sep irreg to pause, to stop. **er hielt im Satz/Sprechen inne** he paused in mid-sentence/he stopped speaking.

innen adv 1. inside; (auf der Innenseite) on the inside; (im Haus) indoors, inside. **~ und außen** inside and out(side); **der Mantel hat ~ Pelz und außen Leder** the coat has fur (on the) inside and leather (on the) outside; **nach ~** inwards; **tief ~ tut es doch weh** deep down inside it really hurts; **die Tür geht nach ~ auf** the door opens inwards; **die Truppen drangen nach ~ vor** the troops pushed inland; **ein Schnitt der Erde, von außen nach ~ betrachtet** a section of the earth viewed from (the) outside to (the) inside; **die Haare nach ~ tragen** to have one's hair curled under; **nach ~ laufen** to be pigeon-toed; **von ~ from** (the) inside; **wie sieht das Haus von ~ aus?** what does the house look like from the inside?, what does the inside of the house look like?; **sich von ~ her aufwärmen** to warm oneself from (the) inside, to get warm inside.

2. (esp Aus) siehe **drinnen.**

Innen|antenne f indoor aerial; **Innen|architekt** m interior designer; **Innen|aufnahme** f indoor photo(graph); (Film) indoor shot or take; **Innen|ausstattung** f interior décor no pl; (das Ausstatten) interior decoration and furnishing; (von Auto) interior fittings pl; **Innenbahn** f (Sport) inside lane; **Innenbeleuchtung** f interior lighting; **Innendekoration** f interior decoration; **Innendienst** m office duty; **im ~ sein** to work in the office; **innendrin** adv (inf) inside; **Innen|einrichtung** f (interior) furnishings pl; (das Einrichten) interior furnishing no pl; **Innenhof** m inner courtyard; (bei Universitäten, Klöstern) quadrangle, quad (inf); **Innenkurve** f inside bend; **Innenleben** nt, no pl 1. (inf: seelisch) inner or emotional life; **sein ~ offenbaren** to reveal one's innermost thoughts or feelings; 2. (inf: körperlich) insides pl; **Innenminister** m minister of the interior;

Home Secretary (*Brit*); Secretary of the Interior (*US*); **Innenministerium** *nt* ministry of the interior; Home Office (*Brit*); Department of the Interior (*US*); **Innenpolitik** *f* domestic policy/policies *pl*; (*innere Angelegenheiten, Studienfach*) home *or* domestic affairs *pl*; **Innenpolitiker** *m* domestic politician; **innenpolitisch** *adj* domestic, internal, home *attr*; **auf ~em Gebiet** in the field of home affairs; **~ gesehen, aus ~er Sicht** (seen) from the point of view of domestic policy; **Innenraum** *m* 1. ~e *pl* inner rooms *pl*; **die prächtigen** ~e **des alten Schlosses** the magnificent interior *or* rooms of the old castle; 2. *no pl* room inside; (*von Wagen auch*) interior; **einen kleinen ~ haben** to be small inside, not to have much room inside; (*von Wagen auch*) to have a small interior; **mit großen ~** with a lot of room inside; (*von Wagen auch*) with a large interior; **Innenrolle** *f*, *no pl* **eine ~ tragen** to have one's hair turned *or* curled under at the ends; **Innenseite** *f* inside; **die ~ von etw nach außen kehren** to turn sth inside out; **Innenstadt** *f* city centre, centre of the city; **Innentasche** *f* inside pocket; **Innentemperatur** *f* inside temperature; (*in einem Gebäude*) indoor temperature; **wir haben 20°~** the temperature indoors is 20°; **bei 20°~** when the temperature indoors *or* the indoor temperature is 20°, when it's 20° indoors; **Innentoilette** *f* inside toilet; **Innenwelt** *f* inner world; **er hat sich völlig in seine ~ zurückgezogen** he has withdrawn completely into his own private world; **Innenwinkel** *m* (*Math*) interior angle.

innerbetrieblich *adj* internal company; **das wird ~ geregelt** that will be settled within the company *or* on an internal company basis; **innerdeutsch** *adj* (*BRD*) intra-German, German domestic *attr*; **~er Handel** trade within Germany, domestic trade in Germany.

Innereien *pl* innards *pl*; (*von Geflügel auch*) giblets *pl*.

innere(r, s) *adj* 1. (*örtlich*) inner; (*im Körper befindlich, inländisch*) internal. **Facharzt für ~ Krankheiten** internist; **das ~ Ohr** the inner ear; **die ~n Angelegenheiten eines Landes** the internal *or* home *or* domestic affairs of a country; **der Whisky sorgte für die ~ Wärme** (*inf*) the whisky warmed our/their *etc* insides (*inf*); **I~Mission** Home Mission; **~r Monolog** (*Liter*) interior monologue; **im innersten Herzen** deep in one's heart, in one's heart of hearts; **eine ~ Uhr** (*inf*) an internal *or* a biological clock; **~ Emigration** inner emigration, *withdrawal into private life of artists and intellectuals who remained in Germany through the Nazi period but did not support the Third Reich; any similar withdrawal.* 2. (*geistig, seelisch*) inner. **~ Werte** *pl* inner worth *no pl*; **eine ~ Stimme** an inner voice, a voice within; **vor meinem ~n Auge** in my mind's eye; **~ Führung** (*Mil*) moral leadership.

Innere(s) *nt decl as adj* 1. inside; (*von Kirche, Wagen, Schloß auch*) interior; (*Mitte*) middle, centre. **Minister des Inner(e)n**

minister of the interior; (*in GB*) Home Secretary; (*in den USA*) Secretary of the Interior; **ins ~ des Landes** into the heart of the country. 2. (*fig: Gemüt, Geist*) heart. **ich wußte, was in seinem ~n vorging** I knew what was going on inside him; **sein ~s rebellierte dagegen** his inner self rebelled against it; **im tiefsten ~n** (deep) in one's heart, in one's heart of hearts.

innerhalb I *prep* +*gen* 1. (*örtlich*) inside, within. **~ dieser Regelung** within this ruling. 2. (*zeitlich*) within. **~ (von) zehn Minuten** within ten minutes, inside (of) ten minutes. **II** *adv* inside; (*eines Landes*) inland. **weiter ~** further in; **weiter ~ im Lande** further inland.

innerlich *adj* 1. (*körperlich*) internal. **dieses Medikament ist ~ anzuwenden** this medicine is to be taken internally.
2. (*geistig, seelisch*) inward, inner *no adv*; *Gedicht, Mensch* inward; *Hemmung* inner. **ein ~ gefestigter Mensch** a person of inner strength; **~ schäumte er vor Wut** inwardly *or* inside he was boiling with rage; **~ lachen** to laugh inwardly *or* to oneself. **Innerlichkeit** *f* (*liter*) inwardness.

innerparteilich *adj* within the party; **~e Schwierigkeiten** internal difficulties in the party, difficulties within the party; **eine ~e Diskussion** a party discussion; **~e Demokratie** democracy (with)in the party structure; **innerstaatlich** *adj* domestic, internal.

innerste(r, s) *adj superl of* **innere(r, s)** innermost, inmost; (*fig auch*) deepest.

Innerste(s) *nt decl as adj* (*lit*) innermost part, heart; (*fig*) heart. **tief im ~n liebte sie ihn** in her heart of hearts *or* deep in her heart she loved him; **bis ins ~ getroffen** hurt to the quick, deeply *or* profoundly hurt.

innert *prep* +*gen or dat* (*Aus, Sw*) within, in, inside (of).

innewerden *vi sep irreg aux sein* (**sich** *dat*) **einer Sache** (*gen*) **~** to become aware *or* cognizant (*form*) of sth.

innewohnen *vi sep* +*dat* to be inherent in.

innig *adj Glückwünsche, Grüße* heartfelt *no adv*, hearty; *Beileid* heartfelt, deep, profound; *Vergnügen* deep, profound; *Freundschaft, Beziehung* intimate (*auch Chem*). **etw aufs ~ste erhoffen/wünschen** to hope/wish for sth most fervently *or* ardently; **mein ~ster Wunsch** my dearest wish; **jdn ~ lieben** to love sb dearly *or* deeply *or* with all one's heart.

Innigkeit *f* (*von Glückwünschen, Grüßen*) warmth, sincerity; (*von Empfindung*) depth; (*von Liebe*) intensity; (*von Freundschaft, Beziehung*) intimacy. **mit ~ beten/hoffen** to pray/hope fervently *or* ardently.

inniglich *adv* (*poet*) (*herzlich*) sincerely, warmly; (*tief*) deeply, profoundly; *lieben* deeply, dearly; (*eng*) intimately, closely.

Innung *f* (trade) guild. **du blamierst die ganze ~** (*hum inf*) you're letting the (whole) side down (*inf*).

in|offiziell *adj* unofficial. **jdm etw ~ mitteilen** to tell sb sth unofficially *or* off the record.

in|operabel *adj* (*Med*) inoperable.

in|opportun *adj* inopportune.

in petto *siehe* **petto.**
in puncto *siehe* **puncto.**
Input ['input] *m or nt* **-s, -s** input.
Inquisition *f* Inquisition.
Inquisitionsgericht *nt* Court of the Inquisition, inquisitional court.
Inquisitor *m* inquisitor.
inquisitorisch *adj* inquisitorial.
ins *contr of* **in das.** ~ **Rollen/Rutschen geraten** *or* **kommen** to start rolling/sliding.
Insasse *m* **-n, -n, Insassin** *f* (*eines Fahrzeuges*) passenger; (*eines Autos auch*) occupant; (*einer Anstalt*) inmate.
Insassenversicherung *f* passenger insurance.
insbesondere *adv* particularly, (e)specially, in particular.
Inschrift *f* inscription, legend (*form*).
Insekt *nt* **-(e)s, -en** insect.
Insektenbekämpfung *f* insect control; **Insektenfresser** *m* insect-eater, insectivore (*form*); **Insektengift** *nt* insecticide; **Insektenkunde** *f* entomology; **Insektenplage** *f* plague of insects; **Insektenpulver** *nt* insect powder, (powder) insecticide; **Insektenschutzmittel** *nt* insect-repellent; **Insektenstich** *m* (*von Ameisen, Mücken, Flöhen*) insect bite; (*von Bienen, Wespen*) (insect) sting; **Insektenvertilgungsmittel** *nt* insecticide.
Insektizid *nt* **-s, -e** (*form*) insecticide.
Insel *f* **-, -n** (*lit, fig*) island, isle (*poet*). **die Britischen** ~**n** the British Isles; **die** ~ **Man** the Isle of Man.
Inselbewohner *m* islander, inhabitant of an/the island.
Inselchen *nt* little island, islet (*poet*).
Inselgruppe *f* archipelago, group of islands; **Insellage** *f* island position; **Großbritannien, infolge seiner** ~ **...** Great Britain, because it is an island ...; **inselreich** *adj* with a lot of islands; **Inselreich** *nt* island kingdom; **Inselstaat** *m* island state; **Inselvolk** *nt* island nation or race or people; **Inselwelt** *f* island world; **die** ~ **des Pazifik** the world of the Pacific islands.
Inserat *nt* advert (*Brit inf*), ad (*inf*), advertisement.
Inseratenteil *m* advertisement section, adverts *pl* (*Brit inf*), ads *pl* (*inf*).
Inserent *m* advertiser.
inserieren* *vti* to advertise.
insgeheim *adv* secretly, in secret.
insgemein *adv* (*old*) in general, on the whole, by and large.
insgesamt *adv* (*alles zusammen*) altogether; (*im großen und ganzen*) all in all, on the whole, by and large. **die Kosten belaufen sich auf** ~ **1.000 DM** the costs amount to a total of DM 1,000; **ein Verdienst von** ~ **2.000 DM** earnings totalling DM 2,000.
Insider ['insaidə] *m* **-s, -** insider. **der Witz war nur für** ~ **verständlich** that was an in-joke, that joke was just for the in-crowd; ~ **der Jazz-Scene** those in on the jazz scene, those in the know about the jazz scene.
Insignien [in'zigniən] *pl* insignia *pl*.
insignifikant ['inzignifikant] *adj* (*geh*) in-significant, of no consequence.

insistieren* [inzis'ti:rən] *vi* (*geh*) to insist (*auf* + *dat* on).
Inskription *f* (*Aus*) inscription.
insofern I *adv* in this respect. ~ **... als** in so far as, inasmuch as, in that; **er hat** ~ **recht, als ...** he's right in so far as *or* inasmuch as *or* in that ... II [inzo'fɛrn] *conj* (*wenn*) if.
insolvent ['inzɔlvɛnt] *adj* (*Comm*) insolvent.
Insolvenz ['inzɔlvɛnts] *f* (*Comm*) insolvency.
insoweit [in'zo:vait] *adv*, [inzo'vait] *conj siehe* **insofern.**
in spe [in'spe:] *adj* (*inf*) to be, future. **unser Schwiegersohn** ~ ~ our son-in-law to be, our future son-in-law.
Inspekteur [inspɛk'tø:ɐ] *m* (*Mil*) Chief of Staff.
Inspektion *f* **1.** inspection; (*Aut*) service. **ich habe mein Auto zur** ~ **gebracht** I've taken my car in for a service *or* to be serviced. **2.** (*Behörde*) inspectorate.
Inspektionsreise *f* tour of inspection.
Inspektor(in *f*) [in'spɛktɔr, -'to:rin] *m* inspector; (*Verwalter, Aufseher*) superintendent.
Inspiration [inspira'tsio:n] *f* inspiration.
inspirieren* [inspi'ri:rən] *vt* to inspire. **sich von etw** ~ **lassen** to get one's inspiration from sth.
Inspizient [inspi'tsiɛnt] *m* (*Theat*) stage-manager; (*Aufseher*) inspector.
inspizieren* [inspi'tsi:rən] *vt* to inspect.
Inspizierung *f* inspection.
instabil ['instabi:l] *adj* unstable.
Instabilität *f* instability.
Installateur [instala'tø:ɐ] *m* plumber; (*Elektro*~) electrician, electrical fitter; (*Gas*~) gas-fitter.
Installation [instala'tsio:n] *f* **1.** (*no pl: das Installieren*) installation; (*Tech auch*) fitting. **2.** (*Anlage*) installation; (*in Bauten*) fittings *pl*, installations *pl*; (*Wasser*~) plumbing *no pl*. **3.** (*old, Sw: Amtseinsetzung*) installation.
installieren* [insta'li:rən] I *vt* to install (*auch fig*), to put in. II *vr* to install oneself.
instand *adj* in good condition *or* repair; (*funktionsfähig*) in working order, working. **etw** ~ **halten** to maintain sth, to keep sth in good condition *or* repair/in working order; **etw** ~ **setzen** to get sth into good condition *or* repair/into good working order; (*reparieren auch*) to repair sth.
Instandhaltung *f* (*von Gerät*) maintenance, servicing; (*von Gebäude*) maintenance, upkeep; **Instandhaltungskosten** *pl* maintenance costs *pl*; (*von Gebäude auch*) upkeep costs *pl*.
instandig *adj* urgent. ~ **bitten** to beg, to implore, to beseech; ~ **hoffen** to hope fervently.
Instandsetzung *f* (*von Gerät*) overhaul; (*von Gebäude*) restoration; (*Reparatur auch*) repair; **Instandsetzungs|arbeiten** *pl* repairs *pl*, repair work.
Instanz [in'stants] *f* **1.** (*Behörde*) authority. **er ging von einer** ~ **zur nächsten** he went from one office *or* department to the next. **2.** (*Jur*) court; (*Verhandlungsstadium*)

(court-)case; (*strafrechtlich auch*) trial. **Verhandlung in erster/zweiter** ~ first/ second court-case, hearing at the court of second instance (*form*); **Berufung in erster/zweiter** ~ first/second appeal; **ein Urteil letzter** ~ (*lit, fig*) a final judgement; **er ging von einer** ~ **zur anderen** he went through all the courts.

Instanzenweg, Instanzenzug (*Aus*) *m* official *or* prescribed channels *pl*, channels *pl* (*US*); (*Jur*) stages *pl* of appeal. **auf dem** ~ through (the official *or* prescribed) channels/the various stages of appeal.

Instinkt [ɪn'stɪŋkt] *m* **-(e)s, -e** (*lit, fig*) instinct. **aus** ~ instinctively, by instinct.

instinkthaft *adj* instinctive.

Instinkthandlung *f* instinctive act. **das ist eine reine** ~ it's purely instinctive (behaviour).

instinktiv [ɪnstɪŋk'tiːf] *adj* instinctive.

instinktmäßig I *adj* instinctive. **II** *adv* instinctively, by instinct; (*Instinkte betreffend*) as far as instinct is concerned.

Institut [ɪnsti'tuːt] *nt* **-(e)s, -e** institute; (*Jur: Institution*) institution.

Institution [ɪnstitu'tsioːn] *f* institution.

institutionalisieren* *vt* to institutionalize.

institutionell *adj* institutional.

Institutsleiter *m* director of an/the institute.

instruieren* [ɪnstru'iːrən] *vt* to instruct; (*über Unternehmen, Plan etc*) to brief; *Anwalt* to brief.

Instrukteur [ɪnstrʊk'tøːɐ] *m* instructor.

Instruktion [ɪnstrʊk'tsioːn] *f* instruction. **laut** ~ according to instructions.

instruktiv [ɪnstrʊk'tiːf] *adj* instructive.

Instrument [ɪnstru'mɛnt] *nt* instrument; (*Hammer etc auch*) tool, implement. **er ist ein** ~ **des ...** he is the instrument of ...

instrumental [ɪnstrumɛn'taːl] *adj* (*Mus*) instrumental.

Instrumental- *in cpds* instrumental; **Instrumentalbegleitung** *f* instrumental accompaniment; **ohne** ~ **singen** to sing unaccompanied; **Instrumentalsatz** *m* (*Gram*) instrumental clause; (*Mus*) (*Bearbeitung*) instrumental version; (*Teilstück*) instrumental section.

Instrumentarium [ɪnstrumɛn'taːriʊm] *nt* (*lit*) equipment, instruments *pl*; (*Mus*) instruments *pl*; (*fig*) apparatus.

instrumentell [ɪnstrumɛn'tɛl] *adj* with instruments.

Instrumentenbrett *nt* instrument panel; **Instrumentenflug** *m* instrument flight; (*das Fliegen auch*) instrument flying, flying on instruments.

instrumentieren* [ɪnstrumɛn'tiːrən] *vt* (*Mus*) to arrange for instruments; (*für Orchester*) to orchestrate; (*Tech*) to fit out *or* equip with instruments.

Instrumentierung *f* instrumentation.

Insuffizienz ['ɪnzʊfitsiɛnts] *f* (*Med, geh*) insufficiency.

Insulaner(in *f*) *m* **-s, -** islander.

insular *adj* insular.

Insulin *nt* **-s,** *no pl* insulin.

Insulin- *in cpds* insulin; **Insulinschock** *m* insulin *or* hypoglycaemic (*spec*) shock.

Inszenator *m* (*Theat*) director; (*fig*) stage-manager.

inszenatorisch *adj* directing *attr*. **eine** ~**e Glanzleistung** a brilliant piece of directing *or* (*fig*) stage-management.

inszenieren* *vt* **1.** (*Theat*) to direct; (*Rad, TV*) to produce. **2.** (*fig*) to stage-manage. **einen Streit** ~ to start an argument; **ein Theater** ~ (*inf*) to kick up a fuss (*inf*).

Inszenierung *f* production. **ein Stück in neuer** ~ **aufführen** to put on a new production of a play.

intakt *adj* intact. **ich bin noch meiner Grippe noch nicht ganz** ~ (*inf*) I'm still feeling a bit fragile after my flu.

Intarsia *f* **-, Intarsien** [-ɪən], **Intarsie** [ɪn'tarziə] *f usu pl* marquetry *no pl*, inlay, inlaid work *no pl*.

integer *adj* (*geh*) ~ **sein** to be full of integrity; **ein integrer Mensch** a person of integrity; **sich** ~ **verhalten** to behave with integrity.

integral *adj attr* integral.

Integral *nt* **-s, -e** integral.

Integralrechnung *f* integral calculus.

Integration *f* integration.

integrierbar *adj* capable of being integrated, assimilable; (*Math*) integrable.

integrieren* *vt* to integrate (*auch Math*). **integrierte Gesamtschule** comprehensive (school) (*Brit*); **integrierte Schaltung** integrated circuit.

Integrierung *f* integration *no pl*.

Integrität *f* integrity.

Intellekt *m* **-(e)s,** *no pl* intellect.

intellektuell *adj* intellectual.

Intellektuelle(r) *mf decl as adj* intellectual.

intelligent *adj* intelligent (*auch Psych*), bright.

Intelligenz *f* intelligence; (*Personengruppe*) intelligentsia *pl*. **Elefanten haben eine hochentwickelte** ~ elephants are highly intelligent *or* have a great deal of intelligence.

Intelligenzbestie *f* (*pej inf*) egghead (*inf*).

Intelligenzija [-tsija] *f* -, *no pl* intelligentsia *pl*.

Intelligenzler *m* **-s, -** (*inf*) egghead (*inf*).

Intelligenzquotient *m* intelligence quotient, IQ; **Intelligenztest** *m* intelligence test; **einen** ~ **mit jdm machen** to give sb an intelligence test, to test sb's IQ.

Intendant *m* director; theatre-manager.

Intendanz *f* (*Amt*) directorship; (*Büro*) director's/theatre-manager's office.

intendieren* *vt* (*geh*) to intend. **eine Beleidigung hatte ich damit nicht intendiert** I didn't intend that as an insult.

Intensität *f* intensity.

intensiv *adj Arbeit, Forschung, Landwirtschaft* intensive; *Farbe, Gefühl* intense; *Geruch* powerful, strong; *Blick* intent, intense. **jdn** ~ **beobachten** to watch sb intently.

intensivieren* [-'viːrən] *vt* to intensify.

Intensivierung *f* intensification.

Intensivkurs *m* intensive course; **Intensivstation** *f* intensive care unit.

Intention *f* (*geh*) intention, intent.

intentional [ɪntɛntsio'naːl] *adj* (*Philos*) intentional.

Inter- *in cpds* inter-; **Interaktion** *f* interaction; **Intercity-Verkehr** *m* (*Rail*) intercity traffic (*Brit*), express traffic;

Intercity-Zug *m* inter-city train (*Brit*); **interdependent** *adj* interdependent; **Interdependenz** *f* interdependence; **interdisziplinär** *adj* interdisciplinary.

interessant *adj* interesting. **zu diesem Preis ist das nicht ~ für uns** (*Comm*) we are not interested at that price; **das ist ja ~!** (that's) very interesting!; **sich ~ machen** to attract attention (to oneself); **sich bei jdm ~ machen** to attract sb's attention.

interessanterweise *adv* interestingly enough.

Interesse *nt* **-s, -n** interest. **~ an jdm/etw** *or* **für jdn/etw haben** to be interested in sb/sth; **aus ~** out of interest, for interest; **es liegt in Ihrem eigenen ~** it's in your own interest(s); **die ~n eines Staates wahrnehmen** to look after the interests of a state; **sein ~ gilt ... his interest is** *or* **lies in ...**, he's interested in ...; **das ist für uns nicht von ~** that's of no interest to us, we're not interested in that.

interessehalber *adv* for *or* out of interest; **interesselos** *adj* indifferent; **Interesselosigkeit** *f* indifference.

Interessenbereich *m*, **Interessengebiet** *nt* field of interest; **das gehört nicht zu meinem ~** that isn't one of my interests, that's outside my field of interests; **Interessengegensatz** *m* clash of interests; **Interessengemeinschaft** *f* **1.** community of interests; (*Menschen*) group of people sharing interests; **2.** (*Econ*) syndicate; **Interessengruppe** *f* interest group; **Interessensphäre** *f* (*Pol*) sphere of influence.

Interessent(in *f*) *m* interested person *or* party (*form*); (*Bewerber auch*) applicant; (*Comm: Kauflustiger auch*) prospective customer. **~en werden gebeten ...** those interested are requested ...; **es haben sich mehrere ~en gemeldet** several people have shown interest.

Interessentenkreis *m* market.

Interessenverband *m* syndicate; **Interessenvertretung** *f* representation of interests; (*Personen*) group representing one's interests.

interessieren* **I** *vt* to interest (*für, an* +*dat* in). **es würde mich doch sehr ~, was du damit machen willst** it would interest me very much to know *or* I'd be very interested to know what you want to do with it; **das interessiert mich (gar) nicht!** I'm not (the least *or* slightest bit) interested; **das hat dich nicht zu ~!** that's none of your business!, don't be so nosey! (*inf*). **II** *vr* to be interested (*für* in); (*mit Interesse verfolgen auch*) to take an interest (*für* in). **er begann schon mit acht Jahren, sich für Musik zu ~** he started to be interested *or* to take *or* show an interest in music when he was eight.

interessiert *adj* interested (*an* +*dat* in). **~ zuhören** *etc* to listen *etc* with interest; **vielseitig ~ sein** to have a wide range of interests; **politisch ~** interested in politics.

Interferenz *f* (*Phys, Ling*) interference *no pl*.

Interhotel *nt* (*DDR*) international hotel.

Interieur [ɛ̃teˈriøːɐ] *nt* **-s, -s** *or* **-e** interior.

Interim *nt* **-s, -s** interim.

Interims- *in cpds* interim; **Interimsregierung** *f* caretaker *or* provisional government.

Interjektion *f* interjection.

interkonfessionell *adj* interdenominational; **interkontinental** *adj* intercontinental; **Interkontinentalrakete** *f* intercontinental missile; **interlinear** *adj* interlinear.

Intermezzo [-ˈmɛtso] *nt* **-s, -s** *or* **Intermezzi** (*Mus*) intermezzo; (*fig auch*) interlude; (*ärgerlich*) contretemps *sing*.

intermittierend *adj* intermittent.

intern *adj* internal. **~er Schüler** boarder; **diese Maßnahmen müssen vorläufig ~ bleiben** for the time being these measures must be kept private; **die ~en Schwierigkeiten des Landes** the country's internal *or* domestic difficulties.

internalisieren* *vt* (*spec*) to internalize.

Internat *nt* boarding school.

international [ɪntɐnatsioˈnaːl] *adj* international.

Internationale [ɪntɐnatsioˈnaːlə] *f* **-, -n** Internationale.

internationalisieren* [ɪntɐnatsio-] *vt* to make international.

Internationalismus *m* internationalism.

Internatsschüler *m* boarder, boarding (school) pupil.

internieren* *vt* to intern.

Internierte(r) *mf decl as adj* internee.

Internierung *f* internment.

Internierungslager *nt* internment camp.

Internist *m* internist.

interparlamentarisch *adj* interparliamentary.

Interpellation *f* (parliamentary) question.

interpellieren* *vi* to ask a (parliamentary) question.

interplanetar(isch) *adj* interplanetary *no adv*.

Interpol *f* - Interpol.

Interpolation *f* interpolation.

interpolieren* *vt* to interpolate.

Interpret *m* **-en, -en** interpreter (*of music, art etc*).

Interpretation *f* interpretation; (*eines Liedes auch*) version.

interpretieren* *vt* to interpret. **etw falsch ~** to misinterpret sth.

Interpretin *f siehe* **Interpret**.

Interpunktion *f* punctuation.

Interpunktionsregel *f* rule of punctuation, punctuation rule; **Interpunktionszeichen** *nt* punctuation mark.

Interregnum *nt* **-s, Interregnen** *or* **Interregna** interregnum.

interrogativ *adj* interrogative.

Interrogativpronomen *nt* interrogative pronoun; **Interrogativsatz** *m* interrogative clause.

Interruptus *m* **-**, *no pl* (*inf*) coitus interruptus.

Intershop [ˈɪntɐʃɔp] *m* **-s, -s** (*DDR*) international shop.

interstellar [-stɛˈlaːɐ] *adj* interstellar.

Intervall [-ˈval] *nt* **-s, -e** interval.

Intervalltraining *nt* interval training.

intervenieren* [-veˈniːrən] *vi* to intervene.

Intervention [-vɛnˈtsioːn] *f* intervention.

Interview [ˈɪntɐvjuː] *nt* **-s, -s** interview.

interviewen [-'vju:ən] *vt* to interview (*jdn zu etw* sb on *or* about sth).

Interviewer(in *f*) [-'vju:ɐ, -'vju:ərɪn] *m* -s, - interviewer.

Intervision [-vi'zio:n] *f* Intervision.

Interzonen- *in cpds* interzonal.

Inthronisation *f* enthronement.

inthronisieren* *vt* to enthrone.

intim *adj* intimate. **ein ~er Kenner von etw sein** to have an intimate knowledge of sth; **etw im ~en Kreis feiern** to celebrate sth with one's closest *or* most intimate friends; **meine ~en Angelegenheiten** my intimate personal affairs.

Intimbereich *m* 1. (*Anat*) genital area; 2. (*fig*) *siehe* **Intimsphäre**; **Intimfeind** *m* favourite enemy; **Intimhygiene** *f* intimate hygiene.

Intimität *f* 1. *no pl* (*Gemütlichkeit, Vertraulichkeit*) intimacy. 2. (*private Angelegenheit*) intimacy. **jdm allerlei ~en erzählen** to tell sb all kinds of intimate details *or* intimacies; **bitte keine ~en!** please don't go into intimate details. 3. (*sexuell*) intimacy. **zwischen den beiden kam es zu ~en** they became intimate with each other; **~en austauschen** to kiss and pet.

Intimlotion *f* vaginal lotion; **Intimsphäre** *f* private life; **jds ~ verletzen** to invade sb's privacy; **diese Frage greift in die ~ ein** that question is an invasion of my/your *etc* privacy; **Intimspray** *nt* intimate deodorant spray.

Intimus *m* -, **Intimi** (*hum*) confidant.

Intimverkehr *m* intimacy. **~ mit jdm haben** to be intimate with sb.

intolerant *adj* intolerant (*einer Sache gegenüber* of sth, *jdm gegenüber* of *or* towards sb).

Intoleranz *f* intolerance.

Intonation *f* intonation.

intonieren* *vt* 1. **einen Satz falsch/anders ~** to give a sentence the wrong/a different intonation. 2. (*Mus*) *Melodie* to sing; (*Kapelle*) to play; *Ton* to give. **wer kann das Lied ~?** who can start the song off?

intransigent *adj* (*liter*) intransigent.

Intransigenz *f* (*liter*) intransigence.

intransitiv *adj* intransitive.

intravenös [-ve'nø:s] *adj* intravenous.

intrigant *adj* (*geh*) scheming, designing.

Intrigant(in *f*) *m* schemer, intriguer.

Intrige *f* -, **-n** intrigue, conspiracy, scheme.

Intrigenspiel *nt* intriguing, plotting; **Intrigenwirtschaft** *f* hive of intrigue.

intrigieren* *vi* to intrigue, to scheme, to plot.

introvertiert [-vɛr'ti:ɐt] *adj* introverted.

Introvertiertheit *f* introversion.

Intuition [ɪntui'tsio:n] *f* intuition.

intuitiv [ɪntui'ti:f] *adj* intuitive.

intus *adj* (*inf*) **etw ~ haben** (*wissen*) to have got sth into one's head (*inf*); *Essen, Alkohol* to have sth down (*inf*) *or* inside one (*inf*); **er hat schon etwas *or* einiges ~** he's had a few.

Invalide [ɪnva'li:də] *m* -n, -n disabled person, invalid. **er ist ~** he's disabled *or* an invalid.

Invalidenrente *f* (*dated*) disability pension; **Invalidenversicherung** *f* (*dated*) disability insurance.

Invalidität [ɪnvalidi'tɛ:t] *f* disability.

invariabel [ɪnva'ria:bl] *adj* invariable.

invariant [ɪnva'riant] *adj* invariant.

Invariante [-va-] *f* -, **-n** (*Math*) invariant, invariable.

Invasion [ɪnva'zio:n] *f* (*lit, fig*) invasion.

Invasor [ɪn'va:zɔr] *m usu pl* invader.

Invektive [ɪnvɛk'ti:və] *f* (*geh*) invective *no pl.*

Inventar [ɪnvɛn'ta:ɐ] *nt* -s, **-e** 1. (*Verzeichnis*) inventory; (*Comm*) assets and liabilities *pl.* **das ~ aufnehmen** to do the inventory; **etw ins ~ aufnehmen** to put sth on the inventory. 2. (*Einrichtung*) fittings *pl*; (*Maschinen*) equipment *no pl*, plant *no pl.* **er gehört schon zum ~** (*fig*) he's part of the furniture.

inventarisieren* [-ven-] *vt* to take *or* make an inventory of.

Inventur [ɪnvɛn'tu:ɐ] *f* stocktaking. **~ machen** to stocktake.

Inversion [ɪnvɛr'zio:n] *f* (*Gram*) inversion.

Invest- [ɪn'vɛst-] *in cpds* (*DDR*) investment.

investieren* [ɪnvɛs'ti:rən] *vti* (*Comm*) to invest; (*fig auch*) to put. **Gefühle in jdn ~** (*inf*) to become (emotionally) involved with sb.

Investition [ɪnvɛst-] *f* investment.

Investitions- *in cpds* investment; **Investitionsgüter** *pl* capital goods *pl*; **Investitionshilfe** *f* investment aid.

Investitur [ɪnvɛsti'tu:ɐ] *f* (*Eccl*) investiture.

Investment [ɪn'vɛstmənt] *nt* -s, **-s** investment.

Investment- *in cpds* investment.

inwendig *adj* 1. (*rare*) inside. 2. (*inf*) **jdn/etw in- und auswendig kennen** to know sb/sth inside out.

inwiefern, inwieweit *adv* (*im Satz*) to what extent, how far; (*alleinstehend*) in what way.

Inzahlungnahme *f* -, **-n** (*Comm*) **die ~ von etw** the acceptance of sth in part payment *or* as a trade-in; **bei ~ des alten Wagens** when the old car is traded in *or* is taken as a trade-in.

Inzest *m* -(**e**)s, **-e** incest *no pl.*

inzestuös *adj* incestuous.

Inzucht *f* inbreeding. **verfluchte ~!** (*sl*) bugger! (*sl*).

inzwischen *adv* (in the) meantime, meanwhile. **ich gehe ~ auf die Post** I'll go to the post in the meantime; **sie hatte ~ davon erfahren** meanwhile *or* in the meantime she'd learnt of this; **er hat sich ~ verändert** he's changed since (then); **er ist ~ 18 geworden** he's now 18.

Ion [io:n, 'i:ɔn] *nt* -s, **-en** ion.

IOK [i:|o:'ka:] *nt* -s *abbr of* **Internationales Olympisches Komitee** IOC.

Ionisation [ioniza'tsio:n] *f* ionization.

ionisch ['io:nɪʃ] *adj* (*Archit, Poet*) ionic; (*Mus*) ionian.

ionisieren* [ioni'zi:rən] *vt* to ionize.

Ionosphäre [iono'sfɛ:rə] *f* ionosphere.

I-Punkt ['i:pʊŋkt] *m* dot on the i. **-e setzen** *or* **machen** to dot one's *or* the i's, to put the dots on the i's.

IQ *abbr of* **Intelligenzquotient** IQ.

i.R. [iː'|ɛr] *abbr of* **im Ruhestand** retd.

Irak [i'raːk, 'iːrak] *m* **-s (der)** ~ Iraq.

Iraker(in *f)* *m* **-s, -** Iraqi.

irakisch *adj* Iraqi.

Iran *m* **-s (der)** ~ Iran.

Iraner(in *f)* *m* **-s, -** Iranian.

iranisch *adj* Iranian.

irden *adj* earthenware, earthen. **~e Waren** earthenware.

irdisch *adj* earthly *no adv.* **den Weg alles I~en gehen** to go the way of all flesh.

Ire *m* **-n, -n** Irishman; Irish boy. **die ~n** the Irish; **er ist ~** he is Irish.

irgend I *adv* at all. **wenn ~ möglich, wenn es ~ geht** if it's at all possible; **was ich ~ kann ...** whatever I can ...; **wer (es) ~ kann** whoever can; **so sanft wie ~ möglich** as gently as possible *or* as I/you *etc* possibly can; **so lange ich ~ kann** as long as I possibly can; **wo es ~ geht** where it's at all possible, wherever (it's) possible.

II *mit indef pron* **jemand** somebody; *(fragend, verneinend, bedingend)* anybody; **ich bin nicht ~ jemand** I'm not just anybody; **~ etwas** something; *(fragend, verneinend, bedingend)* anything; **was zieh' ich an? — ~ etwas** what shall I wear? — anything, any old thing *(inf)*; **~ so ein Tier** some animal; **ein Fuchs oder ~ so ein Tier** a fox or some such animal.

irgend|ein *indef pron* some; *(fragend, verneinend, bedingend)* any. **er hat ~ Schimpfwort verwendet** he used some swearword or other; **ich will nicht ~ Buch** I don't want just any *(old inf)* book; **haben Sie noch ~en Wunsch?** is there anything else you would like?; **~ anderer** somebody *or* someone else.

irgend|eine(r, s) *indef pron* (*nominal*) (*bei Personen*) somebody, someone; (*bei Dingen*) something; *(fragend, verneinend, bedingend)* anybody, anyone/anything. **welchen wollen Sie? — ~n** which one do you want? — any one, any old one *(inf)*.

irgend|einmal *adv* some time or other, sometime; *(fragend, bedingend)* ever.

irgendwann *adv* sometime. **~ werde ich wohl kommen** I'll come some time or other *or* sometime; **~ einmal** some time; *(fragend, bedingend)* ever.

irgendwas *indef pron* (*inf*) something; *(fragend, verneinend, bedingend)* anything. **er murmelte so ~** he murmured something or other; **was soll ich sagen? — ~** what shall I say? — anything *or* any old thing *(inf)*.

irgendwelche(r, s) *indef pron* some; *(fragend, verneinend, bedingend, jede beliebige)* any. **sind noch ~ Reste da?** is there still something left?, is there anything left?

irgendwer *indef pron* (*inf*) *siehe* **irgend II**.

irgendwie *adv* somehow (or other). **ist es ~ möglich?** is it at all possible?; **kannst du dir das ~ vorstellen?** can you possibly imagine it?; **ich hab' das ~ schon mal gesehen** I've just got a feeling I've seen it before.

irgendwo *adv* somewhere (or other), someplace (*esp US inf*); *(fragend, verneinend, bedingend)* anywhere, any place (*esp US inf*).

irgendwoher *adv* from somewhere (or other), from someplace (*esp US inf*); *(fragend, verneinend, bedingend)* from anywhere *or* any place (*esp US inf*).

irgendwohin *adv* somewhere (or other), someplace (*esp US inf*); *(fragend, verneinend, bedingend)* anywhere, any place (*esp US inf*).

Iridium *nt, no pl* (*abbr* **Ir**) iridium.

Irin *f* Irishwoman; Irish girl. **sie ist ~** she is Irish.

Iris *f* **-, -** *or* (*Opt auch*) **Iriden** iris.

irisch *adj* Irish. **~-römisches Bad** Turkish bath.

irisieren* *vi* to iridesce. **~d** iridescent.

Irland *nt* **-s** Ireland; (*Republik* ~) Eire.

Ironie *f* irony.

ironisch *adj* ironic, ironical.

ironisieren* *vt* to treat ironically.

irr *adj siehe* **irr(e)**.

irrational ['ɪratsionaːl] *adj* irrational.

Irrationalismus *m* irrationalism.

irr(e) I *adj* **1.** (*geistesgestört*) mad, crazy, insane; **Blick** *auch* crazed, demented, wild. **das macht mich ganz ~** it's driving me mad *or* crazy *or* insane; **jdn für ~ halten** (*inf*)/**erklären** (*inf*) to think sb is mad/to tell sb he/she *etc* is mad; **wie ~** (*fig inf*) like mad (*inf*) *or* crazy (*inf*); **~es Zeug reden** (*fig*) to say crazy things.

2. *pred* (*verwirrt, unsicher*) muddled, confused. **an jdm/etw ~ werden** (*liter*) to lose (one's) faith in sb/sth.

3. (*inf*) **Party, Hut** wild (*inf*), crazy (*inf*). **er war ~ angezogen** he was wearing way-out clothes (*sl*).

II *adv* **1.** (*verrückt*) insanely, in a mad *or* insane way.

2. (*sl: sehr*) incredibly (*inf*). **~ gut/hübsch** (*sl*) way out (*sl*)/real pretty (*inf*).

Irre *f* **-, no pl:** **jdn in die ~ führen** (*lit, fig*) to lead sb astray; **sich in die ~ führen lassen** (*lit, fig*) to be led astray, to be misled.

irreal *adj* unreal.

irreführen *vt sep* to mislead; (*lit auch*) to lead astray; **sich ~ lassen** to be misled *or* led astray; **irreführend** *adj* misleading; **Irreführung** *f* misleading; **durch bewußte ~ der Öffentlichkeit** by deliberately misleading the public; **irregehen** *vi sep irreg aux sein* **1.** (*lit geh*) (*sich verirren*) to go astray, to lose one's way; **2.** (*fig*) to be mistaken.

irregulär *adj* irregular.

Irregularität *f* irregularity.

irreleiten *vt sep* to mislead, to lead astray. **irregeleitete Jugendliche** misguided youth; **~de Informationen** misleading information.

irrelevant ['ɪrelevant] *adj* irrelevant (*für* for, to).

Irrelevanz *f* irrelevance (*für* for, to).

irreligiös *adj* irreligious.

Irreligiosität *f* irreligion.

irremachen *vt sep* to confuse, to muddle.

irren I *vi* **1.** *aux sein* (*ziellos umherschweifen*) to wander, to stray, to roam.

2. (*sich täuschen*) to be mistaken *or* wrong. **I~ ist menschlich** (*Prov*) to err is human (*Prov*).

II *vr* to be mistaken *or* wrong. **jeder kann sich mal ~** anyone can make a mistake, everyone makes mistakes; **sich in jdm/etw ~** to be mistaken in *or* about sb/ about sth, to be wrong about sb/sth; **wenn ich mich nicht irre ...** if I'm not mistaken ..., unless I'm very much mistaken ...

Irren|anstalt *f* (*dated*) lunatic asylum (*dated*), loony-bin (*inf*); **Irren|arzt** *m* (*old, pej*) psychiatrist; **Irrenhaus** *nt* (*dated, pej*) lunatic asylum (*dated*), loony-bin (*inf*); **hier geht es zu wie im ~** (*inf*) this place is an absolute madhouse; **irrenhausreif** *adj* (*inf*) **~ sein** to be cracking up (*inf*).

irreparabel *adj* irreparable.

Irre(r) *mf decl as adj* lunatic; (*fig auch*) madman. **ein armer ~r** (*hum inf*) a poor fool *or* idiot.

irrereden *vi sep* to rave, to rant.

Irr(e)sein *nt* insanity. **manisch-depressives ~** manic depression, manic-depressive psychosis.

irreversibel ['ɪreverzi:bl] *adj* (*Phys, Biol*) irreversible.

Irrfahrt *f* wandering, odyssey (*liter*); **nach langer ~** after a long period of wandering (*auch fig*); **Irrgang** *m* (*lit*) blind alley (*in maze, pyramid*); (*fig, usu pl*) maze, labyrinth; **Irrgarten** *m* maze, labyrinth; **Irrglaube(n)** *m* (*Rel*) heretical belief, heresy (*auch fig*); (*irrige Ansicht*) mistaken belief; **irrgläubig** *adj* heretical; **die I~en** the heretics.

irrig *adj* incorrect, wrong, false.

irrigerweise *adv* wrongly, incorrectly. **etw ~ glauben** to believe sth mistakenly *or* wrongly.

irritieren* *vt* (*verwirren*) to confuse, to muddle; (*ärgern*) to irritate.

Irrläufer *m* stray letter, document etc delivered to the wrong address; **Irrlehre** *f* heresy, heretical *or* false doctrine; **Irrlicht** *nt* jack o'lantern, will-o'-the-wisp.

Irrsinn *m, no pl* madness, insanity. **das ist ja ~!** (*inf*) that's (sheer *or* absolute) madness *or* lunacy!

irrsinnig *adj* mad, crazy, insane; (*inf: stark*) terrific, tremendous. **wie ein I~er** like a madman; **das Kind schrie wie ~** the child yelled like mad (*inf*) *or* like crazy (*inf*); **ein ~er Verkehr** (*inf*) a terrific *or* a crazy (*inf*) amount of traffic; **~ viele Leute** (*inf*) a tremendous *or* terrific number of people.

Irrsinnigkeit *f* madness, craziness, insanity.

Irrsinns- *in cpds* (*inf*) terrific, tremendous; **Irrsinnshitze** *f* (*inf*) **da ist eine ~** the heat there is absolutely incredible; **Irrsinnsverkehr** *m* (*inf*) **da ist ein ~** there's a crazy (*inf*) *or* terrific amount of traffic there; **Irrsinnstat** *f* insanity.

Irrtum *m* mistake, error. **ein ~ von ihm** a mistake on his part; **im ~ sein, sich im ~ befinden** to be wrong *or* mistaken, to be in error; **~!** wrong!, you're wrong there!; **~,** **ich war es gar nicht!** that's where you're wrong *or* you're wrong there, it wasn't me!; **~ vorbehalten!** (*Comm*) errors excepted; **einen ~ zugeben** to admit to (having made) a mistake *or* an error.

irrtümlich I *adj attr* mistaken, erroneous. **II** *adv* mistakenly, erroneously; (*aus Versehen*) by mistake.

irrtümlicherweise *adv* mistakenly, erroneously; (*aus Versehen*) by mistake.

Irrung *f* (*liter*) **die ~en und Wirrungen meines Lebens** the aberrations of my life.

Irrweg *m* (*fig*) **auf einem ~ sein** to be on the wrong track; **zu studieren erwies sich für ihn als ~** going to university turned out to be a mistake for him; **auf ~e geraten** to go astray, to leave the straight and narrow; **Irrwisch** *m* **-es, -e 1.** *siehe* **Irrlicht; 2.** (*lebhafter Mensch*) imp.

-is *adj suf* (*Mus*) sharp.

Ischias *m or nt* **-,** *no pl* sciatica.

Ischiasnerv *m* sciatic nerve.

Isegrim *m* **-s, -e** (*Liter*) the big bad wolf.

Islam *m* **-s,** *no pl* Islam.

islamisch *adj* Islamic.

Island *nt* **-s** Iceland.

Isländer(in *f*) *m* **-s, -** Icelander.

isländisch *adj* Icelandic.

Isobare *f* **-, -n** isobar.

Isolation *f* **1.** (*das Absondern, Isolieren*) isolation (*auch Med, Biol*); (*von Häftlingen auch*) putting in solitary confinement; (*das Isoliertsein*) isolation (*auch Med, Biol*); (*von Häftlingen*) solitary confinement. **die Studenten protestierten gegen die ~ politischer Häftlinge** the students protested against political prisoners' being put in solitary confinement. **2.** (*Elec, gegen Lärm, Kälte etc*) insulation; (*von Wasserleitung, Boiler, Speicher auch*) lagging.

Isolationismus *m* isolationism.

Isolator *m* insulator.

Isolierband *nt* insulating tape.

isolieren* I *vt* **1.** (*absondern*) to isolate (*auch Med, Biol*); *Häftlinge auch* to put in(to) solitary confinement. **völlig isoliert leben** to live in complete isolation, to live isolated from the world; **ein Problem isoliert betrachten** to look at a problem in isolation. **2.** *elektrische Leitungen, Häuser, Fenster* to insulate; *Wasserleitungen, Speicher auch* to lag. **II** *vr* to isolate oneself *or* cut oneself off (from the world).

Isolierhaft *f* solitary confinement; **Isoliermaterial** *nt* insulating material; (*für Wasserleitungen, Speicher auch*) lagging; **Isolierschicht** *f* insulating layer; **Isolierstation** *f* isolation ward.

Isoliertheit *f* isolatedness.

Isolierung *f siehe* **Isolation.**

Isometrie *f* isometry.

isomorph *adj* isomorphic; *Kristalle auch* isomorphous.

Isotherme *f* **-, -n** isotherm.

Isotop *nt* **-s, -e** isotope.

Israel ['ɪsraɛl] *nt* **-s** Israel. **das Volk ~** the people of Israel.

Israeli *mf* **-(s), -(s)** Israeli.

israelisch *adj* Israeli.

Israelit *m* **-en, -en** Israelite.

israelitisch *adj* Israelite.

iß *imper sing of* **essen.**

ist 3. pers sing present of sein [1].

Istanbul *nt* **-s** Istanbul.

Ist-Bestand *m* (*Geld*) cash in hand; (*Waren*) actual stock.

Isthmus *m* **-,** **Isthmen** isthmus.

Ist-Stärke *f* (*Mil*) actual *or* effective strength.

Itaker *m* **-s, -** (*pej*) dago (*pej*), Eyetie (*pej*).
Italien [-iən] *nt* **-s** Italy.
Italiener(in *f*) [-'liːnɐ, -ɔrɪn] *m* **-s, -** Italian.
italienisch [-'liːnɪʃ] *adj* Italian. **die ~e
  Schweiz** Italian-speaking Switzerland.
iterativ *adj* (*Gram*) iterative.

i-Tüpfelchen *nt* dot (on the/an i). **bis aufs ~**
  (*fig*) (right) down to the last (little) detail.
i.V. [iː'fau] *abbr of* **in Vertretung** pp.
Iwan *m* **-s,** *no pl* (*dated inf*) **der ~** (*Volk*) the
  Russkies (*inf*) *pl*; (*Mensch*) the Russky
  (*inf*).

J

J, j [jɔt, (*Aus*) je:] *nt* J, j.
ja *adv* **1.** (*zustimmend*) yes, yeah (*inf*); aye (*dial, Scot, Parl*); yea (*US Parl*); (*bei Trauung*) I do. **kommst du morgen? — ~** are you coming tomorrow? — yes(, I am); **haben Sie das gesehen? — ~** did you see it? — yes(, I did); **ich glaube ~** (yes) I think so; **zu etw ~ sagen** to say yes to sth; **~ und amen zu etw sagen** (*inf*) to agree (slavishly) with sth; **wenn ~** if so; **~! ~!**, **riefen die Zuschauer** go on! go on!, shouted the crowd.
2. (*fragend*) really? **er war gestern da — ~?** he was there yesterday — really?, was he?; **ich habe gekündigt — ~?** I've quit — have you?, really?; **~, bitte?** yes?
3. (*feststellend*) **aber ~!** yes, of course, but of course; **ach ~!** oh yes; **nun —** oh well; **~ doch** *or* **freilich** *or* **gewiß** yes, of course; **~ so!** I see.
4. (*zweifelnd, ungläubig*) really? **ich esse gern rohen Fisch — ~?** I like raw fish — really?, do you?; **er braucht keinen Urlaub, er arbeitet lieber — ~?** he doesn't need any holiday, he'd rather work — really?, would he?
5. (*unbedingt*) **komm ~ pünktlich!** be punctual; **sei ~ vorsichtig!** be careful; **vergessen Sie es ja nicht!** don't forget, whatever you do!; **tu das ja nicht, ich warne dich!** just don't do that, I'm warning you.
6. (*einräumend, schließlich*) **es ist ~ noch früh** it's still early (after all); **sie ist ~ erst fünf** (after all) she's only five; **es ist ~ nicht so schlimm** it's not really as bad as all that, (after all) it's not that bad; **das ist ~ richtig, aber ...** that's (certainly) right, but ...; **ich kann es ~ mal versuchen, aber ...** I could always try it, but ...
7. (*als Steigerung*) even, nay (*liter*). **das ist gut, ~ sogar sehr gut** it's good, in fact it's even very good.
8. (*feststellend*) **da hat man's ~, da haben wir's ~** there you are (then); **da kommt er ~** there *or* here he is; **das ist es ~** that's just it; **hier ist ~ Herr Meier** here's Mr Meier himself; **das sag' ich ~!** that's what I say; **das wissen wir ~ alle** we all know that (anyway); **Sie wissen ~, daß ...** you (already) know that ..., as you know ...; **Sie wissen ~, wie das so ist** you know how it is, (don't you?).
9. (*verstärkend, wirklich*) just. **das ist ~ fürchterlich** that's (just) terrible, terrible, that's what it is!; **das weiß man ~ eben nie vorher** you just never know in advance.
10. (*aber*) **~,** (*ganze Sie mal*) now look here; **~, was du nicht sagst!** you don't say!
11. (*sich vergewissernd*) right?, OK? **du kommst doch morgen, ~?** you're coming tomorrow, right *or* aren't you?; **du rufst mich doch an, ~?** you'll give me a call, right *or* OK *or* won't you?
Ja *nt* **-s, -(s)** yes; aye (*dial, Scot, Parl*); yea

(*US Parl*). **das ~ vor dem Traualtar sprechen** to say "I do" at the altar.
Jacht *f* **-, -en** yacht.
Jachtklub *m* yacht club; **Jachtsport** *m* yachting, sailing.
jäck *adj* (*dial*) crazy.
Jäckchen *nt* **1.** *dim of* **Jacke** little jacket. **2.** (*Baby~*) matinée jacket.
Jacke *f* **-, -n** jacket, coat (*esp US*); (*Woll~*) cardigan; (*Comm: Unterhemd*) vest (*Brit*), undershirt (*US*). **das ist ~ wie Hose** (*inf*) it doesn't make any difference (either way), it's six of one and half a dozen of the other (*inf*); **jdm die ~ vollhauen** (*inf*) to give sb a thrashing; **sich** (*dat*) **die/eine ~ anziehen** (*fig inf*) to take sth personally; **wem die ~ paßt ...** (*fig inf*) if the cap fits ...
Jackenkleid *nt* (*Kostüm*) costume, suit, two-piece; (*Kleid und Jacke*) two-piece; **Jackentasche** *f* jacket *or* coat (*esp US*) pocket.
Jacketkrone ['dʒɛkɪt-] *f* jacket crown.
Jackett [ʒa'ket] *nt* **-s, -s** jacket, coat (*US*).
Jackettasche *f getrennt:* **Jackett-tasche** jacket *or* coat (*esp US*) pocket.
Jade *m or f -, no pl* jade.
jadegrün *adj* jade green.
Jagd *f* **-, -en 1.** hunt; (*Ausführung der ~*) hunting; (*mit dem Gewehr auch*) shoot, shooting; (*fig: Verfolgung*) hunt (*nach* for), chase (*nach* after); (*Wettlauf*) race. **die ~ auf Rotwild/ Fasanen** deer-/pheasant-hunting; **hohe/niedere ~** big/small game-hunting; **auf der ~ sein/auf die ~ (nach etw) gehen** (*lit, fig*) to be/to go hunting (for sth), to be on the hunt (for sth); **auf jdn/etw ~ machen** (*lit, fig*) to hunt for sb/sth; **von der ~ leben** to live by hunting; **ein Buch über die ~** a book about hunting; **die Göttin der ~** the goddess of hunting *or* the hunt *or* the chase (*liter*); **die ~ nach Geld/Glück** *etc* the pursuit of *or* quest for money/fortune *etc*; **in wilder ~ sprengten sie über die Brücke** in their wild chase they charged over the bridge.
2. (*~revier*) preserve, shoot.
3. (*Wildbestand*) game.
4. (*~gesellschaft*) hunt, hunting *or* shooting party.
Jagd|aufseher *m* (*Angestellter*) game-keeper; (*Beamter*) game warden; **jagdbar** *adj* **... sind ~ ...** may be hunted, **... are fair game; Jagdbeute** *f* bag; **Jagdbomber** *m* (*Mil*) fighter-bomber; **Jagdflieger** *m* (*Mil*) fighter pilot; **Jagdflinte** *f* hunting rifle, sporting gun, shotgun; (*für Federwild auch*) fowling-piece; **Jagdflugzeug** *nt* (*Mil*) fighter plane *or* aircraft; **Jagdfrevel** *m* (*form*) poaching; **Jagdfrevler** *m* (*form*) poacher; **Jagdgebiet** *nt* hunting ground; **Jagdgeschwader** *nt* (*Mil*) fighter squadron; **Jagdgesellschaft** *f* hunt, hunting *or* shoot-

ing party; **Jagdgewehr** nt hunting rifle, sporting gun or rifle, shotgun; **Jagdglück** nt good luck or fortune in hunting; **wir hatten kein ~** we didn't bag anything; **Jagdgöttin** f goddess of hunting or the hunt or the chase (liter); **Jagdgründe** pl: **in die ewigen ~ eingehen** to go to the happy hunting-grounds; **Jagdhaus** nt hunting lodge; **Jagdhund** m hound; (Vorstehhund) pointer; (Apportierhund) retriever; **das ist ein guter ~** it's a good hunting dog; **Jagdmesser** nt hunting knife; **Jagdrennen** nt steeplechase; **Jagdrevier** nt shoot; (von Indianern etc) preserve; **Jagdschaden** m damage caused by hunting; **Jagdschein** m hunting/shooting licence; **einen ~ haben** (hum sl) to be certified (inf); **Jagdschloß** nt hunting lodge; **Jagdstaffel** f (Mil) fighter flight; **Jagdverbot** nt ban on hunting; (als Strafe) ban from hunting; **Jagdwild** nt game; **Jagdzeit** f hunting/ shooting season.

jagen I vt 1. Tier, Menschen to hunt. **jagt ihn!** get or catch him!
   2. (hetzen) to chase, to drive; (treiben) Wild to drive. **jdn in die Flucht ~** to put sb to flight; **jdn aus dem Bett ~** (inf) to chase sb out of bed; **jdn aus dem Haus ~** to drive or chase sb out of the house; **jdm das Schwert in den Leib ~** to plunge or drive one's sword into sb; **jdm eine Spritze in den Arm ~** (inf) to stick a needle in sb's arm; **ein Unglück jagte das andere** one misfortune followed hard on (the heels of) the other; **am Freitag ~ viele Leute ihren ganzen Wochenlohn durch die Kehle** (inf) or **Gurgel** (inf) on Friday lots of people will pour all their week's earnings down their throats (inf); **mit diesem Essen kannst du mich ~** (inf) I wouldn't touch that food with a (ten-foot) barge pole (Brit inf) or a ten-foot pole (US inf).
   3. (erlegen) to bag.
   II vi 1. (auf die Jagd gehen) to hunt, to go hunting; (mit dem Gewehr auch) to shoot, to go shooting.
   2. aux sein (rasen) to race. **nach etw ~** to chase after sth; **in ~der Eile** in great haste.
   III vr (Geschehnisse etc) to follow one on the heels of the other.

Jäger m -s, - 1. hunter, huntsman. **~ und Sammler** hunters and gatherers. 2. (Mil) (Gebirgs~) rifleman; (Jagdflieger) fighter pilot; (Sportflugzeug) fighter (plane).
Jägerbataillon nt rifle battalion.
Jägerin f huntress, huntswoman.
Jägerlatein nt (inf) hunters' yarns pl. **jdm ~ auftischen** to tell sb tall stories about one's hunting exploits.
Jaguar m -s, -e jaguar.
jäh adj (geh) 1. (plötzlich) sudden; Schmerz auch sharp; (unvermittelt) Wechsel, Ende, Bewegung auch abrupt; Flucht auch headlong, precipitous. 2. (steil) sheer. **der Abhang steigt ~ an/fällt ~ herab** the slope rises/falls sharply or steeply or plunges or plummets down.
jählings adv (geh) 1. (plötzlich) suddenly; aufhören, abbrechen auch abruptly; (fliehen) headlong. 2. (steil) steeply,

precipitously; (hinabfallen) headlong.

Jahr nt -(e)s, -e 1. year. **ein halbes ~** six months sing or pl; **ein dreiviertel ~** nine months sing or pl; **anderthalb ~e** one and a half years sing, eighteen months sing or pl; **zwei ~e Garantie** a two-year guarantee; **im ~(e) 1066** in (the year) 1066; **die sechziger ~e** the sixties sing or pl; **alle ~e** every year; **alle zehn ~e** every ten years; **auf ~e hinaus** for years ahead; **auf ~ und Tag** to the very day; **einmal im ~(e)** once a year; **das ganze ~ über** all year (round or through); **pro ~** a year, per annum; **das Buch/der Mann des ~es** the book/the man of the year; **noch nach ~en** years later; **nach ~ und Tag** after (many) years; **vor ~ und Tag** (many) years ago; **seit ~ und Tag** for years; **mit den ~en** as (the) years go by, over the years; **mit den ~en hat man sich ...** over the years one has ...; **zwischen den ~en** (inf) between Christmas and New Year.
   2. (Alter, Lebens~) **er ist zehn ~e (alt)** he is ten years old; **mit dreißig ~en, in seinem dreißigsten ~** (liter) at the age of thirty, in his thirtieth year (liter); **Personen über 18 ~e/unter 18 ~en** people over/under (the age of) 18; **in die ~e kommen** (inf) to be getting on (in years); **in den besten ~en sein** or **stehen** to be in the prime of one's life; **mit den ~en** as one gets older.

jahr|aus adv: **~, jahrein** year in, year out.
Jahrbuch nt yearbook; (Sammelausgabe) annual; (Kalender) almanac.
Jährchen nt (hum inf) year.
jahrelang I adj attr lasting for years. **~es Warten/~e Planungen/Forschungen** years of waiting/planning/research. II adv for years. **und dann dauerte es noch ~, bevor ...** and then it took years until ...; **schon ~ verspricht man uns ...** they've been promising us ... for years.
jähren vr **heute jährt sich der Tag, daß ...** or **an dem ...** it's a year ago today that ...; **der Tag jährt sich zum dritten Mal, daß ...** or **an dem ...** it's three years ago that ...
Jahres- in cpds annual, yearly; **Jahres|abschluß** m 1. (Comm) annual closing of account; 2. (Jahresende) end of the year; **Jahres|anfang** m siehe **Jahresbeginn**; **Jahres|ausklang** m (geh) **zum ~** to see the old year out; **Jahresbeginn** m beginning of a/the new year; **Jahresbeitrag** m annual or yearly subscription; **Jahresbericht** m annual or yearly report; **Jahresbestzeit** f (Sport) best time of the year; **Jahresbilanz** f (Comm) annual balance sheet; **Jahres|einkommen** nt annual income; **Jahres|ende** nt end of the year; **Jahresfeier** f anniversary; (Feierlichkeiten) anniversary celebrations pl; **Jahresfrist** f: **binnen/nach ~** within/ after (a period of) one year; **Jahresgehalt** nt annual salary; **Jahreshauptversammlung** f (Comm) annual general meeting, AGM; **Jahreskarte** f annual season ticket; **Jahresmitte** f middle of the year; **Jahresmittel** nt (Met) average annual temperature; **Jahresring** m (eines Baumes) annual ring; **Jahrestag** m anniversary; **Jahres|urlaub** m annual holi-

day or leave; **Jahreswechsel** m, **Jahreswende** f new year; **jdm zum Jahreswechsel Glück wünschen** to wish sb a happy New Year; **Jahreszahl** f date, year; **Jahreszeit** f season; **für die ~ zu kalt** cold for the time of year.

Jahrfünft nt -(e)s, -e five years pl, quinquennium (form); **Jahrgang** m 1. (Sch, Univ) year; **er ist ~ 1950** he was born in 1950; **die Jahrgänge 1950-53** the 1950-53 age-group; **er ist mein/wir sind ein ~** we were born in the same year; (als Schulabgänger etc) we were in the same year; 2. (alle Zeitschriften etc von einem Jahr) year's issues pl; (einer Fachzeitschrift) volume; **Nr. 20, ~ 31** No. 20, 31st year; **SPIEGEL ~ 1960** SPIEGEL of the year or for 1960; 3. (von Wein) vintage, year; **Jahrhundert** nt -s, -e century; **das ~ der Aufklärung** the Age of Enlightenment; **~e haben die Menschen ...** for centuries men have ...; **jahrhunderte|alt** adj centuries-old; **jahrhundertelang** I adj lasting for centuries; **eine ~e Entwicklung** centuries of development; II adv for centuries. **Jahrhundertfeier** f centenary; (Feierlichkeiten) centenary celebrations pl; **Jahrhundertwende** f turn of the century.

jährlich I adj annual, yearly. II adv every year, annually, yearly; (Comm) per annum. **einmal/zweimal ~** once/twice a year or yearly.

Jährling m yearling.

Jahrmarkt m (fun-)fair. **ein ~ der Eitelkeiten** (liter) a vanity fair.

Jahrmarktsbude f booth or stall (at a fairground); (Schaubude) side-show.

Jahrmillionen pl millions of years; **jahrmillionenlang** I adj millions of years of; II adv for millions of years; **Jahrtausend** nt -s, -e millennium, a thousand years; **in unserem ~** in our millennium; **~e** thousands of years; **jahrtausendelang** I adj thousands of years of; II adv for millennia or thousands of years; **Jahrtausendfeier** f millennium; (Feierlichkeiten) millennium celebrations pl; **Jahrzehnt** nt -(e)s, -e decade; **jahrzehntelang** I adj decades of; II adv for decades.

Jähzorn m violent temper; (plötzlicher Ausbruch) outburst of temper, violent outburst. **im ~** in a violent temper or rage; **zum ~ neigen** to be prone to violent outbursts (of temper).

jähzornig adj violent-tempered, irascible; (~ erregt) furious, in a violent temper. **er ist manchmal so ~, daß ...** he sometimes becomes so furious or gets into such a violent temper that ...

Jakob m -s James; (Bibl) Jacob.

Jakobiner(in f) m -s, - (Hist) Jacobin.

Jakobinermütze f liberty cap.

Jakobsleiter f (Bibl, Bot) Jacob's ladder; (Naut auch) rope ladder.

Jakobus m - James.

Jalousie [ʒaluˈziː] f venetian blind.

Jamaika nt -s Jamaica.

Jamaikaner(in f) m -s, - Jamaican.

Jambus m -, **Jamben** (Poet) iamb(us), iambic foot.

Jammer m -s, no pl 1. (Elend) misery, wretchedness. **ein Bild des ~s bieten** or **sein** to be the picture of misery; **der ~ überkam ihn** a feeling of misery came over him; **es ist ein ~, diesen Verfall mit ansehen zu müssen** it is a wretched thing or heart-breaking to have to watch this decay; **es ist ein ~, wie die Kosten steigen/wie wenig Zeit wir haben** it's deplorable the way costs are rising/it's terrible or awful how little time we have; **es wäre ein ~, wenn ...** (inf) it would be a crying shame if ... (inf).
2. (Klage) wailing, lamentation.

Jammerbild nt (geh) picture of misery, piteous or wretched sight; **Jammergeschrei** nt (inf) siehe **Jammer 2.**; **Jammergestalt** f wretched figure; **Jammerlappen** m (sl) wet (sl).

jämmerlich I adj wretched, pitiful; (beklagenswert auch) Zustand lamentable, deplorable; (inf) Erklärung, Bericht, Entschuldigung etc pitiful, pathetic (inf). II adv (inf: sehr) terribly (inf).

Jämmerlichkeit f wretchedness.

jammern I vi to wail (über +acc over); (sich beklagen auch) to moan, to yammer (inf). **nach jdm/etw ~** to whine or yammer (inf) for sb/sth; **der Gefangene jammerte nach Wasser** the prisoner begged pitifully or moaned for water.
II vt (old) to move to pity. **er jammert mich** I feel sorry for him, I pity him; **es kann einen ~, wenn man sieht, wie ...** you could really weep when you see how ...; **es kann einen Hund ~** (dated inf) it's a crying shame (inf).

jammerschade adj **es ist ~** (inf) it's a terrible pity or a crying shame (inf); **Jammertal** nt (Bibl, liter) vale of tears (liter); **jammervoll** adj siehe **jämmerlich.**

Janker m -s, - (S Ger, Aus) Tyrolean jacket; (Strickjacke) cardigan.

Jänner m -s, - (Aus, Sw, S Ger) January.

Januar m -(s), -e January; siehe **März.**

Japan nt -s Japan.

Japaner(in f) m -s, - Japanese.

japanisch adj Japanese.

Japanisch(e) nt decl as adj Japanese; siehe **Deutsch(e).**

Japanologie f Japanese studies.

jappen (N Ger), **japsen** vi (inf) to pant.

Jargon [ʒarˈgõː] m -s, -s jargon, slang, lingo (inf).

Jasager m -s, - yes-man.

Jasmin m -s, -e jasmine.

Jaspis m -(ses), -se jasper.

Jastimme f vote in favour (of), vote for; (Parl auch) aye (Brit), yea (US).

jäten vti to weed.

Jauche f -, no pl liquid manure; (pej sl) (Getränk) (pig-)swill, piss (vulg); (Abwasser) sewage. **das stinkt wie ~** it stinks like nobody's business (inf), it stinks to high heaven.

Jauche(n)grube f cesspool, cesspit; (Agr) liquid manure pit.

jauchen vti (Agr) to manure.

jauchzen vi (geh) to rejoice (liter), to exult (liter); (Publikum) to cheer; (Kin-

der) to shout and cheer; (*Säugling*) to chuckle.

Jauchzer *m* **-s, -** jubilant cheer *or* shout. **sie stieß einen lauten, begeisterten ~ aus** she gave a loud yippee (*inf*), she cheered.

jaulen *vi* (*lit, fig*) to howl; (*lit*) to yowl.

Jause *f* **-, -n** (*Aus*) break (for a snack); (*Proviant*) snack. **eine ~ halten** *or* **machen** to stop for a snack.

jausen *vi* (*Aus*) to stop for a snack; (*in der Arbeitspause*) to have a tea break.

jawohl, jawoll (*hum, inf*) *adv* yes; (*Mil*) yes, sir; (*Naut*) aye, aye, sir. **stimmt das wirklich? — ~** is that really right? — yes, it is, yes, indeed; **haben Sie 50 DM gesagt? — ~** did you say 50 marks? — right, correct, I did, I did indeed; **~ habe ich dich gesehen** (*inf*) I most certainly did see you, you're damn right I saw you (*inf*).

Jawort *nt* **jdm das ~ geben** to consent to marry sb, to say yes to sb; (*bei Trauung*) to say "I do"; **sich** *or* **einander das ~ geben** to get married.

Jazz [dʒæz, dʒɛs, jats] *m* **-,** *no pl* jazz.

Jazz- *in cpds* jazz.

Jazzer ['dʒɛsɐ, 'jatsɐ] *m* **-s, -** (*inf*) jazz-man (*inf*).

Jazzkeller *m* (basement) jazz club.

je¹ I *adv* **1.** (*jemals*) ever.

2. (*jeweils*) every, each. **für ~ drei Stück zahlst du eine Mark** you pay one mark for (every) three; **~ zwei Schüler aus jeder Klasse** two children from each class; **ich gebe euch ~ zwei Äpfel** I'll give you two apples each *or* each of you two apples; **sie zahlten ~ eine Mark** they paid one mark each, each (of them) paid one mark.

II *prep* **+***acc* (*pro*) per. **~ Person zwei Stück** two per person; **~ zehn Exemplare ein Freiexemplar** one free copy for every ten copies.

III *conj* **1. ~ eher, desto** *or* **um so besser** the sooner the better; **~ länger, ~ lieber** the longer the better.

2. ~ nach according to, depending on; **~ nach Wunsch** just as one wishes; **~ nachdem** it all depends; **~ nachdem, wie gut man arbeitet …** depending on how well you work …

je² *interj* **ach** *or* **o ~!** oh dear!; **o ~!** (*old*) alas! (*old, Bibl, liter*); **~ nun** (*dated*) oh, well.

Jeans [dʒi:nz] *pl* jeans; denims.

Jeck *m* **-en, -en** (*dial*) *siehe* **Narr.**

jedenfalls *adv* anyhow, in any case; (*zumindest*) at least, at any rate. **~ ist es schon zu spät** it's too late now anyhow *or* in any case; **~ ist er nicht gekommen, aber er hat sich ~ entschuldigt** he didn't come but at least *or* at any rate he apologized *or* he did at least *or* at any rate apologize; **ob er krank ist, weiß ich nicht, ~ ist er nicht gekommen** I don't know whether he's ill or not, at any rate *or* in any case *or* anyhow he didn't come; **ob die Inflation zum Stillstand kommt, ist noch nicht abzusehen, ~ steigen die Preise nicht mehr so schnell** whether inflation will come to a stop is not yet predictable, but at any rate *or* in any case *or* at least prices aren't going up so fast; **ich weiß nicht, ob das**

nötig ist, ~ ist es hier so üblich I don't know if it's necessary, but it's what we do here (anyhow *or* at any rate).

jede(r, s) *indef pron* **1.** (*adjektivisch*) (*einzeln*) each; (*von zweien auch*) either; (*~ von allen*) every; (*~r beliebige*) any. **das weiß doch ~s Kind** any *or* a child knows that, any *or* a child could tell you that; **ohne ~ Anstrengung/Vorstellung** *etc* without any effort/idea, with no effort/idea *etc*; **zu ~r Stunde** at all times; **es kann ~n Augenblick passieren** it can happen any minute or at any moment; **fern von ~r Kultur** far from all civilization.

2. (*substantivisch*) (*einzeln*) each (one); (*~ von allen*) everyone, everybody; (*~ beliebige*) anyone, anybody. **~r von uns** each (one)/every one/any one of us; **ein ~r** (*liter*) each (one); **~r von uns beiden** each (one) of us two; **er gab ~m von beiden ein Buch** he gave each *or* both of them a book; **~r zweite** every other *or* second one; **~r für sich** everyone for himself; **~r/~/~s für sich ist ganz nett, aber beide zusammen …** each one by himself/herself/itself *or* each one alone is quite nice, but together …; **das kann ~r/nicht ~r** anyone *or* anybody can do that/not everyone *or* everybody can do that; **er spricht nicht mit ~m** he doesn't speak to just anybody.

jedermann *indef pron* everyone, everybody; (*jeder, beliebige auch*) anyone, anybody. **J~** (*Theat*) Everyman; **das ist nicht ~s Sache** it's not everyone's cup of tea (*inf*); **Herr/Frau J~** Mr/Mrs Average (Citizen).

jederzeit *adv* at any time. **du kannst ~ kommen** you can come any time (you like); **ja, ~** sure, any time.

jedesmal *adv* every *or* each time. **~, wenn sie …** each *or* every time she …, whenever she …; **~ ist es so (, daß …)** it happens every *or* each time (that …).

jedoch *conj, adv* however. **er verlor ~ die Nerven** he lost his nerve however *or* though.

jedwede(r, s) *indef pron* (*old*) *siehe* **jede(r, s).**

Jeep [dʒi:p] *m* **-s, -s** jeep.

jegliche(r, s) *indef pron* (*adjektivisch*) any; (*substantivisch*) (*old, liter: auch* **ein ~r**) each (one).

jeher ['je:he:ɐ] *adv:* **von** *or* **seit ~** always; **das ist schon seit ~ so** so it has always been like that.

Jehova [je'ho:va] *m* **-s** Jehovah. **die Zeugen ~s** Jehovah's witnesses.

jein *adv* (*hum*) yes and no.

Jelängerjelieber *nt* **-s, -** honeysuckle.

jemals *adv* ever.

jemand *indef pron* somebody, someone; (*bei Fragen, bedingenden Sätzen auch, Negation*) anybody, anyone. **ist da ~?** is anybody *or* somebody there?; **ohne ~en zu fragen** without asking anybody *or* anyone; **ich brauche ~en, der mir den Fernseher repariert** I need somebody *or* someone to repair my television set; **~ Fremdes/Neues** a stranger/somebody *or* someone new.

Jenaer Glas ® ['je:naɐ-] *nt* Pyrex ®, heatproof glass.

jene(r, s) *dem pron* (*geh*) **1.** (*adjektivisch*) that; *pl* those; (*der Vorherige, die Vorherigen*) the former. **in ~m Leben** *or* **~r Welt** in the next life *or* world; **in ~n Tagen** in those days; (*zukünftig*) in those days ahead, in those days to come; **in ~r Zeit** at that time, in those times. **2.** (*substantivisch*) that one; *pl* those (ones); (*der Vorherige, die Vorherigen*) the former. **bald dieser, bald ~r** first one then the other; **von diesem und ~m sprechen** to talk about this and that.

jenseitig *adj attr* opposite, other. **die ~en Vororte** the suburbs on the other side.

jenseits I *prep* +*gen* on the other side of. **2 km ~ der Grenze** 2 kms beyond the border *or* the other side of the border. **II** *adv* **~ von** on the other side of; **~ von Gut und Böse** beyond good and evil; (*hum inf*) past it (*inf*).

Jenseits *nt* -, *no pl* hereafter, next world. **jdn ins ~ befördern** (*inf*) to send sb to kingdom come (*inf*).

Jeremias *m* - (*Bibl*) Jeremiah.

Jersey¹ [ˈdʒɔːɐzi] *nt* - (*Geog*) Jersey.

Jersey² *m* -(s), -s jersey.

Jesaja *m* -s (*Bibl*) Isaiah.

Jesses *interj* (*inf*) Jesus (*inf*).

Jesuit *m* -en, -en Jesuit.

Jesuiten|orden *m* Jesuit Order; **Jesuitenschule** *f* Jesuit school.

jesuitisch *adj* Jesuit.

Jesus *m gen* **Jesu**, *dat* - *or* **Jesu**, *acc* - *or* **Jesum** Jesus. **~ Christus** Jesus Christ; **~, Maria (und Josef)!** (*dial inf*) holy Mary mother of God! (*dial inf*).

Jesuskind *nt:* **das ~** the Infant Jesus, the Christ Child; **Jesuslatschen** *pl* (*inf*) Jesus sandals *pl*.

Jet [dʒɛt] *m* -(s), -s (*inf*) jet.

Jeton [ʒɔˈtõː] *m* -s, -s chip.

Jet-set [ˈdʒɛtsɛt] *m* -s, (*rare*) -s (*inf*) jet-set.

jetten [ˈdʒɛtn] *vi aux sein* (*inf*) to jet (*inf*).

jetzig *adj attr* present *attr*, current. **in der ~en Zeit** in our *or* present times; **im ~en Augenblick** at the present moment (in time).

jetzt *adv* now; (*heatzutage auch*) nowadays. **sie ist ~ in der Schweiz** she's in Switzerland now, she's now in Switzerland; **bis ~** so far; **ich bin ~ (schon) fünf Tage hier** I have been here five days now; **für ~** for now, for the present; **gleich ~, ~ gleich** right now, straight away; **schon ~ already**; **~ schon?** already?; **~ noch?** (what) now?; **das ist noch ~ der Fall** it's still the case today; **~ oder nie!** (it's) now or never!; **habe ich ~ den Brief eingeworfen?** now did I post that letter?, did I post that letter now?

Jetzt *nt* -, *no pl* (*geh*) present.

jew. *abbr of* **jeweils.**

jeweilig *adj attr* respective; (*vorherrschend*) *Verhältnisse, Bedingungen* prevailing. **die ~e Regierung** the government of the day.

jeweils *adv* at a *or* any one time; (*jedesmal*) each time; (*jeder einzelne*) each. **~ am Monatsletzten** on the last day of each month; **die ~ betroffenen Landesregierungen müssen ...** each of the governments concerned must ...; **die ~ durch Schiebetüren abgetrennten Räume**

the rooms, each (of which are) separated (off) by sliding doors; **die ~ größten aus einer Gruppe** the biggest from each group.

Jg. *abbr of* **Jahrgang.**

Jh. *abbr of* **Jahrhundert.**

JH *abbr of* **Jugendherberge** YH.

jiddisch *adj* Yiddish.

Jiu-Jitsu [ˈdʒiːuˈdʒɪtsu] *nt* -s, *no pl* j(i)u-jitsu.

Job [dʒɔp] *m* -s, -s (*inf*) job.

jobben [ˈdʒɔbn] *vi* (*inf*) to work, to have a job.

Jobber [ˈdʒɔbɐ] *m* -s, - (*inf*) casual worker; (*Börsen~*) jobber.

Joch *nt* -(e)s, -e **1.** (*lit, fig*) yoke. **Ochsen ins ~ spannen** to yoke *or* harness oxen; **sich einem ~** *or* **unter ein ~ beugen** (*fig*) to submit to *or* bend under the yoke; **das ~ abwerfen** *or* **abschütteln** (*fig*) to shake *or* throw off the yoke. **2.** (*dated: Gespann Ochsen*) yoke. **3.** (*Archit*) truss; (*Kirchen~*) bay; (*Brücken~*) span. **4.** (*Berg~*) ridge. **5.** (*old: Feldmaß*) acre.

Jochbein *nt* cheek-bone, malar bone (*form*); **Jochbogen** *m* **1.** (*Anat*) zygomatic arch (*spec*), zygoma (*spec*); **2.** (*Archit*) bay.

Jockei [ˈdʒɔke], **Jockey** [ˈdʒɔki] *m* -s, -s jockey.

Jockeymütze *f* jockey cap.

Jod *nt* -s, *no pl* (*abbr* **J**) iodine.

jodeln *vti* to yodel.

jodhaltig *adj* containing iodine, iodic (*form*).

Jodler *m* -s, - (*Ruf*) yodel.

Jodler(in *f*) *m* -s, - (*Mensch*) yodeller.

Jodquelle *f* iodine (-containing) spring; **Jodsalbe** *f* iodine ointment; **Jodtinktur** *f* iodine tincture.

Joga *m or nt* -(s), *no pl* yoga.

Joghurt *m or nt* -(s), -(s) yoghurt, yoghourt.

Jogi *m* -s, -s yogi.

Johanna *f* - Joanna. (**die heilige**) **~ von Orléans** (Saint) Joan of Arc.

Johannes *m* - *or* (*ohne Artikel*) **Johannis** (*Bibl*) John.

Johannes|evangelium *nt* St John's Gospel, Gospel according to St John.

Johannisbeere *f* **rote/schwarze ~** redcurrant/blackcurrant; **Johannisbrot** *nt* (*Bot*) carob; **Johannisfest** *nt* Midsummer's Day; **Johannisfeuer** *nt* Midsummer's Eve bonfire; **Johanniskäfer** *m* glow-worm; **Johannistag** *m* Midsummer's Day; **Johannistrieb** *m* (*Bot*) lammas shoot; (*fig*) late romantic stirrings *pl*.

Johanniter *m* -s, - Knight of St John of Jerusalem. **~-Unfallhilfe** St John's Ambulance (Brigade).

Johanniter|orden *m* Order of St John of Jerusalem.

johlen *vi* to howl.

Joint [dʒɔɪnt] *m* -s, -s (*inf*) joint (*inf*).

Jo-Jo *nt* -s, -s' yo-yo.

Joker [ˈjoːkɐ, ˈdʒoːkɐ] *m* -s, - (*Cards*) joker.

Jokus *m* -, -se (*dated, inf*) jape (*dated*), joke, prank. **da hat sich jemand einen ~ gemacht** someone's been playing a prank.

Jolle f -, -n (*Naut*) jolly-boat, dinghy.
Jollenkreuzer m cabin yacht.
Jona m -, **Jonas** m - (*Bibl*) Jonah.
Jongleur [ʒõ'gløːɐ] m juggler.
jonglieren* [ʒõ'gliːrən] vi (*lit, fig*) to juggle.
Joppe f -, -n (*dial*) jacket.
Jordan m -s Jordan. **über den ~ gehen** (*inf*) to cross the great divide (*inf*).
Jordanien [-iən] nt -s Jordan.
Jordanier(in f) [-iɐ, -iərɪn] m -s, - Jordanian.
jordanisch adj Jordanian.
Josef, Joseph m -s Joseph.
Jot nt -, - (the letter) J/j.
Jota nt -(s), -s iota. **kein** or **nicht ein ~** not a jot or one iota.
Joule [dʒuːl] nt -(s), - (*abbr* J) joule.
Journaille [ʒʊr'naljə] f -, no pl (*pej*) yellow press; (*Presse im allgemeinen*) press; (*Journalisten*) hacks pl (*pej*).
Journal [ʒʊr'naːl] nt -s, -e 1. (*dated: Tagebuch*) journal (*old*), diary; (*Comm*) daybook; (*Naut*) log(-book). 2. (*dated: Zeitschrift*) magazine, periodical; (*old: Zeitung*) journal (*old*); (*Fach~*) journal.
Journaldienst m (*Aus*) siehe **Bereitschaftsdienst**.
Journalismus [ʒʊrna'lɪsmʊs] m, no pl journalism.
Journalist(in f) [ʒʊrna'lɪst, -ɪstɪn] m journalist.
Journalistik [ʒʊrna'lɪstɪk] f, no pl journalism.
journalistisch [ʒʊrna'lɪstɪʃ] adj journalistic.
jovial [jo'viaːl] adj jovial.
Jovialität [joviali'tɛːt] f, no pl joviality.
jr. abbr of **junior** jnr., jr.
Jubel m -s, no pl (von Volk, Menge etc) jubilation; (~rufe auch) cheering. **~, Trubel, Heiterkeit** laughter and merriment.
Jubelfeier f, **Jubelfest** nt jubilee; (*Feierlichkeiten*) jubilee celebration; **Jubelgeschrei** nt (*pej*) shouting and cheering; **Jubelhochzeit** f special wedding anniversary (*silver, golden etc anniversary*); **Jubeljahr** nt jubilee year; **nur alle ~e (einmal)** (*inf*) once in a blue moon (*inf*).
jubeln vi to cheer, to shout with joy, to rejoice (*liter*). **jubelt nicht zu früh** don't start celebrating too early.
Jubelruf m (triumphant) cheer; **Jubeltag** m (silver, golden etc) wedding anniversary.
Jubilar(in f) m person celebrating an anniversary.
Jubiläum nt -s, **Jubiläen** jubilee; (*Jahrstag*) anniversary.
Jubiläums- in cpds jubilee.
jubilieren* vi (*liter*) to rejoice (*liter*); (*Vögel*) to sing joyfully; siehe **jubeln**.
juchhe(i), juchheißa, juchhu (*inf*) interj hurrah, hooray.
Juchten nt or m -s, no pl 1. (~leder) Russia leather or calf, Russia. 2. (*Parfüm*) Russian leather.
juchzen vi to shriek with delight.
juckeln vi aux sein (*inf*) (*Auto, Zug*) to jog or chug along. **er ist durch die Stadt/über Land gejuckelt** he's been jogging around town/across country.

jucken I vti to itch. **es juckt mich am Rücken, der Rücken juckt mir** or **mich** my back itches; **der Stoff juckt mich** this material makes me itch; **es juckt mich, das zu tun** (*inf*) I'm itching to do it (*inf*); **ihn juckt das Geld dabei** (*inf*) he finds the money attractive; **das juckt mich doch nicht** (*inf*) I don't care; **ihn** or **ihm juckt das Fell** (*inf*) or **der Buckel** (*inf*) he's asking for a good hiding.
II vt (*kratzen*) to scratch.
Juckpulver nt itching powder; **Juckreiz** m itching; **einen ~ in der Nase haben** to have an itch in one's nose.
Judäa nt -s Jud(a)ea.
Judas m -, -se (*Bibl, fig liter*) Judas.
Judaskuß m (*liter*) Judas kiss; **der ~** (*Bibl*) the Betrayal; **Judaslohn** m (*liter*) blood money, thirty pieces of silver pl.
Jude m -n, -n Jew. **er ist ~** he is a Jew.
Judenfeind, Judengegner m anti-Semite; **judenfeindlich** adj anti-Semitic; **Judenhaß** m anti-Semitism; **Judenheit** f Jewry; **Judenstern** m star of David; **Judentum** nt 1. (*Judaismus*) Judaism; 2. (*Gesamtheit der Juden*) Jews pl, Jewry; 3. (*jüdisches Wesen*) Jewishness; **Judenverfolgung** f persecution of (the) Jews; **Judenviertel** nt Jewish quarter.
Jüdin f Jew(ess).
jüdisch adj Jewish.
judizieren* vi (*old, Jur*) siehe **urteilen**.
Judo nt -s, no pl judo.
Judoka m -s, -s judoka.
Jugend f -, no pl 1. (~zeit) youth; (*Jungsein, Jugendlichkeit auch*) youthfulness. **frühe ~** early youth, adolescence; **in ihrer ~ waren sie ...** in their youth they were ...; **von ~ an** or **auf** from one's youth.
2. (*junge Menschen*) youth, young people pl. **die heutige ~** young people or the youth of today, modern youth; **die weibliche/männliche ~** young women/men; **~ hat keine Tugend** (*Prov*) young people are all the same; **Haus der ~** youth centre; **er verkehrt nur mit ~** he only mixes with young people.
3. (*Sport*) youth team.
Jugend|alter nt adolescence; **Jugend|amt** nt youth welfare department; **Jugend|arbeit** f, no pl 1. (*Arbeit Jugendlicher*) youth employment; 2. (*Jugendfürsorge*) youth work; **Jugend|arrest** m (*Jur*) detention, borstal (*Brit*); **Jugendbekanntschaft** f friend of one's youth; **jugendbewegt** adj (*iro*) **~e Typen** middle-aged or overgrown school-boys/-girls (*hum*); **Jugendbewegung** f 1. youth movement; 2. (*Hist*) German Youth Movement (*of the early 1920's*); **Jugendbild** nt picture or photo taken when one was young; **das ist ein ~ von mir** that's a picture of me when I was young; **~er Churchills** photographs of the young Churchill; **Jugendbildnis** nt (*Art, fig*) **~ von X** portrait of X as a young man/woman; **Jugendbrigade** f (*DDR*) youth brigade (*work team consisting of young people*); **Jugendbuch** nt book for the younger reader or young people; **Jugend|elf** f youth team; **Jugend|erinnerung** f youthful memory; **meine ~en**

memories of my youth; **jugendfrei** adj Film U(-certificate), G (US); **Jugendfreund** m friend of one's youth; **jugendgedicht** nt youthful poem; **jugendgefährdend** adj liable to corrupt the young; **Jugendgericht** nt juvenile court; **Jugendgespiele** m, **Jugendgespielin** f (hum) young playmate; **Jugendgruppe** f youth group; **Jugendheim** nt 1. youth club; 2. (Wohnheim) young people's home.

Jugendherberge f youth hostel.

Jugendherbergsmutter f, **Jugendherbergsvater** m youth hostel warden; **Jugendherbergsverband** m Youth Hostel Association.

Jugendjahre pl days of one's youth pl; **Jugendkriminalität** f juvenile delinquency.

jugendlich adj (jung) young; (von Jugend, jung wirkend) youthful. **er kleidet sich immer sehr** ~ he always wears very youthful or young-looking clothes; **eine ~e Erscheinung** a young- or youthful-looking person; **~e Banden** gangs of youths; **ein ~er Täter** a young offender, a juvenile delinquent; **~er Leichtsinn** youthful frivolity; **das sagst du so in deinem ~en Leichtsinn** (hum) I admire your confidence.

Jugendliche(r) mf decl as adj young person; (männlicher ~ auch) youth.

Jugendlichkeit f youthfulness.

Jugendliebe f 1. young love; 2. (Geliebter) love or sweetheart of one's youth; **Jugendliteratur** f literature for younger readers or young people; **Jugendmannschaft** f youth team; **Jugend|organisation** f youth organization; **Jugendpflege** f youth welfare; **Jugendpfleger** m youth (welfare) worker; **Jugendpsychologie** f adolescent psychology; **Jugendrichter** m (Jur) magistrate in a juvenile court; **Jugendschriftsteller** m writer of books for young people; **Jugendschutz** m protection of children and young people; **Jugendsendung** f (Rad) programme for younger listeners or (TV) younger viewers; **Jugendspiele** pl youth games pl; **Jugendstil** m (Art) Art Nouveau; **Jugendstraf|anstalt** f (form) reform school, approved school (Brit), borstal (Brit); **Jugendstrafe** f detention no art in a reform school etc; **Jugendsünde** f youthful misdeed; **Jugendtorheit** f youthful folly, folly of one's youth; **Jugendtraum** m youthful dream; **Jugendverband** m youth organization; **Jugendverbot** nt für einen Film ~ aussprechen to ban a film for young people; **Jugendvorstellung** f performance for young people; **Jugendweihe** f (Rel) initiation; (DDR) ceremony in which 14-year-olds are given adult social status; **Jugendwerk** nt youthful work; **Jugendwohnheim** nt home for young people; **Jugendzeit** f youth, younger days pl; **Jugendzentrum** nt youth centre.

Jugoslawe m -n, -n Yugoslav.

Jugoslawien [-ian] nt -s Yugoslavia.

Jugoslawin f Yugoslav.

jugoslawisch adj Yugoslav(ian).

Julei m -s, -s (esp Comm) siehe **Juli.**

Juli m -(s), -s July; siehe **März.**

Jumbo(-Jet) ['jumbo(dʒet)] m -s, -s Jumbo (jet).

jun. abbr of **junior** jun.

jung adj, comp ⁻er, superl ⁻ste(r, s) (lit, fig) young; Aktien new. ~ **und alt** (both) young and old; **von** ~ **auf** from one's youth; **der** ~**e Meyer** young Meyer; (Sohn) Meyer junior; **sie ist 18 Jahre** ~ (hum) she's 18 years young (hum); ~ **heiraten/sterben** to marry/die young; **sich** (dat)**ein** ~**es Herz bewahren** to stay young at heart; ~ **gefreit, nie gereut** (Prov) if you marry young you won't regret it.

Jung|akademiker m graduate; **Jung|arbeiter** m juvenile employee or worker; **Jungbauer** m young farmer; **Jungbrunnen** m fountain of youth; **Jungbürger** m junior citizen.

Jungchen nt (inf) lad(die) (inf).

Junge¹ m -n, -n or (dated inf) -ns or (inf) **Jungs** boy; (Lauf~) errand-boy; (Cards) jack, knave. ~, ~! (inf) boy oh boy (inf); **sie ist ein richtiger** ~ she's a real tomboy; **alter** ~ (inf) my old mate (inf) or pal (inf); **ein schwerer** ~ (inf) a (big-time) crook; **unsere Jungs haben gewonnen** our boys or lads won.

Junge² mf -n, no pl (inf) der/die ~ Mr/Miss X junior, the young Mr/Miss X.

Jüngelchen nt (pej) young lad.

jungen vi to young; (Hündin auch) to have pups; (Katze auch) to have kittens.

Jungengesicht nt boy's or boyish face; **jungenhaft** adj boyish; **sie ist ein ~es Mädchen** she's a bit of a tomboy; **Jungenklasse** f (Sch) boys' class; **Jungenschule** f boys' school; **Jungenstreich** m boyish prank or trick.

jünger adj 1. comp of **jung** younger. **sie sieht** ~ **aus, als sie ist** she looks younger than she is, she doesn't look her age; **Holbein der** ~**e** Holbein the Younger, the younger Holbein. 2. Geschichte, Entwicklung etc recent. **die** ~**e Steinzeit** the later or New Stone Age.

Jünger m -s, - (Bibl, fig) disciple.

Jüngerin f disciple.

Jüngerschaft f disciples pl; (Jüngertum) discipleship.

Junge(s) nt decl as adj (Zool) young one; (von Hund) pup(py); (von Katze) kitten; (von Wolf, Löwe, Bär) cub; (von Vogel) young bird, nestling. **die** ~**n** the young.

Jungfer f -, -n 1. (old, hum) (ledige Frau) spinster. **eine alte** ~ an old maid. 2. (old: Jungfrau) virgin, maiden (old); (als Anrede) mistress (old). 3. (Kammer~) maid.

jüngferlich adj old-maidish.

Jungfernfahrt f maiden voyage; **Jungfernflug** m maiden flight; **Jungfernhäutchen** nt (Anat) hymen (Anat), maidenhead; **Jungfernkranz** m (old) (bridal) bouquet; **Jungfernrede** f (Parl) maiden speech; **Jungfernzeugung** f (Biol) parthenogenesis.

Jungfilmer m young film maker. **die deutschen** ~ the young German film makers.

Jungfrau f virgin; (Astron, Astrol) Virgo no art. **ich bin** ~ I am a virgin; I am (a) Virgo; **die** ~ **Maria** the Virgin Mary; **die**

~ von Orléans Joan of Arc, the Maid of Orleans; **dazu bin ich gekommen wie die ~ zum Kind(e)** (*hum*) it just fell into my hands.

jungfräulich *adj* Mädchen, Schnee virgin; (*liter*) Seele pure, innocent.

Jungfräulichkeit *f siehe adj* virginity; purity, innocence.

Junggeselle *m* bachelor.

Junggesellenbude *f* (*inf*) bachelor pad (*inf*); **Junggesellendasein, Junggesellenleben** *nt* bachelor's life; **Junggesellenwirtschaft** *f* (*inf*) bachelor squalor; **Junggesellenwohnung** *f* bachelor flat; **Junggesellenzeit** *f* bachelor days *pl*.

Junggesellin *f* bachelor girl; (*über 40*) single woman.

Junglehrer *m* student teacher.

Jüngling *m* (*liter, hum*) youth.

Jünglings|alter *nt* (*liter*) youth; **jünglingshaft** *adj* (*geh*) youthful, boyish.

jüngst *adv* (*geh*) recently, lately. **der ~ verstorbene ...** the late ...; **der ~ erlassene Befehl** the recent decree.

Jungsteinzeit *f* Neolithic age, New Stone Age.

jüngstens *adv* (*old, liter*) *siehe* **jüngst**.

jüngste(r, s) *adj* 1. *superl of* **jung** youngest. 2. *Werk, Schöpfung, Ereignis* latest, (most) recent; *Zeit, Vergangenheit* recent. **in der ~n Zeit** recently; **das J~ Gericht** the Last Judgement; **der J~ Tag** Doomsday, the Day of Judgement; **man merkt, daß er/sie nicht mehr der/die J~ ist** you can tell that he/she is not as young as he/she used to be; **sie ist auch nicht mehr die J~** she's no chicken (*inf*).

Jungstier *m* young steer; **Jungtier** *nt* young animal; **Jungtürke** *m* (*Pol sl*) young Turk; **Jungverheiratete(r)** *mf decl as adj* newly-wed; **jungvermählt** *adj* (*geh*) newly-wed, recently married; **die ~en** the newly-weds; **Jungvieh** *nt* young cattle *pl*; **Jungwähler** *m* young voter; **Jungwild** *nt* young game.

Juni *m* -(s), -s June; *siehe* **März**.

Junikäfer *m* summer chafer.

junior *adj* Franz Schulz ~ Franz Schulz, Junior.

Junior(in *f*) [ˈjuːniɔr, -ˈnioːrɪn] *m* 1. junior. **wie geht's dem ~?** how's junior? 2. (*auch ~chef*) son/nephew *etc* of the chairman/boss. **kann ich mal den ~(chef) sprechen? can I speak to Mr X junior?

Juniorpartner *m* junior partner.

Junker *m* -s, - (*Hist*) squire; (*preußisch*) Junker.

Junkertum *nt, no pl* squirarchy; (*in Preußen*) Junkerdom.

Junktim *nt* -s, -s (*Pol: Paket*) package (deal). **zwischen X und Y besteht ein ~ X is dependent on Y.

Juno *m* -s, -s (*esp Comm*) June.

Junta [ˈxʊnta, ˈjʊnta] *f* -, **Junten** (*Pol*) junta.

Jupe [ʒyp] *m* -s, -s (*Sw*) skirt.

Jupiter *m* -s Jupiter.

Jupiterlampe ® *f* klieg light.

jur. *abbr of* **juristisch**.

Jura¹ *m* -s, *no pl* (*Geol, Geog*) Jura (Mountains) *pl*.

Jura² *no art* (*Univ*) law.

Jurastudium *nt* study of law. **das ~ dauert acht Semester** the law degree (course) takes four years.

juridisch *adj* (*old, Aus*) *siehe* **juristisch**.

Jurisdiktion *f* (*geh*) administration of justice; (*rare: Gerichtshoheit*) jurisdiction.

Jurisprudenz *f* (*geh*) jurisprudence.

Jurist *m* jurist, legal eagle (*hum inf*); (*Student*) law student.

Juristendeutsch *nt*, **Juristensprache** *f*, *no pl* legalese (*pej*), legal jargon *or* language.

Juristerei *f, no pl* (*inf*) law.

Juristin *f* jurist; law student.

juristisch *adj* legal; *Problem etc auch* juridical (*form*); *Studium auch* law *attr*. **die ~e Fakultät** the Faculty of Law; **eine ~e Person** a legal entity, a corporation, a corporate body.

Juror(in *f*) [ˈjuːrɔr, -ˈroːrɪn] *m* juror, member of the jury; (*bei Wettbewerb*) member of the jury, judge, adjudicator.

Jurte *f* -, *-n* yurt.

Jury [ʒyˈriː, ˈʒyːriː] *f* -, -s jury *sing or pl*; (*bei Wettbewerb auch*) judges, adjudicators *pl*.

Jus¹ *no art* (*Aus*) *siehe* **Jura²**.

Jus² [ʒyː] *f or m or nt* -, *no pl* 1. (*Bratensaft*) gravy; (*geliert*) dripping. 2. (*Sw: Fruchtsaft*) juice.

just *adv* (*old*) precisely, exactly, just. **~ gekommen** just come.

justieren* *vt* to adjust; *Gewehr, Zielfernrohr etc auch* to collimate (*form*); *Münzen auch* to weight; (*Typ*) to justify.

Justierung *f siehe vt* adjustment; collimation (*form*); weighting; justification.

Justitia [jʊsˈtiːtsia] *f* -s Justice; (*fig*) the law.

Justitiar [jʊstiˈtsiaːɐ] *m* lawyer, legal adviser.

Justiz [jʊsˈtiːts] *f* -, *no pl* (*als Prinzip*) justice; (*als Institution*) judiciary; (*die Gerichte*) courts *pl*.

Justizbehörde *f* legal *or* judicial authority; **Justizhoheit** *f* legal sovereignty; **Justiz|irrtum** *m* miscarriage of justice; **Justizminister** *m* minister of justice, justice minister, ≈ Attorney General (*US*), ≈ Lord (High) Chancellor (*Brit*); **Justizministerium** *nt* ministry of justice, ≈ Department of Justice (*US*); **Justizmord** *m* judicial murder; **Justizvollzugs|anstalt** *f* (*form*) place of detention; **Justizwachtmeister** *m* court attendant.

Jute *f* -, *no pl* jute.

Jütland *nt* -s (*Geog*) Jutland.

juvenil [juveˈniːl] *adj* (*geh*) juvenile.

Juwel¹ [juˈveːl] *m or nt* -s, -en jewel, gem. **~en** (*Schmuck*) jewellery, jewelry.

Juwel² *nt* -s, -e (*fig*) jewel, gem.

Juwelier *m* -s, -e jeweller; (*Geschäft*) jeweller's (shop).

Juweliergeschäft *nt* jeweller's (shop); **Juwelierwaren** *pl* jewel(le)ry.

Jux *m* -es, -e (*inf*) etw aus ~ tun/sagen to do/say sth as a joke *or* in fun; **etw aus lauter ~ und Tollerei tun** to do sth out of sheer high spirits; **sich** (*dat*) **einen ~ aus etw machen** to make a joke (out) of sth.

juxen *vi* (*inf*) to joke.

jwd [jɔtveːˈdeː] *adv* (*hum*) in the back of beyond; (*weit entfernt*) miles out (*inf*).

K

K, k [ka:] *nt* -, - K, k.
Kabale *f* -, **-n** (*old*) cabal (*old*).
Kabarett *nt* **-s**, **-e** *or* **-s 1.** cabaret; (*Darbietung auch*) cabaret show; (*in Bar etc auch*) floor show. **ein politisches** ~ a satirical political revue, a political satire. **2.** (*Servierplatte*) serving dish (*divided into sections*).
Kabarettist(in *f*) *m* cabaret artist.
kabarettistisch *adj Darbietung* cabaret; *Stil* revue *attr*; *Eskapaden* farcical.
Kabäuschen [ka'bɔysçən] *nt* (*inf*) (*Zimmer*) cubbyhole (*inf*); (*Laube*) hut, cabin.
Kabbalistik *f* cabbalism.
kabbalistisch *adj* cabbalistic.
Kabbelei *f* (*inf*) bickering, squabbling.
kabbelig *adj Meer* choppy.
kabbeln *vir* (*inf*) to bicker, to squabble.
Kabel *nt* **-s**, - **1.** (*Elec*) wire; (*von Elektrogeräten auch*) flex; (*Telefon*~) flex, cord; (*Strom- oder Telegraphenleitung*) cable. **2.** (*old Naut: Tau*) rope; (*Drahtseil*) cable. **3.** (*Telegramm*) cable(gram).
Kabelbericht *m* cabled report; **Kabelfernsehen** *nt* cable television.
Kabeljau *m* **-s**, **-e** *or* **-s** cod.
Kabellänge *f* (*Naut*) cable, cable's length; **Kabelleger** *m* **-s**, - (*Naut*) cable layer.
kabeln *vti* to cable.
Kabeltrommel *f* cable drum *or* reel.
Kabine *f* (*Umkleide*~, *Anprobier*~, *Dusch*~) cubicle; (*Naut, Aviat, von Kran*) cabin; (*Telec, zum Plattenhören auch*) booth; (*Vorführ*~) projection room; (*Seilbahn*~) car.
Kabinenbahn *f* cable railway; **Kabinenroller** *m* bubble-car.
Kabinett[1] *nt* **-s**, **-e 1.** (*Pol*) cabinet. **2.** (*für Kunstsammlungen*) (*Raum*) gallery; (*Schrank*) cabinet. **3.** (*Zimmer*) (*Aus: kleines Zimmer*) closet; (*old: Arbeitszimmer*) cabinet.
Kabinett[2] *m* **-s**, **-e** *m siehe* ~**wein**.
Kabinettsbeschluß *m* cabinet decision; **Kabinettsmitglied** *nt* cabinet member, member of the cabinet.
Kabinettstück *nt* **1.** (*old: einer Sammlung*) showpiece, pièce de résistance; **2.** (*fig*) masterstroke; **Kabinettwein** *m* high quality German white wine.
Kabrio *nt* **-(s)**, **-s** (*inf*) convertible.
Kabriolett [kabrio'let, (*Aus, S Ger*) kabrio'le:] *nt* **-s**, **-s 1.** (*Aut*) convertible. **2.** (*Hist*) cabriolet.
Kabuff *nt* **-s**, **-e** *or* **-s** (*inf*) (poky) little corner.
Kachel *f* -, **-n** (glazed) tile.
kacheln *vt* to tile.
Kachelofen *m* tiled stove.
Kacke *f* -, *no pl* (*vulg*) crap (*vulg*), shit (*vulg*).
kacken *vi* (*vulg*) to crap (*vulg*), to shit (*vulg*).
Kacker *m* **-s**, - (*sl*) stupid shit (*sl*).

Kadaver [ka'da:vɐ] *m* **-s**, - carcass.
Kadavergehorsam *m* (*pej*) blind *or* slavish obedience.
Kadenz *f* cadence; (*Improvisation*) cadenza.
Kader *m* **-s**, - (*Mil, Pol*) cadre; (*Sport*) squad; (*esp DDR*) (*Fachleute*) group of specialists; (*Fachmann*) specialist.
Kaderleiter *m* (*DDR*) personnel officer.
Kadett *m* **-en**, **-en** (*Mil*) cadet. **ihr ~en!** (*inf: ungezogene Jungen*) you rascals.
Kadetten|anstalt *f* cadet school.
Kadi *m* **-s**, **-s** (*dated inf*) beak (*inf*). **jdn vor den** ~ **schleppen** to take sb to court; **zum** ~ **laufen** to go to court.
Kadmium *nt* **-s** (*abbr* **Cd**) cadmium.
Käfer *m* **-s**, - **1.** beetle (*auch inf: VW*). **2.** (*sl: Mädchen*) bird (*esp Brit inf*), chick (*esp US inf*). **ein flotter** ~ (*dated inf*) a nice bit of skirt (*Brit inf*).
Kaff *nt* **-s**, **-s** *or* **-e** (*inf*) dump (*inf*), hole (*inf*).
Kaffee [*or* ka'fe:]*m* **-s**, **-s 1.** coffee. **zwei** ~, **bitte!** two coffees please; ~ **mit Milch** white coffee (*Brit*), coffee with milk; ~ **verkehrt** (*dated*) white coffee (*made with hot milk*) (*Brit*), coffee with hot milk; ~ **kochen** to make coffee; **das ist kalter** ~ (*inf*) that's old hat (*inf*); **da kommt einem der** ~ **hoch** (*sl*) it makes you sick (*inf*).
2. *no pl* (*Nachmittags*~) ≈ (afternoon) tea. ~ **und Kuchen** coffee and cakes, ≈ afternoon tea; **jdn zu** ~ **und Kuchen einladen** to invite sb for *or* to (afternoon) tea.
Kaffeebohne *f* coffee bean; **kaffeebraun** *adj* coffee-coloured; **Kaffee-Ersatz** *m* coffee substitute; **Kaffee-Extrakt** *m* coffee essence; **Kaffeefilter** *m* coffee filter; (*inf: Filterpapier*) filter (paper); **Kaffeegeschirr** *nt* coffee set; **Kaffeehaus** *nt* café; **Kaffeehausmusik** *f* (*pej*) palm court music; **Kaffeekanne** *f* coffeepot; **Kaffeeklatsch** (*inf*) *m* **-s**, *no pl*, **Kaffeekränzchen** *nt* coffee klatsch (*US*), hen party (*inf*), ≈ coffee morning; **ich treffe mich mit meinen Freundinnen zum** ~ I'm meeting some friends for a chat over (a cup of) coffee *or* tea; **Kaffeelöffel** *m* coffee spoon; **Kaffeemaschine** *f* coffee machine; **Kaffeemischung** *f* blended coffee; **Kaffeemühle** *f* coffee grinder; **Kaffeepause** *f* coffee break; **Kaffeesatz** *m* coffee grounds *pl*; **aus dem** ~ **wahrsagen** *or* **lesen** to read (the) tea leaves; **Kaffeeservice** *nt* coffee set; **Kaffeesieb** *nt* coffee strainer; **Kaffeesorte** *f* type *or* sort of coffee; **Kaffeestrauch** *m* coffee tree; **Kaffeestube** *f* coffee shop; **Kaffeetante** *f* (*hum*) coffee addict; (*in Café*) old biddy; **Kaffeetasse** *f* coffee cup; **Kaffeetisch** *m* (*Frühstückstisch*) breakfast table; (*nachmittags*) (afternoon) tea table; **Kaffeewärmer** *m* **-s**, - cosy (for coffee

pot); **Kaffeewasser** nt water for coffee, coffee water; **ich habe das ~ schon aufgesetzt** I've just put the kettle on; **Kaffeezusatz** m coffee additive.
Kaffer m **1. -n, -n** kaffir; (pej inf) nigger. **2. -s, -** (pej inf: dummer Kerl) thickhead (inf), duffer (inf).
Käfig m **-s, -e** cage. **sie sitzt in einem goldenen ~** (fig) she is just a bird in a gilded cage.
kafkaesk adj kafkaesque.
Kaftan m **-s, -e** caftan.
kahl adj Mensch, Kopf bald; (~geschoren) shaved, shorn; Vogel bald, featherless; Wand, Raum bare; Pflanze, Baum bare, leafless; Landschaft, Berge barren, bleak. **eine ~e Stelle** a bald patch; **~ werden** (Mensch) to go bald; (Baum) to lose its leaves.
Kahlfraß m defoliation; **kahlfressen** vt sep irreg to strip bare; Ernte to destroy completely; **kahlgeschoren** adj Kopf shaven, shorn; **Kahlheit** f siehe adj baldness; featherlessness; bareness, leaflessness; barrenness, bareness; **Kahlkopf** m bald head; (Mensch) bald person; **ein ~ sein** to be bald; **kahlköpfig** adj bald(-headed); **Kahlköpfigkeit** f baldness, bald-headedness; **kahlscheren** vt sep irreg Schafe to shear; Hecken to cut right back; **jdn ~** to shave sb's head; **Kahlschlag** m **1.** (abgeholzte Fläche) clearing; **2.** (Tätigkeit) deforestation; **3.** (inf) (Aktion) ~ (Entlassungen) axing; (Abriß) demolition; **kahlschlagen** vt sep irreg to deforest, to clear.
Kahm m **-(e)s**, no pl mould.
Kahn m **-(e)s, ~e 1.** (small) boat; (Stech~) punt. **~ fahren** to go boating/punting. **2.** (Lastschiff) barge. **ein alter ~** (inf) an old tub (inf). **3.** (inf) (Bett) bed, pit (inf); (Gefängnis) jug (dated inf). **~e** (große Schuhe) clodhoppers (inf).
Kahnfahrt f row; (in Stechkahn) punt.
Kai m **-s, -e** or **-s** quay.
Kaianlage f quayside.
Kaiman m **-s, -e** (Zool) cayman.
Kaimauer f quay wall.
Kainsmal nt (Stigma) mark of Cain.
Kairo nt **-s** Cairo.
Kaiser m **-s, -** emperor. **der deutsche ~** the German Emperor, the Kaiser; **wo nichts ist, hat der ~ sein Recht verloren** (Prov) you can't get blood from a stone; **gebt dem ~, was des ~s ist** (Bibl) render unto Caesar the things which are Caesar's; **(da,) wo selbst der ~ zu Fuß hingeht** (dated hum) the smallest room (in the house) (hum); **das ist ein Streit um des ~s Bart** that's just splitting hairs.
Kaiseradler m imperial eagle; **Kaiserhaus** nt imperial family.
Kaiserin f empress.
Kaiserinmutter f dowager empress.
Kaiserkrone f **1.** imperial crown. **2.** (Bot) crown imperial.
kaiserlich adj imperial. **diese Besitzungen waren früher ~** these possessions used to belong to the Emperor; **Seine K~e Majestät** His Imperial Majesty; **~ gesinnt** monarchistic, imperialistic.
kaiserlich-königlich adj imperial and

royal (pertaining to the Dual Monarchy of Austro-Hungary).
Kaiserpfalz f imperial palace; **Kaiserreich** nt empire; **Kaiserschmarr(e)n** m (Aus) sugared, cut-up pancake with raisins; **Kaiserschnitt** m Caesarean (section); **Kaiserstadt** f imperial city; **Kaisertum** nt siehe **Kaiserwürde 2.**; **Kaiserwetter** nt (dated) magnificent sunshine; **Kaiserwürde** f **1.** (Ehre) honour or dignity of an emperor; **2.** (Amt) emperorship.
Kajak m or nt **-s, -s** kayak.
Kajütboot nt cabin boat.
Kajüte f **-, -n** cabin; (größer auch) stateroom.
Kakadu m **-s, -s** cockatoo.
Kakao [auch ka'kau] m **-s, -s** cocoa. **jdn durch den ~ ziehen** (inf) (veralbern) to make fun of sb, to take the mickey out of sb (inf); (boshaft reden) to run or do sb down.
Kakaobohne f cocoa bean; **Kakaopulver** nt cocoa powder.
kakeln vi (dial inf) to blether (inf).
Kakerlak m **-s** or **-en, -en** cockroach.
Kakophonie f (geh) cacophony.
Kaktee f **-, -n** [-e:ən], **Kaktus** m **-, Kakteen** [-e:ən] or (inf) **-se** cactus.
Kalamität f (geh) calamity; (heikle Lage) predicament.
Kalander m **-s, -** (Tech) calender.
kalandern* vt (Tech) to calender.
Kalauer m **-s, -** corny joke; (Wortspiel) corny pun; (alter Witz) old chestnut.
kalauern vi (inf) to joke; to pun.
Kalb nt **-(e)s, ~er 1.** calf; (von Rehwild auch) fawn. **2.** (inf: Mädchen) silly young girl or thing.
kalben vi (Kuh, Gletscher) to calve.
kälbern, kalbern vi (inf) to fool or mess about or around (inf).
Kälberne(s) nt decl as adj (S Ger, Aus) veal.
Kalbfleisch nt veal.
Kalbsbraten m roast veal; **Kalbsfell** nt **1.** (Fell) calfskin; **2.** (old: Trommel) drum; **Kalbshachse, Kalbshaxe** f (Cook) knuckle of veal; **Kalbskeule** f leg of veal; **Kalbsleber** f calves' liver; **Kalbsleder** nt calfskin; **Kalbsschnitzel** nt veal cutlet.
Kaldaune f **-, -n** tripe no pl.
Kalebasse f **-, -n** calabash.
Kaleidoskop nt **-s, -e** kaleidoscope.
kaleidoskopisch adj kaleidoscopic.
kalendarisch adj calendrical.
Kalendarium nt (geh, Eccl) calendar.
Kalender m **-s, -** calendar; (Taschen~) diary. **etw im ~ rot anstreichen** to make sth a red-letter day.
Kalenderblock m day-by-day calendar; **Kalenderjahr** nt calendar year; **Kalenderspruch** m calendar motto.
Kalesche f **-, -n** (Hist) barouche.
Kalfakter m **-s, -**, **Kalfaktor** m **1.** (old: Heizer) boilerman, stoker. **2.** (allgemeiner Gehilfe) odd-job man.
kalfatern* vti (Naut) to caulk.
Kali nt **-s, -s** potash.
Kaliber nt **-s, -** (lit, fig) calibre; (zum Messen) calibrator.

Kalibergwerk *nt* potash mine; **Kalidünger** *m* potash fertilizer.

Kalif *m* **-en, -en** caliph.

Kalifat *nt* caliphate.

Kalifornien [-iən] *nt* **-s** California.

kalifornisch *adj* Californian.

Kaliko *m* **-s, -s** calico; (*für Buchbinderei*) cloth.

Kalisalpeter *m* saltpetre; **Kalisalz** *nt* potassium salt.

Kalium *nt, no pl* (*abbr* K) potassium.

Kalk *m* **-(e)s, -e** lime; (*zum Tünchen*) whitewash; (*Anat*) calcium. **gebrannter/gelöschter ~** quicklime/slaked lime; **Wände/Decken mit ~ bewerfen** to whitewash walls/ceilings; **bei ihm rieselt schon der ~** (*inf*) he's going a bit gaga (*inf*) *or* losing his marbles (*inf*).

Kalkboden *m* chalky soil.

kalken *vt* 1. (*tünchen*) to whitewash. 2. (*Agr*) to lime.

Kalkgrube *f* lime pit; **kalkhaltig** *adj Boden* chalky; *Wasser* hard; **Kalkmangel** *m* (*Med*) calcium deficiency; (*von Boden*) lime deficiency; **Kalk|ofen** *m* lime kiln; **Kalkstein** *m* limestone; **Kalksteinbruch** *m* limestone quarry.

Kalkül *m or nt* **-s, -e** calculation *usu pl*.

Kalkulation *f* calculation; (*Kostenberechnung*) estimating.

kalkulatorisch *adj* arithmetical. **~e Methoden** methods of calculation.

kalkulieren* *vt* to calculate.

Kalligraphie *f* calligraphy.

Kallus *m* **-, -se** (*Biol, Med*) callus.

Kalme *f* **-, -n** (*Naut*) calm.

Kalmengürtel *m*, **Kalmenzone** *f* calm belt *or* zones *pl*.

Kalorie *f* calorie.

Kalorien- [-iən]: **kalorien|arm** *adj* low-calorie; **Kalorjengehalt** *m* calorie content; **kalorjenreich** *adj* high-calorie.

kalt *adj, comp* **⁻er**, *superl* **⁻este(r, s)** *or adv* **am ⁻esten** cold. **mir ist/wird ~ I** am/I'm getting cold; **im K~en** in the cold; **~ schlafen** to sleep in an unheated room; **~e Platte** cold meal; **abends essen wir ~** we eat a cold meal in the evening; **etw ~ stellen** to put sth to chill; **etw ~ bearbeiten** (*Tech*) to work sth cold; **die Wohnung kostet ~ 480 DM** the flat costs 480 DM without heating; **~ rauchen** (*hum*) to have an unlit cigarette in one's mouth; **jdm die ~e Schulter zeigen** to give sb the cold shoulder, to cold-shoulder sb; **~er Angstschweiß trat ihm auf die Stirn** he broke out in a cold sweat; **~es Grausen** *or* **Entsetzen überkam mich** my blood ran cold; **es überlief ihn ~** cold shivers ran through him; **der ~e** *or* **K~e Krieg** the Cold War; **~er Krieger** cold warrior; **auf ~em Wege** unceremoniously; **ein ~er Staatsstreich** a bloodless coup.

kaltbleiben *vi sep irreg aux sein* (*fig*) to remain unmoved *or* impassive; **Kaltblut** *nt* carthorse; **Kaltblüter** *m* **-s, -** (*Zool*) cold-blooded animal; **kaltblütig** *adj* 1. (*fig*) *Mensch, Mord* cold-blooded; (*gelassen*) *Handlung* cool; *Mensch* cool, cool-headed, calm; **sie ist ~ hineingegangen** she just walked in as cool as you please; 2. (*Zool*) cold-blooded; **Kalt-**

blütigkeit *f siehe adj* cold-bloodedness; cool(ness); cool-headedness.

Kälte *f* **-, no pl** 1. (*von Wetter, Material etc*) cold; (*~periode*) cold spell. **die ~ des Stahls/Steins** *etc* the coldness *or* cold of the steel/stone *etc*; **fünf Grad ~** five degrees of frost *or* below freezing; **vor ~ zittern** to shiver with cold; **bei dieser ~** in this cold; **hier ist eine solche ~, daß ...** it is so cold here that ... 2. (*fig*) coldness, coolness. **geschlechtliche ~** sexual coldness, frigidity.

Kälte|anlage *f* refrigeration plant; **kältebeständig** *adj* cold-resistant; **Kälte|einbruch** *m* cold spell; **kälte|empfindlich** *adj* sensitive to cold; *Mensch auch* chilly; **Kältegefühl** *nt* feeling of cold(ness); **Kältegrad** *m* degree of frost; **Kältemaschine** *f* refrigeration machine; **Kältepol** *m* (*Geog*) cold pole, pole of cold; **Kältetechnik** *f* refrigeration technology; **Kältetod** *m* **den ~ sterben** to freeze to death, to die of exposure; **Kältewelle** *f* cold spell.

Kalthaus *nt* refrigerated glasshouse; **kaltherzig** *adj* cold-hearted; **kaltlächelnd** *adv* (*iro*) cool as you please; **kaltlassen** *vt sep irreg* (*fig*) **jdn ~** to leave sb cold; **Kaltleim** *m* wood glue; **Kalt(luft)front** *f* (*Met*) cold front; **kaltmachen** *vt sep* (*sl*) to do in (*inf*); **Kaltmiete** *f* rent exclusive of heating; **Kaltschale** *f* (*Cook*) *cold sweet soup*; **kaltschnäuzig** *adj* (*inf*) (*gefühllos*) cold, unfeeling, callous; (*unverschämt*) insolent; *Kritiker* sarky (*inf*), sarcastic; **~ sagte sie ...** as cool as you please she said ...; **Kaltschnäuzigkeit** *f* (*inf*) *siehe adj* coldness, unfeelingness, callousness; insolence; sarcasm; **kaltstellen** *vt sep* (*inf*) *jdn* to demote, to put out of harm's way (*inf*).

Kalvarienberg [kal'va:riən-] *m* Calvary.

kalvinisch [kal'vi:nɪʃ] *adj* calvinistic.

Kalvinismus [kalvi'nɪsmʊs] *m* Calvinism.

Kalvinist(in *f*) [kalvi'nɪst(ɪn)] *m* Calvinist.

kalvinistisch [kalvi'nɪstɪʃ] *adj* calvinist(ic).

Kalzium *nt, no pl* (*abbr* Ca) calcium.

kam *pret von* **kommen.**

Kamarilla [kama'rɪlja, kama'rɪla] *f* **-,** **Kamarillen** (*geh*) political clique.

Kamee *f* **-, -n** [-e:ən] cameo.

Kamel *nt* **-(e)s, -e** 1. camel. **eher geht ein ~ durchs Nadelöhr ...** it is easier for a camel to go through the eye of a needle ... 2. (*inf*) clot (*Brit inf*), clown (*inf*). **ich ~!** silly *or* stupid me!

Kamelhaar *nt* (*Tex*) camel hair.

Kamelie [-iə] *f* camellia.

Kamelle *f usu pl* (*inf*) **das sind doch alte** *or* **olle ~n** that's old hat (*inf*).

Kameltreiber *m* camel driver, cameleer; (*pej: Orientale*) wog (*pej*).

Kamera *f* **-, -s** camera.

Kamerad *m* **-en, -en** (*Mil etc*) comrade; (*Gefährte, Lebens~*) companion, friend; (*dated: Arbeits~*) workmate; (*dated: Freund*) friend, buddy (*inf*), chum (*inf*).

Kameraderie *f* (*pej*) bonhomie.

Kameradschaft *f* comradeship, camaraderie.

kameradschaftlich *adj* comradely.

Kameradschaftlichkeit *f* comradeship, comradeliness.
Kameradschafts|abend *m* reunion; **Kameradschafts|ehe** *f* companionate marriage; **Kameradschaftsgeist** *m* spirit of comradeship, esprit de corps.
Kameraführung *f* camera work.
Kameralistik *f* (*old*) finance.
Kameramann *m*, *pl* **-männer** cameraman; **kamerascheu** *adj* camera-shy; **Kameraschwenk** *m* pan.
Kamerun *nt* **-s** the Cameroons *pl*.
Kamille *f* **-, -n** camomile.
Kamillentee *m* camomile tea.
Kamin *m or* (*dial*) *nt* **-s, -e** 1. (*Schornstein*) chimney; (*Abzugsschacht*) flue. **etw in den ~ schreiben** to write sth off. 2. (*offene Feuerstelle*) fireplace. **eine Plauderei am ~** a fireside chat; **wir saßen am *or* vor dem ~** we sat by *or* in front of the fire *or* round the hearth. 3. (*Geol: Fels~*) chimney.
Kaminfeger, Kaminkehrer *m* **-s, -** (*dial*) chimney sweep; **Kaminfeuer** *nt* open fire, fire in the grate; **Kaminsims** *m or nt* mantelpiece.
Kamm *m* **-(e)s, ̈e** 1. (*für Haar, Webe~*) comb. **sich** (*dat*) **mit dem ~ durch die Haare fahren** to run a comb through one's hair; **alle/alles über einen ~ scheren** (*fig*) to lump everyone/everything together. 2. (*von Vogel, Eidechse etc*) comb. 3. (*von Pferd*) crest. 4. (*Cook*) (*Hammelfleisch*) (middle) neck; (*Schweinefleisch*) spare rib; (*Rindfleisch*) neck. 5. (*von Trauben*) stalk. 6. (*Gebirgs~*) crest, ridge; (*Wellen~*) crest.
kämmen I *vt* **Haar, Baumwolle** to comb; **Wolle** *auch* to card, to tease. **sie kämmte ihm die Haare** she combed his hair. **II** *vr* to comb one's hair.
Kammer *f* **-, -n** 1. (*general*) chamber; (*Parl auch*) house; (*Ärzte~, Anwalts~*) professional association; (*Herz~*) ventricle; (*Mil*) store *usu pl*. **Erste/Zweite ~** Upper/Lower House. 2. (*Zimmer*) (small) room, box room; (*dial: Schlafzimmer*) bedroom.
Kammerbulle *m* (*Mil sl*) quartermaster; **Kammerdiener** *m* valet.
Kämmerei *f* (*Hist: Finanzverwaltung*) treasury (*old*); finance department.
Kämmerer *m* **-s, -.** 1. (*Beamter*) finance officer. 2. (*Hist, Eccl*) chamberlain.
Kammergericht *nt* ≈ Supreme Court; **Kammerherr** *m* (*Hist*) chamberlain; **Kammerjäger** *m* (*Schädlingsbekämpfer*) pest controller; (*Leibjäger*) (head) gamekeeper; **Kammerjungfer** *f* lady-in-waiting; **Kammerkonzert** *nt* chamber concert.
Kämmerlein *nt* chamber. **im stillen ~** in private.
Kammermusik *f* chamber music; **Kammer|orchester** *nt* chamber orchestra; **Kammersänger** *m*, **Kammerschauspieler** *m* (*Titel*) *title formerly given by Duke etc, now by authorities, to singer/ actor for excellence*; **Kammerspiel** *nt* 1. (*Schauspiel*) play for a studio theatre; 2. (*Theater*) studio theatre; **Kammerton**

m concert pitch; **Kammerzofe** *f* chambermaid.
Kammgarn *nt* worsted; **Kammstück** *nt* (*Cook*) shoulder.
Kammuschel *nt getrennt:* **Kamm-muschel** scallop.
Kampagne [kam'panjə] *f* **-, -n** 1. campaign. 2. (*bei Ausgrabungen*) stage.
Kämpe *m* **-n, -n** (*obs, iro*) (old) campaigner *or* soldier.
Kampf *m* **-(e)s, ̈e** fight, struggle (*um* for); (*Mil auch*) combat; (*Mil: Gefecht*) battle; (*Feindbegegnung*) engagement, encounter; (*Box~*) fight, bout, contest. **jdm/ einer Sache den ~ ansagen** (*fig*) to declare war on sb/sth; **den ~/die ̈e einstellen** to stop fighting; **den ~ um etw verloren geben** to abandon the struggle for sth; **den ~ aufgeben** to give up the struggle; **den ~ abbrechen** (*Sport*) to stop the fight; **es kam zum ~** clashes occurred, fighting broke out; **auf in den ~!** (*hum*) once more unto the breach! (*hum*); **er ist im ~ gefallen** he fell in action *or* battle; **im ~ für die Freiheit/Frankreich** in the struggle for freedom/the battle for France; **der ~ ums Dasein** the struggle for existence; **der ~ der Geschlechter** the battle of the sexes; **der~ um die Macht** the battle *or* struggle for power; **ein ~ auf Leben und Tod** a fight to the death; **~ dem Atomtod!** fight the nuclear menace!; **innere ̈e** inner conflicts.
Kampf|ansage *f* declaration of war; **Kampfbahn** *f* sports stadium, arena; **kampfbereit** *adj* ready for battle.
kämpfen I *vi* to fight, to struggle (*um, für* for); (*Sport: angreifen*) to attack. **gegen etw ~** to fight (against) sth; **die Rangers-Elf kämpft morgen gegen Celtic Rangers** are playing (against) Celtic tomorrow; **mit dem Tode ~** to fight for one's life; **mit den Tränen ~** to fight back one's tears; **gegen die Wellen ~** to battle against the waves; **ich hatte mit schweren Problemen zu ~** I had difficult problems to contend with; **ich habe lange mit mir ~ müssen, ehe ...** I had a long battle with myself before ...
II *vt* (*usu fig*) *Kampf* to fight.
Kampfer *m* **-s,** *no pl* camphor.
Kämpfer *m* **-s, -** (*Archit*) impost.
Kämpfer(in *f*) *m* **-s, -** fighter; (*Krieger auch*) warrior.
kämpferisch *adj* aggressive; *Spiel auch* attacking.
kampf|erprobt *adj* (*geh*) battle-tried.
Kampfeslust *f* (*geh*) pugnacity.
kampffähig *adj* (*Mil*) fit for action; *Boxer* fit to fight; **Kampfflugzeug** *nt* fighter (plane); **Kampfgeist** *m* fighting spirit; **Kampfgruppe** *f* task force; (*Mil auch*) combat group; **Kampfhahn** *m* (*lit, fig*) fighting cock; **Kampfhandlung** *f usu pl* clash *usu pl*; **Kampfkraft** *f* fighting strength; **kampflos** *adj* peaceful; **sich ~ ergeben** to surrender without a fight; **kampflustig** *adj* belligerent, pugnacious; **Kampfplatz** *m* battlefield; (*Sport*) arena, stadium; **Kampfpreis** *m* 1. (*im Wettkampf*) prize; 2. (*Comm*) cut-throat price; **die Konkurrenz mit ~en kaputt-**

machen to undercut the competition;
Kampfrichter m (*Sport*) referee; (*Tennis*) umpire; (*Schwimmen, Skilaufen*) judge; **Kampfschrift** f broadsheet; **Kampfstärke** f (*Mil*) combat strength; **Kampfstoff** m weapon, warfare agent; **kampf|unfähig** adj (*Mil*) unfit for fighting or battle; (*Sport*) unfit; **einen Panzer/ein Schiff ~ machen** to put a tank/ship out of action, to cripple a tank/ship; ~ **schlagen** (*Boxen*) to put out of the fight; **Kampfwagen** m chariot.

kampieren* vi to camp (out). **im Wohnzimmer ~** (*inf*) to doss down in the sitting room (*inf*).

Kanada nt -s Canada.

Kanadier [-ɪɐ] m -s, - Canadian; (*Sport*) Canadian canoe.

Kanadierin [-ɪərɪn] f Canadian (woman/girl).

kanadisch adj Canadian.

Kanaille [ka'naljə] f -, -n (*dated pej*) (*gemeiner Mensch*) scoundrel, rascal; (*Pöbel, Mob*) rabble, canaille.

Kanake m -n, -n (*Südseeinsulaner*) Kanaka; (*pej: Ausländer*) wop (*pej*).

Kanal m -s, **Kanäle** 1. (*Schiffahrtsweg*) canal; (*Wasserlauf*) channel; (*zur Bewässerung auch*) ditch; (*zur Entwässerung*) drain; (*für Abwässer*) sewer. **der (Ärmel)k~** the (English) Channel; **den ~ voll haben** (*sl*) (*betrunken sein*) to be canned (*sl*); (*es satthaben*) to have had a bellyful (*sl*).
2. (*Radio, TV, fig: Weg*) channel. **dunkle Kanäle** dubious channels.

Kanal|arbeiter m sewerage worker.

Kanalisation f 1. (*für Abwässer*) sewerage system, sewers pl; (*das Kanalisieren*) sewerage installation. 2. (*Begradigung eines Flußlaufes*) canalization.

kanalisieren* I vt *Fluß* to canalize; (*fig*) *Energie, Emotionen etc* to channel. II vti to install or lay sewers (in).

Kanaltunnel m channel tunnel.

Kanapee nt -s, -s (*old, hum*) sofa, couch.

Kanari m -s, - (*inf*), **Kanarienvogel** [-iən-] m canary.

Kanarische Inseln pl Canaries pl, Canary Islands pl.

Kandare f -, -n (curb) bit. **jdn an die ~ nehmen** (*fig*) to take sb in hand.

Kandelaber m -s, - candelabra.

Kandidat m -en, -en candidate; (*bei Bewerbung auch*) applicant. **jdn als ~en aufstellen** to nominate sb, to put sb forward as a candidate; **~ der Philosophie** *etc* person about to take a philosophy *etc* exam.

Kandidatenliste f list of candidates.

Kandidatin f candidate; (*bei Bewerbung auch*) applicant.

Kandidatur f candidature, candidacy.

kandidieren* vi (*Pol*) to stand, to run (*für* for). **für das Amt des Präsidenten ~** to stand or run for president.

kandiert adj *Frucht* candied.

Kandis(zucker) m -, rock candy.

Känguruh ['kɛŋguru] nt -s, -s kangaroo.

Kanin nt -s, -e rabbit (fur).

Kaninchen nt rabbit. **sich wie ~ vermehren** (*inf*) to breed like rabbits.

Kaninchenbau m rabbit warren;

Kaninchenstall m rabbit hutch.

Kanister m -s, - can.

Kann-Bestimmung f (*Jur*) authorization.

Kännchen nt (*für Milch*) jug; (*für Kaffee*) pot. **ein ~ Kaffee** a pot of coffee.

Kanne f -, -n can; (*Tee~, Kaffee~*) pot; (*Milch~*) churn; (*Öl~*) can, tin; (*Gieß~*) watering can.

kanneliert adj (*Archit*) fluted.

Kannibale m -n, -n, **Kannibalin** f cannibal.

kannibalisch adj cannibalistic; (*brutal*) rough. **es geht mir ~ wohl** (*hum inf*) I'm feeling on top of the world.

Kannibalismus m cannibalism.

kannte pret of **kennen**.

Kanon m -s, -s (*alle Bedeutungen*) canon.

Kanonade f (*Mil*) barrage; (*fig auch*) tirade.

Kanone f -, -n 1. gun; (*Hist*) cannon; (*sl: Pistole*) rod (*US sl*), gat (*sl*), shooter (*sl*). **~n auffahren** (*lit, fig*) to bring up the big guns; **mit ~n auf Spatzen schießen** (*inf*) to take a sledgehammer to crack a nut. 2. (*fig inf: Könner*) ace (*inf*). 3. (*inf*) **das ist unter aller ~** that defies description.

Kanonenboot nt gunboat; **Kanonenbootdiplomatie** f gunboat diplomacy; **Kanonendonner** m rumbling of guns; **Kanonenfutter** nt (*inf*) cannon fodder; **Kanonenkugel** f cannon ball; **Kanonen|ofen** m cylindrical iron stove; **Kanonenrohr** nt gun barrel; **heiliges ~!** (*inf*) good grief (*inf*).

Kanonier m -s, -e (*Mil*) gunner, artilleryman.

Kanoniker m -s, -, **Kanonikus** m -, **Kanoniker** (*Eccl*) canon.

Kanonisation f (*Eccl*) canonization.

kanonisch adj (*Eccl*) canonical. **~es Recht** canon law.

kanonisieren* vt (*Eccl*) to canonize.

Kanossa nt -s (*fig*) humiliation.

Kanossagang m: **einen ~ machen** or **antreten müssen** to eat humble pie.

Kantate f -, -n (*Mus*) cantata.

Kante f -, -n (*eines Gegenstandes, einer Fläche*) edge; (*Rand, Borte*) border; (*Web~*) selvedge. **wir legten die Steine ~ an ~** we laid the stones end to end; **etw auf ~ kleben** to stick sth with the edges flush; **Geld auf die hohe ~ legen** (*inf*) or away; **Geld auf der hohen ~ haben** (*inf*) to have (some) money put by (*inf*) or away.

Kanten m -s, - (*N Ger*) crust, heel (*dial*).

kanten vt 1. to tilt. **nicht ~!** (*bei Kisten etc*) do not tilt!, this way up! 2. (*mit Kanten versehen*) to trim, to edge. 3. *auch* vi (*Ski*) to edge.

Kanthaken m: **jdn beim ~ nehmen** (*inf*) or **zu fassen kriegen** (*inf*) to haul sb over the coals (*inf*); **Kantholz** nt (piece of) squared timber.

kantig adj *Holz* edged, squared; *Gesicht* angular.

Kantine f canteen.

Kantisch, kantisch adj Kantian.

Kanton m -s, -e canton.

Kantonist m: **ein unsicherer ~ sein** to be unreliable.

Kantor m choirmaster; (*in Synagoge*) cantor.

Kantorei f (church) choir.
Kanu nt **-s, -s** canoe.
Kanüle f **-, -n** (Med) cannula.
Kanute m **-n, -n** canoeist.
Kanzel f **-, -n** 1. pulpit. **auf der** ~ in the pulpit; **von der** ~ **herab** from the pulpit. 2. (Aviat) cockpit. 3. (eines Berges) promontory, spur. 4. (Hunt) (look-out) platform.
Kanzeldach nt canopy; **Kanzelredner** m orator.
Kanzlei f 1. (Dienststelle) office; (Büro eines Rechtsanwalts, Notars etc) chambers pl. 2. (Hist, Pol) chancellery.
Kanzleisprache f official language; **Kanzleistil** m (pej) officialese.
Kanzler m **-s, -** 1. (Regierungschef) chancellor. 2. (diplomatischer Beamter) chancellor, chief secretary. 3. (Univ) vice-chancellor.
Kanzler|amt nt 1. chancellorship; 2. (Gebäude) chancellor's office; **Kanzlerkandidat** m candidate for the chancellorship.
Kaolin m or nt **-s, -e** kaolin.
Kap nt **-s, -s** cape, headland. ~ **der Guten Hoffnung** Cape of Good Hope; ~ **Hoorn** Cape Horn.
Kapaun m **-s, -e** capon.
Kapazität f capacity; (fig: Experte) expert, authority.
Kapee nt: **schwer von** ~ **sein** (inf) to be slow on the uptake (inf).
Kapelle f 1. (kleine Kirche etc) chapel. 2. (Mus) band, orchestra.
Kapellmeister m (Mus) director of music; (Mil, von Tanzkapelle etc) bandmaster, bandleader.
Kaper[1] f **-, -n** (Bot, Cook) caper.
Kaper[2] m **-s, -** (Naut) privateer.
Kaperbrief m letter of marque.
kapern vt (Naut) Schiff to seize, to capture; (fig inf) Ding to commandeer (inf), to grab; jdn to grab.
Kaperschiff nt privateer.
kapieren* vti (inf) to get (inf), to understand. **kapiert?** got it? (inf); **er hat schnell kapiert** he caught on quick (inf).
Kapillargefäß nt (Anat) capillary.
kapital adj 1. (Hunt) Hirsch royal. **einen ~en Bock schießen** (fig) to make a real bloomer (inf). 2. (grundlegend) Mißverständnis etc major.
Kapital nt **-s, -e** or **-ien** [-iən] 1. (Fin) capital no pl; (pl: angelegtes ~) capital investments pl. **flüssiges** or **verfügbares** ~ ready or available capital; **er ist mit 35% am** ~ **dieser Firma beteiligt** he has a 35% stake in this firm.
2. (fig) asset. **aus etw** ~ **schlagen** (pej) (lit, fig) to make capital out of sth; (fig auch) to capitalize on sth.
Kapital|anlage f capital investment, investment of capital; **Kapital|ertragssteuer** f capital gains tax; **Kapitalflucht** f flight of capital; **Kapitalgesellschaft** f (Comm) joint-stock company.
kapitalisieren* vt to capitalize.
Kapitalismus m capitalism.
Kapitalist m capitalist.
kapitalistisch adj capitalist.

Kapitalmarkt m money market; **Kapitalverbrechen** nt serious crime; (mit Todesstrafe) capital crime or offence.
Kapitän m **-s, -e** 1. (Naut, Mil) captain; (esp auf kleinerem Schiff auch) skipper (inf); (auf Handelsschiff auch) master. ~ **zur See** (Mil) captain. 2. (Sport) captain. 3. (Aviat) captain.
Kapitänleutnant m lieutenant-commander.
Kapitänspatent nt master's certificate.
Kapitel nt **-s, -** 1. chapter; (fig auch) period; (Angelegenheit) chapter of events, story. **ein dunkles** ~ **in seinem Leben** a dark chapter in his life; **das ist ein anderes** ~ that's another story; **das ist ein** ~ **für sich** that's a story all to itself; **für mich ist dieses** ~ **erledigt** as far as I'm concerned the matter is closed. 2. (Eccl: Dom~) chapter.
Kapitell nt **-s, -e** capital.
Kapitulation f (von Armee, Land) surrender, capitulation (auch fig) (vor +dat to, in the face of). **bedingungslose** ~ unconditional surrender; **das ist eine** ~ **vor deinen Pflichten/Kindern** that's refusing to face up to your responsibilities/that's capitulating to your children.
kapitulieren* vi (sich ergeben) to surrender, to capitulate; (fig: aufgeben) to give up, to capitulate (vor +dat in the face of). **ich kapituliere, das ist zu schwierig** I give up, it's too difficult.
Kaplan m **-s, Kapläne** (in Pfarrei) curate; (mit besonderen Aufgaben) chaplain.
Kapo m **-s, -s** 1. (Aufseher) overseer; (S Ger inf: Vorarbeiter) gaffer (inf). 2. (Mil sl: Unteroffizier) NCO; (Feldwebel) sarge (sl); (Obergefreiter) corp (sl).
Kapodaster m **-s, -** capo.
kapores adj pred (sl) Auto etc kaput (sl). ~ **gehen** (Auto) to fall to pieces.
Kappe f **-, -n** cap; (Flieger~, Motorradmütze) helmet; (Narrenmütze) jester's cap; carnival or fancy-dress hat; (von Füllfederhalter, Flaschen auch) top; (Schuh~) (vorne) toe(cap); (hinten) heelpiece. **das nehme ich auf meine** ~ (fig inf) I'll take the responsibility for that, on my head be it; **das geht auf meine** ~ (inf: ich bezahle) that's on me.
kappen vt 1. (Naut) Tau, Leine to cut; Ast to cut back, to trim; (Med) Mandeln to clip (off); (fig inf) Finanzmittel to cut (back). 2. (kastrieren) Hähne to caponize.
Kappen|abend m carnival fancy-dress party where fancy-dress hats are worn.
Kappes m **-, -** (dial: Kohl) cabbage. ~ **reden** (sl) to talk (a load of) rubbish or baloney (sl).
Käppi nt **-s, -s** cap.
Kaprice [ka'priːsə] f **-, -n** caprice.
Kapriole f **-, -n** capriole; (fig) caper. ~**n machen** to cut capers.
kaprizieren* vr (geh) to insist (auf +acc on).
kapriziös adj (geh) capricious.
Kapsel f **-, -n** (Etui) container; (Anat, Bot, Pharm, Space etc) capsule; (an einer Flasche) cap, top; (Spreng~) detonator.
kaputt adj (inf) broken; esp Maschine, Glühbirne etc kaput (sl); (erschöpft)

Mensch shattered (*inf*), done in (*inf*), knackered (*Brit sl*); *Ehe* broken; *Beziehungen, Gesundheit* ruined; *Nerven* shattered; *Firma* bust *pred* (*inf*). **das alte Auto/das Dach/ihre Ehe ist ~** (*irreparabel*) (*inf*) the old car/the roof/her marriage has had it (*inf*); **irgend etwas muß an deinem Auto ~ sein** something must be wrong with your car; **der Fernseher ist ~** (*vorläufig*) the TV is on the blink (*inf*); **mein ~es Bein** my gammy (*inf*) *or* bad leg; (*gebrochen*) my broken leg; **meine Hose ist ~** (*zerrissen*) my trousers are torn *or* ripped; (*am Saum*) my trousers are coming apart; **er ist ~** (*sl: tot*) he's kicked the bucket (*inf*); **die ~e Welt** this mess of a world; **ein ~er Typ** (*sl*) an antisocial pyscho (*sl*).

kaputtfahren *vt sep irreg* (*inf*) (*überfahren*) to run over; *Auto* to drive *or* run into the ground, to knacker (*Brit sl*); (*durch Unfall*) to smash (up), to write off; **kaputtgehen** *vi sep irreg aux sein* (*inf*) to break; (*esp Maschine*) to go kaput (*sl*); (*esp Glühbirne, Elektronenröhre etc*) to go kaput (*sl*), to go phut (*inf*); (*Ehe*) to break up, to go on the rocks (*inf*) (*an +dat* because of); (*Beziehungen, Gesundheit, Nerven*) to be ruined, to go to pot (*inf*); (*Firma*) to go bust (*inf*), to fold up; (*Waschmaschine, Auto*) to break down, to pack up (*Brit inf*); (*Kleidung*) to come to pieces; (*zerrissen werden*) to tear; (*sl: sterben*) to kick the bucket (*inf*), to croak (*sl*); (*Blumen*) to die off; **in dem Büro gehe ich noch kaputt** this office will be the death of me (*inf*); **kaputtkriegen** *vt sep* (*inf*) *Zerbrechliches* to break; *Auto* to ruin; *jdn* to wear out; **das Auto/der Hans ist nicht kaputtzukriegen** this car/Hans just goes on for ever; **wie hast du denn das kaputtgekriegt?** how did you (manage to) break it?; **kaputtlachen** *vr sep* (*inf*) **sich** *dat* **die laughing** (*inf*); **ich lach' mich kaputt!** what a laugh!; **ich hätte mich ~ können** I nearly killed myself (*sl*); **kaputtmachen** *sep* (*inf*) **I** *vt* to ruin; *Zerbrechliches* to break, to smash; *Brücke, Sandburg* to knock down; (*erschöpfen*) *jdn* to wear out, to knacker (*Brit sl*); **diese ewigen Sorgen machen mich kaputt** these never-ending worries will be the death of me (*inf*); **II** *vr* (*sich überanstrengen*) to wear oneself out, to slog oneself into the ground (*inf*), to knacker oneself (*Brit sl*); **kaputtschlagen** *vt sep irreg* (*inf*) to break, to smash.

Kapuze *f -, -n* hood; (*Mönchs~*) cowl.

Kapuziner *m -s, -* (*Eccl*) Capucin (monk); (*Bot: auch ~kresse f*) nasturtium.

Kar *nt -(e)s, -e* corrie, cwm, cirque.

Karabiner *m -s, -* **1.** (*Gewehr*) carbine. **2.** (*auch ~haken*) karabiner, snap link.

Karacho *nt -s, no pl:* **mit** *or* **im ~** (*inf*) at full tilt, hell for leather (*inf*); **er rannte/fuhr mit ~ gegen die Wand** he ran/drove smack into the wall.

Karaffe *f -, -n* carafe; (*mit Stöpsel*) decanter.

Karambolage [karambo'laːʒə] *f -, -n* (*Aut*) collision, crash; (*Billard*) cannon.

Karambole *f -, -n* (*beim Billard*) red (ball).

karambolieren* *vi aux sein* (*beim Billard*) to cannon; (*rare: Autos*) to crash (*mit* into), to collide (*mit* with).

Karamel *m -s, no pl* caramel *no pl.*

Karamelle *f* caramel (toffee).

Karat *nt -(e)s, -e* *or* (*bei Zahlenangabe*) **-** (*Measure*) carat. **dieser Ring hat 9 ~** this ring is made of 9-carat gold.

Karate *nt -(s), no pl* karate. **~hieb** *m* karate chop.

-karäter *m in cpds* **-s, -** **Zehn~** ten-carat diamond/stone.

-karätig *adj suf* carat.

Karavelle [kara'vɛlə] *f* caravel.

Karawane *f -, -n* caravan.

Karawanenstraße *f* caravan route.

Karawanserei *f* caravanserai, caravansary.

Karbid *nt -(e)s, -e* carbide.

Karbidlampe *f* davy lamp.

Karbol *nt -s, no pl* carbolic acid.

Karbolseife *f* carbolic soap.

Karbonat *nt* carbonate.

karbonisieren* *vt* to carbonize; *Getränke* to carbonate.

Karbunkel *m -s, -* (*Med*) carbuncle.

Kardamom *m -s, no pl* cardamom.

Kardangelenk *nt* universal joint; **Kardantunnel** *m* transmission tunnel; **Kardanwelle** *f* prop(eller) shaft.

Kardinal *m -s, Kardinäle* **1.** (*Eccl*) cardinal. **2.** (*Orn*) cardinal (bird).

Kardinalfehler *m* cardinal error.

Kardinaltugend *f* (*Philos, Rel*) cardinal virtue; **Kardinalzahl** *f* cardinal (number).

Kardiogramm *nt* cardiogram; **Kardiologie** *f* cardiology.

Karenzzeit *f* waiting period.

Karfiol *m -s, no pl* (*Aus*) cauliflower.

Karfreitag *m* Good Friday.

Karfunkel(stein) *m -s, -* *red precious stone such as ruby or garnet*, carbuncle (stone).

karg *adj* **1.** (*spärlich*) *Vorrat* meagre, sparse; (*unfruchtbar*) *Boden* barren; (*dürftig*) *Gehalt, Einkommen* meagre. **~ möbliert** sparsely furnished; **~ leben** to lead a meagre existence. **2.** (*geizig*) mean, sparing. **er ist ~ mit seinem Lob** he is grudging with his praise; **die Portionen sind sehr ~ bemessen** they are very mean *or* stingy (*inf*) with the helpings.

kargen *vi* (*sparsam sein*) to stint (*mit* on), to scrimp and save (*mit* with); (*knausern*) to be mean *or* stingy (*inf*) (*mit* with); (*mit Lob*) to be grudging.

Kargheit *f siehe adj 1.* meagreness, sparseness; barrenness; meagreness.

kärglich *adj Vorrat* meagre, sparse; *Mahl* frugal; (*dürftig*) *Gehalt, Einkommen* meagre. **sie leben ~** they lead a meagre existence.

Kärglichkeit *f siehe adj* meagreness, sparseness; frugality; meagreness.

Karibik *f -:* **die ~** the Caribbean.

karibisch *adj* Caribbean. **das K~e Meer** the Caribbean Sea; **die K~en Inseln** the Caribbean Islands.

kariert *adj Stoff, Muster* checked, checkered (*esp US*); *Papier* squared. **red nicht so ~!** (*inf*) don't talk such rubbish. **~ gucken** (*inf*) to look puzzled.

Karies ['ka:riɛs] *f* -, *no pl* caries.

Karikatur *f* caricature. **eine ~ von jdm/etw zeichnen** (*lit*) to draw a caricature of sb/sth; (*lit, fig*) to caricature sb/sth.

Karikaturist(in *f*) *m* cartoonist; (*Personenzeichner auch*) caricaturist.

karikaturistisch *adj* caricatural (*form*), caricature. **dieser Artikel ist ~** this article is a caricature.

karikieren* *vt* to caricature.

kariös *adj Zahn* carious, decayed.

Karitas *f* -, *no pl* (*Nächstenliebe*) charity.

karitativ *adj* charitable.

Karkasse *f* -, **-n 1.** (*Cook*) carcass. **2.** (*Aut: von Reifen*) casing.

Karl *m* **-s** Charles. **~ der Große** Charlemagne.

Karmeliter(in *f*) *m* **-s, -** Carmelite.

Karmesin *nt* **-s,** *no pl* crimson.

karmesin(rot) *adj* crimson.

karmin(rot) *adj* carmine (red).

Karneval ['karnəval] *m* **-s, -e** *or* **-s** carnival.

Karnevalszug *m* carnival procession.

Karnickel *nt* **-s, -** (*inf*) **1.** bunny (rabbit) (*inf*, rabbit. **2.** (*hum: Schuldiger*) culprit.

karnivor [karni'vo:ɐ] *adj* (*Biol*) carnivorous.

Kärnten *nt* **-s** Carinthia.

Karo *nt* **-s, -s** (*Quadrat*) square; (*auf der Spitze stehend*) diamond, lozenge; (*Muster*) check; (*diagonal*) diamond; (*Cards*) diamonds *pl.* **ein ~ trocken** (*inf*) a slice of dry bread.

Karo- *in cpds* (*Cards*) of diamonds.

Karolinger *m* **-s, -** Carolingian.

karolingisch *adj* Carolingian. **~e Minuskeln** Caroline minuscule.

Karomuster *nt* checked *or* chequered (*esp US*) pattern.

Karosse *f* -, **-n** (*Prachtkutsche*) (state) coach; (*fig: großes Auto*) limousine.

Karosserie *f* bodywork.

Karosserieschlosser *m* panelbeater.

Karotin *nt* **-s, -e** carotene, carotin.

Karotte *f* -, **-n** (small) carrot.

Karpaten *pl* Carpathian Mountains *pl*, Carpathians *pl.*

Karpfen *m* **-s, -** carp.

Karpfenteich *m* carp pond.

Karre *f* -, **-n 1.** *siehe* **Karren. 2.** (*inf: Auto*) (old) crate (*inf*) *or* heap (*inf*).

Karree *nt* **-s, -s 1.** (*Viereck*) rectangle; (*Rhombus*) rhombus; (*Quadrat*) square; (*Formation: esp Mil*) square. **2.** (*Häuserblock*) block. **einmal ums ~ gehen** to walk round the block. **3.** (*esp Aus: Cook*) loin.

Karren *m* **-s, -. 1.** (*Wagen*) cart; (*esp für Garten, Baustelle*) (wheel)barrow; (*für Gepäck etc*) trolley. **ein ~ voll Obst** a cartload of fruit.
2. (*fig inf*) **jdm an den ~ fahren** to take sb to task; **den ~ einfach laufen lassen** to let things go *or* slide; **den ~ in den Dreck fahren** to ruin things, to get things in a mess; **der ~ ist hoffnungslos verfahren, der ~ steckt im Dreck** we/they *etc* are really in a mess; **den ~ aus dem Dreck ziehen** *or* **wieder flottmachen** to put things back on the rails, to get things sorted out.

karren I *vt* to cart. **jdn ~** (*inf: mit Auto*) to give sb a lift, to drive sb. **II** *vi aux sein* (*inf: mit dem Auto*) to drive (around).

Karrengaul *m* (*pej*) (old) nag.

Karrette *f* (*Sw*) (*Schubkarre*) (hand)cart, trolley.

Karriere [ka'rie:rə, -iɛ:rə] *f* -, **-n 1.** (*Laufbahn*) career. **~ machen** to make a career for oneself. **2.** (*voller Galopp*) (full) gallop. **~ reiten** to gallop, to ride at a gallop.

Karrierefrau *f* career girl/woman.

Karrieremacher(in *f*), Karrierist(in *f*) *m* careerist.

karriolen* *vi aux sein* (*dated inf*) to gallivant (around).

Kärrner *m* **-s, -** (*Fuhrmann*) carter.

Kärrnerarbeit *f* hard labour *or* toil.

Karsamstag *m* Easter Saturday, Holy Saturday.

Karst *m* **-(e)s, -e** (*Geog, Geol*) karst.

karstig *adj* karstic.

Kartätsche *f* -, **-n 1.** (*Mil*) case shot. **2.** (*Build*) plasterer's float, darby.

Kartause *f* -, **-n** chartreuse, Carthusian monastery.

Karte *f* -, **-n 1.** (*Post~, Kartei~, Loch~ etc*) card.
2. (*Fahr~, Eintritts~*) ticket; (*Einladungs~*) invitation (card); (*Bezugsschein*) coupon; (*Mitglieds~*) (membership) card.
3. (*Land~*) map; (*See~*) chart. **~n lesen** to map-read.
4. (*Speise~*) menu; (*Wein~*) wine list. **nach der ~** à la carte.
5. (*Spiel~*) (playing) card. **jdm die ~ legen** to tell sb's fortune from the cards; **mit offenen ~n spielen** (*lit*) to play with one's cards on the table; (*fig*) to put one's cards on the table; **er spielt mit verdeckten ~n** (*fig*) he's playing his cards *or* it very close to his chest; **du solltest deine ~n aufdecken** (*fig*) you ought to show your hand *or* put your cards on the table; **alle ~n in der Hand haben** (*fig*) to hold all the cards; **er läßt sich nicht in die ~n sehen** *or* **gucken** (*fig*) he's playing it close to his chest; **jdm in die ~n sehen** (*lit*) to look *or* take a look at sb's cards; **alles auf eine ~ setzen** (*lit*) to stake everything on one card; (*fig*) to stake everything on one chance; (*andere Möglichkeiten ausschließen*) to put all one's eggs in one basket (*prov*); **du hast auf die falsche ~ gesetzt** (*fig*) you backed the wrong horse.

Kartei *f* card file, card index; (*Computers*) file.

Karteikarte *f* file *or* record card; **Karteikasten** *m* file-card box; **Karteileiche** *f* (*hum*) sleeping *or* non-active member; **Karteischrank** *m* filing cabinet.

Kartell *nt* **-s, -e 1.** (*Comm*) cartel. **2.** (*Interessenvereinigung*) alliance; (*pej*) cartel.

Kartellamt *nt* monopolies *or* anti-trust commission; **Kartellgesetz** *nt* monopolies *or* anti-trust law.

Kartenblatt *nt* map, (map)sheet; **Kartenhaus** *nt* **1.** house of cards; **wie ein ~ zusammenstürzen** *or* **in sich zusammenfallen** to collapse like a house of cards; **2.** (*Naut*) chart room; **Kartenkunststück** *nt* card trick; **Kartenlegen** *nt* **-s 1.** (*Wahrsagen*) fortune-telling (*using cards*), reading the cards, cartomancy (*form*); **2.** (*Patience*) patience;

Kartenleger(in *f*) *m* **-s, -** fortune-teller (*who reads cards*); **Kartenlesen** *nt* (*von Landkarten etc*) map-reading; **Kartenleser** *m* (*von Landkarten*) map-reader; **Kartenspiel** *nt* 1. (*das Spielen*) card-playing; (*ein Spiel*) card game; **beim** ~ when playing cards; 2. (*Karten*) pack *or* deck (of cards); **Kartenvorverkauf** *m* advance sale of tickets; advance booking office; **Kartenwerk** *nt* map book, book of maps; **Kartenzeichnen** *nt* (map) symbol; **Kartenzeichner** *m* cartographer, mapmaker.

kartesianisch, kartesisch *adj* Cartesian.

Karthager(in *f*) *m* **-s, -** Carthaginian.

Karthago *nt* **-s** Carthage.

Kartoffel *f* -, *n* 1. potato. **rin in die** ~**n, raus aus die** ~**n** (*sl*) first it's one thing, then (it's) another, you're/he's *etc* always chopping and changing; **jdn fallen lassen wie eine heiße** ~ (*inf*) to drop sb like a hot potato. 2. (*inf*) (*Nase*) hooter (*Brit inf*), conk (*inf*); (*dial: Loch*) (gaping) hole.

Kartoffel- *in cpds* potato; **Kartoffelbrei** *m* mashed potatoes *pl*; **Kartoffelchips** *pl* potato crisps *pl*; **Kartoffelferien** *pl* autumn holiday(s); **Kartoffelfeuer** *nt* fire made from dried potato leaves etc with general celebration after potato harvest; **Kartoffelkäfer** *m* Colorado beetle; **Kartoffelkraut** *nt* potato foliage *or* leaves; **Kartoffelpuffer** *m* potato fritter; **Kartoffelpüree** *nt* mashed potatoes *pl*; **Kartoffelsalat** *m* potato salad; **Kartoffelschalen** *pl* potato peel(ings).

Kartograph(in *f*) *m* cartographer.

Kartographie *f* cartography.

kartographisch *adj* cartographical.

Karton [kar'tõ, kar'tõ:, kar'to:n] *m* **-s, -s** 1. (*steifes Papier, Pappe*) card, cardboard. **ein** ~ a piece of card *or* cardboard. 2. (*Schachtel*) cardboard box. 3. (*Art*) cartoon. 4. (*Leerblatt*) blank page for one's own notes.

Kartonage [karto'na:ʒə] *f* -, -n (*Verpackung*) cardboard packaging.

kartonieren* *vt* Bücher to bind in boards. **kartoniert** hardback, cased.

Kartothek *f* -, -en card file, card index.

Kartusche *f* -, -n 1. (*Archit, Her*) cartouche. 2. cartridge; (*Hist Mil: Patronentasche*) ammunition pouch.

Karussell *nt* **-s, -s** *or* **-e** merry-go-round, roundabout (*Brit*), carousel. ~ **fahren** to have a ride on the merry-go-round *etc*; **das Ministerkarussell dreht sich wieder** (*Press sl*) the ministerial carousel goes round and round.

Karwoche *f* (*Eccl*) Holy Week.

Karyatide *f* -, -n (*Archit*) caryatid.

Karzer *m* **-s, -** (*Hist*) 1. (*Zelle*) detention cell (*in school or university*). 2. (*Strafe*) detention.

karzinogen *adj* (*Med*) carcinogenic.

Karzinologie *f* (*Med*) oncology.

Karzinom *nt* **-s, -e** (*Med*) carcinoma, malignant growth.

Kasack *m* **-s, -s** tunic.

Kaschemme *f* -, -n low dive.

kaschen *vt* (*inf*) to catch; (*verhaften*) to nab (*inf*).

kaschieren* *vt* 1. (*fig: überdecken*) to conceal. 2. Bucheinband to laminate.

Kaschmir[1] *nt* **-s** (*Geog*) Kashmir.

Kaschmir[2] *m* **-s, -e** (*Tex*) cashmere.

Käse *m* **-s, - 1.** cheese. **weißer** ~ curd cheese; ~ **schließt den Magen** cheese rounds off a meal nicely. 2. (*inf: Unsinn*) rubbish, twaddle (*inf*).

Käse- *in cpds* cheese; **Käseblatt** *nt* (*inf*) local rag (*inf*); **Käsebrot** *nt* (open) cheese sandwich; **Käsegebäck** *nt* cheese savouries *pl*; **Käseglocke** *f* cheese cover.

Kasein *nt* **-s, -e** casein.

Käsekuchen *m* cheesecake.

Kasel *f* -, -n (*Eccl*) chasuble.

Kasematte *f* -, -n casemate.

Käserei *f* 1. (~*betrieb*) cheese dairy. 2. (*Käseherstellung*) cheese-making.

Kaserne *f* -, -n barracks *pl*.

Kasernenhof *m* barrack square; **Kasernenhofton** *m*: **es herrscht ein richtiger** ~it's like being on the parade ground.

kasernieren* *vt* Truppen to quarter in barracks; Flüchtlinge, Obdachlose etc to quarter, to billet. **wenn man die Leute so kaserniert ...** if you put people in these barrack-like places ...

Käsestange *f* cheese straw; **Käsetorte** *f* cheesecake; **käseweiß** *adj* (*inf*) white *or* pale (as a ghost).

käsig *adj* 1. (*fig inf*) Gesicht, Haut pasty, pale; (*vor Schreck*) white, pale. 2. (*lit*) cheesy.

Kasino *nt* **-s, -s** 1. (*Spielbank*) casino. 2. (*Offiziers*~) (officers') mess *or* club; (*Speiseraum*) dining room, cafeteria.

Kaskade *f* 1. (*Wasserfall*) waterfall, cascade (*poet*); (*in Feuerwerk*) cascade. **die Wasser stürzen in** ~**n hinab** the waters cascade down. 2. (*Zirkussprung*) acrobatic leap.

Kaskoversicherung *f* (*Aut*) (*Teil*~) ≈ third party, fire and theft insurance; (*Voll*~) fully comprehensive insurance.

Kasper *m* **-s, -, Kasperl** *m* *or* *nt* **-s, -(n)** (*Aus, S Ger*), **Kasperle** *m* *or* *nt* **-s, -** (*S Ger*) 1. (*im Puppenspiel*) Punch. 2. (*inf*) clown (*inf*), fool.

Kasperletheater *nt* Punch and Judy (show); (*Gestell*) Punch and Judy theatre.

kaspern *vi* (*inf*) to clown (*inf*) *or* fool around.

Kaspisches Meer *nt* Caspian Sea.

Kassa *f* -, **Kassen** (*esp Aus*) siehe **Kasse 1.**

Kassageschäft *nt* (*Comm*) cash transaction; (*St Ex*) spot transaction.

Kassandraruf *m* prophecy of doom, gloomy prediction.

Kassation *f* (*Jur*) quashing, reversal; (*von Urkunde*) annulment.

Kasse *f* -, -n 1. (*Zahlstelle*) cashdesk, till, cash point; (*Zahlraum*) cashier's office; (*Theat etc*) box office; (*in Bank*) cash point, cashdesk. **an der** ~ (*in Geschäft*) at the desk.

2. (*Geldkasten*) cashbox; (*in Läden*) cash register, till; (*Geldmittel*) coffers *pl*; (*bei Spielen*) kitty; (*in einer Spielbank*) bank. **in die** ~ **greifen** (*inf*) to dip into the till *or* cashbox; **der Film hat volle** ~**n gemacht** the film was a big box-office suc-

cess; **die ~n klingeln** the tills are ringing, the money is really rolling in.
   3. (*Bargeld*) cash. **bei ~ sein** (*inf*) to be flush (*inf*) *or* in the money (*inf*); **knapp/gut/schlecht bei ~ sein** (*inf*) to be short of cash *or* out of pocket/well-off/badly-off; **~ machen** to check one's finances; (*in Geschäft*) to cash up; (*sl: gut verdienen*) to be raking it in (*inf*), to make a bomb (*sl*); **die ~ führen** to be in charge of the money; **die ~ stimmt!** (*inf*) the money's OK (*inf*); **ein Loch in die ~ reißen** (*fig*) to make a dent *or* hole in one's finances; **zur ~ bitten** to ask for money; **jdn zur ~ bitten** to ask sb to pay up.
   4. (*inf: Spar~*) (savings) bank.
   5. *siehe* **Krankenkasse.**
Kasseler *nt* **-s, -** lightly smoked pork loin.
Kassen|arzt *m* doctor who treats members of sickness insurance schemes; ≃ National Health general practitioner (*Brit*); **Kassenbericht** *m* financial report; (*in Verein etc auch*) treasurer's report; **Kassenbestand** *m* cash balance, cash in hand; **Kassenbon** *m* sales slip; **Kassenbuch** *nt* cashbook; **Kassen|erfolg** *m* (*Theat etc*) box-office hit; **Kassenführer** *m* treasurer; **Kassenmagnet** *m* (*Theat etc*) big draw; **Kassenpatient** *m* patient belonging to medical insurance scheme; ≃ National Health patient (*Brit*); **Kassenprüfung** *f* audit; **Kassenreißer** *m* (*inf*) (*Theat etc*) box-office hit; (*general*) big draw; **Kassenrekord** *m* record takings *pl*; **Kassenschlager** *m* (*inf*) (*Theat etc*) box-office hit; (*Ware*) big seller; **Kassenstunden** *pl* hours of business (of cashier's office *etc*); **Kassensturz** *m* (*Comm*) cashing-up; **~ machen** to check one's finances; (*Comm*) to cash up; **Kassenwart** *m* **-s, -e** treasurer; **Kassenzettel** *m* sales slip.
Kasserolle *f* **-, -n** saucepan; (*mit Henkeln*) casserole.
Kassette *f* **1.** (*Kästchen*) case, box.
   2. (*für Bücher*) slipcase; (*Bücher in ~*) set, pack (*Comm*); (*Geschenk~*) gift case/set; (*für Schallplatten*) box; set; (*Tonband~*, *Filmbehälter*) cassette; (*Aufbewahrungs~*) container; (*für Bücher*) library case; (*für Film*) can.
   3. (*Archit*) coffer.
Kassettendecke *f* coffered ceiling; **Kassettenrecorder** *m* cassette recorder.
Kassiber *m* **-s, -** secret message, stiff (*US sl*).
Kassier *m* **-s, -e** (*S Ger, Aus, Sw*) *siehe* **Kassierer(in).**
kassieren* I *vt* **1.** Gelder *etc* to collect (up), to take in; (*inf*) Abfindung, Finderlohn to pick up (*inf*). **nach seinem Tode kassierte sie 50.000 Mark** (*inf*) after his death she collected 50,000 marks.
   2. (*inf: wegnehmen*) to take away, to confiscate.
   3. (*inf: verhaften*) to nab (*inf*).
   4. (*Jur*) Urteil to quash.
   II *vi* **1.** (*abrechnen*) to take the money. **bei jdm ~** to collect *or* get money from sb; **darf ich ~, bitte?** would you like to pay now?

   2. (*sl: Geld einnehmen*) to take the money; (*verdienen*) to make money. **seit Willi seine Würstchenbude hat, kassiert er ganz schön** since Willi has had his sausage stall, he's really been raking it in (*inf*) *or* making a bomb (*sl*); **bei diesem Geschäft hat er ganz schön kassiert** he cleaned up very nicely on this deal (*inf*).
Kassierer(in *f*) *m* **-s, -** cashier; (*Bank~*) clerk, teller; (*Einnehmer*) collector; (*eines Klubs*) treasurer.
Kastagnette [kastan'jetə] *f* castanet.
Kastanie [-iə] *f* chestnut; (*Roß~*) (horse) chestnut; (*Edel~*) (sweet) chestnut. **für jdn die ~n aus dem Feuer holen** (*fig*) to pull sb's chestnuts out of the fire.
Kastanien- [-iən]: **Kastanienbaum** *m* chestnut tree; **kastanienbraun** *adj* maroon; Pferd, Haar chestnut.
Kästchen *nt* **1.** (*kleiner Kasten*) small box; (*für Schmuck*) case, casket. **2.** (*auf kariertem Papier*) square.
Kaste *f* **-, -n** caste.
kasteien* *vr* (*als Bußübung*) to castigate *or* chastise oneself, to mortify the flesh (*liter*); (*sich Entbehrungen auferlegen*) to deny oneself.
Kasteiung *f* castigation, mortification of the flesh; self-denial.
Kastell *nt* **-s, -e** (small) fort; (*Naut, Hist*) castle.
Kastellan *m* **-s, -e** (*Aufsichtsbeamter, Hausmeister*) steward; (*Hist: Schloßvogt*) castellan.
Kasten *m* **-s, - 1.** box; (*Kiste*) crate, case; (*Truhe*) chest; (*Aus: Schrank*) cupboard; (*Brief~*) postbox, letterbox; (*Schau~*) showcase, display case; (*Brot~*) breadbin; (*Sport: Gerät*) box.
   2. (*inf*) (*altes Schiff*) tub (*inf*); (*alter Wagen, Flugzeug*) crate (*inf*); (*altes großes Haus*) barrack(s) *or* barn (of a place) (*inf*); (*Radio etc*) box (*inf*).
   3. (*inf: großer, breiter Mann*) heavyweight (*inf*), big bloke (*Brit inf*).
   4. (*inf*) **er hat viel auf dem ~** he's brainy (*inf*).
   5. (*inf: Fußballtor*) goal. **wer geht in den ~?** who's going in goal?
Kastenform *f* (*Cook*) (square) baking tin; **Kastengeist** *m* (*Sociol, Rel*) caste spirit; (*von Cliquen*) clannishness, cliquishness; **Kastenwagen** *m* (*Aut*) van, truck, panel truck (*US*); (*auf Bauernhof*) box cart; **Kastenwesen** *nt* caste system.
Kastilien [-iən] *nt* **-s** Castille.
Kastrat *m* **-en, -en** eunuch; (*Mus Hist*) castrato.
Kastration *f* castration.
Kastrations|angst *f* fear of castration; **Kastrationskomplex** *m* castration complex.
kastrieren* *vt* **1.** to castrate; Tiere *auch* to geld. **2.** (*fig inf*) to castrate. **eine Kastrierte** (*sl*) a filter cigarette.
Kasuist *m* casuist.
Kasuistik *f* casuistry.
kasuistisch *adj* casuistic.
Kasus *m* **-, - (**Gram*) case.
Kata- *in cpds* cata-; **Katafalk** *m* **-s, -e** catafalque; **Katakombe** *f* **-, -n** catacomb.
Katalanisch(e) *nt decl as adj* Catalan.

Katalog m -(e)s, -e catalogue.
katalogisieren* vt to catalogue.
Katalogisierung f cataloguing.
Katalonien [-iən] nt -s Catalonia.
Katalysator m (lit, fig) catalyst.
Katalyse f -, -n (Chem) catalysis.
katalytisch adj catalytic.
Katamaran m -s, -e catamaran.
Katapult nt or m -(e)s, -e catapult.
katapultieren* I vt to catapult. II vr to catapult oneself; (Pilot) to eject.
Katarakt m -(e)s, -e cataract.
Katarrh m -s, -e catarrh.
Kataster m or nt -s, - land register.
Kataster|amt nt land registry.
katastrophal adj disastrous; Auswirkungen etc auch catastrophic; (haarsträubend schlecht auch) atrocious. **der Mangel an Brot ist ~ geworden** the bread shortage has become catastrophic; **das Zimmer sieht ja ~ aus** the room looks absolutely disastrous.
Katastrophe f -, -n disaster, catastrophe; (Theat, Liter) catastrophe, (tragic) dénouement. **er ist eine ~** (inf) he's a real disaster (area) (inf) or catastrophe (inf).
Katastrophen|einsatz m duty or use in case of disaster; **für den ~** for use in case of disaster; **Katastrophengebiet** nt disaster area; **Katastrophenschutz** m disaster control; (im voraus) disaster prevention.
Katatonie f (Psych) catatonia.
Kate f -, -n (N Ger) cottage, croft (Scot).
Katechese f -, -n catechesis.
Katechet(in f) m -en, -en catechist.
Katechismus m catechism.
Kategorie f category. **er gehört auch zur ~ derer, die …** he's one of those or of that sort who …
kategorisch adj categorical, absolute; Ablehnung auch flat. **der ~e Imperativ** the categorical imperative; **ich weigerte mich ~** I refused outright, I absolutely refused; **er lehnte ~ ab** he categorically refused.
kategorisieren* vt to categorize.
Kater m -s, -. 1. tom(cat). **wie ein verliebter ~** like an amorous tomcat. 2. (Katzenjammer) hangover.
Katerfrühstück nt breakfast (of pickled herring etc) to cure a hangover; **Katerstimmung** f depression, the blues pl (inf); **nach der Party herrschte eine ~** after the party everyone was hung-over.
kath. abbr of **katholisch.**
Katharsis f -, no pl (Liter, fig) catharsis.
kathartisch adj (Liter, fig) cathartic.
Katheder m or nt -s, - (in Schule) teacher's desk; (in Universität) lectern. **etw vom ~ herab erklären** to declare sth ex cathedra (hum, form).
Kathedrale f -, -n cathedral.
Katheter m -s, - (Med) catheter.
Kathode f -, -n (Phys) cathode.
Kathodenstrahlen pl (Phys) cathode rays pl.
Katholе m -n, -n (inf, pej) Catholic, Papist (pej).
Katholik(in f) m -en, -en, -en (Roman) Catholic.

katholisch adj (Roman) Catholic. **sie ist streng ~** she's a strict Catholic; **jdn ~ erziehen** to bring sb up (as) a Catholic.
Katholizismus m (Roman) Catholicism.
Kätner m -s, - (N Ger) smallholder, crofter (Scot).
Kattun m -s, -e (old) cotton, calico.
katzbalgen vr to romp around.
Katzbalgerei f romping.
katzbuckeln vi (pej inf) to bow and scrape, to grovel.
Kätzchen nt 1. (junge Katze, inf: Mädchen) kitten; (Katze) pussy (inf). 2. (Bot) catkin.
Katze f -, -n 1. cat. **sie ist eine falsche ~** she's two-faced.
   2. (fig: in Wendungen) **meine Arbeit war für die Katz** (inf) my work was a waste of time; **das hat die ~ gefressen** (dial) the fairies took it (hum inf); **Katz und Maus mit jdm spielen** (inf) to play cat and mouse with sb; **wer hängt der ~ die Schelle um?** (fig) who will bell the cat?; **wie die ~ um den heißen Brei herumschleichen** to beat about the bush; **die ~ aus dem Sack lassen** (inf) to let the cat out of the bag; **laß die ~ endlich aus dem Sack** (inf) come on, spill the beans (inf); **die ~ im Sack kaufen** to buy a pig in a poke (prov); **die ~ läßt das Mausen nicht** (Prov) the leopard cannot change its spots (Prov); **bei Nacht sind alle ~n grau** all cats are grey at night; **wenn die ~ aus dem Haus ist, tanzen die Mäuse (auf dem Tisch)** (Prov) when the cat's away the mice will play (Prov).
   3. (Raubtierart) cat.
Katzenmacher m (S Ger, Aus: pej: Italiener) Eyetie (pej).
Katzen|auge nt 1. (Straßenmarkierung) cat's-eye; (Rückstrahler) reflector; 2. (Min) cat's-eye; **Katzenbuckel** m arched back (of a cat); **einen ~ machen** to arch one's back; **katzenfreundlich** adj (pej) overfriendly; **katzenhaft** adj catlike, feline; **Katzenjammer** m (inf) 1. (Kater) hangover; 2. (jämmerliche Stimmung) depression, the blues pl (inf); **ich habe ~** I feel down (in the dumps) (inf), I've got the blues (inf); **Katzenkopf** m (fig) 1. (Kopfstein) cobble(stone); 2. (Schlag) cuff (on the head), box round the ears; **Katzenmusik** f (fig) caterwauling, din, racket (inf); **Katzensprung** m (inf) stone's throw; **Katzenstreu** f cat litter; **Katzentisch** m (hum) children's table; **Katzenwäsche** f (hum inf) a lick and a promise (inf), a cat's lick (inf); **~ machen** to give oneself a lick and a promise; **Katzenzunge** f (Schokolade) langue de chat.
Kau|apparat m masticatory apparatus.
Kauderwelsch nt -(s), no pl (pej) (Fachoder Geheimsprache) lingo (inf), jargon; (Gemisch aus mehreren Sprachen/Dialekten) hotchpotch or mishmash (of different languages/dialects); (unverständlich) double dutch, gibberish.
kauderwelschen vi siehe n to talk jargon; to talk a hotchpotch or mishmash (of different languages/dialects); to talk double dutch or gibberish.

kauen I *vt* to chew; (*Med, form*) to masticate; *Nägel* to bite, to chew; *Wein* to taste.

II *vi* to chew. **an etw** (*dat*) ~ to chew (on) sth; **an den Nägeln** ~ to bite one's nails; **daran hatte ich lange zu** ~ (*fig*) it took me a long time to get over it; **daran wird er zu** ~ **haben** (*fig*) that will really give him food for thought *or* something to think about; **gut gekaut ist halb verdaut** (*Prov*) you should chew your food properly; **das K**~ chewing; (*Med, form*) mastication.

kauern *vir* (*vi auch aux sein*) to crouch (down); (*ängstlich*) to cower; (*schutzsuchend*) to be huddled (up).

Kauf *m* -(e)s, **Käufe** (*das Kaufen*) buying *no pl*, purchase (*esp form*), purchasing *no pl* (*esp form*); (*das Gekaufte*) purchase (*esp form*), buy. **das war ein günstiger** ~ that was a good buy; **mit diesem Anzug machen Sie bestimmt einen guten** ~ this suit is definitely a good buy; **ein** ~ **auf Kredit** a credit purchase; **etw zum** ~ **anbieten** to offer sth for sale; **einen** ~ **abschließen** *or* **tätigen** (*form*) to complete a purchase; **etw durch** ~ **erwerben** (*form*) to purchase sth; **etw in** ~ **nehmen** (*fig*) to accept sth.

Kauf|auftrag *m* purchasing *or* buying order; **Kaufbrief** *m* deed of purchase; (*esp für Grundstücke*) title deed.

kaufen I *vt* **1.** (*auch sich* (*dat*) ~) to buy, to purchase (*esp form*). **ich kauf' dir ein Geschenk** I'll buy you a present *or* a present for you; **ich habe** (**mir**) **einen neuen Anzug gekauft** I bought (myself) a new suit; **diese Zigaretten werden viel/nicht gekauft** we sell a lot of these cigarettes/nobody buys these cigarettes; **dafür kann ich mir nichts** ~ (*iro*) what use is that to me!, that's a fat lot of use! (*inf*).

2. (*bestechen*) *jdn* to bribe, to buy off; *Spiel* to fix; *Stimmen* to buy. **der Sieg war gekauft** it was fixed.

3. sich (*dat*) *jdn* ~ (*inf*) to give sb a piece of one's mind (*inf*); (*tätlich*) to fix sb (*inf*).

4. *auch vi* (*Cards*) to buy.

II *vi* to buy; (*Einkäufe machen*) to shop. **auf dem Markt kauft man billiger** it is cheaper to shop *or* you can buy things cheaper at the market; **das K**~ buying, purchasing (*esp form*).

Käufer(in *f*) *m* -**s**, - buyer, purchaser (*esp form*); (*Kunde*) customer, shopper.

Kauffahrer *m* (*Hist*) merchant ship, merchantman; **Kaufhalle** *f*, **Kaufhaus** *nt* department store; **Kaufkraft** *f* (*von Geld*) buying *or* purchasing power; (*vom Käufer*) spending power; **Kunden mit** ~ customers with money to spend; **kaufkräftig** *adj* ~**e Kunden** customers with money to spend; **Kaufkraft|überhang** *m* excess *or* surplus (consumer) spending power; **Kaufladen** *m* **1.** (*rare: Ladengeschäft*) (small) shop; **2.** (*Spielzeug*) toy shop; **Kaufleute** *pl of* **Kaufmann.**

käuflich *adj* **1.** (*zu kaufen*) for sale, purchasable (*form*). **etwas, was nicht** ~ **ist** something which cannot be bought; **etw** ~

erwerben (*form*) to purchase sth.

2. (*fig*) venal. ~**e Liebe** (*geh*) prostitution; **ein** ~**es Mädchen** (*geh*) a woman of easy virtue; **Freundschaft ist nicht** ~ friendship cannot be bought.

3. (*fig: bestechlich*) venal. ~ **sein** to be easily bought; **ich bin nicht** ~ you cannot buy me!

Käuflichkeit *f* **1.** purchasability (*form*).

2. (*fig*) (*Bestechlichkeit*) corruptibility, venality.

Kauflust *f* desire to buy (things); (*St Ex*) buying; **kauflustig** *adj* inclined to buy, in a buying mood; **in den Straßen drängten sich die K**~**en** the streets were thronged with shoppers.

Kaufmann *m, pl* -**leute** **1.** (*Geschäftsmann*) businessman; (*Händler*) trader; (*Tabak*~, *Gewürz*~, *Woll*~ *etc*) merchant. **gelernter** ~ person with qualifications in business *or* commerce; **jeder** ~ **lobt seine Ware** (*Prov*) a salesman will always praise his own wares.

2. (*Einzelhandels*~) small shopkeeper, grocer. **zum** ~ **gehen** to go to the grocer's.

kaufmännisch *adj* commercial, business *attr*. ~**er Angestellter** clerk; **er wollte einen** ~**en Beruf ergreifen** he wanted to make a career in business *or* commerce; **er übt einen** ~**en Beruf aus** he is in business *or* commerce; **Fachschule für** ~**e Berufe** commercial college, business school; ~ **denken** to think in commercial *or* business terms; **alles K**~**e macht seine Frau für ihn** his wife looks after the business side of things for him; **er ist** ~ **tätig** he is in business *or* is a businessman.

Kaufmannschaft *f* (*geh*) merchants *pl*.

Kaufmannsgehilfe *m* assistant, clerk; (*im Laden*) sales assistant, clerk (*US*); **Kaufmannsladen** *m* **1.** (*dated*) grocer's; (*Gemischtwarenhandlung*) general store; **2.** (*Spielzeug*) toy grocer's shop; **Kaufmannsstand** *m* merchant class.

Kaufpreis *m* selling price; **Kaufsumme** *f* money; **Kauf|unlust** *f* consumer resistance; **Kaufvertrag** *m* bill of sale; **Kaufwert** *m* market value; **Kaufzwang** *m* obligation to buy; **kein/ohne** ~**no**/ without obligation.

Kaugummi *m* chewing gum.

kaukasisch *adj Rasse* Caucasian.

Kaukasus *m* -: **der** ~ (the) Caucasus.

Kaul|quappe *f* tadpole.

kaum I *adv* **1.** (*noch nicht einmal*) hardly, scarcely, barely. **er verdient** ~ **200 Mark/ich habe** ~ **noch 10 Liter** he earns hardly *etc* 200 marks/I've hardly *etc* 10 litres left; **das kostet** ~ **200 Mark/man braucht** ~ **10 Liter** it doesn't even cost 200 marks/ you'll need less than 10 litres; **sie war** ~ **hereingekommen, als ...** hardly *or* scarcely *or* no sooner had she come in when ..., she had hardly *etc* come in when ...; ~ **jemand/jemals** hardly *or* scarcely anyone/ever; **es ist** ~ **möglich, daß ...** it is hardly *or* scarcely possible that ...; **es ist** ~ **zu glauben, wie ...** it's hardly *or* scarcely believable *or* to be believed how ...; **ich hatte** ~ **noch Zeit, mich zu verabschieden** I hardly *etc* had time to say goodbye; **er kann** ~ **noch sprechen/laufen** he can hardly *etc* speak/

walk any more; **ich hatte ~ noch damit gerechnet, daß ...** I hardly or scarcely thought that ... any more.

2. (*wahrscheinlich nicht*) hardly, scarcely. **~!** hardly, scarcely; **wohl~/ich glaube ~** I hardly or scarcely think so; **ich glaube ~ , daß ...** I hardly or scarcely think that ...; **das wird wohl ~ stimmen** that can hardly or scarcely be right/true, surely that can't be right/true; **das wird ~ passieren** that's hardly or scarcely likely to happen.

II *conj* hardly, scarcely. **~ daß wir das Meer erreicht hatten ...** hardly *etc* had we reached the sea when ..., no sooner had we reached the sea than ...; **~ gerufen, eilte der Diener herbei** no sooner summoned, the servant hurried in.

Kaumuskel *m* jaw muscle, masseter (*spec*).

kausal *adj* causal.

Kausalgesetz *nt* law of causality.

Kausalität *f* causality.

Kausalitätsprinzip *nt* principle of causality.

Kausalkette *f* causal chain, chain of cause and effect; **Kausalsatz** *m* causal clause; **Kausalzusammenhang** *m* causal connection.

Kausativ *nt* (*Gram*) causative.

kausativ *adj* (*Gram*) causative.

kaustisch *adj* (*Chem*, *fig*) caustic.

Kautabak *m* chewing tobacco.

Kautel *f* -, **-en** (*geh*) proviso.

Kaution *f* **1.** (*Jur*) bail. **~ stellen** to stand bail; **er stellte 1000 Mark ~** he put up 1000 marks (as) bail; **gegen ~** on bail; **jdn gegen ~ freibekommen** to bail sb out. **2.** (*Comm*) security. **3.** (*für Miete*) deposit.

Kautschuk *m* -s, **-e** (india)rubber.

Kautschukmilch *f* latex.

Kauwerkzeuge *pl* masticatory organs *pl*.

Kauz *m* -es, **Käuze 1.** screech owl. **2.** (*Sonderling*) odd or strange fellow, oddball (*esp US inf*). **ein komischer ~** an odd bird; **ein wunderlicher alter ~** a strange old bird.

kauzig *adj* odd, cranky.

Kavalier [kava'liːɐ] *m* -s, **-e 1.** (*galanter Mann*) gentleman. **er ist immer ~** he's always a gentleman or always chivalrous; **der ~ genießt und schweigt** one does not boast about one's conquests. **2.** (*dated: Begleiter einer Dame*) beau (*old*), young man (*dated*).

Kavaliersdelikt *nt* trivial offence, (mere) peccadillo; **Kavalier(s)start** *m* (*Aut*) racing start; **Kavalier(s)tuch** *nt* (*dated*) handkerchief in one's top pocket.

Kavalkade [kaval'kaːdə] *f* cavalcade.

Kavallerie [kavalə'riː] *f* (*Mil*) cavalry.

Kavallerlepferd *nt* cavalry horse.

Kavallerist [kavalə'rɪst] *m* (*Mil Hist*) cavalryman.

Kaventsmann [ka'ventsman] *m*, *pl* **-männer** (*inf*) whopper (*inf*).

Kaviar ['kaːviar] *m* -s, **-e** caviar.

Kaviarbrot *nt* French loaf.

Kebse *f* -, **-n**, **Kebsweib** *nt* (*old, Bibl*) concubine.

keck *adj* **1.** (*dated: frech*) cheeky, saucy. **2.** (*dated: flott*) Mädchen pert; Hut auch cheeky, saucy. **sie trug den Hut ~ auf**

einem **Ohr** she wore her hat at a jaunty or saucy angle over one ear.

keckern *vi* to snarl, to growl.

Keckheit *f siehe adj* **1.** cheekiness, sauciness. **2.** pertness; cheekiness, sauciness.

Keeper ['kiːpɐ] *m* -s, - (*Aus Sport*) (goal) keeper.

Kegel *m* -s, - **1.** (*Spielfigur*) skittle, ninepin; (*bei Bowling*) pin. **wir schieben ~** (*inf*) we play skittles or ninepins; we go bowling; **~ aufsetzen** to set the skittles/pins up; *siehe* **Kind. 2.** (*Geometrie*) cone; (*Berg~*) peak. **3.** (*Licht~, Scheinwerfer~*) beam (of light). **4.** (*Typ*) body, shank.

Kegelbahn *f* (bowling) lane; (*Anlage*) skittle-alley; (*automatisch*) bowling alley; **Kegelbruder** *m* (*inf*) (*eifriger Kegler*) skittle-player; bowling fanatic; **die ~** the skittle/ bowling club; **kegelförmig** *adj* conical; **Kegelkugel** *f* bowl; **Kegelmantel** *m* surface of a cone.

kegeln *vi* to play skittles or ninepins; (*bei Bowling*) to play bowls. **~ gehen** to play skittles; to go bowling.

Kegelrad *nt* (*Tech*) bevelled or mitre wheel; **kegelscheiben** (*Aus*), **kegelschieben** *vi sep irreg siehe* **Kegel 1.**; **Kegelschnitt** *m* conic section; **Kegelstumpf** *m* frustum.

Kegler(in *f*) *m* -s, - skittle-player; (*bei Bowling*) bowler.

Kehle *f* -, **-n 1.** (*Gurgel*) throat. (*sich dat*) **die ~ schmieren** (*inf*) or **anfeuchten** (*inf*) to wet one's whistle (*inf*); **er hat das in die falsche ~ bekommen** (*lit*) it went down the wrong way or got stuck in his throat; (*fig*) he took it the wrong way; **eine rauhe ~ haben** to be hoarse; **er hat Gold in der ~** (*inf*) his voice is/could be a real goldmine; **aus voller ~** at the top of one's voice or lungs.

2. (*ausgerundeter Winkel*) moulding; (*Rille*) groove.

kehlig *adj* Sprechweise guttural; *Lachen, Alt* throaty.

Kehlkopf *m* larynx.

Kehlkopfkatarrh *m* laryngitis; **Kehlkopfkrebs** *m* cancer of the throat; **Kehlkopfmikrophon** *nt* throat microphone; **Kehlkopfspiegel** *m* laryngoscope.

Kehllaut *m* guttural (sound).

Kehlung *f* (*Archit*) groove, flute.

Kehr|aus *m* -, *no pl* last dance; (*fig: Abschiedsfeier*) farewell celebration; **den ~ machen** (*fig*) to have a farewell celebration; **Kehrbesen** *m* broom; **Kehrblech** *nt* (*S Ger*) shovel.

Kehre *f* -, **-n 1.** (sharp) turn or bend; (*Haarnadelkurve*) hairpin bend. **2.** (*Turnübung*) rear or back vault.

kehren¹ I *vt* **1.** to turn. **den Blick zum Himmel/zu Boden ~** (*liter*) to turn one's eyes or gaze heavenwards/to cast one's eyes to the ground (*liter*); **in sich** (*acc*) **gekehrt** (*versunken*) pensive, wrapped in thought; (*verschlossen*) introspective, introverted; *siehe* **Rücken.**

2. (*kümmern*) to bother. **was kehrt mich das?** what do I care about that?

II *vr* **1.** to turn. **eines Tages wird sich sein Hochmut gegen ihn ~** one day his arrogance will rebound against him.

2. er kehrt sich nicht daran, was die Leute sagen he doesn't mind *or* care what people say.
III *vi* to turn (round); (*Wind*) to turn.

kehren² *vti* (*esp S Ger: fegen*) to sweep. **ich muß noch** ~ I've still got to do the sweeping; **jeder kehre vor seiner Tür!** (*Prov*) everyone should first put his own house in order.

Kehricht *m or nt* **-s**, *no pl* (*old, form*) sweepings *pl*. **den** ~ **zusammenfegen** to sweep up the rubbish.

Kehrmaschine *f* (*Straßen~*) roadsweeper, road sweeping machine; (*Teppich~*) carpet-sweeper; **Kehrreim** *m* chorus, refrain; **Kehrschaufel** *f* shovel; **Kehrseite** *f* **1.** (*von Münze*) reverse; **2.** (*inf: Rücken*) back; (*hum: Gesäß*) backside (*inf*), behind; (*fig: Nachteil*) drawback; **jdm seine** ~ **zuwenden** to turn one's back on sb; **3.** (*fig: Schattenseite*) other side; **die** ~ **der Medaille** the other side of the coin.

kehrt *interj* (*Mil*) **ganze Abteilung** ~! company, about turn!

kehrtmachen *vi sep* to turn round, to do an about-turn; (*zurückgehen*) to turn back; (*Mil*) to about-turn; **Kehrtwendung** *f* about-turn; **diese plötzliche** ~ **wurde scharf kritisiert** this sudden about-turn *or* volte-face was sharply criticized.

Kehrwert *m* reciprocal value; **Kehrwoche** *f* (*S Ger*) week when a resident has to take his/her turn to clean the communal areas of *flats etc*, cleaning week.

keifen *vi* to bicker.

Keil *m* **-(e)s**, **-e** wedge (*auch Mil*); (*als Hemmvorrichtung auch*) chock; (*Faust~*) hand-axe; (*Sew: Zwickel*) gusset; (*Kopf~*) headrest. **einen** ~ **in etw** (*acc*) **treiben** to put a wedge in sth; (*zum Befestigen auch*) to wedge sth; **einen** ~ **zwischen zwei Freunde treiben** (*fig*) to drive a wedge between two friends.

Keil|absatz *m* wedge heel, wedge; **Keilbein** *nt* sphenoid (bone).

Keile *pl* (*dial inf*) thrashing, hiding. ~ **bekommen** *or* **kriegen** *or* **beziehen** to get *or* be given a thrashing *or* hiding.

keilen I *vt* **1.** (*mit Keil*) to wedge. **2.** (*sl: anwerben*) **Mitglieder** to rope in (*inf*). **II** *vr* (*dial inf: sich prügeln*) to fight.

Keiler *m* **-s**, **-** wild boar.

Keilerei *f* (*inf*) punch-up (*inf*), fight.

keilförmig *adj* wedge-shaped; **Keilhose** *f*, **Keilhosen** *pl* ski pants *pl*; **Keilkissen** *nt* wedge-shaped pillow (*used as a headrest*); **Keilriemen** *m* drive-belt; (*Aut*) fan-belt; **Keilschrift** *f* cuneiform script.

Keim *m* **-(e)s**, **-e 1.** (*kleiner Trieb*) shoot, sprout. **die ersten** ~ **e ihrer jungen Liebe** (*liter*) the first blossomings *or* burgeoning of their young love (*liter*).
2. (*Embryo, fig*) embryo, germ; (*Krankheits~*) germ. **im** ~**e** (*fig*) in embryo, in embryonic form; **etw im** ~ **ersticken** to nip sth in the bud.
3. (*fig: des Hasses, der Liebe etc*) seed *usu pl*. **den** ~ **zu etw legen** to sow the seeds of sth.

Keimblatt *nt* **1.** (*Bot*) cotyledon; **2.** (*Zool*) blastema; **Keimdrüse** *f* gonad.

keimen *vi* **1.** to germinate; (*Pflanzen*) to put out shoots, to shoot; (*Knollen*) to sprout. **2.** (*Verdacht*) to be aroused; (*Hoffnung auch*) to stir (in one's breast *liter*). **das** ~**de Leben** (*geh*) the seeds of a new life.

keimfrei *adj* germ-free, free of germs *pred*; (*Med auch, fig*) sterile; ~ **machen** to sterilize; **keimhaft** *adj* (*geh*) embryonic, seminal; ~ **vorhanden sein** to be present in embryo *or* in embryonic *or* seminal form; **Keimling** *m* **1.** (*Embryo*) embryo; **2.** (*Keimpflanze*) sprout, shoot; **Keimplasma** *nt* germ plasm; **keimtötend** *adj* germicidal; ~**es Mittel** germicide; **Keimträger** *m* carrier.

Keimung *f* germination.

Keimzelle *f* germ cell.

kein, keine, kein *indef pron* **1.** (*adjektivisch*) no; (*mit sing n auch*) not a; (*mit pl n, bei Sammelbegriffen, bei Abstrakten auch*) not any. ~ **Mann/~e Häuser/~ Whisky ...** no man/houses/ whisky ...; **hast du** ~ **Herz?** have you no heart?; **hast du** ~ **Gefühl?** have you no *or* haven't you got any feeling?; **hast du** ~**en Bleistift?** haven't you got a *or* have you no pencil?; **hast du** ~**e Vorschläge/Geschwister?** haven't you got any *or* have you no suggestions/brothers and sisters?; **ich sehe da** ~**en Unterschied** I see no difference, I don't see any *or* a difference; **da sind** ~**e Häuser** there are no *or* there aren't any houses there; **er hatte** ~**e Chance** he had no *or* he didn't have a *or* any chance; **er ist** ~ **echter Schotte** he is no *or* not a true Scot; **er ist** ~ **Lehrer** he is not a teacher; (~ *guter auch*) he's no teacher; ~**e Widerrede/Ahnung!** no arguing/idea!; ~**e schlechte Idee** not a bad idea; ~**e Lust/ Angst!** don't want to/don't worry; **das ist** ~**e Antwort auf unsere Frage** that's not an *or* the answer to our question; **ich habe noch** ~**en so sympathischen Lehrer gehabt** I've never had such a pleasant teacher; ~ **bißchen** not a bit; **ich habe** ~ **bißchen Lust/Zeit** I've absolutely no desire to/ time; **ich bin doch** ~ **Kind mehr!** I am not a child any longer *or* no longer a child; ~ **anderer als er ...** only he ..., no-one else but he ...; **das habe ich** ~**em anderen als dir gesagt** I have told nobody else *or* haven't told anybody else apart from you; ~ **einziger** (*niemand*) not a single one *or* person; ~ **einziges Mal** not a single time.
2. (*nicht einmal*) less than. ~ **e Stunde/ drei Monate** less than an hour/three months; ~**e 5 Mark** under 5 marks.

keine(r, s) *indef pron* (*substantivisch*) (*niemand*) nobody (*auch subj*), no-one (*auch subj*), not anybody, not anyone; (*von Gegenstand*) not one, none; (*bei Abstraktum*) none; (*obj*) not any; (*von Gegenständen, bei Abstrakta*) none; (*obj*) not any, none. ~**r liebt mich** nobody *or* no-one loves me; **es war** ~**r da** there was nobody *etc* there, there wasn't anybody *etc* there; (*Gegenstand*) there wasn't one there; **es waren** ~ **da** there wasn't anybody *etc* there; (*Gegenstände*) there weren't any *or* there were none there; **ich habe** ~**s** I haven't got one; **von diesen Plat-**

ten ist ~ ... none *or* not one of these records is ...; **haben Sie Äpfel? — nein, leider haben wir** ~ have you any apples? —no, I'm afraid we haven't (any); **hast du schon ein Glas? — nein, ich habe ~s** have you a glass? — no, I haven't (got one) *or* no, I don't (*US*); **~r von uns/von uns (beiden)** none/neither of us; (*betont*) not one of us; **er hat ~n von beiden angetroffen** he didn't meet either *or* he met neither of them; **~s der (beiden) Kinder/Bücher** neither of the children/books; **~s der sechs Kinder/Bücher** none of the six children/books; (*betont*) not one of the six children/books; **er kannte ~s der (fünf) Kinder** he didn't know any of *or* he knew none of the (five) children; **Tee haben wir, aber Kaffee haben wir ~n** we've got tea but no coffee.

keinerlei *adj attr inv* no ... what(so)ever *or* at all.

keinerseits *adv* **sein Vorschlag fand ~ Zustimmung** his suggestion met with no support anywhere *or* from any side.

keinesfalls *adv* under no circumstances, not ... under any circumstances. **~ darfst du ...** under no circumstances *or* on no account must you ...; **aber er ist ~ dümmer als sein Bruder** he is at least as intelligent as his brother.

keineswegs *adv* not at all, by no means; (*als Antwort*) not in the least, not at all. **ich fühle mich ~ schuldig** I do not feel in the least *or* in any way guilty.

keinmal *adv* never once, not once. **er war noch ~ im Kino** he has never *or* not once been to the cinema, never *or* not once has he been to the cinema.

keins = **keines** *siehe* **keine(r, s)**.

Keks *m* **-es, -e** *or* (*Aus*) *nt* **-, -** biscuit (*Brit*), cookie (*US*).

Kelch *m* **-(e)s, -e 1.** (*Trinkglas*) goblet; (*Eccl*) chalice, communion cup. **den (bitteren) ~ (des Leidens) bis zur Neige leeren** (*fig*) to drain the (bitter) cup of sorrow (to the last); **möge dieser ~ an mir vorübergehen** (*Bibl*) let this cup pass from me; **dieser ~ ist noch einmal an mir vorübergegangen** I have been spared again, the Good Lord has spared me again. **2.** (*Bot*) calyx; (*liter*) cup, bell, chalice (*poet*).

Kelchblatt *nt* sepal.

kelchförmig *adj* cup-shaped, bell-shaped; **die ~ geöffnete Blüte** the cup-shaped *or* bell-shaped blossom; **Kelchglas** *nt* goblet, goblet-shaped glass.

Kelim *m* **-(s), -(s)** kilim (*Eastern carpet*).

Kelle *f* **-, -n 1.** (*Suppen~ etc*) ladle; (*Schaumlöffel*) strainer, straining spoon. **2.** (*Maurer~*) trowel. **3.** (*Signalstab*) signalling disc.

Keller *m* **-s, -** cellar; (*Geschoß*) basement; (*Gaststätte*) (cellar) restaurant/bar. **im ~ sitzen** (*inf: beim Kartenspiel*) to have minus points.

Keller- *in cpds* cellar; basement; **Kellerassel** *f* wood-louse.

Kellerei *f* wine/champagne/fruit-juice producer's; (*Lagerraum*) cellar(s).

Kellergeschoß *nt* basement; **Kellergewölbe** *nt* vaulted cellar roof; (*Keller*)

cellars *pl*; (*Verlies*) dungeon; **Kellerkind** *nt* unhealthy slum kid; **Kellerkneipe** *f* (*inf*), **Kellerlokal** *nt* cellar bar; **Kellermeister** *m* vintner; (*in Kloster*) cellarer; **Kellerwohnung** *f* basement flat.

Kellner *m* **-s, -** waiter.

Kellnerin *f* waitress.

kellnern *vi* (*inf*) to work as a waiter, to wait on tables (*US*).

Kelte *m* **-n, -n, Keltin** *f* Celt.

Kelter *f* **-, -n** winepress; (*Obst~*) press.

keltern *vt* **Trauben, Wein** to press.

Kemenate *f* **-, -n** lady's heated apartment(s) (*in a castle*); (*fig*) boudoir.

Kenia *nt* **-s** Kenya.

kenianisch *adj* Kenyan.

kennen *pret* **kannte**, *ptp* **gekannt** *vt* to know; (*~gelernt haben auch*) to be acquainted with; (*geh: er~*) to recognize. **er kennt das Leben** he knows the ways of the world, he knows about life; **er kennt den Hunger nicht** he has never known hunger, he doesn't know what hunger is; **er kennt keine Müdigkeit** he never gets tired, he doesn't know what tiredness means; **kein Erbarmen/Mitleid** *etc* ~ to know no mercy/pity *etc*; **ich habe mich nicht mehr gekannt vor Wut** I was beside myself with anger; **so was ~ wir hier nicht!** we don't have that sort of thing here; **jdn als etw ~** to know sb to be sth; **~ Sie sich schon?** have you met?; **~ Sie den (schon)?** (*Witz*) have you heard this one?; **das ~ wir (schon)** (*iro*) we know all about that; **kennst du mich noch?** do you remember me?; **sie kennt uns nicht mehr/will uns nicht mehr** ~ she does not know/want to know us any more; **wie ich ihn kenne ...** if I know him (at all) ...; **du kennst dich doch!** you know what you're like; **so kenne ich dich ja (noch) gar nicht!** I've never known you like this before; **da kennst du mich aber schlecht** you don't know me.

kennenlernen *vt sep* to get to know, to become acquainted with (*form*); (*zum ersten Mal treffen*) to meet. **sich ~** to get to know each other; to meet each other; **jdn näher ~** to get to know sb better, to become better acquainted with sb; **ich freue mich, Sie kennenzulernen** (*form*) (I am) pleased to meet you *or* to make your acquaintance (*form*); **der soll** *or* **wird mich noch ~** (*inf*) he'll have me to reckon with (*inf*); **bei näherem K~ erwies er sich als ...** on closer acquaintance he proved to be ...

Kenner(in *f*) *m* **-s, - 1.** (*Sachverständiger*) expert (*von or gen* on/in), authority (*von or gen* on). **~ der internen Vorgänge** those who know about the internal procedures; **da zeigt sich der ~** there you (can) see the (touch of the) expert. **2.** (*Wein~ etc*) connoisseur, co(g)noscente (*esp Art*).

Kennerblick *m* expert's eye.

kennerhaft, kennerisch *adj* like a connoisseur. **mit ~em Blick/Griff** with the eye/touch of an expert.

Kennermiene *f* connoisseur's expression; **mit ~ betrachtete er ...** he looked at ... like a connoisseur. **Kennerschaft** *f* connoisseurship (*rare*); (*Fachkenntnis*) expertise.

Kennkarte f (dated) identity card.

kenntlich adj (zu erkennen) recognizable, distinguishable (an +dat by); (deutlich) clear. **etw ~ machen** to identify or indicate sth (clearly); **etw für jdn ~ machen** to make sth clear to sb, to indicate sth to sb; **bei Dunkelheit gut ~ sein** to be easily visible or distinguishable in the dark.

Kenntnis f 1. (Wissen) knowledge no pl. **über ~se von etw verfügen** to be knowledgeable about sth, to know about sth; **gute ~se in Mathematik haben** to have a good knowledge of mathematics; **dafür reicht seine ~ des Deutschen nicht aus** his knowledge of German is not sufficient for that, he does not know enough German for that; **ohne ~ des Englischen** without any or a knowledge of English, without knowing English.
2. no pl (form) **etw zur ~ nehmen** to note sth, to take note of sth; **ich nehme zur ~, daß ...** I note that ...; **jdn von etw in ~ setzen** to inform or advise (Comm, form) sb about sth; **von etw ~ erhalten** to learn or hear about sth; **das entzieht sich meiner ~** I have no knowledge of it; **ohne ~ der Umstände** without any knowledge of the circumstances.

Kenntnisnahme f -, no pl (form) **zur ~ an ...** for the attention of ...; **nach ~** after perusal (form); **kenntnisreich** adj (geh) learned, knowledgeable.

-kenntnisse pl in cpds knowledge of ...

Kennung f (Telec) call sign; (von Leuchtfeuern) signal; (Computers) identity.

Kennwort nt, pl **Kennwörter** (Chiffre) code name; (Losungswort) password, code word; (Comm) reference; **Kennzahl** f code or identification number; (Telec auch) code; **Kennzeichen** nt 1. (Aut) registration number; (Aviat) markings pl; 2. (Markierung) mark, sign; (bei Tier) marking(s); (in Personenbeschreibung) unveränderliche ~ distinguishing marks or features; **besondere ~** particular characteristics; 3. (Eigenart, Charakteristikum) (typical) characteristic (für, gen of); (für Qualität) hallmark; (Erkennungszeichen) mark, sign; **als ~ eine Nelke im Knopfloch vereinbaren** to agree on a carnation in one's buttonhole as a means of identification; 4. (Anzeichen) symptom (für of); **kennzeichnen** insep I vt 1. to mark, to indicate; (durch Etikett auch) to label; Weg etc to mark, to signpost; (Logik) to denote; **etw als zerbrechlich ~** to mark or label sth fragile; 2. (charakterisieren) to characterize; **jdn als etw ~** to show sb to be sth, to mark sb out as sth; II vr to be characterized; **kennzeichnend** adj (charakteristisch) typical, characteristic (für of); **Kennziffer** f (code) number; (Math) characteristic; (Comm) reference number; (bei Zeitungsinserat) box number; (DDR) reference number (for production planning).

Kenotaph nt -s, -e cenotaph.

Kentaur m -en, -en centaur.

kentern vi aux sein (Schiff) to capsize.

Keramik f 1. no pl (Art) ceramics pl; (als Gebrauchsgegenstände auch) pottery; (Arbeitszweig) ceramics sing. 2. (Kunstgegenstand) piece of ceramic work; (Gebrauchsgegenstand auch) piece of pottery. **~en** ceramics/pottery.

keramisch adj ceramic; Gebrauchsgegenstand auch pottery.

Kerbe f -, -n notch; (kleiner) nick. **in die gleiche or dieselbe ~ hauen or schlagen** (fig inf) to take the same line.

Kerbel m -s, no pl chervil.

kerben vt Holz to cut or carve a notch/notches in, to notch; Inschrift, Namen to carve.

Kerbholz nt (fig inf) **etwas auf dem ~ haben** to have done something wrong or bad; **er hat so manches auf dem ~** he has quite a record.

Kerbtier nt insect.

Kerker m -s, - 1. (Hist, geh) dungeon (esp Hist), prison; (Strafe) imprisonment. 2. (Aus) siehe **Zuchthaus**.

Kerkermeister m (Hist, geh) gaoler, jailer; **Kerkerstrafe** f (Hist) imprisonment in the dungeons.

Kerl m -s, -e or -s (inf) chap, fellow, guy, bloke (Brit) (all inf); (pej) character; (Mädchen) girl, lass (inf). **du gemeiner ~!** you mean thing (inf) or swine (inf); **ein ganzer/richtiger ~** a real man; **sie hat schon wieder einen neuen ~** she's got another guy or bloke.

Kern m -(e)s, -e (von Obst) pip, seed; (von Steinobst) stone; (Nuß~) kernel; (Phys, Biol) nucleus; (Holz~) heartwood; (fig) (von Problem, Sache) heart, crux, core; (von Stadt) centre; (von Gruppe) core. **jede Legende hat einen wahren ~** at the heart of every legend there is a core of truth; **in ihr steckt ein guter ~** there's some good in her somewhere; **bis zum ~ einer Sache vordringen** to get to the heart or the bottom of a matter.

Kern- in cpds (Nuklear-) nuclear; **Kernbrennstoff** m nuclear fuel; **Kernchemie** f nuclear chemistry; **Kern|energie** f nuclear energy; **Kern|explosion** f nuclear explosion; **Kernfach** nt (Sch) core subject; **Kernforschung** f nuclear research; **Kernfrage** f central issue, central question; **Kernfrucht** f malaceous fruit (form), pome (form); **Kernfusion** f nuclear fusion; **Kerngedanke** m central idea; **Kerngehäuse** nt core; **kerngesund** adj as fit as a fiddle, completely fit; **Kernholz** nt heartwood.

kernig adj full of pips; (fig) Ausspruch pithy; (urwüchsig) earthy; (kraftvoll) robust, powerful; (sl: gut) great (inf).

Kernkraft f nuclear power; **Kernkraftgegner** m anti-nuke activist (inf); **Kernkraftwerk** nt nuclear power station, nuke (US sl); **Kernladungszahl** f atomic number; **Kernland** nt heartland; **kernlos** adj seedless, pipless; **Kernmodell** nt model of the nucleus; **Kern|obst** nt malaceous fruit (form), pome (form); **Kernphysik** f nuclear physics; **Kernphysiker** m nuclear physicist; **Kernplasma** nt nucleoplasm; **Kernproblem** nt central problem; **Kernpunkt** m central point, crux; **Kernreaktion** f nuclear reaction; **Kernreaktor** m nuclear reactor; **Kernsatz** *m* **1.** key sentence, key phrase; **2.** (*Ling*) kernel sentence; (*Satzform*) simple sentence; **Kernschatten** *m* complete shadow; (*Astron*) umbra; **Kernseife** *f* washing soap; **Kernspaltung** *f* nuclear fission; **Kernsprengkopf** *m* nuclear warhead; **Kernspruch** *m* pithy saying; **Kernstück** *nt* (*fig*) main item, centrepiece; (*von Theorie etc*) crucial *or* central element *or* part, core; **Kerntechnik** *f* nuclear technology; **Kernteilung** *f* (*Biol*) nuclear division; **Kerntruppe** *f* (*Mil*) core unit *or* division; (*fig*) core team; **Kern|unterricht** *m* (*Sch*) core curriculum; **Kernverschmelzung** *f* **1.** (*Phys*) *siehe* **Kernfusion**; **2.** (*Biol*) cell union.

Kernwaffe *f* nuclear weapon.

kernwaffenfrei *adj* nuclear demilitarized; **Kernwaffenversuch** *m* nuclear (weapons) test.

Kernzeit *f* core time.

Kerosin *nt* **-s, -e** kerosene.

Kerze *f* **-, -n 1.** (*Wachs~*) candle; (*Blüte der Kastanie*) candle, thyrus (*form*). **2.** (*Aut*) plug. **3.** (*Turnen*) shoulder-stand. **4.** (*Ftbl*) skyer.

Kerzenbeleuchtung *f* candlelight; **Kerzendocht** *m* candle wick; **kerzengerade** *adj* (as) straight as a die, erect; **Kerzenhalter** *m* candlestick; (*am Weihnachtsbaum, auf Kuchen etc*) candle holder; **Kerzenleuchter** *m* candlestick; **Kerzenlicht** *nt, no pl* candlelight; **bei ~** by candlelight; **Kerzenschlüssel** *m* (spark) plug spanner.

Kescher *m* **-s, -** fishing-net.

keß *adj* (*keck*) saucy, pert; *Kleid, Hut etc* jaunty, saucy; (*dial: frech*) saucy, fresh (*inf*). **kesser Vater** (*sl*) (bull)dyke (*sl*).

Kessel *m* **-s, - 1.** (*Tee~*) kettle; (*Wasch~*) copper; (*Koch~*) pot; (*für offenes Feuer*) cauldron; (*esp in Brauerei*) vat; (*Dampf~*) boiler; (*Behälter für Flüssigkeiten etc*) tank. **2.** (*Mulde*) basin, basin-shaped valley; (*Hunt*) semi-circular ring of hunters; (*Mil*) encircled area. **als sie im ~ von Stalingrad lagen** when they were encircled at Stalingrad.

Kesselflicker *m* **-s, -** tinker; **Kesselhaus** *nt* boiler house; **Kesselpauke** *f* kettle drum; **Kesselschlacht** *f* (*Mil*) battle of encirclement; **Kesselstein** *m* scale, fur; **Kesseltreiben** *nt* (*Hunt*) hunt using a circle of beaters; (*fig: in Zeitung etc*) witchhunt; **Kesselwagen** *m* (*Rail*) tank wagon *or* car.

Keßheit *f siehe adj* sauciness, pertness; jauntiness, sauciness; sauciness.

Ketchup ['kɛtʃap] *m or nt* **-(s), -s** ketchup.

Ketsch *f* **-, -en** (*Naut*) ketch.

Kette *f* **-, -n 1.** chain; (*von Kettenfahrzeug*) chain track. **einen Hund an die ~ legen** to put a dog on the chain, to chain up a dog; **in ~n liegen** (*fig geh*) to be in chains *or* bondage; **in ~n schlagen** (*liter*) to put in chains; **seine ~n zerreißen** *or* **sprengen** (*fig geh*) to throw off one's chains *or* shackles *or* fetters. **2.** (*fig: ununterbrochene Reihe*) chain; (*von Menschen auch*) line; (*von Fahr-*

zeugen) line, string; (*von Unfällen, Erfahrungen etc*) series, string. **eine ~ von Ereignissen** a chain of events. **3.** (*Berg~, Seen~*) chain. **4.** (*Hunt*) (*von Rebhühnern*) covey; (*von Wildenten*) skein. **5.** (*Aviat, Mil*) flight. **6.** (*Comm: von Läden*) chain. **7.** (*Tex*) warp.

ketten *vt* to chain (*an +acc* to). **jdn an sich ~** (*fig*) to bind sb to oneself; **sich an jdn/etw ~** (*fig*) to tie *or* bind oneself to sb/sth.

Ketten|antrieb *m* chain drive; **mit ~ chain-driven**; **Kettenarmband** *nt* chain bracelet; **Kettenbrief** *m* chain letter; **Kettenbrücke** *f* chain bridge; **Kettenfahrzeug** *nt* tracked vehicle, track-laying vehicle; **Kettengebirge** *nt* mountain chain; **Kettenglied** *nt* (chain-)link; **Kettenhemd** *nt* (*Hist*) coat of (chain-)mail; **Kettenhund** *m* guard-dog, watchdog; **Kettenkarussell** *nt* merry-go-round (*with gondolas suspended on chains*); **Kettenrad** *nt* sprocket-(wheel); **kettenrauchen** *vi sep infin only* to chain-smoke; **Kettenrauchen** *nt* chain-smoking; **Kettenraucher** *m* chain-smoker; **Kettenreaktion** *f* chain reaction; **Kettenreim** *m* (*Poet*) interlaced rhyme; **Kettenschaltung** *f* dérailleur gear; **Kettenschutz** *m* chain guard; **Kettenspanner** *m* (*bei Fahrrad etc*) chain adjuster; **Kettenstich** *m* (*Sew*) chain stitch.

Ketzer *m* **-s, -** (*Eccl, fig*) heretic.

Ketzerei *f* heresy.

Ketzergericht *nt* (*Hist*) (court of) inquisition.

Ketzerin *f siehe* **Ketzer**.

ketzerisch *adj* (*Eccl, fig*) heretical.

keuchen *vi* **1.** (*schwer atmen*) to pant, to puff, to gasp (for breath); (*Asthmatiker etc*) to wheeze. **mit ~dem Atem** panting, puffing; wheezing. **2.** *aux sein* (*sich schwer atmend fortbewegen*) to pant, to puff; (*Zug*) to chug.

Keuchhusten *m* whooping cough.

Keule *f* **-, -n 1.** club, cudgel; (*Sport*) (Indian) club. **2.** (*Cook*) leg; (*von Wild auch*) haunch.

Keulenhieb, Keulenschlag *m* blow with a club *or* cudgel; **er bekam einen ~ auf den Kopf** he was hit on the head with a club *or* cudgel; **es traf ihn wie ein ~** (*fig*) it hit him like a thunderbolt; **Keulenschwingen** *nt* **-s, no pl** (*Sport*) (Indian) club swinging.

keusch *adj* (*lit, fig*) chaste. **~ und züchtig** pure and chaste.

Keusche *f* **-, -n** (*Aus inf*) cottage; (*pej: baufälliges Haus*) hovel.

Keuschheit *f* chasteness; (*Unberührtheit auch*) chastity.

Keuschheitsgelübde *nt* vow of chastity; **Keuschheitsgürtel** *m* chastity belt.

Kfz [kaɛftsɛt] *nt* **-(s), -(s)** (*form*) *abbr of* **Kraftfahrzeug** motor vehicle.

Kfz- *in cpds* motor vehicle.

kg *abbr of* **Kilogramm** kg.

KG [ka'ge:] *f* **-, -s** *abbr of* **Kommanditgesellschaft** limited partnership.

kgl. *abbr of* **königlich** royal.

K-Gruppe ['ka:-] *f* (*BRD Pol*) Communist splinter group.

Khaki[1] *m* **-s,** *no pl* (*Stoff*) khaki.
Khaki[2] *nt* **-s,** *no pl* (*Farbe*) khaki.
khakifarben *adj* khaki(-coloured).
KHz, kHz *abbr of* **Kiloherz** kHz.
Kibbuz *m* -, **Kibbuzim** *or* **-e** kibbutz.
Kicher|erbse *f* chick-pea.
kichern *vi* to giggle.
Kick *m* **-(s),** **-s** (*inf: Stoß*) kick; (*sl: Spiel*) kick-about, kick-around.
Kickdown [kɪk'daʊn] *nt* **-s,** *no pl* (*Aut*) kickdown.
kicken (*Ftbl inf*) **I** *vt* to kick, to boot (*inf*). **II** *vi* to play football; (*den Ball* ~) to kick. **für eine Mannschaft** ~ to play for a team.
Kicker *m* **-s,** **-** (*Ftbl inf*) player.
Kick-off *m* **-s,** **-s** (*Ftbl: esp Sw*) kick-off.
Kickstarter *m* (*bei Motorrad*) kick-starter.
kidnappen ['kɪtnɛpn] *vt insep* to kidnap.
Kidnapper(in *f*) ['kɪtnɛpɐ, -ərɪn] *m* **-s,** **-** kidnapper.
Kidnapping ['kɪtnɛpɪŋ] *nt* **-s,** **-s** kidnapping.
kiebig *adj* (*dial*) cheeky, saucy, fresh (*inf*).
Kiebitz *m* **-es,** **-e** (*Orn*) lapwing, peewit, green plover; (*Cards inf*) kibitzer.
kiebitzen *vi* (*inf*) to spy; (*Cards*) to kibitz.
Kiefer[1] *f* **-,** **-n** pine (tree); (*Holz*) pine(wood).
Kiefer[2] *m* **-s,** **-** jaw; (~*knochen*) jawbone.
Kiefer|anomalie *f* malformation of the jaw; **Kieferbruch** *m* broken *or* fractured jaw; **Kieferchirurg** *m* oral surgeon; **Kieferchirurgie** *f* oral surgery.
Kieferhöhle *f* (*Anat*) maxillary sinus.
Kieferhöhlen|entzündung *f* sinusitis.
Kiefernholz *nt* pine(wood); **Kiefernnadel** *f* pine needle; **Kiefernschonung** *f* pinery, pine plantation; **Kiefernwald** *m* pine wood; (*größer*) pine forest; **Kiefernzapfen** *m* pinecone.
Kiefer|orthopäde *m* orthodontist; **Kiefer|orthopädie** *f* orthodontics.
kieken *vi* (*N Ger*) *siehe* **gucken.**
Kieker *m* **-s,** **- 1.** (*N Ger inf*) binoculars *pl*. **2. jdn auf dem** ~ **haben** (*inf*) to have it in for sb (*inf*).
Kiel *m* **-(e)s,** **-e 1.** (*Schiffs*~) keel. **ein Schiff auf** ~ **legen** to lay down a ship. **2.** (*Feder*~) quill.
Kielboot *nt* keel boat; **Kielfeder** *f* quill pen; **kielholen** *vt insep* (*Naut*) **1.** *Schiff* to careen; **2.** *Matrosen* to keelhaul; **Kiellinie** *f* line ahead; **Kiel|oben** *adv* bottom up; **Kielraum** *m* bilge; **Kielwasser** *nt* wake, wash; **in jds** ~ **segeln** *or* **schwimmen** (*fig*) to follow in sb's wake.
Kieme *f* **-,** **-n** gill.
Kiemen|atmer *m* **-s,** **-** (*Zool*) gill-breather.
Kien[1] *m* **-(e)s,** *no pl* pine.
Kien[2] *m*: **auf dem** ~ **sein** (*inf*) to be on the alert, to keep one's wits about one.
Kienfackel *f* pinewood torch; **Kienholz** *nt* pine; **Kienspan** *m* pinewood spill.
Kiepe *f* **-,** **-n** (*dial*) pannier, dosser.
Kiepenhut *m* poke-bonnet.
Kies *m* **-es,** **-e 1.** gravel; (*am Strand*) shingle. **2.** *no pl* (*inf: Geld*) dough (*inf*).
Kiesel *m* **-s,** **-** pebble.
Kiesel|erde *f* silica.
kieseln *vt* to gravel.
Kieselsäure *f* (*Chem*) **1.** silicic acid; **2.** (*Siliziumdioxyd*) silica; **Kieselstein**

m pebble; **Kieselstrand** *m* pebble beach, shingle beach.
Kiesgrube *f* gravel pit; **Kiesweg** *m* gravel(led) path.
Kie(t)z *m* **-es,** **-e** (*dial*) **1.** (*Stadtgegend*) district, area. **2.** (*sl: Bordellgegend*) red-light district.
Kif *m* *or* *nt* **-s,** *no pl* (*sl*) pot (*sl*), grass (*sl*).
kiffen *vi* (*sl*) to smoke pot (*sl*) *or* grass (*sl*), to smoke (*sl*).
Kiffer(in *f*) *m* **-s,** **-** (*sl*) pot-smoker (*sl*).
kikeriki *interj* cock-a-doodle-doo.
Kikeriki *m* **-s,** **-s** (*baby-talk*) cock-a-doodle-doo (*baby-talk*).
killekille *interj* (*baby-talk*) tickle, tickle, kitchie, kitchie. (**bei jdm**) ~ **machen** to tickle sb.
killen[1] (*sl*) **I** *vt* to bump off (*inf*), to do in (*inf*), to kill; (*esp mit Auftrag*) to hit (*sl*). **II** *vi* to kill, to murder.
killen[2] *vi* (*Naut*) to shake, to shiver.
Killer(in *f*) *m* **-s,** **-** (*sl*) killer, murderer; (*gedungener*) hit-man.
Kilo *nt* **-s,** **-(s)** kilo.
Kilo- *in cpds* kilo-; **Kilogramm** *nt* kilogram(me); **Kilohertz** *nt* kilocycle; **Kilokalorie** *f* kilocalorie.
Kilometer *m* kilometre; (*inf: Stundenkilometer*) k (*inf*). **bei** ~ **547** (~*stein*) at kilometre 547; **wir konnten nur 80** ~ **fahren** we could only do 80.
Kilometerfresser *m* (*inf*) long-haul driver; **Kilometergeld** *nt* mileage (allowance); **kilometerlang** **I** *adj* miles long; ~ **Strände** miles and miles of beaches; **ein** ~**er Stau** a tailback several miles/kilometres long; **II** *adv* for miles (and miles), for miles on end; **Kilometerpauschale** *f* mileage allowance (against tax); **Kilometerstand** *m* mileage; **der** ~ **des Autos ist ...** the car has done ..., the car has ... on the clock (*inf*), the mileage on the car is ...; **Kilometerstein** *m* milestone; **kilometerweit** **I** *adj* miles long; **ein** ~**er Blick** a view for miles; **in** ~**er Entfernung** miles away in the distance; **ein** ~**er Marsch** a march of several miles/kilometres; **II** *adv* for miles (and miles); **Kilometerzähler** *m* mileage indicator *or* counter, mileometer, odometer.
Kilowatt *nt* kilowatt; **Kilowattstunde** *f* kilowatt hour.
Kimm *f* **-,** *no pl* (*Naut*) **1.** (*Horizont*) apparent *or* visual horizon. **2.** (*am Schiffskörper*) bilge.
Kimme *f* **-,** **-n 1.** (*von Gewehr*) back sight. **2.** (*inf: Gesäßfalte*) cleft between the buttocks, great divide (*hum*).
Kimmung *f* (*Naut*) **1.** (*Horizont*) visual horizon. **2.** (*Luftspiegelung*) mirage.
Kind *nt* **-(e)s,** **-er** child, kid (*inf*); (*Kleinkind*) baby; (*esp Psych, Med*) infant. **ein** ~ **erwarten/bekommen** *or* **kriegen** to be expecting a baby/to have a baby *or* child; **von** ~ **auf** *or* **an** since he/we *etc* was/were a child/children, from childhood; **einem Mädchen ein** ~ **machen** (*sl*) to knock a girl up (*sl*), to put a girl in the club (*inf*); **sie kriegt ein** ~ she's going to have a baby *or* child; **aber** ~! child, child; **schönes** ~! (*old: als Anrede*) my pretty maid (*old*); **die** ~**er Gottes** (*geh*) the children of the

Lord; **ein echtes Wiener ~** (*dated*) a true
son/daughter of Vienna; **ein ~ seiner Zeit
sein** to be a child of one's times; **sie ist kein
~ von Traurigkeit** (*hum*) she enjoys life;
er ist ein großes ~ he's a big baby; **sich
freuen wie ein ~** to be as pleased as
Punch; **er kann sich wie ein ~ freuen** he
takes a childlike pleasure in (simple)
things; **das weiß doch jedes ~!** any five-
year-old would tell you that!; **du bist aber
ein kluges ~!** (*iro*) clever kid!; **da kommt
das ~ im Manne durch** all men are boys at
heart; **wie sag' ich's meinem ~e?** (*hum*) I
don't know how to put it; (*bei Aufklärung*)
what to tell your children; **das ist nichts
für kleine ~er** (*fig inf*) that's not for your
innocent *or* your young ears/eyes; **aus
~ern werden Leute** (*Prov*) children grow
up quickly, don't they?; **~er und Narren** *or*
Betrunkene sagen die Wahrheit (*fig*)
children and fools speak the truth; **ein ~
des Todes sein** (*dated*) to be a goner (*inf*);
jdm ein ~ in den Bauch reden können
(*inf*) to have the gift of the gab (*inf*), to
have kissed the blarney (stone) (*inf*); **mit
~ und Kegel** (*hum inf*) with the whole
family; **das ~ muß einen Namen haben**
(*fig*) you/we *etc* have to call it something;
das ~ mit dem Bade ausschütten to throw
out the baby with the bathwater (*prov*);
wir werden das ~ schon schaukeln (*inf*)
we'll soon have that *or* everything sorted
out; **los, ~er/hört mal alle her, ~er!** let's
go, kids/listen, kids; **~er, ~er!** dear,
dear!, goodness me!, good heavens!.

Kindbett *nt* (*old*) childbed (*old*); **im ~ in**
confinement; **Kindbettfieber** *nt* childbed
fever.

Kindchen *nt dim of* **Kind** child; (*zu Erwachsenen*) kid(do) (*inf*).

Kinder|arbeit *f* child labour; **kinder|arm**
adj with few children; *Familie* small **ein
~es Land** a country with a low birth rate;
Kinder|arzt *m* paediatrician; **Kinder-
|augen** *pl* children's eyes *pl*; **vor Er-
staunen ~ machen/ bekommen** to be wide-
eyed with astonishment; **Kinderbeilage** *f*
children's supplement, children's page;
Kinderbekleidung *f* children's wear;
Kinderbett *nt* cot; **Kinderbewahr|an-
stalt** *f* (*old*) day-nursery; (*fig hum*) kindergarten; **Kinderbild** *nt* childhood
photograph; **das ist ein ~ (von) meiner
Mutter** that's a photograph of my mother
as a child *or* when she was a child;
Kinderbuch *nt* children's book.

Kinderchen *pl* children *pl*.

Kinderchor *m* children's choir; **Kinderdorf**
nt children's village; **Kinder|ehe** *f* child
marriage.

Kinderei *f* childishness *no pl*. **~en**
childishness, childish nonsense.

Kinder|erziehung *f* bringing up of children;
(*durch Schule*) education of children; **sie
versteht nichts von ~** she knows nothing
about bringing up/educating children;
Kinderfahrrad *nt* child's *or* children's bicycle; **Kinderfeind** *m* child-hater; **kin-
derfeindlich I** *adj* hostile to children,
anti-children; *Architektur, Planung* not
catering for children; **~e Steuerpolitik** tax
policies which penalize having children;

II *adv* without regard to children; **Kinder-
feindlichkeit** *f* hostility to children, anti-
children attitude; (*von Architektur*)
failure to cater for children; **Kinderfern-
sehen** *nt* children's television; **Kinder-
fest** *nt* children's party *or* (*von Stadt etc*)
fête; **Kinderfilm** *m* children's film;
Kinderfrau *f*, **Kinderfräulein** *nt* (*dated*)
nanny, children's nurse; **Kinderfrei-
betrag** *m* child allowance; **Kinderfreund**
m; **~ sein** to be fond of children; **kinder-
freundlich I** *adj Mensch* fond of children;
Gesellschaft child-orientated; *Möbel,
Architektur etc* catering for children; **eine
~e Steuerpolitik** a tax policy which en-
courages one to have children; **II** *adv* with
children in mind; **Kinderfreundlichkeit** *f*
siehe adj fondness for children; child-
orientation; **Kinderfunk** *m* children's
radio *or* programmes *pl*; **Kindergarten** *m*
nursery school, kindergarten; **Kinder-
gärtner(in** *f*) *m* nursery-school teacher;
Kindergeburtstag *m* (*Feier*) children's
birthday party; **Kindergeld** *nt* child
allowance; **Kindergeschrei** *nt* screams *pl*
of children; **er kann ~ nicht vertragen** he
can't stand children screaming; **Kinder-
gesicht** *nt* baby face; **Kinderglaube** *m*
childlike faith; **Kindergottesdienst** *m*
children's service; **Kinderheilkunde** *f*
paediatrics; **Facharzt für ~** paediatrician;
Kinderheim *nt* children's home; **Kinderhort** *m* day-nursery, crèche; **Kinderjahre**
pl childhood years *pl*; **Kinderkleidung** *f*
children's clothes *pl*; **Kinderklinik** *f* children's clinic, paediatric clinic; **Kinderkorb**
m baby-carrier; **Kinderkram** *m* (*inf*) kids'
stuff (*inf*); **Kinderkrankenhaus** *nt* children's hospital; **Kinderkrankheit** *f* (*allgemein*) children's illness *or* disease;
(*eines bestimmten Menschen*) childhood
illness *or* disease; (*fig*) teething troubles
pl; **Kinderkriegen** *nt* **es ist zum ~** (*inf*) it's
enough to drive you round the bend (*inf*);
Kinderkrippe *f* day-nursery, crèche;
Kinderladen *m* (left-wing) play-group;
Kinderlähmung *f* poliomyelitis, polio;
kinderleicht *adj* childishly simple, dead
easy (*inf*); **es ist ~** it's child's play *or* kid's
stuff (*inf*).

Kinderlein *pl* children *pl*.

kinderlieb *adj* fond of children;
Kinderliebe *f* (*Liebe zu Kindern*) love of
or for children; **Kinderlied** *nt* ≈ nursery
rhyme; **kinderlos** *adj* childless;
Kinderlosigkeit *f* childlessness; **Kinder-
mädchen** *f* nanny; **Kindermärchen** *nt*
(children's) fairy tale, fairy story; **Kin-
dermoden** *pl* children's fashions *pl*;
Kindermord *m* child murder; (*Jur*) infan-
ticide; **der ~ zu Bethlehem** (*Bibl*) the
massacre of the innocents; **Kinder-
mörder** *m* child-murderer; **Kindermund**
m (*fig*) children's talk, child's way of talking; **~ tut Wahrheit kund** (*Prov*) out of
the mouths of babes and sucklings (*prov*);
Kindernarr *m* great lover of children; **er
ist ein ~** he adores children;
Kinderpflegerin *f* children's nurse;
Kinderpopo *m* (*inf*) baby's bottom (*inf*);
glatt wie ein ~ smooth as a baby's bottom
(*inf*); **Kinderpsychologie** *f* child

psychology; **Kinderraub** *m* baby-snatching; (*Entführung*) kidnapping (of a child/children); **kinderreich** *adj* with many children; *Familie* large; **Kinderreichtum** *m* an abundance of children; **der ~ Kenias** the abundance of children in Kenya; **Kinderreim** *m* nursery rhyme; **Kindersachen** *pl* (*Kleidung*) children's clothes *pl*; (*Gegenstände*) children's things *pl*; (*Spielsachen*) toys *pl*; **Kinderschänder** *m* **-s, -** child molester; **Kinderschar** *f* swarm of children; **Kinderschreck** *m* bog(e)yman; **Kinderschuh** *m* child's shoe; **~e sind teuer** children's shoes are dear; **etw steckt noch in den ~en** (*fig*) sth is still in its infancy; **den ~en entwachsen sein** (*fig*) (*Mensch*) to have grown up; (*Technik, Methode etc*) to be no longer in its infancy; **Kindersegen** *m* (*dated*) children *pl*; **es war ihnen kein ~ beschert** they were not blessed with children; **Kindersicherung** *f* (*Aut*) childproof safety catch; **Kindersitz** *m* child's seat; (*im Auto*) child's safety seat; **Kinderspiel** *nt* children's game; (*fig*) child's play no *art*; **Kinderspielplatz** *m* children's playground; **Kinderspielzeug** *nt* (children's) toys *pl*; **Kindersprache** *f* (*von Kindern*) children's language; (*verniedlichend von Erwachsenen*) baby talk no *art*; **Kinderstation** *f* children's ward; **Kindersterblichkeit** *f* infant mortality; **Kinderstimme** *f* child's voice; **Kinderstube** *f* (*fig*) upbringing; **Kinderstuhl** *m* child's chair; (*Hochstuhl*) high chair; **Kinderstunde** *f* children's hour; **Kindertagesstätte** *f* day nursery, crèche; **Kindertaufe** *f* infant baptism; **Kindertheater** *nt* children's theatre; (*Jugendtheater*) youth theatre; **Kindervers** *m* nursery rhyme; **Kinderwagen** *m* pram (*Brit*), baby carriage (*US*), perambulator (*form*); (*Sportwagen*) pushchair (*Brit*), baby-stroller (*US*); **Kinderzahl** *f* number of children; **Kinderzimmer** *nt* child's/children's room; (*esp für Kleinkinder*) nursery; **Kinderzulage** *f* child benefit.

Kindes|alter *nt* childhood; **im ~** at an early age; **seit frühestem ~** from infancy; **Kindes|aussetzung** *f* abandoning of children; **Kindesbeine** *pl*: **von ~n an** from childhood, from an early age; **Kindes|entführung** *f* kidnapping (of a child/children); **Kindeskind** *nt* grandchild; **Kindesliebe** *f* child's/children's love; **Kindesmißhandlung** *f* child abuse; **Kindesmord** *m* child-murder, murder of a child; **Kindesmörder** *m* child-murderer; **Kindestötung** *f* infanticide.

kindgemäß *adj* suitable for a child/children; **kindhaft** *adj* childlike; **Kindheit** *f* childhood; (*früheste~*) infancy; **Kindheits|erinnerung** *f* childhood memory.

kindisch *adj* (*pej*) childish.

Kindl *nt* **-s, -(n)** (*dial*) dim of **Kind**.

kindlich I *adj* childlike; (*pej*) childish. **II** *adv* like a child.

Kinds- *in cpds siehe* **Kindes-**; **Kindskopf** *m* (*inf*) big kid (*inf*); **sei kein ~** don't be so childish; **Kindslage** *f* (*Med*) presentation of the foetus.

Kindtaufe *f* (*old*) christening.

Kinemathek *f* **-, -en** film library *or* archive.

Kinematographie *f* cinematography.

Kinetik *f* kinetics *sing*.

kinetisch *adj* kinetic.

Kinkerlitzchen *pl* (*inf*) knicknacks *pl* (*inf*); (*dumme Streiche*) tomfoolery *sing* (*inf*).

Kinn *nt* **-(e)s, -e** chin.

Kinnbart *m* goatee (beard); **Kinnhaken** *m* hook to the chin; **Kinnlade** *f* jaw(-bone); **Kinnriemen** *m* (*am Helm*) chinstrap.

Kino *nt* **-s, -s** cinema; (*Gebäude auch*) movie-theatre (*US*). **ins ~ gehen** to go to the cinema *or* pictures (*Brit*) *or* movies (*esp US*).

Kino- *in cpds* cinema, movie (*esp US*); **Kinobesuch** *m* visit to the cinema; (*Besucherrate*) cinema attendances *pl*; **Kinobesucher** *m* cinemagoer; **Kinofilm** *m* cinema film; **Kinogänger(in** *f*) *m* **-s, -** cinemagoer; **Kinokarte** *f* cinema ticket; **Kinokasse** *f* cinema box office; **Kinoprogramm** *nt* film programme; (*Übersicht*) film guide; **Kinoreklame** *f* cinema advertisement; **Kinovorstellung** *f* performance, programme; **Kinowerbung** *f* cinema advertising.

Kintopp *m or nt* **-s, -s** *or* **-e** (*dated*) **1.** pictures *pl* (*Brit*), movies *pl* (*US*). **2.** (*als Kulturphänomen*) cinema.

Kiosk *m* **-(e)s, -e** kiosk.

Kipfe(r)l *nt* **-s, -(n)** (*Aus*) croissant.

Kippe *f* **-, -n 1.** (*Sport*) spring.
   2. auf der ~ stehen (*Gegenstand*) to be balanced precariously; **sie steht auf der ~** (*fig*) it's touch and go with her; **es steht auf der ~, ob ...** (*fig*) it's touch and go whether ...
   3. (*inf: Zigarettenstummel*) cigarette stub, fag-end (*Brit inf*), dog-end (*Brit inf*); (*sl: Zigarette*) fag (*Brit inf*), butt (*US sl*).
   4. (*Müll~, Min*) tip.

kipp(e)lig *adj* (*inf*) (*wackelig*) wobbly; *Möbel auch* rickety.

kippeln *vi* (*inf*) to wobble, to be wobbly *or* rickety. (**mit dem Stuhl**) **~** to tilt (on one's chair).

kippen I *vt* *Behälter, Fenster* to tilt; *Ladefläche, Tisch* to tip *or* tilt (up). **„bitte nicht ~"** "please do not tilt"; **einen/ein paar ~** (*inf: trinken*) to have a drink/to down a few (*inf*).
   2. (*mit Ortsangabe: schütten*) to tip.
   II *vi* *aux sein* to tip over; (*esp höhere Gegenstände*) to topple (over); (*Fahrzeug, Schiff*) to overturn; (*Mensch*) to topple, to fall. **aus den Latschen** *or* **Pantinen ~** (*fig inf*) (*überrascht sein*) to fall through the floor (*inf*); (*ohnmächtig werden*) to pass out.

Kipper *m* **-s, -** (*Aut*) tipper, dump(er) truck; (*Rail*) (tipper) wagon.

Kippfenster *nt* pivot window; **Kipplore** *f* tipper wagon; **Kippschalter** *m* rocker switch.

Kirche *f* **-, -n** (*Gebäude, Organisation*) church; (*bestimmte Glaubensgemeinschaft*) Church; (*Gottesdienst*) church no *art*. **zur ~ gehen** to go to church; **die ~ im Dorf lassen** (*fig*) not to get carried away.

Kirchen- *in cpds* church; **Kirchen|älteste(r)**

mf decl as adj church elder; **Kirchen-|amt** *nt* **1.** ecclesiastical office; **2.** (*Verwaltungsstelle*) church offices *pl*; **Kirchen-|austritt** *m* leaving the Church *no art*; **~e** (cases of) people leaving the Church; **Kirchenbank** *f* (church) pew; **Kirchenbann** *m* anathema; (*Interdikt*) interdict; **Kirchenbesuch** *m* church-going; **Kirchenbuch** *nt* church register; **Kirchenchor** *m* church choir; **Kirchendiener** *m* sexton; **kirchenfeindlich** *adj* anticlerical; **Kirchenfenster** *nt* church window; **Kirchenfürst** *m* high dignitary of the Church; (*katholisch*) prince of the Church; **Kirchengemeinde** *f* parish; **Kirchengeschichte** *f* church *or* ecclesiastical history; **Kirchenglocke** *f* church bell; **Kirchengut** *nt* church property; **Kirchenjahr** *nt* church *or* ecclesiastical year; **Kirchenkampf** *m* struggle between Church and state; **Kirchenlehrer** *m* Doctor of the Church; **Kirchenleitung** *f* government of the Church; (*Gremium*) governing body of the Church; **Kirchenlicht** *nt*: **kein (großes) ~ sein** (*fig inf*) to be not very bright; **Kirchenlied** *nt* hymn; **Kirchenmann** *m*, *pl* **-männer** churchman; **Kirchenmaus** *f*: **arm wie eine ~** poor as a church mouse; **Kirchenmusik** *f* church *or* sacred music; **Kirchenpolitik** *f* church policy; **Kirchenrat** *m* (*Person*) member of the Church Council; (*Gremium*) Church Council; **Kirchenraub** *m* theft from a/the church; (*von geweihtem Gegenstand*) sacrilege; **Kirchenräuber** *m* church-robber; **Kirchenrecht** *nt* canon law; **kirchenrechtlich** *adj* canonical; **Kirchenschänder** *m* **-s, -** desecrator, profaner; **Kirchenschiff** *nt* (*Längsschiff*) nave; (*Querschiff*) transept; **Kirchenspaltung** *f* schism; **Kirchenstaat** *m* (*Hist*) Papal States *pl*; (*Vatikanstaat*) Vatican City; **Kirchensteuer** *f* church tax; **Kirchenstrafe** *f* ecclesiastical punishment; **Kirchentag** *m* Church congress; **Kirchenton|art** *f* church *or* ecclesiastical mode; **Kirchenvater** *m* Father of the Church, Church Father; **Kirchenverfolgung** *f* persecution of the Church; **Kirchenvorstand** *m* parish council.

Kirchgang *m* going to church *no art*; **der sonntägliche ~** going to church on Sunday; **Kirchgänger(in** *f*) *m* **-s, -** church-goer; **Kirchhof** *m* churchyard; (*Friedhof*) graveyard.

kirchlich *adj* church *attr*; *Zustimmung, Mißbilligung* by the church; *Amt auch, Gebot, Gericht* ecclesiastical; *Musik auch* sacred, religious; *Feiertag auch* religious; *Land, Mensch* religious, devout; *Recht* canon. **sich ~ trauen lassen** to get married in church, to have a church wedding; **~ bestattet werden** to have a religious funeral.

Kirchspiel *nt* parish; **Kirchtag** *m* (*Aus, S Ger*) *siehe* **Kirchweih.**

Kirchturm *m* church steeple. **Kirchturmpolitik** *f* (*pej*) parish pump politics *pl*; **Kirchturmspitze** *f* church spire.

Kirchweih *f* **-, -en** fair, kermis (*US*);

Kirchweihe *f* consecration of a/the church.

Kirmes *f* **-, -sen** (*dial*) *siehe* **Kirchweih.**

kirre *adj pred* (*inf*) *Tier* tame; *Mensch* compliant. **jdn ~ machen** to soften sb up (*inf*).

Kirsch *m* **-(e)s, -** *siehe* **Kirschwasser.**

Kirsch- *in cpds* cherry; **Kirschbaum** *m* cherry tree; (*Holz*) cherry (wood); **Kirschblüte** *f* cherry blossom; (*Zeit*) cherry blossom time.

Kirsche *f* **-, -n** cherry. **mit ihm ist nicht gut ~n essen** (*fig*) it's best not to tangle with him.

Kirsch|entkerner *m* **-s, -** cherry-stoner; **Kirschkern** *m* cherry stone; **Kirschlikör** *m* cherry brandy; **kirschrot** *adj* cherry (red); **Kirschstein** *m* cherry stone; **Kirschtorte** *f* cherry gateau; **Schwarzwälder ~** Black Forest gateau; **Kirschwasser** *nt* kirsch.

Kissen *nt* **-s, -** cushion; (*Kopf~*) pillow; (*Stempel~, an Heftpflaster*) pad; (*Duft~, Haarshampoo~*) sachet.

Kissenbezug *m* cushion cover; (*Kopf~*) pillow case; **Kissenschlacht** *f* pillow fight.

Kiste *f* **-, -n** **1.** (*Behälter*) box; (*für Obst auch, für Wein etc*) case; (*Latten~*) crate; (*Truhe*) chest. **eine ~ Wein/Zigarren** a case of wine/box of cigars. **2.** (*inf*) (*Auto, Flugzeug*) crate (*inf*); (*Schiff*) tub (*inf*); (*Fernsehen*) box (*inf*). **3.** (*inf: Angelegenheit*) affair. **fertig ist die ~!** that's that (done)!; **das ist eine faule ~!** that's a fishy business! (*inf*).

kistenweise *adv* by the box/case *etc.*

Kitsch *m* **-es,** *no pl* kitsch.

kitschig *adj* kitschy.

Kitt *m* **-(e)s, -e** (*Fenster~*) putty; (*für Porzellan, Stein etc*) cement; (*fig*) bond.

Kittchen *nt* (*inf*) clink (*inf*).

Kittel *m* **-s, -** **1.** (*Arbeits~*) overall; (*von Arzt, Laborant etc*) (white) coat. **2.** (*blusenartiges Kleidungsstück*) smock. **3.** (*Aus: Damenrock*) skirt.

Kittelkleid *nt* frock; **Kittelschürze** *f* overall.

kitten *vt* to cement, to stick together with cement; *Fenster* to putty; (*füllen*) to fill; (*fig*) to patch up.

Kitz *nt* **-es, -e** (*Reh~*) fawn; (*Ziegen~, Gemsen~*) kid.

Kitzel *m* **-s, -** tickle; (*~gefühl*) tickling feeling; (*fig*) thrill.

kitz(e)lig *adj* (*lit, fig*) ticklish.

kitzeln I *vt* (*lit, fig*) to tickle. **jdn unter den Armen/am Bauch ~** to tickle sb under the arms/sb's stomach. **II** *vi* to tickle. **III** *vt impers* **es kitzelt mich** I've got a tickle; **es kitzelt mich, das zu tun** I'm itching to do it.

Kitzeln *nt* **-s,** *no pl* tickling. **er findet das ~ angenehm** he likes being tickled; **ein angenehmes ~** a nice tickle.

Kitzler *m* **-s, -** (*Anat*) clitoris.

KKW [ka:ka:'ve:] *abbr of* **Kernkraftwerk.**

klabastern* *vi aux sein* (*N Ger*) to plod, to clump, to stump.

Klabautermann *m*, *pl* **-männer** (*Naut*) ship's kobold.

klack *interj* click; (*platschend*) splosh.

klacken *vi* (*inf*) to click; (*bei Aufprall*) to

crash; (*klappern*) to rattle.
klacks *interj* splosh.
Klacks *m* **-es, -e** (*inf*) **1.** (*Geräusch*) splosh.
2. (*von Kartoffelbrei, Sahne etc*) dollop (*inf*); (*von Senf, Farbe etc auch*) blob (*inf*).
3. (*fig*) **das ist ein ~** (*einfach*) that's a piece of cake (*inf*); (*wenig*) that's nothing (*inf*); **die 500 Mark sind für ihn ein ~** the 500 marks are peanuts *or* chickenfeed to him (*inf*).
klacksen (*inf*) **I** *vt* Sahne, Kartoffelbrei etc to dollop (*inf*); Farbe to splash. **die Sahne/den Kartoffelbrei** *etc* **auf etw** (*acc*) **~** to put a dollop of cream/mashed potato on sth (*inf*). **II** *vi* (*Brei, Sahne*) to go smack; (*Farbe*) to splash.
Kladde *f* **-, -n** rough book; (*Block*) scribbling pad. **in ~** (*inf*) in rough.
Kladderadatsch *m* **-(e)s, -e** (*inf*) (*Kram, Durcheinander*) mess; (*Streit*) bust-up (*inf*); (*Skandal*) scandal.
klaffen *vi* to gape; (*Spalte, Abgrund auch*) to yawn. **da klafft eine Wunde/ein Loch** there is a gaping wound/a gaping hole; **zwischen den Aussagen klafft ein Widerspruch** there is a blatant contradiction between the statements.
kläffen *vi* (*pej, fig*) to yap.
klaffend *adj* gaping; (*Spalte, Abgrund auch*) yawning; (*fig*) irreconcilable; *Widerspruch* blatant.
Kläffer *m* **-s, -** (*lit, fig: pej*) yapper.
Klafter *m or nt* **-s, -** *or* (*rare*) *f* **-, -n** fathom.
Klage *f* **-, -n 1.** (*Beschwerde*) complaint. **(bei jdm) über jdn/etw ~ führen** to lodge a complaint (with sb) about sb/sth; **~n (über jdn/etw) vorbringen** to make complaints (about sb/sth); **Grund zu ~n/zur ~** reason for complaint *or* to complain; **daß mir keine ~n kommen!** (*inf*) don't let me hear any complaints.
2. (*Äußerung von Schmerz*) complaint; (*Äußerung von Trauer*) lament(ation) (*um, über* +*acc* for); (*~laut*) plaintive cry.
3. (*Jur*) (*im Zivilrecht*) action, suit; (*im Strafrecht auch*) charge; (*Scheidungs~ auch*) petition; (*~schrift, Wortlaut*) (*im Strafrecht*) charge; (*im Zivilrecht*) charge, plaint. **eine ~ gegen jdn einreichen/erheben** to institute proceedings against sb; **eine ~ auf etw** (*acc*) an action for sth.
Klage|abweisung *f* (*Jur*) dismissal of an action; **Klage|erhebung** *f* (*Jur*) institution of proceedings; **Klagefrist** *f* (*Jur*) period for instituting proceedings; **klageführend** *adj* (*Jur*) suing; (*in Scheidungssachen*) petitioning; **die ~e Partei** the plaintiff; **Klagegesang** *m* lament; **Klagegeschrei** *nt* wailing; **Klagegrund** *m* (*Jur*) cause of action; **Klagelaut** *m* plaintive cry; (*schmerzerfüllt*) cry of pain; **Klagelied** *nt* lament; **ein ~ über jdn/etw anstimmen** (*fig*) to start to moan about sth; **Klagemauer** *f* **die ~** The Wailing Wall.
klagen I *vi* **1.** (*jammern*) to moan, to wail; (*Tiere*) to cry.
2. (*trauern, Trauer äußern*) to lament (*um jdn/etw* sb/sth), to wail.
3. (*sich beklagen*) to complain. **über**

etw (*acc*) **~** to complain about sth; **über Rückenschmerzen ~** to complain of backache; **über jdn nicht zu ~ haben** to have no complaints about sb; **ohne zu ~** without complaining; **ich kann nicht ~** (*inf*) mustn't grumble (*inf*).
4. (*Jur*) to sue (*auf* +*acc* for). **auf Scheidung ~** to petition for divorce.
II *vt* **1.** jdm sein Leid/seine Not/seinen Kummer **~** to pour out one's sorrow/distress/grief to sb; **dem Himmel** *or* **Gott sei's geklagt** alas, alack.
2. (*Aus*) siehe **verklagen**.
klagend *adj* (*trauererfüllt*) Mensch lamenting; *Blick, Ton, Schrei* plaintive; *Gesicht* sorrowful; (*schmerzerfüllt*) pained; (*jammernd, sich beklagend*) complaining. **der ~e Teil/die ~e Partei** the plaintiff.
Klagepunkt *m usu pl* particular of a charge/plaint/petition.
Kläger(in *f*) *m* **-s, -** (*Jur*) (*im Zivilrecht*) plaintiff; (*in Scheidungssachen*) petitioner; (*im Strafrecht auch*) prosecuting party. **wo kein ~ ist, ist auch kein Richter** (*Prov*) well, if no-one complains …
Klageruf *m* plaintive cry; (*Schmerzensschrei*) cry of pain; **Klageschrift** *f* (*Jur*) charge; (*bei Scheidung*) petition; **Klageweg** *m* (*Jur*) **auf dem** *or* **im ~** by (taking *or* bringing) legal action; **Klageweib** *nt* wailer, mourner.
kläglich I *adj* pitiful; *Ende auch* wretched; *Leistung auch* pathetic; *Rest* miserable; *Niederlage, Verhalten* despicable; (*pej: dürftig*) pathetic. **II** *adv* (*in beschämender Weise*) miserably.
Kläglichkeit *f siehe adj* pitifulness; wretchedness; miserableness; despicableness. **die ~ des Angebots** the pathetic choice.
klaglos I *adj* (*Jur*) Schuld, Forderung nonactionable. **II** *adv* (*ohne Klagen*) uncomplainingly.
Klamauk *m* **-s,** *no pl* (*inf*) (*Alberei*) tomfoolery; (*im Theater etc*) slapstick; (*Lärm*) racket (*inf*); (*Reklamewirbel*) hullabaloo; (*Aufheben*) fuss, to-do. **~ machen** (*albern*) to fool about.
klamm *adj* **1.** (*steif vor Kälte*) numb. **2.** (*naß und kalt*) clammy; *Wäsche* cold and damp. **~ sein** (*fig inf*) to be hard up (*inf*).
Klamm *f* **-, -en** gorge.
Klammer *f* **-, -n 1.** (*Wäsche~*) peg; (*Hosen~*) clip; (*Büro~*) paperclip; (*Heft~*) staple.
2. (*Haar~*) (hair)grip.
3. (*Med: Wund~*) clip; (*für Zähne*) brace.
4. (*in Text, Math, ~ausdruck*) bracket; (*Mus*) brace. **~ auf/zu** open/close brackets; **in ~n** in brackets; **runde/eckige/spitze ~** round/square/pointed brackets; **geschweifte ~n** braces.
5. (*Bau~*) clamp, cramp; (*zur Verpackung*) cramp.
Klammer|affe *m* (*Zool*) spider monkey; **sie saß wie ein ~ auf dem Motorrad** (*inf*) she sat on the motorcycle clinging on for dear life; **Klammerbeutel** *m* peg bag; **du bist wohl mit dem ~ gepudert worden** (*sl*) you must be off your rocker (*sl*).
klammern I *vt* (*an* +*acc* to) Wäsche to peg; *Papier etc* to staple; (*Tech*) to clamp;

(Med) Wunde to clip; *Zähne* to brace. **II** *vr* **sich an jdn/etw** ~ *(lit, fig)* to cling to sb/sth. **III** *vi (Sport)* to clinch.

klammheimlich *(inf)* **I** *adj* clandestine, on the quiet. **II** *adv* on the quiet. ~ **aus dem Haus gehen** to sneak out of the house.

Klamotte *f -, -n* **1.** ~n *pl (inf) (Kleider, Siebensachen)* gear *sing (inf); (Zeug)* stuff *no pl.* **2.** *(sl) (großes Geschoß)* great big thing; *(Steinbrocken)* great big rock. **3.** *(pej: Theaterstück, Film)* rubbishy old play/film *etc*.

Klamottenkiste *f*: **aus der ~ hervorholen** *(pej inf)* to dig up again.

Klampfe *f -, -n (inf)* guitar.

klamüsern° *vt (N Ger inf)* to puzzle over.

klang *pret of* **klingen**.

Klang *m -(e)s, ⁼e* sound; *(Tonqualität)* tone. **der ~ von Glocken/Glöckchen/ Gläsern** the chiming of bells/tinkling of small bells/clinking of glasses; **~e** *(Musik)* sounds, tones; **der Name hat einen guten ~** the name has a good ring to it; *(guten Ruf)* the name has a good reputation.

Klangbild *nt* sound; *(Phys)* sound pattern; **Klangboden** *m siehe* **Resonanzboden**; **Klang|effekt** *m* sound effect; **Klang- farbe** *f* tone colour; **Klangfolge** *f* tonal sequence; **Klangfülle** *f* richness of tone; *(von Stimme)* sonority; **klanglich I** *adj Qualität* tonal; **~e Unterschiede** differ- ences in sound; *(von Tonqualität)* tonal difference; **II** *adv* ~ **gut sein** *(Musik, Lied, Stimme)* to sound good; *(Instrument, Ge- rät)* to have a good tone *or* sound; **klang- los** *adj* toneless; **Klangregler** *m (Rad etc)* tone control; **klangrein** *adj* pure; ~ **sein** to have a pure tone *or* sound; **Klangreinheit** *f* purity of tone *or* sound; **klangtreu** *adj Wiedergabe* faithful; *Emp- fänger* high-fidelity; *Ton* true; ~ **sein** to have high fidelity; **Klangtreue** *f* fidelity; **klangvoll** *adj Stimme, Sprache* sonorous, euphonic *(liter); Wiedergabe* full; *Melodie* tuneful; *(fig) Titel, Name* fine-sounding.

klapp *interj* snap; *(beim Türschließen)* click.

Klappbett *nt* folding bed; **Klappbrücke** *f* bascule bridge; **Klappdeckel** *m* hinged lid.

Klappe *f -, -n* **1.** flap; *(an Lastwagen)* tail- gate; *(seitlich)* side-gate; *(an Kombiwagen)* back; *(von Tisch)* leaf; *(von Ofen)* shutter, flap; *(Klappdeckel)* (hinged) lid; *(Mus)* key; *(an Trompete)* valve; *(Falltür)* trapdoor; *(Film)* clapper- board. **2.** *(Schulter~)* strap; *(Hosen~, an Tasche)* flap; *(Augen~)* patch; *(von Visier)* shutter. **3.** *(Herz~)* valve. **4.** *(inf: Mund)* trap *(inf)*. **die ~ halten** to shut one's trap *(inf)*; **die ~ aufreißen, eine große ~ haben, die große ~ schwin- gen** to have a big mouth *(inf)*. **5.** *(inf: Bett)* pit *(inf)*. **sich in die ~ hauen** *(inf)* to hit the hay *(inf) or* sack *(inf)*. **6.** *(Aus Telec)* extension.

klappen I *vt* **etw nach oben/unten** ~ *Sitz, Bett* to fold sth up/down; *Kragen* to turn sth up/down; *Deckel* to lift sth up, to raise sth/to lower sth, to put sth down; **etw nach**

vorn/hinten ~ *Sitz* to tip sth forward/ back; *Deckel* to lift sth forward/back. **II** *vi* **1.** to bang. **2.** *(fig inf)* to work; *(gutgehen auch)* to work out; *(reibungslos stattfinden: Auf- führung, Abend)* to go smoothly. **hat es mit den Karten/dem Job geklappt?** did you get the tickets/job all right *or* OK *(inf)*?; **mit dem Flug hat alles geklappt** the flight went all right, there was no problem with the flight.

Klappentext *m (Typ)* blurb. **Klapper** *f -, -n* rattle.

klapperdürr *adj (inf)* thin as a rake; **Klappergestell** *nt (hum inf) (Mensch)* bag of bones; *(Fahrzeug)* boneshaker *(inf)*.

klapp(e)rig *adj* rickety, shaky; *(fig inf) Mensch* shaky, tottery.

Klapperkasten *m,* **Klapperkiste** *f (pej)* boneshaker *(inf)*.

klappern *vi* **1.** to clatter; *(Klapperschlange, Fenster, Baby)* to rattle; *(Lider)* to bat; *(Mühle)* to clack; *(auf der Schreib- maschine)* to clatter away; *(mit Strick- nadeln)* to click. **er klapperte vor Kälte/ Angst mit den Zähnen** his teeth were chattering with cold/fear; **mit den Augen ~** *(hum inf)* to flutter one's eyelashes; **K~ gehört zum Handwerk** *(prov)* making a big noise is part of the business. **2.** *aux sein (sich ~d fortbewegen)* to clatter along; *(Auto etc auch)* to rattle along.

Klapperschlange *f (Zool)* rattlesnake; *(fig)* rattletrap; **Klapperstorch** *m (baby- talk)* stork; **er glaubt noch immer an den ~** he still thinks babies are found under the gooseberry bush.

Klappfahrrad *nt* folding bicycle; **Klappfenster** *nt* top-hung window; **Klappladen** *m* folding shutter; **Klapp- messer** *nt* flick knife; **Klappsitz** *m* fold- ing seat; **Klappstuhl** *m* folding chair; **Klappstulle** *f (N Ger)* sandwich; **Klapp- tisch** *m* folding table; **Klapptür** *f* trap- door; **Klappverdeck** *nt* folding *or* collapsible hood; **Klappzylinder** *m* opera hat.

Klaps *m -es, -e* **1.** *(inf)* **einen ~ haben** to have a screw loose *(inf)*, to be off one's rocker *(inf)*; **einen ~ bekommen** to go crazy *or* bonkers *(Brit inf)*. **2.** *(Schlag)* smack, slap.

Klapsmühle *f (pej inf)* loony bin *(inf)*, nut house *(inf)*.

klar *adj* clear; *(fertig)* ready. ~ **zum Gefecht/Einsatz** *(Mil)* ready for action; ~ **Schiff** *(lit, fig)*/**Deck machen** *(Naut)* to clear the decks; **ein ~er Fall** *(inf)* sure thing *(inf)*; **ein ~er Fall von ...** *(inf)* a clear case of ...; **das ist doch ~!** *(inf)* of course; **na ~!** *(inf)* of course!, sure! *(inf)*; **alles ~?** everything all right *or* OK? *(inf)*; **jetzt ist** *or* **wird mir alles ~!** now I under- stand; **bei ~em Verstand sein** to be in full possession of one's faculties; *(inf)* to be in one's right mind; **etw ~ und deutlich sagen** to spell sth out; **jdm etw ~ und deut- lich sagen** to tell sb sth straight *(inf)*; **etw ~ zum Ausdruck bringen** to make sth clear; **etw tritt ~ zutage** sth becomes apparent *or* obvious *or* clear; ~ **wie Kloß-brühe** *or* **dicke Tinte** (*inf*) clear as mud (*inf*); **sich** (*dat*) **über etw** (*acc*) **im** ~**en sein** to be aware of sth; **sich** (*dat*) **darüber im** ~**en sein, daß ...** to realize that ...

Klar *nt* -(e)s, -(e) (*Aus*) *siehe* **Eiklar.**

Klär|anlage *f* sewage plant; (*von Fabrik*) purification plant.

Klar|apfel *m* early dessert apple; **klar-blickend** *adj* clear-sighted; **klardenkend** *adj attr* clear-thinking.

klären I *vt* to clear; *Wasser, Luft* to purify; *Abwasser* to treat; *Fall, Sachlage* to clarify, to clear up; *Frage* to settle.
II *vi* (*Sport*) to clear (the ball).
III *vr* (*Wasser, Himmel*) to clear; (*Wetter*) to clear up; (*Meinungen, Sachlage*) to become clear; (*Streitpunkte*) to be clarified; (*Frage*) to be settled.

Klare(r) *m decl as adj* (*inf*) schnapps.

klargehen *vi sep irreg aux sein* (*inf*) to be all right *or* OK (*inf*). **ist es mit der Prüfung klargegangen?** did the exam go all right *or* OK? (*inf*).

Klärgrube *f* cesspit.

Klarheit *f* 1. (*fig: Deutlichkeit*) clarity; (*geistige* ~) lucidity. **sich** (*dat*) ~ **über etw** (*acc*) **verschaffen** to find out about sth, to get clear about sth; *über Sachlage* to clarify sth; ~ **über etw** (*acc*) **haben** to be clear about sth; **jdm etw in aller** ~ **sagen** to tell sb sth in plain language. 2. (*Reinheit*) clearness.

klarieren* *vt* to clear (through customs).

Klarinette *f* clarinet.

Klarinettist(in *f*) *m* clarinettist.

Klarisse *f* -, -n, **Klarissin** *f* nun of the order of St Clare.

klarkommen *vi sep irreg aux sein* (*inf*) to manage, to get by (*inf*); **mit etw** ~ to be able to cope with sth; **mit jdm** ~ to be able to deal *or* cope with sb; **klarkriegen** *vt sep* (*inf*) to sort out; **ein Problem** ~ to sort out *or* crack (*inf*) a problem; **Klarlack** *m* clear varnish; **klarlegen** *vt sep* to make clear, to explain; **klarmachen** *sep* **I** *vt* to make clear, to explain; *Schiff* to make ready, to get ready; *Flugzeug* to clear; **jdm etw** ~ to make sth clear to sb; **sich** (*dat*) **etw/die Unterschiede** *etc* ~ to realize sth/get the differences *etc* clear in one's own mind; **sich** (*dat*) **ein Thema** ~ to get a subject sorted out in one's mind; **II** *vi* (*Naut*) to make ready, to get ready; **zum Gefecht** ~ to clear the decks for action.

Klärschlamm *m* sludge.

klarsehen *vi sep irreg* to see clearly; **in etw** (*dat*) ~ to have understood sth; **Klarsichtfolie** *f* transparent film; **klarsichtig** *adj* (*fig*) clear-sighted; **Klarsichtpackung** *f* transparent pack; **klarspülen** *vti sep* to rinse; **klarstellen** *vt sep* (*klären*) to clear up, to clarify; (*klarmachen*) to make clear; **ich möchte** ~ **daß ...** I would like to make it clear that ...;

Klarstellung *f* clarification; **Klartext** *m* uncoded text, text in clear; **im** ~ in clear; (*fig inf*) in plain English; **mit jdm** ~ **reden** (*fig inf*) to give sb a piece of one's mind.

Klärung *f* 1. purification. 2. (*fig*) clarification.

klarwerden *sep irreg aux sein* **I** *vr* **sich** (*dat*)

(**über etw** *acc*) ~ to get (sth) clear in one's mind. **II** *vi* **jdm wird etw klar** sth becomes clear to sb; **ist dir das noch immer nicht klargeworden?** do you still not understand?

klasse *adj inv* (*inf*) great (*inf*); *siehe* **Klasse.**

Klasse *f* -, -n 1. class; (*Spiel*~) league; (*Steuer*~ *auch*) bracket; (*Wert*~ *auch*) rate; (*Güter*~) grade. **ein Maler erster** ~ a first-class *or* first-rate painter; **ein Fahrschein zweiter** ~ a second-class ticket; **das ist (große)** ~**!** (*inf*) that's great *or* tremendous *or* marvellous! (*all inf*). 2. (*Sch*) class, form; (*Raum*) classroom.

Klasse- *in cpds* (*sl*) top-class; **Klassefrau** *f* (*sl*) smasher (*inf*), stunner (*inf*); **Klassefußball** *m* (*sl*) top-class football.

Klassement [-'mã:] *nt* -s, -s (*Sport*) (list of) rankings *pl*.

Klassen|arbeit *f* (written) class test; **Klassen|aufsatz** *m* essay written in class; **Klassen|ausflug** *m* class outing; **Klassenbeste(r)** *mf* best pupil; **wer ist** ~**?** who is top of the class?; **Klassenbewußtsein** *nt* class consciousness; **Klassenbuch** *nt* (class-) register; **Klassenfeind** *m* (*Pol*) class enemy; **Klassenfoto** *nt* class photograph; **Klassengegensatz** *m usu pl* (*Sociol*) class difference; **Klassengeist** *m* (*Sch dated, Sociol*) class spirit; **Klassengesellschaft** *f* class society; **Klassenhaß** *m* (*Sociol*) class hatred; **Klassenherrschaft** *f* class rule; **Klassen|interesse** *nt* (*Sociol*) class interest; **Klassenjustiz** *f* (*Pol*) legal system with class bias; **Klassenkamerad** *m* classmate; **Klassenkampf** *m* class struggle; **klassenkämpferisch I** *adj* committed to the class struggle, supporting the class struggle; **II** *adv* in support of the class struggle; **Klassenkasper** *m* (*Sch sl*) class joker (*inf*); **Klassenkeile** *f* (*Sch dated*) a thrashing from the rest of the class *or* from one's classmates; **Klassenlage** *f* (*Sociol*) class position; **Klassenlehrer, Klassenleiter** *m* class teacher, form teacher, form master/mistress; **Klassenlektüre** *f* class reading; **klassenlos** *adj Gesellschaft* classless; *Krankenhaus* one-class; **Klassenlos** *nt* draw ticket in a *Klassenlotterie*; **Klassenlotterie** *f* lottery in which draws are made on a number of different days and in which tickets can be bought for each individual draw; **Klassenraum** *m* classroom; **Klassenschranke** *f* class barrier; **Klassenspiegel** *m* (*Sch*) seating plan of the class; **Klassensprecher** *m* (*Sch*) class spokesman, ≃ form captain; **Klassenstaat** *m* (*Pol*) state governed by one class; **Klassenstärke** *f* (*Sch*) size of a/the class/the classes; **Klassentreffen** *nt* (*Sch*) class reunion; **Klassen|unterschied** *m* class difference; **Klassenwahlrecht, Klassenwahlsystem** *nt* electoral system based on class, class system of franchise; **klassenweise I** *adj* by class; ~**r Aufbau** arrangement by class; **II** *adv* sitzen, sich aufstellen in classes; *erscheinen* as a class; **Klassenziel** *nt* (*Sch*) required standard; **das** ~ **nicht erreichen** not to reach the required standard; (*fig*) not to make the grade; **Klassenzimmer** *nt* classroom.

Klasseweib *nt* (*sl*) smasher (*inf*), stunner (*inf*).

Klassifikation *f* classification.

klassifizierbar *adj* classifiable.

klassifizieren* *vt* to classify. **~d** classificatory.

Klassifizierung *f* classification.

Klassik *f*, *no pl* classical period; (*inf: klassische Musik, Literatur*) classical music/literature.

Klassiker(in *f*) *m* **-s**, **-** classic. **ein ~ des Jazz/der modernen Musik** a jazz classic/a classic of modern music; **die antiken ~** the classics.

klassisch *adj* **1**. (*die Klassik betreffend, antik, traditionell*) classical. **2**. (*typisch, vorbildlich, zeitlos*) classic. **3**. (*iro onf: prächtig*) classic.

Klassizismus *m* classicism.

klassizistisch *adj* classical.

klatsch *interj* splash, splosh; (*bei Schlag, Aufprall*) smack.

Klatsch *m* **-(e)s, -e 1**. splosh, splash; (*bei Schlag, Aufprall*) smack. **2**. *no pl* (*pej inf: Tratsch*) gossip, scandal.

Klatschbase *f* (*pej inf*) (*tratschend*) scandalmonger, gossip; (*redselig*) chatterbox (*inf*).

Klatsche *f* **-, -n** (*inf*) **1**. (*Sch*) (*Denunziant*) sneak, telltale (*inf*); (*Hilfsmittel*) crib (*inf*). **2**. (*Fliegen~*) fly swatter.

klatschen I *vi* **1**. to clap. **in die Hände ~** to clap one's hands.

2. (*einen Klaps geben*) to slap. **jdm auf die Schenkel ~** to slap sb's thighs.

3. *aux sein* (*aufschlagen*) (*harte Gegenstände*) to go smack; (*Flüssigkeiten*) to splash. **der Regen klatschte gegen die Fenster** the rain beat against the windows.

4. (*pej inf*) (*tratschen*) to gossip; (*dial: petzen*) to sneak, to tell tales (*bei* to). **über jdn/etw ~** to gossip *or* spread gossip about sb.

II *vt* **1**. to clap; *Takt* to clap out. **jdm Beifall ~** to applaud *or* clap sb.

2. (*knallen*) to smack, to slap; (*werfen*) to throw; *Fliegen* to swat.

Klatschen *nt* **-s**, *no pl* **1**. (*Beifall~*) applause. **2**. (*inf: Tratschen*) gossiping.

Klatscherei *f* (*pej inf*) **1**. (*Beifall~*) clapping. **2**. (*Tratscherei*) gossiping, gossipmongering.

Klatscher(in *f*) *m* **-s**, **-** (*Beifall~*) applauder.

Klatschgeschichte *f* (*pej*) gossip *no pl*; **eine ~** a piece of gossip; **klatschhaft** *adj* gossipy; **Klatschhaftigkeit** *f* fondness for gossip; **Klatschkolumnist** *m* (*inf*) gossip columnist; **Klatschmaul** *nt* (*pej inf*) **1**. big mouth; **2**. (*Mensch*) gossip, scandalmonger; **Klatschmohn** *m* (corn) poppy; **klatschnaß** *adj* (*inf*) sopping wet (*inf*); **Klatschspalte** *f* (*Press inf*) gossip column; **Klatschsucht** *f* passion for gossip; **klatschsüchtig** *adj* extremely gossipy; **ein ~er Mensch** a compulsive gossip; **Klatschtante** *f*, **Klatschweib** *nt* *siehe* **Klatschbase**.

klauben *vt* **1**. (*S Ger, Aus, Sw*) (*auflesen*) to pick up; (*auslesen*) to pick out. **etw in**

einen Korb ~ to pick sth up and put it in a basket; **etw aus etw ~** to pick sth out from sth.

2. (*Aus: sammeln*) to collect; *Holz, Pilze etc* to gather; *Beeren* to pick. **Worte ~** (*dial*) to split hairs.

Klaue *f* **-**, **-n** claw; (*Huf*) hoof; (*pej inf: Hand*) talons *pl* (*pej inf*); (*pej inf: Schrift*) scrawl (*pej*). **in den ~n der Verbrecher** *etc* in the clutches of the criminals *etc*; **den ~n des Todes entkommen** to escape from the jaws of death.

klauen (*inf*) **I** *vt* to nick (*Brit inf*), to pinch (*inf*) (*jdm etw* sth from sb); *Ideen auch* to crib (*jdm etw* sth from sb). **II** *vi* to steal, to nick (*Brit inf*) *or* pinch things (*inf*).

Klause *f* **-**, **-n 1**. (*von Mönch, Einsiedler*) hermitage; (*Klosterzelle*) cell; (*fig hum*) den. **2**. (mountain) defile.

Klausel *f* **-**, **-n** clause; (*Vorbehalt*) proviso; (*Bedingung*) condition, stipulation.

Klausner *m* **-s**, **-** *siehe* **Einsiedler**.

Klaustrophobie *f* (*Psych*) claustrophobia.

Klausur *f* **1**. (*Univ auch* **~arbeit**) exam, paper. **~en korrigieren** to mark scripts *or* exam papers. **2**. *no pl* (*Abgeschlossenheit*) seclusion. **eine Arbeit in ~ schreiben** to write an essay *etc* under examination conditions. **3**. (*Eccl: Räume*) enclosure, cloister.

Klaviatur [klavia'tuːɐ] *f* keyboard.

Klavichord [klavi'kɔrt] *nt* **-(e)s, -e** clavichord.

Klavier [-'viːɐ] *nt* **-s, -e** piano. **~ spielen** to play the piano.

Klavier- *in cpds* piano; **Klavierbauer** *m* piano-maker; **Klavierbe|arbeitung** *f* piano arrangement; **Klavierbegleitung** *f* piano accompaniment; **Klavierdeckel** *m* piano lid; **Klavierhocker** *m* piano stool; **Klavierkonzert** *nt* **1**. (*Musik*) piano concerto; **2**. (*Vorstellung*) piano recital; **Klaviersonate** *f* piano sonata; **Klavierspiel** *nt* piano playing; **Klavierspieler** *m* pianist, piano player; **Klavierstimmer** *m* piano-tuner; **Klavierstück** *nt* piano piece, piece of piano-music.

Klebeband *nt* adhesive tape, sticky tape; **Klebebindung** *f* (*Typ*) adhesive binding; **Klebefalz** *m* (gummed) stamp hinge *or* mount; **Klebemittel** *nt* adhesive.

kleben I *vi* **1**. to stick. **an etw** (*dat*) **~** (*lit*) to stick to sth; **an den Traditionen ~** to cling *or* stick to tradition; **an seinen Händen klebt Blut** (*fig*) he has blood on his hands; **klebt nicht so am Text** don't stick so much *or* so close to the text.

2. (*dated inf: für Sozialversicherung*) to pay stamps.

II *vt* to stick; (*mit Klebstoff auch*) to glue; (*mit Leim auch*) to paste; *Film, Tonband* to splice. **Marken ~** (*inf: Insur*) to pay stamps; **jdm eine ~** (*inf*) to belt sb one (*inf*).

klebenbleiben *vi sep irreg aux sein* to stick (*an* +*dat* to); (*Sch inf*) to stay down a year, to repeat a year; (*fig inf: nicht wegkommen*) to get stuck.

Klebepflaster *nt* sticking plaster, adhesive plaster; **Klebepresse** *f* splicer.

Kleber *m* **-s**, **- 1**. (*inf*) *siehe* **Klebstoff**. **2**. (*im Mehl*) gluten.

Klebestelle f join; (an Film) splice; **Klebezettel** m gummed label.

Klebfestigkeit f adhesiveness; **Klebfläche** f surface to be stuck; **Klebfolie** f adhesive film; (D-C-fix) fablon ®; (für Lebensmittel) cling film ®; **Klebkraft** f adhesive strength.

klebrig adj sticky; Farbe tacky; (klebfähig) adhesive.

Klebrigkeit f siehe adj stickiness; tackiness; adhesiveness.

Klebstoff m adhesive; **Klebstreifen** m adhesive tape; (selbstklebend auch) sticky tape; (zum Befeuchten) gummed tape.

Kleckerei f mess. ohne ~ geht's nicht you can't do it without making a mess.

kleckern I vt to spill; Farbe auch to splash.
II vi **1.** to make a mess. **2.** (tropfen) to spill; (Farbe auch) to splash. **3.** (inf: trödelnd arbeiten) to fiddle about. **gekleckert kommen** to come in dribs and drabs; **nicht ~, sondern klotzen** (inf) to do things in a big way (inf).

kleckerweise adv in dribs and drabs.

Klecks m **-es, -e** (Tinten~) (ink)blot; (Farb~) blob; (Fleck) stain.

klecksen vi (mit Tinte) to make blots/a blot; (Kugelschreiber etc auch) to blot; (pej inf: malen) to daub.

Kledage [kleˈdaːʒə], **Kledasche** f -, no pl (sl) clobber (sl), gear (inf).

Klee m **-s**, no pl clover. **jdn/etw über den grünen ~ loben** to praise sb/sth to the skies.

Kleeblatt nt cloverleaf; (Mot) cloverleaf (intersection); (fig: Menschen) threesome, trio. **vierblättriges ~** four-leaf clover; **das irische ~** the (Irish) shamrock.

Kleid nt **-(e)s, -er 1.** (Damen~) dress. **ein zweiteiliges ~** a two-piece (suit).
2. ~er pl (Kleidung) clothes pl, clothing sing (esp Comm), garments pl (Comm); **~er machen Leute** (Prov) fine feathers make fine birds (Prov); **ich bin zwei Tage nicht aus den ~ern gekommen** I haven't been to bed for two days.
3. (old: Gewand) garment; (old, Sw, S Ger: Herrenanzug) suit; (liter: Uniform) uniform.
4. (liter) (Feder~) plumage; (Pelz) coat, fur; (fig: von Natur, Bäumen etc) mantle (liter), cloak (liter).

Kleidchen nt dim of **Kleid** little dress; (leicht) flimsy dress.

kleiden I vr to dress; (Kleider anziehen auch) to dress oneself, to clothe oneself (liter, form). **die Natur kleidet sich in Weiß** (liter) nature dons a cloak or mantle of white (liter).
II vt **1.** (Kleidung geben) to clothe, to dress; (fig) Gedanken to clothe, to couch. **etw in schöne Worte ~** to dress sth up or to couch sth in fancy words.
2. jdn ~ (jdm stehen) to suit sb.

Kleider|ablage f (Raum) cloakroom; (Garderobenablage) coat rack; (Ständer) hat- or coat-stand; **Kleiderbad** nt, no pl **die Flecken werden im ~ rausgehen** the spots will come out with dry cleaning; **Kleiderbügel** m coathanger; **Kleiderbürste** f clothes brush; **Kleiderhaken** m coat hook; **Kleiderkammer** f (Mil etc)

uniform store; **Kleiderkasten** m (Aus, Sw) siehe **Kleiderschrank 1.**; **Kleider|ordnung** f dress regulations pl; **Kleiderschrank** m **1.** wardrobe; **2.** (inf: Mensch) great hulk (of a man) (inf).

kleidsam adj flattering.

Kleidung f, no pl clothes pl, clothing (esp Comm). **warme ~** warm clothing or clothes; **für jds (Nahrung und) ~ sorgen** to (feed and) clothe sb.

Kleidungsstück nt garment. **~e** pl clothes pl; **ein warmes ~ mitnehmen** to bring something warm (to wear).

Kleie f, no pl bran.

klein adj **1.** little, small; Finger little; Format, Gehalt, Rente, Zahl, (Hand)schrift, Buchstabe small; (Mus) Terz minor. **die K~en Antillen** etc the lesser Antilles etc; **K~ Paris** etc little or miniature Paris etc; **der K~e Bär or Wagen** the Little Bear, Ursa Minor; **die K~e Strafkammer** (Jur) the lower criminal court; **haben Sie es nicht ~er?** do you not have anything smaller?; **ein ~ bißchen or wenig** a little (bit); **ein ~ bißchen** or wenig **Salat** a little (bit of) salad; **ein ~es Bier, ein K~es** (inf) a small beer, ≃ half a pint, a half; **~es Geld** small change; **K~ Roland** little Roland; **du ~er Teufel!** you little devil!; **ein süßes ~es Püppchen** a sweet little thing; **hallo, ~er Mann!** hullo, little man; **er fährt ein ~es Auto** he drives a little or small car; **ich wußte nicht, daß seine Frau so ~ ist** I didn't know his wife was so small or little; **eine ~e, hübsche Wohnung** a small, pretty flat; **eine hübsche ~e Wohnung** a nice little flat; **mein ~er Bruder** my little brother; **er ist ~er als sein Bruder** he's smaller than his brother; **als ich (noch) ~ war** when I was little; **~ für sein Alter** small or little for his age; **sich ~ machen** to bend down low; to curl up tight; **macht euch ein bißchen ~er!** squeeze up closer; **den mach' ich so ~ mit Hut!** (hum) I'll cut him down to size, I'll make him look that big; **~, aber oho** (inf) good things come in small packages; **ein Wort ~ drucken/schreiben** to print/write a word with small initial letters, to use small initial letters; **~ beigeben** (inf) to give in quietly or gracefully; **ganz ~ (und häßlich) werden** (inf) to look humiliated or deflated; **im ~en** in miniature; **bis ins ~ste** in every possible or in minute detail, right down to the smallest detail; **von ~ an or auf** (von Kindheit an) from his childhood or early days; (von Anfang an) from the very beginning, from scratch; **~e Kinder ~e Sorgen, große Kinder große Sorgen** (prov) bigger children just mean bigger problems; **~ stellen or drehen** (Cook) to put sth on a low heat.
2. (kurz) Wuchs, Schritt small, short; Weile, Pause little, short; Vortrag short. **~en Augenblick, bitte!** just one moment, please; **ein Kopf ~er als jd sein** to be a head shorter than sb.
3. (geringfügig) little, small, slight; Betrag, Summe little, small. **beim ~sten Schreck** at the slightest or smallest shock; **das ~ere Übel** the lesser evil; **ein paar ~ere Fehler** a few minor mistakes; **eine**

~ere Unpäßlichkeit a minor ailment.
4. (*unbedeutend*) petty (*pej*); *Leute* ordinary. **er ist ein ~er Geist** he is small-minded; **der ~e Mann** the ordinary citizen, the man in the street; **ein ~er Ganove** a small-time *or* petty crook; **die K~en** *or* **~en Gauner fängt man, die Großen läßt man laufen** (*prov*) it's always the big fish that get away; **sein Vater war (ein) ~er Beamter** his father was a minor official; **~e Leute übersieht man** (*hum*) I'm *etc* so small and insignificant.
5. (*armselig*) *Verhältnisse* humble, lowly, modest. **aus ~en Anfängen aufgebaut** built up from small *or* humble *or* modest beginnings; **~ anfangen** to start off in a small way.
6. *Prüfung* intermediate.

Klein|aktionär *m* small shareholder; **Klein|anzeige** *f* small ad; **Klein|arbeit** *f* detailed work; **in zäher/mühseliger ~** with rigorous/painstaking attention to detail; **Klein|asien** *nt* Asia Minor; **Kleinbahn** *f* narrow-gauge railway; **Kleinbauer** *m* small farmer, smallholder; **kleinbekommen*** *vt sep irreg siehe* **kleinkriegen**; **Kleinbetrieb** *m* small business; **bäuerlicher/handwerklicher/industrieller ~** smallholding/(small) workshop/small factory; **Kleinbildkamera** *f* 35 mm camera; **Kleinbuchstabe** *m* small letter; **Kleinbürger** *m* petty bourgeois; **kleinbürgerlich** *adj* lower middle-class, petty bourgeois (*pej*); **er reagierte typisch ~** his reaction was typically lower middle-class *or* petty bourgeois; **Kleinbürgertum** *nt* (*Sociol*) lower middle class, petty bourgeoisie; **Kleinbus** *m* minibus.
Kleineleutemilieu *nt* world of ordinary people.
Kleine(r) *mf decl as adj* **1.** little one *or* child; little boy/girl; baby. **unser ~r** (*Jüngster*) our youngest (child); **die lieben ~n** (*iro*) the dear *or* sweet little things; **eine hübsche ~** a pretty little girl *or* thing.
2. (*inf: auch* ~s: *Schatz, Liebling*) baby (*inf*). **na ~/~r!** (*zu einem Kind*) hullo little girl/sonny Jim!; **na ~r!** (*Prostituierte zu einem Passanten*) hullo, dear *or* love.
Kleine(s) *nt decl as adj:* **etwas ~s** (*inf*) a little baby *or* stranger (*hum*).
Kleinfamilie *f* (*Sociol*) nuclear family; **Kleinformat** *nt* small format; **ein Buch/Bild im ~** a small-format book/picture; **Kleingarten** *m* allotment; **Kleingärtner** *m* allotment holder; **Kleingebäck** *nt* biscuits (*Brit*) *pl*, cookies (*US*) *pl*; **kleingedruckt** *adj attr* in small print; **Kleingedruckte(s)** *nt* small print; **Kleingeist** *m* (*pej*) small-minded person; **kleingeistig** *adj* (*pej*) small-minded, petty; **Kleingeld** *nt* (small) change; **das nötige ~ haben** (*fig*) to have the necessary wherewithal (*inf*); **kleingewachsen** *adj* short, small; *Baum* small; **kleingläubig** *adj* **1.** (*Rel*) doubting, sceptical; **ihr K~en!** (*Bibl*) o ye of little faith; **2.** (*zweiflerisch*) timid; **~ sein** to lack conviction; **Kleingläubigkeit** *f* lack of faith, scepticism; timidity, lack of conviction; **Kleingruppe** *f* (*Sociol*) small group; **kleinhacken** *vt sep* to chop up

small; **Kleinheit** *f* smallness, small size; **Kleinhirn** *nt* (*Anat*) cerebellum; **Kleinholz** *nt, no pl* firewood, kindling; **aus etw ~ machen, etw zu ~ machen** to chop sth up; (*hum inf*) to smash sth to pieces; **~ aus jdm machen** (*inf*) to make mincemeat out of sb (*inf*).
Kleinigkeit *f* **1.** little *or* small thing; (*Bagatelle*) small *or* trifling *or* trivial matter *or* thing, trifle; (*Einzelheit*) minor detail *or* point, small point. **ich habe noch ein paar ~en in der Stadt zu erledigen** I still have a few little things to attend to in town; **es war nur eine ~ zu reparieren** there was only something minor to be repaired; **die Prüfung war eine ~** the exam was no trouble at all; **eine ~ essen** to have a bite to eat, to eat a little something; **jdm eine ~ schenken** to give sb a little something; **die ~ von 1000 DM** (*iro*) the small matter of 1,000 marks; **das kostet eine ~** (*iro*) that'll cost a pretty penny; **wegen** *or* **bei jeder ~** for the slightest reason; **das war doch (nur) eine ~!** it was nothing; **das ist doch eine ~!** that isn't (asking) much; **das ist für mich keine ~** that is no small matter for me; **wir haben noch ein paar ~en geändert** we've changed one or two details *or* made one or two small changes; **großen Wert auf ~en legen** to be a stickler for detail(s); **sich nicht mit ~en abgeben** *or* **befassen** not to bother over details.
2. (*ein bißchen*) **eine ~** a little (bit), a trifle, a shade; **eine ~ zu groß/nach rechts** a little (bit) *etc* too big/to the right; **das wird eine ~ dauern** it will take a little while.
Kleinigkeitskrämer *m* (*pej*) stickler for detail, pedant.
Kleinkaliber *nt* small bore; **Kleinkalibergewehr** *nt* small-bore rifle; **kleinkalibrig** *adj* small-bore *attr only*; **kleinkariert** *adj* (*fig*) tuppenny-ha'penny *attr only* (*inf*), small-time (*inf*); (*lit rare*) finely checked *or* chequered; **~ sein** (*fig*) to be small- *or* petty-minded; **~ denken** to think small; **Kleinkind** *nt* small child, toddler (*inf*), infant (*Psych*); **Kleinklima** *nt* (*Met*) microclimate; **Kleinkram** *m* (*inf*) odds and ends *pl*; (*kleinere Arbeiten*) odd jobs *pl*; (*Trivialitäten*) trivialities *pl*, trivia *pl*; **Kleinkredit** *m* personal loan; **Kleinkrieg** *m* (*fig*) battle; **einen ~ mit jdm führen** to be fighting a running battle with sb.
kleinkriegen *vt sep* **1.** (*lit*) *Holz* to chop (up); *Nuß* to break. **er kann das Fleisch mit den Zähnen nicht ~** he can't break up his meat with his teeth.
2. (*inf: kaputtmachen*) to smash, to break.
3. (*inf*) (*gefügig machen*) to bring into line (*inf*); (*unterkriegen, müde machen*) to get down; (*körperlich*) to tire out. **er/unser altes Auto ist einfach nicht kleinzukriegen** he just won't be beaten/our old car just goes on for ever.
4. (*inf*) *Geld* to blow (*inf*), to get through.
Kleinkunst *f* cabaret.
Kleinkunstbühne *f* cabaret.

kleinlaut adj abashed, subdued, meek. **dann wurde er ganz ~** it took the wind out of his sails, that made him shut up; **etw ~ zugeben** to admit sth shamefacedly.

kleinlich adj petty; (knauserig) mean, stingy (inf); (engstirnig) narrow-minded.

Kleinlichkeit f siehe adj pettiness; meanness, stinginess (inf); narrow-mindedness.

kleinmachen vt sep **1.** to chop or cut up. **2.** (inf) Geld (wechseln) to change; (ausgeben) to blow (inf). **3.** (inf: erniedrigen) jdn ~ to make sb look small.

Kleinmöbel pl smaller items of furniture; **Kleinmut** m faintheartedness, timidity; **kleinmütig** adj fainthearted, timid.

Kleinod ['klaino:t] nt **-(e)s, -ien** [klai'no:diən] or **-e** (lit, fig) jewel, gem. **sie war sein ~** (liter) she was his treasure or his pride and joy.

kleinschneiden vt sep irreg to cut up small, to cut up into small pieces; **kleinschreiben** vt sep irreg (fig) to set little store by; **kleingeschrieben werden** to count for (very) little; **Kleinschreibung** f use of small initial letters; **Kleinstaat** m small state; **Kleinstadt** f small town; **Kleinstädter** m small-town dweller, provincial (pej); **kleinstädtisch** adj provincial, small-town attr.

kleinste(r, s) superl of **klein**.

kleinstmöglich adj smallest possible.

Kleintier nt small animal; **Kleinvieh** nt: ~ **macht auch Mist** (prov) many a mickle makes a muckle, every little helps; **Kleinwagen** m small car; **kleinwinzig** adj tiny little; **Kleinwohnung** f flatlet (Brit), small apartment; **kleinwüchsig** adj (geh) small; Volk auch small in stature.

Kleister m **-s, -** (Klebstoff) paste; (pej: dicke Speise) goo (inf).

kleistern vti **1.** (zusammenkleben) to paste. **2.** (dated inf) jdm eine ~ to slap sb in the face or sb's face.

Klementine f clementine.

Klemmappe f getrennt: **Klemm-mappe** spring folder or binder.

Klemme f **-, -n 1.** (Haar~, für Papiere etc) clip; (Elec) crocodile clamp or clip; (Med) clamp. **2.** (fig inf) **in der ~ sitzen** or **sein** to be in a fix or tight spot or jam (all inf); **jdm aus der ~ helfen** to help sb out of a fix or tight spot or jam (all inf).

klemmen I vt **1.** Draht etc to clamp, to clip; (in Spalt) to stick, to wedge, to jam. **sich** (dat) **den Finger in etw** (acc) ~ to catch or trap one's finger in sth; **sich** (dat) **etw unter den Arm** ~ to stick or tuck sth under one's arm; **sich** (dat) **eine Zigarette zwischen die Lippen** ~ (inf) to stick a cigarette in one's mouth.
2. (inf: stehlen) to pinch (inf).
II vr to catch oneself (in +dat in). **sich hinter etw** (acc) ~ (inf) to get stuck into sth (inf); **sich hinter jdn** ~ (inf) to get on to sb.
III vi (Tür, Schloß etc) to stick, to jam.

Klemmer m **-s, -** pince-nez.

Klemmtasche f clutch bag.

Klempner m **-s, -** plumber.

Klempnerei f **1.** no pl plumbing. **2.** (Werkstatt) plumber's workshop.

Klempnerladen m plumber's (shop). **der General trägt** or **hat einen ganzen ~ auf der Brust** (hum) the general has a whole load of ironmongery on his breast (inf).

klempnern vi to do plumbing.

Klepper m **-s, -** (pej) nag, hack.

Klepper-®: Klepperboot nt faltboat, foldboat, folding boat; **Kleppermantel** m mackintosh, mac (inf).

Kleptomane m **-n, -n** kleptomaniac.

Kleptomanie f kleptomania.

kleptomanisch adj kleptomaniac.

klerikal adj (pej) clerical.

Klerikalismus m (pej) clericalism.

Kleriker m **-s, -** cleric.

Klerus m **-**, no pl clergy.

Klette f **-, -n** (Bot) burdock; (Blütenkopf) bur(r); (pej: lästiger Mensch) nuisance, bind (inf). **sich wie eine ~ an jdn hängen** to cling to sb like a leech or barnacle.

Kletterer m **-s, -** climber.

Klettergerüst nt climbing frame; **Klettermax(e)** m **-es, -e** (inf) steeplejack.

klettern vi aux sein to climb; (mühsam) to clamber. **auf Bäume ~** to climb trees.

Kletterpartie f climbing trip or outing; **Kletterpflanze** f climbing plant, climber; **Kletterstange** f climbing pole.

Kletze f **-, -n** (S Ger, Aus) dried pear.

klicken vi to click.

Klicker m **-s, -** marble; (Spiel) marbles sing.

klickern vi to play marbles.

Klient [kli'ɛnt] m **-en, -en** client.

Klientel [klien'te:l] f **-, -en** clients pl, clientèle.

Klientin [kli'entin] f client.

Kliff nt **-(e)s, -e** cliff.

Kliffküste f cliffs pl.

Klima nt **-s, -s** or **-te** [kli'ma:tə] (lit, fig) climate; (fig auch) atmosphere.

Klima|änderung f climatic change; **Klima|anlage** f air-conditioning (system); **mit ~** air-conditioned; **Klimakammer** f climatic chamber.

Klimakterium nt climacteric, menopause.

Klimaschwankung f climatic variation.

klimatisch adj no pred climatic.

klimatisieren* vt to air-condition.

Klimatologie f climatology.

Klimawechsel m (lit, fig) change in the climate.

Klimax f **-**, no pl (liter) climax.

Klimazone f (climatic) zone.

Klimbim m **-s**, no pl (inf) odds and ends pl; (Umstände) fuss (and bother).

klimmen pret **klomm** or **klimmte**, ptp **geklommen** or **geklimmt** vi aux sein (rare) to clamber, to scramble.

Klimmzug m (Sport) pull-up. **geistige ~e machen** (fig) to do intellectual or mental acrobatics.

Klimperkasten m (inf) piano, joanna (inf).

klimpern vi to tinkle; (stümperhaft ~) to plonk away (inf); (auf Banjo) to twang. **mit Geld etc ~** to jingle coins; **mit den Wimpern ~** (inf) to flutter one's eyelashes.

kling interj clink, ting, ding. **~ machen** (Metall, Glas etc) to clink.

Klinge f **-, -n** blade; (liter: Schwert) sword,

blade (*liter*). **er führt eine scharfe ~** (*fig*) he is a dangerous opponent; **jdn über die ~ springen lassen** (*sl*) (*umbringen*) to bump sb off (*inf*), to rub sb out (*sl*); (*opfern*) to leave sb to be killed.

Klingel *f* **-, -n** bell.

Klingel|anlage *f* bell system; **Klingelbeutel** *m* collection bag; **Klingeldraht** *m* bell wire.

klingeling *interj* dingaling.

Klingelknopf *m* bell button or push.

klingeln *vi* to ring (*nach* for); (*Motor*) to pink, to knock. **es hat schon zum ersten/zweiten/dritten Mal geklingelt** (*in Konzert, Theater*) the three-/two-/one-minute bell has already gone; **es hat schon geklingelt** (*in Schule*) the bell has already gone; **es hat geklingelt** (*Telefon*) the phone just rang; (*an Tür*) somebody just rang the doorbell; **immer wenn es an der Tür klingelt ...** whenever the doorbell rings or goes ...; **hat es jetzt endlich geklingelt?** (*fig inf*) has the penny finally dropped? (*inf*).

Klingelschnur *f* bellpull; **Klingelzeichen** *nt* ring; **auf ein ~ hin** at the ring of a bell; **Klingelzug** *m* bellpull.

klingen *pret* **klang**, *ptp* **geklungen** *vi* to sound; (*Glocke, Ohr*) to ring; (*Glas*) to clink; (*Metall*) to clang. **nach etw ~** to sound like sth; **mein linkes Ohr klingt** I have a ringing (sound) in my left ear; **das klingt mir wie Musik in den Ohren** that is music to my ears; **die Gläser ~ lassen** to clink glasses; **die Glocke klingt dumpf/hell** the bell has a dull/clear ring.

klingend *adj* **mit ~em Spiel** (*old Mil*) with fife and drum; **in** or **mit ~er Münze** (*old, liter*) in coin of the realm.

Klinik *f* **-, -en** clinic; (*Universitäts~*) (university) hospital.

Kliniker(in *f*) *m* **-s, -** (*Med*) clinician; (*Univ*) medical student attached to a hospital.

Klinikum *nt* **-s, Klinika** or **Kliniken** (*Univ*) clinic.

klinisch *adj* clinical. **~ tot** clinically dead.

Klinke *f* **-, -n** (*Tür~*) (door) handle; (*Sperr~*) catch, ratchet, pawl; (*Telec*) jack, **~n putzen** (*inf*) to go or canvass/sell from door to door, to go or do door-to-door canvassing/selling.

Klinkenputzer *m* (*inf*) (*Hausierer*) hawker; (*Vertreter*) door-to-door salesman; (*Bettler*) beggar.

Klinker *m* **-s, -1.** (*Ziegelstein*) clinker brick, (Dutch) clinker. **2.** (*Naut*) clinker.

Klinkerboot *nt* clinker(-built) boat; **Klinkerstein** *m siehe* **Klinker 1.**

Klinomobil *nt* **-s, -e** mobile clinic.

klipp I *interj* ~, **klapp** click, clack; (*Schuhe, Hufe*) clip, clop. **II** *adv*: ~ **und klar** clearly, plainly; (*offen*) frankly, openly.

Klipp *m* **-s, -s** clip.

Klippe *f* **-, -n** (*Fels~*) cliff; (*im Meer*) rock; (*fig*) hurdle, obstacle. **~n umschiffen** (*lit, fig*) to negotiate obstacles.

klippenreich *adj* rocky.

Klippfisch *m* dried, salted cod; **Klippschule** *f* (*pej*) second-rate school.

klirren *vi* to clink; (*Glas auch*) to tinkle; (*Fensterscheiben*) to rattle; (*Waffen*) to clash; (*Ketten, Sporen*) to jangle; (*Lautsprecher, Mikrophon*) to crackle; (*Eis*) to

crunch. **~de Kälte** (*liter*) crisp cold; **~der Frost** sharp frost; **~de Töne** tinny sounds.

Klirrfaktor *m* distortion (factor).

Klischee *nt* **-s, -s** (*Typ*) plate, block; (*fig: Ausdruck, Phrase*) cliché.

klischeehaft *adj* (*fig*) stereotyped, hackneyed; **Klischeevorstellung** *f* cliché, stereotype.

klischieren* *vt* (*Typ*) to make plates for, to stereotype.

Klistier *nt* **-s, -e** enema, clyster (*spec*).

Klistierspritze *f* enema (syringe).

Klitoris *f* **-, -** or **Klitorides** clitoris.

Klitsche *f* **-, -n** (*pej inf*) dilapidated building; (*Theat*) small-time theatre.

klitschnaß *adj* (*inf*) drenched, soaking or sopping (*inf*) wet.

klittern *vt Geschichte* to concoct.

klitzeklein *adj* (*inf*) tiny, teeny-weeny (*inf*).

Klivie ['kliːviə] *f* (*Bot*) clivia.

Klo *nt* **-s, -s** (*inf*) loo (*Brit inf*), john (*US inf*). **~ gehen** to go to the loo or the john.

Kloake *f* **-, -n** sewer; (*fig auch*) cesspool; (*Zool*) cloaca.

Kloben *m* **-s, -1.** (*Holzklotz*) log. **2.** (*Eisenhaken*) hook.

klobig *adj* hefty (*inf*), bulky; *Mensch* hulking great (*inf*); *Benehmen* boorish; *Hände* massive, hefty (*inf*).

Klobürste *f* (*inf*) toilet or loo (*Brit inf*) brush; **Klofrau** *f* (*inf*) toilet or loo (*Brit inf*) attendant.

klomm *pret of* **klimmen**.

Klon *m* **-s, -e** clone.

klonen *vti* to clone.

klönen *vi* (*N Ger inf*) to (have a) natter (*Brit inf*).

Klönschnack *m* (*N Ger inf*) natter (*Brit inf*).

Klopapier *nt* (*inf*) toilet or loo (*Brit inf*) paper, bumf (*dated Brit inf*).

Klöpfel *m* **-s, -1.** (*Steinmetzwerkzeug*) stonemason's maul. **2.** (*old: Glocken~*) tongue, clapper.

klopfen I *vt* to knock; *Fleisch, Teppich* to beat; *Steine* to knock down. **den Takt ~** to beat time; **jdn aus dem Schlaf ~** to wake sb up.

II *vi* to knock; (*leicht auch*) to tap; (*Herz*) to beat; (*vor Aufregung, Anstrengung auch*) to pound; (*Puls, Schläfe*) to throb; (*Specht*) to tap, to hammer; (*Motor*) to knock, to pink; (*beim Kartenspiel*) to pass. **sie klopften wiederholt heftig an die Tür** they kept pounding away at the door; **es hat geklopft** there's someone knocking at the door; **jdm auf die Schulter/den Rücken/den Hintern ~** to tap sb on the shoulder/to pat sb on the back/the bottom; **jdm heftig auf die Schulter/den Rücken ~** to slap sb on the shoulder/back; **jdm auf die Finger ~** (*lit, fig*) to give sb a rap or to rap sb on the knuckles; **mit ~dem Herzen** with beating or pounding heart; **ein ~der Schmerz** a throbbing pain; *siehe* **Busch.**

Klopfer *m* **-s, -** (*Tür~*) (door) knocker; (*Teppich~*) carpet beater.

klopffest *adj* antiknock; **Klopffestigkeit** *f* antiknock quality; **Klopfzeichen** *nt* knock.

Kloppe *pl*: (*dial inf*) ~ **kriegen** to be given

a hiding *or* thrashing.

Klöppel *m* **-s,** - (*Glocken~*) tongue, clapper; (*Spitzen~*) bobbin; (*Trommel~*) stick.

Klöppel|arbeit *f* pillow lace.

klöppeln *vi* to make (pillow) lace. **eine Tischdecke** ~ to make a lace tablecloth.

Klöppelspitze *f* pillow lace.

kloppen (*N Ger inf*) **I** *vt* to hit. **II** *vr* to scrap (*inf*), to brawl.

Klopperei *f* (*N Ger inf*) fight, brawl.

Klöppler(in *f*) *m* **-s,** - (pillow) lace maker.

Klops *m* **-es, -e** (*Cook*) meatball.

Klosett *nt* **-s, -e** *or* **-s** lavatory, toilet.

Klosettbecken *nt* lavatory *or* toilet bowl, lavatory pan; **Klosettbürste** *f* lavatory *or* toilet brush; **Klosettdeckel** *m* lavatory *or* toilet seat lid; **Klosettfrau** *f* lavatory attendant; **Klosettpapier** *nt* lavatory *or* toilet paper.

Kloß *m* **-es, ̈e** dumpling; (*Fleisch~*) meatball; (*Frikadelle*) rissole. **einen ~ im Hals haben** (*fig*) to have a lump in one's throat.

Kloßbrühe *f*: **klar wie ~** as clear as day; (*iro*) as clear as mud.

Kloster *nt* **-s, ̈** cloister (*old*); (*Mönchs~ auch*) monastery; (*Nonnen~ auch*) convent, nunnery (*old*). **ins ~ gehen** to enter a monastery/convent, to become a monk/nun.

Klosterbruder *m* (*old*) monk; **Klosterfrau** *f* (*old*) nun; **Klosterkirche** *f* monastery/convent church; **Klosterleben** *nt* monastic/convent life.

klösterlich *adj* *Leben* monastic/convent; *Stille, Abgeschiedenheit* cloistered.

Klosterschule *f* monastic/convent school.

Klöten *pl* (*sl*) balls *pl* (*sl*).

Klotz *m* **-es, ̈e** (*Holz~*) block (of wood); (*pej: Beton~*) concrete block *or* monstrosity; (*inf: Person*) great lump (*inf*) *or* clod (*inf*). **sich** (*dat*) **einen ~ ans Bein binden** (*inf*) to tie a millstone around one's neck; **schlafen wie ein ~** (*inf*) to sleep like a log.

Klötzchen *nt dim of* **Klotz**.

klotzen *vi* (*sl*) (*hart arbeiten*) to slog (away) (*inf*); (*protzig auftreten*) to show off.

klotzig *adj* (*sl*) huge, massive. **ein ~es Geld, ~ viel Geld** stacks of money (*inf*).

Klub *m* **-s, -s** club.

Klub|abend *m* club night; **Klubgarnitur** *f* club-style (three-piece) suite; **Klubhaus** *nt* clubhouse; **Klubjacke** *f* blazer; **Klublokal** *nt* club bar; **Klubsessel** *m* club chair.

Kluft *f* **-, ̈e 1.** (*Erdspalte*) cleft; (*zwischen Felsenrändern auch*) ravine; (*in Bergen*) crevasse; (*Abgrund*) chasm.
  2. (*fig*) gulf, gap. **in der Partei tat sich eine tiefe ~ auf** a deep rift opened up in the party.
  3. *no pl* (*Uniform, Kleidung*) uniform; (*inf: Kleidung*) gear (*inf*), garb (*hum*). **sich in seine gute/beste ~ werfen** to put on one's Sunday best *or* one's glad rags (*hum*).

klug *adj, comp* **̈er,** *superl* **̈ste(r, s),** *or adv* **am ̈sten** clever, intelligent; *Augen* intelligent; *Humor* witty, sophisticated; (*vernünftig*) *Entscheidung, Rat* wise, sound; *Überlegung* prudent; (*geschickt*) *Antwort, Geschäftsmann* shrewd, clever. **es wird am ̈sten sein, wenn ...** it would be most sensible if ..., it would be the best idea if ...; **es wäre politisch/geschäftlich ~ ...** it would make good political/business sense ...; **~ geschrieben/durchdacht** cleverly *or* intelligently written/thought out; **ein ~er Kopf** a capable person; **ein ~er Kopf, der Kleine** he's a bright lad; **ich werde daraus nicht ~, da soll einer draus ~ werden** I cannot make head or tail of it, I can't make it out; **aus ihm werde ich nicht ~** I don't know what to make of him, I can't make him out; **im nachhinein ist man immer ̈er** one learns by experience; **~ reden kann jeder ...** anyone can talk ...; **~e Bemerkungen/Ratschläge** (*iro*) clever *or* helpful remarks/advice (*iro*); **ein ganz K~er** (*iro*) a right one (*inf*); **wer war denn so ~ ...** (*iro*) who was the bright *or* clever one ...; **so ~ bin ich auch** (*iro*) you don't say!; **nun bin ich genauso ~ wie zuvor** *or* **vorher** I am still none the wiser; **der K̈ere gibt nach** (*Prov*) discretion is the better part of valour (*Prov*); **der ~e Mann baut vor** (*Prov*) the wise man takes precautions; **wenn du ~ bist, haust du sofort ab** if you're smart you'll beat it (*inf*).

klügeln *vi* to puzzle (*wie/was* as to how/what).

klugerweise *adv* (very) cleverly, (very) wisely.

Klugheit *f siehe adj* cleverness, intelligence; wisdom, soundness; prudence; shrewdness, cleverness. **menschliche ~** human understanding *or* insight.

Klügler *m* **-s,** - fiddle, fiddly person.

klugreden *vi sep* to talk big, to make fine-sounding speeches; **Klugredner** *m* know-all; **klugscheißen** *vi sep irreg* (*sl*) to shoot one's mouth off (*inf*); **Klugscheißer** *m* (*sl*) big mouth (*inf*), smart-aleck (*inf*), smart-ass (*sl*).

Klump *no art* (*inf*) **ein Auto zu ~ fahren** to smash up a car.

Klumpatsch *m* **-s,** *no pl* (*inf*): **der ganze ~** the whole (kit and) caboodle (*inf*).

Klümpchen *nt dim of* **Klumpen**.

klumpen I *vi* (*Sauce*) to go lumpy. **II** *vr* to gather.

Klumpen *m* **-s,** - lump; (*Erd~ auch*) clod; (*Gold~*) nugget; (*Blut~*) clot. **~ bilden** (*Mehl etc*) to go lumpy; (*Blut*) to clot.

Klumpfuß *m* club-foot; **klumpfüßig** *adj* club-footed.

klumpig *adj* lumpy.

Klüngel *m* **s,** - (*inf: Clique*) clique; (*dial: Kram*) mess.

Klunker *m* **-s,** - **1.** (*sl: Edelstein*) rock (*sl*). **2.** (*Troddel*) tassel.

Kluppe *f* **-, -n** calipers *pl*; (*Schneid~*) die-stock.

Klüver [ˈklyːvɐ] *m* **-s,** - (*Naut*) jib.

Klüverbaum *m* (*Naut*) jib-boom.

km *abbr of* **Kilometer** km.

km/h *abbr of* **Kilometer pro Stunde** kph.

kn (*Naut*) *abbr of* **Knoten** kn.

knabbern *vti* to nibble. **nichts zu ~ haben** (*inf*) to have nothing to eat; **daran wirst du noch zu ~ haben** (*fig inf*) it will really give you something to think about *or* get your teeth into; **an dieser Aufgabe habe**

ich lange zu ~ gehabt (*fig inf*) I spent ages puzzling over this exercise.

Knabe *m* **-n, -n** (*liter*) boy, lad. **na, alter ~!** (*inf*) well old boy (*inf*) *or* chap (*inf*).

Knaben|alter *nt* boyhood; **im ~** in his boyhood; **Knabenchor** *m* boys' choir; **knabenhaft** *adj* boyish; **Knabenkraut** *nt* (wild) orchid; **Knabenliebe** *f* (*liter*) paederasty, homosexual love; **Knabenschule** *f* (*old*) boys' school; **Knabenstimme** *f* boy's voice; (*Mus auch*) treble voice.

Knack *m* **-(e)s, -e** crack.

knack *interj* crack.

Knäckebrot *nt* crispbread.

knacken I *vt* 1. *Nüsse*, (*fig inf*) *Rätsel, Kode, Geldschrank* to crack; *Läuse* to squash, to crush.
2. (*inf*) *Auto* to break into, to burgle; (*Mil sl*) *Panzer* to knock out.
II *vi* (*brechen*) to crack, to snap; (*Glas etc*) to crack; (*Dielen, Stuhl*) to creak; (*Holz*) (*knistern*) to crackle. **mit den Fingern ~** to crack one's fingers; **es knackt im Radio** the radio is crackling; **es knackt im Gebälk** the beams are creaking; **an etw** (*dat*) **zu ~ haben** (*inf*) to have sth to think about *or* chew on (*inf*).

Knacker *m* **-s, -** 1. *siehe* **Knackwurst.**
2. (*pej inf*) **alter ~** old fog(e)y (*inf*).

Knacki *m* **-s, -s** (*sl*) jailbird (*inf*).

knackig *adj* crisp; *Apfel auch* crunchy; (*inf*) *Mädchen* juicy (*inf*).

Knacklaut *m* glottal stop.

Knacks *m* **-es, -e** 1. (*Sprung*) crack.
2. (*inf: Schaden*) **das Radio hat einen ~** there is something wrong with the radio; **ihre Ehe hat schon lange einen ~** their marriage has been cracking up for a long time; **er hat einen ~ (weg)bekommen** he/his health/his nerves took a knock; **er hat einen ~ weg** he's a bit screwy (*inf*); **his health isn't so good.

knacks *interj* crack, crash.

Knackwurst *f type of frankfurter, the skin of which makes a cracking sound when bitten.*

Knall *m* **-(e)s, -e** bang; (*mit Peitsche*) crack; (*bei Tür*) bang, slam; (*von Korken*) pop; (*inf: Krach*) trouble. **der ~** *eines Schusses* a shot; **~ und Fall** (*inf*) all of a sudden; **jdn ~ und Fall entlassen** (*inf*) to dismiss sb completely out of the blue (*inf*); **einen ~ haben** (*inf*) to be crazy (*inf*) *or* crackers (*Brit inf*).

Knallbonbon *nt* cracker; **Knall|effekt** *m* (*inf*) bombshell (*inf*); **einen ~ haben/ein ~ sein** to come as/be a real bombshell.

knallen I *vi* 1. to bang, to explode; (*Schuß*) to crack, to ring out; (*Feuerwerk*) to (go) bang; (*Pfropfen*) to (go) pop; (*Peitsche*) to crack; (*Tür etc*) to bang, to slam; (*Auspuff*) to misfire; (*aux sein: auftreffen*) to bang. **mit der Peitsche ~** to crack the whip; **mit der Tür ~** to bang *or* slam the door; **mit den Hacken ~** (*Soldaten etc*) to click one's heels; **einen Pfropfen ~ lassen** to pop a cork; **draußen knallte es** there was a shot/were shots outside; **bleib stehen, sonst knallt's** (*inf*) stand still or I'll shoot; **sei nicht so frech, sonst knallt's** (*inf*) don't be so cheeky, or there'll be trouble;

der Fahrer ist gegen die Windschutzscheibe geknallt the driver hit the windscreen; **der Ball knallte gegen den Pfosten** (*inf*) the ball banged *or* slammed against the post.
2. (*inf: Sonne*) to blaze *or* beat down.
II *vt* to bang; *Tür, Buch auch* to slam; *Ball auch* to belt (*inf*); *Schüsse* to fire (off); *Peitsche* to crack. **den Hörer auf die Gabel ~** (*inf*) to slam *or* bang down the receiver; **jdm eine ~** (*inf*) to clout sb (*inf*), to belt sb (one) (*inf*); **jdm ein paar vor den Kopf/ Latz ~** (*sl*) to clout sb one (*sl*), to stick one on sb (*sl*).

knallend *adj Farbe* bright, loud, gaudy.

knall|eng *adj* (*inf*) skintight; **ihr Bikini war ~** her bikini looked as though it was painted on; **Knall|erbse** *f* toy torpedo.

Knallerei *f* (*inf*) (*Schießerei*) shooting; (*Feuerwerk*) banging of fireworks.

Knallfrosch *m* jumping jack; **Knallgas** *nt* oxyhydrogen; **knallgelb** *adj* (*inf*) bright yellow; **knallhart** *adj* (*inf*) *Film* brutal; *Mensch* really tough, as hard as nails; *Schuß, Schlag* really hard; **ein ~er Schuß/Schlag** a real humdinger (of a shot/punch) (*inf*); **er sagte ihr ~ ...** he said to her quite brutally ...; **knallheiß** *adj* (*inf*) blazing *or* boiling hot.

knallig *adj* (*inf*) *Farben* loud, gaudy.

Knallkopf (*inf*), **Knallkopp** (*inf*) *m* fathead (*inf*), blockhead (*inf*); **Knallkörper** *m* fire-cracker; **knallrot** *adj* (*inf*) bright red, scarlet; *Gesicht* as red as a beetroot (*inf*); **Knallschleppe** *f* (*Aviat*) sonic boom.

knapp *adj* 1. (*nicht ausreichend vorhanden*) *Vorräte, Arbeitsstellen* scarce, in short supply; *Geld auch* tight; *Taschengeld* meagre; *Gehalt* low, meagre. **mein Geld wird ~** I am running short of *or* out of money; **das Essen wird ~** we/they *etc* are running short of *or* out of food; **mein Geld/ meine Zeit ist ~ bemessen** I am short of money/time; **er hat ihr das Taschengeld ~ bemessen** he was mean with her pocket money; **~ mit (dem) Geld sein** (*inf*) to be short of money.
2. (*gerade noch ausreichend*) *Zeit, Geld, Miete* just *or* barely sufficient *or* enough; *Mehrheit* narrow, small, bare; *Sieg* narrow; *Kleidungsstück etc* (*eng*) tight; (*kurz*) short; *Bikini* scanty. **wir haben ~ verloren/gewonnen** we only just lost/won; **ich verprügele dich, aber nicht zu ~** (*dated*) I'll give you a thrashing, and how!
3. (*nicht ganz*) almost. **ein ~es Pfund Mehl** just under a pound of flour; **seit einem ~en** *or* **~ einem Jahr wohne ich hier** I have been living here for almost a year.
4. (*kurz und präzis*) *Stil, Worte* concise; *Geste* terse; (*lakonisch*) *Antwort* pithy.
5. (*gerade so eben*) just. **er ist ~ an mir vorbeigefahren** he just got *or* scraped past me; **mit ~er Not** only just, by the skin of one's teeth.

Knappe *m* **-n, -n** 1. (*Hist: eines Ritters*) squire. 2. (*Min*) qualified miner.

knapphalten *vt sep irreg*: **jdn ~** to keep sb short (*mit inf*).

Knappheit *f* (*Lebensmittel~*) scarcity, shortage; (*von Zeit, Geld*) shortage; (*fig:*

des Ausdrucks) conciseness, concision.

Knappschaft *f* (*Min*) miners' guild.

knapsen *vi* (*inf*) to scrimp (*mit, an +dat* on), to be stingy (*inf*) (*mit, an +dat* with).

Knarre *f* -, **-n 1.** (*sl: Gewehr*) shooter (*sl*). **2.** (*Rassel*) rattle.

knarren *vi* to creak. **eine ~de Stimme** a rasping *or* grating voice.

Knast *m* -(**e**)**s**, *no pl* (*sl*) clink (*inf*), can (*US sl*). **~ schieben** (*sl*) to do bird (*Brit sl*), to do time (*inf*).

Knastbruder *m* (*sl*) jailbird (*inf*).

Knaster *m* -**s**, - (*inf*) baccy (*inf*).

Knasterbart *m* (*dated inf*) old grumbler.

Knastologe *m* (*hum*) jailbird (*inf*).

Knatsch *m* -**es**, *no pl* (*inf*) trouble. **das gibt ~** that means trouble.

knattern *vi* (*Motorrad*) to roar; (*Preßlufthammer*) to hammer; (*Maschinengewehr*) to rattle, to chatter; (*Schüsse*) to rattle out; (*Fahne im Wind*) to flap.

Knäuel *m or nt* -**s**, - ball; (*wirres*) tangle; (*fig: Durcheinander*) muddle; (*von Menschen*) group, knot; (*in Problemen*) knot, tangle; (*hum: Hund*) bundle of fluff (*inf*).

Knauf *m* -(**e**)**s**, **Knäufe** (*Tür~*) knob; (*von Schwert etc*) pommel.

Knauser *m* -**s**, - (*inf*) scrooge (*inf*).

knauserig *adj* (*inf*) mean, stingy (*inf*).

knausern *vi* (*inf*) to be mean *or* stingy (*inf*) (*mit* with).

Knaus-Ogino-Methode *f* (*Med*) rhythm method.

knautschen *vti* (*inf*) to crumple (up); *Kleid etc auch* to crease.

knautschig *adj* (*inf*) *Anzug, Kleid* crumpled-up, crumply (*inf*).

Knautschlack *m* wet-look leather; **Knautschzone** *f* (*Aut*) crumple zone.

Knebel *m* -**s**, - (*Mund~*) gag; (*Paket~*) (wooden) handle; (*an Mänteln*) toggle; (*Fenster~*) (handle of) window catch.

Knebelbart *m* Van Dyke (beard).

knebeln *vt jdn, Presse* to gag.

Kneb(e)lung *f, no pl* (*lit, fig*) gagging.

Knecht *m* -(**e**)**s**, **-e 1.** servant; (*beim Bauern*) (farm-)labourer *or* worker; (*Stall~*) stableboy. **2.** (*fig: Sklave*) slave (*gen* to). **3. ~ Ruprecht** *helper to St Nicholas* (*Santa Claus*).

knechten *vt* (*geh*) to subjugate, to oppress. **alle unterdrückten und geknechteten Völker ...** all oppressed and enslaved peoples ...; **sie wollten sich nicht mehr von ihm ~ lassen** they refused to be his slaves any longer.

knechtisch *adj* (*geh*) *Charakter* subservient, submissive; *Unterwürfigkeit, Verhalten auch* servile, slavish. **jdm/einer Sache ~ ergeben sein** to be a complete slave *or* totally enslaved to sb/sth.

Knechtschaft *f* slavery, servitude, bondage.

Knechtung *f, no pl* (*geh*) enslavement, subjugation.

kneifen *pret* **kniff**, *ptp* **gekniffen I** *vt* to pinch. **jdn/jdn** *or* **jdm in den Arm ~** to pinch sb/sb's arm.
II *vi* **1.** to pinch.
2. (*inf*) (*ausweichen*) to chicken out (*sl*), to get *or* back out (*vor +dat* of); (*vor Arbeit auch*) to duck out (*vor +dat* of).

Kneifer *m* -**s**, - (*Brille*) pince-nez.

Kneifzange *f* pliers *pl*; (*kleine*) pincers *pl*. **eine ~** (a pair of) pliers/(a pair of) pincers; **sie/das würde ich nicht mit der ~ anfassen** I wouldn't touch her/that with a barge pole.

Kneipe *f* -, **-n** (*Lokal*) pub (*Brit*), bar, saloon (*US*).

Kneipenwirt *m* (*inf*), **Kneipier** [knai'pie:] *m* -**s**, **-s** (*hum inf*) publican (*Brit*), pub-owner (*Brit*), (pub) landlord (*Brit*), barkeeper, saloon-keeper (*US*).

kneippen *vi* to undergo a Kneipp cure.

Kneippkur *f* Kneipp cure, *type of hydropathic treatment combined with diet, rest etc.*

Knet *m* -**s**, *no pl* modelling clay; (*Plastilin*) plasticine®.

knetbar *adj* workable; *Teig auch* kneadable.

Knete *f* -, *no pl. siehe* **Knet. 2.** (*sl: Geld*) dough (*inf*).

kneten I *vt Teig* to knead; *Plastilin, Ton* to work; *Figuren* to model; *Muskeln, Rücken* to knead, to work; **II** *vi* (*mit Plastilin spielen*) to play with plasticine® *or* modelling clay.

Knetgummi *m or nt* plasticine®; **Knetmasse** *f* modelling clay.

Knick *m* -(**e**)**s**, **-e** *or* **-s 1.** (*leichter Sprung*) crack. **2.** (*Kniff, Falte*) crease, crinkle; (*Eselsohr*) dog-ear; (*Biegung*) (sharp) bend; (*bei Draht, auf Oberfläche*) kink. **einen ~ machen** to bend sharply. **3.** *pl* **-s** (*N Ger: Hecke*) hedgerow.

knicken *vti* (*vi: aux sein*) to snap; *Papier* to fold, to crease. „**nicht ~!**" "do not bend *or* fold".

Knicker *m* -**s**, - (*inf*) scrooge (*inf*).

Knickerbocker ['knɪkɐbɔkɐ] *pl* knickerbockers *pl* (*old*), plus-fours *pl*.

knick(e)rig *adj* (*inf*) stingy (*inf*), mean.

Knick(e)rigkeit *f* (*inf*) stinginess (*inf*), meanness.

knickern *vi* (*inf*) to be stingy (*inf*) (*mit* with).

Knickfuß *m* (*Med*) (type of) club-foot.

Knicks *m* -**es**, **-e** bob; (*tiefer*) curts(e)y. **einen ~ machen** to drop a curts(e)y, to curts(e)y (*vor +dat* to).

knicksen *vi* to curts(e)y, to drop a curts(e)y (*vor +dat* to).

Knie *nt* -**s**, - **1.** (*auch Hosen~*) knee. **auf ~n** on one's knees, on bended knee; **auf die ~ fallen** (*geh*) to fall on *or* drop to one's knees; **sich vor jdn auf die ~ werfen** to throw oneself on one's knees in front of sb; **jdn auf ~n bitten** to go down on bended knees to sb (and beg); **jdm auf ~n danken** to go down on one's knees and thank sb; **in die ~ gehen** to kneel, to fall on one's knees; (*fig*) to be brought to one's knees; **jdn in die ~ zwingen** to force sb to his knees; **jdn übers ~ legen** (*inf*) to put sb across one's knee; **etw übers ~ brechen** (*fig*) to rush (at) sth; **die ~ beugen** to bend one's knees; (*vor dem Altar*) to bow, to genuflect (*form*); (*fig*) to give in, to bend the knee.
2. (*Fluß~, in Rohr*) elbow.

Kniebeuge *f* (*Sport*) knee-bend; **Kniefall** *m* genuflection (*form*); **einen ~ vor jdm**

tun (geh) or machen (lit, fig) to kneel before sb; (fig auch) to bow before sb; **kniefällig** I adj Verehrung humble, lowly; II adv on one's knees, on bended knee; **kniefrei** adj Rock above the knee; **Kniegelenk** nt knee joint; **kniehoch** adj Schnee, Wasser knee-deep; Gras knee-high; **Kniehose** f knee breeches pl; **Kniekehle** f back or hollow of the knee; **knielang** adj knee-length.

knien [kni:n, 'kni:ən] I vi to kneel. **im K~** on one's knees, kneeling. II vr to kneel (down). **sich in die Arbeit ~** (fig) to get down to or stuck into (inf) one's work.

Knierohr nt elbow(-pipe).

Knies m -, no pl (dial inf) row, argument.

Kniescheibe f kneecap; **Kniesehnenreflex** m knee or patellar (spec) reflex; **Knieschützer** m -s, - kneepad, kneeguard; **Kniestrumpf** m knee-sock, knee-length sock; **Kniestück** nt elbow joint; **knietief** adj knee-deep.

kniff pret of **kneifen**.

Kniff m -(e)s, -e 1. (inf) trick. **den ~ bei etw heraushaben** to have the knack of sth (inf); **es ist ein ~ dabei** there is a (special) knack to it (inf). 2. (Falte) crease, fold.

kniff(e)lig adj (inf) fiddly; (heikel) tricky.

Knigge m -(s), - etiquette manual.

Knilch m -s, -e (pej inf) clown (inf).

knips interj click.

knipsen I vt 1. Fahrschein to punch, to clip. 2. (Phot inf) to snap (inf). II vi 1. (Phot inf) to take pictures. 2. (klicken) to click. **mit den Fingern ~** to snap one's fingers.

Knipser -s, - m (inf) shutter.

Knirps m -es, -e 1. (Junge) whippersnapper; (pej auch) squirt. 2. ® folding or telescopic umbrella.

knirschen vi (Sand, Schnee) to crunch; (Getriebe) to grind. **mit den Zähnen ~** to grind one's teeth; (vor Wut auch) to gnash one's teeth.

knistern vi (Feuer) to crackle; (Papier, Seide) to rustle. **mit Papier** etc ~ to rustle paper etc; **es knistert im Gebälk** (fig) there is trouble brewing or afoot (gen in).

Knittelvers m rhyming couplets (using a four-stress line).

knitter|arm adj crease-resistant; **knitterfrei** adj Stoff, Kleid non-crushable, creaseresistant.

knittern vti to crease, to crush.

Knobelbecher m 1. dice cup. 2. (Mil sl) army boot.

knobeln vi 1. (würfeln) to play dice; (um eine Entscheidung) to toss for it (inf). **sie knobelten darum, wer bezahlen sollte** they tossed (for it) to decide who should pay. 2. (nachdenken) to puzzle (an +dat over).

Knoblauch m -(e)s, no pl garlic.

Knoblauchpresse f garlic press; **Knoblauchzehe** f clove of garlic.

Knöchel m -s, - 1. (Fuß~) ankle. **bis über die ~ up** to the ankles, ankle-deep. 2. (Finger~) knuckle.

Knöchelbruch m broken ankle; **knöchellang** adj ankle-length; **knöcheltief** adj ankle-deep.

Knochen m -s, - 1. bone; (pl sl) arms pl; legs pl; (Hände) paws pl (inf). **Fleisch mit/ ohne ~** meat on/off the bone; **mir tun alle**

~ weh (inf) every bone in my body is aching; **er ist bis auf die ~ abgemagert** he is just (a bag of) skin and bones; **brich dir nicht die ~!** (inf) don't break anything or your neck!; **dem breche ich alle ~ einzeln** (sl) I'll break every bone in his body; **seine ~ zusammennehmen** or **zusammenreißen** (Mil sl) to pull oneself together; **das geht in die ~** (sl) it knackers you (Brit sl) or breaks your back; **ihm steckt** or **sitzt die Grippe/Angst in den ~** (inf) he's got flu/ he's scared stiff (inf); **naß bis auf die ~** (inf) soaked to the skin; **keinen Mumm in den ~ haben** (inf) to have no guts or spunk (inf); **der Schreck fuhr ihm in die ~** he was paralyzed with shock; **sich bis auf die ~ blamieren** (inf) to make a proper fool of oneself (inf); **er ist konservativ bis in die ~** (inf) he is conservative through and through, he is a dyed-in-the-wool conservative.

2. (dated sl: Kerl) chap (inf), bloke (Brit inf). **du fauler/ müder ~** you lazy/ indolent so-and-so (inf).

3. (inf: großer Hausschlüssel) large door-key.

Knochenbau m, no pl bone structure; **Knochenbruch** m fracture; **Knochen-|erweichung** f (Med) softening of the bones, osteomalacia (spec); **Knochengerüst** nt skeleton; **knochenhart** adj (inf) rock-hard; **Knochenhaut** f periosteum (spec); **Knochenhaut|entzündung** f periostitis (spec); **Knochenleim** m bone glue; **Knochenmann** m (liter) Death; **Knochenmark** nt bone marrow; **Knochenmark|entzündung** f osteomyelitis; **Knochenmehl** nt bone meal; **Knochenschinken** m ham on the bone; **Knochenschwund** m bone atrophy, atrophy of the bone; **knochentrocken** adj (inf) bone dry; (fig) Humor etc very dry; **Knochentuberkulose** f bone tuberculosis, tuberculosis of the bone.

knöchern adj Gerät etc bone attr, of bone; Material auch bony, osseous (form); Körperbau bony; (pej inf: nicht anpassungsfähig) set in one's ways.

knochig adj bony.

Knockout [nɔk'|aut] m -(s), -s knockout.

Knödel m -s, - dumpling.

knödeln vi to sing in a strangled voice.

Knolle f -, -n (Bot) nodule, tubercule; (von Kartoffel, Dahlie) tuber; (Kartoffel) potato; (inf: Nase) conk (Brit inf).

Knollen m -s, - (dial) 1. siehe **Knolle**. 2. (Klumpen) lump.

Knollenblätterpilz m amanita; **grüner ~** deadly amanita, death cup, death angel; **Knollennase** f (Med) rhinophyma (spec), (nodular) swelling of the nose; (inf) conk (Brit inf).

knollig adj Wurzel tuberous; Auswuchs knobbly, knotty; Nase bulbous; (inf: klumpig) lumpy.

Knopf m -(e)s, ⁓e 1. (an Kleidungsstück etc) button. **etw an den ⁓en abzählen** to decide sth by counting off one's buttons. 2. (an Gerät, elektrischer Anlage etc) (push-)button; (an Akkordeon) button. 3. (an Tür, Stock) knob; (Sattel~, Degen~) pommel.

4. (*inf*) (*Kind*) little chap *or* fellow/little lass(ie); (*Kerl*) chap, fellow. **ein fieser** ~ a nasty so-and-so.

knöpfen *vt* to button (up). **einen Kragen auf ein Kleid** ~ to button a collar to a dress; **ein Kleid zum K**~ a dress that buttons up.

Knopfleiste *f* button tape; **Knopfloch** *nt* buttonhole; **aus allen Knopflöchern platzen** (*inf*) to be bursting at the seams; **ihr schaut die Arroganz/Lebenslust aus allen Knopflöchern** (*inf*) she oozes arrogance from every pore/she's bursting with the joy of living.

knorke *adj* (*dated sl*) smashing (*Brit inf*), swell (*esp US inf*).

Knorpel *m* **-s, -** (*Anat, Zool*) cartilage; (*Cook*) gristle.

knorpelig *adj* (*Anat*) cartilaginous; *Fleisch* gristly.

Knorren *m* **-s, -** (*im Holz*) knot; (*an Weide*) burl, burr; (*Baumstumpf*) (tree) stump; (*Aststumpf*) snag.

knorrig *adj Baum* gnarled; *Holz, Klotz* knotty; (*fig*) *alter Mann* rugged; (*eigenwillig*) *Mensch, Charakter* surly, gruff.

Knospe *f* **-, -n** bud. **~n ansetzen** *or* **treiben** to bud; **die zarte** ~ **ihrer Liebe** (*liter*) the tender bud of their love.

knospen *vi* to bud. **~d** (*lit, fig liter*) budding.

Knötchen *nt dim of* **Knoten.**

Knoten *m* **-s, - 1.** knot; (*Med*) (*Geschwulst*) lump; (*Gicht~*) tophus (*spec*); (*Phys, Bot, Math, Astron*) node; (*fig: Verwicklung*) plot. **sich** (*dat*) **einen** ~ **ins Taschentuch machen** (*inf*) to tie a knot in one's handkerchief; **der** ~ **der Handlung schürzt sich** the plot thickens.

   2. (*Naut*) knot.

   3. (*Haar~*) bun, knot.

knoten *vt Seil etc* to (tie into a) knot, to tie a knot in.

Knotenbahnhof *m* junction; **Knotenpunkt** *m* (*Mot*) (road) junction, (road) intersection; (*Rail*) junction; (*fig*) centre; (*von Argumentation, Handlung etc*) nodal point; **Knotenstock** *m* knobbly *or* gnarled (walking) stick.

knotig *adj* knotty, knotted, full of knots; *Äste, Finger* gnarled; *Geschwulst* nodular.

Know-how ['noʊhaʊ] *nt* **-s,** *no pl* know-how.

Knubbel *m* **-s, -** (*dial*) lump.

Knuff *m* **-(e)s, ⸚e** (*inf*) poke; (*mit Ellbogen*) nudge.

knuffen *vti* (*inf*) to poke (*inf*); (*mit Ellbogen*) to nudge.

knülle *adj pred* (*dial inf*) tight (*inf*), stoned (*sl*).

knüllen *vti* to crumple, to crease (up).

Knüller *m* **-s, -** (*inf*) sensation; (*Press*) scoop.

knüpfen *vt Knoten* to tie; *Band* to knot, to tie (up); *Teppich* to knot; *Netz* to mesh; *Freundschaft* to form, to strike up. **jdn an den nächsten Baum/den Galgen** ~ (*inf*) to hang sb from the nearest tree/the gallows, to string sb up (*inf*); **etw an etw** (*acc*) ~ (*lit*) to tie *or* knot sth to sth; (*fig*) *Bedingungen* to attach sth to sth; *Hoffnungen* to pin sth on sth; **große Erwartungen an etw**

(*acc*) ~ to have great expectations of sth; **Freundschaftsbande enger** ~ to strengthen *or* tighten the bonds of friendship.

   II *vr* **sich an etw** (*acc*) ~ to be linked to *or* connected with sth; **an diese Erfindung** ~ **sich viele technische Möglichkeiten** this discovery has many technical possibilities.

Knüppel *m* **-s, - 1.** stick; (*Waffe*) cudgel, club; (*Polizei~*) truncheon; (*Metal*) billet. **man sollte mit dem** ~ **dreinschlagen** (*fig*) someone ought to get tough *or* to wave the big stick; **jdm** (*einen*) ~ **zwischen die Beine werfen** (*fig*) to put a spoke in sb's wheel.

   2. (*Aviat*) control stick, joystick; (*Aut*) gear stick.

   3. (*dial: Brötchen*) ≈ crusty bridge roll.

Knüppeldamm *m* log road; **knüppeldick** *adv* (*inf*) **wenn's kommt, kommt's immer gleich** ~ it never rains but it pours (*prov*); **so** ~ **hättest du nicht auftragen dürfen** you shouldn't have laid it on so thick (*inf*); **knüppeldick(e)voll** *adv* ~ **sein** (*Straßenbahn*) to be jam-packed **knüppelhart** *adj* (*inf*) rock-hard.

knüppeln I *vi* to use one's truncheon; (*Sport sl*) to hack, to kick wildly. **II** *vt* to club, to beat with a club *or* stick; (*Polizei*) to use one's truncheon on, to beat with one's truncheon.

Knüppelschaltung *f* (*Aut*) floor-mounted gear change; **knüppelvoll** *adj* (*inf*) jam-packed, packed solid; (*sl: betrunken*) to be absolutely plastered (*sl*).

knurren I *vi* (*Hund etc*) to growl; (*wütend*) to snarl; (*Magen*) to rumble; (*fig: sich beklagen*) to moan, to groan (*über* + *acc* about). **II** *vti* (*mürrisch sagen*) to growl.

Knurren *nt* **-s,** *no pl siehe vi* growl(ing); snarl(ing); rumble, rumbling; moan(ing).

Knurrhahn *m* gurnard.

knurrig *adj* grumpy; *Angestellte etc* disgruntled.

Knusperhäuschen *nt* gingerbread house.

knuspern *vti* to crunch. **etwas zum K**~ something to nibble; **an etw** (*dat*) ~ to crunch away at sth.

knusprig *adj Braten* crisp; *Gebäck auch* crunchy; *Brötchen auch* crusty; (*fig*) *Mädchen* scrumptious (*inf*).

Knust *m* **-(e)s, -e** *or* **⸚e** (*N Ger*) (end) crust, heel.

Knute *f* **-, -n** (*old*) knout (*old*), lash. **jds** ~ **zu spüren bekommen** to feel sb's lash; **unter jds** ~ (*dat*) **stehen** to be completely dominated by sb; **jdn unter seine** ~ **bringen** to get sb in one's clutches.

knutschen (*inf*) **I** *vt* to pet *or* smooch (*inf*) *or* neck (*inf*) with. **II** *vir* to pet, to smooch (*inf*), to neck (*inf*).

Knutscherei *f* petting, smooching (*inf*), necking (*inf*).

Knutschfleck *m* (*inf*) love bite (*inf*).

Knüttel *m* **-s, -** *siehe* **Knüppel.**

Knüttelvers *m siehe* **Knittelvers.**

k. o. [kaː'|oː] *adj pred* (*Sport*) knocked out; (*fig inf*) whacked (*inf*), all in (*inf*). **jdn** ~ **schlagen** to knock sb out.

K. O. [kaː'|oː] *m* **-(s), -s** knockout, K.O. **Sieg durch** ~ victory by a knockout.

ko|agulieren* vti (*Med, Chem*) to coagulate, to clot.

Koala m -s, -s, **Koalabär** m koala (bear).

ko|alieren* vi (*esp Pol*) to form a coalition (*mit* with).

Ko|alition f (*esp Pol*) coalition. **kleine/große** ~ little/grand coalition.

Ko|alitions- in cpds coalition; **Ko|alitionsfreiheit** f freedom to form a coalition; **Ko|alitionskrieg** m (*Hist*) coalition war; **Ko|alitionspartner** m coalition partner; **Ko|alitionsregierung** f coalition government.

ko|axial adj (*Tech*) co-axial.

Kobalt nt -s, no pl (*abbr* Co) cobalt.

kobaltblau adj cobalt blue.

Kobel m -s, - (S Ger, Aus), **Koben** m -s, -
1. siehe **Schuppen**. 2. siehe **Stall**.

Kobold m (*dial*) -(e)s, -e goblin, imp.

Kobolz m: ~ **schießen** to turn or do somersaults.

Kobra f -, -s cobra.

Koch¹ m -s, ⁓e, cook; (*in Restaurant etc auch*) chef. **viele** ⁓**e verderben den Brei** (*Prov*) too many cooks spoil the broth (*Prov*).

Koch² nt -s, no pl (*Aus: Brei*) (*Apfel~ etc*) purée; (*Gries~ etc*) pudding.

Koch|apfel m cooking apple, cooker; **Kochbuch** nt cookery book, cookbook; **koch|echt** adj (*Tex*) Farbe fast at 100°, fast even in boiling water; *Wäsche etc* suitable for boiling, that may be boiled; **Koch|ecke** f kitchen or cooking area.

Köchelverzeichnis nt (*Mus*) Köchel index. ~ **25** Köchel or K. (number) 25.

kochen I vi 1. (*Flüssigkeit, Speise*) to boil. **etw langsam** or **auf kleiner Flamme** ~ **lassen** to let sth simmer or to simmer sth (over a low heat); **etw zum K~ bringen** to bring sth to the boil; **der Kühler/das Auto kocht** (*inf*) the cooling system/car is overheating; **er kochte vor Wut** (*inf*) he was boiling or seething with rage; **die** ⁓**de Volksseele** (*liter*) the seething or turbulent mood of the people.
2. (*Speisen zubereiten*) to cook; (*als Koch fungieren*) to do the cooking; (*als Koch arbeiten*) to work as a cook/chef. **er kocht gut** he's a good cook, he is good at cooking; **er kocht scharf/pikant** his cooking is (always) highly seasoned/spiced.
II vt 1. *Flüssigkeit, Nahrungsmittel, Wäsche* to boil. **etw langsam** or **auf kleiner Flamme** ~ to simmer sth over a low heat.
2. (*zubereiten*) Essen to cook; *Kakao* to make; (*aufgießen*) Kaffee, Tee to make, to brew. **etw gar/weich** ~ to cook sth through/until (it is) soft; Eier **weich/hart** ~ to soft-boil/hard-boil eggs.
III vi impers (*fig*) to be boiling. **es kocht in ihm** he is boiling or seething with rage.

kochend adj (*lit, fig*) boiling. ~ **heiß sein** to be boiling hot; (*Suppe etc*) to be piping hot.

kochendheiß adj attr boiling hot; *Suppe etc* piping hot.

Kocher m -s, - (*Herd*) cooker, stove; (*Camping~*) (primus) stove; (*Kochplatte*) hotplate; (*Wasser~*) ≈ (electric) kettle.

Köcher m -s, - (*für Pfeile*) quiver; (*für Golfschläger*) golf bag.

kochfertig adj ready-to-cook attr, ready to cook pred; **kochfest** adj (*Tex*) siehe **kochecht**; **Kochgelegenheit** f cooking facilities pl; **Kochgeschirr** nt (*esp Mil*) billy(can), mess tin (*Mil*); **Kochherd** m siehe **Herd**.

Köchin f siehe **Koch¹**.

Kochkäse m (*type of*) soft cheese; **Kochkunst** f culinary art, art of cooking; **seine** ~ or **Kochkünste** his cooking (ability); **Kochkurs(us)** m cookery course; **Kochlöffel** m cooking spoon; **Kochnische** f kitchenette; **Kochplatte** f
1. (*Herdplatte*) hotplate; 2. (*Kocher*) cooker; **Kochrezept** nt recipe; **Kochsalz** nt common salt; (*Chem auch*) sodium chloride; (*Cook*) cooking salt; **Kochschinken** m boiled ham; **Kochtopf** m (cooking) pot; (*mit Stiel*) saucepan; **Kochwäsche** f washing that can be boiled; **Kochwasser** nt cooking water, water in which (the) vegetables have been boiled; **Kochzeit** f cooking time.

kodd(e)rig adj (*N Ger inf*) 1. (*unwohl*) sick, queasy. 2. (*frech*) insolent, impudent.

Kode [koːt, 'koːdə] m -s, -s code.

Kodein nt -s, no pl codeine.

Köder m -s, - bait; (*fig auch*) lure.

Köderfisch m bait fish.

ködern vt (*lit*) to lure; (*fig*) to tempt, to entice. **er will dich mit diesen Versprechungen nur** ~ these promises of his are only a bait (to lure you); **jdn zu** ~ **versuchen** to woo sb; **jdn für etw** ~ to rope sb into sth (*inf*); **sich von jdm/etw nicht** ~ **lassen** not to be tempted by sth/sb.

Kodex m - or -es, -e or **Kodizes** (*Gesetzbuch*) codex, code; (*Handschrift*) codex, manuscript; (*fig*) (moral) code.

kodieren* vt to (en)code.

Kodifikation f codification.

kodifizieren* vt to codify; (*fig geh*) to write down. **kodifiziertes Recht** codified or statute law.

Ko|edukation f co-education.

Ko|effizient m coefficient.

Ko|existenz f coexistence.

Koffein nt -s, no pl caffeine.

koffeinfrei adj decaffeinated.

Koffer m -s, - (suit)case, bag; (*Übersee~, Schrank~*) trunk; (*Arzt~*) bag; (*für Schreibmaschine, Kosmetika etc*) (carrying) case. **die** ~ pl (*Gepäck*) the luggage or baggage or bags pl; **die** ~ **packen** (*lit, fig*) to pack one's bags; **aus dem** ~ **leben** to live out of a suitcase.

Koffer|anhänger m luggage label or tag.

Köfferchen nt dim of **Koffer**.

Koffergerät nt portable (set); **Kofferkuli** m (luggage) trolley; **Kofferradio** nt portable radio; **Kofferraum** m (*Aut*) boot (*Brit*), trunk (*US*); (*Volumen*) luggage space; **Kofferschreibmaschine** f portable (typewriter); **Kofferträger** m porter.

Kogge f -, -n (*Naut*) cog.

Kognak ['kɔnjak] m -s, -s or -e brandy.

Kognakschwenker m -s, - brandy glass, balloon glass.

kognitiv adj (*Philos, Psych*) cognitive.

Kohabitation f (*form*) cohabitation.

Kohäsion f (*Phys, geh*) cohesion.

Kohl *m* -(e)s, -e 1. cabbage. **das macht den ~ auch nicht fett** (*inf*) that's not much help. 2. (*inf: Unsinn*) rubbish, nonsense. **aufgewärmter ~** old stuff *or* story.

Kohldampf *m, no pl* (*inf*) **~ haben** *or* **schieben** to be starving *or* famished.

Kohle *f* -, -n 1. (*Brennstoff*) coal; (*Stück~*) (lump of) coal. **wir haben keine ~n mehr** we have no coal left; **glühende ~n** (*lit*) (glowing) embers; **glühende ~n auf jds Haupt sammeln** (*geh*) to heap coals of fire on sb's head; **(wie) auf (glühenden) ~n sitzen** to be like a cat on hot bricks, to be on tenterhooks.
2. (*Holz~*) charcoal. **(tierische** *or* **medizinische)** **~** animal charcoal.
3. (*Art: ~stift*) (stick of) charcoal. **mit ~ zeichnen** to draw with *or* in charcoal.
4. (*Tech*) carbon.
5. (*inf: Geld*) dough (*inf*), cash (*inf*). **die ~n stimmen** the money's right.

Kohlehydrat *nt* carbohydrate; **Kohlehydrierung** *f* (*Tech*) hydrogenation of coal.

kohlen¹ *vi* 1. (*Naut, Rail*) to take on coal.
2. (*verkohlen*) to char, to carbonize.
3. (*Rußerzeugen*) to smoke.

kohlen² *vti* (*inf*) to talk a load of nonsense *or* rubbish (*inf*); (*lügen*) to lie, to tell lies.

Kohlen- in *cpds* coal; **Kohlenbergbau** *m* coal-mining; **Kohlenbergwerk** *nt* coal-mine, pit, colliery; **Kohlenbunker** *m* coalbunker; **Kohlendioxid** *nt* carbon dioxide; **Kohlengas** *nt* coal gas; **Kohlengrus** *m* (coal) slack; **Kohlenhalde** *f* pile of coal; **~n** *pl* coal stocks *pl*; **Kohlenkasten** *m* coal-box; **Kohlenkeller** *m* coal cellar; **Kohlenlager** *nt* 1. (*Vorrat*) coal depot; 2. (*im Stollen, Berg*) coal seam *or* bed; **Kohlenmonoxid** *nt* carbon monoxide; **Kohlen|ofen** *m* (coal-burning) stove; **Kohlenpott** *m* (*inf*) 1. coal-mining area; 2. (*Ruhrgebiet*) siehe **Ruhrpott**; **Kohlenrevier** *nt* coal-mining area; **Kohlensack** *m* coalsack; **Kohlensauer** *adj* **kohlensaures Natrium** sodium carbonate; **Kohlensäure** *f* 1. (*Chem*) carbonic acid; 2. (*inf: in Getränken*) fizz (*inf*); **kohlensäurehaltig** *adj* **Getränke** carbonated; **Kohlenschaufel** *f* coal shovel; **Kohlenstaub** *m* coaldust; **Kohlenstoff** *m* (*abbr* C) carbon; **Kohlenstoffdatierung** *f* (radio)carbon dating; **Kohlentrimmer** *m* -s, - (coal) trimmer; **Kohlenwagen** *m* 1. (*Rail: Tender*) tender; (*Waggon*) coal truck; 2. (*LKW*) coal lorry (*Brit*) *or* truck; **Kohlenwasserstoff** *m* hydrocarbon; **Kohlenzange** *f* (pair of) fire *or* coal tongs.

Kohlepapier *nt* carbon paper.

Köhler *m* -s, - charcoal burner.

Kohlestift *m* 1. (*Tech*) carbon rod; 2. (*Art*) piece *or* stick of charcoal; **Kohletablette** *f* (*Med*) charcoal tablet; **Kohlezeichnung** *f* charcoal drawing.

Kohlkopf *m* cabbage; **Kohlmeise** *f* great tit; **kohl(pech)rabenschwarz** *adj* 1. *Haar* jet black, raven, raven attr, raven-black; *Nacht* pitch-black; 2. (*inf: sehr schmutzig*) as black as coal; **Kohlrabi** *m* -(s), -(s) kohlrabi; **Kohlroulade** *f* stuffed cabbage; **Kohlrübe** *f* 1. siehe **Steckrübe**; 2. (*inf:*

Kopf*)* bonce (*sl*), nut (*inf*); **kohlschwarz *adj* *Haare, Augen* jet black; *Gesicht, Hände* black as coal; **Kohlsprosse** *f* (*Aus*) (Brussels) sprout; **Kohlweißling** *m* cabbage white (butterfly).

Kohorte *f* -, -n (*Hist*) cohort.

koitieren* [koi'ti:rən] *vi* (*esp Med*) to engage in coitus *or* sexual intercourse.

Koitus ['ko:itus] *m* -, - *or* -se (*esp Med*) coitus, coition.

Koje *f* -, -n 1. (*esp Naut*) bunk, berth; (*inf: Bett*) bed. **sich in die ~ hauen** (*inf*) to hit the sack (*inf*) *or* the hay (*inf*). 2. (*Ausstellungs~*) stand.

Kojote *m* -n, -n coyote.

Koka *f* -, - (*Bot*) coca.

Kokain *nt* -s, *no pl* cocaine.

kokainsüchtig *adj* addicted to cocaine. **ein K~er** a cocaine addict.

kokeln *vi* (*inf*) to play with fire.

Kokerei *f* (*Anlage*) coking plant.

kokett *adj* coquettish, flirtatious.

Koketterie *f* 1. *no pl* (*Eigenschaft*) coquettishness, coquetry, flirtatiousness. 2. (*Bemerkung*) coquettish *or* flirtatious remark, coquetry.

kokettieren* *vi* to flirt. **mit seinem Alter ~** to play up *or* upon one's age; **mit einem Gedanken** etc **~** to toy with an idea etc.

Kokolores *m* -, *no pl* (*inf*) 1. (*Unsinn*) rubbish, nonsense, twaddle (*inf*). 2. (*Umstände*) palaver (*inf*), fuss. **mach doch nicht solchen ~** don't make such a palaver *or* fuss.

Kokon [ko'kõ:] *m* -s, -s (*Zool*) cocoon.

Kokos- in *cpds* coconut; **Kokosfett** *nt* coconut oil; **Kokosflocken** *pl* desiccated coconut; **Kokosmilch** *f* coconut milk; **Kokosnuß** *f* coconut; **Kokospalme** *f* coconut palm *or* tree; **Kokosraspeln** *pl* desiccated coconut.

Kokotte *f* -, -n (*old*) cocotte.

Koks¹ *m* -es, -e coke; (*inf: Unsinn*) rubbish, nonsense; (*Geld*) dough (*inf*).

Koks² *m or nt* -es, *no pl* (*sl: Kokain*) coke (*sl*).

koksen *vi* 1. (*inf: schlafen*) to have a kip (*inf*). 2. (*sl: Kokain nehmen*) to take coke (*sl*).

Kokser(in *f*) *m* -s, - (*sl*) coke (*sl*) addict.

Koksheizung *f* coke heating; (*Anlage*) coke-fired heating system.

Kola² *pl of* **Kolon**.

Kolanuß *f* cola *or* kola nut.

Kolben *m* -s, - 1. (*dickes Ende, Gewehr~*) butt; (*Tech: Motor~, Pumpen~*) piston; (*Chem: Destillier~*) retort; (*von Glühlampe*) bulb; (*von Lötapparat*) bit; (*inf: Nase*) conk (*Brit inf*), hooter (*Brit inf*), beak (*inf*). 2. (*Bot*) spadix; (*Mais~*) cob.

kolbenförmig *adj* club-shaped; **etw verdickt sich ~** sth widens into a club shape; **Kolbenfresser** *m* -s, - (*inf*) piston seizure; **(den) ~ haben** to have piston seizure; **Kolbenring** *m* piston ring.

Kolchos *m or nt* -, **Kolchose, Kolchose** *f* -, -n collective farm, kolkhos.

Kolchosbauer *m* worker on a collective farm.

Kolibakterien *pl* E. coli *pl*.

Kolibri *m* -s, -s humming bird, colibri.

Kolik f -, -en colic.

Kolkrabe m raven.

kollabieren* vi aux sein (Med) to collapse.

Kollaborateur(in f) [-'tøːɐ, -'tøːrɪn] m (Pol) collaborator.

Kollaboration f collaboration.

kollaborieren* vi to collaborate.

Kollaps m -es, -e (Med) collapse. **einen ~ erleiden** to collapse.

Kollation f (Liter) collation, comparison; (Typ) collation.

kollationieren* [kɔlatsio'niːrən] vt (Liter) to collate, to compare; (Typ) to collate.

Kolleg nt -s, -s or -ien [-iən] 1. (Univ: Vorlesung) lecture; (Vorlesungsreihe) (course of) lectures. 2. (Eccl) theological college.

Kollege m -n, -n colleague; (Arbeiter auch) workmate. **seine ~n vom Fach** his professional colleagues, his fellow doctors/teachers etc; **meine ~n** the people I work with, my colleagues; **seine ~n in der Ärzteschaft** his fellow doctors; **~ kommt gleich!** somebody will be with you right away; **der (Herr) ~ (Müller)** (Pol) the honourable member.

Kollegenrabatt m trade discount.

Kolleggeld nt lecture fee; **Kollegheft** nt (student's) notebook.

kollegial adj cooperative. **das war nicht sehr ~ von ihm** that wasn't what you would expect from a colleague; **mit ~en Grüßen** ≈ yours sincerely; **sich ~ verhalten** to act like a good colleague.

Kollegialität f cooperativeness.

Kollegin f siehe **Kollege**.

Kollegium nt 1. (Lehrer ~ etc) staff; (Ausschuß) working party. 2. siehe **Kolleg**.

Kollegmappe f document case.

Kollekte f -, -n (Eccl) offering, collection, offertory.

Kollektion f collection; (Sortiment) range; (Fashion) collection.

kollektiv adj collective.

Kollektiv nt collective.

Kollektiv|arbeit f (Tätigkeit) collective work, collaboration; (Ergebnis) collective piece of work.

kollektivieren* [-'viːrən] vt to collectivize.

Kollektivismus [-'vɪsmʊs] m, no pl collectivism.

kollektivistisch [-'vɪstɪʃ] adj collectivist(ic).

Kollektivschuld f collective guilt.

Kollektivum [-'tiːvʊm] nt -s, **Kollektiva** [-'tiːva] (Ling) collective (noun).

Kollektivvertrag m collective agreement; (DDR Econ) house agreement; **Kollektivwirtschaft** f (Econ) collective economy.

Kollektor m (Elec) collector.

Koller m -s, - 1. (inf) (Anfall) silly or funny mood; (Wutanfall) rage; (Tropen~, Gefängnis~) tropical/prison madness. **seinen ~ bekommen/haben** to get into/to be in one of one's silly or funny moods; **einen ~ haben/bekommen** to be in/fly into a rage.
    2. (Vet: bei Pferden) staggers sing.

kollern I vi 1. (Truthahn etc) to gobble; (Magen, Darm) to rumble. 2. aux sein (dial) siehe **kullern**. **II** vi impers **es kollert**

in seinem Bauch his stomach is rumbling.

kollidieren* vi (geh) 1. aux sein (Fahrzeuge) to collide, to be in collision. 2. aux sein or haben (fig) to conflict, to be in conflict, to clash; (Termine) to clash. **miteinander ~** to conflict, to clash, to be in conflict (with each other).

Kollier [kɔ'lieː] nt -s, -s necklet, necklace.

Kollision f (geh) (Zusammenstoß) collision; (Streit) conflict, clash; (von Terminen) clash.

Kollisionskurs m (Naut, Aviat) collision course. **auf ~ gehen, einen ~ ansteuern** (fig) to be heading for trouble.

Kolloid nt -s, -e (Chem) colloid.

Kolloquium nt colloquium; (Aus Univ: Prüfung) examination.

Köln nt -s Cologne.

Kölner adj attr Cologne. **der ~ Dom** Cologne Cathedral.

Kölner(in f) m -s, - inhabitant or (gebürtiger) native of Cologne. **er ist ~** he lives in/comes from Cologne.

kölnisch adj Cologne.

Kölnischwasser, Kölnisch Wasser nt eau de Cologne, cologne.

Kolon nt -s, -s or **Kola** (Typ, Anat) colon.

Koloniakübel m (Aus) dustbin (Brit), trash or garbage can (US).

kolonial adj (rare) colonial.

Kolonial- in cpds colonial; **Kolonialbesitz** m colonial possessions pl; **das Land ist in ~** that country is a colony.

Kolonialismus m, no pl colonialism.

Kolonialmacht f colonial power; **Kolonialstil** m Colonial (style); **Kolonialwaren** pl groceries pl; (Erzeugnisse der Kolonien) colonial produce; **Kolonialwarenhändler** m (dated) grocer; **Kolonialwarengeschäft** nt (dated) grocer's (shop); **Kolonialzeit** f colonial times pl; **ein Relikt aus der ~** a relic of the colonial past or of colonial times.

Koloniawagen m (Aus) refuse lorry (Brit) or truck.

Kolonie f (alle Bedeutungen) colony; (Ansiedlung auch) settlement; (Ferien~) camp.

Kolonisation f siehe vt settlement; colonization.

kolonisieren* vt 1. (erschließen) Gebiet to settle in. 2. (zur Kolonie machen) Land to colonize.

Kolonist(in f) m colonist; (Siedler) settler.

Kolonnade f colonnade.

Kolonne f -, -n column; (Autoschlange, fig: Menge) queue (Brit), line; (Arbeits~) gang. **„Achtung ~!"** "convoy"; **~ fahren** to drive in (a) convoy.

Kolonnenspringen nt jumping the (traffic) queue (Brit) or line; **Kolonnenspringer** m queue-jumper (Brit); **Kolonnenverkehr** m a queue/queues (Brit) or a line/lines of traffic, a tailback.

Kolophonium nt, no pl rosin, resin, colophony (spec).

Koloratur f coloratura.

kolorieren* vt to colour.

Kolorit nt -(e)s, -e (Art) colouring; (Mus) (tone) colour; (Liter, fig) atmosphere, colour.

Koloß m -sses, -sse colossus; (fig auch)

giant. **der ~ von Rhodos** the Colossus of Rhodes.

kolossal I adj colossal, tremendous, enormous; (inf) Dummheit auch crass attr. **II** adv (inf) tremendously, enormously. **sich ~ verschätzen** to make a colossal mistake.

Kolossalfilm m epic film, (film) epic; **Kolossalgemälde** nt (inf) spectacular painting; **Kolossalschinken** m (pej geh) spectacular.

Kolosseum nt -s, no pl **das ~** the Colosseum.

Kolportage [kɔlpɔr' taːʒə] f -, -n 1. (Press) cheap sensationalism. 2. (minderwertige Literatur) trash, rubbish.

Kolporteur [-'tøːɐ] m (geh: Gerüchteverbreiter) rumour-monger.

kolportieren* vt Nachricht to spread, to circulate; Gerüchte auch to peddle. **die Zeitung kolportierte, daß ...** the paper spread the story that ...

kölsch adj siehe **kölnisch**.

Kölsch nt -, - (Bier) ≈ (strong) lager.

Kolumbianer(in f) m -s, - Colombian.

Kolumbien [-iən] nt -s Colombia.

Kolumbus m - **Christoph ~** Christopher Columbus; siehe **Ei**.

Kolumne f -, -n (Typ, Press) column.

Kolumnist(in f) m columnist.

Koma nt -s, -s or ~**ta** (Med) coma.

Kombattant(in f) m (geh) combatant.

Kombi m -s, -s siehe **Kombiwagen**.

Kombinat nt (Econ) combine.

Kombination f 1. (Verbindung, Zusammenstellung, Zahlen~) combination; (Sport: Zusammenspiel) concerted move, (piece of) teamwork. **alpine/nordische ~** (Ski) Alpine/Nordic combination.
2. (Schlußfolgerung) deduction, reasoning; (Vermutung) conjecture.
3. (Kleidung) suit, ensemble; (Hemdhose) combinations pl, combs pl (inf); (Arbeitsanzug) overalls pl, boilersuit; (Flieger~) flying suit.

Kombinationsgabe f powers of deduction or reasoning; **Kombinationsschloß** nt combination lock.

kombinatorisch adj 1. Fähigkeiten deductive; Problem, Logik combinatory. 2. (Ling) ~**er Lautwandel** conditioned sound change.

kombinieren* **I** vt to combine; Kleidungsstücke auch to wear together. **Möbel zum K~** unit furniture.
II vi 1. (folgern) to deduce; (vermuten) to suppose. **gut ~ können** to be good at deducing or deduction; **ich kombiniere: ... I** conclude: ...; **du hast richtig kombiniert** your conclusion is/was right, you have come to the right conclusion.
2. (Sport) to make a concerted move.

Kombiwagen m estate (car) (Brit), station wagon (esp US); **Kombizange** f combination pliers pl.

Kombüse f -, -n (Naut) galley.

Komet m -en, -en comet; (fig) meteor.

kometen|artig adj (Astron) comet-like; **kometenhaft** adj (fig) Aufstieg, Karriere meteoric; Aufschwung rapid.

Komfort [kɔm'foːɐ] m -s, no pl (von Hotel etc) luxury; (von Möbel etc) comfort;

(von Auto) luxury features pl; (von Gerät) extras pl; (von Wohnung) amenities pl, mod cons pl (inf). **ein Auto mit allem ~** a luxury car, a car with many luxury features.

komfortabel adj (mit Komfort ausgestattet) luxurious, luxury attr; Haus, Wohnung well-appointed; (bequem) Sessel, Bett comfortable.

Komfortwohnung [kɔm'foːɐ-] f luxury flat.

Komik f -, no pl (das Komische) comic; (komische Wirkung) comic effect; (lustiges Element: von Situation) comic element. **tragische ~** tragi-comedy; **ein Sinn für ~** a sense of the comic; **die peinliche Situation entbehrte andererseits nicht einer gewissen ~** on the other hand, this awkward situation was not without an element of comedy or its comic side.

Komiker m -s, - comedian, comic; (fig auch) joker (inf). **Sie ~** you must be joking.

Kominform nt -s, no pl (Hist) **das ~** the Cominform.

Komintern f -, no pl (Hist) **die ~** the Comintern.

komisch adj 1. (ulkig) funny, comical; (Theat) Rolle, Person, Oper comic. **der ~e Alte** (Theat) the comic old man; **das K~e daran** the funny thing about it.
2. (seltsam, verdächtig) funny, strange, odd. **das K~e daran ist ...** the funny or strange or odd thing about it is ...; ~, **daß ich das übersehen habe** it's funny or odd that I should have missed that; **mir ist/wird so ~** (inf) I feel funny or strange or odd; **er war so ~ zu mir** he acted so strangely towards me.

komischerweise adv funnily enough.

Komitee nt -s, -s committee.

Komma nt -s, -s or -ta comma; (Math) decimal point. **fünf/null ~ drei** five/nought point three.

Kommandant m (Mil) commanding officer; (Naut) captain; (von Festung auch) commander; (von Stadt) commandant.

Kommandantur f (Funktion) command; (Gebäude auch) headquarters sing.

Kommandeur [-'døːɐ] m commander.

kommandieren* **I** vt 1. (befehligen) to command, to be in command of.
2. (befehlen) **jdn an einen Ort/zu sich ~** to order sb to a place/to appear.
II vi 1. (Befehlsgewalt haben) to be in command. ~**der General** commanding general.
2. (Befehle geben) to command, to give (the) orders. **er kommandiert gern** he likes to be the one to give (the) orders, he likes ordering people about.

Kommanditgesellschaft f (Comm) limited partnership.

Kommando nt -s, -s **1.** (Befehl) command, order. **das ~ zum Schießen geben** to give the command or order to fire; **auf ~ schreit ihr alle ...** (up)on the command (you) all shout ...; **ich kann doch nicht auf ~ lustig sein** I can't be cheerful to order or on command; **wie auf ~ stehenbleiben** to stand still as if by command; **der Hund gehorcht auf ~** the dog obeys on command.
2. (Befehlsgewalt) command. **wer hat**

das ~? who is in command?; das ~ haben or führen/übernehmen to be in or have/ take command (über +acc of).

3. (Mil) (Behörde) command; (Abteilung) commando.

Kommandobrücke f (Naut) bridge; **Kommandokapsel** f (Space) command module; **Kommandoraum** m control room; **Kommandostab** m command (staff); **Kommandoturm** m (Naut) conning tower.

kommen pret **kam**, ptp **gekommen** aux sein I vi 1. to come; (ankommen auch, geboren werden) to arrive; (herkommen) to come over; (in Gang ~: Motor, Feuer) to start; (sl: einen Orgasmus haben) to come (sl); (Telec: sich melden) to come in. **ich komme (schon)** I'm (just) coming; **ich habe zwei Stunden gewartet, aber sie kam und kam nicht** I waited two hours but she just didn't come; **er wird gleich ~** he'll be here right away; **die Bedienung/der Nachtisch kommt gleich** we'll be served/ the dessert is coming straight away; **da kommt er ja!** here he comes; **wann soll der Zug/das Baby ~?** when is the train/baby due?; **da kann** or **könnte ja jeder ~ und sagen ...** anybody or any Tom, Dick or Harry (inf) could come and say ...; **mein Mann kommt alle drei Wochen** my husband comes home every three weeks; **nach Hause ~** to come or get home; **von der Arbeit ~** to come or get home from work; **zum Essen ~** to come home for lunch/dinner etc; **der Wagen kommt in 16 sec. auf 100 km/h** the car reaches 100 km/ h in 16 sec.

2. (auffordernd) to come on or along. **komm, wir gehen/sag schon** come on or along, we're going/tell me; **komm, sei nicht so stur** come on or now, don't be so obstinate; **ach komm!** come on!; **komm, komm** (beschwichtigend, zweifelnd) come, come!; (ermahnend) come on; **komm, komm, wir müssen uns beeilen!** come on, we must hurry.

3. (Reihenfolge) to come. **das Schlimmste kommt noch** the worst is yet to come; **warte, das kommt noch** wait, it's coming (later); **ich komme zuerst an die Reihe** I'm first, it's my turn first; **jetzt kommt's** here it comes, wait for it! (inf); **das Zitat/ Lied kommt gleich/erst später** that line/song should be coming up soon/ doesn't come till later; **das Lied kommt als nächstes** that song is next.

4. (erscheinen, auftauchen) to come out; (Zähne) to come (through). **bohren, bis Öl/Grundwasser kommt** to bore until one strikes oil/finds water; **paß auf, ob hier eine Tankstelle kommt** watch out and see if there's a filling station; **jetzt muß bald die Grenze/Hannover ~** we should soon be at the border/in Hanover; **wie sie (gerade) ~** just as they come.

5. (stattfinden, eintreten) (Gewitter, Abend, Antwort, Reue) to come; (Zwischenfall) to occur; (Not) to arise; (TV, Rad, Theat etc: gegeben werden) to be on. **der Mai ist gekommen** May is here or has come; **der Winter kommt mit großen Schritten** winter is rapidly or fast

approaching; **ich glaube, es kommt ein Unwetter** I think there's some bad weather on the way; **sie stellten ihm die einfachsten Fragen, aber es kam nichts** they asked him the simplest questions but got nothing out of him; **was kommt diese Woche im Kino/Theater?** what's on at the cinema/theatre this week?

6. (geschehen, sich zutragen) to happen. **egal, was kommt, ich bleibe fröhlich** whatever happens, I shall remain cheerful; **komme, was da wolle** come what may; **seine Hochzeit kam für alle überraschend** his wedding came as a surprise for everyone; **das mußte ja so ~** it had to happen; **das hätte nicht ~ dürfen** that should never or shouldn't have happened.

7. (Grund, Ursache angebend) to come. **daher kommt es, daß ...** (and) that's (the reason) why ...; **das kommt davon, daß ...** that's because ...; **das kommt davon, wenn man nicht zuhört** that's what happens when you don't listen, that comes of or that's what comes of not listening; **das kommt davon!** see what happens?

8. (in Verbindung mit Dativ) siehe auch n, adj **ihm kam Zweifel** he started to have doubts; **jdm kommen die Tränen** tears come to sb's eyes; **ihm kam das Grausen** terror seized him, he was terrified; **mir kommt ein Gedanke/eine Idee** I just thought of something or had a thought/idea, a thought/an idea occurs to me; **es kommt jdm** (fällt ein) it dawns on sb; (wird klar) it becomes clear to sb; **das wird dir schon noch ~** it'll come to you; **es kommt ihm** (sl: er hat eine Ejakulation) he's coming (sl); **du kommst mir gerade recht** (iro) you're just what I need; **das kommt mir gerade recht** that's just fine; **jdm frech/dumm ~** to be cheeky to sb/to act stupid; **komm mir nur nicht so** don't you take that attitude with me!; **so darfst du mir nicht ~** you'd better not take that attitude with me!

9. in Verbindung mit vb siehe auch dort **dahermarschiert ~** to come marching along or (auf einen zu) up; **herbeigelaufen ~** to come running up; **da kommt ein Vogel geflogen** there's a bird; **ich komme dann zu dir gefahren** I'll drive over to your place then; **kommt essen!** come and eat!; **jdn besuchen ~** to come and visit sb; **neben jdm zu sitzen ~** to end up sitting next to sb; **jdn ~ sehen** to see sb coming; **ich habe es ~ sehen** I saw it coming; **die Zeit für gekommen halten** to think the time has come; **jdn ~ lassen** Arzt, Polizei to send for sb, to call sb in; (zu sich rufen) Schüler, Sekretärin to send for sb, to summon sb (form); **etw ~ lassen** Mahlzeit, Taxi to order; Kupplung to let in; Seil to let come.

10. (kosten, sich belaufen) **das kommt zusammen auf 20 DM** that comes to or adds up to or makes DM 20; **egal, wie oft ich zähle, ich komme nur auf 9** however many times I count it up, I only get 9 or make it 9; **ich komme auf 2 000 Mark im Monat** I get or make 2,000 marks a month.

11. (gelangen) to get; (mit Hand etc erreichen können) to reach. **wie komme ich**

nach London? how do I get to London?; **ich komme mit meiner Hand bis an die Decke** I can reach up to the ceiling with my hand; **ich komme zur Zeit nicht aus dem Haus/ins Theater** at the moment I never get out of the house/into the theatre; **durch den Zoll/die Prüfung** ~ to get through customs/the exam; **zu einem Entschluß/einer Entscheidung/Einigung** ~ to come to a conclusion/decision/an agreement; **in das Alter** ~, **wo** ... to reach the age when ...

12. *(geraten)* to get. **ins Wackeln/in Bewegung/ins Erzählen** ~ to start shaking *or* to shake/moving *or* to move/talking *or* to talk; **zum Blühen/Wachsen** *etc* ~ to start flowering *or* to flower/growing *or* to grow; **zum Stehen/Stillstand** ~ to come to a halt *or* stop/standstill; **er schießt auf alles, was ihm vor die Flinte kommt** he shoots at everything he gets in his sights.

13. *(hingehören)* to go, to belong. **das Buch kommt ins oberste Fach** the book belongs *or* goes on the top shelf; **in die Ecke kommt noch ein Schrank** another cupboard is to go in that corner; **da kommt ein Deckel drauf** it has to have a lid on it.

14. *(gebracht werden)* to go. **ins Gefängnis** ~ to go *or* be sent to prison; **in die Schule** ~ to go to *or* start school; **ins Altersheim/Krankenhaus** ~ to go into an old peoples' home/into hospital.

15. *(sich entwickeln) (Pflanzen)* to come on. **langsam kam ihm das Verständnis** understanding slowly came to him.

16. *(Redewendungen)* **kommt Zeit, kommt Rat** *(Prov)* things have a way of working themselves out; **wer zuerst kommt, mahlt zuerst** *(Prov)* first come first served.

II *vi mit Präpositionen siehe auch dort* **an etw** *(acc)* ~ *(berühren)* to touch sth; *(sich verschaffen)* to get hold of sth; **auf etw** *(acc)* ~ *(sich erinnern)* to think of sth; *(sprechen über)* to come *or* get onto sth; **auf einen Gedanken/eine Idee** ~ to get an idea, to have a thought/an idea; **das kommt auf die Rechnung/auf mein Konto** that goes onto the bill/into my account; **auf ihn/darauf lasse ich nichts** ~ *(inf)* I won't hear *or* have a word against him/it; **auf jeden** ~ **fünf Mark** there are five marks (for) each; **auf jeden Haushalt** ~ 1½ m³ **Wasser pro Tag** each household consumes 1½ cu.m. of water per day; **wie kommst du darauf?** what makes you think that?; **darauf bin ich nicht gekommen** I didn't think of that; **hinter etw** *(acc)* ~ *(herausfinden)* to find sth out, to find out sth; **mit einer Frage/einem Anliegen** ~ to have a question (to ask)/a request (to make); **komm mir nicht wieder damit!** don't start that all over again!; **komm (mir) bloß nicht mit der Entschuldigung** don't come to me with that excuse; **damit kann ich ihm nicht** ~ *(mit Entschuldigung)* I can't give him that; *(mit Bitte)* I can't ask him that; **um etw** ~ *(verlieren)* um Geld, Besitz, Leben to lose sth; um Essen, Schlaf to (have to) go without sth, to miss (out on) sth; *(vermeiden können)* to get out of sth; **zu etw** ~ *(Zeit finden für)* to get

round to sth; *(erhalten)* to come by sth, to get sth; **zu Ehre** to receive sth; *(erben)* to come into sth; *(sich verschaffen)* to get hold of sth, to get oneself sth; *(inf: haben wollen)* to want sth; **wie komme ich zu der Ehre?** to what do I owe this honour?; **zu nichts/viel** ~ *(zeitlich)* not to get round to anything/to get round to doing a lot; *(erreichen)* to achieve nothing/a lot; **zu sich** ~ *(Bewußtsein wiedererlangen)* to come round, to come to one's senses; *(sich fassen)* to recover, to get over it; *(sich finden)* to sort oneself out.

III *vi impers* **es** ~ **jetzt die Nachrichten/die Clowns** and now (follows/follow) the news/clowns; **es werden viele Leute** ~ a lot of people will come; **es kommt noch einmal so weit** *or* **dahin, daß** ... it will get to the point where ...; **so weit kommt es (noch)** that'll be the day *(inf)*; **wie kommt es, daß du** ...? how is it that you ...?, how come you ...? *(inf)*; **ich wußte, daß es so** ~ **würde** I knew (that) that would happen; **dazu kam es gar nicht mehr** it didn't come to that; **es kam zum Streit** there was a quarrel; **es kam eins zum anderen** one thing led to another; **und so kam es, daß** ... and that is how it happened that ...; **es kam, wie es** ~ **mußte** the inevitable happened; **es kommt immer anders, als man denkt** *(prov)* things never turn out the way one expects; **es mag** ~, **wie es** ~ **will** whatever happens, come what may.

IV *vt (inf: kosten)* to cost.

Kommen *nt* **-s**, *no pl* coming. **ein einziges** ~ **und Gehen** a constant coming and going; **etw ist im** ~ sth is coming in, sth is on the way in; **jd ist im** ~ sb is on his/her way up.

kommend *adj* Jahr, Woche, Generation coming; Ereignisse, Mode future. **der** ~**e Meister** the future champion; **(am)** ~**en Montag** next Monday; ~**e Weihnachten** next Christmas; **in den** ~**en Jahren** in the coming years, in the years to come.

kommensurabel *adj (Math, fig geh)* commensurable.

Komment [kɔ'mãː] *m* **-s**, **-s** *(Univ)* code of conduct *(of student fraternity)*.

Kommentar *m* *(Bemerkung, Stellungnahme)* comment; *(Press, Jur, Liter)* commentary. **jeden (weiteren)** ~ **ablehnen** to decline to comment (further) *or* to make any (further) comment; **kein** ~**!** no comment (necessary)!; ~ **überflüssig!** no comment (necessary)!; **einen** ~ **(zu etw) (ab)geben** to (make a) comment on sth.

Kommentator *m* commentator.

kommentieren* *vt (Press etc)* to comment on; *(Jur, Liter)* to write a commentary on. **kommentierte Ausgabe** *(Liter)* annotated edition.

Kommers *m* **-es**, **-e** evening meeting of student fraternity with drinking ceremony.

kommerzialisieren* *vt* 1. *(vermarkten)* to commercialize. 2. *(Schulden umwandeln)* **eine öffentliche Schuld** ~ to convert a public debt into a private loan.

Kommerzialisierung *f* siehe *vt* 1. commercialization. 2. conversion of a public debt into a private loan.

Kommerzialrat *m (Aus)* siehe **Kommerzienrat.**

kommerziell adj commercial. **rein ~ denken** to think purely in commercial terms or purely commercially.

Kommerzienrat [-ion-] m (Hist) title conferred on distinguished businessman.

Kommilitone m -n, -n, **Kommilitonin** f fellow student.

Kommiß m -sses, no pl (dated inf) army. **beim ~ sein** to be in the army.

Kommissar, Kommissär (esp Aus) m (Admin) commissioner; (Polizei~) inspector; (ranghöher) (police) superintendent.

Kommissariat nt 1. (Admin) (Amt) commissionership;(Dienststelle, Amtsbereich) commissioner's department. 2. (Polizei) (Amt) office of inspector; office of superintendent; (Dienststelle, Amtsbereich) superintendent's department; (Aus: Polizeidienststelle) police station.

kommissarisch adj temporary.

Kommißbrot nt rye bread; army bread.

Kommission f 1. (Ausschuß) committee; (zur Untersuchung) commission. 2. (Comm) commission. **etw in ~ geben** to give goods (to a dealer) for sale on commission; **etw in ~ nehmen/haben** to take/ have sth on commission. 3. (old) **~en machen** to do the shopping.

Kommissionär m commission agent; (im Verlagswesen) wholesale bookseller, wholesaler.

kommissionieren* vt (Aus) to commission.

Kommissionsbuchhandel m wholesale book trade; **Kommissionsgeschäft** nt commission or agency business.

kommod adj (old, dial) comfortable.

Kommode f -, -n chest of drawers; (hohe) tallboy, highboy (US).

Kommodore m -s, -n or -s (Naut) commodore; (Aviat) wing commander (Brit), lieutenant colonel (US).

kommunal adj local; (von Stadt auch) municipal.

Kommunal|abgaben pl local rates and taxes pl.

kommunalisieren* vt to put under the control of the local authorities.

Kommunalpolitik f local government politics sing or pl; **Kommunalwahlen** pl local (government) or municipal elections pl.

Kommunarde m -n, -n 1. (Hist) Communard. 2. (Mitglied einer Wohngemeinschaft) member of a commune, commune-dweller, communard.

Kommune f -, -n 1. (Gemeinde) community. 2. (Wohngemeinschaft) commune. 3. (die Pariser~) the (Paris) Commune.

Kommunikant(in f) m (Eccl) communicant; (Erst~) first communicant.

Kommunikation f communication.

Kommunikationsmittel nt means of communication; **Kommunikationswissenschaften** pl communication studies.

kommunikativ adj communicative; Brief etc auch informative.

Kommunion f (Eccl) (Holy) Communion; (Erst~) first Communion.

Kommunionbank f Communion rail; **Kommunionkind** nt first communicant.

Kommuniqué [kɔmyni'keː] nt -s, -s communiqué.

Kommunismus m communism.

Kommunist(in f) m Communist.

kommunistisch adj communist. **das K~e Manifest** the Communist Manifesto.

kommunizieren* vi 1. to communicate. **~de Röhren** (Phys) communicating tubes. 2. (Eccl) to receive (Holy) Communion.

Komödiant m 1. (old) actor, player (old). 2. (fig) play-actor.

komödiantenhaft adj Gebaren theatrical, histrionic.

Komödiantin f 1. (old) actress. 2. (fig) play-actor.

komödiantisch adj (schauspielerisch) acting; (pej) theatrical, histrionic.

Komödie [-iə] f comedy; (fig) (heiteres Ereignis) farce; (Täuschung) play-acting. **die Stuttgarter ~** the Stuttgart Comedy Theatre; **~ spielen** (fig) to put on an act.

Kompagnon [kɔmpan'jõː, 'kɔmpanjõ] m -s, -s (Comm) partner, associate; (iro) pal (inf), chum (inf), buddy (inf).

kompakt adj compact; Gestein, Schicht, Brot, Masse auch solid.

Kompakt|auto nt compact (US), medium-sized family saloon.

Kompanie f (Mil) company; (old Comm) trading company; (Firma) firm.

Kompaniechef, Kompanieführer m (Mil) company commander.

Komparation f (Gram) comparison.

Komparatistik f comparative literature.

Komparativ m (Gram) comparative.

Komparse m -n, -n (Film) extra; (Theat) supernumerary. **er war nur ein ~** he only had a walk-on part.

Komparserie f extras pl; supernumeraries pl.

Kompaß m -sses, -sse compass. **nach dem ~** by the compass.

Kompaßhäuschen nt (Naut) binnacle; **Kompaßnadel** f compass needle.

kompatibel adj (liter, Tech) compatible.

Kompatibilität f (liter, Tech) compatibility.

Kompendium nt (Abriß) compendium.

Kompensation f compensation.

Kompensationsgeschäft nt barter (transaction).

Kompensator m (Tech) compensator.

kompensieren* vt to compensate for, to offset.

kompetent adj competent; (befugt auch) authorized. **für solche Fälle ist dieses Gericht nicht ~** this court has no jurisdiction in or is not competent to decide such cases; **der dafür ~e Kollege** the man responsible for that; **die dafür ~e Stelle** the office which deals with or is responsible for that; **dafür bin ich nicht ~** I'm not responsible for that.

Kompetenz f (area of) authority or competence; (eines Gerichts) jurisdiction, competence. **da hat er ganz eindeutig seine ~en überschritten** he has quite clearly exceeded his authority or powers here; **er hat die alleinige ~, hierüber zu entscheiden** he alone has the authority or competence or is competent to decide on this issue; **ich will dir nicht deine ~(en)**

streitig machen I don't want to infringe on your field; **das fällt in die ~ dieses Amtes** that's the responsibility of this office.

Kompetenzstreitigkeiten *pl* dispute over respective areas of responsibility *or* competence; (*bei Gewerkschaften, fig*) demarcation dispute.

Kompilation *f (geh)* compilation.

kompilieren* *vt (geh)* to compile.

Komplement *nt (Math)* complement.

komplementär *adj Therapie, Beweise* complementary.

Komplementär *m fully liable partner in a limited partnership.*

Komplementärfarbe *f* complementary colour.

Komplet¹ [kõˈpleː, kɔmˈpleː] *nt* **-(s), -s** (*Fashion*) matching dress/skirt and coat.

Komplet² [kɔmˈpleːt] *f* **-, -e** (*Eccl*) complin(e).

komplett I *adj* complete. **ein ~es Frühstück** a full *or* good breakfast; **ein ~es Menü** a (full) three course meal. II *adv* completely.

komplettieren* *vt (geh)* to complete.

Komplex *m* **-es, -e** complex. **er steckt voller ~e** he has so many complexes *or* hang-ups (*inf*).

komplex *adj* complex. **~ aufgebaut** complex in structure.

Komplexität *f* complexity.

Komplikation *f* complication.

Kompliment *nt* compliment. **jdm ~e machen** to pay sb compliments, to compliment sb (*wegen* on); **mein ~!** my compliments!

komplizieren* *vt* to complicate.

kompliziert *adj* complicated, involved; (*Med*) *Bruch* compound. **sich ~ ausdrücken** to express oneself in a complicated *or* an involved way.

Kompliziertheit *f* complexity.

Komplizin *f siehe* **Komplize.**

Komplott *nt* **-(e)s, -e** plot, conspiracy. **ein ~ schmieden** to hatch a plot.

Komponente *f* **-, -n** component.

komponieren* *vti* to compose; (*Liter auch*) to construct.

Komponist(in *f*) *m* composer.

Komposita *pl of* **Kompositum.**

Komposition *f* composition; (*Liter auch*) construction.

kompositorisch *adj* compositional.

Kompositum *nt* **-s, Komposita** (*Gram, Pharm*) compound.

Kompost *m* **-(e)s, -e** compost.

Komposthaufen *m* compost heap.

kompostieren* I *vt* to compost. II *vi* to make compost.

Kompott *nt* **-(e)s, -e** stewed fruit, compote.

kompreß *adv (Typ)* solid.

Kompresse *f* compress.

Kompression *f (Tech)* compression.

Kompressor *m* compressor.

komprimieren* *vt* to compress; (*fig*) to condense.

Kompromiß *m* **-sses, -sse** compromise. **einen ~ schließen** to (make a) compromise; **sie sind zu keinem ~ bereit** they are not prepared to compromise.

kompromißbereit *adj* prepared *or* willing to compromise; **Kompromißbereitschaft** *f* willingness to compromise; **kompromißlos** *adj* uncompromising; **Kompromißlösung** *f* compromise solution.

kompromittieren* I *vt* to compromise. II *vr* to compromise oneself.

Komsomol *m* **-,** *no pl* Comsomol.

Komsomolze *m* **-n, -n** member of the Comsomol.

Komteß *f* **-** *or* **-sse, -ssen** countess.

Komtur *m* **-s, -e** commander (of a knightly order).

Kondensat *nt* condensate; (*fig*) distillation, condensation.

Kondensation *f (Chem, Phys)* condensation.

Kondensator *m (Aut, Chem)* condenser; (*Elec auch*) capacitor.

kondensieren* *vti (lit, fig)* to condense; (*fig auch*) to distil.

Kondensmilch *f* condensed milk; **Kondensstreifen** *m (Aviat)* vapour trail; **Kondenswasser** *nt* condensation.

Kondition *f* 1. condition, shape, form; (*Durchhaltevermögen*) stamina. **wie ist seine ~?** what sort of condition *etc* is he in?; **~ haben** to be in good condition *etc*; (*fig: beim Tanzen, Trinken etc*) to have stamina; **er hat überhaupt keine ~** he is completely unfit; (*fig*) he has absolutely no stamina; **seine mangelnde ~** his lack of fitness.
2. (*form: Bedingung*) condition.

konditional *adj* conditional.

Konditionalsatz *m* conditional clause.

konditionieren* [kɔnditsioˈniːrən] *vt (Biol, Psych)* to condition.

Konditionsschwäche *f* lack of fitness *no pl*; **Konditionstraining** *nt* fitness training.

Konditor *m* pastry-cook.

Konditorei *f* cake shop; (*mit Café*) café.

Kondolenz- *in cpds* of condolence; **Kondolenzbesuch** *m* visit of condolence; **Kondolenzbuch** *nt* condolences book.

kondolieren* *vi* (**jdm**) ~ to offer one's condolences (to sb), to condole with sb; **schriftlich ~** to write a letter of condolence.

Kondom *m or nt* **-s, -e** condom, contraceptive sheath.

Kondominium *nt* condominium.

Kondor *m* **-s, -e** condor.

Kondukteur [kɔndukˈtøːɐ] *m (Sw)* conductor.

Konen *pl of* **Konus.**

Konfekt *nt* **-(e)s, -e** confectionery.

Konfektion *f (Herstellung)* manufacture of off-the-peg *or* ready-made *or* ready-to-wear clothing; (*Industrie*) clothing industry, rag trade (*inf*); (*Bekleidung*) off-the-peg *or* ready-made *or* ready-to-wear clothes *pl or* clothing.

Konfektionär [kɔnfɛktsioˈnɛːɐ] *m (dated)* (*Unternehmer*) clothing manufacturer; (*Angestellter*) executive employee in the clothing industry.

Konfektions- *in cpds* off-the-peg, ready-made, ready-to-wear; **Konfektions-**

geschäft nt (off-the-peg) clothes shop or store; **Konfektionsgröße** f clothes size.

Konferenz f conference ; (*Besprechung*) meeting; (*Ausschuß*) committee.

Konferenz- in cpds conference; **Konferenzschaltung** f (*Telec*) conference circuit; (*Rad, TV*) (television/radio) link-up; **Konferenzteilnehmer** m person attending a conference/meeting.

konferieren* vi to confer, to have or hold a conference or discussion (*über +acc* on or about).

Konfession f (religious) denomination. **welche ~ haben Sie?** what denomination are you?; **die Augsburger ~** the Augsburg Confession.

konfessionell adj denominational.

konfessionslos adj non-denominational, undenominational; **Konfessionsschule** f denominational school.

Konfetti nt **-s**, no pl confetti.

Konfettiregen m shower of confetti; (*in US: bei Empfängen*) shower of ticker-tape.

Konfident m (*old*) confidant; (*Aus*) police informer.

Konfiguration f configuration.

Konfirmand m **-en, -en, Konfirmandin** f (*Eccl*) candidate for confirmation, confirmand.

Konfirmanden|unterricht m confirmation classes pl.

Konfirmation f (*Eccl*) confirmation.

konfirmieren* vt (*Eccl*) to confirm.

Konfiserie f (*Sw*) **1.** *siehe* **Konditorei.** **2.** *siehe* **Konfekt.**

Konfiskation f confiscation.

konfiszieren* vt to confiscate.

Konfitüre f **-, -n** jam.

Konflikt m **-s, -e** conflict. **bewaffneter ~** armed conflict; **mit dem Gesetz in ~ geraten** to come into conflict with the law, to clash with the law; **er befindet sich in einem ~** he is in a state of inner conflict.

Konfliktfall m conflict; **im ~** in case of conflict; **Konfliktforschung** f conflict studies, research into the subject of conflict; **Konfliktherd** m (*esp Pol*) centre of conflict; **Konfliktkommission** f (*DDR*) grievance committee or tribunal; **Konfliktsituation** f conflict situation; **Konfliktstoff** m cause for conflict.

Konföderation f confederacy.

konföderieren* vr (*liter*) to confederate.

Konföderierte(r) m decl as adj confederate.

konform adj Ansichten etc concurring. **mit jdm ~ gehen** to agree or to be in agreement with sb (*in +dat* about).

Konformismus m conformism.

Konformist(in f) m (*pej*) conformist.

konformistisch adj conformist, conforming.

Konformität f conformity.

Konfrontation f confrontation.

konfrontieren* vt to confront (*mit* with). **zwei Parteien ~** to bring two parties face to face, to confront two parties with one another.

konfus adj confused, muddled.

konfuzianisch adj Confucian.

Konfuzius m - Confucius.

kongenial adj (*geh*) sympathetic. **~e Geister** kindred or congenial spirits.

Konglomerat nt **1.** (*Geol*) conglomerate. **2.** (*Ansammlung*) conglomeration.

Kongo [ˈkɔŋɡo] m **-(s)** Congo.

Kongolese m **-n, -n, Kongolesin** f [kɔŋɡo-] Congolese.

Kongreß m **-sses, -sse 1.** (*Pol*) congress; (*fachlich*) convention, conference. **der Wiener ~** the Congress of Vienna. **2.** (*in USA*) Congress.

Kongreßmitglied nt **1.** person attending a congress/conference or convention; **2.** (*in USA*) congressman/-woman; **Kongreßteilnehmer** m *siehe* **Kongreßmitglied 1.**

kongruent adj (*Math*) congruent; (*Gram*) concordant, congruent; (*geh*) Ansichten concurring.

Kongruenz f (*Math*) congruence; (*Gram*) concord, agreement, congruence; (*geh: von Ansichten*) concurrence.

kongruieren* vi to be congruent; (*geh: Ansichten*) to concur, to correspond.

K.-o.-Niederlage [kaːˈ|oː-] f KO defeat.

Konifere f **-, -n** conifer.

König m **-s, -e** king. **des ~s Rock** (*old, liter*) the king's uniform; **die Heiligen Drei ~e** The Three Kings or Magi; **der ~ der Tiere/Lüfte** the king of the beasts/lord of the skies.

Königin f (*auch Zool*) queen.

Königinmutter f queen mother.

königlich I adj royal; Auftreten etc auch regal. **das ~e Spiel** chess, the royal game, the game of kings. II adv (*inf*) (*köstlich*) **sich ~ freuen** to be as pleased as Punch (*inf*); **sich ~ amüsieren** to have the time of one's life (*inf*).

Königreich nt kingdom, realm (*poet*).

königsblau adj royal blue; **Königshof** m royal or king's court; **Königskind** nt (*liter*) king's son or daughter; **Königskrone** f royal crown; **Königsmacher** m kingmaker; **Königsmord** m regicide; **Königspaar** nt royal couple; **Königssohn** m (*liter*) king's son, prince; **Königstiger** m Bengal tiger; **Königstochter** f king's daughter, princess; **königstreu** adj royalist; **Königsweg** m (*fig*) ideal way; **Königswürde** f royal dignity.

Königtum nt no pl kingship.

konisch adj conical.

Konjektur f (*Vermutung*) conjecture; (*Liter: Lesart*) conjectured version.

Konjugation f conjugation.

konjugieren* vt to conjugate.

Konjunktion f (*Astrol, Gram*) conjunction.

Konjunktionalsatz m (*Gram*) conjunctional clause.

Konjunktiv m (*Gram*) subjunctive.

konjunktivisch adj subjunctive.

Konjunktur f economic situation, economy; (*Hoch~*) boom. **steigende/fallende or rückläufige ~** upward/downward economic trend, increasing/decreasing economic activity.

konjunktur|abhängig adj dependent on economic factors; **Konjunktur|aufschwung** m economic upturn or upswing; **konjunkturbedingt** adj influenced by or due to economic factors.

konjunkturell adj economic; *Arbeitslosigkeit* resulting from the economic situation, due to economic factors.

Konjunkturflaute f stagnating economy; **Konjunkturpolitik** f measures or policies aimed at preventing economic fluctuation; **Konjunkturrückgang** m economic downturn or downswing.

konkav adj concave.

Konkavspiegel m concave mirror.

Konklave [kɔn'klaːvə, kɔŋ-] nt -s, -n (Eccl) conclave.

Konklusion f (geh, Philos) conclusion.

Konkordanz f concordance.

Konkordat nt concordat.

konkret adj concrete. **ich kann es dir noch nicht ~ sagen** I can't tell you definitely; **ich kann dir nichts K~es sagen** I can't tell you anything definite or concrete; **drück dich etwas ~er aus** would you put that in rather more concrete terms.

konkretisieren* vt to put in concrete form or terms.

Konkubinat nt concubinage.

Konkubine f concubine.

Konkurrent m rival; (Comm auch) competitor.

Konkurrenz f (Wettbewerb) competition, rivalry; (~betrieb) competitors pl; (Gesamtheit der Konkurrenten) competition, competitors pl. **die ~ in diesem Sport/auf diesem Gebiet ist größer geworden** the competition in this sport/field has increased; **jdm ~ machen** (Comm, fig) to compete with sb; (Comm) to be in/enter into competition with sb; **zur ~ (über) gehen** to go over to the competitor(s); **außer ~ sein** to have no competition.

konkurrenzfähig adj competitive; **Konkurrenzkampf** m competition; (zwischen zwei Menschen auch) rivalry; **konkurrenzlos** adj without competition.

konkurrieren* vi to compete; (Comm auch) to be in/go into competition.

Konkurs m -es, -e bankruptcy. **in ~ gehen** to go bankrupt; **~ machen** (inf) to go bankrupt or bust (inf).

Konkursmasse f bankrupt's estate; **Konkursverfahren** nt bankruptcy proceedings pl; **Konkursverwalter** m receiver; (von Gläubigern bevollmächtigt) trustee.

können pret **konnte**, ptp **gekonnt** or (bei modal aux vb) **~** vti, modal aux vb **1.** (vermögen) to be able to. **ich kann es machen** I can do it, I am able to do it; **ich kann es nicht machen** I cannot or can't do it, I am not able to do it; **man konnte ihn retten** they were able to or they managed to save him; **man konnte ihn nicht retten** they couldn't or were unable to save him; **ich konnte es nicht verstehen** I could not or couldn't or was unable to understand it; **ich habe es sehen ~** I could see it, I was able to see it; **er hat es gekonnt** he could do it, he was able to do it; **morgen kann ich nicht** I can't (manage) tomorrow; **das hättest du gleich sagen ~** you could or might have said that straight away; **das hätte ich dir gleich sagen ~** I could have told you that straight away; **ich kann das nicht mehr sehen** I can't stand the sight of it any more; **ich kann das nicht mehr hören** I

don't want to hear that again; **ich kann nicht mehr** I can't go on; (ertragen) I can't take any more; (essen) I can't manage or eat any more; **kannst du noch?** can you go on?; (essen) can you manage some more?; **mir kann keiner!** (inf) I'm all right, Jack (inf); **so schnell er konnte** as fast as he could or was able to; **~ vor Lachen!** (inf) I wish I could, chance would be a fine thing (inf).

2. (beherrschen) Sprache to know, to be able to speak; Gedicht, Lied to know; Schach to be able to play; Klavier spielen, lesen, schwimmen, Skilaufen etc to be able to, to know how to. **sie kann keine Mathematik** she can't do mathematics; **er kann seine Schulaufgabe wieder nicht** he can't do his homework again; (nicht gemacht) he hasn't done his homework again; **was ~ Sie?** what can you do?; **was du alles kannst!** the things you can do!; **er kann was** he's very capable or able; **er kann gut Englisch** he speaks English well.

3. (dürfen) to be allowed or permitted to. **kann ich jetzt gehen?** can I go now?; **könnte ich ...?** could I ...?; **man kann wohl sagen, daß ...** one could well say that ...; **du kannst mich (gern haben)!** (inf) get lost! (inf); **er kann mich (mal)** (sl) he can get stuffed (sl), he can go to hell (sl); **kann ich mit?** (inf) can I come with you?

4. (möglich sein) Sie könnten recht haben you could or might or may be right; **er kann jeden Augenblick kommen** he could or might or may come any minute; **das kann nur er gewesen sein** it can only have been him; **wer kann/könnte das gewesen sein?** who can/could or might it have been?; **das kann nicht sein** that can't be true; **es kann sein/es kann nicht sein, daß er dabei war** he could or might or may have been there/he couldn't or can't possibly have been there; **kann sein** maybe, could be.

5. (mit Partikel) **für etw ~** to be responsible or to blame for sth; **ich kann nichts dafür** it's not my fault.

Können nt -s, no pl ability, skill.

Könner m -s, - expert.

Konnex m -es, -e (geh) connection; (Verbindung auch) contact.

konnte pret of **können**.

Konrektor m (an Schule) deputy headmaster (Brit) or principal; (an Universität) deputy vice-chancellor.

Konsekration f (Eccl) consecration.

konsekrieren* vt (Eccl) to consecrate.

konsekutiv adj consecutive.

Konsekutivsatz m consecutive clause.

Konsens m -es, -e agreement, assent, consent.

konsequent adj consistent; (Sport) Deckung close, tight. **er hat ~ „nein" gesagt** he stuck to his answer of "no"; **wir werden ~ durchgreifen** we will take rigorous action; **~e Weiterentwicklung eines Stils** logically consistent development of a style; **wenn du das ~ durchdenkst** if you follow it through to its logical conclusion; **eine Spur ~ verfolgen** to follow up a clue rigorously.

Konsequenz f 1. (Schlußfolgerung) consequence. **die ~en tragen** to take the consequences; **(aus etw) ~en ziehen** to come to the obvious conclusion; to take the appropriate or logical step; **ich werde meine ~en ziehen** there's only one thing for me to do.
2. siehe adj consistency; closeness, tightness; (bei Maßnahmen) rigorousness, rigour. **die ~, mit der er sein Ziel verfolgte** the single-mindedness with which he pursued his aim.

konservativ [-va-] adj conservative; (Brit Pol) Conservative, Tory.

Konservative(r) [-va-] mf decl as adj conservative; (Brit Pol) Conservative, Tory.

Konservat(iv)ismus [-vat(iv)ısmus] m conservatism.

Konservator [kɔnzɛr'va:tɔr] m curator, keeper.

Konservatorium [kɔnzɛrva'to:riʊm] nt conservatory.

Konserve [kɔn'zɛrvə] f -, -n preserved food; (in Dosen) tinned (Brit) or canned food; (~ndose) tin (Brit), can; (Med: Blut~ etc) stored blood etc; blood bottle; (Rad, TV) pre-recorded or canned (inf) material; (Ton~) recorded/taped music. **sich aus or von ~n ernähren** to live out of cans.

Konservenbüchse, Konservendose f tin (Brit), can.

konservieren* [kɔnzɛr'vi:rən] vt to preserve, to conserve; **Leichen** to preserve.

Konservierung f preservation, conservation; (von Leichen) preservation.

konsistent adj Masse solid.

Konsistenz f consistency; (von Gewebe) texture.

Konsole f -, -n (Archit: Kragstein) console, corbel; (old: an Möbeln) bracket.

konsolidieren* vtr to consolidate; (Fin) Anleihen to fund, to consolidate.

Konsolidierung f consolidation.

Konsonant m consonant.

konsonantisch adj consonant(al).

Konsonanz f (Mus) consonance.

Konsorten pl (pej inf) gang (inf), mob (inf). **X und ~** X and his gang etc.

Konsortium [kɔn'zɔrtsiʊm] nt consortium, syndicate, group.

Konspiration [kɔnspira'tsio:n] f conspiracy, plot.

konspirativ [kɔnspira'ti:f] adj conspiratorial.

konspirieren* [kɔnspi'ri:rən] vi to conspire.

konstant [kɔn'stant] adj constant.

Konstante [kɔn'stantə] f -(n), -n constant.

Konstantin ['kɔnstanti:n] m - Constantine.

Konstantinopel nt -s (old) Constantinople.

Konstanz[1] f (geh) constancy.

Konstanz[2] nt -' Constance.

konstatieren* [kɔnsta'ti:rən] vt to see, to notice. **in ihrer Rede konstatierte sie, daß ...** in her speech she made the point that ...; **wir müssen immer wieder ~, daß unsere Maßnahmen unwirksam sind** we are constantly forced to acknowledge that our measures are ineffective.

Konstellation [kɔnstela'tsio:n] f 1. constellation. 2. (fig) line-up; (von Umstän-

den, Faktoren etc) combination. **diese wirtschaftliche ~** this economic situation; **die neue ~ in der Partei** the new line-up in the party; **die ~ in dem Gremium** the make-up of the committee.

konsternieren* [kɔnster'ni:rən] vt to scandalize.

konstituieren* [kɔnstitu'i:rən] **I** vt to constitute, to set up. **~de Versammlung** constituent assembly. **II** vr to be constituted or set up.

Konstitution [kɔnstitu'tsio:n] f (Pol, Med) constitution; (Phys auch) structure.

konstitutionell [kɔnstitutsio'nɛl] adj constitutional.

konstitutiv [kɔnstitu'ti:f] adj constitutive.

konstruieren* [kɔnstru'i:rən] vt to construct (auch Math); (Gram auch) to construe. **ein konstruierter Fall** a hypothetical case; **der Satz klingt sehr konstruiert** the sentence sounds very artificial.

Konstrukteur* [kɔnstrʊk'tø:ɐ] m designer.

Konstruktion [kɔnstrʊk'tsio:n] f construction; (Entwurf, Bauart auch) design; (gedanklich, philosophisch auch) construct. **erlauben Sie mir die ~ des folgenden Falles** allow me to make up or construct the following case.

Konstruktionsbüro nt drawing office; **Konstruktionsfehler** m (im Entwurf) design fault; (im Aufbau) structural defect.

konstruktiv [kɔnstrʊk'ti:f] adj constructive.

Konsul m -s, -n consul.

konsularisch adj consular.

Konsulat nt consulate.

Konsultation [kɔnzʊlta'tsio:n] f (form) consultation. **jdn zur ~ hinzuziehen** to consult sb.

konsultieren* vt (form) to consult.

Konsum m -s, -s 1. [kɔn'zu:m] no pl (Verbrauch) consumption; (Drogen~) taking.
2. ['kɔnzu:m, 'kɔnzum] (Genossenschaft) cooperative society; (Laden) cooperative store, co-op (inf).

Konsum|artikel m consumer item. **~ pl** consumer goods pl.

Konsumation f (Aus, Sw) food and drink consumed in a restaurant.

Konsument m consumer.

Konsumgesellschaft f consumer society; **Konsumgut** nt usu pl consumer item; **Konsumgüter** consumer goods pl.

konsumieren* vt to consume.

Konsumterror m (pej) pressures pl of a materialistic society; **Konsumzwang** m (Sociol) compulsion to buy.

Kontakt m -(e)s, -e contact (auch Elec); (pl: Aut) contact breakers pl. **mit jdm in ~ kommen** to come into contact with sb; **mit jdm ~ bekommen, zu jdm ~ finden** to get to know sb; **ich bekomme mit ihm keinen ~** I don't feel I really know him; **mit jdm ~ aufnehmen** to get in contact or touch with sb, to contact sb; **mit jdm in ~ stehen** to be in contact or touch with sb; **~ herstellen** to make or establish contact; **keinen ~ mehr haben** to have lost contact or touch, to be out of touch.

Kontakt|abzug m (Phot) contact print; **Kontakt|adresse** f accommodation address; **Kontakt|anzeigen** pl personal column; **kontakt|arm** adj **er ist ~** he finds it difficult to make friends; **kontakt-freudig** adj sociable, outgoing; **sie ist ~** she makes friends easily; **Kontaktlinse** f contact lens; **Kontaktmann** m, pl **-männer** (Agent) contact; **Kontakt-nahme** f -, -n (form) contacting.

Kontamination f (Kerntechnik) contamination; (Gram) blend(ing).

kontaminieren* vi to contaminate, to pollute; (Gram) to blend.

Kontemplation f contemplation.

kontemplativ adj contemplative.

Konten pl of Konto.

Kontenance [kõtə'nã:s] f -, no pl (geh) composure.

Konter- in cpds (Sport) counter-; **Konter-|admiral** m rear-admiral; **Konterbande** f -, no pl contraband.

Konterfei nt -s, -s or -e (old, hum) likeness, portrait.

konterfeien* vt to portray.

kontern vti Schlag, Angriff to counter.

Konterrevolution f counter-revolution; **Konterschlag** m (Sport, fig) counter-attack; (Boxen) counter(-blow or -punch).

Kontext m -(e)s, -e context.

Kontinent m -(e)s, -e continent.

kontinental adj continental.

Kontinental|europa nt the Continent; **Kontinentalklima** nt continental climate; **Kontinentalsockel** m continental shelf; **Kontinentalsperre** f (Hist) Continental System.

Kontingent [kɔntɪŋ'gɛnt] nt -(e)s, -e (Mil: Truppen~) contingent; (Comm) quota, share; (Zuteilung) allotment, allocation.

kontingentieren* [kɔntɪŋgɛn'ti:rən] vt (Comm) to allocate, to apportion. **den Import ~** to fix or impose import quotas.

Kontingenz [kɔntɪŋ'gɛnts] f (Philos) contingency.

kontinuierlich adj continuous.

Kontinuität f continuity.

Kontinuum nt -s, Kontinua continuum.

Konto nt -s, Konten or Konti account. **auf meinem/mein ~** in my/into my account; **das geht auf mein ~** (inf) (ich bin schuldig) I am responsible or to blame for this; (ich zahle) this is on me (inf).

Konto|auszug m (bank) statement, statement (of account); **Kontobewegung** f transaction; **Konto|inhaber** m account holder.

Kontor nt -s, -e 1. (Büro) office; Schlag. 2. (Handelsniederlassung) branch office.

Kontorist(in f) m clerk/clerkess.

Kontostand m balance, state of an account.

kontra prep +acc against; (Jur) versus.

Kontra nt -s, -s (Cards) double. **jdm ~ geben** (Cards) to double; (fig) to contradict sb.

Kontrabaß m double-bass; **kontradiktorisch** adj contradictory.

Kontrahent [kɔntra'hɛnt] m (Vertragsschließender) contracting party; (Gegner) opponent, adversary.

kontrahieren* [kɔntra'hi:rən] vt (Ling, Med) to contract.

Kontra|indikation f (Med) contraindication.

Kontrakt m -(e)s, -e contract.

Kontraktion f (Med) contraction.

Kontrapunkt m (Mus) counterpoint; **kontrapunktisch** adj (Mus) contrapuntal.

konträr adj (geh) Meinungen contrary, opposite.

Kontrast m -(e)s, -e contrast.

Kontrastbrei m (Med) barium meal; **Kontrastfarbe** f contrasting colour.

kontrastieren* vi to contrast.

Kontrastmittel nt (Med) contrast medium; **Kontrastprogramm** nt alternative programme; **kontrastreich** adj full of or rich in contrast, of many contrasts.

Kontratenor m counter-tenor.

Kontrazeption f (form) contraception.

kontribuieren* vt (old) to contribute.

Kontribution f (old) contribution.

Kontroll|abschnitt m (Comm) counterfoil, stub. **Kontrollampe** f getrennt: **Kontroll-lampe** pilot lamp; (Aut: für Ölstand) warning light.

Kontrolle f -, -n 1. (Beherrschung, Regulierung) control. **über jdn/etw die ~ verlieren** to lose control of sb/sth; **jdn/etw unter ~ haben/halten** to have/keep sb/sth under control.
2. (Nachprüfung) check (gen on); (Aufsicht) supervision; (Paß~) passport control; (Zoll~) customs examination. **zur ~ haben wir noch einmal alles nachgerechnet** we went over all the figures again to check; **~n durchführen** to carry out or make checks; **der Luftverkehr ist unter ständiger ~** air traffic is kept under constant surveillance, a constant check is kept on air traffic; **nach einer sorgfältigen ~ der Waren** after a careful inspection of or check on or of the goods.
3. (Person) inspector; (Paß~/Zoll~) passport/customs officer; (in Fabrik) security officer; (Polizist) (im Verkehr) traffic police; (an der Grenze) frontier guard; (in Bibliotheken etc) person at the check-out desk.
4. (Stelle) (für Nach-/Überprüfung, Verkehr) checkpoint; (Paß~/Zoll~) passport control/customs; (vor Fabrik) gatehouse; (an der Grenze) border post; (in Bibliotheken etc) check-out desk.

Kontrolleur [kɔntrɔ'lø:ɐ] m inspector.

Kontrollfunktion f controlling function; **Kontrollgang** m (inspection) round.

kontrollierbar adj checkable, verifiable.

kontrollieren* vt 1. (regulieren, beherrschen) to control.
2. (nachprüfen, überwachen) to check; (Aufsicht haben über) to supervise; Paß, Fahrkarte etc to inspect, to check. **um alle verschiedenen Operationen gleichzeitig ~ zu können** in order to be able to keep a check on or to check up on all operations simultaneously; **die Qualität der Waren muß streng kontrolliert werden** a strict check must be kept on the quality of the goods; **jdn/etw nach etw** or **auf etw** (acc) **~** to check sb/sth for sth.

Kontrolliste f getrennt: **Kontroll-liste** check-list; **Kontrollkommission** f control commission.

Kontrollor m (Aus) **-s, -e** siehe **Kontrolleur.**

Kontroll|organ *nt* controlling organization; **Kontrollpunkt** *m* checkpoint; **Kontrollrat** *m*: Alliierter ~ Allied Control Council; **Kontrollstelle** *f* checkpoint; **Kontrollsystem** *nt* control system; **Kontrollturm** *m* control tower; **Kontroll|uhr** *f* time clock; **Kontrollzentrum** *nt* (*Space*) control centre.

kontrovers [kɔntro'vɛrs] *adj* controversial.

Kontroverse [kɔntro'vɛrzə] *f* -, **-n** controversy.

Kontur *f* -, **-en** *or* (*Art*) *m* **-s**, **-en** outline, contour.

Konturenstift *m* liner.

konturieren* *vt* (*lit, fig*) to outline.

Konus *m* -, **-se** *or* (*Tech*) **Konen** (*Math*) cone; (*Tech*) taper; (*Typ*) body.

Konvektor [kɔn'vɛktɔr] *m* convector (heater).

Konvent [kɔn'vɛnt] *m* **-(e)s**, **-e** (*Versammlung*) convention; (*Kloster*) convent; (*Mönchs~*) monastery.

Konvention [kɔnvɛn'tsio:n] *f* 1. (*Herkommen*) convention. sich über die **~en** hinwegsetzen to sweep aside *or* ignore (social) conventions. 2. (*im Völkerrecht*) convention.

Konventional|strafe [kɔnvɛntsio'na:l-] *f* penalty *or* fine (for breach of contract).

konventionell [kɔnvɛntsio'nɛl] *adj* conventional.

konvergent [kɔnvɛr'gɛnt] *adj* convergent, converging.

Konvergenz [kɔnvɛr'gɛnts] *f* convergence.

Konvergenztheorie *f* theory of convergence.

konvergieren* [kɔnvɛr'gi:rən] *vi* to converge.

Konversation [kɔnvɛrza'tsio:n] *f* conversation. ~ **machen** to make conversation *or* small talk (*inf*).

Konversationslexikon *nt* encyclopaedia.

Konversion [kɔnvɛr'zio:n] *f* conversion.

Konverter [kɔn'vɛrtɐ] *m* **-s**, - converter.

konvertibel [kɔnvɛr'ti:bl] *adj* (*Fin*) convertible.

konvertierbar [kɔnvɛr'ti:ɐba:ɐ] *adj* (*Fin*) convertible.

Konvertierbarkeit *f* (*Fin*) convertibility.

konvertieren* [kɔnvɛr'ti:rən] I *vt* to convert (*in* +*acc* into). II *vi aux haben or sein* to be converted.

Konvertit(in *f*) [kɔnvɛr'ti:t(ɪn)] *m* **-en**, **-en** convert.

konvex [kɔn'vɛks] *adj* convex.

konvexkonkav *adj* convexo-concave; **Konvexspiegel** *m* convex mirror.

Konvikt [kɔn'vɪkt] *nt* **-(e)s**, **-e** seminary.

Konvoi ['kɔnvɔy, -'-] *m* **-s**, **-s** convoy. im ~ **fahren** to drive in convoy.

Konvolut [kɔnvo'lu:t] *nt* **-(e)s**, **-e** (*geh*) bundle (of papers).

Konvulsion [kɔnvʊl'zio:n] *f usu pl* (*Med*) convulsion.

konvulsivisch [kɔnvʊl'zi:vɪʃ] *adj* (*Med*) convulsive.

konzedieren* *vt* (*geh*) to concede, to grant (*jdm etw* sb sth).

Konzentrat *nt* concentrate; (*fig: eines Buches etc*) condensed version.

Konzentration *f* concentration (*auf* +*acc* on).

Konzentrationsfähigkeit *f* power of concentration *usu pl*; **Konzentrationslager** *nt* concentration camp; **Konzentrationsmangel** *m* lack of concentration; **Konzentrationsschwäche** *f* weak *or* poor concentration.

konzentrieren* I *vt* to concentrate (*auf* + *acc* on); *Truppen auch* to mass. II *vr* (*auf* +*acc* on) to concentrate; (*Untersuchung, Arbeit etc*) to be concentrated.

konzentriert *adj* 1. (*Chem*) concentrated. 2. mit **~er Aufmerksamkeit** with all one's concentration; ~ **arbeiten/zuhören** to work/listen with concentration; ~ **nachdenken** to concentrate; der **Pianist spielte nicht ~ genug** the pianist didn't play with sufficient concentration.

konzentrisch *adj* (*Math, Mil*) concentric.

Konzept *nt* **-(e)s**, **-e** (*Entwurf*) draft, notes *pl*; (*für Aufsatz etc auch*) rough copy; (*Programm*) plan, programme. **es ist jetzt wenigstens als** *or* **im ~ fertig** at least the draft *etc* is ready now; **jdn aus dem ~ bringen** to put sb off, to break sb's train of thought; (*inf: aus dem Gleichgewicht*) to upset sb; **aus dem ~ geraten** to lose one's thread; (*inf: aus dem Gleichgewicht*) to get upset; **das paßt mir nicht ins ~** that doesn't fit in with *or* suit my plans; (*gefällt mir nicht*) I don't like the idea; **jdm das ~ verderben** to spoil sb's plans.

Konzeption *f* 1. (*Med*) conception. 2. (*geh*) (*Gedankengang*) idea; (*Entwurf*) conception. **seine ~ der Außenpolitik** his idea *or* conception of foreign policy.

konzeptionell [kɔntsɛptsio'nɛl] *adj* (*geh*) conceptional.

konzeptionslos *adj* without a definite line; *Außenpolitik etc auch* amorphous. **das Programm wirkt auf mich recht ~** the programme strikes me as lacking any definite line.

Konzeptpapier *nt* rough paper.

Konzern *m* **-s**, **-e** combine, group (of companies). **die ~e haben zuviel Macht** the big companies have too much power.

Konzert *nt* **-(e)s**, **-e** concert; (*von klassischen Solisten auch*) recital; (*Komposition*) concerto. **das ~ der Großmächte** the big powers.

Konzert|abend *m* concert evening; **Konzert|agentur** *f* concert artists' agency.

konzertant *adj* (*Mus*) in concerto form; *Sinfonie concertante*.

Konzertbesucher *m* concert-goer; **Konzertflügel** *m* concert grand.

konzertieren* I *vi* to give a concert; (*als Solist mitwirken*) to play in a concert. II *vt* (*geh: abstimmen*) to concert.

konzertiert *adj* ~e **Aktion** (*Fin, Pol*) concerted action.

Konzertina *f* -, concertina.

Konzertmeister *m* leader, concertmaster (*US*); **Konzertpavillon** *m* bandstand; **Konzertpianist** *m* concert pianist; **Konzertsaal** *m* concert hall.

Konzession *f* 1. (*Gewerbeerlaubnis*) concession, licence, franchise. 2. (*Zugeständnis*) concession (*an* +*acc* to).

Konzessionär(in *f*) *m* concessionaire, licensee.

konzessionsbereit adj ready or willing to make concessions; **Konzessionsbereit-schaft** f readiness to make concessions.

konzessiv adj (Gram) concessive.

Konzessivsatz m (Gram) concessive clause.

Konzil nt -s, -e or -ien [-iən] (Eccl, Univ) council.

konziliant adj (entgegenkommend) generous.

Konzilianz f generosity.

Konzipient m (Aus) articled clerk.

konzipieren* I vt to conceive; (entwerfen auch) to design. II vi (Med) to conceive.

konzis adj (liter) concise.

Koofmich m -s, -s or -e (pej inf) businessman type.

Koog m -es, Köge (N Ger) siehe **Polder**.

Ko|operation f cooperation.

ko|operativ adj cooperative.

Ko|operative f (Econ) cooperative.

Ko|operator m (Aus) curate.

ko|operieren* vi to cooperate.

Ko|optation f coopting, cooption.

ko|optieren* vt to coopt.

Ko|ordinate f -, -en (Math) coordinate.

Ko|ordinaten|achse f coordinate axis; **Ko|ordinatensystem** nt coordinate system.

Ko|ordination f coordination.

Ko|ordinator m coordinator.

ko|ordinieren* vt to coordinate.

Kopeke f -, -n copeck, kopeck.

Kopenhagen nt -s Copenhagen.

Köpenickiade f hoax involving impersonation.

Köper m -s, no pl (Tex) twill.

kopernikanisch adj Copernican.

Kopf m -(e)s, ̈-e 1. (allgemein) head; (bei Plattenspieler) head, pick-up; (Pfeifen~) bowl; (Brief~) (letter-)head; (Zeitungs~) head, heading; (Computers: Nachrichten~) heading. **mit bloßem ~** bare-headed; **~ an ~** shoulder to shoulder; (Pferderennen, Sport) neck and neck; **bis über den ~** (im Wasser) up to one's neck or (in Schulden) ears; **~ voraus** or **voran** headfirst; **~ weg!** (inf) mind your head!; **~ hoch!** chin up!; **~ runter** or **ab!** off with his/her/their head(s); **auf dem ~ stehen** to stand on one's head; **sich** (dat) **den ~ waschen** to wash one's hair; **jdm den ~ waschen** (inf) to give sb a piece of one's mind (inf); **den ~ oben behalten** to keep one's chin up; **jdm den ~ abschlagen** to behead sb, to cut sb's head off; **jdn einen ~ kürzer machen** (sl) to cut or chop sb's head off; **jds ~ fordern** (lit, fig) to demand sb's head; (fig auch) to cry for sb's blood; **von ~ bis Fuß** from top to toe, from head to foot; **sich** (dat) **an den ~ fassen** or **schlagen** (fig) to be (left) speechless; **das hältst du ja im ~ nicht aus!** (sl) it's absolutely incredible (inf); **die ̈-e zusammenstecken** to go into a huddle (inf); **einen schweren** or **dicken** (inf) **~ haben** to have a thick head or a hangover; **mit besoffenem ~** (sl) drunk out of one's mind (inf); **Geld** etc **auf den ~ hauen** (inf) to blow one's money etc (inf); **jdm auf den ~ spucken können** (inf) to tower above sb, to be head and shoulders above sb; **jdm**

über den ~ wachsen (lit) to outgrow sb; (fig) (Sorgen etc) to be too much for sb, to be more than sb can cope with; (Konkurrent etc) to outstrip sb; **jdm auf dem ~ herumtanzen** (inf) to walk all over sb (inf); **den ~ für jdn/etw hinhalten** (inf) to take the blame or rap (inf) for sb/sth; **dafür halte ich meinen ~ nicht hin** (inf) I'm not putting my head on the chopping block for that; **etw auf den ~ stellen** (lit, fig: durchsuchen) to turn sth upside down; (fig) Tatsachen to stand facts on their heads; **und wenn du dich auf den ~ stellst, ... (inf), du kannst dich auf den ~ stellen, ... (inf)** no matter what you say/do ..., you can say/do what you like ...; **jdn ~ kosten** (lit) to cost sb his head; (fig) to cost sb his career or job; **das hat ihn den ~ gekostet** (fig) that was the end of the road for him; **~ und Kragen riskieren** (inf) (körperlich) to risk life and limb; (beruflich etc) to risk one's neck; **sich um seinen ~ reden** to sign one's own death warrant; **auf jds ~** (acc) **eine Summe/Belohnung aussetzen** to put a sum of money/reward on sb's head; **er ist nicht auf den ~ gefallen** he's no fool; **jdm etw an den ~ werfen** or **schmeißen** (inf) to chuck (inf) or sling (inf) sth at sb; **jdm Beschimpfungen/Beleidigungen an den ~ werfen** (inf) to hurl insults at sb or in sb's face; **jdm etw auf den ~ zusagen** to say sth straight out to sb; **den ~ hängenlassen** (lit) to hang one's head; (fig) to be downcast or despondent; **jdn vor den ~ stoßen** to offend or antagonize sb; **jdm den ~ zurechtsetzen** or **-rücken** to bring sb to his/her senses; **mit dem ~ durch die Wand wollen** (inf) to be determined to get or bent on getting one's own way regardless; **(jdm) zu ~(e) steigen** to go to sb's head; **ich war wie vor den ~ geschlagen** I was dumbfounded or thunderstruck; **über jds ~** (acc) **hinweg** over sb's head; **du hast wohl was am ~!** (sl) you must be off your head! (inf); **ein ~ Salat/ Kohl** a head of lettuce/cabbage; **~ oder fahl?** heads or tails?

2. (Einzelperson) person. **pro ~** per person or head or capita; **das Einkommen pro ~** the per capita income; **eine zehn ̈-e starke Gruppe** a group of ten people; **eine Familie mit drei ̈-en** a family of three.

3. (fig) (Verstand) head; (Denker) thinker; (leitende Persönlichkeit) leader; (Bandenführer) brains sing. **sich** (dat) **über etw** (acc) **den ~ zerbrechen** to rack one's brains over sth; **im ~ muß man's haben** (inf) you need brains, you have to have plenty up top (inf); **er ist nicht ganz richtig** or **klar im ~** (inf) he is not quite right in the head or up top (inf); **ein kluger/findiger ~** an intelligent/ingenious person; **er ist ein fähiger ~** he has a good head on his shoulders, he's a very capable person; **die besten ̈-e** the best brains or minds.

4. (Sinn) head, mind; (Erinnerung) memory. **sich** (dat) **etw durch den ~ gehen lassen** to think sth about sth; **mir ist neulich in den ~ gekommen, daß ...** the other day it or the idea crossed my mind

that ...; **nichts als Tanzen/Fußball** *etc* **im ~ haben** to think of nothing but dancing/football *etc*; **andere Dinge im ~ haben** to have other things on one's mind; **ich habe den ~ voll genug** (*inf*) I've got enough on my mind; **ich weiß kaum, wo mir der ~ steht** I scarcely know whether I'm coming or going; **einen kühlen ~ bewahren** *or* **behalten** to keep a cool head, to stay cool-headed, to keep one's cool (*inf*); **den ~ verlieren** to lose one's head, not to keep one's head; **sich** (*dat*) **etw aus dem ~ schlagen** to put sth out of one's mind; **jdm den ~ verdrehen** to turn sb's head; **der Gedanke will mir nicht aus dem ~** I can't get the thought out of my head *or* mind; **im ~** in one's head; **etw im ~ haben** to have sth in one's head; **etw im ~ rechnen** to work sth out in one's head *or* mentally; **was man nicht im ~ hat, hat man in den Beinen** (*inf*) you'd/I'd forget your/my head if it wasn't screwed on (*inf*); **sie hat es sich** (*dat*) **in den ~ gesetzt, das zu tun** she has taken it into her head to do that, she has set her mind on doing that; **seinen ~ durchsetzen** to get one's own way; **seinen eigenen ~ haben** (*inf*) to have a mind of one's own; **es muß ja nicht immer alles nach deinem ~ gehen** you can't have things your own way all the time.

Kopf-an-Kopf-Rennen *nt* neck-and-neck race; **Kopf|arbeit** *f* brain-work; **Kopf|arbeiter** *m* brain-worker; **Kopfbahnhof** *m* terminus (station); **Kopfball** *m* (*Ftbl*) header; **Kopfbedeckung** *f* head-gear; **als ~ trug er ...** on his head he wore ...; **ohne ~** without a hat; **Kopfbild** *nt* (portrait of sb's) head.

Köpfchen *nt dim of* **Kopf** little head; (*fig hum*) brains. **~, ~!** clever stuff!; **~ haben** to have brains, to be brainy (*inf*).

köpfeln (*Aus*) **I** *vi* (*einen Kopfsprung machen*) to dive (headfirst), to take a header. **II** *vti siehe* **köpfen 3.**

köpfen *vti* **1.** *jdn* to behead, to decapitate; (*hum*) *Flasche Wein* to crack (open). **2.** (*verschneiden*) *Bäume* to poll; *Jungtriebe* to cut off the heads of. **3.** (*Ftbl*) to head. **ins Tor ~** to head a goal, to head the ball in.

Kopf|ende *nt* head; **Kopfform** *f* shape of (the) head; **Kopffüßer** *m* **-s, -** (*Zool*) cephalopod (*spec*); **Kopfgeld** *nt* head money; **Kopfgrippe** *f* flu (and headache), (epidemic) encephalitis (*spec*); **Kopfhaar** *nt* hair on one's head; (*einzelnes*) hair from the head; **Kopfhaltung** *f* **eine gerade ~ haben** to hold one's head straight; **Kopfhaut** *f* scalp; **Kopfhörer** *m* headphone; **Kopfjäger** *m* head-hunter; **Kopfjucken** *nt* itching of the scalp; **Kopfkeil** *m* (wedge-shaped) bolster; **Kopfkissen** *nt* pillow; **Kopfkissenbezug** *m* pillow case *or* slip; **Kopflage** *f* (*Med*) head presentation; **Kopflänge** *f* **um eine ~** by a head; **Kopflastig** *adj* (*lit, fig*) top-heavy; *Flugzeug* nose-heavy; **Kopflastigkeit** *f* top-heaviness; nose-heaviness; **Kopflaus** *f* head louse; **Kopfleiste** *f* (*Typ*) head rule; **kopflos** *adj* (*fig*) in a panic, panicky, in a flap (*inf*);

(*lit*) headless; **~ werden** to lose one's head, to get into a flap (*inf*); **~ handeln** to lose one's head; **Kopflosigkeit** *f* (*fig*) panickiness; **Kopfnicken** *nt* **-s,** *no pl* nod (of the head); **Kopfnuß** *f* (*inf*) clip *or* clout (round the earhole) (*inf*); **Kopfprämie** *f* reward; **Kopfputz** *m* headdress; **kopfrechnen** *vi infin only* to do mental arithmetic; **Kopfrechnen** *nt* mental arithmetic; **Kopfsalat** *m* lettuce; **kopfscheu** *adj* timid, nervous, shy; **jdn ~ machen** to intimidate sb; **Kopfschmerz** *m usu pl* headache; **~en haben** to have a headache; **sich** (*dat*) **über** *or* **um etw** (*acc*) *or* **wegen etw ~en machen** (*fig*) to worry about sth; **Kopfschmerztablette** *f* aspirin, headache tablet; **Kopfschmuck** *m* headdress; **Kopfschuppe** *f usu pl* dandruff *no pl*; **Kopfschuß** *m* shot in the head; **Kopfschütteln** *nt* **-s,** *no pl* shaking the head; **mit einem ~** with a shake of the *or* one's head; **kopfschüttelnd I** *adj* shaking one's head; **II** *adv* with a shake of one's head, shaking one's head; **Kopfschutz** *m* protection for the head; **Kopfschützer** *m* **-s, -** head-guard; **Kopfseite** *f* (*von Münze*) head, face side; **Kopfsprung** *m* header, dive; **einen ~ machen** to take a header, to dive (head-first); **Kopfstand** *m* headstand; **einen ~ machen** to stand on one's head; **kopfstehen** *vi sep irreg aux sein* **1.** (*lit*) to stand on one's head; **2.** (*fig*) (*vor Ausgelassenheit*) to go wild (with excitement); (*vor Aufregung*) to be in a state of excitement; (*vor Empörung*) to be in a (state of) turmoil; (*durcheinander sein*) to be in a jumble, to be all topsy-turvy (*inf*); **Kopfstein** *m* cobble-stone; **Kopfsteinpflaster** *nt* cobble-stones *pl*; **eine Gasse mit ~** a cobbled street; **Kopfsteuer** *f* (*Hist*) poll tax; **Kopfstimme** *f* (*Mus*) falsetto; (*Phon*) head voice; **Kopfstück** *nt* (*Cook*) head end; **Kopfstütze** *f* head-rest; **Kopftuch** *nt* (head)scarf; **kopf|über** *adv* (*lit, fig*) headfirst, head-long; **Kopfverband** *m* (*Med*) head bandage; **Kopfverletzung** *f* head injury; **Kopfwäsche** *f* shampoo, hair-wash; **Kopfweh** *nt siehe* **Kopfschmerz;** **Kopfwunde** *f* head wound; **Kopfzahl** *f* number of persons; **Kopfzerbrechen** *nt* **jdm ~ machen** to be a worry to sb, to be a headache for sb (*inf*); **sich** (*dat*) **über etw** (*acc*) **~ machen** to worry about sth.

Kopie [ko'pi:, (*Aus*) 'ko:piə] *f* copy; (*fig*) carbon copy; (*Durchschlag auch*) carbon (copy); (*Ablichtung*) photocopy; (*Phot*) print; (*Film*) print, copy; (*von Statue*) copy, replica.

Kopier|anstalt *f* (*Film*) printing laboratory, print lab (*inf*).

kopieren* *vti* (*lit, fig*) to copy; (*nachahmen*) to imitate; (*ablichten*) to photocopy; (*durchpausen*) to trace; (*Phot, Film*) to print. **oft kopiert, nie erreicht** often imitated but never equalled.

Kopiergerät *nt* photocopying machine, photocopier; **Kopierpapier** *nt* photocopy paper; **Kopierstift** *m* indelible pencil.

Kopilot(in f) m copilot.
Koppel¹ nt -s, - or (Aus) f -, -n (Mil) belt.
Koppel² f -, -n 1. (Weide) paddock, enclosure. **auf** or **in der** ~ in the paddock etc.
2. (Hunde~) pack; (Pferde~) string.
koppeln vt 1. (zusammenbinden) Hunde to tie or leash together; Pferde to tie or string together.
2. (verbinden) to couple, to join (etw an etw (acc) sth to sth); zwei Dinge to couple or join together; Raumschiffe auch to link up; (fig) to link, to couple; (als Bedingung) to tie; Ziele, Zwecke to conjoin, to combine. **eine Dienstreise mit einem Urlaub** ~ to combine a business trip with a holiday; **seine Beförderung ist an (eine) Vertragsverlängerung gekoppelt** his promotion is tied to a contract extension.
3. (Elec) to couple.
4. (Typ) Wort to hyphenate.
Koppelschloß nt (Mil) belt buckle.
Kopp(e)lung f, no pl 1. (Elec) coupling.
2. (Verbindung) (lit) coupling, joining; (fig, von Raumschiffen) link-up.
Kopp(e)lungsmanöver nt (Space) docking manoeuvre. **ein** ~ **durchführen** to link up.
Köpper m -s, - header. **einen** ~ **machen** to take a header, to dive headfirst.
koppheister adv headfirst, headlong. ~ **schießen** to do a somersault.
Kopra f -, no pl copra.
Koproduktion f coproduction.
Koproduzent m coproducer.
Kopte m -n, -n, **Koptin** f Copt.
koptisch adj Coptic.
Kopula f -, -s or -e [lɛ] (Gram) copula.
Kopulation f (Biol) copulation, coupling; (Hort) splice grafting.
kopulieren* I vt (Hort) to splice-graft. II vi (koitieren) to copulate.
kor pret of **küren.**
Koralle f -, -n coral.
Korallenbank f coral-reef; **Korallenfischer** m coral fisherman; **Koralleninsel** f coral island; **Korallenkette** f coral necklace; **Korallenriff** nt coral-reef; **korallenrot** adj coral(-red).
Koran m -s, no pl Koran.
Korb m -(e)s, ⁻e 1. basket; (Trag~ für Lasttiere auch) pannier; (Fisch~ auch) creel; (Bienen~) hive; (Förder~ auch) cage; (Degen~) basket hilt. **ein** ~ **Äpfel** a basket of apples.
2. (~geflecht) wicker. **ein Sessel aus** ~ a wicker(work) or basket(work) chair.
3. (inf: Abweisung) refusal, rebuff. **einen** ~ **bekommen, sich** (dat) **einen** ~ **holen** to get a refusal, to be turned down; **jdm einen** ~ **geben** to turn sb down.
Korbball m basket-ball; **Korbblüt(l)er** m -s, - (Bot) composite (flower).
Körbchen nt 1. dim of **Korb. ins** ~! (baby-talk) off to or time for bye-byes or beddy-byes (baby-talk). 2. (von Biene) (pollen) basket; (von Büstenhalter) cup.
Korbflasche f demijohn; **Korbflechter(in** f) m -s, - siehe **Korbmacher(in);** **Korbflechterei** f basket-making; **Korbmacher(in** f) m basket-maker; **Korbmöbel** pl wicker(work) or basketwork furniture; **Korbsessel** m wicker(work) or basket(work) chair; **Korbwagen** m bassinet;

Korbwaren pl basketwork or wickerwork (articles); **Korbweide** f osier.
Kord m -(e)s, -e siehe **Cord.**
Kordel f -, -n cord.
Kordilleren pl (Geog) Cordilleras pl.
Kordon [kɔrˈdõː, kɔrˈdoːn] m -s, -s or (Aus) -e [kɔrˈdoːnə] (Mil, Bot) cordon; (Ordensband auch) ribbon.
Kore f -, -n (Archit) caryatid.
Korea nt -s Korea.
Koreaner(in f) m -s, - Korean.
koreanisch adj Korean.
Koreastraße f **die** ~ the Korea Strait.
Koreferat nt siehe **Korreferat.**
Koreferent(in f) m siehe **Korreferent.**
kören vt to select for breeding purposes.
Korfu nt -s Corfu.
Körhengst m stud.
Koriander m -s, no pl coriander.
Korinth nt -s Corinth.
Korinthe f -, -n currant.
Korinthenkacker m (sl) fusspot (inf).
Korinther m -s, - Corinthian.
korinthisch adj Corinthian.
Kork m -(e)s, -e 1. (Bot) cork. 2. siehe **Korken.**
Kork|eiche f cork oak or tree.
Korken m -s, - cork; (aus Plastik) stopper.
Korkengeld nt corkage; **Korkenzieher** m -s, - corkscrew; **Korkenzieherlocken** pl corkscrew curls pl.
korkig adj corky.
Korkmundstück nt cork filter.
Kormoran m -s, -e cormorant.
Korn¹ nt -(e)s, ⁻er 1. (Samen~) seed, grain; (Pfeffer~) corn; (Salz~, Sand~, Tech, Phot, Typ) grain; (Hagel~) stone; (Staub~) speck. 2. no pl (Getreide) grain, corn (Brit). **das** ~ **steht gut** the corn etc looks promising.
Korn² m -(e)s, - or -s (Kornbranntwein) corn schnapps.
Korn³ nt -(e)s, -e (am Gewehr) front sight, bead. **jdn/etw aufs** ~ **nehmen** (fig) to hit out at sth; **jdn aufs** ~ **nehmen** (fig) to start keeping tabs on sb.
Kornblume f cornflower; **kornblumenblau** adj cornflower blue; (hum: volltrunken) as drunk as a lord; **Kornbranntwein** m (form) corn schnapps.
Körnchen nt dim of **Korn¹** small grain, granule. **ein** ~ **Wahrheit** a grain of truth.
Körndlbauer m (Aus) corn-growing (Brit) or grain-growing farmer.
körnen vt to granulate, to grain; (aufrauhen) to roughen.
Körnerfresser m -s, - (Zool) grain-eating bird, granivore (form); **Körnerfutter** nt grain or corn (Brit) (for animal feeding).
Kornett¹ nt -s, -e or -s (Mus) cornet.
Kornett² m -(e)s, -e or -s (old Mil) cornet (old).
Kornfeld nt cornfield (Brit), grainfield.
körnig adj granular, grainy.
kornisch adj Cornish.
Kornkäfer m corn weevil; **Kornkammer** f (lit, fig) granary; **Kornspeicher** m granary.
Körnung f (Tech) grain size; (Phot) granularity; (Hunt) decoy-place. **Schmirgelpapier mit feiner** ~ fine-grain sandpaper.

Korona f -, **Koronen** corona; (*inf*) crowd (*inf*), gang (*inf*).

Koronar- (*Med*) *in cpds* coronary.

Körper m -s, - (*alle Bedeutungen*) body; (*Schiffs~*) hull. ~ **und Geist** mind and body; **das braucht der** ~ it's good for you; **am ganzen** ~ **beben** *or* **zittern/frieren** to tremble/to be cold all over.

Körperbau m physique, build; **Körperbeherrschung** f physical control; **körperbehindert** *adj* physically handicapped *or* disabled; **Körperbehinderte(r)** mf physically handicapped *or* disabled person; **die** ~**n** the physically handicapped, the disabled; **Körper|ertüchtigung** f physical training, keep-fit exercises *pl*; **Körperfülle** f (*euph*) corpulence; **trotz seiner** ~ in spite of being rather well-built; **Körpergeruch** m body odour, BO (*inf*); **Körpergewicht** nt weight; **Körpergröße** f height; **Körperhaltung** f posture, bearing; **Körperkontakt** m physical *or* bodily contact; **Körperkraft** f physical *or* bodily strength; **Körperkultur** f (*DDR*) physical education *or* training; **Körperlänge** f height; (*von Schlange etc*) (body) length.

körperlich *adj* physical; (*stofflich*) material, corporeal. ~**e Arbeit** manual work; **sich** ~ **ertüchtigen** to keep oneself physically fit; ~**e Vereinigung** (*geh*) physical union.

körperlos *adj* bodiless, incorporeal; **Körpermaße** *pl* measurements *pl*; **Körper|öffnung** f (*Anat*) orifice of the body; **Körperpflege** f personal hygiene; **Körperpuder** m *or* nt body powder.

Körperschaft f corporation, (corporate) body. **gesetzgebende** ~ legislative body; ~ **des öffentlichen Rechts** public corporation *or* body.

Körperschaft(s)steuer f corporation tax.

Körperschwäche f physical weakness; **Körperspray** m *or* nt body spray; **Körperteil** m part of the body; **Körpertemperatur** f body temperature; **Körperverletzung** f (*Jur*) bodily *or* physical injury; **fahrlässige** ~ physical injury resulting from negligence; **schwere** ~ grievous bodily harm; ~ **im Amt** *injury caused by a policeman/public official*; **Körperwärme** f body heat.

Korporal m -s, -e *or* **Korporäle** corporal.

Korporation f 1. (*Studentenverbindung*) student society, fraternity (*US*). 2. (*Körperschaft*) corporation.

korporativ *adj Staat* corporate.

korporiert *adj pred* ~ **sein** to be a member of a students' society *which fights duels*.

Korps [koːɐ] nt - [koːɐ(s)], - [koːɐs] corps; (*Univ*) (duelling) corps. **diplomatisches/konsularisches** ~ diplomatic/consular corps.

Korpsgeist m esprit de corps; **Korpsstudent** m student belonging to a (duelling) society.

korpulent *adj* corpulent.

Korpulenz f, *no pl* corpulence.

Korpus[1] m -, -se (*Art*) body of Christ; (*hum inf*) corpus.

Korpus[2] nt -, **Korpora** 1. (*Ling*) corpus. 2. (*Mus*) resonance box.

Korpuskel nt -s, -n *or* f -, -n (*Phys*) particle, corpuscle.

Korreferat nt (*Vortrag*) supplementary paper *or* report.

Korreferent(in f) m 1. (*Redner*) reader of a supplementary paper. 2. (*Prüfer*) second examiner.

korrekt *adj* correct; *Frage* civil.

korrekterweise *adv* to be correct, by rights.

Korrektheit f correctness.

Korrektiv nt corrective.

Korrektor m, **Korrektorin** f (*Typ*) proofreader.

Korrektur f correction; (*Typ*) (*Vorgang*) proof-reading; (*Verbesserung*) proof correction; (~*fahne*) proof. ~ **lesen** to read *or* correct (the) proofs, to do (the) proofreading (*bei etw* for sth), to proof-read (*bei etw* sth).

Korrekturfahne f galley (proof); **Korrekturzeichen** nt proofreader's mark.

Korrelat nt correlate.

korrelieren* vi to correlate.

Korrepetitor m (*Mus*) repetiteur, coach.

Korrespondent(in f) m correspondent.

Korrespondenz f correspondence.

Korrespondenzbüro nt news *or* press agency.

korrespondieren* vi 1. (*in Briefwechsel stehen*) to correspond. ~**des Mitglied** corresponding member. 2. (*entsprechen*) to correspond (*mit* to, with).

Korridor m -s, -e (*auch Luft~ etc*) corridor; (*Flur*) hall. **der (Polnische)** ~ (*Hist*) the Polish Corridor.

korrigierbar *adj* able to be corrected, corrigible (*form*). **ein nicht so leicht** ~**er Sprachfehler** a speech defect which is not so easy to put right *or* correct.

korrigieren* vt (*berichtigen*) to correct; *Aufsätze etc auch* to mark; *Meinung, Einstellung* to alter, to change.

korrodieren* vti (*vi: aux sein*) to corrode.

Korrosion f corrosion.

korrosionsfest *adj* corrosion-resistant; **Korrosionsschutz** m corrosion prevention.

korrumpieren* vt to corrupt.

korrumpiert *adj* corrupt.

korrupt *adj* corrupt.

Korruption f, *no pl* corruption.

Korsage [kɔrˈzaːʒə] f -, -n corsage.

Korsar m -en, -en (*Hist*) corsair.

Korse m -n, -n Corsican.

Korselett nt -(e)s, -e *or* -s corselet.

Korsett nt -s, -s *or* -e corset(s *pl*).

Korsettstange f stay.

Korsika nt -s Corsica.

korsisch *adj* Corsican.

Korso m -s, -s (*Pferderennen*) horse-race; (*Umzug*) parade, procession; (*breite Straße*) avenue.

Kortex m -(es), **Kortizes** [ˈkɔrtiseːs] (*Anat*) cortex.

kortikal *adj* (*Anat*) cortical.

Kortison nt -s, -e (*Med*) cortisone.

Korvette [kɔrˈvɛtə] f (*Naut*) corvette.

Korvettenkapitän m lieutenant commander.

Koryphäe [koryˈfɛːə] f -, -n genius; (*auf einem Gebiet*) eminent authority.

Kosak m -en, -en Cossack.

Kosakenmütze f cossack hat.
Koschenille [kɔʃəˈnɪljə] f-, no pl cochineal.
koscher adj (Rel, fig inf) kosher. ~ **kochen/schlachten** to cook/slaughter according to kosher requirements.
K.-o.-Schlag [kaːˈoː-] m knockout blow.
Koseform f affectionate or familiar form (of proper name).
kosen vti (dated, geh) **jdn/mit jdm** ~ to fondle or caress sb; **~d** caressingly; **miteinander** ~ to bill and coo.
Kosename m pet name; **Kosewort** nt term of endearment or affection.
K.-o.-Sieg [kaːˈoː-] m knock-out victory.
Kosinus m -, - or -se (Math) cosine.
Kosmetik f -, no pl beauty culture; (Kosmetika, fig) cosmetics pl. **eine Reform, die sich nicht nur auf** ~ **beschränkt** a reform which is not merely cosmetic.
Kosmetiker(in f) m -s, - beautician, cosmetician.
Kosmetikinstitut nt beauty parlour.
Kosmetikum nt -s, **Kosmetika** cosmetic.
kosmetisch adj cosmetic. **ein ~es Mittel** a cosmetic.
kosmisch adj cosmic. **~e Strahlung** cosmic rays.
Kosmobiologie f space or cosmic biology; **Kosmogonie** f cosmogony; **Kosmologie** f cosmology; **Kosmonaut(in** f) m -en, -en cosmonaut; **Kosmopolit(in** f) m -en, -en cosmopolitan; **kosmopolitisch** adj cosmopolitan.
Kosmos m -, no pl cosmos.
Kost f -, no pl 1. (Nahrung, Essen) food, fare. **vegetarische/fleischlose** ~ vegetarian/meatless diet; **geistige** ~ (fig) intellectual fare; **leichte/schwere** ~ (fig) easy/heavy going, heavy stuff (inf).
2. (dated: Beköstigung) board. **jdn in** ~ **nehmen** to take sb as a boarder; **(freie)** ~ **und Logis** (free) board and lodging.
kostbar adj (wertvoll) valuable, precious; (luxuriös) luxurious, sumptuous.
Kostbarkeit f 1. siehe adj value, preciousness; luxuriousness, sumptuousness.
2. (Gegenstand) treasure, precious object.
Kosten pl cost(s); (Jur) costs pl; (Un~) expenses pl; (Auslagen auch) outlay. **die** ~ **tragen** to bear the cost(s); **auf** ~ **von** or + **gen** (fig) at the expense of; **auf** ~ **des Steuerzahlers** at the expense of the taxpayer, at the tax-payer's expense; **auf meine** ~ (lit, fig) at my expense; **auf seine** ~ **kommen** to cover one's expenses; (fig) to get one's money's worth, to have a very good time.
kosten[1] vti 1. (lit, fig) to cost. **was kostet das?** what or how much does it cost?, how much is it?; **was soll das** ~? what's it going to cost?; **das kostet/hat gekostet** (inf) it costs/it cost a bit or something; **koste es, was es wolle** whatever the cost; **das lasse ich mich etwas** ~ I don't mind spending a bit of money on it; **jdn sein Leben/den Sieg** ~ to cost sb his life/the victory.
2. (in Anspruch nehmen) Zeit, Geduld etc to take.
kosten[2] I vt (probieren) to taste, to try, to sample; (fig) to taste; **Freuden** etc auch to taste of (liter). II vi to taste. **willst du mal**

~? would you like a taste?; **von etw** ~ to taste etc sth.
Kosten|aufwand m expense; **mit einem** ~ **von 100.000 DM** at a cost of DM 100,000; **Kosten|erstattung** f reimbursement of costs or expenses; **Kosten|explosion** f (inf) costs explosion; **Kostenfrage** f question of cost(s); **kostenfrei** adj cost-free, free of cost; **kosten|intensiv** adj (Econ) cost-intensive; **kostenlos** adj, adv free (of charge); **kostenpflichtig** adj liable to pay costs, with costs; **eine Klage** ~ **abweisen** to dismiss a case with costs; **ein Kfz** ~ **abschleppen** to tow away a car at the owner's expense, to impound a car; **Kostenpunkt** m cost question; **~?** (inf) what'll it cost?, how much?; **~: 100 DM** (inf) cost, DM 100; **Kostensatz** m rate; **kostensparend** adj cost-saving; **etw** ~ **herstellen** to produce sth at low cost; **Kostenvor|anschlag** m (costs) estimate.
Kostgänger m -s, - (dated) boarder; **Kostgeld** nt board.
köstlich adj 1. Wein, Speise exquisite; Luft magnificent. 2. (amüsant) priceless. **du bist ja** ~ (inf) you're priceless; **sich** ~ **amüsieren** to have a great time.
Köstlichkeit f siehe adj 1. no pl exquisiteness; magnificence. 2. no pl pricelessness. 3. (Leckerbissen etc) (culinary) delicacy.
Kostprobe f (von Wein, Käse) taste; (fig) sample; **das sind hier** ~ these are free samples, these are for you to taste; **bei der** ~ while tasting; **kostspielig** adj costly, expensive.
Kostüm nt -s, -e 1. (Theat: Tracht) costume. 2. (Schneider~) costume (dated), suit.
Kostümball m fancydress ball; **Kostümbildner(in** f) m costume designer; **Kostümfilm** m period film or picture.
kostümieren* vr to dress up.
Kostümprobe f (Theat) dress rehearsal; **Kostümverleih** m (theatrical) costume agency.
Kostver|ächter m: **kein** ~ **sein** (hum) (Feinschmecker sein) to be fond of or to enjoy one's food; (die Frauen lieben) to be one for the ladies, to be a bit of a lad (inf).
Kot m -(e)s, no pl (form) excrement, faeces (form) pl; (liter: Schmutz, Dreck) mire, filth.
Kotangens m (Math) cotangent.
Kotau m -s, -s (einen) ~ **machen** (pej) to kowtow (vor jdm to sb).
Kote[1] f -, -n (Surv) spot height.
Kote[2] f -, -n (Lappenzelt) tent.
Kotelett [kotəˈlɛt, kɔˈtlɛt] nt -(e)s, -s or (rare) -e chop, cutlet.
Kotelette [kotəˈletə] f (usu pl) (side) whisker, sideboard, sideburn (US).
koten vi (form) to defecate (form).
Köter m -s, - (pej) cur.
Kotflügel m (Aut) wing.
Kothurn m -s, -e cothurn(us).
kotig adj filthy.
Kotze[2] f -, -n (S Ger, Aus) coarse woollen blanket; (Umhang) poncho.
kotzen vi (vulg) to throw up (inf), to puke (sl). **das ist zum K~** (sl) it makes you sick; **du bist zum K~** (sl) you make me sick; **da kann man das (kalte) K~ kriegen** (sl) it makes you want to throw up or puke (sl).

kotz|übel *adj* (*sl*) **mir ist ~** I feel like throwing up (*inf*).

KP [ka:'pe:] *f* -, **-en** *abbr of* **Kommunistische Partei** CP.

KPD [ka:pe:'de:] *f* -, **-en** *abbr of* **Kommunistische Partei Deutschlands.**

KPdSU [ka:pe:de:|es'|u:] *f* - *abbr of* **Kommunistische Partei der Sowjetunion** Communist Party of the Soviet Union.

Krabbe *f* -, **-n 1.** (*Zool*) (*klein*) shrimp; (*größer*) prawn. **2.** (*dated inf: Kind*) tot (*inf*), mite (*inf*). **eine süße kleine ~** a sweet little thing. **3.** (*Archit*) crocket.

Krabbel|alter *nt* crawling stage (*of a baby*).

krabbeln I *vi aux sein* to crawl. **II** *vt* (*kitzeln*) to tickle. **III** *vti impers* (*kitzeln*) to tickle; (*jucken*) to itch.

Krach *m* **-(e)s, ~e 1.** (*Lärm*) noise, din, racket (*inf*); (*Schlag*) crash, bang. **~ machen** to make a noise *etc.*

2. (*inf: Zank, Streit*) row, quarrel, fight. **mit jdm ~ haben** to have a row *etc* with sb, to row *or* quarrel *or* fight with sb; **mit jdm ~ kriegen** to get into trouble with sb, to have a row with sb; **~ schlagen** to make a fuss.

3. (*Börsen~*) crash.

krach *interj* crash, bang.

krachen I *vi* **1.** (*Lärm machen*) to crash, to bang; (*Holz*) to creak; (*Schuß*) to crack out; (*Donner*) to crash. **~d fallen** *etc* to fall with a crash *or* bang; **..., daß es nur so krachte** (*lit*) with a bang *or* crash; (*fig*) with a vengeance; **sonst kracht's!** (*inf*) or there'll be trouble; **es hat gekracht** (*inf*) (*Zusammenstoß*) there's been a crash.

2. *aux sein* (*inf*) (*aufplatzen*) to rip (open), to split; (*brechen*) to break; (*Eis*) to crack; (*Betrieb*) to crash.

3. *aux sein* (*inf: aufprallen*) to crash.

II *vr* (*inf*) to have a row *or* fight *or* quarrel.

Kracher *m* **-s, -** banger (*Brit*), fire-cracker (*US*).

krachledern *adj* (*fig hum*) rustic; **Krachlederne** *f* **-n, -n** leather shorts *pl*, lederhosen *pl*; **Krachmacher(in** *f*) *m* (*inf*) (*lit*) noisy person *or* character; (*fig*) trouble-maker.

Krächzen *nt* **-s,** *no pl* croak(ing); (*von Vogel*) caw(ing).

krächzen *vi* to croak; (*Vogel*) to caw.

kracken ['krakn, 'krɛkn] *vt* (*Chem*) to crack.

Kräcker *m* **-s, -** (*Cook*) cracker.

Krad *nt* **-(e)s, ~er** (*Mil, dated*) motor-cycle. **Kradmelder** *m* (*Mil*) motor-cycle despatch rider.

Kraft *f* -, **~e 1.** (*körperlich, sittlich*) strength *no pl*; (*geistig, schöpferisch*) powers *pl*; (*von Prosa, Stimme*) strength, power, force; (*von Muskeln, Ringkämpfer*) strength, power; (*Energie*) energy, energies *pl.* **er weiß nicht wohin mit seiner ~** (*inf*) he's just bubbling over with energy; **er kann vor ~ nicht mehr laufen** (*hum*) he's so muscle-bound he can hardly move; **die ~e (mit jdm) messen** to try *or* pit one's strength (against sb); (*fig*) to pit oneself against sb; **seine ~e sammeln** to build up *or* recover one's strength; **mit frischer ~** with renewed strength; **mit letzter ~** with one's last ounce of strength; **die ~ aufbringen, etw zu tun** to find the strength to do sth; **mit vereinten ~en werden wir ...** if we combine our efforts *or* join forces we will ...; **mit seinen ~en haushalten** *or* **sparsam umgehen** to conserve one's strength *or* energy *or* energies; **das geht über meine ~e** it's more than I can take; **ich bin am Ende meiner ~** I can't take any more; **mit aller** *or* **voller ~** with all one's might *or* strength; **aus eigener ~** by oneself; (*fig auch*) by one's own efforts, single-handedly; **nach (besten) ~en** to the best of one's ability; **er tat, was in seinen ~en stand** he did everything (with)in his power; **nicht/wieder bei ~en sein** not to be in very good shape/to have (got) one's strength back; **wieder zu ~en kommen** to regain one's strength.

2. (*Phys: einer Reaktion etc*) force; (*der Sonne etc*) strength, power; (*no pl: Wirksamkeit, liter, Bibl: Macht*) power. **die treibende ~** (*fig*) the driving force; **das Gleichgewicht der ~e** (*Pol*) the balance of power; **die ~ des Motors/der Flut** the power of the engine/the tide.

3. (*usu pl: in Wirtschaft, Politik etc*) force.

4. *no pl* (*Jur: Geltung*) force. **in ~ sein/treten** to be in/come into force; **außer ~ sein/treten** to have ceased to be in force/to cease to be in force, to be no longer in force; **außer ~ setzen** to cancel, to annul.

5. *no pl* (*Naut: Geschwindigkeit*) **halbe/volle ~ voraus!** half/ full speed ahead.

6. (*Arbeits~*) employee, worker; (*Haushalts~*) domestic help; (*Lehr~*) teacher. **~e staff, personnel** *no pl.*

kraft *prep* + *gen* (*form*) by virtue of; (*mittels*) by use of. **~ meines Amtes** by virtue of my office; **~ meiner Befugnisse** on the strength of *or* by virtue of my authority.

Kraft|akt *m* strong-man act; (*fig*) show of strength; **Kraft|anstrengung** *f* exertion; **Kraft|arm** *m* (*Phys*) lever arm to which force is applied; **Kraft|aufwand** *m* effort; **Kraft|ausdruck** *m* swearword; **Kraftausdrücke** strong language; **Kraftbrühe** *f* beef tea; **Kraftdroschke** *f* (*form*) Hackney carriage (*form*), taxicab.

Kräfteparallelogramm *nt* parallelogram of forces.

Kraft|ersparnis *f* saving ~ of energy *or* effort.

Kräfteverfall *m* loss of strength; **Kräfteverhältnis** *nt* (*Pol*) balance of power; (*von Mannschaften etc*) relative strength; **Kräfteverschleiß** *m* waste of energy.

Kraftfahrer(in *f*) *m* (*form*) motorist, driver; (*als Beruf*) driver.

Kraftfahrzeug *nt* motor vehicle.

Kraftfahrzeugbrief *m* (vehicle) registration document, logbook (*Brit*); **Kraftfahrzeugmechaniker** *m* motor mechanic; **Kraftfahrzeugschein** *m* (vehicle) registration document; **Kraftfahrzeugsteuer** *f* motor vehicle tax, road tax (*Brit*).

Kraftfeld *nt* (*Phys*) force field; **Kraftfutter** *nt* concentrated feed(stuff).

kräftig I *adj* strong; *Mann, Geschmack, Muskel, Stimme auch* powerful; *Aus-*

drucksweise auch powerful, forceful; Haarwuchs, Pflanze auch healthy; Farbe auch rich; Schlag hard, powerful, hefty (inf); Händedruck firm, powerful; Fluch violent; Suppe, Essen nourishing; (groß) Portion big, massive; Preiserhöhung big, massive; Beifall loud. **einen ~en Schluck nehmen** to take a good or big swig; **eine ~e Tracht Prügel** a good or sound or thorough beating.

  II adv **1.** gebaut strongly, powerfully; zuschlagen, treten, pressen, drücken, blasen hard; klatschen loudly; lachen, mitsingen heartily; fluchen, niesen violently. **etw ~ schütteln/umrühren** to shake/stir sth vigorously, to give sth a good shake/ stir; **jdn ~ verprügeln** to give sb a sound or good or thorough beating; **~ essen/trinken** to eat well/to drink a lot; **husten Sie mal ~** have a good cough; **er hat sich ~ dagegen gewehrt** he objected most strongly; (körperlich) he put up a strong resistance.

  2. (zur Verstärkung) really. **es hat ~ geregnet/geschneit** it really rained/ snowed, it rained/snowed heavily; **die Preise sind ~ gestiegen** prices have gone up a lot, prices have really gone up; **jdn ~ ausschimpfen** to give sb a good bawling out (inf), to really give sb a bawling out (inf); **sich ~ täuschen** (inf) to be really or very much or greatly mistaken; **jdn ~ belügen** (inf) to tell sb a pack of lies; **sich ~ ärgern** to get really or mighty (inf) annoyed.

kräftigen vt (geh) **jdn ~** to build up sb's strength; (Luft, Bad etc) to invigorate sb; (Essen, Mittel etc) to fortify sb; **ein ~des Mittel** a tonic.

Kräftigung f (geh) siehe vt strengthening; invigoration; fortification.

Kräftigungsmittel nt tonic.

Kraftlinien pl (Phys) lines of force pl.

kraftlos adj (schwach) feeble, weak; (schlaff) limp; (machtlos) powerless; (Jur) invalid. **~ sank er zurück** he fell feebly back.

Kraftlosigkeit f siehe adj feebleness, weakness; limpness; powerlessness; invalidity.

Kraftmeier m -s, - (inf) muscle man (inf); (fig) strong-man; **Kraftmensch** m strong-man, muscle man (inf); **Kraftmesser** m -s, - dynamometer (form); **Kraftpost** f post(al) bus service; **Kraftprobe** f test of strength; (zwischen zwei Gruppen, Menschen) trial of strength; **Kraftprotz** m (inf) muscle man (inf); **Kraftrad** nt motor-cycle, motorbike; **Kraftsport** m sport(s pl) involving strength; **Kraftstoff** m fuel; **kraftstrotzend** adj excluding vitality, vigorous; Pflanze healthy-looking, vigorous; (muskulös) with bulging muscles; **Kraft|übertragung** f power transmission; **Kraftverkehr** m motor traffic; **Kraftverschwendung** f waste of energy or effort; **kraftvoll** adj (geh) Stimme powerful; **Kraftwagen** m motor vehicle; **Kraftwerk** nt power station.

Kragdach nt overhanging roof.

Kragen m -s, - or (S Ger, Sw auch) ÷ collar. **jdn am** or **beim ~ packen** to grab sb by the collar; (fig inf) to collar sb; **mir platzte der ~** (inf) I blew my top (inf); **jetzt platzt mir aber der ~!** this is the last straw!; **jdn** or **jdm den ~ kosten** (fig) to be sb's downfall; (umbringen) to be the end of sb; **es geht ihm jetzt an den ~** (inf) he's in for it now (inf).

Kragenknopf m collar stud; **Kragenspiegel** m (Mil) collar patch; **Kragenweite** f (lit) collar size; **das ist nicht meine ~** (fig inf) that's not my cup of tea (inf).

Kragstein m (Archit) console.

Krähe f -, -n crow. **eine ~ hackt der anderen kein Auge aus** (Prov) birds of a feather stick together (Prov).

krähen vi to crow.

Krähenfuß m (Eisenkralle) crowbar; **Krähenfüße** pl (an den Augen) crowsfeet pl; (Schriftkrakel) scrawl sing; **Krähennest** nt (Naut) crow's nest.

Krähwinkel m (pej) cultural backwater.

Krakau nt -s Cracow.

Krakauer f -, - spicy smoked sausage with garlic.

Krake m -n, -n octopus; (Myth) Kraken.

Krakeel m -s, no pl (inf) row.

krakeelen* vi (inf) to make or kick up a row or racket (inf).

Krakeeler m -s, - (inf) rowdy (inf), rowdy type (inf).

Krakel m -s, - (inf) scrawl, scribble.

Krakelei f (inf) scrawl, scribble.

krakelig adj scrawly.

krakeln vti to scrawl, to scribble.

Kral m -s, -e kraal.

Kralle f -, -n claw; (von Raubvogel auch) talon; (pej: Fingernagel) claw, talon; (sl: Hand) paw (inf), mauler (sl). **jdn/etw in seinen ~n haben** (fig inf) to have sb/sth in one's clutches; **(jdm) die ~n zeigen** (fig) to show (sb) one's claws; **auf die ~ ~** (sl) (cash) on the nail (inf).

krallen I vr **sich an jdn/etw ~** (lit, fig) to cling to sb/sth; (Katze) to dig its claws into sb/ sth; **sich in etw** (acc) **~** to sink its claws into sth; (mit Fingern) dig one's fingers into sth.

  II vt **1. die Finger in etw** (acc)/**um etw ~** to dig one's fingers into sth/to clutch sth; **er krallte vor Schmerz die Finger in die Decke** he clawed (at) the blanket in pain.

  2. (sl) to pinch (inf), to swipe (inf).

Kram m -(e)s, no pl (inf) (Gerümpel) junk; (Zeug) things pl, stuff (inf); (Angelegenheit) business. **den ~ satt haben/ hinschmeißen** to be fed up with/to chuck the whole thing or business (inf); **das paßt mir nicht in den ~** it's a confounded nuisance; **mach doch deinen ~ allein!** do it yourself!

kramen I vi to rummage about (in +dat in, nach for). **II** vt **etw aus etw ~** to fish sth out of sth.

Krämer m -s, - small shopkeeper, grocer; (Laden) small general store, grocer's. **ein Volk von ~n** a nation of shopkeepers.

Krämergeist m, **Krämerseele** f small- or petty-minded person. **ein ~** or **eine ~ sein** to be small- or petty-minded.

Kramladen m (pej inf) tatty little shop (inf); (Trödelladen) junk shop.

Krampe f -, -n staple.

Krampen m -s, - staple; (Aus: Spitzhacke) pick(-axe).

Krampf m -(e)s, ⸚e 1. (*Zustand*) cramp; (*Verkrampfung*) spasm; (*wiederholt*) convulsion(s pl); (*Anfall, Lach~*) fit. **einen ~ haben/bekommen** to have/get (a) cramp; **er wand sich auf dem Boden in ~en** he curled up on the floor in convulsions.
2. *no pl* (*inf*) (*Getue*) palaver (*inf*); (*Unsinn*) nonsense, rubbish.

Krampf|ader f varicose vein; **krampf|artig** *adj* convulsive.

krampfen I *vt Finger, Hand* to clench (*um etw* around sth). **die Finger in etw** (*acc*) ~ to dig one's fingers into sth. **II** *vr* **sich um etw** ~ to clench sth. **III** *vi* (*Krämpfe haben*) to have a convulsion/convulsions.

krampfhaft *adj Zuckung* convulsive; (*inf: angestrengt, verzweifelt*) frantic, desperate; *Lachen* forced *no adv*; **sich** ~ **an etw** (*dat*) **festhalten** (*lit, fig inf*) to cling desperately to sth; **Krampfhusten** m whooping cough; **krampflindernd** *adj* antispasmodic (*spec*); **krampflösend** *adj* antispasmodic (*spec*).

Kran m -(e)s, ⸚e *or* -e 1. crane. 2. (*dial: Hahn*) tap, faucet (*US*).

Kranführer m crane driver *or* operator.

krängen *vi* (*Naut*) to heel (over).

Kranich m -s, -e (*Orn*) crane.

krank *adj, comp* ⸚er, *superl* ⸚ste(r, s) *or adv* **am** ⸚sten ill *usu pred*, sick (*auch fig*), not well; (*leidend*) invalid; *Pflanze, Organ* diseased; *Zahn, Bein* bad; *Wirtschaft, Firma* ailing; (*Hunt*) *Wild* wounded. ~ **werden** to fall *or* be taken ill *or* sick; **schwer** ~ seriously ill; ~ **am Herzen/an der Seele** (*liter*) sick at heart (*liter*); **vor Aufregung** ~ sick with excitement; **vor Heimweh/Liebe** ~ homesick/lovesick; **nach jdm** ~ **sein** to be sick with longing for sb, to be pining for sb; **sich** ~ **melden** to let sb/one's boss *etc* know that one is sick *or* ill; (*telefonisch*) to phone in sick; (*esp Mil*) to report sick; **sie hat sich** ~ **gemeldet** she is off sick; **jdn** ~ **schreiben** to give sb a medical certificate; (*esp Mil*) to put sb on the sick-list; **er ist schon seit einem halben Jahr** ~ **geschrieben** he's been off sick for six months; **das macht/du machst mich** ~! (*inf*) it gets/you get on my nerves! (*inf*), it drives/you drive me round the bend! (*inf*); **du bist wohl** ~! (*inf iro*) there must be something wrong with you!; **der** ~**e Mann am Bosporus** the Sick Man of Europe.

kränkeln *vi* to be ailing (*auch Wirtschaft, Firma*), to be sickly, to be in bad *or* poor health.

kranken *vi* to suffer (*an +dat* from). **das krankt daran, daß** (*fig*) it suffers from the fact that ...

kränken *vt* **jdn** ~ to hurt sb('s feelings), to wound sb; **sie war sehr gekränkt** she was very hurt; **es kränkt mich, daß** ... it hurts *or* grieves me that ...; **jdn in seiner Ehre** ~ to offend sb's pride; ~**d** hurtful.

Kranken|anstalten *pl* hospitals and/or clinics *pl*; **Krankenbericht** m medical report; **Krankenbesuch** m visit (to a sick person); (*von Arzt*) (sick) call; **Krankenbett** nt sick-bed; **Krankengeld** nt sickness benefit; (*von Firma*) sickpay; **Krankengeschichte** f medical history;

Krankengymnastik f physiotherapy; **Krankengymnastin** f physiotherapist.

Krankenhaus nt hospital. **ins** ~ **gehen** (*als Patient*) to go into (the US) hospital; **im** ~ **liegen** to be in (the US) hospital.

Krankenhaus- *in cpds* hospital; **Krankenhaus|aufenthalt** m stay in hospital; **Krankenhauskosten** *pl* hospital charges *pl or* costs *pl*.

Krankenkasse f (*Versicherung*) medical *or* health insurance; (*Gesellschaft*) medical *or* health insurance company; **ich bin in einer privaten** ~ I am in a private medical insurance scheme; I'm privately insured; **er ist in keiner** ~ he has no medical insurance; **Krankenlager** nt (*Krankenbett*) sickbed; (*Kranksein*) illness; **das Fieber warf ihn aufs** ~ (*geh*) the fever confined him to his sick-bed; **Krankenpflege** f nursing; **alle, die in der** ~ **tätig sind** all those who look after *or* care for the sick; **Krankenpfleger** m orderly; (*mit Schwesternausbildung*) male nurse; **Krankenpflegerin** f nurse; **Krankensalbung** f (*Eccl*) anointing of the sick; **Krankenschein** m medical insurance record card; **Krankenschwester** f nurse; **Krankenstand** m (*dial, Aus*) **im** ~ **sein** to be sick *or* ill; **Krankenstuhl** m invalid chair; (*Nachtstuhl*) commode; **Krankentransport** m transportation of sick people; (*mittels Krankenwagen*) ambulance service; (*die Kranken selbst*) shipload/busload *etc* of sick people; **Krankenversicherung** f medical *or* health insurance; **gesetzliche/private** ~ state *or* national/private health insurance; **Krankenwagen** m ambulance; **Krankenwärter** m orderly; **Krankenzimmer** nt sick-room; (*im Krankenhaus*) hospital room.

Kranke(r) *mf decl as adj* sick person, invalid; (*Patient*) patient. **die** ~**n** the sick.

krankfeiern *vi sep* (*inf*) to be off 'sick', to skive off work (*Brit inf*). **das K**~ **ist ein großes Problem** absenteeism is a great problem; **ich glaube, ich muß morgen** ~ I think I'll have to be off sick tomorrow.

krankhaft *adj* 1. *Stelle, Zelle* diseased; *Vergrößerung, Zustand* morbid; *Aussehen* sickly; *Augen* ill-looking. **die Untersuchungen haben keinen** ~**en Befund ergeben** the examinations revealed no sign(s) of disease; ~**er Befund der Leber** affected *or* diseased liver; ~**e Veränderung** affection.
2. (*seelisch*) pathological; *Mißtrauen, Eifersucht etc auch* chronic, morbid. **sein Geiz ist schon** ~ his meanness is almost pathological *or* has reached almost pathological proportions.

Krankheit f (*lit, fig*) illness, sickness; (*eine bestimmte* ~ *wie Krebs, Masern etc auch*) disease; (*von Pflanzen*) disease. **wegen** ~ due to illness; **eine** ~ **durchmachen** to have *or* suffer from a disease/an illness; (**eine**) ~ **vorschützen, eine** ~ **vortäuschen** to pretend to be ill, to fake an illness; **sich** (*dat*) **eine** ~ **zuziehen** to catch *or* contract (*form*) an illness *or* a disease; **von einer** ~ **befallen werden** to catch *or* contract (*form*) an illness *or* a disease; (*Pflanze,*

Organ) to become diseased; **nach langer/ schwerer** ~ after a long/serious illness; **während/seit meiner** ~ during/since my illness; **das soll ein Auto sein? das ist eine** ~! (*fig inf*) call that a car? that's just an apology or a miserable excuse for one or that's just a joke!

Krankheitsbild *nt* symptoms *pl*, syndrome (*spec*); **Krankheits|erreger** *m* pathogene, disease-causing agent; **krankheitshalber** *adv* due to illness; **Krankheitskeim** *m* germ (of a/the disease).

kränklich *adj* sickly, in poor or bad health.

krankmachen *vi sep* (*inf*) *siehe* **krankfeiern; Krankmeldung** *f* notification of illness or sickness.

Kränkung *f* 1. insult. **etw als** ~ **empfinden** to take offence at sth, to be hurt by sth; **jdm eine** ~ **zufügen** to hurt sb. 2. (*Kränken*) offending, insulting.

Kranz *m* **-es, -̈e** 1. wreath; (*Sieger~, Dichter~, Braut~ auch*) garland; (*fig: von Geschichten, Anekdoten etc*) cycle.
2. (*kreisförmig Angeordnetes*) ring, circle; (*Haar~*) plaits *pl* round one's head; (*obs: von Mädchen*) bevy.
3. (*Tech: Rad~*) rim.
4. (*dial Cook*) ring.

Kränzchen *nt* small wreath/garland; (*fig: Kaffee~*) (coffee) circle.

Kranzjungfer *f* (*dial*) bridesmaid.

kränzen *vt* (*liter*) to garland, to adorn (with garlands).

Kranzgefäß *nt* (*Anat*) coronary artery; **Kranzgeld** *nt* (*Jur*) money paid by a man to a woman as a fine on having sexual intercourse with her under the pretence of an offer of marriage; **Kranzniederlegung** *f* wreath-laying.

Krapfen *m* **-s, -** (*dial Cook*) ≃ doughnut.

kraß *adj* (*auffallend*) Widerspruch, Gegensatz glaring, stark; Farben garish, glaring; Dissonanz harsh, jarring; Unterschied extreme; (*unerhört*) Ungerechtigkeit, Lüge blatant, gross; (*extrem*) Fall, Haltung extreme; Materialist, Unkenntnis crass; Egoist out-and-out, blatant; Außenseiter rank, complete; (*unverblümt*) Schilderung, Worte, Stil stark.

Krater *m* **-s, -** crater.

Kraterlandschaft *f* crater(ed) landscape; **Kratersee** *m* (*Geol*) crater lake.

Kratzbürste *f* (*inf*) prickly character; **kratzbürstig** *adj* (*inf*) prickly.

Krätzchen *nt* (*Mil sl*) forage cap.

Kratze *f* **-, -n** scraper; (*Tex*) carding machine.

Krätze¹ *f* **-, no pl** 1. (*Med*) scabies.
2. (*Tech*) scrapings *pl*, (metal) waste.

Krätze² *f* **-, -n** (*S Ger*) basket.

kratzen I *vti* 1. to scratch; (*ab~ auch*) to scrape (*von* off). **der Pulli kratzt fürchterlich** the pullover scratches terribly or is terribly scratchy (*inf*); **der Rauch kratzt (mich) im Hals** the smoke irritates my throat; **es kratzt (mich) im Hals** my throat feels rough.
2. (*inf: stören*) to bother. **das kratzt mich nicht** (*inf*) I couldn't care less (about that), I don't give a damn (about that) (*inf*); **das braucht dich doch nicht (zu)** ~ (*inf*) it's nothing to do with you.

3. (*Tex*) to card, to tease.
II *vr* to scratch oneself.

Kratzer *m* **-s, -** (*Schramme*) scratch.

Krätzer *m* **-s, -** (*inf*) rough or vinegary wine, plonk (*inf*) *no pl*; (*Aus*) sweet young Tirolean wine.

Kratzfuß *m* (*dated inf*) (low) bow (*with one foot drawn backwards*). **einen** ~ **machen** to bow low.

kratzig *adj* (*inf*) scratchy (*inf*).

Kratzputz *m* sgraffito; **Kratzwunde** *f* scratch.

Kraul *nt* **-(s)**, *no pl* (*Schwimmen*) crawl.

kraulen¹ (*Schwimmen*) *aux haben or sein* I *vi* to do or swim the crawl. II *vt* **er hat** or **ist die Strecke/100 m gekrault** he did the stretch using the crawl/he did a 100m's crawl.

kraulen² *vt* to fondle. **jdn am Kinn** ~ to chuck sb under the chin; **jdn in den Haaren** ~ to run one's fingers through sb's hair.

kraus *adj* crinkly; Haar, Kopf frizzy; Stirn wrinkled, furrowed; (*zerknittert*) crumpled, wrinkled; (*fig: verworren*) muddled, confused. **die Stirn/Nase** ~ **ziehen** to wrinkle up or knit one's brow; (*mißbilligend*) to frown/to screw up one's nose.

Krause *f* **-, -n** 1. (*Hals~*) ruff; (*an Ärmeln etc*) ruffle, frill.
2. (*inf*) (*Krausheit*) crinkliness; (*von Haar*) frizziness; (*Frisur*) frizzy hair/ hairstyle. **im Regen bekomme ich eine** ~ my hair goes frizzy in the rain.

Kräuselkrepp *m* (*Tex*) crepe; (*Streifenkrepp*) seersucker.

kräuseln I *vt* Haar to make frizzy; (*mit Brennschere auch*) to crimp; (*mit Dauerwelle auch*) to frizz; (*Sew*) to gather (*in small folds*); (*Tex*) to crimp; Stirn to knit, to wrinkle; Nase to screw up; Lippen to pucker; Wasseroberfläche to ruffle.
II *vr* (*Haare*) to go frizzy; (*Stoff*) to go crinkly; (*Stirn, Nase*) to wrinkle up; (*Lippen*) to pucker; (*Wasser*) to ripple; (*Rauch*) to curl (up).

krausen *vtr* Haar, Stirn, Nase, (*Sew*) *siehe* **kräuseln.**

kraushaarig *adj* frizzy-haired; **Krauskopf** *m* frizzy head; (*Frisur*) frizzy hair/ hairstyle; (*Mensch*) curly-head.

Kraut *nt* **-(e)s, Kräuter** 1. (*Pflanze: esp Heil~, Würz~*) herb. **dagegen ist kein** ~ **gewachsen** (*fig*) there is no remedy for that, there's nothing anyone can do about that.
2. *no pl* (*grüne Teile von Pflanzen*) foliage, stems and leaves *pl*, herbage; (*von Gemüse*) tops *pl*; (*Kartoffel~*) potato foliage; (*Spargel~*) asparagus leaves *pl*. **wie** ~ **und Rüben durcheinanderliegen** (*inf*) to lie (about) all over the place (*inf*); **ins** ~ **schießen** (*lit*) to run to seed; (*fig*) to get out of control, to run wild.
3. *no pl* (*dial*) (*Rot~, Weiß~*) cabbage; (*Sauer~*) sauerkraut.
4. (*pej: Tabak*) tobacco.

Kräuterbutter *f* herb butter; **Kräuterfrau** *f* herb woman; **Kräuterkäse** *m* cheese flavoured with herbs; **Kräuterlikör** *m* herbal liqueur; **Kräutertee** *m* herb(al) tea.

Krautjunker *m* (*pej*) country squire; **Krautkopf** *m* (*S Ger, Aus*) (head of) cabbage; **Krautsalat** *m* ≈ coleslaw.

Krawall *m* **-s, -e** (*Aufruhr*) riot; (*inf*) (*Rauferei*) brawl; (*Lärm*) racket (*inf*), din (*inf*). ~ **machen** (*inf*) to kick up a row; (*randalieren*) to go on the rampage.

Krawallbruder, Krawallmacher *m* (*inf*) hooligan; (*Krakeeler*) rowdy.

Krawatte *f* **-, -n** tie, necktie (*esp US*); (*kleiner Pelzkragen*) tippet; (*Ringkampf*) headlock.

Krawattenknoten *m* tie knot; **Krawattennadel** *f* tie-pin.

kraxeln *vi aux sein* (*S Ger*) to clamber (up).

Kreation *f* (*Fashion etc*) creation.

kreativ *adj* creative.

Kreativität [kreativi'tɛːt] *f* creativity.

Kreatur *f* **1.** (*lit, fig, pej*) creature; (*abhängiger Mensch*) minion, creature (*liter*). **2.** *no pl* (*alle Lebewesen*) creation. **die** ~ all creation.

kreatürlich *adj* (*naturhaft*) natural; *Angst etc* animal *attr*.

Krebs *m* **-es, -e 1.** (*Taschen~, Einsiedler~*) crab; (*Fluß~*) crayfish, crawfish (*US*). **rot wie ein** ~ red as a lobster. **2.** (*Gattung*) crustacean; (*Hummer, Krabbe etc*) crayfish, crawfish (*US*). **3.** (*Astron*) **der** ~ Cancer, the Crab; (*Astrol*) Cancer. **4.** (*Med*) cancer; (*Bot*) canker.

krebsen *vi* (*inf: sich abmühen*) to struggle.

krebs|erregend, krebs|erzeugend *adj* carcinogenic; ~ **wirken** to cause cancer; **Krebsgang** *m* (*fig*) retrogression; **im** ~ **gehen** to regress, to go backwards; **Krebsgeschwulst** *f* (*Med*) cancer, cancerous tumour *or* growth; **Krebsgeschwür** *nt* (*Med*) cancerous ulcer; (*fig*) cancer, cancerous growth; **Krebskranke(r)** *mf* cancer victim; (*Patient*) cancer patient; **krebsrot** *adj* red as a lobster; **Krebsschaden** *m* (*fig*) main trouble *or* problem; **Krebstiere** *pl* crustaceans *pl*, crustacea *pl*; **Krebsvorsorge|untersuchung** *f* medical check-up for the detection of cancer; **Krebszelle** *f* (*Med*) cancer cell.

Kredenz *f* (*dated, Aus*) sideboard.

kredenzen* *vt* (*liter*) **jdm etw** ~ to proffer sb sth (*liter*).

Kredit[1] *m* **-(e)s, -e** credit; (*Darlehen auch*) loan; (*fig auch*) standing, (good) repute. **auf** ~ on credit; **einen** ~ **kündigen** to withdraw credit facilities *or* a credit; **er hat bei uns/der Bank** ~ his credit is good with us/ the bank; **in seiner Stammkneipe hat er** ~ he gets credit at his local; ~ **haben** (*fig*) to have standing *or* a good reputation.

Kredit[2] *m* **-s, -s** (*Habenseite*) credit (side).

Kredit|anstalt *f* credit institution, credit *or* loan bank; **Kredit|aufnahme** *f* borrowing; **Kreditbrief** *m* letter of credit; **Kreditgeber** *m* creditor.

kreditieren* *vt* **jdm einen Betrag** ~, **jdn für einen Betrag** ~ to advance sb an amount, to credit sb with an amount.

Kredit|institut *nt* credit institution; **Kreditkarte** *f* credit card; **Kreditnehmer** *m*

borrower; **kreditwürdig** *adj* creditworthy.

Kredo *nt* **-s, -s** (*lit, fig*) creed, credo.

kregel *adj* (*dial*) lively.

Kreide *f* **-, -n** chalk; (*Geol*: ~*zeit*) Cretaceous (period). **ein Stück** ~ a piece of chalk; **bei jdm (tief) in der** ~ **sein** *or* **stehen** to be (deep) in debt to sb, to owe sb (a lot of) money.

kreidebleich *adj* (as) white as chalk *or* a sheet; **Kreidefelsen** *m* chalk cliff; **Kreideformation** *f* (*Geol*) Cretaceous (formation); **kreidehaltig** *adj* chalky, cretaceous (*spec*); **kreideweiß** *adj siehe* **kreidebleich; Kreidezeichnung** *f* chalk drawing.

kreieren* [kre'iːrən] *vt* (*Fashion, Theat etc, Eccl*) to create.

Kreis *m* **-es, -e 1.** circle. **einen** ~ **beschreiben** *or* **schlagen** *or* **ziehen** to describe a circle; **einen** ~ **um jdn bilden** to form *or* make a circle around sb, to encircle sb; **im** ~ **(gehen)** (to go round) in a circle; ~**e ziehen** (*lit*) to circle; (*weite*) ~**e ziehen** (*fig*) to have (wide) repercussions; **sich im** ~ **bewegen** *or* **drehen** (*lit*) to go *or* turn round in a circle; (*fig*) to go round in circles; **mir dreht sich alles im** ~ everything's going round and round, my head is reeling *or* spinning; **der** ~ **schließt sich** (*fig*) we *etc* come full circle, the wheel turns full circle; **störe meine** ~**e nicht!** (*fig*) leave me in peace!

2. (*Elec: Strom~*) circuit.

3. (*Bereich: von Interessen, Tätigkeit etc*) sphere; (*Ideen~*) body of ideas; (*Sagen~*) cycle.

4. (*fig: von Menschen*) circle. **der** ~ **seiner Leser** his readership, his readers *pl*; **weite** ~**e der Bevölkerung** wide sections of the population; **im** ~**e von Freunden/seiner Familie** among *or* with friends/his family, in the family circle; **eine Feier im engen** *or* **kleinen** ~**e** a celebration for a few close friends and relatives; **ein Mann aus den besten** ~**en** a man belonging to high society *or* who moves in the best circles.

5. (*Stadt~, Land~*) district; (*Gemeindewahl~*) ward; (*Landeswahl~*) constituency. ~ **Leipzig** Leipzig District, the District of Leipzig.

Kreis|abschnitt *m* segment; **Kreis|ausschnitt** *m* sector; **Kreisbahn** *f* (*Astron, Space*) orbit; **Kreisbogen** *m* arc (of a circle).

kreischen *vi* to screech; (*Vogel auch*) to squawk; (*Reifen, Bremsen auch*) to squeal; (*Mensch auch*) to shriek, to squeal.

Kreisel *m* **-s, -** (*Tech*) gyroscope; (*Spielzeug*) (spinning) top; (*inf: im Verkehr*) roundabout (*Brit*), traffic circle (*US*), rotary (*US*). **den** ~ **schlagen** to spin the top.

Kreiselkompaß *m* gyroscopic compass, gyrocompass.

kreiseln *vi* **1.** *aux sein or haben* (*sich drehen*) to spin around, to gyrate. **2.** (*mit Kreisel spielen*) to play with a top, to spin a top.

kreisen *vi aux sein or haben* to circle (*um* round, *über +dat* over); (*um eine Achse*) to revolve (*um* around); (*Satellit, Planet auch*) to orbit (*um etw* sth); (*Blut, Öl etc*) to circulate (*in* +*dat* through); (*fig: Gedanken, Wünsche, Gespräch*) to revolve (*um* around). **die Arme ~ lassen** to swing one's arms around (in a circle); **den Becher ~ lassen** to hand the cup round.

Kreisfläche f *siehe* **Kreisinhalt; kreisförmig** adj circular; **sich ~ bewegen** to move in a circle; **~ angelegt** arranged in a circle; **kreisfrei** adj **~e Stadt** *town which is an administrative district in its own right*; **Kreis|inhalt** *m* area of a/the circle; **Kreiskolbenmotor** *m* rotary piston engine.

Kreislauf *m* (*Blut~, Öl~, von Geld*) circulation; (*der Natur, des Wassers*) cycle.

Kreislaufkollaps *m* circulatory collapse; **Kreislaufmittel** *nt* cardiac stimulant; **Kreislaufstörungen** *pl* circulation *or* circulatory trouble *sing or* disorders *pl*.

Kreislinie f circle; **kreisrund** adj (perfectly) circular; **Kreissäge** f circular saw; (*inf: Hut*) boater.

kreißen vi (*old*) to be in labour. **der Berg kreißte und gebar eine Maus** (*prov*) the mountain laboured and brought forth a mouse.

Kreißsaal *m* delivery room.

Kreisstadt f chief town of a district, district town, ≃ county town (*Brit*); **Kreistag** *m* district assembly, ≃ county council (*Brit*); **Kreis|umfang** *m* circumference (of a/the circle); **Kreisverkehr** *m* roundabout (*Brit*) *or* rotary (*US*) traffic; (*Kreisel*) roundabout (*Brit*), traffic circle (*US*), rotary (*US*); **Kreiswehr|ersatz|amt** *nt* district recruiting office.

Krematorium *nt* crematorium.

kremig adj creamy. **etw ~ schlagen** to cream sth.

Kreml *m* **-s der ~** the Kremlin.

Krempe f **-, -n** (*Hut~*) brim. **ein Hut mit breiter ~** a broad-brimmed hat.

Krempel¹ *m* **-s, no pl** (*inf*) (*Sachen*) stuff (*inf*), things *pl*; (*wertloses Zeug*) junk, rubbish. **ich werfe den ganzen ~ hin** I'm chucking the whole lot *or* business in (*inf*); **dann kannst du deinen ~ allein machen** then you can (damn well *inf*) do it yourself.

Krempel² f **-, -n** carding machine.

krempeln vt (*Tex*) to card.

Kremser *m* **-s, -** charabanc.

Kren *m* **-s, no pl** (*Aus*) horse-radish.

Kreole *m* **-n, -n, Kreolin** f Creole.

krepieren* vi aux sein **1.** (*platzen*) to explode, to go off. **2.** (*sl: sterben*) to croak (it) (*sl*), to snuff it (*sl*), to kick the bucket (*inf*); (*inf: elend sterben*) to die a wretched death. **das Tier ist ihm krepiert** (*inf*) the animal died on him (*inf*).

Krepp *m* **-s, -e** *or* **-s** crepe.

Kreppapier *nt getrennt:* **Krepp-papier**, crepe paper.

Kreppsohle f crepe sole.

Kresse f **-, no pl** cress.

Kreta *nt* **-s** Crete.

Kreter(in f) *m* **-s, -** Cretan.

Krethi und Plethi pl *no art* (*inf*) every Tom, Dick and Harry.

Kretin [kre'tɛ:] *m* **-s, -s** (*Med, pej*) cretin.

Kretinismus *m* (*Med*) cretinism.

kretisch adj Cretan.

Kreton [kre'to:n] *m* **-s, -e** (*Aus*), **Kretonne** [kre'tɔn] *m or f* **-, -s** (*Tex*) cretonne.

kreucht (*obs, poet*) *3 pers sing of* **kriechen. alles, was da ~ und fleucht** all living creatures, all things that do creep and fly (*poet*).

Kreuz¹ *nt* **-es, -e 1.** cross; (*als Anhänger etc*) crucifix. **das ~ des Südens** (*Astron*) the Southern Cross; **jdn ans ~ schlagen** to nail sb to the cross; **ein ~ schlagen** *or* **machen** to make the sign of the cross; (*sich bekreuzigen auch*) to cross oneself; **zwei Gegenstände über ~ legen** to put two objects crosswise one on top of the other; **mit jdm über ~ sein** *or* **stehen** (*fig*) to be on bad terms with sb; **sein ~ geduldig tragen** (*geh*) to bear one's cross with patience; **sein ~ auf sich nehmen** (*fig*) to take up one's cross; **es ist ein ~ mit ihm/damit** he's/it's an awful problem; **ich mache drei ~e, wenn er geht** (*inf*) it'll be such a relief when he leaves (*inf*); **er machte ein ~ (als Unterschrift/am Rand)** he put a cross (for his signature/in the margin); **zu ~e kriechen** (*fig*) to eat humble pie, to eat crow (*US*).

2. (*Anat*) small of the back; (*von Tier*) back. **ich habe Schmerzen im ~** I've got (a) backache; **ich hab's im ~** (*inf*) I have back trouble; **jdn aufs ~ legen** to throw sb on his back; (*fig inf*) to take sb for a ride (*inf*); (*vulg*) *Mädchen* to lay sb (*sl*).

3. (*Archit: Fenster~*) mullion and transom.

4. (*Typ*) dagger, obelisk.

5. (*Mus*) sharp.

6. (*Autobahn~*) intersection.

7. (*Cards*) (*Farbe*) clubs *pl*; (*Karte*) club. **die ~dame** the Queen of Clubs.

Kreuz² f: **in die ~ und in die Quer(e)** this way and that.

kreuz adj: **~ und quer** all over; **~ und quer durch die Gegend fahren** to drive/travel all over the place; **sie liefen/lagen ~ und quer durcheinander** they were running/lying all over the place.

Kreuz|abnahme f Descent from the Cross; **Kreuzband** *nt* **1.** (*Anat*) crucial ligament; **2.** (*Post: Streifband*) wrapper; **Kreuzbein** *nt* (*Anat*) sacrum; (*von Tieren*) rumpbone; **Kreuzblütler** *pl* cruciferous plants *pl*; **kreuzbrav** adj *Kind* terribly good *or* well-behaved, as good as gold.

kreuzen I vt to cross (*auch Biol*). **die Klinge mit jdm ~** (*lit, fig*) to cross swords with sb; **die Arme ~** to fold *or* cross one's arms.

II vr to cross; (*Meinungen, Interessen*) to clash; (*Biol*) to interbreed. **unsere Wege haben sich nie wieder gekreuzt** our paths have never crossed again.

III vi aux haben or sein (*Naut*) to cruise; (*Zickzack fahren*) to tack.

Kreuzer *m* **-s, - 1.** (*Naut*) cruiser. **2.** (*Hist: Münze*) kreutzer.

Kreuzestod *m* (death by) crucifixion. **den ~ erleiden** to die on the cross.

Kreuzfahrer *m* (*Hist*) crusader; **Kreuzfahrt** f **1.** (*Naut*) cruise; **eine ~ machen** to go on a cruise; **2.** (*Hist*) crusade; **Kreuz-feuer** *nt* (*Mil, fig*) crossfire; **ins ~ (der Kritik) geraten** (*fig*) to come under fire (from all sides); **kreuzfidel** *adj* (*inf*) happy as a sandboy (*inf*) *or* lark; **kreuz-förmig** *adj* cross-shaped, cruciform (*form*); **etw ~ anordnen** to arrange sth crossways *or* crosswise; **Kreuzgang** *m* cloister; **Kreuzgelenk** *nt* (*Tech*) universal joint; **Kreuzgewölbe** *nt* (*Archit*) cross *or* groin vault.

kreuzigen *vt* to crucify.

Kreuzigung *f* crucifixion.

Kreuzknoten *m* reef-knot; **kreuzlahm** *adj Pferd* broken-backed; (*inf*) *Mensch* exhausted; **Kreuzotter** *f* (*Zool*) adder, viper; **Kreuzrippengewölbe** *nt* (*Archit*) ribbed vault; **Kreuzritter** *m* (*Hist*) crusader; (*vom deutschen Ritterorden*) knight of the Teutonic Order; **Kreuz-schmerzen** *pl* backache *sing*, pains *pl* in the small of the back; **Kreuzschnabel** *m* (*Orn*) crossbill; **Kreuzspinne** *f* (*Zool*) garden *or* cross spider; **Kreuz-stich** *m* (*Sew*) cross-stitch.

Kreuzung *f* **1.** (*Straßen~*) crossroads *sing or pl* (*esp Brit*), intersection (*esp US*). **2.** (*das Kreuzen*) crossing; (*von Tieren auch*) cross-breeding, interbreeding. **3.** (*Rasse*) hybrid; (*Tiere auch*) cross, cross-breed.

kreuzungsfrei *adj* without crossroads.

Kreuzverhör *nt* cross-examination; **jdn ins ~ nehmen** to cross-examine sb; **Kreuz-weg** *m* **1.** (*Wegkreuzung, fig*) crossroads *sing*; **2.** (*Rel: Christi Leidensweg*) way of the cross; (*Eccl: in Kirche auch*) stations of the cross *pl*; **den ~ beten** to do the stations of the cross; **kreuzweise** *adv* crosswise, crossways; **du kannst mich ~** (*sl*) (you can) get stuffed! (*sl*); **Kreuz-worträtsel** *nt* crossword puzzle; **Kreuz-zeichen** *nt* sign of the cross; **Kreuzzug** *m* (*lit, fig*) crusade.

Krevette [krɛˈvɛtə] *f* shrimp.

kribb(e)lig *adj* (*inf*) fidgety, edgy (*inf*); (*kribbelnd*) tingly (*inf*).

kribbeln I *vt* (*kitzeln*) to tickle; (*jucken*) to make itch; (*prickeln*) to make tingle.

II *vi* **1.** (*jucken*) to itch, to tickle; (*prickeln*) to prickle, to tingle. **auf der Haut** ~ to cause a prickling sensation; (*angenehm*) to make the skin tingle; **es kribbelt mir im Fuß** (*lit*) I have pins and needles in my foot; **es kribbelt mir** *or* **mich (in den Fingern), etw zu tun** (*inf*) I'm itching/I get an itch to do sth.

2. *aux sein* (*Insekten*) ~ (**und krabbeln**) to scurry *or* swarm (around); **es kribbelt von Ameisen** the place is crawling *or* swarming *or* teaming with ants; **es krib-belt und krabbelt wie in einem Ameisen-haufen** it's like an ant-hill.

Kricket *nt* **-s, -s** (*Sport*) cricket.

Krida *f* -, *no pl* (*Aus*) faked bankruptcy.

kriechen *pret* **kroch**, *ptp* **gekrochen** *vi aux sein* to creep (*auch Pflanze, Tech*), to crawl (*auch Schlange*); (*langsam fahren*) to creep *or* crawl (along); (*fig: Zeit*) to creep by; (*fig: unterwürfig sein*) to grovel (*vor* + *dat* before), to crawl (*vor* + *dat* to). **aus dem Ei ~** to hatch (out); **unter die Bettdecke ~** to slip under the covers.

Kriecher *m* **-s, -** (*inf*) groveller, bootlicker (*inf*), crawler (*inf*).

kriecherisch *adj* (*inf*) grovelling, servile, bootlicking *attr* (*inf*).

Kriechspur *f* crawler lane; **Kriechtier** *nt* (*Zool*) reptile.

Krieg *m* **-(e)s, -e** war; (*Art der Kriegsfüh-rung*) warfare. **~ anfangen mit** to start a war with; **einer Partei** *etc* **den ~ ansagen** (*fig*) to declare war on a party *etc*; **~ füh-ren (mit** *or* **gegen)** to wage war (on); **in ~ und Frieden** in war and in peace; **im ~(e)** in war; (*als Soldat*) away in the war, away fighting; **im ~ sein** *or* **stehen (mit), ~ haben mit** to be at war (with); **im ~e fal-len, im ~ bleiben** (*inf*) to be killed in the war *or* in action; **in den ~ ziehen** to go to war; **in einem ständigen ~ leben** (*fig*) to be constantly feuding.

kriegen *vt* (*inf*) to get; *Zug, Bus, Schnup-fen, Weglaufenden auch* to catch; *Schlaganfall, eine Spritze, Besuch auch* to have; *Junge, ein Kind* to have. **graue Haare/eine Glatze ~** to get grey hairs, to go grey/bald; **eine ~** to catch one; **sie** *or* **es ~** to get a hiding; **es mit jdm zu tun ~** to be in trouble with sb; **wenn ich dich kriege!** just you wait till I catch you!; **sie ~ sich** (*in Kitschroman*) boy gets girl; **das werden wir schon ~** we'll fix it, that's no problem; **dann kriege ich zuviel** then it gets too much for me; **was kriegt der Herr?** yes sir, what will you have?; **ich kriege ein Steak** I'll have a steak; **jdn dazu ~, etw zu tun** to get sb to do sth; **etw gemacht ~** to get sth done.

Krieger *m* **-s, -** warrior; (*Indianer~*) brave. **alter ~** veteran (soldier), old campaigner *or* warhorse; **ein müder ~ sein** (*fig inf*) to have no go left in one.

Kriegerdenkmal *nt* war memorial.

kriegerisch *adj* warlike *no adv*; *Haltung auch* belligerent. **eine ~e Auseinanderset-zung** fighting *no pl*, military conflict.

Kriegerwitwe *f* war-widow.

kriegführend *adj* belligerent, warring; **die K~n** the belligerents; **Kriegführung** *f* warfare *no art*; (*eines Feldherrn*) conduct of the war.

Kriegsanleihe *f* war loan; **Kriegsaus-bruch** *m* outbreak of war; **kurz nach ~** shortly after the outbreak of war; **Kriegs-beginn** *m* start of the war; **Kriegs-beil** *nt* tomahawk; **das ~ begraben/ ausgraben** (*fig*) to bury the hatchet/to start a fight; **Kriegsbemalung** *f* (*lit, hum*) warpaint; **Kriegsberichterstatter** *m* war correspondent; **Kriegsbe-schädigte(r)** *mf decl as adj* war-disabled (ex-serviceman); **Kriegsblinde(r)** *mf* war-blinded person; **die ~n** the war-blind; **Kriegsdienst** *m* (*form*) military service; **den ~ verweigern** to be a conscientious objector; **Kriegsdienstverweigerer** *m* **-s, -** conscientious objector; **Kriegs-dienstverweigerung** *f* refusal to serve in the armed forces (on the grounds of conscience); **Kriegseinwirkung** *f* effects *pl* or aftermath *no pl* of war; **Kriegsende** *nt* end of the war; **Kriegsentschädigun-gen** *pl* reparations *pl*; **Kriegs-erklärung** *f* declaration of war;

Kriegsfall *m* (eventuality of a) war; **dann träte der ~ ein** then war would break out; **Kriegsfilm** *m* war film; **Kriegsflagge** *f* naval ensign; **Kriegsflotte** *f* navy, fleet; **Kriegsfolge** *f* consequence of (a/the) war; **Kriegsfreiwillige(r)** *mf* (wartime) volunteer; **Kriegsfuß** *m* (*inf*): **mit jdm auf ~ stehen** to be at loggerheads with sb; **mit der englischen Sprache auf ~ stehen** to find the English language heavy going (*inf*); **Kriegsgebiet** *nt* war-zone; **Kriegsgefahr** *f* danger of war; **Kriegsgefangene(r)** *mf* prisoner of war, P.O.W.; **Kriegsgefangenschaft** *f* captivity; **in ~ sein** to be a prisoner of war; **Kriegsgegner** *m* **1.** opponent of a/the war; (*Pazifist*) pacifist, opponent of war; **2.** (*Gegner im Krieg*) war-time enemy; **Kriegsgericht** *nt* (war-time) court-martial; **jdn vor ein ~ stellen** to court-martial sb; **Kriegsgeschrei** *nt* war-cry; **Kriegsgewinnler(in)** *f) m* **-s, -** (*pej*) war-profiteer; **Kriegsglück** *nt* (*liter*) fortunes of war *pl*; **dann verließ Hannibal sein ~** then the fortunes of war turned against *or* deserted Hannibal; **Kriegsgott** *m* god of war; **Kriegsgöttin** *f* goddess of war; **Kriegsgräberfürsorge** *f* War Graves Commission; **Kriegshafen** *m* naval port *or* harbour; **Kriegshandwerk** *nt* (*old*) soldiering; **Kriegsheld** *m* great warrior; (*in moderner Zeit*) military hero; **Kriegsherr** *m* (*Hist*): **oberster ~** commander-in-chief; **Kriegshetze** *f* war-mongering; **Kriegshinterbliebene(r)** *mf* war-widow/orphan; **die ~n** those who lost a husband or father in the war; **Kriegs|invalide(r)** *mf siehe* **Kriegsbeschädigte(r)**; **Kriegsjahr** *nt* year of war; **die ~e** the war years; **im ~ 1945** (during the war) in 1945; **im dritten ~** in the third year of the war; **Kriegskamerad** *m* fellow soldier, war(-time) comrade; **Kriegskasse** *f* war-chest; **Kriegskind** *nt* war-baby; **Kriegskunst** *f* art of war(fare); **Kriegslist** *f* (*old, liter*) ruse of war, stratagem; **kriegslüstern** *adj* (*pej*) bellicose; **Kriegsmarine** *f* navy; **kriegsmäßig** *adj* for war; **Kriegsminister** *m* (*Hist, Pol pej*) minister of war; **Kriegsministerium** *nt* (*Hist*) War Office (*Brit*), War Department (*US*); **kriegsmüde** *adj* war-weary; **Kriegs|opfer** *nt* war victim; **Kriegspfad** *m* (*liter*): **auf dem ~ on** the war-path; **Kriegsrat** *m* council of war; **~ halten** (*fig*) to have a pow-wow (*inf*); **Kriegsrecht** *nt* conventions of war *pl*; (*Mil*) martial law; **Kriegsschäden** *pl* war damage; **Kriegsschauplatz** *m* theatre of war; **Kriegsschiff** *nt* warship, man-of-war; **Kriegsschuld** *f* war guilt; **Kriegsschulden** *pl* war debts *pl*; **Kriegsspiel** *nt* war game; **Kriegsspielzeug** *nt* war toys; **Kriegsstärke** *f* war establishment; **die Armee auf ~ bringen** to make the army ready for war; **Kriegsteilnehmer** *m* combatant; (*Staat*) combatant nation, belligerent; (*ehemaliger Soldat*) ex-serviceman; **Kriegstrauung** *f* war wedding; **Kriegstreiber** *m* **-s, -** (*pej*) war-monger; **kriegstüchtig** *adj* (*old*)

fit for active service; **kriegs|untauglich** *adj* unfit for active service; **Kriegsverbrechen** *nt* war crime; **Kriegsverbrecher** *m* war criminal; **Kriegsverletzung** *f* war wound; **kriegsversehrt** *adj* war-disabled; **Kriegswaise** *f* war orphan; **Kriegswirren** *pl* (*geh*) chaos of war *sing*; **Kriegswirtschaft** *f* war economy; **Kriegszeit** *f* wartime; **in ~en** in times of war; **kriegszerstört** *adj* destroyed by war; **Land auch** war shattered; **Kriegszustand** *m* state of war; **im ~** at war.

Krill *m* **-(s)**, *no pl* (*Biol*) krill.

Krim *f* **- die ~** the Crimea.

Krimi *m* **-s, -s** (*inf*) (crime) thriller; (*mit Detektiv als Held*) detective novel; (*rätselhaft*) murder mystery, whodunnit (*inf*); (*moderner Film, Fernsehsendung*) crime series *sing*; crime film.

Kriminalbe|amte(r) *m* detective, CID officer (*Brit*).

Kriminale(r) *m decl as adj* (*sl*) plain-clothes man, detective, CID officer (*Brit*).

Kriminalfilm *m* crime thriller *or* film *or* movie (*esp US*); (*rätselhaft*) whodunnit (*inf*); **Kriminalhörspiel** *nt* radio thriller; (*rätselhaft*) murder mystery, whodunnit (*inf*).

kriminalisieren* *vt* **1.** (*zum Kriminellen machen*) **jdn ~** to make sb turn to crime; **die ~den Wirkungen des Drogenmißbrauchs** the crime-inducing consequences of drug abuse.

2. (*als kriminell hinstellen*) to represent as (being) criminal.

Kriminalist *m* criminologist.

Kriminalistik *f* criminology.

kriminalistisch *adj* criminological.

Kriminalität *f* crime; (*Ziffer*) crime rate.

Kriminalkommissar *m* detective superintendent; **Kriminalkomödie** *f* comedy thriller; **Kriminalmuseum** *nt* crime museum; **Kriminalpolizei** *f* criminal investigation department; **Kriminalpolizist** *m* detective, CID officer (*Brit*); **Kriminalpsychologie** *f* criminal psychology; **Kriminalroman** *m siehe* **Krimi** (crime) thriller; detective novel; murder mystery, whodunnit (*inf*); **kriminaltechnisch** *adj* forensic.

kriminell *adj* (*lit, fig inf*) criminal. **~ werden** to turn to crime, to become a criminal; (*junger Mensch auch*) to become delinquent.

Kriminelle(r) *mf decl as adj* criminal.

Kriminologie *f* criminology.

Krimkrieg *m* Crimean War.

Krimskrams *m* **-es**, *no pl* (*inf*) odds and ends *pl*, bits and pieces *pl*, rubbish.

Kringel *m* **-s, -** (*der Schrift*) squiggle; (*Cook: Zucker~ etc*) ring.

kringelig *adj* crinkly. **sich ~ lachen** (*inf*) to laugh oneself silly (*inf*), to kill oneself (laughing) (*inf*).

kringeln *vr* to go frizzy, to curl. **sich ~ vor Lachen** (*inf*) to kill oneself (laughing) (*inf*).

Krinoline *f* (*Hist*) crinoline.

Kripo *f* **-, -s** (*inf*) *abbr of* **Kriminalpolizei**. **die ~** the cops (*inf*) *pl*, the CID (*Brit*).

Krippe *f* **-, -n 1.** (*Futter~*) (hay)rack, (hay)box. **sich an die ~ drängen** (*fig*) to start jockeying for position; **an der ~ sitzen** (*fig*) to live a life of ease, to live in comfort. **2.** (*Kinder~*, *Weihnachts~*) crib; (*Bibl auch*) manger. **3.** (*Kinderhort*) crèche.

Krippenspiel *nt* nativity play; **Krippentod** *m* cot death.

Krise *f* **-**, **-n** crisis. **in eine ~ geraten** to enter a state of crisis; **er hatte eine schwere ~** he was going through a difficult crisis.

kriseln *vi impers* (*inf*) **es kriselt** there is a crisis looming, there is trouble brewing.

krisen|anfällig *adj* crisis-prone; **krisenfest** *adj* stable, crisis-proof; **Krisengebiet** *nt* crisis area; **Krisenherd** *m* flash point, trouble spot; **Krisenmanagement** *nt* crisis management; **Krisenstab** *m* (special) action *or* crisis committee.

Kristall[1] *m* **-s**, **-e** crystal. **~e bilden** to crystallize, to form crystals.

Kristall[2] *nt* **-s**, *no pl* (*~glas*) crystal (glass); (*~waren*) crystal-ware, crystal goods *pl*.

kristallen *adj* (made of) crystal; *Stimme* crystal-clear.

Kristallgitter *nt* crystal lattice; **Kristallglas** *nt* crystal glass.

kristallin, kristallinisch *adj* crystalline.

Kristallisation *f* crystallization.

Kristallisationspunkt *m* (*fig*) focal point.

kristallisieren* *vir* (*lit*, *fig*) to crystallize.

Kristalleuchter *m* getrennt: **Kristalleuchter** crystal chandelier; **kristallklar** *adj* crystal-clear; **Kristallnacht** *f* (*Hist*) Crystal night, *night of 9th/10th November 1938, during which the Nazis organized a pogrom throughout Germany, burning synagogues and breaking windows of Jewish shops*; **Kristallwaren** *pl* crystalware *sing*, crystal goods *pl*; **Kristallzucker** *m* refined sugar (in) crystals.

Kriterium *nt* **1.** criterion. **2.** (*Radfahren*) circuit race.

Kritik *f* **-**, **-en** **1.** *no pl* criticism (*an* +*dat* of). **an jdm/etw ~ üben** to criticize sb/sth; **Gesellschafts-/Literatur~** social/ literary criticism; **unter aller ~ sein** (*inf*) to be beneath contempt. **2.** (*Rezensieren*) criticism; (*Rezension auch*) review, notice, crit (*inf*). **eine gute ~ haben** to get good reviews *etc*. **3.** *no pl* (*die Kritiker*) critics *pl*. **4.** *no pl* (*Urteilsfähigkeit*) discrimination. **ohne jede ~** uncritically. **5.** (*Philos, kritische Analyse*) critique.

Kritikaster *m* **-s**, **-** (*dated pej*) caviller, faultfinder, criticaster (*rare*).

Kritiker(in) *f* *m* **-s**, **-** critic.

Kritikfähigkeit *f* critical faculty; **kritiklos** *adj* uncritical.

kritisch *adj* (*alle Bedeutungen*) critical. **jdm/einer Sache ~ gegenüberstehen** to be critical of sb/sth, to regard *or* consider sb/ sth critically; **dann wird es ~** it could be critical.

kritisieren* *vti* to criticize. **er hat** *or* **findet an allem etw zu ~** he always *or* finds something to criticize.

Kritizismus *m* (*Philos*) critical philosophy.

kritteln *vi* to find fault (*an* +*dat*, *über* +*acc* with), to cavil (*an* +*dat*, *über* +*acc* at).

Kritzelei *f* scribble; (*das Kritzeln*) scribbling; (*Männchenmalen etc*) doodle;

doodling; (*an Wänden*) graffiti.

kritzeln *vti* to scribble, to scrawl; (*Männchen malen etc*) to doodle.

Kroate *m* **-n**, **-n**, **Kroatin** *f* Croat, Croatian.

Kroatien [kro'aːtsiən] *nt* **-s** Croatia.

kroatisch *adj* Croat, Croatian.

kroch *pret of* **kriechen.**

Krocket(spiel) ['krɔkət-, krɔ'ket-] *nt* **-s**, *no pl* croquet.

Krokant *m* **-s**, *no pl* (*Cook*) cracknel.

Krokette *f* (*Cook*) croquette.

Kroko *nt* **-s**, *no pl* crocodile leather.

Krokodil *nt* **-s**, **-e** crocodile.

Krokodilleder *nt* crocodile leather *or* skin.

Krokodilstränen *pl* crocodile tears *pl*.

Krokus *m* **-**, *- or* **-se** crocus.

Krone *f* **-**, **-n** **1.** crown; (*eines Grafen etc*) coronet. **die ~** (*fig*) the Crown. **2.** (*Mauer~*) coping; (*Schaum~*) cap, crest; (*Zahn~*) crown, cap; (*an Uhr*) winder; (*Geweih~*) surroyal (antler); (*Baum~*) top; (*Ernte~*) harvest wreath *or* crown. **die ~ der Schöpfung** the pride of creation, creation's crowning glory; **die ~ des Ganzen war, daß ...** (*fig*) (but) what crowned *or* capped it all was that ...; **das setzt dem allem die ~ auf** (*inf*) that beats everything; **das setzt der Dummheit die ~ auf** (*inf*) that beats everything for stupidity; **einen in der ~ haben** (*inf*) to be tipsy, to have had a drop too much; **dabei fällt dir keine Perle** *or* **kein Stein** *or* **Zacken aus der ~** (*inf*) it won't hurt you. **3.** (*Währungseinheit*) (*Hist, in der CSSR*) crown; (*in Skandinavien*) krone; (*in Schweden*) krona.

krönen *vt* (*lit*, *fig*) to crown; *Bauwerk* to crown, to top, to cap. **jdn zum König ~** to crown sb king; **von Erfolg gekrönt sein/ werden** to be crowned with success; **gekrönte Häupter** crowned heads; **damit wurde eine glänzende Laufbahn gekrönt** this was the crowning achievement in *or* culmination of his career; **der ~de Abschluß** the culmination.

Kronenkorken *m* crown cork; **Kronenmutter** *f* (*Tech*) castle nut.

Kron|erbe *m* heir to the Crown *or* Throne; **Krongut** *nt* crown estate; **Kronkolonie** *f* crown colony; **Kronland** *nt* crown land; **Kronleuchter** *m* chandelier; **Kronprätendent** *m* pretender (to the crown); **Kronprinz** *m* crown prince; (*in Großbritannien auch*) Prince of Wales; (*fig*) heir apparent; **Kronprinzessin** *f* crown princess; **Kronrat** *m* crown council.

Kronsbeere *f* (*N Ger*) siehe **Preiselbeere.**

Krönung *f* coronation; (*fig*) culmination; (*von Veranstaltung*) high point, culmination; (*Archit*) coping stone.

Kronzeuge *m* (*Jur*) person who gives *or* turns King's/Queen's evidence *or* (*US*) State's evidence; (*fig*) main authority. **~ sein, als ~ auftreten** to turn King's/ Queen's/State's evidence.

Kropf *m* **-(e)s**, **-̈e** **1.** (*von Vogel*) crop. **2.** (*Med*) goitre.

kröpfen I *vt* (*füttern, nudeln*) to cram. **II** *vi* (*fressen: Raubvögel*) to gorge.

Kroppzeug *nt* (*pej sl: Gesindel*) scum. **dieses ganze ~** all this junk (*inf*).

kroß adj (N Ger) crisp; Brötchen auch crusty.

Krösus m -, -se Croesus. **ich bin doch kein** ~ (inf) I'm not made of money (inf).

Kröte f -, -n 1. (Zool) toad. **eine freche (kleine)** ~ (inf) a cheeky (little) minx (inf); **eine giftige** ~ (inf) a spiteful creature. 2. ~n pl (sl) pennies (inf).

Krücke f -, -n 1. crutch; (fig) prop, stay. **auf** or **an** ~n (dat) **gehen** to walk on crutches. 2. (Schirm~) crook. 3. (zum Harken etc) rake. 4. (sl: Stock) stick. 5. (sl: Nichtskönner) dead loss (inf), washout (inf).

Krückstock m walking-stick.

krud(e) adj (geh) crude.

Krudität f (geh) crudity.

Krug m -(e)s, =e 1. (Milch~ etc) jug, pitcher (old); (Wein~ auch) flagon; (Bier~) (beer-)mug, stein, tankard; (Maß~) litre mug; (Kruke) jar. **der** ~ **geht so lange zum Brunnen, bis er bricht** (Prov) one day you/they etc will come unstuck or to grief. 2. (N Ger: Wirtshaus) inn, pub (Brit).

Kruke f -, -n stone jar; (Wärm~) bed-warmer, earthenware or stone hot-water bottle.

Krume f -, -n (geh) 1. (Brot~) crumb. 2. (liter: Acker~) (top)soil.

Krümel m -s, - 1. (Brot~ etc) crumb. 2. (inf: Kind) little one, tiny tot (inf).

krümelig adj crumbly.

krümeln vti to crumble; (beim Essen) to make crumbs.

krumm adj 1. crooked; (verbogen auch) bent; (hakenförmig) hooked; Beine auch bandy; Rücken hunched. ~**e Nase** hook(ed) nose; ~ **gewachsen** crooked; **etw** ~ **biegen** to bend sth; ~ **und schief** askew, skew-whiff (inf); **sich** ~ **und schief lachen** (inf) to fall about laughing (inf); **jdn** ~ **und lahm schlagen** to beat sb black and blue; **keinen Finger** ~ **machen** (inf) not to lift a finger; **eine** ~**e Hand machen** (inf) to hold one's hand out; **einen** ~**en Rücken machen** to stoop; (fig) to bow and scrape; **steh/sitz nicht so** ~ **da!** stand/sit up straight, don't slouch; ~ **gehen** to walk with a stoop.

2. (inf: unehrlich) crooked (inf). ~**er Hund** (pej) crooked swine; **ein** ~**es Ding drehen** (sl) to do something crooked; **etw auf die** ~**e Tour versuchen** to try to fiddle (inf) or wangle (inf) sth; ~**e Wege gehen** to err from the straight and narrow.

krummbeinig adj bow-legged, bandy(-legged).

krümmen I vt to bend. **die Katze krümmte den Buckel** the cat arched its back; **gekrümmte Oberfläche** curved surface.

II vr to bend; (Fluß) to wind; (Straße) to bend, to curve; (Wurm) to writhe. **sich vor Lachen** ~ to double up with laughter, to crease up (inf); **sich vor Schmerzen** (dat) ~ to double up or writhe with pain.

Krummhorn nt crumhorn, krummhorn; **krummlachen** vr sep (inf) to double up or fall about laughing or with laughter; **krummlegen** vr sep (inf) to pinch and scrape (inf); **krummnasig** adj (pej) hook-nosed; **krummnehmen** vt sep irreg (inf) (jdm) etw ~ to take offence at sth, to take sth amiss; **Krummsäbel** m scimitar;

Krummschwert nt scimitar; **Krummstab** m crook, crozier.

Krümmung f 1. (das Krümmen) bending. 2. (Biegung) (von Weg, Fluß) bend, turn; (Math, Med, von Fläche) curvature; (Opt: von Linse) curve, curvature, figure.

Kruppe f -, -n (Zool) croup, crupper.

Krüppel m -s, - cripple. **ein seelischer/ geistiger** ~ **sein** to be an emotional/ intellectual cripple, to be emotionally/ intellectually stunted; **zum** ~ **werden** to be crippled; **jdn zum** ~ **schlagen** to (beat and) cripple sb.

krüpp(e)lig adj Mensch crippled, deformed; Wuchs stunted.

Krustazeen [krusta'tse:ən] pl (spec) crustacea.

Kruste f -, -n crust; (von Schweinebraten) crackling; (von Braten) crisped outside.

krustig adj crusty; Topf etc encrusted.

Kruzifix nt -es, -e crucifix. ~! (inf) Christ almighty!

Kruzifixus m -, no pl (the) crucified Christ.

Kruzitürken interj (S Ger inf) confound it, curse it.

Krypta ['krypta] f -, **Krypten** crypt.

Krypto-, krypto- [krypto-] in cpds crypto-.

Krypton ['krypton, kryp'to:n] nt -s, no pl (abbr **Kr**) krypton.

Kuba nt -s Cuba.

Kubaner(in f) m -s, - Cuban.

kubanisch adj Cuban.

Kübel m -s, - bucket, pail; (für Jauche etc) container; (inf: im Gefängnis) latrine or toilet bucket, crapper (sl); (für Bäume) tub. **es regnet (wie) aus** or **in** or **mit** ~**n** it's bucketing down; ~ **von Schmutz** or **Unrat** (fig geh) torrents of abuse; ~ **von Hohn und Spott über jdn ausgießen** (fig geh) to heap or pour scorn on sb.

Kuben pl of **Kubus**.

Kubikmeter m or nt cubic metre; **Kubikwurzel** f cube root; **Kubikzahl** f cube number.

kubisch adj cubic(al); Gleichung cubic; Lampen cube-shaped.

Kubismus m (Art) cubism.

Kubist(in f) m (Art) cubist.

kubistisch adj (Art) cubist(ic).

Kubus m -, **Kuben** or - cube.

Küche f -, -n 1. kitchen; (klein) kitchenette. **es wurde alles aufgetischt, was** ~ **und Keller zu bieten hatten** he/they etc served up a meal fit for a king. 2. (Kochkunst) cooking, cuisine. **gutbürgerliche** ~ good home cooking; **die** ~ **besorgen** to do the cooking. 3. (Speisen) meals pl, dishes pl, food.

Kuchen m -s, - cake; (Torte auch) gateau; (mit Obst gedeckt) (fruit) flan, gateau.

Küchen|abfälle pl kitchen scraps pl.

Küchenbenutzung f use of kitchen.

Küchenblech nt baking sheet or tin.

Küchenbulle m (Mil sl) cookhouse wallah (Mil sl); **Küchenchef** m chef; **Küchenfee** f (hum inf) (lady) cook.

Kuchenform f cake tin; **Kuchengabel** f pastry fork.

Küchengerät nt kitchen utensil; (kollektiv) kitchen utensils pl; (elektrisch) kitchen appliance; **Küchengeschirr** nt kitchenware no pl; **Küchenhandtuch** nt kitchen towel; **Küchenherd** m (electric/gas) cooker; **Küchenhilfe** f kitchen help; **Küchenjunge** m (dated) apprentice cook or chef; **Küchenlatein** nt dog Latin; **Küchenmeister** m siehe **Küchenchef**; **Küchenmesser** nt kitchen knife; **Küchenpersonal** nt kitchen staff; **Küchenschabe** f (Zool) cockroach; **Küchenschrank** m (kitchen) cupboard.

Kuchenteig m cake mixture; (Hefeteig) dough.

Küchentisch m kitchen table; **Küchen|uhr** f kitchen clock; **Küchenwaage** f kitchen scales pl; **Küchenzettel** m menu.

Küchlein nt 1. small cake. 2. (Küken) chick.

Kücken nt -s, - (Aus) siehe **Küken.**

kucken vi (inf, N Ger) siehe **gucken.**

Kuckuck m -s, -e 1. cuckoo.

2. (inf: Siegel des Gerichtsvollziehers) bailiff's seal (for distraint of goods).

3. (euph inf: Teufel) devil. **zum ~** (noch mal)! hell's bells! (inf); **hol's der ~!** botheration! (inf); **geh** or **scher dich zum ~** go to blazes (inf); **weiß der ~, wo das Buch ist** heaven (only) knows where the book is (inf).

kuckuck interj cuckoo.

Kuckucks|ei nt cuckoo's egg; (inf: außerehelich gezeugtes Kind) illegitimate child; **jdm ein ~ ins Nest legen** to father sb's child; **Kuckucks|uhr** f cuckoo clock.

Kuddelmuddel m or nt -s, no pl (inf) muddle, mess, confusion; (Aufsatz etc auch) hotchpotch (inf).

Kufe f -, -n 1. (von Schlitten, Schlittschuh etc) runner; (von Flugzeug) skid. 2. (Holzbottich) tub.

Küfer m -s, - cellarman; (S Ger: Böttcher) cooper.

Kugel f -, -n 1. ball; (geometrische Figur) sphere; (Erd~) sphere, globe; (Sport sl: Ball) ball; (Kegel~) bowl; (Gewehr~) bullet; (für Luftgewehr) pellet; (Kanonen~) (cannon)ball; (Sport: Stoß~) shot; (Papier~) ball; (kleine) pellet; (Christbaum~) glitter ball. **sich** (dat) **eine ~ durch den Kopf jagen** or **schießen** to blow one's brains out; **eine ruhige ~ schieben** (inf) to have a cushy number or job (inf); (aus Faulheit) to swing the lead (inf); **die ~ rollt** the roulette wheels are spinning.

2. (Gelenk~) head (of a bone).

3. (sl: Mark) mark; ≃ quid (Brit inf), buck (US inf).

Kugel|ausschnitt m (Math) spherical sector; **Kugelblitz** m (Met) ball-lightning.

Kügelchen nt dim of Kugel.

Kugelfang m butt; **die Leibwächter sollen als ~ dienen** the bodyguards are meant to act as a bullet-screen; **kugelförmig** adj spherical; **Kugelgelenk** nt (Anat, Tech) ball-and-socket joint; **Kugelhagel** m hail of bullets.

kugelig adj siehe kugelförmig.

Kugelkopf m golf-ball; **Kugelkopfschreibmaschine** f golf-ball typewriter.

Kugellager nt ball-bearing.

kugeln I vi aux sein (rollen, fallen) to roll. **es ist zum K~** (inf) it's a scream (inf) or hoot (inf). II vr to roll (about). **sich** (vor Lachen) **~** (inf) to double up (laughing).

kugelrund adj as round as a ball; (inf)

Mensch tubby, barrel-shaped (inf); **Kugelschreiber** m ballpoint (pen), biro ®; **Kugelschreibermine** f refill (for a ballpoint pen); **kugelsicher** adj bulletproof; **Kugelstoßen** nt -s, no pl shotputting, putting the shot; **Sieger im ~** winner in the shot(-put); **Kugelstoßer(in** f) m -s, - shot-putter; **Kugelventil** nt (Tech) ball valve; **Kugelwechsel** m exchange of shots.

Kuh f -, ⁼e cow; (pej sl: Mädchen, Frau) cow (sl). **wie die ~ vorm neuen Tor dastehen** to be completely bewildered; **heilige ~** (lit, fig) sacred cow.

Kuhdorf nt (pej inf) one-horse town (inf); **Kuhfladen** m cow-pat; **Kuhfuß** m (Tech) crow-bar; **Kuhglocke** f cowbell; **Kuhhandel** m (pej inf) horse-trading (inf) no pl; **ein ~** a bit of horse-trading; **Kuhhaut** f cow-hide; **das geht auf keine ~** (inf) that is absolutely staggering or incredible; **Kuhherde** f herd of cows; **Kuhhirt(e)** m cowhand, cowherd; cowboy.

kühl adj (lit, fig) cool; (abweisend) cold. **mir wird etwas ~** I'm getting rather chilly; **abends wurde es ~** in the evenings it got cool; **etw ~ lagern** to store sth in a cool place; **einen ~en Kopf bewahren** to keep a cool head, to keep cool; **ein ~er Rechner** a cool, calculating person; **aus diesem ~en Grunde** (hum) for this simple reason.

Kühlbox f cold box.

Kuhle f -, -n (N Ger) hollow; (Grube) pit.

Kühle f -, no pl (lit) cool(ness); (fig) coolness; (Abweisung) coldness.

kühlen I vt to cool; (auf Eis) to chill; siehe **Mütchen.** II vi to be cooling, to have a cooling effect. **bei großer Hitze kühlt Tee am besten** in very hot weather tea cools you down best.

Kühler m -s, - (Tech) cooler; (Aut) radiator; (inf: ~haube) bonnet (Brit), hood (US); (Sekt~) ice bucket. **ich hätte die alte Frau beinahe auf den ~ genommen** (inf) the old lady almost finished up on my bonnet; **jdm vor den ~ rennen** (inf) to run (out) right in front of sb.

Kühlerfigur f (Aut) radiator mascot; **Kühlerhaube** f (Aut) bonnet **Motorhaube.**

Kühlfach nt siehe **Gefrierfach; Kühlhaus** nt cold-storage depot; **Kühlkette** f chain of cold storage units; **Kühlmittel** nt (Tech) coolant, cooling agent; **Kühlraum** m cold store or storage room; **Kühlrippe** f (Aut) cooling fin; **Kühlschiff** nt refrigerator ship; **Kühlschrank** m refrigerator, fridge (Brit), icebox (US); **Kühltasche** f cold bag; **Kühltruhe** f (chest) freezer, deep freeze (Brit); (in Lebensmittelgeschäft) freezer (cabinet); **Kühlturm** m (Tech) cooling tower.

Kühlung f (das Kühlen) cooling; (Kühle) coolness. **zur ~ des Motors** to cool the engine; **sich** (dat) **~ verschaffen** to cool oneself (down); **auch bei ~ nur begrenzt haltbar** perishable even when kept in cold storage.

Kühlwagen m 1. (Rail) refrigerator or refrigerated or cold storage wagon; 2. (Lastwagen) refrigerator or refrigerated or cold storage truck; **Kühlwasser** nt radiator water.

Kuhmilch f cow's milk; **Kuhmist** m cow dung.

kühn adj (lit, fig) bold. **eine ~ geschwungene Nase** an aquiline nose; **das übertrifft meine ~sten Erwartungen** it's beyond or it surpasses my wildest hopes or dreams. **Kühnheit** f boldness.

Kuhpocken pl cowpox sing; **Kuhscheiße** f (sl) cow-shit (vulg); **Kuhstall** m cowshed, byre; **Kuhstallwärme** f (fig) cosy camaraderie; **kuhwarm** adj Milch warm or fresh from the cow; **Kuhweide** f pasture.

kujonieren* vt (old) to bully, to harass.

k.u.k. [ˈkaːˈʊntˈkaː] abbr of **kaiserlich und königlich** imperial and royal.

Küken nt -s, - 1. (Huhn) chick; (inf: junges Mädchen) young goose (inf); (inf: Nesthäkchen) youngest child, baby of the family (inf). 2. (Tech) plug.

Kukuruz m -(es), no pl (Aus) maize, corn.

kulant adj obliging, accommodating; Bedingungen generous, fair.

Kulanz f, no pl siehe adj obligingness, accommodatingness; generousness, fairness.

Kuli m -s, -s 1. (Lastträger) coolie; (fig) slave. 2. (inf: Kugelschreiber) ballpoint, biro ®.

kulinarisch adj culinary; (fig) entertainment-orientated.

Kulisse f -, -n scenery no pl; (Teilstück) flat, piece of scenery; (hinten) backdrop; (an den Seiten auch) wing; (fig: Hintergrund) background, backdrop, back-cloth. **die ~n für das Stück** the scenery for the play; **das ist alles nur ~** (fig) that is only a façade; **hinter den ~n** behind the scenes; **einen Blick hinter die ~n werfen** (fig) to have a look or glimpse behind the scenes.

Kulissenmaler m scene-painter; **Kulissenschieber(in** f) m -s, - scene-shifter.

Kulleraugen pl (inf) big wide eyes pl.

kullern vti (vi: aux sein) (inf) to roll.

Kulmination f culmination; (fig auch) apex.

Kulminationspunkt m (Astron) point of culmination; (fig) culmination, apex.

kulminieren* vi to culminate; (fig auch) to reach its peak.

Kult m -(e)s, -e cult; (Verehrung) worship. **einen ~ mit jdm/etw treiben** to make a cult out of sb/sth, to idolize sb.

Kultbild nt religious symbol; **Kulthandlung** f ritual(istic) act.

kultisch adj ritual(istic), cultic (rare). **er wird geradezu ~ verehrt** they almost make a god out of him.

kultivierbar adj Land cultiv(at)able. **dieser Boden ist nur schwer ~** the soil is very hard to cultivate.

kultivieren* [kʊltiˈviːrən] vt (lit, fig) to cultivate.

kultiviert adj cultivated, cultured, refined; Mensch, Geschmack, Unterhaltung auch sophisticated. **in dieser Familie mußt du dich ein bißchen ~er benehmen als sonst** in this family you'll have to behave with a little more refinement or class (inf) than usual; **Kerzen beim Essen, das ist sehr ~** meals by candlelight, very civilized; **wenn man mal ~ essen will** if you want a civilized meal.

Kultivierung [kʊltiˈviːrʊŋ] f (lit, fig) cultivation.

Kultstätte f place of worship; **Kultsymbol** nt ritual symbol.

Kultur f 1. (no pl: Kunst und Wissenschaft) culture. **ein Volk von hoher ~** a highly cultured or civilized people; **er hat keine ~** he is uncultured. 2. (Lebensform) civilization. **dort leben verschiedene ~en harmonisch zusammen** different cultures live harmoniously together there. 3. (Bakterien~, Pilz~ etc) culture. 4. no pl (von Mikroben etc) culture; (des Bodens auch) cultivation. 5. (Bestand angebauter Pflanzen) plantation.

Kulturabkommen nt cultural agreement; **Kulturanthropologie** f cultural anthropology; **Kulturarbeit** f cultural activities pl; **Kulturattaché** m cultural attaché; **Kulturaustausch** m cultural exchange; **Kulturbanause** m (inf) philistine; **Kulturbeilage** f cultural or arts supplement or review; **Kulturbetrieb** m (inf) culture industry; **Kulturbeutel** m sponge or toilet bag (Brit), washbag; **Kulturboden** m cultivated or arable land; **Kulturdenkmal** nt cultural monument.

kulturell adj cultural.

Kulturerbe nt cultural heritage; **Kulturfilm** m documentary film; **Kulturföderalismus** m (Pol) cultural and educational devolution; **Kulturgeographie** f human geography; **Kulturgeschichte** f history of (civilization); **Sozial- und ~ der Etrusker** social and cultural history of the Etruscans; **kulturgeschichtlich** adj historico-cultural, concerning the history of civilization; **Kulturgut** nt cultural possessions pl or assets pl; **Kulturhaus** nt arts centre; **kulturhistorisch** adj siehe **kulturgeschichtlich**; **Kulturhoheit** f independence in matters of education and culture; **Kulturindustrie** f culture industry; **Kulturkampf** m, no pl cultural war; (Hist) Kulturkampf (strugle between Church and State 1872–1887); **Kulturkreis** m culture group or area; **Kulturkritik** f critique of (our) civilization or culture; **Kulturkritiker** m critic of (our) civilization or culture; **Kulturland** nt cultivated or arable land; **Kulturlandschaft** f land developed and cultivated by man; **Kulturleben** nt cultural life; **kulturlos** adj lacking culture; Mensch auch uncultured; **Kulturpalast** m (esp DDR) palace of culture or the arts; (pej) cultured extravagance; **Kulturpessimismus** m despair of civilization; **Kulturpessimist** m person who despairs of civilization; **Kulturpflanze** f cultivated plant; **Kulturpolitik** f cultural and educational policy; **kulturpolitisch** adj politico-cultural; **~e Fragen** matters with both a cultural and a political aspect; **Kulturpsychologie** f psychology of culture; **Kulturrevolution** f cultural revolution; **Kulturschaffende(r)** mf decl as adj (esp DDR) creative artist; **Kulturschande** f crime against civilization, cultural outrage; (fig inf) insult to or offence against good taste; **Kulturschock** *m* cultural shock; **Kultursoziologie** *f* cultural sociology, sociology of culture; **kultursoziologisch** *adj* socio-cultural; **Kultursprache** *f* language of the civilized world; **Kulturstätte** *f* place of cultural interest; **Kultursteppe** *f* (*Geog*) cultivated steppe; **Kulturstufe** *f* stage *or* level of civilization; **Kulturträger** *m* vehicle of culture *or* civilization; **Kulturvolk** *nt* civilized people *sing or* nation; **kulturvoll** *adj* (*esp DDR*) cultured; **Kulturwissenschaft** *f* study of civilization; **~en** cultural studies; **Kulturzentrum** *nt* **1.** (*Stadt*) centre of cultural life, cultural centre; **2.** (*Anlage*) arts centre.

Kultusfreiheit *f* religious freedom, freedom of worship; **Kultusgemeinde** *f* religious community; **Kultusminister** *m* minister of education and the arts; **Kultusministerium** *nt* ministry of education and the arts.

Kumarin *nt* -s, *no pl* coumarin.
Kumme *f* -, -n (*N Ger*) bowl.
Kümmel *m* -s, - **1.** *no pl* (*Gewürz*) caraway (seed). **2.** (*inf: Schnaps*) kümmel.
kümmeln I *vt* to season with caraway (seeds). **II** *vti* (*inf*) to tipple. **einen ~** to have a little drink.
Kümmelöl *nt* caraway oil; **Kümmeltürke** *m* (*pej sl: Türke*) Turk, wog (*pej inf*); **schuften wie ein ~** (*inf*) to work like a black (*inf*) *or* slave.
Kummer *m* -s, *no pl* (*Gram, Betrübtheit*) grief, sorrow; (*Unannehmlichkeit, Ärger*) trouble, problems *pl*. **hast du ~?** is something wrong?, have you got problems?; **vor ~ vergehen** to be pining away with sorrow *or* grief; **vor ~ nahm er sich** (*dat*) **das Leben** in his grief *or* grief-stricken he took his life; **jdm ~ machen** *or* **bereiten** to cause sb worry; **wenn das dein einziger ~ ist** if that's your only problem *or* worry; **wir sind (an) ~ gewöhnt** (*inf*) it happens all the time, nothing's ever perfect.
Kummerfalten *pl* wrinkles *pl*. **das sind ~** that's the worry.
kümmerlich *adj* **1.** (*karg, armselig*) wretched, miserable; *Reste, Ausbeute, Rente* miserable, meagre, paltry; *Lohn, Mahlzeit auch* measly (*inf*); *Aufsatz* scanty. **sich ~ ernähren** to live on a meagre diet. **2.** (*schwächlich*) puny.
Kümmerling *m* **1.** (*Zool*) stunted person/ plant/animal. **die Pflanze war von Anfang an ein ~** the plant always was a sickly thing. **2.** (*inf: Schwächling*) weakling, weed (*pej inf*).
kümmern I *vt* to concern. **was kümmert mich die Firma?** why should I worry about the firm?, what do I care about the firm?; **was kümmert Sie das?** what business *or* concern is that of yours?; **was kümmert mich das?** what's that to me?

II *vr* **sich um jdn/etw ~** to look after sb/ sth; **sich um einen Kranken/jds Kinder ~** to look after *or* take care of a sick person/ sb's children; **sich um die Karten/das Essen ~** to look after *or* take care of *or* see to the tickets/the food; **ich muß mich um ein Geschenk für ihn ~** I have to see about (getting) a present for him; **sich darum**

~, daß ... to see to it that ...; **kümmere dich nicht um Sachen, die dich nichts angehen** don't worry about things that don't concern you; **kümmere dich gefälligst um deine eigenen Angelegenheiten!** mind your own business!; **er kümmert sich nicht darum, was die Leute denken** he doesn't mind *or* isn't worried about *or* doesn't care (about) what people think.
Kümmernis *f* (*liter*) troubles *pl*, worries *pl*.
Kummerspeck *m* (*inf*) flab caused by overeating because of emotional problems; **sie hat ganz schön ~ angesetzt** she's been putting on weight, it's the worry making her eat too much; **kummervoll** *adj* sorrowful, sad, woebegone *no adv*.
Kummet *nt* -s, -e horse collar.
Kumpan(in *f*) *m* -s, -e (*dated inf*) pal (*inf*), chum (*inf*), buddy (*esp US inf*).
Kumpanei *f* (*pej*) chumminess.
Kumpel *m* -s, - *or* (*inf*) -s *or* (*Aus*) -n **1.** (*Min: Bergmann*) pitman, miner. **2.** (*inf: Arbeitskollege, Kamerad*) pal (*inf*), chum (*inf*), mate (*Brit inf*), buddy (*esp US inf*).
Kumulation *f* **1.** (*von Ämtern*) plurality. **2.** (*von Wahlstimmen*) accumulation.
kumulativ *adj* cumulative.
kumulieren* *vt* to accumulate. **~de Bibliographie** cumulative bibliography.
Kumulierung *f* cumulative voting; (*von Wahlstimmen*) accumulation.
Kumulus *m* -, **Kumuli, Kumuluswolke** *f* cumulus (cloud).
kund *adj inv* (*obs*): **jdm etw ~ und zu wissen tun** to make sth known to sb.
kündbar *adj Vertrag* terminable; *Anleihe* redeemable. **Beamte sind nicht ohne weiteres ~** civil servants cannot be given (their) notice *or* dismissed just like that; **die Mitgliedschaft ist sehr schwer ~** it is very difficult to terminate *or* cancel one's membership.
Kündbarkeit *f* (*von Vertrag*) terminability; (*von Anleihe*) redeemability. **die ~ von Verträgen ist gesetzlich geregelt** the termination of contracts is controlled by law.
Kunde[1] *f* -, *no pl* (*geh*) news *sing*, tidings *pl* (*old*). **von etw ~ geben** *or* **ablegen** to bear witness to sth.
Kunde[2] *m* -n, -n customer; (*pej inf*) customer (*inf*), character.
künden I *vt* (*geh*) to announce, to herald. **II** *vi* (*geh*) **von etw ~** to tell of sth, to bear witness to sth.
Kundenberatung *f* customer advisory service; **Kundendienst** *m* after-sales service; (*Abteilung*) service department; **Kundenfang** *m* (*pej*) touting *or* looking for customers; **auf ~ sein** to be touting *or* looking for customers; **Kundenkreis** *m* customers *pl*, clientèle; **Kundensprache** *f* thieves' cant, argot; **Kundenstock** *m* (*Aus*) *siehe* **Kundenkreis; Kundenwerbung** *f* publicity aimed at attracting custom *or* customers.
Künder(in *f*) *m* -s, - (*rare*) messenger, harbinger (*obs, liter*).
kundgeben *sep irreg* **I** *vt* (*dated*) to make known, to announce; *Meinung* to express, to declare. **etw ~** to announce sth (*jdm to*

sb), to make sth known (*jdm* to sb).
II *vr* to be revealed.

Kundgebung f 1. (*Pol*) rally. 2. (*Bekannt-gabe*) declaration, demonstration.

kundig *adj* (*geh*) well-informed, knowledgeable; (*sach~*) expert. **einer Sache** (*gen*) ~ **sein** to have a knowledge of sth.

kündigen I *vt Stellung* to hand in one's notice for; *Abonnement, Mitgliedschaft, Kredite* to cancel, to discontinue, to terminate; *Vertrag* to terminate; *Tarife* to discontinue; *Hypothek* (*Bank*) to foreclose (on); (*Hausbesitzer*) to terminate; (*strictly incorrect, Aus*) *Person* to sack (*inf*), to fire (*inf*), to dismiss. **jdm die Wohnung** ~ to give sb notice to quit his flat; **ich habe meine Wohnung gekündigt** I've given in notice that I'm leaving my flat, I've given in my notice for my flat; **die Stellung** ~ to hand *or* give in one's notice; **jdm die Stellung** ~ to give sb his/her notice; **bei einer Firma die Stellung** ~ to give *or* hand in one's notice to a firm; **Beträge über ... muß man** ~ for sums in excess of ... notification must be given in advance; **jdm die Freundschaft** ~ to break off a friendship with sb.
II *vi* (*Arbeitnehmer*) to hand *or* give in one's notice; (*Mieter*) to give in one's notice, to give notice. **jdm** ~ (*Arbeitgeber*) to give sb his notice, to dismiss sb; (*Arbeitnehmer*) to hand *or* give in one's notice to sb; (*Vermieter*) to give sb notice to quit; (*Mieter*) to give in one's notice to sb; **zum 1. April** ~ to give *or* hand in one's notice for April 1st; (*Mieter*) to give notice for *or* give in one's notice for April 1st; (*bei Mitgliedschaft*) to cancel one's membership as of April 1st; **ihm ist zum 1. Juni gekündigt worden** he's been given his notice for *or* as from June 1st; (*bei Wohnung*) he's been given notice to quit for June 1st; **ich kann nur zum Ersten eines Monats** ~ I have to give a clear month's notice; **bei jdm/einer Firma** ~ to give *or* hand in one's notice to sb/a firm.

Kündigung f 1. (*Mitteilung*) (*von Vermieter*) notice to quit; (*von Mieter*) notice; (*von Stellung*) notice; (*von Vertrag*) termination; (*von Hypothek*) notice of foreclosure; (*von Anleihe*) notice of withdrawal; (*von Mitgliedschaft, Abonnement*) (letter of) cancellation.
2. (*das Kündigen*) (*von Arbeitgeber*) dismissal; (*von Arbeitnehmer*) handing *or* giving in one's notice; (*von Vertrag*) termination; (*von Hypothek*) foreclosure; (*von Anleihe*) withdrawal; (*von Tarifen*) discontinuation; (*von Mitgliedschaft, Abonnement*) cancellation. **der Hauswirt entschloß sich zur** ~ **des Mieters** the landlord decided to give the tenant his notice (to quit); **ich drohte (dem Chef) mit der** ~ I threatened to give *or* hand in my notice (to my boss), I threatened to quit; **Vertrag mit vierteljährlicher** ~ contract with three months' notice on either side; **vierteljährliche** ~ **haben** to have to (give) three months' notice.

Kündigungsfrist f period of notice; **Kündigungsgrund** m reason *or* grounds *pl* for giving notice; (*von Arbeitgeber*

auch) grounds *pl* for dismissal; **Kündigungsschutz** m protection against wrongful dismissal.

Kundin f customer.

Kundschaft f 1. customers *pl*. ~! shop!, service!; **es ist** ~ **im Geschäft** there are customers in the shop.
2. (*Erkundung*) reconnaissance. **jdn auf** ~ **ausschicken** *or* **senden** (*Mil*) to send sb out to reconnoitre *or* on reconnaissance; **auf** ~ **(aus)gehen** (*Mil*) to go out on reconnaissance.
3. *siehe* Kunde[1].

kundschaften *vi insep* (*Mil*) to reconnoitre.

Kundschafter m **-s,** - spy; (*Mil*) scout.

kundtun ['kʊnttuːn] *vt sep irreg* (*geh*) to make known, to proclaim.

kundwerden *vi sep irreg aux sein* (*liter*) to become known.

künftig I *adj* future. ~**en Jahres/Monats** next year/month; **das** ~**e Leben** the next life, the life to come; **meine** ~**e Frau** my future wife, my wife-to-be. II *adv* in future.

Kungelei f (*inf*) fiddle (*inf*), fiddling *no pl* (*inf*).

kungeln *vti* (*inf*) to fiddle (*inf*). **mit denen hat er viel gekungelt** he did a lot of fiddles with them.

Kunst f **-,** **ː̈e** 1. art. **die schönen** ː̈**e** fine art *sing*, the fine arts.
2. (*Können, Fertigkeit*) art, skill. **seine** ~ **an jdm versuchen** to try *or* practise one's skills on sb; **mit seiner** ~ **am** *or* **zu Ende sein** to be at one's wits' end; **die** ~ **besteht darin, ...** the art *or* knack is in ...; **ärztliche** ~ medical skill.
3. (*Kunststück*) trick. **sie versuchte all ihre** ː̈**e an ihm** she used all her charms and wiles on him; **das ist keine** ~! it's like taking candy from a baby (*inf*); (*ein Kinderspiel*) it's a piece of cake (*inf*); **das ist die ganze** ~ that's all there is to it.
4. (*inf*) **das ist eine brotlose** ~ there's no money in that; **was macht die** ~? (*inf*) how are things?, how's tricks? (*inf*).

Kunst- *in cpds* (*Art*) art; (*künstlich*) artificial; **Kunst|akademie** f college of art, art college; **Kunst|ausstellung** f art exhibition; **Kunstbanause** m (*pej*) philistine; **Kunstdarm** m artificial sausage skin; **Kunstdenkmal** nt work of art (*from an older culture*); **Kunstdruck** m art print; **Kunstdruckpapier** nt art paper; **Kunstdünger** m chemical *or* artificial fertilizer.

Künstelei f affectation.

Kunst|erzieher m art teacher; **Kunst|erziehung** f (*Sch*) art; **Kunstfaser** f man-made *or* synthetic fibre; **Kunstfehler** m professional error; (*weniger ernst*) slip; **kunstfertig** *adj* (*geh*) skilful; **Kunstfertigkeit** f skill, skilfulness; **Kunstflieger** m stunt *or* aerobatic pilot, stunt flyer; **Kunstflug** m aerobatics *sing*, aerobatic *or* stunt flying; **ein** ~ a piece of aerobatic *or* stunt flying; **Kunstfreund** m art lover, patron *or* lover of the arts; **Kunstgegenstand** m objet d'art, art object; (*Gemälde*) work of art; **kunstgerecht** *adj* (*fachmännisch*) proficient, skilful; **Kunstgeschichte** f history of art, art history; **Kunstgewerbe** nt arts and crafts pl; **Kunstgewerbler(in** f) m -s, - artisan, craftsman/-woman; **kunstgewerblich** adj ~e Gegenstände craft objects; **Kunstgriff** m trick, dodge (inf); **Kunsthandel** m art trade; **Kunsthändler** m art dealer; **Kunstharz** nt synthetic resin; **kunsthistorisch** I adj art-historical, relating to art history; ~**es Museum** art history museum; ~**es Interesse** interest in art history; II adv from the point of view of art history; **Kunsthonig** m artificial or synthetic honey; **Kunstkenner** m art connoisseur; **Kunstkritik** f, no pl art criticism; (die Kritiker) art critics pl; (Rezension) art review; **Kunstkritiker** m art critic; **Kunstleder** nt artificial or imitation leather.

Künstler(in f) m -s, - **1.** artist;(Unterhaltungs~) artiste. **bildender** ~ visual artist. **2.** (Könner) genius (in +dat at).

Künstler|eingang m stage door.

künstlerisch adj artistic.

Künstlerkolonie f artists' colony, colony of artists; **Künstlermähne** f (inf) mane of hair; **Künstlername** m pseudonym; (von Schriftsteller auch) pen name, nom de plume; (von Schauspieler auch) stage name; **Künstlerpech** nt (inf) hard luck; **Künstlertum** nt artistry, artistic genius.

künstlich adj artificial; Auge auch glass; Zähne, Wimpern, Fingernägel false; Faserstoffe synthetic, man-made; Diamanten imitation, fake (inf). **jdn** ~ **ernähren** (Med) to feed sb artificially; **sich** ~ **aufregen** (inf) to get all worked up (inf) or excited about nothing; **einen Schrank** ~ **auf alt trimmen** to do a cupboard up to look old.

Künstlichkeit f artificiality.

Kunstlicht nt (Phot) artificial light; **Kunstlied** nt composed or art song, kunstlied; **kunstlos** adj unsophisticated, simple; **Kunstmaler** m artist, painter; **Kunstmärchen** nt literary fairytale; **Kunstpause** f (als Spannungsmoment) dramatic pause, pause for effect; (iro: beim Stocken) awkward pause, hesitation; **eine** ~ **machen** to pause for effect; to pause awkwardly; **Kunstreiter** m trick or circus rider; **Kunstsammlung** f art collection; **Kunstschätze** pl art treasures pl; **Kunstschwimmen** nt exhibition swimming; **Kunstseide** f artificial silk; **Kunstsinn** m artistic sense or taste, appreciation of or feeling for art; **kunstsinnig** adj artistic, appreciative of art; **Kunstsprache** f artificial or invented language; **Kunstspringen** nt diving; **Kunststoff** m man-made or synthetic material or substance; **kunststopfen** vt sep infin and ptp only to repair by invisible mending, to mend invisibly; **Kunststück** nt trick; ~! (iro) hardly surprising!, no wonder!; **das ist kein** ~ (fig) there's nothing to it; (keine große Leistung) that's nothing to write home about; **Kunsttischler** m cabinet-maker; **Kunstturnen** nt gymnastics sing; **Kunstverstand** m feeling for or appreciation of art, artistic

taste or sense; **kunstverständig** adj appreciative of art, having artistic sense or taste; **kunstvoll** adj artistic, elaborate; **Kunstwerk** nt work of art; **Kunstwissenschaft** f aesthetics sing, art; **Kunstwort** nt artificial or made-up word.

kunterbunt adj Sammlung, Gruppe etc motley attr; (vielfarbig auch) multi- or many-coloured; Programm varied; Leben chequered. **eine** ~ **zusammengewürfelte Gruppe** a motley assortment; ~ **durcheinander** all jumbled up, higgledy-piggledy (inf); **hier geht es** ~ **zu** it's pretty chaotic here.

Kunterbunt nt -s, no pl motley mixture; (Vielfarbigkeit) colourfulness; (Durcheinander) jumble.

Kupfer nt -s, - **1.** no pl (Chem: abbr Cu) copper. **etw in** ~ **stechen** to do a copper engraving, to engrave or etch sth on copper. **2.** no pl (Gegenstände aus ~, auch ~geld) copper. **3.** siehe Kupferstich.

Kupfer- in cpds copper; **Kupferblech** nt sheet copper; **Kupferdraht** m copper wire; **Kupferdruck** m copperplate engraving or etching; **Kupfergeld** nt coppers pl, copper coins pl; **kupferhaltig** adj containing copper, cupriferous (form).

kupfern adj copper. ~**e Hochzeit** 7th wedding anniversary.

kupferrot adj copper-red, copper coloured; **Kupferschmied** m coppersmith; **Kupferstecher** m -s, - copper(plate) engraver; **mein lieber Freund und** ~ (inf) now then my dear old chap; **Kupferstich** m **1.** copperplate (engraving or etching); **2.** (Kunst) copper(plate) engraving or etching; **Kupfervitriol** nt blue vitriol; (dated Chem) copper sulphate.

kupieren* vt Schwanz, Ohren to crop, to dock; Karten to cut; (Med) Krankheit to check, to arrest.

Kupon [ku'põ:] m -s, -s coupon.

Kuppe f -, -n (Berg~) (rounded) hilltop; (von Straße) hump; (Finger~) tip.

Kuppel f -, -n dome, cupola.

Kuppeldach nt domed or dome-shaped roof.

Kuppelei f (Jur) procuring, procuration.

Kuppelmutter f (inf) procuress, bawd.

kuppeln I vt **1.** siehe **koppeln. 2.** (Tech) to couple. II vi **1.** (Aut) to operate or use the clutch. **2.** (inf: Paare zusammenführen) to match-make.

Kuppelpelz m: **sich** (dat) **einen** ~ **verdienen** (fig inf) to arrange or make a match.

Kuppler(in f) m -s, - matchmaker (gen for); (Jur) procurer/ procuress.

Kupplung f **1.** (Tech) coupling; (Aut etc) clutch. **die** ~ **(durch)treten** to disengage the clutch; **die** ~ **kommen lassen** (Aut) to let the clutch up or in. **2.** (das Koppeln) coupling.

Kupplungs- in cpds (Aut) clutch; **Kupplungspedal** nt clutch pedal; **Kupplungsscheibe** f clutch plate.

Kur f -, -en (in Badeort) (health) cure; (Haar~ etc) treatment no pl; (Schlankheits~, Diät~) diet. **er ist zur** ~ **in Baden-Baden** he's on a health cure or is taking a cure or the waters in Baden-Baden; **in** or **zur** ~ **fahren** to go to a health resort or

spa; **eine ~ machen** to take *or* undergo a
cure; *(Schlankheits~)* to diet; **ich mache
zur Zeit eine ~ gegen meinen Ausschlag**
I'm taking a course of treatment for my
rash; **jdn zur ~ schicken** to send sb on a
cure *or* to a health resort *or* spa.

Kür *f* -, **-en** *(Sport)* free section. **eine ~
laufen** to do the free skating; **eine ~
tanzen/turnen** to do the free section.

Küraß *m* **-sses, -sse** cuirass.

Kürassier *m* **-s, -e** *(Mil Hist)* cuirassier.

Kurat *m* **-en, -en** curate.

Kuratel *f* -, **-en** *(obs)* *(Pflegschaft)* trus-
teeship; *(Vormundschaft)* guardianship.
unter (jds) ~ stehen *(fig dated)* to be
under sb's thumb; **jdn unter ~ stellen** *(old)*
to keep a watch on sb.

Kurator *m* **1.** *(Vormund)* guardian. **2.** *(Verwalter einer Geldstiftung)* trustee. **3.** *(Mu-
seum~)* curator. **4.** *(Univ)* ≈ registrar.

Kuratorium *nt* **1.** *(Vereinigung)* committee.
2. *(Amt)* curatorship.

Kür|aufenthalt *m* stay at a health resort *or*
spa.

Kurbel *f* -, **-n** crank; *(an Fenstern, Rolläden
etc)* winder.

kurbeln *vti* to turn, to wind; *(inf: filmen)* to
film, to shoot. **die Markise vors Fenster ~**
to wind up the awning in front of the window.

Kurbelwelle *f* crankshaft.

Kürbis *m* **-ses, -se** pumpkin; *(inf: Kopf)*
nut *(inf)*.

Kürbisflasche *f* gourd.

Kurde *m* **-n, -n, Kurdin** *f* Kurd.

Kurdistan *nt* **-s** Kurdistan.

kuren *vi* *(inf)* to take a cure; *(in Mineralbad)* to take the waters.

küren *pret* **kürte** *or* **kor** *(rare)*, *ptp* **gekürt**
vt *(old, geh)* to choose, to elect *(zu* as).

Kurfürst *m* Elector, electoral prince.

Kurfürstentum *nt* electorate.

kurfürstlich *adj* electoral.

Kurgast *m* visitor to/patient at a health
resort *or* spa; **Kurhaus** *nt* assembly rooms
pl (at a health resort *or* spa), spa rooms *pl*.

Kurie ['ku:riə] *f* **1.** *(Eccl)* Curia. **2.** *(Hist)*
curia.

Kurienkardinal [-iən-] *m* cardinal of the
Curia.

Kurier *m* **-s, -e** courier, messenger.

kurieren* *vt* *(lit, fig)* to cure *(von* of). **von
dieser Stadt/Idee/ihm bin ich kuriert** I've
gone right off this town/idea/him.

kurios *adj* *(merkwürdig)* curious, strange,
odd.

Kuriosität *f* **1.** *(Gegenstand)* curio(sity).
2. *(Eigenart)* peculiarity, oddity.

Kuriositätenkabinett *nt* collection of
curios; *(fig)* collection of odd people.

Kuriosum *nt* **-s, Kuriosa** *(geh)* curious *or*
strange *or* odd thing.

Kurkonzert *nt* concert (at a health resort *or*
spa), spa concert; **Kur|ort** *m* health resort,
spa; **Kurpark** *m* spa gardens *pl*; **Kur-
pfuscher** *m* *(pej inf)* quack (doctor);
Kurpfuscherei *f* *(pej inf)* quackery;
Kurpromenade *f* promenade (at a health
resort *or* spa).

Kurre *f* -, **-n** *(Naut)* trawl (net).

Kurrentschrift *f* **1.** cursive writing *or* script.
2. *(Aus)* gothic handwriting.

Kurrikulum *nt* **-s, Kurrikula** *(Lehrplan)*
curriculum.

Kurs *m* **-es, -e 1.** *(Naut, Aviat, fig)* course;
(Pol, Richtung auch) line. **harter/weicher
~** *(Pol)* hard/soft line; **den ~ ändern/
beibehalten** *(lit, fig)* to change *or* alter/
stick to *or* hold (one's) course; **den ~ korrigieren** *(lit, fig)* to adjust *or* correct one's
course; **den ~ halten** to hold (the) course;
~ nehmen auf *(+acc)* to set course for, to
head for; **auf (südwestlichen) ~ gehen/auf
(südwestlichem) ~ sein** to set a/be on (a
southwesterly) course; **~ haben auf**
(+acc) to be heading for.
2. *(Fin: Wechsel~)* rate of exchange,
exchange rate; *(Börsen~, Aktien~)*
price, (going) rate. **zum ~ von** at the rate
of; **die ~e fallen/steigen** prices *or* rates are
falling/rising; **Geld außer ~ setzen** to withdraw money from circulation; **hoch im ~
stehen** *(Aktien)* to be high; *(fig)* to be
popular *(bei* with).
3. *(Lehrgang)* course *(in +dat, für* in).
einen ~ besuchen *or* **mitmachen** to go to
or attend a class.

Kurs|änderung *f* *(lit, fig)* change of course;
Kursbuch *nt* *(Rail)* (railway) time-table,
Bradshaw *(dated Brit)*.

Kurschatten *m* **-s, -** *(hum inf)* romance
from/at the spa.

Kürschner(in *f)* *m* **-s, -** furrier.

Kürschnerei *f* **1.** *(Handwerk)* furrier's
trade. **2.** *(Werkstatt)* furrier's workshop.

Kurse *pl of* **Kursus.**

Kursgewinn *m* profit (on the stock exchange *or* *(bei Wechsel)* foreign exchange
market). **der jüngste ~ des Pfundes** the
recent increase in the value of the pound;
einen ~ haben to make a profit.

kursieren* *vi aux haben or sein* to be in
circulation, to circulate; *(fig)* to circulate,
to go round.

kursiv *adj* italic. **etw ~ drucken** to print sth
in italics, to italicize sth; **Anmerkungen
sind ~** notes are in italics.

Kursive [kur'zi:və] *f* -, **-n, Kursivschrift** *f*
italics *pl*. **in ~ gesetzt** printed in italics,
italicized.

Kurskorrektur *f* *(lit, fig)* course correction
or adjustment; *(St Ex)* corrective price *or*
rate adjustment; **Kursnotierung** *f* (market) quotation, quotation (of stock exchange prices).

kursorisch *adj*: **~e Lektüre** course reading.

Kursschwankung *f* fluctuation in rates of
exchange *or* exchange rates; *(St Ex)* fluctuation in market rates *or* prices.

Kursus *m* -, **Kurse** *(geh: Lehrgang)* course.

Kursverlust *m* *(Fin)* loss (on the stock exchange *or* foreign exchange market); **das
Pfund mußte ~e hinnehmen** the pound
suffered losses on the foreign exchange
market; **Kurswagen** *m* *(Rail)* through
coach; **Kurswert** *m* *(Fin)* market value *or*
price; **Kurszettel** *m* *(Fin)* stock exchange
(price) list, list of quotations.

Kurtaxe *f* -, **-n** visitors' tax (at health resort
or spa).

Kurtisane *f* -, **-n** courtesan.

Kurtschatovium [-'to:viʊm] *nt, no pl* *(abbr
Ku)* rutherfordium.

Kür|übung *f* *(Sport)* free section.

Kurve ['kʊrvə, 'kʊrfə] f -, -n (*Math, inf: Körperrundung*) curve; (*Biegung, Straßen~*) bend; (*an Kreuzung*) corner; (*von Geschoß*) trajectory; (*statistisch, Fieber~ etc*) graph. **die Straße macht eine** ~ the road bends; **eine** ~ **fliegen** (*Aviat*) to bank, to do a banking turn; **die** ~ **kratzen** (*inf*): (*schnell weggehen*) to make tracks (*inf*); **die** ~ **nicht kriegen** (*inf*) not to get round to it.

kurven ['kʊrvn, 'kʊrfn] vi *aux sein* (*inf*) (*Aviat*) to circle. **durch Italien** ~ to drive around Italy.

Kurvenlineal nt curve template *or* templet, French curve; **kurvenreich** *adj Straße* bendy, winding; (*inf*) *Frau* curvaceous, shapely; „**~e Strecke**" "(series of) bends"; **Kurventechnik** f (*Sport*) cornering technique.

kurvig ['kʊrvɪç] *adj* winding, twisting.

kurz I *adj*, *comp* ⁻**er**, *superl* ⁻**este(r, s)** short; *Zeit, Aufenthalt, Besuch, Bericht, Antwort etc auch* brief; *Blick, Folge* quick; *Gedächtnis auch* short-lived; (*klein und stämmig*) stocky, squat. **etw** ⁻**er machen** to make sth shorter, to shorten sth; **ich will es** ~ **machen** I'll make it brief, I'll be brief; **mach's** ~! make it brief *or* quick, be brief, keep it short; ~**e Hosen** short trousers; (*Shorts*) shorts; **den** ⁻**eren ziehen** (*fig inf*) to come off worst, to get the worst of it; ~ **verliert, lang gewinnt** whoever draws the shortest (straw/match) loses; **in** *or* **mit ein paar** ~**en Worten** in a few brief words, briefly; **eine** ⁻**ere Lösung/ein** ⁻**erer Weg** a shorter *or* quicker solution/way; **in** ⁻**ester Frist** before very long; **Pippin der K**~**e** Pippin the Short.

II *adv*, *comp* ⁻**er**, *superl am* ⁻**esten**
1. ~ **atmen** to breathe in *or* take short breaths; **X hat** ~ **abgespielt** (*Sport*) X's pass was short; (*zu*) ~ **werfen** *etc* to throw (too) short; **die Hundeleine** ~ **halten** to keep the dog on a short lead; **eine Sache** ~ **abtun** to dismiss sth out of hand; **zu** ~ **kommen** to come off badly, to get a raw deal (*inf*); ~ **entschlossen** without a moment's *or* the slightest hesitation; ~ **gesagt** in a nutshell, in a word; **sich** ~ **fassen** to be brief; ~ **und bündig** concisely, tersely (*pej*); ~ **und gut** in short, in a word; ~ **und schmerzlos** (*inf*) short and sweet; **jdn/etw** ~ **und klein hauen** *or* **schlagen** to beat sb up/to smash sth to pieces.
2. (*für eine* ~*e Zeit*) briefly. **ich habe ihn nur** ~ **gesehen** I only saw him briefly; **ich bleibe nur** ~ I'll only stay for a short while; **darf ich mal** ~ **stören?** could I just interrupt for a moment *or* second?; **ich muß mal** ~ **weg** I'll just have to go for a moment *or* second.
3. (*zeitlich, räumlich: nicht lang, nicht weit*) shortly, just. ~ **bevor/nachdem** shortly *or* just before/after; ~ **vor Köln/ Ostern** shortly *or* just before Cologne/ Easter; **binnen** ~**em** (*form*) shortly, before long; **er hat den Wagen erst seit** ~**em** he's only had the car for a short *or* little while; **über** ~ **oder lang** sooner or later; (**bis**) **vor** ~**em** (until) recently; ~

nacheinander shortly after each other.

Kurz|arbeit f short time; **kurz|arbeiten** vi *sep* to be on *or* to work short time; **Kurz|arbeiter** m short-time worker; **kurz|ärm-(e)lig** *adj* short-sleeved; **kurz|atmig** *adj* (*fig*) feeble, lame; (*Med*) short-winded.

Kürze f -, -n 1. *no pl* shortness; (*von Besuch, Bericht etc auch*) brevity, briefness; (*fig: Bündigkeit*) brevity, conciseness; (*fig: Barschheit*) abruptness, curtness, bluntness. **in** ~ shortly, soon; **in aller** ~ very briefly; **in der** ~ **liegt die Würze** (*Prov*) brevity is the soul of wit.
2. (*Poet: Silbe*) short (syllable).

Kürzel nt -s, - (*stenographisches*) shorthand symbol; (*Kurzwort*) contraction.

kürzen vt *Kleid, Rede etc* to shorten; *Buch auch* to abridge; (*Math*) *Bruch* to cancel (down); *Gehalt, Etat, Produktion* to cut (back).

Kurze(r) m *decl as adj* (*inf*) 1. (*Schnaps*) schnapps, short. 2. (*Kurzschluß*) short(-circuit).

kurzerhand *adv* without further ado; *entlassen* on the spot. **etw** ~ **ablehnen** to reject sth out of hand.

Kurzfassung f abridged version; **Kurzfilm** m short (film); **Kurzform** f shortened form (*von, zu* of, for); **kurzfristig** I *adj* short-term; *Wettervorhersage* short-range; II *adv* (*auf kurze Sicht*) for the short term; (*für kurze Zeit*) for a short time; ~ **seine Pläne ändern** to change one's plans at short notice; ~ **gesehen** looked at in the short term; **Kurzgeschichte** f short story; **kurzgeschnitten** *adj attr* cropped; **kurzhaarig** *adj* short-haired; **kurzhalten** vt *sep irreg* jdn ~ to keep sb short; **kurzlebig** *adj* short-lived, ephemeral.

kürzlich *adv* recently, lately. **erst** ~ only *or* just recently, only a short time ago.

Kurzmeldung f news flash; **Kurznachrichten** pl the news headlines pl; (*in Zeitung auch*) the news in brief; **Kurzparker** m: „**nur für** ~" "short-stay *or* short-term parking only"; **kurzschließen** *sep irreg* I vt to short-circuit; II vr (*fig*) to get together (*mit* with); **Kurzschluß** m 1. short-circuit; **einen** ~ **haben/bekommen** to be short-circuited/ to short-circuit; 2. (*fig: auch* ~**handlung**) rash action; **Kurzschrift** f shorthand; **kurzschriftlich** I *adj* shorthand; II *adv* in shorthand; **kurzsichtig** *adj* (*lit, fig*) short-sighted; **Kurzsichtigkeit** f (*lit, fig*) short-sightedness; **Kurzstreckenläufer** m (*Sport*) sprinter, short distance runner; **kurztreten** vi *sep irreg* (*Mil*) to march with short steps; (*fig inf*) to go easy; **kurz|um** *adv* in short, in a word.

Kürzung f shortening; (*eines Berichts, Buchs etc*) abridgement; (*von Gehältern, von Etat, der Produktion*) cut (*gen* in).

Kurz|urlaub m short holiday; (*Mil*) short leave; **Kurzwaren** pl haberdashery (*Brit*), notions pl (*US*); **Kurzweil** f -, *no pl* (*old*) pastime, diversion; **allerlei** ~ **treiben** to amuse oneself; **kurzweilig** *adj* entertaining; **Kurzwelle** f (*Rad*) short wave; **Kurzwellensender** m short-wave transmitter; **Kurzwort** *nt* abbreviation, abbreviated word; **Kurzzeitspeicher** *m* register.

kusch *interj* (*an Hund*) down.

kuschelig *adj* (*inf*) cosy, snug.

kuscheln *vr* **sich an jdn** ~ to snuggle up *or* cuddle up to sb; **sich in etw** (*acc*) ~ to snuggle up *or* cuddle up in sth.

kuschen *vir* (*Hund etc*) to get down; (*fig*) to knuckle under.

Kusine *f* (female) cousin.

Kuß *m* **Kusses, Küsse** kiss. **Gruß und** ~ **Dein X** (*hum inf*) love and kisses, yours X.

Küßchen *nt* little kiss, peck (*inf*). **gib** ~ give me a kiss.

kuß|echt *adj* Lippenstift kiss-proof.

küssen I *vti* to kiss. **jdm die Hand** ~ to kiss sb's hand; **küß die Hand** (*Aus*) your servant (*old*); (*guten Tag auch*) how do you do?; (*auf Wiedersehen auch*) good day. **II** *vr* to kiss (each other).

Kußhand *f* **jdm eine** ~ **zuwerfen** to blow sb a kiss; **mit** ~**!** with (the greatest) pleasure!, gladly!; **jdn/etw mit** ~ **nehmen** (*inf*) to be only too glad to take sb/sth.

Küste *f* -, -**n** coast; (*Ufer*) shore. **die zerklüftete** ~ **Schottlands** the jagged coastline *or* coast of Scotland.

Küsten- *in cpds* coastal; **Küstenbewohner** *m* coast-dweller; **Küstenfischerei** *f* inshore fishing *or* fishery (*form*); **Küstengebiet** *nt* coastal area; **Küstengewässer** *pl* coastal waters; **Küstenschiffahrt** *f* coastal shipping; **Küstenstrich** *m* stretch of coast; **Küstenwacht** *f* coastguard.

Küster *m* -**s**, - verger, sexton.

Küsterei *f* verger's *or* sexton's house.

Kustode *m* -**n**, -**n**, **Kustos** *m* -, **Kustoden** (*in Museum*) curator.

Kutschbock *m* coach-box.

Kutsche *f* -, -**n** coach, carriage; (*inf: Auto*) jalopy (*inf*).

Kutscher *m* -**s**, - coachman, driver.

kutschieren* **I** *vi aux sein* to drive, to ride. **durch die Gegend** ~ (*inf*) to drive *or* ride around. **II** *vt* to drive. **jdn im Auto durch die Gegend** ~ to drive sb around.

Kutschkasten *m* luggage compartment on a coach.

Kutte *f* -, -**n** habit.

Kuttel *f* -, -**n** *usu pl siehe* **Kaldaune.**

Kutter *m* -**s**, - (*Naut*) cutter.

Kuvert [ku've:ɐ, ku've:ɐ] *nt* -**s**, -**s** *or* [-'vert] -(**e**)**s**, -**e** 1. (*Brief*~) envelope. 2. (*Gedeck*) cover.

kuvertieren* [kuver'ti:rən] *vt* (*form*) to put into an envelope.

Kuvertüre [kuver'ty:rə] *f* -, -**n** (*Cook*) (chocolate) coating.

Kuwait *nt* -**s** Kuwait.

Kuwaiter(in *f*) *m* -**s**, - Kuwaiti.

kuwaitisch *adj* Kuwaiti.

kW *abbr of* **Kilowatt.**

kWh *abbr of* **Kilowattstunde.**

Kybernetik *f* cybernetics *sing.*

Kybernetiker(in *f*) *m* -**s**, - cybernetician.

kybernetisch *adj* cybernetic.

kymrisch *adj* Cymric, Welsh.

Kyniker *m* -**s**, - Cynic.

kyrillisch *adj* Cyrillic.

KZ [ka:'tset] *nt* -**s**, -**s** concentration camp. ~-**Häftling** concentration camp prisoner.

L

L, l [ɛl] *nt* -, - L, l.
l *abbr of* **Liter.**
Lab *nt* **-(e)s, -e** rennin.
labb(e)rig *adj* (*dial*) *Bier, Suppe* watery; *Kaffee, Tee auch* weak; *Essen* mushy; *Stoff etc* floppy, limp; *Hose* flappy.
laben (*liter*) **I** *vt* (*Mensch*) to feast; (*Quelle*) to refresh. **II** *vr* to feast (oneself) (*an + dat* on); (*an einer Quelle etc*) to refresh oneself (*mit, an + dat* with). **wir labten uns an dem Anblick** we drank in *or* feasted our eyes on the view.
labern (*inf*) **I** *vi* to prattle *or* jabber (on *or* away) (*inf*). **II** *vt* to talk. **was laberst du denn da?** what are you prattling *etc* on about? (*inf*).
labial *adj* (*Ling*) labial.
Labial(laut) *m* **-s, -e** labial.
labil *adj* (*physisch*) *Gesundheit* delicate; *Kreislauf* poor; *Patient* frail; (*psychisch*) *Mensch, Charakter* weak.
Labilität *f siehe adj* delicateness; poorness; frailness; weakness.
labiodental *adj* (*Ling*) labiodental.
Labkraut *nt* (*Bot*) bedstraw; **Labmagen** *m* (*Zool*) abomasum (*spec*), fourth stomach.
Labor *nt* **-s, -s** *or* **-e** laboratory, lab (*inf*).
Laborant(in *f*) *m* lab(oratory) technician.
Laboratorium *nt* laboratory.
Labor-Baby *nt* test-tube baby.
laborieren* *vi* to labour (*an + dat* at); (*leiden*) to be plagued (*an + dat* by).
Labsal *nt* **-(e)s, -e**, (*Aus auch*) *f* -, **-e** (*old, liter*) refreshment.
Labung *f* (*liter*) refreshment.
Labyrinth *nt* **-(e)s, -e** (*lit, Med*) labyrinth; (*fig auch*) maze.
labyrinthisch *adj* labyrinthine, maze-like.
Lachlanfall *m* laughing fit.
Lache¹ *f* -, **-n** puddle; (*von Benzin, Blut etc auch*) pool.
Lache² *f* -, **-n** (*inf*) laugh.
lächeln *vi* to smile. **verlegen/freundlich ~** to give an embarrassed/a friendly smile.
Lächeln *nt* **-s**, *no pl* smile.
lachen I *vi* to laugh (*über + acc* at). **jdn zum L~ bringen, jdn ~ machen** to make sb laugh; **zum L~ sein** (*lustig*) to be hilarious; (*lächerlich*) to be laughable; **mir ist nicht zum L~** (*zumute*) I'm in no laughing mood; **daß ich nicht lache!** (*inf*) don't make me laugh! (*inf*); **da kann ich doch nur ~** I can't help laughing (at that); **du hast gut ~!** it's all right for you to laugh! (*inf*); **lach du nur!** you can laugh!; **gezwungen/verlegen ~** to give a forced/an embarrassed laugh; **wer zuletzt lacht, lacht am besten** (*Prov*) he who laughs last, laughs longest (*Prov*); **die ~den Erben** (*hum*) the joyful heirs; **die Sonne** *or* **der Himmel lacht** the sun is shining brightly; **ihm lachte das Glück/der Erfolg** Fortune/success smiled on *or* favoured him.

II *vt* **da gibt es gar nichts zu ~** that's nothing to laugh about; (*es ist etwas Ernstes auch*) that's no laughing matter, that's not funny; **was gibt es denn da zu ~?** what's so funny about that?; **er hat bei seiner Frau nichts zu ~** (*inf*) he has a hard time of it with his wife; **wenn dieses Versehen herauskommt, hast du nichts zu ~** (*inf*) you won't have anything to laugh about *or* it won't be funny if that mistake comes to light; **das wäre doch gelacht** it would be ridiculous; **sich** (*dat*) **einen Ast ~** (*inf*) to split one's sides (laughing) (*inf*), to kill oneself (*inf*), to laugh oneself silly (*inf*).
Lachen *nt* **-s**, *no pl* laughter, laughing; (*Art des ~s*) laugh. **vor ~ schreien** to shriek with laughter; **dir wird das ~ schon noch vergehen!** you'll soon be laughing on the other side of your face.
Lacher *m* **-s, -** **1.** laugher. **die ~ auf seiner Seite haben** to have the last laugh; (*einen Lacherfolg verbuchen*) to get a laugh. **2.** (*inf: Lache*) laugh.
Lachlerfolg *m* **ein ~ sein, einen ~ haben** *or* **erzielen** to make everybody laugh.
lächerlich *adj* **1.** ridiculous, absurd, ludicrous; (*komisch*) comical, funny. **jdn/etw ~ machen** to make sb/sth look silly *or* stupid (*vor jdm* in front of sb); **jdn/sich ~ machen** to make a fool of sb/oneself (*vor jdm* in front of sb); **etw ins L~e ziehen** to make fun of sth. **2.** (*geringfügig*) *Kleinigkeit, Anlaß* trivial, petty; *Preis* ridiculously *or* absurdly low.
Lächerlichkeit *f* **1.** *no pl* ridiculousness; (*von Argument etc auch*) absurdity. **jdn der ~ preisgeben** to make a laughing stock of sb. **2.** (*Geringfügigkeit*) triviality.
Lachgas *nt* laughing gas; **lachhaft** *adj* ridiculous, ludicrous; *Ansichten, Argument auch* laughable; **Lachkrampf** *m* paroxysm (of laughter); **einen ~ bekommen** to go (off) into fits of laughter; **Lachmöwe** *f* black-headed gull; **Lachmuskel** *m* (*Anat*) risorius; **das ist was für Ihre ~n** this will really make you laugh.
Lachs [laks] *m* **-es, -e** salmon.
Lachsalve *f* burst *or* roar of laughter.
lachsfarben, lachsfarbig *adj* salmon pink, salmon(-coloured); **Lachsforelle** *f* salmon *or* sea trout; **Lachsschinken** *m* smoked, rolled fillet of ham.
Lachtaube *f* ringdove, Barbary dove.
Lack *m* **-(e)s, -e** (*Holz~, Nagel~*) varnish; (*Auto~*) paint; (*für Lackarbeiten*) lacquer.
Lacklaffe *m* (*pej inf*) flash Harry (*inf*); **Lacklarbeit** *f* lacquerwork.
Lacke *f* -, **-n** (*Aus*) puddle.
Lackel *m* **-s, -** (*S Ger, Aus*) oaf.
lacken *vti* (*Tech*) to lacquer.
Lackfarbe *f* gloss paint.

Lackier|arbeiten pl (von Möbeln etc) varnishing; (von Autos) spraying.

lackieren* vti Holz to varnish; Fingernägel auch to paint; Auto to spray. **am Ende war ich der Lackierte** (inf) I ended up looking a fool.

Lackierer(in f) m **-s, -** varnisher; (von Autos) sprayer.

Lackiererei f 1. (Auto~) paint shop; (Möbel~) varnisher's. 2. (Handwerk) lacquerwork.

Lackierung f 1. (das Lackieren) (von Autos) spraying; (von Möbeln) varnishing. 2. (der Lack) (von Auto) paintwork; (Holz~) varnish; (für Lackarbeiten) lacquer.

Lackierwerkstatt f siehe **Lackiererei** 1.

Lackleder nt patent leather.

Lackmus nt or m **-,** no pl litmus.

Lackmuspapier nt litmus paper.

Lackschaden m damage to the paintwork;

Lackschuh m patent-leather shoe.

Lade f **-, -n** chest; (inf: Schub~) drawer.

Ladebaum m derrick; **Ladebühne** f loading ramp; **Ladefläche** f load area; **Ladegewicht** nt load, capacity; **Ladegut** nt (Ladung) load; (Fracht) freight no pl; **Ladehemmung** f das Gewehr hat ~ the gun is jammed; **er hatte plötzlich ~** (inf) he had a sudden mental block; **Ladeklappe** f tailboard; **Ladekontrolle** f (Aut) (generator) charge indicator; **Ladeluke** f cargo or loading hatch.

laden¹ pret **lud,** ptp **geladen** I vt 1. (beladen) to load; (entladen) to unload. **das Schiff hat Autos geladen** the ship has a cargo of cars; **der Lkw hat zuviel geladen** the lorry has too much load; **Verantwortung/Schulden auf sich** (acc) ~ to saddle or load oneself with responsibility/debts; **eine schwere Schuld auf sich** (acc) ~ to place oneself under a heavy burden of guilt; **sich** (dat) **etw auf den Hals ~** (inf) to saddle oneself with sth (inf); **er hatte schon ganz schön geladen** (inf) he was already pretty tanked up (inf).

2. Gewehr, Pistole to load; (Phys) to charge. **der Chef war mächtig geladen** (inf) the boss was absolutely hopping (mad) (inf); **mit Spannung geladen** charged with tension.

II vi 1. to load (up).

2. (Phys) to charge.

laden² pret **lud,** ptp **geladen** vt 1. (liter: einladen) to invite. 2. (form: vor Gericht) to summon.

Laden¹ m **-s, ⁻** shop (esp Brit), store (US); (inf: Betrieb) outfit (inf). **der ~ läuft** (inf) business is good; **dann kann er den ~ zumachen** or **dichtmachen** (inf) he might as well shut up shop (and go home) (inf); **den ~ schmeißen** (sl) to run the show; (zurechtkommen) to manage; **den (ganzen) ~ hinschmeißen** (inf) to chuck the whole lot in (inf).

Laden² m **-s, ⁻** or **-** shutter.

Ladenbesitzer m shopowner (esp Brit), shopkeeper (esp Brit), storekeeper (US); **Ladendieb** m shoplifter; **Ladendiebstahl** m shoplifting; **Ladenhüter** m nonseller; **Ladenkasse** f cashdesk, till; **Ladenkette** f chain of shops or stores;

Ladenmädchen nt shopgirl (Brit), sales clerk (US); **Ladenpreis** m shop price; **Ladenschild** nt shop (esp Brit) or store (US) sign.

Ladenschluß m nach/vor ~ after/before the shops (esp Brit) or stores (US) shut; **um fünf Uhr ist ~** the shops/stores shut at five o'clock.

Ladenschlußgesetz nt law governing the hours of trading; **Ladenschlußzeit** f (shop) closing time.

Ladenschwengel m (old, iro) shopboy, shoplad; **Ladenstraße** f shopping street; **Ladentisch** m shop counter; **über den/unter dem ~** over/under the counter; **Ladentochter** f (Sw) shop or sales assistant, salesgirl.

Ladeplatz m loading bay or area; **Laderampe** f loading ramp; **Laderaum** m load room; (Aviat, Naut) hold; **Ladestock** m ramrod.

lädieren* vt Kunstwerk, Briefmarke to damage. **lädiert sein** (hum)/**aussehen** (hum) to be/look the worse for wear.

Ladung f 1. load; (von Schnee, Steinen, Unflätigkeiten etc) whole load (inf); (von Sprengstoff) charge. **eine geballte ~ Schnee/Dreck** (inf) a handful of snow/mud. 2. (Vorladung) summons sing.

Lady ['le:di] f **-, -s** or **Ladies** lady; (Adlige) Lady.

Lafette f (Mil) (gun) carriage.

Laffe m **-n, -n** (pej) flash Harry (inf).

lag pret of **liegen**.

Lage f **-, -n** 1. (geographische ~) situation, location; (Wein~) crue. **in günstiger ~** well-situated; **eine gute/ruhige ~ haben** to be well/peacefully situated, to be in a good/peaceful location.

2. (Art des Liegens) position. **eine bequeme~ haben, sich in einer bequemen ~ befinden** to be lying comfortably, to be (lying) in a comfortable position.

3. (Situation) situation. **dazu bin ich nicht in der ~** I'm not in a position to do that; **in der glücklichen/beneidenswerten ~ sein, etw zu tun** to be in the happy/enviable position of doing sth; **Herr der ~ sein** to be master of or in control of the situation; **die ~ der Dinge erfordert es, daß ...** the situation requires that ...

4. (Schicht) layer.

5. (Mus) (Stimm~) register; (Ton~) pitch; (eines Instruments) position.

6. (Runde) round. **eine ~ schmeißen** (sl) to buy or get or stand a round.

Lagebericht m report; (Mil) situation report; **Lagebesprechung** f discussion of the situation; **eine ~ abhalten** to discuss the situation.

lagenweise adv in layers.

Lageplan m ground plan.

Lager nt **-s, -** 1. (Unterkunft) camp.

2. (liter: Schlafstätte) bed. **sie wachten am ~ des Königs** they kept watch at the King's bedside.

3. (fig: Partei) camp; (von Staaten) bloc. **ins andere ~ überwechseln** to change camps or sides.

4. pl auch **⁻** (Vorratsraum) store(room); (von Laden) stockroom; (~halle) warehouse; (Vorrat) stock. **am ~ sein** to

be in stock; **etw auf ~ haben** to have sth in stock; (*fig*) *Witz etc* to have sth on tap (*inf*) *or* (at the) ready.
    5. (*Tech*) bearing.
    6. (*Geol*) bed.

Lagerbestand *m* stock; **den ~ aufnehmen** to do the stocktaking; **lagerfähig** *adj* non-perishable; **Lagerfeuer** *nt* campfire; **Lagergebühr** *f* storage charge; **Lagerhalle** *f* warehouse; **Lagerhaltung** *f* storekeeping; **Lagerhaus** *nt* warehouse.

Lagerist(in *f*) *m* storeman/storewoman.

Lagerkoller *m* (*inf*) **er hat einen ~ gekriegt** life in the camp turned his mind; **Lagerleben** *nt* camp life; **Lagerleiter** *m* camp commander.

lagern I *vt* **1.** (*aufbewahren*) to store. **kühl ~!** keep *or* store in a cool place.
    2. (*hinlegen*) *jdn* to lay down; *Bein etc* to rest. **den Kopf/ einen Kranken weich ~** to rest one's head/lay an invalid on something soft; **das Bein hoch ~** to put one's leg up.
    II *vi* **1.** (*Lebensmittel etc*) to be stored *or* kept.
    2. (*liegen*) to lie.
    3. (*von Truppen*) to camp, to be encamped.
    III *vr* (*geh*) to settle oneself (down).

Lagerraum *m* storeroom; (*in Geschäft*) stockroom; **Lagerstatt** *f* (*old liter*) bed, couch (*liter*); **Lagerstätte** *f* **1.** (*old liter*) *siehe* **Lagerstatt**; **2.** (*Geol*) deposit.

Lagerung *f* storage; (*das Lagern auch*) storing.

Lagerverwalter *m* stores supervisor.

Lageskizze *f* sketch-map.

Lagune *f* -, **-n** lagoon.

lahm *adj* **1.** (*gelähmt*) *Bein, Mensch* lame; (*inf: steif*) stiff. **er ist auf dem linken Bein ~** he is lame in his *or* the left leg; **er hat ein ~es Bein** he is lame in one leg, he has a gammy leg (*inf*).
    2. (*inf: langsam, langweilig*) dreary, dull; *Ausrede, Entschuldigung* lame; *Geschäftsgang* slow, sluggish. **eine ~e Ente sein** (*inf*) to have no zip (*inf*).

Lahm|arsch *m* (*sl*) slowcoach (*Brit inf*), slowpoke (*US inf*); **lahm|arschig** *adj* (*sl*) bloody (*Brit inf*) *or* damn (*inf*) slow.

lahmen *vi* to be lame (*auf* +*dat* in).

lähmen *vt* to paralyze; (*fig*) *Industrie auch* to cripple; *Verhandlungen, Verkehr* to hold up; *Freude, Fest etc* to spoil. **er ist durch einen Unfall/an beiden Beinen gelähmt** he was paralyzed in an accident/is paralyzed in both legs; **vor Angst wie gelähmt sein** to be petrified, to be paralyzed with fear; **~des Entsetzen befiel die Zuschauer** the onlookers were paralyzed with horror.

Lahme(r) *mf decl as adj* (*old*) cripple.

lahmlegen *vt sep Verkehr, Produktion* to bring to a standstill *or* halt; *Industrie auch* to paralyze.

Lahmlegung *f* bringing to a standstill *no art*, paralyzing *no art*.

Lähmung *f* (*lit*) paralysis; (*fig*) immobilization.

Lähmungs|erscheinungen *pl* signs *pl* of paralysis.

Laib *m* -(e)s, -e (*esp S Ger*) loaf.

Laich *m* -(e)s, -e spawn.

laichen *vi* to spawn.

Laichplatz *m* spawning ground; **Laichzeit** *f* spawning season.

Laie *m* -n, -n (*lit, fig*) layman. **~n** the lay public; **die ~n** (*Eccl*) the laity; **da staunt der ~, der Fachmann wundert sich** (*hum inf*) that's a real turn-up for the book (*inf*).

Laien|apostolat *nt* lay apostolate; **Laienbruder** *m* lay brother; **Laienbühne** *f* amateur dramatic society; (*Gebäude*) amateur theatre; **laienhaft** *adj* *Arbeit* amateurish, unprofessional; *Urteil, Meinung* lay *attr only*; **Laienprediger** *m* lay preacher; **Laienrichter** *m* lay judge; **Laienstand** *m* laity; **Laientheater** *nt* amateur theatre; (*Ensemble*) amateur theatre group; **Laientum** *nt* laity.

laisieren* [lai'zi:rən] *vt* to unfrock.

Laisser-faire [lɛse'fɛːr] *nt*-, *no pl* (*Econ, fig*) laisser- *or* laissez-faire.

Laizismus [lai'tsɪsmʊs] *m* laicism.

laizistisch [lai'tsɪstɪʃ] *adj* laicistic.

Lakai *m* -en, -en (*lit, fig*) lackey.

Lake *f* -, -n brine.

Laken *nt* -s, - sheet.

lakonisch *adj* laconic.

Lakritz *m* -es, -e (*dial*), **Lakritze** *f* -, -n liquorice.

Laktose *f* -, *no pl* lactose.

lala *adv* (*inf*): **so ~** so-so (*inf*), not too bad (*inf*).

lallen *vti* to babble; (*Betrunkener*) to mumble.

Lama¹ *nt* -s, -s llama.

Lama² *m* -(s), -s (*Rel*) lama.

Lamaismus *m* Lamaism.

Lamakloster *nt* lamasery.

Lamé *m* -s, -s (*Tex*) lamé.

Lamelle *f* **1.** (*Biol*) lamella. **2.** (*Tech*) commutator bar *or* segment; (*von Jalousien*) slat.

lamellenförmig *adj* lamellate, lamellar.

lamentieren* *vi* to moan, to complain.

Lamento *nt* -s, -s (*Mus*) lament. **wegen etw ein ~ anstimmen** (*fig*) to bewail sth.

Lametta *nt* -s, *no pl* lametta; (*hum: Orden*) gongs *pl* (*inf*).

laminieren* *vt* (*Tex*) to draw; (*Typ*) to laminate.

Lamm *nt* -(e)s, ⁻er lamb. **das ~ Gottes** the Lamb of God.

Lammbraten *m* roast lamb.

Lamm(e)sgeduld *f* patience of a saint.

Lammfell *nt* lambskin; **Lammfleisch** *nt* lamb; **lammfromm** *adj* *Gesicht, Miene* innocent; **~ sein** to be like a (little) lamb; **sie saßen ~ auf ihren Plätzen** they were sitting in their seats like little lambs *or* as good as gold; **Lammwolle** *f* lambswool.

Lampe *f* -, -n light; (*Öl~, Steh~, Tisch~*) lamp; (*Glüh~*) bulb. **die ~n auf der Straße** the street lights; **einen auf die ~ gießen** (*inf*) to wet one's whistle; (*inf*).

Lampenfieber *nt* stage fright; **Lampenschirm** *m* lampshade.

Lampion [lam'pi̯oː, lam'pi̯oŋ] *m* -s, -s Chinese lantern.

lancieren* [lã'siːrən] *vt Produkt, Künstler* to launch; *Meldung, Nachricht* to put out. **jdn/etw in etw** (*acc*) **~** to get sb/sth into sth; **sein Onkel hat ihn in diese hohe Stellung lanciert** his uncle got him (into) that high position.

Lancierung f siehe vt launching; putting out.

Land nt -(e)s, ⁓er **1.** (Gelände, Festland) land. **ein Stück** ⁓ a plot of land or ground; ⁓ **bestellen/bebauen** to till the soil or land/ to cultivate the land; **an** ⁓ **gehen** to go ashore; **jdn an** ⁓ **setzen** to put sb ashore; **an** ⁓ **schwimmen** to swim to the shore; ⁓ **sehen** (lit) to see or sight land; **endlich können wir** ⁓ **sehen/ sehe ich** ⁓ (fig) at last we/I can see the light at the end of the tunnel; **etw/ein Boot/einen Fisch an** ⁓ **ziehen** to pull sth ashore/to beach a boat/ to land a fish; **einen Millionär/einen Auftrag an** ⁓ **ziehen** (inf) to land a millionaire/an order; ⁓ **in Sicht!** land ahoy!; ⁓ **unter!** land submerged!

2. (ländliches Gebiet) country. **aufs** ⁓ (in)to the country; **auf dem** ⁓(e) in the country; **über** ⁓ **fahren** (old) to travel.

3. (Staat) country, land (esp liter); (Bundes⁓) (in BRD) Land, state; (in Österreich) province. **das** ⁓ **Hessen/Tirol** the state of Hesse/the province of Tyrol, Tyrol province; **außer** ⁓**es sein/gehen** to be out of/leave the country; ⁓ **und Leute kennenlernen** to get to know the country and its inhabitants; ⁓**e** pl (poet) lands pl; **durch die** ⁓**e ziehen** (liter) to roam abroad; **das** ⁓ **der unbegrenzten Möglichkeiten** the new world; **das** ⁓ **der tausend Seen** the land of the thousand lakes; **das** ⁓ **der aufgehenden Sonne** the land of the rising sun; **aus aller Herren** ⁓**er(n)** from all over the world, from the four corners of the earth; **seitdem waren viele Jahre ins** ⁓ **gegangen** or **gezogen** (liter) many years had passed since then.

Land|adel m landed gentry; **Land|ammann** m (Sw) highest official in a Swiss canton; **Land|arbeit** f agricultural work; **Land|arbeiter** m agricultural worker; **Land|arzt** m country doctor.

Landauer m -s, - landau.

land|auf adv: ⁓, **landab** all over the country, the length and breadth of the country; **land|aus** adv: ⁓, **landein** all over the world; **Landbau** m siehe **Ackerbau**; **Landbesitz** m landholding; ⁓ **haben** to be a landowner, to own land; **Landbevölkerung** f rural population; **Landbrot** nt brown bread usually made from rye flour; **Landbrücke** f land bridge; **Landbutter** f farm butter.

Lände f -, -n (dial) landing stage.

Landebahn f runway; **Lande|erlaubnis** f landing permission, permission to land; **Landefähre** f (Space) landing module.

Land|eier pl farm eggs pl; **land|einwärts** adv inland.

Landeklappe f landing flap; **Landekopf** m (Mil) beachhead; **Landemanöver** nt landing manoeuvre.

landen I vi aux sein to land; (inf: enden) to land up; (inf: Eindruck machen) to get somewhere. **weich** ⁓ to make a soft landing; **alle anonymen Briefe** ⁓ **sofort im Papierkorb** all anonymous letters go straight into the wastepaper basket; **mit**

deinen Komplimenten kannst du bei mir nicht ⁓ your compliments won't get you anywhere or very far with me.

II vt (lit, fig) to land.

länden vt (dial) Leiche to recover (aus from).

Land|enge f isthmus.

Landepiste f landing strip; **Landeplatz** m (für Flugzeuge) place to land; (ausgebaut) landing strip; (für Schiffe) landing place.

Ländereien pl estates pl.

Länderkampf m (Sport) international contest; (Länderspiel) international (match); **Länderkunde** f regional studies pl; **Ländername** m name of a/the country; **Länderspiel** nt international (match).

Landesbank f regional bank; **Landesbehörde** f regional authorities pl; **Landesbrauch** m national custom, custom of the country; **Landes|ebene** f: **auf** ⁓ at the state/provincial/national level; **landes|eigen** adj owned by the Land/ province; **Landesfarben** pl (von Staat) national colours pl; (von Bundesland) state colours pl/colours pl of the province; **Landesgrenze** f (von Staat) national boundary; (von Bundesland) state/ provincial boundary; **Landeshauptmann** m (Aus) head of the government of a province; **Landeshauptstadt** f capital of a Land/province, provincial capital; **Landesherr** m (Hist) sovereign, ruler; **Landes|innere(s)** nt interior; **Landeskind** nt (von Staat) native of a/the country; (von Bundesland) native of a/the Land/province; **Landeskirche** f national church; (in Deutschland) established Protestant church in some Länder; **Landeskunde** f regional studies pl; **landeskundig** adj ⁓er **Reiseleiter** courier who knows the country; **landeskundlich** adj Themen, Aspekte regional; **Landesliste** f (Parl) regional list of parliamentary candidates for election to Federal parliament; **Landesmeister** m (Sport) regional champion; **Landesmutter** f (liter) mother of the people (liter); **die britische** ⁓ the mother of the British nation (liter); **Landesrat** m (Aus) member of a provincial government; **Landesrecht** nt law of a Land/province; **Landesregierung** f government of a Land/provincial government; **Landessprache** f national language; **der** ⁓ **unkundig sein** not to know the language; **Landesteil** m region, area; **Landestracht** f national dress or costume; **Landestrauer** f national mourning; **landes|üblich** adj customary; **das ist dort** ⁓ that's the custom there; **Landesvater** m (liter) father of the people (liter); **der bayrische** ⁓ the father of the Bavarians (liter); **Landesverrat** m treason; **Landesverteidigung** f national defence.

Landeverbot nt refusal of landing permission. ⁓ **erhalten** to be refused landing permission or permission to land.

Landfahrer m (form) vagrant; **landfein** adj (dated) spruced up; **sich** ⁓ **machen** to spruce oneself up; **Landflucht** f migration from the land, emigration to the cities; **Landfrau** *f* countrywoman; **Land-friede(n)** *m* (*Hist*) King's/Queen's Peace; **Landfriedensbruch** *m* (*Jur*) breach of the peace; **Landfunk** *m* farming (radio) programme; **Langgang** *m* shore leave; **Landgemeinde** *f* country community; **Landgericht** *nt* district court; **Landgewinnung** *f* land reclamation; **Landgraf** *m* landgrave; **Landgut** *nt* estate; **Landhaus** *nt* country house; **Landjäger** *m* 1. (*Hist*) country policeman; 2. (*Wurst*) *pressed smoked sausage*; **Landkarte** *f* map; **Landklima** *nt* continental climate; **Landkreis** *m* administrative district; **Landkrieg** *m* land warfare; **Luft- und** ~ war in the air and on the ground; **See- und** ~ war at sea and on land; **Landkriegs|ordnung** *f*: Haager ~ Hague Land Warfare Convention; **landläufig** *adj* popular, common; **entgegen** ~**er** *or* **der** ~**en Meinung** contrary to popular opinion; **Landleben** *nt* country life.

Ländler *m* -s, - (*S Ger*) country dance.
Landleute *pl* country people *or* folk *pl*.
ländlich *adj* rural; *Tracht* country *attr*; *Tanz* country *attr*, folk *attr*; *Idylle* pastoral; *Stille, Frieden* of the countryside, rural.
Ländlichkeit *f* rural character *or* nature.
Landluft *f* country air; **Landmacht** *f* land power; **Landmann** *m*, *pl* -männer (*old, liter*) husbandman (*old, liter*); **Landmaschinen** *pl* agricultural machinery *sing or* machines *pl*; **Landnahme** *f* -, -n (*Hist*) acquisition of land; **Landpartie** *f* (*old*) country outing; **Landpfarrer** *m* country parson; **Landpfleger** *m* (*Bibl*) governor; **Landplage** *f* plague; (*fig inf*) pest; **Landpomeranze** *f* (*dated pej*) country cousin; **Landpraxis** *f* (*Med*) country practice; **Landrat** *m* (*BRD*) *head of the administration of a Landkreis*; (*Sw*) *cantonal parliament*; **Landratte** *f* (*hum*) landlubber; **Landregen** *m* steady rain; **Landrücken** *m* ridge of land; **Landsasse** *m* -n, -n (*Hist*) freeholder.

Landschaft *f* scenery *no pl*; (*Gemälde*) landscape; (*ländliche Gegend*) countryside. **eine öde** ~ a barren landscape *or* region; **die** ~ **um London** the countryside around London; **die** ~**en Italiens** the types of countryside in Italy; **wir sahen eine reizvolle** ~ we saw some delightful scenery; **vor uns tat sich eine liebliche** ~ **auf** a lovely view appeared before us; **da stand einsam ein Haus in der** ~ (*herum*) (*inf*) there was one solitary house to be seen; **die politische** ~ the political scene *or* landscape.
landschaftlich *adj* Schönheiten etc scenic; *Besonderheiten* regional. **das Dorf liegt** ~ **einmalig** (*inf*) the village is surrounded by the most fantastic scenery; **diese Gegend ist** ~ **ausgesprochen reizvoll** the scenery in this area is particularly delightful; **,,Klempner" heißt** ~ **auch ,,Spengler"** in some areas the word "Spengler" is used for "Klempner".
Landschaftsbild *nt* view; (*Gemälde*) landscape (painting); (*Photographie*) landscape (photograph); **Landschaftsform** *f* land form; **Landschaftsgärtner** *m* landscape gardener; **Landschaftsmaler** *m* landscape painter; **Landschaftsschutzgebiet** *nt* nature reserve.

Landser *m* -s, - (*dated inf*) private.
Landsitz *m* country seat.
Landsknecht *m* lansquenet; **Landsmann** *m*, **Landsmännin** *f*, *pl* -leute compatriot, fellow countryman/-woman; **Landsmannschaft** *f welfare and cultural association for Germans born in the eastern areas of the former Reich.*
Landstände *pl* (*Hist*) *body of representatives of various classes in medieval provincial politics*; **Landstörzer(in** *f*) *m* -s, - (*obs*) camp follower; **Landstraße** *f* country road; (*Straße zweiter Ordnung*) secondary *or* B (*Brit*) road; (*im Gegensatz zur Autobahn*) ordinary road; **Landstreicher(in** *f*) *m* -s, - (*pej*) tramp, hobo (*US*); **Landstreicherei** *f* vagrancy; **Landstreitkräfte** *pl* land forces *pl*; **Landstrich** *m* area; **ein flacher** ~ a flat belt of land; **Landsturm** *m conscripted militia in times of war*, ≈ Home Guard (*Brit*); **Landtag** *m* Landtag (*state parliament*).
Landung *f* (*von Flugzeug, Truppen etc*) landing. **zur** ~ **gezwungen werden** to be forced to land *or* forced down.
Landungsboot *nt* landing craft; **Landungsbrücke** *f* jetty, landing stage; **Landungssteg** *m* landing stage; **Landungstruppen** *pl* land assault forces *pl*.
Land|urlaub *m* shore leave; **Land(ver)messer** *m* land surveyor; **Landvermessung** *f* land surveying; **Landvogt** *m* (*Hist*) landvogt (*governor of a royal province*); **Landvolk** *nt* country people *pl or* folk *pl*; **landwärts** *adv* landwards; **Landweg** *m*: **auf dem** ~ by land; **Landwehr** *f* territorial army; **Landwein** *m* vin ordinaire; **Landwind** *m* offshore wind; **Landwirt** *m* farmer.
Landwirtschaft *f* agriculture, farming; (*Betrieb*) farm; (*Landwirte*) farmers *pl*. ~ **betreiben** to farm.
landwirtschaftlich *adj* agricultural. ~**e Geräte** agricultural *or* farm implements.
Landwirtschafts- *in cpds* agricultural; **Landwirtschaftsministerium** *nt* ministry of agriculture; **Landwirtschaftsschule** *f* agricultural college.
Landzunge *f* spit (of land), promontory.
lang I *adj*, *comp* ¨**er**, *superl* ¨**ste(r, s)** 1. long; *Film, Roman, Aufenthalt, Rede auch* lengthy. **das ist/war seit** ~**em geplant** that has been planned (for) a long time/ was planned a long time ago; **vor** ~**er Zeit** a long time ago; **in nicht allzu** ~**er Zeit** before too *or* very long, in the not too distant future; **ich habe** ~**e**/¨**ere Zeit nichts von ihr gehört** I haven't heard from her for a long time/for (quite) some *or* a time; **das hat die** ¨**ste Zeit gedauert!** that's gone on long enough!; **hier wird mir der Tag/die Zeit nicht** ~ I won't get bored here; **etw** ¨**er machen** to make sth longer, to lengthen sth; **die Tage werden wieder** ¨**er** the days are drawing out *or* getting longer; **er machte ein** ~**es Gesicht** his face fell; **man sah überall nur** ~**e Gesichter** you saw nothing but long faces; **etw von** ~**er Hand vorbereiten** to prepare sth carefully;

des ~en und breiten at great length; einen ~en Hals machen (inf) to crane one's neck.

2. (inf: groß gewachsen) Mensch tall. eine ~e Latte, ein ~er Lulatsch, ein ~es Elend sein to be a (real) beanpole (inf).

II adv, comp ⁻er, superl am ⁻sten. der ~ erwartete Regen the long-awaited rain; der ~ ersehnte Tag/Urlaub the longed-for day/holiday; ~ anhaltender Beifall prolonged or long applause; nur einen Augenblick ~ only for a moment or second; zwei Stunden ~ for two hours; mein ganzes Leben ~ all my life, my whole life; mein ganzes Leben ~ werde ich das nicht vergessen I'll never forget that as long as I live; ~ und breit at great length.

lang|ärm(e)lig adj long-sleeved; **lang|armig** adj long-armed; **lang|atmig** adj long-winded; **Lang|atmigkeit** f long-windedness; **langbeinig** adj long-legged.

lange, lang (S Ger, Aus) adv, comp ⁻er, superl am längsten **1.** (zeitlich) a long time; (in Fragen, Negativsätzen) long. die Sitzung hat heute ~/nicht ~ gedauert the meeting went on (for) a long time/didn't go on (for) long today; wie ~ bist du schon hier? how long have you been here (for)?; es ist noch gar nicht ~ her, daß wir diese Frage diskutiert haben we discussed this question not long ago, it's not long since we discussed this question; er wird es nicht mehr ~ machen (inf) he won't last long, he's not got long to go; bis Weihnachten ist es ja noch ~ hin it's still a long time till Christmas, we're a long way from Christmas; je ⁻er, je lieber the more the better.

2. (inf: längst) noch ~ nicht not by any means, not by a long chalk (inf); ~ nicht so ... nowhere near as ..., not nearly as ...; er verdient ~ nicht soviel he doesn't earn nearly as much or anywhere near as much; wenn er das schafft, kannst du das schon ~ if he can do it, you can do it easily.

Länge f -, -n **1.** (zeitlich, räumlich) length; (inf: von Mensch) height. eine ~ von 10 Metern haben to be 10 metres long or in length; ein Seil von 10 Meter ~ a rope 10 metres long; ein Vortrag/eine Fahrt von einer Stunde ~ an hour-long lecture/an hour's journey; Bauarbeiten auf 5 km ~ road works for 5 kms; etw der ~ nach falten to fold sth lengthways or lengthwise; in die ~ schießen or wachsen to shoot up; etw in die ~ ziehen to protract sth, to drag sth out (inf); sich in die ~ ziehen to go on and on; der ~ nach hinfallen to fall flat (on one's face); einen Artikel in voller ~ abdrucken to print an article in its entirety.

2. (Sport) length. mit einer ~ gewinnen to win by a length; die anderen Wagen kamen mit einigen ~n Abstand the other cars came in several lengths behind.

3. (in Buch, Film etc) long-drawn-out passage/scene.

4. (Geog) longitude. der Ort liegt auf or unter 20 Grad östlicher ~ the town has a longitude of 20 degrees east.

längelang adv (inf) ~ hinfallen to fall flat, to go sprawling.

langen (dial, inf) **I** vi **1.** (sich erstrecken, greifen) to reach (nach for, in +acc in, into). bis an/zu etw ~ to reach sth.

2. (fassen) to touch (an etw (acc)) sth).

3. (ausreichen) to be enough; (auskommen) to get by, to manage. mir langt es I've had/I have enough; das Geld langt nicht there isn't or we etc haven't enough money; jetzt langt's mir aber! I've had just about enough.

II vt (reichen) jdm etw ~ to give or pass or hand sb sth; jdm eine ~ to give sb a clip on the ear (inf).

längen vt Schuhe to stretch.

Längengrad m degree of longitude; **Längenkreis** m meridian; **Längenmaß** nt measure of length, linear measure.

länger comp of lang, lange.

längerfristig I adj longer-term. II adv in the longer term; planen for the longer term.

langersehnt adj attr longed-for.

Langeweile f (gen) - or **Langenweile**, (dat) - or **Langerweile**, no pl boredom. ~ haben to be bored.

langfädig adj (Sw) long-winded; **Langfinger** m (hum) pickpocket; **langfing(e)rig** adj long-fingered; (hum) light-fingered; **Langformat** nt Briefumschläge/ Zigaretten im ~ long envelopes/long-(length) cigarettes; **langfristig** I adj long-term; II adv in the long term; planen for the long term; **langgehegt** adj attr Wunsch long-cherished; **langgestreckt** adj long; Dorf auch strung-out; **langgezogen** adj sustained; **langglied(e)rig** adj long-limbed; **langhaarig** adj long-haired; **Langhaarige(r)** mf decl as adj long-haired man/woman etc; **Langhaus** nt nave; **Langholz** nt uncut timber; **Langholzwagen** m timber lorry (Brit) or truck; **langjährig** I adj Freundschaft, Bekannter long-standing; Erfahrung, Verhandlungen etc many years of; Mitarbeiter of many years' standing; II adv for many years; **Langlauf** m (Ski) cross-country skiing; Sieger im ~ winner of the cross-country (event); **Langläufer** m (Ski) cross-country skier; **langlebig** adj long-lasting; Stoff etc auch durable; Gerücht long-lived; Mensch, Tier long-lived; ~ sein to last a long time or have a long life/ be durable/long-lived/live to an old age or be long-lived; **Langlebigkeit** f siehe adj long-lastingness; durability; long life; longevity; **langlegen** vr sep to have a lie-down; (inf: hinfallen) to fall flat on one's face; (fig inf) to be struck all of a heap (inf).

länglich adj long, elongated.

langliegen vi sep irreg (inf) to be in bed; **langmähnig** adj with a long mane, long-maned; (inf) Mensch long-haired; **Langmut** f -, no pl patience, forbearance; **langmütig** adj patient, forbearing; **Lang|ohr** nt (hum) rabbit, bunny (inf); (Häschen) hare.

längs I adv lengthways, lengthwise. II prep +gen along. ~ der Straße stehen Kastanien chestnut trees line the road, there are chestnut trees along the road; die Bäume ~ des Flusses the trees along (the banks of) the river.

Längs|achse f longitudinal axis.
langsam I adj slow.
  II adv 1. slowly. **geh/fahr/sprich** ~**er!** slow down!, walk/drive/speak (a bit) more slowly or (a bit) slower! (inf); ~, ~!, **immer schön** ~**!** (inf) (take it) easy!, easy does it!; ~, **aber sicher** slowly but surely.
  2. (allmählich, endlich) **es wird** ~ **Zeit, daß** ... it's about time or it's high time that ...; ~ **müßtest du das aber wissen** it's about time or it's high time you knew that; **ich muß jetzt** ~ **gehen** I must be getting on my way, I'd better be thinking about going; ~ **(aber sicher) reicht es mir** I've just about had enough.
Langsamkeit f slowness.
Langschäfter m **-s, -** high boot; (aus Gummi) wader; **langschäftig** adj Stiefel high; **Langschläfer** m late-riser; **Langseite** f siehe **Längsseite**.
längsgestreift adj Stoff with lengthways stripes; Kleid, Vorhang etc auch with vertical stripes; **Längslinie** f vertical line, line down.
Langspielband nt long-playing tape; **Langspielplatte** f long-playing record.
Längsrichtung f longitudinal direction; **in** ~ **zu etw verlaufen** to run longitudinally along sth; **längsschiffs** adv broadside on; **Längsschnitt** m longitudinal section; **Längsseite** f long side; (Naut) broadside; **längsseit(s)** adv, prep +gen alongside; **die beiden Boote lagen** ~ **the boats were lying alongside one another**; **Längsstreifen** pl lengthways stripes pl; (von Kleid, Vorhängen auch) vertical stripes pl.
längst adv 1. (seit langem, schon lange) for a long time; (vor langer Zeit) a long time ago, long ago. **er ist inzwischen** ~ **gestorben** he has been dead (for) a long time now; **das ist** ~ **nicht mehr so** it hasn't been like that for a long time; **als wir ankamen, war der Zug** ~ **weg** when we arrived the train had long since gone.
  2. siehe **lange 2**.
Längstal ['lɛŋs-] nt longitudinal valley.
längstens adv 1. (höchstens) at the most.
  2. (spätestens) at the latest.
längste(r, s) superl of **lang**.
langstielig adj long-stemmed.
Langstreckenflug m long-distance flight; **Langstreckenflugzeug** nt long-range or long-haul aircraft; **Langstreckenlauf** m (Diszplin) long-distance running; (Wettkampf) long-distance race; **Langstreckenläufer** m, **Langstreckler** m **-s, -** (inf) long-distance runner.
Längswand f long wall.
Languste [laŋ'gʊstə] f **-, -n** crayfish, crawfish (US).
langweilen insep I vt to bore. II vi to be boring. III vr to be/get bored. **sich zu Tode** ~ to be/get bored to death or to tears.
Langweiler m **-s, -** bore; (langsamer Mensch) slowcoach (Brit inf), slowpoke (US inf).
langweilig adj 1. boring. 2. (inf: langsam) slow. **er ist so** ~ **mit allem** he's so slow or such a slowcoach (Brit inf) or slowpoke (US inf) at everything.
Langwelle f long wave; **langwellig** adj

long-wave; **langwierig** adj long, lengthy; Verhandlungen, Behandlung, Krankheit auch prolonged; ~ **über etw** (acc) **beraten** to have lengthy or prolonged discussions about sth; **Langwierigkeit** f lengthiness; **Langzeitprogramm** nt long-term programme; **langziehen** vt sep irreg to stretch.
Lanolin nt **-s, no pl** lanolin.
Lanthan nt **-s, no pl** (abbr **La**) lanthanum.
Lanze f **-, -n** lance; (zum Werfen) spear. **für jdn eine** ~ **brechen** (fig) to take up the cudgels for sb, to go to bat for sb (esp US).
Lanzenspitze f tip of a lance/spear; **Lanzenstich** m lance/spear thrust; (Wunde) lance/spear wound; **Lanzenstoß** m lance/ spear thrust.
Lanzette f (Med) lancet.
Lanzettfischchen nt lancelet; **lanzettförmig** adj (Bot) lanceolate (spec).
Laos nt **-'** Laos.
Laote m **-n, -n, Laotin** f Laotian.
laotisch adj Laotian.
lapidar adj succinct.
Lapislazuli m **-, -** lapis lazuli.
Lappalie [-iə] f trifle, petty little matter.
Lappe m **-n, -n, Lappin** f Lapp, Lapplander.
Lappen m **-s, -** 1. (Stück Stoff) cloth; (Wasch~) face cloth, flannel. 2. (sl: Geldschein) note, bill (US). 3. (Hautstück) fold of skin. 4. (inf) **jdm durch die** ~ **gehen** to slip through sb's fingers.
läppern vr impers (inf) **es läppert sich** it (all) mounts up.
lappig adj (inf) limp.
läppisch adj silly. **wegen** ~**en zwei Mark macht er so ein Theater** (inf) he makes such a fuss about a mere two marks.
Lappland nt **-s** Lapland.
Lapsus m **-, -** mistake, slip; (gesellschaftlich, diplomatisch) faux pas. ~ **linguae** [-'lɪŋguɛ] slip of the tongue; **mir ist ein** ~ **unterlaufen** I've made a mistake/faux pas.
Lärche f **-, -n** larch.
large [larʒ] adj (Sw) generous.
Largo nt **-s, -s** or **Larghi** (Mus) largo.
larifari I interj nonsense, fiddlesticks, fiddle-de-dee. II adj inv airy-fairy.
Larifari nt **-s, no pl** (inf) nonsense.
Lärm m **-(e)s, no pl** noise; (Geräuschbelästigung auch) din, row, racket; (Aufsehen) fuss. ~ **schlagen** (lit) to raise the alarm; (fig) to kick up a fuss, to raise a commotion; **"Viel** ~ **um nichts"** "Much Ado about Nothing"; **viel** ~ **um nichts machen** to make a lot of fuss or ado or a big to-do about nothing; **viel** ~ **um jdn/etw machen** to make a big fuss about sb/sth.
Lärmbekämpfung f noise abatement; **Lärmbelästigung** f noise nuisance; **sie beschwerten sich wegen der unzumutbaren** ~ they complained about the unacceptable noise level; **Lärmbelastung** f noise pollution; **lärm|empfindlich** adj sensitive to noise.
lärmen vi to make a noise. ~**d** noisy.
larmoyant [larmoa'jant] adj (geh) lachrymose (liter).
Larmoyanz [larmoa'jants] f (geh) sentimentality.

Lärmpegel *m* noise level; **Lärmquelle** *f* source of noise/the noise; **Lärmschädigungen** *pl* injuries caused by excessive noise; **Lärmschutz** *m* noise prevention; **Lärmwall** *m* soundproof barrier.

Lärvchen *nt* 1. *dim of* **Larve**. 2. (*dated inf: Gesicht*) baby-doll face.

Larve ['larfə] *f* -, -n 1. (*Tier*~) larva. 2. *siehe* **Maske**.

las *pret of* **lesen**.

lasch *adj* (*inf*) 1. (*schlaff*) *Bewegungen* feeble; *Händedruck* limp. 2. *Erziehung, Polizei, Eltern* lax. 3. *Speisen* insipid, wishy-washy (*inf*).

Lasche *f* -, -n (*Schlaufe*) loop; (*Schuh*~) tongue; (*Verschluß*) tab, flap; (*Tech*) splicing plate; (*Rail*) fishplate.

Laschheit *f siehe adj* 1. feebleness; limpness. 2. laxity. 3. insipidity, wishy-washiness (*inf*).

Laser ['leːzɐ, 'laːzɛ] *m* -s, - laser.

Laserstrahl *m* laser beam.

lasieren* *vt Bild, Holz* to varnish; *Glas* to glaze.

laß *imper sing of* **lassen**.

lassen *pret* **ließ**, *ptp* **gelassen** I *vt* 1. (*unter*~) to stop; (*momentan aufhören*) to leave. **laß das (sein)!** don't (do it)!; (*hör auf*) stop it!; **laß das Jammern** stop your moaning; **laß diese Bemerkungen!** that's enough of that kind of remark!; **~ wir das!** let's leave it *or* that!; **er kann das Rauchen/Trinken nicht** ~ he can't stop smoking/drinking, he can't keep from smoking/ drinking; **er kann es nicht** ~! he will keep on doing it!; **er hat es versucht, aber er kann es nicht** ~ he's tried, but he can't help it *or* himself; **dann** ~ **wir es eben** let's drop the whole idea; **ich will aber nicht!** — **dann** ~ **wir es eben** but I don't want to! — let's not bother then; **wenn du nicht willst, dann laß es doch** if you don't want to, then don't; **ich habe es dann doch gelassen** in the end I didn't; **tu, was du nicht** ~ **kannst!** if you must, you must!

2. (*zurück*~) to leave. **jdn allein** ~ to leave sb alone; **er hat dort viel Geld gelassen** he left there with his pockets a lot lighter.

3. (*über*~) **jdm etw** ~ to let sb have sth; (*behalten* ~) to let sb keep sth; **das muß man ihr** ~ (*zugestehen*) you've got to give *or* grant her that.

4. (*hinein*~, *hinaus*~) to let (*in +acc* into, *aus* out of). **Wasser in die Badewanne (laufen)** ~ to run water into the bath; **laß die Kinder nicht auf die Straße/auf das Sofa** don't let the children (go) onto the street/(get) on(to) the sofa.

5. (*be*~) to leave. **etw** ~, **wie es ist** to leave sth (just) as it is; **etw ungesagt** ~ (*geh*) to leave sth unsaid.

6. (*inf: los*~) to let go; (*in Ruhe* ~) to leave alone, to let be; (*gewähren* ~) to let.

II *modal aux vb ptp* ~ *Übersetzung hängt oft vom Vollverb ab, siehe auch dort* 1. (*veranlassen*) **etw tun** ~ to have *or* get sth done; **sich** (*dat*) **etw schicken** ~ to have *or* get sth sent to one; **ich muß mich mal untersuchen** ~ I'll have to have a check-

up; **sich** (*dat*) **einen Zahn ziehen** ~ to have a tooth out; **jdm mitteilen/ausrichten** ~, **daß ...** to let sb know *or* have sb informed (*form*)/leave a message for sb that ...; **er läßt Ihnen mitteilen, daß ...** he wants *or* wishes (*form*) you to know that ...; **jdn rufen** *or* **kommen** ~ to send for sb; **er hat gespart, nur um seine Kinder etwas lernen zu** ~ he saved just so that his children could be educated; **eine Versammlung einberufen** ~ to have a meeting called.

2. (*zu*~) **jdn etw wissen/sehen/hören** ~ to let sb know/ see/hear sth; **etw kochen** ~ to boil sth; **sie hat mich nichts merken** ~ she didn't show it/anything; **sich** (*dat*) **einen Bart/die Haare wachsen** ~ to grow a beard/one's hair, to let one's hair grow; **den Tee ziehen** ~ to let the tea draw; **das Licht brennen** ~ to leave the light on; **jdn warten** ~ to keep sb waiting; **laß ihn nur kommen!** just let him show his face *or* come!

3. (*erlauben*) to let, to allow. **er hat sich überreden/nicht überreden** ~ he let himself be *or* allowed himself to be persuaded/he was not to be persuaded; **ich lasse mich nicht belügen/zwingen** I won't be lied to/coerced.

4. (*möglich sein*) **das Fenster läßt sich leicht öffnen** the window opens easily; **das Fenster läßt sich nicht öffnen** (*grundsätzlich nicht*) the window doesn't open; (*momentan nicht*) the window won't open; **das Wort läßt sich schwer/nicht übersetzen** the word is hard to translate/ can't be translated *or* is untranslatable; **das läßt sich machen** that's possible, that can be done; **es läßt sich essen/trinken** it's edible *or* eatable/drinkable; **auf dieser Straße läßt es sich gut fahren** this road is good to drive on; **das läßt sich nicht mehr feststellen** that can no longer be established; **das läßt sich nicht mehr ändern** nothing can be done about that now, it's too late to do anything about it now; **daraus läßt sich schließen** *or* **folgern, daß ...** one can conclude from this that ...

5. (*als Imperativ*) **laß uns gehen!** let's go!; **laß es dir gutgehen!** take care of yourself!; **laß dir das gesagt sein!** let me tell you this!; **lasset uns beten** let us pray.

III *vi* 1. **laß mal, ich mache das schon** leave it, I'll do it; **laß mal, ich zahle das schon** no, that's all right, I'll pay.

2. (*ab*~) **von jdm/etw** ~ to give sb/sth up.

lässig *adj* (*ungezwungen*) casual; (*nach*~) careless; (*sl: gekonnt*) cool (*sl*). **das hat er ganz** ~ **hingekriegt** (*sl*) pretty cool, the way he did that (*sl*).

Lässigkeit *f siehe adj* casualness; carelessness; coolness (*sl*).

läßlich *adj* (*Eccl*) *Sünde* venial, pardonable.

Lasso *m or nt* -s, -s lasso.

läßt *imper pl of* **lassen**.

Last *f* -, -en 1. load; (*Trag*~ *auch*) burden; (*lit, fig: Gewicht*) weight. **Aufzug nur für** ~**en** goods lift *or* hoist.

2. (*fig: Bürde*) burden. **eine** ~ **für jdn sein, jdm zur** ~ **fallen/ werden** to be/ become a burden on sb; **die** ~ **der**

Verantwortung/des Amtes the burden of responsibility/the weight of office; **sich** (*dat*) **selbst eine ~ sein** to be a burden to oneself; **damit war uns eine schwere ~ vom Herzen** *or* **von der Seele genommen** that took a load off our minds; **jdm eine ~ abnehmen** to take a load off sb's shoulders; **jdm etw zur ~ legen** to lay sth to sb's charge; **man legte ihm zur ~, daß er betrunken gewesen war** he was charged with being drunk.

3. **~en** (*Kosten*) costs; (*des Steuerzahlers*) charges; **soziale ~en** welfare costs *or* charges; **die steuerlichen ~en für die kleinen Unternehmen** the tax burden for small concerns; **zu jds/eigenen ~en gehen** to be chargeable to sb/payable oneself.

Last|arm *m* (*Phys*) load arm; **Last|auto** *nt* van (*Brit*), panel truck (*US*).

lasten *vi* to weigh heavily (*auf +dat* on). **eine schwere Sorge hat auf ihr gelastet** a terrible worry weighed her down; **auf dem Haus lastet noch eine Hypothek** the house is still encumbered (with a mortgage) (*form*); **auf ihm lastet die ganze Verantwortung/Arbeit** all the responsibility rests on him/all the work falls on him.

Lasten|aufzug *m* hoist. goods lift *or* elevator (*US*).

lastend *adj* (*geh*) oppressive.

lastenfrei *adj Grundstück* unencumbered.

Laster¹ *m* -s, - (*inf*) lorry (*Brit*), truck.

Laster² *nt* -s, - vice.

Lästerei *f* (*inf*) 1. *no pl* (*das Lästern*) running down (*über +acc* of), nasty comments *pl*. 2. (*Lästerwort*) nasty remark.

Lästerer *m* -s, - . 1. **ein ~ sein** to have a vicious tongue (in one's head). 2. (*Gottes~*) blasphemer.

lasterhaft *adj* depraved; **Lasterhaftigkeit** *f* depravity; **Lasterhöhle** *f* den of vice *or* iniquity; **Lasterleben** *nt* (*old, iro*) life of sin and depravity.

lästerlich *adj* malicious; (*gottes~*) blasphemous. **~e Bemerkung** gibe (*über +acc* at).

Lästermaul *nt* (*inf*) *siehe* **Lästerer 1.**

lästern I *vi* **über jdn/etw ~** to make nasty remarks about sb/sth, to run sb/sth down; **wir haben gerade über dich gelästert** (*hum*) we were just talking about you, we were just taking your name in vain (*hum*). II *vt* 1. to be nasty about. 2. *Gott* to blaspheme against, to curse.

Lästerzunge *f* vicious tongue.

Last|esel *m* pack mule.

Lastex ® *nt* -, *no pl* stretch fabric.

Lastex- ® *in cpds* stretch.

Lastfahrzeug *nt* goods vehicle; **Lastfuhre** *f* **mit dem Mietwagen dürfen keine ~n unternommen werden** the hired car is not to be used for the carriage of goods.

lästig *adj* tiresome; (*ärgerlich auch*) annoying, irksome, aggravating; *Husten, Kopfschuppen etc* troublesome. **wie ~!** what a nuisance!; **jdm ~ sein** to bother sb; **der Regenschirm/ dieser Verband ist mir ~** the umbrella is a nuisance/this bandage is bothering me; **jdm ~ fallen** to be a nuisance to sb; **jdm ~ werden** to become a nuisance (to sb); (*zum Ärgernis werden*) to get annoying (to sb).

Lästigkeit *f siehe adj* tiresomeness; irksomeness; troublesomeness.

Lastkahn *m* barge; **Lastkraftwagen** *m* (*form*) heavy goods vehicle; **Lastschiff** *nt* freighter, cargo ship; **Lastschrift** *f* debit; (*Eintrag*) debit entry; **Lasttier** *nt* beast of burden, pack animal; **Lastträger** *m* carrier, porter; **Lastwagen** *m* lorry (*Brit*), truck; **Lastwagenfahrer** *m* lorry (*Brit*) *or* truck driver; **Lastzug** *m* truck-trailer (*US*), juggernaut (*Brit inf*).

Lasur *f* (*auf Holz, Bild*) varnish; (*auf Glas, Email*) glaze.

lasziv *adj* (*geh*) lascivious.

Laszivität *f* (*geh*) lasciviousness.

Latein *nt* -s Latin. **mit seinem ~ am Ende sein** to be stumped (*inf*).

Latein|amerika *nt* Latin America; **latein|amerikanisch** *adj* Latin-American.

lateinisch *adj* Latin.

Lateinschule *f* (*Hist*) grammar school.

latent *adj* latent; *Selbstmörder* potential. **~ vorhanden sein** to be latent.

Latenz *f* latency.

Latenzzeit *f* latent period.

lateral *adj* (*Sci*) lateral.

Laterna magica *f* magic lantern.

Laterne *f* -, **-n** (*Leuchte, Archit*) lantern; (*Straßen~*) streetlight, streetlamp. **so einen Ehemann kannst du mit der ~ suchen** husbands like that are few and far between.

Laternenpfahl *m* lamp post.

Latex *m* -, **Latizes** latex.

Latifundium *nt usu pl* latifundium.

latinisieren* *vt* to latinize.

Latinismus *m* latinism.

Latinist(in *f*) *m* Latinist, Latin scholar.

Latinum *nt* -s, *no pl* **kleines/großes ~** ≃ Latin O-/A-level (exam) (*Brit*).

Latrine *f* latrine.

Latrinenparole *f* (*inf*) rumour.

Latsche *f* -, **-n** (*Bot*) *siehe* **Latschenkiefer.**

Latschen *m* -s, - (*inf*) (*Hausschuh*) slipper; (*pej: Schuh*) worn-out shoe.

latschen *vi aux sein* (*inf*) to wander; (*durch die Stadt etc*) to traipse; (*schlurfend*) to slouch along.

Latschenkiefer *f* mountain pine.

latschig *adj* (*inf*) *Gang* sloppy (*inf*).

Latte *f* -, **-n** 1. (*schmales Brett*) slat. **nicht alle auf der ~ haben** (*sl*) to have a screw loose (*inf*). 2. (*Sport*) bar; (*Ftbl*) (cross) bar. 3. (*inf: Liste*) **eine ganze ~ von Vorstrafen** a whole string of previous convictions.

Lattenholz *nt* lath wood; **Lattenkreuz** *nt* corner of the goalpost; **Lattenrost** *m* duckboards; (*im Bett*) slatted frame; **Lattenverschlag** *m* crate; (*abgeteilte Fläche*) enclosure; (*für Hühner etc*) run; **Lattenzaun** *m* slatted fence.

Lattich *m* -s, -e (*Bot*) lettuce.

Latz *m* -es, **=e** *or* (*Aus*) -e (*Lätzchen, bei Kleidung*) bib; (*Hosen~*) (front) flap. **jdm eins vor den ~ knallen** (*sl*) *or* **ballern** (*sl*) to sock sb one (*sl*).

Lätzchen *nt* bib.

Latzhose *f* (pair of) dungarees *pl*.

lau *adj* 1. *Wind, Abend* mild. 2. (*~warm*) *Flüssigkeit* tepid, lukewarm; (*fig*) *Freund-*

schaft, Begeisterung, Haltung lukewarm, half-hearted.

Laub *nt* **-(e)s,** *no pl* leaves *pl*; *(an Bäumen etc auch)* foliage.

Laubbaum *m* deciduous tree; **Laubdach** *nt* leafy canopy *(liter)*.

Laube *f* **-, -n 1.** *(Gartenhäuschen)* summerhouse. **2.** *(Gang)* arbour, pergola.

Laubengang *m* arbour, pergola; **Laubenkolonie** *f* area of allotments; **Laubenpieper** *m* **-s, -** *(dial)* allotment gardener.

Laubfärbung *f* colouring of the leaves; **Laubfrosch** *m* (European) tree-frog; **Laubhölzer** *pl* deciduous trees *pl*; **Laubhüttenfest** *nt* Feast of Tabernacles, Sukkoth; **Laubkrone** *f* tree-top; **Laubsäge** *f* fretsaw; **Laubsäge|arbeit** *f* fretwork; **laubtragend** *adj* deciduous; **Laubwald** *m* deciduous wood/forest; **Laubwerk** *nt* foliage *(auch Art)*.

Lauch *m* **-(e)s, -e** allium *(form)*; *(esp S Ger: Porree)* leek.

Laudatio [lau'da:tsio] *f* **-, Laudatiọnes** encomium, eulogy.

Lauer *f* **-,** *no pl:* **auf der ~ sein** *or* **liegen** to lie in wait; **sich auf die ~ legen** to settle down to lie in wait.

lauern *vi (lit, fig)* to lurk, to lie in wait *(auf +acc* for); *(inf)* to wait *(auf +acc* for). **ein ~der Blick** a furtive glance.

Lauf *m* **-(e)s, Läufe 1.** *(schneller Schritt)* run; *(Sport: Wett~)* race. **einen ~ machen** to go for *or* have a run; **im ~ innehalten** to stop running for a moment.

2. *(Verlauf)* course. **im ~e der Jahre** in the course of the years, over *or* through the years; **im ~e des Gesprächs** in the course of *or* during the conversation; **einer Entwicklung** *(dat)* **freien ~ lassen** to allow a development to take its (own) course; **sie ließ ihren Gefühlen freien ~** she gave way to her feelings; **den Dingen ihren ~ lassen** to let matters *or* things take their course; **das ist der ~ der Dinge** *or* **der Welt** that's the way of the world *or* the way things go; **die Dinge nahmen ihren ~** everything took its course.

3. *(Gang, Arbeit)* running, operation.

4. *(Fluß~, Astron)* course. **der obere/untere ~ der Donau** the upper/lower reaches of the Danube.

5. *(Mus)* run.

6. *(Gewehr~)* barrel. **ein Tier vor den ~ bekommen** to get an animal in one's sights.

7. *(Hunt: Bein)* leg.

Laufbahn *f* career. **die ~ des Beamten einschlagen** to embark *or* enter on a career as a civil servant.

Laufbursche *m* errand-boy, messenger boy.

laufen *pret* **lief,** *ptp* **gelaufen I** *vi aux sein* **1.** *(rennen)* to run. **lauf doch!** get a move on! *(inf)*.

2. *(inf) (gehen)* to go; *(seine Notdurft verrichten)* to run (to the toilet) *(inf)*. **er läuft dauernd ins Kino/auf die Polizei** he's always off to the cinema/running to the police.

3. *(zu Fuß gehen)* to walk. **das Kind läuft schon** the child can already walk *or*

is already walking; **das L~ lernen** to learn to walk; **er läuft sehr unsicher** he's very unsteady on his feet; **es sind noch/nur 10 Minuten zu ~** it's another/only 10 minutes' walk.

4. *(fließen)* to run; *(schmelzen: Käse, Butter)* to melt. **Wasser in einen Eimer/die Badewanne ~ lassen** to run water into a bucket/the bath; **das Bier muß ~** the beer must be kept flowing.

5. *(undicht sein) (Gefäß, Wasserhahn)* to leak; *(Nase, Wunde)* to run. **seine Nase läuft, ihm läuft die Nase** his nose is running, he's got a runny nose.

6. *(in Betrieb sein)* to run, to go; *(Uhr)* to go; *(Elektrogerät) (eingeschaltet sein)* to be on; *(funktionieren)* to work. **wir haben jetzt drei neue Maschinen ~** *(inf)* we've got three new machines going *(inf)*; **er hat vier Mädchen ~** *(sl)* he's got four girls out on the game *(sl) or* hustling for him *(sl)*.

7. *(fig: im Gange sein) (Prozeß, Verhandlung)* to go on, to be in progress; *(Bewerbung, Antrag)* to be under consideration; *(gezeigt werden) (Film)* to be on, to be showing; *(Stück)* to be on, to be playing. **der Film lief schon, als wir ankamen** the film had already started when we arrived; **etw läuft gut/schlecht** sth is going well/badly; **die Sache/das Geschäft läuft jetzt** it/the shop is going well now; **sehen, wie die Sache läuft** see how things go; **alles/die Dinge ~ lassen** to let everything/things slide; **die Sache ist gelaufen** *(sl)* it's in the bag *(inf)*, it's all wrapped up *(inf)*; **jdm zeigen, wie es läuft** *(inf)* to show sb the ropes *(inf)*.

8. *(gültig sein: Vertrag, Abkommen)* to run.

9. *(bezeichnet werden)* **das Auto läuft auf meinen Namen** the car is in my name; **der Agent läuft unter dem Decknamen ,,Spinne"** the agent goes by the cover-name of "Spider"; **das läuft unter ,,Sonderausgaben"** that comes under "special expenses".

10. *(sich bewegen)* to run. **es lief mir eiskalt über den Rücken** a chill ran *or* went up my spine; **auf eine Mine ~** to hit a mine; **in den Hafen ~** to enter port.

11. *(verlaufen: Fluß etc)* to run; *(Weg auch)* to go.

II *vt* **1.** *aux haben or sein (Sport)* **Rekordzeit** to run; **Rekord** to set. **Rennen ~** to run (in races); **Ski/Schlittschuh** *etc* **~** to ski/skate etc.

2. *aux sein (fahren: Auto etc)* **Geschwindigkeit, Strecke** to do.

3. *aux sein (zu Fuß gehen)* to walk; *(schnell)* to run.

4. sich *(dat)* **eine Blase ~** to give oneself a blister; **sich** *(dat)* **ein Loch in die Sohlen ~** to wear a hole in one's soles.

III *vr* **sich warm ~** to warm up; **sich heiß ~** to overheat; **sich müde ~** to tire oneself out; **in den Schuhen läuft es sich gut/ schlecht** these shoes are good/bad for walking/running in; **zu zweit läuft es sich besser** it's better walking/running in twos.

laufend I *adj attr (ständig)* **Arbeiten, Ausgaben** regular; **Kredit** outstanding;

Monat, Jahr, Konto (form) current. **10 DM der ~e Meter** DM 10 per metre; **~e Nummer** serial number; **auf dem ~en bleiben/sein** to keep (oneself)/be in the picture *or* up-to-date *or* informed; **jdn auf dem ~en halten** to keep sb in the picture *or* up-to-date *or* informed; **mit etw auf dem ~en sein** to be up-to-date on sth.
II *adv* continually, constantly.

laufenlassen *vt sep irreg (inf)* **jdn ~** to let sb go.

Läufer *m* **-s, -** 1. *(Sport)* runner; *(Hürden~)* hurdler; *(Ftbl)* halfback; *(Chess)* bishop. **rechter/linker ~** *(Ftbl)* right/left half.
2. *(Teppich)* rug; *(Treppen~, Tisch~)* runner.
3. *(Tech) (Laufgewicht)* sliding weight.
4. *(Build)* stretcher.

Lauferei *f (inf)* running about *no pl.*
Läuferin *f siehe* **Läufer** 1.
Lauffeuer *nt*: **sich wie ein ~ verbreiten** to spread like wildfire; **Laufgewicht** *nt* sliding weight; **Laufgitter** *nt* playpen; **Laufgraben** *m* approach trench.

läufig *adj* on heat.

Laufkatze *f (Tech)* crab; **Laufkran** *m* (overhead) travelling crane; **Laufkundschaft** *f* occasional customers *pl*; **Laufmasche** *f* ladder *(Brit)*; **~n aufnehmen** to mend ladders; **Laufpaß** *m*: **jdm den ~ geben** *(inf)* to give sb his marching orders *(inf)*; *Freundin etc auch* to pack sb in *(inf)*; **Laufplanke** *f (Naut)* gangplank; **Laufrad** *nt* traversing wheel; *(ohne Antrieb)* trailing wheel; *(in Turbine)* rotor; **Laufrolle** *f* roller; *(unter Möbeln)* castor; **Laufrost** *m* duckboards *pl*; **Laufschritt** *m* trot; *(Mil)* doublequick, double-time; **im ~** *(Mil)* at the double; **er näherte sich im ~** he came trotting up; **Laufschuh** *m (inf)* walking shoe; **Laufstall** *m* playpen; **Laufsteg** *m* catwalk; **Laufwerk** *nt* running gear; **Laufzeit** *f* 1. *(von Wechsel, Vertrag)* period of validity; 2. *(von Maschine) (Lebensdauer)* (operational) life; *(Betriebszeit)* running time; 3. *(Sport)* time; **Laufzettel** *m (an Akten, Maschinen)* docket.

Lauge *f* **-, -n** *(Chem)* lye, leach; *(Seifen~)* soapy water; *(Salz~)* salt solution.

Lauheit *f* 1. *(von Wind, Abend)* mildness. 2. *(fig: von Freundschaft etc)* lukewarmness, half-heartedness.

Laune *f* **-, -n** 1. *(Stimmung)* mood. **(je) nach (Lust und) ~** just as the mood *or* fancy takes one; **gute/schlechte ~ haben, (bei** *or* **in) guter/schlechter ~ sein** to be in a good/bad mood *or* temper; **jdn bei guter ~ or bei - - (inf) halten** to keep sb happy *or* in a good mood; **seine ~ an jdm auslassen** to take one's temper out on sb.
2. *(Grille, Einfall)* whim, caprice. **etw aus einer ~ heraus tun** to do sth on a whim.

launenhaft *adj* moody; *(unberechenbar)* capricious; *Wetter* changeable.
Launenhaftigkeit *f siehe adj* moodiness; capriciousness; changeability.
launig *adj (dated)* witty.
launisch *adj siehe* **launenhaft.**

Laureat(in *f)* *m* **-en, -en** *(geh)* laureate.
Laus *f* **-, Läuse** louse; *(Blatt~)* greenfly; blackfly. **jdm/sich eine ~ in den Pelz setzen** *(inf)* to land sb/oneself in it *(inf)*, to let sb/oneself in for it *(inf)*; **ihm ist (wohl) eine ~ über die Leber gelaufen** *or* **gekrochen** *(inf)* something's biting him *(inf)*.

Lausbub *m (dated)* rascal, scamp, scalliwag.
Lausbubengesicht *nt (dated)* scampish *or* roguish face.
lausbübisch *adj (dated)* roguish, scampish, rascally; *Mädchen* tomboyish.
Lausch|angriff *m* bugging operation *(gegen* on).
lauschen *vi* 1. *(geh)* to listen *(dat, auf +acc* to). 2. *(heimlich zuhören)* to eavesdrop.
Lauscher(in *f)* *m* **-s, -** 1. eavesdropper. **der ~ an der Wand hört seine eigene Schand** *(Prov)* people who listen at doors never hear any good of themselves. 2. *(Hunt: Ohr)* ear.
lauschig *adj Plätzchen* cosy, snug; *(im Freien)* secluded.
Lausebengel, Lausejunge *m (inf)* blighter *(Brit inf)*, little devil *(inf)*; *(wohlwollend)* scamp, rascal.
lausen *vt* to delouse. **jdn ~** *(inf: übervorteilen)* to fleece sb *(inf)*; **ich denk', mich laust der Affe!** *(sl)* well blow me down! *(inf)*, well I'll be blowed! *(inf)*.
Lausepack *nt, no pl (sl)* riff-raff *pl*, trash *pl (inf)*.
lausig *(inf)* **I** *adj* lousy *(sl)*, awful; *Kälte* freezing, perishing. **II** *adv* awfully; *(vor Adjektiv auch)* damn(ed) *(sl)*, bloody *(Brit sl)*.

laut[1] *adj* 1. loud. **~er sprechen** to speak louder *or* more loudly, to speak up; **~ auflachen** to burst out laughing, to laugh out loud; **etw ~(er) stellen** to turn sth up (loud).
2. *(lärmend, voll Lärm)* noisy; *(auffällig, aufdringlich)* Mensch loudmouthed; *Farbe etc* loud. **er wird immer gleich ~** he always gets obstreperous.
3. *(hörbar)* out loud *pred, adv*. **etw ~ sagen** *(lit)* to say sth out loud; *(fig)* to shout sth from the rooftops, to tell sth to the whole world; **~ werden** *(bekannt)* to become known; **etw ~ werden lassen** to make sth known, to let sth be known.

laut[2] *prep +gen* or *dat* according to.

Laut *m* **-(e)s, -e** sound. **heimatliche ~e** sounds of home; **wir hörten bayerische ~e** we heard Bavarian accents; **keinen ~ von sich** *(dat)* **geben** not to make a sound; **~ geben** *(Hund)* to give tongue.
lautbar *adj*: **~ werden** to become known.
Lautbildung *f* articulation.
Laute *f* **-, -n** lute.
lauten *vi* to be; *(Rede, Argumentation)* to go; *(Schriftstück)* to read, to go. **dieser Erlaß lautet wörtlich: ...** the exact text of this decree is: ...; **auf den Namen ... ~** *(Paß)* to be in the name of ...; **die Anklage lautet auf Mord** the charge is (one of) murder.
läuten *vti* 1. to ring; *(Wecker)* to go (off). **es hat geläutet** the bell rang *or* went; **jdn zu Grabe ~** *(liter)* to sound sb's funeral

knell, to toll the bells for sb's funeral;
(nach) jdm ~ to ring for sb.
2. er hat davon (etwas) ~ **hören** (*inf*) he
has heard something about it.
Lautenist(in *f*), **Lautenspieler(in** *f*) *m*
lute-player, lutenist.
lauter I *adj* **1.** (*liter: rein*) Gold, Wein pure.
2. (*geh: aufrichtig*) Mensch, Absichten
honourable; *Wahrheit* honest.
II *adv* (*nur*) nothing/nobody but. ~ **Unsinn** *etc* pure *or* sheer nonsense *etc*; **das
sind** ~ **Lügen** that's nothing but lies, that's
all a pack of lies; **vor** ~ **Rauch kann man
nichts sehen** you can't see anything for all
the smoke.
Lauterkeit *f, no pl* **1.** (*liter: Reinheit*) purity.
2. (*geh: Aufrichtigkeit*) honourableness.
läutern *vt* (*liter*) to purify; (*fig*) to reform.
Läuterung *f* (*liter*) purification; (*fig*)
reformation.
Läut(e)werk *nt* (*Rail*) signal bell.
laut(ge)treu *adj* phonetic; **lauthals** *adv* at
the top of one's voice; **Lautlehre** *f*
phonetics *sing*; phonology; **lautlich** *adj*
phonetic; **lautlos** *adj* silent, soundless;
noiseless; (*wortlos*) silent; *Stille* utter,
complete; **Lautlosigkeit** *f siehe adj*
silence, soundlessness; noiselessness;
silence; completeness; **lautmalend** *adj*
onomatopoeic; **Lautmalerei** *f* onomato-
poeia; **Lautschrift** *f* phonetics *pl*; (*System auch*) phonetic alphabet *or* script.
Lautsprecher *m* (loud)speaker. **über** ~
over the loudspeaker(s).
Lautsprecheranlage *f* public address *or*
PA system, tannoy ® (*Brit*); **Laut-
sprecherbox** *f* speaker; **Lautsprecher-
wagen** *m* loudspeaker car/van.
Lautstand *m* (*Ling*) stage of development
of the sound system; **lautstark** *adj* loud;
(*Rad, TV etc*) high-volume; *Protest*
vociferous; **Lautstärke** *f siehe adj* loudness; volume; vociferousness; **ein Radio in
voller** ~ **spielen lassen** to have a radio on
full blast (*inf*) *or* (at) full volume; **das
Radio auf volle** ~ **einstellen** to turn the
radio right up *or* up as loud as it will go;
Lautstärkeregler *m* (*Rad*) volume
control.
Lautung *f* articulation.
Lautverschiebung *f* sound shift; **Lautwandel** *m* sound change; **Lautzeichen**
nt phonetic symbol.
lauwarm *adj* slightly warm; *Flüssigkeit*
lukewarm; (*fig*) lukewarm, half-hearted.
Lava ['la:va] *f -, Laven* ['la:vn] lava.
Lavabo *nt* **-(s), -s 1.** [la'va:bo] (*Rel*) lavabo.
2. ['la:vabo] (*Sw*) washbasin.
Lavendel [la'vɛndl] *m* **-s, -** lavender.
lavieren¹* [la'vi:rən] *vi* **1.** (*Naut*) to tack.
2. (*fig*) to manoeuvre.
lavieren²* [la'vi:rən] *vt* (*Art*) to wash.
lavierte Zeichnung wash drawing.
Lawine *f* (*lit, fig*) avalanche.
lawinenartig *adj* like an avalanche; ~ **anwachsen** to snowball; **Lawinengefahr** *f*
danger of avalanches.
Lawrencium [lo'rɛntsiʊm] *nt, no pl* (*abbr*
Lr) lawrencium.
lax *adj* lax.
Laxheit *f* laxity, laxness.
Layout ['le:|aut] *nt* **-s, -s** layout.

Layouter(in *f*) ['le:|autə, -ərɪn] *m* **-s, -** desig-
ner.
Lazarett *nt* **-(e)s, -e** (*Mil*) (*in Kaserne etc*)
sick bay; (*selbständiges Krankenhaus*)
hospital.
Lazarettschiff *nt* hospital ship;
Lazarettzug *m* hospital train.
leasen ['li:zn] *vt* (*Comm*) to lease.
Leasing ['li:zɪŋ] *nt* **-s, -s** (*Comm*) leasing.
Lebedame *f* courtesan.
Lebehoch *nt* **-(s), -(s)** ≃ three cheers. **ein
(dreifaches)** ~ **auf jdn ausbringen** ≃ to
give sb three cheers.
Lebemann *m, pl* **-männer** roué, rake.
Leben *nt* **-s, - 1.** life. **das** ~ life; **das** ~ **des
Menschen/der Tiere** *etc* the life of man/
animals *etc*; **am** ~ **sein/bleiben** to be/stay
alive; **das** ~ **als Briefträger** life as a postman, a postman's life; **das** ~ **Hemingways**
Hemingway's life, the life of Hemingway;
das ~ **vor/hinter sich** (*dat*) **haben** to have
one's life ahead of *or* in front of *or* before/
behind one; **solange ich am** ~ **bin** as long
as I live; **sich des** ~**s freuen, das** *or* **sein** ~
genießen to enjoy life; **das** *or* **sein** ~ **verlieren** to lose one's life; **jdm das** ~ **retten**
to save sb's life; **es geht um** ~ **und Tod, es
ist eine Sache auf** ~ **und Tod** it's a matter
of life and death; **wenn dir dein** ~ **lieb ist**
if you value your life; **mit dem** ~ **davonkommen** to escape with one's life; **mit dem**
~ **spielen, sein** ~ **aufs Spiel setzen** to take
one's life in one's hands, to dice with
death; **mit dem** ~ **abschließen** to prepare
for death; **einer Sache** (*dat*) **zu neuem** ~
verhelfen to breathe new life into sth, to
revitalize sth; **etw ins** ~ **rufen** to bring sth
into being; **jdn vom** ~ **zum Tode bringen**
(*form*) *or* **befördern** (*inf*) to kill sb, to take
sb's life, to take care of sb (*inf*); (*bei Hinrichtung auch*) to put sb to death; **seines**
~**s nicht mehr sicher sein** to fear for one's
life; **ums** ~ **kommen** to die, to lose one's
life; **sein** ~ **lassen (müssen)** to lose one's
life; **jdn am** ~ **lassen** to spare sb's life; **um
sein** ~ **laufen** *or* **rennen** to run for one's
life *or* for dear life; **sich** (*dat*) **das** ~ **nehmen** to take one's (own) life; **jdn wieder
ins** ~ **zurückrufen** to bring sb back to life;
Bewußtlosen to revive sb, to bring sb
round; **der Mann/die Frau meines** ~**s** my
ideal man/woman; **etw für sein** ~ **gern tun**
to love doing sth, to be mad about doing
sth (*inf*); **etw für sein** ~ **gern essen/ trinken** to be mad about sth (*inf*), to love sth;
jdn künstlich am ~ **erhalten** to keep sb
alive artificially; **ein** ~ **in Frieden/in
Armut** *etc* a life of peace/poverty *etc*; **er
hat es nie leicht gehabt im** ~ he has never
had an easy life; **ein** ~ **lang** one's whole
life (long); **zum erstenmal im** ~ for the
first time in one's life; **ich habe noch nie im**
or **in meinem** ~ **geraucht** I have never
smoked (in) all my life *or* in my whole life;
nie im ~! never!; **sich durchs** ~ **schlagen**
to struggle through (life); **ins** ~ **treten** to
go out into the world; **im** ~ **stehen** to have
some standing in the world; (*nicht welt-
fremd sein*) to know what life is all about;
im ~ **ist das ganz anders** in real life it's
very different; **ein Film nach dem** ~ a film
from real life; **das** ~ **geht weiter** life goes

on; **unser ~ währet siebzig Jahr ...** (*Bibl*) the days of our years are three score years and ten (*Bibl*); **so ist das ~** (**eben**) that's life, such is life, that's the way the cookie crumbles (*inf*).

2. (*Betriebsamkeit*) life. **auf dem Markt herrscht reges ~** the market is a hive of activity; **in dieser Stadt ist ~** there is some life in this town; **~ in etw** (*acc*) **bringen** (*inf*) to liven *or* brighten sth up; **voller ~ stecken** to be full of life; **es war überhaupt kein ~ in seinem Vortrag** there wasn't a spark of life in his lecture.

leben I *vi* (*alle Bedeutungen*) to live; (*am Leben sein*) to be alive; (*weiter~*) to live on. **er lebt noch/nicht mehr** he is still/is no longer alive; **er hat nicht lange gelebt** he didn't live (for) long; **ich möchte nicht mehr ~** I don't want to go on living; **er wird nicht mehr lange zu ~ haben** he won't live much longer; **von etw ~** to live on sth; **es/lang lebe der König!** long live the King!; **wie geht es dir? — man lebt (so)** (*inf*) how are you? — surviving; **lebst du noch?** (*hum inf*) are you still in the land of the living? (*hum*); **~ und ~ lassen** to live and let live; **so was lebt, und Schiller mußte sterben!** (*hum inf*) some mothers do have 'em (*inf*), it's a sad case (*inf*); **davon kann man nicht ~ und nicht sterben** it's barely enough to keep body and soul together; **man lebt nur einmal!** you only live once; **einsam/christlich/ gesund ~** to live *or* lead a lonely/Christian/healthy life; **allein/glücklich ~** to live alone/happily; **ganz für sich ~** to live a secluded life; **für etw ~, einer Sache** (*dat*) **~** (*geh*) to live for sth; **leb(e) wohl!** (*liter*) farewell! (*liter*); **hier lebt es sich gut** *or* **läßt es sich (gut) ~** it's a good life here.

II *vt* to live. **jeder muß sein eigenes Leben ~** we've all got our own lives to live *or* lead.

lebend *adj* live *attr*, alive *pred*; *Wesen, Seele, Beispiel, Sprache* living. **,,Vorsicht, ~e Tiere"** "with care, live animals"; **ein noch ~er Zeuge** a witness who is still alive *or* living today; **ein Tier ~ fangen** to catch an animal alive; **~es Inventar** livestock; **die L~en** the living; **~es Bild** tableau.

lebendgebärend *adj* viviparous, live-bearing; **Lebendgeburt** *f* live-birth; **Lebendgewicht** *nt* live weight; (*von Rindern auch*) weight on the hoof.

lebendig *adj* **1.** (*nicht tot*) live *attr*, alive *pred*; *Wesen* living. **~e Junge** live young; **~e Junge gebären** to bear one's young live; **er ist dort ~ begraben** (*fig inf*) it's a living death for him there; **jdn bei ~em Leibe** *or* **jdn ~en Leibes** (*liter*) **verbrennen** to burn sb alive; **wieder ~ werden** to come back to life; **er nimmt's von den L~en** (*hum inf*) he'll have the shirt off your back (*inf*), it's daylight robbery what he charges (*inf*).

2. (*fig: lebhaft*) lively *no adv*; *Darstellung, Szene, Bild, Erinnerung auch* vivid; *Glaube* deep, fervent.

Lebendigkeit *f, no pl* (*fig*) *siehe adj 2.* liveliness; vividness; depth, fervour.

Lebens|abend *m* old age, autumn *or* twilight of one's life (*liter*); **Lebens|ab-**

schnitt *m* phase in *or* of one's life; **Lebens|ader** *f* (*fig*) lifeline; **Lebens|alter** *nt* age; **ein hohes ~ erreichen** to have a long life; (*Mensch auch*) to reach a ripe old age (*inf*); **Lebens|anschauung** *f* philosophy of life; **Lebens|art** *f, no pl* **1.** *siehe* **Lebensweise**; **2.** (*Manieren*) manners *pl*; (*Stil*) style, savoir-vivre; **eine feine/kultivierte ~ haben** to have exquisite manners/style/to be cultivated; **Lebens|aufgabe** *f* life's work; **Lebensbaum** *m* (*Bot*) arbor vitae; (*fig, Art*) tree of life; **Lebensbedingungen** *pl* living conditions *pl*; **lebensbejahend** *adj* positive; **Lebensbejahung** *f* positive attitude to life; **Lebensbereich** *m* area of life; **Lebensbeschreibung** *f* biography; **Lebensdauer** *f* life(span); (*von Maschine*) life; **Lebens|elixier** *nt* elixir of life; **Lebens|ende** *nt* end of sb's/(one's) life, end; **Lebens|erfahrung** *f* experience of life; **Lebens|er|innerungen** *pl* memoirs *pl*; **Lebens|erwartung** *f* life expectancy; **lebensfähig** *adj* (*Med*) capable of life *or* of living, viable; (*fig*) capable of surviving, viable; **Lebensfähigkeit** *f* (*Med*) ability to live, viability; (*fig*) ability to survive, viability; **Lebensform** *f* (*Biol*) lifeform; (*Form menschlichen Zusammenlebens*) way of life; **Lebensfrage** *f* vital matter; **lebensfremd** *adj* remote from *or* out of touch with life; **Lebensfreude** *f* joie de vivre, zest for life; **lebensfroh** *adj* merry, full of the joys of life; **Lebensgefahr** *f* (mortal) danger; **,,~!"** "danger"; **es besteht ~** there is danger (to life); **er ist** *or* **schwebt in ~** his life is in danger, he is in danger of his life; (*Patient*) he is in a critical condition; **außer ~ sein** to be out of danger; **etw unter ~** (*dat*) **tun** to risk one's life doing sth; **lebensgefährlich** *adj* highly dangerous; *Krankheit, Verletzung* critical; **Lebensgefährte** *m*, **Lebensgefährtin** *f* companion through life (*liter*); **Lebensgefühl** *nt, no pl* feeling of being alive; **ein ganz neues ~ haben** to feel (like) a different person; **Lebensgeister** *pl* (*hum inf*) jds/seine ~ wecken to pep sb/oneself up (*inf*), to put some life into sb/oneself; **Lebensgemeinschaft** *f* long-term relationship; (*Biol, Zool*) symbiosis; **Lebensgenuß** *m* enjoyment of life; **Lebensgeschichte** *f* life-story, life-history; **Lebensgewohnheit** *f* habit; **lebensgroß** *adj* lifesize; **Lebensgröße** *f* lifesize; **eine Figur in ~** a lifesize figure; **da stand er in voller ~** (*hum*) there he was (as) large as life (and twice as ugly) (*inf*); **Lebenshaltung** *f* **1.** (*Unterhaltskosten*) cost of living; **2.** (*Lebensführung*) lifestyle; **Lebenshaltungskosten** *pl* cost of living *sing*; **Lebenshilfe** *f* counselling; **Lebenshunger** *m* thirst for life; **lebenshungrig** *adj* eager *or* thirsty for life; **Lebens|inhalt** *m* purpose in life, raison d'être; **etw zu seinem ~ machen** to devote oneself to sth, to make sth one's mission in life; **das ist sein ganzer ~** his whole life revolves round it, it's the be-all and end-all of his existence; **Lebensjahr** *nt* year of (one's) life; **in seinem fünften ~** in the fifth year of his life; **nach Vollendung des 18.** ~**es** on attaining the age of 18; **Lebenskampf** m struggle for life or existence; **Lebenskraft** f vitality; **Lebenskünstler** m master or expert in the art of living; **Lebenslage** f situation; **in jeder** ~ in any situation; **lebenslang** adj Freundschaft, Siechtum lifelong; Haft, Gefangenschaft life attr, for life; **Gefangenschaft** auch life attr; **ein L**~**er** (inf) a lifer (sl); **sie hat** „~" **bekommen** (inf) she got life (inf); ~ **hinter Gittern sitzen** (inf) to be inside for life or behind bars for life (inf); **Lebenslauf** m life; (bei Bewerbungen) curriculum vitae, résumé (US); **Lebenslicht** nt 1. (fig) flame of life (liter); **jdm das** ~ **ausblasen** or **auslöschen** (liter) to snuff out sb's life; 2. (als Geburtstagskerze) candle; **Lebenslinie** f lifeline; **Lebenslüge** f sham existence; **mit einer** ~ **leben** to live a lie; **Lebenslust** f zest for life, joie de vivre; **lebenslustig** adj in love with life; **Lebensmitte** f middle years pl; **die Krise in der** ~ the mid-life crisis.

Lebensmittel pl food sing, food(stuff)s pl (form); (als Kaufware auch) groceries pl. **Lebensmittelchemie** f food chemistry; **Lebensmittelgeschäft** nt grocer's (shop); **Lebensmittelkarte** f food ration-card.

lebensmüde adj weary or tired of life; **ein L**~**r** a potential suicide; **Lebensmut** m courage to face life; **lebensnah** adj true-to-life; **Lebensnerv** m (fig) **eine Industrie/eine Stadt an ihrem** ~ **treffen** to cripple an industry/a town; **lebensnotwendig** adj essential, vitally necessary; Organ, Sauerstoff etc vital (for life), essential for life; **Lebensphilosophie** f philosophy of life; **Lebensqualität** f quality of life; **Lebensraum** m (Pol) lebensraum; (Biol) biosphere; **Lebensregel** f rule (of life); **Lebensretter** m rescuer; **du bist mein** ~ you've saved my life; **Lebensrettungsmedaille** f lifesaving medal; **Lebensstandard** m standard of living; **Lebensstellung** f job for life; **Lebensstil** m lifestyle, style of life; **lebenstüchtig** adj able to cope with life; **Lebens|überdruß** m weariness with life, world-weariness; **Lebens|umstände** pl circumstances pl; **damals waren die** ~ **schwierig** conditions made life difficult in those days; **Lebens|unterhalt** m 1. **seinen** ~ **verdienen** to earn one's living; **sie verdient den** ~ **für die Familie** she is the breadwinner of the family, she supports the family; **für jds** ~ **sorgen** to support sb; **etw zu seinem** ~ **tun** to do sth for a living or livelihood; 2. (Unterhaltskosten) cost of living; **lebens|untüchtig** adj unable to cope with life; **lebensverneinend** adj negative; **Lebensversicherung** f life assurance or insurance; **eine** ~ **abschließen** to take out a life assurance or insurance policy; **Lebenswandel** m way of life; **einen einwandfreien/zweifelhaften** etc ~ **führen** to lead an irreproachable/a dubious etc life; **Lebensweg** m journey through life; **wir wollen unseren** ~ **gemeinsam gehen** we want to go through life together; **alles Gute für den weiteren**

~ every good wish for the future; **Lebensweise** f way of life; **Lebensweisheit** f maxim; (Lebenserfahrung) wisdom; **Lebenswende** f (geh) turning-point in (one's/sb's) life; **Lebenswerk** nt life's work, lifework; **lebenswert** adj worth living; **lebenswichtig** adj essential, vital; Organ, Bedürfnisse vital; ~**e Verbindungslinie** vital link, lifeline; **Lebenswille** m will to live; **Lebenszeichen** nt sign of life; **kein** ~ **mehr von sich geben** to show no sign(s) of life; **Lebenszeit** f life(time); **auf** ~ for life; **Beamter auf** ~ permanent civil servant; **Lebensziel** nt goal or aim in life; **Lebenszweck** m purpose in life.

Leber f -, -**n** liver. **ich habe es mit der** ~ **zu tun** or **an der** ~ (inf) I've got liver trouble; **frei** or **frisch von der** ~ **weg reden** (inf) to speak out or frankly; **sich** (dat) **etw von der** ~ **reden** (inf) to get sth off one's chest. **Leberblümchen** nt liverwort; **Leber|entzündung** f hepatitis, inflammation of the liver; **Leberfleck** m liver spot; **Leberhaken** m (Sport) hook to the liver; **Leberkäs(e)** m, no pl ≈ meat loaf; **Leberknödel** m liver dumpling; **leberkrank** adj suffering from a liver disorder; **Leberkrebs** m cancer of the liver; **Leberleiden** nt liver disorder; **Leberpastete** f liver pâté; **Lebertran** m cod-liver oil; **Leberwurst** f liver sausage.

Lebewesen nt living thing. **kleinste** ~ micro-organisms.

Lebewohl nt -**s**, no pl (liter) farewell (liter). **jdm** ~ **sagen** to bid sb farewell or adieu.

lebhaft adj 1. (voll Leben, rege) lively no adv; alter Mensch auch sprightly; Temperament auch vivacious; Gespräch, Streit auch animated; (Comm) Geschäfte auch brisk; Verkehr lively. **es geht** ~ **zu** it is or things are lively; **das Geschäft geht** ~ business is brisk or lively; **die Börse schloß** ~ business was brisk or lively on the Stock Exchange at the close of the day.

2. (deutlich) Erinnerung, Vorstellungsvermögen vivid; (einfallsreich) Phantasie lively. **ich kann mir** ~ **vorstellen, daß …** I can (very) well imagine that …; **etw in** ~**er Erinnerung haben** to remember sth vividly.

3. (kräftig) Muster, Interesse, Beifall lively; Farben auch bright. ~ **bedauern** to regret deeply, to be really sorry about.

Lebhaftigkeit f siehe adj liveliness; sprightliness; vivaciousness; animation.

Lebkuchen m gingerbread; **leblos** adj Körper, Augen lifeless; Straße auch empty, deserted; ~**er Gegenstand** inanimate object; **Leblosigkeit** f siehe adj lifelessness; emptiness; **Lebtag** m (inf) **mein/dein** etc ~ all my/your etc life, all my/your etc born days; **das habe ich mein** ~ **noch nicht gesehen** etc I've never seen the like (of it) in all my life or in all my born days; **das werde ich mein** ~ **nicht vergessen** I'll never forget that as long as I live; **Lebzeiten** pl **zu jds** ~ (Leben) while sb is/was alive, in sb's lifetime; (Zeit) in sb's day.

lechzen vi **nach etw** ~ to thirst for or crave sth, to long for sth; **mit** ~**der Zunge** with one's tongue hanging out.

Lecithin [letsi'ti:n] *nt* **-s**, *no pl* lecithin.

leck *adj* leaky. ~ **sein** to leak.

Leck *nt* -**(e)s**, **-s** leak.

Leckage [lɛ'ka:ʒə] *f* -, **-n 1.** (*Gewichtsverlust*) leakage. **2.** (*Leck*) leak.

Lecke *f* -, **-n** (*Hunt*) saltlick.

lecken[1] *vi* (*undicht sein*) to leak.

lecken[2] *vti* to lick. **an jdm/etw** ~ to lick sb/sth; **sich** (*dat*) **die Wunden** ~ to lick one's wounds.

lecker *adj Speisen* delicious, lovely, yummy (*inf*); (*inf*) *Mädchen* lovely, delectable.

Leckerbissen *m* **1.** (*Speise*) delicacy, titbit. **2.** (*fig*) gem.

Leckerei *f* **1.** *siehe* **Leckerbissen 1. 2.** (*Süßigkeit*) dainty.

Leckermaul, Leckermäulchen *nt* (*inf*) sweet-toothed/old person *etc.* **ein** ~ **sein** to have a sweet tooth.

leckschlagen *vti sep irreg* to hole.

Leckstein *m* licking stone.

Leder *nt* -**s**, **- 1.** leather; (*Fenster*~ *auch*) chamois, chammy; (*Wild*~) suede. **in** ~ **gebunden** leather-bound; **zäh wie** ~ as tough as old boots (*inf*); **vom** ~ **ziehen** (*inf*) to let rip (*inf*) or fly (*inf*). **2.** (*dated inf: Haut*) hide (*inf*). **jdm das** ~ **gerben** *or* **versohlen** to tan sb's hide; **jdm ans** ~ **wollen** to want to get one's hands on sb. **3.** (*inf: Fußball*) ball. **am** ~ **bleiben** to stick with the ball.

Leder- *in cpds* leather; **Lederband** *m* (*Buch*) leatherbound volume; **Lederfett** *nt* dubbin; **Ledergarnitur** *f* leather-upholstered suite; **Lederhose** *f* lederhosen *pl*, leather/suede trousers *pl or* pants *pl*; (*von Tracht*) leather shorts *pl*; (*Bundhose*) leather breeches *pl*; **Lederjacke** *f* leather/suede jacket.

ledern I *adj* **1.** (*aus Leder*) leather. **2.** (*zäh*) *Fleisch, Haut* leathery; (*fig*) *Vortrag etc* dry (as dust). II *vt* (*putzen*) to leather.

Ledernacken *pl* leathernecks *pl*; **Lederrücken** *m* leather spine; **Lederschurz** *m* leather apron; **Lederwaren** *pl* leather goods *pl*; **Lederzeug** *nt* leather gear.

ledig *adj* **1.** (*unverheiratet*) single; (*inf*) *Mutter* unmarried; *Kind* illegitimate. **2.** (*geh: unabhängig*) free. **(los und)** ~ **sein** to be footloose and fancy free; **aller Pflichten** (*gen*) **(los und)** ~ **sein** to be free of all commitments.

Ledige(r) *mf decl as adj* single person.

lediggehend *adj* (*dated*) living separately for professional reasons.

lediglich *adv* merely, simply.

Lee *f* -, *no pl* (*Naut*) lee. **in** ~ **liegen** to be on the lee side; **nach** ~ **drehen** to turn to leeward.

leer *adj* empty; *Blätter, Seite auch* blank; *Gesichtsausdruck, Blick* blank, vacant. **eine** ~**e Stelle** an empty space; **vor einem** ~**en Haus** *or* **vor** ~**en Bänken spielen** (*Theat*) to play to an empty house; **ins L**~**e starren/ treten** to stare/step into space; **ins L**~**e greifen** to clutch at thin air; **mit** ~**en Händen** (*fig*) empty-handed; **eine Zeile** ~ **lassen** to leave a line (blank *or* free); ~ **laufen** (*Motor*) to idle; (*Maschine*) to run idle; (*Betrieb etc*) to be

idle; **etw** ~ **machen** to empty sth; **den Teller** ~ **essen** to eat everything on the plate; ~ **stehen** to stand empty; **einen Laden** ~ **kaufen** to buy a shop out.

Leere *f* -, *no pl* (*lit, fig*) emptiness. (*eine*) **geistige** ~ a mental vacuum; (*eine*) **gähnende** ~ a yawning *or* gaping void.

leeren *vt* to empty; (*völlig auch*) to drain; *Briefkasten auch* to clear. **jdm die Taschen** ~ (*inf*) to clean sb out (*inf*).

leergefegt *adj* (*fig*) (*von*) ~ *Straßen, Stadt etc* deserted; **Leergewicht** *nt* unladen weight, tare; (*von Behälter*) empty weight of a container; **Leergut** *nt* empties *pl*; **Leerlauf** *m* **1.** (*Aut*) neutral; (*von Fahrrad*) freewheel; **im** ~ **fahren** to coast; **das Auto ist im** ~ (*stehend mit laufendem Motor*) the engine is idling; **2.** (*fig*) slack; **leerlaufen** *vi sep irreg aux sein* (*Faß etc*) to run dry; ~ **lassen** to empty, to drain; **Leerpackung** *f* (*empty*) display package, dummy; **leerstehend** *adj* empty; **Leertaste** *f* (*bei Schreibmaschine*) space-bar.

Leerung *f* emptying. **die** ~ **der Mülltonnen erfolgt wöchentlich** the dustbins (*Brit*) *or* garbage cans (*US*) are emptied once a week; **nächste** ~: **18 Uhr** (*an Briefkasten*) next collection *or* pickup (*US*): 6 p.m.

Lefze *f* -, **-n** *usu pl* chaps *pl*; (*von Pferd*) lip.

legal *adj* legal, lawful.

legalisieren* *vt* to legalize.

legalistisch *adj* legalistic.

Legalität *f* legality. **(etwas) außerhalb der** ~ (*euph*) (slightly) outside the law.

Legasthenie *f* dyslexia.

Legastheniker(in *f*) *m* **-s**, **-** dyslexic.

legasthenisch *adj* dyslexic.

Legat[1] *nt* (*Jur*) legacy.

Legat[2] *m* **-en**, **-en** (*Eccl, Hist*) legate.

Legation *f* legation.

Legationsrat *m* counsellor to a legation.

Leg(e)henne *f nt* layer, laying hen.

Legel *m* **-s**, **-** (*Naut*) cringle, grummet.

legen I *vt* **1.** (*lagern*) to lay down; (*mit adv*) to lay; *Flasche etc* to lay on its side; (*zusammen*~) *Wäsche* to fold; (*dial*) *Kartoffeln etc* to plant, to put in; (*Sport*) to bring down. **2.** (*mit Raumangabe*) to put, to place. **wir müssen uns ein paar Flaschen Wein in den Keller** ~ we must lay down a few bottles of wine; **etw beiseite** ~ to put sth aside *or* (*weglegen*) away; **etw in Essig** *etc* ~ to preserve sth in vinegar *etc*; **ein Tier an die Kette** ~ to chain an animal (up); **jdn in Ketten/Fesseln** ~ to put sb in chains, to chain sb; (*fig hum*) to (en)snare sb. **3.** (*mit Angabe des Zustanders*) **etw in Falten** ~ to fold sth; **er legte die Stirn in Falten** he frowned, he creased his brow; **eine Stadt in Schutt und Asche** ~ to reduce a town to rubble. **4.** (*verlegen*) *Fliesen, Leitungen, Schienen, Minen etc* to lay, to put down; *Bomben* to plant. **Feuer** *or* **einen Brand** ~ to start a fire; **sich** (*dat*) **die Haare** ~ **lassen** to have one's hair set. **5.** *auch vi* (*Hühner*) to lay.

II *vr* **1.** (*hin*~) to lie down (*auf* +*acc* on). **sich ins** *or* **zu** (*geh*) **Bett** ~ to go to

bed, to retire (*form*); **sich in die Sonne** ~ to lie in the sun; **leg dich!** (*zum Hund*) lie!
2. (*mit Ortsangabe*) (*nieder*~) (*Nebel, Rauch*) to settle (*auf +acc* on). **sich auf die Seite** ~ to lie on one's side; (*Boot*) to heel over, to go over onto its side; **sich in die Kurve** ~ to lean into the corner; **sich auf ein Spezialgebiet** ~ to concentrate on *or* specialize in a particular field.
3. (*Lärm*) to die down, to abate; (*Sturm, Wind auch, Kälte*) to let up; (*Rauch, Nebel*) to clear; (*Zorn, Begeisterung auch, Arroganz, Nervosität*) to wear off; (*Anfangsschwierigkeiten*) to sort themselves out.
legendär *adj* legendary; (*obskur*) apocryphal.
Legende *f* -, -n (*alle Bedeutungen*) legend.
legenden|umwoben *adj* fabled, surrounded by legends.
leger [le'ʒɛːɐ, le'ʒɛːɐ] *adj* casual, informal.
Legezeit *f* laying season *or* time.
legieren* *vt* **1.** *Metall* to alloy. **2.** (*Cook*) *Suppe etc* to thicken.
Legierung *f* alloy; (*Verfahren*) alloying.
Legion *f* legion. **die Zahl der Toten war** ~ (*geh*) the number of the dead was legion (*liter*).
Legionär *m* legionary.
legislativ *adj* legislative.
Legislative *f* legislature, legislative assembly *or* body.
Legislatur *f* **1.** (*rare: Gesetzgebung*) legislation. **2.** (*inf*) *siehe* **Legislaturperiode.**
Legislaturperiode *f* parliamentary/congressional term.
legitim *adj* legitimate.
Legitimation *f* identification; (*Berechtigung*) authorization; (*eines Kindes*) legitimation.
legitimieren* **I** *vt Beziehung, Kind* to legitimize; (*berechtigen*) to entitle; (*berechtigt erscheinen lassen*) to justify, to warrant; (*Erlaubnis geben*) to authorize.
II *vr* to show (proof of) authorization; (*sich ausweisen*) to identify oneself, to show proof of one's identity.
Legitimität *f, no pl* legitimacy.
Leguan *m* -s, -e iguana.
Lehen *nt* -s, - (*Hist*) fief, feoff, feu (*Scot*). **jdm ein Gut zu** ~ **geben** to enfeoff sb.
Lehm *m* -(e)s, -e loam; (*Ton*) clay.
Lehmbau *m*, **Lehmbauweise** *f* clay building; **Lehmboden** *m* clay soil; **lehmfarben, lehmfarbig** *adj* clay-coloured; **Lehmhütte** *f* mud hut.
lehmig *adj* loamy; (*tonartig*) claylike, clayey.
Lehmziegel *m* clay brick.
Lehnbildung *f* (*Ling*) loan formation.
Lehne *f* -, -n **1.** (*Arm*~) arm(-rest); (*Rücken*~) back(-rest). **2.** (*old, S Ger: Berghang*) slope.
lehnen **I** *vt* to lean (*an +acc* against). **II** *vi* to be leaning (*an +dat* against). **III** *vr* to lean (*an +acc* against, *auf +acc* on). „**nicht aus dem Fenster** ~!" (*Rail*) "do not lean out of the window".
Lehnsdienst *m* (*Hist*) vassalage; **Lehnsherr** *m* (*Hist*) feudal lord; **Lehnsmann** *m, pl* **-männer** *or* **-leute** (*Hist*) vassal; **Lehnspflicht** *f* (*Hist*) feudal duty.

Lehnstuhl *m* easy-chair.
Lehnswesen *nt* (*Hist*) feudal system, feudalism.
Lehn|übersetzung *f* (*Ling*) loan-translation; **Lehnwort** *nt* (*Ling*) loan-word, borrowing.
Lehr|amt *nt* **das** ~ the teaching profession; **ein/sein** ~ **ausüben** to hold a teaching post; **Prüfung für das höhere** ~ examination for secondary school teachers; **Lehr|amtskandidat** *m* prospective teacher; **Lehr|anstalt** *f* (*form*) educational establishment; **höhere** ~ establishment of secondary education; **Lehr|auftrag** *m* (*als Sonderlehrer*) special teaching post; **einen** ~ **für etw haben** (*Univ*) to give lectures on sth; **lehrbar** *adj* teachable; **Lehrbarkeit** *f* teachability; **Lehrbe|auftragte(r)** *mf* (*Univ*) ~ **für etw sein** to give lectures on sth; **Lehrbefähigung** *f* teaching qualification; **Lehrbehelf** *m* (*Aus*) *siehe* **Lehrmittel; Lehrberechtigung** *f jdm* **die** ~ **erteilen** to register sb as a teacher; **ihm wurde die** ~ **entzogen** he was struck off the register of teachers; **Lehrberuf** *m* **1.** (*als Lehrer*) teaching profession; **den** ~ **ergreifen** to go into teaching; **2.** (*Beruf mit Lehrzeit*) trade requiring an apprenticeship, skilled trade; **Lehrbetrieb** *m* (*Univ*) teaching; **Lehrbrief** *m* **1.** (*Zeugnis*) apprenticeship certificate; **2.** (*Lektion*) correspondence lesson; **Lehrbub** *m* (*dial*) *siehe* **Lehrling; Lehrbuch** *nt* textbook; **Lehrdichtung** *f* didactic poetry.
Lehre *f* -, -n **1.** (*das Lehren*) teaching.
2. (*von Christus, Buddha, Marx etc*) teachings *pl*; (*christlich, buddhistisch, marxistisch etc*) (*Lehrmeinung*) doctrine; (*das Lehren*) teaching; (*von Galilei, Kant, Freud etc*) theory; (*von Schall, Leben etc*) science. **die christliche** ~ Christian doctrine/teaching.
3. (*negative Erfahrung*) lesson; (*Ratschlag*) (piece of) advice; (*einer Fabel*) moral. **seine** ~ **aus etw ziehen** to learn a lesson from sth; (*aus einer Fabel etc*) to draw a moral from sth; **laß dir das eine** ~ **sein!** let that be a lesson to you!
4. (*Berufs*~) apprenticeship; (*in nichthandwerklichem Beruf*) training. **bei jdm in die** ~ **gehen** to serve one's apprenticeship with *or* under sb; **du kannst bei ihm noch in die** ~ **gehen** (*fig*) he could teach you a thing or two.
5. (*Tech*) gauge; (*Muster*) template.
lehren *vti* to teach; (*Univ auch*) to lecture (*ein Fach* in a subject). **die Wissenschaft lehrt, daß …** science tells us that …; **jdn** *or* **jdm** (*inf*) **lesen** *etc* ~ to teach sb to read *etc*; **ich werde dich** ~, **so frech zu antworten!** I'll teach you to answer back! (*inf*).
Lehrer(in *f*) *m* -s, - teacher; (*Privat*~, *Nachhilfe*~ *auch*) tutor; (*Flug*~, *Fahr*~ *etc*) instructor/instructress. **er ist** ~ he's a (school)teacher; ~ **für Naturwissenschaften** teacher of science; (*in der Schule*) science teacher.
Lehrer|ausbildung *f* teacher training.
Lehrerin *f siehe* **Lehrer.**
Lehrerkollegium *nt* (teaching)staff; **Lehrermangel** *m* teacher shortage; **Lehrerschaft** *f* (*form*) (teaching) staff; **Lehrer-**

schwemme *f* surplus of teachers; **Lehrerseminar** *nt* (*für Referendare*) teacher training college; (*Kurs*) in-service course for teachers; **Lehrerzimmer** *nt* staff (*esp Brit*) *or* teachers' room.

Lehrfach *nt* subject; **Lehrfilm** *m* educational film; **Lehrfreiheit** *f* freedom to teach what one sees fit; **Lehrgang** *m* course (*für* in); **Lehrgebäude** *nt* (*fig*) system of theories; (*Eccl*) doctrinal system; **Lehrgeld** *nt* (*Hist*) (apprenticeship) premium; ~ **für etw zahlen müssen** (*fig*) to pay dearly for sth; **laß dir dein** ~ **zurückgeben!** (*hum inf*) go to the bottom of the class! (*hum inf*); **Lehrgerüst** *nt* centring; **lehrhaft** *adj* didactic; **Lehrherr** *m* master (of an apprentice); **Lehrjahr** *nt* year as an apprentice; ~**e sind keine Herrenjahre** (*Prov*) life's not easy at the bottom; **Lehrjunge** *m siehe* **Lehrling**; **Lehrkanzel** *f* (*Aus dated*) *siehe* **Lehrstuhl**; **Lehrkörper** *m* (*form*) teaching staff; (*Univ auch*) academic staff; **Lehrkraft** *f* (*form*) teacher.

Lehrling *m* apprentice; (*in nichthandwerklichem Beruf*) trainee.

Lehrlings|ausbildung *f* training of apprentices/trainees; **Lehrlingsheim** *nt* apprentices' hostel.

Lehrmädchen *nt siehe* **Lehrling**; **Lehrmeinung** *f* opinion; (*von einer bestimmten Gruppe vertreten*) school of thought; (*Eccl*) doctrine; **Lehrmeister** *m* master; **seinen** ~ **finden** to meet one's master; **Lehrmethode** *f* teaching method; **Lehrmittel** *nt* teaching aid; *pl auch* teaching materials; **Lehrplan** *m* (teaching) curriculum; (*für ein Schuljahr*) syllabus; **Lehrprobe** *f* demonstration lesson, crit (*inf*); **Lehrprogramm** *nt* teaching programme; **lehrreich** *adj* (*informativ*) instructive; *Erfahrung* educational; **Lehrsatz** *m* (*Math, Philos*) theorem; (*Eccl*) dogma; **Lehrschwimmbecken** *nt* beginners' *or* teaching pool; **Lehrstelle** *f* position for *or* (*aus Sicht des Lehrlings*) as an apprentice/a trainee; **wir haben zwei** ~**n zu vergeben** we have vacancies for two apprentices; **Lehrstoff** *m* subject; (*eines Jahres*) syllabus; **das ist** ~ **der dritten Klasse** that's on the syllabus for the third year; **Lehrstuhl** *m* (*Univ*) chair (*für* of); **jdn auf einen** ~ **berufen** to offer sb a chair; **Lehrtochter** *f* (*Sw*) *siehe* **Lehrling**; **Lehrverhältnis** *nt* contractual relationship (*between apprentice and master/ trainee and employer*); **Lehrvertrag** *m* indentures *pl*; contract as a trainee; **Lehrwerk** *nt* (*form*) textbook; (*Buchreihe*) series of textbooks; **Lehrwerkstatt** *nt* training workshop; **Lehrzeit** *f* apprenticeship.

Leib *m* **-(e)s, -er 1.** (*Körper*) body. **der** ~ **des Herrn** (*Eccl*) the Body of Christ; **Gefahr für** ~ **und Leben** (*geh*) danger to life and limb; ~ **und Leben wagen** (*geh*) to risk life and limb; **mit** ~ **und Seele** heart and soul; **wünschen mit all one's heart; **mit** ~ **und Seele dabeisein** put one's heart and soul *or* one's whole heart into it; **etw am eigenen** ~**(e) erfahren** *or* (**ver)spüren** to experience sth for oneself; **kein Hemd mehr am** ~ **haben** to be completely des-

titute; **keinen trocknen Faden am** ~ **haben** (*inf*) to be soaked to the skin (*inf*); **einen guten Schritt am** ~**(e) haben** (*inf*) to set a good pace; (*ständig*) to be a fast walker; **der hat vielleicht einen Ton am** ~**!** (*inf*) talk about rude!; **die Rolle ist ihr wie auf den** ~ **geschrieben** the part is tailor-made for her; **der Beruf ist ihr wie auf den** ~ **geschnitten** that job is tailor-made for her *or* suits her to a T (*inf*); **kein Herz im** ~**e haben** to have no heart at all, to be completely heartless; **er hat kein Ehrgefühl im** ~**e** he hasn't an ounce of honour (in him), he is completely devoid of honour; **sich** (*dat*) **jdn/etw vom** ~**e halten** to keep *or* hold sb/sth at bay; **halt ihn mir vom** ~ keep him away from me; **bleib mir damit vom** ~**e!** (*inf*) stop pestering me with it (*inf*).

2. (*old, dial: Bauch*) stomach; (*Mutter~*) womb. **ich habe noch nichts im** ~**e** I haven't eaten yet.

Leib|arzt *m* personal physician; **Leibbinde** *f* truss.

Leibchen *nt* **1.** (*old*) bodice. **2.** (*Unterhemd*) vest (*Brit*), undershirt (*US*); (*Hemdchen*) top.

leib|eigen *adj siehe* **Leibeigenschaft** unfree, in bondage; *serf attr*; *villein attr*; ~ **sein** not to be a free man/woman; to be a serf/villein; **Leib|eigene(r)** *mf decl as adj* bond(s)man/ bond(s)woman; serf; villein; **er behandelt seine Frau wie ein** ~ he treats his wife as though she were one of his possessions; **Leib|eigenschaft** *f* bondage; (*im Mittelalter*) serfdom; (*von Höhergestellten, mit Eigentum*) villeinage.

leiben *vi*: **wie er leibt und lebt** to the life, to a T (*inf*).

Leibes|erziehung *f* physical education; **Leibesfrucht** *f* (*geh*) unborn child, fruit of (one's/sb's) womb (*poet*); **Leibeskraft** *f*: **aus** ~**en schreien** *etc* to shout *etc* with all one's might (and main); **Leibes|übung** *f* (physical) exercise; ~**en** (*Schulfach*) physical education *no pl*; **Leibesvisitation** *f* body check; (*Mil*) physical inspection, medical.

Leibgarde *f* (*Mil*) bodyguard; **die** ~ **der englischen Königin** the Queen's Guards*pl*; **Leibgardist** *m* soldier of a bodyguard; (*Brit*) lifeguard; **Leibgericht** *nt* favourite meal.

leibhaft (*rare*), **leibhaftig I** *adj* personified, incarnate. **die** ~**e Güte** *etc* goodness *etc* personified *or* incarnate; (**wie) der** ~**e Teufel** *or* **der L~e** (as) the devil himself. **II** *adv* in person, in the flesh.

Leibkoch *m* personal chef.

leiblich *adj* **1.** (*körperlich*) physical, bodily. **die** ~**en Genüsse** the pleasures of the flesh. **2.** *Mutter, Vater* natural; *Kind* by birth; *Bruder, Schwester* full; *Verwandte* blood; (*emph: eigen*) (very) own.

Leibpacht *f* (*old*) life tenancy, lease for life; **Leibrente** *f* life annuity; **Leibriemen** *m* (*old*) belt; **Leibschmerzen** *pl* (*old, dial*) stomach pains *pl*; **Leibspeise** *f* favourite food; **Leibwache** *f* bodyguard; **Leibwächter** *m* bodyguard; **Leibwäsche** *f* underwear, underclothes

pl; **Leibweh** *nt* (*old, dial*) stomach-ache.
Leich *m* -(e)s, -e (*Liter*) lay.
Leiche *f* -, -n **1.** body, corpse; (*menschlich auch*) stiff (*sl*); (*inf: Bier~, Schnaps~*) drunken body (*inf*). **die Insassen konnten nur noch als ~n geborgen werden** the passengers were dead when the rescuers arrived; **wie eine lebende** *or* **wandelnde ~ aussehen** to look like death (warmed up *inf*); **er geht über ~n** (*inf*) he'd stick at nothing, he'd sell his own grandmother (*inf*); **nur über meine ~!** (*inf*) over my dead body!
2. (*S Ger*) (*Beerdigung*) funeral. **die ~ begießen** (*inf*) to drink the dead man's health.
3. (*Typ*) omission.
Leichenbegängnis (*form*), **Leichenbegräbnis** *nt* funeral; **Leichenbeschauer** *m* -s, - doctor conducting a post-mortem; **Leichenbittermiene** *f* (*inf*) mournful *or* doleful expression; **leichenblaß** *adj* deathly pale, as pale as death; **Leichenfledderei** *f* robbing of dead people; **Leichenfledderer** *m* -s, - person who robs dead people; (*fig*) vulture; **Leichenfrau** *f* layer-out; **Leichenhalle** *f*, **Leichenhaus** *nt* mortuary; **Leichenhemd** *nt* shroud; **Leichen|öffnung** *f* autopsy; **Leichenrede** *f* funeral oration (*liter*) *or* address; **Leichenschändung** *f* desecration of corpses; (*sexuell*) necrophilia; **Leichenschau** *f* post-mortem (examination); **Leichenschauhaus** *nt* morgue; **Leichenschmaus** *m* funeral meal; **Leichenstarre** *f* rigor mortis *no art*; **Leichentuch** *nt* shroud; **Leichenverbrennung** *f* cremation; **Leichenwagen** *m* hearse; **Leichenzug** *m* funeral procession.
Leichnam *m* -s, -e (*form*) body.
leicht I *adj* **1.** (*von geringem Gewicht, nicht schwerfällig, Mil*) light; (*aus ~em Material*) Koffer, Kleidung lightweight.
einen ~en Gang haben to have an easy walk; **mit ~er Hand** lightly; (*fig*) effortlessly; **eine ~e Hand mit jdm/für etw haben** to have a way with sb/sth; **~en Fußes** (*liter*) with a spring in one's step; **~ zu tragen** light; **das wiegt ~** that's light; (*Waren auch*) that weighs light; **gewogen und zu ~ befunden** (*fig*) tried and found wanting; **jdn um einiges ~er machen** to relieve sb of some of his money; **das Haus/Auto ist ~ gebaut** the house is built of light materials/the car is lightly built; **~ bekleidet sein** to be scantily clad *or* dressed; **~ gekleidet sein** to be (dressed) in light clothes.
2. (*schwach, geringfügig, nicht wichtig*) slight; *Regen, Wind, Frost, Schläge, Schlaf, Berührung, Atmen* light; (*Jur*) *Diebstahl etc* minor, petty. **~ gewürzt/gesalzen** lightly seasoned/salted; **~ waschen** to wash gently.
3. (*von geringem Gehalt*) *Essen, Musik, Lektüre etc* light.
4. (*ohne Schwierigkeiten, einfach*) easy. **er hat eine ~e Auffassungsgabe** he's very quick to understand everything; **mit dem werden wir (ein) ~es Spiel haben** he'll be a pushover (*inf*) *or* walkover (*inf*), he'll be

no problem; **keinen ~en Stand haben** not to have an easy time (of it) (*bei, mit* with); **sie hat es immer ~ gehabt (im Leben)** she's always had it easy *or* had an easy time of it; **das ist** *or* **geht ganz ~** it's quite easy *or* simple; **das ist ihr ein ~es (geh)** that will present no problem to *or* for her; **nichts ~er als das!** nothing (could be) easier *or* simpler; **die Aufgabe ist ~ zu lösen** *or* **läßt sich ~ lösen** the exercise is easy to do; **~ zu beantworten/verstehen** easily answered/understood, easy to answer/understand; **er ist ~ herumzukriegen/zu überzeugen** he's easy to win round/convince, he's easily won round/convinced; **~ begreifen** to understand quickly *or* readily; **das ist ~er gesagt als getan** that's easier said than done; **du hast ~ reden/lachen** it's all very well *or* it's all right for you to talk/laugh.
5. (*moralisch locker*) *Lebenswandel* loose. **~es Mädchen** tart (*inf*).
6. (*unbeschwert*) *Herz, Gefühl* light. **etw ~en Herzens tun** to do sth with a light heart; **sich ~ und beschwingt fühlen** to be walking on air, to be up in the clouds; **mir ist so ~ ums Herz** my heart is so light; **mir ist jetzt viel ~er** I feel a lot easier now; **nimm das nicht zu ~** don't take it too lightly.
II *adv* (*schnell, unversehens*) easily. **er wird ~ böse/ist ~ beleidigt** *etc* he is quick to get angry/take offence *etc*, he gets angry/takes offence *etc* easily; **~ zerbrechlich** very fragile; **man kann einen Fehler ~ übersehen** it's easy to miss a mistake, mistakes are easily missed; **das ist ~ möglich** that's quite possible; **das kann ich mir ~ vorstellen** *or* **denken** I can easily *or* well imagine (it); **~ entzündlich sein** (*Gas, Brennstoff*) to be highly inflammable; **man hat ~ etwas gesagt, was man nachher bereut** it's easy to say something (without thinking) that you regret later; **das passiert mir so ~ nicht wieder** I won't let that happen again in a hurry (*inf*).
Leicht|athlet *m* (track and field) athlete; **Leicht|athletik** *f* (track and field) athletics; **leicht|athletisch I** *adj* athletic *attr*; **II** *adv* as regards (track and field) athletics; **Leichtbaustoff** *m* lightweight building material; **Leichtbau(weise** *f*) *m* lightweight construction; **in ~** using lightweight materials; **Leichtbenzin** *nt* benzine; **leichtbeschwingt** *adj attr* *Musik* light; **~e Melodien** melodies for easy listening; **Leichtbeton** *m* lightweight concrete; **leichtbewaffnet** *adj attr* lightly armed; **leichtblütig** *adj* light-hearted; **leicht|entzündlich** *adj attr* *Brennstoff etc* highly inflammable.
Leichter *m* -s, - (*Naut*) lighter.
leichtfallen *vi sep irreg aux sein* to be easy (*jdm* for sb); **Sprachen sind mir schon immer leichtgefallen** I've always found languages easy; **leichtfertig** *adj* thoughtless; (*moralisch*) easygoing; **~ handeln** to act without thinking; **etw ~ aufs Spiel setzen** to risk sth without giving it a thought; **Leichtfertigkeit** *f siehe adj* thoughtlessness; easygoing nature; **leichtflüssig** *adj attr* (easily) fusible; **Leichtfuß** *m*

(old): (**Bruder**) ~ adventurer; **leicht-füßig** adj (liter) light-footed; **leicht-geschürzt** adj attr (hum) scantily clad or dressed; **Leichtgewicht** nt (Sport, fig) lightweight; **Weltmeister im** ~ world lightweight champion; **Leichtgewicht-ler** m -s, - (Sport) lightweight; **leicht-gläubig** adj credulous; (leicht zu täuschen) gullible; **Leichtgläubigkeit** f siehe adj credulity; gullibility.

Leichtheit f siehe adj **1.** lightness. **2.** slight-ness; lightness. **3.** lightness. **4.** easiness.

leichtherzig adj light-hearted.

leichthin adv lightly.

Leichtigkeit f ease. **mit** ~ easily, with no trouble (at all).

Leicht|industrie f light industry; **leicht-lebig** adj happy-go-lucky, easygoing; **Leichtlebigkeit** f happy-go-lucky or easygoing nature; **Leichtlohngruppe** f group of (usually female) workers paid less than workers in comparable jobs; **leichtmachen** vt sep **jdm etw** ~ to make sth easy for sb; **sich** (dat) **etw** ~, **sich** (dat) **es mit etw** ~ (es sich bequem machen) to make things easy for oneself with sth; (nicht gewissenhaft sein) to take it easy with sth; (vereinfachen) to over-simplify sth; **Leichtmatrose** m ordinary seaman; **Leichtmetall** nt light metal; **leichtnehmen** vt sep irreg **etw** ~ (nicht ernsthaft behandeln) to take sth lightly; (sich keine Sorgen machen) not to worry about sth; **Leicht|öl** nt light oil.

Leichtsinn m (unvorsichtige Haltung) foolishness; (Unbesorgtheit, Sorglosig-keit) thoughtlessness. **sträflicher** ~ criminal negligence; **das ist (ein)** ~ that's foolish or silly; **so ein** ~! how silly/ thoughtless (can you get)!

leichtsinnig adj foolish; (unüberlegt) thoughtless. ~ **mit etw umgehen** to be careless with sth.

Leichtsinnigkeit f siehe adj foolishness; thoughtlessness.

leichtverdaulich adj attr easily digestible; **leichtverderblich** adj attr perishable; **leichtverletzt** adj attr slightly injured; (in Gefecht etc auch) slightly wounded; **Leichtverletzte(r)** mf decl as adj slightly injured/wounded person; **leichtver-ständlich** adj attr readily or easily under-standable; **leichtverwundet** adj attr slightly wounded; **Leichtverwundete(r)** mf decl as adj slightly wounded soldier etc; **die** ~n the walking wounded.

leid adj pred **1. etw tut jdm** ~ sb is sorry about or for sth; **es tut jdm** ~, **daß ...** sb is sorry that ...; **tut mir** ~! (I'm) sorry!; **es tut mir** ~, **daß ich so spät gekommen bin** I'm sorry for coming so late or (that) I came so late; **es tut mir nur** ~, **daß ...** I'm only sorry that ..., my only regret is that ..., I only regret that ...; **er/sie tut mir** ~ I'm sorry for him/her, I pity him/her; **er/ sie kann einem** ~ **tun** you can't help feel-ing sorry or you can't (help) but feel sorry for him/her; **du kannst einem** ~ **tun** you really are to be pitied; **es tut mir um ihn/ darum** ~ I'm sorry about him/that; **das wird dir noch** ~ **tun** you'll regret it, you'll be sorry.

2. (überdrüssig) **jdn/etw** ~ **sein** to be tired of sb/sth.

Leid nt -(e)s, no pl (Kummer, Sorge) sor-row, grief no indef art; (Unglück) misfor-tune; (Böses, Schaden) harm. **jdm in seinem tiefen** ~ **beistehen** to stand by sb in his/her (hour of) affliction or sorrow; **ihm ist großes** ~ **widerfahren** he has suffered great misfortune; **viel** ~ **erfahren/ ertragen (müssen)** to suffer/have to suffer a great deal; **es soll dir kein** ~ **geschehen** or **zugefügt werden** you will come to no harm, no harm will come to you; **jdm ein** ~ **antun** (liter) to harm sb; (moralisch) to wrong sb, to do sb wrong; **jdm sein** ~ **klagen** to tell sb one's troubles, to cry on sb's shoulder.

Leideform f (Gram) passive (voice).

leiden pret **litt**, ptp **gelitten** I vt **1.** (er-tragen müssen) Schaden, Hunger, Schmerz, Unrecht etc to suffer. **viel zu** ~ **haben** to have a great deal to bear or en-dure.

2. (geh: zulassen, dulden) to allow, to permit, to suffer (old). **er ist bei allen wohl gelitten** everybody holds him in high regard or great esteem.

3. ich kann or **mag ihn/es** etc (**gut**) ~ I like him/it etc (very much); **ich kann** or **mag ihn/es** etc **nicht** (**gut**) ~ I don't like him/it etc very much, I'm not very fond of him/it etc.

II vi to suffer (an +dat, unter +dat from). **die Farbe hat durch die grelle Sonne sehr gelitten** the harsh sun hasn't done the paint any good.

Leiden nt -s, - **1.** suffering; (Kummer auch) tribulation. **du siehst aus wie das** ~ **Christi** (inf) you look like death warmed up (inf).

2. (Krankheit) illness; (Beschwerden) complaint.

3. (hum inf: Mensch) **ein langes** ~ a beanpole (inf).

-leiden nt in cpds complaint, condition.

leidend adj (kränklich) ailing; (inf) **Miene** long-suffering. ~ **aussehen** to look ill.

Leidende(r) mf decl as adj sufferer. **die** ~n the afflicted or sufferers.

Leidenschaft f passion. **seine** ~ **für etw entdecken** to develop a passion for sth; **etw mit** ~ **tun** to do sth with passionate enthusiasm; **ich koche mit großer** ~ cook-ing is a great passion of mine; **er ist Lehrer aus** ~ he teaches for the love of it.

leidenschaftlich adj passionate; Liebhaber auch ardent; Rede auch impassioned. **etw** ~ **gern tun** to be mad about (inf) or passionately fond of doing sth.

Leidenschaftlichkeit f passion; (im Be-ruf) dedication; (bei Hobby) burning enthusiasm.

leidenschaftslos adj dispassionate.

Leidensgefährte, Leidensgenosse m, fellow-sufferer; **Leidensgeschichte** f tale of woe; **die** ~ (Christi) (Bibl) Christ's Passion; **Leidensmiene** f (hum inf) (long-) suffering expression; **Leidens-weg** m life of suffering; **seinen** ~ **gehen** to bear one's cross.

leider adv unfortunately. **ja** ~! (yes,) more's the pity (inf), I'm afraid so, yes, unfortunately; ~ **nein/nicht!** unfortunately not, I'm afraid not, no, worse luck (*inf*); **ich kann ~ nicht kommen** unfortunately *or* I'm afraid I can't come; **wir müssen Ihnen ~ mitteilen, daß ...** we regret to inform you that ...

leidgeprüft *adj* sorely afflicted.

leidig *adj attr* tiresome. **wenn bloß das ~e Geld nicht wäre** if only we didn't have to worry about money.

leidlich I *adj* reasonable, fair. **II** *adv* reasonably. **wie geht's?** — **danke, ~!** how are you? — not too bad *or* all right, thanks; **sie ist noch so ~ davongekommen** she didn't come out of it too badly.

Leidtragende(r) *mf decl as adj* **1.** (*Hinterbliebene(r) eines Verstorbenen*) bereaved. **ein ~r** a bereaved person. **2.** (*Benachteiligte(r)*) **der/die ~** the sufferer, the one to suffer.

leidvoll *adj* full of suffering.

Leidwesen *nt*: **zu jds ~** (much) to sb's disappointment *or* chagrin.

Leier *f* -, -n **1.** (*Mus*) lyre; (*Dreh~*) hurdy-gurdy. **es ist immer dieselbe** *or* **die alte** *or* **die gleiche ~** (*inf*) it's always the same old story. **2.** (*Astron*) Lyra.

Leierkasten *m* barrel-organ, hurdy-gurdy.

Leierkastenmann *m, pl* -**männer** organ-grinder.

leiern I *vt Drehorgel* to grind, to play; (*inf: kurbeln*) to wind; (*inf*) *Gedicht, Gebete* to drone (out). **II** *vi* (*Drehorgel spielen*) to grind *or* play a barrel-organ; (*inf: drehen*) to crank (*an etw* (*dat*) sth); (*inf: beim Beten, Gedichteaufsagen*) to drone.

Leierschwanz *m* lyrebird.

Leih|auto *nt* hire(d) car; **Leihbücherei** *f* lending library.

Leihe *f* -, -n (*das Verleihen*) lending; (*das Verpfänden*) pawning; (*inf: Leihhaus*) pawnshop. **etw in ~** *or* **in die ~** (*inf*) **geben** to pawn *or* pop (*inf*) sth; **etw in ~ nehmen** to take sth in pawn.

leihen *pret* **lieh**, *ptp* **geliehen** *vt Geld* to lend; *Sachen auch* to loan; (*von jdm ent~*) to borrow; (*mieten, aus~*) to hire. **ich habe es (mir) geliehen** I've borrowed/ hired it, I've got it on loan/hire; **jdm seinen Beistand/sein Ohr ~** (*geh*) to lend sb one's support/one's ear.

Leihgabe *f* loan; **Leihgebühr** *f* hire *or* rental charge; (*für Buch*) lending charge; **Leihhaus** *nt* pawnshop; **Leihschein** *m* (*in der Bibliothek*) borrowing slip; (*im Leihhaus*) pawn ticket; **Leihverkehr** *m* **ein Buch über den auswärtigen ~ bestellen** to order a book on inter-library loan; **im ~ erhältlich** available on loan; **Leihwagen** *m* hire(d) car; **leihweise** *adv* on loan.

Leim *m* -(e)s, -e glue; (*zum Vogelfangen*) (bird)lime. **jdn auf den ~ führen** *or* **locken** (*inf*) to take sb in; **jdm auf den ~ gehen** *or* **kriechen** (*inf*) to be taken in by sb; **aus dem ~ gehen** (*inf*) (*Sache*) to fall apart *or* to pieces; (*Mensch*) to lose one's figure.

leimen *vt* (*zusammenkleben*) to glue (together); (*mit Leim bestreichen*) to spread with glue; (*zum Vogelfangen*) to lime. **jdn ~** (*inf*) to take sb for a ride

(*inf*); **der Geleimte** the mug (*inf*).

Leimfarbe *f* distemper.

leimig *adj* sticky, gluey.

Leimrute *f* lime twig.

Lein *m* -(e)s, -e flax.

Leine *f* -, -n cord; (*Tau, Zelt~*) rope; (*Schnur*) string; (*Angel~, Wäsche~, Naut*) line; (*Hunde~*) lead, leash. **Hunde bitte an der ~ führen!** dogs should *or* must be kept on a leash; **den Hund an die ~ nehmen** to put the dog on the lead; **jdn an die ~ legen** to hook sb (*inf*), to drag sb to the altar (*inf*); (*Hunde~*) **~ ziehen** (*sl*) to clear out (*sl*), to push off (*inf*).

leinen *adj* linen; canvas; cloth.

Leinen *nt* -s, - linen; (*grob, segeltuchartig*) canvas; (*als Bucheinband*) cloth.

Leinen- *in cpds* linen; canvas; cloth; **Leinenband** *m* cloth(-bound) volume; **Leinentasche** *f* canvas bag; **Leinentuch** *nt* linen (cloth); (*grob, segeltuchartig*) canvas; **Leinenzeug** *nt* linen.

Leineweber *m* linen weaver.

Leineweberei *f* (*Fabrik*) linen mill; (*Herstellung*) linen weaving.

Lein|öl *nt* linseed oil; **Leinpfad** *m* towpath; **Leinsamen** *m* linseed; **Leintuch** *nt* (*S Ger, Aus, Sw*) sheet.

Leinwand *f* -, *no pl* canvas; (*Film, für Dias*) screen. **wenn der Film über die ~ läuft** when the film is being shown *or* screened; **Dias auf die ~ werfen** to show *or* project slides.

leise *adj* **1.** quiet; *Stimme, Schritt, Klopfen auch* soft; *Radio auch* low; (*aus der Ferne*) faint. **auf ~n Sohlen** treading softly; **das Radio (etwas) ~r stellen** to turn the radio down (slightly); **... sagte er mit ~r Stimme ...** he said in a low voice *or* quietly; **sprich ~r!** keep your voice down.

2. (*gering, schwach*) slight, faint; *Schlaf, Regen, Berührung* light; *Wind, Wellenschlag* light, gentle. **nicht die ~ste Ahnung haben** not to have the slightest *or* faintest *or* foggiest (*inf*) (idea); **ich habe nicht die ~ste Veranlassung, ...** there isn't the slightest *or* faintest reason why I ...

3. (*sanft, zart*) soft, gentle; *Musik* soft.

Leisetreter *m* -s, - (*pej, inf*) pussyfoot(er) (*pej, inf*); (*Duckmäuser*) creep (*pej inf*).

Leiste *f* -, -n **1.** (*Holz~ etc*) strip (of wood/metal *etc*); (*Zier~*) trim; (*Umrandung*) border; (*zur Bilderaufhängung, zur Führung von Arbeitsstücken etc*) rail; (*Scheuer~*) skirting (board), baseboard (*US*). **2.** (*Anat*) groin.

leisten *vt* **1.** (*erringen, erreichen*) to achieve; *Arbeit, Überstunden* to do; (*Maschine, Motor*) to manage. **etwas/viel/nichts ~** (*Mensch*) (*arbeiten*) to do something/a lot/nothing; (*schaffen auch*) to get something/a lot/nothing done; (*vollbringen*) to achieve something/a great deal/nothing; (*Maschine*) to be quite good/very good/no good at all; (*Auto, Motor etc*) to be quite powerful/very powerful/have no power; **Großartiges/ Erstaunliches** *etc* **~** to do *or* achieve something really great/amazing *etc*; **gute/ganze Arbeit ~** to do a good/ thorough job; **in meiner Position muß ich schon etwas ~** in my position I have to do my work and do it well; **er leistet genausoviel wie ich** he's just as efficient as I am; **was eine Mutter alles ~ muß** the things that a mother has to cope with; **seine Arbeit ~** to do one's work well; **ich muß genauso meine Arbeit ~ wie jeder andere auch** I've got my job to do like everybody else.

2. *in festen Verbindungen mit n siehe auch dort* **(jdm) Beistand/Hilfe ~** to lend (sb) one's support/give sb some help; **jdm gute Dienste ~** (*Gegenstand*) to serve sb well; (*Mensch*) to be useful to sb; **Folge ~** to comply (*dat* with); **Zahlungen ~** to make payments.

3. sich (*dat*) **etw ~** to allow oneself sth; (*sich gönnen*) to treat oneself to sth; (*kaufen*) to buy sth; **sich** (*dat*) **etw ~ können** to be able to afford sth; **sich** (*dat*) **eine Frechheit/Frechheiten ~** to be cheeky *or* impudent; **diese Frechheit würde er sich bei mir nicht ~** he wouldn't try that sort of cheek with me; **da hast du dir ja was (Schönes** *or* **Nettes) geleistet** (*iro*) you've really done it now; **er hat sich tolle Sachen/Streiche geleistet** he got up to the craziest things/pranks.

Leisten m **-s, -** (*Schuh~*) last. **alles über einen ~ schlagen** (*fig*) to measure everything by the same yardstick.

Leistenbruch m (*Med*) hernia, rupture; **Leistengegend** f inguinal region (*form*), groin.

Leistung f **1.** (*Geleistetes*) performance; (*großartige, gute, Sociol*) achievement; (*Ergebnis*) result(s); (*geleistete Arbeit*) work *no pl*. **eine große ~ vollbringen** to achieve a great success; **das ist eine ~!** that's quite *or* really something (*inf*) *or* quite an achievement *or* quite a feat; **das ist keine besondere ~** that's nothing special; **nach ~ bezahlt werden** to be paid on results; **nicht das Geschlecht, nur die ~ zählt** your sex isn't important, it's how you do the job that counts; **das liegt weit unter der üblichen ~** that is well below the usual standard; **die ~en sind besser geworden** the levels of performance have improved; (*in Fabrik, Schule auch*) the standard of work has improved; **seine schulischen/ sportlichen ~en haben nachgelassen** his school work/athletic ability has deteriorated; **er ist auf seine sportlichen ~en stolz** he's proud of his athletic achievement(s); **eine ~ der Technik** a feat of engineering; **schwache ~!** poor show! (*dated inf*), that's not very good.

2. (*~sfähigkeit*) capacity; (*eines Motors, einer Energiequelle*) power; (*einer Fabrik, Firma*) potential output.

3. (*Jur*) (*Übernahme einer Verpflichtung*) obligation; (*Zahlung*) payment.

4. (*Aufwendungen*) (*einer Versicherung, Krankenkasse, Sozial~*) benefit; (*Dienst~*) service; (*Zahlungs~*) payment.

Leistungsabfall m (*in bezug auf Qualität*) drop in performance; (*in bezug auf Quantität*) drop in productivity; **Leistungsbilanz** f (*einer Firma*) current balance including investments; (*eines Landes*) balance of payments including invisible trade; **Leistungsdruck** m pressure (to

do well); **Leistungsfähig** adj (*konkurrenzfähig*) competitive; (*produktiv*) efficient, productive; *Motor* powerful; *Maschine* productive; *Mensch* able, capable; *Arbeiter* efficient; *Organe, Verdauungssystem etc* functioning properly; **Leistungsfähigkeit** f *siehe adj* competitiveness; efficiency, productivity; power(fulness); capacity; ability, capability; efficiency; capacity; **das übersteigt meine ~** that's more than I can manage; **leistungsfördernd** adj conducive to efficiency; (*in Schule, Universität etc*) conducive to learning; **Leistungsgesellschaft** f meritocracy, achievement-orientated society; **Leistungsgrenze** f upper limit; **Leistungskontrolle** f (*Sch, Univ*) assessment; (*in der Fabrik*) productivity check; **zur ~** (in order) to assess progress/check productivity; **Leistungskraft** f power; **Leistungskurs** m (*Sch*) set; **Leistungskurve** f productivity curve; **Leistungslohn** m piece rates *pl*; **Leistungsmesser** m (*Phys*) power output meter; (*Elec*) wattmeter; **leistungsorientiert** adj achievement-orientated; **Leistungsprämie** f productivity bonus; **Leistungsprinzip** nt achievement principle; **Leistungsprüfung** f (*Sch*) achievement test; (*Tech*) performance test; **Leistungsschau** f exhibition, show; **Leistungssport** m competitive sport; **leistungsstark** adj (*konkurrenzfähig*) highly competitive; (*produktiv*) highly efficient *or* productive; *Motor* very powerful; *Maschine* highly productive; **Leistungssteigerung** f *siehe* **Leistung 1., 2.** increase in performance/ achievement *etc*; **Leistungsvermögen** nt capabilities *pl*; **Leistungswettkampf** m competition; **Leistungszulage** f, **Leistungszuschlag** m productivity bonus; **Leistungszwang** m pressure to do well.

Leitartikel m leader; **Leitartikler(in** f) m **-s, -** , leader-writer; **Leitbild** nt model.

leiten vt **1.** (*in bestimmte Richtung lenken*) to lead; (*begleiten, führen auch*) to conduct; (*fig*) *Leser, Schüler etc* to guide; *Verkehr* to route; *Gas, Wasser* to conduct; (*um~*) to divert. **etw an die zuständige Stelle ~** to pass sth on to the proper authority; **sich von jdm/etw ~ lassen** (*lit, fig*) to (let oneself) be guided by sb/sth; *von Vorstellung, Idee, Emotion, Gesichtspunkt* to be governed by sth; **das Öl wird (durch Rohre) zum Hafen geleitet** the oil is piped to the port.

2. (*verantwortlich sein für*) to be in charge of; (*administrativ auch*) to run; *Expedition, Partei, Regierung etc auch* to lead, to head; *Betrieb auch* to manage; *Orchester etc* to direct, to run; *Diskussion, Verhandlungen* to lead; (*als Vorsitzender*) to chair; *Geschick(e)* to determine, to guide.

3. (*Phys*) *Wärme, Strom, Licht* to conduct. **(etw) gut/schlecht ~** to be a good/ bad conductor (of sth).

leitend adj leading; *Gedanke, Idee* central, dominant; *Stellung, Position* managerial; *Ingenieur, Beamter* in charge; (*Phys*) conductive. **nicht ~** (*Phys*) non-conductive; **~e(r) Angestellte(r)** executive; **ein ~er Beamter** a senior official.

Leiter *f* **-, -n** (*lit, fig*) ladder; (*Steh~*) steps *pl*, stepladder; (*Sport*) wall-bars *pl.* **an der ~ turnen** to work on the wall-bars.

Leiter(in *f*) *m* **-s, -. 1.** leader; (*von Hotel etc, Geschäft*) manager; (*Abteilungs~*) head (*von Schule*) head (*esp Brit*), principal (*esp US*); (*von Orchester, Chor, etc*) director; (*von Kirchenchor*) choirmaster. **kaufmännischer/künstlerischer ~** sales/artistic director. **2.** (*Phys*) conductor.

Leitersprosse *f* rung; **Leiterwagen** *m* hand-cart.

Leitfaden *m* (*fig*) main connecting thread *or* theme; (*Fachbuch*) introduction; **leitfähig** *adj* (*Phys*) conductive; **Leitfähigkeit** *f* (*Phys*) conductivity; **Leitfeuer** *nt* beacon; **Leitfossil** *nt* index fossil; **Leitgedanke** *m* central idea; **Leithammel** *m* bellwether; (*fig inf*) leader, bellwether (*liter*); **Leithund** *m* (*Hunt*) leader of the pack; **Leitlinie** *f* (*im Verkehr*) broken (white) line; (*fig*) broad outline; (*Bestimmung*) guideline; **Leitmotiv** *nt* (*Mus, Liter, fig*) leitmotif; **Leitpfosten** *m* reflector post; **Leitplanke** *f* crashbarrier; **Leitsatz** *m* basic principle; **Leitschiene** *f* guide rail; **Leitspruch** *m* motto; **Leitstelle** *f* regional headquarters *pl*; **Leitstern** *m* (*lit*) lodestar; (*fig auch*) guiding star; **Leittier** *nt* leader (*of a herd etc*); **Leitton** *m* (*Mus*) leading note; **Leittrieb** *m* (*Hort*) leader.

Leitung *f* **1.** *no pl siehe vt* 1. leading; conducting; guiding; routing; conducting; diversion, diverting.

2. *no pl* (*von Menschen, Organisationen etc*) *siehe vt 2.* running; leadership; management; direction; leadership; chairmanship; (*einer Schule*) headship (*esp Brit*), principalship (*esp US*). **die ~ einer Sache** (*gen*) **haben** to be in charge of sth/to run/lead/manage/direct/lead/chair sth; (*Sch*) to be the head *or* principal of sth; **unter der ~ von jdm** (*Mus*) conducted by sb; **die ~ des Gesprächs hat Horst Bauer** Horst Bauer is leading the discussion.

3. (*die Leitenden*) leaders *pl*; (*eines Betriebes etc*) management *sing or pl*; (*einer Schule*) head teachers *pl*.

4. (*für Gas, Wasser, Elektrizität etc bis zum Haus*) main; (*für Gas, Wasser im Haus*) pipe; (*für Elektrizität im Haus*) wire; (*dicker*) cable; (*Überland~ für Elektrizität*) line; (*Telefon~*) (*Draht*) wire; (*dicker*) cable; (*Verbindung*) line. **die ~ ist gestört** (*Telec*) there's a lot of interference on the line; **gehen Sie aus der ~!** (*inf*) get off the line; **da ist jemand in der ~** (*inf*) there's somebody else on the line; **eine lange ~ haben** (*hum, inf*) to be slow on the uptake, to be slow to catch on; **du stehst wohl auf der ~!** (*hum, inf*) you're slow on the uptake, you're slow to catch on.

Leitungsdraht *m* wire; **Leitungsmast** *m* (*Elec*) (electricity) pylon; **Leitungsnetz** *nt* (*Elec*) (electricity) grid; (*für Wasser,*

Gas) mains system; (*Telec*) (telephone) network; **Leitungsrohr** *nt* main; (*im Haus*) (supply) pipe; **Leitungswasser** *nt* tapwater, mains water; **Leitungswiderstand** *m* (*Elec*) resistance.

Leitwährung *f* reserve currency; **Leitwerk** *nt* (*Aviat*) tail unit, empennage (*spec*); **Leitwort** *nt* motto; **Leitzinssatz** *m* bank rate.

Lektion *f* lesson. **jdm eine ~ erteilen** (*fig*) to teach sb a lesson.

Lektor *m*, **Lektorin** *f* (*Univ*) foreign language assistant; (*Verlags~*) editor.

Lektorat *nt* (*im Verlag*) editorial office; (*Gutachten*) editorial report.

Lektüre *f* **-, -n** (*no pl: das Lesen*) reading; (*Lesestoff*) reading matter. **das wird zur ~ empfohlen** that is recommended reading; **das ist eine gute/interessante** *etc* **~** it makes good/interesting *etc* reading, it's a good/an interesting *etc* read; **das ist keine (passende) ~ für dich/ Kinder** that's not suitable reading for you/children, that's not suitable for you/children to read; **ich muß noch einige leichte ~n besorgen** I've still got to get something light to read.

Lemma *nt* **-s, -ta** lemma.

Lemming *m* lemming.

Lende *f* **-, -n** (*Anat, Cook*) loin.

Lendenbraten *m* loin roast; **lendenlahm** *adj* (*dated*) *Pferd* broken-backed; **er ist ~** his back is crippling him; **Lendenschurz** *m* loincloth; **Lendenstück** *nt* piece of loin; **Lendenwirbel** *m* lumbar vertebra.

Leninismus *m* Leninism.

Leninist(in *f*) *m* Leninist.

leninistisch *adj* Leninist.

Lenk|achse *f* pivoted axle; **lenkbar** *adj* (*Tech*) steerable; *Kind* tractable; *Rakete* guided; **leicht/schwer ~ sein** to be easy/difficult to steer, to have light/heavy steering; **das Kind ist leicht/schwer ~** the child can be easily guided/won't be guided.

lenken *vt* **1.** (*führen, leiten*) to direct, to guide; (*fig: beeinflussen*) *Sprache, Presse etc* to influence; *Kind* to guide.

2. *auch vi* (*steuern*) *Auto, Flugzeug, Schiff etc* to steer; *Pferde* to drive. **sich leicht ~ lassen** to be easy to steer/drive.

3. (*fig*) *Schritte, Gedanken, seine Aufmerksamkeit, Blick* to direct (*auf +acc* to); *jds Aufmerksamkeit auch, Blicke* (*auf sich*) to draw (*auf +acc* to); *Verdacht* to throw; (*auf sich*) to draw (*auf +acc* onto); *Gespräch* to lead, to steer; *Schicksal* to guide. **seine Schritte heimwärts ~** (*liter*) to wend one's way homewards, to turn one's steps to home (*both liter*).

Lenker *m* **-s, -. 1.** (*Fahrrad~ etc*) handlebars *pl*. **2.** (*Tech*) guide; (*Lenkung*) steering gear. **3.** (*Mensch*) driver; (*fig*) guide.

Lenkrad *nt* (steering) wheel; **jdm ins ~ greifen** to grab the (steering) wheel from sb; **Lenkradschaltung** *f* (*Aut*) column(-mounted) (gear) change *or* shift (*US*); **Lenkradschloß** *nt* (*Aut*) steering-(wheel) lock.

Lenkstange *f* (*Fahrrad~ etc*) handlebars *pl*.

Lenkung *f* **1.** *siehe vt* (*das Lenken*) direction, directing, guidance, guiding; influencing; (das Steuern) steering; driving; (fig) direction, directing; drawing; throwing; drawing; leading, steering. 2. (Tech: Lenkeinrichtung) steering.

Lenz m **-es, -e** (liter) (Frühling) spring-(time), springtide (liter). **der ~ des Lebens** the springtime of one's life (liter); **sie zählt 20 ~e** she has seen 20 summers (liter, hum); **einen ruhigen ~ schieben** or **haben, sich** (dat) **einen** (faulen or **schönen**) **~ machen** (all inf) to laze about, to swing the lead (inf).

lenzen (Naut) **I** vt (leer pumpen) to pump out. **II** vi (vor dem Wind segeln) to scud.

Lenzpumpe f (Naut) bilge-pump.

Leopard m **-en, -en** leopard.

Lepra f **-, no pl** leprosy.

leprös, leprös adj leprous.

leptosom adj (form) asthenic (form), leptosome (form).

Lerche f **-, -n** lark.

lernbar adj learnable; **lernbehindert** adj educationally handicapped; **Lernbehinderte(r)** mf educationally handicapped child/boy/girl; **Lern|eifer** m eagerness to learn; **lern|eifrig** adj eager to learn.

lernen I vt **1.** to learn. **lesen/schwimmen** etc **~ to learn** to read/swim etc; **Stenographie/Schreibmaschine ~** to learn shorthand/typing or to type; **~, etw zu tun** to learn to do sth; (sich Fähigkeit, Können aneignen auch) to learn how to do sth; **etw von/bei jdm ~** to learn sth from sb; **jdn lieben/schätzen ~** to come or learn to love/appreciate sb; **er lernt's nie/ wird's nie ~** he never learns/he'll never learn.

2. Beruf to learn; Bäcker, Schlosser etc to train as, to learn the trade of. **das will gelernt sein** it's a question of practice; **gelernt ist gelernt** (Prov) once you've learnt something ...

II vi **1.** (Kenntnisse erwerben) to learn; (arbeiten) to study; (Schulaufgaben machen) to do (one's) homework. **die Mutter lernte drei Stunden mit ihm** his mother spent three hours helping him with his homework; **lerne fleißig in der Schule** work hard at school; **von ihm kannst du noch ~!** he could teach you a thing or two.

2. (sich in der Ausbildung befinden) to go to school; (in Universität) to study; (in Beruf) to train. **er lernt bei der Firma Braun** he's training at Braun's, Braun's are training him.

Lerner(in f) m **-s, -** learner.

Lernhilfe f educational aid; **Lernmaschine** f teaching machine; **Lernmittel** pl schoolbooks and equipment pl; **Lernmittel-freiheit** f free provision of schoolbooks and equipment; **Lernpsychologie** f psychology of learning; **Lernschwester** f student nurse.

Les|art f (lit, fig) version; **lesbar** adj legible; Buch readable.

Lesbierin ['lɛsbiərɪn] f, **Lesbe** f **-, -n** (inf) lesbian.

lesbisch adj lesbian.

Lese f **-, -n** (Ernte) harvest; (Weinart) vintage; (Beeren~) picking.

Lese|abend m evening of readings;

Lesebrille f reading glasses pl; **Lese-buch** nt reader; **Lese|ecke** f reading or readers' corner; **Lesekarte** f reader's ticket; **Lesekreis** m reading circle; **Leselampe** f reading lamp.

lesen[1] pret **las**, ptp **gelesen I** vti **1.** to read; (Eccl) Messe to say. **hier/in der Zeitung steht** or **ist zu ~, daß ...** it says here/in the paper that ...; **die Schrift ist kaum zu ~** the writing is scarcely legible.

2. (deuten) Gedanken to read. **jdm** (sein Schicksal) **aus der Hand ~** to read sb's palm; **in den Sternen ~** to read or see in the stars; **aus ihren Zeilen habe ich einen Vorwurf gelesen** I could tell from what she had written that she was reproaching me; **etw in jds Augen/Miene** (dat) **~** to see sth in sb's eyes/ from sb's manner; **es war in ihrem Gesicht zu ~** it was written all over her face, you could see it in her face.

II vi (Univ) to lecture (über +acc on).

III vr (Buch, Bericht etc) to read. **bei diesem Licht liest es sich nicht gut** this light isn't good for reading (in).

lesen[2] pret **las**, ptp **gelesen** vt **1.** (sammeln) Beeren to pick; (nach der Ernte) Ähren to glean. **2.** siehe **verlesen**.

lesenswert adj worth reading.

Leseprobe f **1.** (Theat) reading; **2.** (Ausschnitt aus Buch) extract, excerpt; **Lesepult** nt lectern.

Leser(in f) m **-s, -** reader. **seine Romane haben viele ~ gefunden** his novels have gained a large readership.

Leseratte f (inf) bookworm (inf).

Leserbrief m (reader's) letter. **einen ~ an eine Zeitung schreiben** to write a letter to a newspaper; „„**~e**" "letters to the editor", "readers' letters".

Lesering m book club.

Leserkreis m readership; **leserlich** adj legible; **Leserlichkeit** f legibility; **Leserschaft** f readership; **Leserwunsch** m wish(es) of the readers; **auf vielfachen ~** at the request of many readers.

Lesesaal m reading room; **Lesespeicher** m read only memory; **Lesestoff** m reading material; **ich brauche noch ~** I need something to read; **Lesestück** nt reading passage; **Lesewut** f craze for reading; **Lesezeichen** nt bookmark(er); **Lesezir-kel** m magazine subscription club.

Lesung f (Dichter~, Parl) reading; (Eccl auch) lesson.

Lethargie f (Med, fig) lethargy.

lethargisch adj (Med, fig) lethargic.

Lette m **-n, -n, Lettin** f Lett, Latvian.

Letten m **-s, -** (potter's) clay.

Letter f **-, -n** character.

lettisch adj Lettish, Latvian.

Lettland nt Latvia.

Lettner m **-s, -** (Archit) choir screen.

Letzt f: **zu guter ~** finally, in the end.

letzemal adv: **das ~** last time; **zum letzten-mal** for the last time.

letzt|endlich adv at (long) last.

letztens adv recently. **erst ~, ~ erst** just or only recently.

letzte(r, s) adj **1.** (örtlich, zeitlich) last; (endgültig, aller~ auch) final; (restlich) last (remaining). **~(r) werden** to be last; **als ~(r) (an)kommen/(weg)gehen/fertig sein**

to arrive/ leave/finish last, to be the last to arrive/leave/finish; **als ~(r) gehen** to be the last to go; (in Reihenfolge auch) to go last; (in Prozession etc) to bring up the rear; **auf dem ~n Platz** or **an ~r Stelle liegen** to be (lying) last; (in Tabelle, Liga auch) to be (lying) bottom; **den ~n beißen die Hunde** (Prov) (the) devil take the hindmost (prov); **er wäre der ~, dem ich ...** he would be the last person I'd ...; **das ist das ~, was ich tun würde** that's the last thing I'd do; **das ~ Wort haben** or **behalten** to have the last word; **mein ~s Geld** the last of my money; **die ~n zwei Tage/ Jahre** etc the last two days/years etc; (vor heute/diesem Jahr auch) the past two days/years etc; **in ~r Zeit** recently; **jdm die ~ Ehre erweisen, jdm das ~ Geleit geben** to pay one's last respects to sb; **die ~n Dinge** death and the life to come; **der L~ Wille** last will and testament.

   2. bis aufs ~ completely, totally; **bis ins ~** (right) down to the last detail; **etw bis ins ~ kennen** to know sth like the back of one's hand; **bis zum ~n** to the utmost; **am** or **zum ~n** last; **fürs ~** lastly.

   3. (neueste) Mode, Nachricht, Neuigkeit etc latest.

   4. (schlechtester) most terrible. **das ist der ~ Schund/Dreck** (inf) that's absolute trash; **er ist der ~ Mensch** (inf) he's a terrible person; **jdn wie den ~n Dreck behandeln** to treat sb like dirt or as though he/she etc were the scum of the earth.

Letzte(r) mf decl as adj last; (dem Rang nach) lowest. **der ~ seines Stammes** the last of his line; **der ~ des Monats** the last (day) of the month; **der/die ~ in der Klasse sein** to be bottom of the class; **die ~n werden die Ersten sein** (Bibl) the last shall be first (Bibl).

letztere(r, s) adj the latter.

Letzte(s) nt decl as adj last thing. **es geht ums ~** everything is at stake; **sein ~s (her)geben** to give one's all, to do one's utmost; **das ist ja das ~!** (inf) that really is the limit.

letztgenannt adj the last-named; **letztjährig** adj attr last year's no art; **letztlich** adv in the end; **letztmalig** adj attr last; **letztmals** adv for the last time; **letztmöglich** adj attr last possible; **letztwillig** adj (form) ~e Verfügung last will and testament; **~ verfügen, daß ...** to state in one's last will and testament that ...

Leu m -en, -en (obs, poet) lion.

Leuchtboje f light-buoy; **Leuchtbombe** f flare.

Leuchte f -, -n (Leuchtkörper) light; (old: Laterne) lamp, lantern; (inf: Mensch) genius. **auf einem Gebiet/in einem Fach eine ~ sein** to shine in a particular field/ subject.

leuchten vi **1.** to shine; (Flammen, Feuer, Lava, Zifferblatt) to glow; (auf~) to flash.

   2. (Mensch) mit einer Lampe in/auf etw (acc) etc ~ to shine a lamp into/onto etc sth; **mußt du mir direkt in die Augen ~?** do you have to shine that thing straight into my eyes?; **kannst du (mir) nicht mal**

~? can you point or shine the lamp/torch etc (for me)?; **leuchte mal hierher!** shine some light over here.

leuchtend adj (lit, fig) shining; Farbe bright, radiant. **etw in den ~sten Farben schildern/preisen** to paint sth/speak of sth in glowing colours.

Leuchter m -s, - (Kerzen~) candlestick; (Arm~) candelabra; (Kron~) chandelier; (Wand~) sconce.

Leuchtfarbe f fluorescent colour/paint/dye/ ink; **Leuchtfeuer** nt navigational light; **Leuchtgas** nt town gas; **Leuchtkäfer** m glow-worm; **Leuchtkraft** f brightness; (von Birne etc auch) luminous power (form); (von Stern auch) luminosity (form); **Leuchtkugel** f flare; **Leuchtpistole** f flare pistol; **Leuchtrakete** f signal rocket; **Leuchtreklame** f neon sign; **Leuchtröhre** f fluorescent tube; **Leuchtschirm** m fluorescent screen; **Leuchtschrift** f neon writing; **eine ~** a neon sign; **Leuchtspurmunition** f (Mil) tracer bullets pl; **Leuchtturm** m lighthouse; **Leuchtzeiger** m luminous hand; **Leuchtzifferblatt** nt luminous face or dial.

leugnen I vt to deny. **~, etw getan zu haben** to deny having done sth; **es ist nicht zu ~, daß ...** it cannot be denied that ...; **der Angeklagte leugnete die Tat** the defendant denied the offence; (vor Gericht) the defendant pleaded not guilty. II vi to deny everything.

Leugnung f denial.

Leukämie f leukaemia.

leukämisch adj leukaemic.

Leukoplast ® nt -(e)s, -e sticking plaster, elastoplast ® (Brit).

Leukozyten pl leucocytes pl (spec), white corpuscles pl.

Leumund m -(e)s, no pl reputation, name.

Leumundszeugnis nt character reference.

Leutchen pl (inf) people pl, folk pl (inf).

Leute pl **1.** people pl; (inf: Eltern auch) folk(s) pl (inf). **arme/reiche/alte/junge ~** poor/rich/old/young people or folk(s) (inf); **alle ~** everybody; **kleine ~** (fig) ordinary people or folk (inf); **die kleinen ~** (hum, inf: Kinder) the little ones; **die ~ waren von dem Stück begeistert** people were enthusiastic about the play; **was sollen denn die ~ davon denken?** what will people think?; **kommt, ~!** come on folks; **sein Name war in aller ~ Mund** his name was on everybody's lips; **es ist nicht wie bei armen ~n** (hum inf) we're not on the breadline yet (hum inf); **ich kenne meine ~!** (inf) I know them/him etc; **etw unter die ~ bringen** (inf) Gerücht, Geschichte to spread sth around, to put sth about; Geld to spend sth; **unter die ~ kommen** (inf) (Mensch) to meet people; (Gerüchte etc) to go around, to go or do the rounds (inf); **das sind wohl nicht die richtigen ~** they're not the right kind of people.

   2. (Mannschaft, Arbeiter etc) der Offizier ließ seine ~ antreten the officer ordered his men to fall in; **dafür brauchen wir mehr ~** we need more people/staff etc for that.

Leuteschinder m -s, - slavedriver.

Leutnant *m* **-s, -s** *or* **-e** (second) lieutenant; (*bei der Luftwaffe*) pilot officer (*Brit*), second lieutenant (*US*). ~ **zur See** sub-lieutenant (*Brit*), lieutenant junior grade (*US*); **jawohl, Herr ~!** yes, sir; (*Naut*) aye aye, sir.

leutselig *adj* (*umgänglich*) affable; (*pej: freundlich-herablassend*) genial.

Leutseligkeit *f siehe adj* affability; geniality.

Levante [le'vantə] *f* -, *no pl* Levant.

Lever [lə've:] *nt* **-s, -s** (*liter*) levee.

Leviathan [le'via:tan] *m* **-s** (*Myth*) leviathan.

Leviten [le'vi:tən] *pl*: **jdm die ~ lesen** (*inf*) to haul sb over the coals (*inf*), to read sb the riot act (*inf*).

Levkoje [lɛf'ko:jə] *f* -, **-n** (*Bot*) stock.

Lex *f* -, **Leges** (parliamentary) bill. ~ **Braun** *etc* Braun's *etc* bill.

Lexem *nt* **-s, -e** (*Ling*) lexeme.

lexikalisch *adj* lexical.

Lexikographie *f* lexicography.

Lexikograph(in *f*) *m* lexicographer.

lexikographisch *adj* lexicographic(al).

Lexikologe *m*, **Lexikologin** *f* lexicologist.

Lexikologie *f* lexicology.

Lexikon *nt* **-s, Lexika** encyclopedia; (*dated: Wörterbuch*) dictionary, lexicon.

Liaison [liɛ'zõ:] *f* -, **-s** liaison.

Liane *f* -, **-n** liana.

Libanese *m* **-n, -n, Libanesin** *f* Lebanese.

libanesisch *adj* Lebanese.

Libanon *m* **-(s): der ~** (*Land*) the Lebanon; (*Gebirge*) the Lebanon Mountains *pl*.

Libelle *f* (*Zool*) dragonfly; (*in Wasserwaage*) spirit level.

liberal *adj* liberal.

Liberale(r) *mf decl as adj* (*Pol*) Liberal.

liberalisieren* *vt* to liberalize.

Liberalisierung *f* liberalization.

Liberalismus *m* liberalism.

liberalistisch *adj* liberalist.

Liberalität *f* liberalness, liberality.

Libero *m* **-s, -s** (*Ftbl*) sweeper.

libidinös *adj* (*Psych*) libidinous, libidinal.

Libido *f* -, *no pl* (*Psych*) libido.

Librettist *m* librettist.

Libretto *nt* **-s, -s** *or* **Libretti** libretto.

Libyen *nt* **-s** Libya.

Libyer(in *f*) *m* **-s, -** Libyan.

libysch *adj* Libyan.

Licht *nt* **-(e)s, -er** *or* (*rare*) **-e 1.** *no pl* light; (*Tages~*) daylight. **~ machen** (*anschalten*) to turn *or* switch *or* put on a light; (*anzünden*) to light a candle/lantern *etc*; **das ~ ist an** *or* **brennt** the light is on *or* is burning/ the candle is burning; **das ~ des Tages/der Sonne** the light of day/the sun; **~ ins Zimmer lassen** to let (the/some) light into the room; **in der ganzen Stadt fiel das ~ aus** all the lights in the town went out; **etw gegen das ~ halten** to hold sth up to the light; **gegen das ~ photographieren** to take a photograph into the light; **bei ~e besehen** *or* **betrachtet** (*lit*) in the daylight; (*fig*) in the cold light of day; **das ist nicht das richtige ~** that's not the right sort of light; **das Bild hängt hier nicht im richtigen ~** the light is wrong for the picture here; **du nimmst mir das ganze ~ weg**

you're in the *or* my light; **jdm im ~ stehen** (*lit*) to stand in the *or* sb's light; (*fig*) to overshadow sb; **(jdm) aus dem ~ gehen** to move *or* get out of the *or* sb's light; **~ und Schatten** light and shade (*auch Art*); **wo ~ ist, ist auch Schatten** (*Prov*) there's no joy without sorrow (*prov*); **das ~ der Welt erblicken** (*geh*) to (first) see the light of day; **sein ~ leuchten lassen** (*inf*) to shine; **das ~ scheuen** (*lit*) to shun the light (of day).

2. (*fig*) light; (*Könner*) genius. **das ~ der Wahrheit/Erkenntnis** *etc* the light of truth/knowledge *etc*; **~ in eine (dunkle) Sache bringen** to cast *or* shed some light on a matter; **etw ans ~ bringen/zerren** to bring/drag sth out into the open; **ans ~ kommen** to come *or* get out, to come to light; **jdn hinters ~ führen** to pull the wool over sb's eyes, to lead sb up the garden path; **mir geht ein ~ auf(, warum ...)** now it's dawned on me (why ...), now I see (why ...); **ein schiefes/schlechtes** *or* **kein gutes ~ auf jdn/etw werfen** to show sb/sth in the wrong/a bad light; **etw ins rechte/ falsche ~ rücken** to show sth in a favourable/an unfavourable light; (*richtigstellen/falsch darstellen*) to show sth in its true light/put a wrong complexion on sth.

3. (*Lichtquelle*) light; (*Kerze*) candle.

jdm ein ~ aufstecken *or* **aufsetzen** (*fig inf*) to put sb wise (*inf*).

licht *adj* **1.** (*hell*) light; (*liter*) **Morgen** bright. **am ~en Tag** in broad daylight; **einen ~en Augenblick** *or* **Moment haben** to have a lucid moment; (*fig inf*) to have a brainwave (*inf*).

2. *Wald* sparse; *Haar auch* thin. **eine ~e Stelle im Wald** a sparsely-wooded spot in the forest.

3. (*Tech*) **~e Höhe/Weite** headroom/(internal) width.

Licht|anlage *f* lights *pl*; **Lichtbehandlung** *f* (*Med*) phototherapy; **lichtbeständig** *adj* lightproof; *Farben, Stoff* non-fade; **Lichtbild** *nt* (*Dia*) transparency, slide; (*form: Photo*) photograph; **Lichtbildervortrag** *m* illustrated talk *or* lecture; **Lichtblick** *m* (*fig*) ray of hope; **Lichtbogen** *m* arc; **lichtbrechend** *adj* (*Opt*) refractive; **Lichtbrechung** *f* refraction; **Lichtbündel** *nt* pencil (of rays); **Lichtdruck** *m* (*Typ*) collotype; (*Phys*) light pressure; **lichtdurchlässig** *adj* pervious to light, light-transmissive (*form*); (*durchsichtig*) transparent; (*durchscheinend*) translucent.

Lichte *f* -, *no pl* (internal) width.

licht|echt *adj* non-fade; **Lichteffekt** *m* lighting effect; **Licht|einfall** *m* incidence of light; **Licht|einwirkung** *f* action of light; **licht|elektrisch** *adj* photoelectric; **licht|empfindlich** *adj* sensitive to light; (*Tech auch*) photosensitive; **Licht|empfindlichkeit** *f* sensitivity to light; photosensitivity.

lichten[1] *vt Wald* to thin (out). **II** *vr* (*Reihen, Wald, Dickicht, Haare*) to thin (out); (*Nebel*) to clear, to lift; (*Wolken, Dunkel*) to lift; (*Bestände*) to go down, to dwindle; (*fig: Angelegenheit*) to be cleared up.

lichten² vt Anker to weigh.
Lichterbaum m Christmas tree; **Lichterfest** nt Festival of Lights, Hanuk(k)ah; **Lichterglanz** m blaze of lights; **in festlichem ~ erstrahlen** to be a blaze of festive lights; **lichterloh** adv **~ brennen** (lit) to be ablaze; (fig: Herz) to be aflame; **Lichtermeer** nt (liter) sea of light; **das ~ von New York** the sea of light that is New York.

Lichtfilter nt or m (light) filter; **Lichtgeschwindigkeit** f speed of light; **Lichthof** m **1.** (Archit) air well; **2.** (Phot) halation (spec); **3.** (des Mondes) halo; **Lichthupe** f (Aut) flash (of the headlights); **jdn durch ~ warnen** to warn sb by flashing one's lights; **Lichtjahr** nt light year; **Lichtkegel** m (Phys) cone of light; (von Scheinwerfer) beam (of light); **er stand im ~** he stood in the spotlight/the beam of the headlights; **Lichtkreis** m circle or pool of light; **Lichtleitung** f lighting wire; **lichtlos** adj dark; **ein ~er Raum** a room which doesn't get any light; **Lichtmangel** m lack of light; **Lichtmaschine** f (für Gleichstrom) dynamo; (für Drehstrom) alternator; **Lichtmast** m lamppost; **Lichtmeß** no art Mariä ~ Candlemas; **Lichtpause** f photocopy; (bei Blaupausverfahren) blueprint; **Lichtpunkt** m point of light; **Lichtquelle** f source of light; **Lichtreklame** f neon sign; **Lichtsatz** m (Typ) film-setting, photocomposition; **in ~ hergestellt** film-set; **Lichtschacht** m air shaft; **Lichtschalter** m light switch; **Lichtschein** m gleam of light; **lichtscheu** adj averse to light; (fig) Gesindel shady; **Lichtschimmer** m gleam of light; **Lichtschranke** f light barrier, photoelectric beam; **Lichtschutzfaktor** m protection factor; **Lichtsetzmaschine** f (Typ) photosetting machine; **Lichtsignal** nt light signal; **Lichtspielhaus, Lichtspieltheater** nt (dated) cinema, picture palace (old); **lichtstark** adj (Opt) intense; (Phot) fast; **Lichtstärke** f (Opt) luminous intensity; (Phot) speed; **Lichtstrahl** m beam or ray of light; (fig) ray of sunshine; **Lichtstrom** m (Opt) luminous or light flux; **licht|undurchlässig** adj opaque.

Lichtung f clearing, glade.
Lichtverhältnisse pl lighting conditions pl; **Lichtwechsel** m change of light; (Astron) light variation.
Lid nt **-(e)s, -er** eyelid.
Lidschatten m eye-shadow.
lieb adj **1.** (liebenswürdig, hilfsbereit) kind; (nett, reizend) nice; (niedlich) Kerl(chen), Ding sweet, lovely, cute (inf); (artig) Kind, Schulklasse good. (es sendet Dir) (viele) **~e Grüße** Deine Silvia love Silvia; **~e Grüße an Deine Eltern** give my best wishes to your parents; **würdest du (bitte) so ~ sein und das Fenster aufmachen** or, **das Fenster aufzumachen?, sei bitte so ~ und mache das Fenster auf** would you do me a favour or (would you) be a love (Brit inf) or an angel (inf) and open the window; **willst du wohl (endlich) ~ sein?!** are you going to be good or to behave now?; **bei jdm ~ Kind sein** (pej) to

be sb's (little) darling or pet; **sich bei jdm ~ Kind machen** (pej) to suck up to sb, to worm one's way into sb's good books.
2. Gast, Besuch (angenehm) pleasant; (willkommen) welcome. **bei uns bist du jederzeit ein ~er Gast** you're always welcome, we're always pleased to see you.
3. (angenehm) etw ist jdm ~ sb likes sth; **es wäre mir ~, wenn ...** I'd be glad if ..., I'd like it if ...; **es ist mir ~, daß ...** I'm glad that ...; **es wäre ihm ~er he** would prefer it; **am ~sten hätte/würde ich ...** what I'd like most would be (to have) .../ would be to..., most or best of all I'd like (to have) .../I'd like to ...; **am ~sten esse ich scharfe Speisen/gehe ich ins Kino** most or best of all I like spicy food/going to the cinema; **am ~sten hätte ich ihm eine geklebt!** (inf) I could have stuck one on him (sl).
4. (geliebt, geschätzt) dear, beloved (iro, form); (in Briefanrede) dear; (bei Anrede von Publikum etc) not translated. **~e Brüder und Schwestern** (Rel) dearly beloved; **der ~e Gott** the Good Lord; **~er Gott** (Anrede) dear God or Lord; **unsere L~e Frau** (Eccl) Our Lady; **L~e Anna, ~er Klaus! ...** Dear Anna and Klaus, ...; **(mein) L~es** (my) love or pet, honey (esp US); **(aber) meine L~e/mein L~er** (iro) (but) my dear (woman/girl)/man/boy; **er ist mir ~ und wert** or **teuer** he's very dear to me; **den ~en langen Tag** (inf) the whole livelong day; **manch ~es Mal/manche ~e Stunde** (dated, poet) many a pleasant time/hour; **das ~e Geld!** the money, the money!; **(ach) du ~er Himmel/ ~er Gott/ ~e Güte/ ~e Zeit/ ~es Lieschen /~es bißchen** (inf) good heavens or Lord!, goodness me!
5. **~ste(r, s)** favourite; **sie ist mir die von allen** she is my favourite.

lieb|äugeln vi insep **mit etw ~** to have one's eye on sth; **mit einem neuen Auto ~** to be toying with the idea of getting a new car; **mit dem Gedanken ~, etw zu tun** to be toying or flirting with the idea of doing sth.
Liebchen nt (old) sweetheart.
Liebe f **-, -n 1.** love (zu jdm, für jdn for or of sb, zu etw of sth). **die große ~** the love of one's life, the real thing (inf); **Heirat aus ~** love-match; **aus ~ zu jdm/einer Sache** for the love of sb/sth; **ein Kind der ~** (liter) a love child; **etw mit viel ~ tun** to do sth with loving care; **in ~ with love; in ~ Dein Theobald** with all my love, Theobald; **~ macht blind** (Prov) love is blind (Prov).
2. (Sex) sex. **~ machen** (inf) to make love; **eine Nacht der ~** a night of love; **sie/ er ist gut in der ~** (inf) she/he is good at making love.
3. (inf: Gefälligkeit) favour. **tu mir doch bitte die ~ und ...** would you do me a favour and ...
4. (Geliebte(r)) love. **sie ist eine alte ~ von mir** she is an old flame of mine.
liebebedürftig adj **~ sein** to need a lot of love or affection; **ein ~es Kind** a child who needs a lot of love or affection; **Liebedienerei** f (pej) subservience, fawning (gegenüber to); **liebedienern** vi

insep (pej) to fawn *(jdm* to sb); **liebeleer** *adj Leben, Dasein* loveless.

Liebelei *f (inf)* flirtation; affair.

lieben *vti* to love; *(als Liebesakt)* to make love *(jdn* to sb). **etw nicht** ~ not to like sth; **ich liebe es nicht, wenn man mich unterbricht** I do not like being interrupted; **etw ~d gern tun** to love to do sth; **sich** *or* **einander** ~ to love one another *or* each other; *(euph)* to make love.

Liebende(r) *mf decl as adj* lover.

liebenlernen *vt sep* to come to love.

liebenswert *adj* lovable, endearing.

liebenswürdig *adj* kind. **würden Sie so ~ sein und die Tür schließen?** would you be so kind as to shut the door?

liebenswürdigerweise *adv* kindly.

Liebenswürdigkeit *f* **1.** *(Höflichkeit)* politeness; *(Freundlichkeit)* kindness. **würden Sie die ~ haben, das zu tun** *or* **und das tun?** *(form)* would you be kind *or* good enough to do that?, would you have the goodness to do that?
2. *(iro: giftige Bemerkung)* charming remark *(iro)*.

lieber I *adj comp of* **lieb.**
  II *adv comp of* **gern 1.** *(vorzugsweise)* rather, sooner. **das tue ich** ~ *(im Augenblick)* I would *or* I'd rather *or* sooner do that; *(grundsätzlich auch)* I prefer doing that; **ich trinke** ~ **Wein als Bier** I prefer wine to beer; **(das möchte ich)** ~ **nicht!** I would *or* I'd sooner *or* rather not, I would *or* I'd prefer not to; **er sieht es** ~**, wenn du das nicht tust** he would *or* he'd prefer you not to do that, he would *or* he'd prefer it if you didn't do that, he would *or* he'd sooner *or* rather you didn't do that; *(grundsätzlich)* he prefers you not to do that, he prefers it if you don't do that.
2. *(besser, vernünftigerweise)* better. **bleib** ~ **im Bett** you had *or* you'd better stay in bed, I would *or* I'd stay in bed if I were you; **ich hätte** ~ **lernen** *etc* **sollen** I would have done better *or* I'd have done better to have studied *etc*; **nichts** ~ **als das** there's nothing I'd rather do/have.

Liebes- *in cpds* love; **Liebes|abenteuer** *nt* amorous adventure; **Liebes|affäre** *f* (love-)affair; **Liebes|akt** *m* love *or* sex act; **Liebesbande** *pl (liter)* bonds of love *pl*, **Liebesbeziehung** *f* romantic attachment; *(sexual)* relationship; **Liebesbrief** *m* love letter; **Liebesdienerin** *f (inf)* lady of the night *(euph)*; **Liebesdienst** *m* labour of love; *(fig: Gefallen)* favour; **jdm einen** ~ **erweisen** to do sb a service of love/a favour; **Liebes|erklärung** *f* declaration of love; **jdm eine** ~ **machen** to declare one's love to sb; **Liebesfilm** *m* love film; **Liebesgabe** *f (dated)* alms *pl*; **Liebesgedicht** *nt* love poem; **Liebesgeschichte** *f* **1.** *(Liter)* love story; **2.** *(inf: Liebschaft)* love-affair; **Liebesgott** *m* god of love; **Liebesgöttin** *f* goddess of love; **Liebesheirat** *f* love-match; **Liebeskummer** *m* lovesickness; ~ **haben** to be lovesick; **Liebesleben** *nt* love-life; **Liebeslied** *nt* love song; **Liebesmüh(e)** *f:* **das ist vergebliche** *or* **verlorene** ~ that is futile; **Liebesnest** *nt* love-nest; **Liebes-**

paar *nt* lovers *pl*; **Liebesrausch** *m* ecstasy of passion; **Liebesroman** *m* romantic novel; **Liebesspiel** *nt* loveplay; **Liebesszene** *f* love scene; **liebestoll** *adj* love-stricken, lovelorn; **Liebestrank** *m* *(liter)* love potion; **Liebesverhältnis** *nt* (sexual) relationship, liaison.

liebevoll *adj* loving.

liebgewinnen* *vt sep irreg* to get *or* grow fond of; **liebgeworden** *adj attr* well-loved; *Brauch, Angewohnheit* favourite; **ein mir** ~**es Land** a country of which I've grown very fond; **liebhaben** *vt sep irreg* to love; *(weniger stark)* to be (very) fond of.

Liebhaber(in *f)* *m* **-s, -** **1.** lover. **2.** *(Interessent, Freund)* enthusiast; *(Sammler)* collector. **ein** ~ **von etw** a lover of sth; **das ist nur etwas für** ~ it's an acquired taste; **das ist ein Wein/Auto für** ~ that is a wine/car for connoisseurs.

Liebhaberei *f (fig: Hobby)* hobby.

Liebhaberpreis *m* collector's price; **Liebhaberstück** *nt* collector's item; **Liebhaberwert** *m* collector's value.

liebkosen* *vt insep (liter)* to caress, to fondle.

Liebkosung *f (liter)* caress.

lieblich *adj* charming, lovely, delightful; *Duft, Geschmack, Wein* sweet.

Lieblichkeit *f* loveliness, delightfulness; sweetness. **Ihre** ~ **Prinzessin Sylvia** Her Sweetness Princess Sylvia *(title of carnival princess)*.

Liebling *m* darling; *(bevorzugter Mensch)* favourite.

Lieblings- *in cpds* favourite.

lieblos *adj Ehemann, Eltern* unloving; *Bemerkung, Behandlung* unkind; *Benehmen* inconsiderate; ~ **gekocht/zubereitet** *etc* cooked/prepared *etc* any old how *(inf)*;

Lieblosigkeit *f* **1.** *(no pl: liebloses Wesen)* siehe *adj* unlovingness; unkindness; inconsiderateness; **2.** *(Äußerung)* unkind remark; *(Tat)* unkind act; ~**en** unkind remarks/behaviour; **Liebreiz** *m (liter)* charm; **liebreizend** *adj (liter)* charming; **Liebschaft** *f* affair.

Liebste(r) *mf decl as adj* sweetheart.

Liebstöckel *m or nt* **-s, -** *(Bot)* lovage.

Liechtenstein ['lɪçtnʃtain] *nt* **-s** Liechtenstein.

Liechtensteiner(in *f)* *m* **-s, -** inhabitant of Liechtenstein.

liechtensteinisch *adj* Liechtenstein, of/from Liechtenstein.

Lied *nt* **-(e)s, -er** song; *(Kirchen~)* hymn; *(Weihnachts~)* carol. **das Ende vom** ~ *(fig inf)* the upshot *or* outcome (of all ethis); **es ist immer das alte** *or* **gleiche** ~ *(inf)* it's always the same old story *(inf)*; **davon kann ich ein** ~ **singen** *or* **weiß ich ein** ~ **zu singen** I could tell you a thing or two about that *(inf)*.

Lieder|abend *m* evening of songs; *(von Sänger)* song recital; **Liederbuch** *nt* siehe **Lied** songbook; hymnbook; book of carols; **Liederdichter** *m* lyrical poet; *(des Mittelalters)* minstrel; **Liederhandschrift** *f* collection of ballads.

Liederjan *m* **-(e)s, -e** *(dated inf)* wastrel.

liederlich *adj (schlampig)* slovenly *attr*,

pred; (*nachlässig auch*) sloppy; (*unmoralisch*) *Leben, Mann* dissolute, dissipated; *Frau, Mädchen* loose. **ein ~es Frauenzimmer** (*pej*) a slut.

Liederlichkeit *f siehe adj* slovenliness; sloppiness; dissoluteness; looseness.

Liedermacher *m* singer-songwriter; **Liederzyklus** *m* song cycle.

lief *pret of* **laufen.**

Lieferant *m* supplier; (*Auslieferer*) deliveryman.

Lieferanten|eingang *m* tradesmen's entrance; (*von Warenhaus etc*) goods entrance.

lieferbar *adj* (*vorrätig*) available; (*zustellbar*) deliverable (*rare*); **die Ware ist sofort ~** the article can be supplied/delivered at once; **Lieferbedingungen** *pl* conditions *or* terms of supply/delivery; **Lieferfirma** *f* supplier; (*Zusteller*) delivery firm; **Lieferfrist** *f* delivery period; **die ~ einhalten** to meet the delivery date; **das Auto hat eine lange ~** there's a long waiting list for delivery of this car.

liefern *vti* **1.** to supply; (*zustellen*) to deliver (*in +acc* to). **jdm etw ~** to supply sb with sth/deliver sth to sb; **wir ~ nicht ins Ausland/nach Frankreich** we don't supply the foreign market/(to) France.
2. (*zur Verfügung stellen*) to supply; *Beweise etc, Gesprächsstoff, Sensationen auch* to provide, to furnish; *Ertrag* to yield. **jdm eine Schlacht/ein Wortgefecht ~** to do battle/verbal battle with sb; **sie lieferten sich eine regelrechte Schlacht** they had a real battle; (*Sport*) they put up a real fight; **ein spannendes Spiel ~** (*Sport*) to put on an exciting game.

Lieferschein *m* delivery note; **Liefertermin** *m* delivery date.

Lieferung *f* **1.** (*Versand, Versandgut*) delivery; (*Versorgung*) supply. **bei ~** on delivery; **Zahlung bis 14 Tage nach ~** account payable within 14 days of delivery. **2.** (*von Buch*) instalment.

Liefervertrag *m* contract of supply/delivery; **ein ~ über 5.000 Lastwagen** a contract to supply/deliver 5,000 lorries; **Lieferwagen** *m* van, panel truck (*US*); (*offen*) pick-up; **Lieferzeit** *f* delivery period; **Lieferzettel** *m* delivery order.

Liege *f* **-, -n** couch; (*Camping~*) camp bed; (*für Garten*) lounger.

liegen *pret* **lag,** *ptp* **gelegen** *aux* **haben** *or* (*S Ger*) **sein** *vi* **1.** (*flach ~, ausgebreitet sein*) to lie; (*Flasche etc*) to lie on its side; (*inf: krank sein*) to be laid up (*inf*). **das lange L~** lying a long time; (*von Mensch*) lying in bed for a long time; **hart/ weich ~** to lie on hard/soft ground, to lie on a hard/soft surface, to lie on a hard/soft bed *etc*; **in diesem Bett liegt man hart/weich** this bed is hard/soft; **unbequem ~** to lie uncomfortably *or* in an uncomfortable position; **auf den Knien ~** to be kneeling *or* on one's knees; **im Bett/Krankenhaus ~** to be in bed/hospital; **auf dem Boden ~** to lie on the floor; (*zum Schlafen*) to sleep on the floor; **zu Bett ~** (*form*) to have retired (*form*); (*krank sein*) to have taken to one's bed (*form*); **der Kranke muß ~** the patient must lie down; **der Kopf**

muß hoch/tief ~ the head must be higher/lower than the rest of the body; **flach ~** (*lit*) to lie flat; (*inf: krank sein*) to be laid up; **verstreut ~** to be *or* lie scattered; **der Skispringer liegt ausgezeichnet in der Luft** the ski-jumper is excellently positioned in the air; **das Flugzeug liegt ganz ruhig in der Luft** the plane is flying quite smoothly; **der Wagen liegt gut auf der Straße** the car holds the road well; **etw ~ lassen** to leave sth (there); **einen Ort links/rechts ~ lassen** to pass by a place.

2. (*sich befinden, sein*) to be. **das Schiff liegt am Kai** the ship is (tied up) alongside the quay; **ich habe noch einen guten Wein im Keller ~** I have a good wine in the cellar; **die Preise ~ zwischen 60 und 80 Mark** the prices are between 60 and 80 marks; **der zweite Läufer liegt weit hinter dem ersten** the second runner is (lying) a long way behind the first; **die Betonung liegt auf der zweiten Silbe** the stress is *or* lies on the second syllable; **seine Fähigkeiten ~ auf einem anderen Gebiet** his abilities lie in a different direction; **in jds Absicht** (*dat*) **~** to be sb's intention; **es liegt in seiner Gewalt, das zu tun** it is *or* lies within his power to do that.

3. (*einen bestimmten Rang haben*) to be. **an erster Stelle der Hitparade ~** to be number one (in the hit parade), to top the charts; **auf den hintersten Plätzen/in Führung/an der Spitze ~** to be at the bottom/in the lead/right out in front.

4. (*lasten*) **auf dieser Familie scheint ein Fluch zu ~** there seems to be a curse on this family; **die Verantwortung/Schuld dafür liegt bei ihm** the responsibility/blame for that lies *or* rests with him; **die Schuld liegt schwer auf mir** my guilt weighs heavily on me; **das liegt ganz bei dir** that is completely up to you; **die Entscheidung liegt beim Volk/bei Ihnen** the decision rests with the people/you.

5. (*eine bestimmte Lage haben*) to be; (*Haus, Stadt etc auch*) to be situated *or* located, to lie. **nach Süden/der Straße ~** to face south/the road; **das Haus liegt ganz ruhig** the house is in a very quiet position *or* location; **das liegt doch auf dem Weg/ganz in der Nähe** it's on the way/quite nearby.

6. (*sich verhalten*) to be. **so, wie die Dinge jetzt ~** as things are *or* stand at the moment; **damit liegst du (gold)richtig** (*inf*) you're (dead (*inf*) *or* absolutely) right there.

7. (*begraben sein*) to lie.

8. (*Schnee*) to lie; (*Hitze, Nebel auch*) to hang. **die Stadt lag in dichtem Nebel** the town was enveloped in thick fog, thick fog hung *or* lay over the town; **der Schnee liegt 50 cm hoch** the snow is 50 cm deep; **der Schnee bleibt nicht ~** the snow isn't lying.

9. (*wichtig sein*) **es liegt mir viel/wenig/nichts daran** that matters a lot/doesn't matter much/at all to me, that is important/isn't very/at all important to me; **es liegt mir viel an ihm/an meinem Beruf** he/my job is very important *or* matters a lot to me; **mir liegt an guten**

Beziehungen I am concerned that there should be good relations; **was liegt schon daran?** what does it matter?

10. (*begründet sein*) **an jdm/etw** ~ to be because of sb/sth; **woran liegt es?** why is that?, what is the reason (for that)?; **an mir soll es nicht** ~! I'll go along with that; **an mir soll es nicht** ~, **daß** *or* **wenn die Sache schiefgeht** it won't be my fault if things go wrong.

11. (*geeignet sein, passen*) **jdm liegt etw nicht** sth doesn't suit sb; (*jds Art, Beruf*) sth doesn't appeal to sb; (*Mathematik etc*) sb has no aptitude for sth; **diese Rolle liegt ihr** she suits *or* fits the part, the part suits her.

12. (*angeordnet sein*) (*Falten*) to lie; (*Haare*) to stay in place. **der Stoff liegt quer/90 cm breit** the material is on the cross/is 90 cm wide.

liegenbleiben *vi sep irreg aux sein* **1.** (*nicht aufstehen*) to remain lying (down). (*im Bett*) ~ to stay in bed; **er blieb bewußtlos auf dem Boden liegen** he lay unconscious on the floor; **bleib liegen!** don't get up!, stay down!

2. (*vergessen werden*) to be *or* get left behind. **mein Schirm muß irgendwo liegengeblieben sein** I must have left my umbrella somewhere.

3. (*nicht verkauft werden*) not to sell, to be left unsold.

4. (*Auto*) to conk out (*inf*).

5. (*nicht ausgeführt werden*) to get *or* be left (undone), not to get done.

liegend *adj* (*Art*) reclining. ~ **aufbewahren** to store flat; *Flasche etc* to store on its side.

liegenlassen *vt sep irreg, ptp* ~ *or* (*rare*) **liegengelassen** (*nicht erledigen*) to leave; (*vergessen*) to leave (behind); (*herum~*) to leave lying about *or* around. **sie hat alles liegengelassen, um dem Kind zu helfen** she dropped everything to (go and) help the child.

Liegenschaft(en *pl*) *f* real estate *sing*, property *sing*.

Liegeplatz *m* (*Ankerplatz*) moorings *pl*; (*von großem Schiff*) berth; **Liegesitz** *m* reclining seat; (*auf Boot*) couchette; **Liegestatt** *f* (*old, dial*) bed; **Liegestuhl** *m* (*mit Holzgestell*) deck chair; (*mit Metallgestell*) lounger; **Liegestütz** *m* (*Sport*) press-up; **~e machen** to do press-ups; **Liegewagen** *m* (*Rail*) couchette coach *or* car (*esp US*); **~ buchen** to book a couchette; **Liegewiese** *f* lawn (*for sunbathing*); **Liegezeit** *f* (*Naut*) lay days *pl* (*form*).

lieh *pret of* **leihen**.

lies *imper sing of* **lesen**.

Lieschen [li:sçən] *nt* Liz(zie). ~ **Müller** (*inf*) the average woman in the street.

ließ *pret of* **lassen**.

Lift *m* **-(e)s, -e** *or* **-s** (*Personen~*) lift (*Brit*), elevator (*esp US*); (*Güter~*) lift (*Brit*), hoist.

Liftboy ['lɪftbɔy] *m* **-s, -s** liftboy (*Brit*), elevator boy (*US*).

liften *vt* to lift. **sich** (*dat*) **das Gesicht** ~ **lassen** to have a facelift.

Liga *f* **-, Ligen** league.

Ligatur *f* ligature; (*Mus: Verbindung zweier Noten*) tie.

Liguster *m* **-s, -** privet.

liieren* *vr* to join forces; (*Firmen etc*) to work together; (*Pol*) to enter into an alliance; (*ein Verhältnis eingehen*) to get together, to form a liaison. **liiert sein** to have joined forces; (*Firmen etc*) to be working together; (*Pol*) to be allied; (*ein Verhältnis haben*) to have a relationship.

Likör *m* **-s, -e** liqueur.

lila *adj inv* purple.

Lila *nt* **-s,** (*inf*) **-s** purple.

Lilie [-iə] *f* lily.

Liliput- *in cpds* miniature.

Liliputaner(in *f*) *m* **-s, -** dwarf, midget; (*Bewohner von Liliput*) Liliputian.

Limes *m* **-, - 1.** *no pl* (*Hist*) limes. **2.** (*Math*) limit.

Limit *nt* **-s, -s** *or* **-e** limit; (*Fin*) ceiling. **jdm ein** ~ **setzen** to set sb a limit.

limitieren* *vt* (*form*) to limit; (*Fin*) to put a ceiling on.

Limonade *f* lemonade; (*in weiterem Sinn*) soft drink.

Limone *f* **-, -n** lime.

Limousine [limu'zi:nə] *f* saloon (*Brit*), sedan (*US*).

lind *adj* (*liter*) balmy; *Regen* gentle.

Linde *f* **-, -n** linden *or* lime (tree); (*Holz*) limewood.

lindern *vt* to ease, to relieve, to alleviate; *Sonnenbrand etc auch* to soothe.

Linderung *f siehe vt* easing, relief, alleviation; soothing.

lindgrün *adj* lime green; **Lindwurm** *m* (*Myth*) lindworm (*type of wingless dragon*).

Lineal *nt* **-s, -e** ruler. **einen Strich mit dem** ~ **ziehen** to rule a line, to draw a line with a ruler.

linear *adj* linear.

Lineatur *f* ruling, lines *pl*.

lingual *adj* (*form*) lingual.

Linguist(in *f*) *m* linguist.

Linguistik *f* linguistics *sing*.

linguistisch *adj* linguistic.

Linie [-iə] *f* **1.** (*auch Sport, Pol, Naut, Abstammung, Straßenmarkierung*) line; (*Umriß auch*) outline. **ein Schreibblock mit** ~**n** a ruled *or* lined notepad; **die** ~ (**in**) **seiner Hand** the lines of *or* on his hand; **in einer** ~ **stehen** to be in a line; **sich in einer** ~ **aufstellen** to line up; **eine gemeinsame** ~ **als Grundlage für etw suchen** to seek a common basis for sth; **auf der gleichen** ~ along the same lines; **einer Sache** (*dat*) **fehlt die klare** ~ there's no clear line to sth; **seinem Leben eine klare** ~ **geben** to give one's life a clear sense of direction; **eine** ~ **ziehen zwischen ...** (+ *dat*) (*fig*) to draw a distinction between ...; **auf der ganzen** ~ (*fig*) all along the line; **sie hat ein Gesicht mit klaren/verschwommenen** ~**n** she has clear-cut/ill-defined features; **auf die (schlanke)** ~ **achten** to watch one's figure; **die männliche/weibliche** ~ **eines Geschlechts** the male/female line of a family; **in erster/zweiter** ~ **kommen** (*fig*) to come first/second, to take first/second place; **in erster** ~ **muß die Arbeitslosigkeit**

bekämpft werden the fight against unemployment must come first *or* take priority. **2.** (*Mil*) (*Stellung*) line; (*Formation*) rank. **in ~ antreten!** fall in!; **die feindliche/vorderste ~** the enemy lines *pl*/front line. **3.** (*Verkehrsverbindung, -strecke*) route; (*Bus~, Eisenbahn~ auch*) line. **fahren Sie mit der ~ 2** take a *or* the (number) 2; **die ~ Köln-Bonn** the Cologne-Bonn line.

Linien- [-iən]: **Linienblatt** *nt* ruled sheet (*placed under writing-paper*), line guide; **Linienbus** *m* public service bus, regular bus; **Liniendienst** *m* regular service; (*Aviat*) scheduled service; **Linienflug** *m* scheduled flight; **Linienflugzeug** *nt* scheduled (service) plane; **Linienführung** *f* line *pl*; **Liniennetz** *nt* network of routes; **das ~ der U-Bahn/der Straßenbahnen** the underground (system)/the tram system; **Linienpapier** *nt* lined *or* ruled paper; **Linienrichter** *m* (*Sport*) linesman; **linientreu** *adj* loyal to the party line; **~ sein** to follow *or* toe the party line; **Linienverkehr** *m* regular traffic; (*Aviat*) scheduled traffic; **im ~ fliegen/fahren** to fly on scheduled services/operate on regular services.

linieren*, liniieren* *vt* to rule, to draw *or* rule lines on. **liniert** lined, feint (*spec*).

Linierung, Liniierung *f* ruling.

Linke *f* **-n, -n 1.** (*Hand*) left hand; (*Seite*) left(-hand) side; (*Boxen*) left. **zur ~n (des Königs) saß ...** to the left (of the king) *or* on the (king's) left sat ... **2.** (*Pol*) Left.

Linke(r) *mf* decl as adj (*Pol*) left-winger, leftist.

linke(r, s) *adj attr* **1.** left; *Rand, Spur etc auch* left-hand. **die ~ Seite** the left(-hand) side; (*von Stoff*) the wrong side, the reverse (side); **auf der ~n Seite** on the left-hand side, on the left; **~r Hand, zur ~n Hand** to *or* on the one's left; ~ **Masche** (*Stricken*) purl (stitch); **eine ~ Masche stricken** to purl one; **zwei ~ Hände haben** (*inf*) to have two left hands (*inf*); **das mache ich mit der ~n Hand** (*inf*) I can do that with my eyes shut (*inf*); **er ist heute mit dem ~n Bein zuerst aufgestanden** (*inf*) he got out of bed on the wrong side this morning (*inf*). **2.** (*Pol*) left-wing, leftist; *Flügel* left. **3.** (*sl: übel*) nasty.

linken *vt* (*sl*) to con (*inf*).

linkerseits *adv* to the left, on the left-hand side.

linkisch *adj* clumsy, awkward.

links I *adv* **1.** on the left; *abbiegen* (to the) left. **nach ~** (to the) left; **von ~** from the left; **~ von etw** (to *or* on the) left of sth; **~ von jdm** to *or* on sb's left; (*Pol*) to the left of sb; **sich ~ halten** to keep (to the) left; **weiter ~** further to the left; **sich ~ einordnen** to move into *or* take the left-hand lane; **jdn ~ liegenlassen** (*fig inf*) to ignore sb; **weder ~ noch rechts schauen** (*fig*) not to let oneself be distracted; ~ **von der Mitte** (*Pol*) (to the) left of centre; ~ **stehen** *or* **sein** (*Pol*) to be left-wing *or* on the left *or* a left-winger; **Augen ~!** (*Mil*) eyes left!; ~ **um!** left about turn. **2.** (*verkehrt*) **bügeln** on the reverse *or* wrong side; *tragen* reverse *or* wrong side

out; *liegen* reverse *or* wrong side up. ~ **stricken** to purl; **eine (Masche) ~, drei (Maschen) rechts** purl one, knit three. **3.** (*inf: mit der linken Hand*) left-handed. **mit ~** (*fig inf*) easily.

II *prep* +*gen* on *or* to the left of.

Links|abbieger *m* motorist/cyclist/car *etc* turning left; **Links|abbiegerspur** *f* left-hand turn-off lane; **Links|außen** *m* **-,** - (*Ftbl*) outside-left; (*Pol inf*) extreme left-winger; **Linksdrall** *m* (*lit*) (*im Gewehrlauf*) anticlockwise rifling; (*von Geschoß, Billardball*) swerve to the left; (*fig*) leaning to the left; **einen ~ haben** to swerve/pull/lean to the left.

Linkser *m* **-s,** - (*dial*) left-hander.

Links|extremist *m* left-wing extremist; **linksgängig** *adj* (*Tech*) left-handed; **linksgerichtet** *adj* (*Pol*) left-wing orientated; **Linksgewinde** *nt* left-handed thread; **Linkshaken** *m* (*Boxen*) left hook; **Linkshänder(in** *f*) *m* **-s,** - left-hander, left-handed person/player *etc*; ~ **sein** to be left-handed; **linkshändig** *adj*, *adv* left-handed; **Linkshändigkeit** *f* left-handedness; **linksherum** *adv* (round) to the left; *sich drehen etc* anti-clockwise; **Links|intellektuelle(r)** *mf* left-wing intellectual; **Linkskurve** *f* (*von Straße*) left-hand bend; (*von Bahn auch*) left-hand curve; **linkslastig** *adj* (*lit*) *Boot* listing to the left; *Auto* down at the left; (*fig*) leftist (*pej*), leaning to the left; ~ **sein** to list to the left/be down at the left/lean to the left; **linksläufig** *adj Gewinde* left-handed; *Schrift* right-to-left; **Linkspartei** *f* left-wing party; **linksradikal** *adj* (*Pol*) radically left-wing; **die L~en** the left-wing radicals; **Linksradikalismus** *m* (*Pol*) left-wing radicalism; **linksrheinisch** *adj* to *or* on the left of the Rhine; **Linksruck** *m* (*Pol*) shift to the left; **linksrum** *adv* (*inf*) *siehe* **linksherum**; **linksseitig** *adj* on the left(-hand) side; ~ **gelähmt** paralyzed in the left side; **links|um** *adv* (*Mil*) to the left; ~ **machen** (*inf*) to do a left turn; **Linksverkehr** *m* driving on the left *no def art*; **in Großbritannien ist ~** they drive on the left in Britain.

Linnen *nt* **-s,** - (*liter*) *siehe* **Leinen.**

Linoleum [li'no:leʊm] *nt* **-s,** *no pl* linoleum, lino.

Linolschnitt *m* (*Art*) linocut.

Linon [li:'nõ] *m* **-(s), -s** cotton/linen lawn.

Linse *f* **-, -n 1.** (*Bot, Cook*) lentil. **2.** (*Opt*) lens.

linsen *vi* (*inf*) to peep, to peek (*inf*).

Lippe *f* **-, -n** lip; (*Bot auch*) labium. **eine (große** *or* **dicke) ~ riskieren** (*sl*) to be brazen; **das bringe ich nicht über die ~n** I can't bring myself to say it; **es wird kein Wort über meine ~n kommen** not a word shall cross *or* pass my lips; **er brachte kein Wort über die ~n** he couldn't say *or* utter a word; **das Wort erstarb ihm auf den ~n** (*liter*) the word froze on his lips.

Lippenbekenntnis *nt* lip-service; **ein ~ ablegen** to pay lip-service (to one's ideals *etc*); **Lippenblütler** *m* **-s,** - (*Bot*) labiate; **Lippenlaut** *m* (*Ling*) labial; **Lippenstift** *m* lipstick.

Liquida f -, **Liquidä** or **Liquiden** (Ling) liquid.

Liquidation f (form) 1. (Auflösung) liquidation. **sie haben die ~ beschlossen** they decided to go into liquidation. 2. (Rechnung) account.

liquid(e) adj (Econ) Geld, Mittel liquid; Firma, Geschäftsmann solvent.

liquidieren* vt 1. Geschäft to put into liquidation, to wind up; (old) Betrag to charge. 2. jdn to liquidate.

Liquidierung f (von Geschäft, Menschen) liquidation.

Liquidität f (Econ) liquidity.

lismen vti (Sw) to knit.

lispeln vti to lisp; (flüstern) to whisper.

Lissabon nt -s Lisbon.

List f -, **-en** (Täuschung) cunning, artfulness; (trickreicher Plan) trick, ruse. **mit ~ und Tücke** (inf) with a lot of coaxing; **zu einer ~ greifen, (eine) ~ anwenden** to use a bit of cunning, to resort to a ruse.

Liste f -, **-n** (Aufstellung) list; (Wähler~) register; (von Parteien) (party) list (of candidates under the proportional representation system). **sich in eine ~ eintragen** or (ein)schreiben to put oneself or one's name (down) on a list.

Listenplatz m (Pol) place on the party list (of candidates under the proportional representation system); **Listenpreis** m list price; **Listenwahl** f (Pol) electoral system in which a vote is cast for a party rather than a specific candidate.

listig adj cunning, crafty, wily no adv.

listigerweise adv cunningly, craftily.

Litanei f (Eccl, fig) litany. **eine ~ von Klagen/Beschwerden** etc a long list or catalogue of complaints.

Litauen nt -s Lithuania.

Litauer(in f) m -s, - Lithuanian.

litauisch adj Lithuanian.

Liter m or nt -s, - litre.

literarhistorisch adj literary historical attr; Buch relating to literary history. ~ interessant of interest to literary history.

literarisch adj literary.

Literat m **-en**, **-en** man of letters; (Schriftsteller) literary figure. **die ~en** literati (form).

Literatur f literature.

Literatur|angabe f bibliographical reference; (Zusammenfassung) bibliography; **Literaturdenkmal** nt literary monument; **Literaturgattung** f literary genre; **Literaturgeschichte** f history of literature; **literaturgeschichtlich** adj siehe **literarhistorisch**; **Literaturhinweis** m literary reference (auf + acc to); **Literaturkritik** f literary criticism; (Kritikerschaft) literary critics pl; **Literaturkritiker** m literary critic; **Literaturpreis** m prize or award for literature, literary prize or award; **Literaturverzeichnis** nt bibliography; **Literaturwissenschaft** f literary studies pl; **vergleichende ~** comparative literature.

Literflasche f litre bottle; **Literleistung** f power output per litre; **Litermaß** nt litre measure; **literweise** adv (lit) by the litre; (fig) by the gallon.

Litfaßsäule f advertizing column.

Lithium nt, no pl (abbr **Li**) lithium.

Lithographie f 1. (Verfahren) lithography; 2. (Druck) lithograph; **lithographieren*** vt to lithograph; **lithographisch** adj lithographic(al).

litt ptp of **leiden**.

Liturgie f liturgy.

liturgisch adj liturgical.

Litze f -, **-n** braid; (Elec) flex.

live [laif] adj pred, adv (Rad, TV) live.

Live-Sendung [laif-] f live programme or broadcast.

Livree [li'vre:] f -, **-n** [-e:ən] livery.

livriert [li'vri:ɐt] adj liveried.

Lizentiat[1] [litsen'tsia:t] nt (Univ) licentiate (form).

Lizentiat[2] [litsen'tsia:t] m **-en**, **-en** (Univ) licentiate (form).

Lizenz f licence (Brit), license (US). **etw in ~ herstellen** to manufacture sth under licence.

Lizenz|ausgabe f licensed edition; **Lizenzgebühr** f licence fee; (im Verlagswesen) royalty.

lizenzieren* vt (form) to license.

Lizenznehmer m licensee; **Lizenzspieler** m (Ftbl) professional player; **Lizenzträger** m licensee.

Lkw, LKW ['ɛlka:ve:, ɛlka:'ve:] m **-(s)**, **-(s)** abbr of **Lastkraftwagen**.

Lob nt **-(e)s**, no pl praise. **~ verdienen** to deserve praise or to be praised; (viel) ~ **für etw bekommen** to come in for (a lot of) praise for sth, to be (highly) praised for sth; **ein ~ der Köchin** (my/our) compliments to the chef!; **Gott sei ~ und Dank** praise be to God, God be praised; **über jedes ~ erhaben sein** to be beyond praise; **sein eigenes ~ singen** (inf) to sing one's own praises, to blow one's own trumpet (inf); **jdm ~ spenden** to praise sb.

Lobby ['lɔbi] f -, **-s** or **Lobbies** lobby.

loben vt to praise. **sein neues Werk wurde allgemein gelobt** his new work was universally acclaimed; **jdn/etw ~d erwähnen** to commend sb/sth; **das lob ich mir** that's what I like (to see/hear etc); **da lob' ich mir doch ein gutes Glas Wein** I always say you can't beat a good glass of wine.

lobenswert adj praiseworthy, laudable.

Lobeshymne f (fig) hymn of praise, panegyric.

Lobgesang m song or hymn of praise; **Lobhudelei** f (pej) gushing; **lobhudeln** vi insep jdm ~ (pej) to gush over sb (inf).

löblich adj (dated, iro) commendable, laudable.

Loblied nt song or hymn of praise; **ein ~ auf jdn/etw anstimmen** or **singen** (fig) to sing sb's praises/the praises of sth; **Lobpreis** m (liter) praise no art; **lobpreisen** vt insep ptp **lob(ge)priesen** (liter) Gott to praise, to glorify; **Lobrede** f eulogy, panegyric; **eine ~ auf jdn halten** (lit) to make a speech in sb's honour; (fig) to eulogize or extol sb; **Lobredner** m (lit) speaker; (fig) eulogist; **lobsingen** vi insep irreg ptp **lobgesungen** +dat Gott to praise; (fig) to sing the praises of; **Lobspruch** m eulogy (über +acc of), encomium (form); (Gedicht) panegyric.

Loch nt -(e)s, ⁓er (Öffnung, Lücke) hole; (in Zahn auch) cavity; (in Reifen auch) puncture; (Luft⁓) gap; (Billard) pocket; (fig inf: elende Wohnung) dump (inf), hole (inf); (inf: Gefängnis) jug (sl), clink (sl), can (esp US sl); (vulg: Vagina) cunt (vulg), hole (sl). **sich** (dat) **ein** ⁓ **in den Kopf/ins Knie** etc **schlagen** to gash one's head/knee etc, to cut one's head/knee etc open; **jdm ein** ⁓ or ⁓**er in den Bauch fragen** (inf) to pester the living daylights out of sb (with all one's questions) (inf); **sie redet einem ein** ⁓ or ⁓**er in den Bauch** (inf) she could talk the hind legs off a donkey (inf); **ein** ⁓ or ⁓**er in die Luft starren** (inf) to gaze into space or thin air; **ein großes** ⁓ **in jds (Geld)beutel** (acc) **reißen** (inf) to make a big hole in sb's pocket.

Loch|eisen nt punch.

lochen vt to punch holes/a hole in; to perforate; Fahrkarte to punch, to clip.

Locher m -s, - **1.** punch. **2.** (Mensch) punch-card operator.

löcherig adj full of holes, holey. **ganz** ⁓ **sein** to be full of holes.

löchern vt (inf) to pester (to death) with questions (inf). **er löchert mich seit Wochen, wann ...** he's been pestering me for weeks wanting to know when ...

Lochkamera f pinhole camera; **Lochkarte** f punch(ed) card; **Lochkartenmaschine** f punch card machine; **Lochsäge** f keyhole saw; **Lochstickerei** f broderie anglaise; **Lochstreifen** m (punched) paper tape.

Lochung f punching; perforation.

Lochzange f punch; **Lochziegel** m air-brick.

Locke f -, -n (Haar) curl. ⁓**n haben** to have curly hair.

locken¹ vtr Haar to curl. **gelocktes Haar** curly hair.

locken² vt **1.** Tier to lure. **die Henne lockte ihre Küken** the hen called to its chicks.
    2. jdn to tempt; (mit Ortsangabe) to lure. **es lockt mich in den Süden** I can feel the call of the south; **jdn in einen Hinterhalt** ⁓ to lead or lure sb into a trap; **das Angebot lockt mich sehr** I'm very tempted by the offer.

löcken vi: **wider den Stachel** ⁓ (geh) to kick against the pricks.

lockend adj tempting, enticing, alluring.

Lockenkopf m curly hairstyle; (Mensch) curlyhead; **Lockenpracht** f (magnificent) head of curls; **Lockenstab** m (electric) curling tongs pl; **Lockenwickler** m -s, - (hair-) curler; **das Haar auf** ⁓ **drehen** to put one's hair in curlers.

locker adj (lit, fig) loose; Schnee, Erdreich auch loose-packed; Kuchen, Schaum light; (nicht gespannt) slack; Haltung, Sitzweise relaxed; (sl) cool (sl). ⁓ **werden** (lit, fig) to get loose; (Muskeln, Mensch) to loosen up; (Seil) to get or go slack; (Verhältnis) to get more relaxed; (Kuchen) to be light; **etw** ⁓ **machen** to loosen sth/make sth light/slacken sth; **jdn** ⁓ **machen** to relax sb; **etw** ⁓ **lassen** to slacken sth off; Bremse to let sth off; ⁓ **sitzen** (Ziegel, Schraube etc) to be loose;

(Mensch) to relax, to sit in a relaxed position; **eine** ⁓**e Hand haben** (fig) (schnell züchtigen) to be quick to hit out; **bei ihm sitzt der Revolver/das Messer** ⁓ he's trigger-happy/he'd pull a knife at the slightest excuse; **ein** ⁓**er Vogel** (inf) a bit of a lad (inf) a gay dog (dated); **das mache ich ganz** ⁓ (inf) I can do it just like that (inf).

Lockerheit f, no pl looseness; (von Kuchen etc) lightness; (von Seil etc) slackness.

lockerlassen vi sep irreg (inf) **nicht** ⁓ not to give or let up; **lockermachen** vt sep (inf) Geld to shell out (inf), to part with; **bei jdm 100 Mark** ⁓ to get sb to shell out (inf) or part with 100 marks.

lockern I vt **1.** (locker machen) to loosen; Griff auch to relax; Seil, (lit, fig) Zügel to slacken.
    2. (entspannen) Arme, Beine, Muskeln to loosen up; (fig) Vorschriften, Atmosphäre to relax.
  II vr to work itself loose; (Sport) to loosen up; (zum Warmwerden) to limber up; (Verkrampfung, Spannung) to ease off; (Atmosphäre, Beziehungen, Mensch) to get more relaxed.

Lockerung f siehe vt **1.** loosening; relaxation; slackening. **2.** loosening up; relaxation; (von Beziehungen) easing, relaxation.

Lockerungs|übung f loosening up exercise; (zum Warmwerden) limbering-up exercise.

lockig adj Haar curly; Mensch curlyheaded.

Lockmittel nt lure; **Lockpfeife** f (bird) call; (für Hund) whistle; **Lockruf** m call; **Lockspeise** f (rare) bait; **Lockspitzel** m agent provocateur.

Lockung f lure; (Versuchung) temptation.

Lockvogel m decoy (bird); (fig) lure, decoy.

Lode f -, -n sapling.

Loden m -s, - loden (cloth).

Lodenmantel m loden (coat).

lodern vi (lit, fig) to blaze; (empor⁓) to blaze up. **in seinen Augen loderte Haß/Gier** his eyes blazed with hatred/greed.

Löffel m -s, - **1.** (als Besteck) spoon; (als Maßangabe) spoonful; (von Bagger) bucket. **den** ⁓ **abgeben** (inf) to kick the bucket (inf).
    2. (Hunt) ear; (inf: von Mensch auch) lug (Brit sl). **jdm ein paar hinter die** ⁓ **hauen** (inf) to give sb a clout round the ear(s); **sperr doch deine** ⁓ **auf** (inf) pin back your lugholes (Brit sl), listen properly.

löffeln vt to spoon; (mit der Kelle) to ladle.

Löffelstiel m spoon-handle; **löffelweise** adv by the spoonful.

Löffler m -s, - (Zool) spoonbill.

log abbr of **Logarithmus**.

log pret of **lügen**.

Log nt -s, -e (Naut) log.

Logarithmentafel f log table.

logarithmieren* I vt to find the log-(arithm) of. II vi to find log(arithm)s/the log(arithm).

logarithmisch adj logarithmic.

Logarithmus m logarithm.

Logbuch nt log(book).

Loge ['loːʒə] f -, -n **1.** (Theat) box.

2. (*Freimaurer~*) lodge. **3.** (*Pförtner~*) lodge.

Logen- ['lo:ʒən-]: **Logenbruder** *m* lodge brother; **Logenmeister** *m* master of a/the lodge; **Logenplatz** *m* (*Theat*) seat in a box.

Logger *m* **-s, -** (*Naut*) lugger.

Loggia ['lɔdʒa] *f* -, **Loggien** [-ən] (*Bogenhalle*) loggia; (*Balkon auch*) balcony.

logieren* [lo'ʒi:rən] (*dated*) **I** *vi* to stay; (*als Zimmerherr*) to lodge. **II** *vt* jdn ~ to put sb up.

Logiergast [lo'ʒi:ɐ-] *m* (*dated*) (*Besuch*) house-guest; (*Untermieter*) lodger.

Logik *f* logic. **in der** ~ in logic; **das ist vielleicht eine ~!** (*iro*) what kind of logic is that?; **dieser Aussage fehlt die** ~ this statement is illogical *or* is lacking in logic.

Logiker(in *f*) *m* **-s, -** logician.

Logis [lo'ʒi:] *nt* -, - (*dated*) lodgings *pl*, rooms *pl*; (*Naut*) forecastle, crew's quarters *pl*. **Kost und** ~ board and lodging; **bei jdm in** ~ **wohnen** to lodge with sb.

logisch *adj* logical; (*inf: selbstverständlich*) natural. **gehst du auch hin? —** ~ **are you going too? — of course.**

logischerweise *adv* logically.

Logistik *f* **1.** (*Math*) logic. **2.** (*Mil*) logistics *sing*.

logo *interj* (*sl*) you bet (*inf*).

Logopäde *m* **-n, -n, Logopädin** *f* speech therapist.

Logopädie *f* speech therapy.

Lohe¹ *f* -, **-n** (*liter*) raging flames *pl*.

Lohe² *f* -, **-n** (*Gerbrinde*) tan.

lohen¹ *vi* (*liter*) to blaze.

lohen² *vt* Felle to tan.

Lohgerber *m* tanner.

Lohn *m* **-(e)s, -e 1.** (*Arbeitsentgelt*) wage(s), pay *no pl, no indef art*. **wieviel** ~ **bekommst du?** how much do you get (paid)?, what are your wages?; **bei jdm in** ~ **und Brot stehen** (*old*) to be in sb's employ (*old*).

2. (*fig: Belohnung/Vergeltung*) reward; (*Strafe*) punishment. **als** *or* **zum** ~ **für ...** as a reward/punishment for ...; **sein verdienter** ~ one's just reward; **das ist nun der** ~ **für meine Mühe!** (*iro*) that's what I get *or* that's all the thanks I get for my trouble.

Lohn|abbau *m* reduction of earnings; **lohn|abhängig** *adj* on a payroll; **Lohn|abhängige(r)** *mf* worker; **Lohn|abrechnung** *f* wages slip; **Lohn|abzug** *m* deduction from one's wages; **Lohn|arbeit** *f* labour; **Lohn|ausfall** *m* loss of earnings; **Lohn|ausgleich** *m* difference between sickness benefit and normal wages; **bei vollem** ~ without decrease in pay; **Lohn|auszahlung** *f* payment of wages; **Lohnbuchhalter** *m* wages clerk; **Lohnbuchhaltung** *f* wages accounting; wages office; **Lohnbüro** *nt* wages office; **Lohn|empfänger** *m* wage-earner.

lohnen I *vir* to be worthwhile, to be worth it. **es lohnt (sich), etw zu tun** it is worth *or* worthwhile doing sth; **die Mühe lohnt sich** it is worth the effort, the effort is worthwhile; **der Film lohnt sich wirklich** the film is really worth seeing; **das lohnt sich nicht für mich** it's not worth my while.

II *vt* **1.** to be worth. **das Ergebnis lohnt die Mühe** the result makes all the effort worthwhile *or* amply repays all the effort; **das Museum lohnt einen Besuch** the museum is worth a visit *or* worth visiting.

2. jdm etw ~ to reward sb for sth; **er hat mir meine Mühe schlecht gelohnt** he gave me poor thanks for my efforts.

löhnen I *vi* (*inf: viel bezahlen*) to pay up, to cough up (*inf*), to shell out (*inf*). **II** *vt* (*old: mit Lohn versehen*) to pay.

lohnend *adj* rewarding; (*nutzbringend*) worthwhile; (*einträglich*) profitable; (*sehens-/hörenswert*) worth seeing/hearing.

lohnenswert *adj* worthwhile. **es ist** ~, **etw zu tun** it is worth(while) doing sth.

Lohn|erhöhung *f* wage *or* pay rise, rise; **Lohnforderung** *f* wage demand *or* claim; **Lohnfortzahlung** *f* continued payment of wages; **Lohngefälle** *nt* pay differential; **Lohngruppe** *f* wage group; **Lohnkürzung** *f* wage cut; **Lohnliste** *f* payroll; **Lohnpolitik** *f* pay policy; **Lohn-Preis-Spirale** *f* (*Econ*) wage-price spiral; **Lohnsenkung** *f* cut in wages *or* pay; **Lohnskala** *f* pay *or* wages scale; **Lohnsteuer** *f* income tax (*paid on earned income*); **Lohnsteuerjahres|ausgleich** *m* annual adjustment of income tax; **Lohnsteuerkarte** *f* (income) tax card; **Lohnstopp** *m* wages *or* pay freeze; **Lohnstreifen** *m* pay slip; **Lohntarif** *m* wage rate; **Lohntüte** *f* pay packet.

Löhnung *f* **1.** (*Auszahlung*) payment; (*auch* ~stag *m*) pay. **2.** (*Lohn*) pay.

Lohnverhandlung *f* pay *or* wage negotiations *pl*; **Lohnzahlung** *f* payment of wages; **Lohnzettel** *m* pay slip.

Loipe *f* -, **-n** cross-country ski run.

Lok *f* -, **-s** *abbr of* **Lokomotive** engine.

lokal *adj* **1.** (*örtlich*) local. **2.** (*Gram*) of place.

Lokal *nt* **-s, -e 1.** (*Gaststätte*) pub (*esp Brit*), bar; (*auf dem Land auch*) inn (*Brit*); (*Restaurant*) restaurant. **das** ~ **verlassen** (*hum inf*) to leave. **2.** (*Versammlungsraum*) meeting place.

Lokal- *in cpds* local; **Lokal|anästhesie** *f* (*Med*) local anaesthesia; **Lokal|augenschein** *m* (*Aus Jur*) *siehe* **Lokaltermin.**

Lokale(s) *nt decl as adj* local news.

Lokalisation *f siehe vt* **1.** location. **2.** localization; limiting.

lokalisieren* *vt* **1.** (*Ort feststellen*) to locate. **2.** (*Med*) to localize; (*auf einen Ort*) to limit (*auf +acc* to).

Lokalität *f* **1.** (*örtliche Beschaffenheit*) locality; (*Raum*) facilities *pl*. **sich mit den** ~**en auskennen** to know the district.

2. (*hum inf: Lokal*) pub (*esp Brit*), bar. **3.** (*hum inf: WC*) cloakroom (*euph*), washroom, bathroom (*US*).

Lokalkolorit *nt* local colour; **Lokalnachrichten** *pl* local news *sing*; **Lokalpatriotismus** *m* local patriotism; **Lokalsatz** *m* (*Gram*) (adverbial) clause of place; **Lokalteil** *m* local section; **Lokaltermin** *m* (*Jur*) visit to the scene of the crime; **Lokalverbot** *nt* jdm ~ **erteilen** to ban sb; **du hast** ~ you are banned; **Lokalzeitung** *f* local newspaper.

Lokativ m (Gram) locative (case).

Lokführer m abbr of **Lokomotivführer**.

Lokomotive f locomotive, (railway) engine.

Lokomotivführer m engine driver, engineer (US); **Lokomotivschuppen** m engine-shed.

Lokus m - or -ses, - or -se (inf) toilet, bathroom (esp US).

Lombard m or nt -(e)s, -e (Fin) loan on security.

Lombardei f - die ~ Lombardy.

Lombardsatz m rate for loans on security.

London nt London.

Londoner adj attr London.

Londoner(in f) m -s, - Londoner.

Longdrink ['lɔndrɪŋk] m long drink.

Longe ['lõːʒə] f -, -n (für Pferde) lunge; (für Akrobaten) harness.

longieren* [lõˈʒiːrən] vt Pferd to lunge.

Look [lʊk] m -s, -s (Mode) look.

Looping ['luːpɪŋ] m or nt -s, -s (Aviat) looping the loop. **einen ~ machen** to loop the loop.

Lorbeer m -s, -en 1. (lit: Gewächs) laurel; (als Gewürz) bayleaf.

  2. ~en pl (fig: Erfolg) laurels pl; **sich auf seinen ~en ausruhen** (inf) to rest on one's laurels; **damit kannst du keine ~en ernten** that's no great achievement.

Lorbeerbaum m laurel (tree); **Lorbeerblatt** nt bayleaf; **Lorbeerkranz** m laurel wreath.

Lore f -, -n (Rail) truck, wagon; (Kipp~) tipper, dumper.

Lorgnette [lɔrnˈjetə] f lorgnette.

Lorgnon [lɔrnˈjõː] nt -s, -s lorgnon.

Los nt -es, -e 1. (für Entscheidung) lot; (in der Lotterie, auf Jahrmarkt etc) ticket. **das Große ~ gewinnen** or **ziehen** (lit, fig) to hit the jackpot; **etw durch das ~ entscheiden** or **bestimmen** to decide sth by drawing or casting lots; **jdn durch das ~ bestimmen** to pick sb by drawing lots; **das ~ hat mich getroffen** it fell to my lot.

  2. no pl (Schicksal) lot. **er hat ein hartes** or **schweres ~** his is a hard or not an easy lot; **das gleiche ~ erfahren** to share the same lot; **jds ~ teilen** to share sb's lot.

los I adj pred 1. (nicht befestigt) loose. **der Hund ist von der Leine ~** the dog is off the lead.

  2. (frei) **jdn/etw ~ sein** (inf) to be rid or shot (inf) of sb, to have got or gotten (US) rid of sb; **ich bin mein ganzes Geld ~** (inf) I'm cleaned out (inf).

  3. (inf) **etwas ist ~/es ist nichts ~** (geschieht) there's something/nothing going on or happening; (nicht in/in Ordnung) there's something/nothing wrong or the matter, something's/nothing's up; **mit jdm/etw ist etwas/nichts ~** there's something/nothing wrong or the matter with sb/sth; **mit jdm/etw ist nichts (mehr) ~** (inf) sb/sth isn't up to much (any more), sb/sth is a dead loss (now) (inf); **etwas ~ machen** (sl) to make sth happen; **was ist denn hier/da ~?** what's going on or what's up here/there (then)?; **was ist ~?** what's up?, what's wrong?, what's the matter?; **wo ist denn hier was ~?** where's the action here (inf)?; **als mein Vater das hörte, da**

war was ~! when my father got to hear of it, you should have heard him.

  II adv (Aufforderung) **~!** come on!; (geh/lauf schon) go on!, get going!; **nun aber ~!** let's get going; (zu andern) get going or moving (inf); **nichts wie ~!** let's get going; (na) **~, mach schon!** (come on,) get on with it; **~, nun frag doch endlich** (come on,) fire away!; **auf die Plätze** or **Achtung, fertig, ~** on your marks, get set, go!, ready, steady, go!

los- pref + vb (anfangen zu) to start + prp; (bei Verben der Bewegung auch) infin + off; (befreien von, loslösen) infin + off.

losbellen vi sep (Hund) to start barking; (Mensch) to start yelling; **losbinden** vt sep irreg to untie (von from); **losbrechen** sep irreg **I** vt to break off; **II** vi aux sein (Gelächter etc) to break out; (Sturm, Gewitter) to break; **losbröckeln** vi sep aux sein to crumble away.

Lösch|arbeit f usu pl fire-fighting operations pl; **löschbar** adj Feuer, Flammen extinguishable; **die Eintragung ist ~** the entry can be deleted; **Löschblatt** nt sheet or piece of blotting paper; **Lösch|eimer** m fire-bucket.

löschen I vt 1. Feuer, Kerze to put out, to extinguish; Licht auch to switch out or off, to turn out or off; Kalk, Durst to slake; Durst to quench; Schrift (an Tafel), Tonband to wipe or rub off, to erase; Schuld etc to pay off; Eintragung to delete; Konto to close; Firma, Name to strike off; (aufsaugen) Tinte to blot.

  2. (Naut) Ladung to unload.

  II vi 1. (Feuerwehr etc) to put out a/the fire.

  2. (aufsaugen) to blot.

  3. (Naut) to unload.

Löscher m -s, - (fire) extinguisher; (Tinten~) blotter.

Löschfahrzeug nt fire engine; **Löschkalk** m slaked lime; **Löschmannschaft** f team of firemen/fire-fighters; **Löschpapier** nt (piece of) blotting paper.

Löschung f 1. (von Schuld etc) paying off; (von Eintragung) deletion; (von Konto) closing; (von Firma, Namen) striking off.

  2. (Naut) (von Ladung) unloading.

Löschzug m set of fire-fighting appliances.

lose adj (lit, fig) loose; (nicht gespannt) Seil slack; (schelmisch) Streich mischievous. **etw ~ verkaufen** to sell sth loose; **du L~(r)** (hum inf) you devil (you).

Loseblatt|ausgabe f loose-leaf edition.

Lösegeld nt ransom (money).

los|eisen sep (inf) **I** vt to get or prise away (bei from). **jdn von einer Verpflichtung ~** to get sb out of an awkward position. **II** vr to get away (bei from); (von Verpflichtung etc) to get out (von of).

losen¹ vi to draw lots (um for). **wir ~, wer …** we'll draw lots to decide who …

lösen I vt 1. (losmachen, entfernen) to remove (von from); Boot to cast off (von from); (ab~) Fleisch, Angeklebtes auch to get off (von etw sth); (heraus~ auch) to get out (aus of); (aufbinden) Knoten etc, Haare to undo; Arme to unfold; Hände to unclasp; Handbremse to take or let off; Husten, Krampf to ease; Muskeln to loosen up; (*lit, fig: lockern*) to loosen. **sie löste ihre Hand aus der seinen** she slipped her hand out of his.

2. (*klären, Lösung finden für*) to solve; *Konflikt, Schwierigkeiten* to resolve.

3. (*annullieren*) *Vertrag* to cancel; *Verlobung* to break off; *Verbindung, Verhältnis* to sever; *Ehe* to dissolve.

4. (*zergehen lassen*) to dissolve.

5. (*kaufen*) *Karte* to buy, to get.

II *vr* **1.** (*sich losmachen*) to detach oneself (*von* from); (*sich ab*~ *auch*) to come off (*von etw* sth); (*Knoten, Haare*) to come undone; (*Schuß*) to go off; (*Huten, Krampf, Spannung*) to ease; (*Schleim, Schmutz*) to loosen; (*Atmosphäre*) to relax; (*Muskeln*) to loosen up; (*lit, fig: sich lockern*) to (be)come loose. **sich von jdm** ~ to break away from sb; **sich von etw** ~ *von Verpflichtungen* to free oneself of sth; *von Vorstellung, Vorurteilen* to rid oneself of sth; *von Partnern, Vaterland, Vergangenheit* to break with sth *or* away from sth; **das Boot hat sich aus der Verankerung gelöst** the boat has broken (away from) its moorings; **eine Gestalt löste sich aus der Dunkelheit** (*liter*) a figure detached itself *or* emerged from the darkness.

2. (*sich aufklären*) to be solved. **sich von selbst** ~ (*Mordfall*) to solve itself; (*Problem auch*) to clear itself up, to resolve itself.

3. (*zergehen*) to dissolve (*in +dat* in). **ihr Schmerz löste sich in Tränen** her pain found relief in tears.

losfahren *vi sep irreg aux sein* **1.** (*abfahren*) to set off; (*Fahrzeug*) to move off; (*Auto*) to drive off; **2.** (*inf: schimpfen, anfallen*) **auf jdn** ~ to lay into sb (*inf*), to attack sb; **losgehen** *vi sep irreg aux sein* **1.** (*weggehen*) to set off; (*Schuß, Bombe etc*) to go off; (*mit dem Messer*) **auf jdn** ~ to go for sb (with a knife); **2.** (*inf: anfangen*) to start; (*Geschrei der Menge*) to go up; **gleich geht's los** it's just about to start; **jetzt geht's los!** here we go!; (*Vorstellung*) it's starting!; (*Rennen*) they're off!; (*Reise, Bewegung*) we're/you're off!; **jetzt geht's (schon) wieder los** (*mit ihren Klagen*) here we go again (with all her moans); **bei drei geht's los** you/they *etc* start on the count of three; **jetzt geht's aber los!** (*sl*) you're kidding! (*inf*); (*bei Frechheit*) do you mind!; **3.** (*inf: abgehen*) to come off; **loshaben** *vt sep irreg* (*inf*) **etwas/nichts** ~ to be pretty clever (*inf*)/ pretty stupid (*inf*); **losheulen** *vi sep* to burst out crying; **loskaufen** *vt sep* to buy out; *Entführten* to ransom; **losknüpfen** *vt sep* to untie, to undo; **loskommen** *vi sep irreg aux sein* (*von Mensch*) to get away (*von* from); (*sich befreien*) to free oneself, to get free (*von* from); **das Boot kam von der Sandbank los/nicht los** the boat came off/ wouldn't come off the sandbank; **loskriegen** *vt sep* (*inf*) (*ablösen*) to get off; (*loswerden*) *Mensch* to get rid *or* shot (*inf*) of; **loslachen** *vi sep* to burst out laughing; **laut** ~ to laugh out loud; **loslassen** *vt sep irreg* **1.** (*nicht mehr festhalten*) to let go of; (*fig: nicht fesseln*)

Mensch to let go; **die Frage** *etc* **läßt mich nicht mehr los** the problem haunts me *or* won't go out of my mind; **das Buch läßt mich nicht mehr los** I can't put the book down; **2.** (*inf*) (*abfeuern*) *Feuerwerk* to let off; (*fig*) *Rede, Witze* to come out with; *Beschwerden, Schimpfkanonade* to launch into; *Schrift* to launch; *Brief* to send off; **3. jdn** (**auf jdn**) ~ (*fig inf*) to let sb loose (on sb); **die Hunde auf jdn** ~ to put *or* set the dogs on (to) sb; **und so was läßt man nun auf die Menschheit los!** (*hum inf*) what a thing to unleash on an unsuspecting world; **wehe, wenn sie losgelassen ...** (*hum inf*) once let them off the leash ...; **loslaufen** *vi sep irreg aux sein* (*zu laufen anfangen*) to start to run; (*weggehen*) to run out; **loslegen** *vi sep* (*inf*) to get going *or* started; (*mit Schimpfen*) to let fly (*inf*) *or* rip (*inf*); **nun leg mal los und erzähle ...** now come on and tell me/us ...

löslich *adj* soluble. **leicht/schwer** ~ readily/ not readily soluble.

loslösen *sep* **I** *vt* to remove (*von* from); (*ablösen auch*) to take off (*von etw* sth); (*herauslösen auch*) to take out (*aus* of); (*lockern*) to loosen; **II** *vr* to detach oneself (*von* from); (*sich ablösen auch*) to come off (*von etw* sth); **sich von jdm** ~ to break away from sb; **losmachen** *sep* **I** *vt* **1.** to free; (*losbinden*) to untie; (*von einer Kette*) to unchain; **2. einen** *or* **etwas** ~ (*sl*) to have some action; **II** *vi* **1.** (*Naut*) to cast off; **2.** (*inf: sich beeilen*) to step on it (*inf*), to get a move on (*inf*); **III** *vr* to get away (*von* from); **der Hund hat sich losgemacht** the dog has got loose; **losmüssen** *vi sep irreg* to have to leave.

Losnummer *f* ticket number.

losplatzen *vi sep aux sein* (*inf*) (*lachen*) to burst out laughing; (*spontan, vorzeitig äußern*) to start yapping (*inf*); **mit etw** ~ to burst out with sth; **mußt du immer gleich** ~! can't you keep your mouth shut for two minutes?; **losprusten** *vi sep* (*inf*) to explode (with laughter); **losrasen** *vi sep aux sein* (*inf*) to race *or* tear off; **losreißen** *sep irreg* **I** *vt* to tear *or* rip off (*von etw* sth)/down (*von* from)/out (*aus* of)/up (*von etw* sth); **II** *vr* **sich** (*von etw*) ~ (*Hund etc*) to break free *or* loose (from sth); (*fig*) to tear oneself away (from sth); **losrennen** *vi sep irreg aux sein* (*inf*) to run off; (*anfangen zu laufen*) to start to run.

Löß [lœs, løːs] *m* **Lösses** *or* **Lößes, Lösse** *or* **Löße** (*Geol*) loess.

lossagen *vr sep* **sich von etw** ~ to renounce sth; **sich von jdm** ~ to dissociate oneself from *or* break with sb.

losschicken *vt sep* to send off; **losschießen** *vi sep irreg* **1.** (*zu schießen anfangen*) to open fire; **schieß los!** (*fig inf*) fire away! (*inf*); **2.** *aux sein* (*schnell starten*) to shoot *or* race off; **losschlagen** *sep irreg* **I** *vi* to hit out; (*Mil*) to (launch one's) attack; **auf jdn/aufeinander** ~ to go for sb/ one another *or* each other; **II** *vt* **1.** (*abschlagen*) to knock off; **2.** (*inf: verkaufen*) to get rid of; **losschnallen** *vt sep* to unbuckle; **losschrauben** *vt sep* to unscrew; (*lockern auch*) to loosen; **losspringen** *vi sep irreg aux sein* to jump;

lossteuern vi sep aux sein **auf jdn/etw** ~ to head or make for sb/sth; **losstürzen** vi sep aux sein to rush off; **auf jdn/etw** ~ to pounce on sb/sth.

Lostrommel f drum (containing lottery tickets).

Losung[1] f **1.** (Devise, Parole) motto. **2.** (Kennwort) password.

Losung[2] f (Hunt) droppings pl.

Lösung f **1.** solution (gen to); (das Lösen) solution (gen of); (eines Konfliktes etc) resolving. **zur** ~ **dieser Schwierigkeiten** to resolve these problems. **2.** (Annullierung) (eines Vertrages) cancellation; (einer Verlobung) breaking off; (einer Verbindung, eines Verhältnisses) severing, severance; (einer Ehe) dissolving. **3.** (Chem) solution.

Lösungsmittel nt solvent.

Lösungswort nt password.

Losverkäufer m ticket seller (for lottery, raffle etc).

loswerden vt sep irreg aux sein to get rid of; Gedanken to get away from, to get out of one's mind; Angst etc auch to rid oneself of; Geld (beim Spiel etc), Hab und Gut to lose; Geld (ausgeben) to spend. **er wird seine Erkältung einfach nicht los** he can't shake off or get rid of his cold.

loswollen vi sep irreg **wir wollen früh los** we want to leave or be off early.

losziehen vi sep irreg aux sein **1.** (aufbrechen) to set out or off (in +acc, nach for). **2. gegen jdn/etw** ~ (inf) to lay into sb/sth (inf).

Lot nt -(e)s, -e **1.** (Senkblei) plumbline; (Naut auch) sounding line. **im** ~ **sein** to be in plumb.

2. (old) old unit of weight varying between 16 and 50 gram.

3. (Lötmetall) solder.

4. (Math) perpendicular. **das** ~ **fällen** to drop a perpendicular; **die Sache ist wieder im** ~ things have been straightened out; **die Sache wieder ins (rechte)** ~ **bringen** to put things right, to put the record straight (inf); **mit ihm ist etwas nicht im** ~ he is rather out of sorts.

loten vt to plumb.

löten vti to solder.

Lothringen nt -s Lorraine.

Lothringer(in f) m -s, - Lorrainer.

lothringisch adj of Lorraine, Lorrainese.

Lotion [lo'tsio:n] f -, -en lotion.

Lötkolben m soldering iron; **Lötlampe** f blowlamp; **Lötmetall** nt solder.

Lotophage [loto'fa:gə] m -n, -n (Myth) lotus-eater.

Lotos m -, - lotus.

Lotosblume f lotus (flower); **Lotossitz** m lotus position.

lotrecht adj (Math) perpendicular.

Lotrechte f (Math) perpendicular.

Lötrohr nt blowpipe.

Lotse m -n, -n (Naut) pilot; (Flug~) air-traffic or flight controller; (Aut) navigator; (fig) guide.

lotsen vt to guide; Schiff auch to pilot. **jdn irgendwohin** ~ (inf) to drag sb somewhere (inf).

Lotsenboot nt pilot boat; **Lotsendienst** m pilot service; (Aut) driver-guide service;

Lotsengeld nt pilotage; **Lotsenzwang** m compulsory pilotage; **auf dieser Strecke besteht** ~ all boats must carry a pilot on this stretch.

Lötstelle f soldered point.

Lotterbett nt (old, hum) old bed.

Lotterie f lottery; (Tombola) raffle.

Lotteriegewinn m lottery/raffle prize or (Geld) winnings pl; **Lotterielos** nt lottery/raffle ticket; **Lotteriespiel** nt (lit) lottery; (fig) gamble.

lott(e)rig adj (inf) slovenly no adv; Mensch, Arbeit auch sloppy (inf). ~ **herumlaufen** to go around looking a mess (inf).

Lotterleben nt (inf) dissolute life.

lottern vi (inf) **1.** to lead a dissolute life. **2.** (S Ger, Sw: lose sein) to wobble.

Lotto nt -s, -s **1.** national lottery. **(im)** ~ **spielen** to do the national lottery; **du hast wohl im** ~ **gewonnen** you must have won the pools (Brit). **2.** (Gesellschaftsspiel) lotto.

Lottogewinn m Lotto win; (Geld) Lotto winnings pl; **Lottoschein** m Lotto coupon; **Lotto- und Totoannahmestelle** f Lotto and football pools agency; **Lottozahlen** pl winning Lotto numbers pl.

Lotus m -, - (Bot) **1.** (Hornklee) birdsfoot trefoil. **2. siehe Lotos.**

Lötzinn m solder.

Louis ['lu:i] m - ['lu:i(s)], - ['lu:is] (sl) ponce (inf), pimp.

Löwe m -n, -n lion. **der** ~ (Astron) Leo, the Lion; (Astrol) Leo; **im Zeichen des** ~**n geboren sein** to be/have been born under (the sign of) Leo; ~ **sein** to be (a) Leo; **sich in die Höhle des** ~**n begeben** (inf) to beard the lion in his den (prov).

Löwenanteil m (inf) lion's share; **Löwenbändiger** m lion-tamer; **Löwengrube** f (Bibl) lions' den; **Löwenherz** nt: **Richard** ~ m Richard (the) Lionheart; **Löwenmähne** f (lit) lion's mane; (fig) flowing mane; **Löwenmaul** nt, **Löwenmäulchen** nt snapdragon, antirrhinum; **Löwenmut** m (liter) leonine courage (liter); **Löwenzahn** m dandelion.

Löwin f lioness.

loyal [loa'ja:l] adj loyal (jdm gegenüber to sb).

Loyalität [loajali'tɛ:t] f loyalty (jdm gegenüber to sb).

LP [ɛl'pe:] f -, -s LP.

LP-Album [ɛl'pe:-] nt album, LP.

LPG [ɛlpe:'ge:] f -, -s (DDR) abbr of **Landwirtschaftliche Produktionsgenossenschaft.**

LSD [ɛl|ɛs'de:] nt -(s) LSD.

lt. abbr of **laut**[2].

Luchs [luks] m -es, -e lynx. **Augen wie ein** ~ **haben** (inf) to have eyes like a lynx or hawk.

Luchsaugen pl (inf) eagle eyes pl.

luchsen ['luksn] vi (inf) to peep.

Lücke f -, -n (lit, fig) gap; (zwischen Wörtern auch, auf Formularen etc) space; (Ungereimtheit, Unvollständigkeit etc) hole; (Gesetzes~) loophole; (in Versorgung) break. **sein Tod hinterließ eine schmerzliche** ~ (geh) his death has left a void in our lives.

Lückenbüßer m (inf) stopgap; ~ **spielen** to

be used as a stopgap; **lückenhaft** *adj* full
of gaps; *Bericht, Sammlung, Beweis etc
auch* incomplete; *Kenntnisse auch*
sketchy; *Versorgung* deficient; *Gesetz,
Alibi* full of holes; **sein Wissen ist sehr ~**
there are great gaps in his knowledge;
lückenlos *adj* complete; *Kenntnisse,*
(*Mil*) *Abwehr* perfect; *Versorgung, Überlieferung* unbroken; **Lückentest** *m* (*Sch*)
completion test.

lud *pret of* **laden**[1], **laden**[2].

Lude *m* -n, -n (*sl*) ponce (*inf*), pimp.

Luder *nt* -s, - 1. (*Hunt: Aas*) bait. 2. (*inf*)
minx. **armes/dummes ~** poor/stupid
creature; **so ein ordinäres ~!** what a common little hussy!

Ludwig *m* - Ludwig; (*frz. Königsname*)
Louis.

Lues ['luːes] *f* -, *no pl* (*Med*) syphilis, lues
(*spec*).

luetisch ['lueːtɪʃ] *adj* (*Med*) syphilitic, luet-
ic (*spec*).

Luft *f* -, (*liter*) ⁻e 1. air *no pl.* **die** ⁻**e** *pl* (*liter*)
the skies, the air *sing*; **frische ~ herein-
lassen** to let some fresh air in; **im Zimmer
ist schlechte ~** the room is stuffy, the air
or it is stuffy in the room; **dicke ~** (*inf*) a
bad atmosphere; **~ an etw** (*acc*) **kommen
lassen** to let the air get to sth; **an die
(frische) ~ gehen/kommen, (frische) ~
schnappen** (*inf*) to get out in the fresh air,
to get some fresh air; **die ~ ist rein** (*inf*)
the coast is clear; **die ~ reinigen** (*lit, fig*)
to clear the air; **jetzt ist das Flugzeug in
der ~** the plane is now airborne *or* in the
air; **jdn an die (frische) ~ setzen** (*inf*) to
show sb the door; (*Sch*) to send sb out;
(*entlassen*) to give sb the push (*inf*); **in die
~ fliegen** (*inf*) to explode, to go up; **etw in
die ~ jagen** (*inf*) *or* **sprengen** to blow sth
up; **gleich** *or* **schnell in die ~ gehen** (*fig*) to
be quick to blow one's top (*inf*), to be very
explosive; **es liegt ein Gewitter/etwas in
der ~** there's a storm brewing/something
in the air; **in die ~ starren** *or* **gucken** to
stare into space *or* thin air; **jdn/etw in der
~ zerreißen** (*inf*) to tear sb/sth to pieces;
**das kann sich doch nicht in ~ aufgelöst
haben!** it can't have vanished into thin air;
in der ~ hängen (*Sache*) to be (very much)
up in the air; (*Mensch*) to be in (a state of)
limbo, to be dangling; **die Behauptung ist
aus der ~ gegriffen** this statement is (a)
pure invention; **vor Freude in die ~ springen** to jump for *or* with joy; **von ~ und
Liebe/von ~ leben** to live on love/air; **jdn
wie ~ behandeln** to treat sb as though he/
she just didn't exist; **er ist ~ für mich** I'm
not speaking to him.
2. (*Atem*) breath. **der Kragen schnürt
mir die ~ ab** this collar is choking me, I
can't breathe in this collar; **nach ~
schnappen** to gasp for breath *or* air; **die ~
anhalten** (*lit*) to hold one's breath; **nun
halt mal die ~ an!** (*inf*) (*rede nicht*) hold
your tongue!, put a sock in it! (*inf*); (*über-
treibe nicht*) come off it! (*inf*), come on!
(*inf*); **keine ~ mehr kriegen** not to be able
to breathe; **tief ~ holen** (*lit, fig*) to take a
deep breath; **mir blieb vor Schreck/
Schmerz die ~ weg** I was breathless with
shock/pain; **wieder ~ bekommen** *or*

kriegen (*nach Sport etc*) to get one's
breath back; (*nach Schnupfen etc*) to be
able to breathe again.
3. (*Wind*) breeze. **linde/laue** ⁻**e** (*liter*)
gentle/warm breezes; **sich** (*dat*) **~ machen**
(*fig*), **seinem Herzen ~ machen** to get
everything off one's chest; **seinem Ärger/
Zorn** *etc* **~ machen** to give vent to one's
annoyance/anger *etc*.
4. (*fig: Spielraum, Platz*) space, room.
zwischen Wand und Regal etwas ~ lassen
to leave a space between the wall and the
bookcase.

Luft|abwehr *f* (*Mil*) anti-aircraft defence;
Luft|angriff *m* air-raid (*auf* +*acc* on);
einen ~ auf eine Stadt fliegen to bomb a
town, to carry out an air-raid on a town;
Luft|aufklärung *f* aerial reconnaissance;
Luft|aufnahme *f* aerial photo(graph);
Luftballon *m* balloon; **Luftbewegung** *f*
movement of the air; **Luftbild** *nt* aerial
picture; **Luftblase** *f* air bubble, bubble of
air; **Luft-Boden-Flugkörper** *m* air-to-
surface ballistic missile; **Luftbremse** *f* air-
brake; **Luftbrücke** *f* airlift.

Lüftchen *nt* breeze.

luftdicht *adj* airtight *no adv*; **die Ware ist ~
verpackt** the article is in airtight packaging; **ein ~ verschlossener Behälter** an
airtight container, a container with an airtight seal; **Luftdruck** *m* air pressure;
luftdurchlässig *adj* pervious to air.

lüften I *vt* 1. to air; (*ständig, systematisch*) to
ventilate. 2. (*hochheben*) *Hut, Schleier* to
raise, to lift. II *vi* (*Luft hereinlassen*) to let
some air in; (*Betten, Kleider etc*) to air.

Luftfahrt *f* aeronautics *sing*; (*mit Flug-
zeugen*) aviation *no art*.

Luftfahrtmedizin *f* aeromedicine;
Luftfahrtschau *f* air show.

Luftfahrzeug *nt* aircraft; **Luftfeuchtigkeit**
f (atmospheric) humidity; **Luftfilter** *nt or
m* air filter; **Luftflotte** *f* air fleet; **Luft-
fracht** *f* air freight; **luftgekühlt** *adj* air-
cooled; **luftgetrocknet** *adj* air-dried;
Luftgewehr *nt* air-rifle, airgun;
Lufthauch *m* (*geh*) gentle breeze;
Luftherrschaft *f* air supremacy;
Lufthoheit *f* air sovereignty; **Lufthülle** *f*
mantle of air; **lufthungrig** *adj* longing for
fresh air; **ein ~er Mensch** a fresh-air
fanatic.

luftig *adj Zimmer* airy; *Plätzchen* breezy;
Kleidung light. **in ~er Höhe** (*liter*) at a
dizzy height.

Luftikus *m* -(ses), -se (*inf*) happy-go-lucky
sort of fellow.

Luftkampf *m* air *or* aerial battle;
Luftkissen *nt* air cushion; (*von* ~*boot*)
cushion of air; **Luftkissenboot, Luft-
kissenfahrzeug** *nt* hovercraft; **Luft-
klappe** *f* ventilation flap; **Luftkorridor** *m*
air corridor; **Luftkrieg** *m* aerial warfare;
Luft- und Seekrieg warfare at sea and in
the air; **Luftkühlung** *f* air-cooling; **Luft-
kur|ort** *m* (climatic) health resort;
Luftlandetruppe *f* airborne troops *pl*;
luftleer *adj* (*völlig*) ~ **sein** to be a vacuum;
~er Raum vacuum; **Luftlinie** *f* **200 km** *etc*
~ 200 km *etc* as the crow flies; **Luftloch**
nt airhole; (*Aviat*) air pocket; **Luft-
masche** *f* (*Sew*) chain-stitch; **Luft-**

massen *pl* air masses *pl*; **Luftmatratze** *f* airbed, lilo ®; **Luftpirat** *m* (aircraft) hijacker, skyjacker (*esp US*); **Luftpiraterie** *f*(aircraft) hijacking, skyjacking(*esp US*).
Luftpost *f* airmail. **mit** ~ by airmail.
Luftpostleichtbrief *m* aerogramme, airletter (*Brit*); **Luftpostpapier** *nt* airmail paper.
Luftpumpe *f* air *or* pneumatic pump; (*für Fahrrad*) (bicycle) pump; **Luftraum** *m* airspace; **Luftrecht** *nt* air traffic law; **Luftreifen** *m* pneumatic tyre; **Luftrettungsdienst** *m* air rescue service; **Luftröhre** *f* (*Anat*) windpipe, trachea; **Luftsack** *m* (*Aut*) air bag; (*Orn*) air sac; **Luftschacht** *m* ventilation shaft; **Luftschicht** *f* (*Met*) layer of air; **Luftschiff** *nt* airship; **Luftschiffahrt** *f* aeronautics *sing*; **Luftschlacht** *f* air battle; **die ~ um England** the Battle of Britain; **Luftschlange** *f* (paper) streamer; **Luftschlitz** *m* (*Aut*) ventilation slit; **Luftschloß** *nt* (*fig*) castle in the air, pipe dream; **Luftschlösser bauen** to build castles in the air.
Luftschutz *m* anti-aircraft defence.
Luftschutzbunker, Luftschutzkeller, Luftschutzraum *m* air-raid shelter; **Luftschutz|übung** *f* air-raid drill.
Luftsieg *m* air victory; **Luftspiegelung** *f* mirage; **Luftsprung** *m* jump in the air; **vor Freude einen ~ *or* Luftsprünge machen** to jump for *or* with joy; **Luftstraße** *f* air route; **Luftstreitkräfte** *pl* air force *sing*; **Luftstrom** *m* stream of air; **Luftströmung** *f* current of air; **Luftstützpunkt** *m* airbase; **Lufttanken** *nt* inflight refuelling; **Lufttaxi** *nt* air taxi; **Lufttemperatur** *f* air temperature; **Lufttorpedo** *m* aerial torpedo; **Luft|überwachung** *f* air surveillance; **Luft- und Raumfahrt|industrie** *f* aerospace industry.
Lüftung *f* airing; (*ständig, systematisch*) ventilation.
Lüftungsklappe *f* ventilation flap.
Luftver|änderung *f* change of air; **Luftverflüssigung** *f* liquefaction of air; **Luftverkehr** *m* air traffic; **Luftverkehrsgesellschaft** *f* airline; **Luftverschmutzung** *f* air pollution; **Luftverteidigung** *f* air defence; **Luftwaffe** *f* (*Mil*) air force; **die (deutsche) ~** the Luftwaffe; **Luftweg** *m* (*Flugweg*) air route; (*Atemweg*) respiratory tract; **etw auf dem ~ befördern** to transport by air; **Luftwiderstand** *m* air resistance; **Luftzufuhr** *f* air supply; **Luftzug** *m* wind, (mild) breeze; (*in Gebäude*) draught.
Lug *m*: ~ **und Trug** lies *pl* (and deception).
Lüge *f* -, **-n** lie, falsehood. **jdn einer ~ beschuldigen** to accuse sb of lying; **das ist alles ~** that's all lies; **jdn/etw ~n strafen** to give the lie to sb/sth; **~n haben kurze Beine** (*prov*) truth will out (*prov*).
lugen *vi* (*dial*) to peep, to peek.
lügen *pret* **log**, *ptp* **gelogen** I *vi* to lie, to fib (*euph inf*). **ich müßte ~, wenn ...** I would be lying if ...; **wie gedruckt ~** (*inf*) to lie like mad (*inf*); **wer einmal lügt, dem glaubt man nicht, und wenn er auch die Wahrheit spricht** (*Prov*) remember the boy who cried 'wolf' (*prov*).

II *vt* **das ist gelogen!, das lügst du doch!** (*inf*) that's a lie!, you're lying!
Lügenbold *m* **-(e)s, -e** (*dated inf*) (inveterate) liar; **Lügendetektor** *m* lie detector; **Lügengespinst** (*geh*) tissue *or* web of lies; **Lügengeschichte** *f* pack of lies; **lügenhaft** *adj Erzählung* made-up, mendacious (*form*); *Bericht auch* false; **seine ~en Geschichten** his tall stories; **Lügenkampagne** *f* campaign of lies; **Lügenmaul** *nt* (*pej inf*) liar; **Lügenmärchen** *nt* tall story, cock-and-bull story; **Lügenpropaganda** *f* propagandist lies *pl*, mendacious propaganda.
Lügner(in *f*) *m* **-s, -** liar.
lügnerisch *adj Mensch* lying *attr*, untruthful, mendacious.
Lukas|evangelium *nt* Gospel according to St Luke, St Luke's Gospel.
Luke *f* -, **-n** hatch; (*Dach~*) skylight.
lukrativ *adj* lucrative.
lukullisch *adj* epicurean.
Lulatsch *m* **-(es), -e** (*hum inf*) **langer ~** beanpole (*inf*).
Lulle *f* -, **-n** (*sl*) fag (*Brit inf*), cig (*inf*).
lullen *vt* (*dated*) **ein Kind in den Schlaf ~** to lull a child to sleep.
Lumbago *f* -, *no pl* (*Med*) lumbago.
Lumberjack ['lʌmbədʒæk] *m* **-s, -s** (*dated*) lumber jacket.
Lumme *f* -, **-n** guillemot.
Lümmel *m* **-s, -** (*pej*) **1.** lout, oaf. **du ~, du** you rascal *or* rogue you. **2.** (*hum: Penis*) willie (*inf*).
Lümmelei *f* (*inf: Flegelei*) rudeness *no pl*.
lümmelhaft *adj* (*pej*) ill-mannered.
lümmeln *vr* (*inf*) to sprawl; (*sich hin~*) to flop down.
Lump *m* **-en, -en** (*pej*) rogue, blackguard (*dated*).
lumpen I *vt* (*inf*) **sich nicht ~ lassen** to splash out (*inf*). II *vi* (*old, dial*) to go/be out on the tiles (*inf*).
Lumpen *m* **-s, - 1.** rag. **2.** (*dial: Lappen*) cloth.
Lumpenhändler(in *f*) *m* rag-and-bone man/woman; **Lumpenhund, Lumpenkerl** *m* (*sl*) bastard (*sl*); **Lumpenpack** *nt* (*pej*) rabble *pl* (*pej*), riffraff *pl* (*pej*); **Lumpenproletariat** *nt* (*Sociol*) lumpenproletariat; **Lumpensammler** *m* **1.** *siehe* **Lumpenhändler**; **2.** (*hum*) last bus/tram/train, drunks' special (*hum*).
Lumperei *f* (*inf*) mean *or* dirty trick.
lumpig *adj* **1.** *Kleidung siehe* **zerlumpt. 2.** *Gesinnung, Tat* shabby, mean. **3.** *attr* (*inf: geringfügig*) paltry, measly (*inf*). **~e 10 Mark** 10 paltry *or* measly (*inf*) marks.
lunatisch *adj* (*Psych*) sleepwalking *attr*, somnambulistic (*form*).
Lunatismus *m* (*Psych*) sleepwalking, somnambulism (*form*).
Lunch [lanʃ, lantʃ] *m* **-(es)** *or* **-s, -e(s)** *or* **-s** lunch, luncheon (*form*).
Lüneburger Heide *f* Lüneburg Heath.
Lunge *f* -, **-n** lungs *pl*; (*~nflügel*) lung. **auf (die) ~ rauchen** to inhale; **sich** (*dat*) **die ~ aus dem Hals** *or* **Leib schreien** (*inf*) to yell till one is blue in the face (*inf*); **die grünen ~n einer Stadt** the lungs of a city.
Lungenbläschen *nt* pulmonary alveolus (*spec*); **Lungenbraten** *m* (*Aus*) loin

roast; **Lungen|embolie** f pulmonary embolism (spec); **Lungen|entzündung** f pneumonia; **Lungenfisch** m lungfish; **Lungenflügel** m lung; **Lungenhaschee** nt (Cook) hash made with calf's lights; **Lungenheilstätte** f TB or tuberculosis sanatorium; **lungenkrank** adj tubercular; ~ **sein** to have a lung disease; **Lungenkranke(r)** mf decl as adj TB case; **Lungenkrankheit** f lung or pulmonary (form) disease; **Lungenkrebs** m lung cancer; **Lungentuberkulose** f tuberculosis (of the lung), TB; **Lungenzug** m deep drag (inf); **einen** ~ **machen** to inhale deeply, to take a deep drag (inf).

lungern vi (inf) to loaf or hang about (inf).

Lunte f -, -n **1**. (Hist) fuse. ~ **riechen** (Verdacht schöpfen) to smell a rat (inf); (Gefahr wittern) to smell (inf) or sense danger. **2**. (Hunt: Fuchsschwanz) brush.

Lupe f -, -n magnifying glass. **so etwas/solche Leute kannst du mit der** ~ **suchen** things/people like that are few and far between; **jdn/etw unter die** ~ **nehmen** (inf) (beobachten) to keep a close eye on sb/sth; (prüfen) to examine sb/sth closely.

lupenrein adj (lit) Edelstein flawless; Diamant auch of the first water; (fig) Vergangenheit etc auch unimpeachable, unblemished; Gentleman etc through and through pred. **das Geschäft war nicht ganz** ~ the deal wouldn't stand close scrutiny or wasn't quite all above-board.

lupfen (S Ger, Aus, Sw), **lüpfen** vt to lift, to raise.

Lupine f lupin.

Lurch m -(e)s, -e amphibian.

Lure f -, -n lur.

Lurex ® nt -, no pl lurex ®.

Lusche f -, -n (Cards) low card.

Lust f -, ⁼e **1**. no pl (Freude) pleasure, joy. **er hat die** ~ **daran verloren, die** ~ **daran ist ihm vergangen** he has lost all interest in it; **da vergeht einem die ganze** or **alle** ~ it puts you off; **jdm die** ~ **an etw** (dat) **nehmen** to take all the fun out of sth for sb; **ich habe immer mit** ~ **und Liebe gekocht** I've always enjoyed cooking; **sie ging mit/ohne** ~ **an die Arbeit** she set to work enthusiastically/without enthusiasm.

2. no pl (Neigung) inclination. **zu etw** ~ **(und Liebe) haben** to feel like sth; **ich habe keine** ~, **das zu tun** I don't really want to do that; (bin nicht dazu aufgelegt) I don't feel like doing that; **ich habe keine** ~ **zu arbeiten** I'm not in the mood to work or for working, I don't feel like work or working; **ich habe** ~, **das zu tun** I'd like to do that; (bin dazu aufgelegt) I feel like doing that; **ich habe jetzt keine** ~ I'm not in the mood just now; **ich hätte** ~ **dazu** I'd like to; **hast du** ~? how about it?; **auf etw** (acc) ~ **haben** to feel like or to fancy sth; **mach, wie du** ~ **hast** (inf) do as you like; **er kann bleiben, solange er** ~ **hat** he can stay as long as he likes; **ich habe nicht übel** ~, **... zu ...** I've a good or half a mind to ...; **ganz** or **je nach** ~ **und Laune** (inf) just depending on how I/you etc feel or on my/your etc mood.

3. (sinnliche Begierde) desire; (sexuell auch) lust (usu pej). ~ **haben** to feel

desire; **er/sie hat** ~ (inf) he's/she's feeling like a bit (inf).

Lustbarkeit f (dated) festivity, junketing (old).

lustbetont adj pleasure-orientated, governed by the pleasure principle; Beziehung, Mensch sensual.

Luster m -s, - (Aus) siehe **Lüster 1**.

Lüster m -s, - **1**. (Leuchter) chandelier. **2**. (Stoff, Glanzüberzug) lustre.

lüstern adj lecherous, lascivious. **nach etw** ~ **sein** to lust after or for sth.

Lüsternheit f lecherousness, lasciviousness.

Lustfilm m (dated) comedy film; **Lustgarten** m (old) pleasance; **Lustgefühl** nt feeling of pleasure; (sexuell auch) desire; **Lustgewinn** m pleasure; **Lustgreis** m (hum) dirty old man (inf), old lecher; **Lusthaus** nt (old) summerhouse.

lustig adj (munter) merry, jolly; Mensch auch jovial; (humorvoll) funny, amusing; (emsig) happy, merry, cheerful. **es wurde** ~ things got quite merry; **seid** ~! liven up and have a bit of fun; ~**e Person** (Theat) clown, fool, buffoon; **Die L~e Witwe** the Merry Widow; **das ist ja** ~! (iro) (that's) very or most amusing (iro); **das kannst du tun, solange du** ~ **bist** (inf) you can do that as long as you like or please; **sich über jdn/etw** ~ **machen** to make fun of sb/sth.

Lustigkeit f siehe adj merriness, jolliness (dated); joviality; funniness.

Lustknabe m (old, hum) catamite.

Lüstling m debauchee, lecher.

lustlos adj unenthusiastic; (Fin) Börse slack, dull; **Lustmolch** m (hum inf) sex maniac (inf); **Lustmord** m sex murder; **Lustmörder** m sex killer or murderer; **Lustprinzip** nt (Psych) pleasure principle; **Lustschloß** nt summer residence; **Lustseuche** f (old, hum) syphilis no art, pox (old, hum); **Lustspiel** nt comedy; **Lustspieldichter** m comedy-writer, writer of comedies; **lustvoll I** adj full of relish; **II** adv with relish; **lustwandeln** vi insep aux sein or haben (liter) to (take a) stroll, to promenade (old); **Lustwiese** f (hum) kingsize bed.

Lutetium [lu'te:tsiʊm] nt, no pl (abbr **Lu**) lutetium.

Lutheraner(in f) m -s, - Lutheran.

Lutherbibel f Lutheran translation (of the Bible).

Lutherisch, Luthersch, lutherisch adj Lutheran.

Lutherrock m clerical frock coat; **Luthertum** nt Lutheranism.

lutschen vti to suck (an etw (dat) sth).

Lutscher m -s, - lollipop.

lütt adj (N Ger) wee (esp Scot).

Lüttich nt -s Liège.

Luv [lu:f] f -, no pl (Naut) windward or weather side. **nach/in** ~ to windward.

luven ['lu:vn, 'lu:fn] vi (Naut) to luff (up).

Luvseite f windward side.

Luxation f (Med) dislocation.

Luxemburg nt -s Luxembourg.

Luxemburger(in f) m -s, - Luxembourger.

luxemburgisch adj Luxembourgian.

luxuriös adj luxurious. **ein** ~**es Leben** a life of luxury.

Luxus *m* -, *no pl* luxury; (*pej: Verschwendung, Überfluß*) extravagance. **im ~ leben** to live in (the lap of) luxury; **den ~ lieben** to love luxury; **ich leiste mir den ~ und ...** I'll treat myself to the luxury of ...
Luxus- *in cpds* luxury; **Luxus|ausführung** *f* de luxe model; **Luxus|ausgabe** *f* de luxe edition; **Luxusdampfer** *m* luxury cruise ship; **Luxusfrau** *f* (*inf*) piece of class (*inf*), classy woman; **Luxuskörper** *m* (*hum*) beautiful body; **Luxuslimousine** *f* limousine; **Luxusrestaurant** *nt* first-class restaurant; **Luxusschlitten** *m* (*inf*) classy car (*inf*) or job (*sl*); **Luxusweibchen** *nt* (*pej*) classy piece (*inf*); **Luxuszug** *m* pullman (train).
Luzern *nt* -s Lucerne.
Luzerne *f* -, -n (*Bot*) lucerne.
luzid *adj* (*liter*) lucid; (*durchsichtig*) translucent.

Luzifer ['lu:tsifɐr] *m* -s Lucifer.
luziferisch [lutsi'fe:rɪʃ] *adj* diabolical, satanic.
Lymphe ['lʏmfə] *f* -, -n lymph.
Lymphknoten *m* lymph node, lymph(atic) gland.
lynchen ['lʏnçn, 'lɪnçn] *vt* (*lit*) to lynch; (*fig*) to kill.
Lynch- ['lʏnç-]: **Lynchjustiz** *f* lynch-law; **Lynchmord** *m* lynching.
Lyoner *f* -, - (*Wurst*) pork/veal sausage.
Lyra *f* -, **Lyren** (*Mus*) lyre. **die ~** (*Astron*) Lyra, the Lyre.
Lyrik *f* -, *no pl* lyric poetry *or* verse.
Lyriker(in *f*) *m* -s, - lyric poet, lyricist.
lyrisch *adj* (*lit, fig*) lyrical; *Dichtung, Dichter* lyric.
Lyzeum [ly'tse:ʊm] *nt* -s, **Lyzeen** [ly'tse:ən] girls' grammar school (*Brit*), girls' high school.

M

M, m [ɛm] nt -, - M, m.
m abbr of **Meter.**
MA. abbr of **Mittelalter.**
Mäander m -s, - (Geog, Art) meander.
mäandrisch adj meandering.
Maas f - Meuse, Maas.
Maat m -(e)s, -e or -en (Naut) (ship's)
mate.
Mach nt -(s), - (Phys) Mach.
Machandel m -s, -, **Machandelbaum** m
(N Ger) juniper (tree).
Mach|art f make; (Muster) design; (lit, fig:
Stil) style.
machbar adj feasible, possible.
Mache f -, -n (inf) **1.** (Technik) structure.
die ~ des Stücks the way the play is put
together, the structure of the play.
  2. (Vortäuschung) sham. **reine** or **pure
~ sein** to be (a) sham.
  3. etw in der ~ haben (inf) to be working on sth, to have sth on the stocks; **jdn
in der ~ haben/in die ~ nehmen** (sl) to be
having/to have a go at sb (inf); (verprügeln auch) to be working or doing/to
work or do sb over (inf).
machen I vt **1.** (tun) to do. **was macht dein
Bruder (beruflich)?** what does your
brother do for a living?; **was habe ich nur
falsch gemacht?** what have I done wrong?;
gut, wird gemacht right, shall do (inf) or
I'll get that done; **das läßt sich ~/nicht ~,
das ist zu/nicht zu ~** that can't/can't be
done; **ich mache dir das schon** I'll do that
for you; **(da ist) nichts zu ~** (geht nicht)
(there's) nothing to be done; (kommt
nicht in Frage) nothing doing; **wie man's
macht, ist's verkehrt** whatever you do is
wrong; **ich mache das schon** (bringe das in
Ordnung) I'll see to that; (erledige das)
I'll do that; **was machst du da?** what are
you doing (there)?; **was macht denn das
Fahrrad hier im Hausflur?** what's this bicycle doing here in the hall?; **er macht,
was er will** he does what he wants; **ich
kann da auch nichts ~** I can't do anything
about it either; **ich mache es wohl am besten so, daß ich etwas früher komme** I'd do
or be best to come a bit earlier; **es ist schon
gut gemacht, wie ...** it's good the way ...;
so etwas macht man nicht that sort of thing
just isn't done; **wie ~ Sie das nur?** how do
you do it?
  2. (herstellen) to make. **sich/jdm etw ~
lassen** to have sth made for oneself/sb;
Bilder or **Fotos ~** to take photos; **mach
mir mal einen (guten) Preis!** make me an
offer, give me a price; **er ist für den Beruf
wie gemacht** he's made for the job; **Bier
wird aus Gerste gemacht** beer is made
from barley; **aus Holz gemacht** made of
wood.
  3. was macht die Arbeit? how's the
work going?; **was macht dein Bruder?**
how is your brother doing?

  4. (verursachen) Schwierigkeiten, Arbeit to make (jdm for sb); Mühe, Schmerzen, Aufregung to cause (jdm for sb). **jdm
Angst/Mut/Sorgen/Freude ~** to make sb
afraid/brave/worried/happy; **jdm Hoff-
nung/Mut/Kopfschmerzen ~** to give sb
hope/courage/a headache; **das macht
Appetit/Hunger** that gives you an
appetite/makes you hungry.
  5. (hervorbringen) Laut, Geräusch to
make; miau, aua, brumm, mäh to go;
Grimassen, böse Miene to pull.
  6. (bilden, formen, darstellen) Kreuz-
zeichen, Kreis to make; (zeichnen) Kreis,
Kurve auch to draw. **die Straße macht
einen Knick** the road bends.
  7. (bewirken) to do; (+infin) to make.
das macht die Kälte it's the cold that does
that; **jdn lachen/weinen/etw vergessen ~**
(geh) to make sb laugh/cry/forget sth;
~, daß etw geschieht to make sth happen;
mach, daß er gesund wird! make him get
better; **das ~ die vielen Zigaretten, daß du
hustest** it's all those cigarettes you smoke
that make you cough; **(viel) von sich reden
~** to be much talked about; **mach, daß du
hier verschwindest!** (inf) (you just) get out
of here!
  8. (veranstalten) Fest, Party to have, to
give; Seminar, Kurs to do, to give; Grup-
penreise to do.
  9. (besuchen, teilnehmen an) Kurs,
Seminar, (inf) Sehenswürdigkeiten, London to do.
  10. (zubereiten) Kaffee, Glühwein,
Salat, Pfannkuchen to make; Frühstück,
Abendessen auch to get. **jdm einen Drink
~** to get sb a drink; (Cocktail) to make or
mix sb a drink; **das Essen ~** to get the
meal.
  11. (mit unpersönlichem Objekt)
mach's kurz! make it or be brief; **mach's
gut!** all the best; **er wird's nicht mehr
lange ~** (inf) he won't last long; **es mit jdm
~** (inf: Verkehr haben) to make or do it
with sb (inf); **es jdm ~** (sl: befriedigen) to
bring sb off (sl); **mit ihm kann man's ja
~!** (inf) the things I put up with! (inf); **das
läßt er nicht mit sich ~** he won't stand for
that.
  12. (ausmachen, schaden) to matter.
macht nichts! (inf) it doesn't matter; **macht
das was?** does that matter?; **das macht
sogar sehr viel** it matters a lot; **das macht
mir doch nichts!** that doesn't matter to
me; **der Regen/die Kälte** etc **macht mir
nichts** I don't mind the rain/cold etc; **die
Kälte macht dem Motor nichts** the cold
doesn't hurt the engine; **es macht mir
nichts, durch den Regen zu gehen** I don't
mind walking in the rain.
  13. (gewinnen, erzielen) Punkte, Freispiel, Preis to get, to win; Doktor, Diplom
etc (studieren für) to do; (abschließen) to

get, to do; (*verdienen*) Gewinne, Defizit to make.

14. *in Verbindung mit adj siehe auch dort* to make. **jdn nervös/unglücklich** ~ to make sb nervous/unhappy; **etw größer/ kleiner** ~ to make sth bigger/smaller; **etw sauber/schmutzig** ~ to get sth clean/dirty; **etw leer/kürzer** ~ to empty/shorten sth; **einen Stuhl frei** ~ to vacate a chair; **jdn alt/jung** ~ (*aussehen lassen*) to make sb look old/young; **jdn wieder sehend** ~ to make sb see again; **du hast dich am Ärmel schmutzig gemacht** you've got your sleeve dirty; **mach's dir doch bequem/gemütlich** make yourself comfortable/at home; **mach es ihm nicht noch schwerer** don't make it harder for him; **er macht es sich** (*dat*) **nicht leicht** he doesn't make it easy for himself.

15. (*in Verbindung mit prep*) **etw aus jdm/etw** ~ (*darstellen, interpretieren als*) to make sth of sb/sth; (*verwandeln*) to make sth (out) of sb/out of sth, to turn *or* make sb/sth into sth; **eine große Sache aus etw** ~ to make a big thing of sth; **aus dem Haus könnte man schon etwas** ~ you could really make something of that house; **sie weiß etwas aus sich zu** ~ she knows how to make the best of herself; **jdn/etw zu etw** ~ (*verwandeln in*) to turn sb/sth into sth; (*Rolle, Image, Status geben*) to make sb/ sth sth; **jdm etw zur Hölle/ Qual** *etc* ~ to make sth hell/a misery *etc* for sb; **jdn zum Wortführer/Sklaven/zu seiner Frau** ~ to make sb spokesman/a slave/one's wife.

16. (*Funktionsverb*) *siehe auch n auf* **jdn/etw Jagd** ~ to hunt sb/sth; **Schicht/ Nachtdienst** ~ to work shifts/do night duty; **jdm die Rechnung** ~ to make up sb's bill; **einen Spaziergang/Kopfsprung/ Handstand** ~ to go for a walk/to stand on one's head/do a handstand; **Pause/Halt** ~ to have a break/call a halt; **ein Fragezeichen/einen Strich** ~ to put a question mark/dash; **eine Prüfung** ~ to do *or* take an exam; **ein Spiel** ~ to play a game.

17. (*ordnen, reparieren, säubern*) to do. **die Küche muß mal wieder gemacht wer- den** (*gereinigt, gestrichen*) the kitchen needs doing again; **das Auto/den Kühl- schrank** ~ **lassen** to have the car/ refrigerator seen to *or* done; **er macht mir die Haare/Zähne** (*inf*) he does my hair/ teeth; **das Bett** ~ to make the bed; **mach den Fleck aus der Hose** get that stain out of your trousers.

18. (*inf: ergeben*) to make; (*Math*) to be. **drei und fünf macht** *or* ~ **acht** three and five make(s) *or* is *or* are eight; **fünf mal vier macht** *or* ~ **zwanzig** five fours are twenty, five times four is twenty; **das macht (zusammen) 23** altogether that's 23; **was** *or* **wieviel macht sechs geteilt durch zwei?** what is six divided by two?; **100 cm** ~ **einen Meter** 100 cm make a metre; **was macht die Rechnung?** how much is the bill?, what does the bill come to?

19. (*kosten*) to be. **was** *or* **wieviel macht das (alles zusammen)?** how much is that altogether?, what does that come to *or* make altogether?

20. (*inf: eine bestimmte Rolle überneh- men*) Dolmetscher, Schiedsrichter *etc* to be; (*Theat*) to play. **jetzt macht er auf beleidigt** now he's playing the injured innocent; **den Ghostwriter für jdn** ~ to act as sb's ghost writer, to ghost for sb.

21. (*inf: Notdurft verrichten*) to do. **groß/klein** ~ to do a big/little job (*baby- talk*); **einen Haufen** *or* **sein Geschäft** ~ to do one's business (*euph*).

22. (*inf: hineintun*) to put. **er machte sich** (*dat*) **Zucker in den Kaffee** he put some sugar in his coffee, he sugared his coffee.

II *vi* **1.** (*inf: sich beeilen*) to get a move on (*inf*). **mach schon/ mach (mal 'n bißchen) schnell/schneller!** get a move on! (*inf*), hurry up; **ich mach ja schon!** I am hurrying; **sie machten, daß sie nach Hause kamen** they hurried home.

2. (*inf*) **in etw** (*dat*) ~ (*beruflich*) to be in sth; (*pej: sich interessiert zeigen an*) to be into sth (*sl*); **er macht in Politik/ Malerei** he's in politics/doing some paint- ing; **auf etw** (*acc*) ~ to play sth; **jetzt macht sie auf große Dame** she's playing the lady now; **sie macht auf verständnis- voll/gebildet** *etc* she's doing her under- standing/cultured *etc* bit (*inf*); **sie macht auf elegant/pazifistisch** she's playing the elegant lady/the pacifist; **er macht auf Schau** he's out for effect.

3. **laß ihn nur** ~ (*hindre ihn nicht*) just let him do it; (*verlaß dich auf ihn*) just leave it to him; **laß mich mal** ~ let me do it; (*ich bringe das in Ordnung*) let me see to that; **gut, mache ich** right, will do (*inf*) *or* I'll do that.

4. (*inf: Notdurft verrichten*) to go to the toilet; (*Hund etc*) to do its business (*euph*). **(sich** *dat*) **in die Hosen** ~ (*lit, fig*) to wet oneself; **ins Bett** ~ to wet the bed.

5. (*dial: fahren, reisen*) to go. **nach Amerika** ~ to go to America.

6. das macht müde/gesund/schlank that makes you tired/healthy/slim; **das Kleid macht alt/schlank** that dress makes you look old/slim.

III *vr* **1.** (*sich entwickeln*) to come on *or* along. **wie macht sich der Garten?** how is the garden coming on *or* along?

2. (*passen*) to look. **der Schal macht sich sehr hübsch zu dem Kleid** the scarf looks very pretty with that dress.

3. sich an etw (*acc*) ~ to get down to sth/ doing sth; **sich auf den Weg** ~ to get going; **sich über das Essen** ~ (*inf*) to get stuck in (*inf*).

4. sich verständlich/wichtig ~ to make oneself understood/ important; **sich bei jdm beliebt/verhaßt** ~ to make oneself popular with/hated by sb.

5. sich (*dat*) **viel aus jdm/etw** ~ to like sb/sth; **sich** (*dat*) **wenig aus jdm/etw** ~ not to be very keen on sb/sth; **sich** (*dat*) **nichts aus etw** ~ (*sich nicht ärgern*) not to let sth bother one; (*keinen Wert legen auf*) not to be very keen on sth; **sich** (*dat*) **einen schönen Abend/ein paar gemütliche Stun- den** ~ to have a nice evening/a few pleasant hours; **sich** (*dat*) **ein Vergnügen aus etw** ~ to take delight in sth; **sich** (*dat*)

Umstände/Mühe ~ to go to a lot of bother/ trouble; **sich** (*dat*) **Sorgen/Hoffnungen** ~ to worry/get hopeful; **sich** (*dat*) **jdn zum Freund/Feind** ~ to make sb one's friend/ enemy; **sich** (*dat*) **etw zur Aufgabe/zum Grundsatz/Motto** ~ to make sth one's job/ a principle/a motto.

   6. sich zum Fürsprecher *etc* ~ to make oneself spokesman *etc*.

Machenschaften *pl* wheelings and dealings *pl*, machinations *pl*.

Macher *m* **-s, -** (*inf*) doer, man of action.

-macher(in *f*) *m in cpds* -maker.

Macherlohn *m* labour charge; (*bei Kleidung*) making-up charge.

Machete *f* **-, -n** machete.

machiavellistisch [makiavel-] *adj* Machiavellian.

Macht *f* **-, ⁓e 1.** *no pl* (*Einfluß, Kraft*) power; (*Stärke auch*) might. **die** ~ **der Gewohnheit/Verhältnisse/des Schicksals** the force of habit/circumstance(s)/ destiny; **alles, was in unserer** ~ **steht, alles in unserer** ~ **Stehende** everything (with)in our power; **mit aller** ~ with might and main, with all one's might; ~ **geht vor Recht** (*Prov*) might is right (*Prov*).

   2. *no pl* (*Herrschaft, Befehlsgewalt*) power. **die** ~ **ergreifen/erringen** to seize/ gain power; **an die** ~ **gelangen** *or* **kommen** to come to power; **an der** ~ **sein/bleiben** to be/remain in power; **seine** ~ **behaupten** to maintain control, to continue to hold sway; **die** ~ **übernehmen** to assume power, to take over.

   3. (*dated: Heeres~*) forces *pl*. **mit bewaffneter** ~ **angreifen** to make an armed attack.

   4. (*außerirdische Kraft, Groß~*) power. **die ⁓e der Finsternis** (*old, liter*) the Powers of Darkness (*old, liter*).

Machtbefugnis *f* power, authority *no pl*; **Machtbereich** *m* sphere of influence *or* control; **Machtblock** *m* power bloc; **Macht|entfaltung** *f* display of power; **zur Zeit der größten** ~ at the height *or* peak of its power; **Macht|ergreifung** *f* seizure of power; **Machtfülle** *f* power *no indef art*; **Machtgier** *f* lust for power; **Machthaber** *m* **-s, -** (*pej*) ruler; **Machthunger** *m* (*liter*) craving *or* hunger for power; **machthungrig** *adj* (*liter*) power-hungry; ~ **sein** to crave power.

mächtig I *adj* **1.** (*einflußreich*) powerful. **die M⁓en (dieser Erde)** the powerful (of this world).

   2. (*sehr groß*) mighty; *Baum, Felsen auch, Körper* massive; *Stimme, Wirkung, Schlag, Schultern auch* powerful; *Essen* heavy; (*inf: enorm*) *Hunger, Durst, Glück* terrific (*inf*), tremendous. **⁓e Angst** *or* **einen ⁓en Bammel haben** (*inf*) to be scared stiff.

   3. (*liter*) **seiner selbst** (*gen*) *or* **seiner Sinne nicht** ~ **sein** not to be in control of oneself; **einer Sprache** (*gen*) ~ **sein** to have a good command of a language.

   II *adv* (*inf: sehr*) terrifically (*inf*), tremendously; *schneien, brüllen, sich beeilen* like mad (*inf*). **sich** ~ **anstrengen** to make a terrific (*inf*) *or* tremendous effort; **da hast du dich** ~ **getäuscht** you've

made a big mistake there.

Mächtigkeit *f* (*Größe*) mightiness; (*von Baum, Felsen auch, von Körper*) massiveness; (*von Stimme, Wirkung, Schlag, Schultern auch*) powerfulness; (*von Essen*) heaviness.

Machtkampf *m* power struggle, struggle for power; **machtlos** *adj* powerless; (*hilflos*) helpless; **gegen diese Argumente war ich** ~ I was powerless against these arguments; **Machtlosigkeit** *f, no pl* powerlessness; helplessness; **Machtmittel** *nt* instrument of power; **Machtpolitik** *f* power politics *pl*; **Machtposition** *f* position of power; **Machtprobe** *f* trial of strength; **Machtstellung** *f* position of power; (*einflußreiche Stellung auch*) powerful position; **Machtstreben** *nt* striving for power; **Macht|übernahme** *f* takeover (*durch* by); **Machtverhältnisse** *pl* power structure; **machtvoll** *adj* powerful; **Machtvollkommenheit** *f* absolute power; **aus eigener** ~ (*fig*) high-handedly; **Machtwort** *nt* word (*gen* from); **ein** ~ **sprechen** to exercise one's authority.

Machwerk *nt* (*pej*) sorry effort.

Mach-Zahl *f* (*Phys*) Mach number.

Macke *f* **-, -n** (*inf*) **1.** (*Tick, Knall*) quirk. **eine** ~ **haben** (*sl*) to be cracked (*inf*), to have a screw loose (*inf*). **2.** (*Fehler, Schadstelle*) fault; (*bei Maschinen auch*) defect.

Macker *m* **-s, -** (*sl*) fellow (*inf*), bloke (*Brit inf*), guy (*inf*).

Madagaskar *nt* **-s** Madagascar; (*Pol: heutzutage*) Malagasy Republic.

Madagasse *m* **-n, -n, Madagassin** *f* Madagascan; Malagasy.

Madam *f* **-, -s** *or* **-en** (*hum dated*) lady. **meine** ~ my old woman *or* lady (*inf*).

Mädchen *nt* girl; (*Tochter auch*) daughter; (*dated: Freundin*) girl(friend); (*Dienst~*) maid. **ein unberührtes** ~ a virgin; **ein** ~ **für alles** (*inf*) a dogsbody; (*im Haushalt auch*) a maid-of-all-work.

mädchenhaft *adj* girlish; **sich** ~ **kleiden** to dress like a girl; ~ **aussehen** to look like a (young) girl; **Mädchenhandel** *m* white slave trade; **Mädchenhändler** *m* white slaver, white slave trader; **Mädchenklasse** *f* girls' class *or* form; **Mädchenkleidung** *f* girls' clothing *or* clothes *pl*; **Mädchenname** *m* **1.** (*Vorname*) girl's name; ~**n** girls' names; **2.** (*von verheirateter Frau*) maiden name; **Mädchenpensionat** *nt* (*dated*) girls' boarding school; **Mädchenschule** *f* girls' school; **Mädchenzimmer** *nt* (*dated*) maid's room; (*für Tochter*) girl's room.

Made *f* **-, -n** maggot. **in dem Fleisch sind die ~n** the meat is maggoty, there are maggots in the meat; **wie die** ~ **im Speck leben** (*inf* to live *or* be in clover, to live in (the lap of) luxury.

Madeira(wein) [ma'de:ra-, ma'daira-] *m* **-s, -s** Madeira.

Mädel *nt* **-s, -(s)** (*dial*), **Mäd(e)l** *nt* **-s, -n** (*Aus*) lass (*dial*), girl.

Madenwurm *m* threadworm.

Mäderl *nt* **-s, -n** (*Aus*) little lass (*dial*) *or* girl.

madig *adj* maggoty; *Obst auch* wormeaten. **jdn/etw ~ machen** (*inf*) to run sb/ sth down; **jdm etw ~ machen** (*inf*) to put sb off sth.

Madl *nt* **-s, -n** (*Aus*), **Mädle** *nt* **-s, -** (*S Ger*) *siehe* **Mädel.**

Madonna *f* **-, Madonnen** Madonna.

Madonnenbild *nt* (picture of the) Madonna; **madonnenhaft** *adj* madonna-like.

Madrid *nt* **-s** Madrid.

Madrigal *nt* **-s, -e** madrigal.

Maestro [ma'ɛstro] *m* **-s, -s** *or* **Maestri** maestro.

Ma(f)fia *f* **-,** *no pl* Mafia.

Magazin *nt* **-s, -e 1.** (*Lager*) storeroom; (*esp für Sprengstoff, Waffen, old: Speicher auch*) magazine; (*Bibliotheks~*) stockroom. **2.** (*am Gewehr*) magazine. **3.** (*Zeitschrift*) magazine, journal; (*TV, Rad*) magazine programme.

Magaziner *m* **-s, -** (*Sw*), **Magazineur** [-'nøːɐ] *m* (*Aus*) storeman.

magazinieren* *vt* to store, to put in store.

Magazinsendung *f* (*Rad, TV*) magazine programme.

Magd *f* **-, ˸e 1.** (*old*) (*Dienst~*) maid; (*Landarbeiterin*) farm lass *or* girl; (*Kuh~*) milkmaid. **2.** (*liter: Mädchen, Jungfrau*) maid(en) (*old, liter*). **Maria, die reine ~/ die ~ des Herrn** Mary, the holy virgin/the handmaid of the Lord.

Mägd(e)lein *nt* (*obs, poet*) maid(en) (*old, liter*).

Magen *m* **-s, ˸** *or* **-** stomach, tummy (*inf*). **mit leerem ~, auf nüchternen ~** on an empty stomach; **(die) Liebe geht durch den ~** (*Prov*) the way to a man's heart is through his stomach (*prov*); **etw liegt jdm (schwer** *or* **wie Blei** *or* **bleiern) im ~** (*inf*) sth lies heavily on sb's stomach; (*fig*) sth preys on sb's mind; **der Kerl liegt mir im ~** (*fig inf*) I can't stomach *or* stand the fellow; **jdm auf den ~ schlagen** (*inf*) to upset sb's stomach, to give sb an upset stomach; (*fig*) to upset sb; **sich** (*dat*) **den ~ verderben** *or* **verkorksen** (*inf*) to get an upset stomach, to upset one's stomach.

Magenbeschwerden *pl* stomach *or* tummy (*inf*) trouble *sing*; **Magenbitter** *m* bitters *pl*; **Magenblutung** *f* stomach bleeding *or* haemorrhaging; **Magen-Darm-Katarrh** *m* gastroenteritis; **Magen-Darm-Trakt** *m* gastro-intestinal tract; **Magendrücken** *nt* **-s, -** stomach-ache; **Magenfahrplan** *m* (*inf*) (*Diät*) diet; (*Speisekarte*) menu; **Magengegend** *f* stomach region; **Magengeschwür** *nt* stomach ulcer; **Magengrube** *f* pit of the stomach; **ein Schlag in die ~** a blow in the solar plexus; **Magenknurren** *nt* **-s,** *no pl* tummy (*inf*) *or* stomach rumbles *pl*; **Magenkrampf** *m* stomach cramp; **magenkrank** *adj* with stomach trouble; **~ sein** to have stomach trouble; **Magenkrebs** *m* stomach cancer, cancer of the stomach; **Magenleiden** *nt* stomach disorder *or* complaint; **magenleidend** *adj siehe* **magenkrank; Magensaft** *m* gastric juice; **Magensäure** *f* gastric acid; **Magenschleimhaut** *f* stomach lining; **Magenschleimhautentzündung** *f* gastritis; **Magenschmerzen** *pl* stomach-ache *sing*, tummy-ache *sing* (*inf*); (*Krämpfe auch*) stomach pains

pl; **Magenspiegelung** *f* gastroscopy (*spec*); **Magenspülung** *f* irrigation of the stomach; **Magenverstimmung** *f* upset stomach, stomach upset.

mager *adj* **1.** (*fettarm*) *Fleisch* lean; *Kost* low-fat, low in fat. **~ essen** to be on a low-fat diet.
   2. (*dünn*) thin, skinny (*inf*); (*abgemagert*) emaciated; (*Typ*) *Druck* roman.
   3. (*unfruchtbar*) *Boden, Felder* poor, infertile.
   4. (*dürftig*) meagre; *Ernte, Ertrag auch* lean; (*Tech*) *Mischung* weak; *Ergebnis* poor. **die sieben ~en Jahre** the seven lean years.

Magerkeit *f, no pl siehe adj* **1.** leanness; low fat level (*gen* in). **2.** thinness, skinniness (*inf*); emaciation. **3.** poorness.

Magermilch *f* skimmed milk; **Magerquark** *m* low-fat curd cheese; **Magersucht** *f* (*Med*) anorexia; (*psychologisch bedingt*) anorexia nervosa.

Magie *f, no pl* magic.

Magier ['maːgiɐ] *m* **-s, -** magician.

magisch *adj* magic(al); *Quadrat,* (*Tech*) *Auge,* (*Econ*) *Dreieck,* (*Phys*) *Zahlen* magic. **nach ~en Vorstellungen** according to various concepts of magic; **mit ~er Gewalt** with magical force; (*fig*) as if by magic; **von jdm/etw ~ angezogen werden** to be attracted to sb/sth as if by magic.

Magister *m* **-s, - ~** (*Artium*) (*Univ*) M.A., Master of Arts; **~** (*pharmaciae*) (*abbr* **Mag. pharm.**) (*Aus*) M. Sc. *or* Master of Science in pharmacology.

Magistrat *m* **-(e)s, -e** municipal authorities *pl.*

Magma *nt* **-s, Magmen** (*Geol*) magma.

magna cum laude ['magna kʊm 'laudə] *adv* (*Univ*) magna cum laude.

Magnat *m* **-en, -en** magnate (*auch Hist*).

Magnesia *f* **-,** *no pl* (*Chem*) magnesia; (*Sport*) chalk.

Magnesium *nt, no pl* (*abbr* **Mg**) magnesium.

Magnet *m* **-s** *or* **-en, -e(n)** (*lit, fig*) magnet.

Magnet- *in cpds* magnetic; **Magnetaufzeichnung** *f* magnetic recording; **Magnetband** *nt* magnetic tape; **Magneteisenstein** *m* lodestone, magnetite; **Magnetfeld** *nt* magnetic field.

magnetisch *adj* (*lit, fig*) magnetic. **eine ~e Anziehungskraft auf jdn ausüben** (*fig*) to have a magnetic attraction for sb.

magnetisieren* *vt Metall* to magnetize; *jdn* to use animal magnetism on.

Magnetismus *m, no pl* magnetism; (*Mesmerismus*) animal magnetism.

Magnetkarte *f* magnetic card; **Magnetkern** *m* (magnet) core; **Magnetkompaß** *m* magnetic compass; **Magnetnadel** *f* magnetic needle.

Magnetophon ® *nt* **-(e)s, -e** steel tape recorder, magnetophone ®; **Magnetophonband** ® *nt* steel recording tape; **Magnetosphäre** *f* magnetosphere.

Magnetpol *m* magnetic pole; **Magnetschalter** *m* (*Aut*) solenoid switch; **Magnetspule** *f* magnetic coil; **Magnettonband** *nt* magnetic tape; **Magnettongerät** *nt* magnetic (sound) recorder; **Magnetzündung** *f* (*Aut*) magneto ignition.

Magnifikat *nt* -(s), *no pl* magnificat.

Magnifizenz *f* (*Univ*) **(Euer** *or* **Eure)/Seine** ~ Your/His Magnificence (*title given to German university rectors*).

Magnolie [mag'no:liə] *f* magnolia.

mäh *interj* baa.

Mahagoni *nt* -s, *no pl* mahogany.

Maharadscha *m* -s, -s maharaja(h).

Maharani *f* -, -s maharani.

Mähbinder *m* reaper-binder, reaping-and-binding machine.

Mahd¹ *f* -, -en (*dial*) reaping; (*das Abgemähte*) cut grass.

Mahd² *nt* -(e)s, ̈-er (*Sw, Aus*) mountain pasture.

Mähdrescher *m* combine (harvester).

mähen¹ *vt Gras* to cut; (*für Heu*), *Getreide auch* to reap; *Rasen* to mow. II *vi* to reap; (*Rasen* ~) to mow.

mähen² *vi* (*Schaf*) to bleat.

Mäher *m* -s, - mower; (*von Getreide*) reaper.

Mahl *nt* -(e)s, -e *or* ̈-er (*liter*) meal, repast (*form*); (*Gast*~) banquet. **beim** ~**e sitzen** (*liter*) to be at table.

mahlen *pret* **mahlte**, *ptp* **gemahlen** I *vt* to grind. II *vi* to grind; (*Räder*) to spin.

Mahlgut *nt* material to be ground; (*Getreide*) grain (to be ground), grist.

mählich *adj* (*poet*) *siehe* **allmählich.**

Mahlstein *m* millstone; (*prähistorisch*) quern; **Mahlstrom** *m siehe* **Malstrom; Mahlzahn** *m* grinder.

Mahlzeit *f* meal. ~**!** (*inf*) greeting used around mealtimes; (*guten Appetit*) enjoy your meal; (**prost**) ~**!** (*iro inf*) that's just great (*inf*) or swell (*esp US inf*).

Mähmaschine *f* mower; (*Rasen*~ *auch*) mowing machine; (*Getreide*~) reaper.

Mahnbrief *m* reminder.

Mähne *f* -, -n (*lit, fig*) mane. **du hast wieder eine** ~**!** (*inf*) you're looking rather wild and woolly again (*inf*).

mahnen I *vt* **1.** (*erinnern*) to remind (*wegen, an* +acc of); (*warnend, mißbilligend*) to admonish (*wegen, an* +acc on account of); *Schuldner* to send a reminder to. **jdn schriftlich** ~ to remind sb in writing; **gemahnt werden** (*Schuldner*) to receive a reminder; **eine** ~**de Stimme** (*liter*) an admonishing *or* admonitory voice.
  2. (*auffordern*) **jdn zur Eile/Geduld/Ruhe** *etc* ~ to urge *or* (*warnend, mißbilligend*) admonish sb to hurry/be patient/be quiet *etc*; **jdn zur Mäßigkeit** ~ to urge sb to be moderate, to urge moderation on sb.
  II *vi* **1.** (*wegen Schulden etc*) to send a reminder.
  2. zur Eile/Geduld ~ to urge haste/patience; **der Lehrer mahnte zur Ruhe** the teacher called for quiet; **die Uhr mahnte zur Eile** the clock indicated that haste was called for.

Mahnmal *nt* (*liter*) memorial; **Mahnruf** *m* (*liter*) exhortation; **Mahnschreiben** *nt* reminder.

Mahnung *f* **1.** (*Ermahnung*) exhortation; (*warnend, mißbilligend*) admonition. **2.** (*geh: warnende Erinnerung*) reminder. **zur** ~ **an** (+acc) in memory of. **3.** (*Mahnbrief*) reminder.

Mähre *f* -, -n (*old, pej*) nag, jade.

Mähren *nt* -s Moravia.

mährisch *adj* Moravian.

Mai *m* -(e)s *or* - *or* (*poet*) -en, -e May. **der Erste** ~ May Day; **des Lebens** ~ (*poet*) the springtime of one's life (*poet*); **wie einst im** ~ (as if) in the first bloom *or* flush of youth, as if young again; *siehe auch* **März.**

Mai- *in cpds* May; (*Pol*) May Day; **Maibaum** *m* maypole; **Maiblume** *f*, **Maiblümchen** *nt siehe* **Maiglöckchen; große** ~ Solomon's seal; **Maibowle** *f* white wine punch (*flavoured with woodruff*).

Maid *f* -, -en (*old, liter*) maid(en) (*old, liter*); (*hum*) wench (*old, hum*).

Maifeiertag *m* (*form*) May Day *no art*; **Maiglöckchen** *nt* lily of the valley; **Maikäfer** *m* cockchafer, maybug; **Maikönigin** *f* Queen of (the) May; **Maikundgebung** *f* May Day rally.

Mailand *nt* -s Milan.

Mailänder *adj attr* Milan. **die** ~ **Scala** La Scala.

Mailänder(in *f*) *m* -s, - Milanese.

mailändisch *adj* Milanese.

Main *m* -s Main.

Mainlinie *f* line formed by the River Main roughly dividing North and South Germany.

Mais *m* -es, *no pl* maize, (Indian) corn (*esp US*).

Maisbrot *nt* corn bread.

Maische *f* -, -n (*Bier*~) mash; (*Wein*~) must; (*Schnaps*~) wort.

maischen *vt* to mash; *Trauben* to ferment.

Maisflocken *pl* cornflakes *pl*; **maisgelb** *adj* corn-coloured; **Maiskolben** *m* corn cob; (*Gericht*) corn on the cob; **Maiskorn** *nt* grain of maize *or* corn (*esp US*); (*als Sammelbegriff*) maize *or* corn (*esp US*) grain; **Maismehl** *nt* maize *or* corn (*esp US*) meal; **Maisstärke** *f* cornflour, cornstarch (*US*).

Maître de plaisir [mɛtrə(d)plɛ'zi:r] *m* - - -, -s - - (*old, hum*) Master of Ceremonies.

Majestät *f* **1.** (*Titel*) Majesty. **Seine/Ihre/Eure** *or* **Euer** ~ His/Her/Your Majesty; **die (kaiserlichen** *etc*) ~**en** ... Their (Imperial *etc*) Majesties ... **2.** (*liter*) majesty, grandeur.

majestätisch *adj* majestic.

Majestätsbeleidigung *f* lèse-majesté; **Majestätsverbrechen** *nt* (*old Jur*) crime against the crown.

Majolika *f* -, -s *or* **Majoliken** majolica.

Majonäse *f* -, -n *siehe* **Mayonnaise.**

Major *m* -s, -e (*Mil*) major; (*in Luftwaffe*) squadron leader (*Brit*), major (*US*).

Majoran *m* -s, -e marjoram.

Majordomus *m* -, - (*Hist*) major-domo.

Majorette *f* majorette.

majorisieren* *vt* to outvote.

Majorität *f* majority. **die** ~ **haben** to have a majority.

Majoritäts- *in cpds* majority.

Majorsrang *m* (*Mil*) rank of major. **im** ~ **sein** to hold the rank of major.

Majorz *m* -es, *no pl* (*Sw*) first-past-the-post system.

Majuskel f -, -n (geh) majuscule (spec), capital (letter).

makaber adj macabre; Witz, Geschichte sick.

Makedonien [-iən] nt -s Macedonia.

Makedonier(in f) [-iɐ, -iərɪn] m -s, - Macedonian.

Makel m -s, -. 1. (Schandfleck) stigma. ohne ~ without a stain on one's reputation; **ein ~ auf seiner blütenreinen Weste** a blot on his escutcheon; **mit einem ~ behaftet sein** (liter) to be stigmatized.
2. (Fehler) blemish; (bei Waren) flaw, defect. **ohne ~** without blemish, flawless.

Mäkelei f carping no pl, fault-finding no pl (an +dat, über +acc about, over).

mäk(e)lig adj (inf) finicky (inf).

makellos adj Reinheit, Frische spotless; Charakter, Lebenswandel, Gesinnung unimpeachable; Figur, Haut, Frisur perfect, flawless; Kleidung, Haare immaculate; Alibi watertight.

Makellosigkeit f (Reinheit) spotlessness; (moralisch) unimpeachability; (von Haut) flawlessness; (von Kleidung) immaculateness.

makeln I vi to act as a broker. II vt to be a broker for.

mäkeln vi (inf) (nörgeln) to carp, to cavil (an +dat at); (zu wählerisch sein) to be finicky (inf) (an +dat about, over).

Make-up [meːkˈʔap]nt -s, -s make-up; (flüssig) foundation, liquid make-up. **sie braucht zwei Stunden fürs ~** she needs two hours for her or to put on her make-up.

Makkaroni pl macaroni sing.

Makler m -s, - broker; (Grundstücks~) estate agent; (fig) middleman. **der ehrliche ~** (fig) the honest broker.

Mäkler m -s, - 1. siehe **Makler**. 2. (inf) (nörglerisch) fault-finder, carper; (wählerisch) fusspot (inf).

Maklergebühr f broker's commission, brokerage.

Mako m or f or nt -(s), -s (Tex) Egyptian cotton.

Makrele f -, -n mackerel.

Makro- in cpds macro-; **Makrokosmos** m macrocosm.

Makrone f -, -n macaroon.

Makro|ökonomie f macro-economics sing; **makrozephal** adj megacephalic.

Makulatur f (Typ) wastepaper; (fig pej) rubbish. **~ reden** (inf) to talk rubbish (inf) or trash (inf).

Makulaturbogen m (Typ) waste or spoiled sheet.

makulieren* vt to pulp.

Mal¹ nt -(e)s, -e or (poet) -er 1. (Fleck) mark; (fig liter: Kennzeichen auch) brand, sign. 2. (liter: Ehren~) memorial, monument. 3. (Sport) (Schlagball) base; (Rugby) posts pl; (~feld) touch.

Mal² nt -(e)s, -e time. **das eine ~** once; **erinnerst du dich an das eine ~ in Düsseldorf?** do you remember that time in Düsseldorf?; **nur das eine ~** just (the) once; **(nur) dieses eine ~** (just) this once; **das eine oder andere ~** now and then or again, from time to time; **ein/kein einziges ~** once/not once; **wenn du bloß ein einziges**

~ auf mich hören würdest if you would only listen to me for once; **manch liebes ~, manches liebe ~** (dated) many a time; **ein für alle ~e** once and for all; **voriges or das vorige ~** the time before; **das soundsovielte or x-te ~** (inf) the umpteenth (inf) or nth time; **ein erstes ~** (liter) for the first time ever; **ein letztes ~** (liter) one last time; **als ich letztes or das letzte ~ in London war** (the) last time I was in London; **beim ersten ~** the first time; **beim zweiten/letzten etc ~** the second/last etc time; **zum ersten/letzten etc ~** for the first/last etc time; **zu wiederholten ~en** repeatedly, time and again; **von ~ zu ~** each or every time; **er wird von ~ zu ~ besser/dümmer** he gets better and better/more and more stupid, he gets better/more stupid each or every time; **für dieses ~** for the time being, for now; **mit einem ~e** all at once, all of a sudden, suddenly.

mal¹ adv (Math) times; (bei Maßangaben) by. **zwei ~ zwei** (Math) two times two, two twos, twice two.

mal² adv (inf) siehe **einmal**.

-mal adv suf times.

malad(e) adj (inf) sick, ill.

Malaga(wein) m -s, -s malaga.

Malaie [maˈlaiə] m -n, -n, **Malaiin** [maˈlaiɪn] f Malay.

malaiisch [maˈlaiɪʃ] adj Malayan, Malay attr. **M~er Archipel** Malay Archipelago.

Malaise [maˈlɛːzə] f -, -n or (Sw) nt -s, - (geh) malaise.

Malaria f -, no pl malaria.

Malaysia [maˈlaizia] nt -s Malaysia.

Malaysier(in f) [maˈlaiziɐ, -iərɪn] m -s, - Malaysian.

Malbuch nt colouring book.

Malediven [maleˈdiːvn] pl Maldives pl, Maldive Islands pl.

malen I vti to paint; (inf: zeichnen) to draw; (inf: langsam schreiben) to write with painstaking care. **sich ~ lassen** to have one's portrait painted; **etw rosig/schwarz etc ~** (fig) to paint a rosy/black etc picture of sth; **er hat während des Vortrags (Männchen) gemalt** he was doodling during the talk; **er malt (als Beruf)** he's a painter or an artist.
II vr 1. to paint or do a self-portrait, to paint a picture of oneself.
2. (fig liter) to show itself.

Maler m -s, - painter; (Kunst~ auch) artist.

Malerei f (no pl: Malkunst) art; (Bild) painting; (Zeichnung) drawing.

Malerfarbe f paint.

Malerin f (woman) painter, artist.

malerisch adj 1. (bildnerisch) in painting; Talent, Können as a painter. **das ~e Schaffen Leonardos** Leonardo's painting; **seine ~en Mittel** his technique as a painter.
2. (pittoresk) picturesque; Altstadt, Fachwerkhaus auch quaint; Landschaft auch scenic.

Malerleinwand f artist's canvas; **Malermeister** m (master) painter; **Malerschule** f school of painting.

Malheur [maˈløːɐ] nt -s, -s or -e mishap. **ihm ist ein kleines ~ passiert** (inf) he's had a little accident (auch euph) or a mishap;

das ist doch kein ~! it's not serious.

maligne *adj* (*Med*) malignant.

maliziös *adj* (*liter*) malicious.

Malkasten *m* paintbox.

Mallorca [ma'jɔrka] *nt* **-s** Majorca, Mallorca.

malnehmen *vti sep irreg* to multiply (*mit* by).

Maloche *f* **-**, *no pl* (*sl*) graft (*sl*). **auf ~ sein** to be grafting (*sl*); **du mußt zur ~** you've got to go to work.

malochen* *vi* (*sl*) to graft (*sl*), to sweat away (*inf*).

Malstift *m* crayon.

Malstrom *m* Maelstrom; (*fig liter*) maelstrom.

Malta *nt* **-s** Malta.

Maltechnik *f* painting technique.

Malteser *m* **-s**, **-** Maltese.

Malteserkreuz *nt* Maltese cross (*auch Tech*); **Malteser|orden** *m* (Order of the) Knights *pl* of Malta *or* of St John.

Maltose *f* **-**, *no pl* maltose.

malträtieren* *vt* to ill-treat, to maltreat.

Malus *m* **-ses**, **-** *or* **-se** (*Insur*) supplementary (high-risk) premium; (*Univ*) minus point.

Malve ['malvə] *f* **-**, **-n** (*Bot*) mallow; (*Stockrose*) hollyhock.

malvenfarbig, malvenfarben *adj* mauve.

Malvinen [mal'vi:nən] *pl* Malvinas *pl*.

Malz *nt* **-es**, *no pl* malt.

Malzbier *nt* malt beer; **Malzbonbon** *nt or m* malt lozenge.

Malzeichen *nt* multiplication sign.

mälzen *vti* to malt.

Mälzer *m* **-s**, **-** maltster.

Mälzerei *f* malthouse, malting.

Malz|extrakt *m* malt extract; **Malzkaffee** *m* coffee substitute made from barley malt; **Malzzucker** *m* maltose, malt sugar.

Mama[1] *f* **-**, **-s** (*inf*) mummy, mommy (*US*).

Mama[2] *f* **-**, (*dated*) mama (*dated*).

Mamakind *nt* (*pej*) mummy's boy/girl; **Mamasöhnchen** *nt* (*pej*) mummy's darling.

Mami *f* **-**, **-s** (*inf*) *siehe* **Mama**[1].

Mammon *m* **-s**, *no pl* Mammon. **der schnöde ~** Mammon, filthy lucre; **dem ~ dienen** to serve Mammon.

Mammut *nt* **-s**, **-s** *or* **-e** mammoth.

Mammut- *in cpds* (*lit, fig*) mammoth; (*lange dauernd*) marathon; **Mammutbaum** *m* sequoia, giant redwood; **Mammutprozeß** *m* marathon trial.

mampfen *vti* (*inf*) to munch, to chomp (*inf*). **ich brauche was zu ~** I want something to eat.

Mamsell *f* **-**, **-en** *or* **-s** (*dated hum*) lady; (*old: Wirtschafterin*) housekeeper.

man[1] *indef pron dat* **einem**, *acc* **einen** **1.** you, one; (*ich*) one; (*wir*) we. **~ kann nie wissen** you *or* one can never tell, there's no knowing; **das tut ~ nicht** that's not done; **~ wird doch wohl noch fragen dürfen** there's no law against asking.

2. (*jemand*) somebody, someone. **~ hat mir gesagt ...** I was told ..., somebody told me ...; **~ hat mir erklärt, daß ...** it was explained *or* somebody explained to me that ...; **~ hat festgestellt, daß ...** it has been established that ...

3. (*die Leute*) they *pl*, people *pl*. **früher glaubte ~** they *or* people used to believe; **~ will die alten Häuser abreißen** they want to pull down the old houses; **diese Farbe trägt ~ nicht mehr** this colour isn't worn any more; **~ hat öfters versucht, ...** many attempts have been made ...

4. ~ wende sich an ... apply to ...

man[2] *adv* (*N Ger inf*) just. **denn ~ los!** let's go then!; **~ sachte!** (just) take it easy!

Management ['mænɪdʒmənt] *nt* **-s**, **-s** management.

managen ['mɛnɪdʒn] *vt* (*inf*) to manage; (*hinkriegen auch*) to fix.

Manager ['mɛnɪdʒɐ] *m* **-s**, **-** manager.

Managerkrankheit *f* (*inf*) executivitis (*hum*), stress disease.

manch *indef pron* **1.** *inv* (*in Zusammensetzung mit ein, eine(r, s), substantiviertem Adjektiv und* (*liter*) *Substantiv*) many a. **~ eine(r), ~ ein Mensch** many a person, (a good) many people, quite a few people; **~ einem kann man nie Vernunft beibringen** you can never teach sense to some people; **~ anderer** many another; **~ Schönes** (*geh*) many a beautiful thing; **~ Erlebnis/schöne Geschichte/Kind** (*all liter*) many an experience/a lovely story/a child.

2. (*adjektivisch*) **~e(r, s)** a good many +*pl*, a fair number of +*pl*, quite a few + *pl*, many a +*sing*; (*pl: einige*) some +*pl*; **~er, der ...** many a person who ..., many *pl* who ..., a good many people *pl* who ..., some (people) *pl* who ...; **~e hundert Mark** some *or* several hundreds of marks; **~es Schöne** a number of *or* quite a few *or* a good many beautiful things.

3. (*substantivisch*) **~e(r)** a good many (people/men/women *etc*) *pl*, many a person/man/woman *etc*; (*pl: einige*) some (people/men/women *etc*); **~es** (*vieles*) a good many things, a number of things, quite a few things *all pl*; (*einiges*) some things *pl*; **so** *or* **gar** (*old*) **~es** a good many things *pl*, quite a few things *pl*; **in ~em hat er recht** he's right about a lot of/some things.

mancherlei *adj inv* (*adjektivisch mit pl n*) various, a number of; (*substantivisch*) various things *pl*, a number of things.

mancher|orts, mancher|orten *adv* in a number of places, in many a place.

Manchester [man'ʃɛstɐ] *m* **-s**, *no pl* (*Tex*) broad-ribbed cord(uroy).

Manchesterhose [man'ʃɛstɐ-] *f* corduroy trousers *pl*.

manchmal *adv* sometimes.

Mandant(in *f*) *m* (*Jur*) client.

Mandarin *m* **-s**, **-e** (*Hist*) mandarin.

Mandarine *f* mandarin (orange), tangerine.

Mandat *nt* **1.** (*Auftrag, Voll~acht*) mandate (*auch Pol*), authorization (*gen* from); (*von Anwalt*) brief; (*Parl: Abgeordnetensitz*) seat. **sein ~ niederlegen** (*Parl*) to resign one's seat. **2.** *siehe* **Mandatsgebiet.**

Mandatar *m* **1.** (*Beauftragter*) mandatary (*form*), agent. **2.** (*Aus*) member of parliament, representative.

Mandatarstaat *m* mandatary.

Mandatsgebiet *nt* mandated territory, mandate; **Mandatsverlust** *m* loss of a seat.

Mandel f -, -n 1. almond. 2. (Anat) tonsil.
Mandel|augen pl (geh) almond eyes pl; **mandel|äugig** adj (geh) almond-eyed; **Mandelbaum** m almond tree; **Mandel|entzündung** f tonsillitis; **mandelförmig** adj almond-shaped; **Mandelkern** m almond (kernel); **Mandelkleie** f almond meal; **Mandel|öl** nt almond oil.
Manderl (Aus), **Mandl** (S Ger) nt -s, -n (inf) 1. (Männchen) little man. 2. (Vogelscheuche) scarecrow.
Mandoline f mandolin.
Mandrill m -s, -e (Zool) mandrill.
Mandschu nt -(s), no pl (Ling) Manchu.
Mandschurei f - die ~ Manchuria.
mandschurisch adj Manchurian.
Manege [ma'ne:ʒə] f -, -n ring, arena.
mang prep +dat or acc (N Ger inf) among(st), **sie ist am liebsten ~ den** or **die Jungens** she likes being with the boys best.
Mangan [maŋ'ga:n] nt -s, no pl (abbr Mn) manganese.
Mangan- in cpds manganese; **Mangan|eisen** nt ferro-manganese.
Mangel¹ f -, -n mangle; (Heiß~) rotary iron. **durch die ~ drehen** to put through the mangle; (fig inf) to put through it (inf); **Prüfling** etc auch to put through the mill; **jdn in die ~ nehmen/in der ~ haben** (fig inf) to give sb a going-over (inf); (ausfragen auch) to give sb a grilling (inf).
Mangel² m -s, ̈ 1. (Fehler) fault; (bei Maschine auch) defect; (Unzulänglichkeit auch) shortcoming; (Charakter~) flaw.
 2. no pl (das Fehlen) lack (an +dat of); (Knappheit auch) shortage (an +dat of); (Med auch) deficiency (an +dat of). **aus ~ or wegen ~s an** (+dat) for lack of, due to a lack of; **wegen ~s an Beweisen** for lack of evidence; **~ an Vitamin C** lack of vitamin C, vitamin C deficiency; **es besteht** or **herrscht ~ an etw** (dat) there is a lack/shortage of sth; **~ an etw** (dat) **haben** or **leiden** (liter) to be short of sth, to lack sth, to have a lack of sth.
 3. no pl (Entbehrung) privation, need, want. **~ leiden** (liter) to go short, to suffer hardship or privation; **keinen ~ leiden** to want for nothing.
Mängelbericht m list of faults.
Mangelberuf m understaffed occupation; **Straßenfeger ist ein ~** there are not enough street cleaners; **Mangel|erscheinung** f (Med) deficiency symptom.
mängelfrei adj free of faults or defects.
mangelhaft adj (schlecht) poor; Beleuchtung, Ausrüstung auch inadequate; Informationen, Interesse insufficient; (fehlerhaft) Sprachkenntnisse, Ware faulty; (Schulnote auch) unsatisfactory.
Mangelkrankheit f deficiency disease.
mangeln¹ I vt Wäsche to (put through the) mangle; (heiß ~) to iron, to press. II vi to use the mangle/rotary iron.
mangeln² I vi impers **es mangelt an etw** (dat) there is a lack of sth; (unzureichend vorhanden auch) there is a shortage of sth; **er ließ es an nichts ~** he made sure that he/they etc lacked nothing or that nothing was lacking; **es mangelt jdm an etw** (dat) sb lacks sth; **es mangelt ihm an Selbstvertrauen/Erfahrung** he is lacking

in or he lacks self-confidence/ experience; **~des Selbstvertrauen/Verständnis** etc a lack of self-confidence/understanding etc; **wegen ~der Aufmerksamkeit** through not paying attention; **das Kino wurde wegen ~der Sicherheit geschlossen** the cinema was closed because of inadequate safety precautions.
 II vi etw mangelt jdm/einer Sache sb/sth lacks sth; (Verständnis, Selbstvertrauen, Erfahrung auch) sb is lacking in sth.
mangels prep +gen (form) for lack of.
Mangelware f scarce commodity, commodity in short supply. **~ sein** (fig) to be a rare thing; (Ärzte, gute Lehrer etc) not to grow on trees.
Mango¹ ['maŋgo] f -, -nen [maŋ'go:nən] or -s (auch ~pflaume) mango.
Mango² ['maŋgo] m -(s), -s (auch ~baum) mango (tree).
Mangold ['maŋgɔlt] m -(e)s, -e mangel(-wurzel).
Mangrove [maŋ'gro:və] f -, -n mangrove.
Mangrovensumpf m mangrove swamp.
Manie f (Med, fig) mania.
Manier f -, -en 1. no pl (Art und Weise) manner; (eines Künstlers etc) style. **in überzeugender ~** in a most convincing manner. 2. **~en** pl (Umgangsformen) manners; **~en lernen** to learn (some) manners, to learn (how) to behave; **das sind doch keine ~en!** (inf) that's no way to behave. 3. (Angewohnheit) affectation.
manieriert adj affected; Benehmen auch mannered.
Manierismus m (Liter, Art) mannerism.
manierlich I adj Kind well-mannered, well-behaved; Benehmen good; Aussehen, Frisur, Kleidung respectable. II adv essen politely; sich benehmen properly; sich kleiden respectably.
Manifest nt -(e)s, -e 1. manifesto. 2. (Naut) manifest.
manifest adj (liter) manifest.
Manifestant m (Sw) demonstrator.
Manifestation f manifestation; (offenkundiger Beweis) demonstration; (Sw: Kundgebung) demonstration.
manifestieren* (geh) I vt to demonstrate, to manifest. II vi (Sw) to demonstrate. III vr to manifest oneself.
Maniküre f -, -n 1. (Handpflege) manicure. 2. (Handpflegerin) manicurist.
maniküren* vt to manicure.
Manila nt -s Manil(l)a.
Maniok m -s, -s (Bot) cassava.
Maniokwurzel f cassava root.
Manipulant m manipulator; (Aus: Amtshelfer) assistant.
Manipulation f manipulation; (Trick) manoeuvre.
Manipulator m (Tech) manipulator; (fig) conjurer, magician.
manipulierbar adj manipulable. **leicht/schwer ~** easily manipulated/difficult to manipulate.
Manipulierbarkeit f manipulability.
manipulieren* vt to manipulate.
Manipulierung f manipulation.
manisch adj manic. **~-depressiv**, **~-melancholisch** manic-depressive; **~-melancholische Krankheit** manic depression.

Manko nt -s, -s 1. (Comm: Fehlbetrag) deficit. ~ **haben** (inf) or **machen** (inf) to be short (inf); ~ **haben** (inf: bei Verkauf) to make a loss. 2. (fig: Nachteil) shortcoming.

Mann m -(e)s, ˉer 1. man. **ein** in Überschuß an ˉˈern a surplus of males or men; **der böse** or **schwarze** ~ the bogeyman; **ein feiner** ~ a (perfect) gentleman; **ein** ~ **aus dem Volk(e)** a man of the people; **der** ~ **im Mond(e)** the man in the moon; **ein** ~ **der Feder/Wissenschaft** a man of letters/science; **ein** ~ **des Todes** a dead man, a man marked for death; **ein** ~ **von Format** etc a man of stature etc; **ein** ~ **von Wort** a man of his word; **wo** ˉˈer **noch er sind** where men are men; **er ist unser** ~ he's the man for us, he's our man; **er ist nicht der** ~ **dafür** or **danach** he's not the man for that; (nicht seine Art) he's not the sort; **drei** ~ **hoch** (inf) three of them together; **wie ein** ~ as a or one man; **auf den** ~ **dressiert sein** to be trained to go for people; **etw an den** ~ **bringen** (inf) to get rid of sth; **seinen** ~ **stehen** to hold one's own; (auf eigenen Füßen stehen) to stand on one's own two feet; **einen kleinen** ~ **im Ohr haben** (hum sl) to be crazy (inf); **und, ein** ~, **ein Wort, er hat's auch gemacht** and, as good as his word, he did it; ~ **an** ~ close together, next to one another; ~ **für** ~ (einzeln hintereinander) one after the other; (allesamt) every single one; ~ **gegen** ~ man against man; **pro** ~ per head; **ein Gespräch unter** ˉˈern or **von** ~ **zu** ~ a man-to-man talk.

2. (Ehe~) husband. **jdn an den** ~ **bringen** (inf) to marry sb off (inf), to find sb a husband; ~ **und Frau werden** to become man and wife.

3. pl **Leute** (Besatzungsmitglied) hand, man. **20** ~ **20 hands** or men; **mit** ~ **und Maus untergehen** to go down with all hands; (Passagierschiff) to go down with no survivors.

4. pl **Leute** (Teilnehmer, Sport, Cards) player, man. **auf den** ~ **spielen** to play the ball at one's opponent; (beim Zuspielen) to pass accurately; **den dritten** ~ **spielen** (Cards) to play or take the third hand.

5. (inf: als Interjektion) (my) God (inf); (auffordernd, bewundernd, erstaunt auch) hey, (hey) man (sl). ~, **das kannst du doch nicht machen!** hey, you can't do that!; **mach schnell,** ~! hurry up, man!; ~, **oh** ~! oh boy! (inf); (mein) **lieber** ~! my God! (inf); (erstaunt, bewundernd auch) wow! (inf); ~ **Gottes!** good God! (inf).

Männchen nt dim of **Mann** 1. little man; (Zwerg) man(n)ikin. ~ **malen** to draw (little) matchstick men, ≈ to doodle. 2. (Biol) male; (Vogel~ auch) cock. 3. ~ **machen** (Tier) to sit up on its hind legs; (Hund) to (sit up and) beg; (pej inf) (Mensch) to grovel; (hum: Soldat) to jump smartly to attention.

Mannen pl (Hist: Gefolgsleute) men pl.

Mannequin [manəˈkɛ̃ː, ˈmanəkɛ̃] nt -s, -s (fashion) model.

Männer pl of **Mann.**

Männerbekanntschaft f usu pl man friend,

boyfriend; **von** ~**en leben** to earn one's living from prostitution; **Männerchor** m male-voice choir; **Männerfang** m (inf) **auf** ~ **ausgehen/sein** to go/be looking for a man/men; (zwecks Heirat) to go/be husband-hunting; **Männerfreundschaft** f friendship between men; **Männergesangverˌein** m male choral society; **Männergesellschaft** f 1. (Sociol) male-dominated society; 2. (Gesellschaft von Männern) company of men; **Männerhaß** m hatred of men; **Männerhaus** nt (Ethnologie) men's house; **Männerherrschaft** f male supremacy; **Männerkleidung** f men's clothes or clothing; **männermordend** adj (hum) man-eating; **Männersache** f (Angelegenheit) man's business; (Arbeit) job for a man, man's job; ~**n** men's affairs; **Fußball war früher** ~ football used to be a male preserve; **Männerstimme** f man's voice; (Mus) male voice; **Männertreu** f -, - (Bot) speedwell; **Männerˌüberschuß** m surplus of men.

Mannes|alter nt manhood no art; **im besten** ~ **sein** to be in one's prime or in the prime of (one's) life; **Mannesjahre** pl years of manhood pl; **in die** ~ **kommen** to reach manhood; **Manneskraft** f (dated, hum) virility; **Mannesschwäche** f (dated, euph) impotence, lack of virility; **Mannesstamm** m (old, liter) male line; **Mannesstolz** m masculine pride; **Manneswürde** f (old) accoutrements of manhood pl; (hum) dignity as a man; **Manneszucht** f (old) military discipline.

mannhaft adj manly no adv; (tapfer) manful, valiant; (entschlossen) resolute; Widerstand stout.

Mannhaftigkeit f, no pl siehe adj manliness; manfulness, valour; resolution; stoutness.

mannigfach adj attr manifold, multifarious.

mannigfaltig adj diverse, varied.

Mannigfaltigkeit f diversity, variety.

Mannjahr nt man-year.

Männlein nt dim of **Mann** little man; (Zwerg) man(n)ikin. ~ **und Weiblein** (hum inf) boys and girls.

männlich adj 1. male; Reim, Wort masculine. 2. (fig: mannhaft) Stärke, Mut, Entschluß, Wesen manly; Auftreten, Stimme auch masculine; Frau masculine, mannish.

Männlichkeit f (fig) manliness; (von Auftreten, Stimme auch) masculinity; (von Frau) masculinity, mannishness.

Männlichkeitswahn m machismo.

Mannloch nt (Tech) manhole.

Mannsbild nt (dated pej) fellow, male.

Mannschaft f (Sport, fig) team; (Naut, Aviat) crew. ~**en** (Mil) men pl.

Mannschafts- in cpds (Sport) team; **Mannschaftsˌaufstellung** f team line-up; (das Aufstellen) selection of the team; **Mannschaftsdienstgrad** m (Mil) other rank usu pl; **Mannschaftsführer** m (Sport) captain; **Mannschaftsgeist** m team spirit; **Mannschaftskampf** m (Sport) team event; **Mannschaftsraum** m (Sport) team quarters pl; (Mil) men's quarters pl; (Naut) crew's quarters pl; (Umkleide-

raum) changing rooms *pl*; **Mannschafts-sieger** *m* (*Sport*) winning team; **Mann-schaftsspiel** *nt*, **Mannschaftssport** *m* team sport; **Mannschaftswagen** *m* police van; (*Mil*) troop carrier.

mannshoch *adj* as high as a man; **der Schnee liegt** ~ the snow is six feet deep; **Mannsleute** *pl* (*dated inf*) men *pl*; **Mannsperson** *f* (*dated pej*) *siehe* **Mannsbild; mannstoll** *adj* (*pej*) man-mad (*inf*); **Mannstollheit** *f* (*pej*) nympho-mania; **Mannsvolk** *nt* (*dated inf*) men *pl*.

Manntag *m* man-day.

Mannweib *nt* (*pej*) masculine *or* mannish woman.

Manometer *nt* (*Tech*) pressure gauge. ~! (*inf*) wow! (*inf*), boy oh boy! (*inf*).

Manöver [ma'nøːvɐ] *nt* **-s,** **-** (*lit, fig*) manoeuvre. **ins** ~ **gehen** *or* **ziehen** to go on manoeuvres; **nach größeren** ~**n** ... (*Mot, fig etc*) after a lot of manoeuvring ...

Manövergelände *nt* exercise area; (*ständig*) ranges *pl*; **Manöverkritik** *f* (*fig*) inquest, post-mortem; **Manöver-schaden** *m* damage resulting from mili-tary manoeuvres.

manövrieren* [manøˈvriːrən] *vti* (*lit, fig*) to manoeuvre.

Manövrier- [manøˈvriːɐ]: **manövrierfähig** *adj* manoeuvrable; **manövrier|unfähig** *adj* disabled.

Mansarde *f* **-,** **-n** garret; (*Boden*) attic.

Manschette *f* **1.** (*Ärmelaufschlag*) cuff.
    2. (*Umhüllung*) frill.
    3. (*Tech: Dichtung*) sleeve.
    4. (*Sport: Würgegriff*) stranglehold. ~**n haben** (*inf*) to be scared stupid (*inf*); **vor seinem Vater/der Prüfung hat er mächtige** ~**n** (*inf*) his father/the thought of the exam scares him stupid; ~**n kriegen** (*inf*) to get cold feet.

Manschettenknopf *m* cufflink.

Mantel *m* **-s,** **ˍ** **1.** coat; (*loser* ~) cloak.
    2. (*Tech*) (*Glocken*~) cope; (*Rohr*~) jacket; (*Geschoß*~) jacket, casing; (*Kabel*~) casing; (*Reifen*~) outer tyre, casing.
    3. (*Math*) curved surface.
    4. (*Fin*) share certificate.
    5. (*Comm: Firmen*~) form.
    6. (*Zool*) mantle, pallium.
    7. (*fig*) cloak, mantle. **etw mit dem** ~ **des Vergessens zudecken** to forgive and forget sth.

Mäntelchen *nt dim of* **Mantel. einer Sache** (*dat*) **ein** ~ **umhängen** to cover sth up.

Mantel- *in cpds* (*Tex*) coat; **Mantelge-schoß** *nt* jacketed bullet; **Mantel-gesetz** *nt siehe* **Rahmengesetz; Mantel-pavian** *m* sacred *or* hamadryas baboon; **Mantelsack** *m* (*old*) portmanteau (*old*); **Mantelstoff** *m* coating, coat fabric; **Manteltarifvertrag** *m* (*Ind*) collective agreement concerning conditions of em-ployment.

Manual *nt* **-s,** **-e 1.** (*Mus*) manual. **2.** (*old Comm*) daily ledger.

manuell *adj Arbeit* manual. **etw** ~ **bedienen** to operate sth manually *or* by hand.

Manufaktur *f* (*old, Sociol*) **1.** *no pl* manufacture. **2.** (*Fabrik*) factory, manufactory (*old*).

Manufakturwaren *pl* manufactured goods *pl*; (*Textilien*) textiles *pl*.

Manuskript *nt* **-(e)s,** **-e** manuscript; (*Rad, Film, TV*) script.

Maoismus *m* Maoism.

Maori *m* **-(s),** **-(s)** Maori.

Mappe *f* **-,** **-n** (*Aktenhefter*) folder, file; (*Aktentasche*) briefcase; (*Schul*~) (school) bag; (*Feder*~) pencil case.

Mär *f* **-,** **-en** (*old*) *siehe* **Mär(e).**

Marabu *m* **-s,** **-s** (*Orn*) marabou.

Marathon- *in cpds* marathon; **Marathon-lauf** *m* marathon; **Marathonläufer** *m* marathon runner.

Märchen *nt* **-s,** **-** fairytale, fairy story; (*inf*) tall story.

Märchen- *in cpds* fairytale; **Märchenbuch** *nt* book of fairytales; **Märchen|erzähler** *m* teller of fairytales; (*fig*) storyteller; **Märchenfilm** *m* film of a fairytale; **märchenhaft** *adj* fairytale *attr*, fabulous; (*fig*) fabulous, fantastic; **Märchenland** *nt* fairyland; **Märchenprinz** *m* Prince Charming; (*fig auch*) fairytale prince; **Märchenstunde** *f* story time.

Marder *m* **-s,** **-** marten.

Mär(e) *f* **-(e),** **-en** (*old*) (*Nachricht*) tidings *pl*, news; (*Märchen*) (fairy)tale; (*hum inf*) fairy story.

Margarete *f* **-** Margaret.

Margarine [(*Aus*) **-**'riːn] *f* margarine.

Marge ['marʒə] *f* **-,** **-n** (*Comm*) margin.

Margerite *f* **-,** **-n** daisy, marguerite.

marginal *adj* (*geh*) marginal.

Marginalie [-iə] *f usu pl* marginalia *pl*.

Maria *f* **-** Mary. **die Mutter** ~ the Virgin Mary, Our (Blessed) Lady.

Mariä: ~ **Empfängnis** *f* the Immaculate Conception; ~ **Geburt** *f* (the) Nativity of Mary; ~ **Himmelfahrt** *f* Assumption.

Marien- [-iːən]: **Marien|altar** *m* Lady altar; **Marienbild** *nt* picture of the Virgin Mary; **Marienfest** *nt* Lady Day; **Marienkäfer** *m* ladybird, ladybug (*US*) **Marienkult** *m* Mariolatry (*form*), cult of the Virgin Mary; **Marienleben** *nt* (*Art, Liter*) Life of the Virgin Mary; **Marienver|ehrung** *f* adoration *or* veneration of the Virgin Mary.

Marihuana [mariˈhuaːna] *nt* **-s,** *no pl* marijuana.

Marille *f* **-,** **-n** (*Aus*) apricot.

Marinade *f* (*Cook*) marinade; (*Soße*) mayonnaise-based sauce. ~**n** *pl* (*Fischkonserven*) canned *or* tinned (*Brit*) fish.

Marine *f* navy.

Marine- *in cpds* naval; **marineblau** *adj* navy blue; **Marineflieger** *m* naval pilot; **Marineflugzeug** *nt* naval aircraft *or* plane; **Marine|infanterie** *f* marines *pl*; **Marinemaler** *m* marine *or* seascape pain-ter; **Marineminister** *m* minister of naval affairs, First Lord of the Admiralty (*Brit*); **Marineministerium** *nt* ministry of naval affairs, Admiralty (*Brit*).

Mariner *m* **-s,** **-** (*inf*) sailor.

Marinesoldat *m* marine; **Marinetruppen** *pl* marines *pl*.

marinieren* *vt Fisch, Fleisch* to marinate, to marinade. **marinierter Hering** pickled herring.

Marionette f marionette, puppet; (fig) puppet.

Marionetten- in cpds puppet; **Marionettenspieler** m puppeteer; **Marionettentheater** nt puppet theatre.

maritim adj maritime.

Mark¹ nt -(e)s, no pl (Knochen~) marrow; (Bot: Gewebe~) medulla, pith. **Brühe mit ~** (Cook) consommé with beef marrow; **bis ins ~** (fig) to the core; **jdn bis ins ~ treffen** (fig) to cut sb to the quick; **es geht mir durch ~ und Bein** (inf) or **durch ~ und Pfennig** (hum inf) it goes right through me; **jdm das ~ aus den Knochen saugen** (liter) to bleed sb dry.

Mark² f -, -en 1. (Grenzland) borderland, march (rare). **die ~ Brandenburg, die ~** (inf) the Mark Brandenburg, the Brandenburg Marches.
2. (Rugby) touch.

Mark³ f -, - or (hum) ⁼er mark. **Deutsche ~** German mark, deutschmark; ~ **der DDR** (East German) mark; **vier ~ zwanzig** four marks twenty (pfennigs); **mit jeder ~ rechnen, die** or **jede ~ umdrehen** (inf) to think twice before spending anything; **mit jeder ~ rechnen müssen** to have to count every penny.

markant adj (ausgeprägt) clear-cut; Schriftzüge clearly defined; (hervorstechend) Kinn etc prominent; (auffallend) Erscheinung, Persönlichkeit striking.

markdurchdringend adj (geh) bloodcurdling.

Marke f -, -n 1. (bei Lebens- und Genußmitteln) brand; (bei Industriegütern) make. **du bist (vielleicht) eine ~!** (inf) you're a right or fine one (inf); **eine komische ~** (fig inf) a queer or rum customer or character.
2. (Brief~) stamp. **zehn ~n à** or **zu achtzig** ten eighty-pfennig stamps.
3. (Essen~) voucher; (Rabatt~) (trading) stamp; (Lebensmittel~) coupon; (old: Renten~) stamp. **auf ~n** (inf) on coupons; **~n einführen** (inf) to introduce rationing or coupons.
4. (Erkennungs~) disc, tag; (Garderoben~) cloakroom counter or (Zettel) ticket or check (US); (Polizei~) badge; (Spiel~) chip; (Pfand~ etc) token.
5. (Rekord~) record; (Wasserstands~) watermark.

märken vt (Aus) Wäsche to mark.

Marken|artikel m proprietary article; **Markenbutter** f non-blended butter, best quality butter; **Marken|erzeugnis, Markenfabrikat** nt proprietary article; **Marken|name** m brand or proprietary name; **Markenschutz** m protection of trademarks.

mark|erschütternd adj siehe **markdurchdringend.**

Marketender(in f) m -s, - (Hist) sutler.

Marketenderware f (Mil) goods pl or (einzelner Artikel) article sold at army stores.

Marketing nt -s, no pl marketing.

Mark- (Hist): **Markgraf** m margrave; **Markgräfin** f margravine; **markgräflich** adj margravial; **Markgrafschaft** f margravate.

markieren* I vt (lit, fig, Sport) to mark;

(inf: vortäuschen) to play. **den starken Mann ~** to come the strong man; **den Dummen** or **Dusseligen ~** (inf) to act daft (inf).
II vi (inf: so tun, als ob) to put it on (inf). **markier doch nicht!** stop putting it on.

Markierung f marking; (Zeichen) mark.

Markierungslinie f (marking) line; **Markierungspunkt** m marker.

markig adj (kraftvoll, kernig) vigorous, pithy; (iro: pathetisch) grandiloquent, bombastic.

märkisch adj of/from the Mark Brandenburg.

Markise f -, -n awning, (sun)blind.

Markknochen m (Cook) marrowbone.

Markscheide f (Min) boundary line.

Markscheider m -s, - mine surveyor.

Markstein m (lit, fig) milestone; (an Feldern etc) boundary stone; **Markstück** nt (one-)mark piece; **markstückgroß** adj the size of a one-mark piece.

Markt m -(e)s, ⁼e 1. market; (Jahr~) fair. **zum** or **auf den ~ gehen** to go to (the) market/to the fair; **~ abhalten** to hold or have a market; **dienstags/jede Woche einmal ist ~** or **wird ~ abgehalten** there is a market every Tuesday/week.
2. (Comm) market; (Warenverkehr) trade. **auf dem** or **am ~** on the market; **auf den ~ bringen** to put on the market; **etw in großen Mengen auf den ~ werfen** to flood the market with sth; **auf den ~ gebracht werden** to come on the market.
3. (~platz) marketplace, market square. **am ~** in the marketplace; **am ~ wohnen** to live on the marketplace.
4. (geh: ~flecken) small market town.

Markt- in cpds market; **Markt|absprache** f marketing agreement; **Markt|anteil** m share of the market; **marktbeherrschend** adj ~ **sein, eine ~e Stellung einnehmen** to control or dominate the market; **Marktbude** f market stall; **Marktfahrer** m (Aus) (travelling) marketman; **Marktflecken** m small market town; **Marktforschung** f market research; **Marktfrau** f market woman, (woman) stallholder; **marktgängig** adj marketable; Preis current; **marktgerecht** adj in line with or geared to market requirements; **Markthalle** f covered market; **Markthelfer** m market hand; **Marktlage** f state of the market; **Marktlücke** f gap in the market; **in eine ~ stoßen** to fill a gap in the market; **Marktplatz** m marketplace, market square; **am/auf dem ~** on/in the marketplace; **Marktpsychologie** f marketing psychology; **Marktrecht** nt (Hist) market rights pl; **Marktschreier** m barker, market crier; **marktschreierisch** adj loud and vociferous; (fig) blatant; **Marktstand** m market stall or stand; **Marktweib** nt (pej) market woman; (fig) fish-wife; **Marktwert** m market value; **Marktwirtschaft** f market economy; **marktwirtschaftlich** adj attr free enterprise.

Markus m - Mark.

Markus|evangelium nt Gospel according to St Mark, St Mark's Gospel.

Marmarameer nt Sea of Marmara.

Marmel f -, -n marble.

Marmelade f jam; (Orangen~) marmalade.

Marmeladenbrot nt jam sandwich; (Scheibe) slice of bread and jam; **Marmeladenglas** nt jam-jar.

marmeln vi to play marbles.

Marmor m -s, -e marble.

Marmor- in cpds marble; **Marmorbild** nt (liter) marble statue; **Marmorbruch** m marble quarry.

marmorieren* vt to marble. **mit marmoriertem Schnitt** with marbled edges, marbled.

Marmorkuchen m marble cake.

marmorn adj marble.

marode adj (inf) Mensch washed-out (inf); Wirtschaft etc ailing.

Marodeur [-'dø:ɐ] m marauder.

marodieren* vi to maraud.

Marokkaner(in f) m -s, - Moroccan.

marokkanisch adj Moroccan.

Marokko nt -s Morocco.

Marone¹ f -, -n, **Maroni** f -, - (sweet or Spanish) chestnut.

Marone² f -, -n **Maronenpilz** m chestnut boletus, boletus badius (spec).

Maronibrater m -s, - (Aus) chestnut man (inf), chestnut vendor.

Marotte f -, -n quirk. **das ist ihre ~** that's one of her little quirks.

Marquis [mar'ki:] m -, - marquis, marquess.

Marquise [mar'ki:zə] f -, -n marquise.

Mars¹ m -, no pl (Myth, Astron) Mars.

Mars² m -, -e (Naut) top.

Marsbewohner m Martian.

marsch interj 1. (Mil) march. **vorwärts ~!** forward march!; (im Laufschritt,) ~! ~! (at the double,) quick march! 2. (inf) off with you. **~ ins Bett!** off to bed with you at the double or chop, chop (inf)!; **raus hier,** ~! ~! get out of here at the double or chop, chop (inf)!

Marsch¹ m -(e)s, ⸚e 1. (das Marschieren) march; (Wanderung) hike. **einen ~ machen** to go on a march/hike; **sich in ~ setzen** to move off. 2. (~musik) march. **jdm den ~ blasen** (inf) to give sb a rocket (inf).

Marsch² f -, -en marsh, fen.

Marschall m -s, **Marschälle** (field) marshal.

Marschallstab m (field) marshal's baton. **den ~ im Tornister haben** (fig) to be a potential leader of men.

Marschbefehl m (Mil) (für Truppen) marching orders pl; (für einzelnen) travel orders pl; **marschbereit** adj ready to move; **Marschboden** m marshy soil.

Marschendorf nt fenland village.

Marschflugkörper m cruise missile; **Marschgepäck** nt pack.

marschieren* vi aux sein to march; (fig) to march off, to take oneself off. **getrennt ~, vereint schlagen** to unite for the attack.

Marschkolonne f column; **Marschkompaß** m compass; **Marschland** nt marsh(land), fen; **Marschlied** nt marching song; **marschmäßig** adj Ausrüstung etc marching attr; (für Wanderung) hiking attr; **~ angezogen** dressed for marching/hiking; **Marschmusik** f military marches

pl; **Marsch|ordnung** f marching order; **Marschpause** f halt; **Marschrichtung, Marschroute** f (lit) route of march; (fig) line of approach; **Marschtempo** nt marching time; (Mus) march time or tempo; **Marschverpflegung** f rations pl; (Mil) field rations pl.

Marseille [mar'sɛ:j] nt -s Marseilles.

Marshallplan ['marʃal-] m (Pol) Marshall Plan.

Marsmensch m Martian.

Marssegel nt (Naut) topsail.

Marstall m -(e)s, **Marställe** (Hist) royal stables pl.

Marter f -, -n (liter) torment. **jdm ~n bereiten** or **zufügen** (fig) to cause sb anguish; **das kann zur ~ werden** (fig) it can be a painful ordeal; siehe auch **Folter.**

Marterl nt -s, -n (S Ger, Aus) wayside shrine with a crucifix.

martern (liter) **I** vt to torture, to torment. **jdn zu Tode ~** to torture sb to death. **II** vr to torment or torture oneself.

Marterpfahl m stake.

Marterung f (liter) torment.

martialisch [mar'tsia:lɪʃ] adj (geh) martial, warlike.

Martin-Horn ® nt siehe **Martinshorn.**

Martini nt -, no pl (Eccl) Martinmas.

Martinshorn ® nt (von Polizei und Feuerwehr) siren. **mit ~** with its siren blaring or going.

Märtyrer, Martyrer (Eccl) m -s, - (Eccl, fig) martyr. **jdn zum ~ machen** to make a martyr of sb; **sich als ~ aufspielen** (pej) to make a martyr of oneself.

Märty(re)rin, Marty(re)rin (Eccl) f martyr.

Märtyrerkrone f martyr's crown; **Märtyrertod** m martyr's death; **den ~ sterben** to die a martyr's death; **Märtyrertum** nt martyrdom.

Martyrium nt 1. (Opfertod) martyrdom; (fig) ordeal. 2. (Grabkirche) martyry.

Marxismus m Marxism.

Marxismus-Leninismus m Marxism-Leninism.

Marxist(in f) m Marxist.

marxistisch adj Marxist.

marxsch adj attr Marxian. **die ~e Dialektik** Marx's or Marxian dialectic.

März m -(es) or -en (liter), -e March. **im ~** in March; **im Monat ~** in the month of March; **heute ist der zweite ~** today is the second of March or is March the second or March second (US); (geschrieben) today is 2nd March or March 2nd; **am ersten ~ fahren wir nach ...** on the first of March we are going to ...; **in diesem ~** this March; **im Laufe des ~** during March; **der ~ war sehr warm** March was very warm; **Anfang/Ende/Mitte ~** at the beginning/end/in the middle of March; **den 4. ~ 1973** March 4th, 1973, 4th March 1973.

März(en)becher m (Bot) snowflake.

Märzen nt -(s), -, **März(en)bier** nt strong light beer.

Marzipan nt [martsi'pa:n, (Aus) 'martsipa:n] -s, -e marzipan.

märzlich adj March-like.

Märzrevolution f (Hist) Revolution of March 1848; **Märzveilchen** nt sweet violet.

Masche f -, -n 1. (*Strick~, Häkel~*) stitch; (*von Netz*) hole; (*von Kettenhemd*) link; (*Lauf~*) ladder (*Brit*), run. **die ~n eines Netzes** the mesh *sing* of a net; (**jdm**) **durch die ~n schlüpfen** to slip through sb's/the net *or* fingers; **durch die ~n des Gesetzes schlüpfen** to slip through a loophole in the law.

2. (*S Ger, Aus: Schleife*) bow.

3. (*inf*) (*Trick*) trick, dodge (*inf*); (*Eigenart*) fad, craze. **die ~ raushaben** to know how to do it; **er versucht es immer noch auf die alte ~** he's still trying the same old trick; **das ist die ~!** that's the thing!; **das ist seine neueste ~** that's his latest (fad *or* craze).

Maschendraht m wire netting; **Maschendrahtzaun** m wire-netting fence; **maschenfest** adj Strümpfe nonrun; **Maschennetz** nt mesh, net; **Maschenwerk** nt (*fig*) **sich im ~ von etw verfangen** to become enmeshed in sth.

Maschin- (*Aus*) in cpds siehe **Maschine(n)-**.

Maschine f 1. machine; (*Motor*) engine; (*Flugzeug*) plane; (*Schreib~*) typewriter. **eine bloße ~ sein** (*fig*) to be no more than a machine; **zur ~ werden** (*fig*) to become a machine; **etw auf** *or* **mit der ~ schreiben** to type sth; **ich habe den Brief meiner Sekretärin in die ~ diktiert** my secretary typed the letter as I dictated it.

2. (*inf: dicke Frau*) fat old bag (*pej inf*).

maschinell I adj Herstellung, Bearbeitung mechanical, machine attr. II adv mechanically, by machine.

Maschinen|antrieb m machine drive; **mit ~** machine-driven, mechanically driven; **Maschinen|arbeit** f machine work; **Maschinenbau** m mechanical engineering; **Maschinenbauer** m mechanical engineer; **Maschinenbau|ingenieur** m mechanical engineer; **Maschinendiktat** nt typing directly from dictation; **Maschinenfabrik** f engineering works sing *or* pl; **Maschinengarn** nt machine thread; **maschinengeschrieben** adj typewritten, typed; **Maschinengeschütz** nt machine-gun; **maschinengestrickt** adj machine-knitted; **Maschinengewehr** nt machine-gun; **mit ~en beschießen** to machine-gun; **Maschinengewehrfeuer** nt machine-gunning; **Maschinenhammer** m mechanical hammer; **Maschinenhaus** nt machine room; **Maschinen|industrie** f engineering industry; **Maschinenkraft** f mechanical power; **Maschinen|öl** nt lubricating oil; **Maschinenpark** m plant; **Maschinenpistole** f submachine gun; **Maschinenraum** m plant room; (*Naut*) engine-room; **Maschinensaal** m machine room; (*Typ*) pressroom; (*in Setzerei*) caseroom; **Maschinensatz** m 1. machine unit; 2. (*Typ*) machine setting *or* composition; **Maschinenschaden** m mechanical fault; (*Aviat etc*) engine fault; **Maschinenschlosser** m engine fitter.

maschine(n)schreiben vi sep irreg (*Kleinschreibung nur bei infin und ptp*) to type; **sie schreibt Maschine** she types; **Maschine(n)schreiben** nt typing,

typewriting; **Maschine(n)schreiber** m typist.

Maschinenschrift f typescript, typing; (*Schriftart*) typeface; **in ~** typed, typewritten; **maschinenschriftlich** adj typewritten no adv; **~es Manuskript** typescript, typewritten manuscript; **Maschinensetzer** m machine compositor *or* typesetter; **Maschinenstürmer** m -s, - machine wrecker; (*Hist*) Luddite; **Maschinenstürmerei** f Luddism; **Maschinenteil** nt machine part; **Maschinenwaffe** f automatic weapon; **Maschinenwärter** m machine minder; **Maschinenzeit|alter** nt machine age.

Maschinerie f 1. (*dated: Mechanismus*) piece of machinery. 2. (*Bühnen~*) stage machinery. 3. (*fig: Getriebe*) machinery.

Maschinist(in f) m (*Schiffs~*) engineer; (*Eisenbahn~*) engine-driver, engineer (*US*).

Maser[1] f -, -n vein. Holz mit feinen ~n wood with a fine grain.

Maser[2] ['meːzɐ, 'maːzɐ] m -s, - (*Phys*) maser.

Maserholz nt grained wood.

masern I vt to grain. II vi to become grained.

Masern pl measles sing. **die ~ haben** to have (the) measles.

Maserung f grain.

Maske f -, -n 1. (lit, fig, Sport, Med) mask. **sein Gesicht wurde** *or* **erstarrte zur ~** his face froze (into a mask); **die ~ fallen lassen** *or* **abwerfen** (*fig*) to throw off one's mask; **jdm die ~ herunterreißen** *or* **vom Gesicht reißen** (*fig*) to unmask sb; **ohne ~** (*fig*) undisguised; **unter der ~ von etw** (*fig*) under the guise of sth.

2. (*Theat: Aufmachung*) make-up. **~ machen** to make up.

3. (*maskierte Person*) mask, domino (*old*); (*fig*) phony (*inf*).

Maskenball m masked ball; **Maskenbildner** m make-up artist; **maskenhaft** adj mask-like, like a mask; **Maskenkleid, Maskenkostüm** nt fancy-dress costume; **Maskenverleih** m fancy-dress hire, theatrical costumier; **Maskenzug** m carnival procession.

Maskerade f (*Verkleidung*) costume; (*old*) masquerade.

maskieren* I vt 1. (*verkleiden*) to dress up; (*unkenntlich machen*) to disguise. 2. (*verbergen*) to mask, to disguise. II vr to dress up; (*sich unkenntlich machen*) to disguise oneself. **sich als jd/etw ~** (*fig*) to masquerade as sb/sth.

maskiert adj masked.

Maskierung f 1. (*das Verkleiden*) dressing up; (*Sichunkenntlichmachen*) disguising oneself. 2. (*Verkleidung*) fancy-dress costume; (*von Spion etc*) disguise. 3. (*Verhüllung*) masking.

Maskottchen nt (lucky) mascot.

maskulin adj 1. (*Gram, Poet*) masculine. 2. [masku'liːn] (*betont männlich*) masculine.

Maskulinum nt -s, **Maskulina** masculine noun.

Masochismus m -, no pl masochism.

Masochist(in f) m masochist.

masochistisch *adj* masochist.

maß *pret of* **messen.**

Maß[1] *nt* **-es, -e 1.** (*~einheit*) measure (*für* of); (*Zollstock*) rule; (*Bandmaß*) tape measure. **~e und Gewichte** weights and measures; **das ~ aller Dinge** (*fig*) the measure of all things; **das richtige** *or* **rechte ~ halten** (*fig*) to strike the right balance; **mit zweierlei** *or* **verschiedenem ~ messen** (*fig*) to operate a double standard; **das ~ ist voll** (*fig*) that's enough (of that), enough's enough; **und, um das ~ vollzumachen …** (*fig*) and to cap it all …; **in reichem ~(e)** abundantly; **in reichem ~(e) vorhanden sein** to be abundant; (*Energie, Zeit etc*) to be plentiful; **das (übliche) ~ überschreiten, über das übliche ~ hinausgehen** to overstep the mark; **die edlen ~e dieser Plastik** (*geh*) the noble proportions of this statue.
2. (*Meßgröße*) measurement; (*von Zimmer, Möbelstück auch*) dimension. **ihre ~e sind: …** her measurements *or* vital statistics are …; **sich** (*dat*) **etw nach ~ anfertigen lassen** to have sth made to measure *or* order (*US*); **~ nehmen** to measure up; **bei jdm ~ nehmen** to measure sb, to take sb's measurements; **jdn ~ nehmen** (*fig inf*) to give sb what for (*inf*); **Schuhe/Hemden nach ~** shoes/shirts made to measure *or* order (*US*), custom (*US*) shoes/shirts.
3. (*Ausmaß*) extent, degree. **ein solches/gewisses ~ an** *or* **von …** such a degree/a certain degree of …; **in hohem ~(e)** to a high degree; **in solchem ~(e)** *or* **in einem ~(e), daß …** to such an extent that …; **in nicht geringem ~(e)** in no small measure; **in großem ~e** to a great extent; **in vollem ~e** fully; **die Bäcker verlangen eine Lohnerhöhung in gleichem ~e wie die Fleischer** the bakers are demanding a pay rise comparable to *or* with that of the butchers; **in besonderem ~e** especially; **in gewissem/höherem** *or* **stärkerem/beschränktem ~(e)** to a certain/greater/limited degree *or* extent; **in höchstem ~e** extremely; **über alle ~en** (*liter*) beyond (all) measure.
4. (*Mäßigung*) moderation. **in** *or* **mit ~en** in moderation; **weder ~ noch Ziel kennen** to know no bounds; **ohne ~ und Ziel** immoderately.

Maß[2] *f* **-, -** (*S Ger, Aus*) litre (tankard) of beer. **zwei ~ Bier** two litres of beer.

Massage [ma'saːʒə] *f* **-, -n** massage. **~n nehmen** to have massage treatment.

Massagepraxis *f* physiotherapy centre; **Massagesalon** *m* (*euph*) massage parlour; **Massagestab** *m* vibrator.

Massaker *nt* **-s, -** massacre.

massakrieren* *vt* (*dated, inf*) to massacre.

Maß|angabe *f* measurement; (*bei Hohlmaßen*) volume *no pl*; **Maß|anzug** *m* made-to-measure *or* bespoke *or* made-to-order (*US*) *or* custom (*US*) suit; **Maß|arbeit** *f* (*inf*) **das war ~** that was a neat bit of work.

Masse *f* **-, -n 1.** (*Stoff*) mass; (*Cook*) mixture. **die ~ für den Glockenguß** the molten metal for casting the bell; **die wogen-**

den ~n ihres Körpers the heaving bulk of her body.
2. (*große Menge*) heaps *pl* (*inf*), stacks *pl* (*inf*); (*von Besuchern etc*) host. **die (breite) ~ der Bevölkerung** *etc* the bulk of the population *etc*; **eine ganze ~** (*inf*) a lot *or* a great deal; **sie kamen in wahren ~n** they came in droves *or* in their thousands; **die ~ muß es bringen** (*Comm*) the profit only comes with quantity.
3. (*Menschenmenge*) crowd.
4. (*Bevölkerungs~*) masses *pl* (*auch pej*). **die breite ~** the masses *pl*.
5. (*Konkurs~*) assets *pl*; (*Erb~*) estate.
6. (*Phys*) mass.

Maß|einheit *f* unit of measurement; **Maß|einteilung** *f* (*measuring*) scale.

Massel *m* **-s,** *no pl* (*sl*) **~ haben** to be dead lucky (*inf*).

Massen- *in cpds* mass; **Massen|absatz** *m* bulk selling; **das ist kein Artikel für den ~** that isn't intended for the mass market; **Massen|andrang** *m* crush; **es herrschte ~** there was a terrible crush; **Massen|angebot** *nt* glut; **sie waren im ~ auf dem Markt** there was a glut of them on the market; **Massen|anziehung** *f* (*Phys*) gravitation; **Massen|artikel** *m* mass-produced article; **Massen|aufgebot** *nt* large body; **in einem ~ erscheinen** to turn up in force; **Massenbedarf** *m* requirements of the masses *pl*; (*Comm*) requirements of the mass market *pl*; **Massenbe|einflussung** *f* mass propaganda; **Massenbeförderungsmittel** *nt* means of mass transportation *sing*; **Massenfabrikation, Massenfertigung** *f* mass production; **Massengesellschaft** *f* faceless society; **Massengrab** *nt* mass grave; **Massengüter** *pl* bulk goods *pl*; **massenhaft** *adj* on a huge *or* massive scale; **~ Fanbriefe/Sekt** *etc* (*inf*) masses of fan letters/champagne *etc* (*inf*); **Massenkarambolage** *f* multiple (car) crash, pile-up (*inf*); **Massenkommunikationsmittel** *nt* mass medium *usu pl*; **Massenmedien** *pl* mass media *pl*; **Massenmord** *m* mass murder; **Massenmörder** *m* mass murderer; **Massenpartei** *f* party of the masses; **Massenproduktion** *f* mass production; **Massenpsychologie** *f* crowd psychology; **Massenpsychose** *f* mass hysteria; **Massenverkehrsmittel** *nt* means of mass transportation *sing*; **Massenvernichtung** *f* mass extermination; **Massenvernichtungslager** *nt* extermination camp; **Massenvernichtungsmittel** *nt* means of mass extermination *pl*; **Massenwahn** *m* mass hysteria; **Massenware** *f* mass-produced article; **massenweise** *adv siehe* **massenhaft; Massenwirkung** *f* mass effect; **Massenzahl** *f* mass number.

Masseur [ma'søːɐ] *m* masseur.

Masseurin [-'søːrɪn] *f* (*Berufsbezeichnung*), **Masseuse** [-'søːzə] *f* (*in Eros-Center etc*) masseuse.

Maßgabe *f* (*form*) stipulation. **mit der ~, daß …** with the proviso that …, on (the) condition that …; **nach ~** (+*gen*) according to.

maßgebend, maßgeblich adj (ausschlaggebend) Einfluß, Bedingungen decisive; Meinung definitive; Text definitive, authoritative; Fachmann authoritative; (wichtig) Persönlichkeit leading; Beteiligung substantial; (zuständig) competent. ~e Kreise influential circles; von ~er Seite from the corridors of power; das ist hier nicht ~ that doesn't weigh or signify here; das war für mich nicht ~ that didn't weigh with me.

maßgeschneidert adj Anzug made-to-measure, made-to-order (US), custom attr (US). ein ~es Alibi (inf) a watertight alibi, the perfect alibi.

Maßhalte|appell m, **Maßhalteparole** f (pej) appeal for moderation.

maßhalten vi sep irreg to be moderate, to practise moderation.

massieren¹ᵏ I vt to massage. II vi to give (a) massage.

massieren²ᵏ (konzentrieren) I vt to mass. II vr to amass; (Truppen) to mass.

massig I adj massive, huge.
II adv (inf: sehr viel) ~ Arbeit/Geld etc masses or stacks of work/money etc (inf).

mäßig adj 1. moderate; Preise auch reasonable. in etw (dat) ~ sein to be moderate in sth; etw ~ tun to do sth in moderation; ~ essen to eat with moderation; ~ rauchen to be a moderate smoker, to smoke in moderation; ~, aber regelmäßig regularly but in moderation.
2. (unterdurchschnittlich) Leistung, Schulnote etc mediocre, indifferent; Begabung, Beifall moderate; Gesundheit middling, indifferent.

mäßigen I vt (mildern) Anforderungen to moderate; Sprache auch to tone down; Zorn, Ungeduld to curb, to check. sein Tempo ~ to slacken one's pace, to slow down.
II vr (im Essen, Trinken, Temperament) to restrain or control oneself; (Sturm) to abate, to die down. ~ Sie sich! control yourself!; ~ Sie sich in Ihren Worten! tone down your language!

Massigkeit f massiveness, hugeness.

Mäßigkeit f 1. (beim Essen, Trinken) moderation, restraint; (von Forderungen, Preisen etc) moderateness. ~ üben to exercise moderation or restraint. 2. (Mittelmäßigkeit) mediocrity; (von Begabung, Beifall) moderateness.

Mäßigung f restraint; (beim Essen etc auch) moderation.

massiv adj 1. (pur, nicht hohl, stabil) solid. 2. (heftig) Beleidigung gross; Drohung, Kritik heavy; Anschuldigung severe.

Massiv nt -s, -e (Geol) massif.

Maßkleidung f made-to-measure or made-to-order (US) or custom (US) clothing. **Maßkrug** m litre beer mug; (Steinkrug) stein; **Maßliebchen** nt daisy, marguerite.

maßlos I adj extreme; (übermäßig) Forderungen auch excessive; (grenzenlos) Trauer, Freude, Ehrgeiz auch boundless; Mensch (in Forderungen etc auch, in Essen etc) immoderate. er war ~ in seiner Wut/Freude etc his rage/joy etc knew no bounds; er trinkt ~ he drinks to excess.
II adv (äußerst) extremely; übertreiben grossly, hugely. es ist alles ~ traurig (inf) it's all very or terribly (inf) sad.

Maßlosigkeit f siehe adj extremeness; excessiveness; boundlessness; lack of moderation.

Maßnahme f -, -n measure. ~n treffen, um etw zu tun to take steps or measures to do sth; ~n gegen jdn/etw ergreifen to take measures against sb/sth; vor ~n zurückschrecken to shrink from taking action.

Maßregel f rule.

maßregeln vt insep (zurechtweisen) to reprimand, to rebuke, to reprove; (bestrafen) to disclicine; (Sport) to penalize.

Maßreg(e)lung f 1. no pl siehe vt reprimanding, rebuking, reproval; disciplining; penalizing. 2. (Rüge) reprimand, rebuke; (von Beamten) disciplinary action; (Sport) penalty.

Maßschneider m bespoke or custom (US) tailor.

Maßstab m 1. (Lineal) ruler; (Zollstock) rule.
2. (Karten~) scale. die Karte hat einen kleinen/großen ~ it's a small-/large-scale map, the map is on a small/large scale; beim/im ~ 1:1000 on a scale of 1:1000; im ~ 1:25000 gezeichnet drawn to a scale of 1:25000; etw in verkleinertem ~ darstellen to scale sth down.
3. (fig: Kriterium) standard. einen hohen/strengen ~ anlegen to apply a high/strict standard (an +acc to); für jdn als or zum ~ dienen to serve as a model for sb; sich (dat) jdn/etw zum ~ nehmen to take sb/sth as a yardstick; das ist für mich kein ~ I don't take that as my yardstick.

maßstäblich adj scale attr, to scale.

maßstab(s)gerecht, **maßstab(s)getreu** adj (true) to scale. eine ~e Karte an accurate scale map.

maßvoll adj moderate; **Maßvorlage** f (Ftbl) spot-on (inf) or accurate pass; **Maßwerk** nt (Archit) tracery.

Mast¹ m -(e)s, -en or -e (Naut, Rad, TV) mast; (Stange) pole; (Elec) pylon.

Mast² f -, -en (das Mästen) fattening; (Futter) feed; (Schweine~) mast.

Mastbaum m mast; **Mastdarm** m rectum.

mästen I vt to fatten. II vr (inf) to gorge or stuff (inf) oneself.

Mästerei f (Schweine~) pig fattening unit.

Mast- in cpds (zu mästen) feeder; (gemästet) fattened; **Mastfutter** nt (fattening) feed; (für Schweine) mast; **Mastkorb** m (Naut) top; **Mastschwein** nt (zu mästen) porker; (gemästet) fattened pig.

Masturbation f masturbation.

masturbieren* vtir to masturbate.

Matador m -s, -e (Stierkämpfer) matador; (fig) kingpin.

Match [mɛtʃ] nt or m -(e)s, -e(s) match.

Matchball m (Tennis) match point; **Matchbeutel**, **Matchsack** m duffel bag.

Mate ['maːtə] m -, no pl maté, Paraguay tea.

Mater f -, -n (Typ) siehe **Matrize**.

Material nt -s, -ien [-iən] material; (Bau~, Utensilien, Gerät) materials pl; (Mil auch) matériel; (Beweis~, Belastungs~) evidence. rollendes ~ (Rail) rolling stock.

Materialfehler m material defect, defect in the material.

Materialisatiọn f materialization.
materialisieren* vtr to materialize.
Materialismus m materialism.
Materialist(in f) m materialist.
materialistisch adj materialist(ic); (pej) materialistic.
Materialkosten pl cost of materials sing; **Materialprüfung** f testing of materials; **Materialsammlung** f collection of material; **ich habe jetzt die ~ abgeschlossen** I have now finished collecting or gathering the material; **Materialschaden** m material defect, defect in the material; **Materialschlacht** f (Mil) matériel battle.
Materie [-iə] f 1. no pl (Phys, Philos) matter no art. 2. (Stoff, Thema) subject-matter no indef art. **die ~ beherrschen** to know one's stuff.
materiẹll adj 1. (Philos) material, physical; Recht substantive. 2. (wirtschaftlich) financial; Vorteile auch material; (gewinnsüchtig) materialistic. **~ eingestellt sein** to be materialistic; **nur ~e Interessen haben** to be only interested in material things.
Mathe f -, no pl (Sch inf) maths sing (Brit inf), math (US inf).
Mathematịk f mathematics sing no art.
Mathematiker(in f) m -s, - mathematician.
mathematisch adj mathematical.
Matinee f -, -n [-e:ən] matinée.
Matjes(hering) m -, - young herring.
Matratze f -, -n mattress.
Mätresse f mistress.
matriarchạlisch adj matriarchal.
Matriarchạt nt matriarchy, matriarchate.
Matrịkel f -, -n (old, Aus) register; (Univ: Aufnahmeverzeichnis) matriculation register. **Student mit kleiner/großer ~** occasional/full-time student.
Matrịkelnummer f (Univ) registration or matriculation number.
Matrix f -, **Matrịzen** or **Matrizes** [ma'tri:tse:s] (Math, Med, Biol) matrix.
Matrize f -, -n (Typ) matrix, mould; (für Schreibmaschine) stencil. **etw auf ~ schreiben** to stencil sth.
Matrọne f -, -n matron.
matronenhaft adj matronly.
Matrọse m -n, -n sailor; (als Rang) rating (Brit), ordinary seaman.
Matrosen- in cpds sailor; **Matrosenmütze** f sailor's cap; **Matrosen|uniform** f sailor's uniform.
Mạtsch m -(e)s, no pl (inf: breiige Masse) mush; (Schlamm) mud, sludge; (Schnee~) slush.
mạtschig adj (inf: breiig) gooey (inf), mushy; (schlammig) muddy, sludgy; Schnee slushy.
Mạtschwetter nt (inf) muddy/slushy weather or conditions pl.
mạtt adj 1. (schwach) Kranker weak; Stimme, Lächeln auch faint; Glieder weary. **sich ~ fühlen** to have no energy.
2. (glanzlos) Augen, Metall, Farbe dull; (nicht glänzend) Farbe, Papier mat(t); (trübe) Licht dim, subdued; Glühbirne opal, pearl; Spiegel cloudy, dull.
3. (undurchsichtig) Glas frosted, opaque.
4. (fig) Ausdruck, Witz, Schluß lame,

feeble; Echo faint; (St Ex: flau) slack.
5. (Chess) (check)mate. **jdn ~ setzen** to checkmate sb (auch fig), to mate sb.
Matt nt -s, -s (Chess) (check)mate.
mạttblau adj pale blue.
Mạtte¹ f -, -n mat. **jdn auf die ~ legen** to floor sb; (fig inf) to make mincemeat of sb (inf); **auf der ~ stehen** (inf) to be there and ready for action.
Matte² f -, -n (liter, Sw, Aus) alpine meadow.
Mạttglanz m mat(t) finish; **Mạttglas** nt frosted or ground glass; **Mạttgold** nt dull gold; (Farbe) pale gold.
Matthäi [ma'tɛ:i] gen of **Matthäus. bei ihm ist ~ am letzten** he's had it (inf).
Matthäus [ma'tɛ:ʊs] m **Matthäi** Matthew.
Matthäus|evangelium nt St Matthew's Gospel, Gospel according to St Matthew.
Mạttheit f siehe adj 1. weakness; faintness; weariness; lack of energy. 2. dullness; mat(t) finish; dimness; opal or pearl finish; cloudiness, dullness. 3. opacity. 4. lameness, feebleness; faintness; slackness.
mattieren* vt to give a mat(t) finish to. **mattiert sein** to have a mat(t) finish; **mattierte Gläser** frosted glasses.
Mạttigkeit f weariness; (von Kranken) weakness.
Mạttscheibe f 1. (Phot) focus(s)ing screen; (inf: Fernseher) telly (Brit inf), (goggle-)-box (Brit inf), tube (US inf).
2. (inf) **eine ~ haben/kriegen** (dumm sein) to be soft/go soft in the head (inf); (nicht klar denken können) to have/get a mental block; **als ich das gesagt habe, muß ich wohl eine ~ gehabt haben** I can't have been really with it when I said that (inf).
Matur, Maturum nt -s, no pl (old) **Matura** f -, no pl (Aus, Sw) siehe **Abitur.**
Maturand(in f) m -en, -en (old, Sw), **Maturant(in** f) m (Aus) siehe **Abiturient(in).**
maturieren* vi (Aus: Abitur machen) to take one's school-leaving exam, to graduate (from high school) (US).
Maturität f 1. (old: Reife) maturity. 2. (Sw: Hochschulreife) matriculation examination.
Maturitäts- in cpds siehe **Reife-.**
Mạtz m -es, -̈e (dated inf) laddie (inf).
Mạtzchen nt (inf) antic. **~ machen** to play or fool around (inf); **mach keine ~, schmeiß die Kanone weg!** don't try anything funny, just drop the gun!
Mạtze f -, -n, **Mạtzen** m -s, - (Cook) matzo.
mau adj pred (inf) poor, bad. **mir ist ~** I feel poorly (inf); **die Geschäfte gehen ~** business is slack.
Mauer f -, -n 1. wall. **etw mit einer ~ umgeben** to wall sth in; **in den ~n der Stadt** (fig) in the city. 2. (fig: des Schweigens etc) wall. **die ~n einreißen** to tear down the barriers.
Mauerblümchen nt (fig inf) (beim Tanzen) wallflower; (schüchternes Mädchen) shy young thing; **Mauerhaken** m (Bergsteigen) piton, peg; **Mauerkrone** f wall coping.
mauern I vi 1. to build, to lay bricks. 2. (Cards) to hold back; (Ftbl sl) to

stonewall (*sl*), to play defensively; (*fig*) to
stall, to stonewall (*esp Parl*). **II** *vt* to build;
(*mit Zement verfugen*) to build with mortar. **der Beckenrand muß gemauert werden** the edge of the pool must be bedded
in mortar.
Mauerschwalbe *f*, **Mauersegler** *m* swift;
Mauerspeis *m* **-es**, *no pl*, **Mauerspeise**
f (*esp S Ger*) *siehe* **Mörtel; Mauerstein**
m building stone; **Mauerverband** *m*
bond; **Mauervorsprung** *m* projection
on a/the wall; **Mauerwerk** *nt* **1.** (*Stein-
mauer*) stonework, masonry; **2.** (*die
Mauern*) walls *pl*.
Mauke *f* -, *no pl* (*Vet*) malanders *pl*.
Maul *nt* **-(e)s, Mäuler** mouth; (*von Löwen
etc*) jaws *pl*; (*sl: von Menschen*) gob (*sl*).
ein böses *or* **ungewaschenes** *or* **gottloses** ~
(*inf*) an evil *or* a wicked *or* malicious tongue; **ein loses** *or* **lockeres** ~ **haben** (*sl*)
(*frech sein*) to be an impudent so-and-so
(*inf*); **jdm übers** ~ **fahren** (*sl*) to choke sb
off (*inf*); **das** ~ **zu weit aufreißen** *or* **zu voll
nehmen** (*sl*) to be too cocksure (*inf*); **jdm
ums** ~ **gehen** (*sl*) to soft-soap sb (*inf*); **ein
großes** ~ **haben** (*sl*) to have a big mouth,
to be a big-mouth (*inf*); (**hungrige**)
Mäuler stopfen (*inf*) to feed *or* fill
(hungry) mouths; **darüber werden sich die
Leute das** ~ **zerreißen** (*inf*) that will start
people's tongues wagging; **dem Volk** *or*
den Leuten aufs ~ **schauen** (*inf*) to listen
to what people really say; (*Meinung ermitteln*) to sound out public opinion, to
listen to the man in the street; **halt's** ~**!**
(*sl*), ~ **halten!** (*sl*) shut your face *or* trap
or gob (*all sl*); **jdm das** ~ **stopfen** (*sl*) to
shut sb up; **sich** (*dat*) **das** ~ **verbrennen**
(*inf*) to talk oneself into trouble.
Maul|**affen** *pl* (*dated inf*): ~ **feilhalten** to
stand gawping *or* gaping; **Maulbeer-
baum** *m* mulberry (tree); **Maulbeere** *f*
mulberry.
maulen *vi* (*inf*) to moan.
Maul|**esel** *m* mule, hinny; **maulfaul** *adj*
(*inf*) uncommunicative; **sei doch nicht so**
~ haven't you got a tongue in your head?;
Maulheld *m* (*pej*) loud-mouth (*inf*),
show-off.
Maulkorb *m* (*lit, fig*) muzzle. **einem Hund/
jdm einen** ~ **umhängen** to put a muzzle on
a dog, to muzzle a dog/sb.
Maulkorb- (*fig inf*): **Maulkorb**|**erlaß** *m*
decree muzzling freedom of speech;
Maulkorbgesetz *nt* law muzzling
freedom of speech.
Maulschelle *f* (*dated inf*) slap in the face;
Maulsperre *f*: **er kriegte die** ~ (*inf*) his
mouth dropped open; **Maultaschen** *pl*
(*Cook*) pasta squares *pl*; **Maultier** *nt*
mule; **Maul- und Klauenseuche** *f* (*Vet*)
foot-and-mouth disease.
Maulwurf *m* **-(e)s, Maulwürfe** mole.
Maulwurfshaufen, Maulwurfshügel *m*
mole-hill.
maunzen *vi* (*S Ger*) (*winseln*) to whine;
(*Katze*) to mewl.
Maure *m* **-n, -n** (*Hist*) Moor.
Maurer *m* **-s, -** bricklayer, brickie (*inf*). ~
lernen to learn bricklaying *or* to be a
bricklayer; **pünktlich wie die** ~ (*hum*)
super-punctual.

Mau(r)er|**arbeit** *f* bricklaying (work) *no
pl.*
Maurergeselle *m* journeyman bricklayer;
Maurerhandwerk *nt* bricklaying.
Mau(r)erkelle *f* (bricklayer's) trowel.
Maurerkolonne *f* bricklaying gang;
Maurermeister *m* master bricklayer;
Maurerpolier *m* foreman bricklayer.
Mauretanien [-iən] *nt* **-s** Mauritania,
Mauretania.
Maurin *f* (*Hist*) Moor.
maurisch *adj* Moorish.
Maus *f* -, **Mäuse 1.** mouse. **weiße** ~ (*fig
inf*) traffic cop (*inf*); **weiße Mäuse sehen**
(*fig inf*) to see pink elephants (*inf*);
da beißt die ~ **keinen Faden ab** (*inf*)
there's nothing to be done about it.
2. (*fig dated: Frau*) **kleine** ~ little mouse;
eine graue ~ (*inf*) a mouse (*inf*).
3. Mäuse *pl* (*sl: Geld*) bread (*sl*),
dough (*sl*).
Mauschelei *f* (*inf*) (*Korruption*) fiddle
(*inf*). **das war bestimmt** ~ it was definitely
a fiddle.
mauscheln I *vi* (*jiddisch sprechen*) to talk
Yiddish. **II** *vti* (*manipulieren*) to fiddle
(*inf*).
Mauscheln *nt* **-s** (*Cards*) cheat.
Mäuschen ['mɔysçən] *nt* **1.** little mouse. **da
möchte ich mal** ~ **sein** *or* **spielen** (*inf*) I'd
like to be a fly on the wall. **2.** (*fig*)
sweetheart (*inf*), love (*Brit inf*), honey
(*esp US*). **3.** *siehe* **Musikantenknochen.**
mäuschenstill ['mɔysçən-] *adj* dead quiet;
Mensch auch (as) quiet as a mouse; (*reglos*) stock-still.
Mäusebussard *m* (common) buzzard.
Mausefalle *f* mouse-trap; (*fig*) police
roadblock.
Mäusegift *nt* mouse poison.
Mauseloch *nt* mouse-hole. **sich in ein** ~
verkriechen (*fig*) to crawl into a hole in
the ground.
mausen I *vi* to catch mice. **diese Katze
maust gut** the cat is a good mouser. **II** *vt*
(*dated inf*) to pinch (*inf*).
Mauser *f* -, *no pl* (*Orn*) moult. **in der** ~
sein to be moulting.
Mausergewehr *nt* Mauser (rifle).
Mäuserich *m* (*hum*) Mr Mouse (*hum*).
mausern *vr* **1.** (*Orn*) to moult. **2.** (*inf*) to
blossom out (*inf*).
Mauser(pistole) *f* -, **-n** Mauser.
mausetot *adj* (*inf*) stone-dead, as dead as
a doornail.
mausgrau *adj* **1.** mouse-grey. **2.** (*unauf-
fällig*) mousy.
mausig *adj*: **sich** ~ **machen** (*inf*) to get
uppish *or* bolshie *or* stroppy (*all inf*).
Mausoleum [-'le:ʊm] *nt* **-s, Mausoleen**
[-'le:ən] mausoleum.
Maut *f* -, **-en** (*S Ger, Aus*) toll.
Mautgebühr *f* toll(-charge); **Mautstraße** *f*
toll-road, turnpike (*US*).
maxi *adj pred* maxi. ~ **tragen** to wear a maxi.
Maxi- *in cpds* maxi-.
maximal I *adj* maximum. **II** *adv* (*höchstens*) at most. **bis zu** ~ **$100** up to a
maximum of $100.
Maximal- *in cpds* maximum.
Maxime *f* -, **-n** (*Liter, Philos*) maxim.
maximieren* *vt* (*Econ*) to maximize.

Maximierung f (*Econ*) maximization.
Maximum nt **-s**, **Maxima** maximum (*an + dat* of).
Mayonnaise [majɔˈnɛːzə] f **-**, **-n** mayonnaise.
Mazedonien [-iən] nt **-s** *siehe* **Makedonien**.
Mäzen m **-s**, **-e** patron.
MdB, M.d.B. [ɛmˈdeːˈbeː] m **-s**, **-s** *abbr of* **Mitglied des Bundestages** Member of the "Bundestag".
MdL, M.d.L. [ɛmˈdeːˈlɛl] m **-s**, **-s** *abbr of* **Mitglied des Landtages** Member of the "Landtag".
m.E. *abbr of* **meines Erachtens** in my opinion.
Mechanik f 1. *no pl* (*Phys*) mechanics *sing*. 2. (*rare*) *siehe* **Mechanismus**.
Mechaniker(in f) m **-s**, **-** mechanic.
mechanisch *adj* (*alle Bedeutungen*) mechanical. **~er Webstuhl** power loom; **~e Werkstatt** (*old*) engineering workshop.
mechanisieren* vt to mechanize.
Mechanisierung f mechanization.
Mechanisierungsprozeß m process of mechanization.
Mechanismus m mechanism; (*Methode, Arbeitsablauf*) machinery.
mechanistisch *adj* (*Philos, Psych*) mechanistic.
meck *interj* (*Ziege*) ~, ~! meh, meh!
Meckerei f (*inf*) moaning, grumbling, grousing.
Meckerfritze (*inf*) m belly-acher (*inf*), wailing Willie (*inf*); **Meckerliese** f (*inf*) moaning Minny (*inf*).
meckern vi (*Ziege*) to bleat; (*inf: Mensch*) to moan, to bleat (*inf*), to grouse.
Meckerziege f (*sl*) sourpuss (*inf*).
med. *abbr of* **medizinisch**.
Medaille [meˈdaljə] f **-**, **-n** (*Gedenkmünze*) medallion; (*bei Wettbewerben*) medal.
Medaillengewinner [meˈdaljən-] m medallist, medal winner.
Medaillon [medalˈjõː] nt **-s**, **-s** (*Bildchen*) medallion; (*Schmuckkapsel*) locket.
Mediävistik [mediɛˈvɪstɪk] f medieval studies *sing or pl*.
Medien [ˈmeːdiən] pl media pl.
Medienforschung f media research; **mediengerecht** *adj* suited to the media; **Medienpolitik** f (*mass*) media policy; **Medienverbund** m etw im ~ **lernen** to learn sth using the multi-media system.
Medikament nt medicine.
medikamentös *adj* medicinal.
Medikus m **-**, **Medizi** or **-se** (*hum*) quack (*hum inf*), doc (*inf*); (*esp Student*) medic (*inf*).
medioker *adj* (*geh*) mediocre.
Meditation f meditation.
meditativ *adj* (*liter*) meditative. **in ~er Versunkenheit** lost in meditation.
mediterran *adj* Mediterranean.
meditieren* vi to meditate.
Medium nt medium; (*Gram*) middle (voice).
Medizin f **-**, **-en** 1. *no pl* (*Heilkunde*) medicine. 2. (*inf: Heilmittel*) medicine. **das ist ~ für ihn** that's his medicine; (*fig: Lektion*) that'll teach him a lesson.

Medizinalassistent m houseman (*Brit*), intern (*US*); **Medizinalrat** m medical officer of health.
Medizinball m (*Sport*) medicine ball.
Mediziner(in f) m **-s**, **-**. 1. doctor. 2. (*Univ*) medic (*inf*).
medizinisch *adj* 1. (*ärztlich*) medical. **M~e Fakultät** school or faculty of medicine; **M~e Klinik** clinic for internal medicine; **~-technische Assistentin** medical assistant. 2. (*heilend*) *Kräuter, Bäder* medicinal; *Shampoo* medicated.
Medizinmann m, pl **-männer** medicine man, witchdoctor; (*hum: Arzt*) quack (*inf*), medico (*US inf*); **Medizinschränkchen** nt medicine cabinet or cupboard; **Medizinstudent** m medical student.
Meer nt **-(e)s**, **-e** 1. sea; (*Welt~*) ocean. **am ~(e)** by the sea; **diesseits/jenseits des ~es** at home/across the sea; **übers ~ fahren** to travel (across) the sea; **ans ~ fahren** to go to the sea(side); **über dem ~** above sealevel. 2. (*liter: riesige Menge*) sea.
Meerbusen m gulf, bay; **Bottnischer/Finnischer ~** Gulf of Bothnia/Finland; **Meerenge** f straits pl, strait.
Meeresalgen pl seaweed, marine algae pl (*spec*); **Meeresarm** m arm of the sea, inlet; **Meeresboden** m *siehe* **Meeresgrund**; **Meeresfauna** f marine fauna; **Meeresflora** f marine flora; **Meeresforschung** f oceanography; **Meeresfreiheit** f (*Jur*) freedom of the seas; **Meeresgrund** m seabed, sea bottom, bottom of the sea; **Meereshöhe** f *siehe* **Meeresspiegel**; **Meeresklima** nt maritime climate; **Meereskunde** f oceanography; **meereskundlich** *adj* oceanographic(al); **Meeresspiegel** m sea-level; **über/ unter dem ~** above/below sea-level; **Meeresstrand** m (*liter*) seashore, strand (*poet*); **Meeresstraße** f waterway; **Meeresströmung** f ocean current; **Meerestiefe** f depth (of the sea or ocean); **Meeresufer** nt seashore, coast.
Meergott m (*Myth*) sea-god; **Meergöttin** f sea-goddess; **meergrün** *adj* sea-green; **Meerjungfer, Meerjungfrau** f mermaid; **Meerkatze** f long-tailed monkey, guenon; **Meerrettich** m horseradish; **Meersalz** nt sea salt; **Meerschaumpfeife** f meerschaum (pipe); **Meerschweinchen** nt guineapig, cavy (*spec*); **meerumschlungen** *adj* (*poet*) seagirt (*poet*), sea-bound; **Meerungeheuer** nt sea-monster; **Meerwasser** nt sea water; **Meerwasserentsalzung** f desalination of sea water; **Meerwasserentsalzungsanlage** f desalination or desalting plant.
Meeting [ˈmiːtɪŋ] nt **-s**, **-s** (*esp DDR Pol, Sport*) meeting.
mega-, Mega- *in cpds* mega-.
Megahertz nt megahertz.
Megalith m **-en**, **-en** (*Archeol*) megalith.
Megalithgrab nt (*Archeol*) dolmen, megalithic tomb.
megaloman *adj* (*geh*) megalomanic; **Megalomanie** f (*geh*) megalomania; **Megalopolis** [megaˈloːpolɪs] f **-**, **-polen** [megaloˈpoːlən] megalopolis.

Megaphon [mega'fo:n] *nt* megaphone.
Megatonne *f* megaton; **Megatonnenbombe** *f* megaton bomb; **Megatote** *pl* megadeaths *pl*; **Megawatt** *nt indecl* megawatt.

Mehl *nt* **-(e)s, -e** flour; (*grober*) meal; (*Knochen~*) bonemeal; (*Pulver, Zement~*) powder.

Mehlbeere *f* berry of the whitebeam; **Mehlbrei** *m* pap, flummery.

mehlig *adj Äpfel, Kartoffeln* mealy.

Mehlkleister *m* flour paste; **Mehlkloß** *m* dumpling; **Mehlpapp** *m* (*inf*) mush (*inf*); **Mehlsack** *m* flour bag; **Mehlschwitze** *f* (*Cook*) roux; **Mehlspeise** *f* **1.** (*Gericht*) flummery; **2.** (*Aus*) (*Nachspeise*) sweet, dessert; (*Kuchen*) pastry; **Mehlsuppe** *f* gruel; **Mehltau** *m* (*Bot*) mildew.

mehr I *indef pron inv comp of* **viel, sehr** more. **was wollen Sie ~?** what more do you want?; **zu ~ hat es nicht gelangt** *or* **gereicht** that was all I/you *etc* could manage; **~ will er nicht bezahlen** he doesn't want to pay (any) more; **ist das alles, ~ kostet das nicht?** is that all it costs?; **je ~ er hat, je ~ er will** (*Prov*) the more he has, the more he wants; **sich für ~ halten** (*inf*) to think one is something more; **mit ~ oder weniger Erfolg** with a greater or lesser degree of success.

II *adv* **1.** (*in höherem Maße*) more. **immer ~** more and more; **~ oder weniger** *or* **minder** (*geh*) more or less; **~ lang als breit** more long than wide, longer than it is/they are wide; **~ Geschäftsmann als Arzt** more (of) a businessman than a doctor; **~ ein juristisches Problem** more (of) a legal problem; **war er frech/sind Sie beleidigt/hat es Ihnen geschmeckt? — ~ als das** was he cheeky/are you insulted/did you like it? — "cheeky/insulted/like" is not the word for it; **würden Sie das gerne tun? —ja, nichts ~ als das** would you like to? — there's nothing I'd rather do.

2. (+*neg: sonst, länger*) **ich habe kein Geld ~** I have no more money, I haven't any more money; **du bist doch kein Kind ~!** you're not a child any longer *or* any more!, you're no longer a child!; **es hat sich keiner ~ beworben** nobody else has applied; **es besteht keine Hoffnung ~** there's no hope left; **kein Wort ~!** not another word!; **es war niemand ~ da** there was no-one left, everyone had gone; **daran erinnert sich niemand ~** nobody can remember that any more; **er hat zu niemandem ~ Vertrauen** he doesn't trust anyone any more *or* any longer, he no longer trusts anyone; **wenn niemand ~ einsteigt, ...** if nobody else gets in ...; **das benutzt man nicht ~** that's not used any more *or* any longer, it's no longer used; **er lebt nicht ~** he is dead; **das darf nicht ~ vorkommen** that must not *or* never happen again; **nicht ~** not any longer, not any more, no more, no longer; **nicht ~ lange** not much longer; **nichts ~** nothing more; **ich kann nichts ~ sagen** I can say nothing more, I can't say anything more; **nie ~** never again, never more (*liter*); **ich will dich nie ~ wiedersehen** I never want to see you again, I don't ever want to see you

again; **mit nur ~ zwei Groschen** (*S Ger, Aus*) with only two pence left.

Mehr *nt* **-**, *no pl* **1.** (*esp Sw: Mehrheit*) majority. **2.** (*Zuwachs*) increase. **mit einem ~ an Mühe** with more effort.

Mehrarbeit *f* overtime, extra time *or* work; **Mehrausgabe** *f* extra *or* additional expense(s *pl*); **mehrbändig** *adj* in several volumes, multi-volume; **Mehrbedarf** *m* greater need (*an +dat* of, for); (*Comm*) increased demand, increase in *or* extra demand (*an +dat* for); **Mehrbetrag** *m* **1.** (*zusätzliche Zahlung*) extra *or* additional amount; **2.** (*Überschuß*) surplus; **mehrdeutig** *adj* ambiguous, equivocal; **Mehrdeutigkeit** *f* ambiguity, equivocalness; **mehrdimensional** *adj* multidimensional; **Mehreinnahme** *f* additional revenue.

mehren I *vt* (*liter*) (*vergrößern*) to augment, to increase; (*fördern*) to further. **II** *vr* (*geh: sich vermehren*) to multiply. **seid fruchtbar und mehret Euch!** (*Bibl*) be fruitful and multiply!

Mehrer *m* **-s, -** (*liter*) augmenter (*form*).

mehrere *indef pron* several; (*verschiedene auch*) various.

mehreres *indef pron* several *or* various things *pl*.

mehrerlei *indef pron inv* **1.** (*substantivisch*) several things *pl*. **2.** (*adjektivisch*) several kinds of.

mehrfach I *adj* multiple; (*zahlreich*) numerous; (*wiederholt*) repeated. **ein ~es Millionär** a multimillionaire; **der ~e Meister im 100-m-Lauf** the man who has several times been the 100 metres champion; **die Unterlagen in ~er Ausfertigung einsenden** to send in several copies of the documents.

II *adv* (*öfter*) many *or* several times; (*wiederholt*) repeatedly.

Mehrfache(s) *nt decl as adj* **das ~** *or* **ein ~s des Kostenvoranschlags** several times the estimated cost; **verdient er wirklich mehr? — ja, ja, das ~** *or* **ein ~s** does he earn more? — oh yes, several times as much.

Mehrfachstecker *m* (*Elec*) multiple adaptor; **Mehrfamilienhaus** *nt* multiple dwelling (*form*), house for several families; **Mehrfarbendruck** *m* **1.** *no pl* (*Verfahren*) colour *or* polychromatic (*form*) printing; **2.** (*Druck*) colour *or* polychromatic (*form*) print; **mehrfarbig** *adj* multicoloured, polychromatic (*form*); **Mehrgewicht** *nt* additional *or* excess weight; (*Übergewicht*) excess weight.

Mehrheit *f* **1.** *no pl* (*größerer Teil*) majority (*with sing or pl vb*). **weitaus in der ~** in the vast majority.

2. (*Stimmenmehrheit*) majority. **die absolute/einfache** *or* **relative ~** an absolute/a simple majority, plurality (*US*); **die ~ haben** *or* **besitzen/gewinnen** *or* **erringen** to have/win *or* gain a majority; **die ~ der Stimmen auf sich vereinigen** to secure a majority of votes; **die ~ verlieren** to lose one's majority; **mit zwei Stimmen ~** with a majority of two.

mehrheitlich *adj* **wir sind ~ der Ansicht, daß ...** the majority of us think(s) that ...;

der Stadtrat hat ~ beschlossen ... the town council has reached a majority decision ...

Mehrheitsbeschluß *m*, **Mehrheits-|entscheidung** *f* majority decision; **Mehrheitsgrundsatz** *m* principle of majority rule; **Mehrheitsparteien** *pl* majority parties *pl*; **Mehrheitswahl** *f* first-past-the-post election; **Mehrheitswahlrecht** *nt* first-past-the-post system, majority vote system.

mehrjährig *adj attr* of several years; **~e Klinikerfahrung** several years of clinical experience; **Mehrkampf** *m* (*Sport*) multi-discipline event; **Mehrkosten** *pl* additional costs *pl*; (*in Hotel etc*) additional expenses *pl*; **Mehrladegewehr** *nt*, **Mehrlader** *m* **-s, -** repeater, repeater rifle; **mehrmalig** *adj attr* repeated; **mehrmals** *adv* several times, repeatedly; **Mehrparteiensystem** *nt* multi-party system; **mehrsilbig** *adj* polysyllabic, multisyllabic; **mehrsprachig** *adj* multilingual, polyglot; **~ aufwachsen** to grow up multilingual *or* speaking several languages; **Mehrsprachigkeit** *f* multilingualism; **mehrstimmig** *adj* (*Mus*) for several voices; **~er Gesang** part-singing; **~ singen** to sing in harmony; **Mehrstimmigkeit** *f* (*Mus*) polyphony; **mehrstöckig** *adj* multistorey; **~ bauen** to build *or* erect multistorey buildings; **Mehrstufenrakete** *f* multistage rocket; **mehrstufig** *adj* multistage; **mehrstündig** *adj attr* lasting several hours; **mit ~er Verspätung eintreffen** to arrive several hours late; **mehrtägig** *adj attr Konferenz* lasting several days; **nach ~er Abwesenheit** after an absence of several days, after several days' absence.

Mehrung *f* (*liter*) increase.

Mehrverbrauch *m* additional consumption; **Mehrwert** *m* (*Econ*) surplus value; **mehrwertig** *adj* (*Chem*) polyvalent, multivalent; **Mehrwertsteuer** *f* value added tax, VAT; **mehrwöchig** *adj attr* lasting several weeks; *Abwesenheit* of several weeks.

Mehrzahl *f, no pl* **1.** (*Gram*) plural. **2.** (*Mehrheit*) majority.

mehrzeilig *adj* of several lines.

Mehrzweck- *in cpds* multipurpose.

meiden *pret* **mied,** *ptp* **gemieden** *vt* to avoid.

Meierei *f* **1.** (*dial: Molkerei*) dairy (farm). **2.** (*old: Pachtgut*) leasehold farm.

Meile *f* **-, -n** mile; (*old: 4,8 km*) league. **das riecht man drei ~n gegen den Wind** (*inf*) you can smell *or* tell that a mile off (*inf*).

Meilenstein *m* (*lit, fig*) milestone; **meilenweit I** *adj* of many miles; **~e Sandstrände** miles and miles of sandy beaches; **II** *adv* for miles; **~ auseinander/entfernt** (*lit, fig*) miles apart/away; **Meilenzähler** *m* mileometer, clock (*inf*).

Meiler *m* **-s, -** (*Kohlen~*) charcoal kiln *or* pile; (*dated: Atom~*) (atomic) pile.

mein I *poss pron* **1.** (*adjektivisch*) my. **~ verdammtes Auto** this damn (*inf*) car of mine; **ich trinke so ~e fünf Flaschen Bier pro Tag** I drink my five bottles of beer a day.

2. (*old: substantivisch*) mine. **~ und dein verwechseln** (*euph*) to take what doesn't belong to one.

II *pers pron gen of* **ich** (*old, poet*) of me.

Mein|eid *m* perjury *no indef art.* **einen ~ leisten** *or* **ablegen** to perjure oneself, to commit perjury.

mein|eidig *adj* perjured. **~ werden** to commit perjury, to perjure oneself.

meinen I *vi* (*denken, glauben*) to think. **ich würde/man möchte ~** I/one would think; **ich meine, ...** I think ..., I reckon ... (*inf*); **~ Sie?** (do) you think so?, do you reckon? (*inf*); **wie ~ Sie?** I beg your pardon?; **ich meine nur so** (*inf*) it was just a thought; **wie Sie ~!** as you wish; (*drohend auch*) have it your own way; **man sollte ~** one would have thought.

II *vt* **1.** (*der Ansicht sein*) to think. **was ~ Sie dazu?** what do you think *or* say?; **~ Sie das im Ernst?** are you serious about that?; **das will ich ~!** I quite agree!; **das sollte man ~!** one would think so.

2. (*sagen wollen*) to mean; (*inf: sagen*) to say. **was ~ Sie damit?, wie ~ Sie das?** what *or* how do you mean?; (*drohend*) (just) what do you mean by that?

3. (*geh: bedeuten*) to mean.

4. (*bezeichnen wollen*) to mean. **damit bin ich gemeint** ⌐ɪ ɪ̂ ⌐ meant for me, they mean/he means *etc* me.

5. (*beabsichtigen*) to mean, to intend. **so war es nicht gemeint** it wasn't meant like that; **sie meint es gut** she means well; **er meint es ehrlich mit dem Mädchen** his intentions towards the girl are honourable; **sie meint es nicht böse** she means no harm, she doesn't mean any harm; **die Sonne hat es aber heute wieder gut gemeint!** the sun's done its best for us again today.

meiner *pers pron gen of* **ich** of me.

meine(r, s) *poss pron* (*substantivisch*) mine. **der/die/das ~** (*geh*) mine; **ich tue das M~e** (*geh*) I'll do my bit; **das M~e** (*geh: Besitz*) what is mine; **die M~n** (*geh: Familie*) my people, my family.

meinerseits *adv* as far as I'm concerned, for my part. **ich ~** I personally *or* myself, I for my part; **Vorschläge/Einwände ~** suggestions/objections from me; **ganz ~!** the pleasure's (all) mine; (*iro*) so do/are you.

meinesgleichen *pron inv* (*meiner Art*) people such as I *or* me, people like me *or* myself; (*gleichrangig*) my own kind, my equals; **Leute** *or* **Menschen ~** (*meiner Art*) people like me *or* myself; (*gleichrangig*) people of my own kind, my equals; **meinesteils** *adv* for my part.

meinethalben (*dated*), **meinetwegen** *adv* **1.** (*wegen mir*) because of me, on account of me, on my account; (*mir zuliebe auch*) for my sake; (*um mich*) about me; (*für mich*) on my behalf; **2.** (*von mir aus*) as far as I'm concerned; **~!** if you like; **wenn Ihr das tun wollt, ~, aber ...** if you want to do that, fair enough (*inf*), but ...; **meinetwillen** *adv*: **um ~** for my sake, on my account.

meinige *poss pron* **der/die/das ~** (*form, old*) mine; **die M~n** (*geh*) my family, my people.

meins *poss pron* mine.

Meinung *f* opinion; (*Anschauung auch*) view; (*Urteil*) judgement, estimation. **eine vorgefaßte** ~ a preconceived idea; **nach meiner** ~, **meiner** ~ **nach** in my opinion *or* view; **ich bin der** ~, **daß ...** I'm of the opinion that ..., I take the view that ...; **seine** ~ **ändern** to change one's opinion *or* mind; **einer** ~ **sein** to share the same opinion, to think the same; **was ist Ihre** ~ **dazu?** what's your opinion *or* view (about *or* on that)?; **von seiner** ~ **eingenommen sein** to be opinionated; **das ist auch meine** ~! that's just what I think; **jdm (kräftig** *or* **vernünftig) die** ~ **sagen** (*inf*) to give sb a piece of one's mind (*inf*).

Meinungs|äußerung *f* (expression of) opinion; **Meinungs|austausch** *m* exchange of views (*über* +*acc* on, about); **meinungsbildend** *adj* opinion-forming; ~ **wirken** to shape public opinion; **Meinungsbildung** *f* formation of opinion; **Meinungsforscher** *m* (opinion) pollster; **Meinungsforschung** *f* (public) opinion polling *or* research; **Meinungsforschungs|institut** *nt* opinion research institute; **Meinungsfreiheit** *f* freedom of speech; **Meinungsmacher** *m* (*inf*) opinion-maker, opinion-leader; **Meinungsmanipulation** *f* manipulation of (public) opinion; **Meinungs|umfrage** *f* (public) opinion poll; **Meinungs|umschwung** *m* swing of opinion; **Meinungsverschiedenheit** *f* difference of opinion, disagreement.

Meise *f* -, **-n** titmouse. **eine** ~ **haben** (*sl*) to be crackers (*inf*).

Meißel *m* -s, - chisel.

meißeln *vti* to chisel.

Meiß(e)ner *adj* ~ **Porzellan** Dresden *or* Meissen china.

meist *adv siehe* **meistens.**

Meistbegünstigungsklausel *f* (*Econ Pol*) most-favoured-nation clause; **meistbietend** *adj* highest bidding; ~ **versteigern** to sell *or* auction (off) to the highest bidder.

meisten: am ~ *adv* **1.** *superl of* **viel** the most. **2.** *superl of* **sehr** most of all. **am** ~ **bekannt** best known.

meistens *adv* mostly, more often than not; (*zum größten Teil*) for the most part.

meistenteils *adv siehe* **meistens.**

Meister *m* -s, - **1.** (*Handwerks*~) master (craftsman); (*in Laden*) boss (*inf*); (*in Fabrik*) foreman, boss (*inf*); (*sl: als Anrede*) guv (*Brit sl*), chief (*Brit sl*), mac (*US sl*); (*Sport*) champion; (*Mannschaft*) champions *pl.* **seinen** ~ **machen** to take one's master craftsman's diploma; **jawohl,** ~ yes, sir; (*Mus*) yes, maestro.
2. (*Lehr*~, *Künstler*) master (*auch fig*). **alter** ~ (*Art*) old master; ~ **vom Stuhl** (*fig*) Master of the Lodge; **er hat seinen** ~ **gefunden** (*fig*) he's met his match; ~ **einer Sache** (*gen*) *or* **in etw** (*dat*) past master at sth; **es ist noch kein** ~ **vom Himmel gefallen** (*Prov*) no-one is born a master.
3. (*old liter*) master. ~ **Zwirn** Snip, the tailor; ~ **Knieriem** *or* **Pfriem/Lampe** Master Cobbler/Hare; ~ **Urian** Old Nick.

meiste(r, s) *indef pron superl of* **viel**

1. (*adjektivisch*) **die** ~**n Leute** most people; **die** ~**n Leute, die ...** most people who ..., most of the people who ...; **du hast die** ~ **Zeit** you have (the) most time. **2.** (*substantivisch*) **die** ~**n** most people; **die** ~**n (von ihnen)** most (of them), the majority (of them); **das** ~ most of it; **du hast das** ~ you have (the) most.

Meister- *in cpds* master; **Meisterbrief** *m* master craftsman's diploma *or* certificate; **Meistergesang** *m* (*Liter*) poetry of the meistersingers; **meisterhaft I** *adj* masterly; **II** *adv* in a masterly manner; **er versteht es** ~, **...** he is brilliant at ...; **Meisterhand** *f:* **von** ~ by a master hand.

Meisterin *f* (*Handwerks*~) master craftswoman; (*in Fabrik*) forewoman; (*Sport*) champion. **Frau** ~! (*old*) madam!

Meisterklasse *f* master class; **Meisterleistung** *f* masterly performance; (*iro*) brilliant achievement.

meisterlich *adj siehe* **meisterhaft.**

meistern *vt* to master; *Schwierigkeiten* to overcome. **sein Leben** ~ to come to grips with one's life.

Meisterprüfung *f* examination for master craftsman's diploma *or* certificate.

Meisterschaft *f* **1.** (*Sport*) championship; (*Veranstaltung*) championships *pl.*
2. (*Können*) mastery. **es zu wahrer** ~ **bringen** (*als Künstler etc*) to become really proficient *or* expert, to achieve real mastery *or* proficiency; (*als Dieb etc*) to get it down to a fine art.

Meisterschüler *m* (*Art*, *Mus*) pupil *in a master class*; **Meisterschütze** *m* marksman; **Meistersinger** *m* (*Hist*) meistersinger, mastersinger; **Meisterstück** *nt* (*von Handwerker*) *work done to qualify as master craftsman*; (*fig*) masterpiece; (*geniale Tat*) master stroke; **Meistertitel** *m* (*im Handwerk*) title of master craftsman; (*Sport*) championship title.

Meisterung *f, no pl* mastery.

Meisterwerk *nt* masterpiece.

Meistgebot *nt* highest bid, best offer; **meistgefragt** *adj attr* most popular, most in demand; *Wohngegend auch* most sought-after; **meistgekauft** *adj attr* best-selling; **meistgelesen** *adj attr* most widely read; **meistgenannt** *adj attr* most frequently mentioned.

Mekka *nt* -s (*Geog*, *fig*) Mecca.

Melancholie [melaŋkoˈliː] *f* melancholy.

Melancholiker(in *f*) [melaŋˈkoːlikɐ, -ərɪn] *m* -s, - melancholic.

melancholisch [melaŋˈkoːlɪʃ] *adj* melancholy.

Melange [meˈlãːʒə] *f* -, **-n 1.** (*rare: Mischung*) blend. **2.** (*Aus: Milchkaffee*) white coffee (*Brit*), coffee with milk.

Melasse *f* -, **-n** molasses.

Melde|amt, Meldebüro (*inf*) *nt* registration office; **Meldebehörde** *f* registration authorities *pl*; **Meldefrist** *f* registration period.

melden I *vt* **1.** (*anzeigen*) *Unfall, Verlust, ansteckende Erkrankungen* to report; (*berichten*) to report; (*registrieren*) to register; (*denunzieren*) to report. **wie soeben gemeldet wird** (*Rad*, *TV*) according to reports just coming in; **das wird**

gemeldet! (*Sch*) I'll tell on you (*Sch inf*); **(bei jdm)** nichts zu ~ **haben** (*inf*) to have no say; **er hat hier nichts zu** ~ (*inf*) he has no say in this; **melde gehorsamst** (*old Mil*) beg to report.

2. (*ankündigen*) to announce. **ich ging zur Sekretärin und ließ mich beim Direktor** ~ I went to the secretary and asked her to tell the director that I was there; **wen darf ich ~?** who(m) shall I say (is here)?, who(m) shall I announce?

II *vi* (*Cards*) to meld.

III *vr* **1.** to report (*zu* for). **sich freiwillig** ~ (*Mil*) to volunteer; **sich zu** *or* **für etw** ~ (*esp Mil*) to sign up for *or* volunteer for sth; (*für Arbeitsplatz*) to apply for sth; (*für Lehrgang*) to enrol *or* sign on for sth; **sich krank/zum Dienst** ~ to report sick/for work; **sich auf eine Anzeige** ~ to answer an advertisement; **polizeilich gemeldet sein** ~ be registered with the police; **sich stündlich** ~ to report in every hour.

2. (*fig: sich ankündigen*) to announce one's presence; (*Sport, zur Prüfung*) to enter (one's name) (*zu* for); (*durch Handaufheben*) to put one's hand up, to hold up one's hand; (*Rad, TV*) to come on the air.

3. (*esp Telec: antworten*) to answer. **bitte ~!** (*Telec*) come in, please; **es meldet sich niemand** there's no answer.

4. (*von sich hören lassen*) to get in touch (*bei* with). **melde dich wieder** keep in touch; **seitdem hat er sich nicht mehr gemeldet** he hasn't been heard of since; **wenn du was brauchst, melde dich** if you need anything give a shout (*inf*) *or* let me know.

Meldepflicht *f* compulsory registration, obligation to register; **polizeiliche** ~ obligation to register with the police; **meldepflichtig** *adj* **1.** obliged to register; **2.** *Krankheit* notifiable; **Meldeschein** *m* registration form; **Meldeschluß** *m* closing date (for entries); **Meldestelle** *f* place of registration; **Meldezettel** *m* (*Aus*) certificate of registration.

Meldung *f* **1.** (*Mitteilung*) announcement.

2. (*Press, Rad, TV*) report (*über* +*acc* on, about). **~en in Kürze** news headlines *pl*; **~en vom Sport** sports news *sing*.

3. (*dienstlich*) report. **(eine) ~ machen** to make a report.

4. (*bei der Polizei*) report.

5. (*Sport, Examens~*) entry. **seine ~ zurückziehen** to withdraw.

meliert *adj Haar* greying, streaked with grey; *Wolle* flecked. **sein Haar war grau** ~ his hair was streaked with grey.

Melisse *f* -, **-n** balm.

Melissengeist *m* balm spirit.

Melk- *in cpds* milking.

melken *pret* **melkte** *or* (*old*) **molk**, *ptp* **gemolken** *or* (*rare*) **gemelkt** *vti* **1.** to milk. **frisch gemolkene Milch** milk fresh from the cow; **eine ~de Kuh** a milker, a milking *or* dairy cow; (*fig*) a milch-cow.

2. (*fig inf*) to milk (*inf*), to fleece (*inf*).

Melker *m* -**s**, **-** milker.

Melkerei *f* (*Milchwirtschaft*) dairy (farm).

Melkerin *f* milkmaid.

Melodie *f* melody; (*Weise auch*) tune.

nach der ~ **von ...** to the tune of ...

Melodien- [-'di:ən-]: **Melodienfolge** *f*, **Melodienreigen** *m* (*Rad*) medley of tunes.

Melodik *f* **1.** (*Theorie*) melodics *sing*.

2. (*musikalische Eigenart*) musical idiom.

melodiös *adj* (*geh*) melodious.

melodisch *adj* melodic, tuneful.

Melodram(a) *nt* -**s**, **Melodramen** (*liter*) melodrama (*auch fig*).

melodramatisch *adj* melodramatic (*auch fig*).

Melone *f* -, **-n 1.** melon. **2.** (*Hut*) bowler (*Brit*), derby (*US*).

Membran(e) *f* -, **Membrane** *or* **Membranen 1.** (*Anat*) membrane. **2.** (*Phys, Tech*) diaphragm.

Memento *nt* -**s**, **-s** (*liter*) admonition, warning.

Memme *f* -, **-n** (*inf*) cissy (*sl*).

Memoiren [me'moa:rən] *pl* memoirs *pl*.

Memorandum *nt* -**s**, **Memoranden** *or* **Memoranda** (*Pol*) memorandum.

memorieren* *vt* (*old*) **1.** to memorize, to commit to memory. **2.** (*aufsagen*) to recite (from memory).

Menage [me'na:ʒə] *f* -, **-n 1.** (*Gewürzständer*) cruet (stand). **2.** (*Aus: Verpflegung*) rations *pl*.

Menagerie [menaʒə'ri:] *f* menagerie.

Menarche *f* -, *no pl* (*Med*) menarche (*spec*), first menstruation.

Mendelevium [mende'le:viʊm] *nt*, *no pl* (*abbr* **Md**) mendelevium.

mendeln *vi* (*Biol*) to mendelize (*spec*), to conform to Mendel's laws.

Mendelsche Regeln *pl* (*Biol*) Mendel's laws *pl*.

Menetekel *nt* -**s**, **-** (*liter*) warning sign, portent. **das ~ an der Wand** the writing on the wall.

Menge *f* -, **-n 1.** (*Quantum*) amount, quantity. **in ~n zu** in quantities of.

2. (*inf*) (*große Anzahl*) lot, load (*inf*); (*Haufen auch*) pile (*inf*), heap (*inf*). **eine ~ a lot**, lots (*inf*); **eine ~ Zeit/Häuser** a lot *or* lots (*inf*) of time/houses; **jede ~ masses** *pl* (*inf*), loads *pl* (*inf*); **jede ~ Zeit/Geld** masses (*inf*) *or* loads (*inf*) of time/money; **wir haben jede ~ getrunken** we drank an enormous amount *or* a hell of a lot (*inf*); **es gab Wein jede ~** there was masses *or* loads of wine (*inf*); **eine ganze ~** quite a lot; **sie bildet sich eine ~ auf ihre Schönheit ein** she's incredibly conceited about her looks; **Bücher in ~n** any amount of books; *siehe* **rauh.**

3. (*Menschen~*) crowd; (*geh: Masse*) mass; (*das Volk*) people; (*pej: Pöbel*) mob.

4. (*Math*) set.

mengen I *vt* (*geh*) to mix (*unter* +*acc* with). **II** *vr* to mingle (*unter* +*acc* with); (*fig: sich einmischen*) to meddle, to interfere (*in* +*acc* with, in).

Mengenbegriff *m* uncountable noun; (*Math*) concept of the set; **Mengenlehre** *f* (*Math*) set theory; **mengenmäßig** *adj* as far as quantity is concerned, quantitative; **Mengenrabatt** *m* bulk discount.

Menhir *m* -**s**, **-e** (*Archeol*) standing stone, menhir.

Meningitis [menɪŋˈgiːtɪs] *f* -, **Meningit|den** (*Med*) meningitis.

Meniskus *m* -, **Menisken** (*Anat, Phys*) meniscus; (*Phot auch*) meniscal lens.

Menjoubärtchen [ˈmɛnʒu-] *nt* pencil moustache.

Mennige *f* -, *no pl* minium, red lead.

Menopause *f* (*Med*) menopause.

Mensa *f* -, **Mensen** (*Univ*) canteen, refectory (*Brit*), commons (*US*).

Mensch[1] *m* -en, -en **1.** (*Person*) person, man/woman. **ein anderer ~ werden** to become a different man/woman *or* person; **ein neuer ~ werden** to become a new person *or* man/ woman; **von ~ zu ~** man-to-man/woman-to-woman; **es war kein ~ da** there was nobody *or* not a soul there; **als ~** as a person; **des ~en Wille ist sein Himmelreich** (*Prov*) do what you want if it makes you happy (*inf*); **das konnte kein ~ ahnen!** no-one (on earth) could have foreseen that!; **viel unter (die) ~en kommen** to meet a lot of people, to get around (a lot); **man muß die ~en nehmen, wie sie sind** you have to take people as they are *or* come.

2. (*als Gattung*) **der ~** man; **die ~en** man *sing*, human beings *pl*; **die Ruritanier sind gutmütige ~en** the Ruritanians are a good-natured race *or* are good-natured people; **~ bleiben** (*inf*) to stay human; **ich bin auch nur ein ~!** I'm only human; **wer so etwas macht, ist kein ~ mehr** somebody who does something like that is not human; **wie die ersten/letzten ~en** (*inf*) like animals; **~ und Tier** man and beast; **alle ~en müssen sterben** we are all mortal.

3. (*die Menschheit*) **die ~en** mankind, man; **des ~en Sohn** (*Bibl*) the Son of Man; **alle ~en** everyone; **so sind die ~en** that's human nature.

4. (*inf: als Interjektion*) hey; (*erstaunt auch*) wow, blimey (*Brit sl*). **~, hat die Beine!** hey *or* wow! has she got a pair of legs! (*inf*); **~, das habe ich ganz vergessen!** damn (*inf*), I completely forgot; **~, da habe ich mich aber getäuscht!** boy, was I wrong! (*inf*); **~, habe ich mich beeilt/ geärgert!** boy, did I rush/was I angry! (*inf*); **~ Meier!** golly! (*inf*), gosh! (*inf*).

Mensch[2] *nt* -(e)s, -er (*sl*) cow (*sl*); (*liederlich*) slut.

Mensch ärgere dich nicht *nt* - - - -, *no pl* (*Spiel*) ludo.

Menschen- *in cpds* human: **Menschen|affe** *m* ape, anthropoid (ape); **menschen|ähnlich** *adj* man-like, like a human being/human beings; **Menschen|alter** *nt* **1** (*30 Jahre*) generation; **2.** (*Lebensdauer*) lifetime; **Menschen|ansammlung** *f* gathering (of people); **menschen|arm** *adj* sparsely populated; **Menschen|auflauf** *m* crowd (of people); **Menschenfeind** *m* misanthropist; **menschenfeindlich** *adj* Mensch misanthropic; *Landschaft etc* hostile to man, inhospitable; **Menschenfleisch** *nt* human flesh; **Menschenfresser(in** *f*) *m* **-s, -** 1. (*inf: Kannibale*) cannibal; (*Raubtier*) man-eater; 2. (*Myth*) ogre; **menschenfresserei** *f* (*inf*) cannibalism; **Menschenfreund** *m* philanthropist;

menschenfreundlich *adj* Mensch philanthropic, benevolent; *Gegend* hospitable; **Menschenfreundlichkeit** *f* philanthropy, benevolence; **aus reiner ~** from the sheer goodness of one's heart; **Menschenführung** *f* leadership; **Menschengedenken** *nt* **der kälteste Winter seit ~** the coldest winter in living memory; **hier hat sich seit ~ nichts geändert** nothing has changed here from time immemorial; **Menschengestalt** *f* human form; **ein Teufel** *or* **Satan** *or* **Scheusal in ~** a devil in disguise; **Menschenhand** *f* human hand; **von ~ geschaffen** fashioned by the hand of man; **das liegt nicht in ~** that is beyond man's control; **Menschenhandel** *m* slave trade; (*Jur*) trafficking (in human beings); **(staatsfeindlicher) ~** (*DDR*) subversive smuggling of human beings; **Menschenhändler** *m* slave trader; (*Jur*) trafficker (in human beings); (*DDR*) smuggler of human beings; **Menschenhaß** *m* misanthropy, hatred of people; **Menschenjagd** *f* manhunts *pl*, man-hunting; **eine ~** a manhunt; **Menschenjäger** *m* man-hunter; **Menschenkenner** *m* judge of character, connoisseur of human nature; **Menschenkenntnis** *f*, *no pl* knowledge of human nature; **~ haben** to know human nature; **Menschenkind** *nt* creature, soul; **Menschenkunde** *f* anthropology; **Menschenleben** *nt* human life; **ein ~ lang** a whole lifetime; **~ beklagen** to report fatalities; **~ waren nicht zu beklagen** there was no loss of life, no fatalities were reported; **Verluste an ~** loss of human life; **menschenleer** *adj* deserted; **Menschenliebe** *f* **1.** (*Bibl*) human love; **2.** (*Nächsten~*) love of mankind, philanthropy; **aus reiner ~** from the sheer goodness of one's heart; **Menschenmasse** *f* crowd *or* mass (of people); **Menschenmaterial** *nt* (*Mil sl*) manpower; **gutes ~** good (human) resources; **Menschenmenge** *f* crowd (of people); **menschenmöglich** *adj* humanly possible; **das ist doch nicht ~!** (*inf*) that's ridiculous (*inf*); **das ~e tun** to do all that is humanly possible; **Menschen|opfer** *nt* **1.** human sacrifice; **2.** (*~leben*) **es waren ~ zu beklagen** there were (some) fatalities; **Menschenraub** *m* (*Jur*) kidnapping; **Menschenrecht** *nt* human right; **die Allgemeine Erklärung** *or* **Deklaration der ~e** the Universal Declaration of Human Rights; **Menschenrechtskonvention** *f* Human Rights Convention; **Menschenscheu** *f* fear of people; **menschenscheu** *adj* afraid of people; **Menschenschlag** *m* (*inf*) kind of people, breed (*inf*); **Menschenseele** *f* human soul; **keine ~** (*fig*) not a (living) soul.

Menschenskind *interj* (*inf*) good heavens, heavens above.

Menschensohn *m* (*Bibl*) Son of Man; **menschen|unmöglich** *adj* absolutely impossible; **das M~e versuchen/vollbringen** to attempt/achieve the impossible; **menschen|unwürdig** *adj* beneath human dignity; *Behandlung* inhumane; *Behausung* unfit for human habitation;

Menschenver|ächter *m* despiser of mankind; **Menschenver|achtung** *f* contempt for mankind; **Menschenverstand** *m* human understanding *no art*; **gesunder ~** common sense; **Menschenwerk** *nt* (*old, liter*) work of man; **alles ~ ist vergänglich** all works of men are transient; **Menschenwürde** *f* human dignity *no art*; **menschenwürdig** *adj Behandlung* humane; *Unterkunft* fit for human habitation; **~ leben** to live in conditions fit for human beings.

Menschheit *f* **die ~** mankind, humanity; **zum Wohle der ~** for the benefit of mankind *or* the human race; **Verdienste um die/im Namen der ~** services to/in the name of humanity.

Menschheitsgeschichte *f* history of the human race *or* of mankind.

menschlich *adj* **1.** human. **das ~e Leben** human life; **der ~e Körper/Geist** the human body/mind; **die ~e Gesellschaft/ Gemeinschaft** the society of man/the human community; **jede ~e Hilfe kam zu spät für sie** she was beyond human help.
2. (*inf: zivilisiert*) human. (**einigermaßen**) **~ aussehen** (*inf*) to look more or less human.
3. (*human*) *Behandlung etc* humane. **eine ~e Seite haben** to have a human side to one.

Menschlichkeit *f*, *no pl* humanity *no art*. **aus reiner ~** on purely humanitarian grounds.

Menschlichkeitsverbrechen *nt* crime against humanity.

Menschwerdung *f* **1.** (*Bibl*) incarnation. **2.** (*Biol*) anthropogenesis.

Mensen *pl of* **Mensa.**

Menstruation [mɛnstrua'tsioːn] *f* menstruation.

menstruieren* *vi* to menstruate.

Mensur *f* (*Univ*) (students') fencing bout. **eine ~ schlagen** *or* **fechten** to fight a duel.

Mentalität *f* mentality.

Menthol *nt* **-s, -e** menthol.

Mentor *m* **1.** (*dated, geh*) mentor. **2.** (*Sch*) ≃ tutor.

Menü, Menu (*geh*) *nt* **-s, -s** (*Tages~*) set meal *or* menu, table d'hôte (*form*). **~ essen** to have one of the set meals, to have the set menu; **~ des Tages** (set) meal of the day.

Menuett *nt* **-s, -e** (*Tanz, Kunstmusik*) minuet.

Mercatorprojektion *f* Mercator('s) projection.

Mergel *m* **-s, -** (*Geol*) marl.

Mergelboden *m* (*Geol*) marly *or* marlaceous (*spec*) soil.

Meridian *m* **-s, -e** (*Astron, Geog*) meridian.

Merinowolle *f* merino wool.

Meriten *pl* (*geh*) merits *pl*. **sich** (*dat*) **~ um etw erwerben** to receive plaudits for sth; **auf seinen alten ~ ruhen** to rest on one's laurels *or* on one's past merits.

merkantil *adj* (*Hist, geh*) mercantile.

Merkantilismus *m* (*Hist*) mercantilism.

merkantilistisch *adj* (*Hist*) mercantilist(ic).

merkbar *adj* **1.** (*wahrnehmbar*) noticeable. **2.** (*zu behalten*) retainable; **leicht/schwer ~** easy/difficult to remember *or* retain;

Merkblatt *nt* leaflet; (*mit Anweisungen auch*) instructions *pl*.

merken I *vt* **1.** (*wahrnehmen, entdecken*) to notice; (*spüren*) to feel; (*erkennen*) to realize. **ich merke nichts** I can't feel anything; **davon habe ich nichts gemerkt** I didn't notice anything; **jdn etw ~ lassen** to make sb feel sth; **hat er dich etwas ~ lassen?** did you notice anything in the way he behaved?; **woran hast du das gemerkt?** how could you tell that?; **wie soll ich das ~?** how am I supposed to tell (that)?; **du merkst auch alles!** (*iro*) nothing escapes you, does it?, you *are* observant(, aren't you)?; **das merkt jeder/keiner!** everyone/ no-one will notice!; **das ist kaum zu ~, davon merkt man kaum etwas** it's hardly noticeable; **das ist zu ~** you can tell; **ich merke keinen Unterschied** I can't tell the difference; (*weil es keinen gibt*) I can't see a difference.
2. (*im Gedächtnis behalten*) to remember, to retain. **das kann man leicht ~** that's easy to remember; **merke: ...** NB *or* note: ...

II *vr* **1.** (*im Gedächtnis behalten*) **sich** (*dat*) **jdn/etw ~** to remember sb/sth; **das werde ich mir ~!, ich werd's mir ~!** (*inf*) I'll remember that, I won't forget that; **das hat er sich gemerkt** he's taken that/it to heart; **merk dir das!** mark my words!
2. (*im Auge behalten*) to remember, to make a note of. **sich** (*dat*) **eine Autonummer ~** to make a (mental) note of a licence number; **~ Sie sich** (*dat*) **den Mann!** keep an eye on that man; **diesen Schriftsteller wird man sich** (*dat*) **~ müssen** this author is someone to take note of.

merklich *adj* noticeable, marked, distinct. **kein ~er Unterschied** no noticeable difference.

Merkmal *nt* **-s, -e** characteristic, feature; (*Biol, Zool*) distinctive mark *or* marking. **„besondere ~e: ...“** "distinguishing marks: ...".

Merkur *m* **-s**, *no pl* (*Myth, Astron*) Mercury; (*obs: Quecksilber*) quicksilver, mercury.

Merkvers *m* (*Sch*) jingle, mnemonic (rhyme) (*form*); **merkwürdig** *adj* strange, odd, curious; **er hat sich ganz ~ verändert** he has undergone a curious change; **merkwürdigerweise** *adv* strangely *or* oddly *or* curiously enough; **Merkwürdigkeit** *f* **1.** *no pl* strangeness, oddness; **2.** (*rare*) curiosity.

Mesalliance [meza'liãːs] *f* **-, -n** (*liter*) misalliance, mésalliance (*liter*).

meschugge *adj* (*sl*) nuts (*sl*), barmy (*Brit sl*), meshuga (*US sl*).

Meskalin *nt* **-s**, *no pl* mescalin(e).

Mesmerismus *m*, *no pl* mesmerism.

Mesner *m* **-s, -** (*dial*) *siehe* **Küster.**

Mesopotamien [-iən] *nt* **-s** Mesopotamia.

meßbar *adj* measurable; **Meßbecher** *m* (*Cook*) measuring jug; **Meßbuch** *nt* (*Eccl*) missal, Mass book; **Meßdiener** *m* (*Eccl*) server, acolyte (*form*).

Messe¹ *f* **-, -n** (*Eccl, Mus*) mass. **in die** *or* **zur ~ gehen** to go to mass; **die ~ lesen** *or* **halten** to say mass; **für jdn eine ~ lesen lassen** to have a mass said for sb.

Messe² *f* -, **-n** (trade) fair. **auf der** ~ at the fair.

Messe³ *f* -, **-n** (*Naut, Mil*) mess.

Messe- *in cpds* fair; **Messegelände** *nt* exhibition centre; **Messehalle** *f* fair pavilion.

messen *pret* **maß,** *ptp* **gemessen I** *vti* to measure; (*Tech: anzeigen auch*) to gauge; *Verlauf* to time; (*abschätzen*) *Entfernung etc* to judge, to gauge. **jds Blutdruck/ Temperatur** ~ (*Arzt etc*) to take sb's blood pressure/temperature; (*Instrument*) to measure sb's blood pressure/ temperature; **während ich lief, maß er die Zeit I** ran and he timed me *or* took the time; **seine Kräfte/Fähigkeiten mit jdm** ~ to match one's strength/skills against sb's, to try *or* measure one's strength/skills with sb; **seine Kräfte/Fähigkeiten an etw** (*dat*)~ to test one's strength/skills on sth; **etw an etw** (*dat*) ~ (*ausprobieren*) to try sth out on sth; (*vergleichen*) to compare sth with sth; **jdn mit den Blicken** ~ (*geh*) to look sb up and down.

II *vr* **1.** (*mit* against) (*geh: im Wettkampf*) to compete; (*in geistigem Wettstreit, es jdm gleichtun wollen*) to pit oneself.

2. sich mit jdm/etw nicht ~ **können** to be no match for sb/sth.

Messer *nt* -s, - knife; (*Tech auch*) cutter, blade; (*Rasier*~) (cut-throat) razor. **jdm ein** ~ **in den Leib stoßen, jdm ein** ~ **in den Bauch jagen** (*inf*) to stick a knife into sb; **unter dem** ~ **sein** (*Med inf*) to be under the knife; **jdm das** ~ **an die Kehle setzen** (*lit, fig*) to hold a knife to sb's throat; **die** ~ **wetzen** (*fig*) to get ready *or* prepare for the kill; **jdn der Mafia ans** ~ **liefern** to shop sb (*Brit sl*) *or* inform on sb to the Mafia; **ein Kampf/sich bekämpfen bis aufs** ~ (*fig*) a fight/to fight to the finish; **auf des** ~**s Schneide stehen** (*fig*) to be *or* hang (very much) in the balance, to be on a razor-edge *or* razor's edge; **es steht auf des** ~**s Schneide, ob ...** it's touch and go *or* it's very much in the balance whether ...; **es wird eine Nacht der langen** ~ **geben** (*fig*) heads will roll.

Messer- *in cpds* knife; **Messergriff** *m,* **Messerheft** *nt* knife handle; **Messerheld** *m* (*inf*) knifer (*inf*); **Messerrücken** *m* back of a/the knife; **messerscharf** *adj* (*lit, fig*) razor-sharp; ~ **schließen** (*iro*) to conclude with incredible logic (*iro*); **Messerschmied** *m* cutler; **Messerschneide** *f* knife edge; **Messerspitze** *f* knife point; **eine** ~ (**voll**) (*Cook*) a pinch; **Messerstecher(in** *f*) *m* -s, - knifer (*inf*); **Messerstecherei** *f* knife fight; **zur** *or* **in eine** ~ **ausarten** to end up in a knife fight; **Messerstich** *m* knife thrust; (*Wunde*) stab wound; **Messerwerfer** *m* knifethrower.

Messestadt *f* (town with an) exhibition centre; **Messestand** *m* stand (at the/a fair).

Meßgerät *nt* (*für Öl, Druck etc*) measuring instrument, gauge; **Meßgewand** *nt* chasuble; **Meßglas** *nt* graduated measure.

messianisch *adj* (*Rel, Philos*) Messianic.

Messias *m* -, **-se** (*Rel, fig*) Messiah.

Messing *nt* **-s,** *no pl* brass. **mit** ~ **beschlagen** brass-bound.

Messing- *in cpds* brass; **Messingblech** *nt* sheet brass; **Messingschild** *nt* brass plate.

Meß|instrument *nt* gauge; **Meß|opfer** *nt* (*Eccl*) Sacrifice of the Mass; **Meßstab** *m* **1.** (*Surv*) surveyor's staff; **2.** (*Aut: Öl*~ *etc*) dipstick; **Meßtisch** *m* (*Surv*) surveyor's table; **Meßtischblatt** *nt* ordnance survey map.

Messung *f* **1.** (*das Messen*) measuring; (*das Ablesen*) reading; (*von Blutdruck*) taking; (*Tech: das Anzeigen*) gauging. **2.** (*Meßergebnis*) measurement; (*Ableseergebnis*) reading.

Meßwein *m* (*Eccl*) Communion wine; **Meßwert** *m* measurement; (*Ableseergebnis*) reading.

Mestize *m* **-n, -n** mestizo.

Mestizin *f* mestiza.

Met *m* **-(e)s,** *no pl* mead.

Metall *nt* **-s, -e 1.** metal. **2.** (*geh: der Stimme*) metallic ring *or* timbre.

Metall- *in cpds* metal-; **Metall|arbeiter** *m* metalworker; **Metallbe|arbeitung** *f* metal processing, metalworking.

metallen *adj* metal; (*geh*) *Klang, Stimme* metallic.

Metaller(in *f*) *m* -s, - (*inf*) metalworker.

Metallgeld *nt* specie, metallic currency; **metallhaltig** *adj* metalliferous, metalline.

metallisch *adj* metal; (*metallartig*), (*fig*) *Stimme, Klang* metallic. ~ **glänzen** to gleam like metal.

Metallsäge *f* hacksaw.

Metallurge *m* **-en, -en, Metallurgin** *f* metallurgist.

Metallurgie *f* metallurgy.

metallurgisch *adj* metallurgic(al).

metallver|arbeitend *adj* **die** ~**e Industrie** the metal-processing industry; **Metallver-|arbeitung** *f* metal processing; **Metallwaren** *pl* hardware *sing*, metalware (*US*).

Metamorphose [-'fo:zə] *f* -, **-n** metamorphosis.

Metapher [me'tafɐ] *f* -, **-n** (*Liter, Poet*) metaphor.

Metaphorik [-'fo:rɪk] *f* (*Liter, Poet*) imagery.

metaphorisch *adj* (*Liter, Poet*) metaphoric(al).

Metaphysik *f* metaphysics *sing*.

metaphysisch *adj* metaphysical.

Metasprache *f* metalanguage.

Metastase [meta'sta:zə] *f* -, **-n** (*Med*) metastasis.

Metathese, Metathesis *f* -, **Metathesen** (*Ling*) metathesis.

Meteor *m or nt* -s, -e meteor.

Meteor|eisen *nt* meteoric iron.

Meteorit *m* **-en, -en** meteorite.

Meteorologe *m* meteorologist; (*im Wetterdienst*) weather forecaster, weatherman (*inf*).

Meteorologie *f* meteorology.

Meteorologin *f* meteorologist; (*im Wetterdienst*) weather forecaster.

meteorologisch *adj* meteorological.

Meteorstein *m siehe* **Meteorit.**

Meter *m or nt* -s, - **1.** metre (*Brit*), meter

(US). **in einer Entfernung von 40** ~**n** at a distance of 40 metres; **in 500** ~ **Höhe** at a height of 500 metres; **nach** ~**n** by the metre. **2.** *(Meterstab)* metric measure.

meterdick *adj* metres thick; **meterhoch** *adj* metres high; **meterlang** *adj* metres long; **Metermaß** *nt* **1.** *(Bandmaß)* tape measure, measuring tape; **2.** *(Stab)* (metre) rule; **Meterware** *f (Tex)* piece goods; **meterweise** *adv* by the metre; **meterweit** *adj (breit)* metres wide; *(lang)* metres long; **er schoß** ~ **vorbei** his shot was yards *or* miles *(inf)* off target.

Methan(gas) *nt* **-s**, *no pl* methane.

Methode *f* **-**, **-n 1.** method. **etw mit** ~ **machen** to do sth methodically *or* systematically; **das hat** ~ *(inf)* there's a (a) method behind it; **er hat (so) seine** ~**n** *(inf)* he's got his methods.

 2. ~**n** *pl (Sitten)* behaviour; **was sind denn das für** ~**n?** what sort of way is that to behave?

Methodik *f* methodology.

methodisch *adj* methodical.

Methodist(in *f)* *m* Methodist.

methodistisch *adj* Methodist.

Methodologie *f* methodology.

methodologisch *adj* methodological.

Methusalem *m* **-s** Methuselah. **alt wie** ~ old as Methuselah.

Methylalkohol *m* methyl *or* wood alcohol.

Metier [me'tie:] *nt* **-s**, **-s** *(hum)* job, profession. **sich auf sein** ~ **verstehen** to be good at one's job.

Metonymie *f (Liter)* metonymy.

Metrik *f (Poet, Mus)* metrics *sing.*

metrisch *adj (Sci)* metric; *(Poet, Mus auch)* metrical.

Metro *f* **-**, **-s** metro.

Metronom *nt* **-s**, **-e** *(Mus)* metronome.

Metropole *f* **-**, **-n 1.** *(größte Stadt)* metropolis. **2.** *(Zentrum)* capital, centre.

Metropolit *m* **-en**, **-en** metropolitan.

Metrum *nt* **-s**, **Metren** metre *(Brit)*, meter *(US)*.

Mett *nt* **-(e)s**, *no pl (Cook dial)* (lean) minced pork/beef.

Mettage [me'ta:ʒə] *f* **-**, **-n** *(Typ)* make-up; *(Arbeitsort)* make-up room.

Mette *f* **-**, **-n** *(Eccl)* matins *sing;* *(Abend~)* vespers *sing.*

Metteur(in *f)* [-'tø:ɐ, -'tø:rɪn] *m (Typ)* make-up man/woman.

Metzelei *f* butchery, slaughter.

metzeln *vt* to slaughter, to butcher; *(S Ger: schlachten)* to slaughter.

Metzger *m* **-s**, **-** *(dial)* butcher.

Metzger- *siehe* **Fleischer-**.

Metzgerei *f* butcher's (shop).

Meublement [møblə'mã:] *nt* **-s**, **-s** *(geh)* furniture, furnishings *pl.*

Meuchelmord *m* (treacherous) murder; **Meuchelmörder** *m* (treacherous) assassin.

meucheln *vt (old)* to assassinate.

meuchlerisch *adj (old)* murderous; *Mörder* treacherous.

meuchlings *adv* treacherously.

Meute *f* **-**, **-n** pack (of hounds); *(fig pej)* mob. **die** ~ **loslassen** *or* **loskoppeln** to release the hounds.

Meuterei *f* mutiny; *(fig auch)* rebellion.

meutern *vi* to mutiny; *(inf auch)* to rebel; *(dial inf: meckern)* to moan, to grouch *(inf)*. **die** ~**den Soldaten** the mutinous soldiers.

Mexikaner(in *f)* *m* **-s**, **-** Mexican.

mexikanisch *adj* Mexican.

Mexiko *nt* **-s** Mexico. ~ **City**, ~**-Stadt** Mexico City.

MEZ *abbr of* **mitteleuropäische Zeit.** CET.

Mezzosopran *m* mezzo-soprano.

MG [ɛm'ge:] *nt* **-(s)**, **-(s)** *abbr of* **Maschinengewehr.**

MHz *abbr of* **Megahertz.**

miau *interj* miaow.

miauen* *vi* to miaow.

mich I *pers pron acc of* **ich** me. **II** *reflexive pron* myself. **ich fühle** ~ **wohl** I feel fine.

Michael ['mɪçae:l, 'mɪçaɛl] *m* **-s** Michael.

Michaeli(s) [mɪça'e:li, mɪça'e:lɪs] *nt* **-**, **-** Michaelmas.

Michel *m* **-s** Mike, Mick. **der deutsche** ~ *(fig)* the plain honest German.

Michigansee ['mɪʃɪgən-] *m* Lake Michigan.

mick(e)rig *adj (inf)* pathetic; *Betrag auch* paltry; *altes Männchen* puny.

Mickymaus ['mɪki-] *f* Mickey Mouse.

midi *adj pred (Fashion)* midi.

mied *pret of* **meiden.**

Mieder *nt* **-s**, **-** **1.** *(Leibchen)* bodice. **2.** *(Korsage)* girdle.

Miederhöschen *nt* pantie-girdle; **Miederwaren** *pl* corsetry *sing.*

Mief *m* **-s**, *no pl (inf)* fug; *(muffig)* stale air; *(Gestank)* stink, pong *(Brit inf)*. **im Büro ist so ein** ~ the air in the office is so stale; **der** ~ **der Provinz** *(fig)* the oppressive claustrophobic atmosphere of the provinces.

miefen *vi (inf)* to stink, to pong *(Brit inf)*; *(furzen)* to make a smell. **hier mieft es** there's a pong in here; *(muffig)* the air in here is so stale.

Miene *f* **-**, **-n** *(Gesichtsausdruck)* expression, face, mien *(liter)*. **eine finstere** ~ **machen** to look grim; **gute** ~ **zum bösen Spiel machen** to grin and bear it; ~ **machen, etw zu tun** to make a move to do sth; **seine** ~ **verfinsterte** *or* **verdüsterte sich** his face darkened; **sich** *(dat)* **etw mit eisiger** ~ **anhören** to listen to sth in stony silence.

Mienenspiel *nt* facial expressions *pl.* **ein lebhaftes** ~ **haben** to express a lot with one's face.

mies *adj (inf)* rotten *(inf)*, lousy *(inf)*; *Lokal auch* crummy *(inf)*; *Laune auch* foul. **jdn/etw** ~ **machen** to run sb/sth down; **mir ist** ~ I feel lousy *or* rotten *(inf)*; **in den M~en sein** *(inf)* to be in the red.

Miesepeter *m* **-s**, **-** *(inf)* misery-guts *(inf)*.

miesepet(e)rig *adj (inf)* miserable, grouchy *(inf)*.

Miesmacher *m (inf)* kill-joy.

Miesmacherei *f (inf)* belly-aching *(sl)*.

Miesmuschel *f* mussel.

Mietausfall *m* loss of rent; **Mietauto** *nt* hire(d) car; **Mietbeihilfe** *f* rent allowance *or* subsidy/rebate.

Miete¹ *f* **-**, **-n** *(für Wohnung)* rent; *(für Gegenstände)* rental. **rückständige** ~

(rent) arrears; **zur** ~ **wohnen** to live in rented accommodation.

Miete² f -, -n (*Kartoffel~*) clamp (*Brit*), pit; (*Schober*) stack.

mieten vt to rent; *Boot, Auto auch* to hire.

Mieter(in f) m -s, - tenant; (*Untermieter*) lodger.

Miet|erhöhung f rent increase.

Mieterschaft f tenants pl.

Mieterschutz m rent control; **Mieterschutzgesetz** nt Rent Act.

mietfrei adj rent-free; **Mietpartei** f tenant (and family); **Mietrecht** nt rent law.

Mietshaus nt block of (rented) flats (*Brit*), apartment house (*US*); **Mietskaserne** f (*pej*) tenement house.

Mietverhältnis nt tenancy; **Mietvertrag** m lease; **Mietwagen** m hire(d) car; **Mietwert** m letting or rental value; **Mietwohnung** f rented flat (*Brit*) or apartment (*US*); **Mietwucher** m exorbitant rent; ~ **ist strafbar** charging exorbitant rent(s) is a punishable offence; **Mietzahlung** f payment of the rent; **Mietzins** m (*form, S Ger, Aus*) rent.

Mieze f -, -n (*inf*) **1.** (*Katze*) pussy (*inf*). **2.** (*Mädchen*) chick (*inf*), bird (*Brit inf*); (*als Anrede*) baby (*inf*), honey (*inf*).

Miezekatze f (*baby-talk*) pussy(-cat).

Migräne f -, *no pl* migraine.

Mikado nt -s, -s (*Spiel*) pick-a-stick.

Mikro- in cpds micro-.

Mikrobe f -, -n microbe.

Mikrofiche ['miːkrofiːʃ] m or nt -s, -s microfiche.

Mikrofon nt -s, -e microphone.

Mikrokosmos m microcosm.

Mikrometer nt micron; (*Gerät*) micrometer.

Mikron nt -s, - micron.

Mikro|organismen pl microorganisms.

Mikrophon nt -s, -e microphone.

Mikroprozessor m microprocessor.

Mikroskop nt -s, -e microscope.

Mikroskopie f microscopy.

mikroskopieren* **I** vt (*rare*) to examine under or with the microscope. **II** vi to work with a/the microscope.

mikroskopisch adj microscopic. **etw** ~ **untersuchen** to examine sth under the microscope; ~ **klein** (*fig*) microscopically small.

mikrozephal adj microcephalic.

Milan m -s, -e (*Orn*) kite.

Milbe f -, -n mite.

Milch f -, *no pl* milk; (*Fischsamen*) milt, soft roe. **dicke** ~ **curd(s)**; ~ **geben** (*Kuh*) to yield milk; **das Land, wo** ~ **und Honig fließt** the land of or flowing with milk and honey; **aussehen wie** ~ **und Blut** to have a peaches-and-cream complexion.

Milch- in cpds milk; **milch|artig** adj milky; **Milchbar** f milk bar; **Milchbart** m (*inf*) downy or fluffy beard, bum-fluff (*inf*); (*fig pej: Jüngling*) milksop; **Milchbrei** m ≈ milk pudding; **Milchdrüse** f mammary gland; **Milch|eiweiß** nt lactoprotein; **Milchflasche** f milk bottle; **Milchfrau** f (*inf*) dairywoman; **Milchgebiß** nt milk teeth pl; **Milchgeschäft** nt dairy; **Milchgesicht** nt (*inf*) baby face; **Milchglas** nt frosted glass; **Milchhandel** m dairy busi-

ness; **Milchhändler** m dairyman.

milchig adj milky.

Milchkaffee m milky coffee; **Milchkanne** f milk can; (*größer*) (milk) churn; **Milchkuh** f milk or milch (*spec*) cow; (*fig inf*) milch cow, ever-open purse; **Milchladen** m siehe **Milchgeschäft**; **Milchmädchen** nt (*Milchverkäuferin*) dairy girl; (*Milchkassiererin*) milk girl; **Milchmädchenrechnung** f (*inf*) naïve fallacy; **Milchmann** m, pl -**männer** milkman; **Milchmixgetränk** nt milk shake.

Milchner m -s, - milter.

Milchpulver nt dried or powdered milk; **Milchpumpe** f breast pump; **Milchreis** m rice pudding; **Milchsalt** m (*Bot*) latex; **Milchsäure** f lactic acid; **Milchspeise** f milky or milk-based food; **Milchstraße** f Milky Way; **Milchstraßensystem** nt Milky Way system or galaxy; **Milchsuppe** f ≈ warm blancmange; **Milchtüte** f milk carton; **Milchwirtschaft** f dairy farming; **Milchzahn** m milk tooth; **Milchzucker** m lactose.

mild(e) adj **1.** (*sanft, lind*) *Wetter, Abend* mild; *Luft auch* gentle.

2. (*nachsichtig, barmherzig*) *Behandlung, Beurteilung, Richter* lenient; *Worte* mild. **jdn** ~ **stimmen** to put sb in a mild mood; ~ **ausfallen** to be lenient; **eine** ~**e Gabe** alms pl; ~ **gesagt/ausgedrückt** to put it mildly.

3. *Käse, Zigaretten* mild; *Seife auch* gentle; *Speisen* light.

Milde f -, *no pl siehe* adj **1.** mildness; gentleness. **2.** leniency. ~ **walten lassen** to be lenient.

mildern I vt (*geh*) *Schmerz* to ease, to soothe, to alleviate; *Furcht* to calm; *Strafe, Urteil* to moderate, to mitigate; *Gegensätze* to reduce, to make less crass or severe; *Ausdrucksweise, Zorn* to moderate. ~**de Umstände** (*Jur*) mitigating or extenuating circumstances.

II vr (*Gegensätze*) to become less crass; (*Zorn*) to abate.

Milderung f, *no pl* (*von Schmerz*) easing, soothing, alleviation; (*von Ausdruck, des Klimas*) moderation; (*von Strafe*) moderation, mitigation.

mildherzig adj (*old*) siehe **barmherzig**; **mildtätig** adj (*geh*) charitable; **er war sein ganzes Leben lang** ~ he performed charitable deeds throughout his life; **Mildtätigkeit** f (*geh*) charity.

Milieu [mi'liøː] nt -s, -s (*Umwelt*) environment, milieu; (*Lokalkolorit*) atmosphere; (*Verbrecher~*) underworld; (*von Prostitution*) world of prostitutes.

milieugeschädigt, **milieugestört** adj maladjusted (*due to adverse social factors*); **Milieuschilderung** f background description; **Milieutheorie** f (*Sociol*) environmentalism *no art*; **Milieuwechsel** m change of environment; (*Abwechslung*) change of scene.

militant adj militant.

Militanz f, *no pl* militancy.

Militär¹ nt -s, *no pl* military, armed forces pl. **beim** ~ **sein** (*inf*) to be in the forces; **zum** ~ **einberufen werden** to be called up; **zum** ~ **müssen** (*inf*) to have to join up;

zum ~ gehen to join up; **(gegen jdn) ~ einsetzen** to use the military (against sb); **da geht es zu wie beim ~** the place is run like an army camp.

Militär² *m* **-s, -s** (army) officer.

Militär- *in cpds* military; **Militär|arzt** *m* army doctor; medical officer; **Militärbischof** *m* army bishop; **Militärdienst** *m* military service; **(seinen) ~ ableisten** to do national service; **Militärgeistliche(r)** *m* (army) chaplain; **Militärgericht** *nt* military court, court martial; **Internationales ~** International Military Tribunal; **vor ein ~ gestellt werden** to be tried by a court martial, to be court-martialled.

militärisch *adj* military. **~ grüßen** to give the military salute; **mit allen ~en Ehren** with full military honours; **einen Konflikt ~ or mit ~en Mitteln lösen** to resolve a conflict with the use of troops; **es geht dort streng ~ zu** it's very regimented there.

militarisieren* *vt* to militarize.

Militarismus *m, no pl* militarism.

Militarist(in *f)* *m* militarist.

militaristisch *adj* militaristic.

Militärseelsorge *f* pastoral work in the armed forces; **Militärwissenschaft** *f* military science.

Military ['mɪlɪtərɪ] *f* **-, -s** (Sport) three-day event.

Militärzeit *f* army days *pl*, days *pl* as a soldier.

Miliz *f* **-, -en** militia; (in Osteuropa: Polizei) police.

Milizionär(in *f)* *m* militiaman/-woman; policeman/-woman.

Milizsoldat *m* militiaman.

Mill. *abbr of* **Million(en).**

mille: pro ~ *siehe* **Promille.**

Mille *f* **-, -** (sl) grand (sl). **5 ~** 5 grand (sl).

Millennium *nt* (geh) millennium.

Milliardär(in *f)* *m* multi-millionaire, billionaire.

Milliarde *f* **-, -n** thousand millions (Brit), billion (US). **zwei ~n Mark** two thousand million marks (Brit), two billion marks (US); **~n (von) Menschen** thousands of millions of people, billions of people.

Milliardenbetrag *m* (amount of) thousands of millions (Brit), billions (US).

Milliardstel *nt* **-s, -** thousand millionth (Brit) or billionth (US) part.

milliardstel *adj* thousand millionth (Brit), billionth (US). **ein ~ Meter** a or one thousand millionth of a metre (Brit), a or one billionth of a meter (US), a or one bicron (US).

milliardste(r, s) *adj* thousand millionth (Brit), billionth (US).

Milli- *in cpds* milli-; **Millibar** *nt* **-s, -** millibar; **Milligramm** *nt* milligramme; **Millimeter** *m or nt* millimetre; **Millimeterpapier** *nt* graph paper.

Million *f* million. **eine ~ Londoner ist** *or* **sind unterwegs** a million Londoners are on their way; **zwei ~en** two millions; **zwei ~en Einwohner** two million inhabitants.

Millionär(in *f)* *m* millionaire(ss). **vom Tellerwäscher zum ~** from rags to riches; **es zum ~ bringen** to make a million.

Millionen|auflage *f* million copies *pl*; millions of copies; **Millionen|erbe** *m,*

Millionen|erbin *f* inheritor of millions; **millionenfach I** *adj* millionfold; **II** *adv* a million times; **Millionengeschäft** *nt* multi-million-pound industry; **ein ~ abschließen** to conclude a (business) deal worth millions; **Millionengewinn** *m* **1.** (Ertrag) profit of millions; **manche Firmen haben ~e gemacht** some firms have made profits running into millions; **2.** (in der Lotterie) prize of a million; **Millionenheer** *nt* army of millions; **millionenmal** *adv* a million times; **Millionenschaden** *m* damage *no pl* amounting to *or* running into millions; **millionenschwer** *adj* (inf) worth a few million; **Millionenstadt** *f* town with over a million inhabitants.

Millionstel *nt* **-s, -** millionth part.

millionstel *adj* millionth.

millionste(r, s) *adj* millionth.

Milz *f* **-, -en** spleen.

Milzbrand *m* (Med, Vet) anthrax.

Mime *m* **-n, -n** (old, liter) mime (old), Thespian.

mimen (old) **I** *vt* to mime. **er mimt den Unschuldigen/den Kranken** (inf) he's acting the innocent/he's playing at being sick. **II** *vi* to play-act.

Mimik *f, no pl* facial expression. **etw durch ~ ausdrücken** to express sth facially.

Mimiker(in *f)* *m* **-s, -** mime(r).

Mimikry ['mɪmɪkri] *f* **-, no pl** (Zool, fig) mimicry.

mimisch *adj* mimic.

Mimose *f* **-, -n** mimosa. **empfindlich wie eine ~ sein** to be oversensitive.

mimosenhaft *adj* (fig) oversensitive.

Min., min. *abbr of* **Minute(n).**

Minarett *nt* **-s, -e** *or* **-s** minaret.

minder *adv* less. **mehr oder ~** more or less; **nicht mehr und nicht ~** neither more nor less, no more and no less; **nicht ~ wichtig als** no less important than; **und das nicht ~** and no less so.

minderbemittelt *adj* (dated) less well-off; **geistig ~** (iro) mentally less gifted; **Minderbemittelte** *pl decl as adj* (dated) people *pl* with a limited income; (iro) not very bright people *pl*; **Minder|einnahme** *f* decrease in receipts.

mindere(r, s) *adj attr* lesser; **Güte, Qualität** inferior.

Mindergewicht *nt* short weight.

Minderheit *f* minority.

Minderheitenschutz *m* protection of minorities.

Minderheitsregierung *f* minority government.

minderjährig *adj* who is (still) a minor; **Minderjährige(r)** *mf decl as adj* minor; **Minderjährigkeit** *f* minority.

mindern I *vt* (herabsetzen) **Würde, Verdienste** to diminish; (verringern) **Wert, Qualität** to reduce, to diminish, to erode; **Rechte** to erode; **Freude, Vergnügen** to detract from, to lessen. **II** *vr siehe vt* to diminish; to be reduced, to diminish; to be eroded; to lessen.

Minderung *f siehe vb* diminishing *no indef art*; reduction (gen in); erosion; lessening.

minderwertig *adj* inferior; **Waren, Material** *auch* poor- or low-quality; **Arbeit** *auch* poor(-quality); **Qualität** *auch* low;

Charakter low, base.

Minderwertigkeit *f siehe adj* inferiority; poor *or* low quality; poorness; lowness; baseness.

Minderwertigkeitsgefühl *nt* feeling of inferiority; ~e **haben** to feel inferior; **Minderwertigkeitskomplex** *m* inferiority complex.

Minderzahl *f* minority. **in der ~ sein** to be in the minority.

Mindest- *in cpds* minimum; **Mindest|abstand** *m* minimum distance; **Mindest|alter** *nt* minimum age; **Mindestbetrag** *m* minimum amount.

mindestens *adv* at least.

mindeste(r, s) I *adj attr* least, slightest; *Ahnung auch* faintest, foggiest (*inf*). **nicht die ~ Angst** not the slightest *or* least trace of fear; **das ~** the (very) least; **das macht mir den ~n Kummer** that's the least of my worries; **ich verstehe nicht das ~ von Kunst** I don't know the slightest thing about art; **das wäre das ~ gewesen** that's the least he/she *etc* could have done.

II *adv* **zum ~n** at least, at the very least; **(nicht) im ~n** (not) in the least; **das bezweifle ich nicht im ~n** I don't doubt that at all *or* in the slightest.

Mindest- *in cpds* minimum; **Mindestgebot** *nt* (*bei Auktionen*) reserve *or* knockdown price; **Mindestgeschwindigkeit** *f* minimum speed; **Mindestgröße** *f* minimum size; (*von Menschen*) minimum height; **Mindestlohn** *m* minimum wage; **Mindestmaß** *nt* minimum, minimum amount (*an* +*dat* of); **sich auf das ~ beschränken** to limit oneself to the (absolute) minimum; **Mindestpreis** *m* minimum price; **Mindestreserve** *f* (*Fin*) minimum reserves *pl*; **Mindeststrafe** *f* minimum penalty; **Mindest|umtausch** *m* minimum obligatory exchange; **Mindest|urlaub** *m* minimum holiday entitlement.

Mine *f* -, -n 1. (*Min*) mine. **in den ~n arbeiten** to work down *or* in the mines.
2. (*Mil*) mine. **auf eine ~ laufen** to strike *or* hit a mine.
3. (*Bleistift~*) lead; (*Kugelschreiber~, Filzstift~*) reservoir; (*Farb~*) cartridge; (*austauschbar*) refill. **die ~ ist leer/ läuft aus** the biro/felt-tip has run out/is leaking; **eine neue ~** a refill/new lead.

Minenfeld *nt* (*Mil*) minefield; **Minenleger** *m* -s, - (*Mil, Naut*) mine-layer; **Minenräumboot** *nt* minesweeper; **Minensuchboot** *nt*, **Minensucher** *m* (*inf*) minesweeper.

Mineral *nt* -s, -e *or* -ien [-iən] mineral.

Mineralbad *nt* mineral bath; (*Ort*) spa; (*Schwimmbad*) swimming-pool fed from a mineral spring; **Mineralbrunnen** *m* mineral spring; **Mineraldünger** *m* inorganic fertilizer.

Mineraliensammlung [-liən-] *f* collection of minerals.

mineralisch *adj* mineral.

Mineraloge *m*, **Mineralogin** *f* mineralogist.

Mineralogie *f* mineralogy.

mineralogisch *adj* mineralogical.

Mineral|öl *nt* (mineral) oil; **Mineral|öl-**

gesellschaft *f* oil company; **Mineral|ölsteuer** *f* tax on oil; **Mineralquelle** *f* mineral spring; **Mineralsalz** *nt* mineral salt; **Mineralwasser** *nt* mineral water.

mini *adj inv* (*Fashion*) mini. **~ tragen/gehen** to wear a mini(-skirt/-dress *etc*).

Mini- *in cpds* mini-.

Miniatur *f* (*Art*) miniature; (*fig Liter*) thumb-nail sketch.

Miniatur- *in cpds* miniature; **Miniatur|ausgabe** *f* miniature version; (*Buch*) miniature edition; **Miniaturbild** *nt* miniature; **Miniaturformat** *nt* miniature format; **eine Bibel in ~** a miniature Bible; **Miniaturgemälde** *nt* miniature; **Miniaturmaler** *m* miniaturist; **Miniaturmalerei** *f* miniature painting; **Miniaturstaat** *m* tiny state *or* country.

Minibikini *m* scanty bikini; **Minicar** *m* minicab; **Minigolf** *nt* crazy golf.

minimal I *adj* Unterschied, Arbeitsaufwand minimal; *Verlust, Verbesserung, Steigerung* marginal; *Gewinn* very small; *Preise, Benzinverbrauch, Gehalt* very low. **mit ~er Anstrengung** with a minimum of effort. **II** *adv* (*wenigstens*) at least; (*geringfügig*) minimally, marginally.

Minimal- *in cpds* minimum; **Minimalbetrag** *m* minimum amount; **Minimalprogramm** *nt* basic programme; **Minimalwert** *m* minimum value.

minimieren* *vt* to minimize.

Minimierung *f* minimization.

Minimum *nt* -s, **Minima** minimum (*an* +*dat* of). **barometrisches ~** (*Met*) barometric low.

Minirock *m* mini-skirt; **Minispion** *m* miniaturized bugging device.

Minister(in *f*) *m* -s, - (*Pol*) minister (*Brit*) (*für* of), secretary (*für* for).

Minister|amt *nt* ministerial office.

Ministerialbe|amte(r) *m* ministry official; **Ministerialdirektor** *m* head of a government department, permanent secretary (*Brit*).

ministeriell *adj attr* ministerial.

Ministerium *nt* ministry (*Brit*), department.

Ministerpräsident(in *f*) *m* prime minister; (*eines Bundeslandes*) prime minister (*Brit*) *or* governor (*US*) of a Federal German state; **Ministerrat** *m* government; (*der EG*) Council of Ministers; **Ministersessel** *m* (*inf*) ministerial post.

Ministrant *m* (*Eccl*) server.

ministrieren* *vi* (*Eccl*) to serve, to act as server.

Minna *f* -, *no pl* (*dated: Hausangestellte*) maid; (*fig inf*) skivvy (*inf*). **jdn zur ~ machen** (*inf*) to give sb a piece of one's mind, to tear a strip off sb (*inf*).

Minne *f* -, *no pl* (*Liter, Hist*) courtly love.

Minnegesang *m siehe* **Minnesang; Minnelied** *nt* minnelied; **Minnesang** *m* minnesong; **Minnesänger** *m* minnesinger.

minoisch *adj* Minoan.

Minorität *f siehe* **Minderheit.**

Minuend *m* -en, -en (*Math*) minuend.

minus I *prep* +*gen* minus, less; (*Math*) minus. **II** *adv* minus; (*Elec*) negative. **~ 10 Grad, 10 Grad ~** minus 10 degrees, 10 degrees below (zero); ~ **machen** (*inf*) to make a loss.

Minus *nt* -, - **1.** (*Fehlbetrag*) deficit; (*auf Konto*) overdraft; (*fig: Nachteil*) bad point; (*in Beruf etc*) disadvantage. **2.** (~*zeichen*) minus (sign).

Minuspol *m* negative pole; **Minuspunkt** *m* minus *or* penalty point; (*fig*) minus point; **ein ~ für jdn sein** to count against sb, to be a point against sb; **Minustemperatur** *f* temperature below freezing *or* zero; **Minuszeichen** *nt* minus sign.

Minute *f* -, **-n** minute; (*fig: Augenblick auch*) moment. **es ist 10 Uhr und 21 ~n** (*form*) it is 21 minutes past 10 o'clock; **auf die ~ (genau/pünktlich)** (right) on the dot; **in letzter ~** at the last moment *or* minute; **~ um ~ verging** *or* **verstrich** the minutes ticked by *or* went by; **auf die ~ kommt es nicht an** a few minutes one way or another don't matter; **es vergeht keine ~, ohne daß ...** not a moment goes by without ...

minutenlang 1 *adj attr* several minutes of; **II** *adv* for several minutes; **Minutenschnelle** *f*: **in ~** in minutes, in a matter of minutes; **Minutenzeiger** *m* minute-hand.

minutiös [minuˈtsi̯øːs], **minuziös** *adj* (*geh*) *Nachbildung, Mensch* meticulous; *Schilderung auch, Fragen* detailed.

Minze *f* -, **-n** (*Bot*) mint.

mir *pers pron dat of* **ich** to me; (*nach Präpositionen*) me. **ein Freund von ~** a friend of mine; **von ~ aus!** (*inf*) I don't mind; **~ nichts, dir nichts** (*inf*) (*unhöflich*) without so much as a by-your-leave; **es war ~ nichts, dir nichts weg** the next thing I knew it had gone; **wie du ~, so ich dir** (*prov*) I'll get my own back (on you); **und das ~!** why me (of all people)?; **daß ihr ~ nicht an die Bücher geht!** (*inf*) don't you touch those books!; **du bist ~ vielleicht einer!** (*inf*) you're a right one, you are! (*inf*).

Mirabelle *f* mirabelle, small yellow plum.

Mirakel *nt* -s, - (*old liter*) miracle.

Misanthrop *m* -en, -en (*geh*) misanthropist.

Misanthropie *f* (*geh*) misanthropy.

mischbar *adj* mixable, miscible (*form*); **~ sein** to mix; **Mischbatterie** *f* mixer tap; **Mischbrot** *nt* bread made from more than one kind of flour; **Mischehe** *f* mixed marriage.

mischen I *vt* to mix; *Tabak-, Tee-, Kaffeesorten auch* to blend; *Karten* to shuffle. **II** *vr* (*sich vermengen*) to mix. **sich unter jdn/etw ~** to mix *or* mingle with sb/mix with sth; **sich in etw** (*acc*) **~** to meddle *or* interfere in sth; **sich in das Gespräch ~** to butt *or* cut into the conversation. **III** *vi* (*Cards*) to shuffle. **wer mischt?** whose shuffle is it?

Mischfarbe *f* mixed *or* blended colour; (*Phys*) secondary colour; **Mischform** *f* mixture; (*von zwei Elementen auch*) hybrid (form); **Mischkultur** *f* **1.** (*Agr*) mixed cultivation; **~en anbauen** to grow different crops side by side *or* in the same field; **2.** (*Sociol*) mixed culture.

Mischling *m* **1.** (*Mensch*) half-caste, half-breed. **2.** (*Zool*) half-breed.

Mischmasch *m* -(e)s, -e (*inf*) hotchpotch.

mishmash (*aus* of); (*Essen auch*) concoction; **Mischmaschine** *f* cement-mixer; **Mischpoke, Mischpoche** *f* -, *no pl* (*sl*) clan (*inf*), mob (*inf*); **Mischpult** *nt* (*Rad, TV*) mixing desk *or* panel; (*von Band*) sound mixer; **Mischrasse** *f* **1.** (*Tiere*) crossbreed; **2.** (*Menschen*) mixed race; **Mischtrommel** *f* (drum in) cement-mixer.

Mischung *f* **1.** (*das Mischen*) mixing; (*von Tee-, Kaffee-, Tabaksorten auch*) blending. **2.** (*lit, fig: Gemischtes*) mixture; (*von Tee etc auch*) blend; (*von Süßigkeiten etc auch*) assortment; (*fig auch*) combination (*aus* of). **3.** (*Chem*) *siehe* **Gemisch.**

Mischungsverhältnis *nt* ratio/proportions (of a mixture).

Mischvolk *nt* mixed race; **Mischwald** *m* mixed (deciduous and coniferous) wood/forest.

miserabel *adj* (*inf*) lousy (*inf*); *Gesundheit* miserable, wretched; *Gefühl* ghastly; *Benehmen* dreadful; *Leistungen auch* pathetic; (*gemein*) *Kerl etc* nasty.

Misere *f* -, **-n** (*von Menschen, Wirtschaft etc*) plight; (*von Hunger, Krieg etc*) misery, miseries *pl*. **in einer ~ stecken** to be in a terrible *or* dreadful state; (*Mensch*) to be in a mess, to have run into trouble; **jdn aus einer ~ herausholen** to get sb out of trouble *or* a mess; **das war eine einzige ~** that was a real disaster; **es ist eine ~, wie/daß ...** it is dreadful how/that ...

Mispel *f* -, **-n** medlar (tree).

Miß, Miss *f* -, **Misses** Miss.

miß *imper sing of* **messen.**

mißachten* *vt insep* **1.** (*ignorieren*) *Warnung, Ratschlag* to ignore, to disregard; *Gesetz, Verbot* to flout. **2.** (*geringschätzen*) *jdn* to despise; *Hilfe, Angebot* to disdain.

Mißachtung *f* **1.** (*Vernachlässigung*) disregard; flouting. **2.** (*Geringschätzung*) disrespect (*gen* for); disdain (*gen* of, for).

mißbehagen* *vi insep* +*dat* (*geh*) **das mißbehagte ihm** that was not to his liking; **es mißbehagt mir, schon wieder umziehen zu müssen** it ill suits me to have to move again.

Mißbehagen *nt* (*geh*) (*Unbehagen*) uneasiness; (*Mißfallen*) discontent(ment). **jdm ~ bereiten** to cause sb uneasiness/discontent(ment).

Mißbildung *f* deformity, malformation.

mißbilligen* *vt insep* to disapprove of, to object to.

mißbilligend *adj* disapproving.

Mißbilligung *f* disapproval.

Mißbrauch *m* abuse; (*falsche Anwendung*) misuse; (*von Notbremse, Feuerlöscher etc*) improper use; (*geh: sexuell*) sexual assault (*gen* on). **vor ~ wird gewarnt** use only as directed; (*an Notbremse etc*) do not misuse; **unter ~ seines Amtes** in abuse of his office.

mißbrauchen* *vt insep* to abuse; *Güte auch* to impose upon; (*geh: vergewaltigen*) to assault. **den Namen Gottes ~** (*liter*) to take the Lord's name in vain; **jdn für *or* zu etw ~** to use sb for sth *or* to do sth.

mißbräuchlich *adj* (*form*) *Benutzung* improper; *Anwendung auch* incorrect.

mißdeuten* vt insep to misinterpret.

Mißdeutung f misinterpretation.

missen vt (geh) to go or do without; Erfahrung to miss. **das möchte ich nicht ~** I wouldn't do without it/miss it (for the world); **ich möchte meine Kinder nicht ~** I could not do without my children.

Miß|erfolg m failure; (Theat, Buch etc auch) flop; **Miß|ernte** f crop failure.

Missetat f (old, liter) misdeed, misdemeanour.

Missetäter(in f) m (old, liter) culprit; (Verbrecher auch) wrongdoer.

mißfallen* vi insep irreg +dat to displease. **es mißfällt mir, wie er ...** I dislike the way he ...

Mißfallen nt -s, no pl displeasure (über + acc at), disapproval (über +acc of). **jds ~ erregen** to incur sb's displeasure.

Mißfallens|äußerung f expression of disapproval or displeasure; **Mißfallenskundgebung** f expression or demonstration of disapproval or displeasure.

mißgebildet adj deformed.

Mißgeburt f deformed person/animal; (fig inf) failure. **das Kind ist eine ~** the child was born deformed.

mißgelaunt adj (geh) bad-tempered, ill-humoured.

Mißgeschick nt mishap; (Pech, Unglück) misfortune. **ein kleines ~** a slight mishap; **vom ~ verfolgt werden** (geh) to be dogged by misfortune.

mißgestalt(et) (geh) adj misshapen.

mißgestimmt adj (geh) ill-humoured. **~ sein** to be in an ill humour.

mißglücken* vi insep aux sein to fail, to be unsuccessful. **der Versuch ist (ihm) mißglückt** the/his attempt was a failure or failed; **er wollte mich überraschen, aber es ist ihm mißglückt** he wanted to surprise me but he failed.

mißgönnen* vt insep jdm etw ~ to (be)grudge sb sth.

Mißgriff m mistake.

Mißgunst f resentment, enviousness (gegenüber of).

mißgünstig adj resentful (auf +acc towards).

mißhandeln* vt insep to ill-treat, to maltreat.

Mißhandlung f ill-treatment, maltreatment; (Kindes~) cruelty (to children).

Mißhelligkeit f (geh) disagreement, difference.

Mission f (Eccl, Pol, fig) mission; (diplomatische Vertretung) legation, mission (US); (Gruppe) delegation. **~ treiben** to do missionary work; **in der ~ tätig sein** to be a missionary.

Missionar(in f), **Missionär(in** f) (Aus) m missionary.

missionarisch adj missionary.

missionieren* I vi to do missionary work, to proselytize; (fig) to preach, to proselytize. II vt Land, Mensch to (work to) convert, to proselytize; (fig) to convert, to proselytize.

Missionierung f conversion, proselytization.

Missionschef m head of a legation/leader of a delegation; **Missionsschule** f mission school; **Missionsschwester** f nun working at a mission.

Mißklang m discord (auch Mus), dissonance; (Mißton) discordant note. **ein ~** (fig) a note of discord, a discordant note.

Mißkredit m, no pl discredit. **jdn/etw in ~ bringen** to bring sb/sth into discredit, to discredit sb/sth; **in ~ geraten** or **kommen** to be discredited.

mißlang pret of **mißlingen**.

mißlaunig adj bad-tempered, ill-humoured.

mißlich adj (geh) awkward, difficult; Umstand auch, Verzögerung unfortunate, regrettable. **das ist ja eine ~e Sache** that is a bit awkward/unfortunate; **es steht ~ um dieses Vorhaben** the outlook for this plan is not good.

mißliebig adj unpopular. **sich (bei jdm) ~ machen** to make oneself unpopular (with sb); **~e Ausländer** foreigners who have fallen out of favour.

mißlingen pret **mißlang**, ptp **mißlungen** vi aux sein to fail, to be unsuccessful. **der Versuch ist ihr mißlungen** her attempt failed or was unsuccessful; **das ist ihr mißlungen** she failed; **ihm mißlingt alles** everything he does goes wrong; **ein mißlungener Versuch** an unsuccessful attempt.

Mißlingen nt -s, no pl failure.

mißlungen ptp of **mißlingen**.

Mißmut m sullenness, moroseness; (Unzufriedenheit) displeasure, discontent. **seinen ~ über etw** (acc) **zeigen/äußern** to show/express one's displeasure or discontent at sth.

mißmutig adj sullen, morose; (unzufrieden) discontented; Äußerung, Aussehen disgruntled. **mach nicht so ein ~es Gesicht** don't look so morose.

mißraten* I vi insep irreg aux sein to go wrong; (Kind) to become wayward. **der Kuchen ist mir ~** my cake went wrong or was a failure. II adj Kind wayward. **der ~e Kuchen** the cake which went wrong.

Mißstand m disgrace no pl, outrage; (allgemeiner Zustand) bad or deplorable state of affairs no pl; (Ungerechtigkeit) abuse; (Mangel) defect. **einen ~/~e beseitigen** to remedy something which is wrong/things which are wrong; **~e in der Regierung anprangern** to inveigh against misgovernment.

Mißstimmung f 1. (Uneinigkeit) friction, discord. **eine ~** a note of discord, a discordant note. 2. (Mißmut) ill feeling no indef art.

Mißton m (Mus, fig) discordant note; (fig auch) note of discord. **~e** (Klang) discordant sound; (fig) discord.

mißtönend adj discordant; Stimme, Instrument unpleasant(-sounding).

mißtrauen* vi insep +dat to mistrust, to be suspicious or wary of. **ich mißtraue mir selbst/meinem Gedächtnis** I don't trust myself/my memory.

Mißtrauen nt -s, no pl mistrust, distrust (gegenüber of); (esp einer Sache, Handlung gegenüber) suspiciousness (gegenüber of). **~ gegen jdn/etw haben** or **hegen**

(liter), **jdm ~ entgegenbringen** to mistrust sb, to be suspicious of sb.

Mißtrauens- (Parl): **Mißtrauens|antrag** m motion of no confidence; **Mißtrauens-votum** nt vote of no confidence.

mißtrauisch adj mistrustful, distrustful; (argwöhnisch) suspicious.

Mißvergnügen nt (geh) displeasure, disgruntlement.

mißvergnügt adj (geh) disgruntled, displeased.

Mißverhältnis nt discrepancy, disparity; (in Proportionen) imbalance. **seine Leistung steht im ~ zu seiner Bezahlung** there is a discrepancy or disparity between the work he does and his salary.

mißverständlich adj unclear. **~e Ausdrücke** expressions which could be misunderstood or misleading.

Mißverständnis nt 1. misunderstanding; (falsche Vorstellung) misconception. 2. usu pl (Meinungsverschiedenheit) misunderstanding, disagreement.

mißverstehen* vt insep irreg to misunderstand. **Sie dürfen mich nicht ~** please do not misunderstand me.

Mißwahl, Misswahl f beauty contest.

Mißweisung f (form) (von Kompaß) magnetic declination or variation; (von Radar) indication error.

Mißwirtschaft f maladministration, mismanagement.

Mißwuchs m malformed growth, malformation.

Mist m -es, no pl 1. (Tierkot) droppings pl; (Pferde~, Kuh~ etc) dung; (Dünger) manure; (~haufen) manure or muck heap. **~ streuen** or **fahren** to spread manure or muck (inf); **das ist nicht auf seinem ~ gewachsen** (inf) he didn't think that up himself. 2. (inf) (Unsinn) rubbish, nonsense; (Schund) rubbish, trash. **~!** blow!, blast! (inf); **so ein ~!** (inf) what a darned or blasted nuisance (inf); **er hat einen ~ geredet** he talked a load of rubbish; **da hat er ~ gemacht** or **gebaut** (sl) he really messed that up (inf); **mach keinen ~!** (sl) don't be a fool!

Mistbeet nt (Hort) hotbed.

Mistel f -, -n mistletoe no pl.

Mistelzweig m sprig of mistletoe.

misten I vt 1. Stall to muck out; Acker to manure. 2. (inf) siehe **ausmisten**. II vi (im Stall) to do the mucking out; (düngen) to do the manuring.

Mistgabel f pitchfork (used for shifting manure); **Misthaufen** m manure heap; **Mistkäfer** m dung beetle; **Miststück, Mistvieh** nt (sl) (Mann) bastard (sl); (Frau auch) bitch (sl); **Mistwagen** m dung cart; **Mistwetter** nt (inf) lousy weather.

Miszellen pl (liter) short articles or items. „**~**" 'miscellaneous'.

mit I prep +dat 1. with; (versehen mit auch) and. **Tee ~ Zitrone** lemon tea, tea with lemon; **~ dem Hut in der Hand** (with) his hat in his hand; **ein Topf ~ Suppe** a pot of soup; **ein Kleid ~ Jacke** a dress and jacket; **wie wär's ~ einem Bier?** (inf) how about a beer?

2. (~ Hilfe von) with. **~ einer Zange** with or using a pair of pliers; **~ der Bahn/dem Bus/dem Auto** by train/bus/car; **ich fahre ~ meinem eigenen Auto zur Arbeit** I drive to work in my own car; **~ der Post** by post; **~ Gewalt** by force; **~ Bleistift/Tinte/dem Kugelschreiber schreiben** to write in pencil/ink/ballpoint; **~ dem nächsten Flugzeug/Bus kommen** to come on the next plane/bus; **~ etwas Liebe/Verständnis** with a little love/understanding; **~ einem Wort** in a word.

3. (zeitlich) ~ **dem Glockenschlag sechs** at or on the stroke of six, at six on the dot; **~ achtzehn Jahren** at (the age of) eighteen; **~ einem Mal** all at once, suddenly, all of a sudden; **~ heutigem Tage** (form) as from today; **~ der Zeit** in time.

4. (bei Maß-, Mengenangaben) ~ **1 sec Vorsprung gewinnen** to win by 1 sec; **etw ~ DM 50.000 versichern** to insure sth for DM 50,000; **~ 80 km/h** at 80 km/h; **~ 4:2 gewinnen** to win 4–2.

5. (einschließlich) with, including. **~ mir waren es 5** there were 5 with or including or counting me.

6. (Begleitumstand, Art und Weise, Eigenschaft) with. **er ~ seinem Herzfehler kann das nicht** he can't do that with his heart condition; **du ~ deinen dummen Ideen** (inf) you and your stupid ideas; **~ Muße** at (one's) leisure; **ein junger Dichter, Rosenholz ~ Namen** (old) a young poet, Rosenholz by name or called Rosenholz; **~ einem Schlage** in a flash; **~ lauter Stimme** in a loud voice; **~ Verlust** at a loss.

7. (betreffend) **was ist ~ ihr los?** what's the matter or what's up with her?; **wie geht** or **steht es ~ deiner Arbeit?** how is your work going?, how are you getting on with your work?; **~ meiner Reise wird es nichts** my trip is off.

II adv **er war ~ dabei** he joined in too; **er ist ~ der Beste der Gruppe/Mannschaft** he is one of or among the best in the group/team; **das gehört ~ dazu** that's part and parcel of it; **etw ~ in Betracht ziehen** to consider sth as well.

Mit|angeklagte(r) mf co-defendant.

Mit|arbeit f cooperation, collaboration; (Hilfe auch) assistance; (Teilnahme) participation (auch Sch). **~ bei/an etw** work on sth; **er ist an einer ~ bei diesem Projekt interessiert** he is interested in working on this project; **unter ~ von** in collaboration with.

mit|arbeiten vi sep (mithelfen) to cooperate (bei on); (bei Projekt etc) to collaborate. **an or bei etw ~** to work on sth; **er hat beim Bau des Hauses mitgearbeitet** he helped build the house; **beim Unterricht ~** to take an active part in lessons; **seine Frau arbeitet mit** (inf) his wife works too.

Mit|arbeiter(in f) m (Betriebsangehöriger) employee; (Kollege) colleague; (an Projekt etc) collaborator. **die ~ an diesem Projekt** those who work on this project; **freier ~** freelance.

Mit|arbeiterstab m staff.

Mitbegründer m co-founder.

mitbekommen* vt sep irreg 1. **etw ~** to get

or be given sth to take with one; *Rat, Ausbildung* to get *or* be given sth; (*als Mitgift*) to be given sth as a dowry. **2.** (*inf*) (*verstehen*) to get (*inf*); (*bemerken*) to realize. **hast du das noch nicht ~?** (*erfahren*) you mean you didn't know that?

mitbenutzen*, **mitbenützen*** (*S Ger*) *vt sep* to share (the use of).

Mitbenutzung *f* joint use.

Mitbesitz *m* co-ownership, joint ownership/property. **~ an etw** (*dat*) **haben** to have a share in the ownership of sth.

Mitbesitzer(in *f*) *m* joint owner, co-owner.

mitbestimmen* *sep* **I** *vi* to have a say (*bei* in); to participate (*bei* in). **~d sein** *or* **wirken** to have an influence (*bei, für* on). **II** *vt* to have an influence on.

Mitbestimmung *f* co-determination, participation (*bei* in). **~ am Arbeitsplatz** worker participation.

Mitbestimmungsrecht *nt* right of participation (*in decision making etc*).

Mitbewerber *m* (fellow) competitor; (*für Stelle*) (fellow) applicant.

Mitbewohner *m* (fellow) occupant. **die ~ in unserem Haus** the other occupants of the house.

mitbringen *vt sep irreg* **1.** (*beim Kommen bringen*) to bring; *Freund, Begleiter* to bring along; (*beim Zurückkommen*) to bring back. **jdm etw ~** to bring sth for sb *or* sb sth; **jdm etw aus der Stadt/vom Bäcker ~** to bring (sb) sth back from town/fetch (sb) sth from the baker's; **was sollen wir der Gastgeberin ~?** what should we take to our hostess?; **die richtige Einstellung ~** to have the right attitude; **bringt gute Laune mit** come ready to enjoy yourselves; **Sie haben schönes Wetter mitgebracht!** lovely weather you've brought with you!

2. *Mitgift, Kinder* to bring with one. **etw in die Ehe ~** to have sth when one gets married; **sie hat ein ansehnliches Vermögen in die Ehe mitgebracht** she brought a considerable fortune with her when she got married; **sie hat zwei Kinder aus der ersten Ehe mitgebracht** she has two children from her first marriage.

3. (*fig*) *Befähigung, Voraussetzung etc* to have, to possess.

Mitbringsel *nt* (*Geschenk*) small present; (*Andenken*) souvenir.

Mitbürger *m* fellow citizen. **meine Stuttgarter ~** my fellow citizens from Stuttgart; (*in Anrede*) fellow citizens of Stuttgart; **die älteren ~** senior citizens.

mitdenken *vi sep irreg* (*Gedankengänge/Beweisführung mitvollziehen*) to follow sb's train of thought/line of argument. **zum Glück hat er mitgedacht** luckily he did not let me/us etc forget; **denk mal mit** help me/us etc think.

mitdürfen *vi sep irreg* to be allowed to go *or* come too *or* along.

miteinander *adv* with each other, with one another; (*gemeinsam*) together. **alle ~!** all together; **wir haben lange ~ geredet** we had a long talk; **sie reden nicht mehr ~** they are not talking (to each other *or* one another) any more; **guten Tag ~** (*esp S Ger*) hello everybody *or* all.

Miteinander *nt* **-s**, *no pl* cooperation. **ein ~ ist besser als ein Gegeneinander** it is better to work with each other than against each other.

mitempfinden* *sep irreg* **I** *vt* to feel too, to share. **II** *vi* **mit jdm ~** to feel for sb, to sympathize with sb.

Mitempfinden *nt* sympathy.

Miterbe *m*, **Miterbin** *f* joint heir. **außer ihm sind es noch 4 ~n** there are 4 other heirs apart from him.

mitessen *sep irreg* **I** *vt Schale etc* to eat as well; *Mahlzeit* to share. **II** *vi* (**bei jdm**) **~** to eat *or* have a meal with sb; **willst du nicht ~?** why don't you have something to eat too?

Mitesser *m* **-s**, **-** blackhead.

mitfahren *vi sep irreg aux sein* to go (with sb). **sie fährt mit** she is going too/with me/us etc; (**mit jdm**) **~** to go with sb; (*auf Reise auch*) to travel with sb; (*mitgenommen werden*) to get a lift with sb, to be given a lift by sb; **jdn ~ lassen** to allow sb to go; (*jdn mitnehmen*) to give sb a lift; **kann ich (mit Ihnen) ~?** can you give me a lift?; **er fährt jeden Morgen mit mir im Auto mit** I give him a lift in my car every morning; **wieviel Leute können bei dir ~?** how many people can you take (with you)?

Mitfahrer *m* fellow-passenger; (*vom Fahrer aus gesehen*) passenger.

Mitfahrerzentrale *f* agency for arranging lifts.

Mitfahrgelegenheit *f* lift. **~en nach Rom** lifts offered to Rome.

mitfühlen *vi sep siehe* **mitempfinden**.

mitfühlend *adj* sympathetic, compassionate.

mitführen *vt sep Papiere, Ware etc* to carry (with one); (*Fluß*) to carry along.

mitgeben *vt sep irreg* **jdm jdm ~** to send sb along with sb; **jdm etw ~** to give sb sth to take with them; *Rat, Erziehung* to give sb sth; **das gebe ich dir noch mit** take that (with you) too.

Mitgefangene(r) *mf* fellow prisoner.

Mitgefühl *nt* sympathy.

mitgehen *vi sep irreg aux sein* **1.** to go too *or* along. **mit jdm ~** to go with sb; (*begleiten auch*) to accompany sb; **gehen Sie mit?** are you going (too)?; **ich gehe bis zur Ecke mit** I'll go to the corner with you/him etc.

2. (*fig: Publikum etc*) to respond (favourably) (*mit* to). **man merkt, wie die Zuhörer richtig (mit ihm) ~** you can see that the audience is really with him.

3. (*inf*) **etw ~ lassen** to lift sth (*inf*).

Mitgift *f* **-**, **-en** dowry.

Mitgiftjäger *m* (*inf*) dowry-hunter.

Mitglied *nt* member (*gen, bei, in +dat* of). **~ eines Ausschusses sein** to sit on *or* be a member of a committee.

Mitgliederversammlung *f* general meeting.

Mitgliedsausweis *m* membership card; **Mitgliedsbeitrag** *m* membership subscription *or* fee *or* dues *pl*.

Mitgliedschaft *f* membership.

Mitgliedsstaat *m* member state *or* country.

mithaben *vt sep irreg* **etw ~** to have sth (with one); **jdn ~** to have brought sb with one; **hast du alles mit?** have you got everything?

mithalten *vi sep irreg* (*sich beteiligen*) to join in (*mit* with); (*bei Leistung, Tempo etc nachkommen*) (*mit* with) to keep up, to keep pace; (*bei Versteigerung*) to stay in the bidding. **in der Kneipe hat er immer feste mitgehalten** (*inf*) in the pub he would always drink as much as the rest; **bei einer Diskussion ~ können** to be able to hold one's own in a discussion; **er kann so erstklassig Englisch, da kann keiner ~** he speaks such excellent English, no-one can touch him (*inf*).

mithelfen *vi sep irreg* to help. **beim Bau des Hauses ~** to help build the house; **hilf doch ein bißchen mit** give us *or* lend us a hand.

Mitherausgeber *m* co-editor, joint editor; (*Verlag*) co-publisher.

Mithilfe *f* assistance, aid. **unter ~** (*dat*) **der Kollegen** with the aid *or* assistance of colleagues.

mithin *adv* (*geh*) therefore, consequently.

mithören *sep* **I** *vt* to listen to (too); *Gespräch* to overhear; (*heimlich*) to listen in on. **ich habe alles mitgehört** I heard everything.
  II *vi* (*zusammen mit jdm*) to listen (too); (*Radio hören, Gespräch belauschen*) to listen in (*bei* on); (*zufällig*) to overhear. **Feind hört mit** (*Mil prov*) careless talk costs lives; (*fig hum*) someone may be listening.

Mitinhaber *m* joint-owner, co-owner; (*von Firma auch*) joint-proprietor.

mitkämpfen *vi sep* to fight. **mit jdm ~** to fight alongside sb.

Mitkämpfer *m* (*im Krieg*) comrade-in-arms; (*Sport*) team-mate; partner.

mitklingen *vi sep irreg* (*Ton, Saite*) to sound, to resonate. **in ihrer Äußerung klang ein leichter Vorwurf mit** there was a slight note of reproach in her remark; **Assoziationen, die bei diesem Wort ~** associations contained in this word.

mitkommen *vi sep irreg aux sein* **1.** to come along (*mit* with); (*Sendung, Brief etc*) to come, to arrive. **kommst du auch mit?** are you coming too?; **ich kann nicht ~** I can't come; **komm doch mit!** (do) come with us/me *etc*!, why don't you come too?; **kommst du mit ins Kino?** are you coming to the cinema (with me/us)?; **bis zum Bahnhof ~** to come as far as the station.
  2. (*inf*) (*mithalten*) to keep up; (*verstehen*) to follow. **da komme ich nicht mit** that's beyond me; **sie kommt in der Schule/in Französisch gut mit** she is getting on well at school/with French.

mitkönnen *vi sep irreg* (*inf*) **1.** to be able to come/go (*mit* with). **2.** (*usu neg*) (*inf: verstehen*) to be able to follow. **da kann ich nicht mehr mit** I can't follow that.

mitkriegen *vt sep* (*inf*) *siehe* **mitbekommen.**

mitlaufen *vi sep irreg aux sein* to run (*mit* with); (*Rad, Zeiger etc*) to turn. **er läuft beim 100-m-Lauf mit** he's running in the 100 metres.

Mitläufer *m* (*Pol, pej*) fellow traveller.

Mitlaut *m* consonant.

Mitleid *nt, no pl* pity, compassion (*mit* for); (*Mitgefühl*) sympathy (*mit* with, for).

Mitleidenschaft *f*: **jdn/etw in ~ ziehen** to affect sb/sth (detrimentally).

mitleidig *adj* pitying; (*mitfühlend*) sympathetic; *Mensch auch* compassionate. **~ lächeln** to smile pityingly.

mitleid(s)los *adj* pitiless, heartless; **Mitleid(s)losigkeit** *f* pitilessness, heartlessness; **mitleid(s)voll** *adj* sympathetic, compassionate.

mitlernen *vti sep* to learn too; (*durch jdn lernen*) to learn (*mit* from).

mitlesen *vti sep irreg* to read too; *Text* to follow. **etw (mit jdm) ~** to read sth at the same time as sb.

mitmachen *vti sep* **1.** (*teilnehmen*) *Spiel, Singen etc* to join in; *Reise, Expedition, Ausflug* to go on; *Kurs* to do; *Mode* to follow. **etw** *or* **bei etw ~** to join in sth; **er will dabei ~** he wants to join in; **er macht alles mit** he always joins in (all the fun); **jede Mode ~** to follow every fashion; **bei der Mode** *or* **da mache ich nicht mit** that's not my scene (*inf*); **meine Augen/meine Beine machen nicht mehr mit** my eyes/legs are giving up; **wenn das Wetter mitmacht** if the weather cooperates.
  2. (*inf: einverstanden sein*) **da kann ich nicht ~** I can't go along with that; **das mache ich nicht mehr mit** I've had quite enough (of that); **ich mache das nicht mehr lange mit** I won't take that much longer.
  3. (*erleben*) to live through; (*erleiden*) to go through. **sie hat viel mitgemacht** she has been through a lot in her time.

Mitmensch *m* fellow man *or* creature, neighbour. **wir müssen in jedem den ~en sehen** we must see people as neighbours.

mitmenschlich *adj Kontakte, Probleme etc* human; *Verhalten* considerate.

mitmischen *vi sep* (*sl*) (*sich beteiligen*) to be involved (*in + dat, bei* in); (*sich einmischen*) to interfere (*in + dat, bei* in sth).

mitmüssen *vi sep irreg* to have to go/come too.

Mitnahme *f -, no pl* **die ~ von etw empfehlen** to recommend sb to take sth with them.

mitnehmen *vt sep irreg* **1.** to take (with one); (*ausleihen*) to borrow; (*kaufen*) to take. **jdn (im Auto) ~** to give sb a lift; **der Bus konnte nicht alle ~** the bus couldn't take everyone; **sie nimmt alles mit, was sich bietet** she makes the most of everything life has to offer; **(das ist) zum M~** please take one; **einmal Pommes frites zum M~** a bag of chips to take away (*Brit*), French fries to take out *or* to go (*US*).
  2. (*erschöpfen*) *jdn* to exhaust, to weaken; (*beschädigen*) to be bad for. **mitgenommen aussehen** to look the worse for wear.
  3. (*stehlen*) to walk off with.
  4. (*inf*) *Sehenswürdigkeit, Veranstaltung* to take in.

mitnichten *adv* (*old*) not at all, by no means, in no way.

Mitra *f -*, **Mitren** (*Eccl*) mitre.

mitrechnen *vt sep* to count; *Betrag* to count in.

mitreden *sep* **I** *vi* (*Meinung äußern*) to join in (*bei etw* sth); (*mitbestimmen*) to have a say (*bei* in). **da kann er nicht** ~ he wouldn't know anything about that; **da kann ich** ~ I should know; **da kann ich aus Erfahrung** ~ I know from my own experience; **sie will überall** ~ (*inf*) she always has to have her say.

II *vt* **da möchte ich auch ein Wörtchen** ~ I'd like to have some say (in this) too.

mitreisen *vi sep aux sein* to go/travel too (*mit* with).

Mitreisende(r) *mf* fellow passenger/traveller.

mitreißen *vt sep irreg* (*Fluß, Lawine*) to sweep *or* carry away; (*Fahrzeug*) to carry along. **seine Rede hat alle mitgerissen** everyone was carried away by his speech.

mitreißend *adj Rhythmus, Enthusiasmus* infectious; *Reden, Marschmusik* rousing.

mitsamt *prep + dat* together with.

mitschleifen *vt sep* to drag along.

mitschleppen *vt sep* **jdn/etw** ~ to drag *or* cart (*inf*) sb/sth with one *or* along.

mitschneiden *vt sep irreg* to record.

Mitschnitt *m* recording.

mitschreiben *sep irreg* I *vt* **etw** ~ to write *or* take sth down; (*Sekretärin*) to take sth down. II *vi* to take notes. **nicht so schnell, ich kann nicht mehr** ~ not so fast, I can't keep up.

Mitschrift *f* record; (*von Vorlesung etc*) notes *pl*. **zur** ~ for the record; **nicht zur** ~ **bestimmt** *or* **gedacht** off the record.

Mitschuld *f* share of the blame *or* responsibility (*an +dat* for); (*an einem Verbrechen*) complicity (*an +dat* in). **ihn trifft eine** ~ a share of the blame falls on *or* must be taken by him; (*an Verbrechen*) he is implicated (*an +dat* in).

mitschuldig *adj* (*an Verbrechen*) implicated (*an +dat* in); (*an Unfall*) partly responsible *or* to blame (*an +dat* for). **sich** ~ **machen** to incur (some) blame (*an +dat* for); (*an Verbrechen*) to become implicated (*an +dat* in).

Mitschuldige(r) *mf* accomplice; (*Helfershelfer*) accessory.

Mitschüler *m* school-friend; (*in derselben Klasse*) class-mate.

mitschwingen *vi sep irreg* (*lit*) to resonate too. **was in diesem Wort mitschwingt** the overtones *or* associations contained in *or* conjured up by this word; **es schwang ein Ton von Enttäuschung mit** there was a note of disappointment.

mitsingen *sep irreg* I *vt* to join in (singing). II *vi* to join in the singing, to sing along. **in einer Oper/einem Chor** *etc* ~ to sing in an opera/choir *etc*.

mitspielen *vi sep* **1.** to play too; (*in Mannschaft etc*) to play (*bei* in). **in einem Film/bei einem Theaterstück** ~ to be in a film/play; **wer spielt mit?** who wants to play?; (*in Mannschaft*) who's playing?; (*Theat etc*) who's in it?
2. (*fig inf: mitmachen*) to play along.
3. (*Gründe, Motive*) to play a part *or* role (*bei* in), to be involved (*bei* in).
4. (*Schaden zufügen*) **er hat ihr übel** *or* **schlimm mitgespielt** he has treated her badly; **das Leben hat ihr übel mitgespielt** she has had a hard life, life has been hard to her.

Mitspieler *m* (*Sport*) player; (*Theat*) member of the cast. **seine** ~ his team-mates; the other members of the cast.

Mitsprache *f* a say.

Mitspracherecht *nt* right to a say in a matter. **jdm ein** ~ **einräumen** *or* **gewähren** to allow *or* grant sb a say (*bei* in).

mitsprechen *sep irreg* I *vt Gebet* to join in (saying). **etw (mit jdm)** ~ to say sth with *or* at the same time as sb. II *vi* to join in. **bei etw** ~ to join in sth; (*mitbestimmen*) to have a say in sth.

Mitstreiter *m* (*geh*) comrade-in-arms.

mittag *adv* **gestern/heute/morgen** ~ at midday yesterday/today/tomorrow, yesterday/today/tomorrow lunchtime; **Dienstag** ~ midday Tuesday, Tuesday (at) midday, Tuesday lunchtime.

Mittag¹ *m* **-(e)s, -e 1.** midday. **gegen** ~ around *or* about midday *or* noon; **über** ~ at midday, at lunchtime(s); **jeden** ~ every day at midday, every lunchtime; **jeden** ~ **gegen halb eins** every day at half past twelve; **des** ~**s** (*geh*) around noon *or* midday; **eines** ~**s** (*geh*) one day around noon *or* midday; **zu** ~ **essen** to have lunch *or* dinner *or* one's midday meal; **etwas Warmes zu** ~ **essen** to have a cooked lunch.
2. (*old, liter: Süden*) south.
3. (*inf: Pause*) lunch-hour, lunch-break. ~ **machen/haben** to take/have one's lunch-hour *or* lunch-break; **sie macht gerade** ~ she's (off) at lunch.

Mittag² *nt* **-s,** *no pl* (*inf*) lunch.

Mittag|essen *nt* lunch, midday meal. **er kam zum** ~ he came to lunch; **sie saßen beim** ~ they were having lunch *or* their midday meal.

mittägig *adj attr* midday.

mittäglich *adj attr* midday, lunchtime; *Schläfchen* afternoon.

mittags *adv* at lunchtime. ~ **warm essen** to have a hot meal at midday; ~ **(um) 12 Uhr, (um) 12 Uhr** ~ at 12 noon, at 12 o'clock midday.

Mittag(s)brot *nt* (*dial*) lunch; **Mittagsglut** (*liter*), **Mittagshitze** *f* midday *or* noonday heat, heat of midday; **Mittagsmahl** *nt* (*liter*), **Mittagsmahlzeit** *f* midday meal; **Mittagspause** *f* lunch-hour, lunch-break; ~ **machen/haben** to take/have one's lunch-hour *or* lunch-break; (*Geschäft etc*) to close at lunch-time; **Mittagsruhe** *f* period of quiet (after lunch) (*in Geschäft*) midday-closing; **Mittagsschlaf** *m* afternoon nap; **Mittagssonne** *f* midday sun; **Mittagsstunde** *f* midday, noon; **um die** *or* **zur** (*geh*) ~ around midday *or* noon; **Mittagstisch** *m* **1.** dinner-table; **den** ~ **decken** to lay the table for lunch; **am** ~ **sitzen** to be sitting (at the table) having lunch; **2.** (*im Restaurant*) businessman's lunch; **Mittagszeit** *f* lunch-time; **während** *or* **in der** ~ at lunch-time; **um die** ~ around midday *or* lunch-time; **zur** ~ (*geh*) at midday.

Mittäter(in *f*) *m* accomplice.

Mittäterschaft *f* complicity.

Mittdreißiger(in *f*) *m* man/woman in his/her mid-thirties.

Mitte *f* **-, -n 1.** middle; (*fig auch, von Kreis, Kugel etc*) centre; (*der Stadt, Sport*) centre. **das Reich der** ~ (*liter*) the Middle Kingdom; ~ **August** in the middle of August; ~ **des Jahres/des Monats** halfway through the year/ month; **er ist** ~ **Vierzig** *or* **der Vierziger** he's in his mid-forties; **die goldene** ~ the golden mean; **die rechte** ~ a happy medium; **in der** ~ in the middle; (*zwischen zwei Menschen*) in between (them/us *etc*); (*zwischen Ortschaften*) halfway, midway; **sie nahmen sie in die** ~ they took her between them.

2. (*Pol*) centre. **die linke/rechte** ~ centre-left/-right; **in der stehen** to be moderate; **in der** ~ **zwischen ...** midway between ...

3. (*Gruppe, Gesellschaft*) **einer aus unserer** ~ one of us *or* our number; **ich möchte gern in eurer** ~ **sein** I would like to be with you; **in unserer** ~ with us, in our midst, among(st) us; **er wurde aus unserer** ~ **gerissen** he was taken from our midst *or* from amongst us.

mitteilen *sep* I *vt* **jdm etw** ~ to tell sb sth; (*benachrichtigen*) to inform sb of *or* about sth, to communicate sth to sb (*form*); (*bekanntgeben*) to announce sth to sb; (*Comm, Admin*) to inform *or* notify sb of sth; **wir erlauben uns, Ihnen mitzuteilen, daß ...** we beg to inform you that ...; **teile ihm die Nachricht schonend mit** break the news to him gently.

II *vr* **1.** to communicate (*jdm* with sb). **er kann sich gut/schlecht** ~ he finds it easy/difficult to communicate.

2. (*geh: Stimmung*) to communicate itself (*jdm* to sb).

mitteilsam *adj* communicative; (*pej*) talkative, garrulous.

Mitteilung *f* (*Bekanntgabe*) announcement; (*Erklärung*) statement; (*Benachrichtigung*) notification; (*Comm, Admin*) communication; (*an Mitarbeiter etc*) memo; **jdm (eine)** ~ (*von etw*) **machen** (*form*) to inform sb (of sth), to report (sth) to sb; (*bekanntgeben*) to announce sth to sb; (*Erklärung abgeben*) to make a statement (about sth) to sb; (*benachrichtigen*) to inform *or* notify sb (of sth); **eine** ~ **bekommen, daß ...** to hear that ...

Mitteilungsbedürfnis *nt* need to talk to other people.

mittel *adj siehe* **mittlere(r, s).**

Mittel *nt* **-s, -** **1.** *Math: Durchschnitt*) average. **im** ~ on average; **arithmetisches/ geometrisches** ~ arithmetical/geometrical mean.

2. (~ *zum Zweck, Transport*~ *etc*) means *sing*; (*Maßnahme, Methode*) way, method; (*Werbe*~, *Propaganda*~, *zur Verkehrskontrolle*) device; (*Lehr*~) aid. ~ **und Wege finden** to find ways and means; ~ **zum Zweck** a means to an end; **kein** ~ **unversucht lassen** to try everything; ~ **gegen die Inflation** ways of beating inflation; **als letztes** *or* **äußerstes** ~ as a last resort; **zu anderen** ~**n greifen, andere** ~ **anwenden** to use *or* employ other means *or* methods; **ihm ist jedes** ~ **recht** he will do anything (to achieve his ends); **ihm war jedes** ~ **recht, dazu war ihm jedes** ~ **recht** he did not care how he did it *or* what means he used to achieve his ends;

er ist in der Wahl seiner ~ **nicht zimperlich** he is not fussy about what methods he chooses; **etw mit allen** ~**n verhindern/ bekämpfen** to do one's utmost *or* everything one can to prevent/oppose sth; **sie hat mit allen** ~**n gekämpft, um ...** she fought tooth and nail to ...

3. *pl* (*Geld*~) funds *pl*, resources *pl*; (*Privat*~) means *pl*, resources *pl*.

4. *meist nicht übersetzt* (*Medikament, kosmetisch*) preparation; (*Med auch*) drug; (*Medizin*) medicine. **welches** ~ **nimmst du?** what do you use *or* (*Med: einnehmen*) take?; **ein** ~ **zum Einreiben** something *or* a lotion/an ointment/a cream to be rubbed in; **das ist ein** ~ **gegen Durchfall/Schuppen** that is for diarrhoea/ dandruff; **sich** (*dat*) **ein** ~ **(gegen Kopfschmerzen/Husten** *etc*) **verschreiben lassen** to get the doctor to prescribe something (for headaches/a cough *etc*); **es gibt kein** ~ **gegen Schnupfen** there is no cure for the common cold; **das beste** ~ **für** *or* **gegen etw** the best cure *or* remedy for sth.

Mittel|achse *f* (*von Fläche, Körper*) central axis; (*von Auto*) central axle; **Mittel|alter** *nt* Middle Ages *pl*; **da herrschen Zustände wie im** ~! (*inf*) it is positively medieval there; **mittel|alterlich** *adj* medieval; **Mittel|amerika** *nt* Central America (and the Caribbean); **mittel|amerikanisch** *adj* Central American; **mittelbar** *adj* indirect (*auch Jur*); *Schaden* consequential; **Mittelbau** *m* **1.** (*Gebäude*) central block; **2.** (*Univ*) non-professorial teaching staff; **mitteldeutsch** *adj* (*Geog, Ling*) Central German; **Mitteldeutsch(e)** *nt* Central German dialects *pl*; **Mittelding** *nt* (*Mischung*) cross; **ein** ~ (*weder das eine noch das andere*) something in between; **Mittel|europa** *nt* Central Europe; **Mittel|europäer** *m* Central European; **mittel|europäisch** *adj* Central European; **M**~**e Zeit** Central European Time; **mittelfein** *adj Erbsen etc* medium-sized; *Kaffee, Mehl etc* medium-ground; **Mittelfeld** *nt* (*Sport*) midfield; (*die Spieler auch*) midfield players *pl*; **Mittelfinger** *m* middle finger; **mittelfristig** *adj Finanzplanung, Kredite* medium-term; *Voraussage* medium-range; **Mittelgebirge** *nt* low mountain range; **Mittelgewicht** *nt* middleweight; **Meister im** ~ middleweight champion; **mittelgroß** *adj* medium-sized; **Mittel-hochdeutsch(e)** *nt* Middle High German; **Mittelklasse** *f* **1.** (*Comm*) middle of the market; **ein Wagen der** ~ a middlemarket car; **2.** (*Sociol*) middle classes *pl*; **Mittelklassewagen** *m* middlemarket car; **mittelländisch** *adj*: **das M**~**e Meer** (*form*) the Mediterranean Sea; **Mittelläufer** *m* (*Sport*) centre-half; **Mittellinie** *f* centre line; **mittellos** *adj* without means; (*arm*) impoverished; **Mittellosigkeit** *f* lack of means; (*Armut*) impoverishment; **Mittelmaß** *nt* mediocrity *no art*; **das (gesunde)** ~ the happy medium; **seine Leistungen bewegen sich im** ~ his performance is no more than mediocre; **mittelmäßig** I *adj* mediocre; *Schriftsteller, Spieler etc auch* indifferent;

als Redner gibt er eine recht ~e Figur ab he's a pretty mediocre *or* indifferent speaker; **II** *adv* indifferently; **wie gefällt es dir hier? — so** ~ how do you like it here? — so-so; **Mittelmäßigkeit** *f* mediocrity.

Mittelmeer *nt* Mediterranean (Sea).

Mittelmeerraum *m* Mediterranean (region), Med (*inf*).

Mittel|ohr|entzündung, Mittel|ohr(ver)ei-terung *f* inflammation of the middle ear.

mittelprächtig *adj* (*hum inf*) reasonable, not bad *pred*, so-so *pred* (*inf*); (*ziemlich schlecht*) pretty awful (*inf*); **Mittelpunkt** *m* (*Math, räumlich*) centre; (*fig: visuell*) focal point; **Marlene Dietrich war der ~ des Abends** Marlene Dietrich was the main attraction of the evening; **er muß immer ~ sein** he always has to be the centre of attention; **Mittelpunktschule** *f* school at the centre of a rural catchment area.

mittels (*geh*), **mittelst** (*old*) *prep* +*gen or* *dat* by means of.

Mittelscheitel *m* centre parting (*Brit*) *or* part (*US*); **Mittelschicht** *f* (*Sociol*) middle class; **Mittelschiff** *nt* (*Archit*) nave; **Mittelschule** *f* **1.** (*inf: Realschule*) ≈ secondary modern school (*Brit*), junior high (*US*); **2.** (*Sw, Aus, inf: Oberschule*) secondary school, high school (*US*).

Mittelsmann *m*, *pl* **-männer** *or* **-leute** intermediary.

Mittelstadt *f* medium-sized town; **Mittelstand** *m* middle classes *pl*; **mittelständisch** *adj* middle-class; **Mittelständler** *m* **-s, -** middle-class person; **Mittelstellung** *f* medium setting; (*fig*) intermediate position; **Mittelstimme** *f* (*Mus*) middle part.

Mittelstrecke *f* (*Sport*) middle-distance event; (*Aviat*) medium haul; (*von Rakete etc*) medium range.

Mittelstreckenflugzeug *nt* medium-haul aircraft; **Mittelstreckenlauf** *m* middle-distance race; (*Diszlplin*) middle-distance running; **Mittelstreckenrakete** *f* intermediate-range *or* medium-range missile.

Mittelstreifen *m* central reservation (*Brit*), median (strip) (*US*); **Mittelstück** *nt* middle *or* centre part; (*von Braten etc*) middle; **Mittelstufe** *f* (*Sch*) middle school (*Brit*), junior high (*US*); **Mittelstürmer** *m* (*Sport*) centre-forward; **Mittelweg** *m* middle course; **der goldene ~** the happy medium, the golden mean; **einen ~ einschlagen** to steer a middle course; **einen ~ suchen** to try to find a happy medium; **Mittelwelle** *f* (*Rad*) medium wave(band); **Mittelwert** *m* mean; **Mittelwort** *nt* (*Gram*) participle; **~ der Gegenwart/Vergangenheit** present/past participle.

mitten *adv* **~ an/in/auf/bei etw** (right) in the middle of sth; **~ aus etw** (right) from the middle of sth; (*aus Gedränge etc auch*) from the midst of sth; **~ durch etw** (right) through the middle of sth; **~ darin/darein** (right) in the middle of it; **~ darunter** (*räumlich*) right under it/them; (*dabei*) right amongst *or* in the middle of it/them; **~ (hin)durch** right through the middle; **~ im Urwald** in the middle *or* depths of the

jungle; **~ in der Luft/im Atlantik** in mid-air/mid-Atlantic; **~ ins Gesicht** right in the face; **es ist noch ~ in der Nacht** it's still the middle of the night; **~ im Leben** in the middle of life; **er wurde ~ aus einem schaffensfrohen Leben gerissen** (*geh*) in the middle of his creative life he was called to his Maker; **~ in** *or* **bei der Arbeit** when I *etc* am/was *etc* in the middle of working; **~ beim Frühstück/Essen sein** to be in the middle of (one's) breakfast/of eating; **~ unter uns** (right) in our midst; **der Stock brach ~ entzwei** the stick broke clean in two.

mittendrin *adv* (right) in the middle of it; **~ in der Stadt/der Arbeit** (right) in the middle of the town/one's work; **mittendrunter** *adv* (*räumlich*) right at the bottom; (*dabei*) (right) amongst it/them; **mittendurch** *adv* (right) through the middle; **mittenmang** (*dial inf*) **I** *prep* + *dat or* (*sl*) *acc* among; **sie spielte ~ die Bengels** she was playing with the lads; **II** *adv* (right) in the middle of it/them.

Mitternacht *f* midnight *no art.*

mitternächtlich *adj attr* midnight. **zu ~er Stunde** (*geh*) at the midnight hour. **Mitternachtssonne** *f* midnight sun; **Mitternachtsstunde** *f* witching hour.

Mittfünfziger(in *f*) *m* man/woman in his/her mid-fifties.

Mittler *m* **-s, -** mediator; (*liter: Ideen, Sprache etc*) medium.

mittlere(r, s) *adj attr* **1.** (*dazwischenliegend*) middle. **der/ die/das ~** the middle one; **der M~ Osten** the Middle East; **der ~ Weg** (*fig*) the middle course.

2. (*den Mittelwert bildend*) medium; (*mittelschwer*) *Kursus, Aufgabe* intermediate; (*durchschnittlich*) average; (*Math*) mean. **von ~m Wert** of medium value; **~n Alters** middle-aged.

Mittlerrolle *f* role of mediator, mediatory role; **mittlerweile** *adv* in the meantime; **ich habe mich ~ daran gewöhnt** I've got used to it in the meantime.

mittschiffs *adv* (*Naut*) (a)midships; **Mittsechziger(in** *f*) *m* man/woman in his/her mid-sixties; **Mittsiebziger(in** *f*) *m* man/woman in his/her mid-seventies; **Mittsommer** *m* midsummer; **Mittsommernacht** *f* Midsummer's Night.

mittun *vi sep irreg* (*inf*) to join in.

Mittvierziger(in *f*) *m* man/woman in his/her mid-forties; **Mittwoch** *m* **-s, -e** Wednesday; *siehe auch* **Dienstag**; **mittwochs** *adv* on Wednesdays; *siehe auch* **dienstags**.

mit|unter *adv* from time to time, now and then *or* again, (every) once in a while.

mitver|antwortlich *adj* jointly responsible *pred*.

Mitver|antwortung *f* share of the responsibility. **~ haben** to have *or* bear a share of the responsibility; **die** *or* **jede ~ ablehnen** to abnegate (all) responsibility.

mitverdienen* *vi sep* to (go out to) work as well.

Mitverfasser *m* co-author.

Mitverschulden *nt* **ihm wurde ein ~ nachgewiesen** he was shown to have been partially *or* partly to blame; **ihn trifft ein ~ an diesem Vorfall** he was partially *or* partly to blame for this incident.

Mitverschwor(e)ne(r) *mf decl as adj* fellow thinker/idealist *etc*, crony (*hum inf*); (*pej, bei Verbrechen*) conspirator.

Mitverschwörer *m* conspirator.

mitversichern* *vt sep* to include in the insurance.

Mitwelt *f* **die** ~ the people *or* those about one; **es dauerte lange, bis die** ~ **seine Leistungen würdigte** it was a long time before his contemporaries learnt to appreciate his achievements.

mitwirken *vi sep* to play a part (*an +dat, bei* in); (*Fakten, Faktoren etc auch*) to contribute (*an +dat, bei* to); (*beteiligt sein*) to be involved (*an +dat, bei* in); (*Schriftsteller, Regisseur etc*) to collaborate (*an +dat, bei* on); (*mitspielen*) (*Schauspieler, Diskussionsteilnehmer*) to take part (*an +dat, bei* in); (*in Film*) to appear (*an +dat, bei* in); (*Tänzer, Orchester, Chor*) to perform (*an +dat, bei* in). **ohne das M~ des Ministers wäre das unmöglich gewesen** it would have been impossible without the minister's involvement.

Mitwirkende(r) *mf decl as adj* participant (*an +dat, bei* in); (*Mitspieler*) performer (*an +dat, bei* in); (*Schauspieler*) actor (*an +dat, bei* in). **die ~n** (*Theat*) the cast *pl*.

Mitwirkung *f* (*Beteiligung, Mitarbeit*) involvement (*an +dat, bei* in); (*Zusammenarbeit*) cooperation (*an +dat, bei* in); (*an Buch, Film*) collaboration (*an +dat, bei* on); (*Teilnahme*) (*an Diskussion, Projekt*) participation (*an +dat, bei* in); (*von Schauspieler*) appearance (*an +dat, bei* in); (*von Tänzer, Orchester, Chor*) performance (*an +dat, bei* in). **unter ~ von** with the assistance *or* aid *or* help of.

Mitwisser(in *f*) *m* **-s, -** (*Jur*) accessory (*gen* to). ~ **sein** to know about it; ~ **einer Sache** (*gen*) **sein** to know about sth; **jdn zum ~ machen** to tell sb (all) about it; (*Jur*) to make sb an accessory; **er wollte nicht so viele ~ haben** he didn't want so many people to know about it.

mitwollen *vi sep* to want to go/come along.

mitzählen *vti sep siehe* **mitrechnen.**

mitziehen *vi sep irreg aux sein* (*fig inf*) to go along with it.

Mixbecher *m* (cocktail) shaker.

mixen *vt Getränke*, (*Rad, TV*) to mix.

Mixer *m* **-s, -** 1. (*Bar~*) cocktail waiter. 2. (*Küchen~*) blender; (*Rührmaschine*) mixer. 3. (*Film, Rad, TV*) mixer.

Mixgetränk *nt* mixed drink; (*alkoholisch*) cocktail; (*Milch~*) milkshake.

Mixtur *f* (*Pharm, Mus, fig*) mixture.

mm *abbr of* **Millimeter.**

Mob *m* **-s,** *no pl* (*pej*) mob.

Möbel *nt* **-s, -** (*~stück*) piece of furniture. ~ *pl* furniture *sing*; ~ **rücken** to shift the furniture.

Möbel- *in cpds* furniture; **Möbellager** *nt* furniture showroom; **Möbelpacker** *m* furniture packer, removal man; **Möbelschreiner** *m* cabinet-maker; **Möbelspedition** *f* removal firm; **Möbelstoff** *m* furnishing fabric; **Möbelstück** *nt* piece of furniture; **Möbeltischler** *m* cabinet-maker; **Möbelträger** *m* removal man; **Möbelwagen** *m* removal van (*Brit*) or

truck, pantechnicon.

mobil *adj* 1. mobile; (*Comm, Jur*) *Vermögen, Kapital* movable. **~es Vermögen** movables *pl*; ~ **machen** (*Mil*) to mobilize. 2. (*inf: flink, munter*) lively. **jdn ~ machen** to liven sb up.

Mobile ['mo:bilə] *nt* **-s, -s** mobile.

Mobiliar *nt* **-s,** *no pl* furnishings *pl*.

mobilisieren* *vt* (*Mil, fig*) to mobilize; (*Comm*) *Kapital* to make liquid. **die Straße or den Mob** ~ to rouse the mob.

Mobilität *f* mobility (*auch Sociol*); (*geistige* ~) agility.

Mobilmachung *f* (*Mil*) mobilization. **die ~ ausrufen/beschließen** to mobilize/decide to mobilize.

möblieren* *vt* to furnish. **neu ~** to refurnish; **ein möbliertes Zimmer** a furnished room; **ein möblierter Herr** (*hum inf*) a lodger; **möbliert wohnen** to live in furnished accommodation.

Moçambique [mozamˈbɪk, -ˈbiːk] *nt* **-s** Mozambique.

Mocca *m* **-s, -s** *siehe* **Mokka.**

mochte *pret of* **mögen.**

Möchtegern- *in cpds* (*iro*) would-be.

modal *adj* (*Gram*) modal.

Modalität *f* 1. *usu pl* (*von Plan, Vertrag etc*) arrangement; (*von Verfahren, Arbeit*) procedure. 2. (*Philos*) modality.

Modal- (*Gram*): **Modalsatz** *m* (adverbial) clause of manner; **Modalverb** *nt* modal verb.

Mode *f* **-, -n** fashion; (*Sitte*) custom. **~n** (*Kleider*) fashions, fashionwear *sing*, apparel *sing* (*esp US*); ~ **sein** to be fashionable *or* the fashion *or* in vogue; (*Sitte*) to be the custom; **das ist jetzt ~** that's the latest fashion; **Radfahren/Alaska wird jetzt große ~** cycling/Alaska is becoming very fashionable nowadays; **in ~/aus der ~ kommen** to come into/go out of fashion; **die ~ or alle ~n mitmachen, mit or nach der ~ gehen, sich nach der ~ richten** to keep up with the latest fashions; **sich nach der ~ kleiden** to dress in the height of fashion; **wir wollen keine neuen ~n einführen** (*inf*) we don't want any newfangled ideas.

Modeartikel *m* fashion accessory; **Modearzt** *m* fashionable doctor; **modebewußt** *adj* fashion-conscious; **Modefarbe** *f* fashionable colour, in-colour (*inf*); **Modegeschäft** *nt* fashion shop; **Modehaus** *nt* fashion house; **Modeheft, Modejournal** *nt* fashion magazine; **Modekrankheit** *f* fashionable complaint.

Modell *nt* **-s, -e** 1. model; (*naturgetreu auch*) mock-up. 2. (*Art, Foto~*) model. **zu etw ~ stehen** to be the model for sth; **jdm ~ stehen/sitzen** to sit for sb.

Modelleisenbahn *f* model railway; (*als Spielzeug*) train set; **Modellflugzeug** *nt* model aeroplane *or* airplane (*US*).

modellieren* *vti* to model.

Modelliermasse *f* modelling clay.

Modellkleid *nt* model (dress); **Modellversuch** *m* (*esp Sch*) experiment; **Modellzeichnung** *f* drawing of a model; (*Art*) drawing from a model.

modeln *vt* to model. **er läßt sich nicht ~** he's fixed in his habits.

Modem *nt* -s, -e modem.

Modenschau *f* fashion show; **Modenzeitung** *f* fashion magazine.

Modepuppe *f*, **Modepüppchen** *nt* model type (*inf*).

Moder *m* -s, *no pl* mustiness; (*geh: Verwesung*) decay; (*Schimmel*) mildew. **es riecht nach ~** it smells musty; **in ~ übergehen** to decay; (*Grabsteine etc*) to become mildewed.

Moderation *f* (*Rad, TV*) presentation. **die ~ heute abend hat: ...** tonight's presenter is ...

Moderator *m* presenter.

moderieren* *vti* (*Rad, TV*) to present. **das M~** the presentation.

mod(e)rig *adj* Geruch musty.

modern[1] *vi aux sein or haben* to rot.

modern[2] *adj* modern *no adv*; (*zeitgemäß*) *Maschine, Vorrichtung auch* up-to-date *no adv*; (*modisch*) fashionable; *Politik, Ansichten, Eltern, Lehrer* progressive. **~ sein** (*Kleidung, Möbel*) to be fashionable; **~ werden** to come into fashion, to become fashionable; **ein ~ eingerichtetes Zimmer** a modern room; **der ~e Mensch** modern man.

Moderne *f* -, *no pl* (*geh*) modern age. **das Zeitalter der ~** the modern age.

modernisieren* *vt* Gebäude to modernize; *Gesetz, Arbeitsmethoden, Betrieb auch* to bring up to date; *Kleidung* to revamp, to make more fashionable.

Modernismus *m* modernism.

modernistisch *adj* modernistic.

Modernität *f* (*geh*) modernity.

Modesache *f* **das ist reine ~** it's just the fashion; **Modesalon** *m siehe* **Modehaus**; **Modeschau** *f siehe* **Modenschau**; **Modeschmuck** *m* costume jewellery; **Modeschöpfer(in** *f*) *m* fashion designer, couturier/couturière; **Modeschrei** *m* **der letzte ~** the latest fashion; **Modetanz** *m* popular dance; **Modetorheit** *f* fashion fad; **Modewort** *nt* in-word, vogue *or* trendy (*inf*) word; **Modezeichner** *m* fashion illustrator; **Modezeitschrift** *f siehe* **Modezeitung**.

Modi *pl of* **Modus**.

Modifikation *f* modification.

modifizieren* *vt* to modify.

modisch *adj* stylish, fashionable, modish.

Modistin *f* milliner.

Modul *m* -s, -n (*Archit*) module; (*Math*) modulus.

Modulation *f* modulation.

modulieren* *vt* to modulate.

Modus *m* -, **Modi** 1. way. **~ vivendi** (*geh*) modus vivendi. 2. (*Gram*) mood.

Mofa *nt* -s, -s small moped, motor-assisted bicycle (*form*).

Mogelei *f* cheating *no pl*.

mogeln *vi* to cheat. **beim Kartenspiel/bei der Prüfung ~** to cheat at cards/in an exam; **nicht ~!** no cheating!

Mogelzettel *m* (*Sch*) crib.

mögen *pret* **mochte**, *ptp* **gemocht** I *vt* to like. **~ Sie ihn/Operettenmusik?** do you like him/operetta?; **ich mag ihn/Operettenmusik nicht** I don't like *or* care for him/operetta; **sie mag das (gern)** she (really) likes that; **sie mag kein Sauerkraut** she

doesn't like sauerkraut; **was möchten Sie, bitte?** what would you like?; (*Verkäufer*) **what can I do for you?**; **~ Sie eine Praline/etwas Wein?** (*form*) would you like *or* care for a chocolate/some wine?; **nein danke, ich möchte lieber Tee** no thank you, I would prefer tea *or* rather have tea.

II *vi* 1. (*wollen*) (*eine Praline/etwas Wein etc* ~) to like one/ some; (*etw tun* ~) to like to. **ich mag nicht mehr** I've had enough; (*bin am Ende*) I can't take any more; **kommen Sie mit? — ich möchte gern, aber ...** are you coming too? — I'd like to, but ...

2. (*gehen/fahren wollen*) to want to go. **ich möchte (gern) nach Hause** I want to go home; **ich möchte lieber in die Stadt** I would prefer to go *or* I would rather go into town.

III *ptp* **~** *modal aux vb* 1. (*im Konjunktiv: Wunsch*) to like to +*infin*. **möchten Sie etwas essen?** would you like *or* care for something to eat?; **wir möchten (gern) etwas trinken** we would like something to drink; **ich möchte gern Herrn Schmidt sprechen** I would like to speak to Mr Schmidt; **hier möchte ich nicht wohnen** I wouldn't like to live here; **ich möchte dazu nichts sagen** I don't want to say anything about that, no comment; **ich hätte gern/lieber dabeisein ~** I would like *or* have liked/prefer *or* have preferred to have been there; **das möchte ich auch wissen** I'd like to know that too; **möge er/mögest du Erfolg haben** (*old*) may he/you be successful.

2. (*im Konjunktiv: einschränkend*) **man möchte meinen, daß ...** you would think that ...; **ich möchte fast sagen ...** I would almost say ...

3. (*geh: Einräumung*) **es mag wohl sein, daß er recht hat, aber ...** he may well be right, but ...; **wie dem auch sein mag** however that may be; **was sie auch sagen mag** whatever she says; **oder wie er auch heißen mag** or whatever he is *or* might be *or* may be called; **es mag für dieses Mal hingehen** it's all right this time; **mag kommen, was da will** come what may; **von mir aus mag er warten** as far as I'm concerned he can wait.

4. (*Vermutung*) **es mochten etwa fünf Stunden vergangen sein** about five hours must *or* would have passed; **sie mag/mochte etwa zwanzig sein** she must *or* would be/have been about twenty; **wie alt mag sie sein?** how old might *or* would she be?, how old is she, I wonder?; **wo mag sie das gehört haben?** where could *or* might she have heard that?; **was mag das wohl heißen?** what might that mean?

5. (*wollen*) to want. **sie mag nicht bleiben** she doesn't want to stay.

6. (*Aufforderung, indirekte Rede*) (*sagen Sie ihm,*) **er möchte zu mir kommen** would you tell him to come and see me; **Sie möchten zu Hause anrufen** you should call home; **du möchtest dich brieflich melden** you should write.

Mogler(in *f*) *m* -s, - cheat.

möglich *adj* 1. possible; (*ausführbar auch*) feasible. **alles ~e** everything you *or* one can think of; **alles M~e tun** to do everything possible *or* everything one can; **aus allen ~en Richtungen** from all directions; **so viel/bald wie** ~ as much/soon as possible; **das ist schon** *or* **wohl** *or* **durchaus** ~ that's quite possible; **wenn es irgend** ~ **ist** if (it's) at all possible; **können Sie es** ~ **machen, daß Sie schon morgen kommen** *or* **schon morgen zu kommen?** could you manage to come tomorrow?; **es war mir nicht** ~ **mitzukommen** I couldn't manage to come, it wasn't possible for me to come; **das ist doch nicht** ~! that's impossible; **nicht** ~! never!, impossible!; **das wäre woanders nicht** ~ that couldn't happen anywhere else; **ist denn so was** ~? would you credit it? (*inf*); **er tat sein ~stes** he did his utmost *or* all he could.

2. (*attr: eventuell*) **Kunden, Interessenten, Nachfolger** potential, possible. **alle ~en Fälle** every eventuality; **alles M~e bedenken** to consider everything.

möglicherweise *adv* possibly. ~ **kommt er morgen** he may *or* might (possibly) come tomorrow; **ich habe meinen Regenschirm ~ im Bus vergessen** I may *or* might (possibly) have left my umbrella on the bus; **da liegt** ~ **ein Mißverständnis vor** it's possible that there is a misunderstanding, there is possibly a misunderstanding.

Möglichkeit *f* **1.** possibility; (*no pl: Ausführbarkeit auch*) feasibility. **es besteht die ~, daß ...** there is a possibility that ..., it is possible that ...; **alle ~en in Betracht ziehen** to take all the possibilities into account; **nach** ~ if possible; **ist denn das die ~?, ist es die ~!** (*inf*) it's impossible!, I don't believe it!

2. (*Aussicht*) chance; (*Gelegenheit auch*) opportunity. **die ~ haben, etw zu tun** to have the *or* a chance/the *or* an opportunity to do sth *or* of doing sth; **er hatte keine andere** ~ he had no other choice *or* alternative.

möglichst *adv* ~ **genau/schnell/oft** as accurately/quickly/often as possible; **in** ~ **kurzer Zeit** as quickly as possible.

Mohair [mo'hɛːɐ] *m* **-s, -e** (*Tex*) mohair.

Mohammedaner(in *f*) [mohame'daːnɐ, -ərɪn] *m* **-s, -** Mohammedan.

mohammedanisch [mohame'daːnɪʃ] *adj* Mohammedan.

Mohikaner [mohi'kaːnɐ] *m* **-s, -** Mohican. **der letzte ~, der Letzte der** ~ (*lit*) the last of the Mohicans; (*fig*) the very last one.

Mohn *m* **-(e)s, -e 1.** poppy. **2.** (*~samen*) poppy seed.

Mohn- *in cpds* poppy; (*Cook*) (poppy)seed; **Mohnblume** *f* poppy.

Mohr *m* **-en, -en** (*old*) (blacka)moor (*old*). **Othello, der** ~ **von Venedig** Othello, the Moor of Venice; **der** ~ **hat seine Schuldigkeit getan, der** ~ **kann gehen** as soon as you've served your purpose they've no further interest in you.

Möhre *f* **-, -n** carrot.

Mohrenkopf *m small chocolate-covered cream cake;* **Mohrenwäsche** *f* (*inf*) attempt at whitewashing somebody.

Mohrrübe *f* carrot.

Moiré [moa'reː] *m or nt* **-s, -s** (*Tex*) moiré.

moiriert [moa'riːɐt] *adj* watered.

mokant *adj* (*geh*) sardonic, mocking.

Mokassin *m* **-s, -s** moccasin.

mokieren* *vr* to sneer (*über* +*acc* at).

Mokka *m* **-s, -s** mocha.

Mokkalöffel *m* coffee spoon; **Mokkatasse** *f*, **Mokkatäßchen** *nt* coffee cup.

Molch *m* **-(e)s, -e** salamander.

Moldau *f* **- 1.** (*Fluß*) Vltava. **2.** (*Republik*) Moldavia.

Mole *f* **-, -n** (*Naut*) mole.

Molekül *nt* **-s, -e** molecule.

molekular *adj* molecular.

Molesten *pl* (*old*) minor ailments *pl*.

molk *pret of* **melken**.

Molke *f* **-, no pl** whey.

Molkerei *f* dairy.

Molkereibutter *f* blended butter; **Molkereigenossenschaft** *f* dairy cooperative; **Molkereiprodukt** *nt* dairy product.

Moll *nt* **-, -** (*Mus*) minor (key). **in** ~ **übergehen** to go into the minor; **a-~** A minor; **a-~-Tonleiter** scale of A minor; **Violinkonzert Nummer 4 a-~** violin concerto Number 4 in A minor; **alles in** ~ **sehen** to see only the gloomy side of things.

Molle *f* **-, -n** (*dial*) beer. **eine** ~ **mit Korn** a beer and a (glass of) schnapps.

mollig *adj* (*inf*) **1.** cosy, (*warm, behaglich auch*) snug. **2.** (*rundlich*) plump.

Molltonart *f* minor key; **Molltonleiter** *f* minor scale.

Molluske *f* **-, -n** (*spec*) mollusc.

Moloch *m* **-s, -e** Moloch.

Molotowcocktail ['moːlɔtɔfkɔktɛ:l] *m* Molotov cocktail.

Molybdän *nt* **-s, no pl** (*abbr* **Mo**) molybdenum.

Moment¹ *m* **-(e)s, -e** moment. **jeden** ~ any time *or* minute *or* moment; **einen** ~, **bitte** one minute *or* moment please; **kleinen** ~! just a second *or* tick (*inf*)!; ~ **mal!** just a minute!; **im** ~ at the moment; **im letzten/richtigen** *etc* ~ at the last/right *etc* moment; **im ersten** ~ for a moment.

Moment² *nt* **-(e)s, -e 1.** (*Bestandteil*) element. **2.** (*Umstand*) fact; (*Faktor*) factor. **3.** (*Phys*) moment; (*Kraftwirkung*) momentum.

momentan I *adj* **1.** (*vorübergehend*) momentary. **2.** (*augenblicklich*) present *attr*. **II** *adv* **1.** (*vorübergehend*) for a moment, momentarily. **2.** (*augenblicklich*) at the moment, at present.

Monaco ['moːnako, mo'naːko] *nt* **-s** Monaco.

Monade *f* (*Philos*) monad.

Monarch(in *f*) *m* **-en, -en** monarch.

Monarchie *f* monarchy.

monarchisch *adj* monarchic(al).

Monarchist(in *f*) *m* monarchist.

monarchistisch *adj* monarchistic.

Monat *m* **-(e)s, -e** month. **der** ~ **Mai** the month of May; **sie ist im sechsten** ~ **(schwanger)** she's over five months pregnant *or* gone (*inf*), she's in the sixth month; **was verdient er im** ~? how much does he earn a month?; **am 12. dieses ~s** on the 12th (of this month); **auf ~e hinaus** months ahead; **jdn zu drei ~en (Haft) verurteilen** to sentence sb to three months' imprisonment, to send sb down for three months (*inf*); **von** ~ **zu** ~ month by month.

monatelang I *adj attr Verhandlungen,
Kämpfe* which go/went *etc* on for months.
seine ~e Abwesenheit his months of absence; **nach ~em Warten** after waiting for
months *or* months of waiting; **mit ~er
Verspätung** months late. **II** *adv* for
months.

-monatig *adj suf* -month. **ein drei~er Urlaub** a three-month holiday.

monatlich *adj* monthly. **~ stattfinden** to
take place every month.

-monatlich *adj suf* **zwei-/drei~** every two/
three months; **all~** every month.

Monats|anfang *m* beginning of the month;
Monatsbinde *f (dated)* sanitary towel;
Monatsblutung *f* menstrual period;
Monats|einkommen *nt* monthly income;
Monats|ende *nt* end of the month;
Monats|erste(r) *m decl as adj* first (day)
of the month; **Monatsfrist** *f* **innerhalb** *or*
binnen ~ within a month; **Monatsgehalt**
nt monthly salary; **ein ~** one month's salary; **Monatshälfte** *f* half of the month;
Monatskarte *f* monthly season ticket;
Monatslohn *m* monthly wage; **~ bekommen** to be paid monthly; **Monatsmitte** *f*
middle of the month; **Monatsname** *m*
name of the/a month; **Monatsrate** *f*
monthly instalment; **Monatsschrift** *f*
monthly (journal *or* periodical).

monat(s)weise I *adv* every month, monthly. **II** *adj* monthly.

Mönch *m* **-(e)s, -e** monk; *(Bettel~ auch)*
friar. **wie ein ~ leben** to live like a monk.

mönchisch *adj* monastic. **ein ~es Leben
führen** *(fig)* to live like a monk.

Mönchskloster *nt* monastery; *(von Bettel-
mönchen)* friary; **Mönchskutte** *f* monk's/
friar's habit; **Mönchsleben** *nt* monastic
life; **Mönchs|orden** *m* monastic order;
Mönch(s)tum *nt* monasticism; **Mönchs-
zelle** *f* monastic cell.

Mond *m* **-(e)s, -e 1.** moon. **den ~ anbellen**
(fig) to bay at the moon; **auf** *or* **hinter dem
~ leben** *(inf)* to be *or* live behind the
times; **du lebst wohl auf dem ~!** *(inf)*
where have you been?; **drei Meilen hinter
dem ~** *(inf)* in the Stone Age *(hum)*;
deine Uhr geht nach dem ~ *(inf)* your
watch/clock is way out *(inf)*.
2. *(old: Monat)* moon *(old)*, month.

mondän *adj* chic.

Mond|aufgang *m* moonrise; **Mond|auto** *nt*
moon buggy *or* rover; **mondbeschienen**
adj (geh) bathed in moonlight, moonlit.

Mondenschein, Mondesglanz *m (poet)*
moonlight; **Mondesfinsternis** *f (Aus)*,
Mondfinsternis *f* eclipse of the moon,
lunar eclipse; **Mondgesicht** *nt* moonface;
(gemalt) simple representation of a face;
Mondgestein *nt* moon rocks *pl*; **Mond-
göttin** *f* moon goddess; **mondhell** *adj*
moonlit; **~ erleuchtet** lit by the moon,
moonlit; **Mondjahr** *nt* lunar year; **Mond-
krater** *m* lunar crater; **Mond(lande)-
fähre** *f (Space)* lunar module; **Mond-
landschaft** *f* lunar landscape; **Mondlandung** *f* lunar *or* moon landing; **Mondlicht** *nt* moonlight; **mondlos** *adj (geh)*
moonless; **Mond|oberfläche** *f* surface of
the moon; **Mondphasen** *pl* phases of the
moon *pl*; **Mondschein** *m* moonlight; **der**

kann mir mal im ~ begegnen! *(inf)* he can
get stuffed *(sl)*; **Mondsichel** *f (liter)* crescent moon; **Mondsonde** *f (Space)* lunar
probe; **Mondstein** *m* moonstone; **mond-
süchtig** *adj* **~ sein** to sleepwalk; **Mond-
süchtigkeit** *f* sleepwalking, somnambu-
lism *(form)*; **Mond|umlaufbahn** *f (Space)*
lunar orbit; **Mond|untergang** *f* moonset.

Monegasse *m* **-n, -n, Monegassin** *f*
Monegasque.

monetär *adj* monetary.

Monetarismus *m (Econ)* monetarism.

Moneten *pl (sl)* bread *(sl)*, dough *(sl)*.

Mongole *m* **-n, -n, Mongolin** *f* Mongolian,
Mongol.

Mongolei *f* **die ~** Mongolia; **die Innere/
Äußere ~** Inner/Outer Mongolia.

Mongolenfalte *f* epicanthus; **Mongolen-
fleck** *m* Mongolian spot.

mongolid *adj* Mongoloid.

Mongolin *f siehe* **Mongole.**

mongolisch *adj* Mongolian.

Mongolismus *m (Med dated)* mongolism.

mongoloid *adj (Med dated)* mongoloid.

monieren* **I** *vt* to complain about. **sie hat
moniert, daß ...** she complained that ...
II *vi* to complain.

Monismus *m (Philos)* monism.

Monitor *m (TV, Phys)* monitor.

Mono-, mono- *in cpds* mono-; **mono-
chrom** [mono'kro:m] *adj* monochrome;
monocolor *adj (Aus)* **eine ~e Regierung**
a single-party government; **monogam**
adj monogamous; **Monogamie** *f* mono-
gamy; **Monogramm** *nt* monogram;
Monographie *f* monograph.

Monokel *nt* **-s, -** monocle.

Monokultur *f (Agr)* monoculture.

Monolith *m* **-en, -e(n)** monolith.

Monolog *m* **-(e)s, -e** *(Liter, fig)*
monologue; *(Selbstgespräch)* soliloquy.
einen ~ sprechen to hold a monologue/
give a soliloquy; **einen ~ halten** *(fig)* to
hold a monologue, to talk on and on.

monologisieren* *vi siehe* **n** to hold a
monologue; to soliloquize.

Monomanie *f (liter)* monomania; *(fig)* obsession.

Monopol *nt* **-s, -e** monopoly *(auf +acc, für*
on).

Monopol- *in cpds* monopoly; **Monopol-
bildung** *f* monopolization *no pl.*

monopolisieren* *vt (lit, fig)* to
monopolize.

Monopolisierung *f* monopolization.

Monopolist(in *f)* *m* monopolist.

Monopolkapital *nt (Kapital)* monopoly
capital; *(Kapitalisten)* monopoly capitalism; **Monopolkapitalismus** *m* monopoly capitalism; **monopolkapitalistisch**
adj monopolistic; **Monopolstellung** *f*
monopoly.

Monotheismus [monote'ismus] *m*
monotheism.

monoton *adj* monotonous.

Monotonie *f* monotony.

Monoxid *(spec)*, **Monoxyd** *nt* monoxide.

Monster *nt* **-s, -** *(inf) siehe* **Monstrum.**

Monster- *in cpds (usu pej)* mammoth, monster; **Monsterfilm** *m* mammoth (film)
production.

Monstranz *f (Eccl)* monstrance.

Monstren pl of **Monstrum.**

monströs adj monstrous; (riesig groß) monster.

Monstrosität f monstrosity; (riesige Größe) monstrous size; (Ungeheuer) monster.

Monstrum nt -s, **Monstren** or (Ungeheuer) monster; (fig: Mißbildung) monstrosity; (inf: schweres Möbel) hulking great piece of furniture (inf).

Monsun m -s, -e monsoon.

Monsunregen m monsoon rain.

Montag m Monday; siehe **Dienstag, blau.**

Montage [mɔn'taːʒə] f -, -n 1. (Tech) (Aufstellung) installation; (von Gerüst) erection; (Zusammenbau) assembly; (Typ) stripping. **auf** ~ (dat) **sein** to be away on a job. 2. (Art, Film, Liter) montage.

Montageband nt assembly line; **Montagehalle** f assembly shop; **Montagewerk** nt assembly plant.

montags adv on Mondays; siehe **dienstags.**

Montan|industrie f coal and steel industry; **Montan|union** f European Coal and Steel Community.

Monteur(in f**)** [mɔn'tøːɐ, -'tøːrɪn] m (Tech) fitter; (Aut) mechanic; (Heizungs~, Fernmelde~, Elektro~) engineer; (Elec) electrician.

Monteur|anzug [-'tøːɐ-] m boiler suit.

montieren* vt 1. (Tech) to install; (zusammenbauen) to assemble; (befestigen) Kotflügel, Autoantenne to fit (auf or an +acc to); Dachantenne to put up; (aufstellen) Gerüst to erect.
 2. (Art, Film, Liter) Einzelteile to create a montage from. **aus etw montiert sein** to be a montage of sth; **er hat die Erzählung aus verschiedenen Gesprächen montiert** he has written the story as a montage of various conversations.

Montur f (inf) (hum: Arbeitskleidung) gear (inf), rig-out (inf); (Aus: Uniform) uniform.

Monument nt monument.

monumental adj monumental.

Monumental- in cpds monumental.

Moor nt -(e)s, -e bog; (Hoch~) moor.

Moorbad nt mud-bath; **Moorboden** m marshy soil; **Moorhuhn** nt grouse.

moorig adj boggy.

Moorkolonie f fen community; **Moorland** nt marshland; (Hoch~) moorland; **Moorpackung** f mudpack.

Moos¹ nt -es, -e moss. **von** ~ **überzogen** overgrown with moss, moss-grown; ~ **ansetzen** to become covered with moss, to become moss-grown; (fig) to become hoary with age.

Moos² nt -es, no pl (sl) dough (sl).

moosig adj mossy.

Moosrose f, **Moosröschen** nt moss rose.

Mop m -s, -s mop.

Moped nt -s, -s moped.

Mopedfahrer m moped rider.

Mops m -es, ⁼e 1. (Hund) pug (dog). 2. (Dickwanst) roly-poly (inf), dumpling (inf). 3. ⁼e pl (sl: Geld) bread sing (sl), dough sing (sl).

mopsen I vt (dated inf) to nick (Brit inf), to pinch (inf). **II** vr (inf) to be bored; (sich ärgern) to be peeved.

mopsfidel adj (dated inf) chirpy (inf);

Mopsgesicht nt (inf) pug-face.

mopsig adj (inf) 1. Gesicht puggy (inf). 2. (frech) **sich** ~ **machen,** ~ **werden** to get cheeky (esp Brit) or fresh (esp US).

Moral f -, no pl 1. (Sittlichkeit) morals pl; (gesellschaftliche Norm auch) morality. **eine hohe/keine** ~ **haben** to have high moral standards/no morals; **private** ~ personal morals; **die** ~ **sinkt/steigt** moral standards are declining/rising; **die bürgerliche/sozialistische** ~ bourgeois/socialist morality; **gegen die (geltende)** ~ **verstoßen** to violate the (accepted) moral code; **eine doppelte** ~ double standards pl, a double standard; ~ **predigen** to moralize (jdm to sb).
 2. (Lehre, Nutzanwendung) moral. **und die** ~ **von der Geschicht'** and the moral of this story.
 3. (Ethik) ethics pl, moral code.
 4. (Disziplin: von Volk, Soldaten) morale. **die** ~ **sinkt** morale is falling or getting lower.

Moral- in cpds moral; **Moral|apostel** m (pej) upholder of moral standards.

moralisch adj moral. **ein** ~ **hochstehender Mensch** a person of high moral standing; **das war eine** ~**e Ohrfeige für die Regierung** that was one in the eye for the government (inf); **einen/seinen M~en haben** (inf) to have (a fit of) the blues (inf), to be down in the dumps (inf).

moralisieren* vi to moralize.

Moralist(in f**)** m moralist.

moralistisch adj moralistic.

Moralität f morality; (Theat) morality play.

Moralkodex m moral code; **Moralphilosophie** f moral philosophy; **Moralprediger** m moralizer; **Moralpredigt** f homily, sermon; ~**en halten** to moralize; **jdm eine** ~ **halten** to give sb a homily or sermon; **Moraltheologie** f moral theology.

Moräne f -, -n (Geol) moraine.

Morast m -(e)s, -e or **Moräste** (lit, fig) mire; (Sumpf auch) morass.

morastig adj marshy; (schlammig) muddy.

Moratorium nt moratorium.

morbid adj (Med) morbid; (fig geh) degenerate.

Morbidität f morbidity, morbidness; (fig geh) degeneracy.

Morchel f -, -n (Bot) morel.

Mord m -(e)s, -e murder, homicide (US) (an +dat of); (an Politiker etc) assassination (an +dat of). **wegen** ~**es** for murder or homicide (US); **,,** ~ **an altem Mann''** "old man slain or murdered"; **politischer** ~ political killing; **das ist ja** ~**!** (inf) it's (sheer) murder! (inf); **dann gibt es** ~ **und Totschlag** (inf) all hell will be let loose (inf), there'll be hell to pay (inf).

Mord|anklage f murder charge, charge of homicide (US); ~ **erheben** to lay a murder charge or a charge of homicide (US); **unter** ~ **stehen** to be on a murder charge or charge of homicide (US); **Mord|anschlag** m assassination (auf +acc of); (erfolglos) assassination attempt (auf + acc on), attempted assassination (auf + acc of); **einen** ~ **verüben** to carry out an assassination attempt; **einen** ~ **auf jdn verüben** to assassinate/try to assassinate sb; **Morddrohung** f threat on one's life, murder threat.

morden vti (liter) to murder, to kill, to slay (liter). **das sinnlose M~** senseless killing.

Mörder m **-s, -** murderer (auch Jur), killer; (Attentäter) assassin.

Mörderbande f gang or bunch of murderers or killers; **Mördergrube** f: **aus seinem Herzen keine ~ machen** to speak frankly; **Mörderhand** f (old, liter): **durch ~ fallen/ sterben** to die or perish (old) at the hands of a murderer/murderers.

Mörderin f murderer, murderess, killer; (Attentäterin) assassin.

mörderisch I adj (fig) (schrecklich) dreadful, terrible, murderous; Tempo auch breakneck attr; Preise iniquitous; Konkurrenzkampf cutthroat. II adv (inf: entsetzlich) dreadfully, terribly, murderously. ~ **fluchen** to curse like blazes (inf).

Mordfall m murder or homicide (US) (case); **der ~ Dr. Praun** the Dr Praun murder or homicide (US) (case); **Mord-|instrument** nt murder weapon; **Mordkommission** f murder squad, homicide squad or division (US); **Mordlust** f desire to kill; **Mordprozeß** m murder trial.

Mords- in cpds (inf) incredible, terrible, awful; (toll, prima) hell of a (inf); **Mordsding** nt (inf) whopper (inf); **Mordsdusel** m (inf) tremendous stroke of luck; **einen ~ haben** to be dead lucky (inf); **Mordsgaudi** f (S Ger inf) whale of a time (inf); **Mordsglück** nt (inf) siehe **Mordsdusel; Mordskerl** m (inf) 1. (verwegener Mensch) hell of a guy (inf); 2. (starker Mann) enormous fellow or guy (inf); **Mordskrach** m (inf) hell of a (inf) or fearful or terrible din; **Mordslärm** m (inf) hell of a (inf) or fearful or terrible noise; **mordsmäßig** (inf) I adj incredible; II adv (+vb) incredibly, terribly, awfully; (+adj, ptp auch) helluva (sl), bloody (Brit sl); **Mordswut** f (inf) terrible temper or rage; **eine ~ im Bauch haben** to be in a hell of a (inf) or terrible temper or rage.

Mordtat f (liter) murderous deed; **Mordverdacht** m suspicion of murder; **unter ~ (dat) stehen** to be suspected of murder; **Mordwaffe** f murder weapon.

Mores ['moːreːs] pl: **jdn ~ lehren** (dated inf) to teach sb some manners.

Morgen m **-s, -** 1. (Tagesanfang) morning. **am ~, des ~s** (geh) in the morning; **gegen ~** towards (the) morning; **bis in den ~ (hinein)** into the wee small hours or the early hours; **~ für ~** (each and) every morning; **am nächsten** or **den nächsten ~** the next morning; **eines ~s** one morning; **den ganzen ~ (über)** the whole morning; **es wird ~** day is breaking; **der ~ dämmert** or **bricht an, der ~ graut** or **zieht herauf** (all liter) dawn is breaking; **guten ~!** good morning; **~!** (inf) morning, hello, hi (inf); **(jdm) guten ~ sagen** to say good morning (to sb); (morgens kurz besuchen) to say hello to sb; **schön** or **frisch wie der junge ~** (liter) fresh as a daisy.

2. no pl (old, liter: Osten) East.

3. (liter: Zukunft) dawn. **der ~ einer neuen Zeit bricht an** a new age is dawning.

4. (Measure) ≃ acre. **drei ~ Land** three acres of land.

morgen adv 1. tomorrow. ~ **früh/mittag/ abend** tomorrow morning/lunchtime/ evening; ~ **in acht Tagen** tomorrow week, a week (from) tomorrow; ~ **um diese(lbe) Zeit** this time tomorrow; **bis ~/~ früh!** see you tomorrow/in the morning; **Kartoffeln gibt es erst wieder ~** we/they etc won't have any potatoes till tomorrow; **hast du ~ Zeit?** are you free tomorrow?; ~, ~, ~, **nur nicht heute, sagen alle faulen Leute** (Prov) tomorrow never comes (Prov); ~ **ist auch (noch) ein Tag!** (Prov) there's always tomorrow.

2. **gestern ~** yesterday morning.

Morgendämmerung f siehe **Morgengrauen.**

morgendlich adj morning attr; (früh ~) early morning attr. **die ~e Stille** the quiet of the early morning.

Morgenfrühe f early morning; **sie brachen in aller ~ auf** they left at break of dawn; **Morgengabe** f (Hist) gift given to a bride by her husband after the wedding night; **Morgengrauen** nt **-s, -** dawn, daybreak; **im** or **beim ~** in the first light of dawn; **Morgengymnastik** f morning exercises pl; ~ **machen** to do one's morning exercises; **Morgenland** nt (old, liter) Orient, East; **die Weisen aus dem ~** the Three Wise Men from the East; **morgenländisch** adj (old, iro) Oriental, Eastern; **Morgenlicht** nt early morning light; **Morgenluft** f early morning air; ~ **wittern** (fig inf) to see one's chance; **Morgenmantel** m dressing-gown; (für Damen auch) housecoat; **Morgenmuffel** m (inf) **er ist ein schrecklicher ~** he's terribly grumpy in the mornings (inf); **Morgenpost** f morning post (Brit) or mail; **Morgenrock** m housecoat; **Morgenrot** nt **-s**, no pl, **Morgenröte** f **-, -n** sunrise; (fig) dawn(ing); ~ **deutet auf schlechtes Wetter hin** red sky in the morning, shepherd's warning (prov).

morgens adv in the morning. **(um) drei Uhr ~, ~ (um) drei Uhr** at three o'clock in the morning, at three a.m.; ~ **und abends** morning and evening; (fig: dauernd) morning, noon and night; **von ~ bis mittags/abends** in the morning/from morning to night; **nur ~** mornings only; **Freitag ~** on Friday morning.

Morgensonne f morning sun; ~ **haben** to get or catch the morning sun; **Morgenstern** m morning star; (Schlagwaffe auch) flail; **Morgenstunde** f morning hour; **zu früher ~** early in the morning; **bis in die frühen ~n** into the early hours or wee small hours (late); **Morgenstund(e) hat Gold im Mund(e)** (Prov) the early bird catches the worm (Prov); **Morgenzug** m early (morning) train.

morgig adj attr tomorrow's. **die ~e Veranstaltung/Zeitung** tomorrow's event/ paper; **der ~e Tag** tomorrow; **sein ~er Besuch** his visit tomorrow.

moribund adj (Med, fig) moribund.

Moritat ['moːritaːt] f **-, -en** 1. (Vortrag) street ballad. 2. (Geschehen) murderous deed.

Mormone m -n, -n, **Mormonin** f Mormon.
Morphem [mɔr'fe:m] nt -s, -e morpheme.
Morphin [mɔr'fi:n] nt -s, no pl (Chem) siehe **Morphium.**
Morphinist(in f) m morphine addict.
Morphium ['mɔrfiʊm] nt -s, no pl morphine, morphia.
morphiumsüchtig adj addicted to morphine.
Morphologie [mɔrfolo'gi:] f morphology.
morphologisch [mɔrfo'lo:gɪʃ] adj morphological.
morsch adj (lit, fig) rotten; Knochen brittle; Gebäude ramshackle.
Morschheit f rottenness; brittleness; ramshackleness.
Morse|alphabet nt Morse (code); **Morse-|apparat** m Morse telegraph.
morsen I vi to send a message in Morse (code). II vt to send in Morse (code).
Mörser m -s, - mortar (auch Mil). etw im ~ zerstoßen to crush sth with a pestle and mortar.
Morsezeichen nt Morse signal.
Mortadella f -, no pl mortadella, baloney (US).
Mortalität f, no pl mortality rate.
Mörtel m -s, - (zum Mauern) mortar; (Putz) stucco.
Mosaik nt -s, -e(n) (lit, fig) mosaic.
Mosaik- in cpds mosaic; **mosaik|artig** adj like a mosaic, tessellated no adv; **Mosaikfußboden** m mosaic or tessellated floor; **Mosaikstein** m tessera.
mosaisch adj Mosaic.
Mosambik nt -s siehe **Moçambique.**
Moschee f -, -n [-'e:ən] mosque.
Moschus m -, no pl musk.
Moschus|ochse m musk-ox.
Möse f -, -n (vulg) cunt (vulg).
Mosel¹ f - (Geog) Moselle.
Mosel² m -s, -, **Moselwein** m Moselle (wine).
mosern vi (dial inf) to gripe (inf).
Moses¹ m - or (liter) **Mosis** Moses. **bin ich ~?** (hum inf) don't ask me.
Moses² m -, - (Naut inf) ship's boy.
Moskau nt -s Moscow.
Moskauer adj attr Moscow attr.
Moskauer(in f) m -s, - Muscovite.
Moskito m -s, -s mosquito.
Moskitonetz nt mosquito net.
Moskowiter(in f) m -s, - Muscovite.
Moslem m -s, -s Moslem.
moslemisch adj attr Moslem.
Most m -(e)s, no pl 1. (unfermented) fruit juice; (für Wein) must. 2. (S Ger, Sw: Obstwein) fruit wine; (Birnen~) perry; (Apfel~) cider.
Most|apfel m cider apple.
Mostgewicht nt specific gravity of the must.
Mostrich m -s, no pl (dial) mustard.
Motel nt -s, -s motel.
Motette f (Mus) motet.
Motion f 1. (Sw: Antrag) motion. 2. (Gram: Abwandlung) inflexion (for gender).
Motiv nt -s, -e 1. (Pysch, Jur, fig) motive. **das ~ einer Tat** the motive for a deed; **aus welchem ~ heraus?** for what motive/ reason?, what are your/his etc motives?; **ohne erkennbares ~** without any apparent motive.

2. (Art, Liter) subject; (Leit~, Topos, Mus) motif.
Motivation [-va'tsio:n] f motivation.
motivieren* [moti'vi:rən] vt 1. (begründen) etw (jdm gegenüber) ~ to give (sb) reasons for sth; (rechtfertigend) to justify sth (to sb); Verhalten, Sinneswandel, Abwesenheit to account for sth (to sb). 2. (anregen) to motivate.
Motivierung f motivation; (erklärende Rechtfertigung) explanation.
Moto-Cross nt -, -e motocross.
Motor ['mo:tɔr, mo'to:ɐ] m -s, -en [mo'to:rən] motor; (von Fahrzeug) engine; (fig) driving force (gen in).
Motor|antrieb m motor drive; mit ~ motor-driven; **Motorblock** m engine block; **Motorboot** nt motorboat.
Motorengeräusch nt sound of the/an engine/engines; **Motorenlärm** m noise or roar of (the) engines; **Motoren|öl** nt engine oil.
Motorfahrrad nt (form) motor-assisted bicycle (form); **Motorfahrzeug** nt (form) motor vehicle; **Motorhaube** f bonnet, hood (US); (Aviat) engine cowling.
Motorik f (Physiol) motor activity; (Lehre) study of motor activity.
motorisch adj (Physiol) motor attr.
Motoriker(in f) m -s, - (Pysch) motor type.
motorisieren* vt to motorize; Landwirtschaft to mechanize; (mit Motor ausstatten) to fit with an engine. **sich ~** to get motorized, to buy a car/motorcycle etc.
Motorisierung f, no pl siehe vt motorization; mechanization; fitting with an engine.
Motorjacht f motor yacht; **Motorkühlung** f engine cooling system; **Motorleistung** f engine performance.
Motorrad ['mo:tɔrra:t, mo'to:ɐra:t] nt motorbike, motorcycle (esp Sport).
Motorradfahrer m motor-cyclist; **Motorrennen** nt motorcycle race; (Sportart) motorcycle racing; **Motorradrennfahrer** m motorcycle racer; **Motorradsport** m motorcycle racing.
Motorraum m engine compartment; **Motorroller** m (motor) scooter; **Motorsäge** f power saw; **Motorschaden** m engine trouble no pl; **Motorschiff** nt motor vessel or ship; **Motorschlitten** m motorized sleigh; **Motorsport** m motor sport.
Motte f -, -n moth. von ~n zerfressen motheaten; **angezogen wie die ~n vom Licht** attracted like moths to a flame; **du kriegst die ~n!** (sl) blow me! (inf).
mottenfest adj mothproof; **Mottenkiste** f (fig) etw aus der ~ hervorholen to dig sth out; **aus der ~ des 19. Jahrhunderts stammen** (inf) to be a relic of the 19th century; **Mottenkugel** f mothball; **Mottenpulver** nt moth powder; **mottenzerfressen** adj moth-eaten.
Motto nt -s, -s 1. (Wahlspruch) motto. **unter dem ~ ... stehen** to have ... as a or one's motto. 2. (in Buch) epigraph. 3. (Kennwort) password.
motzen vi (sl) to beef (inf), to grouse (inf).
moussieren* [mu'si:rən] vi to effervesce.
Möwe f -, -n seagull, gull.

Mozambique [mozam'bɪk, -'bi:k] *nt* -s *siehe* **Moçambique**.

MP [ɛm'pɛ:] **1.** *abbr of* **Militärpolizei** Military Police. **2.** *abbr of* **Maschinenpistole**.

Mrd. *abbr of* **Milliarde**.

Ms., Mskr. *abbr of* **Manuskript** ms.

Mücke *f* -, -n **1.** (*Insekt*) mosquito, midge, gnat. **aus einer ~ einen Elefanten machen** (*inf*) to make a mountain out of a molehill. **2.** (*sl: Geld*) (**ein paar**) ~n (some) dough (*sl*).

Muckefuck *m* -s, *no pl* (*inf*) coffee substitute, ersatz coffee.

mucken I *vi* (*inf*) to mutter. **ohne zu ~** without a murmur. **II** *vr* to make a sound.

Mucken *pl* (*inf*) moods *pl*. (**seine**) ~ **haben** to be moody; (*Sache*) to be temperamental; (*zu diesem Zeitpunkt*) (*Mensch*) to be in one of one's moods; (*Sache*) to play up; **jdm die ~ austreiben** to sort sb out (*inf*).

Mückenstich *m* mosquito *or* gnat bite.

Mucker *m* -s, - (*dated*) creep (*inf*).

muck(i)sch *adj* (*dial*) peeved.

Mucks *m* -es, -e (*inf*) sound. **einen/keinen ~ sagen** to make/not to make a sound; (*widersprechend*) to say/not to say a word; **ohne einen ~** (*widerspruchslos*) without a murmur.

mucksen *vr* (*inf*) **sich nicht ~** not to budge (*inf*), not to move (a muscle); (*sich nicht äußern*) not to make a sound; (*Mensch*) not to say a dickybird (*inf*), not to make a sound.

mucksmäuschenstill [-'mɔysçən-] *adj* (*inf*) (as) quiet as a mouse.

müde *adj* **1.** tired; (*erschöpft auch*) weary; *Haupt* weary. **sich ~ laufen** to tire oneself out running about.

2. (*überdrüssig*) tired, weary. **einer Sache** (*gen*) ~ **werden** to tire *or* weary of sth, to grow tired *or* weary of sth; **einer Sache** (*gen*) ~ **sein** to be tired *or* weary of sth; **des Wartens ~ sein** to be tired of waiting; **sie wird nicht ~, das zu tun** she never tires *or* wearies of doing that; ~ **abwinken** to make a weary gesture (with one's hand).

Müdigkeit *f* (*Schlafbedürfnis*) tiredness; (*Schläfrigkeit*) sleepiness; (*Erschöpfung auch*) weariness, fatigue. **vor ~** (*dat*) **umfallen** to drop from exhaustion; **nur keine ~ vorschützen!** (*inf*) don't (you) tell me you're tired.

Müesli ['my:eslɪ] *nt* -s, -s (*Sw*) muesli.

Muezzin [mu'ɛtsi:n] *m* -s, -s muezzin.

Muff¹ *m* -s, *no pl* (*N Ger*) **1.** (*Schimmel, Moder*) mildew. **2.** (*Modergeruch*) musty smell, mustiness; (*fig: Rückständigkeit*) fustiness.

Muff² *m* -(e)s, -e muff.

Muffe *f* -, -n **1.** (*Tech*) sleeve. **2.** (*sl*) ~ **kriegen/haben** to be scared stiff (*inf*), to get/have the shits (*sl*); **ihm geht die ~ (eins zu hunderttausend)** he's scared stiff (*inf*).

Muffel *m* -s, - **1.** (*Hunt: Maul*) muzzle. **2.** (*inf: mürrischer Mensch*) grouch, grouser.

-muffel *m* *in cpds* (*inf*) stick-in-the-mud where … is/are concerned (*inf*).

muff(e)lig *adj* (*inf*) grumpy.

muffeln¹ I *vi* (*inf*) (*mürrisch sein*) to be grumpy.

Muffensausen *nt* (*sl*): ~ **kriegen/haben** to be/get scared stiff (*inf*).

muffig, müffig (*dial*) *adj* **1.** *Geruch* musty. **2.** *Gesicht* grumpy.

mufflig *adj* (*inf*) grumpy.

muh *interj* moo.

Mühe *f* -, -n trouble; (*Anstrengung auch*) effort; (*Arbeitsaufwand auch*) bother. **ohne ~** without any trouble *or* bother; **nur mit ~** only just; **mit Müh und Not** (*inf*) with great difficulty; **er kann mit Müh und Not seinen Namen schreiben** (*inf*) he can just about write his name; **alle/viel ~ haben** to have a tremendous amount of/a great deal of trouble *or* bother (*etw zu tun* doing sth); **wenig/keine ~ haben** not to have much trouble *or* bother (*etw zu tun* doing sth); **mit jdm/etw seine ~ haben** to have a great deal of trouble *or* bother with sb/sth; **es ist der** (*gen*) *or* **die ~ wert, es lohnt die ~** it's worth the trouble *or* bother (*etw zu tun* of doing sth); **die kleine ~ hat sich gelohnt** it was worth the little bit of trouble; **sich** (*dat*) **etwas/mehr/keine ~ geben** to take some/more/no trouble; **er hat sich** (*dat*) **große ~ gegeben** he has taken great pains *or* a lot of trouble; **gib dir keine ~!** (*sei still*) save your breath; (*hör auf*) don't bother, save yourself the trouble; **sich** (*dat*) **die ~ machen/nicht machen, etw zu tun** to take the trouble to do sth, to go to the trouble *or* bother of doing sth/not to bother to do sth; **machen Sie sich** (*dat*) **keine ~!** (please) don't go to any trouble *or* bother; **sie hatte sich die ~ umsonst gemacht** her efforts were wasted; **jdm ~ machen** to give sb some trouble *or* bother; **wenn es Ihnen keine ~ macht** if it isn't any *or* too much trouble *or* bother; **viel ~ auf etw** (*acc*) **verwenden** to take a lot of trouble *or* bother with sth; **es hat viel ~ gekostet** it took a great deal of trouble; **verlorene ~** a waste of effort.

mühelos *adj* effortless; *Sieg, Aufstieg auch* easy.

Mühelosigkeit *f* effortlessness; ease.

muhen *vi* to moo, to low.

mühen *vr* to strive (*um* for). **sosehr er sich auch mühte …** strive as he might …; **sich mit etw ~** to labour with sth.

mühevoll *adj* laborious, arduous; *Leben* arduous; **Mühewaltung** *f* (*form*) trouble.

Mühlbach *m* mill-stream.

Mühle *f* -, -n **1.** mill; (*Kaffee~*) grinder. **2.** (*fig*) (*Routine*) treadmill; (*Bürokratie*) wheels of bureaucracy *pl*. **3.** (*~spiel*) nine men's morris. **4.** (*inf*) (*Flugzeug*) crate (*inf*); (*Auto auch*) banger (*inf*), jalopy (*inf*); (*Fahrrad*) boneshaker (*inf*).

Mühl(en)- *in cpds* mill; **Mühl(en)graben** *m* mill race; **Mühl(en)rad** *nt* millwheel; **Mühlstein** *m* millstone.

Muhme *f* -, -n (*obs*) aunt.

Mühsal ['my:za:l] *f* -, -e (*geh*) tribulation; (*Strapaze*) toil. **die ~e des Lebens** the trials and tribulations of life.

mühsam ['my:za:m] I *adj* *Aufstieg, Weg, Leben* arduous; *Aufgabe, Amt auch* laborious. II *adv* with difficulty. **nur ~ vorwärtskommen** to make painfully slow progress; ~ **verdientes Geld** hard-earned money.

mühselig ['my:ze:lɪç] *adj* arduous, toilsome (*liter*). **Ihr M~en und Beladenen** (*Bibl*) ye that labour and are heavy laden; **sich ~ ernähren** to toil for one's living.

Mühseligkeit *f* laboriousness, toilsomeness (*liter*).

Mulatte *m* -n, -n, **Mulattin** *f* mulatto.

Mulde *f* -, -n **1.** (*Geländesenkung*) hollow. **2.** (*Trog*) trough. **3.** (*für Bauschutt*) skip.

Muli *nt or m* -s, -(s) **1.** (*Maultier*) mule. **2.** (*Ind inf: Gabelstapler*) fork-lift (*inf*).

Mull *m* -(e)s, -e **1.** (*Torf~*) garden peat. **2.** (*Gewebe*) muslin; (*Med*) gauze.

Müll *m* -(e)s, *no pl* (*Haushalts~*) rubbish, garbage (*esp US*), trash (*US*), refuse (*form*); (*Gerümpel*) rubbish, junk, garbage (*esp US*); (*Industrie~*) waste; (*inf: Unsinn*) rubbish (*inf*), trash (*inf*). **etw in den ~ werfen** to throw sth out; „**~ abladen verboten**" "dumping prohibited", "no tipping" (*Brit*).

Müll|abfuhr *f* (*Abholung*) refuse *or* garbage (*US*) *or* trash (*US*) collection; (*Stadtreinigung*) refuse *etc* collection department; **Müll|abladeplatz** *m* rubbish dump *or* tip (*Brit*), dump.

Mullbinde *f* gauze bandage.

Mülldeponie *f* waste disposal site (*form*), sanitary (land)fill (*US form*); **Müll|eimer** *m* rubbish bin (*Brit*), garbage can (*US*).

Müller *m* -s, - miller.

Müllerin *f* (*old*) miller's wife.

Müllgrube *f* rubbish (*Brit*) *or* refuse pit; **Müllhaufen** *m* rubbish *or* garbage (*US*) *or* trash (*US*) heap; **Müllkippe** *f* rubbish *or* garbage (*US*) dump; **Müllkutscher** (*N Ger*), **Müllmann** *m*, *pl* -**männer** *or* **Mülleute** (*inf*) dustman (*Brit*), trash collector (*US*); **Müllschaufel**, **Müllschippe** *f* dustpan; **Müllschlucker** *m* -s, - refuse chute; **Mülltonne** *f* dustbin (*Brit*), ashcan (*US*), trashcan (*US*); **Müllverbrennungs|anlage** *f* incinerating plant; **Müllwagen** *m* dust-cart (*Brit*), garbage truck (*US*).

Mullwindel *f* gauze nappy (*Brit*) *or* diaper (*US*).

mulmig *adj* (*inf: bedenklich*) uncomfortable. **es wird ~** things are getting (a bit) uncomfortable; **ich hatte ein ~es Gefühl im Magen, mir war ~ zumute** (*lit*) I felt queasy; (*fig*) I had butterflies (in my tummy) (*inf*).

Multi *m* -s, -s (*inf*) multinational (organization).

Multi- *in cpds* multi-; **multilateral** *adj* multilateral; **Multimillionär** *m* multimillionaire; **multinational** *adj* multinational.

multipel *adj* multiple. **multiple Sklerose** multiple sclerosis.

Multiplikand *m* -en, -en (*Math*) multiplicand.

Multiplikation *f* multiplication.

Multiplikationszeichen *nt* multiplication sign.

Multiplikator *m* multiplier.

multiplizieren* **I** *vt* (*lit*, *fig*) to multiply (*mit* by). **II** *vr* (*fig*) to multiply.

Mumie ['mu:miə] *f* mummy. **wie eine wandelnde ~** (*inf*) like death warmed up (*inf*).

mumifizieren* *vt* to mummify.

Mumifizierung *f* mummification.

Mumm *m* -s, *no pl* (*inf*) **1.** (*Kraft*) strength. **2.** (*Mut*) spunk (*dated inf*), guts *pl* (*inf*).

Mummelgreis *m* (*inf*) old dodderer (*inf*).

Mümmelmann *m*, *pl* -**männer** (*hum*) hare.

mummeln **I** *vti* **1.** (*undeutlich reden*) to mumble. **2.** (*behaglich kauen*) to chew slowly, to munch. **II** *vtr* (*einhüllen*) **jdn/ sich in etw** (*acc*) **~** to wrap *or* muffle sb/ oneself up in sth; **sich ins Bett ~** to huddle up in bed.

mümmeln *vi* to nibble.

Mummenschanz *m* -es, *no pl* masquerade.

Mumpitz *m* -es, *no pl* (*inf*) balderdash (*dated inf*).

Mumps *m or* (*inf*) *f* -, *no pl* (the) mumps *sing*.

München *nt* -s Munich.

Münch(e)ner *adj attr* Munich. **das ~ Abkommen** (*Hist*) the Munich Agreement.

Münch(e)ner(in *f*) *m* -s, - native of Munich; (*Einwohner*) inhabitant of Munich.

Münchhausen *m* -s, -(s) (*fig*) yarnspinner.

Münchhaus(en)iade *f* cock-and-bull story, tall story.

Mund *m* -(e)s, ⸚er mouth; (*inf: Mundwerk*) tongue. **ein Glas an den ~ setzen** to raise a glass to one's mouth *or* lips; **~ und Nase aufsperren** to gape (with astonishment *or* amazement); **etw in den ~ nehmen** to put sth in one's mouth; **dieses Wort nehme ich nicht in den ~** I never use that word; **den ~ aufmachen** *or* **auftun** (*lit*, *fig*) to open one's mouth; (*fig: seine Meinung sagen*) to speak up; **einen großen ~ haben** (*fig*) (*aufschneiden*) to talk big (*inf*); (*frech sein*) to be cheeky (*esp Brit*) *or* fresh (*esp US*); **jdm den ~ verbieten** to order sb to be quiet; **halt den ~!** shut up! (*inf*), hold your tongue!; **er kann den ~ einfach nicht halten** (*inf*) he can't keep his big mouth shut (*inf*); **jdm über den ~ fahren** to cut sb short; **jdm den ~ stopfen** (*inf*) to shut sb up (*inf*); **Sie haben mir das in den ~ gelegt** you're putting words into my mouth; **in aller ~e sein** to be on everyone's lips; **wie aus einem ~e** with one voice; **von ~ zu ~ gehen** to be passed on from person to person; **und das** *or* **so etwas aus deinem/ seinem** *etc* **~(e)!** and (that) coming from you/him *etc* too!; **an jds ~(e)** (*dat*) **hängen** (*fig*) to hang on sb's every word; **Sie nehmen mir das Wort aus dem ~(e)** you've taken the (very) words out of my mouth; **jdm nach dem ~(e) reden** (*inf*) to say what sb wants to hear; **sie ist nicht auf den ~ gefallen** (*inf*) she's never at a loss for words; **einen losen ~ haben** to have an unbridled tongue; **den ~ (zu/reichlich) voll nehmen** (*inf*) to talk (too/pretty) big (*inf*); **den ~ aufreißen** (*sl*) to talk big (*inf*).

Mund|art *f* dialect; **~ sprechen** to speak dialect; **Mund|artdichter** *m* dialect poet; **Mund|artdichtung** *f* dialect poetry/ literature.

mund|artlich *adj* dialect(al). **das Wort wird ~ gebraucht** it's a dialect word, the word is used in dialect.

Mündel *nt or* (*Jur*) *m* -s, - ward.

mündelsicher *adj* ≃ gilt-edged *no adv*.

munden *vi* (*liter*) **jdm trefflich/köstlich ~** to

taste excellent/delicious to sb; **sich** (*dat*) **etw ~ lassen** to savour sth; **es mundete ihm nicht, es wollte ihm nicht ~** he found it unpalatable.

münden *vi aux sein or haben* (*Bach, Fluß*) to flow (*in* +*acc* into); (*Straße, Gang*) to lead (*in* +*acc, auf* +*acc* into); (*fig: Fragen, Probleme*) to lead (*in* +*acc or dat* to). **die B 3 mündet bei Celle in die B 1** the B3 joins the B1 at Celle.

mundfaul *adj* (*inf*) too lazy to say much; **sei doch nicht so ~!** make an effort and say something!; **Mundflora** *f* (*Med*) (bacterial) flora of the oral cavity *or* mouth; **mundgerecht** *adj* bite-sized; **etw ~ schneiden** to cut sth into bite-sized pieces; **jdm etw ~ machen** (*fig*) to make sth attractive *or* palatable to sb; **Mundgeruch** *m* bad breath, halitosis; **etwas gegen ~ tun** to do something about one's (bad) breath; **Mundharmonika** *f* mouth organ, harmonica; **Mundhöhle** *f* oral cavity.

mundig *adj* (*geh*) appetizing, savoury; *Wein* full-bodied.

mündig *adj* of age; (*fig*) mature, responsible. **~ werden** to come of age, to reach *or* attain one's majority; **jdn (für) ~ erklären** to declare sb of age.

Mündigkeit *f* majority; (*fig*) maturity, responsibility.

mündlich *adj* verbal; *Prüfung, Leistung* oral. **~e Verhandlung** (*Jur*) hearing; **einen Fall ~ verhandeln** (*Jur*) to hear a case; **etw durch ~e Überlieferung weitergeben** to pass sth on by word of mouth; **das M~e** (*inf: Sch, Univ*) (*in Fremdsprache*) the oral; (*bei Dissertation etc*) the viva (voce); **alles andere *or* weitere ~!** I'll tell you the rest when I see you.

Mundpflege *f* oral hygiene *no art*; **Mundpropaganda** *f* verbal propaganda; **Mundraub** *m* (*Jur*) theft of comestibles for personal consumption; **Mundschenk** *m* (*Hist*) cupbearer; (*fig*) wine-waiter; **Mundschutz** *m* mask (over one's mouth).

M-und-S-Reifen [ˈɛm|ʊnt|ɛs-] *m* winter tyre.

Mundstück *nt* (*von Pfeife, Blasinstrument*) mouthpiece; (*von Zigarette*) tip; **ohne/mit ~** untipped/tipped; **mundtot** *adj* (*inf*) **jdn ~ machen** to silence sb; **Mundtuch** *nt* serviette, napkin.

Mündung *f* (*von Fluß, Rohr etc*) mouth; (*Trichter~*) estuary; (*von Straße*) end; (*Gewehr~, Kanonen~*) muzzle. **die ~ des Missouri in den Mississippi** the confluence of the Missouri and the Mississippi, the point where the Missouri flows into the Mississippi.

Mündungsfeuer *nt* flash from the muzzle.

Mundverkehr *m* oral intercourse; **Mundvoll** *m* **ein/ein paar ~** a mouthful/a few mouthfuls; **Mundwasser** *nt* mouthwash; **Mundwerk** *nt* (*inf*) **ein gutes *or* flinkes ~ haben** to be a fast talker (*inf*); **ein böses ~ haben** to have a vicious tongue (in one's head); **ein freches/loses *or* lockeres/großes ~ haben** to be cheeky (*esp Brit*) *or* fresh (*esp US*)/have a big mouth (*inf*)/talk big (*inf*); **Mundwinkel** *m* corner of one's mouth; **Mund-zu-Mund-Be|atmung** *f*

mouth-to-mouth resuscitation.

Munition *f* ammunition; (*Mil: als Sammelbegriff*) munitions *pl*. **~ fassen** (*Mil*) to be supplied with ammunition/ munitions; **keine ~ mehr haben** (*lit, fig*) to have run out of ammunition; **seine ~ verschießen** (*lit*) to use up one's ammunition; (*fig*) to shoot one's bolt.

Munitionsfabrik *f* munitions *or* ordnance factory; **Munitionslager** *nt* munitions *or* ammunition dump *or* store.

munkeln *vti* **man munkelt** *or* **es wird gemunkelt, daß ...** it's rumoured *or* there's a rumour that ...; **ich habe ~ hören, daß ...** I've heard it rumoured that ...; **man munkelt allerlei** you hear all kinds of rumours; **im Dunkeln ist gut ~** darkness is the friend of thieves/lovers.

Münster *nt* **-s, -** minster, cathedral.

munter *adj* **1.** (*lebhaft*) lively *no adv*; *Farben* bright, gay; (*fröhlich*) cheerful, merry. **~ werden** to liven up; **~ und vergnügt** bright and cheery.
2. (*wach*) awake; (*aufgestanden*) up and about. **jdn ~/wieder ~ machen** to wake sb up/to wake sb up (again).

Munterkeit *f* (*Lebhaftigkeit*) liveliness; (*von Farben*) brightness; (*Fröhlichkeit*) cheerfulness, merriness.

Münz|automat *m* slot machine.

Münze *f* **-, -n 1.** (*Geldstück*) coin; (*Münzsystem*) coinage. **jdm etw mit** *or* **in gleicher ~ heimzahlen** (*fig*) to pay sb back in his own coin for sth; *siehe* **bar.**
2. (*Münzanstalt*) mint.

Münz|einwurf *m* (coin) slot.

münzen *vt* to mint, to coin. **das war auf ihn gemünzt** (*fig*) that was aimed at *or* meant for him.

Münz(en)sammlung *f* coin *or* numismatic (*form*) collection.

Münzfälscher *m* (*Jur*) counterfeiter (*of coins*); **Münzfälschung** *f* (*Jur*) counterfeiting of coins; **Münzfernsehen** *nt* pay *or* coin-operated television; **Münzfernsprecher** *m* (*form*) pay phone; (*Telefonzelle auch*) callbox (*Brit*); **Münzgaszähler** *m* slot gas meter; **Münzgeld** *nt* coin; **Münzgewicht** *nt* coin weight; **Münzsammlung** *f* *siehe* **Münz(en)sammlung; Münzschacht** *f* coin slot; **Münzspiel|automat** *m*, **Münzspielgerät** *nt* (*form*) coin-operated gaming machine (*form*), slot machine; **Münzstromzähler** *m* slot electricity meter; **Münzsystem** *nt* coinage; **Münztank** *m* coin-operated petrol (*Brit*) *or* gas(oline) (*US*) pump; **Münzwechsler** *m* change machine.

Muräne *f* **-, -n** moray.

mürb(e) *adj* **1.** crumbly; *Gestein etc auch* friable; (*zerbröckelnd*) crumbling; *Holz, Stoff auch* rotten.
2. *Fleisch* tender; (*abgehangen*) well-hung. **~ klopfen** to tenderize, to hammer.
3. *Obst* soft. **etw ~ werden lassen** to let sth ripen.
4. (*fig: zermürbt*) **jdn ~ machen** to wear sb down; **~ werden/ sein** to be worn down; **jdn ~ kriegen** to break sb.

Mürbeteig *m* short(-crust) pastry.

Murks *m* **-es,** *no pl* (*inf*) **~ machen** to bungle things (*inf*), to botch things up (*inf*); **das**

ist ~! that's a botch-up (*inf*); **so ein ~!** what a botch-up! (*inf*).

murksen *vi* (*inf*) to fiddle around; (*vermurksen*) to bungle things (*inf*), to botch things up (*inf*).

Murmel *f* -, -n marble.

murmeln I *vti* to murmur; (*undeutlich*) to mumble; (*brummeln*) to mutter. **etw vor sich** (*acc*) **hin ~** to mutter sth to oneself. **II** *vi* (*mit Murmeln spielen*) to play marbles.

Murmeltier *nt* marmot.

murren *vi* to grumble (*über* +*acc* about). **etw ohne M~** *or* **ohne zu ~ ertragen** to put up with sth without grumbling.

mürrisch *adj* (*abweisend*) sullen, morose, surly; (*schlechtgelaunt*) grumpy.

Mus *nt* *or* *m* **-es, -e** mush; (*Apfel~*, *Kartoffel~*) puree; (*Pflaumen~*) jam. **sie wurden fast zu ~ zerdrückt** *or* **zerquetscht** (*inf*) they were (nearly) squeezed to death.

Muschel *f* -, -n **1.** mussel (*auch Cook*), bivalve; (*Schale*) shell. **2.** (*Ohr~*) external ear, pinna. **3.** (*Telec*) (*Sprech~*) mouthpiece; (*Hör~*) ear-piece.

Muschelbank *f* mussel bed; **Muschelkalk** *m* Muschelkalk (*spec*).

Muschi *f* -, -s (*sl*) pussy (*sl*).

Muschkote *m* -n, -n (*Mil sl*) private.

Muse *f* -, -n (*Myth*) Muse. **die heitere** *or* **leichte ~** (*fig*) light entertainment; **von der ~ geküßt werden** (*fig*) to be inspired.

museal *adj* (*geh*) museum attr. **das Haus sieht zu ~ aus** the house looks too much like a museum.

Muselman(in *f*) *m* **-en, -en, Muselmann** *m*, *pl* **-männer** (*dated*), **Muselmännin** *f* (*dated*) *siehe* **Moslem**.

Musentempel *m* (*old*, *liter*) theatre.

Museum [mu'ze:ʊm] *nt* **-s, Museen** [mu'ze:ən] museum.

Museumsdiener *m* (*dated*) museum attendant; **Museumsführer** *m* museum guide; **museumsreif** *adj* (*hum*) antique; **~ sein** to be almost a museum piece; **Museumsstück** *nt* museum piece.

Musical ['mju:zikl] *nt* **-s, -s** musical.

Musicbox ['mju:zik-] *f* -, -en *siehe* **Musikbox**.

Musik *f* -, -en **1.** music. **die ~ lieben** to love music; **etw in ~ setzen** (*geh*) to set *or* put sth to music; **~ machen** to play some music; **das ist ~ in meinen Ohren** (*fig*) that's music to my ears. **2.** (*~kapelle*) band. **hier ist die ~!** (*fig inf*) this is where it's at (*sl*).

Musikakademie *f* musical academy, academy of music.

Musikalien [-iən] *pl* music *sing*.

Musikalienhandlung [-iən-] *f* music shop (*Brit*) *or* store.

musikalisch *adj* musical. **jdn ~ ausbilden** to give sb a musical training *or* a training in music.

Musikalität *f*, *no pl* musicalness, musicality.

Musikant(in *f*) *m* musician, minstrel (*old*).

Musikantenknochen *m* funny bone, crazy bone (*US*).

Musikautomat *m* musical box, music box (*US*); (*Musikbox*) jukebox; **musik-**

begeistert *adj* fond of music, music-loving *attr*; **Musikbegleitung** *f* musical accompaniment; **Musikberieselung** *f* (*inf*) constant background music; **Musikbox** *f* jukebox; **Musikdrama** *nt* music drama.

Musiker(in *f*) *m* **-s, -** musician.

Musikerziehung *f* (*form*) musical education; **Musikfreund** *m* music-lover; **Musikgeschichte** *f* history of music; **Musikhochschule** *f* college of music; **Musikinstrument** *nt* musical instrument; **Musikkapelle** *f* band; **Musikkonserve** *f* (*inf*) canned music *no pl*; **Musikkorps** *nt* music corps *sing*; **Musikkritik** *f* music criticism; (*Rezension auch*) music crit; (*Kritikerschaft*) music critics *pl*; **Musikkritiker** *m* music critic; **Musikleben** *nt* world of music; **Musiklehrer** *m* music teacher; **Musiklexikon** *nt* encyclopaedia/dictionary of music; **Musikliebhaber** *m* music-lover; **Musiksaal** *m* music room; **Musikstück** *nt* piece of music; **Musiktheater** *nt* music theatre; **Musiktruhe** *f* radiogram, radio-phonograph (*US*); **Musikunterricht** *m* music lessons *pl*; (*Sch*) music.

Musikus *m* -, **Musizi** (*hum*) musician.

Musikwissenschaft *f* musicology; **Musikwissenschaftler** *m* musicologist; **Musikzimmer** *nt* music room.

musisch *adj* Fächer, Gymnasium (fine) arts *attr; Begabung* for the arts; *Erziehung* in the (fine) arts; *Veranlagung, Mensch* artistic.

Musizi *pl* of **Musikus**.

musizieren* *vi* to play a musical instrument. **sie saßen auf dem Marktplatz und musizierten** they sat in the market place playing their instruments; **sonntags abends wird bei uns immer musiziert** we always have a musical evening on Sundays.

Muskat *m* **-(e)s, -e** *siehe* **Muskatnuß**.

Muskatblüte *f* mace.

Muskateller(wein) *m* **-s, -** muscatel.

Muskatnuß *f* nutmeg.

Muskel *m* **-s, -n** muscle. **(viele) ~n haben** to be muscular; **seine ~n spielen lassen** (*lit*, *fig*) to flex one's muscles.

Muskeldystrophie *f* muscular dystrophy; **Muskelfaser** *f* muscle fibre; **Muskelkater** *m* aching muscles *pl*; **~ haben** to be stiff; **Muskelkraft** *f* physical strength; **Muskelkrampf** *m* muscle cramp *no indef art*; **Muskelmann** *m*, **Muskelpaket** *nt*, **Muskelprotz** *m* (*inf*) muscleman (*inf*); **Muskelriß** *m* torn muscle; **sich** (*dat*) **einen ~ zuziehen** to tear a muscle; **Muskelschwund** *m* muscular atrophy *or* wasting; **Muskelstarre** *f* muscular rigidity; **Muskelzerrung** *f* pulled muscle.

Muskete *f* -, -n musket.

Musketier *m* **-s, -e** musketeer.

Muskulatur *f* muscular system, musculature (*spec*).

muskulös *adj* muscular. **~ gebaut sein** to have a muscular build.

Müsli *nt* **-(s), -s** muesli.

Muslim *m* -, **-e** Muslim.

Muß *nt* -, *no pl* **das harte ~** grim necessity; **es ist ein/kein ~** it's/it's not a must.

Mußbestimmung f fixed regulation.

Muße f -, no pl leisure. (die) ~ **für etw finden** to find the time and leisure for sth; **dafür fehlt mir die ~** I don't have the time or leisure; **sich** (dat) ~ **gönnen** to allow oneself some (time for) leisure; **etw mit ~ tun** to do sth in a leisurely way.

müssen I modal aux vb pret **mußte**, ptp ~ **1.** (Zwang) to have to; (Notwendigkeit auch) to need to. **ich muß** (Zwang) I have to, I must only pres tense, I've got to (esp Brit); (Notwendigkeit auch) I need to; **ich muß nicht** (Zwang) I don't have to, I haven't got to (esp Brit); (Notwendigkeit auch) I don't need to, I needn't; **muß er?** must he?, does he have to?, has he got to? (esp Brit); **mußtest du?** did you have to?; **das hat er tun/nicht tun** ~ he had to/didn't have to do it; **er hatte es tun** ~ he had had to do it; **es mußte ins Haus gebracht werden** it had to be brought inside; **das muß irgendwann mal gemacht werden** it will have to be done some time; **ich hätte es sonst allein tun** ~ otherwise I would have had to do it alone; **ich muß jeden Tag um sechs Uhr aufstehen** I have to get up at six every day; **ich muß jetzt gehen or weg** (inf) I must be going or be off now, I must go now, I'll have to go now; **man mußte lachen/weinen** etc you couldn't help laughing/crying etc, you had to laugh/cry etc; **wir ~ Ihnen leider mitteilen, daß ...** we regret to (have to) inform you ...; **muß das (denn) sein?** is that (really) necessary?; must you/he?, do you/does he have to?; **das muß sein** it's necessary; I do/he does have to; **wenn es (unbedingt) sein muß** if it's absolutely necessary; if you/he must; **das mußte (ja so) kommen** that had to happen, that was bound to happen; **das muß man sich** (dat) **mal vorstellen!** (just) imagine that!, think of that!; **jetzt muß ich dir mal was sagen** now let me tell you something; **was habe ich da hören ~?** what's this I hear?

2. (sollen) **das müßte ich/müßtest du eigentlich wissen** I/you ought to or should know that; **ich hätte es gestern tun** ~ I ought to or should have done it yesterday; **das mußt du nicht tun!** you oughtn't to or shouldn't do that.

3. (Vermutung, Wahrscheinlichkeit) **es muß geregnet haben** it must have rained; **es muß wahr sein** it must be true, it has or it's got to be true; **es muß nicht wahr sein** it needn't be true; **er muß es gewesen sein** it must have been him, it has or it's got to have been him; **es müßten zehntausend Zuschauer im Stadion gewesen sein** there must have been ten thousand spectators in the stadium; **er müßte doch da sein** he should be there by now; **er müßte denn krank sein** (old) unless he were ill; **so muß es gewesen sein** that's how it must have been; **was ~ bloß die Leute (von uns) denken!** what must people think (of us); **was muß bloß in ihm vorgehen?** what goes on in his mind?

4. (Wunsch) (viel) **Geld müßte man haben!** if only I were rich!; **man müßte noch mal von vorn anfangen können!** if only one could begin again!; **man müßte**

noch mal zwanzig sein! oh, to be twenty again!

II vi pret **mußte**, ptp **gemußt 1.** to have to go. **ich muß jetzt zur Schule** I must or I've got to (esp Brit) or I have to go to school now; **wann müßt ihr zur Schule?** when do you have to go to school?; **der Brief muß heute noch zur Post** the letter must be or has to be mailed today.

2. (inf) **ich muß mal** I need to go to the loo (Brit inf) or bathroom (esp US).

3. (inf: an der Reihe sein) to be it.

4. (gezwungen sein) to have to. **hast du gewollt? — nein, gemußt** did you want to? — no, I had to; **kein Mensch muß** ~ there's no such thing as 'must'.

Mußestunde f hour of leisure. **seine ~n** one's leisure hours.

Mußheirat f (inf) shotgun wedding (inf). **es war eine ~** they had to get married.

müßig adj (untätig) idle; Leben, Tage, Stunden of leisure; (überflüssig, unnütz) futile, pointless, otiose (form).

Müßiggang m (liter) siehe adj idleness; **sich dem ~ hingeben** to lead a life of idleness or an idle life; **~ ist aller Laster Anfang** (Prov) the devil finds work for idle hands (Prov); **Müßiggänger(in** f) m -s, - idler.

mußte pret of **müssen**.

Mustang m -s, -s mustang.

Muster nt -s, - **1.** (Vorlage, Dessin) pattern; (für Brief, Bewerbung etc) specimen. **nach einem ~ stricken** etc to knit etc from a pattern.

2. (Probestück) sample; (Buch, Korrekturfahne etc) specimen. **~ ohne Wert** sample of no commercial value.

3. (fig: Vorbild) model (an +dat of); (Verhaltens~) pattern. **als ~ dienen** to serve as a model; **sich** (dat) **jdn zum ~ nehmen** to take sb as one's model, to model oneself on sb; **er ist das ~ eines Ehemanns/Staatsbürgers** he is a model husband/citizen; **ein ~ an Tugend** a paragon of virtue.

Muster- in cpds model; **Musterbeispiel** nt classic or prime example; **Musterbetrieb** m model factory/farm etc; **Musterbild** nt (Vorbild) perfect specimen; (Prototyp) archetype; **ein ~ von einem Mann/Soldaten** etc sein to be the perfect man/soldier etc; **Musterbuch** nt pattern book; **Musterehe** f perfect marriage; **Muster|exemplar** nt fine specimen; **ein ~ von einer Frau/einem Idioten** a model wife/a perfect idiot; **Mustergatte** m model husband; **mustergültig** adj exemplary; **Mustergültigkeit** f exemplariness; **musterhaft** adj exemplary; **er hat sich ~ verhalten** his conduct was exemplary; **Musterknabe** m (iro) paragon; **Musterkoffer** m sample case; **Musterkollektion** f collection of samples; (Fashion) collection of models.

mustern vt **1.** (betrachten) to scrutinize, to look over, to survey. **jdn kühl/skeptisch** ~ to survey or eye sb coolly/sceptically; **jdn von oben bis unten** ~ or **von Kopf bis Fuß** ~ to look sb up and down, to scrutinize sb from head to toe.

2. (Mil: inspizieren) to inspect, to review.

3. (*Mil: für Wehrdienst*) jdn ~ to give sb his/her medical.
4. *Stoff siehe* **gemustert.**
Musterpackung f sample pack; (*Attrappe*) display pack; **Musterprozeß** m test case; **Musterschüler** m model pupil; (*fig*) star pupil; **Mustersendung** f selection of samples; **Musterstadt** f model town.
Musterung f **1.** pattern. **2.** (*Mil*) (*von Truppen*) inspection, review; (*von Rekruten*) medical examination for military service. **3.** (*durch Blicke*) scrutiny.
Musterungskommission f recruiting or draft (*US*) board.
Mut m **-(e)s**, no pl **1.** courage, pluck (*inf*); (*Zuversicht*) heart. ~ **fassen** to pluck up courage; ~/**keinen** ~ **haben** to have (a lot of/some)/not to have any courage; **mit frischem** ~ with new heart; **nur** ~! don't lose heart!, cheer up!, keep your pecker up! (*Brit inf*); **jdm den** ~ **nehmen** to discourage sb, to make sb lose heart; **den** ~ **verlieren** to lose heart; ~/**wieder bekommen** to gain confidence/to take heart; **jdm** ~ **zusprechen** or **machen** to encourage sb; **das gab ihr wieder neuen** ~ that gave her new heart; **ihm sank der** ~ his heart sank; **mit dem** ~ **der Verzweiflung** with the courage born of desperation or despair; **der** ~ **zum Leben** the will to live.
　　2. (*old: Laune, Stimmung*) spirits pl. **frohen/guten** ~**es sein** to be of good cheer (*old*), to be in good spirits; **mit frohem** ~ with good cheer (*old*).
Mutation f **1.** mutation. **2.** (*Med*) breaking of the voice. **er hat die** ~ **gerade hinter sich** his voice has just broken.
Mutbeweis m proof of his etc courage.
Mütchen nt **sein** ~ **an jdm kühlen** (*inf*) to take it out on sb (*inf*).
mutieren* vi **1.** (*sich erblich ändern*) to mutate. **2.** (*Med, Aus*) **er hat schon mutiert** his voice has already broken.
mutig adj (*tapfer*) courageous, brave, plucky (*inf*). **dem M**~**en gehört die Welt** (*Prov*) fortune favours the brave (*Prov*).
mutlos adj (*niedergeschlagen*) discouraged no adv, disheartened no adv; (*bedrückt*) despondent, dejected; **jdn** ~ **machen** to discourage sb, to make sb lose heart; **Mutlosigkeit** f siehe adj discouragement, disheartenment; despondency, dejection.
mutmaßen vti insep to conjecture. **es wurde viel über seine Abwesenheit gemutmaßt** there was a lot of conjecture as to the reason for his absence.
mutmaßlich I adj attr Vater, Täter presumed. **II** adv **alle Fahrgäste sind** ~ **ums Leben gekommen** it is presumed that all the passengers were killed.
Mutmaßung f conjecture. **wir müssen uns auf** ~**en stützen** we can only conjecture.
Mutprobe f test of courage.
Muttchen nt (*inf*) **1.** (*Mutter*) mummy (*inf*), mommy (*US inf*). **2.** (*biedere Hausfrau*) little housewife. **3.** (*alte Frau*) grandma.
Mutter¹ f **-**, **:** mother. **sie ist jetzt** ~ she's a mother now; ~ **werden** to have a baby; **sie ist** ~ **von drei Kindern** she's a mother of three; **als Frau und** ~ as a wife and a mother; ~ **Natur/Erde** (*liter*) Mother

Nature/Earth; **wie bei** ~**n** (*dial*) just like (at) home; (*Essen*) just like mother makes/used to make.
Mutter² f **-**, **-n** (*Tech*) nut.
Mutterbindung f (*Psych*) mother fixation; **Mutterboden** m topsoil; **Mutterbrust** f mother's breast; (*Ernährung*) mother's milk; **an der** ~ at one's mother's breast.
Mütterchen nt **1.** siehe **Muttchen 1. 2.** siehe **Muttchen 3. 3.** ~ **Rußland** Mother Russia.
Mutter|erde f topsoil; (*liter: Heimaterde*) native soil; **Mutterfahrzeug** nt (*Space*) parent ship; **Mutterfreuden** pl the joys of motherhood pl.
Müttergenesungsheim nt rest centre for mothers, especially of large families.
Muttergesellschaft f (*Comm*) parent company; **Mutterglück** nt das ~ the joy of motherhood; **Muttergottes** f **-**, no pl Mother of God; (*Abbild*) Madonna; **Mutterhaus** nt (*Rel*) training centre; (*von Kloster*) mother house; **Mutterherz** nt maternal heart; **Mutter|instinkt** m maternal instinct; **Mutterkirche** f mother church; **Mutterkomplex** m mother complex; **Mutterkorn** nt (*Bot*) ergot; **Mutterkuchen** m (*Anat*) placenta; **Mutterkult** m mother cult; **Mutterland** nt mother country; **Mutterleib** m womb.
Mütterlein nt siehe **Mütterchen 1., 3.**
mütterlich adj **1.** maternal; Seite, Linie auch distaff. **die** ~**en Pflichten** one's duties as a mother; **auf** ~**er Seite** on his/her etc mother's side, on the distaff side. **2.** (*liebevoll besorgt*) motherly no adv. **jdn** ~ **umsorgen** to mother sb.
mütterlicherseits adv on his/her etc mother's side, on the distaff side. **sein Großvater** ~ his maternal grandfather.
Mütterlichkeit f motherliness.
Mutterliebe f motherly love; **mutterlos** adj motherless; **Muttermal** nt birthmark, mole; **Muttermilch** f mother's milk; **etw mit der** ~ **einsaugen** (*fig*) to learn sth from the cradle; **Muttermord** m matricide; **Muttermörder** m matricide; **Muttermund** m (*Anat*) cervix, neck of the uterus or womb.
Mutternschlüssel m (*Tech*) spanner.
Mutterpferd nt dam; **Mutterpflanze** f parent (plant); **Mutterrecht** nt (*Sociol*) matriarchy; **mutterrechtlich** adj (*Sociol*) matriarchic(al); **Mutterschaf** nt ewe.
Mutterschaft f motherhood.
Mutterschaftsgeld nt maternity grant; **Mutterschafts|urlaub** m maternity leave.
Mutterschiff nt (*Space*) parent ship; **Mutterschutz** m legal protection of expectant and nursing mothers; **Mutterschutzgesetz** nt law for the protection of expectant and nursing mothers; **Mutterschwein** nt sow; **mutterseelen|allein** adj, adv all alone, all on one's own; **Muttersöhnchen** nt (*pej*) mummy's boy; **Muttersprache** f native language, mother tongue; **Gälisch ist seine** ~ Gaelic is his native language, he's a native speaker of Gaelic; **Mutterstelle** f: **bei jdm** ~ **vertreten** to be like a mother to sb; (*Jur*) to stand in loco parentis to sb.

Müttersterblichkeit f mortality in child-birth.

Muttertag m Mother's Day; **Muttertier** nt mother (animal); (Zuchttier) brood animal; **Mutterwitz** m (Schläue) mother wit; (Humor) natural wit.

Mutti f -, -s (inf) mummy, mum, mommy (US).

Mutwille m -ns, no pl **1.** (geh: Übermut) mischief. **aus bloßem** or **reinem** ~n out of pure mischief. **2.** (böse Absicht) malice. **etw mit** or **aus** ~n **tun** to do sth out of malice.

mutwillig I adj **1.** (geh: übermütig) Streiche, Dummheiten mischievous. **2.** (böswillig) malicious; Beschädigung, Zerstörung auch wilful. **II** adv (absichtlich) zerstören etc wilfully.

Mütze f -, -n cap. **die** ~ **ziehen** to doff one's cap; (fig) to take one's hat off (vor jdm to sb); **was auf die** ~ **kriegen** (inf) to get a ticking-off (inf); (verprügelt etc werden) to get thumped (inf); **eine** ~ **voll Schlaf** (inf) a good kip (inf).

Mützenschirm m peak.

MwSt. abbr of **Mehrwertsteuer** VAT.

Myriade f (lit, fig) myriad.

Myrrhe ['myrə] f -, -n myrrh.

Myrrhenöl nt oil of myrrh.

Myrte f -, -n myrtle.

Myrtenkranz m myrtle wreath.

Mysterienspiel [-iən-] nt (Theat) mystery play.

mysteriös adj mysterious.

Mysterium nt (alle Bedeutungen) mystery.

Mystifikation f mystification.

mystifizieren* vt to mysticize.

Mystifizierung f mystification.

Mystik f mysticism no art.

Mystiker(in f) m -s, - mystic.

mystisch adj mystic(al); (fig: geheimnis-voll) mysterious.

mythisch adj mythical.

Mythologie f mythology.

mythologisch adj mythologic(al).

Mythos, Mythus m -, **Mythen** (lit, fig) myth. **er war zeitlebens von einem** ~ **um-geben** he was a legend in his time.

N

N, n [ɛn] *nt* **-, -** N, n. **n-te** nth.
N *abbr of* **Norden** N.
'n [n] *abbr of* **ein, einen.**
na[1] *interj* (*inf*) **1.** (*Frage, Anrede*) well; (*Aufforderung*) then. ~, **kommst du mit?** well, are you coming?, are you coming then?; ~, **du?** well?

2. (*zögernde Zustimmung, Resignation*) well. ~ **ja** well; ~ **ja, aber nur noch zehn Minuten** well yes *or* I suppose so, but only another ten minutes; ~ **gut,** ~ **schön** all right, OK (*inf*).

3. (*Bestätigung, Erleichterung*) well. ~ **also!,** ~ **eben!** (well,) there you are (then)!; ~ **und ob!** (*auf jeden Fall*) you bet! (*inf*), not half! (*inf*); (*und wie auch*) and how! (*inf*).

4. (*Beschwichtigung*) come (on) (now).

5. (*Ermahnung*) now; (*Zurückweisung*) well. ~ (~)! now, now!, now then!; ~ **warte!** just you wait!; ~ **so was** *or* **so etwas!** well, I never!; ~ **und?** so what?; ~ **ich danke!** no thank you!

6. (*Zweifel*) well. ~, **wenn das mal klappt!** well, if it comes off!

na[2] *adv* (*S Ger, Aus inf*) *siehe* **nein.**
Nabe *f* **-, -n** hub.
Nabel *m* **-s, -** (*Anat*) navel, umbilicus (*spec*); (*Bot*) hilum. **der** ~ **der Welt** (*fig*) the hub of the universe, the centre of the world.
Nabelbinde *f* umbilical bandage; **Nabelbruch** *m* umbilical hernia; **Nabelschau** *f* ~ **betreiben** to be bound up in oneself; **Nabelschnur** *f* (*Anat*) umbilical cord.
nach I *prep* +*dat* **1.** (*örtlich*) to. **ich nahm den Zug** ~ **Mailand** (*bis*) I took the train to Milan; (*in Richtung*) I took the Milan train *or* the train for Milan; **das Schiff/der Zug fährt** ~ **Kiel** the boat is bound for Kiel, the boat/train is going to Kiel; **er ist schon** ~ **London abgefahren** he has already left for London; ~ **Osten/Westen** eastward(s)/westward(s), to the east/west; **von Osten** ~ **Westen** from (the) east to (the) west; ~ **links/rechts** (to the) left/right; **von links** ~ **rechts** from (the) left to (the) right; ~ **jeder Richtung** *or* **allen Richtungen** (*lit*) in all directions; (*fig*) on all sides; ~**hinten/vorn** to the back/front; (*in Wagen/Zug etc auch*) to the rear/front; ~ **... zu** towards ...; ~ **Norden zu** *or* **hin** to(wards) the north.

2. *in Verbindung mit vb siehe auch dort* ~ **jdm/etw suchen** to look for sb/sth; **sich** ~ **etw sehnen** to long for sth; ~ **etw schmecken/riechen** to taste/smell of sth.

3. (*zeitlich*) after. **fünf (Minuten)** ~ **drei** five (minutes) past *or* after (*US*) three; ~ **Christi Geburt** *or* **unserer Zeitrechnung** (*esp DDR*) AD, anno Domini (*form*); **sie kam** ~ **zehn Minuten** she came ten minutes later *or* after ten minutes; ~ **zehn Minuten war sie wieder da** she was back in ten minutes *or* ten minutes later; ~

zehn Minuten wurde ich schon unruhig after ten minutes I was getting worried; ~ **Empfang** *or* **Erhalt** *or* **Eingang** on receipt; **drei Tage** ~ **Empfang** three days after receipt; ~ **allem, was geschehen ist** after all that has happened.

4. (*Reihenfolge*) after. **eine(r, s)** ~ **dem/der anderen** one after another *or* the other; **die dritte Straße** ~ **dem Rathaus** the third road after *or* past the town hall; (**bitte**) ~ **Ihnen!** after you!; **der Leutnant kommt** ~ **dem Major** (*inf*) a lieutenant comes after a major; ~ **„mit" steht der Dativ** "mit" is followed by *or* takes the dative.

5. (*laut, entsprechend*) according to; (*im Einklang mit*) in accordance with. ~ **dem Gesetz, dem Gesetz** ~ according to the law; ~ **römischem Gesetz** according to *or* under Roman law; ~ **Artikel 142c** under article 142c; **manche Arbeiter werden** ~ **Zeit, andere** ~ **Leistung bezahlt** some workers are paid by the hour, others according to productivity; **etw** ~ **Gewicht kaufen** to buy sth by weight; ~ **Verfassern/Gedichtanfängen** in order of *or* according to authors/first lines; **die Uhr** ~ **dem Radio stellen** to put a clock right by the radio; **seiner Natur** ~ **ist er sehr sanft** he's very gentle by nature; **seiner Veranlagung** ~ **hätte er Musiker werden sollen** with his temperament he should have been a musician; **ihrer Sprache** ~ (**zu urteilen**) from her language, judging by her language; ~ **dem, was er gesagt hat** from *or* according to what he's said; ~ **allem, was ich gehört habe** from what I've heard; ~ **allem, was ich weiß** as far as I know; **Knödel** ~ **schwäbischer Art** Swabian dumplings.

6. (*angelehnt an*) after. ~ **dem Russischen** after the Russian; ~ **einem Gedicht von Schiller** after a poem by Schiller.

7. **er wurde** ~ **seinem Großvater genannt** he was called after *or* for (*US*) his grandfather.

II *adv* **1.** (*räumlich*) **mir** ~! (*old liter*) follow me!

2. (*zeitlich*) ~ **und** ~ little by little, gradually; ~ **wie vor** still; **wir treffen uns** ~ **wie vor im „Goldenen Handschuh"** we still meet in the "Golden Glove" as always.

nach|äffen *vt sep* (*pej*) *Moden, Ideen* to ape; *jdn* to take off, to mimic; (*imitieren*) to copy.
nach|ahmen *vt sep* to imitate; (*karikieren*) ʼto take off, to mimic; (*nacheifern auch*) to emulate; (*kopieren*) to copy.
nach|ahmenswert *adj* exemplary.
Nach|ahmer(in *f*) *m* **-s, -** imitator; (*eines großen Vorbilds*) emulator; (*pej: Art, Liter*) copyist.

Nach|ahmung f siehe vt 1. (das Imitieren) imitation; taking off, mimicking; emulation; copying. **etw zur ~ anraten** or **empfehlen** to recommend sth as an example. 2. (die Imitation) imitation; take-off, impression; emulation; copy.

nach|arbeiten sep I vt 1. (aufholen) to make up. 2. (überarbeiten) to work over; (Art etc) to touch up. 3. (nachbilden) to copy, to reproduce. II vi **wir müssen morgen ~** we'll have to make up the work tomorrow.

Nachbar ['naxbaːɐ] m -n or -s, -n neighbour; (Wohnungs~, Haus~ auch) next-door neighbour. **Herr X war beim Konzert mein ~** Mr X sat next to me at the concert; **ich war eben bei ~s** (inf) I've just been round to the neighbours; **~s Garten** the next-door garden; **die lieben ~n** (iro) the neighbours.

Nachbarhaus nt house next door, neighbouring house. **in unserem ~, bei uns im ~** in the house next door (to us).

Nachbarin f neighbour.

nachbarlich adj (freundlich) neighbourly no adv; (benachbart) neighbouring no adv.

Nachbarschaft f (Gegend) neighbourhood; (Nachbarn) neighbours pl; (Nähe) vicinity. **gute ~ halten** or **pflegen** to keep on good terms with the neighbours.

Nachbarschaftsheim nt community centre; **Nachbarschaftshilfe** f neighbourly help; **man ist ja wohl zu ein bißchen ~ verpflichtet** you have to help your neighbours a bit.

Nachbarsfrau f woman next door; **Nachbarskind** nt child next door; **Nachbarsleute** pl neighbours pl; (von nebenan auch) people next door pl.

Nachbehandlung f (Med) follow-up treatment no indef art.

nachbereiten* vt sep (Sch) to assess or evaluate afterwards.

nachbestellen* vt sep to order some more; (Comm) to reorder, to put in a repeat order for; (nachträglich) to put in or make a late order for. **ich habe gerade noch Sekt/noch zwei Flaschen Sekt nachbestellt** I've just ordered some more champagne/another two bottles of champagne.

Nachbestellung f (gen for) repeat order; (nachträgliche Bestellung) late order.

nachbeten vt sep (inf) to repeat parrot-fashion, to parrot.

Nachbeter m (inf) echoer, parrot (inf).

nachbezahlen* sep I vt to pay; (später) to pay later. **Steuern ~** to pay back-tax. II vi to pay the rest.

Nachbild nt (Opt) after-image.

nachbilden vt sep to copy; (exakt) to reproduce. **einer Sache** (dat) **nachgebildet sein** to be modelled on sth, to be a copy/reproduction of sth.

Nachbildung f copy; (exakt) reproduction.

nachblättern vi sep to have a quick look. **in etw** (dat) **~** to flick through sth again.

nachbleiben vi sep irreg aux sein (dial) to stay behind.

nachblicken vi sep siehe **nachsehen I** 1.

Nachblutung f (Med) secondary haemorrhage; (nach Operation) post-operative

haemorrhage; (nach Geburt) post-partum haemorrhage.

nachbohren sep I vt Öffnung to drill out. II vi (lit) to drill out some more; (fig inf) to probe.

nachbringen vt sep irreg (hinterherbringen) to bring afterwards; (zusätzlich servieren) to bring some more. **er brachte mir den Schirm nach** he came after me with my umbrella.

nachchristlich adj **in den ersten ~en Jahrhunderten** in the first centuries AD.

nachdatieren* vt sep to postdate.

nachdem conj 1. (zeitlich) after. 2. (modal) siehe **je¹** III 2. 3. (S Ger: kausal) since.

nachdenken vi sep irreg to think (über + acc about). **darüber darf man gar nicht ~** it doesn't bear thinking about; **denk doch mal nach!** think about it!; **denk mal gut** or **scharf nach!** think carefully!

Nachdenken nt thought, reflection. **nach langem ~** after (giving the matter) considerable thought; **gib mir ein bißchen Zeit zum ~** give me a bit of time to think (about it).

nachdenklich adj Mensch, Miene thoughtful, pensive; Geschichte, Worte thought-provoking. **jdn ~ stimmen** or **machen** to set sb thinking; **~ gestimmt sein** to be in a thoughtful mood.

Nachdenklichkeit f, no pl thoughtfulness, pensiveness.

Nachdichtung f (Liter) free rendering.

nachdrängen vi sep aux sein to push from behind. **jdm ~** to throng after sb (liter).

Nachdruck m 1. no pl (Betonung) stress, emphasis; (Tatkraft) vigour, energy. **besonderen ~ darauf legen, daß ...** to put special emphasis on the fact that ..., to stress or emphasize particularly that ...; **etw mit ~ betreiben/sagen** to pursue sth with vigour/to say sth emphatically.
   2. (das Nachdrucken) reprinting; (das Nachgedruckte) reprint. **,,~ verboten''** "no part of this publication may be reproduced without the prior permission of the publishers".

nachdrucken vt sep to reprint.

nachdrücklich adj emphatic; Warnung auch firm. **~ auf etw** (dat) **bestehen** to insist firmly (up)on sth; **jdm ~ raten** or **jdm den ~en Rat geben, etw zu tun** to advise sb strongly or to urge sb to do sth; **jdn ~ warnen** to give sb a firm warning.

Nachdrücklichkeit f insistence.

nachdrucksvoll adj emphatic.

nachdunkeln vi sep aux sein to get or grow darker; (Bild) to darken.

nach|eifern vi sep jdm/einer Sache ~ to emulate sb/sth.

Nach|eiferung f emulation.

nach|einander adv (räumlich) one after another or the other; (zeitlich auch) in succession. **zweimal ~** twice running or in a row; **kurz/unmittelbar ~** shortly/immediately after each other; **er schlief drei Tage ~** he slept for three whole days.

nach|empfinden* vt sep irreg 1. Stimmung to feel; Gedicht, Lied to relate to. **niemand kann Werthers Schmerz ~** no-one can really feel Werther's grief; **daß kann ich ihr ~** I can understand her feelings *or* how she feels/felt. **2.** (*nachgestalten*) to adapt (*dat* from).

Nachen *m* **-s,** - (*liter*) barque (*poet*).

Nach|erbe *m* remainderman (*spec*).

Nach|ernte *f* second harvest; (*Ähren~*) gleaning; (*Ertrag*) gleanings *pl*. ~ **halten** to glean the remains of the harvest.

nach|erzählen* *vt sep* to retell. **dem Türkischen nacherzählt** (*geh*) adapted from the Turkish.

Nach|erzählung *f* retelling; (*Sch*) (story) reproduction.

Nachf. *abbr of* **Nachfolger.**

Nachfahr *m* **-en** *or* **-s, -en** (*liter*) descendant.

nachfahren *vi sep irreg aux sein* to follow (on). **jdm** ~ to follow sb.

nachfassen *sep* **I** *vi* **1.** (*nachgreifen*) to get a firmer grip; (*noch einmal zufassen*) to regain one's grip. **2.** (*inf: nachforschen*) to probe a bit deeper. **3.** (*inf: Essen* ~) to have a second helping. **II** *vt* (*inf: nachholen*) to have a second helping of. **Essen** ~ to have a second helping.

nachfeiern *vti sep* (*später feiern*) to celebrate later.

nachfeilen *vt sep* to file off.

Nachfolge *f, no pl* **1.** succession. **jds/die** ~ **antreten** to succeed sb/succeed. **2.** (*Nacheiferung*) emulation. **die** ~ **Christi** the imitation of Christ.

nachfolgen *vi sep aux sein* **1.** (*hinterherkommen*) to follow (on). **jdm** ~ to follow sb; **jdm im Amt** ~ to succeed sb in office; **sie ist ihrem Gatten nachgefolgt** (*euph*) she has gone to join her husband (*euph*). **2.** +*dat* (*Anhänger sein*) to follow.

nachfolgend *adj* following. **wie im** ~**en ausgeführt** as detailed below; ~**es, das** N~**e** the following; **können/konnten Sie aus den** ~**en Beispielen etwas entnehmen?** can/could you gather anything from the following/subsequent examples?

Nachfolge|organisation *f* successor organization.

Nachfolger(in *f*) *m* **-s, -** **1.** (*im Amt etc*) successor. **Friedrich Reißnagel** ~ successors to Friedrich Reissnagel. **2.** (*Anhänger*) follower.

Nachfolgestaat *m* succession state.

nachfordern *vt sep* to put in another demand for.

Nachforderung *f* subsequent demand.

nachforschen *vi sep* to try to find out; (*polizeilich etc*) to carry out an investigation (*dat* into); (*amtlich etc*) to make enquiries (*dat* into).

Nachforschung *f* enquiry; (*polizeilich etc*) investigation. ~**en anstellen** to make enquiries.

Nachfrage *f* **1.** (*Comm*) demand (*nach, in* +*dat* for). **danach besteht eine rege/keine** ~ there is a great/no demand for it. **2.** (*Erkundigung*) enquiry.

nachfragen *vi sep* to ask, to enquire.

Nachfrist *f* extension. **jdm eine** ~ **setzen** to extend sb's deadline, to give *or* grant sb an extension.

nachfühlen *vt sep siehe* **nachempfinden.**

nachfüllen *vt sep* **1.** *leeres Glas etc* to refill; *halbleeres Glas, Batterie etc* to top up. **darf ich (Ihr Glas)** ~? can I fill/top you

up?, would you like a refill?

nachgären *vi sep irreg aux haben or sein* to be lagered.

Nachgärung *f* lagering.

nachgeben *sep irreg* **I** *vi* **1.** to give way (*dat* to); (*federn*) to give; (*fig*) (*Mensch*) to give in *or* way (*dat* to); (*aufgeben*) to give up *or* in.
2. (*Comm: Preise, Kurse*) to drop, to fall.
II *vt* **darf ich Ihnen noch etwas Gemüse** ~? may I give you a few more vegetables?; **er ließ sich** (*dat*) **Fleisch** ~ he had another helping of meat.

nachgeboren *adj* **1.** (*mit großem Altersunterschied*) late(r)-born. **die** N~**en** (*geh*) future generations. **2.** (*nach Tod des Vaters geboren*) posthumous.

Nachgebühr *f* excess (postage).

Nachgeburt *f* (*Gewebe*) afterbirth; (*Vorgang*) expulsion of the afterbirth.

Nachgefühl *nt* feeling. **das hinterließ ein unangenehmes** ~ **in mir** that left me with an unpleasant feeling.

nachgehen *vi sep irreg aux sein* **1.** +*dat* (*hinterhergehen*) to follow; *jdm auch* to go after.
2. (*Uhr*) to be slow. **deine Uhr geht fünf Minuten nach** your clock is five minutes slow.
3. +*dat* (*ausüben*) *Beruf* to practise; *Studium, Vergnügungen etc* to pursue; *Geschäften* to go about. **welcher Tätigkeit gehen Sie nach?** what is your occupation?
4. +*dat* (*erforschen*) to investigate, to look into.
5. +*dat* (*zu denken geben*) to haunt.

nachgelassen *adj Werke, Briefe, Papiere* posthumously published. **seine** ~**en, bis heute nicht veröffentlichten Fragmente** the fragments he left which remain unpublished to this day.

nachgemacht *adj Gold, Leder etc* imitation.

nachge|ordnet *adj* (*form*) *Behörde, Dienststelle* subordinate.

nachgerade *adv* (*geradezu*) practically, virtually; (*nach wie vor*) still.

Nachgeschmack *m* (*lit, fig*) aftertaste. **einen üblen** ~ **hinterlassen** (*fig*) to leave a bad *or* nasty taste in one's *or* the mouth.

nachgestellt *adj* (*Gram*) post positive.

nachgiebig *adj* **1.** *Material* pliable; *Boden, Wand etc* yielding. ~ **sein** to be pliable/to give. **2.** (*fig*) *Mensch, Haltung* soft; (*konziliant*) accommodating, compliant. **sie behandelt die Kinder zu** ~ she's too soft with the children; **jdn** ~ **machen** to soften sb up.

Nachgiebigkeit *f siehe adj* **1.** pliability; softness. **2.** softness; compliance.

nachgießen *vti sep irreg Wasser, Milch* to add. **er trinkt so schnell, daß man ständig** ~ **muß** he drinks so fast that you keep having to top up his glass; **darf ich Ihnen (noch etwas Wein)** ~? would you like some more (wine)?

nachgrübeln *vi sep* to think (*über* +*acc* about); (*sich Gedanken machen*) to ponder (*über* +*acc* on), to muse (*über* +*acc* about).

nachgucken *vti sep siehe* **nachsehen.**

nachhaken vi sep (inf) to dig deeper. **bei jdm ~** to pump sb (inf).

Nachhall m reverberation; (fig) (Anklang) response (auf +acc to); (Nachklang) echo. **künstlicher ~** echo effect, artificial echo; **das Echo hatte einen langen ~** the echo went on reverberating a long while.

nachhallen vi sep to reverberate.

nachhaltig adj lasting no adv; Widerstand sustained no adv. **ihre Gesundheit hat sich ~ gebessert** there has been a lasting improvement in her health.

nachhängen vi sep irreg +dat to give oneself up to, to abandon oneself to. **seinen Erinnerungen ~** to lose oneself in one's memories.

Nachhauseweg m way home.

nachhelfen vi sep irreg to help. **jdm ~** to help sb, to give sb a hand; **er hat dem Glück ein bißchen nachgeholfen** he engineered himself a little luck; **meine Güte, bist du braun! — na, ich hab' auch ein bißchen nachgeholfen** good heavens, you're brown! — well, I did help it or things along a bit.

nachher adv 1. (danach) afterwards; (später auch) later. **bis ~** see you later! 2. (inf: möglicherweise) **~ stimmt das gar nicht** that might not be true at all, (it) could be that's not true at all.

Nachhilfe f help, assistance; (Sch) private coaching or tuition.

Nachhilfelehrer m private tutor, crammer (inf); **Nachhilfestunde** f private lesson; **Nachhilfe|unterricht** m private coaching or tuition.

nachhinein adv: **im ~** afterwards; (rückblickend) in retrospect.

nachhinken vi sep aux sein (fig inf) to lag behind. **hinter jdm/etw ~** to lag behind sb/sth.

Nachholbedarf m **einen ~ an etw** (dat) **haben** to have a lot to catch up on in the way of sth, to have a lot of sth to catch up on.

nachholen vt sep 1. (nachkommen lassen) to get sb to join one; (von Übersee auch) to fetch or get sb over. 2. (aufholen) Versäumtes to make up.

Nachhut ['na:xhu:t] f -, -en (Mil) rearguard. **bei der ~** in the rearguard.

Nach|impfung f (Zweitimpfung) reinoculation; (Wiederholungsimpfung) booster.

nach|industriell adj post-industrial.

nachjagen vi sep aux sein +dat to chase (after); Vergnügungen, dem Glück auch to pursue.

nachkaufen vt sep to buy later. **kann man diese Knöpfe auch ~?** is it possible to buy replacements for these buttons?

Nachklang m **der ~ der Mandolinen** the sound of the mandolines dying away; **ein ferner ~ von Mallarmé** a distant echo of Mallarmé.

nachklassisch adj post-classical.

nachklingen vi sep irreg aux sein (Ton, Echo) to go on sounding; (Worte, Erinnerung) to linger on, to linger. **die Melodie klang noch lange in mir nach** the tune stayed in my head for some time.

Nachkomme m -n, -n descendant. **ohne ~n** without issue (form).

nachkommen vi sep irreg aux sein 1. (später kommen) to follow or come (on) later. **jdm ~** to follow sb; **wir kommen gleich nach** we'll follow or come in just a couple of minutes; **Sie können Ihr Gepäck ~ lassen** you can have your luggage sent on (after).
2. (mitkommen, Schritt halten) to keep up. **ich komme nicht nach!** I can't keep up (with you/them etc).
3. +dat (erfüllen) seiner Pflicht to fulfil, to carry out; einer Anordnung, Forderung, einem Wunsch to comply with.

Nachkommenschaft f descendants pl, issue (form). **seine zahlreiche ~** his numerous progeny pl or descendants.

Nachkömmling m 1. (Nachzügler) late arrival, latecomer; (Kind) afterthought (hum). 2. (old: Nachkomme) descendant.

nachkontrollieren* vt sep to check (over).

Nachkriegs- in cpds post-war.

Nachkur ['na:xku:ɐ] f follow-up cure.

nachladen vti sep irreg to reload.

Nachlaß m -lasses, -lasse or -lässe 1. (Preis~) discount, reduction (auf +acc on). 2. (Erbschaft) estate. **den ~ eröffnen** to read the will; **literarischer ~** unpublished works pl; **Gedichte aus dem ~** unpublished poems.

nachlassen sep irreg I vt 1. Preis, Summe to reduce. **10% vom Preis ~** to give a 10% discount or reduction.
2. (old: hinterlassen) to bequeath.
II vi to decrease, to diminish; (Interesse auch) to flag, to wane; (Sehvermögen, Gehör auch) to deteriorate; (Regen, Sturm, Nasenbluten) to ease off or up; (Leistung, Geschäfte) to fall or drop off; (Preise) to fall, to drop. **nicht ~!** keep it up!; **er hat in letzter Zeit sehr nachgelassen** he hasn't been nearly as good recently; **das hat nachgelassen** it's got better; **sobald die Kälte nachläßt** as soon as it gets a bit warmer.

Nachlaßgericht nt probate court; **Nachlaßgläubiger** m (Jur) creditor of the estate.

nachlässig adj careless, negligent; Arbeit auch slipshod; (unachtsam) thoughtless. **~ gekleidet** carelessly dressed.

Nachlässigkeit f siehe adj carelessness; thoughtlessness.

Nachlaßpfleger, Nachlaßverwalter m executor; **Nachlaßverwaltung** f administration of the estate.

nachlaufen vi sep irreg aux sein +dat jdm/ einer Sache ~ to run after sb/sth; (fig auch) to chase sb/sth; **den Mädchen ~** to chase girls.

nachlegen vt sep **noch Kohlen/Holz ~** to put some more coal/ wood on (the fire).

Nachlese f second harvest; (Ähren~) gleaning; (Ertrag) gleanings pl; (Liter) further selection.

nachlesen sep irreg I vt (in einem Buch) to read; (nachschlagen) to look up; (nachprüfen) to check up. **man kann das in der Bibel ~** it says so in the Bible.
II vi 1. to have a second harvest; (Ähren ~) to glean.
2. (nachschlagen) to look it up; (nachprüfen) to check up.

nachliefern *sep* I *vt* (*später liefern*) to deliver at a later date; (*zuzüglich liefern*) to make a further delivery of; (*inf: später abgeben*) *Unterlagen* to hand in later. **könnten Sie mir noch einen Zentner ~?** could you deliver another hundred-weight? II *vi* to make further deliveries.

Nachlieferung *f* delivery. **wir warten auf die ~** we're waiting for the rest to be delivered.

nachlösen *sep* I *vi* to pay on the train/when one gets off; (*zur Weiterfahrt*) to pay the extra. II *vt* *Fahrkarte* to buy on the train/ when one gets off; (*zur Weiterfahrt*) to buy another.

Nachlöseschalter *m* excess fares (counter).

nachmachen *vt sep* 1. (*nachahmen*) to copy; (*nachäffen*) to take off, to mimic. **sie macht mir alles nach** she copies everything I do; **das mach' mir mal einer nach!, das macht mir so schnell keiner nach!, das soll erst mal einer ~!** I'd like to see anyone else do that! 2. (*fälschen*) *Unterschrift* to forge; *Geld auch* to counterfeit; (*imitieren*) to copy. 3. (*inf: nachholen*) to make up.

nachmalig *adj* (*old*) **der ~e Präsident** the future president; **der ~e Präsident X** President X, as he was to become.

nachmals *adv* (*old*) later, subsequently.

nachmessen *sep irreg* I *vt* to measure again; *Temperatur* to take again; (*prüfend messen*) to check. II *vi* to check.

Nachmieter *m* next tenant. **unser ~** the tenant after us.

Nachmittag *m* afternoon. **am ~** in the afternoon; **am heutigen ~** this afternoon; **am ~ des 14. Oktober** on the afternoon of October 14th; **im Laufe** *or* **während des ~s** during *or* in the course of the afternoon; (*heute*) sometime this afternoon; **vom ~ an** from about two o'clock; **bis zum ~** till the afternoon; **des ~s** (*geh*) in the afternoon.

nachmittag *adv* **gestern/morgen/Dienstag/ heute ~** yesterday/tomorrow/Tuesday/ this afternoon.

nachmittägig *adj attr* afternoon.

nachmittäglich *adj no pred* afternoon *attr*. **die ~ stattfindenden Kurse** the afternoon courses.

nachmittags *adv* in the afternoon; (*jeden Nachmittag*) in the afternoon(s). **von ~ an** from about two o'clock; **Dienstag** *or* **dienstags ~** every Tuesday afternoon, on Tuesday afternoons; **er ißt immer erst ~** he never eats till (the) afternoon.

Nachmittagsschlaf *m* **~ halten** to have a sleep after lunch; **Nachmittagsschläfchen** *nt* (*inf*) **sein ~ halten** to have one's afternoon nap *or* post-prandial snooze (*hum*); **Nachmittagsstunde** *f* hour of the afternoon; **Nachmittagsvorstellung** *f* matinée (performance).

Nachnahme *f* **-, -n** cash *or* collect (*US*) on delivery, COD; (*inf: ~sendung*) COD parcel. **etw als** *or* **per ~ schicken** to send sth COD.

Nachnahmegebühr *f* COD charge; **Nachnahmesendung** *f* COD parcel.

Nachname *m* surname, family *or* last name. **wie heißt du mit ~n?** what is your surname?

nachnehmen *vti sep irreg* to take (some) more.

nachplappern *vt sep* to repeat parrot-fashion. **jdm alles ~** to repeat everything sb says parrot-fashion.

Nachporto *nt* excess (postage).

nachprüfbar *adj* verifiable. **die Ergebnisse sind jederzeit ~** the results can be verified *or* checked at any time.

Nachprüfbarkeit *f* verifiability.

nachprüfen *sep* I *vt* 1. *Aussagen, Tatsachen* to verify, to check. 2. (*später prüfen*) *Kandidaten* to examine at a later date. II *vi* to check.

Nachprüfung *f* 1. (*von Aussagen, Tatsachen*) check (*gen* on). **bei der ~ der Meldungen** when the reports were checked. 2. (*spätere Prüfung*) later examination.

nachrechnen *vti sep* to check. **rechne noch einmal nach!** you'd better do your sums again, you'd better check your arithmetic.

Nachrede *f* 1. (*Verunglimpfung*) **üble ~** (*Jur*) defamation of character; **üble ~n über jdn verbreiten** to cast aspersions on sb's character. 2. (*Epilog*) epilogue.

Nachredner *m* later *or* subsequent speaker. **mein ~** the speaker after me.

nachreichen *vt sep* to hand in later.

Nachreife *f* afterripening.

nachreifen *vi sep aux sein* to afterripen.

nachreisen *vi sep aux sein* **jdm ~** to follow sb.

nachreiten *vi sep irreg aux sein +dat* to ride after.

nachrennen *vi sep irreg aux sein* (*inf*) *siehe* **nachlaufen.**

Nachricht *f* **-, -en** 1. (*Mitteilung, Botschaft*) message; (*Meldung*) (piece of) news. **eine ~ a message;** some news, a piece of news; **die ~en** the news *sing* (*auch Rad, TV*); **~en hören** to listen to the news; **„Sie hören ~en"** "this *or* here is the news;" **das sind aber schlechte ~en** that's bad news; **wer teilt ihm diese unangenehme ~ mit?** who's going to break this unpleasant (piece of) news to him?; **die letzte ~ von ihm kam aus Indien** the last news of him was from India; **~ erhalten, daß ...** to receive (the) news that ...; **wir geben Ihnen ~** we'll let you know. 2. (*Bestätigung*) confirmation. **wir sind bezüglich unserer Bestellung immer noch ohne ~** we are still awaiting confirmation of our order.

Nachrichten|agentur *f*, **Nachrichtenbüro** *nt* news agency; **Nachrichtendienst** *m* 1. (*Rad, TV*) news service; 2. (*Pol, Mil*) intelligence (service); **Nachrichtenmagazin** *nt* news magazine; **Nachrichtensatellit** *m* (tele)communications satellite; **Nachrichtensperre** *f* news blackout *or* embargo; **Nachrichtensprecher** *m* newsreader, newscaster; **Nachrichtentechnik** *f* telecommunications *sing*; **Nachrichten|übermittlung** *f* communication; **Nachrichtenverbindung** *f* line of communication (*zu* with, to); **Nachrichtenwesen** *nt* communications *pl*.

nachrücken *vi sep aux sein* to move up; (*Mil*) to advance. **dem Feind/nach Hanoi** ~ to advance on the enemy/on Hanoi.

Nachruf *m* obituary.

nachrufen *vti sep irreg* +*dat* to shout after.

Nachruhm *m* fame after death.

nachrühmen *vt sep* **jdm etw** ~ to praise sb for sth.

nachsagen *vt sep* **1.** (*wiederholen*) to repeat. **jdm alles** ~ to repeat everything sb says; **das ist kein Grund für dich, es nachzusagen** that's no reason for you to say it too.

2. jdm etw ~ to accuse sb of sth; **jdm Schlechtes** ~ to speak ill of sb; **man kann ihr nichts** ~ you can't say anything against her; **ihm wird nachgesagt, daß ...** it's said that he ...; **das lasse ich mir nicht** ~! I'm not having that said of me!

Nachsaison *f* **in der** ~ after the season proper (has finished).

nachsalzen *sep* **I** *vt* to add more salt to. **II** *vi* to add more salt.

Nachsatz *m* **1.** (*Nachschrift*) postscript; (*Nachtrag*) afterthought. **in einem** ~ **sagte er, daß ...** he added, as an afterthought, that ... **2.** (*Gram*) clause in sentence final position.

nachschaffen *vt sep irreg* to reproduce.

nachschauen *vti sep siehe* **nachsehen.**

nachschenken *vti sep* **jdm etw** ~ to top sb up with sth; **darf ich Ihnen noch (etwas)** ~? may I top you up *or* top up your glass *or* give you a refill?; **darf ich (dir) noch etwas Wein** ~? can I give you a little *or* a drop more wine?

nachschicken *vt sep* to send on, to forward. **bitte** ~! please forward.

Nachschlag *m* **1.** (*Mus*) nachschlag (*spec*), turn ending a trill. **freier** ~ any grace note following the main note. **2.** (*inf*) second helping.

nachschlagen *sep irreg* **I** *vt* Stelle, Zitat to look up. **II** *vi aux sein* (*ähneln*) **jdm** ~ to take after sb.

Nachschlagewerk *nt* reference book *or* work.

nachschleichen *vi sep irreg aux sein* +*dat* to creep after.

nachschleifen[1] *vt sep* (*hinterherschleifen*) to drag along.

nachschleifen[2] *vt sep irreg* **eine Linse/ein Messer** ~ to grind a lens a little more/to sharpen up a knife.

nachschleppen *vt sep* **jdm etw** ~ to lug sth after sb.

nachschleudern *vt sep* (*fig*) **jdm etw** ~ to fling *or* hurl sth after sb.

Nachschlüssel *m* duplicate key; (*Dietrich*) skeleton key.

nachschmeißen *vt sep irreg* (*inf*) **jdm etw** ~ to fling sth after sb; **das ist ja nachgeschmissen!** it's a real bargain.

nachschnüffeln *vi sep* (*inf*) to poke *or* sniff around (*inf*). **jdm** ~ to spy on sb.

nachschreiben *vt sep irreg* (*nachträglich schreiben*) to write later; (*abschreiben*) to write out.

Nachschrift *f* (*Protokoll*) transcript; (*Zugefügtes*) (*abbr* NS) postscript, PS. **er hat eine** ~ **der Vorlesung angefertigt** he wrote up the lecture afterwards.

Nachschub ['naːxʃuːp] *m* (*Mil*) supplies *pl* (*an* +*dat* of); (*Truppe*) reinforcements *pl*.

Nachschub- *in cpds* supply.

Nachschuß *m* **1.** (*Comm*) additional payment. **2.** (*Ftbl*) second shot.

nachschütten *vt sep* Kies, Sand to tip in (some) more; Kohlen to put on (some) more; (*inf: nachgießen*) to pour (some) more.

nachschwatzen, nachschwätzen (*S Ger, Aus*) *vt sep* (*inf*) *siehe* **nachplappern.**

nachsehen *sep irreg* **I** *vi* **1.** **jdm/einer Sache** ~ to follow sb/sth with one's eyes, to watch sb/sth; (*hinterherschauen*) to gaze after sb/sth.

2. (*gucken*) to have a look (and see), to look and see; (*nachschlagen*) to (have a) look.

II *vt* **1.** to (have a) look at; (*prüfen*) to check; Schulaufgaben etc to mark; (*nachschlagen*) to look up.

2. (*verzeihen*) **jdm etw** ~ to forgive sb (for) sth.

Nachsehen *nt*: **das** ~ **haben** to be left standing; (*keine Chance haben*) not to get a look-in (*inf*), not to get anywhere; (*nichts bekommen*) to be left empty-handed.

nachsenden *vt sep irreg* to forward. **bitte** ~! please forward.

nachsetzen *sep* **I** *vi* **jdm** ~ to pursue sb. **II** *vt* **1.** Fuß to drag.

Nachsicht *f* -, *no pl* (*Milde*) leniency, clemency; (*Geduld*) forbearance. **er wurde ohne** ~ **bestraft** he was punished without mercy; **er kennt keine** ~ he knows no mercy; ~ **üben** *or* **haben** to be lenient/forbearing; **jdn mit** ~ **behandeln** to show leniency *or* clemency to sb, to be forbearing with sb; **jdn um** ~ **bitten** to ask sb to be lenient/forbearing.

nachsichtig, nachsichtsvoll *adj* (*milde*) lenient; (*geduldig*) forbearing (*gegen, mit* with).

Nachsilbe *f* suffix.

nachsingen *vt sep irreg* to sing.

nachsinnen *vi sep irreg* to ponder (*über* +*acc* over, about).

nachsitzen *vi sep irreg* (*Sch*) ~ (**müssen**) to be kept in, to have detention; **jdn** ~ **lassen** to keep sb in, to give sb detention.

Nachsommer *m* Indian summer.

Nachsorge *f* (*Med*) after-care.

Nachspann *m* **-s, -e** credits *pl*.

Nachspeise *f* dessert, sweet (*Brit*). **als** ~ for dessert.

Nachspiel *nt* (*Theat*) epilogue; (*Mus*) closing section, postlude (*form*); (*fig*) sequel. **das geht nicht ohne** ~ **ab** that won't be without its consequences; **das wird noch ein unangenehmes** ~ **haben** that will have unpleasant consequences; **ein gerichtliches** ~ **haben** to have legal repercussions.

nachspielen *sep* **I** *vt* to play. **II** *vi* (*Sport*) to play extra time; (*wegen Verletzungen*) to play injury time. **der Schiedsrichter ließ** ~ the referee allowed extra time/injury time.

nachspionieren* *vi sep* (*inf*) **jdm** ~ to spy on sb.

nachsprechen *sep irreg* **I** *vt* to repeat. **jdm etw** ~ to repeat sth after sb. **II** *vi* **wir mußten ihm** ~ we had to repeat what he said.

nachspülen *vti sep* to rinse. **ein Bier zum N~** (*inf*) a beer to wash it down.

nachspüren *vi sep* +*dat* to track *or* hunt down; *einem Tier* to track; *einer Fährte* to follow; *einem Verbrechen, Fehler* to go *or* look into.

nächst *prep* +*dat* (*geh*) (*örtlich*) next to, beside; (*außer*) apart *or* aside from.

nächstbeste *adj attr* der/die/das ~ ... the first ... I/you *etc* see; **die ~ Frau/der ~ Zug/Job** the first woman/train/job that comes along.

nachstehen *vi sep irreg* **jdm** ~ to take second place to sb; **keinem** ~ to be second to none (*in* +*dat* in); **jdm in nichts** (*dat*) ~ to be sb's equal in every way; **jdm an Intelligenz** (*dat*) **nicht** ~ to be every bit as intelligent as sb.

nachstehend *adj attr Bemerkung, Ausführungen* following; (*Gram*) postpositive (*form*). **im ~en** below, in the following; **im ~en der Kläger genannt** here(in)after referred to as the plaintiff; **~es müssen Sie beachten** you must take note of the following; **das ~e Adjektiv** the adjective which follows the noun.

nachsteigen *vi sep irreg aux sein* **jdm** ~ (*lit*) to climb up after sb; (*fig inf*) to run after *or* chase sb.

nachstellen *sep* **I** *vt* **1.** (*Gram*) **im Französischen wird das Adjektiv (dem Substantiv) nachgestellt** in French the adjective is put after the noun. **2.** (*Tech*) to adjust. **II** *vi* **jdm** ~ to follow sb; (*aufdringlich umwerben*) to pester sb; **einem Tier** ~ to hunt an animal.

Nachstellung *f* **1.** (*Gram*) postposition (*form*). **2.** (*Tech*) adjustment. **3.** *usu pl* (*old*) (*Verfolgung*) pursuit *no pl*; (*Aufdringlichkeit*) pestering *no pl*.

Nächstenliebe *f* brotherly love; (*Barmherzigkeit*) compassion. **~ üben** to love one's neighbour as oneself.

nächstens *adv* **1.** (*das nächste Mal*) (the) next time; (*bald einmal*) some time soon, before long. **2.** (*am Ende*) next.

nächste(r, s) *adj superl of* **nah(e)** *en* **1.** (*nächstgelegen*) nearest. **der ~ Nachbar/das ~ Telefon** the nearest neighbour/ telephone; **ist dies der ~ Weg zum Bahnhof?** is this the shortest *or* quickest way to the station?; **in ~r Nähe/Entfernung** in the immediate vicinity/not far away; **aus ~r Entfernung/ Nähe** from close by; **sehen, betrachten** at close quarters; **schießen** at close range. **2.** (*unmittelbar folgend*) next. **im ~n Haus** in the next house, next door. **3.** (*zeitlich*) next. **~s Mal** next time; **bis zum ~n Mal!** till the next time!, see you (some time)!; **Dienstag ~r Woche** Tuesday next week; **Ende ~en Monats** at the end of next month; **am ~en Morgen/ Tag(e)** the next morning/day; **~r Tage**, **in den ~n Tagen** in the next few days; **bei ~er** *or* **bei der ~n Gelegenheit** at the earliest opportunity; **in ~r Zukunft** in the near future; **in den ~n Jahren** in the next few years; **in ~r Zeit** some time soon. **4.** *Angehörige, Freunde etc* closest. **die ~n Verwandten** the immediate family; **der ~ Angehörige** the next of kin. **5.** (*in Adverbialkonstruktionen*) **am ~n**

closest; (*räumlich auch*) nearest; **fürs ~** for the time being.

Nächste(r) *mf decl as adj* **1.** next one. **der n~e, bitte** next please, first please (*US, Scot*). **2.** (*Mitmensch*) neighbour (*fig*). **jeder ist sich selbst der ~** (*Prov*) it's every man for himself; **du sollst deinen ~n lieben wie dich selbst** (*Bibl*) (thou shalt) love thy neighbour as thyself.

Nächste(s) *nt decl as adj* **das ~** the next thing; (*das erste*) the first thing; **als ~s** next/first; **das ~ wäre, ...** the next/first thing *or* step would be ...

nächstfolgend *adj attr* next; **nächstgelegen** *adj attr* nearest; **nächsthöher** *adj attr* one higher; **nächstliegend** *adj attr* (*lit*) nearest; (*fig*) most obvious; **das N~e** the most obvious thing (to do); **nächstmöglich** *adj attr* next possible.

nachstreben *vi sep* **jdm/einer Sache** ~ to emulate sb/to strive after sth.

nachsuchen *vi sep* **1.** to look. **such mal nach, ob ...** (have a) look and see if ... **2.** (*form: beantragen*) **um etw** ~ to request sth (*bei jdm* of sb), to apply for sth (*bei jdm* to sb).

Nacht *f* -, ¨-e (*lit, fig*) night. **es wird/ist/war ~** it's getting/it is/was dark; **als die ~ hereinbrach** at nightfall, as night fell; **in der** *or* **bei ~** at night; **in der ~ vom 12. zum 13. April** during the night of April 12th to 13th; **in der ~ auf Dienstag** during Monday night; **diese ~** tonight; **des ~s** (*geh*) at night; **spät in der ~** late in the *or* at night; **in tiefster ~** at dead of night; **bis tief in die ~** *or* **bis in die späte ~** arbeiten to work late *or* far into the night; **vor der ~** (*S Ger*) before evening; **über ~** (*lit, fig*) overnight; **über ~ bleiben** to stay the night; **zu(r) ~ essen** (*S Ger, Aus*) to have supper; **sich** (*dat*) **die ~ um die Ohren schlagen** (*inf*) to make a night of it; **die ~ zum Tage machen** to turn night into day; **eines ~s** one night; **ganze ~¨-e** for nights (on end); **gute ~!** good night!; **na, dann gute ~!** (*inf*) what a prospect!, what an outlook!; **bei ~ und Nebel** (*inf*) at dead of night; **es wurde mir ~ vor den Augen** everything went black; **die ~ der Barbarei/des Krieges** (*liter*) the darkness of barbarism/war (*liter*); **es wurde ~ über Deutschland** (*liter*) the sun went down on Germany (*liter*).

nacht *adv* **heute ~** tonight; (*letzte ~*) last night; **Dienstag ~** (on) Tuesday night; **12 Uhr ~** (*Aus*) midnight.

Nacht- *in cpds* night; **Nacht|arbeit** *f* nightwork; **Nacht|asyl** *nt* night shelter; **Nacht|ausgabe** *f* late final (edition); **Nachtblindheit** *f* night blindness; **Nachtdienst** *m* night duty; **~ haben** to be on night duty *or* nights.

Nachteil *m* -(e)s, -e disadvantage; (*Schaden auch*) detriment. **~e von** *or* **durch etw haben** to lose by sth; **jdm ~e bringen** to bring sb disadvantages, to be disadvantageous to sb; **im ~ sein, sich im ~ befinden** to be at a disadvantage (*jdm gegenüber* with sb); **daraus entstanden** *or* **erwuchsen ihm ~e** this brought its disadvantages for him; **er hat sich zu seinem ~ verändert** he has changed for the worse; **das soll nicht Ihr ~ sein** you won't lose by it.

nachteilig *adj* (*ungünstig*) disadvantageous; (*schädlich*) detrimental. **es ist nichts N~es über ihn bekannt** nothing unfavourable is known about him; **er hat sich sehr ~ über mich geäußert** he spoke very unfavourably about me; **jdn ~ behandeln** to treat sb unfavourably.

nächtelang *adv* night after night, for nights (on end).

nachten *vi impers* (*Sw, poet*) **es nachtet** it's growing dark, darkness *or* night is falling.

Nacht|essen *nt* (*S Ger, Aus*) supper; **Nacht|eule** *f* (*fig inf*) night owl; **Nachtfalter** *m* moth; **Nachtflug** *m* night flight; **Nachtfrost** *m* night frost; **Nachtgebet** *nt* evening prayer; **sein/das ~ sprechen** to say one's bedtime prayers; **Nachtgeschirr** *nt* (*old, hum*) chamber pot; **Nachtgespenst** *nt* ghost (*that walks at night*); **Nachtgewand** *nt* (*geh*) nightrobe; **Nachthemd** *nt* (*Damen~*) nightie, nightdress; (*Herren~*) nightshirt; **Nachthimmel** *m* night sky, sky at night.

Nachtigall *f -*, **-en** nightingale. **~, ick hör' dir trapsen** (*hum dial*) I see it all now, now I see what you're/he's *etc* after.

nächtigen *vi* (*geh*) to spend the night.

Nachtisch *m* dessert, sweet (*Brit*); (*zu Hause auch*) pudding.

Nachtkästchen *nt* (*S Ger, Aus*) *siehe* **Nachttisch**; **Nachtklub** *m* night club; **Nachtlager** *nt* (*Unterkunft*) place for the night; (*Mil auch*) bivouac; **sein ~ aufschlagen** to settle *or* bed down for the night; (*Mil*) to bivouac; **Nachtleben** *nt* night life.

nächtlich *adj attr* (*jede Nacht*) nightly; (*in der Nacht*) night. **die ~e Stadt** the town at night; **zu ~er Stunde** at a late hour; **~e Ruhestörung** (*Jur*) breach of the peace during the night.

Nachtlokal *nt* night club *or* spot; **Nachtluft** *f* night air; **Nachtmahl** *nt* (*Aus*) supper; **nachtmahlen** *vi insep* (*Aus*) to have supper; **Nachtmahr** *m -*(e)s, **-e** (*old, liter*) nightmare; **Nachtmensch** *m* night person; **Nachtmütze** *f* nightcap (*lit*).

nachtönen *vi sep* to resound.

Nachtportier *m* night porter; **Nachtprogramm** *nt* late-night programme; **Nachtquartier** *nt* **ein ~** somewhere for the night, a place to sleep; **sein ~ aufschlagen** to bed down (for the night).

Nachtrag *m -*(e)s, **Nachträge** postscript; (*zu einem Buch*) supplement.

nachtragen *vt sep irreg* **1.** (*hinterhertragen*) **jdm etw ~** (*lit*) to go after sb with sth, to take sth after sb; (*fig*) to hold sth against sb, to bear sb a grudge for sth. **2.** (*hinzufügen*) to add; *Summe* to enter up.

nachtragend *adj* unforgiving.

nachträglich *adj* (*zusätzlich*) additional; (*später*) later; (*verspätet*) belated.

Nachtrags- *in cpds* supplementary.

nachtrauern *vi insep +dat* to mourn.

Nachtruhe *f* night's rest *or* sleep; (*in Anstalten*) lights-out.

nachts *adv* at night. **dienstags ~** (on) Tuesday nights.

Nachtschatten *m, no pl* (*Bot*) nightshade; **Nachtschattengewächs** *nt* (*Bot*) solanum (*spec*); **Nachtschicht** *f* night

shift; **~ haben** to be on night shift *or* nights; **nachtschlafend** *adj*: **bei** *or* **zu ~er Zeit** *or* **Stunde** in the middle of the night; **Nachtschwärmer** *m* (*Zool*) moth; (*fig hum*) night owl; **Nachtschwester** *f* night nurse; **Nachtspeicher|ofen** *m* storage heater; **Nachtstrom** *m* off-peak electricity; **Nachtstuhl** *m* (*old*) commode.

nachts|über *adv* by night.

Nachttarif *m* (*Verkehrsmittel*) night fares *pl*; (*Strom etc*) off-peak rate; **Nachttier** *nt* nocturnal animal; **Nachttisch** *m* bedside table; **Nachttischlampe, Nachttischleuchte** *f* bedside lamp; **Nachttopf** *m* chamber pot.

nachtun *vt sep irreg* **es jdm ~** to copy *or* emulate sb.

Nachtvogel *m* nocturnal *or* night bird; **Nachtvorstellung** *f* late-night performance; **Nachtwache** *f* night-watch; (*im Krankenhaus*) night duty; **bei einem Kranken ~ halten** to sit with a patient through the night; **~ haben** to be on night duty *or* on nights; **Nachtwächter** *m* (*Hist*) (night) watch; (*in Betrieben etc*) night watchman; (*inf*) dope (*inf*); **nachtwandeln** *vi insep aux sein or haben* to sleepwalk, to walk in one's sleep; **Nachtwandler(in** *f*) *m* **-s, -** sleepwalker; **nachtwandlerisch** *adj*: **mit ~er Sicherheit** with instinctive assurance; **Nachtzeit** *f* night-time; **Nachtzeug** *nt* night things *pl*; **Nachtzug** *m* night train; **Nachtzuschlag** *m* night supplement.

Nach|untersuchung *f* (*spätere Untersuchung*) check-up.

nachversichern* *vt sep* **Sie müssen neuerworbene Wertgegenstände ~** you must revise your insurance to cover newly-acquired valuables.

nachvollziehbar *adj* comprehensible.

nachvollziehen* *vt sep irreg* to understand, to comprehend.

nachwachsen *vi sep irreg aux sein* to grow again. **die neue Generation, die jetzt nachwächst** the young generation who are now taking their place in society.

Nachwahl *f* (*Pol*) ≃ by-election.

Nachwehen *pl* after-pains *pl*; (*fig*) painful aftermath *sing*.

nachweinen *vi sep +dat* to mourn. **dieser Sache weine ich keine Träne nach** *or* **nicht nach** I won't shed any tears over that.

Nachweis *m* **-es, -e** (*Beweis*) proof (*gen, für, über +acc* of); (*Zeugnis*) certificate; (*Zahlungs~*) proof of payment (*über +acc* of). **als** *or* **zum ~** as proof; **den ~ für etw erbringen** *or* **führen** *or* **liefern** to furnish proof of sth.

nachweisbar *adj* (*beweisbar*) provable; *Fehler, Irrtum* demonstrable; (*Tech*) detectable. **dem Angeklagten ist keinerlei Schuld ~** it cannot be proved that the accused is in any way guilty.

nachweisen *vt sep irreg* **1.** (*beweisen, aufzeigen*) to prove; *Staatsangehörigkeit, Identität auch* to establish proof of; (*Tech*) to detect. **die Polizei konnte ihm nichts ~** the police could not prove anything against him; **dem Angeklagten konnte seine Schuld nicht nachgewiesen werden** the accused's guilt could not be proved.

2. (*vermitteln*) jdm etw ~ to arrange sth for sb, to fix sb up with sth.

nachweislich *adj* provable; *Fehler, Irrtum* demonstrable. **er war ~ in London** it can be proved that he was in London.

Nachwelt *f* die ~ posterity.

nachwerfen *vt sep irreg* jdm etw ~ (*lit*) to throw sth after *or* at sb; **das ist nachgeworfen** (*inf*) that's dirt cheap (*inf*) *or* a gift.

nachwiegen *sep irreg* **I** *vt* to weigh again. **II** *vi* to check the weight.

nachwinken *vi sep* jdm ~ to wave (goodbye) to sb.

Nachwinter *m* late winter.

nachwirken *vi sep* to continue to have an effect.

Nachwirkung *f* after-effect; (*fig*) consequence.

Nachwort *nt* epilogue.

Nachwuchs *m* 1. (*fig: junge Kräfte*) young people *pl* (in the profession/sport *etc*). **es mangelt an** ~ there's a lack of young blood; **der wissenschaftliche** ~ the new generation of academics, the up-and-coming academics.

2. (*hum: Nachkommen*) offspring *pl*.

Nachwuchs|autor *m* up-and-coming young author; **Nachwuchskraft** *f* junior member of the staff; **Nachwuchssorgen** *pl* recruitment problems *pl*; **Nachwuchsspieler** *m* (*Sport*) junior.

nachzahlen *vti sep* to pay extra; (*später zahlen*) to pay later. **20 Pfennig** ~ to pay 20 pfennigs extra.

nachzählen *vti sep* to check.

Nachzahlung *f* (*nachträglich*) backpayment; (*zusätzlich*) additional payment.

nachzeichnen *vt sep siehe* **nachziehen I 2.**

Nachzeitigkeit *f* (*Gram*) posteriority.

nachziehen *sep irreg* **I** *vt* **1.** (*hinterherziehen*) etw ~ to pull *or* drag sth behind one; **das rechte Bein** ~ to drag one's right leg.

2. *Linie, Umriß* to go over; *Lippen* to paint over *or* in; *Augenbrauen* to pencil over *or* in.

3. *Schraube, Seil* to tighten (up).

II *vi* **1.** *aux sein + dat* (*folgen*) to follow.

2. (*Schach etc*) to make the next move; (*inf: gleichtun*) to follow suit.

Nachzügler ['na:xtsy:glɐ] *m* **-s, -** latecomer, late arrival (*auch fig*).

Nackedei *m* **-(e)s, -e** *or* **-s** (*hum inf*) naked body *or* person; (*Kind*) little bare monkey (*hum inf*).

Nacken *m* **-s, -** (nape of the) neck. **den ~ beugen** (*fig*) to submit; **jdm den ~ steifen** to encourage sb, to back sb up; **jdn im ~ haben** (*inf*) to have sb after one *or* on one's tail; **jdm im ~ sitzen** (*inf*) to breathe down sb's neck; **ihm sitzt die Furcht im ~** he's frightened out of his wits (*inf*); **den ~ steif halten** (*inf*) to stand one's ground, to stand fast; **er hat einen unbeugsamen ~** he's an unbending character.

nackend *adj* (*inf*) *Mensch* naked.

Nackenhaar *nt* hair at the nape of the neck; **Nackenhebel** *m* (*Sport*) nelson; **Nackenrolle** *f* bolster; **Nackenschlag** *m* rabbit-punch; (*fig*) hard knock; **Nackenschutz** *m* neck guard; **Nacken-**

stütze *f* (*Aut*) headrest, head restraint.

nackig, nackert (*Aus*) *adj* (*inf*) bare; *Mensch auch* starkers *pred* (*inf*).

nackt *adj* **1.** *Mensch* naked, nude (*esp Art*); *Arm, Kinn, Haut etc* bare; *neugeborenes Tier* naked. ~ **herumlaufen** to run around naked *or* in the nude; ~ **baden/schlafen** to bathe/sleep in the nude; **er stand ganz ~ da** he was standing there stark naked.

2. (*unbewachsen, unbedeckt*) *Boden, Erde, Wand* bare; *Schwert* naked.

3. (*fig*) (*unverblümt*) naked; *Wahrheit auch* plain; *Wirklichkeit* stark; *Tatsachen, Zahlen* bare. **mit ~en Worten** without mincing one's words; **die ~e Armut** naked *or* sheer poverty; **das ~e Leben retten** to escape with one's bare life.

Nacktbaden *nt* nude bathing, swimming in the nude; **Nacktbadestrand** *m* nudist beach.

Nackte *f decl as adj* nude.

Nacktheit *f* nakedness; (*von Mensch auch*) nudity; (*Kahlheit*) bareness; (*von Landschaft auch*) starkness; **Nacktkultur** *f* nudism, naturism; **Nacktmodell** *nt* nude model; **Nacktschnecke** *f* slug; **Nackttänzerin** *f* nude dancer.

Nadel *f* **-, -n** **1.** needle; (*Grammophon~, Gravier~, Radier~ auch*) stylus; (*Steck~*) pin; (*Häkel~*) hook. **mit ~ und Faden umgehen können** to be able to wield a needle and thread; **er sitzt wie auf ~n** (*inf*) he's like a cat on hot bricks (*inf*).

2. (*Haar~, Hut~, Krawatten~*) pin; (*Brosche*) brooch.

3. (*Blatt~, Eis~, Kristall~*) needle.

Nadel|arbeit *f* needlework *or* -point; **eine ~** a piece of needlework; **Nadelbaum** *m* conifer; **Nadelbrief** *m* packet of needles; **Nadelbüchse** *f* pin tin; **Nadelgeld** *nt* (*old*) dowry; **Nadelhölzer** *pl* conifers *pl*; **Nadelkissen** *nt* pin-cushion; **Nadelkopf** *m* pin-head.

nadeln *vi* (*Baum*) to shed (its needles).

Nadel|öhr *nt* eye of a needle; **Nadelspitze** *f* point *or* tip (of a needle); (*Handarbeit*) needle-point (lace); **Nadelstärke** *f* size of needle; **Nadelstich** *m* prick; (*beim Nähen, Med*) stitch; **jdm ~e versetzen** (*fig*) to needle sb; **eine Politik der ~e** a policy of pinpricks; **Nadelstreifen** *pl* pinstripes *pl*; **Nadelstreifen|anzug** *m* pinstripe(d) suit; **Nadelwald** *m* coniferous forest.

Nadir *m* **-s,** *no pl* nadir.

Nagel *m* **-s, ⸚** nail (*auch Anat*); (*Zwecke*) tack; (*aus Holz*) peg; (*an Schuhen*) hobnail, stud; (*Med*) pin. **sich** (*dat*) **etw unter den ~ reißen** (*inf*) to pinch sth (*inf*); **etw an den ~ hängen** (*fig*) to chuck sth in (*inf*); **den ~ auf den Kopf treffen** (*fig*) to hit the nail on the head; ~ **mit Köpfen machen** (*inf*) to do the job *or* thing properly.

Nagelbett *nt* (*Anat*) bed of the nail; (*von Fakir*) bed of nails; **Nagelbohrer** *m* gimlet; **Nagelbürste** *f* nailbrush; **Nagelfeile** *f* nailfile; **Nagelhaut** *f* cuticle; **Nagelhaut|entferner** *m* **-s, -** cuticle-remover; **Nagelkopf** *m* head (of a/the nail); **Nagellack** *m* nail varnish *or* polish; **Nagellack|entferner** *m* nail varnish remover.

nageln *vt* to nail (*an* +*acc, auf* +*acc* (on)-to); *Teppich auch* to tack; (*Med*) to pin; (*mit Nägeln versehen*) to hobnail *or* stud.

nagelneu *adj* (*inf*) brand new; **Nagelpflege** *f* nail care; ~ **machen** to give oneself a manicure; **Nagelprobe** *f* (*fig*) acid test; **Nagelreiniger** *m* **-s,** - nailcleaner; **Nagelschere** *f* (pair of) nailscissors *pl*; **Nagelschuh** *m* hobnailed boot; (*Bergstiefel*) climbing boot; **Nagelzange** *f* nail clippers *pl*; (*Tech*) (pair of) pincers *pl*.

nagen I *vi* (*lit, fig*) to gnaw (*an* +*dat* at); (*knabbern*) to nibble (*an* +*dat* at); (*Rost, Wasser*) to eat (*an* +*dat* into). **an einem Knochen** ~ to gnaw (on *or* at) a bone.

    II *vt* to gnaw. **wir haben nichts zu** ~ **und zu beißen** (*old*) we've eaten our last crust.

nagend *adj Hunger* gnawing; *Zweifel, Gewissen* nagging.

Nager *m* **-s, -, Nagetier** *nt* rodent.

nah *adj, adv siehe* **nah(e).**

Nah|aufnahme *f* (*Phot*) close-up.

Näh|arbeit *f* sewing *no pl.* **eine** ~ a piece of sewing.

nah(e) I *adj, comp* **näher,** *superl* **nächste(r, s) 1.** (*örtlich*) near *pred*, close *pred*, nearby. **der N~e Osten** the Middle East; **von** ~**em** from close to, at close quarters; **jdm** ~ **sein** to be near (to) sb; **Rettung/Hilfe ist nah** help is at hand.

    2. (*zeitlich*) near *pred*, approaching, nigh (*liter*) *pred.* **die** ~**e Zukunft** the near future.

    3. (*eng*) *Freund, Beziehung etc* close.

    II *adv, comp* **näher,** *superl* **am nächsten 1.** (*örtlich*) near, close. ~**e an** near *or* close to; ~**e bei** close to *or* by, near; ~ **beieinander** close together; ~ **liegend** nearby: ~ **vor** right in front of; **von** ~ **und fern** from near and far; **jdm zu** ~ **treten** (*fig*) to offend sb; **jdm/einer Sache zu** ~ **kommen** to get too close to sb/sth.

    2. (*zeitlich*) **mein Prüfungstermin rückt allmählich** ~ my examination is getting close; **Weihnachten steht** ~ **bevor** Christmas is just (a)round the corner *or* is almost upon us; ~ **bevorstehend** approaching; **sie ist** ~ **an (die) Achtzig** she's almost *or* nearing eighty.

    3. (*eng*) closely. **mit jdm** ~ **verwandt sein** to be a near relative of sb's, to be closely related to sb.

    III *prep* +*dat* near (to), close to. **der Ohnmacht/dem Wahnsinn** *etc* ~**e sein** to be on the verge of fainting/madness.

Nähe *f* **-,** *no pl* **1.** (*örtlich*) (*Nahesein*) nearness, closeness, proximity; (*Umgebung, Nachbarschaft*) vicinity, neighbourhood. **in meiner** ~**/der** ~ **des Gebäudes** near me/the building, in the vicinity of the building; **aus der** ~ from close to, at close quarters. **2.** (*zeitlich*) closeness.

nahebei *adv* nearby, close to *or* by.

nahebringen *vt sep irreg* +*dat* (*fig*) **jdm etw** ~ to bring sth home to sb, to impress sth on sb; **jdn jdm** ~ to bring sb close to sb.

nahegehen *vi sep irreg aux sein* +*dat* (*fig*) to upset.

Naheinstellung *f* (*Film*) close-up (shot).

nahekommen *vi sep irreg aux sein* +*dat*

(*fig*) **jdm** ~ (*vertraut werden*) to get on close terms with sb, to get close to sb; **jdm/einer Sache** ~ (*fast gleichen*) to come close *or* near to sb/sth; **sich** *or* **einander** ~ to become close; **das kommt der Wahrheit schon näher** that is getting nearer the truth.

nahelegen *vt sep* (*fig*) **jdm etw** ~ to suggest sth to sb; **jdm** ~, **etw zu tun** to advise sb to do sth; **er legte mir nahe zu kündigen** he put it to me that I should resign.

naheliegen *vi sep irreg* (*fig*: *Idee, Frage, Lösung*) to suggest itself. **die Annahme/der Verdacht liegt nahe, daß ...** it seems reasonable to assume/suspect that ...; **der Gedanke lag nahe, ihn zum Teilhaber zu machen** the idea of making him a partner seemed to suggest itself.

naheliegend *adj Gedanke, Lösung* which suggests itself; *Verdacht, Vermutung* natural. **das N~e wäre ...** the obvious thing to do would be ...; **aus** ~**en Gründen** for obvious reasons.

nahen *vir aux sein* (*liter*) to approach (*jdm/einer Sache* sb/sth), to draw near *or* nigh (*liter*) (*jdm/einer Sache* to sb/sth).

nähen I *vt* to sew; (*mit Stichen befestigen auch*) to stitch; *Kleid* to make; *Wunde, Verletzten* to stitch (up), to suture (*spec*). **mit der Maschine/mit der** *or* **von Hand genäht** machine-/hand-sewn, sewn by machine/hand; **sich** (*dat*) **die Finger wund** ~ to sew one's fingers to the bone.

    II *vi* to sew.

    III *vr* **dieser Stoff näht sich gut/schlecht** this material is easy/difficult to sew.

näher *comp of* **nah(e) I** *adj* **1.** (*örtlich*) closer, nearer. **jdm/einer Sache** ~ closer to *or* nearer (to) sb/sth; **dieser Weg ist** ~ this road is shorter *or* quicker; **die** ~**e Umgebung** the immediate vicinity.

    2. (*zeitlich*) closer, sooner *pred*.

    3. (*genauer*) *Auskünfte, Einzelheiten* further *attr*, more detailed *or* precise.

    4. (*enger*) *Verwandter, Bekannter, Beziehungen* closer. **die** ~**e Verwandtschaft** the immediate family.

    II *adv* **1.** (*örtlich, zeitlich*) closer, nearer. ~ **kommen** *or* **rücken** to come *or* draw nearer, to approach; **bitte treten Sie** ~ just step up!; (*Beamter, Arzt*) please come over here.

    2. (*genauer*) more closely; *besprechen, erklären, ausführen* in more detail. **ich habe mir das Bild** ~ **angesehen** I had a closer look at the picture; **sich mit etw befassen** *or* **beschäftigen** to go into sth; **jdn/etw** ~ **kennenlernen** to get to know sb/sth better; **ich kenne ihn nicht** ~ I don't know him well; **der Sache** (*dat*) ~ **kommen** to be nearer the mark.

näherbringen *vt sep irreg* +*dat* **jdm etw** ~ to give sb an understanding of sth.

Näherei *f* (*no pl: das Nähen*) sewing; (*Näharbeit*) piece of sewing.

Nähere(s) *nt decl as adj* details *pl*; (*über Stellenangebot etc*) further details *pl.* **ich kann mich des N~n nicht entsinnen** (*geh*) I can't remember the (precise) details.

Näherin *f* seamstress.

näherkommen *vi sep irreg aux sein* (*fig*) **jdm** ~ to get closer to sb; **sie sind sich**

nähergekommen they've become closer.

näherliegen *vi sep irreg* (*fig*) to be more obvious; (*Verdacht auch*) to be more natural. **ich denke, daß diese Entscheidung näherliegt** I think this is the more obvious decision; **das N~de** the more obvious course.

nähern I *vr* sich (jdm/einer Sache) ~ to approach (sb/sth), to get closer *or* draw nearer (to sb/sth); **der Abend näherte sich seinem Ende** the evening was drawing to a close.

    II *vt* to bring or draw closer.

näherstehen *vi sep irreg* +*dat* (*fig*) to be closer to.

nähertreten *vi sep irreg aux sein* +*dat* (*fig*) to get closer to. **ich werde Ihrem Vorschlag ~** (*form*) I shall give full consideration to your proposal.

Näherung *f* (*Math*) approximation.

Näherungswert *m* (*Math*) approximate value.

nahestehen *vi sep irreg* +*dat* (*fig*) to be close to; (*Pol*) to sympathize with. **sich ~** (*Menschen, Ideen*) to be close; **wir stehen uns (geistig) sehr nahe** our views are very close; **eine den Konservativen ~de Zeitung** a paper with Conservative sympathies *or* leanings.

nahezu *adv* nearly, almost, virtually. **das ist ja ~ Wucher** that's little short of profiteering.

Nähfaden *m*, **Nähgarn** *nt* (sewing) cotton *or* thread.

Nahkampf *m* (*Mil*) close combat, hand-to-hand fighting.

Nahkampfmittel, Nahkampfwaffen *pl* close- *or* short-range weapons *pl*.

Nähkästchen *nt*, **Nähkasten** *m* work-box, sewing box; **aus dem Nähkästchen plaudern** (*inf*) to give away private details; **Nähkorb** *m* work-basket.

nahm *pret of* **nehmen**.

Nähmaschine *f* sewing machine; **Nähnadel** *f* needle.

Nah|ost *m* **in/aus ~** in/from the Middle East *or* the Mideast (*US*).

nah|östlich *adj attr* Middle East(ern), Mideast(ern) (*US*).

Nährboden *m* (*lit*) fertile soil; (*für Bakterien*) culture medium; (*fig*) breeding-ground; **ein guter ~** (*lit*) fertile *or* good soil *or* land; **diese Ideen fanden keinen ~** these ideas didn't take root; **Nährcreme** *f* skin food.

nähren I *vt* to feed; (*fig*) (*steigern*) to increase, to feed; *Hoffnungen* to build up; (*haben*) to nurse; *Hoffnungen* to nurture, to nurse. **er sieht gut genährt aus** he looks well-fed; **das Handwerk nährt seinen Mann** there's a good living to be made as a craftsman.

    II *vr* to feed oneself; (*Tiere*) to feed. **sich von** *or* **mit etw ~** to live on sth.

    III *vi* to be nourishing.

nahrhaft *adj Kost* nourishing, nutritious; *Boden* fertile, rich. **ein ~es Essen** a square meal.

Nährkraft *f* nutritional value; **Nährlösung** *f* nutrient solution; **Nährmittel** *pl* cereal products *pl*; **Nährstoff** *m* nutrient, nutriment.

Nahrung *f, no pl* food. **flüssige/feste ~** liquids/solids *pl*; **geistige ~** intellectual stimulation; **sie verweigerten jegliche ~** they refused all nourishment; **einer Sache** (*dat*) (**neue**) **~ geben** to help to nourish *or* feed sth; **dadurch fand** *or* **erhielt die ganze Sache neue ~** that just added fuel to the fire.

Nahrungs|aufnahme *f* eating, ingestion (of food) (*form*); **die ~ verweigern** to refuse food *or* sustenance; **Nahrungsmangel** *m* food shortage; **Nahrungsmittel** *nt* food(stuff); **Nahrungsmittelchemie** *f* food chemistry; **Nahrungsmittelvergiftung** *f* food poisoning; **Nahrungssuche** *f* search for food; **Nahrungsverweigerung** *f* refusal of food, refusal to eat.

Nährwert *m* nutritional value. **das hat doch keinen (praktischen** *or* **sittlichen) ~** (*inf*) it's pretty pointless.

Nähseide *f* sewing-silk, silk thread.

Naht *f* -, **⸚e** seam; (*Tech auch*) join; (*Med*) stitches *pl*, suture (*spec*); (*Anat*) suture. **aus allen ~en platzen** to be bursting at the seams.

Nähtisch(en) *m* (*nt*) *m* sewing-table.

nahtlos *adj* (*lit*) *Teil, Anzug* seamless; (*fig*) *Übergang* smooth, imperceptible. **Vorlesung und Diskussion gingen ~ ineinander über** there was a smooth transition from the lecture to the discussion.

Nahtstelle *f* **1.** (*lit*) *siehe* **Naht. 2.** (*fig*) link.

Nahverkehr *m* local traffic. **der öffentliche ~** local public transport; **im ~** on local runs *or* journeys.

Nahverkehrsmittel *pl* means of local transport *pl*; **Nahverkehrszug** *m* local train.

nahverwandt *adj attr* closely-related. **N~e** close relatives.

Nähzeug *nt* sewing kit, sewing things *pl*.

Nahziel *nt* immediate aim *or* objective.

naiv *adj* naive; (*ungekünstelt auch*) ingenuous. **die N~e** (*Theat*) the Ingénue.

Naivität [naivi'tɛ:t] *f* naivety.

Naivling *m* (*inf*) simpleton. **wie kann man bloß so ein ~ sein!** how can anyone be so naive!

Name *m* -ns, -n, **Namen** *m* -s, - (*rare*) (*Benennung*) name; (*fig: Ruf*) name, reputation. **ein angenommener ~** an assumed name; **der volle ~** his/her/their full name; **mit ~n, des ~ns** (*geh*) by the name of, called; **dem ~n nach** by name; **ich kenne das Stück nur dem ~n nach** I've heard of the play but that's all; **dem ~n nach müßte sie Jugoslawin sein** judging by her name she must be Yugoslavian; **er ist nur dem ~n nach König** he is king in name *or* title only; **auf jds ~n** (*acc*) in sb's name; **unter dem ~n** under the name of; **er nannte seinen ~n** he gave his name; **Ihr ~, bitte?** your *or* the name, please?; **wie war doch gleich Ihr (werter) ~?** what was the name?; **dazu gebe ich meinen ~n nicht her** I won't lend my name to that; **der ~ tut nichts zur Sache** his/my *etc* name's irrelevant; **einen ~n haben** (*fig*) to have a name; **sich** (*dat*) **einen ~n machen** to make a name for oneself; **die Dinge** *or* **das Kind** (*inf*) **beim (rechten) ~n nennen** to call a spade a spade, to face facts; **im ~n**

(+*gen*) on *or* in (*US*) behalf of; **im ~n des
Volkes** in the name of the people; **im ~n
des Gesetzes** in the name of the law; **im
Gottes ~n!** (*inf*) for heaven's sake (*inf*).
Namengebung *f siehe* **Namen(s)gebung**;
Namengedächtnis *nt* memory for
names.
namenlos I *adj* **1.** nameless (*auch fig*), un-
named; *Helfer* anonymous. **er will ~
bleiben** he wishes to remain anonymous;
die Millionen der N~en the nameless
millions. **2.** (*geh: unsäglich*) nameless,
unspeakable, unutterable. **II** *adv* (*geh:
äußerst*) unspeakably, unutterably.
namens I *adv* (*mit Namen*) by the name of,
called, named. **II** *prep*+*gen* (*form: im
Auftrag*) in the name of.
Namen(s)- *in cpds* name; **Namen(s)-
|änderung** *f* change of name; **Namen(s)-
gebung** *f* naming; **Namen(s)liste** *f* list of
names, name list; **Namen(s)nennung** *f*
naming names; **auf ~ wollen wir doch verzichten** we don't need to name names;
Namen(s)register *nt* list of names, name
list; **Namen(s)schild** *nt* nameplate;
Namenstag *m* name day, Saint's
day; **Namen(s)verzeichnis** *nt* list of
names, name list; **Namensvetter** *m*
namesake; **Namen(s)zeichen** *nt* initials
pl; **Namen(s)zug** *m* signature.
namentlich I *adj* by name. **wir bitten, von
einer ~en Aufführung der Spender abzusehen** we would request you to refrain
from naming the donors; **~e Abstimmung**
roll call vote; **~er Aufruf** roll call. **II** *adv*
(e)specially, in particular, particularly.
Namenwechsel *m* change of name.
namhaft *adj* **1.** (*bekannt*) famous, renowned. **~ machen** (*form*) to identify.
2. (*beträchtlich*) considerable, substantial.
Namibia *nt* **-s** Namibia.
nämlich I *adv* **1.** namely, to wit (*Jur, hum*);
(*geschrieben*) viz. **2.** (*denn*) **es ging nicht
schneller, wir haben ~ einen Umweg
machen müssen** we couldn't be any
quicker, we had to make a detour you see.
II *adj* **der/die/das ~e** (*old*) the same.
nannte *pret of* **nennen**.
nanu *interj* well I never. **~, wer ist das
denn?** hello (hello), who's this?
Napalm *nt* **-s**, *no pl* napalm.
Napalmbombe *f* napalm bomb.
Napf *m* **-(e)s, ¨e** bowl.
Napfkuchen *m* ≃ ring-shaped poundcake.
Naphthalin [nafta'li:n] *nt* **-s**, *no pl*
naphthalene.
napoleonisch *adj* Napoleonic.
Nappa(leder) *nt* **-(s), -s** napa leather.
Narbe *f* **-, -n 1.** (*lit, fig*) scar; (*Pocken~*)
pock(mark). **2.** (*Bot*) stigma. **3.** (*Gras~*)
turf. **4.** (*Leder~*) grain.
Narben|bildung *f* scarring; **Narbengesicht**
nt scarred face; (*als Name*) scarface.
narbig *adj* scarred.
Narkose *f* **-, -n** an(a)esthesia. **jdm eine ~
geben** to put sb under an(a)esthetic; **in der
~ liegen** to be under an(a)esthetic; **ohne
~** without an(a)esthetic.
Narkose|apparat *m* an(a)esthetic appar-
atus *no indef art*; **Narkose|arzt** *m* an(a)-
esthetist; **Narkosemaske** *f* an(a)esthetic
mask.

Narkotikum *nt* **-s**, **Narkotika** (*Med*) narcotic.
narkotisch *adj* narcotic; *Düfte* overpowering. **der süße Geruch wirkte ~ auf uns** the
sweet smell had a druglike effect on us.
narkotisieren* *vt* (*lit, fig*) to drug.
Narr *m* **-en, -en** fool; (*Hof~ auch*) jester.
den ~en spielen to act *or* play the fool; **die
~en werden nicht alle** (*Prov*) there's one
born every minute (*inf*); **jdn zum ~en
haben** *or* **halten** to make a fool of sb; **ein
verliebter ~** somebody blinded by love; **er
ist ein verliebter ~** he is love's dupe *or* fool.
narren *vt* (*geh*) **jdn ~** to make a fool of *or*
fool sb; (*täuschen*) to dupe *or* fool sb.
Narrenfreiheit *f* **~ haben** to be able to do as
one pleases; **als Ausländerin habe ich ~**
because I am foreign they let me do as I
like; **narrenhaft** *adj* foolish; **Narren-
hände** *pl*: **~ beschmieren Tisch und
Wände** (*Prov*) only fools go round defacing things; **Narrenhaus** *nt* madhouse; **du
gehörst ins ~** you need locking up *or* putting away; **Narrenkappe** *f* fool's *or* jester's cap; **narrensicher** *adj* foolproof;
Narrenstreich *m* (*old*) prank; **Narren-
zepter** *nt* jester's *or* fool's sceptre,
bauble; **das ~ führen** to carry the fool's
sceptre.
Narretei *f* (*dated, geh*) folly.
Narrheit *f* **1.** *no pl* folly, stupidity.
2. (*Streich*) prank; (*dumme Tat*) act of
stupidity, stupid thing to do.
Närrin *f* fool.
närrisch *adj* foolish, silly; (*verrückt*) mad;
(*inf: sehr*) madly. **die ~en Tage** *Fasching*
and the period leading up to it; **das ~e
Treiben** *Fasching* celebrations; **sich wie ~
gebärden** to act like a madman, to act
crazy; **ganz ~ auf jdn/etw sein** (*inf*) to be
crazy about *or* mad (keen) on sb/sth (*inf*).
Narziß *m* **-sses, -sse** (*liter*) Narcissus.
Narzisse *f* **-, -n** narcissus.
Narzißmus *m* narcissism.
narzißtisch *adj* narcissistic.
NASA ['na:za] *f* **- die** ~ NASA.
Nasal *m* **-s, -e** nasal.
nasal *adj* nasal. **~er Ton** nasal twang.
nasalieren* *vti* to nasalize.
Nasallaut *m* nasal (sound).
naschen *vi* to eat sweet things; (*heimlich
kosten*) to pinch a bit (*inf*). **darf ich
mal ~?** can I try a bit?; **an etw** (*dat*) **~** to
pinch a bit of sth; (*annknabbern*) to (have
a) nibble at sth; **er hat von allem nur
genascht** he only had a taste of everything;
**die Kinder haben den ganzen Tag nur
genascht** the children have been nibbling
all day.
    II *vt* to nibble. **sie nascht gern Süßig-
keiten** she has a sweet tooth; **hast du was
zum N~?** have you got something for my
sweet tooth?
Näschen ['nɛ:sçən] *nt dim of* **Nase**.
Nascher(in *f*)**,** Näscher (in *f*) (*old*) *m* **-s, -**
nibbler; (*der Süßes mag*) sweet-eater.
Nascherei *f* **1.** *no pl* nibbling; (*von Süßigkeiten*) sweet-eating. **2. ~en** *pl* (*Süßigkeiten*) sweets and biscuits *pl* (*Brit*), candy
and cookies *pl* (*US*).
naschhaft *adj* fond of sweet things; **die Kinder sind so ~** the children are always

nibbling at things; **Naschkatze** f (inf) **eine ~ sein** to have a sweet tooth.

Nase f -, -n **1.** (Organ, Sinn, fig) nose. **durch die ~ reden** to talk through one's nose; **mir blutet die ~, meine ~ blutet** I've got a nosebleed, my nose is bleeding; **sich** (dat) **die ~ putzen** to wipe one's nose; (sich schnäuzen) to blow one's nose; **pro ~** (hum) per head; **es liegt vor deiner ~** (inf) it's right in front of or right under your nose (inf); **wir haben die Weinberge genau vor der ~** (inf) the vine slopes are right on our doorstep; **(immer) der ~ nachgehen** (inf) to follow one's nose; **die richtige ~ für etw haben** (inf) to have the nose for sth; **faß dich an deine eigene ~!** (inf) you can (iro) or can't talk!; **jdm etw/die Würmer aus der ~ ziehen** (inf) to drag sth/it all out of sb; **jdm etw unter die ~ reiben** (inf) to rub sb's nose or face in sth (inf); **jdm auf der ~ herumtanzen** (inf) to play sb up (inf); **seine ~ gefällt mir nicht** (inf) I don't like his face; **es muß nicht immer nach deiner ~ gehen** (inf) you can't always have things your way; **ihm wurde ein Neuer vor die ~ gesetzt** (inf) they put a new man over him; **ich sah es ihm an der ~ an** (inf) I could see it on or written all over his face (inf); **sich** (dat) **die ~ begießen** (hum) to wet one's whistle (inf); **auf der ~ liegen** (inf) (krank sein) to be laid up; (hingefallen sein) to be flat on one's face (inf); **steck deine ~ ins Buch!** (inf) get on with your book; **auf die ~ fallen** (lit, fig) or **fliegen** (inf) to fall flat on one's face (inf); **jdm etw vor der ~ wegschnappen** (inf) just to beat sb to sth; **die Katze hat dem Hund das Futter vor der ~ weggeschnappt** the cat took the dog's food away right from under its nose; **der Zug fuhr ihm vor der ~ weg** (inf) he missed the train by inches or seconds; **jdm die Tür vor der ~ zuschlagen** (inf) to slam the door in sb's face; **jdm eine (lange) ~ drehen** or **machen** (inf) to cock a snook at sb, to thumb one's nose at sb; **jdm etw unter die ~ halten** to shove sth right under sb's nose (inf); **jdn mit der ~ draufstoßen** (inf) to point it out to sb; (überdeutlich werden) to make it more than obvious to sb; **jdm eins auf die ~ geben** (lit) to punch sb on the nose; (fig) to tell sb what's what, to put sb in his place; **die ~ voll haben** (inf) to be fed up (inf), to have had enough; **die ~ von jdm/etw voll haben** (inf) to be sick (to death) of sb/sth (inf); to be fed up to the back teeth with sb/sth (inf); **der Diamantring sticht mir in der ~** I'm itching to have that diamond ring; **jdn an der ~ herumführen** (als Täuschung) to lead sb by the nose; (als Scherz) to pull sb's leg; **jdm etw auf die ~ binden** (inf) to tell sb all about sth; **jdm auf die ~ binden, daß ...** (inf) to tell sb that ...; **das werde ich ihm gerade auf die ~ binden** (iro) you think I'd tell him that!; **er steckt seine ~ in alles (hinein)** (inf) he pokes his nose into everything; **er sieht nicht weiter als seine ~** (inf) he can't see further than the end of his nose.

2. (von Schiff, Flugzeug, Auto) nose.

3. (inf: Farbtropfen) run.

4. (Fels~) overhang.

naselang adv: **alle ~** all the time, again and again.

näseln vi to talk or speak through one's nose.

näselnd adj nasal.

Nasenbein nt nose bone, nasal bone; **Nasenbluten** nt a nosebleed/nosebleeds; **ich habe ~** my nose is bleeding, I have a nosebleed; **Nasenflügel** m side of the nose; **seine ~ fingen an zu zittern** his nose or nostrils began to twitch; **Nasenhöhle** f nasal cavity; **nasenlang** siehe **naselang**; **Nasenlänge** f (fig) **mit einer ~ gewinnen** to win by a nose; **jdm eine ~ voraus sein** to be a hairsbreadth ahead of sb; **Nasenloch** nt nostril; **verliebte Nasenlöcher machen** (hum) to make eyes; **Nasenrücken** m bridge or ridge of the nose; **Nasenscheidewand** f nasal septum (spec); **Nasenschleimhaut** f mucous membrane (of the nose); **Nasenspitze** f tip of the/sb's nose; **ich seh es dir an der ~ an** I can tell by your face, I can see it written all over your face; **Nasenspray** m or nt nasal or nose spray; **Nasenstüber** m -s, - bump on the nose; **jdm einen ~ versetzen** (lit) to bop sb on the nose; (fig) to tick or tell sb off; **Nasentropfen** pl nose drops pl; **Nasenwurzel** f bridge of the nose).

Naserümpfen nt wrinkling (up) or screwing up one's nose; **auf etw** (acc) **mit ~ reagieren** to turn one's nose up at sth; **naserümpfend** adj **er sagte ~** screwing up or wrinkling (up) his nose, he said; **die ~en Eltern** the disapproving parents; **naseweis** adj (dated) (vorlaut) forward, precocious; (neugierig) nos(e)y (inf), inquisitive; **Naseweis** m -es, -e (dated) (Vorlauter) cheeky (esp Brit) or precocious brat or monkey (inf); (Neugieriger) nos(e)y parker (inf).

nasführen vt insep **jdn ~** (als Täuschung) to lead sb by the nose; (als Scherz) to pull sb's leg (inf); **ich war der/die Genasführte** I was the dupe.

Nashorn nt rhinoceros, rhino.

naslang siehe **naselang**.

Naß nt **Nasses**, no pl (liter, hum) water; (Getränk) liquid. **hinein ins kühle ~** (hum) into the foaming brine; **gierig trank er das erfrischende ~** (liter) eagerly he drank of the refreshing waters (liter).

naß adj, comp **nasser** or **nässer**, superl **nasseste(r, s)** or **nässeste(r, s)** or **am nassesten** or **nässesten** wet. **etw ~ machen** to wet sth, to make sth wet; **Bügelwäsche ~ machen** to dampen sth; **sich ~ machen** (inf) to wet oneself; **das Bett ~ machen** to wet the bed; **nun mach dich bloß nicht ~!** (sl) keep your shirt (inf) or hair (Brit inf) on!, don't get your knickers in a twist! (Brit sl); **durch und durch ~** wet through; **wie ein nasser Sack** (sl) like a wet rag (inf); **ein nasses Grab** (fig) a watery grave; **der nasse Tod** (fig) a watery death.

Nassauer m -s, - (inf) sponger (inf), scrounger.

nassauern vi (inf) to sponge (inf), to scrounge (bei jdm on or off sb).

Nässe f -, no pl wetness, damp(ness), moisture. **in der** ~ **stehen** to stand in the wet; „**vor** ~ **schützen**" "keep dry"; **vor** ~ **triefen** to be dripping *or* wringing wet.

nässen I *vi* (*Wunde*) to weep, to discharge. **II** *vt* (*liter: feucht machen*) to dampen, to wet, to moisten; *Bett* to wet.

naßforsch *adj* (*inf*) full of bravado; **naß-kalt** *adj* cold *or* chilly and damp, raw; **Naßrasur** *f* **die** ~ wet shaving; **eine** ~ **a** wet shave; **Naßwäsche** *f* wet washing.

Nastuch ['na:stu:x] *nt* (*S Ger, Aus*) handkerchief.

Nation *f* nation. **die Vereinten** ~**en** the United Nations.

national *adj* national; (*patriotisch*) nationalist(ic). **die Inflation muß** ~ **eingedämmt werden** inflation must be checked nationally *or* at the national level.

National- *in cpds* national; **nationalbe-wußt** *adj* nationally conscious; **National-bewußtsein** *nt* national consciousness; **Nationalbibliothek** *f* national library; **Nationalcharakter** *m* national character; **Nationalchina** *nt* Nationalist China; **nationalchinesisch** *adj* Chinese Nationalist; **National|einkommen** *nt* national income; **National|elf** *f* international (football) team; **die italienische** ~ **the** Italian (international) team, the Italian eleven; **er hat dreimal in der** ~ **gespielt** he's played for his country three times, he's been capped three times; **National-farben** *pl* national colours *pl*; **National-feiertag** *m* national holiday; **National-flagge** *f* national flag; **Nationalgarde** *f* National Guard; **Nationalgefühl** *nt* national feeling *or* sentiment; **National-gericht** *nt* national dish; **Nationalge-tränk** *nt* national drink; **Nationalheld** *m* national hero; **Nationalhymne** *f* national anthem.

nationalisieren* [natsionali'zi:rən] *vt* **1.** (*einbürgern*) to naturalize. **2.** (*verstaat-lichen*) to nationalize.

Nationalisierung *f* **1.** naturalization. **2.** nationalization.

Nationalismus [natsiona'lɪsmʊs] *m* nationalism.

Nationalist(in *f*) [natsiona'lɪst(ɪn)] *m* nationalist.

nationalistisch [natsiona'lɪstɪʃ] *adj* nationalist(ic).

Nationalität [natsionali'tɛ:t] *f* nationality.

Nationalitätenstaat *m* multinational state.

National- [natsio'na:l-]: **Nationalmann-schaft** *f* international team; **er spielt in der schottischen** ~ he plays for Scotland *or* in the Scotland team; **National|öko-nomie** *f* economics *sing*; **Nationalpark** *m* national park; **Nationalpreis** *m* (*DDR*) annual award for achievement in science, arts and technology; national prize *or* award; **Nationalpreisträger** *m* (*DDR*) national prize *or* award holder; **National-rat** *m* **1.** (*Sw*) National Council; (*Aus*) National Assembly; **2.** (*Sw*) member of the National Council, ≃ MP; (*Aus*) deputy *of or* to the National Assembly, ≃ MP; **Nationalsozialismus** *m* National Socialism; **Nationalsozialist** *m* National Socialist; **Nationalspieler** *m* international

(footballer *etc*); **Nationalstaat** *m* nation-state; **Nationalstolz** *m* national pride; **Nationalstraße** *f* national highway; **Nationaltheater** *nt* national theatre; **Nationaltracht** *f* national dress *or* costume; **Nationalversammlung** *f* National Assembly.

NATO, Nato *f* -: **die** ~ NATO.

Natrium *nt* -s, *no pl* (*abbr* **Na**) sodium.

Natron *nt* -s, *no pl* **kohlensaures** ~ sodium carbonate; **doppeltkohlensaures** ~ bicarbonate of soda, sodium bicarbonate, bicarb (*inf*).

Natronlauge *f* caustic soda, sodium hydroxide.

Natter *f* -, -**n** adder, viper; (*fig*) snake, serpent. **eine** ~ **am Busen nähren** (*liter*) to nurture a viper at one's breast *or* bosom.

Natur *f* **1.** *no pl* (*Kosmos, Schöpfungsord-nung*) nature. **die drei Reiche der** ~ the three kingdoms of nature, the three natural kingdoms; ~ **und Kultur** nature and civilization; **wider die** ~ **sein** (*geh*) to be unnatural *or* against nature.

2. *no pl* (*freies Land*) countryside. **die freie** ~, **Gottes freie** ~ (*liter*) the open country(side).

3. *no pl* (~*zustand*) nature. **ist ihr Haar gefärbt?** — **nein das ist alles** ~ is her hair dyed? — no, it's natural; **ich bin von** ~ **aus schüchtern** I am shy by nature; **sein Haar ist von** ~ **aus blond** his hair is naturally blond; **zurück zur** ~! back to nature; **nach der** ~ **zeichnen/malen** to draw/paint from nature.

4. (*Beschaffenheit, Wesensart*) nature; (*Mensch*) type. **es liegt in der** ~ **der Sache** *or* **der Dinge** it is in the nature of things; **das geht gegen meine** ~ it goes against the grain; **eine Frage allgemeiner** ~ a question of a general nature; **zurückhaltender** ~ **sein** to be of a retiring nature; **das ist ihm zur zweiten** ~ **geworden** it's become second nature to him; **sie ist eine gut-mütige** ~ she's a good-natured type *or* soul.

Naturalien [-iən] *pl* **1.** natural produce. **in** ~ **bezahlen** to pay in kind; **Handel mit** ~ barter(ing) with goods. **2.** (*Natur-geschichte*) natural history specimens *pl*.

naturalisieren* *vt* **1.** (*Jur*) to naturalize. **2.** (*Biol, Zool*) **naturalisiert werden, sich** ~ to be naturalized, to naturalize.

Naturalisierung *f* naturalization.

Naturalismus *m* naturalism.

Naturalist(in *f*) *m* naturalist.

naturalistisch *adj* naturalistic; *Maler etc* naturalist(ic).

Natur|apostel *m* (*hum*) health fiend (*inf*); **Naturbe|obachtung** *f* observation of nature; **Naturbeschreibung** *f* description of nature; **Naturbursche** *m* nature-boy (*inf*); **Naturdenkmal** *nt* natural monument.

nature [na'ty:ɐ], **naturell** *adj* (*Cook*) **Schnitzel/Fisch** ~ cutlet/ fish not cooked in breadcrumbs.

Naturell *nt* -s, -e temperament, disposition.

Natur|ereignis *nt* (impressive) natural phenomenon, phenomenon of nature; **Natur|erscheinung** *f* natural phenomenon, **Naturfarbe** *f* **1.** natural colour; **2.** (*auch* **Naturfarbstoff**) natural dye; **naturfarben** *adj* natural-coloured; **Naturforscher** *m* natural scientist; **Naturforschung** *f* natural science; **Naturfreund** *m* nature-lover; **naturgegeben** *adj* (*lit*) natural; (*fig auch*) normal; **naturgemäß** *adj* natural; ~ **ist es im Mittelmeerraum wärmer als in Skandinavien** in the nature of things it is warmer in the Mediterranean than in Scandinavia; **Naturgeschichte** *f* natural history; **Naturgesetz** *nt* law of nature; **naturgetreu** *adj* lifelike, true to life; (*in Lebensgröße*) life-size, full-scale; **etw ~ wiedergeben** to reproduce sth true to life; **naturhaft** *adj* (*geh*) natural; **Naturheilkunde** *f* nature healing; **Naturheilverfahren** *nt* natural cure *or* remedy; **Naturkatastrophe** *f* natural disaster; **Naturkind** *nt* child of nature; **Naturkraft** *f* natural energy *or* force; **Naturkunde** *f* natural history; **naturkundlich** *adj* Forschung, Zeitschrift natural history; **Naturlandschaft** *f* natural *or* virgin landscape.

natürlich I *adj* (*alle Bedeutungen*) natural. **in seiner ~en Größe** life-size; **eines ~en Todes sterben** to die from *or* of natural causes, to die a natural death; **es ist doch (nur zu) ~, daß …** it's (only) natural that …; **die ~ste Sache (von) der Welt** the most natural thing in the world; **es geht nicht mit ~en Dingen zu** there's something spooky going on; **~e Grenze** natural frontier *or* boundary.
II *adv* **1.** naturally. **die Krankheit verlief ganz ~** the illness took its natural course.
2. (*selbstverständlich*) naturally, of course. **~!** naturally!, of course!, certainly!, sure! (*esp US*), surely!
natürlicherweise *adv* naturally, of course.

Natürlichkeit *f* naturalness.
Naturmensch *m* child of nature; **Naturnotwendigkeit** *f* physical inevitability; **Naturpark** *m siehe* **Natur(schutz)park**; **Naturphilosophie** *f* philosophy of nature; **Naturprodukt** *nt* natural product; ~**e** natural produce *sing*; **Naturrecht** *nt* natural right; **naturrein** *adj* natural, pure, unadulterated; **Naturschätze** *pl* natural resources *pl*; **Naturschauspiel** *nt* natural spectacle, spectacle of nature; **Naturschutz** *m* conservation, nature conservancy; **unter ~ stehen** to be listed, to be legally protected; **Naturschutzgebiet** *nt* nature reserve; **Natur(schutz)park** *m* ≃ national park; **Naturseide** *f* natural silk; **Naturstein** *m* natural stone; **Naturtalent** *nt* natural prodigy; **Naturtheater** *nt* open-air theatre; **Naturtrieb** *m* (natural) instinct; **naturverbunden** *adj* nature-loving, attached to nature; **Naturver|ehrung** *f* nature worship; **Naturvolk** *nt* primitive people; **Naturwissenschaft** *f* natural sciences *pl*; (*Zweig*) natural science; **Naturwissenschaftler** *m* (natural) scientist; **naturwissenschaftlich** *adj* scientific; **Naturwunder** *nt* miracle of nature, natural wonder; **Naturzustand** *m* natural state.

'nauf *adv* (*dial*) *siehe* **hinauf.**

'naus *adv* (*dial*) *siehe* **hinaus.**
Nautik *f, no pl* nautical science, navigation.
nautisch *adj* navigational; *Instrumente auch, Ausbildung, Ausdruck* nautical. ~**e Meile** nautical *or* sea mile.
Navigation [naviga'tsio:n] *f* navigation.
Navigationsfehler *m* navigational error; **Navigations|offizier** *m* navigation officer; **Navigationsraum** *m* charthouse, chartroom.
Navigator [navi'ga:tɔr] *m* (*Aviat*) navigator, navigation officer.
navigieren* [navi'gi:rən] *vti* to navigate.
Nazi *m* **-s, -s** Nazi.
Nazismus *m* (*pej*) Nazi(i)sm.
nazistisch *adj* (*pej*) Nazi.
Nazizeit *f* Nazi period.
NB [en'be:] *abbr of* **nota bene** NB.
n.Br. *abbr of* **nördlicher Breite.**
n.Chr. *abbr of* **nach Christus** AD.
ne *adv* (*inf*) no, nope (*inf*), nay (*old, dial*).
'ne *indef art* (*inf*) *abbr of* **eine.**
Neandertaler *m* **-s, -** Neanderthal man.
Neapel *nt* **-s** Naples.
Neapolitaner(in *f*) *m* **-s, -** Neapolitan; (*Aus: Waffel*) waffle.
nebbich *interj* (*sl*) so what.
Nebel *m* **-s, -** mist; (*dichter*) fog; (*mit Abgasen*) smog; (*Mil: künstlich*) smoke; (*Astron*) nebula; (*fig*) mist, haze. **über der ganzen Sache lag ein ~** (*fig*) the whole affair was shrouded in mystery; **bei ~** in mist/fog; **das fällt wegen ~ aus** (*sl*) it's all off.
Nebelbank *f* fog bank; **Nebelbildung** *f* fog; **stellenweise ~** foggy patches; **Nebelgranate** *f* smoke grenade *or* canister.
nebelhaft *adj* (*fig*) nebulous. **es liegt in ~er Ferne** it's in the dim distance.
Nebelhorn *nt* (*Naut*) foghorn.
neb(e)lig *adj* misty; (*bei dichterem Nebel*) foggy.
Nebelkammer *f* (*Phys*) cloud chamber; **Nebelkrähe** *f* hooded crow; **Nebelmeer** *nt* sea of mist.
nebeln *vi impers* **es nebelt** it's misty/foggy.
Nebelscheinwerfer *m* (*Aut*) fog lamp; **Nebelschleier** *m* (*geh*) veil of mist; **Nebel(schluß)leuchte** *f* (*Aut*) rear foglight; **Nebelschwaden** *m usu pl* waft of mist.
Nebelung *m* **-s, -e** (*obs*) November.
Nebelwand *f* wall *or* bank of fog; (*Mil*) smokescreen; **Nebelwetter** *nt* misty/foggy weather.
neben *prep* **1.** (*örtlich:* +*dat/acc*) beside, next to. **er fuhr ~ dem Zug her** he kept level with the train; **er ging ~ ihr** he walked beside her; **ich stelle ihn ~ die größten Denker des 17. Jahrhunderts** I rank him among *or* with the greatest thinkers of the 17th century.
2. (*außer:* +*dat*) apart from, besides, aside from (*esp US*). **du sollst keine anderen Götter haben ~ mir** (*Bibl*) thou shalt have no other gods before me (*Bibl*); **~ anderen Dingen** along with *or* as well as *or* amongst other things.
3. (*verglichen mit:* +*dat*) compared with *or* to.
Neben|absicht *f* **eine ~ haben** *or* verfolgen

to have a secondary aim *or* objective; **Neben|altar** *m* side altar; **Neben|amt** *nt* secondary *or* additional office; **neben-|amtlich** *adj* *Tätigkeit* secondary, additional; **das macht er nur** ~ he does that just as a secondary occupation.

neben|an *adv* next door. **die Tür** ~ the next door.

Neben|anschluß *m* (*Telec*) extension; **Neben|arbeit** *f* **1.** (*Zusatzarbeit*) extra work *no indef art, no pl*, extra job; **2.** (*Zweitberuf*) second *or* extra job, sideline, side job; **Neben|arm** *m* branch; **Neben|ausgabe** *f* incidental expense; ~**n** incidentals, incidental expenses; **Neben|ausgang** *m* side exit; **Neben-bedeutung** *f* secondary meaning *or* connotation.

nebenbei *adv* **1.** (*gleichzeitig*) at the same time. **etw** ~ **machen** to do sth on the side. **2.** (*außerdem*) additionally, in addition. **die** ~ **entstandenen Kosten** the additional expenses. **3.** (*beiläufig*) incidentally. ~ **bemerkt** *or* **gesagt** by the way, incidentally, by the by(e); **das mache ich so** ~ (*inf*) that's just a sideline; (*kein Problem*) I'll do that with no bother (*inf*).

Nebenberuf *m* second *or* extra job, sideline, side job; **er ist im** ~ **Nachtwächter** he has a second job as a night watchman, he moonlights as a night watchman (*inf*); **nebenberuflich I** *adj* extra, supplementary; ~**eArbeit/Tätigkeit** extra work/job, sideline, side job; **II** *adv* as a second job, as a sideline (*inf*), as a side job (*inf*); **er verdient** ~ **mehr als hauptberuflich** he earns more from his second job *or* from his moonlighting (*inf*) than he does from his main job; **Neben-beschäftigung, Nebenbetätigung** *f* **1.** (*Zweitberuf*) second *or* extra job, sideline, side job; **2.** (*Ablenkung*) **beim Fernsehen brauche ich immer eine kleine** ~ I always need something else to do while I'm watching television; **Nebenbetrieb** *m* **1.** branch industry; **2.** (*Filiale*) (*Büro*) branch (office); (*Werk*) subsidiary factory; **Nebenbuhler(in** *f*) *m* rival; **Nebendarsteller(in** *f*) *m* supporting actor/actress; **die** ~ the supporting cast *sing*; **Neben|effekt** *m* side-effect.

neben|einander *adv* **1.** (*räumlich*) side by side; (*bei Rennen*) neck and neck. **sie gingen** ~ **durchs Ziel** they were neck and neck at the finish; **drei** ~, **zu dritt** ~ three abreast. **2.** (*zeitlich*) simultaneously, at the same time.

Neben|einander *nt* **-s,** *no pl* juxtaposition.

neben|einanderher *adv* side by side.

neben|einanderlegen *vt sep* to lay side by side *or* next to each other; **neben|ein-anderschalten** *vt sep* (*Elec*) to put in parallel; **neben|einandersitzen** *vi sep irreg* to sit side by side *or* next to each other; **neben|einanderstellen** *vt sep* to place *or* put side by side *or* next to each other; (*fig: vergleichen*) to compare.

Neben|eingang *m* side entrance; **Neben-|einkünfte, Neben|einnahmen** *pl* additional *or* supplementary income, extra money; **Neben|erscheinung** *f*

concomitant; (*von Krankheit*) secondary symptom; **Neben|erwerb** *m* second occupation; **Nebenfach** *nt* (*Sch, Univ*) subsidiary (subject), minor (*US*); **Nebenfluß** *m* tributary; **Nebenform** *f* (*Biol*) variety; (*Ling*) variant; **Nebenfrage** *f* side issue; **Nebenfrau** *f* concubine; **Nebengebäude** *nt* **1.** (*Zusatzgebäude*) annex(e), outbuilding; **2.** (*Nachbargebäude*) neighbouring *or* adjacent building; **Nebengleis** *nt* (*Rail*) siding, sidetrack (*US*); **Nebengeräusch** *nt* (*Rad, Telec*) interference, noise; (*bei Plattenspieler*) noise; **Nebengewerbe** *nt siehe* **Nebenerwerb**; **Neben-handlung** *f* (*Liter*) subplot; **Nebenhaus** *nt* house next door, neighbouring house.

nebenher *adv* **1.** (*zusätzlich*) in addition, on the side. **2.** (*gleichzeitig*) at the same time, simultaneously.

nebenher- *pref* alongside, beside it/him *etc.*

nebenhin *adv* (*beiläufig*) in passing, by the way, casually.

Nebenhöhle *f* (*Physiol*) sinus (of the nose); **Nebenkläger** *m* (*Jur*) joint plaintiff; **Nebenkosten** *pl* additional costs *pl*; **Nebenkriegsschauplatz** *m* secondary theatre of war; **Nebenlinie** *f* **1.** (*Familie*) collateral line; **2.** (*Rail*) branch line; **Nebenmann** *m, pl* **-männer Ihr** ~ the person next to you, your neighbour; **Nebenniere** *f* suprarenal gland *or* capsule, adrenal body.

neben|ordnen *vt sep infin and ptp only* (*Gram*) to coordinate.

Neben|ordnung *f* (*Gram*) coordination; **Nebenperson** *f* minor character; **Nebenplatz** *m* next seat; **Nebenprodukt** *nt* byproduct; **Nebenraum** *m* (*benachbart*) adjoining *or* next room; (*weniger wichtig*) side room; **Nebenrolle** *f* supporting rôle; (*fig*) minor rôle; **das spielt für mich nur eine** ~ that's only of minor concern to me; **Nebensache** *f* minor matter, trifle, triviality; **das ist** ~ that's irrelevant *or* not the point; **nebensächlich** *adj* minor, peripheral; **etw als** ~ **abtun** to dismiss sth as irrelevant *or* beside the point; **N~es** minor matters *pl*, trifles *pl*, trivia(lities) *pl*; **es ist doch völlig** ~, **wann er kommt** it doesn't matter a bit *or* it's quite irrelevant when he comes; **Nebensächlichkeit** *f* triviality; **Nebensatz** *m* (*Gram*) subordinate clause.

nebenschalten *vt sep* (*Elec*) to wire *or* connect in parallel.

Nebensonne *f* mock sun, sundog, parhelion (*spec*); **nebenstehend** *adj* ~**e Erklärungen/Verbesserung** explanation/correction in the margin; ~**e Abbildung** illustration opposite; **Nebenstelle** *f* (*Telec*) extension; (*Comm*) branch; (*Post*) sub post office; **Nebenstrafe** *f* additional penalty; **Nebenstraße** *f* (*in der Stadt*) side street; (*Landstraße*) minor road, byroad; **Nebenstrecke** *f* (*Rail*) branch *or* local line; **Nebenthema** *nt* (*Mus*) minor theme; **Nebentisch** *m* adjacent table; **am** ~ at the next table; **Nebenton** *m* (*Ling*) secondary stress; **Neben|ursache** *f* secondary cause; **Nebenverdienst** *m* secondary *or* side (*inf*) income; **Neben-weg** *m* byway; **auf** ~**en** (*lit, fig*) by a roundabout route; **Nebenwinkel** m (*Math*) adjacent angle; **Nebenwirkung** f side effect; **Nebenwohnung** f **1.** next-(door) flat, flat next door; **in einer** ~ in one of the flats next door; **2.** (*Zweitwohnung*) second flat; **Nebenzimmer** nt next or adjoining room; **in einem** ~ in an adjoining room; **Nebenzweck** m secondary aim.

neblig adj siehe **neb(e)lig**.

nebst prep +dat together with. **viele Grüße, Onkel Otto** ~ **Familie** greetings from Uncle Otto and family.

nebulos, nebulös adj nebulous. **er redete so** ~**es Zeug** he was so vague or woolly (*inf*).

Necessaire [nese'sɛ:ɐ] nt **-s, -s** (*Kulturbeutel*) vanity bag or case; (*zur Nagelpflege*) manicure case; (*Nähzeug*) sewing bag.

necken I vt to tease. **jdn mit jdm/etw** ~ to tease sb about sb/sth. II vr sich or einander ~, **sich mit jdm** ~ to tease each other, to have a tease (*inf*); **was sich liebt, das neckt sich** (*Prov*) teasing is a sign of affection.

Neckerei f teasing no pl.

neckisch adj (*scherzhaft*) merry, teasing; *Einfall, Melodie* amusing; *Unterhaltung* bantering; (*inf: kokett, keß*) *Kleid, Frisur* coquettish, saucy; *Spielchen* mischievous, naughty. ~! (*inf*) kinky! (*inf*).

nee adv (*inf*) no, nope (*inf*). ~, **so was!** no, really!

Neffe m **-n, -n** nephew.

Negation f negation.

Negativ nt (*Phot*) negative.

negativ adj negative. **jdm auf eine Frage** ~ **antworten** to answer sb's question in the negative; **sich** ~ **zu etw äußern** to speak negatively about sth; **ich beurteile seine Arbeit sehr** ~ I have a very negative view of his work; **die Untersuchung verlief** ~ the examination proved negative.

Negativbild nt negative; **Negativdruck** m reversing out; **Negativfilm** m negative (film).

Neger m **-s, - 1.** negro. **2.** (*TV sl*) (*Gedächtnishilfe*) idiot card; (*Verdunklungstafel*) gobo.

neger adj pred (*Aus inf*) broke (*inf*).

Negerin f negress.

Negerkrause f (*dated*) frizzy hair; **Negerkuß** m chocolate marshmallow; **Negersklave** m negro slave.

negieren* vt (*verneinen*) *Satz* to negate; (*bestreiten*) *Tatsache, Behauptung* to deny.

Negligé, Négligé [negli'ʒe:] (*Sw*) nt **-s, -s** negligee, négligé.

negrid adj *Rasse* negro.

negroid adj negroid.

nehmen pret **nahm**, ptp **genommen** vti **1.** (*ergreifen*) to take. **etw in die Hand** ~ (*lit*) to pick sth up; (*fig*) to take sth in hand; **etw an sich** (*acc*) ~ (*aufbewahren*) to take care or charge of sth, to look after sth; (*sich aneignen*) to take (for oneself). **2.** (*wegnehmen*) to take; *Schmerz* to take away, to relieve; (*versperren*) *Blick, Sicht* to block. **jdm etw** ~ to take sth (away) from sb; **jdm die Hoffnung/den Glauben/seine Illusionen/die Freude** ~ to take away sb's hope/faith/illusions/joy, to

rob or deprive sb of his hope/faith/illusions/joy; **um ihm die Angst zu** ~ to stop him being afraid; **er ließ es sich** (*dat*) **nicht** ~, **mich persönlich hinauszubegleiten** he insisted on showing me out himself; **diesen Erfolg lasse ich mir nicht** ~ I won't be robbed of this success; **woher** ~ **und nicht stehlen?** (*inf*) where on earth am I going to find any/one etc?; **sie** ~ **sich** (*dat*) **nichts** (*inf*) there's nothing to choose between them, one's as good as the other. **3.** (*benutzen*) *Auto, Zug etc* to take; *Bürste, Zutaten, Farbe* to use. **man nehme ... (***Cook***)** take ...; **sich** (*dat*) **etw** ~ *Zimmer, Wohnung* to take sth; (*sich bedienen auch*) to help oneself to sth; **sich** (*dat*) **einen Anwalt/eine Hilfe** ~ to get a lawyer/some help; ~ **Sie sich doch bitte!** please help yourself. **4.** (*annehmen*) *Geschenk* to take; (*berechnen*) to charge. **was** ~ **Sie dafür?** how much will you take for it?; **jdn zu sich** ~ to take sb in; **Gott hat ihn zu sich genommen** (*euph*) he has been called home to his maker; **etw** ~, **wie es kommt** to take sth as it comes; **jdn** ~, **wie er ist** to take sb as he is; **etw auf sich** (*acc*) ~ to take sth upon oneself; **er ist immer der N**~**de** he does all the taking, with him it's just take take take (*inf*). **5.** (*einnehmen*) *Essen auch* to have. **sie nimmt Rauschgift/die Pille** she's on or she takes drugs/the pill; **etw zu sich** ~ to take sth, to partake of sth (*liter*); **der Patient hat nichts zu sich** ~ **können** the patient has been unable to take nourishment. **6.** (*auffassen*) to take; (*behandeln*) to handle, to treat. **wenn Sie das so** ~ **wollen** if you care or choose to take it that way; **etw für ein** or **als Zeichen** ~ to take sth as a sign or an omen; **wie man's nimmt** (*inf*) depending on your point of view; **wissen, wie man jdn** ~ **muß** or **soll** to know how to take sb; **sie weiß ihn zu** ~ she knows how to take him. **7.** (*auswählen*) to take; *Essen, Menü auch* to have. **8.** *Hürde, Festung, Stadt, Frau* to take; *Schwierigkeiten* to overcome. **das Auto nahm den Berg im dritten Gang** the car took the hill in third gear. **9.** *in festen Verbindungen mit n siehe dort.*

Nehmer m **-s, -** recipient.

Nehrung f spit (of land).

Neid m **-(e)s**, no pl envy, jealousy. **aus** ~ out of envy or jealousy; **der** ~ **der Besitzlosen** (*inf*) sour grapes (*inf*); **grün (und gelb) vor** ~ (*inf*) green with envy; **jds** (*acc*) or **bei jdm** ~ **erregen** to make sb jealous or envious, to arouse sb's jealousy; **vor** ~ **platzen** (*inf*) or **vergehen** to die of envy.

neiden vt jdm etw ~ to envy sb (for) sth.

Neider m **-s, -** envious or jealous person. **reiche Leute haben viele** ~ rich people are much envied.

neiderfüllt adj filled with or full of envy or jealousy, envious, jealous; **Neidhammel** m (*inf*) jealous or envious person; **der alte/du alter** ~ he's/you're just jealous.

neidisch, neidig (*S Ger, Aus*) *adj* jealous, envious. **auf jdn/etw ~ sein** to be jealous of sb/sth; **etw ~** *or* **mit ~en Blicken betrachten** to look enviously at sth, to cast covetous glances at sth.

neidlos *adj* ungrudging, without envy.

Neige *f* -, -**n** 1. (*Überrest*) remains *pl.* **das Glas bis zur ~ leeren** (*liter*) to drain the cup to the dregs; **den Kelch bis zur ~ leeren** *or* **trinken** (*fig liter*) to drain the bitter cup (*liter*); **etw bis zur ~ auskosten** (*genießen*) to savour sth to the full; **etw bis zur bitteren ~ auskosten** *or* **kennenlernen** to suffer sth to the full.

2. *no pl* (*geh: Ende*) **zur ~ gehen** to draw to an end *or* a close; **die Sonne geht zur ~** the sun is sinking; **die Vorräte gehen zur ~** the provisions are fast becoming exhausted.

neigen I *vt* (*beugen*) **Kopf, Körper** to bend; (*zum Gruß*) to bow; (*kippen*) **Behälter, Glas** to tip, to tilt, to incline. **die Bäume ~ ihre Zweige bis zur Erde** (*geh*) the trees bow their branches to the ground; **geneigte Ebene** sloping surface, slope, incline.

II *vr* (*Ebene*) to slope, to incline; (*Mensch*) to bend; (*liter: sich verneigen*) to bow; (*unter Last: Bäume etc*) to bow; (*Gebäude etc*) to lean; (*kippen*) to tip (up), to tilt (up); (*Schiff*) to list; (*liter: Tag, Leben*) to draw to a close *or* an end. **sich nach vorne/hinten ~** (*Mensch*) to lean *or* bend forward/backwards; (*Auto*) to tilt forward/backwards; (*Schiff, Wippe*) to dip/tilt up; **ein leicht zur Seite geneigtes Gebäude** a building which is leaning *or* tilting over slightly; **mit seitwärts geneigtem Kopf** with his/her head held on *or* to one side.

III *vi* **zu etw ~** to tend to sth, to have a tendency to sth; (*für etw anfällig sein*) to be susceptible *or* prone to sth; **er neigt zum Trinken** he has a tendency to drink; **er neigt zum Sozialismus** he tends *or* leans towards socialism, he has socialist leanings; **zu der Ansicht** *or* **Annahme ~, daß ...** to tend *or* lean towards the view that ..., to be inclined to take the view that ...

Neigung *f* 1. (*das Neigen*) inclination; (*Gefälle auch*) incline, slope, gradient (*esp Rail*); (*Schräglage auch*) tilt; (*von Schiff*) list; (*von Magnetnadel*) dip; (*Astron*) inclination.

2. (*Tendenz*) tendency; (*Med auch*) proneness; (*Hingezogensein, Veranlagung*) leaning *sing pl*; (*Hang, Lust*) inclination. **er hat eine ~ zum Trinken** he has a tendency to drink *or* tends to drink **künstlerische/politische ~en** artistic/political leanings; **etw aus ~ tun** to do sth by inclination; **keine ~ verspüren, etw zu tun** to have *or* feel no inclination to do sth.

3. (*Zuneigung*) affection, fondness. **zu jdm eine ~ fassen** to take a liking to sb; **jds ~ erwidern** to return sb's affection.

Neigungs|ehe *f* love match; **Neigungswinkel** *m* angle of inclination.

nein *adv* no; (*Überraschung*) no. **kommt er? — —~!** is he coming? — no, (he isn't); **ich sage nicht ~** I wouldn't say no; **~ und abermals ~** for the last time – no!; **~, ~** und nochmals **~** I won't say it again – no, spelt NO!; **Hunderte, ~ Tausende** hundreds, no *or* nay (*liter*) thousands; **~, so was!** well I never!; you, don't say!; **~ doch!** no!; **o ~!, aber ~!** certainly not!, of course not!; **~ wie nett, mich mal zu besuchen!** well, how nice of you to visit me.

Nein *nt* -**s**, *no pl* no. **bei seinem ~ bleiben** to stick to one's refusal, to remain adamant; **mit Ja oder ~ stimmen** to vote yes *or* aye (*Pol*) or no *or* nay (*US Pol*).

Neinsager(in *f*) *m* -**s**, - **er ist ein ewiger ~** he always says no; **Neinstimme** *f* (*Pol*) no(-vote), nay (*US*).

Nekrolog *m* -(**e)s**, -**e** (*liter*) obituary (notice), necrology (*form*); **Nekrophilie** *f* necrophilia.

Nektar *m* -**s**, *no pl* (*Myth, Bot*) nectar.

Nektarine *f* nectarine.

Nelke *f* -, -**n** 1. pink; (*gefüllt*) carnation. 2. (*Gewürz*) clove.

Nelson *m* -(**s)**, -(**s)** (*Sport*) nelson.

'nem *abbr of* **einem.**

'nen *abbr of* **einen.**

nennbar *adj* specifiable; *Gefühl, Phänomen, Gedanke etc* nam(e)able. **nicht ~** unspecifiable; unnam(e)able.

nennen *pret* **nannte**, *ptp* **genannt I** *vt* 1. (*bezeichnen*) to call; (*einen bestimmten Namen geben auch*) to name. **jdn nach jdm ~** to name sb after *or* for (*US*) sb; **Friedrich II., genannt „der Große"** Frederick II, known as Frederick the Great; **das nenne ich Mut!** that's what I call courage!; **das nennst du schön?** you call that beautiful?

2. (*angeben, aufzählen*) to name. **die genannten Namen** the names mentioned; **können Sie mir einen guten Anwalt ~?** could you give me the name of a good lawyer?

3. (*erwähnen*) to mention. **das (weiter oben) Genannte** the above; **das genannte Schloß** the above-mentioned castle, the castle referred to.

II *vr* to call oneself; (*heißen*) to be called, to call oneself. **er nennt sich nur so** that's just what he calls himself; **und so was nennt sich Liebe/modern** (*inf*) and they call that love/modern.

nennenswert *adj* considerable, not inconsiderable. **nicht ~** negligible, not worth mentioning; **keine ~en Schwierigkeiten** no great difficulties, no difficulties worth mentioning; **nichts N~es** nothing worth mentioning, nothing of any consequence.

Nenner *m* -**s**, - (*Math*) denominator. **etw auf einen (gemeinsamen) ~ bringen** (*lit, fig*) to reduce sth to a common denominator.

Nennform *f* infinitive; **Nenn|onkel** *m* **er ist kein richtiger Onkel, sondern nur ein ~** he's not a proper uncle, I just call him uncle; **Nenntante** *f siehe* **Nennonkel.**

Nennung *f* (*das Nennen*) naming; (*Sport*) entry.

Nennwert *m* (*Fin*) nominal *or* face *or* par value; **zum ~** at par; **über/unter dem ~** above/below par.

neo-, Neo-, (*in cpds*) neo-,

Neodym *nt* -**s**, *no pl* (*abbr* **Nd**) neodymium.

Neologismus *m* neologism.

Neon *nt* -**s**, *no pl* (*abbr* **Ne**) neon.

Neonlicht nt neon light; **Neonreklame** f neon sign; **Neonröhre** f neon tube or strip.

Nepal nt **-s** Nepal.

nepalesisch adj Nepalese.

Nepotismus m nepotism.

Nepp m **-s**, no pl (inf) so ein ~!, das ist ja ~! that's daylight or highway robbery! (inf), it's a rip-off (sl).

neppen vt (inf) to fleece (inf), to rip off (sl). **da bist du aber geneppt worden!** they must have seen you coming (inf).

Nepplokal nt (inf) clipjoint (inf).

Neptun m **-s** Neptune.

Neptunium nt, no pl (abbr **Np**) neptunium.

'ner abbr of **einer**.

Nerv [nɛrf] m **-s** or **-en**, **-en** nerve; (Bot auch) vein. **leicht die ~en verlieren** to scare easily, to get nervous easily; **er hat trotz allem die ~en behalten** in spite of everything he kept calm or didn't lose his cool (sl); (Selbstbeherrschung verlieren) in spite of everything he didn't lose control; **die ~en sind mit ihm durchgegangen** he lost control or his cool (sl), he snapped (inf); **gute/schlechte** or **schwache ~en haben** to have strong or good/bad or weak nerves; **der hat (vielleicht) ~en!** (inf) he's got a cheek (inf) or nerve! (inf); **er hat ~en wie Drahtseile** or **Stricke** he has nerves of steel; **es geht** or **fällt mir auf die ~en** (inf) it gets on my nerves; **jdm den (letzten) ~ rauben** (inf) to break or shatter sb's nerve; **den ~ haben, etw zu tun** to have the nerve to do sth.

nerven ['nɛrfn] vt (inf) **jdn ~** to get on sb's nerves.

Nerven- ['nɛrfn-]: **Nerven|anspannung** f nervous tension; **Nerven|arzt** m neurologist; **nerven|aufreibend** adj nerve-racking; **Nervenbahn** f nerve; **Nervenbelastung** f strain on the nerves; **nervenberuhigend** adj sedative; **Nervenberuhigungsmittel** nt sedative, tranquillizer; **Nervenbündel** nt fascicle; (fig inf) bag or bundle of nerves (inf); **Nerven|entzündung** f neuritis; **Nervenfaser** f nerve fibre; **Nervengas** nt (Mil) nerve gas; **Nervengift** nt neurotoxin; **Nervenheil|anstalt** f psychiatric or mental hospital; **Nervenheilkunde** f neurology; **Nervenkitzel** m (fig) thrill; **etw als einen ~ empfinden** to get a big thrill or kick (inf) out of sth, to find sth really thrilling; **Nervenklinik** f psychiatric clinic; **Nervenkostüm** nt (hum) **ein starkes/schwaches ~ haben** to have strong/weak nerves; **Nervenkraft** f strong nerves pl; **es erforderte einige ~** it took strong nerves; **meine ~ ist erschöpft** my nerves can't take any more; **nervenkrank** adj (geistig) mentally ill or disturbed; (körperlich) suffering from a nervous disease; **Nervenkrankheit** f (geistig) mental illness or disorder; (körperlich) nervous disease or disorder; **Nervenkrieg** m (fig) war of nerves; **Nervenlähmung** f neuroparalysis; **Nervenleiden** nt nervous complaint or condition; **Nervennahrung** f (fig) **das ist ~** it's good for my etc nerves; **Nervenprobe** f trial; **Nervensache** f (inf) question of nerves; **reine ~ !** it's all

a question of nerves; **Nervensäge** f (inf) pain (in the neck) (inf); **Nervenschmerz** m neuralgia no pl; **Nervenschock** m nervous shock; **nervenschwach** adj with weak nerves, neurasthenic; **Nervenschwäche** f weak nerves pl, neurasthenia; **nervenstärkend** adj nerve-strengthening, tonic; **Nervenstrang** m nerve fibre; **Nervensystem** nt nervous system; **Nervenzelle** f nerve cell; **Nervenzusammenbruch** m nervous breakdown, crack-up (inf).

nervig ['nɛrvɪç] adj Faust, Hand, Gestalt sinewy, wiry.

nervlich ['nɛrflɪç] adj **der ~e Zustand des Patienten** the state of the patient's nerves; **er ist ~ erschöpft** he is in a state of nervous exhaustion; **~ bedingt** nervous.

nervös [nɛr'vøːs] adj nervous; (aufgeregt auch) jumpy (inf), jittery (inf), on edge. **die Krankheit ist rein ~ bedingt** the illness is purely nervous in origin; **jdn ~ machen** to make sb nervous; (ärgern) to get on sb's nerves.

Nervosität [nɛrvozi'tɛːt] f nervousness; (Stimmung) tension.

nervtötend ['nɛrf-] adj (inf) Geräusch, Gerede nerve-racking; Arbeit soul-destroying.

Nerz m **-es**, **-e** mink.

Nessel[1] f **-**, **-n** (Bot) nettle. **~n** (Quaddeln) nettle rash; **sich in die ~n setzen** (inf) to put oneself in a spot (inf).

Nessel[2] m **-s**, **-** (auch **~tuch**, **~stoff**) (untreated) cotton.

Nesselfieber nt nettle-rash fever; **Nesselsucht** f nettle rash.

Nest nt **-(e)s**, **-er 1.** (Brutstätte) nest.

2. (fig: Schlupfwinkel) hideout, lair. **ein ~ von Dieben** a den of thieves; **das ~ leer finden** to find the bird/birds has/have flown.

3. (fig: Heim) nest, home. **sein eigenes ~ beschmutzen** (pej) to foul one's own nest; **sich ins warme ~ setzen** (inf) to marry (into) money/to move straight into a good job.

4. (fig inf: Bett) bed. **raus aus dem ~!** rise and shine! (inf), show a leg! (inf).

5. (pej inf: Ort) (schäbig) dump (inf), hole (inf), one-horse town (inf); (klein) little place.

Nestbeschmutzer m (pej) runner-down (inf), knocker (inf) (of one's family or country); **Nestbeschmutzung** f (pej) running-down (inf), knocking (inf) (of one's family or country).

nesteln vi **an etw** (dat) **~** to fumble or fiddle (around) with sth.

Nestflüchter m **-s**, **-** nidifugous or precocial bird; precocial animal; **Nesthäkchen** nt (dated) baby of the family; **Nesthocker** m **-s**, **-** nidicolous bird/animal.

Nestor m Nestor; (fig) doyen.

Nestwärme f (fig) happy family life.

nett adj nice; (hübsch auch) pretty, cute. **ein ganz ~es Sümmchen** a nice little sum; **eine ~e Stange Geld kosten** (inf) to cost a pretty penny (inf) or tidy sum (inf); **das kann ja ~ werden!** (iro) that'll be nice or great (inf) (I don't think!); **sei so ~ und räum auf!** would you mind clearing up?, would you like to clear up?; **Oma war so ~ und hat schon abgewaschen** Grandma very nicely *or* kindly did the washing-up; **~, daß Sie gekommen sind!** nice *or* good of you to come; **das war (nicht) ~ von ihm** that was(n't very) nice of him.

netterweise *adv* kindly.

Nettigkeit *f* **1.** *no pl* (*nette Art*) kindness, goodness. **2.** (*nette Worte*) **~en** nice *or* kind words *or* things.

netto *adv* (*Comm*) net. **ich verdiene ~ 2000 DM** *or* **2000 DM ~ im Monat** I earn DM 2000 net a month, I net DM 2000 a month.

Netto- *in cpds* net.

Netz *nt* **-es, -e 1.** net; (*Spinnen~*) web; (*Haar~*) (hair)net; (*Einkaufs~*) string bag, net bag; (*Gepäck~*) (luggage) rack; (*fig: von Lügen, Heuchelei*) tissue, web; (*Maschenwerk*) netting. **Fische mit dem ~ fangen** to catch fish with nets, to net fish; **ans ~ gehen** (*Sport*) to go up to the net; **ins ~ gehen** (*Ftbl*) to go into the (back of the) net; (*Tennis*) to hit the net; **ins ~ schlagen** to play into the net; **~!** (*Tennis*) let!; **in jds ~ geraten** (*fig*) to fall into sb's clutches; **sich im eigenen ~ verstricken** to be caught in one's own trap, to be hoist with one's own petard (*prov*); **jdm ins ~ gehen** (*fig*) to fall into sb's trap. **2.** (*System*) network; (*Strom~*) mains *sing or pl*; (*Überland~*) (national) grid. **3.** (*Math*) net; (*Kartengitter*) grid.

Netz|anschluß *m* (*Elec*) mains connection; **netz|artig** *adj* netlike, reticular (*form*); **Netz|auge** *nt* compound eye; **Netzball** *m* (*Tennis etc*) netball.

netzen *vti* to moisten, to wet.

Netzfrequenz *f* mains frequency; **Netzgardine** *f* net curtain; **Netzgarn** *nt* netting yarn; **Netzgerät** *nt* mains receiver; **Netzgewebe** *nt* gauze; **Netzgewölbe** *nt* (*Archit*) fan vault; **Netzhaut** *f* retina; **Netzhaut|entzündung** *f* retinitis; **Netzhemd** *nt* string vest (*Brit*) *or* undershirt (*US*); **Netzkarte** *f* (*Rail*) unlimited travel ticket, runabout ticket (*Brit*); **Netzmagen** *m* (*Zool*) second stomach; **Netzplan** *m* critical path (diagram); **Netzplantechnik** *f* critical path method; **Netzspannung** *f* mains voltage; **Netzspiel** *nt* net game; **Netzteil** *nt* mains adaptor; **Netzwerk** *nt* lace; (*Elec, fig*) network; (*aus Draht*) netting.

neu *adj* new; *Seite, Kräfte, Hoffnung, Truppen auch* fresh; (*kürzlich entstanden auch*) recent; *Wäsche, Socken* clean; *Wein* young. **das N~e Testament** the New Testament; **die N~e Welt** the New World; **jdm zum ~en Jahr Glück wünschen** to wish sb (a) happy new year; **ein ~er Anfang** a fresh *or* new start; **~eren Datums** of (more) recent date; **~e Hoffnung schöpfen** to take new *or* fresh hope; **eine ~e Mode/ein ~er Tanz** a new fashion/ dance; **die ~(e)ste Mode/der ~(e)ste Tanz** the latest fashion/ dance; **die ~esten Nachrichten** the latest news; **die ~eren Sprachen** modern languages; **ein ganz ~er Wagen** a brand-new car; **das ist mir ~!** that's new(s) to me; **mir ist die Sache ~** this is all new to me; **sich wie ein ~er**

Mensch fühlen to feel like a new person; **eine ~e Bearbeitung** a revised edition; (*von Oper etc*) a new version; **Geschichte der ~eren Zeit** recent *or* modern history; **in ~erer Zeit** in modern times; **erst in ~erer Zeit** only recently; **viele alte Leute finden sich in der ~en Zeit nicht mehr zurecht** a lot of old people can't get on in the modern world; **seit ~(e)stem** recently; **seit ~(e)stem gibt es ...** since recently there has been ...; **aufs ~e** (*geh*) afresh, anew; **auf ein ~es!** (*als Toast*) (here's) to the New Year!; (*Aufmunterung*) let's try again; **der/die N~e** the newcomer, the new man/boy/woman/girl; the new president/pope *etc*; the new guy (*inf*); **die N~en** the newcomers, the new people; **was ist das N~e am dem Buch?** what's new about the book?; **das N~(e)ste in der Mode/auf dem Gebiet der Weltraumforschung** the latest in fashion/in the field of space research; **weißt du schon das N~(e)ste?** have you heard the latest (news)?; **was gibt's N~es?** (*inf*) what's the latest?, what's new?; **das N~(e)ste vom Tage** the latest news, up-to-the-minute news; **das N~(e)ste vom N~en** the very latest (things); **von ~em** (*von vorn*) from the beginning, afresh, from scratch; (*wieder*) again; **~ beginnen** to make a fresh start *or* start again from scratch; **die Rollen ~ besetzen** to recast the rôles; **die Akten ~ ordnen** to re-order the files; **das Buch ist ~ erschienen** the book is a recent publication *or* has recently *or* just come out *or* appeared; **er ist ~ hinzugekommen** he's joined (him/them) recently; **ein Zimmer ~ einrichten** to refurnish a room; **sich/jdn ~ einkleiden** to buy oneself/sb a new set of clothes.

Neu|anfertigung *f* making (up); **die ~ eines Anzugs dauert vier Wochen** it takes four weeks to make up a suit; **Neu|ankömmling** *m* newcomer; **Neu|anschaffung** *f* new purchase *or* acquisition; **eine ~ würde sich rentieren** it would be worth buying a new machine/part *etc*; **neu|apostolisch** *adj* New Apostolic.

neu|artig *adj* new. **ein ~es Wörterbuch** a new type of dictionary; **es ist ganz ~** it is of a completely new type, it is a completely new departure.

Neu|artigkeit *f* novelty.

Neu|auflage *f* reprint; (*mit Verbesserungen*) new edition; **Neu|ausgabe** *f* new edition.

Neubau *m* new house/building.

Neubausiedlung *f* new housing estate; **Neubauviertel** *nt* new district; **Neubauwohnung** *f* newly-built flat.

neube|arbeitet *adj attr* new; **Neube|arbeitung** *f* revised edition; (*von Oper etc*) new version; (*das Neubearbeiten*) revision; reworking; **Neubeginn** *m* new beginning(s); **Neubelebung** *f* revival; **Neubesetzung** *f* replacement; (*Theat*) recasting; **in der ~** in the recast version; **eine ~ dieses Postens wurde nötig** it was necessary to find a replacement for this position; **Neubildung** *f* (*neues Gebilde*) new entity; (*Ling*) neologism; (*Med*) renewal, repair; **eine staatliche ~** a newly formed state; **bei der ~ von Begriffen** in the formation of new concepts; **Neubürger** *m* new citizen; **Neu-Delhi** *nt* **-s** New Delhi; **neudeutsch** *adj (usu pej)* new German, neo-German; **Neudruck** *m* reprint; **Neu|einrichtung** *f* refurnishing; *(Möbel)* new furniture *or* furnishings *pl*; **Neu|einstellung** *f* new appointment; **Neu|england** *nt* New England; **neu|englisch** *adj* modern English; **neu|entdeckt** *adj attr* newly *or* recently discovered; **Neu|entdeckung** *f* rediscovery; *(Mensch)* new discovery; *(Ort)* newly discovered place; **neu|entwickelt** *adj attr* newly developed; **Neu|entwicklung** *f* new development.

neuerdings *adv* recently, *(rare: von neuem)* again.

Neuerer *m* **-s,** - innovator.

neuerlich I *adv* lately, recently, of late; *(rare: nochmals)* again. **II** *adj* recent; *(wiederholt)* further.

neu|er|öffnet *adj attr* newly-opened; *(wiedereröffnet)* reopened; **Neu|er|öffnung** *f (Wiedereröffnung)* reopening; **die ~ der Fluglinie** the opening of the new airline; **es gab zwanzig Geschäftsschließungen und nur zwei ~en** twenty shops were closed and only two new ones opened; **Neu|erscheinung** *f* new *or* recent publication; *(Neuheit)* new *or* recent phenomenon.

Neuerung *f* innovation; *(Reform)* reform.

neuerungssüchtig *adj* over-anxious to carry out reforms, reform-mad *(inf)*.

Neu|erwerbung *f* new acquisition.

neu(e)stens *adv* lately, recently.

Neufassung *f* new *or* revised version; **Neufundland** *nt* Newfoundland; **Neufundländer** *m* **-s,** - *(Hund)* Newfoundland (dog); **neugebacken** *adj attr* fresh- *or* newly-baked; *(fig)* newly-fledged, brand-new; **neugeboren** *adj* newborn; **sich wie ~ fühlen** to feel (like) a new man/woman; **Neugeborene(s)** *nt decl as adj* newborn child; **Neugeburt** *f (Neugeborenes)* newborn child/animal; *(Neuerscheinung)* new phenomenon; *(Wiedergeburt)* rebirth; **die ~en** the newborn; **neugeschaffen** *adj attr* newly created; **neugestalten*** *vt sep* to rearrange, to reorder; *Platz, Stadion* to redesign, to give a new layout; **neugewählt** *adj attr* newly elected.

Neugier(de) *f* -, *no pl* curiosity, inquisitiveness; *(pej auch)* nosiness *(inf)*. **aus ~** out of curiosity; **seine ~ befriedigen** to satisfy one's curiosity.

neugierig *adj* inquisitive, curious *(auf + acc* about); *(pej)* prying, nos(e)y *(inf)*; *(gespannt)* longing *or* curious to know. **ein N~er** an inquisitive person; *(pej auch)* a nos(e)y parker *(inf)*; **jdn ~ machen** to excite *or* arouse sb's curiosity; **ich bin ~, ob** I wonder if; **da bin ich aber ~!** this should be interesting, I can hardly wait *(inf)*; **sei nicht so ~!** don't be so inquisitive *or* nos(e)y *(inf) or* such a nos(e)y parker *(inf)*!

Neugliederung *f* reorganization, restructuring; **Neugotik** *f* Gothic revival, neo-Gothic style; **neugotisch** *adj* neo-Gothic; **neugriechisch** *adj* modern Greek; **das N~e** modern Greek; **Neugründung** *f (Wiederbegründung)* re-establishment, refoundation; **die ~ von Universitäten** the founding of new universities.

Neuguinea *nt* New Guinea.

Neuheit *f* **1.** *no pl* novelty. **es wird bald den Reiz der ~ verlieren** the novelty will soon wear off. **2.** innovation, new thing/idea. **dieses Gerät ist eine ~ auf dem Markt** this appliance has only recently come on(to) the market.

neuhochdeutsch *adj* New High German. **das N~e** New High German.

Neuigkeit *f* (piece of) news. **die ~en** the news *sing*; **die ~ des Tages** the big news of the day.

Neu|inszenierung *f* new production.

Neujahr *nt* New Year. **~ begehen** *or* **feiern** to celebrate the New Year; **Pros(i)t ~!** (here's) to the New Year!

Neujahrs|abend *m* New Year's Eve, Hogmanay *(Scot)*; **Neujahrsfest** *nt* New Year's Day; **Neujahrsglückwunsch** *m* New Year greeting; **Neujahrskarte** *f* New Year card; **Neujahrstag** *m* New Year's day.

Neuland *nt, no pl* virgin land *or* territory, uncultivated land; *(fig)* new territory *or* ground. **er betrat wissenschaftliches ~** he broke new ground in science.

neulateinisch *adj* neo-Latin, new Latin.

neulich *adv* recently, the other day. **~ abend(s)** the other evening.

Neuling *m* newcomer, new man/woman/boy/girl; *(pej auch)* beginner, greenhorn *(inf)*.

neumodisch *adj (pej)* new-fangled *(pej)*.

Neumond *m* new moon. **bei ~** at new moon; **heute ist ~** there's a new moon today.

Neun *f* -, **-en** nine. **die ~ ist eine heilige Zahl** nine is a sacred number; **er hat die ~ ausgespielt** he played the nine; **ach du grüne ~e!** *(inf)* well I'm blowed! *(inf)*; *siehe auch* **Vier.**

neun *num* nine. *(beim Kegeln)* **alle ~(e)!** strike!; **er warf alle ~e** he got a strike; *siehe auch* **vier.**

Neun|auge *nt* lamprey; **Neun|eck** *nt* nonagon; **neun|eckig** *adj* nonagonal.

Neunerprobe *f (Math)* casting out nines.

neunhundert *num* nine hundred; *siehe auch* **vierhundert; neunmal** *adv* nine times; *siehe auch* **viermal; neunmalklug** *adj (iro)* smart-aleck *attr*; **du bist ein ganz N~er!** you're a real smart-aleck; **neunschwänzig** *adj*: **die ~e Katze** the cat-o'-nine-tails; **neuntausend** *num* nine thousand; *siehe auch* **viertausend.**

Neuntel *nt* **-s,** - ninth; *siehe auch* **Viertel[1].**

neuntens *adv* ninth(ly), in the ninth place.

neunte(r, s) *adj* ninth; *siehe auch* **vierte(r, s).**

neunzehn *num* nineteen; *siehe auch* **vierzehn.**

neunzehnte(r, s) *adj* nineteenth; *siehe auch* **vierte(r, s).**

neunzig *num* ninety; *siehe auch* **vierzig.**

Neunziger(in *f) m* **-s,** - *(Mensch)* ninety-year-old, nonagenarian; *siehe auch* **Vierziger(in)**.

neunzigste(r, s) *adj* ninetieth; *siehe* **vierte(r, s)**.

Neu|ordnung *f* reorganization, reordering; (*Reform*) reform; **Neu|orientierung** *f* reorientation; **Neuphilologe** *m* modern linguist; **Neuphilologie** *f* modern languages *sing or pl*; **Neuprägung** *f* (*Münze*) new minting; (*Begriff*) new coinage.

Neuralgie *f* neuralgia.

neuralgisch *adj* neuralgic. **ein ~er Punkt** a trouble area; **diese Kreuzung/Zypern ist ein ~er Punkt** this crossroads/Cyprus is a trouble area *or* trouble spot.

Neurasthenie *f* neurasthenia.

Neurastheniker(in *f*) *m* **-s, -** neurasthenic.

neurasthenisch *adj* neurasthenic.

Neureg(e)lung *f* adjustment, revision; **eine ~ des Verkehrs** a new traffic management scheme; **neureich** *adj* nouveau riche; **Neureiche(r)** *mf* nouveau riche; **die N~n** the nouveaux riches.

Neuritis *f* **-, Neuritiden** neuritis.

Neuro- *in cpds* neuro; **Neurochirurgie** *f* neurosurgery; **Neurologe** *m* neurologist; **Neurologie** *f* neurology; **Neurologin** *f* neurologist; **neurologisch** *adj* neurological.

Neuron *nt* **-s, -e(n)** [-'ro:nə(n)] neuron.

Neuropathie *f* neuropathy; **Neuropathologie** *f* neuropathology.

Neurose *f* **-, -n** neurosis.

Neurotiker(in *f*) *m* **-s, -** neurotic.

neurotisch *adj* neurotic.

Neuschnee *m* fresh snow; **Neuschöpfung** *f* new creation; (*Ausdruck*) invention; **Neuseeland** *nt* New Zealand; **neuseeländisch** *adj* New Zealand; **Neusilber** *nt* German silver; **Neusprachler(in** *f*) *m* **-s, -** modern linguist; **neusprachlich** *adj* modern language; **~er Zweig** (*Sch*) modern language side; **~es Gymnasium** ≃ grammar school (*Brit*), high school (*esp US, Scot*) *stressing modern languages*; **Neustadt** *f* new town.

neustens *adv siehe* **neu(e)stens**.

neutral *adj* neutral; (*rare: Gram*) neuter. **die N~en** (*Pol*) the neutrals.

Neutralisation *f* neutralization. **die ~ eines Rennens** (*Sport*) the suspension of a race.

neutralisieren * *vt* to neutralize. **das Rennen wurde neutralisiert** (*Sport*) the race was suspended.

Neutralisierung *f* neutralization.

Neutralismus *m* (*Pol*) neutralism.

Neutralität *f* neutrality.

Neutralitätspolitik *f* policy of neutrality; **Neutralitätszeichen** *nt* sign of neutrality.

Neutron *nt* **-s, -en** [nɔy'tro:nən] neutron.

Neutronenbombe, Neutronenwaffe *f* neutron bomb.

Neutrum *nt* **-s, Neutra** *or* **Neutren** (*Gram*, *fig*) neuter. **ein ~** (*Gram*) a neuter noun; **sie wirkt auf mich wie ein ~** I don't think of her as a woman.

neuvermählt *adj* newly married *or* wed; **die N~en** the newly-weds; **Neuwahl** *f* (*Pol*) new election, re-election; **die ~ des**

Präsidenten the election of a new president; **Neuwert** *m* value when new; **neuwertig** *adj* as new; **Neuzeit** *f* modern age *or* era, modern times *pl*; **Literatur/Gesellschaft der ~** modern literature/society; **neuzeitlich** *adj* modern; **Neuzüchtung** *f* new breed; (*Pflanze*) new variety; **Neuzugang** *m* new entry; **Neuzulassung** *f* (*Aut*) ≃ registration of a new vehicle; **die meisten gestohlenen Autos waren ~en** most of the stolen cars were *or* had new registrations.

Nibelungentreue *f* unshakeable loyalty.

nicht *adv* **1.** (*Verneinung*) not. **er raucht ~** (*augenblicklich*) he is not *or* isn't smoking; (*gewöhnlich*) he does not *or* doesn't smoke; **alle lachten, nur er ~** everybody laughed except him, everybody laughed, only he didn't; **kommst du? — nein, ich komme ~** are you coming? — no, I'm not (coming); **ich weiß auch ~, warum** I really don't know why; **ich kann das ~ — ich auch ~** I can't do it — neither *or* nor can I; **~ mehr** *or* **länger** not any longer; **~ mehr als** no *or* not more than; **~ mehr und ~ weniger als** no more and no less than; **~ heute und ~ morgen** neither today nor tomorrow; **~ ihn meinte ich, sondern sie** I didn't mean him, I meant her, it's not him I meant but her; **er ~!** not him, not he (*form*); **~ (ein)mal** not even.

2. (*Bitte, Gebot, Verbot*) **~ berühren!** do not touch!; (*gesprochen*) don't touch!; **ärgere dich ~!** don't be angry, do not be angry (*often liter*); **~ rauchen!** no smoking;~! don't!, no!; **tu's ~!** don't do it!; **~ doch!** stop it!, don't!; **bitte ~!** please don't; **nur das ~!** anything but that!; **nun wein mal ~ gleich!** now don't start crying.

3. (*rhetorisch*) **er kommt/sie kommen** *etc*, **~ (wahr)?** he's coming/they're coming *etc*, isn't he/aren't they? *or* is he not/are they not?; **er kommt ~, ~ wahr?** he isn't coming, is he?; **ich darf kommen, ~ (wahr)?** I can come, can't I *or* can I?; **das ist schön, ~ (wahr)?** it's nice, isn't it?; **jetzt wollen wir Schluß machen, ~?** let's leave it now, right *or* OK?

4. (*doppelte Verneinung*) **~ uninteressant/unschön** *etc* not uninteresting/unattractive *etc*; **die Reichen brauchen keine Almosen ~** (*incorrect*) the rich don't need no alms (*incorrect*).

5. (*Verwunderung, Resignation etc*) **was die Kinder ~ alles wissen!** the things children know about!; **was ich ~ alles durchmachen muß!** the things I have to go through!

Nicht-, nicht- *pref* non-.

Nicht|achtung *f* (*+gen* for) disregard, lack of regard; **jdn mit ~ strafen** to send sb to Coventry; **~ des Gerichts** contempt of court; **nicht|amtlich** *adj* unofficial; **Nicht|angriffspakt** *m* non-aggression pact; **Nichtbe|achtung, Nichtbefolgung** *f* non-observance; **nichtberufstätig** *adj* attr non-employed.

Nichte *f* **-, -n** niece.

nicht|ehelich *adj* (*Jur*) *Kinder, Abstammung* illegitimate; *Mutter* unmarried; *Vater* natural; **~e Beziehungen zu jdm unterhalten** to cohabit with sb; **Kinder aus**

~**en Beziehungen** children born outside wedlock (*form*); **Nicht|einhaltung** *f* non-compliance (+*gen* with), non-observance (+*gen* of); **Nicht|einmischung** *f* (*Pol*) non-intervention, non-interference; **Nicht|erscheinen** *nt* non-appearance, failure to appear; **Nichtfachmann** *m* non-specialist, non-expert; **Nichtgefallen** *nt*: **bei ~ (zurück)** if not satisfied (return).

nichtig *adj* **1.** (*Jur: ungültig*) invalid, void. **etw für ~ erklären** to declare sth invalid; *Ehe auch* to annul sth; **dadurch ist der Vertrag ~ geworden** the treaty has thereby become invalid.
2. (*unbedeutend*) trifling, trivial; *Versuch* vain; *Drohung* empty, vain.

Nichtigkeit *f* **1.** (*Jur: Ungültigkeit*) voidness, invalidity, nullity. **2.** (*Bedeutungslosigkeit*) triviality, vainness, emptiness. **3.** *usu pl* (*Kleinigkeit*) trifle, triviality, trivia *pl*.

Nichtigkeitsklage *f* (*Jur*) nullity suit.

Nichtkombattant *m* (*form*) non-combatant; **nichtleitend** *adj* (*Elec*) non-conducting; **Nichtleiter** *m* **-s, -** (*Elec*) non-conductor; **Nichtmetall** *nt* non-metal; **Nichtmitglied** *nt* non-member; **nicht|öffentlich** *adj attr* not open to the public, private; ~**e Sitzung/Konferenz** meeting/ conference in camera (*Jur*) *or* behind closed doors; **nicht|organisiert** *adj attr Arbeiter* non-organized, non-union(ized); **Nichtraucher** *m* (*auch Rail*) non-smoker; **ich bin ~** I don't smoke, I'm a non-smoker; „**~**" "no smoking" (*Brit*), "non-smoking car" (*US*); **Nichtraucher|abteil** *nt* no-smoking compartment; **nichtrostend** *adj attr* rustproof, non-rust; *Stahl* stainless.

Nichts *nt* **1.** **-**, *no pl* (*Philos*) nothingness; (*Leere*) emptiness, void; (*Kleinigkeit*) trifle, triviality, trivia *pl*. **etw aus dem ~ erschaffen/aufbauen** to create sth out of nothing(ness) *or* the void/to build sth up from nothing; **vor dem ~ stehen** to be left with nothing.
2. -, **-e** (*Mensch*) nobody, nonentity, (mere) cipher.

nichts *indef pron inv* nothing; (*fragend, bedingend auch*) not ... anything. **ich weiß ~** I know nothing, I don't know anything; **~ als** nothing but; **~ (anderes) als** nothing/not ... anything but *or* except; **~ von Bedeutung** nothing of (any) importance; **~ Besseres/Neues** *etc* nothing better/new *etc*; **~ da!** (*inf*) (*weg da*) no you don't!; (*ausgeschlossen*) nothing doing (*inf*), no chance (*inf*); **~ zu danken!** don't mention it, not at all; **für ~ um ~** for nothing; **das ist ~ für mich** that's not (for) me, that's not my thing (*inf*) *or* not my cup of tea (*Brit inf*); **für ~ und wieder ~** (*inf*) for nothing at all, for damn all (*sl*); **~ zu machen** nothing doing (*inf*), you've had it (*inf*), nix (*sl*); (**es war**) **~ mehr zu machen** there was nothing more that could be done; **~ mehr** nothing more, not ... anything more; **ich weiß ~ Näheres** *or* **Genaues** I don't know any details; **das war wohl ~** (*sl*) that's not much good, you can't win them all (*inf*); **~ wie raus/ rein/**

hin *etc* (*inf*) let's get out/in/over there *etc* (on the double); **aus ~ wird ~** (*Prov*) you can't make something out of nothing; **ich will ~ mehr davon hören** I don't want to hear any more about it; **er ist zu ~ nutze** *or* **zu gebrauchen** he's useless *or* hopeless.

nichts|ahnend *adj* unsuspecting.

Nichtschwimmer *m* non-swimmer; **sie ist ~** she's a non-swimmer; **Nichtschwimmerbecken** *nt* pool for non-swimmers.

nichtsdestominder (*rare*), **nichtsdestotrotz** *adv* notwithstanding (*form*), nonetheless; **nichtsdestoweniger** *adv* nevertheless, nonetheless.

Nichtsein, **Nicht-Sein** *nt* non-existence, non-being.

Nichtseßhafte(r) *mf decl as adj* (*form*) person of no fixed abode (*form*).

Nichtskönner *m* washout (*inf*), incompetent person; **er ist ein ~** he's (worse than) useless; **Nichtsnutz** *m* **-es, -e** good-for-nothing, useless bungler; **nichtsnutzig** *adj* useless, hopeless; (*unartig*) good-for-nothing; **nichtssagend** *adj Buch, Rede, Worte* empty, meaningless; *Vergnügen* trivial, trite, frivolous; *Mensch* insignificant; *Gesichtsausdruck* blank, vacant, expressionless; *Erklärung, Redensart* meaningless; **Nichtstuer(in** *f*) *m* **-s, -** idler, loafer; **Nichtstun** *nt* idleness, inactivity; (*Muße*) leisure; **das süße ~ dolce far niente**, idle bliss; **viel Zeit mit ~ verbringen** to spend a lot of time doing nothing; **nichtswürdig** *adj* base, despicable; *Mensch auch* worthless; (**du**) **N~er!** (*old liter*) vile *or* base wretch! (*old liter*); **Nichtswürdigkeit** *f siehe adj* baseness, worthlessness.

Nichttänzer *m* non-dancer; **ich bin ~** I don't dance; **Nichttrinker** *m* non-drinker; **er ist ~** he doesn't drink; **Nicht|übereinstimmung** *f* discrepancy (+*gen* in, of, between); (*Meinungsunterschied*) differences *pl*, disagreement; **Nichtverbreitung** *f* ~ **von Kernwaffen** non-proliferation of nuclear weapons; **Nichtvorhandensein** *nt* absence; **Nichtweitergabe** *f* (*von Atomwaffen*) non-proliferation; **Nichtwissen** *nt* ignorance; **sich mit ~ entschuldigen** to plead ignorance; **Nichtzahlung** *f* (*form*) non-payment; **im Falle der ~, bei ~** in default of payment; **Nichtzustandekommen** *nt* (*form*) non-completion; **Nichtzutreffende(s)** *nt decl as adj* (**etwas**) ~**s** something incorrect; ~**s (bitte) streichen!** (please) delete as applicable.

Nickel *nt* **-s**, *no pl* (*abbr* **Ni**) nickel.

Nickelbrille *f* metal-rimmed glasses *pl*.

nicken *vi* **1.** (*lit, fig*) to nod. **mit dem Kopf ~** to nod one's head; **ein leichtes N~** a slight nod.
2. (*inf: schlummern*) to snooze, to doze, to nod.

Nickerchen *nt* (*inf*) nap, snooze, forty winks (*inf*). **ein ~ machen** to take *or* have forty winks *or* a nap *or* a snooze.

Nicki *m* **-s, -s** velour pullover; (~*hemd*) velour T-shirt.

nie *adv* never. **~ im Leben** never ever; **machst du das? — ~ im Leben!** will you do it? — not on your life; **~ und nimmer**

never ever; ~ **wieder** or **mehr** never again; **ein ~ wiedergutzumachender Fehler** a mistake that can never be put right; **fast ~** hardly ever.

nieder I adj attr 1. (esp S Ger: niedrig) low. **die ~e Jagd** small game hunting.

2. (weniger bedeutend) lower; Beamte auch minor; (geringer) Geburt, Herkunft lowly; Volk common; Klasse, Stand lower. **der ~e Adel** the gentry, the lower or lesser aristocracy.

3. Triebe, Instinkt low, base; Arbeit menial.

4. (primitiv) Kulturstufe low, primitive; Entwicklungsstufe low, early.

II adv down. **die Waffen ~!** lay down your arms; **auf und ~** up and down; **das Auf und N~** (lit) the bobbing up and down; (fig) the ups and (the) downs pl; **~ mit dem Kaiser!** down with the Kaiser!

Nieder-, nieder- pref (Geog) lower.

niederbeugen sep I vt (lit, fig) to bow down. II vr to bend down.

niederbrennen vti sep (irreg) (vi: aux sein) to burn down.

niederbrüllen vt sep Redner to shout down.

niederdeutsch adj 1. (Geog) North German. 2. (Ling) Low German. **das N~e** Low German.

Niederdruck m (Tech) low pressure.

niederdrücken vt sep 1. (lit) to press down; Taste, Hebel auch to press, to push, to depress (form). 2. (bedrücken) jdn ~ to depress sb, to get sb down (inf); **~d** depressing.

niederfallen vi sep irreg aux sein (liter) to fall or drop down.

Niederfrequenz f low frequency; (Akustik) audio frequency.

Niedergang m 1. (fig: Verfall) decline, fall. 2. (Naut) companionway.

niedergedrückt adj depressed, dejected.

niedergehen vi sep irreg aux sein to descend; (Aviat) to descend, to come down; (Fallschirmspringer) to drop; (Vorhang) to fall, to drop; (Regen) to fall; (Gewitter) to break (auch fig); (Boxer) to go down.

niedergeschlagen I ptp of **niederschlagen**. II adj dejected, despondent.

Niedergeschlagenheit f dejection, despondency.

niederhalten vt sep irreg to hold or keep down; Volk to oppress.

niederhauen vt sep irreg Baum to cut or chop down, to fell; Gegner to floor, to knock down, to fell.

niederholen vt sep Segel, Flagge to haul down, to lower; Ballon to bring down.

Niederholz nt, no pl underwood, underbrush.

niederkämpfen vt sep Feuer to fight down or back; Feind to overcome; Tränen to fight back.

niederkauern vir (vi: aux sein) to crouch or cower down.

niederknallen vt sep to shoot down.

niederknien vi sep aux sein to kneel down.

niederknüppeln vt sep to club down.

niederkommen vi sep irreg aux sein (old)

to be delivered (old) (mit of).

Niederkunft f -, -̈e (old) delivery.

Niederlage f 1. (Mil, Sport, fig) defeat; (Mißerfolg) failure, defeat. **eine ~ einstecken müssen** or **erleiden** to suffer a defeat; **jdm eine ~ zufügen** or **beibringen** to defeat sb, to inflict a defeat on sb. 2. (Lager) warehouse, store, depot. 3. (Filiale) branch (office).

Niederlande pl: **die ~** the Netherlands sing or pl, the Low Countries pl.

Niederländer(in f) m **-s, -** Netherlander, Dutchman/Dutchwoman etc. **die ~** the Netherlanders, the Dutch.

niederländisch adj Dutch, Netherlands. **das N~e** Dutch.

niederlassen vr sep irreg 1. to sit down; (sich niederlegen) to lie down; (Vögel) to land, to alight. 2. (Wohnsitz nehmen) to settle (down). 3. (Praxis, Geschäft eröffnen) to set up in business, to establish oneself, to set up shop (inf). **sich als Arzt/Rechtsanwalt ~** to set up (a practice) as a doctor/lawyer; **die niedergelassenen Ärzte** general practitioners, GPs; **die niedergelassenen Rechtsanwälte** lawyers in private practice.

Niederlassung f 1. no pl (das Niederlassen) settling, settlement; (eines Arztes etc) establishment, setting-up. 2. (Siedlung) settlement. 3. (Comm) registered office; (Zweigstelle) branch.

niederlegen sep I vt 1. Gegenstand, Menschen to lay or put or set down; Last auch to cast off; (liter, Bibl) Kranz, Blumen to lay; Waffen to lay down. 2. (aufgeben) Dienst, Amt, Mandat to resign (from), to give up; Krone, Regierung, Führung to renounce, to give up. **die Arbeit ~** to take industrial action; (bei manueller Arbeit auch) to down tools. 3. (schriftlich) to write or set down. II vr to lie down. **da legst' di' nieder!** (S Ger inf) well I'm blowed! (inf), by the 'eck! (N Engl dial).

Niederlegung f 1. (von Kranz) laying. 2. (von Amt, Dienst, Mandat) resignation (from); (von Kommando) resignation (of); (der Krone) abdication. **~ der Arbeit** industrial action. 3. (schriftlich) setting-out. **eine schriftliche ~ meiner Gedanken** setting out or putting down my thoughts in writing.

niedermachen, niedermetzeln vt sep to massacre, to butcher.

niedermähen vt sep (lit, fig) to mow down.

Niederösterreich nt Lower Austria.

niederprasseln vi sep aux sein (Regen, Hagel etc) to beat down, to hammer down; (fig: Beschimpfungen, Vorwürfe) to rain or hail down.

niederreißen vt sep irreg jdn to pull or drag down; Gebäude to pull or knock down; (fig) Schranken to tear down.

Niederrhein m Lower Rhine.

Niedersachsen nt Lower Saxony.

niedersausen vi sep aux sein to rain or hail down.

niederschießen sep irreg I vt to shoot

down. **II** *vi aux sein* (*Vogel etc*) to shoot *or* plummet down.

Niederschlag *m* **1.** (*Met*) precipitation (*form*); (*Chem*) precipitate; (*Bodensatz*) sediment, dregs *pl*. **radioaktiver ~** (radioactive) fallout; **für morgen sind heftige ~e gemeldet** tomorrow there will be heavy rain/hail/snow; **in diesem Gedicht haben seine eigenen Erfahrungen ihren ~ gefunden** his own experiences are reflected *or* find expression in this poem. **2.** (*Mus*) downbeat. **3.** (*Boxen*) knockdown blow; (*über 10 Sekunden*) knockout, KO. **Sieg durch ~** win by a knockout.

niederschlagen *sep irreg* **I** *vt* **1.** *jdn* to knock down, to fell; (*Regen, Hagel*) *Getreide* to beat down, to flatten; *Kragen, Hutkrempe* to turn down; *Aufstand, Revolte* to quell, to put down, to suppress; *Augen, Blick* to lower, to cast down (*liter*). **2.** (*erlassen*) *Steuerschuld* to waive. **ein Verfahren ~** (*Jur*) to dismiss a case. **3.** (*Chem*) to precipitate. **II** *vr* (*Flüssigkeit*) to condense; (*Bodensatz*) to settle; (*Chem*) to precipitate; (*Met*) to fall. **die Untersuchung schlug sich in einer Reform nieder** the investigation resulted in a reform; **sich in etw** (*dat*) **~** (*Erfahrungen etc*) to find expression in sth.

niederschlags|arm *adj* with low precipitation (*form*); low-rainfall *attr*; with little snow; **die Südinsel ist ~ the** south island has a lower rainfall/less snow *or* a lower level of precipitation (*form*); **niederschlagsfrei** *adj* dry, without precipitation (*form*); **Niederschlagsmenge** *f* rainfall/snowfall, precipitation (*form*); **niederschlagsreich** *adj* with a lot of precipitation (*form*) high rainfall *attr*; with a lot of snow.

Niederschlagung *f* (*von Strafverfahren*) dismissal; (*eines Aufstands*) suppression.

niederschmettern *vt sep* to smash *or* batter down; (*fig*) to shatter.

niederschmetternd *adj Nachricht, Ergebnis* shattering.

niederschreiben *vt sep irreg* to write down.

niederschreien *vt sep irreg* to shout down.

Niederschrift *f* (*das Niederschreiben*) writing down; (*Niedergeschriebenes*) notes *pl*; (*Schulaufsatz*) composition, essay; (*Protokoll*) (*einer Sitzung*) minutes *pl*; (*Jur*) record. **die erste ~ eines Gedichts/Romans** the first draft of a poem/novel.

niedersetzen *sep* **I** *vt* to put *or* set down. **II** *vr* to sit down; (*Vogel*) to perch, to settle, to alight.

niedersinken *vi sep irreg aux sein* (*geh*) to sink down.

Niederspannung *f* (*Elec*) low voltage *or* tension.

niederstechen *vt sep irreg* to stab *or* knife (down).

niederstimmen *vt sep* to vote down.

niederstoßen *sep irreg* **I** *vt* to knock down. **II** *vi aux sein* (*Raubvogel*) to shoot *or* plummet down.

niederstrecken *sep* (*geh*) **I** *vt* to lay low.

II *vr* to lie down, to stretch out.

niederstürzen *vi sep aux sein* to crash down.

niedertourig [-tu:rɪç] *adj Motor, Maschine* low-revving. **~ fahren** to drive with low revs.

Niedertracht *f, no pl* despicableness, vileness; (*als Rache*) malice, spite. **so viel ~ hätte ich ihm nicht zugetraut** I would not have suspected him of such a despicable *or* vile act; **die ~, mit der er bei seinen Betrügereien vorgegangen ist** the despicable way he went about his deceptions.

niederträchtig *adj* despicable, vile; (*rachsüchtig*) malicious, spiteful. **jdn ~ verraten** to betray sb in a despicable way.

Niederträchtigkeit *f* **1.** *no pl siehe* **Niedertracht**. **2.** (*Tat*) despicable/ malicious behaviour *no pl*. **das ist eine ~** that's despicable.

niedertrampeln *vt sep* to trample underfoot.

niedertreten *vt sep irreg* to tread *or* trample down; *Erde* to tread *or* stamp down.

Niederung *f* (*Senke*) depression; (*Mündungsgebiet*) flats *pl*; (*sumpfig*) marsh. **die ~en des Lebens** the dark *or* seamy side of life; **in solche ~en begebe ich mich nicht** (*fig*) I will not sink to such depths.

niederwalzen *vt sep* to flatten.

niederwerfen *sep irreg* **I** *vt* to throw *or* hurl *or* cast (*liter*) down; *Aufstand* to suppress, to put down; *Gegner* (*lit*) to throw down, to floor; (*fig*) to defeat, to overcome. **er wurde von einer Krankheit niedergeworfen** he was laid low by *or* with an illness. **II** *vr* to throw oneself down, to prostrate oneself.

Niederwerfung *f* (*von Aufstand*) suppression.

Niederwild *nt* small game.

niederzwingen *vt sep irreg* (*lit*) to force down; (*fig*) to defeat, to vanquish.

niedlich *adj* sweet, cute, pretty little *attr*. **das kann ja ~ werden!** (*iro*) a fine prospect *or* look-out (*inf*)!, that's just fine!; **das Kätzchen lag so ~ auf meinem Bett** the kitten looked so sweet lying on my bed.

Niedlichkeit *f* sweetness, cuteness, prettiness.

Niednagel *m* agnail.

niedrig *adj* **1.** (*tief*) low. **~ fliegen** to fly low. **2.** (*gering*) low; *Stand, Herkunft, Geburt auch* lowly, humble. **~ste Preise** lowest *or* rock-bottom prices; **ich schätze seine Chancen sehr ~ ein** I don't think much of his chances, I think his chances are very slim *or* small; **von jdm ~ denken, jdn ~ einschätzen** to have a low *or* poor opinion of sb. **3.** (*gemein*) low *no adv*, base.

Niedrigkeit *f* **1.** lowness. **die ~ des Wasserstandes** the low water level; **die ~ der Häuser** the low-built style of the houses. **2.** (*von Gedanken, Beweggründen*) lowness, baseness.

Niedrigwasser *nt* (*Naut*) low tide, low water.

niemals *adv* never.

niemand *indef pron* nobody, no-one. **es**

war ~ **zu Hause** there was nobody or no-one at home, there wasn't anybody or anyone at home; ~ **anders** or **anderer** (*S Ger*) **kam** nobody else came; ~ **anders** or **anderer** (*S Ger*) **war da** there wasn't anybody else there, nobody else was there; **ich habe** ~ **anders** or **anderen** (*S Ger*) **gesehen** I didn't see anybody else; **herein kam** ~ **anders** or **anderer** (*S Ger*) **als der Kanzler selbst** in came the Chancellor himself no less, in came none other than the Chancellor himself; ~ **Fremdes** no strangers, not … any strangers; **er hat es** ~**(em) gesagt** he hasn't told anyone, he has told no-one; **sag das** ~**(em)!** don't tell anybody.

Niemand *m* **-s,** *no pl* (*pej*) **er ist ein** ~ he's a nobody.

Niemandsland *nt* no man's land.

Niere *f* **-, -n** kidney. **künstliche** ~ kidney machine, artificial kidney; **es geht mir an die** ~**n** (*inf*) it gets me down.

Nieren- *in cpds* (*Anat*) renal; **Nierenbecken** *nt* pelvis of the kidney; **Nierenbecken\entzündung** *f* pyelitis (*spec*); **Nieren\entzündung** *f* nephritis (*spec*); **nierenförmig** *adj* kidney-shaped; **Nierenkolik** *f* renal colic; **nierenkrank** *adj* suffering from a kidney disease; **Nierenkrankheit** *f*, **Nierenleiden** *nt* kidney disease; **Nierenschale** *f* kidney dish; **Nierenstein** *m* kidney stone, renal calculus (*spec*); **Nierentisch** *m* kidney-shaped table; **Nierenwärmer** *m* **-s,** **-** kidney warmer.

nieseln *vi impers* to drizzle.

Nieselregen *m* drizzle.

niesen *vi* to sneeze.

Niespulver *nt* sneezing powder.

Nießbrauch *m* (*Jur*) usufruct.

Nieswurz *f* **-,** *no pl* (*Bot*) hellebore.

Niet *m* **-(e)s, -e** (*spec*), **Niete** *f* **-, -n** rivet; (*auf Kleidung*) stud.

Niete *f* **-, -n** (*Los*) blank; (*inf: Mensch*) dead loss (*inf*), wash-out (*inf*). **eine** ~ **ziehen** (*lit*) to draw a blank.

nieten *vt* to rivet.

Nietenhose *f* (pair of) studded jeans *pl*.

niet- und nagelfest *adj* (*inf*) nailed or screwed down.

Niger¹ *m* **-s** (*Fluß*) Niger.

Niger² *nt* **-s** (*Staat*) Niger.

Nigeria *nt* **-s** Nigeria.

Nigerianer(in *f)* *m* **-s,** **-** Nigerian.

Nigger *m* **-s,** **-** (*pej*) nigger (*pej*), coon (*pej*).

Nihilismus [nihi'lɪsmʊs] *m* nihilism.

Nihilist [nihi'lɪst] *m* nihilist.

nihilistisch [nihi'lɪstɪʃ] *adj* nihilistic.

Nikolaus *m* **1.** (*Name*) Nicholas. **2. -, -e** or (*hum inf*) **Nikoläuse** St Nicholas; (~*tag*) St Nicholas' Day.

Nikotin *nt* **-s,** *no pl* nicotine.

nikotin\arm *adj* low-nicotine; **nikotinfrei** *adj* nicotine-free; **Nikotingehalt** *m* nicotine content; **nikotinhaltig** *adj* containing nicotine; **Zigarren sind** ~**er als Zigaretten** cigars contain more nicotine than cigarettes; **Nikotinvergiftung** *f* nicotine poisoning.

Nil *m* **-s** Nile.

Nildelta *nt* Nile Delta; **Nilpferd** *nt* hippopotamus, hippo.

Nimbus *m* **-, -se** (*Heiligenschein*) halo, aureole; (*fig*) aura. **im** ~ **der Heiligkeit stehen** to be thought of as a saint.

nimm *imper sing of* **nehmen.**

nimmer *adv* **1.** (*liter: niemals*) never. **2.** (*S Ger, Aus*) = **nicht mehr.**

nimmermehr *adv* (*liter*) nevermore (*liter*), never again. **nie und** ~ never ever.

nimmermüde *adj attr* tireless, untiring.

Nimmersatt *m* **-(e)s, -e** glutton. **ein** ~ **sein** to be insatiable.

Nimmerwiedersehen *nt* (*inf*) **auf** ~**!** I don't or I never want to see you again; **auf** ~ **verschwinden** to disappear never to be seen again.

Nimrod *m* **-s, -e** Nimrod.

Niobium *nt, no pl* (*abbr* Nb) niobium.

Nippel *m* **-s,** **-** (*Tech*) nipple.

nippen *vti* to nip (*an* +*dat* at). **vom Wein** ~ to sip (at) the wine.

Nippes, Nippsachen *pl* ornaments *pl*, knick-knacks *pl*, bric-à-brac *sing*.

Nippflut, Nippzeit *f* neap tide.

nirgendhin *adv siehe* **nirgendwohin.**

nirgends *adv* nowhere, not … anywhere. **ihm gefällt es** ~ he doesn't like it anywhere; **überall und** ~ here, there and everywhere; **er ist überall und** ~ **zu Hause** he has no real home; **er fühlt sich** ~ **so wohl wie …** there's nowhere or there isn't anywhere he feels so happy as …

nirgend(s)her *adv* from nowhere, not … from anywhere.

nirgend(s)hin *adv siehe* **nirgendwohin.**

nirgendwo *adv siehe* **nirgends.**

nirgendwohin *adv* nowhere, not … anywhere. **wohin gehst du?** — ~ where are you going? — nowhere; **wenn man** ~ **gehen kann, um zu übernachten** if you've got nowhere or if you haven't got anywhere to spend the night.

Nirosta ® *m* **-,** *no pl* stainless steel.

Nirwana, *nt* **-(s)** nirvana.

Nische *f* **-, -n** niche; (*Koch— etc*) corner.

Nisse *f* **-, -n** nit.

Nissenhütte *f* Nissen hut.

nisten **I** *vi* to nest; (*fig*) to take possession (*in* +*dat* of). **II** *vr* **Haß nistete sich in ihr Herz** (*liter*) hatred gripped or filled her heart.

Nistkasten *m* nest(ing) box; **Nistplatz** *m* nesting place; **Nistzeit** *f* nesting time, (the) nesting season.

Nitrat *nt* nitrate.

nitrieren* *vt* to nitrate.

Nitro- *in cpds* nitro; **Nitroglyzerin** *nt* nitroglycerine; **Nitrolack** *m* nitrocellulose paint.

Niveau [ni'vo:] *nt* **-s, -s** (*lit, fig*) level. **auf gleichem** ~ **liegen** to be on the same level; **intelligenzmäßig steht er auf dem** ~ **eines Dreijährigen** he has the mental age of a three-year-old; **diese Schule hat ein hohes** ~ this school has high standards; **unter** ~ below par; **unter meinem** ~ beneath me; ~**/kein/wenig** ~ **haben** to be of a high/low/ fairly low standard; (*Mensch*) to be cultured/not at all/not very cultured; **ein Hotel mit** ~ a hotel with class.

Niveau- [ni'vo:]: **Niveaulinie** *f* contour line; **niveaulos** *adj* mediocre; **niveauvoll** *adj* high-class.

nivellieren* [nivɛ'liːrən] **I** vt (lit, fig) to level off or out. **II** vi (Surv) to level.
Nivellierung [nivɛ'liːrʊŋ] f (Surv) levelling; (Ausgleichung) levelling out.
nix indef pron (inf) siehe **nichts.**
Nixe f -, -n water-sprite, water-nymph, nix-(ie); (mit Fischschwanz) mermaid; (hum: Bade~) bathing belle.
Nizza nt -s Nice.
NN abbr of **Normalnull.**
NNO abbr of **Nordnordost** NNE.
NNW abbr of **Nordnordwest** NNW.
NO abbr of **Nordosten** NE.
nobel adj (edelmütig) noble; (inf) (großzügig) generous, lavish; (kostspielig) extravagant; (elegant) posh (inf). ~ geht die Welt zugrunde (iro) there's nothing like bowing out in style; sich ~ zeigen (inf) to be generous; ein nobler Kunde (iro inf) a pleasant customer, a nice type of person.
Nobelherberge f (inf) posh or classy hotel (inf).
Nobelium nt, no pl (abbr No) nobelium.
Nobelpreis m Nobel prize.
Nobelpreisträger m Nobel prize winner.
Noblesse [no'blɛsə] f -, no pl (geh) noblesse. dafür hat er zu viel ~ he's much too high-minded for that.
noch I adv 1. (weiterhin, bis jetzt, wie zuvor) still. ~ nicht still not, not yet; bist du fertig? — ~ nicht are you ready? — not yet; er ist ~ nicht da he still isn't here, he isn't here yet; immer ~, ~ immer still; sie ist immer ~ nicht fertig she still isn't ready (yet), she isn't ready yet; du bist ~ zu klein you're still too young; er schläft ~ he's still asleep, he is sleeping yet; ~ nie never; das habe ich ~ nie gehört I've never known that (before); ich gehe kaum ~ aus I hardly go out any more; ich möchte gerne ~ bleiben I'd like to stay on longer.
2. (irgendwann) some time, one day. er wird sich (schon) ~ daran gewöhnen he'll get used to it (some time or one day); das kann ~ passieren that just might happen, that might still happen; er wird ~ kommen he'll come (yet).
3. (eben, nicht später als) das muß ~ vor Dienstag fertig sein it has to be ready by Tuesday; ich habe ihn ~ vor zwei Tagen gesehen I saw him only two days ago; er ist ~ am selben Tag gestorben he died the very same day; ich tue das ~ heute or heute ~ I'll do it today or this very day; ~ im 18. Jahrhundert as late as the 18th century; gerade ~ (only) just; ~ gestern war er frisch und munter (only) yesterday he was still bright and cheerful; ~ keine drei Tage not three days.
4. (einschränkend) (only) just. (gerade) ~ gut genug (only) just good enough.
5. (außerdem, zusätzlich) wer war ~ da? who else was there?; (gibt es) ~ etwas? (is there) anything else?; ich will ~ etwas sagen there's something else or another thing I want to say; ~ etwas Fleisch some more meat, a bit more meat; ~ einer another (one); ~ ein Bier another beer; ~ zwei Bier two more beers, another two beers; ~ einmal or mal (once) again, once more; und es regnete

auch ~ or ~ dazu and on top of that it was raining; dumm und ~ dazu frech stupid and cheeky with it (inf); ich gebe Ihnen ~ zwei dazu I'll give you two extra; ~ ein Wort! (not) another word!
6. (bei Vergleichen) even, still, yet. ~ größer even or still or yet bigger; er will ~ mehr haben he wants even or still more; das ist ~ besser that's even better, that's better still or still better; das ist ~ viel wichtiger als ... that is far more important yet or still than ...; seien sie auch ~ so klein however small they may or might be; und wenn du auch ~ so bittest ... however much you ask ...
7. (inf) Geld ~ und noch or ~er (hum inf) heaps and heaps of money (inf); er kann ~ und ~ erzählen he can go on telling stories for ever; ich kann Ihnen Beispiele ~ und ~ geben I can give you any number of examples; sie hat ~ und ~ versucht, ... she tried again and again to ...
II conj (weder ... ~ ...) nor. nicht X, ~ Y, ~ Z not X nor Y nor Z.
nochmalig adj attr renewed. eine ~e Überprüfung another check.
nochmals adv again.
Nockenwelle f camshaft.
NOK [ɛnjoː'kaː] nt -s abbr of **Nationales Olympisches Komitee** National Olympic Committee.
nölen vi (N Ger inf) to be slow, to dawdle.
nolens volens ['noːlɛns 'voːlɛns] adv (geh) like it or not or no, willy-nilly.
Nolimetangere ['noːlimeˈtaŋɡerə] nt -, - (Bot) touch-me-not.
Nomade m -n, -n (lit, fig) nomad.
Nomaden- in cpds nomadic; **nomadenhaft** adj (lit, fig) nomadic; **Nomadentum** nt nomadism.
Nomadin f (lit, fig) nomad.
nomadisieren* vi to lead a nomadic existence. ~de Stämme nomadic tribes.
Nomen nt -s, **Nomina** (Gram) noun. n~ est omen (geh) true to your/his etc name.
Nomenklatur f nomenclature.
Nomina pl of **Nomen.**
nominal adj nominal.
Nominal- in cpds (Gram, Fin) nominal; **Nominalstil** m nominal style; **Nominalwert** m (Fin) nominal or face or par value.
Nominativ m nominative.
nominell adj nominal.
nominieren* vt to nominate.
Nonchalance [nõʃaˈlãːs] f -, no pl (geh) nonchalance.
nonchalant [nõʃaˈlãː] adj (geh) nonchalant.
Nonkonformist(in f) m nonconformist.
nonkonformistisch adj nonconformist.
Nonne f -, -n 1. nun. 2. (Schmetterling) nun moth.
nonnenhaft adj nunnish; sie tut so ~ she pretends to be so chaste; **Nonnenkloster** nt convent, nunnery (old, hum).
Nonplusjultra nt -s, no pl (geh) ultimate, non plus ultra.
Nonsens m -(es), no pl nonsense.
nonstop [nɔnˈʃtɔp, nɔnˈstɔp] adv non-stop.
Nonstop- in cpds non-stop; **Nonstopflug** m non-stop flight; **Nonstopkino** nt cinema with a continuous programme.

Noppe f -, -n (*Knoten*) burl; (*Schlinge*) loop; (*Gummi~*) nipple, knob. **Garn mit ~n bouclé; ein Teppich mit ~n** a loop pile carpet.

Nord m -(e)s, (*rare*) -e **1.** (*Naut, Met, liter*) north. **aus** *or* **von/ nach ~** from the/to the north. **2.** (*liter: Wind*) north wind.

Nord- *in cpds* (*in Ländernamen*) (*politisch*) North; (*geographisch auch*) the North of ...; Northern; **Nord|afrika** *nt* North Africa; **Nord|amerika** *nt* North America; **Nord|atlantikpakt** m North Atlantic Treaty; **nord|deutsch** *adj* North German; *Dialekt, Spezialität, Mentalität auch* Northern German; **die N~en** the North Germans; **Norddeutschland** *nt* North(ern) Germany, the North of Germany.

Norden m -s, *no pl* north; (*von Land*) North. **aus dem ~, von ~ her** from the north; **gegen** *or* **gen** (*liter*) *or* **nach ~** north(wards), to the north; **nach ~ hin** to the north; **im hohen ~** in the far north; **weiter** *or* **höher im ~** further north.

Nord|england *nt* the North of England; **Nord|irland** *nt* Northern Ireland, Ulster.

nordisch *adj Wälder* northern; *Völker, Sprache* nordic. **~e Kombination** (*Ski*) nordic combined.

Nord|istik f nordic studies *sing*.

Nord|italien *nt* Northern Italy; **Nordkap** *nt* North Cape; **Nordküste** f north(ern) coast; **Nordlage** f northern aspect; **Nordländer(in** f) m -s, - northerner.

nördlich I *adj* northern; *Kurs, Wind, Richtung* northerly. **der ~e Polarkreis** the Arctic Circle; **der ~e Wendekreis** the Tropic of Cancer; **N~es Eismeer** Arctic Ocean; **52 Grad ~er Breite** 52 degrees north.

II *adv* (to the) north. **~ von Köln (gelegen)** north of Cologne; **es liegt ~er** *or* **weiter ~** it is further (to the) north.

III *prep +gen* (to the) north of.

Nordlicht *nt* northern lights *pl*, aurora borealis; (*fig: Mensch*) Northerner.

Nordnord|ost m **1.** (*Naut, Met, liter*) north-north-east, nor'-nor'-east (*Naut*); **2.** (*liter: Wind*) nor'-nor'-easterly; **Nordnord|osten** m north-north-east, nor'-nor'-east (*Naut*); **nordnord|östlich** *adj* north-north-east(erly), nor'-nor'-east(erly) (*Naut*); **Nordnordwest** m **1.** (*Naut, Met, liter*) north-north-west, nor'-nor'-west (*Naut*); **2.** (*liter: Wind*) nor'-nor'-westerly; **Nordnordwesten** m north-north-west, nor'-nor'-west (*Naut*); **nordnordwestlich** *adj* north-north-west(erly), nor'-nor'-west(erly) (*Naut*).

Nord|ost m **1.** (*Met, Naut, liter*) north-east, nor'-east (*Naut*). **aus ~** from the north-east. **2.** (*liter: Wind*) north-east(erly) wind, north-easter, nor'-easter (*Naut*).

Nord|ost- *in cpds* north-east; (*bei Namen*) North-East.

Nord|osten m north-east; (*von Land*) North East; **aus** *or* **von ~** from the north-east; **nach ~** to the north-east, north-east(wards); **nord|östlich** I *adj Gegend* north-eastern; *Wind* north-east(erly). II *adv* (to the) north-east. III *prep +gen* (to the) north-east of.

Nord-Ostsee-Kanal m Kiel Canal.

Nordpol m North Pole.

Nordpolargebiet *nt* Arctic (Zone); **Nordpolarmeer** *nt* Arctic Ocean.

Nordrhein-Westfalen *nt* North Rhine–Westphalia.

Nordsee f North Sea.

Nordseite f north(ern) side; (*von Berg*) north(ern) face; **Nordstaat** m northern state; **Nordstern** m North Star, Polar Star; **Nordwand** f (*von Berg*) north face.

nordwärts *adv* north(wards). **der Wind dreht ~** the wind is moving round to the north.

Nordwest m **1.** (*Met, Naut, liter*) north-west. **aus ~** from the north-west. **2.** (*liter: Wind*) north-west(erly) wind, north-wester, nor'-wester (*Naut*).

Nordwest- *in cpds* north-west; (*bei Namen*) North-West.

Nordwesten m north-west; (*von Land*) North-West. **aus** *or* **von ~** from the north-west; **nach ~** to the north-west, north-west(wards).

nordwestlich I *adj Gegend* north-western; *Wind* north-west(erly). II *adv* (to the) north-west. **~ von** (to the) north-west of. III *prep +gen* (to the) north-west of.

Nordwind m north wind.

Nörgelei f moaning, grumbling; (*Krittelei*) carping.

nörgeln *vi* to moan, to grumble; (*kritteln*) to carp (*an* +*dat* about). **er hat immer an allem zu ~** he always finds something to moan about.

Nörgler(in f) m -s, - grumbler, moaner; (*Krittler*) carper.~

Norm f -, -en **1.** norm; (*Größenvorschrift*) standard (specification). **als ~ gelten, die ~ sein** to be (considered) normal, to be the usual thing.

2. (*Leistungssoll*) quota, norm. **die ~ erreichen** to achieve one's quota, to meet one's target.

normal *adj* normal; *Format, Maß, Gewicht* standard. **benimm dich doch mal ~!** act like a normal human being, can't you?

Normal- *in cpds* **1.** (*üblich*) normal; **2.** (*genormt*) standard; **Normalbenzin** *nt* regular (petrol *Brit or* gas *US*).

Normale f -(n), -n (*Math*) normal.

normalerweise *adv* normally, usually.

Normalfall m normal case; **im ~** normally, usually; **Normalfilm** m standard film; **Normalgewicht** *nt* normal weight; (*genormt*) standard weight.

normalisieren* I *vt* to normalize. II *vr* to return *or* get back to normal.

Normalisierung f normalization.

Normalität f normality, normalcy.

Normalmaß *nt* standard (measure); **Normalnull** *nt* -s, *no pl* (*abbr* NN) ≃ sea level; **Normalspur** f (*Rail*) standard gauge; **Normal|uhr** f (*old*) (synchronized) clock; **Normalverbraucher** m average consumer; **Otto ~** (*inf*) the average person *or* punter (*sl*), John Doe (*US*); **Normalzeit** f standard time; **Normalzustand** m normal state; (*normale Verhältnisse*) normal conditions *pl*.

Normandie f - **die ~** Normandy.

Normanne m -n, -n, **Normannin** f Norman.

normannisch *adj* Norman.

normativ *adj* normative.

Normblatt *nt* standard specifications sheet.

normen, normieren* *vt* to standardize.

Normierung *f* standardization.

Normschrift *f* standard print/handwriting.

Normung *f* (*Tech*) standardization.

normwidrig *adj* deviant; (*Tech*) non-standard.

Norwegen *nt* -s Norway.

Norweger(in *f*) *m* -s, - Norwegian.

norwegisch *adj* Norwegian.

Nostalgie *f* nostalgia.

nostalgisch *adj* nostalgic.

Not *f* -, ̈e 1. *no pl* (*Mangel, Elend*) need-(iness), want, poverty. **hier herrscht große ~** there is great poverty here; **eine Zeit der ~** a time of need, a lean time; **aus ~ out of poverty;** ~ **leiden** to suffer deprivation; **jds ~** (*acc*) **lindern** to improve sb's lot; **in ~ leben** to live in poverty; **wenn ~ am Mann ist** if you/they *etc* are short (*inf*); (*im Notfall*) in an emergency; ~ **macht erfinderisch** (*Prov*) necessity is the mother of invention (*Prov*); **in der ~ frißt der Teufel Fliegen** *or* **schmeckt jedes Brot** (*Prov*) beggars can't be choosers (*prov*); ~ **kennt kein Gebot** (*Prov*) necessity knows no law (*Prov*).

2. (*Bedrängnis*) distress *no pl*, affliction; (*Problem*) problem. **die ~ e des Alltags** the problems of everyday living; **in seiner ~** in his hour of need; **in unserer ~ blieb uns nichts anderes übrig** in this emergency we had no choice; **jdm seine ~ klagen** to tell sb one's troubles, to cry on sb's shoulder (*inf*); **in ~ sein** to be in distress; **in ~ geraten** to get into serious difficulties; **Freunde in der ~ (gehen tausend auf ein Lot)** (*Prov*) a friend in need (is a friend indeed) (*Prov*); **der/als Retter in der ~** sb's knight/like a knight in shining armour; **Hilfe in höchster ~** help in the nick of time; **in Ängsten und ~ en schweben** to be in fear and trembling; **jdm in der ~ beistehen** to help sb in *or* through times of trouble *or* in his need.

3. *no pl* (*Sorge, Mühe*) difficulty, trouble. **er hat seine liebe ~ mit ihr/damit** he really has problems with her/it, he really has his work cut out with her/it (*inf*); **die Eltern hatten ~, ihre fünf Kinder zu ernähren** the parents had difficulty in feeding their five children; **es hat damit keine ~** (*old*) there's no rush.

4. (*Zwang, Notwendigkeit*) necessity. **der ~ gehorchend** bowing to necessity; **etw nicht ohne ~ tun** not to do sth without having to; **zur ~** if necessary, if need(s) be; (*gerade noch*) at a pinch, just about; **aus der ~ eine Tugend machen** to make a virtue (out) of necessity.

not *adj* (*geh*) ~ **tun** *or* **sein** to be necessary; **ihm tat Hilfe ~** he needed help; **uns allen täte ein bißchen mehr Bescheidenheit ~** we could all benefit from a little more modesty.

Notabeln *pl* (*geh*) notabilities *pl*.

nota bene *adv* (*geh*) please note, let it be noted.

Not|anker *m* sheet anchor.

Notar *m* notary (public).

Notariat *nt* notary's office.

notariell *adj* notarial. ~ **beglaubigt** attested by a notary, notarized.

Not|arzt *m* doctor on emergency call; **Not|aufnahmelager** *nt* reception centre, transit camp; **Not|ausgang** *m* emergency exit; **Notbehelf** *m* stopgap (measure), makeshift; **Notbeleuchtung** *f* emergency lighting; **Notbremse** *f* emergency brake; **die ~ ziehen** to pull the communication cord (*Brit*); **Notbremsung** *f* emergency stop.

Notdurft *f* -, *no pl* 1. (*euph geh*) call of nature (*euph*). **seine ~ verrichten** to relieve oneself, to answer the *or* a call of nature (*euph*). 2. (*old*) need. **des Lebens ~** the bare necessities of life; **des Leibes ~** enough to keep body and soul together.

notdürftig *adj* (*kaum ausreichend*) meagre, poor; (*behelfsmäßig*) makeshift *no adv*, rough and ready *no adv*. **wir konnten uns mit den Einheimischen ~ verständigen** we could just about communicate with the natives; **nachdem wir den Reifen ~ geflickt hatten** when we had patched up the tyre in a makeshift *or* rough-and-ready way.

Note *f* -, -n 1. (*Mus*) note. **ganze ~** semibreve (*Brit*), whole note (*US*); **halbe ~** minim (*Brit*), half note (*US*); **~n** *pl* music; **~n lesen** to read music; **nach ~n spielen/singen** to play/sing from music; **nach ~n** (*fig inf*) thoroughly.

2. (*Sch*) mark.

3. (*Pol*) note.

4. (*Bank~*) (bank)note, bill (*US*).

5. *no pl* (*Eigenart*) (*in bezug auf Gespräch, Brief etc*) note; (*in bezug auf Beziehungen, Atmosphäre*) tone, character; (*in bezug auf Einrichtung, Kleidung*) touch. **das ist meine persönliche ~** that's my trademark; **einer Sache** (*dat*) **eine persönliche ~ verleihen** to give sth a personal touch; **ein Parfüm mit einer herben ~** a perfume with something tangy about it *or* with a tangy quality.

Noten|austausch *m* (*Pol*) exchange of notes; **Notenbank** *f* issuing bank, bank of issue; **Notenblatt** *nt* sheet of music; **Notenheft** *nt* (*mit Noten*) book of music; (*ohne Noten*) manuscript book; **Notenlinie** *f* lines *pl* (of a stave); **Papier mit ~n** manuscript paper; **Notenpapier** *nt* manuscript paper; **Notenpresse** *f* money press; **Notenschlüssel** *m* clef; **Notenschrift** *f* musical notation; **Notenständer** *m* music stand; **Noten|umlauf** *m* (*Fin*) circulation (of banknotes).

Notfall *m* emergency. **für den ~ nehme ich einen Schirm mit** I'll take an umbrella (just) in case; **im ~** if necessary, if need(s) be; **bei einem ~** in case of emergency.

notfalls *adv* if necessary, if need(s) be.

Notflagge *f* distress flag.

notgedrungen *adv* of necessity, perforce. **ich muß mich ~ dazu bereit erklären** I'm forced to agree, I've no choice but to agree, I must perforce agree.

Notgeld *nt* emergency money; **Notgemeinschaft** *f* emergency organization; **im Luftschutzbunker waren wir alle eine ~ in**

the air raid shelter we were all brothers in misfortune; **Notgroschen** *m* nest egg; **sich** (*dat*) **einen ~ zurücklegen** to put some money away for a rainy day; **Nothafen** *m* harbour of refuge; **wegen der Epidemie mußte das Schiff einen ~ anlaufen** because of the epidemic the ship had to make an emergency stop; **Nothelfer** *m* (*Rel*) auxiliary saint; **Nothilfe** *f* assistance in an emergency.

notieren* **I** *vti* **1.** (*Notizen machen*) to note down, to make a note of; (*schnell*) to jot down. **ich notiere (mir) den Namen** I'll make a note of the name; **Fräulein, bitte ~ Sie!** please take a note/a letter/a memo, Miss X; **was möchten Sie bestellen? ich notiere** what would you like to order? I'll make a note of it *or* I'll take it down.

2. (*vormerken*) (*Comm*) *Auftrag* to note, to book. **zu welchem Termin waren Sie notiert?** what time was your appointment?; **jdn ~** to put sb's name *or* sb down.

3. (*St Ex: festlegen*) to quote (*mit* at).

II *vi* (*St Ex: wert sein*) to be quoted (*auf* +*acc* at).

Notierung *f* **1.** (*Comm*) note. **2.** (*St Ex*) quotation. **3.** (*Mus*) notation.

nötig **I** *adj* necessary. **ist das unbedingt ~?** is that really *or* absolutely necessary?; **es ist nicht ~ zu sagen, wie ...** it's not necessary *or* there's no need to say how ...; **es ist nicht ~, daß er kommt** it's not necessary *or* there's no need for him to come, he doesn't need to come; **das war wirklich nicht ~** that really wasn't necessary, there was no need for that; (*nach spitzer Bemerkung auch*) that was uncalled for; **wenn ~** if necessary, if need(s) be; **etw ~ haben** to need sth; **etw bitter ~ haben** to need sth badly; **er hat das natürlich nicht ~** (*iro*) but, of course, he's different; **ich habe es nicht ~, mich von dir anschreien zu lassen** I don't need *or* have to let you shout at me; **die haben's gerade ~** (*inf*) that's the last thing they need; **du hast es gerade ~, so zu reden** (*inf*) you can *or* can't talk (*inf*), you're a fine one to talk (*inf*); **das habe ich nicht ~!** I can do without that, I don't need that; **etw ~ machen** to necessitate sth, to make sth necessary; **das N~e** the necessary; **das Nötigste** the (bare) necessities *or* essentials.

II *adv* (*dringend*) **etw ~ brauchen** to need something urgently; **ich muß mal ~** (*inf*) I'm dying to go (*inf*).

nötigen *vt* (*geh: zwingen*) to force, to compel; (*Jur*) to coerce; (*auffordern*) to urge, to press. **jdn ins Zimmer ~** to force sb to go into a room; **sich ~ lassen** to need prompting *or* urging; **lassen Sie sich nicht (erst) ~!** don't wait to be asked.

nötigenfalls *adv* (*form*) *siehe* **notfalls.**

Nötigung *f* (*Zwang*) compulsion; (*Jur*) coercion.

Notiz *f*-**, -en 1.** (*Vermerk*) note; (*Zeitungs~*) item. **sich** (*dat*) **~en machen** to make *or* take notes; **sich** (*dat*) **eine ~ von etw machen** to make a note of sth. **2. ~ nehmen von** to pay attention to, to take notice of; **keine ~ nehmen von** to ignore; **nimm keine ~!** take no notice, don't take any notice.

Notizblock *m* notepad, jotter; **Notizbuch** *nt* notebook; **Notizzettel** *m* piece of paper; **er hinterließ mir einen ~ mit seiner Adresse** he left me a note of his address on a piece of paper.

Notjahr *nt* year of need, difficult year.

Notlage *f* crisis; (*Elend*) plight. **in ~n** in an emergency; **die wirtschaftliche ~ Großbritanniens** Great Britain's economic plight; **jds ~** (*acc*) **ausnützen** to exploit sb's situation; **in eine ~ geraten** to get into serious difficulties; **sich in einer ~ befinden** to find oneself in serious difficulties.

notlanden *pret* **notlandete** *ptp* **notgelandet** *vi aux sein* to make a forced landing *or* an emergency landing.

Notlandung *f* forced *or* emergency landing.

notleidend *adj* needy; **die N~en** the needy.

Notlösung *f* less-than-ideal solution; (*provisorisch*) temporary solution; **Notlüge** *f* white lie; **Notnagel** *m* (*fig inf*) last resort; **Not|opfer** *nt* emergency contribution.

notorisch *adj* notorious.

Notruf *m* (*Telec*) (*Gespräch*) emergency call; (*Nummer*) emergency number; **Notrufsäule** *f* emergency telephone.

notschlachten *pret* **notschlachtete,** *ptp* **notgeschlachtet** *vt* to destroy, to put down.

Notsignal *nt* distress signal; **Notsituation** *f* emergency; **Notsitz** *m* foldaway seat, tipup seat.

Notstand *m* crisis; (*Pol*) state of emergency; (*Jur*) emergency. **innerer ~** domestic *or* internal state of emergency; **äußerer ~** threat of invasion *or* attack; **ziviler ~** disaster; **den ~ ausrufen** to declare a state of emergency; **einen ~ beheben** to end *or* put an end to a crisis.

Notstandsgebiet *nt* (*wirtschaftlich*) depressed *or* deprived area; (*bei Katastrophen*) disaster area; **Notstandsgesetze** *pl*, **Notstandsverfassung** *f* (*Pol*) emergency laws *pl*.

Nottaufe *f* emergency baptism; **Not|unterkunft** *f* emergency accommodation; **Notverband** *m* emergency *or* first-aid dressing; **Notver|ordnung** *f* emergency decree.

notwassern *pret* **notwasserte,** *ptp* **notgewassert** *vi* to ditch (*Aviat sl*), to make a crash-landing in the sea.

Notwehr *f, no pl* self-defence. **aus** *or* **in ~** in self-defence.

notwendig *adj* necessary; (*unvermeidlich auch*) inevitable. **~ brauchen** to need urgently; **es folgt ~** it necessarily follows; **das N~e** the necessary, what is necessary; **ich habe alles N~e erledigt** I've done everything (that's) necessary; **das N~ste** the (bare) necessities *or* essentials; **sich auf das N~ste beschränken** to stick to essentials.

notwendigerweise *adv* of necessity, necessarily, inevitably.

Notwendigkeit *f* **1.** *no pl* necessity. **mit ~** of necessity; **die ~, etw zu tun** the necessity of doing sth. **2.** (*notwendige Sache*) necessity, essential.

Notzeichen *nt* distress signal.

Notzucht *f* (*Jur*) rape. **~ begehen** *or* **verübent** to commit rape (*an* +*dat* on).

notzüchtigen, *pret* **notzüchtigte,** *ptp* **genotzüchtigt** *vt (Jur)* to rape, to ravish, to violate.

Notzuchtverbrechen *nt* crime of rape.

Nougat, Nugat ['nu:gat] *m or nt* **-s, -s** nougat.

Nova *pl of* **Novum.**

Novelle [no'vɛlə] *f* 1. novella. 2. *(Pol)* amendment.

novellieren* [novɛ'li:rən] *vt (Pol)* to amend.

Novellierung [novɛ'li:rʊŋ] *f (Pol)* amendment.

Novellist(in *f)* [novɛ'lɪst(ɪn)] *m* novella writer.

novellistisch [novɛ'lɪstɪʃ] *adj* novella-like.

November [no'vɛmbɐ] *m* **-s, -** November; *siehe* **September.**

Novität [novi'tɛ:t] *f (geh)* innovation, novelty; *(Buch)* new publication; *(Theat)* new play.

Novize [no'vi:tsə] *m* **-n, -n,** *f* **-, -n** novice.

Noviziat [novi'tsia:t] *nt* novitiate.

Novizin *f* novice.

Novum ['no:vʊm] *nt* **-s, Nova** ['no:va] novelty.

Nr. *abbr of* **Nummer** No.

NS *abbr of* **Nachschrift** PS; **national-sozialistisch.**

N.T. *abbr of* **Neues Testament** NT.

Nu *m:* **im ~** in no time, in a flash *or* trice.

Nuance ['nyã:sə] *f* **-, -n** *(kleiner Unterschied)* nuance; *(Kleinigkeit)* shade. **um eine ~ zu laut** a shade too loud.

nuancenreich *adj* full of nuances.

nuancieren* [nyã'si:rən] *vt* to nuance.

'nüber *adv (dial) siehe* **hinüber.**

nüchtern *adj* 1. *(ohne Essen)* **der Patient muß ~ sein** the patient must have an empty stomach; **mit ~em/auf ~en Magen** with/on an empty stomach; **das war ein Schreck auf ~en Magen** *(hum)* my heart skipped a beat.
2. *(nicht betrunken)* sober. **wieder ~ werden** to sober up.
3. *(sachlich)* down-to-earth *no adv*, rational; *Mensch auch* no-nonsense *attr*; *Zahlen, Tatsachen* bare, plain.
4. *(schmucklos)* sober; *Essen (fade)* dull, insipid; *(nicht gewürzt)* plain.

Nüchternheit *f* 1. **überzeugen Sie sich von der ~ des Patienten** make sure that the patient's stomach is empty.
2. *(Unbetrunkenheit)* soberness, sobriety.
3. *(Sachlichkeit)* rationality.
4. *(Schmucklosigkeit)* soberness; *(von Essen) (Fadheit)* dul(l)ness, insipidness, insipidity; *(Ungewürztheit)* plainness.

Nuckel *m* **-s, -** *(inf) (auf Fläschchen)* teat *(Brit)*, nipple *(US)*; *(Schnuller)* dummy *(Brit)*, pacifier *(US)*.

nuckeln *vi (inf) (Mensch)* to suck *(an +dat* at); *(Tier)* to suckle *(an +dat* from). **am Daumen ~** to suck one's thumb.

Nuckelpinne *f (inf)* old banger *(Brit inf)* or crate *(inf)*.

Nudel *f* **-,** *m usu pl* 1. *(als Beilage)* pasta *no pl*; *(als Suppeneinlage, chinesische)* noodle; *(Faden~)* vermicelli *pl.* 2. *(inf: Mensch) (dick)* dumpling *(inf)*; *(komisch)* character.

Nudelbrett *nt* pastryboard; **nudeldick** *adj (inf)* podgy *(inf)*; **Nudelholz** *nt* rolling pin.

nudeln *vt Gans* to force-feed; *(inf) Kind* to stuff *(inf)*, to overfeed. **ich bin genudelt** *(inf)* I'm full to bursting *(inf)*.

Nudelsuppe *f* noodle soup; **Nudelteig** *m* pasta/noodle dough.

Nudismus *m* nudism.

Nudist(in *f) m* nudist.

Nudität *f usu pl (geh)* nude (picture).

Nugat *m or nt siehe* **Nougat.**

nuklear *adj attr* nuclear.

Nuklearmacht *f* nuclear power.

Nukleus ['nu:kleʊs] *m* **-, Nuklei** ['nu:klei] nucleus.

Null¹ *f* **-, -en** 1. *(Zahl)* nought, naught *(US)*, zero; *(Gefrierpunkt)* zero. **die ~** the figure nought, zero; **das Thermometer steht auf ~** the thermometer is at *or* on zero; **gleich ~ sein** to be absolutely nil *or* zero; **in ~ Komma nichts** *(inf)* in less than no time; **jdn auf ~ bringen** *(inf)* to fix sb for good *(inf)*; **die Augen auf ~ stellen** *(sl)* to croak *(sl)*; **seine Stimmung sank auf ~** *(inf)* he sank into the depths of gloom; **im Jahre ~** in the year nought; **die Stunde ~** the new starting point.
2. *(inf: Mensch)* wash-out *(inf)*, dead loss *(inf)*.

Null² *m or nt* **-(s), -s** *(Cards)* nullo.

null *num* zero; *(inf: kein)* zero *(sl)*; *(Telec)* O [əʊ] *(Brit)*, zero *(US)*; *(Sport)* nil, nothing; *(Tennis)* love. **~ Komma eins** (nought) point one; **es ist ~ Uhr zehn** it's ten past twelve *or* midnight; **zwei Minuten ~ Sekunden** *(bei Zeitansagen)* two minutes precisely; *(bei Rennen)* two minutes dead *or* flat; **~ Grad** zero degrees; **~Fehler** no *or* zero *(sl)* mistakes; **es steht ~ zu ~** there's no score; **das Spiel wurde ~ zu ~ beendet** the game was a goalless draw; **~ zu eins** one-nil, one-nothing; **~ und nichtig** null and void.

null|achtfünfzehn, null|achtfuffzehn *(inf)* **I** *adj inv* run-of-the-mill *(inf)*. **II** *adv* in a run-of-the-mill way.

Nulldiät *f* calorie-free diet; **Nulleiter** *m getrennt:* **Null-Leiter** *(Elec)* earth (wire) *(Brit)*, ground (wire) *(US)*; **Null-Lösung** *f (Pol)* zero option; **Nullmeridian** *m* Greenwich *or* prime Meridian; **Null-Null** *nt or m* **-,** *no pl (inf)* loo *(Brit inf)*, restroom *(US)*; **Null ouvert** [-u've:ɐ] *m or (rare) nt* **-, -, -s** *(Cards)* null ouvert.

Nullpunkt *m* zero. **die Stimmung sank unter den ~** the atmosphere froze; **auf dem ~ angekommen sein** *(fig)* to have sunk to *or* reached rock-bottom.

Nullserie *f* pilot production; **Nullspiel** *nt (Cards)* nullo; **Nullstellung** *f* zero position; **in der ~ sein** to be on zero; **Nulltarif** *m (für Verkehrsmittel)* free travel; *(freier Eintritt)* free admission; **Nullwachstum** *nt (Pol)* nil *or* zero growth.

Numerale *nt* **-s, Numeralia** *or* **Numeralien** [-liən] *(Gram)* numeral.

Numeri *pl of* **Numerus.**

numerieren* *vt* to number.

Numerierung *f* numbering.

numerisch *adj* numeric(al).

Numerus *m* **-, Numeri** *(Gram)* number. **~**

clausus (*Univ*) restricted entry.
Numismatik *f* numismatics *sing.*
Nummer *f* **-, -n** (*Zahl, von Zeitschrift, Varieté~*) number; (*Größe*) size; (*inf: Mensch*) character; (*sl: Koitus*) screw (*sl*); (*mit Prostituierter*) trick (*sl*). **unser Haus hat die ~ 25** our house is number 25; **Bahnhofstraße ~ 15** number 15 Bahnhofstraße; **nur eine ~ unter vielen sein** (*fig*) to be a cog (in the machine); **er hat eine ruhige ~** (*inf*) he's onto a cushy number (*inf*); **auf ~ Sicher gehen** (*inf*) to play (it) safe; **auf or in ~ Sicher sein** (*sl*) to be in the jug (*sl*) *or* can (*US sl*); **Gesprächsthema ~ eins** the number one talking point; **sie ist die ~ eins in Hollywood** she's number one *or* the number one star in Hollywood; **eine ~ abziehen** (*sl*) to put on an act; **eine ~ machen** *or* **schieben** (*sl*) to have it off *or* away (*sl*).
Nummernschild *nt* (*Aut*) number plate, registration plate (*Brit*), license plate (*US*).
nun I *adv* **1.** (*jetzt*) now. **von ~ an** from now on, as from *or* of now, from here on in (*US*); **~, da er da ist, können wir anfangen** now that he's here we can get started; **~ erst, erst ~** only now; **~ist aber genug!** now that's enough; **~ endlich** (now) at last; **was ~?** what now?; **was ~ (schon wieder)?** what (is it) now?
2. (*danach*) then. **~ erst ging er** then did he go.
3. ich bin ~ eben dumm I'm just stupid, that's all; **er will ~ mal nicht** he simply doesn't want to; **dann muß ich das ~ wohl tun!** then I'll just have to do it; **~, wenn's unbedingt sein muß** well, if I/you *etc* really must; **~, du hast ja recht, wenn du das sagst, aber ...** well *or* OK (*inf*) *or* fair enough (*inf*), what you say is true but ...; **das ist ~ (ein)mal so** that's just the way things are; **~ ja or gut, aber ...** all right *or* OK (*inf*), but ...; **~ ja** well yes; **~ gut** (well) all right, (well) OK (*inf*); **~, meinetwegen** well, as far as I'm concerned; **~ erst recht!** just for that (I'll do it)!; **~ taten wir's erst recht nicht** just because they/he/she *etc* said/did that, we didn't do it.
4. (*Folge*) now. **das hast du ~ davon!** (it) serves you right.
5. (*Aufforderung*) come on, go on. **~ denn** (*geh*) well then; **~, wird's bald?** (*inf*) come on then, hurry up then.
6. (*bei Fragen*) well. **~?** well?
7. (*beschwichtigend*) come on. **~, ~!** (*warnend*) come on now, come, come, now, now; (*tröstend*) there, there.
II *conj* (*obs*) since (that *obs*), now that.
nunmehr *adv* (*geh*) (*jetzt*) now, at this point; (*von jetzt an*) henceforth (*form*), from now on, as from *or* of now. **die ~ herrschende Partei** the currently ruling party.
'nunter *adv* (*dial*) *abbr of* **hinunter.**
Nuntius ['nʊntsiʊs] *m* **-, Nuntien** ['nʊntsiən] nuncio.
nur *adv* **1.** (*einschränkend*) only, just ..., **~ müßte er etwas gründlicher sein** ... but *or* only he should be rather more thorough; **ich habe ~ ein Stück Brot gegessen** I've only eaten a piece of bread, I've eaten only *or* just a piece of bread; **alle, ~ ich nicht** everyone except *or* but me; **~ ich weiß** I'm the only one who knows, only I know; **~ schade, daß ... it's** just a pity that ...; **~ daß** it's just that, only; **~ noch zwei Minuten** only *or* just two minutes left *or* to go; **der Kranke ißt fast ~ noch Obst** the sick man eats virtually nothing but fruit these days; **nicht ~ ..., sondern auch** not only *or* just ... but also; **alles, ~ das nicht!** anything but that!; **warum möchtest du das denn wissen? — ach, ~ so!** why do you want to know? — oh I just do *or* oh just because *or* oh no special reason; **ich hab' das ~ so gesagt** I was just talking; **warum hast du das gemacht? — ~ so** why did you do that? — I just did; **~ kann man nie wissen, ob ...** only *or* but you never can *or* can never tell if ...
2. (*verstärkend*) just. **wie schnell er ~ redet** doesn't he speak fast!; **daß ~ so krachte** making a terrible din; **er fuhr, so schnell er ~ (fahren) konnte** he drove just as fast as he possibly could, he drove for all he was worth.
3. (*mit Fragepronomen*) -ever, on earth (*inf*). **was/wer/wie** *etc* **~?** but what/who/ how *etc*?; **was hat er ~?** whatever *or* what on earth is the matter with him?; **wie kannst du ~ (so etwas sagen)?** how could you (say such a thing)?; **sie bekommt alles, was sie ~ will** she gets whatever she wants.
4. (*Wunsch, Bedingung*) **wenn er ~ (erst) käme** if only he would come, if he would only come; **wüßte ich ~, wie** if only I knew how, if I only knew how; **es wird klappen, wenn er ~ nicht die Nerven verliert** it will be all right as long as *or* so long as (*inf*) *or* provided (that) he doesn't lose his nerve.
5. (*mit Negationen*) just, ... whatever you do. **laß das ~ niemand wissen!** just don't let anyone find out, (but) don't let anyone find out whatever you do; **sagen Sie das ~ nicht Ihrer Frau!** just don't tell your wife (whatever you do).
6. (*Aufforderung*) just. **geh ~!** just go, go on; **~ zu!** go on; **sieh ~** just look; **~ her damit!** (*inf*) let's have it; **sagen Sie es ~, Sie brauchen es ~ zu sagen** just say (the word), you only have to say (the word); **er soll ~ lachen!** let him laugh.
7. ~ mehr (*dial, esp Aus*) only ... left; **ich habe ~ mehr eine Mark** I've only one mark left.
Nurhausfrau *f* full-time housewife.
Nürnberg *nt* **-s** Nuremberg. **jdm etw mit dem ~er Trichter beibringen** (*inf*) to drum sth into sb.
nuscheln *vti* (*inf*) to mutter, to mumble.
Nuß *f* **-, Nüsse 1.** nut. **eine harte ~ zu knacken haben** (*fig*) to have a tough nut to crack. **2.** (*inf: Mensch*) **eine taube ~** a dead loss (*inf*), a wash-out (*inf*). **3.** (*inf: Kopf~*) punch (in the head).
Nußbaum *m* (*Baum*) walnut tree; (*Holz*) walnut; **Nußknacker** *m* nutcracker, (pair of) nutcrackers *pl*; **Nußkohle** *f* nut coal; **Nußschale** *f* nutshell; (*fig: Boot*) cockleshell, frail little boat.

Nüster f -, **-n** nostril.

Nut f -, **-en** (spec), **Nute** f -, **-n** groove, flute, chase; (zur Einfügung) rabbet, slot; (Keil~) keyway, key seat. ~ **und Feder** tongue and groove; ~ **und Zapfen** mortise and tenon.

Nutria f -, **-s** coypu, nutria (rare).

Nutte f -, **-n** (inf) tart (inf), pro (Brit sl), hooker (esp US sl).

Nutz m: **zu** ~ **und Frommen** +gen (old liter) for the greater good of (form).

Nutz|anwendung f practical application; (einer Geschichte) moral.

nutzbar adj us(e)able, utilizable; Boden-schätze exploitable; Boden fertile, productive. ~ **machen** to make us(e)able or utilizable; Sonnenenergie to utilize, to harness, to turn to good use.

Nutzbarkeit f siehe adj us(e)ability, utilizability; exploitability; fertility, productivity.

Nutzbarmachung f utilization.

nutzbringend adj profitable. **etw** ~ **anwen-den** to use sth profitably or to good effect, to put sth to good use.

nütze, nutz (S Ger, Aus) adj pred **zu etw/ nichts** ~ **sein** to be useful for sth/to be no use for anything.

Nutz|effekt m effectiveness, efficiency.

Nutzen m -s, -. 1. use; (Nützlichkeit) useful-ness. **es hat keinen** ~, **das zu tun** there's no use or point (in) doing that; **zum** ~ **der Öffentlichkeit** for the benefit of the public; **jdm** ~ **sein** to be useful or of use to sb; (einer anderen Person auch) to be of service to sb.

2. (Vorteil) advantage, benefit; (Ge-winn) profit. **jdm** ~ **bringen** (Vorteil) to be of advantage to sb; (Gewinn) to bring sb profit, to prove profitable to sb; **sich** (dat) **großen** ~ **von etw versprechen** to expect to benefit or profit greatly from sth; **von etw** ~ **haben** to gain or profit by sth; **aus etw** ~ **ziehen** to reap the benefits of sth.

nutzen, nützen I vi to be of use, to be useful (jdm zu etw sb for sth). **die Ermahnungen haben genützt/nichts genützt** the warnings had the desired effect/didn't do any good; **es nützt nichts** it's no use or good, it's use-less; **alle Anstrengungen haben nichts genützt** all our efforts were useless or in vain; **da nützt alles nichts** there's nothing to be done; **das nützt (mir/dir) nichts** that won't help (me/you); **das nützt nieman-dem** that's of no use to anybody; **es nützt wenig** it isn't much use or good; **wozu soll das alles** ~? what's the use or point of that?

II vt to make use of, to use; Gelegenheit to take advantage of. **nütze den Tag!** gather ye rosebuds while ye may (liter).

Nutzfahrzeug nt (Comm) commercial ve-hicle, goods vehicle; **Nutzfläche** f utiliz-able or us(e)able floor space; (Agr) (agriculturally) productive land; **Nutz-garten** m vegetable or kitchen garden; **Nutzholz** nt (utilizable) timber; **Nutzlast** f maximum load; **Nutzleistung** f efficiency, effective capacity or output; (Aut) performance.

nützlich adj useful; Hinweis, Wissen, Kennt-nisse, Buch auch helpful. **er könnte dir eines Tages sehr** ~ **werden** he might be very useful to you one day; **sich** ~ **machen** to make oneself useful; **kann ich Ihnen** ~ **sein?** may I be of service to you?

Nützlichkeit f usefulness, utility (form); (Vorteil) advantage; (Dienlichkeit) use-fulness, helpfulness.

Nützlichkeitsdenken nt utilitarian think-ing; **Nützlichkeitsprinzip** nt utility prin-ciple.

Nützling m beneficial insect.

nutzlos adj 1. useless; (unergiebig, vergeblich) futile, vain attr, in vain pred. **es ist völlig** ~, **das zu tun** it's absolutely useless or pointless or futile doing that; **er hat seine Zeit** ~ **mit Spielen zugebracht** he frittered away or wasted his time playing.

2. (unnötig) needless. **sein Leben** ~ **aufs Spiel setzen** to risk one's life needlessly or unnecessarily.

Nutzlosigkeit f uselessness; (Uneinträglich-keit, Vergeblichkeit) futility, vainness.

Nutznießer(in f) m -s, - beneficiary; (Jur) usufructuary.

Nutznießung f (Jur) usufruct.

Nutzpflanze f useful plant; **Nutztier** nt working animal.

Nutzung f (Gebrauch) use; (das Ausnutzen) exploitation. **ich habe ihm meinen Garten zur** ~ **überlassen** I gave him the use of my garden.

Nutzungsdauer f (useful) life.

Nutzungsrecht nt (Jur) usufruct.

n.u.Z. abbr of **nach unserer Zeitrechnung** AD.

NW abbr of **Nordwesten** NW.

Nylon ['nailɔn] ® nt -(s), no pl nylon.

Nylonstrumpf ['nailɔn-] m nylon (stock-ing).

Nymphe ['nʏmfə] f -, **-n** (Myth) nymph; (fig) sylph; (Zool) nymph(a).

Nymphomanie [nʏmfo-] f nymphomania.

Nymphomanin [nʏmfo-] f nymphomaniac.

nymphoman(isch) [nʏmfo-] adj nym-phomaniac.

O

O, o [o:] *nt* -, - O, o.

O *abbr of* **Osten** E.

o *interj* oh. ~ **Sünder!** (*liter*) O sinner.

O|ase *f* -, **-n** oasis; (*fig*) haven, oasis.

ob I *conj* **1.** (*indirekte Frage*) if, whether.
wir gehen spazieren, ~ **es regnet oder nicht** we're going for a walk whether it rains or not; **Sie müssen kommen,** ~ **Sie (nun) wollen oder nicht** like it or not, you have to come; ~ **reich,** ~ **arm** whether rich or poor; ~ **er (wohl) morgen kommt?** I wonder if he'll come tomorrow?; ~ **wir jetzt Pause machen?** shall we have a break now?; ~ **ich nicht lieber gehe?** maybe I'd better go, hadn't I better go?; ~ **ich keine Angst gehabt hätte, fragte er** hadn't I been afraid, he asked; **er hat gefragt,** ~ **du's geklaut hast** — ~ **ich was?** (*inf*) he asked if you pinched it — if I what?; **kommst du mit?** — **was?** — ~ **du mitkommen willst?** are you coming? — what? — are you coming?

2. (*verstärkend*) **und** ~ (*inf*) you bet (*inf*), of course; **und** ~ **ich das gesehen habe!** you bet (*inf*) or of course I saw it!

3. (*vergleichend*) **als** ~ as if; **(so) tun als** ~ (*inf*) to pretend; **tu nicht so als** ~**!** stop pretending!

4. ~ **... auch,** ~ **... gleich** (*liter*) even though.

II *prep* +*gen* **1.** (*old, liter*) on account of.

2. (*in Ortsnamen*) (up)on.

OB [o:'be:] *m* **-s, -s** *abbr of* **Oberbürgermeister.**

o.B. *abbr of* **ohne Befund.**

Obacht *f* -, *no pl* (*esp S Ger*) ~**!** watch out!, look out!, careful!; ~ **geben auf** (+*acc*) (*aufmerken*) to pay attention to; (*bewachen*) to keep an eye on; **du mußt** ~ **geben, daß du keine Fehler machst** you must be careful not to make any mistakes.

Obdach *nt, no pl* (*geh*) shelter. **jdm (ein)** ~ **gewähren** or **geben** to give or offer sb shelter; **kein** ~ **haben** to be homeless; (*vorübergehend*) to have no shelter.

obdachlos *adj* homeless; ~ **werden** to be made homeless; **Obdachlose(r)** *mf decl as adj* homeless person; **die** ~**n** the homeless; **Obdachlosen|asyl, Obdachlosenheim** *nt* hostel/shelter for the homeless; **Obdachlosigkeit** *f* homelessness.

Obduktion *f* post-mortem (examination), autopsy.

obduzieren* *vt* to carry out or do a post-mortem or autopsy on.

O-Beine *pl* (*inf*) bow or bandy legs *pl*.

o-beinig *adj* bow- or bandy-legged.

Obelisk *m* **-en, -en** obelisk.

oben *adv* **1.** (*am oberen Ende*) at the top; (*an der Oberfläche*) on the surface; (*im Hause*) upstairs; (*in der Höhe*) up. **(hier)** ~**!** (*auf Kisten etc*) this way or this side up!; ~ **und unten (von etw) verwechseln** to

get sth upside down; **wo ist** ~ **(bei dem Bild)?** which is the top (of the picture)?, which is the right way up (for the picture)?; **die Leute, die** ~ **wohnen** the people on the floor above us/you *etc* or (who live) upstairs; **wir möchten lieber** ~ **wohnen** we'd rather live high(er) up; **möchten Sie lieber** ~ **schlafen?** (*im oberen Bett*) would you like the top bunk or to sleep on top?; **wir wohnen rechts** ~ or ~ **rechts** we live on the top floor to the right; ~ **rechts** or **rechts** ~ **(in der Ecke)** in the top right-hand corner; **die Abbildung** ~ **links** or **links** ~ **auf der Schautafel** the illustration on the top left or in the top left-hand corner of the diagram; **der ist** ~ **nicht ganz richtig** (*inf*) he's not quite right up top (*inf*); **Kellnerin** ~ **ohne** (*inf*) topless waitress; ~ **ohne gehen** or **tragen** (*inf*) to be topless; **ganz** ~ right at the top; **ganz** ~ **auf dem Stapel/in der Rangordnung** right at the top of the pile/of the hierarchy; **hier/dort** ~ up here/there; **die ganze Sache steht mir bis hier** ~ (*inf*) I'm sick to death of or fed up to the back teeth with the whole thing (*inf*); **bis** ~ **(hin)** to the top; **hoch** ~ high (up) above; ~ **auf dem Berg/der Leiter/dem Dach** on top of the mountain/ladder/ roof; ~ **am Himmel** up in the sky; ~ **im Himmel** up in heaven, in heaven above (*liter*); ~ **im Norden** up (in the) north; **nach** ~ up, upwards; (*im Hause*) upstairs; **der Fahrstuhl fährt nach** ~ the lift is going up; **wir sind mit dem Fahrstuhl nach** ~ **gefahren** we went up in the lift; **der Weg nach** ~ (*fig*) the road to the top; **endlich hat sie den Weg nach** ~ **geschafft** (*fig*) she finally got to the top or made it (to the top); **nach** ~ **zu** or **hin** towards the top; **von** ~ **(her)** down; (*im Hause*) down(stairs); **ich komme gerade von** ~ (*am Berg*) I've just come from the top; (*im Hause*) I've just been upstairs; **von** ~ **(aus) hat man eine schöne Aussicht** there's a nice view from the top; **von** ~ **bis unten** from top to bottom; (*von Mensch*) from top to toe; **jdn von** ~ **bis unten mustern** to look sb up and down; **jdn von** ~ **herab behandeln** to be condescending to sb, to treat sb condescendingly; **jdn von** ~ **herab ansehen** to look down on sb; **weiter** ~ further up; **das Gehöft liegt weiter** ~ **(am Berg/im Tal)** the farm is further or higher up (the mountain/valley).

2. (*inf: die Vorgesetzten*) **die da** ~ the powers that be (*inf*), the top brass (*inf*); **das wird** ~ **entschieden** that's decided higher up; **etw nach** ~ **weitergeben** to pass sth on to a superior; **der Befehl kommt von** ~**!** it's orders from above.

3. (*vorher*) above. **siehe** ~ see above; **wie** ~ **erwähnt** as mentioned above; **der weiter** ~ **erwähnte Fall** the case referred to before or above.

oben|an *adv* at the top *or* on (the) top; **sein Name steht ~ (auf der Liste)** his name is (at the) top (of the list); **er will immer ~ sein** (*fig*) he always wants to be on top; **oben|auf** *adv* on (the) top; (*an der Oberfläche*) on the top *or* surface; **gestern war er krank, aber heute ist er wieder ~** (*inf*) he wasn't well yesterday, but he's back on form today; **sie ist immer ~** (*inf*) she is always bright and cheery (*inf*); **obendrauf** *adv* (*inf*) on top; **obendrein** *adv* (*inf*) on top of everything (*inf*); **oben-|erwähnt** *adj attr* above-mentioned; **obenherum** *adv* (*inf*) round the top; (*von Frau*) up top; (*von Jacke*) round the chest; **obenhin** *adv* superficially; **etw nur so ~ sagen** to say sth lightly *or* casually *or* in an offhand way; **es schien mir (so) ~ gesagt** he *etc* seemed so offhand *or* casual about it; **Oben-ohne-Bedienung** *f* topless waitresses *pl*; **obenrum** *adv* (*inf*) *siehe* **obenherum**.

Ober *m* **-s, -. 1.** (*Kellner*) waiter. **Herr ~!** waiter! **2.** (*Cards*) ≃ Queen.

Ober- *in cpds* (*Geog*) Upper; (*im Rang*) senior, chief; (*fig*) first class; **Ober|arm** *m* upper arm; **Ober|arzt** *m* senior physician; **Ober|aufseher** *m* (*head*) supervisor, superintendent; (*im Gefängnis*) head warden *or* guard; **Ober|aufsicht** *f* supervision, superintendence; **Oberbau** *m* **1.** (*von Brücke*) superstructure; **2.** (*Rail*) permanent way; **Oberbefehl** *m* (*Mil*) supreme command; **den ~ haben** to be commander-in-chief *or* supreme commander, to be in supreme command (*über +acc* of); **Oberbefehls-haber** *m* (*Mil*) commander-in-chief, supreme commander; **Oberbegriff** *m* generic term; **Oberbekleidung** *f* outer clothing, top clothes; **Oberbett** *nt* quilt; **Oberbürgermeister** *m* mayor; (*von englischer Großstadt*) Lord Mayor; (*Scot*) provost; **Oberdeck** *nt* upper *or* top deck; **oberdeutsch** *adj* (*Ling*) Upper German.

obere(r, s) *adj attr* Ende, Stockwerke, (*Schul*)klassen upper, top; Flußlauf upper. **die O~n** (*inf*) the top brass (*inf*), the bosses; (*Eccl*) the superiors; **die ~en Zehntausend** (*inf*) high society.

oberfaul *adj* (*inf*) very peculiar *or* odd *or* funny (*inf*); **Oberfeldwebel** *m* **1.** (*Heer*) staff sergeant (*Brit*), first sergeant (*US*); **2.** (*Luftwaffe*) flight sergeant (*Brit*), master sergeant (*US*).

Oberfläche *f* surface; (*Tech, Math*) surface area. **an die ~ kommen** (*lit*) to come to the surface, to surface; (*fig*) to emerge; **an der ~ schwimmen** to float; **an der ~ bleiben** (*lit*) to remain on the surface; **sein Referat blieb nur an der ~** his paper was superficial *or* only scratched the surface.

oberflächlich *adj* **1.** (*an der Oberfläche*) superficial. **~e Verletzung** surface wound.

2. (*flüchtig*) superficial; *Kenntnisse auch* shallow. **bei ~er Betrachtung** at a quick glance; **seine Kenntnisse sind nur ~** his knowledge doesn't go very deep *or* far *or* doesn't go beyond the surface; **~ arbeiten** to work superficially; **eine Arbeit ~ machen** to do a job superficially, to skip through a piece of work; **etw ~ lesen** to skim through sth; **er ist sehr ~ in seiner Arbeit** his work is very superficial; **jdn (nur) ~ kennen** to know sb (only) slightly, to have a nodding acquaintance with sb; **etw (nur) ~ kennen** to have (only) a shallow *or* superficial knowledge of sth.

3. (*seicht*) Mensch, Unterhaltung superficial, shallow.

Oberflächlichkeit *f* superficiality.

Oberförster *m* head forester; **obergärig** *adj* Bier top fermented; **Obergefreite(r)** *m* **1.** (*Heer*) lance-corporal (*Brit*), private first class (*US*); **2.** (*Luftwaffe*) senior aircraftman (*Brit*), airman first class (*US*); **3.** (*Marine*) seaman first class (*Brit*), seaman (*US*); **Obergeschoß** *nt* upper *or* top floor; **im zweiten ~** on the second (*Brit*) *or* (*US*) third floor; **Ober-grenze** *f* upper limit; **oberhalb I** *prep + gen* above; **II** *adv* above; **~ von Basel** above Basel; **weiter ~** further *or* higher up; **Oberhand** *f* (*fig*) upper hand; **die ~ gewinnen** *or* **bekommen** to get *or* gain the upper hand (*über +acc* over); to get the better (of sb/sth); **die ~ haben** to have the upper hand (*Repräsentant*) head; (*Anführer*) leader; **Oberhaus** *nt* (*Pol*) upper house; (*in GB*) House of Lords; **Oberhemd** *nt* shirt; **Oberherr-schaft** *f* sovereignty, supremacy (*über + acc* over); **Oberhirte** *m* spiritual head *or* leader; **Oberhoheit** *f* supremacy, sovereignty, overlordship.

Oberin *f* **1.** (*im Krankenhaus*) matron. **2.** (*Eccl*) Mother Superior.

Ober|inspektor *m* senior inspector; **ober-|irdisch** *adj* above ground; **Oberkellner** *m* head waiter; **Oberkiefer** *m* upper jaw; **Oberkirchenrat** *m* **1.** church assembly; **2.** member of the church assembly; **Ober-klasse** *f* **1.** (*Sch*) ~n top classes *or* forms; **2.** (*Sociol*) upper class; **Oberkleid** *nt* (*liter*) outer garment(s); **Oberkleidung** *f* outer clothing; **Oberkommandierende(r)** *m decl as adj* Commander-in-Chief, Supreme Commander; **Oberkommando** *nt* (*Oberbefehl*) Supreme Command; (*Befehlsstab*) headquarters *pl*; **Ober-körper** *m* trunk, upper part of the body; **mit bloßem** *or* **freiem** *or* **nacktem ~** stripped to the waist; **den ~ frei machen** to strip to the waist; **Oberland** *nt* (*Geog*) uplands; **das Berner ~** the Bernese Oberland; **Oberlandesgericht** *nt* provincial high court and court of appeal; **Ober-länge** *f* upstroke; (*Typ*) ascender; **Oberlauf** *m* upper reaches *pl*; **am ~ des Rheins** in the upper reaches of the Rhine; **Ober-leder** *nt* (leather) uppers *pl*; **Oberlehrer** *m* (*old*) senior primary school teacher; **Oberleitung** *f* **1.** (*Führung*) direction; **2.** (*Elec*) overhead cable; **Oberleutnant** *m* **1.** (*Heer*) lieutenant (*Brit*), first lieutenant (*US*); **2.** (*Luftwaffe*) flying officer (*Brit*), first lieutenant (*US*); **3.** (*Marine*) **~ zur See** lieutenant; **Ober-licht** *nt* (*hochgelegenes Fenster*) small, high window; (*Lüftungsklappe, über einer Tür*) fanlight, transom (window); **Ober-liga** *f* (*Sport*) top *or* first league; **Ober-**

lippe f upper lip; **Obermaat** m (Naut) ≃ leading seaman; **Oberpostdirektion** f (Behörde) regional post office (administration); (Bezirk) postal area or district; ~ **Köln** Cologne postal district; **Oberpriester** m high priest; **Oberprima** f top form of German grammar school ≃ upper sixth, ≃ senior grade (US); **Oberprimaner(in** f) m ≃ sixth former, ≃ senior (US); **oberrheinisch** adj upper Rhine; **die O~e Tiefebene** the upper Rhine valley.

Obers nt -, no pl (Aus) cream.

Oberschenkel m thigh; **Oberschenkelbruch** m broken thighbone or femur, fracture of the thighbone or femur; **Oberschenkelhals** m head of the thighbone or femur; **Oberschenkelknochen** m thighbone, femur; **Oberschicht** f top layer; (Sociol) upper strata (of society) pl; **Oberschule** f (old: Gymnasium) grammar school (Brit), high school (US); (DDR: weiterführende Schule) secondary school; **Oberschüler(in** f) m secondary schoolboy/-girl; **Oberschulrat** m school inspector, HMI (Brit inf); **Oberschwester** f senior nursing officer; **Oberseite** f top (side); **Obersekunda** f seventh year of German secondary school; **Obersekundaner(in** f) m pupil in seventh year of German secondary school.

Oberst m -en, -e(n) 1. (Heer) colonel. 2. (Luftwaffe) group captain (Brit), colonel (US).

Oberstaats|anwalt m public procurator fiscal (Scot), district attorney (US); **Oberstadt** f upper town, upper part of a town; **Oberstadtdirektor** m town clerk.

oberste(r, s) adj 1. (ganz oben) Stockwerk, Schicht topmost, uppermost, very top. **das O~e zuunterst kehren** to turn everything or things upside down.
   2. Gebot, Prinzip supreme; Dienstgrad highest, most senior, top. **die ~n Kreise der Gesellschaft** the upper circles or echelons of society; **O~er Gerichtshof** supreme court; (in GB) High Court (of Justice); (in USA) Supreme Court.

Oberstimme f soprano; (Knaben~) treble; (Diskant) descant.

Oberstleutnant m 1. (Heer) lieutenant colonel. 2. (Luftwaffe) wing commander (Brit), lieutenant colonel (US).

Oberstübchen nt (inf): **er ist nicht ganz richtig im** ~ he's not quite right up top (inf); **Oberstudiendirektor** m headmaster (Brit), principal (US); **Oberstudienrat** m senior teacher; **Oberstufe** f upper school; (Univ) advanced level; **Oberteil** nt or m upper part, top; **Obertertia** f fifth year of German secondary school; **Obertertianer(in** f) m pupil in fifth year of German secondary school; **Obertöne** pl (Mus, fig) overtone(s); **Oberwasser** nt 1. (von Wehr) backwater; 2. (fig inf) **sobald sein älterer Bruder dabei ist, hat er (wieder)** ~ as soon as his elder brother is there he opens up or out (again); **Oberweite** f bust measurement; **sie hat** ~ **94** she has a 38-inch bust.

obgleich conj although, (even) though.

Obhut f -, no pl (geh) (Aufsicht) care; (Ver-

wahrung) keeping, care. **jdn/etw jds** ~ (dat) **anvertrauen** to place or put sb/sth in sb's care; **jdn in** ~ **nehmen** to take care of sb, to look after sb.

obige(r, s) adj attr above. **vergleiche** ~ **Abbildung** compare the illustration above or the above illustration.

Objekt nt -(e)s, -e (auch Gram) object. **das** ~ **der Untersuchung** the object under examination.

objektiv adj objective. ~ **über etw** (acc) **urteilen** to make an objective judgement about sth, to judge sth objectively; **etw** ~ **betrachten** to view sth objectively.

Objektiv nt (object) lens, objective.

objektivieren* [ɔpjɛktiˈviːrən] I vi to objectify. II vt Problem to treat objectively, to objectivize.

Objektivität f objectivity. **sich um** ~ **bemühen** to try to be objective.

Objektsatz m object clause.

Objektträger m slide.

Oblate f -, -n wafer; (Eccl) host.

obliegen sep or (esp Aus)* insep irreg aux haben or sein (+dat) I vi (old) einer Aufgabe, seinen Studien to apply oneself to (form). II vi impers (form) **es obliegt ihm** it's incumbent upon him (form); **ihm oblag die Betreuung der Flüchtlinge** he was responsible for looking after the refugees.

Obliegenheit f (form) duty, obligation, incumbency (form).

obligat adj obligatory. **mit ~em Cembalo** (Mus) with (a) cembalo obligato.

Obligation f (auch Fin) obligation.

obligatorisch adj obligatory; Fächer, Vorlesung compulsory; Qualifikationen necessary, requisite.

Obligo nt -s, -s (Fin) guarantee. **ohne** ~ without recourse.

Obmann m, pl **-männer** or **-leute**, **Obmännin** f representative.

Oboe [oˈboːə] f -, -n oboe.

Oboist [oboˈɪst] m oboist, oboe player.

Obolus m -, -se contribution.

Obrigkeit f 1. (als Begriff) authority. 2. (Behörden) **die** ~ the authorities pl; **die geistliche/weltliche** ~ the spiritual/secular authorities.

obrigkeitlich adj authoritarian. ~**e Willkür** the arbitrariness of the authorities.

Obrigkeitsstaat m authoritarian state.

Obrist m colonel.

obschon conj (liter) although, albeit (nur in verbloser Konstruktion).

Observanz [ɔpzɛrˈvants] f observance. **ein Orden (von) der strengen** ~ a strict or closed order.

Observatorium [ɔpzɛrvaˈtoːrium] nt observatory.

observieren* [ɔpzɛrˈviːrən] vt (form) to observe. **er ist schon einige Monate observiert worden** he has been under surveillance for several months.

obsiegen vi sep or insep* (obs) to prevail (dat over).

obskur adj 1. (unbekannt) obscure. 2. (verdächtig) Gestalten, Kneipe, Gassen suspect, dubious.

Obskurantismus m obscurantism.

obsolet adj (liter) obsolete.

Obst nt -(e)s, no pl fruit.

Obstbau m, no pl fruit-growing; **Obstbaum** m fruit-tree; **Obstgarten** m orchard.

obstinat adj (geh) obstinate.

Obstkuchen m fruit flan/tart.

Obstler m -s, - (dial) fruit schnapps.

Obstmesser nt fruit-knife.

Obstruktion f 1. (Med) obstruction, blockage.

2. (Pol) obstruction, filibuster. ~ **betreiben** to obstruct, to block, to filibuster.

Obstruktionspolitik f obstructionist or filibustering policies, obstructionism.

Obstsaft m fruit juice; **Obsttag** m **meine Frau hat heute ihren ~** my wife's on her fruit diet today; **Obsttorte** f fruit flan/tart; **Obstwein** m fruit wine.

obszön adj obscene.

Obszönität f obscenity.

Obus m -ses, -se trolley (inf), trolley bus.

obwalten vi sep or insep* (form: herrschen) to prevail.

obwohl conj although, (even) though.

obzwar conj (rare) siehe **obwohl**.

Ochs(e) ['ɔks(ə)] m -n, -n 1. ox, bullock. ~ **am Spieß** roast ox; **er stand da wie der ~ vorm Scheunentor** or **am Berg** (inf) he stood there like a cow at a five-barred gate (inf). 2. (inf: Dummkopf) twit (Brit inf), ass (inf), dope (inf).

ochsen ['ɔksn] (Sch sl) I vt to swot up (inf), to mug up (inf). II vi to swot (up) (inf), to mug (up) (inf), to cram (inf).

Ochsen- ['ɔksn-]: **Ochsengespann** nt yoke of oxen; **Ochsenschwanzsuppe** f oxtail soup; **Ochsentour** f (inf) 1. (Schinderei) slog (inf), sweat (inf); 2. **sich über die ~ hinaufdienen** to work one's way up the hard way; **Ochsenziemer** m bull's pizzle, bullwhip.

ochsig ['ɔksɪç] adv (inf) really hard.

Öchsle ['œkslə] nt -s, - measure of alcohol content of drink according to its specific gravity.

Ocker m or nt -s, - ochre.

ockerbraun, ockergelb adj ochre.

od. abbr of **oder.**

Öde f -, -n ode.

öd(e) adj 1. (verlassen) Stadt, Strand deserted, empty, abandoned; (unbewohnt) desolate, empty, bleak; (unbebaut) waste, barren. **öd und leer** dreary and desolate. 2. (fig: fade) dull, dreary, tedious; Dasein, Stunden auch barren.

Öde f -, -n (liter) 1. (einsame Gegend) desert, waste(land). 2. (Langeweile) barrenness, dreariness, monotony.

Ödem m -s, no pl (poet, Bibl) breath.

Ödem nt -s, -e oedema, edema.

oder conj 1. or. ~ **aber** or else; ~ **auch** or even or maybe or perhaps; **eins ~ das andere** one or the other, it's either or; **entweder ... ~** either ... or.

2. (in Fragen) **so war's doch, ~ (etwa) nicht?** that was what happened, wasn't it?, wasn't that how it happened?, it happened like that, didn't it?; **du kommst doch, ~?** you're coming, aren't you?; **der Mörder hat sein Opfer nie vorher gesehen, ~ doch?** the murderer had never seen his

victim before, or had he?; ~ **soll ich lieber mitkommen?** maybe I should come along?; **lassen wir es so, ~?** let's leave it at that, right or OK?

Oder f - (Geog) Oder.

Oder-Neiße-Linie (BRD), **Oder-Neiße-(Friedens)grenze** (DDR) f Oder-Neisse-Line.

Ödipuskomplex m Oedipus complex.

Odium nt -s, no pl (liter) odium.

Ödland nt barren land, wasteland.

Odyssee f -, -n [-e:ən] (Liter) Odyssey; (fig) odyssey.

Oeuvre ['ø:vrə, 'ø:vrə] nt -, -s (Liter) work, works pl.

Öfchen nt dim of **Ofen**.

Ofen m -s, ¨ 1. (Heiz~) heater; (Elektro~, Gas~ auch) fire; (Öl~, Petroleum~ auch) stove; (Kohle~) stove; (Heizungs~) boiler. **hinter dem ~ hocken** to be a stay-at-home; **jetzt ist der ~ aus** (sl) that's it (inf), that does it (inf).

2. (Herd) oven, stove; (Kohle~) stove, range; (Back~) oven.

3. (Tech) furnace, oven; (Brenn~) kiln; (Trocken~) drying oven or kiln; (Hoch~) blast furnace; (Schmelz~) smelting furnace.

Ofenbank f fireside (bench), hearth; **auf der ~** by the hearth or fire or fireside; **Ofenblech** nt tray for catching falling coals; **Ofen|ecke** f inglenook; **ofenfertig** adj Gericht oven ready; **ofenfrisch** adj Brot oven fresh; **Ofenheizung** f stove heating; **Ofenklappe** f 1. siehe **Ofentür**; 2. (Lüftungsklappe) damper; **Ofenrohr** nt stovepipe; (old inf: Zylinder) stovepipe (hat); **Ofenröhre** f (slow) oven; **Ofenschirm** m firescreen; **Ofensetzer** m stove fitter; **Ofentür** f stove door.

offen adj 1. open; Bein ulcerated; Flamme, Licht naked; Feuer open; Haare loose. **ein ~er Brief** an open letter; **er geht mit ~em Hemd** he wears an open neck; **die Haare ~ tragen** to wear one's hair loose; **der Laden hat bis 7 Uhr ~** the shop is or stays open until 7 o'clock; **die Teilnahme ist für alle ~** anyone can take part; ~**er Wein** wine by the carafe/glass; **Wein ~ verkaufen** to sell wine on draught; **auf ~er Strecke** (Straße) on the open road; (Rail) between stations; **wir hielten auf ~er Strecke** we stopped in the middle of nowhere; **auf ~er Straße** in the middle of the street; (Landstraße) on the open road; **auf ~er See** on the open sea; **Beifall auf ~er Szene** spontaneous applause, an outburst of applause; ~**e Flanke** (Mil) open or exposed flank; ~**e Stadt** (Mil) open or undefended town; **endlich lag das Ziel ~ vor ihnen (da)** at last their goal lay before them; **mit ~em Munde dastehen** (fig) to stand gaping; **mit ~em Munde atmen** to breathe with one's mouth open; ~**e Türen einrennen** (fig) to kick at an open door; **Tag der ~en Tür** open day; **ein ~es Haus haben** or **führen** to keep open house; **überall ~e Türen finden** (fig) to find a warm welcome everywhere; **Haus der ~en Tür** open house; **jdn mit ~en Armen empfangen** to greet or welcome sb with open arms; **mit ~en Augen** or **Sinnen**

durchs **Leben gehen** to go through life with one's eyes open; **eine ~e Hand haben** (*fig*) to be openhanded; **sich** (*dat*) **einen ~en Blick für etw bewahren** to keep an open mind about *or* for sth, to be open-minded about sth; **allem Neuen gegenüber ~ sein** to be open *or* receptive to (all) new ideas; **~e Handelsgesellschaft** general partnership.

2. (*frei*) *Stelle* vacant. **~e Stellen** vacancies; (*Press auch*) "situations vacant".

3. (*unerledigt, unentschieden*) *Frage, Ausgang, Partie* open; *Rechnung* outstanding.

4. (*aufrichtig, freimütig*) *Mensch, Bekenntnis, Aussprache* open. **er hat einen ~en Blick** he's got an open *or* honest face; **er hat keinen ~en Blick** he's got a shifty look in his eyes; **~ gestanden** *or* **gesagt** to tell you the truth, quite honestly, to be frank; **etw ~ zugeben** to confess *or* admit (to) sth openly *or* frankly; **seine Meinung ~ sagen** to speak one's mind, to say what one thinks; **~ mit jdm reden** to speak openly to sb, to be frank with sb.

offenbar I *adj* obvious. **sein Zögern machte ~, daß ...** it showed *or* was obvious from the way he hesitated that ...; **~ werden** to become obvious *or* clear, to emerge.

II *adv* (*vermutlich*) apparently. **da haben Sie sich ~ geirrt** you seem to have made a mistake.

offenbaren* *insep ptp auch* (*old*) **ge|offen-bart** I *vt* to reveal.

II *vr* **1.** (*erweisen*) to show *or* reveal itself/oneself. **sich als etw ~** to show oneself to be sth.

2. (*kundtun*) **sich jdm ~** to reveal oneself to sb; (*Liebe erklären*) to reveal one's feelings to sb.

Offenbarung *f* revelation.

Offenbarungs|eid *m* (*Jur*) oath of disclosure *or* manifestation. **den ~ leisten** (*lit*) to swear an oath of disclosure *or* manifestation; **mit diesem Programm hat die Partei ihren ~ geleistet** with this programme the party has revealed its political bankruptcy.

offenbleiben *vi sep irreg aux sein* to remain open; **alle offengebliebenen Probleme** all unsolved *or* remaining problems; **offenhalten** *vt sep irreg* to keep open; **die Ohren ~** to keep one's ear to the ground *or* open.

Offenheit *f* openness, frankness, candour. **schonungslose ~** brutal frankness.

offenherzig *adj* **1.** open, frank, candid; *Mensch auch* open-hearted, outspoken; **2.** (*hum inf*) *Kleid* revealing; **Offen-herzigkeit** *f* openness, frankness, candour; **offenkundig** *adj* obvious, clear; *Beweise* clear; *Lüge, Interesse* obvious, manifest; **es ist ~, daß ...** it is obvious *or* clear *or* evident that ...; **offenlassen** *vt sep irreg* to leave open; **offensichtlich** *adj* obvious; *Irrtum, Lüge auch* blatant; *Unterschied auch* clear; **er hat sich da ganz ~ vertan** he's obviously *or* clearly *or* evidently made a mistake there.

offensiv *adj* offensive.

Offensive *f* offensive. **in die ~ gehen** to take the offensive.

Offensivkrieg *m* offensive war.

offenstehen *vi sep irreg* (*S Ger auch: aux sein*) **1.** (*Tür, Fenster*) to be open; (*Knopf*) to be undone.

2. (*Comm: Betrag*) to be *or* remain unpaid *or* unsettled, to be outstanding.

3. jdm ~ (*fig: zugänglich sein*) to be open to sb; **die (ganze) Welt steht ihm offen** he has the (whole) world at his feet, the world's his oyster; **es steht ihr offen, sich uns anzuschließen** she's free to join us.

öffentlich *adj* **1.** (*allgemein zugänglich, sichtbar*) *attr* public; *pred* open to the public, public; *adv* in public, publicly. **etw ~ bekanntmachen** to make sth public, to publicize sth; **~ versteigern** to sell by public auction, to auction publicly; **eine Persönlichkeit des ~en Lebens** a person in public life *or* in the public eye; **im ~en Leben stehen** to be in public life; **jdn ~ anschuldigen/hinrichten** to accuse/execute sb publicly.

2. *attr* (*die Allgemeinheit betreffend*) *Interesse* public. **die ~e Meinung** public opinion; **die ~e Ordnung** law and order; **~es Recht** (*Jur*) public law; **Anstalt des ~en Rechts** public institution.

3. (*staatlich*) public. **~e Schule** state school, public school (*US*); **die ~e Hand** (central/local) government; **Ausgaben der ~en Hand** public spending.

Öffentlichkeit *f* **1. der Verteidiger bestand auf der ~ der Verhandlung** the defence counsel insisted that the trial take place in public; **~ der Rechtsprechung** administration of justice in open court; **die ~ einer Versammlung herstellen** to make a meeting public.

2. (*Allgemeinheit*) the (general) public. **die ~ scheuen** to shun publicity; **in** *or* **vor aller ~** in public; **unter Ausschluß der ~** in secret *or* private; (*Jur*) in camera; **mit etw an** *or* **vor die ~ treten, etw vor die ~ bringen** to bring sth to the public eye *or* before the public; **etw der ~ übergeben** (*form*) (*eröffnen*) to declare sth officially open; (*veröffentlichen*) to publish sth.

Öffentlichkeits|arbeit *f* public relations work.

öffentlich-rechtlich *adj attr* (under) public law.

offerieren* *vt* (*Comm, form*) to offer.

Offerte *f* **-, -n** (*Comm*) offer.

Offizialdelikt *nt* (*Jur*) offence for which proceedings are brought directly by the public prosecutor's department; **Offizial-verteidiger** *m* (*Jur*) *siehe* **Pflichtver-teidiger.**

offiziell *adj Meinung, Erklärung, Besuch* official; *Einladung, Besuch auch* formal. **etw ~ bekanntgeben** to announce sth officially; **wie von ~er Seite verlautet** according to official sources; **auf dem Empfang ging es schrecklich ~ zu** the reception was terribly formal.

Offizier *m* **-s, -e** officer. **~ werden** to become an officer, to get *or* be given *or* gain a commission; (*als Beruf*) to become *or* be an army officer; **erster/zweiter ~** first/second officer.

Offiziers|anwärter *m* officer cadet;

Offizierskasino *nt* officers' mess; **Offizierskorps** *nt* officer corps, the officers *pl*; **Offiziersmesse** *f* officers' mess; **Offizierspatent** *nt* (*old*) commission.

offiziös *adj* semiofficial.

öffnen I *vt* to open. **jdm den Blick für etw ~** to open sb's eyes to sth, to make sb aware *or* conscious of sth; **eine Leiche ~** to open (up) a corpse; **das Museum wird um 10 geöffnet** the museum is open *or* opens at 10; „**hier ~**" "open this end *or* here".

II *vi* to open. **es hat geklingelt, könnten Sie mal ~?** that was the doorbell, would you answer it *or* would you get it?; **der Nachtportier öffnete mir** the night porter opened the door for me.

III *vr* (*Tür, Blume, Augen*) to open; (*weiter werden*) to open out. **die Erde öffnete sich** the ground opened (up); **das Tal öffnet sich nach Süden** the valley opens *or* is open to the south.

Öffner *m* **-s, -** opener.

Öffnung *f* **1.** *no pl* (*das Öffnen*) opening. **~ der Leiche** post-mortem, autopsy; **die ~ nach links** (*Pol*) the move *or* swing to the left. **2.** (*offene Stelle*) opening.

Öffnungszeiten *pl* hours of business *pl*.

Offsetdruck ['ɔfsɛt-] *m* offset (printing).

oft *adv, comp* **-̈er,** (*rare*) *superl* **am ̈-esten** (*häufig*) often, frequently; (*in kurzen Abständen*) frequently. **der Bus fährt nicht ~, die Bahn verkehrt ̈-er** the bus doesn't go very often, the train goes more often; **schon so ~, ~ genug** often enough; **wie ~ fährt der Bus?** how often *or* frequently does the bus go?; **wie ~ warst du schon in Deutschland?** how often *or* how many times have you been to Germany?; **des ̈-eren** quite often *or* frequently; **je ̈-er ...** the more often ...

öfter(s) *adv* on occasion, (every) once in a while; (*wiederholt*) from time to time, (every) now and then. **~ mal was Neues** (*inf*) variety is the spice of life (*prov*).

oftmals *adv* (*geh*) often, oft (*poet*), oftimes (*poet*).

oh *interj siehe* **o.**

Oheim, Ohm *m* **-s, -e** (*old*) uncle.

OHG *abbr of* **Offene Handelsgesellschaft.**

Ohm *nt* **-(s), -** ohm. **~sches Gesetz** Ohm's Law.

ohne I *prep* +*acc* **1.** without. **~ (die) Vororte hat die Stadt 100.000 Einwohner** the city has 100,000 inhabitants excluding *or* not including *or* not counting the suburbs; **~ mich!** count me out!; **er ist nicht ~** (*inf*) he's not bad (*inf*), he's got what it takes (*inf*); **die Sache ist (gar) nicht (so) ~** (*inf*) (*interessant*) it's not bad; (*schwierig*) it's not that easy (*inf*); **~ ihn wären wir immer noch dort** without him *or* but for him *or* if it weren't for him we'd still be there; **~ etw sein** to be without *or* minus (*inf*) sth; **~ Auto** without a *or* one's car; **~ einen** *or* **jeden Pfennig Geld** penniless, without a penny *or* dime (*US*), without two halfpennies to rub together.

2. ich hätte das ~ weiteres getan I'd have done it without a second thought *or* without thinking twice about it; **das kann man ~ weiteres sagen** it's quite all right to

say that; **ich würde ~ weiteres sagen, daß ...** I would not hesitate to say that ...; **er hat den Brief ~ weiteres unterschrieben** he signed the letter just like that *or* straight away; **das Darlehen ist ~ weiteres bewilligt worden** the loan was granted without any bother *or* problem *or* straight away; **das läßt sich ~ weiteres arrangieren** that can easily be arranged; **hast du das Geld gekriegt? — ja, ~ weiteres** did you get the money? — yes, no bother (*inf*); **das kann man nicht ~ weiteres voraussetzen** you can't just assume that automatically; **diesem Vorschlag kann ich nicht ~ weiteres zustimmen** I can't accept the suggestion without some qualification.

II *conj* **~ zu zögern** without hesitating; **~ daß ich ihn darum gebeten hätte, kam er mich besuchen** he came to see me without my *or* me inviting him; **wer redet, ~ gefragt zu sein ...** anybody who talks without being asked ...

ohnedem (*old*), **ohnedies** *adv siehe* **ohnehin; ohnegleichen** *adj inv* unparalleled; **ein Erfolg ~** an unparalleled success; **seine Frechheit ist ~** I've never known anybody have such a nerve; **ohnehin** *adv* anyway; **wir sind ~ zu viele** there are too many of us already *or* as it is; **es ist ~ schon spät** it's already late, it's late enough already, it's late enough as it is; **das hat ~ keinen Zweck** there is no point in (doing) that anyway.

Ohnmacht *f* **-, -en 1.** (*Med*) faint, swoon (*old*). **in ~ fallen** to faint, to swoon (*old*); **aus der ~ erwachen** to come round *or* to, to recover consciousness. **2.** (*geh: Machtlosigkeit*) powerlessness, helplessness, impotence.

ohnmächtig *adj* **1.** (*bewußtlos*) unconscious. **~ werden** to faint, to pass out; **Hilfe, sie ist ~!** help, she's fainted!; **~ sank sie in seine Arme** she fainted *or* collapsed unconscious into his arms.

2. (*geh: machtlos*) powerless, impotent, helpless. **~e Wut, ~er Zorn** impotent *or* helpless rage; **einer Sache** (*dat*) **~ gegenüberstehen** to stand *or* be helpless in the face of sth; **~ zusehen** to look on helplessly.

Ohnmachts|anfall *m* (*lit, fig*) fainting fit. **als ich das hörte, habe ich fast einen ~ bekommen** (*inf*) when I heard that I nearly fainted *or* nearly passed out.

oho *interj* oho, hello.

Ohr *nt* **-(e)s, -en** ear. **seine ~en sind nicht mehr so gut** his hearing isn't too good any more; **auf einem ~ taub sein** to be deaf in one ear; **auf dem ~ bin ich taub** (*fig*) nothing doing (*inf*), I won't hear of it; **bei jdm ein aufmerksames/geneigtes/offenes ~ finden** to find sb a ready/willing/sympathetic listener; **lange ~en machen** (*inf*) to prick up one's ears; **ein scharfes** *or* **feines ~ haben** to have a good ear; **die ~en hängenlassen** (*inf*) to look down in the mouth (*inf*) *or* downhearted *or* down in the dumps (*inf*); **die ~en anlegen** to put its ears back; **mach** *or* **sperr die ~en auf!** (*inf*) wash *or* clean out your ears (*inf*); **mir klingen die ~en** my ears are burning; **jdm die ~en volljammern** (*inf*) to keep (going) on *or* moaning at sb; **die Wände haben ~en** walls have ears; **ganz ~ sein** (*hum*) to be all ears; **sich aufs ~ legen** *or* **hauen** (*inf*) to turn in (*inf*), to hit the hay (*inf*), to kip down (*inf*); **sitzt er auf seinen ~en?** (*inf*) is he deaf or something?; **jdm die ~en langziehen** (*inf*) to tweak sb's ear(s); **für deutsche/englische ~en klingt das komisch** that sounds odd to German/English ears; **diese Nachricht war nicht für fremde ~en bestimmt** this piece of news was not meant for other ears; **jdm eins hinter die ~en geben** (*inf*) to give sb a clip round the ear; **jdm etw um die ~en hauen** (*inf*) *or* **schlagen** (*inf*) to hit sb over the head with sth; **schreib es dir hinter die ~en** (*inf*) will you (finally) get that into your (thick) head (*inf*), has that sunk in ? (*inf*); **noch feucht** *or* **nicht trocken hinter den ~en sein** to be still wet behind the ears; **jdm etw ins ~ sagen** to whisper sth in sb's ear; **die Melodie geht ins ~** the tune is very catchy; **du hast wohl Watte in den ~en!** (*inf*) are you deaf or something?, is there something wrong with your ears?; **ich habe seine Worte noch deutlich im ~** I can still hear his words clearly, his words are still ringing in my ears; **jdm in den ~en liegen** to badger sb, to keep on at sb (*inf*); **mit halbem ~ hin-** *or* **zuhören** to half listen *or* listen with half an ear; **jdn übers ~ hauen** to take sb for a ride (*inf*), to pull a fast one on sb (*inf*); **bis über die** *or* **beide ~en verliebt sein** to be head over heels in love; **viel um die ~en haben** (*inf*) to have a lot on (one's plate) (*inf*), to be rushed off one's feet (*inf*); **es ist mir zu ~en gekommen** it has come to my ears (*form*).

Öhr *nt* **-(e)s, -e** eye.

Ohren|arzt *m* ear specialist; **Ohrenbeichte** *f* (auricular) confession; **ohrenbetäubend** *adj* (*fig*) earsplitting, deafening; **Ohrenbläser** *m* (*old inf*) schemer, plotter; **Ohrenklappe** *f* earflap; **Ohrensausen** *nt* (*Med*) buzzing in one's ears; **Ohrenschmalz** *nt* earwax; **Ohrenschmaus** *m* **das Konzert war ein richtiger ~** the concert was a real delight to hear *or* a feast *or* treat for the ears; **Ohrenschmerzen** *pl* earache; **Ohrenschützer** *pl* earmuffs *pl*; **Ohrensessel** *m* wing chair; **Ohrenzeuge** *m* earwitness.

Ohrfeige *f* **-, -n** slap (on *or* round the face); (*als Strafe*) box on *or* clip round the ears. **jdm eine ~ geben** *or* **verabreichen** to slap sb's face; **eine ~ bekommen** to get a slap round the face.

ohrfeigen *vt insep* **jdn ~** to slap *or* hit sb, to box sb's ears; **ich könnte mich selbst ~, daß ich das gemacht habe** I could hit *or* kick myself for doing it.

Ohrfeigengesicht *nt* (*inf*) fish face (*inf*). **er hat so ein richtiges ~** he's got the sort of face you'd like to put your fist into.

Ohrgehänge *nt* (*form*) drop earrings; **Ohrläppchen** *nt* (ear)lobe; **Ohrmuschel** *f* (outer) ear, auricle (*form*); **Ohrring** *m* earring; **Ohrwurm** *m* earwig; **der Schlager ist ein richtiger ~** (*inf*) that's a really catchy record (*inf*).

oje, ojemine, ojerum (*old*) *interj* oh dear.

okkult *adj* occult. **das O~e** the occult.

Okkultismus *m* occultism.

Okkupant *m* occupier. **die ~en** the occupying forces *or* powers.

Okkupation *f* occupation.

okkupieren* *vt* to occupy.

Öko-, öko- *in cpds* eco-.

Ökologe *m*, **Ökologin** *f* ecologist.

Ökologie *f* ecology.

ökologisch *adj* ecological, environmental.

Ökonom *m* **1.** economist. **2.** (*obs*) bailiff.

Ökonomie *f* **1.** (*Wirtschaftlichkeit*) economy. **durch kluge ~ hat er das Unternehmen wieder auf die Beine gestellt** by clever economies he put the concern back on its feet again.
    2. (*Wirtschaft*) economy.
    3. (*Wirtschaftswissenschaft*) economics *sing*. **politische ~ studieren** to study political economy.

ökonomisch *adj* **1.** economic. **2.** (*sparsam*) economic(al).

Ökosystem *nt* ecosystem.

Oktaeder [ɔktaˈʔeːdɐ] *nt* **-s, -** octohedron.

Oktanzahl *f* octane number *or* rating. **Benzin mit einer hohen ~** high octane petrol.

Oktav *nt* **-s, -e** octavo.

Oktavband *m* octavo volume.

Oktave [ɔkˈtaːvə] *f* **-, -n** octave.

Oktett *nt* **-s, -e** octet.

Oktober *m* **-s, -** October; *siehe* **März.**

Oktoberfest *nt* Munich beer festival.

Oktoberrevolution *f* October Revolution.

oktroyieren* [ɔktroaˈjiːrən] *vt* (*geh*) to force, to impose (*jdm etw* sth on sb).

Okular *nt* **-s, -e** eyepiece, ocular.

okulieren* *vt Bäume, Rosen* to graft, to bud.

Ökumene *f* **-,** *no pl* ecumenical movement.

ökumenisch *adj* ecumenical. **~es Konzil** Ecumenical Council.

Okzident *m* **-s,** *no pl* (*liter*) occident.

Öl *nt* **-(e)s, -e** oil. **auf ~ stoßen** to strike oil; **~ fördern** to extract oil; **ätherische ~e** (*Chem*) essential oils; **in ~ malen** to paint in oils; **~ auf die Wogen gießen** (*prov*) to pour oil on troubled waters; **~ ins Feuer gießen** (*prov*) to add fuel to the fire (*prov*).

Ölbaum *m* olive tree; **Ölberg** *m* Mount of Olives; **Ölbild** *nt* oil painting, oil; **Ölbohrung** *f* oil drilling, drilling for oil; **Öldruck** *m* **1.** (*Bild*) oleograph; **2.** (*Tech*) oil pressure; **Öldruckbremse** *f* hydraulic brake.

Oldtimer [ˈoʊldtaɪmə] *m* **-s, -** **1.** (*Auto*) veteran car; (*Rail*) historic train; (*Aviat*) veteran plane, old bus *or* crate (*pej inf*). **2.** (*Sport*) veteran, old timer.

Ole|ander *m* **-s, -** oleander.

ölen *vt* to oil. **wie geölt** (*inf*) like clockwork (*inf*); **wie ein geölter Blitz** (*inf*) like (a streak of) greased lightning (*inf*).

Öl|exportländer *pl* oil-exporting countries *pl*; **Ölfarbe** *f* oil-based paint; (*Art*) oil (paint *or* colour); **mit ~ malen** to paint in oils *or* oil colours; **Ölfeld** *nt* oil field; **Ölfilm** *m* film of oil; **Ölförderländer** *pl* oil-producing countries *pl*; **Ölgemälde** *nt* oil painting; **Ölgewinnung** *f* oil production; **Ölgötze** *m* (*inf*) **wie ein ~** like a stuffed *or* tailor's dummy (*inf*); **Ölheizung** *f* oil-fired central heating.

ölig *adj* oily; (*fig auch*) greasy.
Oligarchie *f* oligarchy.
oliv *adj pred* olive(-green).
Olive [oˈliːvə] *f* -, **-n** olive.
Olivenbaum *m* olive tree; **Olivenhain** *m* olive grove; **Oliven|öl** *nt* olive oil.
olivgrün *adj* olive-green.
Ölkanne *f*, **Ölkännchen** *nt* oil can; **Ölkonzern** *m* oil company; **Ölkrise** *f* oil crisis; **Ölkuchen** *m* oil cake.
oll *adj* (*N Ger inf*) old. **das sind ~e Kamellen** (*inf*) that's nothing new, that's old hat (*inf*); **je ~er, je doller** (*prov inf*) there's no fox like an old fox (*prov inf*).
Olle(r) *mf decl as adj* (*N Ger*) **mein ~r** (*inf*) my *or* the old man (*inf*); **meine ~** (*inf*) my old woman (*inf*), the old lady (*inf*).
Ölmalerei *f* oil painting; **Ölmeßstab** *m* (*Aut*) dip stick; **Ölmühle** *f* oil mill; **Öl-|ofen** *m* oil stove *or* heater; **Ölpapier** *nt* oil paper; **Ölpest** *f* oil pollution; **Ölquelle** *f* oil well; **ölreich** *adj* oil-rich; **Ölsardine** *f* sardine; **6 Leute im Wagen, da sitzt ihr ja wie die ~n** (*inf*) with 6 people in the car, you must be crammed in like sardines (*inf*); **Ölscheich** *m* (*pej*) oil sheik; **Ölstand** *m* oil level; **Ölstands-|anzeiger** *m* oil pressure gauge; **Ölteppich** *m* oil slick.
Ölung *f* oiling. **die Letzte ~** (*Eccl*) extreme unction, the last rites.
Ölvorkommen *nt* oil deposit; **Ölwanne** *f* (*Aut*) sump (*Brit*), oil pan (*US*); **Ölwechsel** *m* oil change; **den ~ machen** to change the oil, to do an oil change.
Olymp *m* **-s** **1.** (*Berg*) Mount Olympus. **die Götter des ~** the gods of *or* on Mount Olympus. **2.** (*Theat*) **der ~** the gods.
Olympiade *f* **1.** (*Olympische Spiele*) Olympic Games *pl*, Olympics *pl.* **2.** (*liter: Zeitraum*) Olympiad.
Olympiasieger *m* Olympic champion *or* gold-medallist; **Olympiastadion** *nt* Olympic stadium.
Olympier [oˈlʏmpɪɐ] *m* **-s**, **-** (*liter*) Olympian (*liter*).
Olympionike *m* **-n**, **-n** (*liter*) Olympic athlete.
olympisch *adj* **1.** (*den Olymp betreffend*) Olympian (*auch fig*). **die ~en Götter, die O~en** (*liter*) the gods of *or* on Mount Olympus, the Olympian deities (*liter*). **2.** (*die Olympiade betreffend*) Olympic. **die O~en Spiele** the Olympic Games.
Ölzeug *nt* oilskins *pl*; **Ölzweig** *m* (*lit, fig*) olive-branch.
Oma *f* -, **-s** (*inf*) granny (*inf*), grandma (*inf*). **die alte ~ da drüben** the old dear (*inf*) *or* old granny (*inf*) over there.
Ombudsmann *m*, *pl* **-männer** ombudsman.
Omelett [ɔm(ə)ˈlɛt] *nt* **-(e)s**, **-e** *or* **-s**, **Omelette** *f* -, **-n** omelette.
Omen *nt* **-s**, **-** *or* **Omina** omen.
ominös *adj* (*geh*) ominous, sinister.
Omnibus *m* bus; (*im Überlandverkehr*) bus, coach (*Brit*).
Omnibuslinie *f* bus route; **Omnibusverkehr** *m* (*Stadtverkehr*) bus service; (*Überlandverkehr*) bus *or* coach (*Brit*) service.
omnipotent *adj* (*liter*) omnipotent.

Omnipotenz *f*, *no pl* (*liter*) omnipotence.
Onanie *f* masturbation, onanism.
onanieren* *vi* to masturbate.
Onanist *m* masturbator.
Ondit [õˈdiː] *nt* -, **-s** (*geh*) **einem ~ zufolge** as the rumour has it, as is being noised abroad (*liter*).
ondulieren* *vt* to crimp.
Onkel *m* **-s**, **-** **1.** uncle.
    2. (*Kindersprache: Mann*) uncle. **sag dem ~ guten Tag!** say hallo to the nice man!; **der ~ Doktor** the nice doctor.
    3. (*inf*) **der große** *or* **dicke ~** your/his *etc* big toe; **über den ~ gehen** to walk pigeon-toed.
Onkel|ehe *f* (*dated*) cohabitation of widow with a man so that she keeps pension rights *etc*; **onkelhaft** *adj* avuncular.
Onkologie *f* (*Med*) oncology.
ONO *abbr of* **Ostnordost** ENE.
Onomasiologie *f* onomasiology.
onomatopoetisch [onomatopoˈɛːtɪʃ] *adj* onomatopoe(t)ic.
ontisch *adj* ontic.
Ontogenese *f* -, *no pl* ontogenesis, ontogeny.
Ontologie *f* ontology.
ontologisch *adj* ontological.
Onyx *m* **-(es)**, **-e** onyx.
OP [oːˈpeː] *m* **-s**, **-s** *abbr of* **Operationssaal**.
Opa *m* **-s**, **-s** (*inf*) grandpa (*inf*), grandad (*inf*); (*fig*) old grandpa *or* grandad. **na ~, nun mach mal schneller!** come on grandpa, hurry up!
opak *adj* opaque.
Opal *m* **-s**, **-e** opal.
opalisieren* *vi* to opalesce.
Op-art *f* -, *no pl* op art.
OPEC-Länder [ˈoːpɛk-] *pl* OPEC countries *pl*.
Oper *f* -, **-n** opera; (*Ensemble*) Opera; (*Opernhaus*) Opera, Opera House. **in die ~ gehen** to go to the opera; **an die** *or* **zur ~ gehen** to become an opera singer.
Operateur [-ˈtøːɐ] *m* **1.** (*Med*) surgeon. **2.** (*old: im Kino*) projectionist.
Operation *f* operation.
Operationssaal *m* operating theatre (*Brit*) *or* room (*US*); **Operationsschwester** *f* theatre sister (*Brit*), operating room nurse (*US*).
operativ *adj* **1.** (*Med*) operative, surgical. **das ist nur durch einen ~en Eingriff zu beseitigen** that can only be removed by (means of) surgery; **eine Geschwulst ~ entfernen** to remove a growth surgically *or* by surgery.
    2. (*Mil*) *Pläne, Planung, Stab* operational, strategic. **~ denken** to think strategically.
Operator *m*, **Operatorin** *f* (computer) operator.
Operette *f* operetta.
Operettenkaiser *m* (*hum*) stage emperor.
operieren* **I** *vt Patienten, Krebs, Magen* to operate on. **jdn am Magen ~** to operate *or* perform an operation on sb's stomach; **der Blinddarm muß sofort operiert werden** that appendix must be operated on at once *or* needs immediate surgery.
    II *vi* **1.** (*Med*) to operate. **die Ärzte**

haben drei Stunden an ihm operiert the doctors operated on him for three hours; **sich ~ lassen** to have an operation.

2. (*Mil*) to operate.

3. (*fig: arbeiten*) to operate. **wir müssen in den Verhandlungen sehr vorsichtig ~** we must go *or* tread very carefully in the negotiations.

Opern|arie *f* (operatic) aria; **Opernball** *m* opera ball; **Opernglas** *nt* opera glasses *pl*; **Opernhaus** *nt* opera house; **Opernsänger** *m* opera singer.

Opfer *nt* **-s, - 1.** (*~gabe*) sacrifice (*auch fig*). **zum** *or* **als ~** as a sacrifice; **sie brachten ein ~ aus Wein und Wasser dar** they made an offering of water and wine; **jdm etw zum ~ bringen** *or* **als ~ darbringen** to offer sth as a sacrifice to sb, to make a sacrificial offering of sth to sb; **für ihre Kinder scheut sie keine ~** she sacrifices everything for her children, for her children she considers no sacrifice too great; **wir müssen alle ~ bringen** we must all make sacrifices.

2. (*geschädigte Person*) victim. **jdm/einer Sache zum ~ fallen** to be (the) victim of sb/sth; **sie fiel seinem Charme zum ~** she fell victim to his charm; **täglich werden 28 Kinder ~ des Straßenverkehrs** every day 28 children are the victims of road accidents; **das Erdbeben forderte viele ~** the earthquake took a heavy toll *or* claimed many victims.

opferbereit *adj* ready *or* willing to make sacrifices; **Opferbereitschaft** *f* readiness *or* willingness to make sacrifices; **opferfreudig** *adj* willing to make sacrifices; **Opfergabe** *f* (*liter*) (sacrificial) offering; (*Eccl*) offering; **Opfergang** *m* (*liter*) sacrifice of one's honour/life; **Opferlamm** *nt* sacrificial lamb; **Opfermut** *m* self-sacrifice; **mit bewundernswürdigem ~ stürzte er sich in das brennende Haus** with an admirable disregard for his own safety he plunged into the burning house.

opfern I *vt* **1.** (*als Opfer darbringen*) to sacrifice, to immolate (*form*); *Tiere auch* to make a sacrifice of; *Feldfrüchte etc* to offer (up). **sein Leben ~** to give up *or* sacrifice one's life.

2. (*fig: aufgeben*) to give up, to sacrifice.

II *vi* to make a sacrifice, to sacrifice. **einem Gotte ~** (*liter*) to pay homage to (*liter*) *or* worship a god.

III *vr* **1.** (*sein Leben hingeben*) to sacrifice oneself *or* one's life.

2. (*inf: sich bereit erklären*) to be a martyr (*inf*). **wer opfert sich, die Reste aufzuessen?** who's going to be a martyr and eat up the remains?, who's going to volunteer to eat up the remains?

Opferpfennig *m* small contribution; **Opferstätte** *f* sacrificial altar; **Opferstock** *m* offertory box; **Opfertier** *nt* sacrificial animal; **Opfertod** *m* self-sacrifice, death; **er rettete durch seinen ~ den anderen das Leben** by sacrificing his own life, he saved the lives of the others. **Opferung** *f* (*das Opfern*) sacrifice; (*Eccl*) offertory.

Opferwille *m* spirit of sacrifice; **opferwillig** *adj* self-sacrificing, willing to make sacrifices.

Opiat *nt* opiate.

Opium *nt* **-s,** *no pl* opium. **Religion ist ~ des Volkes** religion is the opium of the masses.

Opiumhöhle *f* opium den; **Opiumraucher** *m* opium smoker.

Opponent(in *f*) *m* opponent.

opponieren* *vi* to oppose (*gegen jdn/etw* sb/sth), to offer opposition (*gegen* to). **ihr müßt auch immer ~** do you always have to oppose *or* be against everything?

opportun *adj* (*geh*) opportune.

Opportunismus *m* opportunism.

Opportunist(in *f*) *m* opportunist.

opportunistisch *adj* opportunistic, opportunist. **~ handeln** to act in an opportunist fashion.

Opportunität *f* (*geh*) opportuneness, appropriateness.

Opposition *f* opposition. **etw aus (lauter) ~ tun** to do sth out of *or* from (sheer) contrariness; **diese Gruppe macht ständig ~** (*gegen den Klassenlehrer*) (*inf*) this group is always making trouble (for the teacher).

oppositionell *adj Gruppen, Kräfte* opposition.

Optativ *m* (*Gram*) optative.

optieren* *vi* (*Pol form*) **~ für** to opt for.

Optik *f* **1.** (*Phys*) optics.

2. (*Linsensystem*) lens system. **du hast wohl einen Knick in der ~!** (*sl*) can't you see straight? (*inf*), are you blind?; **das ist eine Frage der ~** (*fig*) it depends on your point of view.

3. (*fig*) **das ist nur hier wegen der ~** it's just here because it looks good *or* for visual *or* optical effect; **etw in die rechte ~ bringen** to put sth into the right perspective.

Optiker(in *f*) *m* **-s, -** optician.

optimal *adj* optimal, optimum *attr*.

optimieren* *vt* to optimize.

Optimismus *m* optimism.

Optimist *m* optimist.

optimistisch *adj* optimistic.

Optimum *nt* **-s, Optima** optimum.

Option [ɔp'tsio:n] *f* **1.** (*Wahl*) option (*für* in favour of). **2.** (*Anrecht*) option (*auf +acc* on).

optisch *adj* visual; *Gesetze, Instrumente* optical. **~er Eindruck** visual *or* optical effect; **~e Täuschung** optical illusion.

opulent *adj Mahl* lavish, sumptuous.

Opus *nt* **-,** (*rare*) *pl* **Opera** work; (*Mus, hum*) opus; (*Gesamtwerk*) (complete) works *pl*, opus.

Orakel *nt* **-s, -** oracle. **das ~ befragen** to consult the oracle; **er spricht in ~n** (*fig*) he speaks like an oracle, he has an oracular way of putting things.

orakeln* *vi* to prognosticate (*hum*).

oral *adj* oral.

Oral|erotik *f* oral eroticism.

Orange¹ [o'rãːʒə] *f* **-, -n** (*Frucht*) orange.

Orange² [o'rãːʒə] *nt* **-, -** *or* (*inf*) **-s** orange.

orange [o'rãːʒə] *adj inv* orange.

Orangeade [orã'ʒaːdə] *f* orangeade.

Orangeat [orã'ʒaːt] *nt* candied (orange) peel.

orange(n)- [o'rã:ʒə(n)-]: **orangenfarben,**
orangenfarbig *adj* orange(-coloured);
Orangenmarmelade *f* orange marmalade.

Orangerie [orãʒə'ri:] *f* orangery.

Orang-Utan *m* **-s, -s** orang-utan, orang-
outang.

Oratorium *nt* **1.** (*Mus*) oratorio.
2. (*Betraum*) oratory.

Orchester [or'kɛstɐ] *nt* **-s, -**. **1.** orchestra.
2. (*~raum*) orchestra (pit).

orchestral [orkɛs'tra:l] *adj* orchestral.

orchestrieren* [orkɛs'tri:rən] *vt* to
orchestrate.

Orchestrierung *f* orchestration.

Orchidee *f* **-, -n** [-'de:ən] orchid.

Orden *m* **-s, -**. **1.** (*Gemeinschaft*) (holy)
order. **in einen ~ (ein)treten, einem ~**
beitreten to become a monk/nun.
2. (*Ehrenzeichen*) decoration; (*Mil*
auch) medal. **~ tragen** to wear one's
decorations; **jdm einen ~ (für etw) ver-**
leihen to decorate sb (for sth); **einen ~**
bekommen to be decorated, to receive a
decoration.

ordengeschmückt *adj* decorated, covered
in decorations *or* (*Mil auch*) medals.

Ordensband *nt* ribbon; (*Mil*) medal ribbon; **Ordensbruder** *m* **1.** (*Eccl*) monk;
meine Ordensbrüder my brother monks;
2. (*von Ritterorden etc*) brother member
(of an order); **Ordensburg** *f medieval*
castle built by a religious order; **Ordens-**
frau *f* (*old*) nun; **Ordensgeistliche(r)** *m*
priest in a religious order; **Ordenskleid** *nt*
(*liter*) habit; **Ordensmeister** *m* master of
an order; **Ordensregel** *f* rule (of the
order); **Ordensschwester** *f* nursing
sister *or* nun; **Ordenstracht** *f* habit.

ordentlich *adj* **1.** *Mensch, Zimmer* tidy,
neat, orderly. **in ihrem Haushalt geht es**
sehr ~ zu she runs a very orderly
household; **bei ihr sieht es immer ~ aus**
her house always looks neat and tidy; **stell**
den Stuhl wieder ~ hin put the chair back
neatly; **~ arbeiten** to be a thorough and
precise worker.
2. (*ordnungsgemäß*) **~es Gericht** court
of law, law court; **~es Mitglied** full member; **~er Professor** (full) professor.
3. (*anständig*) respectable. **sich ~**
benehmen to behave properly.
4. (*inf: tüchtig*) **~ essen** to eat (really)
well *or* heartily; **ihr habt sicher Hunger,**
greift ~ zu you're sure to be hungry, tuck
in; **ein ~es Frühstück** a proper *or* good
breakfast; **eine ~e Tracht Prügel** a real
beating, a proper hiding.
5. (*inf: richtig*) real, proper.
6. (*annehmbar, ganz gut*) *Preis, Lei-*
stung reasonable.

Order *f* **-, -s** *or* **-n 1.** (*Comm: Auftrag*)
order. **an ~ lautend** made out to order.
2. (*dated: Anweisung*) order. **jdm ~**
erteilen to order or direct *or* instruct sb;
sich an eine ~ halten to keep to one's
orders.

ordern *vti* (*Comm*) to order.

Ordinalia *pl* ordinals *pl*.

Ordinalzahl *f* ordinal number.

ordinär *adj* **1.** (*gemein, unfein*) vulgar, common. **2.** (*alltäglich*) ordinary. **was, Sie**

wollen so viel für eine ganz ~e Kiste?
what, you're wanting that much for a perfectly ordinary box *or* for that old box?

Ordinariat *nt* **1.** (*Univ*) chair. **2.** **Bischöf-**
liches ~ bishop's palace; (*Amt*) diocesan
authorities *pl*.

Ordinarius *m* **-, Ordinarien** [-iən] (*Univ*)
professor (*für* of).

Ordinate *f* **-, -n** ordinate.

Ordinaten|achse *f* axis of ordinate.

Ordination *f* **1.** (*Eccl*) ordination, ordain-
ing. **2.** (*old Med*) (*Verordnung*) prescription; (*Sprechstunde*) surgery.

ordinieren* **I** *vt* **1.** (*Eccl*) to ordain. **2.** (*old*
Med) to prescribe. **II** *vi* (*old Med*) to hold
or have surgery (hours).

ordnen I *vt* **1.** *Gedanken, Einfälle, Material*
to order, to organize; *Demonstrations-*
zug, Verkehrswesen to organize; *Akten,*
Finanzen, Hinterlassenschaft, Privatleben
to put in order, to straighten out.
2. (*sortieren*) to order, to arrange.
II *vr* to get into order. **allmählich ord-**
nete sich das Bild (*fig*) the picture gradually became clear, things gradually fell
into place.

Ordner *m* **-s, -**. **1.** steward; (*bei Demonstra-*
tion auch) marshal. **2.** (*Akten~*) file.

Ordnung *f* **1.** (*das Ordnen*) ordering. **bei**
der ~ der Papiere when putting the
papers in order.
2. (*geordneter Zustand*) order. **~ halten**
to keep things tidy; **du mußt mal ein**
bißchen ~ in deinen Sachen halten you
must keep your affairs a bit more in order,
you must order your affairs a bit more; **~**
schaffen, für ~ sorgen to sort things out,
to put things in order, to tidy things up; **Sie**
müssen mehr für ~ in Ihrer Klasse sorgen
you'll have to keep more discipline in
your class, you'll have to keep your class
in better order; **auf ~ halten** *or* **sehen** to be
tidy; **etw in ~ halten** to keep sth in order;
Garten, Haus etc auch to keep sth tidy;
etw in ~ bringen (*reparieren*) to fix sth;
(*herrichten*) to put sth in order; (*be-*
reinigen) to clear sth up, to sort sth out;
ich finde es (ganz) in ~, daß ... I think *or*
find it quite right that ...; **ich finde es nicht**
in ~, daß ... I don't think it's right that ...;
(das ist) in ~! (*inf*) (that's) OK (*inf*) *or* all
right!; **geht in ~** (*inf*) sure (*inf*), that's all
right *or* fine *or* OK (*inf*); **der ist in ~**
(*inf*) he's OK (*inf*) *or* all right (*inf*); **da ist**
etwas nicht in ~ there's something wrong
there; **mit ihm/der Maschine ist etwas**
nicht in ~ there's something wrong *or* the
matter with him/the machine; **die**
Maschine ist (wieder) in ~ the machine's
fixed *or* in order *or* all right (again); **es ist**
alles in bester *or* schönster ~ everything's
fine, things couldn't be better; **der Fahr-**
stuhl ist nicht in ~ the lift is not working
properly; **jdn zur ~ rufen** to call sb to
order; **ein Kind zur ~ anhalten** *or* **er-**
ziehen to teach a child tidy habits; **~ muß**
sein! we must have order!; **~ ist das halbe**
Leben (*Prov*) tidiness *or* a tidy mind is half
the battle; **hier *or* bei uns herrscht ~** we
like to have a little order around here.
3. (*Gesetzmäßigkeit*) routine. **alles muß**
(bei ihm) seine ~ haben (*räumlich*) he has

to have everything in its right *or* proper place; (*zeitlich*) he does everything according to a fixed schedule; **das Kind braucht seine ~** the child needs a routine. **4.** (*Vorschrift*) rules *pl.* **sich an eine ~ halten** to stick *or* keep to the rules; **ich frage nur der ~ halber** it's only a routine *or* formal question, I'm only asking as a matter of form.

5. (*Rang, Biol*) order. **Straße erster ~** first-class road; **das war ein Fauxpas erster ~** (*inf*) that was a faux pas of the first order *or* first water (*inf*); **ein Stern fünfter ~** a star of the fifth magnitude.

Ordnungs|amt *nt* ≃ town clerk's office; **ordnungsgemäß** *adj* according to *or* in accordance with the rules, proper; **ich werde mich selber um die ~e Abfertigung ihrer Bestellung kümmern** I will see to it myself that your order is properly *or* correctly dealt with; **der Prozeß ist ~ abgelaufen** the trial took its proper course; **ordnungshalber** *adv* as a matter of form, for the sake of form; **Ordnungshüter** *m* (*hum*) custodian of the law (*hum*); **Ordnungsliebe** *f* love of order; **ordnungsliebend** *adj* tidy, tidy-minded; **Ordnungsruf** *m* call to order; **in der Debatte mußte der Präsident mehrere ~e erteilen** during the debate the chairman had to call the meeting to order several times; **einen ~ bekommen** to be called to order; **Ordnungssinn** *m* idea *or* conception of tidiness *or* order; **Ordnungsstrafe** *f* fine; **jdn mit einer ~ belegen** to fine sb; **ordnungswidrig** *adj* irregular; *Parken, Verhalten (im Straßenverkehr)* illegal; **~ handeln** to go against *or* infringe rules *or* regulations; **Ordnungswidrigkeit** *f* infringement (*of law or rule*); **Ordnungszahl** *f* 1. ordinal number; 2. (*Phys*) atomic number.

Ordonnanz *f* orderly.
Ordonnanz|offizier *m* aide-de-camp, ADC.
Organ *nt* **-s, -e 1.** (*Med, Biol*) organ. **kein ~ für etw haben** (*inf*) not to have any feel for sth.
  2. (*inf: Stimme*) voice.
  3. (*fig: Zeitschrift*) organ, mouthpiece.
  4. (*Behörde*) organ, instrument; (*Beauftragter*) agent; (*der Polizei*) branch, division. **die ausführenden ~e** the executors; **beratendes ~** advisory body.
Organbank *f* transplant bank.
Organisation *f* organization.
Organisationstalent *nt* talent *or* flair for organization. **er ist ein ~** he has a talent *or* flair for organization.
Organisator *m* organizer.
organisatorisch *adj* organizational. **eine ~e Höchstleistung** a masterpiece of organization; **er ist ein ~es Talent** he has a gift for organizing *or* organization; **das hat ~ gar nicht geklappt** organizationally, it was a failure.
organisch *adj* Chemie, Verbindung organic; *Erkrankung* physical. **ein ~es Ganzes** an organic whole; **sich ~ einfügen** to merge, to blend (*in + acc* with, into).
organisieren* **I** *vti* **1.** to organize. **er kann ausgezeichnet ~** he's excellent at organiz-

ing. **2.** (*sl: stehlen*) to lift (*sl*), to get hold of. **II** *vr* to organize.
organisiert *adj* organized.
Organismus *m* organism.
Organist(in *f*) *m* organist.
Organspender *m* donor (*of an organ*); **Organverpflanzung** *f* transplant(ation).
Organza *m* **-s,** *no pl* organza.
Orgasmus *m* orgasm.
orgastisch *adj* orgasmic.
Orgel *f* **-, -n** organ.
orgeln *vi* **1.** (*inf: Orgel spielen*) to play the organ. **2.** (*Hunt: Hirsch*) to bell.
Orgelpfeife *f* organ pipe. **die Kinder standen da wie die ~n** (*hum*) the children were standing in order of height *or* were standing like a row of Russian dolls.
orgiastisch *adj* orgiastic.
Orgie [-iə] *f* orgy. **~n feiern** (*lit*) to have orgies/an orgy; (*fig*) to go wild; (*Phantasie etc*) to run riot.
Orient ['o:riɛnt, o'riɛnt] *m* **-s,** *no pl* **1.** (*liter*) Orient. **der Vordere ~** the Near East; **vom ~ zum Okzident** from east to west. **2.** (*inf*) ≃ Middle East.
Orientale [oriɛn'ta:lə] *m* **-n, -n, Orientalin** *f* person from the Middle East.
orientalisch [oriɛn'ta:lɪʃ] *adj* Middle Eastern.
Orientalist [oriɛnta'lɪst] *m* ≃ specialist in Middle Eastern and oriental studies.
Orientalistik [oriɛnta'lɪstɪk] *f* ≃ Middle Eastern studies.
orientieren* [oriɛn'ti:rən] **I** *vti* **1.** (*unterrichten*) to put sb in the picture (*über + acc* about). **unser Katalog orientiert (Sie) über unsere Sonderangebote** our catalogue gives (you) information on *or* about our special offers; **darüber ist er gut/ falsch/ nicht orientiert** he is well/wrongly/not informed on *or* about that.
  2. (*ausrichten*) (*lit, fig*) to orientate (*nach, auf* to, towards). **ein positivistisch orientierter Denker** a positivistically orientated thinker; **links orientiert sein** to tend to the left; **links orientierte Gruppen** left-wing groups.
  3. (*hinweisen*) (*auf + acc* to) to orientate, to orient.
  II *vr* **1.** (*sich unterrichten*) to inform oneself (*über + acc* about *or* on).
  2. (*sich zurechtfinden*) to orientate oneself (*an + dat, nach* by), to find *or* get one's bearings. **in einer fremden Stadt kann ich mich gar nicht ~** I just can't find my way around in a strange city; **von da an kann ich mich alleine ~** I can find my own way from there.
  3. (*sich einstellen*) to adapt *or* orientate (oneself) (*an + dat, auf + acc* to).
Orientierung [oriɛn'ti:rʊŋ] *f* **1.** (*Unterrichtung*) information. **zu Ihrer ~** for your information.
  2. (*das Zurechtfinden*) orientation. **hier fällt einem die ~ schwer** it's difficult to find *or* get one's bearings here; **die ~ verlieren** to lose one's bearings.
  3. (*das Ausrichten*) orientation.
Orientierungspunkt *m* point of reference; **Orientierungssinn** *m* sense of direction.
Original *nt* **-s, -e 1.** original. **2.** (*Mensch*) character.

original adj original. ~ **Meißener Porzellan** real or genuine Meissen porcelain; ~ **aus den USA** guaranteed from USA.

Original|ausgabe f first edition; **Originalfassung** f original (version); **in der englischen** ~ in the original English version; **originalgetreu** adj true to the original; etw ~ **nachmalen** to paint a very faithful copy of sth.

Originalität f, no pl 1. (Echtheit) authenticity, genuineness. 2. (Urtümlichkeit) originality.

originär adj Idee original.

originell adj (selbständig) Idee, Argumentation, Interpretation original; (neu) novel; (geistreich) witty. **das hat er sich** (dat) **sehr** ~ **ausgedacht** that's a very original idea of his; **er ist ein ~er Kopf** he's got an original mind.

Orkan m -(e)s, -e 1. hurricane. **der Sturm schwoll zum** ~ **an** the storm increased to hurricane force. 2. (fig) storm.

orkan|artig adj hurricane(like); **bei unserer Überfahrt hatten wir ~e Winde** on our crossing it was really blowing a gale; **Orkanstärke** f hurricane force.

Ornament nt decoration, ornament.

ornamental adj ornamental.

ornamentieren* vt to embellish, to ornament.

Ornat m -(e)s, -e regalia pl; (Eccl) vestments pl; (Jur) official robes pl. **in vollem** ~ (inf) dressed up to the nines (inf).

Ornithologe m ornithologist.

orphisch adj Orphic.

Ort¹ m -(e)s, -e 1. (Platz, Stelle) place. ~ **des Treffens** meeting place, venue; **ein** ~ **der Stille/des Friedens** a place of quiet/ of peace; ~ **der Handlung** (Theat) scene of the action; **an den** ~ **der Tat** or **des Verbrechens zurückkehren** to return to the scene of the crime; **hier ist nicht der** ~, **darüber zu sprechen** ths is not the (time or) place to talk about that; **am angegebenen** ~ in the place quoted, loc cit abbr; **ohne** ~ **und Jahr** without indication of place and date of publication; **an** ~ **und Stelle** on the spot, there and then; **an** ~ **und Stelle ankommen** to arrive (at one's destination); **das ist höheren ~s entschieden worden** (hum, form) the decision came from higher places or from above.
2. (~schaft) place. **in einem kleinen** ~ **in Cornwall** in a little spot in Cornwall; **jeder größere** ~ **hat ein Postamt** a place of any size has a post office; **~e über 100.000 Einwohner** places with more than or with over 100,000 inhabitants; **er ist im ganzen** ~ **bekannt** everyone knows him, the whole village/town etc knows him; **am** ~ in the place; **das beste Hotel am** ~ the best hotel in town; **wir haben keinen Arzt am** ~ we have no resident doctor; **am** ~ **wohnen** to live in the same village/town; **sich an einem dritten** ~ **treffen** to meet in a neutral place or on neutral ground; **mitten im** ~ in the centre (of the place/town); **der nächste** ~ the next village/town etc; **von** ~ **zu** ~ from place to place.

Ort² nt -(e)s, -er (Min) coal face, (working) face. **vor** ~ at the (coal) face; (fig) on the spot.

Örtchen nt **das (stille)** ~ (inf) the smallest room (inf).

orten vt U-Boot, Flugzeug to locate, to fix the position of, to get a fix on; Heringsschwarm to locate.

orthodox adj (lit, fig) orthodox.

Orthodoxie f orthodoxy.

Orthographie f orthography.

orthographisch adj orthographic(al). **er schreibt nicht immer** ~ **richtig** his spelling is not always correct.

Orthopäde m -n, -n, **Orthopädin** f orthopaedist, orthopaedic specialist.

orthopädisch adj orthopaedic.

örtlich adj local. **das ist** ~ **verschieden** it varies from place to place; **der Konflikt war** ~ **begrenzt** it was limited to a local encounter; **jdn/etw** ~ **betäuben** to give sb/ sth a local anaesthetic.

Örtlichkeit f locality. **sich mit der** ~/**den** ~**en vertraut machen** to get to know the place; **er ist mit den** ~**en gut vertraut** he knows his way about; **die** ~**en** (euph) the cloakroom (euph).

Orts|angabe f place of publication; (bei Anschriften) (name of the) town; **ohne** ~ no place of publicaton indicated; **orts|ansässig** adj local; **eine schon lange ~e Familie** a long established local family; **sind Sie schon lange** ~? have you been living here or locally for a long time?; **die** O~**en** the local residents.

Ortschaft f -, -**en** village; town. **geschlossene** ~ built-up or restricted area.

ortsfremd adj non-local; **ich bin hier** ~ I'm a stranger here; **ein** O~**er** a stranger; **Ortsgespräch** nt (Telec) local call; **Ortsgruppe** f local branch or group; **Ortskenntnis** f local knowledge; (gute) ~**se haben** to know one's way around (well); **Ortsklasse** f classification of area according to cost of living for estimating salary weighting allowances; **Ortskrankenkasse** f Allgemeine ~ compulsory medical insurance scheme for workers, old people etc; **ortskundig** adj **nehmen Sie sich einen** ~**en Führer** get a guide who knows his way around; **ich bin nicht sehr** ~ I don't know my way around very well; **ein** O~**er** somebody who knows his way around or who knows the place; **Ortsname** m place name; **Ortsnetz** nt (Telec) local (telephone) exchange area; (Elec) local grid; **Ortsnetzkennzahl** f (Telec) dialling code; **Ortsschild** nt place name sign; **Ortssinn** m sense of direction; **Ortstarif** m (Telec) charge for local phone-call; **orts|üblich** adj local; **das ist hier** ~ it is usual or customary here, it is (a) local custom here; **Ortsverkehr** m local traffic; **Gebühren im** ~ (Telec) charges for local (phone) calls; **Ortszeit** f local time; **Ortszulage** f, **Ortszuschlag** m (local) weighting allowance.

Ortung f locating. **bei (der)** ~ **eines feindlichen U-Boots …** when locating an or fixing the position of or getting a fix on an enemy submarine …

Öse f -, -**n** loop; (an Kleidung) eye.

Oslo nt -s Oslo.

Osloer ['ɔsloe] adj Oslo.

Osmane m -n, -n Ottoman.

osmanisch adj Ottoman.
Osmium nt, no pl (abbr **Os**) osmium.
OSO abbr of **Ostsüdost** ESE.
Ost m -(e)s, no pl (liter) **1.** East. **aus ~ und West** from East and West; **von ~ nach West** from East to West; **der Wind kommt aus ~** the wind is coming from the east; **wo ~ und West zusammentreffen** where East and West meet, where East meets West; **10 Mark ~** (inf) 10 East German marks.
    2. (~wind) East or easterly wind.
Ost- in cpds (bei Ländern, Erdteilen) (als politische Einheit) East; (geographisch auch) Eastern, the East of; (bei Städten, Inseln) East; **Ost|afrika** nt East Africa; **Ost|asien** nt Eastern Asia; **Ost-Berlin** nt East Berlin; **Ostberliner** m East Berliner; **Ostblock** m Eastern bloc; **Ostblockland** nt, **Ostblockstaat** m country belonging to the Eastern bloc, Iron Curtain country; **ostdeutsch** adj East German; **Ostdeutschland** nt (Pol) East Germany; (Geog) Eastern Germany.
Osten m -s, no pl **1.** East. **der Ferne ~** the Far Est; **der Nahe ~** the Middle East, the Near East; **der Mittlere ~** area stretching from Iran and Iraq to India, Middle East; **im Nahen und Mittleren ~** in the Middle East; **im ~** in the East; **in den ~** to he East; **von ~** from the East; **gen ~** (liter) eastwards.
    2. (Pol) **der ~** (Ostdeutschland) East Germany; (Ostblock) the East; East Berlin.
ostentativ adj pointed. **der Botschafter drehte sich ~ um und verließ den Raum** the ambassador pointedly turned round and left the room.
Oster|ei nt Easter egg; **Osterfeiertag** m Easter holiday; **am 2. ~** on Easter Monday; **über die ~e fahren wir weg** we're going away over the Easter weekend; **Osterfest** nt Easter; **Osterfeuer** nt bonfire lit on Easter Saturday; **Osterglocke** f daffodil; **Osterhase** m Easter bunny; **Oster|insel** f Easter Island; **Osterlamm** nt paschal lamb.
österlich adj Easter.
Ostermontag m Easter Monday; **Ostermorgen** m Easter morning.
Ostern nt -, - Easter. **frohe** or **fröhliche ~!** Happy Easter!; **zu ~** at Easter; (**zu** or **über**) **~ fahren wir weg** we're going away at or over Easter.
Österreich nt -s Austria. **~-Ungarn** (Hist) Austria-Hungary.
Österreicher(in f) m -s, - Austria. **er ist ~** he's (an) Austrian.
österreichisch adj Austrian. **~-ungarisch** (Hist) Austro-Hungarian.
Ostersonntag m Easter Sunday; **Osterspiel** nt Easter (passion) play; **Osterwoche** f Easter week.
Ost|europa nt East(ern) Europe; **ost|europäisch** adj East European; **Ostgeld** nt (inf) East German money; **ost-**

germanisch adj (Ling) East Germanic; **Ostgote** m (Hist) Ostrogoth; **Ostjude** m East European Jew; **Ostkirche** f Orthodox or Eastern Church; **Ostkolonisation** f (Hist) German medieval colonization of Eastern Europe; **Ostküste** f East coast.
Ostler(in f) m -s, - (inf) East German.
östlich **I** adj Richtung, Winde easterly; Gebiete eastern. **30°~er Länge** 30° (longitude) east.
    II adv ~ **von Hamburg** (to the) east of Hamburg.
    III prep +gen ~ **des Rheins** (to the) east of the Rhine.
Ostmark f **1.** (Hist) Austria; **2.** (inf) East German Mark; **Ostnord|ost(en)** m east-north-east; **Ostpolitik** f Ostpolitik, West German foreign policy regarding the Eastern block especially East Germany and East Berlin; **Ostpreußen** nt East Prussia; **ostpreußisch** adj East Prussian; **Ostrom** nt (Hist) Eastern (Roman) Empire, Byzantine Empire.
Ostsee f: **die ~** the Baltic (Sea).
Ostsee- in cpds Baltic.
Oststaaten pl (in USA) the Eastern or East coast states; **Ostsüd|ost(en)** m east-south-east; **Ostverträge** pl treaties pl with Eastern block States; **ostwärts** adv eastwards; **Ostwind** m east or easterly wind.
oszillieren* vi to oscillate.
Oszillograph m oscillograph.
Otter¹ m -s, - otter.
Otter² f -, -n viper, adder.
Ottomane f -, -n ottoman.
Ottomotor m internal combustion engine, otto engine.
ÖVT [ø:te:'fau] abbr of **Gewerkschaft Öffenliche Dienste, Transport und Verkehr** ≈ TGWU.
Ouvertüre [uvɛr'ty:rə] f -, -n overture.
oval [o'va:l] adj oval.
Oval [o'va:l] nt -s, -e oval.
Ovation [ova'tsio:n] f ovation. **jdm ~en darbringen** to give sb an ovation or a standing ovation.
Overall ['oʊvɔrɔ:l] m -s, -s overalls pl.
ÖVP [ø:fau'pe:] f-abbr of **Österreichische Volkspartei** Austrian People's Party.
Ovulation [ovula'tsio:n] f ovulation.
Ovulationshemmer m -s, - ovulation inhibitor.
Oxid, Oxyd nt -(e)s, -e oxide.
Oxidation, Oxydation f oxidation.
oxidieren*, oxydieren* vti (vi: aux sein or haben) to oxidise.
Ozean m -s, -e ocean.
Ozeandampfer m ocean steamer.
Ozeanien [-iən] nt -s Oceania.
ozeanisch adj Flora oceanic; Sprachen Oceanic.
Ozeanographie f oceanography.
Ozelot m -s, -e ocelot.
Ozon nt or m -s, no pl ozone.

P

P, p [pe:] *nt* -,- P, p.
Paar *nt* -s, -e pair; (*Mann und Frau auch*) couple. **ein ~ Schuhe** a pair of shoes; **zwei ~ Socken** two pairs of socks; **ein ~ Würstchen** a couple *or* two sausages; **ein ~ bilden** to make *or* form a pair; **ein ~ werden** (*liter*) to become man and wife (*form*), to be made one (*liter*); **zu ~en treiben** (*old*) to put to flight, to rout; **ein ungleiches ~** an odd pair; (*Menschen auch*) an odd *or* unlikely couple.
paar *adj inv* **ein ~** a few; (*zwei oder drei auch*) a couple of; **ein ~ Male** a few times, a couple of times, once *or* twice; **schreiben Sie mir ein ~ Zeilen** drop me a line; **die ~ Pfennige, die es kostet ...** the few pence that it costs ...; **der Bus fährt alle ~ Minuten** there's a bus every few minutes; **wenn er alle ~ Minuten mit einer Frage kommt ...** if he comes along with a question every other minute ...; **du kriegst ein ~!** (*inf*) I'll land you one! (*inf*).
paaren I *vt Tiere* to mate, to pair; (*Sport*) to match. **in seinen Bemerkungen sind Witz und Geist gepaart** his remarks show a combination of wit and intellect, in his remarks wit is coupled with intellect. **II** *vr* (*Tiere*) to mate, to copulate; (*fig*) to be coupled *or* combined.
paarig *adj* in pairs; *Blätter* paired.
Paarlauf *m*, **Paarlaufen** *nt* pair-skating, pairs *pl*; **paarlaufen** *vi sep irreg aux sein infin, ptp only* to pair-skate.
paarmal *adv* **ein ~** a few times; (*zwei-oder dreimal auch*) a couple of times.
Paarreim *m* (*Poet*) rhyming couplet.
Paarung *f* 1. (*Sport, fig liter*) combination; (*Sport: Gegnerschaft*) draw, match. 2. (*Kopulation*) mating, copulation; (*Kreuzung*) crossing, mating.
Paarungszeit *f* mating season.
paarweise *adv* in pairs, in twos.
Pacht *f* -, -en lease; (*Entgelt*) rent. **etw in ~ geben** to lease (out), to let out sth on lease; **etw in ~ nehmen** to take sth on lease, to lease sth; **etw in *or* zur ~ haben** to have sth on lease *or* (on) leasehold.
Pachtbrief *m* lease.
pachten *vt* to take a lease on, to lease. **du hast das Sofa doch nicht für dich gepachtet** (*inf*) don't hog the sofa (*inf*), you haven't got a monopoly on the sofa (*inf*); **er tat so, als hätte er die Weisheit für sich (allein) gepachtet** (*inf*) he behaved as though he was the only clever person around.
Pächter(in *f*) *m* -s, - tenant, leaseholder, lessee (*form*). **er ist ~ auf einem Bauernhof** *or* **eines Bauernhofs** he's a tenant farmer.
Pacht|ertrag *m* net rent; **Pachtgeld** *nt* rent; **Pachtgut** *nt*, **Pachthof** *m* smallholding; **Pachtvertrag** *m* lease; **pachtweise** *adv* leasehold, on lease; **Pachtzins** *m* rent.

Pack¹ *m* -(e)s, -e *or* ̈e (*von Zeitungen, Büchern, Wäsche*) stack, pile; (*zusammengeschnürt*) bundle, pack. **zwei ~ Spielkarten** two packs of (playing) cards.
Pack² *nt* -s, *no pl* (*pej*) riffraff *pl* (*pej*).
Päckchen *nt* package, (small) parcel; (*Post*) small parcel; (*Packung*) packet, pack. **ein ~ Zigaretten** a packet *or* pack (*esp US*) of cigarettes; **ein ~ Spielkarten** a pack of (playing) cards; **ein ~ aufgeben** to post *or* mail a small parcel.
Pack|eis *nt* pack ice.
packeln *vi* (*Aus inf*) *siehe* **paktieren 2.**
packen I *vti* 1. *Koffer* to pack; *Paket* to make up; (*verstauen*) to stow *or* pack (away). **Sachen in ein Paket ~** to make things up into a parcel; **etw ins Paket ~** to put *or* pack sth into the parcel; **etw in Holzwolle/Watte ~** to pack sth (up) in wood shavings/to pack *or* wrap sth (up) in cotton wool; **jdn ins Bett ~** (*inf*) to tuck sb up (in bed).
2. (*fassen*) to grab (hold of), to seize, to grasp; (*Gefühle*) to grip, to seize. **jdn am** *or* **beim Kragen ~** (*inf*) to grab *or* seize sb by the collar; **von der Leidenschaft gepackt** in the grip of passion; **jdn bei der Ehre ~** (*inf*) to appeal to sb's sense of honour; **den hat es aber ganz schön gepackt** (*inf*) he's got it bad(ly) (*inf*).
3. (*fig: mitreißen*) to grip, to thrill, to enthrall. **das Theaterstück hat mich gepackt** I was really gripped by the play.
4. (*sl: schaffen*) to manage. **hast du die Prüfung gepackt?** did you (manage to) get through the exam?
5. (*inf: kapieren*) **er packt es nie** he'll never get it (*inf*).
II *vr* (*inf*) to clear off. **packt euch (fort)!** clear off! (*inf*), beat it! (*inf*); **pack dich nach Hause!** clear off home! (*inf*).
Packen *m* -s, - heap, pile, stack; (*zusammengeschnürt*) package, bundle. **ein ~ Arbeit** (*inf*) a pile of work.
Packer(in *f*) *m* -s, - packer.
Packerei *f* 1. packing department. 2. *no pl* (*inf*) packing.
Pack|esel *m* pack-ass, pack-mule; (*fig*) packhorse; **Packleinen** *nt f* burlap, gunny, bagging; **Packpapier** *nt* wrapping *or* brown paper; **Packpferd** *nt* packhorse; **Packraum** *m siehe* **Packerei 1.**; **Packsattel** *m* packsaddle; **Packtier** *nt* pack animal, beast of burden.
Packung *f* 1. (*Schachtel*) packet, pack; (*von Pralinen*) box. **eine ~ Zigaretten** a packet *or* pack (*esp US*) of cigarettes. 2. (*Med*) compress, pack; (*Kosmetik*) beauty pack. 3. (*Tech*) gasket; (*Straßenbau*) pitching *no pl*, ballast *no pl*. 4. (*inf: Niederlage*) thrashing, hammering (*inf*).
Packwagen *m* luggage van (*Brit*), baggage car (*US*); **Packzettel** *m* packing slip, docket.

Pädagoge *m*, **Pädagogin** *f* educationalist, pedagogue (*form*).
Pädagogik *f* education, educational theory, pedagogy (*rare*).
pädagogisch *adj* educational, pedagogical (*form*). ~e **Hochschule** college of education, teacher-training college (*for primary teachers*); **eine** ~e **Ausbildung** a training in education, a pedagogical training; **seine** ~en **Fähigkeiten** his ability to teach, his teaching ability; **das ist nicht sehr** ~ that's not a very educationally sound thing to do; ~ **falsch** wrong from an educational point of view.
pädagogisieren* *vt* (*pädagogisch ausrichten*) to bring into line with educational or pedagogical theory.
Paddel *nt* -s, - paddle.
Paddelboot *nt* canoe.
paddeln *vi aux sein or haben* to paddle; (*als Sport*) to canoe; (*schwimmen*) to dog-paddle.
Paddler(in *f*) *m* -s, - canoeist.
Päderast *m* -en, -en pederast.
Päderastie *f* pederasty.
Pädiatrie *f* p(a)ediatrics *sing*.
pädiatrisch *adj* p(a)ediatric.
paff *interj* bang.
paffen I *vi* (*inf*) **1.** (*heftig rauchen*) to puff away. **2.** (*nicht inhalieren*) to puff. **du paffst ja bloß!** you're just puffing at it! II *vt* to puff (away) at.
Page ['paːʒə] *m* -n, -n (*Hist*) page; (*Hotel~*) page (boy), bellboy, bellhop (*US*).
Pagenkopf *m* page-boy (hair style or cut).
paginieren* *vt* to paginate.
Pagode *f* -, -n pagoda.
pah *interj* bah, pooh, poof.
Paillette [pai'jɛtə] *f* sequin.
Pak *f* -, -s *abbr of* **Panzerabwehrkanone**.
Paket *nt* -s, -e (*Bündel*) pile, stack; (*zusammengeschnürt*) bundle, package; (*Pakkung*) packet; (*Post*) parcel; (*fig: von Angeboten, Gesetzentwürfen*) package.
Paket|adresse *f* stick-on address label; **Paket|annahme** *f* parcels office; **Paket|ausgabe** *f* parcels office; **Paketboot** *nt* packet (boat), mailboat; **Paketkarte** *f* dispatch form; **Paketpost** *f* parcel post; **Paketschalter** *m* parcels counter.
Pakistan *nt* -s Pakistan.
Pakistaner(in *f*) *m* -s, -, **Pakistani** *m* -(s), -(s) Pakistani.
Pakt *m* -(e)s, -e pact, agreement. **einen** ~ (**ab)schließen** (**mit**) to make a pact or agreement or deal (*with*); **einem** ~ **beitreten** to enter into an agreement.
paktieren* *vi* **1.** (*old: Bündnis schließen*) to make a pact or an agreement. **2.** (*pej*) to make a deal (*inf*).
Paladin *m* -s, -e (*Hist*) paladin; (*pej*) (*Gefolgsmann*) henchman, hireling.
Palais [pa'lɛ:] *nt* -, - palace.
paläo- *pref* palaeo-.
Palast *m* -(e)s, **Paläste** (*lit, fig*) palace.
palast|artig *adj* palatial.
Palästina *nt* -s Palestine.
Palästinenser(in *f*) -s, - Palestinian.
Palastrevolution *f* (*lit, fig*) palace revolution; **Palastwache** *f* palace guard.
palatal *adj* palatal.
Palatal *m* -s, -e palatal (sound).

Palatschinke *f* -, -n (*Aus*) stuffed pancake.
Palaver [pa'la:vɐ] *nt* -s, - (*lit, fig inf*) palaver.
palavern* [pa'la:vɐn] *vi* (*lit, fig inf*) to palaver.
Paletot ['paləto] *m* -s, -s (*obs*) greatcoat, overcoat.
Palette *f* **1.** (*Malerei*) palette; (*fig*) range. **2.** (*Stapelplatte*) pallet.
paletti *adv* (*sl*) OK (*inf*).
Palisade *f* palisade.
Palisadenzaun *m* palisade, stockade.
Palisander(holz *nt*) *m* -s, - jacaranda.
Palladium *nt, no pl* (*abbr* Pd) palladium.
Palme *f* -, -n palm. **die** ~ **des Sieges erringen** (*liter*) to bear off or carry off the palm (*liter*); **jdn auf die** ~ **bringen** (*inf*) to make sb see red (*inf*), to make sb's blood boil (*inf*).
Palmfett *nt* (*Palmbutter*) palm butter.
Palmkätzchen *nt* pussy willow, catkin; **Palm|öl** *nt* palm oil; **Palmsonntag** *m* Palm Sunday; **Palmwedel** *m siehe* **Palmzweig**; **Palmwein** *m* palm wine; **Palmzweig** *m* palm leaf.
Pamp *m* -s, *no pl* (*dial*) slop (*inf*), mush (*inf*).
Pampa *f* -, -s pampas *pl*.
Pampasgras *nt* pampas grass.
Pampe *f* -, *no pl* (*dial*) paste; (*pej*) slop (*inf*), mush (*inf*).
Pampelmuse *f* -, -n grapefruit.
Pamphlet *nt* -(e)s, -e lampoon.
pampig *adj* (*inf*) **1.** (*breiig*) gooey (*inf*); **Kartoffeln** soggy. **2.** (*frech*) stroppy (*inf*).
Pan *m* (*Myth*) Pan.
pan- *pref* pan-. **pan|amerikanisch** *adj* pan-American; **pan|arabisch** *adj* pan-Arab; **Panslawismus** *m* pan-Slavism.
Panama *nt* -s, -s **1.** Panama. **2.** (*auch* ~hut) Panama (hat).
Panamakanal *m* Panama Canal.
panaschieren* I *vi* (*Pol*) to split one's ticket. II *vt* **panaschierte Blätter** variegated leaves.
panchromatisch [pankro'ma:tɪʃ] *adj* panchromatic.
Panda *m* -s, -s panda.
Pandämonium *nt* (*Myth*, *fig*) pandemonium.
Paneel *nt* -s, -e (*form*) (*einzeln*) panel; (*Täfelung*) panelling, wainscoting.
Panflöte *f* panpipes *pl*, Pan's pipes *pl*.
Panier *nt* -s, -e (*obs*) banner, standard. **Freiheit sei euer** ~! (*liter*) let freedom be your watchword or motto! (*liter*); **etw auf sein** ~ **schreiben** (*fig*) to take or adopt sth as one's motto.
panieren* *vt* to bread, to coat with breadcrumbs.
Paniermehl *nt* breadcrumbs *pl*.
Panik *f* -, -en panic. (**eine**) ~ **brach aus** or **breitete sich aus** panic broke out or spread, there was panic; **in** ~ **ausbrechen** to panic, to get into a panic; **von** ~ **ergriffen** panic-stricken; **nur keine** ~! don't panic!
Panikmache *f* (*inf*) panicmongering.
panisch *adj no pred* panic-stricken. ~e **Angst** panic-stricken fear, terror; **sie hat** ~e **Angst vor Schlangen** she's terrified of snakes, snakes scare her out of her wits; **er**

hatte eine ~e Angst zu ertrinken he was terrified of drowning; **~er Schrecken** panic; **sich ~ fürchten (vor)** to be terrified *or* petrified (by).

Pankreas *nt* -, **Pankreaten** (*Anat*) pancreas.

Panne *f* -, **-n 1.** (*Störung*) hitch (*inf*), breakdown, trouble *no indef art*; (*Reifen~*) puncture, flat (tyre), blow-out (*inf*). **ich hatte eine ~ mit dem Fahrrad** I had some trouble with my bike/I had a puncture *etc*; **ich hatte eine ~ mit dem Auto, mein Auto hatte eine ~** my car broke down/I had a puncture *etc*; **mit der neuen Maschine passieren dauernd ~n** things keep going wrong with the new machine, the new machine keeps breaking down.

2. (*fig inf*) slip, boob (*Brit inf*), goof (*US inf*). **mit etw eine ~ erleben** to have (a bit of) trouble with sth; **uns ist eine ~ passiert** we've made a slip *etc or* we've slipped up *or* boobed (*Brit inf*) *or* goofed (*US inf*); **da ist eine ~ passiert mit dem Brief** something has gone wrong with the letter.

Pannendienst *m*, **Pannenhilfe** *f* breakdown service; **Pannenkoffer** *m* emergency toolkit; **Pannenkurs** *m* car maintenance course.

Pan|optikum *nt* -s, **Pan|optiken** (*von Kuriositäten*) collection of curios; (*von Wachsfiguren*) waxworks *pl*.

Panorama *nt* -s, **Panoramen** panorama.

Panorama|aufnahme *f* panorama, panoramic view; **Panoramabus** *m* coach with panoramic windows, panorama coach; **Panoramaspiegel** *m* (*Aut*) panoramic mirror.

panschen I *vt* to adulterate; (*verdünnen*) to water down, to dilute. **II** *vi* (*inf*) to splash (about).

Panscher *m* -s, - (*pej inf*) adulterator.

Pansen *m* -s, - (*Zool*) rumen; (*N Ger inf*) belly (*inf*).

Pantheismus *m* pantheism.

Pantheist *m* pantheist.

pantheistisch *adj* pantheistic.

Panther *m* -s, - panther.

Pantine *f* (*N Ger*) clog.

Pantoffel *m* -s, **-n** slipper. **unterm ~ stehen** (*inf*) to be henpecked; **unter den ~ kommen** *or* **geraten** (*inf*) to become a henpecked husband; **bei Müllers schwingt sie den ~** (*inf*) Mrs Müller rules the roost *or* has her husband under her thumb.

Pantöffelchen *nt* slipper.

Pantoffelheld *m* (*inf*) henpecked husband; **Pantoffelkino** *nt* (*inf*) telly (*Brit inf*), (goggle-)box (*Brit inf*), tube (*US inf*); **Pantoffeltierchen** *nt* (*Biol*) slipper animalcule, paramecium (*spec*).

Pantolette *f* slip-on (shoe).

Pantomime¹ *f* -, **-n** mime.

Pantomime² *m* -n, **-n** mime.

pantomimisch *adj Darstellung* in mime. **sich ~ verständlich machen** to communicate with gestures.

pantschen *vti siehe* **panschen.**

Panzer *m* -s, - **1.** (*Mil*) tank. **die deutschen ~** the German tanks *pl or* armour *sing*.

2. (*Hist: Rüstung*) armour *no indef art*, suit of armour.

3. (*Panzerung*) armour plating, armour plate.

4. (*von Schildkröte, Insekt*) shell; (*dicke Haut*) armour.

5. (*fig*) shield. **sich mit einem ~ (gegen etw) umgeben** to harden oneself (against sth); **sich mit einem ~ aus etw umgeben** to put up *or* erect a defensive barrier of sth.

Panzer|abwehr *f* anti-tank defence; (*Truppe*) anti-tank unit; **Panzer|abwehrkanone** *f* anti-tank gun; **panzerbrechend** *adj* armour-piercing; **Panzerdivision** *f* armoured division; **Panzerfaust** *f* bazooka; **Panzerglas** *nt* bulletproof glass; **Panzergraben** *m* anti-tank ditch; **Panzergrenadier** *m* armoured infantryman; **Panzerhemd** *nt* coat of mail; **Panzerkampfwagen** *m* armoured vehicle; **Panzerkreuzer** *m* (*Naut*) (armoured) cruiser.

panzern I *vt* to armour-plate. **gepanzerte Fahrzeuge** armoured vehicles. **II** *vr* (*lit*) to put on one's armour; (*fig*) to arm oneself.

Panzerplatte *f* armour plating *no pl*, armour plate; **Panzerschrank** *m* safe; **Panzerspähwagen** *m* armoured scout car; **Panzersperre** *f* anti-tank obstacle, tank trap; **Panzertruppe** *f* tanks *pl*, tank division; **Panzerturm** *m* tank turret.

Panzerung *f* armour plating; (*fig*) shield.

Panzerwagen *m* armoured car; **Panzerweste** *f* bulletproof vest.

Papa¹ *m* -s, -s (*inf*) daddy (*inf*), pa (*US inf*).

Papa² *m* -s, -s papa.

Papagallo *m* -s, **Papagalli** (*pej*) (Latin) wolf *or* romeo.

Papagei *m* -s, **-en** parrot. **er plappert alles wie ein ~ nach** he repeats everything parrot fashion, he parrots everything he/she *etc* says.

Papageienkrankheit *f* (*Med*) parrot fever, psittacosis.

Papeterie ['papətəri:] *f* (*Sw*) stationer's.

Papi *m* -s, *no pl* (*inf*) daddy (*inf*).

Papier *nt* -s, **-e 1.** *no pl* (*Material*) paper. **ein Blatt ~** a sheet *or* piece of paper; **das existiert nur auf dem ~** it only exists on paper; **das steht nur auf dem ~** that's only on paper, that's only in theory; **seine Gedanken zu ~ bringen** to set *or* put one's thoughts down on paper *or* in writing, to commit one's thoughts to paper; **~ ist geduldig** (*Prov*) you can say what you like on paper, you can write what you like.

2. (*Dokument, Schriftstück*) paper.

3. ~e *pl* (*identity*) papers *pl*; (*Urkunden*) documents *pl*; **er hatte keine ~e bei sich** he had no *or* he was carrying no means of identification on him; **seine ~e bekommen** (*entlassen werden*) to get one's cards.

4. (*Fin, Wert~*) security.

Papierdeutsch *nt* officialese, gobbledygook (*inf*).

papier(e)n *adj* **1.** (*lit form*) paper. **2.** (*fig*) *Stil, Sprache* prosy, bookish.

Papierfabrik *f* paper mill; **Papierfetzen** *m* scrap *or* (little) bit of paper; **Papierformat** *nt* paper size; **Papiergeld** *nt* paper money; **Papierhandtuch** *nt* paper towel; **Papierkorb** *m* (waste-)paper basket *or* bin; **Papierkram** *m* (*inf*) bumf (*inf*); **Papierkrieg** *m* (*inf*) **erst**

nach einem langen ~ after going through a lot of red tape; **einen** ~ **(mit jdm) führen** to go through a lot of red tape (with sb); **Papiermaché** [papiema'ʃeː] *nt* **-s, -s** *siehe* **Pappmaché; Papiermanschette** *f* paper frill; **Papiermühle** *f* paper mill; **Papierschere** *f* paper scissors *pl*; **Papierschlange** *f* streamer; **Papierschnitzel** *m or nt* scrap of paper; (*Konfetti*) confetti; **Papierserviette** *f* paper serviette *or* napkin; **Papiertaschentuch** *nt* paper hanky *or* handkerchief, tissue; **Papiertiger** *m* (*fig*) paper tiger; **papierverarbeitend** *adj attr* paper-processing; **Papierwährung** *f* paper currency; **Papierwaren** *pl* stationery *no pl*; **Papierwarenhandlung** *f* stationer's (shop).

Papist *m* (*pej*) papist (*pej*).

papistisch *adj* (*Hist*) papal; (*pej*) popish.

papp *adj* (*inf*) **ich kann nicht mehr** ~ **sagen** I'm full to bursting (*inf*), I'm about to go pop (*inf*).

Pappband *m* (*Einband*) pasteboard; (*Buch*) hardback; **Pappdeckel** *m* (thin) cardboard.

Pappe *f* **-, -n 1.** (*Pappdeckel*) cardboard; (*Dach*~) roofing felt. **dieser linke Haken war nicht von** ~ (*inf*) that left hook really had some weight *or* force behind it, that was no mean left hook; **X ist ein guter Sprinter, aber Y ist auch nicht von** ~ (*inf*) X is good but Y is no mean sprinter either. **2.** (*S Ger inf*) (*Leim*) glue; (*Brei*) paste; (*pej*) slop (*pej inf*), mush (*pej inf*).

Pappeinband *m* pasteboard.

Pappel *f* **-, -n** poplar.

päppeln *vt* (*inf*) to nourish.

pappen (*inf*) **I** *vt* to stick, to glue (*an or auf* +*acc* on). **II** *vi* (*inf*) (*klebrig sein*) to be sticky; (*Schnee*) to pack. **der Leim pappt gut** the glue sticks *or* holds well.

Pappendeckel *m siehe* **Pappdeckel**; **Pappenheimer** *pl*: **ich kenne meine** ~ (*inf*) I know you lot/that lot (inside out) (*inf*); **Pappenstiel** *m* (*fig inf*): **das ist doch ein** ~ (*billig*) that's chicken feed (*inf*); (*leicht*) that's child's play (*inf*); **das ist keinen** ~ **wert** that's not worth a thing *or* a penny *or* a straw; **das hab ich für einen** ~ **gekauft** I bought it for a song *or* for next to nothing.

papperlapapp *interj* (*inf*) rubbish, (stuff and) nonsense.

pappig *adj* (*inf*) sticky.

Pappkamerad *m* (*Mil sl*) silhouette target; **Pappkarton** *m* (*Schachtel*) cardboard box; (*Material*) cardboard; **Pappmaché** [papma'ʃeː] *nt* **-s, -s** papier-mâché; **Pappschachtel** *f* cardboard box; **Pappschnee** *m* wet *or* sticky snow.

Paprika *m* **-s, -(s)** (*no pl: Gewürz*) paprika; (~*schote*) pepper.

Paprikaschote *f* pepper; (*rote* ~ *auch*) pimento (*US*). **mit** ~**n** stuffed peppers.

Paps *m* **-,** *no pl* (*inf*) dad (*inf*), daddy (*inf*), pops (*US inf*).

Papst *m* **-(e)s, ⁻e** pope; (*fig*) high priest.

päpstlich *adj* papal; (*fig pej*) pontifical. ~**er als der Papst sein** to be more Catholic than the Pope, to be more royal than the king.

Papsttum *nt, no pl* papacy; **Papstwahl** *f* papal elections *pl*; **Papstwürde** *f* papal office.

Papyrus *m* **-, Papyri** papyrus.

Papyrusrolle *f* papyrus (scroll).

Parabel *f* **-, -n 1.** (*Liter*) parable. **2.** (*Math*) parabola, parabolic curve.

parabolisch *adj* **1.** (*Liter*) parabolic. **2.** (*Math*) parabolic.

Parabolspiegel *m* parabolic reflector *or* mirror.

Parade *f* **1.** (*Mil*) parade, review. **die** ~ **abnehmen** to take the salute. **2.** (*Sport: Fechten, Boxen*) parry; (*Ballspiele*) save; (*Reiten*) check. **jdm in die** ~ **fahren** (*fig*) to cut sb off short.

Paradebeispiel *nt* prime example.

Paradeiser *m* **-s, -** (*Aus*) tomato.

Paradekissen *nt* scatter cushion; **Parademarsch** *m* parade step; (*Stechschritt*) goose-step; **im** ~ **marschieren** to march in parade step/to goose-step; **Paradepferd** *nt* show horse; (*fig*) showpiece; **Paradeplatz** *m* parade ground; **Paradeschritt** *m siehe* **Parademarsch**; **Paradestück** *nt* (*fig*) showpiece; (*Gegenstand auch*) pièce de résistance; **Paradeuniform** *f* dress uniform.

paradieren* *vi* to parade. **mit etw** ~ (*fig*) to show off *or* flaunt sth.

Paradies *nt* **-es, -e** (*lit, fig*) paradise. **die Vertreibung aus dem** ~ the expulsion from Paradise; **hier ist es so schön wie im** ~ it's like paradise here, this is paradise; **ein** ~ **für Kinder** a children's paradise, a paradise for children; **das** ~ **auf Erden** heaven on earth.

paradiesisch *adj* (*fig*) heavenly, paradisiac(al) (*liter*). **hier ist es** ~ **schön** it's (like) paradise here, this is paradise; ~ **leere Strände** blissfully empty beaches.

Paradiesvogel *m* bird of paradise.

Paradigma *nt* **-s, Paradigmen** paradigm.

paradigmatisch *adj* paradigmatic.

paradox *adj* paradoxical.

Paradox *nt* **-es, -e, Paradoxon** *nt* **-s, Paradoxa** paradox.

paradoxerweise *adv* paradoxically.

Paradoxie *f* paradox, paradoxicalness.

Paraffin *nt* **-s, -e** (*Chem*) (~*öl*) (liquid) paraffin; (~*wachs*) paraffin wax.

Paragraph *m* (*Jur*) section; (*Abschnitt*) paragraph.

Paragraphenreiter *m* (*inf*) pedant, stickler for the rules; **Paragraphenzeichen** *nt* paragraph (marker).

Parallaxe *f* **-, -n** (*Math*) parallax.

parallel *adj* parallel. ~ **laufen** to run parallel; **der Weg (ver)läuft** ~ **zum Fluß** the path runs *or* is parallel to the river; **die Entwicklung dort verläuft** ~ **zu der in der BRD** the development there is parallel to *or* parallels that of West Germany.

Parallele *f* **-, -n** (*lit*) parallel (line); (*fig*) parallel. **eine** ~ **zu etw ziehen** (*lit*) to draw a line parallel to sth; (*fig*) to draw a parallel to sth.

Parallelfall *m* parallel (case).

Parallelismus *m* parallelism.

Parallelität *f* parallelism.

Parallelklasse *f* parallel class; **Parallelkreis** *m* parallel (of latitude).

Parallelogramm *nt* -s, -e parallelogram.

parallelschalten *vt sep* (*Elec*) to connect in parallel.

Parallelschaltung *f* parallel connection.

Paralyse *f* -, -n (*Med*, *fig*) paralysis.

paralysieren* *vt* (*Med*, *fig*) to paralyse.

Paralytiker(in *f*) *m* -s, - (*Med*) paralytic.

paralytisch *adj* paralytic.

paramilitärisch *adj* paramilitary.

Paranoia [para'nɔya] *f* -, *no pl* paranoia.

paranoid [parano'iːt] *adj* paranoid.

Paranoiker [para'noːikɐ] *m* -s, - paranoiac.

paranoisch [para'noːiʃ] *adj* paranoiac.

Paranuß *f* (*Bot*) Brazil nut.

Paraphe *f* -, -n (*form*) (*Namenszug*) signature; (*Namenszeichen*) initials *pl*.

paraphieren* *vt* (*Pol*) to initial.

Paraphierung *f* (*Pol*) initialling.

Paraphrase *f* paraphrase; (*Mus*) variation.

paraphrasieren* *vt* to paraphrase; (*Mus*) to write variations on.

Parapsychologie *f* parapsychology.

Parasit *m* -en, -en (*Biol*, *fig*) parasite.

parasitär, parasitisch *adj* (*Biol*, *fig*) parasitic(al). ~ **leben** to live parasitically.

Parasol *m or nt* -s, -s *or* -e (*old*) parasol.

parat *adj* *Antwort*, *Beispiel etc* ready, prepared; *Werkzeug etc* handy, ready. **halte den Korkenzieher** ~ keep the corkscrew ready *or* handy *or* out; **er hatte immer eine Ausrede** ~ he always had an excuse ready *or* on tap (*inf*), he was always ready with an excuse; **seine stets** ~**e Ausrede** his ever-ready excuse.

Parataxe *f* -, -n (*Ling*) coordination; (*ohne Konjunktion*) parataxis.

Pärchen *nt* (courting) couple.

pärchenweise *adv* in pairs.

Parcours [par'kuːɐ] *m* -, - show-jumping course; (*Sportart*) show-jumping. **einen** ~ **reiten** to jump a course.

pardauz *interj* (*old*) whoops.

Pardon [par'dõː] *m or nt* -s, *no pl* **1.** pardon. **jdn um** ~ **bitten** to ask sb's pardon; **jdm kein(en)** ~ **geben** (*old*) to show sb no mercy, to give sb no quarter.
  2. (*inf*) **kein** ~ **kennen** to be ruthless; **wenn er sich** (*dat*) **was in den Kopf gesetzt hat, gibt's kein** ~ *or* **kennt er kein** ~ once he's set on something he's merciless *or* ruthless; **das Zeug räumst du auf, da gibt's kein** ~ you'll clear that stuff up and that's that! (*inf*).
  3. (*interj*: *Verzeihung*) sorry; (*nicht verstanden*) sorry, beg pardon, pardon me (*US*). **o** ~! sorry!, I'm so sorry!

Parenthese *f* -, -n parenthesis. **etw in** ~ **setzen** to put sth in parentheses.

parenthetisch *adj* parenthetic(al).

par excellence [parεkse'lãːs] *adv* par excellence.

Parforcejagd [par'fɔrs-] *f* hunt, course; (*Jagdart*) coursing; **Parforceritt** *m* forced ride.

Parfüm *nt* -s, -e *or* -s perfume, scent.

Parfümerie *f* perfumery.

Parfümfläschchen *nt* scent *or* perfume bottle.

parfümieren* **I** *vt* to scent, to perfume.
  II *vr* to put perfume *or* scent on.

Parfümzerstäuber *m* scent spray, perfume *or* scent atomizer.

pari *adv* (*Fin*) par. **al** ~ at par (value), at nominal value; **über** ~ above par, at a premium; **unter** ~ below par, at a discount; **die Chancen stehen** ~ (~) the odds are even *or* fifty-fifty.

Paria *m* -s, -s (*lit*, *fig*) pariah.

parieren* **I** *vt* **1.** (*Fechten*, *fig*) to parry; (*Ftbl*) to deflect. **2.** (*Reiten*) to rein in.
  II *vi* to obey, to do what one is told. **aufs Wort** ~ to jump to it.

Paris *nt* - Paris.

Pariser[1] *m* -s, - **1.** Parisian. **2.** (*inf*: *Kondom*) rubber (*inf*).

Pariser[2] *adj attr* Parisian, Paris.

Pariserin *f* Parisienne.

Parität *f* (*Gleichstellung*) parity, equality; (*von Währung*) parity, par of exchange.

paritätisch *adj* equal. ~**e Mitbestimmung** equal representation.

Park *m* -s, -s park; (*Schloß*~) grounds *pl*.

Parka *m* -(s), -s *or* *f* -, -s parka.

Parkanlage *f* park; **Parkbahn** *f* (*Space*) parking orbit.

parken *vti* to park. **ein** ~**des Auto** a parked car; „**P**~ **verboten!**" "No Parking"; **sein Auto parkte ...** his car was parked ...

Parkett *nt* -s, -e **1.** (*Fußboden*) parquet (flooring). **ein Zimmer mit** ~ **auslegen** to lay parquet (flooring) in a room; **sich auf jedem** ~ **bewegen können** (*fig*) to be able to move in any society; **auf dem internationalen** ~ in international circles.
  2. (*Tanzfläche*) (dance) floor. **eine tolle Nummer aufs** ~ **legen** (*inf*) to put on a great show.
  3. (*Theat*) stalls *pl*, parquet (*US*). **wir sitzen** ~ (*inf*) we sit in the stalls.

Parkett(fuß)boden *m* parquet floor.

parkettieren* *vt* to lay with parquet, to lay *or* put down parquet in, to parquet.

Parkettplatz, Parkettsitz *m* (*Theat*) seat in the stalls *or* parquet (*US*).

Parkgebühr *f* parking fee; **Parkhaus** *nt* multi-storey car park.

parkieren* *vti* (*Sw*) siehe **parken**.

Parkinsonsche Krankheit *f* Parkinson's disease.

Parklandschaft *f* parkland; **Parklicht** *nt* parking light; **Parklücke** *f* parking space.

Parkometer *nt* siehe **Parkuhr**.

Parkplatz *m* car park, parking lot (*esp US*); (*für Einzelwagen*) (parking) space, place to park; **bewachter/unbewachter** ~ car park with/without an attendant; **Parkraum** *m* parking space; **Parkscheibe** *f* parking disc; **Parkuhr** *f* parking meter; **Parkverbot** *nt* parking ban; **hier ist** ~ there's no parking *or* you're not allowed to park here; **Parkverbotsschild** *nt* no-parking sign; **Parkwächter** *m* (*Aut*) car-park attendant; (*von Anlagen*) park keeper *or* attendant; **Parkzeit** *f* parking time.

Parlament *nt* parliament. **das** ~ **auflösen** to dissolve parliament; **jdn ins** ~ **wählen** to elect sb to parliament.

Parlamentär *m* peace envoy, negotiator.

Parlamentarier(in *f*) [-iɐ, -iərɪn] *m* -s, - parliamentarian.

parlamentarisch *adj* parliamentary. ~ **regieren** to govern by a parliament; ~**er Staatssekretär im Verteidigungsmini-**

sterium *non-Cabinet minister with special responsibility for defence*; **der P~e Rat** the Parliamentary Council; **~e Demokratie** parliamentary democracy.

Parlamentarismus *m* parliamentarism.

Parlaments|ausschuß *m* parliamentary committee; **Parlamentsbeschluß** *m* vote *or* decision of parliament; **Parlamentsferien** *pl* recess; **Parlamentsgebäude** *nt* parliamentary building(s); (*in London*) Houses of Parliament *pl*; (*in Washington*) Capitol; **Parlamentsmitglied** *nt* member of parliament; (*in GB*) Member of Parliament, MP; (*in USA*) Congressman; **Parlamentssitzung** *f* sitting (of parliament); **Parlamentswahl** *f usu pl* parliamentary election(s).

parlieren *vi* to talk away. **ich hätte nie geglaubt, daß er so ~ könnte** I'd never have believed that he could talk so fluently.

Parmesan(käse) *m* **-s**, *no pl* Parmesan (cheese).

Parnaß *m* **-sses** (*liter*) (Mount) Parnassus.

Parodie *f* parody, take-off (*auf +acc* on, *zu* of). **eine ~ von jdm geben** to do a parody *or* take-off of sb, to take sb off.

parodieren* *vt* (*karikieren*) to take off, to parody.

Parodist *m* parodist; (*von Persönlichkeiten*) impersonator.

parodistisch *adj* parodistic (*liter*). **~e Sendung** parody, take-off; **er hat ~e Fähigkeiten** he's good at taking people off, he's a good impersonator.

Parodontose *f* **-**, **-n** periodontosis (*spec*), shrinking gums.

Parole *f* **-**, **-n 1.** (*Mil*) password. **2.** (*fig: Wahlspruch*) motto, watchword; (*Pol*) slogan.

Paroli *nt*: **jdm ~ bieten** (*old*) to defy sb.

Part *m* **-s**, **-e 1.** (*Anteil*) share. **2.** (*Theat, Mus*) part.

Partei *f* **1.** (*Pol*) party. **bei** *or* **in der ~ in** the party; **die ~ wechseln** to change parties; **als Bundespräsident steht er über den ~en** as Federal President he takes no part in party politics.

2. (*Jur*) party. **die streitenden ~en** the disputing parties; **die vertragsschließenden ~en** the contracting parties.

3. (*fig*) **~ sein** to be bias(s)ed; **jds ~** (*acc*) *or* **für jdn ~ ergreifen** *or* **nehmen** to take sb's side *or* part, to side with sb; **gegen jdn ~ ergreifen** *or* **nehmen** to side *or* to take sides against sb; **ein Richter sollte über den ~en stehen** a judge should be impartial.

4. (*im Mietshaus*) tenant.

Partei|abzeichen *nt* party badge; **Partei|apparat** *m* party machinery *or* apparatus; **Parteibonze** *m* (*pej*) party bigwig *or* boss; **Parteibuch** *nt* party membership book; **das richtige ~ haben** to belong to the right party; **Parteichef** *m* party leader *or* boss; **Parteichinesisch** *nt* (*pej*) party jargon; **Parteifreund** *m* fellow party member; **Parteiführer** *m* party leader; **Parteiführung** *f* leadership of a party; (*Vorstand*) party leaders *pl or* executive; **Parteigänger** *m* **-s**, **- party** supporter *or* follower; **Parteigenosse** *m* party member; **partei|intern** *adj*

internal party; **etw ~ lösen** to solve sth within the party.

parteiisch *adj* bias(s)ed, partial.

Parteikongreß *m* convention, party congress.

parteilich *adj* **1.** (*rare: parteiisch*) bias(s)ed. **2.** (*eine Partei betreffend*) party. **Maßnahmen, die nicht ~ gebunden sind** measures which are independent of party politics. **3.** (*DDR: linientreu*) in accordance with party thought.

Parteilichkeit *f* bias, partiality.

Parteilinie *f* party line. **auf die ~ einschwenken** to toe the party line.

parteilos *adj Abgeordneter, Kandidat* independent, non-party. **der Journalist war ~** the journalist wasn't attached to *or* aligned with any party.

Parteilose(r) *mf decl as adj* independent.

Parteilosigkeit *f* independence.

Parteimitglied *nt* party member; **Parteinahme** *f* **-**, **-n** partisanship; **Partei|organ** *nt* party organ; **Parteipolitik** *f* party politics *pl*; **parteipolitisch** *adj* party political; **Parteipräsidium** *nt* party executive committee; **Parteiprogramm** *nt* (party) manifesto *or* programme; **Parteitag** *m* party conference *or* convention.

Parteiungen *pl* (*old*) factions *pl*.

Parteiversammlung *f* party meeting; **Parteivorsitzende(r)** *mf* party leader; **Parteivorstand** *m* party executive; **Parteiwesen** *nt* party system; **Parteizugehörigkeit** *f* party membership; **was hat er für eine ~?** what party does he belong to?

parterre [par'ter] *adv* on the ground (*Brit*) *or* first (*US*) floor.

Parterre [par'ter] *nt* **-s**, **-s 1.** (*von Gebäude*) ground floor (*Brit*), first floor (*US*). **im ~ wohnen** to live on the ground floor. **2.** (*old Theat*) rear stalls, pit (*Brit*), parterre (*US*).

Parterrewohnung *f* ground-floor flat (*Brit*), first-floor apartment (*US*).

partial- [par'tsia:l] *in cpds* partial.

Partie *f* **1.** (*Teil, Ausschnitt*) part. **2.** (*Theat*) part, role; (*Mus*) part. **3.** (*Sport*) game; (*Fechten*) round. **eine ~ Schach spielen** to play *or* have a game of chess; **die ~ verloren geben** (*lit, fig*) to give the game up as lost. **4.** (*old: Land~*) outing, trip. **5.** (*Comm*) lot, batch. **6.** (*inf*) catch. **eine gute ~ (für jdn) sein** to be a good catch (for sb); **eine gute ~ (mit jdm) machen** to marry (into) money. **7. mit von der ~ sein** to join in, to be in on it; **da bin ich mit von der ~** count me in, I'm with you. **8.** (*Aus: Arbeitergruppe*) gang.

partiell [par'tsiel] *adj* partial. **diese Lösung ist ~ richtig** this solution is partly *or* partially right.

partieweise [par'ti:-] *adv* (*Comm*) in lots.

Partikel *f* **-**, **-n** (*Gram, Phys*) particle.

Partikularismus *m* particularism.

Partikularist *m* particularist.

partikularistisch *adj* particularistic.

Partisan(in *f*) *m* **-s** *or* **-en**, **-en** partisan.

Partisanenkrieg *m* partisan war; (*Art des*

Krieges) guerrilla warfare.
partitiv *adj* (*Gram*) partitive.
Partitur *f* (*Mus*) score.
Partizip *nt* **-s, -ien** [-iən] (*Gram*) participle. **~ Präsens/Perfekt** present/past participle.
Partizipation *f* participation (*an* +*dat* in).
Partizipialkonstruktion *f* participial construction; **Partizipialsatz** *m* participial clause.
partizipieren* *vi* to participate (*an* +*dat* in).
Partner(in *f*) *m* **-s, -** partner; (*Film*) co-star. **als jds ~ spielen** (*in Film*) to play opposite sb; (*Sport*) to be partnered by sb, to be sb's partner.
Partnerschaft *f* partnership.
partnerschaftlich *adj* **~es Verhältnis** (relationship based on) partnership; **~e Zusammenarbeit** working together as partners; **sein ~er Führungsstil** his style of leadership which involves treating people as equal partners; **sie haben ihre Kinder ~ erzogen** they brought their children up as their equals; **das haben wir ~ gelöst** we solved it together *or* jointly.
Partnerstaat *m* partner (country); **Partnertausch** *m* **1.** (*Tanz, Tennis*) change of partners; **2.** (*sexuell*) partner-swopping; **Partnerwahl** *f* choice of partner; **Partnerwechsel** *m siehe* **Partnertausch.**
partout [par'tu:] *adv* (*dated*) **er will ~ ins Kino gehen** he insists on going to the cinema; **sie will ~ nicht nach Hause gehen** she just doesn't want to go home.
Party ['pa:eti] *f* **-, -s** *or* **Parties** party. **eine ~ geben** *or* **veranstalten** to give *or* have a party; **bei** *or* **auf einer ~** at a party; **auf eine** *or* **zu einer ~ gehen** to go to a party.
Partylöwe *m* (*iro*) socialite.
Parvenü [parve'ny:, -və'ny:] *m* **-s, -s** (*dated*) parvenu, upstart.
Parze *f* **-, -n** (*Myth*) Parca. **die ~n** the Fates.
Parzelle *f* plot, lot, parcel of land.
parzellieren* *vt* to parcel out.
Pasch *m* **-(e)s, -e** *or* **̈e** (*beim Würfelspiel*) doublets *pl*.
Pascha *m* **-s, -s** pasha. **wie ein ~** like Lord Muck (*inf*).
Paspel *f* **-, -n** piping *no pl*.
paspelieren*, paspeln *vt* to pipe.
Paß *m* **Passes, Pässe 1.** passport. **2.** (*im Gebirge etc*) pass. **3.** (*Ballspiele*) pass. **4.** (*Reitsport*) *siehe* **Paßgang.**
passabel *adj* passable, reasonable; *Aussehen auch* presentable.
Passage [pa'sa:ʒə] *f* **-, -n** (*alle Bedeutungen*) passage; (*Ladenstraße*) arcade.
Passagier [pasa'ʒi:ɐ] *m* passenger. **ein blinder ~** a stowaway.
Passagierdampfer *m* passenger steamer; **Passagierflugzeug** *nt* passenger aircraft, air-liner; **Passagierliste** *f* passenger list.
Passah ['pasa] **-s,** *no pl*, **Passahfest** *nt* (Feast of the) Passover.
Paßamt *nt* passport office.
Passant(in *f*) *m* passer-by.
Passat(wind) *m* **-s, -e** trade wind.
Paßbild *nt* passport photo(graph).
passé [pa'se:] *adj pred* passé. **diese Mode ist längst ~** this fashion went out long ago;

die Sache ist längst ~ that's all ancient history (*inf*), that's all in the past.
Passe *f* **-, -n** yoke.
passen¹ **1** *vi* **1.** (*die richtige Größe, Form haben*) to fit. **die Schuhe ~ (mir) gut** the shoes fit (me) well *or* are a good fit (for me); **dieser Schlüssel paßt nicht (ins Schloß)** this key doesn't *or* won't fit (the lock); **der Deckel paßt nicht** the lid doesn't *or* won't fit (on); **wie angegossen ~** to fit like a glove.
  2. (*harmonieren*) **zu etw ~** to go with sth; **zu etw im Ton ~** to match sth; **zu jdm ~** (*Mensch*) to be suited to sb, to suit sb; **zueinander ~** to go together; (*Menschen auch*) to be suited (to each other), to suit each other, to be well matched; **sie paßt gut zu ihm** she suits him well, she's well suited to him, she's just right for him; **das paßt zu ihm, so etwas zu sagen** that's just like him to say that; **es paßt nicht zu dir, Bier zu trinken** it doesn't look right for you to drink beer, you don't look right drinking beer; **so ein formeller Ausdruck paßt nicht in diesen Satz** such a formal expression is out of place *or* is all wrong in this sentence; **das Bild paßt besser in das andere Zimmer** the picture would look *or* go better in the other room; **er paßt nicht in dieses Team** he doesn't fit *or* is out of place in this team.
  3. (*genehm sein*) to suit, to be suitable *or* convenient. **er paßt mir einfach nicht** I just don't like him; **Sonntag paßt uns nicht** Sunday is no good for us; **das paßt mir gar nicht** (*kommt ungelegen*) that isn't at all convenient, that doesn't suit me at all; (*gefällt mir nicht*) I don't like that at all, I don't think much of that; **das paßt mir gar nicht, daß du schon gehst** I don't want you to go now; **es paßt ihr gar nicht, daß sie jetzt schlafen gehen soll** she doesn't like the idea of having to go to bed now; **wenn's dem Chef paßt ...** if it suits the boss ..., if the boss gets the idea into his head ...; **du kannst doch nicht einfach kommen, wann es dir paßt** you can't just come when it suits you *or* when you like; **das könnte dir so ~!** (*inf*) you'd like *or* love that, wouldn't you?
  II *vr* (*inf*) to be proper. **ein solches Benehmen paßt sich nicht hier** you can't behave like that here.
  III *vt* to fix.
passen² *vi* (*Cards*) to pass. **(ich) passe!** (I) pass!; **bei dieser Frage muß ich ~** (*fig*) I'll have to pass on this question.
passen³ *vti* (*Ftbl*) to pass.
passend *adj* **1.** (*in Größe, Form*) **gut/schlecht ~** well-/ill-fitting; **er trägt kaum mal einen ~en Anzug** he hardly ever wears a suit that fits; **ein ~er Schlüssel (zu diesem Schloß)** a key that fits *or* to fit (this lock).
  2. (*in Farbe, Stil*) matching. **etwas dazu P~es** something that goes with it *or* to go with it *or* to match; **die zu diesem Parfüm ~e Seife** the soap that goes with *or* matches this perfume; **eine im Ton genau dazu ~e Tasche** a bag which matches it exactly.
  3. (*genehm*) *Zeit, Termin* convenient,

suitable. **er kam zu jeder ~en und un-passenden Zeit** he came at any time, no matter how inconvenient.

4. *(angemessen) Bemerkung, Benehmen, Kleidung* suitable, appropriate, fitting; *Wort* right, proper. **sie trägt zu jeder Gelegenheit einen ~en Hut** she always wears a hat to suit *or* match the occasion; **er findet immer das ~e Wort** he always knows the right thing to say.

5. *Geld* exact. **haben Sie es ~?** have you got it exactly?, have you got the right money?

Passepartout [paspar'tu:] *m or nt* **-s, -s** *(alle Bedeutungen)* passe-partout.

Paßform *f* fit; **eine gute ~ haben** to be a good fit; **Paßfoto** *nt* passport photo(graph); **Paßgang** *m* amble; **im ~ gehen** to amble; **Paßgänger** *m* **-s, -** ambler; **Paßhöhe** *f* top of the pass.

passierbar *adj* passable; *Fluß, Kanal* negotiable.

passieren* I *vt* **1.** *auch vi* to pass. **der Zug passierte die Brücke/zwei Stationen** the train crossed *or* went *or* passed over the bridge/went through *or* passed (through) two stations; **die Grenze ~** to cross (over) *or* pass (over *or* through) the border; **die Zensur ~** to get through the censor, to be passed by the censor; **jdn ungehindert ~ lassen** to let sb pass.

2. *(Cook)* to strain.

II *vi aux sein (sich ereignen)* to happen *(mit* to). **ihm ist etwas Schreckliches passiert** something terrible has happened to him; **ihm ist beim Bergsteigen etwas passiert** he had an accident while mountaineering; **ist ihm etwas passiert?** has anything happened to him?; **was ist denn passiert?** what's the matter?; **es wird dir schon nichts ~** nobody's going to hurt you, nothing is going to happen to you; **es ist ein Unfall passiert** there has been an accident; **das kann auch nur mir ~!** that could only happen to me!, just my luck!; **daß mir das ja nicht noch mal passiert!** see that it doesn't happen again!; **so etwas passiert schließlich nicht alle Tage!** after all, it doesn't happen every day; **jetzt ist es passiert!** jetzt kriegen wir Ärger that's done it *or* torn it *(inf)*, now we'll be in trouble; **so was ist mir noch nie passiert!** that's never happened to me before!; *(empört)* I've never known anything like it!

Passierschein *m* pass, permit; **Passierschlag** *m (Tennis)* passing shot; **Passiersieb** *nt* strainer.

Passion *f* passion; *(religiös)* Passion. **er ist Jäger aus ~** he has a passion for hunting.

passioniert *adj* enthusiastic, passionate.

Passionsblume *f* passion flower; **Passionsspiel** *nt* Passion play; **Passionswoche** *f* Holy Week, Passion Week; **Passionszeit** *f (Karwoche)* Holy *or* Passion Week; *(Fastenzeit)* Lent.

passiv *adj* passive. **sich ~ verhalten** to be passive; **~e Bestechung** corruption *no pl*, corrupt practices *pl*; **~es Mitglied** non-active member; **~er Widerstand** passive resistance; **~er Wortschatz** passive vocabulary; **~e Handelsbilanz** *(Comm)* adverse trade balance.

Passiv *nt* **-s, -e** *(Gram)* passive (voice).

Passiva [pa'si:va], **Passiven** [pa'si:vn] *pl (Comm)* liabilities *pl*.

Passivbildung *f (Gram)* formation of the passive.

passivieren* [pasi'vi:rən] *vt (Comm)* to enter on the debit side.

Passivität [pasivi'tɛ:t] *f* passiveness, passivity; *(Chem)* passivity.

Passiv- *(Comm) in cpds* debit.

Paßkontrolle *f* passport control; **~!** (your) passports please!; **durch die ~ gehen** to go through passport control; **Paßstelle** *f* passport office; **Paßstraße** *f* (mountain) pass.

Passus *m* **-, -** passage.

Paßzwang *m* requirement to carry a passport. **es besteht kein ~** you don't have to carry a passport.

Pasta *f* **-, Pasten, Paste** *f* **-, -n,** paste.

Pastell *nt* **-s, -e 1.** pastel. **in ~ arbeiten** to work in pastels **2.** *siehe* **Pastellmalerei**.

Pastellfarbe *f* pastel (crayon); *(Farbton)* pastel (shade *or* colour); **pastellfarben** *adj* pastel(-coloured); **etw ~ streichen** to paint sth in pastel colours *or* in pastels; **Pastellmaler** *m* pastellist; **Pastellmalerei** *f* drawing in pastels, pastel drawing; **Pastellstift** *m* pastel (crayon); **Pastellton** *m* pastel shade *or* tone.

Pastete *f* **-, -n 1.** *(Schüssel~)* pie; *(Pastetchen)* vol-au-vent; *(ungefüllt)* vol-au-vent case. **2.** *(Leber~ etc)* pâté.

Pasteurisation [pastøriza'tsio:n] *f* pasteurization.

pasteurisieren* [pastøri'zi:rən] *vt* to pasteurize.

Pastille *f* **-, -n** pastille.

Pastor *m siehe* **Pfarrer(in)**.

pastoral *adj* pastoral.

Pastorale *nt* **-s, -s** *or f* **-, -n** *(Mus)* pastorale; *(Art)* pastoral.

Pastorin *f siehe* **Pfarrer(in)**.

Pate *m* **-n, -n 1.** *(Taufzeuge)* godfather, godparent; *(Firmzeuge)* sponsor. **bei einem Kind ~ stehen** to be a child's godparent/sponsor; **bei etw ~ gestanden haben** *(fig)* to be the force behind sth.

2. *(dated, dial: Täufling)* godchild.

Patene *f* **-, -n** *(Eccl)* paten.

Patenkind *nt* godchild; godson; goddaughter; **Paten|onkel** *m* godfather; **Patenschaft** *f* godparenthood; sponsorship; **er übernimmt die ~ für das Kind** he's going to be the child's godfather; **Patensohn** *m* godson; **Patenstadt** *f* twin(ned) town.

patent *adj* ingenious, clever; *Lösung auch* neat; *(praktisch) Mensch, Messer auch* handy *(inf)*; *Werkzeug auch* nifty *(inf)*. **ein ~er Kerl** a great guy/girl *(inf)*; **sie ist eine ~e Frau** she's a tremendous woman.

Patent *nt* **-(e)s, -e 1.** *(Erfindung, Urkunde)* patent; *(inf: Mechanismus)* apparatus. **der Reißverschluß, so ein blödes ~** this zip, the stupid thing; **etw als** *or* **zum ~ anmelden, ein ~ auf** *or* **für etw anmelden** to apply for a patent on *or* for sth; **ein ~ auf eine Erfindung haben** to have a patent on an invention; **„zum ~ angemeldet"** patent pending. **2.** *(Ernennungsurkunde)* commission. **3.** *(Sw)* permit, licence.

Patent|amt *nt* Patent Office.

Patentante f godmother.
Patent|anwalt m patent agent or attorney (US); **patentfähig** adj patentable; **Patentgesetz** nt Patents Act.
patentierbar adj patentable.
patentieren* vt to patent. **sich** (dat) **etw ~ lassen** to take out a patent on sth, to have sth patented.
Patent|inhaber m patentee, patent-holder; **Patentlösung** f (fig) easy answer, patent remedy.
Patentochter f goddaughter.
Patentrecht nt patent law; **Patentrezept** nt (fig) siehe **Patentlösung**; **Patentrolle** f Patent Rolls pl; **Patentschrift** f patent specification; **Patentschutz** m patent right, protection by (letters) patent; **Patent|urkunde** f letters patent pl; **Patentverschluß** m swing stopper.
Pater m -s, - or **Patres** (Eccl) Father.
Paterfamilias m -, - paterfamilias.
Paternoster[1] nt -s, - (Gebet) Lord's Prayer, paternoster.
Paternoster[2] m -s, - (Aufzug) paternoster.
pathetisch adj emotional; Beschreibung auch dramatic; Rede, Stil auch emotive; Gehabe auch histrionic. **das war zu ~ gespielt** it was overacted.
Pathologe m, **Pathologin** f pathologist.
Pathologie f pathology.
pathologisch adj pathological.
Pathos nt -, no pl emotiveness, emotionalism. **ein Gedicht mit ~ vortragen** to read a poem with feeling; **die Rede enthielt zuviel falsches ~** the speech contained too much false emotionalism; **mit viel ~ in der Stimme** in a voice charged with emotion.
Patience [pa'siā:s] f -, -n patience no pl. **~n legen** to play patience; **eine ~ legen** to play (a game of) patience.
Patient(in f) [pa'tsient(ɪn)] m -en, -en patient. **ich bin ~ von** or **bei Dr. X** I'm Dr X's patient, I'm being treated by Dr X.
Patin f godmother, godparent; (Firm~) sponsor.
Patina f -, no pl (lit, fig) patina. **~ ansetzen** (lit) to patinate, to become coated with a patina; (fig) to take on a hallowed air of tradition.
patinieren* vt to patinate, to coat with a patina.
Patres pl of **Pater**.
Patriarch m -en, -en (lit, fig) patriarch.
patriarchalisch adj (lit, fig) patriarchal.
Patriarchat nt patriarchy.
Patriot(in f) m -en, -en patriot.
patriotisch adj patriotic. **~ gesinnt** patriotically-minded, patriotic.
Patriotismus m patriotism.
Patrize f -, -n punch.
Patriziat nt patriciate.
Patrizier [-ɪɐ] m patrician.
Patriziergeschlecht nt patrician family.
patrizisch adj patrician.
Patron m -s, -e 1. (Eccl) patron saint. 2. (old: Schirmherr) patron. 3. (inf) frecher ~ cheeky beggar (inf).
Patronage [patro'na:ʒə] f -, -n patronage.
Patronat nt patronage (über +acc of). **unter jds ~** (dat) **stehen** to be under sb's patronage.
Patrone f -, -n (Film, Mil, von Füller)

cartridge; (Tex) point paper design.
Patronengurt m ammunition belt; **Patronengürtel** m cartridge belt, bandolier; **Patronenhülse** f cartridge case; **Patronentasche** f ammunition pouch.
Patronin f 1. (Eccl) patron saint. 2. (old: Schirmherrin) patron, patroness.
Patronymikon nt -s, **Patronymika** patronymic.
Patrouille [pa'trʊljə] f -, -n patrol. **~ gehen** to patrol.
Patrouillen- [pa'trʊljən-]: **Patrouillenboot** nt patrol boat; **Patrouillengang** m patrol.
patrouillieren* [patrʊl'ji:rən] vi to patrol.
patsch interj splash, splat; (bei Ohrfeige) smack.
Patsch m -es, -e (inf) 1. smack, slap. 2. (Matsch) mud; (Schneematsch) slush.
Patsche f -, -n (inf) 1. (Hand) paw (inf). 2. (Matsch) mud; (Schneematsch) slush; (fig) jam (inf), fix (inf), (tight) spot (inf). **in der ~ sitzen** or **stecken** to be in a jam etc; **jdm aus der ~ helfen, jdn aus der ~ ziehen** to get sb out of a jam etc. 3. (Feuer~) beater; (Fliegen~) swat.
patschen vi 1. to splash. **das Baby patschte mit der Hand in die Suppe** the baby went splat or splash with his hand in the soup; **er ist durch die Pfützen gepatscht** he splashed or went splashing through the puddles. 2. (inf) **das Baby patschte auf den Tisch/an die Möbel** the baby smacked or slapped the table/the furniture (with its hands); **die Kinder ~ in die Händen** the children clap their hands (together); **der Hund patschte über den Flur** the dog padded across the hall; **er patschte der Sekretärin auf den Hintern** he gave his secretary a pat on the bottom, he patted his secretary on the bottom.
Patschhand f (inf), **Patschhändchen** nt (inf) paw (inf), mitt (inf); (von Kindern) (little) hand; **patschnaß** adj (inf) soaking or dripping wet.
patt adj pred, adv (Chess) in stalemate. **das Spiel endete ~** the game ended in (a) stalemate.
Patt nt -s, -s (lit, fig) stalemate. **ein ~ erreichen** to reach or come to (a) stalemate.
patzen vi (inf) to slip up, to boob (Brit inf), to goof (US inf). **der Pianist/Schauspieler hat gepatzt** the pianist/actor fluffed a passage/his lines or boobed etc.
Patzen m -s, - (Aus) blotch, splodge; (Tinte auch) blot.
Patzer m -s, - (inf) 1. (Fehler) slip, boob (Brit inf), goof (US inf). **mir ist ein ~ unterlaufen** I made a slip or boob. 2. (Mensch) bungler; (Aus: Kleckser) messy thing (inf).
patzig adj (inf) snotty (inf), insolent.
Pauke f -, -n (Mus) kettledrum, timpani pl. **jdn mit ~n und Trompeten empfangen** to roll out the red carpet for sb, to give sb the red-carpet treatment; **mit ~n und Trompeten durchfallen** (inf) to fail miserably or dismally; **auf die ~ hauen** (inf) (angeben) to blow one's own trumpet, to brag; (feiern) to paint the town red.
pauken I vi 1. (inf: Pauke spielen) to drum.

2. (*von Korpsstudenten*) to fence. 3. (*inf: lernen*) to swot (*inf*), to cram (*inf*). **meine Mutter hat immer mit mir gepaukt** my mother always helped me with my swotting. **II** *vt* to swot up (*inf*). **mit jdm Geschichtszahlen** ~ to help sb swot up their dates.

Paukenschlag *m* drum beat; **wie ein** ~ (*fig*) like a thunderbolt; **die Sinfonie mit dem** ~ the Surprise Symphony; **Paukenschlegel** *m* drumstick; **Paukenspieler** *m* drummer.

Pauker *m* -**s**, - **1.** (*inf: Paukenspieler*) drummer. **2.** (*Sch inf: Lehrer*) teacher. **da geht unser** ~ there's sir (*inf*).

Paukerei *f* **1.** (*inf: das Paukespielen*) drumming. **2.** (*Sch inf*) swotting (*inf*). **ich hab diese** ~ **satt** I'm fed up with school.

Paukist(in *f*) *m* timpanist.

Pausbacken *pl* chubby cheeks *pl*.

pausbäckig *adj* chubby-cheeked.

pauschal *adj* **1.** (*vorläufig geschätzt*) estimated; (*einheitlich*) flat-rate *attr only*; (*inklusiv*) inclusive. **die Werkstatt rechnet** ~ **pro Inspektion 25 DM** the garage has a flat rate of 25 DM per service; **die Einkommensteuer kann** ~ **festgesetzt werden** income tax can be set at a flat rate; **die Gebühren werden** ~ **bezahlt** the charges are paid in a lump sum; **Strom berechnen wir Ihnen** ~ we'll charge you a flat rate for electricity.

2. (*fig*) **so** ~ **kann man das nicht sagen** that's much too sweeping a statement; **ein Volk** ~ **verurteilen** to condemn a people wholesale *or* lock, stock and barrel; **diese Probleme hat er ganz** ~ **in einem kurzen Kapitel behandelt** he treated these problems all lumped together in a single short chapter.

Pauschale *f* -**, -n** (*Einheitspreis*) flat rate; (*vorläufig geschätzter Betrag*) estimated amount.

Pauschalgebühr *f* (*Einheitsgebühr*) flat rate (charge); (*vorläufig geschätzter Betrag*) estimated charge.

pauschalieren* *vt* to estimate at a flat rate *or* in a lump sum.

Pauschalpreis *m* (*Einheitspreis*) flat rate; (*vorläufig geschätzter Betrag*) estimated price; (*Inklusivpreis*) inclusive *or* all-in price; **Pauschalreise** *f* package holiday/tour; **Pauschalsumme** *f* lump sum; **Pauschal‖urteil** *nt* sweeping statement.

Pauschbetrag *m* flat rate.

Pause *f* -**, -n 1.** (*Unterbrechung*) break; (*Rast*) rest; (*das Innehalten*) pause; (*Theat*) interval, intermission; (*Sch*) break, recess (*US*); (*Pol*) recess. (**eine**) ~ **machen, eine** ~ **einlegen** (*sich entspannen*) to take *or* have *or* make a break; (*rasten*) to rest, to have *or* take a rest; (*innehalten*) to pause, to make a pause; **nach einer langen** ~ **sagte er** ... after a long silence he said ...; **immer wieder entstanden** ~**n in der Unterhaltung** the conversation was full of gaps *or* silences; **ohne** ~ **arbeiten** to work non-stop *or* without stopping *or* continuously; **die große** ~ break, recess (*US*) (*in einer Grundschule*) playtime.

2. (*Mus*) rest. **die** ~**n einhalten** to make the rests; **eine halbe/ganze** ~ a minim

(*Brit*) *or* half-note (*US*)/semi-breve (*Brit*) *or* whole-note (*US*) rest.

3. (*Durchzeichnung*) tracing; (*Photokopie*) (photo)copy.

pausen *vt* to trace.

Pausenbrot *nt* something to eat at break; **Pausenhalle** *f* break *or* recess (*US*) hall; **Pausenhof** *m* playground, schoolyard; **pausenlos** *adj no pred* non-stop, continuous, incessant; ~ **arbeiten** work non-stop; **Pausenstand** *m* half-time score; score at the interval; **Pausenzeichen** *nt* (*Mus*) rest; (*Rad*) call sign.

pausieren* *vi* to (take *or* have a) break. **der Torwart mußte wegen einer Verletzung** ~ the goalkeeper had to rest up because of injury.

Pauspapier *nt* tracing paper; (*Kohlepapier*) carbon paper.

Pavian ['pɑːviaːn] *m* -**s, -e** baboon.

Pavillon ['paviljõ:] *m* -**s, -s** pavilion.

Pazifik *m* -**s** Pacific.

pazifisch *adj* Pacific. **der P**~**e Ozean** the Pacific (Ocean).

Pazifismus *m* pacifism.

Pazifist(in *f*) *m* pacifist.

pazifistisch *adj* pacifist.

Pech *nt* -(**e**)**s, -e 1.** (*Stoff*) pitch. **ihr Haar ist schwarz wie** ~ her hair is jet black; **die beiden halten zusammen wie** ~ **und Schwefel** (*inf*) the two are as thick as thieves *or* are inseparable.

2. *no pl* (*inf: Mißgeschick*) bad *or* hard *or* tough (*inf*) luck. **bei etw** ~ **haben** to be unlucky in *or* with sth, to have bad *or* tough (*inf*) *or* lousy (*inf*) luck in *or* with sth; ~ **gehabt!** tough! (*inf*); **sie ist vom** ~ **verfolgt** bad luck follows her around; **das ist sein** ~! that's his hard *or* bad *or* tough (*inf*) luck!; **so ein** ~! just my/our *etc* luck!

Pechblende *f* (*Min*) pitchblende; **Pechdraht** *m* waxed thread; **Pechfackel** *f* (pitch) torch, link; **pechschwarz** *adj* (*inf*) pitch-black; **Haar** jet-black; **Pechsträhne** *f* (*inf*) run *or* streak of bad luck, unlucky patch; **eine** ~ **haben** to have a run *or* streak of bad luck, to go through an unlucky patch; **Pechvogel** *m* (*inf*) unlucky person, walking disaster area (*hum inf*); (*Frau auch*) Calamity Jane.

Pedal *nt* -**s, -e** pedal. (**fest**) **in die** ~**e treten** to pedal (hard).

Pedant *m* pedant.

Pedanterie *f* pedantry.

pedantisch *adj* pedantic.

Peddigrohr *nt* cane.

Pedell *m* -**s, -e** (*old*) (*Sch*) caretaker, janitor; (*Univ*) porter.

Pediküre *f* -**, -n 1.** *no pl* (*Fußpflege*) pedicure. **2.** (*Fußpflegerin*) chiropodist.

pediküren* *vt* to give a pedicure to.

Pegel *m* -**s, -** (*in Flüssen, Kanälen, Meer*) water depth gauge; (*Elec*) level recorder.

Pegelstand *m* water level.

Peil‖antenne *f* directional antenna.

peilen *vt* **Wassertiefe** to sound, to plumb; **U-Boot, Sender, Standort** to get a fix on, to get *or* take the bearings of; **Richtung** to plot; (*entdecken*) to detect. **die Lage** ~ (*inf*) to see how the land lies, to see which way the wind's blowing; **über den Daumen gepeilt** (*inf*) at a rough estimate.

Peilfunk *m* radio direction finder; **Peilgerät** *nt* direction finder; **Peilstation** *f* direction finding station.

Peilung *f* (*von Wassertiefe*) sounding, plumbing; (*von U-Boot, Sender*) locating; (*von Richtung*) plotting.

Pein *f* -, *no pl* agony, suffering. **seine Leben war nur eine einzige ~** his life was one long torment; **jdm das Leben zur ~ machen** to make sb's life a misery.

peinigen *vt* to torture; (*fig*) to torment. **jdn bis aufs Blut ~** to torture sb till he bleeds; (*fig*) to torment sb mercilessly; **von Schmerzen/Zweifeln gepeinigt** tormented by pain/doubt, racked with pain/doubt.

Peiniger(in *f*) *m* **-s, -** (*liter*) torturer; (*fig*) tormentor.

Peinigung *f* (*liter*) torture; (*fig*) torment.

peinlich *adj* **1.** (*unangenehm*) (painfully) embarrassing; *Lage, Fragen auch* awkward; *Überraschung* nasty. **es war ihm ~ (, daß ...)** he was *or* felt embarrassed (because ...); **es ist mir sehr ~, aber ich muß es Ihnen einmal sagen** I don't know how to put it, but you really ought to know; **das ist mir ja so ~** I feel awful about it; **~ berührt sein** (*hum*) to be profoundly shocked (*iro*); **~ wirken** to be embarrassing, to cause embarrassment.
2. (*gewissenhaft*) painstaking, meticulous; *Sparsamkeit* careful. **in seinem Zimmer/auf seinem Schreibtisch herrschte ~e** *or* **~ste Ordnung** his room/his desk was meticulously *or* scrupulously tidy; **jdn einem ~en Verhör unterziehen** to question sb very closely; **~ sauber** scrupulously *or* meticulously clean; **der Koffer wurde ~ genau untersucht** the case was gone through very thoroughly *or* was given a very thorough going-over (*inf*).

Peinlichkeit *f* (*Unangenehmheit*) awkwardness, embarrassment. **die ~ der Situation/seines Benehmens** the awkwardness of the situation, the embarrassing *or* awkward situation/his embarrassing behaviour; **diese ~en auf der Bühne** embarrassing *or* painful (*inf*) scenes on stage.

peinsam *adj* (*hum*) painful, embarrassing.

peinvoll *adj* (*old*) painful.

Peitsche *f* -, -n whip. **er gab seinem Pferd die ~** he whipped his horse on.

peitschen *vti* to whip; (*fig*) to lash.

Peitschenhieb *m* stroke, lash; **Peitschenknall** *m* crack of a whip; **Peitschenleuchte** *f* street lamp; **Peitschenschlag** *m* lash of a whip; **Peitschenschnur** *f* (whip)lash, thong; **Peitschenstiel** *m* whip handle, whipstock.

pejorativ *adj* pejorative.

Pekinese *m* **-n, -n** pekinese, peke (*inf*).

Peking *nt* **-s** Peking.

Pektin *nt* **-s, -e** pectin.

pekuniär *adj* pecuniary, financial.

Pelerine *f* (*old*) pelerine (*old*), cape.

Pelikan *m* **-s, -e** pelican.

Pelle *f* -, -n (*inf*) skin. **der Chef sitzt mir auf der ~** (*inf*) I've got the boss on my back (*inf*); **er geht mir nicht von der ~** (*inf*) he won't stop pestering me.

pellen (*inf*) **I** *vt Kartoffeln, Wurst* to skin, to

peel; *siehe* **Ei. II** *vr* (*Mensch, Körperhaut*) to peel. **meine Haut pellt sich** my skin's peeling, I'm peeling.

Pellkartoffeln *pl* potatoes *pl* boiled in their jackets.

Peloponnes *m* **-(es)** *or* *f* - Peloponnese.

Pelz *m* **-es, -e** fur; (*nicht gegerbt auch*) pelt, hide, skin; (*Kleidung*) fur; (*fig: Haarwuchs*) fur *no pl*. **jdm eins auf den ~ brennen** (*inf*) to singe sb's hide; **sich** (*dat*) **die Sonnen auf den ~ brennen lassen** (*inf*) to toast oneself (*inf*).

Pelzbesatz *m* fur trimming; **pelzbesetzt** *adj* trimmed with fur, fur-trimmed; **Pelzfutter** *nt* fur lining; **pelzgefüttert** *adj* fur-lined, lined with fur; **Pelzhändler** *m* furrier; (*Fellhändler*) fur trader.

pelzig *adj* furry; *Zunge* furred(-over), furry.

Pelz|imitation *f* imitation fur; **Pelzkragen** *m* fur collar; **Pelzmantel** *m* fur coat; **Pelzmütze** *f* fur hat; **Pelzstiefel** *m* fur *or* furry (*inf*) boot; (*pelzgefüttert*) fur-lined boot; **Pelzstoff** *m* fur fabric; **Pelztier** *nt* animal with a valuable fur, animal prized for its fur; **Pelztierfarm** *f* fur farm; **Pelztierjäger** *m* skin-hunter; (*Fallensteller*) (fur-)trapper; **Pelztierzucht** *f* fur-farming; **pelzverbrämt** *adj* (*liter*) *siehe* **pelzbesetzt**; **Pelzwaren** *pl* furs; **Pelzwerk** *nt* fur.

Pendant [pã'dã:] *nt* **-s, -s** counterpart, opposite number.

Pendel *nt* **-s, -** pendulum. **das ~ schlug nach der entgegengesetzten Seite aus** (*fig*) the pendulum swung in the other direction.

Pendel|ausschlag *m* swing of a pendulum.

pendeln *vi* **1.** (*schwingen*) to swing (to and fro), to oscillate (*form*). **er ließ die Beine ~** he let his legs dangle, he dangled his legs.
2. *aux sein* (*hin- und herfahren*) (*Zug, Fähre etc*) to run *or* operate a shuttle-service; (*Mensch*) to commute; (*fig*) to vacillate, to fluctuate.

Pendelschwingung *f* swing of the pendulum; (*Phys auch*) oscillation (of a pendulum); **Pendeltür** *f* swing door; **Pendel|uhr** *f* pendulum clock; **Pendelverkehr** *m* shuttle service; (*Berufsverkehr*) commuter traffic.

Pendler(in *f*) *m* **-s, -** commuter.

Penes *pl of* **Penis.**

penetrant *adj* **1.** *Gestank, Geschmack* penetrating, pungent; *Gestank, Parfüm auch* overpowering. **das schmeckt ~ nach Knoblauch** you can't taste anything for garlic, it has a very strong taste of garlic.
2. (*fig: aufdringlich*) pushing, insistent. **seine Selbstsicherheit ist schon ~** his self-confidence is overpowering; **ein ~er Kerl** a pest, a nuisance.

Penetranz *f*, *no pl* (*von Geruch, Geschmack*) pungency; (*fig: Aufdringlichkeit*) insistence, aggressiveness. **er ist von einer ausstehlichen ~** he's unbearably overpowering.

Penetration *f* penetration.

penetrieren* *vt* to penetrate.

peng *interj* bang.

penibel *adj* **1.** pernickety (*inf*), precise, exact. **2.** (*dial: peinlich*) *Lage, Angelegenheit* painful, embarrassing.

Penis *m* **-, -se** *or* **Penes** penis.

Penizillin nt -s, -e penicillin.

Pennal nt -s, -e 1. (old inf: Schule) high (inf), high school, grammar (Brit inf), grammar school (Brit). 2. (Aus: Federmäppchen) pencil case.

Pennäler(in f) m -s, - (dated) high-school boy/girl, grammar-school boy/girl (Brit).

Pennbruder m (inf) tramp, bum (inf), hobo (US).

Penne f -, -n 1. (Sch sl) school. 2. (inf: Herberge) doss house (inf), flophouse (inf).

pennen vi (inf) to kip (inf). **ich habe gerade ein bißchen gepennt** I've just been having a kip (inf) or sleep, I've just been kipping (inf); **der Meier pennt schon wieder im Unterricht** Meier's having a little sleep again during the lesson; **du bist dran, penn nicht!** it's your turn, wake up!

Penner(in f) m -s, - (inf) 1. tramp, bum (inf), hobo (US). 2. (verschlafener Mensch) sleepyhead (inf).

Pensa, Pensen pl of **Pensum**.

Pension [pãˈzioːn, pãˈsioːn, penˈzioːn] f -, -en 1. (Fremdenheim) guest-house, pension.

2. no pl (Verpflegung, Kostgeld) board. **halbe/volle** ~ half/ full board.

3. (Ruhegehalt) pension, superannuation.

4. no pl (Ruhestand) retirement. **in** ~ **gehen** to retire, to go into retirement; **in** ~ **sein** to be retired, to be in retirement.

Pensionär(in f) [pãzioˈnɛːɐ, -ɛːərɪn, pãsioˈnɛːɐ, -ɛːərɪn, penzioˈnɛːɐ, -ɛːərɪn] m 1. (Pension beziehend) pensioner; (im Ruhestand) retired person. 2. (esp Sw) siehe **Pensionsgast.**

Pensionat [pãzioˈnaːt, pãsioˈnaːt, penzioˈnaːt] nt (dated) boarding school.

pensionieren* [pãzioˈniːrən, pãsioˈniːrən, penzioˈniːrən] vt to pension off, to retire. **sich** ~ **lassen** to retire.

pensioniert adj retired, in retirement.

Pensionierung f (Zustand) retirement; (Vorgang) pensioning-off.

Pensionist [pãzioˈnɪst, pãsioˈnɪst, penzioˈnɪst] m (S Ger, Aus) siehe **Pensionär(in)** 1.

Pensionsalter nt retiring or retirement age; **Pensionsanspruch** m right to a pension; **pensionsberechtigt** adj entitled to a pension; **Pensionsgast** m paying guest; (ständiger) boarder; **Pensionskasse** f pension fund; **Pensionspreis** m price for full board; ~ **DM 21** full board DM 21; **pensionsreif** adj (inf) ready for retirement; **Pensionsrückstellungen** pl pension reserve(s).

Pensum nt -s, **Pensa** or **Pensen** workload; (Sch) curriculum. **tägliches** ~ daily quota; **er hat sein** ~ **nicht geschafft** he didn't achieve his target; **ein hohes** or **großes** ~ **an Arbeit** a heavy workload.

Pentagon nt -s, -e pentagon.

Pentagramm nt pentagram.

Pentameter m (Poet) pentameter.

Pentateuch m -s Pentateuch.

Penthouse [ˈpenthaus] nt -, -s penthouse (flat).

Pep m -s (-s), no pl (inf) pep (inf), life. **etw mit** ~ **machen** to put a bit of pep (inf) or life or zip (inf) into doing sth; **das Kleid hat** ~ that dress has style or flair.

Peperoni pl chillies pl.

Pepita m or nt -s, -s shepherd('s) check or plaid.

Pepsin nt -s, -e pepsin.

per prep 1. (mittels, durch) by. ~ **Adresse** (Comm) care of, c/o; **mit jdm** ~ **du sein** (inf) to be on Christian-name terms or first-name terms with sb; ~ **procura** (Comm) per procura, pp abbr, for; ~ **pedes** (hum) on shanks's pony (hum), on foot; ~ **se** per se.

2. (Comm: gegen) against. ~ **cassa** (old) against cash.

3. (Comm: bis, am) by.

4. (Comm: pro) per.

perennierend adj perennial.

perfekt adj 1. (vollkommen) perfect. ~ **Englisch sprechen** to speak perfect English, to speak English perfectly.

2. pred (abgemacht) settled. **etw** ~ **machen** to settle or conclude sth; **die Sache** ~ **machen** to clinch the deal, to settle the matter; **der Vertrag ist** ~ the contract is signed, sealed and delivered (inf), the contract is all settled.

Perfekt nt -s, -e perfect (tense).

Perfektion f perfection. **das war Artistik in höchster** ~ that was the epitome of artistry, that was perfect artistry.

perfektionieren* [perfektsioˈniːrən] vt to perfect.

Perfektionismus [perfektsioˈnɪsmʊs] m perfectionism.

Perfektionist(in f) [perfektsioˈnɪst(ɪn)] m perfectionist.

perfektionistisch [perfektsioˈnɪstɪʃ] adj perfectionist.

perfektiv adj perfective.

perfid(e) adj (liter) perfidious.

Perfidie f (liter) perfidy.

Perforation f perforation.

perforieren* vt to perforate.

Pergament nt 1. (präparierte Tierhaut) parchment; (Kalbs ~ auch) vellum. **dieses Buch ist in** ~ **gebunden** this book is vellum-bound or bound in vellum. 2. (Handschrift) parchment. 3. (~papier) greaseproof paper.

Pergamentband m vellum(-bound) book.

pergamenten adj (liter) parchment; (aus Kalbshaut) vellum.

Pergamentpapier nt greaseproof paper; **Pergamentrolle** f (parchment) scroll.

Pergola f -, **Pergolen** arbour, bower.

Periode f -, -n period (auch Physiol); (von Wetter auch) spell; (Math) repetend; (Elec) cycle. **0,33** ~ 0.33 recurring; **ihre** ~ **ist ausgeblieben** she didn't get or have her period.

Periodensystem nt periodic system; (Tafel) periodic table.

Periodikum nt -s, **Periodika** usu pl periodical.

periodisch adj periodic(al); (regelmäßig) regular. ~**e Dezimalzahl** recurring fraction; **diese Zeitschrift erscheint** ~ **alle 4 Monate** this publication comes out at 4-monthly intervals or every 4 months.

periodisieren* vt to divide up into periods.

Periodizität f periodicity.

Peripetie *f* peripeteia.

peripher *adj* (*liter*) peripheral.

Peripherie *f* periphery; (*von Kreis*) circumference; (*von Stadt*) outskirts *pl*. **an der ~ Bonns** in *or* on the outskirts of Bonn.

Periskop *nt* **-s, -e** periscope.

Peristaltik *f* peristalsis.

Perle *f* **-, -n 1.** (*Muschel~*) pearl. **~n vor die Säue werfen** (*prov*) to cast pearls before swine (*prov*). **2.** (*aus Glas, Holz etc*) bead; (*Luftbläschen*) bubble; (*von Wasser, Schweiß*) bead, drop, droplet. **3.** (*fig*) pearl, gem; (*dated inf: Hausmädchen*) maid.

perlen *vi* (*sprudeln*) to sparkle, to bubble, to effervesce; (*fallen, rollen*) to trickle, to roll. **~des Lachen** (*liter*) rippling *or* bubbling laughter; **der Tau perlt auf den Blättern** drops *or* beads of dew glisten on the leaves; **der Schweiß perlte ihm von/auf der Stirn** beads of sweat were running down/stood out on his forehead; **Wasser perlt auf einer Fettschicht** water forms into droplets on a greasy surface.

Perlen|auster *f* pearl oyster; **perlenbestickt** *adj* embroidered *or* decorated with pearls; **Perlenfischer** *m* pearl fisher, pearler; **Perlenfischerei** *f* pearl fishing; **Perlenkette** *f* string of pearls, pearl necklace, pearls *pl*; **Perlenschnur** *f* string of beads, beads *pl*; **Perlenstickerei** *f* beadwork; **Perlentaucher** *m* pearl diver.

Perlgarn *nt* mercerized yarn; **Perlhuhn** *nt* guinea fowl; **Perlmuschel** *f* pearl oyster; **Perlmutt** *nt* **-s,** *no pl,* **Perlmutter** *f* **-,** *no pl or nt* **-s,** *no pl* mother-of-pearl; **Perlmutterknopf,** **Perlmuttknopf** *m* (mother-of-)pearl button; **perlmuttern** *adj* mother-of-pearl; (*fig*) pearly; **ihre Zähne schimmerten ~** her teeth gleamed like pearls.

Perlon ® *nt* **-s,** *no pl* ≈ nylon.

Perlonstrümpfe *pl* nylons *pl*, nylon stockings *pl*.

Perlschrift *f* (*Typ*) pearl; **Perlwein** *m* sparkling wine; **Perlzwiebel** *f* cocktail *or* pearl onion.

permanent *adj* permanent.

Permanenz *f* permanence. **in ~** continually, constantly.

permeabel *adj* (*Bot, Phys, Tech*) permeable.

Perpendikel *m or nt* **-s, -** pendulum.

Perpetuum mobile *nt* **- -, - -(s)** perpetual motion machine.

perplex *adj* dumbfounded, thunderstruck.

Perron [pɛˈrõː] *m* **-s, -s** (*old, Sw, Aus*) platform.

Persenning *f* **-, -e(n)** tarpaulin, tarp (*US inf*).

Perser(in *f*) *m* **-s, - 1.** (*Mensch*) Persian. **2.** (*inf*) *siehe* **Perserteppich.**

Perserteppich *m* Persian carpet; (*Brücke*) Persian rug.

Persianer *m* **-s, - 1.** (*Pelz*) Persian lamb. **2.** (*auch ~mantel*) Persian lamb (coat).

Persien [-iən] *nt* **-s** Persia.

Persiflage [pɛrziˈflaːʒə] *f* **-, -n** pastiche, satire (*gen, auf +acc* on, of).

persiflieren* *vt* to satirize, to write a pastiche of.

Persilschein *m* (*hum inf*) clean bill of health (*inf*); denazification certificate.

persisch *adj* Persian.

Person *f* **-, -en 1.** (*Einzel~*) person, individual. **jede ~ bezahlt ...** each person *or* everybody pays ...; **~en** people, persons (*form*); **eine aus 6 ~en bestehende Familie** a family of 6; **pro ~** per person; **die eigene ~** oneself; **was seine eigene ~ betrifft** as for himself; **ich für meine ~ ...** I myself ..., as for myself I ..., I for my part ...; **in (eigener) ~ erscheinen** to appear in person *or* personally; **er ist Finanz- und Außenminister in einer ~** he's the Chancellor of the Exchequer and Foreign Secretary rolled into one; **jdn zur ~ vernehmen** (*Jur*) to question sb concerning his identity; **natürliche/ juristische ~** (*Jur*) natural/juristic *or* artificial person; **die drei göttlichen ~en** the Holy Trinity, God in three persons; **eine hochgestellte ~** a high-ranking personage *or* person.

2. (*Mensch*) person; (*pej: Frau*) female. **sie ist die Geduld in ~** she's patience personified; **Tiere treten in Fabeln als ~en auf** animals figure in fables as human beings *or* as people; **die ~ des Königs ist unantastbar** (the person of) the king is inviolable; **es geht um die ~ des Kanzlers, nicht um das Amt** it concerns the chancellor as a person, not the office; **lassen wir seine ~ aus dem Spiel** let's leave personalities out of it.

3. (*Liter, Theat*) character. **die ~en der Handlung** the characters (in the action); (*Theat auch*) the dramatis personae; **eine stumme ~** a non-speaking part.

4. (*Gram*) person.

Personal *nt* **-s,** *no pl* personnel, staff; (*Dienerschaft auch*) servants *pl*. **fliegendes ~** aircrew; **ständiges ~** permanent staff; **ausreichend/ ungenügend mit ~ versehen sein** to be adequately staffed/understaffed.

Personal|abbau *m* reductions *pl* in staff *or* personnel, personnel *or* staff cuts *pl*; **Personal|abteilung** *f* personnel (department); **Personal|akte** *f* personal file; **Personal|angaben** *pl* particulars *pl*; **Personal|ausweis** *m* identity card; **Personalbestand** *m* number of staff *or* employees *or* personnel; **Personalbüro** *nt* *siehe* **Personalabteilung**; **Personalchef** *m* personnel manager, head of the personnel department; **Personal|einsparung** *f* personnel reduction *or* cutdown; **Personalgesellschaft** *f* unlimited company.

Personalien [-iən] *pl* particulars *pl*.

personalisieren* *vti* to personalize. **er personalisiert immer** he always personalizes everything *or* reduces everything to a personal level.

Personalität *f* personality.

Personalkartei *f* personnel index; **Personalkosten** *pl* personnel costs *pl*; **Personalpolitik** *f* staff *or* personnel policy; **Personalpronomen** *nt* personal pronoun; **Personalrat** *m* (*Ausschuß*) *staff council for civil servants*; (*einzelner*) *representative on a staff council for civil servants*; **Personal|union** *f* personal union; **er ist Kanzler und Parteivorsitzender in ~** he is at the same time Prime Minister and party chairman.

Persönchen nt (inf) little lady (inf).

personell adj staff attr, personnel attr. **die Verzögerungen unserer Produktion sind ~ bedingt** the delays in production are caused by staff or personnel problems.

Personen|aufzug m (passenger) lift (Brit), elevator (US); **Personen|auto** nt siehe **Personenkraftwagen**; **Personenbeförderung** f carriage or conveyance of passengers; **die Bahn hat ein finanzielles Defizit bei der ~** the railways' passenger(-carrying) services show a deficit; **Personenbeschreibung** f (personal) description; **Personengedächtnis** nt memory for faces; **Personenkraftwagen** m (form) (private) car, motorcar (form), automobile (US); **Personenkreis** m group of people; **Personenkult** m personality cult; **mit jdm ~ treiben** to build up a personality cult around sb; **Personenschaden** m injury to persons; **~ ist bei dem Unfall nicht entstanden** no-one was injured or received any injuries in the accident; **Personenstand** m marital status; **Personenstandsregister** nt register of births, marriages and deaths; **Personenverkehr** m passenger services pl; **Personenversicherung** f personal injury insurance; **Personenverzeichnis** nt register (of persons); (Liter) list of characters; **Personenwaage** f scales pl, pair of scales; **Personenwagen** m (Rail) carriage; (Aut) (private) car, automobile (US); **Personenzahl** f number of persons (form) or people; **Personenzug** m (Gegensatz: Schnellzug) slow or stopping train; (Gegensatz: Güterzug) passenger train.

Personifikation f personification.

personifizieren* vt to personify. **er läuft herum wie das personifizierte schlechte Gewissen** he's going around with guilt written all over his face.

Personifizierung f personification.

persönlich I adj personal; Atmosphäre, Umgangsformen friendly. **~e Auslagen** out-of-pocket or personal expenses; **~e Meinung** personal or one's own opinion; **~ werden** to get personal; **~es Fürwort** personal pronoun.

II adv personally; (auf Briefen) private (and confidential). **der Chef ~** the boss himself or in person or personally; **etw ~ meinen/auffassen** to mean/take sth personally; **er interessiert sich ~ für seine Leute** he takes a personal interest in his people; **~ erscheinen** to appear in person or personally; **~ haften** (Comm) to be personally liable.

Persönlichkeit f **1.** no pl (Charakter) personality. **er besitzt wenig ~** he hasn't got much personality. **2.** (bedeutender Mensch) personality. **er ist eine ~** he's quite a personality; **~en des öffentlichen Lebens** public figures.

Persönlichkeits|entfaltung f personality development, development of the personality; **Persönlichkeitswahl** f electoral system in which a vote is cast for a candidate rather than a party.

Perspektive [-'ti:və] f (Art, Opt) perspective; (Blickpunkt) angle; (Gesichtspunkt) point of view, angle; (fig: Zukunftsausblick) prospects pl. **aus dieser ~ wirkt das Haus viel größer** the house looks much bigger from this angle; **wenn du das Problem aus meiner ~ betrachtest** if you look at the problem from my angle or point of view; **das eröffnet ganz neue ~n für uns** that opens new horizons for us.

perspektivisch [-'ti:vɪʃ] adj perspective attr; in perspective. **die Zeichnung ist nicht ~** the drawing is not in perspective; **~e Verkürzung** foreshortening.

Peru nt -s Peru.

Peruaner(in f) m -s, - Peruvian.

peruanisch adj Peruvian.

Perücke f -, -n wig.

pervers [pɛr'vɛrs] adj perverted, warped (inf). **ein ~er Mensch** a pervert.

Perversion [pɛrver'zio:n] f perversion.

Perversität [pɛrverzi'tɛ:t] f perversion.

pervertieren* [pɛrver'ti:rən] **I** vt to pervert, to warp. **II** vi aux sein to become or get perverted.

Pervertiertheit f pervertedness, perversion.

pesen vi aux sein (inf) to belt (inf), to charge (inf).

Pessar nt -s, -e pessary; (zur Empfängnisverhütung) cap, diaphragm.

Pessimismus m pessimism.

Pessimist(in f) m pessimist.

pessimistisch adj pessimistic. **etw ~ beurteilen** to take a pessimistic view of sth, to view sth pessimistically.

Pest f -, no pl (Hist, Med) plague, pestilence, pest. **jdn/etw wie die ~ hassen** (inf) to loathe (and detest) sb/sth, to hate sb's guts (inf); **jdn wie die ~ meiden** (inf) to avoid sb like the plague; **wie die ~ stinken** (inf) to stink to high heaven (inf); **jdm die ~ an den Hals wünschen** (inf) to wish sb would drop dead (inf).

pest|artig adj (Med) pestilential; (fig) Gestank fetid, miasmic (liter); **Pestbeule** f plague spot; **Pestgestank** m (foul) stench, stink; **Pesthauch** m (poet) miasma (liter), fetor (liter).

Pestilenz f (old) pestilence.

pestkrank adj sick of the plague (old), plague-stricken; **Pestkranke(r)** mf person with or who has the plague; **die ~n** those who had (been stricken by) the plague.

Petersilie [-iə] f parsley. **du siehst aus, als ob dir die ~ verhagelt wäre** (inf) you look as though you've lost a pound and found a sixpence (inf).

Peterskirche f St Peter's.

Peterwagen m (inf) police or patrol car, panda car (Brit).

Petition f petition.

Petitionsrecht nt right to petition.

Petro(l)chemie f petrochemistry.

Petroleum [pe'tro:leum] nt -s, no pl paraffin (oil), kerosene (esp US).

Petroleumkocher m paraffin stove, primus (stove); **Petroleumlampe** f paraffin or oil or kerosene (esp US) lamp.

Petschaft nt -s, -e (old) seal.

Petticoat ['pɛtiko:t] *m* **-s, -s** stiff(ened) petticoat.

Petting *nt* **-s, -s** petting.

petto *adv*: etw in ~ **haben** (*inf*) to have sth up one's sleeve (*inf*).

Petunie [-iə] *f* petunia.

Petz *m* **-es, -e** (*liter*) **Meister** ~ (Master) Bruin.

Petze *f* **-, -n** (*Sch sl*) sneak (*Sch sl*), telltale (tit) (*Sch sl*).

petzen (*inf*) **I** *vt* **der petzt alles** he always tells; **er hat gepetzt, daß ...** he (went and) told that ...; **er hat's dem Lehrer gepetzt** he told sir (*Sch sl*). **II** *vi* to tell (tales).

Petzer *m* **-s, -** (*inf*) *siehe* **Petze**.

peu à peu ['pøa'pø] *adv* (*inf*) gradually, little by little.

Pf *abbr of* **Pfennig**.

Pfad *m* **-(e)s, -e** path, track. **auf dem ~ der Tugend wandeln** (*liter*) to follow the path of virtue.

Pfadfinder *m* **-s, -** (boy) scout. **er ist bei den ~n** he's in the (Boy) Scouts.

Pfadfinderin *f* girl guide (*Brit*), girl scout (*US*).

Pfaffe *m* **-n, -n** (*pej*) cleric (*pej*), parson.

pfäffisch *adj* (*pej*) sanctimonious (*pej*).

Pfahl *m* **-s, ⁻e** post; (*Zaun~ auch*) stake; (*Stütze auch*) support; (*Palisade*) palisade, pale, stake; (*Marter~*) stake. **jdm ein ~ im Fleisch sein** (*liter*) to be a thorn in sb's flesh.

Pfahlbau *m* **-s, -ten 1.** *no pl* (*Bauweise*) building on stilts; **2.** (*Haus*) pile dwelling, house built on stilts; **Pfahlbrücke** *f* pile bridge; **Pfahldorf** *nt* pile village.

pfählen *vt* **1.** (*Hort*) to stake. **2.** (*hinrichten*) to impale.

Pfahlwerk *nt* (*Stützwand*) pilework; **Pfahlwurzel** *f* taproot.

Pfalz *f* **-, -en 1.** *no pl* (*Rhein~*)Rhineland *or* Lower Palatinate, Rheinpfalz. **2.** *no pl* (*Ober~*)Upper Palatinate. **3.** (*Hist*) (*Burg*) palace.

Pfälzer(in *f*) *m* **-s, - 1.** person from the Rhineland/Upper Palatinate. **er ist (ein)** ~ he comes from the (Rhineland/Upper) Palatinate. **2.** (*Wein*) wine from the *Rhineland Palatinate*.

Pfalzgraf *m* (*Hist*) count palatine; **pfalzgräflich** *adj* of a/the count palatine.

pfälzisch *adj* Palatine, of the (Rhineland) Palatinate.

Pfand *nt* **-(e)s, ⁻er** security, pledge; (*beim Pfänderspiel*) forfeit; (*Flaschen~*) deposit; (*fig*) pledge. **etw als ~ geben, etw zum ~ setzen** (*liter*) to pledge sth, to give sth as (a) security; (*fig*) to pledge sth; (*beim Pfänderspiel*) to pay sth as a forfeit; **ich gebe mein Wort als ~** I pledge my word; **auf der Flasche ist ~** there's something (back) on the bottle (*inf*), there's a deposit on the bottle; **auf der Flasche ist 10 Pf ~** there's 10Pf (back) on the bottle (*inf*); **ein ~ einlösen** to redeem a pledge; **etw als ~ behalten** to keep sth as (a) security, to hold sth in pledge.

pfändbar *adj* (*Jur*) distrainable (*form*), attachable (*form*). **der Fernseher ist nicht ~** the bailiffs can't take the television.

Pfandbrief *m* bond, debenture.

pfänden *vt* (*Jur*) to impound, to seize, to distrain upon (*form*). **man hat ihm die Möbel gepfändet** the bailiffs *or* they took away his furniture; **jdn ~** to impound *or* seize some of sb's possessions; **jdn ~ lassen** to get the bailiffs onto sb.

Pfänderspiel *nt* (game of) forfeits.

Pfandhaus *nt* pawnshop, pawnbroker's; **Pfandleihe** *f* **1.** (*das Leihen*) pawnbroking; **2.** (*Pfandhaus*) pawnshop, pawnbroker's; **Pfandleiher** *m* **-s, -** pawnbroker; **Pfandrecht** *nt* right of distraint (*an + dat* upon) (*form*), lien (*an + dat* on) (*form*); **Pfandschein** *m* pawn ticket.

Pfändung *f* seizure, distraint (*form*), attachment (*form*). **der Gerichtsvollzieher kam zur ~** the bailiff came to seize *or* impound their possessions.

Pfändungsverfügung *f* distress warrant.

Pfanne *f* **-, -n** (*Cook*) pan; (*Anat*) socket; (*Dach~*) pantile; (*Zünd~*) pan. **ein paar Eier in die ~ schlagen** *or* **hauen** (*inf*) to bung a couple of eggs in the pan (*inf*), to fry up a couple of eggs; **jdn in die ~ hauen** (*sl*) to do the dirty on sb (*inf*); (*vernichtend schlagen*) to wipe the floor with sb (*inf*), to give sb a thrashing (*inf*) *or* hammering (*Brit sl*); (*ausschimpfen*) to bawl sb out (*inf*).

Pfannkuchen *m* pancake. **Berliner** ~ (jam) doughnut; **wie ein ~ aufgehen** (*inf*) to turn into *or* to get to be a real dumpling (*inf*) *or* roly-poly (*inf*).

Pfarr|amt *nt* priest's office.

Pfarrbezirk *m*, **Pfarre** *f* **-, -n** (*old*) parish.

Pfarrei *f* (*Gemeinde*) parish; (*Amtsräume*) priest's office.

Pfarrer(in *f*) *m* **-s, -** (*katholisch, evangelisch*) parish priest; (*anglikanisch auch*) vicar; (*von Freikirchen*) minister; (*Gefängnis~, Militär~ etc*) chaplain, padre. **guten Morgen, Herr ~!** good morning, (*katholisch*) Father *or* (*evangelisch, anglikanisch*) Vicar *or* (*Gefängnis etc*) Padre.

Pfarrgemeinde *f siehe* **Pfarrei**; **Pfarrhaus** *nt* (*anglikanisch*) vicarage; (*methodistisch, Scot*) manse; (*katholisch*) presbytery; **Pfarrhelfer(in** *f*) *m* curate; **Pfarrkind** *nt* parishioner; **Pfarrkirche** *f* parish church; **Pfarrstelle** *f* parish, (church) living, benefice.

Pfau *m* **-(e)s** *or* **-en, -en** peacock. **er stolziert daher wie ein ~** he struts around like a peacock.

Pfauen|auge *nt* (*Tag~*) peacock butterfly; (*Nacht~*) peacock moth; **Pfauenfeder** *f* peacock feather; **Pfauenhenne** *f* peahen.

Pfeffer *m* **-s, -** pepper. ~ **und Salz** (*lit*) salt and pepper; (*Stoffmuster*) pepper-and-salt; **er kann hingehen** *or* **bleiben, wo der ~ wächst!** (*inf*) he can go to hell (*sl*), he can take a running jump (*inf*); **sie hat ~ im Hintern** (*inf*) *or* **Arsch** (*vulg*) she's got lots of get-up-and-go (*inf*).

pfeff(e)rig *adj* peppery.

Pfefferkorn *nt* peppercorn; **Pfefferkuchen** *m* gingerbread; **Pfefferkuchenhäuschen** *nt* gingerbread house.

Pfefferminz(bonbon) *nt* **-es, -(e)** peppermint.

Pfefferminze f -, no pl peppermint.

Pfefferminz(likör) m **-es, -e** crème de menthe.

Pfefferminztee m peppermint tea.

Pfeffermühle f pepper-mill.

pfeffern vt 1. (*Cook*) to season with pepper, to pepper; 2. (*inf*) (*heftig werfen*) to fling, to hurl. **jdm eine** ~ to give sb a clout (*inf*), to clout sb one (*inf*).

Pfeffernuß f gingerbread ball; **Pfefferstrauch** m pepper (plant); **Pfeffer-und-Salz-Muster** nt pepper-and-salt (pattern).

Pfeifchen nt dim of **Pfeife 2**.

Pfeife f -, **-n** 1. whistle; (*Quer~*) fife (*esp Mil*), piccolo; (*Bootsmanns~, Orgel~*) pipe. **nach jds** ~ **tanzen** to dance to sb's tune. 2. (*zum Rauchen*) pipe. **eine** ~ **rauchen** to smoke or have a pipe; ~ **rauchen** to smoke a pipe. 3. (*inf: Versager*) wash-out (*inf*).

pfeifen pret **pfiff**, ptp **gepfiffen** vti to whistle (*dat* for); (*auf einer Trillerpfeife*) to blow one's whistle; (*Mus: auf einer Pfeife spielen*) to pipe; (*inf*) **Spiel** to ref (*inf*). **mit P~ und Trommeln zogen sie durch die Stadt** they made their way through the town amid piping and drumming or with pipes piping and drums beating; **auf dem letzten Loch** ~ (*erschöpft sein*) to be on one's last legs (*inf*); (*finanziell*) to be on one's beam ends (*inf*); **ich pfeife darauf!** (*inf*) I couldn't care less, I don't give a damn (*inf*); **ich pfeife auf seine Meinung** (*inf*) I couldn't care less about what he thinks; **das** ~ **ja schon die Spatzen von den Dächern** that's common knowledge, it's all over town; **ich werde dir was** ~! (*inf*) you've got another think coming! (*inf*); **~der Atem** wheezing; **sein Atem ging** ~**d** his breath was coming in wheezes or wheezily.

Pfeifendeckel m pipe lid; ~! (*inf*) not likely! (*inf*); **Pfeifenkopf** m bowl (of a pipe); **Pfeifenreiniger** m pipe-cleaner; **Pfeifenständer** m pipe stand or rack; **Pfeifenstopfer** m tamper; **Pfeifentabak** m pipe tobacco; **Pfeifenwerk** nt pipes pl, pipework.

Pfeifer m **-s, -** piper, fifer (*esp Mil*).

Pfeiferei f (*inf*) whistling.

Pfeifkessel m whistling kettle; **Pfeifkonzert** nt barrage or hail of catcalls or whistles; **Pfeifton** m whistle, whistling sound or tone.

Pfeil m **-s, -e** arrow; (*bei Armbrust auch*) bolt; (*Wurf~*) dart. ~ **und Bogen** bow and arrow; **die** ~**e seines Spotts** (*liter*) the barbs of his mockery; **alle seine** ~**e verschossen haben** (*fig*) to have run out of arguments, to have shot one's bolt; **Amors** ~ Cupid's arrow or dart; **er schoß wie ein** ~ **davon** he was off like a shot.

Pfeiler m **-s, -** (*lit, fig*) pillar; (*Brücken~ auch*) pier; (*von Hängebrücke*) pylon; (*Stütz~*) buttress.

pfeilförmig adj arrow-shaped, V-shaped; ~ **angeordnet** arranged in the shape of an arrow or in a V; **pfeilgerade** adj as straight as a die; **eine** ~ **Linie** a dead-straight line; **der Vogel flog** ~ **von einem Baum zum nächsten** the bird flew straight as an arrow from one tree to the next; **Pfeilgift** nt arrow poison; **Pfeilköcher** m quiver; **pfeilschnell** adj as quick as lightning, as swift as an arrow (*liter*); **er startete** ~ he was off like a shot; **Pfeilschuß** m arrowshot; **durch einen** ~ **getötet** killed by an arrow; **Pfeilspitze** f arrowhead, tip of an arrow; **Pfeilwurfspiel** nt darts pl; **Pfeilwurz** f arrowroot no pl.

Pfennig m **-s, -e** or (*nach Zahlenangabe*) - pfennig (*one hundredth of a mark*). **30** ~ 30 pfennigs; **er hat keinen** ~ **Geld** he hasn't got a penny to his name or two pennies to rub together or a dime (*US*); **es ist keinen** ~ **wert** (*fig*) it's not worth a thing or a red cent (*US*); **dem/dafür gebe ich keinen** ~ (*lit*) I won't give him/it a penny; **für seine Chancen/Gesundheit** etc **gebe ich keinen** ~ I don't give much for his chances (*inf*), I wouldn't put much money on his chances (*inf*); **nicht für fünf** ~ (*inf*) not the slightest (bit of); **er hat nicht für fünf** ~ **Anstand/Verstand** (*inf*) he hasn't an ounce of respectability/intelligence; **auf den** ~ **sehen** (*fig*) to watch or count every penny; **mit dem** or **jedem** ~ **rechnen müssen** (*fig*) to have to watch or count every penny; **jeden** ~ **(dreimal) umdrehen** (*fig inf*) to think twice about every penny one spends; **wer den** ~ **nicht ehrt, ist des Talers nicht wert** (*Prov*) take care of the pennies, and the pounds will look after themselves (*Prov*).

Pfennig|absatz m stiletto heel; **Pfennigbetrag** m (amount in) pence or pennies; **es war nur ein** ~ it was only a matter of pence or pennies; **Pfennigfuchser** m **-s, -** (*inf*) skinflint (*inf*), miser (*inf*); **pfenniggroß** adj **ein** ~**es Geschwür** a boil the size of a sixpence; **Pfennigstück** nt pfennig (piece); **pfennigweise** adv penny by penny, one penny at a time.

Pferch m **-es, -e** fold, pen.

pferchen vt to cram, to pack.

Pferd nt **-(e)s, -e** (*Tier, Turngerät*) horse; (*Reit~ auch*) mount; (*beim Schachspiel*) knight, horse (*US inf*). **zu** ~**e** on horseback; **aufs falsche/richtige** ~ **setzen** (*lit, fig*) to back the wrong/right horse; **die** ~**e gehen ihm leicht durch** (*fig*) he flies off the handle easily (*inf*); **immer langsam** or **sachte mit den jungen** ~**en** (*inf*) hold your horses (*inf*); **wie ein** ~ **arbeiten** (*inf*) to work like a Trojan; **das hält ja kein** ~ **aus** (*inf*) it's more than flesh and blood can stand; **keine zehn** ~**e brächten mich dahin** (*inf*) wild horses wouldn't drag me there; **mit ihm kann man** ~**e stehlen** (*inf*) he's a great sport (*inf*); **er ist unser bestes** ~ **im Stall** he's our best man.

Pferde|apfel m piece of horse-dung; ~ horse-droppings pl or dung no pl; **Pferdebahn** f horse-drawn tram, horsecar (*US*); **Pferdebremse** f horsefly; **Pferdedecke** f horse blanket; **Pferdedieb** m horse thief; **Pferdedroschke** f hackney-cab; **Pferdefleisch** nt horsemeat or -flesh; **Pferdefuhrwerk** nt horse and cart; **Pferdefuß** m (*fig: des Teufels*) cloven hoof; **die Sache hat aber einen** ~ there's just one snag; **Pferdegebiß** *nt* horsey mouth *or* teeth; **Pferdegesicht** *nt* horsey face, face like a horse; **Pferdehaar** *nt* horsehair; **Pferdehändler** *m* horse dealer; **Pferdehuf** *m* horse's hoof; **Pferdeknecht** *m* groom; **Pferdekoppel** *f* paddock; **Pferdelänge** *f* length; **Pferderennbahn** *f* race course *or* track; **Pferderennen** *nt* (*Sportart*) (horse-)racing; (*einzelnes Rennen*) (horse-)race; **Pferdeschlachter** *m* knacker; **Pferdeschlachterei** *f* knacker's; **Pferdeschlitten** *m* horse-drawn sleigh; **Pferdeschwanz** *m* horse's tail; (*Frisur*) pony-tail; **Pferdesport** *m* equestrian sport; **Pferdestall** *m* stable; **Pferdestärke** *f* horse power *no pl*, hp *abbr*; **Pferdewagen** *m* (*für Personen*) horse and carriage, trap, horse-buggy (*US*); (*für Lasten*) horse and cart; **Pferdezucht** *f* horse breeding; (*Gestüt*) stud-farm; **Pferdezüchter** *m* horse breeder.

pfiff *pret of* **pfeifen**.

Pfiff *m* **-s, -e 1.** whistle; (*Theat auch*) catcall. **2.** (*Reiz*) flair, style. **der Soße fehlt noch der letzte ~** the sauce still needs that extra something; **einem Kleid den richtigen ~ geben** to add flair to a dress, to give a dress real style. **3.** (*dated inf: Trick*) **jetzt hast du den ~ heraus** you've got the knack *or* hang of it now (*inf*).

Pfifferling *m* chanterelle. **er kümmert sich keinen ~ um seine Kinder** (*inf*) he doesn't give *or* care a fig *or* give a damn about his children (*inf*); **keinen ~ wert** (*inf*) not worth a thing.

pfiffig *adj* smart, sharp, cute.

Pfiffigkeit *f* sharpness, cuteness.

Pfiffikus *m* **- *or* -ses, -se** (*dated*) crafty thing (*inf*).

Pfingsten *nt* **-, -** Whitsun, Pentecost (*Eccl*). **zu *or* an ~** at Whitsun.

Pfingstfest *nt siehe* **Pfingsten**.

pfingstlich *adj no pred* Whit(sun) *attr*. **die Wiesen sehen schon ~ aus** the fields have taken on a spring-time look.

Pfingstmontag *m* Whit Monday; **Pfingst\|ochse** *m*: **herausgeputzt wie ein ~** (*inf*) dressed *or* done up to the nines (*inf*); **Pfingstrose** *f* peony; **Pfingstsonntag** *m* Whit Sunday, Pentecost (*Eccl*); **Pfingstwoche** *f* Whit week.

Pfirsich *m* **-s, -e** peach.

Pfirsichbaum *m* peach tree; **Pfirsichblüte** *f* peach blossom; **pfirsichfarben** *adj* peach(-coloured); **Pfirsichhaut** *f* (*lit*) peach skin; (*fig*) peaches-and-cream complexion.

Pflanze *f* **-, -n 1.** (*Gewächs*) plant. **2.** (*inf: Mensch*) **er/sie ist eine komische** *or* **seltsame ~** he/she is an odd bird (*inf*); **eine Berliner ~** (*dated*) a typical Berlin lass.

pflanzen I *vt* to plant. **einem Kind etw ins Herz ~** (*liter*) to implant sth in the heart of a child (*liter*). **II** *vr* (*inf*) to plant (*inf*) *or* plonk (*inf*) oneself.

Pflanzenbutter *f* vegetable butter; **Pflanzenfaser** *f* plant fibre; **Pflanzenfett** *nt* vegetable fat; **pflanzenfressend** *adj attr* herbivorous; **Pflanzenfresser** *m* her-

bivore; **Pflanzenkost** *f* vegetable foodstuffs *pl*; **Pflanzenkunde** *f* botany; **Pflanzenreich** *nt* vegetable kingdom; **Pflanzenschädling** *m* pest; garden pest; **Pflanzenschutz** *m* protection of plants; (*gegen Ungeziefer*) pest control; **Pflanzenschutzmittel** *nt* pesticide; **Pflanzenwelt** *f* plant world; **die ~ des Mittelmeers** the plant life *or* the flora of the Mediterranean.

Pflanzer(in *f*) *m* **-s, -** planter.

Pflanzkartoffel *f* seed potato.

pflanzlich *adj attr* vegetable.

Pflänzling *m* seedling.

Pflanzung *f* (*das Pflanzen*) planting; (*Plantage*) plantation.

Pflaster *nt* **-s, - 1.** (*Heft~*) (sticking-)plaster; (*fig: Entschädigung*) sop (*auf* + *acc* to). **das ~ erneuern** to put on a fresh *or* new (piece of) (sticking-)plaster. **2.** (*Straßen~*) (road) surface (*Kopfstein~*) cobbles *pl*. **~ treten** (*inf*) to trudge the streets, to trudge *or* traipse around; **ein gefährliches *or* heißes ~** (*inf*) a dangerous place; **ein teures ~** (*inf*) a pricey place (*inf*).

Pflasterer *m* **-s, -** road worker.

Pflastermaler *m* pavement artist; **pflastermüde** *adj* (*inf*) dead on one's feet (*inf*).

pflastern *vt* **1.** *Straße, Hof* to surface; (*mit Kopfsteinpflaster*) to cobble; (*mit Steinplatten*) to pave. **eine Straße neu ~** to resurface a road. **2.** (*inf: ohrfeigen*) **jdm eine ~** to sock sb (one) (*inf*).

Pflasterstein *m* (*Kopfstein*) cobble(stone); (*Steinplatte*) paving stone, flagstone.

Pflasterung *f* surfacing; (*mit Kopfsteinpflaster*) cobbling; (*mit Steinplatten*) paving; (*Pflaster*) surface; (*Kopfsteinpflaster*) cobbles *pl*; (*Steinplatten*) paving *no pl*.

Pflaume *f* **-, -n 1.** plum. **getrocknete ~** prune. **2.** (*inf: Mensch*) dope (*inf*), twit (*Brit inf*). **3.** (*vulg*) cunt (*vulg*).

pflaumen *vi* (*inf*) to tease, to kid (*inf*).

Pflaumenbaum *m* plum(tree); **Pflaumenkern** *m* plum stone; **Pflaumenkompott** *nt* stewed plums *pl*; **Pflaumenkuchen** *m* plum tart; **Pflaumenmus** *nt* plum jam; **pflaumenweich** *adj* (*inf*) soft; (*pej*) *Haltung* spineless.

Pflege *f* **-,** *no pl* care; (*von Kranken auch*) nursing; (*von Garten auch*) attention; (*von Beziehungen, Künsten*) fostering, cultivation; (*von Maschinen, Gebäuden*) maintenance, upkeep. **jdn/etw in ~ nehmen** to look after sb/sth; **sie gaben den Hund bei den Nachbarn in ~** they gave their dog to the neighbours to look after; **ein Kind in ~ nehmen** (*dauernd*) to foster a child; **ein Kind in ~ geben** to have a child fostered; (*von Behörden*) to foster a child out (*zu jdm* with sb); **Katzen brauchen kaum/viel ~** cats hardly need any looking after/need a lot of looking after; **der Garten/Kranke braucht viel ~** the garden/sick man needs a lot of care and attention; **das Kind/der Hund hat bei uns gute ~** the child/dog is well looked after *or* cared for by us.

pflegebedürftig *adj* in need of care (and

Pflegeeltern   864   Pfötchen

attention); **wenn alte Leute ~ werden**
when old people start to need looking
after; **Pflege|eltern** *pl* foster parents *pl*;
Pflegefall *m* case for nursing; **Pflege-**
geld *nt (für Pflegekinder)* boarding-out
allowance; *(für Kranke)* attendance
allowance; **Pflegeheim** *nt* nursing home;
Pflegekind *nt* foster child; **pflegeleicht**
adj easy-care; **Pflegemutter** *f* foster
mother.

pflegen I *vt* to look after, to care for;
Kranke auch to nurse; *Garten, Blumen,*
Rasen auch to tend; *Haar, Bart auch* to
groom; *Beziehungen, Kunst, Freund-*
schaft to foster, to cultivate; *Maschinen,*
Gebäude, Denkmäler to maintain, to
keep up. **etw regelmäßig ~** to attend to sth
regularly, to pay regular attention to sth.
II *vi* **1.** *(gewöhnlich tun)* to be in the
habit *(zu of)*, to be accustomed *(zu to)*. **sie**
pflegte zu sagen she used to say, she was
in the habit of saying; **zum Mittagessen**
pflegt er Bier zu trinken he's in the habit
of drinking beer with his lunch, he usually
drinks beer with his lunch; **wie man zu**
sagen pflegt as they say.
2. der Ruhe *(gen)* **~** *(old)* to take a rest.
III *vr* **1.** to care about one's appearance.
2. *(sich schonen)* to take it *or* things
easy *(inf)*.

Pfleger *m* **-s, -** *(im Krankenhaus)* orderly;
(voll qualifiziert) (male) nurse; *(Vor-*
mund) guardian; *(Nachlaß~)* trustee.

Pflegerin *f* nurse.

pflegerisch *adj* nursing.

Pflegesatz *m* hospital and nursing charges
pl; **Pflegesohn** *m* foster son; **Pflege-**
station *f* nursing ward; **Pflegetochter** *f*
foster daughter; **Pflegevater** *m* foster
father.

pfleglich *adj* careful. **etw ~ behandeln** to
treat sth carefully *or* with care.

Pflegling *m* foster child; *(Mündel)* ward.

Pflegschaft *f (Vormundschaft)* guardianship, tutelage *(form)*.

Pflicht *f* **-, -en 1.** *(Verpflichtung)* duty. **ich**
habe die traurige ~ ... it is my sad duty ...;
als Abteilungsleiter hat er die ~, ... it's his
duty *or* responsibility as head of department ...; **Rechte und ~en** rights and responsibilities; **seine ~ erfüllen** to do one's
duty; **jdn in die ~ nehmen** to remind sb of
his duty; **eheliche ~en** conjugal *or* marital
duties; **die ~ ruft** duty calls; **ich habe es**
mir zur ~ gemacht I've taken it upon
myself, I've made it my duty; **ich tue nur**
meine ~ I'm only doing my duty; **etw nur**
aus ~ tun to do sth merely because one
has to; **das/Schulbesuch ist ~** you have to
do that/to go to school, it's/going to school
is compulsory; **es ist seine (verdammt**
inf) **~ und Schuldigkeit(, das zu tun)** he
damn well *or* jolly well ought to (do it)
(inf).
2. *(Sport)* compulsory section *or* exercises *pl*.

Pflichtbesuch *m* duty visit; **pflichtbewußt**
adj conscientious, conscious of one's
duties; **er ist sehr ~** he takes his duties
very seriously, he has a great sense of
duty; **Pflichtbewußtsein** *nt* sense of
duty; **Pflicht|eifer** *m* zeal; **pflicht|eifrig**

adj zealous; **Pflicht|erfüllung** *f* fulfilment
of one's duty; **Pflicht|exemplar** *nt*
deposit copy; **Pflichtfach** *nt* compulsory
subject; **Deutsch ist ~** German is compulsory *or* is a compulsory subject; **Pflicht-**
gefühl *nt siehe* **Pflichtbewußtsein**;
pflichtgemäß *adj* dutiful; **ich teile Ihnen**
~ mit it is my duty to inform you; **pflicht-**
getreu *adj* dutiful; **Pflichtjahr** *nt a*
year's compulsory community service for
girls during Nazi period; **Pflichtkür** *f*
compulsory exercise; **Pflichtlauf** *m (Eis-*
kunstlauf) compulsory figures *pl*;
Pflichtlektüre *f* compulsory reading;
(Sch auch) set book(s); **pflichtschuldig**
adj dutiful; **Pflichtteil** *m or nt* legal portion; **pflichttreu** *adj* dutiful; **Pflichttreue**
f devotion to duty; **Pflicht|übung** *f* com-
pulsory exercise; **pflichtvergessen** *adj*
irresponsible; **Pflichtvergessenheit** *f*
neglect of duty, irresponsibility; **Pflicht-**
verletzung *f* breach of duty; **Pflicht-**
versäumnis *f* neglect *or* dereliction of
duty *no pl*; **pflichtversichert** *adj* compulsorily insured; **Pflichtversicherte(r)** *mf*
compulsorily insured person; **Pflicht-**
versicherung *f* compulsory insurance;
Pflichtverteidiger *m counsel for the*
defence appointed by the court and paid
from the legal aid fund; **Pflichtvorlesung**
f compulsory lecture; **pflichtwidrig** *adj*
contrary to duty; **er hat sich ~ verhalten** he
behaved in a manner contrary to (his) duty.

Pflock *m* **-(e)s, ¨e** peg; *(für Tiere)* stake.
einen ~ *or* **ein paar ¨e zurückstecken** *(fig)*
to back-pedal a bit.

pflücken *vt* to pick, to pluck; *(sammeln)* to
pick.

Pflücker(in *f)* *m* **-s, -** picker.

Pflug *m* **-es, ¨e** plough, plow *(US)*; *(Ski)*
snowplough, snowplow *(US)*. **unter dem**
~ under the plough.

pflügen *vti (lit, fig)* to plough, to plow
(US); *(lit auch)* to till *(liter)*. **das Schiff**
pflügte die Wellen *(liter)* the ship
ploughed (through) the waves.

Pflüger *m* **-s, -** ploughman, plowman *(US)*.

Pflugschar *f* **-, -en** ploughshare, plowshare
(US); **Pflugsterz** *m* plough-handle, plow-
handle *(US)*.

Pfort|ader *f* portal vein.

Pforte *f* **-, -n** *(Tor)* gate; *(Geog)* gap. **das**
Theater hat seine ~n für immer
geschlossen the theatre has closed its
doors for good; **die ~n des Himmels**
(liter) the gates *or* portals *(liter)* of
Heaven.

Pförtner *m* **-s, -** *(Anat)* pylorus.

Pförtner(in *f)* *m* **-s, -** porter; *(von Fabrik)*
gateman; *(von Wohnhaus, Behörde)*
doorman; *(von Schloß)* gatekeeper.

Pförtnerloge [-lo:ʒə] *f* porter's office; *(in*
Fabrik) gatehouse; *(in Wohnhaus, Büro)*
doorman's office.

Pfosten *m* **-s, -** post; *(senkrechter Balken)*
upright; *(Fenster~)* jamb; *(Tür~)* jamb,
doorpost; *(Stütze)* support, prop; *(Ftbl)*
(goal)post, upright.

Pfostenschuß *m (Ftbl)* **das war nur ein ~**
it hit the (goal)post *or* upright.

Pfötchen *nt dim of* **Pfote** little paw. **(gib)**
~! shake hands!

Pfote f -, -n **1.** paw.
2. (inf: Hand) mitt (inf), paw (inf). **sich** (dat) **die ~n verbrennen** (inf) to burn one's fingers.
3. (inf: schlechte Handschrift) scribble, scrawl. **er hat vielleicht eine ~** he's got a terrible scribble or scrawl.

Pfriem m -(e)s, -e awl.

Pfropf m -(e)s, -e or -̈e, **Pfropfen** m -s, - (Stöpsel) stopper; (Kork, Sekt~) cork; (Watte~ etc) plug; (von Faß, Korbflasche) bung; (Med: Blut~) (blood) clot; (verstopfend) blockage.

pfropfen vt **1.** Pflanzen to graft. **2.** (verschließen) Flasche to bung. **3.** (inf: hineinzwängen) to cram. **gepfropft voll** jam-packed (inf), crammed full.

Pfröpfling m graft, scion.

Pfropfmesser nt grafting knife; **Pfropfreis** nt graft, scion.

Pfründe f -, -n (Kirchenamt) (church)-living, benefice; (Einkünfte auch) prebend; (fig) sinecure.

Pfuhl m -s, -e (liter) mudhole; (fig) (quag)-mire, slough (liter).

Pfühl m or nt -(e)s, -e (poet, dial) (Kissen) pillow; (weiches Bett) downy or feather bed.

pfui interj (Ekel) ugh, yuck; (Mißbilligung) tut tut; (zu Hunden) oy, hey; (Buhruf) boo. **faß das nicht an, das ist ~** (inf) don't touch it, it's dirty or nasty; **~ Teufel** or **Deibel** or **Spinne** (all inf) ugh, yuck; **~ schäme dich** shame on you!; **da kann ich nur ~ sagen** it's simply disgraceful.

Pfuiruf m boo.

Pfund nt -(e)s, -e or (nach Zahlenangabe) - **1.** (Gewicht) (in Deutschland) 500 grams, half a kilo(gram); (in England) pound. **drei ~ Äpfel** three pounds of apples; **er bewegte seine ~e mit Mühe** he moved his great bulk with effort.
2. (Währungseinheit) pound. **in ~** in pounds; **zwanzig ~ Sterling** twenty pounds sterling; **mit seinem ~e wuchern** (liter) to make the most of one's opportunities or chances.

Pfund- in cpds pound; **Pfundbetrag** m amount in pounds, sterling sum.

-pfünder m -s, - in cpds -pounder; (Brot) -pound loaf.

pfundig adj (dated inf) great no adv, fantastic, swell no adv (US). **das hast du ~ gemacht** you've made a great job of that.

Pfunds- in cpds (inf) great (inf), swell (US inf), super (inf); **Pfundskerl** m (inf) great guy (inf).

pfundweise adv by the pound.

Pfusch m -(e)s, no pl (inf) siehe **Pfuscharbeit**.

Pfusch|arbeit f (inf) slapdash work. **sie haben richtige ~ geleistet** they did a really sloppy job (inf).

pfuschen vi **1.** to bungle; (einen Fehler machen) to slip up, to come unstuck (inf). **jdm ins Handwerk ~** to poke one's nose into or meddle in sb's affairs. **2.** (Sch) to cheat.

Pfuscher(in f) m -s, - (inf) bungler, botcher (inf).

Pfuscherei f (das Pfuschen) bungling no pl.

Pfütze f -, -n puddle.

PH [peː'haː] f -, -s abbr of **Pädagogische Hochschule**.

Phalanx f -, **Phalangen** (Hist) phalanx; (fig) battery.

Phallen, Phalli pl of **Phallus**.

phallisch adj phallic.

Phallus m -, -se or **Phalli** or **Phallen** phallus.

Phalluskult m phallus worship; **Phallussymbol** nt phallic symbol.

Phänomen nt -s, -e phenomenon. **dieser Mensch ist ein ~** this person is phenomenal or is an absolute phenomenon.

phänomenal adj phenomenal.

Phänomenologie f phenomenology.

Phänotyp m -s, -en phenotype.

Phantasie f **1.** no pl (Einbildung) imagination. **er hat ~** he's got imagination; **eine schmutzige ~ haben** to have a dirty mind; **in seiner ~** in his mind or imagination; **er spielt ohne ~** he plays unimaginatively or without any imagination. **2.** usu pl (Trugbild) fantasy.

phantasie|arm adj unimaginative, lacking in imagination; **phantasiebegabt** adj imaginative; **Phantasiebild** nt fantasy (picture); **Phantasiegebilde** nt (Einbildung) figment of the or one's imagination; **phantasielos** adj unimaginative, lacking in imagination; **Phantasielosigkeit** f lack of imagination, unimaginativeness; **phantasiereich** adj siehe **phantasievoll**.

phantasieren* **I** vi to fantasize (von about); (von Schlimmem) to have visions (von of); (Med) to be delirious; (Mus) to improvise. **er phantasiert von einem großen Haus auf dem Lande** he has fantasies about a big house in the country.
II vt Geschichte to dream up; (Mus) to improvise. **was phantasierst du denn da?** (inf) what are you (going) on about? (inf); **er phantasiert, daß die Welt untergeht** he has visions of the world coming to an end.

phantasievoll adj highly imaginative.

Phantast m -en, -en dreamer, visionary.

Phantasterei f fantasy.

phantastisch adj fantastic; (unglaublich auch) incredible.

Phantom nt -s, -e **1.** (Trugbild) phantom. **einem ~ nachjagen** (fig) to tilt at windmills. **2.** (Modell) (für Unterricht) anatomical model, manikin.

Phantombild nt identikit (picture); **Phantomschmerz** m phantom limb pain.

Pharao m -s, **Pharaonen** Pharaoh.

Pharaonen- in cpds of the Pharaohs.

Pharisäer m -s, - (Hist) pharisee; (fig auch) hypocrite.

pharisäerhaft, pharisäisch adj pharisaic(al); (fig auch) holier-than-thou, self-righteous.

Pharisäertum nt (fig) self-righteousness.

Pharma|industrie f pharmaceutical industry.

Pharmakologe m pharmacologist.

Pharmakologie f pharmacology.

pharmakologisch adj pharmacological.

Pharmazeut(in f) m -en, -en pharmacist, druggist (US).

Pharmazeutik f siehe **Pharmazie**.

pharmazeutisch *adj* pharmaceutical.
Pharmazie *f* pharmacy, pharmaceutics *sing*.
Phase *f* -, -n phase.
Phasenspannung *f* voltage to neutral, phase voltage; **Phasenverschiebung** *f* phase difference *or* displacement.
Philanthrop *m* -en, -en philanthropist.
Philanthropie *f* philanthropy.
philanthropisch *adj* philanthropic(al).
Philatelie *f* philately.
Philatelist(in *f)* *m* philatelist.
philatelistisch *adj* philatelic.
Philharmonie *f* (*Orchester*) philharmonia, philharmonic (orchestra); (*Konzertsaal*) philharmonic hall.
Philharmoniker *m* -s, - (*Musiker*) member of a philharmonic orchestra. **die** ~ the philharmonic (orchestra).
philharmonisch *adj* philharmonic.
Philippika *f* -, **Philippiken** (*Hist*) Philippic; (*fig*) philippic.
Philippine *m* -n, -n, **Philippinin** *f* Filipino.
Philippinen *pl* Philippines *pl*, Philippine Islands *pl*.
philippinisch *adj* Philippine.
Philister *m* -s, - (*lit*) Philistine; (*fig*) philistine.
philisterhaft *adj* (*fig*) philistine.
Philologe *m*, **Philologin** *f* philologist.
Philologie *f* philology.
philologisch *adj* philological.
Philosoph *m* -en, -en philosopher.
Philosophie *f* philosophy.
philosophieren *vi* to philosophize (*über* +*acc* about).
philosophisch *adj* philosophical.
Phimose *f* -, -n phimosis.
Phiole *f* -, -n phial, vial.
Phlegma *nt* -s, *no pl* apathy, torpor, torpidity.
Phlegmatiker(in *f)* *m* -s, - apathetic person.
Phlegmatikus *m* -, -se (*inf*) apathetic so-and-so (*inf*).
phlegmatisch *adj* apathetic.
Phlox [flɔks] *m* -es, -e *or* *f* -, -e phlox.
Phobie [fo'bi:] *f* phobia (*vor* about).
Phon [fo:n] *nt* -s, -s phon.
Phonem *nt* -s, -e phoneme.
Phonetik *f* phonetics *sing*.
Phonetiker(in *f)* *m* -s, - phonetician.
phonetisch *adj* phonetic. ~**e Schrift** phonetic transcription *or* script; **etw** ~ **schreiben** to write *or* transcribe sth phonetically *or* in phonetics.
Phönix *m* -(es), -e phoenix. **wie ein** ~ **aus der Asche steigen** to rise like a phoenix from the ashes.
Phönizier(in *f)* [-iɐ, -iərɪn] *m* -s, - Phoenician.
phönizisch *adj* Phoenician.
Phonograph *m* phonograph.
Phonologie *f* phonology.
phonologisch *adj* phonological.
Phonotypistin *f* audio-typist.
phonstark *adj* *Lautsprecher* powerful; *Lärm* loud; **Phonzahl** *f* decibel level.
Phosphat [fɔs'fa:t] *nt* phosphate.
Phosphor ['fɔsfɔr] *m* -s, *no pl* (*abbr* **P**) phosphorus.
Phosphoreszenz *f* phosphorescence.

phosphoreszieren* *vi* to phosphoresce.
phosphorhaltig *adj* phosphorous.
phosphorig *adj* ~**e Säure** phosphorous acid.
Phosphorsäure *f* phosphoric acid; **Phosphorvergiftung** *f* phosphorus poisoning.
Photo- *in cpds* photo; *siehe auch* **Foto-**; **Photochemie** *f* photochemistry; **photo-|elektrisch** *adj* photoelectric.
Photon *nt* -s, -en photon.
Photosynthese *f* photosynthesis; **photo-trop** *adj* phototropic; **Photozelle** *f* photo-electric cell.
Phrase *f* -, -n phrase; (*pej*) empty *or* hollow phrase. **abgedroschene** ~ cliché, hackneyed phrase; **das sind alles nur** ~**n** that's just (so many) words, that's just talk; **leere** *or* **hohle** ~**n** empty *or* hollow words *or* phrases; ~**n dreschen** (*inf*) to churn out one cliché after another.
Phrasendrescher *m* (*pej*) windbag; **Phrasendrescherei** *f* (*pej*) phrase-mongering; (*Geschwafel*) hot air, **phrasenhaft** *adj* empty, hollow; **er drückt sich** ~ **aus** he speaks in empty phrases; **phrasenreich** *adj* cliché-ridden.
Phraseologie *f* phraseology; (*Buch*) dictionary of idioms.
phraseologisch *adj* phraseological. ~**es Wörterbuch** dictionary of idioms.
phrasieren* *vt* to phrase.
Phrasierung *f* phrasing.
Physik *f* -, *no pl* physics *sing*.
physikalisch *adj* physical. ~**e Experimente durchführen** to carry out physics experiments *or* experiments in physics; **das ist** ~ **nicht erklärbar** that can't be explained by physics; ~**e Therapie** physiotherapy, physical therapy.
Physiker(in *f)* *m* -s, - physicist; (*Student auch*) physics student.
Physiksaal *m* physics lab *or* laboratory.
Physikum *nt* -s, *no pl* (*Univ*) *preliminary examination in medicine*.
Physiognomie [fyziogno'mi:] *f* (*liter*) physiognomy.
Physiologe *m*, **Physiologin** *f* physiologist.
Physiologie *f* physiology.
physiologisch *adj* physiological.
Physiotherapeut(in *f)* *m* physiotherapist.
Physiotherapie *f* physiotherapy, physical therapy.
physisch *adj* physical.
Pi *nt* -(s), -s pi.
Pianino *nt* -s, -s pianino, cottage *or* piccolo piano.
Pianist(in *f)* *m* pianist.
Piano *nt* -s, -s (*geh: Klavier*) piano.
Pianoforte *nt* -s, -s pianoforte.
picheln *vi* (*inf*) to booze (*inf*), to knock it back (*inf*).
Picke *f* -, -n pick(axe).
Pickel *m* -s, - **1.** spot, pimple. **2.** (*Spitz-hacke*) pick(axe); (*Eis*~) ice axe.
Pickelhaube *f* spiked (leather) helmet.
pick(e)lig *adj* spotty, pimply.
picken *vti* to peck (*nach* at).
Picknick *nt* -s, -s *or* -e picnic. ~ **machen** to have a picnic.
picknicken *vi* to (have a) picnic.
picobello *adj* (*inf*) immaculate, impeccable.

ein Zimmer ~ **aufräumen** to make a room look immaculate.

Piefke m -s, -s 1. (Aus inf: Deutscher) Kraut (inf), Jerry (inf). 2. **ein kleiner** ~ a (little) pipsqueak.

piekfein adj (inf) posh (inf), swish (inf).

pieksauber adj (inf) spotless, clean as a whistle or a new penny.

piep interj tweet(-tweet), chirp(-chirp), cheep(-cheep). **er traute sich nicht mal ~ zu sagen** or **machen** (inf) he wouldn't have dared (to) say boo to a goose (inf).

Piep m -s, -e (inf) **er sagt keinen** ~ he doesn't say a (single) word; **keinen ~ mehr machen** to have had it (inf); **du hast ja einen** ~! you're off your head (inf).

piepe, piep|egal adj pred (inf) all one (inf). **das ist mir ~!** (inf) I couldn't care less (inf), it's all one to me (inf).

piepen vi (Vogel) to cheep, to chirrup; (Kinderstimme) to pipe, to squeak; (Maus) to squeak; (Funkgerät etc) to bleep. **bei dir piept's wohl!** (inf) are you off your head?; **es war zum P~!** (inf) it was a scream (inf).

Piepen pl (dated sl) lolly (inf), dough (sl).

Piepmatz m (baby-talk: Vogel) dickybird (baby-talk).

piepsen vi siehe **piepen**.

piepsig adj (inf) squeaky.

Pier m -s, -s or -e or f -, -s jetty, pier.

piesacken vt (inf) (quälen) to torment; (belästigen) to pester.

Piesepampel m -s, - (inf) square (inf).

Pietà [pie'ta] f -, -s pietà.

Pietät [pie'tɛ:t] f (Ehrfurcht vor den Toten) reverence no pl; (Achtung) respect (gegenüber jdm/etw, vor etw (dat) for sb/sth); (Frömmelei) piety. **das verstößt gegen jede** ~ that goes against every feeling of respect or sense of reverence.

pietätlos [pie'tɛ:t-] adj irreverent, lacking in respect, impious.

Pietätlosigkeit [pie'tɛ:t-] f irreverence, impiety; (Tat) impious act.

pietätvoll [pie'tɛ:t-] adj pious, reverent.

Pietismus [pie'tɪsmʊs] m Pietism; (pej) pietism, piety, piousness.

Pietist(in f) [pie'tɪst(ɪn)] m Pietist; (pej auch) holy Joe (inf).

pietistisch [pie'tɪstɪʃ] adj pietistic; (pej auch) pious.

piff paff interj bang bang, pow pow (inf).

Pigment nt pigment.

Pigmentation f pigmentation.

Pigmentfleck m pigmentation mark.

pigmentieren* (form) I vi to become pigmented, to pigment. II vt to pigment.

Pik¹ m (inf) **einen ~ auf jdn haben** to have something or a grudge against sb.

Pik² nt -s, -s (Cards) spade. **Pikas** ace of spades; **dastehen wie Piksieben** (inf) to look completely bewildered or at a loss.

pikant adj piquant; Witz auch racy.

Pikanterie f 1. siehe adj piquancy; raciness. 2. (Bemerkung) piquant or racy remark.

Pike f -, -n pike. **von der ~ auf dienen** (fig) to rise from the ranks, to work one's way up; **etw von der ~ auf lernen** (fig) to learn sth starting from the bottom.

Pikee m or nt -s, -s piqué.

piken vti (inf) to prick. **es hat nur ein bißchen gepikt** it was just a bit of a prick, I/he etc just felt a bit of a prick.

pikieren* vt Blumen to prick out, to transplant; Bäume to transplant.

pikiert adj (inf) put out, peeved, piqued. **sie machte ein ~es Gesicht** she looked put out or peeved; ~ **reagieren** to get put out or peeved.

Pikkolo m -s, -s 1. (Kellnerlehrling) apprentice or trainee waiter. 2. (fig: kleine Ausgabe) mini-version, baby; (auch ~flasche) quarter bottle of champagne. 3. (Mus: auch ~flöte) piccolo.

piksen vti siehe **piken**.

Pilger(in f) m -s, - pilgrim.

Pilgerfahrt f pilgrimage. **auf ~ gehen** to go on a pilgrimage.

pilgern vi aux sein to make a pilgrimage; (inf: gehen) to make or wend one's way.

Pilgerstab m pilgrim's staff.

Pilgrim m -s, -e (poet) pilgrim.

Pille f -, -n pill, tablet; (Antibaby~) pill. **eine ~ (ein)nehmen** or **schlucken** to take a pill; **sie nimmt die ~** she's on the pill, she takes the pill; **das war eine bittere ~ für ihn** (fig) that was a bitter pill for him (to swallow); **jdm eine bittere ~ versüßen** (fig) to sugar or sweeten the pill for sb.

Pillendreher m 1. (Zool) scarab; 2. (inf: Apotheker) chemist, druggist (US); **Pillenknick** m birth-rate slump caused by the pill.

Pilot(in f) m -en, -en pilot.

Pilotprojekt nt pilot scheme; **Pilotstudie** f pilot study.

Pils -, -, **Pils(e)ner** nt -s, - Pilsner (lager).

Pilz m -es, -e 1. fungus; (giftig) toadstool; (eßbar) mushroom; (Schimmel~) mould; (Atom~) mushroom cloud. **in die ~e gehen** (inf) to go mushrooming or mushroom-picking; **wie ~e aus der Erde** or **aus dem Boden schießen** or **sprießen** to spring up like mushrooms, to mushroom. 2. (Haut~) ringworm; (Fuß~ auch) athlete's foot.

pilzförmig adj mushroom-shaped.

Pilzkopf m (inf) Beatle; (Frisur) Beatle haircut; **Pilzkrankheit** f fungal disease; **Pilzkunde** f mycology; **pilztötend** adj fungicidal; **Pilzvergiftung** f fungus poisoning.

Pimmel m -s, - (inf: Penis) willie (inf).

pimp(e)lig adj (inf) (wehleidig) soppy (inf); (verweichlicht auch) namby-pamby (inf).

Pimperlinge pl (dated inf) **die paar ~** the odd penny.

pimpern (sl) I vt to have it off with (sl). II vi to have it off (sl).

Pimpf m -(e)s, -e 1. (inf) squirt (pej). 2. (Hist) member of Hitlerian organization for 10–14-year-olds.

pingelig adj (inf) finicky (inf), fussy.

Pingpong nt -s, -s (inf) ping-pong.

Pinguin ['pɪŋgui:n] m -s, -e penguin.

Pinie ['pi:niə] f pine (tree).

Pinkel m -s, - (inf) **ein feiner** or **vornehmer ~** a swell, Lord Muck (inf).

pinkeln vi (inf) to pee (inf), to piddle (inf). **ich muß mal ~** I need a pee (inf).

Pinkelpause f (inf) break. **der Bus hielt zu einer ~** the bus made a toilet stop or a convenience stop.

Pinke(pinke) f -, no pl (dated sl) dough (sl), lolly (inf). **heute gibt's ~** pay-day today!

Pinne f -, -n 1. (dial: Stift) pin. 2. (für Kompaßnadel) pivot. 3. (Ruder~) tiller.

Pinscher m -s, - pinscher; (inf: Mensch) self-important little pipsqueak (inf).

Pinsel m -s, - 1. brush; (Hunt) tuft of hair. 2. (inf) **ein eingebildeter ~** a self-opinionated twit (inf), a jumped-up so-and-so (inf). 3. (sl: Penis) willie (inf).

Pinselei f (pej) daubing (pej); (Gemälde auch) daub (pej).

Pinselführung f brushwork.

pinseln vti (inf: streichen) to paint (auch Med); (pej: malen) to daub; (inf: schreiben) to pen.

Pinselstrich m stroke (of a brush), brush-stroke.

Pint m -s, -e (vulg) prick (vulg), tool (vulg).

Pinte f -, -n 1. (inf: Lokal) boozer (Brit inf). 2. (Measure) pint.

Pin-up-girl [pɪn'apɡœrl] nt -s, -s pin-up (girl).

Pinzette f (pair of) tweezers pl.

Pionier m -s, -e 1. (Mil) sapper, engineer. 2. (fig) pioneer. 3. (DDR) member of a political organization similar to the Boy Scouts.

Pionierarbeit f pioneering work.

Pipeline ['paɪplaɪn] f -, -s pipeline.

Pipette f pipette.

Pipi nt or m -s, -s (baby-talk) wee(-wee) (baby-talk). **~ machen** to do or have a wee(-wee).

Piranha [pi'ranja] m -(s), -s piranha.

Pirat m -en, -en pirate.

Piratenschiff nt pirate ship; **Piratensender** m pirate radio station.

Piraterie f (lit, fig) piracy.

Pirol m -s, -e oriole.

Pirouette [pi'ruetə] f pirouette.

Pirsch f -, no pl stalk. **auf (die) ~ gehen** to go stalking.

pirschen vi to stalk, to go stalking.

Pirschgang m stalk.

pispern vi (dial) to whisper.

Piß m **Pisses**, no pl (vulg), **Pisse** f -, no pl (vulg) piss (vulg).

pissen vi (vulg) to (have a) piss (vulg); (regnen) to piss down (vulg).

Pissoir [pɪ'soa:ɐ] nt -s, -s or -e urinal.

Pistazie [pɪs'ta:tsiə] f pistachio.

Piste f -, -n (Ski) piste, (ski-)run; (Rennbahn) track, circuit; (Aviat) runway, tarmac; (behelfsmäßig) landing-strip, airstrip; (im Zirkus) barrier.

Pistole f -, -n 1. pistol. **jdn mit vorgehaltener ~ zwingen** to force sb at gunpoint; **jdn auf ~n fordern** to challenge sb to a duel (with pistols); **jdm die ~ auf die Brust setzen** (fig) to hold a pistol to sb's head; **wie aus der ~ geschossen** (fig) like a shot. 2. (Hist: Goldmünze) pistole.

Pistolenkugel f (pistol) bullet; **Pistolenschuß** m pistol shot; **Pistolentasche** f holster.

pitsch(e)naß, **pitsch(e)patsch(e)naß** (inf) adj soaking (wet); (Kleidung, Mensch auch) dripping (wet).

pitsch, patsch interj pitter-patter.

pittoresk adj picturesque.

Pkw ['pe:ka:ve:] m -s, -s siehe **Personenkraftwagen**.

placieren* [pla'tsi:rən] vt, **Placierung** f siehe **plazieren**, **Plazierung**.

placken vr (inf) to slave (away) (inf).

Placken m -s, - (dial) patch.

Plackerei f (inf) grind (inf).

pladdern (N Ger) **I** vi aux sein (Regen) to pelt (down). **II** vi impers to pelt down.

plädieren* vi (Jur, fig) to plead (für, auf +acc for).

Plädoyer [plɛdoa'je:] nt -s, -s (Jur) address to the jury, summation (US), summing up; (fig) plea.

Plafond [pla'fɔ̃:] m -s, -s (lit, fig) ceiling.

Plage f -, -n 1. plague. 2. (fig: Mühe) nuisance. **sie hat ihre ~ mit ihm** he's a trial for her; **zu einer ~ werden** to become a nuisance.

Plagegeist m nuisance, pest.

plagen I vt to plague, to torment; (mit Bitten und Fragen auch) to pester, to harass. **dich plagt doch etwas, heraus mit der Sprache** something's worrying or bothering you, out with it; **ein geplagter Mann** a harassed man; **jdn (damit) ~, etw zu tun** to pester sb to do sth. **II** vr 1. (leiden) to be troubled or bothered (mit by). **schon die ganze Woche plage ich mich mit meinem Heuschnupfen** I've been bothered or troubled all week by my hay fever, my hay fever's been bothering or troubling me all week. 2. (arbeiten) to slave or slog away (inf); (sich Mühe geben) to go to or take a lot of trouble or great pains (mit over or with).

Plagiat nt plagiarism. **da hat er ein ~ begangen** that's a plagiarism, he plagiarized that.

Plagiator m plagiarist.

plagiieren* vti to plagiarize.

Plaid [ple:t] nt or m -s, -s tartan travelling rug.

Plakat nt -(e)s, -e (an Litfaßsäulen etc) poster, bill; (aus Pappe) placard.

Plakatfarbe f poster paint.

plakatieren* vt to placard; (fig) to broadcast.

plakativ adj Wirkung striking, bold; Sprache pithy.

Plakatkleber m -s, - billposter, billsticker; **Plakatmaler** m poster painter or artist; **Plakatsäule** f advertisement pillar; **Plakatschrift** f block lettering; **Plakatträger** m sandwich-man; **Plakatwerbung** f poster advertising.

Plakette f (Abzeichen) badge; (an Wänden) plaque.

plan adj flat, level; Ebene, Fläche plane attr.

Plan¹ m -(e)s, ⁻e 1. plan. **die ⁻e zur Renovierung der Stadt** the plans for the renovation of the city; **den ~ fassen, etw zu tun** to form the intention of doing sth, to plan to do sth; **wir haben den ~, ...** we're planning to ...; **⁻e machen or schmieden** to make plans, to plan; **nach ~ verlaufen** to run or go according to plan. 2. (Stadt~) (street-)map, town plan; (Grundriß, Bau~) plan, blueprint; (Zeittafel) schedule, timetable.

Plan² m **auf dem ~ erscheinen, auf den ~**

treten (*fig*) to arrive *or* come on the scene; **jdn auf den ~ rufen** (*fig*) to bring sb into the arena.

Plane *f* **-, -n** tarpaulin, tarp (*US inf*); (*von LKW*) hood; (*Schutzdach*) canopy, awning.

planen *vti* to plan; *Attentat, Verbrechen auch* to plot.

Planer(in *f*) *m* **-s, -** planner.

Plan|erfüllung *f* realization of a/the plan. **uns trennen nur noch 5% von der ~** we're only 5% short of our planned target.

planerisch *adj* planning. **~e Ausarbeitung** working out of the plans; **~ vorgehen** to proceed methodically.

Planet *m* **-en, -en** planet.

planetarisch *adj* planetary.

Planetarium *nt* planetarium.

Planetenbahn *f* planetary orbit.

Planetoid *m* **-en, -en** planetoid, asteroid.

planieren* *vt* **Boden** to level (off); *Werkstück* to planish.

Planierraupe *f* bulldozer.

Planke *f* **-, -n** plank, board; (*Leit~*) crash barrier. **~n** (*Umzäunung*) fencing, boarding (*gen* round).

Plänkelei *f siehe* **Geplänkel**.

plänkeln *vi* (*old Mil*) to skirmish, to engage in skirmishes; (*fig*) to squabble, to have a squabble.

Plankton *nt* **-s,** *no pl* plankton.

planlos *adj* unmethodical, unsystematic; (*ziellos*) random.

Planlosigkeit *f* lack of planning.

planmäßig *adj* (*wie geplant*) as planned, according to plan; (*pünktlich*) on schedule, as scheduled; (*methodisch*) methodical. **~e Ankunft/Abfahrt** scheduled time of arrival/departure; **~ kommt der Zug um 7 Uhr an** the train is scheduled to arrive *or* is due in at 7 o'clock.

Planmäßigkeit *f* (*Methodik*) methodicalness, method; (*Pünktlichkeit*) punctuality; (*Regelmäßigkeit*) regularity.

Planquadrat *nt* grid square.

Planschbecken *nt* paddling pool.

planschen *vi* to splash around.

Planscherei *f* splashing around.

Plansoll *nt* output target; **Planstelle** *f* post.

Plantage [plan'ta:ʒə] *f* **-, -n** plantation.

Planung *f* planning. **diese Straße ist noch in ~** this road is still being planned; **schon in der ~** in *or* at the planning stage.

Planungs|abteilung *f* planning department; **Planungskommission** *f* planning commission.

Planwagen *m* covered wagon; **Planwirtschaft** *f* planned economy.

Plappermaul *nt* (*inf*) (*Mund*) big mouth (*inf*); (*Kind*) chatterbox (*inf*); (*Schwätzer*) tittle-tattler (*inf*), blabber (*inf*).

plappern I *vi* to prattle, to chatter.

II *vt* **was plapperst du denn da für Blödsinn?** don't talk rubbish.

plärren *vti* (*inf: weinen*) to howl, to bawl; (*Radio*) to blare (out); (*schreien*) to yell, to shriek; (*unschön singen*) to screech.

Pläsier *nt* **-s, -e** (*dated*) pleasure, delight. **nun laß ihm doch sein ~** let him have his bit of fun.

Pläsierchen *nt*: **jedem Tierchen sein ~** (*hum*) each to his own.

Plasma *nt* **-s, Plasmen** plasma.

Plastik¹ *nt* **-s, -s** (*Kunststoff*) plastic.

Plastik² *f* 1. (*Bildhauerkunst*) sculpture, plastic art (*form*). 2. (*Skulptur*) sculpture. 3. (*Med*) plastic surgery. 4. (*fig: Anschaulichkeit*) vividness.

Plastikbombe *f* plastic bomb; **Plastikfolie** *f* plastic film; **Plastiktüte** *f* plastic bag.

Plastilin *nt* **-s, -e** plasticine ®.

plastisch *adj* 1. (*knetbar*) malleable, plastic, workable.

2. (*dreidimensional*) three-dimensional, 3-D; (*fig: anschaulich*) vivid. **das kann ich mir ~ vorstellen** I can just imagine *or* picture it.

3. (*Art*) plastic. **~e Arbeiten** sculptures, plastic works.

4. (*Med*) plastic.

Plastizität *f, no pl* 1. (*Formbarkeit*) malleability, plasticity, workability. 2. (*fig: Anschaulichkeit*) vividness, graphicness.

Platane *f* **-, -n** plane tree.

Plateau [pla'to:] *nt* **-s, -s** plateau; (*Tafelland auch*) tableland.

Plateausohle [pla'to:-] *f* platform sole.

Platin *nt* **-s,** *no pl* (*abbr* **Pt**) platinum.

platinblond *adj* platinum blonde.

Platitüde *f* **-, -n** platitude.

Plato(n) *m* **-** Plato.

Platoniker *m* **-s, -** Platonist.

platonisch *adj* Platonic, Platonist; (*nicht sexuell*) platonic; (*geh: unverbindlich*) non-committal.

Platonismus *m* Platonism.

platsch *interj* splash, splosh.

platschen *vi* (*inf*) to splash; (*regnen*) to pelt, to pour.

plätschern *vi* (*Bach*) to babble, to splash; (*Brunnen*) to splash; (*Regen*) to patter; (*planschen*) to splash (about *or* around). **eine ~de Unterhaltung** light conversation.

platt *adj* 1. (*flach*) flat. **etw ~ drücken** to press sth flat, to flatten sth; **einen P~en** (*inf*) *or* **einen ~en Reifen haben** to have a flat (*inf*) *or* a flat tyre; **das ~e Land** the flat country; (*nicht Stadt*) the country.

2. (*fig: geistlos*) *Bemerkung, Witz* flat, boring, dull; *Mensch* dull, uninspired.

3. (*inf: verblüfft*) **~ sein** to be flabbergasted (*inf*); **da bist du ~, nicht?** that's surprised you.

Platt *nt* **-(s),** *no pl* (*inf*) Low German, Plattdeutsch.

Plättbrett *nt* (*dial*) ironing-board; (*sl*) skinny Lizzy (*inf*).

Plättchen *nt* little tile.

plattdeutsch *adj* Low German. **das P~e** Low German, Plattdeutsch.

Platte *f* **-, -n** 1. (*Holz~*) piece of wood, wood *no pl*, board; (*zur Wandverkleidung*) panel; (*Tischtennis~*) ping-pong table; (*Glas~/Metall~/Plastik~*) piece *or* sheet of glass/metal/ plastic; (*Beton~, Stein~*) slab; (*zum Pflastern*) paving stone, flagstone; (*Kachel, Fliese*) tile; (*Grab~*) gravestone, slab; (*Herd~*) hotplate; (*Tisch~*) (table-)top; (*ausziehbare*) leaf; (*Felsen~*) shelf, ledge; (*Geog: ebenes Land*) flat *or* low land; (*Druckstock*) plate; (*Phot*) plate; (*Gebiß*) (dental) plate; (*Gedenktafel*) plaque. **ein Ereignis auf die ~ bannen** to capture an event

on film; **die ~ putzen** (*inf*) to hop it (*inf*).
2. (*Fleisch-, Gemüseteller*) serving-dish, plate; (*Torten~*) cake plate; (*mit Fuß*) cake-stand. **eine ~ (mit) Aufschnitt** a plate of selected cold meats; **kalte ~** cold dish.

3. (*Schall~*) record, disc. **etw auf ~ sprechen/aufnehmen** to make a record of sth, to record sth; **eine ~ mit Marschmusik** a record of march music.

4. (*fig inf*) **die ~ kenne ich schon** I've heard all that before, I know that line; **er legte die alte ~ auf** he started on his old theme; **leg doch mal eine neue ~ auf!** change the record, can't you!; **die ~ hat einen Sprung!** the record's stuck.

5. (*inf: Glatze*) bald head; (*kahle Stelle*) bald spot *or* patch.

Plätte *f* -, **-n** (*N Ger inf*), **Plätt|eisen** *nt* (*dial, Hist*) iron, smoothing iron (*Hist*).

plätten *vt* (*dial*) to iron, to press.

Plattenleger *m* **-s,** - paver; **Platten-sammlung** *f* record collection; **Platten-spieler** *m* record-player; **Plattenteller** *m* turntable; **Plattenwechsler** *m* **-s,** - autochanger, record changer; **Platten-weg** *m* paved path.

Plätterei *f* (*dial*) **1.** (*Betrieb*) business which does ironing. **2.** (*inf: das Plätten*) ironing.

Plattfisch *m* flatfish; **Plattform** *f* -, **-en** platform; (*fig*) basis; **Plattfuß** *m* flat foot; (*inf: Reifenpanne*) flat (*inf*); **plattfüßig** *adj, adv* flat-footed; **Plattheit** *f* **1.** *no pl* (*Flachheit*) flatness; (*Geistlosigkeit auch*) dullness; **2.** *usu pl* (*Redensart etc*) commonplace, platitude, cliché.

plattieren* *vt Metall* to plate.

plattnasig *adj* flat-nosed; **Plattstich** *m* satin stitch.

Plättwäsche *f* (*dial*) ironing.

Platz *m* **-es, -̈e 1.** (*freier Raum*) room, space. **~ für jdn/etw schaffen** to make room for sb/sth; **~ für etw finden** to find room *or* space for sth; **~ greifen** to spread, to gain ground; **~ brauchen** to take up *or* occupy room *or* space; **~ für etw (frei) lassen** to leave room *or* space for sth; **das Buch hat keinen ~ mehr im Regal** there's no more room *or* space on the bookshelf for that book; **mehr als 10 Leute haben hier nicht ~** there's not room *or* space for more than 10 people here; **jdm den (ganzen) ~ wegnehmen** to take up all the room; **jdm ~ machen** to make room for sb; (*vorbeigehen lassen*) to make way for sb (*auch fig*); **~ machen** to get out of the way (*inf*); **mach mal ein bißchen ~** make a bit of room; **~ für jdn/etw bieten** to hold sb/sth, to have room for sb/sth; **~ da!** (*inf*) (get) out of the way there! (*inf*), gangway! (*inf*).

2. (*Sitzplatz*) seat. **~ nehmen** to take a seat; **bitte ~ nehmen zum Mittagessen** please take your seats for lunch; **behalten Sie doch bitte ~!** (*form*) please remain seated (*form*); **ist hier noch ein ~ frei?** is there a free seat here?; **dieser ~ ist belegt** *or* **besetzt** this seat's taken, this is somebody's seat; **sich von seinem ~ erheben** (*geh*) to rise (*form*); **der Saal hat 2.000 ̈e** the hall seats 2,000 *or* has seating

for 2,000 *or* has 2,000 seats; **mit jdm den ~ tauschen** *or* **wechseln** to change places with sb; **erster/zweiter ~** front/rear stalls; **~!** (*zum Hund*) sit!

3. (*Stelle, Standort, Rang, Sport*) place. **das Buch steht nicht an seinem ~** the book isn't in (its) place; **etw (wieder) an seinen ~ stellen** to put sth (back) in (its) place; **fehl** *or* **nicht am ~e sein** to be out of place; **auf die ̈e, fertig, los!** (*beim Sport*) on your marks, get set, go!, ready, steady, go!; **er wich nicht vom ~** he wouldn't yield (an inch); **seinen ~ behaupten** to stand one's ground, to hold one's own; **das Buch hat einen festen ~ auf der Bestsellerliste** the book is firmly established on the best-seller list; **ihr ~ ist an der Seite ihres Mannes** her (proper) place is at her husband's side; **den ersten ~ einnehmen** (*fig*) to take first place, to come first; **auf ~ zwei** in second place; **jdn auf ~ drei/den zweiten ~ verweisen** to beat sb into third/second place; **jdn auf die ̈e verweisen** (*fig*) to beat sb; **auf ~ wetten** to make a place bet; **ein ~ an der Sonne** (*lit, fig*) a place in the sun.

4. (*Arbeits~, Studien~ etc*) place. **im Kindergarten sind noch ein paar ̈e frei** there are still a few vacancies *or* places left in the kindergarten; **wir haben noch einen freien ~ im Büro** we've still got one vacancy in the office.

5. (*umbaute Fläche*) square. **auf dem ~** in *or* on the square; **ein freier ~ vor der Kirche** an open space in front of the church.

6. (*Sport~*) playing field; (*Ftbl, Hockey*) pitch, field; (*Handball~, Tennis~*) court; (*Golf~*) (golf) course, (golf) links *pl*. **einen Spieler vom ~ stellen** to send a player off; **auf gegnerischem/eigenem ~** away/at home.

7. (*Ort*) town, place; (*Handels~*) centre. **das erste Hotel** *or* **Haus am ~** the best hotel in town *or* in the place.

8. (*Lager~*) (store *or* storage) yard.

9. (*Bau~*) site.

Platz|angst *f* (*Psych*) agoraphobia; (*inf: Beklemmung*) claustrophobia; **~ bekommen** to get claustrophobic *or* claustrophobia; **Platz|anweiser(in** *f)* *m* **-s,** - usher(ette).

Plätzchen *nt* **1.** *dim of* **Platz** spot, little place. **2.** (*Gebäck*) biscuit (*Brit*), cookie (*US*).

Platze *f* (*inf*): **da kann man ja die ~ kriegen** it's enough to drive you up the wall (*inf*).

platzen *vi aux sein* **1.** (*aufreißen*) to burst; (*Naht, Hose, Augenbraue, Haut*) to split; (*explodieren: Granate, Bombe*) to explode; (*einen Riß bekommen*) to crack. **mir ist unterwegs ein Reifen geplatzt** I had a blow-out on the way, a tyre burst on the way; **ihm ist eine Ader geplatzt** he burst a blood-vessel; **wenn du so weiterißt, platzt du!** if you go on eating like that you'll burst; **wir sind vor Lachen fast geplatzt** we split our sides laughing, we laughed till our sides ached *or* split; **ins Zimmer ~** (*inf*) to burst into the room; (**vor Wut/Neid/Ungeduld) ~** (*inf*) to be bursting (with rage/envy/impatience).

2. (*inf: scheitern*) (*Plan, Geschäft*) to fall through; (*Freundschaft*) to break up; (*Theorie*) to fall down, to collapse; (*Spionagering, Verschwörung*) to collapse; (*Wechsel*) to bounce (*inf*). **die Verlobung ist geplatzt** the engagement is (all) off; **etw ~ lassen** *Plan* to make sth fall through; *Freundschaft, Verlobung* to break sth up; *Theorie* to explode sth; *Spionagering* to break sth up, to smash sth; *Wechsel* to make sth bounce (*inf*).

Platzherren *pl* (*Sport inf*) home team; **Platzkarte** *f* (*Rail*) seat reservation (ticket); **Platzkonzert** *nt* open-air concert; **Platzmangel** *m* shortage *or* lack of space *or* room; **Platzmiete** *f* (*Theat*) season ticket; (*Sport*) ground rent; **Platzpatrone** *f* blank (cartridge); **Platzregen** *m* cloudburst; **das ist nur ein ~** it's only a (passing) shower; **platzsparend** *adj* space-saving *attr*; **etw ~ stapeln** to stack sth away compactly *or* with a minimum use of space; **Platzverweis** *m* sending-off; **es gab drei ~e** three players were sent off; **Platzwahl** *f* toss-up; **die ~ haben/verlieren** to win/lose the toss; **Platzwart** *m* (*Sport*) groundsman; **Platzwechsel** *m* change of place; (*Sport*) change of position; **Platzwette** *f* place bet; **Platzwunde** *f* cut, laceration.

Plauderei *f* chat, conversation; (*Press*) feature; (*TV, Rad*) chat show.

Plauderer *m* **-s, -**, **Plauderin** *f* conversationalist.

plaudern *vi* to chat, to talk (*über +acc, von* about); (*verraten*) to talk. **mit ihm läßt sich gut ~** he's easy to talk to.

Plauderstündchen *nt* chat; **Plaudertasche** *f* (*inf*) chatterbox (*inf*); **Plauderton** *m* conversational *or* chatty tone.

Plausch *m* **-(e)s, -e** (*inf*) chat.

plauschen *vi* (*inf*) to chat, to have a chat *or* a natter (*Brit inf*).

plausibel *adj* plausible. **jdm etw ~ machen** to make sth clear to sb, to explain sth to sb.

plauz *interj* (*old*) crash, bang.

Plauz *m* **-es, -e** (*inf*) (*Geräusch*) bang, crash; (*Fall*) fall.

Plauze *f* **-, -n** (*dial inf*) chest. **es auf der ~ haben** (*inf*) to have a chesty cough.

Play-back ['pleɪbæk] *nt* **-s, -s** (*Band*) (*bei der Schallplatte*) backing track; (*TV*) recording; (*~verfahren*) (*bei der Schallplatte*) double-tracking *no pl*; (*TV*) miming *no pl*. **etw im ~ machen** to double-track sth; (*TV*) to mime to (a recording of) sth.

Playboy ['pleɪbɔɪ] *m* **-s, -s** playboy.

Plazenta *f* **-, -s** *or* **Plazenten** placenta.

Plazet *nt* **-s, -s** approval, OK (*inf*). **sein ~ zu etw geben** to approve *or* OK sth, to give sth one's approval *or* OK.

plazieren* **I** *vt* **1.** (*Platz anweisen*) to put; *Soldaten, Wächter* to put, to place, to position; (*Tennis*) to seed. **der Kellner plazierte uns in die** *or* **der Nähe der Band** the waiter directed *or* showed us to a place *or* put us near the band.

2. (*zielen*) *Ball* to place, to position; *Schlag, Faust* to land. **gut plazierte Auf-**

schläge well-placed *or* well-positioned services; **ein (gut) plazierter Schlag** a well-placed *or* well-aimed blow; **plaziert schießen** to position one's shots well.

3. (*anlegen*) *Geld* to put, to place.

II *vr* **1.** (*inf: sich setzen, stellen etc*) to plant oneself (*inf*).

2. (*Sport*) to be placed, to get a place; (*Tennis*) to be seeded. **der Läufer konnte sich gut/nicht ~** the runner was well-placed/wasn't even placed.

Plazierung *f* (*Einlauf*) order; (*Tennis*) seeding; (*Platz*) place. **welche ~ hatte er?** where did he come in?, what position did he come in?

Plebejer(in *f*) *m* **-s, -** (*lit, fig*) plebeian, pleb (*inf*).

plebejisch *adj* (*lit*) plebeian *no adv*; (*fig auch*) plebby (*inf*), common. **sich ~ benehmen** to behave like a pleb (*inf*).

Plebiszit *nt* **-(e)s, -e** plebiscite.

Plebs¹ *f* **-**, *no pl* (*Hist*) plebs *pl*.

Plebs² *m* **-es**, *no pl* (*pej*) plebs *pl*.

pleite *adj pred, adv* (*inf*) *Mensch* broke (*inf*); *Firma auch* bust (*inf*). **~ gehen** to go bust.

Pleite *f* **-, -n** (*inf*) bankruptcy, collapse; (*fig*) flop (*inf*), washout (*inf*). **~ machen** to go bankrupt *or* bust (*inf*); **damit/mit ihm haben wir eine ~ erlebt** it/he was a disaster.

Pleitegeier *m* (*inf*) (*drohende Pleite*) vulture. **über der Firma schwebt der ~** the vultures are *or* the threat of bankruptcy is hovering over the firm.

Plektron, Plektrum *nt* **-s, Plektren** *or* **Plektra** plectrum.

Plempe *f* **-, -n** (*dial*) dishwater (*inf*).

plempern *vi* (*inf*) **1.** (*trödeln*) to dawdle. **2.** (*verschütten*) to splash.

plemplem *adj pred* (*sl*) nuts (*sl*), round the bend (*Brit inf*).

Plena *pl of* **Plenum**.

Plenarsaal *m* assembly room; **Plenarversammlung** *f* plenary session.

Plenum *nt* **-s, Plena** plenum.

Pleonasmus *m* pleonasm.

pleonastisch *adj* pleonastic.

Pleuelstange *f* connecting rod.

Plexiglas ® *nt* perspex, Plexiglas ®.

plieren, plinkern *vi* (*N Ger*) to screw up one's eyes.

Plissee *nt* **-s, -s** pleats *pl*, pleating *no pl*.

Plisseerock *m* pleated skirt.

plissieren* *vt* to pleat.

Plombe *f* **-, -n** **1.** (*Siegel*) lead seal. **2.** (*Zahn~*) filling.

plombieren* *vt* **1.** (*versiegeln*) to seal, to put a seal on. **2.** *Zahn* to fill. **er hat mir zwei Zähne plombiert** he did two fillings.

Plombierung *f* **1.** (*das Versiegeln*) sealing; (*Vorrichtung*) seal. **2.** (*beim Zahn*) filling.

Plörre *f* **-, -n** (*dial*) dishwater.

Plot *m or nt* **-s, -s** (*Liter*) plot.

plötzlich I *adj* sudden. **II** *adv* suddenly, all of a sudden. **aber etwas ~!** (*inf*) make it snappy! (*inf*), look sharp! (*inf*); **das kommt alles so ~** (*inf*) it all happens so suddenly.

Plötzlichkeit *f* suddenness.

Pluderhose *f* Turkish trousers *pl*; (*knielang*) baggy breeches *pl*.

Plumeau [ply'mo:] *nt* **-s, -s** eiderdown, quilt.

plump *adj Figur, Hände, Form* ungainly *no adv; Bewegung, Gang auch* awkward; *Ausdruck* clumsy; *Bemerkung* crass; *Mittel, Schmeichelei, Lüge, Betrug* obvious, crude. **etw ~ ausdrücken** to express sth clumsily; **sich ~ verhalten** to behave crassly; **~e Annäherungsversuche** very obvious advances.

Plumpheit *f siehe adj* ungainliness; awkwardness; clumsiness; crassness; obviousness, crudeness.

plumps *interj* bang; (*lauter*) crash.

Plumps *m* **-es, -e** (*inf*) (*Fall*) fall, tumble; (*Geräusch*) bump, thud. **mit einem ~ ins Wasser fallen** to fall into the water with a splash.

plumpsen *vi aux sein* (*inf*) to tumble, to fall. **ich ließ mich einfach aufs Bett ~** I just flopped (down) onto the bed; **er plumpste ins Wasser** he went splash into the water, he fell into the water with a splash.

Plumpsklo(sett) *nt* (*inf*) earth closet.

plump-vertraulich I *adj* hail-fellow-well-met. **II** *adv* in a hail-fellow-well-met sort of way.

Plunder *m* **-s**, *no pl* junk, rubbish.

Plünd(e)rer *m* **-s, -** looter, plunderer.

Plundergebäck *nt* flaky pastry.

plündern *vti* to loot, to plunder, to pillage; (*ausrauben*) to raid; *Obstbaum* to strip.

Plünderung *f* looting, pillage, plunder.

Plural *m* **-s, -e** plural.

Pluraletantum *nt* **-s, -s** *or* **Pluraliatantum** plural noun.

pluralisch *adj* plural.

Pluralismus *m* pluralism.

pluralistisch *adj* pluralistic.

Pluralität *f* plurality; (*Mehrheit*) majority, plurality (*US*).

plus I *prep* +*gen* plus. **II** *adv* plus. **bei ~ 5 Grad** *or* **5 Grad ~** at 5 degrees (above freezing *or* zero).

Plus *nt* **-, - 1.** (*~zeichen*) plus (sign). **ein ~ machen** to put a plus (sign).
2. (*Phys inf: ~pol*) positive (pole).
3. (*Comm*) (*Zuwachs*) increase; (*Gewinn*) profit; (*Überschuß*) surplus.
4. (*fig: Vorteil*) advantage. **das ist ein ~ für dich** that's a point in your favour.

Plüsch *m* **-(e)s, -e** plush. **Stofftiere aus ~** soft toys made of fur fabric.

Plüsch- *in cpds* plush; **Plüschbär** *m* furry teddy bear; **Plüschtier** *nt ≈* soft toy.

Pluspol *m* (*Elec*) positive pole; **Pluspunkt** *m* (*Sport*) point; (*Sch*) extra mark; (*fig*) advantage; **einen ~ machen** to win a point; **Plusquamperfekt** *nt* pluperfect, past perfect.

plustern I *vt Federn* to fluff up. **II** *vr* to fluff oneself up.

Pluszeichen *nt* plus sign.

Plutokrat *m* **-en, -en** plutocrat.

Plutokratie *f* plutocracy.

Plutonium *nt* **-s**, *no pl* (*abbr* **Pn**) plutonium.

Pneu [pnø:] *m* **-s, -s** (*esp Sw*) tyre.

pneumatisch [pnɔy'ma:tɪʃ] *adj* pneumatic. **~e Kammer** pressure chamber.

Po *m* **-s, -s** (*inf*) *siehe* **Popo**.

Pöbel *m* **-s**, *no pl* rabble, mob.

Pöbelei *f* vulgarity, bad language *no pl*.

pöbelhaft *adj* uncouth, vulgar; **Pöbelherrschaft** *f* mob rule.

pöbeln *vi* to swear, to use bad language.

pochen *vi* to knock; (*leise auch*) to tap; (*heftig*) to thump, to bang; (*Herz*) to pound, to thump; (*Blut*) to throb, to pound. **auf etw** (*acc*) **~** (*fig*) to insist on sth; **auf sein (gutes) Recht ~** to insist on *or* stand up for one's rights.

pochieren* [pɔ'ʃiːrən] *vt Ei* to poach.

Pocke *f* **-, -n** pock. **~n** *pl* smallpox.

Pockennarbe *f* pockmark; **pockennarbig** *adj* pockmarked; **Pocken(schutz)-impfung** *f* smallpox vaccination.

Podest *nt or m* **-(e)s, -e** (*Sockel*) pedestal (*auch fig*); (*Podium*) platform; (*Treppenabsatz*) landing.

Podex *m* **-es, -e** (*hum inf*) posterior (*hum inf*), behind (*inf*).

Podium *nt* (*lit, fig*) platform; (*des Dirigenten*) podium; (*bei Diskussion*) panel.

Podiumsdiskussion *f*, **Podiumsgespräch** *nt* panel discussion, brains trust.

Poem *nt* **-s, -e** (*usu pej*) poem, doggerel (*pej*) *no indef art*.

Poesie [poe'zi:] *f* (*lit, fig*) poetry.

Poesiealbum *nt* autograph book.

Poet *m* **-en, -en** (*old: Dichter*) poet, bard (*liter*); (*pej*) poetaster, versifier.

Poetaster [poe'tastɐ] *m* **-s, -** (*old pej*) poetaster.

Poetik *f* poetics *sing*.

poetisch *adj* poetic. **eine ~e Ader haben** to have a poetic streak.

Pogrom *nt or m* **-s, -e** pogrom.

Pogromstimmung *f* bloodthirsty mood.

Pointe ['poɛ̃:tə] *f* **-, -n** (*eines Witzes*) punchline; (*einer Geschichte*) point.

pointieren* [poɛ̃'tiːrən] *vt* to emphasize.

pointiert [poɛ̃'tiːɐt] *adj* trenchant, pithy.

Pointillismus [poɛ̃tɪ'jɪsmʊs] *m* pointillism.

Pokal *m* **-s, -e** (*zum Trinken*) goblet; (*Sport*) cup. **das Endspiel um den ~** the cup final.

Pokalsieger *m* cup-winners *pl*; **Pokalspiel** *nt* cup-tie.

Pökel *m* **-s, -** brine, pickle.

Pökelfleisch *nt* salt meat; **Pökelhering** *m* salt *or* pickled herring.

pökeln *vt Fleisch, Fisch* to salt, to pickle.

Poker *nt* **-s**, *no pl* poker.

Pokergesicht *nt*, **Pokermiene** *f* poker face.

pokern *vi* to play poker. **um etw ~** (*fig*) to haggle for sth.

Pol *m* **-s, -e** pole. **der ruhende ~** (*fig*) the calming influence.

polar *adj* polar. **~e Kälte** arctic coldness.

Polar- *in cpds* polar; **Polarfuchs** *m* arctic fox.

polarisieren* **I** *vt* to polarize. **II** *vr* to polarize, to become polarized.

Polarisierung *f* polarization.

Polarität *f* polarity.

Polarkreis *m* polar circle; **nördlicher/südlicher ~** Arctic/Antarctic circle; **Polarlicht** *nt* polar lights *pl*; **Polarstern** *m* Pole Star, North Star, Polaris; **Polarzone** *f* Frigid Zone, polar region.

Polder *m* **-s, -** polder.

Pole *m* **-n, -n** Pole. **er ist ~** he's Polish, he's a Pole.

Polemik f polemics sing. **die ~ dieses Artikels** the polemic nature of this article; **seine ~ ist kaum mehr erträglich** his polemics are becoming unbearable.

Polemiker(in f) m **-s, -** controversialist, polemicist.

polemisch adj polemic(al).

polemisieren* vi to polemicize. **~ gegen** to inveigh against.

polen vt to polarize.

Polen nt **-s** Poland. **noch ist ~ nicht verloren** (prov) the day is or all is not yet lost.

Polente f **-,** no pl (inf) cops pl (inf), fuzz pl (inf).

Police [po'liːsə] f **-, -n** (insurance) policy.

Polier m **-s, -e** site foreman.

polieren* vt to polish; Schuhe auch to shine; (fig) to polish or brush up. **jdm die Fresse** or **Schnauze** or **Visage ~** (sl) to smash sb's face in (sl).

Poliermittel nt polish; **Poliertuch** nt polishing cloth; **Polierwachs** nt wax polish.

Poliklinik f (Krankenhaus) clinic (for out-patients only); (Abteilung) outpatients' department, outpatients sing.

Polin f Pole, Polish woman.

Polio f **-,** no pl polio, poliomyelitis.

Politbüro nt Politburo.

Politesse f (woman) traffic warden.

Politik f **1.** no pl politics sing; (politischer Standpunkt) politics pl. **welche ~ vertritt er?** what are his politics?; **in die ~ gehen** to go into politics; **über ~ sprechen** to talk (about) politics.
    2. (bestimmte ~) policy. **eine ~ verfolgen** or **betreiben** to pursue a policy; **ihre gesamte ~** all their policies.

Politika pl of **Politikum.**

Politiker(in f) m **-s, -** politician. **führender ~** leading politician, statesman.

Politikum nt **-s, Politika** political issue.

Politikwissenschaft f siehe **Politologie.**

politisch adj political; (klug) politic, judicious. **jdn ~ schulen** to educate sb politically; **er ist ein P~er** he's a political prisoner.

politisieren* **I** vi to talk politics, to politicize. **II** vt to politicize; jdn to make politically aware.

Politisierung f politicization. **sind Sie für die ~ des Unterrichts?** are you in favour of politicizing school lessons?

Polit|ökonomie f political economy.

Politologe m political scientist.

Politologie f political science, politics sing.

Politur f (Poliermittel) polish; (Glanz) shine, polish; (das Polieren) polishing.

Polizei f police pl; (Gebäude) police station. **auf die** or **zur ~ gehen** to go to the police; **er ist bei der ~** he's in the police (force).

Polizei- in cpds police; **Polizei|aktion** f police operation; **Polizei|apparat** m police force; **Polizei|aufsicht** f police supervision; **unter ~ stehen** to have to report regularly to the official; **Polizei-be|amte(r)** m police official; (Polizist) police officer; **Polizeibehörde** f police authorities pl; **Polizeichef** m chief constable, chief of police (US); **Polizei-**

dienststelle f (form) police station; **Polizeidirektion** f police headquarters pl; **Polizeifunk** m police radio; **Polizeigriff** m wrist-hold, police hold; **er wurde im ~ abgeführt** they put a wrist-hold on him and led him away, he was frog-marched away; **Polizeihaft** f detention; **Polizeihund** m police dog; **Polizei-knüppel** m truncheon; **Polizeikom-missar** m (police) inspector.

polizeilich adj no pred police attr. **diese Regelung ist ~ angeordnet** this is a police regulation, this regulation is by order of the police; **~es Führungszeugnis** certificate issued by the police, stating that the holder has no criminal record; **er wird ~ überwacht** he's being watched by the police; **~ verboten** against the law; „**Parken ~ verboten**" "police notice – no parking".

Polizeipräsident m chief constable, chief of police (US); **Polizeipräsidium** nt police headquarters pl; **Polizeirevier** nt **1.** (Polizeiwache) police station; **aufs ~ gehen** to go (down) to the (police) station; **2.** (Bezirk) (police) district, precinct (US), patch (inf); **Polizeischutz** m police protection; **Polizeisirene** f (police) siren, hee-haw (inf); **Polizei-spitzel** m (police) informer, nark (Brit sl); **Polizeistaat** m police state; **Polizei-streife** f police patrol; **Polizeistunde** f closing time; **Polizeiver|ordnung** f police regulation; **Polizeiwache** f siehe **Polizeirevier 1.**; **polizeiwidrig** adj illegal; **sich ~ verhalten** to break the law.

Polizist m policeman.

Polizistin f policewoman.

Polka f **-, -s** polka.

Pollen m **-s, -** pollen.

Poller m **-s, -** capstan, bollard.

Pollution f (Med) (seminal) emission.

polnisch adj Polish. **~e Wirtschaft** (inf) shambles sing.

Polnisch(e) nt decl as adj Polish.

Polo nt **-s, -s** polo.

Polohemd nt sports shirt; (für Frau) casual blouse.

Polonaise [polo'nɛːzə], **Polonäse** f **-, -n** polonaise.

Polonium nt, no pl (abbr **Po**) polonium.

Polster nt or (Aus) m **-s, -** **1.** cushion; (Polsterung) upholstery no pl; (bei Kleidung) pad, padding no pl. **das ~ vom Sessel muß erneuert werden** the chair needs re-upholstering.
    2. (fig) (Fett~) flab no pl (inf); (Bauch) spare tyre; (Geldreserve) reserves pl.

Polsterer m **-s, -** upholsterer.

Polstergarnitur f three-piece suite; **Polstermöbel** pl upholstered furniture.

polstern vt to upholster; Kleidung, Tür to pad. **etw neu ~** to re-upholster sth; **sie ist gut gepolstert** she's well-upholstered or well-padded; **sie ist finanziell gut gepolstert** she's not short of the odd penny.

Polstersessel m armchair, easy chair; **Polsterstoff** m upholstery or upholster-ing fabric; **Polsterstuhl** m upholstered or padded chair; **Polstertür** f padded door.

Polsterung f (Polster) upholstery; (das Polstern) upholstering.

Polter|abend *m* party on the eve of a wedding, at which old crockery is smashed to bring good luck, ≈ shower (US).

Poltergeist *m* poltergeist.

poltern *vi* 1. to crash about; (~d umfallen) to go crash. **die Kinder ~ oben** the children are crashing about *or* banging about upstairs *or* are making a din *or* racket (*inf*) upstairs; **was hat da eben so gepoltert?** what was that crash *or* bang?; **es fiel ~d zu Boden** it crashed to the floor, it fell with a crash to the floor; **es poltert (an der Tür/vor dem Haus)** there's a real racket (*inf*) *or* din going on (at the door/in front of the house). 2. **aux sein** (*sich laut bewegen*) to crash, to bang. **über das Pflaster ~** to clatter over the cobbles. 3. (*inf: schimpfen*) to rant (and rave), to carry on (*inf*). 4. (*inf: Polterabend feiern*) to celebrate on the eve of a wedding.

Polyester *m* -s, - polyester; **polygam** *adj* polygamous; **Polygamie** *f* polygamy; **polyglott** *adj* polyglot *no adv*.

Polyp *m* -en, -en 1. (*Zool*) polyp. 2. (*Med*) ~en adenoids. 3. (*hum inf*) (*Polizist*) cop (*inf*).

Polytechnikum *nt* polytechnic, poly (*inf*); **polytechnisch** *adj* polytechnic.

Pomade *f* hair-cream; (*Hist, für krause Haare*) pomade.

pomadig *adj* (*inf*) 1. *Haare* smarmed down (*inf*). 2. (*schleimig*) smarmy (*inf*). 3. (*langsam*) sluggish.

Pomeranze *f* -, -n Seville *or* bitter orange.

Pommes frites [pɔm'frits] *pl* chips *pl* (*Brit*), French fries *pl* (*US*), French fried potatoes *pl* (*form*).

Pomp *m* -(e)s, *no pl* pomp.

pompös *adj* grandiose.

Poncho *m* -s, -s poncho.

Pond *nt* -s, - (*Phys*) weight of 1 gramme mass under standard gravity.

Pontifikal|amt *nt* Pontifical Mass.

Pontifikat *nt or m* -(e)s, -e pontificate.

Pontius ['pɔntsiʊs] *m*: **von ~ zu Pilatus** from pillar to post.

Ponton [põ'tõ:, pɔn'tõ:, 'pɔntõ] *m* -s, -s pontoon.

Pontonbrücke *f* pontoon bridge.

Pony¹ ['pɔni] *nt* -s, -s pony.

Pony² ['pɔni] *m* -s, -s (*Frisur*) fringe, bangs *pl* (*US*).

Ponyfrisur *f* hairstyle with a fringe *or* with bangs (*US*).

Pool [pu:l] *m* -s, -s pool.

Pool(billard) ['pu:l(bɪljart)] *nt* pool, pocket billiards *no pl*.

Pop *m* -s, *no pl* (*Mus*) pop; (*Art*) pop-art; (*Mode*) pop fashion.

Popanz *m* -es, -e 1. (*Schreckgespenst*) bogey, bugbear. 2. (*willenloser Mensch*) puppet.

Pope *m* -n, -n priest; (*pej*) cleric.

Popel *m* -s, - (*inf*) (*Nasen~*) bogey (*baby-talk*), (piece of) snot (*sl*); (*Mensch*) pleb (*inf*), prole (*inf*).

pop(e)lig *adj* (*inf*) 1. (*knauserig*) stingy (*inf*). **~e zwei Mark** a lousy two marks (*inf*). 2. (*dürftig*) crummy (*inf*). 3. (*spießig*) small-minded, narrow-minded.

Popelin *m* -s, -e, **Popeline** *f* -, - poplin.

popeln *vi* (*inf*) **(in der Nase)** ~ to pick one's nose.

Popo *m* -s, -s (*inf*) bottom, behind (*inf*), botty (*baby-talk*).

poppig *adj* (*inf*) (*Art, Mus*) pop *no adv*; *Kleidung* trendy.

populär *adj* popular (*bei* with).

popularisieren* *vt* to popularize.

Popularität *f* popularity.

populärwissenschaftlich *adj* popular science. **etw ~ darstellen** to present sth in a popular scientific way.

Population *f* (*Biol, Sociol*) population.

Pore *f* -, -n pore.

porig *adj Gestein* porous. **die Haut ist ~** the skin has pores.

Porno *m* -s, -s (*inf*) porn (*inf*).

Porno- *in cpds* (*inf*) porn (*inf*); **Pornofilm** *m* porn *or* blue film.

Pornographie *f* pornography.

pornographisch *adj* pornographic.

porös *adj* (*durchlässig*) porous; (*brüchig: Gummi, Leder*) perished. **~ werden** to perish.

Porosität *f* porosity.

Porree ['pɔre] *m* -s, -s leek.

Portable ['pɔrtəbl] *nt* -s, -s portable TV *or* television (set).

Portal *nt* -s, -e portal.

Portefeuille [pɔrt(ə)'fø:j] *nt* -s, -s (*Pol, obs*) portfolio; (*obs: Brieftasche*) wallet.

Portemonnaie [pɔrtmɔ'ne:, pɔrtmɔ'nɛ:] *nt* -s, -s purse.

Porti *pl of* Porto.

Portier [pɔr'tie:] *m* -s, -s porter.

portieren* *vt* (*Sw, Pol*) to put up.

Portierloge [pɔr'tie:lo:ʒə] *f* porter's lodge.

Portion *f* 1. (*beim Essen*) portion, helping. **eine halbe ~** a half portion; (*fig inf*) a half-pint (*inf*); **eine zweite ~** a second helping; **eine ~ Kaffee** a pot of coffee; **eine ~ Butter** a portion of butter. 2. (*fig inf: Anteil*) amount. **er besitzt eine ganze ~ Frechheit** he's got a fair amount of cheek (*inf*).

portionenweise, portionsweise *adv* in helpings *or* portions.

Porto *nt* -s, -s *or* **Porti** postage *no pl* (*für* on, for); (*für Kisten etc*) carriage. **~ zahlt Empfänger** postage paid; **das ~ für den Brief macht 80 Pfennig** the postage on *or* for the letter is 80 Pfennig.

Porto|auslagen *pl* postal *or* postage expenses *pl*; **portofrei** *adj* post free, postage paid; **Portokasse** *f* ≈ petty cash (*for postal expenses*); **portopflichtig** *adj* liable *or* subject to postage.

Porträt [pɔr'trɛ:] *nt* -s, -s (*lit, fig*) portrait.

Porträt|aufnahme *f* portrait photo(graph).

porträtieren* *vt* (*fig*) to portray. **jdn ~** to paint a portrait of sb, to paint sb's portrait.

Porträtist, Porträtmaler *m* portrait painter, portraitist.

Porträtmalerei *f* portraiture; **Porträtstudie** *f* sketch for a portrait.

Portugal *nt* -s Portugal.

Portugiese *m*, -n, -n, **Portugiesin** *f* Portuguese.

portugiesisch *adj* Portuguese.

Portwein *m* port.

Porzellan nt -s, -e (Material) china, porcelain; (Geschirr) china. **unnötig ~ zerbrechen** or **zerschlagen** (fig) to cause a lot of unnecessary bother or trouble.

Porzellan- in cpds china, porcelain; **Porzellan|erde** f china clay, kaolin; **Porzellanladen** m china shop; **Porzellanmanufaktur** f porcelain or china factory; (Herstellung) porcelain or china production.

Posaune f -, -n trombone; (fig) trumpet. **die ~n des Jüngsten Gerichts** the last trump.

posaunen* (inf) I vi (Posaune spielen) to play the trombone. II vti (fig: laut sprechen) to bellow, to bawl, to yell. **etw in alle Welt** or **in die Gegend ~** to shout sth from the rooftops or hilltops, to tell or proclaim sth to the whole world.

Posaunenbläser m trombonist, trombone player; **Posaunen|engel** m (lit) cherub with a trumpet; (fig) (little) chubby-cheeks (inf).

Posaunist(in f) m siehe **Posaunenbläser.**

Pose f -, -n pose.

posieren* vi to pose.

Position f position; (Comm: Posten einer Liste) item. **in gesicherter ~ sein** to have a secure position.

Positionslampe f, **Positionslicht** nt navigation light.

positiv adj positive. **eine ~e Antwort** an answer in the affirmative, an affirmative (answer); **etw ~ wissen** to know sth for certain or for a fact, to be positive; **ich weiß nichts P~es** I don't know anything definite; **~ zu etw stehen** to be in favour of sth.

Positiv¹ m (Gram) positive.

Positiv² nt (Phot) positive.

Positivismus m positivism.

positivistisch adj positivist.

Positron nt -s, -en [-'tro:nən] positron.

Positur f posture; (stehend auch) stance. **sich in ~ setzen/ stellen** to take up or adopt a posture; **sie setzte sich vor ihrem Chef in ~** she sat neatly posed for her boss; **sich in ~ werfen** to strike a pose.

Posse f -, -n farce.

Possen m -s, - (dated) prank, tomfoolery no pl. **~ reißen** to lark or fool or clown around; **jdm einen ~ spielen** to play a prank on sb; **mit jdm ~ treiben** (old) to play pranks on sb.

possenhaft adj farcical; **Possenreißer** m -s, - clown, buffoon.

possessiv adj possessive.

Possessiv(pronomen) nt -s, -e, **Possessivum** nt possessive pronoun.

possierlich adj comical, funny.

Post f -, -en 1. post, mail; (~amt, ~wesen) post office. **war die ~ schon da?** has the post or mail come yet?; **ist ~ für mich da?** is there any post or mail for me?, are there any letters for me?; **er las seine ~** he read his mail; **etw mit der ~ schicken** to send sth by post or mail; **etw auf die ~ geben** to post or mail sth; **auf die** or **zur ~ gehen** to go to the post office; **mit gleicher ~** by the same post; **mit getrennter ~** under separate cover; **mit der ersten ~ kommen** to come with or in the first post.

2. (~kutsche) mail coach.

Post|abholer m -s, - someone who collects his mail from a PO box.

postalisch adj postal.

Postament nt pedestal, base.

Post|amt nt post office; **Post|anschrift** f postal address; **Post|anweisung** f remittance paid in at a Post Office and delivered by post ≈ postal (Brit) or money order; **Post|auto** nt post-office van; (Lieferwagen) mail van (Brit) or truck (US); (Bus) mail bus; **Postbe|amte(r)** m post office official; **Postbezirk** m postal district or area or zone (US); **Postboot** nt mail boat, packet (boat); **Postbote** m postman, mailman (US); **Postbus** m mail bus; **Postdienst** m postal service, the mails pl (US).

Posten m -s, - 1. (Anstellung) post, position, job.

2. (Mil: Wachmann) guard; (am Eingang auch) sentry; (Stelle) post. **~ stehen** to stand guard; (am Eingang auch) to stand sentry; **~ beziehen** to take up one's post; **~ aufstellen** to post guards, to mount a guard.

3. **auf dem ~ sein** (aufpassen) to be awake; (gesund sein) to be fit; **nicht ganz auf dem ~ sein** to be (a bit) under the weather, to be off-colour.

4. siehe **Streikposten.**

5. (Comm: Warenmenge) quantity, lot.

6. (Comm: im Etat) item, entry.

Postendienst m guard duty; **Postenkette** f cordon.

Poster ['postɐ] nt -s, -(s) poster.

Postfach nt post-office or PO box; **Postfachnummer** f (PO or post-office) box number; **postfertig** adj ready for posting or for the post; **Postflugzeug** nt mail plane; **postfrisch** adj mint; **Postgebühr** f postal (and telephone) charge or rate; **Postgeheimnis** nt secrecy of the post; **Posthalterei** f coaching house or inn; **Posthorn** nt post-horn.

posthum adj posthumous.

postieren* I vt to post, to station, to position. II vr to station or position oneself.

Postillion [pɔstɪl'jo:n, 'pɔstɪljo:n] m -s, -e mail coach driver.

Postkarte f postcard, postal card (US), postal (US inf); **Postkartengröße** f postcard size; **in ~** postcard sized; **Postkasten** m (dial) pillar box (Brit), postbox, mailbox (US); **Postkutsche** f mail coach, stagecoach; **postlagernd** I adj to be called for; II adv poste restante; **Postleitzahl** f post(al) code, Zip code (US).

Postler(in f) m -s, - (inf) post office official/ worker.

Postmeister m postmaster; **Postminister** m postmaster general; **Postpaket** nt parcel (sent by post); **Postsache** f official matter sent postage paid; **Postsack** m mailbag; **Postschalter** m post office counter; **Postscheck** m (Post Office or National) Giro cheque (Brit); **Postscheck|amt** nt National Giro office (Brit); **Postscheckkonto** nt National or Post Office Giro account (Brit).

Postskript *nt* -(e)s, -e, **Postskriptum** *nt* -s, -e *or* **Postskripta** postscript, PS *abbr*.

Postsparbuch *nt* Post Office savings book; **Postsparkasse** *f* Post Office savings bank; **Poststelle** *f* sub post office; **Poststempel** *m* postmark.

Postulat *nt* (*Annahme*) postulate; (*Eccl: Probezeit*) postulancy.

postulieren* *vt* to postulate.

postum *adj siehe* **posthum**.

Postwagen *m* (*Rail*) mail car *or* van (*Brit*); **postwendend** *adv* by return (of post), by return mail; **Postwertzeichen** *nt* (*form*) postage stamp (*form*); **Postwesen** *nt* Post Office; **Postwurfsendung** *f* direct mail advertising; **Postzug** *m* mail train; **Postzustellung** *f* postal *or* mail delivery.

Potemkinsche Dörfer *pl* façade, sham.

potent *adj* potent; (*fig*) *Phantasie* powerful; *Mensch* high-powered.

Potentat *m* -en, -en potentate.

Potential [potɛn'tsiaːl] *nt* -s, -e potential.

potentiell [potɛn'tsiɛl] *adj* potential. **er ist ~ mein Gegner** he's a potential opponent, he's potentially my opponent.

Potenz *f* 1. (*Med*) potency; (*fig*) ability. **schöpferische ~** creative power.
2. (*Math*) power. **zweite/dritte ~ square/cube**; **eine Zahl in die sechste ~ erheben** to raise a number to the power of six *or* to the sixth power; **in höchster ~** (*fig*) to the highest degree.

potenzieren* *vt* (*Math*) to raise to the power of; (*fig: steigern*) to multiply, to increase. **2 potenziert mit 4** 2 to the power of 4, 2 to the fourth.

Potpourri ['pɔtpuri] *nt* -s, -s (*Mus*) potpourri, medley (*aus* +*dat* of); (*fig*) potpourri, assortment.

Pott *m* -(e)s, ̈e (*inf*) pot; (*Schiff*) ship, tub (*hum inf*).

Pott|asche *f* potash; **Pottfisch**, **Pottwal** *m* sperm whale; **potthäßlich** *adj* (*inf*) ugly as sin, plug-ugly (*inf*).

potz Blitz, potztausend *interj* (*old*) upon my soul (*old*).

poussieren [pu'siːrən] **I** *vi* (*dated inf: flirten*) to flirt. **II** *vt* (*old: schmeicheln*) **jdn ~** to curry favour with sb.

power ['poːvɐ] *adj* (*dial*) poor; *Essen, Geschenke* meagre.

Prä *nt*: **das ~ haben** to come first.

prä- *pref* pre-.

Prä|ambel *f* preamble (*gen* to).

Pracht *f* -, *no pl* splendour, magnificence; (*fig: Herrlichkeit*) splendour. **in seiner vollen** *or* **ganzen ~** in all its splendour *or* magnificence; **große ~ entfalten** to put on a show *or* display of great splendour; **es ist eine wahre ~** it's (really) marvellous *or* fantastic; **er kann singen, daß es eine ~ ist** he can sing marvellously *or* fantastically.

Pracht|ausgabe *f* de luxe edition; **Prachtbau** *m* splendid *or* magnificent building; **Pracht|entfaltung** *f* display of splendour, magnificent display; **Pracht|exemplar** *nt* splendid *or* prime specimen, beauty (*inf*); (*fig: Mensch*) fine specimen; **mein ~ von Sohn** (*iro*) my brilliant son (*iro*).

prächtig *adj* (*prunkvoll*) splendid, magnificent; (*großartig*) splendid, marvellous.

Prachtkerl *m* (*inf*) great guy (*inf*), good bloke (*Brit inf*); (*Prachtexemplar*) beauty (*inf*); **Prachtstraße** *f* boulevard, magnificent avenue; **Prachtstück** *nt siehe* **Prachtexemplar**; **prachtvoll** *adj siehe* **prächtig**; **Prachtweib** *nt* (*inf*) fine specimen of a woman *or* of womanhood.

Prädestination *f* predestination.

prädestinieren* *vt* to predestine, to predetermine. **sein diplomatisches Geschick prädestinierte ihn zum Politiker** with his diplomatic skill he was predestined to be a politician.

Prädikat *nt* (*Gram*) predicate; (*Bewertung*) rating; (*Sch: Zensur*) grade; (*Rangbezeichnung*) title. **Wein mit ~** special quality wine.

prädikativ *adj* predicative.

Prädikativ(um) *nt* predicative noun/ adjective/pronoun.

Prädikatsnomen *nt* predicative noun/ pronoun.

prädisponieren* *vt* to predispose (*für* to).

Präfekt *m* -en, -en prefect.

Präferenz *f* (*geh*) preference.

Präfix *nt* -es, -e prefix.

Prag *nt* -s Prague.

Präge *f* -, -n, **Präge|anstalt** *f* mint.

prägen *vt* 1. to stamp; *Münzen* to mint, to strike; *Leder, Papier, Metall* to emboss; (*erfinden*) *Begriffe, Wörter* to coin.
2. (*fig: formen*) *Charakter* to shape, to mould; (*Erlebnis, Kummer, Erfahrungen*) *jdn* to leave its/their mark on. **ein vom Leid geprägtes Gesicht** a face marked by suffering; **das moderne Drama ist durch Brecht geprägt worden** Brecht had a forming *or* formative influence on modern drama.
3. (*kennzeichnen*) *Stadtbild, Landschaft etc* to characterize.

Präge|ort *m* mint; **Prägestempel** *m* die, stamp; **Prägestock** *m* punch.

Pragmatiker(in *f*) *m* -s, - pragmatist.

pragmatisch *adj* pragmatic.

Pragmatismus *m* pragmatism.

prägnant *adj* succinct, concise, terse.

Prägnanz *f* succinctness, conciseness, terseness.

Prägung *f* 1. *siehe vt 1., 2.* stamping; minting, striking; embossing; coining; shaping, moulding. 2. (*auf Münzen*) strike; (*auf Leder etc*) embossing. 3. (*Eigenart*) character; (*von Charakter*) mould.

prähistorisch *adj* prehistoric.

prahlen *vi* (*mit* about) to boast, to brag, to swank (*inf*).

Prahler(in *f*) *m* -s, - boaster, bragger, braggard.

Prahlerei *f* (*Großsprecherei*) boasting *no pl*, bragging *no pl*; (*das Zurschaustellen*) showing-off, swank (*inf*). **~en** boasts, showing-off, swanking (*inf*).

prahlerisch *adj* (*großsprecherisch*) boastful, bragging *attr*; (*großtuerisch*) swanky (*inf*).

Prahlhans *m* -es, -hänse (*inf*) show-off.

Prahm *m* -(e)s, -e *or* ̈e barge, lighter.

präjudizieren* *vt insep* (*Jur*) to prejudge.

Praktik *f* (*Methode*) procedure, method; (*usu pl: Kniff*) practice, trick. **undurchsichtige ~en** shady *or* dark practices.

Praktika pl of **Praktikum**.

praktikabel adj practicable, practical.

Praktikant(in f) m student doing a period of practical training, trainee.

Praktiker(in f) m **-s, -** practical man/ woman; (auf wissenschaftlichem Gebiet auch) practician; (inf: Arzt) GP.

Praktikum nt **-s, Praktika** practical, (period of) practical training.

praktisch I adj practical; (nützlich auch) handy. **sie hat einen ~en Verstand** she's practically minded; **~er Arzt** general practitioner; **~es Jahr** practical year; **~e Ausbildung** practical or in-job training; **~es Beispiel** concrete example.

II adv (in der Praxis) in practice; (geschickt) practically; (so gut wie) practically, virtually.

praktizieren* I vi to practise. **ein ~der Katholik** a practising Catholic. II vt 1. (pej: ausführen) to put into practice, to practise. 2. (inf: geschickt an eine Stelle bringen) to conjure.

Prälat m **-en, -en** prelate.

Präliminarien [-iǝn] pl preliminary talks or discussions pl.

Praline f, **Praliné, Praline** (Aus) nt **-s, -s** chocolate, chocolate candy (US).

prall adj Sack, Beutel, Brieftasche bulging; Segel billowing, full; Tomaten firm; Euter swollen, full; Luftballon hard; Wange full, chubby; Brüste full, well-rounded; Hintern well-rounded; Arme, Schenkel big strong attr; Sonne blazing. **eine ~ gefüllte Brieftasche** a bulging wallet; **das Segel war ~ vom Wind gefüllt** the sail billowed out in the wind; **ihre Brüste wölbten sich ~ unter dem Pullover** her breasts curved firmly under her sweater; **die Sonne brannte ~ auf den Strand** the sun blazed or beat down onto the beach.

prallen vi aux sein **gegen etw ~** to collide with sth, to crash into sth; (Ball) to bounce against or off sth; **er prallte mit dem Kopf gegen die Scheibe** he hit or crashed his head on or against the windscreen; **die Sonne prallte auf die Fenster** the sun beat or blazed down on the windows.

Prallheit f (von Ballon) hardness; (von Brüsten, Hintern) fullness, well-roundedness; (von Euter) fullness, swollenness. **die ~ der Segel** the fullness of the sails, the billowing sails.

prallvoll adj full to bursting; Brieftasche bulging.

Präludium nt prelude; (sexuell) foreplay.

Prämie [-iǝ] f premium; (Belohnung) bonus; (Preis) prize.

prämien- [-iǝn]: **prämienbegünstigt** adj concession- or premium-carrying, with benefit of premiums; **Prämienlos** nt winning premium bond; **prämiensparen** vi sep infin, ptp only to save on a system benefiting from government premiums in addition to interest.

prämieren*, prämiieren* vt (auszeichnen) to give an award; (belohnen) to give a bonus. **etw mit dem ersten Preis/mit 1000 Mark ~** to award sth first prize/a prize of 1000 marks or a 1000 mark prize.

Prämierung, Prämiierung f 1. (das

Prämieren) für diesen Film kommt eine ~ nicht in Frage we can't possibly give this film an award.

2. (Veranstaltung) presentation. **die ~ der Preisträger** the presentation to the prizewinners.

Prämisse f **-, -n** premise.

pränatal adj attr prenatal; Vorsorge antenatal.

prangen vi (liter) to be resplendent. **an der Tür prangte ein Schild/sein Name in großen Lettern** a notice hung resplendent on the door/his name was emblazoned in big letters on the door.

Pranger m **-s, -** stocks pl, pillory. **jdn/etw an den ~ stellen** (fig) to pillory sb/sth; **am ~ stehen** (lit) to be in the stocks or pillory; (fig) to be being pilloried.

Pranke f **-, -n** (Tier~) paw; (inf: Hand) paw (inf), mauler (inf).

Prankenhieb m swipe or blow from a paw.

Präparat nt preparation; (für Mikroskop) slide preparation.

präparieren* I vt 1. (konservieren) to preserve. 2. (Med: zerlegen) to dissect. 3. (geh: vorbereiten) to prepare. II vr (dated) to prepare (oneself), to do one's preparation (für, auf +acc for).

Präposition f preposition.

präpositional adj prepositional.

Prärie f prairie.

Präriewolf m prairie wolf, coyote.

Präsens nt **-, Präsenzien** [-iǝn] present (tense).

präsent adj (anwesend) present; (geistig rege) alert. **etw ~ haben** to have sth at hand; **sein Name ist mir nicht ~** his name escapes me.

Präsent nt **-s, -e** present, gift.

präsentabel adj presentable.

präsentieren* I vt to present. **jdm etw ~** to present sb with sth; **präsentiert das Gewehr!** present arms! II vr (sich zeigen) to present oneself; (sich vorstellen auch) to introduce oneself. III vi (Mil) to present arms.

Präsentierteller m (old) salver.

Präsenz f **-, no pl** (geh) presence.

Präsenzbibliothek f reference library; **Präsenzliste** f (attendance) register.

Praseodym nt **-s, no pl** (abbr Pr) praseodymium.

Präservativ nt contraceptive, condom, sheath.

Präsidentenwahl f presidential election.

Präsident(in f) m president. **Herr/Frau ~** Mister/Madam President.

Präsidentschaft f presidency.

Präsidentschaftskandidat m presidential candidate.

präsidieren* vi to preside. **einem Ausschuß ~** to preside over or be president of a committee.

Präsidium nt (Vorsitz) presidency; (Führungsgruppe) committee; (Polizei~) (police) headquarters pl. **ins ~ gewählt werden** to be elected to the committee; **das ~ übernehmen** to take the chair.

prasseln vi 1. aux sein to clatter; (Regen, Hagel) to drum; (fig: Vorwürfe, Fragen) to rain or hail down. 2. (Feuer) to crackle.

prassen vi (schlemmen) to feast; (in Luxus

leben) to live the high life.

Prasser *m* **-s, -** glutton; (*Verschwender*) spendthrift.

Prasserei *f* (*Schlemmerei*) feasting; (*Luxusleben*) high life.

Prätendent *m* pretender.

prätentiös [pretɛn'tsiøːs] *adj* pretentious.

Präteritum *nt* **-s, Präterita** preterite.

Pratze *f* **-, -n** (*S Ger inf*) paw; (*fig: Hand*) paw (*inf*), mauler (*sl*).

präventiv [prevɛn'tiːf] *adj* prevent(at)ive.

Präventivbehandlung *f* (*Med*) preventive treatment; **Präventivkrieg** *m* preventive *or* pre-emptive war.

Praxis *f* **-, Praxen** **1.** (*no pl*) practice; (*Erfahrung*) experience; (*Brauch*) practice, custom. **in der ~ in** practice; **die ~ sieht anders aus** the facts are different; **eine Idee in die ~ umsetzen** to put an idea into practice; **ein Mann der ~** a man with practical experience; **ein Beispiel aus der ~** an example from real life; **seine langjährige ~** his long years of experience.

2. (*eines Arztes, Rechtsanwalts*) practice.

3. (*Behandlungsräume, Sprechstunde*) surgery (*Brit*), doctor's office (*US*); (*Anwaltsbüro*) office.

Präzedenzfall *m* precedent. **einen ~ schaffen** to set *or* create *or* establish a precedent.

präzis(e) *adj* precise.

präzisieren* *vt* to state more precisely; (*zusammenfassen*) to summarize.

Präzision *f* precision.

Präzisions- *in cpds* precision; **Präzisionsarbeit** *f* precision work.

predigen I *vt* **1.** to preach. **solche Leute ~ immer Moral** people like that are always preaching (about) *or* sermonizing about morality.

2. (*fig*) **jdm etw ~** to lecture sb on sth; **sie predigt ihm andauernd, daß er sich die Zähne putzen soll** she keeps lecturing him on the importance of cleaning his teeth.

II *vi* to give a sermon, to preach; (*fig: mahnen*) to preach, to sermonize. **tauben Ohren ~** to preach to deaf ears.

Prediger(in *f*) *m* **-s, -** preacher/woman preacher.

Predigt *f* **-, -en** (*lit, fig*) sermon.

Predigttext *m* text for a sermon.

Preis *m* **-es, -e** **1.** price (*für* of); (*Fahrgeld*) fare (*für* for); (*Gebühr, Honorar*) fee (*für* for). **der ~ für die Hose beträgt 10 Mark** the price of the trousers is 10 marks; **hoch** *or* **gut im ~ stehen** to be in demand; **(weit) unter(m) ~** cut-price; **zum halben ~** half-price; **um jeden ~** (*fig*) at all costs; **ich gehe um keinen ~ hier weg** (*fig*) I'm not leaving here at any price; **auch um den ~ seines eignen Glücks** even at the expense of his own happiness.

2. (*bei Wettbewerben*) prize; (*Auszeichnung*) award. **in diesem Rennen ist kein ~ ausgesetzt** there's no prize in *or* for this race; **den ersten ~ gewinnen** to win (the) first prize; **jdm einen ~ zusprechen** *or* **zuerkennen** *or* **verleihen** to award *or* give sb a prize/to give sb an award.

3. (*Belohnung*) reward. **einen ~ auf jds Kopf aussetzen** to put a price on sb's head.

4. *no pl* (*liter: Lob*) praise (*auf +acc* of). **ein Gedicht zum ~ von ...** a poem in praise of ...

Preis|abbau *m* price reduction; **Preis|angabe** *f* price quotation; **Preis|anstieg** *m* rise in prices; **Preis|aufgabe** *f* prize competition; **Preis|aufschlag** *m* supplementary charge, supplement; **Preis|auftrieb** *m* price increase; **Preis|ausschreiben** *nt* competition; **preisbewußt** *adj* price-conscious; **Preisbindung** *f* price fixing; **Preisbrecher** *m* (*Produkt*) (all-time) bargain, snip (*inf*); (*Firma*) undercutter; **diese Firma wirkt als ~ auf dem Markt** this firm undercuts the market; **Preisdisziplin** *f* price restraint.

Preiselbeere *f* cranberry.

preisen *pret* **pries,** *ptp* **gepriesen** *vt* (*geh*) to extol, to praise, to laud (*liter*). **Gott sei gepriesen** praise be to God; **sich glücklich ~** to consider *or* count oneself lucky.

Preis|entwicklung *f* price trend; **Preis|erhöhung** *f* price increase; **Preis|ermäßigung** *f* price reduction; **Preisfrage** *f* **1.** question of price; **2.** (*beim Preisausschreiben*) prize question (*in a competition*); (*inf: schwierige Frage*) sixty-four-thousand dollar question (*inf*), big question; **Preisgabe** *f* (*geh*) (*Aufgabe*) surrender, relinquishment, abandoning; (*von Geheimnis*) betrayal, divulgence.

preisgeben *vt sep irreg* (*geh*) **1.** (*ausliefern*) to expose, to leave to the mercy of. **jdm/einer Sache preisgegeben sein** to be exposed to *or* at the mercy of sb/sth; **das Haus war dem Verfall preisgegeben** the building was left to decay.

2. (*aufgeben*) to abandon, to relinquish; **Gebiete auch** to surrender.

3. (*verraten*) to betray; **Geheimnis auch** to divulge.

Preisgefüge *nt* price structure; **preisgekrönt** *adj* award-winning; **~ werden** to be given an award; **Preisgericht** *nt* jury, team of judges; **Preisgrenze** *f* price limit; **preisgünstig** *adj* inexpensive; **etw ~ bekommen** to get sth at a low *or* good price; **Preis|index** *m* price index; **Preiskontrolle** *f* price control; **Preislage** *f* price range; **in jeder ~** at all prices, at prices to suit every pocket.

preislich *adj no pred* price *attr*, in price. **dieses Angebot ist ~ sehr günstig** this offer is a bargain.

Preisliste *f* price list; **Preisnachlaß** *m* price reduction; **10% ~ bei Barbezahlung** 10% off cash sales; **Preisniveau** *nt* price level; **Preispolitik** *f* prices policy; **Preisrätsel** *nt* prize competition; **Preisrichter** *m* judge (*in a competition*), jurymember; **Preisschießen** *nt* shooting competition *or* contest, shoot; **Preisschild** *nt* price-tag; **Preisschlager** *m* (all-time) bargain; **Preisschwankung** *f* price fluctuation; **Preissenkung** *f* price cut; **Preisspanne** *f* price margin; **preisstabil** *adj* stable in price; **Preisstabilität** *f* stability of prices; **Preissteigerung** *f* price increase; **Preisstopp** *m* price freeze; **Preissturz** *m* sudden fall

or drop in prices; **Preisträger(in** *f)* *m*
prizewinner; *(Kultur~)* award-winner;
Preistreiber *m person who forces prices
up;* **Preistreiberei** *f* forcing up of prices;
(Wucher) profiteering; **Preisvergleich**
m price comparison; **einen ~ machen** to
shop around; **Preisverleihung** *f*
presentation (of prizes/awards); **preis-
wert** *adj* good value *pred;* **ein (sehr) ~es
Angebot** a (real) bargain; **hier kann man
~ einkaufen** you get good value (for
money) here.

prekär *adj (peinlich)* awkward, embarrassing; *(schwierig)* precarious.

Preliball *m game similar to volleyball in
which the ball is bounced over the net;*
Prellbock *m* (*Rail*) buffers *pl,* buffer-
stop; **der ~ sein** (*fig*) to be the scapegoat
or fallguy (*esp US inf*).

prellen I *vt* **1.** to bruise; *(anschlagen)* to hit.
2. *(fig inf: betrügen)* to swindle, to cheat.
jdm um etw ~ to swindle *or* cheat sb out
of sth; **die Zeche ~** to avoid paying the
bill. **3.** *(Sport)* to bounce. **II** *vr* to bruise
oneself. **ich habe mich am Arm geprellt**
I've bruised my arm.

Prellerei *f* swindle, fraud.
Prellschuß *m* ricochet, ricocheting bullet.
Prellung *f* bruise, contusion.

Premier [prə'mie:, pre-] *m* **-s, -s** premier.
Premiere [prə'mie:rə, pre-, -'mie:rə] *f* **-, -n**
premiere.
Premierenpublikum *nt* premiere audience
no pl.
Premierminister [prə'mie:-, pre-] *m* prime
minister.

Presbyterianer(in *f)* *m* Presbyterian.
presbyterianisch *adj* Presbyterian.
preschen *vi aux sein* (*inf*) to tear, to dash.
Presse *f* **-, -n 1.** *(mechanische ~)* press;
(Sch sl: Privatschule) crammer (*sl*). **in die
~ gehen** to go to press; **frisch** *or* **eben aus
der ~** hot from the press. **2.** *(Zeitungen)*
press. **eine gute ~ haben** to have *or* get a
good press.

Presse|agentur *f* press *or* news agency;
Presse|amt *nt* press office; **Presse|aus-
weis** *m* press card; **Presseberichte** *m*
press report; **Pressebüro** *nt siehe*
Presseagentur; Pressedienst *m* news
service; **Presse|empfang** *m* press recep-
tion; **Presse|erklärung** *f* statement to
the press, press release; **Pressefotograf**
m press photographer; **Pressefreiheit** *f*
freedom of the press; **Pressegesetz** *nt*
press law; **Pressejargon** *m* journalese;
Pressekampagne *f* press campaign;
Pressekarte *f* press *or* review ticket;
Pressekommentar *m* press commentary; **Pressekonferenz** *f* press conference; **Pressemeldung** *f* press report.

pressen I *vt* **I.** to press; *Obst auch* to
squeeze; *hohe Töne* to squeeze out; *(fig:
zwingen)* to force (*in +acc* into); *(fig
dated: unterdrücken)* to oppress. **II** *vi*
(Sänger) to squeeze the/one's notes out.

Pressenotiz *f* paragraph in the press;
Presse|organ *nt* organ; **Presserecht** *nt*
press laws *pl;* **Pressereferent** *m* press officer; **Pressestelle** *f* press office;
Pressestimme *f* press commentary; *(kulturell)* press review; **Pressetribüne** *f*

press box; *(Parl)* press gallery;
Pressevertreter *m* representative of the
press; **Pressewesen** *nt* press.
Preßglas *nt* pressed glass.
pressieren* *(S Ger, Aus, Sw)* **I** *vi* to be in
a hurry. **II** *vi impers* **es pressiert** it's urgent; **(bei) ihm pressiert es immer** he's always in a hurry.
Pression *f* pressure. **~en anwenden** to put
on the pressure.
Preßkohle *f siehe* **Brikett; Preßluft** *f* compressed air; **Preßluftbohrer** *m* pneumatic
drill; **Preßlufthammer** *m* pneumatic *or*
air hammer.
Prestige [prɛs'ti:ʒə] *nt* **-s,** *no pl* prestige.
Prestigefrage *f* question *or* matter of prestige; **Prestigegewinn** *m* gain in prestige;
Prestigeverlust *m* loss of prestige.
Pretiosen [pre'tsio:zn] *pl (geh)* valuables
pl.
Preuße *m* **-n, -n, Preußin** *f* Prussian. **so
schnell schießen die ~n nicht** (*inf*) things
don't happen that fast.
Preußen *nt* **-s** Prussia.
preußisch *adj* Prussian.
preziös *adj (geh)* precious.
Pricke *f* **-, -n** (*Naut*) shallows marker.
prickeln *vi (kribbeln)* to tingle; *(kitzeln)* to
tickle. **die Limonade prickelt in der Nase**
the lemonade's tickling my nose; **ein
angenehmes P~ auf der Haut** a pleasant
tingling of the skin; **ich spürte ein P~ in
meinem Bein** I had pins and needles in my
leg.
prickelnd *adj siehe vi* tingling; tickling;
sparkling, bubbling; *(fig: würzig)*
piquant; *(fig: erregend) Gefühl* tingling.
der ~e Reiz der Neuheit the thrill of
novelty.
Priel *m* **-(e)s, -e** narrow channel (*in North
Sea mud flats*), tideway.
Priem *m* **-(e)s, -e** quid of tobacco.
priemen *vi* to chew tobacco.
pries *pret of* **preisen.**
Priester *m* **-s, -** priest.
Priester|amt *nt* priesthood.
Priesterin *f* priestess.
priesterlich *adj* priestly *no adv; Kleidung
auch* clerical.
Priesterrock *m* cassock; **Priesterschaft** *f*
priesthood; **Priesterseminar** *nt* seminary; **Priestertum** *nt* priesthood; **Prie-
sterweihe** *f* ordination (to the
priesthood); **die ~ empfangen** to be
ordained (to the priesthood *or* as a priest).
prima *adj inv (inf)* fantastic (*inf*), great *no
adv (inf).* **das hast du ~ gemacht** you did
that fantastically (well) *or* beautifully *or*
just great.
Prima *f* **-, Primen** *eighth and ninth year of
German secondary school;* (*Aus*) *first year
of secondary school.*
Primaballerina *f* prima ballerina;
Primadonna *f* **-, -donnen** prima donna.
Primaner(in *f) m* **-s, -** ≈ sixth-former; (*Aus*)
first-former.
primär *adj* primary.
Primärliteratur *f* primary literature *or*
sources *pl.*
Primarschule *f* (*Sw*) primary *or* junior
school.
Primas *m* **-, -se** *or* **Primaten** (*Eccl*)

primate; (in Zigeunerkapelle) first violin.

Primat[1] m or nt **-(e)s, -e** priority, primacy (vor + dat over); (des Papstes) primacy; (Erstgeburtsrecht) primogeniture.

Primat[2] m **-en, -en** (Zool) primate.

Primaten pl of **Primas, Primat**[2].

Primel f **-, -n** (Wald~) (wild) primrose; (Schlüsselblume) cowslip; (farbige Garten~) primula. **wie eine ~ eingehen** (fig) to fade or wither away.

Primen pl of **Prima**.

Primi pl of **Primus**.

primitiv adj primitive; Maschine auch crude.

Primitive(r) mf decl as adj primitive person; (Art) primitive.

Primitivität f siehe adj primitiveness; crudeness.

Primitivling m (pej inf) peasant (pej inf), primitive (pej inf).

Primus m **-, -se** or **Primi** top of the class or form, top or star pupil.

Primzahl f prime (number).

Printout ['prɪnt|aut] m **-s, -s** print-out.

Prinz m **-en, -en** prince. **unser kleiner ~** (inf) our son and heir (inf).

Prinzessin f princess. **eine ~ auf der Erbse** (fig) a hot-house plant.

Prinzgemahl m prince consort.

Prinzip nt **-s, -ien** [-iən] or (rare) **-e** principle. **aus ~** on principle; **im ~** in principle; **das funktioniert nach einem einfachen ~** it works on a simple principle; **nach einem ~ handeln** to act according to a principle; **er ist ein Mann von** or **mit ~sein** he is a man of principle.

Prinzipal m **-s, -e** (old) (Geschäftsinhaber) proprietor; (Lehrherr) master.

prinzipiell adj (im Prinzip) in principle; (aus Prinzip) on principle. **~ bin ich einverstanden** I agree in principle; **das tue ich ~ nicht** I won't do that on principle.

Prinzipien- [-iən-]: **prinzipienfest** adj firm-principled; **er ist ein ~er Mann** he's a man of very firm principles; **Prinzipienfrage** f matter or question of principle; **prinzipienlos** adj unprincipled; **Prinzipienlosigkeit** f lack of principle(s); **Prinzipienreiter** m (pej) stickler for one's principles; **Prinzipienreiterei** f (pej) going-on about principles.

Prinzregent m prince regent.

Prior m prior.

Priorin f prioress.

Priorität f priority. **~en** pl (Comm) preference shares pl, preferred stock (US); **~ vor etw** (dat) **haben** to have or take priority or precedence over sth; **~en setzen** to establish one's priorities.

Prise f **-, -n 1.** (kleine Menge) pinch. **2.** (Naut) prize.

Prisma nt **-s, Prismen** prism.

prismatisch adj prismatic.

Prismen pl of **Prisma**.

Prismenglas nt prismatic telescope.

Pritsche f **-, -n 1.** (Narren~) fool's wand. **2.** (von LKW) platform. **3.** (Liegestatt) plank bed.

Pritschenwagen m platform truck.

privat [pri'vaːt] adj private; Telefonnummer auch home attr. **~ ist der Chef sehr freundlich** the boss is very friendly out-

(side) of work; **~ ist er ganz anders** he's quite different socially; **jdn ~ sprechen** to speak to sb in private or privately; **jdn ~ unterbringen** to put sb up privately; **dazu hat er sich ~ ganz anders geäußert** what he said about it in private was quite different; **etw an P~ verkaufen** (Comm) to sell sth to the public or to private individuals.

Privat- in cpds private; **Privat|adresse** f private or home address; **Privat|angelegenheit** f private matter; **das ist meine ~** that's my own business, that's a private matter; **Privatbesitz** m private property; **Privatdetektiv** m private detective or investigator or eye (inf); **Privatdozent** m outside lecturer; **Privat|eigentum** nt private property; **Privatgelehrte(r)** m scholar; **Privatgespräch** nt private conversation or talk; (am Telefon) private call.

Privatier [priva'tie:] m **-s, -s** (dated) man of independent or private means.

Privat|initiative f private initiative; **Privat|interesse** nt private interest.

privatisieren* [privati'ziːrən] I vt to take into private ownership. II vi to live on a private income or on independent means.

Privatklage f private action or suit; **Privatkläger** m private litigant; **Privatklinik** f private clinic or hospital, nursing-home; **Privatleben** nt private life; **Privatlehrer** m private tutor; **Privatmann** m, pl **Privatleute** private person or individual; **Privatperson** f private individual or person; **Privatquartier** nt private quarters pl; **Privatrecht** nt private or civil law; **privatrechtlich** adj Klage, Verfahren private or civil law attr; **Privatsache** f private matter; **das ist meine ~** that's my own business, that's a private matter; **Privatschule** f private school; (Eliteschule auch) public school (Brit); **Privatsekretär** m private secretary; **Privat|unterricht** m private tuition; **Privatvergnügen** nt (inf) private pleasure; **Privatvermögen** nt private fortune; **Privatversicherung** f private insurance; **Privatweg** m private way; **Privatwirtschaft** f private industry; **Privatwohnung** f private flat (Brit) or apartment (US)/house.

Privileg [privi'leːk] nt **-(e)s, -ien** [-iən] or **-e** privilege.

privilegieren* [privile'giːrən] vt to favour, to privilege. **die privilegierten Schichten** the privileged classes.

pro prep per. **~ Jahr** per annum (form), a or per year; **~ Person** per person; **~ Kopf** per person, per capita (form); **P~~Kopf-Einkommen** per capita income; **~ Stück** each, apiece.

Pro nt (das) **~ und (das) Kontra** the pros and cons pl.

Proband m **-en, -en** guinea-pig, experimentee.

probat adj no adv (dated) tried, proved, tested.

Probe f **-, -n 1.** (Prüfung) test. **eine ~ auf etw** (acc) **machen** to test sth, to do a test on sth; **die ~ (auf eine Rechnung) machen** to check a calculation; **er ist auf ~ angestellt**

he's employed for a probationary period; **jdn/etw auf ~ nehmen** to take sb/sth on trial; **jdn/etw auf die ~ stellen** to put sb/sth to the test, to try sb/sth; **meine Geduld wurde auf eine harte ~ gestellt** my patience was sorely tried; **jdn/etw einer ~ unterziehen** to subject sb/sth to a test; **zur ~ for a trial**, to try out.
2. (*Theat*) rehearsal. **~n abhalten** to rehearse, to hold rehearsals.
3. (*Teststück, Beispiel*) sample. **er gab eine ~ seines Könnens** he showed what he could do.

Probe|abzug *m* proof; **Probe|alarm** *m* practice alarm; **heute ist ~** the alarms will be tested today; **Probe|arbeit** *f* test *or* specimen piece, trial work *no pl*; **Probe-belastung** *f* stress test; **Probebohrung** *f* test drill, probe; **Probedruck** *m* trial print; **Probe|exemplar** *nt* specimen (copy); **probefahren** *sep irreg infin, ptp only* I *vt* to test-drive; II *vi aux sein* to go for a test drive *or* run; **Probefahrt** *f* test drive *or* run/trial sail; **eine ~ machen** to go for a test drive *etc*; **Probeflug** *m* test flight; **probehalber** *adv* for a test; **Probejahr** *nt* probationary year; **Probe-lauf** *m* test *or* trial run; (*Sport*) practice run; **Probelehrer** *m* (*Aus*) probationary teacher.

proben *vti* to rehearse.

Proben|arbeit *f* rehearsals *pl*; **Proben|ent-nahme** *f* sampling.

Probenummer *f* trial copy; **Probeseite** *f* specimen *or* sample page; **Probesen-dung** *f* sample pack; **probeweise** *adv* on a trial basis; **ich habe mir ~ einen anderen Kaffee gekauft** I've bought another kind of coffee to try (out); **Probezeit** *f* probationary *or* trial period.

probieren* I *vt* (*versuchen*) to try, to have a go *or* try at; (*kosten*) *Speisen, Getränke* to try, to taste, to sample; (*prüfen*) to try (out), to test. **~ Sie es noch mal!** try (it) again!, have another go *or* try!; **laß es mich mal ~!** let me try!, let me have a try *or* a go!
II *vi* **1.** (*versuchen*) to try, to have a try *or* go. **P~ geht über Studieren** (*Prov*) the proof of the pudding is in the eating (*Prov*).
2. (*kosten*) to have a taste, to try.

Probierer *m* **-s, -** taster.

Probierglas *nt* **1.** taster, tasting glass; **2.** *siehe* **Reagenzglas**; **Probierstube** *f* sampling room.

Problem *nt* **-s, -e** problem. **vor einem ~ stehen** to be faced *or* confronted with a problem; **das wird zum ~** it's becoming (something of) a problem.

Problematik *f* (*Schwierigkeit*) problem, dif-ficulty (*gen* with); (*Fragwürdigkeit*) ques-tionability, problematic nature.

problematisch *adj* problematic; (*fragwür-dig*) questionable.

Problembewußtsein *nt* appreciation of the difficulties *or* problem; **Problemkind** *nt* problem child; **Problemkreis** *m* problem area; **problemlos** *adj* problem-free; **Problemstellung** *f* way of looking at a problem; **Problemstück** *nt* problem play.

Produkt *nt* **-(e)s, -e** (*lit, fig*) product. **land-wirtschaftliche ~e** agricultural produce *no pl or* products; **das ~ aus 2 mal 2** the product of 2 × 2; **ein ~ seiner Phantasie** a figment of his imagination.

Produktenhandel *m* produce business.

Produktion *f* production.

Produktions- *in cpds* production; **Pro-duktions|anlagen** *pl* production plant; **Produktions|ausfall** *m* loss of produc-tion; **Produktionsgenossenschaft** *f* (*DDR*) collective, cooperative; **landwirt-schaftliche ~** (*DDR*) collective farm; **Produktionskosten** *pl* production costs *pl*; **Produktionsleistung** *f* (potential) output, production capacity; **Produk-tionsleiter** *m* production manager; **pro-duktionsmäßig** I *adj* production *attr*; II *adv* in terms of production; **Pro-duktionsmenge** *f* output; **Produktions-mittel** *pl* means of production *pl*; **Produktionsrückgang** *m* falling off *or* drop in production; **Produktionsstätte** *f* production centre; **Produktionszweig** *m* line of production.

produktiv *adj* productive.

Produktivität *f* productivity.

Produktivkräfte *pl* (*Sociol*) productive forces *pl*, forces of production *pl*.

Produzent(in *f*) *m* producer.

produzieren* I *vt* **1.** *auch vi* to produce. **2.** (*inf: hervorbringen*) *Lärm* to make; *Entschuldigung* to come up with (*inf*); *Romane* to churn out (*inf*). II *vr* (*pej*) to show off.

profan *adj* (*weltlich*) secular, profane; (*gewöhnlich*) mundane.

Profanbau *m* secular building.

profanieren* *vt* (*form*) to profane.

Profession *f* (*old form*) profession.

Professional [proˈfɛʃənəl] *m* **-s, -s** professional.

professionell *adj* professional.

Professor *m* **1.** (*Hochschul~*) professor. **2.** (*Aus, S Ger: Gymnasial~*) master/ mistress. **Herr ~!** Sir!; **Frau ~!** Miss!

Professorenschaft *f* professors *pl*.

Professorin *f* (lady) professor.

Professur *f* chair (*für* in, of).

Profi *m* **-s, -s** (*inf*) pro (*inf*).

Profil *nt* **-s, -e 1.** (*von Gesicht*) profile; (*Archit*) elevation; (*fig: Ansehen*) image. **im ~** in profile; **~ haben** *or* **besitzen** (*fig*) to have a (distinctive *or* personal) image; **dadurch hat er an ~ gewonnen/verloren** that improved/damaged his image.
2. (*von Reifen, Schuhsohle*) tread.
3. (*Querschnitt*) cross-section; (*Längs-schnitt*) vertical section; (*Geog*) (vertical) section; (*Aviat*) wing section; (*fig: Skizze*) profile. **im ~** in section.

profilieren* I *vt* (*mit Profil versehen*) *Schuhsohlen, Reifen* to put a tread on; (*fig: scharf umreißen*) to define. II *vr* (*sich ein Image geben*) to create a distinctive personal image for oneself; (*Besonderes leisten*) to distinguish oneself.

profiliert *adj* *Schuhe, Reifen* with a tread, treaded; (*fig: scharf umrissen*) clear-cut *no adv*; (*fig: hervorstechend*) distinctive. **ein ~er Wissenschaftler** a scientist who has made his mark.

Profilierung f (*das Sichprofilieren*) making one's mark *no art*.

profillos adj Politiker, Firma lacking any distinct (personal) image; *Sohle, Reifen* treadless.

Profilneurose f (*hum*) neurosis about one's image, image neurosis; **Profilsohle** f sole with a tread, treaded sole; **Profilstahl** m sectional steel.

Profit m -(e)s, -e profit. ~ **aus etw schlagen** *or* **ziehen** (*lit*) to make a profit from *or* out of sth; (*fig*) to reap the benefits *or* to profit from sth; **den/keinen** ~ **von etw haben** to profit/not to profit from sth; **ohne/mit** ~ **arbeiten** to work unprofitably/profitably.

profitabel adj profitable.

profitbringend adj profitable; **Profitgier** f greed for profit, profit lust; **profitgierig** adj greedy for profit, profit-greedy.

profitieren* vti to profit; (*fig auch*) to gain. **viel/etwas** ~ (*lit*) to make a large profit/to make something of a profit; (*fig*) to profit greatly/somewhat; **davon hat er wenig profitiert** (*lit*) he didn't make much of a profit from it; (*fig*) he didn't profit much *or* didn't gain a great deal from it; **dabei kann ich nur** ~ I only stand to gain from it, I can't lose.

Profitjäger, Profitmacher m (*inf*) profiteer; **Profitmacherei** f (*inf*) profiteering; **Profitmaximierung** f maximization of profit(s *pl*); **Profitstreben** nt profit seeking.

pro forma adv as a matter of form, for appearance's sake.

Pro-forma-Rechnung f pro forma invoice.

profund adj (*geh*) profound, deep. **er ist ein** ~**er Kenner** +gen he has a profound *or* deep knowledge of ...

Prognose f -, -n prediction, prognosis; (*Wetter*~) forecast. **eine** ~ **stellen/wagen** to give *or* make/venture a prediction *or* prognosis.

prognostisch adj prognostic.

prognostizieren* vt to predict, to prognosticate (*form*).

Programm nt -s, -e programme, program (*US, Computers*); (*Tagesordnung*) agenda; (*Theat: Vorstellungsablauf auch*) bill; (*TV: Sender*) channel; (*Sendefolge*) programmes *pl*; (*gedrucktes Radio*~, *TV*~) programme guide; (*Verlags*~) list; (*beim Pferderennen*) card; (*Kollektion*) range. **nach** ~ as planned; **auf dem** ~ **stehen** to be on the programme/agenda; **ein** ~ **für den Urlaub machen** to work out a programme for one's holidays; **für heute habe ich schon ein** ~ I've already got something planned for today; **unser** ~ **für den heutigen Abend** our programmes for this evening.

programmatisch adj programmatic.

Programmfolge f order of programmes *or* (*Theat*) acts; **programmgemäß** adj according to plan *or* programme; **Programmgestaltung** f programme planning; **Programmheft** nt programme; **Programmhinweis** m (*Rad, TV*) programme announcement.

programmieren* vt **1.** (*auch vi*) to programme; (*fig auch*) to condition. **auf etw** (*acc*) **programmiert sein** (*fig*) to be

geared *or* conditioned to sth; **programmiertes Lernen** programmed learning. **2.** (*entwerfen*) to draw up a programme for; (*planen*) to schedule, to plan.

Programmierer(in f) m -s, - programmer.

Programmiersprache f programming language.

Programmierung f programming; (*fig auch*) conditioning.

Programmpunkt m item on the agenda; (*TV*) programme; (*bei Show*) act.

Programmusik f getrennt: **Programmmusik** programme music.

Programmvorschau f preview (*für* of); (*Film*) trailer; **Programmzeitschrift** f programme guide.

Progreß m -sses, -sse progress.

Progression f progression.

progressiv adj progressive.

Prohibition f Prohibition.

Projekt nt -(e)s, -e project.

Projektgruppe f project team.

projektieren* vt (*entwerfen*) to plan, to project, to lay plans for; (*planen*) to project.

Projektil nt -s, -e (*form*) projectile.

Projektion f projection.

Projektions|ebene f plane of projection; **Projektionsfläche** f projection surface; **Projektionslampe** f projection lamp.

Projektleiter m project leader.

Projektor m projector.

projizieren* vt to project.

Proklamation f proclamation.

proklamieren* vt to proclaim.

Prokrustesbett nt Procrustean bed.

Prokura f -, **Prokuren** (*form*) procuration (*form*), power *or* letter of attorney. **jdm** ~ **erteilen** to grant sb procuration (*form*) *or* power *or* letter of attorney.

Prokurist(in f) m attorney, procurator (*old*).

Prolet m -en, -en (*pej*) prole (*pej*), pleb (*pej*).

Proletariat nt proletariat.

Proletarier [-iɐ] m -s, - proletarian. ~ **aller Länder, vereinigt euch!** workers of the world, unite!

proletarisch adj proletarian.

proletarisieren* vt to proletarianize.

proletenhaft adj (*pej*) plebeian (*pej*), plebby (*pej inf*).

Prolog m -(e)s, -e prologue.

prolongieren* [prolɔŋˈgiːrən] vt to prolong, to extend.

Promenade f (*old: Spaziergang*) promenade, constitutional (*old, hum*); (*Spazierweg*) promenade

Promenadendeck nt promenade deck; **Promenadenkonzert** nt promenade concert; **Promenadenmischung** f (*hum*) mongrel, cross-breed.

promenieren* vi aux sein (*geh*) to promenade.

Promethium nt, no pl (*abbr* **Pm**) promethium.

Promille nt -(s), - thousandth (part); (*inf*: *Alkoholspiegel*) alcohol level. **er hat zuviel** ~ (**im Blut**) he has too much alcohol in his blood, his alcohol level is too high; **0,8** ~ 80 millilitres alcohol level.

Promillegrenze f legal (alcohol) limit.

prominent *adj* prominent.
Prominente(r) *mf decl as adj* prominent figure, VIP.
Prominenten- *in cpds* posh; **Prominentensuite** *f* VIP suite.
Prominenz *f* VIP's *pl*, prominent figures *pl*.
Promiskuität [promɪskuiˈtɛːt] *f* promiscuity.
Promotion *f* (*Univ*) doctorate, PhD. **während seiner** ~ while he was doing his doctorate *or* PhD; **nach seiner** ~ after he got his PhD.
promovieren* [promoˈviːrən] **I** *vi* to do a doctorate *or* a doctor's degree *or* a PhD (*über* +*acc* in); (*Doktorwürde erhalten*) to receive a doctorate *etc*. **II** *vt* to confer a doctorate *or* the degree of doctor on.
prompt I *adj* prompt. **II** *adv* promptly; (*natürlich*) naturally, of course.
Promptheit *f* promptness, promptitude.
Pronomen *nt* **-s, -** *or* **Pronomina** pronoun.
pronominal *adj* pronominal.
Pronominal|adjektiv *nt* pronominal adjective; **Pronominal|adverb** *nt* pronominal adverb.
prononciert [pronõˈsiːɐt] *adj* (*geh*) (*deutlich*) distinct, clear; (*nachdrücklich*) definite.
Propädeutik *f* preparatory course.
propädeutisch *adj* preparatory.
Propaganda *f* -, *no pl* propaganda; (*dated: Werbung*) publicity. ~ **für etw machen** *or* **treiben** to make propaganda for sth; ~ **mit etw machen** to make propaganda out of sth; **das ist (doch) alles nur** ~ that's just (so much) propaganda.
Propaganda|apparat *m* propaganda machine; **Propagandafeldzug** *m* propaganda campaign; (*Werbefeldzug*) publicity campaign; **propagandawirksam** *adj* effective *or* good propaganda *pred*.
Propagandist(in *f*) *m* **1.** propagandist. **2.** (*Comm*) demonstrator.
propagandistisch *adj* propagandist(ic). **etw** ~ **ausnutzen** to use sth as propaganda.
propagieren* *vt* to propagate.
Propan *nt* **-s,** *no pl* propane.
Propangas *nt* propane gas.
Propeller *m* **-s, -** (*Luftschraube*) propeller, prop (*inf*), airscrew; (*Schiffsschraube*) propeller, screw.
Propeller|antrieb *m* propeller-drive; **ein Flugzeug mit** ~ a propeller-driven plane; **Propellerflugzeug** *nt*, propeller-driven plane; **Propellerturbine** *f* turboprop.
proper *adj* (*inf*) trim, neat, (clean and) tidy.
Prophet(in *f*) *m* **-en, -en** prophet.
Prophetie [profeˈtiː] *f* prophecy.
Prophetin *f* prophetess.
prophetisch *adj* prophetic.
prophezeien* *vt* to prophesy; (*vorhersagen auch*) to predict, to foretell. **das kann ich dir** ~! I can promise you that!
Prophezeiung *f* prophecy.
Prophylaktikum *nt* **-s,** **Prophylaktika** (*Med*) prophylactic; (*Präservativ*) contraceptive.
prophylaktisch *adj* prophylactic (*form*), preventive.
Prophylaxe *f* -, **-n** prophylaxis.

Proportion *f* proportion. **das Bild ist in den** ~**en falsch** the proportions are wrong in the picture.
proportional [proportsioˈnaːl] *adj* proportional, proportionate. **die Steuern steigen** ~ **zum Einkommen** taxes increase in proportion to *or* proportionally to income; **umgekehrt** ~ (*Math*) in inverse proportion.
proportioniert [proportsioˈniːɐt] *adj* proportioned.
Proporz *m* **-es, -e** proportional representation *no art*.
proppe(n)voll *adj* (*inf*) jam-packed (*inf*).
Propst *m* **-(e)s, ¨e** provost.
Prorektor *m* (*old Sch*) deputy rector; (*Univ*) deputy vice-chancellor.
Prosa *f* -, *no pl* prose; (*fig*) prosaicness.
Prosadichtung *f* prose writing.
Prosaiker [proˈzaːikɐ] *m* **-s, -** (*fig: nüchterner Mensch*) prosaic person.
prosaisch [proˈzaːɪʃ] *adj* **1.** (*nüchtern*) prosaic. **2.** (*Liter*) prose *attr*, prosaic (*form*).
Proselyt *m* **-en, -en** (*liter*) proselyte. ~**en machen** to proselytize.
Proseminar *nt* an introductory seminar course for students in their first and second year.
prosit *interj* your health. ~ **Neujahr!** (here's to) the New Year!
Prosit *nt* **-s, -s** toast. **ein** ~ **der Köchin!** here's to the cook!; **auf jdn ein** ~ **ausbringen** to toast sb, to drink to sb, to drink sb's health.
Prosodie *f* prosody.
prosodisch *adj* prosodic.
Prospekt [proˈspɛkt] *m* **-(e)s, -e** **1.** (*Reklameschrift*) brochure, pamphlet (*gen* about); (*Werbezettel*) leaflet (*Verzeichnis*) catalogue. **2.** (*Ansicht*) view, prospect (*old*). **3.** (*Theat*) back-drop, backcloth.
prospektieren* [prospɛkˈtiːrən] *vt* to prospect (in).
prospektiv [prospɛkˈtiːf] *adj* prospective.
prosperieren* [prospeˈriːrən] *vi* (*geh*) to prosper.
Prosperität [prosperiˈtɛːt] *f* (*geh*) prosperity.
prost *interj* cheers, cheerio; (*hum: beim Niesen*) bless you. **na denn** ~! cheers then!, bottoms up! (*hum*).
Prostata *f* -, *no pl* prostate gland; (*inf: Prostataleiden*) prostate.
prosten *vi* to say cheers.
prostituieren* [prostituˈiːrən] **I** *vr* (*lit, fig*) to prostitute oneself. **II** *vt* (*old*) to prostitute.
Prostituierte [prostituˈiːɐtə] *f* **-n, -n** prostitute.
Prostitution [prostituˈtsioːn] *f* prostitution.
Proszenium *nt* proscenium.
Proszeniumsloge *f* proscenium *or* stage box.
Protactinium *nt, no pl* (*abbr* **Pa**) protactinium.
Protagonist *m* (*lit, fig*) protagonist.
Protegé [proteˈʒeː] *m* **-s, -s** protégé.
protegieren* [proteˈʒiːrən] *vt* **Schriftsteller, Projekt** to sponsor. **er wird vom Chef protegiert** he's the boss's protégé.

Protein nt **-s, -e** protein.

Protektion f (Schutz) protection; (Begünstigung) patronage. **unter jds ~** (dat) **stehen** (Schutz) to be under sb's protection; (Begünstigung) to be under sb's patronage.

Protektionismus [protɛktsio'nɪsmʊs] m **1.** (Econ) protectionism. **2.** (Günstlingswirtschaft) nepotism.

Protektor m (old: Beschützer) protector; (Schirmherr) patron.

Protektorat nt (Schirmherrschaft) patronage; (Schutzgebiet) protectorate.

Protest m **-(e)s, -e 1.** protest. **(scharfen) ~ gegen jdn/etw erheben** to make a (strong) protest against sb/sth; **etw aus ~ tun** to do sth in protest or as a protest; **unter ~** protesting; (gezwungen) under protest.
2. (Fin) **einen Wechsel zu ~ gehen lassen** to protest a bill.

Protest|aktion f protest.

Protestant(in f) m Protestant.

protestantisch adj Protestant.

Protestantismus m Protestantism.

Protestbewegung f protest movement; **Protestdemonstration** f (protest) demonstration, demo (inf).

protestieren* **I** vi to protest (gegen against, about). **II** vt (Fin) to protest.

Protestkundgebung f (protest) rally.

Protestler(in f) m **-s, -** (inf) protester.

Protestmarsch m protest march; **Protestnote** f (Pol) letter of protest; **Protestsänger** m protest singer; **Protestsong** m protest song; **Proteststurm** m storm of protest; **Protestwelle** f wave of protest.

Prothese f **-, -n 1.** artificial limb/joint, prosthesis (Med, form); (Gebiß) set of dentures. **2.** (Ling) prothesis.

Prothesenträger(in f) m **1.** person with an artificial limb. **er ist ~** he has an artificial limb. **2.** (Gebiß) denture-wearer.

Protokoll nt **-s, -e 1.** (Niederschrift) record; (Bericht) report; (von Sitzung) minutes pl; (bei Polizei) statement; (bei Gericht) transcript. **das ~ aufnehmen** to take sth down; (bei Sitzung) to take (down) the minutes; (bei Polizei) to take (down) sb's statement; (bei Gericht) to keep a record of the proceedings, to make a transcript of the proceedings; **(das) ~ führen** (bei Sitzung) to take or keep the minutes; (bei Gericht) to keep a record of or make a transcript of the proceedings; (beim Unterricht) to write a report; **etw zu ~ geben** to have sth put on record; (bei Polizei) to say sth in one's statement; **etw zu ~ nehmen** to take sth down, to record sth.
2. (diplomatisch) protocol.
3. (Strafzettel) ticket.

Protokollant(in f) m secretary; (Jur) clerk (of the court).

protokollarisch adj **1.** (protokolliert) on record; (in Sitzung) minuted.
2. (zeremoniell) **~e Vorschriften** rules of protocol; **~ ist das so geregelt, daß ...** protocol requires that ...

Protokollchef m head of protocol; **Protokollführer** m siehe **Protokollant(in)**.

protokollieren* **I** vi (bei Sitzung) to take the minutes (down); (bei Polizei) to take

a/the statement down; (in der Schule) to write notes. **II** vt to take down; Sitzung to minute; Bemerkung auch to put or enter in the minutes; Stunde to write up.

Proton nt **-s, Protonen** proton.

Proto- in cpds proto-; **Protoplasma** nt protoplasm; **Prototyp** m (Erstanfertigung) prototype; (Inbegriff auch) archetype.

Protz m **-es** or **-en, -e(n)** (inf) swank (inf).

protzen vi (inf) to show off. **mit etw ~** to show sth off.

Protzerei f (inf) showing off, swanking (inf).

protzig adj (inf) swanky (inf), showy (inf).

Protzigkeit f (inf) swankiness (inf), showiness (inf).

Provenienz [prove'niɛnts] f (geh) provenance.

Proviant [pro'viant] m **-s,** (rare) **-e** provisions pl, supplies pl (esp Mil); (Reise~) food for the journey. **sich mit ~ versehen** to lay in provisions/to buy food for the journey.

Proviantlager nt supply camp.

Provinz [pro'vɪnts] f **-, -en** province; (im Gegensatz zur Stadt) provinces pl (auch pej), country. **das ist finsterste** or **hinterste ~** (pej) it's so provincial, it's a cultural backwater.

Provinz- in cpds provincial; **Provinzbewohner** m provincial.

provinziell [provɪn'tsiel] adj provincial (auch pej).

Provinzler(in f) [pro'vɪntslɐ, -ərɪn] m **-s, -** (pej) provincial.

provinzlerisch adj (pej) provincial.

Provision [provi'zio:n] f commission.

Provisionsbasis f commission basis. **auf ~ arbeiten** to work on a commission basis.

Provisor [pro'vi:zɔr] m (old) manager of a chemist's shop.

provisorisch [provi'zo:rɪʃ] adj provisional, temporary. **~e Regierung** caretaker or provisional government; **das ist alles noch sehr ~ in unserem Haus** things are still very makeshift in our house; **Straßen mit ~em Belag** roads with a temporary surface; **ich habe den Stuhl ~ repariert** I've fixed the chair up for the time being.

Provisorium [provi'zo:rium] nt stop-gap, temporary or provisional arrangement.

provokant [provo'kant] adj provocative, provoking.

Provokateur [provoka'tø:ɐ] m troublemaker; (Pol auch) agitator, agent provocateur.

Provokation [provoka'tsio:n] f provocation.

provokativ, provokatorisch [provoka-] adj provocative, provoking.

provozieren* [provo'tsi:rən] vti to provoke.

Prozedur f **1.** (Vorgang) procedure. **ein Auto zu bauen ist eine lange ~** making a car is a lengthy procedure or business.
2. (pej) carry-on (inf), palaver (inf). **die ~ beim Zahnarzt** the ordeal at the dentist's.

Prozent nt **-(e)s, -e** or (nach Zahlenangaben) **-** per cent no pl. **~e** percentage; **fünf ~** five per cent; **wieviel ~?** what percentage?; **zu zehn ~** at ten per cent; **zu hohen**

~en at a high percentage; etw in ~en ausdrücken to express sth as a percentage *or*
in per cent; dieser Whisky hat 35 ~
(Alkoholgehalt) this whisky contains 35
per cent alcohol; ~e (in einem Geschäft)
bekommen to get a discount (in a shop).
Prozentbasis *f* percentage *or* (*von*
Vertreter auch) commission basis. auf ~
arbeiten to work on a commission basis.
Prozentrechnung *f* percentage calculation; **Prozentsatz** *m* percentage; (*Zins*)
rate of interest, interest rate.
prozentual *adj* percentage *attr*. ~er Anteil
percentage; etw ausdrücken/rechnen to
express/calculate sth as a percentage *or* in
percentages; ~ gut abschneiden to get a
good percentage; die Beteiligung war ~
sehr hoch that's a very high percentage.
prozentuell *adj* (*esp Aus*) *siehe* **prozentual.**
Prozeß *m* -sses, -sse 1. (*Straf~*) trial;
(*Rechtsfall*) (court) case. einen ~
gewinnen/verlieren to win/lose a case;
gegen jdn einen ~ anstrengen to take *or*
institute legal proceedings against sb, to
bring an action against sb; es ist sehr
teuer, einen ~ zu führen going to court *or*
taking legal action is very expensive; es
zum ~ kommen lassen to go to court; es
kann zum ~ kommen it might come to a
court case; jdm den ~ machen (*inf*) to
take sb to court; mit jdm/etw kurzen ~
machen (*fig inf*) to make short work of sb/
sth (*inf*).
2. (*Vorgang*) process.
Prozeß|akten *pl* case files *pl*; **prozeßfähig**
adj able *or* entitled to take legal action;
Prozeßfähigkeit *f* ability *or* entitlement
to take legal action; **prozeßführend** *adj*
~e Partei litigant; **Prozeßführung** *f*
handling of a case; **Prozeßhansel** *m*
(*inf*) someone who is always going to law.
prozessieren* *vi* to go to court. sie haben
jahrelang gegen mich prozessiert they've
been bringing an action against me for
years, they've had a case going on against
me for years.
Prozession *f* procession.
Prozeßkosten *pl* legal costs *pl*; er mußte die
~ tragen he had to pay costs; **Prozeß-
|ordnung** *f* code *or* rules of procedure,
legal procedure; **Prozeßrecht** *nt* pro-
cedural law; **prozeß|unfähig** *adj* not
entitled to take legal action; **Prozeß-
|unfähigkeit** *f* inability to take legal
action; **Prozeßvollmacht** *f*, *no pl* power
of attorney (*for a lawsuit*); (*Formular*)
letter of attorney.
prüde *adj* prudish.
Prüderie *f* prudishness, prudery.
prüfen I *vt* 1. (*auch vi*) (*Sch, Univ*) jdn to
examine; *Kenntnisse auch* to test. jdn in
etw (*dat*) ~ to examine sb in sth; morgen
wird in Englisch geprüft the English
exams are tomorrow; schriftlich geprüft
werden to have a written examination; ein
staatlich geprüfter Dolmetscher a qualified interpreter.
2. (*überprüfen*) to check (*auf* + *acc* for);
(*untersuchen*) to examine, to check;
(*durch Ausprobieren*) to test; (*auf die
Probe stellen*) to test; *Alibi* to check (out),

to check up on; *Geschäftsbücher* to audit,
to check, to examine; *Lebensmittel, Wein*
to inspect, to test. es wird geprüft, ob alle
anwesend sind they check *or* there's a
check to see if everyone is present; den
Wein auf sein Aroma ~ to sniff *or* test the
bouquet of the wine; Metall auf den Anteil
an Fremdstoffen ~ to check the level of
impurities in metal; wir werden die
Beschwerde ~ we'll look into *or* investigate the complaint; sie wollte ihn nur ~
she only wanted to test him; drum prüfe,
wer sich ewig bindet (*prov*) marry in
haste, repent at leisure (*Prov*).
3. (*erwägen*) to consider. etw nochmals
~ to reconsider *or* review sth.
4. (*mustern*) to scrutinize. ein ~der
Blick a searching look.
5. (*heimsuchen*) to try, to afflict. ein
schwer geprüfter Vater a sorely tried *or*
much afflicted father.
II *vr* (*geh*) to search one's heart. du
mußt dich selber ~, ob ... you must decide
for yourself *or* you must enquire of yourself (*liter*) whether ...
Prüfer(in *f*) *m* -s, - examiner; (*Wirtschafts~*)
inspector.
Prüfgerät *nt* testing apparatus *or* equipment.
Prüfling *m* examinee, (examination) candidate.
Prüfstand *m* test bed; (*Space*) test stand;
Prüfstein *m* (*fig*) touchstone (*für* of *or*
for), measure (*für* of).
Prüfung *f* 1. (*Sch, Univ*) exam, examination. eine ~ machen to take *or* do an
exam.
2. (*Überprüfung*) check, checking *no
indef art*; (*Untersuchung*) examination,
checking *no indef art*; (*durch
Ausprobieren*) test, testing *no indef art*;
(*von Geschäftsbüchern*) audit, examination, checking *no indef art*; (*von Lebensmitteln, Wein*) inspection, testing *no
indef art*. eine gründliche ~ einer
Maschine vornehmen to check *or* examine
or test a machine a thorough check *or*
examination *or* test; bei nochmaliger ~ der Rechnung
on re-checking the account; er führt
(Wirtschafts)~en bei Firmen durch he
audits firms' books; nach/bei ~ Ihrer
Beschwerde/dieser Sache ... after/on looking into *or* investigating your complaint/
the matter.
3. (*Erwägung*) consideration. die ~
seiner Entscheidung the reconsideration
of one's decision.
4. (*Heimsuchung*) test, trial.
Prüfungs|angst *f* exam nerves *pl*; **Prü-
fungs|arbeit** *f* dissertation; **Prüfungs-
|aufgabe** *f* exam(ination) question;
Prüfungsgebühr *f* examination fee;
Prüfungskommission *f* board of exam-
iners, examining board; (*bei Sachen*)
board of inspectors; **Prüfungsordnung**
f exam(ination) regulations *pl*; **Prüfungs-
termin** *m* (*Sch, Univ*) date of examination *or* test; (*Jur*) meeting of creditors;
Prüfungs|unterlagen *pl* exam(ination)
papers *pl*; **Prüfungszeugnis** *nt* exam-
(ination) certificate.

Prüfverfahren *nt* test procedure.
Prügel *m* **-s, -** 1. (*inf*) club, cudgel. 2. *pl* beating, thrashing. ~ **bekommen** *or* **beziehen** (*lit, fig*) to get a beating *or* thrashing.
Prügelei *f* (*inf*) fight, punch-up (*Brit inf*).
Prügelknabe *m* (*fig*) whipping boy.
prügeln *vti* to beat. **unser Lehrer prügelt grundsätzlich nicht** our teacher doesn't use corporal punishment on principle.
II *vr* to fight. **sich mit jdm ~** to fight sb; **sich um etw** (*acc*) **~** to fight over *or* for sth.
Prügelstrafe *f* corporal punishment; **Prügelszene** *f* fight; (*Theat*) fight scene.
Prunk *m* **-s,** *no pl* (*Pracht*) splendour, magnificence, resplendence; (*von Saal, Rokoko auch*) sumptuousness; (*von Stadt, Gebäude auch*) grandeur; (*von höfischer Zeremonie auch*) pomp and circumstance, pageantry. **Ludwig XIV liebte ~** Louis XIV had a passion for grandeur; **der ~ im Saal** the splendour *or* magnificence *or* resplendence of the hall; **großen ~ entfalten** to put on a show of great splendour.
Prunk- *in cpds* magnificent, resplendent.
prunken *vi* to be resplendent. **mit etw ~** to flaunt sth, to make a great show of sth.
Prunkgemach *nt* state apartment; **prunklos** *adj* unostentatious, modest; **Prunksaal** *m* sumptuous *or* palatial room; **Prunkstück** *nt* showpiece; **Prunksucht** *f* great love of splendour, passion for the grand scale; **prunksüchtig** *adj* ~ **sein** to have a craving for splendour *etc*; **prunkvoll** *adj* splendid, magnificent.
prusten *vi* (*inf*) to snort. **sie prustete laut vor Lachen** she gave a loud snort (of laughter).
PS [peː'|ɛs] *nt* **-** *abbr of* 1. **Pferdestärke** hp. 2. **Postskript(um)** PS.
Psalm *m* **-s, -en** psalm.
Psalmist *m* psalmist.
Psalter *m* **-s, -** 1. (*Eccl*) psalter. 2. (*Mus*) psaltery.
pseudo- *in cpds* pseudo.
Pseudonym *nt* **-s, -e** pseudonym; (*eines Schriftstellers auch*) nom de plume, pen-name.
pst *interj* pst; (*ruhig*) sh, hush.
Psyche *f* **-, -n** psyche; (*Myth*) Psyche.
psychedelisch *adj* psychedelic.
Psychiater *m* **-s, -** psychiatrist.
Psychiatrie *f* psychiatry.
psychiatrisch *adj* psychiatric.
psychisch *adj* **Belastung, Auswirkungen, Defekt** emotional, psychological; **Phänomen, Erscheinung** psychic; **Vorgänge** psychological. **~e Erkrankung** mental illness; **eine ~ bedingte Krankheit** a psychologically determined illness; **~ gestört** emotionally *or* psychologically disturbed; **jdn ~ beanspruchen** to make emotional *or* psychological demands on sb; **er ist ~ völlig am Ende** his nerves can't take any more.
Psycho- *in cpds* psycho-; **Psycho|analyse** *f* psychoanalysis; **Psycho|analytiker** *m* psychoanalyst; **psycho|analytisch** *adj* psychoanalytic(al); **jdn ~ behandeln** to psychoanalyze sb; **Psychodiagnostik** *f*

psychodiagnostics *sing*; **psychogen** *adj* psychogenic; **Psychogramm** *nt* **-s, -e** profile (*auch fig*), psychograph; **Psychologe** *m* psychologist; **Psychologie** *f* psychology; **psychologisch** *adj* psychological; **~e Kriegsführung** psychological warfare; **psychologisieren*** *vt* to psychologize; **Psychoneurose** *f* psychoneurosis; **Psychopath** *m* **-en, -en** psychopath; **Psychopathie** *f* psychopathy; **psychopathisch** *adj* psychopathic; **Psychopharmakon** *nt* **-s, -pharmaka** *usu pl* psychiatric drug.
Psychose *f* **-, -n** psychosis.
Psychosomatik *f* psychosomatics *sing*; **psychosomatisch** *adj* psychosomatic; **Psychotherapeut** *m* psychotherapist; **psychotherapeutisch** *adj* psychotherapeutic; **Psychotherapie** *f* psychotherapy.
Psychotiker(in *f*) *m* **-s, -** psychotic.
psychotisch *adj* psychotic.
pubertär *adj* of puberty, adolescent. ~ **bedingte Störungen** disorders caused by puberty, adolescent disorders.
Pubertät *f* puberty. **er steckt mitten in der ~** he's going through his adolescence.
Pubertäts|alter *nt* age of puberty; **im ~** at the age of puberty; **Pubertätszeit** *f* puberty (period).
pubertieren* *vi* to reach puberty. **~d** pubescent.
Publicity [pʌ'blɪsɪtɪ] *f* **-,** *no pl* publicity.
publicityscheu *adj* **er ist ~** he shuns publicity.
publik *adj pred* public. **~ werden** to become public knowledge; **die Sache ist längst ~** that's long been common knowledge.
Publikation *f* publication.
Publikum *nt* **-s,** *no pl* public; (*Zuschauer, Zuhörer*) audience; (*Sport*) crowd. **er muß ja immer ein ~ haben** (*fig*) he always has to have an audience; **das ~ in dem Lokal ist sehr gemischt** you get a very mixed group of people using this pub, the customers in this pub are very mixed; **in diesem Lokal verkehrt ein sehr schlechtes ~** this pub attracts a very bad type of customer *or* a very bad clientele; **sein ~ finden** to find a public.
Publikums|erfolg *m* success with the public, popular success; **Publikumsgeschmack** *m* public *or* popular taste; **Publikums|interesse** *nt* interest of the public; **Publikumsliebling** *m* darling of the public; **Publikumsverkehr** *m* ~ **im Rathaus ist von 8 bis 12 Uhr** the town hall is open to the public from 8 till 12 o'clock; **"heute kein ~"** "closed today for public business"; **publikumswirksam** *adj* ~ **sein** to have public appeal; **ein Stück ~ inszenieren** to produce a play in a popular way *or* with a view to public appeal.
publizieren* *vti* to publish. **er hat in verschiedenen Fachzeitschriften publiziert** he's had things *or* work published *or* he has been published in various journals.
Publizist(in *f*) *m* publicist; (*Journalist*) journalist.
Publizistik *f* journalism.
publizistisch *adj* journalistic. **sich ~ betätigen** to write for newspapers.

Publizität f publicity.

Puck m **-s, -s** puck.

puckern vi (inf) to throb. **es puckert im Zahn** my tooth's throbbing.

Pudding m **-s, -s** thick custard-based dessert often flavoured with vanilla, chocolate etc ≃ blancmange. **kalt gerührter** ~ instant whip.

Puddingpulver nt custard powder.

Pudel m **-s, -**. 1. (Hund) poodle. **das ist des ~s Kern** (fig) that's what it's really all about. 2. (inf: Fehlwurf beim Kegeln) miss.

Pudelmütze f bobble cap or hat, pom-pom hat (inf); **pudelnackt** adj (inf) stark-naked, starkers pred (inf); **pudelnaß** adj dripping or soaking wet, drenched; **pudelwohl** adj (inf) **sich** ~ **fühlen** to feel completely contented.

Puder m or (inf) nt **-s, -** powder.

Puderdose f powder tin; (für Gesichtspuder) compact.

puderig adj powdery.

pudern I vt to powder. **sich** (dat) **das Gesicht** ~ to powder one's face. II vr (Puder auftragen) to powder oneself; (Puder benutzen) to use powder. **ich muß mich noch** ~ I still have to powder my nose or face.

Puderquaste f powder puff; **Puderzucker** m icing sugar.

pueril [pue'ri:l] adj (geh) puerile; (knabenhaft) boyish.

Puertoricaner(in f) [puɛrtori'ka:nɐ, -ərɪn] m **-s, -** Puerto Rican.

Puerto Rico [pu'ɛrto'ri:ko] nt **- -s** Puerto Rico.

puff interj bang.

Puff[1] m **-(e)s, -e** 1. (Stoß) thump, blow; (in die Seite) prod, dig; (vertraulich) nudge. **einen** ~ or **einige** ~e **aushalten können** (fig) to be thick-skinned. 2. (Geräusch) bang.

Puff[2] m **-(e)s, -e** 1. (Wäsche~) linen basket. 2. (Sitz~) pouf(fe).

Puff[3] m or nt **-s, -s** (inf) brothel, whorehouse (sl), cathouse (esp US inf).

Puff|ärmel m puff(ed) sleeve.

puffen I vt 1. (schlagen) to thump, to hit; (in die Seite) to prod, to dig; (vertraulich stoßen) to nudge. 2. Rauch to puff. 3. Ärmel to puff. II vi (inf: puff machen) to go bang; (leise) to go phut (inf); (Rauch, Abgase) to puff.

Puffer m **-s, -** (Rail) buffer.

Pufferstaat m buffer state; **Pufferzone** f buffer zone.

Puffmais m popcorn; **Puffmutter** f (inf) madam(e), bawd; **Puffreis** m puffed rice.

puh interj (Abscheu) ugh; (Erleichterung) phew.

pulen (N Ger) I vi to pick. **in der Nase** ~ to pick one's nose; **an einem Loch** ~ to pick (at) a hole. II vt Krabben to shell; Erbsen auch to pod.

Pulk m **-s, -s** or (rare) **-e** 1. (Mil) group. 2. (Menge) (von Menschen) group, bunch; (von Dingen) pile.

Pulle f **-, -n** (inf) bottle. **eine** ~ **Schnaps** a bottle of schnapps; **volle** ~ **fahren** (sl) to drive flat out (inf) or full pelt (inf).

pullen vi (Naut) to row.

pulle(r)n vi (dial) to pee (inf).

Pulli m **-s, -s** (inf), **Pullover** [pu'lo:vɐ] m **-s, -** jumper (Brit), pullover, sweater, jersey.

Pullunder m **-s, -** tank top, slipover.

Puls m **-es, -e** (lit, fig) pulse. **sein** ~ **geht** or **schlägt regelmäßig** his pulse is regular; **jdm den** ~ **fühlen** to feel or take sb's pulse; **sein Ohr am** ~ **der Zeit haben** to have one's finger on the pulse of the time(s).

Puls|ader f artery. **sich** (dat) **die** ~ **aufschneiden** to slash one's wrists.

pulsen vi (liter) to pulse, to pulsate, to throb.

pulsieren* vi (lit, fig) to pulsate, to throb.

Pulsschlag m pulse-beat; (fig) pulse; (das Pulsieren) throbbing, pulsing, pulsation; **in Schwabing spürte sie den** ~ **der Großstadt** in Schwabing she felt the throbbing or puls(at)ing of the city; **den** ~ **der Zeit spüren** to feel life pulsing around one; **Pulswärmer** m **-s, -** wristlet; **Pulszahl** f pulse count.

Pult nt **-(e)s, -e** desk; (Computers) console.

Pulver ['pʊlfɐ, -lvɐ] nt **-s, -** powder; (Schieß~) gunpowder, powder; (sl: Geld) dough (sl). **er hat das** ~ **nicht erfunden** (fig) he'll never set the Thames on fire (prov); **sein** ~ **verschossen haben** (fig) to have shot one's bolt.

Pulverdampf m gunsmoke, gunpowder smoke; **Pulverfaß** nt barrel of gunpowder, powder barrel or keg; (fig) powder keg, volcano; **(wie) auf einem** ~ **sitzen** (fig) to be sitting on (top of) a volcano; **Nordirland gleicht einem** ~ Northern Ireland is like a powder keg; **pulverfein** adj finely ground.

pulv(e)rig ['pʊlf(ə)rɪç, -lv(ə)rɪç] adj powdery no adv.

Pulverisator [pʊlveri'za:tɔr] m pulverizer.

pulverisieren* [pʊlveri'zi:rən] vt to pulverize, to powder.

Pulverkaffee m (inf) instant coffee; **Pulverkammer** f (Hist), **Pulvermagazin** nt magazine; **Pulvermühle** f (Hist) gunpowder factory.

pulvern ['pʊlfɐn] I vt to pulverize, to powder. **zu Silvester werden Millionenbeträge in die Luft gepulvert** on New Year's Eve vast sums of money go up in smoke. II vi (inf) to shoot.

Pulverschnee m powder snow; **Pulverturm** m (Hist) magazine.

Puma m **-s, -s** puma.

Pummel m **-s, -** (inf), **Pummelchen** nt (inf) dumpling (inf), pudding (inf), roly-poly (inf).

pumm(e)lig adj (inf) chubby, plump.

Pump m **-(e)s, no pl** (inf) credit, tick (inf). **etw auf** ~ **kaufen** to buy sth on credit or on tick; **auf** ~ **leben** to live on credit or tick.

Pumpe f **-, -n** 1. pump. 2. (inf: Herz) ticker (inf).

pumpen vti 1. to pump. 2. (inf: entleihen) to borrow; (verleihen) to lend, to loan. **(sich** dat) **Geld bei jdm** ~ to borrow money from or off (inf) sb; **er pumpt in den Geschäften** he gets things from the shops on credit or tick (inf).

Pumpenschwengel m pump handle.

pumpern vi (S Ger, Aus inf) to thump, to hammer.

Pumpernickel *m* **-s, -** pumpernickel.

Pumphose *f* baggy breeches *pl*, knicker-bockers *pl*.

Pumps [pœmps] *m* **-, -** (*dated*) pump.

Pumpstation *f* pumping station.

puncto *prep* +*gen*: **in ~ X** where X *or* in so far as X is concerned.

Punier(in *f*) ['puːniɐ, -iərɪn] *m* **-s, -** Phoenician.

punisch *adj* Punic.

Punk [paŋk] *m* **-s,** *no pl* punk.

Punker(in *f*) ['paŋkɐ,-ərɪn] *m* **-s, -** punk.

Punkrock ['paŋk,rɔk] *m* **-s,** *no pl* punk rock.

Punkt *m* **-(e)s, -e 1.** (*Tupfen*) spot, dot. **grüne ~e in den Augen** green flecks in one's eyes; **das Schiff war nur noch ein kleiner ~ in der Ferne** the ship was only a small speck *or* dot *or* spot in the distance. **2.** (*Satzzeichen*) full stop, period (*esp US*); (*Typ*) point; (*auf dem i, Mus, Auslassungszeichen, von ~linie*) dot. **einen ~ setzen** *or* **machen** to put a full stop; **der Satz endet mit drei ~en** the sentence ends with a row of dots *or* with suspension points; **nun mach aber mal einen ~!** (*inf*) come off it! (*inf*); **einen ~ hinter eine Angelegenheit setzen** to make an end to a matter; **ohne ~ und Komma reden** (*inf*) to talk nineteen to the dozen (*inf*), to rattle on and on (*inf*); **und sagte, ~, ~, ~** and said dot, dot, dot. **3.** (*Stelle*) point. **zwischen den ~en A und B** between (the) points A and B; **~ 12 Uhr** at 12 o'clock on the dot; **wir sind auf** *or* **an dem ~ angelangt, wo ...** we have reached the stage *or* point where ...; **ein dunkler ~** (*fig*) a dark chapter; **bis zu einem gewissen ~** up to a certain point. **4.** (*Bewertungseinheit*) point, mark; (*bei Prüfung*) mark. **nach ~en siegen/ führen** to win/lead on points. **5.** (*bei Diskussion, von Vertrag etc*) point. **in diesem ~** on this point; **etw ~ für ~ widerlegen** to disprove sth point by point; **etw in allen ~en widerlegen** to refute sth in every respect; **der strittige ~** the disputed point, the area of dispute; **sein Aufsatz ist in vielen ~en anfechtbar** many points in his essay are disputable.

Punktball *m* punchball, punchbag.

Pünktchen *nt* little dot *or* spot. **drei ~** three dots; **da fehlt aber auch nicht das ~ auf dem i!** (*fig*) it's got every i dotted and every t crossed.

Punktfeuer *nt* (*Mil*) precision fire; **punktgleich** *adj* (*Sport*) level; **die beiden Mannschaften liegen ~** the two teams are lying level (on points) *or* are level pegging; **Punktgleichheit** *f* (*Sport*) level score; **bei ~** if the scores are level.

punktieren* *vt* **1.** (*Med*) to aspirate. **2.** (*mit Punkten versehen*) to dot; *Fläche auch* to stipple. **einen Umriß ~** to dot in an outline; **punktierte Linie** dotted line.

Punktion *f* (*Med*) aspiration.

pünktlich I *adj* **1.** punctual. **2.** (*genau*) exact, precise, meticulous.

II *adv* **1.** on time. **er kam ~ um 3 Uhr** he came punctually at 3 o'clock *or* at 3 o'clock sharp; **der Zug kommt immer sehr ~** the train is always dead on time *or* very

punctual; **~ dasein** to be there on time; **es wird ~ erledigt** it will be promptly dealt with; (*rechtzeitig*) it will be dealt with on time. **2.** (*genau*) precisely, meticulously.

Pünktlichkeit *f* *siehe adj* **1.** punctuality. **2.** exactness, precision, meticulousness.

Punktniederlage *f* defeat on points, points defeat; **Punktrichter** *m* judge; **Punktschrift** *f* Braille; **punktschweißen** *vti sep infin, ptp only* (*Tech*) to spot-weld; **Punktsieg** *m* win on points, points win; **Punktsieger** *m* winner on points; **Punktspiel** *nt* points game, game decided on points.

punktuell *adj* selective, dealing with certain points. **wir haben uns nur ~ mit diesem Thema befaßt** we only dealt with certain *or* selected points of this topic; **einige ~e Ergänzungen anbringen** to expand a few points; **die Kontrollen erfolgten nur ~** they only did spot checks.

Punktum *interj* and that's flat, and that's that. **Schluß, aus, ~!** and that's/that was the end of that!

Punktwertung *f* points system; **in der ~ liegt er vorne** he's leading on points; **Punktzahl** *f* score.

Punsch *m* **-es, -e** (hot) punch.

Punze *f* **-, -n 1.** (*Tech*) punch. **2.** (*Aus: Gütezeichen*) hallmark.

punzen *vt* **1.** (*Tech*) to punch. **2.** (*Aus*) *Gold* to hallmark.

Pup *m* **-(e)s, -e** *siehe* **Pups.**

pupen *vi siehe* **pupsen.**

Pupille *f* **-, -n** pupil.

Pupillen|erweiterung *f* dilation of the pupil; **Pupillenver|engung** *f* contraction of the pupil, miosis (*spec*).

Püppchen *nt* **1.** (*kleine Puppe*) little doll *or* dolly (*inf*). **2.** (*hübsches Mädchen*) little sweetie; (*Teenager*) dolly bird (*inf*). **ein süßes kleines ~** a sweet little thing.

Puppe *f* **-, -n 1.** (*Kinderspielzeug*) doll, dolly (*inf*); (*Marionette*) puppet, marionette; (*Schaufenster~, Übungs~*) dummy; (*inf: Mädchen*) doll (*inf*), bird (*esp Brit inf*); (*als Anrede*) baby (*inf*), doll (*esp US inf*). **die ~n tanzen lassen** (*inf*) to live it up (*inf*); **bis in die ~n schlafen** (*inf*) to sleep to all hours. **2.** (*Zool*) pupa.

Puppen- *in cpds* doll's; **Puppendoktor** *m* dolls' doctor; **Puppengesicht** *nt* baby-doll face; **Puppenhaus** *nt* doll's house, dollhouse (*US*); **Puppenspiel** *nt* puppet show; **Puppenspieler** *m* puppeteer; **Puppenstube** *f* doll's house, dollhouse (*US*); **Puppentheater** *nt* puppet theatre; **Puppenwagen** *m* doll's pram.

puppern *vi* (*dial*) *siehe* **pumpern.**

puppig *adj* cute.

Pups *m* **-es, -e** (*inf: Furz*) rude noise/smell.

pupsen *vi* (*inf*) to make a rude noise/smell.

pur *adj* (*rein*) pure; (*unverdünnt*) neat, straight; (*bloß, völlig*) sheer, pure. **~er Unsinn** absolute nonsense; **~er Wahnsinn** sheer *or* pure *or* absolute madness; **~er Zufall** sheer *or* mere coincidence; **Whisky ~** straight *or* neat whisky.

Püree *nt* **-s, -s** puree; (*Kartoffel~*) mashed *or* creamed potatoes *pl*.

Purgatorium nt purgatory.
Purismus m purism.
Purist(in f) m purist.
puristisch adj puristic.
Puritaner(in f) m **-s,** - Puritan.
puritanisch adj (Hist) Puritan; (pej) puritanical.
Puritanismus m Puritanism.
Purpur m **-s,** no pl crimson. **den ~ tragen** (fig) to wear the purple.
purpurfarben, purpurfarbig adj crimson; **der Morgenhimmel leuchtete** the morning sky shone a deep crimson; **Purpurmantel** m crimson or purple robe.
purpurn adj (liter) crimson.
purpurrot adj crimson (red).
Purzelbaum m somersault. **einen ~ machen** or **schlagen** or **schießen** to turn or do a somersault.
purzeln vi aux sein to tumble. **über etw** (acc) ~ to trip or fall over sth.
pusselig adj (inf) (Mensch pernickety (inf), finicky (inf), fussy; Arbeit fiddly (inf).
pusseln vi (inf) 1. to fuss. **sie pusselt den ganzen Tag im Haus** she fusses about the house all day. **2.** (herumbasteln) to fiddle about.
Puȿta f **-,** **Puȿten** puszta (plain in Hungary).
Puste f **-,** no pl (inf) puff (inf), breath. **außer ~ sein** to be puffed out (inf), to be out of puff (inf); **(ja)** ~**kuchen!** (inf) no chance!
Pusteblume f (inf) dandelion.
Pustel f **-,** **-n** (Pickel) spot, pimple; (Med) pustule.
pusten (inf) **I** vi (blasen) to puff, to blow; (keuchen) to puff (and pant).
II vt **1.** (blasen) to puff, to blow.
2. (inf rare) siehe **husten II.**
Pusterohr nt (inf) pea-shooter.
putativ adj (geh) putative.
Pute f **-,** **-n** turkey (hen). **dumme ~** (inf) silly goose (inf); **eingebildete ~** (inf) conceited or stuck-up little madam (inf).
Puter m **-s,** - turkey (cock).
puterrot adj scarlet, bright red. **~ werden** to go as red as a beetroot (inf), to go scarlet or bright red.
Putsch m **-(e)s,** **-e** coup (d'état), revolt, putsch.
putschen vi to rebel, to revolt. **in Südamerika wird permanent geputscht** they're always having coups or revolts in South America.
Putschist m rebel.
Putschversuch m attempted coup (d'état).
Putte f **-,** **-n** (Art) cherub.
putten vt to putt.
put put interj chick, chick, chick.
Putz m **-es,** no pl **1.** (dated: Kleidung) finery; (Besatz) frills and furbelows pl.
2. (Build) plaster; (Rauh~) roughcast. **eine Mauer mit ~ verkleiden** or **bewerfen** to plaster or roughcast a wall; **unter ~** under the plaster.
3. auf den ~ hauen (inf) (angeben) to show off; (ausgelassen feiern) to have a rave-up (inf); (meckern) to kick up a fuss (inf).
putzen I vt **1.** to clean; (scheuern auch) to scrub; (polieren auch) to polish; (wischen auch) to wipe; Gemüse to clean; Pferd to

brush down, to groom; Docht to trim. **die Schuhe ~** to clean or polish one's shoes; **Fenster ~** to clean the windows; **sich** (dat) **die Nase ~** to wipe one's nose; (sich schneuzen) to blow one's nose; **sich** (dat) **die Zähne ~** to clean or brush one's teeth; **einem Baby den Hintern/die Nase ~** to wipe a baby's bottom/ nose.
2. (dated: schmücken) to decorate.
3. Mauer to roughcast, to plaster.
II vr **1.** (sich säubern) to wash or clean oneself.
2. (dated: sich schmücken) to dress or do oneself up.
Putzerei f **1.** no pl (inf) cleaning. **hör doch endlich mal auf mit der** ~**!** will you stop all this damn cleaning! (inf). **2.** (Aus: Reinigung) dry cleaner's.
Putzfrau f cleaner, cleaning lady.
putzig adj (inf) (komisch) funny, comical, amusing; (niedlich) cute; (dial: merkwürdig) funny, strange, odd.
Putzlappen m cloth; **Putzleder** nt siehe **Fensterleder**; **Putzmacherin** f (dated) milliner; **Putzmittel** nt (zum Scheuern) cleanser, cleansing agent; (zum Polieren) polish; **~ pl** cleaning things pl; **putzmunter** adj (inf) full of beans (inf); **Putzschere** f wick trimmer; **Putzsucht** f (dated) obsession with dressing up; **putzsüchtig** adj (dated) excessively fond of dressing up; **Putztag** m cleaning day; **Putzteufel** m (inf: Frau) maniac for housework; **sie ist ein richtiger ~** she's excessively house-proud; **Putztuch** nt (Staubtuch) duster; (Wischlappen) cloth; **Putzwolle** f wire or steel wool; **Putzzeug** nt cleaning things pl.
puzzeln [pazln] vi to do a jigsaw (puzzle).
Puzzle(spiel) ['pazl-, 'pasl-] nt **-s,** **-s** jigsaw (puzzle).
Pygmäe [py'gmɛ:ə] m **-n,** **-n** Pygmy.
pygmäenhaft adj pygmy-like, pygmy attr.
Pyjama [py'dʒa:ma, py'ʒa:ma, pi'dʒa:ma, pi'ʒa:ma] m **-s,** **-s** pair of pyjamas (Brit) or pajamas (US) sing, pyjamas pl (Brit), pajamas pl (US). **wo ist mein ~?** where are my pyjamas?; **im ~** in his pyjamas.
Pyjamahose f pyjama (Brit) or pajama (US) trousers pl.
Pykniker(in f) m **-s,** - stocky person.
pyknisch adj stockily built.
Pylon m **-en,** **-en,** **Pylone** f **-,** **-n** (Archit, von Brücken) pylon; (Absperrmarkierung) traffic cone.
Pyramide f **-,** **-n** pyramid.
pyramidenförmig adj pyramid-shaped no adv, pyramidal (form). **~ konstruiert** built in the shape of a pyramid.
Pyrenäen [pyre'nɛ:ən] pl **die ~** the Pyrenees pl.
Pyrenäenhalbinsel f Iberian Peninsula.
Pyrolyse f **-,** **-n** pyrolysis; **Pyromane** mf **-n,** **-n** pyromaniac; **Pyromanie** f pyromania; **Pyrotechnik** f pyrotechnics sing; **Pyrotechniker** m pyrotechnist; **pyrotechnisch** adj pyrotechnic.
Pyrrhussieg ['pyrʊs-] m Pyrrhic victory.
pythagoreisch [pytago'reːɪʃ] adj Pythagorean. **~er Lehrsatz** Pythagoras's theorem, law of Pythagoras.
Python(schlange f) m **-s,** **-s** python.

Q

Q, q [ku:] *nt* -, - Q, q.
qm *abbr of* **Quadratmeter.**
Qu-, qu- [kv-].
quabbelig *adj (dial) Frosch, Qualle* slimy;
Pudding wobbly.
quabbeln *vi (dial)* to wobble.
Quacksalber *m* -s, - *(pej)* quack (doctor).
Quacksalberei *f* quackery, quack
medicine.
quacksalbern *vi insep* to quack *(rare)*.
sowas nenne ich ~ I'd call that quack
medicine *or* quackery.
Quaddel *f* -, -n hives *pl*, rash; *(durch Insekten)* bite; *(von Sonne)* heat spot.
Quader *m* -s, - *or f* -, -n *(Math)* cuboid,
rectangular solid; *(Archit: auch ~stein)*
ashlar, square stone block.
Quadrant *m* quadrant.
Quadrat[1] *nt* -(e)s, -e *(Fläche, Potenz)*
square. **eine Zahl ins ~ erheben** to square
a number; **vier zum ~** four squared; **drei
Meter im ~** three metres square.
Quadrat[2] *nt* -(e)s, -e(n) *(Typ)* quad,
quadrat.
Quadrat- *in cpds* square.
quadratisch *adj Form* square; *(Math)
Gleichung* quadratic.
Quadratlatschen *pl (inf) (Schuhe)* clodhoppers *(inf)*, beetle-crushers *(inf)*;
(Füße) plates of meat *(Brit sl)*; **Quadratmeter** *m or nt* square metre; **Quadrat-
schädel** *m (inf: Kopf)* big head, great
bonce *(Brit inf)*.
Quadratur *f* quadrature. **die ~ des Kreises**
the squaring of the circle; **das käme der ~
des Kreises gleich** that's like trying to
square the circle.
Quadratwurzel *f* square root; **Quadrat-
zahl** *f* square number.
quadrieren* *vt Zahl* to square.
Quadriga *f* -, **Quadrigen** four-horsed
chariot.
Quadrille [kva'drɪljə, ka-] *f* -, -n quadrille.
Quadrophonie *f* quadrophonic sound,
quadrophony.
quadrophonisch *adj* quadrophonic.
Quai [kɛ:, ke:] *m or nt* -s, -s *siehe* **Kai.**
quak *interj (von Frosch)* croak; *(von Ente)*
quack.
quaken *vi (Frosch)* to croak; *(Ente)* to
quack; *(inf: Mensch)* to squawk *(inf)*, to
screech *(inf)*.
quäken *vti (inf)* to screech, to squawk.
Quäker(in *f) m* -s, - Quaker.
Qual *f* -, -en *(Schmerz) (körperlich)* pain,
agony; *(seelisch)* agony, anguish. **tapfer
ertrug er alle ~en** he bore all his suffering
or pain bravely; **jds ~(en) lindern** *or*
mildern *(liter)* to lessen sb's suffering;
unter großen ~en sterben to die in agony
or great pain; **sein Leben war eine einzige
~** his life was a living death; **es ist eine
~, das mit ansehen zu müssen** it is agonizing to watch; **die letzten Monate waren für**
mich eine ~ the last few months have been
sheer agony for me; **jeder Schritt/das
Bücken wurde ihm zur ~** every step/
bending down was agony for him; **er
machte ihr den Aufenthalt/das Leben/die
Tage zur ~** he made her stay/her life/her
days a misery; **es bereitete ihm ~en, sie so
leiden zu sehen** it tormented him to see her
suffering so; **die ~en des Gewissens** *(geh)*/
des Zweifels agonies of conscience/of
doubt *or* indecision.
quälen I *vt* to torment; *Tiere auch* to tease;
(inf) Motor to punish; *(mit Bitten etc)* to
pester, to plague. **jdn zu Tode ~** to torture
sb to death; **~de Ungewißheit/Zweifel**
agonizing uncertainty/doubts, agonies of
uncertainty/doubt; **~der Schmerz** agonizing *or* excruciating pain; **~der Durst**
excruciating thirst.
II *vr* **1.** *(seelisch)* to torture *or* torment
oneself; *(leiden)* to suffer, to be in agony.
2. *(sich abmühen)* to struggle. **sie quälte
sich in die enge Hose** she struggled into *or*
squeezed herself into her tight slacks; **sich
durch ein Buch ~** to struggle *or* plough *or*
wade through a book; **ich quäle mich
jeden Morgen aus dem Bett** it's a struggle
for me to get out of bed every morning;
das Auto quälte sich über den Berg the car
laboured *or* struggled over the hill.
Quälerei *f* **1.** *(Grausamkeit)* atrocity, torture; *(seelische, nervliche Belastung)*
agony, torment. **diese Tierversuche sind
in meinen Augen ~** in my view these experiments on animals are cruel; **die letzten
Monate waren eine einzige ~** the last few
months were sheer agony *or* were one
long agony.
2. *(mühsame Arbeit)* struggle. **das war
vielleicht eine ~!** that was really a struggle.
quälerisch *adj attr* tormenting, agonizing.
Quälgeist *m (inf)* pest *(inf)*.
Qualifikation *f* qualification. **für diese Arbeit fehlt ihm die nötige ~** he lacks the
necessary qualifications for this work; **er
hat die ~ zu diesem Amt** he has the qualifications *or* is qualified for this office; **mit
diesem Sieg gelang der Mannschaft die ~**
the team qualified with this win; **zur ~
fehlten ihr nur wenige Zentimeter/
Sekunden** she only needed a few more
centimetres/seconds to qualify.
Qualifikationsspiel *nt* qualifying match *or*
game.
qualifizieren* I *vt* **1.** *(befähigen)* to qualify
(für, zu for).
2. *(geh: differenzieren)* to qualify.
3. *(geh: einstufen)* to designate, to
label, to qualify. **man hat den Artikel als
minderwertig qualifiziert** the article has
been designated *or* labelled poor quality.
II *vr* **1.** *(allgemein, Sport)* to qualify. **er
hat sich zum Facharbeiter qualifiziert** he
qualified as a specialist.

2. (*sich erweisen*) to show *or* reveal oneself (*als* to be).

qualifiziert *adj* **1.** *Arbeiter, Nachwuchs* qualified; *Arbeit* expert, professional. **2.** (*Pol*) *Mehrheit* requisite.

Qualität *f* quality. **dieses Leder ist in der ~ besser als das andere** this leather is better quality than that; **von der ~ her** as far as quality is concerned, for quality; **die Ware ist von ausgezeichneter ~** the product is (of) top quality.

qualitativ *adj* qualitative.

Qualitäts- *in cpds* quality; **Qualitäts|arbeit** *f* quality work; **Qualitäts|erzeugnis** *nt* quality product; **Qualitätskontrolle** *f* quality control; **Qualitätswein** *m* *wine of certified origin and quality*.

Qualle *f* -, **-n** jellyfish.

Qualm *m* **-(e)s**, *no pl* (thick *or* dense) smoke; (*Tabaks~*) fug.

qualmen I *vi* **1.** to give off smoke, to smoke. **es qualmt aus dem Schornstein** clouds of smoke are coming *or* billowing from the chimney.

    2. (*inf: Mensch*) to smoke. **sie qualmt einem die ganze Bude voll** she fills the whole place with smoke.

    II *vt* (*inf*) *Zigarette, Pfeife* to puff away at (*inf*).

Qualmerei *f* (*inf*) smoking; (*von Ofen*) smoke.

qualmig *adj* smoke-filled, smoky.

qualvoll *adj* painful; *Schmerzen* agonizing, excruciating; *Vorstellung, Gedanke* agonizing; *Anblick* harrowing.

Quant *nt* **-s**, **-en** quantum.

quanteln *vt* to quantize.

Quanten *pl* **1.** *pl of* **Quant, Quantum. 2.** (*sl: Füße*) feet, plates of meat (*Brit sl*).

Quantenmechanik *f* quantum mechanics *sing*; **Quantentheorie** *f* quantum theory.

Quantität *f* quantity.

quantitativ *adj* quantitative.

Quantum *nt* **-s**, **Quanten** (*Menge, Anzahl*) quantum, quantity; (*Anteil*) quota, quantum (*an* +*dat* of).

Quappe *f* -, **-n** **1.** (*Kaul~*) tadpole. **2.** (*Aal~*) burbot.

Quarantäne *f* -, **-n** quarantine. **in ~ liegen** *or* **sein** to be in quarantine; **unter ~ stellen** *Personen* to put in quarantine; *Gebiet, Stadt auch* to put under quarantine, to quarantine off; **über das Gebiet wurde sofort ~ verhängt** the area was immediately placed in *or* under quarantine *or* was quarantined off.

Quarantänestation *f* quarantine *or* isolation ward.

Quark *nt* **-s**, **-s** (*Phys*) quark.

Quark² *m* **-s**, *no pl* **1.** (soft) curd cheese. **2.** (*inf: Unsinn*) rubbish; (*unbedeutende Sache*) (little) trifle. **so ein ~!** stuff and nonsense!; **~ reden** to talk rubbish; **das geht ihn einen ~ an!** it's none of his business!

Quarkspeise *f* *pudding made with curd cheese, sugar, milk, fruit etc*; **Quarktasche** *f*, **Quarkteilchen** *nt* *curd cheese turnover*.

Quart¹ *f* -, **-en 1.** (*Mus: auch* **~e**) fourth. **ein Sprung über eine ~ nach oben/unten** a jump up/down a fourth. **2.** (*Fechten*) quarte.

Quart² *nt* **-s**, **-e 1.** (*old: Maß*) ≃ quart. **2.** (*Typ*) *no pl siehe* **Quartformat.**

Quarta *f* -, **Quarten** *third year of German secondary school*.

Quartal *nt* **-s**, **-e** quarter (year). **es muß jedes ~ bezahlt werden** it has to be paid quarterly *or* every quarter.

Quartal(s)abschluß *m* end of the quarter; **Quartal(s)säufer** *m* periodic heavy drinker; **quartal(s)weise** *adj* quarterly.

Quartaner(in *f*) *m* **-s**, **-** *pupil in third year of German secondary school*.

Quartär *nt* **-s**, *no pl* quaternary.

Quartband *m* quarto volume.

Quarte *f* -, **-n** *siehe* **Quart¹ 1.**

Quarten *pl of* **Quart¹**, **Quarta**, **Quarte.**

Quartett *nt* **-(e)s**, **-e 1.** (*Mus*) quartet. **2.** (*Cards*) (*Spiel*) ≃ happy families; (*Karten*) set of four cards.

Quartformat *nt* quarto (format).

Quartier *nt* **-s**, **-e 1.** (*Unterkunft*) accommodation. **wir sollten uns ein ~ suchen** we should look for accommodation *or* a place to stay; **wir hatten unser ~ in einem alten Bauernhof** we stayed in an old farmhouse. **2.** (*Mil*) quarters *pl*, billet. **bei jdm in ~ liegen** to be quartered *or* billeted with *or* on sb; **~ machen** to arrange quarters *or* billets. **3.** (*Stadtviertel*) district, quarter.

Quartiermeister *m* (*old Mil*) quartermaster.

Quarz *m* **-es**, **-e** quartz.

Quarzglas *nt* quartz glass; **Quarzlampe** *f* quartz lamp; **Quarz|uhr** *f* quartz clock/watch.

Quasar *m* **-s**, **-e** quasar.

quasi I *adv* virtually. **II** *pref* quasi. **~wissenschaftlich** quasi-scientific.

Quasselei *f* (*inf*) gabbling (*inf*), gabbing (*inf*), blethering (*inf*).

quasseln *vti* to gabble (*inf*), to blether (*inf*). **was quasselst du denn da für ein dummes Zeug?** what are you blethering about now? (*inf*).

Quasselstrippe *f* (*inf*) chatterbox (*inf*); (*beleidigend*) windbag (*inf*), blabbermouth (*inf*).

Quast *m* **-(e)s**, **-e** (*dial*) wide paint brush.

Quaste *f* -, **-n** (*Troddel*) tassle; (*von Pinsel*) brush, bristles *pl*; (*Schwanz~*) tuft.

Quästur *f* (*Univ*) bursary.

Quatember *m* **-s**, **-** (*Eccl*) Ember day.

quatsch *interj* squelch.

Quatsch *m* **-es**, *no pl* **1.** (*inf: Unsinn*) rubbish. **das ist der größte ~, den ich je gehört habe** that is the biggest load of rubbish I have ever heard; **red keinen ~!** don't talk rubbish!; **ach ~!** rubbish!; **so ein ~!** what (a load of) rubbish; **~ mit Soße!** stuff and nonsense!

    2. (*inf: Dummheiten*) nonsense. **hört doch endlich mit dem ~ auf!** stop being so stupid *or* silly!; **was soll denn der ~!** what's all this nonsense in aid of then!; **laß den ~!** cut it out! (*inf*); **~ machen** to mess about *or* around (*inf*); **mach damit keinen ~** don't mess about *or* around with it (*inf*), don't do anything stupid with it;

mach keinen ~, sonst knallt's don't try anything silly *or* funny *or* I'll shoot.

quatschen[1] (*inf*) **I** *vti* (*dummes Zeug reden*) to gab (away) (*inf*), to blather (*inf*), to gabble (*inf*). **sie quatscht mal wieder einen Blödsinn** she's talking a load of nonsense *or* rubbish again.

 II *vi* **1.** (*plaudern*) to blather (*inf*), to chatter, to natter (*Brit inf*). **er hat stundenlang gequatscht** he blathered *or* gabbled on for hours; **ich hab' mit ihm am Telefon gequatscht** I had a good natter with him on the phone.

 2. (*etw ausplaudern*) to squeal (*inf*), to talk.

quatschen[2] *vi* (*Schlamm*) to squelch.

Quatscherei *f* (*inf*) blathering (*inf*), yacking (*inf*); (*in der Schule*) chattering.

Quatschkopf *m* (*pej inf*) (*Schwätzer*) windbag (*inf*); (*Dummkopf*) fool, twit (*Brit inf*); **quatschnaß** *adj* (*inf*) soaking *or* dripping wet.

Quecke *f* -, **-n** couch grass.

Quecksilber *nt* **1.** (*abbr* Hg) mercury, quicksilver. ~ **im Leib haben** (*fig*) to have ants in one's pants (*inf*). **2.** (*dated: Mensch*) fidget.

Quecksilber- *in cpds* mercury.

quecksilb(e)rig *adj* (*fig*) fidgety, restless.

Quell *m* -(e)s, **-e** (*poet*) spring, source.

Quelle *f* -, **-n 1.** spring; (*von Fluß auch*) source; (*Erdöl~, Gas~*) well. **heiße ~n** hot springs; **eine ~ erschließen** to develop *or* exploit a source.

 2. (*fig*) (*Ursprung*) source; (*für Waren*) source (of supply), supplier. **die ~ allen Übels** the root of all evil; **eine ~ der Freude** a source of pleasure; **aus zuverlässiger/sicherer ~** from a reliable/trustworthy source; **aus welcher ~ haben Sie das?** what source did you get that from?, what's your source for that?; **an der ~ sitzen** (*fig*) to be well-placed; to be able to get inside information; **kannst du mir einige Bücher besorgen, du sitzt doch an der ~?** can you get me some books, after all you can get them from source.

quellen I *vi pret* **quoll,** *ptp* **gequollen** *aux sein* **1.** (*herausfließen*) to pour, to stream, to well. **die Augen quollen ihm aus dem Kopf** his eyes were popping out of his head.

 2. (*Holz, Reis, Erbsen*) to swell. **lassen Sie die Bohnen über Nacht ~** leave the beans to soak overnight.

 II *vt pret* **quellte,** *ptp* **gequellt** (*rare*) *Erbsen* to soak.

Quellen|angabe *f* reference; **Quellenforschung** *f* source research; **Quellensammlung** *f* (collection of) source material; (*Quellenwerk*) source book; **Quellenstudium** *nt* study of sources; **ich bin immer noch mit dem ~ beschäftigt** I am still studying the sources.

Quellfluß *m* source (river); **Quellgebiet** *nt* headwaters *pl*; **Quellwasser** *nt* spring water.

Quengelei *f* (*inf*) whining.

queng(e)lig *adj* whining. **die Kinder wurden ~** the children started to whine.

quengeln *vi* (*inf*) to whine.

Quengler *m* -s, - (*inf*) whiner.

Quentchen *nt* (*old*) tiny bit, spot. **ein ~ Salz** a speck *or* dash of salt; **ein ~ Glück** a modicum of luck; **ein ~ Mut** a scrap of courage; **kein ~** not a jot, not an iota.

quer *adv* (*schräg*) crossways, crosswise, diagonally; (*rechtwinklig*) at right angles. **sollen wir den Teppich lieber ~ legen?** why don't we lay the carpet crosswise *or* crossways *or* diagonally?; **er legte sich ~ aufs Bett** he lay down across the bed; **die Spur verläuft ~ zum Hang** the path runs across the slope; **die Straße/Linie verläuft ~** the road/the line runs at right angles; **der Wagen stand ~ zur Fahrbahn** the car was at right angles to the road; **der Lastzug lag ~ über der Straße** the truck was lying (diagonally/ at right angles) across the road; **~ durch etw gehen/laufen** *etc* to cross sth, to go through sth; **~ über etw** (*acc*) **gehen/laufen** to cross sth, to go across sth; **der Hund ist ~ über die Wäsche gelaufen** the dog ran straight *or* right over *or* across the washing; **den Stoff ~ nehmen** to use the cross-grain of the material.

quer|ab *adv* (*Naut*) abeam; **Querbalken** *m* crossbeam; (*von Türrahmen*) transom, lintel; (*Her*) bar; (*Mus*) line joining quavers *etc*; **querbeet** *adv* (*inf*) (*wahllos*) at random; (*durcheinander*) all over the place (*inf*); (*querfeldein*) across country; **querdurch** *adv* straight through.

Quere *f* -, *no pl der* ~ **nach** widthways, breadthways; **jdm in die ~ kommen** to cross sb's path; **es muß ihm etwas in die ~ gekommen sein, sonst hätte er sich nicht verspätet** something must have cropped up otherwise he would not be late.

Querele *f* -, **-n** (*geh*) dispute, quarrel.

queren I *vt* to cross. **II** *vi* to cross.

querfeld|ein *adv* across country.

Querfeld|einlauf *m* cross-country (run); (*Wettbewerb*) cross-country (race); **Querfeld|einrennen** *nt* cross-country; (*Motorrad~*) motocross; (*Fahrrad~*) cyclecross.

Querflöte *f* (transverse) flute; **Querformat** *nt* oblong format; **wenn du das Photo im ~ machst** if you take the photo lengthways; **quergehen** *vi sep irreg aux sein* (*inf*) to go wrong; **heute geht mir alles quer** I can't do a thing right today; **quergestreift** *adj attr* horizontally striped, cross-striped; **Querkopf** *m* (*inf*) awkward so-and-so (*inf*) *or* customer (*inf*); **querköpfig** *adj* awkward, perverse; **Querlage** *f* (*Med*) transverse presentation, crossbirth; **Querlatte** *f* crossbar; **querlegen** *vr sep* (*fig inf*) to be awkward; **Querpaß** *m* cross; **Querpfeife** *f* fife; **Querruder** *nt* aileron; **querschießen** *vi sep irreg* (*inf*) to be awkward, to spoil things; **Querschiff** *nt* transept; **Querschläger** *m* ricochet (shot).

Querschnitt *m* (*lit, fig*) cross-section.

querschnitt(s)gelähmt *adj* paraplegic; **seit dem Autounfall ist er ~** since the car accident he has been paralyzed from the waist down; **Querschnitt(s)gelähmte(r)** *mf* paraplegic; **Querschnitt(s)lähmung** *f* paraplegia; **Querschnitt(s)zeichnung** *f* sectional drawing.

querschreiben *vt sep irreg* (*Fin*) *Wechsel* to

accept, to underwrite; **Querschuß** m (fig)
objection; **querstellen** vr sep (fig inf) to
be awkward; **Querstraße** f **das ist eine ~
zur Hauptstraße** it runs at right angles to
the high street; **in dieser ~ muß das
Geschäft sein** the shop must be down this
turning; **bei** or **an der zweiten ~ fahren Sie
links ab** turn (off to the) left at the second
junction, go left at the second turning;
Querstreifen m horizontal stripe; **Quer-
strich** m (horizontal) stroke or line; (Typ
inf: Gedankenstrich) dash; (Bruchstrich)
line; **einen ~ durch etw machen** to put a
line through sth; (streichen auch) to cross
sth out; **er macht beim T nie die ~e** he always forgets to cross his T's; **Quersumme**
f (Math) sum of digits of a number; **die ~
bilden** to add the digits in a number;
Quertreiber m (inf) troublemaker,
awkward customer (inf); **Quertreiberei**
f (inf) awkwardness, troublemaking.
Querulant m grouser (inf), grumbler.
querulieren* vi to grumble.
Querverbindung f connection, link; (von
Eisenbahn) connecting line; (von Straße)
link road; **hier läßt sich doch eine ~ zur
deutschen Geschichte herstellen** you can
surely make a connection here with German history, you can surely link this up
with German history; **Querverweis** m
cross-reference.
quetschen I vt (drücken) to squash, to
crush; (aus einer Tube) to squeeze; Kartoffeln to mash; (Med: usu pass) to crush.
etw in etw (acc) **~** to squeeze or squash sth
into sth; **jdm/sich den Finger ~** to squash
sb's/one's finger; **du hast mir den Finger
in der Tür gequetscht** you caught my finger in the door.
  II vr (sich klemmen) to be caught or
squashed or crushed; (sich zwängen) to
squeeze (oneself). **du kannst dich noch ins
Auto ~** you can still squeeze into the car.
Quetschkommode f (hum inf) squeeze box
(inf).
Quetschung, Quetschwunde f (Med)
bruise, contusion (form).
Queue [kø:] nt or m -s, -s (Billard) cue.
quick adj (dial) quick-witted, alert.
quicklebendig adj (inf) Kind lively, active;
ältere Person auch spry.
quiek interj squeak.
quiek(s)en vi to squeal, to squeak.
quietschen vi (Tür, Schloß) to squeak;
(Reifen, Mensch) to squeal. **das Kind
quietschte vergnügt** or **vor Vergnügen**

(inf) the child squealed with delight.
quietschfidel, quietschvergnügt adj (inf)
full of beans (inf).
quill imper sing of **quellen.**
Quinta f -, **Quinten** second year of German
secondary school.
Quintaner(in f m -s, - pupil in second year
of German secondary school.
Quint(e) f -, **-en 1.** (Mus) fifth. **2.** (Fechten)
quinte.
Quinten pl of **Quinta, Quinte.**
Quint|essenz f quintessence.
Quintett nt -(e)s, -e quintet.
Quintole f -, **-n** quintuplet.
Quirl m -s, **-e 1.** (Cook) whisk, beater.
2. (Bot) whorl, verticil. **3.** (dated inf:
Mensch) live wire (inf).
quirlen vt to whisk, to beat.
quirlig adj lively, effervescent.
Quisling m (Pol pej) quisling.
quitt adj **~ sein (mit jdm)** to be quits or even
(with sb).
Quitte f -, **-n** quince.
quitte(n)gelb adj (sickly) yellow.
quittieren* **I** vt **1.** (bestätigen) Betrag,
Rechnung, Empfang to give a receipt for.
lassen Sie sich (dat) **die Rechnung ~** get a
receipt for the bill.
  2. (beantworten) to meet, to answer, to
counter.
  3. (verlassen) Dienst to quit, to resign.
  II vi (bestätigen) to sign.
Quittung f **1.** receipt. **gegen ~** on production of a receipt; **eine ~ über 500 Mark** a
receipt for 500 marks; **eine ~ ausstellen
(über** or **für etw)** to make out or give a
receipt (for sth).
  2. (fig) **das ist die ~ für Ihre Unverschämtheit** that is what you get for being
so insolent, that's what comes of being so
insolent; **das ist die ~ dafür, daß ...** that's
the price you have to pay for ...; **jetzt
haben Sie die ~!** now you have paid the
penalty!; **er hat seine ~ bekommen** he's
paid the penalty or price.
Quittungsblock m receipt book.
Quiz [kvɪs] nt -, - quiz.
quoll pret of **quellen.**
Quorum nt -s, no pl quorum.
Quote f -, **-n 1.** (Statistik) (Anteilsziffer)
proportion; (Rate) rate.
  2. (Econ, Quantum) quota.
Quotient [kvoˈtsiɛnt] m quotient.
quotieren* vt (Comm) Preis, Kurs to
quote.
Quotierung f (Comm) quotation.

R

R, r [ɛr] *nt* -, - R, r. **das R rollen** to roll one's r's.

Rabatt *m* -(e)s, -e discount. **mit 10%** ~ at *or* with (a) 10% discount.

Rabatte *f* border.

Rabattmarke *f (Comm)* (trading) stamp.

Rabatz *m* -es, *no pl (inf)* row, shindy *(sl)*.

Rabauke *m* -n, -n *(inf)* hooligan, lout *(inf)*.

Rabbi *m* -(s), -s, *or* **Rabbinen, Rabbiner** *m* -s, - rabbi.

rabbinisch *adj* rabbinical.

Rabe *m* -n, -n raven. **wie ein** ~ **stehlen** *(inf)* to thieve like a magpie.

Raben|eltern *pl (inf)* bad parents *pl*; **Rabenmutter** *f (inf)* bad mother; **rabenschwarz** *adj Nacht* pitch-black, black as pitch; *Augen, Seele auch* coal-black, black as coal; *Haare* jet-black, raven(-black); **Rabenvater** *m (inf)* bad father.

rabiat *adj Kerl* violent, rough; *Autofahrer* breakneck, wild; *Geschäftsleute* ruthless; *Umgangston* aggressive; *Methoden, Konkurrenz* ruthless, cut-throat. ~ **werden** *(wütend)* to go wild; *(aggressiv)* to get violent *or* physical *(inf)*.

Rabulist *m* sophist, quibbler.

Rabulistik *f* sophistry, quibbling.

rabulistisch *adj* sophistic, quibbling.

Rache *f* -, *no pl* revenge, vengeance. **die** ~ **des kleinen Mannes** *(inf)* sweet revenge; **Tag der** ~ *(liter)* day of reckoning; **das ist die** ~ **für deine Untat** this is the retribution for your misdeed; **auf** ~ **sinnen** to contemplate *or* plot revenge; ~ **schwören** to swear vengeance; **(an jdm)** ~ **nehmen** *or* **üben** to take revenge *or* have one's revenge (on *or* upon sb); **etw aus** ~ **tun** to do sth in revenge; ~ **ist Blutwurst** *(inf)* you'll/he'll *etc* be sorry *(inf)*; ~ **ist süß** *(prov)* revenge is sweet *(prov)*.

Rache|akt *m* act of revenge *or* vengeance; **Rachedurst** *m* thirst *or* longing for revenge *or* vengeance; **Rache|engel** *m* avenging angel; **Rachegefühl** *nt* feeling of bitter resentment; ~**e haben** to harbour bitter resentment; **Rachegöttin** *f* avenging goddess, goddess of vengeance.

Rachen *m* -s, - throat, pharynx *(spec)*; *(von großen Tieren)* jaws *pl*; *(fig)* jaws *pl*, abyss, maw. **jdm etw in den** ~ **werfen** *or* **schmeißen** *(inf)* to shove sth down sb's throat *(inf)*; **jdm den** ~ **stopfen** *(inf)* to give sb what he/she wants; **er kann den** ~ **nicht voll (genug) kriegen** *(inf)* he can't get enough.

rächen I *vt jdn, Untat* to avenge *(etw an jdm* sth on sb). **er schwor, diese Schmach zu** ~ he swore to seek vengeance for *or* to avenge this dishonour; **dieses Unrecht werde ich noch an ihm** ~ I intend to avenge myself on him for this injustice.

II *vr (Mensch)* to get one's revenge, to take revenge *or* vengeance *(an jdm für etw* on sb for sth); *(Schuld, Sünde, Untat)* to be avenged. **deine Faulheit/Unehrlichkeit wird sich** ~ you'll pay for being so lazy/dishonest.

Rachenblütler *m* -s, - *(Bot)* figwort; **Rachenhöhle** *f* pharynx, pharyngeal cavity; **Rachenkatarrh** *m* pharyngitis; **Rachenmandel** *f* pharyngeal tonsil; **Rachenputzer** *m (hum inf)* gutrot *(inf)*.

Racheplan *m* plan of revenge. **Rachepläne schmieden** to plot revenge.

Rächer(in *f) m* -s, - avenger.

Racheschwur *m* oath of revenge *or* vengeance.

Rachgier *f* vindictiveness; **rachgierig** *adj* vindictive.

Rachitis *f* -, *no pl* rickets, rachitis *(spec)*.

rachitisch *adj* rickety, rachitic *(spec)*; *Symptom* of rickets.

Rachsucht *f* vindictiveness; **rachsüchtig** *adj* vindictive.

Racker *m* -s, - *(inf: Kind)* rascal, scamp, monkey *(all inf)*.

rackern *vir (inf)* to slave (away) *(inf)*.

Racket ['rɛkət, ra'kɛt] *nt* -s, -s racket, racquet.

Rad *nt* -(e)s, ̈-er 1. wheel; *(Rolle)* castor; *(Sport)* cartwheel. **ein** ~ **schlagen** *(Sport)* to do *or* turn a cartwheel; **der Pfau schlägt ein** ~ the peacock is fanning out its tail *or* spreading its tail *or* opening its fan; **jdn aufs** ~ **flechten** *(Hist)* to break sb on the wheel; **alle ̈-er greifen ineinander, ein** ~ **greift ins andere** *(fig)* it all knits together, all the parts knit together; **nur ein** ~ *or* **Rädchen im Getriebe sein** *(fig)* to be only a cog in the works; **das** ~ **der Geschichte** the wheels of history; **das** ~ **der Geschichte** *or* **Zeit läßt sich nicht zurückdrehen** you can't turn *or* put the clock back; **unter die ̈-er kommen** *or* **geraten** *(inf)* to get *or* fall into bad ways; **das fünfte** ~ **am Wagen sein** *(inf)* to feel *or* be out of place *or* de trop; *(bei Paaren)* to play gooseberry *(inf)*.

2. *(Fahr~)* bicycle, bike *(inf)*, cycle. **mit dem** ~ **fahren/ kommen** to go/come by bicycle; *siehe* **radfahren.**

Rad|achse *f* axle(tree).

Radar *m or nt* -s, *no pl* radar.

Radar- *in cpds* radar; **Radar|abwehrnetz** *nt (Mil)* radar defence network; **Radar|anlage** *f* radar (equipment) *no indef art*; **Radarfalle** *f* speed trap; **Radargerät** *nt* radar unit; **Radarkontrolle** *f* radar speed check; **Radarschirm** *m* radar screen, radarscope.

Radau *m* -s, *no pl (inf)* row, din, racket *(inf)*. ~ **machen** to kick up a row; *(Unruhe stiften)* to cause *or* make trouble.

Radaubruder *m (inf)* rowdy *(inf)*, hooligan, yobbo *(Brit inf)*.

Rad|aufhängung *f (Aut)* (wheel) suspension; **Radball** *m, no pl* bicycle polo.

Rädchen *nt dim of* **Rad** small wheel; *(für*

Schnittmuster) tracing wheel; (*Cook*) pastry wheel; *siehe* **Rad**.

Raddampfer *m* paddle-steamer.

Rade *f* -, **-n** corncockle.

radebrechen *vti insep* to speak broken English/German *etc*. **er radebrechte auf Italienisch, er wolle ...** he said in broken Italian that he wanted ...

radeln *vi aux sein* (*inf*) to cycle.

rädeln *vt Schnittmuster* to trace; (*Cook*) to cut out.

Rädelsführer *m* ringleader.

rädern *vt* (*Hist*) to break on the wheel.

Räderwerk *nt* (*Mech*) mechanism, works *pl*; (*fig*) machinery, cogs *pl*.

radfahren *vi sep irreg aux sein* (*Kleinschreibung nur bei infin und ptp*) **1.** to cycle. **ich fahre Rad** I ride a bicycle; **kannst du** ~? can you ride a bike?; **R**~ **verboten** no cycling. **2.** (*pej inf: kriechen*) to crawl (*inf*), to suck up (*inf*).

Radfahrer(in *f*) *m* **1.** cyclist. **2.** (*pej inf*) crawler (*inf*); **Radfahrweg** *m siehe* **Radweg**; **Radgabel** *f* fork.

Radi *m* -s, - (*S Ger, Aus*) radish. **einen** ~ **kriegen** (*inf*) to get a rocket (*inf*).

radial *adj* radial.

Radialgeschwindigkeit *f* (*Astron*) radial velocity.

Radiator *m* radiator.

radieren* *vti* **1.** to rub out, to erase. **auf dieser Seite hat er dreimal radiert** he's rubbed three things out on this page, there are three erasures on this page. **2.** (*Art*) to etch.

Radierer *m* -s, - **1.** (*inf*) *siehe* **Radiergummi**. **2.** (*Art*) etcher.

Radiergummi *m* rubber (*Brit*), eraser (*esp US, form*); **Radierkunst** *f* (*Art*) etching; **Radiermesser** *nt* (steel) eraser, erasing knife; **Radiernadel** *f* (*Art*) etching needle.

Radierung *f* (*Art*) etching.

Radieschen [ra'diːsçən] *nt* radish. **sich** (*dat*) **die** ~ **von unten an-** *or* **besehen** (*hum sl*) to be pushing up the daisies (*hum*).

radikal *adj* radical; *Vereinfachung, Methode auch* drastic; *Vertilgung, Entfernen* total; *Verneinung* categorical; *Ablehnung* flat, categorical. **mit diesen Mißbräuchen muß** ~ **Schluß gemacht werden** a definitive stop must be put to these abuses; **etw** ~ **verneinen/ablehnen** to deny sth categorically/to refuse sth flatly; ~ **vorgehen** to be drastic; ~ **gegen etw vorgehen** to take radical steps against sth.

Radikal *nt* -s, -e (*Math*) root; (*Chem*) radical.

Radikalen|erlaß *m* (*BRD*) ban on the employment of radical teachers and civil servants.

Radikale(r) *mf decl as adj* radical.

Radikalinski *m* -s, -s (*Pol pej*) lefty (*inf*), commie (*pej*), bolshie (*pej*), radical.

radikalisieren* *vt* to radicalize.

Radikalisierung *f* radicalization.

Radikalismus *m* (*Pol*) radicalism.

Radikalkur *f* (*inf*) drastic remedy, kill-or-cure remedy.

Radio *nt or* (*Sw, S Ger auch*) *m* -s, -s radio, wireless (*esp Brit*). ~ **hören** to listen to the radio; **im** ~ on the radio.

Radio- *in cpds* radio; **radio|aktiv** *adj* radioactive; ~ **machen** to activate, to make radioactive; **Radio|aktivität** *f* radioactivity; **Radio|apparat** *m siehe* **Radiogerät**; **Radio|astronomie** *f* radio astronomy; **Radiochemie** *f* radiochemistry; **Radiodurchsage** *f* radio announcement; **Radio|empfänger** *m* radio (set); (*von Funkamateur*) radio receiver; **Radiogerät** *nt* radio (set); **Radiogramm** *nt* (*Med*) X-ray (photograph), radiograph (*esp US*); **Radiographie** *f* radiography; **Radio|isotop** *nt* radioisotope; **Radiokarbonmethode** *f* radiocarbon (dating) technique *or* method; **Radiokompaß** *m* (*Aviat, Naut*) radio compass, automatic direction finder; **Radiologie** *f* (*Med*) radiology; **Radiolyse** *f* -, **-n** radiolysis; **Radiomechaniker** *m* radio technician *or* engineer; **Radiometrie** *f* radiometry; **Radioquelle** *f* (*Astron*) radio source; **Radiorecorder** *m* radio cassette recorder; **Radioröhre** *f* radio valve (*esp Brit*) *or* tube (*esp US*); **Radiosender** *m* (*Rundfunkanstalt*) radio station; (*Sendeeinrichtung*) radio transmitter; **Radiosendung** *f* radio programme; **Radioskopie** *f* radioscopy; **Radiosonde** *f* (radio-equipped) weather balloon, radiosonde; **Radiostation** *f* radio *or* broadcasting station; **Radiotechnik** *f* radio technology; **Radiotelegrafie** *f* radiotelegraphy; **Radioteleskop** *nt* radio telescope; **Radiotherapie** *f* radiotherapy; **Radiowecker** *m* radio alarm (clock).

Radium *nt , no pl* (*abbr* **Ra**) radium.

radiumhaltig *adj* containing radium; ~ **sein** to contain radium; **Radiumtherapie** *f* radium therapy *or* treatment.

Radius *m* -, **Radien** [-iən] radius.

Radkappe *f* hub cap; **Radkasten** *m* wheel casing; (*Naut*) paddle-box; **Radkranz** *m* rim (of a/the wheel); **Radlager** *nt* wheel bearing.

Radler(in *f*) *m* -s, - (*inf*) cyclist.

Radlermaß *f* (*S Ger inf*) shandy.

Radnabe *f* (wheel) hub.

Radon *nt* -s, *no pl* (*abbr* **Rn**) radon.

Radrennbahn *f* cycle (racing) track; **Radrennen** *nt* (*Sportart*) cycle racing; (*einzelnes Rennen*) cycle race; **Radrennfahrer** *m* racing cyclist; **Radrennsport** *m* cycle racing; **radschlagen** *vi sep irreg* (*Kleinschreibung nur bei infin und ptp*) to do *or* turn cartwheels; **ich schlage Rad** I do cartwheels; **Radschuh** *m* brake; **Radsport** *m* cycling; **Radsportler** *m* cyclist; **Radstand** *m* (*Aut, Rail*) wheelbase; **Radsturz** *m* (*Aut*) camber; **Radtour** *f* cycling *or* cycle tour; **Radwechsel** *m* wheel change; (**einen**) ~ **machen** to change a wheel, to do a wheel change; **Radweg** *m* cycle track.

raffeln *vti* (*dial*) to grate.

raffen *vt* **1.** (*anhäufen*) to pile, to heap. **sein ganzes Leben hat er nur Geld gerafft** he spent his whole life making money; **etw an sich** (*acc*) ~ to grab *or* snatch sth. **2.** *Stoff, Gardine* to gather; *Rock* to gather up.

Raffgier *f* greed, avarice; **raffgierig** *adj* greedy, grasping.

Raffinade f (Zucker) refined sugar.
Raffination f (von Öl, Zucker) refining.
Raffinement [rafinə'mã:] nt -s, -s (geh) siehe **Raffinesse 2.**
Raffinerie f refinery.
Raffinesse f 1. (Feinheit) refinement, finesse no pl. **ein Auto mit allen ~n** a car with all the refinements. 2. (Durchtriebenheit) cunning no pl, craftiness no pl, wiliness no pl. **mit allen ~n** with all one's cunning.
raffinieren* vt Zucker, Öl to refine.
raffiniert adj 1. Zucker, Öl refined.
2. (inf) Kleid, Frisur, Kleidung fancy (inf), stylish; Apparat fancy (inf). **sie kleidet sich sehr ~** she certainly knows how to dress.
3. (schlau) clever, cunning; (durchtrieben auch) crafty. **sie ist eine ~e Frau** she knows all the tricks in the book; **ein ~es Luder** (pej) a cunning bitch (inf).
Raffiniertheit f siehe adj 2., 3. fanciness (inf), stylishness; fanciness (inf); cleverness, cunning; craftiness.
Raffke m -s, -s (inf) money-grubber (inf).
Rage ['ra:ʒə] f -, no pl 1. (Wut) rage, fury. **jdn in ~ bringen** to infuriate sb; **in ~ kommen** or **geraten** to get or become furious, to fly into a rage or fury. 2. (inf: Aufregung, Eile) hurry, rush.
ragen vi to rise, to tower, to loom; (heraus~) to jut.
Raglan|ärmel m raglan sleeve.
Ragout [ra'gu:] nt -s, -s ragout.
Ragtime ['rægtaɪm] m -(s), no pl ragtime.
Rah(e) f -(e), -(e)n (Naut) yard.
Rahm m -(e)s, no pl (dial) cream.
Rähmchen nt dim of **Rahmen** (Dia~) mount.
rahmen vt to frame; Dias to mount.
Rahmen m -s, - 1. frame.
2. (fig) (Bereich, Liter: ~handlung) framework; (Atmosphäre) setting; (Größe) scale. **im ~** within the framework (gen of); **seine Verdienste wurden im ~ einer kleinen Feier gewürdigt** his services were honoured in a small ceremony; **im ~ des Möglichen** within the bounds of possibility; **im ~ bleiben** not to go too far; **aus dem ~ fallen** to go too far; **mußt du denn immer aus dem ~ fallen!** do you always have to show yourself up?; **ein Geschenk/Getränk, das aus dem ~ des Üblichen fällt** a present/drink with a difference; **in den ~ von etw passen, sich in den ~ von etw einfügen** to fit (in) or blend in with sth, to go with sth; **den ~ von etw sprengen, über den ~ von etw hinausgehen** to go beyond the scope of sth; **das würde den ~ sprengen** it would be beyond our scope; **einer Feier einen würdigen ~ geben** to provide the appropriate setting for a celebration; **in größerem/kleinerem ~** on a large/small scale.
Rahmen|antenne f frame aerial (esp Brit) or antenna; **Rahmen|erzählung** f (Liter) framework story; **Rahmengesetz** nt general outline of a law providing guidelines for specific elaboration; **Rahmenhandlung** f (Liter) background story, story which forms the framework; **Rahmenplan** m framework, outline plan;

Rahmenprogramm nt 1. framework; 2. siehe **Rahmenplan**; **Rahmenrichtlinien** pl guidelines pl; **Rahmentarif** m (Ind) siehe **Manteltarifvertrag**.
rahmig adj (dial) creamy.
Rahmkäse m cream cheese.
Rahsegel nt (Naut) square sail.
Rain m -(e)s, -e (liter) margin, marge (poet).
räkeln vr siehe **rekeln**.
Rakete f -, -n rocket (auch Space); (Mil auch) missile. **ferngelenkte** or **ferngesteuerte ~** guided missile.
Raketen- in cpds rocket; (Mil auch) missile; **Raketen|abschuß** m (rocket) launch(ing); **Raketen(abschuß)basis** f (Mil) missile or rocket base; (Space) launch(ing) site; **Raketen|abwehr** f antimissile defence; **Raketen|abwehrrakete** f antimissile missile; **Raketen|antrieb** m rocket propulsion; **mit ~** rocket-propelled; **Raketen|apparat** m rocket(-line) apparatus; **raketenbestückt** adj missile-carrying or -equipped; **Raketenflugzeug** nt rocket-propelled aircraft; **Raketensatz** m set of rockets/missiles; **Raketenstart** m (rocket) launch(ing); (Start mittels Raketen) rocket-assisted take-off; **Raketenstufe** f stage (of a rocket/missile); **Raketenstützpunkt** m missile base; **Raketenversuchsgelände** nt rocket range; (Space) launch(ing) site; **Raketenwerfer** m rocket launcher; **Raketenzeit|alter** nt space age.
Rakett nt -s, -s or -e (old Sport) racket, racquet.
Rallye ['rali, 'rɛli] f -, -s rally. **eine ~ fahren** to drive in a rally; **~ fahren** to go rallying.
Rallyefahrer m rally-driver.
Rammbär, Rammbock m siehe **Ramme**.
rammdösig adj (inf) giddy.
Ramme f -, -n ram(mer); (für Pfähle) piledriver.
Rammelei f 1. (inf: Gedränge) crush, scrum (inf). 2. (sl) banging away (sl).
rammeln vir (dial: herumtoben) to charge about or around. III vi (Hunt) to mate; (sl) to have it off or away (sl).
rammen vt to ram.
Rammler m -s, - buck.
Rampe f -, -n 1. ramp. 2. (Theat) apron, forestage.
Rampenlicht nt (Theat) footlights pl. **sie möchte im ~ stehen** (Theat) she'd like to go on the stage; (fig) she wants to be in the limelight; **im ~ der Öffentlichkeit stehen** (fig) to be in the limelight.
ramponieren* vt (inf) to ruin; Möbel to bash about (inf). **er sah ziemlich ramponiert aus** he looked the worse for wear (inf).
Ramsch m -(e)s, no pl 1. (inf) junk, rubbish, trash. 2. (Skat) (einen) **~ spielen** to play (a) ramsch.
ramschen I vi 1. (inf) to buy cheap junk. 2. (beim Skat) to play (a) ramsch. II vt (Comm) to buy up.
Ramschladen m junk shop; **Ramschware** f trashy goods pl, rubbish.
ran interj (inf) come on, go it (inf). **~ an den Feind!** let's go get 'em! (inf); **~ an die Bouletten** (sl) get stuck in (inf).

Rand *m* **-es, ̈er 1.** edge; (*von Weg, Straße, Schwimmbecken etc auch*) side; (*von Brunnen, Tasse*) top, rim, brim; (*von Abgrund*) brink. **voll bis zum ~** full to the brim, brimful; **am ~e erwähnen, zur Sprache kommen** by the way, in passing; *interessieren* marginally; *beteiligt sein* marginally, on the fringe; *miterleben* on the sidelines; **etw am ~e bemerken** to mention sth in passing *or* in parentheses; **am ~e des Waldes** at the edge of the forest; **am ~e der Stadt** on the outskirts of the town; **am ~e der Verzweiflung/des Wahnsinns** on the verge of despair/ madness; **am ~e des Grabes** *or* **Todes** at death's door; **am ~e des Untergangs** *or* **Ruins** on the brink *or* verge of ruin; **am ~e eines Krieges** on the brink of war; **die Schweizer haben den Krieg nur am ~e miterlebt** the Swiss were only marginally involved in the war *or* only experienced the war from the sidelines; **eine kleine Szene am ~e des Krieges** a small incident on the fringe of the war; **am ~e der Gesellschaft/der politischen Landschaft** on the fringes of society/the political scene.
2. (*Umrandung*) border; (*Teller~*) edge, side; (*Brillen~*) rim; (*von Hut*) brim; (*Seiten~, Buch~, Heft~*) margin. **mit schwarzem ~** black-edged, with a black border; **etw an den ~ schreiben** to write sth in the margin.
3. (*Schmutz~*) ring; (*um Augen auch*) circle; (*in der Badewanne auch*) tidemark. **rote ~er um die Augen haben** to have red rims around one's eyes.
4. (*fig*) **das versteht sich am ~e** that goes without saying; **sie waren außer ~ und Band** there was no holding them, they were going wild; **allein komme ich damit nicht zu ~** e I can't manage (it) by myself; **halt den ~!** (*sl*) shut your face (*sl*).

randalieren* *vi* to rampage (about). **~de Jugendliche** (young) hooligans; **die Jugendlichen zogen ~d durch die Straßen** the youths rampaged *or* went on the rampage *or* ran wild through the streets; **die Gefangenen fingen an zu ~** the prisoners started to get violent.

Randalierer *m* **-s, -** hooligan, troublemaker.

Randbemerkung *f* note in the margin, marginal note; (*fig*) (passing) comment. **etw in einer ~ erwähnen** (*fig*) to mention sth in passing.

Rande *f* **-, -n** (*Sw*) beetroot.

rändeln *vt Münze* to mill.

rändern *vt* to edge, to border.

Rand|erscheinung *f* phenomenon of peripheral importance; (*Nebenwirkung*) side effect; **das Problem des … ist nur eine ~** the problem of … is only of peripheral importance; **Randfigur** *f* minor figure; **Randgebiet** *nt* (*Geog*) edge, fringe; (*Pol*) border territory; (*fig*) subsidiary; **Randglosse** *f* marginal note; **Randgruppe** *f* fringe group; **randlos** *adj Brille* rimless; *Hut* brimless; **Randpersönlichkeit** *f* (*Sociol*) marginal man; **randständig** *adj* (*Sociol*) marginal; **Randstein** *m* *siehe* **Bordstein**;

Randsteller *m* **-s, -** margin stop; **Randzone** *f* peripheral zone *or* area; **in der ~** on the periphery; **diese Staaten sind vorerst noch ~n der Weltpolitik** these states are still on the periphery *or* perimeter of world politics.

Ranft *m* **-(e)s, ̈e** (*dial*) crust, heel (*US, Scot, dial*).

rang *pret of* **ringen.**

Rang *m* **-(e)s, ̈e 1.** (*Mil*) rank; (*in Firma*) position; (*gesellschaftliche Stellung auch*) position, station (*dated*). **im ~(e) eines Hauptmanns stehen** to have the rank of captain; **im ~ höher/tiefer stehen** to have a higher/lower rank/position, to rank higher/lower; **einen hohen ~ bekleiden** to hold a high office; (*Mil*) to have a high rank; **ein Mann von ~ und Würden** a man of considerable *or* high standing, a man of status; **ein Mann ohne ~ und Namen** a man without any standing or reputation; **jdm den ~ streitig machen** (*fig*) to challenge sb's position; **jdm den ~ ablaufen** (*fig*) to outstrip sb.
2. (*Qualität*) quality, class. **ein Künstler/Wissenschaftler von ~** an artist/scientist of standing, a top artist/scientist; **von hohem ~** high-class; **ein Essen ersten ~es** a first-class *or* first-rate meal; **minderen ~es** low-class, second-rate.
3. (*Theat*) circle. **erster/zweiter ~** dress/ upper circle, first/second circle; **wir sitzen (erster/zweiter) ~ Mitte** (*inf*) we're sitting in the middle of the (dress/upper) circle; **vor leeren/überfüllten ~en spielen** to play to an empty/a packed house.
4. **~e** *pl* (*Sport*) stands *pl*.
5. (*Gewinnklasse*) prize category.

Rang|abzeichen *nt* (*Mil*) badge of rank, insignia; **Rang|älteste(r)** *m* (*Mil*) senior officer.

Range *f* **-, -n** (*dial*) urchin.

rangehen *vi sep irreg aux sein* (*inf*) to get stuck in (*inf*). **geh ran!** go on!; **der geht aber ran wie Blücher!** he's a fast worker (*inf*); *siehe* **herangehen.**

Rangelei *f* (*inf*) *siehe* **Gerangel.**

rangeln (*inf*) **I** *vi* to scrap; (*um Sonderangebote auch*) to tussle (*um* for); (*um Posten*) to wrangle (*um* for). **II** *vr* to sprawl about.

Rangfolge *f* order of rank (*esp Mil*) *or* standing; **nach der ~, der ~ nach** in order of rank (*esp Mil*) *or* standing; **Ranghöchste(r)** *mf* senior person/ member *etc*; (*Mil*) highest-ranking officer.

Rangierbahnhof [rã'ʒiːɐ-] *m* marshalling yard.

rangieren* [rã'ʒiːrən] **I** *vt* **1.** (*Rail*) to shunt, to switch (*US*).
2. (*inf: abschieben*) to shove (*inf*), to shunt (*inf*).
II *vi* (*Rang einnehmen*) to rank. **er rangiert gleich hinter dem Abteilungsleiter** he comes directly beneath the head of department; **seine Familie rangiert nur am Rande in seinem Leben** his family take second place; **an erster/letzter Stelle ~** to come first/last, to take first/last place.

Rangierer [rã'ʒiːrɐ] *m* **-s, -** (*Rail*) shunter.
Rangier- [rã'ʒiːɐ-]: **Rangiergleis** *nt* siding,

sidetrack (*US*); **Rangierlok(omotive)** *f* shunter, switcher (*US*).

Rangliste *f* 1. (*Mil*) active list; 2. (*Sport*) (results) table; **Rangloge** *f* (*Theat*) box (in the circle); **rangmäßig** *adj* according to rank; ~ **stehe ich unter ihm** I'm lower than him in rank; **Rang|ordnung** *f* hierarchy; (*Mil*) (order of) ranks; **Rangstufe** *f* rank; **auf der gleichen ~ stehen** to be of *or* to have the same rank; **Rang|unterschied** *m* social distinction; (*Mil*) difference of rank; **wir machen hier keine ~e** we're not status-conscious here.

ranhalten *vr sep irreg* (*inf*) 1. (*sich beeilen*) to get a move on (*inf*). 2. (*schnell zugreifen*) to dig in (*inf*), to get stuck in (*inf*).

rank *adj* (*liter*) ~ **und schlank** slender and supple; **Mädchen auch** slim and sylphlike.

Ranke *f* -, -**n** tendril; (*von Brom-, Himbeeren*) branch; (*von Erdbeeren*) stalk; (*von Weinrebe*) shoot.

Ränke *pl* (*liter*) intrigue, cabal (*liter*). ~ **schmieden** to hatch a plot, to intrigue, to cabal (*liter*).

ranken I *vr* **sich um etw** ~ to entwine itself around sth; (*fig: Geschichten etc*) to have grown up around sth. II *vi aux haben or sein* **an etw** (*dat*) ~ to entwine itself around sth.

Rankengewächs *nt* climbing plant, climber; (*Efeu etc*) creeper; **Rankenwerk** *nt* (*Art*) arabesques *pl*; (*fig*) embellishment.

Ränkeschmied *m* (*liter*) intriguer; **Ränkespiel** *nt* (*liter*) intrigue, cabal (*liter*).

ranklotzen *vi sep* (*sl*) to get stuck in (*inf*).

rankommen *vi sep irreg aux sein* (*inf*) **an etw** (*acc*) ~ to get at sth; **an die Helga ist nicht ranzukommen** you won't get anywhere with Helga (*inf*); **an unseren Chef ist schwer ranzukommen** our boss isn't very easy to get at (*inf*); **niemanden an sich** (*acc*) ~ **lassen** to be standoffish (*inf*), to keep oneself to oneself; *siehe* **herankommen.**

ranlassen *vt sep irreg* (*inf*) **jdn** ~ to let sb have a go; **sie läßt jeden ran** (*sl*) she's anybody's (*inf*), she's an easy lay (*sl*).

ranmachen *vr sep* (*inf*) *siehe* **heranmachen.**

rann *pret of* **rinnen.**

rannte *pret of* **rennen.**

ranschmeißen *vr sep irreg* (*inf*) **sich an jdn** ~ to fling oneself at sb (*inf*).

Ränzel *nt or m* -**s**, - (*old*) knapsack, pack. **sein** ~ **schnüren** to pack up one's belongings.

Ranzen *m* -**s**, - 1. (*Schul~*) satchel. 2. (*inf: Bauch*) belly (*inf*), gut (*sl*). **sich** (*dat*) **den** ~ **voll schlagen** to stuff oneself (*inf*) *or* one's face (*sl*). 3. (*inf: Rücken*) back. **jdm** (*ordentlich*) **den** ~ **vollhauen** to give sb a (good) thrashing.

ranzig *adj* rancid.

rapid(e) *adj* rapid.

Rapier *nt* -**s**, -**e** rapier.

Rappe *m* -**n**, -**n** black horse.

Rappel *m* -**s**, - (*inf*) 1. (*Fimmel*) craze; (*Klaps*) crazy mood. **seinen** ~ **kriegen** to get one of one's crazes/crazy moods; **du hast wohl einen** ~! you must be crazy! 2. (*Wutanfall*) **einen** ~ **haben/kriegen** to

be in a foul *or* filthy mood *or* temper/to throw a fit; **dabei kann man ja einen** ~ **kriegen** it's enough to drive you mad *or* up the wall (*inf*).

rapp(e)lig *adj* (*inf*) 1. (*verrückt*) crazy, cracked (*inf*). **bei dem Lärm kann man ja** ~ **werden** the noise is enough to drive you crazy *or* round the twist (*inf*). 2. (*nervös, unruhig*) jumpy (*inf*).

rappeln *vi* (*inf*) (*lärmen*) to rattle; (*Aus: verrückt sein*) to be crazy. **es rappelt an der Tür** somebody is shaking *or* rattling the door; **bei dir rappelt's wohl!** (*inf*) are you crazy?; **bei dem rappelt's manchmal** he just flips sometimes (*sl*).

Rappen *m* -**s**, - (*Sw*) centime.

Rapport *m* -**(e)s**, -**e** 1. (*old*) report. **sich zum** ~ **melden** to report; **er ist beim Kommandeur zum** ~ he's making a report to the commander. 2. (*Psych*) rapport.

Raps *m* -**es**, -**e** (*Bot*) rape.

Raps|öl *nt* rape(seed) oil.

Raptus *m* -, -**se** (*Med*) fit, raptus (*spec*).

Rapunzel *f* -, -**n** 1. (*Bot*) corn salad, lamb's lettuce. 2. (*Märchen*) Rapunzel.

Rapunzelsalat *m* corn salad.

rar *adj* rare. **sich** ~ **machen** (*inf*) to keep *or* stay away; (*sich zurückziehen*) to make oneself scarce.

Rarität *f* rarity.

Raritätenkabinett *nt* collection of rare objects *or* curios.

rasant *adj* 1. *Schuß-, Flugbahn* level, flat.
2. (*inf*) *Tempo, Spurt* terrific, lightning *attr* (*inf*); *Auto, Fahrer* fast; *Aufstieg, Karriere* meteoric; *Entwicklung, Zerfall* rapid. **das ist vielleicht ein** ~**es Auto** this car really can shift (*inf*); **sie fuhr** ~ **die Straße hinunter** she tore *or* raced down the street.
3. (*inf: imponierend*) *Frau* vivacious; *Leistung* terrific.

Rasanz *f, no pl* 1. (*Mil*) levelness, flatness.
2. (*inf: Geschwindigkeit*) speed. **er jagte mit unheimlicher** ~ **davon** he tore off at a terrific speed *or* lick (*inf*); **er nahm die Kurve mit gekonnter** ~ he took the bend fast and well *or* with daredevil skill; **etw mit** ~ **tun** to do sth in great style.

rasch I *adj* 1. (*schnell*) quick, rapid, swift; *Tempo* great.
2. (*übereilt*) rash, (over-)hasty.
II *adv* 1. quickly, rapidly, swiftly. **nicht so** ~! not so fast *or* quick; ~ **machen** to hurry (up), to get a move on (*inf*); **ich habe so** ~ **wie möglich gemacht** I was as quick *or* fast as I could be.
2. **mit etw** ~ **bei der Hand sein** to be rash *or* (over-)hasty about sth, to be too quick off the mark with sth (*inf*).

rascheln *vi* to rustle. **es raschelt** (**im Stroh/Laub**) there's something rustling (in the straw/leaves); **mit etw** ~ to rustle sth.

rasen *vi* 1. (*wüten, toben*) to rave; (*Sturm*) to rage. **er raste vor Schmerz/Wut** he was going wild with pain/he was mad with rage; **er raste vor Eifersucht** he was halfcrazed with jealousy; **die Zuschauer rasten vor Begeisterung** the spectators were/went wild with excitement.
2. *aux sein* (*sich schnell bewegen*) to race, to tear; (*Puls*) to race. **der Renn-**

wagen raste in die Menge/gegen einen Baum the racing car crashed *or* smashed into the crowd/a tree; **das Auto raste in den Fluß** the car crashed into the river; **wenn wir den Zug noch erreichen wollen, müssen wir** ~ (*inf*) if we're going to catch that train we'll have to shift (*inf*); **ras doch nicht so!** (*inf*) don't go so fast!; **die Zeit rast** time flies.

3. *aux sein* (*inf: herumhetzen*) to race *or* run around.

Rasen *m* **-s, -** lawn, grass *no indef art, no pl*; (*von Sportplatz*) turf, grass; (*Sportplatz*) field, pitch; (*Tennis*) court. „**bitte den** ~ **nicht betreten**" "please keep off the grass"; **ihn deckt jetzt der grüne** ~ (*liter*) now he lies beneath the green sward (*liter*).

Rasenbank *f* grassy bank; **rasenbedeckt, rasenbewachsen** *adj* grassy, grass-covered, covered with grass.

rasend I *adj* **1.** (*enorm*) terrific; *Eile auch* tearing; *Hunger, Durst auch* raging; *Beifall auch* wild, rapturous; *Eifersucht* burning; *Schmerz auch* excruciating. ~**e Kopfschmerzen** a splitting headache.

2. (*wütend*) furious, livid, raging. **jdn** ~ **machen** to make sb furious *or* livid *or* wild (*inf*); **er macht mich noch** ~ he'll drive me crazy; **ich könnte** ~ **werden** I could scream; **es ist zum R~werden** it's absolutely infuriating *or* maddening.

II *adv* (*inf*) terrifically, enormously; *weh tun, sich beeilen, applaudieren* like mad (*inf*) *or* crazy (*inf*); *lieben, verliebt, eifersüchtig sein* madly (*inf*). ~ **viel Geld** heaps *or* pots of money (*inf*); ~ **gern!** I'd simply love to!

Rasende(r) *mf decl as adj* madman/madwoman, maniac.

Rasenfläche *f* lawn; **Rasenmäher** *m*, **Rasenmähmaschine** *f* lawn-mower; **Rasenplatz** *m* (*Ftbl etc*) field, pitch; (*Tennis*) grass court; **Rasensport** *m sport played on grass*, outdoor sport; **Rasensprenger** *m* **-s, -** (lawn) sprinkler; **Rasenstück** *nt* patch of grass.

Raser *m* **-s, -** (*inf*) speed maniac (*inf*) *or* merchant (*inf*).

Raserei *f* **1.** (*Wut*) fury, rage, frenzy. **2.** (*inf: schnelles Fahren, Gehen*) mad rush.

Rasier- *in cpds* shaving; **Rasier|apparat** *m* razor; (*elektrisch auch*) shaver; **Rasiercreme** *f* shaving cream.

rasieren* **I** *vt* **1.** to shave. **sich** ~ **lassen** to have a shave; **sie rasiert sich** (*dat*) **die Beine** she shaves her legs. **2.** (*inf: streifen*) to scrape. **II** *vr* to (have a) shave. **sich naß/trocken** ~ to have a wet shave/to use an electric shaver.

Rasierklinge *f* razor blade; **Rasiermesser** *nt* (open) razor, cut-throat razor; **Rasierpinsel** *m* shaving brush; **Rasierschale** *f* shaving mug; **Rasierseife** *f* shaving soap; **Rasierwasser** *nt* aftershave/pre-shave (lotion); **Rasierzeug** *nt* shaving things *pl or* equipment.

Räson [rɛˈzõː] *f* **-, *no pl*** **er will keine** ~ **annehmen** he refuses to *or* won't listen to reason; **jdn zur** ~ **bringen** to make sb listen to reason, to make sb see sense.

räsonieren* *vi* (*old*) to grumble.

Raspel *f* **-, -n 1.** (*Holzfeile*) rasp. **2.** (*Cook*) grater.

raspeln *vt* to grate; *Holz* to rasp.

raß, räß *adj* (*S Ger, Sw, Aus*) *Most, Speise* sharp; *Pferd* fiery; *Kellnerin* bossy.

Rasse *f* **-, -n** (*Menschen~*) race; (*Tier~*) breed; (*fig*) spirit, hot-bloodedness. **das Mädchen hat** ~ she's a hot-blooded girl; **das Pferd/der Hund hat** ~ that horse/dog has spirit.

Rassehund *m* pedigree *or* thoroughbred dog.

Rassel *f* **-, -n** rattle.

Rasselbande *f* (*dated inf*) mischievous bunch (*inf*).

rasseln *vi* **1.** to rattle. **mit** *or* **an etw** (*dat*) ~ to rattle sth. **2.** *aux sein* (*inf*) **durch eine Prüfung** ~ to flunk an exam (*inf*).

Rassen- *in cpds* racial; **Rassendiskriminierung** *f* racial discrimination; **Rassenforschung** *f* ethnogeny (*form*), racial research; **Rassenfrage** *f* race *or* racial problem; (*Farbige betreffend*) colour problem; **Rassenhaß** *m* race *or* racial hatred; **Rassenhygiene** *f* (*NS*) eugenics *sing*; **Rassenkampf** *m* racial struggle; **Rassenkrawall** *m* race *or* racial riot; **Rassenkreuzung** *f* (*von Tieren*) cross-breeding; (*Tier*) crossbreed, crossbred; **Rassenkunde** *f* ethnogeny (*form*), study of race; **Rassenmerkmal** *nt* racial characteristic; **Rassenmischung** *f* mixture of races; (*bei Tieren*) cross-breeding; (*Tier*) crossbreed, crossbred; **Rassenproblem** *nt siehe* **Rassenfrage**; **Rassenschande** *f* Nazi term for sexual relations with a non-Aryan; **Rassenschranke** *f* racial barrier, barrier of race; (*Farbige betreffend*) colour bar; **Rassentrennung** *f* racial segregation.

Rassepferd *nt* thoroughbred (horse); **rasserein** *adj siehe* **reinrassig**; **Rassereinheit** *f* racial purity; **Rassevieh** *nt* thoroughbred *or* pure-bred animal(s).

rassig *adj Pferd, Auto* sleek; *Frau* vivacious and hot-blooded; *Erscheinung, Gesichtszüge* sharp, striking; *Wein* spirited, lively; *Zigeuner, Spanier* fiery, hot-blooded.

rassisch *adj* racial. **jdn** ~ **verfolgen** to persecute sb because of his/her race.

Rassismus *m* racialism, racism.

rassistisch *adj* racialist, racist.

Rast *f* **-, *no pl*** rest, repose (*liter*). ~ **machen** to stop (to eat); (*Mil*) to make a halt; **er gönnt sich keine** ~ he won't rest, he allows himself no respite; **ohne** ~ **und Ruh** (*liter*) without pause for rest, without respite.

Raste *f* **-, -n** notch.

rasten *vi* to rest; (*Mil*) to make a halt. **er hat nicht gerastet und geruht, bis ...** (*liter*) he did not rest until ...; **wer rastet, der rostet** (*Prov*) you have to keep active; you have to keep in practice.

Raster *m* **-s, -** (*Archit*) grid; (*Typ*) halftone *or* raster screen; (*Phot: Gitter*) screen; (*TV*) raster; (*fig*) framework.

Raster|ätzung *f* halftone (engraving); **Rasterfahndung** *f* screen search; **Rasterpunkt** *m* (*Typ*) (halftone) dot; (*TV*) picture element.

Rasterung f (TV) scanning.

Rasthaus nt (travellers') inn; (an Autobahn: auch **Rasthof**) service area (including motel); **rastlos** adj (unruhig) restless; (unermüdlich) tireless, untiring; ~ **tätig sein** to work tirelessly or ceaselessly; **Rastlosigkeit** f restlessness; **Rastplatz** m resting place, place to rest; (an Autostraßen) picnic area; **Raststätte** f service area, services pl; **Rasttag** m rest day.

Rasur f 1. (Bart~) shave. 2. (radierte Stelle) erasure.

Rat m **-(e)s** 1. pl **Ratschläge** (Empfehlung) advice no pl, counsel no pl (liter). **ein** ~ **a** piece of advice; **jdm einen** ~ **geben** to give sb a piece of advice; **jdm den** ~ **geben, etw zu tun** to advise sb to do sth; **jdn um** ~ **fragen, sich** (dat) **bei jdm** ~ **holen** to ask sb's advice or sb for advice; **gegen jds** ~ **handeln** to go against or act against or ignore sb's advice; **auf jds** ~ (acc) (hin) on or following sb's advice; **jdm mit** ~ **und Tat beistehen** or **zur Seite stehen** to support sb or back sb up in (both) word and deed; **da ist guter** ~ **teuer** it's hard to know what to do.

2. no pl (Beratung) **mit jdm zu** ~**e gehen** (liter) to seek sb's advice, to consult sb; **ich muß erst mit mir zu** ~**e gehen** I'll have to consider it first; **jdn/etw zu** ~**e ziehen** to consult sb/sth; **einen Anwalt/Arzt zu** ~**e ziehen** to take legal/medical advice, to consult a lawyer/doctor; **einen Kollegen zu** ~**e ziehen** to get a second opinion, to consult a colleague.

3. no pl (Abhilfe) ~ **schaffen** (liter) to show what is to be done; **sie wußte sich** (dat) **keinen** ~ **mehr** she was at her wit's end; **sich** (dat) **keinen** ~ **mit etw wissen** not to know what to do about sth.

4. pl **-e** (Körperschaft) council; (Sowjet) soviet. **der** ~ **der Gemeinde/Stadt** ≈ the district council; **der Große** ~ (Sw) the cantonal parliament; **den** ~ **einberufen** to call a council meeting; **im** ~ **sitzen** to be on the council.

5. pl **-e** (Person) senior official; siehe **wissenschaftlich, geheim.**

Rate f **-, -n** instalment (Brit), installment (US). **auf** ~**n kaufen** to buy in instalments or on hire purchase (Brit) or on the installment plan (US); **in** ~**n zahlen** to pay in instalments.

raten pret **riet**, ptp **geraten** vti 1. (Ratschläge geben) to advise. **jdm gut/richtig/schlecht** ~ to give sb good/correct/bad advice; **jdm zu etw** ~ to recommend sth to sb, to advise sb to do/take/buy etc sth; **jdm** ~**, etw nicht zu tun** to advise sb not to do sth, to advise sb against doing sth; **zu dieser langen Reise kann ich dir nicht** ~ I must advise you against making this long journey; **das würde ich dir nicht** ~ I wouldn't advise or recommend it; **das möchte ich dir nicht** ~ or **geraten haben** I wouldn't advise or recommend it, I wouldn't if I were you; **das möchte ich dir auch geraten haben!** you better had (inf); **was or wozu** ~ **Sie mir?** what do you advise or recommend?; **er läßt sich nicht** ~ he won't listen

to or take advice; **laß dir** ~! take some advice, be advised; **ich weiß mir nicht zu** ~ (old) I'm at a loss; **wem nicht zu** ~ **ist, dem ist auch nicht zu helfen** (prov) a bit of advice never hurt anybody; **ich halte es für geraten** I think it would be advisable.

2. (erraten, herausfinden) to guess; **Kreuzworträtsel etc** to solve, to do. **hin und her** ~ to make all sorts of guesses; **rate mal!** (have a) guess; **dreimal darfst du** ~ I'll give you three guesses (auch iro); **das rätst du nie!** you'll never guess!; (gut) **geraten!** good guess!; **falsch geraten!** wrong!; **das kann ich nur** ~ I can only make a guess, I can only guess at it.

Ratenkauf m hire purchase (Brit), HP (Brit inf), the installment plan (US); **ratenweise** adv in instalments; **Ratenzahlung** f (Zahlung einer Rate) payment of an instalment; (Zahlung in Raten) payment by instalments.

Räteregierung f soviet government.

Räterepublik f soviet republic (esp in Bavaria 1919).

Ratespiel nt guessing game; (TV) quiz; (Beruferaten etc auch) panel game.

Ratgeber m adviser, counsellor (form); **Rathaus** nt town hall; (einer Großstadt) city hall; **Rathaussaal** m council chamber.

Ratifikation f ratification.

ratifizieren* vt to ratify.

Ratifizierung f ratification.

Rätin f siehe **Rat 5.**

Ratio ['ra:tsio] f **-, no pl** reason. **es ist ein Gebot der** ~, **zu ...** reason demands that ..., it's only rational to ...

Ration [ra'tsio:n] f ration. **jeder bekommt eine bestimmte** ~ everyone gets fixed rations; **eiserne** ~ iron rations pl.

rational [ratsio'na:l] adj rational.

rationalisieren* [ratsionali'zi:rən] vti to rationalize.

Rationalisierung [ratsionali'zi:ruŋ] f rationalization.

Rationalisierungsfachmann m efficiency expert, time and motion (study) expert or man; **Rationalisierungsmaßnahme** f rationalization or efficiency measure.

Rationalismus [ratsiona'lısmʊs] m rationalism.

Rationalist [ratsiona'lıst] m rationalist.

rationalistisch [ratsiona'lıstıʃ] adj rationalist(ic).

Rationalität [ratsionali'tɛːt] f rationality; (Leistungsfähigkeit) efficiency.

rationell [ratsio'nɛl] adj efficient.

rationenweise [ratsio:nən-] adv in rations.

rationieren* [ratsio'ni:rən] vt to ration.

Rationierung [ratsio'ni:ruŋ] f rationing.

Rationierungssystem nt rationing system.

rationsweise [ratsi'o:nz-] adv siehe **rationenweise.**

ratlos adj helpless. **ich bin völlig** ~(, **was ich tun soll)** I'm at a complete loss (as to what to do), I just don't know what to do; ~**e Eltern** parents who are at a loss to know what to do with their children; **sie machte ein** ~**es Gesicht** she looked helpless or at a loss; **einer Sache** (dat) ~ **gegenüber-**

stehen to be at a loss when faced with sth; **sie sahen sich ~ an** they looked at each other helplessly.

Ratlosigkeit *f* helplessness. **in meiner ~ ...** not knowing what to do ...

Rätoromane *m* Rhaetian.

rätoromanisch *adj* Rhaetian; *Sprache* Rhaeto-Romanic.

ratsam *adj* advisable. **ich halte es für ~, das zu tun** I think it (would be) advisable to do that.

Ratsbeschluß *m* decision of the local council.

ratsch *interj* rip.

Ratsche, Rätsche *f* -, **-n** (*S Ger, Aus*) rattle.

ratschen, rätschen *vi* (*S Ger, Sw*) **1.** (*mit der Ratsche*) to rattle. **2.** (*inf: schwatzen*) to blather (*inf*).

Ratschlag *m* piece *or* bit of advice. **ein guter ~** a good piece of advice, good advice; **Ratschläge** advice; **drei Ratschläge** three pieces of advice; **jdm einen ~ geben** *or* **erteilen** to give sb a piece of advice *or* some advice.

ratschlagen *vi insep* (*old*) to deliberate, to consult (together).

Ratschluß *m* (*liter*) decision. **Gottes ~** the will of God; **Gottes unerforschlichem ~ hat es gefallen ...** it has pleased the Lord in his mysterious wisdom ...

Rätsel *nt* -s, **-** **1.** riddle; (*Kreuzwort~*) crossword (puzzle); (*Silben~, Bilder~ etc*) puzzle. **jdm ein ~ aufgeben** to give *or* ask sb a riddle; **das plötzliche Verschwinden des Zeugen gab der Polizei ~ auf** the sudden disappearance of the witness baffled the police.

2. (*fig: Geheimnis*) riddle, mystery, enigma (*um of*). **die Polizei konnte das ~ lösen** the police have solved the riddle *or* mystery; **vor einem ~ stehen** to be faced with a riddle *or* mystery, to be baffled; **es ist mir ein ~, wie ...** it's a mystery to me how ..., it baffles *or* beats (*inf*) me how ...; **er ist mir ein ~** he's a mystery *or* an enigma to me; **in ~n sprechen** to talk in riddles; **das ist des ~s Lösung!** that's the answer.

Rätsel|ecke *f* puzzle corner; **Rätselfrage** *f* question; **rätselhaft** *adj* mysterious; *Gesichtsausdruck, Lächeln auch* enigmatic; **auf ~e Weise** mysteriously; **es ist mir ~** it's a mystery to me, it baffles me; **Rätselhaftigkeit** *f* mysteriousness; **Rätselheft** *nt* puzzle book.

rätseln *vi* to puzzle (over sth), to rack one's brains.

Rätselraten *nt* guessing game; **~ ist nicht meine starke Seite** guessing isn't my strong/guessing games aren't my forte; **rätselvoll** *adj* (*geh*) mysterious; **Rätselzeitung** *f siehe* **Rätselheft.**

Ratsherr *m* councillor (*esp Brit*), councilman (*US*); **Ratskeller** *m* rathskeller (*US*) (*cellar bar/restaurant under the town hall*); **Ratssitzung** *f* council meeting.

ratsuchend *adj* seeking advice. **sich ~ an jdn wenden** to turn to sb for advice; **R~e** people/those wanting *or* seeking advice.

Ratte *f* -, **-n** rat. **eine widerliche ~** (*sl*) a dirty rat (*sl*); **die ~n verlassen das sinkende**

Schiff (*prov*) the rats are leaving the sinking ship.

Rattenbekämpfung *f* rat control; **Rattenfänger** *m* rat-catcher; (*Hund*) ratter; (*fig*) rabble-rouser; **der ~ von Hameln** the Pied Piper of Hameln; **Rattengift** *nt* rat poison; **Rattenschwanz** *m* **1.** (*lit*) rat's tail; **2.** *usu pl* (*inf: Zopf*) bunch; **3.** (*fig inf: Serie, Folge*) string.

rattern *vi* (*mit Bewegungsverb*) *aux sein* to rattle, to clatter; (*Maschinengewehr*) to chatter.

ratzekahl *adv* (*inf*) completely, totally. **alles ~ aufessen** (*Vorräte*) to eat the cupboard bare (*inf*); (*Portion*) to polish off the lot (*inf*).

ratzen *vi* (*dial inf*) to kip (*inf*). **ich hab' vielleicht geratzt** I had a really good kip (*inf*).

Raub *m* -(e)s, *no pl* **1.** (*das Rauben*) robbery. **auf ~ ausgehen** (*Tiere*) to go out hunting *or* on the prowl; (*Räuber*) to go out pillaging.

2. (*Entführung*) abduction. **der ~ der Sabinerinnen** the rape of the Sabine women.

3. (*Beute*) booty, loot, spoils *pl*. **ein ~ der Flammen werden** (*liter*) to fall victim to the flames.

Raubbau *m, no pl* overexploitation (of natural resources); (*am Wald*) overfelling; (*an Äckern*) overcropping; (*an Weideland*) overgrazing; **~ an etw** (*dat*) **treiben** to overexploit *etc* sth; **mit seiner Gesundheit ~ treiben** to ruin one's health; **Raubdruck** *m* pirate(d) edition.

rauben **I** *vt* **1.** (*wegnehmen*) to steal. **jdm etw ~** to rob sb of sth.

2. (*entführen*) to abduct, to carry off.

3. (*fig*) **jdm etw ~** to rob sb of sth; **das hat uns viel Zeit geraubt** it cost us a lot of time; **jdm die Unschuld ~** (*obs, iro*) to take sb's virginity; **du raubst mir noch die letzten Nerven!** you'll drive me mad.

II *vi* to rob, to plunder, to pillage.

Räuber *m* -s, **-** robber, brigand (*old*); (*bei Banküberfall etc auch*) raider; (*Wegelagerer*) highwayman. **Ali Baba und die vierzig ~** Ali Baba and the forty thieves; **unter die ~ fallen** *or* **geraten** to fall among thieves; **der Fuchs ist ein ~** the fox is a beast of prey *or* a predator; **~ und Gendarm** cops and robbers.

Räuberbande *f* robber band, band of robbers; (*pej*) bunch of thieves.

Räuberei *f* (*inf*) robbery.

Räubergeschichte *f* **1.** story about robbers; **2.** (*fig*) cock-and-bull story (*inf*); **Räuberhauptmann** *m* robber-chief; **Räuberhöhle** *f* **1.** (*lit*) robbers' cave; **2.** (*fig inf: Durcheinander*) pigsty.

räuberisch *adj* rapacious, predatory. **~er Diebstahl** (*Jur*) theft in which force *or* the threat of violence is used to remain in possession of the stolen goods; **~e Erpressung** (*Jur*) armed robbery, robbery using the threat of violence; **in ~er Absicht** with intent to rob.

Räuberpistole *f siehe* **Räubergeschichte 2.; Räuberzivil** *nt* (*hum inf*) scruffy old clothes *pl* (*inf*).

Raubfisch *m* predatory fish, predator; **Raubgier** *f* (*liter*) rapacity; **raubgierig** *adj* (*liter*) rapacious; **Raubkatze** *f* (predatory) big cat; **Raubkrieg** *m* war of conquest; **der ~ gegen unser Land** the rape of our country; **Raubmord** *m* robbery with murder; **Raubmörder** *m* robber and murderer; **Raubpressung** *f* pirated version of a/the record; **Raubritter** *m* robber baron; **Raubtier** *nt* predator, beast of prey; **Raubtierkäfig** *m* lion's/tiger's *etc* cage; **Raub|überfall** *m* robbery; (*auf Bank etc auch*) raid; **einen ~ auf jdn begehen** to hold sb up; **,,~ auf Taxifahrer''** "taxi-driver attacked and robbed"; **Raubvogel** *m* bird of prey, predator; **Raubwild** *nt* (*Hunt*) predatory game; **Raubzeug** *nt* (*Hunt*) vermin *pl*; **Raubzug** *m* series *sing* of robberies; (*von Tieren*) hunting excursion; **auf ~ gehen** (*Einbrecher*) to commit a series of robberies; (*Tier*) to go hunting *or* on the prowl.

Rauch *m* **-(e)s**, *no pl* smoke; (*giftig auch*) fumes *pl*. **in ~ und Flammen aufgehen** to go up in smoke *or* flames; **in ~ aufgehen** (*lit*, *fig*), **sich in ~ auflösen** (*fig*) to go up in smoke; **Würste in den ~ hängen** to hang sausages up to smoke; **kein ~ ohne Feuer** (*Prov*) there's no smoke without fire (*prov*).

Rauch|abzug *m* smoke outlet; **rauchbar** *adj* smok(e)able; **hast du was R~es?** have you got anything to smoke?; **Rauchbombe** *f* smoke bomb.

rauchen I *vi* (*Rauch abgeben*) to smoke, to give off smoke. **sonst raucht's** (*inf*) or there'll be trouble, or else (*inf*); **mir raucht der Kopf** my head's spinning.
  II *vti* to smoke. **möchten Sie ~?** do you want to smoke?; (*Zigarette anbietend*) would you like a smoke *or* a cigarette?; **nach dem Essen rauche ich gern** I like a *or* to smoke after a meal; **eine ~ to** have a smoke; **hast du was zu ~?** have you got a smoke?; **,,R~ verboten''** "no smoking"; **sich** (*dat*) **das R~ an-/abgewöhnen** to take up/give up smoking; **viel** *or* **stark ~ to** be a heavy smoker, to smoke a lot; **~ Sie?** do you smoke?

Rauch|entwicklung *f* production *or* formation of smoke. **mit großer/geringer ~** with high/low smoke levels.

Raucher *m* **-s**, **- 1.** smoker. **2.** (*Rail:* ~*abteil*) smoker, smoking compartment.

Räucher|aal *m* smoked eel.

Raucher|abteil *nt* smoking compartment, smoker.

Räucherfaß *nt* (*Eccl*) censer; **Räuchergefäß** *nt* incense burner; **Räucherhering** *m* kipper, smoked herring.

Raucherhusten *m* smoker's cough.

Raucherin *f* smoker.

Räucherkammer *f* smoking chamber, smokehouse; **Räucherkerze** *f* scented candle.

räuchern I *vt* to smoke. **II** *vi* (*inf: mit Weihrauch*) to burn incense. **hier räuchert's** there's a burning smell in here.

Räucherschinken *m* smoked ham; **Räucherspeck** *m* ≃ smoked bacon; **Räucherstäbchen** *nt* joss stick; **Räu-**

cherwaren *pl* smoked foods *pl*.

Rauchfahne *f* smoke trail, trail of smoke; **Rauchfang** *m* **1.** (*Rauchabzug*) chimney hood; **2.** (*Aus*) chimney; **Rauchfangkehrer** *m* (*Aus*) (chimney) sweep; **Rauchfaß** *nt* (*Eccl*) censer; **Rauchfleisch** *nt* smoked meat; **Rauchgase** *pl* fumes *pl*; **rauchgeschwängert** *adj* smoke-filled, heavy with smoke; **rauchgeschwärzt** *adj* blackened by smoke, smoke-blackened; **Rauchglas** *nt* smoked glass; **Rauchglocke** *f* pall of smoke.

rauchig *adj* smoky.

Rauchpilz *m* mushroom cloud; **Rauchquarz** *m* smoky quartz, cairngorm; **Rauchsalon** *m* smoking *or* smoke room; **Rauchsäule** *f* column *or* pillar of smoke; **Rauchschwaden** *pl* drifts of smoke *pl*; **Rauchschwalbe** *f* swallow; **Rauchsignal** *nt* smoke signal; **Rauchtabak** *m* (*form*) tobacco; **Rauchtisch(chen** *nt*) *m* smoker's table; **Rauchtopas** *m* siehe **Rauchquarz**; **Rauch|utensilien** *pl* smoker's requisites *pl*; **Rauchverbot** *m* smoking ban, ban on smoking; **hier herrscht ~** smoking is not allowed here, there's no smoking here; **Rauchvergiftung** *f* fume poisoning; **eine ~ erleiden** to be overcome by fumes; **Rauchverzehrer** *m* **-s**, **-** smoke dispeller, *small, often ornamental device for neutralizing tobacco smoke*; **Rauchwaren**[1] *pl* tobacco (products *pl*); **Rauchwaren**[2] *pl* (*Pelze*) furs *pl*; **Rauchwarenhändler** *m* furrier; **Rauchwolke** *f* cloud of smoke; **Rauchzimmer** *nt* smoking *or* smoke room.

Räude *f* **-**, **-n** (*Vet*) mange.

räudig *adj* mangy. **du ~er Hund!** (*old inf*) you dirty dog!

rauf *adv* (*inf*) **~!** (get) up!; *siehe* **herauf**, **hinauf**.

Raufbold *m* **-(e)s**, **-e** (*dated*) ruffian, roughneck.

Raufe *f* **-**, **-n** hay rack.

raufen I *vt* *Unkraut* to pull up; *Flachs* to pull. **sich** (*dat*) **die Haare ~** to tear (at) one's hair. **II** *vir* to scrap, to fight.

Rauferei *f* scrap, rough-house (*inf*). **nur eine harmlose ~** just a harmless little scrap.

Raufhandel *m* (*old, form*) affray (*form*); **Rauflust** *f* pugnacity; **rauflustig** *adj* ready for a fight *or* scrap, pugnacious.

rauh *adj* **1.** rough. **eine ~e Schale haben** (*fig*) to be a rough diamond.
  2. *Hals*, *Kehle* sore; *Stimme* husky; (*heiser*) hoarse; (*unfreundlich*) rough.
  3. *Wetter* rough, raw; *Wind*, *Luft* raw; *See* rough; *Klima*, *Winter* harsh, raw; (*unwirtlich*) *Gebiet* bleak, stark; *Stadt* tough. **im ~en Norden** in the rugged north; **(die) ~e Wirklichkeit** harsh reality, the hard facts *pl*; **hier herrschen ja ~e Methoden** their/his *etc* methods are brutal.
  4. (*barsch*, *grob*) *Benehmen*, *Wesen* rough; (*hart*) *Mann* tough, rugged; *Sitten auch* rough-and-ready; *Ton*, *Worte*, *Behandlung auch* harsh. **~, aber herzlich** bluff; *Begrüßung*, *Ton* rough but jovial; **er ist ~, aber herzlich** he's a rough diamond.

5. (*inf*) in ~**en Mengen** by the ton (*inf*), galore (*inf*); **Zucker** in ~**en Mengen** sugar by the ton, sugar galore.

Rauhbein *nt* (*inf*) rough diamond; **rauhbeinig** *adj* (*inf*) rough-and-ready.

Rauheit *f, no pl siehe adj* **1.** roughness. **2.** soreness; huskiness; hoarseness; roughness. **3.** roughness, rawness; rawness; roughness; harshness; bleakness; toughness. **4.** roughness; toughness; rough-and-readiness; harshness.

Rauhfasertapete *f* woodchip paper; **Rauhhaardackel** *m* wire-haired dachshund; **Rauhputz** *m* roughcast; **Rauhreif** *m* hoarfrost; (*gefrorener Nebel*) rime.

Raum *m* -(e)s, **Räume 1.** *no pl* (*Platz*) room, space; (*Weite*) expanse. ~ **schaffen** to make some space *or* room; **auf engstem** ~ **leben** to live in a very confined space; **eine Frage/ein Problem steht im** ~ there's one question/one problem; **eine Frage in den** ~ **stellen** to pose a question. **2.** (*Spielraum*) room, scope. **3.** (*Zimmer*) room. **4.** (*Gebiet, Bereich*) area; (*fig*) sphere. **der** ~ **Frankfurt** the Frankfurt area; **im geistigen** ~ in the intellectual sphere; ~ **gewinnen** (*Mil, fig*) to gain ground. **5.** *no pl* (*Phys, Space*) space *no art.* **der leere** ~ the void.

Raum|anzug *m* spacesuit; **Raum|aufteilung** *f* floor plan; **Raum|ausstatter-(in** *f*) *m* -s, - interior decorator; **Raumbild** *nt* stereoscopic *or* 3-D picture; **Raumbildverfahren** *nt* stereoscopy.

Räumboot *nt* minesweeper.

Raum|einheit *f* unit of volume.

räumen I *vt* **1.** (*verlassen*) *Gebäude, Gebiet* to clear, to evacuate; (*Mil: Truppen*) to move out of, to withdraw from; *Wohnung* to vacate, to move out of; *Hotelzimmer* to vacate, to check out of; *Sitzplatz* to vacate, to give up. **wir müssen die Wohnung bis Mittwoch** ~ we have to be out of the flat by Wednesday. **2.** (*leeren*) *Gebäude, Straße, Warenlager* to clear (*von* of). „**wir** ~" "clearance sale"; **wegen Einsturzgefahr mußte das Gebäude geräumt werden** the building had to be evacuated *or* cleared because of the danger of it collapsing. **3.** (*woanders hinbringen*) to shift, to move; (*entfernen*) *Schnee, Schutt auch* to clear (away); *Minen* to clear; (*auf See*) to sweep, to clear. **räum deine Sachen in den Schrank** put your things away in the cupboard; **er hat seine Sachen aus dem Schrank geräumt** he cleared his things out of the cupboard; **kannst du deine Bücher vom Tisch** ~? can you clear your books off the table?

II *vi* (*auf~*) to clear up; (*um~*) to rearrange things. **in etw** (*dat*) ~ to rummage around in sth.

Raum|entweser *m* -s, - (*form*) pest exterminator; **Raum|ersparnis** *f* space-saving; **aus Gründen der** ~ to save space, for reasons of space; **Raumfähre** *f* space shuttle; **Raumfahrer** *m* spaceman, astronaut; (*sowjetisch*) cosmonaut.

Raumfahrt *f* space travel *no art or* flight *no art.* **Ausgaben für die** ~ the space bud-

get; **mit der Entwicklung der** ~ with the development of space technology; **das Zeitalter der** ~ the space age.

Raumfahrt- *in cpds* space; **Raumfahrtbehörde** *f* space authority; **Raumfahrtmedizin** *f* space medicine; **Raumfahrtprogramm** *nt* space programme; **Raumfahrttechnik** *f* space technology.

Raumfahrzeug *nt* spacecraft.

Räumfahrzeug *nt* bulldozer; (*für Schnee*) snow-clearer.

Raumflug *m* space flight; (*Forschungsflug auch*) space mission; **Raumforschung** *f* space research; **Raumgestaltung** *f* interior design; **Raumgitter** *nt* (*Min*) (crystal *or* space) lattice; **Raum|inhalt** *m* volume, (cubic) capacity; **Raumkapsel** *f* space capsule; **Raumklang** *m* stereoscopic sound; **Raumlehre** *f* geometry.

räumlich *adj* **1.** (*den Raum betreffend*) spatial. ~**e Verhältnisse** physical conditions; ~**e Nähe** physical closeness, spatial proximity; **wir wohnen** ~ **sehr beengt** we live in very cramped conditions; **rein** ~ **ist das unmöglich** (just) from the point of view of space it's impossible. **2.** (*dreidimensional*) three-dimensional. ~**es Anschauungsvermögen** capacity to think in three dimensions; ~ **sehen** to see in three dimensions *or* three-dimensionally; **ich kann mir das nicht** ~ **vorstellen** I can't really picture it.

Räumlichkeit *f* **1.** *no pl* three-dimensionality. **2.** ~**en** *pl* premises *pl*.

Raummangel *m* lack of space *or* room; **Raummaß** *nt* unit of capacity; **Raummeter** *m or nt* cubic metre (*of stacked wood*); **Raumnot** *f* shortage of space; **Raum|ordnung** *f* environmental planning; **Raum|ordnungsplan** *m* development plan; **Raumpflegerin** *f* cleaner, cleaning lady.

Räumpflug *m* snowplough, snowplow (*US*).

Raumplanung *f siehe* **Raumordnung**; **Raumschiff** *nt* spaceship; **Raumsonde** *f* space probe; **Raumstation** *f* space station; **Raumtransporter** *m* space shuttle.

Räumtrupp *m* clearance gang *or* workers *pl*.

Räumung *f* clearing; (*von Wohnung, Gebäude*) vacation; (*wegen Gefahr etc*) evacuation; (*unter Zwang*) eviction; (*von Lager, Vorräten, Geschäft*) clearance. „**wegen** ~ **alle Preise radikal herabgesetzt!**" "all prices reduced to clear".

Räumungs|arbeiten *pl* clearance operations *pl*; **Räumungsbefehl** *m* eviction order; **Räumungsklage** *f* action for eviction; **Räumungsverkauf** *m* clearance sale.

Raumverschwendung *f* waste of space.

raunen *vti* (*liter*) to whisper. **es ging ein R~ durch die Menge** a murmur went through the crowd.

raunzen *vi* (*inf: S Ger, Aus*) to grouse (*inf*), to grouch (*inf*).

Raupe *f* -, -n **1.** caterpillar. **2.** (*Planier~*) caterpillar; (*Kette*) caterpillar track.

Raupenfahrzeug *nt* caterpillar (vehicle);

Raupenkette *f* caterpillar track; **Raupenschlepper** *m* caterpillar (tractor).

raus *adv* (*inf*) ~! (get) out!; *siehe* **heraus, hinaus**.

Rausch *m* **-(e)s, Räusche 1.** (*Trunkenheit*) intoxication, inebriation; (*Drogen~*) state of euphoria, high (*sl*). **sich** (*dat*) **einen ~ antrinken** to get drunk; **einen ~ haben** to be drunk; **etw im ~ tun/sagen** to do/say sth under the influence *or* while one is drunk; **seinen ~ ausschlafen** to sleep it off.
2. (*liter: Ekstase*) ecstasy, transport (*liter*), rapture; (*Blut~, Mord~ etc*) frenzy. **im ~ der Leidenschaft** inflamed with passion; **der ~ der Geschwindigkeit** the thrill of speed.

rausch|arm *adj* (*Rad*) low-noise.

Rauschebart *m* (*inf*) big bushy beard; (*Mann*) man with a big bushy beard.

rauschen *vi* **1.** (*Wasser, Meer, Wasserfall*) to roar; (*sanft*) to murmur; (*Brandung*) to boom, to roar; (*Baum, Wald*) to rustle; (*Wind*) to murmur; (*Seide*) to rustle, to swish; (*Korn*) to swish; (*Regen*) to pour *or* swoosh down; (*Radio, Lautsprecher etc*) to hiss; (*Muschel*) to sing; (*Applaus*) to resound. **im ~den Walde** in the gently murmuring forest; **mit ~den Flügeln** with a swish *or* swoosh of its wings; **~de Feste** glittering parties; **eine ~e Ballnacht** a glittering ball.
2. *aux sein* (*sich bewegen*) (*Bach*) to rush; (*Bumerang, Geschoß*) to whoosh.
3. *aux sein* (*inf: Mensch*) to sweep. **sie rauschte in das/aus dem Zimmer** she swept into/out of the room.

Rauschgift *nt* drug, narcotic; (*Drogen*) drugs *pl*, narcotics *pl*. **~ nehmen** to take drugs; (*regelmäßig auch*) to be on drugs.

Rauschgifthandel *m* drug trafficking; **Rauschgifthändler** *m* drug trafficker; **Rauschgiftsucht** *f* drug addiction; **rauschgiftsüchtig** *adj* drug-addicted; **er ist ~** he's addicted to drugs, he's a drug addict; **Rauschgiftsüchtige(r)** *mf* drug addict.

Rauschgold *nt* gold foil; **Rauschgold-|engel** *m* ≃ Christmas tree fairy; **rauschhaft** *adj* (*fig*) ecstatic; **Rauschmittel** *nt* (*form*) intoxicant (*form*).

raus|ekeln *vt sep* (*inf*) to try to get rid of (by being unpleasant), freeze out (*US inf*).

rausfeuern *vt sep* (*inf*) to chuck *or* sling out (*inf*).

rausfliegen *vi sep irreg aux sein* (*inf*) to be chucked *or* slung out (*inf*); (*entlassen werden auch*) to be given the boot (*inf*) *or* the push (*inf*).

rauskriegen *vt sep* (*inf*) to get out; (*herausfinden*) to find out; (*lösen können*) to be able to do.

rauspauken *vt sep* (*inf*) **jdn ~** to get sb out of trouble *or* off the hook (*inf*); **mein Anwalt hat mich rausgepaukt** my lawyer got me off.

räuspern *vr* to clear one's throat.

rausreißen *vt sep irreg* (*inf*) **jdn ~** to save sb, to save sb's bacon (*inf*), to get sb out of trouble; **der Mittelstürmer/das hat noch alles rausgerissen** the centre-forward/that saved the day.

rausschmeißen *vt sep irreg* (*inf*) to chuck *or* sling *or* kick out (*all inf*); (*entlassen auch*) to give the boot (*inf*); (*wegwerfen*) to chuck out *or* away (*inf*); **Geld** to chuck away (*inf*), to chuck down the drain (*inf*). **das ist rausgeschmissenes Geld** that's money down the drain (*inf*).

Rausschmeißer(in *f*) *m* **-s, -** (*inf*) bouncer; (*letzter Tanz*) last number *or* dance.

Rausschmiß *m* **-sses, -sse** (*inf*) booting out (*inf*). **man drohte uns mit ~** they threatened us with the boot (*inf*) *or* push (*inf*).

Raute *f* **-, -n 1.** (*Bot*) rue. **2.** (*Math*) rhombus; (*Her*) lozenge.

rautenförmig *adj* rhomboid, diamond-shaped, lozenge-shaped.

Ravioli [ra'vioːli] *pl* ravioli *pl*.

Rayon [rɛ'jõː] *m* **-s, -s** (*Aus*) department.

Razzia ['ratsia] *f* **-, Razzien** ['ratsiən] raid, swoop (*inf*). **die Polizei machte in ein paar Lokalen ~** the police swooped on (*inf*) *or* raided *or* made a raid on three or four bars.

Re *nt* **-s, -s** (*Cards*) redouble. **~ ansagen** to redouble.

Reagens *nt* **-, Reagenzien** [-iən], **Reagenz** *nt* **-es, -ien** [-iən] (*Chem*) reagent.

Reagenzglas *nt* (*Chem*) test-tube.

reagieren *vi* to react (*auf + acc* to). **auf etw** (*acc*) **verärgert ~** to react angrily to sth.

Reaktion *f* **1.** reaction (*auf + acc* to). **2.** (*Pol pej*) reaction. **ein Vertreter der ~** a representative of reactionary thinking.

reaktionär [reaktsio'nɛːɐ] *adj* (*Pol pej*) reactionary.

Reaktionär(in *f*) [reaktsio'nɛːɐ, -ərɪn] *m* (*pej*) reactionary.

Reaktionsfähigkeit *f* reactions *pl*; **Alkohol vermindert die ~** alcohol slows down the *or* one's reactions; **Reaktionsgeschwindigkeit** *f* speed of reaction; **reaktionsschnell** *adj* with fast reactions; **~ sein** to have fast reactions; **Reaktionswärme** *f* (*Chem*) heat of reaction; **Reaktionszeit** *f* reaction time.

reaktivieren* [reakti'viːrən] *vt* (*Sci*) to reactivate; (*Agr, Biol, fig*) to revive; (*Mil*) to call up again.

Reaktivierung *f siehe vt* reactivation; revival; new call-up.

Reaktor *m* reactor.

Reaktorkern *m* core (of a/the nuclear reactor).

real *adj* real; (*wirklichkeitsbezogen*) realistic.

Real|einkommen *nt* real income; **Real-|enzyklopädie** *f siehe* **Reallexikon**; **Realgymnasium** *nt* ≃ grammar school (*Brit*), high school (*esp US*) (*stressing modern languages, maths and science*).

Realien [re'aːliən] *pl* realities *pl*, real facts *pl*; (*old Sch*) science and modern languages *pl*.

Real|injurie [-iə] *f* (*Jur*) ≃ assault.

Realisation *f* (*Verwirklichung, Fin*) realization; (*TV, Rad, Theat*) production.

realisierbar *adj* **1.** practicable, feasible, realizable. **2.** (*Fin*) realizable.

Realisierbarkeit *f* practicability, feasibility, realizability.

realisieren* vt 1. Pläne, Ideen, Programm to carry out; (TV, Rad, Theat) to produce. 2. (Fin) to realize; Verkauf to make, to conclude. 3. (verstehen) to realize.

Realisierung f siehe **Realisation.**

Realismus m realism.

Realist(in f) m realist.

realistisch adj realistic.

Realität f 1. reality. **die ~ anerkennen** to face facts; **~en** pl (Gegebenheiten) realities pl, facts pl. 2. **~en** pl (Aus: Grundstücke) real estate.

Realitätenhändler m (Aus) (real) estate agent, realtor (US).

realitätsfremd adj out of touch with reality; **Realitätssinn** m sense of realism; **er hat einen gesunden ~** he has a firm hold on reality.

realiter [reˈaːlitɐ] adv (geh) in reality.

Realkanzlei f (Aus) estate agency; **Realkapital** nt physical assets pl, non-monetary capital; **Realkatalog** m subject catalogue; **Realkonkurrenz** f (Jur) in **~ mit** in conjunction with; **Reallexikon** nt specialist dictionary/encyclopaedia; **Reallohn** m real wages pl; **Realpolitik** f political realism, Realpolitik; **Realpolitiker** m political realist, practitioner of Realpolitik; **Realschule** f ≃ secondary school, secondary modern school (Brit); (Aus) ≃ grammar school (Brit), high school (US); **Realschüler** m ≃ secondary modern pupil (Brit), student at secondary school (US); (Aus) ≃ grammar school pupil (Brit), high school student (US).

Reanimation f (Med) resuscitation.

reanimieren* vt (Med) to resuscitate.

Rebbach m -s, no pl (sl) siehe **Reibach.**

Rebbe m -(s), -s siehe **Rabbiner.**

Rebe f -, -n (Ranke) shoot; (Weinstock) vine.

Rebell(in f) m -en, -en rebel.

rebellieren* vi to rebel, to revolt.

Rebellion f rebellion, revolt.

rebellisch adj rebellious.

Rebensaft m (liter) wine, juice of the vine (liter), grape (liter).

Rebhuhn nt (common) partridge.

Reblaus f phylloxera (spec), vine pest; **Rebschnur** f (Aus) rope; **Rebsorte** f type of vine; **Rebstock** m vine.

Rebus m or nt -, -se rebus, picture puzzle.

Rechaud [reˈʃoː] m or nt -s, -s spirit burner; (für Tee etc) tea/coffee etc warmer.

Rechen m -s, - (S Ger) (Harke) rake; (Gitter) grill.

rechen vt (S Ger) to rake.

Rechen|anlage f computer; **Rechen|art** f type of calculation; **die vier ~en** the four arithmetical operations; **Rechen|aufgabe** f sum, (arithmetical) problem; **Rechen|automat** m (automatic) adding machine, comptometer; **Rechenbrett** nt abacus; **Rechenbuch** nt arithmetic book; **Rechen|exempel** nt sum; **das ist doch ein ganz einfaches ~** it's a matter of simple arithmetic; **Rechenfehler** m miscalculation, (arithmetical) error or mistake; **Rechenheft** nt arithmetic book; **Rechenkünstler** m mathematical genius or wizard (inf); **Rechenlehrer** m arithmetic teacher; **Rechenmaschine** f adding machine.

Rechenschaft f account. **jdm über etw** (acc) **~ ablegen** to account to sb for sth, to give or render account to sb for sth (liter); **sich** (dat) **über etw** (acc) **~ ablegen** to account to oneself for sth; **jdm ~ schuldig sein** or **schulden** to be accountable to sb, to have to account to sb; **dafür bist du mir ~ schuldig** you owe me an explanation for that; **jdn (für etw) zur ~ ziehen** to call sb to account (for or over sth); **(von jdm) ~ verlangen** or **fordern** to demand an explanation or account (from sb).

Rechenschaftsbericht m report.

Rechenschieber, Rechenstab m slide-rule; **Rechentabelle** f ready-reckoner; **Rechentafel** f arithmetic slate; (an der Wand) (squared) blackboard; **Rechenwerk** nt (Computers) arithmetic unit; **Rechenzentrum** nt computer centre.

Recherche [reˈʃɛrʃə, rə-] f -, -n investigation, enquiry. **~n anstellen** to make investigations or enquiries (über etw (acc) about or into sth).

recherchieren* [reʃɛrˈʃiːrən, rə-] vti to investigate.

rechnen I vt 1. (addieren etc) to work out, to calculate; Aufgabe to work out. **wir ~ gerade Additionsbeispiele** we're doing addition sums at the moment; **rund gerechnet** in round figures; **was für einen Unsinn hast du da gerechnet!** how did you get that absurd result?, how did you work that out?

2. (einstufen) to count. **jdn/etw zu etw ~, jdn/etw unter etw** (acc) **~** to count sb among sth, to class sb/sth as sth; **er wird zu den größten Physikern gerechnet** he is rated as or is reckoned to be one of the greatest physicists, he is counted among the greatest physicists.

3. (veranschlagen) to estimate, to reckon. **wir hatten nur drei Tage gerechnet** we were only reckoning on three days; **für vier Personen rechnet man ca. zwei Pfund Fleisch** for four people you should reckon on about two pounds of meat; **das ist zu hoch/niedrig gerechnet** that's too high/low (an estimate).

4. (einberechnen) to include, to count, to take into account. **alles in allem gerechnet** all in all, taking everything into account; **den Ärger/die Unkosten mit dazu gerechnet** what with all the trouble/expense too or on top of that.

II vi 1. (addieren etc) to do or make a calculation/calculations; (esp Sch) to do sums. **falsch/richtig ~** to go wrong or make a mistake (in one's calculations)/to calculate correctly; **(da hast du) falsch gerechnet!** you got that wrong; **gut/schlecht ~ können** to be good/bad at sums (esp Sch) or arithmetic or with figures; **rechne doch selbst!** work it out for yourself; **~ lernen** to learn arithmetic; **ein Kassierer muß schnell ~ können** a cashier has to be quick at working out figures.

2. (eingestuft werden) to count. **er rechnet noch als Kind** he still counts as a child.

3. (sich verlassen) **auf jdn/etw ~** to reckon or count on sb/sth.

4. mit jdm/etw ~ (*erwarten, einkalkulieren*) to reckon on *or* with sth; (*berücksichtigen*) to reckon with sb/sth; **du mußt damit ~, daß es regnet** you must reckon on *or* with it raining; **mit ihm/dieser Partei wird man ~ müssen** he/this party will have to be reckoned with; **damit hatte ich nicht gerechnet** I wasn't expecting that, I hadn't reckoned on *or* with that; **er rechnet mit einem Sieg** he reckons he'll win; **mit allem/dem Schlimmsten ~** to be prepared for anything/the worst; **wir hatten nicht mehr mit ihm/seinem Kommen gerechnet** we hadn't reckoned on him coming any more; **damit ~ müssen, daß ...** to have to be prepared for the fact that ..., to have to expect that ...; **ich rechne morgen fest mit dir** I'll be expecting you tomorrow.

5. (*inf: haushalten*) to be thrifty, to economize. **seine Frau kann gut ~** his wife knows how to economize, his wife is thrifty.

Rechnen *nt* **-s,** *no pl* arithmetic; (*esp Sch*) sums *pl*.

Rechner *m* **-s, -** **1.** arithmetician. **ein guter ~ sein** to be good at arithmetic *or* figures. **2.** (*Elektronen~*) computer; (*Taschen~*) calculator.

rechnergesteuert *adj* computer-operator.

rechnerisch *adj* arithmetical. **ein ~es Beispiel** an example with some figures; **ich bin rein ~ überzeugt, aber ...** I'm convinced as far as the figures go but ...

Rechnung *f* **1.** calculation; (*Aufgabe*) sum. **die ~ geht nicht auf** (*lit*) the sum doesn't work out; (*fig*) it won't work (out).

2. (*schriftliche Kostenforderung*) bill (*Brit*), check (*US*); (*von Firma auch*) invoice. **das geht auf meine ~** I'm paying, this one's on me; **auf ~ kaufen/bestellen** to buy/order on account; **laut ~** as per invoice; **laut ~ vom 5. Juli** as per our invoice of July 5th; **auf *or* für eigene ~** on one's own account; **(jdm) etw in ~ stellen** to charge (sb) for sth; **einer Sache** (*dat*) **~ tragen** (*form*) to take sth into account, to bear sth in mind; **auf seine ~ kommen** to have one's money's worth; **wenn du das glaubst, dann hast du die ~ ohne den Wirt gemacht** (*inf*) if you think that, you've got another think coming; **aber er hatte die ~ ohne den Wirt gemacht** (*inf*) but there was one thing he hadn't reckoned with.

Rechnungs|amt *nt* audit office; **Rechnungsbetrag** *m* (total) amount of a bill *or* check (*US*)/invoice/account; **Rechnungsbuch** *nt* account(s) book *or* ledger; **Rechnungs|einheit** *f* unit of account; **Rechnungsführer** *m* chief accountant; **Rechnungsführung** *f siehe* **Buchführung; Rechnungshof** *m* ≃ Auditor-General's office (*Brit*), audit division (*US*); **Rechnungsjahr** *nt* financial *or* fiscal year; **Rechnungslegung** *f* tendering of account; **Rechnungsprüfer** *m* auditor; **Rechnungsprüfung** *f* audit.

Recht *nt* **-(e)s, -e** **1.** (*Rechtsordnung, sittliche Norm*) law; (*Gerechtigkeit auch*) justice. **~ sprechen** to administer *or* dispense justice; **nach geltendem/englischem ~** in law/in *or* under *or* according to English law; **~ muß ~ bleiben** (*Naturrecht*) fair's fair; (*Gesetz*) the law's the law; **für das ~ kämpfen** to fight for justice; **das Gericht hat für ~ erkannt ...** the court has reached the following verdict *or* has decided ...; **von ~s wegen** legally, as of right; (*inf: eigentlich*) by rights (*inf*).

2. **~e** *pl* (*form: Rechtswissenschaft*) jurisprudence; **Doktor der *or* beider ~e** Doctor of Laws.

3. (*Anspruch, Berechtigung*) right (*auf* +*acc* to). **sein ~ fordern** to demand one's rights; **seine ~e geltend machen** to insist on one's rights; **ich nehme mir das ~, das zu tun** I shall make so bold as to do that; **sein ~ bekommen** *or* **erhalten** *or* **kriegen** (*inf*) to get one's rights, to get what is one's by right; **zu seinem ~ kommen** (*lit*) to gain one's rights; (*fig*) to come into one's own; **auch das Vergnügen muß zu seinem ~ kommen** there has to be a place for pleasure too; **der Körper verlangt sein ~ (auf Schlaf)** the body demands its due *or* its rightful sleep; **gleiches ~ für alle!** equal rights for all!; **gleiche ~e, gleiche Pflichten** equal rights, equal duties; **das ~ des Stärkeren** the law of the jungle; **mit *or* zu ~** rightly, with justification; **und (das) mit ~** and rightly so; **Sie stellen diese Frage ganz zu ~** you are quite right to ask this question; **im ~ sein** to be in the right; **das ist mein gutes ~** it's my right; **es ist unser gutes ~ zu erfahren ...** we have every right to know ...; **woher nimmt er das ~, das zu sagen?** what gives him the right to say that?; **mit welchem ~?** by what right?

recht I *adj* **1.** (*richtig*) right. **mir ist es ~, es soll mir ~ sein** it's all right *or* OK (*inf*) by me; **ganz ~!** quite right; **ist schon ~!** (*inf*) that's all right, that's OK (*inf*); **alles, was ~ ist** (*empört*) there is a limit, fair's fair; (*anerkennend*) you can't deny it; **ich will zum Bahnhof, bin ich hier ~?** (*esp S Ger*) I want to get to the station, am I going the right way?; **bin ich hier ~ bei Schmidts?** (*esp S Ger*) is this the Smiths' place (all right *inf*)?; **hier geht es nicht mit ~en Dingen zu** there's something odd *or* not right here; **ich habe keine ~e Lust** I don't particularly feel like it; **aus dem Jungen kann nichts R~es werden** that boy will come to no good; **aus ihm ist nichts R~es geworden** (*beruflich etc*) he never really made it; **er hat nichts R~es gelernt** he didn't learn any real trade; **nach dem R~en sehen** to see that everything's OK (*inf*); **Tag, ich wollte nur mal nach dem R~en sehen** hello, I just thought I'd come and see how you're doing *or* how things are; **es ist nicht mehr als ~ und billig** it's only right and proper; **was dem einen ~ ist, ist dem andern billig** (*Prov*) what's sauce for the goose is sauce for the gander (*Prov*).

2. **~ haben** to be right; **er hat ~ bekommen** he was right; **~ behalten** to be right; **er will immer ~ behalten** he always has to be right; **jdm ~ geben** to agree with sb, to admit that sb is right; **~ daran tun, zu ...** to be *or* do right to ...

II *adv* **1.** (*richtig*) properly; (*wirklich*) really. **verstehen Sie mich ~** don't get me wrong (*inf*), don't misunderstand me;

wenn ich Sie ~ verstehe if I understand you rightly or aright (*form*); sehe/höre ich ~? am I seeing/hearing things?; ich werde daraus nicht ~ klug I don't really or rightly know what to make of it; das geschieht ihm ~ it serves him right; du kommst gerade ~, um ... you're just in time to ...; das ist or kommt mir gerade ~ (*inf*) that suits me fine; du kommst mir gerade ~ (*iro*) you're all I needed; gehe ich ~ in der Annahme, daß ...? am I right or correct in assuming that ...?; hat es dir gefallen? – nicht so ~ did you like it? – not really; ich weiß nicht ~ I don't really or rightly know; man kann ihm nichts ~ machen you can't do anything right for him; man kann es nicht allen ~ machen you can't please all of the people all of the time. 2. (*ziemlich, ganz*) quite, fairly, pretty (*inf*). ~ viel quite a lot. 3. (*sehr*) very, right (*dial*). ~ herzlichen Dank! thank you very much indeed.

Rechte *f* -n, -n 1. (*Hand*) right hand; (*Seite*) right(-hand) side; (*Boxen*) right. zur ~n (des Papstes) saß ... to the left (of the Pope) or on the (Pope's) left sat ... 2. (*Pol*) Right.

Recht|eck *nt* rectangle; **recht|eckig** *adj* rectangular.

Rechtehandregel *f* (*Phys*) right-hand rule.

rechten *vi* (*geh*) to argue, to dispute.

Rechtens *gen of* **Recht** (*form*) **es ist** ~/**nicht** ~, **daß er das gemacht hat** he was/was not within his rights to do that; **die Sache war nicht** ~ the matter was not right or (*Jur*) legal.

Rechte(r) *mf decl as adj* (*Pol*) right-winger, rightist.

rechte(r, s) *adj attr* 1. right; *Rand, Spur etc* auch right-hand. ~r Hand on or to the right; auf der ~n Seite on the right-hand side, on the right; ~ Masche plain (stitch); eine ~ Masche stricken to knit one; jds ~ Hand sein to be sb's right-hand man. 2. ein ~r Winkel a right angle. 3. (*konservativ*) right-wing, rightist. der ~ Flügel the right wing.

rechterseits *adv* on the right-hand side.

rechtfertigen *insep* I *vt* to justify; (*berechtigt erscheinen lassen auch*) to warrant. das ist durch nichts zu ~ that can in no way be justified, that is completely unjustifiable. II *vr* to justify oneself.

Rechtfertigung *f siehe vt* justification; warranting. zu meiner ~ in my defence, in justification of what I did/said *etc*.

Rechtfertigungsgrund *m* justification; **Rechtfertigungsschrift** *f* apologia; **Rechtfertigungsversuch** *m* attempt at self-justification.

rechtgläubig *adj* orthodox; **Rechtgläubigkeit** *f* orthodoxy; **Rechthaber** *m* -s, - (*pej*) know-all (*inf*), self-opinionated person; **Rechthaberei** *f* (*pej*) know-all attitude (*inf*), self-opinionatedness; **rechthaberisch** *adj* know-all *attr* (*inf*), self-opinionated; **er ist so** ~ he's such a know-all (*inf*), he's so self-opinionated.

rechtlich *adj* 1. (*gesetzlich*) legal. ~ verpflichtet bound by law, legally obliged; ~ zulässig permissible in law, legal; ~ nicht zulässig not permissible in law, il-

legal; ~ unmöglich impossible for legal reasons. 2. (*old: redlich*) honest, upright, upstanding (*old*). ~ denken/handeln to think/act in an honest *etc* way.

rechtlos *adj* 1. without rights; 2. *Zustand* lawless; **Rechtlose(r)** *mf decl as adj* person with no rights; (*Vogelfreier*) outlaw; **Rechtlosigkeit** *f* 1. (*von Mensch*) lack of rights; in völliger ~ leben to have no rights whatever; 2. (*in Land*) lawlessness.

rechtmäßig *adj* (*legitim*) lawful, legitimate; *Erben, Thronfolger, Besitzer auch* rightful; (*dem Gesetz entsprechend*) legal, in accordance with the law; für ~ erklären to legitimize; to declare legal; **Rechtmäßigkeit** *f* (*Legitimität*) legitimacy; (*Legalität*) legality.

rechts I *adv* on the right; *abbiegen* (to the) right. nach ~ (to the) right; von ~ from the right; ~ von etw (on or to the) right of sth; ~ von jdm to or on sb's right; (*Pol*) to the right of sb; weiter ~ further to the right; sich ~ einordnen to move into or take the right-hand lane; ~ vor links right before left (*rule of the priority system for driving*); sich ~ halten to keep to (the) right; Augen ~! (*Mil*) eyes right!; ~ um! (*Mil*) right about turn!; ~ stehen or sein (*Pol*) to be right-wing or on the right or a right-winger; ~ von der Mitte (*Pol*) (to the) right of centre; ~ stricken to knit (plain); zwei ~, zwei links (*beim Stricken*) knit two, purl two, two plain, two purl; ich weiß nicht mehr, wo ~ und links ist (*inf*) I don't know whether I'm coming or going (*inf*).

II *prep* +*gen* to or on the right of.

Rechts- in cpds (*Jur*) legal; **Rechts|abbieger** *m* motorist/cyclist/car *etc* turning right; **Rechts|abbiegerspur** *f* right-hand turn-off lane; **Rechts|angelegenheit** *f* legal matter; **Rechts|anspruch** *m* legal right or entitlement; **einen** ~ **auf etw** (*acc*) **haben** to be legally entitled to sth, to have a legal right *etc* to sth; **aus etw einen** ~ **ableiten** to use sth to create a legal precedent; **Rechts|anwalt** *m* lawyer, attorney (*US*); (*als Berater auch*) solicitor (*Brit*); (*vor Gericht auch*) barrister (*Brit*); (*vor Gericht auch*) advocate (*Scot*); sein ~ **behauptete vor Gericht, ...** his counsel maintained in court ...; **sich** (*dat*) **einen** ~ **nehmen** to get a lawyer or an attorney (*US*) *etc*; **Rechts|auffassung** *f* 1. conception of legality; 2. (*Auslegung*) interpretation of the law; **Rechts|auskunft** *f* legal advice; **Rechts|ausleger** *m* (*Boxen*) southpaw; (*Pol hum*) extreme right-winger (of a party); **Rechts|außen** *m* -, - (*Ftbl*) outside-right; (*Pol inf*) extreme right-winger; **Rechtsbeistand** *m* legal advice; (*Mensch*) legal adviser; **Rechtsberater** *m* legal adviser; **Rechtsbeugung** *f* perversion of the course of justice; **Rechtsbrecher** *m* -s, - law-breaker, criminal; **Rechtsbruch** *m* breach or infringement of the law.

rechtschaffen I *adj* 1. (*ehrlich, redlich*) honest, upright. 2. (*inf: stark, groß*) ~en Durst/Hunger haben to be really thirsty/hungry, to be parched (*inf*)/to be starving *(inf)*. **II** *adv* really, tremendously. **sich ~ bemühen** to try really *etc* hard.

Rechtschaffenheit *f* honesty, uprightness.

rechtschreiben *vi infin only* to spell.

Rechtschreiben *nt* spelling.

Rechtschreibfehler *m* spelling mistake.

Rechtschreibung *f* spelling.

Rechtsdrall *m* *(im Gewehrlauf)* clockwise rifling; *(von Geschoß, Billardball)* swerve to the right; *(Pol inf)* leaning to the right. **einen ~ haben** to swerve/pull/lean to the right.

Rechts|empfinden *nt* sense of justice.

Rechtser *m* **-s, -** *(dial) siehe* **Rechtshänder.**

Rechts|extremist *m* right-wing extremist; **rechtsfähig** *adj (Jur)* legally responsible, having legal capacity *(form)*; **Rechtsfähigkeit** *f (Jur)* legal responsibility *or* capacity *(form)*; **Rechtsfall** *m* legal case; **Rechtsfrage** *f* legal question *or* issue; **Rechtsfrieden** *m (Jur)* peace under the law; **Rechtsgang** *m (Jur)* legal procedure; **im ersten ~** at the first court-case; **rechtsgängig** *adj (Tech)* right-handed; **Rechtsgefühl** *nt siehe* **Rechtsempfinden;** **Rechtsgelehrsamkeit** *f (old) siehe* **Rechtswissenschaft;** **Rechtsgelehrte(r)** *mf* jurist, legal scholar; **rechtsgerichtet** *adj (Pol)* orientated towards the right; **Rechtsgeschäft** *nt* legal transaction; **Rechtsgeschichte** *f* legal history; **Rechtsgewinde** *nt* right-handed thread; **Rechtsgrund** *m* legal justification; **Rechtsgrundsatz** *m* legal maxim; **rechtsgültig** *adj* legally valid, legal; *Vertrag auch* legally binding; **Rechtsgut** *nt* something enjoying legal protection, legally protected right; **Rechtsgut|achten** *nt* legal report; **Rechtshaken** *m (Boxen)* right hook; **Rechtshandel** *m (liter)* lawsuit; **Rechtshänder(in)** *m* **-s, -** right-handed person, right-hander *(esp Sport)*; **~ sein** to be right-handed; **rechtshändig** *adj* right-handed; **Rechtshändigkeit** *f* right-handedness; **Rechtshandlung** *f* legal act; **rechtshängig** *adj (Jur)* sub judice *pred*; **rechtsherum** *adv* (round) to the right; *sich drehen etc* clockwise; **Rechtshilfe** *f* (mutual) assistance in law enforcement; **Rechtshilfe|abkommen** *nt* law enforcement treaty; **Rechtskraft** *f, no pl* force of law; *(Gültigkeit: von Vertrag etc)* legal validity; **~ erlangen** to become law, to come into force; **die ~ eines Urteils** the finality *or* legal force of a verdict; **rechtskräftig** *adj* having the force of law; *Urteil* final; *Vertrag* legally valid; **~ sein/werden** *(Verordnung)* to have the force of law/to become law; *(Urteil)* to be/become final; *(Gesetz)* to be in/come into force; **rechtskundig** *adj* familiar with *or* versed in the law; **Rechtskurve** *f (von Straße)* right-hand bend; *(von Bahn auch)* right-hand curve; **Rechtslage** *f* legal position; **rechtslastig** *adj (lit) Boot* listing to the right; *Auto* down at the right; *(fig)* leaning to the right; **~ sein** to list to/be down at/lean to the right; **rechtsläufig** *adj Gewinde* right-handed; *Schrift* left-to-right; **Rechtslehre** *f siehe* **Rechts-**

wissenschaft; **Rechtslehrer** *m (form)* professor of jurisprudence *(form)*; **Rechtsmittel** *nt* means of legal redress; **~ einlegen** to lodge an appeal; **Rechtsmittelbelehrung** *f* statement of rights of redress *or* appeal; **Rechtsnachfolger** *m* legal successor; **Rechtsnorm** *f* legal norm; **Rechts|ordnung** *f* **eine ~** a system of laws; **die ~** the law; **Rechtspartei** *f* right-wing party; **Rechtspflege** *f* administration of justice; **Rechtsphilosophie** *f* philosophy of law.

Rechtsprechung *f* **1.** *(Rechtspflege)* administration of justice; *(Gerichtsbarkeit)* jurisdiction. **2.** *(richterliche Tätigkeit)* administering *or* dispensation of justice. **3.** *(bisherige Urteile)* precedents *pl*.

rechtsradikal *adj (Pol)* radically right-wing; **die R~en** the right-wing radicals; **Rechtsradikalismus** *m (Pol)* right-wing radicalism; **Rechtsreferendar** *m* articled clerk; **~ sein** to be under articles; **rechtsrheinisch** *adj* to *or* on the right of the Rhine; **Rechtsruck** *m (Pol)* swing to the right; **rechtsrum** *adv (inf) siehe* **rechtsherum;** **Rechtsschutz** *m* legal protection; **Rechtsschutzversicherung** *f* legal costs insurance; **rechtsseitig** *adj* on the right(-hand) side; **~ gelähmt** paralysed in the right side; **Rechtssprache** *f* legal terminology *or* language; **Rechtsspruch** *m* verdict; **Rechtsstaat** *m* state under the rule of law; **rechtsstaatlich** *adj* of a state under the rule of law; **seine ~e Gesinnung** his predisposition for law and order; **Rechtsstaatlichkeit** *f* rule of law; *(einer Maßnahme)* legality; **rechtsstehend** *adj attr* right-hand, on the right; *(Pol)* right-wing, on the right; **Rechtsstellung** *f* legal position; **Rechtssteuerung** *f* right-hand drive; **Rechtsstreit** *m* lawsuit; **Rechtstitel** *m* legal title.

rechtsuchend *adj attr* seeking justice.

rechts|um *adv (Mil)* to the right. **~ machen** to do a right turn.

Rechts|unsicherheit *f* uncertainty (about one's legal position); **rechtsverbindlich** *adj* legally binding; *Auskunft* legally valid; **Rechtsverdreher** *m* **-s, -** *(pej)* shyster *(inf)*, Philadelphia lawyer *(US)*; *(hum inf)* legal eagle *(inf)*; **Rechtsvergleichung** *f* comparative law; **Rechtsverkehr** *m* driving on the right *no def art*; **in Deutschland ist ~** in Germany they drive on the right; **Rechtsverletzung** *f* infringement *or* breach of the law; **Rechtsver|ordnung** *f* ≈ statutory order; **Rechtsvertreter** *m* legal representative; **Rechtsweg** *m* legal action; **den ~ beschreiten** to have recourse to *or* take legal action, to go to law; **unter Ausschluß des ~es** without possibility of recourse to legal action; **der ~ ist ausgeschlossen** ≈ the judges' decision is final; **rechtswidrig** *adj* illegal; **Rechtswidrigkeit** *f* illegality; **Rechtswissenschaft** *f* jurisprudence.

rechtwink(e)lig *adj* right-angled; **rechtzeitig** **I** *adj (früh genug)* timely; *(pünktlich)* punctual; **um ~e Anmeldung wird gebeten** you are requested to apply in good time; **II** *adv (früh genug)* in (good)

time; (*pünktlich*) on time; **gerade noch ~ ankommen** to arrive *or* be just in time.
Reck *nt* **-(e)s, -e** (*Sport*) horizontal bar.
Recke *m* **-n, -n** (*obs*) warrior.
recken I *vt* **1.** (*aus-, emporstrecken*) to stretch. **den Kopf/Hals ~** to crane one's neck; **die Glieder ~** to stretch (oneself), to have a stretch. **2.** (*dial: glattziehen*) **etw ~** to pull the creases out of sth. **II** *vr* to stretch (oneself). **sich ~ und strecken** to have a good stretch.
Reckstange *f* horizontal bar; **Reckturnen** *nt* bar exercises *pl.*
Recorder [rɛˈkɔːdɐ] *m* **-s, -** (cassette) recorder.
Redakteur(in *f*) [-ˈtøːɐ, -ˈtøːrɪn] *m* editor.
Redaktion *f* **1.** (*das Redigieren*) editing. **die ~ dieses Buches hatte XY** this book was edited by XY. **2.** (*Personal*) editorial staff. **3.** (*~sbüro*) editorial office(s). **der Reporter rief seine ~ an** the reporter phoned his office *or* paper.
redaktionell [redaktsi̯oˈnɛl] *adj* editorial. **die ~e Leitung im Ressort Wirtschaft hat Herr Müller** Herr Müller is the editor responsible for business and finance; **etw ~ überarbeiten** to edit sth.
Redaktionskonferenz *f* editorial conference; **Redaktionsschluß** *m* time of going to press; **diese Nachricht ist vor/nach ~ eingegangen** this news item arrived before/after the paper went to press *or* bed (*sl*).
Redaktor *m* (*Sw*) editor.
Redaktrice [-ˈtriːsə] *f* **-, -n** (*Aus*) editor.
Rede *f* **-, -n 1.** speech; (*Ansprache*) address. **die Kunst der ~** (*form*) the art of rhetoric; **eine ~ halten** *or* **schwingen** (*sl*) to make *or* give a speech; **die ~ des Bundeskanzlers** the Chancellor's speech, the speech given by the Chancellor; **der langen ~ kurzer Sinn** (*prov*) the long and the short of it.
2. (*Äußerungen, Worte*) words *pl*, language *no pl.* **seine frechen ~n** his cheek; **große ~n führen** *or* **schwingen** (*sl*) to talk big (*inf*); **das ist meine ~!** that's what I've always said; **das ist nicht der ~ wert** it's not worth mentioning; (**es ist**) **nicht der ~ wert!** don't mention it, it was nothing.
3. (*das Reden, Gespräch*) conversation, talk. **jdm in die ~ fallen** to interrupt sb; **die ~ fiel** *or* **kam auf** (*+acc*) the conversation *or* talk turned to; **die in ~ stehende Person** (*form*) the person in question *or* under discussion; **von Ihnen war eben die ~** we were just talking about you; **aber davon war doch nie die ~** but no-one was ever talking about that; **wovon ist die ~?** what are you/we *etc* talking about?; **von einer Gehaltserhöhung kann keine ~ sein** there can be no question of a salary increase; **davon kann keine ~ sein** it's out of the question.
4. (*Ling, Liter*) speech. **direkte/indirekte ~** direct/indirect speech *or* discourse (*US*); **gebundene/ungebundene ~** verse/ prose; **in freier ~** without (consulting) notes.
5. (*Gerücht, Nachrede*) rumour. **kümmere dich doch nicht um die ~n der Leute!** don't worry (about) what people say.
6. (*Rechenschaft*) (**jdm**) **~ (und Ant-**

wort) stehen to justify oneself to sb; (**jdm**) **für etw ~ und Antwort stehen** to account (to sb) for sth; **jdn zur ~ stellen** to take sb to task.
Rededuell *nt* verbal exchange *or* duel; **Redefigur** *f* (*Liter*) figure of speech; **Redefluß** *m* volubility; **sie hat einen unwahrscheinlichen ~** she is incredibly voluble; **er stockte plötzlich in seinem ~** his flow of words suddenly stopped; **Redefreiheit** *f* freedom of speech; **Redegabe** *f* eloquence; **redegewandt** *adj* eloquent; **Redekunst** *f* die ~ rhetoric.
reden I *vi* **1.** (*sprechen*) to talk, to speak. **R~ während des Unterrichts** talking in class; **mit sich selbst/jdm ~** to talk *or* speak to oneself/sb; **wie redest du denn mit deiner Mutter!** that's no way to talk *or* speak to your mother; **so lasse ich nicht mit mir ~!** I won't be spoken to like that!; **sie hat geredet und geredet** she talked and talked; **mit jdm über jdn/etw ~** to talk *or* speak to *or* with sb about sb/sth; **~ wir nicht mehr davon** *or* **darüber** let's not talk *or* speak about it any more, let's drop it (*inf*); **~ Sie doch nicht!** (*inf*) come off it! (*inf*); (**viel**) **von sich ~ machen** to become (very much) a talking point; **das Buch/er macht viel von sich ~** everyone is talking about the book/him; **du hast gut** *or* **leicht ~!** it's all very well for you (to talk); **ich habe mit Ihnen zu ~!** I would like to speak *or* talk to you, I would like a word with you; **ich rede gegen eine Wand** *or* **Mauer** it's like talking to a brick wall (*inf*); **darüber läßt** *or* **ließe sich ~** that's a possibility; (*über Preis, Bedingungen*) I think we could discuss that; **darüber läßt** *or* **ließe sich eher ~** that's more like it, now you're talking; **er läßt mit sich ~** he could be persuaded; (*in bezug auf Preis*) he's open to offers; (*gesprächsbereit*) he's open to discussion; **sie läßt nicht mit sich ~** she is adamant; (*bei eigenen Forderungen auch*) she won't take no for an answer; **R~ ist Silber, Schweigen ist Gold** (*Prov*) (speech is silver but) silence is golden (*Prov*); **das ist ja mein R~ (seit 33)** (*inf*) I've been saying that for (donkey's *inf*) years.
2. (*klatschen*) to talk (*über +acc* about). **schlecht von jdm ~** to talk *or* speak ill of sb; **in so einem Dorf wird natürlich viel geredet** in a village like that naturally people talk a lot.
3. (*eine Rede halten*) to speak. **er redet nicht gerne öffentlich** he doesn't like public speaking; **er kann nicht/gut ~** he is no/a good talker *or* (*als Redner*) speaker.
4. (*euph: gestehen, aussagen*) to talk. **jdn zum R~ bringen** to get sb to talk, to make sb talk; **er will nicht ~** he won't talk.
II *vt* **1.** to talk; *Worte* to say. **einige Worte ~** to say a few words; **kein Wort ~** not to say *or* speak a word; **sich** (*dat*) **etw von der Seele** *or* **vom Herzen ~** to get sth off one's chest; **jdm/einer Sache das Wort ~** to speak (out) in favour of sb/sth.
2. (*klatschen*) to say. **es kann dir doch nicht egal sein, was über dich geredet wird** it must matter to you what people say about you; **Schlechtes von jdm** *or* **über jdn**

~ to say bad things about sb.
III *vr* **sich heiser** ~ to talk oneself hoarse; **sich in Zorn** *or* **Wut** ~ to talk oneself into a fury.

Redens|art *f* (*Phrase*) hackneyed expression, cliché; (*Redewendung*) expression, idiom; (*Sprichwort*) saying; (*leere Versprechung*) empty promise. **das ist nur so eine** ~ it's just a way of speaking; **bloße** ~**en** empty talk.

Rederei *f* **1.** (*Geschwätz*) chattering *no pl*, talking *no pl*. **du mit deiner** ~, **du bist doch zu feige dazu** you're all talk, you're too scared to do it. **2.** (*Klatsch*) gossip *no pl*, talk *no pl*. **zu** ~**en Anlaß geben** to make people talk, to give rise to gossip.

Redeschwall *m* torrent *or* flood of words; **Redestrom** *m* flow of words; **Redeverbot** *nt* ban on speaking; **jdm** ~ **erteilen** to ban sb from speaking; **Redeweise** *f* style *or* manner (of speaking); **Redewendung** *f* idiom, idiomatic expression.

redigieren* *vt* to edit.

redlich *adj* honest. ~ **denken** to be honest; ~ **handeln** to be honest, to act honestly; **er meint es** ~ he is being honest; **sich** (*dat*) **etw** ~ **verdient haben** to have really *or* genuinely earned sth; **Geld, Gut** ~ to have acquired sth by honest means; ~ (**mit jdm**) **teilen** to share (things) equally (with sb); **sich** ~ **durchs Leben schlagen** to make an honest living.

Redlichkeit *f* honesty.

Redner(in *f*) *m* **-s, -** speaker; (*Rhetor*) orator. **ich bin kein (großer)** ~, **aber ...** unaccustomed as I am to public speaking ...

Rednerbühne *f* platform, rostrum; **Rednergabe** *f* gift of oratory.

rednerisch *adj* rhetorical, oratorical. ~**e Begabung** talent for public speaking; ~ **begabt sein** to be a gifted speaker.

Rednerpult *nt* lectern.

redselig *adj* talkative.

Redseligkeit *f* talkativeness.

Reduktion *f* **1.** (*Einschränkung*) diminution; (*von Ausgaben, Verbrauch*) reduction (*gen* in). **2.** (*Zurückführung*) reduction (*auf* + *acc* to). **3.** (*Chem*) reduction.

Reduktionsmittel *nt* (*Chem*) reducing agent.

redundant *adj* (*esp Ling*) redundant.

Redundanz *f* (*esp Ling*) redundancy, redundance *no pl*.

Reduplikation *f* reduplication.

reduplizieren* *vt* to reduplicate.

reduzierbar, reduzibel *adj* reducible (*auf* + *acc* to).

reduzieren* **I** *vt* **1.** (*einschränken*) to reduce. **2.** (*zurückführen*) to reduce (*auf* + *acc* to). **3.** (*Chem*) to reduce. **II** *vr* to decrease, to diminish.

Reduzierung *f siehe* **Reduktion.**

Reede *f* **-, -n** (*Naut*) roads *pl*, roadstead. **auf der** ~ **liegen** to be (lying) in the roads.

Reeder *m* **-s, -** ship owner.

Reederei *f* shipping company.

Reedereiflagge *f* house flag.

reell *adj* **1.** (*ehrlich*) honest, straight, on the level (*inf*); (*Comm*) **Geschäft, Firma** solid, sound; **Preis** realistic, fair; *Bedie-*

---

nung good. **das ist etwas R**~**es!** it's the real thing. **2.** (*wirklich, echt*) real. **3.** (*Math*) **Zahlen** real.

Reet *nt* **-s,** *no pl* (*N Ger*) reed.

Reetdach *nt* thatched roof; **reetgedeckt** *adj* thatched.

REFA-Fachmann, REFA-Mann ['reːfaː] (*inf*) *m* time and motion expert *or* man (*inf*), work-study man (*inf*).

Refektorium *nt* (*Eccl*) refectory.

Referat *nt* **1.** (*Univ*) seminar paper; (*Sch*) project. **ein** ~ **vortragen** *or* **halten** to give *or* read *or* present a seminar paper/to present a project. **2.** (*Admin: Ressort*) department.

Referendar(in *f*) *m* trainee (in civil service); (*Studien*~) student teacher; (*Gerichts*~) articled clerk.

Referendarzeit *f* traineeship; (*Studien*~) teacher training; (*Gerichts*~) time under articles.

Referendum *nt* **-s, Referenden** *or* **Referenda** referendum.

Referent(in *f*) *m* (*Sachbearbeiter*) consultant, expert; (*Redner, Berichterstatter*) speaker; (*Univ: Gutachter*) examiner.

Referenz *f* reference. **jdn als** ~ **angeben** to give sb as a referee.

referieren* *vi* to (give a) report, to give a review (*über* + *acc* on).

Reff *nt* **-(e)s, -e** (*Naut*) reef.

reffen *vt* (*Naut*) to reef.

Refinanzierung *f* financing of financing, rediscounting.

Reflektant *m* (*old*) (*Kauflustiger*) prospective purchaser; (*Bewerber*) applicant.

reflektieren* **I** *vt* to reflect. **II** *vi* **1.** (*nachdenken*) to reflect, to ponder (*über* + *acc* (up)on). **2.** (*streben nach*) **auf etw** (*acc*) ~ to be interested in sth. **3.** (*Phys*) to reflect. **entblendete Rückspiegel** ~ **nicht** tinted rear-view mirrors eliminate dazzle.

Reflektor *m* reflector.

reflektorisch **I** *adj* **1.** (*motorisch*) reflex. **2.** (*geistig*) reflective. **II** *adv* by reflex action.

Reflex *m* **-es, -e 1.** (*Sci*) reflection. **2.** (*Physiol*) reflex.

Reflexbewegung *f* reflex action.

Reflexion *f* **1.** (*Phys*) reflection. **2.** (*Überlegung*) reflection. **über etw** (*acc*) ~**en anstellen** to reflect on sth.

Reflexionswinkel *m* (*Phys*) angle of reflection.

reflexiv *adj* (*Gram*) reflexive.

Reflexiv *nt* **-s, -e, Reflexivum** *nt* reflexive (pronoun/verb).

Reflexivpronomen *nt* reflexive pronoun.

Reform *f* **-, -en** reform.

Reformation *f* Reformation.

Reformationsfest *nt* Reformation Day (*Oct 31st*).

Reformator *m* Reformer.

reformatorisch *adj* reforming.

reformbedürftig *adj* in need of reform; **Reformbestrebungen** *pl* striving for *or* after reform; **Reformbewegung** *f* reform movement.

Reformer *m* **-s, -** reformer.

reformerisch *adj* reforming.

reformfreudig *adj* avid for reform; **Reformhaus** *nt* health food shop.

reformieren* vt to reform.

reformiert adj (Eccl) Reformed.

Reformierte(r) mf decl as adj member of the Reformed Church.

Reformismus m (Pol) reformism.

Reformist m (Pol) reformist.

reformistisch adj (Pol) reformist.

Reformkost f health food; **Reformkurs** m policy of reform; **einen ~ steuern** to follow a policy of reform; **Reformplan** m plan for reform.

Refrain [rə'frɛ:, re-] m **-s, -s** (Mus) chorus, refrain.

Refraktion f (Phys) refraction.

Refrigerator m refrigeration plant.

Refugium nt (geh) refuge.

Regal nt **-s, -e 1.** (Bord) shelves pl; (Typ) stand. **2.** (Mus) (tragbare Orgel) regal; (Orgelteil) vox humana.

Regatta f **-, Regatten** regatta.

Regattastrecke f regatta course.

Reg. Bez. abbr of **Regierungsbezirk.**

rege adj **1.** (betriebsam) active, busy; Verkehr busy; Handel flourishing; Briefwechsel lively. **ein ~s Treiben** a busy to-and-fro, a hustle and bustle; **auf dem Marktplatz herrschte ein ~s Treiben** the market place was bustling with activity or life; **Tendenz ~** (St Ex) brisk activity.

2. (lebhaft) lively; Unterhaltung auch animated; Phantasie auch vivid; Interesse auch avid. **ein ~r Geist** a lively soul; (Verstand) an active mind; **körperlich und geistig ~ sein** to be mentally and physically active, to be active in mind and body; **noch sehr ~ sein** to be very active still; **~ Beteiligung** lively participation; (zahlreich) good attendance or turnout.

3. (zahlreich) numerous; (häufig) frequent. **~r Besuch** high attendance; **das Museum wurde ~ besucht** the museum was very well visited.

Regel f **-, -n 1.** (Vorschrift, Norm) rule; (Verordnung) regulation. **die ~n der ärztlichen Kunst** the rules of the medical profession; **nach allen ~n der Kunst** (fig) thoroughly; **sie überredete ihn nach allen ~n der Kunst, ...** she used every trick in the book to persuade him ...

2. (Gewohnheit) habit, rule. **sich** (dat) **etw zur ~ machen** to make a habit or rule of sth; **in der ~** as a rule; **zur ~ werden** to become a habit.

3. (Monatsblutung) period; (Menstruation) menstruation no art. **die ~ haben/bekommen** to have/get one's period, to menstruate.

regelbar adj (steuerbar) adjustable; (klärbar) easily arranged; **Regelfall** m rule; **im ~** as a rule; **regellos** adj (ungeregelt) irregular; (unordentlich) disorderly, haphazard; **in ~er Folge** at irregular intervals; **ein ~es Durcheinander** a disorderly confusion; **Regellosigkeit** f siehe adj irregularity; disorderliness, haphazardness; disorderliness; **regelmäßig** adj regular; Lebensweise auch well-ordered, orderly; **~ spazierengehen** to take regular walks; **er kommt ~ zu spät** he's always late; **Regelmäßigkeit** f regularity; **er kommt mit sturer ~ zu spät** he is persistently late.

regeln I vt **1.** (regulieren) Verkehr to control; Temperatur etc auch to regulate. **2.** (erledigen) to see to; (endgültig) to settle; Problem etc to sort out; (in Ordnung bringen) Unstimmigkeiten to settle, to resolve; Finanzen to put in order. **das läßt sich ~** that can be arranged; **das werde ich schon ~** I'll see to it. **3.** (festsetzen, einrichten) to settle. **wir haben die Sache so geregelt ...** we have arranged things like this ...; **gesetzlich geregelt sein** to be laid down by law.

II vr to sort itself out, to resolve itself.

regelrecht I adj real, proper; Betrug, Erpressung, Beleidigung etc downright; **er wollte einen ~en Prozeß** he wanted a full-blown trial; **das Spiel artete in eine ~e Schlägerei aus** the match degenerated into a regular brawl; II adv really; unverschämt, beleidigend downright; **Regelstudienzeit** f period of time within which a student must complete his studies; **Regeltechnik** f control engineering.

Regelung f **1.** (Regulierung) regulation, control(ling). **2.** (Erledigung) settling, settlement; (von Unstimmigkeiten) resolution. **ich habe die ~ meiner finanziellen Angelegenheiten meinem Bruder übertragen** I have entrusted to my brother with the management of my financial affairs; **ich werde für die ~ dieser Angelegenheit sorgen** I shall see to this matter. **3.** (Abmachung) arrangement; (Bestimmung) ruling. **wir haben eine ~ gefunden** we have come to an arrangement.

Regelungstechnik f control engineering.

regelwidrig adj against the rules; (gegen Verordnungen verstoßend) against the regulations; **ein ~er Einwurf/Elfmeter** a foul throw-in/an improperly taken penalty; **Regelwidrigkeit** f irregularity; (Verstoß auch) breach of the rules; (Verstoß gegen Verordnungen auch) breach of regulations.

regen I vt (bewegen) to move. **keinen Finger (mehr) ~** (fig) not to lift a finger (any more).

II vr (Mensch, Glied, Baum etc) to move, to stir; (Gefühl, Gewissen, Zweifel, Wind etc) to stir. **unter den Zuhörern regte sich Widerspruch** there were mutterings of disapproval from the audience; **kein Lüftchen regt sich** (poet) not a breeze stirs the air; **reg dich!** look lively!; **sich nicht/kaum ~ können** not/hardly to be able to move; **sich ~ bringt Segen** (Prov) hard work brings its own reward.

Regen m **-s, -** rain; (fig: von Schimpfwörtern, Blumen etc) shower. **in den ~ kommen** to be caught in the rain; **es gibt bald ~** it's going to rain soon; **in/bei strömendem ~** in the pouring rain; **ein warmer ~** (fig) a windfall; **jdn im ~ stehenlassen** (fig) to leave sb out in the cold; **vom ~ in die Traufe kommen** (prov) to fall out of the frying-pan into the fire (prov).

regenarm adj dry, rainless; **Regenbö** f rainy squall; **Regenbogen** m rainbow; **Regenbogenfarben** pl colours pl of the rainbow; **in allen ~ schillern** to shine like shot silk, to iridesce (*liter*); **Regenbogenhaut** *f* (*Anat*) iris; **Regenbogenpresse** *f* trashy *or* pulp magazines *pl*; **Regendach** *nt* canopy; **regendicht** *adj* rainproof.

Regeneration *f* regeneration; (*fig auch*) revitalization.

regenerationsfähig *adj* capable of regeneration; (*fig auch*) capable of regenerating itself *or* of revitalization.

Regenerator *m* (*Tech*) regenerator.

regenerieren* I *vr* (*Biol*) to regenerate; (*fig*) to revitalize *or* regenerate oneself/ itself; (*nach Anstrengung, Schock etc*) to recover. **II** *vt* (*Biol*) to regenerate; (*fig auch*) to revitalize.

Regenfall *m usu pl* (fall of) rain; **tropische ~e** tropical rains; **Regenfaß** *nt* water-butt, rain barrel; **regenfrei** *adj* rainless; **Regenguß** *m* downpour; **Regenhaut** ® *f* plastic mac (*Brit inf*) *or* raincoat; **Regenhut** *m* waterproof hat, rainhat; **Regenjahr** *nt* rainy year; **Regenkleidung** *f* rainwear; **Regenmantel** *m* raincoat, mac (*Brit inf*), mac(k)intosh (*esp Brit*); **Regenpfeifer** *m* plover; **regenreich** *adj* rainy, wet; **Regenrinne** *f* siehe **Dachrinne**; **Regenschatten** *m* (*Geog*) rain shadow; **Regenschauer** *m* shower (of rain); **Regenschirm** *m* umbrella.

Regent(in *f*) *m* sovereign, reigning monarch; (*Stellvertreter*) regent.

Regentag *m* rainy day; **Regentonne** *f* water-butt, rain barrel; **Regentropfen** *m* raindrop.

Regentschaft *f* reign; (*Stellvertretung*) regency. **die ~ antreten** to ascend the throne; (*als Stellvertreter*) to become regent.

Regenwald *m* (*Geog*) rain forest; **Regenwasser** *nt* rainwater; **Regenwetter** *nt* rainy weather, rain; **er macht ein Gesicht wie drei** *or* **sieben Tage ~** (*inf*) he's got a face as long as a month of Sundays (*inf*); **Regenwolke** *f* rain cloud; **Regenwurm** *m* earthworm; **Regenzeit** *f* rainy season, rains *pl*.

Regie [re'ʒi:] *f* **1.** (*künstlerische Leitung*) direction; (*Theat, Rad, TV auch*) production (*Brit*). **die ~ bei etw haben** *or* **führen** to direct/produce sth; **unter der ~ von** directed/ produced by; „**~: A.G. Meier**" "Producer/Director A.G. Meier".

2. (*Leitung, Verwaltung*) management. **etw in eigener ~ führen** to control sth directly *or* personally; **etw in eigene ~ nehmen** to take *or* assume direct *or* personal control of sth; **etw in eigener ~ tun** to do sth oneself.

Regie- [re'ʒi:-]: **Regie|anweisung** *f* (stage) direction; **Regie|assistent** *m* assistant producer/director; **Regiebetrieb** *m* (*Admin*) state-owned factory; **Regiefehler** *m* (*fig*) slip-up; **Regiefilm** *m* **sein erster ~** the first film he directed; **Regiepult** *nt* (*Rad*) control desk *or* console.

regieren* I *vi* (*herrschen*) to rule; (*Monarch auch, fig*) to reign. **der R~de Bürgermeister von Berlin** the Governing Mayor of West Berlin. **II** *vt* (*beherrschen, lenken*)

Staat to rule (over), to govern; (*Monarch auch*) to reign over; *Markt, Fahrzeug* to control; (*Gram*) to govern.

Regierung *f* **1.** (*Kabinett*) government. **die ~ Wilson** the Wilson government.

2. (*Herrschaft*) government; (*Zeitabschnitt*) period of government; (*nichtdemokratisch*) rule; (*von Monarch*) reign. **an die ~ kommen** to come to power; (*durch Wahl auch*) to come into *or* take office; **die ~ antreten** to take power; (*nach Wahl auch*) to take office.

Regierungs|anhänger *m* government supporter; **Regierungs|antritt** *m* taking of power; (*nach Wahl auch*) taking of office; **bei ~** when the government took power/ office; **Regierungsbank** *f* government bench; **Regierungsbe|amte(r)** *m* government official; **Regierungsbezirk** *m* primary administrative division of a "Land", ≃ region (*Brit*), ≃ county (*US*); **Regierungschef** *m* head of a/the government; **der belgische ~** the head of the Belgian government; **Regierungsdirektor** *m* senior government official; **Regierungs|erklärung** *f* inaugural speech; (*in GB*) King's/Queen's Speech; **regierungsfeindlich** *adj* anti-government *no adv*; **Regierungsform** *f* form *or* type of government; **regierungsfreundlich** *adj* pro-government *no adv*; **Regierungshauptstadt** *f* administrative capital; **Regierungskreise** *pl* government circles *pl*; **Regierungskrise** *f* government(al) crisis; **Regierungspartei** *f* ruling *or* governing party, party in power; **Regierungspräsident** *m* chief administrator of a *Regierungsbezirk*, ≃ chairman of the regional council (*Brit*), ≃ county manager (*US*); **Regierungsrat** *m* senior civil servant; (*Sw: Organ*) legislature; **Regierungssitz** *m* seat of government; **Regierungssprecher** *m* government spokesman; **Regierungssystem** *nt* system of government, governmental system; **regierungstreu** *adj* loyal to the government; **Regierungs|umbildung** *f* cabinet reshuffle; **Regierungsvorlage** *f* government bill; **Regierungswechsel** *m* change of government; **Regierungszeit** *f* rule; (*von Monarch auch*) reign; (*von gewählter Regierung, Präsident*) period *or* term of office.

Regime [re'ʒi:m] *nt* -s, -s (*pej*) regime.

Regimekritiker *m* critic of the regime, dissident.

Regiment *nt* -(e)s, -e *or* (*Einheit*) -er **1.** (*old: Herrschaft*) rule. **das ~ führen** (*inf*) to be the boss (*inf*), to give the orders; **ein strenges** *or* **straffes ~ führen** (*inf*) to be strict; (*Vorgesetzter etc auch*) to run a tight ship (*inf*). **2.** (*Mil*) regiment.

Regiments- *in cpds* regimental; **Regimentskommandeur** *m* regimental commander.

Region *f* region.

regional *adj* regional. **~ verschieden** *or* **unterschiedlich sein** to vary from one region to another.

Regionalismus *m* regionalism.

Regionalliga *f* regional league (*lower leagues of professional clubs*); **Regional-**

programm nt (TV, Rad) regional station or (TV auch) channel; (Sendung) regional programme.

Regisseur(in f) [reʒɪˈsøːɐ, -ˈsøːrɪn] m director; (Theat, Rad, TV auch) producer (Brit).

Register nt **-s, -** 1. (amtliche Liste, Computers) register. **ein ~ (über etw** acc) **führen** to keep a register (of sth); **etw ins ~ (eines Amtes** etc) **eintragen** to register sth (with an office etc).

2. (Stichwortverzeichnis) index.

3. (Mus) register; (von Orgel auch) stop. **alle ~ spielen lassen** or **ziehen** (fig) to pull out all the stops; **andere ~ ziehen** (fig) to get tough.

Registertonne f (Naut) register ton; **Registerzug** m (Mus: bei Orgel) stop.

Registrator m (old) registrar.

Registratur f 1. (das Registrieren) registration. 2. (Büro) records office. 3. (Aktenschrank) filing cabinet. 4. (Mus: bei Orgel) stops pl.

registrieren* vti 1. (eintragen, verzeichnen) to register; (zusammenzählen) to calculate. 2. (inf: zur Kenntnis nehmen) to note. **sie hat überhaupt nicht registriert, daß ich nicht da war** the fact that I wasn't there didn't register with her at all.

Registrierkasse f cash register; **Registrierstelle** f registration office.

Registrierung f registration.

Reglement [reglə'mãː] nt **-s, -s** (old) rules pl, conventions pl.

reglementieren* vt to regulate; **jdn** to regiment.

Reglementierung f siehe vt regulation; regimentation.

Regler m **-s, -** regulator, control; (Elektromotor, Fernsteuerung) control(ler); (von Benzinmotor) governor.

Reglette f (Typ) lead.

reglos adj motionless.

regnen vti impers to rain. **es regnet in Strömen** it's pouring (with rain); **es regnet Glückwünsche/Proteste** congratulations/protests are pouring in; **es regnete Vorwürfe** reproaches hailed down.

regnerisch adj rainy.

Regreß m **-sses, -sse** 1. (Philos) regress. 2. (Jur) recourse, redress. **einen ~ auf jdn** or **an jdm nehmen** to have recourse against sb.

Regreßanspruch m (Jur) claim for compensation.

Regression f regression, retrogression.

regressiv adj (Biol) regressive, retrogressive; (fig) retrograde, retrogressive.

Regreßpflicht f liability for compensation; **regreßpflichtig** adj liable for compensation.

regsam adj active, alert, lively.

Regsamkeit f alertness, liveliness.

regulär adj (üblich) normal; (vorschriftsmäßig) proper, regular; (Arbeitszeit) normal, basic, regular. **~e Truppen** regular troops, regulars; **~e Bankgeschäfte** normal banking transactions; **etw ~ kaufen/verkaufen** (zum normalen Preis) to buy/sell sth at the normal price.

Regulation f (Biol) regulation.

regulativ adj regulatory, regulative. **in etw**

(acc) **~ eingreifen** to regulate sth.

Regulativ nt counterbalance (Med). **als ~ wirken** to have a regulating effect.

Regulator m wall clock.

regulierbar adj regul(at)able, adjustable.

regulieren* I vt 1. to regulate; (nachstellen auch) to adjust.

2. Rechnung, Forderung to settle.

II vr to become more regular. **sich von selbst ~** to be self-regulating.

Regulierhebel m (Tech) regulating lever.

Regulierung f regulation; (Nachstellung auch) adjustment.

Regung f (Bewegung) movement; (des Gefühls, des Gewissens, von Mitleid) stirring. **ohne jede ~** without a flicker (of emotion); **einer ~ des Herzens folgen** (liter) to follow the dictates of one's heart (liter); **zu keiner ~ fähig sein** (fig) to be paralyzed.

regungslos adj motionless.

Regungslosigkeit f motionlessness.

Reh nt **-s, -e** deer; (im Gegensatz zu Hirsch etc) roedeer. **scheu wie ein ~** (as) timid as a fawn.

Rehabilitand m **-en, -en** person undergoing rehabilitation.

Rehabilitation f rehabilitation; (von Ruf, Ehre) vindication.

rehabilitieren* I vt to rehabilitate; Ruf, Ehre to vindicate. II vr to rehabilitate (form) or vindicate oneself.

Rehabilitierung f siehe **Rehabilitation**.

Rehbock m roebuck; **Rehbraten** m roast venison; **rehbraun** adj russet; Augen hazel; **Rehgeiß** f doe (of the roedeer); **Rehkalb, Rehkitz** nt fawn or kid (of the roedeer); **Rehkeule** f (Cook) haunch of venison; **Rehleder** nt deerskin; **Rehposten** m (Hunt: grober Schrot) buckshot; **Rehrücken** m (Cook) saddle of venison; **Rehwild** nt (Hunt) roedeer.

Reibach m **-s,** no pl (inf) killing (inf). **einen ~ machen** (inf) to make a killing (inf).

Reibe f **-, -n** (Cook) grater.

Reibeisen nt rasp; (Cook) grater.

Reibekuchen m (Cook dial) ≈ potato waffle; **Reibelaut** m (Ling) fricative.

reiben pret **rieb,** ptp **gerieben** I vti 1. to rub. **etw blank ~** to rub sth till it shines; **etw** or **an etw** (dat) **~** to rub sth; **sich** (dat) **die Augen (vor Müdigkeit) ~** to rub one's eyes (because one is tired); **sich** (dat) **die Hände ~** to rub one's hands.

2. (zerkleinern) to grate.

II vr to rub oneself (an +dat on, against). **die beiden haben sich ständig aneinander gerieben** those two were constantly rubbing each other up the wrong way; **ich würde mich ständig an ihm ~** there would always be friction between him and me; **sich an etw** (dat) **wund ~** to scrape oneself raw on sth; **ich habe mich beim Radfahren wund gerieben** I got chafed cycling.

Reiberei f usu pl (inf) friction no pl. (kleinere) **~en** (short) periods of friction; **ihre ständigen ~en** the constant friction between them.

Reibfläche f (für Streichholz) striking surface; (von Reibe) scraping surface.

Reibung f 1. (das Reiben) rubbing; (Phys)

friction. **2.** (*fig*) friction *no pl.* **es kommt zu ~en** friction occurs.

Reibungs|elektrizität *f* frictional electricity; **Reibungsfläche** *f* (*fig*) source of friction; (**viele**) **~n bieten** to be a potential cause of friction; **reibungslos** *adj* frictionless; (*fig inf*) trouble-free; **~ verlaufen** to go off smoothly *or* without a hitch; **Reibungsverlust** *m* friction(al) loss; **Reibungswärme** *f* (*Phys*) frictional heat.

Reich *nt* **-(e)s, -e 1.** (*Herrschaft(sgebiet), Imperium*) empire; (*König~*) realm, kingdom. **das ~ der aufgehenden Sonne** (*liter*) the land of the rising sun; **das Deutsche ~** the German Reich; (*bis 1919 auch*) the German Empire; **das Dritte ~** the Third Reich; **das himmlische ~** (*liter*) the Kingdom of Heaven, the Heavenly Kingdom; **das ~ Gottes** the Kingdom of God.

2. (*Bereich, Gebiet*) realm. **das ~ der Tiere/Pflanzen** the animal/vegetable kingdom; **das ~ der Natur** the world *or* realm of nature; **das ist mein ~** (*fig*) that is my domain; **da bin ich in meinem ~** that's where I'm in my element.

reich *adj* **1.** (*vermögend, wohlhabend*) rich, wealthy; *Erbschaft* substantial; *Partie, Heirat* good. **~ heiraten** (*inf*) to marry (into) money.

2. (*kostbar*) costly *no adv*, rich; *Schmuck* costly *no adv*, expensive. **~ geschmückt** richly decorated; *Mensch* richly adorned; **ein ~ ausgestattetes Haus** a richly *or* lavishly furnished house; **eine ~ ausgestattete Bibliothek** a well-stocked library; **~ mit Vorräten ausgestattet** well *or* amply stocked up with supplies.

3. (*ergiebig, üppig*) rich, copious; *Ernte auch* bountiful, abundant; *Mahl* sumptuous, lavish. **jdn ~ belohnen** to reward sb well, to give sb a rich reward; **damit bin ich ~ belohnt** (*fig*) I am richly *or* amply rewarded; **jdn ~ beschenken** to shower sb with presents; **~ an etw** (*dat*) **sein** to be rich in sth; **~ an Fischen/Wild/Steinen** abounding with *or* full of fish/game/stones; **er ist ~ an Erfahrungen** he has had a wealth of experiences.

4. (*groß, vielfältig*) large, copious; *Auswahl* wide, large; *Erfahrungen, Kenntnisse* wide; *Blattwerk, Vegetation* rich, luxuriant. **die ~en Eindrücke** the wealth of impressions; **eine ~e Fülle** a rich abundance; **in ~em Maße vorhanden sein** to abound, to be found in large quantities; **~ illustriert** richly *or* copiously illustrated.

reichbegütert *adj* wealthy, affluent.

reichen I *vi* **1.** (*sich erstrecken*) to stretch, to extend (*bis zu* to), to reach (*bis zu etw* sth); (*Stimme*) to carry (*bis zu* to), to reach (*bis zu jdm/etw* sb/sth); (*Kleidungsstück*) to reach (*bis zu etw* sth). **sein Swimmingpool reicht bis an mein Grundstück** his swimming pool comes right up to my land; **der Garten reicht bis ans Ufer** the garden stretches *or* extends *or* goes right down to the riverbank; **das Wasser reicht mir bis zum Hals** the water comes up to my neck; **jdm bis zur Schulter ~** to come up to sb's shoulder; **er reicht mit dem**

Kopf bis zur Decke his head reaches *or* touches the ceiling; **so weit ~ meine Beziehungen nicht** my connections are not that extensive; **... aber sein Arm reichte nicht so weit** ... but his arm wouldn't reach that far; **so weit das Auge reicht** as far as the eye can see.

2. (*langen*) to be enough, to suffice (*form*); (*zeitlich auch*) to last. **der Saal reicht nicht für so viele Leute** the room isn't big enough *or* won't suffice (*form*) for so many people; **der Zucker reicht nicht** there won't be enough sugar; **reicht mein Geld noch bis zum Monatsende?** will my money last until the end of the month?; **reicht das Licht zum Lesen?** is there enough light to read by?; **dazu reicht meine Geduld/~ meine Fähigkeiten nicht** I haven't got enough patience/I'm not skilled enough for that; **das muß für vier Leute ~** that will have to be enough *or* suffice (*form*) *or* do (*inf*) for four people; **das sollte eigentlich ~** that should be enough, that should do (*inf*); **mir reicht's** (*inf*) (*habe die Nase voll*) I've had enough (*inf*); (*habe genug gehabt*) that's enough for me; **jetzt reicht's (mir aber)!** that's the last straw!; (*Schluß*) that's enough!

3. (*inf*) **mit dem Essen/der Zeit** *etc* **~** to have enough food/ time *etc*.

II *vt* (*entgegenhalten*) to hand; (*geben auch*) to give; (*herüber~, hinüber~ auch*) to pass (over); (*anbieten*) to serve; (*Eccl*) *Abendmahl* to give, to administer. **jdm etw ~** to hand/ give/pass sb sth, to hand/ give/pass sth to sb; **sie reichte mir die Wange zum Kuß** she proffered her cheek for a kiss; **jdm die Hand ~** to hold out one's hand (*to sb*); **sich die Hände ~** to join hands; (*zur Begrüßung*) to shake hands; **es wurden Erfrischungen gereicht** refreshments were served.

Reiche(r) *mf decl as adj* rich *or* wealthy man/woman *etc*. **die ~n** the rich *or* wealthy.

reichgeschmückt *adj attr* richly adorned; *Gegenstand auch* richly decorated; **reichhaltig** *adj* extensive; *Auswahl auch* wide, large; *Essen* rich; *Programm* varied; **Reichhaltigkeit** *f siehe adj* extensiveness; wideness; richness; variety; **die ~ der Auswahl** the range of choice.

reichlich I *adj* **1.** (*sehr viel, groß*) ample, large, substantial; *Vorrat auch* plentiful; *Portion, Trinkgeld auch* generous; *Geschenke* numerous.

2. (*mehr als genügend*) *Zeit, Geld, Platz* ample, plenty of; *Belohnung* ample.

3. (*inf: mindestens*) good. **eine ~e Stunde** a good hour.

II *adv* **1.** (*sehr viel*) *belohnen, sich eindecken* amply; *verdienen* richly. **jdn ~ beschenken** to give sb lots of *or* numerous presents; **~ Trinkgeld geben** to tip generously.

2. (*mehr als genügend*) **~ Zeit/Geld haben** to have plenty of *or* ample time/ money; **~ vorhanden sein** to abound, to exist in plenty; **der Mantel ist ~ ausgefallen** the coat is on the big side; **das war ~ gewogen/abgemessen** that was very

generously weighed out/measured out;
das ist ~ gerechnet that's a generous
estimate.

3. (*inf: mindestens*) ~ **1.000 Mark** a
good 1,000 marks.

4. (*inf: ziemlich*) pretty.

Reichs|acht f (*Hist*) outlawry in the Em-
peror's name; **Reichs|adler** m (*Her,
Hist*) imperial eagle; **Reichs|apfel** m
(*Her, Hist*) imperial orb; **Reichsbahn** f
state railway; (*DDR*) East German State
Railways; **Reichsbann** m (*Hist*) *siehe*
Reichsacht; Reichsgebiet nt prewar
Germany; **im ~** inside Germany's prewar
boundaries; **Reichsgericht** nt (*Hist*)
German supreme court (*until 1945*);
Reichsgrenze f border of the empire;
prewar German border; **Reichshaupt-
stadt** f (*1933-45*) capital of the Reich;
(*vor 1933*) imperial capital; **Reichs-
kanzler** m (*bis 1918*) Imperial Chancellor; (*1918-34*) German Chancellor;
Reichsmark f reichsmark, (old) German mark; **Reichspräsident** m German president (*until 1934*); **Reichs-
regierung** f German government (*until
1945*); **Reichsstadt** f (*Hist*) free city
(of the Holy Roman Empire); **freie ~** free
city; **Reichsstände** pl (*Hist*) estates of
the Empire pl; **Reichstag** m Parliament; (*in Deutschland 1871-1945*) Reichstag; (*in Deutschland vor 1871, in Japan*)
Imperial Diet; **Reichstagsbrand** m
burning of the Reichstag; **reichs|unmit-
telbar** adj (*Hist*) self-governing under the
Kaiser; **Reichswehr** f German army
(*1921-35*).

Reichtum m **1.** wealth no pl, richness no
pl; (*Besitz*) riches pl. **zu ~ kommen** to
become rich, to make one's fortune; **~er
erwerben** to gain riches; **die ~er der Erde/
des Meeres** the riches of the earth/sea; **der
innere** or **seelische ~** richness of spirit;
damit kann man keine ~er gewinnen you
won't get rich that way.

2. (*fig: Fülle, Reichhaltigkeit*) wealth,
abundance (*an + dat* of). **der ~ an Fischen**
the abundance of fish.

reichverziert adj attr richly ornamented.

Reichweite f (*von Geschoß, Sender*)
range; (*greifbare Nähe*) reach; (*fig: Einflußbereich*) scope. **in ~** within range/the
reach (*gen* of); **jd ist in ~** sb is nearby or
around; **außer ~** out of range/reach (*gen*
of); **innerhalb der ~** +gen within range/
the scope of; **außerhalb der ~** +gen outside the range of/beyond the scope of.

Reif¹ m **-(e)s**, no pl *siehe* **Rauhreif**.

Reif² m **-(e)s**, **-e** (old, liter) (*Stirn~, Diadem*) circlet; (*Arm~*) bangle; (*Finger-
ring*) ring; (*im Rock*) hoop.

reif adj **1.** (*voll entwickelt*) Früchte,
Getreide ripe; *Mensch, Ei* mature. **der
Pickel/das Geschwür ist ~** (*inf*) the spot/
abscess has come to a head.

2. (*erfahren, älter*) mature. **in ~(er)em
Alter, in den ~eren Jahren** in one's
mature(r) years; **die ~ere Jugend** those of
mellower years; **im ~eren Alter von ...** at
the ripe old age of ...

3. (*vorbereitet*) ready, ripe; (*durchdacht*) Urteil, Arbeit, Gedanken mature.

~ **zur Veröffentlichung** ready or ripe for
publication; **die Zeit ist ~/noch nicht ~**
the time is ripe/not yet ripe.

4. für etw ~ sein (*inf*) to be ready for
sth; ~ **sein** (*sl*) to be in for it (*inf*) or for the
high jump (*inf*).

Reife f **-**, no pl **1.** (*das Reifen*) ripening.

2. (*das Reifsein*) ripeness;
(*Geschlechts~, von Ei*) maturity. **zur ~
kommen** to ripen; (*geh: Mädchen*) to
come to or reach maturity; **zur ~ bringen**
to ripen.

3. (*fig: von Menschen, Gedanken etc*)
maturity. **ihm fehlt die (sittliche) ~** he
lacks maturity, he's too immature.

4. mittlere ~ (*Sch*) first public exam-
ination in secondary school, ≈ O-Levels pl
(*Brit*); **Zeugnis der ~** (*form*) *siehe*
Reifezeugnis.

Reifegrad m degree of ripeness.

reifen¹ vi impers **es reift** there has been/
will be a frost.

reifen² I vt Obst to ripen; jdn to mature.
das hat ihn zum Manne gereift (*liter*) that
made a man out of him; *siehe* **gereift.**

II vi aux sein **1.** (*Obst*) to ripen;
(*Mensch, Ei*) to mature. **er reifte zum
Manne** he became a man.

2. (*fig: Plan, Entscheidung*) to mature.
zur Gewißheit ~ to harden into certainty.

Reifen m **-s**, **-** tyre; (*Spiel~, von Faß, von
Rock*) hoop; (*Arm~*) bangle. **(den) ~
treiben/spielen** to bowl a hoop.

Reifendefekt m, **Reifenpanne** f puncture, flat; (*geplatzt auch*) blowout;
Reifenschaden m **1.** faulty tyre; **2.** *siehe*
Reifenpanne; Reifenwechsel m tyre-
change.

Reifeprüfung f (*Sch*) *siehe* **Abitur; Reife-
zeit** f ripening time; (*von Ei*) period of
incubation; (*Pubertät*) puberty no def art;
Reifezeugnis nt (*Sch*) "Abitur" certificate, ≈ A-Level certificate (*Brit*), high-
school graduation certificate (*US*).

reiflich adj thorough, careful. **nach ~er
Überlegung** after careful consideration,
upon mature reflection (*liter*); **sich** (*dat*)
etw ~ überlegen to consider sth carefully.

Reifrock m (*Hist*) farthingale, hoop skirt.

Reifung f ripening; (*von Ei*) maturing,
maturation.

Reifungsprozeß m process of ripening;
(*von Ei*) maturation process.

Reigen m **-s**, **-** round dance, roundel(ay)
(old); (*fig geh*) round. **den ~ eröffnen** or
anführen (*fig geh*) to lead off; **den ~
beschließen** (*fig geh*) to bring up the rear.

Reihe f **-**, **-n** **1.** (*geregelte Anordnung*)
row, line; (*Sitz~, beim Stricken*) row;
(*fig: von Beispielen, Reden*) series sing. **in
~n zu (je) drei antreten/marschieren** to
line up/march in rows of three or in threes;
sich in einer ~ aufstellen to line up, to
form a row or line; **in einer ~ stehen** to
stand in a row or line; **in Reih und Glied
antreten** to line up in formation; **aus der ~
tanzen** (*fig inf*) to be different; (*gegen
Konventionen verstoßen*) to step out of
line; **die ~ herumgehen** (*Gegenstand*) to
be passed around, to go the rounds; **die
~n schließen** (*Mil*) to close ranks; **die ~n
lichten sich** (*fig*) the ranks are thinning; **in**

den eigenen ~**n** within our/their *etc* own ranks; **die** ~ **eröffnen** (*fig*) to start off; **in einer** ~ **mit jdm stehen** (*fig*) to be on a par with sb; **sich in eine** ~ **mit jdm stellen** (*fig*) to put oneself on a par with sb.

2. (*Reihenfolge*) **er ist an der** ~ it's his turn, he's next; (*beim Spiel etc auch*) it's his go; **er kommt an die** ~ he's next, it's his turn *or* him (*inf*) next; **warte, bis du an die** ~ **kommst** wait till it's your turn/go; **der** ~ **nach, nach der** ~ in order, in turn; **sie sollen der** ~ **nach hereinkommen** they are to come in one by one *or* one at a time; **erzähl mal der** ~ **nach, wie alles war** tell us how it was in the order it all happened; **außer der** ~ out of order; (*bei Spielen auch*) out of turn; (*zusätzlich, nicht wie gewöhnlich*) out of the usual way of things; **ich genehmige mir auch mal außer der** ~ **eine Havanna** I sometimes smoke a Havana at times when I wouldn't normally; **wenn ich das Auto mal außer der** ~ **brauche** if I should happen to need the car at a time when I don't normally have it.

3. (*Serie, Math, Mus*) series *sing*; (*Biol: Ordnung*) order.

4. (*unbestimmte Anzahl*) number. **in der** ~ **der Stars** amongst the ranks of the stars; **eine ganze** ~ (**von**) a whole lot (of); **eine ganze** ~ **von Beispielen** a whole string of examples.

5. (*inf: Ordnung*) **aus der** ~ **kommen** (*in Unordnung geraten*) to get out of order; (*verwirrt werden*) to lose one's equilibrium; (*gesundheitlich*) to fall ill; **wieder in die** ~ **kommen** to get one's equilibrium back; (*gesundheitlich*) to get back on form; **nicht in der** ~ **sein** not to be well *or* one hundred per cent (*inf*); **in die** ~ **bringen** to put in order, to put straight.

reihen I *vt* **1. Perlen auf eine Schnur** ~ to string beads (on a thread); **sie reihte die Pilzstücke auf einen Faden** she strung the pieces of mushroom up (on a thread).

2. (*Sew*) to tack.

II *vr* **etw reiht sich an etw** (*acc*) sth follows (after) sth; **eine Enttäuschung reihte sich an die andere** let-down followed let-down.

Reihen *m* -**s**, - (*S Ger*) instep.

Reihendorf *nt* village built along a road, ribbon development (*spec*).

Reihenfolge *f* order; (*notwendige Aufeinanderfolge*) sequence. **der** ~ **nach** in order; **in zwangloser** ~ in no particular *or* special order; **alphabetische/zeitliche** ~ alphabetical/ chronological order.

Reihenhaus *nt* terraced house, town house (*US*); **Reihen(haus)siedlung** *f* estate of terraced houses *or* town houses (*US*); **Reihenschaltung** *f* (*Elec*) series connection; **in** ~ in series; **Reihen|untersuchung** *f* mass screening; **reihenweise** *adv* **1.** (*in Reihen*) in rows; **2.** (*fig: in großer Anzahl*) by the dozen; **sie sind** ~ **ohnmächtig geworden** they fainted by the dozen, dozens of them fainted.

Reiher *m* -**s**, - heron. **kotzen wie ein** ~ (*sl*) to spew *or* puke one's guts up (*sl*).

Reiherfeder *f* heron's feather; (*als Hutschmuck*) aigrette; **Reiherhorst** *m* heron's nest.

reihern *vi* (*sl*) to puke (up) (*sl*).

Reiherschnabel *m* (*Bot*) common stork's-bill.

reih|um *adv* round. **es geht** ~ everybody takes their turn; **etw** ~ **gehen lassen** to pass sth round.

Reim *m* -**(e)s**, -**e** rhyme. **ein** ~ **auf „Hut"** a rhyme for "hat"; ~**e bilden** *or* **machen** *or* **drechseln** (*hum*) *or* **schmieden** (*hum*) to make *or* write rhymes, to versify (*hum*); **etw in** ~**e bringen** to make sth rhyme; **sich** (*dat*) **einen** ~ **auf etw** (*acc*) **machen** (*inf*) to make sense of sth; **ich mache mir so meinen** ~ **darauf** (*inf*) I can put two and two together (*inf*), I think I can see what's going on; **ich kann mir keinen** ~ **darauf machen** (*inf*) I can't make head (n)or tail of it, I can see no rhyme (n)or reason in it.

reimen I *vt* to rhyme (*auf* +*acc, mit* with). **ich kann das Wort nicht** ~ I can't find a rhyme for this word *or* anything to rhyme with this word. II *vi* to make up rhymes, to rhyme (*liter*), to versify (*hum*). III *vr* to rhyme (*auf* +*acc, mit* with). **das reimt sich nicht** (*fig*) it doesn't hang together *or* make sense.

Reimerei *f* **1.** (*das Reimen*) versifying. **2.** (*Gedicht*) doggerel *no pl.* **eine** ~ a piece of doggerel.

Reimlexikon *nt* rhyming dictionary; **Reimpaar** *nt* rhyming couplet.

Re|import *m* (*Fin, Comm*) reimportation.

Reimwort *nt*, *pl* -**wörter** rhyme. **ein** ~ **zu etw finden** to find a rhyme for sth *or* a word to rhyme with sth.

rein[1] *adv* (*inf*) = **herein, hinein**.

rein[2] I *adj* **1.** pure; (*absolut, völlig auch*) sheer; *Wahrheit* plain, straight, unvarnished; *Gewinn* clear. **das ist die** ~**ste Freude/der** ~**ste Hohn** *etc* it's pure *or* sheer joy/mockery *etc*; **er ist der** ~**ste Künstler/Akrobat** he's a real artist/ acrobat; **das Kind ist der** ~**ste Vater** (*dial*) the child is just like his father; **er ist die** ~**ste Bestie** he's an absolute *or* downright brute; **mit ihren Kindern hat sie nicht immer die** ~**ste Freude** she doesn't find her children exactly an unmixed blessing; **die** ~**e Arbeit kostet ...** the work alone costs ...; **er ist ein Demokrat** ~**sten Wassers** *or* **von** ~**stem Wasser** he is the archetypal *or* a pure democrat; **jdm** ~**en Wein einschenken** (*fig*) to give it to sb straight (from the shoulder); **eine** ~**e Jungenklasse** an all boys' class; **eine** ~**e Industriestadt** a purely industrial town.

2. (*sauber*) clean; *Haut, Teint* clear, pure. **etw** ~ **machen** to clean sth; ~ **klingen** to make a pure sound; ~ **singen** to have a pure voice; ~**en Tisch machen** (*fig*) to get things straight, to sort things out; **ich habe** ~**e Hände** (*fig*) my hands are clean.

3. (*klar, übersichtlich*) **etw ins** ~**e schreiben** to write out a fair copy of sth, to write sth out neatly; **etw ins** ~**e bringen** to clear sth up; **die Sache ist ins** ~**e gekommen** things are cleared up, things have cleared themselves up; **mit sich selbst ins** ~**e kommen** to get things straight with oneself, to straighten *or* sort things out with oneself; **mit etw ins** ~**e kommen** to get straight about sth; **mit jdm/sich selbst im ~en sein** to have got things straightened *or* sorted out with sb/oneself; **mit seinem Gewissen im ~en sein** to have a clear conscience; **er ist mit sich selbst nicht im ~en** he is at odds with himself.

4. (*unschuldig*) pure; *Gewissen* clear. **er ist ~ von Schuld** (*old*) he is free of guilt; **dem R~en ist alles ~** (*prov*) to the pure all things are pure.

II *adv* **1.** (*ausschließlich*) purely. **~ hypothetisch gesprochen** speaking purely hypothetically.

2. (*inf: ganz, völlig*) absolutely. **~ alles/unmöglich** absolutely everything/impossible; **~ gar nichts** absolutely nothing, sweet Fanny Adams (*sl*).

Reineclaude [rɛnǝˈkloːdǝ] *f* -, -n *siehe* **Reneklode.**

Reineke Fuchs *m* (*Liter*) Reynard the Fox.

Rein(e)machefrau *f* cleaner, cleaning lady.

reinemachen *vi sep* to do the cleaning, to clean.

Reinemachen *nt* -s, *no pl* (*inf*) cleaning.

Rein|erlös, Rein|ertrag *m* net profit(s) *or* proceeds *pl*.

Reinette [rɛˈnɛtǝ] *f siehe* **Renette.**

rein(e)weg *adv* (*inf*) completely, absolutely. **das ist ~ eine Frechheit/erlogen** it's a downright cheek/lie.

Reinfall *m* (*inf*) disaster (*inf*); (*Pleite auch*) flop (*inf*). **mit der Waschmaschine/dem Kollegen haben wir einen ~ erlebt** the washing machine/this colleague was a real disaster.

reinfallen *vi sep irreg aux sein* (*inf*) *siehe* **hereinfallen, hineinfallen.**

Rein|infektion *f* reinfection.

Reingeschmeckte(r) *mf decl as adj* (*S Ger*) outsider.

Reingewicht *nt* net(t) weight; **Reingewinn** *m* net(t) profit; **Reinhaltung** *f* keeping clean; (*von Wasser auch, von Rasse*) keeping pure.

Reinheit *f* purity; (*Sauberkeit*) cleanness; (*von Haut*) clearness.

Reinheitsgebot *nt* beer purity regulations *pl*; **Reinheitsgrad** *m* (*Chem*) (degree of) purity.

reinigen I *vt* **1.** (*saubermachen, putzen*) to clean; (*chemisch auch*) to dry-clean. **etw chemisch ~** to dry-clean sth; **sich** (*dat*) **die Hände ~** to clean one's hands.

2. (*säubern*) to purify; *Metall* to refine; *Blut auch* to cleanse. **ein ~des Gewitter** (*fig inf*) a row which clears/cleared the air.

3. (*zensieren*) *Text* to clean up, to bowdlerize; *Sprache* to purify. **eine Sprache/einen Text von etw ~** to purify *or* purge a language/text of sth.

II *vr* to clean itself; (*Mensch*) to cleanse oneself. **normalerweise kann ein Fluß sich von selbst ~** normally a river can cleanse itself *or* keep itself clean; **sich von einer Schuld/einem Verdacht ~** (*liter*) to cleanse oneself of a sin (*liter*)/to clear oneself of suspicion.

Reinigung *f* **1.** (*das Saubermachen*) cleaning. **2.** (*chemische ~*) (*Vorgang*) dry cleaning; (*Anstalt*) (dry) cleaner's. **3.** (*das*

Säubern) purification; (*von Metall*) refining; (*von Blut auch*) cleansing. **4.** (*von Text*) cleaning up, bowdlerization; (*von Sprache*) purification. **5.** (*Rel*) purification.

Reinigungscreme *f* cleansing cream; **Reinigungsmilch** *f* cleansing milk; **Reinigungsmittel** *nt* cleansing agent.

Rein|inkarnation *f* reincarnation.

reinkriechen *vi sep irreg aux sein* (*fig sl*). **jdm hinten ~** to suck up to sb (*inf*).

reinkriegen *vt sep* (*inf*) to get in.

Reinkultur *f* (*Biol*) cultivation of pure cultures. **Kitsch/Faschismus** *etc* **in ~** (*inf*) pure unadulterated rubbish/fascism.

reinlegen *vt sep* (*inf*) *siehe* **hereinlegen, hineinlegen.**

reinleinen *adj* pure linen.

reinlich *adj* **1.** (*sauberkeitsliebend*) cleanly. **2.** (*ordentlich*) neat, tidy. **3.** (*gründlich, klar*) clear.

Reinlichkeit *f siehe adj* **1.** cleanliness. **2.** neatness, tidiness. **3.** clearness.

Reinmachefrau *f siehe* **Rein(e)machefrau; reinrassig** *adj* of pure race, pure-blooded; *Tier* purebred, thoroughbred; **Reinrassigkeit** *f* racial purity; (*von Tier*) pure breeding; **reinreiten** *vt sep irreg* **jdn** (*ganz schön*) **~** (*inf*) to get sb into a (right) mess (*inf*); **Reinschiff** *nt* (*Naut*): **~ machen** ≈ to swab the decks; **Reinschrift** *f* writing out a fair copy *no art*; (*Geschriebenes*) fair copy; **reinseiden** *adj* pure silk; **Reinvermögen** *nt* net assets *pl*; **reinwaschen** *sep irreg* **I** *vt* (*von of*) to clear; (*von Sünden*) to cleanse; **II** *vr* (*fig*) to clear oneself; (*von Sünden*) to cleanse oneself; **reinweg** *adv siehe* **rein(e)weg; reinwollen** *adj* pure wool.

Reis¹ *nt* -es, -er (*old, liter*) (*Zweig*) twig, sprig; (*Pfropf~*) scion.

Reis² *m* -es, -e rice. **Huhn auf ~** chicken with rice.

Reis|auflauf *m* rice pudding; **Reisbrei** *m* ≈ creamed rice.

Reise *f* -, -n journey, trip; (*Schiffs~*) voyage; (*Space*) voyage, journey; (*Geschäfts~*) trip. **seine ~n durch Europa** his travels through Europe; **eine ~ mit der Eisenbahn/dem Auto** a train/car journey, a journey by rail/car; **eine ~ zu Schiff** a sea voyage; (*Kreuzfahrt*) a cruise; **er plant eine ~ durch Afrika** he's planning to travel through Africa; **eine ~ machen** to go on a journey; **wir konnten die geplante ~ nicht machen** we couldn't go away as planned; **er hat in seinem Leben viele interessante ~n gemacht** he has travelled to a lot of interesting places in his lifetime; **wann machst du die nächste ~?** when are you off (on your travels) again?, when's the next trip?; **die ~ nach Afrika habe ich allein gemacht** I travelled to Africa by myself; **auf ~n sein** to be away (travelling); **er geht viel auf ~n** he travels a lot; **wohin geht die ~?** where are you off to?; **die letzte ~ antreten** (*euph liter*) to enter upon one's last journey (*liter*); **glückliche** *or* **gute ~!** bon voyage!, have a good journey!; **wenn einer eine ~ tut, so kann er was erzählen** (*prov*) strange things happen when you're abroad.

Reise|andenken nt souvenir; **Reise-|apotheke** f first aid kit; **Reisebedarf** m travel requisites pl; **Reisebegleiter** m travelling companion; (Reiseleiter) courier; (für Kinder) chaperon; **Reise-bekanntschaft** f acquaintance made while travelling; **Reisebericht** m report or account of one's journey; (Buch) travel story; (Film) travel film, travelogue; (in Tagebuch) holiday diary; **Reise-beschreibung** f description of a journey/one's travels etc; traveller's tale, travel book or story/film; (Film) travelogue; **Reisebüro** nt travel agency; **reisefertig** adj ready (to go or leave); **Reisefieber** nt (fig) travel nerves pl; **Reiseführer** m (Buch) guidebook; (Person) siehe **Reiseleiter**; **Reisegefährte** m travelling companion; **Reisegeld** nt fare; **Reise-genehmigung** f travel permit; **Reise-gepäck** nt luggage, baggage (esp US, Aviat); **Reisegeschwindigkeit** f cruising speed; **Reisegesellschaft** f (tourist) party; (im Bus auch) coach party; (inf: Veranstalter) tour operator; **eine japanische ~** a party of Japanese tourists; **Reisekoffer** m suitcase; **Reisekosten** pl travelling expenses pl; **Reisekostenver-gütung** f payment or reimbursement of travelling expenses; **100 Mark ~** 100 marks (in respect of) travelling expenses; **Reisekrankheit** f travel sickness; **Reise-leiter** m courier; **Reiseleitung** f (das Leiten) organization of a/the tourist party; (Reiseleiter) courier(s); **Reise-lektüre** f reading-matter (for a journey); **etw als ~ mitnehmen** to take sth to read on the journey; **Reiselust** f travel urge, wanderlust; **mich packt die ~** I've got itchy feet (inf) or the travel bug (inf); **reiselustig** adj fond of or keen on travel(ling), travel-mad (inf); **Reisemit-bringsel** nt souvenir.

reisen vi aux sein to travel. **in den Urlaub ~** to go away on holiday; **in etw** (dat) **~** (Comm) to travel in sth; **viel gereist sein** to have travelled a lot, to be well-travelled.

Reisende(r) mf decl as adj traveller; (Fahrgast) passenger; (Comm) (commercial) traveller, travelling salesman.

Reisenecessaire nt (für Nagelpflege) travelling manicure set; (Nähzeug) travelling sewing kit; **Reise|onkel** m (hum inf) globetrotter (hum); **Reisepaß** m passport; **Reisepläne** pl plans pl (for a/the journey); **meine Mutter schmiedet dauernd irgendwelche ~** my mother is always planning some journey or trip or other; **Reiseprospekt** m travel brochure; **Reiseproviant** m food for the journey, provisions pl (usu hum); **Reise-route** f route, itinerary; **Reisescheck** m traveller's cheque (Brit), traveler's check (US); **Reiseschilderung** f description of a journey/one's travels, (Buch) travel story; **Reiseschreibmaschine** f portable typewriter; **Reisespesen** pl travelling expenses pl; **Reisestipendium** nt travelling scholarship; **Reisetante** f (hum inf) globetrotter (hum); **Reise-tasche** f grip, travelling bag; **Reisever-kehr** m holiday traffic; **Reisevorberei-tungen** pl travel preparations pl, preparations for a/the journey; **Reisewetter** nt travelling weather; **Reisewetter-bericht** m holiday weather forecast; **Reisezeit** f time for travelling; **die beste ~ für Ägypten** the best time to go to Egypt; **Reiseziel** nt destination.

Reisfeld nt paddy-field.

Reisig nt **-s**, no pl brushwood, twigs pl.

Reisigbesen m besom; **Reisigbündel** nt bundle of twigs, faggot.

Reiskorn nt grain of rice; **Reismehl** nt ground rice; **Reispapier** nt (Art, Cook) rice paper.

Reiß|aus m: **~ nehmen** (inf) to clear off (inf), to take to one's heels.

Reißblei nt graphite; **Reißbrett** nt drawing-board; **Reißbrettstift** m siehe **Reißzwecke**.

Reisschleim m rice water; **Reisschnaps** m rice spirit.

reißen pret **riß**, ptp **gerissen** I vt 1. (zer~) to tear, to rip. **ein Loch ins Kleid ~** to tear or rip a hole in one's dress.

2. (ab~, ent~, herunter~, weg~) to tear, to pull, to rip (etw von etw sth off sth); (mit~, zerren) to pull, to drag. **jdn zu Boden ~** to pull or drag sb to the ground; **jdn/etw in die Tiefe ~** to pull or drag sb/sth down into the depths; **der Fluß hat die Brücke mit sich gerissen** the river swept the bridge away; **aus diesem Leben gerissen** snatched from this life; **jdn aus seinen Gedanken ~** to interrupt sb's thoughts; (aufmuntern) to make sb snap out of it; **jdn aus dem Schlaf/seinen Träumen ~** to wake sb from his sleep/dreams; **etw aus dem Zusammenhang ~** to take sth out of context; **jdn ins Verderben ~** to ruin sb; **hin und her gerissen werden/sein** (fig) to be torn.

3. **etw an sich** (acc) **~** to seize sth; Macht auch to usurp sth; Unterhaltung to monopolize sth.

4. (Sport) (Gewichtheben) to snatch; (Hochsprung, Pferderennen) to knock off or down.

5. (töten) to take, to kill.

6. (inf: machen) Witze to crack (inf); Possen to play.

7. (Wunde beibringen) **sich** (dat) **eine Wunde an etw** (dat) **~** to cut oneself on sth; **sich** (dat) **etw blutig ~** to tear sth open.

II vi 1. aux sein (zer~) to tear, to rip; (Muskel) to tear; (Seil) to tear, to break, to snap; (Risse bekommen) to crack. **mir ist die Kette/der Faden gerissen** my chain/thread has broken or snapped; **da riß mir die Geduld** or **der Geduldsfaden** then my patience gave out or snapped; **es reißt mir in allen Gliedern** (inf) I'm aching all over; **wenn alle Stricke** or **Stränge ~** (fig inf) if the worst comes to the worst, if all else fails.

2. (zerren) (an +dat at) to pull, to tug; (wütend) to tear.

3. (Sport) (Gewichtheben) to snatch; (Hochsprung, Pferderennen) to knock the bar off or down.

III vr 1. (sich verletzen) to cut oneself (an +dat on).

2. (*sich los*~) to tear oneself/itself.

3. (*inf*) **sich um jdn/etw** ~ to scramble to get sb/sth.

Reißen *nt* **-s**, *no pl* (*inf: Glieder*~) ache.

reißend *adj Fluß* torrential, raging; *Tier* rapacious; *Schmerzen* searing; *Verkauf, Absatz* massive. ~**en Absatz finden** to sell like hot cakes (*inf*).

Reißer *m* **-s**, - (*Theat, Film, Buch: inf*) thriller; (*inf: Ware*) hot item (*inf*) *or* line (*inf*), big seller.

reißerisch *adj* sensational.

Reißfeder *f* (*Art*) (drawing) pen; **reißfest** *adj* tearproof; **Reißkohle** *f* (*Art*) charcoal; **Reißleine** *f* ripcord; **Reißnagel** *m siehe* **Reißzwecke**; **Reißschiene** *f* T-square; **Reißstift** *m siehe* **Reißzwecke**; **Reißverschluß** *m* zip(-fastener) (*Brit*), zipper; **den** ~ **an etw** (*dat*) **auf-/zumachen** to zip sth up/to unzip sth; **Reißwolf** *m* shredder, shredding machine; **Reißwolle** *f* shoddy; **Reißzeug** *nt* drawing instruments *pl*; **Reißzirkel** *m* drawing compass(es); **Reißzwecke** *f* drawing pin (*Brit*), thumb tack (*US*).

Reiswein *m* rice wine.

Reitanzug *m* riding-habit; **Reitbahn** *f* arena.

reiten *pret* **ritt**, *ptp* **geritten I** *vi aux sein*
1. to ride. **auf etw** (*dat*) ~ to ride (on) sth; **im Schritt/Trab/Galopp** ~ to ride at a walk/trot/gallop; **geritten kommen** to ride up, to come riding up; **das Schiff reitet vor Anker** (*Naut*) the ship is riding at anchor; **auf diesem Messer kann man** ~! (*inf*) you couldn't cut butter with this knife!

2. (*sl: koitieren*) to ride (*sl*).

II *vt* to ride. **Schritt/Trab/Galopp** ~ to ride at a walk/trot/ gallop; **ein schnelles Tempo** ~ to ride at a fast pace; **sich** (*dat*) **Schwielen** ~ to get saddle-sore; **jdn zu Boden** *or* **über den Haufen** (*inf*) ~ to trample sb down; **Prinzipien** ~ (*inf*) to insist on one's principles.

Reiter *m* **-s**, - **1.** rider, horseman; (*Mil*) cavalryman. **ein Trupp preußischer** ~ a troop of Prussian horse. **2.** (*an Waage*) rider; (*Kartei*~) index-tab. **3.** (*Mil: Absperrblock*) barrier. **spanische** ~ *pl* barbed-wire barricade.

Reiterangriff *m* cavalry charge.

Reiterei *f* **1.** (*Mil*) cavalry. **2.** (*inf: das Reiten*) riding.

Reiterin *f* rider, horsewoman.

Reiterregiment *nt* cavalry regiment.

Reitersmann *m*, *pl* **-männer** (*liter*) horseman.

Reiterstandbild *nt* equestrian statue.

Reitgerte *f* riding crop; **Reithose** *f* riding-breeches *pl*; (*Hunt, Sport*) jodhpurs *pl*; **Reitkleid** *nt* riding-habit; **Reitknecht** *m* (*old*) groom; **Reitkunst** *f* horsemanship, riding skill; **Reitpeitsche** *f* riding whip; **Reitpferd** *nt* saddle-horse, mount; **Reitsattel** *m* (riding) saddle; **Reitschule** *f* riding school; **Reitsitz** *m* riding position; (*rittlings*) straddling position; **im** ~ **sitzen** to sit astride (*auf etw* (*dat*) sth); **Reitsport** *m* (horse-)riding, equestrian sport (*form*); **Reitstall** *m* riding-stable; **Reitstiefel** *m* riding-boot; **Reittier** *nt* mount, animal used for riding; **Reitturnier** *nt*

horse show; (*Geländereiten*) point-to-point; **Reit- und Fahrturnier** *nt* horse show; **Reitunterricht** *m* riding lessons *pl*; **Reitweg** *m* bridle-path.

Reiz *m* **-es**, **-e 1.** (*Physiol*) stimulus. **einen** ~ **auf etw** (*acc*) **ausüben** to act as a stimulus on sth.

2. (*Verlockung*) attraction, appeal; (*des Unbekannten, Fremdartigen, der Großstadt auch*) lure; (*Zauber*) charm. **der** ~ **der Neuheit/des Verbotenen** the lure *or* appeal of novelty/forbidden fruits; (**auf jdn**) **einen** ~ **ausüben** to have *or* hold great attraction(s) (for sb); **das erhöht den** ~ it adds to the thrill *or* pleasure; **einen/keinen** ~ **für jdn haben** to appeal/not to appeal to sb; **seinen** *or* **den** ~ **verlieren** to lose all one's/its charm; **an** ~ **verlieren** to be losing one's/its charm *or* attraction *or* appeal, to begin to pall; **seine** ~**e spielen lassen** to display one's charms; **weibliche** ~**e** feminine charms; **seine** ~ **e zeigen** (*euph, iro*) to reveal one's charms.

reizbar *adj* (*empfindlich*) sensitive, touchy (*inf*); (*erregbar*) irritable; (*Med*) irritable, sensitive; **leicht** ~ **sein** to be very sensitive/irritable; (*ständig erregbar auch*) to be quick-tempered *or* hot-tempered; **Reizbarkeit** *f siehe adj* sensitiveness, sensitivity, touchiness (*inf*); irritability, sensitivity; irritability; **reizempfindlich** *adj* responsive; (*Physiol*) receptive to stimuli.

reizen I *vt* **1.** (*Physiol*) to irritate; (*stimulieren*) to stimulate.

2. (*verlocken*) to appeal to. **jds/den Gaumen** ~ to make sb's/one's mouth water; **jds Verlangen** ~ to waken *or* rouse sb's desire; **es würde mich ja sehr** ~, ... I'd love to ...; **es reizt mich, nach Skye zu fahren** I've got an itch to go to Skye; **Ihr Angebot reizt mich sehr** I find your offer very tempting; **sie versteht es, Männer zu** ~ she knows how to appeal to men.

3. (*ärgern*) to annoy; *Tier auch* to tease; (*herausfordern*) to provoke. **ein gereiztes Nashorn** a rhinoceros when provoked; **jds Zorn** ~ to arouse sb's anger; **die Kinder reizten sie bis zur Weißglut** the children really made her see red.

4. (*Skat*) to bid.

II *vi* **1.** (*Med*) to irritate; (*stimulieren*) to stimulate. **der Rauch reizt zum Husten** the smoke makes you cough; **zum Widerspruch** ~ to invite contradiction.

2. (*Skat*) to bid. **hoch** ~ (*lit, fig*) to make a high bid.

reizend *adj* charming. **es ist** ~ (*von dir*) it is charming *or* lovely (of you); **das ist ja** ~ (*iro*) (that's) charming.

Reizhusten *m* chesty cough; (*nervös*) nervous cough.

Reizker *m* **-s**, - (*Bot*) saffron milk-cap.

Reizklima *nt* bracing climate; **reizlos** *adj* dull, uninspiring; **das ist ja** ~ that's no fun; **Reizmittel** *nt* (*Med*) stimulant; **Reizschwelle** *f* (*Physiol*) stimulus *or* absolute threshold; **Reizstoff** *m* irritant; **Reiztherapie** *f* (*Med*) stimulation therapy; **Reizüberflutung** *f* overstimulation.

Reizung *f* **1.** (*Med*) stimulation; (*krankhaft*)

irritation. **2.** (*Herausforderung*) provocation.

reizvoll *adj* charming, delightful; *Aufgabe, Beruf* attractive; **die Aussicht ist nicht gerade** ~ the prospect is not particularly enticing *or* appealing; **es wäre** ~, **mal dahin zu fahren/das ganz anders zu machen** it would be lovely to go there some time/it would be interesting to do it quite differently; **Reizwäsche** *f* (*inf*) sexy underwear; **Reizwort** *nt* emotive word.

Rekapitulation *f* recapitulation.

rekapitulieren* *vt* to recapitulate.

rekeln *vr* (*inf*) (*sich herumlümmeln*) to loll about (*inf*); (*sich strecken*) to stretch. **sich noch ein paar Minuten im Bett** ~ to stretch out in bed for a few more minutes; **die Katze rekelte sich behaglich in der Sonne** the cat lay lazily sunning itself.

Reklamation *f* query; (*Beschwerde*) complaint. „**spätere** ~**en können nicht anerkannt werden**" "we regret that money cannot be refunded after purchase".

Reklame *f* -, -n **1.** (*Werbewesen, Werbung*) advertizing. ~ **für jdn/etw machen** to advertize sb/sth; (*fig*) to do a bit of advertizing for sb/sth; **mit jdm/etw** ~ **machen** (*pej*) to show sb off/to show off about sth; **das ist keine gute** ~ **für die Firma** it's not a very good advertisement for the company.

2. (*Einzelwerbung*) advertisement, advert (*Brit inf*), ad (*inf*); (*TV, Rad auch*) commercial.

Reklame|artikel *m* free gift, sales gimmick (*often pej*); (*Probe*) (free) sample; **Reklamebroschüre** *f* (advertizing) brochure, handout; ~**n** advertizing literature; **Reklamefilm** *m* advertizing film, commercial; **Reklameplakat** *nt* (advertizing) poster, advertisement; **Reklameschild** *nt* advertizing sign; **Reklamesendung** *f* commercial break, commercials *pl*; **eine verkappte** ~ a disguised commercial; **Reklamespot** *m* (advertizing) spot, commercial; **Reklametafel** *f* hoarding; **Reklametrick** *m* sales trick; **Reklametrommel** *f*: **die** ~ **für jdn/etw rühren** (*inf*) to beat the (big) drum for sb/sth; **Reklamezettel** *m* (advertizing) leaflet, handout.

reklamieren* **I** *vi* (*Einspruch erheben*) to complain, to make a complaint. **bei jdm wegen etw** ~ to complain to sb about sth; **die Rechnung kann nicht stimmen, da würde ich** ~ the bill can't be right, I would query it.

II *vt* **1.** (*bemängeln*) to complain about (*etw bei jdm* sth to sb); *Rechnungsposten* to query (*etw bei jdm* sth with sb).

2. (*in Anspruch nehmen*) **jdn/etw für sich** ~ to lay claim to sb/sth, to claim sb/ sth as one's own.

rekommandieren* **I** *vt* (*Aus*) *Brief, Sendung* to register. **einen Brief rekommandiert aufgeben** to register a letter, to send a letter by registered mail. **II** *vr* (*obs, Aus*) **sich jdm** ~ to present one's compliments to sb.

Rekompenz *f* (*Aus, Admin*) compensation.

rekonstruieren* *vt* to reconstruct.

Rekonstruktion *f* reconstruction.

Rekonvaleszent(in *f*) [rekɔnvalɛs'tsɛnt, -(ɪn)] *m* convalescent.

Rekonvaleszenz [rekɔnvalɛs'tsɛnts] *f* convalescence.

Rekord *m* **-s, -e** record. **das Zeitalter der** ~**e** the age of superlatives; (*des Fortschritts*) the age of achievement.

Rekord- *in cpds* record; **Rekordbrecher** *m* recordbreaker; **Rekordhalter**, **Rekord|inhaber** *m* record-holder; **Rekordlauf** *m* record(-breaking) run; **Rekordmarke** *f* (*Sport, fig*) record; **die bisherige** ~ **im Weitsprung war ...** till now the long-jump record stood at *or* was ...; **auf der** ~ (**von**) at the record *or* (*fig*) record level (of); **Rekordversuch** *m* attempt on the/a record; **Rekordzeit** *f* record time.

Rekrut *m* **-en, -en** (*Mil*) recruit.

Rekruten|ausbildung *f* (*Mil*) basic training; **Rekruten|aushebung** *f* (*old Mil*) levy (*old*).

rekrutieren* **I** *vt* (*Mil, fig*) to recruit. **II** *vr* (*fig*) **sich** ~ **aus** to be recruited *or* drawn from.

Rekrutierung *f* recruitment, recruiting.

Rekrutierungsstelle *f* (*Mil*) recruiting centre.

Rekta *pl of* **Rektum.**

rektal *adj* (*Med*) rectal. ~ **einführen** to insert through the rectum; **Temperatur** ~ **messen** to take the temperature rectally.

Rektifikation *f* **1.** (*old*) correction; (*Berichtigung auch*) rectification. **2.** (*Chem, Math*) rectification.

rektifizieren* *vt* **1.** (*old*) to correct; (*berichtigen auch*) to rectify. **2.** (*Chem, Math*) to rectify.

Rektion *f* (*Gram*) government. **die** ~ **eines Verbs** the case governed by a verb.

Rektor *m*, **Rektorin** *f* (*Sch*) headmaster/ -mistress, principal (*esp US*); (*Univ*) vice-chancellor, rector (*US*); (*von Fachhochschule*) principal.

Rektorat *nt* (*Sch*) (*Amt, Amtszeit*) headship, principalship (*esp US*); (*Zimmer*) headmaster's/-mistress's study, principal's room (*esp US*); (*Univ*) vice-chancellorship, rectorship (*US*); vicechancellor's *or* rector's (*US*) office; (*in Fachhochschule*) principalship; principal's office.

Rektoratsrede *f* (*Univ*) (vice-chancellor's *or* rector's *US*) inaugural address.

Rektorin *f siehe* **Rektor.**

Rektum *nt* **-s, Rekta** (*form*) rectum.

Relais [rə'lɛ:] *nt* -, - (*Elec*) relay.

Relaisstation *f* (*Elec*) relay station.

Relation *f* relation. **in einer/keiner** ~ **zu etw stehen** to bear some/no relation to sth.

relativ **I** *adj* relative. ~**e Mehrheit** (*Parl*) simple majority; **alles ist** ~ everything is relative. **II** *adv* relatively.

Relativ *nt* relative pronoun.

Relativ|adverb *nt* relative adverb.

relativieren* [relati'vi:rən] (*geh*) **I** *vt* *Begriff, Behauptung etc* to qualify. **II** *vi* to see things *or* to think in relative terms.

Relativismus [-'vɪsmʊs] *m* relativism.

relativistisch [-'vɪstɪʃ] *adj* relativistic.

Relativität [relativi'tɛ:t] *f* relativity.

Relativitätstheorie *f* theory of relativity,

relativity theory *no art.*

Relativpronomen *nt* relative pronoun; **Relativsatz** *m* relative clause.

Relegation *f (form)* expulsion.

relegieren* *vt (form)* to expel.

relevant [rele'vant] *adj* relevant.

Relevanz [rele'vants] *f* relevance.

Relief [re'lief] *nt* **-s, -s** *or* **-e** relief.

Reliefdruck *m* relief printing; **Reliefkarte** *f* relief map.

Religion *f* religion; *(Schulfach)* religious instruction *or* education, RI *(inf)*, RE *(inf)*.

Religionsbekenntnis *nt* denomination; **Religions|ersatz** *m* substitute for religion; **Religionsfreiheit** *f* religious freedom, freedom of worship; **Religionsfriede(n)** *m* religious peace; **Religionsgemeinschaft** *f* religious community; **Religionsgeschichte** *f* history of religion; **Religionskrieg** *m* religious war, war of religion; **Religionslehre** *f* religious education *or* instruction; **Religionslehrer** *m* teacher of religious education, RI *or* RE teacher *(inf)*; **Religionslos** *adj* not religious; *(bekenntnislos)* non-denominational; **Religionsstifter** *m* founder of a religion; **Religionsstreit** *m* religious controversy; **Religionsstunde** *f* religious education *or* instruction lesson, RI *or* RE lesson *(inf)*; **Religions|unterricht** *m* **1.** *siehe* **Religionslehre**; **2.** *siehe* **Religionsstunde**; **Religionswissenschaft** *f* religious studies *pl*; **vergleichende** ~ comparative religion.

religiös *adj* religious. ~ **erzogen werden** to have *or* receive a religious upbringing.

Religiosität *f* religiousness. **ein Mensch von tiefer** ~ a deeply religious person.

Relikt *nt* **-(e)s, -e** relic.

Reling *f* **-, -s** *or* **-e** *(Naut)* (deck) rail.

Reliquiar *nt* reliquary.

Reliquie [-iə] *f* relic.

Rem *nt* **-, -** *(Einheit)* rem.

Remedur *f (obs)* remedy, corrective. ~ **schaffen** to remedy the situation.

Remigrant(in *f)* *m* returning/returned emigrant.

remilitarisieren* *vti* to remilitarize.

Remilitarisierung *f* remilitarization.

Reminiszenz *f (geh) (Erinnerung)* memory *(an +acc* of); *(Ähnlichkeit)* similarity, resemblance *(an +acc* to).

remis [rə'mi:] *adj inv* drawn. ~ **spielen** to draw; **die Partie ist** ~ the game has ended in a draw *or* has been drawn; **die Vereine trennten sich** ~ the clubs held each other to a draw.

Remis [rə'mi:] *nt* **-, -** *or* **-en** [rə'mi:zn] **1.** *(Schach, Sport)* draw. **gegen jdn ein** ~ **erzielen** to hold sb to a draw. **2.** *(fig)* stalemate, deadlock. **mit einem** ~ **in** stalemate *or* deadlock.

Remise *f* **-, -n** *(old)* shed, outbuilding.

Remittende *f* **-, -n** *(Comm)* return.

Remittent *m (Fin)* drawee, payee.

remittieren* I *vt (Comm) Waren* to return; *Geld* to remit. II *vi (Med: nachlassen)* to remit *(form)*.

Remmidemmi *nt* **-s,** *no pl (sl) (Krach)* row, rumpus *(inf)*; *(Trubel)* rave-up *(sl)*. ~ **machen** to make a row *etc*/to have a rave-up *(sl)*.

Remoulade [remu'la:də], **Remouladensoße** *f (Cook)* remoulade.

rempeln *vti (inf)* to barge *(jdn* into sb) *(inf)*, to jostle, to elbow; *(im Sport)* to barge *(jdn* into sb); *(foulen)* to push.

Rem(p)ter *m* **-s, -** *(in Klöstern)* refectory; *(in Burgen)* banquet(ing) hall.

Remuneration *f (Aus) (Gratifikation)* bonus; *(Vergütung)* remuneration.

Ren *nt* **-s, -e** reindeer.

Renaissance [rənɛ'saːs] *f* **-, -en 1.** *(Hist)* renaissance. **2.** *(fig)* revival, rebirth; *(von Kunstformen auch)* renaissance.

Renaissance- [rənɛ'saːs-] *in cpds* renaissance; **Renaissancemensch** *m* renaissance man *no art.*

Rendezvous [rãde'vuː, 'rãːdevu] *nt* **-, -** rendezvous *(liter, hum)*, date *(inf)*; *(Space)* rendezvous.

Rendezvousmanöver *nt (Space)* rendezvous manoeuvre.

Rendite *f* **-, -n** *(Fin)* yield, return on capital.

Renegat *m* **-en, -en** *(Eccl, Pol)* renegade.

Reneklode *f* **-, -n** greengage.

Renette *f* rennet.

renitent *adj* awkward, refractory.

Renitenz *f* awkwardness, refractoriness.

Renke *f* **-, -n** whitefish.

Renn- *in cpds* race; **Rennbahn** *f* (race)-track; **Rennboot** *nt* powerboat.

rennen *pret* **rannte,** *ptp* **gerannt** I *vi aux* **sein 1.** *(schnell laufen)* to run; *(Sport) (Mensch, Tier)* to run, to race; *(Auto etc)* to race. **um die Wette** ~ to have a race; **ins Verderben** *or* **Unglück** ~ to rush headlong into disaster; **(aufs Klo)** ~ *(inf)* to run (to the loo *Brit inf or* bathroom *US)*. **2.** *(inf: hingehen)* to run (off). **sie rennt wegen jeder Kleinigkeit zum Chef** she goes running (off) to the boss at the slightest little thing; **er rennt zu jedem Fußballspiel** he goes to every football match. **3.** *(stoßen)* **an** *or* **gegen jdn/etw** ~ to run *or* bump *or* bang into sb/sth; **er rannte mit dem Kopf gegen ...** he bumped *or* banged his head against ...; **mit dem Kopf durch/gegen die Wand** ~ *(fig)* to bang one's head against a brick wall.

II *vt* **1.** *aux haben or sein (Sport)* to run. **2. jdn zu Boden** *or* **über den Haufen** ~ to knock sb down *or* over; **sich** *(dat)* **(an etw) ein Loch in den Kopf** ~ to crack one's head (against sth). **3.** *(stoßen) Messer etc* to run.

Rennen *nt* **-s, -** running; *(Sport) (Vorgang)* racing; *(Veranstaltung)* race. **totes** ~ dead heat; **gehst du zum** ~? *(bei Pferde~, Hunde~ etc)* are you going to the races?, *(bei Auto~ etc)* are you going to the racing?; **gut im** ~ **liegen** *(lit, fig)* to be well placed; **das** ~ **ist gelaufen** *(lit)* the race is over; *(fig)* it's all over; **das** ~ **machen** *(lit, fig)* to win (the race); **aus dem** ~ **ausscheiden** *(lit, fig)* to drop out; **das** ~ **aufgeben** *(lit)* to drop out (of the race); *(fig auch)* to throw in the towel.

Renner *m* **-s, -** *(inf: Verkaufsschlager)* winner, worldbeater; *(Pferd auch)* flier.

Rennfahrer *m* *(Rad~)* racing cyclist; *(Motorrad~)* racing motorcyclist; *(Auto~)* racing driver; **Rennjacht** *f* racing yacht; **Rennmaschine** f racer; **Rennpferd** nt racehorse; **aus einem Ackergaul kann man kein ~ machen** (prov) you can't make a silk purse out of a sow's ear (Prov); **Rennpiste** f (race)-track; **Rennplatz** m racecourse; **Rennrad** nt racing bicycle or bike (inf); **Rennrodeln** nt bob(sleigh) racing; **Rennschlitten** m bob(sleigh), bobsled; **Rennschuhe** pl (Sport) spikes pl; **Rennsport** m racing; **Rennstall** m (Tiere, Zucht) stable; **Rennstrecke** f (Rennbahn) (race)track; (zu laufende Strecke) course, distance; **eine ~ von 100 km** a 100 km course, a distance of 100 km; **Rennver|anstaltung** f races pl, race meeting; **Rennwagen** m racing car; **Rennwette** f bet (on a race); **Ergebnisse der ~n** betting results.

Renommee nt -s, -s reputation, name.

renommieren* vi to show off, to swank (inf); (aufschneiden auch) to brag.

Renommierstück nt pride and joy.

renommiert adj renowned, famed, famous (wegen for).

renovieren* [reno'vi:rən] vt to renovate, to do up (inf).

Renovierung [reno'vi:rʊŋ] f renovation.

rentabel adj profitable; Firma auch viable. **~ wirtschaften** (gut einteilen) to spend one's money sensibly; (mit Gewinn arbeiten) to make or show a profit; **~ kalkulieren** (gut einteilen) to budget sensibly; (Gewinn einplanen) to think in terms of profit(s), to go for profit(s); **das ist eine rentable Sache** or **Angelegenheit** it will pay (off).

Rentabilität f profitability; (von Firma auch) viability.

Rente f, -, -n (Alters~, Invaliden~) pension; (aus Versicherung, Lebens~) annuity; (aus Vermögen) income, (St Ex: ~n-papier) fixed-interest security. **auf ~ gehen** (inf)/**sein** (inf) to start drawing one's pension/to be on a pension; **jdn auf ~ setzen** (inf) to pension sb off (inf).

Renten|alter nt retirement age; **Renten|anpassung** f tying of pensions to the national average wage; **Renten|anspruch** m right to a pension; **Rentenbasis** f annuity basis; **Rentenbemessungsgrundlage** f basis of calculation of a/the pension/pensions; **Rentenberechnung** f calculation of a/the pension/ pensions; **rentenberechtigt** adj entitled to a pension; Alter pensionable; **Rentenbescheid** m notice of the amount of one's pension; **Renten|empfänger** m pensioner; **Renten|erhöhung** f pension increase; **Rentenmark** f (Hist) rentenmark; **Rentenmarkt** m market in fixed-interest securities; **Rentenreform** f reform of pensions; **Rentenversicherung** f pension scheme.

Rentier[1] nt siehe Ren.

Rentier[2] [rɛn'tie:] m -s, -s (old) man of private means, gentleman of leisure.

rentieren* vr to be worthwhile; (Geschäft, Unternehmen etc auch, Maschine) to pay. **es hat sich doch rentiert, daß ich noch ein bißchen dageblieben bin** it was worth-(while) staying on a bit; **das rentiert sich**

nicht it's not worth it; **ein Auto rentiert sich für mich nicht** it's not worth my having a car.

Rentner(in f) m -s, - pensioner; (Alters~ auch) senior citizen, old age pensioner (Brit).

Re|okkupation f (Mil) reoccupation.

Re|organisation, Re|organisierung f reorganization.

re|organisieren* vt to reorganize.

reparabel adj repairable.

Reparation f reparations pl. **~en leisten** or **zahlen** to pay or make reparations.

Reparationszahlungen pl reparations pl.

Reparatur f repair. **~en am Auto** car repairs; **~en am Haus vornehmen** to do some repairs on or to the house; **in ~ sein** to be being repaired; **etw in ~ geben** to have sth repaired or mended; Auto to have sth repaired.

reparatur|anfällig adj prone to break down; **reparaturbedürftig** adj in need of repair; **Reparaturkosten** pl repair costs pl; **Reparaturwerkstatt** f workshop; (Auto~) garage.

reparieren* vt to repair, to mend; Auto to repair.

repatriieren* vt 1. (wieder einbürgern) to renaturalize. 2. (heimschicken) to repatriate.

Repatriierung f siehe vt renaturalization; repatriation.

Repertoire [repɛr'toa:ɐ] nt -s, -s repertory, repertoire (auch fig).

Repertoire- [repɛr'toa:ɐ-]: **Repertoirestück** nt repertory or stock play; **Repertoiretheater** nt repertory theatre.

Repetent m (form, Aus) pupil who has to repeat a year.

repetieren* I vt 1. (old) Stoff, Vokabeln to revise. 2. (wiederholen) to repeat; (form, Aus) Klasse to repeat, to take again; Jahr to repeat, to stay down for. II vi 1. (old) to do revision, to revise. 2. (form, Aus) to stay down, to repeat a class.

Repetiergewehr nt (old) repeating rifle.

Repetition f 1. (old: von Stoff etc) revision. 2. (Wiederholung) repetition.

Repetitor m (Univ) coach, crammer (inf).

Repetitorium nt (Buch) revision book; (Unterricht) revision or cramming (inf) course.

Replik f -, -en 1. (Jur) replication; (fig geh) riposte, reply. 2. (Art) replica.

replizieren* vti 1. (Jur) to reply; (fig geh auch) to ripost. 2. (Art) to make a replica of.

Report m -(e)s, -e report; (Enthüllungsbericht auch) exposé. **Schulmädchen-/ Fensterputzer~** Confessions of a Schoolgirl/Window-Cleaner.

Reportage [repɔr'ta:ʒə] f -, -n report.

Reporter(in f) m -s, - reporter. **Sport-/ Wirtschafts~** sports/ economics correspondent.

Reposition f (Med) resetting.

repräsentabel adj impressive, prestigious; Frau (highly) presentable.

Repräsentant(in f) m representative.

Repräsentantenhaus nt (US Pol) House of Representatives.

Repräsentanz f 1. (Pol) representation.

2. (*Aus: Geschäftsvertretung*) branch.
Repräsentation *f* **1.** (*Stellvertretung*) representation.

2. der ~ dienen to create a good image, to have good prestige value, to make the right impression; **die Diplomatenfrau fand die Pflichten der ~ sehr anstrengend** the diplomat's wife found her life of official and social functions very tiring; **die einzige Funktion des Monarchen ist heute die ~** the sole function of the monarch today is that of an official figurehead.

repräsentativ *adj* **1.** (*stellvertretend, typisch*) representative (*für* of).
2. *Haus, Auto, Ausstattung* prestigious; *Erscheinung auch* presentable, personable. **zu ~en Zwecken** for purposes of prestige.
3. die ~en Pflichten eines Botschafters the social duties of an ambassador; **seine Stellung schließt ~e Pflichten ein** his job includes being a public/social representative of his company; **der ~e Aufwand des Königshauses/der Firma** the expenditure for maintaining the royal household's/company's image.

Representativ|umfrage *f* representative survey.
repräsentieren* I *vt* to represent. II *vi* to perform official duties. **eine Diplomatenfrau muß ~ können** a diplomat's wife must be able to perform social duties.
Repressalie [-iə] *f* reprisal. **~n anwenden** *or* **ergreifen** to take reprisals.
Repression *f* repression.
repressionsfrei *adj* free of repression.
repressiv *adj* repressive.
Reprise *f* -, **-n** (*Mus*) recapitulation; (*TV, Rad*) repeat; (*Film, Theat*) rerun; (*nach längerer Zeit*) revival.
Reprivatisierung [reprivati'zi:rʊŋ] *f* denationalization.
Reproduktion *f* reproduction; (*Typ auch*) repro (*sl*).
Reproduktionsprozeß *m* reproductive process.
reproduktiv *adj* reproductive. **er arbeitet rein ~** he merely reproduces what others have done.
reproduzierbar *adj* reproducible.
reproduzieren* *vt* to reproduce.
Reprographie *f* (*Typ*) reprography.
Reptil *nt* -s, **-ien** [-iən] reptile.
Reptilienfonds [-iən-] *m* (*Pol*) secret fund.
Republik *f* -, **-en** republic.
Republikaner(in *f*) *m* -s, - republican.
republikanisch *adj* republican.
Republikflucht *f* (*DDR*) illegal crossing of the border; **republikflüchtig** *adj* (*DDR*) illegally emigrated; **~ werden** to cross the border illegally.
Repunze *f* -, **-en** hallmark, plate-mark.
Reputation *f* (*old*) (good) reputation.
reputierlich *adj* (*old*) reputable, of good *or* high renown (*old, liter*).
Requiem ['re:kviɛm] *nt* -s, **-s** *or* (*Aus*) **Requien** ['re:kviən] requiem.
requirieren* *vt* (*Mil*) to requisition, to comandeer.
Requisit *nt* -s, **-en** equipment *no pl*, requisite (*form*). **ein unerläßliches ~** an indispensable piece of equipment; **~en**

(*Theat*) props, properties (*form*).
Requisiteur [-'tø:ɐ] *m* (*Theat*) props *or* property manager.
Requisition *f* requisition(ing), commandeering.
resch *adj* (*Aus*) (*knusprig*) *Brötchen etc* crisp, crunchy, crispy; (*fig: lebhaft*) *Frau* dynamic.
Reseda *f* -, **-s**, **Resede** *f* -, **-n** (*Gattung*) reseda; (*Garten~*) mignonette.
reservat [rezɛr'va:t] *adj* (*Aus*) classified.
Reservat [rezɛr'va:t] *nt* **1.** (*old: Sonderrecht*) right, discretionary power. **sich** (*dat*) **das ~ vorbehalten, etw zu tun** to reserve the right to do sth. **2.** (*Wildpark*) reserve. **3.** (*für Volksstämme*) reservation.
Reservation [rezerva'tsio:n] *f* **1.** (*old: Sonderrecht*) *siehe* **Reservat 1. 2.** (*für Volksstämme*) reservation.
Reserve [re'zɛrvə] *f* -, **-n** **1.** (*Vorrat*) reserve(s) (*an* +*dat* of); (*Geld*) savings *pl*; (*Mil, Sport*) reserves *pl*. **(noch) etw in ~ haben** to have sth (still) in reserve; **in ~ liegen** (*Mil*) to stay back in reserve.
2. (*Zurückhaltung*) reserve; (*Bedenken*) reservation. **jdn aus der ~ locken** to break down sb's reserve, to bring sb out of his shell (*inf*); **sich** (*dat*) **~ auferlegen** to be reserved.
Reservekanister *m* spare can; **Reservemann** *m*, *pl* **-männer** *or* **-leute** (*Sport*) reserve; **Reserverad** *nt* spare (wheel); **Reservereifen** *m* spare (tyre); **Reservetank** *m* reserve tank; **Reserve|übung** *f* (army) reserve training *no pl*.
reservieren* [rezɛr'vi:rən] *vt* to reserve.
reserviert *adj* *Platz, Mensch* reserved.
Reserviertheit *f* reserve, reservedness.
Reservierung *f* reservation.
Reservist [rezɛr'vɪst] *m* reservist.
Reservoir [rezɛr'voa:ɐ] *nt* -s, **-e** reservoir; (*fig auch*) pool.
Resident *m* envoy, resident (*rare*).
Residenz *f* **1.** (*Wohnung*) residence, residency. **2.** (*Hauptstadt*) royal seat *or* capital.
Residenzstadt *f* royal seat *or* capital.
residieren* *vi* to reside.
Residuum *nt* -s, **Residuen** [re'zi:duən] (*geh*) residue, residuum (*form*).
Resignation *f* (*geh*) resignation. (*über etw acc*) **in ~ verfallen, sich der ~ überlassen** to become resigned (to sth).
resignieren* *vi* to give up. **resigniert** resigned; **... sagte er ~d** *or* **resigniert ...** he said with resignation *or* in a resigned way.
resistent *adj* (*Med*) resistant (*gegen* to).
Resistenz *f* (*Med*) resistance (*gegen* to).
resolut *adj* determined, decisive. **etw ~ tun** to do sth purposefully.
Resolution *f* (*Pol*) (*Beschluß*) resolution; (*Bittschrift*) petition.
Resonanz *f* **1.** (*Mus, Phys*) resonance. **2.** (*fig*) response (*auf* +*acc* to). **keine/wenig/große ~ finden** to meet with *or* get no/little/a good response.
Resonanzboden *m* sounding-board; **Resonanzkasten** *m* soundbox.
Resopal ® *nt* -s, *no pl* Formica ®.
resorbieren* *vt* to absorb.
Resorption *f* absorption.

resozialisieren* vt to rehabilitate.

Resozialisierung f rehabilitation.

resp. abbr of **respektive**.

Respekt m -s, no pl (Achtung) respect; (Angst) fear. **jdm ~ einflößen** (Achtung) to command or inspire respect from sb; (Angst) to put the fear of God into sb; **vor jdm den ~ verlieren** to lose one's respect for sb; **bei allem ~ (vor jdm/etw)** with all due respect (to sb/for sth); **vor jdm/etw ~ haben** (Achtung) to respect sb/sth, to have respect for sb/sth; (Angst) to be afraid of sb/sth; **sich** (dat) **~ verschaffen** to make oneself respected; **allen ~!** well done!

respektabel adj respectable.

respektieren* vt to respect; Wechsel to honour.

respektive [respɛk'tiːvə] adv (geh, Comm)
1. (jeweils) and ... respectively. **Fritz und Franz verdienen 40 ~ 50 Mark pro Tag** Fritz and Franz earn 40 and 50 marks per day respectively.
2. (anders ausgedrückt) or rather; (genauer gesagt) (or) more precisely.
3. (oder) or.

respektlos adj disrespectful, irreverent; **eine ~e Person** an irreverent person; **Respektlosigkeit** f 1. (no pl: Verhalten) disrespect(fulness), lack of respect, irreverence; 2. (Bemerkung) disrespectful remark or comment.

Respektsperson f person to be respected; (Beamter etc) person in authority.

Respekttage pl (Comm) days of grace; **respektvoll** adj respectful.

Respiration f (form) respiration.

Respirations|apparat, Respirator m respirator.

respirieren* vi (form) to respire.

Ressentiment [resãti'mãː, rə-] nt -s, -s resentment no pl, feeling of resentment.

Ressort [rɛˈsoːɐ] nt -s, -s department. **in das ~ von jdm/etw fallen** to be sb's/sth's department.

Ressortminister m department minister. **der ~ für die Polizei** the minister responsible for the police.

Rest m -(e)s, -e 1. rest. **die ~e einer Kirche/Stadt/Kultur** the remains or remnants of a church/city/civilization; **90% sind schon fertig, den ~ mache ich** 90% is done, I'll do the rest or remainder; **der letzte ~** the last bit; **der letzte ~ vom Schützenfest** (hum) the last little bit; **bis auf einen ~** except for a little bit or a small amount; **dieser kleine ~** this little bit that's left (over); **der kümmerliche ~** (von meinem Geld) all that's left, the miserable remains; (vom Essen) the sad remnants; **jdm/einer Sache den ~ geben** (inf) to finish sb/sth off.
2. **~e** pl (Essens~) left-overs pl.
3. (Stoff~) remnant.
4. (Math) remainder. **2 ~ 3** 2 and 3 over, 2 remainder 3.

Rest- in cpds remaining; **Rest|auflage** f remainder(ed) stock, remainders pl.

Restaurant [rɛstoˈrãː] nt -s, -s restaurant.

Restaurateur [rɛstaraˈtøːɐ] m (old) restaurateur.

Restauration¹ f restoration. **die ~** (Hist) the Restoration.

Restauration² [rɛstaraˈtsioːn] f (old, Aus) inn, tavern (old); (im Bahnhof) refreshment rooms pl.

Restaurator m restorer.

restaurieren* vt to restore.

Restaurierung f restoration.

Restbestand m remaining stock; **Restbetrag** m remaining or outstanding sum.

Reste|essen nt left-overs pl; **Resteverkauf** m remnants sale.

restituieren* vt (form) to make restitution of (form).

Restitution f (form) restitution (form).

restlich adj remaining, rest of the ... **die ~en** the rest.

restlos I adj complete, total. II adv completely, totally; begeistert wildly.

Restposten m (Comm) remaining stock. **ein ~** remaining stock; **ein großer ~ Bücher/Zucker** a lot of books/sugar left in stock; „**~**" "reduced to clear".

Restriktion f (form) restriction.

Restriktionsmaßnahme f restriction, restrictive measure.

restriktiv adj (geh) restrictive.

Restsumme f balance, amount remaining; **Restzahlung** f final payment, payment of the balance.

Resultante f -, -n (Math) resultant.

Resultat nt result; (von Prüfung auch) results pl. **zu einem ~ kommen** to come to or arrive at a conclusion.

resultieren* vi (geh) to result (in +dat in). **aus etw ~** to be the result of sth, to result from sth; **aus dem Gesagten resultiert, daß ...** from what was said one must conclude that ...; **die daraus ~den ...** the resulting ...

Resümee, Resumé (Aus, Sw) [rezy'meː] nt -s, -s (geh) summary, résumé; (am Ende einer Rede auch) recapitulation.

resümieren* vti (geh) to summarize, to sum up; (am Ende einer Rede auch) to recapitulate.

Retardation f retardation.

retardieren* vt to retard. **ein ~des Moment** a delaying factor or element.

retirieren* vi aux sein (old Mil, hum) to beat a retreat.

Retorte f -, -n (Chem) retort. **aus der ~** (inf) synthetic; **Baby aus der ~** test-tube baby.

Retortenbaby nt test-tube baby.

retour [re'tuːɐ] adv (Aus, dial) back.

Retourbillett [re'tuːɐbɪl'jet] nt (Sw) return (ticket), round-trip ticket (US).

Retoure [re'tuːrə] f -, -n usu pl (Aus) return.

Retour- [re'tuːɐ-]: **Retourgang** m (Aus) reverse (gear); **Retourkarte** f (Aus) return (ticket), round-trip ticket (US); **Retourkutsche** f (inf) tit-for-tat answer.

retournieren* [retur'niːrən] vt (old, Aus) to return.

Retourspiel [re'tuːɐ-] nt (Aus) return (match).

retrospektiv (liter) I adj retrospective. II adv in retrospect.

Retrospektive f (liter) retrospective.

retten I vt to save; (aus Gefahr auch, befreien) to rescue. **jdm das Leben ~** to save sb's life; **jdn vor jdm/etw ~** to save sb from sb/sth; **ein ~der Gedanke** a bright idea that saved the situation or his/our etc bacon (*inf*); **der Patient/die alte Kirche** *etc* **ist noch/nicht mehr zu** ~ the patient/the old church can still be saved *or* is not yet past saving/is past saving; **bist du noch zu ~?** (*inf*) are you out of your mind, have you gone completely round the bend? (*inf*).

II *vr* to escape. **sich auf/unter etw** (*acc*)/ **aus etw** ~ to escape onto/under/from sth; **sich vor jdm/etw** ~ to escape (from) sb/ sth; **sich durch die Flucht** ~ to escape; **sich vor etw nicht mehr** ~ **können** *or* **zu** ~ **wissen** (*fig*) to be swamped with sth; **rette sich, wer kann!** (it's) every man for himself!

Retter(in *f*) *m* **-s, -** rescuer, saviour (*liter*), deliverer (*liter*); (*Rel*) Saviour.

Rettich *m* **-s, -e** radish.

Rettung *f* rescue, deliverance (*liter*); (von *Waren*) recovery; (*Rel*) salvation, deliverance. **die** ~ **und Erhaltung historischer Denkmäler** the saving and preservation of historical monuments; **Gesellschaft zur** ~ **Schiffbrüchiger** Lifeboat Service; **die** ~ **kam in letzter Minute** the situation was saved in the last minute; (*für Schiffbrüchige etc*) help came in the nick of time; **auf** ~ **hoffen** to hope to be saved, to hope for deliverance (*liter*); **an seine (eigene)** ~ **denken** to worry about one's own safety; **für den Patienten/unsere Wirtschaft gibt es keine** ~ **mehr** the patient/our economy is beyond saving, our economy is beyond salvation; **das war meine** ~ that saved me, that was my salvation; **das war meine letzte** ~ that was my last hope; (*hat mich gerettet*) that was my salvation, that saved me.

Rettungsaktion *f* rescue operation; **Rettungsanker** *m* sheet anchor; (*fig*) anchor; **Rettungsarzt** *m siehe* **Notarzt**; **Rettungsboje** *f* lifebelt; (*Hosenboje*) breeches buoy; **Rettungsboot** *nt* lifeboat; **Rettungsdienst** *m* rescue service; **Rettungsfloß** *nt* life-raft; **Rettungsflugzeug** *nt* rescue aircraft; **Rettungsgürtel** *m* lifebelt; **Rettungshubschrauber** *m* rescue helicopter; **Rettungsinsel** *f* inflatable life-raft; **Rettungsleine** *f* lifeline; **Rettungsleiter** *f* rescue ladder; **rettungslos I** *adj* beyond saving; *Lage* hopeless, irredeemable; *Verlust* irrecoverable; **II** *adv* **verloren** hopelessly, irretrievably; **Rettungsmannschaft** *f* rescue team *or* party; **Rettungsmedaille** *f* lifesaving medal; **Rettungsring** *m* lifebuoy, lifebelt; (*hum: Bauch*) spare tyre (*hum*); **Rettungsschwimmen** *nt* lifesaving; **Rettungsschwimmer** *m* lifesaver; (*am Strand*) lifeguard; **Rettungsstation** *f* rescue centre; (*für Erste Hilfe*) first-aid post; (*mit Rettungsbooten*) lifeboat *or* coastguard station; **Rettungsversuch** *m* rescue attempt *or* bid; (*von Arzt etc*) attempt to save sb; **Rettungswagen** *m* ambulance; **Rettungswesen** *nt* rescue services *pl*.

Retusche *f* **-, -n** (*Phot*) retouching.

Retuscheur(in *f*) [retu'ʃøːɐ, -'ʃøːrɪn] *m* retoucher.

retuschieren* *vt* (*Phot*) to retouch, to

touch up (*inf, auch fig*).

Reue *f* **-,** *no pl* remorse (*über* +*acc* at, about), repentance (*auch Rel*) (*über* +*acc* of), rue (*old, liter*) (*über* +*acc* at, of); (*Bedauern*) regret (*über* +*acc* at, about).

reuelos *adj* unrepentant.

reuen *vt* (*liter*) **etw reut jdn** sb regrets *or* rues (*liter, old*) sth; **es reut mich, daß ich das getan habe** I regret *or* rue (*liter, old*) having done that.

reuevoll *adj siehe* **reumütig**.

Reugeld *nt* (*old*) indemnity (for a cancelled contract).

reuig *adj* (*liter*) *siehe* **reumütig**.

reumütig *adj* (*voller Reue*) remorseful, repentant; *Sünder, Missetäter* contrite, penitent; (*betreten, zerknirscht*) rueful. ~ **gestand er ...** full of remorse he confessed ...; **du wirst bald** ~ **zu mir zurückkommen, sagte der Ehemann** you'll soon come back feeling sorry, said the husband.

Reuse *f* **-, -n** fish trap.

reüssieren* *vi* (*old*) to succeed, to be successful (*bei, mit* with).

Revanche [re'vãː.ʃ(ə)] *f* **-, -n 1.** (*Sport*) revenge; (~*partie*) return match. **du mußt ihm** ~ **geben!** you'll have to let him have his revenge, you'll have to give him a return match. **2.** *no pl* (*Pol*) revenge, vengeance.

Revanche- [re'vãː.ʃə-]: **Revanchekrieg** *m* war of revenge; **Revanchepartie** *f* (*Sport*) return match; **Revanchepolitik** *f* (*pej*) revanchist policy/politics *pl*.

revanchieren* [revã'ʃiːrən] *vr* **1.** (*sich rächen*) to get one's revenge, to get one's own back (*bei jdm für etw* on sb for sth). **2.** (*sich erkenntlich zeigen*) to reciprocate. **ich werde mich bei Gelegenheit mal** ~ I'll return the compliment some time; (*für Hilfe*) I'll do the same for you one day, I'll return the favour one day; **sich bei jdm für eine Einladung/seine Gastfreundschaft** ~ to return sb's invitation/hospitality.

Revanchismus [revã'ʃɪsmʊs] *m* revanchism.

Revanchist [revã'ʃɪst] *m* revanchist.

revanchistisch [revã'ʃɪstɪʃ] *adj* revanchist.

Reverenz [reve'rɛnts] *f* (*old*) (*Hochachtung*) reverence; (*Verbeugung*) obeisance, reverence (*old*). **jdm seine** ~ **erweisen** to show one's reverence *or* respect for sb; **seine** ~**en machen** to make one's obeisances (*old*), to bow.

Revers[1] [re've:ɐ, re've:ɐ, rə'-] *nt or m* **-, -** (*an Kleidung*) lapel, revere, revers (*esp US*).

Revers[2] [re've:ɐ, rə've:ɐ] *m* **-es, -e** *or* [re've:ɐ, rə've:ɐ] *m* **-,** -(*old: Rückseite*) reverse.

Revers[3] [re've:ɐ] *m* **-es, -e** (*Erklärung*) declaration.

reversibel [rever'ziːbl] *adj* reversible.

revidieren* [revi'diːrən] *vt* to revise; *Korrekturen* to check; (*Comm*) to audit, to check.

Revier [re'viːɐ] *nt* **-s, -e 1.** (*Polizei*~) (*Dienststelle*) (police) station, station house (*US*); (*Dienstbereich*) beat, district, precinct (*US*), patch (*inf*); (*von Prostituierter*) beat, patch (*inf*). **2.** (*Zool: Gebiet*) territory. **die Küche ist mein** ~ the kitchen is my territory.

3. (*Hunt: Jagd~*) hunting ground, shoot.

4. (*old: Gebiet, Gegend*) district, area.

5. (*Mil: Kranken~*) sick-bay. **auf dem** *or* **im ~ liegen** to be in the sick-bay.

6. (*Min: Kohlen~*) (coal)mine. **im ~ an der Ruhr** in the mines of the Ruhr; **das ~** the Ruhr; the Saar.

Revierförster *m* forester, forest ranger (*US*); **revierkrank** *adj* (*old Mil*) hospitalized, in the sick-bay; **Revierwache** *f* duty room; **Revierwachtmeister** *m* station sergeant.

Revirement [revirəˈmãː, revirˈmãː] *nt* **-s, -s** (*Pol*) reshuffle.

Revision [reviˈziːɔn] *f* **1.** (*von Meinung, Politik etc*) revision.

2. (*Comm: Prüfung*) audit.

3. (*Typ: letzte Überprüfung*) final (proof-)read.

4. (*Jur: Urteilsanfechtung*) appeal (*an* +*acc* to).

Revisionismus [reviˈzioˈnɪsmʊs] *m* (*Pol*) revisionism.

Revisionist [reviˈzioˈnɪst] *m* (*Pol*) revisionist.

revisionistisch [reviˈzioˈnɪstɪʃ] *adj* (*Pol*) revisionist.

Revisionsgericht *nt* court of appeal, appeal court; **Revisionsverhandlung** *f* appeal hearing.

Revisor [reˈviːzɔr] *m* (*Comm*) auditor; (*Typ*) proof-reader.

Revolte [reˈvɔltə] *f* **-, -n** revolt.

revoltieren* [revɔlˈtiːrən] *vi* to revolt, to rebel; (*fig: Magen*) to rebel.

Revolution [revoluˈtsioːn] *f* (*lit, fig*) revolution. **eine ~ der Moral** a moral revolution, a revolution in morals.

revolutionär [revolutsioˈnɛːɐ] *adj* (*lit, fig*) revolutionary.

Revolutionär(in *f*) [revolutsioˈnɛːɐ, -ˈnɛːərɪn] *m* revolutionary.

revolutionieren* [revolutsioˈniːrən] *vt* to revolutionize.

Revolutions- in *cpds* revolutionary.

Revoluzzer [revoˈlʊtsɐ] *m* **-s, -** (*pej*) would-be revolutionary.

Revolver [reˈvɔlvɐ] *m* **-s, -** revolver, gun.

Revolverblatt *nt* (*pej*) scandal sheet; **Revolverheld** *m* (*pej*) gunslinger; **Revolverlauf** *m* barrel (of a/the revolver); **Revolvermündung** *f* mouth (of a/ the revolver); **plötzlich starrte er in eine ~** he suddenly found himself staring down the barrel of a revolver; **Revolverpresse** *f* (*pej*) gutter press.

Revue [rəˈvyː] *f* **-, -n** [-yːən] **1.** (*Theat*) revue.

2. (*rare: Zeitschrift*) review.

3. (*old, Mil*) review. **etw ~ passieren lassen** (*fig*) to let sth parade before one, to pass sth in review.

Revuetänzerin [rəˈvyː-] *f* chorus-girl.

Reykjavik [ˈraikjaviːk] *nt* **-s** Reykjavik.

Rezensent *m* reviewer.

rezensieren* *vt* to review.

Rezension *f* review, write-up (*inf*).

Rezensionsexemplar *nt* review copy.

rezent *adj* **1.** (*Biol*) living. **2.** (*dial: pikant*) tart, sour.

Rezept *nt* **-(e)s, -e 1.** (*Med*) prescription;

(*fig*) cure, remedy (*für, gegen* for). **auf ~** on prescription. **2.** (*Cook, fig*) recipe.

Rezeptblock *m* prescription pad; **rezeptfrei I** *adj* available without prescription; **II** *adv* over the counter, without a prescription.

rezeptieren* *vt* (*form*) to prescribe.

Rezeption *f* **1.** (*liter: Übernahme*) adoption. **2.** (*von Hotel: Empfang*) reception.

rezeptiv *adj* receptive.

Rezeptpflicht *f* prescription requirement; **der ~ unterliegen** to be available only on prescription; **rezeptpflichtig** *adj* available only on prescription, ethical.

Rezeptur *f* (*form*) dispensing.

Rezession *f* (*Econ*) recession.

rezessiv *adj* (*Biol*) recessive.

reziprok *adj* (*Math, Gram*) reciprocal. **sich ~ zueinander verhalten** to be in a reciprocal relationship.

Rezitation *f* recitation.

Rezitativ *nt* (*Mus*) recitative.

Rezitator *m* reciter.

rezitieren* *vti* to recite.

R-Gespräch [ˈɛr-] *nt* transfer *or* reverse charge call (*Brit*), collect call (*US*). **ein ~ führen** to make a transfer charge call *etc*, to transfer *or* reverse the charges (*Brit*), to call collect (*US*).

Rh [ɛrˈhaː] *abbr of* **Rhesusfaktor positiv**.

rh [ɛrˈhaː] *abbr of* **Rhesusfaktor negativ**.

Rhabarber *m* **-s**, *no pl* (*auch Gemurmel*) rhubarb.

Rhapsode *m* **-n, -n** rhapsodist.

Rhapsodie *f* (*Mus, Liter*) rhapsody.

rhapsodisch *adj* (*Mus, Liter*) rhapsodic(al).

Rhein *m* **-s** Rhine.

rhein|ab(wärts) *adv* down the Rhine; **rhein|auf(wärts)** *adv* up the Rhine; **Rheinfall** *m* Rhine Falls *pl*, Falls of the Rhine *pl*.

rheinisch *adj attr* Rhenish, Rhineland.

Rheinländer *m* **-s, - 1.** Rhinelander. **2.** (*Tanz*) ≈ schottische; **rheinländisch** *adj* Rhenish, Rhineland; **Rheinland-Pfalz** *no art* Rhineland-Palatinate; **Rheinwein** *m* Rhine wine, Rhenish (wine); (*weißer auch*) hock.

Rhenium *nt*, *no pl* (*abbr* **Re**) rhenium.

Rhesus|affe *m* rhesus monkey; **Rhesusfaktor** *m* (*Med*) rhesus *or* Rh factor; **~ positiv/negativ** rhesus positive/negative.

Rhetor *m* (*liter*) orator, rhetor (*rare*).

Rhetorik *f* rhetoric.

Rhetoriker *m* **-s, -** rhetorician (*form*), master of rhetoric; (*Redner*) orator.

rhetorisch *adj* rhetorical.

Rheuma *nt* **-s**, *no pl* rheumatism.

Rheumatiker(in *f*) *m* **-s, -** rheumatic, rheumatism sufferer.

rheumatisch *adj* rheumatic.

Rheumatismus *m* rheumatism.

Rheumatologe *m*, **Rheumatologin** *f* rheumatologist.

Rhinozeros *nt* **-(ses), -se** rhinoceros, rhino (*inf*); (*inf: Dummkopf*) fool, sap (*inf*).

Rhodesien [-iən] *nt* **-s** (*Hist*) Rhodesia.

Rhodesier(in *f*) [-iɐ, -iərɪn] *m* **-s, -** (*Hist*) Rhodesian.

rhodesisch *adj* (*Hist*) Rhodesian.

Rhodium *nt*, *no pl* (*abbr* **Rh**) rhodium.

Rhododendron [rodo'dɛndrɔn] *m or nt* **-s,**
Rhododendren rhododendron.

Rhodos ['ro:dɔs, 'rɔdɔs] *nt* - Rhodes.

rhombisch *adj* rhomboid(al).

Rhombus *m* -, **Rhomben** rhombus,
rhomb.

Rhythmik *f* rhythmics *sing*; (*inf: Rhythmus*)
rhythm.

Rhythmiker(in *f)* *m* **-s,** - rhythmist.

rhythmisch *adj* rhythmic(al). **~e Prosa**
rhythmic prose; **~e Gymnastik** rhythmics
sing, music and movement.

rhythmisieren* *vt* to make rhythmic, to
put rhythm into. **rhythmisiert** rhythmic.

Rhythmus *m* (*Mus, Poet, fig*) rhythm.

RIAS *abbr of* **Rundfunk im**
amerikanischen Sektor broadcasting
station in the American sector (of Berlin).

ribbeln *vt* (*dial*) to rub.

Ribis(e)l *f* -, **-n** (*Aus*) *siehe* **Johannis-**
beere.

Ribonukleinsäure *f* ribonucleic acid.

Richt|antenne *f* directional aerial (*esp Brit*)
or antenna; **Richtbeil** *nt* executioner's
axe; **Richtblei** *nt* plumbline, plummet;
Richtblock *m* (execution) block.

Richte *f* -, *no pl* (*dial*) **etw in die ~ bringen**
(*fig*) to straighten sth out; **in die ~ kom-**
men (*fig*) to straighten itself out.

richten I *vt* 1. (*lenken*) to direct (*auf +acc*
towards), to point (*auf +acc* at, towards);
Gewehr auch to train (*auf +acc* on);
Scheinwerfer auch to turn (*auf +acc* on);
Augen, Blicke, Aufmerksamkeit to direct,
to turn (*auf +acc* towards), to focus (*auf*
+acc on); *Pläne, Wünsche, Tun* to direct
(*auf +acc* towards). **den Kurs nach**
Norden/Osten *etc* ~ to set *or* steer a
northerly/easterly *etc* course; **die Augen**
gen Himmel ~ (*liter*) to raise *or* lift
one's eyes heavenwards (*liter*) *or* to
heaven (*liter*); **richt euch!** (*Mil*) right
dress!; **einen Verdacht gegen jdn ~** to
suspect sb.

2. (*aus ~*) **etw nach jdm/etw ~** to suit *or*
fit sth to sb/sth; *Lebensstil, Verhalten* to
orientate sth to sb/sth.

3. (*adressieren*) *Briefe, Anfragen* to
address, to send (*an +acc* to); *Bitten, For-*
derungen, Gesuch to address, to make (*an*
+acc to); *Kritik, Vorwurf* to level, to
direct, to aim (*gegen* at, against).

4. (*S Ger*) (*zurechtmachen*) to prepare,
to get ready; (*in Ordnung bringen*) to do,
to fix; (*reparieren*) to fix; *Essen auch* to
get, to fix; *Haare* to do; *Tisch* to lay (*Brit*),
to set; *Betten* to make, to do. **jdm ein Bad**
~ (*form, S Ger*) to draw (*form*) *or* run a
bath for sb.

5. (*einstellen*) to set; (*S Ger:*
geradebiegen) to straighten (out), to bend
straight.

6. (*Aus pej*) **sich's** (*dat*) **~** to get oneself
off (*inf*).

7. (*old: hinrichten*) to execute, to put to
death. **sich selbst ~** (*liter*) to find death by
one's own hand (*liter*); **sich von selbst ~**
(*fig*) to condemn oneself; *siehe* **zugrunde.**

II *vr* 1. (*sich hinwenden*) to focus, to be
focussed (*auf +acc* on), to be directed (*auf*
+acc towards); (*Gedanken, Augen auch*)
to turn, to be turned (*auf +acc* towards).

2. (*sich wenden*) to consult (*an jdn* sb);
(*Maßnahme, Vorwurf etc*) to be directed
or aimed (*gegen* at).

3. (*sich anpassen*) to follow (*nach jdm/*
etw sb/sth). **sich nach den Vorschriften ~**
to go by the rules; **sich nach jds Wünschen**
~ to comply with *or* go along with sb's
wishes; **mir ist es egal, ob wir früher oder**
später gehen, ich richte mich nach dir I
don't mind if we go earlier or later, I'll fit
in with you *or* I'll do what you do; **warum**
sollte die Frau sich immer nach dem Mann
~? why should the woman always do what
the man wants?; **sich nach den Sternen/**
der Wettervorhersage ~ to go by the stars/
the weather forecast; **und richte dich**
(**gefälligst**) **danach!** (*inf*) (kindly) do as
you're told.

4. (*abhängen von*) to depend (*nach* on).

5. (*S Ger: sich zurechtmachen*) to get
ready. **für die Party brauchst du dich nicht**
extra zu ~ you don't have to get specially
done up for the party (*inf*).

III *vi* (*liter: urteilen*) to judge (*über jdn*
sb), to pass judgement (*über +acc* on).
milde/streng ~ to be mild/harsh in one's
judgement; **richtet nicht, auf daß ihr nicht**
gerichtet werdet! (*Bibl*) judge not, that ye
be not judged (*Bibl*).

Richter(in *f)* *m* **-s,** - judge. **jdn/etw vor den**
~ bringen to take sb/sth to court; **der**
gesetzliche ~ the right to a fair trial; **die ~**
the Bench, the judiciary, the judges *pl*;
sich zum ~ aufwerfen *or* **machen** (*fig*) to
set (oneself) up in judgement; **der höchste**
~ (*liter: Gott*) the Supreme Judge; **vor**
dem höchsten ~ stehen (*liter: vor Gott*) to
stand before the Judgement Seat *or* the
Throne of Judgement.

Richter|amt *nt* judicial office; **das ~**
ausüben to sit on the Bench; **Richterin** *f*
siehe **Richter; richterlich** *adj attr*
judicial; **Richterschaft** *f* judiciary,
Bench; **Richter-Skala** *f* (*Geol*) Richter
scale; **Richterspruch** *m* 1. (*Jur*) ≈ judgement; 2. (*Sport*) judges' decision; (*Pfer-*
derennen) stewards' decision; **Richter-**
stuhl *m* Bench.

Richtfest *nt* topping-out ceremony; **Richt-**
feuer *nt* (*Naut*) leading lights *pl*; (*Aviat*)
approach lights *pl*; **Richtfunk** *m* directional radio; **Richtgeschwindigkeit** *f*
recommended speed.

richtig I *adj* 1. right *no comp*; (*zutreffend*
auch) correct. **eine ~e Erkenntnis/**
Voraussetzung *etc* a correct realization/
presupposition *etc*; **der ~e Mann am ~en**
Ort the right man for the job; **ich halte es**
für ~/das ~ste, ... I think it would be right/
best ...; **nicht ganz ~** (**im Kopf**) **sein** (*inf*) to
be not quite right (in the head) (*inf*); **bin ich**
hier ~ bei Müller? (*inf*) is this right for the
Müllers?; **der Junge ist ~** (*inf*) that boy's
all right (*inf*) *or* OK (*inf*).

2. (*wirklich, echt*) real, proper. **der ~e**
Vater/die ~e Mutter the real father/
mother; **ein ~er Drache/Idiot** *etc* a real *or*
proper *or* right (*inf*) dragon/idiot *etc*.

II *adv* 1. (*korrekt*) correctly, right;
passen, funktionieren, liegen etc auch
properly. **die Uhr geht ~** the clock is right
or correct; **habe ich ~ gehört?** (*iro*) do my

ears deceive me?, am I hearing things?; (*Gerücht betreffend*) is it right what I've heard?; **du kommst gerade ~!** you're just in time; (*iro*) you're just what I need.

2. (*inf: ganz und gar*) really, proper (*dial*), real (*esp US inf*); *sich schämen, verlegen, schlagen auch* thoroughly.

3. (*wahrhaftig*) right, correct. **du bist doch Konrads Schwester! — ~!** you're Konrad's sister — (that's) right; **das ist doch Paul! — ach ja, ~!** that's Paul — oh yes, so it is; **wir dachten, es würde gleich regnen und ~, kaum ...** we thought it would soon start raining and, sure enough, scarcely ...

Richtige(r) *mf decl as adj* right person/man/woman *etc*; (*zum Heiraten auch*) Mr/Miss Right. **du bist mir der ~!** (*iro*) you're a fine *or* right one (*inf*), some mothers do have them! (*inf*); **sechs ~ im Lotto** six right in the lottery.

Richtige(s) *nt decl as adj* right thing. **das ist das ~** that's right; **das ist genau das ~** that's just right *or* the thing *or* the job (*inf*); **ich habe nichts ~s gegessen/gelernt** I haven't had a proper meal/I didn't really learn anything; **ich habe noch nicht das ~/endlich was ~s gefunden** I haven't found anything right *or* suitable/at last I've found something suitable.

richtiggehend I *adj attr Uhr, Waage* accurate; (*inf: regelrecht*) real, regular (*inf*), proper. **II** *adv* (*inf*) **~ intelligent** really intelligent; **das ist ja ~ Betrug** that's downright deceit.

Richtigkeit *f* correctness, accuracy; (*von Verhalten, Vorgehen, einer Entscheidung*) rightness, correctness. **an der ~ von etw zweifeln** to doubt whether sth is correct *or* right; **die ~ einer Abschrift bescheinigen** to certify a copy as being accurate; **das hat schon seine ~** it's right enough; **es wird schon seine ~ haben** it's bound to be right *or* OK (*inf*).

richtigliegen *vi sep irreg* (*inf*) to fit in; **bei jdm ~** to get on well with sb; **richtigstellen** *vt sep* to correct; **ich muß Ihre Behauptung ~** I must put you right there; **Richtigstellung** *f* correction.

Richtkranz, Richtkrone *f* (*Build*) *wreath used in the topping-out ceremony;* **Richtlinien** *pl* guidelines *pl*; **Richtmikrophon** *nt* directional microphone *or* mike (*inf*); **Richtplatz** *m* place of execution; **Richtpreis** *m* recommended price; **unverbindlicher ~** recommended price; **Richtschnur** *f* **1.** (*Build*) guide line; (*senkrecht*) plumb-line; **2.** (*fig: Grundsatz*) guiding principle; **Richtspruch** *m* (*old*) judgement; **Richtstätte** *f* (*old*) place of execution; **Richtstrahlantenne** *f*, **Richtstrahler** *m* beam *or* directional antenna.

Richtung *f* **1.** direction. **in ~ Hamburg/Süden** towards Hamburg/the south, in the direction of Hamburg/in a southerly direction; (*auf Autobahn*) towards Hamburg/on the southbound carriageway (*Brit*) *or* lane; **in nördliche ~** northwards, towards the north, in a northerly direction; **die Autobahn/der Zug ~ Hamburg** the Hamburg autobahn/train; **nach allen**

~en/in alle ~en in all directions; **die ~ ändern** *or* **wechseln** to change direction(s); **die ~ anzeigen** to indicate the direction, to point the way; (*mit Fahrzeug*) to indicate which way one is going to turn; **eine ~ nehmen** *or* **einschlagen** to head *or* drive/walk *etc* in a direction; **eine neue ~ bekommen** to change course, to take a new turn *or* direction; **einem Gespräch eine bestimmte ~ geben** to turn a conversation in a particular direction; **er will sich nach keiner ~ hin festlegen** he won't commit himself in any way at all; **in jeder ~** each way, in each direction; (*fig: in jeder Hinsicht*) in every respect; **irgend etwas in der** *or* **dieser ~** something along those/these lines.

2. (*Tendenz*) trend; (*in der Kunst, einer Partei auch*) line; (*die Vertreter einer ~*) movement; (*Denk~, Lehrmeinung*) school of thought. **die herrschende ~** the prevailing trend; **die beiden ~en in der katholischen Kirche** the two lines of thought in the Catholic church; **sie gehören den verschiedensten politischen ~en an** they have the most varied political sympathies; **die ganze ~ paßt uns nicht!** that's not the sort of thing we want.

richtunggebend *adj* pointing the way; (*in der Mode*) trendsetting. **für jdn/etw ~ sein** to set the pattern for sb/sth.

Richtungsänderung *f* change of *or* in direction; **Richtungsfahrbahn** *f* carriageway (*Brit*), roadway (*US*); **richtungslos** *adj* lacking a sense of direction; **Richtungswechsel** *m* (*lit, fig*) change of direction.

richtungweisend *adj* pointing the way. **~ sein** to point the way (ahead).

Richtzahl *f* approximate figure.

Ricke *f* **-, -n** doe.

rieb *pret of* **reiben.**

riechen *pret* **roch,** *ptp* **gerochen I** *vti* to smell. **gut/schlecht ~** to smell good/bad; **nach etw ~** to smell of sth; **an jdm/etw ~** to smell sb/sth, to sniff (at) sb/sth; **ich rieche Gas** I (can) smell gas; **ich rieche das Gewürz gern** I like the smell of this spice; **aus dem Mund ~** to have bad breath; **riech mal** have a sniff *or* smell; **das riecht nach Betrug/Verrat** (*fig inf*) that smacks of deceit/treachery; **Lunte** *or* **den Braten ~** (*fig sl*) to smell a rat (*inf*); **er kann kein Pulver ~** (*fig inf*) he's yellow (*inf*) *or* chicken (*inf*); **ich kann das nicht ~** (*inf*) I can't stand the smell of it; (*fig: nicht leiden*) I can't stand it; **jdn nicht ~ können** (*inf*) not to be able to stand sb, to hate sb's guts (*inf*); **das konnte ich doch nicht ~!** (*inf*) how was I (supposed) to know?, I'm not psychic (*inf*).

II *vi* (*Geruchssinn haben*) to have a sense of smell, to be able to smell. **nicht mehr ~ können** to have lost one's sense of smell.

III *vi impers* to smell. **es riecht angebrannt** there's a smell of burning, there's a burning smell; **es riecht nach Gas** there's a smell of gas.

Riecher *m* **-s, -** (*inf*) **einen guten** *or* **den richtigen ~ (für etw) haben** (*inf*) to have a nose (for sth) (*inf*); **da habe ich doch den**

richtigen ~ gehabt! I knew it all along!
Riechfläschchen nt (bottle of) smelling salts pl; **Riechnerv** m olfactory nerve; **Riechsalz** nt smelling salts pl; **Riechstoff** m aromatic substance.
Ried nt **-s, -e 1.** (Schilf) reeds pl. **2.** (S Ger: Moor) marsh.
Riedgras nt sedge.
rief pret of **rufen**.
Riefe f -, -n groove, channel; (in Säulen) flute.
riefeln, riefen vt to groove, to channel; Säule to flute.
Riege f -, -n (Sport) team, squad.
Riegel m **-s, -** **1.** (Verschluß) bolt. **den ~ an etw** (dat) **vorlegen** to bolt sth; **vergiß nicht, den ~ vorzulegen!** don't forget to bolt the door etc; **den ~ an etw** (dat) **zurückschieben** to unbolt sth; **einer Sache** (dat) **einen ~ vorschieben** (fig) to put a stop to sth, to clamp down on sth.
2. (Schokolade) bar; (Seife auch) cake.
3. (Sew) (Lasche) tab; (von Jackett) strap; (für Haken) eye; (am Knopfloch) bar tack.
Riegelstellung f (Mil) switch line or position; **Riegelwerk** nt (dial) half-timbering.
Riemchenschuh m strap shoe.
Riemen[1] m **-s, -** (Treib~, Gürtel) belt; (an Schuhen, Kleidung, Koffer~, Gepäck~) strap; (Schnürsenkel) leather shoelace; (Peitschen~) thong; (vulg: Penis) prick (vulg), cock (vulg). **jdn mit einem ~ verdreschen** to strap sb, to give sb the strap or belt; **den ~ enger schnallen** (fig) to tighten one's belt; **sich am ~ reißen** (fig inf) to get a grip on oneself.
Riemen[2] m **-s, -** (Sport) oar. **die ~ einlegen** to ship oars; **sich in die ~ legen** (lit, fig) to put one's back into it.
Ries nt **-es, -e** (Measure) German ream, ≈ 2 reams.
Riese[1]: das macht nach Adam ~ DM 3,50 (hum inf) the way I learned it at school that makes DM 3.50.
Riese[2] m **-n, -n** (lit, fig) giant; (sl: Tausendmarkschein) 1000 mark note, big one (esp US sl). **ein böser ~** an ogre; **ein ~ von Mensch** or **von einem Menschen** a giant of a man/woman.
Rieselfelder pl sewage farm.
rieseln vi aux sein (Wasser, Sand) to trickle; (Regen) to drizzle; (Schnee) to float or flutter down. **der Kalk rieselt von der Wand** lime is crumbling off the wall; **Schuppen ~ ihm vom Kopf** dandruff is flaking off his head; **ein Schauder rieselte mir über den Rücken/durch alle Glieder** a shiver went down my spine/ through me.
Riesen- pref gigantic, enormous, colossal; (Zool, Bot etc auch) giant; **Riesen|ameise** f carpenter ant; **Riesenchance** f tremendous chance; **Riesen|erfolg** m gigantic etc success; (Theat, Film) smash hit; **Riesenfräulein** nt giantess; **Riesengebirge** nt (Geog) Sudeten Mountains pl; **Riesengestalt** f **1.** (Größe) gigantic etc frame; **2.** (Riese) giant; **riesengroß, riesenhaft** adj siehe **riesig**; **Riesenhai** m basking shark; **Riesenhunger** m (inf) enormous appetite; **ich habe einen ~** (inf)

I could eat a horse (inf); **Riesenkraft** f gigantic etc strength; **mit ~en** with a colossal or an enormous effort; **Riesenrad** nt big or Ferris wheel; **Riesensalamander** m giant salamander; **Riesenschildkröte** f giant tortoise; **Riesenschlange** f boa; **Riesenschritt** m giant step or stride; **sich mit ~en nähern** (fig) to be drawing on apace; **Riesenslalom** m giant slalom; **Riesentrara** nt (inf) ballyhoo, great fuss or to-do (inf); **Riesenwerk** nt colossal work; (Gesamtwerk) colossal works pl; **Riesenwuchs** m giantism; (Med auch) gigantism.
riesig I adj gigantic, colossal, enormous. **II** adv -(inf: sehr) enormously, tremendously, immensely.
Riesin f giantess.
Riesling m Riesling.
riet pret of **raten**.
Riff nt -(e)s, -e **1.** (Felsklippe) reef. **2.** (Mus) riff.
Riffel f -, -n (Tex) (flax) hackle, flax comb.
riffeln vt **1.** Flachs to comb. **2.** (Tech) siehe **riefeln**.
Rigg nt **-s,** no pl (Naut) rigging.
rigide adj (geh) rigid.
Rigidität f (Med, Psych) rigidity.
Rigorismus m (geh) rigour.
rigoros adj rigorous. **ich bleibe dabei, da bin ich ganz ~** I'm sticking to that, I'm adamant.
Rigorosität f rigorousness.
Rigorosum nt **-s, Rigorosa** or (Aus) **Rigorosen** (Univ) (doctoral or PhD) viva.
Rikscha f -, -s rickshaw.
Rille f -, -n groove; (in Säule) flute.
Rillenprofil nt tread.
rin- pref (dial) siehe **herein-, hinein-**.
Rind nt -(e)s, -er **1.** (Tier) cow. **~er** cattle pl; **10 ~er** 10 head of cattle. **2.** (inf: Rindfleisch) beef. **vom ~** of beef; **Hackfleisch vom ~** minced (Brit) or ground (US) beef, mince.
Rinde f -, -n (Baum~) bark; (Brot~) crust; (Käse~) rind; (Anat) cortex.
rindenlos adj Baum barkless; Käse rindless.
Rinderbouillon f beef stock or bouillon (form); **Rinderbraten** m (roh) joint of beef; (gebraten) roast beef no indef art; **Rinderbremse** f horsefly; **Rinderbrühe** f beef broth; **Rinderbrust** f brisket (of beef); **Rinderfilet** nt fillet of beef; **Rinderherde** f herd of cattle; **Rinderhirt** m cowherd; (in Nordamerika) cowboy; (in Südamerika) gaucho; (in Australien) drover.
rindern vi (Kuh) to be on or in heat.
Rinderpest f (Vet) rinderpest; **Rindertalg** m beef dripping; **Rinderzucht** f cattle farming or raising; **Rinderzunge** f ox tongue.
Rindfleisch nt beef.
Rinds- in cpds (Aus, S Ger) siehe **Rinder-**; **Rindsleder** nt leather; **rindsledern** adj attr leather; **Rindsstück** nt (Cook) joint of beef.
Rindvieh nt **1.** no pl cattle. **10 Stück ~** 10 head of cattle. **2.** pl **Rindviecher** (sl) ass (inf).

Ring *m* -(e)s, -e 1. ring; (*Ketten*~) link; (*Wurf*~) quoit; (*Einweck*~) seal, rubber; (*Rettungs*~) lifebuoy, lifebelt. **die** ~**e tauschen** *or* **wechseln** to exchange rings.
2. (*Kreis*) (*Jahres*~, *Rauch*~) ring; (*auf dem Wasser, von Menschen auch*) circle; (~*straße*) ring road.
3. (*Sport*) (*Box*~) ring; (*von Schießscheibe*) ring, circle. ~**e** (*Turnen*) rings; **acht** ~**e schießen** to score an eight; ~ **frei!** seconds out *or* away!; (*fig*) clear the decks!
4. (*Astron, Met, Chem*) ring.
5. (*Vereinigung*) circle, group; (*von Großhändlern, Erzeugern*) group; (*Bande*) ring.
6. (*liter: Kreislauf*) circle, cycle. **der** ~ **schließt sich** the circle is completed *or* closed, the wheel comes *or* turns full circle.

Ringbahn *f* circle line; **Ringbuch** *nt* looseleaf book; **Ringbuch|einlage** *f* loose-leaf page.

Ringel *m* -s, - ring; (*Locke*) ringlet.

Ringelblume *f* marigold.

ring(e)lig *adj* ringleted.

Ringellocke *f* ringlet. ~**n tragen** to wear one's hair in ringlets, to have ringlets.

ringeln I *vt* (*Pflanze*) to (en)twine; *Schwanz etc auch* to curl.
II *vr* to go curly, to curl; (*Rauch*) to curl up(wards). **die Schlange ringelte sich durch das Unterholz** the snake wriggled through the undergrowth; **die Schlange ringelte sich um den Baum** the snake coiled *or* curled itself around the tree.

Ringelnatter *f* grass snake; **Ringelpie(t)z** *m* -es, -e (*hum inf*) hop (*inf*); ~ **mit Anfassen** hop (*inf*); **Ringelreigen, Ringelreihen** *m* ring-a-ring-o' roses; **Ringelschwanz** *m*, **Ringelschwänzchen** *nt* (*inf*) curly tail; **Ringelspiel** *nt* (*Aus*) merry-go-round, roundabout (*Brit*); **Ringeltaube** *f* woodpigeon, ringdove; **Ringelwurm** *m* ringed worm, annelid (*spec*).

ringen *pret* **rang**, *ptp* **gerungen** I *vt* **die Hände** ~ to wring one's hands; **er rang ihr das Messer aus der Hand** he wrenched *or* wrested the knife from her hand; **ein Schluchzen rang sich aus ihrer Brust** (*liter*) a sob was wrung from her breast (*liter*).
II *vi* 1. (*lit, fig: kämpfen*) to wrestle. **mit sich/dem Tode** ~ to wrestle with oneself/death; **mit den Tränen** ~ to struggle *or* fight to keep back one's tears.
2. (*streben*) **nach** *or* **um etw** ~ to struggle for sth; **er rang um Fassung** he struggled to maintain his composure; **ums Überleben** ~ (*liter*) to struggle to survive.

Ringen *nt* -s, *no pl* (*Sport*) wrestling; (*fig*) struggle.

Ringer(in *f*) *m* -s, - wrestler.

Ringergriff *m* wrestling hold.

Ringfinger *m* ring finger; **ringförmig** *adj* ring-like; **der Wallgraben umschließt die Stadt** ~ the rampart rings *or* encircles the town; ~**e Verbindungen** (*Chem*) cyclic *or* ring compounds; **Ringkampf** *m* fight; (*Sport*) wrestling match; **Ringkämpfer** *m* wrestler; **Ringlein** *nt* ring; **Ringlotte** *f* -, -n (*Aus*) *siehe* **Reneklode**; **Ringmauer** *f*

circular wall; **die** ~ **rund um die Burg** the wall encircling *or* surrounding the castle; **Ringmuskel** *m* sphincter; **Ringrichter** *m* (*Sport*) referee.

rings *adv* (all) around. **die Stadt ist** ~ **von Bergen umgeben** the town is completely surrounded *or* encircled by mountains, there are mountains all around the town; **ich bin** ~ **um die Kirche gegangen** I went all the way round (the outside of) the church; **wir mußten uns alle** ~ **im Kreis aufstellen** we all had to get into *or* make a circle.

Ringscheibe *f* (*Sport*) target (*marked with concentric rings*); **Ringsendung** *f* (*Rad, TV*) link up (transmission).

ringsherum *adv* all (the way) around.

Ringstraße *f* ring road.

rings|um *adv* (all) around; **ein breiter Graben lief** ~ a wide ditch went all round; **rings|umher** *adv* around.

Ringtausch *m* exchange of rings; (*von Wohnungen*) three-way house exchange; **Ringtennis** *nt* (*Sport*) quoits *sing*, deck tennis; **Ringvorlesung** *f* series of lectures by different speakers.

Rinne *f* -, -n (*Rille*) groove; (*Furche, Abfluß*~, *Fahr*~) channel; (*Bach*~, *inf: Rinnstein*) gutter; (*Geog*) gap.

rinnen *pret* **rann**, *ptp* **geronnen** *vi* 1. *aux sein* (*fließen*) to run. **das Blut rann ihm in Strömen aus der Wunde** blood streamed from his wound; **die Zeit rinnt (dahin)** (*liter*) time is slipping away (*liter*); **das Geld rinnt ihm durch die Finger** (*fig*) money slips through his fingers.
2. (*dial: undicht sein*) to leak.

Rinnsal *nt* -(e)s, -e rivulet; **Rinnstein** *m* (*Gosse*) gutter; (*old: Ausguß*) drain; **jdn aus dem** ~ **holen** *or* **auflesen** (*fig*) to pick sb out of the gutter; **im** ~ **enden** to come to a sorry end.

Rippchen *nt* (*Cook*) slightly cured pork rib.

Rippe *f* -, -n 1. (*Anat, Cook*) rib. **bei ihm kann man die** ~**n zählen** (*inf*) you could play a tune on his ribs (*inf*); **er hat nichts auf den** ~**n** (*inf*) he's just skin and bones; **ich kann es mir nicht aus den** ~**n schneiden** (*inf*), **ich kann es doch nicht durch die** ~**n schwitzen** (*inf*) I can't just produce it from nowhere.
2. (*Blatt*~, *Gewölbe*~, *Boots*~) rib.
3. (*von Heizkörper, Kühlaggregat*) fin.

rippen *vt* to rib.

Rippenbogen *m* (*Anat*) costal arch; **Rippenbruch** *m* broken *or* fractured rib; **Rippenfell** *nt* pleura; **Rippenfell|entzündung** *f* pleurisy; **Rippengewölbe** *nt* (*Archit*) ribbed vaulting; **Rippenspeer** *m or nt* (*Cook*) spare rib; **Kaßler** *or* **Kasseler** ~ slightly cured pork spare rib; **Rippenstoß** *m* nudge, dig in the ribs; (*schmerzhaft*) thump (*inf*) *or* dig in the ribs; **ein freundschaftlicher** ~ (*fig*) a quiet *or* friendly word.

Rippli *pl* (*Sw*) ribs *pl*.

rips *interj* ~, **raps!** rip!

Rips *m* -es, -e (*Tex*) rep.

Risiko *nt* -s, -s *or* **Risiken** *or* (*Aus*) **Risken** risk. **auf eigenes** ~ at one's own risk; **bitte, Sie können das machen, aber auf eigenes** ~ do it by all means, but on your own head be it; **ohne** ~ without risk; **etw ohne** ~ **tun** to do sth without taking a risk; **es ist nicht ohne** ~, **das zu tun** there is a risk involved in doing that, doing that is not without risk; **die Sache ist ohne** ~ there's no risk involved.

risikofreudig adj venturesome, prepared to take risks.

riskant adj risky, chancy (inf). **das ist mir zu** ~ that's too risky or chancy for me.

riskieren* vt 1. (aufs Spiel setzen) to risk. **etwas/nichts** ~ to take risks or chances/no risks or chances; **seine Stellung/sein Geld** ~ to risk losing one's job/money, to put one's job/money at risk; **sein Geld bei etw** ~ to risk one's money on sth.
   2. (wagen) to venture. **traust du dich, hier runterzuspringen?** — **ja, ich riskier's!** do you think you dare jump down? — yes, I'll risk or chance it!; **in Gegenwart seiner Frau riskiert er kein Wort** when his wife is present he dare not say a word.

Rispe f -, **-n** (Bot) panicle.

riß pret of **reißen**.

Riß m **Risses, Risse** (in Stoff, Papier etc) tear, rip; (in Erde, Gestein) crevice, fissure; (Sprung in Wand, Behälter etc) crack; (Haut~) chap; (fig: Kluft) rift, split. **die Freundschaft hat einen (tiefen) ~ bekommen** a rift has developed in their friendship; **durch das Volk geht ein tiefer** ~ there is a deep split in the people, the people are deeply divided.

rissig adj Boden, Wand, Leder cracked; Haut, Hände chapped.

Rißwunde f laceration, lacerated wound.

Rist m **-(e)s, -e 1.** (am Fuß) instep; (an der Hand) back (of the hand). **2.** (beim Pferd) withers pl.

Riten pl of **Ritus**.

ritsch interj ~, **ratsch!** rip!

ritt pret of **reiten**.

Ritt m **-(e)s, -e** ride. **einen** ~ **machen** to go for a ride; **in scharfem** ~ **jagte er über die Felder** riding furiously he chased across the fields; **in einem** or **auf einen** ~ (inf) at one go (inf).

Ritter m **-s, - 1.** (im Mittelalter, im alten Rom) knight; (Kavalier) cavalier. **fahrender** ~ knight errant; **jdn zum** ~ **schlagen** to knight sb, to dub sb knight; **der** ~ **von der traurigen Gestalt** the Knight of the Sorrowful Countenance; **ein** ~ **ohne Furcht und Tadel** (lit) a doughty knight; (fig) a knight in shining armour.
   2. (Adelstitel) ≃ Sir. **X** ≃ **von Y** ≃ Sir X of Y.
   3. (Ordensträger) knight.
   4. (Schmetterling) swallowtail.
   5. (Cook) **arme** ~ pl sweet French toast soaked in milk.

Ritterburg f knight's castle; **Rittergut** nt ≃ manor; **Rittergutsbesitzer** m ≃ lord of the manor; **Ritterkreuz** nt (Mil) Knight's Cross; **Ritterkreuzträger** m holder of the Knight's Cross; **ritterlich** adj (lit) knightly; (fig) chivalrous; **Ritterlichkeit** f chivalry, chivalrousness; **Ritter|orden** m order of knights; **der Deutsche** ~ the Teutonic Order; **Ritterroman** m (Liter) romance of chivalry; **Ritterschlag** m

(Hist) dubbing; **den** ~ **empfangen** to be knighted, to be dubbed knight.

Rittersmann m, pl **-leute** (poet) knight.

Rittersporn m (Bot) larkspur, delphinium; **Ritterstand** m knighthood; **in den** ~ **erhoben werden** to be raised to the knighthood, to be knighted; **Rittertum** nt knighthood; **Ritterwesen** nt knighthood; **Ritterzeit** f Age of Chivalry.

rittlings adv astride (auf etw (dat) sth).

Rittmeister m (old Mil) cavalry captain, captain (of horse).

Ritual nt **-s, -e** or **-ien** [-iən] (lit, fig) ritual.

Ritualien [-iən] pl (Eccl) ritual objects pl.

Ritualmord m ritual murder.

rituell adj ritual.

Ritus m -, **Riten** rite; (fig) ritual.

Ritz m **-es, -e 1.** (Kratzer) scratch. **2.** (Spalte) chink, crack.

Ritze f -, **-n** (Spalte, Po~) crack; (Fuge) join, gap. **auf der** ~ **schlafen** (hum inf) to sleep in the middle.

Ritzel nt **-s, -** (Tech) pinion.

ritzen I vt to scratch; (einritzen) Initialen, Namen etc auch to carve. **die Sache ist geritzt** (inf) it's all fixed up. **II** vr to scratch oneself.

Ritzer m **-s, -** (inf) scratch.

Rivale [ri'va:lə] m **-n, -n, Rivalin** [ri'va:lɪn] f rival.

rivalisieren* [rivali'zi:rən] vi **mit jdm** ~ to compete with sb; **34** ~ **de Parteien** 34 rival parties.

Rivalität [rivali'tɛ:t] f rivalry.

Riviera [ri'vie:ra] f - Riviera.

Rizinus m -, **-** or **-se 1.** (Bot) castor-oil plant. **2.** (auch ~öl) castor oil.

RNS f abbr of **Ribonukleinsäure** RNA.

Roastbeef ['ro:stbi:f] nt **-s, -s** (roh) beef; (gebraten) roast beef.

Robbe f -, **-n** seal.

robben vi aux sein (Mil) to crawl.

Robbenfänger m sealer, seal hunter; **Robbenjagd** f sealing, seal hunting.

Robe f -, **-n 1.** (Abendkleid) evening gown. **in großer** ~ in evening dress. **2.** (Amtstracht) (official) robe or robes pl.

Robinie [-iə] f robinia.

Robinsonade f Robinsonade; (Sport) flying save (towards attacker).

roboten vi (sl) to slave (inf).

Roboter ['robotɐ, ro'botɐ] m **-s, - 1.** robot. **2.** (sl: Schwerstarbeiter) slave (inf). **3.** (Sport) ball-feeder.

robust adj **1.** (derb) rough. **2.** (widerstandsfähig) robust.

Robustheit f siehe adj **1.** roughness. **2.** robustness.

roch pret of **riechen**.

Rochade [rɔ'xa:də, rɔ'ʃa:də] f (Chess) castling; (Ftbl) switch-over, change of position. **die kleine** or **kurze/große** or **lange** ~ castling king's side/queen's side.

Röcheln nt **-s**, no pl (eines; Todes~) death rattle. **das** ~ **der Verletzten** the groans or groaning of the wounded.

röcheln vi to groan; (Sterbender) to give the death rattle.

Rochen m **-s, -** ray.

rochieren* [rɔ'xi:rən, rɔ'ʃi:rən] vi to castle; (Ftbl) to change or switch positions.

Rock m **-(e)s, -̈e 1.** (Damen~) skirt;

(*Schotten*~) kilt; (*Sw: Kleid*) dress. **2.** (*geh: Herren*~) jacket. **der grüne ~ (des Försters)** (*old*) the green coat of a forester; **der schwarze ~ (des Geistlichen)** (*old*) the black gown *or* cassock of a priest.

Rock|aufschlag *m* lapel.

Röckchen *nt dim of* **Rock**.

Rocken *m* -s, - (*Tex*) distaff.

Rocker *m* -s, - rocker.

Rockfalte *f* (*von Damenrock*) inverted pleat; (*von Jackett*) vent; **Rockfutter** *nt* skirt lining; **Rocksaum** *m* hem of a/the skirt; **Rockschoß** *m* coat-tail; **an jds Rockschößen** (*dat*) **hängen, sich jdm an die Rockschöße hängen** (*inf*) to cling to sb's coat-tails (*inf*); **Rockzipfel** *m:* **der Mutter am ~** *or* **an Mutters ~** (*dat*) **hängen** (*inf*) to cling to (one's) mother's apron-strings (*inf*).

Rodel *m* -s, -, (*S Ger, Aus*) *f* -, -n sledge, toboggan, sleigh.

Rodelbahn *f* toboggan-run.

rodeln *vi aux sein or haben* to toboggan (*auch Sport*), to sledge.

Rodelschlitten *m* toboggan, sledge; **Rodelsport** *m* tobogganing.

roden *vt Wald, Land* to clear; *Kartoffeln* to lift.

Rodeo *m or nt* -s, -s rodeo.

Rodler(in) *f* *m* -s, - tobogganer; (*Sport auch*) tobogganist.

Rodung *f* (*das Roden, Siedlung*) clearing.

Rogen *m* -s, - roe.

Rog(e)ner *m* -s, - spawner.

Roggen *m* -s, *no pl* rye.

roh *adj* **1.** (*ungebraten, ungekocht*) raw; *Milch* ordinary.
2. (*unbearbeitet*) *Bretter etc* rough; *Stein auch* undressed, unhewn; *Diamant auch* uncut; *Eisen, Metall* crude; *Felle* untreated. **die Statue/das Bild/das Manuskript ist im ~en fertig** the rough shape of the statue/the rough sketch of the picture/the rough draft of the manuscript is finished.
3. (*unkultiviert, brutal*) rough. **~e Gewalt** brute force; **wo ~e Kräfte sinnlos walten ...** (*prov*) brute force does it.

Rohbau *m* (*Bauabschnitt*) shell (of a/the house); **das Haus ist im ~ fertig(gestellt)** the house is structurally complete; **die ~ten** the shells of the unfinished houses; **Rohbaumwolle** *f* raw cotton; **Rohbenzin** *nt* naphtha; **Rohdiamant** *m* rough *or* uncut *or* unpolished diamond; **Roh|eisen** *nt* pig iron.

Roheit *f* **1.** *no pl* (*Eigenschaft*) roughness; (*Brutalität auch*) brutality. **2.** (*Tat*) brutality. **3.** (*ungekochter Zustand*) rawness.

Roh|ertrag *m* gross proceeds *pl*.

roherweise *adv* roughly.

Rohfaser *f* raw fibre; **Rohgewicht** *nt* gross weight; **Rohgummi** *m or nt* raw rubber; **Rohkost** *f* raw fruit and vegetables *pl*; **Rohleder** *nt* rawhide, untanned leather; **Rohling** *m* **1.** (*Grobian*) brute, ruffian. **2.** (*Tech*) blank; **Rohmaterial** *nt* raw material; **Roh|öl** *nt* crude oil; **Rohprodukt** *nt* raw material; **Rohprodukten-händler** scrap dealer *or* merchant.

Rohr *nt* -(e)s, -e **1.** (*Schilf*) reed; (*Röh-*

richt, *Schilf*) reeds *pl*; (*Zucker*~) cane; (*für Stühle etc*) cane, wicker *no pl*. **wie eine schwankendes ~ im Wind** (*liter*) like a reed in the wind (*liter*).
2. (*Tech, Mech*) pipe; (*Geschütz*~) (gun) barrel; (*Blas*~) blowpipe. **aus allen ~en feuern** to fire with all its guns.
3. (*dial, Aus: Backröhre*) oven.

Rohr|ammer *f* (*Orn*) reed bunting; **Rohrblatt** *nt* (*Mus*) reed; **Rohrbruch** *m* burst pipe.

Röhrchen *nt* tube; (*Chem*) test tube; (*inf: zur Alkoholkontrolle*) breathalyzer. **ins ~ blasen** (*inf*) to be breathalyzed, to have *or* take a breathalyzer test.

Rohrdommel *f* -, -n (*Orn*) bittern.

Röhre *f* -, -n **1.** (*Ofen*~) warming oven; (*Back*~) oven; (*Drainage*~) drainage pipe. **in die ~ gucken** (*inf*) to be left out.
2. (*Neon*~) (neon) tube *or* strip; (*Elektronen*~) valve (*Brit*), tube (*US*); (*fig: Fernsehgerät*) telly (*Brit inf*), box (*Brit inf*), tube (*US inf*). **in die ~ gucken** *or* **glotzen** (*inf*) to watch telly (*Brit inf*) *or* the tube (*US inf*), to sit in front of the box (*Brit inf*).
3. (*Höhlung, Hohlkörper*) tube; (*in Knochen*) cavity.
4. (*Hunt: Gang im Tierbau*) gallery.

rö(h)ren *vi* (*Hunt*) to bell.

Röhrenhose *f* (*inf*) drainpipe trousers *pl*; **Röhrenknochen** *m* long bone; **Röhrenpilz** *m* boletus.

Rohrflöte *f* (*Mus*) reed pipe; (*Orgel*~) rohr-flöte, rohr flute; (*Pan*~) pan pipes *pl*; **Rohrgeflecht** *nt* wickerwork, basket-work.

Röhricht *nt* -s, -e (*old*) reeds *pl*, reed bed.

Rohrkrepierer *m* -s, - (*Mil sl*) barrel burst; **zum ~ werden, ein ~ sein** (*fig*) to backfire; **Rohrleger** *m* -s, - pipe fitter; **Rohrleitung** *f* pipe, conduit.

Röhrling *m* (*Bot*) boletus.

Rohrmatte *f* rush *or* reed mat; **Rohrmuffe** *f* (*Tech*) socket; **Rohrnetz** *nt* network of pipes; **Rohrpalme** *f* calamus; **Rohrpost** *f* pneumatic dispatch system; **Rohrsänger** *m* (*Orn*) warbler; **Rohrspatz** *m:* **schimpfen wie ein ~** (*inf*) to make a fuss; (*Schimpfwörter gebrauchen*) to curse and swear; **Rohrstock** *m* cane; **Rohrstuhl** *m* basket-work *or* wickerwork chair; **Rohrzange** *f* pipe wrench; **Rohrzucker** *m* cane sugar.

Rohseide *f* wild silk; **Rohstoff** *m* raw material; (*St Ex*) commodity; **Rohtabak** *m* tobacco; (*ungetrocknet*) uncured tobacco; (*ungeschnitten*) leaf tobacco; **Roh|übersetzung** *f* rough translation; **Rohzucker** *m* crude *or* unrefined sugar; **Rohzustand** *m* natural *or* unprocessed state *or* condition; **das Denkmal/Manuskript ist noch im ~** the memorial/manuscript is still in a fairly rough state.

Rokoko *nt* -(s), *no pl* Rococo period; (*Stil*) Rococo, rococo.

Rolladen *m* -s, **Rolläden** *or* - *getrennt:* **Roll-laden** (*an Fenster, Tür etc*) shutters *pl*; (*von Schreibtisch*) roll top.

Rollbahn *f* (*Aviat*) taxiway; (*Start-, Landebahn*) runway.

Röllchen *nt* little roll; (*von Garn*) reel.

Rolle *f* -, -n **1.** (*Zusammengerolltes*) roll; (*Garn*~, *Zwirn*~) reel, bobbin (*spec*);

(Angeln) reel; *(Urkunde)* scroll. **eine ~ Garn/Zwirn** a reel of thread; **eine ~ Bindfaden** a ball of string; **eine ~ Film** a roll of film; *(im Kino)* a reel of film. **2.** *(walzenförmig)* roller; *(an Möbeln, Kisten)* caster, castor; *(an Flaschenzug)* pulley; *(Gardinen~)* runner. **3.** *(dial: Wäschemangel)* roller iron. **4.** *(Sport)* forward roll; *(Aviat)* roll. **eine ~ machen** to do a forward roll/roll; **die ~ rückwärts** the backward roll. **5.** *(Theat, Film, fig)* role, part; *(Sociol)* role. **es war ein Spiel mit vertauschten ~n** *(fig)* it was a situation where the roles were reversed; **ein Stück mit verteilten ~n lesen** to read a play with the parts cast *or* *(in Schule)* given out; **eine Ehe mit streng verteilten ~n** a marriage with strict allocation of roles; **jds ~ bei etw** *(fig)* sb's role *or* part in sth; **in der ~ von jdm/etw auftreten** to appear in the role of sb/sth; **er gefällt sich** *(dat)* **in der ~ des ...** *(fig)* he likes to think of *or* see himself in the role of the ...; **sich in die ~ eines anderen versetzen** *(fig)* to put oneself in sb else's place; **bei** *or* **in eine** *(dat)* **eine ~ spielen** to play a part in sth; *(Mensch auch)* to play a role in sth; **als Verteidiger hat er eine klägliche ~ gespielt** as a defence counsel he was not up to much *or* he left much to be desired; **etw spielt eine große ~ (bei jdm)** sth is very important (to sb); **es spielt keine ~, (ob) ...** it doesn't matter (whether) ..., it doesn't make any difference (whether) ...; **das spielt hier keine ~** that does not concern us now, that is irrelevant; **bei ihm spielt Geld keine ~** with him money is no object; **aus der ~ fallen** *(fig)* to forget oneself; **seine ~ ausgespielt haben** *(fig)* to have played one's part.

rollen I *vi* **1.** *aux sein* to roll; *(Flugzeug)* to taxi. **der Stein kommt ins R~** *(fig)* the ball has started rolling; **etw/den Stein ins R~ bringen** *(fig)* to set *or* start sth/the ball rolling; **es werden einige Köpfe ~ heads** will roll.

2. mit den Augen ~ to roll one's eyes. **II** *vt* to roll; *Teig* to roll out; *Teppich, Papier* to roll up; *(dial: mangeln)* *Wäsche, Bettücher* to mangle.

III *vr* to curl up; *(Schlange auch)* to curl itself up.

Rollenbesetzung *f* *(Theat, Film)* casting; **Rollen|erwartung** *f* *(Sociol)* role expectation; **Rollenfach** *nt* *(Theat)* character- *or* type part; **der jugendliche Liebhaber ist sein ~** he's a character actor specializing in the young lover; **Rollengedicht** *nt* *(Liter)* dramatic monologue; **Rollenkonflikt** *m* role conflict; **Rollenlager** *nt* roller bearings *pl*; **rollenspezifisch** *adj* role-specific.

Roller *m* **-s, -** **1.** scooter. **2.** *(Naut: Welle)* roller. **3.** *(Aus: Rollo)* (roller) blind. **4.** *(Orn)* **Harzer ~** canary, roller. **5.** *(Walze)* roller.

rollern *vi aux sein* to ride one's scooter.

Rollfeld *nt* runway; **Rollfilm** *m* roll film; **Rollfuhrdienst** *m* road-rail haulage; **Rollgeld** *nt* carriage, freight charge; **Rollgerste** *f* *(Agr)* pot-barley, hulled bar-

ley; **Rollgut** *nt* *(Rail)* freight; **Rollhockey** *nt* roller-skate hockey; **Rollkommando** *nt* raiding party; **Rollkragen** *m* roll *or* polo neck; **Rollkunstlauf** *m* roller-skating; **Rollkur** *f* *(Med)* treatment for stomach disorders where the patient takes medicine, lies for 5 minutes on his back, 5 minutes on his side, then on his front etc; **Rollmops** *m* rollmops.

Rollo *nt* **-s, -s** (roller) blind.

Rollschinken *m* smoked ham; **Rollschnellauf** *m* speed (roller-)skating; **Rollschrank** *m* roll-fronted cupboard.

Rollschuh *m* roller-skate. **~ laufen** to roller-skate.

Rollschuhbahn *f* roller-skating rink; **Rollschuhläufer** *m* roller-skater.

Rollsitz *m* *(im Rennboot)* sliding seat; **Rollsplitt** *m* loose chippings *pl*; **Rollsteg** *m* travolator, moving pavement *(Brit)*, mobile walkway *(US)*; *(Naut)* gangplank, gangway; **Rollstuhl** *m* wheel-chair; **Rolltabak** *m* tobacco plug; **Rolltreppe** *f* escalator.

Rom *nt* **-s** Rome. **~ ist auch nicht an einem Tag erbaut worden** *(prov)* Rome wasn't built in a day *(Prov)*; **viele Wege führen nach ~** *(Prov)* all roads lead to Rome *(Prov)*; **das sind Zustände wie im alten ~** *(inf)* *(unmoralisch)* it's disgraceful; *(primitiv)* it's medieval *(inf)*.

Roman *m* **-s, -e** novel; *(höfisch, ritterlich etc auch)* romance. **ich könnte einen ~ schreiben!** *(inf)* I could write a book about it!; **(jdm) einen ganzen ~ erzählen** *(inf)* to give sb a long rigmarole *(inf)*; **erzähl keine ~e!** *(inf)* don't tell stories! *(inf)*.

Roman|autor *m*, **Romancier** [romã'sie:] *m* **-s, -s** novelist.

Romane *m* **-n, -n** person speaking a Romance language.

romanhaft *adj* like a novel; **Romanheft** *nt* cheap pulp novel, penny dreadful *(dated)*; **Romanheld** *m* hero of a/the novel.

Romanik *f* *(Archit, Art)* Romanesque period; *(Stil)* Romanesque (style).

Romanin *f siehe* **Romane**.

romanisch *adj* *Volk, Sprache* Romance; *(Art)* Romanesque.

Romanist(in *f)* *m* *(Univ)* teacher/student/ scholar of Romance languages and literature.

Romanistik *f* *(Univ)* Romance languages and literature.

Romanleser *m* novel reader; **Romanliteratur** *f* fiction, novels *pl*; **Romanschreiber** *m* *(inf)* novelist; *(pej)* scribbler; **Romanschriftsteller** *m* novelist.

Romantik *f* **1.** *(Liter, Art, Mus)* Romanticism; *(Epoche)* Age of Romanticism, Romantic period. **2.** *(fig)* romance, romanticism; *(Gefühl, Einstellung)* romanticism. **keinen Sinn für ~ haben** to have no sense of romance.

Romantiker(in *f)* *m* **-s, -** *(Liter, Art, Mus)* Romantic; *(fig)* romantic.

romantisch *adj* romantic; *(Liter etc)* Romantic.

romantisieren* *vt* to romanticize.

romantsch *adj siehe* **rätoromanisch**.

Romanze *f* **-, -n** *(Liter, Mus, fig)* romance.

Römer *m* -s, - (*Weinglas*) wineglass in various sizes with clear glass bowl and green or brown coiled stem.

Römer(in *f*) *m* -s, - Roman. **die alten** ~ the (ancient) Romans.

Römerreich *nt* Roman Empire; **Römerstraße** *f* Roman road; **Römertopf** *m* (*Cook*) ≃ (chicken) brick; **Römertum** *nt* Roman culture *etc*; **die Haupttugenden des** ~s the main virtues of Rome.

Romfahrer *m* pilgrim to Rome.

römisch *adj* Roman.

römisch-katholisch *adj* Roman Catholic.

Rommé [rɔ'meː, 'rɔme] *nt* -s, *no pl* rummy.

Rondeau *nt* -s, -s 1. [rõ'doː] (*Liter, Mus*) rondeau, rondel. 2. [rɔn'doː] (*Aus: Rondell*) circular flowerbed.

Rondell *nt* -s, -e 1. (*Archit*) round tower. 2. circular flowerbed.

Rondo *nt* -s, -s (*Mus*) rondo.

röntgen *vt* to X-ray; **Körperteil** *auch* to take an X-ray of.

Röntgen *nt* -s, *no pl* X-raying. **er ist zur Zeit beim** ~ he's being X-rayed at the moment.

Röntgen|apparat *m* X-ray equipment *no indef art, no pl*; **Röntgen|aufnahme** *f* X-ray (plate); **Röntgen|augen** *pl* (*hum*) X-ray eyes *pl* (*hum*); **Röntgenbestrahlung** *f* radiotherapy, X-ray treatment *or* therapy; **Röntgendiagnostik** *f* X-ray diagnosis; **Röntgenfilm** *m* X-ray film.

röntgenisieren* *vt* (*Aus*) siehe **röntgen**.

Röntgenogramm *nt* -s, -e X-ray (plate), radiograph (*esp US*).

Röntgenographie *f* radiography.

Röntgenologe *m*, **Röntgenologin** *f* radiologist, roentgenologist (*form*).

Röntgenologie *f* radiology, roentgenology (*form*).

Röntgenröhre *f* X-ray tube; **Röntgenstrahlen** *pl* X-rays *pl*; **jdn mit** ~ **behandeln** to treat sb with X-rays, to give sb X-ray treatment; **Röntgen|untersuchung** *f* X-ray examination.

rören *vi siehe* **rö(h)ren**.

rosa *adj inv* pink. **ein** ~ *or* ~**nes** (*inf*) **Kleid** a pink dress; **die Welt durch eine** ~**(rote) Brille sehen** to see the world through rose-coloured *or* rose-tinted glasses; **in** ~**(rotem) Licht** in a rosy light; **er malt die Zukunft** ~**rot** he paints a rosy picture of the future.

Rosa *nt* -s, -s pink.

rosafarben, rosafarbig, rosarot *siehe* **rosa**.

rösch *adj* (*S Ger: knusprig*) *Brot* crusty; *Fleisch* crisp; *Mädchen* bonnie (*esp N Engl, Scot*).

Röschen ['røːsçən] *nt* (little) rose; (*von Rosenkohl*) Brussels(s) sprout.

Rose *f* -, -n 1. (*Blume*) rose; (*Kompaßblatt auch*) compass card; (*Archit*) rose window. **er ist nicht auf** ~**n gebettet** (*fig*) life isn't a bed of roses for him; **keine** ~ **ohne Dornen** (*prov*) no rose without a thorn (*prov*). 2. (*Med*) erysipelas (*spec*), rose. 3. (*Hunt: am Hirschgeweih*) burr.

rosé *adj inv* pink. **Schuhe in** ~ pink shoes.

Rosé *m* -s, -s rosé (wine).

Rosenblatt *nt* rose petal; **Rosenduft** *m* scent *or* perfume of roses; **rosenfarben,**

rosenfarbig *adj* rose-coloured, pink, rosy; **Rosengarten** *m* rose garden; **Rosengewächse** *pl* rosaceae *pl* (*spec*); **Rosenholz** *nt* rosewood; **Rosenknospe** *f* rosebud; **Rosenkohl** *m* Brussel(s) sprouts *pl*; **Rosenkranz** *m* (*Eccl*) rosary; **den** ~ **beten** to say a rosary; **Rosenkriege** *pl* (*Hist*) the Wars of the Roses *pl*; **Rosenmontag** *m* Monday preceding Ash Wednesday; **Rosenmontagszug** *m* Carnival parade which takes place on the Monday preceding Ash Wednesday; **Rosen|öl** *nt* attar of roses; **Rosenquarz** *m* rose quartz; **rosenrot** *adj* Wangen, Lippen rosy (red); **Schneeweißchen und R~** (*Liter*) Snow White and Rose Red; **Rosenstock** *m* rose (tree); **Rosenstrauch** *m* rosebush; **Rosenzucht** *f* rose-growing; **Rosenzüchter** *m* rose-grower.

Rosette *f* rosette.

Roséwein *m* rosé wine.

rosig *adj* (*lit, fig*) rosy. **etw in** ~**em Licht sehen** (*inf*) to see sth in a rosy light; **etw in** ~**en Farben schildern** (*inf*) to paint a glowing *or* rosy picture of sth, to show sth in a rosy light.

Rosine *f* raisin. **(große)** ~**n im Kopf haben** (*inf*) to have big ideas; **sich** (*dat*) **die (besten** *or* **größten)** ~**n (aus dem Kuchen) herauspicken** (*inf*) to take the pick of the bunch.

Rosinenbomber *m* (*hum*) plane which flew food etc into Berlin during the 1948 airlift.

Röslein *nt* (little) rose.

Rosmarin *m* -s, *no pl* rosemary.

Roß *nt* Rosses, Rosse *or* (*S Ger, Aus*) **Rösser** (*liter*) steed; (*S Ger, Aus*) horse; (*inf: Dummkopf*) dolt (*inf*). ~ **und Reiter nennen** (*fig geh*) to name names.

Roß|apfel *m* (*hum inf*) horse droppings *pl*; **Roßbreiten** *pl* (*Naut*) horse latitudes *pl*.

Rössel, Röß|l *nt* -s, - (*Chess*) knight; (*S Ger: Pferd*) horse.

Rosselenker *m* (*poet*) reinsman (*liter*).

Rösselsprung *m* 1. (*Chess*) knight's move. 2. (*Rätselart*) type of crossword puzzle in which certain individual letters make up a phrase or saying.

Roßhaar *nt* horsehair; **Roßkastanie** *f* horse chestnut; **Roßkur** *f* (*hum*) drastic cure, kill-or-cure remedy; **eine** ~ **(durch)-machen** to follow a drastic cure.

Rößli(spiel), Rössliritti *nt* -s, - (*Sw*) merry-go-round, roundabout (*Brit*).

Roßschlächter *m* horse butcher; **Roßschlächterei** *f* horse butchery; **Roßtäuscher** *m* (*old, fig*) horse-trader; **Roßtäuscherei** *f* (*fig*) horse-trading *no pl*.

Rost[1] *m* -(e)s, *no pl* (*auch Bot*) rust. ~ **ansetzen** to start to rust.

Rost[2] *m* -(e)s, -e (*Ofen*~) grill; (*Gitter*~) grating, grille; (*dial: Bett*~) base, frame. **auf dem** ~ **braten** (*Cook*) to barbecue, to grill on charcoal.

rostbeständig *adj* rust-resistant; **Rostbraten** *m* (*Cook*) ≃ roast; **Rostbratwurst** *f* grilled *or* barbecued sausage; **rostbraun** *adj* russet; *Haar* auburn.

Röstbrot *nt siehe* **Toast**.

rosten *vi aux sein or haben* to rust, to get rusty (*auch fig*). **alte Liebe rostet nicht** (*Prov*) old love never dies; *siehe* **rasten**.

rösten vt 1. Kaffee to roast; Brot to toast. **sich in der Sonne ~ lassen** to lie in the sun and bake. 2. Erz to roast, to calcine.
Rösterei f roast(ing) house. **frisch aus der ~** fresh from the roast, freshly roasted.
rostfarben, rostfarbig adj siehe **rostbraun; Rostfleck** m spot or patch of rust, rust spot or patch; **rostfrei** adj (Stahl) stainless.
rostig adj (lit, fig) rusty.
Röstkartoffeln pl siehe **Bratkartoffeln.**
Rostlaube f (hum) rust-heap (hum); **rostrot** adj rust-coloured, russet; **Rostschutz** m anti-rust protection; **Rostschutzfarbe** f anti-rust paint; **Rostschutzmittel** nt rust-proofer; **Rost|umwandler** m (Aut) rust converter.
rot adj comp ⁻er or (esp fig) -er, superl ⁻este(r, s) or (esp fig) -este(r, s) (auch Pol). **~e Bete** or **Rüben** beetroot; **~e Johannisbeeren** pl redcurrants pl; **das R~e Kreuz** the Red Cross; **der R~e Halbmond** the Red Crescent; **der R~e Platz** Red Square; **das R~e Meer** the Red Sea; **die R~e Armee** the Red Army; **die R~en** (pej) the reds; **in den ~en Zahlen stecken** to be in the red; **Gewalt zieht sich wie ein ~er Faden durch die Geschichte** violence runs like a thread through history; **~ werden** to blush, to go red (inf); **bis über beide Ohren ~ werden** to blush furiously, to turn crimson; **~ wie ein Krebs** red as a lobster; **~e Ohren bekommen** (hum), **einen ~en Kopf bekommen** or **kriegen** (inf) to blush, to go red (inf); **~ (angehaucht) sein** (Pol inf) to have left-wing leanings; **sich** (dat) **etw ~ (im Kalender) anstreichen** (inf) to make sth a red-letter day.
Rot nt -s, -s or - red; (Wangen~) rouge. **bei** or **auf ~** at red; **bei ~ anhalten!** stop (when the lights are) at red; **die Ampel stand auf ~** the lights were (at) red; **bei ~ über die Ampel fahren** to jump or shoot (inf) the lights.
Rotarier [ro'ta:riə] m -s, - rotarian.
Rot|armist m soldier in or of the Red Army. **die ~en zogen durch die Stadt** the Red Army moved through the town.
Rotation f (Phys) rotation; (Math auch) curl.
Rotations|achse f (Math, Phys) axis of rotation; **Rotationsdruck** m (Typ) rotary (press) printing; **Rotationsmaschine,** **Rotationspresse** f (Typ) rotary press.
Rot|auge nt (Zool) roach; **rotbäckig, rotbackig** adj rosy-cheeked; **Rotbarsch** m rosefish; **Rotbart** m red-beard; **Kaiser ~** Emperor Frederick Barbarossa; **rotbärtig** adj red-bearded; **rotblond** adj Haar sandy; Mann sandy-haired; Frau, Tönung, (Frauen)haar strawberry blonde; **rotbraun** adj reddish brown; **Rotbuche** f (common) beech; **Rotdorn** m hawthorn.
Röte f -, no pl redness, red; (Erröten) blush. **die ~ des Abendhimmels** the red glow of the evening sky; **die ~ stieg ihr ins Gesicht** her face reddened.
Rötel m -s, - red chalk.
Röteln pl German measles sing.

Rötelzeichnung f (Art) red chalk drawing.
röten I vt to redden, to make red; Himmel to turn red. **die frische Luft rötete ihre Wangen** the fresh air gave her rosy cheeks or made her cheeks (go) red; **ein gerötetes Gesicht** a flushed face. II vr to turn or become red, to flush.
Rotfilter nt or m (Phot) red filter; **Rotfront** f (Pol) red front; **Rotfuchs** m red fox; (Pferd) sorrel or bay (horse); (fig inf) carrot-top (inf); **Rotgardist** m Red Guard; **rotgesichtig** adj florid, red-faced; **rotglühend** adj Metall red-hot; **der ~e Abendhimmel** the red glow of the evening sky; **Rotglut** f (Metal) red heat; **Rotgrünblindheit** f red-green colour-blindness; **Rotguß** m (Metal) red brass; **rothaarig** adj red-haired; **Rothaut** f (hum) redskin; **Rothirsch** m red deer.
rotieren* vi to rotate. **anfangen zu ~** (sl) to get into a flap (inf); **am R~ sein** (sl) to be rushing around like a mad thing (inf).
Rotkäppchen nt (Liter) Little Red Riding-hood; **Rotkehlchen** nt robin; **Rotkohl** m red cabbage; **Rotkopf** m (inf) redhead; **Rotkraut** nt (S Ger, Aus) red cabbage.
Rotkreuzlotterie f Red Cross lottery; **Rotkreuzschwester** f Red Cross nurse.
Rotlauf m -s, no pl (Vet) swine erysipelas (spec).
rötlich adj reddish.
Rotlicht nt red light.
Rotor m rotor.
Rotorflügel m (Aviat) rotor blade.
Rotschwänzchen nt redstart; **rotsehen** vi sep irreg (inf) to see red (inf); **Rotstift** m red pencil; **den ~ ansetzen** (fig) to cut sth back drastically; **dem ~ zum Opfer fallen** (fig) to be scrapped or rejected or cancelled; **Rottanne** f Norway spruce.
Rotte f -, -n gang; (bei Jugendorganisation) troop; (Mil) rank; (Mil Aviat, Mil Naut) pair (of planes/ships operating together); (von Hunden etc) pack; (Hunt: von Sauen) herd, sounder (spec).
Rottweiler m -s, - Rottweiler.
Rotunde f -, -n (Archit) rotunda.
Rötung f reddening.
rotwangig adj rosy-cheeked; **Rotwein** m red wine; **Rotwelsch(e)** nt decl as adj argot, thieves' cant; **Rotwild** nt red deer; **Rotwurst** f ≈ black pudding.
Rotz m -es, no pl 1. (sl) snot (inf). **jdm ~ auf die Backe schmieren** (sl) to suck up to sb (inf); **~ und Wasser heulen** (inf) to blubber; **Baron** or **Graf ~** (inf) Lord Muck (inf); **der ganze ~** (sl) the whole bloody (Brit) or goddam (US) show (sl). 2. (Vet) glanders sing, farcy. **den ~ haben** to have glanders.
Rotzbengel, Rotzbub (S Ger, Aus) m (inf) snotty-nosed brat (inf).
rotzen vi (sl) to blow one's nose.
Rotzfahne f (sl) snot-rag (sl); **rotzfrech** adj (inf) cocky (inf); **Rotzjunge** m (inf) snotty-nosed kid (inf); **Rotzlappen** m (sl) snot-rag (sl); **Rotzlöffel** (Aus), **Rotzlümmel** (sl) m cheeky brat (inf); **Rotznase** f 1. (sl) snotty nose (inf); 2. (inf: Kind) snotty-nosed brat (inf); **rotznäsig** adj (sl) 1. snotty-nosed (inf); 2. (frech) snotty (sl).

Rotzunge f (*Zool*) witch flounder.

Rouge [ruːʒ] nt -s, -s rouge.

Roulade [ruˈlaːdə] f (*Cook*) ≃ beef olive.

Rouleau [ruˈloː] nt -s, -s *siehe* **Rollo.**

Roulett(e) [ruˈlet(ə)] nt -s, - *or* -s roulette.

roulieren* [ruˈliːrən] vt (*Sew*) to roll.

Route [ˈruːtə] f -, -n route. **wir sind die ~ über Bremen gefahren** we took the Bremen route.

Routine [ruˈtiːnə] f (*Erfahrung*) experience; (*Gewohnheit, Trott*) routine. **das ist bei mir zur ~ geworden** that has become routine for me.

Routine|angelegenheit f routine matter; **routine|mäßig I** adj routine; **II** adv **das wird ~ überprüft** it's checked as a matter of routine; **Sie sollten sich ~ untersuchen lassen** you should have a routine check-up; **Routine|sache** f routine matter; **Routine|untersuchung** f routine examination.

Routinier [rutiˈnieː] m -s, -s old hand.

routiniert [rutiˈniːɐt] adj experienced.

Rowdy [ˈraudi] m -s, -s *or* **Rowdies** hooligan; (*zerstörerisch*) vandal; (*lärmend*) rowdy (type); (*Verkehrs~*) road-hog (*inf*).

Rowdytum [ˈraudituːm] nt, no pl hooliganism; vandalism.

Royalismus [roajaˈlɪsmus] m royalism.

Royalist [roajaˈlɪst] m royalist.

royalistisch [roajaˈlɪstɪʃ] adj royalist.

rubbeln vti to rub.

Rübe f -, -n **1.** turnip. **gelbe ~** (*S Ger: Mohr~*) carrot; **rote ~** beetroot; **weiße ~** white turnip; **jdn über die ~n jagen** (*sl*) to send sb packing (*inf*).

    2. (*sl: Kopf*) nut (*inf*). **eins auf die ~ bekommen** *or* **kriegen** to get a bash on the nut (*inf*); **jdm eins über die ~ ziehen** to give sb a bash *or* crack on the nut (*inf*); **die ~ (für etw) hinhalten** to take the rap (for sth) (*inf*); **jdm die ~ abhacken** (*fig*) to have sb's guts for garters (*sl*); **~ ab!** off with his/her head!

Rubel m -s, - rouble. **der ~ rollt** (*inf*) the money's rolling in (*inf*).

Rübensaft m, **Rübenkraut** nt sugar beet syrup; **Rübenzucker** m beet sugar.

rüber- in cpds (*inf*) *siehe* **herüber-, hinüber-.**

Rübezahl m -s spirit of the Sudeten Mountains.

Rubidium nt, no pl (*abbr* **Rb**) rubidium.

Rubikon m -s Rubicon.

Rubin m -s, -e ruby.

rubinrot adj ruby-red, ruby.

Rüböl nt rapeseed oil, rape oil.

Rubrik f **1.** (*Kategorie*) category. **das gehört in die ~ „Militaria"** this belongs under the category *or* heading "military". **2.** (*Zeitungs~*) section, column.

rubrizieren* vt to categorize, to put under a heading/headings.

Rubrizierung f categorization.

Rübsame(n) m -(n)s, no pl (*Bot*) rape.

ruchbar adj **~ werden** (*old, liter*) to become known; **ruchlos** adj (*old, liter*) dastardly (*liter*); **Ruchlosigkeit** f (*old, liter*) dastardliness (*liter*).

ruck interj heave; (*beim Schieben*) push. **~, zuck** in a flash; (*Imperativ*) jump to it!;

das geht ~, zuck it won't take a second; **wenn er nicht gehorcht, fliegt er raus, das geht ~, zuck** if he doesn't obey he'll be out, just like that.

Ruck m -(e)s, -e jerk, tug; (*von Fahrzeug*) jolt, jerk; (*Pol*) swing, shift. **auf einen** *or* **mit einem ~** in one go, with one heave; **er stand mit einem ~ auf** he sprang to his feet, he stood up suddenly; **sich** (*dat*) **einen ~ geben** (*inf*) to make an effort, to give oneself a kick up the backside (*hum inf*); **etw in einem ~ erledigen** to do sth at one fell swoop.

Rück|ansicht f back *or* rear view; **Rück|antwort** f reply, answer; **um ~ wird gebeten** please reply; **Telegramm mit ~** reply-paid telegram.

ruck|artig I adj jerky. **das Auto machte einige ~e Bewegungen** the car jerked a few times. **II** adv jerkily. **er stand ~ auf** he shot to his feet.

Rück|äußerung f reply, answer; **Rück-berufung** f recall; **Rückbesinnung** f recollection; **rückbezüglich** adj (*Gram*) reflexive; **Rückbildung** f (*Ling*) back-formation; (*Biol*) degeneration; **Rück-blende** f flashback; **Rückblick** m look back (*auf* +*acc* at); **im ~ auf etw** (*acc*) looking back on sth; **einen ~ auf etw** (*acc*) **werfen** to look back on sth; **rückblickend** adj retrospective; **~ läßt sich sagen, daß ...** in retrospect *or* retrospectively *or* looking back we can say that ...; **rückdatieren*** vt sep infin, ptp only to backdate; **rückdrehend** adj (*Met*) Wind backing.

rucken vi (*Fahrzeug*) to jerk, to jolt; (*Taube*) to coo.

Rücken m -s, - (*Anat, Stuhl~, Hand~, Sew*) back; (*Nasen~*) ridge; (*Fuß~*) instep; (*Messer~*) blunt edge, back; (*Hügel~, Berg~*) crest; (*Buch~*) spine. **auf dem/den ~** on one's back; **ich bin ja auf den ~ gefallen!** (*fig*) you could have knocked me down with a feather (*inf*); **den Feind im ~ haben** to have the enemy in one's rear; **die Sonne im ~ haben** to have the sun behind one *or* in one's back; **den Wind im ~ haben** to have a tail *or* following wind; **er hat doch die Firma des Vaters im ~** but he's got his father's firm behind him; **ich habe nicht gern jemanden im ~** I don't like having somebody sitting/ standing right behind my back; **jdm die Hände auf den ~ binden** to tie sb's hands behind his back; **mit dem ~ zur Tür/ Wand** with one's back to the door/wall; **mit dem ~ zur Wand stehen** (*fig*) (*aus Feigheit*) to cover oneself; (*aus Unterlegenheit*) to have one's back to the wall; **der verlängerte ~** (*hum inf*) one's posterior (*hum inf*); **~ an ~** back to back; **ein schöner ~ kann auch entzücken** (*hum inf*) you've got a lovely back; **hinter jds ~** (*dat*) (*fig*) behind sb's back; **jdm/einer Sache den ~ kehren** (*lit, fig*) *or* **zuwenden** (*lit*) *or* **wenden** (*fig*) *or* **zudrehen** (*lit*) to turn one's back on sb/sth; **jdm in den ~ fallen** (*fig*) to stab sb in the back; (*Mil*) to attack sb from the rear; **sich** (*dat*) **den ~ freihalten** (*inf*) *or* **decken** to cover oneself; **jdm den ~ decken** (*fig inf*) to back sb up

(*inf*); **jdm den** ~ **beugen** *or* **brechen** (*fig*)
to break sb; **jdm den** ~ **stärken** *or* **steifen**
(*fig inf*) to give sb encouragement.

rücken I *vi aux sein* to move; (*Platz
machen*) to move up *or* (*zur Seite auch*)
over; (*weiter~: Zeiger*) to move on (*auf +
acc* to). **näher** ~ to move *or* come closer;
(*Zeit*) to come *or* get closer; **ins Feld** (*old*)/
ins Manöver/an die Front ~ to take the
field/to go off on manoeuvres/to go up to
the front; **mit etw** ~ to move sth; **sie rück-
ten ungeduldig mit den Stühlen** they
shuffled their chairs about impatiently; **an
etw** (*dat*) ~ **an Uhrzeiger** to move sth; *an
Krawatte* to pull sth (straight); (*schieben*)
to push at sth; (*ziehen*) to pull at sth; **an
jds Seite** (*acc*) ~ to move up close beside
sb; **an jds Stelle** (*acc*) ~ to take sb's place;
nicht von der Stelle ~ not to budge an inch
(*inf*); **in weite Ferne** ~ to recede into the
distance; **jdm auf den Leib** *or* **Pelz** (*inf*) *or*
die Pelle (*sl*) ~ (*zu nahe kommen*) to
crowd sb; (*sich jdn vorknöpfen*) to get on
at sb; (*hum: besuchen*) to move in on sb;
einer Sache (*dat*) **zu Leibe** ~ to have a go
at sth, to tackle sth.

II *vt* to move.

Rückendeckung *f* (*fig*) backing; **jdm** ~
geben to back sb; **Rückenflosse** *f* dorsal
fin; **Rückenflug** *m* (*Aviat*) inverted
flight; **Rückenkraulen** *nt* (*Sport*) back
crawl, backstroke; **rückenkraulen** *vi sep
infin only* to do *or* swim back crawl *or*
backstroke; **Rückenlage** *f* supine
position; **er mußte 3 Monate in** ~ **verbringen** he had to spend 3 months lying (flat)
on his back *or* in a supine position
(*form*); **Rückenlehne** *f* back, back-rest;
Rückenmark *nt* spinal cord; **Rücken-
mark(s)entzündung** *f* myelitis; **Rücken-
muskel** *m* back muscle; **Rückenmusku-
latur** *f* back muscles *pl*, muscles of the/
one's back *pl*; **Rückenschmerz(en** *pl*) *m*
backache; **ich habe** ~ I've got backache,
my back aches; **Rückenschwimmen** *nt*
backstroke, swimming on one's back;
rückenschwimmen *vi sep infin only* to
swim on one's back, to do the *or* swim
backstroke; **Rückenstärkung** *f* (*fig*)
moral support; **Rückenstück** *nt* (*Cook*)
(*vom Rind*) chine; (*vom Reh, Hammel*)
saddle; **ein schönes** ~ a nice piece of back;
Rückentrage *f* carrying-frame.

Rück|entwicklung *f* (*allgemein*) fall-off
(*gen* in); (*Biol*) degeneration.

Rückenwind *m* tail *or* following wind.

Rück|erinnerung *f* memory (*an +acc* of);
rück|erstatten* *vt sep infin, ptp only* to
refund; *Ausgaben* to reimburse; **Rück-
|erstattung** *f* refund; reimbursement;
Rückfahrkarte *f*, **Rückfahrschein** *m*
return ticket, round-trip ticket (*US*);
Rückfahrscheinwerfer *m* (*Aut*) reversing light; **Rückfahrt** *f* return journey;
Rückfall *m* (*Med, fig*) relapse; (*Jur*)
subsequent offence, repetition of an/the
offence; **Diebstahl im** ~ a repeated case of
theft; **rückfällig** *adj* (*Med, fig*) relapsed;
(*Jur*) recidivistic (*form*); ~ **werden** (*Med*)
to have a relapse; (*fig*) to relapse; (*Jur*) to
lapse back into crime; **Rückfällige(r)** *mf
decl as adj* (*Med, fig*) person who relapses/

has relapsed; (*Jur*) subsequent offender,
recidivist (*form*); **Rückfalltäter** *m*
recidivist (*form*), recidivistic offender
(*form*); **Rückflug** *m* return flight; **Rück-
fluß** *m* reflux, flowing back; **Rückfor-
derung** *f* ~ **des Geldes/des Buches**
demand for the return of the money/the
book; **Rückfrage** *f* question; **nach** ~ **bei
der Zentrale ...** after querying *or* checking
this with the exchange ...; **mit** ~**n können
Sie sich auch an meine Kollegin wenden**
you can take your queries *or* questions to
my colleague as well; **rückfragen** *vi sep
infin, ptp only* to inquire, to check; **ich
habe im Fundbüro rückgefragt** I inquired
or checked at the lost-property office; **ich
muß beim Chef** ~ I'll have to check with
the boss *or* query it with the boss; **Rück-
front** *f* back, rear façade; **Rückführung** *f*
1. (*Deduktion*) tracing back (*auf + acc*
to); 2. (*von Menschen*) repatriation,
return; **Rückgabe** *f* return; **Rück-
gaberecht** *nt* right of return; **Rückgang**
m fall, drop (*gen* in); **einen** ~ *or* ~**e zu
verzeichnen haben** to report a drop *or* fall;
rückgängig *adj* 1. (*Comm: zurück-
gehend*) declining, falling, dropping;
2. ~ **machen** (*widerrufen*) to undo; *Bestellung, Geschäft, Vertrag, Termin* to
cancel; *Verlobung, Hochzeit* to call off;
chemischen Prozeß to reverse; **Rück-
gebäude** *nt* rear building; **rückgebildet**
adj (*Biol*) degenerate; **Rückgewinnung**
f recovery; (*von Land, Gebiet*) reclaim-
ing, reclamation; (*aus verbrauchten Stof-
fen*) recycling; **Rückgliederung** *f* (*Pol*)
reintegration.

Rückgrat *nt* -(e)s, -e spine, backbone. **er ist
ein Mensch ohne** ~ (*fig*) he's a spineless
creature, he's got no backbone; **das** ~ **der
Wirtschaft** the backbone *or* mainstay of
the economy; **jdm das** ~ **stärken** (*inf*) to
give sb encouragement *or* a boost; **jdm
das** ~ **brechen** to break *or* ruin sb.

Rückgratverkrümmung *f* curvature of the
spine.

Rückgriff *m* ein ~ **auf etw** (*acc*) reverting to
sth; **erlauben Sie mir einen** ~ **auf bereits
Gesagtes** allow me to revert to something
that has already been said; **Rückhalt** *m*
1. (*Unterstützung*) support, backing; **an
jdm einen** ~ **haben** to find a support in sb;
2. (*Einschränkung*) **ohne** ~ without
reservation; **rückhaltlos** *adj* complete;
Unterstützung auch unqualified;
Vertrauen auch implicit; **sich** ~ **zu etw
bekennen** to proclaim one's total allegiance to sth; **Rückhand** *f* (*Sport*) backhand; **den Ball (mit der)** ~ **schlagen** to hit
the ball (on one's) backhand; **Rück-
kampf** *m* (*Sport*) return match.

Rückkauf *m* repurchase.

Rückkaufsrecht *nt* right of repurchase;
Rückkaufswert *m* repurchase value.

Rückkehr *f* -, *no pl* return; **bei seiner** ~ on
his return; **jdn zur** ~ (**nach X/zu jdm**)
bewegen to persuade sb to return to X/to
sb); **rückkoppeln** *vti sep infin, ptp only*
(*alle Bedeutungen*) to feed back; **Rück-
kopp(e)lung** *f* feedback; **Rücklage** *f*
(*Fin: Reserve*) reserve, reserves *pl*; (*Ersparnisse auch*) savings *pl*; **Rücklauf** *m*,

no pl reverse running; (*von Maschinenteil*) return travel; (*Gegenströmung*) countercurrent; (*TV*) flyback; (*Naut*) slip; (*beim Tonband*) fast rewind; (*von Schußwaffe*) recoil; **rückläufig** *adj* declining, falling, dropping; *Tendenz* downward; **eine ~e Entwicklung** a decline, a falling off; **~es Wörterbuch** reverse index; **Rücklicht** *nt* tail *or* rear light; (*bei Fahrrad auch*) back light; **rücklings** *adv* (*rückwärts*) backwards; (*von hinten*) from behind; (*auf dem Rücken*) on one's back; **Rückmeldung** *f* (*Univ*) re-registration; **Rücknahme** *f* -, **-n** taking back; **die ~ des Gerätes ist unmöglich** it is impossible for us to take this set back; **Rückpaß** *m* (*Sport*) return pass; **Rückporto** *nt* return postage; **Rückprall** *m* rebound; (*von Kugel, Stein etc*) ricochet; **Rückreise** *f* return journey; **Rückruf** *m* **1.** (*am Telefon*) **Herr X hat angerufen und bittet um ~** Mr X called and asked you to call (him) back; **2.** (*Jur*) rescission of permission to manufacture under licence.

Rucksack *m* rucksack.
Rucksackreisende(r) *mf decl as adj* backpacker.
Rückschau *f* reflection (*auf +acc* on); (*in Medien*) review (*auf +acc* of); **~ halten** to reminisce, to reflect; **auf etw** (*acc*) **~ halten** to look back on sth; **Rückschein** *m ≈* recorded delivery slip; **Rückschlag** *m* (*von Ball*) rebound; (*von Gewehr*) recoil; (*Tennis*) return; (*fig*) set-back; (*bei Patient*) relapse; **Rückschläger** *m* (*Sport*) receiver; **Rückschlagventil** *nt* check valve; **Rückschluß** *m* conclusion; **den ~ ziehen, daß ...** to draw the conclusion *or* to conclude that ...; **Rückschlüsse ziehen** (*euph*) to draw one's own conclusions (*aus* from); **Rückschritt** *m* (*fig*) retrograde step, step backwards; **ein gesellschaftlicher ~** a retrograde social step, a social step backwards; **rückschrittlich** *adj* reactionary; *Entwicklung* retrograde.
Rückseite *f* back; (*von Blatt Papier, Geldschein auch*) reverse; (*von Buchseite, Münze*) reverse, verso; (*von Zeitung*) back page; (*von Mond auch*) far side; (*von Gebäude auch*) rear. **siehe ~** see over(leaf).
rückseitig *adj* on the back *or* reverse. **die ~en Bemerkungen** the remarks overleaf; **das Papier soll auch ~ beschrieben werden** you should write on both sides of the paper.
rucksen *vi* (*Taube*) to coo.
Rücksendung *f* return.
Rücksicht *f* -, **-en** (*Schonung, Nachsicht*) consideration. **~en** *pl* (*Gründe, Interessen*) considerations *pl*; **aus** *or* **mit ~ auf jdn/etw** out of consideration for sb/sth; **ohne ~ auf jdn/etw** with no consideration for sb/sth; **ohne ~ auf Verluste** (*inf*) regardless; **auf jdn/etw ~ nehmen** to consider sb/sth, to show consideration for sb/sth; **er hat keine ~ auf seine Gesundheit genommen** he did not consider his health; **er kennt keine ~** he's ruthless; **da kenne ich keine ~!** I can be ruthless.
Rücksichtnahme *f* -, *no pl* consideration.

rücksichtslos *adj* **1.** inconsiderate, thoughtless; (*im Verkehr*) reckless; **er verfolgt ~ seine Interessen** he follows his own interests without consideration for others; **2.** (*unbarmherzig*) ruthless; **Rücksichtslosigkeit** *f* **1.** inconsiderateness *no pl*, thoughtlessness *no pl*; **das ist doch eine ~!** how inconsiderate *or* thoughtless; **2.** ruthlessness; **rücksichtsvoll** *adj* considerate, thoughtful (*gegenüber, gegen* towards).
Rücksitz *m* (*von Fahrrad, Motorrad*) pillion; (*von Auto*) back seat; **Rückspiegel** *m* (*Aut*) rear(-view) *or* driving mirror; (*außen*) outside mirror; **Rückspiel** *nt* (*Sport*) return match; **Rücksprache** *f* consultation; **laut ~ mit Herrn Müller ...** I have consulted Herr Müller and he informs me that ...; **~ mit jdm nehmen** *or* **halten** to confer with *or* consult (with) sb; **rückspulen** *vt sep infin, ptp only Tonband, Film* to rewind; **Rückspulknopf** *m* rewind knob; **Rückspultaste** *f* rewind key.
Rückstand *m* **1.** (*Überrest*) remains *pl*; (*bei Verbrennung, Bodensatz*) residue.
2. (*Verzug*) delay; (*bei Aufträgen*) backlog. **im ~ sein/in ~ kommen** to be/fall behind; (*bei Zahlungen auch*) to be/get in arrears *pl*; **seinen ~ aufholen** to make up for one's delay/catch up on a backlog; (*bei Zahlungen*) to catch up on one's payments; (*in Leistungen*) to catch up.
3. (*Sport*) amount by which one is behind. **mit 0:2 im ~ sein** to be 2 goals/points *etc* down.
rückständig *adj* **1.** (*überfällig*) *Betrag* overdue; *Mensch* in arrears. **~er Betrag** amount overdue. **2.** (*zurückgeblieben*) *Land, Mensch* backward; *Methoden, Ansichten auch* antiquated. **~ denken** to have antiquated ideas.
Rückständigkeit *f, no pl* backwardness.
Rückstau *m* (*von Wasser*) backwater; (*von Autos*) tailback; **Rück(stell)taste** *f* (*an Schreibmaschine*) backspacer; (*an Tonband*) rewind key; **Rückstellung** *f* (*Fin*) reserve; **Rückstoß** *m* repulsion; (*bei Gewehr*) recoil; (*von Rakete*) thrust; **Rückstoß|antrieb** *m* (*Aviat*) reaction propulsion; **rückstoßfrei** *adj Geschütze* recoilless; **Rückstrahler** *m* **-s, -** reflector; **Rückstrom** *m* (*Elec*) reverse current; (*von Menschen, Fahrzeugen*) return; **der ~ der Urlauber aus Italien** the stream of holiday makers returning from Italy; **Rücktaste** *f siehe* **Rück(stell)taste**.
Rücktritt *m* **1.** (*Amtsniederlegung*) resignation; (*von König*) abdication. **seinen ~ einreichen** *or* **erklären** to hand in *or* tender (*form*) one's resignation. **2.** (*Jur*) (*von Vertrag*) withdrawal (*von* from), rescission (*form*) (*von* of). **~ vom Versuch** abandonment of intent.
Rücktrittbremse *f* backpedal *or* coaster brake.
Rücktrittsdrohung *f* threat to resign/abdicate; **Rücktrittsgesuch** *nt* resignation; **das ~ einreichen** to tender one's resignation (*form*); **Rücktrittsklausel** *f* withdrawal clause; **Rücktrittsrecht** *nt* right of withdrawal.

rück|übersetzen* *vt sep infin, ptp only* to translate back into the original language; **Rück|übersetzung** *f* retranslation into the original language; **rückvergüten*** *vt sep infin, ptp only* to refund (*jdm etw sb* sth); **Rückvergütung** *f* refund; **Rückversicherer** *m* reinsurer; (*fig*) hedger; **rückversichern*** *sep* I *vti* to reinsure; II *vr* to check (up *or* back); **Rückversicherung** *f* reinsurance; **Rückverweis** *m* reference back; **rückverweisen*** *vti sep irreg infin, ptp only* to refer back; **Rückwand** *f* (*von Zimmer, Gebäude etc*) back wall; (*von Möbelstück etc*) back; **Rückwanderer** *m* returning emigrant, remigrant; **Rückwanderung** *f* remigration; **rückwärtig** *adj* back; *Tür, Eingang, Ausgang auch*, (*Mil*) rear.

rückwärts *adv* 1. (*zurück, rücklings*) backwards. **Rolle/Salto ~** backward roll/back somersault; **~ einparken** to back *or* reverse into a parking space. 2. (*Aus: hinten*) behind, at the back. **von ~** from behind.

Rückwärtsdrehung *f* reverse turn; **Rückwärtsgang** *m* reverse gear; **den ~ einlegen** to change into reverse, to put the car *etc* into reverse; **im ~ fahren** to reverse; **rückwärtsgehen** *sep irreg aux sein* (*fig*) I *vi* to go downhill; II *vi impers* **von da an ging es rückwärts** things went downhill from then on; **mit etw ist es rückwärtsgegangen** sth has gone downhill.

Rückweg *m* way back. **auf dem ~ vorbeikommen** to call in on one's way back; **den ~ antreten, sich auf den ~ begeben** to set off back; **sich auf den ~ machen** to head back; **jdm den ~ abschneiden** to cut off sb's line of retreat.

rückweise *adv* jerkily. **sich ~ bewegen** to jerk, to move jerkily.

rückwirkend *adj* (*Jur*) retrospective; *Lohn-, Gehaltserhöhung* backdated; **es wird ~ vom 1. Mai bezahlt** it will be backdated to the 1st May; **das Gesetz tritt ~ vom 1. Januar in Kraft** the law is made retrospective to the 1st January; **Rückwirkung** *f* repercussion; **eine Zahlung/ Gesetzesänderung mit ~ von ...** a payment backdated to/an amendment made retrospective to ...; **rückzahlbar** *adj* repayable; **Rückzahlung** *f* repayment; **Rückzieher** *m* -s, - 1. (*inf*) **einen ~ machen** to back out (*inf*); (*sl: beim Verkehr*) to pull (it) out (*sl*), to be careful (*euph*); 2. (*Ftbl*) overhead *or* bicycle kick.

ruck, zuck *interj siehe* **ruck.**

Rückzug *m* (*Mil*) retreat. **auf dem ~** in the retreat; **den ~ antreten** (*lit, fig*) to retreat, to beat a retreat.

Rückzugsgefecht *nt* (*Mil, fig*) rearguard action.

Rüde *m* -n, -n (*Männchen*) dog, male; (*Hetzhund*) hound.

rüde, rüd (*Aus*) *adj* impolite; *Antwort* curt, brusque. **das war sehr ~ von dir** that was a very rude thing to do.

Rudel *nt* -s, - (*von Hunden, Wölfen*) pack; (*von Wildschweinen, Hirschen*) herd; (*fig dated*) swarm, horde. **in ~n auftreten** to go round in packs/herds/swarms *or* hordes.

Ruder *nt* -s, - (*von ~boot, Galeere etc*) oar; (*Naut, Aviat: Steuer~*) rudder; (*fig: Führung*) helm. **das ~ fest in der Hand haben** (*fig*) to be in control of the situation; **die ~ auslegen/einziehen** to put out/ship oars; **am ~ sein** (*lit, fig*)/**ans ~ kommen** (*fig*) to be at/to take over (at) the helm; **sich in die ~ legen** (*lit, fig*), **sich für etw in die ~ legen** (*fig*) to put one's back into it/sth; **das ~ herumwerfen** (*fig*) to change course.

Ruderbank *f* rowing seat; (*in Galeere*) rowing bench; **Ruderblatt** *nt* (oar) blade; **Ruderboot** *nt* rowing boat, rowboat (*esp US*); **Ruderdolle** *f* rowlock.

Ruderer *m* -s, - oarsman, rower.

Rudergänger *m* -s, - (*Naut*) helmsman.

Ruderhaus *nt* (*Naut*) wheelhouse, pilot house.

Ruderin *f* oarswoman, rower.

rudern I *vi* 1. *aux haben or sein* to row. 2. (*Schwimmvögel*) to paddle. **mit den Armen ~** (*fig*) to flail *or* wave one's arms about. II *vt* to row.

Ruderpinne *f* tiller; **Ruderregatta** *f* rowing regatta; **Ruderschlag** *m* stroke; **Rudersport** *m* rowing *no def art*; **Ruderstange** *f* tiller.

Rudiment *nt* rudiment.

rudimentär *adj* rudimentary; (*Biol*) *Organ auch* vestigial. **~ ausgebildet** rudimentary.

Ruf *m* -(e)s, -e 1. (*Aus~, Vogel~, fig: Auf~*) call; (*lauter*) shout; (*Schrei, gellend*) cry. **ein ~ ertönte** a cry rang out; **in den ~ „...“ ausbrechen** to burst into cries *or* shouts of "..."; **der ~ des Muezzins** the call of the muezzin; **der ~ der Wildnis** the call of the wild; **dem ~ des Herzens/Gewissens folgen** (*fig*) to obey the voice of one's heart/conscience; **der ~ nach Freiheit/Gerechtigkeit** (*fig*) the call for freedom/justice; **der ~ nach dem Henker** (*fig*) the call to bring back hanging/the chair *etc*; **der ~ zu den Waffen** the call to arms.

2. (*Ansehen, Leumund*) reputation. **einen guten ~ haben *or* genießen, sich eines guten ~es erfreuen** (*geh*) to have *or* enjoy a good reputation; **dem ~ nach** by reputation; **eine Firma von ~** a firm with a good reputation *or* of high repute, a firm with a good name; **sich (*dat*) einen ~ als etw erwerben** to build up a reputation *or* make a name for oneself as sth; **ein Mann von schlechtem ~** a man with a bad reputation *or* of low repute, a man with a bad name; **von üblem *or* zweifelhaftem ~ sein** to have a bad reputation; **jdn/etw in schlechten ~ bringen** to give sb/sth a bad name; **jdn bei jdm in schlechten ~ bringen** to bring sb into disrepute with sb; **sie/das ist besser als ihr/sein ~** she/it is better than she/it is made out to be, she/it is not as black as she/it is painted.

3. (*Univ: Berufung*) offer of a chair *or* professorship. **er hat einen ~ nach Mainz erhalten** he has been offered a chair *or* professorship at Mainz; **einem ~ auf einen Lehrstuhl folgen** to accept a chair, to take up a professorship.

4. (*Fernruf*) telephone number. **„~: 2785“** "Tel: 2785".

Rüfe f -, -n (Sw: Erdrutsch) landslide.
rufen pret **rief**, ptp **gerufen** I vi to call; (Mensch: laut ~) to shout; (Gong, Glocke, Horn etc) to sound (zu for). **um Hilfe ~** to call or cry for help; **die Pflicht ruft** duty calls; **die Arbeit ruft** my/your etc work is waiting; **nach jdm/etw ~** to call for sb/sth; **nach dem Henker ~** (fig) to call for the return of hanging; the chair etc; **der Muezzin ruft zum Gebet** the muezzin calls the faithful to prayer.
　II vi impers **es ruft eine Stimme** a voice is calling; **es hat gerufen** somebody called.
　III vt 1. to call; (aus~) to cry; (Mensch: laut ~) to shout. **jdm/sich etw in Erinnerung** or **ins Gedächtnis ~** to bring back (memories of) sth to sb/to recall sth; **jdn zur Ordnung ~** to call sb to order; **jdn zu den Waffen ~** to call sb to arms; **bravo/da capo ~** to shout hooray/encore.
　2. (kommen lassen) to send for; Arzt, Polizei auch, Taxi to call. **jdn zu sich ~** to send for sb; **Gott hat sie zu sich gerufen** God has called her to Him; **Sie haben mich ~ lassen?** you called, sir/madam?; **~ Sie ihn bitte!** please send him to me; **jdn vor Gericht ~** to summon sb to appear in court; **jdn zu Hilfe ~** to call on sb to help; **du kommst wie gerufen** you're just the man/ woman I wanted; **das kommt mir wie gerufen** that's just what I needed; (kommt mir gelegen) that suits me fine (inf).
Rufen nt -s, no pl calling no indef art; (von Mensch: laut) shouting no indef art. **haben Sie das ~ nicht gehört?** didn't you hear him/her etc calling/shouting?
Rufer m -s, - (liter) **der ~ in der Wüste** the voice (crying) in the wilderness.
Rüffel m -s, - (inf) telling- or ticking-off (inf).
rüffeln vt (inf) to tell or tick off (inf).
Rufmord m character assassination; **Rufmordkampagne** f smear campaign; **Rufname** m forename (by which one is generally known); **Rufnummer** f telephone number; **Rufsäule** f (für Taxi) telephone; (Mot: Not~) emergency telephone; **Rufweite** f: **in ~** within earshot, within calling distance; **außer ~** out of earshot; **Rufzeichen** nt 1. (Telec) call sign; (von Telefon) ringing tone; 2. (Aus) exclamation mark.
Rugby ['rakbi] nt -, no pl rugby, rugger (inf).
Rugbyspiel nt (Veranstaltung) rugby match. **das ~** (Sportart) rugby.
Rüge f -, -n (Verweis) reprimand, rebuke; (Kritik) criticism no indef art; (scharfe Kritik) censure no indef art. **jdm eine ~ erteilen** to reprimand or rebuke/criticize/ censure sb (für, wegen for).
rügen vt (form) jdn to reprimand (wegen, für for); etw to reprehend. **ich muß dein Verhalten ~** I must reprimand you for your behaviour.
Ruhe f -, no pl 1. (Schweigen, Stille) quiet, silence. **~!** quiet!, silence!; **~, bitte!** quiet, please; **gebt ~!** be quiet!; **ihr sollt ~ geben!** once and for all – (will you) be quiet!; **jdn zur ~ ermahnen** to tell sb to be quiet; **sich** (dat) **~ verschaffen** to get quiet

or silence; **es herrscht ~** all is silent, silence reigns (liter); (fig: Disziplin, Frieden) all is quiet; **~ halten** (lit, fig) to keep quiet or silent; **die ~ der Natur** the stillness of nature; **himmlische ~** heavenly peace; **~ und Frieden** peace and quiet; **in ~ und Abgeschiedenheit** in peaceful seclusion; **die ~ vor dem Sturm** (fig) the calm before the storm.
　2. (Ungestörtheit, Frieden) peace, quiet; (~stätte) resting place. **~ ausstrahlen** to radiate a sense of calm; **in ~ und Frieden leben** to live a quiet life; **~ und Ordnung** law and order; **~ ist die erste Bürgerpflicht** (prov) the main thing is to keep calm/quiet; **die ~ wiederherstellen** to restore order; **ich brauche meine ~** I need a bit of peace; **laß mich in ~!** leave me in peace, stop bothering me; **ich will meine ~ haben!** leave or let me alone or be; **dann hat die liebe Seele Ruh** (prov) then perhaps we'll get a bit of peace; **vor jdm ~ haben wollen** to want a rest from sb; (endgültig) to want to get or be rid of sb; **jdm keine ~ lassen** or **gönnen** (Mensch) not to give sb any peace; **das läßt ihm keine ~** he can't stop thinking about it; **zur ~ kommen** to get some peace; (solide werden) to settle down; **jdn zur ~ kommen lassen** to give sb a chance to rest; **keine ~ finden (können)** to know no peace, not to be able to find any peace of mind; **jdn zur letzten ~ betten** (liter) to lay sb to rest (liter); **die letzte ~ finden** (liter) to be laid to rest (liter).
　3. (Erholung) rest, repose (liter); (~stand) retirement; (Stillstand) rest. **der Patient braucht viel ~** the patient needs a great deal of rest; **das Pendel befindet sich in ~** the pendulum is stationary; **jdm keine ~ gönnen** not to give sb a minute's rest; **sich zur ~ begeben** (form), **zur ~ gehen** to retire (to bed) (form); **angenehme ~!** sleep well!; **sich zur ~ setzen** to retire.
　4. (Gelassenheit) calm(ness); (Disziplin) quiet, order. **die ~ weghaben** (inf) to be unflappable (inf); **~ bewahren** to keep calm; **die ~ selbst sein** to be calmness itself; **jdn aus der ~ bringen** to throw sb (inf); **sich nicht aus der ~ bringen lassen**, **nicht aus der ~ zu bringen sein** not to (let oneself) get worked up; **er trank noch in aller ~ seinen Kaffee** he drank his coffee as if he had all the time in the world; **überlege es dir in aller ~** think about it calmly; **sich** (dat) **etw in ~ ansehen** to look at sth in one's own time; **immer mit der ~** (inf) don't panic.
Ruhebank f bench, seat; **Ruhebedürfnis** nt need for quiet/ peace/rest; **ruhebedürftig** adj in need of quiet/peace/ rest; **Ruhebett** nt bed; **Ruhegehalt** nt (form) superannuation; **Ruhegeld** nt (form), **Ruhegenuß** m (Aus) pension; **Ruhekissen** nt bolster; **Ruhelage** f (von Mensch) reclining position; (Med: bei Bruch) immobile position; (von Zeiger) neutral position; **ruheliebend** adj fond of peace and quiet; **ruhelos** adj restless; **eine ~e Zeit** a time of unrest; **Ruhelosigkeit** f restlessness.

ruhen vi 1. (aus~) to rest. **ich möchte etwas ~** I want to take a short rest, I want to rest a little; **nicht (eher) ~ or nicht ~ und rasten, bis ...** (fig) not to rest until ...; **(ich) wünsche, wohl geruht zu haben!** (form) I trust that you slept well (form).

2. (geh: liegen) to rest (an or auf +dat on); (Maschinen) to be supported (auf +dat by); (Fluch) to lie (auf +dat on). **möge Gottes Segen auf dir ~** may God's blessing be with you; **auf ihm ruht ein Verdacht** suspicion hangs over him (liter).

3. (stillstehen) to stop; (Maschinen) to stand idle; (Arbeit auch, Verkehr) to cease; (Waffen) to be laid down; (unterbrochen sein: Verfahren, Verhandlung, Vertrag) to be suspended. **laß die Arbeit jetzt ~** (geh) leave your work now.

4. (tot und begraben sein) to lie, to be buried. „**hier ruht (in Gott) ...**" "here lies ..."; „**ruhe in Frieden!**" "Rest in Peace"; „**ruhe sanft!**" "rest eternal".

ruhend adj resting; Kapital dormant; Maschinen idle; Verkehr stationary. **~e Venus** Venus reclining.

ruhenlassen vt sep irreg Vergangenheit, Angelegenheit to let rest; Verhandlungen, Prozeß to adjourn; Teig to allow to rest.

Ruhepause f break; (wenig Betrieb, Arbeit) slack or quiet period; **eine ~ einlegen** to take or have a break; **Ruheplatz** m resting place; **Ruheraum** m rest room; **Ruhesitz** m (Haus) retirement home; **er hat seinen ~ in Ehlscheid aufgeschlagen** he has retired to Ehlscheid; **Ruhestand** m retirement; **im ~ sein/leben** to be retired; **er ist Bankdirektor im ~** he is a retired bank director; **in den ~ treten** or **gehen** to retire, to go into retirement; **jdn in den ~ versetzen** to retire sb; **Ruheständler** m -s, - retired person; **Ruhestandsbe|amte(r)** m retired civil servant; **Ruhestatt, Ruhestätte** f resting-place; **letzte ~** last or final resting-place; **ruhestörend** adj ~er Lärm (Jur) disturbance of the peace; **Ruhestörer** m disturber of the peace; **Ruhestörung** f (Jur) disturbance of the peace; **Ruhetag** m rest-day, day off; (von Geschäft etc) closing day; **einen ~ einlegen** to have a day's rest, to take a day off; „**Mittwoch ~**" "closed (on) Wednesdays"; **Ruhezeit** f rest period; (Saison) off-season.

ruhig I adj 1. (still) quiet; Wetter, Meer calm. **seid ~!** be quiet!; **ihr sollt ~ sein!** (will you) be quiet!; **sitz doch ~!** sit still!

2. (geruhsam) quiet; Urlaub, Feiertage, Leben auch peaceful; Farbe restful; (ohne Störung) Überfahrt, Verlauf smooth; (Tech auch) smooth. **gegen 6 Uhr wird es ~er** it quietens down around 6 o'clock; **das Flugzeug liegt ~ in der Luft** the plane is flying smoothly; **alles geht seinen ~en Gang** everything is going smoothly.

3. (gelassen) calm; Gewissen easy. **nur ~ (Blut)!** keep calm, take it easy (inf); **bei ~er Überlegung** on (mature) consideration; **du wirst auch noch ~er!** you'll calm down one day; **du kannst/Sie können ganz ~ sein** I can assure you.

4. (sicher) Hand, Blick steady.

5. (teilnahmslos) calm. **etw ~ mitansehen** to stand by and watch sth; **~ dabei-**

stehen just to stand by.

II adv **du kannst ~ hierbleiben** feel free to stay here, you're welcome to stay here if you want; **ihr könnt ~ gehen, ich passe schon auf** you just go and I'll look after things; **hier kann jeder ~ seine Meinung sagen** here everyone is free to speak his mind; **man kann ~ behaupten/sagen/annehmen, daß ...** (mit Recht) one may well assert/say/assume that ..., one need have no hesitation in or about asserting/saying/assuming that ...; **die können ~ etwas mehr zahlen** (leicht) they could easily pay a little more; **wir können ~ darüber sprechen** we can talk about it if you want; **du könntest ~ mal etwas für mich tun!** it's about time you did something for me!

Ruhm m -es, no pl glory; (Berühmtheit) fame; (Lob) praise. **mit etw keinen ~ ernten** (inf) not to win any medals with or for sth; **sich in seinem ~ sonnen** to rest on one's laurels.

ruhmbedeckt adj covered with glory; **Ruhmbegier(de)** f thirst for glory.

rühmen I vt (preisen, empfehlen) to praise, to sing the praises of; Tugenden, Schönheit auch to extol; **jdn ~d erwähnen** to give sb an honourable mention; **etw ~d hervorheben** to single sth out for or give sth special praise.

II vr **sich einer Sache** (gen) **~** (prahlen) to boast about sth; (stolz sein) to pride oneself on sth; **sich einer Sache** (gen) **~ können** to be able to boast of sth; **die Stadt rühmt sich eines eigenen Schwimmbads** (iro) the town boasts its own swimming pool; **ohne mich zu ~** without wishing to boast.

rühmenswert adj praiseworthy, laudable.

Ruhmesblatt nt (fig) glorious chapter; **Ruhmestag** m glorious day; **Ruhmestat** f glorious deed.

rühmlich adj praiseworthy, laudable; Ausnahme notable. **kein ~es Ende finden** or **nehmen** to meet a bad end; **sich ~ hervortun** to distinguish oneself.

ruhmlos adj inglorious; **ruhmreich** adj (liter) glorious; **Ruhmsucht** f siehe **Ruhmbegier(de)**; **ruhmvoll** adj glorious.

Ruhr[1] f - (Geog) Ruhr.

Ruhr[2] f -, no pl (Krankheit) dysentery.

Rühr|ei nt scrambled egg; (als Gericht) scrambled eggs pl.

rühren I vi 1. (um~) to stir.

2. an etw (acc) **~** to touch sth; (fig: erwähnen) to touch on sth; **daran wollen wir nicht ~** let's not go into it; (in bezug auf Vergangenes) let sleeping dogs lie.

3. von etw ~ to stem from sth; **das rührt daher, daß ...** that is because ...; **daher rührt sein Mißtrauen!** so that is the reason for his distrust!

II vt 1. (um~) Teig, Farbe to stir; (schlagen) Eier to beat.

2. (bewegen) to move. **er rührte kein Glied** he didn't stir at all; **er rührte keinen Finger or keine Hand, um mir zu helfen** (inf) he didn't lift a finger to help me (inf).

3. (Gemüt bewegen) to move; Herz to stir. **das kann mich nicht ~!** that leaves me cold; (stört mich nicht) that doesn't bother me; **jdn zu Tränen** ~ to move sb to tears; **sie war äußerst gerührt** she was extremely moved *or* touched.

4. (*Mus*) *Trommel* to strike, to beat; *Saiten* to touch; *Harfe* to sound.

5. ihn hat der Schlag gerührt (*inf*) he was thunderstruck; **ich glaubte, mich rührt der Schlag** (*inf*) you could have knocked me down with a feather (*inf*).

III *vr* **1.** (*sich bewegen*) (*Blatt, Mensch*) to stir; (*Körperteil*) to move; (*sich von der Stelle bewegen*) to move; (*aktiv sein*) to buck up (*inf*); (*sich beeilen*) to bestir oneself, to get a move on (*inf*). **rührt euch!** (*Mil*) at ease!; **kein Lüftchen rührte sich** the air was still, there was not the slightest breeze; **er rührt sich nicht mehr** (*inf*) he won't get up again; **hier kann man sich nicht** ~ you can't move in here; **nichts hat sich gerührt** nothing happened.

2. (*Gewissen, Mitleid, Reue*) to stir, to be awakened; (*inf: sich melden*) to say something. **sie hat sich schon 2 Jahre nicht gerührt** (*inf*) I haven't heard from her for 2 years.

Rühren *nt* **-s**, *no pl* stirring. **ein menschliches** ~ (*verspüren*) (to feel) a stirring of human pity; (*hum*) (to have to answer) a *or* the call of nature (*hum*).

rührend *adj* touching. **das ist** ~ **von Ihnen** that is sweet of you.

Ruhrgebiet *nt* Ruhr (area).

rührig *adj* active.

Rührigkeit *f*, *no pl* activeness.

Rührlöffel *m* mixing spoon; **Rührmaschine** *f* mixer; (*in Bäckerei*) mixing machine; **Rührmichnicht|an** *nt* **-, -** (*Bot*) touch-me-not.

Ruhrpott *m* (*inf*) Ruhr (Basin *or* Valley).

rührselig *adj* (*pej*) touching, tear-jerking (*pej inf*); **Rührseligkeit** *f*, *no pl* sentimentality; **Rührstück** *nt* (*Theat*) melodrama; **Rührteig** *m* sponge mixture.

Rührung *f*, *no pl* emotion. **vor** ~ **nicht sprechen können** to be choked with emotion.

Ruin *m* **-s**, *no pl* ruin. **vor dem** ~ **stehen** to be on the brink *or* verge of ruin; **seinem/dem** ~ **entgegengehen** to be on the way to ruin; **du bist noch mein** ~**!** (*hum inf*) you'll be the ruin of me.

Ruine *f* **-, -n** (*lit, fig*) ruin.

ruinieren* *vt* to ruin. **sich** ~ to ruin oneself.

ruinös *adj* ruinous.

rülpsen *vi* to belch. **das R**~ belching.

Rülpser *m* **-s, -** (*inf*) belch.

rum *adv* (*inf*) *siehe* **herum**.

Rum [(*S Ger, Aus auch*) ru:m] *m* **-s, -s** rum.

Rumäne *m* **-n, -n, Rumänin** *f* Romanian.

Rumänien [-ion] *nt* **-s** Romania.

rumänisch *adj* Romanian.

Rumba *f* **-, -s** *or* (*inf*) *m* **-s, -s** rumba. ~ **tanzen** to (dance the) rumba.

Rumbakugel, Rumbarassel *f* maraca.

rumkriegen *vt sep* (*inf*) **jdn** ~ to talk sb round.

Rummel *m* **-s**, *no pl* **1.** (*inf*) (*Betrieb*) (hustle and) bustle; (*Getöse*) racket (*inf*); (*Aufheben*) fuss (*inf*). **der ganze** ~ the whole business *or* carry-on (*inf*); **den** ~ **kennen** to know all about it; **großen** ~ **um**

jdn/etw machen to make a great fuss *or* to-do about sb/sth (*inf*).

2. (~*platz*) fair. **auf den** ~ **gehen** to go to the fair.

Rummelplatz *m* (*inf*) fairground.

Rummy ['rœmi] *nt* **-s, -s** (*Aus*) rummy.

Rumor *m* **-s**, *no pl* (*inf*) racket (*inf*), row.

rumoren* I *vi* to make a noise; (*Mensch*) to rumble about; (*Bauch*) to rumble; (*Gewissen*) to play up; (*Gedanke*) to float about. **etw rumort in den Köpfen** sth is going through people's minds.

II *vi impers* **es rumort in meinem Magen** *or* **Bauch** my stomach's rumbling; **es rumort im Volk** (*fig*) there is growing unrest among the people.

Rumpelkammer *f* (*inf*) junk room (*inf*).

rumpeln *vi* **1.** (*Geräusch machen*) to rumble. **er fiel** ~**d die Treppe hinunter** he fell down the stairs with a clatter. **2.** *aux sein* (*sich polternd bewegen*) to rumble; (*Mensch*) to clatter.

Rumpelstilzchen *nt* **-s** Rumpelstiltskin.

Rumpf *m* **-(e)s, ⁻e** trunk; (*Sport*) body; (*von geschlachtetem Tier*) carcass; (*Statue*) torso; (*von Schiff*) hull; (*von Flugzeug*) fuselage. ~ **beugt/streckt!** (*Sport*) bend/stretch.

Rumpfbeuge *f* forward bend.

rümpfen *vt* **die Nase** ~ to turn up one's nose (*über* +*acc* at).

Rumpsteak ['rʊmpsteːk] *nt* rump steak.

rums *interj* bang.

Rumtopf *m* rumpot (*soft fruit in rum*); **Rumverschnitt** *m* blended rum.

rund I *adj* round; *Figur, Arme* plump; *Ton, Klang* full; *Wein* mellow. **du wirst mit jedem Jahr** ~**er** you're getting bigger *or* plumper every year; ~**e 50 Jahre/2000 Mark** a good 50 years/2,000 marks; **ein** ~**es Dutzend Leute** a dozen *or* more people; **das Kind machte** ~**e Augen** the child's eyes grew round; **Konferenz am** ~**en Tisch** round-table talks *pl*.

II *adv* **1.** (*herum*) (a)round. ~ **um** right (a)round; ~ **um die Uhr** right (a)round the clock.

2. (*ungefähr*) (round) about, roughly. ~ **gerechnet 200** call it 200.

3. (*fig: glattweg*) *abschlagen, ablehnen* flatly. **jetzt geht's** ~ (*inf*) this is where the fun starts (*inf*); **wenn er das erfährt, geht's** ~ (*inf*) there'll be a to-do when he finds out (*inf*); **es geht** ~ **im Büro** (*inf*) there's a lot on at the office.

Rundbau *m* rotunda; **Rundblick** *m* panorama; **Rundbogen** *m* (*Archit*) round arch; **Rundbrief** *m* circular.

Runde *f* **-, -n 1.** (*Gesellschaft*) company. **sich zu einer gemütlichen** ~ **treffen** to meet informally; **in der** ~ **herumgehen** to be passed around, to do *or* go the rounds.

2. (*Rundgang*) walk, turn; (*von Wachmann*) rounds *pl*; (*von Briefträger etc*) round. **die/seine** ~ **machen** to do the/one's rounds; (*Gastgeberin*) to circulate; (*herumgegeben werden*) to be passed round; **eine** ~ **durch die Lokale machen** to go on a pub crawl; **eine** ~ **um etw machen** to go for a walk *or* have a turn round sth; (*mit Fahrzeug*) to ride round sth; **zwei** ~**n um etw machen** to do two circuits of sth.

3. (*Sport*) (*bei Rennen*) lap; (*von Turnier, Wettkampf*) round; (*Gesprächs~, Verhandlungs~*) round. **seine ~n drehen** *or* **ziehen** to do one's laps; **über die ~n kommen** (*Sport, fig*) to pull through; **etw über die ~n bringen** (*fig*) to manage sth, to get through sth; **eine ~ schlafen** (*sl*) to have a kip (*sl*).
4. (*von Getränken*) round. **(für jdn) eine ~ spendieren** *or* **ausgeben** *or* **schmeißen** (*sl*) to buy *or* stand (sb) a round.
5. (*liter: Umkreis*) surroundings *pl.* **in die/der ~** round about.

runden I *vt* Lippen to round. **II** *vr* (*lit: rund werden*) (*Bauch*) to become round; (*Gesicht auch*) to become full; (*Lippen*) to grow round.

rund|erneuern* *vt sep infin, ptp only to* remould; **runderneuerte Reifen** remoulds; **Rundfahrt** *f* tour; **eine ~ machen/an einer ~ teilnehmen** to go on a tour; **Rundfrage** *f* survey (*an +acc, unter +dat* of).

Rundfunk *m* broadcasting; (*besonders Hörfunk*) radio, wireless (*esp Brit dated*); (*Organisation*) broadcasting company *or* corporation. **der ~ überträgt etw** sth is broadcast; **im/über ~** on the radio; **~ hören** to listen to the radio; **beim ~ arbeiten** *or* (*tätig*) **sein** to work *or* be in broadcasting.

Rundfunk- *in cpds* radio; **Rundfunk|anstalt** *f* broadcasting corporation; **Rundfunk|empfang** *m* radio reception; **Rundfunk|empfänger** *m* radio receiver; **Rundfunkgebühr** *f* radio licence fee; **Rundfunkgerät** *nt* radio set; **Rundfunkgesellschaft** *f* broadcasting company; **Rundfunkhörer** *m* (radio) listener; **Rundfunkprogramm** *nt* (*Kanal, inf: Sendung*) radio programme; (*Sendefolge*) radio programmes; (*gedruckt*) radio programme guide; **Rundfunksender** *m* **1.** (*Sendeanlage*) radio transmitter; **2.** (*Sendeanstalt*) radio station; **Rundfunksendung** *f* radio programme; **Rundfunksprecher** *m* radio announcer; **Rundfunkstation** *f* radio station; **Rundfunktechnik** *f* radiotechnology; **Rundfunktechniker** *m* radio engineer; **Rundfunkteilnehmer** *m* owner of a radio set; **Rundfunk|übertragung** *f* radio broadcast; **Rundfunkzeitschrift** *f* radio programme guide.

Rundgang *m* (*Spaziergang*) walk; (*zur Besichtigung*) tour (*durch* of); (*von Wachmann*) rounds *pl*; (*von Briefträger etc*) round; **einen ~ machen** to go for a walk; **seinen ~ machen** to do one's rounds/round; **Rundgesang** *m* (*Mus*) chorus song (*in which a different person sings each verse*); (*Kanon*) round; **rundheraus** *adv* flatly, bluntly, straight out; **~ gesagt** frankly; **rundherum** *adv* all round; (*fig inf: völlig*) totally; **rundlich** *adj* plump; **Rundlichkeit** *f* plumpness; **Rundling** *m* circular village grouped round a green, nuclear village; **Rundreise** *f* tour (*durch* of); **Rundschau** *f* (*Rad, TV*) magazine programme; **Rundschild** *m* (*Hist*) round shield; **Rundschnitt** *m* round haircut; **Rund-**

schreiben *nt* circular; **Rundsicht** *f* panorama; **Rundspruch** *m* (*Sw*) siehe **Rundfunk**; **Rundstricknadel** *f* circular needle; **Rundstück** *nt* (*N Ger*) roll; **rund|um** *adv* all around; (*fig*) completely, totally.
Rundung *f* curve.
rundweg *adv* siehe **rundheraus**; **Rundzange** *f* round-nosed pliers *pl*.
Rune *f* -, **-n** rune.
Runen- *in cpds* runic; **Runenschrift** *f* runic writing; **Runenstein** *m* rune-stone; **Runenzeichen** *nt* runic character.
Runge *f* -, **-n** stake.
Runkelrübe *f*, **Runkel** *f* -, **-n** (*Aus*) mangelwurzel.
runter *adv* (*inf*) siehe **herunter, hinunter. ~!** down!
runter- *pref* (*inf*) down; **runterholen** *vt sep* to get down; **jdm/sich einen ~** (*sl*) to jerk sb/(oneself) off (*sl*); **runterkommen** *vi sep irreg aux sein* (*sl: von Drogen*) to come off drugs/heroin *etc*; **runterlassen** *vt sep irreg* siehe **herunterlassen**; **die Hosen ~** (*sl*) to come clean (*inf*); **runtersein** *vi sep irreg aux sein* (*Zusammenschreibung nur bei infin und ptp*) (*inf*) (*erschöpft sein*) to be run down; (*sl: vom Rauschgift etc*) to be off drugs/heroin *etc*; **mit den Nerven ~** to be at the end of one's tether (*inf*).
Runzel *f* -, **-n** wrinkle; (*auf Stirn auch*) line. **~n bekommen** (*Mensch*) to get wrinkles; (*Haut*) to get *or* become wrinkled.
runz(e)lig *adj* wrinkled; *Stirn auch* lined.
runzeln I *vt Stirn* to wrinkle, to crease; *Brauen* to knit. **II** *vr* to become wrinkled.
Rüpel *m* -s, - lout, yob(bo) (*Brit sl*).
Rüpelei *f* (*rüpelhafte Art*) loutishness; (*rüpelhafte Handlung/ Bemerkung*) loutish act/remark *etc*.
rüpelhaft *adj* loutish.
rupfen *vt Federvieh* to pluck; *Gras, Unkraut* to pull up. **jdn ~** (*fig inf*) to fleece sb (*inf*), to take sb to the cleaners (*inf*); **wie ein gerupftes Huhn aussehen** to look like a shorn sheep.
Rupfen *m* -s, - (*Tex*) gunny; (*für Wandbehänge*) hessian.
Rupie ['ruːpiə] *f* rupee.
ruppig *adj* (*grob*) rough; *Benehmen, Antwort* gruff; *Autofahren* wild.
Ruprecht *m* Rupert; *siehe* **Knecht**.
Rüsche *f* -, **-n** ruche, frill.
Ruß *m* -es, *no pl* soot; (*von Kerze*) smoke; (*von Petroleumlampe*) lampblack.
Russe *m* -n, **-n** Russian, Russian man/boy.
Rüssel *m* -s, - snout (*auch sl: Nase*); (*Elefanten~*) trunk; (*von Insekt*) proboscis.
rußen I *vi* (*Öllampe, Kerze*) to smoke; (*Ofen*) to produce soot. **es rußt** there's a lot of soot; **eine stark ~de Lampe** a very smoky lamp.
II *vt* (*Sw, S Ger*) **den Ofen/den Kamin ~** to clean the soot out of the stove/to sweep the chimney.
russenfreundlich *adj* pro-Russian; **Russenkittel** *m* smock.
Rußfleck *m* sooty mark; **Rußflocke** *f* soot particle; **rußgeschwärzt** *adj* sootblackened.
rußig *adj* sooty.

Russin f Russian, Russian woman/girl.

russisch adj Russian. **~es Roulett** Russian roulette; **~e Eier** (*Cook*) egg(s) mayonnaise; **~er Salat** (*Cook*) Russian salad; **R~es Brot** (*Cook*) alphabet biscuits.

Russisch(e) nt decl as adj Russian; *siehe* **Deutsch(e).**

Rußland nt **-s** Russia.

rüsten I vi (*Mil*) to arm. **zum Krieg/Kampf ~** to arm for war/ battle; **gut/schlecht gerüstet sein** to be well/badly armed; **um die Wette ~** to be involved in an arms race.

II vr to prepare (*zu* for); (*lit, fig: sich wappnen*) to arm oneself (*gegen* for). **sich zur Abreise/zum Fest ~** to get ready to leave/to prepare for the festival.

Rüster f **-, -n** elm.

Rüster(n)holz nt elm(wood).

rüstig adj sprightly.

Rüstigkeit f sprightliness.

rustikal adj rustic. **sich ~ einrichten** to furnish one's home in a rustic *or* farmhouse style.

Rüstkammer f (*Mil, fig*) armoury.

Rüstung f **1.** (*das Rüsten*) armament; (*Waffen*) arms pl, weapons pl. **2.** (*Ritter~*) armour.

Rüstungs- in cpds arms; **Rüstungsbeschränkung** f arms limitation; **Rüstungsbetrieb** m, **Rüstungsfabrik** f armaments *or* ordnance factory; **Rüstungsindustrie** f armaments industry; **Rüstungskontrolle** f arms control; **Rüstungswettlauf** m arms race.

Rüstzeug nt, no pl (fig) qualifications pl.

Rute f **-, -n 1.** (*Gerte*) switch; (*esp Stock zum Züchtigen*) cane, rod; (*Birken~*) birch (rod); (*von Gertenbündel*) birch. **jdn mit einer ~ schlagen** to cane/birch sb, to beat sb with a cane/birch; **mit eiserner ~ regieren** (fig) to rule with a rod of iron.

2. (*Wünschel~*) (divining *or* dowsing) rod; (*Angel~*) (fishing) rod.

3. (*Hunt: Schwanz*) tail.

4. (*Tierpenis*) penis.

5. (*Aus: Schneebesen*) whisk.

Rutenbündel nt (*Hist*) fasces pl; **Ruten-**

gänger(in f) m **-s, -** diviner, dowser.

Ruthenium nt, no pl (abbr **Ru**) ruthenium.

Rütlischwur m (*Hist*) oath taken on the Rütli Mountain by the founders of Switzerland.

rutsch interj whee, whoomph.

Rutsch m **-es, -e** slip, slide, fall; (*Erd~*) landslide; (*von Steinen*) rockfall; (fig *Pol*) shift, swing; (inf: *Ausflug*) trip, outing. **guten ~!** (inf) Happy New Year!; **in einem ~** in one go.

Rutschbahn f, **Rutsche** f **-, -n** (*Mech*) chute; (*Kinder~*) slide.

rutschen vi aux sein **1.** (*gleiten*) to slide; (*aus~, entgleiten*) to slip; (*Aut*) to skid; (fig: *Preise, Kurse*) to slip; (*Regime, Hierarchie*) to crumble. **auf dem Stuhl hin und her ~** to fidget *or* shift around on one's chair.

2. (inf: *rücken*) to move *or* shove (inf) up. **zur Seite ~** to move *or* shove (inf) up *or* over; **ein Stück(chen) ~** to move *or* shove (inf) up a bit.

3. (*herunter~*) to slip down; (*Essen, Tablette*) to go down.

4. (*auf Rutschbahn*) to slide. **darf ich mal ~?** can I have a go on the slide?

5. (*~d kriechen*) to crawl. **auf den Knien ~** (lit) to move along on one's knees.

Rutscher m **-s, -** (*Aus*) (*Abstecher*) small detour; (*kleine Strecke*) stone's throw.

rutschfest adj non-slip; **Rutschgefahr** f danger of skidding; „„~" "slippery road".

rutschig adj slippery, slippy (inf).

rutschsicher adj non-slip.

rütteln I vt to shake (about); *Getreide etc* to riddle, to sieve. **jdn am Arm/an der Schulter ~** to shake sb's arm/shoulder, to shake sb by the arm/shoulder.

II vi to shake; (*Fahrzeug*) to jolt; (*Fenster, Tür: im Wind*) to rattle. **an etw** (dat) **~ an Tür, Fenster etc** to rattle (at) sth; (fig) **an Grundsätzen, Glauben** to shake sth; **daran ist nicht** *or* **daran gibt es nichts zu ~** (inf) there's no doubt about that.

Rüttelsieb nt sieve, riddle.

S

S, s [es] *nt* -, - S, s.
S *abbr of* **Süden** S.
S. *abbr of* **Seite** p.
s. *abbr of* **siehe** v.
SA [es'|aː] *f* -, *no pl abbr of* **Sturmabteilung.**
Saal *m* **-(e)s, Säle** hall; (*für Sitzungen etc*) room; (*Lese~*) reading room; (*Tanz~, Ball~*) ballroom; (*für Hochzeiten, Empfänge*) function suite; (*Theater~*) auditorium.
Saal∥ordner *m* usher; **Saalschlacht** *f* (*Brit inf*) brawl, punch-up (*inf*); **Saaltochter** *f* (*Sw*) waitress.
Saar *f* - Saar.
Saargebiet, Saarland *nt* Saarland; **Saarländer(in** *f*) *m* **-s,** - Saarlander; **saarländisch** *adj* (of the) Saarland.
Saat *f* -, **-en 1.** (*das Säen*) sowing.
2. (*Samen, ~gut*) seed(s) (*auch fig*). **wenn die ~ aufgeht** (*lit*) when the seed begins to grow; (*fig*) when the seed bears fruit; **wie die ~, so die Ernte** (*prov*)/**ohne ~ keine Ernte** (*prov*) as you sow, so shall you reap (*Prov*).
3. (*junges Getreide*) young crop(s), seedlings *pl*.
Saatfeld *nt* cornfield (*Brit*), grainfield; **Saatgut** *nt, no pl* seed(s); **Saatkartoffel** *f* seed potato; **Saatkorn** *nt* seed corn; **Saatkrähe** *f* rook; **Saatzeit** *f* seedtime, sowing time.
Sabbat *m* **-s, -e** Sabbath.
Sabbatschänder *m* **-s,** - desecrator of the Sabbath.
sabbeln *vti* (*dial*) *siehe* **sabbern.**
Sabber *m* **-s,** *no pl* (*dial*) slobber, saliva, slaver.
Sabberei *f* (*inf*) (*dial*) slobbering; (*fig: Geschwätz*) drivel (*inf*).
Sabberlätzchen *nt* (*dial*) bib.
sabbern (*inf*) **I** *vi* to slobber, to slaver. **vor sich hin ~** (*fig*) to mutter away to oneself. **II** *vt* to blather (*inf*).
Säbel *m* **-s,** - sabre; (*Krumm~*) scimitar. **jdn auf ~ fordern** to challenge sb to a (sabre) duel; **mit dem ~ rasseln** (*fig*) to rattle the sabre.
Säbelbeine *pl* (*inf*) bow *or* bandy legs *pl*; **Säbelfechten** *nt* sabre fencing; **Säbelgerassel** *nt siehe* **Säbelrasseln.**
säbeln (*inf*) **I** *vt* to saw away at. **II** *vi* to saw away (*an +dat* at).
Säbelrasseln *nt* **-s,** *no pl* sabre-rattling; **säbelrasselnd** *adj* sabre-rattling; **Säbelraßler(in** *f*) *m* **-s,** - sabre-rattler.
Sabotage [zabo'taːʒə] *f* -, **-n** sabotage. **~ treiben** to perform acts of sabotage.
Sabotage∥akt *m* act of sabotage.
Saboteur(in *f*) [-'tøːɐ, -'tøːrɪn] *m* saboteur.
sabotieren* *vt* to sabotage.
Sa(c)charin *nt* **-s,** *no pl* saccharin.
Sachbe∥arbeiter *m* specialist; (*Beamter*) official in charge (*für* of); **Sachbereich** *m* (specialist) area; **Sachbeschädigung** *f*

damage to property; **sachbezogen** *adj* Wissen, Fragen, Angaben relevant, pertinent; **Sachbuch** *nt* non-fiction book; **im Bereich Sachbücher** in the non-fiction area; **sachdienlich** *adj* useful.
Sache *f* -, **-n 1.** thing; (*Gegenstand auch*) object; (*Jur: Eigentum*) article of property. **~n** *pl* (*inf: Zeug*) things *pl*; (*Jur*) property; **das liegt in der Natur der ~** that's in the nature of things; **~n gibt's (, die gibt's gar nicht)!** (*inf*) would you credit it! (*inf*).
2. (*Angelegenheit*) matter; (*Rechtsstreit, -fall*) case; (*Aufgabe*) job. **eine ~ der Polizei/der Behörden** a matter for the police/authorities; **es ist ~ der Polizei/der Behörden, das zu tun** it's up to the police/ authorities *or* it's for the police/ authorities to do so that; **das mit dem Präsidenten war eine unangenehme ~** that was an unpleasant business with the president; **das ist eine ganz tolle/ unangenehme ~** it's really fantastic/ unpleasant; **die ~ macht sich** (*inf*) things are coming along; **ich habe mir die ~ anders vorgestellt** I had imagined things differently; **das ist eine andere ~** that's a different matter, that's a different kettle of fish (*inf*); **das ist meine/seine ~** that's my/his affair *or* business; **in ~n** *or* **in der ~ A gegen B** (*Jur*) in the case (of) A versus B; **zu einer ~ vernommen werden** (*Jur*) to be questioned in a case; **das ist nicht jedermanns ~** it's not everyone's cup of tea (*inf*); **er versteht seine ~** he knows what he's doing *or* what he's about (*inf*); **er macht seine ~ gut** he's doing very well; (*beruflich*) he's doing a good job; **diese Frage können wir nicht hier mitbesprechen, das ist eine ~ für sich** we can't discuss this question now, it's a separate issue all to itself; **was meinen Sie zu diesen Streiks? — das ist eine ~ für sich** what do you think about these strikes? — that's another story; **das ist so eine ~** (*inf*) it's a bit tricky, it's a bit of a problem; **der ~ zuliebe** for the love of it; **die ~ mit der Bank ist also geplatzt** so the bank job fell through; **solche ~n liegen mir nicht** I don't like things like that.
3. (*Vorfall*) business, affair. **~n** *pl* (*Vorkommnisse*) things *pl*; **die ~ mit dem verschwundenen Schlüssel** the business *or* affair with the disappearing key; **machst du bei der ~ mit?** are you with us?; **bei der ~ mache ich nicht mit** I'll have nothing to do with it; **wann ist die ~ passiert?** when did it (all) happen?; **was hat die Polizei zu der ~ gesagt?** what did the police say about it *or* about all this business?; **das ist (eine) beschlossene ~** it's (all) settled; **die ~ hat geklappt/ist schiefgegangen** everything *or* it worked/went wrong; **mach keine ~n!** (*inf*) don't be silly *or* daft! (*inf*);

was machst du bloß für ~**n!** (*inf*) the things you do!; **was sind denn das für** ~**n?** what's all this?

4. (*Frage, Problem*) matter, question; (*Thema*) subject; (*Ideal, Anliegen*) cause. **eine** ~ **der Erziehung/des Geschmacks** a matter *or* question of education/taste; **mehr kann ich zu der** ~ **nicht sagen** that's all I can say on the subject; **zur** ~**!** let's get on with it; (*Parl, Jur etc*) come to the point!; **das tut nichts zur** ~ that doesn't matter; **sich** (*dat*) **seiner** ~ **sicher** *or* **gewiß sein** to be sure of one's ground; **bei der** ~ **sein** to be with it (*inf*), to be on the ball (*inf*); **sie war nicht bei der** ~ her mind was elsewhere; **bei der** ~ **bleiben** to keep one's mind on the job; (*bei Diskussion*) to keep to the point.

5. (*Sachlage*) things *pl*, no art. **so steht die** ~ **also** so that's the way things are; **die** ~ **ist die, daß ...** the thing is that ...

6. (*Tempo*) **mit 60/100** ~**n** (*inf*) at 60/100.

-sache *f in cpds* a matter of ...

Sachertorte *f a rich chocolate cake*, sachertorte.

Sachfrage *f* factual question; **Sach- und Personalfragen** questions relating to work and to personnel matters; **sachfremd** *adj* irrelevant; **Sachgebiet** *nt* area; **sachgemäß, sachgerecht** *adj* proper; **bei** ~**er Anwendung** if used properly; **Sachkatalog** *m* subject index; **Sachkenner** *m* expert (*in + dat* on); ~ **auf einem** *or* **für ein Gebiet sein** to be an expert in a field; **Sachkenntnis** *f* (*in bezug auf Wissensgebiet*) knowledge of the/his subject; (*in bezug auf Sachlage*) knowledge of the facts; **Sachkunde** *f, no pl* **1.** *siehe* **Sachkenntnis**; **2.** (*Schulfach*) general knowledge; **sachkundig** *adj* (well-)informed *no adv*; **sich** ~ **machen** to inform oneself; ~ **antworten** to give an informed answer; **Sachkundige(r)** *mf decl as adj siehe* **Sachkenner**; **Sachlage** *f* situation, state of affairs.

sachlich *adj* **1.** (*faktisch*) Irrtum, Angaben factual; *Unterschied auch* material; *Grund, Einwand* practical; (*sachbezogen*) *Frage, Wissen* relevant.

2. (*objektiv*) *Kritik, Bemerkung* objective; (*nüchtern, unemotional*) matter-of-fact. **bleiben Sie mal** ~ don't get carried away; (*nicht persönlich werden*) don't get personal, stay objective.

3. (*schmucklos*) functional, business-like.

sächlich *adj* (*Gram*) neuter.

Sachlichkeit *f* **1.** *siehe adj 2.* objectivity; matter-of-factness. **mit** ~ **kommt man weiter** you get on better if you stay objective. **2.** (*Schmucklosigkeit*) functionality. **die Neue** ~ (*Art, Archit*) the new functionalism.

Sachmittel *pl* (*form*) materials *pl*; (*Zubehör*) equipment *no pl*; **Sachregister** *nt* subject index; **Sachschaden** *m* damage (to property); **bei dem Unfall hatte ich nur** ~ only my car was damaged in the accident.

Sachse ['zaksə] *m* -n, -n, **Sächsin** ['zɛksɪn] *f* Saxon.

sächseln ['zɛksln] *vi* (*inf*) to speak with a Saxon accent *or* in the Saxon dialect.

Sachsen ['zaksn] *nt* -s Saxony.

sächsisch ['zɛksɪʃ] *adj* Saxon. ~**er Genitiv** Saxon genitive.

Sächsisch(e) ['zɛksɪʃ(ə)] *nt decl as adj* Saxon (dialect).

Sachspende *f* gift. **wir bitten um Geld- und** ~**we** are asking for donations of money, food and clothes.

sacht(e) *adj* (*leise*) soft; (*sanft*) gentle; (*vorsichtig*) cautious, careful; (*allmählich*) gentle, gradual. **mit** ~**n Schritten** softly; ~, ~! (*inf*) take it easy!

Sachverhalt *m* -(e)s, -e facts *pl* (of the case); **Sachverständige(r)** *mf decl as adj* expert, specialist; (*Jur*) expert witness; **Sachwalter(in** *f*) *m* -s, - (*geh*) (*Verwalter*) agent; (*Treuhänder*) trustee; (*fig: Fürsprecher*) champion; **Sachwert** *m* real *or* intrinsic value; ~**e** *pl* material assets *pl*; **Sachwörterbuch** *nt* specialist dictionary; ~ **der Kunst/Botanik** dictionary of art/botany, art/botanical dictionary; **Sachzwänge** *pl* pressures *pl* (inherent in the/a situation).

Sack *m* -(e)s, ⁻e **1.** sack; (*aus Papier, Plastik*) bag. **drei** ~ **Kartoffeln/Kohlen** three sacks of potatoes/sacks *or* bags of coal; **in** ~ **und Asche** in sackcloth and ashes; **mit** ~ **und Pack** (*inf*) with bag and baggage; **den** ~ **schlägt man, und den Esel meint man** (*Prov*) to kick the dog and mean the master (*prov*); **ich habe in den** ~ **gehauen** (*sl*) I chucked it (in) (*sl*), I packed it in (*inf*); **ein ganzer** ~ **voll Neuigkeiten** (*inf*) heaps of news (*inf*); **jdn in den** ~ **stecken** (*fig inf*) to put sb in the shade.

2. (*Anat, Zool*) sac.

3. (*S Ger, Aus: Hosentasche*) (trouser *Brit or* pants *US*) pocket. **etw im** ~ **haben** (*sl*) to have sth in the bag (*inf*).

4. (*vulg: Hoden*) balls *pl* (*sl*).

5. (*sl: Kerl, Bursche*) sod (*Brit sl*), bastard (*sl*), cunt (*vulg*). **fauler** ~ lazy bugger (*Brit sl*) *or* bastard (*sl*).

Sackbahnhof *m* terminus.

Säckel *m* -s, - (*S Ger*) (*Beutel*) bag; (*Hosentasche*) pocket; (*Geld*~) moneybag. **tief in den** ~ **greifen müssen** to have to dig deep (into one's pockets); **sich** (*dat*) **den** ~ **füllen** to line one's (own) pockets; *siehe* **Staatssäckel.**

sacken *vi aux sein* (*lit, fig*) to sink; (*Flugzeug*) to lose height; (*durchhängen*) to sag. **in die Knie** ~ to sag at the knees.

säckeweise *adj* by the sack/bag.

Sackgasse *f* dead end, blind alley, cul-de-sac (*esp Brit*); (*fig*) dead end; **in eine** ~ **geraten** (*fig*) to finish up a blind alley; (*Verhandlungen*) to reach an impasse; **in einer** ~ **stecken** (*fig*) to be (stuck) in a blind alley; (*mit Bemühungen etc*) to have come to a dead end; **Sackhüpfen** *nt* -s, *no pl* sack-race; **Sackkarre** *f* barrow, hand-cart; **Sackkleid** *nt* sack dress; **Sackleinen** *nt*, **Sackleinwand** *f* sacking, burlap (*US*); **Sackpfeife** *f siehe* **Dudelsack; Sacktuch** *nt* **1.** *siehe* **Sackleinen**; **2.** (*S Ger, Aus, Sw*) handkerchief.

Sadismus *m* **1.** *no pl* sadism. **2.** (*Handlung*) sadistic act.

Sadist(in *f*) *m* sadist.
sadistisch *adj* sadistic.
Sadomasochismus *m* sado-masochism.
säen *vti* to sow; (*fig*) to sow (the seeds of).
   dünn *or* **spärlich** *or* **nicht dick gesät** (*fig*)
   thin on the ground, few and far between.
Safari *f* -, -s safari. **eine ~ machen** to go on
   safari.
Safari|anzug *m* safari suit.
Safe [ze:f] *m or nt* -s, -s safe.
Saffian *m* -s, *no pl*, **Saffianleder** *nt* morocco (leather).
Safran *m* -s, -e (*Krokus, Gewürz*) saffron.
Saft *m* -(e)s, ⁻e (*Obst~*) (fruit) juice;
   (*Pflanzen~*) sap; (*Braten~, Fleisch~*)
   juice; (*Flüssigkeit*) liquid; (*Husten~ etc*)
   syrup; (*Magen~*) juices *pl*; (*old:
   Körper~*) humour (*old*); (*inf: Strom,
   Benzin*) juice (*inf*). **der ~ der Reben** the
   juice of the grape; **im ~ stehen** (*liter*) to be
   full of sap; **von ~ und Kraft** (*fig*) dynamic,
   vital, vibrant; **ohne ~ und Kraft** (*fig*)
   wishy-washy (*inf*), effete.
Saftbraten *m* (*Cook*) roast.
saftig *adj* **1.** (*voll Saft*) *Obst, Fleisch* juicy;
   Wiese, Grün lush. **2.** (*inf: kräftig*) *Witz*
   juicy (*inf*); *Rechnung, Ohrfeige* hefty
   (*inf*); *Brief, Antwort, Ausdrucksweise*
   potent. **da habe ich ihm einen ~en Brief
   geschrieben** so I wrote him a pretty potent
   letter *or* one hell of a letter (*inf*).
Saftigkeit *f* (*von Obst, Witz*) juiciness; (*von
   Wiese etc*) lushness.
Saftkur *f* fruit-juice diet; **Saftladen** *m* (*pej
   inf*) dump (*pej inf*); **saftlos** *adj* not juicy,
   juiceless; **Saftpresse** *f* fruit-press;
   Saftsack *m* (*sl*) stupid bastard (*sl*) *or*
   bugger (*Brit sl*); **saft- und kraftlos** *adj*
   wishy-washy (*inf*), effete.
Saga *f* -, -s saga.
Sage *f* -, -n legend; (*altnordische*) saga. **es
   geht die ~, daß ...** legend has it that ...;
   (*Gerücht*) rumour has it that ...
Säge *f* -, -n **1.** (*Werkzeug*) saw. **2.** (*Aus:
   ~werk*) sawmill.
Sägeblatt *nt* saw blade; **Sägebock** *m*
   sawhorse; **Sägefisch** *m* sawfish;
   Sägemaschine *f* mechanical saw;
   Sägemehl *nt* sawdust; **Sägemesser** *nt*
   serrated knife; **Sägemühle** *f* sawmill.
sagen *vt* **1.** (*äußern*) to say. **jdm etw ~** to
   say sth to sb; (*mitteilen, ausrichten*) to tell
   sb sth; **sich** (*dat*) **etw ~** to say sth to
   oneself; **das hättest du dir selbst ~ können**
   or **müssen!** you might have known *or*
   realised that!; **unter uns gesagt** between
   you and me (and the gatepost *hum inf*);
   genauer/deutlicher gesagt to put it more
   precisely/clearly; **könnten Sie mir ~ ...?**
   could you tell me ...?; **ich sag's ihm** I'll tell
   him; **jdm etw ~ lassen** to ask somebody to
   tell sb sth; **ich habe mir ~ lassen, ...** I've
   been told ...; **was ich mir von ihm nicht
   alles ~ lassen muß!** the things I have to
   take from him!; **das kann ich Ihnen nicht
   ~** I couldn't say, I don't know; **das kann
   ich noch nicht ~** (that) I can't say yet; **so
   was sagt man doch nicht!** you mustn't say
   things like that; (*bei Schimpfen, Fluchen*)
   (watch *or* mind your) language!; **sag nicht
   so etwas** *or* **so was!** (*inf*) don't say things
   like that!, don't talk like that!; **wie kannst**

du so etwas ~? how can you say such
things?; **das sage ich nicht!** I'm not saying
or telling; **was ich noch ~ wollte, ...** (*inf*)
there's something else I wanted to say ...;
oh, was ich noch ~ wollte, vergiß nicht ...
(*inf*) by the way, don't forget ...; **dann will
ich nichts gesagt haben** in that case forget
I said anything; **wie ich schon sagte** as I
said before; **ich sage, wie es ist** I'm just
telling you the way it is; **es ist nicht zu
~** it doesn't bear thinking about!; (*entrüstet*) there just aren't any words to
describe it!; **um nicht zu ~** not to say.
   2. (*befehlen*) **jdm ~, ... zu tun** to
tell sb to do sth; **hat er im Betrieb etwas zu
~?** does he have a say in the firm?; **du hast
hier (gar) nichts zu ~** that isn't for you to
say; **das S~ haben** to have the say; **hier
habe ich das S~** what I say goes!; **laß dir
von mir ~** *or* **gesagt sein, .../laß dir das
gesagt sein** let me tell you, take it from
me; **er läßt sich** (*dat*) **nichts ~** he won't be
told, you can't tell him anything; **das laß
ich mir von dem nicht ~** I won't take that
from him.
   3. (*Meinung äußern*) to say. **was ~ Sie
dazu?** what do you think about it?; **was
soll man dazu ~?** what can you say?;
haben Sie dazu etwas zu ~? do you have
anything to say (about *or* on that)?; **das
möchte** *or* **will ich nicht ~** I wouldn't say
that; **ich sag's ja immer ...** I always say ...,
I've always said ...; **ich möchte fast ~,
...** I'd almost say ..., one could almost say
...; **wenn ich so ~ darf** if I may say so; **sag,
was du willst, ...** (*inf*) say what you like ...;
da soll noch einer ~, ... never let it be
said ...
   4. (*bedeuten, meinen*) to mean. **was will
er damit ~?** what does he mean (by
that)?; **willst du vielleicht ~, daß ...** are
you trying to tell me *or* to say that ...?, do
you mean to tell me *or* to say that ...?; **ich
will damit nicht ~, daß ...** I don't mean to
imply *or* to say that ...; **damit ist nichts
gesagt** that doesn't mean anything; **damit
ist viel/wenig gesagt** that's saying a lot/not
saying much; **damit ist alles gesagt** that
says everything, that says it all; **sein
Gesicht sagte alles** it was written all over
his face; **damit ist nicht gesagt, daß ...** that
doesn't mean (to say) that ...; **das hat
nichts zu ~** that doesn't mean anything;
sagt dir der Name etwas? does the name
mean anything to you?
   5. (*Redewendungen*) **~ Sie mal/sag
mal, ...** tell me, ..., say, ...; **nun ~ Sie/sag
mal selber, ist das nicht unpraktisch?** you
must admit that's impractical; **wem ~ Sie
das!** you don't need to tell *me* that!; **sag
bloß!** you don't say, get away (*Brit inf*);
was Sie nicht ~! you don't say!; **ich sage
gar nichts mehr!** I'm not saying another
word; (*verblüfft*) good heavens!, did you
ever! (*inf*); **das kann man wohl ~** you can
say that again!; **ich muß schon ~** I must
say; **wie man so sagt** as they say, as the
saying goes; **das ist nicht gesagt** that's by
no means certain; **das ist schnell gesagt** I
can tell you in two words; (*leicht gesagt*)
that's easily said; **leichter gesagt als getan**
easier said than done; **gesagt, getan** no

sooner said than done; **wie (schon) gesagt** as I/you *etc* said; **sage und schreibe 100 Mark** 100 marks, would you believe it.

sägen I *vti* to saw. **II** *vi* (*inf*) to snore, to saw wood (*US inf*).

Sagendichtung *f* sagas *pl*; **sagenhaft** *adj* **1.** (*nach Art einer Sage*) legendary; **2.** (*enorm*) fabulous; **3.** (*inf: hervorragend*) fantastic (*inf*), terrific (*inf*); **sagen|umwoben** *adj* legendary.

Sägerei *f* **1.** *siehe* **Sägewerk. 2.** *no pl* (*inf*) sawing.

Sägespäne *pl* wood shavings *pl*; **Sägewerk** *nt* sawmill; **Sägezahn** *m* saw tooth.

Sago *m or nt* **-s,** *no pl* sago.

Sagopalme *f* sago palm.

sah *pret of* **sehen.**

Sahara [za'ha:ra, 'za:hara] *f* - Sahara (Desert).

Sahne *f*, *no pl* cream.

Sahnebaiser *nt* cream meringue; **Sahnebonbon** *m or nt* toffee; **Sahne|eis** *nt* icecream; **Sahnekäse** *m* cream cheese; **Sahnetorte** *f* cream gateau.

sahnig *adj* creamy. **etw ~ schlagen** to whip *or* beat sth until creamy.

Seibling *m* char(r).

Saison [zɛ'zõ:, zɛ'zɔŋ] *f* -, **-s** *or* (*Aus*) **-en** season. **außerhalb der ~, in der stillen** *or* **toten ~** in the off-season.

saisonal [zɛzo'na:l] *adj* seasonal.

Saison- [zɛ'zõ:] *in cpds* seasonal; **Saison|ausverkauf** *m* end-of-season sale; **saisonbedingt** *adj* seasonal; **Saisonbeginn** *m* start of the season; **Saisonbetrieb** *m* (*Hochsaison*) high season; (*~geschäft*) seasonal business; **Saison|er|öffnung** *f* opening of the season; **Saisongeschäft** *nt* seasonal business; **Saisonschluß** *m* end of the season; **Saisonschwankung** *f* seasonal fluctuation; **Saisonwanderung** *f* (*Econ*) seasonal movement of labour; **Saisonzuschlag** *m* in-season supplement.

Saite *f* -, **-n** **1.** (*Mus, Sport*) string. **2.** (*fig liter*) **eine ~ in jdm zum Klingen bringen** to strike a chord in sb; **eine empfindliche ~ berühren** to touch a tender *or* sore spot; **andere ~n aufziehen** (*inf*) to get tough.

Saiten|instrument *nt* string(ed) instrument; **Saitenspiel** *nt*, *no pl* playing of a stringed instrument.

Sakko *m or nt* **-s, -s** sports jacket (*Brit*), sport coat (*US*); (*aus Samt etc*) jacket.

sakral *adj* sacred, sacral.

Sakralbau *m* sacred building; **Sakralkunst** *f* religious art, sacral art.

Sakrament *nt* sacrament. **~ (noch mal)!** (*sl*) Jesus Christ! (*sl*).

sakramental *adj* sacramental.

Sakrileg *nt* **-s, -e, Sakrilegium** *nt* (*geh*) sacrilege.

Sakristan *m* **-s, -e** sacristan.

Sakristei *f* sacristy.

sakrosankt *adj* sacrosanct.

säkular *adj* **1.** (*weltlich*) secular. **2.** (*zeitüberdauernd*) timeless.

Säkularisation *f* secularization.

säkularisieren* *vt* to secularize.

Säkulum *nt* **-s, Säkula** (*geh*) century.

Salamander *m* **-s, -** salamander.

Salami *f* -, **-s** salami.

Salamitaktik *f* (*inf*) policy of small steps.

Salär *nt* **-s, -e** (*old, Sw*) salary.

Salat *m* **-(e)s, -e 1.** (*Pflanze, Kopf~*) lettuce. **2.** (*Gericht*) salad. **da haben wir den ~!** (*inf*) now we're in a fine mess (*inf*).

Salatbesteck *nt* salad servers *pl*; **Salatgurke** *f* cucumber; **Salatkartoffel** *f* potato *used for potato salad*; **Salatkopf** *m* (head of) lettuce; **Salat|öl** *nt* salad oil; **Salatpflanze** *f* **1.** (*Setzling*) lettuce (plant); **2.** (*Sorte*) salad; **Salatplatte** *f* salad; **Salatschüssel** *f* salad bowl; **Salatsoße** *f* salad dressing.

Salbader *m* **-s, -** (*old pej*) sanctimonious old windbag.

salbadern* *vi* to prate.

Salbe *f* -, **-n** ointment.

Salbei *m* **-s,** *no pl or f* -, *no pl* sage.

salben *vt* (*liter*) to anoint. **jdn zum König ~** to anoint sb king.

Salbung *f* anointing, unction.

salbungsvoll *adj* (*pej*) unctuous (*pej*).

saldieren* *vt* (*Comm*) to balance; (*Aus*) to confirm payment.

Saldo *m* **-s, -s** *or* **Saldi** *or* **Salden** (*Fin*) balance. **per ~** (*lit, fig*) on balance; **per ~ bezahlen** to pay off the balance in full.

Saldo|übertrag, Saldovortrag *m* (*Fin*) balance brought forward *or* carried forward.

Säle *pl of* **Saal.**

Saline *f* salt-works *sing or pl*.

Salizylsäure *f* salicylic acid.

Salm *m* **-(e)s, -e 1.** (*Lachs*) salmon. **2.** (*inf: Gerede*) rigmarole (*inf*).

Salmiak *m or nt* **-s,** *no pl* sal ammoniac, ammonium chloride.

Salmiakgeist *m* (liquid) ammonia.

Salmonellen *pl* salmonellae.

Salomo(n) *m* **-s** *or* (*geh*) **Salomonis** Solomon.

salomonisch *adj* of Solomon; *Urteil* worthy of a Solomon. **ein wahrhaft ~es Urteil!** a real Solomon!

Salon [za'lõ:, za'lɔŋ] *m* **-s, -s 1.** drawing room; (*Naut*) saloon. **2.** (*Friseur~, Mode~, Kosmetik~ etc*) salon. **3.** (*Hist: Zirkel*) salon. **4.** (*auf Messe*) stand, exhibition stand. **5.** (*Kunst~*) exhibition room.

Salon- [za'lõ:-]: **Salon|anarchist** *m* (*pej*) drawing-room revolutionary; **salonfähig** *adj* (*iro*) socially acceptable; *Leute, Aussehen* presentable; **ein nicht ~er Witz** an objectionable joke; (*unanständig auch*) a rude *or* naughty joke; **Salonlöwe** *m* socialite, society man, social lion; **Salonmusik** *f* palm court music; **Salonwagen** *m* (*Rail*) Pullman (carriage), special coach.

salopp *adj* **1.** (*nachlässig*) sloppy, slovenly; *Manieren* slovenly; *Ausdruck, Sprache* slangy. **2.** (*ungezwungen*) casual.

Salpeter *m* **-s,** *no pl* saltpetre, nitre.

salpet(e)rig *adj* nitrous.

Salpetersäure *f* nitric acid.

Salto *m* **-s, -s** *or* **Salti** somersault; (*Turmspringen auch*) turn. **ein anderthalbfacher ~** a one-and-a-half somersault *or* turn; **einen ~ mortale machen** (*Zirkus*) to perform a death-defying leap; (*Aviat*) to loop the loop.

Salut *m* **-(e)s, -e** (*Mil*) salute. ~ **schießen** to fire a salute; **21 Schuß** ~ 21-gun salute.

salutieren* *vti* (*Mil*) to salute.

Salutschuß *m* **man gab** *or* **feuerte fünf Salutschüsse ab** a five-gun salute was fired.

Salve ['zalvə] *f* **-, -n** salvo, volley; (*Ehren~*) salute; (*fig*) (*Lach~*) burst of laughter. **eine ~ auf jdn abschießen** (*lit, fig*) to fire a salvo *or* volley at sb.

Salz *nt* **-es, -e** salt. **in ~ legen** to salt down *or* away; **das ist das ~ in der Suppe** (*fig*) that's what gives it that extra something; **wie eine Suppe ohne ~** (*fig*) like ham without eggs (*hum*); **er gönnt einem nicht das ~ in der Suppe** he even begrudges you the air you breathe.

salz|arm *adj* (*Cook*) low-salt, with a low salt content; **~ essen/leben** to eat low-salt food/to live on a low-salt diet; **Salzberg-werk** *nt* salt mine; **Salzbrezel** *f* pretzel.

salzen *vt* to salt; *siehe* **gesalzen.**

Salzfaß, Salzfäßchen *nt* salt cellar; **salz-frei** *adj* salt-free; *Diät auch* no-salt *attr*; **Salzgebäck** *nt* savoury biscuits *pl*; **Salz-gurke** *f* pickled gherkin; **salzhaltig** *adj* salty, saline; **Salzhering** *m* salted herring.

salzig *adj* salty, salt.

Salzigkeit *f* saltiness.

Salzkartoffeln *pl* boiled potatoes *pl*; **Salzkorn** *nt* grain of salt; **Salzlake** *f* brine; **salzlos** *adj* salt-free; ~ **essen** not to eat salt; **Salzlösung** *f* saline solution; **Salzmandel** *f* salted almond; **Salzsäule** *f*: **zur ~ erstarren** (*Bibl*) to turn into a pillar of salt; (*fig*) to stand as though rooted to the spot; **Salzsäure** *f* hydro-chloric acid; **Salzsee** *m* salt lake; **Salz-siederei** *f* (*Hist*) saltworks *sing or pl*; **Salzsole** *f* brine; **Salzstange** *f* pretzel stick; **Salzstreuer** *m* **-s, -** salt shaker, salt cellar; **Salzwasser** *nt* salt water; **Salzwüste** *f* salt desert, salt flat.

SA-Mann *m, pl* **SA-Leute** [ɛs'|a:-] storm-trooper, SA-man.

Samariter *m* **-s, -.** 1. (*Bibl, fig*) Samaritan. **der Barmherzige ~** the good Samaritan. 2. (*Angehöriger des Arbeiter-Samariterbunds*) first-aid volunteer, ≈ St John's Ambulance man (*Brit*).

Samariterdienst *m* act of mercy. **jdm einen ~ erweisen** to be a good Samaritan to sb.

Samarium *nt* **-s,** *no pl* (*abbr* **Sm**) samarium.

Samba *m* **-s, -s** *or f* **-, -s** samba.

Sambesi *m* **-(s)** Zambesi.

Sambia *nt* **-s** Zambia.

Sambier(in *f*) [-iɐ, -iərɪn] *m* **-s, -** Zambian.

sambisch *adj* Zambian.

Same *m* **-ns, -n** (*liter*) *siehe* **Samen.**

Samen *m* **-s, -.** 1. (*Bot, fig*) seed; (*fig auch*) seeds *pl*. 2. (*Menschen~, Tier~*) sperm. 3. (*liter, Bibl: Nachkommen*) seed (*liter, Bibl*).

Samen|anlage *f* (*Bot*) ovule; **Samenbank** *f* sperm bank; **Samenblase** *f* seminal ves-icle; **Samen|erguß** *m* ejaculation, emission of semen, seminal discharge *or* emission; **Samenfaden** *m* sper-matozoon; **Samenflüssigkeit** *f* semen, seminal fluid; **Samenhändler** *m* seeds-man, seed merchant; **Samenhandlung**

f seed shop; **Samenkapsel** *f* seed cap-sule; **Samenkorn** *nt* seed; **Samenleiter** *m* vas deferens; **Samenstrang** *m* sper-matic cord; **Samenzelle** *f* sperm cell; **Samenzwiebel** *f* seed onion.

Samereien *pl* seeds *pl*.

sämig *adj* thick, creamy.

Sämischleder *nt* chamois (leather).

Sämling *m* seedling.

Sammel|album *nt* (collector's) album; **Sammel|anschluß** *m* (*Telec*) private (branch) exchange; (*von Privathäusern*) party line; **Sammelband** *m* anthology; **Sammelbecken** *nt* collecting tank; (*Geol*) catchment area; (*fig*) melting pot (*von* for); **Sammelbegriff** *m* (*Gram*) collective name *or* term; **Sammelbestel-lung** *f* joint *or* collective order; **Sammelbezeichnung** *f siehe* **Sam-melbegriff; Sammelbüchse** *f* collecting tin *or* box; **Sammelkarte** *f* (*für mehrere Fahrten*) multi-journey ticket; (*für meh-rere Personen*) group ticket; **Sammel-mappe** *f* file.

sammeln I *vt* to collect; *Holz, Ähren, Fak-ten, Material, Erfahrungen auch* to gather; *Blumen, Pilze etc* to pick, to gather; *Truppen, Anhänger* to gather, to assemble. **neue Kräfte ~** to build up one's energy again.

II *vr* 1. (*zusammenkommen*) to gather, to collect; (*sich anhäufen: Wasser, Geld etc*) to collect, to accumulate; (*Lichtstrah-len*) to converge, to meet.

2. (*sich konzentrieren*) to collect *or* compose oneself *or* one's thoughts; *siehe* **gesammelt.**

III *vi* to collect (*für* for).

Sammelname *m siehe* **Sammelbegriff; Sammelnummer** *f* (*Telec*) private ex-change number, switchboard number; **Sammelpaß** *m* group passport; **Sam-melplatz** *m* 1. (*Treffpunkt*) assembly point; 2. (*Lagerplatz*) collecting point; (*Deponie*) dump; **Sammelpunkt** *m* 1. (*Treffpunkt*) assembly point; 2. (*Opt*) focus.

Sammelsurium *nt* conglomeration.

Sammeltasse *f* ornamental cup, saucer and plate; **Sammeltransport** *m* (*von Gütern*) general shipment; (*von Personen*) group transport; **Sammelvisum** *nt* collective visa.

Sammet *m* **-s, -e** (*obs, Sw*) velvet.

Sammler(in *f*) *m* **-s, -** collector; (*von Beeren*) picker; (*von Holz*) gatherer.

Sammlung *f* 1. collection. 2. (*fig: Kon-zentration*) composure. **ihm fehlt die in-nere ~** he lacks composure; **zur ~ (meiner Gedanken)** to collect myself *or* my thoughts.

Samowar *m* **-s, -e** samovar.

Samstag *m* **-(e)s, -e** Saturday; *siehe* **Diens-tag.**

samstägig *adj* Saturday.

samstags *adj* on Saturdays.

samt I *prep* +*dat* along *or* together with. **sie kam ~ Katze** (*hum*) she came complete with cat. II *adv* ~ **und sonders** the whole lot (of them/us/you).

Samt *m* **-(e)s, -e** velvet. **in ~ und Seide** (*liter*) in silks and satins.

Samt- *in cpds* velvet; **samt|artig** *adj* velvety, like velvet; **Samtband** *nt* velvet ribbon.

samten *adj (liter)* velvet.

Samthandschuh *m* velvet glove. **jdn mit ~en anfassen** (*inf*) to handle sb with kid gloves (*inf*).

samtig *adj* velvety.

sämtlich *adj (alle)* all; (*vollständig*) complete. **~e Unterlagen waren verschwunden** all the *or* every one of the documents had disappeared; **Schillers ~e Werke** the complete works of Schiller; **~e Anwesenden** all those present; **sie mußten ~en Besitz zurücklassen** they had to leave all their possessions behind.

Samtpfötchen *nt* (*inf*) velvet paw; **samtweich** *adj* (as) soft as velvet, velvet-soft, velvety.

Sanatorium *nt* sanatorium, sanitarium (*US*).

Sand *m* **-(e)s, -e** sand; (*Scheuer~*) scouring powder. **mit ~ bestreuen** to sand; **das/die gibt's wie ~ am Meer** (*inf*) there are heaps of them (*inf*); **auf ~ laufen** *or* **geraten** to run aground; **auf ~ bauen** (*fig*) to build upon sandy ground; **jdm ~ in die Augen streuen** (*fig*) to throw dust in sb's eyes; **~ ins Getriebe streuen** to throw a spanner in the works; **im ~e verlaufen** (*inf*) to peter out, to come to naught *or* nothing; **den Kopf in den ~ stecken** to stick *or* bury *or* hide one's head in the sand.

Sandale *f* **-, -n** sandal.

Sandalette *f* high-heeled sandal.

Sand- *in cpds* sand; **Sandbank** *f* sandbank, sandbar; **Sandboden** *m* sandy soil; **Sanddorn** *m* (*Bot*) sea buckthorn.

Sandelholz *nt* sandalwood.

sandeln *vi* (*S Ger, Aus, Sw*) to play in the sand.

Sandel|öl *nt* sandalwood oil.

sandfarben, sandfarbig *adj* sand-coloured; **Sandgewinnung** *f* extraction of sand; **Sandgrube** *f* sandpit (*esp Brit*), sandbox (*US*); (*Golf*) bunker, sand trap; **Sandhaufen** *m* pile *or* heap of sand; **Sandhose** *f* sand column *or* spout, dust devil.

sandig *adj* sandy.

Sandkasten *m* sandpit (*esp Brit*), sandbox (*US*); (*Mil*) sand table; **Sandkastenspiele** *pl* (*Mil*) sand-table exercises *pl*; (*fig*) tactical manoeuvrings *pl*; **Sandkorn** *nt* grain of sand; **Sandkuchen** *m* (*Cook*) sand-cake (*a Madeira-type cake*).

Sandmann *m*, **Sandmännchen** *nt* (*in Geschichten*) sandman; **Sandpapier** *nt* sandpaper; **Sandsack** *m* sandbag; (*Boxen*) punchbag.

Sandstein *m* sandstone. **ein Haus aus rotem ~** a red sandstone house, a brownstone (house) (*US*).

Sandstein- *in cpds* sandstone; **Sandsteinfels(en)** *m* sandstone cliff.

sandstrahlen *vti insep* to sandblast; **Sandstrahlgebläse** *nt* sandblasting equipment *no indef art, no pl*; **Sandstrand** *m* sandy beach; **Sandsturm** *m* sandstorm.

sandte *pret of* **senden**[1].

Sand|uhr *f* hour-glass; (*Eieruhr*) egg-timer.

Sandwich ['zɛntvɪtʃ] *nt or m* **-(s), -(e)s** sandwich.

Sandwichbauweise *f* sandwich construction; **Sandwichmann** *m, pl* **-männer** (*hum*) sandwichman.

Sandwüste *f* sandy waste; (*Geog*) (sandy) desert.

sanft *adj* gentle; *Berührung, Stimme, Farbe, Licht, Wind, Regen auch* soft; *Unterlage, Haut* soft; *Schlaf, Tod* peaceful. **sich ~ anfühlen** to feel soft; **mit ~er Gewalt** gently but firmly; **mit ~er Hand** with a gentle hand; **von ~er Hand** by a woman's fair hand; **sie lächelte ~** she smiled softly; **sie schaute das Kind mit ~en Augen an** she looked tenderly at the child; **~ schlafen** to be sleeping peacefully; **er ist ~ entschlafen** he passed away peacefully, he fell gently asleep (*auch iro*); **~ wie ein Lamm** (as) gentle as a lamb; *siehe* **ruhen.**

Sänfte *f* **-, -n** litter; (*esp im 17., 18. Jh. Europas*) sedan-chair; (*in Indien*) palanquin; (*auf Elefant*) howdah.

Sanftheit *f siehe adj* gentleness; softness.

Sanftmut *f, no pl* (*liter*) gentleness.

sanftmütig *adj* (*liter*) gentle; (*Bibl*) meek.

sang *pret of* **singen.**

Sang *m* **-(e)s, ⁼e** (*old liter*) (*Gesang*) song; (*das Singen*) singing. **mit ~ und Klang** (*lit*) with drums drumming and pipes piping; (*fig iro*) **durchfallen** disastrously, catastrophically; **entlassen werden** with a lot of hullaballoo.

Sänger *m* **-s, -** **1.** singer; (*esp Jazz~, Pop~ auch*) vocalist. **2.** (*old liter: Dichter*) bard (*old*), poet. **da(rüber) schweigt des ~s Höflichkeit** modesty forbids me to say. **3.** (*Singvogel*) songbird, songster.

Sängerbund *m* choral union; **Sängerfest** *nt* choral festival.

Sängerin *f* singer; (*esp Jazz~, Pop~*) vocalist.

Sangesbruder *m* (*inf*) chorister; **Sangesfreude, Sangeslust** *f* (*dated*) love of song *or* singing; **sangesfreudig, sangeslustig** *adj* (*dated*) fond of singing.

Sanguiniker(in *f*) [zaŋˈguiːnikɐ, -ərɪn] *m* **-s, -** (*Psych*) sanguine person.

sanguinisch [zaŋˈguiːnɪʃ] *adj* (*Psych*) sanguine.

sang- und klanglos *adv* (*inf*) without any ado, quietly. **sie ist ~ verschwunden** she just simply disappeared.

Sani *m* **-s, -s** (*Mil inf*) medical orderly.

sanieren* **I** *vt* **1.** to renovate; *Stadtteil* to redevelop.

2. (*Econ*) *Unternehmen, Wirtschaft* to put (back) on it's feet, to put on an even keel, to rehabilitate.

II *vr* **1.** (*inf: Mensch*) to line one's own pocket (*inf*). **bei dem Geschäft hat er sich saniert** he made a killing on the deal (*inf*).

2. (*Unternehmen, Wirtschaft, Industrie*) to put itself on an even keel, to put itself (back) in good shape.

Sanierung *f* **1.** *siehe vt* **1.** renovation; redevelopment.

2. (*Econ*) rehabilitation. **Maßnahmen zur ~ des Dollars** measures to put the dollar back on an even keel *or* on its feet again.

3. (*inf: Bereicherung*) self-enrichment.

Sanierungsgebiet *nt* redevelopment area; **Sanierungsmaßnahme** *f* (*für Gebiete etc*) redevelopment measure; (*Econ*) rehabilitation measure; **Sanierungsplan** *m* redevelopment plan or scheme; (*Econ*) rehabilitation plan.

sanitär *adj no pred* sanitary. ~e **Anlagen** sanitation (facilities), sanitary facilities.

Sanität *f* (*Aus*, *Sw*) **1.** medical service; (*Krankenpflege*) nursing. **2.** (*inf: Krankenwagen*) ambulance.

Sanitäter *m* **-s**, - first-aid attendant; (*Mil*) (medical) orderly; (*in Krankenwagen*) ambulance man.

Sanitäts|auto *nt* ambulance; **Sanitätsdienst** *m* (*Mil*) medical duty; (*Heeresabteilung*) medical corps; **Sanitätsflugzeug** *nt* ambulance plane, air ambulance; **Sanitätsgefreite(r)** *m* (medical) orderly; **Sanitätskasten** *m* first-aid box or kit; **Sanitätskompanie** *f* medical company; **Sanitätskorps** *nt* medical corps; **Sanitäts|offizier** *m* (*Mil*) Medical Officer, MO; **Sanitätstruppe** *f* medical corps; **Sanitätswagen** *m* ambulance; **Sanitätswesen** *nt* (*Mil*) medical service.

sank *pret of* **sinken**.

Sanka ['zaŋka] *m* **-s**, **-s** (*Mil inf*) ambulance.

Sankt *adj inv* saint. ~ **Nikolaus** Santa (Claus), Father Christmas; (*Rel*) St or Saint Nicholas.

Sanktion *f* sanction.

sanktionieren* *vt* to sanction.

Sanktionierung *f* sanctioning.

Sankt-Lorenz-Strom *m* St Lawrence river.

Sankt-Nimmerleins-Tag *m* (*hum*) never-never day. **ja ja, am** ~ yes yes, and pigs might fly (*hum*).

sann *pret of* **sinnen**.

Sansibar *nt* **-s** Zanzibar.

Sanskrit *nt* **-s**, *no pl* Sanskrit.

Saphir *m* **-s**, **-e** sapphire.

sapperlot, sappermen *interj* (*old*) stap me (*old*), upon my soul (*old*).

sapphisch ['zapfɪʃ, 'zaːfɪʃ] *adj* Sapphic.

Sarazene *m* **-n**, **-n** **Sarazenin** *f* Saracen.

Sarde *m* **-n**, **-n**, **Sardin** *f* Sardinian.

Sardelle *f* anchovy.

Sardellenbutter *f* anchovy butter; **Sardellenpaste** *f* anchovy paste.

Sardine *f* sardine.

Sardinenbüchse *f* sardine-tin. **wie in einer** ~ (*fig inf*) like sardines (*inf*).

Sardinien [-iən] *nt* **-s** Sardinia.

sardinisch, sardisch *adj* Sardinian.

sardonisch *adj* (*liter*) sardonic.

Sarg *m* **-(e)s**, ⁻e coffin, casket (*US*). **ein Nagel zu jds** ~ **sein** (*hum inf*) to be a nail in sb's coffin.

Sargdeckel *m* coffin lid, casket lid (*US*); **Sargnagel** *m* coffin nail; (*fig inf auch: Zigarette*) cancer-stick (*hum inf*); **Sargtischler** *m* coffin-maker, casket-maker (*US*); **Sargträger** *m* pall-bearer.

Sarkasmus *m* sarcasm.

sarkastisch *adj* sarcastic.

Sarkophag *m* **-(e)s**, **-e** sarcophagus.

saß *pret of* **sitzen**.

Satan *m* **-s**, **-e** (*Bibl*, *fig*) Satan. **dieses Weib ist ein** ~ this woman is a (she-)devil.

satanisch *adj* satanic.

Satansbraten *m* (*hum inf*) young devil; **Satanskult** *m* satan-cult; **Satanspilz** *m* boletus satanas (*spec*).

Satellit *m* **-en**, **-en** (*alle Bedeutungen*) satellite.

Satelliten- *in cpds* satellite; **Satellitenbahn** *f* satellite orbit; **Satellitenstaat** *m* satellite state; **Satellitenstadt** *f* satellite town; **Satellitenstation** *f* space station.

Satin [za'tɛː] *m* **-s**, **-s** satin; (*Baumwoll*~) sateen.

Satinpapier [za'tɛː-] *nt* glazed paper.

Satire *f* **-**, **-n** satire (*auf* + *acc* on).

Satiriker(in *f*) *m* **-s**, - satirist.

satirisch *adj* satirical.

Satisfaktion *f* (*old*) satisfaction.

satisfaktionsfähig *adj* (*old*) capable of giving satisfaction.

satt *adj* **1.** (*gesättigt*) *Mensch* replete (*hum, form*), full (up) (*inf*); *Magen, Gefühl* full; (*sl: betrunken*) smashed (*sl*), bloated (*sl*). ~ **sein** to have had enough (to eat), to be full (up) (*inf*); (*sl: betrunken*) to have had a skinful (*sl*); ~ **werden** to have enough to eat; **von so was kann man doch nicht** ~ **werden** it's not enough to satisfy you or fill you up; **das macht** ~ it's filling; **sich (an etw** *dat*) ~ **essen** to eat one's fill (of sth); (*überdrüssig werden auch*) to have had one's fill (of sth); **sie haben nicht** ~ **zu essen** (*inf*) they don't have enough to eat; **wie soll sie ihre Kinder** ~ **kriegen?** (*inf*) how is she supposed to feed her children? **er ist kaum** ~ **zu kriegen** (*inf: lit, fig*) he's insatiable; **er konnte sich an ihr nicht** ~ **sehen/hören** he could not see/hear enough of her; **wie ein** ~**er Säugling** (*inf*) with a look of contentment, like a contented cow (*inf*).

2. **jdn/etw** ~ **haben** or **sein** to be fed up with sb/sth (*inf*); **jdn/etw** ~ **kriegen** (*inf*) to get fed up with sb/sth (*inf*).

3. (*blasiert, übersättigt*) well-fed; (*selbstgefällig*) smug.

4. (*kräftig, voll*) *Farben* rich, full; (*sl: stramm*) *Brust* full; *Hintern* well-padded. ~**e 100 Mark** (*inf*) a cool 100 marks (*inf*).

Sattel *m* **-s**, ⁻ **1.** saddle. **ohne/mit** ~ **reiten** to ride bareback or without a saddle/with a saddle; **sich in den** ~ **schwingen** to swing (oneself) into the saddle; (*auf Fahrrad*) to jump onto one's bicycle; **sich im** ~ **halten** (*lit, fig*) to stay in the saddle; **fest im** ~ **sitzen** (*fig*) to be firmly in the saddle.

2. (*Berg*~) saddle; (*Geigen*~) nut; (*Nasen*~) bridge.

Satteldach *nt* saddle roof; **Satteldecke** *f* saddlecloth; **sattelfest** *adj* ~ **sein** (*Reiter*) to have a good seat; **in etw** (*dat*) ~ **sein** (*fig*) to have a firm grasp of sth.

satteln *vt Pferd* to saddle (up). **für etw gesattelt sein** (*fig*) to be ready for sth.

Sattelnase *f* saddlenose; **Sattelpferd** *nt* saddle horse; **Sattelplatz** *m* paddock; **Sattelschlepper** *m* articulated lorry (*Brit*), artic (*Brit inf*), semitrailer (*US*), semi (*US inf*); **Satteltasche** *f* saddlebag; (*Gepäcktasche am Fahrrad, aus Stroh*) pannier; **Sattelzeug** *nt* saddlery.

Sattheit *f* **1.** (*rare: Gesättigtsein*) repletion; (*Gefühl*) feeling of repletion or of being full. **2.** (*Selbstgefälligkeit*) smugness, self-satisfaction. **3.** (*von Farben*) richness, fullness.

sättigen I *vt* **1.** *Hunger, Neugier* to satisfy, to satiate; *jdn* to make replete; (*ernähren*) to feed, to provide with food. **ich bin gesättigt** I am *or* feel replete. **2.** (*Comm, Chem*) to saturate. **II** *vi* to be filling. **III** *vr* **sich an etw** (*dat*) *or* **mit etw** ~ to eat one's fill of sth.

sättigend *adj Essen* filling.

Sättigung *f* **1.** (*geh*) (*Sattsein*) repletion. **die ~ der Hungrigen** the feeding of the hungry; **das Essen dient nicht nur der ~** eating does not only serve to satisfy hunger. **2.** (*Chem, Comm, von Farbe*) saturation.

Sättigungsgrad *m* degree of saturation; **Sättigungspunkt** *m* saturation point.

Sattler *m* **-s, -** saddler; (*Polsterer*) upholsterer.

Sattlerei *f siehe* **Sattler** saddlery; upholstery; (*Werkstatt*) saddler's; upholsterer's.

sattsam *adv* amply; *bekannt* sufficiently.

saturieren* I *vt* (*liter*) to satisfy, to content. **II** *vr* (*geh*) to do well for oneself.

saturiert *adj* (*geh*) *Markt* saturated; *Klasse* prosperous.

Saturn *m* **-s** (*Myth, Astron*) Saturn. **die Ringe des** ~s the rings of Saturn.

Satyr *m* **-s** *or* **-n, -n** *or* **-e** satyr.

Satz *m* **-es, -e 1.** sentence; (*Teilsatz*) clause; (*Jur: Gesetzabschnitt*) clause. **mitten im ~** in mid-sentence; **abhängiger/selbständiger ~** subordinate/principal clause; **eingeschobener ~** appositional phrase. **2.** (*Lehr~, Philos*) proposition; (*Math*) theorem. **der ~ des Pythagoras** Pythagoras' theorem. **3.** (*Typ*) (*das Setzen*) setting; (*das Gesetzte*) type *no pl*. **das Buch ist im ~** the book is being set. **4.** (*Mus*) movement. **5.** (*Boden~*) dregs *pl*; (*Kaffee~*) grounds *pl*; (*Tee~ auch*) leaves *pl*. **6.** (*Zusammengehöriges*) set; (*Hunt: Wurf*) litter. **7.** (*Sport*) set; (*Tischtennis*) game. **8.** (*Tarif~*) charge; (*Spesen~*) allowance. **9.** (*Sprung*) leap, jump. **einen ~ machen** *or* **tun** to leap, to jump; **mit einem ~** in one leap *or* bound.

Satz|aussage *f* (*Gram*) predicate; **Satzball** *m* (*Sport*) set point; (*Tischtennis*) game point; **Satzbau** *m* sentence construction; **Satz|ergänzung** *f* (*Gram*) object; **Satzfehler** *m* (*Typ*) printer's error; **Satzgefüge** *nt* (*Gram*) complex sentence; **Satzgegenstand** *m* (*Gram*) subject; **Satzglied** *nt* part of a/the sentence; **Satzlehre** *f* (*Gram*) syntax; **Satzmelodie** *f* (*Phon*) intonation; **Satzreihe** *f* compound sentence; **Satzspiegel** *m* (*Typ*) type area, area of type; **Satzteil** *m* part *or* constituent of a/the sentence.

Satzung *f* constitution, statutes *pl*; (*Vereins~*) rules *pl*.

satzungsgemäß *adj* according to the statutes/rules.

Satzverbindung *f* clause construction; **Satzzeichen** *nt* punctuation mark; **Satz-**

zusammenhang *m* context of the sentence.

Sau *f* **-, Säue** *or* (*Hunt*) **-en 1.** sow; (*inf: Schwein*) pig; (*Hunt*) wild boar. **die ~ rauslassen** (*fig sl*) to let it all hang out (*sl*); **wie eine gestochene ~ bluten** (*sl*) to bleed like a (stuck) pig; **wie eine gesengte ~** (*sl*) like a maniac (*inf*). **2.** (*pej inf: Schmutzfink*) dirty swine (*inf*); (*Frau auch*) bitch (*sl*). **du alte ~!** (*vulg*) you dirty bastard (*sl*); (*Frau auch*) you dirty bitch (*sl*). **3.** (*fig sl*) **da war keine ~ zu sehen** there wasn't a bloody (*Brit sl*) *or* goddamn (*sl*) soul to be seen; **jdn zur ~ machen** to bawl sb out (*inf*); **unter aller ~** bloody (*Brit sl*) *or* goddamn (*sl*) awful *or* lousy.

sauber *adj* **1.** (*rein, reinlich*) clean. **~ sein** (*Hund etc*) to be house-trained; (*Kind*) to be (potty-)trained; **etw ~ putzen** to clean sth; **~ singen/spielen** to sing/play on key. **2.** (*ordentlich*) neat, tidy; (*Aus, S Ger: hübsch*) *Mädel* pretty; (*exakt*) accurate. **3.** (*anständig*) honest, upstanding. **~ bleiben** to keep one's hands clean; **bleib ~!** (*sl*) keep your nose clean (*inf*). **4.** (*inf: großartig*) fantastic, great. **~! ~!** that's the stuff! (*inf*); **du bist mir ja ein ~er Freund!** (*iro*) a fine friend *you* are! (*iro*).

sauberhalten *vt sep irreg* to keep clean.

Sauberkeit *f* **1.** (*Hygiene, Ordentlichkeit*) cleanliness; (*Reinheit*) (*von Wasser, Luft etc*) cleanness; (*von Tönen*) accuracy. **2.** (*Anständigkeit*) honesty, upstandingness.

Sauberkeitsfimmel *m* (*pej*) mania for cleanliness, thing about cleanliness (*inf*).

säuberlich *adj* neat and tidy. **fein ~** neatly and tidily.

saubermachen *vt sep* to clean.

säubern *vt* **1.** to clean. **er säuberte seinen Anzug von den Blutflecken** he cleaned the bloodstains off his jacket. **2.** (*fig euph*) *Partei, Buch* to purge (*von* of); *Saal*, (*Mil*) *Gegend* to clear (*von* of).

Säuberung *f siehe* **vt 1.** cleaning. **2.** purging; clearing; expurgation; (*Pol: Aktion*) purge.

Säuberungs|aktion *f* cleaning-up operation; (*Pol*) purge.

saublöd, saublöde *adj* (*sl*) bloody (*Brit sl*) *or* damn (*inf*) stupid; **sich ~ anstellen** to behave like a bloody (*Brit sl*) *or* damn (*inf*) idiot; **Saubohne** *f* broad bean.

Sauce ['zo:sə] *f* **-, -n** *siehe* **Soße.**

Sauciere [zo'sie:rə, -'sie:rə] *f* **-, -n** sauce boat.

Saudi|araber *m* Saudi; **Saudi-Arabien** *nt* Saudi Arabia.

saudumm *adj* (*inf*) damn stupid (*inf*). **sich ~ benehmen** to behave like a stupid idiot.

sauen *vi* **1.** to litter. **2.** (*inf: Dreck machen*) to make a mess.

sauer *adj* **1.** (*nicht süß*) sour; *Wein, Bonbons* acid(ic), sharp; *Obst auch* sharp, tart. **saure Drops** acid drops. **2.** (*verdorben*) off *pred*; *Milch auch* sour; *Geruch* sour, sickly. **~ werden** to go sour *or* off, to turn (sour). **3.** *Gurke, Hering* pickled; *Sahne* soured. **~ einlegen** to pickle.

4. (*sumpfig*) *Wiese, Boden* acidic.
5. (*Chem*) acid(ic). ~ **reagieren** to react
acidically; **saurer Regen** acid rain.
6. (*inf: schlecht gelaunt*) (*auf +acc*
with) mad (*inf*), cross. **eine ~e Miene
machen** to look sour *or* annoyed; ~
reagieren to get annoyed.
7. (*unerfreulich, unter Schwierigkeiten*)
~ **erworbenes Geld** hard-earned money;
jdm das Leben ~ machen to make sb's life
a misery, to make life miserable for sb; **gib
ihm Saures!** (*sl*) let him have it! (*inf*).

Sauer|ampfer *m* sorrel; **Sauerbraten** *m*
braised beef (marinaded in vinegar),
sauerbraten (*US*); **Sauerbrunnen** *m*
1. (*Heilquelle*) acidic spring; **2.** (*Wasser*)
acidic mineral water.

Sauerei *f* (*sl*) **1.** (*Unflätigkeit*) ~**en erzählen** to tell filthy stories; **eine einzige ~** a
load of filth. **2. das ist eine ~!, so eine ~!**
it's a bloody (*Brit sl*) *or* downright disgrace *or* scandal. **3.** (*Dreck*) mess. (**eine**)
~ **machen** to make a mess.

Sauerkirsche *f* sour cherry; **Sauerklee** *m*
wood sorrel, oxalis; **Sauerkohl** *m*
(*dial*) **Sauerkraut** *nt* sauerkraut, pickled cabbage.

säuerlich *adj* (*lit, fig*) sour; *Wein auch*
sharp; *Obst auch* sharp, tart.

Sauermilch *f* sour milk.

säuern I *vt Brot, Teig* to leaven. **II** *vi* to
go *or* turn sour, to sour.

Sauerstoff *m, no pl* (*abbr* **O**) oxygen.

Sauerstoff- *in cpds* oxygen; **Sauerstoff-
|apparat** *m* breathing apparatus; **sauer-
stoff|arm** *adj* low in oxygen; (*zu wenig*)
oxygen-deficient; **Sauerstoffgerät** *nt*
breathing apparatus; (*Med*) (*für künstliche Beatmung*) respirator; (*für Erste
Hilfe*) resuscitator; **sauerstoffhaltig** *adj*
containing oxygen; **Sauerstoffflasche** *f*
oxygen cylinder *or* (*kleiner*) bottle;
Sauerstoffmangel *m* lack of oxygen;
(*akut*) oxygen deficiency; **Sauerstoff-
maske** *f* oxygen mask; **Sauerstoffzelt**
nt oxygen tent.

Sauerteig *m* sour dough; **Sauertopf** *m*
(*old, hum*) sourpuss (*inf*).

Säuerung *f* leavening.

Saufbold *m* **-(e)s, -e** (*old pej*) sot (*old*),
drunkard; **Saufbruder** *m* (*pej inf*)
(*Kumpan*) drinking companion; (*Säufer*)
soak (*inf*), boozer (*inf*).

saufen *pret* **soff,** *ptp* **gesoffen** *vti*
1. (*Tiere*) to drink. **2.** (*sl: Mensch*) to
booze (*inf*), to drink. **das S~** boozing;
sich dumm/zu Tode ~ to drink oneself
silly/to death; **wie ein Loch** *or* **Bürstenbinder** (*dated*) ~ to drink like a fish.

Säufer(in *f*) *m* **-s, -** (*inf*) boozer (*inf*),
drunkard.

Sauferei *f* (*inf*) **1.** (*Trinkgelage*) booze-up
(*inf*). **2.** *no pl* (*Trunksucht*) boozing (*inf*).

Säuferleber *f* (*inf*) gin-drinker's liver
(*inf*); **Säufernase** *f* boozer's nose; **Säu-
ferwahn(sinn)** *m* the DT's *pl* (*inf*).

Saufgelage *nt* (*pej inf*) drinking bout,
booze-up (*inf*); **Saufkumpan, Sauf-
kumpel** *m* (*pej inf*) drinking pal.

Saugbagger *m* suction dredger.

saugen *pret* **sog** *or* **saugte,** *ptp* **gesogen**
or **gesaugt** *vti* to suck; (*Pflanze,*

Schwamm) to draw up, to absorb; (*inf:
mit Staubsauger*) to vacuum. **an etw** (*dat*)
~**to** suck sth; *an Pfeife* to draw on sth.

säugen *vt* to suckle.

Sauger *m* **-s, -** **1.** (*auf Flasche*) teat (*Brit*),
nipple (*US*); (*Schnuller*) dummy (*Brit*),
pacifier (*US*). **2.** (*inf: Staub~*) vacuum
(cleaner).

Säuger *m* **-s, -, Säugetier** *nt* mammal.

saugfähig *adj* absorbent; **Saugfähigkeit**
f absorbency.

Säugling *m* baby, infant (*form*).

Säuglings- *in cpds* baby, infant (*form*);
Säuglings|alter *nt* babyhood; **Säug-
lingsfürsorge** *f* infant welfare; **Säug-
lingsgymnastik** *f* exercises for babies;
Säuglingspflege *f* babycare; **Säug-
lingsschwester** *f* infant nurse; **Säug-
lingssterblichkeit** *f* infant mortality.

Saugnapf *m* sucker; **Saug|organ** *nt* suc-
torial organ (*form*); **Saugpumpe** *f* suction pump; (*für Brust*) breast pump.

saugrob *adj* (*sl*) (*gewalttätig*) very rough;
(*unanständig*) very crude.

Saugrohr, Saugröhrchen *nt* pipette;
Saugrüssel *m* (*Zool*) proboscis; **Saug-
würmer** *pl* trematodes *pl* (*spec*).

Sauhatz *f* (*Hunt*) wild boar hunt;
Sauhaufen *m* (*sl*) bunch of layabouts
(*inf*); **Sauhirt** *m* (*old*) swineherd (*old*);
Sauhund *m* (*dated sl*) bastard (*sl*).

säuisch *adj* (*sl*) *Benehmen, Witze* filthy,
swinish (*inf*).

saukalt *adj* (*sl*) bloody (*Brit sl*) *or* damn
(*inf*) cold; **Saukälte** *f* (*sl*) bloody (*Brit
sl*) *or* damn (*inf*) freezing weather;
Saukerl *m* (*sl*) bastard (*sl*); **Sauklaue** *f*
(*sl*) scrawl (*inf*).

Säule *f* **-, -n** column; (*Rauch~, Wasser~
auch, inf: Pfeiler, fig: Stütze*) pillar. **die ~n
des Herkules** the Pillars of Hercules.

säulenförmig *adj* like a column/columns,
columnar (*form*); **Säulenfuß** *m* base;
Säulengang *m* colonnade; (*um einen
Hof*) peristyle; **Säulenhalle** *f* columned
hall; **Säulenheilige(r)** *mf* stylite; **Säu-
len|ordnung** *f* order (of columns); **die
dorische** ~ the Doric Order; **Säulen-
reihe** *f* row of columns; **Säulentempel**
m colonnaded temple.

Saulus *m* **-** (*Bibl*) Saul. **vom** ~ **zum
Paulus werden** (*fig liter*) to have seen the
light.

Saum *m* **-(e)s, Säume** (*Stoffumschlag*)
hem; (*Naht*) seam; (*fig: Wald~*) edge. **ein
schmaler** ~ **am Horizont** a thin band of
cloud on the horizon.

saumäßig (*sl*) **I** *adj* lousy (*inf*); (*zur Verstärkung*) hell of a (*inf*). **II** *adv* lousily
(*inf*); (*zur Verstärkung*) like hell (*inf*).

säumen[1] *vt* (*Sew*) to hem; (*fig geh*) to
line.

säumen[2] *vi* (*liter*) to tarry (*liter*).

säumig *adj* (*geh*) *Schuldner* defaulting;
Zahlung outstanding, overdue; *Schüler*
dilatory. ~ **sein/bleiben/werden** to be/
remain/get behind.

Säumigkeit *f* dilatoriness.

Säumpfad *m* mule track; **saumselig** *adj*
(*old liter*) dilatory; **Saumseligkeit** *f*
(*old liter*) dilatoriness; **Saumtier** *nt* pack
animal.

Sauna *f* -, -s *or* **Saunen** sauna.

Saupreuße *m* (*S Ger sl*) Prussian swine.

Säure *f* -, -n **1**. (*Chem, Magen~*) acid. **2**. *siehe* **sauer 1**. sourness; acidity, sharpness; sharpness, tartness. **dieser Wein hat zuviel ~** this wine is too tart.

säure|arm *adj* low in acid; **Säurebad** *nt* acid bath; **säurebeständig, säurefest** *adj* acid-resistant; **säurefrei** *adj* acid-free.

Sauregurkenzeit *f* bad time *or* period; (*in den Medien*) silly season.

säurehaltig *adj* acidic; **säurelöslich** *adj* acid-soluble.

Saure(s) *nt decl as adj siehe* **sauer 7**.

Saurier [-iɐ] *m* -s, - dinosaur, saurian (*spec*).

Saus *m*: **in ~ und Braus leben** to live like a lord.

Sause *f* -, -n (*inf*) pub crawl. **eine ~ machen** to go on a pub crawl.

säuseln I *vi* (*Wind*) to murmur, to sigh; (*Blätter*) to rustle; (*Mensch*) to purr. **mit ~der Stimme** in a purring voice. II *vt* to murmur, to purr.

sausen *vi* **1**. (*Ohren, Kopf*) to buzz; (*Wind*) to whistle; (*Sturm*) to roar. **mir ~ die Ohren, es saust mir in den Ohren** my ears are buzzing.
　2. *aux sein* (*Geschoß, Peitsche*) to whistle.
　3. *aux sein* (*inf: Mensch*) to tear (*inf*), to charge (*inf*); (*Fahrzeug*) to roar. **in den Graben ~** to fly into the ditch; **durch eine Prüfung ~** to fail *or* flunk (*inf*) an exam.
　4. (*inf*) **jdn/etw ~ lassen** to drop sb/sth; **das Kino heute abend laß ich ~** I'll not bother going to the cinema tonight.
　5. **einen ~ lassen** (*sl*) to let off (*sl*) (a fart *vulg*).

Sausewind *m* **1**. (*dated inf*) (*lebhaft*) live wire (*inf*); (*unstet*) restless person. **2**. (*baby-talk: Wind*) wind.

Saustall *m* (*sl*) (*unordentlich*) pigsty (*inf*); (*chaotisch*) mess; **Sauwetter** *nt* (*sl*) bloody (*Brit sl*) *or* damn (*inf*) awful weather; **sauwohl** *adj pred* (*sl*) bloody (*Brit sl*) *or* really good; **mir ist *or* ich fühle mich ~** I feel bloody (*Brit sl*) *or* really good; **Sauwut** *f* (*sl*) flaming rage (*inf*); **eine ~ (im Bauch) haben** to be flaming mad; **eine ~ auf jdn/etw haben** to be flaming mad at sb/sth.

Savanne [za'vanə] *f* -, -n savanna(h).

Saxophon *nt* -(e)s, -e saxophone, sax (*inf*).

Saxophonist(in *f*) *m* saxophone player, saxophonist.

S-Bahn [ɛs-] *f abbr of* **Schnell-, Stadtbahn; S-Bahnhof** *m* suburban line station; **S-Bahn-Netz** *nt* suburban rail network.

SBB *abbr of* **Schweizerische Bundesbahn.**

s. Br. *abbr of* **südlicher Breite.**

sch *interj* shh; (*zum Fortscheuchen*) shoo.

Schabe *f* -, -n cockroach.

Schabefleisch *nt* (*Cook dial*) minced meat (*Brit*), ground beef (*US*) (*often eaten raw*).

Schab(e)messer *nt* scraping knife, scraper.

schaben *vt* to scrape; *Fleisch* to chop finely;

Leder, Fell to shave. **sich** (*dat*) **den Bart ~** (*hum*) to scrape one's face (*hum*).

Schaber *m* -s, - scraper.

Schabernack *m* -(e)s, -e **1**. prank, practical joke. **jdm einen ~ spielen/mit jdm einen ~ treiben** to play a prank on sb; **allerlei ~ treiben** to get up to all sorts of pranks. **2**. (*Kind*) monkey (*inf*).

schäbig *adj* **1**. (*abgetragen*) shabby. **2**. (*niederträchtig*) mean, shabby; (*geizig*) mean, stingy; *Bezahlung* poor, shabby.

Schäbigkeit *f siehe adj* **1**. shabbiness. **2**. meanness, shabbiness; meanness, stinginess; poorness, shabbiness; (*Verhalten*) mean *or* shabby behaviour *no pl*.

Schablone *f* -, -n **1**. stencil; (*Muster*) template.
　2. (*fig pej*) (*bei Arbeit, Arbeitsweise*) routine, pattern; (*beim Reden*) cliché. **nach (der) ~ arbeiten** to work according to a/one's (set) routine; **in ~n denken** to think in a stereotyped way; **in ~n reden** to speak in clichés; **etw geht nach ~** sth follows the same routine; **etw nach der gleichen ~ behandeln** to treat sth in the same stereotyped way; **das ist alles nur ~** that's all just for show.

schablonenhaft I *adj* (*pej*) *Denken, Vorstellungen, Argumente* stereotyped; *Ausdrucksweise* clichéd. II *adv* in stereotypes/clichés.

Schabracke *f* -, -n **1**. (*Satteldecke*) saddlecloth. **2**. (*altes Pferd*) nag; (*sl: alte Frau*) hag. **3**. (*Querbehang*) pelmet.

Schach *nt* -s, *no pl* chess; (*Stellung im Spiel*) check. **kannst du ~ (spielen)?** can you play chess?; **~ (dem König)!** check; **~ und matt** checkmate; **im ~ stehen** *or* **sein** to be in check; **jdm ~ bieten** (*lit*) to put sb in check, to check sb; (*fig*) to thwart sb; **jdn in ~ halten** (*fig*) to stall sb; (*mit Pistole etc*) to cover sb, to keep sb covered.

Schach|aufgabe *f* chess problem; **Schachbrett** *nt* chessboard; **schachbrett|artig** *adj* chequered; **die Straßen sind ~ angeordnet** the roads are laid out like a grid; **Schachbrettmuster** *nt* chequered pattern.

Schacher *m* -s, *no pl* (*pej*) (*das Feilschen*) haggling (*um* over); (*Wucher*) sharp practice; (*fig Pol*) horse-trading (*um* about). **~ treiben** to indulge in haggling *etc*.

Schächer *m* -s, - (*Bibl*) thief.

Schacherei *f* (*pej*) *siehe* **Schacher.**

Schacherer *m* -s, - (*pej*) haggler; (*Wucherer*) sharper; (*Pol*) horse-trader.

schachern *vi* (*pej*) **um etw ~** to haggle over sth.

Schachfeld *nt* square (on a chessboard); **Schachfigur** *f* chess piece, chessman; (*fig*) pawn; **schachmatt** *adj* (*lit*) (check)-mated; (*fig: erschöpft*) exhausted, shattered (*inf*); **~!** (check)mate!; **jdn ~ setzen** (*lit*) to (check)mate sb; (*fig*) to snooker sb (*inf*); **Schachpartie** *f* game of chess; **Schachspiel** *nt* (*Spiel*) game of chess; (*Spielart*) chess *no art*; (*Brett und Figuren*) chess set; **Schachspieler** *m* chess player.

Schacht *m* -(e)s, ¨e shaft; (*Brunnen~*) well; (*Straßen~*) manhole; (*Kanalisations~*) drain.

Schachtel f -, -n 1. box; (Zigaretten~) packet. **eine ~ Streichhölzer/Pralinen** a box of matches/chocolates. **2.** (sl: Frau) bag (sl).

Schachtelhalm m (Bot) horsetail; **Schachtelsatz** m complicated or multiclause sentence.

schächten vti to slaughter (according to Jewish rites).

Schachturnier nt chess tournament; **Schachzug** m (fig) move.

Schade m (old): **es soll dein ~ nicht sein** it will not be to your disadvantage.

schade adj pred (das ist aber) ~! what a pity or shame; **es ist (zu) ~, daß ...** it's a (real) pity or shame that ...; **es ist ~ um jdn/etw** it's a pity or shame about sb/sth; **um sie ist es nicht ~** she's no great loss; **für etw zu ~ sein** to be too good for sth; **sich (dat) für etw zu ~ sein** to consider oneself too good for sth; **sich (dat) für nichts zu ~ sein** to consider nothing (to be) beneath one.

Schädel m -s, - skull. **jdm den ~ einschlagen** to beat sb's skull or head in; **sich (dat) den ~ einrennen** (inf) to crack one's skull; **mir brummt der ~** (inf) my head is going round and round; (vor Kopfschmerzen) my head is throbbing; **einen dicken ~ haben** (fig inf) to be stubborn.

Schädelbasisbruch m fracture at the base of the skull; **Schädelbruch** m fractured skull; **Schädeldecke** f top of the skull; **Schädellage** f vertex presentation.

schaden vi + dat to damage, to harm; **einem Menschen** to harm, to hurt; **jds Ruf** to damage. **sich (dat) selbst ~** to harm or hurt oneself, to do oneself harm; **das/ Rauchen schadet Ihrer Gesundheit/Ihnen** that/smoking is bad for your health/you; **das schadet nichts** it does no harm; (macht nichts) that doesn't matter; **es kann nichts ~, wenn ...** it would do no harm if ...; **das kann nicht(s) ~** that won't do any harm, it wouldn't hurt; **das schadet dir gar nichts** it serves you right.

Schaden m -s, ⸚ 1. (Beschädigung, Zerstörung) damage no pl, no indef art (durch caused by); (Personen~) injury; (Verlust) loss; (Unheil, Leid) harm. **einen ~ verursachen** to cause damage; **ich habe einen ~ am Auto** my car has been damaged; **es ist nicht zu deinem ~** it won't do you any harm; **zum ~ der Firma** to the detriment of the firm; **zu ~ kommen** to suffer; (physisch) to be hurt or injured; **nicht zu ~ kommen** not to come to any harm; **jdm/ einer Sache ~ zufügen** to harm sb/to harm or damage sth; **geringe/einige ⸚ aufweisen** to have suffered little/some damage; **~ von etw abwenden** (liter) to preserve sth from harm; **aus or durch ~ wird man klug** (Prov) you learn by or from your mistakes; **wer den ~ hat, braucht für den Spott nicht zu sorgen** (Prov) don't mock the afflicted.

2. (Defekt) fault; (körperlicher Mangel) defect. **~ an der Lunge** lung damage; **⸚ aufweisen** to be defective; (Organ) to be damaged; **ein ~ an der Leber** a damaged liver.

Schaden|ersatz m siehe Schadensersatz; **Schadenfeststellung** f assessment of damage; **Schadenfreude** f malicious joy, gloating; **... sagte er mit ~ ...** he gloated; **schadenfroh** adj gloating.

Schadens|ersatz m compensation. **jdn auf ~ verklagen** to claim compensation from sb; **~ leisten** to pay compensation.

schadhaft adj no adv faulty, defective; (beschädigt) damaged; (abgenutzt) Kleidung worn; Zähne decayed.

schädigen vt to damage; jdn to hurt, to harm; Firma auch to hurt.

Schädigung f siehe vt (gen done to) damage; hurt, harm.

schädlich adj harmful; Wirkung, Einflüsse detrimental, damaging. **~ für etw sein** to be damaging to sth; **~es Tier** pest.

Schädlichkeit f harmfulness.

Schädling m pest.

Schädlingsbekämpfung f pest control no art; **Schädlingsbekämpfungsmittel** nt pesticide.

schadlos adj **sich an jdm/etw ~ halten** to take advantage of sb/sth; **wir halten uns dafür am Bier ~** (hum) ... but we'll make up for it on the beer.

Schadstoff m harmful substance.

Schaf nt -(e)s, -e sheep; (inf: Dummkopf) twit (Brit inf), dope (inf). **das schwarze ~ sein** to be the black sheep.

Schafbock m ram.

Schäfchen nt lamb, little sheep; (inf: Dummerchen) silly billy (inf). **~ pl** (Gemeinde, Anvertraute) flock sing; **sein ~ ins trockene bringen** (prov) to see oneself all right (inf); **sein ~ im trockenen haben** to have feathered one's own nest.

Schäfchenwolken pl cotton-wool clouds pl, fleecy clouds pl.

Schäfer m -s, - shepherd.

Schäferdichtung f (Liter) pastoral poetry.

Schäferhund m alsatian (dog) (Brit), German shepherd (dog) (US).

Schäferin f shepherdess.

Schäferroman m (Liter) pastoral novel; **Schäferstündchen** nt (euph hum) bit of hanky-panky (hum inf).

Schaffell nt sheepskin.

Schaffen nt -s, no pl **die Freude am ~** the joy of creation; **sein musikalisches/ künstlerisches ~** his musical/artistic works pl or creations pl; **auf dem Höhepunkt seines ~s** at the peak of his creative powers or prowess.

schaffen¹ pret **schuf**, ptp **geschaffen** vt 1. to create. **die ~de Natur** the creative power of nature; **der ~de Mensch** the creative human being; **dafür ist er wie geschaffen** he's just made for it; **wie ihn Gott geschaffen hatte** as God made him.

2. pret auch **schaffte** (herstellen) to make; Bedingungen, Möglichkeiten, System, Methode to create. **Raum** or **Platz ~** to make room; **Ruhe ~** to establish order.

schaffen² I vt 1. (bewältigen, zustande bringen) Aufgabe, Hürde, Portion etc to manage; Prüfung to pass. **~ wir das zeitlich?** are we going to make it?; **schaffst du's noch?** (inf) can you manage?; **wir haben's geschafft** we've managed it; (Arbeit erledigt) we've done it; (gut angekommen) we've made it; **so, das hätten wir** or **das wäre geschafft!** there, that's done; **das ist nicht zu** ~ that can't be done; **wir haben nicht viel geschafft** *or* **geschafft gekriegt** (*inf*) we haven't managed to do much *or* haven't got much done; **er schafft es noch, daß ich ihn rausgeworfen/rausgeworfen wird** he'll end up with me throwing him out/(by) being thrown out.

2. (*inf: überwältigen*) *jdn* to see off (*inf*). **das hat mich geschafft** it took it out of me; (*nervlich*) it got on top of me; **geschafft sein** to be shattered (*inf*).

3. (*bringen*) **etw in etw** (*acc*) ~ to put sth in sth; **wie sollen wir das in den Keller/auf den Berg** ~? how will we manage to get that into the cellar/up the mountain?; **einen Koffer zum Bahnhof** ~ to take a case to the station; **etw aus der Welt** ~ to settle sth (for good); **sich** (*dat*) **jdn/etw vom Hals(e)** *or* **Leib(e)** ~ to get sb/sth off one's back.

4. (*verursachen*) *Ärger, Unruhe, Verdruß* to cause, to create.

II *vi* **1.** (*tun*) to do. **ich habe damit nichts zu** ~ that has nothing to do with me; **was haben Sie dort zu** ~? what do you think you're doing (there)?; **sich** (*dat*) **an etw** (*dat*) **zu** ~ **machen** to fiddle about with sth.

2. (*zusetzen*) **jdm** (**sehr** *or* **schwer**) **zu** ~ **machen** to cause sb (a lot of) trouble; (*bekümmern*) to worry sb (a lot); **das macht ihr heute noch zu** ~ she still worries about it today.

3. (*S Ger: arbeiten*) to work.

Schaffensdrang *m* energy; (*von Künstler*) creative urge; **Schaffensfreude** *f* (creative) zest *or* enthusiasm; **Schaffenskraft** *f* creativity.

Schaffleisch *nt* mutton.

Schaffner(in *f*) *m* -s, - (*im Bus*) conductor; (*Rail*) ticket collector; (*im Zug*) guard (*Brit*), conductor (*US*), ticket inspector; (*im Schlafwagen*) attendant.

schaffnerlos *adj* without a conductor *etc*. ~**e Busse** one-man buses.

Schaffung *f* creation.

Schaf- *siehe auch* **Schafs**-; **Schafgarbe** *f* yarrow; **Schafherde** *f* flock of sheep; **Schafhirt** *m* shepherd; **Schafhürde** *f* sheep pen, (sheep) fold.

Schäflein *nt* (*lit, fig*) lamb; (*pl fig*) flock *sing or pl*.

Schafott *nt* -(e)s, -e scaffold.

Schafpelz *m siehe* **Schafspelz**; **Schafschur** *f* sheepshearing.

Schafskäse *m* sheep's milk cheese; **Schafskopf** *m* **1.** sheep's head; (*pej: Dummkopf*) blockhead, dolt, numskull; **2.** (*Cards*) German card game, a simplified version of skat; **Schafsmilch** *f* sheep's milk; **Schafspelz** *m* sheepskin; *siehe* **Wolf**.

Schafstall *m* sheepfold.

Schaft *m* -(e)s, ⁻e shaft (*auch Archit*); (*von Gewehr*) stock; (*von Stiefel*) leg; (*von Schraube, Schlüssel*) shank; (*Bot*) stalk.

Schaftstiefel *pl* high boots *pl*; (*Mil*) jackboots *pl*.

Schafwolle *f* sheep's wool; **Schafzucht** *f* sheep breeding *no art*.

Schakal *m* -s, -e jackal.

Schäker *m* -s, - (*inf*) flirt; (*Witzbold*) joker.

Schäkerei *f* (*inf*) flirting; (*Witzelei*) fooling around.

schäkern *vi* to flirt; (*necken*) to play about.

Schal *m* -s, -s *or* -e scarf; (*Umschlagtuch*) shawl.

schal *adj Getränk* flat; *Wasser, Geschmack* stale; (*fig: geistlos*) *Witz* stale, weak; *Leben* empty; *Gerede* vapid, empty.

Schälchen *nt dim of* **Schale**[1] (small) bowl.

Schale[1] *f* -, -n bowl; (*flach, zum Servieren etc*) dish; (*von Waage*) pan; (*Sekt*~) champagne glass; (*S Ger, Aus: Tasse*) cup.

Schale[2] *f* -, -n (*von Obst, Gemüse*) skin; (*abgeschält*) peel *no pl*; (*von Nüssen, Eiern, Muscheln*) shell; (*von Getreide*) husk, hull; (*Hunt*) hoof; (*fig: äußeres Auftreten*) appearance. **sich in** ~ **werfen** *or* **schmeißen** (*inf*) to get dressed up; (*Frau auch*) to get dolled up (*inf*); **Kartoffeln in der** ~ jacket potatoes; *siehe* **rauh**.

schälen I *vti* to peel; *Tomate, Mandel* to skin; *Erbsen, Eier* to shell; *Getreide* to husk. **II** *vr* to peel. **sich aus den Kleidern** ~ to peel off (one's clothes); **ich schäle mich auf der Nase** my nose is peeling.

Schal(en)|obst *nt* nuts *pl*.

Schalensessel *m* shell chair; **Schalensitz** *m* bucket seat.

Schalheit *f* flatness; (*von Wasser, Geschmack*) staleness; (*fig: Geistlosigkeit, von Witz*) staleness, weakness.

Schalholz *nt* shuttering wood.

Schalk *m* -(e)s, -e *or* ⁻e joker. **ihm sitzt der** ~ **im Nacken** he's in a devilish mood; **ihr schaut der** ~ **aus den Augen** she (always) has a roguish *or* mischievous look on her face.

schalkhaft *adj* roguish, mischievous.

Schalksknecht *m* (*obs pej*) ne'er-do-well; **Schalksnarr** *m* (*obs*) **1.** (*Hofnarr*) jester, fool; **2.** (*Schalk*) wag, prankster, rogue.

Schall *m* -(e)s, -e *or* ⁻e sound. **Name ist** ~ **und Rauch** what's in a name?

Schallbecher *m* (*Mus*) bell; **Schallboden** *m* sound(ing)-board; **schalldämmend** *adj* sound-deadening; **Schalldämmung** *f* sound absorption; (*Abdichtung gegen Schall*) soundproofing; **schalldämpfend** *adj Wirkung* sound-muffling *or* -deadening; *Material* soundproofing; **Schalldämpfer** *m* sound absorber; (*von Auto*) silencer (*Brit*), muffler (*US*); (*von Gewehr etc*) silencer; (*Mus*) mute; **schalldicht** *adj* soundproof; ~ **abgeschlossen sein** to be fully soundproofed.

schallen *vi* to sound; (*Stimme, Glocke, Beifall*) to ring (out); (*widerhallen*) to resound, to echo. **er schlug die Tür zu, daß es** (*im Zimmer*) **schallte** he slammed the door so that the room reverberated.

schallend *adj Beifall, Ohrfeige* resounding; *Gelächter* ringing. ~ **lachen** to roar with laughter.

Schallgeschwindigkeit *f* speed of sound; **Schallgrenze, Schallmauer** *f* sound barrier; **Schallmessung** *f* sound ranging.

Schallplatte *f* record.

Schallplatten|album *nt* record case; **Schallplatten|archiv** *nt* (gramophone) record archive; **Schallplatten|auf-nahme** f (gramophone) recording.

schallschluckend adj sound-absorbent; *Material* soundproofing; **schallsicher** adj soundproof; **schalltot** adj Raum completely soundproof, anechoic; **Schall-trichter** m horn; (*von Trompeten etc*) bell; **Schallwelle** f soundwave.

Schalmei f shawm.

Schal|obst nt siehe **Schal(en)obst**.

Schalotte f -, -n shallot.

schalt pret of **schelten**.

Schalt|anlage f switchgear; **Schaltbild** nt circuit diagram, wiring diagram; **Schaltbrett** nt switchboard, control panel.

schalten I vt to switch, to turn; (*in Gang bringen*) to switch or turn on. **etw auf „2"** ~ to turn or switch sth to "2"; **etw auf die höchste Stufe** ~ to turn sth on full, to turn sth full on or up; **das Gerät läßt sich schwer** ~ or **schaltet sich schwer** this device has a difficult switch (to operate); **das Auto läßt sich spielend** ~ or **schaltet sich leicht** it's easy to change gear in this car.

II vi **1.** (*Gerät*) to switch (*auf + acc* to); (*Aut*) to change gear. **in den 2. Gang** ~ to change or shift (*US*) (up/down) into 2nd gear.

2. (*fig: verfahren, handeln*) ~ **und walten** to bustle around; **frei** ~ **(und walten) können** to have a free hand (to do as one pleases); **jdn frei** ~ **und walten lassen** to give sb a free hand, to let sb manage things as he sees fit.

3. (*inf: begreifen*) to latch on (*inf*), to get it (*inf*), to get the message (*inf*); (*reagieren*) to react.

Schalter m -s, - **1.** (*Elec etc*) switch. **2.** (*in Post, Bank, Amt*) counter; (*mit Fenster auch*) window.

Schalterbe|amte(r) m counter clerk; (*im Bahnhof*) ticket clerk; **Schalterdienst** m counter duty; **Schalterhalle** f, **Schalterraum** m (*in Post*) hall; (*in Bank*) (banking) hall; (*im Bahnhof*) booking or ticket hall; **Schalterstunden** pl hours of business pl, business hours pl.

Schalthebel m switch lever; (*Aut*) gear lever, gearshift (lever). **an den ~n der Macht sitzen** to hold the reins of power.

Schaltier nt crustacean.

Schaltjahr nt leap year; **Schaltkasten** m switchbox; **Schaltknüppel** m (*Aut*) gear lever; (*Aviat*) joystick; **Schalt-pause** f (*TV, Rad*) pause (*before going over to another region or station*); **Schalt-plan** m siehe **Schaltbild**; **Schaltpult** nt control desk; **Schaltsatz** m (*Ling*) parenthetic clause; **Schaltskizze** f siehe **Schaltbild**; **Schaltstelle** f (*fig*) coordinating point; **Schalttafel** f siehe **Schaltbrett**; **Schalttag** m leap day.

Schaltung f switching; (*Elec*) wiring; (*Aut*) gear change, gearshift.

Schaluppe f -, -n sloop.

Schalwild nt hoofed game.

Scham f -, no pl **1.** shame. **er wurde rot vor** ~ he went red with shame; **ich hätte vor** ~ **(in den Boden) versinken können** I wanted

the floor to swallow me or to open up under me; **er versteckte sich vor** ~ he hid himself in shame; **aus falscher** ~ from a false sense of shame; **nur keine falsche** ~! (*inf*) no need to feel or be embarrassed!, no need for embarrassment!; **sie hat kein bißchen** ~ **(im Leibe)** she doesn't have an ounce of shame (in her); **ohne** ~ unashamedly.

2. (*geh: Genitalien*) private parts pl; (*von Frau*) pudenda pl.

Schamane m -n, -n shaman.

Schambein nt pubic bone; **Schamberg** m (*geh*) siehe **Schamhügel**.

schämen vr to be ashamed. **du solltest dich** ~!, **du sollst dich was** ~ (*inf*) you ought to be ashamed of yourself!; **sich einer Sache** (*gen*) or **für** or **wegen etw** ~ to be ashamed of sth; **sich jds/einer Sache** or **wegen jdm/ etw** (*inf*) ~ to be ashamed of sb/sth; **sich für jdn** ~ to be ashamed for sb; **sich vor jdm** ~ to be or feel ashamed in front of sb; **schäme dich!** shame on you!

Schamgefühl nt sense of shame; **ganz ohne** ~ **sein** to have no (sense of) shame; **Schamgegend** f pubic region; **Scham-haar** nt pubic hair; **schamhaft** adj modest; (*verschämt*) bashful, coy; **Schamhaftigkeit** f modesty; **Scham-hügel** m mount of Venus, mons veneris (*form*); **Schamlippen** pl labia pl, lips pl of the vulva; **schamlos** adj shameless; (*unanständig auch*) indecent; (*unver-schämt auch*) brazen; *Frechheit, Lüge* brazen, barefaced; **~e Reden führen** to make indecent remarks; **Schamlosig-keit** f siehe adj shamelessness; indecency; brazenness.

Schamott m -s, no pl (*inf*) junk (*inf*), trash (*inf*), rubbish.

Schamotte f -, no pl fireclay.

Schamottestein m firestone; **Schamotte-ziegel** m firebrick.

Schampus m -s, no pl (*dated inf*) champers sing (*dated inf*).

schamrot adj red (with shame); ~ **werden** or **anlaufen** to turn red or to blush or flush with shame; **Schamröte** f flush or blush of shame; **die** ~ **stieg ihr ins Gesicht** her face flushed with shame; **Schamteile** pl private parts pl, genitals pl.

schandbar adj shameful, disgraceful.

Schande f -, no pl disgrace; (*Unehre auch*) shame, ignominy. **er ist eine** ~ **für seine Familie** he is a disgrace to his family; **das ist eine (wahre)** ~! this is a(n absolute) disgrace!; **es ist doch keine** ~, **Gefühle zu zeigen** or **wenn man Gefühle zeigt** there is no shame or disgrace in showing one's feelings; ~ **über jdn bringen** to bring disgrace or shame upon sb, to disgrace sb; ~ **über dich!** (*dated*) shame on you!; **jdm/ einer Sache** ~ **machen** to be a disgrace to sb/sth; **mach mir keine** ~ don't show me up (*inf*), don't be a disgrace to me; **zu meiner (großen)** ~ **muß ich gestehen, . . .** to my great or eternal shame I have to admit that . . .

schänden vt *Leichnam, Grab, Denkmal* to violate, to defile; *Heiligtum auch* to desecrate; *Sabbat, Sonntag etc* to violate, to desecrate; *Frauen, Kinder* to violate;

Ansehen, Namen to dishonour, to discredit, to sully.

Schandfleck *m* blot (*in* +dat on). **er war der ~ der Familie** he was the disgrace of his family.

schändlich *adj* disgraceful, shameful. **jdn ~ im Stich lassen/betrügen** shamefully to leave sb in the lurch/to deceive sb shamefully.

Schändlichkeit *f* disgracefulness, shamefulness.

Schandmal *nt* brand, stigma; **Schandmaul** *nt* (*pej*) malicious *or* evil tongue; **er ist ein ~** he has a malicious *or* an evil tongue; **Schandpfahl** *m* pillory; **Schandtat** *f* scandalous *or* disgraceful deed; (*hum*) prank, escapade; **zu jeder ~ bereit sein** (*inf*) to be always ready for mischief *or* a lark (*inf*).

Schändung *f siehe vt* violation, defilement; desecration; violation; dishonouring, discrediting, sullying.

schanghaien* *vt* (*Naut*) to shanghai.

Schankbetrieb *m* bar service; **nach 24⁰⁰kein ~ mehr** the bar closes at 12 midnight; **Schankbier** *nt* draught beer.

Schanker *m* -s, - chancre.

Schank|erlaubnis *f* licence (*of publican*) (*Brit*), excise license (*US*); **Schankfräulein** *nt* (*Aus*) barmaid; **Schankkonzession** *f siehe* **Schankerlaubnis**; **Schankstube** *f* (public) bar (*Brit*), saloon (*US*); **Schanktisch** *m* bar; **Schankwirt** *m* (*old*) taverner (*old*), publican (*Brit*), saloon keeper (*US*), barkeeper (*US*); **Schankwirtschaft** *f* (*old, Aus*) tavern (*old*), public house (*Brit*), saloon (*US*).

Schanze *f* -, -n (*Mil*) fieldwork, entrenchment; (*Naut*) quarterdeck; (*Sport*) (ski-)jump.

schanzen *vi* 1. (*Mil*) to dig (trenches). 2. (*Sch inf*) to work like mad (*inf*).

Schar¹ *f* -, -en crowd, throng (*liter*); (*von Vögeln*) flock; (*von Insekten, Heuschrecken etc*) swarm; (*Reiter~, Soldaten~ etc*) band, company; (*von Jägern*) party; (*Pfadfinder*) company, troop; (*von Engeln*) host, band, throng (*liter*). **~en von Hausfrauen stürzten sich auf die Sonderangebote** hordes *or* crowds of housewives descended on the special offers; **die Schlachtenbummler verließen das Stadion in (hellen) ~en** the away supporters left the stadium in droves *or* swarmed away from the stadium.

Schar² *f* -, -en (*Pflug~*) (plough)share (*Brit*), (plow)share (*US*).

Scharade *f* charade. **~ spielen** to play charades.

Scharbockskraut *nt* (lesser) celandine.

Schäre *f* -, -n skerry.

scharen I *vt* Menschen/Anhänger um sich **~** to gather people/to rally supporters around one. II *vr* **sich um jdn ~** to gather around sb; (*Anhänger auch*) to rally around sb.

scharenweise *adv* (*in bezug auf Menschen*) in droves; **die Heuschrecken/Vögel fielen ~ über die Saat her** swarms of locusts/whole flocks of birds descended on the seedcrop; **~ drängten sich die**

Leute vor dem Schaufenster people crowded *or* thronged in front of the shop window.

scharf *adj, comp* **⁻er,** *superl* **⁻ste(r, s)** *or adv* **am ⁻sten 1.** *Kante, Kurve* sharp; *Messer, Klinge auch* keen *attr* (*liter*); (*durchdringend auch*) *Wind* keen, biting, cutting; *Kälte* biting; *Luft* raw, keen; *Frost* sharp, keen; *Ton* piercing, shrill. **das „s" wird oft ~ ausgesprochen** "s" is often voiceless *or* pronounced as an "s" and not a "z"; **das ~e s** (*inf, Aus*) the "scharfes s" (*German symbol ß*); **ein Messer ~ machen** to sharpen a knife.

2. (*stark gewürzt*) hot; (*mit Salz, Pfeffer*) highly seasoned; *Geruch, Geschmack* pungent, acrid; *Käse* strong, sharp; *Alkohol* (*stark*) strong; (*brennend*) fiery; (*ätzend*) *Waschmittel, Lösung* caustic. **~ würzen** to season highly, to make hot (*inf*); **Fleisch ~ anbraten** to sear meat; **Kaffee ~ brennen** to give coffee a burnt taste; **~e Sachen** (*inf*) hard stuff (*inf*).

3. (*hart, streng*) *Mittel, Maßnahmen* tough, severe, drastic; (*inf*) *Prüfung, Untersuchung* strict, tough; *Lehrer, Polizist* tough; *Bewachung* close, tight; *Hund* fierce. **jdn ~ bewachen** to guard sb closely.

4. (*schonungslos, stark*) *Worte, Kritik* sharp, biting, harsh; *Widerstand, Konkurrenz* fierce, tough; *Gegner, Protest* strong, fierce; *Auseinandersetzung* bitter, fierce. **eine ~e Zunge haben** to have a sharp tongue, to be sharp-tongued; **jdn/etw in ~er Form kritisieren** to criticize sb/sth in strong terms; **etw in ⁻ster Form** *or* **aufs ⁻ste verurteilen** to condemn sth in the strongest possible terms; **das ist ja das ⁻ste!** (*sl*) this is too much! (*inf*).

5. (*deutlich, klar, genau*) sharp; *Unterschied auch* marked; *Brille, Linse* sharply focusing; *Augen auch* keen; *Töne* clear, precise; *Verstand, Intelligenz, Gehör auch* keen, acute; *Beobachter* keen. **etw ~ einstellen** *Bild, Diaprojektor etc* to bring sth into focus; *Sender* to tune sth in (properly); **~ eingestellt** in (sharp) focus; (properly) tuned in; **~ sehen/hören** to have sharp eyes/ears; **~ aufpassen/zuhören** to pay close attention/to listen closely; **jdn ~ ansehen** to give sb a scrutinizing look; (*mißbilligend*) to look sharply at sb; **etw ~ umreißen** (*fig*) to outline sth precisely *or* clearly; **~ nachdenken** to have a good *or* long think, to think long and hard; **~ kalkulieren** to calculate exactly; **etw ~er ins Auge fassen** (*fig*) to take a closer look at sth, to look more closely at sth.

6. (*heftig, schnell*) *Ritt, Trab* hard. **~ reiten** to ride hard; **ein ~es Tempo fahren** (*inf*) to drive hell for leather (*inf*), to drive at quite a lick (*inf*); **einen ~en Stil fahren** (*inf*) to drive hard; **~ bremsen** to brake sharply *or* hard.

7. (*echt*) *Munition etc, Schuß* live. **etw ~ machen** to arm sth; **~e Schüsse abgeben** to shoot *or* fire live bullets; **das Gewehr war ~ geladen** the rifle was loaded with live ammunition; **~ schießen** (*lit*) to shoot with live ammunition; (*auf den Mann*) to aim to hit; (fig) to let fly.

8. (sl) (geil) randy (Brit inf), horny (inf); (aufreizend) Frau, Kleidung, Bilder sexy (inf); Film sexy (inf), blue attr; (aufregend) Auto, Film cool (inf), great (inf). **~ werden** to get turned on (inf), to get randy (Brit inf) or horny (inf); **jdn ~ machen** to turn sb on (inf); **auf jdn/etw ~ sein** (inf) to be keen on (inf) or hot for (sl) sb/sth, to fancy sb/sth (inf); **der Alte ist ~ wie Nachbars Lumpi** he's a randy old beggar (sl).

Scharfblick m (fig) perspicacity, keen insight, penetration.

Schärfe f -, -n siehe adj 1.-5. **1.** sharpness; keenness; keenness; shrillness.

2. hotness; pungency; causticity.

3. toughness, severity; toughness; closeness, tightness. **mit ~ vorgehen** to take tough or severe or drastic measures.

4. sharpness, harshness; ferocity, toughness; ferocity; bitterness, ferocity. **ich möchte in aller ~ sagen, daß ...** I'm going to be quite harsh (about this) and say that ...

5. sharpness; sharp focus; keenness; clarity; keenness; (an Kamera, Fernsehen) focus; (an Radio) tuning. **dem Bild fehlt die ~** the picture lacks sharpness (of focus) or definition.

schärfen vt (lit, fig) to sharpen.

Scharfmacher m (inf) rabble-rouser, agitator; **Scharfmacherei** f (inf) rabble-rousing, agitation; **Scharfrichter** m executioner; **Scharfschütze** m marksman, sharpshooter; **scharfsichtig** adj keen- or sharp-sighted; (fig) perspicacious, clear-sighted; **Scharfsinn** m astuteness, acumen, keen perception; **scharfsinnig** adj Bemerkung astute, penetrating; Detektiv etc astute, sharpwitted.

Scharlach m -s, no pl **1.** scarlet. **2.** (~fieber) scarlet fever.

scharlachrot adj scarlet (red).

Scharlatan m -s, -e charlatan; (Arzt auch) quack.

Scharlatanerie f charlatanism.

Scharmützel nt -s, - (old) skirmish, brush with the enemy.

Scharnier -s, -e, **Scharniergelenk** nt hinge.

Schärpe f -, -n sash.

scharren vti to scrape; (Pferd, Hund) to paw; (Huhn) to scratch; (verscharren) to bury (hurriedly). **mit dem Huf ~** to paw the ground.

Scharte f -, -n nick; (in Bergkamm) windgap; (Schieß~) embrasure; (in Kampfwagen) gunport. **eine ~ auswetzen** (fig) to make amends, to patch things up.

schartig adj jagged, notched.

scharwenzeln* vi aux sein or haben (inf) to dance attendance (um (up)on).

Schaschlik nt -s, -s (shish-)kebab.

schassen vt (inf) to chuck out (inf), to boot out (inf).

Schatten m -s, - (lit, fig) shadow; (schattige Stelle) shade; (Geist) shade. **im ~ sitzen** to sit in the shade; **40 Grad im ~** 40 degrees in the shade; **~ geben** or **spenden** to give or provide shade; **einen ~ auf etw** (acc) **werfen** (lit) to cast a shadow on sth; (fig) to cast a shadow or cloud (up)on sth; **große Ereignisse werfen ihre ~ voraus** great events are often foreshadowed; **in jds ~** (dat) **stehen** (fig) to stand or be in sb's shadow; **jdn/etw in den ~ stellen** (fig) to put sb/sth in the shade, to overshadow or eclipse sb/sth; **man kann nicht über seinen eigenen ~ springen** (fig) the leopard cannot change his spots (prov); **nur noch ein ~ (seiner selbst) sein** to be (only) a shadow of one's former self; **Reich der ~** (liter) realm of shades (liter); **es fiel nicht der leiseste ~ des Verdachts auf ihn** not a shadow of suspicion fell on him; **nicht der ~ eines Beweises** not the slightest proof; **~ unter den Augen** shadows under the eyes; **du hast ja einen ~** (sl) you must be nuts (sl).

Schattenbild nt silhouette; (in Schattenspiel) shadow picture, shadow(graph); **Schattenboxen** nt shadow-boxing; **Schattendasein** nt shadowy existence; **schattenhaft** adj shadowy, shadow-like; (fig: vage) shadowy, fuzzy, vague; **Schattenkabinett** nt (Pol) shadow cabinet; **schattenlos** adj shadowless; **Schattenmorelle** f morello cherry; **schattenreich** adj shady; **Schattenreich** nt (liter) realm of shadows (liter) or shades (liter); **Schattenriß** m silhouette; **Schattenseite** f shady side; (von Planeten) dark side; (fig: Nachteil) drawback, disadvantage; **die ~(n) des Lebens** the dark side of life, life's dark side; (in Milieu, Slums etc) the seamy side of life; **schattenspendend** adj attr shady; **Schattenspiel** nt shadow play or show; (Art) contrast, shadow play.

schattieren* vt to shade.

Schattierung f (lit, fig) shade; (das Schattieren) shading. **aller politischen ~en** of every political shade.

schattig adj shady.

Schatulle f -, -n casket; (Geld~) coffer; (pej inf) bag (inf).

Schatz m -es, ~e **1.** (lit, fig) treasure. **~e** pl (Boden~) natural resources pl; (Reichtum) riches pl, wealth sing; **nach ~en graben** to dig for (buried) treasure; **du bist ein ~!** (inf) you're a (real) treasure!

2. (Liebling) sweetheart; (als Anrede) love, darling.

Schatzamt nt Treasury; **Schatzanweisung** f treasury bond.

schätzbar adj assessable. **gut/schlecht/ schwer ~** easy/hard/ difficult to assess or estimate.

Schätzchen nt darling.

schätzen I vt **1.** (veranschlagen) to estimate, to assess (auf +acc at); Wertgegenstand, Gemälde etc to value, to appraise; (annehmen) to reckon, to think. **die Besucherzahl wurde auf 500.000 geschätzt** the number of visitors was estimated at or to be 500,000; **wie alt ~ Sie mich denn?** how old do you reckon I am or would you say I am, then?; **was schätzt du, wie lange/wie viele/wie alt ...?** how long/how many/how old ... do you reckon or would you say ...?; **was/wieviel schätzt du denn?** what/how much do you reckon

it is *or* would you say it was?
2. (*würdigen*) to regard highly, to value. **jdn** ~ to think highly of sb, to hold sb in high regard *or* esteem; **mein geschätzter Kollege** (*form*) my esteemed colleague (*form*); **etw zu** ~ **wissen** to appreciate sth; **das schätzt er (überhaupt) nicht** he doesn't care for *or* appreciate that (at all); **sich glücklich** ~ to consider *or* deem (*form*) oneself lucky.
II *vi* (*veranschlagen*, *raten*) to guess. **schätz mal** have a guess. .
schätzenlernen *vt sep* to come to appreciate *or* value.
schätzenswert *adj* estimable.
Schätzer *m* **-s**, - valuer; (*Insur*) assessor.
Schatzgräber *m* **-s**, - treasure-hunter; **Schatzkammer** *f* treasure chamber *or* vault; **Schatzkanzler** *m* (*Pol*) minister of finance, Chancellor of the Exchequer (*Brit*), secretary to the Treasury (*US*); **Schatzkästchen**, **Schatzkästlein** *nt* casket, (small) treasure chest; (*fig: als Buchtitel etc*) treasury; **Schatzmeister** *m* treasurer.
Schätzpreis *m* valuation price.
Schätzung *f* estimate; (*das Schätzen*) estimation; (*von Wertgegenstand*) valuation, appraisal. **nach meiner** ~ ... I reckon that ...; (*ungefähr*) approximately, roughly.
schätzungsweise *adv* (*so vermutet man*) it is estimated *or* thought; (*ungefähr*) approximately, roughly; (*so schätze ich*) I think, I reckon. **die Inflationsrate wird sich** ~ **verdoppeln** it is thought *or* estimated (that) the rate of inflation will double; **es werden** ~ **3.000 Zuschauer kommen** an estimated 3,000 spectators will come; **wann wirst du** ~ **kommen?** when do you think *or* reckon you'll come?
Schätzwert *m* estimated value.
schau *adj pred* (*dated sl*) wizard (*dated sl*).
Schau *f* **-**, **-en 1.** (*Vorführung*) show; (*Ausstellung auch*) display, exhibition. **etw zur** ~ **stellen** (*ausstellen*) to put sth on show, to display *or* exhibit *or* show sth; (*fig*) to make a show of sth, to parade sth; (*protzen mit*) to show off sth; **etw zur** ~ **tragen** to display sth.
2. (*inf*) **eine** ~ **abziehen** to put on a display *or* show; (*Theater machen*) to make a big show (*inf*); **das ist nur** ~ it's only show; **jdm die** ~ **stehlen** to steal the show from sb.
3. (*liter: mystische Vision*) vision.
4. (*geh: Blickwinkel*) (point) of view.
Schaubild *nt* diagram; (*Kurve*) graph; **Schaubude** *f* (show) booth; **Schaubühne** *f* (*old*) theatre; (*fig*) stage, scene.
Schauder *m* **-s**, - shudder; (*vor Angst, Kälte auch*) shiver. **ein** ~ **lief mir über den Rücken** a shiver/shudder ran down my spine.
schauderhaft *adj* (*lit*) horrible, ghastly, terrible; (*fig inf*) terrible, dreadful, awful.
schaudern *vi* (*vor Grauen, Abscheu*) to shudder; (*vor Kälte, Angst auch*) to shiver; (*vor Ehrfurcht*) to tremble, to quiver. **mich schauderte bei dem Anblick/ Gedanken** I shuddered/ shivered/ trembled *or* quivered at the sight/thought.
schauen I *vi* (*esp dial*) to look. **verärgert/**

traurig *etc* ~ to look angry/sad *etc*; **auf etw** (*acc*) ~ to look at sth; **um sich** ~ to look around (one); **jdm (fest) in die Augen** ~ to look sb (straight) in the eye; **jdm (verliebt) in die Augen** ~ to gaze (adoringly) into sb's eyes; **nach jdm/etw** ~ (*suchen*) to look for sb/sth; (*sich kümmern um*) to look after sb/sth; **da schaust du aber!** there, see!, there you are!; **schau, schau!** (*inf*), **da schau her!** (*S Ger*) well, well!, what do you know! (*inf*), how about that! (*inf*); **schau, daß du ...** see *or* mind (that) you ...
II *vt* (*geh*) to see, to behold (*old, liter*); (*erkennen*) to see. **Gott** ~ to see God.
Schauer *m* **-s**, - **1.** (*Regen*~) shower. **2.** (*Schauder*) shudder.
Schauergeschichte *f* horror story; (*Liter*) gothic tale *or* story; (*inf: Lügengeschichte*) horror story.
schauerlich *adj* **1.** horrific, horrible; *Anblick, Schrei, Erzählung auch* spine-chilling, bloodcurdling; (*gruselig*) eerie, creepy (*inf*). **2.** (*inf: fürchterlich*) terrible, dreadful, awful.
Schauermann *m*, *pl* **-leute** docker, long-shoreman (*US*); **Schauermärchen** *nt* (*inf*) horror story.
schauern I *vi* to shudder. **II** *vt impers* **mich schauert** I shudder; **mich schauert bei dem bloßen Gedanken** the very thought (of it) makes me shudder.
Schauerroman *m* (*lit, fig inf*) horror story; (*Liter auch*) Gothic novel.
Schaufel *f* **-**, **-n** shovel; (*kleiner: für Mehl, Zucker*) scoop; (*Kehricht*~) dustpan; (*von Bagger*) scoop; (*von Schaufelrad*) paddle; (*von Wasserrad, Turbine*) vane; (*Geweih*~) palm. **zwei** ~**n (voll) Sand/ Kies** two shovel(ful)s of sand/gravel.
schaufeln *vti* to shovel; *Grab, Grube* to dig; *siehe* **Grab**.
Schaufenster *nt* display window; (*von Geschäft auch*) shop window.
Schaufensterbummel *m* window-shopping expedition; **einen** ~ **machen** to go window-shopping; **Schaufenstergestaltung** *f* window-dressing; **Schaufensterpuppe** *f* display dummy.
Schauflug *m* stunt flight; **Schaugeschäft** *nt* show business; **Schaukampf** *m* exhibition bout *or* fight; **Schaukasten** *m* showcase.
Schaukel *f* **-**, **-n** swing.
schaukeln I *vi* **1.** (*mit Schaukel*) to swing; (*im Schaukelstuhl*) to rock. **auf** *or* **mit dem Stuhl** ~ to swing *or* rock back and forth in one's chair, to tip one's chair back and forth.
2. (*sich hin und her bewegen*) to swing *or* sway (to and fro *or* back and forth); (*sich auf und ab bewegen*) to rock up and down; (*Fahrzeug*) to bounce (up and down); (*Schiff*) to rock, to pitch and toss.
II *vt* to rock. **jdn durch die Gegend** ~ (*inf*) to take sb for a spin round the place (*inf*); **wir werden das Kind** *or* **das** *or* **die Sache schon** ~ (*inf*) we'll manage it.
Schaukelpferd *nt* rocking horse; **Schaukelpolitik** *f* seesaw (*fig*) politics *pl*/policy; **Schaukelstuhl** *m* rocking chair.
schaulustig *adj* curious; **Schaulustige** *pl*

decl as adj (curious) onlookers *pl*, rubbernecks (*US*).

Schaum *m* **-s**, **Schäume** foam, froth; (*Seifen~*, *Shampoo~*) lather; (*von Waschmittel*) lather, suds *pl*; (*Cook: auf Speisen, Getränken*) froth; (*auf Marmelade, Flüssen, Sümpfen*) scum; (*von Bier*) head, froth. ~ **vor dem Mund haben** (*lit, fig*) to froth *or* foam at the mouth; **etw zu** ~ **schlagen** (*Cook*) to beat *or* whip sth until frothy; ~ **schlagen** (*fig inf*) to be all hot air.

Schaumbad *nt* bubble *or* foam bath; **Schaumblase** *f* bubble.

schäumen *vi* to foam, to froth; (*Seife, Shampoo, Waschmittel*) to lather (up); (*Limonade, Wein*) to bubble; (*inf: wütend sein*) to foam at the mouth. **das Waschmittel schäumt stark/schwach** it's a high-/low-lather detergent; **vor Wut** ~ to be foaming with rage.

Schaumgummi *nt or m* foam rubber.

schaumig *adj siehe* **Schaum** foamy, frothy; lathery; lathery, sudsy; frothy; scummy; frothy.

Schaumkrone *f* whitecap, white crest *or* horse; **Schaumlöffel** *m* skimmer; **Schaumlöscher** *m*, **Schaumlöschgerät** *nt* foam extinguisher; **Schaumschlägerei** *f* (*fig inf*) hot air (*inf*); **Schaumstoff** *m* foam material; **Schaumwein** *m* sparkling wine.

Schaupackung *f* dummy (package); **Schauplatz** *m* scene; **vom** ~ **berichten** to give an on-the-spot report; **am** ~ **sein** to be on *or* at the scene *or* on the spot; **vom** ~ **(der Politik) abtreten** to leave the (political) scene *or* arena; **Schauprozeß** *m* show trial.

schaurig *adj* gruesome; *Schrei* spinechilling, bloodcurdling; (*inf: sehr schlecht*) dreadful, abysmal (*inf*), awful.

schaurig-schön *adj* gruesomely beautiful; (*unheimlich*) eerily beautiful.

Schauspiel *nt* **1.** (*Theat*) drama, play. **2.** (*fig*) spectacle. **wir wollen doch den Leuten kein** ~ **bieten** let's not make a spectacle of ourselves.

Schauspieler *m* actor, player; (*fig*) (play-)actor.

Schauspielerei *f* acting; (*fig: Verstellung*) play-acting.

Schauspielerin *f* (*lit*) actress; (*fig*) (play-)actress.

schauspielerisch I *adj* acting. **II** *adv* as regards acting, as far as (the) acting is/was concerned.

schauspielern *vi insep* to act; (*fig*) to (play-)act.

Schauspielhaus *nt* playhouse, theatre; **Schauspielkunst** *f* dramatic art, drama; (*in bezug auf Schauspieler*) acting; **Schauspielschule** *f* drama school; **Schauspielschüler** *m* drama student; **Schauspiel|unterricht** *m* acting *or* drama lessons *pl or* classes *pl*.

Schausteller *m* **-s**, **-** showman; **Schaustück** *nt* showpiece; **Schautafel** *f* (*zur Information*) (notice) board; (*Schaubild*) diagram.

Scheck *m* **-s**, **-s** *or* (*rare*) **-e** cheque (*Brit*), check (*US*). **mit (einem)** *or* **per** ~ **bezahlen** to pay by cheque; **ein** ~ **auf** *or* **über DM 200** a cheque for DM 200.

Scheckbetrug *m* cheque/check fraud; **Scheckbuch** *nt* chequebook (*Brit*), checkbook (*US*).

Schecke *m* **-n**, **-n** *or* **f** **-**, **-n** (*Pferd*) dappled horse/pony; (*Rind*) spotted ox/bull/cow.

Scheckfälschung *f* cheque/check forgery; **Scheckheft** *nt siehe* **Scheckbuch.**

scheckig *adj* spotted; *Pferd* dappled; (*inf: kunterbunt*) gaudy; (*verfärbt*) blotchy, patchy.

Scheckkarte *f* cheque card (*Brit*), check card (*US*), banker's card; **Scheckverkehr** *m* cheque/check transactions *pl*.

scheel *adj* (*mißgünstig*) envious, jealous; (*abschätzig*) disparaging. **ein** ~**er Blick** a dirty look; **jdn** ~ **ansehen** to give sb a dirty look; (*abschätzig*) to look askance at sb.

Scheffel *m* **-s**, **-** (*Gefäß, Hohlmaß*) ≃ bushel (*contains anything from 30 to 300 litres*). **sein Licht unter den** ~ **stellen** (*inf*) to hide one's light under a bushel.

scheffeln *vt Gold, Orden* to pile up, to accumulate; *Geld* to rake in (*inf*).

scheffelweise *adv* in large quantities, by the sackful. ~ **Geld verdienen** to be raking it in (*inf*).

scheibchenweise *adv* (*fig*) bit by bit, little by little, a bit *or* little at a time.

Scheibe *f* **-**, **-n** **1.** disc; (*Schieß~*) target; (*Eishockey*) puck; (*Wähl~*) dial; (*Tech*) (*Unterleg~, Dichtungs~*) washer; (*Kupplungs~, Brems~*) disc; (*Töpfer~*) wheel; (*inf: Schallplatte*) disc (*inf*).
2. (*abgeschnittene* ~) slice; (*Längs~: von Orange etc*) segment. **etw in** ~**n schneiden** to slice sth (up), to cut sth (up) into slices; **von ihm könntest du dir eine** ~ **abschneiden** (*fig inf*) you could take a leaf out of his book (*inf*).
3. (*Glas~*) (window)pane; (*Fenster, von Auto*) window; (*Spiegel~*) glass.

Scheibenbremse *f* disc brake; **Scheibengardine** *f* net curtain; **Scheibenhonig** *m* comb honey; (*euph inf*) sugar! (*euph inf*); **Scheibenkleister** *interj* (*euph inf*) sugar! (*euph inf*); **Scheibenkupplung** *f* disc *or* plate clutch; **Scheibenschießen** *nt* target shooting; **Scheibenwasch|anlage** *f* windscreen (*Brit*) *or* windshield (*US*) washers *pl*; **scheibenweise** *adv* in slices; **Scheibenwischer** *m* windscreen (*Brit*) *or* windshield (*US*) wiper.

Scheich *m* **-s**, **-e** sheik(h); (*inf*) bloke (*Brit inf*), guy (*inf*).

Scheichtum *nt* sheik(h)dom.

Scheide *f* **-**, **-n 1.** sheath; (*von Schwert auch*) scabbard; (*Vagina*) vagina. **das Schwert aus der** ~ **ziehen** to unsheathe *or* draw one's sword; **das Schwert in die** ~ **stecken** to put up *or* sheathe one's sword.
2. (*obs, fig: Grenze*) border.

Scheidelinie *f* (*lit*) border(line); (*fig*) dividing line; **Scheidemittel** *nt* (*Chem*) separating agent.

scheiden *pret* **schied**, *ptp* **geschieden I** *vt* **1.** (*geh: trennen*) to separate; (*voneinander* ~ *auch*) to divide; (*Chem*) to separate (out); *siehe* **Geist.**
2. (*auflösen*) *Ehe* to dissolve; *Eheleute* to divorce. **eine geschiedene Frau** a divorced

woman, a divorcee; **sich ~ lassen** to get divorced, to get a divorce; **er will sich von ihr ~ lassen** he wants to divorce her *or* to get a divorce (from her); **von dem Moment an waren wir (zwei) geschiedene Leute** (*inf*) after that it was the parting of the ways for us (*inf*).

II *vi aux sein* (*liter*) (*sich trennen*) to part; (*weggehen*) to depart. **aus dem Dienst/Amt ~** to retire from service/one's office; **aus dem Leben ~** to depart this life.

III *vr* (*Wege*) to divide, to part, to separate; (*Meinungen*) to diverge, to part company.

Scheidenkrampf *m* vaginal cramp, vaginismus (*form*).

Scheidewasser *nt* (*Chem*) nitric acid, aqua fortis; **Scheideweg** *m* (*fig*) crossroads *sing*; **am ~ stehen** to be at a crossroads.

Scheidung *f* **1.** (*das Scheiden*) separation. **2.** (*Ehe~*) divorce. **die ~ dieser Ehe** the dissolution of this marriage; **die ~ aussprechen** to grant the divorce; **in ~ leben** *or* **liegen** to be in the middle of divorce proceedings, to be getting a divorce; **die ~ einreichen** to file a petition for divorce.

Scheidungsgrund *m* grounds *pl* for divorce; (*hum: Mensch*) reason for his/ her *etc* divorce; **Scheidungsklage** *f* petition for divorce; **Scheidungsprozeß** *m* divorce proceedings *pl*; **Scheidungs|urteil** *nt* decree of divorce.

Schein[1] *m* **-s,** *no pl* **1.** (*Licht*) light; (*matt*) glow; (*von Gold, Schwert etc*) gleam, glint. **einen (hellen) ~ auf etw** (*acc*) **werfen** to shine (brightly) on sth, to cast a (bright) light on sth.
2. (*An~*) appearances *pl*; (*Vortäuschung*) pretence, sham. **~ und Sein** appearance and reality; **der ~ trügt** *or* **täuscht** appearances are deceptive; **dem ~ nach** on the face of it, to all appearances; **den ~ wahren** to keep up appearances; **etw nur zum ~ tun** only to pretend to do sth, to make only a pretence *or* a show of doing sth.

Schein[2] *m* **-s, -e** (*Geld~*) note, bill (*US*); (*Bescheinigung*) certificate; (*Univ*) (end of semester) certificate.

scheinbar *adj* apparent, seeming *attr*; (*vorgegeben*) feigned, ostensible; **er hörte ~ interessiert zu** he listened with apparent *or* seeming/ feigned interest; **Scheinblüte** *f* illusory flowering; (*Econ*) illusory boom; **Schein|ehe** *f* fictitious *or* sham marriage.

scheinen *pret* **schien,** *ptp* **geschienen** *vi* **1.** (*leuchten*) to shine.
2. *auch vi impers* (*den Anschein geben*) to seem, to appear. **es scheint, daß .../als (ob) ...** it seems *or* appears that .../as if ...; **mir scheint, (daß) ...** it seems *or* appears to me that ...; **wie es scheint** as it seems *or* would appear, apparently; **es scheint nur so** it only seems *or* appears to be like that; **du hast scheint's vergessen, daß ...** (*dial inf*) you seem to have forgotten that ...

Scheinfirma *f* dummy *or* fictitous firm; **Scheinfriede** *m* phoney peace, peace in name only, semblance *no pl* of peace; **Scheingefecht** *nt* mock *or* sham fight;

scheinheilig *adj* hypocritical; (*Arglosigkeit vortäuschend*) innocent; **~ tun** to be hypocritical; (*Arglosigkeit vortäuschen*) to act innocent, to play *or* act the innocent; **Scheinheilige(r)** *mf siehe adj* hypocrite; sham; **Scheinheiligkeit** *f siehe adj* hypocrisy; feigned innocence; **Scheinschwangerschaft** *f* false pregnancy; **Scheintod** *m* apparent death, suspended animation; **scheintot** *adj* in a state of apparent death *or* of suspended animation; **Scheinwerfer** *m* (*zum Beleuchten*) floodlight; (*im Theater*) spotlight; (*Such~*) searchlight; (*Aut*) (head)-light, headlamp; **Scheinwerferlicht** *nt siehe* **Scheinwerfer** floodlight(ing); spotlight; searchlight (beam); light *or* beam of the headlights *or* headlamps; (*fig*) limelight; **im ~ (der Öffentlichkeit) stehen** (*fig*) to be in the glare of publicity.

Scheiß *m* **-,** *no pl* (*sl*) shit (*vulg*), crap (*vulg*). **ein ~** a load of shit (*vulg*) *or* crap (*vulg*); **~ machen** (*herumalbern*) to bugger (*sl*) *or* mess (*inf*) about; (*Fehler machen*) to make a balls-up (*vulg*); **mach keinen ~!** don't do anything so bloody (*Brit sl*) *or* damn (*inf*) silly; **red' doch keinen ~!** don't talk crap! (*vulg*), cut (out) the crap! (*vulg*).

Scheiß- *in cpds* (*sl*) bloody (*Brit sl*), bleeding (*Brit sl*), damn(ed) (*inf*), fucking (*vulg*).

Scheißdreck *m* (*sl*) (*blödes Gerede, schlechte Ware etc*) load of shit (*vulg*); (*unangenehme Sache, Arbeit*) effing thing (*sl*), bloody thing (*Brit sl*); (*Angelegenheiten*) effing business (*sl*), bloody business (*Brit sl*). **~!** shit! (*vulg*); **wegen jedem ~** about every effing (*sl*) *or* bloody (*Brit sl*) little thing; **das geht dich einen ~ an** it's none of your effing (*sl*) *or* bloody (*Brit sl*) business, it's got bugger-all to do with you (*sl*); **sich einen ~ um jdn/etw kümmern** not to give a shit (*vulg*) *or* a bloody damn (*Brit sl*) about sb/sth.

Scheiße *f* **-,** *no pl* (*vulg: Kot*) shit (*vulg*), crap (*vulg*); (*sl*) (*unangenehme Lage*) shit (*vulg*); (*Unsinn*) shit (*vulg*), crap (*vulg*). **~ sein** to be bloody awful (*Brit sl*) *or* goddamn (*sl*) awful; (*ärgerlich*) to be a bloody (*Brit sl*) *or* goddamn (*sl*) nuisance; **das ist doch alles ~** it's all a bloody mess (*Brit sl*), it's all shit (*vulg*); (*Unsinn*) it's all a load of shit (*vulg*); **in der ~ sitzen** to be in the shit (*vulg*), to be up shit creek (*vulg*).

scheiß|egal *adj* (*sl*) **das ist mir doch ~!** I don't give a shit (*vulg*) *or* a bloody damn (*Brit sl*).

scheißen *pret* **schiß,** *ptp* **geschissen** *vi* (*vulg*) to shit (*vulg*), to crap (*vulg*). **sich** (*dat*) **vor Angst in die Hosen ~** to have *or* get the shits (*vulg*), to shit oneself (*vulg*); **auf etw** (*acc*) **~** (*fig*) not to give a shit about sth (*vulg*); **ich scheiß' auf deine guten Ratschläge** to hell with your good advice (*sl*), you can stick your good advice (*sl*); **scheiß der Hund drauf** to hell with that! (*sl*), bugger that! (*sl*).

Scheißer *m* **-s, -** (*sl: Arschloch*) bugger (*sl*); (*inf: Kosename*) chubby cheeks *sing* (*hum inf*).

Scheißerei (*sl*), **Scheiß|ritis** (*hum inf*) *f*

die ~ the runs (inf), the shits (vulg).

scheißfreundlich adj (sl) as nice as pie (iro inf); **Scheißhaus** nt (vulg) shit-house (vulg); **Scheißkerl** m (sl) bastard (sl), sod (sl), son-of-a-bitch (US sl), mother(fucker) (US vulg); **scheißvornehm** adj (sl) bloody posh (Brit sl).

Scheit m **-(e)s, -e** or (Aus, Sw) **-er** log, piece of wood.

Scheitel m **-s, - 1.** (Haar~) parting (Brit), part (US). **vom ~ bis zur Sohle** from top to toe. **2.** (höchster Punkt) vertex.

scheiteln vt to part.

Scheitelpunkt m vertex; **Scheitelwinkel** m vertical angle.

Scheiterhaufen m (funeral) pyre; (Hist: zur Hinrichtung) stake. **die Hexe wurde auf dem ~ verbrannt** the witch was burned at the stake.

scheitern vi aux sein (an +dat because of) (Mensch, Unternehmen) to fail; (Verhandlungen, Ehe) to break down; (Plan auch) to fall through; (Regierung) to founder (an + dat on); (Mannschaft) to be defeated (an + dat by).

Scheitern nt **-s**, no pl siehe vi failure; breakdown; falling through; foundering; defeat. **zum ~ verurteilt** doomed to failure; **etw zum ~ bringen** to make sth fail/break down/fall through.

Schelf m or nt **-s, -e** (Geog) (continental) shelf.

Schellack m **-(e)s, -e** shellac.

Schelle f **-, -n 1.** bell; (dial: Klingel) (door)-bell. **2.** (Tech) clamp. **3.** (Hand~) handcuff. **4.** (dial) siehe **Ohrfeige. 5.** (Cards) **~n** pl ≏ diamonds sing or pl (shaped like bells on traditional German cards).

schellen vi to ring (nach jdm for sb). **es hat geschellt** the bell has gone; **bei jdm** or **an jds Tür** (dat) ~ to ring at sb's door.

Schellenbaum m (Mus) Turkish crescent, pavillon chinois; **Schellenkappe** f cap and bells, fool's cap.

Schellfisch m fish of the cod group.

Schelm m **-(e)s, -e** (dated: Spaßvogel) rogue, wag (dated); (obs: Gauner) knave (obs); (Liter) picaro. **den ~ im Nacken haben** to be up to mischief; **ein ~, der Böses denkt** honi soit qui mal y pense (prov), evil to him who evil thinks (prov).

Schelmengesicht nt mischievous face; **Schelmenroman** m picaresque novel; **Schelmenstreich** m (dated) roguish prank; **Schelmenstück** nt (dated) knavery (old); (obs: Missetat) villainous deed (old).

schelmisch adj mischievous.

Schelte f **-, -n** scolding. **er hat ~ bekommen** he got a scolding.

schelten pret **schalt**, ptp **gescholten I** vt to scold, to chide. **jdn einen Dummkopf ~** to call sb a blockhead. **II** vi (schimpfen) to curse. **über** or **auf jdn/etw ~** to curse sb/sth, to rail at sb/sth (old); **mit jdm ~** to scold sb.

Scheltwort nt word of abuse. **~e** words of abuse, invective sing.

Schema nt **-s, Schemen** or **-ta** scheme; (Darstellung) diagram; (Ordnung, Vorlage auch) plan; (Muster) pattern; (Philos, Psych) schema. **nach ~ F** in the same (old) way; **etw nach einem ~ machen** to do sth according to a pattern.

schematisch adj schematic; (mechanisch) mechanical.

schematisieren* vti to schematize.

Schematismus m schematism.

Schemel m **-s, -** stool.

Schemen m **-s, -** silhouette; (Gespenst) spectre.

schemenhaft I adj shadowy. **II** adv **etw ~ sehen/zeichnen** to see the outlines of sth/to sketch sth in; **die Bäume hoben sich ~ gegen den Himmel ab** the trees were silhouetted against the sky.

Schenke f **-, -n** tavern, inn.

Schenkel m **-s, - 1.** (Anat) (Ober~) thigh. **sich** (dat) **auf die ~ schlagen** to slap one's thighs; **dem Pferd die ~ geben** to press a horse on; siehe **Unterschenkel. 2.** (von Zirkel) leg; (von Zange, Schere) shank; (Math: von Winkel) side.

Schenkelbruch m fracture of the thigh(bone) or femur; **Schenkelhalsbruch** m fracture of the neck of the femur.

schenken I vt **1.** (Geschenk geben) **jdm etw ~** to give sb sth or give sth to sb (as a present or gift); **sich** (dat) (gegenseitig) **etw ~** to give each other sth (as a present or gift); **etw geschenkt bekommen/sich** (dat) **etw ~ lassen** to get sth as a present or gift; **etw zum Geburtstag/zu Weihnachten geschenkt bekommen** to get sth for one's birthday/for Christmas; **ich möchte nichts geschenkt haben!** (lit) I don't want any presents!; (fig: bevorzugt werden) I don't want any special treatment!; **ich nehme nichts geschenkt!** I'm not accepting any presents!; **das ist geschenkt!** (inf) (ist ein Geschenk) it's a present; (nicht der Rede wert) that's no great shakes (inf); (sl: nichts wert) forget it! (inf); **das ist (fast) geschenkt!** (inf: billig) that's dirt cheap (inf) or a give-away (inf); **das möchte ich nicht mal geschenkt haben!** I wouldn't want it if it was given to me; **einem geschenkten Gaul sieht man nicht ins Maul** (Prov) don't look a gift horse in the mouth (Prov).

2. (erlassen) **jdm etw ~** to let sb off sth; **ihm ist nie etwas geschenkt worden** (fig) he never had it easy.

3. in Verbindung mit n siehe auch dort **jdm die Freiheit/das Leben ~** (begnadigen) to set sb free/to spare sb's life; **einem Kind das Leben ~** (geh) to give birth to a child; **jdm seine Liebe/seine Aufmerksamkeit** etc **~** to give sb one's love/one's attention etc; **jdm/einer Sache (keinen) Glauben ~** to give (no) credence to sb/sth; **jdm Vertrauen ~** to put one's trust in sb.

II vi to give presents.

III vr **1. sich** (dat) **etw ~** to skip sth (inf); **deine Komplimente kannst du dir ~!** you can keep your compliments (inf); **sich** (dat) **die Mühe ~** to save oneself the trouble; **er hat sich** (dat) **nichts geschenkt** he spared no pains.

2. sich jdm ~ (liter: Frau) to give oneself to sb.

Schenkung f (Jur) gift.

Schenkungssteuer f gift tax; **Schenkungsurkunde** f deed of gift.

scheppern *vi (dial)* to clatter. **es hat gescheppert** there was a clatter; *(loser, Gegenstand)* there was a rattle; *(Autounfall)* there was a bang; *(Ohrfeige)* he/she got a clip round the ear.

Scherbe *f -, -n* fragment, (broken) piece; *(Glas~, Porzellan~, Keramik~)* broken piece of glass/china/pottery; *(Archeol)* shard, potsherd. **etw in ~n schlagen** to shatter sth; **in ~n gehen** to break, to shatter; *(fig)* to fall *or* go to pieces; **die ~n zusammenkehren** to sweep up the (broken) pieces; *(fig)* to pick up the pieces; **es hat ~n gegeben** *(fig)* there was lots of trouble; *(bei Streit)* sparks flew; **~n bringen Glück** *(Prov)* broken crockery brings you luck.

Scherbengericht *nt* ostracism. **über jdn ein ~ abhalten** *(geh)* to ostracize sb.

Schere *f -, -n* **1.** *(Werkzeug) (klein)* scissors *pl*; *(groß)* shears *pl*; *(Draht~)* wire-cutters *pl*. **eine ~** a pair of scissors/ shears/ wire-cutters. **2.** *(Zool)* pincer; *(von Hummer, Krebs auch)* claw. **3.** *(Turnen, Ringen)* scissors *sing*.

scheren¹ *pret* **schor**, *ptp* **geschoren** *vt* to clip; *Schaf, (Tech)* to shear; *Haare* to crop; *Bart (rasieren)* to shave; *(stutzen)* to trim. **kurz geschoren** cropped short.

scheren² *vtr* **1. sich nicht um jdn/etw ~** not to care *or* bother about sb/sth; **was schert mich das?** what do I care (about that)?, what's that to me?

2. *(inf)* **scher dich (weg)!** scram! *(inf)*, beat it! *(inf)*; **scher dich heim!** go home!; **scher dich ins Bett!** get to bed!

Scherengitter *nt* concertina barrier; **Scherenschlag** *m* scissors kick; **Scherenschleifer** *m* scissor(s) grinder, knife grinder; **Scherenschnitt** *m* silhouette.

Schererei *f usu pl (inf)* trouble *no pl*.

Scherflein *nt (Bibl)* mite. **sein ~ (zu etw) beitragen** *or* **dazu geben** *or* **beisteuern** *(Geld)* to contribute one's mite (towards sth); *(fig)* to do one's bit (for sth) *(inf)*.

Scherge *m -n, -n (geh: Büttel)* thug.

Scherkopf *m* shaving head; **Schermesser** *nt* shearing knife.

Scherz *m -es, -e* joke, jest; *(Unfug)* tomfoolery *no pl*. **aus** *or* **zum/im ~** as a joke/ in jest; **einen ~ machen** to make a joke; *(Streich)* to play a joke; **mach keine ~e!** *(inf)* you're joking!, you must be kidding! *(inf)*; **mit so etwas macht man keine ~e** you don't joke *or* make jokes about things like that; **seine ~e über jdn/etw machen** to make *or* crack jokes about sb/sth; **seine ~e (mit jdm) treiben** to play jokes; **... und solche ~e** *(inf)* ... and what have you *(inf)*; **(ganz) ohne ~!** *(inf)* no kidding! *(inf)*.

Scherz|artikel *m usu pl* joke (article).

scherzen *vi* **1.** *(old, geh)* to joke, to jest; *(albern)* to banter; *(nicht ernst nehmen)* to trifle *(mit* with). **ich scherze nicht** I'm not joking; **Sie belieben wohl zu ~!** *(old, geh)* surely you are in jest *(old, liter)*; **mit jdm/ etw ist nicht zu ~** one can't trifle with sb/ sth.

2. *(old, flirten)* to dally.

Scherzfrage *f* riddle; **Scherzgedicht** *nt*

humorous poem; **scherzhaft** *adj* jocular, jovial; *Angelegenheit* joking; *(spaßig) Einfall* playful; **etw ~ sagen/meinen** to say sth jokingly *or* as a joke *or* in jest/to mean sth as a joke.

Scherzo ['skɛrtso] *nt -s, -s* *or* **Scherzi** scherzo.

Scherzwort *nt* witticism, jocular *or* joking remark.

schesen *vi aux sein (dial)* to rush.

scheu *adj (schüchtern)* shy; *(ängstlich) Reh, Tier auch* timid; *(zaghaft) Versuche, Worte* cautious. **jdn ~ machen** to make sb shy; *(ängstigen)* to frighten *or* scare sb; **mach doch die Pferde** *or* **Gäule nicht ~** *(fig inf)* keep your hair on *(inf)*; **~ werden** *(Pferd)* to be frightened.

Scheu *f -, no pl* fear *(vor + dat* of); *(Schüchternheit)* shyness; *(von Reh, Tier)* shyness, timidity; *(Hemmung)* inhibition; *(Ehrfurcht)* awe. **seine ~ verlieren** to lose one's inhibitions; **ohne jede ~** without any inhibition; **sprechen** quite freely.

scheuchen *vt* to shoo (away); *(verscheuchen)* to frighten *or* scare away.

scheuen I *vt Kosten, Arbeit* to shy away from; *Menschen, Licht* to shun. **weder Mühe noch Kosten ~** to spare neither trouble nor expense; **keine Mühe ~** to go to endless trouble.

II *vr* **sich vor etw** *(dat)* **~** *(Angst haben)* to be afraid of sth; *(zurückschrecken)* to shy away from sth; **sich (davor) ~, etw zu tun** *(Angst haben)* to be afraid of doing sth; *(zurückschrecken)* to shrink back from doing sth; **und ich scheue mich nicht, das zu sagen** and I'm not afraid of saying it.

III *vi (Pferd etc)* to shy *(vor + dat* at).

Scheuer *f -, -n* barn.

Scheuerbesen *m* scrubbing broom; **Scheuerbürste** *f* scrubbing brush; **Scheuerfrau** *f* char *(Brit)*, cleaning woman; **Scheuerlappen** *m* floorcloth; **Scheuerleiste** *f* skirting board *(Brit)*, baseboard *(US)*.

scheuern I *vti* **1.** *(putzen)* to scour; *(mit Bürste)* to scrub.

2. *(reiben)* to chafe. **der Kragen scheuert am Hals** the collar chafes at the neck.

3. **jdm eine ~** *(inf)* to clout sb one *(inf)*.

II *vr* **sich (an etw** *dat)* **~** to rub (against sth); **sich** *(acc)* **(wund)** *(inf)* to chafe oneself.

Scheuersand *m* scouring powder; **Scheuertuch** *nt* floorcloth.

Scheuklappe *f* blinker. **~n haben** *or* **tragen** *(lit, fig)* to be blinkered, to wear blinkers.

Scheune *f -, -n* barn.

Scheunendrescher *m*: **wie ein ~ fressen** *(inf)* to eat like a horse *(inf)*; **Scheunentor** *nt* barn door; *siehe* **Ochse.**

Scheusal *nt -s, -e* *or (inf)* **Scheusäler** monster.

scheußlich *adj* dreadful; *(abstoßend häßlich)* hideous. **es hat ~ weh getan** *(inf)* it was horribly *or* terribly painful.

Scheußlichkeit *f siehe adj* dreadfulness; hideousness.

Schi *m -s, -er* *or - siehe* **Ski.**

Schicht *f -, -en* **1.** *(Lage)* layer; *(dünne ~)* film; *(Geol, Sci auch)* stratum; *(Farb~)*

coat; (*der Gesellschaft*) level, stratum.
breite ~en der Bevölkerung large sections
of the population; **aus allen ~en (der
Bevölkerung)** from all walks of life.
2. (*Arbeitsabschnitt, -gruppe etc*) shift.
er hat jetzt ~, er ist auf ~ (*inf*) he's on
shift; **~ arbeiten** to work shifts.

Schicht|arbeit *f* shift-work; **Schicht-
|arbeiter** *m* shift-worker.

schichten I *vt* to layer; *Holz, Heu, Bücher
etc* to stack. **II** *vr* (*Geol*) to form layers;
(*Gestein*) to stratify.

Schichtlohn *m* shift(-work) rates *pl*.

Schichtung *f* layering; (*von Holz, Heu,
Büchern etc*) stacking; (*Sociol, Geol,
Met*) stratification.

Schichtwechsel *m* change of shifts; **um 6
Uhr ist ~ bei uns** we change shifts at six
o'clock; **schichtweise** *adv* in layers;
(*Farbe, Lack*) in coats.

schick *adj* elegant, smart; *Frauenmode*
chic; *Haus, Wohnung auch, Möbel*
stylish; *Auto* smart; (*inf: prima*) great
(*inf*).

Schick *m* **-s,** *no pl* style; (*von Frauenmode,
Frau auch*) chic.

schicken I *vti* to send. **(jdm) etw ~** to send
sth (to sb), to send (sb) sth; **jdn einkaufen/
Bier holen ~** to send sb to do the
shopping/to fetch *or* for some beer; **(jdn)
nach jdm/etw ~** to send (sb) for sb/sth.
II *vr, v impers* to be fitting *or* proper.
das schickt sich nicht für ein Mädchen it
does not befit *or* become a girl.
III *vr* (*old: sich abfinden*) **sich in etw**
(*acc*) to resign *or* reconcile oneself to
sth; **schließlich schickte er sich drein**
eventually he became reconciled to this.

Schickeria *f* **-,** *no pl* (*iro*) in-people *pl*.

schicklich *adj Kleidung etc* proper, fitting;
Verhalten seemly, becoming. **es ist nicht
~ zu pfeifen** it is unseemly *or* unbecoming
to whistle.

Schicklichkeit *f* propriety, decorum.

Schicksal *nt* **-s, -e** fate, destiny; (*Pech*)
fate. **das ~ wollte es, (daß) ...** as fate
would have it, ...; **~ spielen** to play at fate;
die ~e der Flüchtlinge the fate of the
refugees; **manche schweren ~e** many a
difficult fate; **er hat ein schweres ~ gehabt**
or **durchgemacht** fate has been unkind to
him; **(das ist) ~** (*inf*) that's life; **jdn seinem
~ überlassen** to leave *or* abandon sb to his
fate; **sein ~ war besiegelt** his fate was
sealed; **das ~ hat es gut mit uns gemeint**
fortune has smiled on us.

schicksalhaft *adj* fateful.

Schicksalsfrage *f* fateful question;
Schicksalsgemeinschaft *f* **wir waren
eine ~** we shared a common destiny;
Schicksalsglaube *m* fatalism; **Schick-
salsgöttin** *f* goddess of destiny; **die ~nen**
the Fates; (*Nornen*) the Norns; **Schicksalsschlag** *m* great misfortune, stroke of
fate; **Schicksalswende** *f* change in fortune.

Schickse *f* **-, -n** (*pej inf*) floozy (*pej inf*).

Schickung *f* (*liter*) act of providence.

Schiebebühne *f* traverser; (*Theat*) sliding
stage; **Schiebedach** *nt* sunroof; **Schie-
befenster** *nt* sliding window.

schieben *pret* **schob,** *ptp* **geschoben I** *vt*

1. to push, to shove; *Fahrrad, Rollstuhl etc
auch* to wheel. **etw von sich** (*dat*) **~** (*fig*)
to put sth aside; *Schuld, Verantwortung* to
reject sth; **etw vor sich** (*dat*) **her ~** (*fig*) to
put off sth; **etw auf jdn/etw ~** to blame sb/
sth for sth, to put the blame onto sb/sth;
die Schuld/Verantwortung auf jdn ~ to
put the blame on sb/the responsibility at
sb's door.
2. (*stecken*) to put; *Hände auch* to slip.
jdm/sich etw in den Mund ~ to put sth into
sb's/one's mouth.
3. (*inf: handeln mit*) to traffic in.
4. (*inf*) **Wache/Dienst ~** to do guard
duty/duty; *siehe* **Kohldampf** *etc*.
II *vi* **1.** to push, to shove.
2. (*inf*) **mit etw ~** to traffic in sth.
3. (*inf: begünstigen*) to wangle (*inf*). **da
wurde viel geschoben** there was a lot of
wangling (*inf*) going on.
III *vr* **1.** (*mit Anstrengung*) to push, to
shove. **sich an die Spitze ~** to push one's
way to the front.
2. (*sich bewegen*) to move.

Schieber *m* **-s, -** **1.** slide; (*inf: Bettpfanne*)
bedpan; (*Eßbesteck für Kinder*) pusher.
2. (*inf: Tanz*) shuffle. **3.** (*Schwarzhändler*)
black marketeer; (*Waffen~*) gun-runner.

Schieberei *f* (*inf*) **1.** (*Drängelei*) pushing,
shoving. **2.** (*Begünstigung*) wangling
(*inf*).

Schiebergeschäft *nt* shady deal;
(*Schwarzhandel*) *siehe* **Schieber 3.** black
marketeering; trafficking.

Schiebesitz *m* sliding seat; **Schiebetür** *f*
sliding door; **Schiebewand** *f* sliding
partition (wall).

Schieblehre *f* calliper rule.

Schiebung *f* (*Begünstigung*) string-
pulling; (*Sport*) rigging; (*Schieber-
geschäfte*) shady deals *pl*. **der ~ bezichtigt
werden** to be accused of rigging; **das war
doch ~** that was rigged *or* a fix.

schied *pret of* **scheiden.**

schiedlich *adv*: **~ und friedlich** amicably.

Schiedsgericht *nt*, **Schiedsgerichtshof**
m court of arbitration; **Schiedsmann**
m, pl **-leute** arbitrator, arbiter; **Schiedsrichter** *m* arbitrator, arbiter, umpire;
(*Fußball, Eishockey, Boxen*) referee;
(*Hockey, Tennis, Federball, Kricket, Mil*)
umpire; (*Preisrichter*) judge; **schieds-
richtern** *vi insep* (*inf*) *siehe* **Schiedsrichter**
to arbitrate, to umpire; to referee; to
umpire; to judge; **Schiedsspruch** *m*
(arbitral) award; **Schiedsverfahren** *nt*
arbitration proceedings *pl*.

schief *adj* crooked, not straight *pred*;
(*nach einer Seite geneigt*) lopsided, tilted;
Winkel oblique; *Blick, Lächeln* wry; *Absätze* worn(-down); (*fig: unzutreffend*)
inappropriate; *Deutung* inappropriate;
Bild distorted. **das Bild hängt ~** the picture is crooked *or* isn't straight; **~e Ebene**
(*Phys*) inclined plane; **auf die ~e Bahn
geraten** *or* **kommen** (*fig*) to leave the
straight and narrow; **du siehst die Sache
ganz ~!** (*fig*) you're looking at it all
wrong!; **jdn ~ ansehen** (*fig*) to look
askance at sb; **einen ~en Mund ziehen** (*fig
inf*) to pull a (wry) face; **der S~e Turm
von Pisa** the Leaning Tower of Pisa.

Schiefer *m* -s, - (*Gesteinsart*) slate.

Schieferdach *nt* slate roof; **schiefergrau** *adj* slate-grey; **Schieferplatte** *f* slate; **Schieferstift** *m* slate pencil; **Schiefertafel** *f* slate.

schiefgehen *vi sep irreg aux sein* to go wrong; **es wird schon ~!** (*hum*) it'll be OK (*inf*); **schiefgewickelt** *adj pred* (*inf*) on the wrong track; **da bist du ~** you've got a surprise coming to you there (*inf*).

Schiefheit *f siehe adj* crookedness; lopsidedness, tilt; obliqueness; wryness; inappropriateness; distortion.

schieflachen *vr sep* (*inf*) to kill oneself (laughing) (*inf*); **schieflaufen** *sep irreg* **I** *vt siehe* **schieftreten; II** *vi aux sein* (*inf*) to go wrong; **schiefliegen** *vi sep irreg* (*inf*) to be wrong; **mit einer Meinung ~** to be on the wrong track; **schieftreten** *vt sep irreg Absätze* to wear down; **die Schuhe ~** to wear down the heels of one's shoes; **schiefwink(e)lig** *adj* obliqueangled.

schieläugig *adj* cross-eyed, squint-eyed, boss-eyed.

schielen *vi* to squint, to be cross-eyed *or* boss-eyed. **auf** *or* **mit einem Auge ~** to have a squint in one eye; **auf etw** (*acc*) ~ (*inf*) to steal a glance at sth; **er schielte auf ihre Beine** (*inf*) he was ogling her legs; **nach jdm/etw ~** (*inf*) to look at sb/sth out of the corner of one's eye; (*begehrlich*) to eye sb/sth up; (*heimlich*) to sneak a look at sb/sth.

schien *pret of* **scheinen.**

Schienbein *nt* shin; (*~knochen*) shinbone. **jdm gegen** *or* **vor das ~ treten** to kick sb on the shin(s).

Schienbeinschoner, Schienbeinschutz, Schienbeinschützer *m* shin-pad, shinguard.

Schiene *f* -, -n rail; (*Med*) splint; (*von Lineal*) edge, guide; (*von Winkelmesser*) blade. **~n** (*Rail*) track *sing*, rails *pl*; **aus den ~n springen** to jump the rails.

schienen *vt Arm, Bein auch* to put in a splint/splints, to splint.

Schienenbus *m* rail bus; **Schienenfahrzeug** *nt* track vehicle; **Schienennetz** *nt* (*Rail*) rail network; **Schienenräumer** *m* -s, - track clearer; **Schienenstrang** *m* (section of) track; **Schienenweg** *m* railway (*Brit*) *or* railroad (*US*) line; **etw auf dem ~ versenden** to send sth by rail.

schier¹ *adj* pure; (*fig*) sheer.

schier² *adv* (*beinahe*) nearly, almost.

Schierling *m* hemlock.

Schierlingsbecher *m* (cup of) hemlock.

Schießbefehl *m* order to fire *or* shoot; **Schießbude** *f* shooting gallery; **Schießbudenfigur** *f* target figure *or* doll; (*fig inf*) clown; **Schießeisen** *nt* (*sl*) shooting iron (*sl*).

schießen *pret* **schoß**, *ptp* **geschossen** **I** *vt* to shoot; *Kugel, Rakete* to fire; (*Ftbl etc*) to kick; *Tor auch* to score; (*mit Stock, Schläger*) to hit. **jdn in den Kopf ~** to shoot sb in the head; **etw an der Schießbude ~** to win sth at the shooting gallery; **ein paar Bilder ~** (*Phot inf*) to take a few shots; **sie hat ihn zum Krüppel geschossen** she shot and crippled him.

II *vi* **1.** to shoot. **auf jdn/etw ~** to shoot at sb/sth; **nach etw ~** to shoot at sth; **aufs Tor/ins Netz ~** to shoot *or* kick at goal/into the net; **das ist zum S~** (*inf*) that's a scream (*inf*).

2. *aux sein* (*in die Höhe ~*) to shoot up; (*Samenstand entwickeln*) to run to seed. **die Pflanzen/Kinder sind in die Höhe geschossen** the plants/children have shot up; **aus dem Boden ~** (*lit, fig*) to spring *or* sprout up; *siehe* **Kraut.**

3. *aux sein* (*inf: sich schnell bewegen*) to shoot. **er ist** *or* **kam um die Ecke geschossen** he shot round the corner; **jdm durch den Kopf ~** (*fig*) to flash through sb's mind; **etw ~ lassen** (*inf*) to drop *or* forget sth (*inf*).

4. *aux sein* (*Flüssigkeit*) to shoot; (*spritzen*) to spurt. **das Blut schoß ihm ins Gesicht** blood rushed *or* shot to his face.

III *vr* to have a shoot-out.

Schießerei *f* gun battle, shoot-out; (*das Schießen*) shooting.

Schießgewehr *nt* (*hum*) gun; **Schießhund** *m*: **wie ein ~ aufpassen** (*inf*) to keep a close watch, to watch like a hawk; **Schießkunst** *f* marksmanship *no pl*; **Schießplatz** *m* (shooting *or* firing) range; **Schießprügel** *m* (*sl*) iron (*sl*); **Schießpulver** *nt* gunpowder; **Schießscharte** *f* embrasure; **Schießscheibe** *f* target; **Schießsport** *m* shooting; **Schießstand** *m* shooting range; (*Schießbude*) shooting gallery.

Schiff *nt* -(e)s, -e **1.** ship; (*kleiner*) boat. **das ~ der Wüste** (*geh*) the ship of the desert. **2.** (*Archit*) (*Mittel~*) nave; (*Seiten~*) aisle; (*Quer~*) transept. **3.** (*Typ: Setz~*) galley.

Schiffahrt *f getrennt:* **Schiff-fahrt** shipping; (*~skunde*) navigation.

Schiffahrtsgesellschaft *f* shipping company; **Schiffahrtskunde** *f* navigation; **Schiffahrtslinie** *f* **1.** (*Schiffsweg*) shipping route; **2.** (*Unternehmen*) shipping line; **Schiffahrtsrecht** *nt* maritime law; **Schiffahrtsstraße** *f*, **Schiffahrtsweg** *m* (*Kanal*) waterway; (*Schiffahrtslinie*) shipping route or lane.

schiffbar *adj* navigable; **Schiffbau** *m* shipbuilding; **Schiffbauer** *m* shipwright; **Schiffbruch** *m* shipwreck; **~ erleiden** (*lit*) to be shipwrecked; (*fig*) to fail; (*Unternehmen*) to founder; **schiffbrüchig** *adj* shipwrecked; **~ werden** to be shipwrecked; **Schiffbrüchige(r)** *mf decl as adj* shipwrecked person.

Schiffchen *nt* **1.** (*zum Spielen*) little boat. **2.** (*Mil, Fashion*) forage cap. **3.** (*Tex, Sew*) shuttle. **4.** (*Bot*) keel, carina (*spec*).

Schiffchenarbeit *f* tatting.

schiffen I *vi* **1.** *aux sein* (*old*) (*Schiff fahren*) to ship (*old*), to go by ship; (*Schiff steuern*) to steer. **2.** (*sl: urinieren*) to piss (*sl*). **II** *vi impers* (*sl: regnen*) to piss down (*sl*).

Schiffer(in *f*) *m* -s, - boatman, sailor; (*von Lastkahn*) bargee; (*Kapitän*) skipper.

Schifferklavier *nt* accordion; **Schifferknoten** *m* sailor's knot; **Schiffermütze** *f* yachting cap; **Schifferscheiße** *f* (*vulg*) **dumm wie ~** thick as pigshit (*vulg*).

Schiffs- *in cpds* ship's; **Schiffsarzt** *m*

ship's doctor; **Schiffsbauch** m bilge; **Schiffsbesatzung** f ship's company.
Schiffschaukel f swing boat.
Schiffs|eigner m (form) shipowner; **Schiffsjunge** m ship's boy; **Schiffskapitän** m ship's captain; **Schiffskoch** m ship's cook; **Schiffsladung** f shipload; **Schiffsmakler** m ship-broker; **Schiffsmannschaft** f ship's crew; **Schiffsmodell** nt model ship; **Schiffspapiere** pl ship's papers pl; **Schiffsraum** m hold; **Schiffsrumpf** m hull; **Schiffsschnabel** m bow; **Schiffsschraube** f ship's propeller; **Schiffstagebuch** nt ship's log; **Schiffstau** nt (ship's) rope; **Schiffstaufe** f christening or naming of a/the ship; **Schiffsverkehr** m shipping; **Schiffswerft** f shipyard; **Schiffszwieback** m ship's biscuit.

Schikane f -, -n 1. harassment; (von Mitschülern) bullying no pl. **diese neuerlichen ~n an der Grenze** this recent harassment at the border; **das hat er aus reiner ~ gemacht** he did it out of sheer bloody-mindedness.
2. **mit allen ~n** (inf) with all the trimmings.
3. (Sport) chicane.

schikanieren* vt to harass; Ehepartner, Freundin etc to mess around; Mitschüler to bully. **ich lasse mich nicht weiter von diesem Weibsstück ~** I won't let this female mess me around any more (inf).

schikanös adj Mensch bloody-minded; Maßnahme etc harassing; Mitschüler, Ehemann, Vorgesetzter bullying. **jdn ~ behandeln** to mess sb around, to give sb a rough time.

Schild¹ m -(e)s, -e shield; (Wappen~) escutcheon; (von ~kröte) shell, carapace (spec). **jdn auf den ~ erheben** (fig) to choose sb as leader; **ein Einhorn im ~(e) führen** (Her) to bear a unicorn in one's coat of arms; **etwas/nichts Gutes im ~e führen** (fig) to be up to something/to be up to no good.

Schild² nt -(e)s, -er (Aushang, Waren~, Verkehrs~) sign; (Wegweiser) signpost; (Namens~, Tür~) nameplate; (Kennzeichen~) number plate (Brit), license plate (US); (Preis~) ticket; (Etikett, an Käfig, Gepäck etc) label; (an Monument, Haus, Grab) plaque; (von Mütze) peak. **im Fenster stand ein ~** there was a sign or notice in the window.

Schildbürger m (Liter) ≃ Gothamite; (hum) fool.

Schildbürgerstreich m foolish act. **das war ein ~** that was a stupid thing to do, that was a bit Irish (hum inf).

Schilddrüse f thyroid gland. **an der ~ leiden** to have a thyroid complaint.

Schilderer m -s, - portrayer.

Schilderhaus, Schilderhäuschen nt sentry-box; **Schildermaler** m signwriter.

schildern vt Ereignisse, Erlebnisse, Vorgänge to describe; (skizzieren) to outline; Menschen, Landschaften to portray. **es ist kaum zu ~** it's almost impossible to describe; **~ Sie den Verlauf des Unfalls** give an account of how the accident happened.

Schilderung f (Beschreibung) description; (Bericht, von Zeuge) account; (literarische ~) portrayal.

Schilderwald m (hum) forest or jungle of traffic signs.

Schildknappe m (Hist) squire, shield-bearer; **Schildkröte** f (Land~) tortoise; (Wasser~) turtle; **Schildkrötensuppe** f turtle soup; **Schildlaus** f scale insect; **Schildpatt** nt -s, no pl tortoiseshell; **Schildwache** f (old) sentry; **~ stehen** to stand sentry.

Schilf nt -(e)s, -e reed; (mit ~ bewachsene Fläche) reeds pl.

Schilfdach nt thatched roof.

Schilfgras nt, **Schilfrohr** nt siehe **Schilf**.

Schiller m -s, no pl 1. (Schimmer, Glanz) shimmer. 2. (Wein) rosé (wine).

Schillerkragen m Byron collar; **Schillerlocke** f 1. (Gebäck) cream horn; 2. (Räucherfisch) strip of smoked rock-salmon.

schillern vi to shimmer.

schillernd adj Farben, Stoffe shimmering; (in Regenbogenfarben) iridescent; (fig) Charakter enigmatic. **~e Seide** shot silk.

Schilling m -s, - or (bei Geldstücken) -e shilling; (Aus) schilling.

schilpen vi to twitter, to chirp.

schilt imper sing of **schelten**.

Schimäre f -, -n chimera.

Schimmel¹ m -s, - (Pferd) white horse, grey. **ein weißer ~** (hum) a pleonasm.

Schimmel² m -s no pl (auf Nahrungsmitteln) mould; (auf Leder, Papier etc) mildew.

schimm(e)lig adj siehe **Schimmel²** mouldy; mildewy. **~ riechen** to smell mouldy; **~ werden** to go mouldy; to become covered with mildew.

schimmeln vi aux sein or haben (Nahrungsmittel) to go mouldy; (Leder, Papier etc) to go mildewy.

Schimmelpilz m mould; **Schimmelreiter** m (Myth) ghost rider.

Schimmer m -s, no pl glimmer, gleam; (von Licht, Perlen, Seide) shimmer; (von Metall) gleam; (im Haar) sheen. **beim ~ der Lampe/Kerzen** by or in the soft glow of the lamp/glimmer of the candles; **keinen (blassen) ~ von etw haben** (inf) not to have the slightest idea or the faintest (inf) about sth.

schimmern vi to glimmer, to gleam; (Licht auch, Perlen, Seide) to shimmer; (Metall) to gleam. **der Stoff/ihr Haar schimmert rötlich** the material/her hair has a tinge of red.

Schimpanse m -n, -n chimpanzee, chimp (inf).

Schimpf m -(e)s, no pl (liter) insult, affront. **mit ~ und Schande** in disgrace; **jdm einen ~ antun** to affront or insult sb.

schimpfen I vi to get angry; (sich beklagen) to moan, to grumble, to bitch (inf); (fluchen) to swear, to curse; (Vögel, Affen etc) to bitch (inf). **mit jdm ~** to scold sb, to tell sb off; **heute hat der Lehrer (fürchterlich) geschimpft, weil ich ...** the teacher told me off today because I ... (inf); **auf or über jdn/etw ~** to bitch (inf) about sb/sth, to curse (about or at) sth/sth.
II vt (aus~) to tell off, to scold. **jdn**

einen Idioten ~ to call sb an idiot.
III *vr* **sich etw** ~ *(inf)* to call oneself sth.
schimpfieren* *vt (inf)* to spoil.
Schimpfkanonade *f* barrage of abuse.
schimpflich *adj (geh) (beleidigend)* insulting; *(schmachvoll)* humiliating. **jdn** ~ **verjagen** to drive sb away in disgrace.
Schimpfname *m* nickname; **Tricky Dicky war sein** ~ they dubbed him Tricky Dicky; **Schimpfwort** *nt* swearword; **mit** ~**ern um sich werfen** to curse and swear.
Schindlanger *m (old)* knacker's yard.
Schindel *f* -, -**n** shingle.
Schindeldach *nt* shingle roof.
schinden *pret* **schindete** *or (rare)* **schund,** *ptp* **geschunden** *vt*
1. *(quälen) Gefangene, Tiere* to maltreat; *(ausbeuten)* to overwork, to drive hard; *Maschine, Motor, Auto* to flog. **der geschundene Leib Christi** the broken body of Christ.
2. *(old: abdecken)* to skin, to flay.
3. *(inf: herausschlagen) Zeilen* to pad (out); *Arbeitsstunden* to pile up. **Zeit** ~ to play for time; **(bei jdm) Eindruck** ~ to make a good impression (on sb), to impress (sb); **Mitleid** ~ to get some sympathy.
II *vr (hart arbeiten)* to struggle; *(sich quälen)* to strain. **sich mit etw** ~ to slave away at sth.
Schinder *m* -**s**, - **1.** *(old: Abdecker)* knacker. **2.** *(fig: Quäler)* slavedriver.
Schinderei *f* **1.** *(old: Abdeckerei)* knacker's yard. **2.** *(Plackerei)* struggle; *(Arbeit)* slavery *no indef art.*
Schindluder *nt (inf)* **mit jdm** ~ **treiben** to make sb suffer; **mit etw** ~ **treiben** to misuse sth; **mit seiner Gesundheit/seinen Kräften** ~ **treiben** to abuse one's health/ strength.
Schindmähre *f (old)* nag.
Schinken *m* -**s**, - **1.** ham; *(gekocht und geräuchert auch)* gammon. **2.** *(pej inf)* hackneyed and clichéed play/book/film; *(großes Buch)* tome; *(großes Bild)* great daub *(pej inf).*
Schinkenbrötchen *nt* ham roll; **Schinken-röllchen** *nt* roll of ham; **Schinkenspeck** *m* bacon; **Schinkenwurst** *f* ham sausage.
Schinn *m* -**s**, *no pl*, **Schinnen** *pl (N Ger)* dandruff *no pl.*
Schippe *f* -, -**n 1.** *(esp N Ger: Schaufel)* shovel, spade. **jdn auf die** ~ **nehmen** *(fig inf)* to pull sb's leg *(inf).* **2.** *(Cards)* spades. **3.** *(inf: Schmollmund)* pout. **eine** ~ **machen** *or* **ziehen** to pout.
schippen *vt* to shovel. **Schnee** ~ to clear the snow.
Schiri *m* -**s**, -**s** *(Ftbl inf)* ref *(inf).*
Schirm *m* -**(e)s**, -**e 1.** *(Regen~)* umbrella; *(Sonnen~)* sunshade, parasol; *(von Pilz)* cap.
2. *(Mützen~)* peak. **eine Mütze mit** ~ a peaked cap.
3. *(Röntgen~, Wand~, Ofen~, Bild~)* screen; *(Lampen~)* shade.
Schirmbild *nt* X-ray (picture); **Schirmbild-|aufnahme** *f (form)* X-ray; **Schirmbild-stelle** *f* X-ray unit.
schirmen *vt (geh)* to shield, to protect *(vor +dat* from, *gegen* against).

Schirmfutteral *nt* umbrella cover *or* case; **Schirmherr(in** *f) m* patron; *(Frau auch)* patroness; **Schirmherrschaft** *f* patronage; **unter der** ~ **von** under the patronage of; *(von Organisation)* under the auspices of; **die** ~ **übernehmen** to become patron; **Schirmhülle** *f* umbrella cover; **Schirmmütze** *f* peaked cap; **Schirmpilz** *m* parasol mushroom; **Schirmständer** *m* umbrella stand.
Schirokko *m* -**s**, -**s** sirocco.
schiß *pret of* **scheißen.**
Schiß *m* -**sses**, *no pl (sl)* shit (vulg), crap (vulg). **(fürchterlichen)** ~ **haben** to be shit scared *(vor +dat* of) *(vulg);* ~ **kriegen** to get the shits *(vulg).*
schizophren *adj* **1.** *(Med)* schizophrenic. **2.** *(pej: widersinnig)* contradictory, topsy-turvy.
Schizophrenie *f* **1.** *(Med)* schizophrenia. **2.** *(pej: Widersinn)* contradictoriness. **das ist die reinste** ~ that's a flat contradiction.
schlabberig *adj (inf)* **1.** slithery, slimy; *Maul* slobbery; *Brei, Suppe* watery. **2.** *Stoff* limp; *Hose, Kleidung* baggy.
schlabbern *(inf)* **I** *vi* **1.** to slobber, to slurp; *(inf: quatschen)* to blether *(inf),* to gab *(inf).* **er schlabberte beim Essen** he slobbered *or* slurped his food. **2.** *(Rock, Pulli etc)* to flap. **II** *vt* to slurp.
Schlacht *f* -, -**en** battle. **die** ~ **bei** *or* **um X** the battle of X; **in die** ~ **gehen** *or* **ziehen** to go into battle; **jdm eine** ~ **liefern** to fight sb, to battle with sb; **die Kelten lieferten den Römern eine** ~**, die ...** the Celts gave the Romans a battle that ...
Schlachtbank *f:* **jdn (wie ein Lamm) zur** ~ **führen** to lead sb (like a lamb) to the slaughter.
schlachten I *vt Schwein, Kuh* to slaughter, to butcher; *Huhn, Kaninchen, Opfertier etc* to slaughter, to kill; *(hum) Sparschwein* to break into.
II *vi* to do one's slaughtering. **unser Fleischer schlachtet selbst** our butcher does his own slaughtering.
Schlachtenbummler *m (inf: Sport)* visiting *or* away supporter *or* fan; **Schlachtenmaler** *m* painter of battle scenes.
Schlachter(in *f) m* -**s**, - *(esp N Ger)* butcher.
Schlächter *m* -**s**, - *(dial, fig)* butcher.
Schlachterei *f (esp N Ger)* butcher's (shop).
Schlächterei *f* **1.** *(dial)* butcher's (shop). **2.** *(fig: Blutbad)* slaughter, butchery *no pl,* massacre.
Schlachtfeld *nt* battle-field; **auf dem** ~ **bleiben** *(lit)* to fall in battle; *(fig) (nach Schlägerei etc)* to be left lying; *(von Arbeit etc)* to be finished; **das Zimmer sieht aus wie ein** ~ the room looks like a battle-field *or* looks as if a bomb has hit it *(inf);* **Schlachtfest** *nt a* country feast to eat up meat from freshly slaughtered pigs; **Schlachtgesang** *m* battle song; **Schlachtgetümmel** *nt* thick of the battle, fray; **Schlachtgewicht** *nt* dressed weight; **Schlachthaus** *nt,* **Schlachthof** *m* slaughter-house, abattoir; **Schlacht-kreuzer** *m* battle cruiser; **Schlachtlinie** *f*

battle line; **Schlachtmesser** nt butcher's knife; **Schlacht|opfer** nt sacrifice; (Mensch) human sacrifice; **Schlacht-|ordnung** f battle formation; **Schlacht-plan** m battle plan; (für Feldzug) campaign plan; (fig auch) plan of action; **Schlachtplatte** f (Cook) ham, German sausage, made with meat from freshly slaughtered pigs and served with sauerkraut; **schlachtreif** adj (lit, fig) ready for the slaughter; **Schlachtroß** nt (liter) warhorse, charger; (fig inf) heavyweight; **Schlachtruf** m battle cry; **Schlacht-schiff** nt battleship; (inf: Auto) tank (inf); **Schlachtvieh** nt, no pl animals pl for slaughter; (Rinder auch) beef cattle pl.

Schlacke f -, -n (Verbrennungsrückstand) clinker no pl; (Aschenteile auch) cinders pl; (Metal) slag no pl; (Geol) scoria pl (spec), slag no pl; (Physiol) waste products pl.

Schlackenbahn f (Sport) cinder track; **schlackenfrei, schlackenlos** adj (ohne Verbrennungsrückstand) non-clinker attr, clinker-free; (ohne Stoffwechselrückstand) free of waste products; **Anthrazit brennt ~** anthracite burns without clinkering.

schlackern vi (inf) to tremble, to shake; (vor Angst auch) to quake; (Kleidung) to hang loosely, to be baggy. **mit den Knien ~** to tremble at the knees; **mit den Ohren ~** (fig) to be (left) speechless.

Schlaf m -(e)s, no pl sleep. **einen leichten/ festen/tiefen ~ haben** to be a light/sound/ deep sleeper; **keinen ~ finden** to be unable to sleep; **um seinen ~ kommen/ gebracht werden** to lose sleep; (überhaupt nicht schlafen) not to get any sleep; **jdn um seinen ~ bringen** to keep sb awake; **halb im ~e** half asleep; **im ~ reden** to talk in one's sleep; **ein Kind in den ~ singen** to sing a child to sleep; **sich (dat) den ~ aus den Augen reiben** to rub the sleep out of one's eyes; **in tiefstem ~ liegen** to be sound or fast asleep; **aus dem ~ erwachen** (geh) to awake, to waken (from sleep); **den Seinen gibt's der Herr im ~** the devil looks after his own; **es fällt mir nicht im ~e ein, das zu tun** I wouldn't dream of doing that; **das macht** or **tut** or **kann er im ~** (fig inf) he can do that in his sleep.

Schlaf|anzug m pyjamas pl (Brit), pajamas pl (US).

Schläfchen nt nap, snooze. **ein ~ machen** to have a nap or snooze.

Schlafcouch f studio couch, sofa bed.

Schläfe f -, -n temple. **graue ~n** greying temples.

schlafen pret **schlief**, ptp **geschlafen** I vi to sleep; (nicht wach sein auch) to be asleep; (euph: tot sein) to be asleep (euph); (geh: Stadt, Land auch) to be quiet, to slumber (liter); (inf: nicht aufpassen) (bei bestimmter Gelegenheit) to be asleep; (immer) not to pay attention. **er schläft immer noch** he's still asleep, he's still sleeping; **tief** or **fest ~** (zu diesem Zeitpunkt) to be fast or sound asleep; (immer) to be a deep or sound sleeper; **~ gehen** to go to bed; **sich ~ legen** to lie down to sleep; **jdn ~ legen** to put sb to bed; **schläfst du schon?** are you asleep?; **lange ~ to**

sleep for a long time; (spät aufstehen) to sleep late, to have a long lie (in); **schlaf gut** or (geh) **wohl** sleep well; **hast du gut geschlafen?** did you sleep well?, did you have a good sleep?; **mittags** or **über Mittag ~** to have an afternoon nap; **~ wie ein Murmeltier** or **Bär** or **Sack** or **Stein** or **eine Ratte** (all inf) to sleep like a log; **bei jdm ~** to stay overnight with sb; **er kann nachts nicht mehr ~** (fig) he can't sleep nights; **das läßt ihn nicht ~** (fig) it preys on his mind; **darüber muß ich erst mal ~** (fig: überdenken) I'll have to sleep on it; **mit jdm ~** (euph) to sleep with sb; **sie schläft mit jedem** she sleeps around; **schlaf nicht!** wake up!

II vr impers **auf dieser Matratze schläft es sich schlecht** this mattress is terrible to sleep on.

Schläfenbein nt temporal bone.

schlafend adj sleeping. **sich ~ stellen** to pretend to be asleep.

Schlafengehen nt going to bed.

Schlafenszeit f bedtime.

Schlaf|entzug m sleep deprivation.

Schläfer(in f) m -s, - sleeper; (fig) dozy person (inf).

schläfern vt impers (geh) **mich/ihn schläfert** I'm/he's sleepy, I feel/he feels sleepy or drowsy.

schlaff adj limp; (locker) Seil, Segel loose, slack; Moral lax, loose; Disziplin lax; Haut flabby, loose; Muskeln flabby, floppy; (erschöpft) worn-out, shattered (inf), exhausted; (energielos) listless.

Schlaffheit f siehe adj limpness; looseness, slackness; laxity, looseness; laxity; flabbiness, looseness; flabbiness, floppiness; exhaustion; listlessness.

Schlafgelegenheit f place to sleep; **wir haben ~ für mehrere Leute** we can put up several people; **Schlafgemach** nt (liter) bedchamber (liter).

Schlafittchen nt: **jdn am** or **beim ~ nehmen** or **kriegen** (inf) to take sb by the scruff of the neck; (zurechtweisen) to give sb a dressing down (inf).

Schlafkammer f (dial) bedroom; **Schlaf-krankheit** f sleeping sickness; **Schlaflied** nt lullaby; **schlaflos** adj (lit, fig) sleepless; **~ liegen** to lie awake; **Schlaflosig-keit** f sleeplessness, insomnia (Med); **Schlafmaus** f dormouse; **Schlafmittel** nt sleeping drug or pill; (fig iro) soporific; **Schlafmittelvergiftung** f (poisoning from an) overdose of sleeping pills, ≈ barbiturate poisoning; **Schlafmütze** f **1.** nightcap; **2.** (inf) dope (inf); **schlaf-mützig** adj (inf) dozy (inf), dopey (inf); **Schlafpille** f (inf) sleeping pill; **Schlaf-pulver** nt sleeping powder; **Schlafraum** m dormitory, dorm (inf).

schläfrig adj sleepy; Mensch auch drowsy; (fig auch: träge) lethargic.

Schläfrigkeit f siehe adj sleepiness; drowsiness; lethargy.

Schlafrock m dressing-gown; **Schlafsaal** m dormitory; **Schlafsack** m sleeping-bag; **Schlafstadt** f dormitory town; **Schlafstelle** f place to sleep; **Schlaf-stube** f (dial) bedroom; **Schlafsucht** f hypersomnia; **Schlaftablette** f sleeping pill; **Schlaftrunk** *m* (*old*) sleeping draught (*old*); (*hum inf: Alkohol*) night-cap; **schlaftrunken I** *adj* (*geh*) drowsy, half asleep; **II** *adv* drowsily, half-asleep; **Schlafwagen** *m* sleeping-car, sleeper; **schlafwandeln** *vi insep aux sein or haben* to sleepwalk, to walk in one's sleep, to somnambulate (*form*); **Schlafwand-ler(in** *f*) *m* **-s,** **-** sleepwalker, somnambulist (*form*); **schlafwandlerisch** *adj* (*geh*) sleepwalking *attr*, somnambulatory (*form*); **mit ~er Sicherheit** *wählen*, *Fragen beantworten* intuitively, instinctively; **Schlafzimmer** *nt* bedroom; **Schlafzimmerblick** *m* (*hum inf*) come-to-bed eyes *pl* (*inf*); **Schlafzimmer-geschichte** *f* (*inf*) sexual adventure, bedroom antic (*inf*).

Schlag *m* **-(e)s,** **e** 1. (*lit*, *fig*) blow; (*Faust~ auch*) punch; (*mit der Handfläche*) smack, slap; (*leichter*) pat; (*Handkanten~*, *Judo etc*) chop (*inf*); (*Ohrfeige*) cuff, clout; (*mit dem Fuß, Huf*) kick; (*Ftbl sl: Schuß*) shot; (*mit Rohrstock etc*) stroke; (*Peitschen~*) stroke, lash; (*einmaliges Klopfen*) knock; (*dumpf*) thump, thud; (*leichtes Pochen*) tap; (*Glocken~*) chime; (*Standuhr~*) stroke; (*von Metronom*) tick, beat; (*Gehirn~*, *~anfall*, *Kolben~*, *Ruder~*, *Schwimmen*, *Tennis*) stroke; (*Herz~*, *Puls~*, *Trommel~*, *Wellen~*) beat; (*Blitz~*) bolt, stroke; (*Donner~*) clap; (*Strom~*) shock. **man hörte die ~e des Hammers/der Trommeln** you could hear the clanging of the hammer/beating of the drums; **~e kriegen** to get a hiding *or* thrashing *or* beating; **zum entscheidenden ~ ausholen** (*fig*) to strike the decisive blow; **~ auf ~** (*fig*) in quick succession, one after the other; **~ *or* s~** (*Aus*) **acht Uhr** (*inf*) at eight on the dot (*inf*), on the stroke of eight; **ein ~ ins Gesicht** (*lit*, *fig*) a slap in the face; **ein ~ ins Kontor** (*inf*) a nasty shock *or* surprise; **ein ~ ins Wasser** (*inf*) a washout (*inf*), a let-down (*inf*); **mit einem *or* auf einen ~** (*inf*) all at once; (*auf einmal, zugleich auch*) in one go; **mit einem ~ berühmt werden** to become famous overnight; **die haben keinen ~ getan** (*inf*) they haven't done a stroke (of work); **ihn hat der ~ getroffen** (*Med*) he had a stroke; **ich dachte, mich rührt *or* trifft der ~** (*inf*) I was flabbergasted (*inf*) *or* thunderstruck; **ich glaube, mich trifft der ~** I don't believe it.

2. (*inf: Wesensart*) type (of person *etc*). **vom ~ der Südländer sein** to be a Southern type; **vom gleichen ~ sein** to be cast in the same mould; (*pej*) to be tarred with the same brush; **vom alten ~** of the old school.

3. (*Vogel~*) song.

4. (*Wagen~*) door.

5. (*Tauben~*) cote.

6. (*Aus: ~sahne*) cream.

7. (*inf: Portion*) helping.

8. (*sl*) **er hat ~ bei Frauen** he has a way with the ladies.

Schlag|abtausch *m* (*Boxen*) exchange of blows; (*fig*) (verbal) exchange; **Schlag-|ader** *f* artery; **Schlag|anfall** *m* stroke; **schlag|artig I** *adj* sudden, abrupt; **II** *adv* suddenly; **Schlagball** *m* rounders *sing*; (*Ball*) rounders ball; **schlagbar** *adj* beatable; **diese Mannschaft ist durchaus ~** this team is by no means invincible *or* unbeatable; **Schlagbaum** *m* barrier; **Schlag-bohrer** *m* percussion drill.

Schläge *pl of* Schlag.

Schlägel *m* **-s,** **-** (*Min*) (miner's) hammer. **~ und Eisen** crossed hammers, *miner's symbol*.

schlagen *pret* **schlug**, *ptp* **geschlagen** **I** *vti* 1. to hit; (*hauen*) to beat; (*einmal zu~*, *treffen auch*) to strike; (*mit der flachen Hand*) to slap, to smack; (*leichter*) to pat; (*mit der Faust*) to punch; (*mit Schläger*) to hit; (*treten*) to kick; (*mit Hammer, Pickel etc*) *Nagel, Loch* to knock. **jdn bewußtlos ~** to knock sb out *or* unconscious; (*mit vielen Schlägen*) to beat sb unconscious; **etw in Stücke *or* kurz und klein ~** to smash sth up *or* to pieces; **um sich ~** to lash out; **mit dem Hammer auf den Nagel ~** to hit the nail with the hammer; **mit der Faust an die Tür/auf den Tisch ~** to beat *or* thump on the door/table with one's fist; **gegen die Tür ~** to hammer on the door; **jdm auf die Schulter ~** to slap sb on the back; (*leichter*) to pat sb on the back; **jdm auf den Kopf ~** to hit sb on the head; **jdm ein Buch auf den Kopf ~** to hit sb on the head with a book; **jdm etw aus der Hand ~** to knock sth out of sb's hand; **jdm** (*rare*) **jdn ins Gesicht ~** to hit/slap/punch sb in the face; **einer Sache** (*dat*) **ins Gesicht ~** (*fig*) to be a slap in the face for sth; **das schlägt dem guten Geschmack ins Gesicht** that goes against all canons *or* standards of good taste.

2. *Teig, Eier* to beat; (*mit Schneebesen*) to whisk; *Sahne* to whip. **ein Ei in die Pfanne/die Suppe ~** to crack an egg into the pan/beat an egg into the soup.

3. (*läuten*) to chime; *Stunde* to strike. **die Uhr hat 12 geschlagen** the clock has struck 12; **eine geschlagene Stunde** a full hour; **wissen, was die Glocke geschlagen hat** (*inf*) to know what's what (*inf*).

4. (*heftig flattern*) **mit den Flügeln ~** to beat *or* flap its wings.

5. (*Chess*) to take, to capture.

II *vt* 1. (*besiegen, übertreffen*) *Gegner, Rekord* to beat. **jdn in etw** (*dat*) **~** to beat sb at sth; **das schlägt alles bisher Dagewesene!** this *or* that beats everything!; **na ja, ehe ich mich ~ lasse!** (*hum inf*) yes, I don't mind if I do, I suppose you could twist my arm (*hum inf*); **sich geschlagen geben** to admit that one is beaten, to admit defeat.

2. (*liter: treffen*) **ein vom Schicksal geschlagener Mann** a man dogged by fate.

3. (*Bibl: bestrafen*) to strike (down), to smite (*Bibl*). **mit Blindheit** (*lit*, *fig*)/**Dummheit geschlagen sein** to be blind/dumb.

4. (*fällen*) to fell.

5. (*fechten*) *Mensuren* to fight.

6. (*liter: krallen, beißen*) **seine Fänge/Zähne in etw** (*acc*) **~** to sink one's talons/teeth into sth.

7. (*Hunt: töten*) to kill.

8. (*spielen*) *Trommel* to beat; (*liter*)

Harfe, Laute to pluck, to play. **das S~ der Trommeln** the beat(ing) of the drums.
9. (*prägen*) *Münzen* to mint, to coin; *Medaillen auch* to strike.
10. (*hinzufügen*) to add (*auf + acc, zu* to); *Gebiet* to annexe.
11. *in Verbindung mit n siehe auch dort. Kreis, Bogen* to describe; *Purzelbaum, Rad* to do; *Alarm, Funken* to raise; *Krach* to make. **Profit aus etw ~** to make a profit from sth; (*fig*) to profit from sth; **eine Schlacht ~** to fight a battle.
12. den Kragen nach oben ~ to turn up one's collar; **die Hände vors Gesicht ~** to cover one's face with one's hands.
13. (*wickeln*) to wrap.
III *vi* **1.** (*Herz, Puls*) to beat; (*heftig*) to pound, to throb. **sein Puls schlug unregelmäßig** his pulse was irregular.
2. *aux sein* (*auftreffen*) **mit dem Kopf auf/gegen etw** (*acc*) **~** to hit one's head on/against sth.
3. *aux sein* (*gelangen*) **ein leises Wimmern schlug an sein Ohr** he could hear a faint whimpering.
4. (*Regen*) to beat; (*Wellen auch*) to pound.
5. *aux sein or haben* (*Flammen*) to shoot out (*aus* of); (*Rauch*) to pour out (*aus* of).
6. (*Blitz*) to strike (*in etw* (*acc*) sth).
7. (*singen: Nachtigall, Fink*) to sing.
8. *aux sein* (*inf: ähneln*) **er schlägt sehr nach seinem Vater** he takes after his father a lot; *siehe* **Art.**
9. (*betreffen*) **in jds Fach/Gebiet** (*acc*) **~** to be in sb's field/ line.
10. *aux sein* (*esp Med: in Mitleidenschaft ziehen*) **auf die Augen/Nieren etc ~** to affect the eyes/kidneys; **jdm auf die Augen etc ~** to affect sb's eyes *etc.*
IV *vr* **1.** (*sich prügeln*) to fight; (*sich duellieren*) to duel (*auf +dat* with). **als Schuljunge habe ich mich oft geschlagen I** often had fights when I was a schoolboy; **sich mit jdm ~** to have a fight with sb; (*duellieren*) to duel with sb; **sich um etw ~** (*lit, fig*) to fight over sth.
2. (*sich bewähren*) to do, to fare. **sich tapfer** *or* **gut ~** to make a good showing.
3. (*sich begeben*) **sich nach rechts/ Norden ~** to strike out to the right/for the North; **sich auf jds Seite ~** to side with sb; (*die Fronten wechseln*) to go over to sb.
schlagend *adj* (*treffend*) *Bemerkung, Vergleich* apt, appropriate; (*überzeugend*) *Beweis* striking, convincing. **etw ~ beweisen/widerlegen** to prove/refute sth convincingly; *siehe* **Verbindung, Wetter**[2].
Schläger *m* **-s, - 1.** (*Mus*) pop-song; (*erfolgreich*) hit-song, hit. **2.** (*inf*) (*Erfolg*) hit; (*Ware:*) bargain; (*Verkaufs~, Buch*) bestseller.
Schläger *m* **-s, - 1.** (*Tennis~, Federball~*) racquet (*Brit*), racket (*US*); (*Hockey~, Eishockey~*) stick; (*Golf~*) club; (*Krikket~, Baseball~*) bat; (*Tischtennis*) bat, paddle; (*Polo~*) mallet.
2. (*Spieler*) (*Kricket*) batsman; (*Baseball*) batter.
3. (*Raufbold*) thug, ruffian.
Schlägerbande *f* gang of thugs.

Schlägerei *f* fight, brawl.
Schlagermusik *f* pop music.
Schlägermütze *f* cap.
Schlagerparade *f* hit-parade; **Schlagersänger** *m* pop singer; **Schlagersendung** *f* pop music programme; **Schlagertext** *m* (pop music) lyrics *pl*; **Schlagertexter** *m* writer of pop music lyrics, lyricist.
Schlägertyp *m* (*inf*) thug.
Schlagetot *m* **-s, -s** (*old*) cutthroat.
schlagfertig *adj* quick-witted; **Schlagfertigkeit** *f* quick-wittedness; **Schlag|instrument** *nt* percussion instrument; **Schlagkraft** *f* (*lit, fig*) power; (*Boxen*) punch(ing power); (*Mil*) strike power; **schlagkräftig** *adj Boxer, Armee, Argumente* powerful; *Beweise* clear-cut; **Schlaglicht** *nt* (*Art, Phot*) highlight; **ein bezeichnendes ~ auf etw** (*acc*) **werfen** (*fig*) to highlight *or* spotlight sth; **Schlagloch** *nt* pothole; **Schlagmann** *m, pl* **-männer** (*Rudern*) stroke; (*Kricket*) batsman; (*Baseball*) batter; **Schlag|obers** *nt* **-, -** (*Aus*), **Schlagrahm** *m* (*S Ger*) *siehe* **Schlagsahne; Schlagring** *m* **1.** knuckleduster; **2.** (*Mus*) plectrum; **Schlagsahne** *f* (whipping) cream; (*geschlagen*) whipped cream; **Schlagseite** *f* (*Naut*) list; **~ haben** (*Naut*) to be listing, to have a list; (*hum inf*) to be half-seas over (*inf*); **Schlagstock** *m* (*form*) truncheon, baton, nightstick (*US*); **Schlagstöcke einsetzen** to charge with batons; **Schlagstock|einsatz** *m* (*form*) baton charge; **Schlagwort** *nt* **1.** (*Stichwort*) headword; **2.** (*Parole*) catchword, slogan; **Schlagwortkatalog** *m* subject catalogue; **Schlagzeile** *f* headline; **~n machen** (*inf*) to hit the headlines; **Schlagzeug** *nt* drums *pl*; (*in Orchester*) percussion *no pl*; **Schlagzeuger(in** *f*) *m* **-s, -** drummer; (*inf: im Orchester*) percussionist.
schlaksig (*esp N Ger inf*) **I** *adj* gangling, gawky. **II** *adv* in a gangling way, gawkily.
Schlamassel *m or nt* **-s, -** (*inf*) (*Durcheinander*) mix-up; (*mißliche Lage*) mess. **da haben wir den ~** now we're in a right mess (*inf*).
Schlamm *m* **-(e)s, -e** *or* **⸚e** mud; (*Schlick auch*) sludge.
Schlammbad *nt* mudbath.
schlammig *adj* muddy; (*schlickig auch*) sludgy.
Schlämmkreide *f* whiting.
Schlampe *f* **-, -n** (*pej inf*) slut (*inf*).
schlampen *vi* (*inf*) to be sloppy (in one's work). **bei einer Arbeit ~** to do a piece of work sloppily; **die Behörden haben wieder einmal geschlampt** (once again) the authorities have done a sloppy job.
Schlamperei *f* (*inf*) sloppiness; (*schlechte Arbeit*) sloppy work; (*Unordentlichkeit*) untidiness. **das ist eine ~!** that's a disgrace.
schlampig *adj* (*inf*) sloppy, careless; *Arbeit auch* slipshod; (*unordentlich*) untidy; (*liederlich*) slovenly.
schlang *pret of* **schlingen**[1], **schlingen**[2].
Schlange *f* **-, -n 1.** snake, serpent (*liter*); (*fig: Frau*) Jezebel. **die ~** (*Astron*)

Serpens, the Serpent; **eine falsche ~** a snake in the grass. **2.** (*Menschen~, Auto~*) queue (*Brit*), line (*US*). **~ stehen** to queue (up) (*Brit*), to stand in line (*US*). **3.** (*Tech*) coil.

Schlängellinie f wavy line.

schlängeln vr (*Weg*) to wind (its way), to snake; (*Fluß auch*) to meander; (*Schlange*) to wriggle. **sich um etw ~** to wind around sth; **sich durch etw ~** (*fig*) to worm one's way or wriggle through sth; **eine geschlängelte Linie** a wavy line.

schlangen|artig adj snakelike; **Schlangenbeschwörer** m -s, - snake-charmer; **Schlangenbiß** m snakebite; **Schlangengift** nt snake venom or poison; **schlangenhaft** adj snake-like; **Schlangenhaut** f snake's skin; (*Leder*) snakeskin; **Schlangenleder** nt snake-skin; **Schlangenlinie** f (in) **~n fahren** to swerve about; **Schlangenmensch** m contortionist.

Schlangestehen nt queuing (*Brit*), standing in line (*US*).

schlank adj slim; *Hals, Bäume auch* slender. **~ werden** to slim; **ihr Kleid macht sie ~** her dress makes her look slim; **Joghurt macht ~** yoghourt is slimming or is good for the figure; **sich ~ machen** (*fig*) to breathe in; *siehe* **Linie**.

Schlankheit f *siehe* adj slimness; slenderness.

Schlankheitskur f diet; (*Med*) course of slimming treatment. **eine ~ machen/anfangen** to be/go on a diet.

schlankweg adv (*inf*) *ablehnen, sagen* point-blank, flatly.

schlapp adj (*inf*) (*erschöpft, kraftlos*) worn-out, shattered (*inf*); (*energielos*) listless, floppy; (*nach Krankheit etc*) run-down; (*feige*) *Haltung, Gesinnung, Mensch* lily-livered (*inf*), yellow (*inf*). **sich ~ lachen** (*inf*) to laugh oneself silly.

Schlappe f -, -n (*inf*) set-back; (*esp Sport*) defeat. **eine ~ erleiden** or **einstecken (müssen)** to suffer a set-back/defeat.

schlappen I vi aux sein or haben (*inf*) (*lose sitzen*) to be baggy; (*Schuhe*) to flap. II vt (*Tier*) to lap.

Schlappen m -s, - (*inf*) slipper.

Schlappheit f (*Erschöpfung*) exhaustion, fatigue; (*Energielosigkeit*) listlessness, floppiness; (*Feigheit*) cowardice, yellowness (*inf*).

Schlapphut m floppy hat; **schlapp-machen** vi sep (*inf*) to wilt; (*zusammenbrechen*) to collapse; **die meisten Manager machen mit 40 schlapp** most managers are finished by the time they're 40; **Leute, die bei jeder Gelegenheit ~** people who can't take it or who can't stand the pace (*inf*); **Schlapp|ohr** nt (*hum: Kaninchen*) bunny (rabbit) (*inf*); **~en** pl floppy ears pl; **Schlappschwanz** m (*pej inf*) weakling, softy (*inf*).

Schlaraffenland nt Cockaigne, land of milk and honey.

schlau adj clever, smart; *Mensch, Idee auch* shrewd; (*gerissen*) cunning, crafty, wily; (*nicht anstrengend*) *Leben, Posten* easy, cushy (*inf*); *Sprüche* clever. **er ist ein**

~er Kopf he has a good head on his shoulders; **ein ~er Bursche** a crafty or cunning devil (*inf*); **sie tut immer so ~** she always thinks she's so clever or smart; **etw ~ anfangen** or **anstellen** to manage sth cleverly; **ich werde nicht ~ aus ihm** I can't make him out.

Schlaube f -, -n (*dial*) skin.

Schlauberger m -s, - (*inf*) clever-dick (*inf*), smart-alec (*inf*).

Schlauch m -(e)s, **Schläuche** **1.** hose; (*Garten~ auch*) hosepipe; (*Fahrrad~, Auto ~*) (inner) tube; (*Wein~ etc*) skin. **das Zimmer ist ein richtiger ~** the room is really narrow. **2.** (*inf: Strapaze*) slog (*inf*), grind. **3.** (*sl: Übersetzungshilfe*) crib (*inf*).

Schlauchboot nt rubber dinghy.

schlauchen I vt (*inf*) (*Reise, Arbeit etc*) jdn to wear out; (*Chef etc*) to drive hard. II vi **1.** (*inf: Kraft kosten*) to wear you/one etc out, to take it out of you/one etc (*inf*). **2.** (*sl: schmarotzen*) to scrounge (*inf*).

schlauchlos adj *Reifen* tubeless.

Schläue f -, no pl cunning, craftiness.

Schlaufe f -, -n (*an Kleidungsstück, Schuh etc*) loop; (*Aufhänger*) hanger.

Schlauheit, Schlauigkeit (*rare*) f *siehe* **schlau** cleverness, smartness; shrewdness; cunning, craftiness, guile; easiness, cushiness (*inf*); (*Bemerkung*) clever remark.

Schlaukopf m, **Schlaule** nt -s, - (*S Ger inf*), **Schlaumeier** m *siehe* **Schlauberger**.

Schlawiner m -s, - (*hum inf*) villain, rogue.

schlecht I adj **1.** bad; *Zustand, Aussprache, Geschmack, Zensur, Leistung auch* poor; *Qualität auch* poor, inferior; *Luft auch* stale; *Zeiten auch* hard. **das S~e in der Welt/im Menschen** the evil in the world/in man; **das ist ein ~er Scherz** (*fig*) that is a dirty trick; **er ist in Latein ~er als ich** he is worse at Latin than I am; **sich zum S~en wenden** to take a turn for the worse; **nur S~es von jdm** or **über jdn sagen** not to have a good word to say for sb.

2. pred (*ungenießbar*) off. **die Milch/das Fleisch ist ~** the milk/meat has gone off or is off; **~ werden** to go off.

3. (*gesundheitlich etc*) *Zustand* poor; *Nieren, Herz* bad; *Durchblutung* bad, poor. **jdm ist (es) ~** sb feels sick or ill; **es ist zum S~werden** (*fig inf*) it makes or is enough to make you sick (*inf*); **in ~er Verfassung sein** to be in a bad way; **~ aussehen** (*Mensch*) to look bad or sick or ill; (*Lage*) to look bad; **mit jdm/etw sieht es ~ aus** sb/sth looks in a bad way.

II adv **1.** badly. **sich ~ vertragen** (*Menschen*) to get along badly; (*Dinge, Farben etc*) not to go well together; **an jdm ~ handeln** to do sb wrong, to wrong sb; **~ über jdn sprechen/von jdm denken** to speak/think ill of sb.

2. (*mit Schwierigkeiten*) *hören, sehen* badly; *lernen, begreifen* with difficulty. **er kann ~ nein sagen** he finds it hard to say no, he can't say no; **da kann man ~ nein sagen** you can hardly say no or it's hard to say no to that; **heute geht es ~** today is not very convenient; **das läßt sich ~ machen, das geht ~** that's not really possible or on (*inf*); **das läßt sich ~ vermeiden** that can't really be avoided; **er ist ~ zu verstehen** he

is hard to understand; **sie kann sich ~ anpassen** she finds it difficult *or* hard to adjust; **das kann ich ~ sagen** it's hard to say,
I can't really say; **ich kann es sich ~ leisten,
zu ...** she can ill afford to ...; **ich kann sie
~ sehen** I can't see her very well.

3. *in festen Redewendungen* **auf jdn/etw
~ zu sprechen sein** not to have a good
word to say for sb/sth; **~ gerechnet** at the
very least; **~ und recht, mehr ~ als recht**
(*hum*) after a fashion.

4. (*inf*) **er hat nicht ~ gestaunt** he
wasn't half surprised (*inf*).

schlechtberaten *adj attr* ill-advised;
schlechtbezahlt *adj attr* badly paid.

schlechterdings *adv* (*völlig*) absolutely;
(*nahezu*) virtually.

schlechtgehen *vi impers sep irreg aux sein*
es geht jdm schlecht sb is in a bad way;
(*finanziell*) sb is doing badly; **wenn er das
erfährt, geht's dir schlecht** if he hears
about that you'll be for it (*inf*);
schlechtgelaunt *adj attr* bad-tempered;
schlechthin *adv* (*vollkommen*) quite,
absolutely; (*als solches, in seiner Gesamtheit*) as such, per se; **er gilt als** *or* **ist der
romantische Komponist ~** he is the
epitome of the Romantic composer.

Schlechtigkeit *f* **1.** *no pl* badness; (*qualitativ auch*) inferiority. **2.** (*Tat*) misdeed.

schlechtmachen *vt sep* to denigrate, to run
down; **Schlechtwettergeld** *nt* bad-
weather money *or* pay; **Schlechtwetter-
periode** *f* spell of bad weather.

schlecken (*Aus, S Ger*) **I** *vti siehe* **lecken².**
II *vi* (*Süßigkeiten essen*) to eat sweets (*Brit*)
or candies (*US*). **Lust auf was zum S~
haben** to feel like eating something sweet.

Schleckerei *f* (*Aus, S Ger*) **1.** *no pl* (*das
Lecken*) licking. **2.** *no pl* (*das Naschen*)
eating sweet things. **3.** (*Leckerbissen*)
delicacy; (*Süßigkeit*) sweet (*Brit*), candy
(*US*).

Schleckermaul *nt* (*hum inf*) **sie ist ein richtiges ~** she really has a sweet tooth.

Schlegel *m* **-s, -** **1.** stick; (*Trommel~ auch*)
drumstick. **2.** (*Min*) miner's hammer.
3. (*S Ger, Aus: Cook*) leg; (*von Geflügel
auch*) drumstick.

Schlehe *f* **-, -n** sloe.

Schlei *m* **-(e)s, -s** *siehe* **Schleie.**

schleichen *pret* **schlich,** *ptp* **geschlichen**
I *vi aux sein* to creep; (*heimlich auch*) to
sneak, to steal; (*Fahrzeug*) to crawl; (*fig:
Zeit*) to crawl (by). **um das Haus ~** to
prowl around the house.

II *vr* **1.** to creep, to sneak, to steal; (*fig:
Mißtrauen*) to enter. **sich in jds Vertrauen
~** to worm one's way into sb's confidence.

2. (*Aus: weggehen*) to go away. **schleich
dich** get lost (*inf*).

schleichend *adj attr* creeping; *Krankheit,
Gift* insidious; *Fieber* lingering.

Schleicher *m* **-s, -** hypocrite.

Schleicherei *f* hypocrisy, insincerity.

Schleichhandel *m* illicit trading (*mit* in);
der ~ mit Waffen/Alkohol gun-running/
bootlegging; **Schleichpfad, Schleich-
weg** *m* secret *or* hidden path; **auf
Schleichwegen** (*fig*) on the quiet, surrep-
titiously; **Schleichwerbung** *f* a plug; **~
vermeiden** to avoid giving plugs.

Schleie *f* **-, -n** (*Zool*) tench.

Schleier *m* **-s, -** (*lit, fig*) veil; (*von
Wolken, Nebel auch*) haze. **das Foto hat
einen ~** the photo is foggy *or* fogged;
**einen ~ vor den Augen haben/wie durch
einen ~ sehen** to have a mist in front of
one's eyes; **den ~ (des Geheimnisses) lüften** to lift the veil of secrecy; **einen ~ über
etw** (*acc*) **ziehen** *or* **breiten** (*fig*) to draw a
veil over sth; **den ~ nehmen** (*liter*) to take
the veil.

Schleier|eule *f* barn owl; **schleierhaft** *adj*
(*inf*) baffling, mysterious; **es ist mir völlig
~** it's a complete mystery to me;
Schleierschwanz *m* goldfish; **Schleier-
tanz** *m* veil-dance.

Schleifbank *f* grinding machine.

Schleife *f* **-, -n** **1.** loop (*auch Aviat, Computers, beim Schlittschuhlaufen*); (*Fluß~*)
bow, horse-shoe bend; (*Straßen~*) twisty
bend. **2.** (*von Band*) bow; (*Schuh~*)
bow(-knot); (*Fliege*) bow tie; (*Kranz~*)
ribbon.

schleifen¹ **I** *vt* **1.** (*lit, fig*) to drag; (*ziehen
auch*) to haul; (*Mus*) *Töne, Noten* to slur.
jdn vor Gericht ~ (*fig*) to drag *or* haul sb
into court; **jdn ins Konzert ~** (*hum inf*) to
drag sb along to a concert.

2. (*niederreißen*) to raze (to the
ground).

II *vi* **1.** *aux sein or haben* to trail, to
drag.

2. (*reiben*) to rub. **die Kupplung ~
lassen** (*Aut*) to slip the clutch; **die Zügel ~
lassen** (*lit, fig*) to slacken the reins.

schleifen² *pret* **schliff,** *ptp* **geschliffen** *vt*
1. *Rasiermesser, Messer, Schere* to
sharpen, to whet; *Beil, Sense auch* to
grind; *Werkstück, Linse* to grind; *Parkett*
to sand; *Edelstein, Glas* to cut; *siehe*
geschliffen. 2. (*inf: drillen*) **jdn ~** to drill
sb hard.

Schleifer *m* **-s, -** **1.** grinder; (*Edelstein~*)
cutter. **2.** (*Mus*) slurred note. **3.** (*Mil sl*)
slave-driver.

Schleiflack *m* (coloured) lacquer *or* varnish; **Schleiflackmöbel** *pl* lacquered
furniture *sing*; **Schleifmaschine** *f*
grinding machine; **Schleifpapier** *nt*
abrasive paper; **Schleifrad** *nt*, **Schleif-
scheibe** *f* grinding wheel; **Schleifstein**
m grinding stone, grindstone; **er sitzt da
wie ein Affe auf dem ~** (*sl*) he looks a
proper idiot *or* a proper Charlie (*inf*) sitting there.

Schleifung *f* razing.

Schleim *m* **-(e)s, -e** **1.** slime; (*Med*)
mucus; (*in Atemorganen auch*) phlegm;
(*Bot*) mucilage. **2.** (*Cook*) gruel.

schleimen *vi* to leave a coating *or* film;
(*fig inf: schmeicheln*) to fawn, to crawl.

Schleimhaut *f* mucous membrane.

schleimig *adj* **1.** slimy; (*Med*) mucous;
(*Bot*) mucilaginous. **2.** (*pej: unterwürfig*)
slimy (*inf*).

Schleimigkeit *f* (*pej*) sliminess (*inf*).

schleimlösend *adj* expectorant; **Schleim-
pilz** *m* slime mould *or* fungus; **Schleim-
scheißer** *m* (*sl*) smarmy customer.

schlemmen **I** *vi* (*üppig essen*) to feast; to
have a feast; (*üppig leben*) to live it up.
II *vt* to feast on.

Schlemmer(in *f*) *m* **-s, -** gourmet, bon vivant.

Schlemmerei *f* feasting; (*Mahl*) feast.

Schlemmermahl *nt* feast, banquet.

schlendern *vi aux sein* to stroll, to amble.

Schlendrian *m* **-(e)s,** *no pl* (*inf*) casualness, inefficiency; (*Trott*) rut.

Schlenker *m* **-s, -** swerve. **einen ~ machen** to swerve.

schlenkern I *vti* to swing, to dangle. **mit den Beinen ~, die Beine ~** to swing *or* dangle one's legs. **II** *vi* (*Auto*) to swerve, to sway.

schlenzen *vti* (*Sport*) to scoop.

Schlepp *m* (*Naut, fig*): **jdn/etw in ~ nehmen** to take sb/sth in tow; **in** *or* **im ~ haben** to have in tow.

Schleppdampfer *m* tug(boat).

Schleppe *f* **-, -n** **1.** (*von Kleid*) train. **2.** (*Hunt*) drag.

schleppen I *vt* (*tragen*) *Lasten* to lug, to schlepp (*US sl*); (*zerren*) to drag, to haul, to schlepp (*US sl*); *Auto, Schiff* to tow; (*fig*) to drag; (*inf*) *Kleidung* to wear continually. **jdn vor den Richter ~** to haul sb (up) before the judge.

   II *vi* (*inf: nachschleifen*) to drag, to trail.

   III *vr* to drag *or* haul oneself; (*Verhandlungen etc*) to drag on.

schleppend *adj Gang* dragging, shuffling; *Bedienung, Abfertigung* sluggish, slow; *Absatz, Nachfrage* slack, sluggish; *Gesang* dragging, slow. **die Unterhaltung kam nur ~ in Gang** conversation was very slow to start *or* started sluggishly.

Schleppenträger *m* trainbearer.

Schlepper *m* **-s, - 1.** (*Aut*) tractor. **2.** (*Naut*) tug. **3.** (*sl: Zuhälter, für Lokal*) tout. **4.** (*Univ sl*) somebody who writes an exam paper for somebody else.

Schlepperei *f* (*inf*) lugging around *or* about.

Schleppkahn *m* lighter, (canal) barge; **Schlepplift** *m* ski tow; **Schlepplohn** *m* (*Naut*) towage; **Schleppnetz** *nt* trawl (net); **Schleppschiff** *nt* tug(boat); **Schlepptau** *nt* (*Naut*) tow rope; (*Aviat*) dragrope, trail rope; **ein Schiff/jdn ins ~ nehmen** to take a ship/sb in tow.

Schlesien [-iən] *nt* **-s** Silesia.

Schlesier(in *f*) [-iɐ, -iərɪn] *m* **-s, -** Silesian.

schlesisch *adj* Silesian.

Schleswig-Holstein *nt* **-s** Schleswig-Holstein.

Schleuder *f* **-, -n 1.** (*Waffe*) sling; (*Wurfmaschine*) catapult, onager; (*Zwille*) catapult, slingshot (*US*). **2.** (*Zentrifuge*) centrifuge; (*für Honig*) extractor; (*Wäsche~*) spin-drier.

Schleuderball *m* (*Sport*) **1.** *heavy leather ball with a strap attached, swung round the head and then thrown;* **2.** *no pl a game using such a ball;* **Schleuderhonig** *m* extracted honey; **Schleudermaschine** *f* (*Wurfmaschine*) catapult, onager; (*für Milch etc*) centrifuge; (*für Honig*) extractor.

schleudern I *vti* **1.** (*werfen*) to hurl, to sling, to fling. **jdm etw ins Gesicht** *or* **an den Kopf ~** to hurl *or* fling sth in sb's face. **2.** (*Tech*) to centrifuge, to spin; *Honig* to extract; *Wäsche* to spin-dry.

   II *vi aux sein or haben* (*Aut*) to skid. **ins S~ kommen** *or* **geraten** to go into a skid; (*fig inf*) to run into trouble.

Schleuderpreis *m* giveaway price, throwaway price; **immer noch die alten ~e** we're still practically giving it/them away; **Schleudersitz** *m* (*Aviat*) ejection *or* ejector seat; (*fig*) hot seat; **Schleuderspur** *f* skidmark; **Schleuderstart** *m* (*Aviat*) catapult start.

schleunig *adj attr usu superl* prompt, speedy; *Schritte* quick, rapid. **nur ~stes Eingreifen kann jetzt helfen** only immediate measures can help now.

schleunigst *adv* at once, straight away, immediately. **verschwinde, aber ~!** beat it, on the double!; **ein Bier, aber ~!** a beer, and make it snappy!

Schleuse *f* **-, -n** (*für Schiffe*) lock; (*zur Regulierung des Wasserlaufs*) sluice, floodgate; (*für Abwasser*) sluice.

schleusen *vt Schiffe* to pass through a lock, to lock; *Wasser* to channel; (*langsam*) *Menschen* to filter; *Antrag* to channel; (*fig: heimlich*) to smuggle. **er wurde in den Saal geschleust** he was smuggled into the hall.

Schleusenkammer *f* (lock) basin; **Schleusenmeister** *m* lockmaster; **Schleusentor** *nt* (*für Schiffe*) lock gate; (*zur Regulierung des Wasserlaufs*) sluice gate, floodgate; **Schleusenwärter** *m* lock keeper.

Schleusung *f* lockage, locking. **bei der ~ größerer Schiffe** when putting bigger ships through the locks.

Schlich *m* **-(e)s, -e** *usu pl* ruse, trick, wile *usu pl*. **alle ~e kennen** to know all the tricks; **jdm auf** *or* **hinter die ~e kommen** to catch on to sb, to get on to sb, to get wise to sb.

schlich *pret of* **schleichen.**

schlicht *adj* simple. **die ~e Wahrheit/Tatsache** the plain *or* simple truth/fact; **~ und einfach** plain and simple; **das ist ~ und einfach nicht wahr** that's just simply not true; **der ~e Menschenverstand** basic common sense; **das geht über den ~en Menschenverstand** this is beyond the normal human mind *or* beyond human comprehension; **diese Gedichte sind ~ und ergreifend** (*iro*) these poems are not exactly brilliant; **unser Abschied war ~ und ergreifend** our parting was short and sweet.

schlichten *vti* **1.** *Streit* (*vermitteln*) to mediate, to arbitrate (*esp Ind*); (*beilegen*) to settle. **zwischen beiden Ländern ~** to mediate between the two countries; **~d in den Streit eingreifen** to intervene in the quarrel (to settle it).

   2. (*glätten*) *Werkzeug, Leder, Gewebe* to dress; *Holz* to smooth (off).

Schlichter(in *f*) *m* **-s, -** mediator; (*Ind*) arbitrator.

Schlichtfeile *f* smooth-cut file.

Schlichtheit *f* simplicity.

Schlichthobel *m* smoothing plane.

Schlichtung *f siehe vti 1.* mediation, arbitration; settlement.

Schlichtungsstelle *f* arbitration *or* conciliation board; **Schlichtungsverhandlungen** *pl* arbitration (negotiations);

Schlichtungsversuch *m* attempt at mediation *or* arbitration.

Schlick *m* -(e)s, -e silt, ooze, mud; (*Öl~*) slick.

schliddern *vi aux haben or sein* (*N Ger*) *siehe* **schlittern**.

schlief *pret of* **schlafen**.

Schliere *f* -, -n streak, schlieren *pl* (*Tech*).

Schließe *f* -, -n fastening, fastener.

schließen *pret* **schloß**, *ptp* **geschlossen**
I *vt* 1. (*zumachen*) to close, to shut; (*verriegeln*) to bolt; (*Betrieb einstellen*) to close *or* shut down; *Stromkreis* to close. **eine Lücke** ~ (*lit*) to close a gap; (*fig auch*) to fill a gap; **die Reihen** ~ (*Mil*) to close ranks.

2. (*beenden*) *Versammlung* to close, to conclude, to wind up; *Brief* to conclude, to close.

3. (*eingehen*) *Bündnis* to conclude; *Frieden auch* to make; *Bündnis auch* to enter into; *Freundschaft* to form. **wo wurde Ihre Ehe geschlossen?** where did your marriage take place?

4. (*geh: umfassen*) **etw in sich** (*dat*) ~ (*lit, fig*) to contain sth, to include sth; (*indirekt*) to imply sth; **jdn in die Arme** ~ to embrace sb; **laß dich in die Arme** ~ let me embrace you; **jdn/etw in sein Herz** ~ to take sb/sth to one's heart.

5. (*befestigen*) **etw an etw** (*acc*) ~ to fasten sth to sth; **daran schloß er eine Bemerkung** he added a remark (to this).

II *vr* to close, to shut; (*Wunde*) to close; (*fig geh: Wunde*) to heal. **daran schließt sich eine Diskussion** this is followed by a discussion; **sich um etw** ~ to close around sth.

III *vi* 1. to close, to shut; (*Betrieb einstellen*) to close *or* shut down; (*Schlüssel*) to fit. **die Tür schließt nicht** the door doesn't *or* won't close *or* shut; **„geschlossen"** "closed".

2. (*enden*) to close, to conclude; (*St Ex*) to close. **leider muß ich jetzt** ~ (*in Brief*) I'm afraid I must conclude *or* close now.

3. (*schlußfolgern*) to infer. **aus etw auf etw** (*acc*) ~ to infer sth from sth; **auf etw** (*acc*) ~ **lassen** to indicate sth, to suggest sth; **von sich auf andere** ~ to judge others by one's own standards; *siehe* **geschlossen**.

Schließfach *nt* left-luggage locker; (*Post~*) post-office box, PO box; (*Bank~*) safe-deposit box; **Schließkorb** *m* hamper.

schließlich *adv* (*endlich*) in the end, finally, eventually; (*immerhin*) after all. **er kam ~ doch** he came after all; **~ und endlich** at long last.

Schließmuskel *m* (*Anat*) sphincter.

Schließung *f* 1. (*das Schließen*) closing, shutting; (*Betriebseinstellung*) closure.

2. (*Beendigung*) (*einer Versammlung*) closing, breaking-up; (*von Debatte etc*) conclusion, closing; (*Geschäftsschluß*) closing(-time); (*Parl*) closure.

Schliff *m* -(e)s, -e (*von Glas, von Edelstein*) cut; (*fig: Umgangsformen*) refinement, polish. **jdm** ~ **beibringen** *or* **geben** to give sb some polish *or* refinement; **einer Sache/ jdm den letzten** ~ **geben** (*fig*) to put the finishing touch(es) to sth/to perfect sb.

schliff *pret of* **schleifen**[2].

schlimm *adj* 1. (*moralisch*) bad, wicked; (*unartig auch*) naughty. **es gibt S~ere als ihn** there are worse than him; **Sie sind ja ein ganz S~er!** you *are* naughty *or* wicked.

2. (*inf: krank, entzündet*) bad.

3. (*übel*) bad; *Krankheit auch* nasty; *Wunde auch* nasty, ugly; *Nachricht auch* awful, terrible. **sich** ~ **verletzen** to hurt oneself badly; **~, ~!** terrible, terrible!; **das war** ~ that was awful *or* terrible; ~ **genug, daß ...** it is/was bad enough that ...; **das finde ich nicht** ~ I don't find that so bad; **eine** ~**e Geschichte** (*inf*) a nasty state of affairs; **eine** ~**e Zeit** bad times *pl*; **das ist halb so/nicht so** ~! that's not so bad!, it doesn't matter!; **er ist** ~ **dran** (*inf*) he's in a bad way; **es steht** ~ (**um ihn**) things aren't looking too good (for him); **zu Anfang war es** ~ **für ihn** in the beginning he had a hard time of it; **ist es** ~ *or* **etwas S~es?** is it bad?; **wenn es ganz** ~ **kommt** if things get really bad; **wenn es nichts S~eres ist!** if that's all it is!; **es gibt S~eres** it *or* things could be worse; **es hätte** ~**er kommen können** it *or* things could have been worse; **~er kann es nicht mehr werden** things can hardly get any worse; **um so** *or* **desto** ~**er** all the worse; **im** ~**sten Fall** if the worst comes to the worst; **das S~ste** the worst; **das S~ste liegt hinter uns** the worst (of it) is behind us.

schlimmstenfalls *adv* at (the) worst. ~ **wird er nur sein Geld verlieren** at worst, he will only lose his money; ~ **kann ich dir £ 100 leihen** if the worst comes to the worst I can lend you £100.

Schlinge *f* -, -n loop; (*an Galgen*) noose; (*Med: Armbinde*) sling; (*Falle*) snare. **jdm in die** ~ **gehen** (*lit, fig*) to fall into sb's trap; ~**n legen** to set snares; **den Kopf** *or* **sich aus der** ~ **ziehen** (*fig*) to get out of a tight spot.

Schlingel *m* -s, - rascal.

schlingen[1] *pret* **schlang**, *ptp* **geschlungen** (*geh*) **I** *vt* (*binden*) *Knoten* to tie; (*umbinden*) *Schal* to wrap; (*flechten auch*) to plait. **die Arme um jdn** ~ to wrap one's arms around sb, to hug sb. **II** *vr* **sich um etw** ~ to coil (itself) around sth; (*Pflanze auch*) to twine (itself) around sth.

schlingen[2] *pret* **schlang**, *ptp* **geschlungen** *vi* to bolt one's food.

schlingern *vi* (*Schiff*) to roll; (*fig*) to lurch from side to side.

Schlinggewächs *nt*, **Schlingpflanze** *f* creeper.

Schlips *m* -es, -e tie, necktie (*US*). **mit** ~ **und Kragen** (*inf*) wearing a collar and tie; **jdm auf den** ~ **treten** (*inf*) to tread on sb's toes; **sich auf den** ~ **getreten fühlen** (*inf*) to feel offended, to be put out (*inf*).

Schlipsknoten *m* knot (in a tie); **Schlipsnadel** *f* tiepin.

Schlitten *m* -s, - 1. sledge, sled; (*Pferde~*) sleigh; (*Rodel~*) toboggan. ~ **fahren** to go tobogganing; **mit jdm** ~ **fahren** (*inf*) to have sb on the carpet (*inf*), to give sb a bawling out (*inf*).

2. (*Tech*) (*Schreibmaschinen~*) carriage; (*zum Stapellauf*) cradle.

3. (*sl: Auto*) car, motor (*inf*).

Schlittenfahren *nt* sledging; (*Rodeln*) tobogganing; (*mit Pferde~ etc*) sleighing; **Schlittenpartie** *f* sleigh ride.

Schlitterbahn *f* slide.

schlittern *vi* 1. *aux sein or haben* (*absichtlich*) to slide. 2. *aux sein* (*ausrutschen*) to slide, to slip; (*Wagen*) to skid; (*fig*) to slide, to stumble. **in den Konkurs/Krieg ~** to slide into bankruptcy/war.

Schlittschuh *m* (ice-)skate. **~ laufen** *or* **fahren** (*inf*) to (ice-)skate.

Schlittschuhlaufen *nt* (ice-)skating; **Schlittschuhläufer(in** *f*) *m* (ice-)skater.

Schlitz *m* **-es, -e** slit; (*Einwurf~*) slot; (*Hosen~*) fly, flies *pl*; (*Kleider~*) slit; (*Jackett~*) vent.

Schlitzauge *nt* slit *or* slant eye; (*pej: Chinese*) Chink (*pej*); **schlitzäugig** *adj* slit- *or* slant-eyed.

schlitzen *vt* to slit.

Schlitzohr *nt* (*fig*) sly fox; **schlitzohrig** *adj* (*fig*) shifty, crafty; **Schlitzverschluß** *m* (*Phot*) focal-plane shutter.

schlohweiß *adj* Haare snow-white.

schloß *pret of* **schließen.**

Schloß *nt* **-sses, ⸚sser** 1. castle; (*Palast*) palace; (*großes Herrschaftshaus*) mansion, stately home; (*in Frankreich*) château. **⸚sser und Burgen** castles and stately homes; **⸚sser im Monde** (*fig*) castles in the air, castles in Spain.
2. (*Tür~, Gewehr~ etc*) lock; (*Vorhänge~*) padlock; (*an Handtasche etc*) fastener, clasp. **ins ~ fallen** to lock (itself); **die Tür ins ~ werfen** to slam the door shut; **hinter ~ und Riegel sitzen/ bringen** to be/put behind bars.

schloßartig *adj* palatial; **Schloßberg** *m* castle *etc* hill.

Schlosser *m* **-s,** - fitter, metalworker; (*für Schlösser*) locksmith.

Schlosserei *f* 1. (*~handwerk*) metalworking. 2. (*~werkstatt*) metalworking shop.

Schlosserhandwerk *nt* metalworking; **Schlossermeister** *m* master fitter; **Schlosserwerkstatt** *f* metalworking shop.

Schloßgarten *m* castle *etc* gardens *pl*; **Schloßherr** *m* owner of a castle *etc*; (*Adliger*) lord of the castle; **Schloßhund** *m:* **heulen wie ein ~** (*inf*) to howl one's head off (*inf*); **Schloßpark** *m* castle *etc* grounds *pl*, estate; **Schloßplatz** *m* castle *etc* square; **Schloßvogt** *m* (*Hist*) castellan.

Schlot *m* **-(e)s, -e** *or* (*rare*) ⸚e 1. (*Schornstein*) chimney (stack), smokestack; (*Naut, Rail auch*) funnel; (*von Vulkan*) chimney. **rauchen** *or* **qualmen wie ein ~** (*inf*) to smoke like a chimney (*inf*). 2. (*inf: Flegel*) slob (*inf*), peasant (*inf*).

schlott(e)rig *adj* (*inf*) 1. (*zitternd*) shivering *attr*; (*vor Angst, Erschöpfung*) trembling *attr*. 2. *Kleider* baggy.

schlottern *vi* 1. (*zittern*) to shiver; (*vor Angst, Erschöpfung*) to tremble. **an allen Gliedern ~** to shake all over; **er schlotterte mit den Knien** he was shaking at the knees, his knees were knocking. 2. (*Kleider*) to hang loose, to be baggy.

Schlucht *f* **-, -en** gorge, ravine.

schluchzen *vti* (*lit, fig*) to sob.

Schluchzer *m* **-s,** - sob.

Schluck *m* **-(e)s, -e** *or* (*rare*) ⸚e drink; (*ein bißchen*) drop; (*das Schlucken*) swallow; (*großer*) gulp; (*kleiner*) sip. **der erste ~ war mir ungewohnt** the first mouthful tasted strange; **er stürzte das Bier in einem ~ herunter** he downed the beer in one gulp *or* in one go; **etw ~ für ~ austrinken** to drink every drop; **einen (kräftigen) ~ nehmen** to take a (long) drink *or* swig (*inf*).

Schluckauf *m* **-s,** *no pl* hiccups *pl*. **einen/ den ~ haben** to have (the) hiccups.

Schlückchen *nt dim of* **Schluck** drop; (*von Alkohol auch*) nip.

schlückchenweise *adv* in short sips. **~ trinken** to sip.

schlucken I *vt* 1. to swallow; (*hastig*) to gulp down; (*sl*) *Alkohol* to booze (*inf*).
2. (*inf: absorbieren, kosten*) to swallow up; *Benzin, Öl* to guzzle.
3. (*inf: hinnehmen*) *Beleidigung* to swallow, to take.
II *vi* to swallow; (*hastig*) to gulp; (*sl*) to booze (*inf*). **da mußte ich erst mal trocken** *or* **dreimal ~** (*inf*) I had to take a deep breath *or* to count to ten.

Schlucker *m* **-s, -** (*inf*): **armer ~** poor devil.

Schluckimpfung *f* oral vaccination; **Schluckspecht** *m* (*inf*) boozer (*inf*); **schluckweise** *adv* in sips.

Schluderei *f* (*inf*) sloppiness, bungling. **das ist eine ~!** how sloppy can you get!

schlud(e)rig *adj* (*inf*) *Arbeit* sloppy, slipshod *no adv*. **~ arbeiten** to work sloppily *or* in a slipshod way.

schludern (*inf*) I *vt* to skimp. **das ist geschludert!** this is a sloppy piece of work! II *vi* to do sloppy work, to work sloppily.

schludrig *adj* (*inf*) *siehe* **schlud(e)rig.**

schlug *pret of* **schlagen.**

Schlummer *m* **-s,** *no pl* (*liter*) (light) slumber (*liter*).

Schlummerlied *nt* (*geh*) cradlesong, lullaby.

schlummern *vi* (*geh*) to slumber (*liter*); (*fig auch*) to lie dormant.

Schlund *m* **-(e)s, ⸚e** (*Anat*) pharynx, gullet; (*fig liter*) maw (*liter*).

Schlupf *m* **-s,** *no pl* (*Elec, Naut*) slip; (*Tech*) slip, slippage.

schlüpfen *vi aux sein* to slip; (*Küken*) to hatch (out).

Schlüpfer *m* **-s, -** panties *pl*, knickers *pl*.

Schlupfloch *nt* hole, gap; (*Versteck*) hideout, lair; (*fig*) loophole.

schlüpfrig *adj* 1. slippery. 2. (*fig*) *Bemerkung* lewd, risqué.

Schlüpfrigkeit *f* *siehe adj* slipperiness; lewdness.

Schlupfwespe *f* ichneumon (fly) (*form*); **Schlupfwinkel** *m* hiding place; (*fig*) quiet corner.

schlurfen *vi aux sein* to shuffle.

schlürfen I *vt* to slurp; (*mit Genuß*) to savour. **er schlürfte die letzten Tropfen** he slurped up the last drops. II *vi* to slurp.

Schluß *m* **-sses, ⸚sse** 1. *no pl* (*Ende*) end; (*eines Romans, Gedichts, Theaterstücks auch*) ending, conclusion; (*hinterer Teil*) back, end, rear. **~!** that'll do!, stop!; **~**

für heute! that's it *or* all for today, that'll do for today; **~ damit!** stop it!, that'll do!; **... und damit ~!** ... and that's that!, ... and that's the end of it!; **nun ist aber ~!, ~ jetzt!** that's enough now!; **dann ist ~** that'll be it; **~ folgt** to be concluded; **am/ zum ~ des Jahres** at the end of the year; **zum ~ sangen wir ...** at the end we sang ...; **bis zum ~ bleiben** to stay to the end; **zum ~ kommen** to conclude; **zum ~ möchte ich noch darauf hinweisen, daß ...** to conclude *or* in conclusion I would like to point out that ...; **~ machen** (*inf*) (*aufhören*) to finish, to call it a day (*inf*); (*zumachen*) to close, to shut; (*Selbstmord begehen*) to put an end to oneself, to end it all; (*Freundschaft beenden*) to break *or* call it off; **ich muß ~ machen** (*im Brief*) I'll have to finish off now; (*am Telefon*) I'll have to go now; **mit etw ~ machen** to stop *or* end sth, to finish with sth (*inf*); **mit jdm ~ machen** to finish with sb, to break with sb.

2. (*Folgerung*) conclusion. **aus etw den ~ ziehen, daß ...** to draw the conclusion *or* to conclude from sth that ...; **ich ziehe meine ~sse daraus!** I can draw my own conclusions!

3. (*Tech*) **die Tür hat einen guten/ schlechten ~** the door is a good/bad fit.

4. (*Mus*) cadence.

Schluß|akkord m final chord; **Schluß|akt** m (*lit, fig*) final act; **Schlußbemerkung** f final observation, concluding remark; **Schlußbestimmung** f final clause; **Schlußbilanz** f(*lit*) final balance (sheet); (*fig*) final position.

Schlüssel m **-s, -** (*lit, fig*) key; (*Chiffren~ auch*) cipher; (*Sch: Lösungsheft*) key; (*Tech*) spanner, wrench; (*Verteilungs~*) ratio (of distribution); (*Mus*) clef.

Schlüsselbein nt collarbone, clavicle (*form*); **Schlüsselblume** f cowslip; **Schlüsselbrett** nt keyboard; **Schlüsselbund** m key ring; bunch of keys; **Schlüssel|erlebnis** nt (*Psych*) crucial experience; **schlüsselfertig** adj ready for moving in to, ready for occupancy; **Schlüsselfigur** f key figure; **Schlüssel|industrie** f key industry; **Schlüsselkind** nt (*inf*) latchkey child (*inf*); **Schlüsselloch** nt keyhole; **Schlüsselposition** f key position; **Schlüsselring** m key ring; **Schlüsselroman** m roman à clef; **Schlüsselstellung** f key position; **Schlüsseltasche** f key wallet; **Schlüsselwort** nt keyword; (*für Schloß*) combination, code.

schluß|endlich adv (*geh*) to conclude, in conclusion *or* closing; **Schluß|ergebnis** nt final result; **schlußfolgern** vi insep to conclude, to infer; **Schlußfolgerung** f conclusion, inference; **Schlußformel** f (*in Brief*) complimentary close; (*bei Vertrag*) final clause.

schlüssig adj conclusive. **sich** (*dat*) **über etw** (*acc*) **~ sein** to have made up one's mind (about sth).

Schlüssigkeit f conclusiveness.

Schlußkapitel nt concluding *or* final chapter; **Schlußkommuniqué** nt final communiqué; **Schlußläufer** m last runner; (*in Staffel*) anchor(man); **Schlußlicht** nt tail-light, tail lamp; (*inf: bei Rennen etc*) tailender, back marker; **~ der Tabelle/in der Klasse sein** to be bottom of the table/class; **das ~ bilden** (*fig*) (*beim Laufen etc*) to bring up the rear; (*in einer Tabelle*) to be bottom of the league; **Schlußmann** m, pl **-männer** (*Sport sl*) goalie (*inf*), keeper (*inf*); **Schlußpfiff** m final whistle; **Schlußphase** f final stages pl; **Schlußpunkt** m: **einen ~ unter etw** (*acc*) **setzen** to round off sth; (*bei etwas Unangenehmem*) to write sth off; **Schlußrunde** f (*Boxen etc, fig*) final round; (*in Rennsport, Leichtathletik*) final lap; (*bei Ausscheidungskämpfen*) final heat; (*Endausscheidung*) final(s); **Schlußrundenteilnehmer** m finalist; **Schlußsatz** m closing *or* concluding sentence; (*Logik*) conclusion; (*Mus*) last *or* final movement; **Schlußsprung** m standing jump; (*beim Turnen*) finishing jump; **Schlußstand** m final result; (*von Spiel auch*) final score; **Schlußstein** m (*Archit, fig*) keystone; **Schlußstrich** m (*fig*) final stroke; **einen ~ unter etw** (*acc*) **ziehen** to consider sth finished; **Schlußverkauf** m (end-of-season) sale; **Schlußwort** nt closing words *or* remarks pl; (*Schlußrede*) closing *or* concluding speech; (*Nachwort*) postscript.

Schmach f **-**, no pl (*geh*) disgrace, ignominy, shame no indef art; (*Demütigung auch*) humiliation. **etw als ~ empfinden** to see sth as a disgrace; to feel humiliated by sth.

schmachten vi (*geh*) **1.** (*leiden*) to languish. **vor Durst ~** to be parched; **vor Hunger ~** to starve. **2.** (*sich sehnen*) **nach jdm/etw ~** to pine *or* yearn for sb/sth.

schmachtend adj yearning, soulful; *Liebhaber* languishing.

Schmachtfetzen m (*dated hum*) tearjerker (*inf*).

schmächtig adj slight, frail, weedy (*pej*).

Schmächtigkeit f slightness, frailty, weediness (*pej*).

Schmachtlappen m (*dated hum*) Romeo (*inf*); **Schmachtlocke** f (*dated hum*) kiss-curl.

schmachvoll adj (*geh*) *Niederlage* ignominious; (*demütigend auch*) *Frieden* humiliating.

schmackhaft adj (*wohlschmeckend*) palatable, tasty; (*appetitanregend*) appetizing. **jdm etw ~ machen** (*fig*) to make sth palatable to sb.

Schmackhaftigkeit f palatability.

Schmähbrief m defamatory *or* abusive letter.

schmähen vti (*geh*) to abuse, to revile (*liter*), to vituperate against (*liter*).

schmählich adj (*geh*) ignominious, shameful; (*demütigend*) humiliating.

Schmährede f (*geh*) invective, diatribe; **~n (gegen jdn) führen** to launch diatribes (against sb); **Schmähschrift** f defamatory piece of writing; (*Satire*) lampoon.

Schmähung f (*geh*) abuse, vituperation (*liter*). (**gegen jdn**) **~en und Verwünschungen ausstoßen** to hurl abuse (at sb).

schmal adj, comp **-er** *or* **̈-er**, superl

-ste(r, s) or **ˉste(r, s),** adv superl am **-sten** or **ˉsten 1.** narrow; *Hüfte, Taille auch, Mensch* slim, slender; *Band, Buch* slim; *Gelenke, Lippen* thin. **er ist sehr ~ geworden** he has got very thin. **2.** (*fig: karg*) meagre, slender. **~e Kost** slender fare.

schmalbrüstig adj narrow-chested; (*fig*) limited.

schmälern vt to diminish, to reduce, to lessen; (*heruntermachen*) to detract from, to belittle, to diminish.

Schmälerung f siehe vt diminishing, reduction, lessening; detraction, belittlement. **eine ~ seines Ruhms** a detraction from or diminishing of his fame.

Schmalfilm m cine-film; **Schmalfilmkamera** f cine-camera; **Schmalhans** m (*inf*): **bei ihnen/uns ist ~ Küchenmeister** their/our cupboard is nearly always bare; **schmallippig** adj thin-lipped; **Schmalseite** f narrow side; **Schmalspur** f (*Rail*) narrow gauge; **Schmalspur-** in cpds (*pej*) small-time; **Schmalspurbahn** f narrow-gauge railway.

Schmalz¹ nt **-es, -e 1.** fat; (*Schweine~*) lard; (*Braten~*) dripping. **2.** siehe **Ohrenschmalz.**

Schmalz² m **-es,** no pl (*pej inf*) schmaltz (*inf*).

schmalzig adj (*pej inf*) schmaltzy (*inf*), slushy (*inf*).

schmarotzen* vi to sponge, to scrounge, to freeload (*esp US*) (*bei* on, off); (*Biol*) to be parasitic (*bei* on).

Schmarotzer(in f) m **-s, -** (*Biol*) parasite; (*fig auch*) sponger, freeloader (*esp US*).

Schmarotzertum nt, no pl (*Biol, fig*) parasitism.

Schmarre f **-, -n** (*dial*) cut, gash; (*Narbe*) scar.

Schmarr(e)n m **-s, - 1.** (*S Ger, Aus*) (*Cook*) pancake cut up into small pieces. **2.** (*inf: Quatsch*) rubbish, tripe (*inf*).

Schmatz m **-es, -e** (*inf: Kuß*) smacker.

schmatzen vi to eat noisily. **er aß ~d seine Suppe** he slurped his soup; **schmatz nicht so!** don't make so much noise when you eat!; **mit den Lippen ~** to smack one's lips; **Oma küßte das Kind ~d** grandma gave the child a real smacker of a kiss.

schmauchen I vt to puff away at. **II** vi to puff away.

Schmaus m **-es, Schmäuse** (*dated*) feast.

schmausen (*geh*) **I** vi to feast. **II** vt to feast on.

schmecken I vi (*Geschmack haben*) to taste (*nach* of); (*gut ~*) to be good, to taste good or lovely; (*probieren auch*) to have a taste. **ihm schmeckt es** (*gut/findet*) he likes it; (*Appetit haben*) he likes his food; **ihm schmeckt es nicht** (*keinen Appetit*) he's lost his appetite, he's off his food; **das schmeckt ihm nicht** (*lit, fig*) he doesn't like it; **die Arbeit schmeckt ihm nicht** this work doesn't agree with him, he has no taste for this work; **wie schmeckt die Ehe?** how does marriage agree with you?; **nach etw ~** (*fig*) to smack of sth; **das schmeckt nach nichts** it's tasteless; **das schmeckt nach mehr!** (*inf*) it tastes

more-ish (*hum inf*); **schmeckt es (Ihnen)?** do you like it?, is it good?; are you enjoying your food or meal? (*esp form*); **das hat geschmeckt** that was good; **das schmeckt nicht (gut)** it doesn't taste good or nice; **es schmeckt mir ausgezeichnet** it is or tastes really excellent; **Hauptsache, es schmeckt** (*inf*) the main thing is it tastes nice; **es sich** (*dat*) **~ lassen** to tuck in.

II vt to taste; (*probieren auch*) to have a taste of. **etw zu ~ bekommen** (*fig inf*) to have a taste of sth.

Schmeichelei f flattery; (*Komplimente auch*) flattering remark or compliment. **so eine ~!** such flattery!

schmeichelhaft adj flattering; *Bemerkung auch* complimentary.

schmeicheln vi **1.** to flatter (*jdm* sb); (*um etw zu erreichen auch*) to butter up (*inf*) (*jdm* sb). **es schmeichelt mir, daß ...** it flatters me that ... **2.** (*verschönen*) to flatter. **das Bild ist aber geschmeichelt!** the picture is very flattering.

Schmeichler(in f) m **-s, -** flatterer; (*Kriecher*) sycophant, fawner.

schmeichlerisch adj flattering; (*lobhudelnd auch*) unctuous, fawning, sycophantic.

schmeißen pret **schmiß,** ptp **geschmissen** (*inf*) **I** vt **1.** (*werfen*) to sling (*inf*), to chuck (*inf*), to fling; *Tür* to slam. **sich auf etw** (*acc*)~ to throw oneself into sth; **die Frauen schmissen sich auf die Sonderangebote** the women made a rush at the special offers; **sich jdm an den Hals ~** (*fig*) to throw oneself at sb.

2. (*spendieren*) **eine Runde** or **Lage ~** to stand a round; **eine Party ~** (*sl*) to throw a party.

3. (*managen*) **den Laden ~** to run the (whole) show; **die Sache ~** to handle it.

II vi (*werfen*) to throw, to chuck (*inf*). **mit Steinen ~** to throw or chuck (*inf*) stones; **mit etw um sich ~** to throw sth about, to chuck sth around (*inf*); **mit Fremdwörtern um sich ~** to bandy loanwords or foreign words about.

Schmeißfliege f bluebottle.

Schmelz m **-(e)s, -e** (*Glasur*) glaze; (*Zahn~*) enamel; (*geh*) (*einer Farbe*) lustre, glow; (*Wohllaut*) melodiousness, mellifluousness.

schmelzbar adj fusible, meltable; **Eisen ist leicht ~** iron is easily melted or melts easily; **Schmelzbarkeit** f fusibility.

Schmelze f **-, -n 1.** (*Metal*) melt. **2.** (*Schmelzen*) melting; (*Metal: von Erz*) smelting. **3.** (*Schmelzhütte*) smelting plant or works sing or pl.

schmelzen pret **schmolz,** ptp **geschmolzen I** vi aux sein (*lit, fig: erweichen*) to melt; (*fig: schwinden auch*) to melt away. **II** vt Metall, Fett to melt; Erz to smelt.

schmelzend I prp of **schmelzen. II** adj (*geh*) Gesang, Ton, Stimme mellifluous.

Schmelzglas nt enamel; **Schmelzhütte** f smelting plant or works sing or pl; **Schmelzkäse** m cheese spread; **Schmelzofen** m melting furnace; (*für Erze*) smelting furnace; **Schmelzpunkt**

m melting point; **Schmelztiegel** *m* (*lit, fig*) melting pot; **Schmelzwasser** *nt* melted snow and ice; (*Geog, Phys*) meltwater.

Schmerbauch *m* (*inf*) paunch, potbelly; **schmerbäuchig** *adj* (*inf*) paunchy, potbellied.

Schmerle *f* -, **-n** loach.

Schmerz *m* **-es, -en** pain *pl rare*; (*Kummer auch*) grief *no pl.* **ihre ~en** her pain; **dumpfer ~** ache; **stechender ~** stabbing pain; **sie schrie vor ~en** she cried out in pain; **~en haben** to be in pain; **~en in der Nierengegend/in den Ohren haben** to have a pain in the kidneys/to have ear-ache; **wo haben Sie ~en?** where does it hurt?, where's the pain?; **wenn der Patient wieder ~en bekommt ...** if the patient starts feeling pain again ...; **jdm ~en bereiten** to cause sb pain; (*seelisch auch*) to pain sb; **mit ~en** (*fig*) regretfully; **unter ~en** painfully; (*fig*) regretfully; **jdn mit ~(en) erfüllen** (*fig*) to grieve *or* hurt sb.

schmerzbetäubend *adj* pain-killing; **schmerzempfindlich** *adj Mensch* sensitive to pain; *Wunde, Körperteil* tender; **Schmerzempfindlichkeit** *f siehe adj* sensitivity to pain; tenderness.

schmerzen (*geh*) **I** *vt* to hurt, to pain; (*körperlich*) to hurt.
II *vi* to hurt; (*Wunde etc*) to be sore; (*Kopf, Bauch auch*) to ache. **mir schmerzt der Kopf** my head aches; **es schmerzt** (*lit, fig*) it hurts; **eine ~de Stelle** a painful spot *or* area.

Schmerzensgeld *nt* (*Jur*) damages *pl*; **Schmerzenslaut** *m* (*geh*) cry of pain; **Schmerzensschrei** *m* scream of pain.

schmerzerfüllt *adj* (*geh*) racked with pain; (*seelisch*) grief-stricken; **schmerzfrei** *adj* free of pain; *Operation* painless; **schmerzhaft** *adj* (*lit, fig*) painful; **schmerzlich** *adj* (*geh*) painful; *Lächeln* sad; **es ist mir sehr ~, Ihnen mitteilen zu müssen, daß ...** it is my painful duty to inform you that ...; **schmerzlindernd** *adj* pain-relieving, analgesic; **schmerzlos** *adj* (*lit, fig*) painless; **~er** less painful; **Schmerzmittel** *nt* pain-killing drug, pain-killer; **schmerzstillend** *adj* pain-killing, analgesic (*Med*); **~es Mittel** pain-killing drug, pain-killer, analgesic (*Med*); **Schmerztablette** *f* pain-killer, ≈ aspirin (*inf*); **schmerzverzerrt** *adj* pain-racked, agonized; **schmerzvoll** *adj* (*fig*) painful.

Schmetterball *m* smash.

Schmetterling *m* (*Zool, inf: Schwimmart*) butterfly.

Schmetterlingsblütler *m* **-s, - die ~** the papilionaceae (*spec*); **Schmetterlingsnetz** *nt* butterfly net; **Schmetterlingsstil** *m* butterfly stroke.

schmettern I *vt* **1.** (*schleudern*) to smash; *Tür* to slam; (*Sport*) *Ball* to smash.
2. *Lied* to bellow out.
II *vi* **1.** (*Sport*) to smash, to hit a smash.
2. (*Trompete etc*) to blare (out); (*Sänger*) to bellow.

Schmied *m* **-(e)s, -e** (black)smith; *siehe* **Glück.**

Schmiede *f* -, **-n** smithy, forge.

Schmiedearbeit *f* (*das Schmieden*) forging; (*Gegenstand*) piece of wrought-iron work; **Schmiedeeisen** *nt* wrought iron; **schmiedeeisern** *adj* wrought-iron; **Schmiedehammer** *m* blacksmith's hammer.

schmieden *vt* to forge (*zu* into); (*fig: zusammenfügen auch*) to mould; (*ersinnen*) *Plan* to hatch, to concoct; (*hum*) *Verse* to concoct. **geschmiedet sein** (*Gartentür etc*) to be made of wrought-iron; **jdn in Ketten ~** (*liter*) to bind sb in chains.

schmiegen I *vr* **sich an jdn ~** to cuddle *or* snuggle up to sb; **sich an/in etw** (*acc*) **~** to nestle *or* snuggle into sth; **die Weinberge/Häuser ~ sich an die sanften Hänge** the vineyards/houses nestle into the gentle slopes.
II *vt* **etw an/in etw** (*acc*) **~** to nestle sth into sth; **etw um etw ~** to wrap sth around sth.

schmiegsam *adj* supple; *Stoff* soft; (*fig: anpassungsfähig*) adaptable, flexible.

Schmiegsamkeit *f siehe adj* suppleness; softness; adaptability, flexibility.

Schmiere *f* -, **-n 1.** (*inf*) grease; (*Salbe*) ointment; (*feuchter Schmutz auch*) mud; (*pej: Schminke*) paint; (*Aufstrich*) spread.
2. (*pej*) (*Wanderbühne*) (troop of) barnstormers; (*schlechtes Theater*) flea-pit.
3. (*sl*) **~ stehen** to be the look-out, to keep cave (*dated Brit Sch sl*).

schmieren I *vt* **1.** (*streichen*) to smear; *Butter, Aufstrich* to spread; *Brot* to butter; *Salbe, Make-up* to rub in (*in + acc* -to); (*einfetten, ölen*) to grease; (*Tech*) *Achsen, Gelenke etc* to grease, to lubricate. **es geht** *or* **läuft wie geschmiert** it's going like clockwork; **jdm eine ~** (*inf*) to clout sb one (*inf*).
2. (*pej: schreiben*) to scrawl.
3. (*inf: bestechen*) **jdn ~** to grease sb's palm (*inf*).
II *vi* **1.** (*pej*) (*schreiben*) to scrawl; (*malen*) to daub.
2. (*Stift, Radiergummi, Scheibenwischer*) to smear.
3. (*inf: bestechen*) to give a bribe/bribes.

Schmierenkomödiant *m* (*pej*) ham (actor); **Schmierenkomödie** *f* (*pej*) slapstick farce, pantomime; (*fig*) pantomime, farce; **Schmierentheater** *nt* (*pej*) (troop of) barnstormers; (*schlechtes Theater*) flea-pit.

Schmierer(in *f*) *m* **-s, -** (*pej inf*) scrawler, scribbler; (*von Parolen*) slogan dauber; (*an Gebäuden*) graffiti writer; (*Maler*) dauber; (*Autor, Journalist*) hack, scribbler.

Schmiererei *f* (*pej inf*) (*Geschriebenes*) scrawl, scribble; (*Parolen etc*) graffiti *pl*; (*Malerei*) daubing; (*das Schmieren von Parolen etc*) scrawling, scribbling.

Schmierfett *nt* (lubricating) grease; **Schmierfink** *m* (*pej*) **1.** (*Autor, Journalist*) hack, scribbler; (*Skandaljournalist*) muckraker (*inf*); **2.** (*Schüler*) messy writer, scrawler; **Schmiergeld** *nt* (*inf*) bribe, bribe-money; **Schmierheft** *nt* jotter, rough-book.

schmierig *adj* greasy; *Restaurant auch*

grimy; (fig) (unanständig) dirty, filthy; (schleimig) greasy, smarmy (inf).

Schmiermittel nt lubricant; **Schmier|öl** nt lubricating oil; **Schmierpapier** nt rough or jotting paper; **Schmierseife** f soft soap.

Schmierung f lubrication.

Schmierzettel m piece of rough or jotting paper.

schmilz imper sing of **schmelzen**.

Schminke f -, -n make-up.

schminken I vt to make up. **sich** (dat) **die Lippen/Augen** ~ to put on lipstick/eye make-up. **II** vr to make oneself up, to put on make-up. **sich zu stark** ~ to wear too much make-up.

Schminkkoffer m vanity case; **Schminktäschchen** nt make-up bag; **Schminktisch** m dressing table.

schmirgeln I vt to sand, to rub down. **II** vi to sand.

Schmirgelpapier nt sandpaper; **Schmirgelscheibe** f sanding disc.

Schmiß m -sses, -sse 1. (Fechtwunde) gash, wound; (Narbe) duelling scar. 2. (dated: Schwung) dash, élan. ~ **haben** (Musik etc) to go with a swing; (Mensch) to have go (inf).

schmiß pret of **schmeißen**.

schmissig adj (dated) dashing; Musik auch spirited.

Schmöker m -s, - book (usu of light literature); (dick) tome.

schmökern (inf) **I** vi to bury oneself in a book; (in Büchern blättern) to browse. **II** vt to bury oneself in.

schmollen vi to pout; (gekränkt sein) to sulk. **mit jdm** ~ to be annoyed with sb.

Schmollmund m pout; **einen** ~ **machen** to pout; **Schmollwinkel** m (inf) **im** ~ **sitzen** to have the sulks (inf); **sich in den** ~ **zurückziehen** to go off into a corner to sulk.

schmolz pret of **schmelzen**.

Schmorbraten m pot-roast.

schmoren I vt to braise; Braten auch to pot-roast. **II** vi 1. (Cook) to braise; (inf: schwitzen) to roast, to swelter. **jdn** (im eigenen Saft or Fett) ~ **lassen** to leave sb to stew (in his/her own juice). 2. (unbearbeitet liegen) to lie there.

Schmorfleisch nt (Cook) braising steak; (Braten) pot roast.

Schmu m -s, no pl (inf) cheating; (esp mit Geld auch) fiddling (inf). **das ist** ~! that's a cheat or a fiddle! (inf); ~ **machen** to cheat; to fiddle (inf); **bei der Abrechnung/ Prüfung** ~ **machen** to fiddle the expenses/ cheat in the exam.

schmuck adj (dated) Haus etc neat, tidy; Schiff neat, trim; Bursche, Mädel smart, spruce; Paar smart.

Schmuck m -(e)s, (rare) -e 1. (~stücke) jewellery (Brit) no pl, jewelry no pl. 2. (Verzierung) decoration; (fig) embellishment. **der** ~ **am Christbaum** the decorations on the Christmas tree; **im** ~ **der Blumen/Fahnen** (liter) decked with flowers/flags.

schmücken I vt to decorate, to adorn; Rede to embellish. **die mit Blumenkränzen geschmückten Tänzerinnen** the dancers adorned with garlands of flowers; **mit Juwelen geschmückt** bejewelled; **~des Beiwerk/Beiwort** embellishment. **II** vr (zum Fest etc) (Mensch) to adorn oneself; (Stadt) to be decorated. **sich mit Blumenkränzen** ~ to garland oneself with flowers; siehe **fremd**.

Schmuckgegenstand m ornament; (Ring etc) piece of jewellery; **Schmuckkassette** f, **Schmuckkästchen** nt, **Schmuckkasten** m jewellery box; **schmucklos** adj plain; Fassade unadorned; Einrichtung, Stil auch simple; (fig) Stil, Prosa etc simple, unadorned; **Schmucklosigkeit** f siehe adj plainness; unadornedness; simplicity; simplicity, unadornedness; **Schmucksachen** pl jewellery (Brit) sing, jewelry sing; **Schmuckstein** m (Edelstein) precious stone, gem; (Halbedelstein) semi-precious stone; **Schmuckstück** nt (Ring etc) piece of jewellery; (Schmuckgegenstand) ornament; (fig: Prachtstück) gem; (fig inf) (Frau) better half (inf); (Freundin, als Anrede) sweetheart (inf); **Schmuckwaren** pl jewellery (Brit) sing, jewelry sing.

Schmuddel m -s, no pl (inf) (Schmutz) mess; (auf Straße) dirt, mud.

Schmuddelei f (inf) mess no pl.

schmudd(e)lig adj messy; (schmutzig auch) dirty; (schmierig, unsauber) filthy; (schlampig) Bedienung sloppy; Frau, Schüler sloppy, slovenly.

Schmuggel m -s, no pl smuggling. ~ **treiben** to smuggle; **der** ~ **von Heroin** heroin smuggling.

Schmuggelei f smuggling no pl. **seine kleinen** ~**en** his small-scale smuggling.

schmuggeln vti (lit, fig) to smuggle. **mit etw** ~ to smuggle sth.

Schmuggeln nt -s, no pl smuggling.

Schmuggelware f smuggled goods pl, contraband no pl.

Schmuggler(in f) m -s, - smuggler. ~ **von Rauschgift/ Waffen** drug-smuggler/arms smuggler, gun-runner.

Schmugglerbande f smuggling ring, ring of smugglers.

schmunzeln vi to smile.

Schmunzeln nt -s, no pl smile.

Schmus m -es, no pl (inf) (Unsinn) nonsense; (Schmeicheleien) soft-soap (inf). ~ **erzählen** to talk nonsense; to soft-soap sb (inf).

schmusen vi (inf) 1. (zärtlich sein) to cuddle; (mit Freund, Freundin auch) to canoodle (inf). **mit jdm** ~ to cuddle sb, to canoodle with sb (inf). 2. (schmeicheln) to soft-soap sb (inf).

Schmutz m -es, no pl 1. dirt; (Schlamm auch) mud. **die Handwerker haben viel** ~ **gemacht** the workmen have made a lot of mess; **sie leben in** ~ they live in real squalor; **der Stoff nimmt leicht** ~ **an** the material dirties easily. 2. (fig) filth, dirt, smut. ~ **und Schund** obscene or offensive material; **jdn/etw in den** ~ **ziehen** or **zerren** to drag sb/sth through the mud; siehe **bewerfen**.

schmutzen vi to get dirty.

Schmutzfänger m dust trap; **Schmutz-**

fink *m* (*inf*) (*unsauberer Mensch*) dirty slob (*inf*); (*Kind*) mucky pup (*inf*); (*fig*) (*Mann*) dirty old man; (*Journalist*) muck-raker (*inf*); **Schmutzfleck** *m* dirty mark.

schmutzig *adj* (*unsauber, unanständig*) dirty, filthy; *Geschäft* dirty, sordid; *Witze, Geschichten auch* smutty. **sich ~ machen** to get oneself dirty; **~e Wäsche (vor anderen Leuten) waschen** to wash one's dirty linen in public; **~e Reden führen** to use bad *or* foul language.

Schmutzigkeit *f siehe adj* dirtiness, filthi-ness; dirtiness, sordidness; smuttiness; (*Witz, Bemerkung*) dirty *etc* joke/remark.

Schmutztitel *m* (*Typ*) half-title; **Schmutz-wäsche** *f* dirty washing; **Schmutz-wasser** *nt* dirty water.

Schnabel *m* **-s,** ⸚ **1.** (*Vogel~*) beak, bill.

2. (*von Kanne*) spout; (*von Krug*) lip; (*von Schiff*) prow.

3. (*Mus: Mundstück*) mouthpiece.

4. (*inf: Mund*) mouth. **halt den ~!** shut your mouth (*inf*) *or* trap (*sl*); **den ~ aufreißen** (*vor Erstaunen*) to gape; (*reden*) to open one's big mouth (*inf*); **mach doch den ~ auf** say something; **reden, wie einem der ~ gewachsen ist** to say exactly what comes into one's head; (*unaffektiert*) to talk naturally.

Schnabelhieb *m* peck.

schnäbeln *vi* (*lit, fig*) to bill and coo.

Schnabelschuh *m* pointed shoe (with turned-up toe); **Schnabeltasse** *f* feeding cup; **Schnabeltier** *nt* duckbilled platypus.

Schnack *m* **-(e)s, -s** (*N Ger inf*) (*Unterhal-tung*) chat; (*Ausspruch*) silly *or* amusing phrase. **das ist ein dummer ~** that's a silly phrase.

schnackeln *vi* (*S Ger*) **mit den Fingern ~** to snap *or* click one's fingers; **jdm ~ die Knie** sb's knees are trembling *or* shaking; **es hat (bei jdm) geschnackelt** it's clicked.

schnacken *vi* (*N Ger*) to chat.

Schnake *f* **-, -n 1.** (*inf: Stechmücke*) gnat, midge. **2.** (*Weberknecht*) daddy-long-legs.

Schnalle *f* **-, -n 1.** (*Schuh~, Gürtel~*) buckle. **2.** (*an Handtasche, Buch*) clasp. **3.** (*Aus, S Ger: Tür~*) handle. **4.** (*sl: Flittchen*) tarty type (*inf*).

schnallen *vt* to strap; *Gürtel* to buckle, to fasten; *siehe* **Gürtel.**

Schnallenschuh *m* buckled shoe.

schnalzen *vi* (**mit den Fingern**) **~** to snap *or* click one's fingers; **mit der Zunge ~** to click one's tongue.

Schnalzer *m* **-s, -** (*inf*) click; (*mit Fingern auch*) snap.

Schnalzlaut *m* (*Ling*) click.

schnapp *interj* snap; *siehe* **schnipp.**

schnappen I *vi* **1.** *nach* **jdm/etw ~** to snap *or* take a snap at sb/sth; (*greifen*) to snatch *or* grab at sb/sth; *siehe* **Luft.**

2. *aux sein* (*sich bewegen*) to spring up. **die Tür schnappt ins Schloß** the door snaps *or* clicks shut.

II *vt* (*inf*) **1.** (*ergreifen*) to snatch, to grab. **jdn am Arm ~** to grab sb's arm *or* sb by the arm; **schnapp dir einen Zettel** grab a piece of paper (*inf*).

2. (*fangen*) to catch, to nab (*inf*).

Schnappmesser *nt* clasp-knife; **Schnapp-schloß** *nt* (*an Tür*) springlock; (*an Schmuck*) spring clasp; **Schnappschuß** *m* (*Foto*) snap(shot).

Schnaps *m* **-es,** ⸚**e** (*klarer ~*) schnapps; (*inf: Branntwein*) spirits *pl*; (*inf: Alkohol*) drink, booze (*inf*), liquor (*esp US inf*). **ich möchte lieber einen ~ trinken** I'd rather have a short (*inf*).

Schnapsbrenner *m* distiller; **Schnaps-brennerei** *f* **1.** (*Gebäude*) distillery; **2.** *no pl* (*das Brennen*) distilling of spirits *or* liquor; **Schnapsbruder** *m* (*inf*) boozer (*inf*).

Schnäpschen ['ʃnɛpsçən] *nt* (*inf*) little drink, wee dram (*esp Scot*).

Schnapsfahne *f* (*inf*) boozy breath (*inf*); **Schnapsflasche** *f* bottle of booze (*inf*) *or* spirits *or* liquor; **Schnapsglas** *nt* small glass for spirits; **Schnaps|idee** *f* (*inf*) crazy *or* crackpot idea; **Schnapsladen** *m* off-licence (*Brit*), liquor store (*US*); **Schnapsleiche** *f* (*inf*) drunk; **Schnapsnase** *f* (*inf*) boozer's nose (*inf*); **Schnapszahl** *f* (*inf*) multi-digit number with all digits identical.

schnarchen *vi* to snore.

Schnarcher(in *f*) *m* **-s, -** snorer.

Schnarre *f* **-, -n** rattle.

schnarren *vi* (*Wecker, Radio, Saite etc*) to buzz; (*Maschine, Spinnrad etc*) to clatter; (*Uhrwerk*) to creak; (*Vogel*) to croak. **mit ~der Stimme** in a rasping *or* grating voice.

Schnattergans, Schnatterliese *f*, **Schnattermaul** *nt* (*all inf*) chatterbox.

schnattern *vi* (*Gans*) to gabble; (*Ente*) to quack; (*Affen*) to chatter, to gibber; (*inf: schwatzen*) to natter (*inf*).

schnauben *pret* **schnaubte** *or* (*old*) **schnob,** *ptp* **geschnaubt** *or* (*old*) **geschnoben I** *vi* **1.** (*Tier*) to snort. **2. vor Wut/Entrüstung ~** to snort with rage/indignation. **II** *vr* **sich ~** (*dat*) **die Nase ~** to blow one's nose.

schnaufen *vi* **1.** (*schwer atmen*) to wheeze; (*keuchen*) to puff, to pant; (*fig*) (*Lokomotive*) to puff; (*inf: Auto*) to struggle. **2.** (*esp S Ger: atmen*) to breathe. **3.** *aux sein* (*sich keuchend bewegen: Auto*) to struggle. **ich bin im fünften Stock geschnauft** (*inf*) I went/came puff-ing and panting up to the fifth floor.

Schnaufer *m* **-s, -** (*inf*) breath. **ein ~ frische Luft** a breath of fresh air; **den letz-ten ~ tun** to breathe one's last.

Schnauferl *nt* **-s, -** *or* (*Aus*) **-n** (*hum: Oldtimer*) veteran car.

Schnauzbart *m* walrus moustache.

Schnauze *f* **-, -n 1.** (*von Tier*) muzzle. **eine feuchte ~ haben** to have a wet nose; **mit einer Maus in der ~** with a mouse in its mouth.

2. (*Ausguß an Kaffeekanne etc*) spout; (*an Krug etc*) lip.

3. (*inf*) (*von Fahrzeugen*) front; (*von Flugzeug, Schiff*) nose.

4. (*sl: Mund*) gob (*sl*), trap (*sl*). **~!** shut your gob (*sl*) *or* trap (*sl*); **auf die ~ fallen** to fall flat on one's face; (*fig*) to come a cropper (*inf*); **die ~ (gestrichen) voll haben** to be fed up to the back teeth (*inf*); **eine große ~ haben** to have a big mouth, to be a big-mouth (*inf*); **die ~ halten** to hold one's tongue; **etw frei nach ~ machen** to do sth any old how (*inf*).

schnauzen *vi* (*inf*) to shout; (*jdn anfahren*) to snap, to bark.

Schnauzer *m* **-s, -**. 1. (*Hundeart*) schnauzer. 2. (*inf*) walrus moustache.

Schnecke *f* **-, -n** 1. (*Zool, fig*) snail; (*Nackt~*) slug; (*Cook auch*) escargot. **jdn zur ~ machen** (*inf*) to give sb a real bawling-out (*inf*).
2. (*Anat*) cochlea (*spec*).
3. (*Tech*) (*Schraube*) worm, endless screw; (*Förder~*) worm *or* screw conveyor.
4. *usu pl* (*Frisur*) earphone.
5. (*Cook: Gebäck*) ≃ Chelsea bun.

Schneckengehäuse, Schneckenhaus *nt* snail-shell; **sich in sein Schneckenhaus zurückziehen** (*fig inf*) to retreat into one's shell; **Schneckenpost** *f* (*hum inf*) **du bist wohl mit der ~ gefahren?** you must have crawled your way here; **Schnecken- tempo** *nt* (*inf*) **im ~** at a snail's pace.

Schnee *m* **-s,** *no pl* 1. (*auch TV*) snow.
vom ~ eingeschlossen sein to be snow-bound; **~ von gestern** (*inf*) old hat (*inf*); **im Jahre ~** (*Aus*) ages ago.
2. (*Ei~*) whisked egg-white. **Eiweiß zu ~ schlagen** to whisk the egg-white(s) till stiff.
3. (*sl: Heroin, Kokain*) snow (*sl*).

Schneeball *m* snowball; (*Bot*) snowball, guelder rose; **Schneeballschlacht** *f* snowball fight; **eine ~ machen** to have a snowball fight; **Schneeballsystem** *nt* accumulative process; (*Comm*) pyramid selling; **das vermehrt sich nach dem ~** it snowballs; **schneebedeckt** *adj* snow-covered; **Berg** *auch* snow-capped; **Schneebesen** *m* (*Cook*) whisk; **schnee- blind** *adj* snow-blind; **Schneeblindheit** *f* snow blindness; **Schneebrille** *f* snow-goggles *pl*; **Schneedecke** *f* blanket *or* (*Met*) covering of snow; **Schnee-Eule** *f* snowy owl; **Schneefall** *m* snowfall, fall of snow; **dichter ~ behindert die Sicht** heavy falling snow is impairing visibility; **Schneeflocke** *f* snowflake; **Schnee- fräse** *f* snow blower; **schneefrei** *adj* free of snow; **Schneegans** *f* snow goose; **Schneegestöber** *nt* (*leicht*) snow flurry; (*stark*) snowstorm; **Schneeglätte** *f* hard-packed snow *no pl*; **Schnee- glöckchen** *nt* snowdrop; **Schnee- grenze** *f* snow-line; **Schneehase** *m* blue hare; **Schneehemd** *nt* (*Mil*) white anorak for camouflage in snow; **Schnee- hütte** *f* hut made of snow; **Schneekette** *f* (*Aut*) snow chain; **Schneekönig** *m*: **sich freuen wie ein ~** to be as pleased as Punch; **Schneemann** *m*, *pl* **-männer** snowman; **Schneematsch** *m* slush; **Schneepflug** *m* (*Tech, Ski*) snowplough (*Brit*), snowplow (*US*); **Schneeraupe** *f* snow cat; **Schneeregen** *m* sleet; **Schnee- schaufel, Schneeschippe** *f* snow-shovel, snowpusher (*US*); **Schnee- schmelze** *f* thaw; **Schneeschuh** *m* snow-shoe; (*dated: Ski*) ski; **Schnee- sturm** *m* snowstorm; (*stärker*) bliz-zard; **Schneetreiben** *nt* driving snow;

Schneeverhältnisse *pl* snow conditions *pl*; **Schneeverwehung** *f* snowdrift; **Schneewächte** *f* snow cornice; **Schnee- wasser** *nt* water from melting snow, snowmelt (*US*); **Schneewehe** *f* snow-drift; **schneeweiß** *adj* snow-white, as white as snow; **Haare** snowy-white; **Hände** lily-white; **Gewissen** clear; **Schneeweißchen, Schneewittchen** *nt* Snow White; **Schneezaun** *m* snow fence.

Schneid *m* **-(e)s,** *no pl*, (*Aus*) *f* **-,** *no pl* (*inf*) guts *pl* (*inf*), nerve, courage. **~/ keinen ~ haben** to have/not to have guts (*inf*); **den ~ verlieren** to lose one's nerve.

Schneidbrenner *m* (*Tech*) oxyacetylene cutter, cutting torch.

Schneide *f* **-, -n** (*sharp or cutting*) edge; (*von Messer, Schwert*) blade.

schneiden *pret* **schnitt**, *ptp* **geschnitten**
I *vi* to cut; (*Med*) to operate; (*bei Geburt*) to do an episiotomy. **jdm ins Gesicht/in die Hand** *etc* ~ to cut sb on the face/on the hand; **der Wind/die Kälte schneidet** the wind is biting/it is bitingly cold; **jdm ins Herz** *or* **in die Seele ~** to cut sb to the quick.
II *vt* 1. *Papier etc, Haare*, (*fig: meiden*) to cut; *Getreide auch* to mow; (*klein~*) *Schnittlauch, Gemüse etc* to chop; (*Sport*) *Ball* to slice, to cut; (*schnitzen*) *Namen, Figuren* to carve; (*Math auch*) to intersect with; (*Weg*) to cross. **eine Kurve ~** to cut a corner; **sein schön/scharf geschnittenes Gesicht** his clean-cut/sharp features *or* face; **Gesichter** *or* **Grimassen ~** to make *or* pull faces; **die Luft ist zum S~** (*fig inf*) the air is very bad; **jdn ~** (*beim Überholen*) to cut in on sb; **weit/eng geschnitten sein** (*Sew*) to be cut wide/narrow.
2. *Film, Tonband* to edit.
3. (*inf: operieren*) to operate on; *Furun-kel* to lance. **jdn ~** to cut sb open (*inf*); (*bei Geburt*) to give sb an episiotomy; **geschnitten werden** (*bei Geburt*) to have an episiotomy.
III *vr* 1. (*Mensch*) to cut oneself. **sich in den Finger** *etc* ~ to cut one's finger *etc*; *siehe* **Fleisch.**
2. (*inf: sich täuschen*) **da hat er sich aber geschnitten!** he's made a big mistake, he's very mistaken.
3. (*Linien, Straßen etc*) to intersect.

schneidend *adj* biting; *Hohn, Bemerkung auch* cutting; *Wind, Kälte auch* piercing, bitter; *Schmerz* sharp, searing; *Stimme, Ton* piercing.

Schneider *m* **-s, -** 1. (*Beruf*) tailor; (*Da- men~*) dressmaker; *siehe* **frieren.**
2. (*Cards*) **im ~ sein** to have less than half points; **aus dem ~ sein** to have slightly more than half points; (*fig*) to be out of the woods.
3. (*Gerät*) cutter; (*inf: für Brot etc*) slicer.

Schneiderei *f* 1. *no pl* (*Handwerk*) tailor-ing; (*für Damen*) dressmaking. 2. (*Werk- statt*) tailor's/dressmaker's.

Schneiderhandwerk *nt* tailoring *no art*; dressmaking *no art*.

Schneiderin *f* *siehe* **Schneider 1.**

Schneiderkostüm *nt* tailored suit; **Schnei- derkreide** *f* tailor's chalk; **Schneider-**

meister *m* master tailor/dressmaker.
schneidern I *vi (beruflich)* to be a tailor/dressmaker; *(als Hobby)* to do dressmaking. **II** *vt* to make, to sew; *Herrenanzug* to tailor, to make.
Schneiderpuppe *f* tailor's/dressmaker's dummy; **Schneidersitz** *m im* ~ **sitzen** to sit cross-legged; **Schneiderwerkstatt** *f* tailor's/dressmaker's workshop.
Schneidetisch *m (Film)* editing *or* cutting table; **Schneidewerkzeug** *nt* cutting tool; **Schneidezahn** *m* incisor.
schneidig *adj* dashing, sharp; *Musik* rousing; *Tempo* fast.
Schneidigkeit *f (von Mensch)* dashing character; *(von Musik)* rousing character *or* tempo; *(von Tempo)* speed.
schneien I *vi impers* to snow.
  II *vt impers* **es schneit dicke Flocken** big flakes (of snow) are falling; **es schneite Konfetti** confetti rained down.
  III *vi aux sein (fig)* to rain down. **jdm ins Haus** ~ *(inf) (Besuch)* to drop in on sb; *(Rechnung, Brief)* to arrive through one's letterbox *or* in the post.
Schneise *f* -, -n break; *(Wald~)* aisle, lane; *(Feuer~)* firebreak; *(Flug~)* path.
schnell *adj* quick; *Bedienung, Fahrt, Tempo, Läufer auch* fast; *Auto, Zug, Verkehr, Fahrer, Strecke* fast; *Schritte, Puls, Verbesserung auch* fast, rapid; *Abreise, Bote, Hilfe* speedy; *Antwort auch* speedy, prompt; *Genesung, Besserung* quick, rapid, speedy. ~ **gehen/fahren** to walk/drive quickly/fast; **etw in** ~**em Tempo singen** to sing sth quickly *or* fast; **sie wird** ~ **böse/ist** ~ **verärgert** she loses her temper quickly, she is quick to get angry; **er ist sehr** ~ **mit seinem Urteil/seiner Kritik** he's very quick to judge/to criticize; **nicht so** ~**!** not so fast!; **kannst du das vorher noch** ~ **machen?** *(inf)* can you do that quickly first?; **ich muß mir nur noch** ~ **die Haare kämmen** I must just give my hair a quick comb; **sein Puls ging** ~ his pulse was very fast; **das geht** ~ *(grundsätzlich)* it doesn't take long; **das mache ich gleich, das geht** ~ I'll do that now, it won't take long; **das ging** ~ that was quick; **an der Grenze ist es** ~ **gegangen** things went very quickly at the border; **das ging alles viel zu** ~ it all happened much too quickly *or* fast; **in unserem Büro muß alles** ~ **gehen** in our office things must be done quickly; **das werden wir** ~ **erledigt haben** we'll soon have that finished; ~ **machen!** hurry (up)!; **das werde ich so** ~ **nicht vergessen/wieder tun** *etc* I won't forget that/do that *etc* again in a hurry; **das werden wir** ~ **sehen** *(bald)* we'll soon see about that.
Schnellbahn *f* high-speed railway; **Schnellboot** *nt* speedboat; **Schnelldienst** *m* express service.
Schnelle *f* -, -n **1.** *no pl (Schnelligkeit)* quickness, speed. **2.** *(Strom~)* rapids *pl*. **3. etw auf die** ~ **machen** to do sth quickly *or* in a rush; **das läßt sich nicht auf die** ~ **machen** we can't rush that, that will take time; **Sex/ein Bier auf die** ~ *(inf)* a quickie *(inf)*.
schnellebig *adj getrennt*: **schnell-lebig** *Zeit* fast-moving.

schnellen *vi aux sein (lit, fig)* to shoot. **in die Höhe** ~ to shoot up; **ein Gummiband** ~ **lassen** to flick a rubber band.
Schnellfeuer *nt (Mil)* rapid fire; **Schnellfeuergeschütz** *nt* automatic rifle; **Schnellfeuergewehr** *nt* automatic pistol; **schnellfüßig** *adj (geh)* fleet-footed *(liter)*, fleet of foot *(liter)*; **Schnellgaststätte** *f* cafeteria, fast-food store *(US)*; **Schnellgericht** *nt* **1.** *(Jur)* summary court; **2.** *(Cook)* convenience food; **Schnellhefter** *m* spring folder.
Schnelligkeit *f (von Auto, Verkehr, Abreise)* speed; *(von Bewegung, Tempo auch)* quickness; *(von Schritten, Besserung, Verbesserung auch, von Puls)* rapidity; *(von Bote, Hilfe)* speediness; *(von Antwort)* speediness, promptness.
Schnell|imbiß *m* **1.** *(Essen)* (quick) snack; **2.** *(Raum)* snack-bar; **Schnellkochplatte** *f* high-speed ring; **Schnellkochtopf** *m (Dampfkochtopf)* pressure cooker; *(Wasserkochtopf)* ≈ electric kettle; **Schnellkurs** *m* crash course; **Schnellpaket** *nt* express parcel; **Schnellpresse** *f* high-speed printing machine *or* press; **Schnellreinigung** *f* express cleaning service.
schnellstens *adv* as quickly as possible.
Schnellstraße *f* expressway; **Schnellverfahren** *nt (Jur)* summary trial; *(Mil)* summary court-martial; **im** ~ **abgeurteilt werden** to be sentenced by a summary trial/court-martial; **Schnellzug** *m* fast train; *(Fern~)* express (train); **Schnellzugzuschlag** *m* supplementary charge for travel on a fast/an express train; *(inf: Karte)* supplementary ticket.
Schnepfe *f* -, -n snipe; *(pej inf)* silly cow *(sl)*.
schnetzeln *vt (S Ger, Sw) Frucht, Gemüse* to slice; *Fleisch* to shred.
schneuzen I *vr* to blow one's nose. **II** *vt* **einem Kind/sich die Nase** ~ to blow a child's/one's nose.
Schnickschnack *m* -s, *no pl (inf) (Unsinn)* twaddle *(inf) no indef art*, poppycock *(inf) no indef art*; *(Kinkerlitzchen)* paraphernalia *(inf) no indef art*. **ach** ~**!** *(dated)* balderdash! *(dated inf)*, fiddlesticks! *(dated inf)*.
schniefen *vi (dial)* to sniffle.
schniegeln *(inf)* **I** *vt Kleidung, Kinder, Auto* to spruce up. **II** *vr* to get spruced up, to spruce oneself up; *siehe* **geschniegelt**.
schnieke *adj (N Ger sl: schick)* swish *(inf)*.
schnipp *interj* snip. ~, **schnapp** snip, snip.
Schnippchen *nt (inf)* **jdm ein** ~ **schlagen** to play a trick on sb, to trick sb; **dem Tod ein** ~ **schlagen** to cheat death.
Schnippel *m or nt* -s, - *(inf) siehe* **Schnipsel**.
schnippeln *vti (inf)* to snip *(an +dat* at); *(mit Messer)* to hack *(an +dat* at).
schnippen I *vi* **mit den Fingern** ~ to snap one's fingers. **II** *vt* **etw von etw** ~ to flick sth off *or* from sth.
schnippisch *adj* saucy, pert.
Schnipsel *m or nt* -s, - *(inf)* scrap; *(Papier~)* scrap *or* bit of paper.
schnipseln *vti (inf) siehe* **schnippeln**.
schnipsen *vti (inf) siehe* **schnippen**.

schnitt *pret of* **schneiden.**

Schnitt *m* **-(e)s, -e 1.** cut; (*Kerbe auch*) notch, nick; (*Med auch*) incision; (*von Heu, Getreide*) crop.
2. (*Haar~*) (hair)cut. **einen kurzen ~ bitte** cut it short please.
3. (*Sew*) cut; (*~muster*) pattern.
4. (*Form*) (*von Edelstein*) cut; (*von Gesicht, Augen*) shape; (*von Profil*) line.
5. (*Film*) editing *no pl.* **der Film ist jetzt beim** ~ the film is now being edited *or* cut; ~: **L. Schwarz** editor – L. Schwarz.
6. (*Math*) (*~punkt*) (point of) intersection; (*~fläche*) section; (*inf: Durch~*) average. **im** ~ on average; *siehe* **golden.**
7. (*Längs~, Quer~*) section. **im ~ gezeichnet** drawn in section.
8. (*inf: Gewinn*) profit.

Schnittblumen *pl* cut flowers *pl*; (*im Garten*) flowers (suitable) for cutting; **Schnittbohnen** *pl* French *or* green beans *pl*.

Schnitte *f* **-, -n** slice; (*belegt*) open sandwich; (*zusammengeklappt*) sandwich. **womit soll ich dir die ~ belegen?** what shall I put on your (slice of) bread?

Schnittebene *f* (*Math*) sectional plane.

Schnitter(in *f*) *m* **-s, -** reaper.

schnittfest *adj Tomaten* firm; **Schnitt-fläche** *f* section.

schnittig *adj* stylish; *Tempo* snappy.

Schnittlauch *m, no pl* chives *pl*; **Schnitt-lauchlocken** *pl* (*hum inf*) straight hair; **Schnittlinie** *f* (*Math*) line of intersection; (*Sew*) cutting line; **Schnittmuster** *nt* (*Sew*) (paper) pattern; **Schnittmusterbogen** *m* (*Sew*) pattern chart; **Schnittpunkt** *m* (*von Straßen*) intersection; (*Math auch*) point of intersection; **Schnittstelle** *f* cut; (*Computers*) interface; **Schnittwinkel** *m* angle of intersection; **Schnittwunde** *f* cut; (*tief*) gash.

Schnitz *m* **-es, -e** (*S Ger, Aus*) piece; (*von Orange auch*) segment.

Schnitzel¹ *nt or m* **-s, -** (*Papier~*) bit *or* scrap of paper; (*Holz~*) shaving; (*Fetzen, Karotten~, Kartoffel~*) shred, sliver. ~ *pl* (*Abfälle*) scraps *pl*.

Schnitzel² *nt* **-s, -** (*Cook*) veal/pork cutlet, schnitzel.

Schnitzeljagd *f* paper-chase.

schnitzeln *vt Gemüse* to shred; *Holz* to chop (up) (into sticks).

schnitzen *vti* to carve. **wir haben in der Schule S~ gelernt** we learnt wood carving at school; *siehe* **Holz.**

Schnitzer *m* **-s, -. 1.** wood carver. **2.** (*inf*) (*in Benehmen*) blunder. boob (*Brit inf*), goof (*US inf*); (*Fehler*) howler (*inf*).

Schnitzerei *f* (wood-)carving.

Schnitzkunst *f* (art of) wood carving; **Schnitzmesser** *nt* wood-carving knife; **Schnitzwerk** *nt* (wood) carving.

schnob (*old*) *pret of* **schnauben.**

schnodd(e)rig *adj* (*inf*) rude and offhand, brash.

Schnodd(e)rigkeit *f* (*inf*) brashness.

schnöd(e) *adj* (*niederträchtig*) despicable, contemptible, base; *Geiz, Verrat* base; *Gewinn* vile; *Behandlung, Ton, Antwort* contemptuous, disdainful. ~**r Mammon/ ~s Geld** filthy lucre; **jdn ~ verlassen** to

leave sb in a most despicable fashion.

Schnorchel *m* **-s, -** (*von U-Boot, Taucher*) snorkel; (*~maske*) snorkel mask.

Schnörkel *m* **-s, -** flourish; (*an Möbeln, Säulen*) scroll; (*fig: Unterschrift*) squiggle (*hum*), signature.

schnörkelig *adj* ornate; *Schrift auch* full of flourishes.

schnorren *vti* (*inf*), to cadge (*inf*) to scrounge (*inf*) (*bei* from).

Schnorrer *m* **-s, -** (*inf*) cadger (*inf*), scrounger (*inf*).

Schnösel *m* **-s, -** (*inf*) snotty(-nosed) little upstart (*inf*).

schnöselig *adj* (*inf*) *Benehmen, Jugendlicher* snotty (*inf*), snotty-nosed (*inf*).

Schnuckelchen *nt* (*inf*) sweetheart, pet, baby (*esp US*).

schnuckelig *adj* (*inf*) (*gemütlich*) snug, cosy; *Wärme* cosy; (*niedlich*) cute.

Schnüffelei *f* (*inf*) **1.** (*von Hund, Mensch*) snuffling *no pl*, sniffing *no pl*; (*von Mensch auch*) sniffling *no pl.* **2.** (*fig: das Spionieren*) snooping *no pl* (*inf*).

schnüffeln *vi* **1.** (*schnuppern, riechen*) to sniff; (*Hund auch*) to snuffle. **an etw** (*dat*) ~ to sniff (at) sth. **2.** (*fig inf: spionieren*) to snoop around (*inf*), to nose around *or* about (*inf*).

Schnüffler(in *f*) *m* **-s, -** (*inf*) (*fig*) snooper (*inf*), Nosey Parker (*inf*); (*Detektiv*) sleuth (*inf*), private eye (*inf*).

Schnuller *m* **-s, -** (*inf*) dummy (*Brit*), pacifier (*US*); (*auf Flasche*) teat (*Brit*), nipple (*US*).

Schnulze *f* **-, -n** (*inf*) schmaltzy film/book/ song (*inf*). **das sind alles ~n** it's all schmaltz (*inf*).

schnulzig *adj* (*inf*) slushy, soppy, schmaltzy (*all inf*).

schnupfen *vti* (**Tabak**) ~ to take snuff.

Schnupfen *m* **-s, -** cold. (**einen**) ~ **bekommen, sich** (*dat*) **einen ~ holen** (*inf*) to catch (a) cold; (**einen**) ~ **haben** to have a cold.

Schnupftabak *m* snuff; **Schnupftabak(s)dose** *f* snuffbox; **Schnupftuch** *nt* (*S Ger*) handkerchief, hanky (*inf*).

schnuppe *adj pred* (*inf*) **jdm ~ sein** to be all the same to sb; **das Wohl seiner Angestellten ist ihm völlig ~** he couldn't care less (*inf*) about the welfare of his employees.

Schnupperlehre *f* trial apprenticeship.

schnuppern *I vi* (*Hund, Mensch*) to sniff; (*Hund auch*) to snuffle. **an etw** (*dat*) ~ to sniff (at) sth. *II vt* to sniff.

Schnur *f* **-, -̈e** (*Bindfaden*) string; (*Kordel, an Vorhang*) cord; (*Litze*) braid *no indef art, no pl*, piping *no indef art, no pl*; (*Zelt~*) guy (rope); (*Angel~*) (fishing) line; (*Kabel*) flex, lead.

Schnürband *nt* lace; **Schnürboden** *m* (*Theat*) flies *pl*.

Schnürchen *nt dim of* **Schnur** bit of string. **es läuft** *or* **geht** *or* **klappt alles wie am ~** everything's going like clockwork; **etw wie am ~ hersagen** to say *or* recite sth off pat.

schnüren I *vt Paket, Strohbündel* to tie up; *Schuhe auch, Mieder* to lace (up); *Körper* to lace in. **Schuhe zum S~** lace-up shoes, lace-ups. **II** *vi* **1.** (*inf: eng sein*) to be too tight. **2.** *aux sein* (*Hunt*) to run in a straight line. **III** *vr* (*Frauen*) to lace oneself up *or* in.

schnurgerade *adj* (dead) straight; ~ **auf jdn/etw zugehen** to make a bee-line for sb/ sth (*inf*), to go straight up to sb/sth; **Schnurkeramik** *f* (*Archeol*) string ceramics *sing*.

Schnürmieder *nt* lace-up corset.

Schnurrbart *m* moustache (*Brit*), mustache (*US*).

schnurrbärtig *adj* with a moustache, mustachioed.

Schnurre *f* -, **-n 1.** (*Erzählung*) funny story. **2.** (*Posse*) farce.

schnurren *vi* (*Katze*) to purr; (*Spinnrad etc*) to hum, to whirr.

Schnurrhaare *pl* whiskers *pl*.

Schnürriemen *m siehe* **Schnürsenkel.**

schnurrig *adj* amusing, droll; *alter Mann* quaint, funny.

Schnürschuh *m* lace-up *or* laced shoe; **Schnürsenkel** *m* shoelace; (*für Stiefel*) bootlace; **Schnürstiefel** *m* lace-up *or* laced boot.

schnurstracks *adv* straight, directly. ~ **auf jdn/etw zugehen** to make a bee-line for sb/sth (*inf*), to go straight up to sb/sth.

schnurz *adj* (*inf*) **das ist ihm** ~ he couldn't care less (about it) (*inf*), he couldn't give a darn (about it) (*inf*).

Schnute *f* -, **-n** (*inf*) (*Mund*) mouth; (*Schmollmund*) pout; (*pej: Mundwerk*) big mouth (*inf*). **eine** ~ **ziehen** *or* **machen** to pout, to pull a face.

schob *pret of* **schieben.**

Schober *m* -**s**, - (*S Ger, Aus*) **1.** (*Scheune*) barn. **2.** (*Heuhaufen*) hay stack *or* rick.

Schock¹ *nt* -(**e**)**s**, -**e** (*obs*) three score (*old*).

Schock² *m* -(**e**)**s**, -**s** *or* (*rare*) -**e** (*Schreck, elektrisch*) shock. **unter** ~ **stehen** to be in (a state of) shock.

Schock|einwirkung *f* state of shock. **unter** ~ **stehen** to be in (a state of) shock.

schocken *vt* (*inf*) to shock. **jdn elektrisch** ~ (*Med*) to give sb an electric shock, to administer an electric shock to sb (*form*).

Schocker *m* -**s**, - (*inf*) shock film/novel, film/novel aimed to shock.

schockieren* *vti* to shock; (*stärker*) to scandalize. **schockiert sein** to be shocked (*über* +*acc* at).

Schocktherapie *f* shock therapy.

schofel, schof(e)lig *adj* (*inf*) *Behandlung, Ausrede* mean, rotten *no adv* (*inf*); *Spende, Geschenk, Mahlzeit* miserable.

Schöffe *m* -**n**, **-n** ≃ juror.

Schöffen|amt *nt* ≃ jury service; **Schöffenbank** *f* ≃ jury bench; **Schöffengericht** *nt* court (*with jury*); **einen Fall vor einem** ~ **verhandeln** ≃ to try a case by jury.

Schöffin *f* ≃ juror.

schoflig *adj* (*inf*) *siehe* **schofel.**

Schokolade *f* chocolate.

Schokoladen- *in cpds* chocolate; **schokoladenbraun** *adj* chocolate-coloured; **Schokoladenguß** *m* chocolate icing; **Schokoladenraspel** *f* chocolate flake.

Scholastik *f* scholasticism.

Scholastiker(in *f*) *m* -**s**, - scholastic.

scholastisch *adj* scholastic.

scholl *pret of* **schallen.**

Scholle¹ *f* -, **-n** (*Fisch*) plaice.

Scholle² *f* -, **-n** (*Eis*~) (ice) floe; (*Erd*~) clod (of earth). **mit der** ~ **verbunden sein** (*fig*) to be a son of the soil.

Scholli *m*: **mein lieber** ~! (*inf*) (*drohend*) now look here!; (*erstaunt*) my goodness me!, my oh my!

schon *adv* **1.** (*bereits*) already; (*in Fragen: überhaupt* ~) ever. **er ist** ~ **da** he's there already, he's already there; **ist er** ~ **da?** is he there yet?; **warst du** ~ **dort?** have you been there yet?; (*je*) have you ever been there?; **danke, ich habe** ~ (*inf*) no thank you, I have some (already); **ich habe den Film** ~ **gesehen** I've already seen that film, I've seen that film before; **ich werde** ~ **bedient** I'm (already) being served; **mußt du** ~ **gehen?** must you go already *or* so soon?; **ich bin** ~ **drei Jahre alt** I'm *three* (years old); **er wollte** ~ **die Hoffnung aufgeben, als ...** he was just about to give up hope when ...

2. (*mit Zeitangaben*) **ich warte nun** ~ **seit drei Wochen** I've already been waiting (for) three weeks; ~ **vor drei Wochen** three weeks ago; ~ **damals** even then; ~ **damals, als ...** even when ...; ~ **früher wußte man ...** even in years gone by they knew ...; ~ **vor 100 Jahren/im 13. Jahrhundert** as far back as 100 years ago/as early *or* as far back as the 13th century; **das haben wir** ~ **gestern** *or* **gestern** ~ **gemacht** we did that yesterday; ~ **am nächsten Tag** the very next day; **es ist** ~ **11 Uhr** it's 11 o'clock already; **der Briefträger kommt** ~ **um 6 Uhr** the postman comes as early as 6 o'clock; **kommt er** ~ **heute?** will he come today (already)?

3. ~ (**ein)mal** before; (*in Fragen: je*) ever; **ich habe das** ~ **mal gehört** I've heard that before; **warst du** ~ (**ein)mal dort?** have you ever been there?; **ich habe Sie** ~ (**ein)mal gesehen** I've met *or* seen you before somewhere; **ich habe dir** ~ (**ein)mal gesagt, daß ...** I've already told you once that ...; **das habe ich doch** ~ **hundertmal gesagt** I've told you that a hundred times (before); **ich habe das Buch** ~ **zweimal gelesen** I've read that book twice already; **das habe ich** ~ **oft gehört** I've heard that often; **das ist** ~ **längst vorbei/vergessen** that's long past/forgotten; **ich bin** ~ **lange fertig** I've been ready for ages; **wie lange wartest du** ~? how long have you been waiting?; **wartest du** ~ **lange?** have you been waiting (for) long?; **wie** ~ **so oft** as so often (before); **wie** ~ **erwähnt** as has (already) been mentioned; ~ **immer** always; ~ **wieder zurück** back already; **da ist sie** ~ **wieder** (*zum x-ten Male*) there she is again, she's back again; (~ *zurück*) she's back already; **was,** ~ **wieder?** what – *again*?; **was denn nun** ~ **wieder?** what is it *now*?

4. (*allein, bloß*) just; (*ohnehin*) anyway. **allein** ~ **das Gefühl ...** just the very feeling ...; ~ **die Tatsache, daß ...** just the fact that ..., the very fact that ...; **wenn ich das** ~ **sehe/höre/lese!** if I even see/hear/read that!; ~ **deswegen** if only because of that; ~ **weil** if only because.

5. (*bestimmt*) all right. **du wirst ~ sehen** you'll see (all right); **das wirst du ~ noch lernen** you'll learn that one day.

6. (*ungeduldig*) **hör ~ auf damit!** will you stop that!; **so antworte ~!** come on, answer; **geh ~** go on; **nun sag ~!** come on, tell me/us *etc*; **mach ~!** get a move on! (*inf*), get on with it!; **wenn doch ~ ...!** if only ...; **ich komme ja ~!** I'm just coming!, I'm on my way! (*inf*).

7. (*tatsächlich, allerdings*) really. **das ist ~ eine Frechheit!** what a cheek!, that's a real cheek!; **das ist ~ etwas, (wenn ...)** it's really something (if ...); **da gehört ~ Mut/ Geschick** *etc* **dazu** that takes real courage/ skill *etc*; **da müßten wir ~ großes Glück haben** we'd be very lucky; **das ist ~ möglich** that's quite possible, that's not impossible; **das mußt du ~ machen!** you really ought to do that.

8. (*bedingt*) *siehe* **wenn, wennschon.**

9. (*einschränkend*) **~ *or* ja ~, aber ...** (*inf*) yes (well), but ...; **da haben Sie ~ recht, aber ...** yes, you're right (there), but ...

10. (*in rhetorischen Fragen*) **was macht das ~, wenn ...** what(ever) does it matter if ...; (*was hilft das ~*) what(ever) use is it if ...; **wer fragt ~ danach, ob ...** who wants to know if ...; **500 km, was ist das ~ bei den heutigen Flugverbindungen?** 500 km is nothing with today's air travel; **10 Mark, was ist das ~, was sind heute ~ 10 Mark?** 10 marks goes nowhere these days, what's 10 marks these days?

11. (*inf: Füllwort*) **und wenn ~!, na wenn ~!** so what? (*inf*); **~ gut!** all right, okay (*inf*); **ich verstehe ~** I understand; **ich weiß ~** I know; **danke, es geht ~** thank you, I/we *etc* will manage.

schön I *adj* **1.** (*hübsch anzusehen*) beautiful, lovely; **Mann** handsome. **das S~e** beauty; **~es Fräulein** (*old, hum*) my pretty one *or* maid (*old*); **na, ~es Kind** (*inf*) well then, beautiful (*inf*).

2. (*nett, angenehm*) good; **Erlebnis, Stimme, Musik, Wetter** *auch* lovely; **Gelegenheit** great, splendid. **die ~en Künste** the fine arts; **die ~e Literatur** belles-lettres; **das ist ein ~er Tod** that's a good way to die; **eines ~en Tages** one fine day; **(wieder) in ~ster Ordnung** (*nach Krach etc*) back to normal (again); **in ~ster Eintracht/Harmonie** in perfect harmony; **das S~ste daran ist ...** the beauty of it is ..., the nicest *or* best thing about it is ...; **~e Ferien/~en Urlaub!** have a good *or* nice holiday; **~es Wochenende** have a good *or* nice weekend; **~en guten Tag** a very good morning/evening *etc* to you; **war es ~ im Urlaub/bei Tante Veronika?** did you have a nice *or* good holiday/did you have a nice *or* good time at Aunty Veronika's?; **~, daß du gekommen bist** (how) nice of you to come; **~er heißer Kaffee** nice hot coffee; **ein ~er frischer Wind** a nice fresh wind.

3. (*iro*) *Unordnung* fine, nice, lovely; *Überraschung, Wetter* lovely; *Unsinn, Frechheit* absolute. **da hast du etwas S~es angerichtet** you've made a fine *or* nice *or* lovely mess/muddle; **du bist mir ein ~er Freund** a fine friend you are, you're some friend; **du machst** *or* **das sind mir ja ~e Sachen** *or* **Geschichten** here's *or* this is a pretty state of things, here's a pretty kettle of fish (*inf*); **von dir hört man ~e Sachen** *or* **Geschichten** I've been hearing some nice *or* fine things about you; **das wäre ja noch ~er** (*inf*) that's (just) too much!; **es wird immer ~er** (*inf*) things are going from bad to worse; *siehe* **Bescherung.**

4. (*inf: gut*) nice. **das war nicht ~ von dir** (*inf*) that wasn't very nice of you; **zu ~, um wahr zu sein** (*inf*) too good to be true; **~, ~, (also) ~, sehr ~, na ~** fine, okay, all right; **~ und gut, aber ...** ~ (that's) all well and good but ..., that's all very well but ...

5. (*beträchtlich, groß*) *Erfolg* great; *Strecke, Stück Arbeit, Alter* good. **ein ~es Stück weiterkommen** to make good progress; **das hat eine ~e Stange Geld gekostet** (*inf*) that cost a pretty penny.

II *adv* **1.** (*bei Verben*) (*gut*) well; *sich waschen, verarbeiten lassen* easily; *scheinen* brightly; *schreiben* beautifully; (*richtig, genau*) *ansehen, durchlesen etc* carefully. **sich ~ anziehen** to get dressed up; **es ~ haben** to be well off; (*im Urlaub etc*) to have a good time (of it); **du hast's ~ you're** all right!, it's all right for you!

2. (*angenehm*) **~ weich/warm/stark** *etc* nice and soft/warm/ strong *etc*.

3. (*bei Wünschen*) **schlaf ~** sleep well; **amüsiere dich ~** have a nice *or* good time; **erhole dich ~** have a good rest.

4. (*inf: brav, lieb*) nicely. **iß mal ~ deinen Teller leer** eat it all up nicely (now), be a good girl/boy and eat it all up; **sei ~ still/ordentlich** *etc* (*als Aufforderung*) be nice and quiet/tidy *etc*; **sei ~ brav** a good boy/girl; **fahr ~ langsam** drive nice and slowly.

5. (*inf: sehr, ziemlich*) (*vor Verb, Partizip*) really; (*vor Adjektiv auch*) pretty. **sich** (*dat*) **~ weh tun** to hurt oneself a lot; **jdn ~ erschrecken** to give sb quite a *or* a real fright; **ganz ~ teuer/kalt** pretty expensive/cold; **ganz ~ lange** quite a while; **~ viel Geld kosten** to cost a pretty penny.

Schönbezug *m* (*für Matratzen*) mattress cover; (*für Möbel*) loose cover; (*für Autositz*) seat cover.

Schöne *f* **-n, -n** (*liter, hum: Mädchen*) beauty, belle (*liter, hum*).

schonen I *vt Gesundheit, Herz, Körperteil, Buch, Kleider* to look after, to take care of; *eigene Nerven* to go easy on; *jds Nerven, Gefühle, Kraft* to spare; *Gegner, Kind* to be easy on; (*nicht stark beanspruchen*) *Teppich, Schuhsohlen* to save; (*Mensch*) *Bremsen, Auto* to go easy on; *Füße, (iro) Gehirn* to save; (*schützen*) to protect. **ein Waschmittel, das die Hände/ Wäsche schont** a detergent that is kind to your hands/washing; **vernünftiges Schalten schont das Getriebe** careful gear-changing makes the gears last longer *or* saves the gears; **ein Licht, das die Augen schont** lighting that is easy on *or* kind to the eyes; **er muß den Arm noch ~** he still has to be careful with *or* look after his arm; **um seine Nerven/die Nerven seiner Mutter zu** ~ for the sake of his/his mother's nerves.

II *vr* to take care of oneself; (*Patient auch*) to take things easy.

schönen *vt* **1.** *Farbe* to brighten. **2.** *Wein* to clarify.

schonend *adj* gentle; (*rücksichtsvoll*) considerate; *Waschmittel auch*, *Politur* mild. **jdm etw** ~ **beibringen** to break sth to sb gently; **jdn** ~ **behandeln** to be *or* go easy on sb; *Kranken* to treat gently; **etw** ~ **behandeln** to treat sth with care.

Schoner¹ *m* **-s**, **-** (*Naut*) schooner.

Schoner² *m* **-s**, **-** cover; (*für Rückenlehnen*) antimacassar, chairback; (*Ärmel~*) sleeve-protector.

schönfärben *sep* **I** *vt* (*fig*) to gloss over; **II** *vi* to gloss things over; **Schönfärberei** *f* (*fig*) glossing things over.

Schonfrist *f* period of grace. **eine** ~ **von 12 Tagen** 12 days' grace.

Schöngeist *m* aesthete.

schöngeistig *adj* aesthetic. ~**e Literatur** belletristic literature.

Schönheit *f* beauty.

Schönheitschirurgie *f* cosmetic surgery; **Schönheitsfehler** *m* blemish; (*von Gegenstand*) flaw; **Schönheitsfleck** *m* beauty spot; **Schönheits|ideal** *nt* ideal of beauty; **Schönheitskönigin** *f* beauty queen; **Schönheitskonkurrenz** *f* beauty contest; **Schönheits|operation** *f* cosmetic operation; **Schönheitspflästerchen** *nt* (artificial) beauty spot; **Schönheitspflege** *f* beauty care; **Schönheitssalon** *m* beauty parlour *or* salon; **Schönheitssinn** *m* sense of beauty; **Schönheitswettbewerb** *m* beauty contest.

Schonkost *f* light diet.

Schönling *m* (*pej*) pansy (*inf*), pretty boy (*inf*).

schönmachen *sep* **I** *vt Kind* to dress up; *Wohnung, Straßen* to decorate; **II** *vt* to get dressed up, to dress (oneself) up; (*sich schminken*) to make (oneself) up; **III** *vi* (*Hund*) to sit up (and beg); **Schönredner** *m* flatterer, smooth-talker; **Schönschreiben** *nt* writing; **Schönschrift** *f* **in** ~ in one's best (copy-book) (hand)writing.

schönstens *adv* ~ **grüßen** to give sb one's kindest regards; **ich danke** ~ thank you *so* much.

Schöntuerei *f* flattery, blandishments *pl*, soft-soap (*inf*); **schöntun** *vi sep irreg* **jdm** ~ (*schmeicheln*) to flatter *or* soft-soap (*inf*) sb; (*sich lieb Kind machen*) to pay court to sb, to play *or* suck (*inf*) up to sb.

Schonung *f* **1.** (*Waldbestand*) (protected) forest plantation area.

2. (*das Schonen*) (*von Gefühlen, Kraft*) sparing; (*von Teppich, Schuhsohlen, Kleider*) saving; (*das Schützen*) protection. **der Patient/Arm braucht noch ein paar Wochen** ~ the patient/ arm still needs looking after for a few weeks; **Gummihandschuhe/ein mildes Waschmittel zur** ~ **der Hände** rubber gloves that protect your hands/mild detergent that is kind to your hands; **zur** ~ **Ihrer Augen/ Waschmaschine** to look after your eyes/

washing machine; **zur** ~ **des Getriebes** to give your gears a longer life.

3. (*Nachsicht, Milde*) mercy.

schonungsbedürftig *adj* in need of care; (*in bezug auf Gefühle, Nerven*) in need of careful handling; **schonungslos** *adj* ruthless, merciless; *Wahrheit* blunt; *Kritik* savage; **Schonungslosigkeit** *f* ruthlessness, mercilessness; (*von Kritik*) savageness; **mit einer solchen** ~ so ruthlessly, so mercilessly; so savagely; **schonungsvoll** *adj* gentle.

Schönwetter *nt* (*lit*) fine weather. ~ **machen** (*fig inf*) to smooth things over; **bei jdm um** ~ **bitten** (*fig inf*) to be as nice as pie to sb (*inf*).

Schönwetterfront *f* warm front; **Schönwetterperiode** *f* period of fine weather; **Schönwetterwolke** *f* (*inf*) cloud that means good weather.

Schonzeit *f* close season; (*fig*) honeymoon period.

Schopf *m* **-(e)s**, **=e** (shock of) hair; (*von Vogel*) tuft, crest. **jdn beim** ~ **packen** to grab sb by the hair; **eine Gelegenheit beim** ~ **ergreifen** *or* **packen** *or* **fassen** to seize *or* grasp an opportunity with both hands.

schöpfen *vt* **1.** *auch vi* (*aus* from) *Wasser* to scoop; *Suppe* to ladle; *Papier* to dip. **Wasser aus einem Boot** ~ to bale out a boat.

2. *Atem* to draw, to take; *Mut, Kraft* to summon up; *Vertrauen, Hoffnung* to find. **Vertrauen/Hoffnung/Mut** *etc* **aus etw** ~ to draw confidence/hope/courage *etc* from sth.

3. *auch vi* (*old: schaffen*) *Kunstwerk* to create; *neuen Ausdruck, Wörter auch* to coin, to invent.

Schöpfer(in *f*) *m* **-s**, **-** creator; (*Gott*) Creator. **seinem** ~ **danken** to thank one's Maker *or* Creator.

schöpferisch *adj* creative. ~**er Augenblick** moment of inspiration, creative moment; ~**e Pause** (*hum*) pause for inspiration; ~ **tätig sein** to be creative.

Schöpfkraft *f* creative power, creativity.

Schöpfkelle *f*, **Schöpflöffel** *m* ladle.

Schöpfung *f* creation; (*Wort, Ausdruck*) coinage, invention. **die** ~ (*Rel*) the Creation; (*die Welt*) Creation; *siehe* **Herr, Krone.**

Schöpfungsgeschichte *f* story of the Creation.

Schoppen *m* **-s**, **-** (*old: Flüssigkeitsmaß*) half-litre (measure); (*S Ger: Glas Wein*) glass of wine; (*S Ger: Glas Bier*) = half-pint of beer, glass of beer.

Schöps *m* **-es**, **-e** (*Aus*) *siehe* **Hammel.**

schor *pret of* **scheren¹.**

Schorf *m* **-(e)s**, **-e** **1.** crust, scaly skin; (*Wund~*) scab. **2.** (*Pflanzenkrankheit*) scab.

schorfig *adj* **1.** *Wunde* that has formed a scab; *Haut* scaly. **2.** *Pflanzen* scabby.

Schorle *f* **-**, **-n** *or nt* **-s**, **-s** (*dial*) wine and soda water mix, spritzer (*US*).

Schornstein *m* chimney; (*von Schiff, Lokomotive*) funnel, (smoke)stack; (*von Fabrik auch*) stack. **etw in den** ~ **schreiben** (*inf*) to write sth off (as a dead loss *inf*); **damit der** ~ **raucht** (*inf*) to keep body and soul together.

Schornsteinbrand *m* chimney fire; **Schornsteinfeger(in** *f*), **Schornsteinkehrer(in** *f*) *m* **-s,** - chimney-sweep.

schoß *pret of* **schießen.**

Schoß¹ *m* **-sses, -sse** (*Bot*) shoot.

Schoß² -es, ⁼**e 1.** lap. **die Hände in den ~ legen** (*lit*) to put one's hands in one's lap; (*fig*) to sit back (and take it easy); **das ist ihm nicht in den ~ gefallen** (*fig*) it wasn't handed (to) him on a plate, it didn't just fall into his lap; *siehe* **Abraham.**
2. (*liter*) (*Mutterleib*) womb. **im ~e der Familie/Kirche** in the bosom of one's family/of the church; **im ~ der Erde** in the bowels of the earth; **im ~ der Vergessenheit liegen** to have sunk into oblivion; **im ~ der Zukunft** in the lap of the gods.
3. (*an Kleidungsstück*) tail.

Schoßhund *m* lap-dog; **Schoßkind** *nt* spoilt child; **Mamas ~** mummy's little boy/girl.

Schößling *m* (*Bot*) shoot.

Schot *f* **-, -en, Schote** *f* **-, -n** (*Naut*) sheet.

Schote *f* **-, -n** (*Bot*) pod. **~n** (*inf: Erbsen*) peas (in the pod).

Schott *m* **-(e)s, -e, Schotte** *f* **-, -n** (*Naut*) bulkhead.

Schotte *m* **-n, -n** Scot, Scotsman. **er ist ~** he's a Scot, he's Scottish; **die ~n** the Scots, the Scottish.

Schottenkaro, Schottenmuster *nt* tartan; **Rock mit** *or* **im ~** tartan skirt; **Schottenrock** *m* tartan skirt; kilt.

Schotter *m* **-s,** - gravel; (*im Straßenbau*) (road-)metal; (*Rail*) ballast.

Schotterdecke *f* gravel surface.

schottern *vt siehe* **n** to gravel (over); to metal; to ballast.

Schotterstraße *f* gravel road.

Schottin *f* Scot, Scotswoman. **sie ist ~** she's a Scot, she's Scottish; **die ~nen** Scottish women, Scotswomen.

schottisch *adj* Scottish, Scots.

Schottland *nt* **-s** Scotland.

schraffieren* *vt* to hatch.

Schraffierung, Schraffur *f* hatching.

schräg I *adj* **1.** (*schief, geneigt*) sloping; *Schrift auch* slanting; *Augen* slanted, slanting; *Kante* bevelled.
2. (*nicht gerade, nicht parallel*) oblique; *Linie auch* diagonal.
3. (*inf: verdächtig*) suspicious, fishy (*inf*). **ein ~er Vogel** a queer fish (*inf*).
4. *Musik, Klavier* hot.
II *adv* **1.** (*geneigt*) at an angle; *halten* on the slant, slanting; (*krumm auch*) skew, off the straight, skew-whiff (*inf*). **den Hut ~ aufsetzen** to put one's hat on at an angle; **~ stehende Augen** slanting *or* slanted eyes.
2. (*nicht gerade, nicht parallel*) obliquely; *überqueren, gestreift* diagonally; (*Sew*) on the bias; *schneiden* on the cross *or* bias. **~ gegenüber/hinter** diagonally opposite/behind; **~ rechts/links** diagonally to the right/left; **~ rechts/links abbiegen** (*Auto, Fähre*) to bear *or* fork right/left; **die Straße biegt ~ ab** the road forks off; **~ gedruckt** in italics; **den Kopf ~ halten** to hold one's head at an angle *or* cocked to one side; **~ parken** to park at an

angle; **die Sonne schien ~ ins Fenster** the sun slanted in through the window; **jdn ~ ansehen** *or* **angucken** (*lit*) to look at sb out of the corner of one's eye; (*fig*) to look askance at sb; **~ zum Hang queren/fahren** to traverse; **~ zum Fadenlauf** on the bias.

Schrägband *nt siehe* **Schrägstreifen 2.**

Schräge *f* **-, -n 1.** (*schräge Fläche*) slope, sloping surface; (*schräge Kante*) bevel(led edge). **2.** (*Schrägheit*) slant, angle; (*von Dach auch*) pitch, slope; (*im Zimmer*) sloping ceiling. **eine ~ haben** to be on the slant, to slope, to slant; (*Zimmer*) to have a sloping ceiling.

Schrägkante *f* bevelled edge; **Schräglage** *f* angle, slant; (*von Flugzeug*) bank(ing); (*im Mutterleib*) oblique position; **schräglaufend** *adj* diagonal, oblique; **Schräglinie** *f* diagonal line, oblique (line); **Schrägschrift** *f* (*Handschrift*) slanting hand(writing) *or* writing; (*Typ*) italics *pl*; **Schrägstreifen** *m* **1.** (*Muster*) diagonal stripe; **2.** (*Sew*) bias binding; **Schrägstrich** *m* oblique.

schrak (*old*) *pret of* **schrecken.**

Schramme *f* **-, -n** scratch.

Schrammelmusik *f* popular Viennese music for violins, guitar and accordion.

Schrammeln *pl* (*Aus*) quartet playing *Schrammelmusik.*

schrammen *vt* to scratch. **sich** (*dat*) **den Arm/sich ~** to scratch one's arm/oneself.

Schrank *m* **-(e)s,** ⁼**e** cupboard, closet (*US*); (*Kleider~*) wardrobe; (*für Bücher*) bookcase; (*im Wohnzimmer, Vitrinen~, Medizin~ auch*) cabinet; (*Platten~*) record cabinet; (*Umkleide~, Mil: Spind*) locker; (*inf: Mann*) giant; *siehe* **Tasse.**

Schrankbett *nt* fold-away bed.

Schränkchen *nt dim of* **Schrank** small cupboard; (*Arznei~*) cabinet.

Schranke *f* **-, -n 1.** barrier; (*Barrikade*) barricade; (*Rail: Gatter*) gate; (*fig*) (*Grenze*) limit; (*Hindernis.*) barrier. **vor den ~n des Gerichts** before the court; **keine ~n kennen** to know no bounds; (*Mensch*) not to know when to stop; **er kennt keine ~n mehr** there's no restraining him; **sich in ~n halten** to keep *or* to remain within reasonable limits.
2. ~n *pl* (*Hist*) lists *pl*; **jdn in die ~n fordern** (*fig*) to challenge sb; **jdn in seine ~n (ver)weisen** (*fig*) to put sb in his place.

Schranken *m* **-s,** - (*Aus*) (level-crossing) barrier.

schrankenlos *adj* (*fig*) *Weiten* boundless, unbounded, unlimited; *Verhalten, Forderungen, Ansprüche* unrestrained, unbridled; **Schrankenlosigkeit** *f siehe adj* boundlessness; unrestraint (*gen* in), unrestrainedness; **Schrankenwärter** *m* gatekeeper (*at level crossing*).

Schrankfach *nt* shelf; **im obersten ~** on the top shelf; **schrankfertig** *adj* *Wäsche* washed and ironed; **Schrankkoffer** *m* wardrobe trunk; **Schrankspiegel** *m* wardrobe mirror; **Schrankwand** *f* wall unit.

Schrapnell *nt* **-s, -e** *or* **-s** shrapnel.

Schrat, Schratt *m* **-(e)s, -e** forest demon.

Schraubdeckel *m* screw(-on) lid.

Schraube *f* **-, -n 1.** screw; (*ohne Spitze*)

bolt. **bei ihr ist eine ~ locker** (*inf*) she's got a screw loose (*inf*). **2.** (*Naut, Aviat*) propeller, prop (*inf*). **3.** (*Sport*) twist. **4. alte ~** (*pej inf*) old bag (*inf*).

schrauben *vti* to screw. **etw höher/niedriger ~** to screw sth up/down; **etw fester ~** to screw sth tighter; **etw in die Höhe ~** (*fig*) *Preise, Rekorde* to push sth up; *Ansprüche, Erwartungen* to raise; **das Flugzeug schraubte sich in die Höhe** the plane spiralled upwards; *siehe* **geschraubt.**

Schraubenbolzen *m* bolt; **Schraubendampfer** *m* propeller-driven steamer; **Schraubengewinde** *nt* screw thread; **Schraubenkopf** *m* screw head; **Schraubenschlüssel** *m* spanner; **Schraubenwindung** *f* screw thread; (*Umdrehung*) turn; **Schraubenzieher** *m* -s, - screwdriver.

Schraubfassung *f* screw fixture (*on light bulb*); **Schraubstock** *m* vice; **etw wie ein ~ umklammern** (*fig*) to clasp sth in a vice-like grip; **Schraubverschluß** *m* screw top or cap.

Schrebergarten *m* allotment.

Schreck *m* -s, (*rare*) -e fright, scare. **vor ~** in fright; **zittern** with fright; **zu meinem großen ~(en)** to my great horror or dismay; **einen ~(en) bekommen** to get a fright or scare; **jdm einen ~(en) einjagen** to give sb a fright or scare; **der ~ fuhr mir in die Glieder** or **Knochen** my knees turned to jelly (*inf*); **mir sitzt** or **steckt der ~ noch in allen Gliedern** or **Knochen** my knees are still like jelly (*inf*); **auf den ~ (hin)** to get over the fright; **sich vom ersten ~ erholen** to recover from the initial shock; **mit dem ~(en) davonkommen** to get off or escape with no more than a fright; **o ~ laß nach** (*hum inf*) for goodness sake! (*inf*), for heaven's sake! (*inf*).

Schreckbild *nt* terrible or awful vision, nightmare.

schrecken *pret* **schreckte,** *ptp* **geschreckt I** *vt* **1.** (*ängstigen*) to frighten, to scare; (*stärker*) to terrify. **jdn aus seinen Träumen ~** to startle sb out of his dreams.
2. (*Cook*) to dip quickly in cold water.
II *pret auch* (*old*) **schrak,** *ptp auch* (*old*) **geschrocken** *vi aux sein* **aus dem Schlaf/aus den Gedanken ~** to be startled out of one's sleep/to be startled.

Schrecken *m* -s, - **1.** (*plötzliches Erschrecken*) *siehe* **Schreck.**
2. (*Furcht, Entsetzen*) terror, horror. **einer Sache** (*dat*) **den ~ nehmen** to make a thing less frightening or terrifying; **er war der ~ der ganzen Lehrerschaft** he was the terror of all the teachers; *siehe* **Ende.**

schrecken|erregend *adj* terrifying, horrifying.

schreckensblaß, schreckensbleich *adj* as white as a sheet or ghost; **Schreckensbotschaft** *f* terrible or alarming piece of news; **Schreckensherrschaft** *f* (reign of) terror; **Schreckenskammer** *f* chamber of horrors; **Schreckensnachricht** *f* terrible news no pl or piece of news; **Schreckenstat** *f* atrocity; **Schreckensvision** *f* terrifying or terrible vision.

Schreckgespenst *nt* nightmare; **das ~ des Krieges/der Inflation** the bogey of war/inflation; **schreckhaft** *adj* easily startled; *Mensch auch* jumpy (*inf*); **Schreckhaftigkeit** *f* nervousness; jumpiness (*inf*).

schrecklich *adj* terrible, dreadful; (*inf: sehr, groß auch*) awful, frightful; *Freude* great. **sich ~ freuen** (*inf*) to be terribly or awfully or frightfully pleased; **~ gerne!** (*inf*) I'd absolutely love to; **~ schimpfen** to swear dreadfully or terribly.

Schrecknis *nt* (*old*) horror(s *pl*), terror(s *pl*).

Schreckschraube *f* (*pej inf*) (*old*) battleaxe (*inf*); (*in bezug auf Äußeres*) dolled-up old bag (*sl*); **Schreckschuß** *m* (*lit*) warning shot; **einen ~ abgeben** (*lit, fig*) to give or fire a warning shot; **Schreckschußpistole** *f* blank gun; **Schrecksekunde** *f* moment of shock.

Schrei *m* -(e)s, -e cry, shout; (*brüllender*) yell; (*gellender*) scream, (*von Vogel, Wild*) cry, call; (*von Esel*) bray; (*von Eule etc*) screech; (*von Hahn*) crow. **einen ~ ausstoßen** to give a cry or shout/yell/scream or shriek; **einen ~ unterdrücken** to suppress a cry; **ein spitzer ~** a sharp cry; **ein ~ der Entrüstung** an (indignant) outcry; **der letzte ~** (*inf*) the lates thing, all the rage (*inf*); **nach dem letzten ~ gekleidet** (*inf*) dressed in the latest style or in the height of fashion.

Schreib|art *f* style; **Schreibblock** *m* (writing) pad.

schreiben *pret* **schrieb,** *ptp* **geschrieben I** *vt* **1.** to write; (*ausstellen*) *Scheck auch, Rechnung* to make out, to write out; (*mit Schreibmaschine*) to type (out); *Klassenarbeit, Übersetzung, Examen* to do; (*berichten: Zeitung etc*) to say; (*nieder~*) to write (down). **sie schreibt einen guten Stil** she has or writes a good style; **jdm** or **jdn einen Brief ~** to write a letter to sb, to write sb a letter; **jdm ein paar Zeilen ~** to write or drop sb a few lines, to write a few lines to sb; **seinen Namen unter etw** (*acc*) **~** to put one's signature to sth, to sign sth; **wo steht das geschrieben?** where does it say that?; **es steht geschrieben** (*Rel*) it is written; **es steht Ihnen auf der Stirn** or **im Gesicht geschrieben** it's written all over your face; *siehe* **Stern¹, krank, gesund.**
2. (*orthographisch*) to spell. **ein Wort falsch ~** to misspell a word, to spell a word wrong(ly); **etw groß/klein ~** to write or spell sth with a capital/small letter.
3. (*Datum*) **wir ~ heute den 10. Mai** today is the 10th May; **den Wievielten ~ wir heute?** what is the date today?; **man schrieb das Jahr 1939** the year was 1939, it was (in) 1939.
4. (*verbuchen*) **jdm etw auf sein (Bank)konto/die Rechnung ~** to credit sth to sb's (bank) account/to put sth on sb's bill.
II *vi* to write; (*Schriftsteller sein auch*) to be a writer; (*tippen*) to type; (*berichten*) to say. **jdm ~** to write to sb, to write sb (*US*); **ich schrieb ihm, daß ...** I wrote and told him that ...; **er schreibt orthographisch richtig** his spelling is cor-

rect; **an einem Roman** *etc* ~ to be working on *or* writing a novel *etc*; **über etw** (*acc*) ~ (*abhandeln*) to write about sth; (*Univ auch*) to work on sth; **ich kann nicht mit der Maschine** ~ I can't type; **wieviel Silben schreibt sie pro Minute?** what is her (typing) speed?, how many words a minute can *or* does she do?; **mit Bleistift** ~ to write in pencil, to write with a pencil; **hast du was zum S~?** have you something *or* anything to write with?

III *vr* **1.** (*korrespondieren*) to write (to one another *or* to each other), to correspond. **ich schreibe mich schon lange mit ihm** (*inf*) I've been writing to him for a long time.

2. (*geschrieben werden*) to be spelt. **wie schreibt er sich?** how does he spell his name?, how is his name spelt?; **wie schreibt sich das?** how is that spelt?, how do you spell that?

3. (*dated: heißen*) to call oneself. **seit wann schreibst du dich wieder mit deinem Mädchennamen?** how long have you been calling yourself by your maiden name again?

Schreiben *nt* **-s, - 1.** *no pl* writing. **2.** (*Mitteilung*) communication (*form*); (*Brief auch*) letter.

Schreiber(in *f*) *m* **-s, - 1.** (*Verfasser*) writer, author; (*Brief*~) (letter-)writer; (*Hist*) scribe; (*Angestellter, Gerichts*~) clerk; (*Sw: Schriftführer*) secretary; (*pej: Schriftsteller*) scribbler. **2.** (*inf: Schreibgerät*) writing implement. **3.** (*Tech*) (*Fahrten*~) tachograph; (*an Meßgerät*) recording instrument, recorder; (*Fern*~) teleprinter, telex.

Schreiberling *m* (*pej*) (*Schriftsteller*) scribbler; (*Angestellter*) pen-pusher.

schreibfaul *adj* lazy (about letter-writing); **ich bin** ~ I'm no great letter-writer, I'm a poor correspondent; **Schreibfeder** *f* (pen) nib; (*Federhalter*) ink pen; (*Gänse*~) quill (pen); **Schreibfehler** *m* (spelling) mistake; (*aus Flüchtigkeit*) slip of the pen; **Schreibgerät** *nt* writing implement; (*Tech*) recording instrument, recorder; **Schreibheft** *nt* exercise book; (*Schönschreibheft*) copy-book; **Schreibkraft** *f* typist; **Schreibkrampf** *m* writer's cramp; **Schreibmappe** *f* writing case; **Schreibmaschine** *f* typewriter; **auf** *or* **mit der** ~ **schreiben** to type; **mit der** ~ **geschrieben** typewritten, typed; **Schreibmaschinenpapier** *nt* typing paper; **Schreibmaterial** *nt* writing materials *pl*, stationery *no pl*; **Schreibpapier** *nt* (typing) paper; (*Briefpapier*) writing paper, letter paper, notepaper; **Schreibpult** *nt* (writing) desk; **Schreibschrift** *f* cursive (hand)writing, script; (*Typ*) script; **Schreibstube** *f* (*Hist*) writing room; (*Büro*) (typists') office, typing room; (*Mil*) orderly room; **Schreibtafel** *f* (*Hist*) tablet; (*für Schüler*) slate; (*Wandtafel*) blackboard; **Schreibtisch** *m* desk; **Schreibtischtäter** *m* mastermind *or* brains *sing* behind the scenes (of a/the crime); **Schreib|übung** *f* writing exercise.

Schreibung *f* spelling. **falsche** ~ **eines Namens** misspelling of a name.

schreib|unkundig *adj* unable to write; **Schreib|unterlage** *f* pad; (*auf Schreibtisch*) desk pad; **Schreibwaren** *pl* stationery *sing*, writing materials *pl*; **Schreibwarenhändler** *m* stationer; **Schreibwarenhandlung** *f* stationer's (shop), stationery shop; **Schreibweise** *f* (*Stil*) style; (*Rechtschreibung*) spelling; **Schreibzeug** *nt* writing things *pl*; **Schreibzimmer** *nt* (*Büro*) (typists') office, typing room:

schreien *pret* **schrie**, *ptp* **geschrie(e)n I** *vi* to shout, to cry out; (*gellend*) to scream; (*vor Angst, vor Schmerzen*) to cry out/to scream; (*kreischend*) to shriek; (*brüllen*) to yell; (*inf: laut reden*) to shout; (*inf: schlecht und laut singen*) to screech; (*heulen, weinen: Kind*) to howl; (*jammern*) to moan; (*Esel*) to bray; (*Vogel, Wild*) to call; (*Eule, Käuzchen etc*) to screech; (*Hahn*) to crow. **es war zum S~** (*inf*) it was a scream (*inf*) *or* a hoot (*inf*); **nach jdm** ~ to shout for sb; **nach etw** ~ (*fig*) to cry out for sth; *siehe* **Hilfe.**

II *vt* Befehle *etc* to shout (out). **jdm etw ins Gesicht** ~ to shout sth in sb's face.

III *vr* **sich heiser** ~ to shout oneself hoarse; (*Baby*) to cry itself hoarse.

schreiend *adj* Farben loud, garish, gaudy; Unrecht glaring, flagrant.

Schreier(in *f*) *m* **-s, -** (*inf*) (*Unruhestifter*) rowdy, noisy troublemaker; (*fig: Nörgler*) moaner, grouser (*inf*).

Schreierei *f* (*inf*) bawling (*inf*) *no pl*, yelling *no pl*.

Schreihals *m* (*inf*) (*Baby*) bawler (*inf*); (*Unruhestifter*) rowdy, noisy troublemaker; **Schreikrampf** *m* screaming fit.

Schrein *m* **-(e)s, -e** (*geh*) shrine; (*Reliquien*~ *auch*) reliquary; (*old: Sarg*) coffin.

Schreiner *m* **-s, -** *esp S Ger* carpenter.

schreinern (*esp S Ger*) **I** *vi* to do carpentry. **II** *vt* to make.

schreiten *pret* **schritt**, *ptp* **geschritten** *vi aux sein* (*geh: schnell gehen*) to stride; (*liter: Zeit*) to march on; (*feierlich gehen*) to walk; (*vorwärts*) to proceed; (*stolzieren*) to strut, to stalk. **im Zimmer auf und ab** ~ to stride *or* pace up and down the room; **es wird Zeit, daß wir zur Tat** ~ it's time we got down to work *or* action; **zum Äußersten** ~ to take extreme measures; **zur Abstimmung/Wahl** ~ to proceed *or* go to a vote.

schrie *pret of* **schreien.**

schrieb *pret of* **schreiben.**

Schrieb *m* **-s, -e** (*inf*) missive (*hum*).

Schrift *f* **-, -en 1.** writing; (*Hand*~ *auch*) handwriting; (~*system*) script; (*Typ*) type, typeface. **gotische** *or* **deutsche** ~ Gothic script; **in kyrillischer** ~ **schreiben** to write in the Cyrillic alphabet *or* in (the) Cyrillic script; **er hat eine schlechte** ~ he has bad handwriting.

2. (~*stück*) document; (*Bericht*) report; (*Eingabe*) petition.

3. (*Broschüre*) leaflet; (*Buch*) work; (*kürzere Abhandlung*) paper. **seine früheren** ~**en** his early writings *or* works;

Schopenhauers sämtliche ~en the complete works of Schopenhauer; **die (Heilige)** ~ the (Holy) Scriptures *pl.*

Schrift|art *f* (*Handschrift*) script; (*Typ*) type, typeface; **Schrift|auslegung** *f* (*Bibl*) interpretation (of the Bible); **Schriftbild** *nt* script; **Schriftdeutsch** *nt* (*nicht Umgangssprache*) written German; (*nicht Dialekt*) (good) standard German; **Schriftdeutung** *f* graphology; **Schriftform** *f* (*Jur*) dieser Vertrag erfordert **die** ~ this contract must be drawn up in writing; **Schriftführer** *m* secretary; (*Protokollführer auch*) clerk; **Schriftgelehrte(r)** *m* (*Bibl*) scribe; **Schriftgießer** *m* typefounder; **Schriftgrad** *m* type size; **Schriftguß** *m* typefounding; **Schriftkunst** *f* calligraphy; **Schriftleiter** *m* editor; **Schriftleitung** *f* (*Redaktionsstab*) editorial staff *pl*; (*Redaktionsleitung*) editorship; **Schriftlesung** *f* (*Eccl*) lesson.

schriftlich I *adj* written. **in** ~**er Form/auf** ~**em Wege** in writing; **die** ~**e Prüfung, das** S~**e** (*inf*) the written exam; **ich habe nichts** S~**es darüber** I haven't got anything in writing.

II *adv* in writing. **ich bin** ~ **eingeladen worden** I have had a written invitation; **ich muß mich bei ihm** ~ **für das Geschenk bedanken** I must write and thank him for the present; **etw** ~ **festhalten/niederlegen/machen** (*inf*) to put sth down in writing; **das kann ich Ihnen** ~ **geben** (*fig inf*) I can tell you that for free (*inf*).

Schriftprobe *f* (*Handschrift*) specimen of one's handwriting; (*Typ*) specimen (proof); **Schriftrolle** *f* scroll; **Schriftsachverständige(r)** *m f* handwriting expert; **Schriftsatz** *m* 1. (*Jur*) legal document; 2. (*Typ*) form(e); **Schriftsetzer** *m* typesetter, compositor, comp (*Typ sl*); **Schriftsprache** *f* (*nicht Umgangssprache*) written language; (*nicht Dialekt*) standard language; **die französische** ~ written/(good) standard French; **schriftsprachlich** *adj* Ausdruck, Konstruktion used in the written language.

Schriftsteller *m* -**s**, - author, writer.

Schriftstellerin *f* author(ess), writer.

schriftstellerisch *adj* literary. ~ **tätig sein** to write; **er ist** ~ **begabt** he has literary talent *or* talent as a writer.

schriftstellern *vi insep* (*inf*) to try one's hand at writing *or* as an author.

Schriftstellername *m* pen name, nom de plume.

Schriftstück *nt* paper; (*Jur*) document; **Schrifttum** *nt, no pl* literature; **Schriftverkehr** *m* correspondence; **im** ~ **stehen** to be in correspondence; **Schriftwechsel** *m siehe* **Schriftverkehr**; **Schriftzeichen** *nt* character; **Schriftzug** *m usu pl* stroke; (*Duktus*) hand.

schrill *adj* Ton, Stimme shrill; (*fig*) Mißton, Mißklang jarring. **sie lachte** ~ **auf** she gave a shriek *or* screech of laughter.

schrillen *vi* to shrill; (*Stimme auch*) to sound shrilly.

Schrippe *f* -, -**n** (*dial*) (bread) roll.

schritt *pret of* **schreiten**.

Schritt *m* -(e)s, -e 1. (*lit, fig*) step; (*weit ausholend*) stride; (*hörbar*) footstep. **mit**

schnellen/langsamen ~**en** quickly/ slowly, with quick/slow steps; **mit schleppenden** ~**en** dragging one's feet, with dragging feet; **einen** ~ **zurücktreten/zur Seite gehen** to step back/aside *or* to one side; ~ **vor** ~ **setzen** to put one foot in front of the other; **ein paar** ~**e spazierengehen** to go for *or* take a short walk *or* stroll; **einen** ~ **machen** *or* **tun** to take a step; **kleine** *or* **kurze/große** *or* **lange** ~**e machen** to take small steps/long strides; **die ersten** ~**e machen** *or* **tun** to take one's first steps; (*fig*) to take the first step; **den ersten** ~ **tun** (*fig*) to make the first move; (*etw beginnen*) to take the first step; ~**e gegen jdn/etw unternehmen** to take steps against sb/sth; **den zweiten** ~ **vor dem ersten tun** (*fig*) to try to run before one can walk; **auf** ~ **und Tritt** (*lit, fig*) wherever *or* everywhere one goes; ~ **um** *or* **für** ~ step by step; (*fig auch*) little by little, gradually; **Politik der kleinen** ~**e** step-by-step *or* gradualistic policy.

2. (*Gang*) walk, gait; (*Tempo*) pace. ~ **halten** (*lit, fig*) to keep pace, to keep up; **mit der Zeit** ~ **halten** to keep abreast of the times; **einen schnellen/unwahrscheinlichen** ~ **am Leib** (*inf*) *or* **an sich** (*dat*) **haben** to walk quickly/incredibly quickly; **gemessenen/leichten/langsamen** ~**es** (*geh*) with measured/ light/slow step(s) *or* tread; **seinen** ~ *or* **seine** ~**e beschleunigen** (*geh*) to increase one's pace, to speed up.

3. (~*geschwindigkeit*) walking pace. **(im)** ~ **fahren** to go at a crawl, to drive at walking speed; „,~ **fahren"** "dead slow"; **im** ~ **reiten/gehen** to walk.

4. (*Maßangabe*) ≃ yard. **mit zehn** ~ *or* ~**en Abstand** at a distance of ten paces; **sich** (*dat*) **jdn drei** ~**(e) vom Leib halten** (*inf*) to keep sb at arm's length.

5. (*Hosen*~) crotch; (~*weite*) crotch measurement.

Schrittempo *nt getrennt:* Schritt-tempo walking speed; **im** ~ **fahren** to crawl along; „,~" "dead slow"; **Schrittlänge** *f* length of one's stride.

Schrittmacher *m* (*Sport, Med*) pacemaker; (*fig auch*) pacesetter. **die Universitäten waren** ~ **der Revolution** the universities were in the van(guard) of *or* led the way in the revolution.

Schrittmacherdienste *pl* (*fig*) **jdm** ~ **leisten** to smooth the path *or* way for sb; **Schrittmachermaschine** *f* (*Sport*) pacemaker.

schrittweise I *adv* gradually, little by little; II *adj* gradual; **Schrittweite** *f* (*Sew: von Hose*) (waist-to-)crotch measurement; (*von Kleid, Rock*) hemline; **Schrittzähler** *m* pedometer.

schroff *adj* (*rauh, barsch*) curt, brusque; (*kraß, abrupt*) Übergang, Bruch abrupt; (*steil, jäh*) Fels, Klippe precipitous, steep. ~**e Gegensätze** stark *or* sharp contrasts.

Schroffheit *f siehe adj* curtness, brusqueness; abruptness; precipitousness, steepness; (*schroffes Wort*) curt remark.

schröpfen *vt* (*Blut absaugen*) to bleed, to cup (*old*). **jdn** ~ (*fig*) to fleece sb (*inf*), to rip sb off (*sl*).

Schröpfkopf *m* (*Med*) cupping glass.

Schrot m or nt **-(e)s, -e 1.** whole-corn/-rye etc meal; (Weizen) wholemeal (Brit), wholewheat (US). **ein Schotte von echtem ~ und Korn** a true Scot; **er ist ein Bauer von echtem ~ und Korn** he is a farmer through and through; **vom alten ~ und Korn** (fig) of the old school; **vom selben ~ und Korn** (fig) of the same ilk. **2.** (Hunt) shot.

Schrotbrot nt whole-corn/-rye etc bread; wholemeal (Brit) or wholewheat (US) bread; **Schrotbüchse** f (Hunt) shotgun.

schroten vt Getreide to grind coarsely; Alteisen to break up.

Schrotflinte f shotgun; **Schrotkorn** nt **1.** grain; **2.** (Hunt) pellet; **Schrotkugel** f pellet; **Schrotladung** f round of shot; **Schrotmehl** nt whole-corn/-rye etc flour; (Weizen) wholemeal (Brit) or wholewheat (US) flour; **Schrotschuß** m round of shot or pellets.

Schrott m **-(e)s,** no pl scrap metal; (aus Eisen auch) old iron; siehe fahren.

Schrotthändler m scrap dealer or merchant; **Schrotthaufen** m (lit) scrap heap; (fig: Auto) pile or heap of scrap; **Schrottplatz** m scrap yard; **schrottreif** adj ready for the scrap heap, only fit for scrap; siehe fahren; **Schrottwert** m scrap value.

schrubben I vti to scrub. **das Deck ~** to swab or scrub the deck/decks. II vr to scrub oneself.

Schrubber m **-s, -** (long-handled) scrubbing brush.

Schrulle f **-, -n 1.** quirk. **was hast du dir denn da für eine ~ in den Kopf gesetzt?** (inf) what strange idea have you got into your head now? **2.** (pej: alte Frau) old crone.

schrullenhaft, schrullig adj odd, cranky. **Schrullenhaftigkeit, Schrulligkeit** f crankiness.

schrump(e)lig adj (inf) wrinkled.

schrumpfen vi aux sein **1.** (lit) to shrink; (Leber, Niere) to atrophy; (Muskeln) to waste, to atrophy; (Metall, Gestein etc) to contract; (runzlig werden) to get wrinkled. **2.** (fig) to shrink; (Kapital auch, Exporte, Mitgliederschaft, Interesse) to dwindle; (Währung) to depreciate; (Industriezweig) to decline.

Schrumpfkopf m shrunken head; **Schrumpfleber** f cirrhosis of the liver; **Schrumpfniere** f cirrhosis of the kidney.

Schrumpfung f shrinking; (Raumverlust) shrinkage; (von Fundamenten, Metall) contraction; (Med) atrophy(ing); (von Kapital, Arbeitskräften, Exporten) dwindling, diminution; (von Währung) depreciation; (von Industriezweig etc) decline.

Schrund m **-(e)s, -e** (Berg~) crevasse.

Schrunde f **-, -n** (in der Haut) crack; (durch Kälte) chap; (Fels~, Gletscherspalte) crevasse.

schrundig adj cracked; (durch Kälte) chapped.

schruppen vt **1.** (Tech) (mit Feile) to rough-file; (mit Hobel) to rough-plane;

(mit Maschine) to rough-machine. **2.** siehe schrubben.

Schub m **-(e)s, ~e 1.** (Stoß) push, shove. **2.** (Phys) (Vortriebskraft) thrust; (Scherung) shear. **3.** (Med) phase. **4.** (Gruppe, Anzahl) batch. **5.** (Kegel~) throw. **alle neune auf einen ~** a strike; **auf zwei ~e in** two throws. **6.** (inf: ~fach) drawer.

Schuber m **-s, -** slipcase.

Schubfach nt drawer; **Schubhaft** f (Jur) siehe **Abschiebehaft; Schubkarre** f, **Schubkarren** m wheelbarrow; **Schubkasten** m drawer; **Schubkraft** f (Phys) thrust; (Scherung) shearing stress.

Schublade f **-, -n** drawer.

Schubladenkasten m (Aus) chest of drawers.

Schublehre f vernier calliper.

Schubs m **-es, -e** (inf) shove (inf), push; (Aufmerksamkeit erregend) nudge. **jdm einen ~ geben** to give sb a shove (inf) or push/nudge; (fig) to give sb a prod.

Schubschiff nt tug (boat) (which pushes).

schubsen vti (inf) to shove (inf), to push; (Aufmerksamkeit erregend) to nudge.

schubweise adv in batches; (Med) in phases.

schüchtern adj shy; (scheu auch) bashful. **einen ~en Versuch unternehmen** (iro) to make a half-hearted attempt.

Schüchternheit f shyness; (Scheu auch) bashfulness.

schuf pret of **schaffen**[1].

Schuft m **-(e)s, -e** heel (inf), cad, blackguard (old).

schuften vi (inf) to graft (away) (sl), to slave away. **wie ein Pferd ~** (inf) to work like a horse or a Trojan.

Schufterei f (inf) graft (sl), hard work.

schuftig adj mean, shabby.

Schuftigkeit f meanness, shabbiness.

Schuh m **-(e)s, -e 1.** shoe. **jdm etw in die ~e schieben** (inf) to lay the blame for sth at sb's door, to put the blame for sth on sb; **wissen, wo jdn der ~ drückt** to know what is bothering or troubling sb; **umgekehrt wird ein ~ draus!** (inf) quite the reverse is true. **2.** (Brems~ etc) shoe. **3.** (obs: Längenmaß) ≃ foot.

Schuh- in cpds shoe; **Schuhabsatz** m heel (of a/one's shoe); **Schuhanzieher** m shoehorn; **Schuhband** nt shoelace; **Schuhcreme** f shoe polish or cream; **Schuhhaus** nt shoe shop; **Schuhlöffel** m shoehorn; **Schuhmacher** m shoemaker; (Flickschuster) cobbler; **Schuhnummer** f shoe size; **jds ~ sein** (fig) to be sb's cup of tea (inf); **ein paar/mindestens zwei ~n zu groß für jdn** (fig) out of sb's league; **Schuhplattler** m **-s, -** Bavarian folk dance; **Schuhputzer** m bootblack, shoeshine boy (US); **Schuhriemen** m strap (of a/one's shoe); (Schnürsenkel) shoelace; **Schuhsohle** f sole (of a/one's shoe); **~n sparen** to save shoe-leather; **Schuhspanner** m shoetree; **Schuhwaren** pl footwear sing; **Schuhwerk** nt, no pl footwear; **Schuhwichse** f (inf) shoe polish; **Schuhzeug** nt, no pl footwear.

Schuko-®: ~Schukosteckdose f safety socket; **Schukostecker** m safety plug.

Schul|abgänger(in *f*) *m* **-s, -** school-leaver; **Schul|alter** *nt* school age; **im ~ of** school age; **Schul|amt** *nt* education authority; **Schul|anfang** *m* beginning of term; (*Schuleintritt*) first day at school; **morgen ist ~** school starts tomorrow; **Schul|anfänger** *m* child just starting school; **Schul|arbeit** *f* **1.** *usu pl* homework *no pl*, prep *no pl* (*Brit inf*); **2.** (*Aus*) test; **Schul|arzt** *m* school doctor; **Schul|aufgaben** *pl* homework *sing*; **Schul|aufsatz** *m* class essay; **Schul|ausflug** *m* school outing *or* trip; **Schul|ausgabe** *f* school edition; **Schulbank** *f* school desk; **die ~ drücken** (*inf*) to go to school; **Schulbau** *m* building of a/the school; (*im allgemeinen*) building of schools; (*Gebäude*) school building; **Schulbeginn** *m* (*Schuljahrsbeginn*) beginning of the school year; (*nach Ferien*) beginning of term; **(der) ~ ist um neun** school starts at nine; **Schulbehörde** *f* education authority; **Schulbeispiel** *nt* (*fig*) classic example (*für* of); **Schulbesuch** *m* school attendance; **Schulbildung** *f* (school) education; **Schulbuch** *nt* schoolbook, textbook; **Schulbuchverlag** *m* educational publishing company; **Schulbus** *m* school bus.

schuld *adj pred* **~ sein** *or* **haben** to be to blame (*an +dat* for); **er war** *or* **hatte ~ an dem Streit** the argument was his fault, he was to blame for the argument; **du hast** *or* **bist selbst ~** that's your own fault, that's nobody's fault but your own; **jdm/einer Sache ~ geben** to blame sb/sth.

Schuld *f* **-, -en 1.** *no pl* (*Ursache, Verantwortlichkeit*) **die ~ an etw** (*dat*) **haben** *or* **tragen** (*geh*) to be to blame for sth; **die ~ auf sich** (*acc*) **nehmen** to take the blame; **jdm die ~ geben** *or* **zuschreiben** *or* **zuschieben** to blame sb; **die ~ bei anderen suchen** to try to blame somebody else; **die ~ liegt bei mir** I am to blame (for that); **das ist meine/deine ~** that is my/your fault, I am/you are to blame (for that); **das ist meine eigene ~** it's my own fault, I've nobody but *or* only myself to blame; **durch meine/deine ~** because of me/you. **2.** *no pl* (*~haftigkeit, ~gefühl*) guilt; (*Unrecht*) wrong; (*Rel: Sünde*) sin; (*im Vaterunser*) trespasses *pl*. **die Strafe sollte in einem angemessenen Verhältnis zur ~ stehen** the punishment should be appropriate to the degree of culpability; **sich frei von ~ fühlen** to consider oneself completely blameless; **ich bin mir keiner ~ bewußt** I'm not aware of having done anything wrong; **ich bin mir meiner ~ bewußt** I know that I have done wrong; **ihm konnte keine ~ nachgewiesen werden** it couldn't be proved that he had done anything wrong; **~ auf sich** (*acc*) **laden** to burden oneself with a deep sense of guilt; **seine ~ sühnen** to atone for one's sins; **für seine ~ büßen** to pay for one's sin/sins; **~ und Sühne** crime and punishment. **3.** (*Zahlungsverpflichtung*) debt. **ich stehe tief in seiner ~** (*lit*) I'm deeply in debt to him; (*fig*) I'm deeply indebted to him; **~en machen** to run up debts; **~en haben** to be in debt; **DM 10.000 ~en**

haben to have debts totalling *or* of DM10,000, to be in debt to the tune of DM10,000; **mehr ~en als Haare auf dem Kopf haben** (*inf*) to be up to one's ears in debt (*inf*); **das Haus ist frei von ~en** the house is unmortgaged.

Schuld|an|erkenntnis *nt* admission of one's guilt; (*Schuldschein*) promissory note, IOU; **Schuldbekenntnis** *nt* confession; **schuldbeladen** *adj* burdened with guilt; **Schuldbeweis** *m* proof *or* evidence of one's guilt; **schuldbewußt** *adj Mensch* feeling guilty; *Gesicht, Miene* guilty; **Schuldbewußtsein** *nt* feelings of guilt *pl*.

schulden *vt* to owe. **das schulde ich ihm** I owe him that, I owe it to him; **jdm Dank ~** to owe sb a debt of gratitude.

schuldenfrei *adj* free of debt(s); *Besitz* unmortgaged; **Schuldenlast** *f* debts *pl*; **Schuldenmasse** *f* (*Jur*) aggregate liabilities *pl*; **Schuldentilgung** *f* discharge of one's debt(s).

Schuldforderung *f* claim; **Schuldfrage** *f* question of guilt; **schuldfrei** *adj* blameless; **Schuldgefühl** *nt* sense *no pl or* feeling of guilt; **schuldhaft** *adj* (*Jur*) culpable.

Schuldiener *m* (*old*) school janitor *or* caretaker; **Schuldienst** *m* (school-)teaching *no art*; **in den ~** *or* **gehen** to go into teaching; **im ~ (tätig) sein** to be a teacher, to be in the teaching profession.

schuldig *adj* **1.** (*schuldhaft, straffällig, schuldbeladen*) guilty; (*verantwortlich*) to blame *pred* (*an +dat* for); (*Rel*) sinful. **einer Sache** (*gen*) **~ sein** to be guilty of sth; **jdn einer Tat** (*gen*) (**für**) **~ erklären** *or* **befinden** (*Jur*) to find sb guilty *of or* to convict sb of an offence; **sich einer Sache** (*gen*) **~ machen** to be guilty of sth; **jdn ~ sprechen** to find *or* pronounce sb guilty, to convict sb; **sich ~ bekennen** to admit one's guilt; (*Jur*) to plead guilty; **~ geschieden sein** to be the guilty party in a/the divorce; **an jdm ~ werden** (*geh*) to wrong sb. **2.** (*geh: gebührend*) due. **jdm die ~e Achtung/den ~en Respekt zollen** to give sb the attention/respect due to him/her. **3.** (*verpflichtet*) **jdm etw** (*acc*) **~ sein** (*lit, fig*) to owe sb sth; **was bin ich Ihnen ~?** how much *or* what do I owe you?; **jdm Dank ~ sein** to owe sb a debt of gratitude; **sie blieb mir die Antwort ~/nicht ~** she didn't answer me *or* didn't have an answer/she hit back at me; **er blieb ihr nichts ~** (*fig*) he gave (her) as good as he got.

Schuldige(r) *mf decl as adj* guilty person; (*zivilrechtlich*) guilty party.

Schuldiger *m* **-s, -** (*Bibl*) trespasser. **wie auch wir vergeben unseren ~n** as we forgive those who trespass against us.

Schuldigkeit *f*, *no pl* duty. **seine ~ tun** to do one's duty.

Schuldirektor *m* headmaster (*esp Brit*), principal; **Schuldirektorin** *f* headmistress (*esp Brit*), principal.

Schuldkomplex *m* guilt complex; **schuldlos** *adj* (*an Verbrechen*) innocent (*an +dat* of); (*an Fehler, Unglück etc*) blameless, free from blame; **er war voll ständig ~ an**

dem Unglück he was in no way to blame for the accident; ~ **geschieden sein** to be the innocent party in a/the divorce.

Schuldner(in *f*) *m* **-s, -** debtor.

Schuldprinzip *nt* (*Jur*) principle of the guilty party; **Schuldrecht** *nt* (*Jur*) law of contract; **Schuldschein** *m* IOU, promissory note; **Schuldspruch** *m* verdict of guilty; **Schuldturm** *m* (*Hist*) debtors' prison.

Schule *f* **-, -n 1.** (*Lehranstalt, Lehrmeinung, künstlerische Richtung*) school. **in die** *or* **zur** ~ **kommen/gehen** to start school/go to school; **er hat nie eine** ~ **besucht** he has never been to school; **auf** *or* **in der** ~ at school; **die** ~ **wechseln** to change schools; **von der** ~ **abgehen** to leave school; **sie ist an der** ~ she is a (school)teacher; **die** ~ **ist aus** school is over, the schools are out; **durch eine harte** ~ **gegangen sein** (*fig*) to have learned in a hard school; ~ **machen** to become the accepted thing; **aus der** ~ **plaudern** to tell tales out of school (*inf*). **2.** (*Reiten*) school of riding; *siehe* **hoch.**

schulen *vt* to train; *Auge, Gedächtnis, Pferd auch* to school; (*Pol*) to give political instruction to.

Schul|englisch *nt* schoolboy/schoolgirl English; **mein** ~ the English I learnt at school; **schul|entlassen** *adj* **kaum** ~ **begann er ...** hardly had he left school when he began ...; **die** ~**e Jugend** the young people who have recently left school; **S**~**e** *pl* school-leavers *pl*; **Schul|entlassung** *f* **nach seiner/der** ~ after leaving school; **Schul|entlassungsfeier** *f* school-leavers' day; **Schul|entlassungszeugnis** *nt* school-leaving certificate.

Schüler(in *f*) *m* **-s, -** schoolboy/schoolgirl; (*einer bestimmten Schule*) pupil; (*einer Oberschule auch*) student; (*Jünger*) follower, disciple. **als** ~ **habe ich ...** when I was at school I ...; **alle** ~ **und** ~**innen dieser Stadt** all the schoolchildren of this town; **ein ehemaliger** ~ (**der Schule**) an old boy *or* pupil (of the school).

Schüler|austausch *m* school *or* student exchange; **Schüler|ausweis** *m* (school) student card; **schülerhaft** *adj* schoolboyish/schoolgirlish; (*pej*) childish, puerile; **Schülerheim** *nt* (*pej*) boarding house.

Schülerin *f siehe* **Schüler(in).**

Schülerkarte *f* school season-ticket; **Schülerlotse** *m* pupil acting as road-crossing warden; **Schülermitverwaltung** *f* school *or* student council; **Schülerparlament** *nt* inter-school student council; **Schülerschaft** *f* pupils *pl*; **Schülersprache** *f* school slang; **Schülervertretung** *f* pupil *or* student representation; **Schülerzeitung** *f* school magazine.

Schulfach *nt* school subject; **Schulfeier** *f* school function; **Schulferien** *pl* school holidays *pl* (*Brit*) *or* vacation; **Schulfernsehen** *nt* schools' *or* educational television; **Schulfest** *nt* school function; **schulfrei** *adj* **ein** ~**er Nachmittag** an afternoon when one doesn't have to go to school; **nächsten Samstag ist** ~ there's no school next Saturday; **die Kinder haben morgen** ~ the children don't have to go to school tomorrow; **Schulfreund** *m*

schoolfriend; **Schulfunk** *m* schools' radio; **Schulgebäude** *nt* school building; **Schulgebrauch** *m*: **zum** *or* **für den** ~ for use in schools; **Schulgelände** *nt* school grounds *pl*; **Schulgeld** *nt* school fees *pl*; **laß dir dein** ~ **wiedergeben!** (*inf*) school didn't do you much good!; **Schulgesetz** *nt* education act; **Schulgrammatik** *f* (school) grammar book *or* grammar (*inf*); **Schulhaus** *nt* schoolhouse; **Schulheft** *nt* exercise book; **Schulhof** *m* school playground (*Brit*), schoolyard.

schulisch *adj Leistungen, Probleme, Verbesserung* at school; (*rein akademisch*) scholastic; *Angelegenheiten* school *attr*. **seine** ~**en Leistungen/Probleme** his progress/problems at school; **er hat** ~ **große Fortschritte gemacht** he has improved greatly at school.

Schuljahr *nt* school year; (*Klasse*) year; **ihre** ~**e** her schooldays; **Schuljugend** *f* schoolchildren *pl*; **Schuljunge** *m* schoolboy; **Schulkamerad** *m* schoolmate, schoolfriend; **Schulkenntnisse** *pl* knowledge *sing* acquired at school; **Schulkind** *nt* schoolchild; **Schulklasse** *f* (school) class; **Schullandheim** *nt* country house used by school classes for short visits; **Schullehrer** *m* schoolteacher; **Schulleiter** *m* headmaster (*esp Brit*), principal; **Schulleiterin** *f* headmistress (*esp Brit*), principal; **Schullektüre** *f* book/books read in schools; ~ **sein** to be read in schools; **Schulmädchen** *nt* schoolgirl; **Schulmappe** *f* schoolbag; **schulmäßig** *adj Unterricht, Kurs, Lehrbuch* didactic; **es war alles** ~ **reglementiert** everything was regimented just like in school; **Schulmedizin** *f* orthodox medicine; **Schulmediziner** *m* orthodox medical practitioner; **Schulmeinung** *f* received opinion; **Schulmeister** *m* (*old, hum, pej*) schoolmaster; **schulmeisterlich** *adj* (*pej*) schoolmasterish; **sich** ~ **aufspielen** to play the schoolmaster; **schulmeistern** *insep* **I** *vt* to lecture (at *or* to); **II** *vi* to lecture; **Schul|ordnung** *f* school rules *pl*; **Schulpflicht** *f* compulsory school attendance *no art*; **allgemeine** ~ compulsory school attendance for all children; **es besteht** ~ school attendance is compulsory; **schulpflichtig** *adj Kind* required to attend school; **Schulpolitik** *f* education policy; **Schulpsychologe** *m* educational psychologist; **Schulranzen** *m* (school) satchel; **Schulrat** *m* schools inspector; **Schulreform** *f* educational reform; **Schulreife** *f* school readiness (*spec*); **die** ~ **haben** to be ready to go to school; **Schulschiff** *nt* training ship; **Schulschluß** *m* end of school; (*vor den Ferien*) end of term; ~ **ist um 13^{10}** school finishes at 13.10; **kurz nach** ~ just after school finishes/finished; **Schulschwänzen** *nt* truancy; **Schulschwänzer** *m* **-s, -** truant; **Schulspeisung** *f* free school meals *pl*; **Schulsport** *m* school sport; **Schulsprecher(in** *f*) *m* head boy/ girl (*Brit*); **Schulsprengel** *m* (*Aus*) (school) catchment area; **Schulstreß** *m* stress at school; **Schulstunde** *f* (school) period *or* lesson; **Schulsystem** *nt* school system; **Schultag** *m* schoolday;

der erste ~ the/one's first day at school; **Schultasche** f schoolbag.

Schulter f -, -n shoulder. **mit gebeugten/ hängenden ~n gehen** to be round-shouldered, to have round/sloping shoulders; (fig: niedergeschlagen) to look careworn/down in the mouth or downcast; **breite ~n haben** (lit) to be broad-shouldered, to have broad shoulders; (fig) to have a broad back; **er ließ die ~n hängen** he was slouching; (niedergeschlagen) he hung his head; **sich** (dat) **eine Jacke über die ~n hängen** to put a jacket round one's shoulders; **sich** (dat) **den Fotoapparat über die ~ hängen** to sling one's camera over one's shoulder; **jdm die Hand auf die ~ legen** to put one's hand on sb's shoulder; **jdm auf die ~ klopfen** or **schlagen** to give sb a slap on the back, to clap sb on the back; (lobend) to pat sb on the back; **jdn um die ~ fassen** to put one's arm round sb's shoulders; **~ an ~** (dichtgedrängt) shoulder to shoulder; (gemeinsam, solidarisch) side by side; **die** or **mit den ~n zucken** to shrug one's shoulders; **die Verantwortung ruht auf seinen ~n** the responsibility rests on his shoulders or lies at his door; **etw auf die leichte ~ nehmen** to take sth lightly; **jdn über die ~ ansehen** (fig) to look down one's nose at sb; **siehe kalt.**

Schulterblatt nt shoulder blade; **schulterfrei** adj Kleid off-the-shoulder; (ohne Träger) strapless; (mit Nackenträger) halterneck; **Schultergelenk** nt shoulder joint; **Schulterhöhe** f shoulder height; **in ~** at shoulder level or height; **Schulterklappe** f (Mil) epaulette; **schulterlang** adj shoulder-length.

schultern vt to shoulder. **das Gewehr ~** to shoulder arms.

Schulterpolster nt shoulder pad; **Schulterriemen** m shoulder strap; **Schultersieg** m (Sport) fall; **Schulterstand** m (Sport) shoulder stand; **Schulterstück** nt 1. (Mil) epaulette; 2. (Cook) piece of shoulder; **Schulterwurf** m (Sport) shoulder-throw.

Schultheiß m -en, -en (Hist) mayor.

Schulträger m (form) der ~ (dieser Schule) **ist der Staat** the school is supported or maintained by the State; **Schultüte** f large conical bag of sweets given to children on their first day at school; **Schultyp** m type of school.

Schulung f (Ausbildung, Übung) training; (von Auge, Gedächtnis, Pferd auch) schooling; (Pol) political instruction.

Schulungslager nt training camp.

Schul|uniform f school uniform; **Schul|unterricht** m school lessons pl; **Schulwanderung** f school hike; **Schulweg** m way to/from school; (Entfernung) distance to/from school; (Route) route to/from school; **ich habe einen ~ von 20 Minuten** it takes me 20 minutes to get to/from school; **Schulweisheit** f (pej) book-learning; **Schulwesen** nt school system; **Schulwissen** nt knowledge acquired at school; **Schulwörterbuch** nt school dictionary.

Schulze m -n, -n (Hist) siehe **Schultheiß.**

Schulzeit f (Schuljahre) schooldays pl; **nach 13 jähriger ~** after 13 years at school; **seit der ~** since we/they were at school, since our/their schooldays; **Schulzentrum** nt school complex; **Schulzeugnis** nt school report; **Schulzwang** m siehe **Schulpflicht.**

schummeln vi (inf) to cheat. **in Latein/ beim Kartenspiel ~** to cheat in Latin/at cards.

schumm(e)rig adj Beleuchtung dim; Raum dimly-lit. **bei ~em Licht** in the half-light.

schummern I vi impers (N Ger) **es schummert** dusk is falling. II vt (Geog) to shade (in).

Schummerstunde f (N Ger) twilight hour.

schund (rare) pret of **schinden.**

Schund m -(e)s, no pl (pej) trash, rubbish.

Schundliteratur f trash, trashy literature.

Schunkellied nt German drinking song.

schunkeln vi to link arms and sway from side to side.

Schupfen m -s, - (esp S Ger) siehe **Schuppen.**

Schupfer m -s, - (Aus) siehe **Schubs.**

Schupo¹ f -, no pl abbr of **Schutzpolizei.**

Schupo² m -s, -s (dated inf) abbr of **Schutzpolizist** cop (inf).

Schuppe f -, -n 1. (Bot, Zool) scale; (von Ritterrüstung, Tierpanzer) plate. **es fiel mir wie ~n von den Augen** the scales fell from my eyes. 2. (Kopf~) ~n pl dandruff sing.

Schuppen m -s, - 1. shed; (Flugzeug~) hangar. 2. (inf) (Haus, Wohnung etc) joint (sl), hole (pej inf); (übles Lokal) dive (inf).

schuppen I vt Fische to scale. II vr to flake.

schuppen|artig adj scale-like; **die Ziegel sind ~ angeordnet** the tiles are arranged so that they overlap; **Schuppenflechte** f (Med) psoriasis (spec); **Schuppenpanzer** m scale armour; **Schuppentier** nt scaly ant-eater.

schuppig adj scaly; (abblätternd auch) flaking. **die Haut löst sich ~ ab** his etc skin is flaking (off).

Schur f -, -en (das Scheren) shearing; (geschorene Wolle) clip.

schüren vt 1. Feuer, Glut to rake, to poke. 2. (fig) to stir up; Zorn, Eifersucht, Leidenschaft, Haß to fan the flames of.

schürfen I vi (Min) to prospect (nach for). **tief ~** (fig) to dig deep. II vt Bodenschätze to mine. III vtr to graze oneself. sich (dat) **die Haut ~, sich ~** to graze oneself or one's skin; **sich am Knie ~** to graze one's knee.

Schürfrecht nt mining rights pl; **Schürfwunde** f graze, abrasion.

Schürhaken m poker.

schurigeln vt (inf) (hart anfahren) to lay into (inf); (schikanieren) to bully.

Schurke m -n, -n (dated) villain, scoundrel, rogue.

schurkisch adj (dated) base, despicable.

Schurwolle f virgin wool. „**reine ~**" "pure new wool".

Schurz m -es, -e loincloth; (von Schmied, Arbeiter etc, dial) apron.

Schürze f -, -n apron; (Frauen~, Kinder~ mit Latz auch) pinafore, pinny (inf). **sich**

(*dat*) **eine ~ umbinden** to put an apron on;
er hängt der Mutter noch an der ~ he's
still tied to his mother's apron strings; **er
ist hinter jeder ~ her** (*dated inf*), **er läuft
jeder ~ nach** (*dated inf*) he runs after anything in a skirt (*inf*).
schürzen *vt* 1. (*dated*) *Rock* to gather (up).
2. (*geh: schlingen*) *Knoten* to tie; *Faden* to
knot, to tie a knot in. 3. (*geh: aufwerfen*)
die Lippen/den Mund ~ (*zum Pfeifen*) to
purse one's lips; (*verführerisch*) to pout.
Schürzenband *nt* apron-string; **Schür-
zenjäger** *m* (*inf*) philanderer, one for the
girls (*inf*).
Schuß *m* **-sses, ⁼sse** 1. shot; (*~ Munition*) round. **sechs ~** *or* **⁼sse** six shots/
rounds; **zum ~ kommen** to have a chance
to shoot; **ein ~ ins Schwarze** (*lit, fig*) a
bull's-eye; **weit vom ~ sein** (*fig inf*) to be
miles from where the action is (*inf*); **er ist
keinen ~ Pulver wert** (*fig*) he's not worth
tuppence (*inf*); **das war ein ~ vor den Bug**
(*fig*) that was a warning not to be ignored;
ein ~ in den Ofen (*sl*) a complete waste of
time.
    2. (*Min: Sprengung*) blast, charge.
    3. (*Ftbl*) kick; (*zum Tor auch*) shot.
zum ~ kommen to get the ball; (*zum Tor*)
to get a chance to shoot.
    4. (*Ski*) schuss. **im ~ fahren** to schuss.
    5. (*Spritzer*) (*von Wein, Essig etc*) dash;
(*von Whisky*) shot; (*von Humor, Leichtsinn etc auch*) touch.
    6. (*Tex: Querfäden*) weft, woof.
    7. (*inf*) **in ~ sein/kommen** to be in/get
into (good) shape; (*Mensch, Sportler
auch*) to be on form/get into good form;
(*Schüler, Klasse*) to be/get up to the mark;
(*Party*) to be going well/get going; **etw in
~ bringen/halten** to knock sth into shape/
keep sth in good shape; *Schulklasse* to
bring/keep sth up to the mark; *Party* to
get/keep sth going.
    8. (*sl: mit Rauschgift*) shot. **sich** (*dat*)
den goldenen ~ setzen to OD (*sl*).
schußbereit *adj* ready to fire; *Gewehr auch*
cocked.
Schussel *m* **-s, -** (*inf*) *or f* **-, -n** (*inf*) dolt
(*inf*); (*zerstreut*) scatterbrain (*inf*); (*ungeschickt*) clumsy clot (*inf*).
Schüssel *f* **-, -n** bowl; (*Servier~ auch*) dish;
(*Wasch~*) basin. **vor leeren ~n sitzen**
(*nach dem Essen*) to sit staring at the dirty
dishes; (*in Notzeit*) to go hungry.
schusselig *adj* (*inf*) daft; (*zerstreut*) scatterbrained (*inf*), muddle-headed (*inf*);
(*ungeschickt*) clumsy, all thumbs *pred*.
Schusseligkeit *f* (*inf*) daftness; (*Zerstreutheit*) muddleheadedness (*inf*); (*Ungeschick*) clumsiness.
schusseln *vi* (*inf*) (*zerstreut sein*) to be
scatterbrained (*inf*) *or* muddle-headed
(*inf*); (*ungeschickt vorgehen*) to be
clumsy; (*sich ungeschickt bewegen*) to
bumble (*inf*).
Schußfaden *m* (*Tex*) weft thread;
Schußfahrt *f* (*Ski*) schuss; (*das Schuß-
fahren*) schussing; **Schußfeld** *nt* field of
fire; (*Übungsplatz*) firing range; **schuß-
fest** *adj* bulletproof; **Schußgeschwin-
digkeit** *f* velocity (*of bullet etc*); **Schuß-
kanal** *m* (*Med*) path of a/the bullet

through the body; **Schußlinie** *f* line of
fire; (*fig auch*) firing line; **schußsicher**
adj bulletproof; **Schußverletzung** *f*
bullet wound; **Schußwaffe** *f* firearm;
Schußwaffengebrauch *m* (*form*) use of
firearms; **Schußwechsel** *m* exchange of
shots *or* fire; **Schußweite** *f* range (of
fire); **in/außer ~** within/out of range;
Schußwinkel *m* angle of fire; **Schuß-
wunde** *f* bullet wound; **Schußzeit** *f*
(*Hunt*) shooting season.
Schuster *m* **-s, -** shoemaker; (*Flick~*)
cobbler. **auf ~s Rappen** (*hum*) by
Shanks's pony; **~, bleib bei deinem Leisten!** (*Prov*) cobbler, stick to your last
(*Prov*).
Schuster|ahle *f* shoemaker's awl; **Schu-
sterdraht** *m* waxed thread.
Schusterei *f* 1. (*Werkstatt*) shoemaker's;
(*von Flickschuster*) cobbler's. 2. (*pej inf:
Pfuscherei*) botching (*inf*).
Schusterhandwerk *nt* shoemaking;
cobbling; **Schusterjunge** *m* 1. (*old:
Schusterlehrling*) shoemaker's/cobbler's
apprentice; 2. (*Typ*) widow.
schustern *vi* 1. to cobble *or* repair *or* mend
shoes. 2. (*pej inf*) to do a botch job (*inf*).
Schusterpech *nt* shoemaker's *or* cobbler's
wax; **Schusterwerkstatt** *f* shoemaker's/
cobbler's workshop.
Schute *f* **-, -n** 1. (*Naut*) lighter. 2. (*Damenhut*) poke (bonnet).
Schutt *m* **-(e)s**, *no pl* (*Trümmer, Bau~*)
rubble; (*Geol*) debris, detritus (*spec*). „~
abladen verboten" "no tipping"; **eine
Stadt in ~ und Asche legen** to reduce a
town to rubble; **in ~ und Asche liegen** to
be in ruins.
Schutt|abladeplatz *m* tip, dump.
Schüttbeton *m* cast concrete; **Schüttbo-
den** *m* strawloft; (*für Getreide*) granary.
Schütte *f* **-, -n** 1. (*Bund*) stock. 2. (*Behälter*) wall-mounted drawer-like canister
for sugar, flour etc.
Schüttelbecher *m* (*cocktail*) shaker;
Schüttelfrost *m* (*Med*) shivering fit, fit of
the shivers (*inf*); **Schüttellähmung** *f*
(*Med*) Parkinson's disease.
schütteln I *vt* to shake; (*rütteln*) to shake
about, to jolt (*about*). **den** *or* **mit dem
Kopf ~** to shake one's head; **von Angst
geschüttelt werden** to be gripped with
fear; **von Fieber geschüttelt werden** to be
racked with fever.
    II *vr* to shake oneself; (*vor Kälte*) to
shiver (*vor* with); (*vor Ekel*) to shudder
(*vor* with, in). **sich vor Lachen ~** to shake
with laughter.
Schüttelreim *m* goat rhyme, *rhyme in
which the consonants of the rhyming syllables are transposed in the next line*;
Schüttelrutsche *f* (*Tech*) vibrating
chute; **Schüttelsieb** *nt* riddle.
schütten I *vt* to tip; (*Flüssigkeiten*) to pour;
(*ver~*) to spill. „**keine heiße Asche in die
Mülltonnen ~**" "do not put hot ashes in
the dustbins". II *vi impers* (*inf*) **es schüttet**
it's pouring (with rain), it's pouring
(down), it's bucketing (down) (*inf*).
schütter *adj Haar* thin.
Schüttgut *nt* bulk goods *pl*.
Schutthalde *f* (*Schutthaufen*) rubble tip;

(*Geol*) scree slope; **Schutthaufen** *m* pile *or* heap of rubble; **Schuttkegel** *m* (*Geol*) cone of scree *or* debris; **Schuttplatz** *m* tip.

Schutz *m* **-es,** *no pl* protection (*vor* +*dat, gegen* against, from); (*Zuflucht auch*) shelter, refuge (*vor* +*dat, gegen* from); (*der Natur, Umwelt etc*) conservation; (*esp Mil: Deckung*) cover. **jdn um ~ bitten** to ask sb for protection; **bei jdm ~ suchen** to look to sb for protection; to seek shelter *or* refuge with sb; **unter einem Baum ~ suchen** to shelter under a tree, to take *or* seek refuge under a tree; **im ~e der Nacht** *or* **Dunkelheit** under cover of night *or* darkness; **zum ~ der Augen** to protect the eyes; **jdn in ~ nehmen** (*fig*) to take sb's part, to stand up for sb.

Schutz|anstrich *m* protective coat; **Schutz|anzug** *m* protective clothing *no indef art, no pl;* **schutzbedürftig** *adj* in need of protection; **Schutzbefohlene(r)** *mf decl as adj siehe* **Schützling;** **Schutzbehauptung** *f* lie to cover oneself; **Schutzblech** *nt* mudguard; **Schutzbrief** *m* 1. (letter of) safe-conduct; 2. *siehe* **Auslandsschutzbrief;** **Schutzbrille** *f* protective goggles *pl;* **Schutzbündnis** *nt* defensive alliance; **Schutzdach** *nt* porch; (*an Haltestelle*) shelter; **Schutzdeck** *nt* shelter deck.

Schütze *m* **-n, -n** 1. marksman; (*Schießsportler*) rifleman; (*Hunt*) hunter; (*Bogen~*) archer; (*Hist*) bowman, archer; (*Ftbl: Tor~*) scorer. **er ist der beste ~** he is the best shot.

2. (*Mil: Dienstgrad*) private; (*Maschinengewehr~*) gunner.

3. (*Astrol*) Sagittarius *no art;* (*Astron auch*) Archer. **sie ist ~** she's Sagittarius *or* a Sagittarian.

schützen I *vt* to protect (*vor* +*dat, gegen* from, against); (*Zuflucht bieten auch*) to shelter (*vor* +*dat, gegen* from); (*absichern: Versicherung etc auch*) to safeguard; (*esp Mil: Deckung geben*) to cover. **urheberrechtlich/gesetzlich/patentrechtlich geschützt** protected by copyright/registered/ patented; **ein geschützter Platz** a sheltered spot *or* place; **vor Hitze/ Sonnenlicht ~!** keep away from heat/ sunlight; **vor Nässe ~!** keep dry; **Gott schütze dich!** (*old*) (may) the Lord protect *or* keep you.

II *vi* to give *or* offer protection (*vor* + *dat, gegen* against, from); (*Zuflucht bieten auch*) to give *or* offer shelter (*vor* +*dat, gegen* from); (*esp Mil: Deckung geben*) to give cover.

III *vr* to protect oneself (*vor* +*dat, gegen* from, against); (*sich absichern auch*) to safeguard oneself (*vor* +*dat, gegen* against). **er weiß sich zu ~** he knows how to look after himself.

schützend *adj* protective. **ein ~es Dach** (*gegen Wetter*) a shelter; **ein ~es Dach über sich** (*dat*) **haben** to be under cover; **seine ~e Hand über jdn halten** to take sb under one's wing.

Schützenfest *nt* fair featuring shooting matches.

Schutz|engel *m* guardian angel.

Schützengraben *m* trench; **Schützenhaus** *nt* clubhouse (*of a rifle club*); **Schützenhilfe** *f* (*fig*) support; **jdm ~ geben** to back sb up, to support sb; **Schützenkette** *f* (*Mil*) firing line; **Schützenkönig** *m* champion rifleman at a *Schützenfest;* **Schützenlinie** *f* (*Mil*) firing line; **Schützenloch** *nt* (*Mil*) foxhole; **Schützenpanzer(wagen)** *m* armoured personnel carrier; **Schützenver|ein** *m* rifle *or* shooting club.

Schutzfarbe, Schutzfärbung *f* (*Biol*) protective *or* adaptive colouring; **Schutzfrist** *f* term of copyright; **Schutzgebiet** *nt* (*Pol*) protectorate; **Schutzgebühr** *f* (token) fee; **Schutzgebühren** *pl* (*euph sl*) protection money *sing;* **Schutzgeist** *m* (*Myth*) protecting *or* tutelary (*liter*) spirit; **Schutzgeländer** *nt* guard-rail; **Schutzgitter** *nt* (*um Denkmal etc*) protective barrier; (*vor Maschine, Fenster, Tür*) protective grille; (*um Leute zu schützen*) safety barrier/grille; (*vor Kamin*) (fire)-guard; **Schutzgott** *m* tutelary god (*liter*); **Schutzgöttin** *f* (*Myth*) tutelary goddess (*liter*); **Schutzhafen** *m* port of refuge; (*Winterhafen*) winter harbour; **Schutzhaft** *f* (*Jur*) protective custody; (*Pol*) preventive detention; **Schutzhaube** *f* protective hood; (*für Schreibmaschine*) cover; **Schutzhaut** *f* protective covering; **Schutzheilige(r)** *mf* patron saint; **Schutzhelm** *m* safety helmet; (*von Bauarbeiter auch*) hard hat (*inf*); **Schutzherr(in)** *m* patron; **Schutzherrschaft** *f* (*Pol*) protection, protectorate; (*Patronat*) patronage; **Schutzhülle** *f* protective cover; (*Buchumschlag*) dust cover *or* jacket; **Schutzhütte** *f* shelter, refuge; **schutz|impfen** *pret* **schutzimpfte,** *ptp* **schutzgeimpft,** *infin auch* **schutzzuimpfen** *vt* to vaccinate, to inoculate; **Schutz|impfung** *f* vaccination, inoculation; **Schutzkappe** *f* (protective) cap; **Schutzklausel** *f* protective *or* let-out clause; **Schutzkleidung** *f* protective clothing; **Schutzkontakt** *m* (*Elec*) safety contact.

Schützling *m* protégé; (*esp Kind*) charge.

schutzlos *adj* (*wehrlos*) defenceless; (*gegen Kälte etc*) without protection, unprotected. **jdm/einer Sache ~ ausgeliefert** *or* **preisgegeben sein** to be at the mercy of sb/sth, to be defenceless/without protection against sb/sth.

Schutzmacht *f* (*Pol*) protecting power, protector; **Schutzmann** *m, pl* **-leute** (*dated*) policeman, constable (*Brit*); **Schutzmantel** *m* (*Tech*) protective casing; (*gegen Strahlen*) radiation shield; **Schutzmarke** *f* trademark; **Schutzmaske** *f* (protective) mask; **Schutzmaßnahme** *f* precaution, precautionary measure; (*vorbeugend*) preventive measure; **Schutzmauer** *f* protecting wall; (*von Festung*) defensive wall; **Schutzmechanismus** *m* (*esp Psych*) protective mechanism; **Schutzmittel** *nt* means of protection *sing;* (*Substanz*) protective substance; (*Med auch*) prophylactic (*gegen* for); **Schutznetz** *nt* (*im Zirkus*) safety net; (*an Damenfahrrad*) skirt guard; (*gegen Stechmücken etc*) mosquito net; **Schutzpatron** *m* saint; **Schutzpolizei** *f* (*form*) police force, constabulary (*Brit form*); **Schutzpolizist** *m* (*form*) police officer, (police) constable (*Brit*), policeman; **Schutzraum** *m* shelter; **Schutzschicht** *f* protective layer; (*Überzug*) protective coating; **Schutzschild** *m* shield; (*an Geschützen*) gun shield; **Schutzschirm** *m* (*Tech*) protective screen; **Schutzstaffel** *f* (*Hist*) SS; **schutzsuchend** *adj* seeking protection; (*nach Obdach*) seeking refuge *or* shelter; **Schutztruppe** *f* (*Hist*) colonial army *or* force; **Schutz|umschlag** *m* dust cover *or* jacket; **Schutzverband** *m* **1.** protective association; **der ~ der ... (in *Namen*)** the Association for the Protection of ...; **2.** (*Med*) protective bandage *or* dressing; **Schutzvorrichtung** *f* safety device; **Schutzwall** *m* protective wall (*gegen* to keep out), barrier; **Schutzweg** *m* (*Aus*) pedestrian crossing; **schutzwürdig** *adj* worthy of protection; *Gebäude, Sitten* worth preserving, worthy of preservation; **Schutzzoll** *m* protective duty *or* tariff.

Schwa *nt* **-s**, *no pl* (*Ling*) schwa.

schwabbelig *adj* (*inf*) *Körperteil* flabby; *Gelee* wobbly.

schwabbeln *vi* (*inf*) to wobble (about).

Schwabe *m* **-n**, **-n** Swabian.

schwäbeln *vi* (*inf*) to speak Swabian *or* the Swabian dialect; (*mit Akzent*) to speak with a Swabian accent.

Schwaben *nt* **-s**, **Schwabenland** *nt* Swabia.

Schwabenstreich *m* piece of folly.

Schwäbin *f* Swabian (woman/girl).

schwäbisch *adj* Swabian. **S~e Alb** Swabian Mountains *pl*.

schwach *adj*, *comp* **¨er**, *superl* **¨ste(r, s)** *or adv* **am ¨sten** weak (*auch Gram*); *Mensch, Greis, Begründung, Versuch, Aufführung, Alibi, Widerstand auch* feeble; *Konstitution auch* frail; *Gesundheit, Beteiligung, Gedächtnis* poor; *Ton, Anzeichen, Hoffnung, Bewegung* faint, slight; *Gehör* poor, dull; *Stimme auch* feeble; faint; *Licht* poor, dim; *Wind* light; (*Comm*) *Nachfrage, Geschäft* slack, poor. **~e Augen** weak *or* poor (eye)sight; **das ist ein ~es Bild** (*inf*) *or* **eine ~e Leistung** (*inf*) that's a poor show (*inf*); **jds ~e Seite/Stelle** sb's weak point/spot; **ein ~er Trost** cold *or* small comfort; **in einem ~en Augenblick, in einer ~en Stunde** in a moment of weakness, in a weak moment; **jdn ~ machen** (*inf*) to soften sb up, to talk sb round; **mach mich nicht ~!** (*inf*) don't say that! (*inf*); **in etw** (*dat*) **~ sein** to be weak in sth; **auf ~en Beinen *or* Füßen stehen** (*fig*) to be on shaky ground; (*Theorie*) to be shaky; **jdn an seiner ~en *or* ¨sten Stelle treffen** to strike at *or* hit sb's weak spot; **mir wird ~** (*lit*) I feel faint; (*fig inf*) it makes me sick (*inf*); **nur nicht ~ werden!** don't weaken!; **¨er werden** to grow weaker, to weaken; (*Augen*) to fail, to grow worse; (*Stimme*) to grow fainter; (*Licht*) to (grow) dim; (*Ton*) to fade; (*Nachfrage*) to fall off, to slacken; **~ besiedelt *or* bevölkert** sparsely populated;

~ besucht poorly attended; **~ gesalzen/gesüßt** slightly salted/sweetened; **die S~en** the weak; **der S~ere** the weaker (person); (*gegenüber Gegner*) the underdog.

schwachbesiedelt, schwachbevölkert *adj attr* sparsely populated; **schwachbetont** *adj attr* weakly stressed; **schwachbewegt** *adj attr* *Meer* gently rolling; **schwachbrüstig** *adj* (*hum*) feeble.

Schwäche *f* **-, -n 1.** *no pl siehe adj* weakness; feebleness; frailty; poorness; faintness, slightness; dullness; feebleness, faintness; dimness; lightness; slackness. **eine ~ überkam sie** a feeling of weakness came over her. **2.** (*Nachteil, Fehler*) weakness. **3.** (*Vorliebe*) weakness (*für* for). **4.** (*Charaktermangel*) weakness, failing. **menschliche ~n** human failings *or* frailties; **jeder Mensch hat seine ~n** we all have our little weaknesses *or* failings.

Schwäche|anfall *m* sudden feeling of weakness.

schwächen I *vt* (*lit, fig*) to weaken. II *vr* to weaken oneself. III *vi* **etw schwächt** sth has a weakening effect.

Schwächezustand *m* condition of weakness *or* debility (*spec*), weak condition.

Schwachheit *f* **1.** *no pl* (*fig*) weakness, frailty. **~, dein Name ist Weib** (*prov*) frailty, thy name is woman! (*prov*). **2.** *no pl* (*rare: Kraftlosigkeit*) *siehe* **Schwäche 1. 3.** (*inf*) **bilde dir nur keine ~en ein!** don't fool *or* kid yourself! (*inf*).

Schwachkopf *m* (*inf*) dimwit (*inf*), idiot, thickie (*inf*); **schwachköpfig** *adj* (*inf*) daft, idiotic.

schwächlich *adj* weakly; (*zart auch*) puny.

Schwächling *m* (*lit, fig*) weakling.

schwachsichtig *adj* (*Med*) poor- *or* weaksighted; **Schwachsichtigkeit** *f* (*Med*) dimness of vision, amblyopia (*spec*); **Schwachsinn** *m* (*Med*) mental deficiency, feeble-mindedness (*dated*); (*fig inf*) (*unsinnige Tat*) idiocy *no indef art*; (*Quatsch*) rubbish (*inf*); **leichter/mittelschwerer/schwerer ~** mild/severe to moderate/profound mental deficiency, moronism/imbecility/ idiocy; **schwachsinnig** *adj* (*Med*) mentally deficient, feeble-minded (*dated*); (*fig inf*) daft, idiotic; **Schwachsinnige(r)** *mf decl as adj* mental defective, feeble-minded person (*dated*); (*fig inf*) idiot, moron (*inf*), imbecile (*inf*); **Schwachstelle** *f* weak point.

Schwachstrom *m* (*Elec*) low-voltage *or* weak current.

Schwachstromleitung *f* low-voltage (current) line; **Schwachstromtechnik** *f* (*dated*) communications engineering *or* technology.

Schwächung *f* weakening.

Schwade *f* **-, -n**, **Schwaden** *m* **-s**, **-** swath(e), windrow (*spec*).

Schwaden *m* **-s**, **-** *usu pl* cloud.

Schwadron *f* **-, -en** (*Mil Hist*) squadron.

schwadronieren* *vi* to bluster.

Schwafelei *f* (*pej inf*) drivel *no pl* (*inf*), twaddle *no pl* (*inf*); (*das Schwafeln*) drivelling *or* blethering on (*inf*).

schwafeln (*pej inf*) **I** *vi* to drivel (on), to blether (on), to talk drivel (*all inf*); (*in einer Prüfung*) to waffle (*inf*). **II** *vt* **dummes Zeug ~ to talk drivel** (*inf*); **was schwafelst du da?** what are you drivelling *or* blethering on about? (*inf*).

Schwafler(in *f*) *m* **-s, -** (*pej inf*) wind-bag, gas-bag, bletherer (*all inf*).

Schwager *m* **-s,** ⁻ brother-in-law.

Schwägerin *f* sister-in-law.

Schwägerschaft *f* (*Jur*) relationship by marriage, affinity (*spec*).

Schwaige *f* **-, -n** (*S Ger, Aus*) siehe **Sennhütte.**

Schwaiger *m* **-s, -** (*S Ger, Aus*) siehe **Senner.**

Schwalbe *f* **-, -n** swallow. **eine ~ macht noch keinen Sommer** (*Prov*) one swallow doesn't make a summer (*Prov*).

Schwalbennest *nt* **1.** swallow's nest; **2.** (*Naut*) sponson; **3.** (*Cook*) bird's nest soup; **Schwalbennestersuppe** *f* bird's nest soup; **Schwalbenschwanz** *m* **1.** (*Zool*) swallowtail (butterfly); **2.** (*inf*) (*Frack*) swallow-tailed coat, swallow-tails *pl*, cutaway; (*Frackschoß*) (swallow-)tails *pl*; **3.** (*Tech*) dovetail; **mit einem ~ verbinden** to dovetail.

Schwall *m* **-(e)s, -e** flood, torrent; (*von Worten auch*) effusion.

schwamm *pret of* **schwimmen.**

Schwamm *m* **-(e)s,** ⁻e **1.** sponge. **etw mit dem ~ abwischen** to sponge sth (down), to wipe sth with a sponge; **~ drüber!** (*inf*) (let's) forget it! **2.** (*Haus~*) dry rot. **den ~ haben** to have dry rot. **3.** (*Feuer~*) touchwood, tinder, punk *all no pl*.

Schwämmchen *nt* **1.** *dim of* **Schwamm. 2.** (*Med*) thrush.

schwammig *adj* **1.** (*lit*) spongy. **2.** (*fig*) *Gesicht, Hände* puffy, bloated; (*vage*) *Begriff* woolly.

Schwan *m* **-(e)s,** ⁻e swan. **mein lieber ~!** (*inf*) (*überrascht*) my goodness!; (*drohend*) my lad/girl.

schwand *pret of* **schwinden.**

schwanen *vi impers* **ihm schwante etwas** he had forebodings, he sensed something might happen; **mir schwant nichts Gutes I** don't like it, I've a feeling something nasty is going to happen.

Schwanengesang *m* (*fig*) swansong; **Schwanenhals** *m* swan's neck; (*fig*) swanlike neck; (*Tech*) goose-neck, swanneck; **Schwanenjungfrau** *f* (*Myth*) swan maiden; **Schwanensee** *m* Swan Lake; **Schwanenteich** *m* swan pond; **schwanenweiß** *adj* (*geh*) lily-white.

schwang *pret of* **schwingen.**

Schwang *m*: **im ~e sein** to be in vogue, to be "in" (*inf*).

schwanger *adj* pregnant. **~ sein** *or* **gehen** to be pregnant; **mit etw ~ gehen** (*fig*) to be big with sth; **mit großen Ideen ~ gehen** (*fig*) to be full of great ideas.

Schwangere *f decl as adj* pregnant woman.

schwängern *vt* to make pregnant, to impregnate (*form*). **mit etw geschwängert sein** (*fig*) to be impregnated with sth; **die Luft war mit Rauch geschwängert** the air was thick with smoke.

Schwangerschaft *f* pregnancy.

Schwangerschafts|abbruch *m* termination of pregnancy, abortion; **Schwangerschaftsnachweis** *m* pregnancy test; **Schwangerschaftsnarbe** *f*, **Schwangerschaftsstreifen** *m* stretch mark; **Schwangerschaftsverhütung** *f* contraception.

Schwank *m* **-(e)s,** ⁻e (*Liter*) merry *or* comical tale; (*Theat*) farce. **ein ~ aus der Jugendzeit** (*hum*) a tale of one's youthful exploits.

schwanken *vi* **1.** (*wanken, sich wiegen*) to sway; (*Schiff*) (*auf und ab*) to pitch; (*seitwärts*) to roll; (*beben*) to shake, to rock. **der Boden schwankte unter meinen Füßen** (*lit, fig*) the ground rocked beneath my feet.
2. *aux sein* (*gehen*) to stagger, to totter.
3. (*Preise, Temperatur, Stimmung etc*) to fluctuate, to vary; (*Gesundheit, Gebrauch*) to vary; (*Phys, Math*) to fluctuate; (*Kompaßnadel etc*) to swing, to oscillate.
4. (*hin und her gerissen werden*) to vacillate; (*wechseln*) to alternate. **sie schwankte zwischen Stolz und Mitleid** she alternated between pride and pity.
5. (*zögern*) to hesitate; (*sich nicht schlüssig sein*) to waver, to vacillate. **~, ob** to hesitate as to whether, to be undecided (as to) whether.

schwankend *adj* **1.** *siehe vi 1.* swaying; pitching; rolling; shaking, rocking. **auf ~en Füßen/~em Boden stehen** (*fig*) to be shaky/to be on shaky ground.
2. *Mensch* staggering; *Gang* rolling; *Schritt* unsteady.
3. *siehe vi 3.* fluctuating *esp attr*; varying; oscillating; *Kurs, Gesundheit auch* unstable.
4. (*unschlüssig*) uncertain, wavering *attr*; (*zögernd*) hesitant; (*unbeständig*) vacillating, unsteady. **jdn ~ machen** to make sb waver; **~ werden** to waver.

Schwankung *f* **1.** (*hin und her*) swaying *no pl*; (*auf und ab*) shaking *no pl*, rocking *no pl*. **um die ~en des Turms zu messen** to measure the extent to which the tower sways.
2. (*von Preisen, Temperatur, Stimmung etc*) fluctuation, variation (*gen* in); (*von Kompaßnadel etc*) oscillation. **seelische ~en** fluctuations in one's mental state, mental ups and downs (*inf*).

Schwanz *m* **-es,** ⁻e **1.** (*lit, fig*) tail; (*inf: von Zug*) (tail-)end. **den ~ zwischen die Beine klemmen und abhauen** (*lit, fig sl*) to put one's tail between one's legs and run; **den ~ hängen lassen** (*lit*) to let its tail droop; (*fig inf*) to be down in the dumps (*inf*); **das Pferd beim** *or* **am ~ aufzäumen** to do things back to front; **kein ~** (*inf*) not a (blessed) soul (*inf*); *siehe* **treten.**
2. (*sl: Penis*) prick (*vulg*), cock (*vulg*).

schwänzeln *vi* **1.** (*Hund: mit dem Schwanz wedeln*) to wag its tail. **2.** (*fig pej: Mensch*) to crawl (*inf*). **3.** *aux sein* (*geziert gehen*) to sashay (*esp US inf*).

schwänzen (*inf*) **I** *vt Stunde, Vorlesung* to skip (*inf*), to cut (*inf*); *Schule* to play truant *or* hooky (*esp US inf*) from, to skive off (*Brit sl*). **II** *vi* to play truant, to

play hooky (*esp US inf*), to skive (*Brit sl*).
Schwanz|ende *nt* end *or* tip of the tail; (*fig*) tail-end; (*von Flugzeug*) tail; **Schwanz-feder** *f* tail feather; **Schwanzflosse** *f* tail *or* caudal fin; (*Aviat*) tail fin; **schwanzlastig** *adj* (*Aviat*) tail-heavy; **schwanzlos** *adj* tailless (*auch Aviat*); **Schwanzspitze** *f* tip of the/its tail; **Schwanzstachel** *m* (*Zool*) sting (in the tail); **Schwanzwirbel** *m* (*Anat*) caudal vertebra.

schwapp *interj* slosh, splash; (*schwups*) slap, smack.

schwappen *vi* 1. to slosh around. 2. *aux sein* (*über~*) to splash, to slosh.

Schwäre *f* -, **-n** (*liter*) ulcer, festering sore.
schwären *vi* (*liter*) to fester. **eine ~de Wunde** (*lit, fig*) a festering sore.

Schwarm *m* **-(e)s, ¨e** 1. swarm; (*Flugzeug-formation*) flight.
   2. (*inf*) (*Angebeteter*) idol; (*Schau-spieler, Popsänger auch*) heart-throb (*inf*); (*Vorliebe*) passion, big thing (*inf*). **der neue Englischlehrer ist ihr ~** she's got a crush on the new English teacher (*inf*).

schwärmen *vi* 1. *aux sein* to swarm.
   2. (*begeistert reden*) to enthuse (*von* about), to go into raptures (*von* about). **für jdn/etw ~** (*außerordentlich angetan sein*) to be mad *or* wild *or* crazy about sb/sth (*inf*); (*verliebt sein, verehren auch*) to worship sb/sth, to be smitten with sb/sth (*liter, hum*); **ins S~ kommen** *or* **geraten** to go *or* fall into raptures; **ich schwärme nicht gerade für ihn** (*iro*) I'm not exactly crazy about him (*inf*).

Schwärmer *m* **-s, -** 1. (*Begeisterter*) enthusiast, zealot; (*Phantast*) dreamer, visionary; (*sentimentaler ~*) sentimental-ist. 2. (*Zool*) hawkmoth, sphinx moth. 3. (*Feuerwerkskörper*) jumping jack.

Schwärmerei *f* (*Begeisterung*) enthusiasm; (*in Worten ausgedrückt*) effusion *no pl*; (*Leidenschaft*) passion; (*Verzückung*) rapture. **sich in ~en über jdn/etw ergehen** to go into raptures over sb/sth.

Schwärmerin *f siehe* **Schwärmer 1**.

schwärmerisch *adj* (*begeistert*) enthusias-tic; *Worte, Übertreibung* effusive; (*ver-liebt*) infatuated; (*verzückt*) enraptured; *Illusion, Glaube, Gemüt* fanciful.

Schwarmgeist *m* (*Phantast*) visionary; (*Eiferer*) zealot; **schwarmweise** *adv* in swarms.

Schwärmzeit *f* swarming time.

Schwarte *f* -, **-n** 1. (*Speck~*) rind; (*Hunt: Haut*) skin, hide; (*Abfallholz*) slab. **ar-beiten, daß** *or* **bis die ~ kracht** (*inf*) *or* **knackt** (*inf*) to work oneself into the ground (*inf*). 2. (*inf*) (*Buch*) old book, tome (*hum*); (*Gemälde*) daub(ing) (*pej*); (*Sch sl*) crib (*inf*).

Schwartenmagen *m* (*Cook*) brawn.

schwarz *adj, comp* **¨er,** *superl* **¨este(r, s)** *or adv* **am ¨esten** 1. (*lit, fig*) black; (*schmut-zig auch*) dirty; (*stark sonnengebräunt*) deeply tanned, brown. **~e Blattern** *or* **Pocken** smallpox; **das S~e Brett** the notice-board; **~e Diamanten** black diamonds; **der S~e Erdteil** the Dark Con-tinent; **der S~e Freitag** Black Friday; **~es Gold** (*fig*) black gold; **~er Humor** black

humour; **~er Kaffee/Tee** black coffee/tea; **die S~e Kunst** (*Buchdruckerkunst*) (the art of) printing; (*Magie*) the Black Art; **~e Liste** blacklist; **jdn auf die ~e Liste setzen** to blacklist sb, to put sb on the blacklist; **~e Magie** Black Magic; **der ~e Mann** (*Schornsteinfeger*) the (chimney-)-sweep; (*Kinderschreck*) the bogeyman; (*dated: die ~e Rasse*) the Black Man, the Negro; **das S~e Meer** the Black Sea; **eine ~e Messe** a Black Mass; **S~er Peter** (*Cards*) children's card-game; **jdm den S~en Peter zuschieben** *or* **zuspielen** (*fig*) (*die Verantwortung abschieben*) to pass the buck to sb (*inf*), to leave sb holding the baby; (*etw Unangenehmes abschieben*) to give sb the worst of the deal; **das ~e Schaf (in der Familie)** the black sheep (of the family); **eine ~e Seele** a black *or* evil soul; **ein ~er Tag** a black day; **der ~e Tod** the Black Death; **die S~e Witwe** the Black Widow (spider); **etw ~ auf weiß haben** to have sth in black and white; **~ wie die Nacht/wie Ebenholz** jet-black; **sich ~ ärgern** to get extremely annoyed, to get hopping mad (*inf*); **er wurde ~ vor Ärger** his face went black; **mir wurde ~ vor den Augen** everything went black, I blacked out; **er kam ~ wie ein Neger aus dem Ur-laub zurück** he came back from his holidays as brown as a berry; **~ werden** (*Cards*) to lose every trick, to be whitewashed (*inf*); **da kannst du warten/schreien, bis du ~ wirst** (*inf*) you can wait till the cows come home (*inf*).
   2. (*inf: ungesetzlich*) illicit. **der ~e Markt** the black market; **sich** (*dat*) **etw ~ besorgen** to get sth illicitly/on the black market; **~ über die Grenze gehen** to cross the border illegally; **etw ~ verdienen** to earn sth on the side (*inf*).
   3. (*inf: katholisch*) Catholic, Papist (*pej*). **dort wählen alle ~** they all vote con-servative there.

Schwarz *nt* -, *no pl inv* black. **in ~ gehen** to wear black.

Schwarz|afrika *nt* Black Africa; **Schwarz-|arbeit** *f* illicit work, work on the side (*inf*); (*nach Feierabend*) moonlighting (*inf*); **schwarz|arbeiten** *vi sep* to do illicit work, to work on the side (*inf*); to moon-light (*inf*); **Schwarz|arbeiter** *m* person doing illicit work *or* work on the side (*inf*); moonlighter (*inf*); **schwarz-|äugig** *adj* dark-eyed; **Schönheit auch** sloe-eyed (*liter*); **schwarzblau** *adj* bluish black, inky blue; **Tinte** blue-black; **Schwarzblech** *nt* black plate; **schwarz-braun** *adj* dark brown; **Schwarzbrenner** *m* illicit distiller, moonshine distiller (*inf*); **Schwarzbrennerei** *f* illicit still, moon-shine still (*inf*); **Schwarzbrot** *nt* (*braun*) brown rye bread; (*schwarz, wie Pumpernickel*) black bread, pumper-nickel; **Schwarzbunte** *f* -n, **-n** Friesian; **Schwarzdorn** *m* (*Bot*) blackthorn; **Schwarzdrossel** *f* blackbird.

Schwarze *f* -**n, -n** (*Negerin*) black woman; (*Schwarzhaarige*) brunette.

Schwärze *f* -, **-n** 1. (*no pl: Dunkelheit*) blackness. 2. (*Farbe*) black dye; (*Drucker-~*) printer's ink.

schwärzen *vtr* to blacken.

Schwarze(r) *m decl as adj* (*Neger*) black; (*Schwarzhaariger*) dark man/boy; (*pej sl: Katholik*) Catholic, Papist (*pej*). **die ~n** (*pej sl*) the Conservatives.

Schwarze(s) *nt decl as adj* black. **das kleine ~** (*inf*) one's *or* a little black dress; **ins ~ treffen** (*lit, fig*) to score a bull's-eye; **jdm nicht das ~ unter den Nägeln gönnen** (*dated*) to begrudge sb the very air he/she breathes.

schwarzfahren *vi sep irreg aux sein* (*ohne zu zahlen*) to travel without paying, to dodge paying the fare (*inf*); (*ohne Führerschein*) to drive without a licence; **Schwarzfahrer** *m* fare dodger (*inf*); driver without paying; **Schwarzfahrt** *f* ride without paying (*Phot*) black filter; **schwarzgestreift** *adj attr* with black stripes; **schwarzhaarig** *adj* black-haired; **eine S~e** a brunette; **Schwarzhandel** *m, no pl* black market; (*Tätigkeit*) black-marketeering; **im ~** on the black market; **Schwarzhändler** *m* black marketeer; **Schwarzhemden** *pl* (*Hist*) Blackshirts *pl*; **schwarzhören** *vi sep* (*Rad*) to use a radio without having a licence; **Schwarzhörer** *m* (*Rad*) radio owner without a licence; **Schwarzkittel** *m* (*inf*) wild boar; (*pej: Geistlicher*) priest.

schwärzlich *adj* blackish; *Haut* dusky.

schwarzmalen *sep* **I** *vi* to be pessimistic; **II** *vt* to be pessimistic about; **Schwarzmaler** *m* pessimist; **Schwarzmalerei** *f* pessimism; **Schwarzmarkt** *m* black market; **Schwarzmarktpreis** *m* black-market price; **Schwarzpappel** *f* black poplar; **Schwarzpulver** *nt* black (gun)powder; **Schwarzrock** *m* (*pej*) priest; **Schwarz-Rot-Gold** *nt:* **die Fahne/Farben ~** the black-red-and-gold flag/colours (*of West Germany*); **schwarzrotgolden** *adj Fahne* black-red-and-gold; **schwarzschlachten** *sep* **I** *vi* to slaughter pigs *etc* illegally *or* illicitly; **II** *vt* to slaughter illegally *or* illicitly; **schwarzsehen** *sep irreg* **I** *vt* to be pessimistic about; **II** *vi* **1.** to be pessimistic; **für jdn/etw ~** to be pessimistic about sb/sth; **2.** (*TV*) to watch TV without a licence; **Schwarzseher** *m* **1.** pessimist; **2.** (*TV*) (TV) licence-dodger (*inf*); **Schwarzseherei** *f* pessimism; **schwarzseherisch** *adj* pessimistic, gloomy; **Schwarzsender** *m* pirate (radio) station; **Schwarzspecht** *m* black woodpecker.

Schwärzung *f* blackening.

Schwarzwal *m* black whale; **Schwarzwald** *m* Black Forest; **Schwarzwälder(in** *f*) *m* **-s, -** inhabitant of/person from the Black Forest; **Schwarzwälder Kirschwasser** *nt* kirsch; **Schwarzwälder Kirschtorte** *f* Black Forest gateau.

schwarzweiß *adj* black-and-white *attr*, black and white.

Schwarzweiß|aufnahme *f* black-and-white (shot); **Schwarzweiß|empfänger** *m* black-and-white *or* monochrome set; **Schwarzweißfernsehen** *nt* black-and-white *or* monochrome television;

Schwarzweißfernseher *m* black-and-white *or* monochrome television (set); **Schwarzweißfilm** *m* black-and-white film; **Schwarzweißfoto** *nt* black-and-white (photo); **Schwarzweißgerät** *nt* black-and-white *or* monochrome set; **schwarzweißmalen** *vti sep* (*fig*) to depict in black and white (terms); **in den Berichten über die Unruhen wurde deutlich schwarzweißgemalt** the reports about the unrest made everything black and white; **Schwarzweißmalerei** *f* (*fig*) black-and-white portrayal; **schwarzweißrot** *adj* black-white-and-red (*the colours of the German imperial flag*); **Schwarzweißrot** *nt:* **die Farben/Fahne ~** the black-white-and-red colours/flag; **Schwarzweißzeichnung** *f* black-and-white (drawing).

Schwarzwild *nt* wild boars *pl*; **Schwarzwurzel** *f* viper's grass; (*Cook*) salsify.

Schwatz *m* **-es, -e** (*inf*) chat, chinwag (*inf*). **auf einen ~ kommen** to come (round) for a chat.

Schwatzbase *f* gossip; **Schwatzbude** *f* (*inf*) talking shop.

schwatzen *vti* (*N Ger*) to talk; (*pej*) (*unaufhörlich*) to chatter; (*über belanglose, oberflächliche Dinge, kindisch*) to prattle; (*Unsinn reden*) to blether (*inf*); (*klatschen*) to gossip. **dummes Zeug ~** to talk a lot of rubbish (*inf*) *or* drivel (*inf*).

schwätzen *vti* (*S Ger, Aus*) *siehe* **schwatzen.**

Schwätzer(in *f*) *m* **-s, -** (*pej*) chatterer; (*Kind, Schüler*) chatterbox; (*Schwafler*) wind-bag, gas-bag, bletherer (*all inf*); (*Klatschmaul*) gossip.

schwatzhaft *adj* (*geschwätzig*) talkative, garrulous; (*klatschsüchtig*) gossipy.

Schwatzhaftigkeit *f siehe adj* talkativeness, garrulousness; gossipy nature.

Schwebe *f* **-,** *no pl* **sich in der ~ halten** (*Ballon*) to hover, to float in the air; (*Waage*) to balance; (*fig*) to hang in the balance; **in der ~ sein/bleiben** (*fig*) to be/remain in the balance, to be/remain undecided; (*Jur, Comm*) to be/remain pending.

Schwebebahn *f* suspension railway; (*Seilbahn*) cable railway; **Schwebebalken, Schwebebaum** *m* (*Sport*) beam.

schweben *vi* **1.** to hang; (*in der Luft, in Flüssigkeit auch*) to float; (*an Seil etc auch*) to be suspended; to dangle; (*sich unbeweglich in der Luft halten: Geier etc*) to hover; (*nachklingen, zurückbleiben: Klänge, Parfüm*) to linger (on). **und der Geist Gottes schwebte über dem Wassern** (*Bibl*) and the Spirit of the Lord moved over the waters (*Bibl*); **ihr war, als ob sie schwebte** she felt she was walking *or* floating on air; **etw schwebt jdm vor Augen** (*fig*) sb envisages sth, sb has sth in mind; (*Bild*) sb sees sth in his mind's eye; **in großer Gefahr ~** to be in great danger; **in höheren Regionen** *or* **Sphären** *or* **über den Wolken ~** to have one's head in the clouds.

2. *aux sein* (*durch die Luft gleiten*) to float, to sail; (*hoch~*) to soar; (*nieder~*)

to float down; (*an Seil etc*) to swing; (*sich leichtfüßig bewegen*) to glide, to float.
  3. (*schwanken*) to hover, to waver; (*Angelegenheit*) to be in the balance, to be undecided; (*Jur*) to be pending.

schwebend *adj* (*Tech, Chem*) suspended; (*fig*) Fragen etc unresolved, undecided; *Verfahren*, (*Comm*) *Geschäft* pending; (*Comm*) *Schulden* floating; (*Poet*) *Betonung* hovering.

Schwebezug *m* hovertrain; **Schwebezustand** *m* (*fig*) state of suspense; (*zwischen zwei Stadien*) in-between state.

Schwede *m* -n, -n Swede. **alter ~** (*inf*) (my) old fruit (*Brit inf*) or chap.

Schweden *nt* -s Sweden.

Schwedenplatte *f* (*Cook*) smorgasbord; **Schwedenpunsch** *m* arrack punch, Swedish punch; **Schwedenstahl** *m* Swedish steel.

Schwedin *f* Swede, Swedish girl/woman.

schwedisch *adj* Swedish. **hinter ~en Gardinen** (*inf*) behind bars; **hinter ~e Gardinen kommen** (*inf*) to be put behind bars.

Schwedisch(e) *nt decl as adj* Swedish; *siehe auch* **Deutsch(e)**.

Schwefel *m* -s, *no pl* (*abbr* S) sulphur, brimstone (*old, Bibl*).

Schwefel- *in cpds* sulphur; **schwefel|artig** *adj* sulphur(e)ous; **Schwefelblume**, **Schwefelblüte** *f* flowers of sulphur; **schwefelgelb** *adj* sulphurous yellow; **schwefelhaltig** *adj* containing sulphur, sulphur(e)ous.

schwefelig *adj siehe* **schweflig**.

Schwefelkohlenstoff *m* carbon disulphide.

schwefeln *vt* to sulphurize.

Schwefelsäure *f* sulphuric acid.

Schwefelverbindung *f* sulphur compound; **Schwefelwasserstoff** *m* hydrogen sulphide, sulphuretted hydrogen.

schweflig *adj* sulphurous. **es roch ~** there was a smell of sulphur.

Schweif *m* -(e)s, -e (*auch Astron*) tail.

schweifen I *vi aux sein* (*lit geh, fig*) to roam, to wander, to rove. **warum in die Ferne ~ ...?** why roam so far afield ...?; **sein Blick schweifte von einem zum anderen** his gaze roamed from one to the other; **seine Gedanken in die Vergangenheit ~ lassen** to let one's thoughts roam *or* wander over the past.
  II *vt* Bretter, Blechgefäß to curve.

Schweifhaar *nt* tail hair(s); **Schweifstern** *m* comet.

Schweifung *f* curving; (*geschweifte Form*) curve.

schweifwedeln *vi insep* (*Hund*) to wag its tail; (*fig old: liebedienern*) to fawn.

Schweigegeld *nt* hush-money; **Schweigemarsch** *m* silent march (of protest); **Schweigeminute** *f* one minute('s) silence.

schweigen *pret* **schwieg**, *ptp* **geschwiegen** *vi* to be silent; (*still sein auch*) to keep quiet; (*sich nicht äußern auch*) to remain silent, to say nothing; (*aufhören: Musik, Geräusch, Wind*) to cease, to stop. **~ Sie!** be silent *or* quiet!; **kannst du ~?** can you keep a secret?; **seit gestern ~ die Waffen** yesterday the guns

fell silent; **plötzlich schwieg er** suddenly he fell *or* went silent; **er kann ~ wie ein Grab** he knows how to keep quiet; **auf etw** (*acc*)/**zu etw ~** to make no reply to sth; **ganz zu ~ von ..., von ... ganz zu ~** to say nothing of ...

Schweigen *nt* -s, *no pl* silence. **jdn zum ~ bringen** to silence sb (*auch euph*); *siehe* **reden**.

schweigend *adj* silent. **die ~e Mehrheit** the silent majority; **~ über etw** (*acc*) **hinweggehen** to pass over sth in silence; **~ zuhören** to listen in silence *or* silently.

Schweigepflicht *f* pledge of secrecy; (*von Anwalt*) requirement of confidentiality. **die ärztliche ~** medical confidentiality *or* secrecy; **die priesterliche ~** a priest's duty to remain silent; **unter ~ stehen** to be bound to observe confidentiality.

schweigsam *adj* silent, quiet; (*als Charaktereigenschaft*) taciturn, reticent; (*verschwiegen*) discreet.

Schwein *nt* -s, -e **1.** pig, hog (*US*); (*Fleisch*) pork. **~e** *pl* pigs *pl*, hogs *pl* (*US*), swine *pl*; **sich wie die ~e benehmen** (*inf*) to behave like pigs (*inf*); **bluten wie ein ~** (*sl*) to bleed like a stuck pig; **mit jdm (zusammen) ~e gehütet haben** (*hum*) to be on familiar terms (with sb).
  2. (*inf: Mensch*) pig (*inf*), swine; (*gemein, Schweinehund*) swine (*inf*), bastard (*sl*). **ein armes/faules ~** a poor/lazy sod *or* bastard (*all sl*); **kein ~** nobody, not one single person.
  3. *no pl* (*inf: Glück*) **~ haben** to be lucky; **~ gehabt!** that's a bit of luck.

Schweinchen *nt dim of* **Schwein** little pig; (*baby-talk*) piggy(-wiggy) (*baby-talk*); (*fig inf: kleiner Schmutzfink*) mucky pup (*inf*).

Schweinebande *f* (*fig inf*) pack; **Schweinebauch** *m* (*Cook*) belly of pork; **Schweinebraten** *m* joint of pork; (*gekocht*) roast pork; **Schweinebucht** *f* (*Geog*) **die ~** the Bay of Pigs; **Schweinefett** *nt* pig fat; **Schweinefilet** *nt* fillet of pork; **Schweinefleisch** *nt* pork; **Schweinefraß** *m* (*fig sl*) muck (*inf*); **Schweinefutter** *nt* pig feed; (*flüssig*) pig swill; **Schweinegeld** *nt* (*sl*) **ein ~** a packet (*inf*); **Schweinehaltung** *f* pig-keeping; **Schweinehirt(e)** *m* (*esp liter*) swineherd (*esp old, liter*); **Schweinehund** *m* (*sl*) bastard (*sl*), swine (*inf*); **den inneren ~ überwinden** (*inf*) to conquer one's weaker self; **Schweinekerl** *m* (*sl*) swine (*inf*), bastard (*sl*); **Schweinekoben**, **Schweinekofen** *m* pigsty; **Schweinekotelett** *nt* pork chop; **Schweinemast** *f* pig-fattening; (*Futter*) pig food; **Schweinemett** *nt* (*N Ger Cook*) minced (*Brit*) *or* ground (*US*) pork; **Schweinepest** *f* (*Vet*) swine fever.

Schweinerei *f* (*inf*) **1.** *no pl* mess. **es ist eine ~, wenn ...** it's disgusting if ...; **so eine ~!** how disgusting!
  2. (*Skandal*) scandal; (*Gemeinheit*) dirty *or* mean trick (*inf*). **ich finde es eine ~, wie er sie behandelt** I think it's disgusting the way he treats her; (**so eine**) **~!** what a dirty trick! (*inf*).
  3. (*Zote*) smutty *or* dirty joke; (*unzüchtige Handlung*) indecent act. **~en**

machen to do dirty *or* filthy things; **das Buch besteht nur aus ~en** the book is just a lot of filth.

Schweinerippchen *nt* (*Cook*) cured pork chop.

schweinern *adj* pork. **S~es** pork.

Schweinerüssel *m* pig's snout; **Schweineschmalz** *nt* dripping; (*als Kochfett*) lard; **Schweineschnitzel** *nt* pork cutlet, escalope of pork; **Schweinestall** *m* (*lit, fig*) pigsty, pig pen (*esp US*); **Schweinezucht** *f* pig-breeding; (*Hof*) pig farm; **Schweinezüchter** *m* pig-breeder.

Schwein|igel *m* (*inf*) dirty pig (*inf*) *or* so-and-so (*inf*).

Schwein|igelei *f* (*inf*) (*Witz*) dirty *or* smutty joke; (*Bemerkung*) dirty *or* smutty remark; (*das Schweinigeln*) dirty *or* smutty jokes *pl*/remarks *pl*.

schwein|igeln *vi insep* (*inf*) (*Witze erzählen*) to tell dirty jokes; (*Bemerkungen machen*) to make dirty *or* smutty remarks; (*Schmutz machen*) to make a mess.

schweinisch *adj* (*inf*) *Benehmen* piggish (*inf*), swinish (*inf*); *Witz* dirty. **benimm dich nicht so ~!** stop behaving like a pig!

Schweinkram *m* (*inf*) dirt, filth.

Schweins|augen, Schweins|äuglein *pl* (*inf*) piggy eyes *pl* (*inf*); **Schweinsblase** *f* pig's bladder; **Schweinsborste** *f* pig's bristle; **Schweinsfüße** *pl* (*Cook dial*) (pig's) trotters *pl*; **Schweinsgalopp** *m*: **im ~ davonlaufen** (*hum inf*) to go galumphing off (*inf*); **Schweinshaxe** *f* (*S Ger Cook*) knuckle of pork; **Schweinskopf** *m* (*Cook*) pig's head; **Schweinsleder** *nt* pigskin; **schweinsledern** *adj* pigskin; **Schweins|ohr** *nt* pig's ear; **Schweinsstelze** *f* (*Aus*) *siehe* Schweinsfüße.

Schweiß *m* **-es**, *no pl* sweat; (*von Mensch auch*) perspiration; (*Hunt*) blood. **in ~ geraten** *or* **kommen** to break into a sweat, to start sweating/perspiring; **der ~ brach ihm aus allen Poren** he was absolutely dripping with sweat; **der ~ brach ihm aus** he broke out in a sweat; **naß von ~** soaked with perspiration *or* sweat; **kalter ~** cold sweat; **das hat viel ~ gekostet** it was a sweat (*inf*); **im ~e seines Angesichts** (*Bibl, liter*) in the sweat of his brow (*Bibl, liter*).

Schweiß|absonderung *f* perspiration; **Schweiß|apparat** *m* welding equipment *no indef art, no pl*; **Schweiß|ausbruch** sweating *no indef art, no pl*; **Schweißband** *nt* sweatband; **schweißbar** *adj* (*Tech*) weldable; **schweißbedeckt** *adj* covered in sweat; **Schweißbrenner** *m* (*Tech*) welding torch; **Schweißbrille** *f* (*Tech*) welding goggles *pl*; **Schweißdraht** *m* (*Tech*) welding rod *or* wire; **Schweißdrüse** *f* (*Anat*) sweat *or* perspiratory (*form*) gland.

schweißen I *vt* (*Tech*) to weld. II *vi* **1.** (*Tech*) to weld. **2.** (*Hunt*) to bleed.

Schweißer(in *f*) *m* **-s, -** (*Tech*) welder.

Schweißfährte *f* (*Hunt*) trail of blood, blood track; **Schweißflamme** *f* welding flame; **Schweißfleck** *m* sweat stain, perspiration mark; **Schweißfuß** *m* sweaty foot; **schweißgebadet** *adj* bathed in sweat; *Mensch auch* bathed in

perspiration; **Schweißgeruch** *m* smell of sweat *or* perspiration; **Schweißhund** *m* (*Hunt*) bloodhound.

schweißig *adj* sweaty; (*Hunt*) *Tier* bleeding; *Fährte* bloody.

Schweißnaht *f* (*Tech*) weld, welded joint; **schweißnaß** *adj* sweaty; **Schweißperle** *f* bead of perspiration *or* sweat; **Schweißstelle** *f* weld; **Schweißtechnik** *f* welding (engineering); **schweißtreibend** *adj* causing perspiration, sudorific (*spec*); **~es Mittel** sudorific (*spec*); **schweißtriefend** *adj* dripping with perspiration *or* sweat; **Schweißtropfen** *m* drop of sweat *or* perspiration; **Schweißtuch** *nt* **das ~ der Veronika** the sudarium, Veronica's veil.

Schweiz *f* **- die ~** Switzerland.

Schweizer I *m* **-s, - 1.** Swiss. **2.** (*Melker*) dairyman. **3.** (*Eccl: Pförtner*) beadle. **4.** (*päpstlicher Leibgardist*) Swiss Guard. II *adj attr* Swiss.

Schweizerdeutsch *nt* Swiss German; **schweizerdeutsch** *adj* Swiss-German; **Schweizerfranken** *m* Swiss franc.

Schweizergarde *f* Swiss Guard.

Schweizerin *f* Swiss (woman/girl).

schweizerisch *adj* Swiss.

Schweizerkäse *m* Swiss cheese.

Schwelbrand *m* smouldering fire.

schwelen I *vi* (*lit, fig*) to smoulder. II *vt* *Rasen* to burn off (slowly); *Koks* to carbonize at a low temperature.

schwelgen *vi* to indulge oneself (*in +dat* in). **wir schwelgten in Kaviar und Sekt** we feasted on caviar and champagne; **in Farben/Worten ~** to revel in colour/in the sound of words; **im Überfluß ~** to live in the lap of luxury; **in Erinnerungen ~** to indulge in reminiscences.

Schwelgerei *f* high living *no pl*, indulgence *no pl*; (*Schlemmerei*) feasting *no pl*.

schwelgerisch *adj* (*üppig*) *Mahl, Farbe* sumptuous; *Akkorde auch* voluptuous; (*genießerisch*) self-indulgent.

Schwelkoks *m* low-temperature coke.

Schwelle *f* **-, -n 1.** (*Tür~, fig, Psych*) threshold; (*Stein etc*) sill. **einen Fuß über die ~ setzen** to set foot in sb's house; **er darf mir nicht mehr über die ~ kommen** he shall *or* may not darken my door again (*liter*), he may not cross my threshold again (*liter*); **an der ~ einer neuen Zeit** on the threshold of a new era; **an der ~ des Grabes** at death's door. **2.** (*Rail*) sleeper (*Brit*), tie (*US*). **3.** (*Geog*) rise.

schwellen I *vi pret* **schwoll**, *ptp* **geschwollen** *aux sein* to swell; (*lit: Körperteile auch*) to swell up. **der Wind schwoll zum Sturm** the wind grew into a storm; **ihm schwoll der Kamm** (*inf*) (*vor Wut*) he saw red; *siehe* **geschwollen**. II *vt* (*geh*) *Segel* to swell *or* belly (out); (*fig*) *Brust* to swell.

Schwellen|angst *f* (*Psych*) fear of entering a place; (*fig*) fear of embarking on something new.

schwellend *adj* (*geh*) swelling; *Lippen* full.

Schweller *m* **-s, -** (*Mus*) swell.

Schwellkörper *m* (*Anat*) erectile tissue.

Schwellung *f* swelling; (*von Penis*) tumescence (*spec*).

Schwemme f -, -n 1. (für Tiere) watering place. 2. (Überfluß) glut (an +dat of). 3. (Kneipe) bar, public bar (Brit). 4. (Aus: im Warenhaus) bargain basement.

-schwemme f in cpds glut of.

schwemmen vt (treiben) Sand etc to wash; Vieh to water; (wässern) Felle to soak; (Aus: spülen) Wäsche to rinse.

Schwemmland nt alluvial land; **Schwemmsand** m alluvial sand.

Schwengel m -s, - (Glocken~) clapper; (Pumpen~) handle; (sl: Penis) dong (US sl), tool (sl).

Schwenk m -(e)s, -s (Film) pan, panning shot.

Schwenk|arm m swivel arm; **schwenkbar** adj swivelling; Lampe auch swivel attr; Geschütz traversable; **Schwenkbereich** m jib range.

schwenken I vt 1. (schwingen) to wave; (herumfuchteln mit auch) to brandish.
2. Lampe etc to swivel; Kran to swing, to slew; Geschütz auch to traverse, to swing; Kamera to pan.
3. (Cook) Kartoffeln, Nudeln to toss.
4. Tanzpartnerin to swing round, to spin (round).
II vi to swing; (Kolonne von Soldaten, Autos etc) to wheel; (Geschütz auch) to traverse; (Kamera) to pan; (fig) to swing over, to switch. **links schwenkt!** (Mil) left wheel!

Schwenker m -s, - balloon glass.

Schwenkkran m swing crane.

Schwenkung f swing; (Mil) wheel; (von Kran auch) slewing; (von Geschütz) traverse; (von Kamera) pan(ning). **eine ~ vollziehen** (Mil) to wheel; (fig) to swing around.

schwer I adj 1. (lit, fig) heavy; (massiv) Gold solid. **10 kg ~er Sack** a sack weighing 10 kgs or 10 kgs in weight; **~beladen/ bewaffnet** sein to be heavily laden/armed; **~ auf jdm/etw lasten** to weigh heavily on sb/sth; **die Beine wurden mir ~** my legs grew heavy.
2. (stark) Fahrzeug, Maschine powerful; Artillerie, Kavallerie, Wein, Parfüm heavy; Zigarre strong; (nährstoffreich) Boden rich. **~es Wasser** (Phys) heavy water; siehe **Geschütz**.
3. (heftig) Sturm, See, Angriff heavy; Winter hard, severe.
4. (ernst) Sorge, Bedenken, Unrecht, Unfall, Verlust, Krankheit serious, grave; Fehler, Enttäuschung, Beleidigung auch big; Zeit, Leben, Schicksal hard; Leiden, Strafe, Buße severe; Musik heavy. **~ erkältet sein** to have a heavy cold; **~e Verluste** heavy losses; **~ geprüft sein** to be sorely tried; **S~es erlebt** or **durchgemacht haben** to have been through (some) hard times, to have had a hard time (of it); **~ verletzt/krank sein** to be seriously wounded/ill; **~ stürzen/verunglücken** to have a heavy fall/serious accident; **~ bestraft werden** to be punished severely; **das war ein ~er Schlag für ihn** it was a hard blow for him; siehe **Stunde**.
5. (hart, anstrengend) Amt, Aufgabe, Arbeit, Tag hard; Geburt, Tod difficult. **es ~ haben** to have a hard time (of it); **~**

schuften müssen to have to work hard.
6. (schwierig) Frage, Entscheidung, Übung hard, difficult, tough. **~ zu sehen/ sagen** hard or difficult to see/say; **sich ~ entschließen können** to find it hard or difficult to decide.
7. (inf: enorm) **~es Geld machen** to make a packet (inf).
II adv (inf: sehr) really; gekränkt, verletzt deeply. **da mußte ich ~ aufpassen** I really had to watch out; **~ reich** stinking rich (inf); **~ betrunken** rolling drunk (inf); **~ verdienen** to earn a packet (inf); **ich werde mich ~ hüten** there's no way (I will) (inf); **er ist ~ in Ordnung** he's OK (inf), he's a good bloke (Brit inf) or guy (inf).

Schwer|arbeit f heavy labour; **Schwer|arbeiter** m labourer; **Schwer|athlet** m weight-lifter; boxer; wrestler; **Schwer|athletik** f weight-lifting sports, boxing, wrestling etc; **schwerbehindert** adj (seriously) disabled; **Schwerbehinderte(r)** mf disabled person; **schwerbeladen** adj attr heavily-laden; **Schwerbenzin** nt heavy benzene, naphtha; **schwerbepackt** adj attr heavily-loaded or -laden; **schwerbeschädigt** adj attr (seriously) disabled; **Schwerbeschädigte(r)** mf disabled person; **schwerbewaffnet** adj attr heavily armed; **schwerblütig** adj serious, ponderous; **ein ~er Mensch** a ponderous (sort of) person.

Schwere f -, no pl siehe adj 1. heaviness.
2. power; heaviness; strength; richness.
3. heaviness; hardness, severity. 4. seriousness, gravity; hardness; severity. **die ganze ~ des Gesetzes** the full severity of the law. 5. hardness; difficulty. 6. (Phys: Schwerkraft) gravitation.

Schwerefeld nt field of gravity, gravitational field; **schwerelos** adj weightless; **Schwerelosigkeit** f weightlessness.

Schwerenöter m -s, - (dated) philanderer.

schwer|erziehbar adj attr maladjusted.

schwerfallen vi sep irreg aux sein to be difficult or hard (jdm for sb). **das dürfte dir doch nicht ~** you shouldn't find that too difficult or hard.

schwerfällig adj (unbeholfen) Gang, Bewegungen clumsy, heavy, awkward; (langsam) Verstand slow, dull, ponderous; Stil, Übersetzung awkward, ponderous, cumbersome. **~ gehen/sprechen** to walk/speak clumsily or awkwardly.

schwergeprüft adj attr sorely afflicted; **Schwergewicht** nt 1. (Sport, fig) heavyweight; 2. (Nachdruck) stress, emphasis; **das ~ verlagern** to shift the emphasis; **das ~ auf etw** (acc) **legen** to put the stress or emphasis on sth; **schwergewichtig** adj heavyweight; **Schwergewichtler(in** f) m -s, - (Sport) heavyweight; **schwerhörig** adj hard of hearing; **Schwerhörigkeit** f hardness of hearing; **Schwer|industrie** f heavy industry; **Schwerkraft** f gravity; **schwerkrank** adj attr seriously or critically or dangerously ill; **Schwerkranke(r)** mf seriously or critically or dangerously ill patient; **schwerkriegsbeschädigt** adj attr seriously disabled (in war).

schwerlich adv hardly, scarcely.

schwerlöslich *adj attr* not easily dissoluble;
schwermachen *vt sep* **1.** jdm das Herz ~
to make sb's heart sad *or* heavy; jdm das
Leben ~ to make life difficult *or* hard for
sb; **2.** es jdm/sich ~ to make it *or* things
difficult *or* hard for sb/oneself; **Schwer-
metall** *nt* heavy metal.
Schwermut *f* -, *no pl* melancholy.
schwermütig *adj* melancholy.
schwernehmen *vt sep irreg* etw ~ to take
sth hard.
Schwer|öl *nt* heavy oil.
Schwerpunkt *m* (*Phys*) centre of gravity;
(*fig*) (*Zentrum*) centre, main focus;
(*Hauptgewicht*) main emphasis *or* stress.
den ~ **auf etw** (*acc*) legen to put the main
emphasis *or* stress on sth.
Schwerpunktbildung *f* concentration;
Schwerpunkt|industrie *f* main industry;
Schwerpunktstreik *m* pinpoint strike;
Schwerpunktverlagerung *f* shift of emphasis.
schwerreich *adj attr* (*inf*) stinking rich
(*inf*).
Schwerst|arbeiter *m* heavy labourer;
Schwerstbeschädigte(r) *mf* totally
disabled person.
Schwert *nt* -(e)s, -er **1.** sword. das ~ ziehen
or zücken to draw one's sword; sich mit
dem ~ gürten (*liter*) to gird (on) one's
sword. **2.** (*von Segelboot*) centreboard.
Schwertanz *m* sword dance.
Schwertfisch *m* swordfish; **schwertför-
mig** *adj* sword-shaped; *Blatt auch* gladiate
(*spec*); **Schwertgriff** *m* (sword) hilt;
Schwerthieb *m* sword stroke, stroke *or*
blow of the sword; **Schwertklinge** *f*
sword blade; **Schwertknauf** *m* (sword)
pommel; **Schwertleite** *f* -, -n (*Hist*)
accolade; **Schwertlilie** *f* (*Bot*) iris;
Schwertschlucker *m* -s, - sword-
swallower; **Schwertstreich** *m siehe*
Schwerthieb.
schwertun *vr sep irreg* (*inf*) sich (*dat*) mit *or*
bei etw ~ to make heavy weather of sth
(*inf*).
Schwertwal *m* killer whale.
Schwerverbrecher *m* criminal, felon (*esp
Jur*); **schwerverdaulich** *adj attr Speisen*
indigestible; (*fig auch*) difficult; **schwer-
verdient** *adj attr Geld* hard-earned;
schwerverletzt *adj attr* seriously injured;
Schwerverletzte(r) *mf* serious casualty;
(*bei Unfall etc auch*) seriously injured person; **schwerverständlich** *adj attr* difficult *or* hard to understand, incomprehensible; **schwerverträglich** *adj attr
Speisen* indigestible; *Medikament* not
easily assimilable *or* assimilated; **schwer-
verwundet** *adj attr* seriously wounded;
Schwerverwundete(r) *mf* major
casualty; **schwerwiegend** *adj* (*fig*)
serious.
Schwester *f* -, -n sister; (*Kranken*~) nurse;
(*Stations*~) sister; (*Ordens*~) nun, sister;
(*Gemeinde*~) district nurse; (*inf:* ~*firma*)
sister *or* associate(d) company.
Schwesterchen *nt* little sister, baby sister.
Schwesterherz *nt* (*inf*) (dear) sister, sis
(*inf*).
Schwesterlein *nt siehe* **Schwesterchen.**
schwesterlich *adj* sisterly.

Schwesternheim *nt* nurses' home;
Schwesternhelferin *f* nursing auxiliary
(*Brit*) *or* assistant (*US*); **Schwestern-
liebe** *f* sisterly love; **Schwestern|orden**
m sisterhood; **Schwesternpaar** *nt* two
sisters *pl*; **Schwesternschaft** *f* nursing
staff; (*von Orden*) sisterhood; **Schwe-
sternschule** *f* nurses' training college;
Schwesterntracht *f* nurse's uniform;
Schwesternwohnheim *nt* nurses' home.
Schwesterpartei *f* sister party;
Schwesterschiff *nt* sister ship.
schwieg *pret of* **schweigen.**
Schwieger|eltern *pl* parents-in-law *pl*;
Schwiegerleute *pl* (*inf*) in-laws *pl* (*inf*);
Schwiegermama *f* (*inf*), **Schwieger-
mutter** *f* mother-in-law; **Schwieger-
papa** *m* (*inf*) *siehe* **Schwiegervater;**
Schwiegersohn *m* son-in-law; **Schwie-
gertochter** *f* daughter-in-law; **Schwiegervater** *m* father-in-law.
Schwiele *f* -, -n callus; (*Vernarbung*) welt.
schwielig *adj Hände* callused.
schwierig *adj* difficult; (*schwer zu lernen
etc auch*) hard. er ist ein ~er Fall he is a
problem.
Schwierigkeit *f* difficulty. in ~en geraten
or kommen to get into difficulties *or*
trouble; jdm ~en machen to make difficulties *or* trouble for sb; es macht mir
überhaupt keine ~en it won't be at all difficult for me; warum mußt du bloß immer
~en machen! why must you always be difficult *or* make difficulties!; jdn in ~en (*acc*)
bringen to create difficulties for sb; mach
keine ~en! (*inf*) don't be difficult, don't
make any trouble; ohne ~en without any
difficulty.
Schwierigkeitsgrad *m* degree of difficulty.
schwill *imper sing of* **schwellen.**
Schwimm|anzug *m* swimming costume,
swimsuit; **Schwimmbad** *nt* swimming
pool; (*Hallenbad*) swimming baths *pl*;
Schwimmbagger *m* dredger;
Schwimmbahn *f* lane; **Schwimm-
bassin, Schwimmbecken** *nt* (swimming) pool; **Schwimmbewegungen** *pl*
swimming action *sing*; (*Schwimmzüge*)
swimming strokes *pl*; **Schwimmblase** *f*
(*Zool*) air bladder; **Schwimmdock** *nt*
floating dock.
schwimmen *pret* **schwamm,** *ptp*
geschwommen *aux sein* **I** *vi* **1.** *auch aux
haben* to swim. ~ **gehen** to go swimming
or for a swim; **er ist über den Fluß
geschwommen** he swam (across) the river.
2. (*auf dem Wasser treiben*) to float.
seine Schiffe ~ auf allen Meeren his ships
are afloat on every ocean.
3. (*inf: überschwemmt sein, triefen*)
(*Boden*) to be swimming (*inf*), to be
awash. **in Fett** (*dat*) ~ to be swimming in
fat; **in seinem Blut** ~ to be soaked in
blood; **in Tränen** ~ to be bathed in tears;
in *or* **im Geld** ~ to be rolling in it *or* in
money (*inf*).
4. (*fig: unsicher sein*) to be at sea, to
flounder.
5. es schwimmt mir vor den Augen I
feel giddy *or* dizzy, everything's going
round.
II *vt auch aux haben* (*Sport*) to swim.

Schwimmen *nt* -s, *no pl* swimming. **zum ~ gehen** to go swimming; **ins ~ geraten** *or* **kommen** (*fig*) to begin to flounder.

schwimmend *adj* floating. **~es Fett** deep fat; **im ~en Fett aufbraten backen** to deep-fry.

Schwimmer *m* -s, - **1.** swimmer. **2.** (*Tech, Angeln*) float.

Schwimmerbecken *nt* swimmer's pool.

Schwimmerin *f* swimmer.

schwimmfähig *adj* *Material* buoyant; *Fahrzeug, Flugzeug* amphibious; *Boot, Floß* floatable; **~ sein** to be able to float; (*Material*) to float, to be buoyant; **Schwimmflügel** *m* water wing; **Schwimmfuß** *m* web-foot, webbed foot; **Schwimmgürtel** *m* swimming *or* cork belt; **Schwimmhalle** *f* swimming bath(s *pl*), (indoor) swimming pool; **Schwimmhaut** *f* (*Orn*) web; **Schwimmkran** *m* floating crane; **Schwimmlage** *f* swimming position; **Schwimmlehrer** *m* swimming instructor; **Schwimmsport** *m* swimming *no art*; **Schwimmstadion** *nt* swimming stadium, international swimming pool; **Schwimmstil** *m* stroke; (*Technik*) (swimming) style; **Schwimmstoß** *m* stroke; **Schwimm|übungen** *pl* swimming exercises *pl*; **Schwimm|unterricht** *m* swimming lessons *pl*; **Schwimm-ver|ein** *m* swimming club; **Schwimm-vogel** *m* waterbird, waterfowl; **Schwimmweste** *f* life jacket.

Schwindel *m* -s, *no pl* **1.** (*Gleichgewichts-störung*) dizziness; (*esp nach Drehen auch*) giddiness.
2. (*Lüge*) lie; (*Betrug*) swindle, fraud; (*Vertrauensmißbrauch*) con (*inf*). **mit den Subventionen wird viel ~ getrieben** a lot of swindling *or* cheating goes on with the subsidies; **das ist alles ~, was er da sagt** what he says is all a pack of lies *or* a big con (*inf*); **glaub doch nicht an diesen ~!** don't be taken in!; **den ~ kenne ich!** (*inf*), **auf den ~ falle ich nicht herein!** (*inf*) that's an old trick.
3. (*inf: Kram*) **der ganze ~** the whole caboodle (*inf*) *or* shoot (*inf*); **ich will von dem ganzen ~ nichts mehr wissen!** I don't want to hear another thing about the whole damn business (*inf*).

Schwindel|anfall *m* dizzy turn, attack of dizziness.

Schwindelei *f* (*inf*) (*leichte Lüge*) fib (*inf*); (*leichter Betrug*) swindle. **seine ständige ~** his constant fibbing (*inf*).

schwindel|erregend *adj* **1.** causing dizziness, vertiginous (*form*); **in ~er Höhe** at a dizzy height; **2.** *Preise* astronomical; **Schwindelfirma** *f* bogus firm *or* company; **schwindelfrei** *adj* **Wendy ist nicht ~** Wendy can't stand heights, Wendy suffers from vertigo; **sie ist völlig ~** she has a good head for heights, she doesn't suffer from vertigo at all; **Schwindel-gefühl** *nt* feeling of dizziness; (*esp nach Drehen auch*) feeling of giddiness.

schwind(e)lig *adj* dizzy; (*esp nach Drehen*) giddy. **mir ist** *or* **ich bin ~** I feel dizzy/giddy; **mir wird leicht ~** I get dizzy/giddy easily.

schwindeln **I** *vi* **1.** **mir** *or* **mich** (*rare*) **schwindelt** I feel dizzy *or* (*esp vom Drehen*) giddy; **mir schwindelte der Kopf, mein Kopf schwindelte** my head was reeling; **der Gedanke macht mich ~** (*fig*) my head reels *or* I feel dizzy at the thought; **in ~der Höhe** at a dizzy height.
2. (*inf: lügen*) to tell fibs (*inf*).
II *vt* (*inf*) **das ist alles geschwindelt** it's all lies.
III *vr* **sich durch die Kontrollen ~** to con *or* wangle one's way through the check-point (*inf*); **sich durchs Leben/durch die Schule ~** to con one's way through life/school.

schwinden *pret* **schwand**, *ptp* **geschwunden** *vi aux sein* **1.** (*abnehmen*) to dwindle; (*Schönheit*) to fade, to wane; (*allmählich ver~*) (*Hoffnung auch, Angst, Zeit*) to fade away; (*Kräfte*) to fade, to fail. **im S~ begriffen sein** to be dwindling; (*Schönheit*) to be on the wane; **ihm schwand der Mut** his courage failed him; **ihm schwanden die Sinne** (*liter*) he grew faint; **aus der Erinnerung ~** to fade from (one's) memory.
2. (*verblassen: Farben*) to fade; (*leiser werden: Ton auch*) to fade *or* die away; (*sich auflösen: Dunkelheit*) to fade away, to retreat (*liter*).
3. (*Tech: Holz, Metall, Ton*) to shrink, to contract.

Schwindler *m* -s, - swindler; (*Hochstapler*) con-man; (*Lügner*) liar, fibber (*inf*).

schwindlerisch *adj* fraudulent.

Schwindsucht *f* (*dated*) consumption. **die (galoppierende) ~ haben** (*dated*) to have galloping consumption; (*fig hum*) to suffer from a sort of wasting disease.

schwindsüchtig *adj* (*dated*) consumptive; (*fig hum*) shrinking, ailing.

Schwindsüchtige(r) *mf decl as adj* (*dated*) consumptive.

Schwinge *f* -, -n (*liter: Flügel*) wing, pinion (*poet*). **auf den ~n der Poesie/ Begeisterung** on wings of poetry/passion.

schwingen *pret* **schwang**, *ptp* **geschwungen** **I** *vt* to swing; (*drohend*) *Schwert, Stock etc* to brandish; *Hut, Zauberstab, Fahne* to wave. **den Becher ~** (*hum*) to quaff a glass (*old, hum*).
II *vr* **sich auf etw** (*acc*) **~** to leap *or* jump onto sth, to swing oneself onto sth; **sich über etw** (*acc*) **~** to vault across *or* over sth, to swing oneself over sth; **sich in etw** (*acc*) **~** to vault into sth, to swing oneself into sth; **sich in die Luft** *or* **Höhe ~** (*geh*) to soar (up) into the air; **sich auf den Thron ~** (*fig*) to usurp the throne; **die Brücke schwingt sich elegant über das Tal** the bridge sweeps elegantly over the valley.
III *vi* **1.** to swing.
2. (*vibrieren: Brücke, Saite*) to vibrate; (*Wellen*) to oscillate.
3. (*geh*) (*nachklingen*) to linger. **in ihren Worten schwang leichte Kritik** her words had a tone of mild criticism.

Schwingen *nt* -s, *no pl* (*Sw Sport*) (*kind of*) wrestling.

Schwinger *m* -s, - (*Boxen*) swing; (*Sw*) wrestler.

Schwingflügel m casement window; **Schwinghebel** m (Aut) rocker arm; **Schwingtür** f swing door.

Schwingung f (Phys) vibration; (von Wellen) oscillation; (fig) vibration. **in ~ kommen** to begin to swing or (Saite) to vibrate or (Wellen) to oscillate; **etw in ~(en) versetzen** to set sth swinging; to start sth vibrating; to start sth oscillating.

Schwingungszahl f (Phys) frequency of oscillation.

Schwippschwager m (inf) sister-in-law's husband; sister-in-law's/brother-in-law's brother; **Schwippschwägerin** f (inf) brother-in-law's wife; brother-in-law's/ sister-in-law's sister.

Schwips m -es, -e (inf) **einen (kleinen) ~ haben** to be tiddly (Brit inf) or (slightly) tipsy.

schwirren vi aux sein to whizz; (Bienen, Fliegen etc) to buzz. **unzählige Gerüchte ~ durch die Presse** the press is buzzing with countless rumours; **die Gedanken/ Zahlen schwirrten mir durch den Kopf** thoughts/figures were whirling around in or buzzing through my head; **mir schwirrt der Kopf** my head is buzzing.

Schwitzbad nt Turkish bath; (Dampfbad) steam bath.

Schwitze f -, -n (Cook) roux.

schwitzen I vi (lit, fig) to sweat; (Mensch auch) to perspire; (Fenster) to steam up.
II vt **1.** Harz to sweat; siehe **Rippe**.
2. (Cook) Mehl to brown in fat.
III vr **sich naß ~** to get drenched in sweat.

Schwitzen nt -s, no pl sweating; (von Mensch auch) perspiration.

Schwitzkasten m (Ringen) headlock; **jdn in den ~ nehmen** to get sb in a headlock, to put a headlock on sb; **Schwitzkur** f sweating cure; **Schwitzpackung** f hot pack.

Schwof m -(e)s, -e (inf) hop (inf), dance.

schwofen vi (inf) to dance. **~ gehen** to go to a hop (inf) or dance.

schwoll pret of **schwellen**.

schwören pret **schwor**, ptp **geschworen** vti to swear. **ich schwöre es (, so wahr mir Gott helfe)** I swear it (so help me God); **auf die Bibel/die Verfassung** etc **~** to swear on the Bible/the Constitution etc; **er schwor bei Gott/seiner Ehre, nichts davon gewußt zu haben** he swore by God/by or on his honour that he knew nothing about it; **ich kann darauf ~, daß ...** I could swear to it that ...; **ich hätte ~ mögen or geschworen, daß ...** I could have sworn that ...; **jdm/sich etw ~** to swear sth to sb/ oneself; **ich spreche nie mehr mit ihm, das habe ich mir geschworen** I have sworn never to speak to him again; **er macht das nie wieder, das hat er ihr geschworen** he has sworn to her that he'll never do it again; **sie schworen sich** (dat) **ewige Liebe** they swore (each other) eternal love; **auf jdn/etw ~** (fig) to swear by sb/sth.

Schwuchtel f -, -n (sl) queen (sl).

schwul adj (inf) gay, queer (pej inf).

schwül adj (lit, fig) Tag, Schönheit, Stimmung sultry; Wetter, Tag etc auch close, muggy; (dumpf-sinnlich) Träume, Phan-

tasien sensuous; Beleuchtung murky.

Schwüle f -, no pl siehe adj sultriness; closeness, mugginess; sensuousness. **in dieser ~** in this sultry weather.

Schwulenbar f (inf), **Schwulenlokal** nt (inf) gay bar.

Schwule(r) mf decl as adj (inf) gay, queer (pej inf), fag (US pej sl).

Schwulität f (inf) trouble no indef art, difficulty. **in ~en geraten** or **kommen** to get into a fix (inf); **jdn in ~en bringen** to get sb into trouble or hot water (inf).

Schwulst m -(e)s, no pl (pej) (in der Sprache) bombast, fustian, pompousness; (in der Kunst) bombast, ornateness, floridness.

schwulstig adj **1.** siehe **geschwollen**. **2.** (esp Aus) siehe **schwülstig**.

schwülstig adj (pej) Stil, Redeweise bombastic, fustian, pompous.

schwumm(e)rig adj (inf) (nervös) uneasy, apprehensive; (dial: schwindelig) dizzy, giddy; (unwohl) funny (inf). **mir wird ~** I feel uneasy/dizzy/funny (inf).

Schwund m -(e)s, no pl **1.** (Abnahme, Rückgang) decrease (gen in), decline (gen in), dwindling (gen of). **2.** (von Material) shrinkage; (Tech: Abfall) waste. **3.** (Rad) fading. **4.** (Med) atrophy. **5.** (Ling: von Vokal etc) loss.

Schwund|ausgleich m (Rad) automatic frequency control, anti-fade device; **Schwundstufe** f (Ling) zero grade.

Schwung m -(e)s, ̈-e **1.** swing; (ausholende Handbewegung) flourish; (Sprung) leap. **etw in ~ setzen** to set sth in motion.
2. no pl (fig: Elan) verve, zest; (von Mensch auch) go (inf); (lit: Antrieb) momentum. **in ~ kommen** (lit: Schlitten etc) to gather or gain momentum; (fig auch) to get going; **jdn/etw in ~ bringen** (lit, fig) to get sb/sth going; **die Sache** or **den Laden in ~ bringen** (inf) to get things going; **~ in die Sache** or **den Laden bringen** (inf) to put a bit of life into things, to liven things up; **jdm/etw ~ geben** (lit) to give sb/sth momentum; (fig auch) to get sb/sth going; **in ~ sein** (fig) to be in full swing; **etw mit ~ tun** to do sth with zest; **voller/ohne ~** full of/lacking life or verve.
3. (Linienführung) sweep.
4. (inf: Menge) (Sachen) stack, pile (inf); (Leute) bunch.

Schwungfeder f (Orn) wing feather; **schwunghaft** adj Handel flourishing, roaring; **sich ~ entwickeln** to grow hand over fist; **Schwungkraft** f centrifugal force; **schwunglos** adj lacking in verve or zest, lacking life; Mensch auch lacking go (inf); **Schwungrad** nt flywheel.

schwungvoll adj **1.** Linie, Bewegung, Handschrift sweeping. **2.** (mitreißend) Rede, Aufführung lively. **es hätte etwas ~er gespielt werden müssen** it should have been played with somewhat more zest or verve.

schwupp interj in a flash, as quick as a flash. **~! da ist er hingefallen** bang! down he fell; **und ~ hatte der Zauberer ...** and hey presto, the conjurer had ...

Schwur m -(e)s, ̈-e (Eid) oath; (Gelübde) vow.

Schwurfinger *pl thumb, first finger and second finger, raised in swearing an oath;* **Schwurgericht** *nt court with a jury;* **Schwurgerichtsverfahren** *nt trial by jury no def art.*

Science-fiction ['saɪənsfɪkʃən] *f* -, **-s** science fiction, sci-fi (*inf*).

Scotchterrier ['skɔtʃtɛrɪɐ] *m* Scotch terrier, Scottie.

Scriptgirl ['skrɪptgœːɐl, -gœrl] *nt* (*Film*) script girl.

Scylla ['stsʏla] *f* -, *no pl* (*Myth*) *siehe* **Szylla.**

Seal [siːl] *m or nt* -s, **-s** sealskin.

Séance [se'ãːsə] *f* -, **-n** séance.

Seborrhöe [zebɔ'røː] *f* -, *no pl* dandruff, seborrh(o)ea (*spec*).

sec *abbr of* **Sekunde.**

sechs [zɛks] *num* six; *siehe auch* **vier.**

Sechs- [zɛks-] *in cpds* six; *siehe auch* **vier-; Sechs|achteltakt** *m* (*Mus*) six-eight time **Sechs|eck** *nt* hexagon; **sechs|eckig** *adj* hexagonal.

Sechser ['zɛksɐ] *m* -s, - 1. (*obs*) six-kreutzer/-groschen *etc* piece; (*dial inf*) five-pfennig piece. **nicht für einen ~ Verstand haben** not to have a scrap *or* a ha'p'orth (*Brit*) of sense; **einen ~ im Lotto haben** to get a six in the national lottery (*i.e. the top prize*). 2. six; *siehe auch* **Vierer.**

sechserlei ['zɛksɐ'laɪ] *adj inv* six kinds of; *siehe auch* **viererlei.**

sechsfach I *adj* sixfold; **II** *adv* sixfold, six times; *siehe auch* **vierfach; Sechsfüßer** *m* -s, - (*Zool*) hexapod; **sechshundert** *num* six hundred; **Sechskampf** *m* *gymnastic competition with six events;* **sechsmal** *adv* six times; **sechsspurig** *adj* six-lane; **Sechstagerennen** *nt* six-day (bicycle) race; **sechstägig** *adj* six-day; **sechstausend** *num* six thousand; **ein S~er** *a mountain six thousand metres in height.*

Sechstel ['zɛkstl] *nt* -s, - sixth; *siehe auch* **Viertel[1].**

sechstens ['zɛkstns] *adv* sixth(ly), in the sixth place.

sechste(r, s) ['zɛkstə] *adj* sixth. **einen ~n Sinn für etw haben, den ~n Sinn haben** to have a sixth sense (for sth); *siehe auch* **vierte(r, s).**

Sechsundsechzig ['zɛks|ʊnt'zɛçtsɪç] *nt* -, *no pl* (*Cards*) sixty-six.

Sechszylinder ['zɛks-] *m* six-cylinder car/ engine.

sechzehn ['zɛçtseːn] *num* sixteen; *siehe auch* **vierzehn.**

Sechzehntel(note *f*) *nt* -s, - (*Mus*) semiquaver (*Brit*), sixteenth note (*US*).

sechzig ['zɛçtsɪç] *num* sixty; *siehe auch* **vierzig.**

Sechziger(in *f*) *m* -s, - sixty-year-old, sexagenarian.

SED [ɛs|eː'deː] *f* - *abbr of* **Sozialistische Einheitspartei Deutschlands** *official state party of the GDR.*

Sedativ(um) *nt* (*Pharm*) sedative. ~

Sediment *nt* (*Geol*) sediment.

sedimentär *adj* (*Geol*) sedimentary.

Sedimentgestein *nt* (*Geol*) sedimentary rock.

See[1] *f* -, **-n** [zeːən] sea. **rauhe** *or* **schwere ~**

rough *or* heavy seas; **an der ~** by the sea, at the seaside; **an die ~ fahren** to go to the sea(side); **auf die ~** on the high seas; **auf ~** at sea; **in ~ gehen** *or* **stechen** to put to sea; **zur ~ fahren** to be a merchant seaman; **zur ~ gehen** to go to sea.

See[2] *m* -s, **-n** [zeːən] lake; (*in Schottland*) loch; (*Teich*) pond.

See|aal *m* 1. (*Zool*) conger (eel); 2. (*Comm*) dogfish; **See|adler** *m* sea eagle; **See|alpen** *pl* (*Geog*) Maritime Alps *pl*; **See|amt** *nt* (*Admin*) maritime court; **See|anemone** *f* sea anemone; **Seebad** *nt* (*Kurort*) seaside resort; **Seebär** *m* 1. (*hum inf*) seadog (*inf*); 2. (*Zool*) fur seal; **Seebeben** *nt* seaquake; **seebeschädigt** *adj* (*form*) *Schiff* damaged at sea; **Seeboden** *m* bottom *or* bed of a/the sea/lake; **See-Elefant** *m* sea-elephant; **see|erfahren** *adj Volk* experienced at navigation *or* seafaring; **seefahrend** *adj attr Volk* seafaring; **Seefahrer** *m* seafarer; **Sindbad der ~** Sinbad the Sailor.

Seefahrt *f* 1. (*Fahrt*) (sea) voyage; (*Vergnügungs~*) cruise. 2. (*Schiffahrt*) seafaring *no art.* **die ~ lernen** to learn to sail; **die Regeln der ~** the rules of the sea.

Seefahrts|amt *nt* shipping board; **Seefahrtsbuch** *nt* (seaman's) registration book; **Seefahrtsschule** *f* merchant navy training college.

seefest *adj* 1. *Mensch* not subject to seasickness; **~ sein** to be a good sailor; 2. *siehe* **seetüchtig;** 3. *Ladung* fit for sea transport; **Seefisch** *m* salt-water fish; **Seefischerei** *f* sea fishing; **Seefracht** *f* sea freight; **Seefrachtbrief** *m* (*Comm*) bill of lading; **Seefunk(dienst)** *m* shipping radio service; **Seegang** *m* swell; **starker** *or* **hoher ~** heavy *or* rough seas *or* swell; **Seegefecht** *nt* sea *or* naval battle; **Seegemälde** *nt* seascape; **Seegras** *nt* (*Bot*) eelgrass, sea grass *or* hay; **Seegrasmatratze** *f* sea grass mattress; **Seehafen** *m* seaport; **Seehandel** *m* maritime trade; **Seehase** *m* lumpsucker; **Seeherrschaft** *f* naval *or* maritime supremacy; **Seehöhe** *f* sea level; **Seehund** *m* seal; **Seehundsfell** *nt* sealskin; **See|igel** *m* sea urchin; **Seejungfrau** *f* (*Myth*) mermaid; **Seekadett** *m* (*Mil*) naval cadet; **Seekanal** *m* (maritime) canal; **Seekarte** *f* sea *or* nautical chart; **Seekatze** *f* catfish; **seeklar** *adj* ready to sail; **Seeklima** *nt* maritime climate; **seekrank** *adj* seasick; **Seekrankheit** *f* seasickness; **Seekrieg(führung** *f*) *m* naval war(fare); **Seekriegsrecht** *nt* laws of naval warfare *pl*; **Seekuh** *f* (*Zool*) seacrow, manatee; **Seelachs** *m* (*Cook*) pollack.

Seelchen *nt* (*inf*) dear soul.

Seele *f* -, **-n** 1. (*Rel, fig*) soul; (*Herzstück, Mittelpunkt*) life and soul. **seine ~ aushauchen** (*euph liter*) to breathe one's last (*liter*); **mit dieser Bemerkung verletzte sie ihre Mutter in tiefster ~** (*geh*) this remark cut her mother to the quick; **von ganzer ~** with all one's heart (and soul); **aus tiefster** *or* **innerster ~** with all one's heart and with all one's soul; *danken* from the bottom of one's heart; **jdm aus der ~ aus tiefster ~ sprechen** to express exactly what sb feels; **das liegt mir auf der ~** it weighs heavily on my mind; **sich** (*dat*) **etw von der ~ reden** to get sth off one's chest; **sich** (*dat*) **die ~ aus dem Leib reden** (*inf*) to talk until one is blue in the face (*inf*); **das tut mir in der ~ weh** I am deeply distressed; **zwei ~n und ein Gedanke** (*prov*) two minds with but a single thought; **zwei ~n wohnen in meiner Brust** (*liter*) I am torn; **dann/nun hat die liebe** *or* **arme ~ Ruh** that'll put him/us *etc* out of his/our misery; **meiner Seel!** (*old*) upon my soul! (*old*).

2. (*Mensch*) soul. **eine ~ von Mensch** *or* **von einem Menschen** an absolute dear.

3. (*von Feuerwaffen*) bore.

4. (*von Tau*) core.

Seelen|achse *f* axis (of the bore); **Seelen|amt** *nt* (*Eccl*) requiem; **Seelen|arzt** *m* (*hum*) head-shrinker (*hum inf*), shrink (*inf*), trick-cyclist (*hum sl*); **Seelendrama** *nt* psychological drama; **Seelenforscher** *m* psychologist; **Seelenfreund(in** *f*) *m* (*geh*) soul mate; **Seelenfriede(n)** *m* (*geh*) peace of mind; **Seelengröße** *f* (*geh*) greatness of mind, magnanimity; **seelengut** *adj* kindhearted; **Seelengüte** *f* (*geh*) kindheartedness; **Seelenheil** *nt* spiritual salvation, salvation of one's soul; (*fig*) spiritual welfare; **Seelenhirt(e)** *m* (*geh, iro*) pastor; **Seelenleben** *nt* inner life; **seelenlos** *adj* soulless; **Seelenmassage** *f* (*hum inf*) gentle persuasion; **Seelenmesse** *f* (*Eccl*) requiem mass; **Seelennot, Seelenpein, Seelenqual** *f* (*geh*) (mental) anguish; **Seelenruhe** *f* calmness, coolness; **in aller ~** calmly; (*kaltblütig*) as cool as you please; **seelenruhig** *adv* calmly; (*kaltblütig*) as cool as you please, as cool as a cucumber (*inf*); **Seelentröster** *m* (*hum*) (*Schnaps*) pick-me-up (*inf*); (*Mensch*) comforter; **Seelenverkäufer** *m* (*Hist*) seller of souls; (*fig pej*) (*Heuerbaas*) press-gang officer; (*Schiff*) death trap; **seelenverwandt** *adj* congenial (*liter*); **sie waren ~** they were kindred spirits; **Seelenverwandtschaft** *f* affinity, congeniality of spirit (*liter*); **seelenvoll** *adj* soulful; **Seelenwanderung** *f* (*Rel*) transmigration of souls, metempsychosis; **Seelenzustand** *m* psychological *or* mental state.

Seeleute *pl of* **Seemann. Seelilie** *f* sea lily.

seelisch *adj* (*Rel*) spiritual; (*geistig*) mental, psychological; *Erschütterung, Belastung* emotional; *Grausamkeit* mental. **~ bedingt sein** to be psychologically conditioned, to have psychological causes; **~e Kraft zu etw haben** to have the strength of mind for sth.

Seelotse *m* pilot; **Seelöwe** *m* sea lion.

Seelsorge *f*, *no pl* spiritual welfare. **in der ~ arbeiten** to do spiritual welfare work with a church.

Seelsorger(in *f*) *m* **-s, -** pastor.

seelsorgerisch, seelsorg(er)lich *adj* pastoral.

Seeluft *f* sea air; **Seemacht** *f* naval *or* sea *or* maritime power.

Seemann *m, pl* **-leute** sailor, seaman, mariner (*esp liter*).

seemännisch I *adj Ausbildung, Sprache etc* nautical; *Tradition auch* seafaring. **das ist typisch ~** that is typical of sailors. **II** *adv* nautically. **~ heißen sie ...** in nautical *or* sailors' language they are called ...

Seemanns|amt *nt* shipping board; **Seemanns|ausdruck** *m* nautical *or* sailors' term; **Seemannsbrauch** *m* seafaring custom; **Seemannsgang** *m* sailor's walk; **Seemannsgarn** *nt, no pl* (*inf*) sailor's yarn; **~ spinnen** to spin a yarn; **Seemannsheim** *nt* sailors' home; **Seemannslied** *nt* sea shanty; **Seemannslos** *nt* a sailor's lot; **Seemannsmission** *f* mission to seamen, seamen's mission; **Seemannssprache** *f* nautical *or* sailors' slang; **Seemannstod** *m* sailor's death.

Seemeile *f* nautical *or* sea mile; **Seemine** *f* (sea) mine.

Seengebiet ['ze:ən-] *nt* lakeland district.

Seenot *f, no pl* distress. **in ~ geraten** to get into distress.

Seenotkreuzer *m* (motor) lifeboat; **Seenot(rettungs)dienst** *m* sea rescue service; **Seenotzeichen** *nt* nautical distress signal.

Seenymphe *f* mermaid; **Seeotter** *m* sea otter; **Seepferd(chen)** *nt* sea-horse; **Seeräuber** *m* pirate; (*im Mittelamerika im 17., 18. Jh. auch*) buccaneer; **Seeräuberei** *f* piracy; **Seeräuberschiff** *nt* pirate (ship); buccaneer; **Seerecht** *nt* maritime law; **Seereise** *f* (sea) voyage; (*Kreuzfahrt*) cruise; **Seerose** *f* waterlily; **Seesack** *m* seabag, sailor's kitbag; **Seesalz** *nt* sea *or* bay salt; **Seesand** *m* sea sand; **Seeschiff** *nt* seagoing *or* ocean-going ship *or* vessel; **Seeschiffahrt** *f* maritime *or* ocean shipping; **Seeschildkröte** *f* sea turtle; **Seeschlacht** *f* naval *or* sea battle; **Seeschlange** *f* sea snake; (*Myth*) sea serpent; **Seeschwalbe** *f* tern; **Seesieg** *m* naval victory; **Seestadt** *f* seaside town; **Seestern** *m* (*Zool*) starfish; **Seestreitkräfte** *pl* naval forces *pl*, navy; **Seestück** *nt* (*Art*) seascape; **Seetang** *m* seaweed; **Seetransport** *m* shipment *or* transport by sea, sea transport; **seetüchtig** *adj* seaworthy; **Seetüchtigkeit** *f* seaworthiness; **Seeufer** *nt* lakeside; (*von großem See auch*) (lake) shore; **Seeungeheuer** *nt* sea monster; **Seeversicherung** *f* marine insurance; **Seevogel** *m* sea bird; **Seevolk** *nt* (*Nation*) seafaring nation *or* people; (*inf: Seeleute*) seafaring people *pl*; **seewärts** *adv* (*in Richtung Meer*) seaward(s), toward(s) the sea; (*in Richtung Binnen~*) toward(s) the lake; **Seewasser** *nt* (*Meerwasser*) sea water; (*Wasser eines Sees*) lake water; **Seeweg** *m* sea route; **auf dem ~ reisen** to go *or* travel by sea; **Seewesen** *nt* maritime affairs *pl, no art*; **Seewetterdienst** *m* meteorological service, Met Office (*Brit inf*); **Seewind** *m* sea breeze, onshore wind; **Seezeichen** *nt* navigational aid; **Seezunge** *f* sole.

Segel *nt* **-s, -** sail. **mit vollen ~n** under full sail *or* canvas; (*fig*) with gusto; **unter ~**

gehen (*Naut*) to set sail; **die ~ streichen** (*Naut*) to strike sail; (*fig*) to give in.

Segelboot *nt* sailing boat (*Brit*), sailboat (*US*); **Segelfahrt** *f* sail; **segelfliegen** *vi infin only* to glide; **Segelfliegen** *nt* gliding; **Segelflieger** *m* glider pilot; **Segelfliegerei** *f* gliding; **Segelflug** *m* (*no pl: Segelfliegerei*) gliding; (*Flug im Segelflugzeug*) glider flight; **Segelflugplatz** *m* gliding field; **Segelflugzeug** *nt* glider; (*leichter gebaut auch*) sailplane; **Segeljacht** *f* (sailing) yacht, sailboat (*US*); **Segelkarte** *f* chart; **Segelklasse** *f* (*Sport*) (yacht) class; **Segelklub** *m* sailing club; **Segelmacher** *m* sailmaker.

segeln *vti* 1. *aux haben or sein* (*lit, fig*) to sail. **eine Strecke ~** to sail a course; **eine Regatta ~** to sail in a regatta; **~ gehen** to go for a sail.

2. *aux sein* (*inf*) **durch eine Prüfung ~** to flop in an exam (*inf*), to fail (in) an exam.

Segeln *nt* -s, *no pl* sailing.

Segelpartie *f* sail, sailing trip; **Segelregatta** *f* sailing *or* yachting regatta; **Segelschiff** *nt* sailing ship *or* vessel; **Segelschulschiff** *nt* training sailing ship; **Segelsport** *m* sailing *no art*; **Segeltuch** *nt* canvas.

Segen *m* -s, - 1. (*lit, fig*) blessing; (*Eccl: Gnadengebet auch*) benediction. **es ist ein ~, daß …** it is a blessing that …; **jdm den ~ erteilen *or* spenden** to give sb one's blessing *or* benediction; **meinen ~ hat er, er hat meinen ~** he has my blessing.

2. (*Heil, Erfolg*) blessing, boon, godsend. **ein wahrer ~** a real blessing *or* boon; **zum ~ der Menschheit werden** to be for *or* redound to (*liter*) the benefit of mankind.

3. (*liter: Ertrag, Lohn*) fruits *pl*.

segenbringend *adj* beneficent.

segensreich *adj* beneficial; *Tätigkeit* beneficent; **Segenswunsch** *m* (*liter*) blessing.

Segler *m* -s, - 1. (*Segelsportler*) yachtsman, sailor. 2. (*Schiff*) sailing vessel. 3. (*Orn*) swift.

Seglerin *f* yachtswoman.

Segment *nt* segment.

segmental *adj* segmental.

segmentär *adj* segmentary.

segmentieren* *vt* to segment.

Segmentierung *f* segmentation.

segnen *vt* (*Rel*) to bless; *siehe* **gesegnet**.

Segnung *f* (*Rel*) blessing, benediction.

Segregation *f* (*Sociol*) segregation.

sehbehindert *adj* partially sighted.

sehen *pret* **sah**, *ptp* **gesehen** I *vt* 1. to see; (*an~ auch*) to look at; *Fernsehsendung auch* to watch. **gut/schlecht zu ~ sein** to be easily seen/difficult to see; **sieht man das?** does it show?; **das kann man ~** you can see that, you can tell that (just by looking); **siehst du irgendwo mein Buch?** can you see my book anywhere?; **da gibt es nichts zu ~** there is nothing to see *or* to be seen; **darf ich das mal ~?** can I have a look at that?, can I see that?; **das muß man gesehen haben** it has to be seen to be believed; (*läßt sich nicht beschreiben*) you have to see it for yourself; **ich kann den** Mantel/den Menschen nicht mehr ~ I can't stand the sight of that coat/him any more; **ich kann ihn nicht ~** (*fig*) I can't stand the sight of him; **jdn kommen/weggehen ~** to see sb coming/leaving; **jdn/etw zu ~ bekommen** to get to see sb/sth; **Sie ~ jetzt eine Direktübertragung …** we now bring you a live broadcast …; **Sie sahen eine Direktübertragung …** that was *or* you have been watching a live broadcast …; **den möchte ich ~, der …** I'd like to meet the man who …; **da sieht man es mal wieder!** that's typical!, it all goes to show (*inf*); **hat man so was schon gesehen!** (*inf*) did you ever see anything like it!

2. (*treffen*) to see. **sich *or* einander ~** to see each other; **also, wir ~ uns morgen** right, I'll see you tomorrow; **ich freue mich, Sie zu ~!** nice to see you.

3. (*erkennen, feststellen, glauben*) to see. **sich/jdn als etw ~** to see oneself/sb as sth; **etw in jdm ~** to see sth in sb; **das müssen wir erst mal ~** that remains to be seen; **das wollen wir (doch) erst mal ~!** we'll see about that!; **das wollen wir (doch) erst mal ~, ob …** we'll see if …

4. (*betrachten, beurteilen*) to see; (*deuten, interpretieren auch*) to look at. **wie siehst du das?** how do you see it?; **das darf man nicht so ~** you shouldn't look at it like that, that's not the way to look at it; **du siehst das/ihn nicht richtig** you've got it/him wrong; **das sehe ich anders, so sehe ich das nicht** that's not how I see it; **rein menschlich/dienstlich gesehen** looking at it personally/officially, from a purely personal/official point of view; **so gesehen** looked at *or* regarded in this way; **du bist wohl müde, oder wie sehe ich das?** (*inf*) you're tired, aren't you *or* right (*esp US*).

5. **sich ~ lassen** to put in an appearance, to appear; **er hat sich schon lange nicht mehr zu Hause ~ lassen** he hasn't shown up at home (*inf*) *or* put in an appearance at home for a long time; **er läßt sich kaum noch bei uns ~** he hardly comes to see us any more; **lassen Sie sich doch mal wieder ~!** do come again!; **er kann sich in der Nachbarschaft nicht mehr ~ lassen** he can't show his face in the neighbourhood any more; **kann ich mich in diesem Anzug ~ lassen?** can I be seen in this suit?, am I fit to be seen in this suit?; **das neue Rathaus kann sich ~ lassen** the new town hall is certainly something to be proud of.

II *vr* **sich betrogen/getäuscht/enttäuscht ~** to see oneself cheated/deceived/to feel disappointed; **sich genötigt *or* veranlaßt ~, zu …** to see *or* find it necessary to …; **sich gezwungen ~, zu …** to see *or* find oneself obliged to …; **sich in der Lage ~, zu …** (*form*) to see *or* find oneself in a position to … (*form*).

III *vi* 1. to see. **siehe oben/unten** see above/below; **siehe!** (*esp Bibl*)**/sehet!** (*old, liter, Bibl*) lo! (*Bibl*), behold! (*Bibl*); **sieh(e) da!** (*liter*) behold! (*liter*); **siehst du (wohl)!, siehste!** (*inf*) you see!; **sieh doch!** look (here)!; **~ Sie mal!** look!; **er sieht gut/schlecht** he can/cannot see very well; **scharf/weit ~ (können)** to be able to see clearly/a long way; **~den Auges** (*geh*) with open eyes, with one's eyes open; **laß mal ~** let me see or look or have a look, give us a look (inf); **jdm über die Schulter ~** to look over sb's shoulder; **na siehst du** (there you are,) you see?; **Sie sind beschäftigt, wie ich sehe** I can see you're busy; **ich sehe schon, du willst nicht** I can see you don't want to; **wir werden schon ~** we'll see; **wir wollen ~** we'll have to see; **mal ~, ob ...** (inf) let's see if ...; **mal ~!** (inf) we'll see; **jeder muß ~, wo er bleibt** (it's) every man for himself; **sieh, daß du ...** make sure or see (that) you ...

2. (herausragen) **aus etw ~** to be sticking or peeping or peeking (inf) out of sth; **das Boot sah kaum aus dem Wasser** the boat hardly showed above the water.

3. nach jdm ~ (jdn betreuen) to look after sb; (jdn besuchen) to go/come to see sb; **nach etw ~** to look after sth; **ich muß nur mal eben nach den Kartoffeln ~** I've just got to (have a) look at the potatoes; **nach der Post ~** to see if there are any letters.

4. auf etw (acc) **~** to pay attention to sth, to care about sth.

Sehen nt **-s**, no pl seeing; (Sehkraft) sight, vision. **ich kenne ihn nur vom ~** I only know him by sight.

sehenswürdig, sehenswert adj worth seeing. **ein ~es Schloß** a castle (which is) worth seeing.

Sehenswürdigkeit f sight. **diese Kneipe ist eine ~!** that pub is (a sight) worth seeing!; **die ~en (einer Stadt) besichtigen** to go sightseeing (in a city), to see the sights (of a city).

Seher ['zeːɐ] m **-s, -** (liter) seer; (Hunt) eye.

Seherblick m (geh) prophetic eye; **den ~ haben** to have a prophetic eye; **Sehergabe** f (geh) gift of prophecy, prophetic gift.

Seherin ['zeːərɪn] f seer.

seherisch ['zeːrɪʃ] adj attr prophetic.

Sehfehler m visual or sight defect; **Sehfeld** nt siehe **Gesichtsfeld**; **Sehkraft** f (eye)-sight; **Sehkreis** m siehe **Gesichtskreis**; **Sehloch** nt (Opt) pupil.

Sehne f **-, -n 1.** (Anat) tendon, sinew. **2.** (Bogen~) string. **3.** (Math) chord.

sehnen vr **sich nach jdm/etw ~** to long or yearn (liter) for sb/sth; (schmachtend) to pine for sb/sth.

Sehnen nt **-s**, no pl siehe **Sehnsucht**.

Sehnenreflex m tendon reflex; **Sehnenscheiden|entzündung** f tendovaginitis (spec), inflammation of a tendon and its sheath; **Sehnenzerrung** f pulled tendon.

Sehnerv m optic nerve.

sehnig adj Gestalt, Mensch sinewy, wiry; Fleisch stringy.

sehnlich adj ardent; Erwartung eager. **sein ~ster Wunsch** his fondest or most ardent (liter) wish; **sich** (dat) **etw ~st wünschen** to long for sth with all one's heart; **wir alle hatten sie ~(st) erwartet** we had all been (most) eagerly awaiting her.

Sehnsucht f **-, -̈e** longing, yearning (nach for); (schmachtend) pining. **~ haben** to have a longing or yearning.

sehnsüchtig adj longing, yearning; Verlangen, Wunsch etc ardent; Erwartung,

Ungeduld eager; Brief full of longing or yearning.

sehnsuchtsvoll adj longing, yearning; Blick, Augen, Brief, Schilderung, Musik wistful.

Seh|organ nt visual organ.

sehr adv, comp (**noch**) **mehr**, superl **am meisten 1.** (mit adj, adv) very. **~ verbunden!** (dated form) much obliged; **er ist ~ dafür/dagegen** he is very much in favour of it, he is all for it/he is very much against it; **hat er ~ viel getrunken?** did he drink very much?; **er hat ~ viel getrunken** he drank a lot; **es geht ihm ~ viel besser** he is very much better; **wir haben ~ viel Zeit/Geld** we have plenty of time/money or a lot of time/money or lots of time/money; **wir haben nicht ~ viel Zeit/Geld** we don't have very much time/money.

2. (mit vb) very much, a lot. **so ~** so much; **sich über etw** (acc) **so ~ ärgern/ freuen, daß ...** to be so (very) annoyed/ pleased about sth that ...; **wie ~** how much; **wie ~ er sich auch ...** however much he ...; **sich ~ vorsehen** to be very careful or very much on the lookout; **sich** (dat) **etw ~ überlegen** to consider sth very carefully; **sich ~ anstrengen** to try very hard; **es lohnt sich ~** it's very or well worthwhile; **~ weinen** to cry a lot or a great deal; **hat sie ~ geweint?** did she cry very much or a lot?; **es regnet ~** it's raining hard or heavily; **regnet es ~?** is it raining very much or a lot?; **freust du dich? — ja, ~!** are you pleased? — yes, very; **freust du dich darauf? — ja, ~** are you looking forward to it? — yes, very much; **tut es weh? — ja, ~/nein, nicht ~** does it hurt? — yes, a lot/no, not very much or not a lot; **~ sogar!** yes, very much so (in fact); **zu ~** too much; **nicht zu ~** not too much.

sehren vt (old, dial) siehe **verletzen**.

Sehrohr nt periscope; **Sehschärfe** f keenness of sight, visual acuity; **Sehschlitz** m slit; (von Panzer etc) observation slit; **Sehschwäche** f poor eyesight; **Sehstörung** f visual defect; **wenn ~en auftreten** when the vision becomes disturbed; **Sehtest** m eye test; **Sehvermögen** nt powers of vision pl; **Sehweite** f siehe **Sichtweite**.

sei imper sing, 1. and 3. pers sing subjunc of **sein**.

Seich m **-(e)s**, no pl, **Seiche** f **-**, no pl **1.** (dial sl) piss (vulg). **2.** (inf: Geschwätz) drivel (inf).

seichen vi **1.** (dial sl) to piss (vulg). **2.** (inf) siehe **schwafeln**.

seicht adj (lit, fig) shallow. **die ~e Stelle** the shallows pl.

seid 2. pers pl present, imper pl of **sein**.

Seide f **-, -n** silk.

Seidel nt **-s, -** **1.** (Gefäß) stein, (beer) mug. **2.** (S Ger: altes Maß) half-litre, ≈ pint.

Seidelbast m (Bot) daphne.

seiden adj attr (aus Seide) silk, silken (liter).

Seiden- in cpds silk; **seiden|artig** adj silky, silk-like; **Seiden|atlas** m silk satin; **Seidenband** nt silk ribbon; **Seidenfaden** m, **Seidengarn** nt silk thread

Seidengewebe nt silk fabric; **Seidenglanz** m silky or silken sheen; **Seidenpapier** nt tissue paper; **Seidenraupe** f silkworm; **Seidenraupenzucht** f silkworm breeding; **Seidenschwanz** m (Orn) waxwing; **Seidenspinner** m 1. (Zool) silk(worm) moth; 2. (als Beruf) silk spinner; **Seidenspinnerei** f 1. silk spinning; 2. (Betrieb) silk mill; **Seidenstoff** m silk cloth or fabric; **Seidenstraße** f (Hist) silk road; **Seidenstrumpf** m silk stocking; **seidenweich** adj soft as silk, silky soft.

seidig adj (wie Seide) silky, silken.

Seiende(s) nt decl as adj (Philos) being no art.

Seife f, -, -n 1. soap. 2. (Geol) alluvial deposit.

seifen vt 1. (ein~, ab~) to soap. 2. (Min) to wash.

Seifenblase f soap-bubble; (fig) bubble; ~n machen to blow (soap-)bubbles; **Seifenflocken** pl soapflakes pl; **Seifenkistenrennen** nt soap-box derby; **Seifenlauge** f (soap)suds pl; **Seifennapf** m shaving mug; **Seifenoper** f soap opera; **Seifenpulver** nt soap powder; **Seifenschale** f soap dish; **Seifenschaum** m lather; **Seifenspender** m soap dispenser; **Seifenwasser** nt soapy water.

seifig adj soapy.

Seigerschacht m (Min) perpendicular shaft.

seihen vt (sieben) to sieve.

Seiher m -s, - (esp S Ger, Aus) colander.

Seil nt -(e)s, -e rope; (Kabel) cable; (Hoch~) tightrope, high-wire. **auf dem ~ tanzen** (fig) to be walking a tightrope.

Seilbahn f cable railway; (Berg~ auch) funicular; **Seilbrücke** f rope bridge.

Seiler m -s, - ropemaker.

Seilerbahn f ropewalk.

Seilerei f 1. (Seilerhandwerk) ropemaking. 2. (Seilerwerkstatt) ropewalk.

Seilfähre f cable ferry; **seilhüpfen** vi sep aux sein to skip; **Seilschaft** f (Bergsteigen) rope, roped party; **Seilschwebebahn** f cable railway; (Bergseilbahn auch) funicular; **seilspringen** vi sep irreg aux sein to skip; **Seiltanz** m tightrope or high-wire act; **seiltanzen** vi sep to walk the tightrope or high-wire; **Seiltänzer** m tightrope walker, high-wire performer; **Seilwinde** f winch.

Seim m -(e)s, -e viscous or glutinous substance.

seimig adj viscous, glutinous.

Sein nt -s, no pl being no art; (Philos) (Existenz, Da~ auch) existence no art; (Wesen, So~) essence, suchness. ~ **und Schein** appearance and reality; ~ **oder Nichtsein** to be or not to be.

sein¹ pret **war**, ptp **gewesen** aux sein I vi 1. to be. **wir waren** we were; **wir sind gewesen** we have been, we've been; **sei (mir)/seien Sie (mir) nicht böse, aber ...** don't be angry (with me) but ...; **sei/seid so nett und ...** be so kind as to ...; **du bist wohl verrückt!** (inf) you must be crazy; **ist das heiß/kalt!** that's really hot/cold!, is that hot/cold!; **das wäre gut** that would or that'd (inf) be a good thing; **es wäre schön**

gewesen it would or it'd (inf) have been nice; **er ist Lehrer/Inder/ein Verwandter/der Chef** he is a teacher/(an) Indian/a relative/the boss; **was sind Sie (beruflich)?** what do you do?; **er ist immer noch nichts** he still hasn't become anything; **Liverpool ist Fußballmeister/eine große Stadt** Liverpool are football champions/is a large town; **in der Küche sind noch viele** there's (inf) or there are still plenty in the kitchen; **drei und vier ist** or **sind sieben** three and four is or are seven; **x sei 4** let x be or equal 4; **wenn ich Sie/er wäre** if I were or was you/him or he (form); **er war es nicht** it wasn't him; **das bist natürlich wieder du gewesen** of course it was you again; **niemand will es gewesen** ~ nobody admits that it was him/her or them (inf); **das kann schon** ~ that may well be; **und das wäre?** and what would or might that be?; **das wär's!** that's all, that's it; **wie war das noch?** what was that again?; **bist du's/ist er's?** is that you/him?; **wer ist da?** who's there?; **ist da jemand?** is (there) anybody there?; **er ist aus Genf/aus guter Familie** he is or comes from Geneva/a good family; **morgen bin ich im Büro/in Rom** I'll or I will or I shall be in the office/in Rome tomorrow; **waren Sie mal in Rom?** have you ever been to Rome?; **wir waren baden/essen** we went swimming/out for a meal; **wo warst du so lange?** where have you been all this time?, what kept you?; **er war vier Jahre hier, bevor er ...** he had been here for four years before he ...; **es sind über zwanzig Jahre her, daß ...** it is more than twenty years since ...

2. (mit infin +zu) **du bist nicht zu sehen** you cannot be seen; **das war ja vorauszusehen** that was to be expected; **das war nicht vorauszusehen** we couldn't have known that; **der Brief ist persönlich abzugeben** the letter is to be delivered by hand; **wie ist das zu verstehen?** how is that to be understood?; **er ist nicht zu ersetzen** he cannot be replaced.

3. **was ist?** what's the matter?, what is it?; **ist was?** what is it?; (paßt dir was nicht) is something the matter?; **was ist mit dir/ihm?** what or how about you/him?; (was hast du/hat er?) what's wrong or the matter or up (inf) with you/him?; **das kann nicht** ~ that can't be (true); **wie wäre es mit ...?** how about ...?, what about ...?; **sei es, daß ..., sei es, daß ...** whether ... or ...; **nun, wie ist es?** well, how or what about it?; **wie wäre es, wenn wir ihn besuchen würden?** what about or how about going to see him?, why don't we go to see him?

4. (dasein, existieren) to be. **wenn du nicht gewesen wärest ...** if it hadn't been for you ...; **er ist nicht mehr** (euph) he is no more (euph liter); **alles, was (bis jetzt/damals) war** all that has/had been (liter).

5. (in unpersönlicher Konstruktion) **mir ist schlecht** or **übel** I feel ill; **mir ist kalt** I'm cold; **was ist Ihnen?** what's the matter with you?; **mir ist, als hätte ich ihn früher schon einmal gesehen** I have a feeling I've seen him before.

II v aux to have. **er ist/war jahrelang**

krank gewesen he has/had been *or* he's/he'd been ill for years; **sie ist gestern nicht zu Hause gewesen** she was not *or* wasn't at home yesterday; **er ist verschwunden** he has *or* he's disappeared; **er ist geschlagen worden** he has been beaten.

sein² I *poss pron* **1.** (*adjektivisch*) (*bei Männern*) his; (*bei Dingen, Abstrakta*) its; (*bei Mädchen*) her; (*bei Tieren*) its, his/her; (*bei Ländern, Städten*) its, her; (*bei Schiffen*) her, its; (*auf „man" bezüglich*) one's (*Brit*), his (*US*), your. **wenn man ~ Leben betrachtet** when one looks at one's (*or* his (*US*)) life, when you look at your life; **jeder hat ~e Probleme** everybody has his *or* their (*inf*) problems; **~e komische Frau** that peculiar wife of his, his peculiar wife; **~e zwanzig Zigaretten** his/her/one's twenty cigarettes; **er wiegt gut ~e zwei Zentner** (*inf*) he weighs a good two hundred pounds. **2.** (*old: substantivisch*) his.
II *pers pron gen of* **er, es**¹ (*old, poet*) **ich werde ewig ~ gedenken** I shall remember him forever.

seiner *pers pron gen of* **er, es**¹ **gedenke ~** remember him; **er war ~ nicht mächtig** he was not in command of himself.

seine(r, s) *poss pron* (*substantivisch*) his. **der/die/das ~** (*geh*) his; **das S~ tun** (*geh*) to do one's (*Brit*) *or* his (*US*) bit; **er hat das S~ getan** (*geh*) he did his bit; **jedem das S~** each to his own; **sie ist die S~ geworden** (*geh*) she has become his (*liter*); **die S~n** (*geh*) his family, his people; (*auf „man" bezüglich*) one's (*Brit*) *or* his (*US*) family *or* people; **das S~** (*geh: Besitz*) what is his; (*auf „man" bezüglich*) what is one's own (*Brit*) *or* his (*US*).

seinerseits *adv* (*von ihm*) on his part; **seinerzeit** *adv* at that time; **seinerzeitig** *adj attr* then *attr*.

seines *poss pron siehe* **seine(r, s).**

seinesgleichen *pron inv* (*gleichgestellt*) his equals *pl*; (*auf „man" bezüglich*) one's (*Brit*) *or* his (*US*) equals; (*gleichartig*) his kind *pl*; of one's own kind; (*pej*) the likes of him *pl*. **jdn wie ~ behandeln** to treat sb as an equal *or* on equal terms; **das hat nicht *or* sucht ~** it is unparalleled.

seinethalben (*dated*), **seinetwegen** *adv* **1.** (*wegen ihm*) because of him, on account of him, on his account; (*ihm zuliebe auch*) for his sake; (*um ihn*) about him; (*für ihn*) on his behalf; **2.** (*von ihm aus*) as far as he is concerned; **seinetwillen** *adv*: **um ~** for his sake, for him.

seinige *poss pron* **der/die/das ~** (*form, old*) *siehe* **seine(r, s).**

seinlassen *vt sep irreg* **etw ~** (*aufhören*) to stop sth/doing sth; (*nicht tun*) to drop sth, to leave sth; **jdn/etw ~** to leave sb/sth alone, to let sb/sth be; **laß es sein!** stop that!; **du hättest es ~ sollen** you should have left well alone; **sie kann es einfach nicht ~** she just can't stop herself.

seins *poss pron* his.

Seismik *f* seismicity.

seismisch *adj* seismic.

Seismogramm *nt* seismogram.

Seismograph *m* seismograph.

Seismologie *f* seismology.

seit I *prep +dat* (*Zeitpunkt*) since; (*Zeitdauer*) for, in (*esp US*). **~ wann?** since when?; **~ Jahren** for years; **ich habe ihn ~ Jahren nicht gesehen** I haven't seen him for *or* in (*esp US*) years; **ich bin ~ zwei Jahren hier** I have been here for two years; **schon ~ zwei Jahren nicht mehr** not for two years, not since two years ago; **wir warten schon ~ zwei Stunden** we have been *or* we've been waiting (for) two hours; **~ etwa einer Woche** since about a week ago, for about a week.
II *conj* since.

seitdem I *adv* since then. II *conj* since.

Seite *f* -, -n **1.** (*auch Abstammungslinie, Charakterzug*) side. **die hintere/vordere ~** the back/front; **zu *or* auf beiden ~n des Fensters/des Hauses/der Straße** on both sides of the window/house/street; **~ an ~** side by side; **an jds ~** (*dat*) **gehen** to walk at *or* by sb's side *or* beside sb; **halt dich an meiner ~!** stay by my side; **er ging *or* wich uns nicht von der ~** he never left our side; **jdn von der ~ ansehen** to give sb a sidelong glance; **auf die *or* zur ~ gehen *or* treten** to step aside; **an der ~ (einer Reihe) sitzen** to sit at the end (of a row); **zur ~ sprechen/sehen** to speak/look to one side; **zur ~** (*Theat*) aside; **die ~n wechseln** (*Sport*) to change ends *or* over; (*fig*) to change sides; **jdn auf seine ~ bringen *or* ziehen** to get sb on one's side; **auf einer ~ gelähmt sein** to be paralyzed in one side; **die Hände in die ~n gestemmt** with arms akimbo, with one's hands on one's hips; **jedes Ding *or* alles hat zwei ~n** there are two sides to everything; **jdm zur ~ stehen** (*fig*) to stand by sb's side; **auf jds** (*dat*) **~ stehen *or* sein** (*fig*) to be on sb's side; **das Recht ist auf ihrer ~** she has right on her side; **jdn/sich jdm an die ~ stellen** (*fig*) to put *or* set sb/oneself beside sb; **etw auf die ~ legen** (*lit, fig*) to put sth on one side, to put sth aside; (*kippen*) to put sth on its side; **jdn zur ~ nehmen** to take sb aside *or* on one side; **auf der einen ~..., auf der anderen (~)...** on the one hand ..., on the other (hand) ...; **jds starke ~** sb's forte, sb's strong point; **jds schwache ~** sb's weakness, sb's weak spot; **sich von seiner besten ~ zeigen** to show oneself at one's best; **neue ~n an jdm/etw entdecken** to discover new sides to sb/sth; **von dieser ~ kenne ich ihn gar nicht** I didn't know that side of him.

2. (*Richtung*) **von allen ~n** (*lit, fig*) from all sides; **nach allen ~n auseinandergehen** to scatter in all directions; **sich nach allen ~n umsehen/vergewissern** to look around on all sides/to check up on all sides; **er erfuhr es von dritter ~** (*fig*) he heard it from a third party; **bisher wurden von keiner ~ Einwände erhoben** so far no objections have been voiced from any quarter; **die Behauptung wurde von keiner ~/von allen ~n/von beiden ~n bestritten** nobody challenged the claim/the claim was challenged by all/both parties; **von meiner ~ aus** (*fig*) on my part.

3. (*Buch-, Zeitungs~*) page. **die erste/letzte ~** the first/last page; (*von Zeitung*) the front/back page.

seiten prep +gen auf/von ~ on the part of.

Seiten- in cpds side; (esp Tech, Sci etc) lateral; **Seiten|altar** m side altar; **Seiten|angabe** f page reference; **Seiten|ansicht** f side view; (Tech) side elevation; **Seiten|arm** m branch, feeder; (von Fluß) branch; **Seiten|ausgang** m side exit; **Seitenblick** m sidelong glance; **mit einem ~ auf** (+acc) (fig) with one eye on; **Seitenfläche** f (Tech) lateral face or surface; **Seitenflosse** f (Aviat) fin; **Seitenflügel** m side wing; (von Altar) wing; **Seitengang** m (Naut) side strake; (Rail) (side) corridor; **Seitengasse** f side-street, back-street; **Seitengebäude** nt siehe **Nebengebäude**; **Seitengewehr** nt bayonet; **Seitenhieb** m (Fechten) side cut; (fig) side-swipe; **Seitenkante** f lateral edge; **Seitenlage** f side position; **in ~ schlafen** to sleep on one's side; **seitenlang** adj several pages long, going on for pages; **etw ~ beschreiben** to devote pages to describing sth; **sich ~ über etw** (acc) **auslassen** to go on for pages about sth; **Seitenlänge** f length of a/the side; **ein gleichseitiges Dreieck mit der ~ 4,5 cm** an equilateral triangle whose sides are 4.5 cm long; **Seitenlehne** f arm(rest); **Seitenleitwerk** nt (Aviat) rudder (assembly); **Seitenlinie** f 1. (Rail) branch line; 2. (von Fürstengeschlecht) collateral line; 3. (Tennis) sideline; (Ftbl etc) touchline; **Seitenruder** nt (Aviat) rudder.

seitens prep +gen (form) on the part of.

Seitenscheitel m side parting (Brit), side part (US); **Seitenschiff** nt (Archit) (side) aisle; **Seitensprung** m (fig) bit on the side (inf) no pl, (little) infidelity; **die Versuchung, ~e zu machen** the temptation to have a bit on the side (inf); **Seitenstechen** nt stitch; **~ haben/bekommen** to have/get a stitch; **Seitenstraße** f side-street, side road; **Seitenstreifen** m verge; (der Autobahn) hard shoulder, shoulder (US); „~ nicht befahrbar" "soft verges" (Brit), "soft shoulder" (US); **Seitental** nt valley; **Seitentasche** f side pocket; **Seitenteil** m or nt side; **seitenverkehrt** adj the wrong way round; **Seitenwagen** m sidecar; **Seitenwand** f side wall; (von Schiff) side; **Seitenwände** pl (Theat) wings pl; **Seitenwechsel** m (Sport) changeover; **Seitenweg** m side road, byway, back road; **Seitenwind** m crosswind; **Seitenzahl** f 1. page number; 2. (Gesamtzahl) number of pages.

seither [zaitˈheːɐ] adv since then.

seitherig [zaitˈheːrɪç] adj siehe **bisherig.**

seitlich I adj lateral (esp Sci, Tech), side attr. **die ~e Begrenzung der Straße wird durch einen weißen Streifen markiert** the side of the road is marked by a white line.

    II adv at the side; (von der Seite) from the side. **~ von** at the side of; **er ist mir ~ ins Auto gefahren** he crashed into the side of my car.

    III prep +gen to or at the side of.

seitwärts adv sideways. **sich ~ halten** to keep to the side.

Sek., sek. abbr of **Sekunde** sec.

Sekans m -, - or **Sekanten**, **Sekante** f -, -n (Math) secant.

Sekret nt -(e)s, -e (Physiol) secretion.

Sekretär m 1. secretary. 2. (Schreibschrank) bureau, secretaire. 3. (Orn) secretary-bird.

Sekretariat nt office.

Sekretärin f secretary.

Sekretion f (Physiol) secretion.

Sekt m -(e)s, -e sparkling wine, champagne.

Sekte f -, -n sect.

Sektierer(in f) m -s, - sectarian.

sektiererisch adj sectarian.

Sektierertum nt sectarianism.

Sektion f 1. section; (esp DDR: Abteilung) department. 2. (Obduktion) post-mortem (examination), autopsy.

Sektionsbefund m post-mortem or autopsy findings pl; **Sektionschef** m (von Abteilung) head of department; **Sektionssaal** m dissection room; **sektionsweise** adv in sections.

Sektor m sector; (Sachgebiet) field.

Sektorengrenze f sector boundary.

Sektschale f champagne glass.

Sekunda f -, **Sekunden** sixth and seventh year of German secondary school.

Sekundaner(in f) m -s, - pupil in sixth and seventh year of German secondary school.

Sekundant m second.

sekundär adj secondary.

Sekundär- in cpds secondary.

Sekundarlehrer m (Sw) secondary or high (esp US) school teacher.

Sekundärliteratur f secondary literature.

Sekundarschule f (Sw) secondary school; **Sekundarstufe** f secondary or high (esp US) school level.

Sekunde f -, -n (auch Mus, Math) second. **eine ~, bitte!** just a or one second, please; **auf die ~ genau** to the second.

Sekunden pl of **Sekunda**, **Sekunde.**

Sekundenbruchteil m split second, fraction of a second; **Sekundengeschwindigkeit** f siehe **Sekundenschnelle**; **sekundenlang** I adj of a few seconds; II adv for a few seconds; **Sekundenschnelle** f: **in ~** in a matter of seconds; **Sekundenzeiger** m second hand.

sekundieren vi +dat to second; (unterstützen auch) to back up. **jdm (bei einem Duell) ~** to act as or be sb's second (in a duel).

selber dem pron siehe **selbst I.**

selbe(r, s) pron siehe **derselbe, dieselbe, dasselbe.**

Selbermachen nt do-it-yourself, DIY (inf); (von Kleidern etc) making one's own. **Möbel/Spielzeug zum ~** do-it-yourself furniture/build-it-yourself toys.

selbig pron (obs, Bibl) the same.

selbst I dem pron 1. **ich/er/sie/das Haus/die Katze ~** I myself/he himself/she herself/the house itself/the cat itself; **wir/Sie/sie/die Häuser ~** we ourselves/you yourselves/they themselves/the houses themselves; **er ist gar nicht mehr er ~** he's not himself any more; **du Esel! — ~ einer** (inf) you idiot! — same to you (inf); **sie ist die Güte ~** she's kindness itself; **~ ist der Mann/die Frau!** self-reliance is the name of the game (inf); **er bäckt sein Brot ~** he bakes his own bread; **er wäscht seine Wäsche** ~ he does his washing himself, he does his own washing; **zu sich ~ kommen** to reflect; **eine Sache um ihrer ~ willen tun** to do sth for its own sake; **sie tut mir ~ leid** I feel very sorry for her myself.

2. (*ohne Hilfe*) alone, by oneself/ himself/yourself *etc*, on one's/his/your *etc* own.

3. von ~ by myself/yourself/himself/ itself/ourselves *etc*; **das funktioniert von ~** it works by itself *or* automatically; **das regelt sich alles von ~** it'll sort itself out (by itself); **er kam ganz von ~** he came of his own accord *or* off his own bat (*inf*)

II *adv* even. **~ der Minister/Gott** even the Minister/God (himself); **~ wenn** even if.

Selbst *nt*, **-**, *no pl* self.

Selbst|achtung *f* self-respect, self-esteem.

selbständig *adj* independent; (*steuerlich*) self-employed; (*rare: getrennt*) separate. **~ denken** to think for oneself; **~ arbeiten/ handeln** to work/act independently *or* on one's own; **~ sein** (*beruflich*) to have set up on one's own; **sich ~ machen** (*beruflich*) to set up on one's own, to start one's own business; (*hum*) to go off on its own; (*verschwinden*) to grow legs (*hum*); **das entscheidet er ~** he decides that on his own *or* by himself *or* independently.

Selbständige(r) *mf decl as adj* independent businessman/ woman; (*steuerlich*) self-employed person.

Selbständigkeit *f* independence. **~ im Denken lernen** to learn to think for oneself.

Selbst|anklage *f* self-accusation; **Selbst|anzeige** *f* **1.** (*steuerlich*) voluntary declaration; **2. ~ erstatten** to come forward oneself; **Selbst|auf|opferung** *f* self-sacrifice; **Selbst|auslöser** *m* (*Phot*) delayed-action shutter release, delay timer; **Selbstbedienung** *f* self-service; **Selbstbedienungsladen** *m* self-service shop (*esp Brit*) *or* store; **Selbstbefreiung** *f* self-liberation; (*Jur*) prison escape without outside assistance; **Selbstbefriedigung** *f* masturbation; (*fig auch*) self-gratification; **Selbstbefruchtung** *f* (*Biol*) self-fertilization; **Selbstbehauptung** *f* self-assertion; **Selbstbeherrschung** *f* self-control; **die ~ wahren/ verlieren** to keep/lose one's self-control *or* temper; **Selbstbekenntnis** *nt* confession; **Selbstbe|obachtung** *f* self-observation; **Selbstbesinnung** *f* self-contemplation; **zur ~ kommen** to reflect; **dieses Erlebnis brachte sie endlich zur ~** this experience forced her to take stock of herself at last; **Selbstbestätigung** *f* self-affirmation; **das empfand er als ~** it boosted his ego; **Selbstbestäubung** *f* (*Bot*) self-pollination; **Selbstbestimmung** *f* self-determination; **Selbstbestimmungsrecht** *nt* right of self-determination; **Selbstbeteiligung** *f* (*Insur*) (percentage) excess; **Selbstbetrug** *m* self-deception; **Selbstbeweihräucherung** *f* (*pej*) self-congratulation, self-adulation, self-admiration; **Selbstbewunderung** *f* self-admiration; **selbstbewußt** *adj*

1. (*selbstsicher*) self-assured, self-confident; (*eingebildet*) self-important; **2.** (*Philos*) self-aware, self-conscious; **Selbstbewußtsein** *nt* **1.** self-assurance, self-confidence; (*Einbildung*) self-importance; **2.** (*Philos*) self-awareness, self-consciousness; **Selbstbildnis** *nt* self-portrait; **Selbstbiographie** *f* autobiography; **Selbstdarstellung** *f* self-portrayal; **Selbstdisziplin** *f* self-discipline; **Selbst|einschätzung** *f* self-assessment; **eine gesunde ~** a healthy self-awareness; **Selbst|entfaltung** *f* self-development; (*Philos*) unfolding; **Selbst|entzündung** *f* spontaneous combustion; **Selbst|erhaltung** *f* self-preservation, survival; **Selbst|erhaltungstrieb** *m* survival instinct, instinct of self-preservation; **Selbst|erkenntnis** *f* self-knowledge; **~ ist der erste Schritt zur Besserung** (*prov*) self-knowledge is the first step towards self-improvement; **selbst|ernannt** *adj* self-appointed; (*in bezug auf Titel*) self-styled; **Selbst|erniedrigung** *f* self-abasement; **Selbst|erziehung** *f* self-discipline; **Selbstfahrer** *m* **1.** (*Krankenfahrstuhl*) self-propelling wheelchair; **2.** (*Aut*) person who drives a hired car himself; **Autovermietung für ~** self-drive car hire; **wir vermieten nur an ~** we only have self-drive; **Selbstfinanzierung** *f* self-financing; **in/durch ~** with one's own resources *or* means; **selbstgebacken** *adj* home-baked, home-made; **selbstgebaut** *adj* home-made, self-made; **Haus** self-built; **selbstgebraut** *adj Bier* home-brewed; **Selbstgedrehte** *f decl as adj* roll-up (*inf*); **~ rauchen** to roll one's own; **selbstgefällig** *adj* self-satisfied, smug, complacent; **Selbstgefälligkeit** *f* self-satisfaction, smugness, complacency; **Selbstgefühl** *nt* self-esteem; **ein übertriebenes ~ besitzen** to have an exaggerated opinion of oneself, to have an oversized ego (*inf*); **selbstgemacht** *adj Möbel etc* home-made, self-made; **Marmelade etc** home-made; **selbstgenügsam** *adj* **1.** (*bescheiden*) modest (in one's demands); **2.** (*sich selbst genug*) self-sufficient; **Selbstgenügsamkeit** *f siehe adj* **1.** modesty (in one's demands); **2.** self-sufficiency; **selbstgerecht** *adj* self-righteous; **Selbstgerechtigkeit** *f* self-righteousness; **selbstgesponnen** *adj* homespun; **Selbstgespräch** *nt* **~e führen** *or* **halten** to talk to oneself; **selbstgestrickt** *adj* **1.** *Pullover etc* hand-knitted; **ist das ~?** did you knit it yourself?; **2.** *Methode etc* homespun, amateurish; **Selbsthaß** *m* self-hate, self-hatred; **selbstherrlich** *adj* (*pej*) **1.** (*eigenwillig*) high-handed; **2.** (*selbstgefällig, selbstgerecht*) self-satisfied; **Selbstherrlichkeit** *f* (*pej*) *siehe adj* **1.** high-handedness; **2.** self-satisfaction; **Selbsthilfe** *f* self-help; **zur ~ greifen** to take matters into one's own hands; **Selbst|ironie** *f* self-mockery, self-irony.

selbstisch *adj* (*geh*) selfish.

Selbst|isolierung *f* self-isolation; **Selbstjustiz** *f* arbitrary law; **~ üben** to take the law into one's own hands; **selbst-**

klebend adj self-adhesive; **Selbstkontrolle** f check on oneself; (von Computer) automatic check; **zur** ~ to keep a check on oneself; **Selbstkosten** pl (Econ) prime costs pl; **Selbstkostenpreis** m cost price; **Selbstkritik** f self-criticism; **selbstkritisch** adj self-critical; **Selbstlader** m -s, - self-loader, semi-automatic weapon or firearm; **Selbstlaut** m vowel; **Selbstlob** nt siehe **Eigenlob**; **selbstlos** adj selfless; **Selbstlosigkeit** f selflessness; **Selbstmitleid** nt self-pity; **Selbstmord** m (lit, fig) suicide; **Selbstmörder** m suicide; **ich bin doch kein** ~! (inf) I have no desire to commit suicide; **selbstmörderisch** adj (lit, fig) suicidal; **in** ~**er Absicht** intending to commit suicide; **Selbstmordgedanken** pl suicidal thoughts pl; **sich mit** ~ **tragen** to contemplate suicide; **Selbstmordversuch** m suicide attempt, attempted suicide; **Selbstporträt** nt siehe **Selbstbildnis**; **selbstquälerisch** adj self-tormenting; **selbstredend** adv of course, naturally; **Selbstregierung** f self-government; **Selbstschuß** m set-gun, spring-gun; **Selbstschutz** m self-protection; **selbstsicher** adj self-assured, self-confident; **Selbstsicherheit** f self-assurance, self-confidence; **Selbststudium** nt private study; **etw im** ~ **lernen** to learn sth by studying on one's own; **Selbstsucht** f egoism; **selbstsüchtig** adj egoistic; **selbsttätig** adj 1. (automatisch) automatic, self-acting; **damit sich nicht** ~ **ein Schuß lösen kann** so that a gun can't fire by itself; 2. (eigenständig) independent; **Selbsttäuschung** f self-deception; **Selbsttor** nt siehe **Eigentor**; **Selbsttötung** f suicide; **Selbst|überschätzung** f over-estimation of one's abilities; **das ist eine** ~, **wenn er meint ...** he's over-estimating himself or his abilities if he thinks ...; **Selbst|überwindung** f will-power; **das war echte** ~ that shows real will-power; **Selbstver|achtung** f self-contempt; **Selbstverbraucher** m **Verkauf nur an** ~ goods not for resale; **Selbstverbrennung** f **sich durch** ~ **töten** to burn oneself to death; **selbstverdient** adj ~**es Geld** money one has earned oneself; **sein** ~**es Motorrad** the motorbike he bought with the money he earned; **selbstverfaßt** adj of one's own composition; **alle seine Reden sind** ~ he writes all his speeches himself; **selbstvergessen** adj absent-minded; Blick faraway; ~ **dasitzen** to sit there lost to the world; **Selbstvergessenheit** f absent-mindedness; **Selbstverlag** m **im** ~ **erschienen** published oneself or at one's own expense; **Selbstverleugnung** f self-denial; **Selbstvernichtung** f self-destruction; **Selbstverschulden** nt one's own fault; **wenn** ~ **vorliegt ...** if the claimant is himself at fault ...; **selbstverschuldet** adj **wenn der Unfall/Verlust** ~ **ist** if the claimant is himself responsible or to blame for the accident/loss; **Selbstversicherung** f personal insurance; **Selbstversorger** m 1. ~ **sein** to be self-sufficient or self-reliant; 2. (im Urlaub

etc) self-caterer; **Appartements/Urlaub für** ~ self-catering apartments/holiday; **Selbstversorgung** f self-sufficiency, self-reliance; (in Urlaub etc) self-catering; **selbstverständlich** I adj Freundlichkeit natural; Wahrheit self-evident; **das ist doch** ~! that goes without saying, that's obvious; **vielen Dank für Ihre Hilfe — aber das ist doch** ~ thanks for your help — it's no more than anybody would have done; **kann ich mitkommen? — aber das ist doch** ~ can I come too? — but of course; **das ist keineswegs** ~ it's by no means a matter of course, it cannot be taken for granted; **etw für** ~ **halten** to take sth for granted; II adv of course; **wie** ~ as if it were the most natural thing in the world; **Selbstverständlichkeit** f naturalness; (Unbefangenheit) casualness no indef art; (von Wahrheit) self-evidence; (selbstverständliche Wahrheit etc) self-evident truth etc; **nichts zu danken, das war doch eine** ~ think nothing of it, it was no more than anyone would have done; **etw für eine** ~ **halten** to take sth as a matter of course; **das sind heute** ~**en** those are things we take for granted today; **Selbstverständnis** nt **jds** ~ the way sb sees himself/herself; **nach seinem eigenen** ~ as he sees himself; „**das** ~ **der Frau**" "how women see themselves"; **Selbstverstümmelung** f self-inflicted wound; (das Verstümmeln) self-mutilation; **Selbstversuch** m experiment on oneself; **Selbstverteidigung** f self-defence; **Selbstvertrauen** nt self-confidence; **Selbstverwaltung** f self-administration; (Verwaltungskörper) self-governing body; **Selbstverwirklichung** f self-realization; **Selbstvorwurf** m self-reproach; **Selbstwählferndienst** m (Telec) automatic dialling service, subscriber trunk dialling (Brit), STD (Brit); **Selbstwählfernverkehr** m (Telec) automatic dialling, STD system (Brit); **Selbstwertgefühl** nt feeling of one's own worth or value, self-esteem; **selbstzerstörerisch** adj self-destructive; **Selbstzerstörung** f self-destruction; **Selbstzucht** f (dated) siehe **Selbstdisziplin**; **selbstzufrieden** adj self-satisfied; **Selbstzufriedenheit** f self-satisfaction; **selbstzündend** adj self-igniting; **Selbstzweck** m end in itself; **als** ~ as an end in itself.

selchen vti (S Ger, Aus) Fleisch to smoke. **Selchfleisch** nt (S Ger, Aus) smoked meat.
selektieren* vt to select.
Selektion f selection.
selektiv adj selective.
Selektivität [zelɛktivi'tɛːt] f (Rad) selectivity; (fig) selectiveness.
Selen nt -s, no pl (abbr Se) selenium.
selig adj 1. (Rel) blessed; (old: verstorben) late. ~ **die Armen im Geiste, denn ...** (Bibl) blessed are the poor in spirit, for ... (Bibl); **bis an mein** ~**es Ende** (old, hum) until the day I die; **mein Vater** ~ (old), **mein** ~**er Vater** (old) my late father; ~ **entschlafen** (liter) departed this life; **Gott hab ihn** ~ (old) God rest his soul; siehe **Angedenken**, **geben**, **Gefilde**.

2. (*überglücklich*) overjoyed; *Lächeln auch* beatific (*liter*); *Stunden* blissful; (*inf: beschwipst*) tipsy (*inf*), merry (*inf*).

Selige(r) *mf decl as adj* **1.** (*Eccl*) blessed (*inf*). **die ~n** the Blessed. **2.** (*old*) **mein/Ihr ~r** my/your late husband.

Seligkeit *f* **1.** (*Rel*) salvation. **ewige ~** eternal salvation. **2.** (*Glück*) (supreme) happiness, bliss.

seligpreisen *vt sep irreg* **1.** (*Bibl*) to bless; **2.** (*liter: verherrlichen*) to glorify; **seligsprechen** *vt sep irreg* (*Eccl*) to beatify; **Seligsprechung** *f* (*Eccl*) beatification.

Sellerie *m* **-s, -(s)**, *f* **-, -** celeriac; (*Stangen~*) celery.

selten I *adj* rare; (*kaum vorkommend auch*) scarce. **du bist ja in letzter Zeit ein ~er Gast** you're a stranger here these days. **II** *adv* (*nicht oft*) rarely, seldom; (*besonders*) exceptionally. **nur/höchst ~** very/extremely rarely *or* seldom; **~ so gelacht!** (*inf*) what a laugh! (*inf*).

Seltenheit *f* **1.** *no pl* (*seltenes Vorkommen*) rareness, rarity. **2.** (*seltene Sache*) rarity. **das ist keine ~ bei ihr** it's nothing unusual with her.

Seltenheitswert *m* rarity value.

Selters *nt* **-, -** (*inf*), **Selter(s)wasser** *nt* soda (water).

seltsam *adj* strange; (*komisch auch*) odd, peculiar. **~ berührt** strangely moved.

seltsamerweise *adv* strangely enough.

Seltsamkeit *f* **1.** *no pl* (*Sonderbarkeit*) strangeness, oddness, peculiarity. **2.** (*seltsame Sache*) oddity.

Semantik *f* semantics *sing*.

semantisch *adj* semantic.

Semaphor [zema'foːɐ] *nt or m* **-s, -e** (*Naut, Rail*) semaphore.

Semasiologie *f* (*Ling*) semasiology.

Semester *nt* **-s, -** (*Univ*) semester (*US*), term (*of a half-year's duration*). **im 7./8. ~ sein** to be in one's 4th year; **die älteren ~** the older *or* senior students; **ein älteres ~** a senior student; (*hum*) an old boy/girl.

Semesterferien *pl* vacation *sing*; **Semesterschluß** *m* end of term, end of the semester (*US*).

Semi- *in cpds* semi-; **Semifinale** ['zeːmi-] *nt* (*Sport*) semifinal(s); **Semikolon** [zemi'koːlɔn] *nt* **-s, -s** *or* **-kola** semicolon.

Seminar *nt* **-s, -e** *or* (*Aus*) **-ien** [-iən] **1.** (*Univ*) department; (*~übung*) seminar. **2.** (*Priester~*) seminary. **3.** (*Lehrer~, Studien~*) teacher training college, college of education.

Seminararbeit *f* seminar paper.

Seminarist *m* (*Eccl*) seminarist.

Seminarschein *m* certificate of attendance for one semester (*US*) or half-year; **Seminarübung** *f* seminar.

Semiologie *f* semiology.

Semiotik *f* semiotics *sing*.

Semit(in *f)* *m* **-en, -en** Semite.

semitisch *adj* Semitic.

Semmel *f* **-, -n** (*dial*) roll. **geriebene ~** breadcrumbs *pl*.

semmelblond *adj* (*dated*) flaxen-haired; **Semmelbrösel(n)** *pl* breadcrumbs *pl*; **Semmelknödel** *m* (*S Ger, Aus*) bread dumpling; **Semmelmehl** *nt* breadcrumbs *pl*.

sen. *abbr of* **senior** sen.

Senat *m* **-(e)s, -e 1.** (*Pol, Univ*) senate. **2.** (*Jur*) Supreme Court.

Senator *m*, **Senatorin** *f* senator.

Senats- *in cpds* of the senate; **Senatsausschuß** *m* senate committee; **senatseigen** *adj* belonging to the senate.

Sendeanlage *f* transmitting installation; **Sendeantenne** *f* transmitting aerial; **Sendebereich** *m* transmission range; **Sendefolge** *f* **1.** (*Sendung in Fortsetzungen*) series *sing*; (*einzelne Folge*) episode; **2.** (*Programmfolge*) programmes *pl*; **Sendegebiet** *nt* area; **Sendehaus** *nt* studios *pl*; **Sendeleiter** *m* producer.

senden¹ *pret* **sandte** *or* **sendete**, *ptp* **gesandt** *or* **gesendet I** *vt* to send (*an + acc* to). **jdm etw ~** to send sb sth, to send sth to sb. **II** *vi* **nach jdm ~** to send for sb.

senden² *vti* (*Rad, TV*) to broadcast; *Signal etc* to transmit.

Sendepause *f* interval. **danach tritt eine ~ bis 6 Uhr ein** afterwards we shall be going off the air until 6 o'clock; **auf meine Frage hin herrschte ~** (*fig inf*) my question was met by deathly silence.

Sender *m* **-s, -** transmitter; (*~kanal*) (*Rad*) station; (*TV*) channel (*Brit*), station (*esp US*). **der ~ Prag** Radio Prague.

Senderaum *m* studio; **Sendereihe** *f* (radio/television) series.

Sendereinstellung *f* tuning; **Sender-Empfänger** *m* transceiver.

Sendesaal *m* studio; **Sendeschluß** *m* (*Rad, TV*) closedown, end of broadcasts; **und nun bis ~ and now until we close down; **Sendeturm** *m* radio tower; **Sendezeichen** *nt* call sign; **Sendezeit** *f* broadcasting time; **und damit geht unsere heutige ~ zu Ende** and that concludes our programmes for today.

Sendling *m* (*obs*) messenger, emissary.

Sendschreiben *nt* (*liter*) circular letter.

Sendung *f* **1.** *no pl* (*das Senden*) sending. **2.** (*Post~*) letter; (*Päckchen*) packet; (*Paket*) parcel; (*Comm*) consignment. **3.** (*Rad, TV*) programme; (*Rad auch*) broadcast; (*das Senden*) broadcasting; (*von Signal etc*) transmission. **4.** (*liter: Aufgabe*) mission.

Sendungsbewußtsein *nt* sense of mission.

Seneszenz *f* (*Med*) senescence.

Senf *m* **-(e)s, -e** mustard. **seinen ~ dazugeben** (*inf*) to get one's three ha'p'orth in (*Brit inf*), to have one's say.

senffarben, senffarbig *adj* mustard(-coloured); **Senfgas** *nt* (*Chem*) mustard gas; **Senfgurke** *f* gherkin pickled with mustard seeds; **Senfkorn** *nt* mustard seed; **Senfmehl** *nt* flour of mustard; **Senfpackung** *f* (*Med*) mustard poultice; **Senfsoße, Senftunke** *f* mustard sauce.

Senge *pl* (*dated inf*) **~ kriegen** to get a good hiding.

sengen I *vt* to singe. **II** *vi* to scorch. **~d und brennend** (*old, liter*) with fire and sword.

senil *adj* (*pej*) senile.

Senilität *f*, *no pl* (*pej*) senility.

senior *adj* **Franz Schulz ~** Franz Schulz senior.

Senior *m* **1.** (*auch ~chef*) boss, old boy (*inf*). **kann ich mal den ~ sprechen?** can I speak to Mr X senior? **2.** (*Sport*) senior player. **die ~en** the seniors, the senior team. **3. ~en** *pl* senior citizens *pl*; (*hum*) old folk *pl*.

Seniorenhotel *nt* hotel for the elderly; **Seniorenkarte** *f* pensioner's or senior citizen's ticket; **Seniorenmannschaft** *f* senior team; **Seniorenpaß** *m* senior citizen's travel pass; **Senioren(wohn)-haus, Senioren(wohn)heim** *nt* old people's home.

Seniorpartner *m* senior partner.

Senkblei *nt siehe* **Senklot.**

Senke *f* -, **-n** valley.

Senkel *m* **-s,** -. **1.** lace. **2.** *siehe* **Senklot.**

senken I *vt* to lower; *Lanze, Fahne* to dip; *Kopf* to bow; *Preis, Steuern auch* to decrease; (*Tech*) *Schraube, Loch, Schacht* to sink; (*Hort*) *Schößlinge, Wurzeln etc* to plant.

II *vr* to sink; (*Decke*) to sag; (*Grab, Haus, Boden, Straße auch*) to subside; (*Flugzeug*) to descend; (*Wasserspiegel auch*) to go down, to drop, to fall; (*Stimme*) to drop; (*liter: Nacht*) to fall, to descend (*über, auf* +*acc* on). **dann senkte sich ihr Blick** then she looked down, then she lowered her eyes *or* her gaze (*liter*).

Senkfuß *m* (*Med*) fallen arches *pl*; **Senkgrube** *f* cesspit; **Senkkasten** *m* caisson; **Senklot** *nt* plumbline; (*Gewicht*) plummet.

senkrecht *adj* vertical; (*Math*) perpendicular. **immer schön ~ bleiben!** (*inf*) keep your end up (*inf*); *siehe* **einzig.**

Senkrechte *f decl as adj* vertical; (*Math*) perpendicular.

Senkrechtstarter *m* (*Aviat*) vertical take-off aircraft; (*fig inf*) whizz kid (*inf*).

Senkung *f* **1.** sinking; (*von Boden, Straße*) subsidence; (*von Wasserspiegel*) fall (*gen* in), drop (*gen* in); (*als Maßnahme*) lowering; (*von Decke*) sag(ging); (*von Stimme*) lowering; (*von Preisen*) lowering (*von* of), decrease (*von* in). **2.** (*Poet*) thesis. **3.** (*Med*) *siehe* **Blutsenkung.**

Senn *m* **-(e)s, -e, Senne** *m* **-n, -n** (*S Ger, Aus*) *siehe* **Senner.**

Senne *f* -, **-n** (*S Ger, Aus*) Alpine pasture.

Senner *m* **-s,** - (*Alpine*) dairyman.

Sennerei *f* (*Gebäude*) Alpine dairy; (*Wirtschaftsform*) Alpine dairy farming.

Sennerin *f* (*Alpine*) dairymaid.

Sennhütte *f* Alpine dairy hut.

Sensation *f* sensation.

sensationell [zɛnzatsioˈnɛl] *adj* sensational.

Sensationsblatt *nt* sensational paper; **Sensationsgier** *f* (*pej*) sensation-seeking; **aus ~** for the sheer sensation; **Sensationslust** *f* desire for sensation; **sensationslüstern** *adj* sensation-seeking; **sensationslustig** *adj* sensation-loving; **Sensationsmache** *f* (*inf*) sensationalism; **Sensationsmeldung, Sensationsnachricht** *f* sensational news *sing*; **eine ~** a sensation, a scoop, a sensational piece of news; **Sensationspresse** *f* sensational papers *pl*, yellow press; **Sensationsprozeß** *m* sensational trial.

Sense *f* -, **-n 1.** scythe. **2.** (*inf*) **jetzt/dann ist**

~! that's the end!; es ist nichts mehr da, ~! there's none left, all gone!

Sensenmann *m* (*liter*) Death *no art*, Reaper (*liter*).

sensibel *adj* sensitive.

sensibilisieren* *vt* to sensitize.

Sensibilisierung *f* sensitization.

Sensibilität *f* sensitivity; (*Feingefühl auch*) sensibility.

sensitiv *adj* (*geh*) sensitive.

Sensitivität *f* (*geh*) sensitivity.

Sensor *m* sensor.

sensoriell *adj siehe* **sensorisch.**

sensorisch *adj* sensory.

Sensualismus *m* (*Philos*) sensualism, sensationalism.

Sensualität *f* sensuality.

sensuell *adj siehe* **sensorisch.**

Sentenz *f* aphorism.

sentenziös *adj* sententious.

Sentiment [sãtiˈmãː] *nt* **-s, -s** (*liter*) *siehe* **Empfindung.**

sentimental, sentimentalisch (*old*) *adj* sentimental.

Sentimentalität *f* sentimentality.

separat *adj* separate; (*in sich abgeschlossen*) *Wohnung, Zimmer* self-contained.

Separatfriede(n) *m* separate peace.

Separatismus *m* (*Pol*) separatism.

Separatist(in *f*) *m* (*Pol*) separatist.

separatistisch *adj* (*Pol*) separatist.

Séparée [zepaˈreː] *nt* **-s, -s** private room; (*Nische*) private booth.

sepia *adj inv* sepia.

Sepia *f* -, **Sepien** [-iən] **1.** (*Zool*) cuttle-fish. **2.** *no pl* (*Farbstoff*) sepia (ink).

Sepiaschale *f* cuttle-fish shell; **Sepiazeichnung** *f* sepia (drawing).

Sepsis *f* -, **Sepsen** (*Med*) sepsis.

September *m* **-(s),** - September; *siehe auch* **März.**

Septett *nt* **-(e)s, -e** (*Mus*) septet(te).

Septime *f* -, **-n, Septim** *f* -, **-en** (*Aus*) (*Mus*) seventh.

septisch *adj* septic.

Sequenz *f* sequence; (*Cards auch*) flush, run.

sequestrieren* *vt* (*Jur*) to sequester, to sequestrate.

Sera *pl of* **Serum.**

Serail [zeˈraːj, zeˈraː(l)] *nt* **-s, -s** seraglio.

Seraph [ˈzeːraf] *m* **-s, -e** *or* **-im** [-iːm] seraph.

Serbe *m* **-n, -n** Serbian.

Serbien [ˈzɛrbiən] *nt* **-s** Serbia.

Serbin *f* Serbian (woman/girl).

serbisch *adj* Serbian.

Serbokroatisch(e) *nt decl as adj* Serbo-Croat; *siehe auch* **Deutsch(e).**

Seren *pl of* **Serum.**

~ *pl of* **Serum.**

Serenade *f* serenade.

Serie [ˈzeːriə] *f* series *sing*; (*von Waren auch*) line; (*Billard*) break. **in ~ gehen** to go into production, to go onto the production line; **in ~ hergestellt werden** to be mass-produced; **das Gesetz der ~** the law of averages.

seriell *adj* *Herstellung* series *attr*. **~ hergestellt werden** to be mass-produced; **~e Musik** serial music.

Serien- [ˈzeːriən-]: **Serienfabrikation, Serienfertigung** *f* series production;

Serienhaus *nt* ordinary *or* standard house, Wimpey-type house (*Brit inf*); **Serienherstellung** *f* series production; **serienmäßig I** *adj Autos* production *attr*; *Ausstattung* standard; *Herstellung* series *attr*; **II** *adv* herstellen in series; **das wird ~ eingebaut** it's a standard fitting; **Seriennummer** *f* serial number; **Serienproduktion** *f* series production; **in ~ gehen** to go into production, to go onto the production line; **serienreif** *adj* (*Aut*) ready to go into production; **Serienschaltung** *f* (*Elec*) series connection; **Serien|übergabe** *f* (*Computers*) serial transmission; **serienweise** *adv* one after the other.

Serigraphie *f* 1. (*Verfahren*) silk-screen printing, serigraphy (*spec*). 2. (*Bild*) silk-screen print, serigraph (*spec*).

seriös *adj* serious; (*anständig*) respectable; *Firma* sound.

Seriosität *f siehe adj* seriousness; respectability; soundness.

Sermon *m* -s, -e (*pej*) sermon, lecture.

Serodiagnostik *f* serodiagnosis.

Serologie *f* serology.

serologisch *adj* serological.

Serpentine *f* winding road, zigzag; (*Kurve*) double bend. **die Straße führt in ~n den Berg hinauf** the road winds *or* zigzags its way up the mountain.

Serpentinenstraße *f* winding *or* serpentine road.

Serum *nt* -s, **Seren** *or* **Sera** serum.

Serumbehandlung *f*, **Serumtherapie** *f* serotherapy, serum-therapy.

Service¹ [zer'viːs] *nt* -(s), - *auch* [zer'viːsə] (*Geschirr*) dinner/ coffee *etc* service; (*Gläser~*) set.

Service² ['sɔːvɪs] *m or nt* -, -s (*Comm, Sport*) service; (*Sport auch*) serve.

servieren* [zer'viːrən] **I** *vt* to serve (*jdm etw* sb sth, sth to sb); (*inf: anbieten*) to serve up (*inf*) (*jdm* for sb). **jdm den Ball ~** (*Ftbl etc*) to pass the ball to sb; (*Tennis*) to hit the ball right to sb; **er bekam den Ball toll serviert** the ball was beautifully set up for him.
II *vi* to serve. **es ist serviert!** lunch/ dinner *etc* is served.

Serviererin [zer'viːrərɪn] *f* waitress.

Servier- [zer'viːɐ-]: **Servierfräulein** *nt* (*dated*) waitress; **Serviertisch** *m* serving table; **Serviertochter** *f* (*Sw*) waitress; **Servierwagen** *m* trolley.

Serviette [zer'vjeta] *f* serviette, napkin.

Serviettenring *m* serviette *or* napkin ring.

servil [zer'viːl] *adj* (*geh*) servile.

Servilität [zervili'tɛːt] *f* (*geh*) servility.

Servo- ['zervo-] (*Tech*): **Servobremse** *f* power *or* servo(-assisted) brake; **Servolenkung** *f* power *or* servo(-assisted) steering.

Servus ['zervʊs] *interj* (*Aus, S Ger*) (*beim Treffen*) hello; (*bei Abschied*) goodbye, so long (*inf*), cheerio (*Brit inf*).

Sesam *m* -s, -s sesame. **~, öffne dich!** open Sesame!

Sessel *m* -s, - easy chair; (*Polstersessel*) armchair; (*Aus: Stuhl*) chair.

Sessellehne *f* (chair) arm; **Sessellift** *m* chairlift.

seßhaft *adj* settled; (*ansässig*) resident. **~**

werden, sich ~ machen to settle down.

Seßhaftigkeit *f, no pl* settled form of existence; (*von Lebensweise*) settledness; (*von Volksstämmen*) sedentariness.

Session *f siehe* Sitzungsperiode.

Set *m or nt* -s, -s **1.** set. **2.** (*Deckchen*) place mat, tablemat.

Setter *m* -s, - setter.

Setz|ei *nt* fried egg.

setzen I *vt* **1.** (*hintun, hinbringen*) to put, to place, to set; (*sitzen lassen*) to sit, to place, to put. **etw auf die Rechnung/ Speisekarte** *etc* **~** to put sth on the bill/ menu *etc*; **etw an den Mund/die Lippen ~** to put sth to one's mouth/lips; **jdn an Land ~** to put *or* set sb ashore; **jdn über den Fluß ~** to take sb across the river; **Fische in einen Teich ~** to stock a pond with fish; **ein Stück auf den Spielplan ~** to put on a play; **etw auf die Tagesordnung ~** to put sth on the agenda; **etw in die Zeitung ~** to put sth in the paper; **sich** (*dat*) **etw in den Kopf** *or* **Schädel** (*inf*) **~** to take sth into one's head; **dann setzt es was** *or* **Hiebe** *or* **Prügel** (*all inf*) there'll be trouble; **seine Hoffnung/sein Vertrauen in jdn/etw ~** to put *or* place one's hopes/trust in sb/sth; **seinen Ehrgeiz in etw** (*acc*) **~** to make sth one's goal; **sein Leben an etw** (*acc*) **~** (*geh*) to devote one's life to sth.
2. (*Hort: pflanzen*) to set, to plant; (*aufziehen*) *Stander, Laternen* to put up; (*Naut*) *Segel* to set; (*Typ*) to set; (*geh: formulieren*) *Worte* to choose. **ein Gedicht/einen Text in Musik ~** to set a poem/words to music.
3. *Preis, Summe* to put (*auf* +*acc* on); (*bei Gesellschaftsspielen*) *Stein, Figur* to move. **etw als Pfand ~** to leave sth as a deposit; **Geld auf ein Pferd ~** to put *or* place *or* stake money on a horse; **auf seinen Kopf sind 100.000 Dollar gesetzt** there's 100,000 dollars on his head.
4. (*errichten, aufstellen*) to build; *Denkmal auch* to erect, to put *or* set up; (*fig*) *Norm etc* to set. **jdm ein Grabmal/ Denkmal ~** to erect *or* set up *or* build a monument to sb.
5. (*schreiben*) *Komma, Punkt* to put. **seinen Namen unter etw** (*acc*) **~** to put one's signature to sth.
6. (*bestimmen*) *Ziel, Grenze, Termin etc* to set; (*annehmen*) *Hypothese etc* to assume, to posit (*form*). **jdm/sich ein Ziel/ eine Frist ~** to set sb/oneself a goal/ deadline; **den Fall ~** to make the assumption; *siehe* gesetzt.
7. (*Hunt: gebären*) to bear, to produce.
II *vr* **1.** (*Platz nehmen*) to sit down; (*Vogel*) to perch, to alight. **sich auf einen Stuhl/seinen Platz ~** to sit down on a chair/at one's place; **sich ins Auto ~** to get into the car; **sich in die Sonne/ins Licht ~** to sit in the sun/light; **sich jdm auf den Schoß ~** to sit on sb's lap; **sich zu jdm ~** to sit with sb; **wollen Sie sich nicht zu uns ~?** won't you join us?; **darf ich mich zu Ihnen ~?** may I join you?; **bitte ~ Sie sich** please sit down, please take a seat; **setz dich doch** sit yourself down (*inf*).
2. (*Kaffee, Tee, Lösung*) to settle.
3. (*sich festsetzen: Staub, Geruch,*

Läuse) to get (*in* +*acc* into).

III *vi* **1.** (*bei Glücksspiel, Wetten*) to bet. **auf ein Pferd** ~ to bet on *or* to place a bet on *or* to back a horse; **auf jdn/etw** ~ (*lit, fig*) to put one's money on sb/sth, to back sb/sth; **hoch/niedrig** ~ to play for high/low stakes.

2. (*Typ*) to set.

3. (*springen*) (*Pferd, Läufer*) to jump; (*Mil*) to cross. **über einen Graben/Zaun/ein Hindernis** ~ to jump (over) *or* clear a ditch/fence/hurdle; **über einen Fluß** ~ to cross a river.

Setzer *m* **-s, -** (*Typ*) compositor, typesetter, comp (*Typ sl*).

Setzerei *f*, **Setzersaal** *m* (*Typ*) composing room, caseroom.

Setzfehler *m* (*Typ*) printer's error, literal; **Setzkasten** *m* case; **Setzling** *m* **1.** (*Hort*) seedling. **2.** (*Fisch*) fry; **Setzmaschine** *f* typesetting machine, typesetter; **Setzschiff** *nt* (*Typ*) galley; **Setzwaage** *f* spirit level.

Seuche *f* **-, -n** epidemic; (*fig pej*) scourge.

seuchen|artig *adj* epidemic; **sich** ~ **ausbreiten** to spread like the plague; **Seuchenbekämpfung** *f* epidemic control; **Seuchengebiet** *nt* epidemic *or* infested area *or* zone; **Seuchengefahr** *f* danger of epidemic; **Seuchenherd** *m* centre of an/the epidemic.

Seufzer *m* **-s, -** sigh.

Sex *m* **-(es)**, *no pl* sex. **sie hat viel** ~ she's very sexy.

Sex-Appeal [-ə'piːl] *m* **-s**, *no pl* sex appeal; **Sexbombe** *f* (*inf*) sex bomb (*inf*); **Sexfilm** *m* sex film, skin flick (*sl*); **Sexfoto** *nt* sexy photo.

Sexismus *m* sexism.

Sexist(in *f*) *m* sexist.

sexistisch *adj* sexist.

Sexkontrolle *f* sex check; **Sexmagazin** *nt* sex magazine; **Sexmuffel** *m* (*hum inf*) sexless person.

Sexologe *m*, **Sexologin** *f* sexologist.

Sexologie *f* sexology.

Sexprotz *m* (*hum inf*) sexual athlete; **Sexshop** ['zɛksʃɔp] *m* sex shop.

Sexta *f* **-, Sexten** ≈ *first year in a German secondary school; top year in an Austrian secondary school.*

Sextaner(in *f*) *m* **-s, -** *pupil in the first year of a German secondary school; pupil in the top year of an Austrian secondary school.*

Sextanerblase *f* (*hum sl*) weak *or* Chinese (*hum sl*) bladder.

Sextant *m* (*Naut*) sextant.

Sexte *f* **-, -n** (*Mus*) sixth.

Sexten *pl of* **Sexta.**

Sextett *nt* **-(e)s, -e** (*Mus*) sextet(te).

sexual *adj* (*rare*) sexual.

Sexual|empfinden *nt* sexual feeling; **Sexual|erziehung** *f* sex education; **Sexualforscher** *m* sexologist; **Sexualforschung** *f* sexology; **Sexualhormon** *nt* sex hormone; **Sexualhygiene** *f* sex(ual) hygiene.

sexualisieren* *vt* to eroticize.

Sexualisierung *f* eroticization.

Sexualität *f*, *no pl* sexuality.

Sexualleben *nt* sex life; **Sexualmörder** *m*

sex murderer; **Sexualpädagogik** *f* sex education; **Sexualpartner** *m* sex partner; **Sexualtrieb** *m* sex(ual) drive; **Sexualwissenschaft** *f* sexology.

sexuell *adj* sexual.

Sexus *m* **-, -** (*geh*) sexuality.

sexy ['zɛksi] *adj pred* (*inf*) sexy (*inf*).

Sezession *f* secession.

Sezessionist(in *f*) *m* secessionist.

sezessionistisch *adj* secessionist.

Sezessionskrieg *m* American Civil War.

sezieren* *vti* (*lit, fig*) to dissect.

Seziersaal *m* dissecting room.

S-förmig ['ɛs-] *adj* S-shaped.

Sgraffito [sgra'fiːto] *nt* **-s, -s** *or* **Sgraffiti** [sgra'fiːti] (*Art*) sgraffito.

Shagpfeife ['ʃɛk-] *f* shag pipe.

Shakehands ['ʃeːkhɛnts] *nt* **-, -** (*inf*) handshake. ~ **machen** to shake hands, to press the flesh (*hum inf*).

Shakespearebühne ['ʃeːkspiːɐ-] *f* Elizabethan stage.

Shakespearesch, Shakespearisch ['ʃeːkspiːrɛʃ, -ɪʃ] *adj* Shakespearean.

Shampoo(n) [ʃamˈpuː(n), ʃamˈpoː(n), ʃampoˈ(n)] *nt* **-s, -s** shampoo.

shampoonieren* [ʃampuˈniːrən, ʃampoˈn-] *vt* to shampoo.

Shawsch ['ʃɔː-] *adj* Shavian.

Sheriff ['ʃɛrɪf] *m* **-s, -s** sheriff.

Sherpa ['ʃɛrpa] *m* **-s, -s** Sherpa.

Sherry ['ʃɛri] *m* **-s, -s** sherry.

Shetland- ['ʃɛtlant-]: **Shetland|inseln** *pl* Shetland Islands *pl*, Shetlands *pl*; **Shetlandpony** *nt* Shetland pony; **Shetlandwolle** *f* Shetland wool.

Shopping-Center ['ʃɔpɪŋsɛntɐ] *nt* shopping centre.

Shorts [ʃɔːɐts, ʃɔrts] *pl* (pair of) shorts *pl*.

Shorty ['ʃɔːɐti, 'ʃɔrti] *nt* **-s, -s** *or* **Shorties** shorty pyjamas *pl*.

Show [ʃoː] *f* **-, -s** show. **eine** ~ **abziehen** (*inf*) to put on a show (*inf*).

Showgeschäft ['ʃoː-] *nt* show business; **Showmaster** ['ʃoʊmaːstɐ] *m* **-s, -** compère, emcee (*US*).

Shredder ['ʃrɛdɐ] *m* **-s, -** shredder, shredding machine.

siamesisch *adj* Siamese. ~**e Katze** Siamese cat; ~**e Zwillinge** Siamese twins.

Siamkatze *f* Siamese (cat).

Sibirien [zi'biːriən] *nt* **-s** Siberia.

sibirisch *adj* Siberian. ~**e Kälte** Siberian *or* arctic conditions *pl*.

sibyllinisch [zibyˈliːnɪʃ] *adj* sibylline, sibyllic.

sich *refl pron* **1.** (*acc*) (+*infin, bei* ,,*man*") oneself; (*3. pers sing*) himself; herself; itself; (*Höflichkeitsform*) yourself; yourselves; (*3. pers pl*) themselves.

2. (*dat*) (+*infin, bei* ,,*man*") to oneself; (*3. pers sing*) to himself; to herself; to itself; (*Höflichkeitsform*) to yourself/yourselves; (*3. pers pl*) to themselves. ~ **die Haare waschen/färben** *etc* to wash/dye *etc* one's hair; **er hat** ~ **das Bein gebrochen** he has broken his leg; **sie hat** ~ **einen Pulli gekauft/gestrickt** she bought/knitted herself a pullover, she bought/knitted a pullover for herself.

3. *acc, dat* (*mit prep*) (+*infin, bei* ,,*man*") one; (*3. pers sing*) him; her; it;

(*Höflichkeitsform*) you; (*3. pers pl*) them.
wenn man keinen Paß bei ~ (*dat*) **hat** if
one hasn't a passport with one or him (*US*),
if you haven't a passport with you; **nur an
~** (*acc*) **denken** to think only of oneself;
wenn er jemanden zu ~ (*dat*) **einlädt** if he
invites somebody round to his place.
4. (*einander*) each other, one another.
5. (*impers*) **hier sitzt/singt es ~ gut** it's
good to sit/sing here; **dieses Auto fährt ~
gut** this car drives well.

Sichel *f* -, **-n** sickle; (*Mond~*) crescent.
sicher I *adj* **1.** (*gewiß*) certain, sure. **der ~e
Tod/Sieg** certain death/victory; (**sich** *dat*)
einer Sache (*gen*) **~ sein** to be sure or
certain of sth; **sich** (*dat*) **jds/seiner selbst ~
sein** to be sure of sb/oneself; (**sich** *dat*)
seiner Sache (*gen*) **~ sein** to be sure of
what one is doing; **soviel ist ~** that/this
much is certain; **ist das~?** is that certain?;
man weiß nichts S~es we don't know anything certain.
2. (*geschützt, gefahrlos*) safe; (*geborgen*) secure; *Investition auch* secure. **vor
jdm/etw ~ sein** to be safe from sb/sth; **~
leben** to live or lead a secure life; **~ ist ~**
you can't be too sure.
3. (*zuverlässig*) reliable; *Methode auch*
sure-fire *attr* (*inf*); *Fahrer, Schwimmer*
safe; (*fest*) *Gefühl, Zusage* certain,
definite; *Hand, Einkommen, Job* steady;
Stellung secure. **ein ~er Schütze** a sure
shot; **~ auf den Beinen sein** to be steady on
one's legs; **mit ~em Instinkt** with a sure
instinct.
4. (*selbstbewußt*) (self-)confident,
(self-)assured. **~ wirken/auftreten** to give
an impression of (self-)confidence or
(self-)assurance.
II *adv* **1.** *fahren etc* safely.
2. (*natürlich*) of course. **~!** of course,
sure (*esp US*).
3. (*bestimmt*) **das wolltest du ~ nicht
sagen** surely you didn't mean that; **du hast
dich ~ verrechnet** you must have counted
wrongly; **das weiß ich ganz ~** I know that
for certain or for sure; **das ist ganz ~ das
Beste** it's quite certainly the best; **das hat
er ~ vergessen** I'm sure he's forgotten it;
(*garantiert*) he's sure to have forgotten it;
er kommt ~ auch mit he's bound or sure
or certain to want to come too.

sichergehen *vi sep irreg aux sein* to be sure;
(*sich vergewissern auch*) to make sure.

Sicherheit *f* **1.** *no pl* (*Gewißheit*) certainty.
mit an ~ grenzender Wahrscheinlichkeit
almost certainly; **das ist mit ~ richtig** that
is definitely right.
2. *no pl* (*Schutz, das Sichersein*) safety;
(*als Aufgabe von Sicherheitsbeamten etc*)
security. **~ und Ordnung** law and order;
die öffentliche ~ public safety or security;
die ~ der Bevölkerung the safety or security of the population; **soziale ~** social
security; **jdn/etw in ~ bringen** to get sb/sth
to safety; **sich in ~ bringen** to get
(oneself) to safety; **es gelang mir in letzter
Minute, mich im Keller in ~ zu bringen** at
the last minute I managed to get to the
safety of the cellar; **~ im Straßen-/
Flugverkehr** road/air safety; **in ~ sein**,
sich in ~ befinden to be safe; **sich in ~**

wiegen or **wähnen** to think oneself safe;
jdn in ~ wiegen/wähnen to lull sb into a
(false) sense of security/to think sb safe;
der ~ halber in the interests of safety; (*um
sicherzugehen*) to be on the safe side.
3. *no pl* (*Zuverlässigkeit*) (*von Mittel,
Methode, Geschmack, Instinkt*) reliability, sureness; (*Festigkeit*) (*der Hand, beim
Balancieren etc*) steadiness; (*von Fahrer,
Schwimmer*) competence; (*von Hand,
Job, Einkommen*) steadiness; (*von
Stellung*) security. **mit tödlicher ~** with
deadly accuracy.
4. *no pl* (*Selbstbewußtsein*) (self-)-
confidence, (self-)assurance. **~ im Auftreten** self-confident *etc* manner.
5. *no pl* (*Gewandtheit*) confidence, assurance, sureness.
6. (*Comm*) security; (*Pfand*) surety. **~
leisten** (*Comm*) to offer security; (*Jur*) to
stand or go bail.

Sicherheits|abstand *m* safe distance;
Sicherheits|auto *nt* safe car; **Sicher-
heitsbe|amte(r)** *m* security officer; (*Pol
auch*) security agent or man; **Sicher-
heitsbehörde** *f* security service; **Sicher-
heitsbestimmungen** *pl* safety regulations *pl;* (*betrieblich, Pol etc*) security
controls *pl* or regulations *pl;* **Sicher-
heitsbindung** *f* (*Ski*) safety binding;
Sicherheitsfaktor *m* security factor;
Sicherheitsglas *nt* safety glass; **Sicherheitsgurt** *m* (*in Flugzeug*) seat belt; (*in
Auto auch*) safety belt; **sicherheits-
halber** *adv* to be on the safe side;
Sicherheitskette *f* safety chain; **Sicher-
heitskontrolle** *f* security check; **Sicher-
heitsleistung** *f* (*Comm*) surety; (*Jur*)
bail; **Sicherheitsmaßnahme** *f* safety
precaution or measure; (*betrieblich, Pol
etc*) security measure; **Sicherheitsnadel**
f safety pin; **Sicherheitsrat** *m* security
council; **Sicherheitsrisiko** *nt* security
risk; **Sicherheitsschloß** *nt* safety or Yale
® lock; **Sicherheitsschlüssel** *m* special
key (*for safety locks*), Yale ® key;
Sicherheitstruppen *pl* security troops *pl;*
Sicherheitsventil *nt* safety valve;
Sicherheitsverschluß *m* safety catch;
Sicherheitsvorkehrung *f* safety
precaution; (*betrieblich, Pol etc*) security
precaution.

sicherlich *adv siehe* **sicher** II 2., 3.
sichern I *vt* **1.** (*gegen, vor* +*dat* against) to
safeguard; (*absichern*) to protect; (*Mil
auch*) to protect, to cover; (*sicher machen*)
Tür, Wagen, Fahrrad etc to secure; *Bergsteiger etc* to belay, to secure; (*Mil*) to
protect, to cover. **eine Feuerwaffe ~** to
put the safety catch of a firearm on.
2. jdm/sich etw ~ to get or secure sth for
sb/oneself.
II *vr* to protect oneself; (*Bergsteigen*) to
belay or secure oneself. **sich vor etw** (*dat*)
or **gegen etw ~** to protect oneself against
sth, to guard against sth.

sicherstellen *vt sep* **1.** (*in Gewahrsam nehmen*) *Waffen, Haschisch* to take
possession of. **das Tatfahrzeug wurde
sichergestellt** the vehicle used in the crime
was found (and taken in). **2.** (*garantieren*)
to guarantee.

Sicherstellung f siehe vt **1.** taking possession; finding. **2.** guarantee.

Sicherung f **1.** siehe vt **1.** safeguarding; protection; securing; belaying. **2.** (Schutz) safeguard. **3.** (Elec) fuse; (von Waffe) safety catch. **da ist (bei) ihm die ~ durchgebrannt** (fig inf) he blew a fuse (inf).

Sicherungsverwahrung f (Jur) preventive detention.

Sicht f -, no pl **1.** (Sehweite) visibility. **die ~ betrug teilweise nur 20 Meter** at times visibility was down to 20 metres; **eine ~ von 30 Metern** 30 metres' visibility; **in ~ sein/kommen** to be in/come into sight; **aus meiner/seiner** etc **~** (fig) as I see/he sees it, from my/his point of view; **auf lange/kurze ~** (fig) in the long/short term; **planen** for the long/short term. **2.** (Ausblick) view. **3.** (Comm) **auf** or **bei ~** at sight; **acht Tage nach ~** one week after sight.

sichtbar adj (lit, fig) visible. **~ werden** (fig) to become apparent; **allmählich wurden Fortschritte ~** it could gradually be seen that progress was being made.

Sichtbarkeit f, no pl visibility.

sichten vt **1.** (erblicken) to sight. **2.** (durchsehen) to look through, to examine, to inspect; (ordnen) to sift through.

Sichtflug m contact flight; **Sichtgerät** nt monitor; (Computers) VDU, visual display unit; **Sichtgrenze** f visibility limit.

Sichtkartei f visible card index.

sichtlich I adj obvious. II adv obviously, visibly.

Sichtung f siehe vt **1.** sighting. **2.** looking through (einer Sache (gen) sth), examination, inspection. **3.** sifting.

Sichtverhältnisse pl visibility sing; **Sichtvermerk** m endorsement; **Sichtwechsel** m (Fin) bill payable on demand; **Sichtweite** f visibility no art; **außer ~** out of sight.

Sickergrube f soakaway.

sickern vi aux sein to seep; (dickere Flüssigkeit auch) to ooze; (in Tropfen) to drip; (fig) to leak out; siehe auch **durchsickern**.

Sickerwasser nt water seeping through the ground.

siderisch adj (Astron) sidereal.

sie pers pron 3. pers **1.** sing gen **ihrer**, dat **ihr**, acc **sie** (von Frau, weiblichem Tier) (nom) she; (acc) her; (von Dingen) it; (von Behörde, Polizei) (nom) they pl; (acc) them pl. **wenn ich ~ wäre ... if** I were her or she (form) ...; **~ ist es** it's her, it is she (form); **wer hat das gemacht? — ~** who did that? — she did or her!; **wer ist der Täter? — ~** who is the person responsible? — she is or her!; **~ war es nicht, ich war's** it wasn't her, it was me; **~ und du/ich** you and she/she and I. **2.** pl gen **ihrer**, dat **ihnen**, acc **sie** (nom) they; (acc) them. **~ sind es** it's them; **~ sind es, die ...** it's them or it is they (form) who ...; **wer hat's zuerst bemerkt? — ~** who noticed it first? **~** they did or them (inf). **3.** (obs: als Anrede) **S~** sing you, thee (obs); pl you.

Sie I pers pron 2. pers sing or pl with 3. pers pl vb gen **Ihrer**, dat **Ihnen**, acc **Sie** you; (im Imperativ) not translated. **beeilen ~ sich!** hurry up!; **he, ~!** (inf) hey, you!

II nt **-s**, no pl polite or "Sie" form of address. **jdn per** or **mit ~ anreden** to use the polite form of address to sb, to call sb "Sie".

Sieb nt **-(e)s**, **-e** sieve; (für Erde auch) riddle; (für Korn, Gold auch) screen; (Tee~) strainer; (Gemüse~) colander. **ein Gedächtnis wie ein ~ haben** to have a memory like a sieve.

Siebbein nt (Anat) ethmoid (bone); **Siebdruck** m (silk-)screen print; (~verfahren) (silk-)screen printing.

sieben[1] I vt to pass through a sieve; Korn, Gold to screen; (Cook) to sift, to sieve.

II vi (fig inf) **solche Unternehmen ~ sehr** organisations like that pick and choose very carefully or are very selective; **es wird stark gesiebt** they pick and choose or are very selective; **bei der Prüfung wird stark gesiebt** the exam will weed a lot of people out.

sieben[2] num seven. **die S~ Weltwunder** the seven wonders of the world; **die S~ Freien Künste** the humanities, the (seven) liberal arts; **die ~ fetten und die ~ mageren Jahre** (Bibl) the seven fat and the seven lean years; siehe auch **Vier**.

Sieben f -, - or **-en** seven; siehe **Vier**.

Sieben- in cpds siehe auch **Vier**-; **siebenarmig** adj Leuchter seven-armed; **Siebenbürgen** nt (Geog) Transylvania; **Siebeneck** nt heptagon; **Siebengestirn** nt (Astron) Pleiades pl; **Siebenhügelstadt** f city of the seven hills; **siebenhundert** num seven hundred; **siebenjährig** adj seven-year-old; (sieben Jahre dauernd) seven-year attr; **der S~e Krieg** the Seven-Years' War; **siebenmal** adv seven times; **Siebenmeilenstiefel** pl (Liter) seven-league boots pl; **Siebenmeter** m (Sport) penalty; **Siebenmonatskind** nt seven-month baby; **Siebensachen** pl (inf) belongings pl, things pl; **Siebenschläfer** m **1.** (Zool) edible or fat dormouse; **2.** 27th June, day which is said to determine the weather for the next seven weeks; **siebentausend** num seven thousand.

Siebentel, Siebtel nt **-s**, - seventh.

siebentens, siebtens adv seventh(ly), in seventh place.

siebente(r, s) adj siehe **siebte(r, s)**.

siebte(r, s) adj seventh; siehe auch **vierte(r, s)**.

siebzehn num seventeen. **S~ und Vier** (Cards) pontoon; siehe auch **vierzehn**.

siebzig num seventy; siehe auch **vierzig**.

Siebziger(in f) m **-s**, -, **Siebzigjährige(r)** mf decl as adj seventy-year-old, septuagenarian.

siech adj (old, liter) ailing, infirm.

Siechtum nt, no pl (liter) infirmity.

siedeheiß adj boiling hot, scalding; **Siedehitze** f boiling heat.

siedeln vi to settle.

sieden pret **siedete** or **sott**, ptp **gesiedet** or **gesotten** I vi (Wasser, Zucker etc) to boil; (Aus, S Ger) to simmer.

II vt Seife, Leim to produce by boiling;

(Aus, S Ger) to simmer. **~d heiß/~de Hitze** boiling *or* scalding hot/heat; *(von Klima auch)* sweltering hot/sweltering heat; *siehe* **gesotten**.

Siedepunkt *m (Phys, fig)* boiling-point.

Siedewasserreaktor *m* boiling water reactor.

Siedler *m* **-s,** - settler; *(Bauer)* smallholder.

Siedlerstelle *f* smallholding.

Siedlung *f* **1.** *(Ansiedlung)* settlement. **2.** *(Siedlerstelle)* smallholding. **3.** *(Wohn~)* housing scheme *or* estate.

Siedlungshaus *nt house on a housing scheme*.

Sieg *m* **-(e)s, -e** victory *(über +acc* over); *(in Wettkampf auch)* win *(über +acc* over). **um den ~ kämpfen** to fight for victory; **den ~ davontragen** *or* **erringen** to be victorious; *(in Wettkampf auch)* to be the winner/winners; **einer Sache** *(dat)* **zum ~ verhelfen** to help sth to triumph; **von ~ zu ~ schreiten** *(geh)* to heap victory upon victory.

Siegel *nt* **-s,** - seal. **unter dem ~ der Verschwiegenheit** under the seal of secrecy; *siehe* **Buch, Brief**.

Siegellack *m* sealing wax.

siegeln *vt Urkunde* to affix a/one's seal to; *(ver~) Brief* to seal.

Siegelring *m* signet ring; **Siegelwachs** *nt* sealing wax.

siegen *vi (Mil)* to be victorious; *(fig auch)* to triumph; *(in Wettkampf)* to win. **über jdn/etw ~** *(Mil)* to vanquish sb/sth; *(fig)* to triumph over sb/sth; *(in Wettkampf)* to beat sb/sth, to win against sb/sth; **ich kam, sah und siegte** I came, I saw, I conquered.

Sieger *m* **-s,** - victor; *(in Wettkampf)* winner. **zweiter ~** runner-up; **als ~ hervorgehen** to emerge victorious.

Siegerehrung *f (Sport)* presentation ceremony.

Siegerin *f* victress *(liter)*; *(in Wettkampf)* winner.

Siegerkranz *m* victor's laurels *pl*; **Siegermacht** *f usu pl (Pol)* victorious power; **Siegerurkunde** *f (Sport)* winner's certificate.

siegesbewußt *adj* confident of victory; **Siegesdenkmal** *nt* victory monument; **Siegesfeier** *f* victory celebrations *pl*; *(Sport)* victory celebration; **siegesgewiß** *adj siehe* **siegessicher**; **Siegesgöttin** *f* goddess of victory; **Siegeskranz** *m* victor's laurels *pl*; **Siegespalme** *f* palm (of victory); **Siegespreis** *m* winner's prize; *(Boxen)* winner's purse; **Siegessäule** *f* victory column; **Siegesserie** *f* series *sing* of victories/wins; **siegessicher** *adj* certain *or* sure of victory; **Siegestaumel** *m* triumphant euphoria; **siegestrunken** *adj (liter)* drunk with victory; **Siegeszug** *m* triumphal march.

siegewohnt *adj* used to victory/winning; **sieghaft** *adj siehe* **siegesbewußt**; **siegreich** *adj* victorious, triumphant; *(in Wettkampf)* winning *attr*, successful.

sieh, siehe *imper sing of* **sehen**.

siehste *(inf)* **2. pers sing present of sehen** *(inf)* (you) see.

Siel *nt or m* **-(e)s, -e** *(Schleuse)* sluice; *(Abwasserkanal)* sewer.

Siele *f* **-, -n** trace. **in den ~n sterben** *(fig)* to die in harness.

siena ['ʦɪeːna] *adj inv* sienna.

Sierra [siˈɛra] *f* **-, -s** *or* **Sierren** [siˈɛrən] *(Geog)* sierra.

siezen *vt* **jdn/sich ~** to use the formal term of address to sb/each other, to address sb/each other as "Sie".

Sigel *nt* **s, -, Sigle** ['ziːgl] *f* **-, -n** short form.

Signal *nt* **-s, -e** signal. **(ein) ~ geben** to give a signal; **mit der Hupe (ein) ~ geben** to hoot (as a signal); **~e setzen** *(fig)* to blaze a trail.

Signalanlage *f* signals *pl*, set of signals.

Signalement [zɪgnaləˈmã:] *nt* **-s, -s** *(Sw)* (personal) description.

Signalflagge *f* signal flag; **Signalgast** *m* signalman; **Signalhorn** *nt (Hunt)* (hunting) horn; *(Mil)* bugle.

signalisieren* *vt (lit, fig)* to signal.

Signalkelle *f* signalling disc; **Signallampe, Signallaterne** *f* signalling lamp; *(installiert)* signal lamp; **Signalmast** *m* signal mast; **Signalpfeife** *f* whistle; **Signalpistole** *f* Very pistol; **Signaltechnik** *f* signalling.

Signatar *m (form)* signatory *(gen* to).

Signatarmächte *pl* signatory powers *pl*.

Signatur *f* **1.** *(Unterschrift, Buch~)* signature. **2.** *(auf Landkarten)* symbol. **3.** *(Bibliotheks~)* shelf mark.

Signet [zɪˈgneːt, zɪˈgnɛt, zɪnˈjeː] *nt* **-s, -s** *(Typ)* publisher's mark.

signieren* *vt* to sign; *(mit Anfangsbuchstaben auch)* to initial.

Signierung *f, no pl siehe vt* signing; initialling.

signifikant *adj (geh)* significant.

Silage [ziˈlaːʒə] *f* **-, no pl** *(Agr)* silage.

Silbe *f* **-, -n** syllable. **~ für ~** *(fig)* word for word; **er hat es mit keiner ~ erwähnt** he didn't say a word about it.

Silbenrätsel *nt* word game in which the answers are obtained by combining syllables from a given list; **Silbenschrift** *f* syllabary; **Silbentrennung** *f* syllabification; **silbenweise** *adv* in syllables.

Silber *nt* **-s, no pl** *(abbr* **Ag)** silver; *(Tafelbesteck auch)* silverware; *(Her)* argent. **aus ~** made of silver; *siehe* **reden**.

Silber- *in cpds* silver; **Silberbesteck** *nt* silver(ware), silver cutlery; **Silberblick** *m (inf)* squint; **Silberdistel** *f* carline thistle; **silberfarben, silberfarbig** *adj* silver(-coloured), *(Her)* argent; **Silberfischchen** *nt* silverfish; **Silberfolie** *f* silver foil; **Silberfuchs** *m* silver fox; **Silbergeld** *nt* silver; **silbergrau** *adj* silver(y)-grey; **Silberhaar** *nt (poet)* silver(y) hair; *(von Mann auch)* hoary head *(poet)*; **silberhaltig** *adj* silverbearing, argentiferous *(spec)*; **silberhell** *adj Stimme, Lachen* silvery; **Silberhochzeit** *f* silver wedding (anniversary); **Silberling** *m (Bibl)* piece of silver; **Silberlöwe** *m* puma.

silbern *adj* silver; *(liter) Licht, Stimme, Haare* silvery *(liter)*, silvern *(poet)*. **~e Hochzeit** silver wedding (anniversary).

Silberpappel *f* white poplar; **Silberschmied** *m* silversmith; **Silberstreif(en)** *m (fig)* **es zeichnete sich ein ~ am Horizont**

ab you/they *etc* could see light at the end of the tunnel; **Silberstück** *nt* silver coin; **Silbertanne** *f siehe* **Edeltanne**; **Silberwaren** *pl* silver *sing*; **silberweiß** *adj* silvery white.

-silbig *adj suf* **fünf~/zehn~ sein** to have five/ten syllables; **ein sechs~es Wort** a word with six syllables.

silbrig *adj* silvery.

Silhouette [zi'luetə] *f* silhouette. **sich als ~ gegen etw abheben** *or* **abzeichnen** to be silhouetted against sth.

Silicium *nt* **-s**, *no pl siehe* **Silizium**.

Silikat, Silicat (*spec*) *nt* **-(e)s**, **-e** silicate.

Silikon *nt* **-s**, **-e** silicone.

Silikose *f* **-**, **-n** (*Med*) silicosis.

Silizium *nt* **-s**, *no pl* (*abbr* **Si**) silicon.

Siliziumscheibe *f* silicon chip.

Silo *m* **-s**, **-s** silo.

Silur *nt* **-s**, *no pl* (*Geog*) Silurian.

Silvaner [zil'va:nɐ] *m* **-s**, **-** sylvaner (grape/wine).

Silvester [zil'vɛstɐ] *m or nt* **-s**, **-** New Year's Eve, Hogmanay (*esp Scot*).

Silvester|abend *m* New Year's Eve, Hogmanay (*esp Scot*); **Silvesterfeier** *f* New Year's Eve *or* New Year party; **Silvesternacht** *f* night of New Year's Eve *or* Hogmanay (*esp Scot*).

Simbabwe *nt* **-s** Zimbabwe.

Simonie *f* simony.

simpel *adj* simple; *Mensch auch* simpleminded; (*vereinfacht*) simplistic.

Simpel *m* **-s**, **-** (*inf*) simpleton.

Simplex *nt* **-**, **-e** *or* **Simplizia** (*Gram*) simplex.

Simplifikation *f* (*geh*) simplification.

simplifizieren* *vt* (*geh*) to simplify.

Sims *m or nt* **-es**, **-e** (*Fenster~*) (window)sill; (*außen auch*) (window)ledge; (*Gesims*) ledge; (*Kamin~*) mantelpiece.

Simulant(in *f*) *m* malingerer.

Simulation *f* simulation.

Simulator *m* (*Sci*) simulator.

simulieren* *vi* **1.** to feign illness. **er simuliert nur** he's shamming; (*um sich zu drücken auch*) he's malingering. **2.** (*inf: nachdenken*) to meditate, to ruminate. **II** *vt* **1.** *Krankheit* to feign, to sham. **2.** (*Sci*) to simulate.

simultan *adj* simultaneous.

Simultandolmetschen *nt* **-s**, *no pl* simultaneous translation; **Simultandolmetscher** *m* simultaneous translator.

Simultaneität [zimʊltanei'tɛ:t], **Simultanität** *f* (*geh*) simultaneity, simultaneousness.

Simultankirche *f* church used by several denominations.

sin. *abbr of* **Sinus**.

Sinai ['zi:nai] *m* **-(s)**, **Sinaihalb|insel** *f* Sinai (Peninsula).

sind *1. and 3. pers pl, bei Sie sing and pl present of* **sein**.

sine tempore *adv abbr* **s.t.** (*Univ*) punctually.

Sinfonie *f* symphony.

Sinfonie|orchester *nt* symphony orchestra.

Sinfoniker(in *f*) *m* **-s**, **-** member of a symphony orchestra. **die Bamberger ~** the Bamberg Symphony Orchestra.

sinfonisch *adj* symphonic.

Singapur ['zɪŋgapu:ɐ] *nt* **-s** Singapore.

singbar *adj* singable; **schwer ~ sein** to be hard to sing.

singen *pret* **sang**, *ptp* **gesungen** **I** *vi* **1.** (*lit*, *fig*) to sing; (*esp Eccl: eintönig, feierlich*) to chant; (*Telegraphendrähte auch*) to buzz, to hum. **zur Gitarre ~** to sing to the guitar; **ein ~der Tonfall** a lilt, a lilting accent; *siehe* **Alte(r)**.
2. (*sl: gestehen*) to squeal (*sl*), to sing (*sl*), to talk.
II *vt* (*lit*, *fig*) to sing; (*esp Eccl*) *Psalmen, Kanon* to chant. **jdn in den Schlaf** *or* **Schlummer** (*liter*) **~** to sing sb to sleep; **das kann ich schon ~** (*inf*) I know it backwards.
III *vr* **sich heiser ~** to sing oneself hoarse; **sich müde ~** to sing until one is tired; **das Lied singt sich leicht** it's an easy song to sing.

Singerei *f* (*inf*) singing.

Singhalese [zɪŋga'le:zə] *m* **-n**, **-n**, **Singhalesin** *f* Sin(g)halese.

singhalesisch(e) [zɪŋga'le:zɪʃ(ə)] *nt decl as adj* Sin(g)halese.

Single¹ ['sɪŋgl] *f*, **-**, **-(s)** (*Schallplatte*) single.

Single² ['sɪŋgl] *nt* **-**, **-(s)** (*Tennis etc*) singles *sing*.

Single³ ['sɪŋgl] *m* **-s**, **-s** (*Alleinlebender*) single. **Urlaub für ~s** singles' holiday.

Singsang *m* **-s**, **-s** **1.** (*Liedchen*) ditty; **2.** (*Gesang*) monotonous singing; **3.** (*singende Sprechweise*) singsong; **Singspiel** *nt* lyrical drama; **Singstimme** *f* vocal part.

Singular *m* singular.

singulär *adj* (*geh*) unique.

singularisch *adj* (*Gram*) singular.

Singvogel *m* song-bird; **Singweise** *f* way of singing.

sinister *adj* (*geh*) sinister.

sinken *pret* **sank**, *ptp* **gesunken** *vi aux sein* **1.** to sink; (*Schiff auch*) to go down; (*Ballon*) to descend; (*Nebel*) to come down, to descend (*liter*). **auf den Grund ~** to sink to the bottom; **auf einen Stuhl/zu Boden ~** to sink into a chair/to the ground; **ins Bett ~** to fall into bed; **in Schlaf ~** to sink into a sleep; **in Ohnmacht ~** (*geh*) to swoon, to fall into a faint; **ich hätte in die Erde ~ mögen** I wished the earth would (open and) swallow me up; **sein Stern ist im** *or* **am S~** (*geh*) his star is waning; **die Arme/den Kopf ~ lassen** to let one's arms/head drop.
2. (*Boden, Gebäude*) to subside, to sink; (*Fundament*) to settle. **in Staub** *or* **Trümmern/in Schutt und Asche ~** (*geh*) to fall in ruins/be reduced to a pile of rubble.
3. (*niedriger werden: Wasserspiegel, Temperatur, Preise etc*) to fall, to drop.
4. (*schwinden*) (*Ansehen, Vertrauen*) to diminish; (*Einfluß auch*) to wane, to decline; (*Hoffnung, Stimmung*) to sink. **den Mut/die Hoffnung ~ lassen** to lose courage/hope.
5. (*moralisch*) to sink. **tief gesunken sein** to have sunk low; **in jds Meinung/Achtung** (*dat*) **~** to go down in sb's estimation.

Sinn *m* **-(e)s**, **-e 1.** (*Wahrnehmungsfähigkeit*)

sense. **die ~e** (*sinnliche Begierde*) one's desires; **seiner ~e** (*gen*) **nicht mehr mächtig sein, nicht mehr Herr seiner ~e** (*gen*) **sein** to have lost all control over oneself; *siehe* **fünf, sechste(r, s).**

2. ~e *pl* (*Bewußtsein*) senses *pl*, consciousness; **er war von** *or* **nicht bei ~en** he was out of his senses *or* mind; **wie von ~en** like one demented; **bist du noch bei ~en?** have you taken leave of your senses?

3. (*Gedanken, Denkweise*) mind. **sich** (*dat*) **jdn/etw aus dem ~ schlagen** to put sb/(all idea of) sth out of one's mind, to forget all about sb/sth; **es kommt** *or* **will mir nicht aus dem ~** (*geh*) I can't get it out of my mind; **es kam mir plötzlich in den ~** it suddenly came to me; **das will mir einfach nicht in den ~** I just can't understand it; **etw im ~ haben** to have sth in mind; **anderen ~es werden** (*geh*), **seinen ~ ändern** (*geh*) to change one's mind; **(mit jdm) eines ~es sein** (*geh*) to be of the same mind (as sb), to be of one mind.

4. (*Wunsch*) inclination. **danach steht ihm der ~** (*geh*) that is his wish.

5. (*Verständnis, Empfänglichkeit*) feeling. **dafür fehlt ihm der ~** he has no feeling for that sort of thing; **~ für Humor/ Proportionen/Gerechtigkeit** *etc* **haben** to have a sense of humour/proportions/ justice *etc*; **~ für Kunst/Literatur/ das Höhere haben** to appreciate art/literature/ higher things.

6. (*Geist*) spirit. **dem ~e des Gesetzes nach** according to the spirit of the law; **in jds ~e** (*dat*) **handeln** to act as sb would have wished; **im ~e des Verstorbenen** in accordance with the wishes of the deceased; **das ist nicht in meinem ~e** that is not what I myself would have done/ wished *etc*.

7. (*Zweck*) point. **das ist nicht der ~ der Sache** that is not the point, that is not the object of the exercise; **~ und Zweck einer Sache** (*gen*) the (aim and) object of sth; **der ~ des Lebens** the meaning of life; **ohne ~ und Verstand sein** to make no sense at all; **das hat keinen ~** there is no point *or* sense in that; **es hat keinen ~, jetzt noch loszugehen** there's no point *or* sense (in) starting out now; **was hat denn das für einen ~?** what's the point of *or* in that *or* the sense in that?

8. (*Bedeutung*) meaning; (*von Wort, Ausdruck auch*) sense. **im übertragenen/ weiteren ~** in the figurative/broader sense; **der Satz (er)gibt keinen ~** the sentence doesn't make sense.

Sinnbild *nt* symbol; **sinnbildlich** *adj* symbolic(al).

sinnen *pret* **sann,** *ptp* **gesonnen** (*geh*) **I** *vi* **1.** (*nachdenken*) to meditate, to ponder, to muse; (*grübeln*) to brood. **über etw** (*acc*) **~** to reflect on/brood over sth.

2. (*planen*) **auf etw** (*acc*) **~** to devise sth, to think sth up, to think of sth; **auf Verrat/Rache ~** to plot treason/revenge; **all sein S~ und Trachten** all his mind and energies.

II *vt* (*old liter*) *Verrat, Rache* to plot.

Sinnenfreude *f* enjoyment of the pleasures of life; **sinnenfreudig, sinnenfroh** *adj*

ein ~er Mensch a person who enjoys the pleasures of life.

sinn|entleert *adj* bereft of content; **sinn- |entstellend** *adj* **~ sein** to distort the meaning; **~ übersetzt** translated so that the meaning is/was distorted.

Sinnenwelt *f* (*liter*) material world.

Sinnes|änderung *f* change of mind *or* heart; **Sinnes|eindruck** *m* sensory impression, impression on the senses; **Sinnesnerv** *m* sensory nerve; **Sinnes|organ** *nt* sense organ; **Sinnesreiz** *m* sensory stimulus; **Sinnestäuschung** *f* hallucination; **Sinneswahrnehmung** *f* sensory perception *no pl*; **Sinneswandel** *m* change of mind *or* heart.

sinnfällig *adj* manifest, obvious; **Sinngebung** *f* (*geh*) giving meaning (+ *gen* to); (*Sinn*) meaning; **Sinngedicht** *nt* epigram; **sinngemäß** *adj* **1.** (*inhaltlich*) **etw ~ wiedergeben** to give the gist of sth; **2.** (*analog*) corresponding, analogous; **etw ~ anwenden** to apply sth by analogy; **sinngetreu** *adj Übersetzung* faithful (to the sense *or* meaning).

sinnieren* *vi* to brood (*über* +*acc* over), to ruminate (*über* +*acc* about).

sinnig *adj* apt; *Vorrichtung* practical.

sinnlich *adj* **1.** (*Philos*) *Empfindung, Eindrücke* sensory, sensorial. **die ~e Welt** the material world; **~ wahrnehmbar** perceptible by the senses. **2.** (*vital, sinnenfroh*) sensuous; (*erotisch*) sensual. **~e Liebe** sensual love.

Sinnlichkeit *f* **1.** (*Philos*) sensory *or* sensorial nature. **2.** (*Vitalität, Sinnenfreude*) sensuousness; (*Erotik*) sensuality.

sinnlos *adj* **1.** (*unsinnig*) *Redensarten, Geschwätz* meaningless; *Verhalten, Töten* senseless.

2. (*zwecklos*) pointless, futile, senseless; *Hoffnung* forlorn. **es ist/wäre ~, zu ...** it is/would be pointless *or* futile to ...; **das ist völlig ~** there's no sense in that, that's completely pointless.

3. *Wut* blind; *Hast* desperate. **~ betrunken** blind drunk.

Sinnlosigkeit *f* **1.** *siehe adj 1.* (*Unsinnigkeit*) meaninglessness; senselessness. **2.** *siehe adj 2.* (*Zwecklosigkeit*) pointlessness, futility, senselessness; forlornness.

sinnreich *adj Deutung* meaningful; (*zweckdienlich*) *Einrichtung, Erfindung* useful; **Sinnspruch** *m* epigram; **sinnverwandt** *adj* synonymous; **~e Wörter** synonyms; **Sinnverwandtschaft** *f* synonymity; **sinnvoll** *adj* **1.** *Satz* meaningful; **2.** (*fig*) (*vernünftig*) sensible; (*nützlich*) useful; **sinnwidrig** *adj* nonsensical, absurd.

Sinologe *m*, **Sinologin** *f* Sinologist.

Sinologie *f* Sinology.

Sinter *m* **-s, -** (*Miner*) sinter.

sintern *vti* to sinter.

Sintflut *f* (*Bibl*) Flood. **nach mir/uns die ~** (*inf*) it doesn't matter what happens when I've/we've gone.

sintflut|artig *adj* **~e Regenfälle** torrential rain.

Sinus *m* **-, -** *or* **-se 1.** (*Math*) sine. **2.** (*Anat*) sinus.

Siphon ['zi:fõ] *m* **-s, -s** siphon.

Sippe *f* **-, -n** (extended) family, kinship

group (*spec*); (*inf: Verwandtschaft*) family, clan (*inf*); (*Zool*) species *sing*.

Sippen|älteste(r) *mf* head of the family; **Sippenhaft** (*inf*), **Sippenhaftung** (*Jur*) *f* liability of all the members of a family for the crimes of one member; **Sippenverband** *m* kinship group.

Sippschaft *f* (*pej inf*) (*Familie*) tribe (*inf*); (*Bande, Gesindel auch*) bunch (*inf*).

Sire [si:r] *interj* (*old liter*) Sire (*old*).

Sirene *f* -, **-n** (*Myth, Tech, fig*) siren; (*Zool*) sirenian.

Sirenengeheul *nt* wail of a/the siren/sirens; **Sirenengesang** *m* siren song.

sirren *vi siehe* **surren**.

Sirup *m* -**s**, **-e** syrup; (*schwarz, aus Zuckerrohr auch*) treacle.

Sisal(hanf) *m* -**s** sisal (hemp).

Sisalteppich *m* sisal mat.

sistieren* *vt* (*Jur*) *Verdächtigen* to detain; *Verfahren* to adjourn.

Sistierung *f* (*Jur*) *siehe vt* detention; adjournment.

Sisyphus|arbeit ['zi:zyfʊs-] *f* Sisyphean task (*liter*), never-ending task.

Sitte *f* -, **-n** 1. (*Brauch*) custom; (*Mode*) practice. **~ sein** to be the custom/the practice; **~n und Gebräuche** customs and traditions.

2. *usu pl* (*gutes Benehmen*) manners *pl*; (*Sittlichkeit*) morals *pl*. **gegen die (guten) ~n verstoßen, ~ und Anstand verletzen** to offend common decency; **gute ~n** good manners *pl*; **was sind denn das für ~n?** what sort of a way is that to behave!

3. (*sl: Sittenpolizei*) vice squad.

Sitten|apostel *m* (*pej*) moralizer; **Sittenbild** *nt* (*Art*) genre picture; **ein ~ aus dem alten Rußland** a picture or portrayal of the life and customs in the Russia of old; **Sittendezernat** *nt* vice squad; **Sittengemälde** *nt siehe* **Sittenbild**; **Sittengeschichte** *f* **~ Roms** history of Roman life and customs; **Sittengesetz** *nt* moral law; **Sittenlehre** *f* ethics *sing*; **Sittenlehrer** *m* moralist; **sittenlos** *adj* immoral; **Sittenlosigkeit** *f* immorality; **Sittenpolizei** *f* vice squad; **sittenstreng** *adj* highly moral; **Sittenstrenge** *f* strict morality; **Sittenstrolch** *m* (*Press sl*) sex fiend; **Sittenverfall** *m* decline or drop in moral standards; **sittenwidrig** *adj* (*form*) immoral.

Sittich *m* -**s**, **-e** parakeet.

sittlich *adj* moral. **ihm fehlt die ~e Reife** he's morally immature; **er verlor jeden ~en Halt** he became morally unstable.

Sittlichkeit *f, no pl* morality.

Sittlichkeitsdelikt *nt* sexual offence; **Sittlichkeitsverbrechen** *nt* sex crime; **Sittlichkeitsverbrecher** *m* sex offender.

sittsam *adj* demure.

Sittsamkeit *f* demureness.

Situation *f* situation; (*persönliche Lage auch*) position.

Situationskomik *f* comicalness or comedy of the situation/situations; (*Art der Komik*) situation comedy, sitcom (*inf*).

situiert *adj* **gut/schlecht ~ sein** to be well/poorly situated financially; *siehe* **gutsituiert**.

Sitz *m* -**es**, **-e** 1. (*~platz, Parl*) seat. **~ und Stimme haben** to have a seat and a vote.

2. (*von Regierung, Graf, Universität, fig*) seat; (*Wohn~*) residence, domicile (*form*); (*von Firma, Verwaltung*) headquarters *pl*. **diese Stadt ist der ~ der Forstverwaltung** the forestry authority has its headquarters in this town.

3. *no pl* (*Tech, von Kleidungsstück*) sit; (*von der Größe her*) fit. **einen guten/schlechten ~ haben** to sit/fit well/badly.

4. *no pl* (*von Reiter*) seat.

Sitzbad *nt* sitz or hip bath; **Sitzbadewanne** *f* sitz or hip bath; **Sitzbank** *f* bench.

sitzen *vi pret* **saß**, *ptp* **gesessen** *aux haben* or (*Aus, S Ger, Sw*) **sein** 1. to sit; (*auf Mauer, Stuhllehne etc auch, Vogel*) to perch. **bitte bleiben Sie ~!** please don't get up; **~ Sie bequem?** are you comfortable?; **hier sitzt man sehr bequem** it's very comfortable sitting here; **auf der Toilette ~** to be on (*inf*) or in the toilet; **etw im S~ tun** to do sth sitting down; **beim Mittagessen ~** to be having lunch; **beim Wein/Schach ~** to sit over a glass of wine/a game of chess; **an einer Aufgabe/über den Büchern ~** to sit over a task/one's books.

2. (*Modell ~*) to sit (*jdm* for sb).

3. (*seinen Sitz haben*) (*Regierung, Gericht etc*) to sit; (*Firma*) to have its headquarters.

4. (*Mitglied sein*) (*im Parlament*) to have a seat (*in +dat* in); (*im Vorstand, Aufsichtsrat etc*) to be or sit (*in +dat* on).

5. (*inf: im Gefängnis ~*) to be inside (*inf*). **gesessen haben** to have done time (*inf*), to have been inside (*inf*); **er mußte zwei Jahre ~** he had to do two years (*inf*).

6. (*sein*) to be. **er sitzt in Bulgarien/im Kultusministerium** (*inf*) he's in Bulgaria/the ministry of culture; **die Verfolger saßen uns auf den Fersen** our pursuers were hard on our heels.

7. (*angebracht sein: Deckel, Schraube etc*) to sit. **der Deckel/die Schraube sitzt fest** the lid is on tightly/the screw is in tightly; **locker ~** to be loose.

8. (*stecken*) to be (stuck). **fest ~** to be stuck tight(ly); **der Splitter saß fest in meinem Fuß** the splinter wouldn't come out of my foot.

9. (*im Gedächtnis ~*) to have sunk in.

10. (*seinen Herd haben*) (*Infektion, Schmerz*) to be; (*fig: Übel, Haß, Schmerz auch*) to lie.

11. (*Kleid, Frisur*) to sit. **deine Krawatte sitzt nicht richtig** your tie isn't straight; **sein Hut saß schief** his hat was (on) crooked.

(*inf: treffen*) to hit home. **das saß** or **hat gesessen!** that hit home.

12. **einen ~ haben** (*inf*) to have had one too many.

sitzenbleiben *vi sep irreg aux sein* (*inf*) 1. (*Sch*) to stay down (a year), to have to repeat a year. 2. **auf einer Ware ~** to be left with a product. 3. (*Mädchen*) (*beim Tanz*) to be left sitting; (*nicht heiraten*) to be left on the shelf (*inf*).

Sitzenbleiber(in *f*) *m* -**s**, - (*inf*) pupil who has to repeat a year.

sitzend *adj attr Lebensweise etc* sedentary.

sitzenlassen vt sep irreg ptp ~ or **sitzengelassen** (inf) **1.** (Sch: nicht versetzen) to keep down (a year). **2.** (hinnehmen) **eine Beleidigung** etc **nicht auf sich** (dat) ~ not to stand for or take an insult etc. **3.** jdn ~ (im Stich lassen) to leave sb in the lurch; (warten lassen) to leave sb waiting; **Freund(in)** (durch Nichterscheinen) to stand sb up. **4.** (nicht heiraten) to jilt, to walk out on.

Sitzfleisch nt (inf) ability to sit still; ~ **haben** to be able to sit still; (hum: Besucher) to stay a long time; **er hat kein** ~ (läßt schnell nach) he can't stick at anything; (ist nervös) he can't sit still; **Sitzgelegenheit** f seats pl, seating (accommodation); **eine** ~ **suchen** to look for somewhere to sit or for a seat; **Sitzkissen** nt (floor) cushion; **Sitz|ordnung** f seating plan; **Sitzplatz** m seat; **Sitzreihe** f row of seats; **Sitzstreik** m sit-in.

Sitzung f **1.** (Konferenz) meeting; (Jur: Gerichtsverhandlung) session; (Parlaments~) sitting. **2.** (Einzel~) (bei Künstler) sitting; (bei Zahnarzt) visit; (sl: Toilettenbesuch) session. **spiritistische** ~ séance.

Sitzungsbericht m minutes pl; **Sitzungsperiode** f (Parl) session; (Jur) term; **Sitzungssaal** m conference hall; (Jur) courtroom; **Sitzungszimmer** nt conference room.

sixtinisch adj Sistine.
Sizilianer(in f) m **-s,** - Sicilian.
sizilianisch adj Sicilian.
Sizilien [zi'tsi:liən] nt **-s** Sicily.
Skai® nt **-(s),** no pl imitation leather.
Skala f **-,** **Skalen** or **-s** (Gradeinteilung, Mus) scale; (Reihe gleichartiger Dinge) range; (fig) gamut, range.
Skalp m **-s, -e** scalp.
Skalpell nt **-s, -e** scalpel.
skalpieren* vt to scalp.
Skandal m **-s, -e** scandal; (inf: Krach) to-do (inf), fuss. **einen** ~ **machen** to create or cause a scandal; to make a to-do (inf) or fuss; **das ist ein** ~! it's scandalous or a scandal.
Skandalblatt nt (pej) scandal sheet; **Skandalgeschichte** f (bit or piece of) scandal; **Skandalnudel** f (hum) **sie ist eine richtige** ~ she's always involved in some scandal or other.
skandalös adj scandalous.
Skandalpresse f (pej) gutter press; **Skandalprozeß** m sensational trial or case; **skandal|umwittert** adj (Press sl) surrounded by scandal.
skandieren* vti to scan.
Skandinavien [skandi'na:viən] nt **-s** Scandinavia.
Skandinavier(in f) [skandi'na:viɐ, -iərɪn] m **-s,** - Scandinavian.
skandinavisch adj Scandinavian.
Skandium nt **-s,** no pl (abbr Sc) scandium.
Skarabäus [skara'bɛ:ʊs] m **-,** **Skarabäen** [-'bɛ:ən] scarab.
Skat m **-(e)s, -e** (Cards) skat. ~ **spielen** or **dreschen** (inf) or **kloppen** (sl) to play skat.
Skatspieler m skat player.
Skelett nt **-(e)s, -e** (lit, fig) skeleton.

Skepsis f **-,** no pl scepticism. **mit/voller** ~ sceptically.
Skeptiker(in f) m **-s,** - sceptic.
skeptisch adj sceptical.
Sketch [skɛtʃ] m **-(es), -e(s)** (Art, Theat) sketch.
Ski [ʃi:] m **-s,** - or **-er** [ʃi:ɐ] ski. ~ **laufen** or **fahren** to ski.
Ski- in cpds ski; **Ski|ausrüstung** f skiing gear; **Skibob** m skibob.
Skier [ʃi:ɐ] pl of **Ski.**
Skifahrer(in f) m skier.
Ski- [ʃi:-]: **Skifliegen** nt, **Skiflug** m ski flying; **Skigebiet** nt ski(ing) area; **Skihase** m, **Skihaserl** nt **-s, -n** (hum inf) girl skier; **Skihose** f (pair of) ski pants pl; **Skihütte** f ski hut or lodge (US); **Skikurs** m skiing course; **Skilauf** m skiing; **Skiläufer** m skier; **Skilehrer** m ski instructor; **Skilift** m ski-lift; **Skipiste** f ski-run; **Skisport** m skiing; **Skispringen** nt ski jumping; **Skispringer** m ski-jumper; **Skistock** m ski stick.
Skizze ['skɪtsə] f **-, -n** sketch; (fig: Grundriß) outline, plan.
Skizzenblock m sketchbook; **skizzenhaft** adj Zeichnung etc roughly sketched; Beschreibung etc (given) in broad outline.
skizzieren* [skɪ'tsi:rən] vt to sketch; (fig) Plan etc to outline.
Skizzierung [skɪ'tsi:rʊŋ] f sketching; (fig: von Plan etc) outlining.
Sklave ['skla:və, 'skla:fə] m **-n, -n** slave. ~ **einer Sache** (gen) **sein** (fig) to be a slave to sth; **jdn zum** ~n **machen** to make a slave of sb; (fig) to enslave sb, to make sb one's slave.
Sklaven- ['skla:vn-, 'skla:fn-]: **Sklaven|arbeit** f slavery; (Arbeit von Sklaven) work of slaves; **Sklavengaleere** f slave galley; **Sklavenhalter** m slave-holder; **Sklavenhaltergesellschaft** f slave-owning society; **Sklavenhandel** m slave trade; **Sklavenhändler** m slave-trader, slaver; **Sklavenmarkt** m slave market; **Sklaventreiber** m (lit, fig) slave-driver.
Sklaverei [skla:və'rai, -a:fə'rai] f no pl (lit, fig) slavery no art.
Sklavin ['skla:vɪn, 'skla:fɪn] f (lit, fig) slave.
sklavisch ['skla:vɪʃ, 'skla:fɪʃ] adj slavish.
Sklerose f **-, -n** sclerosis.
skontieren* vt jdm etw ~ to give sb a cash discount on sth.
Skonto nt or m **-s, -s** or **Skonti** cash discount. **bei Barzahlung 3%** ~ 3% discount for cash; **jdm** ~ **geben** or **gewähren** (form) to give or allow sb a cash discount or a discount for cash.
Skorbut m **-(e)s,** no pl scurvy.
Skorpion m **-s, -e** (Zool) scorpion; (Astrol) Scorpio.
Skript nt **-(e)s, -en 1.** pl usu **-s** (Film) (film) script. **2.** (Univ) (set of) lecture notes pl. **ein** ~ **anfertigen** to take lecture notes.
Skriptum nt **-s, Skripten** or **Skripta** (Univ, esp Aus) siehe **Skript 2.**
Skrotum nt **-s, Skrota** (Med) scrotum.
Skrupel m **-s,** - usu pl scruple. **keine** ~ **haben** or **kennen** to have no scruples; **er hatte keine** ~, **das zu tun** he didn't scruple to do it; **ohne** (jeden) ~ without (the slightest) scruple.

skrupellos *adj* unscrupulous; **Skrupellosigkeit** *f* unscrupulousness.
skrupulös *adj* (*geh*) scrupulous.
Skullboot ['skʊlboːt] *nt* sculler.
skullen ['skʊlən] *vi* (*Sport*) to scull.
Skulptur *f* sculpture.
Skunk *m* **-s, -s** *or* **-e** skunk.
skurril *adj* (*geh*) droll, comical.
Skurrilität *f* (*geh*) drollery.
S-Kurve ['ɛs-] *f* S-bend.
Slalom *m* **-s, -s** slalom. **(im)** ~ **fahren** (*fig inf*) to drive a crazy zig-zag course.
Slang [slæŋ] *m* **-s,** *no pl* slang.
S-Laut ['ɛs-] *m* (*stimmlos*) 's'-sound; (*stimmhaft*) 'z'-sound.
Slawe *m* **-n, -n** Slav.
Slawin *f* Slav (woman/girl).
slawisch *adj* Slavonic, Slavic.
Slawist(in *f*) *m* Slavonicist, Slavist.
Slawistik *f* Slavonic studies *sing*.
Slip *m* **-s, -s** (pair of) briefs *pl*; (*Damen~ auch*) (pair of) panties *pl*.
Slipper *m* **-s, -** slip-on shoe.
Slogan ['sloːgn] *m* **-s, -s** slogan.
Slowake *m* **-n, -n** Slovak.
Slowakei *f* **- die** ~ Slovakia.
Slowakin *f* Slovak (woman/girl).
slowakisch *adj* Slovakian, Slovak.
Slowene *m* **-n, -n** Slovene.
Slowenien [sloˈveːniən] *nt* **-s** Slovenia.
Slowenin *f* Slovene (woman/girl).
slowenisch *adj* Slovenian.
Slowfox ['sloːfɔks] *m* **-(es), -e** slow foxtrot.
Slum [slam] *m* **-s, -s** slum.
S.M. *abbr of* **Seine(r) Majestät** HM.
sm *abbr of* **Seemeile**.
Smaragd *m* **-(e)s, -e** emerald.
smaragden *adj* (*liter*) emerald(-green).
smaragdgrün *adj* emerald-green.
Smog *m* **-(s), -s** smog.
Smogalarm *m* smog alert.
Smokarbeit *f* (*Sew*) smocking.
Smoking ['smoːkɪŋ] *m* **-s, -s** dinner-jacket, dj (*inf*), tuxedo (*US*), tux (*US inf*).
Smutje *m* **-s, -s** (*Naut*) ship's cook.
Snob *m* **-s, -s** snob.
Snobiety [snoˈbaiəti] *f* **-,** *no pl* (*hum*) **die** ~ snob society.
Snobismus *m* snobbery, snobbishness.
snobistisch *adj* snobbish.
SO *abbr of* **Südosten** SE.
s.o. *abbr of* **siehe oben**.
so *adv* **1.** (*mit adj, adv*) so; (*mit vb:* ~ *sehr*) so much. ~ **groß** *etc* so big *etc*; **eine** ~ **große Frau** such a big woman; **es ist gar nicht** ~ **einfach** it's really not so easy; ~ **groß** *etc* **wie ...** as big *etc* as ...; ~ **groß** *etc*, **daß ...** so big *etc* that ...; **er ist** ~ **gelaufen** he ran so fast; **ich habe** ~ **gearbeitet** I worked so hard; ~ **gut es geht** as best *or* well as I/he *etc* can; **er ist nicht** ~ **dumm, das zu glauben** he's not so stupid as to believe that, he's not stupid enough to believe that; **sie hat sich** ~ **gefreut** she was so *or* really pleased; **das hat ihn** ~ **geärgert, daß ...** that annoyed him so much that ...; **ich freue mich** ~ **sehr, daß du kommst** I'm so pleased you're coming.
2. (*auf diese Weise, von dieser Art*) like this/that, this/that way, thus (*form*). **mach es nicht** ~ don't do it like that *or* that way; **du sollst es** ~ **machen, ...** do it like this *or*

this way ...; **mach es** ~, **wie er es vorgeschlagen hat** do it the way *or* as *or* like (*inf*) he suggested; **ist das tatsächlich** ~? is that really so?; ~ **ist sie nun einmal** that's the way she is, that's what she's like; **sei doch nicht** ~ don't be like that; ~ **ist es nicht gewesen** it wasn't like that, that's not how it was; **es ist vielleicht besser** ~ perhaps it's better like that *or* that way; ~ **ist das!** that's the way things are, that's how it is; **(ach)** ~ **ist das!** I see!; **ist das** ~? is that so?; ~ **oder/und** ~ either way; **und** ~ **weiter** (*und* ~ **fort**) and so on (and so forth); **gut** ~! fine!, good!; **das ist gut** ~ that's fine; **das ist auch gut** ~! (and) a good thing too!; **mir ist (es)** ~, **als ob ...** it seems to me as if ...; ~ **geht es, wenn ...** that's what happens if ...; **... und** ~ **ist es also geschehen ...** and so that is what happened; **das kam** ~: **...** this is what happened ..., it happened like this ...; **es verhält sich** ~: **...** the facts are thus (*form*) *or* as follows ...; **das habe ich nur** ~ **gesagt** I didn't really mean it.
3. (*etwa*) about, or so. **ich komme** ~ **um 8 Uhr** I'll come at about 8, I'll come at 8 or so *or* thereabouts; **sie heißt doch Malitzki oder** ~ she's called Malitzki or something.
4. (*inf: umsonst*) for nothing.
5. (*als Füllwort*) *nicht übersetzt*. ~ **dann und wann** now and then; ~ **beeil dich doch!** do hurry up!; ~ **mancher** a number of people *pl*, quite a few people *pl*.
6. (*solch*) ~ **ein Gebäude/Fehler** a building/mistake like that, such a building/mistake; ~ **ein guter Lehrer/schlechtes Bild** *etc* such a good teacher/bad picture *etc*; ~ **ein Idiot!** what an idiot!; **hast du** ~ **etwas schon einmal gesehen?** have you ever seen anything like it?; ~ **(et)was ist noch nie vorgekommen** nothing like that has ever happened; **sie ist doch Lehrerin oder** ~ she's a teacher *or* something like that; **na** ~ **was!** well I never!; ~ **etwas Schönes** something as beautiful as that; ~ **einer wie ich/er** somebody like *or* a person such as myself *or* me/him; *siehe* **um III 2.**
II *conj* **1.** ~ **daß** so that.
2. ~ **wie es jetzt ist** as *or* the way things are at the moment.
3. ~ **klein er auch sein mag** however small he may be; ~ **wahr ich lebe** as true as I'm standing here.
4. (*old: falls*) if, provided that. ~ **der Herrgott will, sehen wir uns wieder** God willing, we shall see one another again.
III *interj* so; (*wirklich*) oh, really; (*abschließend*) well, right. **er ist schon da** — ~ he's here already — is he? *or* oh *or* really; ~, **das wär's für heute** well *or* right *or* so, that's it for today; ~, ~! well well; *siehe* **ach**.
sobald *conj* as soon as.
Söckchen *nt dim of* **Socke**.
Socke *f* **-, -n** sock. **sich auf die** ~**n machen** (*inf*) to get going (*inf*); **von den** ~**n sein** (*inf*) to be flabbergasted (*inf*), to be knocked for six (*inf*).
Sockel *m* **-s, -** base; (*von Denkmal, Statue*) plinth, pedestal, socle (*spec*); (*Elec*)

socket; (*für Birne*) holder.
Sockelbetrag *m* basic sum; **Sockelrente** *f* basic pension.
Socken *m* -s, - (*S Ger, Aus*) sock.
Sockenhalter *m* (sock) suspender (*Brit*), garter.
Soda *f* -, *no pl*, *nt* -s, *no pl* soda.
sodann *adv* (*old*) thereupon (*old, form*), then.
sodaß *conj* (*Aus*) = **so daß**.
Sodawasser *nt* soda water.
Sodbrennen *nt* heartburn.
Sode *f* -, -n (*Rasenstück, Torfscholle*) turf, sod.
Sodomie *f* buggery, bestiality.
soeben *adv* just (this moment). ~ **hören wir** *or* **haben wir gehört ...** we have just (this moment) heard ...; ~ **erschienen** just out *or* published.
Sofa *nt* -s, -s sofa, settee (*esp Brit*).
Sofakissen *nt* sofa cushion.
sofern *conj* provided (that). ~ ... **nicht if** ... not.
soff *pret of* **saufen**.
Sofia ['zɔfia, 'zɔ:fia] *nt* -s (*Geog*) Sofia.
Sofioter(in *f*) *m* -s, - Sofian.
sofort *adv* immediately, straight *or* right away, at once. ~ **nach ...** immediately after ...; **komm hierher, aber** *or* **und zwar** ~! come here this instant *or* at once!; (**ich**) **komme** ~! (I'm) just coming!; (*Kellner etc*) I'll be right with you.
Soforthilfe *f* emergency relief *or* aid.
sofortig *adj* immediate, instant.
Sofortmaßnahme *f* immediate measure.
Softeis, Soft-Eis ['sɔft-] *nt* soft ice-cream.
Software ['sɔftweːɐ] *f* -, -s software.
sog *pret of* **saugen**.
sog. *abbr of* **sogenannt**.
Sog *m* -(e)s, -e (*saugende Kraft*) suction; (*bei Schiff*) wake; (*bei Flugzeug, Fahrzeug*) slipstream; (*von Strudel*) vortex; (*von Brandungswelle*) undertow; (*fig*) maelstrom.
sogar *adv* even. **er kam** ~ he even came; **schön,** ~ **sehr schön** beautiful, in fact very beautiful; **ich kann sie gut leiden, ich finde sie** ~ **sehr nett** I like her, in fact I think she's very nice; **ich habe sie nicht nur gesehen, sondern** ~ **geküßt** I didn't just see her, I actually kissed her (as well).
sogenannt *adj attr* as it/he *etc* is called; (*angeblich*) so-called.
sogleich *adv siehe* **sofort**.
Sohle *f* -, -n 1. (*Fuß~ etc*) sole; (*Einlage*) insole. **auf leisen** ~**n** (*poet*) softly, noiselessly; **mit nackten** ~**n** barefoot; **eine kesse** ~ **aufs Parkett legen** (*inf hum*) to put up a good show on the dance floor.
2. (*Boden*) bottom; (*Tal~ auch*) floor; (*Fluß~ auch*) bed.
3. (*Min*) (*Grubenboden*) floor; (*Stollen*) level.
sohlen *vt* to sole.
Sohl(en)leder *nt* sole leather.
Sohn *m* -(e)s, ~e (*lit, fig*) son. **Gottes** ~, **der** ~ **Gottes** (*Bibl*) the Son of God; **des Menschen** ~ (*Bibl*) the Son of Man; **na, mein** ~ well, son *or* sonny; *siehe* **verloren**.
Söhnchen *nt dim of* **Sohn**.
Sohnemann *m* (*dial inf*) son, sonny.
soigniert [soanˈjiːɐt] *adj* (*geh*) elegant; (*bei Frauen auch*) soignée; (*bei Männern auch*) soigné.
Soiree [soaˈreː] *f* -, -n [-eːən] soirée.
Soja *f* -, **Sojen** soya, soy.
Sojabohne *f* soya bean, soybean; **Sojabohnenkeime** *pl* bean sprouts *pl*; **Sojasoße** *f* soya sauce.
Sokrates ['zoːkrates] *m* - Socrates.
Sokratiker *m* -s, - Socratic.
sokratisch *adj* Socratic.
solang(e) *conj* as *or* so long as.
Solar- *in cpds* solar; **Solarplexus** *m* -, - (*Anat*) solar plexus.
Solbad *nt* (*Bad*) salt-water *or* brine bath; (*Badeort*) salt-water spa.
solch *adj inv*, **solche(r, s)** *adj* such. **ein** ~**er Mensch,** ~ **ein Mensch** such a person, a person like that/this; ~**e Menschen** people like that, such people; ~**es Wetter/Glück** such weather/luck; **wir haben** ~**en Durst/** ~**e Angst** we're so thirsty/afraid; ~ **langer** *or* **ein** ~**er langer Weg** such a long way; **der Mensch als** ~**er** man as such; ~**es** that kind of thing; ~**e** (*Leute*) such people; **Experten und** ~**e, die es werden wollen** experts and people who would like to be experts; **Rechtsanwälte gibt es** ~**e und** ~**e** there are lawyers and lawyers.
solcherart, solcherlei *adj attr inv* (*geh*) such; **solchermaßen** *adv* (*old*) to such an extent, so.
Sold *m* -(e)s, *no pl* (*Mil*) pay. **in jds** ~ (*dat*) **stehen** (*old*) to be in sb's employ; (*pej*) to be in sb's pay.
Soldat *m* -en, -en soldier. **bei den** ~**en sein** (*dated*) to be in the army, to be a soldier; ~ **werden** to join the army, to become a soldier; ~ **spielen** to play soldiers.
Soldatenfriedhof *m* military cemetery; **Soldatenlied** *nt* army *or* soldier's song; **Soldatenrat** *m* soldiers' council; (*Sowjet*) soldiers' soviet; **Soldatenrock** *m* (*old*) military *or* soldier's uniform; **Soldatensprache** *f* military *or* soldier's slang; **Soldatentum** *nt* soldiership *no art*, soldiery *no art*; (*Tradition*) military tradition.
Soldateska *f* -, **Soldatesken** (*pej*) band of soldiers.
soldatisch *adj* (*militärisch*) military; (*soldatengemäß*) soldierly.
Soldbuch *nt* (*Hist*) military passbook.
Söldner *m* -s, - mercenary.
Söldnerheer *nt* army of mercenaries, mercenary army; **Söldnertruppe** *f* mercenary force.
Sole *f* -, -n brine, salt water.
Solei ['zoːlʔai] *nt* pickled egg.
Soli *pl of* **Solo**.
solid *adj siehe* **solid(e)**.
solidarisch *adj* **sich mit jdm** ~ **erklären** to declare one's solidarity with sb; **eine** ~**e Haltung zeigen** to show (one's) solidarity; **sich mit jdm** ~ **fühlen** to feel solidarity with sb; ~ **mit jdm handeln** to act in solidarity with sb.
solidarisieren* *vr* **sich** ~ **mit** to show (one's) solidarity with.
Solidarität *f* solidarity.
Solidaritätsadresse *f* message of solidarity; **Solidaritätsgefühl** *nt* feeling of solidarity; **Solidaritätsstreik** *m* sympathy strike.

solid(e) *adj Haus, Möbel etc* solid, sturdy; *Arbeit, Wissen, Mechaniker* sound; *Mensch, Leben, Lokal* respectable; *Firma* solid; *Preise* reasonable.

Solidität *f siehe adj* solidness, sturdiness; soundness; respectability; solidness; reasonableness.

Solist(in *f) m (Mus)* soloist.

solistisch *adj, adv* solo.

Solitär *m* solitaire; *(Diamant)* diamond solitaire, solitaire diamond.

Soll *nt* -(s), -(s) **1.** *(Schuld)* debit; *(Schuldseite)* debit side. ~ **und Haben** debit and credit. **2.** *(Comm: Planaufgabe)* target.

sollen I *modal aux vb pret* **sollte**, *ptp* ~
1. *(bei Befehl, Anordnung, Verpflichtung, Plan)* to be to. **was soll ich/er tun?** what shall *or* should I/should he do?, what am I/is he to do?; *(was sind meine etc Aufgaben auch)* what am I/is he meant to do?; **soll ich Ihnen helfen?** shall *or* can I help you?; **soll ich dir mal sagen, wie ...?** shall I tell you how ...?; **du weißt, daß du das nicht tun sollst** you know that you shouldn't do that *or* aren't to do that; *(das ist nicht deine Aufgabe auch)* you know that you're not meant to do that; **er weiß nicht, was er tun soll** he doesn't know what to do *or* what he should do; **sie sagte ihm, er solle draußen warten** she told him (that he was) to wait *or* that he should wait outside; **er wurde wütend, weil er draußen warten sollte** he was livid that he was told to wait outside; **sie sagte mir, was ich tun sollte/alles tun soll** she told me what to do *or* what I should do/ everthing I should do *or* am meant to do; **es soll nicht wieder vorkommen** it shan't *or* won't happen again; **er soll reinkommen** let him come in, tell him to come in; **der soll nur kommen!** just let him come!; **und da soll man nicht böse werden/nicht lachen!** and then they expect you/me *etc* not to get cross/not to laugh; **niemand soll sagen, daß ...** let no-one say that ..., no-one shall say that ...; **ich soll Ihnen sagen, daß ...** I am to tell you *or* I've been asked to tell you that ...; **ich soll dir schöne Grüße von Renate bestellen** Renate asked me to give you her best wishes; **du sollst nicht töten** *(Bibl)* thou shalt not kill; **das Haus soll nächste Woche gestrichen werden** the house is (meant) to be painted next week; **das Gebäude soll ein Museum werden** the building is (meant) to become a museum.
2. *(konjunktivisch)* **was sollte ich/er deiner Meinung nach tun?** what do you think I/he should do *or* ought to do?; **so etwas sollte man nicht tun** one shouldn't do *or* oughtn't to do that; **das hättest du nicht tun** ~ you shouldn't have *or* oughtn't to have done that; **das hättest du sehen** ~**!** you should have seen it!; **du solltest lieber etwas früher kommen/zu Hause bleiben** it would be better if you came early/stayed at home.
3. *(bei Vermutung, Erwartung)* to be supposed *or* meant to. **er soll heute kommen** he should come today, he is supposed *or* meant to come today; **sie soll krank sein** I've heard she's ill, she's supposed to be ill; **Xanthippe soll zänkisch gewesen sein**

Xanthippe is supposed *or* said to have been quarrelsome; **das soll gar nicht so einfach sein** they say it's not that easy; **was soll das heißen?** what's that supposed *or* meant to mean?; **wer soll das sein?** who is that supposed *or* meant to be?
4. *(können, mögen)* **mir soll es gleich sein** it's all the same to me; **so etwas soll es geben** these things happen; **man sollte glauben, daß ...** you would think that ...; **sollte das möglich sein?** is that possible?, can that be possible?
5. *(konditional)* **sollte das passieren, ...** if that should happen ..., should that happen ...; **sollte ich unrecht haben, tut es mir leid** I'm sorry if I should be wrong, I'm sorry should I be wrong.
6. *subjunc (geh: jdm beschieden sein)* **Jahre sollten vergehen, bevor ...** years were to pass before ...; **es sollte nicht lange dauern, bis ...** it was not to be long until ...

II *vi pret* **sollte**, *ptp* **gesollt 1. soll ich?** should I?; **ja, du sollst** yes, you should; **er hätte** ~ he should have.
2. was soll das? what's all this?; *(warum denn das)* what's that for?; **was soll's?** what the hell *(inf)* or heck *(inf)*?; **was soll der Quatsch/Mist** *etc*? *(inf)* what do you/ they think you/they're playing at? *(inf)*; **was soll ich dort?** what would I do there?

III *vt pret* **sollte**, *ptp* **gesollt das sollst/ solltest du nicht** you shouldn't do that; **das hast du nicht gesollt** you shouldn't have done that.

Söller *m* -s, - balcony.

Sollseite *f (Fin)* debit-side; **Sollstärke** *f* required *or* authorized strength; **Sollzinsen** *pl (Fin)* interest owing *sing*.

solo *adv (Mus)* solo; *(fig inf)* on one's own, alone.

Solo *nt* -s, **Soli** *(alle Bedeutungen)* solo.

Solo- *in cpds* solo; **Sologesang** *m* solo.

solvent [zɔl'vɛnt] *adj (Fin)* solvent.

Solvenz [zɔl'vɛnts] *f (Fin)* solvency.

somatisch *adj (Med)* somatic.

somit *adv* consequently, therefore.

Sommer *m* -s, - summer. **im** ~, **des** ~**s** *(geh)* in (the) summer; **im nächsten** ~ next summer; **im** ~ **des Jahres 1951** in the summer of 1951; ~ **wie** *or* **und Winter** all year round.

Sommer- *in cpds* summer('s); **Sommer|abend** *m* summer('s) evening; **Sommer|anfang** *m* beginning of summer; **Sommerferien** *pl* summer holidays *pl (Brit)* or vacation *(esp US)*; *(Jur, Parl)* summer recess; **in die** ~ **fahren** to go away for the *or* one's summer holidays *(Brit)* or vacation *(US)*; **in die** ~ **gehen** to begin one's summer holidays *(Brit)* or vacation *(US)*; *(Sch auch)* to break up for the summer (holidays) *(Brit)*; *(Univ)* to go down for the summer; *(Jur, Parl)* to go into the summer recess; **Sommerfrische** *f* *(dated)* **1.** *no pl (~urlaub)* summer holiday *or* vacation *(US)* or break; **2.** *(Ort)* summer resort; **Sommergast** *m* summer guest; **Sommergerste** *f* spring barley; **Sommergetreide** *nt* spring cereal; **Sommerhalbjahr** *nt* summer semester, ≈ summer term *(Brit)*; **Sommerhaus** *nt* holiday home; **Sommerkleidung** f summer clothing; (esp Comm) summerwear.

sommerlich adj (sommerartig, heiter) summery; (Sommer-) summer attr.

Sommermonat m summer month; **Sommernacht** f summer('s) night; **Sommer|olympiade** f Summer Olympics pl; **Sommerpause** f summer break; (Jur, Parl) summer recess; **Sommerreifen** m normal tyre.

sommers adv (geh) in summer. ~ **wie winters** all year round.

Sommersaison f summer season; **Sommerschlußverkauf** m summer sale; **Sommersemester** nt (Univ) summer semester, ≃ summer term (Brit); **Sommersitz** m summer residence; **Sommerspiele** pl (Olympische) ~ Summer Olympics or Olympic Games; **Sommersprosse** f freckle; **sommersprossig** adj freckled; **Sommertag** m summer's day; **Sommertheater** nt open-air theatre; **Sommerweizen** m spring wheat; **Sommerwetter** nt summer weather; **Sommerwohnung** f holiday flat (Brit) or apartment; **Sommerzeit** f summer time no art; (Jahreszeit) summertime; **zur** ~ (geh) in summertime.

Somnambulismus m (spec) somnambulism.

Sonate f -, -n sonata.

Sonde f -, -n (Space, Med: zur Untersuchung) probe; (Med: zur Ernährung) tube; (Met) sonde.

sonder prep +acc (obs) without.

Sonder- in cpds special; **Sonder|abdruck** m (Typ) offprint; **Sonder|anfertigung** f special model; **eine** ~ **sein** to have been made specially; **Sonder|angebot** nt special offer; **Sonder|ausführung** f special model or version; (Auto auch) custom-built model; **Sonder|ausgabe** f **1.** special edition; **2.** ~n pl (Fin) additional or extra expenses pl.

sonderbar adj strange, peculiar, odd.

sonderbarerweise adv strangely enough, strange to say.

Sonderbarkeit f siehe adj strangeness, peculiarity, oddness; curiousness.

Sonderbe|auftragte(r) mf (Pol) special emissary; **Sonderberichterstatter** m (Press) special correspondent; **Sonderbotschafter** m ambassador extraordinary; **Sonderdruck** m siehe **Sonderabdruck**; **Sonder|einsatz** m special action; **Sonderfahrt** f special excursion or trip; **„~"** (auf Schild) "special"; **Sonderfall** m special case; (Ausnahme) exception; **Sondergenehmigung** f special permission; (Schein) special permit; **Sondergericht** nt special court; **sondergleichen** adj inv **eine Frechheit/ Geschmacklosigkeit** ~ the height of cheek/bad taste; **mit einer Frechheit** ~ with unparalleled cheek; **Sonderklasse** f special class; (von Obst etc) top grade; **Sonderkommando** nt special unit; **Sonderkonto** nt special account.

sonderlich I adj attr particular, especial, special. **ohne** ~e **Begeisterung** without any particular enthusiasm, without much enthusiasm. **II** adv particularly, especially.

Sonderling m eccentric.

Sondermarke f special issue (stamp); **Sondermaschine** f special plane or aircraft; **Sondermeldung** f (Rad, TV) special announcement.

sondern[1] conj but. ~? where/who/what etc then?; **wir fahren nicht nach Spanien,** ~ **nach Frankreich** we're not going to Spain, we're going to France, we're not going to Spain but to France; **nicht nur ...,** ~ **auch** not only ... but also.

sondern[2] vt (old, geh) to separate (von from); siehe gesondert.

Sondernummer f (Press) special edition or issue; **Sonderpreis** m special reduced price; **Sonderrecht** nt (special) privilege; **Sonderregelung** f special provision.

sonders adv siehe samt.

Sonderschule f special school; **Sonderschullehrer** m teacher at a special school; **Sonderstellung** f special position; **Sonderstempel** m (bei der Post) special postmark; **Sonder|urlaub** m (Mil) special leave; (für Todesfall etc) compassionate leave; **Sonderwünsche** pl special requests pl; **Sonderziehungsrechte** pl (Fin) special drawing rights pl; **Sonderzug** m special train.

sondieren* **I** vt to sound out. **die Lage** ~ to find out how the land lies. **II** vi to sound things out.

Sondierung f sounding out no pl.

Sondierungsgespräch nt exploratory discussion or talk.

Sonett nt -(e)s, -e sonnet.

Song [sɔŋ] m -s, -s song.

Sonn|abend m Saturday; siehe auch **Dienstag**.

sonn|abends adv on Saturdays, on a Saturday.

Sonne f -, -n sun; (Sonnenlicht auch) sunlight. **die liebe** ~ (poet, inf), **Frau** ~ (poet) the sun; **unter der** ~ (fig geh) under the sun; **an** or **in die** ~ **gehen** to go out in the sun(-shine); **das Zimmer hat wenig** ~ the room doesn't get much sun(light); **die** ~ **bringt es an den Tag** (prov) truth will out (prov).

sonnen vr to sun oneself. **sich in etw** (dat) ~ (fig) to bask in sth.

Sonnen|anbeter m (lit, fig) sun-worshipper; **Sonnen|aufgang** m sunrise, sun-up; **Sonnenbad** nt sunbathing no pl; **ein** ~ **nehmen** to sunbathe, to bask in the sun; **sonnenbaden** vi sep infin, ptp only to sunbathe; **Sonnenbahn** f sun's path; **Sonnenball** m (liter) fiery orb (liter); **Sonnenbatterie** f solar battery; **Sonnenblende** f (Phot) lens hood.

Sonnenblume f sunflower.

Sonnenblumenkern m sunflower seed; **Sonnenblumen|öl** nt sunflower oil.

Sonnenbrand m sunburn no art; **Sonnenbräune** f suntan; **Sonnenbrille** f (pair of) sunglasses pl, shades pl (US); **Sonnendach** nt awning, sun-blind; (Aut dated) sun(shine)-roof; **Sonnendeck** nt (Naut) sundeck; **Sonnen|energie** f solar energy; **Sonnenfinsternis** f solar eclipse, eclipse of the sun; **Sonnenfleck** m (Astron) sunspot; **sonnengebräunt** adj suntanned; **Sonnengeflecht** nt (Physiol) solar plexus; **Sonnenglanz** m (poet),

Sonnenglut f (geh) blazing heat of the sun; **Sonnengott** m sungod; **sonnenhell** adj sunny, sunlit; **Sonnenhitze** f heat of the sun; **sonnenhungrig** adj hungry for the sun; **S~e** pl sun-seekers pl; **Sonnenhut** m sunhat; **Sonnenjahr** nt (Astron) solar year; **sonnenklar** adj (inf) clear as daylight, crystal-clear; **Sonnenkollektor** m solar panel; **Sonnenkönig** m (Hist) Sun King, Roi Soleil; **Sonnenkraftwerk** nt solar power plant; **Sonnenlicht** nt sunlight; **Sonnenmotor** m solar engine; **Sonnen|ofen** m solar furnace; **Sonnen|öl** nt suntan oil; **Sonnenrad** nt (Hist) (representation of the) sun; **Sonnenschein** m sunshine; **bei ~/strahlendem ~** in the sunshine/in brilliant sunshine; **Sonnenschirm** m sun-shade; (für Frauen auch) parasol; **Sonnenschutz** m protection against the sun; **Sonnenschutzfaktor** m protection factor; **Sonnensegel** nt awning; **Sonnenseite** f side facing the sun, sunny side (auch fig); **Sonnenstand** m position of the sun; **Sonnenstich** m heatstroke no art, sunstroke no art; **ich hatte einen leichten ~** I had a touch of the sun; **du hast wohl einen ~!** (inf) you must have been out in the sun too long!; **Sonnenstrahl** m sunbeam, ray of sunshine; (esp Astron, Phys) sun-ray; **Sonnensystem** nt solar system; **Sonnentag** m sunny day; (Met auch) day of sunshine; (Astron) solar day; **Sonnen|uhr** f sundial; **Sonnen|untergang** m sunset, sundown; **sonnenverbrannt** adj Vegetation scorched; Mensch sunburnt; **Sonnenwende** f solstice; **Sonnenwendfeier** f siehe **Sonnwendfeier**; **Sonnenwind** m (Phys) solar wind.

sonnig adj sunny.

Sonnseite f (Aus) siehe **Sonnenseite**; **sonnseitig** adv (Aus) **~ gelegen** facing the sun.

Sonntag m Sunday; siehe auch **Dienstag**.

sonntägig adj attr Sunday.

sonntäglich adj Sunday attr. **~ gekleidet** dressed in one's Sunday best.

sonntags adv on Sundays, on a Sunday; siehe auch **dienstags**.

Sonntags- in cpds Sunday; **Sonntags|arbeit** f Sunday working; **Sonntags|ausflug** m Sunday trip; **Sonntagsbeilage** f Sunday supplement; **Sonntagsdienst** m (von Polizist etc) Sunday duty; **~ haben** (Apotheke) to be open on Sundays; **Sonntagsfahrer** m (pej) Sunday driver; **Sonntagsjäger** m (pej) once-a-month huntsman; **Sonntagskind** nt (lit) Sunday's child; **ein ~ sein** (fig) to have been born under a lucky star; **Sonntagskleidung** f Sunday clothes pl; **Sonntagsmaler** m Sunday painter; **Sonntagsrede** f (iro) **~n halten** to get up on one's soap-box from time to time; **Sonntagsredner** m (iro) soap-box speaker; **Sonntagsruhe** f **die ~ stören/einhalten** to contravene the observance of/to observe Sunday as a day of rest; **Sonntagsschule** f Sunday school; **Sonntagsstaat** m (hum) Sunday best; **Sonntagszeitung** f Sunday paper.

Sonnwendfeier f midsummer/midwinter celebrations pl; **Sonnwendfeuer** nt bonfire at midsummer/midwinter celebrations.

sonor adj sonorous.

sonst I adv **1.** (außerdem) (mit pron, adv) else; (mit n) other. **~ keine Besucher/Zeitungen** etc no other visitors/papers etc; **~ noch Fragen?** any other questions?; **wer/wie** etc **(denn) ~?** who/how etc else?; **bringst du all deine Freunde mit? — was denn ~?** are you bringing all your friends? — of course; **~ niemand** or **keiner/(noch) jemand** or **wer** (inf) nobody/somebody else; **er und ~ keiner** nobody else but he, he and nobody else, he and he alone; **wenn du ~ irgend jemanden kennst** if you know somebody or anybody else or any other person; **er denkt, er ist ~ wer** (inf) he thinks he's somebody special, he thinks he's the bee's knees (inf) or the cat's whiskers (inf); **~ nichts/noch etwas** nothing/something else; **~ noch etwas?** is that all?, anything else?; (in Geschäft auch) will there be anything else?, will that be all?; **~ bist du gesund** or **geht's dir gut?** (iro inf) are you feeling okay? (inf); **~ willst du nichts?** (iro inf) anything else you'd like?; **und wer weiß was ~ noch alles** and goodness knows what else; **wo warst du ~ überall?** where else were you?

2. (andernfalls, im übrigen) otherwise. **wie geht's ~?** how are things apart from that or otherwise?

3. (in anderer Hinsicht) in other ways. **er hat sich auch ~ angestrengt** he made an effort in other ways too; **wenn ich Ihnen ~ noch behilflich sein kann** if I can help you in any or some other way.

4. (gewöhnlich) usually. **genau wie/anders als ~** the same as/different from usual; **mehr/weniger als ~** more/less than usual; **der ~ so mürrische Tom war heute direkt freundlich** Tom, who is usually so grumpy, was really friendly today.

5. (ehemals, früher) **alles war wie ~** everything was as it always used to be; **war das auch ~ der Fall?** was that always the case?

II conj otherwise, or (else).

sonstig adj attr other; Fragen, Auskünfte etc further. **aber ihre ~en Leistungen sind verhältnismäßig gut** but her performance otherwise is quite good; **„S~es" "other".**

sonstjemand indef pron (inf) siehe **sonstwer; sonstwas** indef pron (inf) **da kann ja ~ passieren** anything could happen; **von mir aus kannst du ~ machen** as far as I'm concerned you can do whatever you like; **ich habe ~ versucht** I've tried everything; **sonstwer** indef pron (inf) **das kannst du sonstwem schenken** you can give that to some other sucker (sl) or to somebody else; **das kannst du sonstwem erzählen!** tell that to the marines! (inf); **da kann ~ kommen, wir machen keine Ausnahmen** it doesn't matter who it is, we're not making any exceptions; **sonstwie** adv (inf) (in) some other way; (sehr) like mad (inf) or crazy (inf); **sonstwo** adv (inf) somewhere else; **~, nur nicht hier** anywhere (else) but here; **sonstwohin** adv (inf) somewhere else;

das kannst du dir ~ stecken! (*sl*) you can stuff that! (*sl*), you know where you can put that! (*sl*).

so|oft *conj* whenever.

Soor *m* **-(e)s, -e** (*Med*) thrush *no art.*

Sophismus *m* sophism.

Sophist(in *f*) *m* sophist.

Sophisterei *f* sophistry.

Sopran *m* **-s, -e** soprano; (*Knaben~, Instrument~ auch*) treble; (*Chorstimmen*) sopranos *pl*; trebles *pl*.

Sopranist *m* treble.

Sopranistin *f* soprano.

Sorbet ['zɔrbet, zɔr'beː] *m* **-s, -s** sorbet.

Sorbinsäure *f* sorbic acid.

Sore *f* **-, no pl** (*sl*) loot, swag (*hum*).

Sorge *f* **-, -n** worry; (*Ärger auch*) trouble; (*Kummer auch*) care. **frei von ~n** free of care *or* worries; **keine ~!** (*inf*) don't (you) worry!; **~ haben, ob/daß ...** to be worried whether /that ...; **wir betrachten diese Entwicklung mit ~** we view this development with concern; **~n haben** to have problems; **weniger/ nichts als ~n haben** to have fewer/nothing but worries *or* headaches (*inf*); **ich habe solche ~n** I have so many worries *or* troubles; **du hast ~n!** (*iro*) you think you've got troubles! (*inf*); **~n haben die Leute!** the worries people have!; **mit dem haben wir nichts als ~n** we've had nothing but trouble with him/ that; **jdm ~n machen** (*Kummer bereiten*) to cause sb a lot of worry; (*beunruhigen*) to worry sb; **es macht mir ~n, daß ...** it worries me that ...; **in ~** (*dat*) **sein** to be worried; **sich** (*dat*) **~n machen** to worry; **wir haben uns solche ~n gemacht** we were so worried; **machen Sie sich deshalb keine ~n** don't worry about that; **seien Sie ohne ~!** (*geh*) do not fear (*liter*) *or* worry; **lassen Sie das meine ~ sein** let me worry about that; **für etw ~ tragen** (*geh*) to attend *or* see to sth, to take care of sth; **dafür ~ tragen, daß ...** (*geh*) to see to it that ...

sorgen I *vr* to worry. **sich ~ um** to be worried *or* to worry about.

II *vi* **~ für** (*sich kümmern um*) to take care of, to look after; (*betreuen auch*) to care for; (*vorsorgen für*) to provide for; (*herbeischaffen*) *Proviant, Musik* to provide; (*bewirken*) to ensure; **dafür ~, daß ...** to see to it that ..., to make sure that ...; **für einen reibungslosen Ablauf ~** to make sure that things go smoothly; **dafür ist gesorgt** that's taken care of.

sorgenfrei *adj* free of care; (*heiter, sich keine Sorgen machend*) carefree; **Sorgenkind** *nt* (*inf*) problem child; (*fig auch*) biggest headache (*inf*); **Sorgenlast** *f* (*geh*) burden of one's cares; **sorgenlos** *adj* *siehe* **sorgenfrei**; **sorgenschwer** *adj Stimme, Blick* troubled; *Leben* full of cares; **sorgenvoll** *adj* worried; *Leben* full of worries.

Sorgerecht *nt* (*Jur*) custody.

Sorgfalt *f* **-, no pl** care. **ohne ~ arbeiten** to work carelessly; **viel ~ auf etw** (*acc*) **verwenden** to take a lot of care over sth.

sorgfältig *adj* careful.

Sorgfaltspflicht *f* (*Jur*) duty of care to a child. **Verletzung der ~** negligence of

one's duties as a parent/guardian.

sorglos *adj* (*unbekümmert*) carefree; (*nachlässig*) careless. **jdm ~ vertrauen** to trust sb implicitly *or* unquestioningly.

Sorglosigkeit *f* *siehe adj* carefreeness; carelessness.

sorgsam *adj* careful.

Sorte *f* **-, -n** 1. sort, type, kind; (*von Waren*) variety, type; (*Qualität, Klasse*) grade; (*Marke*) brand. **beste** *or* **erste ~** top quality *or* grade; **diese Psychiater sind eine ganz komische ~** these psychiatrists are quite a peculiar bunch (*inf*). 2. (*Fin*) *usu pl* foreign currency.

sortieren* *vt* to sort; *Waren* (*nach Qualität, Größe auch*) to grade. **etw in einen Schrank/ein Regal** *etc* **~** to sort sth and put it in a cupboard/bookcase *etc*.

Sortierer(in *f*) *m* **-s, -** sorter.

Sortiermaschine *f* sorting machine, sorter.

Sortiment *nt* 1. assortment; (*von Waren auch*) range; (*Sammlung auch*) collection. 2. (*Buchhandel*) retail book trade.

Sortimenter *m* **-s, -** retail bookseller, book retailer.

Sortimentsbuchhändler *m* *siehe* **Sortimenter; Sortimentsbuchhandlung** *f* retail bookshop (*esp Brit*) *or* bookstore (*esp US*).

SOS [εs|oː'|εs] *nt* **-, -** SOS, Mayday. **~ funken** to put out an SOS.

sosehr *conj* however much, no matter how much.

Sosein *nt* (*Philos*) essence.

soso I *adv* (*inf: einigermaßen*) so-so (*inf*), middling (*inf*). II *interj* **~!** I see!; (*erstaunt*) well well!; (*indigniert, iro auch*) really!; (*interessiert-gelassen auch*) oh yes?; (*drohend*) well!

Soße *f* **-, -n** sauce; (*Braten~*) gravy; (*pej inf*) gunge (*inf*).

Soßenlöffel *m* gravy spoon.

sott *pret of* **sieden.**

Souffleur [zu'fløːɐ] *m*, **Souffleuse** [zu'fløːzə] *f* (*Theat*) prompter.

Souffleurkasten [zu'fløːɐ-] *m* (*Theat*) prompt-box.

soufflieren* [zu'fliːrən] *vti* (*Theat*) to prompt. **jdm (den Text) ~** to prompt sb.

so|undso *adv* **~ lange** for such and such a time; **~ groß/breit** of such and such a size/ width; **~ oft** n (number of) times; **~ viele** so and so many; **Paragraph ~** article such-and-such *or* so-and-so; **er sagte, mach das ~** he said, do it in such and such a way.

So|undso *m* **-s, -s Herr ~** Mr So-and-so.

so|undsovielte(r, s) *adj* umpteenth. **am/ bis zum S~n** (*Datum*) on/by such and such a date; **er ist der S~, der ...** he's the umpteenth person who ... (*inf*).

Souper [zu'peː] *nt* **-s, -s** (*geh*) dinner.

soupieren* [zu'piːrən] *vi* (*geh*) to dine.

Soutane [zu'taːnə] *f* **-, -n** (*Eccl*) cassock.

Souterrain [zute'rɛ̃ː, 'zuːterɛ̃] *nt* **-s, -s** basement.

Souvenir [zuvə'niːɐ] *nt* **-s, -s** souvenir.

souverän [zuvə'rɛːn] *adj* sovereign *no adv*; (*fig*) supremely good; (*überlegen*) (most) superior *no adv*. **das Land wurde ~** the country became a sovereign state; **~ regieren** to rule as (the) sovereign, to have sovereign power, to be sovereign; **~**

siegen to win a commanding victory; **sein Gebiet/die Lage ~ beherrschen** to have a commanding knowledge of one's field/to be in full command of a situation; **er ist ganz ~ darüber hinweggegangen** he blithely ignored it.

Souverän [zuvəˈrɛːn] *m* **-s, -e** sovereign; *(Parlament, Organisation)* sovereign power.

Souveränität [zuvərɛniˈtɛːt] *f* sovereignty; *(fig) (Überlegenheit)* superiority; *(Leichtigkeit)* supreme ease.

soviel I *adv* so much. **halb/doppelt ~** half/twice as much; **~ als** *or* **wie ... as** much as ...; **nimm dir ~ du willst** take as much as you like; **noch einmal ~** the same again; *(doppelt ~)* twice as much; **das ist ~ wie eine Zusage** that is tantamount to *or* that amounts to a promise; **~ für heute!** that's all for today.

II *conj* as *or* so far as. **~ ich weiß, nicht!** not as *or* so far as I know; **~ ich auch ...** however much I ...

sovielmal I *adv* so many times. II *conj* **~ ... auch ...** no matter how many times ..., however many times ...

soweit I *adv* **1.** by and large, on the whole; *(bis jetzt)* up to now; *(bis zu diesem Punkt)* thus far. **~ ganz gut** *(inf)* not too bad; **~ wie** *or* **als möglich** as far as possible; **ich bin ~ fertig** I'm more or less ready.

2. ~ sein to be finished *or (bereit)* ready; **seid ihr schon ~, daß ihr anfangen könnt?** are you ready to start?; **wie lange dauert es noch, bis der Film anfängt? — es ist gleich ~** how long will it be before the film begins? — it'll soon be time.

II *conj* as *or* so far as; *(insofern)* in so far as. **~ ich sehe** as *or* so far as I can tell *or* see.

sowenig I *adv* no more, not any more *(wie* than). **sie ist mir ~ sympathisch wie dir** I don't like her any more than you do; **~ wie** *or* **als möglich** as little as possible. II *conj* however little, little as. **~ ich auch ...** however little I ...

sowie *conj* **1.** *(sobald)* as soon as, the moment *(inf)*. **2.** *(und auch)* as well as.

sowieso *adv* anyway, anyhow, in any case. **das ~!** obviously!, of course!, that goes without saying.

Sowjet *m* **-s, -s** Soviet.

Sowjet- *in cpds* Soviet. **Sowjetbürger** *m* Soviet citizen.

sowjetisch *adj* Soviet.

Sowjetmensch *m* Soviet citizen; **Sowjetrepublik** *f* Soviet Republic; **Union der Sozialistischen ~en** Union of Soviet Socialist Republics; **Sowjet|union** *f* Soviet Union.

sowohl *conj* **~ ... als** *or* **wie (auch)** both ... and, ... as well as.

Sozi *m* **-s, -s** *(pej inf)* Socialist.

sozial *adj* social; *(~bewußt)* socially conscious; *(an das Gemeinwohl denkend)* public-spirited. **die ~en Berufe** the caring professions; **~er Wohnungsbau** ≃ council housing *(Brit)*; **~ denken** to be socially minded; **ich habe heute meinen ~en Tag!** *(inf)* I'm feeling charitable today.

Sozial|abgaben *pl* social security contributions *pl*; **Sozial|amt** *nt* social

security office; **Sozial|arbeit** *f* social work; **Sozial|arbeiter** *m* social worker; **Sozialberuf** *m* caring profession; **Sozialdemokrat** *m* social democrat; **Sozialdemokratie** *f* social democracy; **sozialdemokratisch** *adj* social-democratic; **Sozial|einrichtungen** *pl* social facilities *pl*; **Sozialfall** *m* hardship case; **Sozialfürsorge** *f (dated) siehe* **Sozialhilfe; Sozialgericht** *nt* (social) welfare tribunal; **Sozialgeschichte** *f* social history; **Sozialgesetzgebung** *f* social welfare legislation; **Sozialhilfe** *f* supplementary benefit *(Brit)*.

Sozialisation *f (Psych, Sociol)* socialization.

sozialisieren* *vt (Psych, Sociol, Ind)* to socialize; *(Pol: verstaatlichen)* to nationalize.

Sozialisierung *f siehe vt* socialization; nationalization.

Sozialismus *m* socialism.

Sozialist(in *f*) *m* socialist.

sozialistisch *adj* socialist.

sozial|ökonomisch *adj* socioeconomic; **Sozialpädagoge** *n* social education worker; **Sozialpädagogik** *f* social education; **Sozialplan** *m* social compensation plan; **Sozialpolitik** *f* social policy; **sozialpolitisch** *adj* socio-political; **Sozialprestige** *nt* social standing; **Sozialprodukt** *nt* national product; **Sozialpsychologie** *f* social psychology; **Sozialrecht** *nt* social legislation; **Sozialreform** *f* social reform; **Sozialrente** *f* social security pension; **Sozialrentner** *m* pensioner receiving social security; **Sozialstaat** *m* welfare state; **Sozialstruktur** *f* social structure; **Sozialversicherung** *f* national insurance *(Brit)*, social security *(US)*; **Sozialwissenschaften** *pl* social sciences *pl*; **Sozialwissenschaftler** *m* social scientist; **Sozialwohnung** *f* council flat *(Brit)*; **Sozialzulage** *f* (welfare) allowance.

Soziogramm *nt* sociogram; **Soziographie** *f* sociography; **Soziolekt** *m* social dialect; **Soziolinguistik** *f* sociolinguistics *sing*.

Soziologe *m*, **Soziologin** *f* sociologist.

Soziologie *f* sociology.

soziologisch *adj* sociological.

Soziometrie *f* sociometry; **sozio|ökonomisch** *adj* socioeconomic.

Sozius *m* **-, -se 1.** *(Partner)* partner. **2.** *(Beifahrer)* pillion rider *or* passenger; *(inf: ~sitz)* pillion (seat).

Soziussitz *m* pillion (seat).

sozusagen *adv* so to speak, as it were.

Spachtel *m* **-s, -** *or f* **-, -n 1.** *(Werkzeug)* spatula. **2.** *(spec: ~masse)* filler.

Spachtelmasse *f* filler.

spachteln I *vt Mauerfugen, Ritzen* to fill (in), to smooth over, to stop. II *vi* to do some filling; *(inf: essen)* to tuck in.

Spagat[1] *m* or *nt* **-(e)s, -e** splits *pl*. **~ machen** to do the splits.

Spagat[2] *m* **-(e)s, -e** *(S Ger, Aus: Bindfaden)* string.

Spaghetti[1] [ʃpaˈgɛti] *pl* spaghetti *sing*.

Spaghetti[2] *m* **-(s), -s, Spaghettifresser** *m* **-s, -** *(pej sl: Italiener)* wop *(pej sl)*, eyetie *(sl)*.

spähen vi to peer; (durch Löcher etc auch) to peep; (vorsichtig auch) to peek. **nach jdm/etw ~** to look out for sb/sth.

Späher(in f) m **-s, -** (old Mil) scout; (Posten) lookout.

Spähtrupp m (Mil) reconnaissance or scouting party or patrol.

Spalier nt **-s, -e 1.** trellis; (für Obst auch) espalier. **am ~ ziehen** to trellis/espalier, to train on a trellis/an espalier. **2.** (von Menschen) row, line; (zur Ehrenbezeigung) guard of honour. **~ stehen/ein ~ bilden** to form a guard of honour.

Spalt m **-(e)s, -e** (Öffnung) gap, opening; (zwischen Vorhängen etc auch) chink; (Riß) crack; (Fels~) crevice, fissure. **die Tür stand einen ~ offen** the door was slightly ajar; **die Tür/Augen einen ~ öffnen** to open the door/one's eyes slightly.

spaltbar adj (Phys) Atomkerne fissionable; Material fissile.

Spaltbreit m: **etw einen ~ öffnen** etc to open etc sth slightly.

spaltbreit adj **ein ~er Schlitz** a narrow crack.

Spalte f **-, -n 1.** (esp Geol) fissure; (Fels~ auch) cleft, crevice; (Gletscher~) crevasse; (in Wand) crack; (sl: Vagina) hole (sl). **2.** (Typ, Press) column.

spalten ptp auch **gespalten I** vt (lit, fig) to split; (Chem) Öl to crack (spec); Holz to chop. **bei dieser Frage sind die Meinungen gespalten** opinions are divided on this question; siehe **gespalten.** **II** vr to split; (Meinungen) to be split.

Spaltpilz m usu pl bacterium.

Spaltung f (lit, fig) splitting; (von Atomkernen auch) fission; (von Öl) cracking (spec); (in Partei etc) split; (eines Landes) split, division. **die ~ der Persönlichkeit/ des Bewußtseins** the split in his etc personality/mind.

Span m **-(e)s, ~e** (Hobel~) shaving; (Bohr~ auch) boring; (zum Feueranzünden) piece of kindling; (Metall~) filing.

spänen vt Holzboden to scour with steel wool.

Spanferkel nt sucking pig.

Spange f **-, -n** clasp; (Haar~) hair slide (Brit), barrette (US); (Schuh~) strap, bar; (Schnalle) buckle; (Arm~) bangle.

Spaniel ['ʃpaːniəl] m **-s, -s** spaniel.

Spanien ['ʃpaːniən] nt **-s** Spain.

Spanier(in f) ['ʃpaːniɐ, -iərɪn] m **-s, -** Spaniard. **die ~** the Spanish, the Spaniards; **stolz wie ein ~ sein** (prov) to be (very) proud; siehe **Deutsche(r).**

spanisch adj Spanish. **~e Wand** (folding) screen; **das kommt mir ~ vor** (inf) that seems odd to me.

Spanisch(e) nt decl as adj Spanish; siehe **Deutsch(e).**

Spann m **-(e)s, -e** instep.

spann pret of **spinnen.**

Spannbeton m prestressed concrete.

Spanne f **-, -n** (altes Längenmaß) span; (geh: Zeit~) while; (Verdienst~) margin. **eine ~ Zeit** (geh) a space or span of time.

spannen I vt **1.** Saite, Seil to tighten, to tauten; Bogen to draw; Feder to tension; Muskeln to tense, to flex; Strickteile, Wolle to stretch; Gewehr, (Abzugs)hahn,

(Kamera)verschluß to cock. **einen Stiefel ~** to put a boot on a/the boot-tree; **einen Tennisschläger ~** to put a tennis racket in a/the press.

2. (straff befestigen) Werkstück to clamp; Wäscheleine to put up; Netz, Plane, Bildleinwand to stretch. **einen Bogen in die Schreibmaschine ~** to insert or put a sheet in the typewriter.

3. (fig) **seine Erwartungen zu hoch ~** to pitch one's expectations too high; siehe **Folter.**

4. (inf: merken) to catch on to (inf), to get wise to (inf).

II vr **1.** (Haut) to go or become taut; (Muskeln auch) to tense.

2. sich über etw (acc) **~** (Regenbogen, Brücke) to span sth; (Haut) to stretch over sth.

III vi **1.** (Kleidung) to be (too) tight; (Haut) to be taut.

2. (Gewehr) **~** to cock; (Kamera ~) to cock the shutter.

3. auf etw (acc) **~** (inf) (gespannt warten) to look forward excitedly to sth; (gespannt lauschen) to listen intently for sth.

spannend adj exciting; (stärker) thrilling. **mach's nicht so ~!** (inf) don't keep me/us in suspense.

Spanner m **-s, - 1.** (für Tennisschläger) press; (Hosen~) hanger; (Schuh~) shoetree; (Stiefel~) boot-tree. **2.** (Zool) geometer moth; (Raupe) looper. **3.** (inf: Voyeur) peeping Tom.

Spannkraft f (Tech) tension; (von Muskel) tone, tonus (spec); (fig) vigour; **spannkräftig** adj (fig) vigorous.

Spannung f **1.** no pl (von Seil, Feder, Muskel etc) tension, tautness; (Mech: innerer Druck) stress.

2. (Elec) voltage, tension. **unter ~ stehen** to be live.

3. no pl (fig) excitement; (Spannungsgeladenheit) suspense, tension. **mit großer/atemloser ~** with great/breathless excitement; **etw mit ~ erwarten** to await sth full of suspense; **seine mit ~ erwarteten Memoiren sind endlich erschienen** his eagerly awaited memoirs have appeared at last.

4. no pl (innerlich, nervlich) tension.

5. usu pl (Feindseligkeit) tension no pl.

Spannungs|abfall m voltage drop; **Spannungsfeld** nt (lit) electric field; (fig) area of conflict; **spannungsfrei** adj (lit) Metall, Glas unstressed; (fig) relaxed; **Spannungsgebiet** nt (Pol) flashpoint, area of tension; **Spannungsmesser** m **-s, -** (Elec) voltmeter; **Spannungsmoment** nt (fig) suspense-creating factor; **Spannungsprüfer** m voltage detector.

Spannweite f (Math) range; (Archit) span; (Aviat) (wing)span; (von Vogelflügeln) wingspread, (wing)span.

Spanplatte f chipboard.

Spant nt **-(e)s, -en** (Naut) rib; (Aviat, auch in) frame.

Sparbuch nt savings book; (bei Bank auch) bankbook, passbook; **Sparbüchse** f moneybox; **Spar|einlage** f savings deposit.

sparen I *vt* to save. **dadurch habe ich (mir) viel Arbeit gespart** I saved (myself) a lot of work that way; **spar dir deine guten Ratschläge!** (*inf*) you can keep your advice!; **diese Mühe/das hätten Sie sich** (*dat*) ~ **können** you could have saved *or* spared yourself the trouble the bother; **diese Bemerkung hätten Sie sich** (*dat*) ~ **können!** you should have kept that remark to yourself!

   II *vi* to save; (*sparsam sein, haushalten*) to economize, to make savings. **an etw** (*dat*) ~ to be sparing with sth; (*mit etw haushalten*) to economize *or* save on sth; **sie hatte nicht an** *or* **mit der Sahne gespart** she wasn't sparing with *or* of the cream; **er hatte nicht mit Lob gespart** he was unstinting *or* lavish in his praise; **für** *or* **auf etw** (*acc*) ~ to save up for sth; **am falschen Platz** ~ to make false economies, to make savings in the wrong place; **spare in der Zeit, so hast du in der Not** (*Prov*) waste not, want not (*Prov*).

Sparer(in *f*) *m* **-s, -** (*bei Bank etc*) saver.

Sparflamme *f* low flame; (*Zündflamme*) pilot light. **auf** ~ (*fig inf*) just ticking over (*inf*); **auf** ~ **kochen** (*fig*) to soft-pedal (*inf*), to go easy.

Spargel *m* **-s, -,** (*Sw*) *f* **-, -n** asparagus.

Spargelder *pl* savings *pl*; **Spargroschen** *m* nest egg; **Sparguthaben** *nt* savings account; **Sparkasse** *f* savings bank; **Sparkassenbuch** *nt siehe* **Sparbuch**; **Sparkonto** *nt* savings *or* deposit account.

spärlich *adj* sparse; *Ausbeute, Reste, Einkünfte, Kenntnisse* meagre, scanty; *Beleuchtung* poor; (*Be)kleidung* scanty, skimpy; *Nachfrage* poor, low. ~ **bekleidet** scantily clad *or* dressed; ~ **bevölkert** sparsely *or* thinly populated; ~ **beleuchtet** poorly lit; **die Geldmittel fließen nur** ~ the money is only coming slowly *or* in dribs and drabs.

Spärlichkeit *f siehe adj* sparseness; meagreness, scantiness; poorness; scantiness, skimpiness; low level, poorness.

Sparmaßnahme *f* economy measure; **Sparpackung** *f* economy size (pack); **Sparpfennig** *m* nest egg; **Sparprämie** *f* savings premium.

Sparren *m* **-s, -** rafter. **du hast ja einen** ~ **(zuviel im Kopf)** (*inf*) you must have a screw loose (*inf*).

Sparring [ˈʃparɪŋ, ˈsparɪŋ] *nt* **-s,** *no pl* (*Boxen*) sparring.

sparsam *adj* thrifty; (*haushälterisch, wirtschaftlich*) economical. ~ **leben** to live economically; ~ **im Verbrauch** economical; **mit etw** ~ **umgehen** *or* **sein** to be sparing with sth; ~ **verwenden** to use sparingly; **von einer Möglichkeit nur** ~**(en) Gebrauch machen** to make little use of an opportunity.

Sparsamkeit *f* thrift; (*das Haushalten*) economizing. ~ **im Verbrauch** economicalness.

Sparschwein *nt* piggy bank.

Spartakiade [ʃparta'kiaːdə, sp-] *f* Spartakiad.

Spartaner [ʃpar'taːnə, sp-] *m* **-s, -** Spartan.

spartanisch [ʃpar'taːnɪʃ, sp-] *adj* (*lit*) Spartan; (*fig auch*) spartan. ~ **leben** to

lead a Spartan *or* spartan life.

Sparte *f* **-, -n 1.** (*Comm*) (*Branche*) line of business; (*Teilgebiet*) branch, area. **2.** (*Rubrik*) column, section.

Sparvertrag *m* savings agreement; **Sparzins** *m* interest *no pl* (on a savings account).

spasmisch, spasmodisch *adj* (*Med*) spasmodic, spasmic.

Spaß *m* **-es, ⁻e** (*no pl: Vergnügen*) fun; (*Scherz*) joke; (*Streich*) prank, lark (*Brit inf*). **laß die dummen** ~**e!** stop fooling around!; ~ **beiseite** joking apart; **viel** ~**!** have fun (*auch iro*), have a good time!, enjoy yourself/yourselves!; **wir haben viel** ~ **gehabt** we had a lot of fun *or* a really good time, we enjoyed ourselves a lot; **an etw** (*dat*) ~ **haben** to enjoy sth; **er hat viel** ~ **an seinem Garten** his garden gives him a lot of pleasure; **es macht mir** ~**/keinen** ~ **(, das zu tun)** it's fun/no fun (doing it), I enjoy *or* like/don't enjoy *or* like (doing) it; **wenn's dir** ~ **macht** if you want to, if it turns you on (*sl*); **Hauptsache, es macht** ~ the main thing is to have fun *or* to enjoy yourself; **es macht** ~**/keinen** ~ it's fun/no fun; **ich hab' doch nur** ~ **gemacht!** I was only joking *or* kidding (*inf*)!, it was only (in) fun; **(nur so,) zum** *or* **aus** ~ (just) for fun, (just) for the fun *or* hell of it (*inf*); **etw aus** *or* **im** *or* **zum** ~ **sagen** to say sth as a joke *or* in fun; **das sage ich nicht bloß zum** ~ I'm not saying that for the fun of it, I kid you not (*hum inf*); **da hört der** ~ **auf, da ist kein** ~ **mehr** that's going beyond a joke; **aus (dem)** ~ **wurde Ernst** the fun turned deadly earnest; ~ **muß sein** there's no harm in a joke; **sich** (*dat*) **einen** ~ **daraus machen, etw zu tun** to get enjoyment *or* a kick (*inf*) out of doing sth; **seinen** ~ **mit jdm treiben** to make fun of sb; (*sich mit jdm vergnügen*) to have one's fun with sb; **laß/gönn ihm doch seinen** *or* **den** ~**!** let him enjoy himself *or* have his fun; **er versteht keinen** ~ he has no sense of humour; (*er läßt nicht mit sich spaßen*) he doesn't stand for any nonsense; **da verstehe ich keinen** ~**!** I won't stand for any nonsense; **das war ein teurer** ~ (*inf*) that was an expensive business (*inf*).

Späßchen *nt dim of* **Spaß** little joke.

spaßen *vi* (*dated*) to joke, to jest. **mit Blutvergiftung ist nicht zu** ~ blood poisoning is no joke *or* joking matter; **mit ihm ist nicht zu** ~, he doesn't stand for any nonsense.

spaßeshalber *adv* for the fun of it, for fun.

spaßhaft, spaßig *adj* funny, droll.

Spaßmacher *m* joker; (*im Zirkus*) clown; **Spaßverderber** *m* **-s, -** spoilsport, wet blanket, killjoy; **Spaßvogel** *m* joker.

Spastiker(in *f*) [ˈʃpastikə, -ərɪn, ˈsp-] *m* **-s, -** spastic.

spastisch [ˈʃpastɪʃ, ˈsp-] *adj* spastic. ~ **gelähmt** suffering from spastic paralysis.

Spat *m* **-(e)s, -e 1.** (*Miner*) spar. **2.** *no pl* (*Vet*) spavin.

spät I *adj* late; *Reue, Ruhm, Glück* belated. **am** ~**en Nachmittag** in the late afternoon; **im** ~**en 18. Jahrhundert** in the late 18th century; **die** ~**en Werke Shakespeares** Shakespeare's late(r) works; **ein** ~**es**

Mädchen (*inf*) an old maid.

II *adv* late. ~ **in der Nacht/am Tage** late at night/in the day; **es ist/wird schon** ~ it is/is getting late; **heute abend wird es** ~ it'll be a late night tonight; (*nach Hause kommen*) I/he *etc* will be late this evening; **gestern ist es (bei der Arbeit)** ~ **geworden** I worked late yesterday; **gestern ist es ziemlich** ~ **geworden** it was quite late yesterday; **von früh bis** ~ from morning till night; **wie** ~ **ist es?** what's the time?; **zu** ~ too late; **er kommt morgens regelmäßig fünf Minuten zu** ~ he's always five minutes late in the mornings; **wir sind** ~ **dran** we're late; **er hat erst** ~ **mit dem Schreiben angefangen** he only started writing late in life.

Spät-, spät- *in cpds* late; **Spät|aussiedler(in** *f*) *m* late repatriate (from Eastern block).

Spatel *m* **-s, -** spatula.

Spaten *m* **-s, -** spade.

Spatenstich *m* cut of the spade. **den ersten** ~ **tun** to turn the first sod.

Spät|entwickler *m* late developer.

später *comp of* **spät I** *adj* later; (*zukünftig*) future. **in der** ~**en Zukunft** further on in the future; **die S**~**en** (*liter*) posterity.

II *adv* later (on). **das werden wir** ~ **erledigen** we'll settle that later (on); **ein paar Minuten** ~ a few minutes later; ~ **als** later than; **was will er denn** ~ **(einmal) werden?** what does he want to be later (on)?; **an** ~ **denken** to think of the future; **bis** ~**!** see you later!

spätestens *adv* at the latest. ~ **morgen/in einer Stunde** tomorrow/in one hour at the latest; ~ **um 8 Uhr** not later than 8 o'clock, by 8 o'clock at the latest; **bis** ~ **in einer Woche** in one week at the latest.

Spätheimkehrer *m* late returner (*from a prisoner-of-war camp*); **Spätherbst** *m* late autumn, late fall (*US*); **Spätjahr** *nt* (*liter*) autumn, fall (*US*); **Spätlese** *f* late vintage; **Spätschicht** *f* late shift; **Spätsommer** *m* late summer.

Spatz *m* **-en, -en 1.** sparrow. **wie ein** ~ **essen** to peck at one's food; **besser ein** ~ **in der Hand als eine Taube auf dem Dach** (*Prov*) a bird in the hand is worth two in the bush (*Prov*); *siehe* **pfeifen. 2.** (*inf: Kind*) tot, mite; (*Anrede*) darling, honey.

Spätzchen *nt dim of* **Spatz** little sparrow; (*inf: Kind*) tot, mite; (*Anrede*) honey-bun (*inf*), sweetie pie (*inf*).

Spatzenhirn *nt* (*pej*) birdbrain (*inf*).

Spätzle *pl* (*S Ger Cook*) spaetzle (*sort of pasta*).

Spätzündung *f* retarded ignition. ~ **haben** (*inf*) to be slow on the uptake.

spazieren* *vi aux sein* to stroll; (*stolzieren*) to strut. **wir waren** ~ we went for a walk or stroll.

spazierenfahren *sep irreg* **I** *vi aux sein* (*im Auto*) to go for a drive or ride or run; (*mit Fahrrad, Motorrad*) to go for a ride; **ich will nur ein bißchen** ~ I just want to go for a little drive or ride or run; **2** *vt* **jdn** ~ to take sb for a drive or ride or run; **das Baby (im Kinderwagen)** ~ to take the baby for a walk (in the pram);

spazierenführen *vt sep* **jdn** ~ to take sb

for a walk; **spazierengehen** *vi sep irreg aux sein* to go for a walk or stroll; **ich gehe jetzt ein bißchen** ~ I'm going to go for a little walk or stroll now.

Spazierfahrt *f* (*im Auto*) ride, drive, run; (*mit Fahrrad, Motorrad*) ride; **eine** ~ **machen** to go for a ride *etc*; **Spaziergang** *m* walk, stroll; (*fig*) child's play *no art*, doddle (*inf*); (*Match*) walkover; **einen** ~ **machen** to go for a walk or stroll; **Spaziergänger** *m* **-s, -** stroller; **Spazierritt** *m* ride; **Spazierstock** *m* walking stick.

SPD [espe:'de:] *f* - *abbr of* **Sozialdemokratische Partei Deutschlands** German Social Democratic Party.

Specht *m* **-(e)s, -e** woodpecker.

Speck *m* **-(e)s, -e** bacon fat; (*Schinken~, durchwachsener* ~) bacon; (*inf: bei Mensch*) fat, flab (*inf*). **mit** ~ **fängt man Mäuse** (*Prov*) you have to throw a sprat to catch a mackerel; ~ **ansetzen** (*inf*) to get fat, to put on weight, to put it on (*inf*); **ran an den** ~ (*inf*) let's get stuck in (*inf*).

Speckbauch *m* (*inf*) potbelly (*inf*), paunch.

speckig *adj* greasy.

Specknacken *m* fat neck; **Speckscheibe** *f* (bacon) rasher; **Speckschwarte** *f* bacon rind; **wie eine** ~ **glänzen** (*inf*) to shine greasily; (*vor Sauberkeit*) to gleam like a new penny; **Speckseite** *f* side of bacon; **Speckstein** *m* (*Miner*) soapstone.

Spediteur [ʃpedi'tøːɐ] *m* carrier, haulier, haulage contractor; (*Zwischen~*) forwarding agent; (*von Schiffsfracht*) shipper, shipping agent; (*Umzugsfirma*) furniture remover.

Spedition *f* **1.** (*das Spedieren*) carriage, transporting; (*auf dem Wasserweg*) shipping. **2.** (*Firma*) haulage contractor; (*Zwischen~*) forwarding agency; (*Schiffskontor*) shipping agency; (*Umzugsfirma*) removal firm; (*Versandabteilung*) forwarding department.

Speditionsfirma *f*, **Speditionsgeschäft** *nt* haulage contractor; (*Zwischenspediteur*) forwarding agency; (*Schiffskontor*) shipping agency; (*Umzugsfirma*) removal firm.

Speer *m* **-(e)s, -e** spear; (*Sport*) javelin.

Speerspitze *f* (*lit, fig*) spearhead; **Speerwerfen** *nt* (*Sport*) **das** ~ the javelin, throwing the javelin; **im** ~ in the javelin; **Speerwerfer** *m* (*Sport*) javelin thrower.

Speiche *f* **-, -n 1.** spoke. **2.** (*Anat*) radius.

Speichel *m* **-s,** *no pl* saliva, spittle.

Speicheldrüse *f* salivary gland; **Speichelfluß** *m* salivation; **Speichellecker** *m* **-s, -** (*pej*) lickspittle, toady, bootlicker (*inf*); **Speichelleckerei** *f* (*pej inf*) toadying, bootlicking (*inf*).

Speicher *m* **-s, -** (*Lagerhaus*) storehouse; (*im Haus*) loft, attic; (*Wasser~*) tank, reservoir; (*beim Computer*) memory, store. **auf dem** ~ in the loft or attic.

Speicherbecken *nt* reservoir; **Speicherkapazität** *f* storage capacity; (*von Computer*) memory capacity; **Speicherkraftwerk** *nt* storage power station.

speichern I *vt* to store; (*fig*) *Gefühle* to store up. **II** *vr* to accumulate.

Speicher|ofen *m* storage heater.

Speicherung *f* storing, storage.

speien *pret* **spie**, *ptp* **gespie(e)n** *vti* to spit, to expectorate (*spec*); *Lava, Feuer* to spew (forth); *Wasser* to spout; *Flammen, Dämpfe* to belch (forth *or* out); (*sich über-geben*) to vomit. **der Drache spie Feuer** the dragon breathed fire; *siehe* **Gift**.

Speis *m* **-es**, *no pl* (*S Ger*) mortar.

Speise *f* -, **-n** 1. (*geh: Nahrung*) food, fare (*liter*); (*Gericht*) dish; **~n und Getränke** meals and beverages; **vielen Dank für Speis und Trank** many thanks for the meal; **kalte und warme ~n** hot and cold meals; **erlesene ~n** choice dishes. 2. *no pl* (*Mörtel*) mortar. 3. (*Metal*) speiss; (*Glocken~*) bell metal.

Speisebrei *m* chyme; **Speise|eis** *nt* icecream; **Speisefett** *nt* cooking *or* edible fat; **Speisehaus** *nt* restaurant, eating house; **Speisekammer** *f* larder, pantry; **Speisekarte** *f* menu; **Speise-lokal** *nt* restaurant.

speisen *vti* (*geh*) to eat, to dine (*form*). **zu Abend ~** to have dinner, to dine (in the evening) (*form*); **zu Mittag ~** to lunch; **etw ~** to eat sth, to dine on sth (*form*); **was wünschen Sie zu ~?** what do you wish to eat, sir/madam?

    II *vt* (*liter, Tech*) to feed; (*old*) *Gast* to dine.

Speise|öl *nt* salad oil; (*zum Braten*) cooking *or* edible oil; **Speisereste** *pl* leftovers *pl*; (*zwischen den Zähnen*) food particles *pl*; **Speiseröhre** *f* (*Anat*) gullet; **Speisesaal** *m* dining hall; (*in Hotel etc*) dining room; (*auf Schiffen*) dining saloon; (*in Klöstern, Internaten etc auch*) refectory; **Speisewagen** *m* (*Rail*) dining car, restaurant car, diner (*esp US*); **Speisezettel** *m* menu; **Speisezimmer** *nt* dining room.

Speisung *f* (*geh*) feeding; (*Tech auch*) supply.

spei|übel *adj* **mir ist ~** I think I'm going to be sick *or* to throw up; **da kann einem ~ werden, wenn man das sieht** the sight of that is enough to make you feel sick.

Spektabilität [ʃpɛktabiliˈtɛːt, sp-] *f* (*Univ dated*) (Mr) Dean.

Spektakel¹ *m* **-s**, - (*inf*) row, rumpus (*inf*); (*Aufregung*) fuss, bother, palaver (*inf*).

Spektakel² [ʃpɛkˈtaːkl, sp-] *nt* **-s**, - (*old*) spectacle, show.

spektakulär [ʃpɛktakuˈlɛːɐ̯, sp-] *adj* spectacular.

Spektra *pl of* **Spektrum**.

Spektral- [ʃpɛkˈtraːl-, sp-]: **Spektral-|analyse** *f* spectrum analysis; **Spektral-farbe** *f* colour of the spectrum.

Spektren *pl of* **Spektrum**.

Spektroskop [ʃpɛktroˈskoːp, sp-] *nt* **-s**, **-e** spectroscope.

spektroskopisch [ʃp-, sp-] *adj* spectroscopic.

Spektrum [ˈʃpɛktrʊm, ˈsp-] *nt* **-s**, **Spektren** *or* **Spektra** spectrum.

Spekulant(in *f*) *m* speculator.

Spekulation *f* 1. (*Fin*) speculation (*mit* in). **~ mit Grundstücken** property speculation. 2. (*Vermutung*) speculation. **~en**

anstellen to make speculations; **man stellt schon ~en an, ob ...** people are already speculating as to whether ...

Spekulationsgeschäft *nt* speculative transaction *or* operation; **Spekulations-gewinn** *m* speculative gains *pl or* profit; **Spekulations|objekt** *nt* object of speculation.

spekulativ *adj* speculative.

spekulieren* *vi* 1. (*Fin*) to speculate (*mit* in); *siehe* **Baisse, Hausse**. 2. (*Vermutun-gen anstellen*) to speculate. **auf etw** (*acc*) **~** (*inf*) to have hopes of sth.

Spelunke *f* -, **-n** (*pej inf*) dive (*inf*).

Spelz *m* **-es**, **-e** (*Agr*) spelt.

Spelze *f* -, **-n** (*Bot*) husk; (*von Gras*) glume.

spendabel *adj* (*inf*) generous, open-handed.

Spende *f* -, **-n** donation; (*Beitrag*) contribution. **eine ~ geben** *or* **machen** to give a donation/contribution, to donate/contribute something; **bitte eine kleine ~!** please give *or* donate *or* contribute something (for charity).

spenden *vti Lebensmittel, Blut, Geld* to donate, to give; (*beitragen*) *Geld* to contribute; *Abendmahl, Segen* to administer; *Schatten* to afford, to offer; *Trost* to give. **bitte ~ Sie für das Rote Kreuz!** please donate/contribute something to *or* for the Red Cross; *siehe* **Beifall, Lob**.

Spendenkonto *nt* donations account.

Spender(in *f*) *m* **-s**, - donator; (*Beitragleis-tender*) contributor; (*Med*) donor. **wer war der edle ~?** (*inf*) to whom am I indebted?

spendieren* *vt* to buy, to get (*jdm etw* sb sth, sth for sb). **spendierst du mir einen?** (*inf*) are you going to buy *or* stand me a drink?; **das spendiere ich** it's on me.

Spendierhosen *pl* (*inf*) **seine ~ anhaben** to be in a generous mood.

Spengler *m* **-s**, - (*dial: Klempner*) plumber.

Sperber *m* **-s**, - sparrowhawk.

Sperenzchen, Sperenzien [-ən] *pl* (*inf*) **~ machen** (*inf*) to be difficult.

Sperling *m* sparrow.

Sperma *nt* **-s, Spermen** *or* **-ta** sperm.

sperr|angelweit *adv* (*inf*) **~ offen** wide open.

Sperrbezirk *m* no-go area, prohibited area.

Sperre *f* -, **-n** 1. barrier; (*Polizei~*) roadblock; (*Mil*) obstacle; (*Tech*) locking device. 2. (*Verbot, Sport*) ban; (*Blockierung*) blockade; (*Comm*) embargo; (*Nachrich-ten~*) (news) blackout. 3. (*Psych*) mental block.

sperren **I** *vt* 1. (*schließen*) *Grenze, Hafen, Straße, Brücke, Tunnel* to close; *Platz, Gegend auch* to close off; (*Tech*) to lock. **etw für jdn/etw ~** to close sth to sb/sth. 2. (*Comm*) *Konto* to block, to freeze; *Scheck* to stop. 3. (*Sport: ausschließen*) to ban, to bar. 4. (*Sport: behindern*) *Gegner* to obstruct, to block. 5. (*verbieten*) *Einfuhr, Ausfuhr* to ban. **jdm den Urlaub/das Gehalt ~** to stop sb's holidays/salary; **jdm den Ausgang ~** (*Mil*) to confine sb to barracks.

6. (*abstellen*) *Gas, Strom, Telefon* to cut off, to disconnect. **jdm den Strom/das Telefon ~** to cut off *or* disconnect sb's electricity/telephone.

7. (*einschließen*) **jdn in etw** (*acc*) **~** to shut *or* lock sb in sth.

8. (*Typ*) to space out.

II *vr* **sich (gegen etw) ~** to ba(u)lk *or* jib (at sth).

III *vi* (*Sport*) to obstruct. **S~ ist nicht zulässig** obstruction is not allowed.

Sperrfeuer *nt* (*Mil, fig*) barrage; **Sperrfrist** *f* waiting period (*auch Jur*); (*Sport*) (period of) suspension; **Sperrgebiet** *nt* no-go area, prohibited area *or* zone; **Sperrgut** *nt* bulky freight *or* goods *pl*; **Sperrholz** *nt* plywood.

sperrig *adj* bulky; (*unhandlich*) unwieldy.

Sperrkette *f* chain; (*an Haustür*) safety chain; **Sperrklinke** *f* pawl; **Sperrkonto** *nt* blocked account; **Sperrkreis** *m* (*Rad*) wave trap; **Sperrmauer** *f* wall; **Sperrminorität** *f* (*Fin*) blocking minority; **Sperrmüll** *m* bulky refuse; **Sperrmüll|abfuhr** *f* removal of bulky refuse; **Sperrsitz** *m* (*im Kino*) back seats *pl*; (*im Zirkus*) front seats *pl*; (*old: im Theater*) stalls *pl*, orchestra; **Sperrstunde** *f* closing time.

Sperrung *f* **1.** *siehe vt* closing; closing off; locking; blocking; stopping; banning, barring; banning; stopping, stoppage; cutting off, disconnection, disconnecting; spacing. **2.** *siehe* **Sperre 2.**

Sperrzoll *m* prohibitive tariff; **Sperrzone** *f* *siehe* **Sperrgebiet.**

Spesen *pl* expenses *pl*. **auf ~ reisen/essen** to travel/eat on expenses; **außer ~ nichts gewesen** hardly profitable but enjoyable.

spesenfrei *adj* free of charge; **Spesenkonto** *nt* expense account; **Spesenritter** *m* (*inf*) expense-account type (*inf*).

Spezerei *f usu pl* (*old*) spice; (*Delikatesse*) exotic delicacy.

Spezi *m* **-s, -s** (*S Ger inf*) pal (*inf*).

Spezial|arzt *m* specialist; **Spezial|ausführung** *f* special model *or* version; **ein Modell in ~** a special version; **Spezialdisziplin** *f* special discipline; **Spezialfach** *nt* special subject; **Spezialfahrzeug** *nt* special-purpose vehicle; **Spezialfall** *m* special case; **Spezialgebiet** *nt* special field *or* topic; **Spezialgeschäft** *nt* specialist shop; **ein ~ für Sportkleidung** a sportswear specialist's.

spezialisieren* **I** *vr* **sich (auf etw** *acc*) **~** to specialize (in sth). **II** *vt* (*old: spezifizieren*) to specify, to itemize.

Spezialisierung *f* specialization.

Spezialist(in *f*) *m* specialist (*für* in).

Spezialistentum *nt* specialization.

Spezialität *f* speciality (*esp Brit*), specialty (*esp US*).

speziell **I** *adj* special; (*außerordentlich, individualisierend auch*) especial. **auf Ihr (ganz) S~es!** your good health!; **er ist mein ganz ~er Freund** he's a very special friend of mine (*auch iro*). **II** *adv* (e)specially.

Spezies ['ʃpeːtsiɛs, 'spe-] *f -*, - (*Biol*) species *sing*. **die ~ Mensch** the human species.

Spezifikation *f* specification; (*Auf-*

gliederung) classification.

spezifisch *adj* specific.

spezifizieren* *vt* to specify; (*einzeln aufführen auch*) to itemize.

Spezifizierung *f* specification, specifying; (*Einzelaufführung auch*) itemization, itemizing.

Sphäre *f -*, **-n** (*lit, fig*) sphere; *siehe* **schweben.**

Sphärenmusik *f* music of the spheres.

sphärisch *adj* spherical; *Klänge, Musik* celestial.

Sphinx *f -*, **-e** sphinx.

spicken **I** *vt* (*Cook*) *Braten* to lard; (*inf: bestechen*) to bribe, to square (*inf*). **eine (gut) gespickte Brieftasche** a well-lined wallet; **mit Fehlern/Zitaten gespickt** peppered with mistakes/quotations, larded with quotations. **II** *vi* (*Sch sl*) to copy, to crib (*inf*) (*bei* off, from).

Spickzettel *m* crib.

spie *pret of* **speien.**

Spiegel *m* **-s, -** **1.** mirror, glass (*old*); (*Med*) speculum; (*fig*) mirror. **in den ~ schauen** *or* **sehen** to look in the mirror; **glatt wie ein ~** like glass; **im ~ der Öffentlichkeit** *or* **der öffentlichen Meinung** as seen by the public, as reflected in public opinion; **das kannst du dir hinter den ~ stecken** (*inf*) (you can) put that in your pipe and smoke it (*inf*); **jdm den ~ vorhalten** (*fig*) to hold up a mirror to sb. **2.** (*Wasser~, Alkohol~, Zucker~*) level. **3.** (*Aufschlag*) lapel; (*Kragen~*) tab.

Spiegelbild *nt* (*lit, fig*) reflection; (*seitenverkehrtes Bild*) mirror image; **spiegelbildlich** *adj* *Zeichnung etc* mirror image; **spiegelblank** *adj* shining, bright as a mirror; **sie hat den Herd ~ geputzt** she polished the cooker until it shone like a mirror; **Spiegel|ei** *nt* fried egg; **Spiegelfechterei** *f* (*fig*) (*Scheingefecht*) shadowboxing; (*Heuchelei, Vortäuschung*) sham, bluff; **Spiegelfernrohr** *nt* reflector (telescope); **Spiegelglas** *nt* mirror glass; **spiegelglatt** *adj* like glass, glassy, as smooth as glass; **spiegelgleich** *adj* symmetrical; **Spiegelkarpfen** *m* mirror carp.

spiegeln **I** *vi* (*reflektieren*) to reflect (the light); (*glitzern*) to gleam, to shine. **II** *vt* to reflect, to mirror. **III** *vr* to be mirrored *or* reflected; (*sich betrachten*) to look at one's reflection.

Spiegelreflexkamera *f* reflex camera; **Spiegelschrift** *f* mirror writing; **etw in ~ schreiben** to write sth backwards.

Spiegelung *f* reflection; (*Luft~*) mirage.

Spiel *nt* **-(e)s, -e** **1.** (*Unterhaltungs~, Glücks~, Sport, Tennis*) game; (*Wettkampf~ auch*) match; (*Theat: Stück*) play; (*fig: eine Leichtigkeit*) child's play *no art*. **ein ~ spielen** (*lit*) to play a game; **im ~ sein** (*lit*) to be in the game; (*fig*) to be involved *or* at work; **die Kräfte, die hier mit im ~ waren** the forces which were at play here; **das ~ verloren geben** to give the game up for lost; (*fig*) to throw in the towel; **machen Sie ihr ~!** place your bets!, faites vos jeux; **jdn ins ~ schicken** (*Sport*) to send sb on; **jdn aus dem ~**

nehmen (*Sport*) to take sb off.

2. (*das Spielen, Spielweise*) play(ing); (*Mus, Theat*) playing; (*Sport*) play; (*bei Glücksspielen*) gambling. **stör das Kind nicht beim ~** don't disturb the child while he's playing *or* at play; **stummes ~** miming.

3. (*Bewegung, Zusammenspiel*) play. **~ der Hände** hand movements; **das (freie) ~ der Kräfte** the (free) (inter)play of forces; **das ~ der Wellen** the play of the waves.

4. ein ~ des Schicksals *or* **Zufalls** a whim of fate.

5. (*Spielzubehör*) game; (*Karten*) deck, pack; (*Satz*) set. **führen Sie auch ~e?** do you have games?

6. (*von Stricknadeln*) set.

7. (*Tech*) (free) play; (*~raum*) clearance.

8. (*fig*) **das ist ein ~ mit dem Feuer** that's playing with fire; **leichtes ~ (mit** *or* **bei jdm) haben** to have an easy job of it (with sb); **bei den einfachen Bauern hatten die Betrüger leichtes ~** the simple peasants were easy game for the swindlers; **jdm das ~ verderben** to spoil sb's little game; **das ~ ist aus** the game's up; **die Hand** *or* **Finger im ~ haben** to be involved, to have a hand in affairs; **jdn/etw aus dem ~ lassen** to leave *or* keep sb/sth out of it; **etw mit ins ~ bringen** to bring in *or* up sth; **etw aufs ~ setzen** to put sth at stake *or* on the line (*inf*), to risk sth; **auf dem ~(e) stehen** to be at stake; **sein ~ mit jdm treiben** to play games with sb.

Spiel|alter *nt* playing stage; **Spiel|anzug** *m* playsuit, rompers *pl*; **Spiel|art** *f* variety; **Spiel|automat** *m* gambling *or* gaming machine; (*zum Geldgewinnen*) fruit machine, one-armed bandit (*hum inf*); **Spielball** *m* (*Volleyball*) matchball, game-ball (*US*); (*Tennis*) game point; (*Billard*) cue ball; (*fig*) plaything; **ein ~ der Wellen sein** (*geh*) to be at the mercy of *or* be tossed about by the waves; **Spielbank** *f* casino; **spielbar** *adj* playable; **Spielbeginn** *m* start of play; **gleich nach ~** just after the start of play; **Spielbein** *nt* free leg; **Spielbrett** *nt* board; (*Basketball*) backboard.

Spielchen *nt* (*inf*) little game.

Spieldose *f* musical box (*Brit*), music box (*US*).

spielen I *vt* to play. **jdm einen Streich ~** to play a trick on sb; **Klavier/Flöte ~** to play the piano/the flute; **was wird heute im Kino gespielt?** what's on at the cinema today?, what's showing at the cinema today?; **sie ~ einen Film von ...** they're showing a film by ...; **den Unschuldigen ~** to play the innocent; **den Beleidigten ~** to act all offended; **sie spielt die große Dame** she's playing *or* acting the grand lady; **was wird hier gespielt?** (*inf*) what's going on here?

II *vi* to play; (*Theat*) (*Schauspieler*) to act, to play; (*Stück*) to be on, to play; (*Film*) to be on, to show; (*beim Glücksspiel*) to gamble. **die Mannschaft hat gut/ schlecht** *etc* **gespielt** the team had a good/ bad *etc* game, the team played well/badly

etc; **bei ihm spielt das Radio den ganzen Tag** he has the radio on all day; **seine Beziehungen ~ lassen** to bring one's connections to bear *or* into play; **seine Muskeln ~ lassen** to ripple one's muscles; **wie das Leben so spielt** life's funny like that; **in der Hauptrolle spielt X X** is playing the lead; **das Stück spielt im 18. Jahrhundert/ in Italien** the play is set in the 18th century/in Italy; **nervös spielte er mit dem Bleistift** he played *or* toyed nervously with the pencil; **mit dem Gedanken ~, etw zu tun** to toy *or* play with the idea of doing sth; **mit jdm/jds Liebe/Gefühlen ~** to play (around) with sb/sb's affections/feelings; **ein Lächeln spielte um ihre Lippen** a smile played about her lips; **ihr Haar spielt ins Rötliche** her hair has a reddish tinge.

III *vr* **sich müde ~** to tire oneself out playing; **sich in den Vordergrund ~** to push oneself into the foreground; **auf nassem Boden spielt es sich schlecht** (*Sport*) wet ground isn't very good to play on.

spielend I *adj* playing. **II** *adv* easily. **das ist ~ leicht** that's very easy.

Spiel|ende *nt* end of play. **kurz vor ~** just before the end of play.

Spieler(in *f*) *m* **-s, -** player; (*Theat auch*) actor/actress; (*Glücks~*) gambler.

Spielerei *f* **1.** *no pl* (*das Spielen*) playing; (*beim Glücksspiel*) gambling; (*das Herumspielen*) playing *or* fooling *or* fiddling (*inf*) about *or* around; (*Kinderspiel*) child's play *no art*, doddle (*inf*). **das ist nur ~** I am/he is *etc* just playing *or* fooling about.

2. (*Gegenstand*) frivolity; (*Gerät auch*) gadget.

spielerisch I *adj* **1.** (*verspielt*) Geste, Katze *etc* playful.

2. mit ~er Leichtigkeit with the greatest of ease, with consummate ease.

3. (*Sport*) playing; (*Theat*) acting. **~es Können** playing/ acting ability; **die ~e Leistung** the playing/acting.

II *adv* **1.** (*verspielt*) playfully.

2. (*mit Leichtigkeit*) with the greatest of ease, with consummate ease.

3. (*Sport*) in playing terms; (*Theat*) in acting terms.

Spielerwechsel *m* substitution.

Spielfeld *nt* field, pitch (*Brit*); (*Tennis, Squash, Basketball*) court; **Spielfigur** *f* piece; **Spielfilm** *m* feature film; **Spiel-fläche** *f* playing area; (*bei Gesellschaftsspielen*) playing surface; **Spielfolge** *f* (*Sport*) order of play; (*Theat*) programme; **spielfrei** *adj* (*Theat, Sport*) **~er Tag** rest-day; **die ~e Zeit** the close season; **der Sonntag ist ~** (*Sport*) there is no game on Sundays; **spielfreudig** *adj* keen, enthusiastic; **Spielführer** *m* (team) captain; **Spielgefährte** *m* playmate, playfellow; **Spielgeld** *nt* **1.** (*Einsatz*) stake; **2.** (*unechtes Geld*) play money, toy money; **Spielgeschehen** *nt* (*Sport*) play, action; **Spielhölle** *f* gambling den; **Spielkamerad** *m siehe* **Spielgefährte**; **Spielkarte** *f* playing card; **Spielkasino** *nt* (gambling) casino; **Spielklasse** *f* division; **Spielleidenschaft** *f* passion for gambling, gambling mania; **Spielleiter** *m*

1. *siehe* **Regisseur(in)**; **2.** (*Conférencier*) master of ceremonies, emcee (*inf*); **Spielmacher** *m* key player; **Spielmann** *m*, *pl* **-leute** (*Hist*) minstrel; (*Mitglied eines Spielmannszuges*) bandsman; **Spielmannszug** *m* (brass) band; **Spielmarke** *f* chip, counter; **Spielminute** *f* minute (of play); **Spielplan** *m* (*Theat, Film*) programme; **ein Stück vom ~ absetzen** to drop a play (from the programme); **Spielplatz** *m* (*für Kinder*) playground; (*Sport*) playing-field; **Spielraum** *m* room to move; (*fig*) scope; (*zeitlich*) time; (*bei Planung etc*) leeway; (*Tech*) clearance, (free) play; **Spielregel** *f* (*lit, fig*) rule of the game; **sich an die ~n halten, die ~n beachten** (*lit, fig*) to stick to the rules (of the game), to play the game; **gegen die ~n verstoßen** (*lit, fig*) to break the rules, not to play the game; **Spielrunde** *f* round; **Spielsaal** *m* gaming hall; **Spielsachen** *pl* toys *pl*, playthings *pl*; **Spielsaison** *f* (*Theat, Sport*) season; **Spielschuld** *f* gambling debt; **Spielstand** *m* score; **bei einem ~ von ... with the score (standing) at ...; **Spieltag** *m* day; **Spielteufel** *m* gambling urge *or* bug (*inf*); **vom ~ besessen sein** (*inf*) to have the gambling bug (*inf*); **Spieltisch** *m* games table; (*beim Glücksspiel*) gaming *or* gambling table; **Spieltrieb** *m* play instinct; **Spiel∥uhr** *f* musical box (*Brit*), music box (*US*); **Spielverbot** *nt* (*Sport*) ban; **~ haben** to be banned; **Spielverderber(in** *f*) *m* **-s, -** spoilsport; **Spielverlängerung** *f* extra time (*Brit*), overtime (*US*); (*wegen Verletzung auch*) injury time (*Brit*); **es gab eine ~ (von 30 Minuten)** (30 minutes') extra time *etc* was played; **Spielverlauf** *m* action, play; **es widersprach dem ~, daß ...** it went against the run of the play that ...; **Spielwaren** *pl* toys *pl*; **Spielwarenhandlung** *f* toy shop (*Brit*) *or* store (*esp US*); **Spielweise** *f* way of playing; **offensive/defensive/unfaire ~** attacking/ defensive/unfair play; **Spielwiese** *f* playing field; (*fig*) playground; **Spielzeit** *f* **1.** (*Saison*) season; **2.** (*Spieldauer*) playing time; **die normale ~** (*Sport*) normal time; **nach dreimonatiger ~ wurde das Stück abgesetzt** the play was taken off after a three-month run.

Spielzeug *nt* toy; toys *pl*, playthings *pl*; (*fig auch*) plaything.

Spielzeug- *in cpds* toy; **Spielzeug∥eisenbahn** *f* toy train set.

Spielzimmer *nt* playroom.

Spiere *f* **-, -n**, **Spier** *f* **-, -en** (*Naut*) spar, boom.

Spieß *m* **-es, -e 1.** (*Stich- und Wurfwaffe*) spear; (*Brat~*) spit; (*kleiner*) skewer. **am ~ gebraten** roasted on the spit, spit-roast(ed); **wie am ~(e) schreien** (*inf*) to squeal like a stuck pig; **den ~ umkehren** *or* **umdrehen** (*fig*) to turn the tables.
2. (*Mil sl*) sarge (*sl*).
3. (*Typ*) work-up (*US*), spacing mark.

Spießbraten *m* joint roasted on a spit.

Spießbürger *m* (petit) bourgeois. **ihre Eltern sind richtige ~** her parents are typically middle-class.

spießbürgerlich *adj* middle-class, (petit) bourgeois.

Spießbürgertum *nt* (petit-)bourgeois conformism, middle-class values *pl*.

spießen *vt* **etw auf etw** (*acc*) **~** (*auf Pfahl etc*) to impale sth on sth; (*auf Gabel etc*) to skewer sth on sth; (*auf Bratspieß*) to spit sth on sth; (*auf Nadel*) to pin sth on sth.

Spießer *m* **-s, -** (*inf*) *siehe* **Spießbürger**.

Spießgeselle *m* (*old*) companion; (*hum: Komplize*) crony (*inf*).

spießig *adj* (*inf*) *siehe* **spießbürgerlich**.

Spießrute *f* switch. **~n laufen** (*fig*) to run the gauntlet.

Spießrutenlauf *m* (*fig*) running the gauntlet. **für ihn wird jeder Gang durch die Stadt zum ~** every time he walks through town it's like running the gauntlet.

Spikes [ʃpaiks, sp-] *pl* (*Sportschuhe, Stifte*) spikes *pl*; (*Autoreifen*) studded tyres *pl*; (*Stifte an Reifen*) studs *pl*.

Spike(s)reifen [ˈʃpaik(s)-, sp-] *pl* studded tyres *pl*.

spinal *adj* (*Med*) spinal. **~e Kinderlähmung** poliomyelitis.

Spinat *m* **-(e)s**, *no pl* spinach.

Spinatwachtel *f* (*pej inf*) old cow (*inf*) *or* baggage (*inf*).

Spind *m or nt* **-(e)s, -e** (*Mil, Sport*) locker; (*old: Vorratskammer*) cupboard.

Spindel *f* **-, -n** spindle; (*Treppen~*) newel.

spindeldürr *adj* (*pej*) spindly, thin as a rake. **~e Beine** spindle-shanks (*inf*), spindly legs.

Spinett *nt* **-s, -e** (*Mus*) spinet.

Spinnaker [ˈʃpɪnakɐ] *m* **-s, -** (*Naut*) spinnaker.

Spinne *f* **-, -n** spider.

spinnefeind *adj pred* (*inf*) **sich** *or* **einander** (*dat*) **~ sein** to be deadly enemies.

spinnen *pret* **spann**, *ptp* **gesponnen I** *vt* to spin; (*old liter: ersinnen*) **Verrat, Ränke** to plot; **Lügen** to concoct, to invent; **Geschichte** to spin. **ein Netz von Lügen** *or* **ein Lügengewebe ~** to weave a web of lies.
II *vi* **1.** (*lit*) to spin.
2. (*inf*) (*leicht verrückt sein*) to be crazy *or* nutty (*inf*) *or* screwy (*inf*); (*Unsinn reden*) to talk rubbish; (*Lügengeschichten erzählen*) to make it up, to tell tall stories. **sag mal, spinn' ich, oder ...?** am I imagining things or ...?; **ich denk' ich spinn'** I don't believe it; **ich spinn' doch nicht** no way (*inf*); **spinn doch nicht!** come off it! (*inf*); **du spinnst wohl!, spinnst du?** you must be crazy!, are you crazy!; **ich dein Auto waschen?, du spinnst wohl!** me clean your car?, you've got to be joking *or* kidding (*inf*).

Spinnennetz *nt* cobweb, spider's web.

Spinner(in *f*) *m* **-s, - 1.** spinner. **2.** (*inf*) nutcase (*inf*), screwball (*esp US inf*). **du ~, das stimmt doch nicht!** are you crazy?, that's not true at all! **3.** (*Zool*) silkworm moth.

Spinnerei *f* **1.** (*das Spinnen*) spinning. **2.** (*Spinnwerkstatt*) spinning mill. **3.** (*inf*) crazy behaviour *no pl*; crazy thing; (*Unsinn*) rubbish, garbage (*inf*). **deine ~en glaubt dir doch kein Mensch!** nobody's going to believe all that rubbish!

Spinnfaser *f* spinning fibre; **Spinngewebe** *nt* cobweb, spider's web; **Spinnmaschine** *f* spinning-machine; **Spinnrad** *nt* spinning-wheel; **Spinnrocken** *m* **-s, -** distaff; **Spinnstube** *f* spinning-room; **Spinnwebe** *f* **-, -n** cobweb, spider's web.

Spion *m* **-s, -e** spy; (*inf: Guckloch*) spyhole, peephole; (*Fensterspiegel*) busybody, window mirror.

Spionage [ʃpioˈnaːʒə] *f* **-,** *no pl* spying, espionage. **~ treiben** to spy, to carry on espionage; **unter dem Verdacht der ~ für ...** on suspicion of spying for ...

Spionage|abwehr *f* counter-intelligence *or* counter-espionage (service); **Spionagedienst** *m* (*inf*) secret service; **Spionagenetz** *nt* spy network; **Spionagering** *m* spy-ring.

spionieren* *vi* to spy; (*fig inf: nachforschen*) to snoop *or* poke about (*inf*).

Spionin *f* (woman) spy.

Spirale *f* **-, -n** spiral; (*geometrisch, Sci auch*) helix; (*Med*) coil.

Spiralfeder *f* coil spring.

spiralig *adj* (*rare*) spiral, helical.

Spiralnebel *m* (*Astron*) spiral nebula.

Spirans [ˈʃpiːrans, sp-] *f* **-,** **Spiranten**, **Spirant** [ʃpiˈrant, sp-] *m* (*Ling*) fricative, spirant.

Spiritismus [ʃpiriˈtɪsmʊs, sp-] *m* spiritualism, spiritism.

Spiritist(in *f***)** [ʃpiriˈtɪst(ɪn), sp-] *m* spiritualist.

spiritistisch [ʃpiriˈtɪstɪʃ, sp-] *adj* spiritualist.

Spiritual [ˈspɪrɪtjʊəl] *m* *or* *nt* **-s, -s** (negro) spiritual.

spirituell [ʃpiriˈtuel, sp-] *adj* spiritual.

Spirituosen [ʃpiriˈtuoːzn, sp-] *pl* spirits *pl*.

Spiritus *m* **-,** *no pl* **1.** [ʃp-] (*Alkohol*) spirit. **mit ~ kochen** to cook with a spirit stove; **etw in ~ legen** to put sth in alcohol. **2.** [sp-] (*Ling*) spiritus.

Spirituskocher *m* spirit stove; **Spirituslampe** *f* spirit lamp.

Spital *nt* **-s, ⁻er** (*old, Aus, Sw: Krankenhaus*) hospital, spital (*obs*).

spitz *adj* **1.** (*mit einer Spitze*) pointed; (*nicht stumpf*) *Bleistift, Nadel etc* sharp; (*Math*) *Winkel* acute. **die Feder dieses Füllhalters ist nicht ~ genug** the nib on this fountain pen is too broad; **~e Schuhen** pointed shoes, winkle-pickers (*hum inf*); **~ zulaufen** *or* **zugehen** to taper (off), to run to a point; **etw mit ~en Fingern anfassen** (*inf*) to pick sth up gingerly; **über einen ~en Stein stolpern** *to pronounce "sp" and "st" as in English.* **2.** (*gehässig*) *Bemerkung* pointed, barbed; *Zunge* sharp. **3.** (*kränklich*) *Aussehen, Gesicht* pinched, haggard, peaky. **4.** (*sl: lüstern*) randy (*Brit inf*), horny (*inf*). **~ wie Nachbars Lumpi** as randy *or* horny as (*Frau*) a bitch in heat *or* (*Mann*) an old goat (*all inf*); **jdn ~ machen** to turn sb on (*sl*).

Spitz *m* **-es, -e** (*Hunderasse*) spitz, pomeranian.

Spitzbart *m* goatee; **spitzbärtig** *adj* with a goatee, goateed; **Spitzbauch** *m* potbelly (*inf*); **spitzbekommen*** *vt sep irreg* (*inf*) **etw ~** to cotton on to sth (*inf*), to get wise to sth (*inf*); **~, daß ...** to cotton on *or* get wise to the fact that ...

(*inf*); **Spitzbogen** *m* pointed arch, ogive (*spec*); **Spitzbub(e)** *m* (*old*) villain, rogue; (*dial inf: Schlingel*) scamp (*inf*), scallywag (*inf*); **Spitzbubenstreich** *m* (*dated*) nasty *or* knavish (*old*) trick; **spitzbübisch** *adj* roguish, mischievous.

Spitze *f* **-, -n 1.** (*Schwert~, Nadel~, Pfeil~, Bleistift~, Kinn~*) point; (*Schuh~*) pointed toe; (*Finger~, Nasen~, Bart~, Spargel~*) tip; (*Zigarren~, Haar~*) end; (*Berg~, Fels~*) peak, top; (*Baum~, Turm~, Giebel~*) top; (*Pyramiden~*) top, apex (*form*); (*Dreiecks~*) top, vertex (*form*). **auf der ~ stehen** to be upside-down; **etw auf die ~ treiben** to carry sth too far *or* to extremes; **einer Sache** (*dat*) **die ~ abbrechen/nehmen** (*fig*) to take the sting out of sth.

2. (*fig: Höchstwert*) peak; (*inf: Höchstgeschwindigkeit*) top speed. **dieser Sportwagen fährt** *or* **macht 200 ~** (*inf*) this sports car has a top speed of 200.

3. (*Führung*) head; (*vorderes Ende*) front; (*esp Mil: von Kolonne etc*) head; (*Tabellen~*) top. **die ~n der Gesellschaft** the leading lights of society; **an der ~ stehen** to be at the head; (*auf Tabelle*) to be (at the) top (of the table); **an der ~ liegen** (*Sport, fig*) to be in front or in the lead; **die ~ halten** (*Sport, fig*) to keep the lead; **sich an die ~ setzen** to put oneself at the head; (*in Wettbewerb etc, Sport*) to go into or take the lead; (*auf Tabelle*) to go to the top (of the table); (*im Pferderennen*) to take up the running; **die ~ des Unternehmens** the top or head of the company.

4. (*Zigaretten-, Zigarrenhalter*) (cigarette/cigar) holder.

5. (*fig: Stichelei*) dig. **das ist eine ~ gegen Sie** that's a dig at you, that's directed at you; **die ~ zurückgeben** to give tit for tat.

6. (*Gewebe*) lace. **Höschen mit ~n** panties with lace borders.

7. (*inf: prima*) great (*inf*).

Spitzel *m* **-s, -** (*Informant*) informer; (*Spion*) spy; (*Schnüffler*) snooper; (*Polizei~*) police informer, nark (*Brit sl*).

Spitzeldienste *pl* informing *no pl*. **für jdn ~ leisten** to act as an informer for sb.

spitzeln *vi* to spy; (*Spitzeldienste leisten*) to act as an informer.

spitzen I *vt* (*spitz machen*) *Bleistift* to sharpen; *Lippen, Mund* to purse; (*zum Küssen*) to pucker; *Ohren* (*lit, fig*) to prick up. **spitzt doch die Ohren, dann versteht ihr auch, was ich sage!** open your ears and then you'll understand what I'm saying! **II** *vir* (*inf*) (**sich**) **auf etw** (*acc*) **~** to look forward to sth. **III** *vi* (*dial inf*) (*aufpassen*) to keep a look-out, to keep one's eyes skinned (*inf*); (*heimlich spähen*) to peek.

Spitzen- *in cpds* top; (*aus Spitze*) lace; **Spitzenbelastung** *f* peak (load); **Spitzenbluse** *f* lace blouse; **Spitzendeckchen** *nt*, **Spitzendecke** *f* lace doily; **Spitzen|erzeugnis** *nt* top(-quality) product; **Spitzengremien** *pl* leading or top committees *pl*; **Spitzengruppe** *f* top group; (*Sport: Spitzenfeld*) leading group; **Spitzenhöschen** *nt* lace panties *pl*;

Spitzenkandidat m top candidate;
Spitzenklasse f top class; **Sekt/ ein Auto**
etc **der** ~ top-class champagne/a top-class
car etc; **~!** (inf) great! (inf);
Spitzenkönner m ace, first-rate or top-
class talent; **Spitzenleistung** f top performance; (von Maschine, Auto) peak
performance; (bei der Herstellung von
Produkten, Energie) peak output; (fig:
ausgezeichnete Leistung) top-class or
first-rate performance; (Sport: Rekord)
record (performance); **Spitzenposition** f
leading or top position; **Spitzenreiter** m
(Sport) leader; (fig) (Kandidat) front-
runner; (Ware) top seller; (Film, Stück
etc) hit; (Schlager) top of the pops, number one; **Spitzensportler** m top(-class)
sportsman; **Spitzenstellung** f leading
position; **Spitzentanz** m dance on points,
toe-dance (US); **Spitzenverband** m
leading organization or group; **Spit-
zenverkehrszeit** f peak period; **Spitzen-
wein** m top-quality wine; **Spitzenwert** m
peak; **Spitzenzeit** f (Sport) record time.

Spitzer m -s, - (inf) (pencil-)sharpener.

Spitzfeile f taper file; **spitzfindig** adj oversubtle, over-precise; (haarspalterisch
auch) hairsplitting, nit-picking (inf);
Unterschied auch over-nice; **Spitzfindig-
keit** f over-subtlety, over-precision no pl;
(Haarspalterei auch) hairsplitting no pl,
nit-picking no pl (inf); (von Unterschied
auch) over-nicety; **spitzgiebelig** adj with
pointed gables; **spitzhaben** vt sep irreg
(inf) **etw** ~ to have cottoned on to sth
(inf), to have got wise to sth (inf);
Spitzhacke f pick-axe; **Spitzkehre** f
(Rail) switchback turn; (Ski) kick-turn;
Spitzkopf m pointed head; **spitzkriegen**
vt sep (inf) siehe **spitzbekommen**;
Spitzkühler m (hum inf) pot-belly;
Spitzmarke f (Typ) sidehead;
Spitzmaus f shrew; **Spitzname** m nickname; **mit dem** ~**n** nicknamed; **Spitz-
wegerich** m ribwort; **spitzwink(e)lig** adj
(Math) **Dreieck** acute-angled; Gasse
sharp-cornered, angular; **spitzzüngig**
adj sharp-tongued.

Spleen [ʃpliːn] m -s, -e or -s (inf) (Angewohnheit) strange or crazy habit, eccentricity,
quirk (of behaviour); (Idee) crazy idea or
notion; (Fimmel) obsession. **du hast ja
einen** ~! you're round the bend (inf) or off
your head (inf).

spleenig ['ʃpliːnɪç] adj (inf) crazy, nutty
(inf).

spleißen pret **spliß**, ptp **gesplissen** vt
1. (dial, old) Holz to split. **2.** (Naut) Taue,
Leinen to splice.

splendid [ʃplɛnˈdiːt, sp-] adj (geh)
generous.

Splint m -(e)s, -e cotter (pin), split pin.

spliß pret of **spleißen**.

Splitt m -(e)s, -e stone chippings pl; (Streumittel) grit.

Splitter m -s, - (Holz~, Metall~,
Knochen~) splinter; (Glas~ auch,
Granat~) fragment.

Splitterbombe f (Mil) fragmentation
bomb; **splitter(faser)nackt** adj (inf)
stark-naked, starkers pred (Brit hum inf);
Splitterfraktur f (Med) splintered or

comminuted (spec) fracture; **splitterfrei**
adj Glas shatterproof; **Splittergraben** m
(Mil) slit trench; **Splittergruppe** f (Pol)
splinter group.

splitt(e)rig adj splintering.

splittern vi aux sein or haben (Holz, Glas)
to splinter.

Splitterpartei f (Pol) splinter party.

Splittingsystem ['ʃplɪtɪŋ-, sp-] nt (Fin) tax
system in which husband and wife each
pay income tax on half the total of their
combined incomes.

SPÖ [ɛspeːˈøː] f - abbr of **Sozialistische
Partei Österreichs.** Austrian Socialist
Party.

Spoiler ['ʃpɔylɐ] m -s, - spoiler.

Spondeus [ʃpɔnˈdeːʊs, sp-] m -, **Spon-
deen** [ʃpɔnˈdeːən, sp-] (Poet) spondee.

spontan [ʃpɔnˈtaːn, sp-] adj spontaneous.

Spontaneität [ʃpɔntaneiˈtɛːt, sp-] f spon-
taneity.

sporadisch [ʃpoˈraːdɪʃ, sp-] adj sporadic.

Spore f -, -n (Biol) spore.

Sporen pl of **Sporn, Spore.**

sporenklirrend adv (old) with a clatter of
spurs.

Sporentierchen pl (Biol) sporozoa pl.

Sporn m -(e)s, **Sporen** usu pl (auch Zool,
Bot) spur; (Naut auch) ram; (Rad) tail-
wheel. **einem Pferd die Sporen geben** to
spur a horse, to give a horse a touch of the
spurs; **sich** (dat) **die (ersten) Sporen verdienen** (fig) to win one's spurs.

spornen vt (geh) to spur; (fig) to spur on;
siehe **gestiefelt.**

spornstreichs adv (old) post-haste,
straight away.

Sport m -(e)s, (rare) -e sport; (Zeitvertreib)
hobby, pastime. **treiben Sie** ~? do you do
any sport?; **er treibt viel** ~ he goes in for
or he does a lot of sport; **etw aus** or **zum**
~ **betreiben** to do sth as a hobby or for
fun; **sich** (dat) **einen** ~ **aus etw machen**
(inf) to get a kick out of sth (inf).

Sport|abzeichen nt sports certificate;
Sport|angler m angler; **Sport|anzug** m
sports clothes pl; (Trainingsanzug) track
suit; **Sport|art** f (kind of) sport; **Sport-
|artikel** m **1.** ~ pl sports equipment with
sing vb; **ein** ~ a piece of sports equipment;
2. (inf: Sportbericht) sports report;
sportbegeistert adj keen on sport,
sports-mad (inf); **ein S~er** a sports
enthusiast or fan; **Sportbeilage** f sports
section or page(s pl); **Sportbericht** m
sports report; **Sport|er|eignis** nt sporting
event; **Sportfechten** nt fencing;
Sportfeld nt sports ground; **Sportfest** nt
sports festival; **Sportflieger** m amateur
pilot; **Sportflugzeug** nt sporting aircraft;
Sportfreund m sport(s)-fan; **Sportgeist**
m sportsmanship; **Sportgerät** nt piece of
sports equipment; **Sportgeräte** sports
equipment; **Sportgeschäft** nt sports
shop (Brit) or store (esp US); **Sporthalle**
f sports hall; **Sporthemd** nt casual or
sports or sport (US) shirt;
Sporthochschule f college of physical
education; **Sportjackett** nt sports jacket
(Brit), sport coat (US); **Sportkleidung** f
sportswear; **Sportklub** m sports club;
Sportlehrer(in f) m sports instructor;

(*Sch*) PE *or* physical education teacher; (*für Sport im Freien*) games master/ mistress (*Brit*) *or* teacher (*Brit*), sport teacher.

Sportler *m* -s, - sportsman, athlete.

Sportlerherz *nt* (*Med*) athlete's heart.

Sportlerin *f* sportswoman, (woman) athlete.

sportlich *adj* 1. (*den Sport betreffend*) sporting. ~ **gesehen, ...** from a sporting point of view ...
  2. *Mensch* sporty; (*durchtrainiert*) athletic.
  3. (*fair*) sporting, sportsmanlike.
  4. *Kleidung* casual; (*~-schick*) natty (*inf*), snazzy (*inf*), smart but casual; (*wie Sportkleidung aussehend*) sporty. ~ **gekleidet** casually dressed/wearing smart but casual clothes, smartly but casually dressed; **eine** ~**e Note** a sporty touch.
  5. *Auto* sporty.

Sportlichkeit *f* 1. (*von Menschen*) sportiness; (*Durchtrainiertheit*) athletic appearance. **er bewies seine** ~, **indem er über den Zaun sprang** he proved how athletic he was by jumping over the fence. 2. (*Fairneß*) sportsmanship; (*von Verhalten auch, um Entscheidung*) sporting nature. 3. (*von Kleidung*) *siehe adj 4.* casualness; nattiness (*inf*), snazziness (*inf*), casual smartness; sportiness.

Sportmantel *m* casual coat; **sportmäßig** *adj siehe* **sportsmäßig**; **Sportmedizin** *f* sports medicine; **Sportmeldung, Sportnachricht** *f* **Sportnachrichten** *pl* sports news *with sing vb or* reports *pl*; **eine wichtige** ~ an important piece of sports news; **Sportplatz** *m* sports field; (*in der Schule*) playing field(s *pl*); **Sportrad** *nt* sports cycle *or* bike (*inf*); **Sportredakteur** *m* sports editor; **Sportreportage** *f* sports reporting; (*Bericht*) sports report; **die** ~ **über die Weltmeisterschaft** the coverage of the world championships; **Sportschlitten** *m* racing toboggan; **Sportschuh** *m* casual shoe.

Sportsfreund *m* (*fig inf*) buddy (*inf*); **wenn der** ~ **da** ... if this guy ... (*inf*); **Sportskanone** *f* (*inf*) sporting ace (*inf*); **Sportsmann** *m*, *pl* **-männer** *or* **-leute** (*dated*) sportsman; (*inf: als Anrede*) sport (*esp Austral inf*), mate (*inf*); **sportsmäßig** *adj* sporty; **sich** ~ **betätigen** to do sport.

Sportunfall *m* sporting accident; **Sportveranstaltung** *f* sporting event; **Sportverein** *m* sports club; **Sportwagen** *m* sports (*Brit*) *or* sport (*US*) car; (*für Kind*) push-chair (*Brit*), (baby-)stroller (*US*).

Spot [spɔt] *m* -s, -s commercial, advertisement, ad (*inf*).

Spotgeschäft ['spɔt-] *nt* (*Fin*) spot transaction.

Spotlight ['spɔtlait] *nt* -s, -s spotlight.

Spott *m* -(e)s, *no pl* mockery; (*höhnisch auch*) ridicule, derision. ~ **und Hohn ernten** to earn scorn and derision, to be laughed out of court; **jdn dem** ~ **preisgeben** to hold sb up to ridicule; **dem** ~ **preisgegeben sein** to be held up to ridicule, to be made fun of; **seinen** ~ **mit jdm**

treiben to make fun of sb.

Spottbild *nt* (*fig*) travesty, mockery; **das** ~ **eines Präsidenten** a travesty *etc* of a president; **spottbillig** *adj* dirt-cheap (*inf*); **das habe ich** ~ **gekauft** I bought it for a song (*inf*) *or* for practically nothing, I bought it dirt-cheap (*inf*); **Spottdrossel** *f* mocking-bird; (*dated fig: Spötter*) tease, mocker.

Spöttelei *f* (*das Spotten*) mocking; (*ironische Bemerkung*) mocking remark.

spötteln *vi* to mock (*über jdn/etw* sb/sth), to poke gentle fun (*über jdn/etw* at sb/sth).

spotten *vi* 1. to mock, to poke fun; (*höhnen auch*) to ridicule, to be derisive. **über jdn/ etw** ~ to mock sb/sth, to poke fun at sb/ sth, to ridicule sb/sth; (*höhnisch auch*) to deride sb/sth, to ridicule sb/sth; **spotte nur!** it's all very well for you to mock.
  2. +*gen* (*old, liter: hohnsprechen*) to mock; (*geh: mißachten*) *der Gefahr* to be contemptuous of, to scorn. **das spottet jeder Beschreibung** that simply defies *or* beggars description.

Spötter(in *f*) *m* -s, - (*satirischer Mensch*) wit, satirist; (*jd, der über etw spottet*) mocker.

Spottfigur *f* joke figure, ludicrous character; **eine** ~ **sein** to be a figure of fun, to be an object of ridicule; **Spottgeburt** *f* (*liter*) freak, monstrosity; **Spottgedicht** *nt* satirical poem.

spöttisch *adj* mocking; (*höhnisch auch*) ridiculing, derisive.

Spottlied *nt* satirical song; **Spottlust** *f* love of mockery, inclination to mock; **spottlustig** *adj* given to mockery, inclined to mock; **Spottpreis** *m* ridiculously *or* ludicrously low price; **für einen** ~ for a song (*inf*); **Spottrede** *f* satirical *or* lampooning speech; **Spottsucht** *f* compulsive mocking; **spottsüchtig** *adj* who/which delights in (constant) mockery; **Spottvers** *m* satirical verse.

sprach *pret of* **sprechen.**

Sprach|atlas *m* linguistic atlas; **Sprach|autonomie** *f* (*Pol*) linguistic autonomy; **Sprachbarriere** *f* language barrier; **Sprachbau** *m* linguistic structure; **sprachbegabt** *adj* good at languages, linguistically talented *or* gifted; **Sprachbegabung** *f* talent for languages, linguistic talent; **Sprachdenkmal** *nt* linguistic monument.

Sprache *f* -, -n language; (*das Sprechen*) speech; (*Sprechweise*) speech, way of speaking; (*Fähigkeit, zu sprechen*) power *or* faculty of speech. **eine/die** ~ **sprechen** to (be able to) speak a language/the language *or* lingo (*inf*); **die** ~ **analysieren** to analyze language; **die** ~ **der Musik** the language of music; **in französischer** *etc* ~ in French *etc*; **die gleiche** ~ **sprechen** (*lit, fig*) to speak the same language; **das spricht eine klare** *or* **deutliche** ~ (*fig*) that speaks for itself, it's obvious what that means; **er spricht jetzt eine ganz andere** ~ (*fig*) he's changed his tune now; **heraus mit der** ~! (*inf*) come on, out with it!; **die** ~ **auf etw** (*acc*) **bringen** to bring the conversation round to sth; **zur** ~ **kommen** to be mentioned *or* brought up, to come up; **etw zur ~ bringen** to bring sth up, to mention sth; **die ~ verlieren** to lose the power of speech; **hast du die ~ verloren?** have you lost your tongue?, has the cat got your tongue? (*inf*); **die ~ wiederfinden** to be able to speak again; **es raubt** *or* **verschlägt einem die ~** it takes your breath away.

Sprach|eigentümlichkeit *f* linguistic peculiarity *or* idiosyncrasy.

Sprachengewirr *nt* babel of tongues (*usu hum*), mixture *or* welter of languages.

Sprach|erziehung *f* (*form*) language education; **Sprachfamilie** *f* family of languages, language family; **Sprachfehler** *m* speech defect *or* impediment; **Sprachforscher** *m* linguist(ic researcher); (*Philologe*) philologist; **Sprachforschung** *f* linguistic research; (*Philologie*) philology; **Sprachführer** *m* phrase-book; **Sprachgebiet** *nt* language area; **ein französisches** *etc* **~** a French-speaking *etc* area; **Sprachgebrauch** *m* (linguistic) usage; **moderner deutscher ~** modern German usage; **Sprachgefühl** *nt* feeling for language; **Sprachgemeinschaft** *f* speech community; **Sprachgenie** *nt* linguistic genius; **Sprachgeschichte** *f* linguistic history; **die ~ des Mongolischen** the history of the Mongolian language; **Sprachgesetze** *pl* linguistic laws *pl*; **Sprachgewalt** *f* power of expression, eloquence; **sprachgewaltig** *adj* eloquent; **ein ~er Redner** a powerful speaker; **sprachgewandt** *adj* articulate, fluent; **Sprachgrenze** *f* linguistic *or* language boundary; **Sprachgut** *nt* linguistic heritage; **Sprach|insel** *f* linguistic enclave *or* island; **Sprachkenntnisse** *pl* linguistic proficiency *sing*; **mit englischen ~n** with a knowledge of English; **haben Sie irgendwelche ~?** do you know any languages?; **~ erwünscht** (knowledge of) languages desirable; **Sprachkompetenz** *f* linguistic competence; **Sprachkritik** *f* linguistic criticism; **sprachkundig** *adj* (*in mehreren Sprachen*) proficient in *or* good at (foreign) languages; (*in einer bestimmten Sprache*) linguistically proficient; **Sprachkurs(us)** *m* language course; **Sprachlabor** *nt* language laboratory *or* lab (*inf*); **Sprachlandschaft** *f* linguistic geography; **Sprachlehre** *f* (*Grammatik, Grammatikbuch*) grammar; **Sprachlehrer** *m* language teacher; **Sprachlehrgang** *m* language course.

sprachlich *adj* linguistic; *Unterricht, Schwierigkeiten* language *attr*; *Fehler* grammatical. **~ falsch/richtig** ungrammatical/grammatical, grammatically incorrect/correct; **eine intelligente Analyse, auch ~ gut** an intelligent analysis, well written too.

sprachlos *adj* (*ohne Sprache*) speechless; (*erstaunt*) speechless, dumbfounded. **ich bin ~!** I'm speechless; **da ist man (einfach) ~** (*inf*) that's quite something (*inf*).

Sprachlosigkeit *f* speechlessness.

Sprachmelodie *f* intonation, speech melody; **Sprachmittler** *m* translator and interpreter; **Sprachpflege** *f* concern for the purity of language; **Sprachpfleger** *m*

purist; **Sprachphilosophie** *f* philosophy of language; **Sprachpsychologie** *f* psychology of language; **Sprachregel** *f* grammatical rule, rule of grammar; (*für Aussprache*) pronunciation rule; (*Ling*) linguistic rule, rule of language; **Sprachregelung** *f* linguistic ruling; **Sprachreinheit** *f* linguistic purity; **Sprachrohr** *nt* (*Megaphon*) megaphone; (*fig*) mouthpiece; **sich zum ~ einer Sache/Gruppe machen** to become the spokesman for *or* mouthpiece (*usu pej*) of sth/a group; **Sprachschatz** *m* (*geh*) vocabulary; **Sprachschöpfung** *f* linguistic innovation; **Sprachschule** *f* language school; **Sprachschwierigkeiten** *pl* language difficulties; **Sprachsilbe** *f* syllable; **Sprachsoziologie** *f* sociology of language; **Sprachstamm** *m* (language) stock; **Sprachstörung** *f* speech disorder; **Sprachstudium** *nt* study of languages/a language, linguistic *or* language studies *pl*; **Sprachtalent** *nt* talent *or* gift for languages; **Sprachtheorie** *f* theory of language; **Sprach|übung** *f* linguistic *or* language exercise; **Sprach|unterricht** *m* language teaching *or* instruction; **der französische ~** French teaching, teaching of French; **~/ französischen ~ erteilen** to give language lessons/French lessons; **Sprachverfall** *m* decay of language; **Sprachvergleichung** *f* comparative analysis (of languages); **Sprachverwandtschaft** *f* linguistic relationship *or* kinship; **Sprachverwirrung** *f* siehe **babylonisch**; **Sprachwissenschaft** *f* linguistics *sing*; (*Philologie*) philology; **vergleichende ~en** comparative linguistics/philology; **Sprachwissenschaftler** *m* linguist; (*Philologe*) philologist; **sprachwissenschaftlich** *adj* linguistic; **Sprachzweig** *m* (language) branch.

sprang *pret* of **springen**.

Spray [ʃpreː, spreː] *m* *or* *nt* **-s, -s** spray.

Spraydose [ˈʃpreː-, ˈspreː-] *f* aerosol (can), spray.

sprayen [ˈʃpreːən, sp-] *vti* to spray.

Sprech|anlage *f* intercom; **Sprechblase** *f* balloon; **Sprechbühne** *f* theatre, stage; **Sprechchor** *m* chorus; (*fig*) chorus of voices; **im ~ rufen** to shout in unison, to chorus; **Sprech|einheit** *f* (*Telec*) unit.

sprechen *pret* **sprach**, *ptp* **gesprochen** I *vi* to speak (*über* +*acc*, *von* about, of); (*reden, sich unterhalten auch*) to talk (*über* +*acc*, *von* about). **viel ~** to talk a lot; **frei ~** to extemporize, to speak off the cuff (*inf*); **er spricht wenig** he doesn't say *or* talk very much; **sprich!** (*liter*) speak! (*liter*); **~ Sie!** (*form*) speak away!; **sprich doch endlich!** say something; **also sprach ...** thus spoke ..., thus spake ... (*liter, Bibl*); **im Traum** *or* **Schlaf ~** to talk in one's sleep; **gut/schön ~** to speak well/beautifully; **im Rundfunk/Fernsehen ~** to speak on the radio/on television; **es spricht/es ~ ...** the speaker is/the speakers are ...; **die Vernunft ~ lassen** to listen to reason, to let the voice of reason be heard; **sein Herz ~ lassen** to follow the dictates of one's heart; **schlecht** *or* **nicht gut auf jdn**

zu ~ sein to be on bad terms with sb; **mit jdm ~** to speak or talk with or to sb; **mit sich selbst ~** to talk to oneself; **ich muß mit dir ~** I must talk or speak with you; **ich habe mit dir zu ~** I want to have a word or a few words with you; **wie sprichst du mit mir?** who do you think you're talking to?; **so spricht man nicht mit seinem Großvater** that's no way to talk or speak to your grandfather; **sie spricht nicht mit jedem** she doesn't speak or talk to just anybody; **wir ~ nicht mehr miteinander** we are no longer on speaking terms, we're not speaking any more; **mit wem spreche ich?** to whom am I speaking, please?; **~ wir nicht mehr darüber!** let's not talk about that any more, let's drop the subject; **darüber spricht man nicht** one doesn't talk about or speak of such things; **wovon ~ Sie eigentlich?** what are you talking about?; **~ wir von etwas anderem** let's talk about something else, let's change the subject; **wir haben gerade von dir gesprochen** we were just talking about you; **für jdn/etw ~** to speak for sb/sth, to speak on (Brit) or in (US) behalf of sb/sth; **es spricht für jdn/etw(, daß ...)** it says something for sb/sth (that ...), it speaks well for sb/sth (that ...); **das spricht für ihn** that's a point in his favour, that says something for him; **es spricht nicht für die Firma, daß ...** it doesn't say much for the firm that ...; **das spricht für sich (selbst)** that speaks for itself; **es spricht vieles dafür** there's a lot to be said for it; **es spricht vieles dafür, daß ...** there is every reason to believe that ...; **was spricht dafür/ dagegen?** what is there to be said for/against it?; **aus seinen Worten sprach Verachtung/Hoffnung** his words expressed contempt/hope; **er sprach vor den Studenten/dem Ärztekongreß** he spoke to the students/the medical conference; **ganz allgemein gesprochen** generally speaking.

II vt **1.** (sagen) to say, to speak; eine Sprache, Mundart to speak; (aufsagen) Gebet to say; Gedicht to say, to recite. **es wurde viel gesprochen** a lot of talking was done; **~ Sie Japanisch?** do you speak Japanese?; **hier spricht man Spanisch** Spanish spoken, we speak Spanish.

2. Urteil to pronounce; siehe Recht.

3. (mit jdm reden) to speak to. **kann ich bitte Herrn Kurz ~?** may I speak to Mr Kurz, please?; **ich bin für niemanden zu ~** I can't see anybody, I'm not available; **ich hätte gern Herrn Bremer gesprochen** could I speak to Mr Bremer?; **kann ich Sie einen Augenblick or kurz ~?** can I see you for a moment?, can I have a quick word?; **für Sie bin ich jederzeit zu ~** I'm always at your disposal; **wir ~ uns noch!** you haven't heard the last of this!

Sprecher(in f) m **-s, -** speaker; (Nachrichten~) newscaster, newsreader; (für Dokumentarfilme, Stücke etc) narrator; (Ansager) announcer; (Wortführer) spokesman. **sich zum ~ von jdm/etw machen** to become the spokesman of sb/sth.

Sprech|erziehung f speech training, elocution; **sprechfaul** adj siehe **mund-**

faul; **Sprechfunk** m radio-telephone system; **Sprechfunkgerät** nt radiotelephone; (tragbar auch) walkie-talkie; **Sprechfunkverkehr** m local radio traffic; **Sprechgebühr** f (Telec) call charge; **Sprechgesang** m (Mus) speechsong, sprechgesang; **Sprechmuschel** f (Telec) mouthpiece; **Sprech|organ** nt organ of speech, speech organ; **Sprechplatte** f spoken-word record; **Sprechprobe** f voice trial; **Sprechpuppe** f talking or speaking doll; **Sprechrolle** f speaking part; **Sprechsilbe** f (Ling) (phonetic) syllable; **Sprechstimme** f speaking voice; (Mus) sprechstimme, speech voice; **Sprechstunde** f consultation (hour); (von Arzt) surgery (Brit), doctor's office (US); **~n** consultation hours; (von Arzt) surgery (Brit) or consulting hours; **~ halten** to hold surgery (Brit); **Sprechstundenhilfe** f (doctor's) receptionist; **Sprechtaste** f "talk" button or switch; **Sprech|übung** f speech exercise; **Sprech|unterricht** m elocution lessons pl; **Sprechweise** f way of speaking; **Sprechwerkzeuge** pl organs of speech; **Sprechzeit** f **1.** (Sprechstunde) consulting time; (von Arzt) surgery time (Brit); **2.** (Besuchszeit: in Gefängnis, Kloster) visiting time; **3.** (Telec) call time; **Sprechzimmer** nt consulting room.

Spreite f **-, -n** (leaf) blade.

spreizen I vt Flügel, Gefieder to spread; Finger, Zehen auch to splay (out); Beine auch to open; (Sport) to straddle.

II vr (sich sträuben) to kick up (inf). **sich gegen etw ~** to kick against sth.

Spreizfuß m splayfoot; **Spreizschritt** m (Sport) straddle.

Spreng|arbeiten pl blasting operations pl; **Sprengbombe** f high-explosive bomb.

Sprengel m **-s, -** (Kirchspiel) parish; (Diözese) diocese.

sprengen I vt **1.** to blow up; Fels to blast.

2. Türschloß, Tor to force (open); Tresor to break open; Bande, Fesseln to burst, to break; Eisdecke, Versammlung to break up; (Spiel)bank to break.

3. (bespritzen) to sprinkle; Beete, Rasen auch to water; Wäsche to sprinkle (with water); (verspritzen) Wasser to sprinkle, to spray.

II vi **1.** to blast.

2. aux sein (liter: kraftvoll reiten) to thunder.

Sprengkammer f demolition chamber; **Sprengkapsel** f detonator; **Sprengkommando** nt demolition squad; **Sprengkopf** m warhead; **Sprengkörper** m explosive device; **Sprengkraft** f explosive force; **Sprengladung** f explosive charge; **Sprengmeister** m (in Steinbruch) blaster; (bei Abbrucharbeiten) demolition expert; **Sprengsatz** m explosive device.

Sprengstoff m explosive.

Sprengstoff|anschlag m, **Sprengstoff|attentat** nt bomb attack; (erfolgreich auch) bombing; **auf ihn/das Haus wurde ein ~ verübt** he was the subject of a bomb attack/there was a bomb attack on the house.

Sprengung f siehe vt **1.** blowing-up; blasting. **2.** forcing (open); breaking open; bursting, breaking; breaking-up; breaking. **3.** sprinkling; watering; sprinkling (with water); sprinkling, spraying.

Sprengwagen m water(ing)-cart, street sprinkler; **Sprengwirkung** f explosive effect.

Sprenkel m -s, - (Tupfen) spot, speckle.

sprenkeln vt mit Farbe to sprinkle spots of; siehe **gesprenkelt.**

Spreu f -, no pl chaff. **die ~ vom Weizen trennen** or **sondern** (fig) to separate the wheat from the chaff.

sprich imper sing of **sprechen.**

Sprichwort nt, pl ⁻er proverb.

sprichwörtlich adj (lit, fig) proverbial.

sprießen pret **sproß** or **sprießte,** ptp **gesprossen** vi aux sein (aus der Erde) to come up, to spring up; (Knospen, Blätter) to shoot; (fig geh: Liebe, Zuneigung) to burgeon (liter).

Spriet nt -(e)s, -e (Naut) sprit.

Springbrunnen m fountain.

springen pret **sprang,** ptp **gesprungen** **I** vi aux sein **1.** (lit, fig, Sport, bei Brettspielen) to jump; (mit Schwung auch) to leap, to spring; (beim Stabhochsprung) to vault; (Raubtier) to pounce; (sich springend fortbewegen) to bound; (hüpfen, seilhüpfen) to skip; (auf einem Bein hüpfen) to hop; (Ball etc) to bounce; (Wassersport) to dive; (S Ger inf: eilen) to nip (Brit inf), to pop (inf). **singen/tanzen und ~** to sing and leap about/dance and leap about; **jdm an den Hals** or **die Kehle** or **die Gurgel** (inf) **~** to leap or fly at sb's throat; (fig) to fly at sb, to go for sb; **ich hätte ihm an die Kehle ~ können** I could have strangled him; **aus dem Gleis** or **den Schienen ~** to jump the rails; **ins Aus ~** (Sport) to go out (of play).

2. etw ~ lassen (inf) to fork out for sth (inf); **Runde to stand sth; Geld** to fork out sth; **für jdn etw ~ lassen** (inf) to treat sb to sth; esp Getränke auch to stand sb sth; **das hat der Chef ~ lassen!** (inf) that was on the boss! (inf).

3. (geh: hervorsprudeln) to spring; (Wasserstrahl, Quelle auch, Blutstrahl) to spurt; (Funken) to leap.

4. (Saite, Glas, Porzellan) to break; (Risse bekommen) to crack; (sich lösen: Knopf) to come off (von etw sth).

5. (geh: aufplatzen) to burst (forth).

II vt aux haben **einen (neuen) Rekord ~** (Sport) to make a record jump.

Springen nt -s, - (Sport) jumping; (Wassersport) diving.

springend adj **der ~e Punkt** the crucial point.

Springer(in f) m -s, - **1.** jumper; (Wassersport) diver. **2.** (Chess) knight. **3.** (Ind) stand-in.

Springflut f spring tide; **Springform** f (Cook) springform; **Springkraut** nt (Bot) touch-me-not; **springlebendig** adj lively, full of beans (inf); **Springpferd** nt jumper; **Springreiten** nt show jumping; **Springrollo** nt roller blind; **Springseil** nt skipping rope; **Springturnier** nt show jumping competition.

Sprinkler m -s, - sprinkler.

Sprinkler|anlage f sprinkler system.

Sprint m -s, -s sprint.

sprinten vti aux sein to sprint.

Sprinter(in f) m -s, - sprinter.

Sprit m -(e)s, -e (inf: Benzin) gas (inf), juice (inf); (Rohspiritus) neat spirit, pure alcohol.

Spritzbeutel m icing or piping bag; **Spritzdüse** f nozzle; (Tech) jet.

Spritze f -, -n syringe; (Feuer~) hose; (Injektion) injection, jab (inf). **eine ~ bekommen** to have an injection or a jab (inf).

spritzen **I** vti **1.** to spray; (in einem Strahl auch) Wasser to squirt; (Cook) Zuckerguß etc to pipe; (verspritzen) Wasser, Schmutz etc to splash; (Fahrzeug) to spray, to spatter. **die Feuerwehr spritzte (Wasser) in das brennende Gebäude** the firemen directed their hoses into the burning building.

2. (lackieren) Auto to spray.

3. Wein to dilute with soda water/mineral water; siehe **Gespritzte(r).**

4. (injizieren) Serum etc to inject; Heroin etc auch to shoot (sl); (eine Injektion geben) to give injections/an injection. **wir müssen (dem Kranken) Morphium ~** we have to give (the patient) a morphine injection; **er spritzt seit einem Jahr** (inf) he has been shooting or mainlining for a year (sl).

II vi **1.** aux haben or sein (Wasser, Schlamm) to spray, to splash; (heißes Fett) to spit; (in einem Strahl) to spurt; (aus einer Tube, Wasserpistole etc) to squirt. **es spritzte gewaltig, als er ins Wasser plumpste** there was an enormous splash when he fell into the water.

2. aux sein (inf: eilen) to dash, to nip (Brit inf).

Spritzenhaus nt fire station; **Spritzenwagen** m (old) fire engine.

Spritzer m -s, - (Farb~, Wasser~) splash; (von Parfüm, Mineralwasser auch) dash.

Spritzfahrt f (inf) spin (inf); **eine ~ machen** to go for a spin (inf); **Spritzguß** m injection moulding; (Metal) die-casting.

spritzig **I** adj Wein tangy, piquant; Auto lively, nippy (Brit inf), zippy (inf); Aufführung, Dialog etc sparkling, lively; (witzig) witty. **das Kabarett war ~ und witzig** the cabaret was full of wit and sparkle.

II adv aufführen, darstellen with sparkle; schreiben racily; (witzig) wittily.

Spritzlack m spray(ing) paint; **Spritzlackierung** f spraying; **Spritzpistole** f spray-gun; **Spritztour** f siehe **Spritzfahrt;** **Spritztülle** f nozzle.

spröd(e) adj Glas, Stein, Haar brittle; Haut rough; Stimme thin; (fig) Material obdurate, recalcitrant; (abweisend) aloof.

Sprödigkeit f siehe adj brittleness; roughness; thinness; obdurateness, obduracy; recalcitrancy; aloofness.

sproß pret of **sprießen.**

Sproß m -sses, -sse shoot; (fig: Nachkomme) scion (liter).

Sprosse f -, -n (lit, fig) rung; (Fenster~) (senkrecht) mullion; (waagerecht) transom; (Geweih~) branch, point, tine.

Sprossenwand f (*Sport*) wall bars pl.

Sprößling m shoot; (*fig hum*) offspring.

Sprotte f -, -n sprat.

Spruch m -(e)s, ̈e 1. saying; (*Sinn~ auch*) aphorism; (*Maxime auch*) adage, maxim; (*Wahl~*) motto; (*Bibel~*) quotation, quote; (*Poet: Gedicht*) medieval lyric poem. **die** ̈e **Salomos** (*Bibl*) (the Book of) Proverbs; ̈e (*inf: Gerede*) patter *no pl* (*inf*); ̈e **machen** (*inf*) or **klopfen** (*inf*) or **kloppen** (*sl*) to talk fancy (*inf*); (*angeben*) to talk big (*inf*); **mach keine** ̈e**!** (*inf*) come off it! (*inf*); **das sind doch nur** ̈e**!** that's just talk.

2. (*Richter~*) judgement; (*Frei~/ Schuld~*) verdict; (*Strafurteil*) sentence; (*Schieds~*) ruling.

Spruchband nt banner.

Spruchdichtung f (*Poet*) medieval lyric poetry.

Sprücheklopfer m (*inf*) patter-merchant (*inf*); (*Angeber*) big talker (*inf*).

Sprüchlein nt dim of **Spruch**. **sein** ̈ **hersagen** to say one's (little) piece.

spruchreif adj (*inf*) **die Sache ist noch nicht** ̈ it's not definite yet so we'd better not talk about it.

Sprudel m -s, - (*saurer* ~) mineral water; (*süßer* ~) fizzy drink.

sprudeln I vi 1. (*schäumen*) (*Wasser, Quelle*) to bubble; (*Sekt, Limonade*) to effervesce, to fizz; (*fig: vor Freude, guten Ideen etc*) to bubble. 2. *aux sein* (*hervor~*) (*Wasser etc*) to bubble; (*fig: Worte*) to pour out. II vt (*Aus: quirlen*) to whisk.

sprudelnd adj (*lit*) *Getränke* fizzy, effervescent; (*fig*) *Temperament, Witz* bubbling, bubbly (*inf*), effervescent.

Sprühdose f spray (can); (*unter Druck stehend auch*) aerosol (can).

sprühen I vi 1. *aux haben or sein* to spray; (*Funken*) to fly.

2. (*fig*) (*vor Witz etc*) to bubble over, to effervesce; (*Augen*) (*vor Freude etc*) to sparkle; (*vor Zorn etc*) to glitter, to flash. II vt to spray; (*fig: Augen*) to flash. **er sprühte Lack auf die beschädigte Stelle** he sprayed the damaged spot with paint.

sprühend adj *Laune, Temperament etc* bubbling, bubbly (*inf*), effervescent; *Witz* sparkling, bubbling.

Sprühnebel m mist; **Sprühregen** m drizzle, fine rain.

Sprung m -(e)s, ̈e 1. jump; (*schwungvoll, fig: Gedanken~ auch*) leap; (*Hüpfer*) skip; (*auf einem Bein*) hop; (*Satz*) bound; (*von Raubtier*) pounce; (*Wassersport*) dive. **einen ~/einen kleinen ~ machen** to jump/do a small jump; **zum ~ ansetzen** (*lit*) to get ready to jump *etc*; (*fig*) to get ready to pounce; **sie wagte den ~ nicht** (*fig*) she didn't dare (to) take the plunge; **ein großer ~ nach vorn** (*fig*) a great leap forward; **damit kann man keine großen** ̈e **machen** (*inf*) you can't exactly live it up (*inf*); **auf dem ~ sein** or **stehen, etw zu tun** to be about to do sth; **immer auf dem ~ sein** (*inf*) to be always on the go (*inf*); (*aufmerksam*) to be always on the ball (*inf*); **jdm auf die** ̈e **helfen** (*wohlwollend*) to give sb a (helping) hand; (*drohend*) to show sb what's what; **jdm auf or**

hinter die ̈e **kommen** (*inf*) to catch on to sb.

2. (*inf: kurze Strecke*) stone's throw (*inf*). **zur Post ist es nur ein ~** the post office is only a stone's throw from here (*inf*); **auf einen ~ bei jdm vorbeikommen** to drop or pop in to see sb (*inf*).

3. (*Riß*) crack. **einen ~ haben/ bekommen** to be cracked/to crack.

4. (*Agr: Begattung*) mounting. **dieser Hengst eignet sich nicht zum ~** this stallion isn't suitable for stud purposes.

Sprungbein nt 1. (*Anat*) anklebone; **2.** (*Sport*) takeoff leg; **sprungbereit** adj ready to jump; *Katze* ready to pounce; (*fig hum*) ready to go; **Sprungbrett** nt (*lit, fig*) springboard; **Sprungdeckel** m spring lid; **Sprungfeder** f spring; **Sprunggelenk** nt ankle joint; (*von Pferd*) hock; **Sprunggrube** f (*Sport*) (landing) pit; **sprunghaft** I adj 1. *Mensch, Charakter* volatile; *Denken* disjointed; 2. (*rapide*) *Aufstieg, Entwicklung etc* rapid; *Preisanstieg auch* sharp; II adv *ansteigen, entwickeln* by leaps and bounds; **Sprunghaftigkeit** f *siehe adj* 1. volatile nature, volatility; disjointedness; 2. rapidity, rapidness; sharpness; **Sprungkraft** f (*Sport*) takeoff power, leg power; **Sprunglauf** m (*Ski*) ski-jumping; **Sprungnetz** nt (*jumping*) net, life net (*US*); **Sprungschanze** f (*Ski*) ski-jump; **Sprungstab** m (*vaulting*) pole; **Sprungtuch** nt jumping sheet or blanket, life net (*US*); **Sprungturm** m diving platform.

Spucke f -, *no pl* (*inf*) spittle, spit. **da bleibt einem die ~ weg!** it's flabbergasting (*inf*); **als ich das hörte, blieb mir die ~ weg** when I heard that I was flabbergasted (*inf*) or you could have knocked me down with a feather (*inf*).

spucken vti to spit; (*inf: sich übergeben*) to throw up (*inf*), to be sick; (*fig inf*) *Lava, Flammen* to spew (out); (*inf: Maschine, Motor etc*) to give the occasional hiccup (*inf*). **in die Hände ~** (*lit*) to spit on one's hands; (*fig*) to roll up one's sleeves.

Spucknapf m spittoon.

Spuk m -(e)s, -e 1. (*Geistererscheinung*) **der ~ fing um Mitternacht an** the ghosts started to walk at midnight; **ich glaube nicht an diesen ~** I don't believe the place is haunted.

2. (*fig*) (*Lärm*) din, racket (*inf*); (*Aufheben*) fuss, to-do (*inf*), palaver (*inf*).

spuken vi to haunt. **an einem Ort/in einem Schloß ~** to haunt or walk a place/castle; **es spukt auf dem Friedhof/im alten Haus** *etc* the cemetery/old house *etc* is haunted; **hier spukt es** this place is haunted; **durch den Film spukten wunderliche Gestalten** the film was haunted by weird and wonderful apparitions; **das spukt noch immer in den Köpfen** that still has a hold on people's minds.

Spukgeschichte f ghost story; **Spukschloß** nt haunted castle.

Spülbecken nt, **Spüle** f -, -n sink.

Spule f -, - , ̈ 1. spool, reel; (*Nähmaschinen~, Ind*) bobbin; (*Elec*) coil. 2. (*Federkiel*) quill.

spulen vt to spool, to reel; (auf~ auch) to wind onto a spool or reel/bobbin.

spülen vti 1. (aus~, ab~) to rinse; Wunde to wash; Darm to irrigate; Vagina to douche; Geschirr to wash up; (auf der Toilette) to flush. **du spülst und ich trockne ab** you wash and I'll dry; **vergiß nicht zu** ~ don't forget to flush the toilet. **2.** (Wellen etc) to wash. **etw an Land** ~ to wash sth ashore.

Spülicht nt -s, -e (old) dishwater.

Spülkasten m cistern; **Spülklosett** nt flush toilet, water closet; **Spüllappen** m dishcloth; **Spülmaschine** f (automatic) dishwasher; **Spülmittel** nt washing-up liquid; **Spülschüssel** f washing-up bowl; **Spültisch** m sink (unit).

Spülung f rinsing; (Wasser~) flush; (Med) (Darm~) irrigation; (Vaginal~) douche; (Aut) scavenging.

Spülwasser nt (beim Abwaschen) dishwater, washing-up water; (beim Wäschewaschen) rinsing water.

Spulwurm m roundworm, ascarid (Med).

Spund m -(e)s, -e 1. bung, spigot; (Holztechnik) tongue. **2.** junger ~ (dated inf) young pup (dated inf).

spunden vt Faß to bung.

Spundloch nt bunghole; **Spundwand** f (Build) bulkhead.

Spur f -, -en 1. (Abdruck im Boden etc) track; (Hunt auch) spoor no pl; (hinterlassenes Zeichen) trace, sign; (Brems~) skidmarks pl; (Blut~, Schleim~ etc, Fährte zur Verfolgung) trail. **von den Tätern fehlt jede** ~ there is no clue as to the whereabouts of the persons responsible; **der Täter hat keine ~en hinterlassen** the culprit left no traces or marks; **jds** ~ **aufnehmen** to take up sb's trail; **jdm auf der** ~ **sein** to be on sb's trail; **auf der richtigen/falschen** ~ **sein** (lit, fig) to be on the right/wrong track; **jdn auf jds** ~ **bringen** to put sb onto sb's trail or onto sb; **jdn auf die richtige** ~ **bringen** (fig) to put sb on(to) the right track; **jdm auf die** ~ **kommen** to get onto sb; **auf** or **in jds ~en wandeln** (fig) to follow in sb's footsteps; **(seine) ~en hinterlassen** (fig) to leave its mark; **ohne/nicht ohne ~(en) an jdm vorübergehen** siehe spurlos.

2. (fig: kleine Menge, Überrest) trace; (von Pfeffer, Paprika etc) touch, soupçon; (von Vernunft, Anstand, Talent etc) scrap, ounce. **von Anstand/Takt keine** ~ (inf) no decency/tact at all; **von Liebe keine** ~ (inf) love doesn't/didn't come into it; **keine** ~ (inf), **nicht die** ~ (inf) not/ nothing at all; **eine** ~ **zu laut/grell** a shade or a touch too loud/garish.

3. (Fahrbahn) lane. **auf der linken** ~ **fahren** to drive in the left-hand lane; **in der** ~ **bleiben** to keep in lane.

4. (Aut: gerade Fahrtrichtung) tracking. ~ **halten** (bei Bremsen etc) to hold its course; (nach Unfall) to track properly; **aus der** ~ **geraten** or **kommen** (durch Seitenwind etc) to go off course; (beim Bremsen etc) to skid.

5. (~weite) (Rail) gauge; (Aut) track.

spürbar adj noticeable, perceptible.

spuren vi (Ski) to make or lay a track; (Aut) to track; (inf) to obey; (sich fügen) to toe the line; (funktionieren: Maschine, Projekt) to run smoothly, to go well. **bei dem Lehrer wird gespurt** (inf) he makes you obey, that teacher.

spüren I vt to feel; (intuitiv erfassen) jds Haß, Zuneigung, Unwillen etc auch to sense. **sie spürte, daß der Erdboden leicht bebte** she felt the earth trembling underfoot; **sie ließ mich ihr Mißfallen** ~ she made no attempt to hide her displeasure, she let me know that she was displeased; **etw in allen Gliedern** ~ (lit, fig) to feel sth in every bone of one's body; **davon ist nichts zu** ~ there is no sign of it, it's not noticeable; **etw zu** ~ **bekommen** (lit) to feel sth; (fig) to feel the (full) force of sth; jds Spott, Anerkennung etc to meet with sth; (bereuen) to suffer for sth, to regret sth; **es zu** ~ **bekommen, daß ...** to feel the effects of the fact that ...; **ihr werdet es noch zu** ~ **bekommen, daß ihr so faul seid** some day you'll regret being so lazy; **sie bekamen es deutlich zu** ~, **daß sie Weiße waren** they were made very conscious or aware of the fact that they were whites.

II vti (Hunt) (nach) etw ~ to track sth, to follow the scent of sth.

Spuren|element nt trace element; **Spurensicherung** f securing of evidence; **die Leute von der** ~ the forensic people.

Spürhund m tracker dog; (inf: Mensch) sleuth.

spurlos adj without trace. ~ **verschwinden** to disappear or vanish without trace, to vanish into thin air; ~ **an jdm vorübergehen** to have no effect on sb; (Ereignis, Erfahrung etc auch) to wash over sb; **das ist nicht** ~ **an ihm vorübergegangen** it left its mark on him.

Spürnase f (Hunt) nose; **eine** ~ **für etw haben** (fig inf) to have a (good) nose for sth; **Spürsinn** m (Hunt, fig) nose.

Spurt m -s, -s or -e spurt; (End~, fig) final spurt. **zum** ~ **ansetzen** (lit, fig) to make a final spurt.

spurten vi aux sein (Sport) to spurt; (zum Endspurt ansetzen) to make a final spurt; (inf: rennen) to sprint, to dash.

Spurweite f (Rail) gauge; (Aut) track.

sputen vr (old, dial) to hurry, to make haste (old, liter).

SSO abbr of **Südsüdost** SSE.

SSW abbr of **Südsüdwest** SSW.

st interj (Aufmerksamkeit erregend) psst; (Ruhe gebietend) shh.

s.t. [es'te:] adv abbr of **sine tempore**.

St. abbr of 1. **Stück**. 2. **Sankt** St.

Staat m -(e)s, -en 1. state; (Land) country. **die ~en** (inf) the States (inf); **in** ~ **im** ~ **e** a state within a state; **von** ~**s wegen** on a governmental level; **im Interesse/zum Wohl des ~es** in the national interest or in the interests of the state/for the good of the nation; **beim** ~ **arbeiten** or **sein** (inf) to be employed by the government or state.

2. (Ameisen~, Bienen~) colony.

3. (fig) (Pracht) pomp; (Kleidung, Schmuck) finery. **in vollem** ~ in all one's finery; (Würdenträger) in full regalia; **damit ist kein** ~ **zu machen** that's nothing to write home about (inf).

Staatenbund *m* confederation (of states); **staatenlos** *adj* stateless; **Staatenlose(r)** *mf decl as adj* stateless person.

staatlich I *adj* state *attr*; *Gelder, Unterstützung etc auch* government *attr*; *(staatseigen) Betrieb, Güter auch* state-owned; *(~ geführt)* state-run.

II *adv* by the state. **~ subventioniert** subsidized by the state, state-subsidized; **~ anerkannt** state-approved, government-approved; **~ geprüft** state-certified. **staatlicherseits** *adv* on a governmental level.

Staats|abgaben *pl* (government) taxes *pl*; **Staats|affäre** *f (lit)* affair of state; **Staats|akt** *m (lit)* state occasion; *(fig inf)* song and dance *(inf)*; **er wurde in** *or* **mit einem feierlichen ~ verabschiedet** his farewell was a state occasion; **Staats|aktion** *f* major operation; **Staats|amt** *nt* public office; **Staats|angehörige(r)** *mf decl as adj* national; *(einer Monarchie auch)* subject; **Staats|angehörigkeit** *f* nationality; **Staats|angehörigkeitsnachweis** *m* proof of nationality; **Staats|anleihe** *f* government bond; **Staats|anwalt** *m* prosecuting attorney *(US)*, public prosecutor; **der ~ forderte ...** the prosecution called for ...; **Staats|anwaltschaft** *f* prosecuting attorney's office *(US)*, public prosecutor's office; *(Anwälte)* prosecuting attorneys *pl (US)*, public prosecutors *pl*; **Staats|apparat** *m* apparatus of state; **Staats|archiv** *nt* state archives *pl*; **Staats|ausgaben** *pl* public spending *sing or* expenditure *sing*; **Staatsbahn** *f* state-owned *or* national railway(s *pl*); **Staatsbank** *f* national *or* state bank; **Staatsbankrott** *m* national bankruptcy; **Staatsbe|amte(r)** *m* public servant; **Staatsbegräbnis** *nt* state funeral; **Staatsbesitz** *m* state property; **(in) ~ sein** to be state-owned; **Staatsbesuch** *m* state visit; **Staatsbetrieb** *m* state-owned *or* nationalized enterprise; **Staatsbibliothek** *f* national library; **Staatsbürger** *m* citizen; **Staatsbürgerkunde** *f (Sch)* civics *sing*; **staatsbürgerlich** *adj attr* civic; *Rechte* civil; **Staatschef** *m* head of state; **Staatsdiener** *m* public servant; **Staatsdienst** *m* civil service; **staats|eigen** *adj* state-owned; **Staats|eigentum** *nt* state property *no art*, property of the state; **Staats|empfang** *m* state reception; **Staats|examen** *nt* state exam(ination), ≃ first degree, *university degree required for the teaching profession*; **Staatsfeiertag** *m* national holiday; **Staatsfeind** *m* enemy of the state; **staatsfeindlich** *adj* hostile to the state; **Staatsfinanzen** *pl* public finances *pl*; **Staatsflagge** *f* national flag; **Staatsform** *f* type of state; **Staatsgebiet** *nt* national territory *no art*; **staatsgefährdend** *adj* threatening the security of the state; **Staatsgefährdung** *f* threat to the security of the state; **Staatsgeheimnis** *nt (lit, fig hum)* state secret; **Staatsgelder** *pl* public funds *pl*; **Staatsgewalt** *f* authority of the state; **Staatsgrenze** *f* state frontier *or* border; **Staatshaushalt** *m* national budget; **Staatshoheit** *f* sovereignty;

Staatskanzlei *f* state chancellery; **Staatskarosse** *f* state carriage; **Staatskasse** *f* treasury, public purse; **Staatskirche** *f* state church; **Staatskosten** *pl* public expenses *pl*; **auf ~** at the public expense; **Staatslehre** *f* political science; **Staatslotterie** *f* national *or* state lottery; **Staatsmann** *m, pl* **-männer** statesman; **staatsmännisch** *adj* statesmanlike; **Staatsminister** *m* state minister; **Staatsmonopol** *nt* state monopoly; **Staats|oberhaupt** *nt* head of state; **Staats|ordnung** *f* system of government; **Staats|organ** *nt* organ of the state; **Staatspartei** *f* official party; **staatspolitisch** *adj* political; **Staatspolizei** *f* state police, ≃ Special Branch *(Brit)*; **die Geheime ~** *(Hist)* the Gestapo; **Staatspräsident** *m* president; **Staatsprüfung** *f (form) siehe* Staatsexamen; **Staatsraison, Staatsräson** *f* reasons of state; **Staatsrat** *m* **1.** *(Kollegium)* council of state; **2.** *(Hist: Titel)* councillor of state; **Staatsrecht** *nt* **1.** national law; **2.** *(Verfassungsrecht)* constitutional law; **Staatsregierung** *f* state government; **Staatsreligion** *f* state religion; **Staatsrente** *f* state *or* government pension; **Staatsruder** *nt (geh)* helm of (the) state; **Staatssäckel** *m (old, hum)* national coffers *pl*; **Staatsschatz** *m* national treasury; **Staatsschiff** *nt (liter)* ship of state; **Staatsschuld** *f (Fin)* national debt; **Staatssekretär** *m* secretary of state *(US)*; *(BRD: Beamter)* ≃ permanent secretary *(Brit)*; **Staatssicherheit** *f* national *or* state security; **Staatssicherheitsdienst** *m (DDR)* national *or* state security service; **Staatsstreich** *m* coup (d'état); **Staatstheater** *nt* state theatre; **Staats|unternehmen** *nt* state-owned enterprise; **Staatsverbrechen** *nt* political crime; *(fig)* major crime; **Staatsverfassung** *f* (national) constitution; **Staatsvermögen** *nt* national *or* public assets *pl*; **Staatsvertrag** *m* international treaty; **Staatsverwaltung** *f* administration of the state; **Staatswald** *m* state-owned forest; **Staatswesen** *nt* state; **Staatswissenschaft(en** *pl) f (dated)* political science; **Staatswohl** *nt (geh)* good *or* welfare of the state.

Stab *m* **-(e)s, -̈e 1.** rod; *(Gitter~)* bar; *(Spazierstock)* stick; *(Bischofs~)* crosier; *(Hirten~)* crook; *(Marschall~, Dirigenten~, für Staffellauf, von Majorette etc)* baton; *(als Amtzeichen)* mace; *(für ~hochsprung, Zelt~)* pole; *(Meß~)* (measuring) rod *or* stick; *(Zauber~)* wand. **den ~ über jdn brechen** *(fig)* to condemn sb; **den ~ führen** *(Mus geh)* to conduct.

2. *(Mitarbeiter~, Mil)* staff; *(von Experten)* panel; *(Mil: Hauptquartier)* headquarters *sing or pl*.

Stäbchen *nt dim of* **Stab** *(Eß~)* chopstick; *(Kragen~)* (collar) stiffener; *(Korsett~)* bone; *(Anat: der Netzhaut)* rod; *(beim Häkeln)* treble; *(inf: Zigarette)* ciggy *(inf)*.

stabförmig *adj* rod-shaped; **Stabführung** *f (Mus)* conducting; **unter der ~ von** conducted by or under the baton of; **Stab-hochspringer** m pole-vaulter; **Stab-hochsprung** m pole vault.

stabil [ʃta'biːl, st-] adj Möbel, Schuhe, Kind sturdy, robust; Währung, Beziehung, Charakter stable; Gesundheit sound.

Stabilisation [ʃtabiliza'tsioːn, st-] f stabilization.

Stabilisator [ʃtabili'zaːtoːɐ, st-] m stabilizer.

stabilisieren* [ʃtabili'ziːrən, st-]**I** vt to stabilize. **II** vr to stabilize, to become stable.

Stabilität [ʃtabili'tɛːt, st-] f stability.

Stablampe f (electric) torch, flashlight (US); **Stabmagnet** m bar magnet; **Stabreim** m alliteration.

Stabs|arzt m (Mil) captain in the medical corps; **Stabschef** m (Mil inf) chief of staff; **Stabsfeldwebel** m (Mil) warrant officer class II (Brit), master sergeant (US); **Stabs|offizier** m (Mil) staff officer; (Rang) field officer.

Stabwechsel m (Sport) baton change, change-over.

stach pret of **stechen**.

Stachel m -s, -n (von Rosen, Ginster etc) thorn, prickle; (von Kakteen, Stachel-häutern, Igel) spine; (von ~schwein) quill, spine; (auf ~draht) barb; (zum Viehantrieb) goad; (Gift~: von Bienen etc) sting; (fig liter) (von Ehrgeiz, Neugier etc) spur; (von Vorwurf, Haß) sting. **ein ~ im Fleisch** (liter) a thorn in the flesh or side; **einer Sache** (dat) **den ~ nehmen** (geh) to take the sting out of sth; siehe **löcken**.

Stachelbeere f gooseberry; **Stachelbeer-strauch** m gooseberry bush.

Stacheldraht m barbed wire.

Stacheldrahtzaun m barbed-wire fence.

stachelförmig adj spiky; (Biol) spiniform no adv; **Stachelhalsband** nt spiked (dog) collar.

stach(e)lig adj Rosen, Ginster etc thorny; Kaktus, Igel etc spiny; (sich ~ anfühlend) prickly; Kinn, Bart bristly.

Stachelrochen m stingray; **Stachel-schwein** nt porcupine.

Stadel m -s, - (S Ger, Aus, Sw) barn.

Stadion nt -s, **Stadien** [-iən] stadium.

Stadium nt -s, **Stadien** [-iən] stage. **im vorgerückten/letzten ~** (Med) at an advanced/terminal stage; **er hat Krebs im vorgerückten/letzten ~** he has advanced/terminal cancer.

städt. abbr of **städtisch**.

Stadt f -, **-e** 1. town; (Groß~) city. **die ~ Paris** the city of Paris; **~ und Land** town and country; **in ~ und Land** throughout the land, the length and breadth of the land; **die ganze ~ spricht davon** it's all over town, the whole town is talking about it, it's the talk of the town; **in die ~ gehen** to go into town.
2. (~verwaltung) (town) council; (von Groß~) corporation. **bei der ~ angestellt sein** to be working for the council/corporation; **die ~** Ulm Ulm Corporation.

stadt|auswärts adv out of town; **Stadt-|autobahn** f urban motorway (Brit) or freeway (US); **Stadtbad** nt municipal swimming pool or baths pl; **Stadtbahn** f suburban railway (Brit), city railroad (US);

stadtbekannt adj well-known, known all over town; **Stadtbewohner** m town-dweller; (von Groß~) city-dweller; **Stadtbewohner** pl townspeople; city-people; **Stadtbezirk** m municipal district; **Stadtbild** nt urban features pl, town-scape; cityscape; **Stadtbücherei** f municipal or town/city (lending) library; **Stadtbummel** m stroll in the or through town.

Städtchen nt dim of **Stadt** small town.

Stadtchronik f town/city chronicles pl; **Stadtdirektor** m town clerk (Brit), town/city manager (US).

Städtebau m urban development; **städt-ebaulich I** adj urban development attr; **II** adv as regards urban development.

stadt|einwärts adv into town.

Städteplanung f town or urban planning.

Städter(in f) m -s, - town-dweller; (Groß~) city-dweller.

Stadtfahrt f journey within a/the town/city; **Stadtflucht** f exodus from the cities; **Stadtgas** nt town gas; **Stadtgebiet** nt municipal area; (von Großstadt auch) city zone; **Stadtgemeinde** f municipality; **Stadtgespräch** nt 1. (das) ~ **sein** to be the talk of the town; 2. (Telec) local call; **Stadtgrenze** f town/city boundary; **Stadtgue(r)rilla** f urban guerrilla; **Stadthaus** nt townhouse.

städtisch adj municipal, town/city attr; (nach Art einer Stadt) urban. **die ~e Bevölkerung** the town/city or urban popu-lation; **die ~e Lebensweise** the urban way of life, town/city life.

Stadtkämmerer m town/city treasurer; **Stadtkasse** f town/city treasury; **Stadtkern** m town/city centre; **Stadtkommandant** m military governor (of a town/city); **Stadtkreis** m town/city borough; **Stadtmauer** f city wall; **Stadtmensch** m town/city person; **Stadtmitte** f town/city centre; **Stadt-|oberhaupt** nt head of a/the town/city; **Stadtpark** m town/city or municipal park; **Stadtparlament** nt city council; **Stadtplan** m (street) map (of a/the town); (Archit) town/ city plan; **Stadtplanung** f town planning; **Stadtrand** m outskirts pl (of a/the town/city); **am ~** on the outskirts (of the town/city); **Stadtrandsiedlung** f suburban housing scheme; **Stadtrat** m 1. (Be-hörde) (town/city) council; 2. (Mitglied) (town/city) councillor; **Stadtrecht** nt (Hist) town charter; **Stadtrundfahrt** f (sightseeing) tour of a/the town/city; **eine ~ machen** to go on a (sightseeing) tour of a/the town/city; **Stadtstaat** m city state; **Stadtstreicher(in** f) m -s, - town/ city tramp; **Stadtstreicherei** f urban vagrancy; **Stadtteil** m district, part of town; **Stadttheater** nt municipal theatre; **Stadttor** nt town/city gate; **Stadtväter** pl (old, hum) city fathers pl or elders pl; **Stadtverkehr** m 1. (Straßenverkehr) town/city traffic; 2. (örtlicher Nahverkehr) local town/city transport; **Stadtver|ord-nete(r)** mf decl as adj town/city coun-cillor; **Stadtverwaltung** f administration of a/the town/city; (Behörde) (town) council/corporation, municipal authority; **Stadtviertel** *nt* district, part of town; **Stadtwappen** *nt* municipal coat of arms; **Stadtwerke** *pl* town's/city's department of works; **Stadtwohnung** *f* town/city apartment *or* flat (*Brit*); **Stadtzentrum** *nt* town/city centre.

Stafette *f* (*Hist*) courier, messenger.

Staffage [sta'fa:ʒə] *f* -, -n (*Art: Beiwerk*) staffage; (*fig*) window-dressing.

Staffel *f* -, -n **1.** (*Formation*) (*Mil, Naut, Aviat*) echelon; (*Aviat: Einheit*) squadron. ~ **fliegen** to fly in echelon formation. **2.** (*Sport*) relay (race); (*Mannschaft*) relay team; (*fig*) relay. ~ **laufen/ schwimmen** to run/swim in a relay (race).

Staffelei *f* easel.

Staffellauf *m* relay (race).

staffeln *vt* **1.** *Gehälter, Tarife, Fahrpreise* to grade, to graduate; *Anfangszeiten, Startplätze* to stagger. **nach Dienstalter gestaffelte Gehälter** salaries graded according to years of service.
 2. (*in Formation bringen*) to draw up in an echelon. **gestaffelte Formation** (*Aviat*) echelon formation.

Staffelschwimmen *nt* relay swimming.

Staff(e)lung *f* *siehe* **staffeln 1.** grading, graduating; staggering. **2.** drawing up in an echelon.

Stag *nt* -(e)s, -e(n) (*Naut*) stay.

Stagflation [ʃtakfla'tsio:n, st-] *f* (*Econ*) stagflation.

Stagnation [ʃtagna'tsio:n, st-] *f* stagnation, stagnancy.

stagnieren* [ʃta'gni:rən, st-] *vi* to stagnate.

stahl *pret* of **stehlen**.

Stahl *m* -(e)s, -e *or* ⁼e steel; (*old liter: Schwert auch*) blade. **Nerven wie** ~ nerves of steel.

Stahl- *in cpds* steel; **Stahlbau** *m* steelgirder construction; **Stahlbeton** *m* reinforced concrete; **stahlblau** *adj* steelblue; **Stahlblech** *nt* sheet-steel; (*Stück*) steel sheet.

stählen **I** *vt* *Körper, Muskeln, Nerven* to harden, to toughen. **seinen Mut** ~ to steel oneself. **II** *vr* to toughen *or* harden oneself; (*sich wappnen*) to steel oneself.

stählern *adj Waffen, Ketten* steel; (*fig*) *Muskeln, Wille* of iron, iron *attr*; *Nerven* of steel; *Blick* steely.

Stahlgerüst *nt* tubular steel scaffolding; (*Gerippe*) steel-girder frame; **stahlgrau** *adj* steel-grey; **stahlhart** *adj* (as) hard as steel; **Stahlhelm** *m* (*Mil*) steel helmet; **Stahlhochstraße** *f* temporary (steel) overpass; **Stahlkammer** *f* strongroom; **Stahlmantelgeschoß** *nt* steel jacket bullet; **Stahlrohr** *nt* tubular steel; (*Stück*) steel tube; **Stahlrohrmöbel** *pl* tubular steel furniture *sing*; **Stahlroß** *nt* (*hum*) bike (*inf*), velocipede (*form, hum*); **Stahlträger** *m* steel girder; **Stahlwaren** *pl* steel goods *pl*, steelware *sing*; **Stahlwerk** *nt* steelworks *sing or pl*.

stak (*geh*) *pret* of **stecken I**.

Stake *f* -, -n **Staken** *m* -s, - (*N Ger*) (*punt/ barge*) pole.

staken *vti* (*vi: aux sein*) to pole; *Stocherkahn auch* to punt; (*fig*) to stalk.

Staket *nt* -(e)s, -e, **Stakętenzaun** *m* paling.

Stakkato [ʃta'ka:to, st-] *nt* -s, -s *or* **Stakkati** staccato.

staksen *vi aux sein* (*inf*) to stalk; (*unsicher*) to teeter; (*steif*) to hobble. **mit** ~**den Schritten gehen** to stalk/teeter/hobble.

staksig *adj* (*unbeholfen*) gawky. ~ **gehen** (*steif*) to hobble; (*unsicher*) to teeter.

Stalagmit [ʃtala'gmi:t, st-, -mɪt] *m* -en *or* -s, -en stalagmite.

Stalaktit [stalak'ti:t, ʃt-, -tɪt] *m* -en *or* -s, -en stalactite.

Stalinismus [stali'nɪsmʊs] *m* Stalinism.

Stalinist(in *f*) [stali'nɪst(ɪn)] *m* Stalinist.

stalinistisch [stali'nɪstɪʃ] *adj* Stalinist.

Stalin|orgel ['sta:lin-, 'ʃt-] *f* multiple rocket launcher.

Stall *m* -(e)s, ⁼e **1.** (*Pferde~, Gestüt, Aut: Renn~*) stable; (*Kuh~*) cowshed, (cow) barn (*US*), byre (*Brit*); (*Hühner~*) henhouse, coop; (*Kaninchen~*) hutch; (*Schaf~*) (sheep)cote; (*Schweine~*) (pig)sty, (pig)pen (*US*). **den** ~ **ausmisten** to clean out the stable *etc*; (*fig*) to clean out the Augean stables; **ein (ganzer)** ~ **voll Kinder** (*inf*) a (whole) pack of children.
 2. (*inf: Zimmer, Büro*) hole (*inf*).
 3. (*inf: Hosenschlitz*) flies *pl*.

Stallaterne *f getrennt:* **Stall-laterne** stable lamp.

Stallbursche *m siehe* **Stallknecht; Stalldung, Stalldünger** *m* farmyard manure; **Stallhase** *m* (*hum*) rabbit; **Stallknecht** *m* farm hand; (*für Pferde*) stableman, stable lad *or* hand; (*für Kühe*) cowhand; **Stallmagd** *f* farm girl; **Stallmeister** *m* equerry.

Stallung(en *pl*) *f* stables *pl*.

Stamm *m* -(e)s, ⁼e **1.** (*Baum~*) trunk; *siehe* **Apfel.**
 2. (*Ling*) stem.
 3. (*Volks~*) tribe; (*Abstammung*) line; (*Biol*) phylum. **aus königlichem** ~ of royal blood *or* stock *or* lineage; **aus dem** ~**e Davids** of the line of David, of David's line; **vom** ~**e Nimm sein** (*hum*) to be one of the takers of this world.
 4. (*Kern, fester Bestand*) regulars *pl*; (*Kunden auch*) regular customers *pl*; (*von Mannschaft*) regular team-members *pl*; (*Arbeiter*) regular *or* permanent workforce; (*Angestellte*) permanent staff *pl*. **ein fester** ~ **von Kunden** regular customers, regulars; **zum** ~ **gehören** to be one of the regulars *etc*.

Stamm|aktie *f* (*St Ex*) ordinary *or* common (*US*) share; **Stammbaum** *m* family *or* genealogical tree; (*Biol*) phylogenetic tree; (*von Zuchttieren*) pedigree; (*Ling*) tree; **einen guten** ~ **haben** (*lit, hum*) to have a good pedigree; **Stammbuch** *nt siehe* **Familienbuch; Stammburg** *f* ancestral castle; **Stamm|einlage** *f* (*Fin*) capital investment in ordinary shares *or* common stock (*US*).

stammeln *vti* to stammer.

Stamm|eltern *pl* progenitors *pl*.

stammen *vi* to come (*von, aus* from); (*zeitlich*) to date (*von, aus* from); (*Gram auch*) to be derived (*von, aus* from). **woher** ~ **Sie?** where do you come from (originally)?; **die Bibliothek/Uhr stammt von seinem Großvater** the library/watch

originally belonged to his grandfather.
Stammes- in cpds tribal; **Stammesgenosse** m member of a/the tribe, tribesman; **Stammesgeschichte** f (Biol) phylogeny; **stammesgeschichtlich** adj (Biol) phylogenetic.

Stammform f base form; **Stammgast** m regular; **Stammgericht** nt standard meal; **Stammgut** nt family estate; **Stammhalter** m son and heir; **Stammhaus** nt (Comm) parent branch; (Gesellschaft) parent company; (Fabrik) parent factory; **Stammholz** nt trunk wood.

stämmig adj (gedrungen) stocky, thickset no adv; (kräftig) sturdy.

Stämmigkeit f siehe adj stockiness; sturdiness.

Stammkapital nt (Fin) ordinary share or common stock (US) capital; **Stammkneipe** f (inf) local (Brit inf); **Stammkunde** m regular (customer); **Stammkundschaft** f regulars pl, regular customers pl.

Stammler m -s, - stammerer.

Stammlokal nt favourite café/restaurant etc; (Kneipe) local (Brit); **Stammpersonal** nt permanent staff pl; **Stammplatz** m usual or regular seat; **Stammsilbe** f radical, root syllable; **Stammsitz** m (von Firma) headquarters sing or pl; (von Geschlecht) ancestral seat; (im Theater etc) regular seat; **Stammtafel** f genealogical table; **Stammtisch** m (Tisch in Gasthaus) table reserved for the regulars; (~runde) group of regulars; **er hat mittwochs seinen ~** Wednesday is his night for meeting his friends at the pub; **Stammtischpolitiker** m (pej) armchair or alehouse politician; **Stammtischrunde** f group of regulars.

Stammutter f getrennt: **Stamm-mutter** progenitrix (form).

Stammvater m progenitor (form); **stammverwandt** adj related; **Wörter** cognate, derived from the same root; **Stammvokal** m radical or root vowel; **Stammwürze** f original wort.

stampfen I vi **1.** (laut auftreten) to stamp; (auf und nieder gehen: Maschine) to pound. **mit dem Fuß/den Hufen** ~ to stamp one's foot/to paw the ground with its hooves.
2. aux sein (gehen) (mit schweren Schritten) to tramp; (wütend) to stamp; (stapfen) to trudge.
3. aux haben or sein (Schiff) to pitch.
II vt **1.** (festtrampeln) Lehm, Sand to stamp; Trauben to press; (mit den Füßen) to tread; siehe **Boden.**
2. (mit Stampfer) to mash; (im Mörser) to pound.

Stampfer m -s, - (Stampfgerät) pounder.

stand pret of **stehen.**

Stand m -(e)s, -̈e **1.** no pl (das Stehen) standing position; (~fläche) place to stand; (für Gegenstand) stand. **aus dem** ~ from a standing position; **ein Sprung/Start aus dem** ~ a standing jump/start; **bei jdm** or **gegen jdn einen schweren** ~ **haben** (fig) to have a hard time of it with sb.
2. (Markt~ etc) stand; (Taxi~ auch) rank.
3. no pl (Lage) state; (Niveau, Fin:

Kurs) level; (Zähler~, Thermometer~, Barometer~ etc) reading, level; (Kassen~, Konto~) balance; (von Gestirnen) position; (Sport: Spiel~) score. **beim jetzigen** ~ **der Dinge** the way things stand or are at the moment; **der neueste** ~ **der Forschung** the latest developments in research; **etw auf den neuesten** ~ **bringen** to bring sth up to date; **im** ~ **der Sklaverei/Knechtschaft** in a state of slavery/bondage.
4. (soziale Stellung) station, status; (Klasse) rank, class; (Beruf, Gewerbe) profession; (Reichs~) estate. **Name und** ~ (old) name and profession; **ein Mann von (hohem)** ~ (old) a man of (high) rank.

Standard [ˈʃtandart, st-] m -s, -s standard.

Standard- in cpds standard.

standardisieren* [ʃtandardiˈziːrən, st-] vt to standardize.

Standardisierung [ʃt-, st-] f standardization.

Standarte f -, -n **1.** (Mil, Pol) standard.
2. (Hunt) brush.

Standbein nt (Sport) pivot leg; (Art) standing leg; **Standbild** nt statue.

Ständchen nt serenade. **jdm ein** ~ **bringen** to serenade sb.

Ständeparlament nt parliament of estates.

Stander m -s, - pennant.

Ständer m -s, - (Hut~, Noten~, Karten~ etc) stand; (Pfeifen~, Schallplatten~ etc auch) rack; (Pfeiler) upright; (Elec) stator; (sl: Erektion) hard-on (sl).

Ständerat [ˈʃtendəraːt] m (Sw Parl) upper chamber; (Abgeordneter) member of the upper chamber.

Standes|amt nt registry office (Brit); **standes|amtlich** adj ~**e Trauung** registry office (Brit) or civil wedding; **sich** ~ **trauen lassen** to get married in a registry office, to have a registry office or civil wedding; **Standesbe|amte(r)** m registrar; **Standesbewußtsein** nt status consciousness; **Standesdünkel** m snobbishness, snobbery; **Standes|ehre** f honour as a nobleman/officer etc; (von Ärzten, Handwerkern etc) professional honour; **standesgemäß I** adj befitting one's rank or station (dated); **II** adv in a manner befitting one's rank or station (dated); **Standesherr** m (Hist) mediatized prince; **Standes|organisation** f professional association; **Standesprivileg** nt class privilege.

Ständestaat m (Hist) corporate or corporative state.

Standes|unterschied m class difference.

standfest adj Tisch, Leiter stable, steady; (fig) steadfast; **Standfestigkeit** f stability (auch Sci); (fig auch) steadfastness; **Standfoto** nt still (photograph); **Standgeld** nt stallage; **Standgericht** nt (Mil) drumhead court martial; **vor ein** ~ **gestellt werden** to be summarily court-martialled; **standhaft** adj steadfast, strong; **sie blieb** ~ **im Glauben** her faith did not falter or swerve; **er weigerte sich** ~ he staunchly or steadfastly refused; **Standhaftigkeit** f steadfastness; staunchness, resolution; **standhalten** vi sep irreg (Mensch) to stand firm; (Gebäude, Brücke etc) to hold; (+*dat*) to withstand, to stand up to; **der Versuchung** (*dat*) ~ to resist temptation; **einer/der Prüfung** ~ to stand up to *or* bear close examination.

ständig *adj* 1. (*dauernd*) permanent; *Praxis, Regel* established; *Korrespondent* (*Press*) resident; *Mitglied* full; *Einkommen* regular. ~**er Ausschuß** standing committee.

2. (*unaufhörlich*) constant, continual. **müssen Sie mich ~ unterbrechen?** must you keep (on) interrupting me?, must you continually *or* constantly interrupt me?; **sie kommt ~ zu spät** she's constantly *or* always late; **sie beklagt sich ~** she's forever *or* always complaining; **sie ist ~ krank** she's always ill; **passiert das oft?** — ~ does it happen often? — always, all the time.

Standlicht *nt* sidelights *pl*. **mit ~ fahren** to drive on sidelights.

Stand|ort *m* location; (*von Schütze, Schiff etc*) position; (*Mil*) garrison; (*Bot*) habitat; (*von Pflanzungen*) site; (*fig*) position.

Stand|ort|älteste(r) *m* (*Mil*) senior officer of a garrison, post senior officer (*US*); **Stand|ortbestimmung** *f* (*fig*) definition of the position; **Stand|ortfaktor** *m usu pl* (*Econ*) locational factor.

Standpauke *f* (*inf*) lecture (*inf*), telling-off (*inf*); **jdm eine ~ halten** to give sb a lecture (*inf*) *or* telling-off (*inf*), to tell sb off (*inf*); **Standplatz** *m* stand; (*für Taxis auch*) rank; **Standpunkt** *m* 1. (*rare: Beobachtungsplatz*) vantage point, viewpoint; 2. (*Meinung*) point of view, standpoint; **auf dem ~ stehen** *or* **den ~ vertreten, daß ...** to take the view that ...; **jdm seinen ~ klarmachen** to make one's point of view clear to sb; **das ist doch kein** *or* **vielleicht ein** (*iro*) ~! what kind of attitude is that!; **Standquartier** *nt* (*Mil*) base; **Standrecht** *nt* (*Mil*) military law (*invoked in times of emergency*); **~ verhängen** to impose military law (*über* +*acc* on); **standrechtlich** *adj* ~ **erschießen** to put straight before a firing squad; **eine ~e Erschießung** an on-the-spot execution; **standsicher** *adj* stable; *Mensch* steady (on one's feet/skis *etc*); **Standsicherheit** *f* *siehe* **adj** stability; steadiness; **Standspur** *f* (*Aut*) hard shoulder; **Stand|uhr** *f* grandfather clock.

Stange *f* -, -n 1. (*langer, runder Stab*) pole; (*Querstab, Ballett~*) bar; (*Kleider~, Teppich~*) rail; (*Gardinen~, Leiste für Treppenläufer*) rod; (*Vogel~*) perch; (*Hühner~*) perch, roost; (*Gebiß~*) bit; (*Hunt: Schwanz*) brush; (*Geweihteil*) branch (of antlers); (*fig: dünner Mensch*) beanpole (*inf*).

2. (*länglicher Gegenstand*) stick. **eine ~ Zigaretten** a carton of 200 cigarettes.

3. (*zylinderförmiges Glas*) tall glass.

4. (*Redewendungen*) **ein Anzug von der** ~ a suit off the peg; **von der ~ kaufen** to buy off the peg; **jdn bei der ~ halten** (*inf*) to keep *or* hold sb; **bei der ~ bleiben** (*inf*) to stick at it (*inf*); **jdm die ~ halten** (*inf*) to stick up for sb (*inf*), to stand up for sb; **eine schöne ~ Geld** (*inf*) a tidy sum (*inf*);

eine ~ angeben (*sl*) to show off like crazy (*inf*), to lay it on thick (*inf*).

Stangenbohne *f* runner bean; **Stangenbrot** *nt* French bread; (*Laib*) French loaf; **Stangenspargel** *m* asparagus spears *pl*.

stank *pret of* **stinken.**

Stänkerei *f* (*inf*) grousing.

Stänk(er)er *m* -s, - (*inf*) grouser.

stänkern *vi* (*inf*) 1. (*Unfrieden stiften*) to stir things up (*inf*). 2. (*Gestank verbreiten*) to make a stink (*inf*).

Stanniol [ʃta'nioːl, st-] *nt* -s, -e silver foil.

Stanniolpaper *nt* silver paper.

Stanze *f* -, -n 1. (*für Prägestempel, Bleche*) die, stamp; (*Loch~*) punch. 2. (*Poet*) eight-line stanza.

stanzen *vt* to press; (*prägen*) to stamp, to emboss; *Löcher* to punch.

Stanzer(in *f*) *m* -s, - press worker.

Stapel *m* -s, - 1. (*geschichteter Haufen, fig: Vorrat*) stack, pile.

2. (*Comm*) (~*platz*) store, depot.

3. (*Naut: Schiffs~*) stocks *pl*. **auf ~ legen** to lay down; **auf ~ liegen** to be on the stocks; **vom ~ laufen** to be launched; **vom ~ lassen** to launch; (*fig*) to come out with (*inf*).

4. (*von Wolle, Baumwolle*) staple.

Stapellauf *m* (*Naut*) launching.

stapeln I *vt* to stack; (*lagern*) to store. **II** *vr* to pile up.

Stapfe *f* -, -n, **Stapfen** *m* -s, - footprint.

stapfen *vi aux sein* to trudge, to plod.

Star[1] *m* -(e)s, -e (*Orn*) starling.

Star[2] *m* -(e)s, -e (*Med*) **grauer/grüner/ schwarzer ~** cataract/glaucoma/ amaurosis (*spec*); **jdm den ~ stechen** (*fig*) to tell sb some home truths.

Star[3] [ʃtaːɐ, staːɐ] *m* -s, -s (*Film etc*) star; (*fig*) leading light.

Star|allüren *pl* (*inf*) airs and graces *pl*.

starb *pret of* **sterben.**

Starbesetzung *f* star cast; **Starbrille** *f* pair of glasses fitted with cataract lenses.

Star(en)kasten *m* nesting box (for starlings).

Star- (*Press*): **Stargage** *f* top fee; **Stargast** *m* star guest.

stark I *adj comp* **̈er**, *superl* **̈ste(r, s)** 1. (*kräftig, konzentriert*) strong (*auch Gram*); (*mächtig*) *Stimme, Staat, Partei auch* powerful. ~ **bleiben** to be strong; (*im Glauben*) to hold firm; **sich für etw ~ machen** (*inf*) to stand up for sth; **den ~en Mann spielen** *or* **markieren** *or* **mimen** (*all inf*) to play the big guy (*inf*); **das ist seine ~e Seite** that is his strong point *or* his forte; **das ist ~** *or* **ein ~es Stück** (*inf*) *or* ~**er Tobak!** that's a bit much!; (*eine Unverschämtheit auch*) that's a bit thick! (*inf*).

2. (*dick*) thick; (*euph: korpulent*) *Dame, Herr* large, well-built (*euph*); *Arme, Beine* large, strong (*euph*). **Kostüme für ̈ere Damen** costumes for the fuller figure.

3. (*beträchtlich, heftig*) *Schmerzen, Kälte* severe; *Frost auch, Regen, Schneefall, Verkehr, Raucher, Trinker, Druck* heavy; *Sturm* violent; *Erkältung* bad, heavy; *Wind, Strömung, Eindruck* strong; *Appetit, Esser* hearty; *Beifall* hearty, loud; *Fieber* high; *Trauer,*

Schmerz deep; *Übertreibung, Widerhall, Bedenken* considerable, great. **~e Abneigung** strong dislike.

4. *(leistungsfähig) Motor* powerful; *Sportler* able; *Mannschaft* strong; *Brille, Arznei* strong. **er ist in Englisch nicht sehr ~** he isn't very strong in English.

5. *(zahlreich) Auflage, Gefolge* large; *Nachfrage* great, big. **wir hoffen auf ~e Beteiligung** we are hoping that a large number of people will take part; **zehn Mann ~** ten strong; **das Buch ist 300 Seiten ~** the book is 300 pages long.

6. *(inf: hervorragend) Leistung, Werk* great *(inf)*. **sein ~stes Buch** his best book.

II *adv, comp* **-er,** *superl* **am -sten 1.** *(mit vb)* a lot; *(mit adj, ptp)* very; *regnen, rauchen etc auch* heavily; *beeindrucken auch* greatly, grossly; *vertreten, dagegen sein* strongly; *abgenutzt, beschmutzt, beschädigt etc* badly; *vergrößert, verkleinert* greatly. **~ wirken** to have a strong effect; **~ gesalzen/gewürzt** very salty/highly spiced; **~ benachteiligt** at a great disadvantage; **~ gefragt** in great demand; **~ behaart sein** to be very hairy, to have a lot of hair; **~er behaart sein** to have more hair; **die Ausstellung wurde ~ besucht** there were a lot of visitors to the exhibition; **das Auto zieht ~ nach links** the car is pulling badly to the left; **er ist ~ erkältet** he has a bad *or* heavy cold.

2. *(inf: hervorragend)* really well. **die singt unheimlich ~** she's a really great singer *(inf)*, she sings really well.

Starkbier *nt* strong beer.

Stärke¹ *f* -, **-n 1.** strength *(auch fig)*; *(von Stimme auch)* power.

2. *(Dicke, Durchmesser)* thickness; *(Macht)* power.

3. *(Heftigkeit) (von Strömung, Wind, Einfluß)* strength; *(von Eindruck auch, von Leid)* intensity; *(von Regen, Frost, Verkehr, Druck)* heaviness; *(von Sturm, Abneigung)* violence; *(von Schmerzen, Kälte, Erkältung, Fieber etc)* severity.

4. *(Leistungsfähigkeit) (von Motor)* power; *(von Sportmannschaft, Arznei, Brille)* strength.

5. *(Anzahl) (von Gefolge, Heer, Mannschaft)* size, strength; *(von Beteiligung, Nachfrage)* amount; *(Auflage)* size.

6. *(fig: starke Seite)* strength, strong point.

Stärke² *f* -, **-n** *(Chem)* starch.

Stärkemehl *nt* *(Cook)* thickening agent, ≈ cornflour *(Brit)*, cornstarch *(US)*.

stärken I *vt* **1.** *(kräftigen) (lit, fig)* to strengthen; *Selbstbewußtsein* to boost, to increase; *Gesundheit* to improve; *siehe* **Rückgrat. 2.** *(erfrischen)* to fortify. **3.** *Wäsche* to starch. **II** *vi* to be fortifying. **das stärkt** it fortifies you; **~des Mittel** tonic. **III** *vr* to fortify oneself.

Starkstrom *m* *(Elec)* heavy current.

Starkstrom- *in cpds* power; **Starkstromkabel** *nt* power cable; **Starkstromleitung** *f* power line; *(Kabel)* power lead; **Starkstromtechnik** *f* branches of electrical engineering not connected with telecommunications.

Starkult *m* star-cult.

Stärkung *f* **1.** strengthening *(auch fig)*; *(des Selbstbewußtseins)* boosting. **2.** *(Erfrischung)* refreshment. **eine ~ zu sich nehmen** to take *or* have some refreshment.

Stärkungsmittel *nt* *(Med)* tonic.

Starlet [ˈʃtaːɐlɛt, st-] *nt* **-s,** **-s** *(Film)* starlet.

Star|operation *f* operation for cataract.

starr *adj* **1.** stiff; *(unbeweglich)* rigid. **~ vor Frost** stiff with frost; **meine Finger sind vor Kälte ganz ~** my fingers are frozen stiff *or* stiff with cold.

2. *(unbewegt) Augen* glassy; *Blick auch* fixed. **jdn ~ ansehen** to look fixedly at sb, to stare at sb.

3. *(regungslos)* paralyzed. **~ vor Schrecken/Entsetzen** paralyzed with fear/horror; **~ vor Staunen** dumbfounded.

4. *(nicht flexibel) Regelung, Prinzip* inflexible, rigid; *Haltung auch* intransigent. **~ an etw** *(dat)* **festhalten** to hold rigidly to sth.

Starre *f* -, *no pl* stiffness, rigidity.

starren *vi* **1.** *(starr blicken)* to stare *(auf +acc* at). **ins Leere ~** to stare *or* gaze into space; **jdm ins Gesicht ~** to stare sb in the face; **vor sich** *(acc)* **hin ~** to stare straight ahead; **was ~ Sie so?** what are you staring at?; *siehe* **Loch.**

2. von Gewehren ~ to bristle with guns.

3. *(steif sein)* to be stiff *(von, vor +dat* with). **vor Dreck ~** to be thick *or* covered with dirt; *(Kleidung)* to be stiff with dirt.

4. *(abstehen)* to jut up/out.

Starrheit *f* *siehe adj* stiffness; rigidity; glassiness; fixedness; paralysis; inflexibility, rigidity; intransigence.

Starrkopf *m* *(Mensch)* stubborn *or* obstinate mule; **starrköpfig** *adj* stubborn, obstinate; **Starrkrampf** *m* *(Med)* tetanus, lockjaw; **Starrsinn** *m* stubbornness, mulishness; **starrsinnig** *adj* stubborn, mulish; **Starrsucht** *f* *(Med)* catalepsy.

Start *m* **-s,** **-s 1.** *(Sport)* start; *(~platz, ~linie auch)* starting line; *(Pferderennen auch)* starting post; *(Autorennen auch)* starting grid. **am~ sein** to be at the start/on *or* at the starting line/at the starting post/on the starting grid; *(Läufer)* to be on their blocks; **das Zeichen zum ~ geben** to give the starting signal; **einen guten/schlechten ~ haben** *(lit, fig)* to get (off to) a good/bad start.

2. *(Aviat)* take-off; *(Raketen~)* launch. **der Maschine den ~ freigeben** to clear the plane for take-off.

Start|automatik *f* *(Aut)* automatic choke; **Startbahn** *f* *(Aviat)* runway; **Start-und-Lande-Bahn** runway; **startberechtigt** *adj* *(Sport)* eligible (to enter); **startbereit** *adj* *(Sport, fig)* ready to start *or* go, ready for (the) off *(inf)*; *(Aviat)* ready for take-off; *(Space)* ready for lift-off; **Startblock** *m* *(Sport)* starting block.

starten I *vi aux sein* to start; *(Aviat)* to take off; *(zum Start antreten)* to take part; to run; to swim; *(Pferde- or Autorennen)* to race; *(inf: abreisen)* to set off.

II *vt Satelliten, Rakete* to launch; *Unternehmen, Kampagne auch, Motor* to start; *Expedition* to get under way.

Starter *m* **-s, -** *(Aut, Sport)* starter.

Starterklappe f (Aut) choke.

Start|erlaubnis f (Sport) permission to take part/run/swim/ race; (Aviat) clearance for take-off; **Startflagge** f starting flag; **Startgeld** nt (Sport) entry fee; **Startgerät** nt (für Raketen) launcher; **Starthilfe** f (Aviat) rocket-assisted take-off; (fig) initial aid; **im Winter braucht mein Auto ~** my car won't start on its own in winter; **jdm ~ geben** to help sb get off the ground; **Starthilfekabel** nt (Aut) jump leads pl; **startklar** adj (Aviat) clear(ed) for take-off; (Sport) ready to start or for the off; **Startkommando** nt (Sport) starting signal; (Aviat) take-off command; **Startlinie** f (Sport) starting line; **Startloch** nt (Sport) starting hole; **in den Startlöchern** on their marks; **Startmaschine** f (Sport) starting gate; **Startnummer** f number; **Startplatz** m (Sport) starting place; (für Läufer) marks pl; (Autorennen) starting grid; **Startrampe** f (Space) launching pad; **Startschuß** m (Sport) starting signal; (fig) signal (zu for); **vor dem ~** before the gun; **den ~ geben** to fire the (starting) pistol; (fig) to open the door; (Erlaubnis geben) to give the go-ahead; **Startsprung** m racing dive; **Startverbot** nt (Aviat) ban on take-off; (Sport) ban; **~ bekommen** to be banned or barred; **Start-Ziel-Sieg** m (Sport) runaway victory.

Stasi m -, no pl abbr of **Staatssicherheitsdienst** (DDR).

Statik ['ʃtaːtɪk, st-] f 1. (Sci) statics sing. 2. (Build) structural engineering.

Statiker(in f) ['ʃtaːtɪkɐ, -ərɪn, st-] m -s, - (Tech) structural engineer.

Station f 1. station; (Haltestelle) stop; (fig: Abschnitt) (von Reise) stage; (von Leben) phase. **~ machen** to stop off. 2. (Kranken~) ward. **er liegt auf ~ drei** he is in ward three.

stationär [ʃtatsio'nɛːɐ] adj stationary; (Med) in-patient attr. **~er Patient** in-patient; **~behandeln** to treat in hospital.

stationieren* [ʃtatsio'niːrən] vt Truppen to station.

Stationierung [ʃtatsio'niːrʊŋ] f stationing.

Stations|arzt m ward doctor; **Stationsschwester** f ward sister; **Stationsvorsteher** m (Rail) station-master, station-agent (US).

statisch ['ʃtaːtɪʃ, st-] adj (lit, fig) static; Gesetze of statics.

Statist m (Film) extra; (Theat) supernumerary; (fig) cipher.

Statistenrolle f (lit, fig) minor role; (Film, Theat auch) walk-on part, bit part.

Statisterie f (Film) extras pl; (Theat) supernumeraries pl.

Statistik [ʃta'tɪstɪk, st-] f statistics sing. **eine ~** a set of statistics; **die ~en** the statistics pl.

Statistiker(in f) [ʃta'tɪstɪkɐ, -ərɪn, st-] m -s, - statistician.

Statistin f siehe **Statist.**

statistisch [ʃta'tɪstɪʃ, st-] adj statistical; siehe **erfassen.**

Stativ nt tripod.

statt I prep + gen or (old, inf, wenn kein Artikel) + dat instead of. **~ dessen** instead; **~ meiner/seiner/ihrer** etc in my/his/her etc place, instead of me/him/her etc; **~ Urlaub(s)** in lieu of or instead of holiday; **~ Karten** heading of an announcement expressing thanks for condolences in place of individual replies.

   II conj instead of. **~ zu bleiben** instead of staying; **~ zu bleiben, wollte ich lieber ...** rather than stay I wanted to ...

Statt f-, no pl (form) stead (form), place. **an meiner/seiner/ihrer ~** in my/his/her stead (form) or place; **an Kindes ~ annehmen** (Jur) to adopt; siehe **Eid.**

Stätte f -, -n (liter) place. **eine bleibende ~** a permanent home.

stattfinden vi sep irreg to take place; (Veranstaltung auch) to be held; (Ereignis auch) to occur; **stattgeben** vi sep irreg +dat (form) to grant; siehe **Einspruch**; **statthaft** adj pred permitted, allowed; **Statthalter** m governor.

stattlich adj 1. (hochgewachsen, groß) Tier magnificent; Bursche strapping, powerfully built; (eindrucksvoll) Erscheinung, Fünfziger imposing; (ansehnlich) Gebäude, Anwesen, Park magnificent, splendid. **ein ~er Mann** a fine figure of a man.

   2. (umfangreich) Sammlung impressive; (beträchtlich) Summe, Anzahl, Einnahmen handsome, considerable.

Stattlichkeit f, no pl siehe adj 1. magnificence; powerful build; imposingness; magnificence, splendour; (von Mann) imposing figure. 2. impressiveness; handsomeness.

Statue ['ʃtaːtuə, st-] f -, -n statue.

statuenhaft ['ʃtaːtuən-, st-] adj statuesque; (unbeweglich) like a statue, statue-like.

Statuette [ʃta'tuɛtə, st-] f statuette.

statuieren* [ʃtatu'iːrən, st-] vt **ein Exempel an jdm ~** to make an example of sb; **um ein Exempel zu ~** as an example or warning to others; **ein Exempel mit etw ~** to use sth as a warning; **wir müssen da ein Exempel ~** we will have to make an example of somebody.

Statur f build.

Status ['ʃtaːtʊs, st-] m -, - status. **~ quo/~ quo ante** status quo.

Statussymbol nt status symbol.

Statut [ʃta'tuːt, st-] nt **-(e)s, -en** statute.

statutarisch [ʃtatu'taːrɪʃ, st-] adj statutory. **das ist ~ nicht möglich** that is excluded by statute.

Stau m -(e)s, -e or -s 1. (Wasserstauung) build-up; (Verkehrsstauung) tailback. 2. siehe **Stauung.**

Staub m -(e)s, -e or **Stäube** dust; (Bot) pollen. **~ saugen** to vacuum, to hoover ®; **~ wischen** to dust; **zu ~ werden** (liter) to turn to dust; (wieder) to return to dust (liter); **in ~ und Asche sinken** (liter) to crumble into dust and ashes; **sich vor jdm in den ~ werfen** to throw oneself at sb's feet; **vor jdm im ~ kriechen** (lit, fig) to grovel before sb or at sb's feet; **sich aus dem ~e machen** (inf) to clear off (inf); **den ~ (eines Ortes/ Landes) von den Füßen schütteln** (liter) to shake the dust (of a place/country) off one's feet; siehe **aufwirbeln.**

Staub- in cpds dust; **Staubbeutel** m
1. (Bot) anther; 2. (von ~sauger) dust bag.
Staubecken nt reservoir.

stauben vi to be dusty; (Staub machen, aufwirbeln) to make or create a lot of dust.
bei Trockenheit staubt es mehr there's a
lot more dust around when it's dry.

stäuben I vt Mehl/Puder etc **auf etw** (acc)
~ to dust sth with flour/powder etc, to
sprinkle flour/powder etc on sth. **II** vi aux
sein (rare) (zerstieben) to scatter; (Wasser)
to spray.

Staubfaden m (Bot) filament; **Staubfän-
ger** m (inf) dust collector; **Staubflocke**
f piece of fluff; **Staubgefäß** nt stamen.

staubig adj dusty.

Staubkorn nt speck of dust, dust particle;
Staublappen m duster; **Staublunge** f
(Med) dust on the lung; (von Kohlenstaub)
black lung; **Staubmantel** m (dated)
dust coat, duster (US); **staubsaugen** vi
insep, ptp **staubgesaugt** to vacuum, to
hoover ®; **Staubsauger** m vacuum
cleaner, hoover ®; **Staubschicht** f
layer of dust; **Staubtuch** nt duster;
Staubwedel m feather duster.

stauchen vt 1. (zusammendrücken) to
compress (auch Tech), to squash (inf).
2. (inf) siehe **zusammenstauchen**.

Staudamm m dam.

Staude f -, -n (Hort) herbaceous perennial (plant); (Busch) shrub; (Bananen~,
Tabak~, Rosenkohl~) plant.

stauen I vt 1. Wasser, Fluß to dam (up);
Blut to stop or stem the flow of. 2. (Naut) to
stow (away).
II vr (sich anhäufen) to pile up; (ins
Stocken geraten) to get jammed; (Wasser,
fig) to build up; (Menschen) to crowd;
(Blut) to accumulate; (durch Abbinden)
to be cut off. **die Menschen stauten sich in
den Gängen** people were jamming the
corridors; **der Verkehr staute sich über
eine Strecke von 2 km** there was a 2 km
tailback.

Stauer m -s, - (Naut) stevedore.

Staumauer f dam wall.

staunen vi to be astonished or amazed
(über + acc at). ~**d** in astonishment or
amazement; **da kann man nur noch or
bloß** ~ it's just amazing; **da staunst du,
was?** (inf) you didn't expect that, did
you!; siehe **Bauklotz.**

Staunen nt -s, no pl astonishment, amazement (über + acc at). **jdn in** ~ **versetzen** to
amaze or astonish sb.

staunenswert adj astonishing, amazing.

Staupe f -, -n (Vet) distemper.

Stausee m reservoir, artificial lake.

Stauung f 1. (Stockung) pile-up; (in
Lieferungen, Post etc) hold-up; (von
Menschen) jam; (von Verkehr) tailback.
bei einer ~ **der Züge im Bahnhof** when the
station gets congested; **eine** ~ **des Verkehrs** a traffic jam.
2. (von Wasser) build-up (of water). **zur**
~ **eines Flusses** to block a river.
3. (Blut~) congestion no pl.

Steak [ste:k] nt -s, -s steak.

Stearin [ʃtea'ri:n, st-] nt -s, -e stearin.

Stechbecken nt (Med) bed-pan; **Stech-
beitel** m chisel.

stechen pret **stach**, ptp **gestochen I** vi
1. (Dorn, Stachel etc) to prick; (Insekt mit
Stachel) to sting; (Mücken, Moskitos) to
bite; (mit Messer etc) to (make a) stab
(nach at); (Sonne) to beat down; (mit
Stechkarte) (bei Ankunft) to clock in or
on; (bei Weggang) to clock out or off. **der
Geruch sticht in die Nase** the smell stings
one's nose; **mit etw in etw** (acc) ~ to stick
sth in(to) sth; **jdm durch die Ohrläppchen**
~ to pierce sb's ears.
2. (Cards) to take the trick.
3. (Sport) to have a play-/jump-/shoot-
off.
4. (Farbe: spielen) **die Farbe sticht ins
Rötliche** the colour has a tinge of red or a
reddish tinge.
II vt 1. (Dorn, Stachel etc) to prick;
(Insekt mit Stachel) to sting; (Mücken,
Moskitos) to bite; (mit Messer etc) to stab;
Löcher to pierce. **die Kontrolluhr** ~ to
clock on or in/out.
2. (Cards) to take.
3. (ausschneiden, herauslösen) Spargel,
Torf, Rasen to cut.
4. (ab~) Schwein, Kalb to stick, to kill;
(Angeln) Aale to spear. **er machte Augen
wie ein gestochenes Kalb** his eyes nearly
popped out of his head.
5. (gravieren) to engrave. **wie gestochen
schreiben** to write a clear hand.
III vr to prick oneself (an +dat on, mit
with). **sich** (acc or dat) **in den Finger** ~ to
prick one's finger.
IV vti impers **es sticht** it is prickly; **es
sticht mir** or **mich im Rücken** I have a
sharp pain in my back.

Stechen nt -s, - 1. (Sport) play-/jump-/
shoot-off. 2. (Schmerz) sharp pain.

stechend adj piercing; (jäh) Schmerz
sharp; (durchdringend) Augen, Blick
auch penetrating; (beißend) Geruch pungent.

Stechkahn m punt; **Stechkarte** f clocking-
in card; **Stechmücke** f gnat, midge, mosquito; **Stechpalme** f holly; **Stechschritt**
m (Mil) goose-step; **Stech|uhr** f time-
clock; **Stechzirkel** m (pair of) dividers.

Steckbrief m "wanted" (poster), (fig) personal description; **steckbrieflich** adv ~
gesucht werden to be wanted or on the
wanted list; **Steckdose** f (Elec) (wall)
socket.

Stecken m -s, - stick.

stecken I vi pret **steckte** or **stak** (geh), ptp
gesteckt 1. (festsitzen) to be stuck; (an-
or eingesteckt sein) to be; (Nadel, Splitter
etc) to be (sticking); (Brosche, Abzeichen
etc) to be (pinned). **eine Blume im Knopfloch** ~ **haben** to have a flower in one's
buttonhole; **er steckte in einem neuen
Anzug** (hum) he was all done up in a new
suit (inf); **der Schlüssel steckt** the key is in
the lock.
2. (verborgen sein) to be (hiding). **wo
steckt er?** where has he got to?; **wo hast du
die ganze Zeit gesteckt?** where have you
been (hiding) all this time?; **darin steckt
viel Mühe** a lot of work or trouble has
gone into or has been put into that; **da
steckt etwas dahinter** (inf) there's something behind it; **was steckte hinter ihren**

Worten? what was behind her words?; **in ihm steckt etwas** he certainly has it in him; **zeigen, was in einem steckt** to show what one is made of, to show one's mettle.

3. (*strotzen vor*) **voll** *or* **voller Fehler/ Nadeln/Witz** *etc* ~ to be full of mistakes/ pins/wit *etc*.

4. (*verwickelt sein in*) **tief in Schulden** ~ to be deep(ly) in debt; **in einer Krise** ~ to be in the throes of a crisis.

II *vt pret* **steckte,** *ptp* **gesteckt 1.** to put; *Haare* to put up; *Brosche* to pin (*an* +*acc* onto). **die Hände in die Taschen** ~ to put *or* stick (*inf*) one's hands in one's pockets; **das Hemd in die Hose** ~ to tuck one's shirt in (one's trousers); **jdn ins Bett** ~ (*inf*) to put sb to bed (*inf*); **jdn ins Gefängnis** ~ (*inf*) to stick sb in prison (*inf*), to put sb away *or* inside (*inf*); **jdn in Uniform** ~ (*inf*) to put sb in uniform.

2. (*Sew*) to pin. **den Saum eines Kleides** ~ to pin up the hem of a dress.

3. (*inf: investieren*) *Geld, Mühe* to put (*in* +*acc* into); *Zeit* to devote (*in* +*acc* to).

4. jdm etw ~ (*inf*) to tell sb sth; **es jdm** ~ (*inf*) to give sb a piece of one's mind.

5. (*pflanzen*) to set.

steckenbleiben *vi sep irreg aux sein* to stick fast, to get stuck; (*Kugel*) to be lodged; (*in der Rede*) to falter; (*beim Gedichtaufsagen*) to get stuck; **etw bleibt jdm im Halse stecken** (*lit, fig*) sth sticks in sb's throat; **steckenlassen** *vt sep irreg* to leave; **den Schlüssel** ~ to leave the key in the lock; **laß dein Geld stecken!** leave your money where it is *or* in your pocket!; **Steckenpferd** *nt* (*lit, fig*) hobby-horse; **sein** ~ **reiten** (*fig*) to be on one's hobby-horse.

Stecker *m* -s, - (*Elec*) plug.

Steckkissen *nt* papoose; **Steckkontakt** *m* (*Elec*) plug.

Stecknadel *f* pin. **keine** ~ **hätte zu Boden fallen können** there wasn't room to breathe; **man hätte eine** ~ **fallen hören können** you could have heard a pin drop; **eine** ~ **im Heuhaufen** *or* **Heuschober suchen** (*fig*) to look for a needle in a haystack.

Stecknadelkissen *nt* pincushion; **Steckreis** *nt* (*Hort*) cutting; **Steckrübe** *f* swede; turnip; **Steckschach** *nt* travelling chess-set; **Steckschloß** *nt* bicycle lock; **Steckschlüssel** *m* box spanner; **Steckschuß** *m* bullet lodged in the body; **Steckzwiebel** *f* bulb.

Stefan *m* - Stephen.

Steg *m* **-(e)s, -e 1.** (*Brücke*) footbridge; (*Landungs*~) landing stage; (*old: Pfad*) path. **2.** (*Mus, Brillen*~) bridge; (*Tech: an Eisenträgern*) vertical plate, web. **3.** (*Hosen*~) strap (*under the foot*). **4.** (*Typ*) furniture.

Stegreif *m* **aus dem** ~ **spielen** (*Theat*) to improvise, to ad-lib; **eine Rede aus dem** ~ **halten** to make an impromptu *or* off-the-cuff *or* ad-lib speech; **etw aus dem** ~ **tun** to do sth just like that.

Stegreifdichter *m* extempore poet; **Stegreifrede** *f* impromptu speech; **Stegreifspiel** *nt* (*Theat*) improvisation.

Steh|aufmännchen *nt* (*Spielzeug*) tumb-

ler; (*fig*) somebody who always bounces back.

stehen *pret* **stand,** *ptp* **gestanden** *aux* **haben** *or* (*S Ger, Aus, Sw*) **sein** *I vi* **1.** (*in aufrechter Stellung sein*) to stand; (*warten auch*) to wait; (*Penis*) to be erect; (*inf: fertig sein*) to be finished; (*inf: geregelt sein*) to be settled. **fest/sicher** ~ to stand firm(ly)/securely; (*Mensch*) to have a firm/safe footing; **gebückt/krumm** ~ to slouch; **unter der Dusche** ~ to be in the shower; **an der Bushaltestelle** ~ to stand *or* wait at the bus-stop; **neben jdm zu** ~ **kommen** (*Mensch*) to end up beside sb; **ich kann nicht mehr** ~ I can't stand (up) any longer; **der Weizen steht gut** the wheat is growing well; **der Kaffee ist so stark, daß der Löffel drin steht** (*hum*) the coffee is so strong that the spoon will almost stand up in it; **so wahr ich hier stehe** as sure as I'm standing here; **hier stehe ich, ich kann nicht anders!** (*Hist*) here I stand, I can do no other; **mit jdm/etw** ~ **und fallen** to depend on sb/sth; (*wesentlich sein für*) to stand *or* fall by sb/sth; **seine Hose steht vor Dreck** (*inf*) his trousers are stiff with dirt; **er hat einen** ~ (*sl*), **er hat einen** ~ (*sl*) he has a hard-on (*sl*); **das/die Sache steht** (*inf*) that/the whole business is finally settled.

2. (*sich befinden*) to be. **die Vase/die Tasse steht auf dem Tisch** the vase is (standing)/the cup is on the table; **mein Auto steht seit Wochen vor der Tür** my car has been standing *or* sitting (*inf*) outside for weeks; **meine alte Schule steht noch** my old school is still standing *or* is still there; **vor der Tür stand ein Fremder** there was a stranger (standing) at the door; **auf der Fahrbahn stand Wasser** there was water on the road; **ihm steht der Schweiß auf der Stirn** his forehead is covered in sweat; **am Himmel** ~ to be in the sky; **der Mond steht am Himmel** the moon is shining; **die Sonne steht abends tief/im Westen** the sun in the evening is deep in the sky/in the West; **unter Schock** ~ to be in a state of shock; **unter Drogeneinwirkung/Alkohol** ~ to be under the influence of drugs/alcohol; **kurz vor dem Krieg** ~ to be on the brink of war; **vor einer Entscheidung** ~ to be faced with a decision; **im 83. Lebensjahr** ~ to be in one's 83rd year; **ich tue, was in meinen Kräften/meiner Macht steht** I'll do everything I can in my power; **das steht zu erwarten/ fürchten** (*geh*) that is to be expected/feared; *siehe* **Leben**.

3. (*geschrieben, gedruckt sein*) to be; (*aufgeführt sein auch*) to appear. **wo steht das?** (*lit*) where does it say that?; (*fig*) who says so?; **was steht da/in dem Brief der Zeitung?** what does it/the letter say?, what does it say there/in the letter?; **steht etwas von Tante Erna drin?** does it say anything *or* is there anything about Aunt Erna?; **das steht im Gesetz** the law says so, that is what the law says; **es stand im „Kurier"** it was in the "Courier"; **das steht bei Nietzsche** it says that in Nietzsche; **das steht in der Bibel (geschrieben)** it says that *or* so in the Bible, the Bible says so; **es steht**

geschrieben (*Bibl*) it is written (*Bibl*).

4. (*angehalten haben*) to have stopped; (*Maschine, Fließband auch*) to be at a standstill. **meine Uhr steht** my watch has stopped; **der ganze Verkehr steht** all traffic is at a complete standstill.

5. (*inf: geparkt haben*) to be parked. **wo ~ Sie?** where are *or* have you parked?

6. (*anzeigen*) (*Rekord*) to stand (*auf + dat* at); (*Mannschaft etc*) to be (*auf +dat* in). **der Pegel steht auf 3.48 m** the water mark is at *or* is showing 3.48 m; **die Kompaßnadel steht auf *or* nach Norden** the compass needle is indicating *or* pointing north; **wie steht das Spiel?** what is the score?; **es steht 0:0** neither side has scored, there is still no score; **es steht 2:1 für München** the score is *or* it is 2-1 to Munich; **es/die Sache steht mir bis hier (oben)** (*inf*) I'm fed up to the back-teeth with it (*inf*), I'm sick and tired of it (*inf*).

7. (*Gram*) (*bei Satzstellung*) to come; (*bei Zeit, Fall, Modus*) to be; (*gefolgt werden von*) to take. **mit dem Dativ/Akkusativ ~** to take *or* govern the dative/accusative; **Wunschsätze ~ im Konjunktiv** optative clauses take the subjunctive.

8. (*passen zu*) **jdm ~** to suit sb.

9. (*Belohnung, Strafe etc*) **auf Betrug steht eine Gefängnisstrafe** the penalty for fraud is imprisonment, fraud is punishable by imprisonment; **auf die Ergreifung der Täter steht eine Belohnung** there is a reward for *or* a reward has been offered for the capture of the persons responsible.

10. (*bewertet werden: Währung, Kurs*) to be *or* stand (*auf +dat* at). **wie steht das Pfund?** how does the pound stand?

11. (*Redewendungen*) **zu seinem Versprechen ~** to stand by *or* keep one's promise; **zu dem, was man gesagt hat, ~** to stick to what one has said; **zu seinen Behauptungen/seiner Überzeugung ~** to stand by what one says/by one's convictions; **zum Sozialismus ~** to be a staunch socialist; **zu jdm ~** to stand *or* stick by sb; **wie ~ Sie dazu?** what are your views *or* what is your opinion on that?; **für etw ~** to stand for sth; **auf jdn/etw ~** (*sl*) to be mad about sb/sth (*inf*), to be into sb/sth (*inf*), to be into sb/sth (*sl*); **hinter jdm/etw ~** to be behind sb/sth; **das steht (ganz) bei Ihnen** (*form*) that is (entirely) up to you.

II *vr* **wie ~ sich Müllers jetzt?** how are things with the Müllers now?; **sich gut/schlecht ~** to be well-off/badly off; **sich bei *or* mit jdm/etw gut/schlecht ~** to be well-off/badly off with sb/sth; **sich mit jdm gut/schlecht ~** (*sich verstehen*) to get on well/badly with sb.

III *vi impers* **es steht schlecht/gut/besser um jdn** (*bei Aussichten*) things look *or* it looks bad/good/better for sb; (*gesundheitlich, finanziell*) sb is doing badly/well/better; **es steht schlecht/gut/besser um etw** things look *or* it looks bad/good/better for sth, sth is doing badly/well/better; **wie steht's?** how are *or* how's things?; **wie steht es damit?** how about it?; **wie steht es mit ...?** what is the position regarding ...?

IV *vt Posten, Wache* to stand. **sich** (*acc*) **müde ~, sich** (*dat*) **die Beine in den Bauch**

(*inf*) **~** to stand until one is ready to drop.

Stehen *nt* **-s**, *no pl* **1.** standing. **das viele ~** all this standing; **etw im ~ tun** to do sth standing up.

2. (*Halt*) stop; standstill *siehe* **Stillstand**.

stehenbleiben *vi sep irreg aux sein* **1.** (*anhalten*) to stop; (*Zug, LKW, Verkehr, Produktion auch*) to come to a standstill *or* halt *or* stop; (*Aut: Motor auch*) to cut out; (*beim Lesen auch*) to leave off. **~!** stop!; (*Mil*) halt!

2. (*nicht weitergehen*) (*Mensch, Tier*) to stay; (*Entwicklung*) to stop; (*Zeit*) to stand still; (*Auto, Zug*) to stand.

3. (*vergessen or zurückgelassen werden*) to be left (behind). **mein Regenschirm muß im Büro stehengeblieben sein** I must have left my umbrella in the office.

4. (*im Text unverändert bleiben*) to be left (in). **soll das so ~?** should that stay *or* be left as it is?

stehend *adj attr Fahrzeug* stationary; *Wasser, Gewässer* stagnant; (*ständig*) *Heer* standing, regular; *Start* (*Radfahren*) standing. **~e Redensart** stock phrase; **~en Fußes** (*liter*) instanter, immediately; **~es Gut** (*Naut*) standing rigging.

stehenlassen *ptp* **~** *or* **stehengelassen** *vt sep irreg* to leave; (*zurücklassen, vergessen auch*) to leave behind; (*Cook*) to let stand; *Essen, Getränk* to leave (untouched); *Fehler* to leave (in). **laßt das (an der Tafel) stehen** leave it (on the board); **alles stehen- und liegenlassen** to drop everything; (*Flüchtlinge etc*) to leave everything behind; **jdn einfach ~** to leave sb standing (there), to walk off and leave sb; **sich** (*dat*) **einen Bart ~** to grow a beard; **jdn vor der Tür/in der Kälte ~** to leave sb standing outside/in the cold.

Steher *m* **-s**, **-** (*Pferderennen, fig*) stayer; (*Radfahren*) motor-paced rider.

Steherrennen *nt* (*Radfahren*) motor-paced race.

Stehgeiger *m* café violinist; **Stehkneipe** *f* stand-up bar; **Stehkonvent** *m* (*hum*) stand-up do (*inf*); **Stehkragen** *m* stand-up collar; (*Vatermörder*) wing collar; (*von Geistlichen auch*) dog collar; **Stehlampe** *f* standard lamp.

stehlen *pret* **stahl**, *ptp* **gestohlen I** *vti* to steal. **jdm die Ruhe ~** to disturb sb; **jdm die Zeit ~** to waste sb's time; *siehe* **Elster, gestohlen**.

II *vr* to steal. **sich in das/aus dem Haus ~** to steal into/out of the house.

Stehler *m* **-s**, **-** *siehe* **Hehler(in)**.

Stehplatz *m* **ich bekam nur noch einen ~** I had to stand; **ein ~ kostet 1 Mark** a ticket for standing room costs 1 mark, it costs 1 mark to stand; **~e standing room** *sing*; **zwei ~e, bitte** two standing, please; **die Anzahl der ~e ist begrenzt** only a limited number of people are allowed to stand; **Stehpult** *nt* high desk; **Stehvermögen** *nt* staying power, stamina.

Steiermark *f* - Styria.

steif *adj* **1.** stiff; *Grog auch* strong; *Penis* hard, erect. **~ vor Kälte** stiff *or* numb with cold; **eine ~e Brise** a stiff breeze; **ein ~er Hals** a stiff neck; **ein ~er Hut** a homburg (hat); (*Melone*) a bowler (hat), a derby

(US); **sich ~ (wie ein Brett) machen** to go
rigid; **das Eiweiß ~ schlagen** to beat the
egg white until stiff; **~ und fest auf etw**
(dat) **beharren** to insist stubbornly *or* obstinately on sth; **ein S~er** *(sl)* a hard-on
(sl).
  2. *(gestärkt)* starched; *Kragen auch*
stiff.
  3. *(förmlich)* stiff; *Empfang, Konventionen, Begrüßungen, Abend* formal.

steifen *vt* to stiffen; *Wäsche* to starch;
siehe **Nacken.**

Steifftier ® *nt* soft toy (animal).

Steifheit *f siehe adj* **1.** stiffness; strength;
hardness, erectness. **2.** starchedness; stiffness. **3.** stiffness; formality.

Steig *m* **-(e)s, -e** steep track.

Steigbügel *m* stirrup. **jdm den ~ halten**
(fig) to help sb on.

Steigbügelhalter *m (esp Pol pej)* **jds ~
sein** to help sb to come to power.

Steige *f* **-, -n** *(dial)* **1.** *siehe* **Steig. 2.** *siehe*
Stiege.

Steigeisen *nt* climbing iron *usu pl*; *(Bergsteigen)* crampon; *(an Mauer)* rung (in the
wall).

steigen *pret* **stieg,** *ptp* **gestiegen** *aux sein*
I *vi* **1.** *(klettern)* to climb. **auf einen Berg/
Turm/Baum ~** to climb (up) a mountain/
tower/tree; **aufs Fahrrad/Pferd ~** to get
on(to) the/one's bicycle/get on(to) *or*
mount the/one's horse; **ins Bett/in die
Straßenbahn ~** to get into bed/on the
tram; **in die Badewanne ~** to climb *or* get
into the bath; **in die Kleider ~** *(inf)* to put
on one's clothes; **vom Fahrrad/Pferd ~** to
get off *or* dismount from the/one's
bicycle/horse; **aus dem Bett ~** to get out of
bed; **aus dem Zug ~** to get off the train; **in
die Prüfung ~** *(inf)* to do *or* sit the exam;
wer hoch steigt, fällt tief *(Prov)* the bigger
they come the harder they fall *(prov)*.
  2. *(sich aufwärts bewegen)* to rise;
(Vogel auch) to soar; *(Flugzeug, Straße)*
to climb; *(sich aufbäumen: Pferd)* to rear;
(sich auflösen: Nebel) to lift; *(sich erhöhen)*
(Preis, Zahl, Gehalt etc) to increase, to go
up, to rise; *(Fieber)* to go up; *(zunehmen)*
(Chancen, Mißtrauen, Ungeduld etc) to
increase; *(Spannung)* to increase, to
mount. **Drachen ~ lassen** to fly kites; **der
Gestank/Duft stieg ihm in die Nase** the
stench/smell reached his nostrils; **das Blut
stieg ihm in den Kopf/das Gesicht** the
blood rushed to his head/face; **in jds Achtung** *(dat)* **~** to rise in sb's estimation; **die
allgemeine/meine Stimmung stieg** the
general mood improved/my spirits rose.
  3. *(inf: stattfinden)* to be. **steigt die
Demonstration oder nicht?** is the
demonstration on or not?; **bei Helga steigt
Sonnabend eine Party** Helga's having a
party on Saturday.
  II *vt Treppen, Stufen* to climb (up).

Steiger *m* **-s, -** *(Min)* pit foreman.

Steigerer *m* **-s, -** bidder.

steigern I *vt* **1.** to increase; *Geschwindigkeit auch* to raise *(auf + acc* to*)*; *Not,
Gefahr auch* to intensify; *Wert auch* to add
to; *Wirkung auch* to heighten; *Farbe* to
intensify, to heighten; *(verschlimmern)*
Übel, Zorn to aggravate.

  2. *(Gram)* to compare.
  3. *(ersteigern)* to buy at an auction.
  II *vr* **1.** *(sich erhöhen)* to increase;
(Geschwindigkeit auch) to rise; *(Gefahr
auch)* to intensify; *(Wirkung auch)* to be
heightened; *(Farben)* to be intensified;
(Zorn, Übel) to be aggravated, to worsen.
**seine Schmerzen steigerten sich ins
Unerträgliche** his pain became unbearable.
  2. *(sich verbessern)* to improve.
  3. *(hinein~)* **sich in etw** *(acc)* **~** to work
oneself (up) into sth.

Steigerung *f* **1.** *siehe vt* **1.** *(das Steigern)*
increase *(gen* in*)*; rise *(gen* in*)*; intensification; heightening; intensification, heightening; aggravation. **2.** *(Verbesserung)* improvement. **3.** *(Gram)* comparative.

Steigerungsform *f (Gram)* comparative/
superlative form; **Steigerungsstufe** *f*
(Gram) degree of comparison.

Steigfähigkeit *f (Aut)* hill-climbing *or*
pulling capacity; **Steigflug** *m (Aviat)*
climb, ascent.

Steigung *f (Hang)* slope; *(von Hang,
Straße, Math)* gradient; *(Gewinde~)*
pitch. **eine ~ von 10%** a gradient of one in
ten *or* of 10%.

steil *adj* **1.** steep. **eine ~e Karriere** *(fig)* a
rapid rise. **2.** *(senkrecht)* upright. **sich ~
aufrichten** to sit/stand up straight.
3. *(Sport)* **~e Vorlage, ~er Paß** through
ball. **4.** *(dated sl)* super *(inf)*, smashing
(inf). **ein ~er Zahn** *(dated sl)* a smasher
(inf).

Steilhang *m* steep slope; **Steilküste** *f* steep
coast; *(Klippen)* cliffs *pl*; **Steilpaß** *m*,
Steilvorlage *f (Sport)* through ball;
Steilwand *f* steep face; **Steilwandfahrer** *m* wall-of-death rider; **Steilwandzelt** *nt* frame tent.

Stein *m* **-(e)s, -e 1.** *(auch Bot, Med)*
stone; *(Feuer~)* flint; *(Edel~ auch, in
Uhr)* jewel; *(Spiel~)* piece. **der ~ der
Weisen** *(lit, fig)* the philosophers' stone;
es blieb kein ~ auf dem anderen everything was smashed to pieces; *(bei
Gebäuden, Mauern)* not a stone was left
standing; **das könnte einen ~ erweichen**
that would move the hardest heart to pity;
mir fällt ein ~ vom Herzen! *(fig)* that's a
load off my mind!; **bei jdm einen ~ im
Brett haben** *(fig inf)* to be well in with sb
(inf); **den ersten ~ (auf jdn) werfen** *(prov)*
to cast the first stone (at sb); *siehe* **Anstoß,
rollen, Krone.**
  2. *(Bau~, Natur~)* stone; *(groß, esp
Hohlblock)* block; *(kleiner, esp Ziegel~)*
brick.
  3. *no pl (Material)* stone. **ein Haus aus
~** a house made of stone, a stone house;
ein Herz aus ~ *(fig)* a heart of stone; **es
friert ~ und Bein** *(fig inf)* it's freezing cold
outside; **~ und Bein schwören** *(fig inf)* to
swear blind *(inf)*; **zu ~ erstarren** *or* **werden** to turn to stone; *(fig)* to be as if turned
to stone.

Stein|adler *m* golden eagle; **stein|alt** *adj*
ancient, as old as the hills; **Steinbau** *m*,
pl **-bauten 1.** *no pl* building in stone *no
art*; **2.** *(Gebäude)* stone building; **Steinbock** *m* **1.** *(Zool)* ibex; **2.** *(Astrol)*

Capricorn; **Steinboden** *m* stone floor; **Steinbohrer** *m* masonry drill; (*Gesteinsbohrer*) rock drill; **Steinbruch** *m* quarry; **Steinbruch|arbeiter** *m* quarryman, quarry worker; **Steinbutt** *m* (*Zool*) turbot; **Steindruck** *m* (*Typ*) lithography; **Stein|eiche** *f* holm oak.

steinern *adj* stone; (*fig*) stony. **ein ~es Herz** a heart of stone.

Stein|erweichen *nt* **zum ~ weinen** to cry heartbreakingly; **stein|erweichend** *adj* heart-rending, heartbreaking; **Steinfußboden** *m* stone floor; **Steingarten** *m* rockery, rock garden; **steingrau** *adj* stone-grey; **Steingut** *nt* stoneware; **Steinhagel** *m* hail of stones.

steinhart *adj* (as) hard as a rock, rock hard.

steinig *adj* stony. **ein ~er Weg** (*fig*) a path of trial and tribulation.

steinigen *vt* to stone.

Steinkohle *f* hard coal.

Steinkohlenbergbau *m* coal mining; **Steinkohlenbergwerk** *nt* coal mine, colliery; **Steinkohlenrevier** *nt* coal-mining area.

Steinkrug *m* (*aus Steingut/Steinzeug*) (*Kanne*) earthenware/stoneware jug; (*Becher*) earthenware/stoneware mug; (*für Bier*) stein; **Steinleiden** *nt* (*Nieren-/Blasen-/Gallensteine*) kidney/bladder stones *pl*; gallstones *pl*; **ein ~ haben** to suffer from kidney *etc* stones; **Steinmetz** *m* **-en, -en** stonemason; **Stein|obst** *nt* stone fruit; **Steinpilz** *m* boletus edulis (*spec*); **Steinplatte** *f* stone slab; (*zum Pflastern*) flagstone; **steinreich** *adj* (*inf*) stinking rich (*inf*), rolling in it (*inf*); **Steinsalz** *nt* rock salt; **Steinschlag** *m* rockfall; „**Achtung ~"** "danger falling stones"; **Steinschlaggefahr** *f* danger of rockfall(s); **Steinschleuder** *f* catapult; **Steinschneider** *m* gem-cutter; **Steintafel** *f* stone tablet; **Steintopf** *m* (*aus Steingut/Steinzeug*) earthenware/stoneware pot; **Steinwurf** *m* (*fig*) stone's throw; **Steinwüste** *f* stony desert; (*fig*) concrete jungle; **Steinzeit** *f* Stone Age; **steinzeitlich** *adj* Stone Age *attr*; **Steinzeug** *nt* stoneware.

Steirer(in *f*) *m* **-s, -** Styrian.

steirisch *adj* Styrian.

Steiß *m* **-es, -e** (*Anat*) coccyx; (*hum inf*) tail (*inf*), behind.

Steißbein *nt* (*Anat*) coccyx; **Steißgeburt** *f* (*Med*) breech birth *or* delivery; **Steißlage** *f* (*Med*) breech presentation.

Stele ['ʃteːlə, 'ʃteːlə] *f* **-, -n** stele.

Stellage [ʃtɛˈlaːʒə] *f* **-, -n** (*inf: Gestell*) rack, frame; (*dial inf: Beine*) pins *pl* (*inf*).

stellar [ʃtɛˈlaːɐ, st-] *adj* (*Astron*) stellar.

Stelldich|ein *nt* **-(s), -(s)** (*dated*) rendezvous, tryst (*old*). **sich** (*dat*) **ein ~ geben** (*fig*) to come together.

Stelle *f* **-, -n 1.** place, spot; (*Standort*) place; (*Fleck: rostend, naß, faul etc*) patch. **an dieser ~** in this place, on this spot; **eine gute ~ zum Parken/Picknicken** a good place *or* spot to park/for a picnic; **das Buch/Auto steht an der üblichen ~** the book/car is in its usual place; **legen Sie das an eine andere ~** put it in a different place; **diese ~ muß repariert werden** this bit

needs repairing, it needs to be repaired here; **eine kahle ~ am Kopf** a bald patch on one's head; **eine wunde/entzündete ~ am Finger** a cut/an inflammation on one's finger, a cut/an inflamed finger; **Salbe auf die wunde/aufgeriebene ~ auftragen** apply ointment to the affected area; **eine empfindliche ~** (*lit*) a sensitive spot *or* place; (*fig*) a sensitive point; **eine schwache ~** a weak spot; (*fig auch*) a weak point; **auf der ~ laufen** to run on the spot; **auf der ~ treten** (*lit*) to mark time; (*fig*) not to make any progress *or* headway; **auf der ~** (*fig: sofort*) on the spot; **kommen, gehen** straight *or* right away; **nicht von der ~ kommen** not to make any progress *or* headway; (*fig auch*) to be bogged down; **etw nicht von der ~ kriegen** (*inf*) *or* **bekommen** to be unable to move *or* shift sth; **sich nicht von der ~ rühren** *or* **bewegen** to refuse to budge (*inf*) *or* move; **zur ~ sein** to be on the spot; (*bereit, etw zu tun*) to be at hand; **sich bei jdm zur ~ melden** (*Mil*) to report to sb; **siehe Ort**[1].

2. (*in Buch etc*) place; (*Abschnitt*) passage; (*Text~, esp beim Zitieren*) reference; (*Bibel~*) verse; (*Mus*) passage. **an dieser ~** here; **an anderer ~** elsewhere, in another place.

3. (*in Reihenfolge, Ordnung, Liste*) place; (*in Tabelle, Hierarchie auch*) position. **an erster ~** in the first place, first; **an erster/zweiter ~ geht es um ...** in the first instance *or* first/ secondly it's a question of ...; (*bei jdm*) **an erster/letzter ~ kommen** to come first/last (for sb); **an erster/zweiter ~ stehen** to be first/ second *etc*, to be in first/second *etc* place; (*in bezug auf Wichtigkeit*) to come first/ second *etc*; **an führender ~ stehen** to be in *or* have a leading position.

4. (*Math*) figure, digit; (*hinter Komma*) place. **drei ~n hinter dem Komma** three decimal places; **eine Zahl mit drei ~n** a three-figure number.

5. (*Lage, Platz, Aufgabenbereich*) place. **an ~ von** *or* (+*gen*) in place of, instead of; **an jds ~** (*acc*) **treten** to take sb's place; **das erledige ich/ich gehe an deiner ~** I'll do that for you/I'll go in your place; **ich möchte jetzt nicht an seiner ~ sein** I wouldn't like to be in his position *or* shoes; **an deiner ~ würde ich ...** in your position *or* if I were you I would ...

6. (*Posten*) job; (*Ausbildungs~*) place. **eine freie** *or* **offene ~** a vacancy; **ohne ~** without a job.

7. (*Dienst~*) office; (*Behörde*) authority. **da bist du bei mir/ihm an der richtigen ~!** (*inf*) you've come/you went to the right place; **sich an höherer ~ beschweren** to complain to somebody higher up *or* to a higher authority.

stellen I *vt* **1.** (*hin~*) to put; (*an bestimmten Platz legen auch*) to place. **jdm etw auf den Tisch ~** to put sth on the table from sb; **jdm etw in den Weg ~** (*lit, fig*) to put *or* place sth in sb's way; **jdn über/unter jdn ~** (*fig*) to put *or* place sb above/below sb; **auf sich** (*acc*) **selbst gestellt sein** (*fig*) to have to fend for oneself.

2. (*in senkrechte Position bringen*) to

stand. **die Ohren** ~ to prick up its ears; **den Schwanz** ~ to lift up its tail; **du solltest es** ~, **nicht legen** you should stand it up, not lay it down.

3. (*anordnen*) to arrange. **das sollten Sie anders** ~ you should put it in a different position.

4. (*er*~) **(jdm) eine Diagnose** ~ to provide (sb with) a diagnosis, to make a diagnosis (for sb); *siehe* **Horoskop**.

5. (*arrangieren*) **Szene** to arrange; *Aufnahme* to pose.

6. (*beschaffen, aufbieten*) to provide.

7. (*ein*~) to set (*auf* + *acc* at); *Uhr etc* to set (*auf* + *acc* for). **das Radio lauter/leiser** ~ to turn the radio up/down; **die Heizung höher/kleiner** ~ to turn the heating up/down.

8. (*finanziell*) **gut/besser/schlecht gestellt** well/better/badly off.

9. (*erwischen*) to catch; (*fig inf*) to corner; *siehe* **Rede**.

10. *in Verbindung mit n siehe auch dort.* *Aufgabe, Thema, Bedingung, Termin* to set (*jdm* sb); *Frage* to put (*jdm, an jdn* to sb); *Antrag, Forderung* to make.

11. (*in Redewendungen*) **etw in jds Belieben** *or* **Ermessen** (*acc*) ~ to leave sth to sb's discretion, to leave sth up to sb; **jdn unter jds Aufsicht** (*acc*) ~ to place *or* put sb under sb's care; **jdn vor ein Problem/ eine Aufgabe** *etc* ~ to confront sb with a problem/task *etc*; **jdn vor eine Entscheidung** ~ to put sb in the position of having to make a decision.

II *vr* **1.** to (go and) stand (*an* + *acc* at, by); (*sich auf* ~, *sich einordnen*) to position oneself; (*sich aufrecht hin* ~) to stand up. **sich auf (die) Zehenspitzen** ~ to stand on tip-toe; **sich gegen jdn/etw** ~ (*fig*) to oppose sb/sth; **sich hinter jdn/etw** ~ (*fig*) to support *or* back sb/sth, to stand by sb/sth; **sich jdm in den Weg/vor die Nase** ~ to stand in sb's way (*auch fig*)/ right in front of sb.

2. (*Gegenstand, Körperteil*) **sich senkrecht** ~ to stand *or* come up; **sich in die Höhe** ~ to stand up; (*Ohren*) to prick up.

3. (*fig: sich verhalten*) **wie stellst du dich zu** ...? how do you regard ...?, what do you think of ...?; **sich gut mit jdm** ~ to put oneself on good terms with sb.

4. (*inf: finanziell*) **sich gut/schlecht** ~ to be well/badly off.

5. (*sich ein* ~: *Gerät etc*) to set itself (*auf* + *acc* at). **die Heizung stellt sich von selbst kleiner** the heating turns itself down.

6. (*sich ausliefern, antreten*) to give oneself up, to surrender (*jdm* to sb). **sich der Kritik** ~ to lay oneself open to criticism; **sich den Journalisten/den Fragen der Journalisten** ~ to make oneself available to the reporters/ to be prepared to answer reporters' questions; **sich einer Herausforderung/einem Herausforderer** ~ to take up a challenge/take on a challenger; **sich (jdm) zum Kampf** ~ to be prepared to do battle (with sb).

7. (*sich ver* ~) **sich krank/schlafend** *etc* ~ to pretend to be ill/asleep *etc*; **sich tot** ~ to play dead, to pretend to be dead; *siehe* **dumm, taub**.

8. (*fig: entstehen*) to arise (*für* for). **es stellten sich uns** (*dat*) **allerlei Probleme** we were faced *or* confronted with all sorts of problems.

Stellen|angebot *nt* offer of employment, job offer; „„~e" "situations vacant", "vacancies"; **Stellenanzeige** *f* job advertisement *or* ad (*inf*); **Stellenbeschreibung** *f* job description; **Stellengesuch** *nt* advertisement seeking employment, "employment wanted" advertisement; „„~e" "situations wanted"; **Stellenmarkt** *m* employment *or* job market; (*in Zeitung*) appointments section; **Stellenvermittlung** *f* employment bureau *or* centre; (*privat auch*) employment agency; **stellenweise** *adv* in places, here and there; **Stellenwert** *m* (*Math*) place value; (*fig*) status; **einen hohen** ~ **haben** (*fig*) to play an important role.

Stellmacher *m* (*N Ger*) (*Wagenbauer*) cartwright; (*esp von Wagenrädern*) wheelwright; **Stellmacherei** *f* cartmaking; (*Werkstatt*) cartwright's/wheelwright's (work-)shop; **Stellschraube** *f* (*Tech*) adjusting *or* set screw.

Stellung *f* **1.** (*lit, fig, Mil*) position. **in** ~ **bringen/gehen** to bring/get into position, to place in position/take up one's position; **die** ~ **halten** (*Mil*) to hold one's position; (*hum*) to hold the fort; ~ **beziehen** (*Mil*) to move into position; (*fig*) to declare one's position, to make it clear where one stands; **zu etw** ~ **nehmen** to give one's opinion on sth, to comment on sth; **für jdn/etw** ~ **nehmen** *or* **beziehen** to come out in favour of sb/sth; (*verteidigen*) to take sb's part/to defend sth; **gegen jdn/etw** ~ **nehmen** *or* **beziehen** to come out against sb/sth.

2. (*Rang*) position. **in führender** ~ in a leading position; **in meiner** ~ **als** ... in my capacity as ...

3. (*Posten*) position, post, situation (*dated, form*). **bei jdm in** ~ **sein** to be in sb's employment *or* employ (*form*); **ohne** ~ **sein** to be without employment *or* unemployed.

Stellungnahme *f* -, **-n** statement (*zu* on). **sich** (*dat*) **seine** ~ **vorbehalten, sich einer** ~ (*gen*) **enthalten** to decline to comment; **eine** ~ **zu etw abgeben** to make a statement on sth.

Stellungsbefehl *m siehe* **Gestellungsbefehl**; **Stellungsfehler** *m* (*Sport*) positional error; **Stellungskrieg** *m* positional warfare *no indef art*; **stellungslos** *adj* without employment, unemployed; **Stellungsspiel** *nt* (*Sport*) positional play *no indef art*; **Stellungssuche** *f* search for employment; **auf** ~ **sein** to be looking for employment *or* a position; **Stellungswechsel** *m* change of employment.

stellvertretend *adj* (*von Amts wegen*) deputy *attr*; (*vorübergehend*) acting *attr*; ~ **für jdn** deputizing *or* acting for sb; ~ **für jdn handeln** to deputize *or* act for sb; ~ **für jdn/etw stehen** to stand in for sb/ sth *or* in place of sb/sth; **Stellvertreter** *m* (acting) representative; (*von Amts wegen*) deputy; (*von Arzt*) locum; **Stellver-**

tretung f (Stellvertreter) representative; (von Amts wegen) deputy; (von Arzt) locum; **die ~ für jdn übernehmen** to represent sb; (von Amts wegen) to stand in or deputize for sb; **in ~ +gen** for, on behalf of; **Stellwerk** nt (Rail) signal box (Brit), signal or switch tower (US).

Stelze f-, **-n** 1. stilt; (inf: Bein) leg, pin (inf). **auf ~n gehen** to walk on stilts; (fig: Lyrik etc) to be stilted. 2. (Orn) wagtail. 3. (Aus: Schweins~) pig's trotter.

stelzen vi aux sein (inf) to stalk.

Stelzfuß m wooden leg, peg (inf), peg-leg; (Mensch) peg-leg; **Stelzvögel** pl (Orn) waders pl.

Stemmbogen m (Ski) stem turn.

Stemmeisen nt crowbar.

stemmen I vt 1. (stützen) to press; Ellenbogen to prop. **die Arme in die Seiten** or **Hüften gestemmt** with arms akimbo; **die Arme in die Hüften ~** to put one's hands on one's hips; **er hatte die Arme in die Hüften gestemmt** he stood with arms akimbo.
2. (hoch~) to lift (above one's head).
3. (meißeln) to chisel; (kräftiger) Loch to knock (in +acc in).
II vr **sich gegen etw ~** to brace oneself against sth; (fig) to set oneself against sth, to oppose sth.
III vi (Ski) to stem.

Stemmschwung m (Ski) stem turn.

Stempel m **-s,** **-** 1. (Gummi~) (rubber-)stamp.
2. (Abdruck) stamp; (Post~) postmark; (Vieh~) brand, mark; (auf Silber, Gold) hallmark. **jdm/einer Sache einen/ seinen ~ aufdrücken** (fig) to make a/one's mark on sb/sth; **den ~+gen** or **von tragen** to bear the stamp of.
3. (Tech) (Präge~) die; (stangenförmig, Loch~) punch.
4. (Min) prop.
5. (Bot) pistil.

Stempelfarbe f stamping ink; **Stempelgeld** nt (inf) dole (money) (inf); **Stempelkissen** nt ink pad.

stempeln I vt to stamp; Brief to postmark; Briefmarke to frank; Gold, Silber to hallmark. **jdn zum Lügner ~** (fig) to brand sb as a liar. II vi (inf) 1. **~ gehen** to be/go on the dole (inf). 2. (Stempeluhr betätigen) siehe **stechen** I 1.

Stempelschneider m punch cutter; **Stempelständer** m rubber-stamp holder; **Stempeluhr** f time-clock.

Stempelung f stamping; (von Brief) postmarking; (von Briefmarke) franking; (von Gold, Silber) hallmarking.

Stengel m **-s,** **-** stem, stalk. **vom ~ fallen** (inf) (Schwächeanfall haben) to collapse; (überrascht sein) to be staggered (inf); **er fiel fast vom ~** (inf) he almost fell over backwards (inf).

Steno f-, no pl (inf) shorthand.

Stenogramm nt text in shorthand; (Diktat) shorthand dictation; **ein ~ aufnehmen** to take shorthand; **Stenogrammblock** m shorthand pad; **Stenograph(in** f) m (im Büro) shorthand secretary; (esp in Gericht, bei Konferenz etc) stenographer; **Stenographie** f shorthand, stenography

(dated, form); **stenographieren*** I vt to take down in shorthand; II vi to do shorthand; **können Sie ~?** can you do shorthand?; **stenographisch** adj shorthand attr; **Stenostift** m shorthand pencil; **Stenotypist(in** f) m shorthand typist.

Stentorstimme f (geh) stentorian voice.

Stenz m **-es, -e** dandy.

Step m **-s, -s** tap-dance. **~ tanzen** to tap-dance.

Stephan, Stephen m - Stephen, Steven.

Steppdecke f quilt.

Steppe f **-, -n** steppe.

steppen[1] vti to (machine-)stitch; wattierten Stoff to quilt.

steppen[2] vi to tap-dance.

Steppenwolf m prairie wolf, coyote.

Steppfuß m foot.

Steppke m **-(s), -s** (N Ger inf) nipper (inf), (little) laddie (inf).

Steppstich m (Sew) backstitch; (mit Maschine) straight stitch.

Steptanz m tap-dance; **Steptänzer** m tap-dancer.

Sterbebett nt death-bed; **auf dem ~ liegen** to be on one's death-bed; **Sterbebuch** nt register of deaths; **Sterbedatum** nt date of death; **Sterbegeld** nt death benefit; **Sterbehilfe** f 1. death benefit; 2. (Euthanasie) euthanasia; **jdm ~ geben** or **gewähren** to administer euthanasia to sb (form); **Sterbekasse** f death benefit fund; **Sterbelager** nt (geh) death-bed.

sterben pret **starb,** ptp **gestorben** vti aux sein to die. **jung/als Christ ~** to die young/ a Christian; **einen leichten Tod/eines natürlichen Todes ~** to have an easy death/to die a natural death; **an einer Krankheit/Verletzung ~** to die of an illness/from an injury; **daran wirst du nicht ~!** (hum) it won't kill you!; **vor Angst/Durst/Hunger ~** to die of fright/ thirst/starvation (auch fig); **er stirbt vor Angst** (fig) he's frightened to death, he's scared stiff (inf); **vor Langeweile/ Neugierde ~** to die of boredom/curiosity; **tausend Tode ~** to die a thousand deaths; **gestorben sein** to be dead or deceased (Jur, form); **gestorben!** (Film sl) print it!, I'll buy it!; **er ist für mich gestorben** (fig inf) he might as well be dead or he doesn't exist as far as I'm concerned; **„und wenn sie nicht gestorben sind, so leben sie noch heute"** "and they lived happily ever after".

Sterben nt **-s,** no pl death. **Angst vor dem ~** fear of death or dying; **wenn es ans ~ geht** when it comes to dying; **im ~ liegen** to be dying; **zum ~ langweilig** (inf) deadly boring or dull, deadly (inf); **zum ~ gelangweilt** (inf) bored to death or tears (inf), bored stiff (inf).

Sterbensangst f mortal fear; **sterbenselend** adj wretched, ghastly; **ich fühle mich ~** I feel wretched or ghastly, I feel like death (inf); **sterbenskrank** adj mortally ill; **Sterbenswort, Sterbenswörtchen** nt **er hat kein ~ gesagt** or **verraten** he didn't say a (single) word.

Sterbeort m place of death; **Sterbesakramente** pl last rites pl or sacraments pl; **Sterbeurkunde** f death certificate;

Sterbeziffer f mortality or death rate; **Sterbezimmer** nt death chamber (liter, form); **Goethes** ~ the room where Goethe died.

sterblich I adj mortal. jds ~**e Hülle** or (**Über)reste** sb's mortal remains pl. **II** adv (inf) terribly (inf), dreadfully (inf).

Sterbliche(r) mf decl as adj mortal.

Sterblichkeit f mortality; (Zahl) mortality (rate), death-rate.

Stereo ['ʃteːreo, 'st-] nt -, no pl **in** ~ in stereo.

stereo ['ʃteːreo, 'st-] adj pred (in) stereo.

Stereo- ['ʃteːreo, st-] in cpds stereo; **Stereo|anlage** f stereo unit or system, stereo (inf); **Stereobild** nt (von Stereoskop vermittelt) stereoscopic picture; (dreidimensional) 3-D picture; **Stereobox** f speaker; **Stereofilm** m 3-D film; **Stereometrie** f stereometry, solid geometry; **stereophon I** adj stereophonic; **II** adv stereophonically; **Stereophonie** f stereophony; **Stereoskop** nt -s, -e stereoscope; **Stereoskopie** f stereoscopy; **stereoskopisch** adj stereoscopic; (dreidimensional) 3-D, three-dimensional; **stereotyp I** adj (fig) stereotyped, stock attr; Lächeln (gezwungen) stiff; (unpersönlich) impersonal; **II** adv in stereotyped fashion; stiffly; impersonally; **Stereotypdruck** m stereotype; **Stereotypeur** [-tyˈpøːɐ] m stereotyper; **Stereotypie** f (Psych) stereotypy; (Typ auch) stereotype printing.

steril [ʃteˈriːl, st-] adj (lit, fig) sterile.

Sterilisation [ʃteriliˈzaˈtsioːn, st-] f sterilization.

sterilisieren* [ʃteriliˈziːrən, st-] vt to sterilize.

Sterilität [ʃteriliˈtɛːt, st-] f (lit, fig) sterility.

Sterling ['ʃtɛrlɪŋ, st-] m -s, -e sterling. **30 Pfund** ~ 30 pounds sterling.

Stern¹ m -(e)s, -e **1.** star. **mit** ~**en übersät** star-spangled attr; Himmel auch starry attr; **unter fremden** ~**en sterben** (poet) to die in foreign climes (liter); **in den** ~**en (geschrieben) stehen** (fig) to be (written) in the stars; **das steht (noch) in den** ~**en** (fig) it's in the lap of the gods; **nach den** ~**en greifen** (fig) to reach for the stars; ~**e sehen** (inf) to see stars; **sein** ~ **geht auf** or **ist im Aufgehen/sinkt** or **ist im Sinken** his star is in the ascendant/on the decline; **mein guter** ~ my lucky star; **unter einem guten** or **glücklichen** or **günstigen** ~ **geboren sein** to be born under a lucky star; **unter einem guten** or **glücklichen** or **günstigen/ungünstigen** ~ **stehen** to be blessed with good fortune/to be ill-starred or ill-fated; **mit ihr ging am Theaterhimmel ein neuer** ~ **auf** with her coming a new star was born in the theatrical world.

2. (Abzeichen) (von Uniform) star. **ein Hotel/Cognac mit 3** ~**en** a 3-star hotel/brandy.

Stern² m -s, -e (Naut) stern.

sternbedeckt adj starry, star-spangled; **Sternbild** nt (Astron) constellation; (Astrol) sign of the zodiac).

Sternchen nt dim of **Stern¹ 1.** little star. **2.** (Typ) asterisk, star. **3.** (Film) starlet.

Sterndeutung f astrology.

Sternenbanner nt Star-Spangled Banner, Stars and Stripes sing; **sternenbedeckt** adj starry, star-covered; **Sternenhimmel** m starry sky; **Veränderungen am** ~ changes in the star formation; **sternenklar** adj starry attr, starlit; **sternenlos** adj starless; **Sternenzelt** nt (poet) starry firmament (liter).

Sternfahrt f (Mot, Pol) rally (where participants commence at different points); **eine** ~ **nach Bonn** a rally converging on Bonn; **sternförmig** adj star-shaped, stellate (spec); **Sternforscher** m astronomer; **Sterngewölbe** nt (Archit) stellar vault; **Sterngucker** m -s, - (hum) star-gazer (hum); **sternhagelblau**, **sternhagelvoll** adj (inf) rolling or roaring drunk (inf), blotto (sl) pred; **Sternhaufen** m (Astron) star cluster; **sternhell** adj starlit, starry attr; **Sternjahr** nt sidereal year; **Sternkarte** f (Astron) celestial chart, star or stellar map or chart; **sternklar** adj starry attr, starlit; **Sternkunde** f astronomy; **Sternmarsch** m (Pol) protest march with marchers converging on assembly point from different directions; **Sternschnuppe** f shooting star; **Sternstunde** f great moment; **das war meine** ~ that was a great moment in my life; **Sternsystem** nt galaxy; **Sterntag** m (Astron) sidereal day; **Sternwarte** f observatory; **Sternzeichen** nt (Astrol) sign of the zodiac; **Sternzeit** f (Astron) sidereal time.

Stert [ʃteːɐt] m -(e)s, -e (N Ger), **Sterz** m -es, -e **1.** (Schwanzende) tail; (Cook) parson's nose (inf). **2.** (Pflug~) handle.

stet adj attr constant; Fleiß auch steady; Arbeit, Wind auch steady, continuous. ~**er Tropfen höhlt den Stein** (Prov) constant dripping wears away the stone.

Stethoskop [ʃtetoˈskoːp, st-] nt -s, -e stethoscope.

stetig adj steady; (Math) Funktion continuous.

Stetigkeit f siehe adj constancy, steadiness; continuity.

stets adv always. ~ **zu Ihren Diensten** (form) always or ever (form) at your service; ~ **der Ihre** (old form) yours ever.

Steuer¹ nt -s, - (Naut) helm, tiller; (Aut) (steering-)wheel; (Aviat) control column, controls pl. **am** ~ **stehen** (Naut) or **sein** (Naut, fig) to be at the helm; **am** ~ **sitzen** or **sein, hinter dem** ~ **sitzen** (inf) (Aut) to be at or behind the wheel, to drive; (Aviat) to be at the controls; **jdn ans** ~ **lassen** to let sb drive, to let sb take the wheel; **das** ~ **übernehmen** (lit, fig) to take over; (lit auch) to take (over) the helm/wheel/controls; (fig auch) to take the helm; **das** ~ **fest in der Hand haben** (fig) to be firmly in control, to have things firmly under control; **das** ~ **herumwerfen** or -**reißen** (fig) to turn the tide of events.

Steuer² f -, -n **1.** (Abgabe) tax; (Gemeinde~) rates pl (Brit), local tax (US). ~n tax; (Arten von ~n) taxes; ~**n zahlen** to pay tax; **ich bezahle 35%** ~**n I** pay 35% tax; **in Schweden zahlt man hohe** ~**n** in Sweden tax is very high or people are highly taxed; **die** ~**n herabsetzen** to reduce taxation, to cut tax *or* taxes; **das Auto kostet mich viel ~** my car costs me a lot in tax.

2. (*inf: ~behörde*) **die ~** the tax people (*inf*) *or* authorities *pl*, the Inland Revenue (*Brit*), the Internal Revenue (*US*).

Steuer|aufkommen *nt* tax revenue, tax yield; **Steuerbe|amte(r)** *m* tax officer *or* official; **steuerbegünstigt** *adj* Investitionen, tax-deductible; **Waren** taxed at a lower rate; **Investitionen sind ~** you get tax relief on investments; **Steuerbehörde** *f* tax authorities *pl*, inland (*Brit*) *or* internal (*US*) revenue authorities *pl*; **Steuerberater** *m* tax consultant; **Steuerbescheid** *m* tax assessment; **Steuerbetrug** *m* tax evasion *or* dodging; **Steuerbord** *nt* **-s**, *no pl* (*Naut*) starboard; **steuerbord(s)** *adv* (*Naut*) to starboard; **Steuer|einnahmen** *pl* revenue from taxation; **Steuer|einnehmer** *m* (*Hist*) tax-collector; **Steuer|erhöhung** *f* tax increase; **Steuer|erklärung** *f* tax return *or* declaration; **Steuerfahndung** *f* investigation of (suspected) tax evasion; (*Behörde*) commission for investigation of suspected tax evasion; **Steuerflucht** *f* tax evasion (*by leaving the country*); **steuerfrei** *adj* tax-free, exempt from tax; **Steuerfreiheit** *f* tax exemption, exemption from tax; **Steuergelder** *pl* tax money, taxes *pl*; **Steuergerät** *nt* tuneramplifier; **Steuerhinterziehung** *f* tax evasion; **Steuerkarte** *f* notice of pay received *and* tax deducted; **Steuerklasse** *f* tax bracket *or* group; **Steuerknüppel** *m* control column; (*Aviat auch*) joystick.

steuerlich *adj* tax *attr*. ~**e Belastung** tax burden; **es ist ~ günstiger …** for tax purposes it is better …

steuerlos *adj* rudderless, out of control; (*fig*) leaderless.

Steuermann *m, pl* **-männer** *or* **-leute** helmsman; (*als Rang*) (first) mate; (*Rowing*) cox(swain). **Zweier mit/ohne ~** coxed/coxless pairs.

Steuermannspatent *nt* (*Naut*) mate's ticket (*inf*) *or* certificate.

Steuermarke *f* revenue *or* tax stamp; (*für Hunde*) dog licence disc, dog tag (*US*); **Steuermoral** *f* tax-payer honesty.

steuern I *vt* **1.** Schiff to steer (*auch fig*), to navigate; (*lotsen auch*) to pilot; Flugzeug to pilot, to fly; Auto to steer; (*fig*) Wirtschaft, Politik to run, to control. **staatlich gesteuert** state-controlled, under state control; **einen Kurs ~** (*lit, fig*) to steer a course; (*fig auch*) to take *or* follow a line.

2. (*regulieren*) to control.

II *vi* **1.** *aux sein* to head; (*Aut auch*) to drive; (*Naut auch*) to make, to steer.

2. (*am Steuer sein*) (*Naut*) to be at the helm; (*Aut*) to be at the wheel; (*Aviat*) to be at the controls.

3. (*geh: Einhalt gebieten*) **einer Sache** (*dat*) ~ to put a stop to sth; **einem Übel/ Mangel ~** to remedy an evil/a shortage.

Steuerparadies *nt* tax haven; **Steuerpflicht** *f* liability to tax; (*von Person auch*) liability to pay tax; **der ~ unterliegen** to be liable to tax, to be taxable; **steuerpflichtig** *adj* Einkommen taxable,

liable to tax; *Person auch* liable to (pay) tax; **S~e(r)** *mf* tax-payer; **Steuerpolitik** *f* tax *or* taxation policy; **steuerpolitisch** *adj* relating to tax policy; ~**e Maßnahmen der Regierung** government tax measures; **Steuerprogression** *f* progressive taxation; **Steuerprüfer** *m* tax inspector; **Steuerprüfung** *f* tax inspector's investigation; **Steuerrad** *nt* (*Aviat*) control wheel; (*Aut*) (steering-)wheel; **Steuerrecht** *nt* tax law; **Steuerruder** *nt* rudder; **Steuersatz** *m* rate of taxation; **Steuerschraube** *f* **die ~ anziehen** to put the screws on *or* to squeeze the taxpayer; **Steuerschuld** *f* tax(es *pl*) owing *no indef art*, tax liability; **Steuersenkung** *f* tax cut.

Steuerung *f* **1.** *no pl* (*das Steuern*) (*von Schiff*) steering, navigation; (*von Flugzeug*) piloting, flying; (*fig*) (*von Politik, Wirtschaft*) running, control, management; (*Regulierung*) control, regulation; (*Bekämpfung*) control.

2. (*Steuervorrichtung*) (*Aviat*) controls *pl*; (*Tech*) steering apparatus *or* mechanism. **automatische ~** (*Aviat*) automatic pilot, autopilot; (*Tech*) automatic steering (device).

Steuerver|anlagung *f* tax assessment; **Steuervergehen** *nt* tax evasion *or* dodging *no pl*; **Steuervorteil** *m* tax advantage *or* benefit; **Steuerzahler** *m* taxpayer; **Steuerzeichen** *nt* (*form*) *siehe* **Banderole.**

Steven ['ʃteːvn] *m* **-s**, **-** (*Naut*) (*Vorder~*) prow; (*Achter~*) stern.

Steward ['stjuːɐt, ʃt-] *m* **-s**, **-s** (*Naut, Aviat*) steward.

Stewardeß, Stewardess ['stjuːɐdɛs, ʃt-]*f*-, **-ssen** stewardess, flight attendant.

StGB [esteːgeːˈbeː] *nt* **-s** *abbr of* **Strafgesetzbuch.**

stibitzen* *vt* (*dated hum*) to swipe (*inf*), to pinch (*inf*).

stich *imper sing of* **stechen.**

Stich *m* **-(e)s**, **-e 1.** (*Insekten~*) sting; (*Mücken~*) bite; (*Nadel~*) prick; (*Messer~*) stab; (*~wunde*) stab wound.

2. (*stechender Schmerz*) piercing *or* shooting *or* stabbing pain; (*Seiten~*) stitch; (*fig*) pang. ~**e haben** to have a stitch; **es gab mir einen ~ (ins Herz)** I was cut to the quick.

3. (*Sew*) stitch.

4. (*Kupfer~, Stahl~*) engraving.

5. (*Schattierung*) tinge, shade (*in +acc* of); (*Tendenz*) hint, suggestion (*in +acc* of). **ein ~ ins Rote** a tinge of red, a reddish tinge; **ein ~ ins Gewöhnliche/Vulgäre** a hint *or* suggestion of commonness/ vulgarity.

6. (*Cards*) trick. **einen ~ machen** *or* **bekommen** to get a trick.

7. jdn im ~ lassen to let sb down; (*verlassen*) to abandon *or* desert sb, to leave sb in the lurch; **etw im ~ lassen** to abandon sth.

8. ~ **halten** to hold water, to be valid *or* sound.

9. einen ~ haben (*Eßwaren*) to be off *or* bad, to have gone off *or* bad; (*Butter auch*) to be *or* have gone rancid; (*Milch*) to be *or* have gone sour *or* off; (*sl: Mensch: verrückt sein*) to be nuts (*inf*).

Stichel *m* -s, - (*Art*) gouge.

Stichelei *f* 1. (*Näherei*) sewing. 2. (*pej inf: boshafte Bemerkung*) snide (*inf*) *or* sneering remark, gibe, dig. **deine ständigen ~en kannst du dir sparen** stop getting at me *or* making digs at me.

sticheln *vi* 1. to sew; (*sticken*) to embroider. 2. (*pej inf: boshafte Bemerkungen machen*) to make snide (*inf*) *or* sneering remarks. **gegen jdn ~** to make digs at sb.

Stich|entscheid *m* (*Pol*) result of a/the run-off (*US*), final ballot; (*Sport*) result of a/the play-off; **Stichflamme** *f* tongue of flame; **stichhalten** *vi sep irreg* (*Aus*) *siehe* **Stich** 8.; **stichhaltig, stichhältig** (*Aus*) *adj* sound, valid; *Beweis* conclusive; **sein Alibi ist nicht ~** his alibi doesn't hold water; **Stichkampf** *m* (*Sport*) play-off; **Stichkanal** *m* branch canal.

Stichling *m* (*Zool*) stickleback.

Stichprobe *f* spot check; (*Sociol*) (random) sample survey. **~n machen** to carry out *or* make spot checks; (*Sociol*) to carry out a (random) sample survey.

Stichsäge *f* fret-saw; **Stichtag** *m* qualifying date; **Stichwaffe** *f* stabbing weapon; **Stichwahl** *f* (*Pol*) final ballot, run-off (*US*).

Stichwort *nt* 1. *pl* **-wörter** (*in Nachschlagewerken*) headword. 2. *pl* **-worte** (*Theat, fig*) cue. 3. *pl* **-worte** *usu pl* notes *pl*; (*bei Nacherzählung etc*) key words *pl*. **stichwort|artig** *adj* abbreviated, shorthand; **eine ~e Gliederung** an outline; **etw ~ zusammenfassen/ wiedergeben** to summarize the main points of sth/to recount sth in a shorthand *or* an abbreviated fashion; **jdn ~ über etw** (*acc*) **informieren** to give sb a brief outline of sth; **Stichwortkatalog** *m* classified catalogue; **Stichwortverzeichnis** *nt* index.

Stichwunde *f* stab wound.

Stick|arbeit *f* embroidery.

sticken *vti* to embroider.

Stickerei *f* 1. *no pl* (*das Sticken*) embroidery, embroidering. 2. (*Gegenstand*) embroidery.

Stickerin *f* embroideress, embroiderer.

Stickgarn *nt* embroidery thread *or* silk.

stickig *adj Luft, Zimmer* stuffy, close; *Klima* sticky, humid; (*fig*) *Atmosphäre* stifling, oppressive.

Stickmaschine *f* embroidery machine; **Stickmuster** *nt* embroidery pattern; **Sticknadel** *f* embroidery needle; **Stickrahmen** *m* embroidery frame.

Stickstoff *m* (*abbr* N) nitrogen.

stickstoffhaltig *adj* containing nitrogen, nitrogenous (*spec*).

stieben *pret* stob *or* **stiebte**, *ptp* **gestoben** *or* **gestiebt** *vi* (*geh*) 1. *aux* haben *or* sein (*sprühen*) (*Funken, Staub etc*) to fly; (*Schnee*) to spray, to fly; (*Wasser*) to spray. 2. *aux* sein (*jagen, rennen*) to flee; *siehe* **auseinanderstieben**.

Stiefbruder *m* stepbrother.

Stiefel *m* -s, - 1. boot.

2. (*inf*) **seinen (alten) ~ arbeiten** *or* **weitermachen** to carry on as usual *or* in

the same old way; **einen ~ zusammenreden** to talk a lot of nonsense.

3. (*Trinkgefäß*) large, boot-shaped beer glass holding 2 litres. **einen (ordentlichen) ~ vertragen** (*inf*) to be able to take one's drink *or* hold one's liquor.

Stiefel|absatz *m* (boot-)heel; **Stiefel|anzieher** *m* -s, - boot-hook.

Stiefelette *f* (*Frauen~*) bootee; (*Männer~*) half-boot.

Stiefelknecht *m* boot-jack.

stiefeln *vi aux* sein (*inf*) to hoof it (*inf*); *siehe* **gestiefelt**.

Stiefelschaft *m* bootleg, leg of a/the boot.

Stief|eltern *pl* step-parents *pl*; **Stiefgeschwister** *pl* stepbrother(s) and sister(s); **Stiefkind** *nt* stepchild; (*fig*) poor cousin; **sie fühlt sich immer als ~ des Glücks** she always feels that fortune never smiles upon her; **Stiefmutter** *f* stepmother; **Stiefmütterchen** *nt* (*Bot*) pansy; **stiefmütterlich** *adj* (*fig*) **jdn/etw ~ behandeln** to pay little attention to sb/sth, to put sb/sth in second place; **Stiefschwester** *f* stepsister; **Stiefsohn** *m* stepson; **Stieftochter** *f* stepdaughter; **Stiefvater** *m* stepfather.

stieg *pret of* **steigen**.

Stiege *f* -, -n 1. (*schmale Treppe*) (narrow) flight of stairs *or* staircase. 2. (*old: 20 Stück*) score. **eine ~ Eier** a score of eggs. 3. (*Lattenkiste*) crate.

Stiegenhaus *nt* (*S Ger, Aus*) staircase.

Stieglitz *m* -es, -e goldfinch.

stiehl *imper sing of* **stehlen**.

Stiel *m* -(e)s, -e 1. (*Griff*) handle; (*Besen~ auch*) broomstick; (*Pfeifen~, Glas~*) stem. 2. (*Stengel*) stalk; (*Blüten~*) stalk, stem, peduncle (*spec*); (*Blatt~*) leafstalk, petiole (*spec*).

Stiel|augen *pl* (*fig inf*) **~ machen** *or* **kriegen** to gape, to gawp, to goggle (*inf*); **er machte ~** his eyes (nearly) popped out of his head.

Stielkamm *m* tail comb; **stiellos** *adj Gerät* handleless, without a handle; *Blatt* stalkless; *Glas* stemless.

stier *adj* 1. (*stumpfsinnig*) *Blick* vacant, blank. 2. (*Aus, Sw inf*) *Geschäft* slack, slow; *Mensch* broke (*inf*).

Stier *m* -(e)s, -e 1. bull; (*junger ~*) bullock. **wie ein ~ brüllen** to bawl one's head off (*inf*), to bellow like a bull; **den ~ bei den Hörnern packen** *or* **fassen** (*prov*) to take the bull by the horns (*prov*).

2. (*Astrol*) Taurus *no art*. **ich bin (ein) ~** I'm (a) Taurus.

stieren *vi* (*auf* +*acc* at) to stare; (*neugierig auch*) to gape. (*lüstern*) **auf jdn ~** to ogle (*inf*) *or* eye sb; **sein Blick stierte ins Leere** he stared vacantly into space.

Stierkampf *m* bull-fight; **Stierkampf|arena** *f* bull-ring; **Stierkämpfer** *m* bull-fighter; **Stiernacken** *m* neck like a bull, thick neck; **stiernackig** *adj* bull-necked; **Stieropfer** *nt* sacrifice of a bull.

Stiesel *m* -s, - (*inf*) boor, lout (*inf*).

sties(e)lig *adj* (*inf*) boorish, loutish (*inf*).

stieß *pret of* **stoßen**.

Stift[1] *m* -(e)s, -e 1. (*Metall~*) pin; (*Holz~ auch*) peg; (*Nagel*) tack. 2. (*Blei~*) pencil; (*Bunt~ auch*) crayon; (*Filz~*) felt-tip, felt-tipped pen; (*Kugelschreiber*) ball-point (pen), biro ® (*Brit*). **3.** (*inf: Lehrling*) apprentice (boy).

Stift² *nt* **-(e)s, -e** (*Dom~*) cathedral chapter; (*Theologie~*) seminary; (*old: Heim, Anstalt*) home; (*in Namen*) foundation; (*old: Bistum*) diocese.

stiften *vt* **1.** (*gründen*) *Kirche, Universität* to found, to establish; (*spenden, spendieren*) to donate; *Geld, Summe* to put up, to donate; *Universität, Stipendium etc* to endow.

2. *Verwirrung* to cause; *Unfrieden, Unheil auch, Frieden* to bring about, to stir up; *Ehe* to arrange. *Gutes/Schaden ~* to do good/damage.

stiftengehen *vi sep irreg aux sein* (*inf*) to hop it (*inf*).

Stifter(in *f*) *m* **-s, -** (*Gründer*) founder; (*Spender*) donator.

Stiftsdame *f* (*Eccl*) canoness; **Stiftsherr** *m* (*Eccl*) canon; **Stiftshütte** *f* (*Bibl*) Tabernacle; **Stiftskirche** *f* collegiate church.

Stiftung *f* **1.** (*Gründung*) foundation, establishment; (*Schenkung*) donation; (*von Universität, Stipendium etc*) endowment. **2.** (*Organisation*) foundation.

Stiftungs|urkunde *f* foundation charter.

Stiftzahn *m* post crown.

Stigma ['ʃtɪgma, st-] *nt* **-s, -ta** (*Biol, Rel, fig*) stigma.

Stigmatisierte(r) [ʃt-, st-] *mf decl as adj* (*Biol, Rel*) stigmatic; (*fig*) stigmatized person.

Stil [ʃtiːl, stiːl] *m* **-(e)s, -e** style; (*Eigenart*) way, manner. **im großen ~, großen ~s** in a big way; **schlechter ~** bad style; **das ist schlechter ~** (*fig*) that is bad form; **~ haben** (*fig*) to have style; **er schreibt einen sehr schwerfälligen ~** his writing style is very clumsy.

Stil|analyse *f* (*Art, Liter*) stylistic analysis; **Stilblüte** *f* (*hum*) stylistic howler; **Stilbruch** *m* stylistic in congruity or inconsistency; (*in Roman etc*) abrupt change in style; **Stil|ebene** *f* (*Liter, Ling*) style level; **stil|echt** *adj* period *attr*; **~ eingerichtet** with period furniture; **Stil|element** *nt* stylistic element.

Stilett [ʃti'let, st-] *nt* **-s, -e** stiletto.

Stilfehler *m* stylistic lapse; **Stilgefühl** *nt* feeling for or sense of style; **stilgerecht** *adj* appropriate to or in keeping with a/the style.

stilisieren* [ʃtili'ziːrən, st-] *vt* to stylize.

Stilisierung [ʃt-, st-] *f* stylization.

Stilist [ʃti'lɪst, st-] *m* stylist.

Stilistik [ʃti'lɪstɪk, st-] *f* (*Liter*) stylistics *sing*; (*Handbuch*) guide to good style.

stilistisch [ʃti'lɪstɪʃ, st-] *adj* stylistic. **ich muß meine Vorlesung ~ überarbeiten** I must go over my lecture to polish up the style.

Stilkunde *f siehe* **Stilistik.**

still *adj* **1.** (*ruhig*) quiet, silent; (*lautlos*) *Seufzer* quiet; *Gebet* silent; (*schweigend*) *Vorwurf, Beobachter* silent. **~ werden** to go quiet, to fall silent; **im Saal wurde es ~, der Saal wurde ~** the room fell silent; **um ihn/darum ist es ~ geworden** you don't hear anything about him/it any more; **es**

blieb **~** there was no sound, silence reigned; **~ weinen/ leiden** to cry quietly/to suffer in silence; **~ vor sich hin arbeiten** to work away quietly; **in ~em Gedenken** in silent tribute; **in ~er Trauer** in silent grief; **im ~en** without saying anything, quietly; **ich dachte mir im ~en** I thought to myself; **sei doch ~!** be or keep quiet.

2. (*unbewegt*) *Luft* still; *See auch* calm. **der S~e Ozean** the Pacific (Ocean); **~ sitzen** to sit or keep still; **den Kopf/die Hände/Füße ~ halten** to keep one's head/hands/feet still; **ein Glas/Tablett ~ halten** to hold a glass/tray steady; **~e Wasser sind tief** (*Prov*) still waters run deep (*Prov*).

3. (*einsam, abgeschieden*) *Dorf, Tal, Straße* quiet. **ein ~es Eckchen** a quiet corner; **ein ~es Plätzchen** a quiet spot.

4. (*heimlich*) secret. **im ~en** in secret; **er ist dem ~en Suff ergeben** (*inf*) he drinks on the quiet, he's a secret drinker.

5. (*Comm*) *Gesellschafter, Teilhaber* sleeping (*Brit*), silent (*US*); *Reserven, Rücklagen* secret, hidden. **~e Beteiligung** sleeping partnership (*Brit*), non-active interest.

Stille *f* **-, no pl 1.** (*Ruhe*) quiet(ness), peace(fulness); (*Schweigen*) silence. **in der ~ der Nacht** in the still of the night; **in aller ~ quietly**, calmly; **die Beerdigung fand in aller ~ statt** it was a quiet funeral.

2. (*Unbewegtheit*) calm(ness); (*der Luft*) stillness.

3. (*Einsamkeit, Abgeschiedenheit*) quiet, seclusion.

4. (*Heimlichkeit*) secrecy. **in aller ~** in secret, secretly.

Stilleben ['ʃtɪllebn] *nt getrennt:* **Still-leben** still life.

stillegen *vt sep getrennt:* **still-legen** to close or shut down; *Schiff* to lay up. **stillgelegtes Bergwerk** disused mine.

Stillegung *f getrennt:* **Still-legung** *siehe vt* closure, shut-down; laying-up.

Stillehre *f* stylistics *sing.*

stillen I *vt* **1.** (*zum Stillstand bringen*) *Tränen* to stop; *Schmerzen* to ease, to relieve, to allay; *Blutung auch* to staunch, to check. **2.** (*befriedigen*) *Neugier, Begierde, Verlangen, Hunger* to satisfy, to still (*liter*); *Durst auch* to quench. **3.** *Säugling* to breast-feed, to nurse. **II** *vi* to breast-feed.

Stillgeld *nt* nursing mothers' allowance.

stillgestanden *interj* (*Mil*) halt.

Stillhalte|abkommen *nt* (*Fin, fig*) moratorium.

stillhalten *vi sep irreg* to keep or hold still; (*fig*) to keep quiet.

stilliegen *vi sep irreg aux sein or haben getrennt:* **still-liegen 1.** (*außer Betrieb sein*) to be closed or shut down. **2.** (*lahmliegen*) to be at or have been brought to a standstill, to have come to a halt.

stillos *adj* lacking in style; (*fehl am Platze*) incongruous. **eine völlig ~e Zusammenstellung von Möbelstücken** a collection of furniture completely lacking (in) any sense of style.

Stillosigkeit *f siehe adj* lack of style *no pl*; incongruity.

stillschweigen *vi sep irreg* to remain silent. **zu etw ~** to stand silently by *or* remain silent in the face of sth.

Stillschweigen *nt* silence. **über etw** (*acc*) **~ bewahren** to observe *or* maintain silence about sth; **etw mit ~ übergehen** to pass over sth in silence.

stillschweigend *adj* silent; *Einverständnis* tacit. **über etw** (*acc*) **~ hinweggehen** to pass over sth in silence.

stillsitzen *vi sep irreg aux sein or haben* to sit still.

Stillstand *m* standstill; (*von Betrieb, Produktion, Verhandlungen etc auch*) stoppage; (*vorübergehend*) interruption; (*in Entwicklung*) halt. **bei ~ der Maschine** ... when the machine is stopped ...; **ein ~ des Herzens** a cardiac arrest; **zum ~ kommen** (*Verkehr*) to come to a standstill *or* stop; (*Produktion auch, Maschine, Motor, Herz, Blutung*) to stop; **etw zum ~ bringen** *Verkehr* to bring sth to a standstill *or* stop; *Produktion auch, Maschine, Motor* to stop sth; *Blutung* to stop *or* check sth.

stillstehen *vi sep irreg aux sein or haben* **1.** (*Produktion, Handel etc*) to be at a standstill; (*Fabrik, Maschine auch*) to be *or* stand idle; (*Verkehr auch*) to be stopped; (*Herz*) to have stopped. **die Zeit schien stillzustehen** time seemed to stand still *or* to stop.
2. (*stehenbleiben*) to stop; (*Maschine*) to stop working. **keinen Moment ~** not to stop for a moment; **mein Herz stand still vor Schreck** I was so frightened my heart stood still; **da stand mir der Verstand still** I didn't know what to think.

stillvergnügt *adj* contented.

Stillzeit *f* lactation period.

Stilmittel *nt* stylistic device; **Stilmöbel** *pl* period furniture *sing*; **stilrein** *adj* stylistically correct; **Stilübung** *f* exercise in stylistic composition; **stilvoll** *adj* stylish; **stilwidrig** *adj* (stylistically) incongruous *or* inappropriate; **Stilwörterbuch** *nt* dictionary of correct usage.

Stimmabgabe *f* voting; **sie kommen zur ~** they come to vote *or* cast their votes; **Stimmaufwand** *m* vocal effort; **Stimmband** *nt usu pl* vocal chord; **seine ~er strapazieren** to strain one's voice; (*fig*) to talk one's head off; **stimmberechtigt** *adj* entitled to vote; **Stimmberechtigte(r)** *mf decl as adj* person entitled to vote; **Stimmbezirk** *m* constituency; **Stimmbildung** *f* **1.** voice production; **2.** (*Ausbildung*) voice training; **Stimmbruch** *m* *siehe* **Stimmwechsel**; **Stimmbürger** *m* voter, elector.

Stimme *f* **-, -n 1.** voice; (*Mus: Part*) part; (*Orgel*) register; (*fig*) *Meinungsäußerung*) voice; (*Sprachrohr*) mouthpiece, voice; (*liter: Ruf*) call. **mit leiser/ lauter ~** in a soft/loud voice; **gut/nicht bei ~ sein** to be in good/bad voice; **erste/ zweite/dritte ~** (*in Chor*) first/second/ third part; **bei einem Lied die erste/ zweite ~ singen** to sing the top part *or* melody of/ descant to a song; **die ~n mehren sich, die ... there** is a growing body of (public) opinion that ..., there is a growing number

of people calling for ...; **die ~ der Öffentlichkeit/des Volkes** (*geh*) public opinion/the voice of the people; **die ~ der Wahrheit** the voice of truth; **der ~ des Herzens folgen** to follow the leanings *or* dictates of one's heart; **der ~ der Vernunft folgen** to be guided by reason, to listen to the voice of reason.
2. (*Wahl~, Votum*) vote. **eine/keine ~ haben** to have the vote/not to be entitled to vote; (*Mitspracherecht*) to have a/ no say *or* voice; **seine ~ abgeben** to cast one's vote, to vote; **jdm/einer Partei seine ~ geben** to vote for sb/a party; **die abgegebenen ~n** the votes cast.

stimmen I *vi* **1.** (*richtig sein*) to be right; (*zutreffen auch*) to be correct. **stimmt es, daß ...?** is it true that ...?; **das stimmt** that's right; **das stimmt nicht** that's not right, that's wrong; **hier stimmt was nicht!** there's something wrong here; **mit ihr stimmt etwas nicht** there's something wrong *or* the matter with her; **stimmt so!** that's all right, keep the change.
2. (*wählen, sich entscheiden*) to vote. **für/gegen jdn/etw ~** to vote for/against sb/ sth.

II *vt Instrument* to tune. **etw höher/ niedriger ~** to raise/lower the pitch of sth, to tune sth up/down, to sharpen/flatten sth; **jdn froh/traurig ~** to make sb (feel) cheerful/sad; **jdn gegen etw ~** (*geh*) to prejudice sb against sth; *siehe* **gestimmt**.

Stimmenauszählung *f* count (of votes); **Stimmenfang** *m* (*inf*) canvassing, vote-getting (*inf*); **Stimmengewirr** *nt* babble of voices; **Stimmengleichheit** *f* tie, tied vote; **bei ~** in the event of a tie *or* tied vote; **Stimmenhören** *nt* (*Psych, Med*) hearing voices; **Stimmenmehrheit** *f* majority of votes; **Stimmensplitting** [-ʃplɪtɪŋ, -sp-] *nt* **-s**, *no pl* (*Pol*) splitting one's vote.

Stimmenthaltung *f* abstention.

Stimmer *m* **-s, -** (*Mus*) tuner.

Stimmgabel *f* tuning fork; **stimmgewaltig** *adj* (*geh*) with a strong *or* powerful voice; **stimmhaft** *adj* (*Ling*) voiced; **~ ausgesprochen werden** to be voiced; **Stimmlage** *f* (*Mus*) voice, register.

stimmlich *adj* vocal. **ihre ~en Qualitäten** the quality of her voice; **~ hat er nicht viel zu bieten** he doesn't have much of a voice.

Stimmliste *f* voting list; **stimmlos** *adj* (*Ling*) voiceless, unvoiced; **~ ausgesprochen werden** not to be voiced; **Stimmrecht** *nt* right to vote; **Stimmritze** *f* glottis; **Stimmumfang** *m* vocal range.

Stimmung *f* **1.** (*Gemütszustand*) mood; (*Atmosphäre auch*) atmosphere; (*bei der Truppe, unter den Arbeitern*) morale. **in (guter)/gehobener/schlechter ~** in a good mood/in high spirits/in a bad mood; **wir hatten eine tolle ~** we were in a tremendous mood; **in ~ kommen/sein** to liven up/ to be in a good mood; **ich bin nicht in der ~ zum Tanzen** I'm not in the mood for dancing; **~!** enjoy yourselves, have a good time.
2. (*Meinung*) opinion. **~ gegen/für jdn/ etw machen** to stir up (public) opinion against/in favour of sb/sth.

3. (*St Ex*) mood.

4. (*Mus*) (*das Stimmen*) tuning; (*das Gestimmtsein*) pitch.

Stimmungsbarometer *nt* (*esp Pol*) barometer of public opinion; **Stimmungsbild** *nt* atmospheric picture; **dieser Bericht gibt ein eindrucksvolles ~** this report conveys the general atmosphere extremely well; **Stimmungskanone** *f* (*inf*) life and soul of the party; **Stimmungskapelle** *f* band which plays light music; **Stimmungsmache** *f, no pl* (*pej*) cheap propaganda; **Stimmungsmusik** *f* light music; **Stimmungs|umschwung** *m* change of atmosphere; (*Pol*) swing (in public opinion); (*St Ex*) change in trend; **stimmungsvoll** *adj Bild* idyllic; *Atmosphäre* tremendous; *Gedicht, Beschreibung* full of atmosphere, atmospheric; **Stimmungswandel** *m* change of atmosphere; (*Pol*) change in (public) opinion.

Stimmvieh *nt* (*pej*) gullible voters *pl*; **Stimmvolk** *nt* voters *pl*, electorate; **Stimmwechsel** *m* nach dem ~ after one's voice has broken; **er ist im ~** his voice is breaking; **Stimmwerkzeuge** *pl* vocal organs *pl*; **Stimmzettel** *m* ballot paper.

Stimulans [ˈʃtiːmulans, st-] *nt*-, **Stimulantia** [ʃtimuˈlantsia, st-] *or* **Stimulanzien** [ʃtimuˈlantsiən, st-] (*Med, fig*) stimulant.

Stimulation [ʃtimulaˈtsioːn, st-]*f*(*Med, fig*) stimulation.

stimulieren* [ʃtimuˈliːrən, st-] *vt* (*Med, fig*) to stimulate.

Stimulierung [ʃt-, st-] *f* (*Med, fig*) stimulation.

Stimulus [ˈʃtiːmulʊs, st-] *m* -, **Stimuli** (*Psych*) stimulus; (*fig auch*) stimulant.

Stinkbombe *f* stink bomb; **Stinkdrüse** *f* (*Zool*) scent gland.

stinken *pret* **stank**, *ptp* **gestunken** *vi* **1.** (*nach* of) to stink, to reek, to pong (*Brit inf*). **er stinkt nach Kneipe** he smells of drink; **wie ein Bock** *or* **Wiedehopf** *or* **die Pest ~** (*inf*) to stink to high heaven (*inf*).

2. (*fig inf*) **er stinkt nach Geld** he's stinking rich (*inf*); **er stinkt vor Faulheit** he's bone-idle; **das stinkt zum Himmel** it's an absolute scandal *or* absolutely appalling; **an der Sache stinkt etwas** there's something fishy about it (*inf*); **die Sache stinkt mir** (*sl*), **mir stinkt's!** (*sl*) I'm fed up to the back teeth (with it) (*inf*).

stinkend *adj* stinking, foul-smelling.

stinkfaul *adj* (*inf*) bone-idle, bone-lazy; **stinklangweilig** *adj* (*inf*) deadly boring *or* dull; **Stinkmorchel** *f* (*Bot*) stinkhorn; **stinknormal** *adj* (*inf*) boringly normal *or* ordinary; **stinkreich** *adj* (*inf*) stinking rich (*inf*); **Stinktier** *nt* skunk; **stinkvornehm** *adj* (*inf*) posh (*inf*), swanky (*inf*); *Lokal auch* swish (*inf*); **Stinkwut** *f* (*inf*) raging temper; **eine ~ (auf jdn) haben** to be livid (with sb).

Stint *m* **-(e)s, -e** (*Zool*) smelt, sparling.

Stipendiat(*in* *f*) *m* **-en, -en** scholarship holder, person receiving a scholarship/grant.

Stipendium *nt* (*als Auszeichnung etc erhalten*) scholarship; (*zur allgemeinen Unterstützung des Studiums*) grant.

Stippe *f* **-, -n** (*dial*) *siehe* **Tunke**.

stippen *vti* (*dial*) *siehe* **tunken**.

Stippvisite *f* (*inf*) flying visit.

Stipulation [ʃtipulaˈtsioːn, st-] *f* (*Jur*) stipulation.

stipulieren* [ʃtipuˈliːrən, st-] *vti* to stipulate.

stirb *imper sing of* **sterben**.

Stirn *f* **-, -en** forehead, brow (*esp liter*). **sich/jdm das Haar aus der ~ streichen** to brush one's/sb's hair out of one's/his/her face; **den Hut in die ~ drücken** to pull one's hat down over one's eyes; **es steht ihm auf der ~ geschrieben** (*geh*) it is written in his face; **die ~ haben** *or* **besitzen, zu …** to have the effrontery *or* nerve *or* gall to …; **jdm/einer Sache die ~ bieten** (*geh*) to stand up to sb/sth, to defy sb/sth.

Stirnband *nt* headband; **Stirnbein** *nt* frontal bone; **Stirnfalte** *f* wrinkle (on one's forehead); **Stirnglatze** *f* receding hair-line; **Stirnhöhle** *f* frontal sinus; **Stirnhöhlenkatarrh** *m*, **Stirnhöhlenver|eiterung** *f* sinusitis; **Stirnlocke** *f* quiff, cowlick; **Stirnrad** *nt* (*Tech*) spurwheel; **Stirnriemen** *m* brow band; **Stirnrunzeln** *nt* **-s,** *no pl* frown; **Stirnseite** *f* end wall, gable-end; **Stirnwand** *f* end wall.

Stoa [ˈʃtoːa, st-] *f* **-,** *no pl* (*Philos*) Stoics *pl*, Stoic school.

stob *pret of* **stieben**.

stöbern *vi* to rummage (*in +dat* in, *durch* through).

stochern *vi* to poke (*in +dat* at); (*im Essen*) to pick (*in +dat* at). **er stocherte mit einem Schürhaken im Feuer** he poked the fire; **sich** (*dat*) **in den Zähnen ~** to pick one's teeth.

Stock *m* **-(e)s, ⁻e 1.** stick; (*Rohr~*) cane; (*Takt~*) baton; (*Zeige~*) pointer; (*Billard~*) cue. **er stand da (steif) wie ein ~** *or* **als ob er einen ~ verschluckt hätte** he stood there as stiff as a poker; **am ~ gehen** to walk with (the aid of) a stick; (*fig inf*) to be in a bad way; (*nach viel Arbeit*) to be dead-beat (*inf*); (*finanziell*) to be in difficulties.

2. (*Wurzel~*) roots *pl*.

3. (*Pflanze*) (*Reb~*) vine; (*Rosen~*) rose-bush; (*Bäumchen*) rose-tree; (*Blumen~*) pot-plant. **über ~ und Stein** up hill and down dale.

4. (*Bienen~*) hive.

5. (*Geol: Gesteinsmasse*) massif, rock mass.

6. (*Hist*) stocks *pl*. **jdn in den ~ legen** to put sb in the stocks.

7. *pl* - (*~werk*) floor, storey (*Brit*), story (*US*). **das Haus hat drei ~** *or* **ist drei ~ hoch** the house is three storeys/stories high; **im ersten ~** on the first floor (*Brit*), on the second floor (*US*).

8. [ʃtɔk] *pl* **-s** (*Econ*) stock.

stock- (*inf*) *in cpds* **~englisch/bayrisch** English/Bavarian through and through.

stockbesoffen (*sl*), **stockbetrunken** (*inf*) *adj* blind *or* dead drunk; **stockblind** (*inf*) *adj* as blind as a bat, completely blind.

Stöckchen *nt dim of* **Stock 1., 3.**

stockdumm adj (inf) thick (as two short planks) (inf); **stockdunkel** adj (inf) pitch-dark.

Stöckel nt -s, - (Aus) outhouse.

Stöckel|absatz m stiletto heel.

stöckeln vi aux sein (inf) to trip, to mince.

Stöckelschuh m stiletto, stiletto-heeled shoe.

stocken vi **1.** (Herz, Puls) to miss or skip a beat; (Gedanken, Worte) to falter; (nicht vorangehen) (Arbeit, Entwicklung) to make no progress; (Unterhaltung, Gespräch) to flag; (Verkehr) to be held up or halted. **ihm stockte der Atem** he caught his breath; **ins S~ geraten** or **kommen** (Unterhaltung, Gespräch) to begin to flag.
2. (stagnieren) (Verhandlungen) to break off or stop (temporarily); (Geschäfte, Handel) to slacken or drop off.
3. (innehalten) (in der Rede) to falter; (im Satz) to break off, to stop short.
4. (gerinnen) (Blut) to thicken; (S Ger, Aus: Milch) to curdle, to go sour. **das Blut stockte ihm in den Adern** (geh) the blood froze in his veins.
5. (stockig werden) (Wäsche, Papier, Bücher) to go mouldy.

Stock|ente f mallard; **stockfinster** adj (inf) pitch-dark, pitch-black; **Stockfisch** m dried cod; (pej: Mensch) dull old stick, stick-in-the-mud; **Stockfleck** m mark caused by mould or mildew; **stockfleckig** adj mouldy, mildewed; **Stockhieb** m siehe Stockschlag.

Stockholm nt -s Stockholm.

stockig adj Geruch, Luft musty; Papier, Wäsche mildewed, mouldy.

stockkatholisch adj (inf) Catholic through and through; **stockkonservativ** adj (inf) arch-conservative; **stocknüchtern** adj (inf) stone-cold sober (inf); **stocksauer** adj (sl) pissed-off (sl); **Stockschirm** m walking-length umbrella; **Stockschlag** m blow (from a stick); (mit Rohrstock) stroke of the cane; **Stockschnupfen** m permanent cold; **stocksteif** adj (inf) as stiff as a poker; **stocktaub** adj (inf) as deaf as a post.

Stockung f **1.** (vorübergehender Stillstand) interruption, hold-up (gen, in + dat in); (Verkehrs~) congestion, traffic-jam, hold-up. **der Verkehr läuft wieder ohne ~en** traffic is flowing smoothly again.
2. (von Verhandlungen) breakdown (gen of, in); (von Geschäften, Handel) slackening or dropping off (gen in).
3. (Pause, Unterbrechung) (im Gespräch) break, lull; (in der Rede) pause, hesitation.
4. (Gerinnung) thickening; (von Milch) curdling.

stockvoll I adj (sl: betrunken) blind or dead drunk (inf), pissed (sl). **II** adv (inf: direkt) straight, head-on (inf).

Stockwerk nt floor, storey (Brit), story (US). **im 5. ~** on the 5th (Brit) or 6th (US) floor; **ein Haus mit vier ~en** a four-storeyed (Brit) or four-storied (US) building.

Stoff m -(e)s, -e **1.** material, fabric; (als Materialart) cloth.

2. (no pl: Materie) matter.
3. (Substanz, Chem) substance; (Papier~) pulp. **tierische/pflanzliche ~e** animal substance/vegetable matter.
4. (Gegenstand, Thema) subject (matter); (Unterhaltungs~, Diskussions~) topic, subject; (Material) material. **~ für ein** or **zu einem Buch sammeln** to collect material for a book; **der Vortrag bot reichlich ~ für eine Diskussion** the lecture provided plenty of material or topics for discussion.
5. (inf: Rauschgift) dope (sl), stuff (sl).

Stoffbahn f length of material; **Stoffballen** m roll or bolt of material or cloth; **stoffbespannt** adj fabric-covered.

Stoffel m -s, - (pej inf) lout (inf), boor.

stoff(e)lig adj (pej inf) uncouth, boorish.

Stoffetzen m getrennt **Stoff-fetzen** scrap of cloth.

stofflich adj (Philos) material; (den Inhalt betreffend) as regards subject matter.

Stofflichkeit f (Philos) materiality.

Stoffpuppe f rag doll; **Stoffrest** m remnant.

Stoffülle f getrennt: **Stoff-fülle** wealth of material.

Stoffwechsel m metabolism.

Stoffwechselkrankheit f metabolic disease or disorder.

stöhnen vi (alle Bedeutungen) to groan; (klagen auch) to moan. **~d** with a groan.

Stöhnen nt -s, no pl (lit, fig) groaning no pl; (Stöhnlaut) groan.

Stoiker(in f) ['ʃtoːikɐ, -ərɪn, st-] m -s, - (Philos) Stoic (philosopher); (fig) stoic.

stoisch ['ʃtoːɪʃ, st-] adj (Philos) Stoic; (fig) stoic(al).

Stoizismus [ʃtoiˈtsɪsmʊs, st-] m (Philos) Stoicism; (fig) stoicism.

Stola ['ʃtoːla, st-] f -, **Stolen** stole.

Stolle f -, -n siehe **Stollen 2.**

Stollen m -s, - **1.** (Min, Mil) gallery, tunnel. **2.** (Cook) fruit loaf (eaten at Christmas), stollen (US). **3.** (Zapfen) (Hufeisen) calk(in); (Schuh~) stud. **4.** (Poet) stollen, one of the two equal sections forming the "Aufgesang" in "Minnesang".

Stolperdraht m trip-wire; (fig) stumbling-block.

stolp(e)rig adj Gang stumbling; Weg uneven, bumpy.

stolpern vi aux sein to stumble, to trip (über +acc over); (fig: zu Fall kommen) to come a cropper (inf), to come unstuck (inf). **ins S~kommen** or **geraten** (lit) to come a cropper (inf); (fig auch) to slip up.

stolz adj **1.** proud (auf +acc of). **~ wie ein Pfau** as proud as a peacock; **warum so ~?** why so proud?; (bei Begegnung) don't you know me any more?; **darauf kannst du ~ sein** that's something to be proud of.
2. (imposant) Bauwerk, Schiff majestic, impressive; (iro: stattlich) Preis, Summe princely. **~ erhebt sich die Burg über der kleinen Stadt** the castle rises proudly above the little town.

Stolz m -es, no pl (lit, fig) pride. **sein Garten/Sohn etc ist sein ganzer ~** his garden/son etc is his pride and joy; **ich habe auch meinen ~** I do have my pride; **seinen ~ in etw** (acc) **setzen** to take a pride in sth.

stolzieren* *vi aux sein* to strut, to swagger; (*hochmütig, beleidigt*) to stalk.

stop [ʃtɔp, stɔp] *interj* stop; (*auf Verkehrsschild auch*) halt (*Brit*).

Stopf|ei *nt* darning mushroom.

stopfen I *vt* 1. (*aus~, füllen*) to stuff; *Pfeife, Loch, Wurst* to fill; (*inf*) *Taschen auch* to cram. **jdm den Mund** (*inf*) *or* **das Maul** (*sl*) ~ to silence sb.

2. (*hinein~*) to stuff; *Korken auch* to ram. **gierig stopfte er alles in sich hinein, was man ihm auftischte** he greedily stuffed down everything they served up.

3. (*ver~*) *Trompete etc* to mute; (*mit Stöpsel*) to plug, to stop.

4. (*ausbessern, flicken*) *Loch, Strümpfe etc* to darn, to mend; *siehe* **gestopft**.

II *vi* 1. (*Speisen*) (*ver~*) to cause constipation, to constipate.

2. (*inf: gierig essen*) to bolt *or* wolf (down) one's food, to stuff oneself (*inf*).

3. (*flicken*) to darn, to do darning.

Stopfen *m* **-s, -** (*dial*) stopper; (*Korken*) cork.

Stopfer *m* **-s, -** (*Pfeifen~*) tamper.

Stopfgarn *nt* darning cotton *or* thread; **Stopfnadel** *f* darning needle; **Stopfpilz** *m* (*Sew*) darning mushroom.

stopp [ʃtɔp] *interj* stop.

Stopp [ʃtɔp] *m* **-s, -s** stop, halt; (*Lohn~*) freeze.

Stoppball *m* (*Tennis etc*) dropshot.

Stoppel¹ *f* **-, -n** (*Getreide~, Bart~*) stubble.

Stoppel² *m* **-s, -** (*Aus*) *siehe* **Stöpsel**.

Stoppelbart *m* stubbly beard, stubble; **Stoppelfeld** *nt* stubble-field; **Stoppelhaar** *nt* bristly hair.

stopp(e)lig *adj Bart* stubbly; *Kinn auch* bristly.

stoppen I *vt* 1. to stop; *Gehälter, Preise* to freeze; (*Ftbl*) *Ball auch* to trap. 2. (*Zeit abnehmen*) to time. **er hat die Laufzeit/Zeit genau gestoppt** he timed exactly how long it took. II *vi* to stop.

Stopper *m* **-s, -** 1. (*Ftbl*) centre half. 2. (*Naut*) stopper. 3. (*Zeitnehmer*) timekeeper.

Stopplicht *nt* stop-light, red light; (*Aut*) brake light; **Stoppschild** *nt* stop *or* halt (*Brit*) sign; **Stoppstraße** *f* road with stop signs, secondary road, stop street (*US*); **Stopp|uhr** *f* stop-watch.

Stöpsel *m* **-s, -** (*von Waschbecken, Badewanne etc*) plug; (*Telec auch*) jack; (*Pfropfen*) stopper; (*Korken*) cork; (*inf: Knirps*) little fellow.

stöpseln *vti* (*Telec*) to connect.

Stör¹ *m* **-(e)s, -e** (*Zool*) sturgeon.

Stör² *f* (*Aus, S Ger, Sw*): **auf ~ gehen** to work at the customer's home.

stör|anfällig *adj* susceptible to interference.

Storch *m* **-(e)s, ⁝e** stork. **wie der ~ im Salat einherstolzieren/gehen** (*inf*) to stalk about/to pick one's way carefully; **der ~ hat sie ins Bein gebissen** (*dated hum*) she's expecting a little stranger (*hum*).

Storchennest *nt* stork's nest.

Störchin *f* female stork.

Storchschnabel *m* 1. (*Bot*) cranesbill, crane's-bill. 2. (*Tech*) pantograph.

Store [ʃtoːɐ, stoːɐ] *m* **-s, -s** *usu pl* net curtain; (*Sw*) shutters *pl*.

stören I *vt* 1. (*beeinträchtigen*) *Schlaf, öffentliche Ordnung, Frieden etc* to disturb; *Verhältnis, Harmonie, Gesamteindruck etc* to spoil; *Rundfunkempfang* to interfere with; (*absichtlich*) to jam. **jds Pläne** ~ to interfere with sb's plans.

2. *Handlungsablauf, Prozeß, Vorlesung, Feier* to disrupt.

3. (*unangenehm berühren*) to disturb, to bother. **was mich an ihm/daran stört** what I don't like about him/it; **entschuldigen Sie, wenn ich Sie störe** I'm sorry to bother you, I'm sorry if I'm disturbing you; **lassen Sie sich nicht ~!** don't let me disturb you, don't mind me; **stört es Sie, wenn ich rauche?** do you mind if I smoke?, does it bother you if I smoke?; **würden Sie bitte aufhören zu rauchen, es stört mich** would you mind not smoking, I find it annoying; **das stört mich nicht** that doesn't bother me, I don't mind; **sie läßt sich durch nichts** ~ she doesn't let anything bother her.

II *vr* **sich an etw** (*dat*) ~ to be bothered about; **ich störe mich an seiner Unpünktlichkeit** I take exception to his unpunctuality.

III *vi* 1. (*lästig, im Weg sein*) to get in the way; (*unterbrechen*) to interrupt; (*Belästigung darstellen: Musik, Lärm etc*) to be disturbing. **bitte nicht ~!** please do not disturb!; **ich möchte nicht** ~ I don't want to be in the way *or* to be a nuisance, I don't want to interrupt; (*in Privatsphäre etc*) I don't want to intrude; **störe ich?** am I intruding?; **etw als ~d empfinden** to find sth bothersome; **ein ~der Lärm** a disturbing noise; **ein ~der Umstand** a nuisance, an annoyance; **eine ~de Begleiterscheinung** a troublesome side-effect.

2. (*unangenehm auffallen*) to spoil the effect, to stick out. **ein hübsches Gesicht, aber die große Nase stört doch etwas** a pretty face, though the big nose does spoil the effect.

Störenfried *m* **-(e)s, -e, Störer** *m* **-s, -** trouble-maker.

Störfaktor *m* source of friction, disruptive factor; **störfrei** *adj* free from interference; **Störgeräusch** *nt* (*Rad, TV*) interference; **Störmanöver** *nt* disruptive action.

Storni *pl of* **Storno**.

stornieren* [ʃtɔrˈniːrən, st-] *vti* (*Comm*) *Auftrag* to cancel; *Buchungsfehler* to reverse.

Storno [ʃˈtɔrno, 'st-] *m or nt* **-s, Storni** (*Comm*) (*von Buchungsfehler*) reversal; (*von Auftrag*) cancellation.

störrisch, störrig (*rare*) *adj* stubborn, obstinate; *Kind, Pferd* unmanageable, disobedient, refractory; *Pferd* restive; *Haare* unmanageable.

Störsender *m* (*Rad*) jamming transmitter, jammer.

Störung *f* 1. disturbance.

2. (*von Ablauf, Verhandlungen etc*) disruption. **es kam zu einer schweren ~ der Gerichtsverhandlung, als ...** the court proceedings were seriously disrupted when ...

3. (*Verkehrs~*) hold-up. **es kam immer wieder zu ~en des Verkehrs** there were continual hold-ups (in the traffic), the traffic was continually held up.

4. (*Tech*) fault, trouble *no indef art.* **eine ~** trouble, a fault; **in der Leitung muß eine ~ sein** there must be a fault on the line.

5. (*Met*) disturbance.

6. (*Rad*) interference; (*absichtlich*) jamming. **atmosphärische ~** atmospherics *pl.*

7. (*Med*) disorder. **gesundheitliche/geistige/nervöse ~en** physical/mental/nervous disorders, nervous trouble.

störungsfrei *adj* trouble-free; (*Rad*) free from interference; **der Verkehr ist/läuft wieder ~** the traffic is moving freely again; **Störungsstelle** *f* (*Telec*) faults service.

Story ['sto:ri, 'stɔri] *f* -, **-s** *or* **Stories** story.

Stoß *m* **-es,** **ⁱe 1.** push, shove (*inf*); (*leicht*) poke; (*mit Faust*) punch; (*mit Fuß*) kick; (*mit Ellbogen*) nudge, dig; (*mit Kopf, Hörnern*) butt; (*Dolch~ etc*) stab, thrust; (*Kugelstoßen*) put, throw; (*Fechten*) thrust; (*Schwimm~*) stroke; (*Atem~*) gasp. **sich** (*dat*) *or* **seinem Herzen einen ~ geben** to pluck up *or* take courage.

2. (*Anprall*) impact; (*Erd~*) tremor; (*eines Wagens*) jolt, bump.

3. (*Med*) intensive course of drugs.

4. (*Stapel*) pile, stack.

5. (*Rail: Schienen~*) (rail) joint.

6. (*Sew: ~band*) selvage; (*Tech: Kante*) butt joint. **auf ~** edge to edge.

7. (*Mil: Feuer~*) volley, burst of fire; (*Trompeten~etc*) blast, blow (*in + acc* on).

8. (*Min*) stope, face.

9. (*Hunt*) tail feathers *pl.*

Stoßband *nt* (*Sew*) selvage; **Stoßdämpfer** *m* (*Aut*) shock absorber.

Stößel *m* **-s,** **-** pestle; (*Aut: Ventil~*) tappet.

stoßen *pret* **stieß,** *ptp* **gestoßen I** *vt* **1.** (*einen Stoß versetzen*) to push, to shove (*inf*); (*leicht*) to poke; (*mit Faust*) to punch; (*mit Fuß*) to kick; (*mit Ellbogen*) to nudge, to dig; (*mit Kopf, Hörnern*) to butt; (*stechen*) *Dolch* to plunge, to thrust; (*vulg*) to fuck (*vulg*), to shag (*vulg*), to poke (*sl*). **sich** (*dat*) **den Kopf** *etc* **~** to hit one's head *etc*; **jdn** *or* **jdn in die Seite ~** to nudge sb, to dig sb in the ribs; **jdn von sich ~** to push sb away; (*fig*) to cast sb aside; **jdn/etw zur Seite ~** to push sb/sth aside; (*mit Fuß*) to kick sb/sth aside *or* to one side; **er stieß den Ball mit dem Kopf ins Tor** he headed the ball into the goal.

2. (*werfen*) to push; (*Sport*) *Kugel* to put. **jdn von der Treppe/aus dem Zug ~** to push sb down the stairs/out of *or* off the train; **jdn ins Elend ~** (*liter*) to plunge sb into misery.

3. (*zerkleinern*) *Zimt, Pfeffer, Zucker* to pound.

II *vr* to bump *or* bang *or* knock oneself. **sich an etw** (*dat*) **~** (*lit*) to bump *etc* oneself on *or* against sth; (*fig*) to take exception to sth, to disapprove of sth.

III *vi* **1.** (*mit den Hörnern*) to butt (*nach* at).

2. (*Tech*) to butt (*an +acc* against).

3. (*Gewichtheben*) to jerk.

4. *aux sein* (*treffen, prallen*) to run *or* bump into (*auch fig*); (*herab~: Vogel*) to swoop down (*auf + acc* on). **an etw** (*acc*) **~** to bump into *or* hit sth; (*grenzen*) **~** to border on sth; **gegen etw ~** to run into sth; **zu jdm ~** to meet up with sb, to join sb; **auf jdn ~** to bump *or* run into sb; **auf etw** (*acc*) **~** (*Straße*) to lead into *or* onto sth; (*Schiff*) to hit sth, to run into *or* against sth; (*fig: entdecken*) to come upon *or* across sth; **auf Erdöl/Grundwasser ~** to strike oil/to discover underground water; **auf Widerstand/ Ablehnung/Zustimmung ~** to meet with *or* encounter resistance/to meet with disapproval/approval.

5. (*old: blasen*) to blow, to sound; *siehe* Horn.

stoßfest *adj* shock-proof; **Stoßgebet** *nt* quick prayer; **ein ~ zum Himmel schicken** to say a quick prayer; **Stoßgeschäft** *nt* business with short periods of peak activity; (*Saisonarbeit*) seasonal business; **Stoßkraft** *f* force; (*Mil*) combat strength; **Stoßseufzer** *m* deep sigh; **stoßsicher** *adj* shock-proof; **Stoßstange** *f* (*Aut*) bumper; **Stoßtherapie** *f* (*Med*) intensive course of drug treatment; **Stoßtrupp** *m* (*Mil*) raiding party; **Stoßverkehr** *m* rush-hour (traffic); **Stoßwaffe** *f* thrust weapon; **stoßweise** *adv* **1.** (*ruckartig*) spasmodically, by fits and starts; **~ atmen** to pant; **2.** (*stapelweise*) by the pile; **Stoßzahn** *m* tusk; **Stoßzeit** *f* (*im Verkehr*) rush-hour; (*in Geschäft etc*) peak period, busy time.

Stotterei *f* (*inf*) stuttering; (*fig*) stuttering and stammering.

Stotterer *m* **-s, -, Stotterin** *f* stutterer.

stottern *vti* to stutter; (*Motor*) to splutter. **leicht/stark ~** to have a slight/bad stutter, to stutter slightly/badly; **ins S~ kommen** to start stuttering; **etw auf S~ kaufen** (*inf*) to buy sth on the never-never (*Brit inf*) *or* on the cuff (*US inf*).

Stotzen *m* **-s, -** (*esp S Ger*) **1.** (*Baumstumpf*) (tree-)stump. **2.** (*Bottich*) tub, vat.

Stövchen *nt* (teapot- *etc*) warmer.

StPO [este:pe:'|o:] *f* - *abbr of* **Strafprozeßordnung.**

Str. *abbr of* **Straße** St.

stracks *adv* straight, immediately.

Strafandrohung *f* threat of punishment; **unter ~** on *or* under threat of penalty; **Strafanstalt** *f* penal institution, prison; **Strafantrag** *m* action, legal proceedings *pl*; **~ stellen** to institute legal proceedings; **Strafantritt** *m* commencement of (prison) sentence; **Strafanzeige** *f* **~ gegen jdn erstatten** to bring a charge against sb; **Strafarbeit** *f* (*Sch*) punishment; (*schriftlich*) lines *pl*; **Strafaufschub** *m* (*Jur*) suspension of sentence; (*von Todesstrafe*) reprieve; **Strafaussetzung** *f* (*Jur*) suspension of sentence; **~ zur Bewährung** probation; **Strafbank** *f* (*Sport*) penalty bench, sin-bin (*inf*).

strafbar *adj Vergehen* punishable. **~e Handlung** punishable offence; **das ist ~!** that's an offence; **sich ~ machen** to commit an offence.

Strafbataillon nt (Mil) punishment battalion; **Strafbefehl** m (Jur) order of summary punishment (from a local court, on the application of the DPP); **Strafbestimmung** f (Jur) penal laws pl, legal sanction.

Strafe f -, -n punishment; (Jur, Sport) penalty; (Geld~) fine; (Gefängnis~) sentence. etw bei ~ verbieten to make sth punishable by law, to prohibit sth by law; es ist bei ~ verboten, ... it is a punishable or prosecutable offence ...; etw unter ~ stellen to make sth a punishable offence; unter ~ stehen to be a punishable offence; bei ~ von on pain or penalty of; seine ~ abbüßen or absitzen or abbrummen (inf) to serve one's sentence, to do one's time (inf); eine ~ von drei Jahren Gefängnis a three-year prison sentence; ~ zahlen to pay a fine; 100 Dollar ~ zahlen to pay a $100 fine, to be fined $100; zur ~ as a punishment; ~ muß sein! discipline is necessary; sie hat ~ verdient she deserves to be punished; seine verdiente or gerechte ~ bekommen to get one's just deserts, to be duly punished; die ~ folgte auf dem Fuße punishment was swift to come; er hat seine ~ weg (inf) he's had his punishment; etw als ~ empfinden (als lästig) to find sth a bind (inf); (als Bestrafung) to see sth as a punishment; dieses Kind ist eine ~ this child is a pain (in the neck) (inf).

strafen I vt 1. (be~) to punish. jdn (für etw/mit etw) ~ to punish sb (for sth/with sth); mit etw gestraft sein to be cursed with sth; mit seinen Kindern/dieser Arbeit ist er wirklich gestraft his children are a real trial to him/he finds this work a real bind (inf); sie ist vom Schicksal gestraft she is cursed by Fate, she has the curse of Fate upon her; er ist gestraft genug he has been punished enough; siehe Verachtung.

2. (old Jur) jdn an seinem Leben/Vermögen ~ to sentence sb to corporal punishment/to death/to fine sb; siehe Lüge.

II vi to punish.

strafend adj attr punitive; Blick, Worte reproachful.

Straf|entlassene(r) mf decl as adj ex-convict, discharged prisoner; **Straf|entlassung** f discharge, release (from prison); **Straf|erlaß** m remission (of sentence); **straf|erschwerend** adj Umstand aggravating; (als) ~ kam hinzu, daß ... the offence/crime was compounded by the fact that ...; **straf|exerzieren*** vi insep (Mil) to do punishment drill; **Straf|expedition** f punitive expedition.

straff adj Seil tight, taut; Haut smooth; Busen firm; Haltung, Gestalt erect; (~sitzend) Hose etc tight, close-fitting; (fig: streng) Disziplin, Organisation strict, tight. ~ sitzen to fit tightly, to be close-fitting or tight; etw ~ spannen or ziehen to tighten sth; Decke etc to pull sth tight; die Leine muß ~ gespannt sein the line has to be tight; das Haar ~ zurückkämmen to comb one's hair back severely.

straffällig adj ~ werden to commit a criminal offence; S~e(r) offender.

straffen I vt to tighten; (spannen) Seil, Leine auch to tauten; (raffen) Handlung, Darstellung to make more taut, to tighten up. sich (dat) den Busen ~ lassen to have one's breasts lifted.

II vr to tighten, to become taut; (Haut) to become smooth; (Busen) to become firm; (sich aufrichten) to stiffen.

Straffheit f, no pl siehe adj tightness, tautness; smoothness; firmness; erectness; tightness; strictness, tightness.

straffrei adj ~ bleiben/ausgehen to go unpunished; **Straffreiheit** f impunity, exemption from punishment; **Strafgebühr** f surcharge; **Strafgefangene(r)** mf decl as adj detainee, prisoner; **Strafgericht** nt criminal court; ein ~ abhalten to hold a trial; das göttliche or himmlische ~ divine judgement; ein ~ brach über ihn herein (fig) the wrath of God descended upon him; **Strafgerichtsbarkeit** f jurisdiction; **Strafgesetz** nt criminal or penal law; **Strafgesetzbuch** nt Criminal Code; **Strafgesetzgebung** f penal legislation; **Strafjustiz** f criminal justice no art; **Strafkammer** f division for criminal matters (of a court); **Strafkolonie** f penal colony; **Strafkompanie** f (Mil) punishment battalion; **Straflager** nt disciplinary or punishment camp.

sträflich I adj (lit, fig) criminal; siehe Leichtsinn. II adv vernachlässigen etc criminally.

Sträfling m prisoner.

Sträflingskleidung f prison clothing.

Strafmandat nt ticket; **Strafmaß** nt sentence; das höchste ~ the maximum penalty or sentence; **strafmildernd** adj extenuating, mitigating; **Strafmilderung** f mitigation or commutation of the/a sentence; **Strafminute** f (Sport) penalty minute; **strafmündig** adj of the age of criminal responsibility; **Strafnachlaß** m remission; **Strafporto** nt excess postage; **Strafpredigt** f reprimand, dressing-down; jdm eine ~ halten to give sb a lecture or dressing-down; **Strafprozeß** m criminal proceedings pl, criminal action or case; **Strafprozeßordnung** f code of criminal procedure; **Strafraum** m (Sport) penalty area or (Ftbl auch) box; **Strafrecht** nt criminal law; **Strafrechtler** m -s, - expert in criminal law, penologist; **strafrechtlich** adj criminal; jdn/etw ~ verfolgen to prosecute sb/sth; das ist aber kein ~es Problem but that is not a problem of criminal law; **Strafregister** nt police or criminal records pl; (hum inf) record; ein Eintrag im ~ an entry in the police or criminal records pl; einen Eintrag im ~ haben to have a record; er hat ein langes ~ he has a long (criminal) record; (hum inf) he's got a bad record; **Strafrichter** m criminal judge; **Strafsache** f criminal matter; **Strafschuß** m (Sport) penalty (shot); **Strafsenat** m criminal division (of the Court of Appeal and Federal Supreme Court); **Strafstoß** m (Ftbl etc) penalty (kick); (Hockey etc) penalty (shot); **Straftat** f criminal offence or act; **Straftäter** m offender, criminal; **Straf|umwandlung** f (Jur) commutation of a/the penalty; **Strafverbüßung** f serving of a sentence; **nach seiner** ~ after serving his sentence; **Strafverfahren** *nt* criminal proceedings *pl*, criminal action *or* case; **Strafverfolgung** *f* criminal prosecution; **strafverschärfend** *adj siehe* **straferschwerend; Strafversetzen*** *vt insep Beamte* to transfer for disciplinary reasons; **Strafversetzung** *f* (disciplinary) transfer; **Strafverteidiger** *m* counsel for the defence, defence counsel *or* lawyer; **Strafvollstreckung** *f* execution of the/a sentence; **Strafvollzug** *m* penal system; **Strafvollzugs|anstalt** *f* (*form*) penal institution; **Strafwurf** *m* (*Sport*) penalty throw; **Strafzettel** *m* (*inf*) ticket.

Strahl *m* -(e)s, -en 1. (*lit, fig*) ray; (*Licht~ auch*) shaft *or* beam of light; (*Sonnen~*) shaft of light; (*Radio~, Laser~ etc*) beam; (*poet: das Leuchten*) light. **im ~ einer Taschenlampe** by the light *or* in the beam of a torch.
2. (*Wasser~, Luft~*) jet.

Strahl|antrieb *m* (*Aviat*) jet propulsion.

strahlen *vi* 1. (*Sonne, Licht etc*) to shine; (*Sender*) to beam; (*glühen*) to glow (*vor + dat* with); (*Heizofen etc*) to radiate.
2. (*leuchten*) to gleam, to sparkle; (*fig: Gesicht*) to beam. **der Himmel strahlte** the sky was bright; **das ganze Haus strahlte vor Sauberkeit** the whole house was sparkling clean; **was strahlst du so?** what are you beaming for?; **er/sie strahlte vor Freude** he/she was beaming with happiness, she was radiant with happiness; **er strahlte (übers ganze Gesicht)** he was beaming all over his face; *siehe* **strahlend**.

strählen *vt* (*S Ger, Sw*) to comb.

Strahlenbehandlung *f* (*Med*) ray treatment; **Strahlenbelastung** *f* (exposure to) radiation; **Strahlenbiologie** *f* radiobiology; **Strahlenbündel** *nt* pencil of rays.

strahlend *adj* radiant; *Wetter, Tag* bright, glorious; *Gesicht auch* beaming. ~**es Lachen** beaming smile, beam; **es war ein** ~ **schöner Tag** a glorious day; **mit** ~**em Gesicht** with a beaming face; (*von Frau, Kind auch*) with a radiant face; **er sah sie** ~ **an** he beamed at her; **sie sah ihn** ~ **an** she looked at him, beaming *or* radiant with happiness.

strahlenförmig *adj* radial; **sich** ~ **ausbreiten** to radiate out; **strahlengeschädigt** *adj* suffering from radiation damage; *Organ* damaged by radiation; **die S~en** the radiation victims; **Strahlenheilkunde** *f* radiotherapy; **Strahlenkrankheit** *f* radiation sickness; **Strahlenpilz** *m* ray-fungus; **Strahlenquelle** *f* source of radiation; **Strahlenschäden** *pl* radiation injuries *pl*; (*von Organ auch*) radiation damage *sing*; **Strahlenschutz** *m* radiation protection; **Strahlentherapie** *f* radiotherapy; **Strahlentierchen** *nt* radiolarian.

Strahltriebwerk *nt* jet engine; **Strahlturbine** *f* turbo-jet.

Strahlung *f* radiation.

Strahlungs|energie *f* radiation *or* radiant energy; **Strahlungsgürtel** *m* Van Allen belt; **der** ~ **der Erde** the Van Allen belt;

Strahlungs|intensität *f* dose of radiation; **Strahlungswärme** *f* radiant heat.

Strahlverfahren *nt* (jet-)blasting.

Strähne *f* -, -n, **Strähn** *m* -(e)s, -e (*Aus*) (*Haar~*) strand; (*Längenmaß: Woll~, Garn~*) skein, hank.

strähnig *adj Haar* straggly. **das Haar fiel ihr** ~ **auf die Schultern** her hair fell in strands *or* in rats' tails (*pej inf*) on her shoulders.

Stramin *m* -s, -e evenweave (embroidery) fabric.

stramm *adj* (*straff*) *Seil, Hose* tight; *Seil auch* taut; (*schneidig*) *Haltung, Soldat* erect, upright; (*kräftig, drall*) *Mädchen, Junge* strapping; *Junge, Beine* sturdy; *Brust* firm; (*inf*) (*tüchtig*) *Marsch, Arbeit* strenuous, tough, hard; (*überzeugt*) staunch; (*sl: betrunken*) tight (*inf*). ~ **sitzen** to be tight *or* close-fitting, to fit tightly; ~**e Haltung annehmen** to stand to attention; ~ **arbeiten** (*inf*) to work hard, to get down to it (*inf*); ~ **marschieren** (*inf*) to march hard; ~**er Max** *open sandwich of boiled ham and fried egg*.

strammstehen *vi sep irreg* (*Mil inf*) to stand to attention; **strammziehen** *vt sep irreg Seil, Hose* to pull tight, to tighten; *Socken* to pull up; **jdm den Hosenboden** *or* **die Hosen** ~ (*inf*) to give sb a good hiding (*inf*).

Strampelhöschen [-'hø:sçən] *nt* rompers *pl*.

strampeln *vi* 1. to flail *or* thrash about; (*Baby*) to thrash about. **das Baby strampelte mit Armen und Beinen** the baby was kicking its feet and waving its arms about.
2. *aux sein* (*inf: radfahren*) to pedal.
3. (*inf: sich ab~*) to (sweat and) slave.

Strand *m* -(e)s, ¨e (*Meeres~*) beach, strand (*poet*); (*Seeufer*) shore; (*poet: Flußufer*) bank. **am** ~ on the beach.

Strand|anzug *m* beach suit; **Strandbad** *nt* (seawater) swimming pool; (*Badeort*) bathing resort.

stranden *vi aux sein* to run aground, to be stranded; (*fig*) to fail; (*Mädchen*) to go astray.

Strandgut *nt* (*lit, fig*) flotsam and jetsam; **Strandhafer** *m* marram (grass); **Strandhaubitze** *f*: **blau** *or* **voll wie eine** ~ (*inf*) as drunk as a lord (*inf*), rolling drunk (*inf*); **Strandhotel** *nt* seaside hotel; **Strandkleidung** *f* beachwear; **Strandkorb** *m* wicker beach chair with a hood; **Strandläufer** *m* (*Orn*) sandpiper; **Strandpromenade** *f* promenade; **Strandrecht** *nt* right of salvage; **Strandvogt** *m* beach warden; **Strandwache** *f* lifeguard; (*Dienst*) lifeguard duty; **Strandwächter** *m* lifeguard; **Strandweg** *m* beach path.

Strang *m* -(e)s, ¨e (*Nerven~, Muskel~*) cord; (*Strick auch*) rope; (*Woll~, Garn~*) hank, skein; (*am Pferdegeschirr*) trace, tug; (*Rail: Schienen~*) track. **jdn zum Tod durch den** ~ **verurteilen** to sentence sb to be hanged; **der Tod durch den** ~ death by hanging; **am gleichen** *or* **an demselben** ~ **ziehen** (*fig*) to be in the same boat; **über die** ¨**e schlagen** *or* **hauen** (*inf*) to get carried away (*inf*); *siehe* **reißen.**

Strangulation [ʃtrangula'tsio:n, st-] *f* strangulation.

strangulieren* [ʃtraŋguˈliːrən, st-] *vt* to strangle.

Strapaze *f* -, **-n** strain.

strapazfähig *adj* (*Aus*) *siehe* **strapazierfähig**.

strapazieren* I *vt* to be a strain on, to take a lot out of; *Schuhe, Kleidung* to be hard on, to give a lot of hard wear to; (*fig inf*) *Redensart, Begriff* to flog (to death) (*inf*); *Nerven* to strain, to try. II *vr* to tax oneself.

strapazierfähig *adj Schuhe, Kleidung* hard-wearing, durable; (*fig inf*) *Nerven* strong, tough.

strapaziös *adj* (*lit, fig*) wearing, exhausting.

Straps *m* **-es, -e** suspender belt (*Brit*), garter belt (*US*).

Straß *m* - *or* **-sses**, *no pl* paste.

straß|auf *adv*: ~, **straßab** up and down the street.

Straßburg *nt* **-s** Strasbourg, Strassburg.

Straße *f* -, **-n 1.** road; (*in Stadt, Dorf*) street, road (*Brit*); (*kleine Land*~) lane. **an der** ~ by the roadside; **auf die** ~ **gehen** (*lit*) to go out on the street; (*als Demonstrant*) to take to the streets, to go out into the streets; **auf der** ~ **liegen** (*fig inf*) to be out of work; (*als Wohnungsloser*) to be on the streets; (*als Faulenzer, Asozialer etc*) to hang around the streets *or* around street corners; (*Kraftfahrer*) to have broken down; **auf die** ~ **gesetzt werden** (*inf*) to be turned out (onto the streets); (*als Arbeiter*) to be sacked (*inf*), to get the sack (*inf*); **über die** ~ **gehen** to cross (the road/ street); **er wohnt drei** ~**n weiter** he lives three blocks further on; **er ist aus unserer** ~ he's from our street; **davon spricht die ganze** ~ the whole street's talking about it; **Verkauf über die** ~ *siehe* **Straßenverkauf**; **etw über die** ~ **verkaufen** to sell sth to take away (*Brit*) *or* to take out (*US*); **das Geld liegt/liegt nicht auf der** ~ money is there for the asking/money doesn't grow on trees; **der Mann auf der** ~ (*fig*) the man in the street.

2. (*Meerenge*) strait(s *pl*). **die** ~ **von Dover/Gibraltar/Messina** *etc* the Straits of Dover/Gibraltar/Messina *etc*.

3. (*Mob, Pöbel*) **die** ~ the masses *pl*, the rabble.

4. (*Tech*) (*Fertigungs*~) (production) line; (*Walz*~) train.

Straßen|anzug *m* lounge suit (*Brit*), business suit (*US*); **Straßen|arbeiten** *pl* road-works *pl*; **Straßen|arbeiter** *m* road-mender.

Straßenbahn *f* (*Wagen*) tram (*Brit*), streetcar (*US*); (*Netz*) tramway(s) (*Brit*), streetcar system (*US*).

Straßenbahner *m* **-s, -** (*inf*) tramway (*Brit*) *or* streetcar (*US*) employee.

Straßenbahnfahrer, Straßenbahnführer *m* tram/streetcar driver, motorman (*US*); **Straßenbahnhaltestelle** *f* tram/ streetcar stop; **Straßenbahnlinie** *f* tramline (*Brit*), tram route (*Brit*), streetcar line (*US*); **mit der** ~ **11 fahren** to take the number 11 tram/streetcar; **Straßenbahnschaffner** *m* tram/ streetcar conductor; **Straßenbahnschiene** *f* tramline

(*Brit*), tram (*Brit*) *or* streetcar (*US*) rail.

Straßenbau *m* road construction; **Straßenbau|amt** *nt* highways *or* (*städtisch*) roads department; **Straßenbekanntschaft** *f* passing *or* nodding acquaintance; **Straßenbelag** *m* road surface; **Straßenbeleuchtung** *f* street lighting; **Straßenbenutzungsgebühr** *f* (road) toll; **Straßenbild** *nt* street scene; **Straßenböschung** *f* embankment; **Straßenbreite** *f* width of a/the road; **Straßendecke** *f* road surface; **Straßendorf** *nt* linear village; **Straßen|ecke** *f* street corner; **ein paar** ~**n weiter** a few blocks further; **Straßen|einmündung** *f* road junction; **Straßenfeger** *m* **-s, -** road sweeper; **Straßenführung** *f* route; **Straßengabelung** *f* fork (in a/the road); **Straßenglätte** *f* slippery road surface; **Straßengraben** *m* ditch; **Straßenhandel** *m* street trading; **Straßenhändler** *m* street trader; (*mit Obst, Fisch etc auch*) costermonger; **Straßenjunge** *m* (*pej*) street urchin, street arab; **Straßenkampf** *m* street fighting *no pl*; **Straßenkarte** *f* road map; **Straßenkehrer** *m* **-s, -** road sweeper; **Straßenkleid** *nt* outdoor dress; **Straßenkreuzer** *m* **-s, -** (*inf*) limousine; **Straßenkreuzung** *f* crossroads *sing or pl*, intersection (*US*); **Straßenlage** *f* (*Aut*) road holding; **dieses Auto hat eine gute** ~ this car holds the road well *or* has good road holding; **Straßenlärm** *m* street noise; **Straßenlaterne** *f* street lamp; **Straßenmädchen** *nt* streetwalker, prostitute; **Straßenmusikant** *m* street musician; **Straßenname** *m* street name; **Straßennetz** *nt* road network *or* system; **Straßenrand** *m* roadside; **Straßenraub** *m* mugging (*inf*), street robbery; (*durch Wegelagerer*) highway robbery; **Straßenräuber** *m* mugger (*inf*), thief, footpad (*old*); (*Wegelagerer*) highwayman; **Straßenreinigung** *f* street cleaning; **Straßenrennen** *nt* road race; **Straßensammlung** *f* street collection; **Straßensänger** *m* street singer; **Straßenschild** *nt* street sign; **Straßenschuh** *m* walking shoe; **Straßenseite** *f* side of a/the road; **Straßensperre** *f* roadblock; **Straßensperrung** *f* closing (off) of a/the road; **Straßenstrich** *m* (*inf*) walking the streets, street-walking; (*Gegend*) red-light district; **auf den** ~ **gehen** to walk the streets; **Straßentheater** *nt* street theatre; **Straßentunnel** *m* (road) tunnel; **Straßen|überführung** *f* footbridge, pedestrian bridge; **Straßen|unterführung** *f* underpass, subway; **Straßenverhältnisse** *pl* road conditions *pl*; **Straßenverkauf** *m* street-trading; take-away (*Brit*) *or* take-out (*US*) sales *pl*; (*Außer-Haus-Verkauf*) (*von alkoholischen Getränken*) off-licence sales *pl* (*Brit*), package store sales *pl* (*US*); (*Verkaufsstelle*) take-away (*Brit*), take-out (*US*); (*für alkoholische Getränke*) off-licence (*Brit*), package store (*US*); **Straßenverkäufer** *m* street seller *or* vendor; (*von Obst, Fisch etc auch*) costermonger; **Straßenverkehr** *m* traffic; **Straßenverkehrs|ordnung** *f* (*Jur*) Road Traffic Act,

highway code; **Straßenverzeichnis** *nt*
index of street names; (*in Buchform auch*)
street directory; **Straßenwacht** *f* road
patrol; **Straßenwalze** *f* road-roller,
steam roller; **Straßenzug** *m* street;
Straßenzustand *m* road conditions *pl*;
Straßenzustandsbericht *m* road
report.

Stratege *m* **-n, -n** strategist.
Strategie *f* strategy.
strategisch *adj* strategic.
Stratifikation *f* stratification.
stratifizieren* *vt* (*Geol, Agr*) to stratify.
Stratosphäre *f* -, *no pl* stratosphere.
stratosphärisch *adj* stratospheric.
Stratus *m* -, **Strati, Stratuswolke** *f* (*Met*)
stratus (cloud).

sträuben I *vr* **1.** (*Haare, Fell*) to stand on
end; (*Gefieder*) to become ruffled. **der
Katze sträubt sich das Fell** (*aggressiv*) the
cat raises its hackles; **da ~ sich einem die
Haare** it's enough to make your hair stand
on end.
2. (*fig*) to struggle (*gegen* against). **die
Feder/die Zunge sträubt sich, das zu
schildern** (*geh*) one hesitates to put it
down on paper/to say it.
II *vt Gefieder* to ruffle.

Strauch *m* **-(e)s, Sträucher** bush, shrub.
Strauchdieb *m* (*old*) footpad (*old*).
straucheln *vi aux sein* **1.** (*geh: stolpern*)
to stumble, to trip. **2.** (*fig*) (*auf die schiefe
Bahn geraten*) to transgress; (*Mädchen*)
to go astray. **die Gestrauchelten** the
reprobates.

Strauchwerk *nt, no pl* (*Gebüsch*) bushes
pl, shrubs *pl*; (*Gestrüpp*) undergrowth.

Strauß¹ *m* **-es, -e** ostrich. **wie der Vogel ~**
like an ostrich.

Strauß² *m* **-es, Sträuße 1.** bunch;
(*Blumen~*) bunch of flowers; (*als
Geschenk*) bouquet, bunch of flowers;
(*kleiner ~, Biedermeier~*) posy. **einen ~
binden** to tie flowers/twigs *etc* into a
bunch; (*Blumen~ auch*) to make up a
bouquet.
2. (*old: Kampf, fig*) struggle, battle.
mit jdm einen harten ~ ausfechten (*lit, fig*)
to have a hard struggle *or* fight with sb.

Straußenfeder *f* ostrich feather *or* plume.
Strauß(en)wirtschaft *f* (*esp Aus*) *place
which sells home-grown wine when a
broom is displayed outside*.

Streb *m* **-(e)s, -e** (*Min*) coal face. **im ~ arbeiten** to work on the coal face.

Strebe *f* -, **-n** brace, strut; (*Decken~*) joist;
(*von Flugzeug*) strut.

Strebebalken *m* diagonal brace *or* strut;
Strebebogen *m* flying buttress.

streben *vi* (*geh*) **1.** (*den Drang haben, sich
bemühen*) to strive (*nach, an +acc, zu*
for); (*Sch pej*) to swot (*inf*). **danach ~,
etw zu tun** to strive to do sth; **die Pflanze
strebt nach Licht** the plant seeks the light;
der Fluß strebt zum Meer the river flows
towards the sea.
2. *aux sein* (*sich bewegen*) **nach** *or* **zu
etw ~** to make one's way to sth; (*Armee*)
to push towards sth; **in die Höhe ~** to rise
or soar aloft.

Streben *nt* **-s,** *no pl* **1.** (*Drängen, Sinnen*)
striving (*nach* for); (*nach Ruhm, Geld*)

aspiration (*nach* to); (*Bemühen*) efforts
pl. **2.** (*Tendenz*) shift, movement.

Strebepfeiler *m* buttress.

Streber *m* **-s, -** (*pej inf*) pushy person; (*Sch*)
swot (*inf*).

strebsam *adj* assiduous, industrious.
Strebsamkeit *f, no pl* assiduity, industriousness.

Streckbett *nt* (*Med*) orthopaedic bed *with
traction facilities*.

Strecke *f* -, **-n 1.** (*Entfernung zwischen zwei
Punkten, Sport*) distance; (*Math*) line
(*between two points*). **eine ~ zurücklegen**
to cover a distance; **eine ziemliche** *or* **gute
~ entfernt sein** (*lit, fig*) to be a long way
away.
2. (*Abschnitt*) (*von Straße, Fluß*)
stretch; (*von Bahnlinie*) section.
3. (*Weg, Route*) route; (*Straße*) road;
(*Bahnlinie, Sport: Bahn*) track; (*fig:
Passage*) passage. **welche ~ bist du
gekommen?** which way *or* route did you
come?; **für die ~ London-Glasgow
brauchen wir 5 Stunden** the journey from
London to Glasgow will take us 5 hours;
auf der ~ sein to be in the race; **auf** *or* **an
der ~ Paris-Brüssel** on the way from Paris
to Brussels; **in einer ~** in one go (*inf*),
without stopping; **auf freier** *or* **offener ~**
(*esp Rail*) on the open line, between
stations; **auf weite ~n (hin)** (*lit, fig*) for
long stretches; **auf der ~ bleiben** (*bei Rennen*) to drop out of the running; (*in Konkurrenzkampf*) to fall by the wayside.
4. (*Hunt*) (*Jagdbeute*) bag, kill. **zur ~
bringen** to bag, to kill; (*fig*) *Verbrecher* to
hunt down.
5. (*Min*) gallery.

strecken I *vt* **1.** *Arme, Beine, Oberkörper* to
stretch; *Hals* to crane; (*Sch: sich melden*)
Finger, Hand to raise, to put up. **die Beine
von sich ~** to stretch out one's legs; **den
Kopf aus dem Fenster/ durch die Tür ~** to
stick one's head out of the window/
through the door; **jdn zu Boden ~** to
knock sb to the floor.
2. (*im Streckverband*) *Bein, Arm* to
straighten.
3. (*Metal*) *Blech, Eisen* to hammer out.
4. (*inf: absichtlich verlängern*) *Vorräte,
Geld* to eke out, to stretch; *Arbeit* to drag
out (*inf*); *Essen* to make go further; (*verdünnen*) to thin down, to dilute.
II *vr* (*sich recken*) to have a stretch, to
stretch; (*inf: wachsen*) to shoot up (*inf*).

Strecken|abschnitt *m* (*Rail*) section of the
line *or* track, track section; **Strecken-
|arbeiter** *m* (*Rail*) plate-layer; **Strecken-
begehung** *f* (*Rail*) track inspection;
Streckenführung *f* (*Rail*) route;
Streckennetz *nt* rail network; **Strecken-
rekord** *m* (*Sport*) track record; **Strecken-
wärter** *m* (*Rail*) track inspector;
streckenweise *adv* in parts *or* places.

Strecker *m* **-s, -, Streckmuskel** *m* (*Anat*)
extensor (muscle).

Streckverband *m* (*Med*) bandage used in
traction.

Streich *m* **-(e)s, -e 1.** (*Schabernack*)
prank, trick. **jdm einen ~ spielen** (*lit*) to
play a trick on sb; (*fig: Gedächtnis etc*) to
play tricks on sb; **immer zu ~en aufgelegt**

sein to be always up to pranks *or* tricks.

2. (*old, liter*) *bol*; (*mit Rute, Peitsche*) stroke, lash. **auf einen** ~ at one blow; (*fig auch*) in one go (*inf*).

streicheln *vti* to stroke; (*liebkosen*) to caress. **jdm die Wange/das Haar** ~ to stroke/caress sb's cheek/hair.

streichen *pret* **strich**, *ptp* **gestrichen** I *vt* **1.** to stroke. **etw glatt** ~ to smooth sth (out); **sich** (*dat*) **die Haare aus dem Gesicht/der Stirn** ~ to push one's hair back from one's face/forehead; *siehe* **gestrichen.**

2. (*auftragen*) *Butter, Brot etc* to spread; *Salbe, Farbe etc* to apply, to put on. **sich** (*dat*) **ein Brot (mit Butter)** ~ to butter oneself a slice of bread; **sich** ~ **lassen** to spread easily.

3. (*an~: mit Farbe*) to paint. **frisch gestrichen!** wet paint.

4. *Geige, Cello* to bow.

5. (*tilgen*) *Zeile, Satz* to delete, to cross out; *Auftrag, Plan, Zug etc* to cancel; *Schulden* to write off; *Zuschuß etc* to cut. **jdn/etw von** *or* **aus der Liste** ~ to take sb/ sth off the list, to delete sb/sth from the list; **etw aus seinem Gedächtnis** ~ (*geh*) to erase sth from one's memory.

6. (*Naut*) *Segel, Flagge, Ruder* to strike.

II *vi* **1.** (*über etw hinfahren*) to stroke. **mit der Hand über etw** (*acc*) ~ to stroke sth with one's hand).

2. *aux sein* (*streifen*) to brush past (*an etw* (*dat*) sth); (*Wind*) to waft. **um/durch etw** ~ (*herum~*) to prowl around/through sth; **die Katze strich mir um die Beine** the cat rubbed against my legs; **durch den Wald/die Felder** ~ (*old, geh*) to ramble *or* wander through the woods/fields.

3. *aux sein* (*Vögel*) to sweep (*über +acc* over).

4. (*malen*) to paint.

Streicher *pl* (*Mus*) strings *pl*.

streichfähig *adj* easy to spread; **streichfertig** *adj* ready to use *or* apply; **Streichholz** *nt* match; **Streichholzschachtel** *f* matchbox; **Streich|instrument** *nt* string(ed) instrument; **die** ~**e** the strings; **Streichkäse** *m* cheese spread; **Streichmusik** *f* music for strings; **Streich|orchester** *nt* string orchestra; **Streichquartett** *nt* string quartet; **Streichquintett** *nt* string quintet; **Streichriemen** *m* strop.

Streichung *f* (*Tilgung*) (*von Zeile, Satz*) deletion; (*Kürzung*) cut; (*von Auftrag, Plan, Zug*) cancellation; (*von Schulden*) writing off; (*von Zuschüssen etc*) cutting.

Streichwurst *f* sausage for spreading, ≃ meat paste.

Streifband *nt* wrapper.

Streifbandzeitung *f* newspaper sent at printed paper rate.

Streife *f* -, -n (*Patrouille*) patrol. **auf** ~ **gehen/sein** to go/be on patrol; **seine** ~ **machen** to do one's rounds, to patrol; **ein Polizist auf** ~ a policeman on his beat.

streifen I *vt* **1.** (*flüchtig berühren*) to touch, to brush (against); (*Kugel*) to graze; (*Billardkugel*) to kiss; (*Auto*) to scrape. **jdn an der Schulter** ~ to touch sb on the shoulder; **jdn mit einem Blick** ~ to glance fleetingly at sb.

2. (*fig: flüchtig erwähnen*) to touch (up)on.

3. (*ab~, überziehen*) **die Schuhe von den Füßen** ~ to slip one's shoes off; **den Ring vom Finger** ~ to slip *or* take the ring off one's finger; **sich** (*dat*) **die Handschuhe über die Finger** ~ to pull on one's gloves; **er streifte sich** (*dat*) **den Pullover über den Kopf** (*an-/ausziehen*) he slipped the pullover on/off over his head.

II *vi* (*geh*) **1.** *aux sein* (*wandern*) to roam, to wander; (*Fuchs*) to prowl. (**ziellos**) **durch das Land/die Wälder** ~ to roam the country/the forests.

2. *aux sein* (*flüchtig berühren: Blick etc*) **sie ließ ihren Blick über die Menge** ~ she scanned the crowd.

3. (*fig: grenzen*) to border (*an +acc* on).

Streifen *m* -s, - **1.** (*Stück, Band*) strip; (*Speck~*) rasher. **ein** ~ **Land** *or* **Landes** (*geh*)/**Speck** a strip of land/bacon.

2. (*Strich*) stripe; (*Farb~*) streak.

3. (*Loch~, Klebe~ etc*) tape.

4. (*Tresse*) braid; (*Mil*) stripe.

5. (*Film*) film; (*Abschnitt*) strip of film.

6. (*Linie*) line.

Streifendienst *m* patrol duty; **Streifenmuster** *nt* stripy design *or* pattern; **ein Anzug mit** ~ a striped suit; **Streifenpolizei** *f* patrol police; **Streifenpolizist** *m* policeman on patrol; **Streifenwagen** *m* patrol car.

streifig *adj* streaky.

Streiflicht *nt* (*fig*) highlight; **ein** ~ **auf etw** (*acc*) **werfen** to highlight sth; **Streifschuß** *m* graze; **Streifzug** *m* raid; (*Bummel*) expedition; (*fig: kurzer Überblick*) brief survey (*durch* of).

Streik *m* -(e)s, -s *or* (*rare*) -e strike. **zum** ~ **aufrufen** to call a strike; **in den** ~ **treten** to come out *or* go on strike.

Streik|aufruf *m* strike call; **Streikbrecher** *m*, - strikebreaker, blackleg (*pej*), scab (*pej*).

streiken *vi* to be on strike, to strike; (*in den Streik treten*) to come out on *or* go on strike, to strike; (*hum inf*) (*nicht funktionieren*) to pack up (*inf*); (*Magen*) to protest; (*Gedächtnis*) to fail. **der Kühlschrank streikt schon wieder** (*inf*) the fridge has packed up again (*inf*) *or* is on the blink again (*inf*); **wenn ich heute abwaschen soll, streike ich** (*inf*) if I have to do the washing up today, I'll go on strike (*inf*).

Streikende(r) *mf decl as adj* striker.

Streikgeld *nt* strike pay; **Streikkasse** *f* strike fund; **Streikposten** *m* picket; ~ **aufstellen** to put up pickets; ~ **stehen** to picket; **Streikrecht** *nt* right *or* freedom to strike; **Streikwelle** *f* wave *or* series of strikes.

Streit *m* -(e)s, -e **1.** argument (*über +acc* about); (*leichter*) quarrel, squabble; (*zwischen Eheleuten, Kindern auch*) fight; (*Fehde*) feud; (*Auseinandersetzung*) dispute. ~ **haben** to be arguing *or* quarrelling; **wegen etw mit jdm (einen)** ~ **haben** to argue with sb about sth, to have an argument with sb about sth; **die Nachbarn haben seit Jahren** ~ the neighbours have been arguing *or* fighting for years; **wegen einer Sache ~ bekommen** to get into an argument over sth; **in ~ geraten** to get involved in an argument; **~ anfangen** to start an argument; **~ suchen** to be looking for an argument *or* a quarrel; **in ~ liegen** (*Gefühle*) to conflict; **mit jdm in ~ liegen** to be at loggerheads with sb. **2.** (*old, liter: Kampf*) battle. **zum ~(e) rüsten** to arm oneself for battle.

Streit|axt *f* (*Hist*) battleaxe.
streitbar *adj* **1.** (*streitlustig*) pugnacious. **2.** (*old: tapfer*) valiant.
streiten *pret* **stritt,** *ptp* **gestritten** *I vi* **1.** to argue; (*leichter*) to quarrel, to squabble; (*Eheleute, Kinder auch*) to fight; (*Gefühle*) to conflict; (*Jur: prozessieren*) to take legal action. **mit Waffen/Fäusten ~** to fight with weapons/one's fists; **Scheu und Neugier stritten in ihr** she had conflicting feelings of shyness and curiosity; **die S~den** the arguers, the people fighting. **2. über etw** (*acc*) **~** to dispute *or* argue about *or* over sth; (*Jur*) to go to court over sth; **darüber kann man** *or* **läßt sich ~** that's a debatable *or* moot point; **die ~den Parteien** (*Jur*) the litigants. **3.** (*old, liter*) (*kämpfen*) to fight; (*in Wettbewerb*) to compete (*um* for).

II vt to argue, to quarrel, to squabble; (*Eheleute, Kinder auch*) to fight. **wir wollen uns deswegen nicht ~!** don't let's fall out over that!; **man streitet sich, ob ...** there is argument as to whether ...

Streiter(in *f*) *m* **-s, -** (*geh*) fighter (*für* for); (*für Prinzip etc auch*) champion (*für* of).
Streiterei *f* (*inf*) arguing *no pl*; quarrelling *no pl*; (*zwischen Eheleuten, Kindern auch*) fighting *no pl*. **eine ~** an argument.
Streitfall *m* dispute, conflict; (*Jur*) case; **im ~** in case of dispute *or* conflict; **Streitfrage** *f* dispute; **Streitgegenstand** *m* matter in dispute; (*strittiger Punkt*) matter of dispute; **Streitgespräch** *nt* debate, discussion; (*Liter, Univ auch*) disputation; **Streithahn** *m* (*inf*) squabbler; **Streithammel** *m* (*inf*), **Streithans(e)l** *m* **-s, -** (*S Ger, Aus inf*) quarrelsome person.
streitig *adj* **jdm das Recht auf etw** (*acc*) **~ machen** to dispute sb's right to sth.
Streitigkeiten *pl* quarrels *pl*, squabbles *pl*.
Streitkräfte *pl* forces *pl*, troops *pl*; **Streitlust** *f* (*liter*) argumentative disposition; (*Aggressivität*) aggressive disposition; **streitlustig** *adj* (*geh*) argumentative; (*aggressiv*) aggressive; **Streitmacht** *f* armed forces *pl*; **Streitroß** *nt* war-horse; **Streitsache** *f* dispute; (*Jur*) case; **Streitschrift** *f* polemic; **Streitsucht** *f* quarrelsomeness; **streitsüchtig** *adj* quarrelsome; **Streitwagen** *m* (*Hist*) chariot; **Streitwert** *m* (*Jur*) amount in dispute.
streng *adj* **1.** strict; *Regel, Kontrolle auch, Maßnahmen* stringent; *Bestrafung* severe; *Anforderungen* rigorous; *Ausdruck, Blick, Gesicht* stern; *Sitten, Disziplin auch* rigid; *Stillschweigen, Diskretion* absolute; *Mode, Schnitt* severe; *Kritik, Urteil* harsh, severe; *Richter* severe, stern; *Lebensführung, Schönheit, Form* austere; *Examen* stiff. **~ durchgreifen** to take

rigorous *or* stringent action; **~ gegen sich selbst sein** to be strict *or* severe on *or* with oneself; **sich ~ an etw halten** to keep strictly *or* rigidly to sth, to observe sth strictly *or* rigidly; **~ geheim** top secret; **~ vertraulich** strictly confidential; **~ nach Vorschrift** strictly according to regulations; **~(stens) verboten!** strictly prohibited.

2. (*durchdringend*) *Geruch, Geschmack* pungent; *Frost, Kälte, Winter* intense, severe.

3. (*~gläubig*) *Katholik, Moslem* strict.

Strenge *f* **-,** *no pl siehe adj* **1.** strictness; stringency; severity; rigorousness; sternness; rigidity; absoluteness; severity; harshness, severity; severity, sternness; austerity; stiffness. **2.** pungency; intensity, severity. **3.** strictness.

strenggenommen *adv* strictly speaking; (*eigentlich*) actually; **strenggläubig** *adj* strict; **strengnehmen** *vt sep irreg* to take seriously; **es mit etw ~** to be strict about sth; **wenn man es strengnimmt** strictly speaking.

Streptokokken [ʃtrɛpto'kɔk(ə)n, st-] *pl* (*Med*) streptococci *pl*.
Stresemann *m* **-s,** *no pl formal,* dark suit *with striped trousers*.
Streß [ʃtrɛs, st-] *m* **-sses, -sse** stress. **im ~ sein** to be under stress.
stressen *vt* to put under stress. **gestreßt sein** to be under stress.
streßgeplagt *adj* under stress.
stressig *adj* stressful.
Streßkrankheit *f* stress disease; **Streßsituation** *f* stress situation.
Streu *f* **-,** *no pl* straw; (*aus Sägespänen*) sawdust.
streuen *I vt Futter, Samen* to scatter; *Blumen auch* to strew; *Dünger, Stroh, Sand, Kies* to spread; *Gewürze, Zucker etc* to sprinkle; *Straße, Gehweg etc* to grit; to salt. *II vi* **1.** (*Streumittel anwenden*) to grit; to put down salt. **2.** (*Salzstreuer etc*) to sprinkle. **3.** (*Linse, Gewehr etc*) to scatter.
Streuer *m* **-s, -** shaker; (*Salz~*) cellar; (*Pfeffer~*) pot; (*Zucker~ auch*) castor; (*Mehl~ auch*) dredger.
Streufahrzeug *nt* gritter, sander.
streunen *vi* **1.** to roam about, to wander about *or* around; (*Hund, Katze*) to stray. **2.** *aux sein* **durch etw/in etw** (*dat*) **~** to roam *or* wander through/around sth.
Streupflicht *f* obligation to keep area in front of house gritted in icy weather; **Streusand** *m* sand; (*für Straße*) grit.
Streusel *nt* **-s, -** (*Cook*) crumble (mixture).
Streuselkuchen *m* thin sponge cake with *crumble topping.*
Streuung *f* (*Statistik*) mean variation; (*Phys*) scattering.
Streuzucker *m* (*grob*) granulated sugar; (*fein*) caster sugar.
strich *pret of* **streichen.**
Strich *m* **-(e)s, -e 1.** line; (*Quer~*) dash; (*Schräg~*) oblique, slash (*esp US*); (*Feder~, Pinsel~*) stroke; (*von Land*) stretch. **etw mit (ein paar) knappen ~en zeichnen** (*lit, fig*) to sketch *or* outline sth with a few brief strokes; **jdm einen**

(dicken) ~ **durch etw machen** (*lit*) to cross sth out for sb; (*fig inf*) to knock sb's plans on the head (*inf*); **jdm einen** ~ **durch die Rechnung/einen Plan machen** to thwart sb's plans/plan; **einen** ~ **(unter etw** *acc*) **machen** *or* **ziehen** (*fig*) to forget sth; **unterm** ~ **sein** (*inf*) not to be up to scratch; **sie ist nur noch ein** ~ **(in der Landschaft** *hum*) (*inf*) she's as thin as a rake now.

2. (*von Teppich*) pile; (*von Samt auch, von Gewebe*) nap; (*von Fell, Haar*) direction of growth. **gegen den** ~ **bürsten** (*lit*) to brush the wrong way; **es geht (mir) gegen den** ~ (*inf*) it goes against the grain; **jdn nach** ~ **und Faden versohlen** (*inf*) to give sb a thorough *or* good hiding.

3. (*Mus: Bogen*~) stroke, bow. **einen harten/weichen** ~ **haben** to bow heavily/lightly.

4. (*inf*) (*Prostitution*) prostitution *no art*; (*Bordellgegend*) red-light district. **auf den** ~ **gehen** to be/go on the game (*sl*), to be/become a prostitute.

5. (*von Schwalben etc*) flight.

Strichjätzung *f* (*Typ*) line etching.

stricheln, strichlieren* (*Aus*) **I** *vi* to sketch in it in; (*schraffieren*) to hatch. **II** *vt* to sketch in; to hatch. **eine gestrichelte Linie** a broken line.

Strichjunge *m* (*inf*) male prostitute; **Strichmädchen** *nt* (*inf*) tart (*inf*), hooker (*esp US sl*); **Strichpunkt** *m* semicolon; **strichweise** *adv* (*Met*) here and there; ~ **Regen** rain in places; **Strichzeichnung** *f* line drawing.

Strick¹ *m* **-(e)s, -e 1.** rope; (*dünner, als Gürtel*) cord. **jdm aus etw einen** ~ **drehen** to use sth against sb; **zum** ~ **greifen** (*inf*) to hang oneself; **dann kann ich mir einen** ~ **nehmen** *or* **kaufen** (*inf*) I may as well pack it all in (*inf*); *siehe* **reißen**.

2. (*inf: Schelm*) rascal.

Strick² *no art* (*inf*) knitwear.

Strickjarbeit *f* knitting *no pl*; **eine** ~ **a piece of knitting; Strickbeutel** *m* knitting bag.

stricken *vti* to knit.

Stricker(in *f*) *m* **-s, -** knitter.

Strickgarn *nt* knitting wool; **Strickhandschuhe** *pl* knitted gloves *pl*; **Strickjacke** *f* cardigan; **Strickkleid** *nt* knitted dress; **Strickleiter** *f* rope ladder; **Strickmaschine** *f* knitting machine; **Strickmuster** *nt* (*lit*) knitting pattern; (*fig*) pattern; **Stricknadel** *f* knitting needle; **Strickwaren** *pl* knitwear *sing*; **Strickweste** *f* knitted waistcoat; (*mit Ärmeln*) cardigan; **Strickwolle** *f* knitting wool; **Strickzeug** *nt* knitting.

Striegel *m* **-s, -** currycomb.

striegeln I *vt* **1.** to curry(comb); (*fig inf: kämmen*) to comb. **2.** (*inf: hart behandeln*) **jdn** ~ to put sb through the hoop (*inf*). **II** *vr* (*inf*) to spruce oneself up.

Strieme *f* **-, -n, Striemen** *m* **-s, -** weal.

striemig *adj* *Haut* marked with weals.

strikt [ʃtrɪkt, st-] *adj* strict.

Strip [ʃtrɪp, strɪp] *m* **-s, -s** (*inf*) strip(tease).

Strippe *f* **-, -n** (*inf*) **1.** (*Bindfaden*) string. **2.** (*Telefonleitung*) phone, blower (*Brit inf*). **an der** ~ **hängen/sich an die** ~ **hängen** to be/get on the phone *or* blower (*Brit*

sl); **jdn an der** ~ **haben** to have sb on the line *or* phone *or* blower (*Brit sl*).

strippen [ʃtrɪpn, strɪpn] *vi* to strip, to do a striptease act.

Stripper(in *f*) [ʃtrɪpɐ, -ərɪn, st-] *m* **-s, -** (*inf*) stripper.

Striptease [ʃtrɪptiːs, st-] *m or nt* **-,** *no pl* striptease.

Stripteasetänzer(in *f*) [ʃtrɪptiːs-, st-] *m* stripper.

stritt *pret of* **streiten.**

strittig *adj* contentious, controversial. **noch** ~ still in dispute.

Strizzi *m* **-s, -s** (*Aus inf*) pimp.

Stroh *nt* **-(e)s,** *no pl* straw; (*Dach*~) thatch. ~ **im Kopf haben** (*inf*) to have sawdust between one's ears (*inf*); *siehe* **dreschen.**

Strohballen *m* bale of straw; **strohblond** *adj* *Mensch* flaxen-haired; *Haare* flaxen, straw-coloured; **Strohblume** *f* strawflower; **Strohdach** *nt* thatched roof; **strohdumm** *adj* thick (*inf*); **strohfarben** *adj* straw-coloured; *Haare auch* flaxen; **Strohfeuer** *nt*: **ein** ~ **sein** (*fig*) to be a passing fancy; **strohgedeckt** *adj* thatched; **Strohhalm** *m* straw; **sich an einen** ~ **klammern, nach einem** ~ **greifen** to clutch at a straw; **Strohhut** *m* straw hat; **Strohhütte** *f* thatched hut.

strohig *adj* *Gemüse* tough; *Orangen etc* dry; *Haar* dull and lifeless.

Strohkopf *m* (*inf*) blockhead (*inf*); **Strohlager** *nt* pallet, straw mattress; **Strohmann** *m*, *pl* **-männer** (*fig*) front man; (*Cards*) dummy; **Strohmatte** *f* straw mat; **Strohpuppe** *f* scarecrow; **Strohsack** *m* palliasse; **heiliger** ~**!** (*dated inf*) goodness gracious (me)!; **Strohwitwe** *f* grass widow; **Strohwitwer** *m* grass widower.

Strolch *m* **-(e)s, -e** (*dated pej*) rogue, rascal.

strolchen *vi aux sein* to roam about. **durch etw/in etw** (*dat*) ~ to roam through/around sth.

Strom *m* **-(e)s, ⁻e 1.** (large) river; (*Strömung*) current; (*von Schweiß, Blut*) river; (*von Besuchern, Flüchen etc*) stream. **ein reißender** ~ a raging torrent; **⁻e und Flüsse Europas** rivers of Europe; **ein** ~ **von Tränen** (*geh*) floods of tears *pl*; **in ⁻en regnen** to be pouring with rain; **der Wein floß in ⁻en** the wine flowed like water; **der** ~ **der Zeit** (*geh*) the flow of time; **mit dem/gegen den** ~ **schwimmen** (*lit*) to swim with/against the current; (*fig*) to swim *or* go with/against the tide.

2. (*Elec*) current; (*Elektrizität*) electricity. ~ **führen unter** ~ **stehen** (*lit*) to be live; **mit** ~ **heizen** to have electric heating; **der** ~ **ist ausgefallen** the power *or* electricity is off.

strom|ab *adv* downstream; **Strom|abnehmer** *m* **1.** (*Tech*) pantograph; **2.** (*Stromverbraucher*) user *or* consumer of electricity; **strom|abwärts** *adv* downstream; **strom|auf(wärts)** *adv* upstream; **Strom|ausfall** *m* power failure; **Strombett** *nt* riverbed.

strömen *vi aux sein* to stream; (*Blut auch, Gas*) to flow; (*heraus*~) to pour (*aus* from); (*Menschen auch*) to flock (*aus* out of). **bei** ~**dem Regen** in (the) pouring rain.

Stromer *m* **-s, -** (*inf*) rover; (*Landstreicher*)

tramp, hobo (*esp US*).

stromern *vi aux sein* (*inf*) to roam *or* wander about.

stromführend *adj attr* (*Elec*) *Leitung* live; **Stromkabel** *nt* electric *or* power cable; **Stromkreis** *m* (electrical) circuit; **Stromleitung** *f* electric cables *pl*; **Stromlinienform** [-li:niən-] *f* streamlined design; (*von Auto auch*) streamlined body; **stromlinienförmig** [-li:niən-] *adj* streamlined; **Stromnetz** *nt* electricity *or* power supply system; **Stromschiene** *f* (*Rail*) live *or* conductor rail; **Stromschnelle** *f* rapids *pl*; **Stromsperre** *f* power cut; **Stromstärke** *f* strength of the/an electric current; **Stromstoß** *m* electric shock.

Strömung *f* current; (*fig auch*) trend.

Stromverbrauch *m* electricity *or* power consumption; **Stromversorgung** *f* electricity *or* power supply; **Stromwender** *m* **-s, -** commutator; **Stromzähler** *m* electricity meter.

Strontium ['ʃtrɔntsiʊm, st-] *nt* **-s**, *no pl* (*abbr* **Sr**) strontium.

Strophe *f* **-, -n** verse; (*in Gedicht auch*) stanza.

strophisch I *adj* stanzaic. **II** *adv* in stanzas.

strotzen *vi* to be full (*von, vor* +*dat* of), to abound (*von, vor* +*dat* with); (*von Kraft, Gesundheit, Lebensfreude*) to be bursting (*von* with); (*von Waffen*) to be bristling (*von, vor* +*dat* with). **von Schmutz ~** to be thick *or* covered with dirt.

strubb(e)lig *adj* (*inf*) *Haar, Fell* tousled.

Strubbelkopf *m* (*inf*) tousled hair; (*Mensch*) tousle-head.

Strudel *m* **-s, -** **1.** (*lit, fig*) whirlpool; (*von Ereignissen, Vergnügen*) whirl. **2.** (*Cook*) strudel.

strudeln *vi* to whirl, to swirl.

Struktur *f* structure; (*von Stoff etc*) texture; (*Webart*) weave.

Strukturalismus *m* structuralism.

strukturalistisch *adj* structuralist.

Strukturanalyse *f* structural analysis.

strukturell *adj* structural.

Strukturformel *f* (*Chem*) structural formula.

strukturieren° *vt* to structure.

Strukturierung *f* structuring.

Strukturkrise *f* structural crisis; **Strukturpolitik** *f* structural policy; **Strukturwandel** *m* structural change (*gen* in).

Strumpf *m* **-(e)s, ⁻e 1.** sock; (*Damen~*) stocking. **ein Paar ⁻e** a pair of socks/stockings; **auf ⁻en** in one's stockinged feet; **sich auf die ⁻e reißen** to have (*inf*) to get going (*inf*). **2.** (*Spar~*) **sein Geld im ~ haben ≃** to keep one's money under the mattress.

Strumpfband *nt* garter; **Strumpffabrik** *f* hosiery factory; **Strumpfhalter** *m* **-s, -** suspender (*Brit*), garter (*US*); **Strumpfhaltergürtel** *m* suspender belt (*Brit*), garter belt (*US*); **Strumpfhose** *f* tights *pl* (*esp Brit*), panty-hose; **eine ~** a pair of tights (*esp Brit*) *or* panty-hose; **Strumpfwaren** *pl* hosiery *sing*; **Strumpfwirker(in** *f*) *m* **-s, -** hosiery worker.

Strunk *m* **-(e)s, ⁻e** stalk.

struppig *adj* unkempt; *Tier* shaggy.

Struwwelpeter ['ʃtrʊvl-] *m* tousle-head. **der ~** (*Liter*) shock-headed Peter, Struwwelpeter.

Strychnin [ʃtryç'niːn, st-] *nt* **-s**, *no pl* strychnine.

Stübchen *nt dim of* **Stube** little room.

Stube *f* **-, -n** (*dated, dial*) room; (*dial: Wohnzimmer*) lounge; (*in Kaserne*) barrack room. **auf der ~** (*Mil*) in one's barrack room, in one's quarters; **die gute ~** the parlour (*dated*); (*immer*) **herein in die gute ~!** (*hum inf*) come right in; **in der ~ hocken** (*inf*) to sit around indoors.

Stuben|älteste(r) *mf* (*Mil*) senior soldier in a/the barrack room; (*Sch*) study/dormitory prefect; **Stuben|appell** *m* (*Mil*) barrack room inspection; **Stuben|arrest** *m* confinement to one's room *or* (*Mil*) quarters; **~ haben** to be confined to one's room/quarters; **Stubendienst** *m* (*Mil*) fatigue duty, barrack room duty; (*Sch*) study/dormitory cleaning duty; **~ haben** to be on fatigue duty *etc*; **Stubenfliege** *f* (common) housefly; **Stubenhocker** *m* **-s, -** (*pej inf*) house-mouse (*inf*); **Stubenkamerad** *m* (*esp Mil*) roommate; **Stubenmädchen** *nt* (*dated*) chambermaid; **stubenrein** *adj Katze, Hund* house-trained; (*hum*) *Witz* clean.

Stuck *m* **-(e)s**, *no pl* stucco; (*zur Zimmerverzierung*) moulding.

Stück *nt* **-(e)s, -e** *or* (*nach Zahlenangaben*) **- 1.** piece; (*von Vieh, Wild*) head; (*von Zucker*) lump; (*Ausstellungs~ auch*) item; (*Seife*) bar, cake; (*von abgegrenztem Land*) plot. **ich nehme fünf ~** I'll take five; **12 ~** (*Eier*) twelve *or* a dozen (eggs); **20 ~ Vieh** 20 head of cattle; **sechs ~ von diesen Apfelsinen** six of these oranges; **12 ~, ~er 12** (*hum*) 12 all told; **10 Pfennig das ~, pro ~ 10 Pfennig** 10 pfennigs each; **im ~** *or* **am ~** in one piece; *Käse, Wurst auch* unsliced; **aus einem ~** in one piece; **~ für ~** (*ein Exemplar nach dem andern*) one by one; **etw nach ~ verkaufen** to sell sth by the piece; **nach ~ bezahlt werden** to do piecework; **das größte/beste ~** (*Fleisch etc*) the biggest/best piece (of meat *etc*); **ein ~ Garten** a patch of garden.

2. (*Teil, Abschnitt*) piece, bit; (*von Buch, Rede, Reise etc*) part; (*von Straße etc*) stretch. **ich möchte nur ein kleines ~** I only want a little bit *or* a small piece; **~ für ~** (*einen Teil um den andern*) bit by bit; **in ~e gehen/zerspringen** to be broken/smashed to pieces; **etw in ~e schlagen** to smash sth to pieces *or* smithereens; **etw in ~e reißen** to tear sth to pieces *or* shreds; **sich für jdn in ~e reißen lassen** to do anything for sb; **in vielen ~en** on many matters *or* things; **ich komme ein ~ (des Weges) mit** I'll come some *or* part of the way with you.

3. ein ~ spazierengehen to go for a walk; **ein gutes ~ weiterkommen** to make considerable progress *or* headway; **ein schweres ~ Arbeit** a tough job; **ein schönes ~ Geld** (*inf*) a tidy sum, a pretty penny (*inf*); **das ist (doch) ein starkes ~!** (*inf*) that's a bit much *or* thick (*inf*); **große ~e auf jdn halten** to think much *or* highly of sb, to have a high opinion of sb; **aus**

freien ~**en** of one's own free will.
4. (*Fin*) share.
5. (*Bühnen~*) play; (*Musik~*) piece.
6. (*inf: Mensch*) beggar (*inf*), so-and-so (*inf*). **mein bestes** ~ (*hum inf*) my pride and joy; **ein** ~ **Dreck** *or* **Mist** (*sl*) a bitch (*inf*), a cow (*inf*); (*Mann*) a bastard (*sl*).

Stuck|arbeit *f* stucco work *no pl*; (*in Zimmer*) moulding.

Stückchen *nt dim of* **Stück 1., 2., 5.**

Stuckdecke *f* stucco(ed) ceiling.

stücke(l)n I *vt* to patch. **II** *vi* to patch it together.

stucken *vi* (*Aus inf*) to swot (*inf*).

Stückeschreiber *m* dramatist, playwright.

Stückgut *nt* (*Rail*) parcel service; **etw als** ~ **schicken** to send sth as a parcel; **Stückleistung** *f* production capacity; **Stücklohn** *m* piece(work) rate; **Stück-notierung** *f* quotation per unit; **Stückpreis** *m* unit price; (*Comm auch*) price for one; **stückweise** *adv* bit by bit, little by little; ~ **verkaufen** to sell in-dividually; **Stückwerk** *nt*, *no pl* incom-plete *or* unfinished work; ~ **sein/bleiben** to be/remain incomplete *or* unfinished; **Stückzahl** *f* number of pieces *or* items.

stud. *abbr of* **studiosus. stud. med./phil.** *etc* student of medicine/humanities *etc*.

Student *m* student; (*Aus: Schüler*) school-boy; (*einer bestimmten Schule*) pupil.

Studenten|ausweis *m* student card; **Studentenbewegung** *f* student move-ment; **Studentenblume** *f* French marigold; **Studentenbude** *f* (*inf*) student digs *pl*; **Studentenfutter** *nt* nuts and raisins; **Studentengemeinde** *f* student religious society; **Studentenleben** *nt* student life; **Studentenlokal** *nt* students' pub; **Studentenpfarrer** *m* university/college chaplain; **Studentenschaft** *f* students *pl*, student body; **Studenten-sprache** *f* student slang; **Studenten-verbindung** *f* students' society *or* association; (*für Männer auch*) fraternity (*US*); (*für Frauen auch*) sorority (*US*); **Studentenwerk** *nt* student administra-tion; **Studentenwohnheim** *nt* hall of residence, student hostel.

Studentin *f* student; (*Aus: Schülerin*) schoolgirl; (*einer bestimmten Schule*) pupil.

studentisch *adj attr* student *attr*.

Studie ['ʃtuːdiə] *f* study (*über +acc* of); (*Entwurf auch*) sketch; (*Abhandlung*) essay (*über +acc* on).

Studien- ['ʃtuːdiən-]: **Studien|abbre-cher**(in *f*) *m* **-s,** - *student who fails to com-plete his/her course of study;* **Studien|ab-schluß** *m* completion of a course of study; **die Universität ohne** ~ **verlassen** to leave university without graduating; **Studien|assessor** *m* *graduate teacher who has recently completed his/her train-ing;* **Studienberatung** *f* course guidance service; **Studienbuch** *nt* *book in which the courses one has attended are entered;* **Studiendirektor** *m* (*von Fachschule*) principal; (*im Gymnasium*) = deputy prin-cipal; **Studienfach** *nt* subject; **Studien-fahrt** *f* study trip; (*Sch*) educational trip; **Studienförderung** *f* study grant; (*an*

Universität) university grant; **Studien-freund** *m* university/college friend; **Studiengang** *m* course of studies; **Studiengebühren** *pl* tuition fees *pl*; **studienhalber** *adv* for the purpose of study *or* studying; **Studien|inhalte** *pl* course contents *pl*; **Studienjahr** *nt* academic year; ~**e** *pl* university/college years *pl*; **Studienplan** *m* course of study; **Studienplatz** *m* university/college place; **ein** ~ **in Medizin** a place to study medicine; **Studienrat** *m*, **Studienrätin** *f* teacher at a secondary school; **Studien-referendar** *m* student teacher; **Studien-reform** *f* university/college reform; **Studienreise** *f siehe* **Studienfahrt**; **Studienzeit** *f* **1.** student days *pl*; **2.** (*Dauer*) duration of a/one's course of studies; **Studienzeitbegrenzung** *f* limitation on the length of courses of studies; **Studienzweck** *m* **zu** ~**en** for the purposes of study, for study purposes.

studieren* I *vi* to study; (*Student sein*) to be a student, to be at university/college, to be at school (*US inf*). **ich studiere an der Universität Bonn** I am (a student) at Bonn University; **wo haben Sie studiert?** what university/college did you go to?

II *vt* to study; (*an Uni auch*) to read; (*genau betrachten*) to scrutinize. **sie hat vier Semester Jura studiert** she has studied law for two years.

Studierende(r) *mf decl as adj* student.

studiert *adj* (*inf*) educated. ~ **sein** to have been at university/college; **ein S~er/eine S~e** an intellectual.

Studierzimmer *nt* study.

Studio *nt* **-s,** **-s** studio.

Studiobühne *f* studio theatre.

Studium *nt* study; (*Hochschul~*) studies *pl*; (*genaue Betrachtung auch*) scrutiny. **sein** ~ **beginnen** *or* **aufnehmen** (*form*) to begin one's studies, to go to university/college; **das** ~ **hat fünf Jahre gedauert** the course of study lasted five years; **während seines** ~**s** while he is/was *etc* a student *or* at university/college; **das** ~ **der Mathematik** the study of mathematics; **er war gerade beim** ~ **des Börsenberichts, als ...** he was just studying the stock exchange report when ...; **seine Studien zu etw machen** to study sth.

Stufe *f* **-, -n 1.** step; (*Gelände~ auch*) ter-race; (*Mus: Ton~*) degree; (*bei Rock etc*) tier; (*zum Kürzen*) tuck; (*im Haar*) layer. **mehrere** ~**n auf einmal nehmen** to run up the stairs two or three at a time.

2. (*fig*) stage; (*Niveau*) level; (*Rang*) grade; (*Gram: Steigerungs~*) degree. **eine** ~ **höher als ...** a step up from ...; **die höchste/tiefste** ~ the height *or* pinnacle/the depths *pl*; **jdn/sich mit jdm/etw auf die gleiche** *or* **eine** ~ **stellen** to put *or* place sb/oneself on a level *or* par with sb/sth.

stufen *vt* Schüler, Preise to grade; Haare to layer; Land *etc* to terrace.

Stufenbarren *m* asymmetric bars *pl*; **stufenförmig I** *adj* (*lit*) stepped; Land-schaft terraced; (*fig*) gradual; **II** *adv* (*lit*) in steps; angelegt in terraces; (*fig*) in stages, gradually; **Stufenleiter** *f* (*fig*) ladder (*gen* to); **stufenlos** *adj* Schaltung,

Übergang direct; (*fig: gleitend*) smooth; **Stufenplan** *m* graduated plan (*zu* for); **Stufenrakete** *f* multistage rocket; **Stufenschalter** *m* (*Elec*) sequence switch; **Stufentarif** *m* (*Econ*) graduated tariff; **stufenweise I** *adv* step by step, gradually; **II** *adj attr* gradual.

stufig *adj* stepped; *Land etc* terraced; *Haar* layered.

Stufung *f* gradation.

Stuhl *m* **-(e)s, ⁓e 1.** chair. **ist dieser ⁓ noch frei?** is this chair taken?, is this somebody's chair?; **sich zwischen zwei ⁓e setzen** (*fig*) to fall between two stools; **das haut einen vom ⁓** (*sl*) it knocks you sideways (*inf*); **jdm den ⁓ vor die Tür setzen** (*fig*) to kick sb out (*inf*).
2. (*Königs⁓*) throne. **der Apostolische** *or* **Heilige** *or* **Päpstliche ⁓** the Apostolic *or* Holy *or* Papal See; **der ⁓ Petri** the See of Rome; **vor den ⁓ des Richters treten** to go before the judge; (*vor Gott*) to go before one's Maker.
3. (*Lehramt*) chair (*gen* of, *für* of, in).
4. *siehe* **Stuhlgang.**

Stuhlbein *nt* chair leg; **Stuhlⅼentleerung** *f* (*form*) evacuation of the bowels; **Stuhlgang** *m, no pl* bowel movement; **regelmäßig ⁓ haben** to have regular bowels; **⁓/keinen ⁓ haben** to have had/not to have had a bowel movement; **Stuhllehne** *f* back of a chair.

Stuka [ˈʃtuːka, ˈʃtuka] *m* **-s, -s** *abbr of* **Sturzkampfflugzeug** stuka, dive bomber.

Stukkateur [ʃtuka'tøːɐ] *m* plasterer (*who works with stucco*).

Stukkatur *f* stucco (work), ornamental plasterwork.

Stulle *f* **-, -n** (*N Ger*) slice of bread and butter; sandwich.

Stulpe *f* **-, -n** cuff; (*von Handschuh*) gauntlet.

stülpen *vt* **den Kragen nach oben ⁓** to turn up one's collar; **etw auf/über etw** (*acc*) **⁓** to put sth on/over sth; **etw nach innen/außen ⁓** to turn sth to the inside/outside; **sich** (*dat*) **den Hut auf den Kopf ⁓** to clap *or* slap on one's hat.

Stulpenhandschuh *m* gauntlet; **Stulpenstiefel** *m* top boot.

Stülpnase *f* snub *or* turned-up nose.

stumm *adj* **1.** (*lit, fig*) dumb. **die ⁓e Kreatur** (*geh*) the dumb creatures *pl*; **⁓ vor Schmerz** in silent agony; **⁓er Diener** (*Servierwagen*) dumb waiter; (*Kleiderständer*) valet.
2. (*schweigend*) mute; *Anklage, Blick, Gebet auch* silent. **sie sah mich ⁓ an** she looked at me without speaking *or* without saying a word; **⁓ bleiben** to stay silent; *siehe* **Fisch.**
3. (*Gram*) mute, silent.
4. *Rolle* non-speaking; *Film, Szene* silent.

Stummel *m* **-s, -** **1.** (*Zigatten⁓, Zigarren⁓*) end, stub, butt; (*Kerzen⁓*) stub; (*von Gliedmaßen, Zahn*) stump. **2.** (*Stummelschwanz*) dock.

Stummelpfeife *f* short-stemmed pipe.

Stumme(r) *mf decl as adj* dumb *or* mute person. **die ⁓n** the dumb.

Stummfilm *m* silent film.

Stumpen *m* **-s, -** cheroot.

Stümper(in *f*) *m* **-s, -** (*pej*) **1.** amateur. **2.** (*Pfuscher*) bungler.

Stümperei *f* (*pej*) **1.** amateur work. **2.** (*Pfuscherei*) bungling; (*stümperhafte Arbeit*) botched *or* bungled job.

stümperhaft *adj* (*pej*) (*nicht fachmännisch*) amateurish; (*schlecht auch*) botched *no adv*, bungled *no adv*.

stümpern *vi* (*auf Klavier, bei Schach etc*) to play in an amateurish way (*auf + dat* on). **bei einer Arbeit ⁓** to do a job in an amateur way.

stumpf *adj* **1.** blunt; *Nase* snub, turned-up. **Rhabarber macht die Zähne ⁓** rhubarb sets one's teeth on edge.
2. (*fig*) *Haar, Farbe, Mensch* dull; *Blick, Sinne auch* dulled.
3. (*Math*) *Winkel* obtuse; *Kegel etc* truncated.
4. (*Poet*) *Reim* masculine.

Stumpf *m* **-(e)s, ⁓e** stump; (*Bleistift⁓*) stub. **etw mit ⁓ und Stiel ausrotten** to eradicate sth root and branch.

Stumpfheit *f* **1.** bluntness. **2.** (*fig*) dullness.

Stumpfsinn *m* mindlessness; (*Langweiligkeit*) monotony, tedium; **das ist doch ⁓** that's a tedious business; **stumpfsinnig** *adj* mindless; (*langweilig*) monotonous, tedious; **stumpfwink(e)lig** *adj* (*Math*) *Winkel, Dreieck* obtuse.

Stündchen *nt dim of* **Stunde. ein paar ⁓** an hour or so.

Stunde *f* **-, -n 1.** hour. **eine viertel/halbe/dreiviertel ⁓** a quarter of an hour/half an hour/three-quarters of an hour; **in einer dreiviertel ⁓** in three-quarters of an hour; **eine ganze/gute/knappe ⁓** a whole/good hour/barely an hour; **eine halbe ⁓ Pause** a half-hour break, a break of half an hour; **eine ⁓ entfernt** an hour away; **jede ⁓** every hour; **⁓ um ⁓, ⁓n um ⁓n** hour after hour; **von ⁓ zu ⁓** hourly, from hour to hour; **sein Befinden wird von ⁓ zu ⁓ schlechter** his condition is becoming worse hour by hour *or* worse every hour; **90 Meilen in der ⁓** 90 miles per *or* an hour.
2. (*Augenblick, Zeitpunkt*) time. **zu dieser ⁓** at this/that time; **zu jeder ⁓** at any time; **zu später ⁓** at a late hour; **bis zur ⁓** up to the present moment, as yet; **die ⁓ X** (*Mil*) the impending onslaught; **sich auf die ⁓ X vorbereiten** (*fig*) to prepare for the inevitable; **eine schwache/schwere ⁓** a moment of weakness/a time of difficulty; **seine ⁓ kommen** *or* **nahen fühlen** (*geh: Tod*) to feel one's hour (of death) approaching; **seine ⁓ hat geschlagen** (*fig*) his hour has come; **seine schwerste ⁓** his darkest hour; **die ⁓ der Wahrheit** the moment of truth.
3. (*Unterricht*) lesson; (*Unterrichts⁓ auch*) class, period. **sonnabends haben wir vier ⁓n** on Saturday we have four lessons; **in der zweiten ⁓ haben wir Latein** in the second period we have Latin; **⁓n geben/nehmen** to give/have *or* take lessons.

stunden *vt* **jdm etw ⁓** to give sb time to pay sth; **jdm etw zwei Wochen ⁓** to give sb two weeks to pay sth.

Stundenbuch *nt* (*Hist Liter*) book of hours;

Stundenfrau f (dated) charwoman (Brit) (paid by the hour); **Stundengeschwindigkeit** f speed per hour; **eine ~ von 90 km** a speed of 90 km per hour; **Stundenglas** nt hour-glass; **Stundenhotel** nt hotel where rooms are rented by the hour; **Stundenkilometer** pl kilometres per or an hour pl.

stundenlang I adj lasting several hours. **nach ~em Warten** after hours of waiting. **II** adv for hours.

Stundenlohn m hourly wage; ~ **bekommen** to be paid by the hour; **Stundenplan** m (Sch) time-table; **stundenweise** adv (pro Stunde) by the hour; (stündlich) every hour; **Kellner ~ gesucht** part-time waiters required; **Stundenzeiger** m hour-hand.

Stündlein nt **ein ~ a** short while; **sein letztes ~ hat geschlagen** (stirbt) his last hour has come; (fig inf) he's had it (inf).

stündlich I adj hourly. **II** adv hourly, every hour.

Stundung f deferment of payment.

Stunk m **-s**, no pl (inf) stink (inf), row (inf). **~ machen** to kick up a stink (inf); **dann gibt es ~** then there'll be a stink (inf).

stupfen vt (esp S Ger) siehe **stupsen**.

stupid(e) adj (geh) mindless.

Stupidität f (geh) mindlessness.

Stups m **-es, -e** nudge.

stupsen vt to nudge.

Stupsnase f snub nose.

stur adj stolid; (unnachgiebig) obdurate; Nein, Arbeiten dogged; (hartnäckig) pig-headed, stubborn; (querköpfig) cussed. ~ **weitermachen/-reden/-gehen** etc to carry on regardless or doggedly; **er fuhr ~ geradeaus** he just carried straight on; **sich ~ stellen, auf ~ stellen** (inf) to dig one's heels in; **ein ~er Bock** (inf) a pig-headed fellow; ~ **wie ein Panzer** (inf) bull-headed.

Sturheit f siehe adj stolidness; obdurateness; doggedness; pig-headedness, stubbornness; cussedness.

Sturm m **-(e)s, -̈e 1.** (lit, fig) storm; (Orkan auch) gale. **in ~ und Regen** in wind and rain; **das Barometer steht auf ~** (lit) the barometer is indicating stormy weather; (fig) there's a storm brewing; **die Ruhe vor dem ~** the calm before the storm; **ein ~ im Wasserglas** (fig) a storm in a teacup; ~ **läuten** to keep one's finger on the doorbell; (Alarm schlagen) to ring or sound the alarm bell; **ein ~ der Begeisterung** a wave of enthusiasm; ~ **und Drang** (Liter) Storm and Stress, Sturm und Drang; (fig) emotion. **2.** (Angriff) attack; (Mil auch) assault; (Sport: Stürmerreihe) forward line. **etw im ~ nehmen** (Mil, fig) to take sth by storm; **zum ~ blasen** (Mil, fig) to sound the attack; **gegen etw ~ laufen** (fig) to be up in arms against sth; **ein ~ auf die Banken/Aktien** a run on the banks/shares; **ein ~ auf die Karten/Plätze** a rush for tickets/seats; **der ~ auf die Bastille** the storming of the Bastille; siehe **erobern**.

Sturm|abteilung f (NS) Storm Troopers pl; **Sturm|angriff** m (Mil) assault (auf + acc on); **sturmbewegt** adj stormy, storm-

tossed (liter); **Sturmbö** f squall; **Sturmbock** m (Mil) battering-ram; **Sturmboot** nt (Mil) assault boat;.

stürmen I vi **1.** (Meer) to rage; (Wind auch) to blow; (Sport) to attack; (Mil) to attack, to assault (gegen etw sth). **2.** (Sport) (als Stürmer spielen) to play forward; (angreifen) to attack. **3.** aux sein (rennen) to storm. **II** vi impers to be blowing a gale. **III** vt (Mil, fig) to storm; **Bank etc** to make a run on.

Stürmer m **-s, -** (Sport) forward; (fig: Draufgänger) go-getter (inf). ~ **und Dränger** (Liter) writer of the Storm and Stress period; (fig) ≈ angry young man.

Stürmerreihe f (Sport) forward line.

Sturmesbrausen nt (poet) raging of the storm (liter).

Sturmfahne f warning flag; (Hist Mil) standard; **sturmfest** adj (lit) stormproof; (fig) steadfast; **Sturmflut** f storm tide; **sturmfrei** adj **eine ~e Bude** a room where visitors may enter unobserved; **Sturmgepäck** nt combat or light pack; **sturmgepeitscht** adj (geh) storm-lashed (liter); **Sturmhaube** f (Hist) helmet, morion.

stürmisch adj **1.** Meer, Überfahrt rough, stormy; Wetter, Tag blustery; (mit Regen) stormy. **2.** (fig) tempestuous; (aufregend) Zeit, Jugend stormy, turbulent; Entwicklung rapid; Liebhaber passionate, ardent; Jubel, Beifall tumultuous, frenzied. **nicht so ~** take it easy.

Sturmlaterne f hurricane lamp; **Sturmlauf** m trot; **im ~** at a trot; **Sturmleiter** f scaling ladder; **Sturmschaden** m storm damage no pl; **Sturmschritt** m (Mil, fig) double-quick pace; **im ~** at the double; **Sturmsegel** nt storm sail; **Sturmspitze** f (Mil, Sport) spearhead; **sturmstark** adj (Sport) **eine ~e Mannschaft** a team with a strong forward line; **Sturmtrupp** m (Mil) assault troop; **Sturm-und-Drang-Zeit** f (Liter) Storm and Stress or Sturm und Drang period; **Sturmvogel** m petrel; (Albatros) albatross; **Sturmwarnung** f gale warning; **Sturmwind** m whirlwind.

Sturz m **-es, -̈e 1.** (von from, off, aus out of) fall. **einen ~ tun** to have a fall. **2.** (in Temperatur, Preis) drop, fall; (von Börsenkurs) slump. **3.** (von Regierung, Minister) fall; (durch Coup, von König) overthrow. **4.** (Archit) lintel. **5.** (Rad~) camber.

Sturzbach m (lit) fast-flowing stream; (fig) stream, torrent; **sturzbetrunken**, **sturzbesoffen** (inf) adj dead drunk (inf).

stürzen I vi aux sein **1.** to fall (von from, off); (geh: steil abfallen) to plunge; (hervor~) to stream. **ins Wasser ~** to plunge into the water; **vom Pferd ~** to fall off a/one's horse; **er ist schwer/unglücklich gestürzt** he had a heavy/bad fall. **2.** (fig: abgesetzt werden) to fall. **3.** (rennen) to rush, to dash. **sie kam ins Zimmer gestürzt** she burst or came bursting into the room. **II** vt **1.** (werfen) to fling, to hurl. **jdn aus dem Fenster ~** to fling or hurl sb out of the window; **jdn ins Unglück or Verderben ~** to bring disaster to sb. **2.** (kippen) to turn upside down; Pud-

ding to turn out. „**nicht** ~!" "this side up"; **etw über etw** (*acc*) ~ to put sth over sth.

3. (*absetzen*) *Regierung, Minister* to bring down; (*durch Coup*) to overthrow; *König* to depose.

III *vr* **sich zu Tode** ~ to fall to one's death; (*absichtlich*) to jump to one's death; **sich auf jdn/etw** ~ to pounce on sb/sth; *auf Essen* to fall on sth; *auf Zeitung etc* to grab sth; *auf den Feind* to attack sb/sth; **sich ins Wasser** ~ to fling *or* hurl oneself into the water; (*sich ertränken*) to drown oneself; **sich in die Arbeit** ~ to throw oneself into one's work; **sich in Schulden** ~ to plunge into debt; **sich ins Unglück/Verderben** ~ to plunge headlong into disaster/ruin; **sich ins Vergnügen** ~ to fling oneself into a round of pleasure; **sich in Unkosten** ~ to go to great expense.

Sturzflug *m* (nose)dive; **etw im** ~ **angreifen** to dive and attack sth; **Sturzhelm** *m* crash helmet; **Sturzkampfflugzeug** *nt* dive bomber; **Sturzsee** *f* (*Naut*) breaker.

Stuß *m* **-sses**, *no* (*inf*) nonsense, rubbish (*inf*), codswallop (*Brit inf*). **was für ein** ~ what a load of nonsense *etc* (*inf*).

Stute *f* -, **-n** mare.

Stutenfohlen, Stutenfüllen *nt* filly.

Stütz|apparat *m* calliper, brace; (*für Kopf*) collar; **Stützbalken** *m* beam; (*in Decke*) joist; (*quer*) crossbeam.

Stütze *f* -, **-n 1.** support; (*Pfeiler*) pillar; (*für Wäscheleine etc*) prop; (*Buch~*) rest.
2. (*Halt*) support; (*Fuß~*) foot-rest.
3. (*fig*) (*Hilfe*) help, aid (*für* to); (*Beistand*) support; (*wichtiger Mensch*) mainstay; (*dated: Hausgehilfin*) (domestic) help. **seine Tochter war die** ~ **seines Alters** his daughter was his support in his old age.
4. (*inf: Arbeitslosengeld*) dole (*inf*).

stutzen[1] *vi* to stop short; (*zögern*) to hesitate.

stutzen[2] *vt* to trim; *Baum auch* to prune; *Flügel, Ohren, Hecke* to clip; *Schwanz* to dock.

Stutzen *m* **-s**, - **1.** (*Gewehr*) carbine. **2.** (*Rohrstück*) connecting piece; (*Endstück*) nozzle. **3.** (*Strumpf*) woollen gaiter.

stützen I *vt* (*Halt geben*) to support; *Gebäude, Mauer* to shore up; *Währung auch* to back; (*fig: untermauern auch*) to back up. **einen Verdacht auf etw** (*acc*) ~ to base *or* found a suspicion on sth; **die Ellbogen auf den Tisch** ~ to prop *or* rest one's elbows on the table; **den Kopf in die Hände** ~ to hold one's head in one's hands.
II *vr* **sich auf jdn/etw** ~ (*lit*) to lean on sb/sth; (*fig*) to count on sb/sth; (*Beweise, Verteidigung, Theorie*) to be based on sb/sth; **können Sie sich auf Fakten** ~? can you produce facts to bear out what you're saying?

Stutzer *m* **-s**, - **1.** (*pej*) fop, dandy. **2.** (*Mantel*) three-quarter length coat.

stutzerhaft *adj* foppish, dandified.

Stutzflügel *m* baby grand (piano).

Stützgewebe *nt* (*Med*) stroma (*spec*).

stutzig *adj pred* ~ **werden** (*argwöhnisch*) to become *or* grow suspicious; (*verwundert*)

to begin to wonder; **jdn** ~ **machen** to make sb suspicious; **das hat mich** ~ **gemacht** that made me wonder; (*argwöhnisch*) that made me suspicious.

Stützkorsett *nt* support corset; **Stützmauer** *f* retaining wall; **Stützpfeiler** *m* supporting pillar *or* column; (*von Brücke auch*) pier; **Stützpunkt** *m* (*Mil, fig*) base; (*Ausbildungsstätte*) centre; **Stützrad** *nt* (*an Fahrrad*) stabilizer; **Stützstange** *f* supporting pole.

Stützungskäufe *pl* purchases to support share prices, currency rate etc; **Stützungsmaßnahme** *f* supporting measure.

StVO *abbr of* **Straßenverkehrsordnung.**

s.u. *abbr of* **siehe unten.**

SU [εs'|u:] *f - abbr of* **Sowjetunion.**

Suaheli[1] [zua'he:li] *m* **-(s)**, **-(s)** Swahili.

Suaheli[2] [zua'he:li] *nt* **-(s)**, *no pl* (*Sprache*) Swahili.

sub-, Sub- *in cpds* sub-.

sub|altern *adj* (*pej*) *Stellung, Beamter* subordinate; *Gesinnung* obsequious, subservient; (*unselbständig*) unselfreliant.

Subdominante *f* -, **-n** (*Mus*) subdominant.

Subjekt *nt* **-(e)s**, **-e 1.** subject. **2.** (*pej: Mensch*) customer (*inf*), character (*inf*).

subjektiv *adj* subjective.

Subjektivismus [-'vɪsmʊs] *m*, *no pl* (*Philos*) subjectivism.

Subjektivität [-vi'tε:t] *f* subjectivity.

Subjektsatz *m* (*Gram*) noun clause as subject.

Subkontinent *m* subcontinent; **Subkultur** *f* subculture; **subkutan** *adj* (*Med*) subcutaneous.

sublim *adj* (*geh*) sublime, lofty; *Einfühlungsvermögen, Charakter* refined; *Interpretation* eloquent.

Sublimat *nt* (*Chem*) **1.** (*Niederschlag*) sublimate. **2.** (*Quecksilberverbindung*) mercuric chloride.

sublimieren* *vt* **1.** (*Psych*) to sublimate. **2.** (*Chem*) to sublimate, to sublime.

Sublimierung *f* sublimation.

submarin *adj* marine.

Sub|ordination *f* subordination.

subsidiär *adj* subsidiary.

Subskribent(in *f*) *m* subscriber.

subskribieren* *vti* (**auf**) **etw** (*acc*) ~ to subscribe to sth.

Subskription *f* subscription (*gen, auf* +*acc* to).

Subskriptionspreis *m* subscription price.

substantiell [zʊpstan'tsiɛl] *adj* **1.** (*Philos*) (*stofflich*) material; (*wesenhaft*) essential.
2. (*fig geh: bedeutsam, inhaltlich*) fundamental.
3. (*nahrhaft*) substantial, solid.

Substantiv ['zʊpstanti:f] *nt* **-s**, **-e** *or* (*rare*) **-a** noun.

substantivieren* [zʊpstanti'vi:rən] *vt* to nominalize.

substantivisch ['zʊpstanti:vɪʃ] *adj* nominal.

Substanz [zʊp'stants] *f* **1.** substance; (*Wesen*) essence. **etw in seiner** ~ **treffen** to affect the substance of sth. **2.** (*Fin*) capital assets *pl*. **von der** ~ **zehren** to live on one's capital.

substanzlos *adj* insubstantial; **substanzreich** *adj* solid; *Aufsatz auch* meaty (*inf*);

Substanzverlust *m* loss of volume; (*Gewichtsverlust*) loss of weight; (*fig*) loss of significance *or* importance.

substituieren* [zʊpstituˈiːrən] *vt* (*geh*) **A durch B ~** to substitute B for A, to replace A with B.

Substitut(in *f*) [zʊpstiˈtuːt(ɪn)] *m* **-en, -en** deputy *or* assistant departmental manager.

Substitution [zʊpstituˈtsioːn] *f* (*geh*) **die ~ von A durch B** the substitution of B for A, the replacement of A by B.

Substrat [zʊpˈstraːt] *nt* substratum.

subsumieren* *vti* to subsume (*unter +dat* to).

subsumtiv *adj* (*geh*) subsumptive (*form*).

subtil *adj* (*geh*) subtle.

Subtilität *f* (*geh*) subtlety.

Subtrahend [zʊptraˈhɛnt] *m* **-en, -en** (*Math*) subtrahend.

subtrahieren* [zʊptraˈhiːrən] *vti* to subtract.

Subtraktion *f* subtraction.

Subtraktionszeichen *nt* subtraction sign.

Subtropen [ˈzʊptroːpn] *pl* subtropics *pl*.

subtropisch [ˈzʊptroːpɪʃ] *adj* subtropical.

Subvention [zʊpvɛnˈtsioːn] *f* subsidy; (*von Regierung, Behörden auch*) subvention.

subventionieren* [zʊpvɛntsioˈniːrən] *vt* to subsidize.

Subversion [zʊpvɛrˈzioːn] *f* (*Pol*) subversion.

subversiv [zʊpvɛrˈziːf] *adj* subversive. **sich ~ betätigen** to engage in subversive activities.

Such|aktion *f* search operation; **Such|anzeige** *f* missing person/dog *etc* report; **eine ~ aufgeben** to report sb/sth missing; **Suchdienst** *m* missing persons tracing service.

Suche *f* **-,** *no pl* search (*nach* for). **auf die ~ nach jdm/etw gehen, sich auf die ~ nach jdm/etw machen** to go in search of sb/sth; **auf der ~ nach etw sein** to be looking for sth.

suchen I *vt* **1.** to look for; (*stärker, intensiv*) to search for. **Abenteuer ~** to go out in search of adventure; **die Gefahr ~** to look for *or* seek danger; **sich** (*dat*) **einen Mann/ eine Frau ~** to look for a husband/wife (for oneself); **Verkäufer(in) gesucht** sales person wanted; **Streit/Ärger (mit jdm) ~** to be looking for trouble/a quarrel (with sb); **Schutz vor etw** (*dat*) **~** to seek shelter from sth; **was suchst du hier?** what are you doing here?; **du hast hier nichts zu ~** you have no business being here; **seinesgleichen ~** to be unparalleled.

2. (*wünschen, streben nach*) to seek; (*versuchen auch*) to strive, to try. **er sucht, die tragischen Erlebnisse zu vergessen** he is trying to forget the tragic events; **sein Recht/seinen Vorteil ~** to be out for one's rights/one's own advantage.

II *vi* to search, to hunt. **nach etw ~** to look for sth; (*stärker*) to search *or* hunt for sth; **nach Worten ~** to search for words; (*sprachlos sein*) to be at a loss for words; **such!** (*zu Hund*) seek!, find!; **gesucht!** wanted (*wegen* for); **suchet, so werdet ihr finden!** (*Bibl*) seek and ye shall find (*Bibl*).

Sucher *m* **-s, -** **1.** (*geh*) seeker. **2.** (*Phot*) viewfinder; (*Astron*) finder.

Suchmannschaft *f* search party; **Suchmeldung** *f* SOS message; (*von Suchdienst*) missing person announcement; **Suchscheinwerfer** *m* searchlight.

Sucht *f* **-,** **⁻e** addiction (*nach* to); (*fig*) obsession (*nach* with). **das kann zur ~ werden** you'll get *or* become addicted to that; **das Trinken ist bei ihm zur ~ geworden** he has become addicted to drink; **an einer ~ leiden** to be an addict.

süchtig *adj* addicted (*nach* to). **von** *or* **nach etw ~ werden/sein** to get *or* become/be addicted to sth; **~ machen** (*Droge*) to be addictive.

Süchtige(r) *mf decl as adj* addict.

Süchtigkeit *f* addiction (*nach* to).

Suchtmittel *nt* addictive drug.

Sud *m* **-(e)s, -e** liquid; (*esp von Fleisch, für Suppe*) stock. **der ~ des Gemüses/der Kartoffeln/des Fleisches** the vegetable water/potato water/meat stock.

Süd *m* **-(e)s,** (*rare*) **-e 1.** (*Naut, Met, liter*) south. **aus** *or* **von/ nach ~** from/to the south. **2.** (*liter: Wind*) south wind, southerly (wind).

Süd- in *cpds* (*in Ländernamen, politisch*) South; (*geographisch auch*) the South of ..., Southern; **Süd|afrika** *nt* South Africa; **Süd|amerika** *nt* South America.

Sudan [zuˈdaːn, ˈzuːdan] *m* **-s der ~** the Sudan.

Sudaner(in *f*) *m* **-s, -, Sudanese** *m* **-n, -n, Sudanesin** *f* Sudanese.

sudanesisch, sudanisch *adj* Sudanese.

süddeutsch *adj* South German; *Dialekt, Spezialität, Mentalität auch* Southern German; **die ~en** the South Germans; **Süddeutschland** *nt* South(ern) Germany, the South of Germany.

Sudelei *f* (*geschrieben*) scrawling; (*gezeichnet*) daubing; (*an Mauern etc*) graffiti.

sudeln *vti* (*schreiben*) to scrawl; (*zeichnen*) to daub.

Süden *m* **-s,** *no pl* south; (*von Land*) South. **aus dem ~, vom ~ her** from the south; **gegen** *or* **gen** (*liter*) *or* **nach ~** south(wards), to the south; **nach ~ hin** to the south; **im tiefen ~** in the deep *or* far south; **weiter** *or* **tiefer im ~** further south; **im ~ Frankreichs** in the South of France.

Süd|england *nt* the South of England.

Sudeten *pl* (*Geog*) **die ~** the Sudeten-(land).

Sudetenland *nt* **das ~** the Sudetenland.

Südfrankreich *nt* the South of France; **Südfrüchte** *pl* citrus and tropical fruit(s *pl*).

Sudhaus *nt* (*in Brauerei*) brewing room.

Süd|Italien *nt* Southern Italy; **Südküste** *f* south(ern) coast; **die ~ Englands** the south coast of England; **Südlage** *f* southern aspect; **Südländer** *m* **-s, -** southerner; (*Italiener etc*) Mediterranean *or* Latin type; **südländisch** *adj* southern; (*italienisch, spanisch etc*) Mediterranean, Latin; *Temperament* Latin.

südlich I *adj* **1.** southern; *Kurs, Wind, Richtung* southerly. **der ~e Polarkreis** the Antarctic Circle; **52 Grad ~er Breite** 52 degrees south.

2. (*mediterran*) Mediterranean, Latin; *Temperament* Latin.

II *adv* (to the) south. ~ **von Wien** (**gelegen**) (to the) south of Vienna; **es liegt** ~**er** *or* **weiter** ~ it is further (to the) south. **III** *prep* +*gen* (to the) south of.

Südlicht *nt* southern lights *pl*, aurora australis.

Süd|ost *m* **1.** (*Met, Naut, liter*) south-east, sou'-east (*Naut*). **aus** *or* **von** ~ from the south-east; **nach** ~ to the south-east, south-east(wards). **2.** (*liter: Wind*) south-east(erly) (wind), sou'-easterly (*Naut*).

Süd|ost- *in cpds* south-east; (*bei Namen*) South-East.

Süd|osten *m* south-east; (*von Land*) South East. **aus** *or* **von** ~ from the south-east; **nach** ~ to the south-east, south-east (wards).

süd|östlich I *adj Gegend* south-eastern; *Wind* south-east(erly). **II** *adv* (to the) south-east. **III** *prep* +*gen* (to the) south-east of.

Südpol *m* South Pole; **Südpolargebiet** *nt* Antarctic (region), area of the South Pole; **Südpolarmeer** *nt* Antarctic Ocean; **Südsee** *f* South Seas *pl*, South Pacific; **Südsee|insulaner** *m* South Sea Islander; **Südseite** *f* south(ern) side; (*von Berg*) south(ern) face; **Südstaat** *m* southern state.

Südsüd|ost *m* **1.** (*Naut, Met, liter*) south-south-east, sou'-sou'-east (*Naut*). **2.** (*liter: Wind*) sou'-sou'-easterly; **Südsüd|osten** *m* south-south-east, sou'-sou'-east (*Naut*). **südsüd|östlich** *adj* south-south-east-(erly), sou'-sou'-east(erly) (*Naut*); **Südsüdwest** *m* **1.** (*Naut, Met, liter*) south-south-west, sou'-sou'-west (*Naut*). **2.** (*liter: Wind*) sou'-sou'-westerly; **Südsüdwesten** *m* south-south-west, sou'-sou'-west (*Naut*); **südsüdwestlich** *adj* south-south-west(erly), sou'-sou'-west-(erly) (*Naut*).

Südtirol *nt* South(ern) Tyrol.

südwärts *adv* south(wards). **der Wind dreht** ~ the wind is moving round to the south.

Südwein *m* Mediterranean wine.

Südwest *m* **1.** (*Naut, Met, liter*) south-west. **aus** ~ from the south-west. **2.** (*liter: Wind*) south-west(erly) wind, south-wester(ly), sou'-wester (*Naut*).

Südwest- *in cpds* south-west; (*bei Namen*) South-West.

Südwesten *m* south-west; (*von Land*) South West. **aus** *or* **von** ~ from the south-west; **nach** ~ to the south-west, south-west(wards).

Südwester *m* **-s**, **-** (*Hut*) sou'wester.

südwestlich I *adj Gegend* south-western; *Wind* south-west(erly). **II** *adv* (to the) south-west. **III** *prep* +*gen* (to the) south-west of.

Südwind *m* south wind.

Sueskanal *m* Suez Canal.

Suff *m* **-(e)s**, *no pl* (*inf*) **dem** ~ **ergeben** *or* **verfallen sein** to be on the bottle (*inf*); **etw im** ~ **sagen** to say sth when one is tight (*inf*) *or* plastered (*sl*).

süffeln *vi* (*inf*) to tipple (*inf*).

süffig *adj* light and sweet.

süffisant *adj* smug, complacent.

Suffix *nt* **-es**, **-e** suffix.

Suffragette *f* suffragette.

suggerieren* *vt* to suggest. **jdm etw** ~ **to** influence sb by suggesting sth; **das hat er sich** (*dat*) **von seiner Frau** ~ **lassen** his wife persuaded him of that.

suggest|ibel *adj* suggestible.

Suggestion *f* suggestion.

suggestiv *adj* suggestive.

Suggest|vfrage *f* suggestive question.

Suhle *f* **-**, **-n** muddy pool.

suhlen *vr* (*lit, fig*) to wallow.

Sühne *f* **-**, **-n** (*Rel, geh*) atonement; (*von Schuld*) expiation. **als** ~ **für etw** to atone for sth; **das Verbrechen fand seine** ~ **the** crime was atoned for.

sühnen I *vt Unrecht, Verbrechen* to atone for; *Schuld* to expiate. **II** *vi* to atone.

Sühne|opfer *nt* (*Rel*) expiatory sacrifice; **Sühnetermin** *m* (*Jur*) conciliatory hearing.

Suite ['svi:tə, 'zui:tə] *f* **-**, **-n** suite; (*Gefolge*) retinue.

Suizid [zui'tsi:t] *m* **-(e)s**, **-e** (*form*) suicide.

suizidgefährdet [zui'tsi:t-] *adj* (*form*) suicide-prone.

Suizidtäter [zui'tsi:t-] *m* (*form*) suicide.

Sujet [sy'ʒe:] *nt* **-s**, **-s** (*geh*) subject.

sukzessiv(e) *adj* gradual.

Sulfat *nt* sulphate.

Sulfid *nt* **-(e)s**, **-e** sulphide.

Sulfit *nt* **-s**, **-e** sulphite.

Sulfonamid *nt* **-(e)s**, **-e** sulphonamide.

Sultan ['zʊlta:n] *m* **-s**, **-e** sultan.

Sultanat *nt* sultanate.

Sultanin *f* sultana.

Sultanine *f* (*Rosine*) sultana.

Sülze *f* **-**, **-n**, **Sulz** *f* **-**, **-en** (*esp S Ger, Aus, Sw*) brawn.

sülzen (*dial*) **I** *vt* to go on and on about (*inf*). **II** *vi* to go on and on (*inf*).

Sülzkotelett *nt* cutlet in aspic.

Sumatra [zu'ma:tra, 'zu:matra] *nt* **-s** Sumatra.

Sumerer *m* **-s**, **-** (*Hist*) Sumerian.

sumerisch *adj* (*Hist*) Sumerian.

summ *interj* buzz. ~ **machen** to buzz.

summa cum laude *adv* (*Univ*) summa cum laude (*US*), with distinction.

Summand *m* **-en**, **-en** (*Math*) summand.

summarisch I *adj* (*auch Jur*) summary; *Zusammenfassung* summarizing. **II** *adv* **etw** ~ **zusammenfassen** to summarize sth.

summa summarum *adv* all in all, on the whole.

Sümmchen *nt dim of* **Summe**. **ein nettes** ~ (*hum*) a tidy sum, a pretty penny (*inf*).

Summe *f* **-**, **-n** sum; (*Gesamt*~ *auch*) total; (*fig*) sum total. **die** ~ **aus etw ziehen** to sum up *or* evaluate sth.

summen I *vt Melodie etc* to hum. **II** *vi* to buzz; (*Mensch, Motor*) to hum. **III** *vi impers* **es summt** there is a buzzing *or* humming noise.

Summer *m* **-s**, **-** buzzer.

summieren* **I** *vt* to sum up. **II** *vr* to mount up. **das summiert sich** it (all) adds *or* mounts up.

Summton *m*, **Summzeichen** *nt* buzz, buzzing sound.

Sumpf *m* **-(e)s**, **-̈e** marsh; (*Morast*) mud; (*in* *tropischen Ländern*) swamp. **im ~ der Großstadt** in the squalor and corruption of the big city.

Sumpfboden *m* marshy ground; **Sumpfdotterblume** *f* marsh marigold.

sumpfen *vi* (*inf*) to live it up (*inf*).

Sumpffieber *nt* malaria; **Sumpfhuhn** *nt* moorhen; (*inf: unsolider Mensch*) fastliver (*inf*).

sumpfig *adj* marshy, swampy.

Sumpfland *nt* marshland; (*in tropischen Ländern*) swampland; **Sumpf|otter** *m* mink; **Sumpfpflanze** *f* marsh plant; **Sumpfvogel** *m* wader.

Sums *m* **-es**, *no pl* (*inf*) **viel** *or* **einen großen ~ machen** to make a great to-do (*inf*).

Sund *m* **-(e)s**, **-e** sound, straits *pl*.

Sünde *f* **-**, **-n** sin. **eine ~ begehen** to sin, to commit a sin; **jdm seine ~n vergeben** to forgive sb his sins; **es ist eine ~ und Schande** (*inf*) it's a crying shame; **es ist doch keine ~, ihn zu fragen** it's not a sin *or* crime to ask him.

Sündenbabel *nt* hotbed of vice; **Sündenbekenntnis** *nt* confession of one's sins; (*Gebet*) confession (of sins); **Sündenbock** *m* (*inf*) scapegoat, whipping boy; **jdn zum ~ machen** to make sb one's scapegoat; **Sündenfall** *m* (*Rel*) Fall (of Man); **sündenfrei** *adj* free from sin, without sin; **Sündenpfuhl** *m* den of iniquity; **Sündenregister** *nt* (*fig*) list of sins; **jds ~** the list of sb's sins; **Sündenvergebung** *f* forgiveness *or* remission of sins.

Sünder *m* **-s**, **-** sinner. **armer ~** (*Eccl*) miserable sinner; (*old*) *criminal under sentence of death*; (*fig*) poor wretch; **na, alter ~!** (*dated inf*) well, you old rogue! (*inf*).

Sünderin *f* sinner.

Sündflut *f*, *no pl siehe* **Sintflut**.

sündhaft *adj* (*lit*) sinful; (*fig inf*) *Preise* wicked. **~ teuer** (*inf*) wickedly expensive.

sündig *adj* sinful. **~ werden** to sin (*an +dat* against).

sündigen *vi* to sin (*an +dat* against); (*hum*) to indulge. **gegen die Natur ~** to commit a crime against nature; **gegen seine Gesundheit ~** to jeopardize one's health.

sündteuer *adj* (*Aus*) wickedly expensive.

Super¹ *nt* **-s**, *no pl* (*Benzin*) four-star (petrol) (*Brit*), premium (*US*), super.

Super² *m* **-s**, **-** (*Rad*) superhet (radio set).

super (*inf*) **I** *adj inv* super, smashing, great (*all inf*). **II** *adv* (*mit adj*) really, incredibly (*inf*); (*mit vb*) really *or* incredibly (*inf*) well.

Super- *in cpds* super-; (*sehr*) ultra-; **Super-8-Film** *m* super-8 film.

superb [zu'pɛrp], **süperb** (*dated geh*) *adj* splendid, superb, superlative.

superfein *adj Qualität* top attr; *Eßwaren etc* top-quality; (*inf*) posh (*inf*).

Super|intendent *m* (*Eccl*) superintendent.

Superior *m*, **Superiorin** *f* superior.

superklug *adj* (*iro inf*) brilliant. **du bist ein S~er** (*Besserwisser*) you are a (real) knowall (*inf*); (*Dummkopf*) you're brilliant, you are (*iro*).

Superlativ ['zu:pɐlati:f, zupɐla'ti:f] *m* (*Gram, fig*) superlative.

superlativisch *adj* (*Gram*) superlative; (*fig*) grand. **ins S~e geraten** to assume massive proportions, to snowball in a big way (*inf*).

superleicht *adj* (*inf*) *Zigaretten* extra mild; (*kinderleicht*) dead easy (*inf*); **Supermacht** *f* superpower; **Supermann** *m, pl* **-männer** superman; **Supermarkt** *m* supermarket; **supermodern** *adj* (*inf*) ultramodern; **superschnell** *adj* (*inf*) ultrafast; **Superstar** *m* (*inf*) superstar.

Suppe *f* **-**, **-n** soup; (*sämig mit Einlage*) broth; (*klare Brühe*) bouillon; (*fig inf: Nebel*) pea-souper (*inf*). **klare ~** consommé; **du mußt die ~ auslöffeln, die du dir eingebrockt hast** (*inf*) you've made your bed, now you must lie on it (*prov*); **jdm die ~ versalzen, jdm in die ~ spucken** (*inf*) to put a spoke in sb's wheel (*inf*), to queer sb's pitch (*inf*); *siehe* **Haar, Salz**.

Suppen- *in cpds* soup; **Suppenfleisch** *nt* meat for making soup; (*gekocht*) boiled beef/pork *etc*; **Suppengemüse** *nt* vegetables *pl* for making soup; **Suppengrün** *nt* herbs and vegetables *pl* for making soup; **Suppenhuhn** *nt* boiling fowl; **Suppenkaspar, Suppenkasper** *m* (*inf*) poor eater; (*Suppenfreund*) soup-fan (*inf*); **Suppennudel** *f* vermicelli *pl*, noodles *pl*; **Suppenschüssel** *f* tureen; **Suppenwürfel** *m* stock cube; **Suppenwürze** *f* soup seasoning.

Supplement [zuple'mɛnt] *nt* (*geh*) supplement.

Supplementband *m* supplementary volume; **Supplementwinkel** *m* supplementary angle.

Suppositorium *nt* (*Med*) suppository.

supranational *adj* supranational.

Supremat *m or nt* **-(e)s**, **-e**, **Suprematie** *f* (*geh*) supremacy.

Sure *f* **-**, **-n** (*im Koran*) sura(h).

Surfing ['zø:efɪŋ, 'zœr-] *nt* **-s**, *no pl* (*Sport*) surfing.

surreal *adj* surreal.

Surrealismus *m*, *no pl* surrealism.

surrealistisch *adj* surrealist(ic).

surren *vi* **1.** to hum; (*Insekt auch*) to buzz; (*Motor auch, Kamera, Insektenflügel*) to whirr. **2.** *aux sein* (*sich bewegen: Insekt*) to buzz.

Surrogat *nt* surrogate.

suspekt [zus'pɛkt] *adj* suspicious. **jdm ~ sein** to seem suspicious to sb.

suspendieren* [zuspɛn'di:rən] *vt* to suspend (*von* from).

Suspension [zuspɛn'zio:n] *f* (*alle Bedeutungen*) suspension.

Suspensorium [zuspɛn'zo:riʊm] *nt* (*Med*) suspensory, jockstrap.

süß *adj* (*lit, fig*) sweet. **etw ~ machen** to sweeten sth; *Tee, Kaffee* (*mit Zucker*) to sugar sth; **gern ~ essen** to have a sweet tooth, to be fond of sweet things; **sie ist eine S~e** (*inf*) (*ißt gerne ~*) she has a sweet tooth; **das ~e Leben** the good life; **es auf die ~e Tour** *or* **auf die S~e Tour versuchen** (*inf*) to turn on the charm; (**mein**) **S~er/(meine) S~e** (*inf*) my sweetheart; (*als Anrede auch*) my sweet, sweetie(-pie) (*inf*); *siehe* **Geheimnis**.

Süße *f* **-**, *no pl* (*lit, fig*) sweetness.

süßen I *vt* to sweeten; (*mit Zucker*) *Tee,*

Kaffee to sugar. **II** *vi* **mit Honig** *etc* ~ to use honey *etc* as a sweetener.

Süßholz *nt* liquorice. ~ **raspeln** (*fig*) to turn on the blarney; **du kannst aufhören,** ~ **zu raspeln** you can stop soft-soaping me/him *etc* (*inf*).

Süßigkeit *f* **1.** *no pl* (*lit, fig*) sweetness. **2.** ~**en** *pl* sweets *pl* (*Brit*), candy (*US*).

Süßkartoffel *f* sweet potato; **Süßkirsche** *f* sweet cherry.

süßlich *adj* **1.** (*leicht süß*) sweetish, slightly sweet; (*unangenehm süß*) sickly (sweet), cloying. **2.** (*fig*) *Töne,* ' *Miene* terribly sweet; *Lächeln auch* sugary; *Worte auch* honeyed; *Farben, Geschmack* pretty-pretty (*inf*); (*kitschig*) mawkish.

Süßlichkeit *f siehe adj* **1.** slight sweetness; sickly sweetness. **2.** sweetness; sugariness; pretty-prettiness (*inf*); mawkishness.

Süßmost *m* unfermented fruit juice; **Süßrahmbutter** *f* creamery butter; **süß-sauer** *adj* sweet-and-sour; *Gurken etc* pickled; (*fig: gezwungen freundlich*) *Lächeln* forced; *Miene* artificially friendly; **Süßspeise** *f* sweet dish; **Süßstoff** *m* sweetener; **Süßwaren** *pl* confectionery *sing*; **Süßwarengeschäft** *nt* sweetshop (*Brit*), candy store (*US*), confectioner's; **Süßwasser** *nt* freshwater; **Süßwasserfisch** *m* freshwater fish.

Sutane *f* -, -n *siehe* **Soutane.**

Sütterlinschrift *f old-fashioned style of German hand-writing.*

SW *abbr of* **Südwesten** SW.

Swastika ['svastika] *f* -, **Swastiken** swastika.

Swimming-pool ['svimiŋpu:l] *m* -s, -s swimming pool.

Swing *m* -s, *no pl* (*Mus, Fin*) swing.

swingen *vi* (*Mus*) to swing.

syllabisch *adj* syllabic.

Syllogismus *m* (*Philos*) syllogism.

Sylphe *m* -n, -n, *f* -, -n (*Myth*) sylph.

Sylt *nt* -s (*Insel*) ~ Sylt.

Sylvester [zyl'vɛstɐ] *nt* -s, - *siehe* **Silvester.**

Symbiose *f* -, -n symbiosis.

symbiotisch *adj* symbiotic.

Symbol *nt* -s, -e symbol.

Symbolik *f* symbolism.

symbolisch *adj* symbolic(al) (*für* of).

symbolisieren* *vt* to symbolize.

Symbolismus *m* symbolism.

Symbolist(in *f)* *m* symbolist.

symbolistisch *adj* symbolist(ic).

Symbolkraft *f* symbolic force *or* power; **symbolträchtig** *adj* heavily symbolic, full of symbolism.

Symmetrie *f* symmetry.

Symmetrieachse *f* axis of symmetry.

symmetrisch *adj* symmetric(al).

Sympathie [zympa'ti:] *f* (*Zuneigung*) liking; (*Mitgefühl, Solidaritätsgefühl*) sympathy. **für jdn/etw** ~ **haben** to have a liking for/a certain amount of sympathy with sb/sth; **diese Maßnahmen haben meine volle** ~ I sympathize completely with these measures; **durch seine Unverschämtheit hat er meine** ~/**hat er sich** (*dat*) **alle** ~ **verscherzt** he has turned me/everyone against him with his rudeness.

Sympathiekundgebung *f* demonstration

of support; **Sympathiestreik** *m* sympathy strike; **in** ~ (**mit jdm**) **treten** to come out in sympathy (with sb).

Sympathikus *m* -, *no pl* (*Physiol*) sympathetic nerve.

Sympathisant(in *f)* *m* sympathizer.

sympathisch *adj* **1.** pleasant, nice, simpatico (*esp US inf*). **er/es ist mir** ~ I like him/it; **er/es war mir gleich** ~ I liked him/it at once, I took to him/it at once, I took an immediate liking to him/it; **das ist mir gar nicht** ~ I don't like it at all.
   2. (*Anat, Physiol*) sympathetic.

sympathisieren* *vi* to sympathize (*mit* with).

Symphonie [zymfo'ni:] *f* symphony.

Symphonie- *in cpds siehe* **Sinfonie-.**

Symphoniker(in *f)* *m* -s, - *siehe* **Sinfoniker(in).**

symphonisch *adj* symphonic.

Symposion [zym'po:ziɔn], **Symposium** [zym'po:ziʊm] *nt* -s, **Symposien** [zym'po:ziən] symposium.

Symptom *nt* -s, -e symptom.

symptomatisch *adj* symptomatic (*für* of).

Synagoge *f* -, -n synagogue.

synchron [zyn'kro:n] *adj* synchronous; (*Ling*) synchronic.

Synchrongetriebe [zyn'kro:n-] *nt* (*Aut*) synchromesh gearbox.

Synchronisation [zynkroniza'tsio:n] *f* (*Film, TV*) synchronization; (*Übersetzung*) dubbing.

synchronisieren* [zynkroni'zi:rən] *vt* to synchronize; (*übersetzen*) *Film* to dub.

Syndikalismus *m, no pl* syndicalism.

syndikalistisch *adj* syndicalist(ic).

Syndikat *nt* (*Kartell*) syndicate.

Syndikus *m* -, **Syndiken** *or* **Syndizi** (*Geschäftsführer*) syndic; (*Justitiar*) (company *etc*) lawyer.

Syndrom *nt* -s, -e syndrome.

Synkope *f* -, -n **1.** ['zynkopə] syncope, syncopation. **2.** [zyn'ko:pə] (*Mus*) syncopation.

synkopieren* *vt* to syncopate.

synkopisch *adj* syncopic, syncopated (*esp Mus*).

Synkretismus *m, no pl* syncretism.

Synodale(r) *mf decl as adj* (*Eccl*) synod member.

Synode *f* -, -n (*Eccl*) synod.

Synonym [zyno'ny:m] *nt* -s, -e synonym.

synonym(isch) [zyno'ny:m(ɪʃ)] *adj* synonymous.

Synonymwörterbuch *nt* dictionary of synonyms, thesaurus.

Synopse *f* -, -n, **Synopsis** *f* -, **Synopsen** synopsis; (*Bibl*) synoptic Gospels *pl*, Synoptics *pl.*

Synoptiker *pl* (*Bibl*) Synoptics *pl*; (*Apostel*) Synoptists *pl.*

Syntagma *nt* -s, **Syntagmen** *or* -ta (*Ling*) syntactic construction.

syntaktisch *adj* syntactic(al).

Syntax *f* -, -en syntax.

Synthese *f* -, -n synthesis.

Synthetik *f, no pl* (*Math*) synthesis.

synthetisch *adj* synthetic; *Stoff, Faser auch* man-made. **etw** ~ **herstellen** to make *or* produce sth synthetically.

Syphilis ['zy:filɪs] *f* -, *no pl* syphilis.

syphiliskrank *adj* syphilitic, suffering from syphilis. ~ **sein** to have syphilis.
Syphilitiker(in *f*) *m* -s, - syphilitic.
syphilitisch *adj* syphilitic.
Syrer(in *f*) *m* -s, - Syrian.
Syrien ['zy:riən] *nt* -s Syria.
Syrier(in *f*) [-iɐ, -iərɪn] *m* -s, - Syrian.
syrisch *adj* Syrian. **das** S~e Syriac, the Syriac language.
System [zʏs'te:m] *nt* -s, -e system; (*Ordnung, Ordnungsprinzip auch*) method. **etw mit** ~ **machen** to do sth systematically; **etw mit einem** ~ **machen** to do sth according to a system; ~ **in etw** (*acc*) **bringen** to get *or* bring some system into sth; **Apparate verschiedener** ~e machinery of different designs; **ein** ~ **von Straßen/Kanälen** a road/canal system.
System|analyse *f* systems analysis.
Systematik *f, no pl* 1. (*systematisches Ordnen*) system. 2. (*Lehre, Klassifikation*) systematology.
Systematiker(in *f*) *m* -s, - systematist; (*fig*) systematic person.
systematisch *adj* systematic.
systematisieren* *vt* to systematize.
systembedingt *adj* determined by the system; **system|immanent** *adj* inherent in the system.
systemisch *adj* systemic.

Systemkritiker *m* critic of the system; **systemkritisch** *adj* critical of the system; **systemlos** *adj* unsystematic; **Systemtreue** *f* loyalty to the system; **System|veränderung** *f* change in the system.
Systole ['zʏstolə, -'to:lə] *f* -, -n (*Med*) systole.
Szenar *nt* -s, -e, **Szenario** *nt* -s, -s, **Szenarium** *nt* scenario.
Szene ['stse:nə] *f* -, -n 1. (*Theat, fig*) scene; (*Theat: Bühnenausstattung*) set. **Beifall auf offener** ~ applause during the performance; **hinter der** ~ backstage; (*fig*) behind the scenes; **in** ~ (*acc*) **gehen** to be staged; **etw in** ~ **setzen** (*lit, fig*) to stage sth; **sich in** ~ **setzen** to play to the gallery; **sich in der** ~ **auskennen** (*sl*) to know the scene.
2. (*fig: Zank, Streit*) scene. **jdm eine** ~ **machen** to make a scene in front of sb.
-szene *f in cpds* (*sl*) scene (*sl*).
Szenenfolge *f* sequence of scenes; **Szenenwechsel** *m* scene change.
Szenerie *f* (*Theat, fig*) scenery.
szenisch *adj* (*Theat*) scenic.
Szepter ['stsɛptə] *nt* -s, - sceptre.
Szilla *f* -, **Szillen** (*Bot*) scilla.
Szylla ['stsʏla] *f* - (*Myth*) Scylla. **zwischen** ~ **und Charybdis** (*liter*) between Scylla and Charybdis.

T

T, t [te:] *nt* -, - T, t.
t *abbr of* **Tonne.**
Tabak ['ta:bak, 'tabak, *(Aus)* ta'bak] *m* **-s,**
-e tobacco; *(Schnupf~)* snuff.
Tabak- *in cpds* tobacco; **Tabakbeutel** *m*
tobacco pouch; **Tabakgenuß** *m* (tobacco) smoking; **Tabakhändler** *m* (*im
Großhandel*) tobacco merchant; (*im Einzelhandel*) tobacconist; **Tabakladen** *m*
tobacconist's, tobacco shop; **Tabak-
mischung** *f* blend (of tobaccos), (tobacco) mixture; **Tabakpfeife** *f* pipe;
Tabakrauch *m* tobacco smoke.
Tabaksbeutel *m* tobacco pouch; **Tabaks-
dose** *f* tobacco tin; (*für Schnupftabak*)
snuff-box; **Tabakspfeife** *f* pipe.
Tabaksteuer *f* duty on tobacco; **Tabak-
trafik** [ta'bak-] *f* (*Aus*) tobacconist's,
tobacco shop; **Tabaktrafikant** [ta'bak-]
m (*Aus*) tobacconist; **Tabakwaren** *pl*
tobacco; ,,~" tobacconist's.
Tabatiere [taba'tie:rə] *f* -, **-n** (*Aus*) tobacco
tin; (*old: Schnupftabakdose*) snuff-box.
tabellarisch *adj* tabular. **bitte fügen Sie
einen** ~**en Lebenslauf bei** please write out
your curriculum vitae in tabular form.
Tabelle *f* table; (*Diagramm*) chart; (*Sport*)
(league) table.
Tabellenform *f*: **in** ~ in tabular form, in
tables/a table; as a chart, in chart form;
Tabellenführer *m* (*Sport*) league leaders
pl; ~ **sein** to be at the top of the (league)
table; **Tabellenplatz** *m* (*Sport*) place *or*
position in the league; **auf den letzten** ~
fallen to drop to the bottom of the table;
Tabellenstand *m* (*Sport*) league situation.
Tabelllermaschine *f* tabulator, tabulating
machine.
Tabernakel *nt or m* **-s,** - tabernacle.
Tablett *nt* **-(e)s, -s** *or* **-e** tray. **jdm etw auf
einem silbernen** ~ **servieren** (*fig: einfach
machen*) to hand sb sth on a plate; **muß
man dir alles/die Einladung auf einem silbernen** ~ **servieren?** do you have to have
everything done for you/do you want an
official invitation?
Tablette *f* tablet, pill.
Tablettenform *f*: **in** ~ in tablet form;
Tablettenröhre *f* tablet tube; tube of
tablets; **Tablettensucht** *f* addiction to
pills, compulsive pill-taking; **tabletten-
süchtig** *adj* addicted to pills.
Tabu *nt* **-s, -s** taboo.
tabu *adj pred* taboo.
tabuieren* *vt* to make taboo, to taboo.
Tabuierung *f* taboo(ing).
tabuisieren* *vt siehe* **tabuieren.**
Tabula rasa *f* - -, *no pl* (*Philos*) tabula rasa.
t~ ~ **machen** (*inf*) to make a clean sweep.
Tabulator *m* tabulator, tab (*inf*).
Tabuschranke *f* taboo; **Tabuwort** *nt* taboo
word *or* expression.
Tach(e)les *no art* (*sl*) (**mit jdm**) ~ **reden** to

have a talk with sb; **nun wollen wir beide
mal** ~ **reden** let's do some straight talking,
let's talk turkey (*US inf*).
tachinieren* *vi* (*Aus inf*) to laze *or* loaf
about (*inf*).
Tachinierer(in *f*) *m* **-s,** - (*Aus inf*)
layabout (*inf*), loafer (*inf*).
Tacho *m* **-s, -s** (*inf*) speedo (*Brit inf*),
speedometer.
Tachometer *m or nt* **-s,** - speedometer.
Tadel *m* **-s,** - (*Verweis*) reprimand; (*Vorwurf*) reproach; (*Kritik*) criticism, censure; (*geh: Makel*) blemish, taint; (*Sch:
Eintragung ins Klassenbuch*) black mark.
ein Leben ohne jeden ~ (*geh*) an
unblemished *or* spotless *or* blameless life.
tadellos I *adj* perfect; *Deutsch etc auch*
faultless; *Benehmen auch* faultless,
irreproachable; *Leben* blameless; (*inf*)
splendid, first-class; **II** *adv* perfectly;
faultlessly; irreproachably; *gekleidet*
immaculately.
tadeln *vt jdn* to rebuke, to reprimand; *jds
Benehmen* to criticize, to express one's
disapproval of; **ein** ~**der Blick** a reproachful look, a look of reproach.
tadelnswert *adj* reprehensible, blame-
worthy.
Tadels|antrag *m* (*Parl*) motion of censure,
censure motion.
Tafel *f* **-, -n 1.** (*Platte*) slab; (*Holz~*) panel;
(~ *Schokolade etc*) bar; (*Gedenk~*)
plaque; (*Wand~*) (black)board; (*Schreib-
~*) slate; (*Elec: Schalt~*) control panel,
console; (*Anzeige~*) board; (*Verkehrs~*)
sign.
2. (*Bildseite*) plate.
3. (*form: festlicher Speisetisch*) table;
(*Festmahl*) meal; (*mittags*) luncheon
(*form*); (*abends*) dinner. **jdn zur** ~ **bitten**
to ask sb to table; **die** ~ **aufheben** to officially end the meal.
Tafel|apfel *m* eating apple; **Tafel|aufsatz**
m centrepiece; **Tafelberg** *m* (*Geog*) table
mountain; **Tafelbesteck** *nt* (best) silver;
Tafelbild *nt* panel; **tafelfertig** *adj* ready
to serve; **Tafelgeschirr** *nt* tableware;
Tafelglas *nt* sheet glass, plate glass;
Tafelland *nt* plateau, tableland; **Tafel-
lappen** *m* (blackboard) duster; **Tafel-
malerei** *f* panel painting; **Tafelmusik** *f*
musical entertainment.
tafeln *vi* (*geh*) to feast. **mit jdm** ~ to dine
with sb.
täfeln *vt Wand* to wainscot; *Decke* to panel,
to line with wooden panels.
Tafel|obst *nt* (dessert) fruit; **Tafel|öl** *nt*
cooking/salad oil; **Tafelrunde** *f* company
(at table); (*Liter*) Round Table; **die ganze**
~ **applaudierte** the whole table
applauded; **Tafelsalz** *nt* table salt; **Tafel-
silber** *nt* silver.
Täf(e)lung *f siehe* **täfeln** wainscoting;
(wooden) panelling.

Tafelwasser *nt* mineral water; **Tafelwein** *m* table wine.

Taft *m* **-(e)s, -e** taffeta.

Tag *m* **-(e)s, -e 1.** day. **am ~(e) des/der ...** (on) the day of ...; **am ~** during the day; **alle ~e** (*inf*), **jeden ~** every day; **am vorigen ~(e), am ~(e) vorher** the day before, the previous day; **auf den ~ (genau)** to the day; **auf ein paar ~e** for a few days; **auf seine alten ~e** at his age; **bei ~ und Nacht** night and day, day and night; **bis in unsere ~e** up to the present day; **diese** (*inf*) *or* **dieser ~e** (*bald*) in the next few days; **den ganzen ~ (lang)** (*lit, fig*) all day long, the whole day; **eines ~es** one day; **eines ~es wirst du ...** one day *or* one of these days you'll ...; **eines (schönen** *or* **guten) ~es** one (fine) day; **sich** (*dat*) **einen schönen/faulen ~ machen** to have a nice/ lazy day; **~ für** *or* **um ~** day by day; **in unseren** *or* **den heutigen ~en** these days, nowadays; **unter ~s** (*dial*) during the day-time; **von ~ zu ~** from day to day, every day; **~ der Arbeit** Labour Day; **der ~ des Herrn** (*Eccl*) the Lord's Day; **welcher ~ ist heute?** what day is it today?, what's today?; **ein ~ wie jeder andere** a day like any other; **guten ~!** hello (*inf*), good day (*dated form*); (*esp bei Vorstellung*) how-do-you-do; (*vormittags auch*) good morning; (*nachmittags auch*) good afternoon; **~!** (*inf*) hello, hi (*inf*); morning (*inf*); afternoon (*inf*); **ich wollte nur guten ~ sagen** I just wanted to have a chat; **zweimal am ~(e)** twice daily *or* a day; **von einem ~ auf den anderen** overnight; **der ~ X** D-Day (*fig*); **er erzählt** *or* **redet viel, wenn der ~ lang ist** (*inf*) he'll tell you anything if you let him; **seinen guten/ schlechten ~ haben** to have a good/bad *or* off day, to have one of one's good/bad *or* off days; **das war heute wieder ein ~!** (*inf*) what a day!; **das Thema/Ereignis des ~es** the talking-point/event of the day; **Sie hören jetzt die Nachrichten des ~es** and now the *or* today's news; **in den ~ hinein leben** to take each day as it comes, to live from day to day; **~ und Nacht** night and day, day and night; **das ist ein Unterschied wie ~ und Nacht** they are as different as chalk and cheese.

2. (*Tageslicht*) **bei ~(e) ankommen** while it's light; **arbeiten, reisen** during the day; **es wird schon ~** it's getting light al-ready; **es ist ~** it's light; **solange (es) noch ~ ist** while it's still light; **an den ~ kommen** (*fig*) to come to light; **etw an den ~ bringen** to bring sth to light; **er legte großes Interesse an den ~** he showed great interest.

3. (*inf: Menstruation*) **meine/ihre ~e** my/her period; **sie hat ihre ~e (bekom-men)** it's that time of the month for her.

4. (*Min*) **über/unter ~e arbeiten** to work above/below ground *or* under-ground, to work on *or* at/below the sur-face.

-tag *m in cpds* (*Konferenz*) convention.

tag|aus *adv* **~, tagein** day in, day out, day after day.

Tägchen ['tɛçən] *interj* (*hum*) hello there.

Tagebau *m, pl* **-e** (*Min*) open-cast mining;

Tageblatt *nt* daily (news)paper, local rag (*inf*); **Göttinger ~** Göttingen Daily News; **Tagebuch** *nt* diary, journal (*liter, form*); **(über etw** *acc*) **~ führen** to keep a diary (of sth); **Tagedieb** *m* (*dated*) idler, wastrel; **Tagegeld** *nt* daily allowance.

tag|ein *adv siehe* **tagaus.**

tagelang *adj* lasting for days; **nach ~er Unterbrechung** after an interruption of several days, after an interruption lasting several days; **~e Regenfälle** several days' rain; **er war ~ verschwunden** he disap-peared for (several) days; **Tagelohn** *m* (*dated*) daily wage(s); **Tagelöhner(in** *f*) *m* **-s, -** day labourer.

tagen I *vi impers* (*geh*) **es tagt** day is break-ing *or* dawning; **es begann schon zu ~** day was breaking *or* dawning, (the) dawn was breaking.

II *vi* (*konferieren*) to sit. **wir haben noch bis in den frühen Morgen getagt** (*inf*) we had an all-night sitting (*inf*).

Tagereise *f* day's journey.

Tages|ablauf *m* day; **Tages|anbruch** *m* daybreak, dawn; **Tages|arbeit** *f* day's work; **Tages|ausflug** *m* day trip *or* ex-cursion, day's outing; **Tagesbedarf** *m* daily requirement; **Tagesbefehl** *m* (*Mil*) order of the day; **Tagescreme** *f* day cream; **Tagesdecke** *f* bedspread; **Tagesdienst** *m* duty day; **Tages|ein-nahmen** *pl* day's takings *pl*; **Tages|ereignis** *nt* event of the day; **Tages|fragen** *pl* issues of the day, day-to-day matters; **Tagesgespräch** *nt* talk of the town; **Tageshälfte** *f* half of the day; **Tageskarte** *f* **1.** (*Speisekarte*) menu of the day; **2.** (*Fahr-, Eintrittskarte*) day ticket; **Tageskasse** *f* **1.** (*Theat*) box-office; **2.** (*Econ*) day's takings *pl*; **Tagesklinik** *f* day clinic; **Tageskurs** *m* (*St Ex*) (*von Effekten*) current price; (*von Devisen*) current rate; **Tageslauf** *m* day; **Tageslicht** *nt, no pl* daylight; **ans ~ kom-men** (*fig*) to come to light; **das ~ scheuen** to be a creature of the night, to shun the daylight; **Tageslichtprojektor** *m* over-head projector; **Tageslohn** *m* day's wages; **Tageslosung** *f* (*Mil*) password of the day; **Tagesmarsch** *m* day's march; **zwei Tagesmärsche entfernt** two days' march away; **Tagesmutter** *f* child minder; **Tagesnachrichten** *pl* (today's) news; **Tages|ordnung** *f* agenda, order of the day (*form*); **zur ~!** keep to the agen-da!; **etw auf die ~ setzen** to put sth on the agenda; **auf der ~ stehen** to be on the agenda; **zur ~ übergehen** to proceed to the agenda; (*an die Arbeit gehen*) to get down to business; (*wie üblich weiter-machen*) to carry on as usual; **an der ~ sein** (*fig*) to be the order of the day; **Tages|ordnungspunkt** *m* item on the agenda; **Tagespreis** *m* (*Comm*) current price; **gestern betrug der ~...** yesterday's price was ...; **Tagespresse** *f* daily (news)papers *or* press; **Tagesration** *f* daily rations; **Tagesraum** *m* day room; **Tagesreise** *f* **1.** (*Entfernung*) day's jour-ney; **2.** (*Ausflug*) day trip; **Tagessatz** *m* daily rate; **Tagesschau** *f* (*TV*) news *sing*; **Tageszeit** *f* time (of day); **zu jeder**

~- **und Nachtzeit** at all hours of the day
and night; **zu dieser ~ kommst du nach
Hause?!** what sort of time do you call this
to come home!; **Tageszeitung** *f* daily
(paper); **Tageszug** *m* day train.

tageweise *adv* on a daily basis; **Tagewerk**
nt (*geh*) day's work.

Tagfahrt *f* (*Min*) ascent; **taghell** *adj* (as)
bright as day; **es war schon ~** it was already broad daylight.

täglich I *adj* daily; (*attr: gewöhnlich*) everyday. **~e Gelder** (*Comm*) call-money; **~e
Zinsen** (*Comm*) daily interest; **das reicht
gerade fürs ~e Leben** it's just about
enough to get by on; **sein ~(es) Brot verdienen** to earn a living; **das ist unser ~(es)
Brot** (*fig: Ärger etc*) it is our stock-in-
trade; **das ist so wichtig wie das ~e Brot**
it's as important as life itself; **unser ~ Brot
gib uns heute** (*Bibl*) give us this day our
daily bread.
    II *adv* every day. **einmal ~** once a day
or daily.

tags *adv* **1. ~ zuvor** the day before, the
previous day; **~ darauf** *or* **danach** the next
or following day. **2.** (*bei Tag*) in the day-
time, by day.

Tagschicht *f* day shift. **~ haben** to be on
(the) day shift.

tagsüber *adv* during the day.

tagtäglich I *adj* daily; **II** *adv* every (single)
day; **Tagtraum** *m* daydream;
Tagträumer *m* daydreamer; **Tag|und-
nachtgleiche** *f* equinox.

Tagung *f* conference; (*von Ausschuß*) sitting, session.

Tagungs|ort *m* venue (of a/the con-
ference); **Tagungsteilnehmer** *m* con-
feree, person attending a conference.

Taifun *m* **-s, -e** typhoon.

Taiga *f* -, *no pl* taiga.

Taille ['taljə] *f* -, **-n** waist; (*bei Kleidungsstücken auch*) waistline. **auf seine ~ achten** to watch one's waistline; **zu eng in der
~** too tight at the waist; **ein Kleid auf ~** a
fitted dress.

Taillenweite ['taljən-] *f* waist measurement.

taillieren* [ta'ji:rən] *vt* to fit (at the waist).

tailliert [ta'ji:ɐt] *adj* waisted, fitted; *Hemd
auch* slimfit.

Taiwan *nt* **-s** Taiwan.

Taiwanese *m* **-n, -n, Taiwanesin** *f*
Taiwanese.

taiwanesisch *adj* Taiwan(ese).

Take [te:k] *nt or m* **-, -s** (*Film, TV*) take.

Takel *nt* **-s, -** (*Naut*) tackle.

Takelage [takə'la:ʒə] *f* -, **-n** (*Naut*) rigging,
tackle.

takeln *vt* (*Naut*) to rig.

Takelung *f* rigging.

Takt *m* **-(e)s, -e 1.** (*Einheit*) (*Mus*) bar;
(*Phon, Poet*) foot.
    2. (*Rhythmus*) time. **den ~ schlagen** to
beat time; (**den**) **~ halten** to keep time; **im
~ bleiben** to stay in time; **den ~ verlieren/
wechseln** to lose/change the beat, to
change (the) time; **im ~ singen/tanzen** to
sing/dance in time (to the music); **gegen
den ~** out of time; **im/gegen den ~ marschieren** to be in/out of step; **den ~
angeben** to give the beat *or* time; **im ~ der**

Musik in time to *or* with music; **das
Publikum klatschte den ~ dazu** the
audience clapped in time to the music.
    3. (*Aut*) stroke.
    4. (*Ind*) phase.
    5. *no pl* (*Taktgefühl*) tact. **mit dem ihm
eigenen ~** with his great tact(fulness); **er
hat keinen ~ im Leibe** (*inf*) he hasn't an
ounce of tact in him.

taktfest *adj* (*Mus*) **1.** able to keep time;
2. (*inf*) (*gesundheitlich*) fighting fit (*inf*);
(*sicher*) sure of his *etc* stuff (*inf*);
Taktgefühl *nt* **1.** sense of tact; **2.** (*rare:
Mus*) sense of rhythm *or* time.

taktieren* *vi* **1.** to manoeuvre. **so kann
man nicht ~** you can't use those tactics.
2. (*rare: Mus*) to beat time.

Taktik *f* tactics *pl*. **eine ~** tactics *pl*, a tactical
approach; **man muß mit ~ vorgehen** you
have to use tactics; **~ der verbrannten
Erde** (*Mil*) scorched earth policy.

Taktiker *m* **-s, -** tactician.

taktisch *adj* tactical. **~ vorgehen** to use tactics; **~ klug** good tactics.

taktlos *adj* tactless; **Taktlosigkeit** *f* tact-
lessness; **es war eine ~ sondergleichen** it
was a particularly tactless thing to do/say;
Taktmaß *nt* (*Mus*) time; **Taktstock** *m*
baton; **Taktstrich** *m* (*Mus*) bar (line);
taktvoll *adj* tactful; **Taktwechsel** *m*
(*Mus*) change of time, time change.

Tal *nt* **-(e)s, -̈er** valley, vale (*poet*). **zu ~e**
into the valley.

tal|ab(wärts) *adv* **1.** down into the valley.
2. (*flußabwärts*) downriver, downstream.

Talar *m* **-s, -e** (*Univ*) gown; (*Eccl auch*)
cassock; (*Jur*) robe(s).

tal|aufwärts *adv* **1.** up the valley.
2. (*flußaufwärts*) upriver, upstream.

Talent *nt* **-(e)s, -e 1.** (*Begabung*) talent (*zu*
for). **ein großes ~ haben** to be very talented; **sie hat viel ~ zum Singen/zur
Schauspielerin** she has a great talent *or*
gift for singing/acting.
    2. (*begabter Mensch*) talented person.
junge ~e young talent; **er ist ein großes ~**
he is very talented.

talentiert *adj* talented, gifted. **die Mannschaft lieferte ein ~es Spiel** the team
played a game of great skill *or* a brilliant
game.

talentlos *adj* untalented; **Talentprobe** *f*
audition; **Talentsuche** *f* search for
talent; **wir sind auf ~** we are looking for
new talent; **talentvoll** *adj* talented; **das
war nicht sehr ~** (*inf*) that wasn't very
clever *or* bright.

Taler *m* **-s, -** (*Hist*) Thaler; (*inf*) mark, ≈
quid (*inf*), ≈ buck (*US inf*).

Talfahrt *f* (*bergabwärts*) descent; (*flußabwärts*) downriver trip; (*fig*) decline.

Talg *m* **-(e)s, -e** tallow; (*Cook*) suet;
(*Hautabsonderung*) sebum.

Talgdrüse *f* (*Physiol*) sebaceous gland;
Talglicht *nt* tallow candle.

Talisman *m* **-s, -e** talisman, (lucky) charm;
(*Maskottchen*) mascot.

Talje *f* -, **-n** (*Naut*) block and tackle.

Talk *m* **-(e)s,** *no pl* talc(um).

Talkpuder *m or nt* talcum powder.

Talk-Show ['tɔːkʃoː] *f* -, **-s** (*TV*) talk show,
chat show (*Brit*).

Talkum nt 1. siehe **Talk. 2.** (Puder) talc, talcum powder.

Talmi nt **-s**, no pl (geh) pinchbeck; (fig) rubbish, trash. **~-Religion** sham religion.

Talmud m **-(e)s, -e** Talmud.

Talmulde f basin, hollow; **Talschaft** f (Sw, Aus) valley inhabitants pl or dwellers pl or folk; **Talsenke** f hollow (of a/the valley); **Talsohle** f bottom of a/the valley, valley bottom; (fig) rock bottom; **in der ~** (fig) at rock bottom, in the doldrums; **Talsperre** f dam; **talwärts** adv down to the valley.

Tamarinde f **-, -n** tamarind.

Tamariske f **-, -n** tamarisk.

Tambour ['tambu:ɐ] m **-s, -e** drummer.

Tambourmajor ['tambu:ɐ-] m drummajor.

Tamburin nt **-s, -e** tambourine.

Tamp m **-s, -e**, **Tampen** m **-s, -** (Naut) rope end.

Tampon ['tampɔn, tam'pɔ:n] m **-s, -s** tampon; (für Wunde auch) plug.

tamponieren* vt to plug, to tampon.

Tamtam nt **-s -s** 1. (Mus) tomtom. 2. (inf: Wirbel) fuss, to-do (inf), ballyhoo (inf); (Lärm) row, din (inf). **der Faschingszug zog mit großem ~ durch die Straßen** the Fasching procession paraded loudly through the streets.

Tand m **-(e)s**, no pl (liter) trinkets pl, knickknacks pl. **alles Menschenwerk ist doch nur ~** all human works are but dross (liter).

Tändelei f (liter) (Spielerei) (dilly-)dallying, trifling; (Liebelei) dalliance (liter).

tändeln vi (liter) (liebeln) to dally (liter); (trödeln) to (dilly-) dally, to trifle.

Tandem nt **-s, -s** tandem.

Tandler(in f) m **-s, -** (Aus) 1. (Trödler) second-hand dealer. 2. (langsamer Mensch) slowcoach (Brit inf), slowpoke (US inf).

Tang m **-(e)s, -e** seaweed.

Tangens ['taŋɛns] m **-, -** (Math) tan(gent).

Tangenskurve ['taŋɛns-] f (Math) tan wave.

Tangente [taŋ'gɛntə] f **-, -n** (Math) tangent; (Straße) ring-road, express-way.

tangential [taŋɛn'tsia:l] adj tangential.

Tanger ['taŋɐ, 'tandʒɐ] nt **-s** Tangier(s).

tangieren* [taŋ'gi:rən] vt 1. (Math) to be tangent to. 2. (berühren) Problem to touch on; Stadt, Gebiet to skirt. **das tangiert das Problem nur** that is merely tangential or peripheral to the problem. **3.** (betreffen) to affect; (inf: kümmern) to bother.

Tango ['taŋgo] m **-s, -s** tango.

Tank m **-s, -s** or **-e** (Behälter, Panzer) tank.

Tankanzeige f fuel gauge.

tanken vti 1. (bei Auto) to tank up; (bei Rennwagen, Flugzeug) to refuel. **wo kann man hier ~?** where can I get petrol (Brit) or gas (US) round here?; **ich muß noch ~** I have to get some petrol/gas; **wir hielten an, um zu ~** we stopped for petrol/gas; **was tankst du? —** what grade (of petrol/gas) do you use? — I only use 4 star; **ich tanke nur für 10 DM** I'll just put 10 marks' worth in.

2. (inf) (viel trinken) to have a few;

frische Luft to get, to fill one's lungs with; neue Kräfte to get. **er hat ganz schön** or **einiges getankt** he's had a few, he's really tanked up (inf).

Tanker m **-s, -** (Naut) tanker.

Tankerflotte f tanker fleet, fleet of tankers.

Tankfahrzeug nt (Aut) tanker.

Tankinhalt m content(s) of the tank pl; **der ~ beträgt ...** the tank holds ..., the tank capacity is ... (form); **Tanklager** nt oil or petrol depot; **Tanklaster** m tanker; **Tankmöglichkeit** f letzte **~ vor ...** last filling station before ...; **Tanksäule** f petrol pump (Brit), gas(oline) pump (US); **Tankschiff** nt tanker; **Tankstelle** f filling or petrol (Brit) or gas(oline) (US) station; **Tankuhr** f fuel gauge; **Tankverschluß** m petrol (Brit) or gas (US) cap; **Tankwagen** m tanker; (Rail) tank wagon or car; **Tankwart** m petrol pump (Brit) or gas station (US) attendant.

Tanne f **-, -n** fir, pine; (Holz) pine, deal. **sie ist schlank wie eine ~** she is as slender as a reed.

Tannenbaum m 1. fir-tree, pine-tree; 2. (Weihnachtsbaum) Christmas tree; **Tannennadel** f (pine) needle; **Tannenwald** m pine forest; **Tannenzapfen** m fir cone, pine cone.

Tannin nt **-s**, no pl tannin.

Tansania nt **-s** Tanzania.

Tansanier(in f) [tan'za:niɐ, -ərin] m **-s, -** Tanzanian.

tansanisch adj Tanzanian.

Tantal nt **-s**, no pl (abbr **Ta**) tantalum.

Tantalusqualen pl torments of Tantalus (liter). **ich litt ~** it was tantalizing.

Tantchen nt (inf) 1. (Verwandte) auntie, aunty. 2. (alte Dame) old dear (inf).

Tante f **-, -n** 1. (Verwandte) aunt, aunty, auntie.

2. (pej inf: Frau) old girl (inf), old dear (inf).

3. (baby-talk: Frau) lady. **~ Schneider/Monika** aunty or auntie Schneider/Monika.

4. (dated) (Kindergartenschwester etc) teacher; (Krippenschwester) nurse.

Tante-Emma-Laden m (inf) corner shop.

tantenhaft adj 1. (inf) old-maidish. **sie benimmt sich so richtig ~** she acts like a real old maid or maiden aunt. 2. (pej: betulich) Ausdruck(sweise) twee.

Tantieme [tã'tie:mə, -'tie:mə] f **-, -n** percentage (of the profits); (für höhere Angestellte) director's fee; (für Künstler) royalty.

Tanz m **-es, -e** 1. dance. **dort ist heute abend ~** there's a dance or (für Jugendliche) disco there this evening; **im Goldenen Ochsen ist neuerdings auch ~** they now have dancing too at the Golden Ox; **zum ~ aufspielen** (dated) to strike up a dance (tune); **jdn zum ~ auffordern** to ask sb to dance or for a dance.

2. (fig geh: von Licht, Schatten) play. **ein ~ auf dem Vulkan** (fig) playing with fire.

3. (inf: Aufheben) fuss. **einen ~ um jdn machen** to make a fuss of sb.

Tanzabend m dance; **Tanzbar** f bar with

dancing; **Tanzbär** *m* dancing bear; **Tanzbein** *nt*: **das ~ schwingen** (*hum*) to trip the light fantastic (*hum*), to shake a leg (*hum*); **Tanzboden** *m* (*Tanzfläche*) dance floor; (*Saal*) dance hall; (*dated: Veranstaltung*) dance; **Tanzcafé** *nt* restaurant with dancing.

Tänzchen *nt dim of* **Tanz** (*dated hum*) dance. **ein ~ wagen** to venture onto the floor.

Tanzdiele *f* (*dated*) (*Raum*) dance hall; (*~fläche*) dance floor.

tänzeln *vi aux haben or* (*bei Richtungsangabe*) *sein* to mince, to sashay (*esp US*); to trip; (*Boxer*) to skip; (*Pferd*) to step delicately.

tanzen *vti aux haben or* (*bei Richtungsangabe*) *sein* to dance; (*Boot auch*) to bob; (*Kreisel*) to spin; (*hüpfen*) to hop. **~ gehen, zum T~ gehen** to go dancing; *siehe* **Pfeife.**

Tänzer(in *f*) *m* **-s,** **-** dancer; (*Partner*) (dancing) partner; (*Ballett~*) ballet dancer.

tänzerisch *adj* dance-like. **~ ausgebildet** trained as a dancer; **eine große ~e Leistung** a tremendous piece of dancing; **~e Darbietungen** dance acts; **sein ~es Können** his dancing ability.

Tanzfläche *f* dance floor; **Tanzgruppe** *f* dance group; (*bei Revue, TV-Show auch*) chorus; **Tanzkapelle** *f* dance band; **Tanzkunst** *f* art of dancing; **Tanzkurs(us)** *m* dancing course; **Tanzlehrer** *m* dancing teacher; **Tanzlied** *nt* dance tune; **Tanzlokal** *nt* café with dancing; **Tanzmusik** *f* dance music; **Tanz|orchester** *nt* dance orchestra; **Tanzpartner** *m* dancing partner; **Tanzplatte** *f* record of dance music; **Tanzplatz** *m* (open-air) dance floor; **Tanzsaal** *m* dance hall; (*in Hotel etc*) ballroom; **Tanzschritt** *m* (dance) step; **Tanzschuh** *m* dancing shoe; **Tanzschule** *f* dancing school, school of dancing; **Tanzsport** *m* competitive dancing; **Tanzstunde** *f* dancing lesson *or* class; **sie haben sich in der ~ kennengelernt** they met at dancing lessons *or* classes; **Tanztee** *m* thé dansant, tea-dance; **Tanzturnier** *nt* dancing contest *or* competition; **Tanzver|anstaltung** *f*, **Tanzvergnügen** *nt* dance.

Tapergreis *m* (*pej inf*) old dodderer (*pej inf*).

tap(e)rig *adj* (*pej inf*) doddering, doddery.

Tapet *nt*: (*inf*) **etw aufs ~ bringen** to bring sth up; **aufs ~ kommen** to be brought up, to come up.

Tapete *f* **-, -n** wallpaper. **ohne ~n** without wallpaper; **die ~n wechseln** (*fig inf*) to have a change of scenery *or* surroundings.

Tapetenbahn *f* strip of wallpaper; **Tapetenrolle** *f* roll of wallpaper; **Tapetentür** *f* concealed door; **Tapetenwechsel** *m* (*inf*) change of scenery *or* surroundings.

Tapezierer *m* **-s,** **-** paper-hanger, decorator.

tapezieren* *vt* to (wall)paper; (*inf: mit Bildern*) to plaster (*inf*). **neu ~** to repaper.

Tapeziernagel *m* tack.

tapfer *adj* brave, courageous; (*wacker*) steadfast; *Soldat, Versuch auch* bold. **halt**

dich *or* **bleib ~!** (*inf*) be brave; **sich ~ schlagen** (*inf*) to put on a brave show.

Tapferkeit *f siehe adj* bravery, courage; steadfastness; boldness.

Tapferkeitsmedaille *f* medal for bravery.

Tapioka *f* **-,** *no pl* tapioca.

Tapir *m* **-s, -e** (*Zool*) tapir.

Tapisserie [tapɪsəˈriː] *f* **1.** tapestry. **2.** (*old, Sw*) drapery.

tapp *interj* tap.

tappen *vi* **1.** *aux sein* (*tapsen*) to go/come falteringly; (*Bär*) to lumber, to lollop (*inf*); (*dial: gehen*) to wander. **~de Schritte** faltering steps; **er ist in eine Pfütze getappt** (*inf*) he walked smack into a puddle (*inf*).

2. (*tasten*) **nach etw ~** to grope for sth; **im finstern** *or* **dunkeln ~** (*fig*) to grope in the dark.

täppisch, tappig (*dial*) *adj* awkward, clumsy.

tapsen *vi aux sein* (*inf*) (*Kind*) to toddle; (*Bär*) to lumber, to lollop (*inf*); (*Kleintier*) to waddle.

tapsig *adj* (*inf*) awkward, clumsy.

Tara *f* **-, Taren** (*Comm*) tare.

Tarantel *f* **-, -n** tarantula. **wie von der ~ gestochen** as if stung by a bee, as if bitten by a snake.

Tarantella *f* **-, -s** *or* **Tarantellen** tarantella.

Tarif *m* **-(e)s, -e** rate; (*Wasser~, Gas~, Verkehrs~ etc auch*) tariff; (*Gebühr auch*) charge. **neue ~e für Löhne/Gehälter** new wage rates/ salary scales; **die Gewerkschaft hat die ~e für Löhne und Gehälter gekündigt** the union has put in a new wage claim; **nach/über/unter ~ bezahlen** to pay according to/above/below the (union) rate(s).

Tarif|abschluß *m* wage(s) settlement; **Tarif|autonomie** *f* (right to) free collective bargaining; **Tarif|aus|einandersetzungen** *pl* wage(s) dispute; **Tarifgruppe** *f* grade; **Tarifkommission** *f* joint working party on pay.

tariflich *adj* agreed, union. **der ~e Mindestlohn** the agreed minimum wage; **die Gehälter sind ~ festgelegt** there are fixed rates for salaries.

Tariflohn *m* wage/salary settled by collective agreement; **tariflos** *adj* **~er Zustand** period when new rates are being negotiated; **Tarifpartner** *m* party to the wage/salary agreement; **die ~** union and management; (*Sozialpartner*) both sides of industry; **Tarifrunde** *f* round of wage(s) negotiations; **Tarifverhandlungen** *pl* wage/salary negotiations *pl*; **Tarifvertrag** *m* collective agreement.

Tarn|anstrich *m* camouflage; **Tarn|anzug** *m* (*Mil*) camouflage battledress.

tarnen I *vt* to camouflage; (*fig*) *Absichten, Identität etc* to disguise. **Massagesalons sind meist getarnte Bordelle** massage parlours are usually a cover for brothels.

II *vr* (*Tier*) to camouflage itself; (*Mensch*) to disguise oneself.

Tarnfarbe *f* camouflage colour/paint; **Tarnkappe** *f* magic hat; **Tarnname** *m* cover name; **Tarnnetz** *nt* (*Mil*) camouflage netting.

Tarnung f camouflage; (von Agent etc) disguise. **die Arztpraxis ist nur eine ~** the doctor's practice is just a cover.

Tarock m or nt **-s, -s** tarot.

Tartanbahn f (Sport) tartan track.

Tartar m **-en, -en** siehe Tatar¹.

Täschchen ['tɛʃçən] nt dim of Tasche.

Tasche f **-, -n 1.** (Hand~) bag (Brit), purse (US); (Reise~ etc) bag; (Backen~) pouch; (Akten~) case. **2.** (bei Kleidungsstücken, Billard~) pocket. **sich** (dat) **die ~n füllen** (fig) to line one's own pockets; **in die eigene ~ arbeiten** or **wirtschaften** to line one's own pockets; **etw in der ~ haben** (inf) to have sth in the bag (inf); **jdm das Geld aus der ~ locken** or **ziehen** or **lotsen** to get sb to part with his money; **etw aus der eigenen ~ bezahlen** to pay for sth out of one's own pocket; **etw in die eigene ~ stecken** (fig) to put sth in one's own pocket, to pocket sth; **jdm auf der ~ liegen** (inf) to live off sb or at sb's expense; **die Hände in die ~n stecken** (lit) to put one's hands in one's pockets; (fig) to stand idly by; **jdn in die ~ stecken** (inf) to put sb in the shade (inf); siehe tief.

Taschen|ausgabe f pocket edition; **Taschenbuch** nt paperback (book); **Taschenbuch|ausgabe** f paperback (edition); **Taschendieb** m pickpocket; **Taschendiebstahl** m pickpocketing; **Taschenfahrplan** m (pocket) timetable; **Taschenformat** nt pocket size; **im ~** pocket-size(d); **Taschengeld** nt pocket-money; **Taschenkalender** m pocket diary; **Taschenkamm** m pocket comb; **Taschenkrebs** m edible crab; **Taschenlampe** f torch, flashlight (US); **Taschenmesser** nt pocket-knife, penknife; **wie ein ~ zusammenklappen** (inf) to double up; **Taschenrechner** m pocket calculator; **Taschenschirm** m collapsible umbrella; **Taschenspiegel** m pocket mirror; **Taschenspieler** m conjurer; **Taschenspielerei** f sleight of hand no pl; **Taschenspielertrick** m (fig) sleight of hand no indef art, no pl; **Taschentuch** nt handkerchief, hanky (inf); **Taschen|uhr** f pocket watch; **Taschenwörterbuch** nt pocket dictionary.

Taschner, Täschner m **-s, -** bag-maker.

Täßchen nt dim of Tasse (little) cup. **ein ~ Tee** a quick cup of tea.

Tasse f **-, -n** cup; (mit Untertasse) cup and saucer; (Suppen~) bowl. **eine ~ Kaffee** a cup of coffee; **er hat nicht alle ~n im Schrank** (inf) he's not all there (inf); **eine trübe ~** (inf) a wet blanket (inf); **hoch die ~n!** (inf) bottoms up (inf).

Tastatur f keyboard.

Taste f **-, -n** key; (Knopf an Gerät auch) button. **in die ~n greifen** (hum) to strike up a tune; **auf die ~n hauen** or **hämmern** (inf) to hammer away at the keyboard.

Tast|empfinden nt siehe Tastsinn; **Tast|empfindung** f tactual sensation.

tasten I vi to feel. **nach etw ~** (lit, fig) to feel or grope for sth; **Scheinwerfer tasteten nach dem Boot** searchlights scanned (the water) for the boat; **vorsichtig ~d** feeling or groping one's way carefully; **~de**

Schritte (lit, fig) tentative steps. **II** vr to feel or grope one's way. **III** vti (drücken) to press, to punch; **Nummer auch** to punch out; **Telex etc** to key; (Typ: setzen) to key(board).

Tasten|instrument nt (Mus) keyboard instrument; **Tastentelefon** nt push-button telephone.

Taster m **-s, - 1.** (Zool) siehe Tastorgan. **2.** (Typ: Tastatur) keyboard. **3.** (Typ: Setzer) keyboard operator, keyboarder.

Tasterin f siehe Taster 3.

Tast|organ nt organ of touch, tactile organ; **Tastsinn** m sense of touch; **Tastwerkzeug** nt siehe **Tastorgan**; **Tastzirkel** m callipers pl.

Tat f **-, -en** (das Handeln) action; (Einzel~ auch) act; (Helden~, Un~) deed; (Leistung) feat; (Verbrechen) crime. **ein Mann der ~** a man of action; **keine Worte, sondern ~en** not words but deeds or actions; **eine ~ der Verzweiflung/Nächstenliebe** an act of desperation/charity; **als er sah, was er mit dieser ~ angerichtet hatte** when he saw what he had done by this; **eine geschichtliche/verbrecherische ~** an historic/a criminal act or deed; **eine gute/böse ~** a good/wicked deed; **eine eindrucksvolle ~ vollbringen** to do something impressive; **Leben und ~en des ...** the life and exploits of ...; **etw in die ~ umsetzen** to put sth into action; **zur ~ schreiten** to proceed to action; (hum) to get on with it; **in der ~** indeed; (wider Erwarten, erstaunlicherweise etc) actually.

tat pret of tun.

Tatar¹ m **-en, -en** (Volksstamm) Tartar.

Tatar² nt **-(s)**, no pl, **Tatarbeefsteak** nt steak tartare.

Tatbestand m (Jur) facts (of the case) pl; (Sachlage) facts (of the matter) pl; **den ~ des Betrugs erfüllen** (Jur) to constitute fraud; **Tat|einheit** f (Jur) commission of two or more offences in one act; **in ~ mit** concomitantly with.

Tatendrang m thirst for action, energy; **Tatendurst** m (old, hum) thirst for action; **tatendurstig** adj (old, hum) eager for action; **tatenfroh** adj (dated) enthusiastic; **tatenlos** adj idle; **~ herumstehen** to stand idly by, to stand and do nothing; **wir mußten ~ zusehen** we could only stand and watch.

Täter(in f) m **-s, -** culprit; (Jur) perpetrator (form). **als ~ verdächtigt werden** to be a suspect; **nach dem ~ wird noch gefahndet** the police are still searching for the person responsible or the person who committed the crime; **wer war der ~?** who did it?; **unbekannte ~** person or persons unknown; **jugendliche ~** young offenders.

Täterschaft f guilt. **die ~ leugnen/zugeben** to deny/admit one's guilt; (vor Gericht) to plead innocent/guilty.

Tatform f (Gram) active (voice).

tätig adj **1.** attr active. **dadurch hat er ~e Reue bewiesen** he showed his repentance in a practical way; **in einer Sache ~ werden** (form) to take action in a matter. **2.** (arbeitend) **~ sein** to work; **als was sind Sie ~?** what do you do?; **er ist im**

Bankwesen ~ he's in banking.

tätigen vt (*Comm*) to conclude, to effect; *Geschäft auch* to transact; (*geh*) *Einkäufe* to carry out; (*geh*) *Anruf* to make.

Tätigkeit f activity; (*Beschäftigung*) occupation; (*Arbeit*) work; (*Beruf*) job. **während meiner** ~ **als Lehrer** while I was working as a teacher; **auf eine langjährige** ~ **zurückblicken** to look back on many years of work; **in** ~ **treten** to come into operation; (*Mensch*) to act, to step in; **in** ~ **sein** (*Maschine*) to be operating or running; **in/außer** ~ **setzen** *Maschine* to set going or in motion/to stop; *Alarmanlage* to activate/to put out of action; **der Vulkan ist außer** ~ the volcano is not active.

Tätigkeitsbereich m field of activity; **Tätigkeitsbericht** m progress report; **Tätigkeitsbeschreibung** f job description; **Tätigkeitswort** nt (*Gram*) verb.

Tätigung f *siehe* vt conclusion, effecting; transaction; carrying out; making.

Tatkraft f, no pl energy, vigour, drive; **tatkräftig** adj energetic; *Hilfe* active.

tätlich adj violent. ~ **werden** to become violent; **gegen jdn** ~ **werden** to assault sb.

Tätlichkeiten pl violence sing. **es kam zu** ~ there was violence.

Tatmensch m man of action; **Tatmotiv** nt motive (for the crime); **Tat|ort** m scene of the crime.

tätowieren* vt to tattoo. **sich** ~ **lassen** to have oneself tattooed.

Tätowierung f 1. no pl (*das Tätowieren*) tattooing. 2. (*Darstellung*) tattoo.

Tatsache f fact. ~ **ist aber, daß ...** but the fact of the matter or the truth is that ...; ~? (*inf*) really?, no!; **das ist** ~ (*inf*) that's a fact; **nackte** ~**n** (*inf*) the hard facts; (*hum*) girlie pictures; **jdn vor vollendete** ~**n stellen** to present sb with a fait accompli; **vor der vollendeten** ~ **stehen** to be faced with a fait accompli; (**unter**) **Vorspiegelung falscher** ~**n** (under) false pretences.

Tatsachenbericht m documentary (report).

tatsächlich I adj *after* real, actual.

II adv 1. (*in Wirklichkeit, objektiv*) actually, really, in fact. ~ **war es aber ganz anders um** (actual) fact or actually or really it was quite different.

2. (*sage und schreibe*) really, actually. **willst du das** ~ **tun?** are you really or actually going to do it?; ~? really?; ~! oh yes, so it/he *etc* is/was *etc*; **da kommt er!** — ~! he's coming! — so he is!

tätscheln vt to pat.

tatschen vi (*pej inf*) **auf etw** (*acc*) ~ to paw sth.

Tattergreis m (*pej inf*) old dodderer, doddering old man (*pej*).

Tatterich m (*inf*): **den** ~ **haben/bekommen** to have/get the shakes (*inf*).

tatt(e)rig adj (*inf*) *Mensch* doddering, doddery; *Hände, Schriftzüge* shaky, quivery.

tatütata interj ~! **die Feuerwehr ist da!** dingalingaling! here comes the fire-engine!

Tatverdacht m suspicion (*of having committed a crime*); **unter** ~ **stehen** to be under suspicion; **tatverdächtig** adj sus-

pected; **Tatverdächtige(r)** mf suspect; **Tatwaffe** f weapon (used in the crime); (*bei Mord*) murder weapon.

Tatze f -, -n (*lit, fig*) paw.

Tatzeit f time of the incident or crime; **Tatzeuge** m witness (to the incident or crime).

Tau¹ m -(e)s, no pl dew.

Tau² nt -(e)s, -e (*Seil*) rope; (*Naut auch*) hawser.

taub adj deaf; *Glieder* numb; *Gestein* dead; *Metall* dull; *Ähre* unfruitful; *Nuß* empty. **sich** ~ **stellen** to pretend not to hear; **auf einem Ohr** ~ **sein** to be deaf in one ear.

Täubchen nt dim of **Taube**. **mein** ~! my little dove.

Taube f -, -n 1. (*Zool*) pigeon; (*Turtel*~ *auch*) dove. **hier fliegen einem die gebratenen** ~**n nicht in den Mund** this isn't exactly the land of milk and honey. 2. (*fig, als Symbol*) dove. ~**n und Falken** (*Pol inf*) hawks and doves.

taubenblau adj blue-grey; **Tauben|ei** nt pigeon's/dove's egg; **taubengrau** adj dove grey; **Taubenschlag** m 1. (*lit*) dovecot(e); (*für Brieftauben*) pigeon loft; 2. (*fig*) **hier geht es zu wie im** ~ it's like Waterloo Station here (*inf*); **Taubensport** m pigeon racing; **Taubenzucht** f pigeon breeding or fancying.

Taube(r) mf decl as adj deaf person or man/woman *etc*. **die** ~**n** the deaf.

Tauber, Täuber m -s, -, **Täuberich** m cock pigeon.

Taubheit f 1. deafness. 2. (*von Körperteil*) numbness.

Täubling m (*Bot*) russula (toadstool).

Taubnessel f deadnettle; **taubstumm** adj deaf and dumb, deaf-mute *attr*; **Taubstumme(r)** mf deaf-mute; **Taubstummheit** f deaf-muteness, deaf-mutism.

Tauchboot nt *siehe* **Unterseeboot**.

tauchen I vi 1. aux haben or sein to dive (*nach* for); (*als Sport auch*) to skin-dive; (*kurz* ~) to duck under; (*unter Wasser sein*) to stay under water; (*U-Boot auch*) to submerge.

2. aux sein (*fig*) to disappear (*in* +acc into); (*Boxen: abducken*) to duck. **die Sonne tauchte langsam ins Meer/hinter den Horizont** the sun sank slowly into the sea/beneath the horizon.

II vt (*kurz* ~) to dip; *Menschen, Kopf* to duck; (*ein*~, *bei Taufe*) to immerse. **in Licht getaucht** (*geh*) bathed in light.

Tauchen nt -s, no pl diving; (*Sport*~ *auch*) skin-diving.

Taucher m -s, - diver.

Taucher|anzug m diving suit; **Taucherbrille** f diving goggles pl; **Taucherglocke** f diving bell; **Taucherhelm** m diving or diver's helmet.

Taucherin f diver.

Tauchmaske f diving mask; **Tauchsieder** m -s, - immersion coil (*for boiling water*); **Tauchsport** m (skin-)diving; **Tauchstation** f **auf** ~ **gehen** (*U-Boot*) to dive; (*hum: in Schützengraben etc*) to duck, to get one's head down; (*fig: sich verstecken*) to make oneself scarce; **auf** ~ **sein** (*U-Boot*) to be submerged;

Tauchtiefe f depth; (*Naut: von Fluß*) navigable depth.

tauen vti (vi: *aux haben or sein*) (*Eis, Schnee*) to melt, to thaw. **es taut** it is thawing; **der Schnee taut von den Bergen/ Dächern** the snow on the mountains/roofs is melting *or* thawing.

Tau|ende nt (*Naut*) end of a piece of rope.

Taufbecken nt font.

Taufe f -, **-n** baptism; (*christliche auch*) christening; (*Schiffs~*) launching (ceremony). **die ~ empfangen** to be baptized *or* christened; **jdm die ~ spenden** to baptize *or* christen sb; **ein Kind aus der ~ heben** (*old*) to stand sponsor to a child (*old*); **etw aus der ~ heben** (*hum*) *Verein* to start sth up; *Plan* to launch sth.

taufen vt to baptize; (*bei Äquatortaufe*) to duck; (*nennen*) to christen. **sich ~ lassen** to be baptized; **jdn auf den Namen Rufus ~** to christen sb Rufus.

Täufer m -s, -: **Johannes der ~** John the Baptist; **die ~** (*Eccl*) the Baptists.

Taufformel f baptism formula; **Taufgelübde** nt baptismal vows pl; **Taufkapelle** f baptistry; **Taufkleid** nt christening robe.

Täufling m child/person to be baptized.

Taufname m Christian name; **Taufpate** m godfather; **Taufpatin** f godmother; **Taufregister** nt baptismal register.

taufrisch adj (*geh*) dewy; (*fig*) fresh; (*nicht müde*) sprightly.

Taufschein m certificate of baptism; **Taufstein** m (baptismal) font; **Taufzeuge** m godparent.

taugen vi 1. (*geeignet sein*) to be suitable (*zu, für* for). **wozu soll denn das ~?** what is that supposed to be for?; **er taugt zu gar nichts** he is useless; **er taugt nicht zum Arzt** he wouldn't make a good doctor; **in der Schule taugt er nichts** he's useless *or* no good at school.

2. (*wert sein*) **etwas/nicht viel** *or* **nichts ~** to be good *or* all right/to be not much good *or* no good *or* no use; **taugt der Neue etwas?** is the new bloke any good *or* use?; **der Bursche taugt nicht viel/gar nichts** that bloke is a (real) bad lot (*inf*); **ob der billige Kaffee wohl etwas taugt?** I wonder if the cheap coffee is any good?

Taugenichts m -(es), -e (*dated*) good-for-nothing, ne'er-do-well (*old*).

tauglich adj *Kandidat, Bewerber, Material* suitable (*zu* for); (*Mil*) fit (*zu* for). **jdn für ~ erklären** (*Mil*) to declare *or* certify sb fit for service.

Tauglichkeit f suitability; (*Mil*) fitness (for service).

Tauglichkeitsgrad m (*Mil*) physical fitness rating (for military service).

Taumel m -s, *no pl* (*geh: Schwindel*) (attack of) dizziness *or* giddiness; (*liter: Rausch*) frenzy. **im ~ der Sinne** *or* **Leidenschaft** (*liter*) in the fever of his/her *etc* passion; **wie im ~** in a daze.

taum(e)lig adj dizzy, giddy.

taumeln vi *aux sein* to stagger; (*zur Seite*) to sway.

Tausch m -(e)s, -e exchange, swap; (*~handel*) barter. **im ~ gegen** *or* **für etw** in exchange for sth; **etw in ~ geben** to ex-

change *or* swap/barter sth; (*bei Neukauf*) to give in part-exchange; **jdm etw zum ~ für etw anbieten** to offer to exchange *or* swap sth for sth; **einen guten/schlechten ~ machen** to get a good/bad deal.

tauschen I vt to exchange, to swap; *Güter* to barter; (*aus~*) *Briefmarken, Münzen etc* to swap; *Geld* to change (*in* +*acc* into); (*inf: um~*) *Gekauftes* to change. **einen Blick mit jdm ~** (*geh*) to exchange glances with sb; **Küsse ~** (*geh*) to kiss; **wollen wir die Plätze ~?** shall we change *or* swap places?

II vi to swap; (*in Handel*) to barter; (*Geschenke aus~*) to exchange presents. **wollen wir ~?** shall we swap (places *etc*)?; **wir haben getauscht** we swapped, we did a swap; **ich möchte nicht mit ihm ~** I wouldn't like to change places with him.

täuschen I vt to deceive; *Vertrauen* to betray. **man kann ihn nicht ~** you can't fool him; **er wurde in seinen Erwartungen/ Hoffnungen getäuscht** his expectations/ hopes were disappointed; **wenn mich mein Gedächtnis nicht täuscht** if my memory serves me right; **wenn mich nicht alles täuscht** unless I'm completely wrong.

II vr to be wrong *or* mistaken (*in* +*dat*, *über* +*acc* about). **darin ~ Sie sich** you are mistaken there, that's where you're wrong.

III vi 1. (*irreführen*) (*Aussehen etc*) to be deceptive; (*Sport*) to feint. **das täuscht** that is deceptive.

2. (*Sch form: betrügen*) to cheat.

täuschend I adj *Nachahmung* remarkable; *Ähnlichkeit auch* striking. **eine ~e Ähnlichkeit mit jdm haben** to look remarkably like sb. II adv **sich** (*dat*) ~ **ähnlich sehen/sein** to look/be remarkably alike *or* almost identical.

Täuscher m -s, - (*sl*) phoney (*inf*).

Tauschgeschäft nt exchange, swap; (*Handel*) barter (deal). **mit etw ein ~ machen** to exchange/barter sth; **Tauschgesellschaft** f barter society; **Tauschhandel** m barter; **~ treiben** to barter; **Tauschpartner** m - **für 2-Zimmer-Wohnung gesucht** exchange wanted for 2 room flat.

Täuschung f 1. (*das Täuschen*) deception. **das tat er zur ~** he did that in order to deceive.

2. (*Irrtum*) mistake, error; (*falsche Wahrnehmung*) illusion; (*Selbst~*) delusion. **er gab sich einer ~** (*dat*) **hin** he was deluding himself.

Täuschungsmanöver nt (*Sport*) feint; (*inf*) ploy; **Täuschungsversuch** m attempted deception/cheating.

Tauschwert m (*Sociol*) exchange value, value in exchange; **Tauschwirtschaft** f (*Sociol*) barter economy.

tausend num a *or* one thousand; **~ Dank/ Grüße/Küsse** a thousand thanks/ greetings/kisses; *siehe auch* **hundert.**

Tausend¹ f -, **-en** (*Zahl*) thousand.

Tausend² nt -s, **-e** thousand. **vom ~** in a *or* per thousand; **ei der ~!** (*obs*) zounds! (*obs*); *siehe auch* **Hundert².**

Tausend- *in cpds* a thousand.

Tausender m -s, - 1. (*Zahl*) **ein ~** a figure

in the thousands; **die** ~ the thousands.
2. (*Geldschein*) thousand (mark/dollar *etc*
note *or* bill).

tausenderlei *adj inv* a thousand kinds of.

Tausendfüßer (*form*), **Tausendfüßler** *m*
-s, - centipede; (*Zool auch*) millipede; **die**
~ the myriapods (*spec*); **Tausendjahr-
feier** *f* millenary; **tausendjährig** *adj attr*
thousand year old; (*tausend Jahre lang*)
thousand year (long); **nach mehr als** ~**er
Unterdrückung** after more than a
thousand years of oppression; **das** ~**e
Reich** (*Bibl*) the millennium; **Hitlers
„T~es Reich"** Hitler's "thousand-year
empire"; **tausendmal** *adv* a thousand
times; **ich bitte** ~ **um Entschuldigung** a
thousand pardons; **Tausendsas(s)a** *m*
-s, -s (*dated inf*) hell of a chap (*dated inf*);
Tausendschön *nt* **-s, -e**, **Tausend-
schönchen** *nt* daisy.

Tausendstel *nt* **-s, -** thousandth; *siehe
auch* **Hundertstel**.

tausendste(r, s) *adj* thousandth; *siehe
auch* **hundertste(r, s)**.

tausend|und|ein(e, er, es) *adj* a thousand
and one; **Märchen aus T~er Nacht** Tales
of the Thousand and One Nights, the Arabian Nights; **tausend(und)eins** *num*
one thousand and one.

Tautologie *f* tautology.

tautologisch *adj* tautological, tautologous.

Tautropfen *m* dewdrop; **Tauwerk** *nt, no
pl* (*Naut*) rigging; **Tauwetter** *nt* thaw;
(*fig auch*) relaxation; **es ist** ~ it is thawing;
bei ~ during a thaw, when it thaws; **ein
kulturelles/politisches** ~ a period of
cultural/political relaxation; **Tauziehen**
nt **-s**, *no pl* (*lit, fig*) tug-of-war.

Taverne [ta'vɛrnə] *f* **-, -n** (*old*) tavern (old),
inn; (*in Italien*) taverna.

Taxameter *m* **-s, -** taximeter, clock (*inf*).

Taxator *m* (*Comm*) valuer.

Taxe *f* **-, -n 1.** (*Schätzung*) valuation,
estimate. **2.** (*Gebühr*) charge; (*Kur~ etc*)
tax; (*Gebührenordnung*) scale of charges.
3. (*dial*) *siehe* **Taxi**.

Taxi *nt* **-s, -s** taxi, cab, taxicab (*form*). **sich**
(*dat*) **ein** ~ **nehmen** to take a taxi, to go by
taxi; ~ **fahren** to drive a taxi; (*als Fahrgast*)
to go by taxi.

taxieren* *vt* Preis, Wert to estimate (*auf +
acc* at); Haus, Gemälde *etc* to value (*auf
+acc* at). **etw zu hoch** ~ to overestimate/
overvalue sth; **etw zu niedrig** ~ to
underestimate/undervalue sth.

Taxifahrer *m* taxi *or* cab driver, cabby (*inf*);
Taxifahrt *f* taxi ride; **Taxigirl** [-gø:ɐl,
-gœrl] *nt* taxi dancer (*US*); **Taxistand** *m*
taxi rank.

Taxpreis *m* estimated price (*according to
valuation*).

Taxwert *m* estimated value.

Tb(c) [te:(')be: ('tse:)] *f* **-, -s** *abbr of* **Tuberkulose** TB.

Tb(c)-krank [te:(')be:('tse:)-] *adj* ~ **sein** to
have TB.

Teakholz ['ti:k-] *nt* teak. **ein Tisch aus** ~ a
teak table.

Team [ti:m] *nt* **-s, -s** team.

Team|arbeit *f*, **Teamwork** ['ti:mwə:k] *nt*
teamwork. **in** ~ by teamwork.

Technetium [tɛç'ne:tsiʊm] *nt* **-s**, *no pl*

(*abbr* **Tc**) technetium.

Technik *f* **1.** (*no pl: Technologie*) technology; (*als Studienfach auch*) engineering.
das Zeitalter der ~ the technological age,
the age of technology.
2. (*Arbeitsweise, Verfahren*) technique.
jdn mit der ~ **von etw vertraut machen** to
familiarize sb with the techniques *or* skills
of sth; **die** ~ **des Dramas/der Musik**
dramatic/musical techniques.
3. (*no pl: Funktionsweise und Aufbau*)
(*von Auto, Motor etc*) mechanics *pl*.
4. (*inf: technische Abteilung*) technical
department, backroom boys *pl* (*inf*).

Technika *pl of* **Technikum**.

Techniker(in *f*) *m* **-s, -** engineer; (*Beleuch-
tungs~, Labor~*) technician; (*fig: Fußballspieler, Künstler*) technician.

Technikum *nt* **-s, Technika** college of technology.

technisch *adj* **1.** (*technologisch*) technological; *Studienfach* technical. **T~e
Hochschule/Universität** technological
university, Institute of (Science and)
Technology; ~**e Chemie/Medizin**
chemical/medical engineering; **er ist** ~
begabt he is technically minded; **das** ~**e
Zeitalter** the technological age, the age of
technology.
2. (*die Ausführung betreffend*)
Schwierigkeiten, Gründe technical;
(*mechanisch*) mechanical. ~**er Zeichner**
engineering draughtsman; ~**er Leiter**
technical director; **das ist** ~ **unmöglich** it
is technically impossible; ~**e Einzelheiten**
(*fig*) technicalities, technical details.

technisieren* *vt* to mechanize.

Technisierung *f* mechanization.

Technokrat *m* **-en, -en** technocrat.

Technokratie *f* technocracy.

technokratisch *adj* technocratic.

Technologe *m*, **Technologin** *f* technol-
ogist.

Technologie *f* technology.

technologisch *adj* technological.

Techtelmechtel *nt* **-s, -** (*inf*) affair, carry-
on (*inf*). **ein** ~ **mit jdm haben** to be carrying on with sb (*inf*).

Teckel *m* **-s, -** dachshund.

Teddy ['tɛdi] *m* **-s, -s 1.** (*auch* ~**bär**) teddy
(bear). **2.** (*auch* ~**stoff**) fur fabric.

TEE [te:|e:'|e:] *m* **-, -(s)** (*Rail*) *abbr of*
Trans-Europ(a)-Express.

Tee *m* **-s, -s** tea. **einen im** ~ **haben** (*inf*) to
be tipsy (*inf*); **einen** ~ **geben** (*dated*) to
give a tea party.

Teebeutel *m* tea bag; **Teeblatt** *nt* tea-leaf;
Tee-Ei *nt* (tea) infuser, tea ball (*esp
US*); **Teegebäck** *nt, no pl* sweet biscuits
pl; **Teeglas** *nt* tea-glass; **Teehaus** *nt*
tea-house; **Teekanne** *f* teapot; **Tee-
kessel** *m* **1.** kettle; **2.** (*Gesellschaftsspiel*)
guessing-game based on puns; **Teelicht**
nt night-light; **Teelöffel** *m* teaspoon;
(*Menge*) teaspoonful; **teelöffelweise**
adv by the teaspoonful; **Teemaschine** *f*
tea-urn; **Teemischung** *f* blend of tea.

Teenager ['ti:ne:dʒɐ] *m* **-s, -** teenager.

Teepause *f* tea break.

Teer *m* **-(e)s, -e** tar.

Teer(dach)pappe *f* (bituminous) roofing
felt; **Teerdecke** *f* tarred (road) surface.

teeren *vt* to tar. ~ **und federn** to tar and feather.

Teerfarben, Teerfarbstoffe *pl* aniline dyes *pl*; **Teergehalt** *m* tar content; **teerhaltig** *adj* **eine wenig/stark** ~e **Zigarette** a low/ high tar cigarette; ~ **sein** to contain tar.

Teerose *f* tea-rose.

Teerung *f* tarring.

Teeservice *nt* tea-set; **Teesieb** *nt* tea-strainer; **Teestube** *f* tea-room; **Teestunde** *f* afternoon tea (time); **Teetasse** *f* teacup; **Teewagen** *m* tea-trolley; **Teewärmer** *m* **-s, -** tea-cosy; **Teewurst** *f* smoked German sausage for spreading.

Teich *m* **-(e)s, -e** pqnd. **der große** ~ (*dated inf*) the (herring) pond (*hum*).

Teichmolch *m* smooth newt; **Teichrose** *f* yellow water-lily.

Teig *m* **-(e)s, -e** dough; (*Mürb*~, *Blätter*~ *etc*) pastry; (*Pfannkuchen*~) batter; (*esp in Rezepten auch*) mixture.

teigig *adj* doughy; (*voller Teig*) **Hände** covered in dough/pastry.

Teigwaren *pl* (*Nudeln*) pasta *sing*.

Teil[1] *m* **-(e)s, -e 1.** part; (*von Strecke auch*) stretch; (*von Stadt auch*) district, area; (*von Gebäude auch*) area, section; (*von Zeitung auch*) section. **der Bau/das Projekt ist zum ~ fertig** the building/project is partly finished; **wir hörten zum ~ interessante Reden** some of the speeches we heard were interesting; **zum ~ ..., zum ~ ...** partly ..., partly ...; **zum großen/größten ~** for the most part, mostly; **er hat die Bücher darüber zum großen/größten ~ gelesen** he has read many/most of the books about that; **der größere ~ ihres Einkommens** the bulk of her income; **ein großer ~ stimmte dagegen** a large number (of people) voted against it; **der dritte/ vierte/fünfte** *etc* ~ a third, a quarter, a fifth *etc* (*von* of); **in zwei ~e zerbrechen** to break in two or half.

2. (*Jur: Partei, Seite*) party.

3. (*auch nt: An*~) share. **ein gut ~ Arbeit/Frechheit/der Leute** (*dated*) quite a bit of work/cheek/many or a lot of people; **zu gleichen ~en erben/beitragen** to get an equal share of an inheritance/to make an equal contribution; **er hat seinen ~ dazu beigetragen** he did his bit or share; **er hat sein(en) ~ bekommen** or **weg** (*inf*) he has (already) had his due; **sich** (*dat*) **sein(en) ~ denken** (*inf*) to draw one's own conclusions.

4. (*auch nt*) **ich für mein(en) ~** for my part, I ..., I, for my part ...

Teil[2] *nt* **-(e)s, -e 1.** part; (*Bestand*~ *auch*) component; (*Ersatz*~) spare, (spare) part; (*sl: großer Gegenstand*) thing. **etw in seine ~e zerlegen** *Tier, Leiche* to cut sth up; *Motor, Möbel etc* to take sth apart or to bits or to pieces.

2. *siehe* **Teil**[1] **3., 4.**

Teil|abkommen *nt* partial agreement/ treaty; **Teil|ansicht** *f* partial view; **Teil|aspekt** *m* aspect, part; **teilbar** *adj* divisible, which can be divided (*durch* by); **Teilbarkeit** *f* divisibility; **Teilbereich** *m* part; (*in Abteilung*) section; **Teilbeschäftigung** *f* part-time employment; **Teilbetrag** *m* part (of an amount); (*auf*

Rechnung) item; (*Rate*) instalment; (*Zwischensumme*) subtotal.

Teilchen *nt* particle; (*dial: Gebäckstück*) cake.

Teilchenbeschleuniger *m* (*Phys*) particle accelerator.

Teilefertigung *f* (*Ind*) manufacture of parts or components.

teilen I *vt* **1.** (*zerlegen, trennen*) to divide (up); (*Math*) to divide (*durch* by). **27 läßt sich durch 9 ~ 27** can be divided by 9; **darüber sind die Meinungen geteilt** opinions differ on that; **darüber kann man geteilter Meinung sein** one can disagree about that; **etw in drei Teile ~** to divide sth in/into three (parts).

2. (*auf*~) to share (out) (*unter* +*dat* amongst). **etw mit jdm ~** to share sth with sb.

3. (*an etw teilhaben*) to share. **sie haben Freud und Leid miteinander geteilt** they shared the rough and the smooth; **geteilte Freude ist doppelte Freude** (*prov*) a joy shared is a joy doubled (*prov*); **geteilter Schmerz ist halber Schmerz** (*prov*) a trouble shared is a trouble halved (*prov*); **sie teilten unser Schicksal** or **Los** they shared the same fate as us.

II *vr* **1.** (*in Gruppen*) to split up.

2. (*Straße, Fluß*) to fork, to divide; (*Vorhang*) to part.

3. sich (*dat*) **etw** ~ to share or split sth; **teilt euch das!** share or split that between you; **sich in etw** (*acc*) ~ (*geh*) to share sth.

4. (*fig: auseinandergehen*) **in diesem Punkt ~ sich die Meinungen** opinion is divided on this.

III *vi* to share. **er teilt nicht gern** he doesn't like sharing.

Teiler *m* **-s, -** (*Math*) factor.

Teil|erfolg *m* partial success; **Teil|ergebnis** *nt* partial result; **Teilfabrikat** *nt* component; **Teilfrage** *f* part (of a question); **Teilgebiet** *nt* **1.** (*Bereich*) branch; **2.** (*räumlich*) area; **teilhaben** *vi sep irreg* (*geh*) (*an* +*dat* in) (*mitwirken*) to have a part, to participate; **Teilhaber(in** *f*) *m* **-s, -** (*Comm*) partner; **Teilhaberschaft** *f* (*Comm*) partnership; **teilhaftig** *adj* (*old*) **eines großen Glücks/einer großen Ehre ~ werden** to be blessed with great good fortune/a great honour (*liter*).

teilkaskoversichert *adj* insured with *Teilkaskoversicherung*; **Teilkaskoversicherung** *f* insurance covering more than third party liability but giving less than fully comprehensive coverage.

Teilmenge *f* (*Math*) subset.

Teilnahme *f* -, *no pl* **1.** (*Anwesenheit*) attendance (*an* +*dat* at); (*Beteiligung an Wettbewerb etc*) participation (*an* +*dat* in). **jdn zur ~ an etw** (*dat*) **aufrufen** to urge sb to take part or participate in sth; ~ **am Straßenverkehr** (*form*) road use.

2. (*Interesse*) interest (*an* +*dat* in); (*Mitgefühl*) sympathy. **jdm seine herzliche/aufrichtige ~ aussprechen** to offer sb one's heartfelt condolences.

teilnahmeberechtigt *adj* eligible; **Teilnahmeberechtigung** *f* eligibility.

teilnahmslos *adj* (*gleichgültig*) indifferent, apathetic; (*stumm leiend*) listless; **Teil-**

nahmslosigkeit *f siehe adj* indifference, apathy; listlessness; **teilnahmsvoll** *adj* compassionate, sympathetic.

teilnehmen *vi sep irreg* **1. an etw** *(dat)* ~ *(sich beteiligen)* to take part *or* participate in sth; *(anwesend sein)* to attend sth; *an Wettkampf, Preisausschreiben etc* to take part in sth, to enter sth, to go in for sth; *an Wettkampf auch* to compete in sth; *an Gespräch auch* to join in sth; **an der Wahl** ~ to vote in the election; **am Krieg** ~ to fight in the war; **am Unterricht** ~ to attend school; **an einem Kurs** ~ to do a course; **am Straßenverkehr** ~ *(form)* to use the road.
2. *(Anteil nehmen)* to share *(an +dat* in).

teilnehmend *adj* compassionate, sympathetic. ~**e Beobachtung** *(Sociol)* participatory observation.

Teilnehmer(in *f) m* **-s, -** **1.** *(Beteiligter bei Kongreß etc)* participant; *(Kriegs~)* combatant; *(bei Wettbewerb, Preisausschreiben etc)* competitor, contestant; *(Kurs~)* student; *(bei Ausflug etc)* member of a party. **er war** ~ **beider Weltkriege** he fought in both world wars; **alle** ~ **an dem Ausflug** all those going on the outing.
2. *(Telec)* subscriber. **der** ~ **meldet sich nicht** there is no reply.

Teilnehmerzahl *f* attendance.

teils *adv* partly. ~ ..., ~ ... partly ... partly ...; *(inf: sowohl ..., als auch)* both ... and ...; **die Demonstranten waren** ~ **Arbeiter,** ~ **Studenten** some of the demonstrators were workers and the others were students; ~ **heiter,** ~ **wolkig** cloudy with sunny periods; ~, ~ *(als Antwort)* half and half; *(inf)* sort of *(inf)*.

Teilstaat *m* region, state; **Teilstrecke** *f* stretch (of road/ railway *etc)*; *(bei Reise)* stage; *(bei Rennen)* leg, stage; *(bei öffentlichen Verkehrsmitteln)* (fare-)stage; **Teilstrich** *m* secondary graduation line; **Teilstück** *nt* part; *(Teilstrecke auch)* stretch.

Teilung *f* division.

Teilungs|artikel *m* *(Gram)* partitive article.

teilweise I *adv* partly; *(manchmal)* sometimes. **nicht alle Schüler sind so faul,** ~ **sind sie sehr interessiert** not all the pupils are so lazy, some of them are very interested; ~ **gut** good in parts; ~ **bewölkt** cloudy in parts.
II *adj attr* partial.

Teilzahlung *f* hire-purchase; *(Rate)* instalment; **auf** ~ on hire-purchase; **Teilzahlungspreis** *m* hire-purchase price; **Teilzeit|arbeit, Teilzeitbeschäftigung** *f* part-time job/work.

Teint [tɛ̃:] *m* **-s, -s** complexion.

T-Eisen ['te:-] *nt* t- *or* tee-iron.

Tektonik *f (Archit, Geol)* tectonics *pl*.

tektonisch *adj* tectonic.

Telefon [tele'foːn, 'teːlefoːn] *nt* **-s, -e** (tele)phone. **am** ~ **(verlangt werden)** (to be) wanted) on the phone; ~ **haben** to be on the phone; **jdn ans** ~ **rufen** to get sb (to come) to the phone; **ans** ~ **gehen** to answer the phone.

Telefon- *in cpds* (tele)phone; *siehe*

auch **Fernsprech-; Telefon|anruf** *m* (tele)phone call; **Telefon|apparat** *m* telephone.

Telefonat *nt* (tele)phone call.

Telefonbuch *nt* (tele)phone book; **Telefondraht** *m* telephone line; **Telefongebühr** *f* call-charge; **Telefongespräch** *nt* (tele)phone call; *(Unterhaltung)* telephone conversation.

telefonieren* I *vi* to make a (tele)phone call. **wir haben stundenlang telefoniert** we talked *or* were on the phone for hours; **bei jdm** ~ to use sb's phone; **es wird entschieden zuviel telefoniert** the phones are definitely used too much; **ins Ausland/ nach Amerika/Hamburg** ~ to make an international call/to call America/ Hamburg; **er telefoniert den ganzen Tag** he is on the phone all day long; **mit jdm** ~ to speak to sb on the phone. **II** *vt (inf, Sw)* to phone, to ring (up), to call. **jdm etw** ~ to call *or* phone and tell sb sth.

telefonisch *adj* telephonic. ~**e Auskunft/ Beratung** telephone information/advice service; **jdm etw** ~ **mitteilen** to tell sb sth over the phone; **er hat sich** ~ **entschuldigt** he phoned to apologize; **ich bin** ~ **erreichbar** *or* **zu erreichen** I can be contacted by phone.

Telefonist(in *f) m* telephonist; *(in Betrieb auch)* switchboard operator.

Telefonleitung *f* telephone line; **Telefonnetz** *nt* telephone network; **Telefonnummer** *f* (tele)phone number; **Telefonrechnung** *f* (tele)phone bill ; **Telefonseelsorge** *f* ≃ Samaritans *pl*; **Telefon|überwachung** *f* telephone tapping; **Telefonverbindung** *f* telephone line; *(zwischen Orten)* telephone link; **Telefonzelle** *f* (tele)phone box *(Brit)* or booth.

telegen *adj* telegenic.

Telegraf *m* **-en, -en** telegraph.

Telegrafen|amt *nt* telegraph office; **Telegrafen|apparat** *m* telegraph; **Telegrafenbüro** *nt* (dated) news agency; **Telegrafenmast** *m* telegraph pole.

Telegrafie *f* telegraphy.

telegrafieren* *vti* to telegram, to cable, to wire.

telegrafisch *adj* telegraphic. **jdm** ~ **Geld überweisen** to wire sb money.

Telegramm *nt* **-s, -e** telegram; *(Auslands~ auch)* cable.

Telegramm|adresse *f* telegraphic address; **Telegrammstil** *m* staccato *or* telegram style, telegraphese.

Telegraph *m siehe* **Telegraf.**
Telegraphen- *in cpds siehe* **Telegrafen-.**
Telegraphie *f siehe* **Telegrafie.**
telegraphieren* *vti siehe* **telegrafieren.**
telegraphisch *adj siehe* **telegrafisch.**

Telekinese *f* -, *no pl* telekinesis; **telekinetisch** *adj* telekinetic; **Telekolleg** *nt* ≃ Open University *(Brit)*.

Telemark *m* **-s, -s** (*Ski*) telemark.

Tele|objektiv *nt (Phot)* telephoto lens.

Teleologie *f (Philos)* teleology.

Telepath(in *f) m* **-en, -en** telepathist.

Telepathie *f* telepathy.

telepathisch *adj* telepathic.

Telephon- *in cpds siehe* **Telefon-.**

Teleskop nt -s, -e telescope.
Teleskop|auge nt telescope eye.
teleskopisch adj telescopic.
Teletext m teletext.
Television [televiˈzioːn] f siehe **Fernsehen.**
Telex nt -, -e telex.
Teller m -s, - 1. plate. **ein ~ Suppe** a plate of soup. **2.** (sl: Platten~) turntable.
tellerförmig adj plate-shaped; **Teller-gericht** nt (Cook) one course meal; **Tellermine** f (Mil) flat anti-tank mine; **Tellerwärmer** m -s, - plate warmer; **Tellerwäscher** m dishwasher.
Tellur nt -s, no pl (abbr Te) tellurium.
Tempel m -s, - temple (auch fig).
Tempelbau m, pl -bauten (Gebäude) temple; **Tempelherr, Tempelritter** m (Hist) (Knight) Templar; **Tempeltänze-rin** f temple dancer.
Tempera(farbe) f tempera (colour); **Temperamalerei** f (Maltechnik) painting in tempera; (Gemälde) tempera paint-ing(s).
Temperament nt 1. (Wesensart) tempera-ment. **ein hitziges ~ haben** to be hot-tempered.
  2. no pl (Lebhaftigkeit) vitality, vivac-ity. **viel/kein ~ haben** to be very/not to be vivacious or lively; **sie hat vielleicht ein ~** she's hot-blooded; **sein ~ ist mit ihm durchgegangen** he lost his temper.
temperamentlos adj lifeless, spiritless; **Temperamentlosigkeit** f lifelessness, spiritlessness.
Temperaments|ausbruch m tempera-mental fit or outburst.
temperamentvoll adj vivacious, lively; Aufführung auch spirited; Auto, Fahrer nippy (inf).
Temperatur f temperature. **erhöhte ~ haben** to have a or be running a tem-perature; **die ~en sind angestiegen/ gesunken** the temperature has risen/ fallen; **bei diesen/solchen ~en** in these/ such temperatures.
Temperatur|anstieg m rise in tem-perature; **Temperaturregler** m thermos-tat; **Temperaturrückgang** m fall in tem-perature; **Temperaturschwankung** f variation in temperature; **Temperatur-skala** f temperature scale; **Temperatur-sturz** m sudden drop or fall in tem-perature.
Temperenzler(in f) m -s, - member of a/the temperance league.
temperieren* vt **etw ~** to make sth the right temperature; (anwärmen) to warm sth up; **der Raum ist angenehm temperiert** the room is at a pleasant temperature; **Rotwein leicht temperiert trinken** to drink red wine at room temperature.
Templer|orden m Order of the Knights Templar.
Tempo nt -s, -s 1. (Geschwindigkeit) speed; (Arbeits~, Schritt~ auch) pace. **~! (inf)** hurry up!; **~ dahintermachen** (inf) to get a move on (inf); **~ 100** speed limit (of) 100 km/h; **mit hohem ~** at a high speed; **im ~ zulegen/nachlassen** to speed up/slow down.
  2. (Mus) pl **Tempi** tempo. **das ~ einhal-ten** to keep time; **das ~ angeben** to set the

tempo; (fig) to set the pace.
Tempolimit nt speed limit.
Tempora pl of **Tempus.**
temporal adj (Gram) temporal.
Temporalsatz m temporal clause.
temporär adj (geh) temporary.
Tempus nt -, **Tempora** (Gram) tense.
Tendenz f trend (auch St Ex); (Neigung) tendency; (Absicht) intention; (no pl: Parteilichkeit) bias, slant. **die ~ haben, zu ... to tend to ...**, **to have a tendency to ...**; **er hat nationalistische ~en** he has nat-ionalist leanings.
tendenziell adj **eine ~e Veränderung** a change in direction; **~ ist Ruritanien ein faschistischer Staat** Ruritania is a country which shows fascist tendencies; **die Ziele der beiden Parteien unterscheiden sich ~ kaum voneinander** the aims of the two parties are broadly similar (in direction).
tendenziös adj tendentious.
Tendenzstück nt tendentious play; **Tendenzwende** f change of direction; (Wendepunkt) turning point.
Tender m -s, - (Naut, Rail) tender.
tendieren* vi 1. (Fin, St Ex) to tend.
  2. dazu ~, etw zu tun (neigen) to tend to do sth; (beabsichtigen) to be moving towards doing sth; **zum Kommunismus/ Katholizismus ~** to have communist/ Catholic leanings or tendencies; **zu Erkältungen/Wutausbrüchen ~** to tend to have colds/fits of anger.
Teneriffa nt -s Tenerife.
Tenne f -, -n, **Tenn** m -s, -e (Sw) threshing floor.
Tennis nt -, no pl tennis.
Tennis- in cpds tennis; **Tennisplatz** m ten-nis court; **Tennisschläger** m tennis racquet; **Tennisschuh** m tennis shoe.
Tenor¹ m -s, no pl tenor.
Tenor² m -s, ⁻e (Mus) tenor.
Tenorist m tenor (singer).
Tenorschlüssel m tenor clef.
Tentakel m or nt -s, - tentacle.
Teppich m -s, -e 1. carpet (auch fig); (Gobelin) tapestry; (inf: Wandbehang) wall-hanging; (inf: Brücke auch) rug; (Öl~) slick. **etw unter den ~ kehren** or **fegen** (lit, fig) to sweep sth under the car-pet; **bleib auf dem ~! (inf)** be realistic!, be reasonable!; **den roten ~ ausrollen** to bring out the red carpet.
  2. (dial inf) siehe **Decke.**
Teppichboden m carpet(ing); **das Zimmer ist mit ~ ausgelegt** the room has wall-to-wall carpeting; **Teppichfliese** f carpet tile; **Teppichkehrer** m -s, -, **Teppich-kehrmaschine** f carpet-sweeper; **Tep-pichklopfer** m carpet-beater; **Teppich-reinigung** f carpet cleaning/ cleaner's; **Teppichschnee** m carpet foam; **Teppichstange** f frame for hanging car-pets over for beating.
Terbium nt -s, no pl (abbr Tb) terbium.
Term m -s, -e (Math, Phys, Ling) term.
Termin m -s, -e date; (für Fertigstellung) deadline; (Comm: Liefertag) delivery date; (bei Arzt, Besprechung etc) appoint-ment; (Sport) fixture; (Jur: Verhandlung) hearing. **der letzte ~** the deadline, the last date; (bei Bewerbung etc) the closing

date; **sich** (*dat*) **einen** ~ **geben lassen** to make an appointment.

Terminal ['tø:əminəl, 'tœr-] *nt or m* **-s, -s** terminal.

termingerecht, termingemäß *adj* on schedule, according to schedule; **Termingeschäft** *nt* deal on the forward market.

Termini *pl of* **Terminus.**

Terminkalender *m* (appointments *or* engagements) diary.

terminlich, terminmäßig *adj* etw ~ **einrichten** to fit sth in (to one's schedule); ~**e Verpflichtungen** commitments.

Terminologie *f* terminology.

terminologisch *adj* terminological.

Terminus *m* -, **Termini** term. ~ **technicus** technical term.

Termite *f* -, **-n** termite, white ant.

Termitenhügel *m* termites' nest, termitarium (*form*); **Termitenstaat** *m* colony of termites.

Terpentin *nt or* (*Aus*) *m* **-s, -e** turpentine; (*inf:* ~**öl**) turps (*inf*).

Terpentinöl *nt* oil of turpentine, turps (*inf*).

Terrain [tɛ'rɛ̃:] *nt* **-s, -s** land, terrain; (*fig*) territory. **das** ~ **sondieren** (*Mil*) to reconnoitre the terrain; (*fig*) to see how the land lies; **sich auf neuem** ~ **bewegen** to be exploring new ground.

Terrakotta *f* -, **Terrakotten** terracotta.

Terrarium *nt* terrarium.

Terrasse *f* -, **-n** 1. (*Geog*) terrace. 2. (*Veranda*) terrace, patio; (*Dach*~) roof garden.

terrassenartig, terrassenförmig **I** *adj* terraced; **II** *adv* in terraces; **Terrassengarten** *m* terraced garden; **Terrassenhaus** *nt* split-level house.

Terrazzo *m* **-s, Terrazzi** terrazzo.

terrestrisch *adj* terrestrial.

Terrier ['tɛriə] *m* **-s, -** terrier.

Terrine *f* tureen.

territorial *adj* territorial.

Territorialarmee *f* territorial army; **Territorialgewässer** *pl* territorial waters *pl*; **Territorialhoheit** *f* territorial sovereignty.

Territorium *nt* territory.

Terror *m* **-s,** *no pl* terror; (*Terrorismus*) terrorism; (~**herrschaft**) reign of terror; (*brutale Einschüchterung*) intimidation. **die Stadt steht unter dem** ~ **der Mafia** the town is being terrorized by the Mafia; **blutiger** ~ terrorism and bloodshed; ~ **machen** (*inf*) to raise hell (*inf*).

Terrorakt *m* act of terrorism, terrorist act; **Terroranschlag** *m* terrorist attack; **Terrorherrschaft** *f* reign of terror.

terrorisieren* *vt* to terrorize; *Untergebene etc auch* to intimidate.

Terrorismus *m* terrorism.

Terrorist(in *f*) *m* terrorist.

terroristisch *adj* terrorist *attr*.

Terrorjustiz *f* brutal, intimidatory justice; **Terrororganisation** *f* terrorist organization.

Tertia ['tɛrtsia] *f* -, **Tertien** ['tɛrtsiən] 1. (*Unter-/ Ober*~) fourth/fifth year of German secondary school. 2. *no pl* (*Typ*) 16 point type.

Tertianer(in *f*) [tɛrtsi'a:nɐ, -ərɪn] *m* **-s, -**

pupil in fourth/fifth year of German secondary school.

Tertiär [tɛr'tsiɛ:ɐ] *nt* **-s,** *no pl* (*Geol*) tertiary period.

tertiär [tɛr'tsiɛ:ɐ] *adj* tertiary.

Tertien *pl of* **Tertia.**

Terz *f* -, **-en** (*Mus*) third; (*Fechten*) tierce. **große/kleine** ~ (*Mus*) major/minor third.

Terzett *nt* **-(e)s, -e** (*Mus*) trio.

Tesafilm ® *m* Sellotape ® (*Brit*), Scotch tape ® (*esp US*).

Tessin *nt* **-s das** ~ Ticino.

Test *m* **-(e)s, -s** *or* **-e** test.

Testament *nt* 1. (*Jur*) will; (*fig*) legacy. **das** ~ **eröffnen** to read the will; **sein** ~ **machen** to make one's will; **du kannst dein** ~ **machen!** (*inf*) you'd better make your will! (*inf*); **ohne Hinterlassung eines** ~**s** intestate. 2. (*Bibl*) Testament. **Altes/Neues** ~ Old/New Testament.

testamentarisch *adj* testamentary. **eine** ~**e Verfügung** an instruction in the will; ~ **festgelegt** (written) in the will.

Testaments|er|öffnung *f* reading of the will; **Testamentsvollstrecker** *m* executor; (*Frau auch*) executrix.

Testat *nt* (*Univ*) course attendance certificate.

Testator *m* (*Erblasser*) testator.

Testbild *nt* (*TV*) testcard; **Testbogen** *m* test paper.

testen *vt* to test (*auf* +*acc* for). **jdn auf seine Intelligenz** ~ to test sb's intelligence.

Tester(in *f*) *m* **-s, -** tester.

Testfahrer *m* test driver; **Testfall** *m* test case; **Testfrage** *f* test question.

testieren* *vt* 1. (*bescheinigen*) to certify. **jdm etw** ~ to certify sth for sb. 2. (*Jur: letztwillig verfügen*) to will.

Testikel *m* **-s, -** testicle.

Testperson *f* subject (of a test); **Testpilot** *m* test-pilot; **Testreihe** *f* series of tests; **Testverfahren** *nt* method of testing.

Tetanus *m* -, *no pl* tetanus.

Tete ['te:tə, 'tɛ:tə] *f* -, **-n** (*Mil*) head of a column.

Tetraeder *nt* **-s, -** (*Math*) tetrahedron; **Tetragon** *nt* **-s, -e** (*Math*) tetragon; **Tetralogie** *f* tetralogy.

teuer *adj* expensive, dear *usu pred*; (*fig*) dear. **etw** ~ **kaufen/verkaufen** to buy/sell sth for *or* at a high price; **etw zu** ~ **kaufen** to pay too much for sth; **etw für teures Geld kaufen** to pay good money for sth; **teurer werden** to go up (in price); **Brot wieder teurer!** bread up again; **in Tokio lebt man** ~/**ist das Leben** ~ life is expensive in Tokyo; ~**, aber gut** expensive but well worth the money; **das ist mir (lieb und)** ~ (*liter*) that's very dear *or* precious to me; **das wird ihn** ~ **zu stehen kommen** (*fig*) that will cost him dear; **einen Sieg** ~ **erkaufen** to pay dearly for victory; ~ **erkauft** dearly bought; **sich** (*dat*) **etw** ~ **bezahlen lassen** to expect a high payment for sth; **mein Teurer** *or* **T**~**ster/meine Teure** *or* **T**~**ste** (*old, hum*) my dearest.

Teuerung *f* rise in prices, rising prices *pl*.

Teuerungsrate *f* rate of price increases; **Teuerungszulage** *f* cost of living bonus *or* supplement; **Teuerungszuschlag** *m* surcharge.

Teufel *m* **-s, -** **1.** (*lit, fig*) devil. **den ~ durch Beelzebub austreiben** to replace one evil with another; **den ~ im Leib haben** to be possessed by the devil; **ein ~ von einem Mann/einer Frau** (*old*) a devil of a man/woman.
2. (*inf: Redewendungen*) **~ (noch mal** *or* **aber auch)!** damn it (all)! (*sl*), confound it! (*inf*); **scher dich** *or* **geh zum ~, hol dich der** **~!** go to hell (*sl*) *or* blazes (*inf*)!; **der ~ soll ihn/es holen!, hol ihn/es der ~** damn (*sl*) *or* blast (*inf*) him/it!, to hell with him/it (*sl*); **jdn zum ~ wünschen** to wish sb in hell; **jdn zum ~ jagen** *or* **schicken** to send sb packing (*inf*); **zum ~!** damn! (*sl*), blast! (*inf*); **wer zum ~?** who the devil (*inf*) *or* the hell? (*sl*); **den ~ an die Wand malen** (*schwarzmalen*) to think *or* imagine the worst; (*Unheil heraufbeschwören*) to tempt fate *or* providence; **wenn man vom ~ spricht(, dann ist er nicht weit)** (*prov*) talk of the devil (and he's sure to appear) (*inf*); **das müßte schon mit dem ~ zugehen** that really would be a stroke of bad luck; **ihn muß der ~ geritten haben** he must have had a devil in him; **dann kommst du in ~s Küche** then you'll be in a hell of a mess (*sl*); **wie der ~** like hell (*sl*), like the devil (*inf*); **auf ~ komm raus** like crazy (*inf*); **da ist der ~ los** all hell's been let loose (*inf*); **bist du des ~s?** (*old*) have you taken leave of your senses?; **sich den ~ um etw kümmern** *or* **scheren** not to give a damn (*sl*) *or* a fig (*inf*) about sth; **den ~ werde ich (tun)!** I'll be damned if I will! (*sl*), like hell I will! (*sl*).
Teufelei *f* (*inf*) devilish trick; (*Streich*) piece of devilry.
Teufels|austreibung *f* casting out of devils *no pl*, exorcism; **Teufelsbeschwörung** *f* exorcism; (*Anrufen*) invocation of/to the devil; **Teufelsbraten** *m* (*old inf*) devil; **Teufelskerl** *m* (*dated*) devil of a fellow (*dated*); **Teufelskreis** *m* vicious circle; **Teufelsmesse** *f* black mass; **Teufelsweib** *nt* (*dated*) devil of a woman.
teuflisch *adj* fiendish, devilish, diabolical.
Teutone *m* **-n, -n** Teuton.
teutonisch *adj* Teutonic.
Text *m* **-(e)s, -e** text; (*von Urkunde auch, von Gesetz*) wording; (*von Lied*) words *pl*; (*von Schlager*) lyrics *pl*; (*von Film, Hörspiel, Rede etc*) script; (*Mus: Opern~*) libretto; (*unter Bild*) caption; (*auf Plakat*) words *pl*. **weiter im ~** (*inf*) (let's) get on with it; **jdn aus dem ~ bringen** to put sb off, to make sb lose the thread; **ein Telegramm mit folgendem ~ ...** a telegram which said *or* read ...
Text|aufgabe *f* problem; **Textbuch** *nt* script; (*für Lieder*) songbook; **Textdichter** *m* (*von Liedern*) songwriter; (*bei Oper*) librettist.
texten I *vt* to write. **II** *vi siehe* **Texter(in)** to write songs/copy.
Texter(in *f*) *m* **-s, -** (*für Schlager*) songwriter; (*für Werbesprüche*) copywriter.
Textil- *in cpds* textile; **Textil|arbeiter** *m* textile worker; **Textilfabrik** *f* textile factory.
Textilien [-iən] *pl* linen, clothing, fabrics etc; (*Ind*) textiles *pl*.
Textil|industrie *f* textile industry;

Textilwaren *pl siehe* **Textilien.**
Textkritik *f* textual criticism; **Textstelle** *f* passage.
Textur *f* texture.
Textver|arbeitung *f* word processing; **Textver|arbeitungs|anlage** *f* word processor.
Tezett *nt* (*inf*): **jdn/etw bis ins** *or* **zum ~ kennen** to know sb/sth inside out (*inf*).
TH *f*-, **-s** *abbr of* **Technische Hochschule.**
Thailand *nt* **-s** Thailand.
Thailänder(in *f*) *m* **-s, -** Thai.
thailändisch *adj* Thai.
Thallium *nt* **-s,** *no pl* (*abbr* **Tl**) thallium.
Theater *nt* **-s, -** **1.** theatre (*Brit*), theater (*US*); (*~kunst auch*) drama; (*Schauspielbühne*) theatre company; (*Zuschauer*) audience. **beim** *or* **am/im ~ arbeiten** to be on the stage/work in the theatre; **er ist** *or* **arbeitet beim Ulmer ~** he's with the Ulm theatre company; **heute abend wird im ~ ,,Othello" gezeigt** *or* **gegeben** "Othello" is on *or* is playing at the theatre tonight; **das ~ fängt um 8 Uhr an** the performance begins at 8 o'clock; **zum ~ gehen** to go on the stage; **ins ~ gehen** to go to the theatre; **das französische ~** French theatre; **~ spielen** (*lit*) to act; (*Stück aufführen*) to put on a play; (*fig*) to put on an act, to play-act; **das ist doch alles nur ~** (*fig*) it's all just play-acting.
2. (*fig*) to-do (*inf*), fuss. **das war vielleicht ein ~, bis ich ...** what a palaver *or* carry-on I had to ... (*inf*); **das ist vielleicht immer ein ~, wenn er kommt** there's always a big fuss when he comes; **(ein) ~ machen** (*Umstände*) to make a (big) fuss (*mit jdm* of sb); (*Szene auch*) to make a scene *or* a song and dance (*inf*).
Theater- *in cpds* theatre (*Brit*), theater (*US*); **Theater|abonnement** *nt* theatre subscription; **Theater|aufführung** *f* stage production; (*Vorstellung, Darbietung*) performance; **Theaterbesuch** *m* visit to the theatre; **Theaterbesucher** *m* theatregoer; **Theaterdichter** *m* dramatist, playwright; **Theatergebäude** *nt* theatre; **Theaterkarte** *f* theatre ticket; **Theaterkasse** *f* theatre box office; **Theaterkritiker** *m* theatre *or* drama critic; **Theaterprobe** *f* rehearsal; **Theaterstück** *nt* (stage) play.
theatralisch *adj* theatrical, histrionic.
Theismus *m* theism.
Theke *f*-, **-n** (*Schanktisch*) bar; (*Ladentisch*) counter. **etw unter der ~ verkaufen** to sell sth under the counter.
Thema *nt* **-s, Themen** *or* **-ta** (*Gegenstand*) subject, topic; (*Leitgedanke, Mus*) theme. **interessant vom ~ her** interesting as far as the subject matter is concerned; **beim ~ bleiben/vom ~ abschweifen** to stick to/stray from *or* wander off the subject *or* point; **das ~ wechseln** to change the subject; **wir wollen das ~ begraben** (*inf*) let's not talk about it any more, let's forget the whole subject; **das ~ ist (für mich) erledigt** (*inf*) as far as I'm concerned the matter's closed; **~ Nr. 1** (*hum inf*) sex.
Themata *pl of* **Thema.**
Thematik *f* topic.

thematisch *adj* thematic; (*vom Thema her*) as regards subject matter. ~**es Verzeichnis** subject index.

thematisieren* *vt* (*geh*) to pick out as a central theme.

Themen *pl of* **Thema.**

Themenbereich *m*, **Themenkreis** *m* topic; **Themenstellung** *f* subject; **Themenwahl** *f* choice of subject *or* topic.

Theologe *m*, **Theologin** *f* theologian.

Theologie *f* theology. **Doktor der** ~ Doctor of Divinity.

theologisch *adj* theological.

Theorem *nt* -**s**, -**e** theorem.

Theoretiker(in *f*) *m* -**s**, - theorist, theoretician.

theoretisch *adj* theoretical. ~ **gesehen** in theory, theoretically.

theoretisieren* *vi* to theorize.

Theorie *f* theory; *siehe* **grau.**

Theosophie *f* theosophy.

Therapeut(in *f*) *m* -**en** therapist.

Therapeutik *f* therapeutics *sing.*

therapeutisch *adj* therapeutic(al).

Therapie *f* therapy (*auch fig*), treatment; (*Behandlungsmethode*) (method of) treatment (*gegen* for).

Thermalbad *nt* thermal bath; (*Gebäude*) thermal baths *pl*; (*Badeort*) spa; **Thermalquelle** *f* thermal spring.

Therme *f* -, -**n** (*Quelle*) thermal *or* hot spring. **die** ~**n** the thermals; (*Hist*) the (thermal) baths.

thermisch *adj attr* (*Phys*) thermal.

Thermo- *in cpds* thermo-; **Thermochemie** *f* thermochemistry; **Thermodynamik** *f* thermodynamics *sing.*

Thermometer *nt* -**s**, - thermometer.

Thermometerstand *m* temperature. **bei** ~ **60°** when the temperature reaches 60°, when the thermometer reads 60°.

thermonuklear *adj* thermonuclear.

Thermosflasche *f* thermos (flask) ®, vacuum flask *or* bottle (*US*).

Thermostat *m* -(**e)s**, -**e** thermostat.

These *f* -, -**n** hypothesis, thesis; (*inf: Theorie*) theory. **Luthers 95** ~**n** Luther's 95 propositions.

Thing *nt* -(**e)s**, -**e** (*Hist*) thing.

Thingplatz *m* (*Hist*) thingstead.

Thorium *nt* -**s**, *no pl* (*abbr* Th) thorium.

Thriller ['θrɪlə] *m* -**s**, - thriller.

Thrombose *f* -, -**n** thrombosis.

Thron *m* -(**e)s**, -**e** throne; (*hum inf: Nachttopf*) pot. **von seinem** ~ **herabsteigen** (*fig*) to come down off one's high horse.

Thron|anwärter *m* claimant to the throne; (*Thronfolger*) heir apparent; **Thronbesteigung** *f* accession (to the throne).

thronen *vi* (*lit: auf dem Thron sitzen*) to sit enthroned; (*fig: in exponierter Stellung sitzen*) to sit in state; (*liter: überragen*) to stand in solitary splendour.

Thron|erbe *m*, **Thron|erbin** *f* heir to the throne; **Thronfolge** *f* line of succession; **die** ~ **antreten** to succeed to the throne; **Thronfolger(in** *f*) *m* -**s**, - heir to the throne, heir apparent; **Thronhimmel** *m* canopy; **Thronräuber** *m* usurper; **Thronrede** *f* King's/Queen's speech at the opening of parliament; **Thronsaal** *m* throne room.

Thulium *nt* -**s**, *no pl* (*abbr* Tm) thulium.

Thunfisch *m* tuna (fish).

Thüringen *nt* -**s** Thuringia.

Thymian *m* -**s**, -**e** thyme.

Tiara *f* -, **Tiaren** tiara, triple crown.

Tibet *nt* -**s** Tibet.

Tibetaner(in *f*) *m* -**s**, - Tibetan.

tibetanisch *adj* Tibetan.

tick *interj* tick. ~ **tack!** tick-tock!

Tick *m* -(**e)s**, -**s** tic; (*inf: Schrulle*) quirk (*inf*). **Uhren sind sein** ~ he has a thing about clocks (*inf*); **einen** ~ **haben** (*inf*) to be crazy.

ticken *vi* to tick (away). **du tickst ja nicht richtig!** you're off your rocker! (*inf*).

Ticket *nt* -**s**, -**s** (plane) ticket.

Tide *f* -, -**n** (*N Ger*) tide.

Tie-break ['taibre:k] *m* -**s**, -**s** (*Tennis*) tie breaker.

tief I *adj* 1. (*weit reichend*) *Tal, Wasser, Wurzeln, Schnee, Wunde, Seufzer* deep; *Verbeugung auch, Ausschnitt* low. ~**er Teller** soup plate; **die** ~**eren Ursachen** the underlying causes; **aus** ~**stem Herzen/** ~**ster Seele** from the bottom of one's heart/the depths of one's soul.

2. (*sehr stark, groß*) *Ohnmacht, Schlaf, Erröten, Gefühl* deep; *Haß auch, Schmerz* intense; *Not* dire; *Verlassenheit, Einsamkeit, Elend* utter.

3. *auch adv* (*mitten in etwas liegend*) **er wohnt** ~ **in den Bergen** he lives deep in the mountains; ~ **im Wald, im** ~**en Wald** deep in the forest, in the depths of the forest; ~ **im Winter, im** ~**en Winter** in the depths of winter; ~ **in der Nacht** at dead of night; **im** ~**sten Afrika** in darkest Africa; ~ **im Innern, im** ~**sten Innern** in one's heart of hearts.

4. (*tiefgründig*) deep, profound. **der** ~**ere Sinn** the deeper meaning.

5. (*niedrig*) *Lage, Stand, Temperatur* low.

6. (*dunkel*) *Farbton, Stimme* deep; (*Mus*) low; *Ton* low. **in** ~**es Schwarz gekleidet sein** to be in deep mourning; ~ **sprechen** to talk in a deep voice; ~**er stimmen** to tune down.

II *adv* 1. (*weit nach unten, innen, hinten*) a long way; *bohren, graben, eindringen, tauchen auch* deep; *sich bücken* low; *untersuchen* in depth. ~ **in etw** (*acc*) **einsinken** to sink deep into sth, to sink down a long way into sth; **3 m** ~ **fallen** to fall 3 metres; ~ **sinken** (*fig*) to sink low; ~ **fallen** (*fig*) to go downhill; **bis** ~ **in etw** (*acc*) **hinein** (*örtlich*) a long way down/deep into sth; (*ganz*) ~ **unter uns** a long way below us, far below us; **seine Augen liegen** ~ **in den Höhlen** his eyes are like hollows in his face; ~ **verschneit** deep *or* thick with snow; **wir müssen die Ursache** ~**er suchen** we must search deeper for the reason; ~ **in Gedanken** (**versunken**) deep in thought; ~ **in Schulden stecken** to be deep in debt; **jdm** ~ **in die Augen sehen** to look deep into sb's eyes; ~ **in die Tasche** *or* **den Beutel greifen müssen** (*inf*) to have to reach *or* dig deep in one's pocket; **das geht bei ihm nicht sehr** ~ (*inf*) it doesn't go very deep with him.

2. (*sehr stark*) *verletzen, atmen, er-*

röten, schockieren, erschüttern deeply; *schlafen auch* soundly; *fühlen, empfinden auch* acutely; *bedauern auch* profoundly; *erschrecken* terribly.

  3. *(tiefgründig) nachdenken* deeply.

  4. *(niedrig)* low. **ein Stockwerk ~er** one floor down or lower, on the floor below; **das Haus liegt ~er als die Straße** the house lies below (the level of) the road; **im Winter steht die Sonne ~er** the sun is lower (in the sky) in winter.

Tief *nt* **-(e)s, -e 1.** *(Met)* depression; *(im Kern, fig)* low. **ein moralisches ~** a low. **2.** *(Naut: Rinne)* deep *(spec)*, channel.

Tiefbau *m* civil engineering *(excluding the construction of building)*; *siehe* **Hoch- und Tiefbau; tiefbetrübt** *adj attr* deeply distressed; **tiefbewegt** *adj attr* deeply moved; **tiefblau** *adj attr* deep blue; **tiefblickend** *adj attr (fig)* perceptive, astute.

Tiefdruck *m* **1.** *(Met)* low pressure. **2.** *(Typ)* gravure.

Tiefdruckgebiet *nt (Met)* area of low pressure, depression; **Tiefdruckkeil** *m (Met)* trough of low pressure.

Tiefe *f* **-, -n** *siehe* **tief 1.** depth; *(von Verbeugung, Ausschnitt)* lowness. **unten in der ~** far below; **in die ~ blicken** to look down into the depths or a long way; **in der ~ versinken** to sink into the depths; **das U-Boot ging auf ~** the submarine dived; **aus der ~ meines Herzens** from the depths of my heart.

  2. deepness; intensity; direness; depths *pl*.

  3. deepness, profundity.

  4. lowness.

  5. deepness; lowness.

  6. *(Art, Phot)* depth.

Tief|ebene *f* lowland plain; **die Oberrheinische ~** the Upper Rhine Valley; **tief|empfunden** *adj attr* deep(ly)-felt.

Tiefenbestrahlung *f* deep ray therapy; **Tiefengestein** *nt* plutonic rock, pluton; **Tiefenpsychologe** *m* depth psychologist; **Tiefenpsychologie** *f* depth psychology; psychoanalysis; **Tiefenschärfe** *f (Phot)* depth of field; **Tiefenwirkung** *f* deep action; *(Art, Phot)* effect of depth.

tief|erschüttert *adj attr* deeply disturbed; **Tiefflieger** *m* low-flying aircraft, hedgehopper *(inf)*; **Tiefflug** *m* low-level or low-altitude flight; **er überquerte den Kanal im ~** he crossed low over the Channel; **Tiefgang** *m (Naut)* draught; *(fig inf)* depth; **Tiefgarage** *f* underground car park; **tiefgefroren** *adj* frozen; **tiefgehend** *adj (lit, fig)* deep; *Kränkung* extreme; **tiefgekühlt** *adj (gefroren)* frozen; *(sehr kalt)* chilled; **tiefgreifend** *adj* far-reaching; **tiefgründig** *adj* profound, deep; *(durchdacht)* well-grounded.

Tiefkühlfach *nt* freezer compartment; **Tiefkühlkost** *f* frozen food; **Tiefkühltruhe** *f* (chest-type) deep-freeze or freezer.

Tieflader *m* **-s, -, Tiefladewagen** *m* low-loader; **Tiefland** *nt* lowlands *pl*; **tiefliegend** *adj attr Gegend, Häuser* low-lying; *Augen* deep-set; *(nach Krankheit)* sunken; **Tiefpunkt** *m* low; **Tiefschlag**

m (Boxen, fig) hit below the belt; **jdm einen ~ verpassen** *(lit, fig)* to hit sb below the belt; **das war ein ~** *(lit, fig)* that was below the belt; **tiefschürfend** *adj* profound.

Tiefsee *f* deep sea.

Tiefsinn *m* profundity; **tiefsinnig** *adj* profound; **Tiefstand** *m* low; **Tiefstapelei** *f* understatement; *(auf eigene Leistung bezogen)* modesty; **tiefstapeln** *vi sep* to understate the case; to be modest; **Tiefstart** *m* crouch start.

Tiefstpreis *m* lowest price; „,~e"" "rock bottom prices"; **Tiefsttemperatur** *f* lowest temperature; **Tiefstwert** *m* lowest value.

tieftraurig *adj* very sad.

Tiegel *m* **-s, -** crucible.

Tier *nt* **-(e)s, -e** animal; *(großes ~ auch)* beast; *(Haus~ auch)* pet; *(inf: Ungeziefer)* bug *(inf)*; *(inf: Mensch) (grausam)* brute; *(grob)* animal; *(gefräßig)* pig *(inf)*. **großes or hohes ~** *(inf)* big shot *(inf)*; **das ~ im Menschen** the beast in man; **da wird der Mensch zum ~** it brings out man's bestiality; **sich wie die ~e benehmen** to behave like animals.

Tier- *in cpds* animal; *(Med)* veterinary; *(für Haustiere)* pet; **Tier|arzt** *m* vet, veterinary surgeon *(form)*, veterinarian *(US)*; **Tier|asyl** *nt* (animal) pound.

Tierchen *nt dim of* **Tier** little animal. **ein niedliches ~** a sweet little creature; *siehe* **Pläsierchen.**

Tierfreund *m* animal/pet lover; **Tiergarten** *m* zoo; **Tierhalter** *m (von Haustieren)* pet-owner; *(von Nutztieren)* livestock owner; **Tierhandlung** *f* pet shop; **Tierheilkunde** *f* veterinary medicine; **Tierheim** *nt* animal home.

tierisch *adj* animal *attr*; *(fig) Roheit, Grausamkeit* bestial; *(unzivilisiert) Benehmen, Sitten* animal *attr*; *(fig inf: unerträglich)* deadly *no adv (inf)*. **~er Ernst** *(inf)* deadly seriousness; **sich ~ betragen** to behave like an animal/animals.

Tierkreis *m* zodiac; **Tierkreiszeichen** *nt* sign of the zodiac; **Tierkunde** *f* zoology; **Tierliebe** *f* love of animals; **tierliebend** *adj* fond of animals, animal-loving *attr*; pet-loving *attr*; **Tiermedizin** *f* veterinary medicine; **Tierpark** *m* zoo; **Tierpfleger** *m* zoo-keeper; **Tierquäler** *m* **-s, -** person who is cruel to animals; **ein ~ sein** to be cruel to animals; **Tierquälerei** *f* cruelty to animals; **Tierreich** *nt* animal kingdom; **Tierschutz** *m* protection of animals; **Tierschutzver|ein** *m* society for the prevention of cruelty to animals; **Tierversuch** *m* animal experiment; **Tierwelt** *f* animal kingdom; **Tierzucht** *f* stock-breeding.

Tiger *m* **-s, -** tiger.

Tiger|auge *nt* tiger's-eye.

Tigerin *f* tigress.

tigern I *vt siehe* **getigert. II** *vi aux sein (inf)* to mooch.

Tilde *f* **-, -n** tilde.

tilgen *vt (geh)* **1.** *Schulden* to pay off. **2.** *(beseitigen) Sünde, Unrecht, Spuren* to wipe out; *Erinnerung, Druckfehler* to erase; *Strafe* to set aside; *Posten (Typ, Ling)* to delete.

Tilgung f siehe vt **1.** repayment. **2.** wiping out; erasure; setting aside; deletion.

Timbre ['tɛ̃ːbə] nt **-s, -s** (geh) timbre.

tingeln vi (inf) to appear in small night-clubs/theatres etc.

Tingeltangel nt or m **-s, -** (dated) (Veranstaltung) hop (inf); (Lokal) second-rate night-club, honky-tonk (US inf).

Tinktur f tincture.

Tinnef m **-s** no pl (inf) rubbish, trash (inf).

Tinte f **-, -n** ink. **sich in die ~ setzen** to get (oneself) into a pickle (inf); **in der ~ sitzen** (inf) to be in the soup (inf).

Tintenfaß nt inkpot; (eingelassen) inkwell; **Tintenfisch** m cuttlefish; (Kalmar) squid; (achtarmig) octopus; **Tintenfleck** m ink stain; **Tintenklecks** m ink blot; **Tintenpilz** m ink-cap; **Tintenstift** m indelible pencil.

Tip m **-s, -s** (Sport, St Ex) tip; (Andeutung) hint; (an Polizei) tip-off. **ich gebe dir einen ~, wie du ...** I'll give you a tip how to ...; **unser ~ für diesen Sommer: ...** this summer we recommend ...

Tippelbruder m (dated inf) gentleman of the road.

tippeln vi aux sein (inf) (gehen) to foot it (inf); (mit kurzen Schritten) to trip.

tippen vti **1.** (klopfen) to tap (an/auf/gegen etw (acc) sth); (zeigen) to touch (auf or an etw (acc) sth). **jdn or jdm auf die Schulter ~** to tap sb on the shoulder; **sich** (dat) **an die Stirn ~** to tap one's forehead; **an den Hut ~** to touch or tip one's hat.
2. (inf: auf der Schreibmaschine) to type (an etw (dat) sth).
3. (wetten) to fill in one's coupon; (im Toto auch) to do the pools. **im Lotto ~** to do the lottery; **eine bestimmte Zahl ~** to put a particular number on one's coupon.
4. nur vi (inf: raten) to guess. **auf jdn/etw ~** to put one's money on sb/sth (inf); **ich tippe darauf, daß ...** I bet (that) ...; **auf jds Sieg** (acc) **~** to back sb to win (inf).

Tippfehler m (inf) typing mistake or error.

Tippfräulein nt (inf), **Tippse** f **-, -n** (pej) typist.

tipptapp interj pitter-patter.

tipptopp (inf) **I** adj immaculate; (prima) first-class, tip-top (dated inf). **II** adv immaculately; (prima) really well. **~ sauber** spotless.

Tippzettel m (im Toto) football or pools coupon; (im Lotto) lottery coupon.

Tirade f tirade, diatribe.

Tirana nt **-s** Tirana.

tirilieren* vi (geh) to warble, to trill.

Tirol nt **-s** the Tyrol.

Tiroler(in f) m **-s, -** Tyrolese, Tyrolean.

Tirolerhut m Tyrolean hat.

Tisch m **-(e)s, -e** table; (Schreib~) desk; (Werk~) bench; (Mahlzeit) meal. **bei ~** at (the) table; **sich zu or an den ~ setzen** to sit down at the table; **die Gäste zu ~ bitten** to ask the guests to take their places; **bitte zu ~!** lunch/dinner is served!; **vor/nach ~** before/after the meal; **zu ~ sein/gehen** to be having one's lunch/dinner/to go to lunch/dinner; **etw auf den ~ bringen** (inf) to serve sth (up); **die Beine or Füße unter jds ~ strecken** (inf) to eat at sb's table; **unter den ~ fallen** (inf) to go

by the board; **jdn unter den ~ trinken** or **saufen** (inf) to drink sb under the table; **es wird gegessen, was auf den ~ kommt!** you'll eat what you're given; **zwei Parteien an einen ~ bringen** (fig) to get two parties round the conference table; **getrennt von ~ und Bett leben** to be separated; **vom ~ sein** (fig) to be cleared out of the way.

Tisch- in cpds table; **Tischbesen** m crumb brush; **Tischdame** f dinner partner; **Tischdecke** f tablecloth; **Tisch|ende** nt end of a/the table; **am oberen/unteren ~ sitzen** to sit at the head/the foot of the table; **Tischfeuerzeug** nt table lighter; **Tischgebet** nt grace; **Tischgesellschaft** f dinner party; **Tischgespräch** nt table talk; **Tischherr** m dinner partner; **Tischkarte** f place card; **Tischlampe** f table lamp.

Tischleindeckdich nt **-(s) ein ~ gefunden haben** (fig) to be onto a good thing (inf).

Tischler m **-s, -** joiner, carpenter; (Möbel~) cabinet-maker.

Tischlerei f **1.** (Werkstatt) joiner's or carpenter's/cabinet-maker's workshop. **2.** no pl (inf) siehe **Tischlerhandwerk.**

Tischlerhandwerk nt joinery, carpentry; cabinetmaking.

tischlern (inf) **I** vi to do woodwork. **II** vt to make.

Tischlerwerkstatt f siehe **Tischlerei 1.**

Tischnachbar m neighbour (at table); **Tisch|ordnung** f seating plan; **Tischplatte** f tabletop; **Tischrechner** m desk calculator; **Tischrede** f after-dinner speech; **Tischredner** m after-dinner speaker; **Tischtelefon** nt table telephone.

Tischtennis nt table tennis.

Tischtennis- in cpds table-tennis; **Tischtennisplatte** f table-tennis table; **Tischtennisschläger** m table-tennis bat.

Tischtuch nt tablecloth; **Tischwäsche** f table linen; **Tischwein** m table wine; **Tischzeit** f mealtime; **zur ~** at mealtimes.

Titan¹ m **-en, -en** (Myth) Titan.

Titan² nt **-s,** no pl (Chem, abbr **Ti**) titanium.

titanenhaft, titanisch adj titanic.

Titel m **-s, -. 1.** title. **jdn mit ~ ansprechen** to address sb by his/her title, to give sb his/her title; **unter dem ~** under the title; (fig: Motto) under the slogan. **2.** (~blatt) title page. **3.** (von Gesetz, Etat) section.

Titel|anwärter m (main) contender for the title; **Titelbild** nt cover (picture); **Titelblatt** nt title page; **Titelheld** m eponymous hero, hero (mentioned in the title); **Titelkampf** m (Sport) finals pl; (Boxen) title fight; **Titelrolle** f title role; **Titelschutz** m copyright (of a title); **Titelseite** f cover, front page; **Titelträger** m person with a title; **Titelverteidiger** m title holder.

Titte f **-, -n** (vulg) tit (sl), boob (inf).

Titularbischof m titular bishop.

titulieren* vt Buch, Werk etc to entitle (mit etw sth); jdn to call (mit etw sth), to address (mit as).

tizianrot adj Haare titian (red).

tja *interj* well.

Toast [to:st] *m* **-(e)s, -e 1.** (*Brot*) toast. **ein ~** some toast. **2.** (*Trinkspruch*) toast. **einen ~ auf jdn ausbringen** to propose a toast to sb.

Toastbrot ['to:st-] *nt sliced white bread for toasting.*

toasten ['to:stn] **I** *vi* to drink a toast (*auf +acc* to). **II** *vt Brot* to toast.

Toaster ['to:stɐ] *m* **-s, -** toaster.

Tobak *m*: **das ist starker ~!** (*inf*) that's a bit thick! (*inf*); *siehe* **Anno.**

toben *vi* **1.** (*wüten*) (*Elemente, Leidenschaften, Kämpfe etc*) to rage; (*Mensch*) to throw a fit; (*vor Wut, Begeisterung etc*) to go wild (*vor* with). **2.** (*ausgelassen spielen*) to rollick (about); (*aux sein* (*inf: laufen*) to charge about.

Tobsucht *f* maniacal rage.

tobsüchtig *adj* (raving) mad.

Tobsuchts|anfall *m* (*inf*) fit of rage. **einen ~ bekommen** to blow one's top (*inf*), to go stark raving mad (*inf*).

Tochter *f* **-,** daughter; (*~firma*) subsidiary; (*Sw: Bedienstete*) girl. **die ~ des Hauses** (*form*) the daughter *or* young lady of the house; **das Fräulein ~** (*iro, form*) mademoiselle; *siehe* **höher.**

Töchterchen *nt* baby daughter.

Tochterfirma *f* subsidiary (firm); **Tochtergesellschaft** *f* subsidiary (company).

Tod *m* **-(e)s, -e** death. **~ durch Erschießen/Ersticken** death by firing squad/suffocation; **eines natürlichen/gewaltsamen ~es sterben** to die of natural causes/a violent death; **sich zu ~e fallen/trinken** to fall to one's death/drink oneself to death; **des ~es/ein Kind des ~es sein** to be doomed; **sich (*dat*) den ~ holen** to catch one's death (of cold); **in den ~ gehen** to go to one's death; **für jdn in den ~ gehen** to die for sb; **bis in den ~** until death; **jdm in den ~ folgen** to follow sb; **jdn/etw auf den ~ nicht leiden** *or* **ausstehen können** (*inf*) to be unable to abide *or* stand sb/sth; **sich zu ~(e) langweilen** to be bored to death; **sich zu ~(e) schämen** to be utterly ashamed; **zu ~e betrübt sein** to be in the depths of despair.

todbringend *adj* (*geh*) *Gift* deadly, lethal; *Krankheit* fatal; **tod|elend** *adj* (*inf*) as miserable as sin (*inf*), utterly miserable; **tod|ernst** *adj* (*inf*) deadly *or* absolutely serious.

Todes|angst *f* **1.** *siehe* **Todesfurcht; 2.** mortal agony; **Todesängste ausstehen** (*inf*) to be scared to death (*inf*); **Todes|anzeige** *f* obituary (notice); „**~n"** Deaths; **Todes|art** *f* death, way to die; **Todesfall** *m* death; (*in der Familie auch*) bereavement; **Todesfurcht** *f* fear of death; **Todesgefahr** *f* mortal danger; **Todeskampf** *m* death throes *pl*; **Todeskandidat** *m* condemned man/woman *etc*; **todesmutig** *adj* absolutely fearless; **Todesnot** *f* mortal anguish; **in Todesnöten sein** (*fig*) to be in a desperate situation; **Todes|opfer** *nt* death, casualty, fatality; **Todesqualen** *pl* final *or* mortal agony; **~ ausstehen** (*fig*) to suffer agony

or agonies; **Todesschuß** *m* fatal shot; **der ~ auf jdn** the shot which killed sb; **Todesschütze** *m* person who fires/fired the fatal shot; (*Attentäter*) assassin; **Todesstoß** *m* deathblow; **jdm/einer Sache den ~ geben** *or* **versetzen** (*lit, fig*) to deal sb the deathblow/deal the deathblow to sth; **Todesstrafe** *f* death penalty; **Todesstunde** *f* hour of death; **Todes|ursache** *f* cause of death; **Todes|urteil** *nt* death sentence; **Todesver|achtung** *f* (*inf*) **mit ~** with utter disgust.

Todfeind *m* deadly *or* mortal enemy; **todgeweiht** *adj* doomed; **todkrank** *adj* dangerously *or* critically ill.

tödlich *adj* fatal; *Gefahr* mortal, deadly; *Gift* deadly, lethal; *Dosis* lethal; (*inf*) *Langeweile, Ernst, Sicherheit* deadly; *Beleidigung* mortal. **~ verunglücken** to be killed in an accident.

todmüde *adj* (*inf*) dead tired (*inf*); **todschick** *adj* (*inf*) dead smart (*inf*); **todsicher** (*inf*) **I** *adj* dead certain (*inf*); *Methode, Tip* sure-fire (*inf*); **eine ~e Angelegenheit** *or* **Sache** a dead cert (*inf*), a cinch (*esp US inf*); **II** *adv* for sure *or* certain; **Todsünde** *f* mortal *or* deadly sin; **tod|unglücklich** *adj* (*inf*) desperately unhappy.

Toga *f* **-,** **Togen** toga.

Tohuwabohu [to:huva'bo:hu] *nt* **-(s), -s** chaos *no pl*. **das war ein ~** it was utter *or* complete chaos.

Toilette [toa'lɛtə] *f* **1.** (*Abort*) toilet, lavatory (*Brit*), restroom (*US*); (*im Privathaus auch*) bathroom (*euph*). **öffentliche ~** public conveniences *pl* (*Brit*), comfort station (*US*); **auf die ~ gehen/auf der ~ sein** to go to/be in the toilet *etc*. **2.** *no pl* (*geh: Ankleiden, Körperpflege*) toilet. **~ machen** to do one's toilet (*old*). **3.** (*geh: Kleidung*) outfit. **in großer ~** in full dress.

Toiletten- [toa'lɛtn-] *in cpds* toilet; **Toiletten|artikel** *m usu pl* toiletry; **Toilettenfrau** *f* toilet *or* lavatory (*Brit*) attendant; **Toilettengarnitur** *f* **1.** toilet *or* bathroom set; **2.** (*für ~tisch*) dressing table set; **Toilettenpapier** *nt* toilet paper; **Toilettenschrank** *m* bathroom cabinet; **Toilettenseife** *f* toilet soap; **Toilettensitz** *m* toilet *or* lavatory (*Brit*) seat; **Toilettentasche** *f* toilet bag; **Toilettentisch** *m* dressing table; **Toilettenwasser** *nt* toilet water.

toi, toi, toi *interj* (*inf*) (*vor Prüfung etc*) good luck; (*unberufen*) touch wood.

Tokio *nt* **-s** Tokyo.

Tokioter *adj attr* Tokyo.

Töle *f* **-, -n** (*dial pej*) cur.

tolerant *adj* tolerant (*gegen* of).

Toleranz *f* tolerance (*gegen* of).

tolerieren* *vt* to tolerate.

toll *adj* **1.** (*old: irr, tollwütig*) mad. **2.** (*wild, ausgelassen*) wild; *Streiche, Gedanken, Treiben auch* mad. **es ging ~ her** *or* **zu** things were pretty wild (*inf*). **3.** (*inf: verrückt*) mad, crazy. **das war ein ~es Ding** that was mad *or* madness; (**wie**) **~ regnen/fahren** *etc* to rain like mad (*inf*) *or* crazy (*inf*)/drive *etc* like a madman *or* maniac.

4. (*inf: schlimm*) terrible. **es kommt noch ~er!** there's more *or* worse to come; **es zu ~ treiben** to go too far.

5. (*inf: großartig*) fantastic (*inf*).

tolldreist *adj* bold, (as) bold as brass.

Tolle *f* -, -n quiff.

tollen *vi* **1.** to romp *or* rollick about. **2.** *aux sein* (*laufen*) to rush about.

Tollhaus *nt* (*old*) lunatic asylum; **Tollheit** *f* **1.** *no pl* (*old*) madness; **2.** (*Tat*) mad act; **Tollkirsche** *f* deadly nightshade, belladonna; **tollkühn** *adj* daredevil *attr*, daring; **Tollkühnheit** *f* daring; **in seiner ~** daringly; **Tollwut** *f* rabies; **Tollwutgefahr** *f* danger of rabies; **tollwütig** *adj* rabid.

Tölpatsch *m* -es, -e (*inf*) clumsy *or* awkward creature.

tölpatschig *adj* (*inf*) awkward, clumsy.

Tölpel *m* -s, - (*inf*) fool.

tölpelhaft *adj* foolish, silly.

Tomate *f* -, -n tomato. **du treulose ~!** (*inf*) you're a fine friend!

Tomaten- *in cpds* tomato; **Tomatenmark, Tomatenpüree** *nt* tomato puree.

Tombola *f* -, -s *or* **Tombolen** tombola, raffle.

Tommy ['tɔmi] *m* -s, -s (*inf*) tommy.

Ton¹ *m* -(e)s, -e (*Erdart*) clay.

Ton² *m* -(e)s, -̈e **1.** (*Laut*) sound (*auch Rad, Film*); (*von Zeitzeichen, im Telefon*) pip; (*Klangfarbe*) tone; (*Mus: Note*) note. **halber/ganzer ~** semitone/tone; **den ~ angeben** (*lit*) to give the note; (*fig*) (*Mensch*) to set the tone; (*Thema, Farbe etc*) to be predominant; **keinen ~ herausor hervorbringen** not to be able to say a word; **keinen ~ sagen** *or* **von sich geben** not to make a sound; **hast du** *or* **hat der Mensch ~̈e!** (*inf*) did you ever! (*inf*); **dicke** *or* **große ~̈e spucken** *or* **reden** (*inf*) to talk big; **in großen ~̈en grandiosely; jdn in höchsten ~̈en loben** (*inf*) to praise sb to the skies *or* highly.

2. (*Betonung*) stress; (*Tonfall*) intonation; (*im Chinesischen etc*) tone.

3. (*Umgangston*) tone; (*Atmosphäre*) atmosphere. **den richtigen ~ finden** to strike the right note; **ich verbitte mir diesen ~** I will not be spoken to like that; **einen anderen ~ anschlagen** to change one's tune; **der ~ macht die Musik** (*Prov*) it's not what you say but the way that you say it; **der gute ~** good form.

4. (*Farb~*) tone; (*Nuance*) shade.

Tonabnehmer *m* cartridge, pick-up.

tonal *adj* tonal.

tonangebend *adj* who/which sets the tone; **~ sein** to set the tone; **Tonarm** *m* pick-up arm; **Tonart** *f* (*Mus*) key; (*fig: Tonfall*) tone; **eine andere ~ anschlagen** to change one's tune; **Tonassistent** *m* sound operator; **Tonassistenz** *f* sound.

Tonband *nt* tape (*mit of*); (*inf: Gerät*) tape recorder.

Tonbandaufnahme *f* tape recording; **Tonbandgerät** *nt* tape recorder.

Tonblende *f* tone control; **Tondichter** *m* composer; **Tondichtung** *f* tone poem.

tonen *vt* (*Phot*) to tone.

tönen¹ *vi* (*lit, fig: klingen*) to sound; (*schallen auch*) to resound; (*großspurig reden*)

to boast. **nach etw ~** (*fig*) to contain (over)tones of sth.

tönen² *vt* to tint. **etw leicht rot** *etc* **~** to tinge sth (with) red *etc*; **getönte Gläser** tinted glasses.

tönern *adj attr* clay. **auf ~en Füßen stehen** (*fig*) to be shaky.

Tonfall *m* tone of voice; (*Intonation*) intonation; **Tonfilm** *m* sound film, talkie (*inf*); **Tonfilmgerät** *nt* sound film projector; **Tonfolge** *f* sequence of notes/sounds; (*bei Film*) sound sequence; **Tonfrequenz** *f* audio frequency; **Tongefäß** *nt* earthenware vessel; **Tongeschirr** *nt* earthenware; **Tonhöhe** *f* pitch.

Tonika *f* -, **Toniken** (*Mus*) tonic.

Tonikum *nt* -s, **Tonika** tonic.

Toningenieur *m* sound engineer; **Tonkabine** *f* sound booth; **Tonkamera** *f* sound camera; **Tonkopf** *m* recording head; **Tonlage** *f* pitch (level); (*Tonumfang*) register; **eine ~ höher** one note higher; **Tonleiter** *f* scale; **tonlos** *adj* toneless; *Stimme auch* flat; **... sagte er ~ ...** he said in a flat voice; **Tonmalerei** *f* (*Mus*) tone painting; **Tonmeister** *m* sound mixer.

Tonnage [tɔ'naːʒə] *f* -, -n (*Naut*) tonnage.

Tonne *f* -, -n **1.** (*Behälter*) barrel, cask; (*aus Metall*) drum; (*für Regen auch*) butt; (*Müll~*) bin (*Brit*), trash can (*US*); (*inf: Mensch*) fatty (*inf*). **2.** (*Gewicht*) metric ton(ne). **3.** (*Register~*) (register) ton. **4.** (*Naut: Boje*) buoy.

Tonnengewölbe *nt* (*Archit*) barrel vaulting.

Tonsetzer *m* (*geh*) composer; **Tonsilbe** *f* tonic *or* stressed syllable; **Tonsprache** *f* tone language; **Tonspur** *f* soundtrack; **Tonstörung** *f* sound interference; **Tonstreifen** *m* soundtrack.

Tonsur *f* tonsure.

Tontaube *f* clay pigeon; **Tontaubenschießen** *nt* clay pigeon shooting; **Tontechniker** *m* sound technician; **Tonträger** *m* sound-carrier; **Tonumfang** *m* register.

Tonung *f* (*Phot*) toning.

Tönung *f* (*das Tönen*) tinting; (*Farbton*) shade, tone.

Top- *in cpds* top.

Topas *m* -es, -e topaz.

Topf *m* -(e)s, -̈e pot; (*Koch~ auch*) (sauce)pan; (*Nacht~*) potty (*inf*); (*sl: Toilette*) loo (*Brit inf*), john (*US inf*). **alles in einen ~ werfen** (*fig*) to lump everything together.

Topfblume *f* potted flower.

Töpfchen *nt dim of* **Topf.**

Topfen *m* -s, - (*Aus, S Ger*) *siehe* **Quark.**

Töpfer(in *f*) *m* -s, - potter; (*dial: Ofensetzer*) stove fitter.

Töpferei *f* pottery.

Töpferhandwerk *nt* potter's trade.

töpfern **I** *vi* to do pottery. **II** *vt* to make (in clay).

Töpferofen *m* kiln; **Töpferscheibe** *f* potter's wheel; **Töpferwaren** *pl* pottery *sing*; (*irden*) earthenware *sing*.

Topfgucker *m* -s, - (*inf*) nos(e)y parker (*inf*).

Topfhandschuh *m* ovenglove.

topfit ['tɔp'fɪt] *adj pred* in top form; (*gesundheitlich*) as fit as a fiddle.

Topfkuchen m siehe **Gugelhupf**; **Topflappen** m ovencloth; (kleiner) panholder; **Topfpflanze** f potted plant.

Topographie f topography.

topographisch adj topographic(al).

Topologie f (Math) topology.

topp interj done, it's a deal.

Topp m -s, -e or -s (Naut) masthead. über **die ~en geflaggt sein** or **haben** to be dressed overall.

Toppsegel nt topsail.

Tor¹ m -en, -en (old, liter) fool.

Tor² nt -(e)s, -e 1. (lit, fig) gate; (Durchfahrt) gateway; (~bogen) archway; (von Garage, Scheune) door. **jdm das ~ zu etw öffnen** to open sb's eyes to sth; **zu Karriere etc** to open the door to sth for sb. 2. (Sport) goal; (bei Skilaufen) gate. **im ~ stehen** to be in goal, to be the goalkeeper.

Torbogen m arch, archway; **Tor|einfahrt** f entrance gate.

Toresschluß m siehe **Torschluß.**

Torf m -(e)s, no pl peat.

Torfboden m peat; **Torf|erde** f peat; **Torffeuerung** f peat fire(s).

torfig adj peaty.

Torflügel m gate (of a pair of gates).

Torfmoor nt peat bog or (trocken) moor; **Torfmoos** nt sphagnum (moss); **Torfmull** m garden peat.

Torheit f foolishness, stupidity; (törichte Handlung) foolish or stupid action. **er hat die ~ begangen, zu ...** he was foolish or stupid enough to ...

Torhüter m siehe **Torwart.**

töricht adj foolish, stupid; Wunsch, Hoffnung idle.

törichterweise adv foolishly, stupidly.

torkeln vi aux sein to stagger, to reel.

Torlatte f crossbar; **Torlinie** f goal-line; **torlos** adj goalless; **das Spiel ging ~ aus** it was a goalless draw, there was no score; **Tormann** m, pl **-männer** goalkeeper, goalie (inf).

Tornado m -s, -s tornado.

Tornister m -s, - (Mil) knapsack; (dated: Schulranzen) satchel.

torpedieren* vt (Naut, fig) to torpedo.

Torpedo m -s, -s torpedo.

Torpedoboot nt torpedo-boat.

Torpfosten m (Sport) goalpost; **Torschluß** m (fig) **kurz vor ~** at the last minute or the eleventh hour; **Torschlußpanik** f (inf) last minute panic; (von Unverheirateten) fear of being left on the shelf; **Torschütze** m (goal) scorer.

Torsion f torsion.

Torso m -s, -s or **Torsi** torso; (fig) skeleton.

Tort [tɔrt] m -(e)s, no pl (geh) wrong. **jdm etw zum ~ tun** to do sth to vex sb.

Törtchen nt dim of **Torte** (small) tart.

Torte f -, -n gâteau; (Obst~) flan.

Tortelett nt -s, -s, **Tortelette** f (small) tart, tartlet.

Tortenboden m flan case or (ohne Seiten) base; **Tortenguß** m glaze; **Tortenheber** m -s, - cake slice; **Tortenplatte** f cake plate.

Tortur f torture; (fig auch) ordeal.

Torverhältnis nt score; **Torwächter**, **Torwart** m goalkeeper.

tosen vi 1. to roar, to thunder; (Wind, Sturm) to rage. **~der Beifall** thunderous applause. 2. **aux sein** (mit Ortsangabe) to thunder.

tot adj 1. (gestorben) (lit, fig) dead; (inf: erschöpft) dead (beat) (inf), whacked (inf). **mehr ~ als lebendig** (fig inf) more dead than alive; **~ geboren werden** to be stillborn; **~ umfallen** or **zu Boden fallen** to drop dead; **ich will ~ umfallen, wenn das nicht wahr ist** cross my heart and hope to die (if it isn't true) (inf); **~ zusammenbrechen** to collapse and die; **er war auf der Stelle ~** he died instantly; **ein ~er Mann sein** (fig inf) to be a goner (inf). 2. (leblos) Ast, Pflanze, Geschäftszeit, Sprache, Leitung dead; Augen sightless, blind; Haus, Stadt deserted; Gegend auch, Landschaft etc bleak; Wissen useless; Vulkan auch extinct; Farbe dull, drab; (Rail) Gleis disused. **~er Flußarm** backwater; (Schleife) oxbow (lake); **ein ~er Briefkasten** a dead-letter box; **der ~e Winkel** the blind spot; (Mil) dead angle; **das T~e Meer** the Dead Sea; **ein ~er Punkt** (Stillstand) a standstill or halt; (in Verhandlungen) deadlock; (körperliche Ermüdung) low point (of energy/stamina); **ich habe im Moment meinen ~en Punkt** I'm at a low ebb just now; **an einen ~en Punkt gelangen** to come to a standstill/to reach (a) deadlock; **den ~en Punkt überwinden** to break the deadlock; (körperlich) to get one's second wind. 3. (nutzlos) Last, Gewicht dead; (bei Fahrzeug auch) unladen; Kapital dead. **ein ~es Rennen** (lit, fig) a dead heat.

total I adj total; Staat totalitarian. II adv totally.

Totalisator m totalizator, tote (inf).

totalitär I adj totalitarian. II adv in a totalitarian way.

Totalitarismus m totalitarianism.

Totalität f totality, entirety.

Total|operation f extirpation; (von Gebärmutter) hysterectomy; (mit Eierstöcken) hysterosaphorectomy; **Totalschaden** m write-off; **~ machen** (inf) to write a car etc off.

tot|arbeiten vr sep (inf) to work oneself to death; **tot|ärgern** vr sep (inf) to be/become livid.

Totem nt -s, -s totem.

Totempfahl m totem pole.

töten vti (lit, fig) to kill; Nerv to deaden. **er/das kann einem den Nerv ~** (fig inf) he/that really gets on my/one's etc nerves or wick (inf); siehe **Blick.**

Toten|acker m (liter) graveyard; **Totenamt** nt requiem mass; **Totenbestattung** f burial of the dead; **Totenbett** nt deathbed; **totenblaß** adj deathly pale, pale as death; **Totenblässe** f deathly pallor; **totenbleich** adj siehe **totenblaß**; **Totenfeier** f funeral or burial ceremony; **Totenflecke** pl post-mortem or cadaveric (spec) lividity sing; **Totenglocke** f (death) knell; **Totengräber** m gravedigger; **Totenhemd** nt shroud; **Totenklage** f lamentation of the dead; (Liter) dirge, lament; **Totenkopf** m 1. skull; (als Zeichen) death's-head; (auf Piratenfahne, Arzneiflasche etc) skull and crossbones;

2. (*Zool*) death's-head moth; **Totenkult** *m* cult of the dead; **Totenmaske** *f* death mask; **Totenmesse** *f* requiem mass; **Totenreich** *nt* (*Myth*) kingdom of the dead; **Totenschein** *m* death certificate; **Totensonntag** *m* *Sunday before Advent, on which the dead are commemorated*; **Totenstadt** *f* necropolis; **Totenstarre** *f* rigor mortis; **totenstill** *adj* deathly silent *or* quiet; **Totenstille** *f* deathly silence *or* quiet; **Totentanz** *m* dance of death, danse macabre; **Totenwache** *f* wake.

Tote(r) *mf decl as adj* dead person, dead man/woman;(*bei Unfall etc*)fatality;(*Mil*) casualty. **die ~n** the dead; **es gab 3 ~ 3** people died *or* were killed; **das ist ein Lärm, um ~ aufzuwecken** the noise is enough to waken the dead.

totfahren *vt sep irreg* (*inf*) to knock down and kill; **totgeboren** *adj attr* stillborn; **ein ~es Kind sein** (*fig*) to be doomed (to failure); **Totgeburt** *f* stillbirth; (*Kind*) stillborn child *or* baby; **Totgeglaubte(r)** *mf decl as adj* person *or* man/woman *etc* believed to be dead; **Totgesagte(r)** *mf decl as adj* person *or* man/woman *etc* who has been declared dead; **totkriegen** *vt sep* (*inf*) **nicht totzukriegen sein** to go on for ever; **totlachen** *vr sep* (*inf*) to kill oneself (laughing) (*inf*); **es ist zum T~** it is killingly funny *or* killing (*inf*); **totlaufen** *vr sep irreg* (*inf*) to peter out; **totmachen** *sep* (*inf*) **I** *vt* to kill; **II** *vr* (*fig*) to kill oneself.

Toto *m or* (*inf*, *Aus*, *Sw*) *nt* **-s, -s** (football) pools. (**im**) **~ spielen** to do the pools; **etw im ~ gewinnen** to win sth on the pools; **im ~ gewinnen** (*Hauptgewinn*) to win the pools; **er hat zehn Richtige im ~** ten of his matches came up.

Toto- *in cpds* pools; **Totoschein**, **Totozettel** *m* pools coupon.

totschießen *vt sep irreg* (*inf*) to shoot dead; **Totschlag** *m* (*Jur*) manslaughter; (*US*) homicide; *siehe* Mord; **totschlagen** *vt sep irreg* (*lit*, *fig*) to kill; (*inf*) *Menschen auch* to beat to death; **du kannst mich ~ ich weiß es nicht/habe es nicht** for the life of me I don't know/haven't got it; **Totschläger** *m* cudgel, club; **totschweigen** *vt sep irreg* to hush up (*inf*); **totstellen** *vr sep* to pretend to be dead, to play dead; (*Mensch auch*) to play possum (*inf*); **tottreten** *vt sep irreg* to trample to death; *Insekt etc* to tread on and kill.

Tötung *f* killing. **fahrlässige ~** culpable homicide.

Tötungs|absicht *f* intention to kill; **Tötungsversuch** *m* attempted murder.

Toupet [tu'peː] *nt* **-s, -s** toupée.

toupieren* [tu'piːrən] *vt* to backcomb.

Tour [tuːɐ] *f* **-, -en** 1. (*Fahrt*) trip, outing; (*Ausflugs~*) tour; (*Spritz~*) (*mit Auto*) drive; (*mit Rad*) ride; (*Wanderung*) walk, hike; (*Berg~*) climb. **auf ~ gehen** to go on *or* for a trip *or* outing/on a tour/for a drive/ride/walk *or* hike/climb; **auf ~ sein** to be away on a trip *or* outing/tour; to be out for a drive/ride/walk; to be off climbing; **eine ~ machen** to go on a trip *or* outing/tour; to go for a drive/ride/walk/climb.
2. (*Umdrehung*) revolution, rev (*inf*); (*beim Tanz*) figure; (*beim Stricken*) two

rows; (*mit Rundnadeln*) round. **auf ~en kommen** (*Auto*) to reach top speed; (*fig inf*) to get into top gear; (*sich aufregen*) to get worked up (*inf*); **auf vollen ~en laufen** (*lit*) to run at full *or* top speed; (*fig*) to be in full swing; **in einer ~** (*inf*) incessantly, the whole time.
3. (*inf: Art und Weise*) ploy. **mit der ~ brauchst du mir gar nicht zu kommen** don't try that one on me; **auf die krumme** *or* **schiefe** *or* **schräge ~** by dishonest means; **etw auf die weiche ~ versuchen** to try using soft soap to get sth.

Touren- ['tuːrən-]: **Tourenrad** *nt* tourer; **Tourenwagen** *m* (*im Motorsport*) saloon (car); **Tourenzahl** *f* number of revolutions *or* revs *pl* (*inf*); **Tourenzähler** *m* rev counter.

Tourismus [tu'rısmʊs] *m* tourism.

Tourist [tu'rıst] *m* tourist.

Touristenklasse [tu'rıst(ə)n-] *f* tourist class.

Touristik [tu'rıstık] *f* tourism, tourist industry.

Tournee [tʊr'neː] *f* **-, -n** [-eːən] *or* **-s** tour. **auf ~ gehen/sein** to go on tour/be on tour *or* touring.

Tower ['taʊɐ] *m* **-s, -** (*Aviat*) control tower.

Trab *m* **-(e)s**, *no pl* trot. **im ~** at a trot; (**im**) **~ reiten** to trot; **sich in ~ setzen** (*inf*) to get going *or* cracking (*inf*); **auf ~ sein** (*inf*) to be on the go (*inf*); **jdn in ~ halten** (*inf*) to keep sb on the go; **jdn auf (den) ~ bringen** (*inf*) to make sb get a move on (*inf*).

Trabant *m* 1. (*Astron*) satellite. 2. (*Hist*) bodyguard; (*fig*) satellite. 3. *usu pl* (*dated inf*) kiddie-wink (*inf*).

Trabantenstadt *f* satellite town.

traben *vi* 1. *aux haben or sein* to trot. **mit dem Pferd ~** to trot one's horse. 2. *aux sein* (*inf: laufen*) to trot. **ich mußte noch einmal in die Stadt ~** I had to go traipsing back into town.

Traber *m* **-s, -** trotter.

Trabrennbahn *f* trotting course; **Trabrennen** *nt* trotting; (*Veranstaltung*) trotting race.

Tracht *f* **-, -en** 1. (*Kleidung*) dress, garb; (*Volks~ etc*) costume; (*Schwestern~*) uniform. 2. (*obs: Traglast*) load. **jdm eine ~ Prügel verabfolgen** *or* **verabreichen** (*inf*) to give sb a beating *or* thrashing.

trachten *vi* (*geh*) to strive (*nach* for, after). **danach ~, etw zu tun** to strive *or* endeavour to do sth; **jdm nach dem Leben ~** to be after sb's blood.

trächtig *adj* (*lit*) *Tier* pregnant; (*fig geh*) laden (*von* with).

Trächtigkeit *f* pregnancy; (*fig*) meaningfulness, significance.

tradieren* *vt* (*geh*) to hand down.

Tradition [tradi'tsioːn] *f* tradition.

Traditionalismus [traditsiona'lısmʊs] *m* traditionalism.

Traditionalist [traditsiona'lıst] *m* traditionalist.

traditionell [traditsio'nɛl] *adj usu attr* traditional.

traditionsbewußt *adj* tradition-conscious; **traditionsgebunden** *adj* bound by tradition; **traditionsgemäß** *adv* traditionally, according to tradition;

traditionsreich adj rich in tradition.

traf pret of **treffen**.

Trafik f -, -en (Aus) tobacconist's (shop).

Trafikant(in f) m (Aus) tobacconist.

Trafo m -(s), -s (inf) transformer.

Tragbahre f stretcher; **tragbar** adj **1.** Apparat, Gerät portable; Kleid wearable; **2.** (annehmbar) acceptable (für to); (erträglich) bearable.

Trage f -, -n (Bahre) litter; (Tragkorb) pannier.

träge adj **1.** sluggish; Mensch, Handbewegung etc auch lethargic. **geistig** ~ mentally lazy. **2.** (Phys) Masse inert.

tragen pret **trug**, ptp **getragen I** vt **1.** (durch Hochheben, befördern, dabeihaben), (fig) Schall to carry; (an einen Ort bringen) to take; (Wellen etc auch) to bear; (fig) Gerücht etc to pass on, to spread. **etw mit** or **bei sich** ~ to carry sth with one; **den Brief zur Post** ~ to take the letter to the post office.

2. (am Körper ~) Kleid, Brille, Rot etc, Perücke to wear; (im Moment auch) to have on; Bart, Gebiß to have; Waffen to carry. **wie trägt sie zur Zeit ihre Haare?** how is she wearing her hair now?; **getragene Kleider** second-hand clothes; (abgelegt) cast-offs; **den Arm in der Schlinge** ~ to have one's arm in a sling.

3. (stützen, halten, fig) to support; (fig: Vertrauen, Hoffnung auch) to sustain.

4. (aushalten, Tragfähigkeit haben) to take (the weight of), to carry.

5. (hervorbringen) Zinsen to yield; Ernte auch to produce; (lit, fig) Früchte to bear. **der Baum/Acker trägt viele Früchte/viel Weizen** the tree/field produces a good crop of fruit/ wheat; (in dieser Saison) the tree/field is full of fruit/wheat.

6. (Tier) to be carrying.

7. (ertragen) Schicksal, Leid etc to bear, to endure; Kreuz to bear.

8. (übernehmen) Verluste to defray; Kosten auch to bear, to carry; Risiko to take; Folgen to take, to bear; (unterhalten) Organisation to support, to back. **die Verantwortung für etw** ~ to be responsible for sth.

9. (haben) Titel, Namen, Aufschrift etc to bear, to have; Vermerk to contain; Etikett to have. **der Brief trägt das Datum vom ...** the letter is dated ...

II vi **1.** (Baum, Acker etc) to crop. **gut/schlecht** ~ to crop well/badly, to produce a good/bad crop; (in dieser Saison) to have a good/bad crop.

2. (schwanger sein) to be pregnant.

3. (reichen: Geschütz, Stimme) to carry.

4. (Eis) to take weight. **das Eis trägt noch nicht** the ice won't take anyone's weight yet.

5. schwer an etw (dat) ~ to have a job carrying or to carry sth; (fig) to find sth hard to bear; **schwer zu** ~ **haben** to have a lot to carry; (fig) to have a heavy cross to bear.

6. zum T~ kommen to come to fruition; (nützlich werden) to come in useful; **etw zum T~ bringen** to bring sth to bear (in + dat on).

III vr **1. sich gut** or **leicht/schwer** or **schlecht** ~ to be easy/difficult or hard to carry; **schwere Lasten** ~ **sich besser auf dem Rücken** it is better to carry heavy loads on one's back.

2. (Kleid, Stoff) to wear.

3. sich mit etw ~ (geh) to contemplate sth.

4. (ohne Zuschüsse auskommen) to be self-supporting.

tragend adj **1.** (stützend) Säule, Bauteil, Chassisteil weight- or load-bearing; (fig: bestimmend) Idee, Motiv fundamental, basic. **2.** (Theat) Rolle major, main. **3.** Stimme resonant. **4.** (trächtig) pregnant.

Träger m -s, - **1.** (an Kleidung) strap; (Hosen~) braces pl.

2. (Build) (Holz~, Beton~) (supporting) beam; (Stahl~, Eisen~) girder.

3. (Stütze von Brücken etc) support.

4. (Flugzeug~) carrier.

5. (Lasten~) bearer, porter; (Namens~) bearer; (Ordens~, Amts~, Titel~) bearer, holder; (von Kleidung) wearer; (Preis~) winner.

6. (fig) (der Kultur, Staatsgewalt etc) representative; (einer Bewegung, Entwicklung) upholder, supporter; (einer Veranstaltung) sponsor; (Mittel) vehicle. **~ des Vereins/der Universitäten** those who support or back the club/are responsible for the universities.

Trägerhose f trousers pl with straps.

Trägerin f siehe **Träger 5.**

Trägerkleid nt pinafore dress (Brit), jumper (US); (sommerlich) sundress; **Trägerlohn** m porterage; **Trägerrakete** f booster; **Trägerrock** m pinafore dress (Brit), jumper (US); (für Kinder) skirt with straps; **Trägerschürze** f pinafore.

Tragetasche f carrier bag; **Tragezeit** f gestation period.

tragfähig adj able to take a load/ weight; (fig) Kompromiß etc viable; **Tragfähigkeit** f load-/weight-bearing capacity; (von Brücke) maximum load; **Tragfläche** f wing; (von Boot) hydrofoil; **Tragflügelboot** nt hydrofoil.

Trägheit f siehe adj sluggishness; lethargy; (Faulheit) laziness; (Phys) inertia.

Trägheitsgesetz nt law of inertia; **Trägheitsmoment** nt moment of inertia.

Traghimmel m canopy, baldachin.

Tragik f tragedy. **das ist die** ~ **der Sache, daß ...** what's tragic about it is that ...

Tragiker m -s, - tragedian.

Tragikomik f tragicomedy; **tragikomisch** adj tragicomical; **Tragikomödie** f tragicomedy.

tragisch adj tragic. **etw** ~ **nehmen** (inf) to take sth to heart; **das ist nicht so** ~ (inf) it's not the end of the world.

Tragkorb m pannier; **Tragkraft** f siehe **Tragfähigkeit; Traglast** f load; (Gepäck) heavy luggage (esp Brit) or baggage; **Traglufthalle** f air hall.

Tragöde m -n, -n (geh) tragedian.

Tragödie [-iə] f (Liter, fig) tragedy. **es ist eine** ~ **mit ihm/dieser Maschine** he/this machine is a disaster.

Tragödien- [-iən-]: **Tragödiendarsteller**

m tragedian; **Tragödiendichter** *m* tragedian.
Tragödin *f* (*geh*) tragedienne.
Tragpfeiler *m* weight- *or* load-bearing pillar; (*von Brücke*) support; **Tragriemen** *m* strap; (*von Gewehr*) sling; **Tragweite** *f* (*von Geschütz etc*) range; (*fig*) consequences *pl*; (*von Gesetz*) scope; **sind Sie sich der ~ dieses Schritts/ Ihres Handelns bewußt?** are you aware of the possible consequences *or* of the implications of this step/of your action?; **von großer ~** seem to have far-reaching consequences *or* implications; **Tragwerk** *nt* (*Aviat*) wing assembly.
Trainer(in *f*) ['trɛːnɐ, 'trɛː-] *m* -s, - coach, trainer; (*von Rennpferd*) trainer; (*von Schwimmer, Tennisspieler*) coach; (*bei Fußball*) manager; (*Sw: Trainingsanzug*) track-suit.
trainieren* [trɛ'niːrən, trɛː'n-] **I** *vt* to train; **Mannschaft, Sportler auch** to coach; *Sprung, Übung, Weitsprung* to practise; *Muskel* to exercise. **Fußball/Tennis ~** to do some football/tennis practice; **ein (gut) trainierter Sportler** an athlete who is in training; **auf etw** (*acc*) **trainiert sein** to be trained to do sth; **jdn auf** *or* **für etw** (*acc*) **~** to train *or* coach sb for sth; **er hat Tennis mit mir trainiert** he helped me practise my tennis.
II *vi* (*Sportler*) to train; (*Rennfahrer*) to practise; (*Übungen machen*) to exercise; (*üben*) to practise. **auf** *or* **für etw** (*acc*) **~** to train/practise for sth.
III *vr* to train (*auf* +*acc* for); (*üben*) to practise; (*um fit zu werden*) to get some exercise, to get into training.
Training ['trɛːnɪŋ, 'trɛː-n-] *nt* -s, -s training *no pl*; (*Fitneß~*) exercise *no pl*; (*Autorennen*) practice; (*fig: Übung*) practice. **er geht jeden Abend zum ~** he goes training every evening; **ein zweistündiges ~** a 2-hour training session *or* bout; **er übernimmt das ~ der Mannschaft** he's taking over the training *or* coaching of the team; **im ~ stehen** to be in training.
Trainings|anzug *m* track-suit; **Trainingshose** *f* track-suit trousers *pl*; **Trainingslager** *nt* training camp; **Trainingsmethode** *f* training method; **Trainingsschuh** *m* training shoe; **Trainingszeit** *f* practice time.
Trakt *m* -(e)s, -e section; (*Flügel*) wing.
Traktat *m or nt* -(e)s, -e **1.** (*Abhandlung*) treatise; (*Flugschrift, religiöse Schrift*) tract.
2. (*obs: Vertrag*) treaty.
Traktätchen *nt* (*pej*) tract.
traktieren* *vt* **1.** (*inf*) (*schlecht behandeln*) to maltreat; *Menschen auch* to give a rough time (to); (*quälen*) *kleine Schwester, Tier etc* to torment. **jdn mit Vorwürfen ~** to keep on at sb (*inf*); **Fußballer, die sich gegenseitig ~** football players who go in for rough stuff; **er hat ihn mit Tritten gegen das Schienbein traktiert** he kicked him on the shin.
2. (*obs: bewirten*) to treat (*mit* to).
Traktor *m* -s, -en tractor.
Traktorist(in *f*) *m* (*DDR*) tractor-driver.
trällern *vti* to warble (*Vogel auch*) to trill.

vor sich hin ~ to warble away to oneself.
Tram *f* -, -s (*dial, Sw*), **Trambahn** *f* (*S Ger*) *siehe* **Straßenbahn**.
Tramp [trɛmp, tramp] *m* -s, -s tramp.
Trampel *m or nt* -s, - *or f* -, -n clumsy clot (*inf*), clumsy oaf (*inf*).
trampeln I *vi* **1.** (*mit den Füßen stampfen*) to stamp. **die Zuschauer haben getrampelt** the audience stamped their feet.
2. *aux sein* (*schwerfällig gehen*) to stamp *or* tramp along. **über die Wiese ~** to tramp across the meadow.
II *vt* **1.** (*mit Füßen bearbeiten*) *Weg* to trample. **jdn zu Tode ~** to trample sb to death; **etw platt ~** to trample sth flat, to flatten sth underfoot.
2. (*abschütteln*) to stamp (*von* from).
Trampelpfad *m* track, path; **Trampeltier** *nt* **1.** (*Zool*) (Bactrian) camel; **2.** (*inf*) clumsy oaf (*inf*).
trampen ['trɛmpn, 'tram-] *vi aux sein* to hitch-hike, to hitch (*inf*).
Tramper(in *f*) ['trɛmpɐ, -ərɪn] *m* -s, - hitch-hiker, hitcher (*inf*).
Trampolin *nt* -s, -e trampoline.
Trampolinspringen *nt* -s, *no pl* trampolining.
Trampschiff *nt* tramp (ship); **Trampschiffahrt** *f* tramp shipping.
Tramway ['tramve] *f* -, -s (*Aus*) *siehe* **Straßenbahn**.
Tran *m* -(e)s, -e **1.** (*von Fischen*) train oil.
2. (*inf*) **im ~** dop(e)y (*inf*); (*leicht betrunken*) tipsy, merry (*inf*); **ich lief wie im ~ durch die Gegend** I was running around in a dream *or* a daze; **das habe ich im ~ ganz vergessen** it completely slipped my mind.
Trance ['trãːs(ə)] *f* -, -n trance.
trance|artig *adj* trance-like; **Trancezustand** *m* (state of) trance.
Tranchierbesteck [trã'ʃiːɐ-] *nt* carving set, set of carvers.
tranchieren* [trã'ʃiːrən] *vt* to carve.
Tranchiergabel *f* carving-fork; **Tranchiermesser** *nt* carving-knife.
Träne *f* -, -n tear; (*einzelne ~*) tear(drop); (*inf: Mensch*) drip (*inf*). **den ~n nahe sein** to be near to *or* on the verge of tears; **unter ~n lächeln** to smile through one's tears; **unter ~n gestand er seine Schuld/ Liebe** in tears he confessed his fault/love; **~n lachen** to laugh till one cries *or* till the tears run down one's cheeks; **bittere ~n weinen** to shed bitter tears; **jdm/sich die ~n trocknen/abwischen** to dry sb's/one's eyes, to wipe away sb's/one's tears.
tränen *vi* to water.
Tränendrüse *f* lachrymal gland; **er drückt mit seinen Liedern immer auf die ~n** (*inf*) his songs are real tear-jerkers (*inf*); **der Film drückt sehr auf die ~n** the film is a real tear-jerker (*inf*); **tränenfeucht** *adj* wet with tears; *Augen* tear-filled; **Tränenfluß** *m* flood of tears; **Tränengas** *nt* tear gas; **tränenreich** *adj* tearful; **Tränensack** *m* lachrymal sac.
Tranfunsel, Tranfunzel *f* (*inf*) slowcoach (*Brit inf*), slowpoke (*US inf*); **tranfunzlig** *adj* (*inf*) slow, sluggish.
tranig *adj* like train oil; (*inf*) slow, sluggish.
Trank *m* -(e)s, ⁼e (*liter*) drink, draught (*liter*), potion (*liter*).

trank *pret of* **trinken.**

Tränke *f* -, **-n** drinking trough.

tränken *vt* 1. *Tiere* to water. 2. (*durchnässen*) to soak.

Trans- *in cpds* trans-.

Trans|aktion *f* transaction.

trans|atlantisch *adj* transatlantic.

transchieren* *vt* (*Aus*) *siehe* **tranchieren.**

Trans-Europ(a)-Express *m* Trans-Europe Express.

Transfer *m* -s, **-s** transfer; (*Psych*) transference.

transferieren* *vt* to transfer.

Transformation *f* transformation.

Transformationsgrammatik *f* transformational grammar; **Transformationsregel** *f* transformation rule.

Transformator *m* transformer.

transformieren* *vt* to transform.

Transfusion *f* transfusion.

Transistor *m* transistor.

Transistorradio *nt* transistor (radio).

Transit *m* -s, **-e** transit.

Transit|abkommen *nt* transit agreement; **Transithalle** *f* (*Aviat*) transit area; **Transithandel** *m* transit trade.

transitiv *adj* (*Gram*) transitive.

Transit|raum *m* (*Aviat*) transit lounge; **Transit|verkehr** *m* transit traffic; (*Transithandel*) transit trade; **Passagiere im ~** transit passengers *pl*.

transkribieren* *vt* to transcribe; (*Mus*) to arrange.

Transmission *f* (*Mech*) transmission.

Trans|ozean- *in cpds* transoceanic.

transparent [transpa'rɛnt] *adj* transparent; *Gewebe etc* diaphanous (*liter*); (*fig geh*) *Argument* lucid, clear.

Transparent [transpa'rɛnt] *nt* -(e)s, **-e** (*Reklameschild etc*) neon sign; (*Durchscheinbild*) transparency; (*Spruchband*) banner.

Transparentpapier *nt* waxed tissue paper; (*zum Pausen*) tracing paper.

Transparenz [transpa'rɛnts] *f siehe adj* transparency; diaphaneity (*liter*); lucidity, clarity.

Transpiration [transpira'tsio:n] *f* (*geh*) perspiration; (*von Pflanze*) transpiration.

transpirieren* [transpi'ri:rən] *vi* (*geh*) to perspire; (*Pflanze*) to transpire.

Transplantat [transplan'ta:t] *nt* (*Haut*) graft; (*Organ*) transplant.

Transplantation [transplanta'tsio:n] *f* 1. (*Med*) transplant; (*von Haut*) graft; (*Vorgang*) transplantation; grafting. 2. (*Bot*) grafting.

transplantieren* [transplan'ti:rən] *vti* 1. (*Med*) *Organ* to transplant; *Haut* to graft. 2. (*Bot*) to graft.

transponieren* [transpo'ni:rən] *vt* (*Mus*) to transpose.

Transport [trans'pɔrt] *m* -(e)s, **-e** 1. (*das Transportieren*) transport. **ein ~ des Kranken ist ausgeschlossen** moving the patient is out of the question; **beim ~ beschädigte Waren** goods damaged in transit. 2. (*Fracht*) consignment, shipment; (*von Soldaten etc*) load, transport; (*von Gefangenen*) transport.

transportabel [transpɔr'ta:bl] *adj* transportable.

Transporter [trans'pɔrtɐ] *m* -s, **-** (*Schiff*) cargo ship; (*Flugzeug*) transport plane; (*Auto*) van; (*Auto~*) transporter.

Transporteur [transpɔr'tø:ɐ] *m* 1. (*Mensch*) removal man. 2. (*an Nähmaschine*) fabric guide, feed dog. 3. (*Winkelmesser*) protractor.

transportfähig *adj* moveable; **Transportflugzeug** *nt* transport plane *or* aircraft.

transportieren* [transpɔr'ti:rən] **I** *vt* to transport; *Güter, Sauerstoff auch* to carry; *Patienten* to move; *Film* to wind on; (*Nähmaschine*) to feed. **II** *vi* (*Förderband*) to move; (*Nähmaschine*) to feed; (*Kamera*) to wind on.

Transportkosten *pl* carriage *sing*; **Transportmittel** *nt* means of transport *sing*; **Transportschiff** *nt* cargo ship; (*Mil*) transport ship; **Transport|unternehmen** *nt* haulier, haulage firm.

Transsexuelle(r) *mf decl as adj* transsexual.

Transuse *f* -, **-n** (*inf*) slowcoach (*Brit inf*), slowpoke (*US inf*).

Transvestit [transvɛs'ti:t] *m* -en, **-en** transvestite.

Transvestitismus [transvɛsti'tɪsmʊs] *m* transvestism.

transzendent *adj* transcendent(al); (*Math*) transcendental.

transzendental *adj* transcendental.

Transzendenz *f* transcendency, transcendence.

Trantüte *f* (*inf*) slowcoach (*Brit inf*), slowpoke (*US inf*).

Trapez *nt* -es, **-e** 1. (*Math*) trapezium. 2. (*von Artisten*) trapeze.

Trapez|akt *m* trapeze act; **trapezförmig** *adj* trapeziform; **Trapezkünstler** *m* trapeze artist.

Trapezoid *nt* -(e)s, **-e** trapezoid.

trapp, trapp *interj* (*von Kindern etc*) clitter clatter; (*von Pferd*) clip clop.

trappeln *vi aux sein* to clatter; (*Pony*) to clip-clop.

trapsen *vi aux sein* (*inf*) to galumph (*inf*); *siehe* **Nachtigall.**

Trara *nt* -s, **-s** (*von Horn*) tantara; (*fig inf*) hullabaloo (*inf*), to-do (*inf*) (*um* about).

Trassant *m* (*Fin*) drawer.

Trassat *m* -en, **-en** (*Fin*) drawee.

Trasse *f* -, **-n** (*Surv*) marked-out route.

trat *pret of* **treten.**

Tratsch *m* -(e)s, *no pl* (*inf*) gossip, scandal, tittle-tattle (*inf*).

Tratsche *f* -, **-n** (*pej inf*) scandalmonger, gossip.

tratschen *vi* (*inf*) to gossip.

Tratscherei *f* (*inf*) gossip(ing) *no pl*, scandalmongering *no pl*.

Tratschmaul *nt*, **Tratschtante** *f* (*pej inf*) scandalmonger, gossip.

Tratte *f* -, **-n** (*Fin*) draft.

Trau|altar *m* altar.

Traube *f* -, **-n** (*einzelne Beere*) grape; (*ganze Frucht*) bunch of grapes; (*Blütenstand*) raceme (*spec*); (*fig*) (*von Bienen*) cluster; (*Menschen~*) bunch, cluster. **~n** (*Fruchtart*) grapes.

Traubenlese *f* grape harvest; **Traubensaft** *m* grape juice; **Traubenzucker** *m* glucose, dextrose.

trauen I vi +dat to trust. **einer Sache** (dat) **nicht ~** to be wary of sth; **ich traute meinen Augen/Ohren nicht** I couldn't believe my eyes/ears; **ich traue dem Frieden nicht** (I think) there must be something afoot, it's too good to be true; siehe **Weg**.
 II vr to dare. **sich** (acc or (rare) dat) **~, etw zu tun** to dare (to) do sth; **ich trau' mich nicht** I daren't, I dare not; **sich auf die Straße/nach Hause/zum Chef ~** to dare to go out (of doors)/ home/to one's boss.
 III vt to marry. **sich standesamtlich/ kirchlich ~ lassen** to get married in a registry office (Brit)/in church.

Trauer f -, no pl (das Trauern, ~zeit, ~kleidung) mourning; (Schmerz, Leid) sorrow, grief. **~ haben/tragen** to be in mourning; **in tiefer ~ ...** (much loved and) sadly missed by ...

Trauer|anzeige f obituary, death notice; **Trauerbinde** f black armband; **Trauerbrief** m letter announcing sb's death; **Trauerfall** m bereavement, death; **Trauerfeier** f funeral service; **Trauerflor** m black ribbon; **Trauergefolge** nt funeral procession; **Trauergemeinde** f mourners pl; **Trauerhaus** nt house of mourning; **Trauerjahr** nt year of mourning; **Trauerkarte** f card announcing sb's death; **Trauerkleidung** f mourning; **Trauerkloß** m (inf) wet blanket (inf); **Trauermarsch** m funeral march; **Trauermiene** f (inf) long face.

trauern vi to mourn (um jdn (for) sb, um etw sth); (Trauerkleidung tragen) to be in mourning. **die ~den Hinterbliebenen** his/ her bereaved family.

Trauernachricht f sad news sing, no indef art; **Trauerrand** m black edge or border; **Trauerränder** (inf) dirty fingernails; **Trauerspiel** nt tragedy; (fig inf) fiasco; **was hier passiert, ist das reinste ~** it's really pathetic what's going on here; **es ist ein ~ mit ihm/dem Projekt** he's really pathetic/the project is in a bad way (inf); **Trauerweide** f weeping willow; **Trauerzeit** f (period of) mourning; **Trauerzug** m funeral procession.

Traufe f -, -n eaves pl; siehe **Regen**.

träufeln I vt to dribble. **II** vi aux haben or sein (old, geh: Wasser) to trickle.

Trauformel f marriage vows pl.

traulich adj cosy. **~ zusammenleben** to live together harmoniously or in harmony.

Traulichkeit f cosiness.

Traum m -(e)s, **Träume** (lit, fig) dream; (Tag~ auch) daydream, reverie. **er fühlte sich wie im ~** he felt as if he were dreaming; **es war immer sein ~, ein großes Haus zu besitzen** he had always dreamed of owning a large house; **aus der ~!, der ~ ist aus!** it's all over; **aus der ~ vom neuen Auto** that's put paid to your/my etc dreams of a new car; **der ~ meiner schlaflosen Nächte** (hum inf) the man/woman of my dreams; **Träume sind Schäume** dreams are but shadows.

Trauma nt -s, **Traumen** or -ta trauma.

traumatisch adj traumatic.

Traumberuf m dream job, job of one's

dreams; **Traumbild** nt vision; **Traumdeuter** m interpreter of dreams; **Traumdeutung** f dream interpretation, interpretation of dreams.

Traumen pl of **Trauma**.

träumen I vi to dream; (tag~ auch) to daydream; (inf: nicht aufpassen) to (day)dream, to be in a dream. **von jdm/ etw ~** to dream about sb/sth; (sich ausmalen) to dream of sb/sth; **mir träumte, daß ...(geh)** I dreamed or dreamt that ...; **träume süß!** sweet dreams!; **vor sich hin ~, mit offenen Augen ~** to daydream; **du träumst wohl!** (inf) you must be joking!; **das hätte ich mir nicht ~ lassen** I'd never have thought it possible.
 II vt to dream; Traum to have. **etwas Schönes/Schreckliches ~** to have a pleasant/an unpleasant dream.

Träumer(in f) m -s, - (day)dreamer; (Phantast) dreamer, visionary.

Träumerei f 1. no pl (das Träumen) (day)dreaming. 2. (Vorstellung) daydream, reverie.

träumerisch adj dreamy; (schwärmerisch) wistful.

Traumfabrik f (pej) dream factory; **traumhaft** adj (phantastisch) fantastic; (wie im Traum) dreamlike.

Trauminet m -s, -e (Aus) coward.

traumwandlerisch adj mit ~er Sicherheit with instinctive sureness.

Traurede f marriage sermon; (im Standesamt) marriage address.

traurig adj sad; (unglücklich) Verhältnisse, Leben auch unhappy; Blick auch sorrowful; (beklagenswert) Zustand sad, sorry; Leistung, Erfolg, Rekord pathetic, sorry; Wetter miserable; Berühmtheit notorious. **mit meinen Finanzen/der Wirtschaft sieht es sehr ~ aus** my finances are/the economy is in a very sorry state; **~, ~ dear, dear; wie sieht es damit aus? — ~(, ~)** what are the prospects for that? — not at all good or pretty bad; **das ist doch ~, was er da geleistet hat** what he's done is pathetic; **das sind ja ~e Verhältnisse, wenn ...** it is a sorry or sad state of affairs when ...; **~, daß ...** it is sad that; **es ist ~, wenn** it is sad if ...; **~ weggehen** to go away sadly or feeling sad.

Traurigkeit f sadness.

Trauring m wedding ring; **Trauschein** m marriage certificate.

traut adj (liter, hum) (gemütlich) cosy; (vertraut) familiar; Freund close. **im ~en Kreise** among one's family and friends; **~es Heim, Glück allein** (prov) home sweet home.

Trauung f wedding, wedding or marriage ceremony.

Trauzeuge m witness (at marriage ceremony).

Travestie [traves'ti:] f travesty.

travestieren* [traves'ti:rən] vt to travesty, to make a travesty of.

Treck m -s, -s trek, trail; (Leute) train; (die Wagen etc) wagon train.

Trecker m -s, - tractor.

Treff¹ nt -s, -s (Cards) club. **die ~sieben** the seven of clubs; **das ~as** the ace of clubs.

Treff² m -s, -s (inf) (Treffen) meeting, get-together (inf); (~punkt) haunt.

treffen pret **traf**, ptp **getroffen** I vt 1. (durch Schlag, Schuß etc) to hit (an/in +dat on, in +acc in); (Blitz, Faust auch, Unglück) to strike. **auf dem Foto bist du gut getroffen** (inf) that's a good photo or picture of you; siehe **Schlag**.
2. (fig: kränken) to hurt.
3. (betreffen) to hit, to affect. **es trifft immer die Falschen** it's always the wrong people who are hit or affected; **ihn trifft keine Schuld** he's not to blame.
4. (finden) to hit upon, to find; (lit, fig) Ton to hit. **du hast's getroffen** you've hit the nail on the head.
5. (jdm begegnen, mit jdm zusammenkommen) to meet; (an~) to find.
6. **es gut/schlecht ~** to be fortunate or lucky/unlucky (mit with); **es mit dem Wetter/der Unterkunft gut/schlecht ~** to have good/bad weather/accommodation; **ich hätte es schlechter ~ können** it could have been worse.
7. Anstalten etc to make; Vereinbarung to reach; Entscheidung auch, Vorsorge, Maßnahmen to take.
II vi 1. (Schlag, Schuß etc) to hit. **der Schuß/er hat getroffen** the shot/he hit it/him etc; **nicht ~** to miss; **gut/schlecht ~** to aim well/badly; **getroffen!** a hit.
2. aux sein (stoßen) **auf jdn/etw ~** to meet sb/sth.
3. (verletzen) to hurt. **sich getroffen fühlen** to feel hurt; (auf sich beziehen) to take it personally.
III vr (zusammen~) to meet. **unsere Interessen ~ sich im Sport** we are both interested in sport.
IV vr impers **es trifft sich, daß ...** it (just) happens that ...; **das trifft sich gut, daß ...** it is convenient that ...

Treffen nt -s, - meeting; (Sport, Mil) encounter. **ins ~ führen** (Mil) to send into battle; (fig) to put forward.

treffend adj apt; Ähnlichkeit striking. **jdn ~ nachahmen** to do a brilliant imitation of sb.

Treffer m -s, - hit; (Tor) goal; (fig: Erfolg) hit; (Gewinnlos) winner. **einen ~ erzielen** to score a hit; (Ftbl) to shoot a goal.

trefflich adj (liter) splendid, excellent.

Trefflichkeit f (liter) excellence.

Treffpunkt m rendezvous, meeting place; **einen ~ ausmachen** to arrange where or somewhere to meet; **treffsicher** adj accurate; (fig) Bemerkung apt; Urteil sound, unerring; **Treffsicherheit** f accuracy; aptness; soundness, unerringness.

Treib|eis nt drift ice.

treiben pret **trieb**, ptp **getrieben** I vt 1. (lit, fig) to drive; (Tech: an~ auch) to propel; (auf Treibjagd) Wild to beat; Teig to make rise; (fig: drängen) to rush; (an~) to push. **jdn zum Wahnsinn/zur Verzweiflung ~** to drive sb mad/to despair; **jdn zur Eile/Arbeit ~** to make sb hurry (up)/work; **jdn zum Äußersten ~** to push sb too far; **du treibst mich noch so weit, daß ich ...** you're pushing me too far, I ...; **die ~de Kraft bei etw sein** to be the driving force behind sth.

2. **jdm den Schweiß/das Blut ins Gesicht ~** to make sb sweat/blush; **der Gedanke treibt mir Tränen in die Augen** the thought brings tears to my eyes.
3. (einschlagen) to drive.
4. (bearbeiten, formen) Metall to beat.
5. (ausüben, betreiben) Handel, Geschäfte to do; Studien, Politik to pursue; Gewerbe to carry on; Sport to do; (machen) to do; Schabernack, Unfug, Unsinn to be up to; Spaß to have; Aufwand to make, to create; Unzucht to commit. **Schiffahrt ~** to sail; **Mißbrauch mit etw ~** to abuse sth; **Handel mit jdm ~** to trade with sb; **Wucher ~** to profiteer.
6. **wenn du es weiter so treibst ...** if you go or carry on like that ...; **es toll ~** to have a wild time; **es zu toll ~** to overdo it; **in seiner Jugend hat er es schlimm getrieben** he was quite a lad in his youth (inf); **es zu bunt ~** to go too far; **er treibt es noch so weit, daß er hinausgeworfen wird** if he goes on like that, he'll get thrown out; **es mit jdm ~** (sl) to have it off with sb (Brit inf).
7. (hervorbringen) Knospen etc to sprout, to put forth; (im Treibhaus) to force.
II vi 1. aux sein (sich fortbewegen) to drift. **sich ~ lassen** (lit, fig) to drift.
2. (wachsen) to sprout.
3. (Bier, Kaffee, Medizin etc) to have a diuretic effect; (Hefe) to make dough etc rise. **~de Medikamente** diuretics.

Treiben nt -s, - 1. (Getriebe) hustle and bustle; (von Schneeflocken) swirling. **ich schaute dem munteren ~ der Kinder zu** I watched the children playing happily; **ich beobachte dein ~ schon lange** I've been watching what you've been getting up to for a long time. 2. (Treibjagd) battue (spec).

Treiber m -s, - (Vieh~) drover; (Hunt) beater.

Treibgas nt (Sprühdosen) propellant.

Treibgut nt flotsam and jetsam pl.

Treibhaus nt hothouse.

Treibhausluft f 1. hothouse air; 2. (fig) hot, humid atmosphere; (im Freien auch) sultry atmosphere; **Treibhauspflanze** f hothouse plant; **Treibhaustemperatur** f hothouse temperature.

Treibholz nt driftwood; **Treibjagd** f battue (spec), shoot (in which game is sent up by beaters); **Treibmittel** nt (in Sprühdosen) propellant; (Cook) raising agent; **Treibnetz** nt driftnet; **Treibsand** m quicksand; drive; **Treibstoff** m fuel; (Raketen~ auch) propellant.

treideln vt to tow.

Treidelpfad m towpath.

Trema nt -s, -s or -ta dieresis.

tremolieren* vi to quaver.

Tremolo nt -s, -s or **Tremoli** tremolo.

Trenchcoat ['trentʃkoːt] m -(s), -s trenchcoat.

Trend m -s, -s trend.

trennbar adj separable. **ein nicht ~es Wort** an inseparable word.

trennen I vt 1. (entfernen) Menschen, Tiere to separate (von from); (Tod) to take away (von from); (in Teile teilen, ab~) to separate; *Kopf, Glied etc* to sever; (*abmachen*) to detach (*von* from); *Aufgenähtes* to take off, to remove; *Saum, Naht* to unpick, to undo.

2. (*aufspalten, scheiden*) *Bestandteile, Eier, Raufende* to separate; *Partner, Freunde* to split up; (*räumlich*) to separate; *Begriffe* to differentiate, to distinguish (between); *Ehe* to dissolve; (*nach Rasse, Geschlecht*) to segregate. **voneinander getrennt werden** to be separated; **Ursache und Folge ~** to make *or* draw a distinction between cause and results; **Gut von Böse ~** to distinguish between good and evil, to differentiate *or* distinguish good from evil; **uns trennt zu vieles** we have too little in common; **jetzt kann uns nichts mehr ~** now nothing can ever come between us; **alles T~de (zwischen uns/den beiden)** all our/their differences; *siehe* **getrennt.**

3. (*in Bestandteile zerlegen*) *Kleid* to take to pieces; (*Ling*) *Wort* to divide, to split up; (*Chem*) *Gemisch* to separate (out).

II *vr* **1.** (*auseinandergehen*) to separate; (*Partner, Eheleute etc auch*) to split up; (*Abschied nehmen*) to part. **sich von jdm/ der Firma ~** to leave sb/the firm; **die zwei Mannschaften trennten sich 2:0/1:1** the final score was 2-0/the two teams drew one-all; **sich im guten/bösen ~** to part on good/bad terms.

2. (*weggeben, verkaufen etc*) **sich von etw ~** to part with sth; **er konnte sich davon nicht ~** he couldn't bear to part with it; (*von Anblick*) he couldn't take his eyes off it.

3. (*sich teilen*) *Wege, Flüsse* to divide. **hier ~ sich unsere Wege** (*fig*) now we must go our separate ways.

III *vi* (*zwischen Begriffen*) to draw *or* make a distinction.

trennscharf *adj* **~ sein** to have good selectivity; **Trennschärfe** *f* selectivity.

Trennung *f* **1.** (*Abschied*) parting.

2. (*Getrenntwerden, Getrenntsein*) separation; (*in Teile*) division; (*von Begriffen*) distinction; (*von Eheleuten*) separation; (*der Ehe*) dissolution; (*von Wort*) division; (*Rassen~, Geschlechter~*) segregation.

Trennungs|entschädigung *f*, **Trennungsgeld** *nt* separation allowance; **Trennungsschmerz** *m* pain of parting; **Trennungsstrich** *m* hyphen; **einen ~ ziehen** (*fig*) to make a clear distinction (*zwischen* (+ *dat*) between).

Trenn(ungs)wand *f* partition (wall); **Trenn(ungs)zeichen** *nt* hyphen.

Trense *f* **-, -n** snaffle.

trepp|auf *adv*: **~, treppab** up and down stairs.

Treppe *f* **-, -n 1.** (*Aufgang*) (flight of) stairs *pl*, staircase; (*im Freien*) (flight of) steps *pl*. **eine ~ a** staircase, a flight of stairs/ steps; **die ~ hinaufgehen/hinuntergehen** to go up/down the stairs, to go upstairs/ downstairs; **du bist wohl die ~ hinuntergefallen!** (*fig inf*) what's happened to your hair?

2. (*inf: Stufe*) step.

3. (*inf: Stockwerk*) floor.

Treppen|absatz *m* half-landing; **Treppengeländer** *nt* banister; **Treppenhaus** *nt* stairwell; **im ~** on the stairs; **Treppenstufe** *f* step, stair.

Tresen *m* **-s, -** (*Theke*) bar; (*Ladentisch*) counter.

Tresor *m* **-s, -e** (*Raum*) strongroom, vault; (*Schrank*) safe.

Tresorknacker *m* **-s, -** (*inf*) safebreaker.

Tresse *f* **-, -n** gold/silver braid.

Tretboot *nt* pedal boat, pedalo; **Tret|eimer** *m* pedal bin.

treten *pret* **trat**, *ptp* **getreten I** *vi* **1.** (*ausschlagen, mit Fuß anstoßen*) to kick (*gegen etw* sth, *nach* out at).

2. *aux sein* (*mit Raumangabe*) to step. **hier kann man nicht mehr ~** there is no room to move here; **aus dem Schatten ins Helle ~** to move out of the shadow into the light; **etwas näher an etw** (*acc*) **~** to move *or* step closer to sth; **vor die Kamera ~** to appear on TV/in a film *or* on the screen; **in den Vordergrund/Hintergrund ~** to step forward/back; (*fig*) to come to the forefront/to recede into the background; **an jds Stelle ~** to take sb's place; *siehe* **nah(e).**

3. *aux sein or haben* (*in Loch, Pfütze, auf Gegenstand etc*) to step, to tread. **jdm auf den Fuß ~** to step on sb's foot, to tread on sb's toe; **jdm auf die Füße ~** (*fig*) to tread on sb's toes; **jdm auf den Schlips** (*inf*) *or* **Schwanz** (*sl*) **~** to offend sb.

4. *aux sein or haben* (*betätigen*) **in die Pedale ~** to pedal hard; **aufs Gas(pedal) ~** to press the accelerator; (*schnell fahren*) **~** to put one's foot down; (*inf*); **auf die Bremse ~** to put one's foot on the brake.

5. *aux sein* (*hervor-, sichtbar werden*) **Wasser trat aus allen Ritzen und Fugen** water was coming out of every crack and cranny; **der Schweiß trat ihm auf die Stirn** sweat appeared on his forehead; **Tränen traten ihr in die Augen** tears came to her eyes, her eyes filled with tears; **der Fluß trat über die Ufer** the river overflowed its banks; **der Mond trat aus den Wolken** the moon appeared from behind the clouds.

6. *aux sein* (*Funktionsverb*) (*beginnen*) to start, to begin; (*ein~*) to enter. **in jds Leben** (*acc*) **~** to come into *or* enter sb's life; **in den Ruhestand ~** to retire; **in den Ausstand ~** to go on strike; **in den Staatsdienst/Stand der Ehe** *or* **Ehestand ~** to enter the civil service/into the state of matrimony; **mit jdm in Verbindung ~** to get in touch with sb; *siehe* **Erscheinung, Kraft** *etc.*

II *vt* **1.** (*einen Fußtritt geben, stoßen*) to kick; (*Sport*) *Ecke, Freistoß* to take. **jdn ans Bein ~** to kick sb's leg *or* sb on the leg; **jdn mit dem Fuß ~** to kick sb.

2. (*mit Fuß betätigen*) *Spinnrad, Webstuhl, Blasebalg* to operate (*using one's foot*). **die Bremse ~** to brake, to put on the brakes; **die Pedale ~** to pedal; **den Takt ~** to tap one's foot in time to the music.

3. (*trampeln*) *Pfad, Weg, Bahn* to tread. **sich** (*dat*) **einen Splitter in den Fuß ~** to get a splinter in one's foot.

4. (*fig*) (*schlecht behandeln*) to shove

around (*inf*). **jdn ~** (*inf: antreiben*) to get at sb.
5. (*begatten*) to tread, to mate with.
Tretmine f (*Mil*) (anti-personnel) mine; **Tretmühle** f (*lit, fig*) treadmill; **in der ~ sein** to be in a rut (*inf*); **die tägliche ~** the daily grind; **Tretroller** m scooter.

treu I adj Freund, Sohn, Kunde etc loyal; *Diener auch* devoted; *Seele auch, Hund, Gatte etc* faithful; *Abbild* true; *Gedenken* respectful; (*~herzig*) trusting; *Miene* innocent. **jdm ~ sein/bleiben** to be/remain faithful; (*nicht betrügen auch*) to be/remain true to sb; **sich** (*dat*) **selbst ~ bleiben** to be true to oneself; **seinen Grundsätzen ~ bleiben** to stick to or remain true to one's principles; **der Erfolg/das Glück ist ihr ~ geblieben** success kept coming her way/her luck held (out); **~ wie Gold** faithful and loyal; (*Diener etc auch*) faithful as a dog; **Dein ~er Freund** (*old*) yours truly; **jdm etw zu ~en Händen übergeben** to give sth to sb for safekeeping.
II adv faithfully; *dienen auch* loyally; *sorgen* devotedly; (*~herzig*) trustingly; *ansehen* innocently. **~ und brav** (*Erwachsener*) dutifully; (*Kind*) like a good boy/girl, as good as gold; *siehe* ergeben.
Treubruch m breach of faith; **treubrüchig** adj faithless, false; (**jdm**) **~ werden** to break faith (with sb); **treudeutsch** adj truly German; (*pej*) typically German; **treudoof** adj (*inf*) guileless, artless, naive.
Treue f -, *no pl siehe* **treu** loyalty; devotion, devotedness; faithfulness; (*eheliche ~*) faithfulness, fidelity. **einer Flagge ~ geloben** to pledge allegiance to a flag; **sie gelobten einander ewige ~** they vowed to be eternally faithful to one another; **jdm die ~ halten** to keep faith with sb; (*Ehegatten etc*) to remain faithful to sb; **meiner Treu!** (*old*) my word!; **auf Treu und Glauben** in good faith; **in alter ~** for old times' sake; **in alter ~ Dein** as ever, yours; *siehe* brechen.
Treuleid m oath of loyalty or allegiance.
Treu(e)pflicht f loyalty (*owed by employee to employer and vice versa*).
Treueprämie f long-service bonus.
treulergeben adj attr devoted, loyal, faithful.
Treueschwur m oath of loyalty or allegiance; (*von Geliebtem etc*) vow to be faithful.
Treuhänder(in f) m -s, - trustee, fiduciary (*form*); **treuherzig** adj innocent, trusting; **Treuherzigkeit** f innocence; **treulos** adj disloyal, faithless; **~ an jdm handeln** to fail sb; **Treulosigkeit** f disloyalty, faithlessness; **treusorgend** adj attr devoted.
Triangel m or (*Aus*) nt -s, - triangle.
Trias f -, *no pl* Triassic (Period).
Tribun m -s or -en, -e(n) tribune.
Tribunal nt -s, -e tribunal.
Tribüne f -, -n (*Redner~*) platform, rostrum, (*Zuschauer~, Zuschauer*) stand; (*Haupt~*) grandstand.
Tribut m -(e)s, -e (*Hist*) tribute, dues pl; (*fig*) tribute; (*Opfer*) toll. **jdm ~ entrichten** or (*fig*) **zollen** to pay tribute to sb.

tributpflichtig adj tributary (*rare*), obliged to pay tribute.
Trichine f trichina.
Trichinenkrankheit f trichinosis.
Trichter m -s, - funnel; (*Bomben~*) crater; (*von Grammophon*) horn; (*von Trompete, Megaphon etc*) bell; (*von Hörgerät*) trumpet; (*von Lautsprecher*) cone; (*Einfüll~*) hopper. **jdn auf den ~ bringen** (*inf*), **jdm auf den ~ helfen** (*inf*) to give sb a clue; **auf den ~ kommen** (*inf*) to catch on (*inf*).
trichterförmig adj funnel-shaped.
Trick m -s, -s or (*rare*) -e trick; (*betrügerisch auch, raffiniert*) ploy, dodge; (*Tip, Rat*) tip. **ein fauler/gemeiner ~** a mean or dirty trick; **keine faulen ~s!** no funny business! (*inf*); **den ~ raushaben, wie man etw macht** (*inf*) to have got the knack of doing sth; **der ~ dabei ist, ...** the trick is to ...; **da ist doch ein ~ dabei** there is a trick to (doing) it; **jdm einen ~ verraten** to give sb a tip.
Trickbetrug m confidence trick; **Trickbetrüger** m confidence trickster; **Trickfilm** m trick film; (*Zeichen~*) cartoon (film); **trickreich** adj (*inf*) tricky; (*raffiniert*) clever.
tricksen (*inf*) **I** vi to fiddle; (*Sport*) to feint. **phantastisch, wie er mit den Karten trickst** it's amazing what he can do with cards. **II** vt to trick.
trieb pret of **treiben**.
Trieb m -(e)s, -e **1.** (*Psych, Natur~*) drive; (*Drang*) urge; (*Verlangen*) desire, urge; (*Neigung, Hang*) inclination; (*Selbsterhaltungs~, Fortpflanzungs~*) instinct. **sie ist von ihren ~en beherrscht** she is guided completely by her physical urges or desires; **du mußt lernen, deine ~e zu beherrschen** you must learn to control your physical urges or desires.
2. (*Bot*) shoot.
Triebbefriedigung f gratification of a physical urge; **Triebfeder** f (*fig*) motivating force (*gen* behind); **triebhaft** adj Handlungen compulsive; **sie hat ein sehr ~es Wesen, sie ist ein ~er Mensch** she is ruled by her physical urges or desires; **Triebhaftigkeit** f domination by one's physical urges; **Triebkraft** f (*Mech*) motive power; (*Bot*) germinating power; (*fig*) driving force; **Triebleben** nt physical activities pl; (*Geschlechtsleben*) sex life; **Triebmensch** m creature of instinct; **Triebrad** nt driving wheel; **Triebsand** m quicksand; **Triebtäter, Triebverbrecher** m sexual offender; **Triebwagen** m (*Rail*) railcar; **Triebwerk** nt power plant; (*in Uhr*) mechanism.
Trieflauge nt (*Med*) bleary eye; **~n** (*pej*) watery eyes; (*von Mensch*) sheep-like eyes; **trief|äugig** adj watery-eyed.
Triefel m -s, - (*inf*) drip (*inf*).
triefen pret **triefte** or (*geh*) **troff**, ptp **getrieft** or (*rare*) **getroffen** vi to be dripping wet; (*Nase*) to run; (*Auge*) to water. **~ vor** to be dripping with; (*fig pej*) to gush with; **~d vor Nässe, ~d naß** dripping wet, wet through; **~d soaking** (wet).
triezen vt (*inf*) **jdn ~** to pester sb; (*schuften lassen*) to drive sb hard.

triff *imper sing of* **treffen.**

triftig *adj* convincing; *Entschuldigung, Grund auch* good.

Trigonometrie *f* trigonometry.

trigonometrisch *adj* trigonometric(al).

Trikolore *f* -, **-n** tricolour.

Trikot[1] [tri'ko:, 'trɪko] *m or nt* **-s,** *no pl* (*~stoff*) cotton jersey.

Trikot[2] [tri'ko:, 'trɪko] *nt* **-s, -s** (*Hemd*) shirt, jersey; (*dated: Turnanzug*) leotard; (*old: Badeanzug*) bathing costume. **das gelbe ~** (*bei Tour de France*) the yellow jersey.

Trikotage [triko'ta:ʒə] *f* -, **-n** cotton jersey underwear *no pl.*

Triller *m* **-s,** - (*Mus*) trill; (*von Vogel auch*) warble.

trillern *vti* to warble, to trill. **du trillerst wie eine Lerche** you sing like a lark.

Trillerpfeife *f* (pea-)whistle.

Trillion *f* -, **-en** trillion (*Brit*), quintillion (*US*).

Trilogie *f* trilogy.

Trimester *nt* **-s,** - term.

Trimm-Aktion *f* keep-fit campaign; **Trimm-dich-Gerät** *nt* keep-fit apparatus; **Trimm-dich-Pfad** *m* keep-fit trail.

trimmen I *vt* Hund, Schiff, Flugzeug to trim; (*inf*) Menschen, Tier to teach, to train; Funkgerät to tune. **den Motor/das Auto auf Höchstleistung ~** (*inf*) to soup up the engine/car (*inf*); **jdn auf einen bestimmten Typ ~** to make *or* mould sb into a certain type.
   II *vr* to do keep-fit (exercises). **trimm dich durch Sport** keep fit with sport.

Trimmgerät *nt* keep-fit apparatus; **Trimm-pfad** *m* keep-fit trail.

Trinität *f* (*geh*) trinity.

trinkbar *adj* drinkable; **Trinkbranntwein** *m* spirit *usu pl*; **Trinkei** *nt* new-laid egg.

trinken *pret* **trank,** *ptp* **getrunken** I *vt* to drink; *ein Bier, Tasse Tee, Flasche Wein auch* to have. **alles/eine Flasche leer ~** to finish off all the drink/a bottle; **ich habe nichts zu ~ im Haus** I haven't any drink in the house; **er trinkt gern einen** (*inf*) he likes his drink; (*schnell*) **einen ~ gehen** (*inf*) to go for a (quick) drink; *siehe* **Tisch.**
   II *vi* to drink. **jdm zu ~ geben** to give sb a drink *or* something to drink; **laß mich mal ~** let me have a drink; **auf jds Wohl/jdn/etw ~** to drink sb's health/to sb/to sth.
   III *vr* **sich voll/satt ~** to drink one's fill; (*mit Alkohol*) to get drunk; **sich arm ~** to drink one's money away.

Trinker(in *f*) *m* **-s,** - drinker; (*Alkoholiker*) alcoholic.

Trinkerheil|anstalt *f* detoxification centre.

trinkfest *adj* **so ~ bin ich nicht** I can't hold my drink very well; **seine ~en Freunde** his hard-drinking friends; **trinkfreudig** *adj* fond of drinking; **Trinkgefäß** *nt* drinking vessel; **Trinkgelage** *nt* drinking session; **Trinkgeld** *nt* tip, gratuity (*form*); **von ihm/heute hat sie wenig ~ bekommen** she got a small tip from him/she didn't get much in the way of tips today; **jdm ~ geben** to tip sb, to give sb a tip; **Trinkglas** *nt* (drinking) glass; **Trinkhalle** *f* (*in Heilbädern*) pump room; (*Kiosk*) refreshment kiosk; **Trinkhalm** *m* drinking straw;

Trinklied *nt* drinking song; **Trinkmilch** *f* milk; **Trinkschale** *f* drinking bowl; **Trinkschokolade** *f* drinking chocolate; **Trinkspruch** *m* toast; **Trinkwasser** *nt* drinking water; **„kein ~"** "not for drinking", "no drinking water".

Trio *nt* **-s, -s** trio.

Triole *f* -, **-n** (*Mus*) triplet.

Trip *m* **-s, -s** (*inf*) trip.

trippeln *vi aux haben or* (*bei Richtungsangabe*) *sein* to trip; (*Kind, alte Dame*) to toddle; (*geziert*) to mince; (*Boxer*) to dance around; (*Pferd*) to frisk.

Tripper *m* **-s,** - gonorrhoea *no art.* **sich** (*dat*) **den ~ holen** (*inf*) to get a dose (of the clap) (*inf*).

trist *adj* dreary, dismal; *Farbe* dull.

tritt *imper sing of* **treten.**

Tritt *m* **-(e)s, -e** 1. (*Schritt*) step; (*Gang auch*) tread. **einen falschen ~ machen** to take a wrong step; **ich hörte ~e** I heard footsteps.
   2. (*Gleichschritt*) step. **im ~ marschieren, ~ halten** to march in step, to keep in step.
   3. (*Fuß~*) kick. **jdm einen ~ geben** to give sb a kick, to kick sb; (*fig*) (*entlassen etc*) to kick sb out (*inf*); (*inf: anstacheln*) to give sb a kick in the pants (*inf*) *or* up the backside (*inf*); **einen ~ in den Hintern kriegen** (*inf*) to get a kick in the pants (*inf*) *or* up the backside (*inf*); (*fig*) to get kicked out (*inf*).
   4. (*bei ~leiter, Stufe*) step; (*Gestell*) steps *pl*; (*~brett*) step.

Trittbrett *nt* step; (*an Auto*) running board; **Trittbrettfahrer** *m* (*fig*) free-rider (*inf*); **Trittleiter** *f* stepladder.

Triumph *m* **-(e)s, -e** triumph. **im ~ in** triumph; **~e feiern** to be a great success *or* very successful.

triumphal *adj* triumphant.

Triumphbogen *m* triumphal arch.

triumphieren* *vi* (*frohlocken*) to rejoice, to exult. **über jdn/etw ~** (*geh*) to triumph over *or* overcome sb/sth.

triumphierend *adj* triumphant.

Triumphzug *m* triumphal procession.

Triumvirat [triʊmvi'ra:t] *nt* triumvirate.

trivial [tri'via:l] *adj* trivial; *Gespräch auch* banal, trite.

Trivialität [triviali'tɛ:t] *f siehe adj* triviality, banality, triteness.

Trivialliteratur [tri'via:l-] *f* (*pej*) light fiction.

Trochäus [trɔ'xɛ:ʊs] *m* -, **Trochäen** [trɔ'xɛ:ən] (*Poet*) trochee.

trocken *adj* 1. dry; *Gebiet auch* arid. **~er Dunst** (*Met*) haze; **~ werden** to dry; (*Brot*) to go *or* get *or* become dry; **ins T~e kommen/gehen** to come/go into the dry; **im T~en sein** to be somewhere dry *or* sheltered; **da bleibt kein Auge ~** everyone is moved to tears; (*vor Lachen*) everyone laughs till they cry, everyone falls about laughing (*inf*); **~en Auges/ Fußes** (*liter*) dry-eyed/without getting one's feet wet; **~ Brot essen** (*liter*) to eat dry bread; **~ aufbewahren/lagern** to keep/store in a dry place; **sich~ rasieren** to use an electric razor; **auf dem ~en sitzen** (*inf*) to be in a tight spot (*inf*) *or* in difficulties.

2. (*langweilig*) dry.
3. *Sekt, Wein,* (*fig*) *Humor, Art* dry.

Trocken|automat *m* tumble dryer; **Trockenbatterie** *f* dry-cell battery; **Trockenbeeren|auslese** *f* wine made from choice grapes left on the vine to dry out at the end of the season; **Trockenboden** *m* drying room (*in attic*); **trockenbügeln** *vt sep* to iron dry; **Trockendock** *nt* dry dock; **Trocken|ei** *nt* dried egg; **Trockengebiet** *nt* arid region; **trockengefrieren*** *vt insep irreg* to freeze-dry; **Trockengestell** *nt* drying rack; **Trockenhaube** *f* (salon) hairdryer; **Trockenhefe** *f* dried yeast.

Trockenheit *f* (*lit, fig*) dryness; (*von Gebiet auch*) aridness; (*Trockenperiode*) drought.

Trockenkurs *m* (*Sport, fig: beim Autofahren etc*) *course in which a beginner learns the basic techniques/skills out of the normal element;* **einen ~ machen** to learn the basics; **trockenlegen** *vt sep* **1.** *Baby* to change; (*inf*) *Trinker* to dry out; **2.** *Sumpf, Gewässer* to drain; **Trockenmaß** *nt* dry measure; **Trockenmilch** *f* dried milk; **Trockenplatz** *m* drying area; **Trockenrasierer** *m* **-s, -** (*inf*) (user of) electric shaver *or* razor; **Trockenrasur** *f* dry *or* electric shave; **trockenreiben** *vt sep irreg* to rub dry; **Trockenshampoo** *nt* dry shampoo; **trockensitzen** *vi sep irreg* (*inf*) to sit there without a drink/with one's glass empty; **Trockenspiritus** *m* solid fuel (*for camping stove etc*); **trockenstehen** *vi sep irreg* (*Kuh*) to be dry; **Trockenwäsche** *f* dry weight (*of washing*); **Trockenzeit** *f* **1.** (*Jahreszeit*) dry season; **2.** (*von Wäsche etc*) drying time.

trocknen I *vt* to dry. **II** *vi aux sein* to dry.

Troddel *f* **-, -n** tassel.

Trödel *m* **-s,** *no pl* (*inf*) junk.

Trödelei *f* (*inf*) dawdling.

Trödelladen *m* junk shop.

trödeln *vi* to dawdle.

Trödler *m* **-s, - 1.** (*Händler*) junk dealer. **2.** (*inf: langsamer Mensch*) dawdler, slow-coach (*Brit inf*), slowpoke (*US inf*).

troff *pret of* **triefen.**

Trog *m* **-(e)s, ⁝e** trough; (*Wasch~*) tub.

trog *pret of* **trügen.**

Troja *nt* **-s** Troy.

Trojaner(in *f*) *m* **-s, -** Trojan.

trojanisch *adj* Trojan. **das T~e Pferd** the Trojan Horse.

Troll *m* **-s, -e** troll.

trollen *vr* (*inf*) to push off (*inf*).

Trommel *f* **-, -n 1.** (*Mus*) drum. **die ~ rühren** (*fig inf*) to drum up (some) support. **2.** (*Tech*) (*in Maschine*) drum; (*in Revolver*) revolving breech.

Trommelbremse *f* drum brake; **Trommelfell** *nt* eardrum; **da platzt einem ja das ~** (*fig*) the noise is earsplitting; **Trommelfeuer** *nt* drumfire, heavy barrage.

trommeln I *vi* to drum; (*Regen*) to beat (down). **mit den Fingern ~** to drum one's fingers. **II** *vt Marsch, Lied* to play on the drum/drums, to drum. **jdn aus dem Schlaf ~** to knock sb up (*Brit inf*), to wake sb up (by hammering on the door).

Trommelrevolver *m* revolver; **Trommelschlegel** *m* drumstick; **Trommelsprache** *f* bush telegraph; **Trommelstöcke** *pl* drumsticks (*pl*); **Trommelwaschmaschine** *f* drum washing machine; **Trommelwirbel** *m* drum-roll.

Trommler(in *f*) *m* **-s, -** drummer.

Trompete *f* **-, -n** trumpet; *siehe* **Pauke.**

trompeten* *vi* to trumpet.

Trompeter(in *f*) *m* **-s, -** trumpeter.

Tropen *pl* tropics *pl*.

Tropen- *in cpds* tropical; **Tropen|anzug** *m* tropical suit; **Tropenfieber** *nt* malaria; **Tropenhelm** *m* pith-helmet, topee; **Tropenklima** *nt* tropical climate; **Tropenkrankheit** *f* tropical disease; **Tropentag** *m* scorcher (*inf*); **Tropentauglichkeit** *f* fitness for service in the tropics.

Tropf *m* **-(e)s, ⁝e** (*inf*) **1.** (*Schelm*) rogue, rascal. **einfältiger ~** twit (*Brit inf*), dummy (*inf*); **armer ~** poor beggar (*inf*) *or* devil. **2.** *no pl* (*Infusion*) drip (*inf*).

tröpfchenweise *adv* in dribs and drabs.

tröpfeln I *vi* **1.** (*Leitung, Halm*) to drip; (*Nase*) to run. **2.** *aux sein* (*Flüssigkeit*) to drip. **II** *vi impers* **es tröpfelt** it is spitting. **III** *vt* to drip.

tropfen *vi* to drip; (*Nase*) to run. **es tropft durch die Decke/ von den Bäumen/aus der Leitung** there is water dripping through the ceiling/the rain is dripping from the trees/the pipe is dripping.

Tropfen *m* **-s, -** drop; (*Schweiß~ auch*) bead; (*einzelner ~ an Kanne, Nase etc*) drip; (*inf: kleine Menge*) drop. **~ pl** (*Medizin*) drops; **ein guter** *or* **edler ~** (*inf*) a good wine; **bis auf den letzten ~** to the last drop; **alles bis auf den letzten ~ trinken** to drink every drop; **ein ~ auf den heißen Stein** (*fig inf*) a drop in the ocean.

Tropfenfänger *m* **-s, -** drip-catcher.

tropfenweise *adv* drop by drop.

Tropf|infusion *f* intravenous drip; **tropfnaß** *adj* dripping wet; **Tropfstein** *m* dripstone; (*an der Decke*) stalactite; (*am Boden*) stalagmite; **Tropfsteinhöhle** *f* dripstone cave.

Trophäe [tro'fɛ:ə] *f* **-, -n** trophy.

tropisch *adj* tropical.

Troß *m* **-sses, -sse** (*old*) baggage train. **er gehört zum ~** (*fig*) he's a hanger-on; (*hat untergeordnete Rolle*) he's an underling.

Trosse *f* **-, -n** cable, hawser.

Trost *m* **-(e)s,** *no pl* consolation, comfort. **jdm ~ zusprechen/ bringen** to console *or* comfort sb; **das Kind war ihr einziger ~** the child was her only comfort; **~ im Alkohol/in der Religion suchen** to seek solace in alcohol/religion; **zum ~ kann ich Ihnen sagen, daß ...** it may comfort you to know that ...; **das ist ein schwacher** *or* **schlechter/schöner ~** (*iro*) that's pretty cold comfort/some comfort that is!; **du bist wohl nicht ganz** *or* **recht bei ~(e)!** (*inf*) you must be out of your mind!

trösten *vt* to comfort; (*Trost zusprechen auch*) to console. **jdn/sich mit etw ~** to console sb/oneself with sth; **~ Sie sich, ich ... if** it's any consolation, I ...

Tröster(in *f*) *m* **-s, -** comforter.

tröstlich *adj* cheering, comforting. **das ist ja**

sehr ~ *(iro)* that's some comfort.

trostlos *adj* hopeless; *Jugend, Verhältnisse* miserable, wretched; *(verzweifelt)* inconsolable; *(öde, trist)* dreary. ~ **langweilig** desperately boring.

Trostlosigkeit *f, no pl siehe adj* hopelessness; misery, wretchedness; inconsolability; dreariness.

Trostpflaster *nt* consolation; **als** ~ by way of consolation; **Trostpreis** *m* consolation prize; **trostreich** *adj* comforting; **Trostworte** *pl* words of consolation *pl*.

Tröstung *f* comfort; *(das Trösten)* comforting.

Trott *m* **-s**, *no pl* (slow) trot; *(fig)* routine. **im** ~ at a (slow) trot; **aus dem alten** ~ **herauskommen** to get out of one's rut.

Trottel *m* **-s**, **-** *(inf)* idiot, dope *(inf)*.

trottelig *adj (inf)* stupid, dopey *(inf)*.

trotten *vi aux sein* to trot along; *(Pferd)* to trot slowly.

Trotteur [trɔ'tøːɐ] *m* **-s**, **-s** casual (shoe).

Trottoir [trɔ'toaːɐ] *nt* **-s**, **-s** *or* **-e** *(dated, S Ger)* pavement.

trotz *prep* +*gen (geh) or* +*dat (inf)* in spite of, despite. ~ **allem** *or* **alledem** in spite of everything, for all that.

Trotz *m* **-es**, *no pl* defiance; *(trotziges Verhalten)* contrariness. **jdm/einer Sache zum** ~ in defiance of sb/sth.

Trotzalter *nt* defiant age. **im** ~ **sein** to be going through a defiant phase.

trotzdem I *adv* nevertheless. **(und) ich mache das** ~! I'll do it all the same. II *conj (strictly incorrect)* even though.

trotzen *vi* +*dat* to defy; *der Kälte, dem Klima* to withstand; *der Gefahr auch* to brave.

trotzig *adj* defiant; *Kind etc* difficult, awkward; *(widerspenstig)* contrary.

Trotzkopf *m (inf) (Einstellung)* defiant streak; *(widerspenstig)* contrary streak; *(Mensch)* contrary so-and-so *(inf)*; **sei doch nicht so ein** ~ don't be so difficult; **seinen** ~ **haben** to be in a defiant/contrary mood; **Trotzreaktion** *f* act of defiance.

Troubadour ['truːbaduːɐ, trubaˈduːɐ] *m* **-s**, **-s** *or* **-e** troubadour.

trüb(e) *adj* 1. *(unklar) Flüssigkeit* cloudy; *(glanzlos, matt) Glas, Augen, Himmel, Tag* dull; *Sonne, Mond, Licht* dim. **im** ~**en fischen** *(inf)* to fish in troubled waters. 2. *(fig: bedrückend, unerfreulich)* cheerless; *Zeiten* bleak; *Stimmung, Aussichten, Vorahnung, Miene* gloomy; *Erfahrung* grim. **es sieht trüb aus** things are looking pretty bleak; ~**e Tasse** *(inf)* drip *(inf)*; *(Spielverderber)* wet blanket *(inf)*.

Trubel *m* **-s**, *no pl* hurly-burly.

trüben I *vt* 1. *Flüssigkeit* to make cloudy, to cloud; *Glas, Metall* to dull; *(geh) Himmel* to overcast; *Wasseroberfläche* to ruffle; *Augen, Blick* to dull, to cloud. **kein Wölkchen trübte den Himmel** there wasn't a cloud in the sky. 2. *(fig) Glück, Freude, Verhältnis* to spoil, to mar; *Beziehungen* to strain; *Laune* to dampen; *Bewußtsein, Erinnerung* to dull, to dim; *(geh) Verstand* to dull; *Urteilsvermögen* to dim.

II *vr (Flüssigkeit)* to go cloudy; *(Spiegel, Metall)* to become dull; *(Ver-* *stand)* to become dulled; *(Augen)* to dim; *(Himmel)* to cloud over; *(Stimmung, Laune)* to be dampened; *(Beziehungen, Verhältnis)* to become strained; *(Glück, Freude)* to be marred.

Trübheit *f no pl* cloudiness; dullness; **Trübsal** *f* **-**, **-e** *(liter)* afflictions *pl*; *(no pl: Stimmung)* sorrow; ~ **blasen** *(inf)* to mope; **trübselig** *adj (betrübt, verzagt)* gloomy, miserable; *(öde, trostlos) Gegend, Zeiten* depressing, bleak; *Behausung, Wetter* miserable; **Trübsinn** *m, no pl* gloom, melancholy; **trübsinnig** *adj* gloomy, melancholy.

Trübung *f siehe vt* 1. clouding; dulling; overcasting; ruffling. 2. spoiling, marring; straining; dampening; dulling.

trudeln *vi* 1. *aux sein or haben (Aviat)* to spin. **ins T**~ **kommen** *or* **geraten** to go into a spin. 2. *(dial: würfeln)* to play dice.

Trüffel[1] *f* **-**, **-n** *(Pilz)* truffle.

Trüffel[2] *m* **-s**, **-** truffle.

Trug *m* **-(e)s**, *no pl (liter)* deception; *(der Sinne)* illusion; *(der Phantasie)* delusion; *siehe* **Lug**.

trug *pret of* **tragen**.

Trugbild *nt* delusion; *(der Sinne)* illusion.

trügen *pret* **trog**, *ptp* **getrogen** I *vt* to deceive. **wenn mich nicht alles trügt** unless I am very much mistaken. II *vi* to be deceptive.

trügerisch *adj (liter: betrügerisch)* deceitful, false; *(irreführend)* deceptive.

Trugschluß *m* fallacy, misapprehension. **einem** ~ **unterliegen** to be labouring under a misapprehension.

Truhe *f* **-**, **-n** chest.

Trümmer *pl* rubble *sing*; *(Ruinen, fig: von Glück etc)* ruins *pl*; *(von Schiff, Flugzeug etc)* wreckage *sing*; *(Überreste)* remnants *pl*. **in** ~**n liegen** to be in ruins; **in** ~ **gehen** to be ruined *(auch fig)*/wrecked.

Trümmerfeld *nt* expanse of rubble/ruins; *(fig)* scene of devastation *or* destruction; **Trümmerfrau** *f woman who clears away rubble after bombing*; **Trümmerhaufen** *m* heap of rubble.

Trumpf *m* **-(e)s**, **ⁿe** *(Cards)* *(~karte)* trump (card); *(Farbe)* trumps *pl*; *(fig)* trump card. ~ **sein** to be trumps; *(fig inf: modisch sein)* to be in *(inf)*; **den** ~ **in der Hand haben/aus der Hand geben** *(fig)* to hold the/waste one's trump card; **noch einen** ~ **in der Hand haben** to have an ace up one's sleeve; **jdm den** ~ **aus der Hand nehmen** *(fig)* to trump sb.

Trumpfas *nt* ace of trumps.

trumpfen I *vt* to trump. II *vi* to play a trump (card). **mit dem König** ~ to play the king of trumps.

Trumpffarbe *f* trumps *pl*; **Trumpfkarte** *f* trump (card).

Trunk *m* **-(e)s**, **ⁿe** 1. *(old, liter)* draught *(old, liter)*; *(Zauber~ auch)* potion; *(das Trinken)* drink. 2. *(~sucht)* **dem** ~ **ergeben** *or* **verfallen sein** to have taken to drink.

trunken *(liter)* I *adj* inebriated, intoxicated; *(vor Glück etc)* drunk *(vor* + *dat* with). II *adv* drunkenly.

Trunkenbold *m* **-(e)s**, **-e** *(pej)* drunkard; **Trunkenheit** *f* drunkenness, inebriation, intoxication; ~ **am Steuer** drunken driving; **im Zustand der** ~ in a state of inebriation *or* intoxication.

Trunksucht *f* alcoholism; **trunksüchtig** *adj* alcoholic; ~ **werden** to become an alcoholic; **Trunksüchtige(r)** *mf* alcoholic.

Trupp *m* **-s, -s** bunch; (*Einheit*) group; (*Mil*) squad; (*esp beritten*) troop.

Truppe *f* **-, -n** 1. (*Mil*) army, troops *pl*; (*Panzer*~ *etc*) corps *sing.* ~**n** *pl* troops; **zur** ~ **zurückkehren** to report back; **nicht von der schnellen** ~ **sein** (*inf*) to be slow. 2. (*Künstler*~) troupe, company.

Truppen|abzug *m* withdrawal of troops; **Truppen|arzt** *m* (army) medical officer; **Truppenbewegung** *f usu pl* troop movement; **Truppenführer** *m* unit/ troop commander; **Truppengattung** *f* corps *sing*; **Truppenparade** *f* military parade *or* review; **Truppenschau** *f* troop inspection; **Truppenstationierung** *f* stationing of troops; **Truppenteil** *m* unit; **Truppen|übung** *f* field exercise; **Truppen|übungsplatz** *m* military training area.

truppweise *adv* in bunches/groups; (*Mil*) in squads/troops.

Trust [trast] *m* **-(e)s, -s** *or* **-e** trust.

Truthahn *m* turkey(cock); **Truthenne** *f* turkey(hen).

trutzen *vi* (*obs*) to defy.

tschau *interj* (*inf*) cheerio (*Brit inf*), so long (*inf*), ciao (*inf*).

Tscheche *m* **-n, -n, Tschechin** *f* Czech.

tschechisch *adj* Czech.

Tschechisch(e) *nt decl as adj* Czech; *siehe auch* **Deutsch(e)**.

Tschechoslowake *m* **-n, -n, Tschechoslowakin** *f* Czechoslovak.

Tschechoslowakei *f* **- die** ~ Czechoslovakia.

tschechoslowakisch *adj* Czechoslovak(ian).

tschilpen *vi* to chirp.

Tschinelle *f* (*Aus Mus*) cymbal.

tschüs *interj* (*inf*) cheerio (*Brit inf*), 'bye (*inf*), so long (*inf*).

Tsetsefliege *f* tsetse fly.

T-Shirt ['tiː|ʃɔːt] *nt* **-s, -s** T-shirt, tee-shirt.

T-Träger ['teː-] *m* T-bar, T-girder.

TU [teː|uː] *f* - *abbr of* **Technische Universität**.

Tuba *f* **-, Tuben** 1. (*Mus*) tuba. 2. (*Anat*) tube.

Tube *f* **-, -n** tube. **auf die** ~ **drücken** (*inf*) to get a move on (*inf*); (*im Auto auch*) to put one's foot down (*inf*).

Tuberkel *m* **-s, -** *or* (*Aus auch*) *f* **-, -n** tubercle.

Tuberkelbazillus *m* tuberculosis bacillus.

tuberkulös *adj* tubercular, tuberculous.

Tuberkulose *f* **-, -n** tuberculosis.

tuberkulosekrank *adj* tubercular, tuberculous; **Tuberkulosekranke(r)** *mf* TB case.

Tuch *nt* **-(e)s, ̈-er** 1. *pl* **-e** (*old: Stoff*) cloth, fabric.

2. (*Stück Stoff*) cloth; (*Tisch*~) cloth; (*Hals*~, *Kopf*~) scarf; (*Schulter*~) shawl; (*Hand*~) towel; (*Geschirr*~) cloth, towel; (*Taschen*~) handkerchief; (*zum Abdecken von Möbeln*) dustsheet. **das rote** ~ (*des Stierkämpfers*) the bullfighter's cape; **das wirkt wie ein rotes** ~

auf ihn it makes him see red, it's like a red rag to a bull (to him).

Tuchfabrik *f* textile factory *or* mill; **Tuchfühlung** *f* physical *or* body contact; **in** ~ in physical contact; (*Mil*) shoulder to shoulder; (*fig*) cheek by jowl; **mit jdm in** ~ **kommen** to come into physical *or* (*fig*) actual contact with sb; **Tuchhändler** *m* cloth merchant; **Tuchmacher** *m* clothworker.

tüchtig I *adj* 1. (*fähig*) capable, competent (*in* +*dat* at); (*fleißig*) efficient; *Arbeiter* good. **etwas T~es lernen/werden** (*inf*) to get a proper training/job; ~, ~! not bad!

2. (*inf: groß*) *Portion* big, huge; *Stoß, Schlag* hard; *Appetit, Esser* big. **eine** ~**e Tracht Prügel** a good hiding; **eine** ~**e Portion Frechheit** a fair amount of cheek.

II *adv* 1. (*fleißig, fest*) hard; *essen* heartily. **hilf** ~ **mit** lend *or* give us a hand.

2. (*inf: sehr*) good and proper (*inf*). ~ **regnen** to pelt (*inf*); **jdm** ~ **die Meinung sagen** to give sb a piece of one's mind; ~ **ausschimpfen** to scold thoroughly; ~ **zulangen** to tuck in (*inf*).

Tüchtigkeit *f* (*Fähigkeit*) ability, competence; (*von Arbeiter etc*) efficiency.

Tuchwaren *pl* cloth goods *pl*.

Tücke *f* **-, -n** 1. (*no pl: Bosheit*) malice.

2. (*Gefahr*) danger, peril; (*von Krankheit*) perniciousness. **voller** ~**n stecken** to be difficult; (*gefährlich*) to be dangerous *or* (*Berg, Fluß auch*) treacherous; **das ist die** ~ **des Objekts** these things have a will of their own!; **seine** ~**n haben** (*Maschine etc*) to be temperamental; (*schwierig sein*) to be difficult; (*gefährlich sein*) to be dangerous *or* (*Berg, Fluß auch*) treacherous.

3. (*des Glücks etc*) vagary *usu pl*; (*des Schicksals auch*) fickleness *no pl*.

tuckern *vi aux haben or* (*bei Richtungsangabe*) *sein* to put-put, to chug.

tückisch *adj* *Mensch, Blick* malicious, spiteful; *Zufall* unhappy; *Berge, Strom etc* treacherous; *Krankheit* pernicious.

tu(e) *imper sing of* **tun**.

Tüftelei *f* (*inf*) fiddly *or* finicky job. **das ist eine** ~ that's fiddly *or* finicky.

tüftelig *adj* (*inf*) fiddly, finicky.

tüfteln *vi* (*inf*) to puzzle; (*basteln*) to fiddle about (*inf*). **an etw** (*dat*) ~ to fiddle about with sth; (*geistig*) to puzzle over sth; **er tüftelt gern** he likes doing fiddly things.

Tugend *f* **-, -en** virtue. **seine** ~ **bewahren** to remain virtuous; (*Unschuld auch*) to keep one's virtue; *siehe* **Not**.

Tugendbold *m* **-(e)s, -e** (*pej*) paragon of virtue; **tugendhaft** *adj* virtuous; **Tugendhaftigkeit** *f* virtuousness; **tugendsam** *adj* virtuous; **Tugendwächter** *m* (*iro*) guardian of his/her *etc* virtue.

Tukan *m* **-s, -e** toucan.

Tüll *m* **-s, -e** tulle; (*für Gardinen*) net.

Tülle *f* **-, -n** spout; (*Spritzdüse*) pipe.

Tüllgardine *f* net curtain.

Tulpe *f* **-, -n** 1. (*Bot*) tulip. 2. (*Glas*) tulip glass.

Tulpenzwiebel *f* tulip bulb.

tummeln *vr* 1. (*Hunde, Kinder etc*) to romp (about). 2. (*sich beeilen*) to hurry (up).

Tummelplatz *m* play area; (*fig*) hotbed.

Tümmler *m* **-s, -** (bottle-nosed) dolphin.

Tumor *m* **-s, -en** [tu'mo:rən] tumour.

Tümpel *m* **-s, -** pond.

Tumult *m* **-(e)s, -e** commotion; (*Aufruhr auch*) disturbance; (*der Gefühle*) tumult, turmoil.

tun *pret* **tat,** *ptp* **getan** **I** *vt* **1.** (*machen, ausführen*) to do. **etw aus Liebe/Bosheit** *etc* ~ to do sth out of love/malice *etc*; **jdm etw zu ~ geben** to give sb sth to do; **was kann ich für Sie** ~? what can I do for you?; **was tut man in dieser Situation?** what should one do in this situation?; **wir haben getan, was wir konnten** we did what we could; **sie wußte nicht, was ~** *or* **was sie** ~ **sollte** she didn't know what to do; **was** ~? what can be done?, what shall we do?; **du kannst ~ und lassen, was wir zu ~ und zu lassen haben** he tells us what to do and what not to do; **tu, was du nicht lassen kannst** well, if you must; ... **aber er tut es einfach nicht** ... but he just won't (do it); **damit ist es noch nicht getan** and that's not all; **etwas/nichts gegen etw ~** to do something/nothing about sth; **Sie müssen etwas für sich** ~ you should treat yourself; (*sich schonen*) you should take care of yourself; **so etwas tut man nicht!** that is just not done; **so etwas tut man als anständige Frau nicht!** a decent woman doesn't do such things.

2. (*Funktionsverb*) *Arbeit, Pflicht* to do; *Blick, Schritt* to take; *Reise* to go on. **einen Schrei** ~ to cry *or* shout (out).

3. (*angehen, beteiligt sein*) **das hat etwas/nichts mit ihm/ damit zu** ~ that is something/nothing to do with him; **das tut nichts zur Sache** that's beside the point; **damit/mit ihm habe ich nichts zu** ~/**will ich nichts zu** ~ **haben** I have/want nothing to do with it/him; **ich habe mit mir (selbst) zu** ~ I have problems (myself *or* of my own); **es mit jdm zu** ~ **bekommen** *or* **kriegen** (*inf*) to get into trouble with sb; **er hat es mit der Leber/dem Herzen** *etc* **zu** ~ (*inf*) he has liver/heart *etc* trouble.

4. (*ausmachen*) **was tut's?** what does it matter?, what difference does it make?; **das tut nichts** it doesn't matter; **das tut dir/ ihm nichts** it won't do you/him any harm; **darum ist es mir sehr zu** ~ (*geh*) I am very concerned about it.

5. (*an~, zuteil werden lassen*) **jdm etwas** ~ to do something to sb; (*stärker*) to harm *or* hurt sb; **er hat mir nichts getan** he didn't do anything (to me); (*stärker*) he didn't hurt *or* harm me; **der Hund tut dir schon nichts** the dog won't hurt *or* harm you; **hat der Mann/der Lehrer/dein Chef dir was getan?** did the man/ teacher/your boss do anything (to you)?; **jdm Böses** *or* **ein Leid** (*old*)/**einen Gefallen** ~ to harm sb/do sb a favour.

6. (*inf: an einen bestimmten Ort legen, geben etc*) to put.

7. (*inf: ausreichen, genügen*) to do. **das tut's für heute** that'll do for today; **unser Auto muß es noch ein Weilchen** ~ we'll have to make do with our car a little while longer.

8. (*inf: funktionieren*) **die Uhr tut es**
nicht mehr the watch has had it (*inf*).

II *vr* **1.** (*geschehen*) **es tut sich etwas/ nichts** there is something/nothing happening, something/nothing is happening; **hat sich in dieser Hinsicht schon etwas getan?** has anything been done about this?; **hat sich bei euch etwas getan?** have things changed (with you)?; **hier hat sich einiges getan** there have been some changes here.

2. (*mit adj*) **sich (mit etw) dicke ~** (*inf*) to show off (about sth); **sich** (*acc or dat*) **mit etw schwer ~** to have difficulty *or* problems with sth.

III *vi* **1. zu ~ haben** (*beschäftigt sein*) to be busy, to have work to do; **in der Stadt/ auf dem Finanzamt zu ~ haben** to have things to do in town/business at the tax office; **ich hatte zu ~, das wieder in Ordnung zu bringen** I had my work cut out putting *or* to put it back in order; **mit jdm zu ~ haben** to deal with sb.

2. (*sich benehmen*) to act. **so ~, als ob** ... to pretend that ...; **tu doch nicht so** stop pretending; **tust du nur so dumm?** are you just acting stupid?; **sie tut nur so** she's only pretending.

3. Sie täten gut daran, früh zu kommen you would do well to come early; **Sie haben recht getan** you did right.

Tun *nt* **-s,** *no pl* conduct. **sein ganzes ~, sein ~ und Lassen** everything he does; **heimliches/verbrecherisches ~** secret/ criminal actions.

Tünche *f* **-, -n** whitewash; (*getönt*) distemper, wash; (*fig*) veneer; (*inf: Schminke*) make-up.

tünchen *vt* to whitewash/distemper.

Tundra *f* **-, Tundren** tundra.

Tunell *nt* **-s, -e** (*dial, S Ger, Aus*) tunnel.

Tuner ['tju:nɐ] *m* **-s, -** tuner.

Tuneser(in *f*) *m*, **Tunesier(in** *f*) [-iɐ, -iərɪn] *m* **-s, -** Tunisian.

Tunesien [-iən] *nt* **-s** Tunisia.

tunesisch *adj* Tunisian.

Tunichtgut *m* **-(e)s, -e** (*dated*) ne'er-do-well (*old*), good-for-nothing.

Tunika *f* **-, -niken** tunic.

Tunke *f* **-, -n** sauce; (*Braten~*) gravy.

tunken *vt* to dip; (*stippen auch*) to dunk (*inf*); *jdn* to duck.

tunlich *adj* feasible; (*ratsam*) advisable.

tunlichst *adv* if possible. ~ **bald** as soon as possible; **ich werde es** ~ **vermeiden, ihm meine Meinung zu sagen** I'll do my best to avoid telling him what I think; **das wirst du** ~ **bleiben lassen** you'll do nothing of the kind *or* sort.

Tunnel *m* **-s, -** *or* **-s** tunnel.

Tunte *f* **-, -n** (*inf: Homosexueller*) fairy (*pej inf*).

tuntenhaft *adj* (*inf*) fussy; *Homosexueller etc* effeminate, poofy *sl*.

tuntig *adj* (*inf*) **1.** (*dated: albern, zimperlich*) sissy (*inf*). **2.** (*weibisch*) effeminate.

Tüpfel *m or nt* **-s, -**, **Tüpfelchen** *nt* dot.

tüpfeln *vt* to spot. **getüpfelt** spotted; (*mit kleinen Tupfen*) dotted.

tupfen *vt* to dab. **getupft** spotted.

Tupfen *m* **-s, -** spot; (*klein*) dot.

Tupfer *m* **-s, -** swab.

Tür *f* **-, -en** door; (*Garten~*) gate. **in der ~** in the doorway; **~ an ~ mit jdm wohnen**

(

tut *interj* toot.

Tüte *f -, -n* (*aus Papier, Plastik*) bag; (*Eis~*) cornet, cone; (*von Suppenpulver etc*) packet; (*inf: für Alkoholtest*) breathalyzer; (*inf: Mensch*) drip (*inf*). **in die ~ blasen** (*inf*) to be breathalyzed, to blow in the bag (*inf*); **~n kleben** (*inf*) to be in clink (*inf*); **das kommt nicht in die ~!** (*inf*) no way! (*inf*).

tuten *vti* to toot; (*Schiff*) to sound its hooter/foghorn. **von T~ und Blasen keine Ahnung haben** (*inf*) not to have a clue (*inf*).

Tutor *m* tutor.

TÜV [tyf] *m -s, -s abbr of* **Technischer Überwachungs-Verein** ≃ MOT (*Brit*). **das Auto ist durch den ~ gekommen** the car got through *or* passed its MOT.

Tweed [tvi:t] *m -s, -s or -e* tweed.

Twen *m -(s), -s person in his/her twenties.*

Twinset *nt or m -(s), -s* twin-set.

Twist[1] *m -es, -e* (*Garn*) twist.

Twist[2] *m -es, -e* (*Tanz*) twist.

twisten *vi* to twist, to do the twist.

Tympanon *nt -s, Tympana* (*Archit*) tympanum.

Typ *m -s, -en* 1. (*Modell*) model. 2. (*Menschenart*) type. **er ist nicht mein ~** (*inf*) he's not my type (*inf*). 3. (*inf: Mensch*) person, character; (*sl: Mann, Freund*)

bloke (*Brit inf*), guy (*inf*). **dein ~ wird verlangt** (*inf*) you're wanted; **dein ~ ist nicht gefragt** (*inf*) you're not wanted round here.

Type *f -, -n* 1. (*Typ*) (*Schreibmaschinen~*) type bar; (*Druckbuchstabe*) character. **~n** (*Schrift*) type *sing*; **~n gießen** to set type. 2. (*inf: Mensch*) character. 3. (*bei Mehl*) grade.

Typen *pl of* **Typus, Type.**

Typhus *m -, no pl* typhoid (fever).

Typhuskranke(r) *mf* typhoid case.

typisch *adj* typical (*für* of). **~ deutsch/Mann/Frau** typically German/male/female; **(das ist ein) ~er Fall von denkste!** (*inf*) no such luck! (*inf*).

Typographie *f* typography.

typographisch *adj* typographic(al).

Typologie *f* typology.

Typus *m -, Typen* type.

Tyrann *m -en, -en* (*lit, fig*) tyrant.

Tyrannei *f* tyranny.

Tyrannenmord *m* tyrannicide; **Tyrannenmörder** *m* tyrannicide.

Tyrannin *f* tyrant.

tyrannisch *adj* tyrannical.

tyrannisieren* *vt* to tyrannize.

Tz ['te:tset] *nt* (*inf*): **bis ins** *or* **zum ~** completely, fully; *see also* **Tezett.**

U

U, u [u:] *nt* -, - U, u; *siehe* **X**.
u. *abbr of* **und**.
u.a. *abbr of* **und andere(s); unter anderem/anderen**.
U.A.w.g. *abbr of* **Um Antwort wird gebeten** RSVP.
U-Bahn *f* underground, subway (*US*); (*in London*) tube.
U-Bahnhof *m* underground *etc* station.
Übel I *adj* **1.** (*schlimm, unangenehm*) bad; *Kopfweh, Erkältung etc auch* nasty. **er war übler Laune** he was in a bad *or* nasty mood; **das ist gar nicht so ~** that's not so bad at all.
   2. (*moralisch, charakterlich schlecht*) wicked, bad; *Eindruck, Ruf* bad; *Tat auch* evil. **ein übler Bursche** *or* **Kunde** (*inf*) a nasty piece of work (*inf*), a bad lot (*inf*); **das ist eine üble Sache!** it's a bad business; **ein übler Streich** a nasty trick; **in übler** *or* **~ster Weise** in a most unpleasant way.
   3. (*physisch schlecht, eklig*) *Geschmack, Geruch, Gefühl* nasty; (*fig*) *Geschmack auch* bad. **mir wird ~** I feel ill *or* sick; **es kann einem ~ werden** it's enough to make you feel ill *or* sick.
   4. (*verkommen, ~beleumdet*) *Stadtviertel* evil, bad; *Kaschemme* evil, low.
   II *adv* **1.** (*schlimm, unangenehm, schlecht*) badly. **etw ~ aufnehmen** to take sth badly; **das ist ihm ~ bekommen** it did him no good at all; **~ dran sein** to be in a bad way; **das schmeckt gar nicht so ~** it doesn't taste so bad; **der Hut steht dir nicht ~** that hat doesn't look bad on you at all; **wie geht's? — danke, nicht ~** how's things? — not bad, thanks.
   2. (*moralisch, charakterlich schlecht*) badly. **über jdn ~ reden** to say bad things about sb; **jdm etw ~ vermerken** to hold sth against sb, to take sth amiss; **jdm etw ~ auslegen** to take sth amiss.
Übel *nt* **-s,** -. **1.** (*geh: Krankheit, Leiden*) illness, malady (*old*).
   2. (*Mißstand*) ill, evil. **ein notwendiges/das kleinere ~** a necessary/the lesser evil; **das alte ~** the old trouble; **der Grund allen ~s ist, daß ...** the cause *or* root of all the trouble is that ...; **das ~ bei der Sache** the trouble.
   3. (*Plage, Schaden*) evil. **von ~ sein** to be a bad thing, to be bad; **zu allem ~ ... to** make matters worse ...; **ein ~ kommt selten allein** (*Prov*) misfortunes seldom come alone.
übelbeleumdet *adj attr* disreputable, of ill repute; **übelgelaunt** *adj attr* ill-humoured, sullen, morose.
Übelkeit *f* (*lit, fig*) nausea. **eine plötzliche ~** a sudden feeling of nausea; **~ erregen** to cause nausea.
übellaunig *adj* ill-tempered, cantankerous; **Übellaunigkeit** *f* ill temper, cantankerousness; **übelnehmen** *vt sep irreg* to

take amiss *or* badly *or* in bad part; **jdm etw ~** to hold sth against sb, to take sth amiss *or* badly *or* in bad part; **bitte nehmen Sie es (mir) nicht übel, aber ...** please don't take it amiss *or* take offence, but ...; **ich habe ihm gar nicht einmal übelgenommen, daß er gelogen hat, aber ...** I didn't even mind him lying but ..., I didn't even take it amiss that he lied but ...; **übelriechend** *adj* foul-smelling, evil-smelling; **Übelsein** *nt* nausea; **Übelstand** *m* (social) evil *or* ill; **Übeltäter** *m* (*geh*) wrongdoer; **übelwollen** *vi sep* (*geh*) **jdm ~** to wish sb harm *or* ill, to be ill-disposed towards sb.
üben I *vt* **1.** *Aussprache, Musik, Sport* to practise; (*Mil*) to drill.
   2. *Gedächtnis, Muskeln etc* to exercise. **mit geübtem Auge** with a practised eye; **geübt sein** to be experienced.
   3. (*tun, erkennen lassen*) to exercise. **Gerechtigkeit ~** (*geh*) to be just (*gegen* to), to show fairness (*gegen* to); **Kritik an etw** (*dat*) **~** to criticize sth; **Geduld ~** to be patient; *siehe* **Barmherzigkeit**.
   II *vr* **sich in etw** (*dat*) **~** to practise sth; **sich in Geduld** (*dat*) **~** (*geh*) to have patience, to possess one's soul in patience.
   III *vi* (*praktisch lernen*) to practise.
über I *prep* **1.** +*acc* (*räumlich*) over; (*quer ~ auch*) across; (*weiter als*) beyond. **etw ~ etw hängen/stellen** to hang/put sth over *or* above sth; **es wurde ~ alle Sender ausgestrahlt** it was broadcast over all transmitters; **er lachte ~ das ganze Gesicht** he was beaming all over his face.
   2. +*dat* (*räumlich: Lage, Standort*) over, above; (*jenseits*) over, across. **zwei Grad ~ Null** two degrees (above zero); **~ der Stadt lag dichter Nebel** a thick mist hung over the town; **~ uns lachte die Sonne** the sun smiled above us; **er trug den Mantel ~ dem Arm** he was carrying his coat over his arm; **~ jdm stehen** *or* **sein** (*fig*) to be over *or* above sb; **er steht ~ der Situation** (*fig*) he is above it all.
   3. +*dat* (*zeitlich: bei, während*) over. **~ der Arbeit einschlafen** to fall asleep over one's work; **etw ~ einem Glas Wein besprechen** to discuss sth over a glass of wine; **~ all der Aufregung/unserer Unterhaltung habe ich ganz vergessen, daß ...** in all the *or* what with all the excitement/what with all this chatting I quite forgot that ...; **~ Mittag geht er meist nach Hause** he usually goes home over lunch *or* at midday.
   4. +*acc* **Cäsars Sieg ~ die Gallier** Caesar's victory over the Gauls; **Gewalt ~ jdn haben** to have power over sb; **es kam plötzlich ~ ihn** it suddenly came over him; **sie liebt ihn ~ alles** she loves him more than everything; **das geht mir ~ den Ver-**

stand that's beyond my understanding; **Fluch** ~ **dich!** (*obs*) a curse upon you! (*obs*).

5. +*acc* (*vermittels, auf dem Wege* ~) via. **die Nummer erfährt man** ~ **die Auskunft** you'll get the number from *or* through *or* via Information; **wir sind** ~ **die Autobahn gekommen** we came by *or* via the autobahn; **nach Köln** ~ **Aachen** to Cologne via Aachen; **Zug nach Frankfurt** ~ **Wiesbaden und Mainz** train to Frankfurt via *or* stopping at *or* calling at Wiesbaden and Mainz.

6. +*acc* (*zeitlich*) (*innerhalb eines Zeitraums, länger als*) over. ~ **Weihnachten** over Christmas; **bis** ~ **Ostern** until after Easter; **den ganzen Sommer** ~ all summer long; **die ganze Zeit** ~ all the time; **das ganze Jahr** ~ all through the year, all year round.

7. +*acc* (*bei Zahlenangaben*) (*in Höhe von*) for; (*mehr als*) over. **ein Scheck** ~ **DM 20** a cheque for 20 DM; **eine Rechnung von** ~ **£ 100** a bill for over *or* of over £100; **Kinder** ~ **14 Jahre/ Städte** ~ **50.000 Einwohner** children over 14 years *or* of 14 (years of age) and over/towns of over 50,000 inhabitants.

8. +*acc* (*wegen*) over; (*betreffend*) about. **ein Buch/Film/Vortrag** *etc* ~ **...** a book/film/lecture *etc* about *or* on ...; **was wissen Sie** ~ **ihn?** what do you know about him?; ~ **welches Thema schreiben Sie Ihr neues Buch?** what's the subject of your new book?, what's your new book about?; ~ **Politik/Wörterbücher/Fußball** *etc* **reden** to talk (about) politics/ dictionaries/football *etc*; ~ **jdn/etw lachen** to laugh about *or* at sb/sth; **sich** ~ **etw freuen/ärgern** to be pleased/angry about *or* at sth.

9. +*acc* (*steigernd*) upon. **Fehler** ~ **Fehler** mistake upon *or* after mistake, one mistake after another.

II *adv* ~ **und** ~ all over; **er wurde** ~ **und** ~ **rot** he went red all over; **(das) Gewehr** ~**!** (*Mil*) shoulder arms!

über|aktiv *adj* hyperactive, overactive.

über|all *adv* everywhere. **ich habe dich schon** ~ **gesucht** I've been looking everywhere *or* all over (*inf*) for you; ~ **herumliegen** to be lying all over the place *or* shop (*inf*); ~ **in London/der Welt** everywhere in *or* all over London/the world; ~ **wo** wherever; ~ **Bescheid wissen** (*wissensmäßig*) to have a wide-ranging knowledge; (*an Ort*) to know one's way around; **sie ist** ~ **zu gebrauchen** she can do everything; **es ist** ~ **dasselbe** it's the same wherever you go; **so ist es** ~ it's the same everywhere.

über|allher *adv* from all over; **über|allhin** *adv* everywhere.

über|altert *adj* (*Sociol*) having a disproportionate number of *or* too high a percentage of old people; **Über|alterung** *f* (*Sociol*) increase in the percentage of old people; **Über|angebot** *nt* surplus (*an* + *dat* of); **über|ängstlich** *adj* overanxious; **über|anstrengen*** *insep* **I** *vt* to overstrain, to overexert; **Kräfte** to overtax; **Augen** to strain; **II** *vr* to overstrain *or*

overexert oneself; **überanstrenge dich nicht!** (*iro*) don't strain yourself! (*iro*); **Über|anstrengung** *f* overexertion; **eine** ~ **der Nerven/Augen** a strain on the *or* one's nerves/ eyes; **über|antworten*** *vt insep* (*geh*) **jdm etw** ~ to hand sth over to sb, to place sth in sb's hands; **etw dem Feuer** ~ (*liter*) to commit sth to the flames; **über|arbeiten*** *insep* **I** *vt* to rework, to go over; **in einer überarbeiteten Fassung** published in a revised edition; **II** *vr* to overwork; **Über|arbeitung** *f, no pl* **1.** (*Vorgang*) reworking; (*Ergebnis*) revision, revised version; **2.** (*Überanstrengung*) overwork; **über|aus** *adv* extremely, exceedingly; **über|backen*** *vt insep irreg* to put in the oven/ under the grill; **mit Käse** ~ au gratin; ~**e Käseschnitten** cheese on toast.

Überbau *m, pl* **-e** *or* (*Build auch*) **-ten** (*Build, Philos*) superstructure.

über|bauen* *vt insep* to build over; (*mit einem Dach*) to roof over.

überbe|anspruchen* *vt insep* **1.** *Menschen, Körper* to overtax, to make too many demands on; **(arbeitsmäßig) überbeansprucht sein** to be overworked; **2.** *Einrichtungen, Dienste* to overburden; **3.** *Maschine, Auto etc* to overtax, to overstrain; **4.** *Werkstoffe, Materialien* to overstrain; (*durch Gewicht auch*) to overload; **Überbe|anspruchung** *f siehe vt* **1.** (*von Menschen*) overtaxing; (*arbeitsmäßig*) overworking; **2.** overburdening; **3.** overtaxing, overstraining; **4.** overstraining; overloading; **Überbein** *nt* (*an Gelenk*) ganglion; **überbekommen*** *vt sep irreg* (*inf*) **jdn/etw** ~ to get sick of *or* fed up with sb/sth (*inf*); **überbelegen*** *vt insep usu ptp* to overcrowd; *Kursus, Fach etc* to oversubscribe; **Überbelegung** *f siehe vt* overcrowding; oversubscription; **überbelichten*** *vt insep* (*Phot*) to overexpose; **Überbelichtung** *f* (*Phot*) overexposure; **Überbeschäftigung** *f* overemployment; **überbesetzt** *adj Behörde, Abteilung* overstaffed; **überbetonen*** *vt insep* (*fig*) to overstress, to overemphasize; *Hüften, obere Gesichtshälfte etc* to overaccentuate, to overemphasize; **überbetrieblich** *adj* not at company level; **das muß** ~ **geregelt werden** that has to be settled industry-wide; **Überbevölkerung** *f* overspill population; **überbewerten*** *vt insep* (*lit*) to overvalue; (*fig auch*) to overrate; *Schulleistung etc* to mark too high; *Äußerung* to attach too much importance to; **Überbewertung** *f* (*lit*) overvaluing; (*fig auch*) overrating; *einer Äußerung* attaching too much importance to; **Überbezahlung** *f* overpayment.

überbietbar *adj* (*fig*) **kaum noch** ~ **sein** to take some beating; **ein an Vulgarität nicht mehr** ~**er Pornofilm** a porn film of unsurpassed *or* unsurpassable vulgarity.

überbieten* *insep irreg* **I** *vt* (*bei Auktion*) to outbid (*um* by); (*fig*) to outdo; *Leistung, Rekord* to beat. **das ist kaum noch zu** ~ it's outrageous; **II** *vr* **sich in etw** (*dat*) (*gegenseitig*) ~ to vie with one another *or* each other in sth; **sich (selber)** ~ to surpass oneself.

Überbietung f siehe vt outbidding; outdoing; beating. **eine ~ dieses Rekordes** to beat this record.

überbleiben vi sep irreg aux sein (inf) siehe **übrigbleiben**.

Überbleibsel nt -s, - remnant; (Speiserest) leftover usu pl, remains pl; (Brauch, Angewohnheit etc) survival, hangover; (Spur) trace.

überblenden¹ vi sep (Film, Rad: Szene etc) to fade; (Film auch) to dissolve; (plötzlich) to cut.

überblenden²* vt insep (ausblenden) to fade out; (überlagern) to superimpose.

Überblendung¹ f siehe vi fade; dissolve; cut; (das Überblenden) fading; dissolving; cutting.

Überblendung² f siehe vt fading out; superimposition.

Überblick m (über +acc of) **1.** (freie Sicht) view. **2.** (Einblick) perspective, overall or broad view, overview. **er hat keinen ~, es fehlt ihm an ~** (dat) he lacks an overview, he has no overall picture; **den ~ verlieren** to lose track (of things). **3.** (Abriß) survey; (Übersicht, Zusammenhang) synopsis, summary. **sich** (dat) **einen ~ verschaffen** to get a general idea; **Weltgeschichte im ~** compendium of world history.

überblicken* vt insep **1.** (lit) Platz, Stadt to overlook, to have or command a view of. **2.** (fig) to see; Lage etc auch to grasp. **die Entwicklung läßt sich leicht ~** the development can be seen at a glance; **bis ich die Lage besser überblicke** until I have a better view of the situation; **das läßt sich noch nicht ~** I/we etc cannot tell or say as yet.

Überbreite f excess width. **Vorsicht, ~!** caution, wide load.

überbringen* vt insep irreg **jdm etw ~** to bring sb sth, to bring sth to sb; Brief etc auch to deliver sth to sb.

Überbringer(in f) m -s, - bringer, bearer; (von Scheck etc) bearer.

überbrückbar adj Gegensätze reconcilable. **schwer ~e Gegensätze** differences which are difficult to reconcile.

überbrücken* vt insep **1.** (old) Fluß to bridge (over). **2.** (fig) Kluft, Zeitraum to bridge; Krisenzeiten to get over or through; Gegensätze to reconcile. **die Gegensätze zwischen ... ~** to bridge the gap between ...

Überbrückung f siehe vt 2. (fig) bridging; getting over or through; reconciliation. **100 Mark zur ~** 100 marks to tide one over.

Überbrückungskredit m bridging loan.

überdachen* vt insep to roof over, to cover over; **überdachte Fahrradständer/ Bushaltestelle** covered bicycle stands/bus shelter; **überdauern*** vt insep to survive; **überdecken¹** vt sep to cover up or over; (inf: auflegen) Tischtuch to put on; **überdecken²*** insep I vt Riß, Geschmack to cover up, to conceal; II vr (sich überschneiden) to overlap; **überdehnen*** vt insep Sehne, Muskel etc to strain; Gummi, (fig) Begriff to overstretch; **überdenken***

vt insep irreg to think over, to consider; **etw noch einmal ~** to reconsider sth; **überdeutlich** adj all too obvious.

überdies adv (geh) **1.** (außerdem) more over, furthermore, what is more. **2.** (ohnehin) in any case, anyway.

überdimensional adj colossal, huge, oversize(d); **Überdosis** f overdose, OD (inf); (zu große Zumessung) excessive amount; **sich** (dat) **eine ~ Heroin spritzen** to give oneself an overdose of heroin, to OD on heroin (inf); **überdrehen*** vt insep Uhr etc to overwind; Motor to overrev; Gewinde, Schraube to strip; **überdreht** adj (inf) overexcited; (ständig) highly charged, hyped(-up) (sl); (überkandidelt) weird; **ein ~er Typ** a weirdo (inf).

Überdruck m -s, ̈-e (Tech) excess pressure no pl.

Überdruckkabine f (Aviat) pressurized cabin; **Überdruckventil** nt pressure relief valve, blow-off valve.

Überdruß m -sses, no pl (Übersättigung) surfeit, satiety (liter) (an +dat of); (Widerwille) aversion (an +dat to), antipathy (an +dat to). **bis zum ~** ad nauseam; **er aß Kaviar bis zum ~** he ate caviar until he wearied of it or had had a surfeit of it; **~ am Leben** weariness of living or life.

überdrüssig adj jds/einer Sache (gen) ~ sein/werden to be weary of sb/sth/to (grow) weary of sb/sth.

überdurchschnittlich I adj above-average; II adv exceptionally, outstandingly; **er arbeitet ~ gut** he works better than average; **sie verdient ~ gut** she earns more than the average; **über|eck** adv at right angles (to each other or one another); **Über|eifer** m siehe adj overenthusiasm, overeagerness, overzealousness; officiousness; **über|eifrig** adj overenthusiastic, overeager, overzealous; (pej: wichtigtuerisch) officious; **über|eignen*** vt insep (geh) **jdm etw ~** to make sth over to sb, to transfer sth to sb; **Über|eile** f haste; **über|eilen*** insep I vt to rush; **~ Sie nichts!** don't rush things!; II vr to rush; **übereil dich bloß nicht!** (iro) don't rush yourself (iro); **über|eilt** adj hasty, precipitate.

über|einander adv **1.** (räumlich) on top of each other or one another, one on top of the other; hängen one above the other. **2.** (über sich gegenseitig) about each other or one another.

über|einanderlegen vt sep to put or lay one on top of the other, to put or lay on top of each other or one another; **über|einanderliegen** vi sep irreg to lie one on top of the other, to lie on top of each other or one another; **über|einanderschlagen** vt sep irreg die Beine/ Arme **~** to cross one's legs/to fold one's arms.

über|einkommen vi sep irreg aux sein to agree. **wir sind darin übereingekommen, daß ...** we have agreed that ...

Über|einkommen nt -s, -, **Über|einkunft** f -, ̈-e arrangement, understanding, agreement; (Vertrag) agreement. **ein(e) ~ tref-**

fen to enter into *or* make an agreement; **ein(e) ~ erzielen** to reach *or* come to an agreement, to reach agreement.

über|einstimmen *vi sep* to agree, to concur *(form)*; *(Meinungen)* to tally, to concur *(form)*; *(Angaben, Meßwerte, Rechnungen etc)* to correspond, to tally, to agree; *(zusammenpassen: Farben, Stile etc)* to match; *(Gram)* to agree; *(Dreiecke)* to be congruent. **mit jdm in etw** *(dat)* **~** to agree with sb on sth; **wir stimmen darin überein, daß ...** we agree *or* are agreed that ...

über|einstimmend I *adj* corresponding; *Meinungen* concurring, concurrent; *Farben etc* matching. **nach ~en Meldungen/ Zeugenaussagen** according to all reports/ according to mutually corroborative testimonies.

II *adv* unanimously. **alle erklärten ~, daß ...** everybody agreed that ..., everybody unanimously stated that ...

Über|einstimmung *f* **1.** *(Einklang, Gleichheit)* correspondence, agreement. **bei den Zeugenaussagen gab es nur in zwei Punkten ~** the testimonies only agreed *or* corresponded in two particulars; **zwei Dinge in ~ bringen** to bring two things into line; **es besteht keine ~ zwischen x und y** x and y do not agree.

2. *(von Meinung)* agreement. **darin besteht bei allen Beteiligten ~** all parties involved are agreed on that; **in ~ mit jdm/ etw** in agreement with sb/in accordance with sth.

über|empfindlich *adj (gegen* to) oversensitive, hypersensitive *(auch Med)*; **Über|empfindlichkeit** *f (gegen* to) oversensitivity, hypersensitivity *(auch Med)*; **über|erfüllen*** *vt insep irreg Norm, Soll* to exceed *(um* by); **Über|erfüllung** *f (no pl: das Übererfüllen)* exceeding; **bei ~ des Plansolls werden Sonderprämien gezahlt** anyone who exceeds the target *or* quota is paid special premiums; **Über|ernährung** *f (no pl: das Überernähren)* overfeeding; *(Krankheit)* overeating; **über|essen¹** *vt sep irreg sich (dat)* **etw ~** to grow sick of sth; **Spargel kann ich mir gar nicht ~** I can't eat enough asparagus; **über|essen²** *pret* **überaß,** *ptp* **übergessen** *vr insep* to overeat; **ich habe mich an Käse übergessen** I've eaten too much cheese.

überfahren¹ *sep irreg* **I** *vt (mit Boot etc)* to take *or* ferry across. **II** *vi aux sein* to cross over.

überfahren²* *vt insep irreg* **1.** *jdn, Tier* to run over, to knock down. **2.** *(hinwegfahren über)* to go *or* drive over. **3.** *(übersehen und weiterfahren)* **Ampel etc** to go through. **4.** *(inf: übertölpeln)* **jdn ~** to stampede sb into it.

Überfahrt *f* crossing.

Überfall *m* **1.** *(Angriff)* attack *(auf +acc* on); *(auf jdn auch)* assault *(auf +acc* on); *(auf offener Straße auch)* mugging *(auf + acc* of); *(auf Bank etc)* raid *(auf +acc* on), holdup; *(auf Land)* invasion *(auf +acc* of). **einen ~ auf jdn/etw verüben** *or* **ausführen** to carry out an attack *etc* on sb/sth; **dies ist ein ~, keine Bewegung!** this is a holdup *or* stick-up *(inf)*, freeze!

2. *(hum: unerwartetes Erscheinen)* in-

vasion. **er hat einen ~ auf uns vor** he's planning to descend on us.

überfallen* *vt insep irreg* **1.** *(angreifen)* to attack; *jdn auch* to assault; *(auf offener Straße auch)* to mug; *Bank etc* to raid; to hold up; *Land auch* to invade; *(Mil) Hauptquartier, Lager* to raid.

2. *(fig geh: überkommen) (Gefühle, Schlaf, Müdigkeit, Krankheit etc)* to come over *or* upon; *(überraschen: Nacht)* to overtake, to come upon suddenly. **plötzlich überfiel ihn heftiges Fieber** he suddenly had a bad attack of fever.

3. *(fig inf) (überraschend besuchen)* to descend (up)on; *(bestürmen)* to pounce upon. **jdn mit Fragen/Wünschen ~** to bombard sb with questions/requests.

überfällig *adj* overdue *usu pred*; **seit einer Woche ~** to be a week overdue; **Überfallkommando, Überfallskommando** *(Aus)* *nt* flying squad, riot squad; **überfeinert** *adj* overrefined; **Überfeinerung** *f* overrefinement; **überfischen*** *vt insep* to overfish; **Überfischung** *f* overfishing; **überfliegen*** *vt insep irreg* **1.** *(lit)* to fly over, to overfly; **2.** *(flüchtig ansehen) Buch etc* to take a quick look at, to glance through *or* at *or* over; **überfließen** *vi sep irreg aux sein* **1.** *(Gefäß)* to overflow; *(Flüssigkeit auch)* to run over; **2.** *ineinander ~ (Farben)* to run; **3.** *(fig: vor Dank, Höflichkeit etc)* to overflow, to gush *(vor +dat* with); **überflügeln*** *vt insep* to outdistance, to outstrip; *(in Leistung, bei Wahl)* to outdo; **Erwartungen etc** to surpass.

Überfluß *m* **-sses,** *no pl* **1.** (super) abundance *(an +dat* of); *(Luxus)* affluence. **Arbeit/Geld im ~** plenty of work/money, an abundance of work/ money; **das Land des ~sses** the land of plenty; **im ~ leben** to live in luxury; **im ~ vorhanden sein** to be in plentiful supply; **~ an etw** *(dat)* **haben, etw im ~ haben** to have plenty *or* an abundance of sth.

2. zu allem *or* **zum ~** *(unnötigerweise)* superfluously; *(obendrein)* to crown it all *(inf)*, into the bargain.

Überflußgesellschaft *f* affluent society.

überflüssig *adj* superfluous; *(frei, entbehrlich)* spare; *(unnötig)* unnecessary; *(zwecklos)* futile, useless. **~ zu sagen, daß ...** it goes without saying that ...

überflüssigerweise *adv* superfluously.

überfluten* *vt insep (lit, fig)* to flood; *(fig auch)* to inundate; **Überflutung** *f* **1.** *(lit)* flood; *(das Überfluten)* flooding *no pl*; **2.** *(fig)* flooding *no pl*, inundation; **überfordern*** *vt insep* to overtax; *jdn auch* to ask *or* expect too much of; **damit ist er überfordert** that's asking *or* expecting too much of him; **als Abteilungsleiter wäre er doch etwas überfordert** being head of department would be too much for him *or* would stretch him too far; **Überforderung** *f* excessive demand(s) *(für* on); *(no pl: das Überfordern)* overtaxing; **überfrachten*** *vt insep (fig)* to overload; **ein mit Emotionen überfrachteter Begriff** a concept fraught with emotions, an emotionally loaded concept; **überfragt** *adj pred* stumped (for an answer); **da bin**

ich ~ there you've got me, there you have me, that I don't know; **Überfremdung** *f, no pl* foreign infiltration; (*Econ*) swamping; **Überfuhr** *f* -, **-en** (*Aus*) ferry; **überführen¹** *vt sep* to transfer; *Leichnam* to transport; *Wagen* to drive; **überführen²** *vt insep* **1. siehe überführen¹; 2.** *Täter* to convict (*gen* of), to find guilty (*gen* of); **ein überführter Verbrecher** a convicted criminal; **Überführung** *f* **1.** transportation; **2.** *no pl* (*Jur*) conviction; **3.** (*Brücke über Straße etc*) bridge (*auch Rail*), overpass; (*Fußgänger~*) footbridge; **Überfülle** *f* profusion, superabundance; **überfüllt** *adj* overcrowded; *Kurs* oversubscribed; (*Comm*) *Lager* overstocked, overfilled; **Überfüllung** *f, no pl* overcrowding; (*von Kursus, Vorlesung*) oversubscription; **Überfunktion** *f* hyperactivity, hyperfunction(ing); **überfüttern*** *vt insep* to overfeed.

Übergabe *f* -, *no pl* handing over *no pl*; (*von Neubau*) opening; (*Mil*) surrender.

Übergang *m* **1.** (*das Überqueren*) crossing. **2.** (*Fußgänger~*) crossing, crosswalk (*US*); (*Brücke*) footbridge; (*Bahn~*) level crossing (*Brit*), grade crossing (*US*). **3.** (*Grenzübergangsstelle*) checkpoint. **4.** (*fig: Wechsel, Überleitung*) transition; (*~slösung*) interim.

Übergangsbestimmung *f* interim *or* temporary regulation; **Übergangs|erscheinung** *f* temporary phenomenon; **übergangslos** *adj* without a transition; (*zeitlich auch*) without a transitional period; **Übergangslösung** *f* interim *or* temporary solution; **Übergangsmantel** *m* between-seasons coat; **Übergangsphase** *f* transitional phase; **Übergangsstadium** *nt* transitional stage; **Übergangszeit** *f* **1.** transitional period, period of transition; **2.** (*zwischen Jahreszeiten*) in-between season/weather.

Übergardinen *pl* curtains *pl*, drapes *pl* (*US*).

übergeben* *insep irreg* **I** *vt* **1.** to hand over; (*überreichen*) *Dokument, Zettel, Einschreiben* to hand (*jdm* sb); *Diplom etc* to hand over (*jdm* to sb), to present (*jdm* to sb); (*vermachen*) to bequeath (*jdm* to sb); (*Mil auch*) to surrender. **ein Gebäude der Öffentlichkeit/eine Straße dem Verkehr** ~ to open a building to the public/a road to traffic; **eine Angelegenheit einem Rechtsanwalt** ~ to place a matter in the hands of a lawyer.
2. (*weiterreichen, verleihen*) *Amt, Macht* to hand over.
3. einen Leichnam der Erde/dem Wasser ~ (*liter*) to commit a body to the earth/water.
II *vr* (*sich erbrechen*) to vomit, to be sick. **ich muß mich** ~ I'm going to be sick.

übergehen¹ *vi sep irreg aux sein* **1. in etw** (*acc*) ~ (*in einen anderen Zustand*) to turn *or* change into sth; (*Farben*) to merge into sth; **in jds Besitz** (*acc*) ~ to become sb's property; **in andere Hände/in Volkseigentum** ~ to pass into other hands/into public ownership.
2. auf jdn ~ (*geerbt, übernommen werden*) to pass to sb.
3. zu etw ~ to go over to sth; **zum**

Feinde/zur Gegenpartei ~ to go over to the enemy/the opposition.

übergehen²* *vt insep irreg* to pass over; *Kapitel, Abschnitt etc auch* to skip; *Einwände etc auch* to ignore.

übergenau *adj* overprecise, pernickety (*inf*); **übergenug** *adv* more than enough; **überge|ordnet** *adj* **1.** *Behörde, Dienststelle* higher; **die uns** ~**e Behörde** the next authority above us; **2.** (*Gram*) *Satz* superordinate; (*Ling, Philos*) *Begriff* generic; **3.** (*fig*) **von** ~**erBedeutung sein** to be of overriding importance; **Übergepäck** *nt* (*Aviat*) excess baggage; **übergescheit** *adj* (*iro*) know-all, know-it-all (*US*), smart-ass (*sl*) all attr; **so ein Ü~er** some clever dick (*inf*) *or* smart-ass (*sl*) or know-all; **übergeschnappt** *I ptp of* **überschnappen**; **II** *adj* (*inf*) crazy; **Übergewicht** *nt* overweight; (*fig*) predominance; ~ **haben** (*Paket etc*) to be overweight; **an** ~ **leiden**, ~ **haben** (*Mensch*) to be overweight; **5 Gramm** ~ **5 grammes** excess weight; **das** ~ **bekommen/haben** (*fig*) to become predominant/to predominate; **übergewichtig** *adj* overweight; **übergießen*** *vt insep irreg* to pour over; *jdn* to douse; *Braten* to baste; **jdn/sich mit etw** ~ to pour sth over sb/oneself; (*absichtlich auch*) to douse sb/oneself with sth; **überglücklich** *adj* overjoyed; **übergreifen** *vi sep irreg* **1.** (*beim Klavierspiel*) to cross one's hands (over); **2.** (*auf Rechte etc*) to encroach *or* infringe (*auf* + *acc* on); (*Feuer, Streik, Krankheit etc*) to spread (*auf* + *acc* to); **ineinander** ~ to overlap; **übergreifend** *adj* (*fig*) *Gesichtspunkte, Überlegungen* general, comprehensive; **Übergriff** *m* (*Einmischung*) infringement (*auf* + *acc* of), encroachment (*auf* + *acc* on), interference *no pl* (*auf* + *acc* with *or* in); (*Mil*) attack (*auf* + *acc* upon), incursion (*auf* + *acc* into); **übergroß** *adj* oversize(d), huge, enormous; **Übergröße** *f* (*bei Kleidung etc*) outsize; **62 ist eine** ~ 62 is outsize; **überhaben** *vt sep irreg* (*inf*) **1.** (*satt haben*) to be sick (and tired) of (*inf*), to be fed up of *or* with (*inf*); **2.** (*übrig haben*) to have left (over); **für etw nichts** ~ not to like sth.

überhandnehmen *vi sep irreg* to get out of control *or* hand; (*Meinungen, Ideen etc*) to become rife *or* rampant, to gain the upper hand.

Überhang *m* **1.** (*Fels~*) overhang, overhanging rock; **2.** (*Comm: Überschuß*) surplus (*an* + *dat* of); **überhängen** *sep* **I** *vi irreg aux haben or sein* to overhang; (*hinausragen auch*) to jut out; **II** *vt sich* (*dat*) **ein Gewehr** ~ to sling a rifle over one's shoulder; **sich** (*dat*) **einen Mantel** ~ to put *or* hang a coat round *or* over one's shoulders; **Überhangsmandat** *nt* (*Pol*) seat gained as a result of votes for a specific candidate over and above the seats to which a party is entitled by the number of votes cast for the party; **überhasten*** *vt insep* to rush; **überhastet** *adj* overhasty, hurried; ~ **sprechen** to speak too fast; **überhäufen*** *vt insep jdn* to overwhelm, to inundate; **jdn mit Glückwünschen/ Titeln** ~ to heap congratulations/titles

tions/titles (up)on sb; **ich bin völlig mit Arbeit überhäuft** I'm completely snowed under *or* swamped (with work); **jdn mit Vorwürfen ~** to heap reproaches (up)on sb('s head).

überhaupt *adv* 1. (*sowieso, im allgemeinen*) in general; (*überdies, außerdem*) anyway, anyhow. **und ~, warum nicht?** and anyway *or* after all, why not?; **er sagt ~ immer sehr wenig** he never says very much at the best of times *or* anyway *or* anyhow; **nicht nur Rotwein, sondern Wein ~ mag ich nicht** it's not only red wine I don't like, I don't like wine at all.

2. (*in Fragen, Verneinungen*) at all. **~ nicht** not at all; **ich denke ~ nicht daran, mitzukommen** I've (absolutely) no intention whatsoever of coming along; **~ nie** never (ever), never at all; **~ kein Grund** no reason at all *or* whatsoever; **hast du denn ~ keinen Anstand?** have you no decency at all?; **das habe ich ja ~ nicht gewußt** I had no idea at all; **ich habe ~ nichts gehört** I didn't hear anything at all, I didn't hear a thing; **das steht in ~ keinem Verhältnis zu …** that bears no relationship at all *or* whatsoever to …

3. (*erst, eigentlich*) **dann merkt man ~ erst, wie schön …** then you really notice for the first time how beautiful …; **waren Sie ~ schon in dem neuen Film?** have you actually been to the latest film?; **da fällt mir ~ ein, …** now I remember …; **wenn ~** if at all; **wie ist das ~ möglich?** how is that possible?; **gibt es das ~?** is there really such a thing?, is there really any such thing?; **was wollen Sie ~ von mir?** (*herausfordernd*) what do you want from me?; **wer sind Sie ~?** who do you think you are?; **wissen Sie ~, wer ich bin?** do you realize who I am?

überhẹben* *vr insep irreg* (*fig*) to be arrogant; **sich über jdn ~** to consider oneself superior to sb; **überhẹblich** *adj* arrogant; **Überhẹblichkeit** *f, no pl* arrogance; **Überhẹbung** *f* (*fig geh*) presumption; **überheizen*** *vt insep* to overheat; **überhịtzen*** *vt insep* to overheat; **überhịtzt** *adj* (*fig*) *Gemüter, Diskussion* too heated *pred*; *Phantasie* wild; **überhöht** *adj Kurve* banked, superelevated (*spec*); *Forderungen, Preise* exorbitant, excessive.

überholen¹* *vti insep* 1. *Fahrzeug* to overtake (*esp Brit*), to pass; (*fig: übertreffen*) to overtake. 2. (*Tech*) to overhaul.

überholen² *sep* I *vti* (*old*) to ferry. **hol über!** ferry! II *vi* (*Naut: Schiff*) to keel over.

Überholmanöver *nt* overtaking (*esp Brit*) *or* passing manoeuvre; **Überholspur** *f* overtaking (*esp Brit*) *or* fast lane.

überholt *adj* out-dated.

Überholverbot *nt* restriction on overtaking (*esp Brit*) *or* passing; (*als Schild etc*) no overtaking (*Brit*), no passing; **auf dieser Strecke besteht ~** no overtaking *etc* on this stretch; **Überholvorgang** *m* (*form*) overtaking (*esp Brit*), passing; **vor Beginn des ~es** before starting *or* beginning to overtake *etc*; **der ~ war noch nicht abgeschlossen, als …** the vehicle had not finished overtaking *etc* when …

überhören¹* *vt insep* not to hear; (*nicht hören wollen*) to ignore. **das möchte ich überhört haben!** I didn't hear that!

überhören² *vr sep sich* (*dat*) *etw ~* to be tired *or* sick (*inf*) of hearing sth.

Über-Ich *nt* superego.

über|interpretieren* *vt insep* to overinterpret; **über|ịrdisch** *adj* celestial, heavenly; **überkandidelt** *adj* (*inf*) eccentric; **überkịppen** *vi sep aux sein* to topple *or* keel over; (*Stimme*) to crack; **überklẹben*** *vt insep etw mit Papier ~* to stick paper over sth; **überklug** *adj* (*pej*) too clever by half, know-all *attr*, know-it-all (*US*) *attr*, smart-ass (*sl*) *attr*; **sei doch nicht so ~!** don't be so clever *or* such a know-all; **überkọchen** *vi sep aux sein* (*lit, fig*) to boil over.

überkọmmen¹* *insep irreg* I *vt* (*überfallen, ergreifen*) to come over. **ein Gefühl der Verlassenheit überkam ihn** a feeling of desolation came over him, he was overcome by a feeling of desolation; **Furcht überkam ihn** he was overcome with fear.

II *vi aux sein ptp only* (*überliefern*) **es ist uns** (*dat*) **~** (*old*) it has come down to us, it has been handed down to us.

überkọmmen² *vt sep irreg* (*Sw*) to get.

Überkompensation *f* overcompensation; **überkompensieren*** *vt insep* to overcompensate for; **überkreuz** *adv siehe* **Kreuz¹**; **überkriegen** *vt sep* (*inf*) 1. (*überdrüssig werden*) to get tired *or* sick (and tired) (*inf*) of, to get fed up of *or* with (*inf*), to get browned off with (*inf*); 2. **eins ~** to get landed one (*inf*); **überkrusten*** *vt insep* to cover (with a layer *or* crust of); **mit Dreck überkrustet** caked with mud; **überlạden*** I *vt insep irreg* (*zu stark belasten*) to overload; (*mit Arbeit auch*) to overburden; (*reichlich geben*) to shower; **sich** (*dat*) **den Magen ~** to overeat, to gorge oneself; II *adj Wagen* overloaded, overladen; (*fig*) *Stil* ornate, flowery; *Bild* cluttered; **überlạgern*** *insep* I *vt* 1. **diese Schicht wird von einer anderen überlagert** another stratum overlies this one; **am Abend ist dieser Sender von einem anderen überlagert** in the evenings this station is blotted out by another one; 2. *Thema, Problem, Konflikt etc* to eclipse; II *vr* (*sich überschneiden*) to overlap.

Überlandbus *m* country bus; **Überlandleitung** *f* (*Elec*) overhead power line *or* cable; **Überlandzentrale** *f* (*Elec*) rural power station.

überlang *adj Oper, Stück etc* overlength; *Arme, Mantel* too long; **Überlänge** *f* excessive length; **~ haben** to be overlength; **überlạppen*** *vir insep* to overlap.

überlạssen* *vt insep irreg* 1. (*haben lassen, abgeben*) **jdm etw ~** to let sb have sth. 2. (*anheimstellen*) **es jdm ~, etw zu tun** to leave it (up) to sb to do sth; **das bleibt (ganz) Ihnen ~** that's (entirely) up to you; **das müssen Sie schon mir ~** you must leave that to me; **jdm die Initiative/Wahl ~** to leave the initiative/choice (up) to sb. 3. (*in Obhut geben*) **jdm etw ~** to leave sth with sb *or* in sb's care, to entrust sth to sb's care; **sich** (*dat*) **selbst ~ sein** to be left to one's own devices, to be left to oneself; (*ohne Anleitung*) **sich selber** ~ **to** be left to one's own resources; **jdn sich** (*dat*) **selbst** ~ **to** leave sb to his/her own devices/resources.

4. (*preisgeben*) **sich seinem Schmerz/ seinen Gedanken/Gefühlen** ~ **to** abandon oneself to one's pain/thoughts/feelings; **jdn seinem Schicksal** ~ **to** leave *or* abandon sb to his fate.

Überlassung *f, no pl* (*von Recht, Anspruch*) surrender.

überlasten* *vt insep* to put too great a strain on; **jdn** ~ **to** overtax; (*Elec*) *Telefonnetz*, (*durch Gewicht*) to overload. **überlastet sein** to be under too great a strain; (*überfordert sein*) to be overtaxed; (*Elec etc*) to be overloaded.

Überlastung *f* (*von Mensch*) overtaxing; (*Überlastetsein*) strain; (*Elec, durch Gewicht*) overloading. **bei** ~ **der Leber** when there is too much strain on the liver.

Überlauf *m* overflow.

überlaufen[1]* *vt insep irreg* **1.** *Gegner, Abwehr* to overrun.

2. (*fig: ergreifen: Angst etc*) to seize. **es überlief ihn heiß** he felt hot under the collar; **es überlief ihn kalt** a cold shiver ran down his back *or* up and down his spine; **es überlief mich heiß und kalt** I went hot and cold all over.

überlaufen[2] *vi sep irreg aux sein* **1.** (*Wasser, Gefäß*) to overflow; (*überkochen*) to boil over. **ineinander** ~ (*Farben*) to run (into one another); **zum Ü**~ **voll** full to overflowing; **jetzt läuft das Maß über** (*fig*) my patience is at an end; *siehe Galle.*

2. (*Mil: überwechseln*) to desert. **zum Feind** ~ **to** go over *or* desert to the enemy.

überlaufen[3] *adj* overcrowded; *Stadt, Ort, Insel etc auch* overrun.

Überläufer *m* (*Mil*) deserter; (*Mil auch, Pol*) turncoat.

Überlaufrohr *nt* overflow pipe.

überleben* *vt insep* **I** *vti* **1.** *Unglück, Operation etc* to survive; *die Nacht auch* to last, to live through. **das überlebe ich nicht!** (*inf*) it'll be the death of me (*inf*); **Sie werden es sicher** ~ (*iro*) it won't kill you, you'll survive.

2. (*länger leben als*) to outlive, to survive (*um* by).

II *vr* **das hat sich überlebt** that's had its day; **diese Mode überlebt sich ganz schnell** this fashion will soon be a thing of the past.

Überlebende(r) *mf decl as adj* survivor.

Überlebenschance *f* chance of survival.

Überlebensgröße *f* **in** ~ larger than life.

überlebt *adj* outmoded, out-of-date.

überlegen[1]* *insep* **I** *vi* (*nachdenken*) to think. **überlege doch mal!** think!; **hin und her** ~ **to** deliberate; **ich habe hin und her überlegt** I've thought about it a lot; **ohne zu** ~ without thinking; (*ohne zu zögern*) without thinking twice.

II *vt* (*überdenken, durchdenken*) to think over *or* about, to consider. **das werde ich mir** ~ I'll think it over, I'll think about it, I'll give it some thought; **ich habe es mir anders/noch mal überlegt** I've changed my mind/I've had second thoughts about it; **wenn man es sich** (*dat*) **recht**

überlegt when you think about it; **wollen Sie es sich** (*dat*) **nicht noch einmal** ~? won't you think it over again?, won't you reconsider?; **das muß ich mir noch sehr** ~ I'll have to think it over *or* consider it very carefully; **das hätten Sie sich** (*dat*) **vorher** ~ **müssen** you should have thought of *or* about that before *or* sooner; **es wäre zu** ~ it should be considered.

überlegen[2] *vt sep* **jdm etw** ~ **to** put *or* lay sth over sb.

überlegen[3] **I** *adj* superior; (*hochmütig auch*) supercilious. **jdm** ~ **sein** to be superior to sb; **das war ein** ~**er Sieg** that was a good *or* convincing victory. **II** *adv* in a superior manner *or* fashion. **Bayern München hat** ~ **gesiegt** Bayern Munich won convincingly.

Überlegenheit *f, no pl* superiority; (*Hochmut auch*) superciliousness.

überlegt **I** *adj* (well-)considered. **II** *adv* in a considered way.

Überlegung *f* **1.** (*Nachdenken*) consideration, thought, reflection. **bei näherer/ nüchterner** ~ on closer examination/on reflection; **das wäre wohl einer** ~ **wert** that would be worth thinking about *or* worth considering *or* worthy of consideration; **ohne** ~ without thinking.

2. (*Bemerkung*) observation. ~**en anstellen** to make observations (*zu* about *or* on); ~**en vortragen** to give one's views (*zu* on *or* about).

überleiten *sep* **I** *vt Thema, Abschnitt etc* to link up (*in* +*acc* to, with). **II** *vi* **zu etw** ~ **to** lead up to sth; **in eine andere Tonart** ~ (*Mus*) to change key.

Überleitung *f* connection; (*zur nächsten Frage, Mus*) transition.

überlesen* *vt insep irreg* **1.** (*flüchtig lesen*) to glance through *or* over *or* at. **2.** (*übersehen*) to overlook, to miss.

überliefern* *vt insep Brauch, Tradition* to hand down. **das Manuskript ist nur als Fragment überliefert** the manuscript has only come down to us in fragmentary form.

Überlieferung *f* **1.** tradition. **schriftliche** ~**en** (written) records. **2.** (*Brauch*) tradition, custom. **an der** ~ **festhalten** to hold on to tradition; **nach alter** ~ according to tradition.

überlisten* *vt insep* to outwit.

überm *contr* = *über dem.*

übermachen* *vt insep* (*old: vermachen*) to make over (*dat* to).

Übermacht *f, no pl* superior strength *or* might; (*fig: von Gefühlen, Ideologie etc*) predominance. **in der** ~ **sein** to have the greater strength.

übermächtig *adj Gewalt, Stärke* superior; *Feind, Opposition* powerful, strong; *Wunsch, Bedürfnis* overpowering; (*fig*) *Institution, Rauschgift* all-powerful.

übermannen* *vt insep* (*geh*) to overcome.

Übermaß *nt, no pl* excess, excessive amount (*an* +*acc* of). **im** ~ **to** *or* in excess; **er hat Zeit im** ~ he has more than enough time.

übermäßig **I** *adj* **1.** excessive; *Schmerz, Sehnsucht* violent; *Freude* intense. **das war nicht** ~ that was not too brilliant.

2. (*Mus*) *Intervall* augmented.

II *adv* excessively; *essen/trinken auch* to excess. **sich ~ anstrengen** to overdo things; **er hat sich nicht ~ bemüht** he didn't exactly overexert himself; **sie haben nicht ~ gut gespielt** they didn't exactly play brilliantly.

Übermensch *m* superman.

übermenschlich *adj* superhuman. **Ü~es leisten** to perform superhuman feats.

übermitteln* *vt insep* to convey (*jdm* to sb); (*telefonisch etc*) to transmit, to send.

Übermitt(e)lung *f siehe vt* conveyance; transmission, sending.

übermorgen *adv* the day after tomorrow. **~abend/früh** the day after tomorrow in the evening/morning.

übermüden* *vt insep usu ptp* to overtire.

Übermüdung *f* overtiredness.

Übermut *m* high spirits *pl.* **vor lauter ~ wußten die Kinder nicht, was sie tun sollten** the children were so full of high spirits that they didn't know what to do with themselves; **~ tut selten gut** (*prov*) pride goes before a fall (*Prov*); (*zu Kindern*) it'll end in tears.

übermütig *adj* **1.** (*ausgelassen*) high-spirited, boisterous. **2.** (*zu mutig*) cocky (*inf*).

übern *contr of* **über den**.

übernächste(r, s) *adj attr* next ... but one. **das ~ Haus** the next house but one; **die ~ Woche** the week after next; **am ~n Tag war er ...** two days later *or* the next day but one he was ...; **er kommt ~en Freitag** he's coming a week on Friday *or* (on) Friday week.

übernachten* *vi insep* to sleep; (*in Hotel, Privathaus auch*) to stay; (*eine Nacht*) to spend *or* stay the night. **bei jdm ~** to stay with sb, to sleep *or* stay at sb's place.

übernächtigt, übernächtig (*esp Aus*) *adj* bleary-eyed.

Übernachtung *f* overnight stay. **~ und Frühstück** bed and breakfast.

Übernahme *f* -, **-n 1.** takeover; (*das Übernehmen*) taking over; (*von Ausdruck, Ansicht*) adoption; (*von Zitat, Wort*) borrowing. **seit der ~ des Geschäfts durch den Sohn** since the son took over the business.
2. (*von Amt*) assumption; (*von Verantwortung auch*) acceptance. **er hat sich zur ~ der Kosten/Hypothek verpflichtet** he has undertaken to pay the costs/mortgage; **er konnte Rechtsanwalt Mayer zur ~ seines Falles bewegen** he persuaded Mr Mayer, the barrister, to take (on) his case.

übernational *adj* supranational.

übernatürlich *adj* supernatural.

übernehmen[1]* *insep irreg* **I** *vt* **1.** to take; *Aufgabe, Arbeit* to take on, to undertake; *Verantwortung* to take on, to assume; to accept; *Kosten, Hypothek* to agree to pay; (*Jur*) *Fall* to take (on); *jds Verteidigung* to take on; (*kaufen*) to buy. **das Kommando ~** to take command *or* charge; **seit er das Amt übernommen hat** since he assumed office; **er übernimmt Ostern eine neue Klasse** he's taking charge of a new class at Easter; **lassen Sie mal, das übernehme ich!** let me take care of that; **etw kostenlos von**

dm ~ to get sth free from sb.
2. (*stellvertretend, ablösend*) to take over (*von* from); *Ausdruck, Ansicht auch* to adopt; *Zitat, Wort* to take, to borrow.
3. *Geschäft, Praxis etc* to take over.
II *vr* to take on *or* undertake too much; (*sich überanstrengen*) to overdo it; (*beim Essen*) to overeat. **~ Sie sich nur nicht!** (*iro*) don't strain yourself! (*iro*).

übernehmen[2] *vt sep irreg* *Cape etc* to put on. **das Gewehr ~** (*Mil*) to slope arms.

übernervös *adj* highly strung.

über|ordnen *vt sep* **1.** **jdn jdm ~** to put *or* place *or* set sb over sb; *siehe* **übergeordnet. 2. einer Sache** (*dat*) **übergeordnet sein** to have precedence over sth, to be superordinate to sth.

überparteilich *adj* non-party *attr*, non-partisan; (*Parl*) *Problem* all-party *attr*, crossbench *attr* (*Brit*); *Amt, Präsident etc* above party politics.

Überparteilichkeit *f* non-partisanship.

Überproduktion *f* overproduction.

überprüfbar *adj* checkable.

überprüfen* *vt insep* (*auf* +*acc* for) to check; *Gepäck auch, Maschine, Waren,* (*Fin*) *Bücher* to inspect, to examine; *Entscheidung, Lage, Frage* to examine, to review; *Ergebnisse, Teilnehmer etc* to scrutinize; (*Pol*) *jdn* to screen. **etw erneut ~** to re-check/re-examine sth/scrutinize sth again; **die Richtigkeit von etw ~** to check (the correctness of) sth.

Überprüfung *f* **1.** *no pl siehe vt* checking; inspection; examination; review; scrutiny; (*Pol*) screening. **nach ~ der Lage** after reviewing the situation, after a review of the situation. **2.** (*Kontrolle*) check, inspection.

überquellen *vi sep irreg aux sein* to overflow (*von, mit* with); (*Cook*) (*Teig*) to rise over the edge; (*Reis*) to boil over. **die Augen quollen ihm über** his eyes grew as big as saucers.

überqueren* *vt insep* to cross.

überragen[1]* *vt insep* **1.** (*lit: größer sein*) to tower above. **2.** (*fig: übertreffen*) to outshine (*an* +*dat, in* +*dat* in).

überragen[2] *vi sep* (*senkrecht*) to protrude; (*waagerecht*) to jut out, to project.

überragend *adj* (*fig*) outstanding; *Bedeutung auch* paramount.

überraschen* *vt insep* to surprise; (*überrumpeln auch*) to take by surprise. **jdn bei etw ~** to surprise *or* catch sb doing sth; **von einem Gewitter überrascht werden** to be caught in a storm; **lassen wir uns ~!** let's wait and see!

überraschend *adj* surprising; *Besuch* surprise *attr*; *Tod, Weggang* unexpected. **eine ~e Wendung nehmen** to take an unexpected turn; **das kam (für uns) völlig ~** that came as a complete surprise *or* (*Sterbefall etc*) shock (to us); **er mußte ~ nach Köln fahren** he had to go to Cologne unexpectedly.

überraschenderweise *adv* surprisingly.

überrascht *adj* surprised (*über* +*acc* at). **jdn ~ ansehen** to look at sb in surprise; **sich von etw (nicht) ~ zeigen** to show (no) surprise at sth; **da bin ich aber ~!** that's quite a surprise.

Überraschung f surprise. **zu meiner (größten)** ~ to my (great) surprise, much to my surprise; **Mensch, ist das eine** ~! (inf) well, that's a surprise (and a half inf)!; **jdm eine kleine** ~ **kaufen** to buy a little something for sb as a surprise; **für eine** ~ **sorgen** to have a surprise in store; **mit** ~ **mußte ich sehen** or **feststellen, daß ...** I was surprised to see that ...

Überraschungs|angriff m surprise attack; **Überraschungsmoment** nt moment of surprise; **Überraschungssieger** m (Sport) surprise winner.

überreden* vt insep to persuade, to talk round. **jdn** ~**, etw zu tun** to persuade sb to do sth, to talk sb into doing sth; **jdn zu etw** ~ to talk sb into sth; **laß dich nicht** ~ don't (let yourself) be talked into anything.

Überredung f persuasion.

Überredungskunst f persuasiveness. **all ihre Überredungskünste** all her powers of persuasion.

überregional adj national; Zeitung, Sender auch nationwide.

überreich adj lavish, abundant; (zu reich) overabundant. ~ **an etw** (dat) overflowing with sth.

überreichen* vt insep (jdm) etw ~ to hand sth over (to sb); (feierlich) to present sth (to sb).

überreichlich adj ample, abundant; (zu reichlich) overabundant. **in** ~**em Maße** in abundance; ~ **essen/trinken** to eat/drink more than ample.

Überreichung f presentation.

überreif adj overripe.

überreizen* insep **I** vt to overtax; Phantasie to overexcite; Nerven, Augen to overstrain. **II** vr (Cards) to overbid.

überreizt adj overtaxed; Augen overstrained; (nervlich) overwrought; (zu erregt) overexcited.

Überreiztheit f siehe adj overtaxed state; overstrain; overwrought state; overexcitedness.

überrennen* vt insep irreg to run down; (Mil) to overrun; (fig) to overwhelm.

überrepräsentiert adj overrepresented.

Überrest m remains pl; (letzte Spur: von Ruhm, Selbstachtung etc auch) remnant, vestige.

überrieseln* vt insep (fig) **ein Schauer überrieselte ihn** a shiver ran down his spine; **es überrieselt mich kalt, wenn ...** it makes my blood run cold or sends a shiver down my spine when ...

Überrollbügel m (Aut) roll bar.

überrollen* vt insep to run down; (Mil, fig) to overrun. **wir dürfen uns von ihnen nicht** ~ **lassen** we mustn't let them steamroller us.

überrumpeln* vt insep (inf) to take by surprise, to take or catch unawares; (überwältigen) to overpower. **jdn mit einer Frage** ~ to throw sb with a question.

Überrump(e)lung f surprise attack; (Überwältigung) overpowering. **durch** ~ with a surprise attack.

Überrump(e)lungstaktik f surprise tactics pl.

überrunden* vt insep (Sport) to lap; (fig) to outstrip.

übers prep +acc **1.** contr of **über das. 2.** (old) ~ **Jahr** in a year.

übersäen* vt insep to strew; (mit Abfall etc auch) to litter. **übersät** strewn; (mit Abfall etc auch) littered; (mit Sternen) Himmel studded; (mit Narben etc) covered.

übersatt adj more than full or replete (von with).

übersättigen* vt insep to satiate; Markt to glut, to oversaturate; (Chem) to supersaturate. **übersättigt sein** (Menschen) to be sated with luxuries; **das reizt ihn nicht mehr, er ist schon übersättigt** that doesn't hold any attraction for him any more, he has had a surfeit.

Übersättigung f satiety; (des Marktes) glut, oversaturation; (Chem) supersaturation.

Überschall- in cpds supersonic; **Überschallflugzeug** nt supersonic aircraft, SST (US); **Überschallgeschwindigkeit** f supersonic speed; **mit** ~ **fliegen** to fly supersonic or at supersonic speeds; **Überschallknall** m sonic boom.

überschatten* vt insep (geh) (lit, fig) to overshadow; (fig: trüben) to cast a shadow or cloud over.

überschätzen* vt insep to overrate, to overestimate; Entfernung, Zahl etc to overestimate.

Überschätzung f overestimation.

überschaubar adj easily comprehensible, clear. **damit die Abteilung** ~ **bleibt** so that one can keep a general overview of or keep track of (inf) the department; **die Folgen sind noch nicht** ~ the consequences cannot yet be clearly seen.

Überschaubarkeit f comprehensibility, clarity. **zum Zwecke der besseren** ~ to give (you) a better idea.

überschauen* vt insep siehe **überblicken.**

überschäumen vi sep aux sein to froth or foam over; (fig) to brim or bubble (over) (vor +dat with); (vor Wut) to boil (over). ~**de Begeisterung** etc exuberant or effervescent or bubbling enthusiasm etc.

überschlafen* vt insep irreg Problem etc to sleep on.

Überschlag m **1.** (Berechnung) (rough) estimate. **2.** (Drehung) somersault (auch Sport); (Aviat: Looping) loop. **einen** ~ **machen** to turn or do a somersault; (Aviat) to loop the loop.

überschlagen¹* insep irreg **I** vt **1.** (auslassen) to skip, to miss.

2. (berechnen) Kosten etc to estimate (roughly).

II vr **1.** to somersault; (Auto auch) to turn over; (Mensch: versehentlich auch) to go head over heels; (fig: Ereignisse) to come thick and fast. **sich vor Hilfsbereitschaft/Freundlichkeit** (dat) ~ to fall over oneself to be helpful/friendly; **nun überschlag dich mal nicht!** don't get carried away.

2. (Stimme) to crack.

überschlagen² sep irreg **I** vt Beine to cross; Arme to fold; Decke to fold or turn back. **mit übergeschlagenen Beinen/Armen** with one's legs crossed/arms folded. **II** vi aux sein **1.** (Wellen) to break. **2.** (Stimmung etc) **in etw** (acc) ~ to turn into sth.

überschlagen[3] *adj Flüssigkeit* lukewarm, tepid; *Zimmer* slightly warm.

überschlägig *adj siehe* **überschläglich;**
Überschlaglaken *nt* top sheet; **überschläglich** *adj* rough, approximate;
überschlank *adj* too thin; **überschlau** *adj (inf) siehe* **übergescheit.**

überschnappen *vi sep aux sein (Stimme)* to crack, to break; *(inf: Mensch)* to crack up *(inf); siehe* **übergeschnappt.**

überschneiden* *vr insep irreg (Linien)* to intersect; *(Flächen, fig: Themen, Interessen, Ereignisse etc)* to overlap; *(völlig)* to coincide; *(unerwünscht)* to clash.

Überschneidung *f siehe vr* intersection; overlap *no pl;* coincidence; clash.

überschreiben* *vt insep irreg* 1. *(betiteln)* to head. 2. *(übertragen)* **etw jdm** *or* **auf jdn ~** to make *or* sign sth over to sb.

überschreien* *vt insep irreg* to shout down.

überschreiten* *vt insep irreg* to cross; *(fig)* to exceed; *Höhepunkt, Alter* to pass. ,,Ü~ **der Gleise verboten"** "do not cross the line"; **er hat die Sechzig schon überschritten** he is over *or* past *or* he has passed sixty already; **die Grenze des Erlaubten/des Anstands ~** to go beyond what is permissible/decent.

Überschrift *f* heading; *(Schlagzeile)* headline.

Überschuh *m* overshoe, galosh *usu pl.*

Überschuß *m* surplus *(an +dat* of).

überschüssig *adj* surplus.

überschütten* *vt insep* 1. *(bedecken)* **jdn/etw mit etw ~** to tip sth onto sb/sth, to cover sb/sth with sth; *(mit Flüssigkeit)* to pour sth onto sb/sth.
2. *(überhäufen)* **jdn mit etw ~** to shower sb with sth, to heap sth on sb; *mit Vorwürfen* to heap sth on sb.

Überschwang *m* **-(e)s,** *no pl* exuberance. **im ~ der Freude/der Gefühle** in one's joyful exuberance/in exuberance; **im ersten ~** in the first flush of excitement.

überschwappen *vi sep aux sein* to splash over; *(aus Tasse etc auch)* to slop over.

überschwemmen* *vt insep (lit, fig)* to flood; *(Touristen) Land etc auch* to overrun, to inundate *usu pass; (Angebote, Anträge) Inserenten, Behörde etc auch* to inundate *usu pass,* to deluge *usu pass,* to swamp; *Verbraucher, Leser etc* to swamp.

Überschwemmung *f (lit)* flood; *(das Überschwemmen)* flooding *no pl; (fig)* inundation; *(von Verbrauchern, Lesern)* swamping. **es kam zu ~en** there was a lot of flooding *or* were a lot of floods.

Überschwemmungsgebiet *nt (überschwemmtes Gebiet)* flood area; *(Geog)* floodplain; **Überschwemmungsgefahr** *f* danger of flooding; **Überschwemmungskatastrophe** *f* flood disaster.

überschwenglich *adj* effusive, gushing *no adv (pej).*

Überschwenglichkeit *f* effusiveness.

Übersee *no art in/nach ~* overseas; **aus/von ~** from overseas; **Briefe für ~** overseas letters, letters to overseas destinations; **Besitzungen in ~ haben** to have overseas territories *or* territories overseas.

Überseedampfer *m* ocean liner; **Überseehafen** *m* international port; **Überseehandel** *m* overseas trade.

überseeisch *['y:bze:ɪʃ] adj* overseas *attr.*

Überseekabel *nt* transoceanic cable; *(im Atlantik)* transatlantic cable; **Überseekoffer** *m* trunk; **Überseeland** *nt* overseas country; **Überseeverkehr** *m* overseas traffic.

übersehbar *adj (fig) (erkennbar) Folgen, Zusammenhänge etc* clear; *(abschätzbar) Kosten, Dauer etc* assessable. **dieses Fachgebiet ist nicht mehr ~** it is no longer possible to have an overall view of this subject; **die Folgen sind klar/schlecht ~** the consequences are quite/not very clear; **der Schaden ist noch gar nicht ~** the damage cannot be assessed yet.

übersehen[1]* *vt insep irreg* 1. *(erkennen) Bescheid wissen über) Folgen, Zusammenhänge, Sachlage etc* to see clearly; *Fachgebiet* to have an overall view of; *(abschätzen) Schaden, Kosten, Dauer* to assess. **dieses Fach ist nicht mehr zu ~** it is no longer possible to have an overall view of this subject.
2. *(ignorieren, nicht erkennen)* to overlook; *(nicht bemerken)* to miss, to fail to see *or* notice. **~, daß ...** to overlook the fact that ...; **dieses Problem ist nicht mehr zu ~** this problem cannot be overlooked any longer; **etw stillschweigend ~** to pass over sth in silence.

übersehen[2] *vt sep irreg* **sich** *(dat)* **etw ~** to get *or* grow tired *or* to tire of seeing sth.

übersein *vi sep irreg aux sein (Zusammenschreibung nur bei infin und ptp) (inf)* **jdm ist etw über** sb is fed up with sth *(inf).*

übersenden* *vt insep irreg* to send; *Geld auch* to remit *(form).* **hiermit ~ wir Ihnen ...** please find enclosed ...

Übersendung *f siehe vt* sending; remittance *(form).*

übersetzbar *adj* translatable. **leicht/schwer ~** easy/hard to translate.

übersetzen[1]* *vti insep* 1. to translate. **aus dem** *or* **vom Englischen ins Deutsche ~** to translate from English into German; **ein Buch aus dem Englischen ~** to translate a book from (the) English; **etw falsch ~** to mistranslate sth; **sich leicht/schwer ~ lassen** to be easy/hard to translate; **sich gut/schlecht ~ lassen** to translate well/badly. 2. *(Tech) (umwandeln)* to translate; *(übertragen)* to transmit.

übersetzen[2] *sep* I *vt (mit Fähre)* to take *or* ferry across. II *vi auch sein* to cross (over).

Übersetzer(in *f) m* **-s, -** translator.

Übersetzung *f* 1. translation. 2. *(Tech) (Umwandlung)* translation; *(Übertragung)* transmission; *(Herab~, Herauf~)* change in the transmission ratio; *(~sverhältnis)* transmission *or* gear ratio.

Übersetzungsbüro *nt* translation bureau *or* agency; **Übersetzungsfehler** *m* translation error, error in translation; **Übersetzungsverhältnis** *nt (Tech)* transmission *or* gear ratio.

Übersicht *f* 1. *no pl (Überblick)* overall view. **die ~ verlieren** to lose track of things *or* of what's going on. 2. *(Abriß, Resümee)* survey; *(Tabelle)* table.

übersichtlich *adj Gelände etc* open; *(erfaßbar) Darstellung etc* clear. **eine Bibliothek**

muß ~ sein a library should be clearly laid out.

Übersichtlichkeit f siehe adj openness; clarity.

Übersichtskarte f general map, overview map (US).

übersiedeln sep, **übersiedeln*** insep vi aux sein to move (von from, nach, in +acc to).

Übersied(e)lung [auch 'y:be-] f (das Übersiedeln) moving; (Umzug) move, removal (form).

übersinnlich adj supersensory; (übernatürlich) supernatural.

überspannen* vt insep 1. (Brücke, Decke etc) to span. **etw mit Leinwand/Folie etc ~** to stretch canvas/foil etc over sth, to cover sth with canvas/foil etc. 2. (zu stark spannen) to put too much strain on; (fig) Forderungen to push too far; siehe **Bogen.**

überspannt adj Ideen, Forderungen wild, extravagant; (exaltiert) eccentric; (hysterisch) hysterical; Nerven overexcited.

Überspanntheit f siehe adj wildness, extravagance; eccentricity; hysteria; overexcited state.

Überspannung f (Elec) overload.

überspielen* vt insep 1. (verbergen) to cover (up). 2. (übertragen) Aufnahme to transfer. **ein Platte (auf Band) ~** to tape a record, to put a record on or transfer a record to tape. 3. (Sport) to pass; (ausspielen, klar besiegen) to outplay.

überspitzen* vt insep to carry too far, to exaggerate; Argument to overstate.

überspitzt I adj (zu spitzfindig) oversubtle, fiddly (inf); (übertrieben) exaggerated; Argument overstated. II adv oversubtly; in an exaggerated fashion.

übersprechen* vt insep irreg to speak over. **etw mit einem Kommentar ~** to speak a commentary over sth, to do a voice-over for sth.

überspringen[1] vt insep irreg 1. Hindernis, Höhe to jump, to clear. 2. (weiter springen als) to jump more than. **die 2-m-Marke ~** to jump more than 2 metres. 3. (auslassen) Klasse to miss (out), to skip; Kapitel, Lektion auch to leave out.

überspringen[2] vi sep irreg aux sein (lit, fig) to jump (auf +acc to); (Begeisterung) to spread quickly (auf +acc to); siehe **Funke.**

übersprudeln vi sep aux sein (lit, fig) to bubble over (vor with); (beim Kochen) to boil over. **~d** (fig) bubbling, effervescent.

überspülen* vt insep to flood; (Wellen auch) to wash over. **überspült sein** to be awash.

überstaatlich adj supranational.

überstehen[1]* vt insep irreg (durchstehen) to come or get through; (überleben) to survive; (überwinden) to overcome; Gewitter to weather, to ride out; Krankheit to get over, to recover from. **etw lebend ~** to survive sth, to come out of sth alive; **das Schlimmste ist jetzt überstanden** the worst is over now; **nach überstandener Gefahr** when the danger was past; **das wäre überstanden!** thank heavens that's over.

überstehen[2] vi sep irreg aux haben or sein to jut or stick out, to project. **um 10 cm ~** to jut out etc 10cm.

übersteigen* vt insep irreg 1. (klettern über) to climb over. 2. (hinausgehen über) to exceed, to go beyond; (Philos, Liter: transzendieren) to transcend; siehe **Fassungsvermögen.**

übersteigern* insep I vt Preise, Tempo to force up; Forderungen to push too far. II vr to get carried away.

übersteigert adj excessive. **an einem ~en Selbstbewußtsein leiden** to have an inflated view of oneself.

Übersteigerung f (von Emotionen) excess; (von Forderungen) pushing too far.

überstellen* vt insep (Admin) to hand over.

übersteuern* insep I vi (Aut) to oversteer. II vt (Elec) to overmodulate.

überstimmen* vt insep to outvote; Antrag to vote down.

überstrapazieren* vt insep to wear out; Ausrede etc to wear thin. **überstrapaziert** worn out, outworn; thin.

überstreichen* vt insep irreg to paint/varnish over.

überstreifen vt sep (sich dat) etw ~ to slip sth on.

überströmen* vt insep (überfluten) to flood. **von Schweiß/Blut überströmt sein** to be streaming or running with sweat/blood.

überstülpen* vt sep sich (dat) etw ~ to put on sth; **jdm etw ~** to put sth on sb.

Überstunde f hour of overtime. **~n** overtime sing; **~n/zwei ~n machen** to do or work overtime/two hours overtime.

Überstundenzuschlag m overtime allowance. **der ~ beträgt 50%** overtime is paid at time and a half.

überstürzen* insep I vt to rush into; Entscheidung auch to rush. **man soll nichts ~** (prov) look before you leap (Prov).

II vr (Ereignisse etc) to happen in a rush; (Nachrichten) to come fast and furious; (Worte) to come tumbling out. **sich beim Sprechen ~** to speak all in a rush.

überstürzt adj overhasty, precipitate.

Überstürzung f (das Überstürzen) rushing (+gen into); (Hast) rush.

übertariflich adj, adv above the agreed or union rate.

überteuern* vt insep Waren to overcharge for; Preis to inflate, to force up.

überteuert adj overexpensive; Preise inflated, excessive.

übertippen* vt insep to type over.

übertölpeln* vt insep to take in, to dupe.

Übertölpelung f taking-in.

übertönen* vt insep to drown.

Übertrag m -(e)s, ⁻e amount carried forward or over.

übertragbar adj transferable (auch Jur); Methode, Maßstab applicable (auf +acc to); Ausdruck translatable (in +acc into); Krankheit communicable (form) (auf + acc to), infectious; (durch Berührung) contagious.

übertragen[1]* insep irreg I vt 1. (an eine andere Stelle bringen, an jdn übergeben) to transfer (auch Jur, Psych); Krankheit to pass on, to transmit, to communicate (auf +acc to); (Tech) Bewegung to transmit.

2. (an eine andere Stelle schreiben) to transfer; (kopieren) to copy (out); (transkribieren) to transcribe.

3. (*übersetzen*) to render (*in* +*acc* into).
4. (*anwenden*) *Methode, Maßstab* to apply (*auf* +*acc* to).
5. (*Mus: in andere Tonart*) to transpose.
6. **etw auf Band** ~ to tape sth, to record sth (on tape); **eine Platte auf Band** ~ to transfer a record to tape, to tape a record.
7. (*verleihen*) *Auszeichnung, Würde* to confer (*jdm* on sb); *Vollmacht, Verantwortung* to give (*jdm* sb).
8. (*auftragen*) *Aufgabe, Mission* to assign (*jdm* to sb).
9. (*TV, Rad*) to broadcast, to transmit. **etw im Fernsehen** ~ to televise sth, to broadcast sth on television; **durch Satelliten** ~ **werden** to be broadcast *or* sent by satellite.

II *vr* (*Eigenschaft, Krankheit etc*) to be passed on *or* communicated *or* transmitted (*auf* +*acc* to); (*Tech*) to be transmitted (*auf* +*acc* to); (*Heiterkeit etc*) to communicate itself, to spread (*auf* +*acc* to). **diese Krankheit überträgt sich auf Menschen** this disease can be passed on *etc* to humans; **seine Fröhlichkeit hat sich auf uns** ~ we were infected by his happiness.

übertragen[2] *adj Bedeutung etc* figurative.

Überträger *m* (*Med*) carrier.

Übertragung *f siehe vt* 1. transference; passing on, transmission, communication; transmission.
2. transference; copying (out); transcription.
3. rendering.
4. application.
5. transposition.
6. „„ ~ **auf andere Tonträger verboten"** "recording forbidden in any form"; **die** ~ **von Platten auf Tonband** the taping of records, the transfer of records to tape.
7. conferral; giving.
8. assignment.
9. broadcasting, transmission; (*Sendung*) broadcast, transmission.

Übertragungswagen *m* outside broadcast unit.

übertreffen* *insep irreg* **I** *vt* to surpass (*an* + *dat* in); (*mehr leisten als auch*) to do better than, to outdo, to outstrip; (*übersteigen auch*) to exceed; *Rekord* to break. **jdn an Intelligenz/Schönheit** *etc* ~ to be more intelligent/beautiful *etc* than sb; **jdn um vieles** *or* **bei weitem** ~ to surpass sb by far; **alle Erwartungen** ~ to exceed *or* surpass all expectations; **er ist nicht zu** ~ he is unsurpassable.

II *vr* **sich selbst** ~ to surpass *or* excel oneself.

übertreiben* *vt insep irreg* 1. (*auch vi: aufbauschen*) to exaggerate. **der „Macbeth" übertrieb stark** Macbeth overacted a lot.
2. (*zu weit treiben*) to overdo, to carry *or* take too far *or* to extremes. **es mit der Sauberkeit** ~ to carry cleanliness too far; **man kann es auch** ~ you can overdo things, you can go too far.

Übertreibung *f* 1. exaggeration; (*theatralisch*) overacting *no pl*. **man kann ohne** ~ **sagen** ... it's no exaggeration to say ...
2. **ihre** ~ **der Sparsamkeit/Sauberkeit** the way she carries economy/cleanliness too far *or* to extremes; **etw ohne** ~ **tun** to

do sth without overdoing it.

übertreten[1] *vi sep irreg aux sein* 1. (*Fluß*) to break its banks, to flood. 2. (*zu anderer Partei etc*) to go over (*zu* to); (*zu anderem Glauben*) to convert (*zu* to). 3. (*im Sport*) to overstep.

übertreten[2]* *vt insep irreg Grenze etc* to cross; (*fig*) *Gesetz, Verbot* to break, to infringe, to violate.

Übertretung *f* (*von Gesetz etc*) violation, infringement; (*Jur: strafbare Handlung*) misdemeanour.

übertrieben I *ptp of* **übertreiben**. **II** *adj* exaggerated; (*zu stark, übermäßig*) *Vorsicht, Training* excessive.

Übertriebenheit *f* exaggeratedness; (*Übermäßigkeit*) excessiveness.

Übertritt *m* (*über Grenze*) crossing (*über* + *acc* of); (*zu anderem Glauben*) conversion; (*zu anderer Partei*) defection. **die Zahl der** ~**e zur demokratischen Partei** the number of people going over to the democratic party.

übertrumpfen* *vt insep* (*Cards*) to overtrump; (*fig*) to outdo.

übertun *vt sep irreg* **sich** (*dat*) **einen Mantel** *etc* ~ (*inf*) to put a coat *etc* on; **jdm einen Schal** *etc* ~ to put a scarf *etc* on sb.

übertünchen* *vt insep* to whitewash; (*mit Farbton*) to distemper; (*fig*) to cover up.

über|übermorgen *adv* (*inf*) in three days, the day after the day after tomorrow. ~ **abend/früh** in three days in the evening/morning.

überversichern* *vt insep infin auch* **über·zuversichern**) to overinsure.

Überversicherung *f* overinsurance.

übervölkern* *vt insep* to overpopulate.

Übervölkerung *f* overpopulation.

übervoll *adj* overfull (*von* with), too full; (*von Menschen, Sachen auch*) crammed (*von* with); *Glas* full to overflowing.

übervorsichtig *adj* overcautious.

übervorteilen* *vt insep* to cheat.

Übervorteilung *f* cheating.

überwachen* *vt insep* (*kontrollieren*) to supervise; (*beobachten*) to keep a watch on, to observe; *Verdächtigen* to keep under surveillance, to keep a watch on, to watch; (*auf Monitor, mit Radar, fig*) to monitor.

Überwachung *f siehe vt* supervision; observation; surveillance; monitoring.

überwältigen* *vt insep* 1. (*lit*) to overpower; (*zahlenmäßig*) to overwhelm; (*bezwingen*) to overcome. 2. (*fig*) (*Schlaf, Mitleid, Angst etc*) to overcome; (*Musik, Schönheit etc*) to overwhelm.

überwältigend *adj* overwhelming; *Schönheit* stunning; *Gestank, Gefühl auch* overpowering. **nicht gerade** ~ nothing to write home about (*inf*).

Überwältigung *f siehe vt* 1. overpowering; overwhelming; overcoming.

überwechseln *vi sep aux sein* to move (*in* + *acc* to); (*zu Partei etc*) to go over (*zu* to); (*Wild*) to cross over.

Überweg *m* ~ **für Fußgänger** pedestrian crossing.

überweisen* *vt insep irreg Geld* to transfer (*an* +*acc, auf* +*acc* to); (*weiterleiten*) *Vorschlag etc, Patienten* to refer (*an* +*acc* to). **mein Gehalt wird direkt auf mein Bankkonto überwiesen** my salary is paid directly into my bank account.

Überweisung f (Geld~) (credit) transfer; (von Patient, Vorschlag etc) referral.

Überweisungs|auftrag m (credit) transfer order; **Überweisungsformular** nt (credit) transfer form; **Überweisungsschein** m letter of referral.

Überweite f large size. **Kleider in ~outsize** dresses, dresses in the larger sizes.

überwerfen¹* vr insep irreg **sich (mit jdm) ~** to fall out (with sb).

überwerfen² vt sep irreg to put over; Kleidungsstück to put on; (sehr rasch) to throw on.

überwiegen* insep irreg **I** vt to outweigh. **II** vi (das Übergewicht haben) to be predominant, to predominate; (das Übergewicht gewinnen) to prevail.

überwiegend I adj predominant; Mehrheit vast. **II** adv predominantly, mainly.

überwinden* insep irreg **I** vt to overcome; Schwierigkeiten, Hindernis auch to surmount, to get over; Enttäuschung, Angst, Scheu auch to get over; (hinter sich lassen) to outgrow; siehe **überwunden**.
II vr to overcome one's inclinations. **sich ~, etw zu tun** to force oneself to do sth; **ich konnte mich nicht dazu ~ I** couldn't bring myself to do it.

Überwindung f overcoming; (von Schwierigkeiten, Hindernis auch) surmounting; (Selbst~) will power. **das hat mich viel ~ gekostet** that was a real effort of will for me, that took me a lot of will power; **selbst bei der größten ~ könnte ich das nicht tun** I simply couldn't bring myself to do it.

überwintern* vi insep to (spend the) winter; (Pflanzen) to overwinter; (inf: Winterschlaf halten) to hibernate.

überwuchern* vt insep to overgrow, to grow over; (fig) to obscure.

überwunden I ptp of **überwinden**. **II** adj Standpunkt, Haltung etc of the past; Angst conquered. **ein bis heute noch nicht ~es Vorurteil** a prejudice which is still prevalent today.

Überwurf m (Kleidungsstück) wrap; (Ringen) shoulder throw.

Überzahl f, no pl **in der ~ sein** to be in the majority; (Feind) to be superior in number; **die Frauen waren in der ~** the women outnumbered the men or were in the majority.

überzahlen* vt insep Waren to pay too much for. **das Auto ist überzahlt** you/he etc paid too much for the car, the car cost too much.

überzählen* vt insep to count (through).

überzählig adj (überschüssig) surplus; (überflüssig) superfluous; (übrig) spare.

überzeichnen* vt insep **1.** (Fin) Anleihe to oversubscribe. **2.** (fig: übertrieben darstellen) to exaggerate, to overdraw.

überzeugen* insep **I** vt to convince; (umstimmen auch) to persuade; (Jur) to satisfy. **er ließ sich nicht ~** he would not be convinced or persuaded, there was no convincing or persuading him; **ich bin davon überzeugt, daß ...** I am convinced

or certain that ...; **Sie dürfen überzeugt sein, daß ...** you may rest assured or be certain that ...; **er ist sehr von sich überzeugt** he is very sure of himself.
II vi to be convincing, to carry conviction. **er konnte nicht ~** he wasn't convincing, he was unconvincing.
III vr **sich (selbst) ~** to convince oneself (von of), to satisfy oneself (von as to); (mit eigenen Augen) to see for oneself; **~ Sie sich selbst!** see for yourself!

überzeugend adj convincing.

überzeugt adj attr Anhänger, Vegetarier etc dedicated, convinced; Christ, Moslem devout, convinced.

Überzeugung f **1.** (das Überzeugen) convincing.
2. (Überzeugtsein) conviction; (Prinzipien) convictions pl, beliefs pl. **meiner ~ nach ...** I am convinced (that) ..., it is my conviction that ...; **ich bin der festen ~, daß ...** I am firmly convinced or of the firm conviction that ...; **zu der ~ gelangen** or **kommen, daß ..., die ~ gewinnen, daß ...** to become convinced or of the conviction that ...; siehe **Brustton**.

Überzeugungskraft f persuasiveness.

überziehen¹* insep irreg **I** vt **1.** (bedecken) to cover; (mit Schicht, Belag) to coat; (mit Metall) to plate. **ein Bett ~/frisch ~** to make up a bed/to change a bed or the bedlinen or the linen on a bed; **Polstermöbel neu ~ lassen** to have furniture recovered; **von Rost überzogen** covered in or coated with rust.
2. Konto to overdraw. **er hat sein Konto (um 500 Mark) überzogen** he has overdrawn his account (by 500 marks), he is (500 marks) overdrawn.
3. Redezeit etc to overrun.
II vi (Fin) to overdraw one's account.
III vr (sich bedecken: Himmel) to cloud over, to become overcast. **der Himmel ist überzogen** the sky is overcast.

überziehen² vt sep irreg **1.** (sich dat) etw ~ to put sth on. **2.** jdm eins ~ (inf) to give sb a clout (inf), to clout or clobber sb (inf).

Überziehungskredit m overdraft provision.

überzüchten* vt insep to overbreed; Motor to overdevelop.

Überzug m **1.** (Beschichtung) coat(ing); (aus Metall) plating. **2.** (Bett~, Sessel~ etc) cover; (Kopfkissen~auch) (pillow)-slip.

üblich adj usual; (herkömmlich) customary; (typisch, normal) normal. **wie ~** as usual; **es ist bei uns/hier ~ or das ~e, daß ...** it's usual for us/here to ..., it's the custom with us/here that ...; **das ist bei ihm so ~** that's usual for him; **allgemein ~ sein** to be common practice; **die allgemein ~en Bedingungen/Methoden** the usual conditions/methods.

üblicherweise adv usually, normally.

Übliche(s) nt decl as adj **das ~** the usual things pl, the usual.

U-Boot nt submarine, sub (inf); (esp Hist: der deutschen Marine) U-boat.

U-Boot-Krieg m submarine warfare no art.

übrig adj **1.** attr (verbleibend) rest of, remaining; (andere auch) other. **meine/**

die ~en Sachen the rest of my/the things; **alle ~en Bücher** all the rest of the books, all the other *or* remaining books; **der ~e Teil des Landes** the rest of *or* remaining part of *or* remainder of the country.

2. *pred* left, left over, over; *(zu entbehren)* spare. **etw ~ haben** to have sth left/to spare; **haben Sie vielleicht eine Zigarette (für mich) ~?** could you spare (me) a cigarette?

3. *(mögen)* **für jdn/etw wenig/nichts ~ haben** not to have much/to have no time for sb/sth; **für jdn/etw etwas/viel ~ haben** to have a soft spot for *or* to be fond/very fond of sb/sth, to have a liking/a great liking for sb/sth.

4. *(substantivisch)* **das ~e** the rest, the remainder; **alles ~e** all the rest, everything else; **die/alle ~en** the/all the rest *or* others; **im ~en** incidentally, by the way; **ein ~es tun** *(geh)* to do one more thing.

übrigbehalten *vt sep irreg* to have left over; **übrigbleiben** *vi sep irreg aux sein* to be left over, to remain; **wieviel ist übriggeblieben?** how much is left?; **da wird ihm gar nichts anderes ~** he won't have any choice *or* any other alternative; **was blieb mir anderes übrig als ...?** what choice did I have but ...?

übrigens *adv* incidentally, by the way.

übriglassen *vt sep irreg* to leave *(jdm* for sb). **(einiges)/viel zu wünschen ~** *(inf)* to leave something/a lot to be desired.

Übung *f* **1.** *no pl (das Üben, Geübtsein)* practice. **das macht die ~, das ist alles nur ~** it's a question of practice, it comes with practice; **aus der ~ kommen/außer ~ sein** to get/be out of practice; **in ~ bleiben** to keep in practice, to keep one's hand in *(inf)*; **zur ~** for *or* as practice; **~ macht den Meister** *(Prov)* practice makes perfect *(Prov)*.

2. *(Veranstaltung)* practice; *(Mil, Sport, Sch)* exercise; *(Feuerwehr~)* exercise, drill; *(Univ: Kursus)* seminar.

Übungs|arbeit *f (Sch)* practice *or* mock test; **Übungs|aufgabe** *f (Sch)* exercise; **Übungsbuch** *nt (Sch)* book of exercises; **Übungsflug** *m* practice flight; **übungshalber** *adv* for practice; **Übungsheft** *nt (Sch)* exercise book; **Übungsmunition** *f* blank ammunition; **Übungsplatz** *m* training area *or* ground.

UdSSR [u:de:|ɛs|ɛs'|ɛr] *f- abbr of* **Union der Sozialistischen Sowjetrepubliken. die ~** the USSR.

U-Eisen *nt* U-iron.

Ufer *nt* **-s, -** *(Fluß~)* bank; *(See~)* shore; *(Küstenlinie)* shoreline. **direkt am ~ gelegen** right on the water's edge *or* waterfront; **etw ans ~ spülen** to wash sth ashore; **der Fluß trat über die ~** the river broke *or* burst its banks; **das sichere ~ erreichen** to reach dry land *or* terra firma.

Uferbefestigung *f* bank reinforcement; **Uferböschung** *f* embankment; **Uferland(schaft f)** *nt* shoreland; **uferlos** *adj (endlos)* endless; *(grenzenlos)* boundless; **ins ~e gehen** *(Debatte etc)* to go on forever *or* interminably, to go on and on; *(Kosten)* to go up and up; **sonst geraten wir ins ~e** otherwise things will get out of

hand; **ans U~e grenzen** *(Verleumdungen etc)* to go beyond all bounds; **Ufermauer** *f* sea wall; **Uferstraße** *f* lakeside/riverside road.

uff *interj (inf)* phew. **~, das wäre geschafft!** phew, that's that done!

Uffz. *m -, -e abbr of* **Unteroffizier** NCO.

UFO, Ufo [ˈuːfo] *nt -(s), -s* UFO, Ufo.

U-förmig *adj* U-shaped. **~ gebogen** with a U-shaped bend, bent into a U.

Uganda *nt -s* Uganda.

Ugander(in *f) m -s, -* Ugandan.

uh *interj* oh; *(angeekelt)* ugh, yuck *(inf)*.

U-Haft *f (inf)* custody.

Uhr *f -, -en* **1.** clock; *(Armband~, Taschen~)* watch; *(Anzeigeinstrument)* gauge, dial, indicator; *(Wasser~, Gas~)* meter. **nach der** *or* **auf die** *or* **zur ~ sehen** to look at the clock *etc*; **nach meiner ~** by my watch; **wie nach der ~** *(fig)* like clockwork; **rund um die ~** round the clock; **seine ~ ist abgelaufen** *(fig geh)* the sands of time have run out for him.

2. *(bei Zeitangaben)* **um drei (~)** at three (o'clock); **ein ~ dreißig,** *(in Ziffern)* **1³⁰~** half past one, 1.30 *(ausgesprochen "one-thirty")*; **wieviel ~ ist es?** what time is it?, what's the time?; **um wieviel ~?** (at) what time?

Uhr(arm)band *nt* watch strap; *(aus Metall)* watch bracelet.

Uhren|industrie *f* watch-and-clock(-making) industry; **Uhrenvergleich** *m* comparison of watch/clock times; **einen ~ machen** to check *or* synchronize watches.

Uhrfeder *f* watch spring; **Uhrglas** *nt (auch Sci)* watch-glass; **Uhrkette** *f* watch chain, fob (chain); **Uhrmacher(in** *f) m* watchmaker; clock-maker, horologist *(form)*; **Uhrmacherhandwerk** *nt* watch-making; clock-making, horology *(form)*; **Uhrwerk** *nt* clockwork mechanism *(auch fig)*, works *pl* (of a watch/clock), movements *pl*; **Uhrzeiger** *m* (clock/watch) hand; **Uhrzeigersinn** *m* **im ~** clockwise; **entgegen dem ~** anti-*or* counter-clockwise; **Uhrzeit** *f* time (of day); **haben Sie die genaue ~?** do you have the correct time?

Uhu [ˈuːhu] *m -s, -s* eagle-owl.

Ukraine [*auch* uˈkraɪnə] *f* **- die ~** the Ukraine.

Ukrainer(in *f) [auch* uˈkraɪnɐ,-ərɪn] *m -s, -* Ukrainian.

ukrainisch [*auch* uˈkraɪnɪʃ] *adj* Ukrainian.

UKW [uːkaːˈveː] *abbr of* **Ultrakurzwelle** ≈ VHF.

Ulan *m -en, -en (Hist)* u(h)lan.

Ulk *m -(e)s, -e (inf)* lark *(inf)*; *(Streich)* trick, practical joke; *(Spaß)* fun *no pl, no indef art.* **~ machen** to clown *or* play about *or* around; **etw aus ~ sagen/tun** to say/do sth as a joke *or* in fun; **mit jdm seinen ~ treiben** *(Spaß machen)* to have a bit of fun with sb; *(Streiche spielen)* to play tricks on sb.

ulken *vi (inf)* to joke, to clown around. **über ihn wurde viel geulkt** they often had a bit of fun with him.

ulkig *adj (inf)* funny; *(seltsam auch)* odd.

Ulme *f -, -n* elm.

Ulmenkrankheit *f,* **Ulmensterben** *nt* Dutch elm disease.

Ultima ratio ['ultima 'ra:tsio] *f --*, *no pl* (*geh*) final *or* last resort.

Ultimaten *pl of* **Ultimatum.**

ultimativ *adj* Forderung *etc* given as an ultimatum. **wir fordern ~ eine Lohnerhöhung von 9 %** we demand a pay rise of 9% and this is an ultimatum; **jdn ~ zu etw auffordern** to give sb an ultimatum to do sth.

Ultimatum *nt* **-s, -s** *or* **Ultimaten** ultimatum. **jdm ein ~ stellen** to give sb an ultimatum.

Ultimo *m* **-s, -s** (*Comm*) last (day) of the month. **per ~** by the end of the month; **bis ~** (*fig*) till the last minute.

Ultra- *in cpds* ultra; **ultrakurz** *adj* (*Phys*) ultra-short.

Ultrakurzwelle *f* (*Phys*) ultra-short wave; (*Rad*) ≃ very high frequency, ≃ frequency modulation.

Ultrakurzwellen|empfänger *m* VHF receiver; **Ultrakurzwellensender** *m* VHF station; (*Apparat*) VHF transmitter.

Ultramarin *nt* **-s**, *no pl* ultramarine; **ultramarin(blau)** *adj* ultramarine; **ultramodern** *adj* ultramodern; **Ultraschall** *m* (*Phys*) ultrasound; **Ultraschall|aufnahme** *f*, **Ultraschall|untersuchung** *f* (*Med*) scan (*Brit*), ultrasound (*US*); **Ultraschallwellen** *pl* ultrasonic waves *pl*; **ultraviolett** *adj* ultraviolet.

um I *prep +acc* **1. ~ ...** (**herum**) round (*esp Brit*), around; (*unbestimmter, in der Gegend von*) around, about; **er hat gern Freunde ~ sich** he likes to have friends around him.

2. (*nach allen Seiten*) **~ sich schauen** to look around (one) *or* about one; **~ sich schlagen** to hit out in all directions; **etw ~ sich werfen** to throw sth around *or* about.

3. (*zur ungefähren Zeitangabe*) **~ ...** (**herum**) around about; (*bei Uhrzeiten auch*) at about; **die Tage ~ die Sommersonnenwende** (**herum**) the days either side of the summer solstice; **~ Weihnachten/Ostern** around Christmas/Easter *etc*.

4. (*zur genauen Angabe der Uhrzeit*) at. **bitte kommen Sie** (**genau**) **~ acht** please come at eight (sharp).

5. (*betreffend, über*) about. **es geht ~ das Prinzip** it's a question of principles; **es geht ~ alles** it's all or nothing; **es steht schlecht ~ seine Gesundheit** his health isn't very good.

6. (*für, Ergebnis, Ziel bezeichnend*) for. **der Kampf ~ die Stadt/den Titel** the battle for the town/the title; **~ Geld spielen** to play for money; **~ etw rufen/bitten** *etc* to cry/ask *etc* for sth.

7. (*wegen*) **die Sorge ~ die Zukunft** concern for *or* about the future; (**es ist**) **schade ~ das schöne Buch** (it's a) pity *or* shame about that nice book; **sich ~ etw sorgen** to worry about sth; **es tut mir leid ~ ihn** I'm sorry for him.

8. (*bei Differenzangaben*) by. **~ 10 % teurer** 10% more expensive; **er ist ~ zwei Jahre jünger als sie** he is two years younger than she is, he is younger than her by two years; **~ vieles besser** far better, better by far; **~ einiges besser** quite a bit

better; **~ nichts besser/teurer** *etc* no better/dearer *etc*; **etw ~ 4 cm verkürzen** to shorten sth by 4 cm.

9. (*bei Verlust*) **jdn ~ etw bringen** to deprive sb of sth; **~ etw kommen** to be deprived of sth, to miss out on sth.

10. (*nach*) after, upon. **Stunde ~ Stunde** hour after *or* upon hour; **einen Tag ~ den anderen** day after day.

II *prep +gen* **~ ... willen** for the sake of; **~ Gottes willen!** for goodness *or* (*stärker*) God's sake!

III *conj* **1. ~ ... zu** (*final*) (in order) to; **er spart jeden Pfennig, ~ sich später ein Haus kaufen zu können** he is saving every penny in order to be able to buy a house later; **intelligent genug/zu intelligent, ~ ... zu** intelligent enough/too intelligent to ...; **der Fluß schlängelt sich durch das enge Tal, ~ dann in der Ebene zu einem breiten Strom anzuwachsen** the stream winds through the narrow valley and then broadens out into a wide river in the plain.

2. (*desto*) **~ so besser/schlimmer!** so much the better/ worse!, all the better/ that's even worse!; **je mehr ... ~ so weniger/eher kann man ...** the more ... the less/sooner one can ...; **~ so mehr, als ...** all the more considering *or* as; **unser Urlaub ist sehr kurz, ~ so besser muß er geplant werden** as our holiday is so short, we have to plan it all the better.

IV *adv* (*ungefähr*) **~** (**die**) **30 Schüler** *etc* about *or* around *or* round about 30 pupils *etc*, 30 pupils *etc* or so.

um|adressieren* *vt sep* to readdress; (*und nachschicken*) to redirect.

um|ändern *vt sep* to alter; (*modifizieren auch*) to modify.

um|arbeiten *vt sep* to alter; Buch *etc* to revise, to rewrite, to rework; Metall *etc* to rework. **einen Roman zu einem Drehbuch ~** to adapt a novel for the screen.

um|armen* *vt insep* to embrace (*auch euph*); (*fester*) to hug.

Um|armung *f siehe vt* embrace; hug.

Umbau *m siehe vt* rebuilding, renovation; conversion; alterations *pl* (+*gen, von* to); modification; reorganization; changing. **das Gebäude befindet sich im ~** the building is being rebuilt.

umbauen¹ *sep* **I** *vt* Gebäude (*gründlich renovieren*) to rebuild, to renovate; (*zu etw anderem*) to convert (*zu* into); (*umändern*) to alter; Maschine *etc* to modify; (*fig: Organisation*) to reorganize; (*Theat*) Kulissen to change. **II** *vi* to rebuild.

umbauen²* *vt insep* to enclose. **umbauter Raum** enclosed *or* interior area.

umbenennen* *vt sep irreg* to rename (*in etw* sth).

Umbenennung *f* renaming.

umbesetzen* *vt sep* (*Theat*) to recast; Mannschaft to change, to reorganize; Posten, Stelle to reassign.

Umbesetzung *f siehe vt* recasting; change, reorganization; reassignment. **eine ~ vornehmen** (*Theat*) to alter the cast; **~en vornehmen** (*Theat*) to recast roles; **~en im Kabinett vornehmen** to reshuffle the cabinet.

umbestellen* *sep* **I** *vi* to change one's order.

II *vt Patienten etc* to give another *or* a new appointment to.

umbetten *vt sep Kranken* to move *or* transfer (to another bed); *Leichnam* to rebury, to transfer; *Fluß* to rechannel.

umbiegen *sep irreg* **I** *vt* to bend. **II** *vr* to curl. **III** *vi aux sein (Weg)* to bend, to turn; *(zurückgehen)* to turn round *or* back.

umbilden *vt sep (fig)* to reorganize, to reconstruct; *(Pol) Kabinett* to reshuffle *(Brit)*, to shake up *(US)*.

Umbildung *f siehe vt* reorganization, reconstruction; reshuffle, shake-up.

umbinden *vt sep irreg* to put on; *(mit Knoten auch)* to tie on. **sich** *(dat)* **einen Schal** ~ to put a scarf on.

umblättern *vti sep* to turn over.

umblicken *vr sep* to look round. **sich nach jdm/etw** ~ to turn round to look at sb/sth.

Umbra *f -, no pl (Astron)* umbra; *(Farbe)* umber.

umbrechen[1] *sep irreg* **I** *vt* **1.** *(umknicken)* to break down. **2.** *(umpflügen) Erde* to break up. **II** *vi aux sein* to break.

umbrechen[2]* *vti insep irreg (Typ)* to make up.

umbringen *sep irreg* **I** *vt* to kill *(auch fig inf)*, to murder. **das ist nicht umzubringen** *(fig inf)* it's indestructible; **das bringt mich noch um!** *(inf)* it'll be the death of me! *(inf)*.

II *vr* to kill oneself. **bringen Sie sich nur nicht um!** *(fig inf)* you'll kill yourself (if you go on like that)!; **er bringt sich fast um vor Höflichkeit** *(inf)* he falls over himself to be polite.

Umbruch *m* **1.** radical change. **2.** *(Typ)* makeup. **3.** *(Agr)* ploughing *(Brit)* or plowing *(US)* up.

umbuchen *sep* **I** *vt* **1.** to turn over; *(auf den Kopf)* to turn up (the other way); *(mit der Vorderseite nach hinten)* to turn round, to turn back to front; *(von innen nach außen) Strumpf etc* to turn inside out; *Tasche* to turn (inside) out; *(von außen nach innen)* to turn back the right way; *(um die Achse)* to turn round; *Schlüssel* to turn.

2. **einem Vogel/jdm den Hals** ~ to wring a bird's/sb's neck.

3. *(verrenken)* **jdm den Arm** ~ to twist sb's arm.

II *vr* to turn round *(nach* to look at); *(im Bett etc)* to turn over. **dabei drehte sich ihm der Magen um** *(inf)* it turned his stomach.

III *vi* to turn round *or* back.

Umdrehung *f* turn; *(Phys)* revolution, rotation; *(Mot)* revolution, rev.

Umdrehungszahl *f* (number of) revolutions *pl* per minute/second.

um|einander *(emph* **um|einander)** *adv* about each other *or* one another; *(räumlich)* (a)round each other.

um|erziehen* *vt sep irreg (Pol euph)* to re-educate *(zu* to become).

umfahren[1] *sep irreg* **I** *vt* to run over *or* down, to knock down. **II** *vi aux sein (inf)* to go out of one's way *(by mistake)*. **er ist 5 Kilometer umgefahren** he went 5 kilometres out of his way.

umfahren[2]* *vt insep irreg* to travel *or* go round; *(mit dem Auto)* to drive round; *(auf Umgehungsstraße)* to bypass; *(um etw zu vermeiden)* to make a detour round; *Kap* to round, to double; *die Welt* to sail round, to circumnavigate.

Umfahrung *f* **1.** *siehe* **umfahren**[2] travelling round; driving round; bypassing; detour; rounding, doubling; sailing (round), circumnavigation. **2.** *(Aus) siehe* **Umgehungsstraße.**

Umfall *m (Pol inf)* turnaround *(inf)*.

umfallen *vi sep irreg aux sein (Mensch)* to fall over *or* down; *(Baum, Gegenstand)* to fall (down); *(vornüber kippen)* to fall *or* topple over; *(inf: ohnmächtig werden)* to pass out, to faint; *(fig inf: nachgeben)* to give in. **vor Müdigkeit fast** ~, **zum U**~ **müde sein** to be (almost) dead on one's feet *(inf)*, to be ready *or* fit to drop; **vor Schreck fast** ~ *(inf)* to almost die with fright, to almost have a heart attack *(inf)*; ~ **wie die Fliegen** *(inf)* to drop like flies.

Umfang *m* **-(e)s, Umfänge 1.** *(von Kreis etc)* perimeter, circumference *(auch Geom)*; *(von Baum auch, Bauch~)* girth.

2. *(Fläche)* area; *(Rauminhalt)* capacity; *(Größe)* size; *(von Gepäck etc)* amount. **das Buch hat einen** ~ **von 800 Seiten** the book contains *or* has 800 pages.

3. *(fig) (Ausmaß)* extent; *(Reichweite)* range; *(Stimm~)* range, compass; *(von Untersuchung, Arbeit etc)* scope; *(von Verkehr, Verkauf etc)* volume. **in großem** ~ on a large scale; **in vollem** ~ fully, entirely, completely; **größeren/ erschreckenden** ~ **annehmen** to assume greater/alarming proportions; **das hat einen solchen** ~ **angenommen, daß ...** it has assumed such proportions that ...

umfangen* *vt insep irreg* **1.** **jdn mit seinen Blicken** ~ *(fig)* to fix one's eyes upon sb. **2.** *(fig: umgeben)* to envelop. **3.** *(geh: umarmen)* to embrace.

umfänglich, umfangreich *adj* extensive; *(fig: breit) Wissen etc auch* wide; *(geräumig)* spacious; *Buch* thick.

umfärben *vt sep* to dye a different colour.

umfassen* *vt insep* **1.** to grasp, to clasp; *(umarmen)* to embrace. **ich konnte den Baum nicht mit den Armen** ~ I couldn't get my arms (a)round the tree; **er hielt sie umfaßt** he held her close *or* to him, he held her in an embrace.

2. *(Mil)* to encircle, to surround.

3. *(fig) (einschließen) Zeitperiode* to cover; *(enthalten)* to contain, to include; *Seiten* to contain.

umfassend *adj (umfangreich, weitreichend)* extensive; *(vieles enthaltend)* comprehensive; *Vollmachten, Maßnahmen auch* sweeping; *Vorbereitung* thorough; *Geständnis* full, complete.

Umfassung *f* (*Mil*) encirclement.

Umfeld *nt* (associated) area *or* field. **zum ~ von etw gehören** to be associated with sth.

umfliegen* *vt insep irreg* to fly (a)round.

umformen *vt sep* **1.** to remodel, to reshape (*in* +*acc* into). **2.** (*Elec*) to convert. **3.** (*Ling*) to transform.

Umformer *m* **-s, -** (*Elec*) converter.

Umformung *f siehe vt* remodelling, reshaping; conversion; transformation.

Umfrage *f* **1.** (*Sociol*) survey; (*esp Pol*) (opinion) poll. **eine ~ halten** *or* **machen** *or* **veranstalten** to carry out *or* hold a survey/ a poll *or* an opinion poll. **2. ~ halten** to ask around; **unter** *or* **bei den Mitgliedern ~ halten** to ask (around) the members.

Umfrage|ergebnis *nt* survey/poll result(s *pl*).

umfried(ig)en* *vt insep* to enclose; (*mit Zaun auch*) to fence in; (*mit Mauer auch*) to wall in.

Umfried(ig)ung *f* (*Zaun, Mauer etc*) enclosing fence/wall *etc*. **als ~ für den Park dient eine Hecke** the park is enclosed by a hedge.

umfrisieren* *vt sep* (*inf*) **1.** *Nachrichten etc* to doctor (*inf*). **2. sich** (*dat*) **die Haare ~ lassen** to have one's hair restyled.

umfüllen *vt sep* to transfer into another bottle/container *etc*.

umfunktionieren* *vt sep* to change *or* alter the function of. **etw in** (+*acc*) *or* **zu etw ~** to change *or* turn sth into sth.

Umfunktionierung *f* **die ~ einer Sache** (*gen*) changing the function of sth; **die ~ der Versammlung zu einer Protestkundgebung** changing the function of the meeting and making a protest rally out of it.

Umgang *m* **-s** *no pl* **1.** (*gesellschaftlicher Verkehr*) contact, dealings *pl*; (*Bekanntenkreis*) acquaintances *pl*, friends *pl*. **schlechten ~ haben** to keep bad company; **das sieht man schon/das liegt an seinem ~** you can tell that from/that's because of the company he keeps; **~ mit jdm/einer Gruppe haben** *or* **pflegen** to associate with sb/associate *or* mix with a group; **keinen/ so gut wie keinen ~ mit jdm haben** to have nothing/little to do with sb; **er ist kein ~ für dich** he's not fit company *or* no company for you.

2. im ~ mit Tieren/Jugendlichen/ Vorgesetzten muß man ... in dealing with animals/young people/one's superiors one must ...; **durch ständigen ~ mit Autos/ Büchern/Kindern** through having a lot to do with cars/books/children; **an den ~ mit Tieren/Kindern gewöhnt sein** to be used to having to do with animals/children; **an den ~ mit Büchern/ Nachschlagewerken gewöhnt sein** to be used to having books around (one)/to using reference books.

umgänglich *adj* (*entgegenkommend*) obliging; (*gesellig*) sociable, friendly; (*verträglich*) affable, pleasant-natured.

Umgänglichkeit *f siehe adj* obliging nature; sociability, friendliness; affability, pleasant nature.

Umgangsformen *pl* manners *pl*; **Umgangs-**

sprache *f* colloquial language *or* speech; **die deutsche ~** colloquial German; **umgangssprachlich** *adj* colloquial.

umgarnen* *vt insep* to ensnare, to beguile.

umgaukeln* *vt insep* (*geh*) to flutter about *or* around; (*fig: mit Schmeicheleien etc*) to ensnare, to beguile.

umgeben* *insep irreg* **I** *vt* to surround (*auch fig*). **mit einer Mauer/einem Zaun ~ sein** to be walled/fenced in, to be surrounded by a wall/fence; **das von Weinbergen ~e Stuttgart** the town of Stuttgart, surrounded by vineyards. **II** *vr* **sich mit jdm/etw ~** to surround oneself with sb/sth.

Umgebung *f* (*Umwelt*) surroundings *pl*; (*von Stadt auch*) environs *pl*, surrounding area; (*Nachbarschaft*) vicinity, neighbourhood; (*gesellschaftlicher Hintergrund*) background; (*Freunde, Kollegen etc*) people *pl* about one. **Hamburg und ~** Hamburg and the Hamburg area, Hamburg and its environs *or* the surrounding area; **in der näheren/weiteren ~ Münchens** on the outskirts/in the environs of Munich; **zu jds (näherer) ~ gehören** (*Menschen*) to be one of the people closest to sb; **in seiner ~ fühle ich mich unwohl** I feel uneasy in his company.

Umgegend *f* surrounding area. **die ~ von London** the area around London.

umgehen¹ *vi sep irreg aux sein* **1.** (*Gerücht etc*) to circulate, to go (a)round *or* about; (*Grippe*) to be about; (*Gespenst*) to walk. **in diesem Schloß geht ein Gespenst um** this castle is haunted (by a ghost).

2. mit jdm/etw ~ können (*behandeln, handhaben*) to know how to handle *or* treat sb/sth; **mit Geld ~** to know how to handle sth; (*mit jdm/etw verfahren*) to know how to deal with *or* handle sb/sth; **mit jdm grob/behutsam ~** to treat sb roughly/gently; **wie der mit seinen Sachen umgeht!** you should see how he treats his things!; **sorgsam/verschwenderisch mit etw ~** to be careful/lavish with sth; **sage mir, mit wem du umgehst, und ich sage dir, wer du bist** (*Prov*) you can tell the sort of person somebody is from *or* by the company he keeps.

umgehen²* *vt insep irreg* **1.** to go round; (*vermeiden*) to avoid; (*Straße*) to by-pass; (*Mil*) to outflank.

2. (*fig*) to avoid; *Schwierigkeit auch, Gesetz* to circumvent, to get round, to by-pass; *Frage, Thema auch* to evade.

umgehend I *adj* immediate, prompt. **II** *adv* immediately.

Umgehung *f, no pl* **1.** *siehe* **umgehen²** going round; avoidance; by-passing; outflanking; avoidance; circumvention, getting round, by-passing; evasion. **die ~ des Geländes** going round the grounds; **unter ~ der Vorschriften** by getting round *or* circumventing the regulations. **2.** (*inf:* ~*sstraße*) by-pass.

Umgehungsstraße *f* by-pass (*Brit*), beltway (*US*).

umgekehrt I *ptp of* **umkehren.**

II *adj* reversed; *Reihenfolge* reverse; (*gegenteilig*) opposite, contrary; (*andersherum*) the other way around. **nein, ~!** no, the other way round; **mit ~em Vor-**

zeichen (*Math*) with the opposite sign; (*fig*) with the roles reversed; **gerade** *or* **genau ~!** quite the contrary!, just the opposite!; **die Sache war genau ~ und nicht so, wie er sie erzählte** the affair was exactly the reverse of what he said; **im ~en Verhältnis zu etw stehen** *or* **sein** to be in inverse proportion to sth.

III *adv* (*anders herum*) the other way round; (*am Satzanfang: dagegen*) conversely; *proportional* inversely. **... und/ oder ~** ... and/or vice versa; **~ als** *or* **wie** (*inf*) ... the other way round to what ...; **es kam ~** (*inf*) the opposite happened.

umgestalten* *vt sep* to alter; (*reorganisieren*) to reorganize; (*umbilden*) to remodel; (*umordnen*) to rearrange.

Umgestaltung *f siehe vt* alteration; reorganization; remodelling; rearrangement.

umgewöhnen* *vr sep* to re-adapt.

umgraben *vt sep irreg* to dig over; *Erde* to turn (over).

umgrenzen* *vt insep* to bound, to surround; (*umfassen auch*) to enclose; (*fig*) to delimit, to define.

umgruppieren* *vt sep Möbel etc* to rearrange; *Mitarbeiter* to redeploy; (*auf andere Gruppen verteilen*), (*Mil*) *Truppen* to regroup.

Umgruppierung *f siehe vt* rearrangement; redeployment; regrouping.

umgucken *vr sep siehe* **umsehen.**

umhalsen* *vt sep jdn ~* (*inf*) to throw one's arms around sb's neck.

Umhang *m* **-(e)s, Umhänge** cape; (*länger*) cloak; (*Umhängetuch*) shawl, wrap.

Umhängemikrophon *nt* neck *or* lavalier (*spec*) microphone.

umhängen *vt sep* **1.** *Rucksack etc* to put on; *Jacke, Schal etc* to drape round; *Gewehr auch* to sling on. **sich** (*dat*) **etw ~** to put sth on; to drape sth round one; **jdm etw ~** to put sth on sb; to drape sth around sb. **2.** *Bild* to rehang.

Umhängetasche *f* shoulder bag.

umhauen *vt sep irreg* **1.** to chop *or* cut down, to fell. **2.** (*inf: umwerfen*) to knock over. **3.** (*inf*) (*erstaunen*) to bowl over (*inf*); (*Gestank etc*) to knock out.

umhegen* *vt insep* (*geh*) to look after *or* care for lovingly.

umher *adv* around, about. **weit ~** all around.

umher- *pref siehe auch* **herum-** around, about; **umherfahren** *sep irreg* I *vt* to drive around *or* about; **jdn in der Stadt ~** to drive sb around *or* about the town; II *vi aux sein* to travel around *or* about; (*mit Auto*) to drive around *or* about; **umhergehen** *vi sep irreg aux sein* to walk around *or* about; **im Zimmer/Garten ~** to walk (a)round the room/garden; **umher|irren** *vi sep aux sein* (*in etw* (*dat*) *sth*) to wander around *or* about; (*Blick, Augen*) to roam about; **ängstlich irrte ihr Blick im Zimmer umher** her eyes anxiously scanned the room; **nach langen Jahren des U~s** after many years of wandering (around); **umherlaufen** *vi sep irreg aux sein* to walk about *or* around; (*rennen*) to run about *or* around; **im Garten ~** to walk/run about *or*

(a)round the garden; **umherstreifen** *vi sep aux sein* to wander *or* roam about *or* around (*in etw* (*dat*) *sth*); **umherstreunen** *vi sep aux sein* (*geh*) *siehe* **herumstreunen; umherwandern** *vi sep aux sein* to wander *or* roam about (*in etw* (*dat*) *sth*); **umherziehen** *sep irreg* I *vi aux sein* to wander *or* travel around (*in etw* (*dat*) *sth*); II *vt* to pull about *or* around.

umhinkönnen *vi sep irreg* **ich/er kann nicht umhin, das zu tun** I/he can't avoid doing it; (*einem Zwang folgend*) I/he *etc* can't help doing it; **ich konnte nicht umhin** I couldn't avoid it; I couldn't help it.

umhören *vr sep* to ask around. **sich unter seinen Kollegen ~** to ask around one's colleagues.

umhüllen* *vt insep* to wrap (up) (*mit* in). **von einem Geheimnis umhüllt** shrouded in secrecy *or* mystery.

um|interpretieren* *vt sep* to interpret differently; (*Liter*) to reinterpret.

umjubeln* *vt insep* to cheer. **ein umjubelter Popstar** a wildly acclaimed pop idol.

umkämpfen* *vt insep Entscheidung, Stadt* to dispute; *Wahlkreis, Sieg* to contest.

Umkehr *f* **-, no pl** **1.** (*lit*) turning back. **jdn zur ~ zwingen** to force sb to turn back. **2.** (*fig geh*) (*Änderung*) change; (*zur Religion etc*) changing one's ways. **zur ~ bereit sein/~ geloben** to be ready/to vow to change one's ways.

umkehrbar *adj* reversible.

umkehren *sep* I *vi aux sein* to turn back; (*denselben Weg zurückgehen*) to retrace one's steps; (*fig*) to change one's ways.

II *vt Kleidungsstück* (*von innen nach außen*) to turn inside out; (*von außen nach innen*) to turn the right way out; *Tasche* to turn (inside) out; *Reihenfolge* to reverse, to invert (*auch Gram, Math, Mus*); *Verhältnisse* (*umstoßen*) to overturn; (*auf den Kopf stellen*) to turn upside down, to invert. **das ganze Zimmer ~** (*inf*) to turn the whole room upside down (*inf*); *siehe auch* **umgekehrt.**

III *vr* (*Verhältnisse*) to become inverted *or* reversed. **dabei kehrt sich mir der Magen um** it turns my stomach, my stomach turns (over) at the sight/smell *etc* of it; **mein Inneres kehrt sich um, wenn ...** my gorge rises when ...

Umkehrfilm *m* (*Phot*) reversal film.

Umkehrlinse *f* inverting lens.

Umkehrung *f* (*von Gesagtem, Reihenfolge etc*) reversal, inversion (*auch Gram, Math, Mus*). **das ist eine ~ dessen, was ich gesagt habe** that's the opposite *or* reverse of what I said.

umkippen *sep* I *vt* to tip over, to upset; *Auto, Boot* to overturn, to turn over; *Leuchter, Vase* to knock over; *volles Gefäß* to upset.

II *vi aux sein* **1.** to tip *or* fall over; (*Auto, Boot*) to overturn, to turn over; (*volles Gefäß, Bier*) to be spilled *or* upset.

2. (*inf: ohnmächtig werden*) to pass out.

3. (*es sich anders überlegen*) to come round.

4. (*Fluß, See*) to become polluted (*to the point where organic life is no longer possible*).

umklammern* vt insep to wrap one's arms/legs around; (umarmen auch) to hug, to embrace; (mit Händen) to clasp; (festhalten) to cling to; (Ringen) to hold, to clinch; (Mil) to trap in a pincer movement. **sie hielt ihn/meine Hand umklammert** she held him/my hand tight, she clung (on) to him/my hand; **einander** or **sich ~** (Ringen) to go into a/be in a clinch.

Umklammerung f clutch; (Umarmung) embrace; (Ringen) clinch; (Mil) pincer movement.

umklappen sep I vt to fold down. II vi aux sein (inf) to pass out.

Umkleidekabine f changing cubicle; (in Kleidungsgeschäft auch) changing or fitting room.

umkleiden¹ vr sep to change (one's clothes). **sie ist noch nicht umgekleidet** she isn't changed yet.

umkleiden²* vt insep to cover. **die Wahrheit mit schönen Worten ~** (fig) to gloss over or varnish the truth.

Umkleideraum m changing room; (esp mit Schließfächern) locker room; (Theat) dressing room.

umknicken sep I vt Ast to snap; Gras, Strohhalm to bend over; Papier to fold (over). II vi aux sein (Ast) to snap; (Gras, Strohhalm) to get bent over. **mit dem Fuß ~** to twist one's ankle.

umkommen vi sep irreg aux sein 1. (sterben) to die, to be killed, to perish (liter). **vor Lange(r)weile ~** (inf) to be bored to death (inf); **da kommt man ja um!** (inf) (vor Hitze) the heat is killing (inf); (wegen Gestank) it's enough to knock you out (inf). 2. (inf: verderben) to go off or bad.

Umkreis m (Umgebung) surroundings pl; (Gebiet) area; (Nähe) vicinity; (Geom) circumcircle. **im näheren ~** in the vicinity; **im ~ von 20 Kilometern** within a radius of 20 kilometres.

umkreisen* vt insep to circle (around); (Astron) to orbit, to revolve around; (Space) to orbit.

Umkreisung f (Space, Astron) orbiting. **drei ~en der Erde** three orbits of the Earth; **die ~ des Feindes** circling the enemy.

umkrempeln vt sep 1. to turn up; (mehrmals) to roll up. 2. (umwenden) to turn inside out; (inf) Zimmer to turn upside down (inf); Betrieb to shake up (inf). **jdn ~** (fig inf) to change sb or sb's ways.

umkucken vr sep (N Ger inf) siehe **umsehen**.

Umlage f **eine ~ machen** to split the cost; **sie beschlossen eine ~ der Kosten** they decided to split the costs.

umlagern* vt insep to surround; (sich drängen um, Mil) to besiege.

Umland nt, no pl surrounding countryside.

Umlandgemeinde f surrounding community.

Umlauf m -s, **Umläufe** 1. (von Erde etc) revolution; (das Kursieren) circulation (auch fig). **im ~ sein** to be circulating, to be in circulation; **in ~ bringen** to circulate; Geld auch to put into circulation; Gerücht auch to put about, to spread. 2. (Rundschreiben) circular. 3. (Med: Fin-

gerentzündung) whitlow.

Umlaufbahn f orbit. **die ~ um den Mond/die Erde** lunar/earth orbit; **auf der ~ um die Erde sein** to be orbiting the earth.

umlaufen* vt insep irreg to orbit.

Umlaufzeit f (Astron) period; (Space) orbiting time.

Umlaut m 1. no pl umlaut, vowel mutation. 2. (Laut) vowel with umlaut, mutated vowel.

umlauten vt sep to mutate, to modify (zu into).

umlegen vt sep 1. (umhängen, umbinden) to put round; (Verband) to put on, to apply. **jdm/sich eine Stola ~** to put a stole round sb's/one's shoulders. 2. Mauer, Baum to bring down; (sl: zu Boden schlagen) Gegner to knock down. 3. (umklappen) to tilt (over); Kragen to turn down; Manschetten to turn up; (Cards) to turn (over); Hebel to turn. 4. Termin to change (auf +acc to). 5. (verteilen) **die 20 Mark wurden auf uns fünf umgelegt** the five of us each paid a contribution towards the 20 marks. 6. (sl: ermorden) to bump off (sl). 7. (sl) Mädchen to lay (sl), to screw (sl).

umleiten vt sep to divert.

Umleitung f diversion; (Strecke auch) detour.

umlernen vi sep to retrain; (fig) to change one's ideas.

umliegend adj surrounding.

Umluft f (Tech) circulating air.

ummauern* vt insep to wall in (mit by).

ummelden vtr sep **jdn/sich ~** to notify (the police of) a change in sb's/one's address.

Ummeldung f notification of (one's) change of address.

ummodeln vt sep (inf) to change.

umnachtet adj (geh) Geist clouded over pred. **geistig ~** mentally deranged.

Umnachtung f **geistige ~** mental derangement; **da muß ich in geistiger ~ gewesen sein** (iro) I must have had a brainstorm.

umnähen vt sep Saum to stitch up.

umnebeln* insep I vt (mit Tabakrauch) to surround with smoke. II vr (Blick) to cloud or mist over. **mit umnebeltem Blick** with misty eyes.

umnumerieren* vt sep to renumber.

Um|organisation f reorganization.

um|organisieren* vt sep to reorganize.

Um|orientierung f reorientation.

umpacken vt sep to repack.

umpflanzen vt sep to transplant; Topfpflanze to repot.

umpflügen vt sep to plough up.

umpolen vt sep (Elec) to reverse the polarity of; (inf: ändern) to convert (auf +acc to).

umquartieren* vt sep to move; Truppen (in andere Kaserne etc) to re-quarter; (in anderes Privathaus) to rebillet.

umrahmen* vt insep to frame. **die Ansprache war von musikalischen Darbietungen umrahmt** the speech was accompanied by musical offerings (before and after).

Umrahmung f setting (+gen, von for). **mit musikalischer ~** with music before and after.

umranden* vt insep to edge, to border.

Umrandung f border, edging.

umranken* vt insep to climb or twine (a)round. **von** or **mit Efeu umrankt** twined around with ivy.

umräumen sep I vt (anders anordnen) to rearrange, to change (a)round; (an anderen Platz bringen) to shift, to move. II vi to change the furniture (a)round, to rearrange the furniture.

umrechnen vt sep to convert (in +acc into).

Umrechnung f conversion.

Umrechnungskurs m exchange rate, rate of exchange; **Umrechnungstabelle** f conversion table.

umreißen* vt insep irreg to outline. **scharf umrissen** clear-cut, well defined; Züge auch sharply defined.

umrennen vt sep irreg to (run into and) knock down.

umringen* vt insep to surround, to gather around; (drängend) to throng or crowd around. **von neugierigen Passanten umringt** surrounded/thronged by curious passers-by.

Umriß m outline; (Kontur) contour(s pl). **etw in Umrissen zeichnen/erzählen** to outline sth, to draw/tell sth in outline; „Geschichte in Umrissen" "History – A Brief Outline".

umrißhaft adj in outline.

Umrißzeichnung f outline drawing.

umrühren vt sep to stir. **etw unter ständigem U~ kochen** to boil sth stirring constantly.

umrüsten vt sep **1.** (Tech) to convert (auf + acc to). **2.** (Mil) to re-equip.

ums contr of **um das.**

umsatteln sep I vt Pferd to resaddle. II vi (inf) (beruflich) to change jobs; (Univ) to change courses. **von etw auf etw** (acc) ~ **to** switch from sth to sth.

Umsatz m (Comm) turnover. **500 Mark ~ machen** (inf) to do 500 marks' worth of business.

Umsatz|anstieg m increase in turnover;
Umsatzbeteiligung f commission;
Umsatzrückgang m drop in turnover;
Umsatzsteuer f sales tax.

umsäumen* vt insep to line; (Sew) to edge. **von Bäumen umsäumt** tree-lined.

umschalten sep I vt (auf +acc to) Schalter to flick; Hebel to turn; Strom to convert; Gerät to switch over. **den Schalter auf „heiß"** ~ to put the switch to "hot".
II vi to flick the/a switch; to push/pull a/ the lever; (auf anderen Sender) to turn or change over (auf +acc to); (im Denken, sich gewöhnen) to change (auf +acc to); (Aut) to change (Brit), to shift (in +acc to). „**wir schalten jetzt um nach Hamburg"** "and now we go over or we're going over to Hamburg".

Umschalter m (Elec) (change-over) switch; (von Schreibmaschine) shift-key.

Umschaltpause f (Rad, TV) intermission, break (before going over to somewhere else); **Umschalttaste** f shift-key.

Umschaltung f (auf +acc to) change-over; (im Denken, Umgewöhnung) change.

Umschau f, no pl (fig) review; (TV, Rad) magazine programme. ~ **halten** to look around (nach for).

umschauen vr sep siehe **umsehen.**

umschichten sep I vt to restack. II vr (Sociol) to restructure itself.

umschichtig adv on a shift basis. ~ **arbeiten** to work in shifts.

Umschichtung f **1.** restacking. **2.** (Sociol) restructuring. **soziale** ~ change of social stratification, social restructuring.

umschiffen* vt insep to sail (a)round; Kap auch to round, to double (spec); Erde auch to circumnavigate; siehe **Klippe.**

Umschlag m **1.** (Veränderung) (sudden) change (+gen in, in +acc into).
2. (Hülle) cover; (Brief~) envelope; (als Verpackung) wrapping; (Buch~) jacket.
3. (Med) compress; (Packung) poultice.
4. (Ärmel~) cuff; (Hosen~) turn-up (Brit), cuff (US).
5. (umgeschlagene Gütermenge) volume of traffic. **einen hohen** ~ **an Baumwolle haben** to handle a lot of cotton.

umschlagen sep irreg I vt **1.** Seite etc to turn over; Ärmel, Hosenbein, Saum to turn up; Teppich, Decke to fold or turn back; Kragen to turn down.
2. (um die Schultern) Schal to put on.
3. (umladen) Güter to transfer, to transship. **etw vom Schiff auf die Bahn** ~ to unload sth from the ship onto the train.
4. (absetzen) Güter to handle.
II vi aux sein (sich ändern) to change (suddenly); (Wind auch) to veer round; (Stimme) to break, to crack. **in etw** (acc) ~ to change or turn into sth; **ins Gegenteil** ~ to become the opposite.

Umschlag|entwurf m jacket design;
Umschlaghafen m port of transshipment; **Umschlagklappe** f jacket flap (of book); **Umschlagplatz** m trade centre;
Umschlagtuch nt shawl, wrap (esp US).

umschließen* vt insep irreg to surround (auch Mil), to enclose; (mit den Armen) to embrace (mit in); (fig: Plan, Entwurf etc) to include, to encompass.

umschlingen* vt insep irreg **1.** (Pflanze) to twine (a)round. **2.** (geh) **jdn** (mit den Armen) ~ to enfold (liter) or clasp sb in one's arms, to embrace sb.

umschlungen adj eng ~ with their etc arms tightly round each other.

Umschluß m (in Strafanstalt) sharing a cell instead of solitary confinement when awaiting trial.

umschmeicheln* vt insep to flatter; (fig) to caress.

umschmeißen vt sep irreg (inf) **1.** siehe **umhauen 2., 3. 2. das schmeißt meine Pläne um** that mucks my plans up (inf).

umschnallen vt sep to buckle on.

umschreiben¹ vt sep irreg **1.** Text etc to rewrite; (in andere Schrift) to transcribe (auch Phon), to transliterate; (bearbeiten) Theaterstück etc to adapt (für for).
2. (umbuchen) to alter, to change (auf +acc for).
3. Hypothek etc to transfer. **etw auf jdn** ~/~ **lassen** to transfer sth/have sth transferred to sb or sb's name.

umschreiben²* vt insep irreg **1.** (mit anderen Worten ausdrücken) to paraphrase; (darlegen) to outline, to describe; (ab-

grenzen) to circumscribe; (*verhüllen*) *Sachverhalt* to refer to obliquely. **2.** (*Ling*) *Verneinung* to construct.

Umschreibung *f siehe* **umschreiben²**
1. *no pl* paraphrasing; outlining, description; circumscribing, circumscription; oblique reference (*gen* to). **2.** *no pl* construction. **3.** (*das Umschriebene*) paraphrase; outline, description; circumscription; oblique reference (*gen* to), circumlocution.

Umschrift *f* **1.** (*auf Münze*) inscription, circumscription. **2.** (*Ling: Transkription*) transcription (*auch Phon*), transliteration.

umschulden *vt sep* (*Comm*) *Kredit* to convert, to fund. **ein Unternehmen** ~ to change the terms of a firm's debt(s).

Umschuldung *f* funding *no pl*.

umschulen *vt sep* **1.** to retrain; (*Pol euph*) to re-educate. **2.** (*auf andere Schule*) to transfer (to another school).

Umschüler *m* student for retraining.

Umschulung *f siehe* **vt** retraining; re-education; transfer.

umschwärmen* *vt insep* to swarm (a)round; (*Menschen auch*) to flock (a)round; (*verehren*) to idolize. **von Verehrern umschwärmt werden** (*fig*) to be besieged *or* surrounded by admirers; **eine umschwärmte Schönheit** a much-courted beauty.

Umschweife *pl* **ohne** ~ straight out, plainly; **mach keine** ~! don't beat about the bush, come (straight) to the point.

umschwenken *vi sep aux sein or haben* (*Anhänger, Kran*) to swing out; (*fig*) to do an about-face *or* about-turn. **der Kran schwenkte nach rechts um** the crane swung to the right.

Umschwung *m* **1.** (*Gymnastik*) circle. **2.** (*fig*) (*Veränderung*) drastic change; (*ins Gegenteil*) reversal, about-turn. **ein ~ zum Besseren** a drastic change for the better.

umsegeln* *vt insep* to sail round; *Kap auch* to round; *Erde auch* to circumnavigate.

Umseg(e)lung *f siehe* **vt** sailing round; rounding; circumnavigation.

umsehen *vr sep irreg* to look around (*nach* for); (*rückwärts*) to look round *or* back. **sich in der Stadt** ~ to have a look (a)round the town; **sich in der Welt** ~ to see something of the world; **ich möchte mich nur mal** ~ (*in Geschäft*) I'm just looking, I just wanted to have a look (around); **ohne mich wird er sich noch** ~ (*inf*) he'll just have to see how he manages without me.

umsein *vi sep irreg aux sein* (*Zusammenschreibung nur bei infin und ptp*) (*Frist, Zeit*) to be up.

Umseite *f* (*Press*) page two. **auf der** ~ on page two.

umseitig *adj* overleaf. **die ~e Abbildung** the illustration overleaf.

umsetzen *vt sep* **1.** *Pflanzen* to transplant; *Topfpflanze* to repot; *Schüler* to move to (another seat). **2.** *Waren* to turn over. **3.** (*Typ*) to re-set. **4.** **etw in etw** (*acc*) ~ to convert sth into sth; (*Mus: transponieren*) to transpose sth

into sth; (*in Verse etc*) to render *or* translate sth into sth; **sein Geld in Briefmarken/Alkohol** ~ to spend all one's money on stamps/alcohol; **etw in die Tat** ~ to translate sth into action.

Umsichgreifen *nt* **-s**, *no pl* spread.

Umsicht *f siehe adj* circumspection, prudence; judiciousness.

umsichtig *adj* circumspect, prudent; *Handlungsweise etc auch* judicious.

Umsichtigkeit *f siehe* **Umsicht.**

umsiedeln *vti sep* (*vi: aux sein*) to resettle. **von einem Ort an einen anderen** ~ to move from one place and settle in another.

Umsied(e)lung *f* resettlement.

Umsiedler *m* resettler.

umso *conj* (*Aus*) = **um so.**

umsonst *adv* **1.** (*unentgeltlich*) free, for nothing, free of charge (*esp Comm*). ~ **sein** to be free (of charge); **das hast du nicht** ~ **getan!** you'll pay for that, I'll get even with you for that.
2. (*vergebens*) in vain, to no avail; (*erfolglos*) without success.
3. (*ohne Grund*) for nothing. **nicht** ~ not for nothing, not without reason.

umsorgen* *vt insep* to care for.

umspannen* *vt insep* **1.** **etw mit beiden Armen/der Hand** ~ to get both arms/one's hand (all the way) round sth. **2.** (*fig*) *Bereich* to encompass, to embrace.

Umspanner *m* **-s**, **-** (*Elec*) transformer.

Umspannstation *f*, **Umspannwerk** *nt* (*Elec*) transformer (station).

umspielen* *vt insep* **1.** (*geh*) (*Rock etc*) to swirl about; (*Lächeln*) to play about; (*Wellen*) to lap about. **2.** (*Ftbl*) to dribble round, to take out (*inf*).

umspringen *vi sep irreg aux sein* **1.** (*Wind*) to veer round (*nach* to), to change; (*Bild*) to change. **2.** (*Ski*) to jump-turn. **3.** **mit jdm grob etc** ~ (*inf*) to treat sb roughly etc, *to be rough with* sb; **so kannst du nicht mit ihr** ~! (*inf*) you can't treat her like that!

umspulen *vt sep* to rewind.

umspülen* *vt insep* to wash round.

Umstand *m* **-(e)s**, **Umstände 1.** circumstance; (*Tatsache*) fact. **ein unvorhergesehener** ~ something unforeseen, unforeseen circumstances; **den Umständen entsprechend** much as one would expect (under the circumstances); **es geht ihm den Umständen entsprechend (gut)** he is as well as can be expected (under the circumstances); **nähere/die näheren Umstände** further details; **in anderen Umständen sein** to be expecting, to be in the family way; **je nach den Umständen** as circumstances dictate; **unter diesen/keinen/anderen Umständen** under these/no/any other circumstances; **unter Umständen** possibly; **unter allen Umständen** at all costs; **wenn es die Umstände erlauben ...** if circumstances permit *or* allow ...
2. Umstände *pl* (*Mühe, Schwierigkeiten*) bother *sing*, trouble *sing*; (*Förmlichkeit*) fuss *sing*; **ohne (große) Umstände** without (much) fuss, without a (great) fuss; **das macht gar keine Umstände** it's no bother *or* trouble at all; **jdm Umstände machen** *or*

bereiten to cause sb bother *or* trouble, to put sb out; **machen Sie bloß keine Umstände!** please don't go to any bother *or* trouble, please don't put yourself out.

umständehalber *adv* owing to circumstances. „,~ zu verkaufen" "forced to sell".

umständlich *adj Arbeitsweise, Methode* (awkward and) involved; *(langsam und ungeschickt)* ponderous; *Vorbereitung* elaborate; *Erklärung, Übersetzung, Anleitung* long-winded; *Abfertigung* laborious, tedious; *Arbeit, Reise* awkward. **sei doch nicht so ~!** don't make such heavy weather of everything!, don't make everything twice as hard as it really is!; **er ist fürchterlich ~** he always makes such heavy weather of everything; **etw ~ machen** to make heavy weather of doing sth; **etw ~ erzählen/erklären/beschreiben** *etc* to tell/explain/describe *etc* sth in a roundabout way; **das ist vielleicht ~** what a palaver *(inf)*; **das ist mir zu ~** that's too much palaver *(inf) or* trouble *or* bother.

Umständlichkeit *f siehe adj* involvedness; ponderousness; elaborateness; long-windedness; laboriousness, tediousness; awkwardness. **ihre ~** the way she makes such heavy weather of everything.

Umstandsbestimmung *f* adverbial qualification; **mit ~** qualified adverbially; **Umstandskleid** *nt* maternity dress; **Umstandskleidung** *f* maternity wear; **Umstandskrämer** *m (inf)* fusspot *(inf)*, fussbudget *(US inf)*; **Umstandsmoden** *pl* maternity fashions *pl*; **Umstandswort** *nt* adverb.

umstehend I *adj attr* standing round about. **die U~en** the bystanders, the people standing round about. **II** *adv* overleaf.

Umsteigebahnhof *m* interchange (station); **Umsteigeberechtigung** *f* **mit diesem Fahrschein haben Sie keine ~** you can't change (buses/trains) on this ticket; **Umsteigefahrschein** *m* transfer ticket; **Umsteigemöglichkeit** *f* **dort haben Sie ~** you can change there *(nach* for).

umsteigen *vi sep irreg aux sein* 1. to change *(nach* for); *(in Bus, Zug etc)* to change (buses/trains *etc)*. **bitte hier ~ nach Eppendorf** (all) change here for Eppendorf; **in einen anderen Wagen/von einem Auto ins andere ~** to change *or* switch carriages/cars; **bitte beim U~ beeilen!** will those passengers changing here please do so quickly. **2.** *(fig inf)* to change over, to switch (over) *(auf* +acc to).

Umsteiger *m* -s, 1. *(gesellschaftlich) person who tries an alternative life-style.* 2. transfer (ticket).

umstellen¹ *sep* **I** *vti* **1.** *Möbel etc* to rearrange, to change round; *(Gram) Wörter, Satz auch* to reorder; *Subjekt und Prädikat* to transpose.

2. *(anders einstellen) Hebel, Telefon, Fernsehgerät, Betrieb* to switch over; *Radio* to tune *or* switch to another station; *Uhr* to alter, to put back/forward. **auf etw** *(acc)* **~** *(Betrieb)* to go *or* switch over to sth; **auf Erdgas etc** to convert *or* be converted to sth; **etw auf Computer ~** to com-

puterize sth; **der Betrieb wird auf die Produktion von Turbinen umgestellt** the factory is switching over to producing turbines.

II *vr* to move *or* shift about; *(fig)* to get used to a different lifestyle. **sich auf etw** *(acc)* **~** to adapt *or* adjust to sth.

umstellen²* *vt insep* to surround.

Umstellung *f* **1.** *siehe* **umstellen 2.** switchover; tuning to another station; alteration, putting back/forward. **~ auf Erdgas** conversion to natural gas; **~ auf Computer** computerization.

2. *(fig: das Sichumstellen)* adjustment *(auf* +acc to). **das wird eine große ~ für ihn sein** it will be a big change for him.

umstimmen *vt sep* **1.** *Instrument* to tune to a different pitch, to retune. **2.** *jdn* **~** to change sb's mind; **er war nicht umzustimmen, er ließ sich nicht ~** he was not to be persuaded.

umstoßen *vt sep irreg Gegenstand* to knock over; *(fig) (Mensch) Plan, Testament, Bestimmung etc* to change; *(Umstände etc) Plan, Berechnung* to upset.

umstritten *adj (fraglich)* controversial; *(noch nicht entschieden)* disputed.

umstrukturieren* *vt sep* to restructure.

Umstrukturierung *f* restructuring.

umstülpen *vt sep* to turn upside down; *Tasche* to turn out; *Manschetten etc* to turn up *or* back.

Umsturz *m* coup (d'état), putsch.

umstürzen *sep* **I** *vt* to overturn; *Puddingform etc* to turn upside down; *(fig) Regierung, Staat, Verfassung* to overthrow; *Demokratie* to destroy. **~de Veränderungen** revolutionary changes. **II** *vi aux sein* to fall; *(Möbelstück, Wagen etc)* to overturn.

Umstürzler(in *f)* *m* -s, - subversive.

umstürzlerisch *adj* subversive. **sich ~ betätigen** to engage in subversive activities.

Umsturzversuch *m* attempted coup *or* putsch.

umtaufen *vt sep* to rebaptize; *(umbenennen)* to rename, to rechristen.

Umtausch *m* exchange. **diese Waren sind vom ~ ausgeschlossen** these goods cannot be exchanged; **beim ~ bitte den Kassenzettel vorlegen** please produce the receipt when exchanging goods.

umtauschen *vt sep* to (ex)change; *Geld* to change, to convert *(form) (in* +acc into).

umtost *adj (liter)* buffeted *(von* by).

Umtriebe *pl* machinations *pl*. **umstürzlerische ~** subversive activities.

Umtrunk *m* drink.

umtun *vr sep irreg (inf)* to look around *(nach* for).

U-Musik *f abbr of* **Unterhaltungsmusik**.

umverteilen* *vt sep or insep* to redistribute.

Umverteilung *f* redistribution.

Umwälz|anlage *f* circulating plant.

umwälzen *vt sep Luft, Wasser* to circulate; *(fig)* to change radically, to revolutionize.

umwälzend *adj (fig)* radical; *Ereignisse* revolutionary.

Umwälzpumpe *f* circulator pump.

Umwälzung *f (Tech)* circulation; *(fig)* radical change.

umwandelbar *adj* (*in* +*acc* to) convertible; *Strafe* commutable.

umwandeln *sep* **I** *vt* to change (*in* +*acc* into); (*Energie etc*) (*Comm, Fin, Sci*) to convert (*in* +*acc* to); (*Jur*) *Strafe* to commute (*in* +*acc* to); (*fig*) to transform (*in* + *acc* into). **er ist wie umgewandelt** he's a changed man *or* a different person. **II** *vr* to be converted (*in* +*acc* into).

Umwandlung *f siehe vb* change; transmutation; conversion; commutation; transformation.

umweben *vt insep irreg* (*liter*) to envelop. **viele Sagen umwoben das alte Schloß** many legends had been woven round the old castle; **ein von Sagen umwobener Ort** a place around which many legends have been woven.

umwechseln *vt sep Geld* to change (*in* +*acc* to, into).

Umwechslung *f* exchange (*in* +*acc* for).

Umweg ['ʊmveːk] *m* detour; (*fig*) roundabout way. **einen ~ machen/fahren** to go a long way round; (*absichtlich auch*) to make a detour; **wenn das für Sie kein ~ ist** if it doesn't take you out of your way; **auf ~en (ans Ziel kommen)** (to get there) by a roundabout *or* circuitous route; (*fig*) (to get there) in a rather roundabout way; **er ist auf ~en in den Schuldienst gekommen** he didn't go straight into teaching by any means; **auf dem ~ über jdn** (*fig*) indirectly via sb; **etw auf ~en erfahren** (*fig*) to find sth out indirectly.

Umwelt *f, no pl* environment.

Umwelt- *in cpds* environmental; **umweltbedingt** *adj* caused by the environment; **Umweltbelastung** *f* ecological damage, damage to the environment; **Umweltbiologie** *f* bionomics *sing*; **Umwelterziehung** *f* education in environmental problems; **umweltfeindlich** *adj* ecologically harmful, damaging to the environment, polluting; **umweltfreundlich** *adj* environmentally *or* ecologically beneficial, non-polluting; **umweltgeschädigt** *adj* environmentally deprived; **umweltgestört** *adj* (*Psych*) maladjusted (*due to adverse social factors*); **Umweltkrankheiten** *pl* diseases *pl* caused by pollution; **Umweltkriminalität** *f* environmental crimes *pl*; **Umweltplanung** *f* ecological planning; **Umweltpolitik** *f* ecological policy; **Umweltschutz** *m* environmental protection, conservation *no art*; **Umweltschützer** *m* conservationist, environmentalist; **Umweltsünder** *m* (*inf*) pollutionist (*hum*); **Umweltverschmutzung** *f* pollution (of the environment); **Umweltzerstörung** *f* ecocide.

umwenden *sep irreg* **I** *vt* to turn over. **II** *vr* to turn (round) (*nach* to).

umwerben* *vt insep irreg* to court.

umwerfen *vt sep irreg* **1.** *Gegenstand* to knock over; *Möbelstück etc* to overturn.

2. (*fig: ändern*) to upset, to knock on the head (*inf*).

3. *jdn* (*körperlich*) to knock down; (*Ringen*) to throw down; (*fig inf*) to bowl over. **ein Whisky wirft dich nicht gleich um** one whisky won't knock you out.

4. sich (*dat*) **etw ~** to throw *or* put sth round one's shoulders.

umwerfend *adj* fantastic. **von ~er Komik** hilarious, a scream (*inf*).

Umwertung *f* re-evaluation.

umwickeln¹* *vt insep* to wrap round; (*mit Band, Verband auch*) to swathe (*liter*) (*mit* in); (*mit Schnur, Draht etc*) to wind round. **etw mit Stoff/Draht ~** to wrap cloth/wind wire round sth.

umwickeln² *vt sep* to wrap round; (*Garn etc*) to rewind. **jdm/sich etw ~** to wrap sth round sb/oneself.

umwölken* *vr insep* (*geh*) to cloud over; (*Sonne, Mond auch*) to become veiled in cloud (*liter*); (*Berggipfel*) to become shrouded in cloud; (*fig: Stern*) to cloud.

umzäunen* *vt insep* to fence round.

Umzäunung *f* (*das Umzäunen*) fencing round; (*Zaun*) fence, fencing.

umziehen *sep irreg* **I** *vi aux sein* to move (house); (*Firma etc*) to move. **nach Köln ~** to move to Cologne. **II** *vr* to change, to get changed.

umzingeln* *vt insep* to surround, to encircle.

Umzingelung *f* encirclement.

Umzug ['ʊmtsuːk] *m* **1.** (*Wohnungs~*) move, removal. **wann soll euer ~ sein?** when are you moving? **2.** (*Festzug*) procession; (*Demonstrationszug*) parade.

Umzugskosten *pl* removal costs *pl*.

UN [uːˈɛn] *pl* UN *sing*, United Nations *sing*.

un|abänderlich *adj* (*unwiderruflich*) unalterable; *Entschluß, Urteil auch* irrevocable, irreversible. **~ feststehen** to be absolutely certain. **2.** (*ewig*) *Gesetze, Schicksal* immutable.

un|abdingbar, un|abdinglich *adj Voraussetzung, Forderung* indispensable; *Recht* inalienable.

un|abhängig *adj* independent (*von* of); *Journalist* freelance. **das ist ~ davon, ob/wann** *etc* that does not depend on *or* is not dependent on whether/when *etc*; **~ davon, was Sie meinen** irrespective of *or* regardless of what you think; **sich ~ machen** to go to one's own way; **sich von jdm/etw ~ machen** to become independent of sb/sth.

Un|abhängigkeit *f* independence.

Un|abhängigkeitsbewegung *f* independence movement; **Un|abhängigkeitserklärung** *f* declaration of independence; **Un|abhängigkeitskrieg** *m* war of independence.

un|abkömmlich *adj* (*geh*) busy, engaged *pred* (*form*).

un|ablässig *adj* continual; *Regen, Lärm etc auch* incessant; *Versuche, Bemühungen auch* unremitting, unceasing.

un|absehbar *adj* **1.** (*fig*) *Folgen etc* unforeseeable; *Schaden* incalculable, immeasurable. **auf ~e Zeit** for an indefinite period. **2.** (*lit*) interminable; *Weite* boundless. **~ lang sein** to seem to be interminable; **in ~er Weite** boundlessly; **in ~er Ferne** in the far far distance.

un|absichtlich *adj* unintentional; (*aus Versehen auch*) accidental; **un|abwählbar** *adj* **er ist ~** he cannot be voted out of office; **un|abweisbar, un|abweislich** *adj* irrefutable; **un|abwendbar** *adj* inevitable; **Un|abwendbarkeit** *f* inevitability; **un|achtsam** *adj* (*unaufmerksam*) inattentive; (*nicht sorgsam*) careless; (*unbedacht*) thoughtless; **Un|achtsamkeit** *f siehe adj* inattentiveness; carelessness; thoughtlessness.

un|ähnlich *adj* dissimilar. **einer Sache** (*dat*) ~ **sein** to be unlike sth *or* dissimilar to sth; **einander** ~ unlike each other, dissimilar.

un|anfechtbar *adj Urteil, Entscheidung, Gesetz* unchallengeable, incontestable; *Argument etc* unassailable; *Beweis* irrefutable; **Un|anfechtbarkeit** *f siehe adj* unchallengeability, incontestability; unassailability; irrefutability; **un|angebracht** *adj Bescheidenheit, Bemerkung* uncalled-for; *Sorge, Sparsamkeit, Bemühungen auch* misplaced; (*für Kinder, Altersstufe etc*) unsuitable; (*unzweckmäßig*) *Maßnahmen* inappropriate; **un|angefochten** *adj* unchallenged *no adv; Testament, Wahlkandidat* uncontested; *Urteil, Entscheidung auch* undisputed, uncontested; **Liverpool führt** ~ **die Tabelle** Liverpool are unchallenged at the top of the league; **un|angemeldet** *adj* unannounced *no adv; Besucher* unexpected; *Patient etc* without an appointment.

un|angemessen *adj* (*zu hoch*) unreasonable, out of all proportion; (*unzulänglich*) inadequate. **einer Sache** (*dat*) ~ **sein** to be inappropriate to sth; **dem Ereignis** ~ **sein** to be unsuitable for *or* inappropriate to the occasion, to ill befit the occasion.

un|angenehm *adj* unpleasant; *Mensch, Arbeit, Geschmack, Geruch auch* disagreeable; (*peinlich*) *Situation auch* awkward, embarrassing; *Zwischenfall, Begegnung* embarrassing. **das ist mir immer so** ~ I never like that, I don't like that at all; **es war mir** ~, **das tun zu müssen** I didn't like having to do it; **es ist mir** ~, **daß ich Sie gestört habe** I feel bad about having disturbed you; **mein ständiges Husten war mir** ~ I felt bad *or* embarrassed about coughing all the time; ~ **berührt sein** to be embarrassed (*von* by); **er kann** ~ **werden** he can get quite nasty.

un|angetastet *adj* untouched; ~ **bleiben** (*Rechte*) not to be violated; **un|angreifbar** *adj Macht, Herrscher* unassailable; *Argument auch* irrefutable, unchallengeable; *Festung, Land* impregnable; **un|annehmbar** *adj* unacceptable.

Un|annehmlichkeit *f usu pl* trouble *no pl*; (*lästige Mühe auch*) bother *no pl*. ~ **en haben/bekommen** *or* **kriegen** to be in/to get into trouble; **mit etw** ~ **en haben** to have a lot of trouble with sth.

un|ansehnlich *adj* unsightly; *Frau etc* plain; *Tapete, Möbel* shabby; *Nahrungsmittel* unappetizing.

un|anständig *adj* **1.** (*unkultiviert, unerzogen*) ill-mannered, bad-mannered; (*frech, unverschämt*) rude.

2. (*obszön, anstößig*) dirty; *Witz, Lied auch* rude; *Wörter auch* four-letter *attr*, rude; (*vulgär*) *Kleidung* indecent. **~e Reden führen** to talk smut.

Un|anständigkeit *f siehe adj* **1.** bad *or* ill manners *pl*; rudeness *no pl* **2.** dirtiness; rudeness; indecency.

un|antastbar *adj* (*nicht zu verletzen*) inviolable, sacrosanct; (*über Zweifel erhaben*) unimpeachable; **Un|antastbarkeit** *f siehe adj* inviolability; unimpeachability; **un|appetitlich** *adj* (*lit, fig*) unappetizing.

Un|art *f* bad habit; (*Ungezogenheit*) rude habit.

un|artig *adj* naughty.

Un|artigkeit *f* **1.** *no pl* (*Unartigsein*) naughtiness. **2.** (*Handlungsweise*) naughty behaviour *no pl or* trick.

un|artikuliert *adj* inarticulate; (*undeutlich*) unclear, indistinct; **un|ästhetisch** *adj* unappetizing; **un|aufdringlich** *adj* unobtrusive; *Parfüm auch* discreet; *Mensch* unassuming; **Un|aufdringlichkeit** *f siehe adj* unobtrusiveness; discreetness; unassuming nature.

un|auffällig I *adj* inconspicuous; (*unscheinbar, schlicht*) unobtrusive. **die Narbe/sein Hinken ist ziemlich** ~ the scar/his limp isn't very noticeable; **er ist ein ziemlich** ~**er junger Mann** he's not the kind of young man you notice particularly. **II** *adv* unobtrusively, discretely.

Un|auffälligkeit *f siehe adj* inconspicuousness; unobtrusiveness.

un|auffindbar *adj* nowhere to be found; *Verbrecher, vermißte Person* untraceable.

un|aufgefordert I *adj* unsolicited (*esp Comm*).

II *adv* without being asked. **jdm** ~ **Prospekte zuschicken** to send sb unsolicited brochures; ~ **zugesandte Manuskripte** unsolicited manuscripts.

un|aufgeklärt *adj* **1.** unexplained; *Verbrechen* unsolved; **2.** *Mensch* ignorant; (*sexuell*) ignorant of the facts of life; **un|aufhaltsam** *adj* **1.** unstoppable; **2.** (*unerbittlich*) inexorable; **un|aufhörlich** *adj* continual, constant, incessant; **un|auflösbar, un|auflöslich** *adj* (*Math*) insoluble; (*Chem auch*), *Ehe* indissoluble; **Un|auflösbarkeit, Un|auflöslichkeit** *f siehe adj* insolubility; indissolubility; **un|aufmerksam** *adj* inattentive; (*flüchtig*) *Leser etc* unobservant; **da war ich einen Augenblick** ~ I didn't pay attention for a moment; **Un|aufmerksamkeit** *f siehe adj* inattentiveness; unobservance; **un|aufrichtig** *adj* insincere; **Un|aufrichtigkeit** *f* insincerity; **un|aufschiebbar** *adj* urgent; **es ist** ~ it can't be put off *or* delayed *or* postponed; **un|ausbleiblich** *adj* inevitable, unavoidable; **un|ausdenkbar** *adj* unimaginable, unthinkable; **un|ausführbar** *adj* impracticable, unfeasible; **un|ausgefüllt** *adj* **1.** *Formular etc* blank; **2.** *Leben, Mensch* unfulfilled.

Un|ausgeglichenheit *f siehe adj* imbalance; inequality; disharmony; moodiness; instability. **die** ~ **seines Wesens** the unevenness of his temper.

un|ausgegoren *adj* unbalanced; *Verhältnis auch, Vermögensverteilung etc* unequal; *Stil auch* disharmonious; *Mensch* (*launisch*) moody; (*verhaltensgestört*) unstable. **ein Mensch mit** ~**em Wesen** a person of uneven temper.

un|ausgegoren *adj* immature; *Idee, Plan auch* half-baked (*inf*); *Jüngling auch* callow; **un|ausgeschlafen** *adj* tired; **er ist ~/sieht ~ aus** he hasn't had/looks as if he hasn't had enough sleep; **un|aus-gesprochen** *adj* unsaid *pred*, unspoken; **un|ausgewogen** *adj* unbalanced; **Un-|ausgewogenheit** *f* imbalance; **un-|auslöschlich** *adj* (*geh*) (*lit, fig*) indelible; **un|ausrottbar** *adj* Unkraut indestructible; (*fig*) Vorurteile, Vorstellung *etc* ineradicable; **un|aus-sprechbar** *adj* unpronounceable.

un|aussprechlich *adj* **1.** Wort, Laut unpronounceable. **2.** Schönheit, Leid *etc* inexpressible. **3.** (*liter: ungeheuerlich*) Tat, Verbrechen unspeakable.

un|ausstehlich *adj* intolerable; Mensch, Art, Eigenschaft *auch* insufferable; **un-|ausweichlich** *adj* unavoidable, inevitable; Folgen *auch* inescapable; **Un|aus-weichlichkeit** *f* inevitability; (*Dilemma*) dilemma.

unbändig *adj* **1.** (*ausgelassen, ungestüm*) Kind boisterous. **sie freuten sich ~** they were dancing around (with joy). **2.** (*ungezügelt*) unrestrained *no adv*; Haß, Zorn *etc auch* unbridled *no adv*; Hunger enormous.

unbar *adj* (*Comm*) **etw ~ bezahlen** not to pay sth in cash, to pay sth by cheque/credit card *etc*; **~e Zahlungsweise** non-cash payment; **unbarmherzig** *adj* merciless; Mensch *auch* pitiless; **Unbarmherzigkeit** *f* siehe adj mercilessness; pitilessness; **unbe|absichtigt** *adj* unintentional.

unbe|achtet *adj* unnoticed; Warnung, Vorschläge unheeded. **jdn/etw ~ lassen** not to take any notice of sb/sth; **das dürfen wir nicht ~ lassen** we mustn't overlook that, we mustn't leave that out of account.

unbe|achtlich *adj* insignificant; **unbe|anstandet I** *adj* not objected to; **etw ~ lassen** to let sth pass *or* go; **II** *adv* without objection; **unbe|antwortet** *adj* unanswered; **unbebaut** *adj* Land undeveloped; Grundstück vacant; Feld uncultivated; **unbedacht** *adj* (*hastig*) rash; (*unüberlegt*) thoughtless; **Unbe-dachtheit** *f* rashness; thoughtlessness; **unbedarft** *adj* (*inf*) simple-minded; Mensch (*auf bestimmtem Gebiet*) green (*inf*), clueless (*inf*); (*dumm*) dumb (*inf*).

unbedenklich I *adj* (*ungefährlich*) completely harmless, quite safe; (*sorglos*) thoughtless. **II** *adv* (*ungefährlich*) quite safely, without coming to any harm; (*ohne zu zögern*) without thinking (twice *inf*).

Unbedenklichkeit *f* siehe adj harmlessness; thoughtlessness.

unbedeutend *adj* (*unwichtig*) insignificant, unimportant; (*geringfügig*) Rückgang, Änderung *etc* minor, minimal.

unbedingt I *adj attr* (*absolut*) Ruhe, Verschwiegenheit absolute; (*bedingungslos*) Gehorsam, Treue *auch* implicit, unconditional; Anhänger *etc* unreserved; Reflex unconditioned.

II *adv* (*auf jeden Fall*) really; *nötig, erforderlich* absolutely. **ich muß ~ mal wieder ins Kino gehen** I really must go to the cinema again; **ich mußte sie ~ sprechen** I really *or* absolutely had to speak to her; (*äußerst wichtig*) it was im-

perative that I spoke to her; **müßt ihr denn ~ in meinem Arbeitszimmer spielen?** do you have to play in my study?; **er wollte ~ mit Renate verreisen** he was (hell-)bent on going away with Renate; **~!** of course!, I should say so!; **nicht ~** not necessarily; **nicht ~ nötig** not absolutely *or* strictly necessary.

unbe|eidigt *adj* (*Jur*) unsworn *usu attr*, not on oath; **unbe|eindruckt** *adj* unimpressed; **unbe|einflußt** *adj* uninfluenced (*von* by); **unbefahrbar** *adj* Straße, Weg impassable; Gewässer unnavigable; **„Seitenstreifen/Bankette ~"** "soft verges (*Brit*) *or* shoulder (*US*)"; **unbefangen** *adj* **1.** (*unparteiisch*) impartial, unbiased *no adv*, objective; **2.** (*natürlich*) natural; (*ungehemmt*) uninhibited; **Unbefangenheit** *f* siehe adj **1.** impartiality, objectiveness; **2.** naturalness; uninhibitedness; **unbefleckt** *adj* (*liter*) spotless, unsullied, untarnished; Jungfrau undefiled; **die U~e Empfängnis** the Immaculate Conception; **unbefriedigend** *adj* unsatisfactory; **unbefriedigt** *adj* (*frustriert*) unsatisfied; (*unerfüllt auch*) unfulfilled; (*unzufrieden*) dissatisfied; **unbefristet** *adj* Arbeitsverhältnis, Vertrag for an indefinite period; Aufenthaltserlaubnis, Visum permanent; **etw ~ verlängern** to extend sth indefinitely *or* for an indefinite period; **unbefugt** *adj* unauthorized; **Eintritt für U~e verboten** no admittance to unauthorized persons; **unbegabt** *adj* untalented, ungifted; **für etw ~ sein** to have no talent for sth; **er ist handwerklich völlig ~** he's no handyman.

unbegreiflich *adj* (*unverständlich*) incomprehensible; Leichtsinn, Irrtum, Dummheit inconceivable; (*unergründlich*) Menschen, Länder inscrutable. **es wird mir immer ~ bleiben, wie/daß ...** I shall never understand how/why ...; **es ist uns allen ~, wie ...** none of us can understand how ...

unbegreiflicherweise *adv* inexplicably.

Unbegreiflichkeit *f* siehe adj incomprehensibility; inconceivability; inscrutability.

unbegrenzt *adj* unlimited; Möglichkeiten, Energie, Vertrauen *etc auch* limitless, boundless, infinite; Land, Meer *etc* boundless; Zeitspanne, Frist indefinite. **zeitlich ~** indefinite; **~, auf ~e Zeit** indefinitely; **er hat ~e Zeit** he has unlimited time; **in ~er Höhe** of an unlimited *or* indefinite amount; **es ist nach oben ~** there's no upper limit (on it), the sky's the limit (*inf*); **„~ haltbar"** "will keep indefinitely".

unbegründet *adj* Angst, Verdacht, Zweifel unfounded, groundless, without foundation; Maßnahme unwarranted. **eine Klage als ~ abweisen** to dismiss a case.

unbehaart *adj* hairless; Kopf bald.

Unbehagen *nt* (feeling of) uneasiness *or* disquiet, uneasy feeling; (*Unzufriedenheit*) discontent (*an* +dat with); (*körperlich*) discomfort.

unbehaglich *adj* uncomfortable; Gefühl *auch* uneasy. **sich in jds Gesellschaft** (*dat*) **~ fühlen** to feel uncomfortable *or* ill at ease in sb's company.

unbehelligt adj (unbelästigt) unmolested; (unkontrolliert) unchecked; **jdn ~ lassen** to leave sb alone; (Polizei etc) not to stop sb; **unbeherrscht** adj uncontrolled; Mensch lacking self-control; (gierig) greedy; **~ reagieren** to react in an uncontrolled way or without any self-control; **unbehindert** adj unhindered.

unbeholfen adj clumsy, awkward; (hilflos) helpless; (plump) clumsy.

Unbeholfenheit f, no pl siehe adj clumsiness, awkwardness; helplessness; clumsiness.

unbeirrbar adj unwavering; **unbeirrt** adj **1.** (ohne sich irritieren zu lassen) unflustered; **2.** siehe unbeirrbar.

unbekannt adj unknown; Gesicht auch unfamiliar; Flugzeug, Flugobjekt etc unidentified. **eine (mir) ~e Stadt/Stimme** a town/voice I didn't know, a town/voice unknown to me; **das war mir ~** I didn't know that, I was unaware of that; **dieser Herr/ diese Gegend ist mir ~** I don't know or I'm not acquainted with this gentleman/area; **es wird Ihnen nicht ~ sein, daß ...** you will no doubt be aware that ...; **~e Größe** (Math) unknown quantity; (fig) little-known genius; **aus ~er Ursache** for some unknown reason; **nach ~ verzogen** moved – address unknown; **ich bin hier ~** (inf) I'm a stranger here; **~e Täter** person or persons unknown; **Strafanzeige gegen U~** charge against person or persons unknown.

Unbekannte f -n, -n (Math) unknown.

Unbekannte(r) mf decl as adj stranger. **der große ~** (hum) the mystery man/person.

unbekannterweise adv grüße sie/ihn ~ **von mir** give her/him my regards although I don't know her/him.

unbekleidet adj bare. **sie war ~** she had nothing or no clothes on, she was bare.

unbekümmert adj **1.** (unbesorgt) unconcerned. **sei ganz ~** don't worry. **2.** (sorgenfrei) carefree.

Unbekümmertheit f siehe adj **1.** lack of concern. **2.** carefreeness.

unbelastet adj **1.** (ohne Last) unloaded, unladen. **das linke Bein ~ lassen** to keep one's weight off one's left leg.
 2. (ohne Schulden) unencumbered.
 3. (Pol: ohne Schuld) guiltless.
 4. (ohne Sorgen) free from care or worries. **von Hemmungen/Ängsten** etc **~** free from inhibitions/fears etc.

unbelebt adj Straße, Gegend quiet; **die ~e Natur** the inanimate world, inanimate nature; **unbeleckt** adj ~ **von aller Kultur sein** (inf) to be completely uncultured;

unbelehrbar adj fixed in one's views; Rassist etc dyed-in-the-wool attr; **er ist ~** you can't tell him anything; **Unbelehrbarkeit** f **seine ~** the fact that you just can't tell him anything; **unbeleuchtet** adj unlit; Fahrzeug without lights; **unbeliebt** adj unpopular (bei with); **sich ~ machen** to make oneself unpopular; **Unbeliebtheit** f unpopularity (bei with); **unbemannt** adj Raumflug, Station unmanned; Fahrzeug driverless; Flugzeug pilotless; (inf: ohne Mann) without a man; **unbemerkbar** adj imperceptible;

unbemerkt adj unnoticed; (nicht gesehen auch) unobserved; **~ bleiben** to escape attention, to go unnoticed.

unbemittelt adj without means.

unbenommen adj pred (form) **es bleibt** or **ist Ihnen ~, zu ...** you are (quite) free or at liberty to ...; **das bleibt** or **ist dir ~** you're quite free or at liberty to do so.

unbenutzbar adj unusable; **unbenutzt** adj unused.

unbeobachtet adj unobserved, unnoticed. **in einem ~en Moment** when nobody was looking; **wenn er sich ~ fühlt ...** when he thinks nobody is looking ...

unbequem adj (ungemütlich) uncomfortable, uncomfy; (lästig) Mensch, Frage, Situation awkward, inconvenient; Aufgabe unpleasant; (mühevoll) difficult. **diese Schuhe sind mir zu ~** these shoes are too uncomfortable; **der Regierung/den Behörden** etc **~ sein** to be an embarrassment to the government/authorities etc.

Unbequemlichkeit f siehe adj uncomfortableness, uncomfiness; awkwardness; inconvenience; unpleasantness; difficulty.

unberechenbar adj unpredictable; **Unberechenbarkeit** f unpredictability; **unberechtigt** adj (ungerechtfertigt) unwarranted; Sorge, Kritik etc unfounded; (unbefugt) unauthorized; **unberechtigterweise** adv siehe adj without justification; without reason; without authority.

unberücksichtigt adj unconsidered. **etw ~ lassen** not to consider sth, to leave sth out of consideration; **die Frage ist ~ geblieben** this question has not been considered.

unberufen adj ~ **(toi, toi, toi)!** touch wood!

unberührbar adj untouchable. **die U~en** the untouchables.

unberührt adj **1.** untouched; (fig) Wald etc virgin; Natur unspoiled. **~ sein** (Mädchen) to be a virgin; **~ in die Ehe gehen** to be a virgin when one marries; **das Essen ~ stehenlassen** to leave one's food untouched.
 2. (mitleidlos) unmoved. **das kann ihn nicht ~ lassen** he can't help but be moved by that.
 3. (unbetroffen) unaffected.

unbeschadet prep +gen (form) regardless of. **~ dessen, daß ...** regardless of the fact that ...

unbeschädigt adj undamaged; Geschirr, Glas etc auch intact, unbroken; Siegel unbroken; (inf) Mensch intact (inf), unharmed, in one piece (inf). **~ bleiben** not to be damaged/ broken; (seelisch etc) to come off unscathed.

unbescheiden adj presumptuous. **darf ich mir die ~e Frage erlauben, ...?** I hope you don't think me impertinent but might I ask ...?

Unbescheidenheit f presumptuousness; (von Mensch auch) presumption.

unbescholten adj (geh) respectable; Ruf spotless; **Unbescholtenheit** f (geh) siehe adj respectability; spotlessness; **unbeschrankt** adj Bahnübergang without gates, unguarded.

unbeschränkt adj unrestricted; Macht absolute; Geldmittel, Haftung, Zeit, Geduld unlimited; Vertrauen unbounded, boundless; *Freiheit, Vollmacht auch* limitless. **wieviel darf ich mitnehmen? — ~** how much can I take? — there's no limit *or* restriction; **jdm ~e Vollmacht geben** to give sb carte blanche.

unbeschreiblich *adj* indescribable; *Frechheit* tremendous, enormous.

unbeschrieben *adj* blank; *siehe* **Blatt; unbeschwert** *adj* **1.** (*sorgenfrei*) carefree; *Melodien* light; *Unterhaltung, Lektüre* light-hearted; **2.** (*ohne Gewicht*) unweighted.

unbesehen *adv* indiscriminately; (*ohne es anzusehen*) without looking at it/them. **das glaube ich dir ~** I believe it if you say so.

unbesetzt *adj* vacant; *Stuhl, Platz auch* unoccupied; *Schalter* closed; **unbesiegbar** *adj Armee etc* invincible; *Mannschaft, Sportler etc auch* unbeatable; **unbesiegt** *adj* undefeated; **unbesonnen** *adj* rash; **Unbesonnenheit** *f* rashness.

unbesorgt I *adj* unconcerned. **Sie können ganz ~ sein** you can set your mind at rest *or* ease. **II** *adv* without worrying. **das können Sie ~ tun** you don't need to worry about doing that.

unbeständig *adj Wetter* (*immer*) changeable; (*zu bestimmtem Zeitpunkt auch*) unsettled; *Mensch* unsteady; (*in Leistungen*) erratic; (*launisch*) moody; **Unbeständigkeit** *f siehe adj* changeableness, changeability; unsettledness; unsteadiness; erraticness; moodiness; **unbestätigt** *adj* unconfirmed; **unbestechlich** *adj* **1.** *Mensch* incorruptible; *Urteil, Blick* unerring; **Unbestechlichkeit** *f siehe adj* **1.** incorruptibility; **2.** unerringness; **unbestimmbar** *adj* indeterminable.

unbestimmt *adj* **1.** (*ungewiß*) uncertain; (*unentschieden auch*) undecided. **2.** (*unklar, undeutlich*) *Gefühl, Erinnerung etc* vague. **etw ~ lassen** to leave sth open; **auf ~e Zeit** for an indefinite period, indefinitely. **3.** (*Gram*) indefinite.

Unbestimmtheit *f, no pl siehe adj* **1.** uncertainty. **2.** vagueness.

unbestreitbar *adj Tatsache* indisputable; *Verdienste, Fähigkeiten* unquestionable.

unbestritten *adj* undisputed *no adv*, indisputable. **es ist ja ~, daß …** nobody denies *or* disputes that …

unbeteiligt *adj* **1.** (*uninteressiert*) indifferent. (*bei Diskussion*) uninterested. **2.** (*nicht teilnehmend*) uninvolved *no adv* (*an +dat, bei* in); (*Jur, Comm*) disinterested. **es kamen auch U~e zu Schaden** innocent bystanders were also injured.

unbetont *adj* unstressed; **unbeträchtlich** *adj* insignificant; *Unannehmlichkeiten etc* minor; *Aufpreis, Verbilligung* slight; **nicht ~** not inconsiderable; **unbeugsam** *adj* uncompromising, unbending; *Wille* unshakeable; **unbewacht** *adj* (*lit, fig*) unguarded; *Parkplatz* unattended; **unbewaffnet** *adj* unarmed; **unbewältigt** *adj* unconquered, unmastered; *Deutschlands* ~e **Vergangenheit** the past with which Germany has not yet come to terms.

unbeweglich *adj* **1.** (*nicht zu bewegen*)

immovable; (*steif*) stiff; (*geistig ~*) rigid, inflexible. **ohne Auto ist man ziemlich ~** you're not very mobile *or* you can't get around much without a car; **~e Güter** (*Jur*) immovable property. **2.** (*bewegungslos*) motionless.

Unbeweglichkeit *f siehe adj* **1.** immovability; stiffness; rigidity, inflexibility. **2.** motionlessness.

unbewegt *adj* motionless, unmoving; *Meer* unruffled; (*fig: unberührt*) unmoved; **unbewiesen** *adj* unproven; **unbewohnbar** *adj* uninhabitable; **unbewohnt** *adj Gegend, Insel, Planet* uninhabited; *Wohnung, Haus* unoccupied, empty; **unbewußt** *adj* unconscious; *Reflex* involuntary; **das U~e** (*Psych*) the unconscious; **unbezahlbar** *adj* **1.** (*lit: zu teuer*) prohibitive, impossibly dear; *Luxus, Artikel* which one couldn't possibly afford; (*fig: komisch*) priceless. **2.** (*fig: praktisch, nützlich*) invaluable; **unbezahlt** *adj Urlaub* unpaid; *Rechnung, Schuld etc auch* unsettled, outstanding; **unbezähmbar** *adj Optimismus, heiteres Gemüt, Neugier etc* irrepressible, indomitable; *Verlangen, Lust* uncontrollable; **unbezweifelbar** *adj* undeniable; *Tatsache auch* unarguable; **unbezwingbar, unbezwinglich** *adj* unconquerable; *Gegner* invincible; *Festung* impregnable; *Drang* uncontrollable.

Unbilden *pl* (*liter*) **1.** (*des Wetters*) rigours *pl*. **2.** (*einer schweren Zeit etc*) trials *pl*, (trials and) tribulations *pl*.

unbillig *adj* (*Jur: ungerecht*) unjust; (*unangemessen*) unreasonable. **~e Härte** (*Jur*) undue hardship.

unblutig I *adj* bloodless; (*Med*) nonoperative; **II** *adv* without bloodshed; **unbotmäßig** *adj* (*geh*) insubordinate; *Kind* unruly; **Unbotmäßigkeit** *f* (*geh*) insubordination; unruliness; **unbrauchbar** *adj* (*nutzlos*) useless, (of) no use *pred*; (*nicht zu verwenden*) unusable; **unbürokratisch I** *adj* unbureaucratic; **II** *adv* without a lot of red tape, unbureaucratically; **unchristlich** *adj* unchristian; **eine ~e Zeit** (*inf*) an ungodly hour.

und *conj* **1.** and. **~?** well?; **~ dann?** (and) what then *or* then what?; (*danach*) and then?, and after that?; **~ ähnliches** and things like that, and suchlike; **~ anderes** and other things; **~ so weiter** and so on; **~ vieles andere (mehr)** to mention but a few; **er kann es nicht, ~** *ich* **kann's** he can't do it, (and) nor *or* neither can I; **ich ~ ihm Geld leihen?** (*inf*) me, lend him money?; **du ~ tanzen können?** (*inf*) you dance?; **immer zwei ~ zwei** two at a time; **Gruppen zu fünf ~ fünf** groups of five; **er aß ~ aß** he ate and ate, he kept on (and on) eating; **er konnte ~ konnte nicht aufhören** he simply couldn't stop.

2. (*konzessiv*) even if. **…, ~ wenn ich selbst bezahlen muß** … even if I have to pay myself; **~ … (auch)** no matter how …; **…, ~ wenn du auch noch so bettelst …** no matter how much you beg; **~ selbst** *wenn*; **~ selbst dann** even then.

Undank *m* ingratitude. **~ ernten** to get little thanks; **~ ist der Welt Lohn** (*Prov*) never expect thanks for anything.

undankbar *adj* **1.** *Mensch* ungrateful. **2.** (*unerfreulich*) *Aufgabe, Arbeit etc* thankless.

Undankbarkeit *f siehe adj* **1.** ingratitude, ungratefulness. **2.** thanklessness.

undatiert *adj* undated; **undefinierbar** *adj Begriff* indefinable; **das Essen war ~** nobody could say what the food was; **undehnbar** *adj* inelastic; **undeklinierbar** *adj* indeclinable; **undemokratisch** *adj* undemocratic.

undenkbar *adj* unthinkable, inconceivable. **es/diese Möglichkeit ist nicht ~** it/the possibility is not inconceivable.

undenklich *adj*: **seit ~en Zeiten** (*geh*) since time immemorial.

undeutlich *adj* indistinct; (*wegen Nebel etc auch*) hazy; *Foto auch* blurred; *Erinnerung auch* vague, hazy; *Schrift* illegible; *Ausdrucksweise, Erklärung* unclear, muddled. **~ sprechen** to speak indistinctly, to mumble; **ich konnte es nur ~ verstehen** I couldn't understand it very clearly; **sie/es war nur ~ erkennbar** *or* **zu erkennen** you couldn't see her/it at all clearly.

undicht *adj Gefäß* not air-/water-tight. **das Rohr ist ~** the pipe leaks; **das Fenster ist ~** the window lets in a draught; **er/sie/es muß eine ~e Stelle haben** (*Rohr etc*) it must have a leak; (*Reifen etc*) it must have a hole in it; **im Geheimdienst muß eine ~e Stelle sein** the secret service must have a leak somewhere.

undifferenziert *adj* simplistic; (*nicht analytisch*) undifferentiated; (*gleichartig*) uniform.

Unding *nt, no pl* absurdity. **es ist ein ~, zu …** it is preposterous *or* absurd to …

undiplomatisch *adj* undiplomatic; **undiszipliniert** *adj* undisciplined; **Undiszipliniertheit** *f* lack of discipline; **undramatisch** *adj* (*fig*) undramatic, unexciting; **unduldsam** *adj* intolerant (*gegen* of); **Unduldsamkeit** *f, no pl* intolerance (*gegen* of); **undurchdringbar, undurchdringlich** *adj Gebüsch, Urwald* impenetrable; *Gesicht, Miene* inscrutable; **undurchführbar** *adj* impracticable, unworkable; **undurchlässig** *adj* impermeable, impervious (*gegen* to); **Undurchlässigkeit** *f* impermeability, imperviousness; **undurchschaubar** *adj* unfathomable; *Volk etc* inscrutable; **er ist ein ~er Typ** (*inf*) you never know what game he's playing (*inf*); **undurchsichtig** *adj* **1.** *Fenster* opaque; *Papier* non-transparent; *Stoff etc* non-transparent, not see-through (*inf*); **2.** (*fig pej*) *Mensch, Methoden* devious; *Motive* obscure; *Vorgänge, Geschäfte* shady; **Undurchsichtigkeit** *f, no pl siehe adj* **1.** opacity; non-transparency; **2.** deviousness; obscureness; darkness.

uneben *adj* **1.** *Oberfläche, Fußboden, Wand etc* uneven; *Straße auch* bumpy; *Gelände* rough, bumpy. **2.** (*dial inf*) bad.

Unebenheit *f siehe adj* **1.** unevenness; bumpiness; roughness. **kleine ~en** uneven patches.

unecht *adj* false; (*vorgetäuscht*) fake;

Schmuck, Edelstein, Blumen etc artificial, fake (*usu pej*); *Bruch* improper; **unedel** *adj Metalle* base; **unehelich** *adj* illegitimate; **~ geboren sein** to be illegitimate, to have been born out of wedlock (*old, form*); **Unehre** *f, no pl* dishonour; **jdm ~ machen** *or* **zur ~ gereichen** (*geh*) to disgrace sb; **unehrenhaft** *adj* dishonourable; **~ (aus der Armee) entlassen werden** to be given a dishonourable discharge; **Unehrenhaftigkeit** *f, no pl* dishonesty; **unehrlich** *adj* dishonest; **~ spielen** to cheat; **auf ~e Weise** by dishonest means; **Unehrlichkeit** *f* dishonesty; **uneidlich** *adj* **~e** *Falschaussage* (*Jur*) false statement made while not under oath; **uneigennützig** *adj* unselfish, selfless, altruistic; **Uneigennützigkeit** *f* unselfishness, selflessness, altruism.

uneingeschränkt I *adj* absolute, total; *Freiheit, Rechte* unlimited, unrestricted; *Annahme, Zustimmung* unqualified; *Vertrauen auch, Lob* unreserved; *Handel* free, unrestricted; *Vollmachten* plenary.

II *adv siehe adj* absolutely, totally; without limitation *or* restriction; without qualification; without reservation, unreservedly; freely, without restriction.

uneingeweiht *adj* uninitiated; **uneinig** *adj* **1.** (*verschiedener Meinung*) in disagreement; **über etw** (*acc*) **~ sein** to disagree *or* to be in disagreement about sth; **2.** (*zerstritten*) divided; **Uneinigkeit** *f* disagreement (*gen* between); **~ in der Partei** division within the party; **uneinnehmbar** *adj* impregnable.

uneins *adj pred* disagreed; (*zerstritten*) divided. **(mit jdm) ~ sein/werden** to disagree with sb; **die Mitglieder sind (untereinander) ~** the members are divided amongst themselves.

unempfänglich *adj* (*für* to) insusceptible, unsusceptible; (*für Eindrücke auch, Atmosphäre*) insensitive; **Unempfänglichkeit** *f siehe adj* insusceptibility, unsusceptibility; insensitiveness.

unempfindlich *adj* (*gegen* to) insensitive; (*durch Übung, Erfahrung*) inured; *Bazillen etc* immune; *Pflanzen* hardy; *Textilien* practical. **gegen Kälte ~e Pflanzen** plants which aren't sensitive to the cold.

Unempfindlichkeit *f siehe adj* insensitiveness, insensitivity; inurement; immunity; hardiness. **die ~ dieses Stoffs** the fact that this material is so practical.

unendlich I *adj* infinite; (*zeitlich*) endless; *Universum* infinite, boundless. **das U~e** infinity; **im U~en** at infinity; **(bis) ins U~e** (*lit, Math*) to infinity; **bis ins ~e** (*~ lange*) forever; **auf ~ einstellen** (*Phot*) to focus at infinity. **II** *adv* endlessly; infinitely; (*fig: sehr*) terribly. **~ lange diskutieren** to argue endlessly; **~ viele Dinge/Leute etc** no end of things/people *etc*.

unendlichemal, unendlichmal *adv* endless times.

Unendlichkeit *f* infinity; (*zeitlich*) endlessness; (*von Universum*) boundlessness. **~ von Raum und Zeit** infinity of time and space.

unentbehrlich *adj* indispensable; *Kennt-*

nisse essential; **Un|entbehrlichkeit** *f siehe adj* indispensability; essentiality; **un|entdeckt** *adj* undiscovered; **un|entgeltlich** *adj* free of charge; **un|entrinnbar** *adj (geh)* inescapable.

un|entschieden *adj (nicht entschieden)* undecided; *(entschlußlos)* indecisive; *(Sport)* drawn. **das Spiel steht immer noch 2:2** ~ the score is still level at 2 all; ~ **enden** *or* **ausgehen** to end in a draw; ~ **spielen** to draw; **ein ~es Rennen** a dead heat.

Un|entschieden *nt* **-s, -** *(Sport)* draw.

un|entschlossen *adj (nicht entschieden)* undecided; *(entschlußlos)* *Mensch* indecisive, irresolute. **ich bin noch ~ I** haven't decided *or* made up my mind yet; ~ **stand er vor dem Haus** he stood hesitating in front of the house.

Un|entschlossenheit *f siehe adj* undecidedness; indecision, irresoluteness.

un|entschuldbar *adj* inexcusable.

un|entschuldigt I *adj* unexcused. **~es Fernbleiben von der Arbeit/Schule** absenteeism/truancy. **II** *adv* without an excuse.

un|entwegt I *adj (mit Ausdauer)* continuous, constant; *(ohne aufzuhören auch)* incessant; *Kämpfer* untiring. **einige U~e** a few stalwarts. **II** *adv* constantly; incessantly; without tiring.

un|entwirrbar *adj* which can't be disentangled; *Zusammenhänge* involved.

un|erbittlich *adj* relentless; *Mensch auch* inexorable, pitiless. ~ **auf jdn einschlagen** to hit sb pitilessly *or* mercilessly.

Un|erbittlichkeit *f siehe adj* relentlessness; inexorableness, pitilessness.

un|erfahren *adj* inexperienced; **Un|erfahrene(r)** *mf decl as adj* inexperienced person/man/woman *etc*; **Un|erfahrenheit** *f* inexperience, lack of experience; **un|erfindlich** *adj* incomprehensible; **aus ~en Gründen** for some obscure reason; **un|erforschbar, un|erforschlich** *adj* impenetrable; *Wille* unfathomable; **un|erfreulich** *adj* unpleasant; **U~es** *(schlechte Nachrichten)* bad news *sing*; *(Übles)* bad things *pl*; **un|erfüllbar** *adj* unrealizable; *Wunsch, Ziel auch* unattainable; **un|erfüllt** *adj* unfulfilled; **un|ergiebig** *adj* *Quelle, Thema* unproductive; *Boden, Ernte,* poor; *Kaffee, Trauben* uneconomical; **un|ergründbar, un|ergründlich** *adj* unfathomable; **un|erheblich** *adj (geringfügig)* insignificant; *(unwichtig auch)* unimportant, irrelevant; **nicht ~ verbessert** considerably improved; **un|erhofft** *adj* unexpected.

un|erhört¹ I *adj attr (ungeheuer, gewaltig)* enormous; *(empörend)* outrageous; *Frechheit* incredible. **das ist ja ~!** that's quite outrageous.
II *adv* incredibly. ~ **viel** a tremendous amount (of); ~ **viel wissen/arbeiten** to know a tremendous amount/to work tremendously hard; **sich ~ beeilen** to hurry tremendously; ~ **aufpassen** to watch very carefully.

un|erhört² *adj Bitte, Gebet* unanswered; *Liebe* unrequited; *Liebhaber* rejected.

un|erkannt *adj* unrecognized; ~ **entkommen** to get away without being recognized; **un|erklärbar, un|erklärlich** *adj* inexplicable; **das ist mir ~** I can't understand it; **un|erklärt** *adj Phänomen, Sachverhalt* unexplained; *Krieg, Liebe* undeclared; **un|erläßlich** *adj* imperative.

un|erlaubt *adj* forbidden; *Betreten, Parken* unauthorized; *(ungesetzlich)* illegal. **etw ~ tun** to do sth without permission; **~e Handlung** *(Jur)* tort; **~er Waffenbesitz** illegal possession of firearms.

un|erledigt *adj* unfinished; *Post* unanswered; *Rechnung* outstanding; *Auftrag* unfulfilled; *(schwebend)* pending. **auf dem Aktenordner stand „~"** the file was marked "pending".

un|ermeßlich *adj* immense; *Weite, Himmel, Ozean* vast; **Un|ermeßlichkeit** *f siehe adj* immensity; vastness; **un|ermüdlich** *adj* *Bestrebungen, Fleiß* untiring, tireless; *Versuche* unceasing; **un|erquicklich** *adj (unerfreulich)* unedifying; *(nutzlos)* unproductive, fruitless; **un|erreichbar** *adj* *Ziel, Leistung, Qualität* unattainable; *Ort, Ferne* inaccessible; *(telefonisch)* unobtainable; **un|erreicht** *adj* unequalled; *Ziel* unattained.

un|ersättlich *adj* insatiable; *Wissensdurst auch* inexhaustible.

un|erschöpflich *adj* inexhaustible; **un|erschrocken** *adj* intrepid, courageous; **Un|erschrockenheit** *f* intrepidity, courage; **un|erschütterlich** *adj* unshakeable; *Ruhe* imperturbable.

un|erschwinglich *adj* exorbitant, prohibitive. **für jdn ~ sein** to be beyond sb's means; ~ **(teuer) sein** to be prohibitively expensive *or* prohibitive.

un|ersetzlich *adj* irreplaceable; *Mensch auch* indispensable; **un|ersprießlich** *adj (unerfreulich)* unedifying; *(nutzlos)* unproductive, fruitless; **un|erträglich** *adj* unbearable; **un|erwähnt** *adj* unmentioned; **un|erwartet** *adj* unexpected; **un|erwidert** *adj Brief, Behauptung* unanswered; *Liebe* unrequited; *Sympathie* onesided; **un|erwünscht** *adj Kind* unwanted; *Besuch, Effekt* unwelcome; **du bist hier ~** you're not welcome here; **ein ~er Ausländer** *(Pol)* an undesirable alien; **un|erzogen** *adj* ill-mannered; badly brought up.

UNESCO [uˈnɛsko] *f* **- die ~** UNESCO.

un|fähig *adj* **1.** *attr* incompetent. **2.** ~ **sein, etw zu tun** to be incapable of doing sth; *(vorübergehend)* to be unable to do sth; **einer Sache** *(gen) or* **zu etw ~ sein** to be incapable of sth.

Un|fähigkeit *f* **1.** *(Untüchtigkeit)* incompetence. **2.** *(Nichtkönnen)* inability.

un|fair *adj* unfair *(gegenüber* to); **Un|fairneß, Un|fairness** *f* unfairness.

Un|fall *m* **-s, Un|fälle** accident. **er ist bei einem ~ ums Leben gekommen** he died in an accident; **gegen ~ versichert** insured against accidents.

Un|fall|arzt *m* specialist for accident injuries; **Un|fallbeteiligte(r)** *mf* person/man/woman *etc* involved in an/the accident; **Un|fallfahrer** *m* driver at fault in an/the accident; **Un|fallflucht** *f* failure to stop after *or (nicht melden)* report an accident; *(bei Verletzung von Personen* *auch*) hit-and-run driving; ~ **begehen** to fail to stop after/ report an accident; to commit a hit-and-run offence; **unfallflüchtig** *adj Fahrer* who fails to stop after/ report an accident; hit-and-run *attr*; ~ **werden** to fail to stop after/report an accident; **Unfallfolge** *f* result of an/the accident; **unfallfrei I** *adj* accident-free; **II** *adv* without an accident; **Unfallhilfe** *f* help at the scene of an/the accident; (*Erste Hilfe*) first aid; **Unfallklinik** *f*, **Unfallkrankenhaus** *nt* accident hospital; **Unfall|opfer** *nt* casualty; **Unfall|ort** *m* scene of an/the accident; **Unfallquote**, **Unfallrate** *f* accident rate; **Unfallstation** *f* accident *or* emergency ward; **Unfallstelle** *f* scene of an/the accident; **Unfalltod** *m* accidental death; **bei** ~ **in** the event of death by misadventure; **Unfall|ursache** *f* cause of an/the accident; **Unfallverletzte(r)** *mf* casualty; **Unfallversicherung** *f* accident insurance; **Unfallwagen** *m* car involved in an/the accident; (*inf: Rettungswagen*) ambulance; **Unfallzahl**, **Unfallziffer** *f* number of accidents; **steigende Unfallziffern** rising accident rates; **Unfallzeuge** *m* witness to an/the accident.

unfaßbar, **unfaßlich** *adj* incomprehensible. **es ist mir** *or* **für mich** ~, **wie ... I** (simply) cannot understand how ...

unfehlbar I *adj* infallible; *Instinkt* unerring; **II** *adv* without fail; **Unfehlbarkeit** *f* infallibility; **Unfehlbarkeitsglaube** *m* infallibilism; **unfein** *adj* unrefined *no adv*, indelicate; **das ist** ~/ **mehr als** ~ that's bad manners/most ungentlemanly/unladylike; **unfertig** *adj* (*unvollendet*) unfinished; (*nicht vollständig*) incomplete; (*unreif*) *Mensch* immature.

Unflat ['ʊnflaːt] *m* -(e)s, *no pl* (*lit old*) feculence (*form*); (*fig geh*) vituperation. **jdn mit** ~ **bewerfen** (*fig*) to inveigh against *or* vituperate sb.

unflätig *adj* (*geh*) offensive. **sich** ~ **ausdrücken** to use obscene language. **Unflätigkeit** *f* offensiveness; (*von Ausdrucksweise*) obscenity.

unflektiert *adj* (*Gram*) uninflected; **unflott** *adj* (*inf*) **das ist gar nicht so** ~ that's not bad; **er/sie ist gar nicht so** ~ he's/she's a bit of all right (*inf*); **unfolgsam** *adj* disobedient; **Unfolgsamkeit** *f* disobedience.

unförmig *adj* (*formlos*) shapeless; *Möbel*, *Auto* inelegant; (*groß*) cumbersome; *Füße*, *Gesicht* unshapely.

Unförmigkeit *f siehe adj* shapelessness; inelegance; cumbersomeness; unshapeliness.

unfrankiert *adj* unstamped; **unfraulich** *adj* unfeminine.

unfrei *adj* **1.** (*politisch*, *Hist: leibeigen*) not free. ~ **sein** (*Hist*) to be in bondage *or* a serf. **2.** (*befangen*, *eingeengt*) constrained, uneasy. **3.** *Brief etc* unfranked.

Unfreie(r) *mf decl as adj* (*Hist*) serf.

Unfreiheit *f* lack of freedom; (*Hist*) bondage.

unfreiwillig *adj* **1.** (*gezwungen*) compulsory. **ich mußte** ~ **zuhören/war** ~**er Zeuge** I was forced to listen/was an unwilling wit-

ness. **2.** (*unbeabsichtigt*) *Witz*, *Fehler* unintentional.

unfreundlich *adj* unfriendly (*zu*, *gegen* to); *Wetter* inclement; *Landschaft*, *Zimmer*, *Farbe* cheerless. **jdn** ~ **behandeln** to be unfriendly to sb; **jdn** ~ **begrüßen/ansehen** to give sb an unfriendly welcome/look; ~ **reagieren** to react in an unfriendly way; **ein** ~**er Akt** (*Pol*) a hostile act.

Unfreundlichkeit *f* **1.** *siehe adj* unfriendliness; inclemency; cheerlessness. **2.** (*Bemerkung*) unpleasant remark.

Unfriede(n) *m* strife. **in** ~**n (mit jdm) leben** to live in conflict (with sb).

unfrisiert *adj* (*lit*) *Haare* uncombed; *Mensch* with one's hair not done; (*fig inf*) (*nicht verfälscht*) undoctored.

unfruchtbar *adj* infertile; *Boden auch* barren; *Frau auch* barren (*old*, *liter*); (*fig: Debatte etc*) fruitless; *Schaffenszeit* unproductive. ~ **machen** to sterilize; **die** ~**en Tage** (*Med*) the days of infertility.

Unfruchtbarkeit *f siehe adj* infertility; barrenness; fruitlessness.

Unfruchtbarmachung *f* sterilization.

Unfug ['ʊnfuːk] *m* -s, *no pl* nonsense. ~ **treiben** *or* **anstellen** *or* **machen** to get up to mischief; **laß den** ~! stop that nonsense!; **wegen groben** ~**s** for causing a public nuisance.

Ungar(in *f*) ['ʊŋgar(ɪn)] *m* -n, -n Hungarian.

ungarisch ['ʊŋgarɪʃ] *adj* Hungarian.

Ungarisch(e) ['ʊŋgarɪʃ(ə)] *nt decl as adj* Hungarian; *siehe auch* **Deutsch(e).**

Ungarn ['ʊŋgarn] *nt* -s Hungary.

ungastlich *adj* inhospitable; **Ungastlichkeit** *f* inhospitableness.

unge|achtet *prep* +gen in spite of, despite. ~ **aller Ermahnungen** despite all warnings; **er ist sehr stark,** ~ **dessen, daß er so klein ist** he's very strong, in spite of being so small.

unge|ahnt *adj* undreamt-of; **ungebärdig** *adj* unruly; **ungebeten** *adj* uninvited; **er kam** ~ he came uninvited *or* unasked *or* without an invitation; **ungebeugt** (*fig*) **1.** unbent, unbowed; **2.** (*Gram*) uninflected; **ungebildet** *adj* uncultured; (*ohne Bildung*) uneducated; **U~e** uneducated *or* ignorant people; **ungeboren** *adj* unborn; **ungebräuchlich** *adj* uncommon; **ungebraucht** *adj* unused; **ungebrochen** *adj* unbroken; (*Phys*) *Licht* unrefracted.

Ungebühr *f*, *no pl* (*old*, *form*) impropriety. ~ **vor Gericht** contempt of court.

ungebührlich *adj* improper. **sich** ~ **aufregen** to get unduly excited.

ungebunden *adj* **1.** *Buch* unbound; *Blumen* loose. **2. in** ~**er Rede** in prose. **3.** (*unabhängig*) *Leben* (fancy-)free; (*unverheiratet*) unattached; (*Pol*) independent. **frei und** ~ footloose and fancy-free; **parteipolitisch** ~ (politically) independent, not attached to any political party.

Ungebundenheit *f* independence.

ungedeckt *adj* **1.** (*schutzlos*) *Schachfigur etc* unprotected, unguarded; (*Sport*) *Tor* undefended; *Spieler* unmarked, uncovered; *Scheck*, *Kredit* uncovered; **2.** *Tisch* unlaid.

Ungeduld f impatience. **vor ~** with impatience; **voller ~** impatiently.
ungeduldig adj impatient.
ungeeignet adj unsuitable; (für Beruf, Stellung auch) unsuited (für to, for).
ungefähr I adj attr approximate, rough. **nach ~en Schätzungen** at a rough guess.
II adv roughly; (bei Zahlen-, Maßangaben auch) approximately. **(so) ~ dreißig** about or approximately thirty; **~ 12 Uhr** about or approximately 12 o'clock; **von ~** from nowhere; (zufällig) by chance; **diese Bemerkung kommt doch nicht von ~** he etc didn't make this remark just by chance; **wo ~?** whereabouts?; **wie ~?** approximately how?; **so ~!** more or less!; **können Sie mir (so) ~ sagen, wieviel das kosten soll/wie Sie sich das vorgestellt haben?** can you give me a rough idea of or tell me roughly how much it will cost/how you imagined it?; **~ (so) wie a** bit like; **können Sie den Mann ~ beschreiben?** can you give me/us etc a rough description of the man?; **dann weiß ich ~ Bescheid** then I've got a rough idea; **so ~ habe ich mir das gedacht** I thought it would be something like this; **das hat sich ~ so abgespielt** it happened something like this.
ungefährdet adj 1. safe, unendangered no adv; 2. (Sport) not in danger; **~ siegen** to win comfortably; **ungefährlich** adj safe; Tier, Krankheit, Arzneimittel etc harmless; **nicht ganz ~** not altogether safe/harmless; **ungefällig** adj Mensch unobliging; **Ungefälligkeit** f unobligingness; **ungefärbt** adj Haare, Stoff undyed, natural; Lebensmittel without (added) colouring; **ungefedert** adj springless, without springs; **ungefragt** adv unasked; **ungefüge** adj (geh) cumbersome; **ungegenständlich** adj abstract; **ungegliedert** adj Körper, Stengel unjointed; (fig) disjointed; Satz, Aufsatz etc unstructured.
ungehalten adj indignant (über +acc about).
Ungehaltenheit f indignation.
ungeheizt adj unheated; **ungehemmt** adj unrestrained.
Ungeheuer nt -s, - monster; (fig auch) ogre.
ungeheuer I adj 1. siehe ungeheuerlich.
2. (riesig) enormous, immense; (in bezug auf Länge, Weite) vast.
3. (frevelhaft, vermessen) outrageous.
II adv (sehr) enormously, tremendously; (negativ) terribly, awfully. **~ groß** tremendously big; **~ viele Menschen** an enormous number of people.
ungeheuerlich adj monstrous; Tat auch atrocious; Verleumdung outrageous; Verdacht, Dummheit dreadful; Leichtsinn outrageous, appalling.
Ungeheuerlichkeit f siehe adj monstrosity; atrocity, atrociousness; outrageousness; dreadfulness; outrageousness. **so eine ~!** how outrageous!; **~en** (Verbrechen) atrocities; (Behauptungen) outrageous claims.
ungehindert adj unhindered; **ungehobelt** adj Brett etc unplaned; Mensch, Benehmen boorish; **ungehörig** adj impertinent; **Ungehörigkeit** f impertinence; **unge-**

horsam adj disobedient; **Ungehorsam** m disobedience; (Mil) insubordination; **ungehört** adv unheard; **~ verhallen** (fig) to fall on deaf ears.
Ungeist m, no pl (geh) demon.
ungeistig adj unintellectual; **ungekämmt** adj Haar uncombed; **~ aussehen** to look unkempt; **ungeklärt** adj 1. Abwasser etc untreated; **2.** Frage, Verbrechen unsolved; Ursache unknown; **ungekocht** adj raw; Flüssigkeit unboiled; Obst etc uncooked; **ungekrönt** adj uncrowned; **ungekühlt** adj unchilled; **ungekündigt** adj: **in ~er Stellung** not under notice (to leave); **ungekünstelt** adj natural, genuine; Sprechweise unaffected; **ungekürzt** adj not shortened; Buch unabridged; Film uncut; Ausgaben not cut back; **ungeladen** adj 1. Kamera, Gewehr etc unloaded; 2. Gäste etc uninvited; **ungeläufig** adj unfamiliar.
ungelegen adj inconvenient. **komme ich (Ihnen) ~?** is this an inconvenient time for you?; **das kam (mir) gar nicht so ~** that was really rather convenient.
Ungelegenheiten pl inconvenience sing. **jdm ~ bereiten** or **machen** to inconvenience sb.
ungelenk adj awkward; Bewegungen auch clumsy; **ungelenkig** adj not supple, stiff; (fig inf: nicht flexibel) inflexible, unbending; **Ungelenkigkeit** f siehe adj stiffness; inflexibility; **ungelernt** adj attr unskilled; **ungeliebt** adj unloved; **ungelogen** adv honestly, no word of a lie; (Chem) undissolved; **ungelüftet** adj unaired.
Ungemach ['ʊngəma:x] nt -s, no pl (liter) hardship.
ungemacht adj Bett unmade; **ungemahlen** adj unground.
ungemein adj immense, tremendous.
ungemütlich adj uncomfortable; Mensch uncomfortable to be with; Land, Wetter, Wochenende unpleasant. **mir wird es hier ~** I'm getting a bit uncomfortable or uneasy; **er kann ~ werden** he can get nasty; **ich kann auch ~ werden** I can be very unpleasant if I choose; **hier kann es gleich sehr ~ werden** things could get very nasty here in a moment.
Ungemütlichkeit f siehe adj uncomfortableness; unpleasantness.
ungenannt adj anonymous. **~ bleiben** to remain anonymous.
ungenau adj (nicht fehlerfrei) inaccurate; (nicht wahrheitsgetreu) inexact; (vage) vague; (ungefähr) rough, approximate. **~ arbeiten/messen/rechnen** to work inaccurately/measure approximately/calculate roughly.
Ungenauigkeit f siehe adj inaccuracy; inexactness; vagueness; roughness.
ungeniert ['ʊnʒeni:ɐt] **I** adj (frei, ungehemmt) unembarrassed, free and easy; (bedenkenlos, taktlos) uninhibited. **II** adv openly; without any inhibition. **greifen Sie bitte ~ zu** please feel free to help yourself/yourselves.
Ungeniertheit ['ʊnʒeni:ɐthait] f siehe adj lack of embarrassment; lack of inhibition.
ungenießbar adj (nicht zu essen) inedible; (nicht zu trinken) undrinkable; (un-

schmackhaft) unpalatable; (*inf*) *Mensch* unbearable.

Ungenügen ['ʊngəny:gn] *nt* -**s**, *no pl* discontent.

ungenügend ['ʊngəny:gnt] *adj* inadequate, insufficient; *Schulnote* unsatisfactory. **ein U~** an "unsatisfactory", the lowest mark.

ungenutzt, ungenützt *adj* unused; *Energien* unexploited; **eine Chance ~ lassen** to miss an opportunity; **unge|ordnet** *adj* *Bücher, Papiere etc* untidy, disordered; (*fig*) disordered; **~ herumliegen** to lie (about) in disorder *or* disarray; **ungepflegt** *adj* *Mensch* untidy, unkempt; *Park, Rasen, Hände etc* neglected; **ungeprüft** *adj* untested; **etw ~ übernehmen** to accept sth without testing it; *Zahlen* to accept sth without checking; (*unkritisch*) to accept sth at face value; **ungeputzt** *adj* uncleaned; *Zähne* unbrushed; *Schuhe* unpolished; **ungerade** *adj* odd; **ungerecht** *adj* unjust, unfair; **ungerechterweise** *adv* unjustly, unfairly; **ungerechtfertigt I** *adj* unjustified; *Behauptung auch* unwarranted; **II** *adv* unjustly, unduly; **Ungerechtigkeit** *f* injustice; **so eine ~!** how unjust!; **ungereimt** *adj* *Verse* unrhymed; (*fig*) inconsistent; **Ungereimtheit** *f* (*fig*) inconsistency.

ungern *adv* reluctantly. **(höchst) ~!** if I/we really have to!; **etw höchst ~ tun** to do sth very reluctantly *or* with the greatest reluctance; **das tue ich gar nicht ~** I don't mind doing that at all.

ungerufen *adj* uncalled, without being called; **ungerührt** *adj* unmoved; **ungesalzen** *adj* unsalted; **ungesättigt** *adj* *Hunger etc* unsatisfied; (*Chem*) unsaturated; **ungesäuert** *adj* *Brot* unleavened; **ungeschält** *adj* *Obst, Gemüse* unpeeled; *Getreide, Reis* unhusked; *Baumstämme* unstripped; **ungeschehen** *adj* undone; **etw ~ machen** to undo sth.

Ungeschick *nt* -**s**, *no pl*, **Ungeschicklichkeit** *f* clumsiness. **~, verlaß mich nicht!** butter-fingers!

ungeschickt *adj* clumsy, awkward; (*unbedacht*) careless, undiplomatic.

Ungeschicktheit *f siehe* **Ungeschick.**

ungeschlacht *adj* (*pej*) hulking great; *Sitten* barbaric.

ungeschlechtlich *adj* asexual; **ungeschliffen** *adj* *Edelstein, Glas* uncut; *Messer etc* blunt; (*fig*) *Benehmen, Mensch* uncouth; **ungeschmälert** *adj* undiminished; **ungeschminkt** *adj* without make-up; (*fig*) *Wahrheit* unvarnished; **etw ~ berichten** to give an unvarnished report of sth.

ungeschoren *adj* unshorn; (*fig*) spared. **jdn ~ lassen** (*inf*) to spare sb; (*ungestraft*) to let sb off (scot-free); **~ davonkommen** (*inf*) to get off (scot-free).

ungeschrieben *adj attr* unwritten; **ungeschützt** *adj* unprotected; *Schachfigur auch* unguarded; (*Mil*) *Einheit* exposed; *Anlagen* undefended; (*Sport*) *Tor* undefended; **ungesehen** *adj* unseen; **ungesellig** *adj* unsociable; *Tier* non-gregarious; **Ungeselligkeit** *f siehe adj* unsociableness; non-gregariousness; **ungesetzlich** *adj* unlawful, illegal; **Unge-**

setzlichkeit *f* unlawfulness, illegality; **ungesichert** *adj* unsecured, not secured; *Schußwaffe* cocked, with the safety catch off; **ungestalt** *adj* (*geh*) *Mensch* misshapen, deformed; **ungestempelt** *adj* unfranked; **ungestillt** *adj* *Durst* unquenched; *Hunger* unappeased; *Verlangen* unfulfilled; *Neugier* unsatisfied; **ungestört** *adj* undisturbed; (*Rad, TV etc*) without interference; **ungestraft** *adv* with impunity.

ungestüm ['ʊngəʃty:m] *adj* impetuous.

Ungestüm ['ʊngəʃty:m] *nt* -**(e)s**, *no pl* impetuousness.

ungesühnt *adj* unexpiated, unatoned; **ungesund** *adj* unhealthy; (*schädlich*) harmful; **ungesüßt** *adj* unsweetened; **ungeteilt** *adj* undivided; **ungetragen** *adj* *Kleidung* new, unworn; **ungetreu** *adj* (*liter*) disloyal, faithless (*liter*); **ungetrübt** *adj* clear; *Glück, Freude* perfect, unspoilt.

Ungetüm ['ʊngəty:m] *nt* -**(e)s**, -**e** monster.

unge|übt *adj* unpractised; *Mensch* out of practice; **ungewandt** *adj* awkward; **ungewaschen** *adj* unwashed.

ungewiß *adj* uncertain; (*vage*) vague. **ein Sprung/eine Reise ins Ungewisse** (*fig*) a leap/a journey into the unknown; **jdn (über etw acc) im ungewissen lassen** to leave sb in the dark (about sth); **im ungewissen bleiben/sein** to stay/be in the dark.

Ungewißheit *f* uncertainty.

ungewöhnlich I *adj* unusual. **II** *adv* unusually; (*äußerst auch*) exceptionally.

Ungewöhnlichkeit *f* unusualness.

ungewohnt *adj* (*fremdartig*) strange, unfamiliar; (*unüblich*) unusual. **das ist mir ~** I am unaccustomed to it.

ungewollt *adj* unintentional. **er mußte ~ lachen** he couldn't help laughing.

ungezählt *adj* (*unzählbar*) countless; (*nicht gezählt*) uncounted; **ungezähmt** *adj* untamed; (*fig*) uncurbed.

Ungeziefer *nt* -**s**, *no pl* pests *pl*, vermin; (*old fig*) vermin.

ungezielt *adj* unaimed. **~ schießen** to shoot without taking aim.

ungezogen *adj* naughty, ill-mannered.

Ungezogenheit *f* **1.** *no pl* naughtiness, unmannerliness. **2.** (*ungezogene Handlung*) bad manners *no indef art*. **so eine ~ von dir!** what bad manners!

ungezügelt I *adj* (*unbeherrscht*) unbridled; (*ausschweifend*) dissipated; **II** *adv* without restraint; **ungezwungen** *adj* casual, informal; **sich ~ bewegen** to feel quite free; **Ungezwungenheit** *f* casualness, informality; **ungiftig** *adj* nonpoisonous.

Unglaube *m* unbelief, lack of faith; (*esp Philos*) scepticism.

unglaubhaft *adj* incredible, unbelievable.

ungläubig I *adj* unbelieving; (*Rel*) infidel; (*zweifelnd*) doubting, disbelieving. **~er Thomas** (*Bibl, fig*) doubting Thomas. **II** *adv* doubtingly, doubtfully, in disbelief.

Ungläubige(r) *mf* unbeliever; (*Rel*) infidel.

unglaublich *adj* unbelievable, incredible. **das grenzt ans U~e** that's almost incredible.

unglaubwürdig *adj* implausible; *Dokument* dubious; *Mensch* unreliable. **sich ~ machen** to lose credibility.

Unglaubwürdigkeit *f siehe adj* implausibility; dubiousness; unreliability.

ungleich I *adj* (*nicht gleichartig*) *Charaktere* dissimilar, unlike *pred*; *Größe, Farbe* different; (*nicht gleichwertig, nicht vergleichbar*) *Mittel, Waffen* unequal; **sie sind ein ~es Paar** they are very different.
  II *adv* much, incomparably.

Ungleichgewicht *nt* (*fig*) imbalance.

Ungleichheit *f siehe adj* dissimilarity; difference; inequality; difference.

ungleichmäßig *adj* uneven; *Atemzüge, Gesichtszüge, Puls* irregular; **~ lang** of uneven length; **Ungleichmäßigkeit** *f siehe adj* unevenness; irregularity; **ungleichseitig** *adj* (*Math*) *Vieleck* irregular.

Ungleichung *f* (*Math*) inequation.

Unglück *nt* **-(e)s, -e** (*Unfall, Vorfall*) accident; (*Mißgeschick auch*) mishap; (*Schicksalsschlag*) disaster, tragedy; (*Unheil*) misfortune; (*Pech, im Aberglauben, bei Glücksspiel*) bad luck; (*Unglücklichsein*) unhappiness. **in sein ~ rennen** to head for disaster; **sich ins ~ stürzen** to rush headlong into disaster; **du stürzt mich noch ins ~!** you'll be my undoing!; **das ist auch kein ~** that is not a disaster; **so or welch ein ~!** what a disaster!; **es ist ein ~, daß ...** it is bad luck that ...; **das wollte es, daß ...** as (bad) luck would have it, ...; **das bringt ~** that brings bad luck, that's unlucky; **zum ~, zu allem ~** to make matters worse; **ein ~ kommt selten allein** (*Prov*) it never rains but it pours (*Prov*); **~ im Spiel, Glück in der Liebe** (*prov*) unlucky at cards, lucky in love.

unglücklich *adj* **1.** (*traurig*) *Mensch, Gesicht etc* unhappy; *Liebe* unrequited; *Liebesgeschichte* unhappy. **~ verliebt sein** to be crossed in love.
  2. (*bedauerlich*) sad, unfortunate. **~ enden or ausgehen** to turn out badly, to end in disaster; **eine ~e Figur abgeben** to cut a sorry figure; **ich U~e(r)!** poor me!; **der U~e!** the poor man!

unglücklicherweise *adv* unfortunately.

Unglücksbote *m* bringer of bad tidings; **Unglücksbotschaft** *f* bad tidings *pl*.

unglückselig *adj* (*liter*) **1.** (*Unglück habend*) unfortunate, hapless; (*armselig*) miserable; (*unglückenswert*) lamentable; **2.** (*unglückbringend*) disastrous; **Unglückselige(r)** *mf* (*liter*) (poor) wretch; **ich ~** woe is me! (*liter*).

Unglücksfahrer *m* driver who caused an/the accident; **Unglücksfall** *m* accident, mishap; **ein tragischer ~** a tragic accident; **Unglückskind** *nt*, **Unglücksmensch** *m* unlucky person, unlucky man/ woman *etc*; **ich war schon immer ein ~** I've always been unlucky; **Unglücksrabe** *m* (*inf*) unlucky thing (*inf*); **Unglückstag** *m* fateful day; **Unglücksvogel** *m* (*inf*) unlucky thing (*inf*); **Unglückszahl** *f* unlucky number.

Ungnade *f* disgrace, disfavour. **bei jdm in ~ fallen** to fall out of favour with sb.

ungnädig *adj* ungracious; (*hum*) unkind,

harsh. **etw ~ aufnehmen** to take sth with bad grace.

ungrammatisch *adj* ungrammatical; **ungraziös** *adj* ungraceful, inelegant.

ungültig *adj* (*nicht gültig*) invalid; (*nicht mehr gültig*) no longer valid; (*nichtig*) void; *Stimmzettel* spoilt; (*Sport*) *Tor* disallowed. „**~"** (*in Paß*) "cancelled"; **~er Sprung** no-jump; **etw für ~ erklären** to declare sth null and void; **eine Ehe für ~ erklären** to annul a marriage.

Ungültigkeit *f* invalidity; (*Nichtigkeit*) voidness; (*von Ehe*) nullity; (*von Tor*) disallowing.

Ungunst *f* (*liter*) disfavour; (*von Umständen, Lage*) adversity; (*von Witterung*) inclemency. **zu jds ~en** to sb's disadvantage.

ungünstig *adj* unfavourable, disadvantageous; *Termin* inconvenient; *Augenblick, Wetter* bad; *Licht* unflattering.

ungünstigstenfalls *adv* if the worst comes/came to the worst.

ungut *adj* bad; *Verhältnis auch* strained. **ein ~es Gefühl haben** to have an uneasy *or* bad feeling; **nichts für ~!** no offence!

unhaltbar *adj* *Zustand* intolerable; *Vorwurf, Behauptung etc* untenable; *Torschuß* unstoppable; **unhandlich** *adj* unwieldy; **unharmonisch** *adj* unharmonious.

Unheil *nt* **-s**, *no pl* disaster. **~ stiften** *or* **anrichten** to do damage.

unheilbar *adj* incurable. **~ krank sein** to have a terminal illness.

Unheilbarkeit *f* incurability.

unheilbringend *adj* fateful, ominous; **unheildrohend, unheilschwanger** *adj* (*liter*) portentous; **unheilverkündend** *adj* (*liter*) ominous, fateful; **unheilvoll** *adj* disastrous.

unheimlich I *adj* **1.** (*angsterregend*) frightening, eerie, sinister. **das/er ist mir ~** it/he gives me the creeps (*inf*); **mir ist ~ (zumute)** it is uncanny.
  2. (*inf*) tremendous (*inf*).
  II *adv* [*auch* ʊnˈhaimlɪç] (*inf: sehr*) incredibly (*inf*). **~ viel Geld/viele Menschen** a tremendous (*inf*) *or* an incredible (*inf*) amount of money/number of people.

unhöflich *adj* impolite; **Unhöflichkeit** *f* impoliteness.

Unhold *m* **-(e)s, -e 1.** (*old: Böser*) fiend. **2.** (*Press sl*) monster, fiend.

unhörbar *adj* silent; *Frequenzen* inaudible; **unhygienisch** *adj* unhygienic.

Uni *f* **-, -s** (*inf*) varsity (*dated Brit inf*), "U" (*US inf*), university; *siehe* **Universität.**

uni ['yni:] *adj pred* self-coloured, plain. **in U~blau** in plain blue.

UNICEF ['uːnitsɛf] *f* **- (die) ~** UNICEF.

unidiomatisch *adj* unidiomatic.

uniert *adj* (*Eccl*) *Kirche* uniate.

Unierte(r) *mf decl as adj* (*Eccl*) member of a uniate church.

unifarben ['yni:-] *adj siehe* **uni.**

Uniform *f* **-, -en** uniform; *siehe* **ausziehen.**

uniform *adj* uniform.

uniformieren* *vt* **1.** (*mit Uniform ausstatten*) to uniform. **2.** (*einheitlich machen*) make uniform.

uniformiert *adj* uniformed.

Uniformierte(r) *mf decl as adj* person *etc* in uniform.

Uniformrock *m* tunic.

Unikum *nt* **-s, -s** *or* **Unika 1.** (*Einmaliges*) unique thing *etc*. **ein ~** a curiosity; (*Seltenheit*) a rarity. **2.** (*inf*) real character.

unilateral *adj* unilateral.

un|interessant *adj* uninteresting; **sein Angebot ist für uns ~** his offer is of no interest to us; **das ist doch völlig ~** that's of absolutely no interest; **un|interessiert** *adj* (*neutral*) disinterested; (*nicht interessiert*) uninterested.

Union *f* **-, -en** union. **die ~** (*BRD Pol*) the CDU and CSU.

Unionsparteien *pl* (*BRD Pol*) CDU and CSU parties *pl*.

Unisono *nt* **-s, -s** *or* **Unisoni** (*Mus*) unison.

unisono *adv* (*Mus, fig*) in unison.

Unitarier(in *f*) [-iɐ, -iɐrɪn] *m* **-s, -** Unitarian.

Unitarismus *m* Unitarianism.

Unität *f* **1.** *siehe* **Einheit. 2.** (*Einzigkeit*) uniqueness. **3.** (*hum: Universität*) varsity (*dated Brit inf*), "U" (*US inf*), university.

universal, universell [univer-] *adj* universal.

Universal- [univer'zɑːl-] *in cpds* all-purpose; (*Mech*) universal; *Bildung etc* general; **Universal|erbe** *m* universal successor, sole heir; **Universalgenie** *nt* universal genius; **Universalgeschichte** *f* world history.

Universalien [univer'zɑːliən] *pl* (*Philos, Ling*) universals.

Universalmittel *nt* universal remedy, cure-all; **Universalreiniger** *m* general-purpose cleaner.

universell [univer-] *siehe* **universal.**

Universität [univerziˈtɛːt] *f* university. **die ~ Freiburg, die Freiburger ~** the university of Freiburg, Freiburg university; **auf die ~ gehen, die ~ besuchen** to go to university.

Universitäts- *in cpds* university; *siehe auch* **Hochschul-;** **Universitätsbibliothek** *f* university library; **Universitätsbuchhandlung** *f* university bookshop (*Brit*) *or* bookstore (*esp US*); **Universitätsgelände** *nt* university campus; **Universitäts|institut** *nt* university institute; **Universitätsklinik** *f* university clinic *or* hospital; **Universitätslaufbahn** *f* university career; **Universitätsstadt** *f* university town; **Universitätsstudium** *nt* university training; **dazu ist ein ~ erforderlich** you need a degree for that.

Universum [uniˈvɛrzʊm] *nt* **-s,** *no pl* universe.

unkameradschaftlich *adj* uncomradely; *Schüler, Verhalten* unfriendly.

Unke *f* **-, -n** toad; (*inf: Schwarzseher*) Jeremiah.

unken *vi* (*inf*) to foretell gloom.

unkenntlich *adj* unrecognizable; *Inschrift etc* indecipherable.

Unkenntlichkeit *f siehe adj* unrecognizableness; indecipherability. **bis zur ~** beyond recognition.

Unkenntnis *f, no pl* ignorance. **jdn in ~ über etw** (*acc*) **lassen** to leave sb in ignorance about sth; **in ~ über etw** (*acc*) **sein** to be ignorant about sth; **~ schützt**

vor Strafe nicht (*Prov*) ignorance is no excuse.

Unkenruf *m* (*fig*) prophecy of doom.

unkeusch *adj* unchaste; **Unkeuschheit** *f* unchastity.

unklar *adj* (*unverständlich*) unclear; (*ungeklärt*) unclarified; (*undeutlich*) blurred, indistinct; *Wetter* hazy. **es ist mir völlig ~, wie das geschehen konnte** I (just) can't understand how that could happen; **ich bin mir darüber noch im ~en** I'm not quite clear about that yet; **über etw** (*acc*) **völlig im ~en sein** to be completely in the dark about sth; **jdn über etw** (*acc*) **im ~en lassen** to leave sb in the dark about sth.

Unklarheit *f* lack of clarity; (*über Tatsachen*) uncertainty. **darüber herrscht noch ~** it is still uncertain *or* unclear.

unkleidsam *adj* unflattering; **unklug** *adj* unwise, imprudent, ill-advised; **Unklugheit** *f* imprudence; (*Handlung*) imprudent act; **unkollegial** *adj* uncooperative; **unkompliziert** *adj* straightforward, uncomplicated; **Unkompliziertheit** *f* straightforwardness; **unkontrollierbar** *adj* uncontrollable; **~ werden** (*Mißbrauch etc*) to get out of hand; **unkontrolliert** *adj* unchecked; **unkonventionell** *adj* unconventional; **unkorrekt** *adj* improper.

Unkosten *pl* costs *pl*; (*Ausgaben*) expenses *pl*. **die ~** (*für etw*) **tragen** to bear the cost(s) (of sth); to pay the expenses (for sth); **das ist mit großen ~ verbunden** that involves a great deal of expense; (*mit etw*) **~ haben** to incur expense (with sth); **sich in ~ stürzen** (*inf*) to go to a lot of expense; **sich in geistige ~ stürzen** (*hum*) to strain oneself (*hum, iro*).

Unkostenbeitrag *m* contribution towards costs/expenses; **Unkostenvergütung** *f* reimbursement of expenses.

Unkraut *nt* weed. **~, Unkräuter** weeds; **~ vergeht nicht** (*Prov*) it would take more than that to finish me/him *etc* off! (*hum*).

Unkrautbekämpfung *f* weed control; **Unkrautbekämpfungsmittel** *nt* weed killer, herbicide (*form*); **Unkrautvertilgung** *f* weed killing; **Unkrautvertilgungsmittel** *nt* weed killer, herbicide (*form*).

unkriegerisch *adj* unwarlike; **unkritisch** *adj* uncritical; **unkultiviert I** *adj* uncultivated; *Mensch auch* uncultured; **II** *adv* in an uncultivated *or* uncultured manner; **Unkultur** *f* (*geh*) lack of culture; **unkündbar** *adj* permanent; *Vertrag* binding, not terminable; *Anleihe* irredeemable; **in ~er Stellung** in a permanent position.

unkundig *adj* ignorant (+*gen* of). **einer Sprache ~ sein** to be unacquainted with *or* to have no knowledge of a language; **des Lesens/Schreibens ~ sein** to be illiterate, not to be able to read/ write.

unlängst *adv* (*geh*) recently; **unlauter** *adj* dishonest; *Wettbewerb* unfair; **unleidlich** *adj* disagreeable, unpleasant; **unlesbar, unleserlich** *adj* unreadable; *Handschrift etc auch* illegible; **unleugbar** *adj* undeniable, indisputable; **unlieb** *adj*: **es ist mir nicht ~, daß ...** I am quite glad that ...

unliebsam *adj* unpleasant. **er ist dem Lehrer ~ aufgefallen** his behaviour brought him to the teacher's notice.

unliniert *adj* Papier unruled, unlined; **unlogisch** *adj* illogical; **unlösbar** *adj* **1.** (*fig*) (*untrennbar*) indissoluble; (*nicht lösbar*) Problem etc insoluble; Widerspruch irreconcilable; **2.** (*lit*) (*Chem*) insoluble; Knoten etc inextricable.

Unlust *f, no pl* **1.** (*Widerwille*) reluctance. **2.** (*Lustlosigkeit, Langeweile*) listlessness; (*St Ex*) slackness.

Unlustgefühl *nt siehe* **Unlust 1.** feeling of reluctance. **2.** listlessness *no pl.*

unlustig *adj* (*gelangweilt*) bored; (*widerwillig*) reluctant. **ich bin heute ausgesprochen ~** I just can't find any enthusiasm today.

unmanierlich *adj* (*dated*) unmannerly; **unmännlich** *adj* unmanly.

Unmasse *f* (*inf*) load (*inf*). **eine ~ Leute/ Bücher** *or* **an Büchern, ~n von Leuten/ Büchern** a load of people/books (*inf*), loads *or* masses of people/books (*inf*).

unmaßgeblich *adj* (*nicht entscheidend*) Urteil unauthoritative; (*unwichtig*) Äußerung, Mensch inconsequential, of no consequence. **nach meiner ~en Meinung** (*hum*) in my humble opinion (*hum*).

unmäßig *adj* excessive, immoderate. **~ essen/trinken** to eat/ drink to excess.

Unmäßigkeit *f* excessiveness, immoderateness. **~ im Essen/ Trinken** excessive eating/drinking.

Unmenge *f* vast number; (*bei unzählbaren Mengenbegriffen*) vast amount. **~n von Leuten, eine ~ Leute** a vast number *or* vast numbers of people; **~n essen** to eat an enormous amount, to eat masses (*inf*).

Unmensch *m* brute, monster. **ich bin ja kein ~** I'm not an ogre.

unmenschlich *adj* **1.** inhuman. **2.** (*inf: ungeheuer*) tremendous, terrific.

Unmenschlichkeit *f* inhumanity.

unmerklich *adj* imperceptible; **unmeßbar** *adj* unmeasurable; **unmethodisch** *adj* unmethodical; **unmißverständlich** *adj* unequivocal, unambiguous; **jdm etw ~ zu verstehen geben** to tell sb sth in no uncertain terms.

unmittelbar I *adj* Nähe, Nachbarschaft etc immediate; (*direkt*) direct; (*Jur*) Besitz, Besitzer direct, actual. **aus ~er Nähe schießen** to fire at close range.
II *adv* immediately; (*ohne Umweg*) directly. **~ danach** *or* **darauf** immediately *or* straight afterwards; **~ vor** (+*dat*) (*zeitlich*) immediately before; (*räumlich*) right *or* directly in front of; **das berührt mich ~** it affects me directly.

unmöbliert *adj* unfurnished; **unmodern** *adj* old-fashioned.

unmöglich I *adj* impossible; (*pej inf: unpassend auch*) ridiculous. **das ist mir ~** that is impossible for me; **U~es/das U~e** the impossible; **etw ~ machen** to make sth impossible; **jdm etw ~ machen** to make it impossible for sb to do sth; **~ aussehen** (*inf*) to look ridiculous; **jdn/sich ~ machen** to make sb/oneself (look) ridiculous, to make sb look a fool/to make a fool of oneself.

II *adv* (*keinesfalls*) not possibly; (*pej inf: unpassend*) impossibly. **ich kann es ~ tun** I cannot possibly do it.

Unmöglichkeit *f* impossibility.

Unmoral *f* immorality; **unmoralisch** *adj* immoral; **unmotiviert** I *adj* unmotivated; II *adv* without motivation; **unmündig** *adj* under-age; (*fig: geistig unselbständig*) sheep-like; **Unmündige(r)** *mf decl as adj* minor; **Unmündigkeit** *f* minority; (*fig: geistige Unselbständigkeit*) mental immaturity; **unmusikalisch** *adj* unmusical.

Unmut *m* ill-humour; (*Unzufriedenheit*) displeasure (*über* +acc at).

unmutig *adj* ill-humoured; (*unzufrieden*) displeased (*über* +acc at).

unnachahmlich *adj* inimitable; **unnachgiebig** *adj* Material etc inflexible; (*fig*) Haltung, Mensch auch intransigent, unyielding; **sich ~ verhalten** to be obstinate *or* adamant; **Unnachgiebigkeit** *f* inflexibility; intransigence; **unnachsichtig** I *adj* severe; (*stärker*) merciless, pitiless; Strenge unrelenting; II *adv* hinrichten mercilessly, pitilessly; bestrafen severely; **Unnachsichtigkeit** *f* severity; mercilessness, pitilessness; **unnahbar** *adj* unapproachable, inaccessible; **Unnahbarkeit** *f* unapproachableness, inaccessibility; **unnatürlich** *adj* unnatural; (*abnorm auch*) abnormal; **Unnatürlichkeit** *f* unnaturalness; abnormality; **unnormal** *adj* abnormal; **unnötig** *adj* unnecessary, needless; **sich ~ aufregen** to get unnecessarily *or* needlessly excited; **unnötigerweise** *adv* unnecessarily, needlessly.

unnütz *adj* useless; Geschwätz idle; (*umsonst auch*) pointless. **~ Geld ausgeben** to spend money unnecessarily *or* needlessly.

UNO ['u:no] *f -, no pl* **die ~** the UN *sing.*

unordentlich *adj* untidy; Lebenswandel disorderly; **Unordentlichkeit** *f* untidiness; disorderliness.

Unordnung *f* disorder *no indef art*; (*in Zimmer etc auch*) untidiness *no indef art*; (*Durcheinander*) muddle, mess. **in ~ geraten** to get into (a state of) disorder/ become untidy/get into a muddle *or* mess; **etw in ~ bringen** to put sth in a mess, to mess sth up; **~ machen** *or* **schaffen** to put *or* throw everything into disorder, to turn everything upside down.

unorganisiert I *adj* **1.** disorganized; **2.** *siehe* **nichtorganisiert**; II *adv* in a disorganized fashion *or* way; **unorthodox** *adj* unorthodox; **unpaar(ig)** *adj* unpaired; (*Med*) azygous (*spec*).

unparteiisch *adj* impartial, neutral; Meinung, Richter impartial, unbiased.

Unparteiische(r) *mf decl as adj* impartial *or* neutral person. **die Meinung eines ~n einholen** to get an impartial opinion; **der ~** (*Sport*) the referee.

unparteilich *adj* (*esp Pol*) neutral; **unpassend** *adj* (*esp Pol*) (*unangebracht*) unsuitable, inappropriate; Augenblick inconvenient, inopportune; **unpassierbar** *adj* impassable.

unpäßlich *adj* (*geh*) indisposed (*form*), unwell (*auch euph*). **sich ~ fühlen** to be indisposed/feel unwell.

Unpäßlichkeit *f* (*geh*) indisposition (*form*).

Unperson f (Pol) unperson; **unpersönlich** adj impersonal (auch Ling); Mensch distant, aloof; **Unpersönlichkeit** f siehe adj impersonality; distance, aloofness; **unpfändbar** adj (Jur) unseizable; **unpolitisch** adj unpolitical; **unpopulär** adj unpopular; **unpraktisch** adj Mensch unpractical; Maschine, Lösung impractical; **unproblematisch** adj (ohne Probleme) unproblematic; (einfach, leicht) uncomplicated; **das wird nicht ganz ~ sein** it won't be without its problems; **unproduktiv** adj unproductive; Kapital auch idle.

unpünktlich adj Mensch unpunctual; Zug not on time. ~ **kommen/abfahren** to come/leave late; **er ist immer ~** he's never punctual or on time; **die Züge dort fahren immer ~** the trains there never run to time.

Unpünktlichkeit f unpunctuality. **wegen der ~ der Züge** because the trains don't run to time.

unqualifiziert adj unqualified; Äußerung incompetent; **unquittiert** adj unreceipted; **unrasiert** adj unshaven; siehe **fern.**

Unrast f -, no pl (geh) restlessness.

Unrat ['unra:t] m -(e)s, no pl (geh) refuse; (fig) filth. **~ wittern** to suspect something.

unrationell adj inefficient; **unratsam** adj inadvisable, unadvisable; **unrealistisch** adj unrealistic; **unrecht** adj wrong; **auf ~e Gedanken kommen** (dated) to get naughty or wicked ideas.

Unrecht nt -s, no pl wrong, injustice. **zu ~** verdächtigt wrongly, unjustly; **diese Vorurteile bestehen ganz zu ~** these prejudices are quite unfounded; **nicht zu ~** not without good reason; **im ~ sein** to be wrong; **jdn/sich ins ~ setzen** to put sb/ oneself in the wrong; **ihm ist im Leben viel ~ geschehen** he has suffered many injustices or he has often been wronged in life; **u~ bekommen** to be shown to be wrong; **u~ haben** to be wrong; **jdm u~ geben** to contradict sb; **u~ handeln/tun** to do wrong; **jdm u~ tun** to do sb an injustice, to do wrong by sb; **Sie haben nicht ganz u~** you're not entirely wrong.

unrechtmäßig adj illegitimate, unlawful, illegal; **sich** (dat) **etw ~ aneignen** to misappropriate sth; **Unrechtmäßigkeit** f unlawfulness, illegality.

unredlich adj dishonest; **Unredlichkeit** f dishonesty; **unreell** adj unfair; (unredlich) dishonest; Preis, Geschäft unreasonable; **unreflektiert** adj Bemerkung spontaneous; **etw ~ wiedergeben** to repeat sth without thinking.

unregelmäßig adj irregular (auch Ling); Zähne, Gesicht, Handschrift auch uneven. **~ essen/schlafen** not to eat/sleep regularly.

Unregelmäßigkeit f siehe adj irregularity; unevenness. **(finanzielle) ~en** (financial) irregularities.

unreif adj Obst unripe; Mensch, Plan, Gedanke, Werk immature; **Unreife** f siehe adj unripeness; immaturity.

unrein adj (schmutzig) not clean, dirty; Klang, Ton impure; Atem, Haut bad; (Rel) Speise, Tier, Mensch unclean; Gedanken, Taten unchaste, impure. **etw ins ~e sprechen** to say sth off the record; **etw ins ~e schreiben** to write sth out in rough.

Unreinheit f siehe adj dirtiness; impurity; (von Atem) unpleasantness; uncleanness; unchasteness, impurity. **die ~ ihrer Haut** her bad skin.

unrentabel adj unprofitable.

unrettbar adv **~ verloren** irretrievably lost; (wegen Krankheit) beyond all hope; **die ~ Verdammten** those damned beyond redemption or salvation.

unrichtig adj incorrect; (Admin) Angaben etc false; **unrichtigerweise** adv incorrectly; falsely; **Unrichtigkeit** f incorrectness; (Admin: von Angaben etc) falseness; **unromantisch** adj unromantic.

Unruh f -, -en (von Uhr) balance spring.

Unruhe f -, -n 1. no pl restlessness; (Nervosität) agitation; (Besorgnis) agitation, disquiet. **in ~ sein** to be restless; (besorgt) to be agitated or uneasy.

2. no pl (Lärm) noise, disturbance; (Geschäftigkeit) (hustle and) bustle.

3. no pl (Unfrieden) unrest no pl, trouble. **~ stiften** to create unrest; (in Familie, Schule) to make trouble.

4. **(politische) ~n** (political) disturbances or unrest no pl.

Unruheherd m trouble spot; **Unruhestifter(in** f) m -s, - troublemaker.

unruhig adj restless; (nervös auch) fidgety no adv; (laut, belebt) noisy; Schlaf troubled no adv, fitful, uneasy; Zeit etc troubled, uneasy; Bild, Muster busy; Meer troubled. **ein ~er Geist** (inf) a restless creature.

unrühmlich adj inglorious. **ein ~es Ende nehmen** to have an inglorious end.

uns I pers pron acc, dat of **wir** us; (dat auch) to/for us. **bei ~** (zu Hause, im Betrieb etc) at our place; (in unserer Beziehung) between us; (in unserem Land) in our country; **bei ~ zu Hause/im Garten** at our house/in our garden; **einer von ~** one of us; **ein Freund von ~** a friend of ours; **das gehört ~** that is ours or belongs to us; **viele Grüße von ~ beiden/allen** best wishes from both/all of us.

II refl pron acc, dat ourselves; (einander) each other, one another. **wir freuten ~** we were glad; **wir wollen ~ ein neues Auto kaufen** we want to buy (ourselves) a new car; **~ selbst** ourselves; **wann sehen wir ~ wieder?** when will we see each other again?; **unter ~ gesagt** between ourselves, between you and me; **mitten unter ~ in our midst**; **hier sind wir unter ~** we are alone here; **das bleibt unter ~** it won't go any further.

unsachgemäß adj improper. **ein Gerät ~ behandeln** to put an appliance to improper use.

unsachlich adj 1. (nicht objektiv) unobjective. 2. (fehl am Platz) uncalled-for. **~ werden** to become personal.

Unsachlichkeit f lack of objectivity, unobjectiveness.

unsagbar, unsäglich adj (liter) unspeakable, unutterable (liter).

unsanft adj rough; Druck ungentle;

(unhöflich) rude. ~ **aus dem Schlaf gerissen werden** to be rudely awakened.

unsauber *adj* 1. *(ungewaschen, schmutzig)* dirty, not clean. 2. *(unordentlich) Handschrift, Arbeit* untidy; *(nicht exakt) Schuß, Schlag, Schnitt* inaccurate; *Ton, Klang* impure. 3. *(unmoralisch)* shady, underhand; *Spielweise* dirty *(inf)*, unfair.

unschädlich *adj* harmless; *Genußmittel, Medikament auch* safe, innocuous; *Bombe auch* safe. **jdn/etw ~ machen** *(inf)* to take care of sb/sth *(inf)*.

unscharf *adj* 1. blurred, fuzzy; *Foto auch* out of focus; *Justierung* unsharp; *(Rad)* indistinct, unclear; *Erinnerung, Vorstellung* indistinct, hazy. **der Sender/das Radio ist ~ eingestellt** the station/the radio is not clearly tuned. 2. *Munition* blank; *Bomben etc* unprimed.

Unschärfe *f siehe adj 1.* blurredness, fuzziness; unsharpness; indistinctness; haziness. **begriffliche ~** lack of conceptual clarity.

unschätzbar *adj* incalculable, inestimable; *Hilfe* invaluable. **von ~em Wert** invaluable; *Schmuck etc* priceless.

unscheinbar *adj* inconspicuous; *(unattraktiv) Aussehen, Mensch* unprepossessing.

unschicklich *adj* unseemly, improper. **es ist ~ für eine junge Dame, das zu tun** it ill becomes a young lady *or* it is unseemly *or* improper for a young lady to do that.

unschlagbar *adj* unbeatable.

Unschlitt *nt* -(e)s, -e *(old)* tallow.

unschlüssig *adj (unentschlossen)* undecided; *(zögernd)* irresolute, hesitant. **sich** *(dat)* **~ (über etw** *acc)* **sein** to be undecided (about sth); to be hesitant about sth.

Unschlüssigkeit *f siehe adj* indecision; irresoluteness, hesitancy.

unschön *adj (häßlich)* unsightly; *(stärker)* ugly; *Gesicht* plain; *(unangenehm)* unpleasant. **~e Szenen** ugly scenes.

Unschuld *f, no pl* 1. *(Schuldlosigkeit)* innocence. 2. *(Jungfräulichkeit)* virginity. 3. *(Naivität, Unverdorbenheit)* innocence; *(fig: Mädchen)* innocent. **die ~ vom Lande** *(inf)* a real innocent; **in aller ~** in all innocence.

unschuldig *adj* 1. *(nicht schuldig)* innocent. **an etw** *(dat)* **~ sein** not to be guilty of sth; **er war völlig ~ an dem Unfall** he was completely without blame in the accident, he was in no way responsible for the accident; **jdn ~ verurteilen** to convict sb when he is innocent; **er sitzt ~ im Gefängnis** he is being held, an innocent man, in prison. 2. *(jungfräulich)* innocent, virginal. **~ in die Ehe gehen** to be married a virgin; **er/sie ist noch ~** he/she is still a virgin. 3. *(harmlos, unverdorben)* innocent. **~ tun** to act the innocent.

Unschuldige(r) *mf decl as adj* innocent (man/child *etc)*. **die ~** the innocent.

Unschuldsbeteuerung *f* protest of innocence; **Unschulds|engel** *m (inf)*, **Unschuldslamm** *nt (inf)* little innocent; **Unschuldsmiene** *f* innocent face *or* expression; **mit ~** with an air of innocence; **unschuldsvoll** *adj* innocent; **mit ~er**

Miene with an air of innocence.

unschwer *adv* easily, without difficulty. **das dürfte ja wohl ~ zu erraten sein** that shouldn't have been too hard to guess.

Unsegen *m (Unglück)* misfortune; *(Fluch)* curse *(für* (up)on).

unselbständig *adj Denken, Handeln* lacking in independence, unindependent; *Mensch auch* dependent, unable to stand on one's own two feet. **Einkünfte aus ~er Arbeit** income from (salaried) employment.

Unselbständige(r) *mf (Fin)* employed person.

Unselbständigkeit *f* lack of independence, dependence.

unselig *adj (unglücklich)* unfortunate; *(verhängnisvoll)* ill-fated. **Zeiten ~en Angedenkens!** unhappy memories!

unser I *poss pron* 1. *(adjektivisch)* our. **~e** *or* **unsre Bücher** our books.
    2. *(old: substantivisch)* ours.
    II *pers pron gen of* **wir** *(old, Bibl, geh)* of us. **~ beider gemeinsame Zukunft** our common future; **Herr, erbarme dich ~** Lord, have mercy upon us.

unser|einer, unser|eins *indef pron (inf)* the likes of us *(inf)*.

uns(e)re(r, s) *poss pron, nt auch* **unsers** *(substantivisch)* ours. **der/die/das ~** *(geh)* ours; **wir tun das U~** *(geh)* we are doing our bit; **die U~n** *(geh)* our family; **das U~** *(geh: Besitz)* what is ours.

unser(er)seits *adv (auf unserer Seite)* for our part; *(von unserer Seite)* from *or* on our part. **den Vorschlag haben wir ~ gemacht** we made the suggestion ourselves.

uns(e)resgleichen *indef pron* people like us *or* ourselves. **Menschen ~** people like us *or* ourselves.

uns(e)rige(r, s) *poss pron (old, geh)* **der/die/das ~** ours; **die U~n** our families; **das ~** *(Besitz)* what is ours; **wir haben das U~ getan** we have done our part.

unseriös *adj Mensch* slippery, not straight; *Auftreten, Aussehen, Kleidung, Bemerkung* frivolous; *Firma, Bank* untrustworthy, shady; *Zeitung* not serious; *Verlag* low-brow; *Schriftsteller, Wissenschaftler* not to be taken seriously, not serious, frivolous.

unserthalben, unsertwegen *adv* on our behalf.

unsertwillen *adv:* **um ~** for our sake.

unsicher *adj* 1. *(gefährlich)* dangerous, unsafe. **die Gegend ~ machen** *(fig inf)* to knock about the district *(inf)*; **sich ~ fühlen** to feel unsafe.
    2. *(nicht selbstbewußt, verunsichert)* insecure, unsure (of oneself). **jdn ~ machen** to make sb feel unsure of himself/herself; **sie blickte ~ im Kreise umher** she looked round timidly.
    3. *(ungewiß, zweifelhaft)* unsure, uncertain; *(unstabil)* uncertain, unstable.
    4. *(ungeübt, ungefestigt)* unsure; *Hand* unsteady; *Kenntnisse* shaky. **~ auf den Beinen** unsteady on one's feet.

Unsicherheit *f siehe adj 1.–3.* 1. danger. 2. unsureness. 3. unsureness, uncertainty; uncertainty, instability.

Unsicherheitsfaktor *m* element of uncertainty.

unsichtbar *adj (lit, fig)* invisible.

Unsichtbarkeit *f, no pl* invisibility.

Unsinn *m, no pl* nonsense *no indef art*, rubbish *no indef art*. ~ **machen** *or* **treiben** to do silly things; ~ **reden** to talk nonsense; **laß den** ~! stop fooling about!; **mach keinen** ~, **Hände hoch!** *(inf)* no clever stuff – put your hands up! *(inf)*; **wirklich? mach keinen** ~! *(inf)* really? – stop messing about! *(inf)*.

unsinnig I *adj (sinnlos)* nonsensical, foolish; *(ungerechtfertigt)* unreasonable; *(stärker)* absurd. II *adv* nonsensically, foolishly; unreasonably; absurdly.

Unsitte *f (schlechte Gewohnheit)* bad habit; *(dummer Brauch)* silly custom.

unsittlich *adj* immoral; *(in sexueller Hinsicht)* indecent.

Unsittlichkeit *f siehe adj* immorality; indecency.

unsolid(e) *adj Mensch* free-living; *(unredlich) Firma, Angebot, Geschäftsmann* unreliable. ~ **leben** to have an unhealthy life-style; **ein** ~**es Leben führen** to be free-living.

unsozial *adj Verhalten, Mensch* antisocial; *Maßnahmen, Politik* unsocial; **unspezifisch** *adj* non-specific; **unsportlich** *adj* 1. *(ungelenkig)* unathletic; 2. *(unfair)* unsporting; **Unsportlichkeit** *f (Unfairness)* lack of sportsmanship; **und das bei seiner** ~! and he being so unathletic!

unsre *pron siehe* **unser.**

unsrerseits *adv siehe* **uns(er)erseits.**

unsresgleichen *indef pron siehe* **uns(e)resgleichen.**

unsretwegen *adv siehe* **unsertwegen.**

unsretwillen *adv siehe* **unsertwillen.**

unsrige(r, s) *pron siehe* **uns(e)rige(r, s).**

unstabil *adj* unstable; **unstatthaft** *adj (form)* inadmissible; *(ungesetzlich)* illegal; *(Sport)* not allowed.

unsterblich I *adj immortal; Liebe* undying. **jdn** ~ **machen** to immortalize sb. II *adv (inf)* utterly. **sich** ~ **blamieren** to make an utter fool *or* a complete idiot of oneself; ~ **verliebt sein** to be head over heels *or* madly in love *(inf)*.

Unsterbliche(r) *mf* immortal.

Unsterblichkeit *f* immortality. **die** ~ **seiner Liebe** his undying love.

Unstern *m, no pl (liter)* unlucky star. **die Liebe der beiden stand unter einem** ~ they were star-crossed lovers.

unstet *adj Glück, Liebe* fickle; *Mensch* restless; *(wankelmütig)* changeable; *Entwicklung* unsteady; *Leben* unsettled.

Unstetigkeit *f siehe adj* fickleness; restlessness; changeability; unsteadiness; unsettled nature.

unstillbar *adj* 1. *Durst, Wissensdurst* unquenchable; *Verlangen, Sehnsucht, Hunger* insatiable; 2. *Blutstrom* uncontrollable; **unstimmig** *adj Aussagen etc* at variance, differing *attr*; **in einem Punkt sind wir noch** ~ we still disagree *or* differ on one point; **Unstimmigkeit** *f (Ungenauigkeit, Fehler)* discrepancy, inconsistency; *(Streit)* difference; **unstreitig**

adv indisputably, incontestably; **Unsumme** *f* vast sum; **unsymmetrisch** *adj* asymmetric(al).

unsympathisch *adj* unpleasant, disagreeable. **er ist** ~ he's unpleasant *or* a disagreeable type; **das/er ist mir** ~ I don't like that/him.

unsystematisch *adj* unsystematic.

untad(e)lig, untadelhaft *(rare) adj* impeccable; *Verhalten auch* irreproachable; *Mensch* beyond reproach.

Untat *f* atrocity, atrocious deed. ~**en begehen** *(im Krieg etc)* to commit atrocities.

untätig *adj (müßig)* idle; *(nicht handelnd)* passive; *Vulkan* inactive, dormant.

Untätigkeit *f siehe adj* idleness; passivity; dormancy.

untauglich *adj (zu, für* for) unsuitable; *(für Wehrdienst)* unfit; **Untauglichkeit** *f siehe adj* unsuitability; unfitness; **unteilbar** *adj* indivisible.

unten *adv (im unteren Teil, am unteren Ende, in Rangfolge)* at the bottom; *(tiefer, drunten)* (down) below; *(an der Unterseite)* underneath; *(in Gebäude)* (down) below, downstairs; *(inf: geographisch)* down south; *(flußab)* downstream; *(tiefer gelegen)* down there/here. **von** ~ from below; **nach** ~ down; **die Säule wird nach** ~ **hin breiter** the column broadens out towards the base *or* bottom; **bis** ~ to the bottom; ~ **am Berg/ Fluß** at the bottom of the hill/down by the river(side); ~ **im Tal/Wasser/Garten** down in the valley/water/garden; ~ **auf dem Bild** at the bottom of the picture; ~ **auf der Straße** down on the street; **dort** *or* **da/hier** ~ down there/here; **weiter** ~ further down; ~ **bleiben** to stay down; **rechts/links** ~ down on the right/left; **siehe** ~ see below; **er ist bei mir** ~ **durch** *(inf)* I'm through *or* I've finished with him *(inf)*.

unten|an *adv (am unteren Ende)* at the far end; *(in Reihenfolge: lit, fig)* at the bottom; **(bei jdm)** ~ **stehen** *(fig)* not to be a priority (with sb), to be at the bottom of sb's list; **untendrunter** *adv (inf)* underneath; **unten|erwähnt, untengenannt** *adj attr* mentioned below; **der/die U~e** the undermentioned (person) *(form)*, the person mentioned below; **untenherum** *adv (inf)* down below *(inf)*; **untenliegend** *adj attr* bottom; **untenstehend** *adj* following; *(lit)* standing below; ~**es** the following; **das U~e** what follows.

unter *prep* 1. +*dat (~halb von)* under; *(drunter)* underneath, below; *(U~ordnung ausdrückend)* under; *(zwischen, innerhalb)* among(st); *(weniger, geringer als)* under, below. ~ **18 Jahren/DM 50** under 18 years *(of age)*/DM 50; ~ **dem Durchschnitt** below average; **Temperaturen** ~ **25 Grad** temperatures below 25 degrees; **Städte** ~ **10.000 Einwohner(n)** towns with a population of under *or* below 10,000; ~ **sich** *(dat)* **sein** to be by themselves; **jdn** ~ **sich haben** to have sb under one; ~ **etw leiden** to suffer from sth; ~ **Mittag** *(dial)* in the morning; ~ **der Woche** *(dial)* within the (working) week;

~ **anderem** inter alia, among other things. **2.** +*acc* under. **bis** ~ **das Dach** up to the bottom of the roof; ~ **Verbrecher geraten** to fall in with criminals.

Unter|abteilung *f* subdivision; **Unter|arm** *m* forearm; **Unter|art** *f* (*esp Biol*) subspecies; **Unterbau** *m*, *pl* **-ten** (*von Gebäude*) foundations *pl*; (*von Brücke, Bahnstrecke, fig*) substructure; (*bei Straßen*) (road)bed; **Unterbegriff** *m* member of a conceptual class, subsumable concept; **unterbelegt** *adj* Hotel *etc* not full; *Fortbildungskurs* under-subscribed; **unterbelichten*** *vt insep* (*Phot*) to underexpose; **geistig unterbelichtet sein** (*hum*) to be a bit dim (*inf*); **Unterbelichtung** *f* underexposure; **unterbewerten*** *vt insep* to underrate, to undervalue; **Unterbewertung** *f* underrating *no pl*, undervaluation; **unterbewußt** *adj* subconscious; **das U~e** the subconscious; **Unterbewußtsein** *nt* subconscious; **im** ~ subconsciously; **unterbezahlt** *adj* underpaid; **Unterbezahlung** *f* underpayment; **unterbieten*** *vt insep irreg* Konkurrenten to undercut; (*fig*) to surpass; **sich gegenseitig** ~ to undercut each other; **eine kaum noch zu ~de Leistung** an unsurpassable achievement (*iro*); **unterbinden*** *vt insep irreg* to stop, to prevent; (*Med*) Blutung to ligature; **Unterbindung** *f*, *no pl* ending; (*Med*) ligature; **unterbleiben*** *vi insep irreg aux sein* **1.** (*aufhören*) to cease, to stop; **das hat zu** ~ that will have to cease *or* stop; **2.** (*nicht geschehen*) not to occur *or* happen; **das wäre besser unterblieben** (*Vorfall*) it would have been better if it had never happened; (*Bemerkung*) it would have been better left unsaid; **3.** (*versäumt werden*) to be omitted; **Unterbodenschutz** *m* (*Mot*) underseal; **unterbrechen*** *insep irreg* **I** *vt* to interrupt; *Stille, Reise, Eintönigkeit, Langeweile, Gleichförmigkeit* to break; (*langfristig*) to break off; *Telefonverbindung* to disconnect; *Spiel* to suspend, to stop; **entschuldigen Sie bitte, wenn ich Sie unterbreche** forgive me for interrupting; **wir sind unterbrochen worden** (*am Telefon*) we've been cut off; **II** *vr* to break off; **Unterbrecher** *m* **-s,** **-** (*Elec*) interrupter; (*Aut*) contact breaker; **Unterbrecherkontakt** *m* (*Elec, Aut*) (contact-breaker) point; **Unterbrechung** *f* interruption; break (+*gen* in); (*von Telefonverbindung*) disconnection; (*von Spiel*) stoppage; **ohne** ~ without a break; **nach einer kurzen** ~ (*Rad, TV*) after a short break *or* intermission; **mit ~en** with a few breaks in between; **unterbreiten*** *vt insep* Plan to present; (*jdm*) einen Vorschlag ~ to make a proposal (to sb), to put a suggestion (to sb).

unterbringen *vt sep irreg* **1.** (*verstauen, Platz geben*) to put; (*in Heim, Krankenhaus etc*) to put. **ich kann in meinem Auto noch einen** ~ I can get one more *or* I have room for one more in my car; **das Krankenhaus kann keine neuen Patienten** ~ the hospital has no room for *or* can accommodate no new patients; **wir können noch zwei Lehrlinge** ~, **aber nicht mehr** we can accommodate *or* find room for another two apprentices but no more; **ich kenne ihn, aber ich kann ihn nirgends** ~ (*inf*) I know him, but I just can't place him. **2.** (*Unterkunft geben*) Menschen to accommodate; (*in Haus, Hotel, Krankenhaus etc auch*) to put up; *Ausstellung, Sammlung auch* to house. **gut/schlecht untergebracht sein** to have good/bad accommodation; **wie sind Sie untergebracht?** what's your accommodation like?; how are you looked after?

Unterbringung *f* accommodation.

Unterbruch *m* (*Sw*) *siehe* **Unterbrechung**.

unterbuttern *vt sep* (*inf*) **1.** to sneak in (*inf*); (*zuschießen*) to throw in. **2.** (*unterdrücken*) to ride roughshod over; (*opfern*) to sacrifice. **er wird von ihr untergebuttert** she dominates him.

Unterdeck *nt* (*Naut*) lower deck. **im** ~ below deck.

unterderhand *adv* secretly; *verkaufen* privately.

unterdes(sen) *adv* (in the) meantime, meanwhile.

Unterdruck *m* (*Phys*) below atmospheric pressure; (*Med*) low blood pressure, hypotension (*spec*).

unterdrücken* *vt insep* **1.** (*zurückhalten*) Neugier, Gähnen, Lachen to suppress; Gefühle, Tränen *auch* to hold back, to restrain; Antwort, Bemerkung to hold back. **2.** (*beherrschen*) Volk, Sklaven to oppress, to repress; Freiheit to suppress; Revolution to suppress, to put down. **die Unterdrückten** the oppressed.

Unterdrücker(in *f*) *m* **-s,** **-** oppressor.

Unterdrückung *f siehe vt* **1.** suppression; restraining; holding back. **2.** oppression; repression; suppression.

unterdurchschnittlich *adj* below average. **er verdient** ~ he has a below average income, he earns below the average.

unter|einander *adv* **1.** (*gegenseitig*) each other; (*miteinander*) among ourselves/ themselves *etc*. **Familien, die** ~ **heiraten** families that intermarry. **2.** (*räumlich*) one below *or* underneath the other.

unter|entwickelt *adj* underdeveloped; (*inf: geistig* ~) thick (*inf*); **Unter|entwicklung** *f* underdevelopment.

untere(r, s) *adj, superl* **unterste(r, s)** lower.

unter|ernährt *adj* undernourished, suffering from malnutrition; **Unter|ernährung** *f* malnutrition.

unterfangen* *vr insep irreg* (*geh*) to dare, to venture. **sich einer Sache** (*gen*) ~ to dare to do sth, to venture (to do) sth.

Unterfangen *nt* **-s,** **-** (*geh*) venture, undertaking. **ein schwieriges** ~ a difficult undertaking.

unterfassen *vt sep* jdn ~ to take sb's arm; **sie gingen untergefaßt** they walked along arm in arm *or* with arms linked.

Unterführung *f* underpass; (*für Fußgänger auch*) subway.

Unterfunktion *f* insufficient function *no indef art*, hypofunction (*spec*); **(eine)** ~ **der Schilddrüse** thyroid insufficiency, hypothyroidism (*spec*).

Untergang *m* **1.** (*von Schiff*) sinking. **2.** (*von Gestirn*) setting.

3. (*das Zugrundegehen*) (*allmählich*) decline; (*völlig*) destruction; (*der Welt*) end; (*von Individuum*) downfall, ruin. **dem ~ geweiht sein** to be doomed; **du bist noch mal mein ~!** you'll be the death of me! (*inf*).

Untergangsstimmung f feeling of doom.

untergärig adj Bier bottom-fermented;

Untergattung f subgenus.

Untergebene(r) mf decl as adj subordinate; (*pej: Subalterner auch*) underling.

untergegangen adj Schiff sunken; Gestirn set; Volk etc extinct; Zivilisation, Kultur extinct, lost.

untergehen vi sep irreg aux sein **1.** (*versinken*) to sink; (*Schiff auch*) to go down; (*fig: im Lärm etc*) to be submerged or drowned.

2. (*Gestirn*) to set. **sein Stern ist im U~** his star is waning or on the wane.

3. (*zugrundegehen*) (*Kultur*) (*allmählich*) to decline; (*völlig*) to be destroyed; (*Welt*) to come to an end; (*Individuum*) to perish. **dort muß man sich durchsetzen, sonst geht man unter** you've got to assert yourself there or you'll go under.

unterge|ordnet I ptp of **unterordnen**; II adj Dienststelle, Stellung subordinate; Rolle auch secondary; Bedeutung secondary; **Untergeschoß** nt basement; **Untergestell** nt **1.** base; (*Mot*) subframe; **2.** (*inf Beine*) pins pl (*inf*); **Untergewicht** nt underweight; **~ haben** to be underweight; **untergewichtig** adj underweight; **untergliedern*** vt insep to subdivide; **untergraben¹*** vt insep irreg to undermine; **untergraben²** vt sep irreg to dig in.

Untergrund m, no pl **1.** (*Geol*) subsoil. **2.** (*Farbschicht*) undercoat; (*Hintergrund*) background. **3.** (*Liter, Pol etc*) underground. **er lebt seit Jahren im ~** he's been living underground for years; **in den ~ gehen** to go underground.

Untergrund- in cpds (*Liter, Pol*) underground; **Untergrundbahn** f underground, subway (*US*).

Untergruppe f subgroup; **unterhaben** vt sep irreg (*inf*) to have (on) underneath; **unterhaken** sep I vt jdn ~ to link arms with sb; II vr sich bei jdm ~ to link arms with sb; **untergehakt gehen** to walk arm in arm.

unterhalb I prep +gen below; (*bei Fluß auch*) downstream from. II adv below; downstream. **~ von** below; downstream from.

Unterhalt m -(e)s, no pl **1.** (*Lebens~*) keep, maintenance (*esp Jur*). **für jds ~ aufkommen** to pay for sb's keep; **seinen ~ verdienen** to earn one's living; **seinen ~ haben** to earn enough. **2.** (*Instandhaltung*) upkeep.

unterhalten¹* insep irreg I vt **1.** (*versorgen, ernähren*) to support; Angestellten to maintain.

2. (*halten, betreiben*) Geschäft to keep, to run; Konto to have; Kfz to run.

3. (*instand halten*) etc to maintain.

4. (*pflegen, aufrechterhalten*) Kontakte, Beziehungen to maintain.

5. Gäste, Publikum to entertain.

II vr **1.** (*sprechen*) to talk (*mit* to, with). **man kann sich mit ihm gut/schlecht/ glänzend ~** he's easy/not easy/really easy to talk to; **man kann sich mit ihm nicht ~** he's impossible to talk to, you can't talk to him; **sich mit jdm (über etw** acc**) ~** to (have a) talk or chat with sb (about sth); **er war nur gekommen, um sich ein bißchen zu ~** he only came for a bit of a chat or talk.

2. (*sich vergnügen*) to enjoy oneself, to have a good time. **habt ihr Euch gut ~?** did you enjoy yourselves or have a good time?; **sich mit etw ~** to amuse or entertain oneself with sth.

unterhalten² vt sep irreg to hold underneath. **ein Tuch ~** to hold a cloth underneath.

Unterhalter(in f) m -s, - entertainer; (*unterhaltsamer Mensch*) conversationalist.

unterhaltsam adj entertaining.

unterhaltsberechtigt adj entitled to maintenance; **Unterhaltsklage** f action for maintenance; (*gegen jdn*) ~ **erheben** to file a suit for maintenance (against sb); **Unterhaltskosten** pl (*von Gebäude, Anlage*) maintenance (costs pl); (*von Kfz*) running costs pl; **Unterhaltspflicht** f obligation to pay maintenance; **unterhaltspflichtig** adj under obligation to pay maintenance; **Unterhaltspflichtige(r)** mf decl as adj person obliged to pay maintenance.

Unterhaltung f **1.** (*Gespräch*) talk, chat, conversation. **eine ~ (mit jdm) führen** to have a talk or conversation (with sb).

2. (*Amüsement*) entertainment. **wir wünschen gute** or **angenehme ~** we hope you enjoy the programme.

3. no pl (*Instandhaltung*) upkeep; (*von Gebäuden auch, Kfz, Maschinen*) maintenance.

Unterhaltungs|elektronik f (*Industrie*) entertainment electronics sing; (*Geräte*) audio systems pl; **Unterhaltungsfilm** m light entertainment film; **Unterhaltungs|industrie** f entertainment industry; **Unterhaltungslektüre** f light reading; **Unterhaltungsliteratur** f light fiction; **Unterhaltungsmusik** f light music; **Unterhaltungsprogramm** nt light entertainment programme; **Unterhaltungsroman** m light novel; **Unterhaltungssendung** f light entertainment programme.

Unterhändler m negotiator.

Unterhandlung f negotiation.

Unterhaus nt Lower House, House of Commons (*Brit*), Commons sing (*Brit*). **Mitglied des ~es** member of parliament.

Unterhaus|abge|ordnete(r) mf, **Unterhausmitglied** nt member of parliament, MP; **Unterhaussitzung** f session of the House.

Unterhemd nt vest (*Brit*), undershirt (*US*).

unterhöhlen* vt insep **1.** to hollow out. **2.** (*fig*) to undermine.

Unterholz nt, no pl undergrowth.

Unterhose f (*Herren~*) (under)pants pl, pair of (under)pants, briefs pl; (*Damen~*) (pair of) pants pl or briefs pl. **lange ~n** long johns pl.

unter|irdisch adj underground; *Fluß etc auch* subterranean.

unterjochen* vt insep to subjugate.

Unterjochung f subjugation.

unterjubeln vt sep (inf) 1. (andrehen) jdm etw ~ to palm sth off on sb (inf). 2. (anlasten) jdm etw ~ to pin sth on sb (inf).

unterkellern* vt insep to build with a cellar. **das Haus ist nicht unterkellert** the house doesn't have a cellar.

Unterkiefer m lower jaw; **Unterklasse** f 1. subclass; 2. (Sociol) lower class; **Unterkleid** nt full-length slip *or* petticoat; **Unterkleidung** f underwear, underclothes pl.

unterkommen vi sep irreg aux sein 1. (Unterkunft finden) to find accommodation; (inf: Stelle finden) to find a job (als as, bei with, at). **bei jdm ~** to stay at sb's (place). 2. (inf) **so etwas ist mir noch nie untergekommen!** (inf) I've never come across anything like it!

Unterkommen nt -s, - (Obdach) accommodation. **bei jdm ein ~ finden** to be put up at sb's (place).

Unterkörper m lower part of the body; **unterkriechen** vi sep irreg aux sein (inf) to shack up (bei jdm with) (inf); **unterkriegen** vt sep (inf) to bring down; (deprimieren) to get down; **sich nicht ~ lassen** not to let things get one down; **unterkühlen*** vt insep Flüssigkeit, Metalle, Gas to supercool, to undercool; Körper to expose to subnormal temperatures; **unterkühlt** adj supercooled, undercooled; Körper affected by hypothermia; (fig) Atmosphäre chilly; Mensch cool; Musik, Spielweise subdued, reserved; **Unterkühlung** f, no pl (von Flüssigkeit, Metall, Gas) supercooling, undercooling; (im Freien) exposure; (Med) hypothermia.

Unterkunft f-, **Unterkünfte** 1. accommodation no pl, lodging. **eine ~ suchen** to look for accommodation *or* lodging; **~ und Verpflegung** board and lodging. 2. (von Soldaten etc) quarters pl; (esp in Privathaus) billet.

Unterlage f 1. base; (Schreib~, Tuch, Decke zum Bügeln auch) pad; (im Bett) drawsheet. 2. usu pl (Belege, Urkunden, Papiere) document, paper.

Unterlänge f tail (of letters), descender (spec); **Unterlaß** m: **ohn(e) ~** (old) incessantly, continuously; *arbeiten auch* without respite.

unterlassen* vt insep irreg (nicht tun) to refrain from; (nicht durchführen) not to carry out; (auslassen) to omit; Bemerkung, Zwischenrufe to refrain from making; etwas Dummes etc to refrain from doing; Trinken auch to abstain from. **keine Anstrengung or nichts ~** to spare no effort; **~ Sie das!** don't do that, stop that!; **er hat es ~, mich zu benachrichtigen** he failed *or* omitted to notify me; **warum wurde das ~?** why was it not done?; **~e Hilfeleistung** (Jur) failure to give assistance.

Unterlassung f 1. (Versäumnis) omission (of sth), failure (to do sth). **bei ~** (der Zahlung) in case of default (of payment);

auf ~ klagen (Jur) to ask for an injunction. 2. (Gram) **~ der Deklination** nondeclension.

Unterlassungsdelikt nt siehe **Unterlassungsstraftat; Unterlassungsklage** f (Jur) injunction suit; **Unterlassungsstraftat** f (Jur) (offence of) default; **Unterlassungssünde** f sin of omission; **Unterlassungs|urteil** nt injunction.

Unterlauf m lower reaches (of a river).

unterlaufen¹* insep irreg I vi +dat aux sein (Fehler, Irrtum, Versehen) to occur. **mir ist ein Fehler/Fauxpas ~** I made a mistake/ faux pas. II vt Bestimmungen, Maßnahmen to get round; Steuergesetze to avoid. **jdn ~** (Sport) to slip under sb's guard.

unterlaufen² adj suffused with blood. **ein mit Blut ~es Auge** a bloodshot eye.

Unterleder nt sole leather.

unterlegen¹ vt sep to put underneath; (fig) to attribute, to ascribe. **einer Sache** (dat) **einen anderen Sinn ~** to read another meaning into sth.

unterlegen²* vt insep to underlay; (mit Stoff, Watte etc) to line; (mit Watte) to pad. **einer Melodie** (dat) **einen Text ~** to put *or* set words to a tune.

unterlegen³ I ptp of **unterliegen**. II adj inferior; (besiegt) defeated. **jdm ~ sein** to be inferior to sb, to be sb's inferior; **zahlenmäßig ~ sein** to be outnumbered, to be numerically inferior; **der U~e sein** to be in the weaker position.

Unterlegenheit f, no pl inferiority.

Unterleib m abdomen; (im engeren Sinne: Geschlechtsorgane) lower abdomen.

Unterleibs- in cpds abdominal; (in bezug auf weibliche Geschlechtsorgane) gynaecological; **Unterleibskrebs** m cancer of the abdomen; cancer of the womb; **Unterleibsschmerzen** pl abdominal pains.

Unterleutnant m (Mil) second lieutenant.

unterliegen* vi insep irreg aux sein 1. (besiegt werden) to be defeated (+dat by), to lose (+dat to); (fig) einer Versuchung to succumb (+dat to). 2. +dat (unterworfen sein) to be subject to; einer Gebühr, Steuer to be liable to. **es unterliegt keinem Zweifel, daß …** it's not open to any doubt that …

Unterlippe f bottom *or* lower lip.

unterm contr of **unter dem**.

untermalen* vt insep (mit Musik) to provide with background *or* incidental music; Film to provide a soundtrack for; (fig) to underlie.

untermauern* vt insep (Build) to underpin; (fig auch) Behauptung, Theorie to back up, to substantiate, to support.

Untermenge f (Math) subset.

untermengen vt sep to mix in, to add.

Untermensch m (esp NS) subhuman creature.

Untermiete f tenancy. **bei jdm zur or in ~ wohnen** to be sb's tenant; (als Zimmerherr etc auch) to lodge with sb; **zur or in ~ wohnen** to live in rented accommodation/ lodgings.

Untermieter m tenant; (Zimmerherr etc auch) lodger.

unterminieren* vt insep to undermine.

Unterminierung f undermining.

untermischen vt sep to mix in, to add.

untern contr of **unter den**.

unternehmen* vt insep irreg to do; (durchführen auch) to undertake; Versuch, Vorstoß, Reise to make. **einen Ausflug** ~ to go on an outing; **Schritte** ~ to take steps; **etwas/nichts gegen jdn/etw** ~ to do something/nothing about sb/sth, to take some/no action against sb/sth; **zu viel** ~ to do too much, to take on too much.

Unternehmen nt -s, - 1. (Firma) business, concern, enterprise. 2. (Aktion, Vorhaben) undertaking, enterprise, venture; (Mil) operation.

unternehmend I prp of **unternehmen**. II adj enterprising.

Unternehmensberater m management consultant; **Unternehmensleitung** f management; **die Herren in der** ~ management; **Unternehmensvorstand** m board of directors.

Unternehmer(in f) m -s, - (business) employer; (alten Stils) entrepreneur; (Industrieller auch) industrialist. **die** ~ **die** employers.

unternehmerisch adj entrepreneurial.

Unternehmerkreise pl in/aus ~n in/from business circles; **Unternehmertum** nt (die Unternehmer) management no art, employers pl; (Unternehmergeist) entrepreneurship; **das freie** ~ free enterprise; **Unternehmerverband** m employers' association.

Unternehmung f 1. siehe **Unternehmen**. 2. (Transaktion) undertaking.

Unternehmungsgeist m, no pl enterprise; **Unternehmungslust** f, no pl enterprise; **unternehmungslustig** adj (tatendurstig) enterprising; (abenteuerlustig auch) adventurous.

Unteroffizier m 1. (Rang) noncommissioned officer, NCO. ~ **vom Dienst** duty NCO. 2. (Dienstgrad) (bei der Armee) sergeant; (bei der Luftwaffe) corporal (Brit), airman first class (US).

unterordnen vt sep I vt to subordinate (+dat to); siehe **untergeordnet**; II vr to subordinate oneself (+dat to); **unterordnend** adj (Gram) Konjunktion subordinating; **Unterordnung** f 1. no pl subordination; 2. (Biol) suborder.

Unterpfand nt (old, liter) pledge.

unterpflügen vt sep to plough under or in.

Unterprima f eighth year of German secondary school, ≃ lower sixth (Brit).

Unterprimaner m pupil in eighth year of German secondary school, ≃ sixth-former (Brit).

unterprivilegiert adj underprivileged. **U~e/die U~en** underprivileged people/ the underprivileged.

Unterputzleitung f (Elec) concealed cable.

unterqueren* vt insep to underrun.

unterreden* vr insep sich (mit jdm) ~ to confer (with sb), to have a discussion (with sb).

Unterredung f discussion; (Pol auch) talks pl.

unterrepräsentiert adj under-represented.

Unterricht m -(e)s, no pl lessons pl, classes pl. **theoretischer/praktischer** ~ theoreti-

cal/practical instruction or classes; ~ **in Mathematik/Englisch** maths/English lessons or classes; **heute fällt der** ~ **in Englisch aus** there will be no English lesson today; **(jdm)** ~ **geben** or **erteilen** to teach (sb) (in etw (dat) sth); **(bei jdm)** ~ **nehmen** or **haben** to take or have lessons (with sb); **es klingelt zum** ~ the lesson bell is ringing; **am** ~ **teilnehmen** to attend classes; **im** ~ **sein** (Lehrer) to be in class, to be teaching; **zu spät zum** ~ **kommen** to be late for class; **im** ~ **aufpassen** to pay attention in class; **den** ~ **vorbereiten** to prepare one's lessons; **der** ~ **beginnt um 8 Uhr** lessons or classes start at 8 o'clock; ~ **in Fremdsprachen** foreign language teaching; **fortschrittlicher** ~ progressive teaching (methods pl).

unterrichten* insep I vt 1. Klasse, Fach to teach. **jdn in etw** (dat) ~ to teach sb sth. 2. (informieren) to inform (von, über + acc about).
II vi to teach.
III vr sich über etw (acc) ~ to obtain information about sth, to inform oneself about sth; **sich von jdm über etw** (acc) ~ **lassen** to be informed by sb about sth.

unterrichtet adj informed. **gut ~e Kreise** well-informed circles.

Unterrichtsbetrieb m, no pl lessons pl, classes pl; (Unterrichtsroutine) teaching no art; **Unterrichtseinheit** f teaching unit; **Unterrichtsfach** nt subject; **Geschichte ist** ~ history is on the curriculum; **Unterrichtsfilm** m educational film; **unterrichtsfrei** adj Stunde, Tag free; **der Montag ist** ~ there are no classes on Monday; **Unterrichtsgegenstand** m 1. topic, subject; 2. (Aus) siehe **Unterrichtsfach**; **Unterrichtsmethode** f teaching method; **Unterrichtsmittel** nt teaching aid; **Unterrichtsraum** m teaching room; **Unterrichtssprache** f language in which lessons are conducted; **Unterrichtsstoff** m subject matter, teaching subject; **Unterrichtsstunde** f lesson, period; **während der** ~ during lessons; **Unterrichtsveranstaltung** f lesson; (Univ) lecture; **Unterrichtswesen** nt educational system; **Unterrichtsziel** nt teaching objective; **Unterrichtszwecke** pl zu ~n for teaching purposes.

Unterrichtung f, no pl (Belehrung) instruction; (Informierung) information.

Unterrock m underskirt, slip.

unterrühren vt sep to stir or mix in.

unters contr of **unter das**.

untersagen* vt insep to forbid, to prohibit. **jdm etw** ~ to forbid sb sth, to prohibit sb from doing sth; **(das) Rauchen (ist hier) strengstens untersagt** smoking (is) strictly prohibited or forbidden (here); **jdm etw gerichtlich** ~ to enjoin sb to do sth.

Untersatz m 1. mat; (für Gläser, Flaschen etc) coaster; (für Blumentöpfe etc) saucer. **etw als** ~ **verwenden** to use sth to put underneath. 2. (Philos) minor premise.

Unterschallflug m subsonic flight; **Unterschallgeschwindigkeit** f subsonic speed.

unterschätzen* vt insep to underestimate.

unterscheidbar adj distinguishable.

unterscheiden* *insep irreg* **I** *vt* (*einen Unterschied machen, trennen*) to distinguish; (*auseinanderhalten auch*) to tell apart. **A nicht von B ~ können** to be unable to tell the difference between A and B, to be unable to tell A from B; **zwei Personen (voneinander) ~** to tell two people apart; **kannst du die beiden ~?** can you tell which is which?; **das ~de Merkmal** the distinguishing feature.

II *vi* to differentiate, to distinguish.

III *vr* **sich von etw ~** to differ (from) sth; **worin unterscheidet sich eine Amsel von einer Drossel?** what is the difference between a blackbird and a thrush?

Unterscheidung *f* differentiation; (*Unterschied*) difference, distinction. **eine ~ treffen** to make a distinction.

Unterscheidungsvermögen *nt* discernment; **das ~** the power of discernment.

Unterschenkel *m* lower leg.

Unterschicht *f* (*Sociol*) lower stratum (*Sociol*), lower class.

unterschieben[1]* *vt insep irreg* (*inf: unterstellen*) **jdm etw ~** to attribute sth to sb; **du unterschiebst mir immer, daß ich schwindle** you're always accusing me of cheating.

unterschieben[2] *vt sep irreg* **1.** (*lit*) to push underneath.

2. (*fig*) **jdm etw ~** to foist sth on sb; **ein untergeschobenes Kind** a child foisted on sb.

3. siehe unterschieben[1].

Unterschied *m* -(e)s, -e difference (*auch Math*); (*Unterscheidung auch*) distinction. **einen ~ (zwischen zwei Dingen) machen** to make a distinction (between two things); **es besteht ein ~ (zwischen ...)** there's a difference or distinction (between ...); **das macht keinen ~** that makes no difference; **es ist ein großer ~, ob ...** it makes a big difference whether ...; **ein feiner ~** a slight difference, a fine distinction; **zum ~ von** (*rare*) or **im ~ zu** (**jdm/ etw**) in contrast to (sb/sth), unlike (sb/ sth); **mit dem ~, daß ...** with the difference that ...; **es wurden alle ohne ~ getötet** everyone was killed indiscriminately; **das ist ein gewaltiger ~!** there's a vast difference!

unterschiedlich *adj* different; (*veränderlich*) variable; (*gemischt*) varied, patchy. **das ist sehr ~** it varies a lot; **~ gut/ lang** of varying quality/length; **sie haben ~ reagiert** their reactions varied.

unterschiedslos *adj* indiscriminate.

unterschlagen[1]* *vt insep irreg* Geld to embezzle, to misappropriate; Brief, Beweise to withhold, to suppress; (*inf*) Neuigkeit, Nachricht, Wort etc to keep quiet about.

unterschlagen[2] *vt sep irreg* (*verschränken*) Beine to cross. **mit untergeschlagenen Beinen dasitzen** to sit cross-legged.

Unterschlagung *f* (*von Geld*) embezzlement, misappropriation; (*von Briefen, Beweisen etc*) withholding, suppression.

Unterschlupf *m* -(e)s, -e (*Obdach, Schutz*) cover, shelter; (*Versteck*) hiding-place, hide-out.

unterschlüpfen, unterschlupfen (*dial*) *vi sep aux sein* (*inf*) (*Obdach or Schutz finden*) to take cover or shelter; (*Versteck finden*) to hide out (*inf*) (*bei jdm* at sb's).

unterschreiben* *insep irreg* **I** *vt* to sign. **der Brief ist mit „Müller" unterschrieben** the letter is signed "Müller"; **das kann** or **würde ich ~!** (*fig*) I'll subscribe to that!

II *vi* to sign. **mit vollem Namen ~** to sign one's full name.

unterschreiten* *vt insep irreg* to fall short of; Temperatur, Zahlenwert to fall below.

Unterschrift *f* **1.** signature. **seine ~/fünf ~en leisten** to give one's signature/one's signature five times; **jdm etw zur ~ vorlegen** to give sb sth to sign; **eigenhändige ~** personal signature; **seine ~ unter etw** (*acc*) **setzen** to put one's signature to sth, to sign sth. **2.** (*Bild~*) caption.

Unterschriftenmappe *f* signature folder; **Unterschriftensammlung** *f* collection of signatures.

unterschriftsberechtigt *adj* authorized to sign; **Unterschriftsberechtigte(r)** *mf decl as adj* authorized signatory; **Unterschriftsfälschung** *f* forging of a/the signature; **Unterschriftsprobe** *f* specimen signature; **unterschriftsreif** *adj* Vertrag ready to be signed.

unterschwellig *adj* subliminal.

Unterseeboot *nt* submarine; (*ehemaliges deutsches auch*) U-boat.

unterseeisch [-zeːɪʃ] *adj* underwater, undersea, submarine.

Unterseite *f* underside; (*von Topf, Teller, Kuchen auch*) bottom; (*von Blatt*) undersurface; **an der ~** on the underside/ bottom/undersurface; **Untersekunda** *f sixth year of German secondary school;* **Untersekundaner(in** *f*) *m pupil in sixth year of German secondary school;* **untersetzen** *vt sep* to put underneath; **Untersetzer** *m* -s, - *siehe* Untersatz 1.

untersetzt *adj* stocky.

unterspülen* *vt insep* to undermine, to wash away the base of.

Unterstaatssekretär *m* Undersecretary of State; **Unterstadt** *f* lower part of a/the town; **Unterstand** *m* shelter; (*Mil*) dugout.

unterstehen* *insep irreg* **I** *vi* +*dat* to be under (the control of); **jdm** to be subordinate to; *einer Behörde, dem Ministerium auch* to come under (the jurisdiction of); *dem Gesetz* to be subject to. **dem Verkaufsdirektor ~ sechs Abteilungsleiter** the sales director is in charge of six department heads.

II *vr* to dare, to have the audacity. **untersteh dich (ja nicht)!** (don't) you dare!; **was ~ Sie sich!** how dare you!

unterstellen[1]* *insep* *vt* **1.** (*unterordnen*) to (make) subordinate (dat to); Abteilung, Ministerium etc auch to put under the control (dat of). **jdm/etw unterstellt sein** to be under sb/sth, to be answerable to sb/ sth; **ihm sind vier Mitarbeiter unterstellt** he is in charge of four employees, he has four employees subordinate to him; **jdm etw ~** to put sb in charge of sth; (*Mil*) to put sth under the command of sb or under sb's command.

2. (*annehmen*) to assume, to suppose. **einmal unterstellt, es sei so gewesen** sup-

posing *or* let us suppose (that) it was so.
3. (*pej: unterschieben*) **jdm etw ~** to insinuate *or* imply that sb has done/said sth; **jdm Nachlässigkeit ~** to insinuate that sb has been negligent.

unterstellen² *sep* **I** *vt* (*abstellen, unterbringen*) to keep; *Möbel auch* to store. **II** *vr* to take shelter *or* cover.

Unterstellung *f* **1.** (*falsche Behauptung*) misrepresentation; (*Andeutung*) insinuation; (*Annahme*) assumption, presumption. **2.** *no pl* (*Unterordnung*) subordination (*unter* +*acc* to).

unterste(r, s) *adj superl of* **untere(r, s)** lowest; (*tiefste auch*) bottom; (*rangmäßig*) lowest; (*letzte*) last. **das U~ zuoberst kehren** to turn everything upside down.

untersteuern* *vi insep* to understeer.

unterstreichen* *vt insep irreg* (*lit, fig*) to underline; (*fig: betonen auch*) to emphasize.

Unterstreichung *f siehe vt* underlining, emphasizing.

Unterströmung *f* (*lit, fig*) undercurrent.

Unterstufe *f* (*Sch*) lower school, lower grade (*US*).

unterstützen* *vt insep* to support (*auch fig*); (*aus öffentlichen Mitteln auch*) to subsidize; (*finanziell fördern auch*) to back, to sponsor. **jdn** (*moralisch*) **~** to give sb (moral) support.

Unterstützung *f* **1.** *no pl* (*Tätigkeit*) support (*zu, für* for). **zur ~ seiner Behauptung** in support of his statement. **2.** (*Zuschuß*) assistance, aid; (*inf: Arbeitslosen~*) (unemployment) benefit. **staatliche ~** state aid; **~ beziehen** to be on social security *or* on welfare (*US*).

unterstützungsbedürftig *adj* needy; **U~e** the needy; **Unterstützungs|empfänger** *m* person on relief.

untersuchen* *vt insep* **1.** to examine (*auf* +*acc* for); (*erforschen*) to look into, to investigate; (*genau*) *Dokumente etc* to scrutinize; (*statistisch, soziologisch etc*) to sound (out), to survey; (*chemisch, technisch etc*) to test (*auf* +*acc* for). **sich ärztlich ~ lassen** to have a medical (examination) *or* a check-up, **etw gerichtlich ~** to try sth (in court); **etw chemisch ~** to test *or* analyze sth (chemically).
2. (*nachprüfen*) to check, to verify.

Untersuchung *f siehe vt* **1.** examination; investigation (*gen, über* +*acc* into); scrutiny; sounding, survey; test; (*ärztlich*) examination, check-up. **2.** check, verification.

Untersuchungs|ausschuß *m* investigating *or* fact-finding committee; **Untersuchungsbefund** *m* (*Med*) result of an/ the examination; (*Bericht*) examination report; **Untersuchungs|ergebnis** *nt* (*Jur*) findings *pl*; (*Med*) result of an/the examination; (*Sci*) test result; **Untersuchungsgefangene(r)** *mf* prisoner awaiting trial; **Untersuchungsgefängnis** *nt* prison (*for people awaiting trial*); **Untersuchungshaft** *f* custody, (period of) imprisonment *or* detention while awaiting trial; **in ~ sein** *or* **sitzen** (*inf*) to be in prison *or* detention awaiting trial; **jdn in ~ nehmen** to commit sb for

trial; **die ~ verlängern** to remand sb in custody; **Untersuchungshäftling** *m* siehe **Untersuchungsgefangene(r)**; **Untersuchungskommission** *f siehe* **Untersuchungsausschuß**; **Untersuchungsmethode** *f* examination/ investigation/research method; **Untersuchungsrichter** *m* examining magistrate; **Untersuchungszimmer** *nt* (*Med*) examination room; (*in Praxis*) surgery.

Untertag(e) *in cpds* underground; **Untertag(e)arbeiter** *m* (coal)face worker; **Untertag(e)bau** *m, no pl* underground mining.

untertags *adv* (*Aus, dial*) *siehe* **tagsüber.**

Untertan *m* **-en, -en** (*old: Staatsbürger*) subject; (*pej*) underling (*pej*).

untertan *adj pred* (+*dat* to) subject; (*dienstbar, hörig*) subservient. **sich** (*dat*) **ein Volk ~ machen** to subjugate a nation.

Untertanengeist *m* servile *or* subservient spirit.

untertänig *adj* subservient, submissive. **Ihr ~ster Diener** (*obs*) your most obedient *or* humble servant; **jdn ~st bitten** to ask sb most humbly.

Untertänigkeit *f* subservience, submissiveness.

Untertasse *f* saucer. **fliegende ~** flying saucer.

untertauchen *sep* **I** *vi aux sein* to dive (under); (*U-Boot auch*) to submerge; (*fig*) to disappear. **II** *vt* to immerse; *jdn* to duck.

Unterteil *nt or m* bottom *or* lower part.

unterteilen* *vt insep* to subdivide (*in* +*acc* into).

Unterteilung *f* subdivision (*in* +*acc* into).

Untertemperatur *f* low (body) temperature; **Untertertia** *f* fourth year of German secondary school; **Untertertianer(in** *f*) *m* pupil in fourth year of German secondary school; **Untertitel** *m* subtitle; (*für Bild*) caption; **untertiteln*** *vt insep* *Film* to subtitle; *Bild* to caption; **Unterton** *m* (*Mus, fig*) undertone; **untertourig** [-tu:rɪç] *adj* with low revs; **~ fahren** to drive with low revs; **untertreiben*** *insep irreg* **I** *vt* to understate; **II** *vi* to play things down; **Untertreibung** *f* **1.** understatement; **2.** (*das Untertreiben*) playing things down *no art*; **untertunneln*** *vt insep* to tunnel under; *Berg auch* to tunnel through; **Untertunnelung** *f* tunnelling; **untervermieten*** *vti insep* to sublet, to sublease; **unterversichert** *adj* underinsured; **Unterversicherung** *f* underinsurance; **unterwandern*** *vt insep* to infiltrate; **Unterwanderung** *f* infiltration.

Unterwäsche *f* **1.** *no pl* underwear *no pl.* **2.** (*für Autos*) underbody cleaning.

Unterwasser- *in cpds* underwater; **Unterwasserjagd** *f* scuba *or* aqualung fishing; **Unterwasserjäger** *m* spear fisherman, underwater fisherman; **Unterwasserkamera** *f* underwater camera; **Unterwasserlabor** *nt*, **Unterwasserstation** *f* underwater laboratory, sealab.

unterwegs *adv* on the *or* one's/its way (*nach, zu* to); (*auf Reisen*) away. **eine Karte von ~ schicken** to send a card while one is away; **bei denen ist wieder ein Kind**

~ they've got another child on the way; **bei ihr ist etwas (Kleines)** ~ she's expecting.
unterweisen* *vt insep irreg* (*geh*) to instruct (*in* +*dat* in).
Unterweisung *f* (*geh*) instruction.
Unterwelt *f* (*lit, fig*) underworld.
unterwerfen* *insep irreg* **I** *vt* **1.** *Volk, Land* to subjugate, to conquer. **2.** (*unterziehen*) to subject (*dat* to). **einer Sache** (*dat*) **unterworfen sein** to be subject to sth. **II** *vr* (*lit, fig*) **sich jdm/einer Sache** ~ to submit to sb/sth.
Unterwerfung *f siehe vtr* **1.** subjugation, conquest. **2.** subjection. **3.** submission.
unterworfen I *ptp of* **unterwerfen.** **II** *adj* **der Mode/dem Zeitgeschmack** ~ **sein** to be subject to fashion/prevailing tastes.
unterwürfig *adj* (*pej*) obsequious.
Unterwürfigkeit *f* (*pej*) obsequiousness.
unterzeichnen* *vt insep* (*form*) to sign.
Unterzeichner *m* **-s, -** signatory.
Unterzeichnete(r) *mf decl as adj* (*form*) undersigned.
Unterzeichnung *f* signing.
Unterzeug *nt* (*inf*) underwear.
unterziehen¹* *insep irreg* **I** *vr* **sich einer Sache** (*dat*) ~ (**müssen**) to (have to) undergo sth; **sich einer Operation** (*dat*) ~ to undergo *or* have an operation; **sich einer Prüfung** (*dat*) ~ to take an examination; **sich der Mühe** (*dat*) ~, **etw zu tun** (*geh*) to take the trouble to do sth.
    II *vt* to subject (*dat* to). **jdn/etw einer Prüfung** ~ to subject sb/sth to an examination; **jdn einer Operation** ~ to perform an operation on sb.
unterziehen² *vt sep irreg* **1.** *Unterwäsche, Kleidung* to put on underneath. **sich** (*dat*) **etw** ~ to put sth on underneath. **2.** (*Cook*) *Eischnee, Sahne* to fold in.
Untiefe *f* **1.** (*seichte Stelle*) shallow, shoal. **2.** (*liter: große Tiefe*) depth.
Untier *nt* monster.
untilgbar *adj* (*fig geh*) indelible.
Untote(r) *mf die* ~**n** the undead.
untragbar *adj Zustände, Belastung* intolerable, unbearable; **untrennbar** *adj* inseparable.
untreu *adj Liebhaber etc* unfaithful; (*einem Prinzip etc*) disloyal (*dat* to). **sich** (*dat*) **selbst** ~ **werden** to be untrue to oneself; **jdm** ~ **werden** to be unfaithful to sb.
Untreue *f siehe adj* unfaithfulness; disloyalty.
untröstlich *adj* inconsolable (*über* +*acc* about). **er war** ~, **daß er ...** he was inconsolable about having ...
untrüglich *adj Gedächtnis* infallible; *Zeichen* unmistakable.
Untugend *f* (*Laster*) vice; (*schlechte Angewohnheit*) bad habit; (*Schwäche*) weakness.
untypisch *adj* untypical (*für* of), atypical.
un|übel *adj*: (**gar**) **nicht** (**so**) ~ not bad (at all); **un|überbietbar** *adj Preis, Rekord etc* unbeatable; *Frechheit, Virtuosität, Eifer* unparalleled; **un|überbrückbar** *adj* (*fig*) *Gegensätze etc* irreconcilable; *Kluft* unbridgeable; **un|überhörbar** *adj*; unmistak(e)able; **un|überlegt** *adj Entschluß, Maßnahmen etc* rash, ill-considered; ~ **handeln** to act rashly; **Un|überlegtheit**

f rashness; **un|übersehbar** *adj* **1.** (*nicht abschätzbar*) *Schaden, Schwierigkeiten, Folgen* inestimable, incalculable; (*nicht übersehbar*) *Menge, Häusermeer etc* vast, immense; **2.** (*auffällig*) *Fehler etc* obvious, conspicuous; **un|übersetzbar** *adj* untranslatable; **un|übersichtlich** *adj* **1.** *Gelände* broken; *Kurve, Straße* blind; **2.** (*durcheinander*) *System, Plan* confused; **un|übertrefflich I** *adj* matchless, unsurpassable; *Rekord* unbeatable; **II** *adv* superbly, magnificently; **un|übertroffen** *adj* unsurpassed; **un|überwindlich** *adj Gegner, Heer* invincible; *Festung* impregnable; *Hindernis, Gegensätze, Abneigung etc* insuperable, insurmountable; **un|üblich** *adj* not usual, not customary.
un|umgänglich *adj* essential, absolutely necessary; (*unvermeidlich*) inevitable. ~ **notwendig werden** to become absolutely essential/quite inevitable.
un|umschränkt *adj* unlimited; *Freiheit, Gewalt, Macht auch* absolute. ~ **herrschen** to have absolute rule.
un|umstößlich *adj Tatsache* irrefutable, incontrovertible; *Entschluß* irrevocable. ~ **feststehen** to be absolutely definite.
un|umstritten *adj* indisputable, undisputed; **un|umwunden** *adv* frankly; **un|unterbrochen I** *adj* **1.** (*nicht unterbrochen*) unbroken, uninterrupted; **2.** (*unaufhörlich*) incessant, continuous.
unver|änderlich *adj* (*gleichbleibend*) unchanging, invariable; (*unwandelbar*) unchangeable. **eine** ~**e Größe, eine U~e** (*Math*) a constant, an invariable.
unver|ändert *adj* unchanged. **er ist immer** ~ **freundlich** he is always friendly; **du siehst** ~ **jung aus** you look just as young as ever.
unver|antwortlich *adj* irresponsible; **unver|arbeitet I** *adj Material* unprocessed, raw; (*fig*) *Eindruck* raw, undigested; **II** *adv in* a raw state; **unver|äußerlich** *adj Rechte* inalienable; **unverbesserlich** *adj* incorrigible; **unver|bildet** *adj Charakter, Wesen* unspoilt.
unverbindlich *adj* **1.** (*nicht bindend*) *Angebot, Preisangabe* not binding; *Besichtigung* free. **sich** (*dat*) **etw** ~ **schicken lassen** to have sth sent without obligation. **2.** (*vage, allgemein*) noncommittal. (*nicht entgegenkommend*) abrupt, curt.
Unverbindlichkeit *f* **1.** *no pl* (*von Auskunft, Beratung etc*) freedom from obligation. **2.** *no pl* (*Vagheit, Allgemeinheit*) noncommitment, vagueness; (*mangelndes Entgegenkommen*) abruptness, curtness. **3.** (*Äußerung*) non-committal remark.
unverblümt *adj* blunt; **unverbraucht** *adj* (*fig*) unspent.
unverbrüchlich *adj* (*geh*) steadfast. ~ **zu etw stehen** to stand by sth unswervingly.
unverdächtig *adj* unsuspicious; (*nicht unter Verdacht stehend*) unsuspected, above suspicion. **sich möglichst** ~ **benehmen** to arouse as little suspicion as possible; **das ist doch völlig** ~ there's nothing suspicious about that.
unverdaulich *adj* (*lit, fig*) indigestible; **unverdaut** *adj* undigested; **unverderb-**

lich *adj* unperishable, non-perishable; **unverdient** *adj* undeserved; **unverdientermaßen, unverdienterweise** *adv* undeservedly, unjustly; **unverdorben** *adj* (*lit, fig*) unspoilt, pure; **unverdrossen** *adj* undeterred; (*unermüdlich*) untiring, indefatigable; (*unverzagt*) undaunted; **Unverdrossenheit** *f, no pl siehe adj* undeterredness; indefatigability; undauntedness; **unverdünnt** *adj* undiluted; *Whisky etc* neat.

unver|ehelicht *adj* (*old, form*) unwedded, unwed. „~" (*auf Urkunde*) (*Frau*) "spinster"; (*Mann*) "bachelor"; **die ~e Eleanor X** Eleanor X, spinster.

unver|einbar *adj* incompatible; **miteinander ~ sein** to be incompatible; **Unver|einbarkeit** *f* incompatibility; **unverfälscht** *adj* (*lit, fig*) unadulterated; *Dialekt* pure; *Natürlichkeit* unaffected; *Natur* unspoilt; **unverfänglich** *adj* harmless; **das ist ~** it doesn't commit you to anything; **Unverfänglichkeit** *f* harmlessness.

unverfroren *adj* insolent. **Unverfrorenheit** *f* insolence.

unvergänglich *adj* *Kunstwerk, Werte, Worte, Ruhm* immortal; *Eindruck, Erinnerung, Reiz* everlasting.

Unvergänglichkeit *f siehe adj* immortality; everlastingness.

unvergessen *adj* unforgotten. **August wird (uns allen) ~ bleiben** we'll (all) remember August.

unvergeßlich *adj* unforgettable; *Erlebnis auch* memorable. **das wird mir ~ bleiben** I'll always remember that.

unvergleichbar *adj* incomparable; **Unvergleichbarkeit** *f* incomparability; **unvergleichlich I** *adj* unique, incomparable; **II** *adv* incomparably, immeasurably; **unvergoren** *adj* unfermented; **unverhältnismäßig** *adv* disproportionately; (*übermäßig*) excessively; **Unverhältnismäßigkeit** *f* disproportion; (*Übermäßigkeit*) excessiveness; **unverheiratet** *adj* unmarried, single.

unverhofft *adj* unexpected. **das kam völlig ~** it was quite unexpected.

unverhohlen *adj* open, unconcealed.

unverhüllt *adj* 1. *Tatsachen* undisguised, naked; *Wahrheit auch* unveiled; 2. (*liter, iro: nackt*) unclad; 3. *siehe* **unverhohlen**; **unverjährbar** *adj* (*Jur*) not subject to a statute of limitations; **unverkäuflich** *adj* (*abbr* **unverk.**) unmarketable, unsaleable; **~es Muster** free sample; „~" "not for sale"; **unverkennbar** *adj* unmistak(e)able; **unverlangt** *adj* unsolicited; **~ eingesandte Manuskripte** unsolicited manuscripts; **unverläßlich** *adj* unreliable; **unverletzlich** *adj* 1. (*fig*) *Rechte, Grenze* inviolable; 2. (*lit*) invulnerable; **Unverletzlichkeit** *f* (*fig*) inviolability; (*lit*) invulnerability; **unverletzt** *adj* uninjured, unhurt, unharmed; *Körperteil* undamaged; *Siegel* unbroken; **unvermählt** *adj* (*geh*) unwedded, unwed; **unvermeidbar** *adj* inevitable; **unvermeidlich** *adj* inevitable; (*nicht zu umgehen*) unavoidable; **der ~e Herr X** the inevitable Mr X; **unvermietet** *adj* unlet,

unrented; **unvermindert** *adj* undiminished; **unvermischt** *adj* separate, unmixed; (*rein*) pure; *Tee, Wein etc* pure, unadulterated.

unvermittelt *adj* 1. (*plötzlich*) sudden, unexpected. 2. (*Philos*) immediate.

Unvermögen *nt, no pl* inability; (*Machtlosigkeit*) powerlessness.

unvermögend *adj* (*arm*) without means.

unvermutet *adj* unexpected.

Unvernunft *f* (*Torheit*) stupidity; (*mangelnder Verstand*) irrationality; (*Uneinsichtigkeit*) unreasonableness.

unvernünftig *adj siehe n* stupid; irrational; unreasonable.

unver|öffentlicht *adj* unpublished; **unverpackt** *adj* unpackaged, loose; **unverputzt** *adj* unplastered.

unverrichteterdinge, unverrichtetersache *adv* without having achieved anything.

unverrückbar *adj* (*fig*) unshakeable, unalterable; *Entschluß auch* firm, definite; *Gewißheit* absolute. **~ feststehen** to be absolutely definite.

unverschämt *adj* outrageous; *Mensch, Frage, Benehmen etc* impudent, impertinent; *Lüge, Verleumdung etc auch* blatant, barefaced. **grins/lüg nicht so ~!** take that cheeky grin off your face/don't tell such barefaced lies!

Unverschämtheit *f* 1. *no pl siehe adj* outrageousness; impudence, impertinence; blatancy, barefacedness. **die besitzen, etw zu tun** to have the impertinence *or* impudence to do sth. 2. (*Bemerkung*) impertinence; (*Tat*) outrageous thing. **das ist eine ~!** it's outrageous!

unverschleiert *adj* 1. unveiled; 2. (*fig*) *Wahrheit* unvarnished; **unverschlossen** *adj* unlocked; *Briefumschlag* unsealed.

unverschuldet *adj* **ein ~er Unfall** an accident which was not his/her *etc* fault *or* which happened through no fault of his/her *etc* own; **~ in eine Notlage geraten** to get into difficulties through no fault of one's own.

unversehens *adv* all of a sudden, suddenly; (*überraschend*) unexpectedly.

unversehrt *adj* *Mensch* (*lit, fig*) unscathed; (*unbeschädigt*) intact *pred*; **unversöhnlich** *adj* irreconcilable; **Unversöhnlichkeit** *f* irreconcilability; **unversorgt** *adj* *Familie, Kinder* unprovided-for.

Unverstand *m* lack of judgement; (*Torheit*) folly, foolishness.

unverstanden *adj* not understood; (*mißverstanden*) misunderstood. **der Arme fühlt sich ~** the poor man feels that his wife doesn't understand him/nobody understands him.

unverständig *adj* lacking understanding, ignorant.

Unverständigkeit *f* lack of understanding, ignorance.

unverständlich *adj* (*nicht zu hören*) inaudible; (*unbegreifbar*) incomprehensible.

Unverständnis *nt, no pl* lack of understanding; (*Nichterfassen, für Kunst etc*) lack of appreciation.

unversteuert *adj* untaxed; **unversucht** *adj*:

nichts ~ **lassen** to try everything.
unverträglich *adj* **1.** (*streitsüchtig*) cantankerous, quarrelsome. **2.** (*unverdaulich*) indigestible; (*Med*) intolerable; (*Med: mit anderer Substanz etc*) incompatible.
Unverträglichkeit *f, no pl siehe adj* **1.** cantankerousness, quarrelsomeness. **2.** indigestibility; intolerance; incompatibility.
unverwandt I *adj* ~**en Blickes** (*liter*) with a steadfast gaze. **II** *adv* fixedly, steadfastly.
unverwechselbar *adj* unmistak(e)able, distinctive; **unverwundbar** *adj* (*lit, fig*) invulnerable; **Unverwundbarkeit** *f* (*lit, fig*) invulnerability.
unverwüstlich *adj* indestructible; *Stoff, Teppich etc auch* tough, durable; *Gesundheit* robust; *Humor, Mensch* irrepressible.
unverzagt *adj* undaunted; **unverzeihlich** *adj* unpardonable, unforgivable; **unverzichtbar** *adj attr Recht* inalienable; *Anspruch* undeniable, indisputable; *Bedingung* indispensible; **unverzinslich** *adj* interest-free; **unverzollt** *adj* duty-free.
unverzüglich I *adj* immediate, prompt. **II** *adv* immediately, without delay, at once.
unvoll|endet *adj* unfinished. **Die „U~e" von Schubert** Schubert's Unfinished (Symphony).
unvollkommen *adj* (*unvollständig*) incomplete; (*fehlerhaft, mangelhaft*) imperfect.
Unvollkommenheit *f siehe adj* incompleteness; imperfection.
unvollständig *adj* incomplete; *Hilfsverb* defective. **er hat das Formular ~ ausgefüllt** he didn't fill the form out properly *or* correctly.
Unvollständigkeit *f* incompleteness; defectiveness.
unvorbereitet *adj* unprepared (*auf +acc* for). **eine ~e Rede halten** to make an impromptu speech, to speak off the cuff; **der Tod des Vaters traf sie ~** her father's death came unexpectedly.
unvordenklich *adj:* **seit ~en Zeiten** (*liter*) from time immemorial.
unvor|eingenommen *adj* unbiased, unprejudiced, impartial; **Unvor|eingenommenheit** *f, no pl* impartiality; **unvorhergesehen** *adj* unforeseen; *Besuch* unexpected; **wir bekamen ~** *or* ~**en Besuch** we had visitors unexpectedly, we had unexpected visitors; **unvorschriftsmäßig** *adj* not in keeping with the regulations; **ein ~ geparktes Fahrzeug** an improperly parked vehicle; **unvorsichtig** *adj* careless; (*voreilig*) rash; **unvorsichtigerweise** *adv* carelessly; (*voreilig*) rashly; **Unvorsichtigkeit** *f* carelessness; rashness; **so eine ~ von dir!** how reckless *or* rash of you!; **unvorstellbar** *adj* inconceivable; **unvorteilhaft** *adj* unfavourable, disadvantageous; *Kleid, Frisur etc* unbecoming; ~ **aussehen** not to look one's best.
unwägbar *adj Umstand, Unterschied* imponderable; *Risiko auch* incalculable.
Unwägbarkeit *f* **1.** *no pl siehe adj* imponderability; incalculability. **2.** imponderable.
unwahr *adj* untrue; **unwahrhaftig** *adj* untruthful; *Gefühle* insincere;

Unwahrhaftigkeit *f* untruthfulness; insincerity; **Unwahrheit** *f* untruth.
unwahrscheinlich I *adj* (*nicht zu erwarten, kaum denkbar*) unlikely, improbable; (*unglaubhaft*) implausible, improbable; (*inf: groß*) incredible (*inf*). **II** *adv* (*inf*) incredibly (*inf*). **wir haben uns ~ beeilt** we hurried as much as we possibly could; **er gab sich ~ Mühe** he took an incredible amount of trouble (*inf*).
unwandelbar *adj* (*geh*) **1.** (*unveränderlich*) unalterable, immutable. **2.** *Treue, Liebe* unwavering, steadfast.
unwegsam *adj Gelände etc* rough.
Unwegsamkeit *f* roughness.
unweiblich *adj* unfeminine.
Unweiblichkeit *f, no pl* unfemininity.
unweigerlich I *adj attr Folge* inevitable. **II** *adv* inevitably; (*fraglos*) undoubtedly; (*grundsätzlich*) invariably.
unweit *prep +gen, adv* not far from.
Unwert *m* demerits *pl.* **Wert und ~ einer Sache** the merits and demerits of sth.
Unwesen *nt, no pl* (*über Zustand*) terrible state of affairs. **dem ~** (**der Rauschgiftsucht**) **steuern** (*geh*) to combat the problem (of drug addiction); **sein ~ treiben** (*Gespenst*) to walk abroad; (*Vampir etc*) to strike terror into people's hearts.
unwesentlich *adj* (*nicht zur Sache gehörig*) irrelevant; (*unwichtig*) unimportant, insignificant. **sich von einer Sache nur ~ unterscheiden** to differ only negligibly *or* marginally from sth; **zu einer Sache nicht/ nur ~ beitragen** to make a not insignificant/only an insignificant contribution to sth.
Unwetter *nt* (thunder)storm. **ein ~ brach los** a storm broke.
unwichtig *adj* unimportant, insignificant; (*belanglos*) irrelevant; (*verzichtbar*) non-essential; **unwiderlegbar, unwiderleglich** *adj* irrefutable; **unwiderruflich** *adj* irrevocable; **die ~ letzte Vorstellung** positively *or* definitely the last *or* final performance; **es steht ~ fest, daß ... it** is absolutely definite that ...; **unwidersprochen** *adj* uncontradicted; *Behauptung auch* unchallenged; **das darf nicht ~ bleiben** we can't let this pass unchallenged; **unwiderstehlich** *adj* irresistible; **unwiederbringlich** *adj* (*geh*) irretrievable.
Unwille(n) *m, no pl* displeasure, indignation (*über +acc* at); (*Ungeduld*) irritation. **jds ~n erregen** to incur sb's displeasure; **seinem ~n Luft machen** to give vent to one's indignation.
unwillig *adj* indignant (*über +acc* about); (*widerwillig*) unwilling, reluctant.
unwillkommen *adj* unwelcome.
unwillkürlich *adj* spontaneous; (*instinktiv*) instinctive; (*Physiol, Med*) involuntary. **ich mußte ~ lachen** I couldn't help laughing.
unwirklich *adj* unreal; **Unwirklichkeit** *f* unreality; **unwirksam** *adj* (*wirkungslos, auch Med*) ineffective; *Vertrag, Rechtsgeschäft* inoperative; (*nichtig*) null, void; (*Chem*) inactive; **Unwirksamkeit** *f* ineffectiveness; inoperativeness; nullity;

inactivity; **unwirsch** *adj Mensch, Benehmen* surly, gruff; *Bewegung* brusque; **unwirtlich** *adj* inhospitable; **Unwirtlichkeit** *f* inhospitableness; **unwirtschaftlich** *adj* uneconomic; **Unwirtschaftlichkeit** *f* uneconomicalness; **Unwissen** *nt* ignorance; **unwissend** *adj* ignorant; *(ahnungslos)* unsuspecting; *(unerfahren)* inexperienced; **Unwissenheit** *f, no pl siehe adj* ignorance; unsuspectingness; inexperience; ~ **schützt vor Strafe nicht** ignorance is no excuse *or (Jur)* is no defence in law; **unwissenschaftlich** *adj* unscientific; *Textausgabe* unscholarly; *Essay, Ausdrucksweise* unacademic; **unwissentlich** *adv* unwittingly, unknowingly.

unwohl *adj (unpäßlich)* unwell, indisposed *(form)*; *(unbehaglich)* uneasy. **mir ist ~, ich fühle mich ~** I don't feel well; **in ihrer Gegenwart fühle ich mich ~** I'm ill at ease *or* I feel uneasy in her presence.

Unwohlsein *nt* disposition; *(unangenehmes Gefühl)* unease. **von einem (plötzlichen) ~ befallen werden** to be taken ill suddenly.

unwohnlich *adj Zimmer etc* uncomfortable, cheerless; **unwürdig** *adj* unworthy *(+gen* of); *Verhalten* undignified; *(schmachvoll)* degrading, shameful; **Unwürdigkeit** *f siehe adj* unworthiness; lack of dignity; degradation, shame.

Unzahl *f* **eine ~ von** a host of.

unzählbar *adj* innumerable, countless; *(Ling)* uncountable.

unzählig I *adj* innumerable, countless. **~e Male** countless times, time and again. **II** *adv* ~ **viele** huge numbers; ~ **viele Bücher** innumerable books.

unzähligemal *adv* countless times, time and again.

unzähmbar *adj* untamable; *(fig auch)* indomitable; **unzart** *adj* ungentle.

Unze *f* **-, -n** ounce.

Unzeit *f:* **zur ~** *(geh)* at an inopportune moment, inopportunely.

unzeitgemäß *adj (altmodisch)* old-fashioned, outmoded; *(nicht in die Zeit passend)* untimely; **unzensiert** *adj* uncensored; *(Sch)* ungraded; **unzerbrechlich** *adj* unbreakable; **unzerkaut** *adj* unchewed; **unzerreißbar** *adj* untearable; **unzerstörbar** *adj* indestructible; **unzertrennlich** *adj* inseparable.

unziemlich *adj* unseemly, unbecoming, indecorous; **unzivilisiert** *adj (lit, fig)* uncivilized.

Unzucht *f, no pl (esp Jur)* sexual offence. **das gilt als ~** that's regarded as a sexual offence; ~ **treiben** to fornicate; ~ **mit Abhängigen/Kindern/Tieren** *(Jur)* illicit sexual relations with dependants/children/animals; **gewerbsmäßige ~** prostitution; **widernatürliche ~** unnatural sexual act(s *pl*); ~ **mit jdm treiben** to fornicate with sb; **jdn zur ~ mißbrauchen** to abuse sb (for sexual purposes).

unzüchtig *adj (esp Jur)* indecent; *Reden, Schriften* obscene; *Gedanken auch* unchaste. **~e Handlungen** obscene acts.

unzufrieden *adj* dissatisfied, discontent(ed); *(mißmutig)* unhappy; **manche**

Leute sind immer ~ some people are never content *or* happy; **Unzufriedenheit** *f, no pl siehe adj* dissatisfaction, discontent; unhappiness; discontent-(ment); **unzugänglich** *adj Gegend, Gebäude etc* inaccessible; *Charakter, Mensch* inapproachable; *(taub, unaufgeschlossen gegen)* deaf, impervious (+ *dat* to); **Unzugänglichkeit** *f siehe adj* inaccessibility; unapproachability; deafness, imperviousness; **unzulänglich** *adj (nicht ausreichend)* insufficient; *(mangelhaft)* inadequate; **Unzulänglichkeit** *f* **1.** *siehe adj* insufficiency; inadequacy; **2.** *usu pl* shortcomings *pl*; **unzulässig** *adj (auch Jur)* inadmissible; *Gebrauch* improper; *Beeinflussung* undue; *Belastung, Geschwindigkeit* excessive; **für ~ erklären** *(Jur)* to rule out; **unzumutbar** *adj* unreasonable; **unzurechnungsfähig** *adj* not responsible for one's actions, of unsound mind; **jdn für ~ erklären lassen** *(Jur)* to have sb certified (insane); **geistig ~** non compos mentis *(Jur)*, of unsound mind; **Unzurechnungsfähigkeit** *f* unsoundness of mind; ~ **geltend machen** to enter *or* put forward a plea of insanity; **unzureichend** *adj* insufficient, inadequate; **unzusammenhängend** *adj* incoherent, disjointed; **unzuständig** *adj (Admin, Jur)* incompetent, not competent; **sich für ~ erklären** to disclaim competence; **unzustellbar** *adj* undeliverable; *Postsendung* dead; **falls ~ bitte zurück an Absender** if undelivered, please return to sender; **Unzustellbarkeit** *f* undeliverability; **unzuträglich** *adj* unhealthy; **jdm (gesundheitlich)** *or* **jds Gesundheit ~ sein** not to agree with sb, to be bad for sb's health; **unzutreffend** *adj* inappropriate, inapplicable; *(unwahr)* incorrect; **U~es bitte streichen** delete as applicable; **unzuverlässig** *adj* unreliable; **Unzuverlässigkeit** *f* unreliability; **unzweckmäßig** *adj (nicht ratsam)* inexpedient; *(unpraktisch)* impractical; *(ungeeignet)* unsuitable, inappropriate; **Unzweckmäßigkeit** *f siehe adj* inexpediency; impracticality; unsuitableness, inappropriateness; **unzweideutig** *adj* unambiguous, unequivocal; *(fig: unanständig)* explicit; **er sagte mir ~ daß ...** he told me in no uncertain terms that ...; **unzweifelhaft I** *adj* undoubted, indubitable, unquestionable; **II** *adv* without doubt, undoubtedly, indubitably.

üppig *adj Wachstum* luxuriant; *Vegetation auch* lush; *Haar* thick; *Mahl, Ausstattung* sumptuous, opulent; *Rente, Gehalt* lavish; *Figur, Frau, Formen* voluptuous; *Busen* ample; *Leben* luxurious; *Phantasie* rich. **nun werd mal nicht zu ~!** *(inf)* let's have no more of your cheek! *(inf)*; ~ **leben** to live in style; ~ **wuchernde Vegetation** rampant vegetation.

Üppigkeit *f siehe adj* luxuriance; lushness; thickness; sumptuousness, opulence; lavishness; voluptuousness; ampleness; luxury; richness.

up to date [ˈʌptəˈdeɪt] *adj pred (inf)* up to date; *Kleidung* modern.

Ur *m* **-(e)s, -e** *(Zool)* aurochs.

Ur- in *cpds* (*erste*) first, prime; (*ursprünglich*) original; **Ur|abstimmung** *f* strike ballot; **Ur|adel** *m* ancienne noblesse, ancient nobility; **Ur|ahn(e)** *m* (*Vorfahr*) forefather, forebear; (*Urgroßvater*) great-grandfather; **Ur|ahne** *f* (*Vorfahr*) forebear; (*Urgroßmutter*) great-grandmother.

Ural *m* **-s** (*Geog*) **1.** (*Fluß*) Ural. **2.** (*Gebirge*) **der** ~ the Urals *pl*, the Ural mountains *pl*.

ur|alt *adj* ancient; *Problem, Brauch auch* age-old. **seit** ~**en Zeiten** from time immemorial; **aus** ~**en Zeiten** from long (long) ago.

Uran *nt* **-s**, *no pl* (*abbr* U) uranium.

ur|aufführen *vt ptp* **ur|aufgeführt** *infin, ptp only* to give the first performance (of), to play for the first time; *Film* to premiere *usu pass*.

Ur|aufführung *f* premiere; (*von Theaterstück etc auch*) first night *or* performance; (*von Film auch*) first showing.

Ur|aufführungs(film)theater, **Ur|aufführungskino** *nt* premiere cinema.

urban *adj* (*geh*) urbane.

urbanisieren* *vtr* (*Sociol*) to urbanize.

Urbanisierung *f* (*Sociol*) urbanization.

Urbanität *f* (*geh*) urbanity.

urbar *adj* **einen Wald/die Wüste/Land** ~ **machen** to clear a forest/to reclaim the desert/to cultivate land.

Urbedeutung *f* (*Ling*) original meaning; **Urbeginn** *m* very *or* first beginning; **seit** ~ *or* **von** ~ **an** from the beginning(s) of time; **Urbevölkerung** *f* natives *pl*, original inhabitants *pl*; (*in Australien und Neuseeland*) Aborigines *pl*; **Urbewohner** *m* native, original inhabitant; (*in Australien und Neuseeland*) Aborigine.

Urchristen *pl* (*Eccl Hist*) early Christians *pl*; **Urchristentum** *nt* early Christianity; **urchristlich** *adj* early Christian.

ur|eigen *adj* very own; **es liegt in seinem** ~**sten Interesse** it's in his own best interests; **ein dem Menschen** ~**er Hang** an inherent human quality; **Ur|einwohner** *m* native, original inhabitant; (*in Australien und Neuseeland*) Aborigine; **Ur|eltern** *pl* (*Vorfahren*) forebears *pl*; (*Urgroßeltern*) great-grandparents *pl*; **Ur|enkel** *m* great-grandchild, great-grandson; **Ur|enkelin** *f* great-granddaughter; **Urfassung** *f* original version; **Urfehde** *f* (*Hist*) oath of truce; ~ **schwören** to abjure all vengeance; **Urform** *f* prototype; **Urgemeinde** *f* (*Eccl Hist*) early Christian community; **urgemütlich** *adj* (*inf*) really comfortable/cosy *etc*; *siehe* **gemütlich**; **urgermanisch** *adj* (*Ling*) Proto-Germanic; (*fig*) essentially Germanic; **das U~e** Proto-Germanic; **Urgeschichte** *f* prehistory; **Urgesellschaft** *f* primitive society; **Urgestalt** *f siehe* **Urform**; **Urgestein** *nt* preexisting rock, primitive rocks *pl*; **politisches** ~ (*fig*) a dyed-in-the-wool politician; **Urgewalt** *f* elemental force.

Urgroß|eltern *pl* great-grandparents *pl*; **Urgroßmutter** *f* great-grandmother; **Urgroßvater** *m* great-grandfather.

Urgrund *m* very basis, source; **Urheber(in** *f*) *m* **-s**, **-** originator; (*liter: Schöpfer*)

creator; (*Jur: Verfasser*) author; **der geistige** ~ the spiritual father.

Urheberrecht *nt* copyright (*an* +*dat* on); **urheberrechtlich** *adj, adv* on copyright *attr*; ~ **geschützt** copyright(ed); **Urheberschaft** *f* authorship; **Urheberschutz** *m* copyright.

Urheimat *f* original home(land).

urig *adj* (*inf*) *Mensch* earthy; *Lokal etc* ethnic.

Urin *m* **-s**, **-e** urine. **etw im** ~ **haben** (*sl*) to have a gut feeling about sth (*inf*).

Urinal *nt* **-s**, **-e** urinal.

urinieren* *vti* to urinate.

Ur|instinkt *m* primary *or* basic instinct; **Urkirche** *f* early Church; **Urknall** *m* (*Astron*) big bang; **urkomisch** *adj* (*inf*) screamingly funny (*inf*); **Urkraft** *f* elemental force.

Urkunde *f* **-**, **-n** document; (*Kauf~*) deed, titledeed; (*Gründungs~ etc*) charter; (*Sieger~, Diplom~, Bescheinigung etc*) certificate. **eine** ~ (**über etw** *acc*) **ausstellen** *or* **ausfertigen** (*Jur*) to draw up a document about sth; **eine** ~ **bei jdm hinterlegen** to lodge a document with sb.

Urkundenfälschung *f* forgery *or* falsification of a/the document/documents.

urkundlich *adj* documentary. ~ **verbürgt** *or* **bestätigt** authenticated; ~ **beweisen** *or* **belegen** to give documentary evidence; ~ **erwähnt** mentioned in a document.

Urlandschaft *f* primitive *or* primeval landscape.

Urlaub *m* **-(e)s**, **-e** (*Ferien*) holiday(s), vacation (*esp US*); (*esp Mil*) leave (of absence). ~ **haben** to have a holiday *or* vacation/to have leave; **in** *or* **im** *or* **auf** (*inf*) ~ **sein** to be on holiday *or* vacation/on leave; **er macht zur Zeit (in Italien)** ~ he's on holiday *or* he's vacationing (*esp US*) (in Italy) at the moment; **in** ~ **fahren** to go on holiday *or* vacation/on leave; **zwei Wochen** ~ two weeks' holiday *or* vacation/leave; (**sich** *dat*) **einen Tag** ~ **nehmen** to take a day off *or* a day's holiday; ~ **bis zum Wecken** (*Mil*) night leave.

urlauben *vi* (*inf*) to holiday, to vacation.

Urlauber(in *f*) *m* **-s**, **-** holiday-maker, vacationist (*US*).

Urlaubsgeld *nt* holiday pay, holiday money; **urlaubsreif** *adj* (*inf*) ready for a holiday *or* vacation (*esp US*); **Urlaubsreise** *f* holiday *or* vacation (*esp US*) trip; **eine** ~ **machen** to go on a trip; **Urlaubsschein** *m* (*Mil*) pass; **Urlaubssperre** *f* (*Mil*) ban on leave; **Urlaubstag** *m* (one day of) holiday *or* vacation (*esp US*); **die ersten drei** ~**e hat es geregnet** it rained on the first three days of the/my/his *etc* holiday; **Urlaubswoche** *f* (one week of) holiday *or* vacation (*esp US*); **Urlaubszeit** *f* holiday *or* vacation (*esp US*) period *or* season.

Urlaut *m* elemental cry; **Urmensch** *m* primeval man; (*inf*) caveman (*inf*).

Urne *f* **-**, **-n** urn; (*Los~*) box; (*Wahl~*) ballot-box. **zur** ~ **gehen** to go to the polls.

Urnenfeld *nt* (*Archeol*) urnfield, urnsite; **Urnenfriedhof** *m* urn cemetery, cinerarium; **Urnengang** *m* (*Pol*) going to the polls *no art*; **Urnengrab** *nt* urn grave.

Urogenital- (*Anat*) in *cpds* urogenital.

Urologe m, **Urologin** f urologist.
Urologie f urology.
urologisch adj urological.
Ur|oma f (inf) great-granny (inf); **Ur|opa** m (inf) great-grandpa (inf); **urplötzlich** (inf) I adj attr very sudden; II adv all of a sudden.
Ursache f -, -n cause (auch Philos); (Grund) reason; (Beweggrund) motive; (Anlaß) occasion. ~ **und Wirkung** cause and effect; **kleine ~, große Wirkung** (prov) big oaks from little acorns grow (prov); **keine ~!** (auf Dank) don't mention it, you're welcome; (auf Entschuldigung) that's all right; **ohne (jede) ~** for no reason (at all); **aus nichtiger ~** for a trifling reason/trifling reasons; **aus unbekannter/ungeklärter ~** for no apparent reason/for reasons unknown; **ich habe alle ~ anzunehmen, daß ...** I have every reason to suppose that ...; **alle/keine ~ zu etw haben** to have every/no reason for sth; **alle/keine ~ haben, etw zu tun** to have every/no reason to do sth; **die ~ für etw** or **einer Sache (gen) sein** to be the cause of/reason for sth.
ursächlich adj (esp Philos) causal. ~ **für etw sein** to be the cause of sth; **in ~em Zusammenhang stehen** to be causally related.
Urschlamm m primeval mud; **Urschleim** m 1. protoplasm; 2. (inf) **beim ~ anfangen** (fig inf) to go back to the flood or the ark; **Urschrei** m (Psych) primal scream; **Urschrift** f original (text or copy); **Ursendung** f (Rad) first broadcast.
Ursprache f 1. proto-language. 2. (bei Übersetzungen) original (language).
Ursprung m -s, **Ursprünge** 1. origin; (Anfang auch) beginning; (Abstammung) extraction. **er/dieses Wort ist keltischen ~s** he is of Celtic extraction/this word is Celtic in origin or of Celtic origin; **seinen ~ in etw (dat) haben, einer Sache (dat) seinen ~ verdanken** to originate in or to have one's/its origins in sth. 2. (old: lit, fig: Quelle) source.
ursprünglich I adj 1. attr original; (anfänglich) initial, first. 2. (urwüchsig) natural; Natur unspoilt. II adv originally; (anfänglich) initially, at first, in the beginning.
Ursprünglichkeit f naturalness, simplicity.
Ursprungsland nt (Comm) country of origin.
Urständ f: (fröhliche) ~ **feiern** (hum) to come back with a vengeance.
Urstromtal nt (Geol, Geog) glacial valley (in North Germany).
Urteil nt -s, -e 1. judgement (auch Philos); (Entscheidung) decision; (Meinung) opinion. **nach meinem ~** in my judgement/opinion; **ich kann darüber kein ~ abgeben** I am no judge of this; **sich (dat) ein ~ über etw (acc) erlauben/ein ~ über etw fällen** to pronounce or pass judgement on sth; **sich (dat) kein ~ über etw (acc) erlauben können** to be in no position to judge sth; **nach dem ~ von Sachverständigen** according to expert opinion; **jdn in seinem ~ bestärken** to strengthen sb in his opinion; **mit seinem ~ zurückhalten** to be reticent about giving

one's opinion(s); **zu dem ~ kommen, daß ... to come to the conclusion that ...; sich (dat) ein ~ über jdn/etw bilden** to form an opinion about sb/sth. 2. (Jur: Gerichts~) verdict; (Richterspruch) judgement; (Strafmaß) sentence; (Schiedsspruch) award; (Scheidungsspruch) decree. **das ~ über jdn sprechen** (Jur) to pass or to pronounce judgement on sb; **jdm/sich selber sein ~ sprechen** (fig) to pronounce sb's/one's own sentence.
urteilen vi to judge (nach by). **über etw (acc) ~** to judge sth; (seine Meinung äußern) to give one's opinion on sth; **hart/abfällig über jdn ~** to judge sb harshly/to be disparaging about sb; **nach seinem Aussehen zu ~** judging by or to judge by his appearance; **vorschnell ~** to make a hasty judgement.
Urteilsbegründung f (Jur) opinion; **urteilsfähig** adj competent or able to judge; (umsichtig) discerning, discriminating; **dazu ist er ~ genug** his judgement is sound enough for that; **Urteilsfindung** f (Jur) reaching a verdict no art; **Urteilskraft** f, no pl power or faculty of judgement; (Umsichtigkeit) discernment, discrimination; **,,Kritik der ~"** "Critique of Judgement"; **Urteilsspruch** m (Jur) judgement; (von Geschworenen) verdict; (von Strafgericht) sentence; (von Schiedsgericht) award; **Urteilsverkündung** f (Jur) pronouncement of judgement; **Urteilsvermögen** nt siehe Urteilskraft.
Urtext m original (text); **Urtier** nt, **Urtierchen** nt protozoon; (in der Morphologie) primordial animal; **Urtrieb** m basic drive or instinct; **urtümlich** adj siehe urwüchsig.
Ur|ur- in cpds great-great-.
Urvater m forefather; **urverwandt** adj Wörter, Sprachen cognate; **Urviech** or **Urvieh** nt (inf) real character; **Urvogel** m archaeopteryx; **Urvolk** nt first people; **Urwahl** f (Pol) primary (election); **Urwähler** m (Pol) primary elector or voter.
Urwald m primeval forest; (in den Tropen) jungle.
Urwaldlaute pl (inf) jungle noises pl.
Urwelt f primeval world; **urweltlich** adj primeval, primordial; **urwüchsig** adj (unverbildet, naturhaft) natural; Natur unspoilt; (urweltlich) Flora, Fauna primeval; (ursprünglich) original, native; (bodenständig) rooted to the soil; (unberührt) Land etc untouched; (urgewaltig) Kraft elemental; (derb, kräftig) sturdy; Mensch rugged; Humor, Sprache earthy; **Urzeit** f primeval times pl; **seit ~en** since primeval times; (inf) for donkey's years (inf); **vor ~en** in primeval times; (inf) ages ago; **urzeitlich** adj primeval; **Urzelle** f (Biol) primordial cell; **Urzeugung** f abiogenesis; **Urzustand** m primordial or original state.
USA [u:|ɛs'|a:] pl die ~ the USA sing; **in die ~ fahren** to travel to the USA.
Usambaraveilchen nt African violet.
US-amerikanisch [u:'|ɛs-] adj US-American.
Usance [y'zã:s] f -, -n usage, custom; (Comm) practice.

Usurpation f (liter) usurpation.
Usurpator m (liter) usurper.
usurpieren* vt (liter) to usurp.
Usus m -s, no pl custom. **das ist hier so ~** it's the custom here.
usw. abbr of **und so weiter** etc.
Utensil nt -s, -ien [-iən] utensil, implement.
Uterus m -, **Uteri** uterus.
Utilitarismus m Utilitarianism.
Utilitarist(in f) m Utilitarian.
utilitaristisch adj utilitarian.
Utopia nt -s, -s Utopia.
Utopie f utopia; (Wunschtraum) utopian dream.

utopisch adj utopian; (von Utopia) Utopian.
Utopismus m utopianism.
Utopist(in f) m utopian.
utopistisch adj (pej) utopian.
u.U. abbr of **unter Umständen** poss.
UV [uːˈfau] abbr of **ultraviolett.**
UV- [uːˈfau-] in cpds ultraviolet.
u.v.a.(m.) abbr of **und vieles andere (mehr).**
U.v.D. [uːfauˈdeː] m -s, -s abbr of **Unteroffizier vom Dienst** (Mil) duty NCO.
Ü-Wagen m (Rad, TV) outside broadcast vehicle.
uzen vti (inf) to tease, to kid (inf).

V

V, v [fau] *nt* -, - V, v.
V *abbr of* **Volt; Volumen.**
va banque [va'bã:k]: ~ ~ **spielen** (*geh*) to play vabanque; (*fig*) to put everything at stake.
Vabanquespiel [va'bã:k-] *nt* (*fig*) dangerous game.
Vaduz [fa'duts,va'du:ts] *nt* - Vaduz.
vag [va:k] *adj siehe* **vag(e).**
Vagabund [vaga'bunt] *m* **-en, -en** vagabond.
vagabundieren* [vagabun'di:rən] *vi* 1. (*als Landstreicher leben*) to live as a vagabond/as vagabonds. **das V~** vagabondage; **ein ~des Volk** a nomadic people. 2. *aux sein* (*umherziehen*) to rove around, to lead a vagabond life. **durch die Welt** ~ to rove *or* wander all over the world.
vag(e) [va:k,'va:gə] *adj* vague.
Vagheit ['va:khait] *f* vagueness.
Vagina [va'gi:na] *f* -, **Vaginen** vagina.
vaginal [vagi'na:l] *adj* vaginal.
vakant [va'kant] *adj* (*old, form*) vacant.
Vakanz [va'kants] *f* (*old, form: Stelle*) vacancy.
Vakuum ['va:kuʊm] *nt* **-s, Vakuen** ['va:kuən] *or* **Vakua** (*lit, fig*) vacuum. **unter/im** ~ in a vacuum.
Vakuum- ['va:kuʊm-] *in cpds* vacuum; **Vakuumpumpe** *f* vacuum pump; **Vakuumröhre** *f* vacuum tube; **vakuumverpackt** *adj* vacuum-packed.
Valentinstag ['valɛnti:ns-] *m* (St) Valentine's Day.
Valenz [va'lɛnts] *f* valency.
valleri, vallera [falə'ri:, falə'ra:] *interj* falderal, folderol.
Valuta [va'lu:ta] *f* -, **Valuten** 1. (*Währung*) foreign currency. 2. (*im Zahlungsverkehr*) value; (*Datum*) value date.
Vamp [vɛmp] *m* **-s, -s** vamp.
Vampir ['vampi:ɐ, vam'pi:ɐ] *m* **-s, -e** vampire; (*Zool*) vampire (bat).
Vanadin [vana'di:n] *nt* **-s** (*abbr* V) vanadium.
Vandale [van'da:lə] *m* **-n, -n** (*Hist*) Vandal.
Vandalismus [vanda'lɪsmʊs] *m, no pl* vandalism.
Vanille [va'nɪljə, va'nɪlə] *f* -, *no pl* vanilla.
Vanille(n)eis *nt* vanilla ice-cream; **Vanille(n)geschmack** *m* vanilla flavour; **mit** ~ vanilla-flavoured; **Vanille(n)stange** *f* vanilla pod; **Vanille(n)zucker, Vanillinzucker** *m* vanilla sugar.
variabel [va'ria:bl] *adj* variable.
Variabilität [variabili'tɛ:t] *f* variability.
Variable [va'ria:blə] *f* **-n, -n** variable.
Variante [va'riantə] *f* -, **-n** variant (*zu* on).
Variation [varia'tsio:n] *f* variation. **~en zu einem Thema** variations on a theme.
Varietät [varie'tɛ:t] *f* (*auch Bot, Zool*) variety.
Varieté [varie'te:] *nt* **-s, -s** 1. variety (enter-

tainment), vaudeville (*esp US*). 2. (*Theater*) variety theatre, music hall (*Brit*), vaudeville theater (*US*).
variieren* [vari'i:rən] *vti* to vary.
Vasall [va'zal] *m* **-en, -en** (*Hist, fig*) vassal.
Vase ['va:zə] *f* -, **-n** vase.
Vasektomie [vazɛkto'mi:] *f* (*spec*) vasectomy.
Vaselin [vaze'li:n] *nt* **-s**, *no pl*, **Vaseline** *f* -, *no pl* Vaseline ®.
vasomotorisch [vazomo'to:rɪʃ] *adj* vasomotor *attr*, vasomotory. ~ **gestört sein** to have a vasomotory disorder.
Vater *m* **-s,** ⸚ (*lit fig*) father; (*Gott, bei Namen*) Father; (*von Zuchttieren*) sire. ~ **von zwei Kindern sein** to be the father of two children; ~ **unser** (*Rel*) Our Father; **unsere** ⸚ *pl* (*geh: Vorfahren*) our (fore)fathers *or* forebears; **die** ⸚ **der Stadt** the town/city fathers; **wie der** ~, **so der Sohn** (*prov*) like father, like son (*prov*); **ach du dicker** ~! (*inf*) oh my goodness!, oh heavens!; ~ **Staat** (*hum*) the State.
Väterchen *nt dim of* **Vater** (*Vater*) dad(dy) (*inf*); (*alter Mann*) grandad (*inf*). ~ **Staat** (*hum*) the State.
Vaterfigur *f* father figure; **Vaterfreuden** *pl* the joys of fatherhood *pl*; **Vaterhaus** *nt* parental home.
Vaterland *nt* native country; (*esp Deutschland*) Fatherland. **dem** ~ **dienen/sein** ~ **lieben** to serve/love one's country.
vaterländisch *adj* (*national*) national; (*patriotisch*) patriotic.
Vaterlandsliebe *f* patriotism, love of one's country; **Vaterlandsverräter** *m* traitor to one's country.
väterlich *adj* (*vom Vater*) paternal; (*wie ein Vater auch*) fatherly. **er klopfte ihm** ~ **auf die Schulter** he gave him a fatherly pat on the shoulder.
väterlicherseits *adv* on one's father's side. **meine Großeltern** ~ my paternal grandparents.
Väterlichkeit *f* fatherliness.
Vaterliebe *f* paternal *or* fatherly love; **vaterlos** *adj* fatherless; **Vatermord** *m* patricide; **Vatermörder** *m* 1. patricide, father-killer (*inf*); 2. (*hum: Kragen*) stand-up collar, choker (*dated*); **Vaterrecht** *nt* patriarchy.
Vaterschaft *f* fatherhood *no art*; (*esp Jur*) paternity. **gerichtliche Feststellung der** ~ (*Jur*) affiliation.
Vaterschaftsbestimmung *f* determination of paternity; **Vaterschaftsklage** *f* paternity suit.
Vater(s)name *m* (*old*) patronymic (name).
Vaterstadt *f* home town; **Vaterstelle** *f bei jdm* ~ **vertreten/an** ~ **stehen** to act *or* be a father to sb/take the place of sb's father; **Vatertag** *m* Father's Day; **Vater|unser** *nt* **-s,** - Our Father; **das** ~ the Lord's Prayer.
Vati *m* **-s, -s** (*inf*) dad(dy) (*inf*).

Vatikan [vati'ka:n] *m* **-s** Vatican.

Vatikanstadt [vati'ka:n-] *f* Vatican City.

V-Ausschnitt ['fau-] *m* V-neck. **ein Pullover mit** ~ a V-neck jumper (*Brit*) *or* sweater.

v. Chr. *abbr of* **vor Christus** BC.

VEB ['fau|e:'be:] *m* **-s, -s** *abbr of* **Volkseigener Betrieb.**

Vegetarier(in *f*) [vege'ta:rɪɐ, -ɪərɪn] *m* **-s, -** vegetarian.

vegetarisch [vege'ta:rɪʃ] *adj* vegetarian. **sich** ~ **ernähren** to live on a vegetarian diet.

Vegetation [vegeta'tsio:n] *f* vegetation.

vegetativ [vegeta'ti:f] *adj* (*pflanzlich*) vegetative; *Nervensystem* autonomic.

vegetieren* [vege'ti:rən] *vi* to vegetate; (*kärglich leben*) to eke out a bare *or* miserable existence.

vehement [vehe'mɛnt] *adj* (*geh*) vehement.

Vehemenz [vehe'mɛnts] *f* (*geh*) vehemence.

Vehikel [ve'hi:kl] *nt* **-s, -** (*pej inf*) boneshaker (*inf*).

Veilchen *nt* violet; (*inf: blaues Auge*) shiner (*inf*), black eye. **blau wie ein** ~ (*inf*) drunk as a lord (*inf*), roaring drunk (*inf*).

Veitstanz *m* (*Med*) St Vitus's dance. **einen** ~ **aufführen** (*fig inf*) to jump *or* hop about like crazy (*inf*).

Vektor ['vɛktɔr] *m* vector.

Velar(laut) [ve'la:ɐ-] *m*, **-s, -e** velar (sound).

Velo ['ve:lo] *nt* **-s, -s** (*Sw*) bicycle, bike (*inf*); (*motorisiert*) moped.

Velour *nt* **-s, -s** *or* **-e, Velours** *nt* **-, -** [və'lu:ɐ, ve'lu:ɐ] (*auch* ~**leder**) suede.

Velours [və'lu:ɐ, ve'lu:ɐ] *m* **-, -** (*Tex*) velour(s).

Veloursteppich [və'lu:ɐ-, ve'lu:ɐ-] *m* velvet carpet.

Vene ['ve:nə] *f* **-, -n** vein.

Venedig [ve'ne:dɪç] *nt* **-s** Venice.

Venen|entzündung ['ve:nən-] *f* phlebitis.

venerisch [ve'ne:rɪʃ] *adj* (*Med*) venereal.

Venezianer(in *f*) [vene'tsia:nɐ, -ərɪn] *m* **-s, -** Venetian.

Venezolaner(in *f*) [venetso'la:nɐ, -ərɪn] *m* **-s, -** Venezuelan.

Venezuela [vene'tsue:la] *nt* **-s** Venezuela.

Venia legendi ['ve:nia le:'gɛndi] *f* **-, -**, *no pl* (*Univ*) authorization to teach at a university.

venös [ve'nø:s] *adj* venous.

Ventil [vɛn'ti:l] *nt* **-s, -e** (*Tech, Mus*) valve; (*fig*) outlet.

Ventilation [vɛntila'tsio:n] *f* ventilation; (*Anlage*) ventilation system.

Ventilator [vɛnti'la:tɔr] *m* ventilator.

Venus ['ve:nʊs] *f* **-**, *no pl* (*Myth, Astron*) Venus.

ver|abfolgen* *vt* (*form*) *Medizin etc* to administer (*form*) (*jdm* to sb); (*verordnen*) to prescribe (*jdm* for sb).

ver|abreden* I *vt* to arrange; *Termin auch* to fix, to agree upon; *Mord, Hochverrat, Meuterei* to conspire in. **es war eine verabredete Sache** it was arranged beforehand; **ein vorher verabredetes Zeichen** a prearranged signal; **zum verabredeten Zeitpunkt/Ort** at the agreed time/ place, at the time/place arranged; **wir haben verabredet, daß wir uns um 5**

Uhr treffen we have arranged to meet at 5 o'clock; **wie verabredet** as arranged; **schon verabredet sein** (*für* on) to have a previous *or* prior engagement (*esp form*); **mit jdm verabredet sein** to have arranged to meet sb; (*geschäftlich, formell*) to have an appointment with sb; (*mit Freund*) to have a date with sb.

II *vr* **sich mit jdm/miteinander** ~ to arrange to meet sb/to meet; (*formell*) to arrange an appointment with sb/an appointment; (*mit Freund*) to make a date with sb/a date.

Ver|abredung *f* (*Vereinbarung*) arrangement, agreement; (*Treffen*) engagement (*form*); (*geschäftlich, formell*) appointment; (*esp mit Freund*) date. **ich habe eine** ~ I'm meeting somebody.

ver|abreichen* *vt Prügel etc* to give; *Arznei auch* to administer (*form*) (*jdm* to sb).

Ver|abreichung *f* (*form*) *siehe vt* giving; administering.

ver|absäumen* *vt* (*form*) to neglect, to omit.

ver|abscheuen* *vt* to detest, to abhor, to loathe.

Ver|abscheuung *f* detestation, abhorrence, loathing.

ver|abschieden* I *vt* to say goodbye to; (*Abschiedsfeier veranstalten für*) to hold a farewell ceremony for; (*entlassen*) *Beamte, Truppen* to discharge; (*Pol*) *Haushaltsplan* to adopt; *Gesetz* to pass. **wie bist du von deinen Kollegen verabschiedet worden?** what sort of a farewell did your colleagues arrange for you?

II *vr* **sich (von jdm)** ~ to say goodbye (to sb), to take one's leave (of sb) (*form*), to bid sb farewell (*liter*); **er ist gegangen, ohne sich zu** ~ he left without saying goodbye.

Ver|abschiedung *f* (*von Beamten etc*) discharge; (*Pol*) (*von Gesetz*) passing; (*von Haushaltsplan*) adoption.

ver|absolutieren* *vt* to make absolute.

ver|achten* *vt* to despise; *jdn auch* to hold in contempt; (*liter*) *Tod, Gefahr* to scorn. **nicht zu** ~ (*inf*) not to be despised, not to be scoffed at, not to be sneezed at (*inf*).

ver|achtenswert *adj* despicable.

Ver|ächter *m*: **kein** ~ **von etw sein** to be quite partial to sth.

ver|ächtlich *adj* contemptuous, scornful; (*verachtenswert*) despicable, contemptible. **jdn/etw** ~ **machen** to run sb down/ belittle sth.

Ver|achtung *f*, *no pl* contempt (*von* for). **jdn mit** ~ **strafen** to treat sb with contempt.

ver|albern* *vt* (*inf*) to make fun of. **jdn** ~ **to** pull sb's leg (*inf*).

ver|allgemeinern* *vti* to generalize.

Ver|allgemeinerung *f* generalization.

ver|alten* *vi aux sein* to become obsolete; (*Ansichten, Methoden*) to become antiquated; (*Mode*) to go out of date.

ver|altet *adj* obsolete; *Ansichten* antiquated; *Mode* out-of-date.

Veranda [ve'randa] *f* **-, Veranden** veranda, porch.

ver|änderlich *adj* variable; *Wetter, Mensch* changeable.

Ver|änderlichkeit f siehe adj variability; changeability.

ver|ändern* I vt to change. II vr to change; (Stellung wechseln) to change one's job. **sich zu seinem Vorteil/Nachteil ~** (im Aussehen) to look better/worse; (charakterlich) to change for the better/worse; **verändert aussehen** to look different. **Ver|änderung** f change. **eine berufliche ~** a change of job.

ver|ängstigen* vt (erschrecken) to frighten, (einschüchtern) to intimidate.

ver|ankern* vt (Naut, Tech) to anchor; (fig) (in +dat in) Rechte etc (in Gesetz) to establish, to ground; Gedanken (in Bewußtsein) to embed, to fix. **Ver|ankerung** f (Naut, Tech) (das Verankern) anchoring; (das Verankertsein) anchorage; (fig) (von Rechten) (firm) establishment; (von Gedanken) embedding, fixing.

ver|anlagen* vt to assess (mit at).

ver|anlagt adj **melancholisch ~ sein** to have a melancholy disposition; **technisch/mathematisch/praktisch ~ sein** to be technically/mathematically/practically minded; **künstlerisch/musikalisch ~ sein** to have an artistic/a musical bent; **zu or für etw ~ sein** to be cut out for sth.

Ver|anlagung f 1. (körperlich, esp Med) predisposition; (charakterlich) nature, disposition; (Hang) tendency; (allgemeine Fähigkeiten) natural abilities pl; (künstlerisches, praktisches etc Talent) bent. **eine ~ zum Dickwerden/zur Kriminalität haben** to have a tendency to put on weight/to have criminal tendencies. 2. (von Steuern) assessment.

ver|anlassen* vt I 1. **etw ~** to arrange for sth, to see to it that sth is done/carried out etc; (befehlen) to order sth; **eine Maßnahme ~** to arrange for/order a measure to be taken; **ich werde das Nötige ~** I will see (to it) that the necessary steps are taken; **wir werden alles Weitere ~** we will take care of or see to everything else. 2. auch vi (bewirken) to give rise (zu to). **jdn zu etw ~** (Ereignis etc) to lead sb to sth; (Mensch) to cause or induce sb to do sth; **jdn (dazu) ~, etw zu tun** (Ereignis etc) to lead sb to do sth; (Mensch) to cause or induce sb to do sth; **sich (dazu) veranlaßt fühlen, etw zu tun** to feel compelled or obliged to do sth.

Ver|anlassung f cause, reason. **auf ~ von** or +gen at the instigation of; **keine ~ zu etw haben/keine ~ haben, etw zu tun** to have no cause or reason for sth/to do sth or for doing sth; **~ zu etw geben** to give cause for sth.

ver|anschaulichen* vt to illustrate (+dat to, an +dat, mit with). **sich (dat) etw ~** to picture sth (to oneself), to visualize sth; **sich (dat) ..., daß ...** to realize that ... **Ver|anschaulichung** f illustration. **zur ~** as an illustration, to illustrate sth.

ver|anschlagen* vt to estimate (auf +acc at). **etw zu hoch/niedrig ~** to overestimate/underestimate sth.

ver|anstalten* vt to organize, to arrange; Wahlen to hold; Umfrage to do; (kommerziell) Wettkämpfe, Konzerte etc to promote; Party etc to hold, to give; (inf) Szene to make.

Ver|anstalter(in f) m **-s, -** organizer; (Comm: von Wettkämpfen, Konzerten etc) promoter.

Ver|anstaltung f 1. event (von organized by); (feierlich, öffentlich) function. 2. no pl (das Veranstalten) organization.

ver|antworten* I vt to accept (the) responsibility for; die Folgen auch, sein Tun to answer for (vor +dat to). **(es) ~, daß jd etw tut** to accept the responsibility for sb doing sth; **wie könnte ich es denn ~, ...?** it would be most irresponsible of me ...; **ein weiterer Streik wäre nicht zu ~** another strike would be irresponsible; **eine nicht zu ~de Fahrlässigkeit/Schlamperei** inexcusable negligence/slackness; **etw sich selbst gegenüber ~** to square sth with one's own conscience.
II vr **sich für** or **wegen etw ~** to justify sth (vor +dat to); (für Missetaten etc) to answer for sth (vor +dat before); **sich vor Gericht/Gott etc ~ müssen** to have to answer to the courts/God etc (für, wegen for).

ver|antwortlich adj responsible; (haftbar) liable. **jdm (gegenüber) ~ sein** to be responsible or answerable or accountable to sb; **jdn für etw ~ machen** to hold sb responsible for sth; **für etw ~ zeichnen** (form) (lit) to sign for sth; (fig) to take responsibility for sth; **der ~e Leiter des Projekts** the person in charge of the project.

Ver|antwortliche(r) mf decl as adj person responsible. **die ~n** pl those responsible.

Ver|antwortung f responsibility (für for). **auf eigene ~** on one's own responsibility; **auf deine ~!** you take the responsibility! **die ~ übernehmen** to take or accept or assume (esp form) responsibility; **jdn zur ~ ziehen** to call sb to account.

ver|antwortungsbewußt adj responsible; **Ver|antwortungsbewußtsein** nt sense of responsibility; **ver|antwortungslos** adj irresponsible; **Ver|antwortungslosigkeit** f, no pl irresponsibility; **ver|antwortungsvoll** adj responsible.

ver|äppeln* vt (inf) **jdn ~** to make fun of sb; (auf den Arm nehmen) to pull sb's leg (inf).

ver|arbeiten* vt to use (zu etw to make sth); (Tech, Biol etc) to process; Ton, Gold etc to work; (verbrauchen) to consume; (verdauen) to digest; (fig) to use (zu for); Stoff to treat; Daten to process; Erlebnis etc to assimilate, to digest; (bewältigen) to overcome.

ver|arbeitet adj 1. **gut/schlecht ~** Rock etc well/badly finished. 2. (dial: abgearbeitet) worn.

Ver|arbeitung f 1. siehe vt use, using; processing; working; digestion; using; treating; processing; assimilation, digestion; overcoming. 2. (Aussehen) finish; (Qualität) workmanship no indef art.

ver|argen* vt **jdm etw ~** to hold sth against sb; **jdm ...** to hold it against sb that ...; **ich kann es ihm nicht ~, wenn er ...** I can't blame him if he ...

ver|ärgern* vt **jdn ~** to annoy sb; (stärker) to anger sb.

ver|ärgert adj annoyed; (stärker) angry.

Ver|ärgerung *f* annoyance; (*stärker*) anger.

ver|armen* *vi aux sein* (*lit, fig*) to become impoverished. **verarmt** impoverished.

Ver|armung *f, no pl* impoverishment.

ver|arschen* *vt* (*sl*) to take the piss out of (*sl*); (*für dumm verkaufen*) to mess *or* muck around (*inf*).

ver|arzten* *vt* (*inf*) to fix up (*inf*); (*mit Verband*) to patch up (*inf*); (*fig hum*) to sort out (*inf*).

ver|ästeln* *vr* to branch out; (*fig*) to ramify. **eine verästelte Organisation** a complex organization.

Ver|ästelung *f* branching; (*fig*) ramifications *pl*.

ver|ausgaben* *vr* to overexert *or* overtax oneself; (*finanziell*) to overspend. **ich habe mich total verausgabt** (*finanziell*) I'm completely spent out.

ver|auslagen* *vt* (*Comm*) to lay out, to disburse (*form*).

ver|äußern* *vt* (*form: verkaufen*) to dispose of; *Rechte, Land* to alienate.

Ver|äußerung *f siehe vt* disposal; alienation.

Verb [vɛrp] *nt* **-s, -en** verb.

verbal [vɛr'baːl] *adj* verbal (*auch Gram*).

Verbalinjurie [vɛr'baːl|ɪnjuːriə] *f* (*Jur*) verbal injury.

verballhornen* *vt* to parody; (*unabsichtlich*) to get wrong.

Verband *m* **-(e)s, -e** 1. (*Med*) dressing; (*mit Binden*) bandage. 2. (*Bund*) association. 3. (*Mil*) unit. **im ~ fliegen** to fly in formation. 4. (*Archit*) bond.

Verband(s)kasten *m* first-aid box; **Verband(s)material** *nt* dressing material; **Verband(s)päckchen** *nt* first-aid packet; **Verband(s)stoff** *m* dressing; **Verband(s)watte** *f* surgical cottonwool (*Brit*), absorbent cotton (*US*), cotton batting (*US*); **Verband(s)zeug** *nt* dressing material.

verbannen* *vt* to banish (*auch fig*), to exile (*aus* from, *auf* to).

Verbannte(r) *mf decl as adj* exile.

Verbannung *f* banishment *no art*, exile *no art*; (*das Verbannen*) banishment, exiling.

verbarrikadieren* I *vt* to barricade. II *vr* to barricade oneself in (*in etw* (*dat*)) sth).

verbat *pret of* **verbitten**.

verbauen* *vt* (*versperren*) to obstruct, to block. **sich** (*dat*) **alle Chancen/die Zukunft ~** to spoil one's chances/one's prospects for the future; **jdm die Möglichkeit ~, etw zu tun** to ruin sb's chances of doing sth.

verbeißen* *irreg* I *vt* (*fig inf*) **sich** (*dat*) **etw ~** *Zorn etc* to stifle sth, to suppress sth; *Bemerkung* to bite back sth; *Schmerz* to hide sth; **sich** (*dat*) **das Lachen ~** to keep a straight face. II *vr* **sich in etw** (*acc*) **~** (*lit*) to bite into sth; (*Hund*) to sink its teeth into sth; (*fig*) to become set *or* fixed on sth; *siehe* **verbissen**.

verbergen* *irreg* I *vt* (+*dat, vor* +*dat* from) (*lit, fig*) to hide, to conceal; (*vor der Polizei auch*) to harbour. **sein Gesicht in den Händen ~** to bury one's face in one's hands; **jdm etw ~** (*verheimlichen*) to keep sth from sb; *siehe* **verborgen²**. II *vr* to hide (oneself), to conceal oneself.

verbessern* I *vt* 1. (*besser machen*) to improve; *Leistung, Bestzeit* to improve

---

(up)on, to better; *die Welt* to reform. **eine neue, verbesserte Auflage** a new revised edition. 2. (*korrigieren*) to correct. II *vr* (*Lage etc*) to improve, to get better; (*Mensch*) (*in Leistungen*) to improve, to do better; (*beruflich, finanziell*) to better oneself; (*sich korrigieren*) to correct oneself.

Verbesserung *f* 1. improvement (*von* in); (*von Leistung, Bestzeit*) improvement (*von* on); (*von Buch*) revision; (*berufliche, finanzielle ~*) betterment. 2. (*Berichtigung*) correction.

verbesserungsfähig *adj* capable of improvement; **Verbesserungsvorschlag** *m* suggestion for improvement.

verbeten *ptp of* **verbitten**.

verbeugen* *vr* to bow (*vor* +*dat* to).

Verbeugung *f* bow. **eine ~ vor jdm machen** to (make a) bow to sb.

verbeulen* *vt* to dent.

verbiegen* *irreg* I *vt* to bend (out of shape); *siehe* **verbogen**. II *vt* to bend; (*Holz*) to warp; (*Metall*) to buckle.

verbiestern* I *vr* **sich in etw** (*acc*) **~** (*inf*) to become fixed on sth.

verbiestert *adj* (*inf*) (*mißmutig*) crotchety (*inf*); (*verstört*) disturbed *no adv*.

verbieten *pret* **verbot**, *ptp* **verboten** *vt* to forbid; (*amtlich auch*) to prohibit; *Zeitung, Partei* to ban, to prohibit. **jdm ~, etw zu tun** to forbid sb to do sth; (*amtlich auch*) to prohibit sb from doing sth; **jdm das Rauchen/den Zutritt/den Gebrauch von etw ~** to forbid sb to smoke/to enter/the use of sth; (*amtlich auch*) to prohibit sb from smoking/entering/using sth; **mein Taktgefühl verbietet mir eine solche Bemerkung** tact prevents me from making such a remark; **das verbietet sich von selbst** that has to be ruled out; *siehe* **verboten**.

verbilligen* I *vt* to reduce the cost of; *Kosten, Preis* to reduce. **verbilligte Waren/Karten** reduced goods/tickets at reduced prices; **etw verbilligt abgeben** to sell sth at a reduced price.
II *vr* to get *or* become cheaper; (*Kosten, Preise auch*) to go down.

verbinden* *irreg* I *vt* 1. (*Med*) to dress; (*mit Binden*) to bandage. **jdm die Augen ~** to blindfold sb; **mit verbundenen Augen** blindfold(ed).
2. (*verknüpfen, in Kontakt bringen*) (*lit, fig*) to connect, to link; *Punkte* to join (up).
3. (*Telec*) **jdn (mit jdm) ~** to put sb through (to sb); **ich verbinde!** I'll put you through, I'll connect you; (**Sie sind hier leider) falsch verbunden!** (I'm sorry, you've got the) wrong number!; **mit wem bin ich verbunden?** who am I speaking to?
4. (*gleichzeitig haben or tun, anschließen*) to combine.
5. (*assoziieren*) to associate.
6. (*mit sich bringen*) **mit etw verbunden sein** to involve sth, to be bound up with sth; **die damit verbundenen Kosten/Gefahren** the costs/dangers involved.
7. (*emotional*) *Menschen* to unite, to join together. **freundschaftlich/in Liebe**

verbunden sein (*geh*) to be united *or* joined together in friendship/love.

II *vt* to combine (*auch Chem*) (*mit* with, *zu* to form), to join (together), to join forces (*zu* in, to form). **sich in Liebe/ Freundschaft ~** (*geh*) to join together in love/friendship; **in ihrer Person ~ sich Klugheit und Schönheit** she combines both intelligence and beauty.

verbindlich *adj* **1.** obliging. **~sten Dank!** (*form*) thank you kindly!, I/we thank you! **2.** (*verpflichtend*) obligatory, compulsory; *Regelung, Zusage* binding; (*verläßlich*) *Auskunft* reliable. **~ zusagen** to accept definitely.

Verbindlichkeit *f siehe adj* **1.** obligingness; (*höfliche Redensart*) civility *usu pl*, courtesy *usu pl*, polite word(*s pl*).
2. *no pl* obligatory *or* compulsory nature, compulsoriness; binding nature *or* force; reliability.
3. **~en** *pl* (*Comm, Jur*) obligations *pl*, commitments *pl*; (*finanziell auch*) liabilities *pl*; **seine ~en erfüllen** to fulfil one's obligations *or* commitments; to meet one's liabilities.

Verbindung *f* **1.** connection; (*persönliche, einflußreiche Beziehung auch, Kontakt*) contact (*zu, mit* with). **in ~ mit** (*zusammen mit*) in conjunction with; (*im Zusammenhang mit*) in connection with; **jdn/etw mit etw in ~ bringen** to connect sb/sth with sth; (*assoziieren*) to associate sb/sth with sth; **er/sein Name wurde mit der Affäre in ~ gebracht** he/his name was mentioned in connection with the affair; **seine ~en spielen lassen** to use one's connections, to pull a few strings (*inf*); **~en anknüpfen** *or* **aufnehmen** to get contacts; **~ mit jdm aufnehmen** to contact sb; **die ~ aufrechterhalten** to maintain contact; (*esp zwischen Freunden*) to keep in touch *or* contact; **sich (mit jdm) in ~ setzen, (mit jdm) in ~ treten** to get in touch *or* contact (with sb), to contact sb; **mit jdm in ~ stehen** to be in touch *or* contact with sb.
2. (*Verkehrs-*) connection (*nach* to). **die ~ von Berlin nach Warschau** the connections *pl* from Berlin to Warsaw; **es besteht direkte ~ nach München** there is a direct connection to Munich.
3. (*Telec: Anschluß*) line. **telefonische ~/~ durch Funk** telephonic/radio communication; **eine ~ (zu einem Ort) bekommen** to get through (to a place); **unsere ~ wurde unterbrochen** we were cut off.
4. (*Mil*) contact; (*durch Funk etc*) communication; (*Zusammenarbeit*) liaison. **~ aufnehmen** to make contact; to establish communication.
5. (*Kombination*) combination.
6. (*Vereinigung, Bündnis*) association; (*ehelich*) union; (*Univ*) society; (*für Männer*) fraternity (*US*); (*für Frauen*) sorority (*US*). **eine ~ mit jdm eingehen** to join together with sb; **eine schlagende ~** (*Univ*) a duelling fraternity.
7. (*Chem*) (*Prozeß*) combination; (*Ergebnis*) compound (*aus* (formed out) of). **eine ~ mit etw eingehen** to form a compound with sth, to combine with sth.

Verbindungs- *in cpds* (*esp Tech, Archit*)

connecting; (*Univ*) fraternity; **Verbindungsmann** *m, pl* **-leute** *or* **-männer** intermediary; (*Agent*) contact; **Verbindungsoffizier** *m* liaison officer; **Verbindungsstraße** *f* connecting road; **Verbindungsstudent** *m* member of a fraternity; **Verbindungstür** *f* connecting door.

verbissen I *ptp of* **verbeißen. II** *adj* grim; *Arbeiter* dogged, determined; *Gesicht, Miene* determined.

Verbissenheit *f, no pl siehe adj* grimness; doggedness, determination.

verbitten* *pret* **verbat,** *ptp* **verbeten** *vr* **sich** (*dat*) **etw (schwer/sehr** *etc*) **~** to refuse (absolutely) to tolerate sth; **das verbitte ich mir!, das will ich mir verbeten haben!** I won't have it!

verbittern* I *vt* to embitter, to make bitter. II *vi aux sein* to become embittered *or* bitter. **verbittert** embittered, bitter.

Verbitterung *f* bitterness, embitterment.

verblassen* *vi aux sein* (*lit, fig*) to fade; (*Mond*) to pale. **alles andere verblaßt daneben** (*fig*) everything else pales into insignificance beside it.

Verbleib *m* **-(e)s,** *no pl* (*form*) whereabouts *pl*.

verbleiben* *vi irreg aux sein* to remain. **etw verbleibt jdm** sb has sth left; **... verbleibe ich Ihr ...** (*form*) ... I remain, Yours sincerely ...; **wir sind so verblieben, daß wir ...** we agreed *or* arranged to ..., it was agreed *or* arranged that we ...

verbleichen *pret* **verblich,** *ptp* **verblichen** *vi aux sein* (*lit, fig*) to fade; (*Mond*) to pale; (*liter: sterben*) to pass away, to expire (*liter*). **verblichen** (*lit, fig*) faded.

verblenden* *vt* **1.** (*fig*) to blind. **verblendet sein** to be blind. **2.** (*Archit*) to face.

Verblendung *f* **1.** (*fig*) blindness. **2.** (*Archit*) facing.

verbleuen* *vt* (*inf*) to bash up (*inf*).

verblich *pret of* **verbleichen.**

verblichen *ptp of* **verbleichen.**

Verblichene(r) *mf decl as adj* (*liter*) deceased.

verblöden* *vi aux sein* (*inf*) to become a zombi(e) (*inf*).

Verblödung *f* (*inf*) stupefaction. **diese Arbeit führt noch zu meiner völligen ~** this job will turn me into a zombi(e) (*inf*).

verblüffen* *vt* (*erstaunen*) to stun, to amaze; (*verwirren*) to baffle. **sich durch** *or* **von etw ~ lassen** to be taken in by sth.

Verblüffung *f, no pl siehe vt* amazement; bafflement.

verblühen* *vi aux sein* (*lit, fig*) to fade. **der Baum ist verblüht** the blossom has fallen from the tree; **sie sieht verblüht aus** her beauty has faded.

verbluten* I *vi aux sein* to bleed to death. II *vr* (*fig*) to spend oneself.

verbocken* *vt* (*inf*) (*verpfuschen*) to botch (*inf*); (*anstellen*) to get up to (*inf*).

verbockt *adj* (*inf*) pig-headed (*inf*); *Kind* headstrong.

verbogen I *ptp of* **verbiegen. II** *adj* bent; *Rückgrat* curved; (*fig*) twisted.

verbohren* *vr* (*inf*) **sich in etw** (*acc*) **~** to become obsessed with sth; (*unbedingt wollen*) to become (dead) set on sth (*inf*).

verbohrt *adj Haltung* stubborn, obstinate; *Politiker auch, Meinung* inflexible.

Verbohrtheit *f* inflexibility.

verborgen[1]* *vt* to lend out (*an* +*acc* to).

verborgen[2] I *ptp of* **verbergen**.
 II *adj* hidden. **etw/sich ~ halten** to hide sth/to hide; **im V~en leben** to live hidden away; **so manches schöne Mädchen/große Talent blüht im ~en** many beautiful girls/ great talents flourish in obscurity; **im ~en wachsen/blühen** (*lit*) to grow/bloom in places hard to find; **im ~en liegen** to be not yet known.

Verborgenheit *f, no pl* seclusion.

verbot *pret of* **verbieten**.

Verbot *nt* **-(e)s, -e** ban. **er ging trotz meines ~s** he went even though I had forbidden him to do so; **trotz des ärztlichen ~es** against doctor's orders, in spite of doctor's orders; **gegen ein ~ verstoßen** to ignore a ban **ich bin gegen das ~ irgendeiner Partei/Zeitung** I'm opposed to a ban on or to banning any party/newspaper.

verboten I *ptp of* **verbieten**. II *adj* forbidden; (*amtlich*) prohibited; (*gesetzeswidrig*) *Handel* illegal; *Zeitung, Partei, Buch etc* banned. **ist etw ~ sb** is forbidden to do sth; **Rauchen/Parken ~** no smoking/ parking; **er sah ~ aus** (*inf*) he looked a real sight (*inf*).

Verbotsschild *nt*, **Verbotstafel** *f* (*allgemein*) notice or sign (prohibiting something); (*im Verkehr*) prohibition sign.

verbrach *pret of* **verbrechen**.

verbracht *ptp of* **verbringen**.

verbrachte *pret of* **verbringen**.

verbrämen* *vt* (*geh*) *Kleidungsstück* to trim; (*fig*) *Rede* to pad; *Wahrheit* to gloss over; *Kritik* to veil (*mit* in).

verbrannt I *ptp of* **verbrennen**. II *adj* burnt; (*fig*) *Erde* scorched.

Verbrauch *m* **-(e)s**, *no pl* consumption (*von, an* +*dat* of); (*von Geld*) expenditure; (*von Kräften*) drain (*von, an* +*dat* on). **einen enormen ~ an Benzin haben** to have an enormous petrol consumption, to use an enormous amount of petrol; **im Winter ist der ~ an Kalorien/Energie höher** we use up more calories/energy in winter; **sparsam im ~** economical; **zum baldigen ~ bestimmt** to be eaten immediately.

verbrauchen* *vt* 1. (*aufbrauchen*) to use; *Vorräte* to use up; *Benzin, Wasser, Nahrungsmittel etc auch* to consume. **der Wagen verbraucht 10 Liter Benzin auf 100 km** the car does 10 kms to the litre.
 2. (*abnützen*) *Kräfte etc* to exhaust; *Kleidung etc* to wear out. **sich ~** to wear oneself out; **verbrauchte Luft/Nerven** stale *or* stuffy air/frayed *or* tattered nerves; **sie ist schon völlig verbraucht** she is already completely spent.

Verbraucher- *in cpds* consumer; **Verbrauchergenossenschaft** *f* consumer cooperative; **Verbraucherpreis** *m* consumer price.

Verbrauchsgüter *pl* consumer goods *pl*; **Verbrauchssteuer** *f* excise.

Verbrechen *nt* **-s**, **-** (*lit, fig*) crime (*gegen, an* +*dat* against).

verbrechen *pret* **verbrach**, *ptp*

verbrochen *vt* 1. (*inf: anstellen*) **etwas ~** to be up to something (*inf*); **was habe ich denn jetzt schon wieder verbrochen?** what on earth have I done now?
 2. (*hum*) *Gedicht, Kunstwerk, Übersetzung etc* to be the perpetrator of (*hum*).

Verbrechensbekämpfung *f* combating crime *no art*.

Verbrecher *m* **-s**, **-** criminal.

Verbrecheralbum *nt* rogues' gallery (*hum*); **Verbrecherbande** *f* gang of criminals; **Verbrechergesicht** *nt* (*pej*) criminal face.

Verbrecherin *f* criminal.

verbrecherisch *adj* criminal.

Verbrecherjagd *f* chase after a/the criminal/criminals; **Verbrecherkartei** *f* criminal records *pl*; **Verbrechertum** *nt* criminality; **Verbrecherviertel** *nt* (*pej inf*) shady part of town; **Verbrechervisage** *f* (*pej inf*) criminal face.

verbreiten* I *vt* to spread; *Ideen, Lehre auch* to disseminate; *Zeitung* to distribute, to circulate; (*ausstrahlen*) *Wärme* to radiate; *Licht* to shed; *Ruhe* to radiate. **eine (weit) verbreitete Ansicht** a widely or commonly held opinion; **eine verbreitete Zeitung** a newspaper with a large circulation or a wide distribution.
 II *vr* 1. to spread.
 2. **sich über ein Thema ~** to expound on or hold forth on a subject.

verbreitern* I *vt* to widen. II *vr* to get wider, to widen out.

Verbreiterung *f* widening.

Verbreitung *f, no pl siehe vt* spreading; dissemination; distribution, circulation; radiation; shedding; radiation.

verbrennen* *irreg* I *vt* 1. to burn; *Müll auch* to incinerate; (*einäschern*) *Tote* to cremate; (*verbrauchen*) *Gas, Kerzen* to burn; *Strom* to use.
 2. (*versengen*) to scorch; *Finger, Haut etc* to burn; *Haar* to singe; (*verbrühen*) to scald. **sich** (*dat*) **die Zunge/den Mund** *or* **den Schnabel** (*inf*) **~** (*lit*) to burn one's tongue/mouth; (*fig*) to say too much.
 II *vr* to burn oneself; (*sich verbrühen*) to scald oneself.
 III *vi aux sein* to burn; (*Mensch, Tier*) to burn (to death); (*niederbrennen: Haus etc*) to burn down; (*durch Sonne, Hitze*) to be scorched. **das Fleisch ~ lassen** to burn the meat; **alles verbrannte** *or* **war verbrannt** everything was destroyed in the fire; **alle verbrannten** everyone died in the fire; **die verbrannten Leichen/Bücher** the bodies of the people burnt to death in the fire/the books destroyed in or by the fire.

Verbrennung *f* 1. *no pl* (*das Verbrennen*) burning; (*von Müll auch*) incineration; (*von Treibstoff*) combustion; (*von Leiche*) cremation. 2. (*Brandwunde*) burn; (*Verbrühung*) scald. **starke/leichte ~en davontragen** to be badly/not seriously burned.

Verbrennungsanlage *f* incineration plant; **Verbrennungskraftmaschine** *f* internal combustion vehicle; **Verbrennungsmotor** *m* internal combustion engine; **Verbrennungsofen** *m* furnace; (*für Müll*) incinerator; **Verbrennungs-**

wärme f heat of combustion.
verbriefen* vt to document. **verbriefte Rechte** attested rights.
verbringen pret **verbrachte**, ptp **verbracht** vt 1. Zeit etc to spend. 2. (obs, Jur: bringen) to take.
verbrochen ptp of **verbrechen**.
verbrüdern* vr to fraternize (mit with); (politisch) to ally oneself (mit to, with).
Verbrüderung f avowal of friendship; (politisch) alliance.
verbrühen* I vt to scald. II vr to scald oneself.
Verbrühung f (no pl: das Verbrühen) scalding; (Wunde) scald.
verbuchen* vt (inf) to enter (up) (in a/the book). **einen Betrag auf ein Konto ~** to credit a sum to an account; **Erfolge (für sich) ~** to notch up or chalk up successes (inf); **etw für sich or auf sein Konto ~ können** (fig) to be able to credit oneself with sth.
verbuddeln* vt (inf) to bury.
Verbum ['vɛrbum] nt -s, **Verba** (geh) verb.
verbummeln* (inf) I vt (verlieren) to lose; (vertrödeln, vergeuden) Nachmittag, Wochenende, Zeit to waste, to fritter away; (verpassen) Verabredung to miss. II vi aux sein 1. (herunterkommen) to go to seed. 2. (faul werden) to get lazy. **verbummelt sein** to be lazy.
Verbund m -(e)s, no pl (Econ) combine. **im ~ arbeiten** to cooperate.
verbunden I ptp of **verbinden**. II adj (form: dankbar) **jdm (für etw) ~ sein** to be obliged to sb (for sth).
verbünden* vr to ally oneself (mit to); (Staaten) to form an alliance. **verbündet sein** to be allies or allied.
Verbundenheit f, no pl (von Völkern) solidarity; (von Menschen) (mit Menschen, Natur) closeness (mit to); (mit Land, Tradition) attachment (mit to). **in tiefer ~, ...** very affectionately yours, ...
Verbündete(r) mf decl as adj ally.
Verbundglas nt laminated glass; **Verbundnetz** nt (Elec) (integrated) grid system; **Verbundplatte** f sandwich panel.
verbürgen* vtr to guarantee. **sich für jdn/etw ~** to vouch for sb/sth; **ein verbürgtes Recht** an established right.
verbürgerlichen* vi aux sein to become bourgeois.
verbüßen* vt to serve.
Verbüßung f, no pl serving. **zur ~ einer Haftstrafe von zwei Jahren verurteilt werden** to be sentenced to serve two years in prison.
verbuttern* vt 1. to make into butter. 2. (inf) Geld to spend.
verchromen* [fɛɛ'kro:mən] vt to chromium-plate.
Verdacht m -(e)s, no pl suspicion; (hum: Vermutung) hunch. **jdn in or im ~ haben** to suspect sb; **im ~ stehen, etw getan zu haben** to be suspected of having done sth; **jdn in ~ bringen** to make sb look guilty; **den ~ auf jdn lenken** to throw or cast suspicion on sb; **jdn wegen ~s einer Sache (gen) festnehmen** to arrest sb on suspicion of sth; **(gegen jdn) ~ schöpfen** to become suspicious (of sb); **es besteht ~ auf Krebs (acc)** cancer is suspected; **bei ~ auf Krebs**

in the case of suspected cancer; **etw auf ~ tun** (inf) to do sth on spec (inf).
verdächtig adj suspicious; (~ aussehend) suspicious-looking. **~ aussehen** to look suspicious; **sich ~ machen** to arouse suspicion; **die drei ~en Personen** the three suspects; **einer Sache (gen) ~ sein** to be suspected of sth.
verdächtigen* vt to suspect (gen of). **ich will niemanden ~, aber ...** I don't want to cast suspicion on anyone, but ...; **er wird des Diebstahls verdächtigt** he is suspected of theft.
Verdächtige(r) mf decl as adj suspect.
Verdächtigung f suspicion. **die ~ eines so integren Mannes ...** to suspect a man of his integrity ...
verdammen vt (esp Rel: verfluchen) to damn; (verurteilen) to condemn; siehe auch **verdammt, Scheitern**.
verdammenswert adj damnable.
Verdammnis f (Rel) damnation no art.
verdammt I adj, adv (inf) damned (inf), bloody (Brit sl). **~er Mist!** (sl) sod it! (Brit sl); **~e Scheiße!** (sl) shit! (sl); **~ hübsch** damned pretty (inf); **das tut ~ weh** that hurts like hell (sl); **~ viel Geld** a hell of a lot of money (sl); **mir geht's ~ gut/schlecht** I'm on top of the world (inf)/in a bad way.
  II interj (sl) **~!** damn or blast (it) (inf); **~ noch mal!** bloody hell (Brit sl), damn it all (inf).
Verdammte(r) mf decl as adj (Rel) **die ~n** the damned pl.
Verdammung f condemnation; (Rel) damnation.
verdampfen* vti (vi: aux sein) to vaporize; (Cook) to boil away.
Verdampfung f vaporization.
verdanken* vt **jdm etw ~** to owe sth to sb; **es ist jdm/einer Sache zu ~(, daß ...)** it is thanks or due to sb/sth (that ...); **das verdanke ich dir** (iro) I've got you to thank for that.
verdarb pret of **verderben**.
verdattert adj, adv (inf) flabbergasted (inf).
verdauen* I vt (lit, fig) to digest. II vi (Mensch) to digest one's food; (Magen etc) to digest the food. **um besser ~ zu können ...** in order to improve one's digestion ...
verdaulich adj digestible. **leicht ~** easily digestible, easy to digest; **schwer ~** hard to digest.
Verdaulichkeit f, no pl digestibility.
Verdauung f digestion. **eine gute/schlechte ~ haben** to have good/poor digestion.
Verdauungs|apparat m digestive system; **Verdauungsbeschwerden** pl digestive trouble sing; **Verdauungskanal** m alimentary canal, digestive tract; **Verdauungs|organ** nt digestive organ; **Verdauungsspaziergang** m constitutional; **Verdauungsstörung** f usu pl indigestion no pl.
Verdeck nt -(e)s, -e 1. (Dach) (von Kutsche, Kinderwagen) hood (Brit), canopy; (von Auto) soft top, hood (Brit); (hart) roof; (von Flugzeug) canopy. 2. (von Passagierdampfer) sundeck; (von doppelstöckigem Bus) open top deck.
verdecken* vt to hide, to conceal; (zu-

decken) to cover (up); *Sicht* to block; (*fig*) *Absichten, Widerspruch, Symptome* to conceal; **eine Wolke verdeckte die Sonne** a cloud hid *or* covered the sun; **sie verdeckte ihr Gesicht mit den Händen** she covered her face with her hands **verdeckt** concealed; *siehe* **Karte.**

verdenken* *vt irreg jdm etw ~* to hold sth against sb; **ich kann es ihm nicht ~(, daß er es getan hat)** I can't blame him (for doing it).

Verderb *m* **-(e)s,** *no pl* (*geh: Untergang*) ruin. **sein ~** the ruin of him; *siehe* **Gedeih.**

verderben *pret* **verdarb,** *ptp* **verdorben** **I** *vt* to spoil; (*stärker*) to ruin; *Plan auch* to wreck; *Luft* to pollute; *jdn* (*sittlich*) to deprave, to corrupt; (*verwöhnen*) to spoil. **jdm etw ~** to spoil *or* ruin sth for sb; **sich** (*dat*) **den Magen/Appetit ~** to give oneself an upset stomach/to spoil one's appetite; **sich** (*dat*) **die Augen/Stimme ~** to ruin *or* damage one's eyes *or* eyesight/ voice **die Preise ~** to force prices down/ up; **jdm die Laune ~** to put sb in a bad mood; **jdm die Freude** *or* **den Spaß/die Lust an etw** (*dat*) **~** to spoil sb's enjoyment of sth; **es (sich** *dat*) **mit jdm ~** to fall out with sb.

II *vi aux sein* (*Material*) to become spoiled/ruined; (*Nahrungsmittel*) to go bad *or* off; (*Ernte*) to be ruined; (*Mensch*) to become depraved *or* corrupted. **an dem Kuchen/Hemd ist nichts mehr zu ~** the cake/shirt is absolutely ruined anyway; *siehe* **verdorben.**

Verderben *nt* **-s,** *no pl* (*Untergang, Unglück*) undoing, ruin. **in sein ~ rennen** to rush headlong towards ruin; **jdn ins ~ stürzen** to bring ruin *or* disaster (up)on sb; **jdn ins ~ führen** to lead sb to disaster; (*moralisch*) to corrupt sb.

verderblich *adj* pernicious; *Einfluß auch* corrupting; *Lebensmittel* perishable.

Verderblichkeit *f, no pl* perniciousness; perishableness.

Verderbnis *f* corruption, depravity; (*Verderbtheit*) corruptness, depravity.

verderbt *adj* **1.** (*dated: moralisch*) corrupt-(ed), depraved. **2.** (*Typ*) corrupt.

Verderbtheit *f* (*dated*) corruptness, depravity.

verdeutlichen* *vt* to show clearly; (*deutlicher machen*) to clarify, to elucidate; (*erklären*) to explain. **sich** (*dat*) **etw ~** to think sth out for oneself; **etw besser/näher ~** to clarify sth further.

Verdeutlichung *f* clarification. **zur ~ seiner Absichten** in order to show his intentions clearly.

verdeutschen* *vt* to translate into German; (*fig inf*) to translate (into normal language).

verdichten* **I** *vt* (*Phys*) to compress; (*fig: komprimieren*) to condense; *Gefühle* to intensify, to heighten.

II *vr* to thicken; (*Schneetreiben*) to worsen; (*Gas*) to become compressed; (*fig: häufen*) to increase; (*Verdacht, Eindruck*) to deepen. **die Handlung verdichtet sich** the plot thickens; **die Gerüchte ~ sich, daß ...** the rumours that ... are increasing; **mein Eindruck verdichtete sich zur**

Gewißheit my impression hardened into certainty.

Verdichter *m* **-s, -** (*Tech*) compressor.

verdicken* **I** *vt* to thicken; *Blut* to coagulate; (*verbreitern*) to widen; (*gelieren lassen*) to make set; (*verstärken*) to strengthen.

II *vr* to thicken; (*Gelee*) to set; (*Milch*) to curdle; (*weiter werden*) to become thicker; (*Rohr, Flasche*) to become wider, to widen out; (*anschwellen*) to swell.

Verdickung *f* (*verdickte Stelle*) bulge.

verdienen* **I** *vt* **1.** (*einnehmen*) to earn; (*Gewinn machen*) to make. **sein Brot** *or* **seinen Unterhalt ~** to earn *or* make one's living; **er hat an dem Auto DM 200 verdient** he made DM200 on the car; **dabei ist nicht viel zu ~** there's not much money in that; **sich** (*dat*) **etw ~** to earn the money for sth; **sich** (*dat*) **das Studium ~** to pay for *or* finance one's own studies.

2. (*fig*) *Lob, Strafe* to deserve. **sich** (*dat*) **etw (redlich) verdient haben** to deserve sth, to have earned sth; *Schläge auch* to have had sth coming to one (*inf*); **er verdient es nicht anders/ besser** he doesn't deserve anything else/any better.

II *vi* to earn; (*Gewinn machen*) to make (a profit) (*an* +*dat* on). **in dieser Familie ~ drei Personen** there are three wage-earners in this family; **er verdient gut/ besser** he earns a lot/ more; **er verdient schlecht** he doesn't earn much; **am Krieg ~** to profit from war.

Verdiener *m* **-s, -** wage-earner. **der einzige ~** the sole breadwinner.

Verdienst¹ *m* **-(e)s, -e** (*Einkommen*) income, earnings *pl*; (*Profit*) profit. **einen besseren ~ haben** to earn more.

Verdienst² *nt* **-(e)s, -e** **1.** (*Anspruch auf Anerkennung*) merit; (*Dank*) credit. **es ist sein ~/das ~ der Wissenschaftler (, daß ...)** it is thanks to him/the scientists (that ...); **das ~ gebührt ihm allein** the credit is entirely his; **sich** (*dat*) **etw als** *or* **zum** (*rare*) **~ anrechnen** to take the credit for sth.

2. *usu pl* (*Leistung*) contribution; (*wissenschaftlich auch, national*) service. **ihre ~e um die Wissenschaft** her services *or* contribution to science; **seine ~e um das Vaterland** his services to his country; **seine ~e um den Weltfrieden** his contribution to world peace; **er hat sich** (*dat*) **große ~e um das Vaterland erworben** he rendered his country great service.

Verdienst|ausfall *m* loss of earnings; **Verdienstkreuz** *nt* highest decoration *awarded for military or other service*; **verdienstlich** *adj* commendable; **Verdienst-|orden** *m* order of merit; **Verdienstspanne** *f* profit margin; **verdienstvoll** *adj* commendable.

verdient **I** *ptp of* **verdienen.** **II** *adj* **1.** *Lohn, Strafe* rightful; *Ruhe, Lob* well-deserved. **2.** *Wissenschaftler, Politiker, Sportler* of outstanding merit. **sich um etw ~ machen** to render outstanding services to sth.

verdientermaßen, verdienterweise *adv* deservedly.

Verdikt [verˈdɪkt] *nt* **-(e)s, -e** (*geh*) verdict.

verdingen *pret* **verdingte**, *ptp* **verdungen**
or **verdingt** *(old)* I *vt jdn* to put into service *(bei* with); *Arbeit* to give. II *vr* **sich**
(bei jdm) ~ to enter service (with sb).

verdirb *imper sing of* **verderben**.

verdolmetschen* *vt* to translate, to interpret.

verdonnern* *vt (inf) (zu Haft etc)* to sentence, to condemn *(zu* to). **jdn zu etw ~,**
jdn dazu ~, etw zu tun to order sb to do
sth as a punishment; **jdn zu einer**
Geldstrafe/Gefängnisstrafe von ... ~ to
fine sb .../to sentence sb to a term of ...
imprisonment.

verdoppeln* I *vt* to double; *(fig) Anstrengung etc* to redouble. II *vr* to double.

Verdopp(e)lung *f siehe vt* doubling;
redoubling.

verdorben I *ptp of* **verderben**. II *adj*
1. *Lebensmittel* bad, off *pred*; *Wasser,*
Luft polluted; *Magen* upset. **2.** *Stimmung,*
Urlaub, Freude spoiled, ruined. **3.** *(moralisch)* corrupt; *(sittlich)* depraved; *(verzogen) Kind* spoiled.

Verdorbenheit *f* depravity.

verdorren* *vi aux sein* to wither.

verdrängen* *vt jdn* to drive out; *Gegner*
auch to oust; *(ersetzen)* to supersede, to
replace; *(Phys) Wasser, Luft* to displace;
(Met) to drive; *(fig) Sorgen* to dispel, to
drive away; *(Psych)* to repress, to
suppress. **jdn aus dem Amt/von der Macht**
~ to oust sb; **das habe ich völlig verdrängt**
(hum: vergessen) it completely slipped my
mind *(inf)*; **jdn/etw aus dem Bewußtsein ~**
to repress *or* suppress all memory of sb/
sth.

Verdrängung *f siehe vt* driving out; ousting;
superseding, replacing; displacement;
driving; dispelling; repression, suppression.

verdrecken* *vti (vi: aux sein) (inf)* to get
dirty *or* filthy. **verdreckt** filthy (dirty).

verdrehen* *vt* to twist; *Gelenk auch* to
wrench; *(verknacksen)* to sprain; *Hals* to
crick; *Augen* to roll; *jds Worte, Tatsachen*
auch to distort. **das Recht ~** to pervert the
course of justice; **sich** *(dat)* **den Hals ~**
(fig inf) to crane one's neck.

verdreht *adj (inf)* crazy *(inf); Bericht* confused, garbled; *(psychisch durcheinander)*
screwed-up *(sl)*.

Verdrehtheit *f (inf)* craziness; *(von Bericht*
etc) confusion, garbledness; *(psychisch)*
screwed-up behaviour *no pl (sl)*.

verdreifachen* *vtr* to treble, to triple.

Verdreifachung *f* trebling, tripling.

verdreschen* *vt irreg (inf)* to beat up; *(als*
Strafe) to thrash.

verdrießen *pret* **verdroß**, *ptp* **verdrossen**
vt jdn to irritate, to annoy. **sich** *(dat)* **den**
Abend/den Urlaub *etc* **durch etw ~ lassen**
to let sth spoil one's evening/holiday *etc*;
lassen Sie es sich nicht ~! don't be put off
or worried by it.

verdrießlich *adj* morose; *Arbeit,*
Angelegenheit irksome.

Verdrießlichkeit *f siehe adj* moroseness;
irksomeness.

verdroß *pret of* **verdrießen**.

verdrossen I *ptp of* **verdrießen**. II *adj*
(schlechtgelaunt) morose; *(unlustig)*

Mensch, Gesicht unwilling, reluctant.

Verdrossenheit *f (schlechte Laune)*
moroseness; *(Lustlosigkeit)* unwillingness, reluctance. **mit ~ arbeiten** to work
unwillingly *or* reluctantly.

verdrucken* *(inf)* I *vr* to make a misprint.
II *vt* to misprint.

verdrücken* *vt* **1.** *Kleider* to crumple.
2. *(inf) Essen* to polish off *(inf)*. **der kann**
was ~ he's got some appetite *(inf)*. II *vr*
(inf) to beat it *(inf)*. **sich heimlich ~** to slip
away (unnoticed).

Verdruß *m* **-sses, -sse** frustration. **~ mit**
jdm haben to get frustrated with sb; **zu jds**
~ to sb's annoyance; **jdm zum ~** to spite
sb.

verduften* *vi aux sein (inf: verschwinden)*
to beat it *(inf)*.

verdummen* *vi aux sein* to stultify, to
become stultified.

Verdummung *f* stultification.

verdungen *ptp of* **verdingen**.

verdunkeln* I *vt* to darken; *Bühne auch,*
(im Krieg) to black out; *Farbe auch* to
deepen, to make darker; *(fig) Zusammenhänge, Motive etc* to obscure. **Tatbestände**
~ to suppress evidence; **die Sonne ~**
(Mond) to eclipse the sun; *(Wolken)* to
obscure the sun.
    II *vr* to darken; *(Himmel auch)* to grow
darker; *(Verstand)* to become dulled.

Verdunk(e)lung *f* **1.** *siehe vt* darkening;
blacking out; deepening; obscuring. **die ~**
nicht einhalten not to keep to the
blackout. **2.** *(das Dunkelwerden) siehe vr*
darkening; dulling. **3.** *(inf) (Vorhang)*
curtain; *(Jalousie)* blind *usu pl*. **4.** *(Jur)*
suppression of evidence.

Verdunk(e)lungsgefahr *f (Jur) danger of*
suppression of evidence.

verdünnen* I *vt* to thin (down); *(mit Wasser)* to water down; *Lösung* to dilute; *Gas*
to rarefy. **den Teig mit Wasser ~** to add
water to the dough. II *vr (Lösung)* to
become diluted; *(Luft)* to become
rarefied; *(Vegetation)* to become thinner;
(schmaler werden) to become thinner;
(Rohr) to become narrower.

Verdünner *m* **-s, -** thinner.

verdünnisieren* *vr (hum inf)* to beat a
hasty retreat.

Verdünnung *f* **1.** thinning; *(von Lösung)*
dilution; *(mit Wasser)* watering down;
(von Luft) rarefaction *(form)*; *(Verengung)* narrowing. **2.** *(Flüssigkeit zum Verdünnen)* thinner.

verdunsten* *vi aux sein* to evaporate.

Verdunster *m* **-s, -** humidifier.

Verdunstung *f* evaporation.

verdursten* *vi aux sein* to die of thirst.

verdüstern* *vtr* to darken.

verdutzen* *vt (inf)* to take aback, to nonplus; *(verwirren)* to baffle.

verdutzt *adj, adv (inf)* taken aback, nonplussed; *(verwirrt)* baffled.

ver|ebben* *vi aux sein* to subside.

ver|edeln* *vt Metalle, Erdöl* to refine;
Fasern to finish; *(Bot)* to graft; *Boden,*
Geschmack to improve; *jdn, Charakter* to
ennoble.

Ver|ed(e)lung *f siehe vt* refining; finishing;
grafting; improving; ennoblement.

ver|ehelichen* vr (form) sich (mit jdm) ~ to marry (sb).

ver|ehelicht adj (form) married. seine V~e his spouse.

Ver|ehelichung f (form) marriage.

ver|ehren* vt 1. (hochachten) to admire; Gott, Maria, Heiligen to honour; (ehrerbietig lieben) to worship, to adore; siehe verehrt. 2. (schenken) jdm etw ~ to give sb sth.

Ver|ehrer(in f) m -s, - admirer.

ver|ehrt adj (in Anrede) (sehr) ~e Anwesende/Gäste/~es Publikum Ladies and Gentlemen; (sehr) ~e gnädige Frau (in Brief) (dear) Madam.

Ver|ehrung f (Hochachtung) admiration; (von Heiligen) worship; (Liebe) adoration.

ver|ehrungsvoll adv (geh) reverentially, in reverence; **ver|ehrungswürdig** adj (geh) Mensch, Güte commendable, praiseworthy.

ver|eiden* (dated), **ver|eidigen*** vt to swear in. jdn auf etw (acc) ~ to make or have sb swear on sth; **vereidigter Übersetzer** etc sworn translator etc.

Ver|eidigung, Ver|eidung (dated) f swearing in.

Ver|ein m -(e)s, -e organization; (esp Tier~, Landschaftsschutz~ etc auch) society; (kulturell auch) association; (Sport~) club; (inf) crowd. **ein wohltätiger** ~ a charity; **ihr seid vielleicht ein** ~! (inf) what a bunch you are! (inf); **eingetragener** ~ registered society or (wohltätig) charity; **im** ~ **mit** in conjunction with; **im** ~ **rufen** to shout or chant in unison.

ver|einbar adj compatible; Aussagen consistent. **nicht (miteinander)** ~ incompatible; Aussagen inconsistent.

ver|einbaren* vt 1. (miteinander absprechen) to agree; Zeit, Treffen, Tag to arrange. **(es)** ~, **daß** ... to agree/arrange that ...

2. **etw mit etw** ~ to reconcile sth with sth; **sich mit etw** ~ **lassen** to be compatible with sth; **mit etw zu** ~ **sein** to be compatible with sth; (Aussagen) to be consistent with sth; (Ziele, Ideale) to be reconcilable with sth.

Ver|einbarkeit f, no pl siehe adj compatibility; consistency.

Ver|einbarung f siehe vt 1. (das Vereinbaren) agreeing; arranging; (Abmachung) agreement; arrangement. **laut** ~ as agreed; **nach** ~ by arrangement.

ver|einbarungsgemäß adv as agreed.

ver|einen* I vt to unite; (miteinander vereinbaren) Ideen, Prinzipien to reconcile. **eine Familie wieder** ~ to reunite a family; **vereint rufen** to shout in unison; **vereint handeln** to act together or as one; **Vereinte Nationen** United Nations sing.

II vr to join together. **in ihr** ~ **sich Schönheit und Tugend** she combines beauty and virtue.

ver|einfachen* vt to simplify; (Math) to reduce. **etw vereinfacht darstellen** to portray sth in simplified terms.

Ver|einfachung f simplification; (Math) reduction.

ver|einheitlichen* vt to standardize.

Ver|einheitlichung f standardization.

ver|einigen* I vt to unite; Kräfte auch to combine; Eigenschaften to bring together; (Comm) Firmen to merge (zu into); Kapital to pool; Aktion to coordinate. **Schönheit mit Intelligenz (in sich dat)** ~ to combine beauty with intelligence; **in einer Hand vereinigt sein** to be held by the same person; **alle Stimmen auf sich (acc)** ~ to collect all the votes; **Vereinigtes Königreich** United Kingdom; **Vereinigte Staaten** United States; **Vereinigte Arabische Emirate** United Arab Emirates.

II vr to unite; (sich verbünden auch) to join forces; (Firmen) to merge; (zusammenkommen) to combine; (Töne) to blend; (Flüsse) to meet; (Zellen etc) to fuse; (sich versammeln) to assemble; (geh: geschlechtlich) to come together. **sich zu einem harmonischen Ganzen** ~ to merge into a harmonious whole; **sich zu einer Koalition** ~ to form a coalition.

Ver|einigung f 1. ~ siehe vt uniting; combining; bringing together; merging; pooling; coordination; (Math, geh: körperliche, eheliche ~) union. 2. (Organisation) organization.

ver|einnahmen* vt (form) to take. **jdn** ~ (fig) to make demands on sb; (Beruf) to occupy sb; **sie versucht, ihn völlig zu** ~ she wants him all to herself.

ver|einsamen* vi aux sein to become lonely or isolated. **vereinsamt sterben** to die lonely.

Ver|einsamung f loneliness, isolation.

Ver|einshaus nt club house; **Ver|einskamerad** m fellow club member; **Ver|einsmeier** m -s, - (inf) clubbable person (inf); **Ver|einsmeierei** f (inf) clubbableness (inf); **Ver|einsmitglied** nt club member; **Ver|einswesen** nt clubs, organizations and societies pl.

ver|eint ptp, adj siehe **vereinen**.

ver|einzelt I adj occasional; (Met auch) isolated. II adv occasionally; (zeitlich auch) now and then; (örtlich auch) here and there. ... ~ **bewölkt** ... with cloudy patches.

ver|eisen* I vt (Med) to freeze. II vi aux sein to freeze; (Straße) to freeze or ice over; (Fensterscheibe) to ice over; (Tragfläche auch) to ice (up).

ver|eist adj Straßen, Fenster icy; Türschloß, Tragfläche iced-up.

Ver|eisung f 1. (Med) freezing. 2. siehe vi freezing; freezing or icing over; icing over; icing (up).

ver|eiteln* vt Plan etc to thwart, to foil; Verbrechen, Attentat to foil, to prevent; Versuch auch to frustrate.

Ver|eit(e)lung f siehe vt thwarting, foiling; prevention; frustration.

ver|eitern* vi aux sein to go septic; (Wunde auch) to fester. **vereitert sein** to be septic; **vereiterte Wunde** septic wound; **vereiterte Mandeln haben** to have tonsillitis.

Ver|eiterung f sepsis. ~ **der Wunde/des Zahns/der Mandeln** septic wound/dental sepsis/tonsillitis.

ver|elenden* vi aux sein to become impoverished or (Mensch auch) destitute.

Ver|elendung f impoverishment.

ver|enden* vi aux sein to perish, to die.

ver|engen I vr to narrow, to become narrow; (Gefäße, Pupille) to contract; (fig: Horizont) to narrow. II vt to make narrower; Pupille etc to make contract; Horizont to narrow.

Ver|engung f 1. narrowing; (von Pupille, Gefäß) contraction. 2. (verengte Stelle) narrow part (in + dat of); (in Adern) stricture (in + dat of).

ver|erbbar adj 1. Anlagen hereditary. 2. Besitz heritable.

ver|erben* I vt 1. Besitz to leave, to bequeath (dat, an + acc to); (hum) to hand on (jdm to sb), to bequeath (jdm sb). 2. Anlagen to pass on (dat, auf + acc to); Krankheit to transmit. II vr to be passed on/transmitted (auf + acc to).

Ver|erbung f 1. (das Vererben) (von Besitz) leaving, bequeathing; (von Anlagen) passing on; (von Krankheit) transmission. 2. (Lehre) heredity. **das ist ~** (inf) it's hereditary. 3. (Computers) inheritance.

Ver|erbungsforschung f genetics sing; **Ver|erbungslehre** f genetics sing.

ver|ewigen* I vt to immortalize; Zustand, Verhältnisse to perpetuate. **seine schmutzigen Finger auf der Buchseite ~** to leave one's dirty fingermarks on the page for posterity. II vr (lit, fig) to immortalize oneself.

Ver|ewigung f siehe vt immortalization; perpetuation.

verfahren¹* vi irreg aux sein (vorgehen) to act, to proceed. **mit jdm/etw streng ~** to deal strictly with sb/sth.

verfahren²* irreg I vt Geld, Zeit to spend in travelling; Benzin to use up. II vr to lose one's way; (fig) (Angelegenheit) to get muddled; (Mensch) to get into a muddle.

verfahren³ adj Angelegenheit muddled. **eine ~e Sache** a muddle.

Verfahren nt -s, - (Vorgehen) actions pl; (~sweise) procedure; (Tech) process; (Methode) method; (Jur) proceedings pl. **ein ~ gegen jdn einleiten** or **anhängig machen** to take or initiate legal proceedings against sb.

verfahrensrechtlich adj (form) procedural; **Verfahrenstechnik** f process engineering; **Verfahrensweise** f procedure, modus operandi.

Verfall m -(e)s, no pl 1. (Zerfall) decay; (von Gebäude) dilapidation; (gesundheitlich, geistig) decline. **etw dem ~ preisgeben** to let sth go to (rack and) ruin; **in ~ geraten** (Gebäude) to become dilapidated; (stärker) to fall into ruins. 2. (Niedergang: von Kultur, der Sitten, sittlich) decline; (des Römischen Reichs auch) fall; (von Vermögen) fall (von in). 3. (das Ungültigwerden) (von Schuldansprüchen, Rechnung etc) lapsing; (von Scheck, Karte) expiry.

verfallen¹* vi irreg aux sein 1. (zerfallen) to decay; (Bauwerk) to fall into disrepair, to become dilapidated; (Zellen) to die; (körperlich und geistig) to deteriorate; (Sitten, Kultur, Reich) to decline. **der Patient verfällt zusehends** the patient has gone into a rapid decline. 2. (ungültig werden) (Briefmarken,

Geldscheine, Gutschein) to become invalid; (Scheck, Fahrkarte) to expire; (Strafe, Recht, Termin, Anspruch, Patent) to lapse. 3. (in jds Besitz übergehen) to be forfeited. **jdm ~** to be forfeited to sb, to become the property of sb. 4. (abhängig werden) **jdm/einer Sache ~/~ sein** to become/be a slave to sb/sth; **dem Alkohol etc** to become/be addicted to sth; **jds Zauber etc** to become/be enslaved by sth; **jdm völlig ~ sein** to be completely under sb's spell; **einem Irrtum ~** to make a mistake, to be mistaken. 5. **auf etw** (acc) **~** to think of sth; (aus Verzweiflung) to resort to sth; **auf abstruse Gedanken ~** to start having abstruse thoughts; **wer ist denn bloß auf diesen Gedanken ~?** whoever thought this up?; **wie sind Sie bloß darauf ~?** whatever gave you that idea? 6. **in etw** (acc) **~** to sink into sth; **in einen tiefen Schlaf ~** to fall into a deep sleep; **in einen ganz anderen Ton ~** to adopt a completely different tone.

verfallen² adj Gebäude dilapidated, ruined; Mensch (körperlich) emaciated; (geistig) senile; (abgelaufen) Karten, Briefmarken invalid; Strafe lapsed; Scheck expired.

Verfallsdatum nt expiry date; (der Haltbarkeit) eat-by date; **Verfalls|erscheinung** f symptom of decline (gen in).

verfälschen* vt to distort; Wahrheit, Aussage auch, Daten to falsify; Lebensmittel, Wein, Geschmack to adulterate.

Verfälschung f siehe vt distortion; falsification; adulteration.

verfangen* irreg I vr to get caught. **sich in Lügen ~** to get entangled in a web of lies; **sich in Widersprüchen ~** to contradict oneself. II vi to be accepted. **bei jdm nicht ~** not to cut any ice with sb (inf).

verfänglich adj Situation awkward, embarrassing; Aussage, Beweismaterial, Blicke, Andeutungen incriminating; (gefährlich) dangerous; Angewohnheit insidious; Frage tricky.

verfärben* I vt to discolour. **etw rot ~** to turn sth red.
　　II vr to change colour; (Blätter auch) to turn; (Metall, Wäsche, Stoff) to discolour. **sich grün/rot ~** to turn or go green/red; **sie verfärbte sich** she went red/white.

Verfärbung f siehe vr change in colour; turning; discolouring.

verfassen* vt to write; Gesetz, Urkunde to draw up.

Verfasser(in f) m -s, - writer; (von Buch, Artikel etc auch) author.

Verfasserschaft f authorship.

Verfassung f 1. (Pol) constitution. **gegen die ~ handeln** to act unconstitutionally. 2. (körperlich) state (of health); (seelisch) state of mind. **sie ist in guter/schlechter ~** she is in good/bad shape; **seine seelische ~ ist gut/schlecht** he is in good/poor spirits; **ich befinde mich** or **bin nicht in der ~, auf die Party zu gehen** I am in no fit state to go to the party. 3. (Zustand) state.

verfassunggebend adj attr constituent.

Verfassungs|änderung f constitutional amendment; **verfassungsfeindlich** adj anticonstitutional; **Verfassungsgericht** nt constitutional court; **verfassungs-mäßig** adj constitutional; **etw ~ garan-tieren** to guarantee sth in the constitution; **Verfassungsrecht** nt constitutional law; **Verfassungsschutz** m (Aufgabe) defence of the constitution; (Organ, Amt) office responsible for defending the constitution; **verfassungstreu** adj loyal to the constitution; **Verfassungstreue** f loyalty to the constitution; **Verfas-sungs|urkunde** f constitution, con-stitutional charter; **verfassungswidrig** adj unconstitutional.

verfaulen* vi aux sein to decay; (Fleisch, Gemüse auch) to rot; (Körper, organische Stoffe) to decompose; (fig) to degenerate.

verfault adj decayed; Fleisch, Obst etc rot-ten; Zähne auch bad; Körper decom-posed; Mensch (innerlich) degenerate.

verfechten* vt irreg to defend; Lehre to advocate, to champion; Meinung auch to maintain.

Verfechter(in f) m -s, - advocate, cham-pion.

verfehlen* vt 1. (verpassen, nicht treffen) to miss. **seine Worte hatten ihre Wirkung verfehlt/nicht verfehlt** his words had missed/hit their target; **den Zweck ~** not to achieve its purpose; **das Thema ~** to be completely off the subject.
2. (versäumen) **nicht ~, etw zu tun** not to fail to do sth.

verfehlt adj (unangebracht) inappropriate; (mißlungen) Leben, Angelegenheit, Planung unsuccessful. **es ist ~, das zu tun** you are mistaken in doing that.

Verfehlung f (Vergehen) misdemeanour; (Sünde) transgression.

verfeinden* vr to quarrel. **sich mit jdm ~** to make an enemy of sb; **mit Nachbarn** to quarrel with sb; **verfeindet sein** to have quarrelled; (Familie etc) to be estranged; (Staaten) to be on hostile terms; **die verfeindeten Schwestern/Staaten** the es-tranged sisters/the enemy states.

verfeinern* I vt to improve; Methode auch to refine. II vr to improve; (Methoden auch) to become refined.

verfeinert adj Methode, Geräte sophis-ticated.

Verfeinerung f siehe vb improvement; refining; (von Geschmack auch) refine-ment. **die zunehmende ~ technischer Geräte** the increasing sophistication of technical equipment.

verfemen* vt (Hist) to outlaw; (fig) jdn to ostracize; Künstler, Ideologie, Methode, Kunstrichtung to condemn.

Verfemte(r) mf decl as adj (Hist) outlaw; (fig) persona non grata.

verfertigen* vt to manufacture, to produce; Liste to draw up; (usu iro) Brief, Aufsatz to compose.

verfestigen* I vt to harden; Flüssigkeit to solidify; (verstärken) to strengthen.
II vr to harden; (Flüssigkeit) to solidify; (fig) (Haß, Feindschaft) to harden; (Kenntnisse) to be reinforced; (Ideen, Gewohnheiten) to become fixed or set;

(Demokratie, Strukturen) to be strengthened or reinforced.

verfetten* vi aux sein (Med) (Mensch) to become fat or obese; (Herz, Leber) to become fatty or adipose (spec).

Verfettung f (Med) (von Körper) obesity; (von Organ, Muskeln) fattiness, adiposity.

verfeuern* vt to burn; Munition to fire. **die ganze Munition/das ganze Öl ~** to use up all the ammunition/oil.

verfilmen* vt to film, to make a film of.

Verfilmung f (das Verfilmen) filming; (Film) film (version).

verfilzen* I vi (Wolle, Pullover) to become felted; (Haare) to become matted. **verfilzt** felted/matted; (fig) inex-tricably involved. II vr to become inex-tricably involved.

verfinstern* I vt to darken; Sonne, Mond to eclipse. II vr (lit, fig) to darken.

Verfinsterung f darkening; (von Sonne etc) eclipse.

verflachen* I vi aux sein to flatten or level out; (fig: Diskussion, Gespräch, Mensch) to become superficial or trivial. II vr (Gelände) to flatten or level out.

Verflachung f siehe vi flattening or levelling out; superficiality.

verflechten* irreg I vt to interweave, to intertwine; Bänder to interlace; (auch fig) Methoden to combine; Firmen to inter-link. **eng mit etw verflochten sein** (fig) to be closely connected or linked with sth.
II vr to interweave, to intertwine; (Bän-der) to interlace; (sich verwirren) to become entangled (mit in); (Themen) to interweave; (Methoden) to combine. **sich mit etw ~** to become linked or connected with sth.

Verflechtung f (das Verflochtensein) inter-connection (gen between); (Pol, Econ) integration.

verfliegen* irreg I vi aux sein 1. (fig) (Stim-mung, Zorn etc) to blow over (inf), to pass; (Heimweh, Kummer etc) to vanish.
2. (sich verflüchtigen) to vanish; (Alko-hol) to evaporate; (Duft) to fade (away); (Zeit) to fly.
II vr to stray; (Pilot, Flugzeug) to lose one's/its bearings.

verfließen* vi irreg aux sein 1. (geh: ver-gehen) to go by, to pass; siehe **verflossen**.
2. (verschwimmen) (Farben) to run; (fig) to become blurred.

verfl|xt (inf) I adj blessed (inf), darned (inf); (kompliziert) tricky. **du -er Kerl!** you devil; **das -e siebte Jahr ≈** the seven-year itch. II adv darned (inf). III interj ~! blow! (inf).

verflossen I ptp of **verfließen**. II adj 1. Jahre, Tage bygone; (letzte) last.
2. (inf) one-time (attr inf). **ihr V~er** her former or ex-boyfriend/-fiancé/-husband.

verfluchen* vt to curse. **sei verflucht!** curses on you!

verflucht I adj (inf) damn (inf), bloody (Brit sl). ~ (noch mal)! damn (it) (inf); **diese ~e Tat** (liter) this cursed deed. II adv (sl) (bei englischem adj, n) damn (inf), bloody (Brit sl); (bei englischem vb) like hell (sl). **ich habe mich ~ vertan** I made one hell of a mistake (sl).

verflüchtigen* I *vt* to evaporate. II *vr* (*Alkohol, Kohlensäure etc*) to evaporate; (*Duft*) to disappear; (*Gase*) to volatilize; (*fig*) (*Bedenken, Ärger*) to be dispelled; (*hum*) (*Mensch, Gegenstand, Hoffnungen etc*) to vanish; (*Geld*) to go up in smoke (*inf*).

Verflüchtigung *f siehe vr* evaporation; disappearance; volatilization.

verflüssigen* *vtr* to liquefy.

Verflüssigung *f* liquefaction.

verfolgen* *vt Ziel, Idee, Karriere etc* to pursue; *jdn auch* to follow; (*jds Spuren folgen*) *jdn* to trail; *Tier* to track; (*mit Hunden etc*) to hunt; *Unterricht, Entwicklung, Geschichte, Spur* to follow; *Idee, Gedanken* to follow up; (*politisch, religiös*) to persecute; (*Gedanke, Erinnerung etc*) *jdn* to haunt. **vom Unglück/Schicksal** *etc* **verfolgt werden** *or* **sein** to be dogged by ill fortune/by fate *etc*; **jdn politisch ~** to persecute sb for political reasons; **jdn gerichtlich ~** to prosecute sb; **jdn mit den Augen** *or* **Blicken ~** to follow sb with one's eyes; **jdn mit Bitten/Forderungen ~** to badger sb with requests/demands; **jdn mit Haß ~** to pursue sb in hate; **welche Absicht verfolgt er?** what is his intention?

Verfolger(in *f*) *m* **-s, -** 1. pursuer. 2. (*politisch, wegen Gesinnung*) persecutor.

Verfolgte(r) *mf decl as adj* 1. quarry. 2. (*politisch, wegen Gesinnung*) victim of persecution.

Verfolgung *f siehe vt* pursuit; following; trailing; hunting; tracking; (*politische ~*) persecution *no pl*. **die ~ aufnehmen** to take up the chase; **strafrechtliche ~** prosecution; **~ eines Ziels** pursuance of an aim.

Verfolgungsjagd *f* chase, pursuit; **Verfolgungsrennen** *nt* (*Sport*) pursuit race; **Verfolgungswahn** *m* persecution mania.

verformen* I *vt* to make go out of shape, to distort (*zu* into); (*umformen*) to work. **verformt sein** to be out of shape; (*Gliedmaßen*) to be deformed. II *vr* to go out of shape.

Verformung *f* 1. distortion. 2. (*veränderte Form*) distortion; (*von Gliedmaßen*) deformity.

verfrachten* *vt* (*Comm*) to transport; (*Naut*) to ship; (*inf*) *jdn* to bundle off (*inf*). **etw in den Keller/eine Kiste ~** (*inf*) to dump sth in the cellar/a crate.

verfranzen* *vr* (*inf*) to lose one's way; (*Aviat sl*) to lose one's bearings; (*fig*) to get in a muddle *or* tangle.

Verfremdung *f* (*Theat, Liter*) alienation, distancing. **die ~ vertrauter Formen** using familiar forms in an unfamiliar way.

Verfremdungseffekt *m* (*Theat, Liter*) alienation *or* estrangement effect.

verfressen* (*sl*) I *vt irreg* to spend *or* blow (*inf*) on food. II *adj* greedy.

Verfressenheit *f* (*sl*) greediness.

verfroren *adj* (*inf*) sensitive to cold; (*durchgefroren*) frozen, freezing cold. **~ sein** (*kälteempfindlich*) to feel the cold.

verfrühen* *vr* (*Winter, Entwicklung, Zug*) to come *or* arrive early; (*Gäste*) to be *or* come too early.

verfrüht *adj* (*zu früh*) premature; (*früh*) early. **solche Aufgaben sind für dieses Alter ~** exercises like this are too advanced for this age group.

verfügbar *adj* available.

verfugen* *vt* to fit flush; *Fliesen* to grout.

verfügen* I *vi* **über etw** (*acc*) **~** to have sth at one's disposal; (*besitzen*) to have sth; **über jdn/etw ~** (*bestimmen über*) to be in charge of sb/sth; **du kannst über mein Auto ~, wenn ich in Urlaub bin** you can use my car while I'm on holiday; **du kannst doch nicht über mein Geld ~** you can't tell me how to spend my money; **über etw** (*acc*) **frei ~ können** to be able to do as one wants with sth; **ich kann im Moment über meine Zeit nicht frei ~** I am not master of my own time just now; **~ Sie über mich** I am at your disposal. II *vt* to order; (*gesetzlich*) to decree; *siehe* **letztwillig**. III *vr* (*form*) to proceed (*form*).

Verfügung *f* 1. *no pl* (*das Verfügen*) possession. **jdm etw zur ~ stellen** to put sth at sb's disposal; (*leihen*) to lend sb sth; **jdm zur ~** *or* **zu jds ~ stehen** to be at sb's disposal; (**jdm**) **zur ~ stehen** (*verfügbar sein*) to be available (to sb); **sich zur ~ halten** to be available (to sb); **halte dich ab 7 Uhr zur ~** be ready from 7 o'clock; **etw zur ~ haben** to have sth at one's disposal. 2. (*behördlich*) order; (*testamentarisch*) provision; (*Anweisung*) instruction; *siehe* **letztwillig, einstweilig**.

Verfügungsgewalt *f* (*Jur*) right of disposal; **die ~ über Atomwaffen** the power to use atomic weapons; **Verfügungsrecht** *nt* (*Jur*) right of disposal (*über +acc* of).

verführen* *vt* to tempt; (*esp sexuell*) to seduce; *die Jugend, das Volk etc* to lead astray. **jdn zu etw ~, jdn ~, etw zu tun** to encourage sb to do sth; **ich lasse mich gern ~** you can twist my arm (*inf*); **diese offenen Kisten ~ ja direkt zum Diebstahl** these open boxes are an encouragement *or* invitation to steal.

Verführer *m* **-s, -** seducer.

Verführerin *f* seductress, temptress.

verführerisch *adj* seductive; (*verlockend*) tempting.

Verführung *f* seduction; (*von Jugend, Volk*) tempting; (*Verlockung*) enticement, temptation.

Verführungskunst *f* seductive manner; (*von Werbung*) persuasiveness. **ein Meister der ~** a master of seduction *or* (*Werber*) persuasion; **Verführungskünste** seductive *or* (*von Werber*) persuasive charms *or* ways.

verfünffachen* I *vt Zahl* to multiply by five, to quintuple (*form*). II *vr* to increase fivefold *or* five times.

verfüttern* *vt* to use as animal/bird food; (*aufbrauchen*) to feed (*an +acc* to). **etw an die Schweine/Vögel ~** to feed sth to the pigs/birds.

Vergabe *f* **-, (***rare***) -n** (*von Arbeiten*) allocation; (*von Stipendium, Auftrag etc*) award.

vergack|eiern* *vt* (*inf*) **jdn ~** to pull sb's leg (*inf*), to have sb on (*inf*).

vergaffen* vr (dated inf) **sich in jdn ~** to fall for sb (inf).

vergagt [fɛɐˈgɛ(ː)kt] adj (inf) gimmicky (inf).

vergällen* vt Alkohol to denature; (fig) jdn to embitter, to sour; Freude to spoil; Leben etc to sour. **jdm die Freude/das Leben ~** to spoil sb's joy/to sour sb's life.

vergaloppieren* vr (inf) (sich irren) to be on the wrong track; (übers Ziel hinausschießen) to go too far.

vergalt pret of **vergelten**.

vergammeln* (inf) **I** vi aux sein **1.** (verderben) to get spoilt; (Speisen) to go bad. **2.** (verlottern) to go to the dogs (inf). **vergammelt aussehen** to look scruffy.
  II vt to waste. **ich möchte mal wieder einen Tag ~** I'd like to have a day doing nothing.

vergangen I ptp of **vergehen**. **II** adj **1.** (letzte) last. **2.** Jahre past; Zeiten, Bräuche bygone, former; Größe auch former. **das V~e** the past; **das ist alles ~ und vergessen** that is all in the past now.

Vergangenheit f past; (von Stadt, Staat etc auch) history; (Gram) past (tense). **die erste** or **einfache/zweite** or **vollendete/dritte ~** (Gram) the simple past/perfect/pluperfect (tense); **eine Frau mit ~** a woman with a past; **der ~ angehören** to be a thing of the past.

vergänglich adj transitory.

Vergänglichkeit f, no pl transitoriness.

vergasen* vt (Tech: in Motor) to carburet; (durch Gas töten) jdn, Ungeziefer to gas; Kohle to gasify.

Vergaser m -s, - (Aut) carburettor.

Vergaserbrand m fire in the carburettor.

vergaß pret of **vergessen**.

Vergasung f siehe vt carburation; gassing; gasification. **etw bis zur ~ diskutieren/lernen** (inf) to discuss sth till one is blue in the face (inf)/to study sth ad nauseam.

vergattern* vt **1.** Garten etc to fence off; Tiere to fence in. **2.** (Mil) to instruct. **3.** (inf) **jdn zu etw ~** to order sb to do sth.

vergeben* irreg **I** vt **1.** (weggeben) Auftrag, Stipendium, Preis to award (an +acc to); Plätze, Studienplätze, Stellen to allocate; Karten to give away; Arbeit to assign; (fig) Chance, Möglichkeit to throw away. **ein Amt an jdn ~** to appoint sb to an office; **zu ~ sein** to be available; (Stelle auch) to be open; **~ sein** (Gewinn) to have been awarded or won; (Wohnung, Karten, Plätze) to have been taken; (Stelle) to have been filled; **er/sie ist schon ~** (inf) he/she is already spoken for; **der nächste Tanz ist schon ~** I've already promised the next dance.
  2. (verzeihen) to forgive; Sünde auch to pardon. **jdm etw ~** to forgive sb (for) sth; **das ist ~ und vergessen** that is over and done with or forgiven and forgotten.
  II vr **1.** **sich** (dat) **etwas/nichts ~** to lose/not to lose face; **was vergibst du dir, wenn du ein bißchen netter bist?** what have you got to lose by being a bit friendlier?
  2. (Cards) to misdeal.

vergebens I adj pred in vain, of no avail. **II** adv in vain, vainly.

vergeblich I adj futile; Bitten, Mühe auch vain attr. **alle Bitten/Versuche waren ~** all requests/attempts were in vain or of no avail. **II** adv in vain.

Vergeblichkeit f, no pl futility.

Vergebung f, no pl forgiveness.

vergegenwärtigen* vr **sich** (dat) **etw ~** (vor Augen rufen) to visualize sth; (sich vorstellen) to imagine sth; (erinnern) to recall sth.

Vergegenwärtigung f siehe vr visualizing; imagining; recalling.

Vergehen nt -s, - **1.** (Verstoß) offence, misdemeanour. **~ im Amt** professional misconduct no pl; **2.** no pl (geh: Schwinden) passing; (von Zeit auch) passage; (von Schönheit, Glück) fading.

vergehen* irreg **I** vi aux sein **1.** (vorbeigehen) to pass; (Liebe, Leidenschaft auch) to die; (Zeit, Jahre etc auch) to go by; (Hunger, Schmerzen auch) to wear off; (Schönheit, Glück) to fade; (Duft) to go, to wear off. **wie doch die Zeit vergeht** how time flies; **mir ist die Lust/Laune dazu vergangen** I don't feel like it any more; **mir ist der Appetit vergangen** I have lost my appetite; **das vergeht wieder** that will pass; **es werden noch Monate ~, ehe ...** it will be months before ...; **damit die Zeit vergeht** in order to pass the time; siehe **vergangen, Hören, Lachen**.
  2. (geh) **vor etw** (dat) **~** to be dying of sth; **vor Angst ~** to be scared to death; **vor Sehnsucht ~** to pine away; **sie wollte vor Scham ~** she nearly died of shame.
  II vr **sich an jdm ~** to do sb wrong; (unsittlich) to assault sb indecently; **sich an Gott/der Natur ~** to go against God/to defile nature; **sich gegen das Gesetz/die guten Sitten/die Moral ~** to violate the law/violate or outrage propriety/morality.

vergeigen* vt (inf) to lose.

vergeistigt adj cerebral, spiritual.

Vergeistigung f, no pl spiritualization.

vergelten pret **vergalt**, ptp **vergolten** vt to repay. **jdm etw ~** to repay sb for sth; (lohnen auch) to reward sb's sth; **vergelt's Gott** (inf, dial) God bless you.

Vergeltung f (Rache) retaliation.

Vergeltungsmaßnahme f retaliatory measure; **Vergeltungsschlag** m act of reprisal; **Vergeltungswaffen** pl retaliatory weapons.

vergesellschaften* vt (Pol) to nationalize; Privatbesitz to take into public ownership; (Sociol) to socialize.

Vergesellschaftung f, no pl siehe vt nationalization; taking into public ownership; socialization.

vergessen pret **vergaß**, ptp **vergessen I** vti to forget; (liegenlassen) to leave (behind). **daß ich es vergesse** before I forget; **das werde ich dir nie ~** (Gutes) I will always remember you for that; (Schlechtes) I will never forget that; **er vergißt noch mal seinen Kopf** (inf) he'd forget his head if it wasn't screwed on (inf).
  II vr (Mensch) to forget oneself.

Vergessenheit f, no pl oblivion. **in ~ geraten, der ~ anheimfallen** (geh) to be forgotten, to fall into oblivion.

vergeßlich adj forgetful.

Vergeßlichkeit f forgetfulness.

vergeuden* vt to waste; *Geld, Talente auch* to squander.

Vergeudung f *siehe* vt wasting; squandering. **das ist die reinste ~** that is (a) sheer waste; **diese ~!** what a waste!

vergewaltigen* vt to rape; (fig) *Sprache etc* to murder; *Volkswillen* to violate.

Vergewaltigung f *siehe* vt rape; murder(ing); violation.

vergewissern* vt to make sure. **sich einer Sache** (gen) *or* **über etw** (acc) **~** to make sure of sth.

vergießen* vt irreg *Kaffee, Wasser* to spill; *Blut auch, Tränen* to shed. **ich habe bei der Arbeit viel Schweiß vergossen** I sweated blood over that job.

vergiften* I vt (lit, fig) to poison; *Luft auch* to pollute. II vr to poison oneself (*mit, durch, an* +dat with).

Vergiftung f poisoning no pl; (der Luft) pollution. **~en** cases of poisoning; **an einer ~ sterben** to die of poisoning.

vergilben* vi aux sein to go *or* become yellow. **vergilbt** yellowed.

vergiß imper sing of **vergessen.**

Vergißmeinnicht nt -(e)s, -(e) forget-me-not.

vergittern* vt to put a grille on/over; (*mit Stangen*) to put bars on/over. **vergitterte Fenster** barred windows/windows with grilles over them.

Vergitterung f (Gitter) grille, grating; (Stangen) bars pl.

verglasen* vt to glaze.

Verglasung f glazing.

Vergleich m -(e)s, -e 1. comparison; (Liter) simile. **~e ziehen** *or* **anstellen** to make *or* draw comparisons; **im ~ zu** *or* **mit** in comparison with, compared with *or* to; **das ist doch gar kein ~!** there is no comparison; **in keinem ~ zu etw stehen** to be out of all proportion to sth; (Leistungen) not to compare with sth; **dem ~ mit jdm standhalten/den ~ mit jdm aushalten** to stand *or* bear comparison with sb.
2. (Jur) settlement. **einen gütlichen/außergerichtlichen ~ schließen** to reach an amicable settlement/to settle out of court.

vergleichbar adj comparable.

Vergleichbarkeit f comparability.

vergleichen* irreg I vt to compare. **etw mit etw ~** (prüfend) to compare sth with sth; (einen Vergleich herstellen zwischen) to compare *or* liken sth to sth; **vergleiche oben** compare above; **sie sind nicht (miteinander) zu ~** they cannot be compared (to one another); **die kann man nicht (miteinander) ~** they cannot be compared (with one another), they are not comparable.
II vr 1. **sich mit jdm ~** to compare oneself with sb; **wie könnte ich mich mit ihm ~?** how could I compare myself to him? 2. (Jur) to reach a settlement, to settle (mit with).

vergleichend adj comparative.

Vergleichsform f (Gram) comparative form; **Vergleichsverfahren** nt insolvency proceedings pl; **vergleichsweise** adv comparatively; **Vergleichszahl** f usu pl comparative figure.

vergletschern* vi aux sein to become glaciated.

Vergletscherung f glaciation.

verglimmen* vi irreg aux sein (Zigarette) to go out; (Licht, Feuer auch) to die out *or* away; (fig liter: Hoffnung) to fade. **~de Kohle** dying cinders.

verglühen* vi aux sein (Feuer, Feuerwerk) to die away; (Draht) to burn out; (Raumkapsel, Meteor etc) to burn up; (liter: Leidenschaft) to fade (away), to die down.

vergnügen* I vt to amuse. II vr to enjoy oneself. **sich mit jdm/etw ~** to amuse oneself with sb/sth; **sich mit Lesen/Tennis ~** to amuse *or* entertain oneself by reading/playing tennis.

Vergnügen nt -s, - 1. (Freude, Genuß) pleasure; (Spaß) fun no indef art; (Erheiterung) amusement. **~ an etw** (dat) **finden** to find enjoyment *or* pleasure in (doing) sth; **das macht** *or* **bereitet mir ~** I enjoy it, it gives me pleasure; **sich** (dat) **ein ~ aus etw machen** to get pleasure from (doing) sth; **das war ein teures ~** (inf) that was an expensive bit of fun; **mit ~/großem ~/größtem ~** *or* **dem größten ~** with pleasure/great pleasure/the greatest of pleasure; **viel ~!** enjoy yourself/yourselves (auch iro); **er hat mir viel ~ gewünscht** he said he hoped I would enjoy myself; **wir wünschen Ihnen bei der Sendung viel ~** we hope you enjoy the programme; **mit wem habe ich das ~?** (form) with whom do I have the pleasure of speaking? (form); **es ist mir ein ~** it is a pleasure for me.
2. (dated: Veranstaltung) entertainment.

vergnüglich adj enjoyable; *Stunden auch* pleasurable; (erheiternd) amusing.

vergnügt adj *Abend, Stunden* enjoyable; *Mensch, Gesichter, Gesellschaft* cheerful; *Lachen, Stimmung* happy. **~ aussehen/lachen** to look cheerful/laugh happily; **über etw** (acc) **~ sein** to be pleased *or* happy about sth.

Vergnügtheit f (von Mensch, Gesicht) cheerfulness; (von Stimmung) happiness.

Vergnügung f pleasure; (Veranstaltung) entertainment no pl.

Vergnügungsdampfer m pleasure steamer; **Vergnügungsfahrt** f pleasure trip; **Vergnügungsindustrie** f entertainment industry; **Vergnügungspark** m amusement park; **Vergnügungsreise** f pleasure trip; **Vergnügungssteuer** f entertainment tax; **Vergnügungssucht** f craving for pleasure; **vergnügungssüchtig** adj pleasure-craving, sybaritic (liter pej); **Vergnügungsviertel** nt entertainments district.

vergolden* vt (mit Blattgold) *Statue, Buchkante* to gild; (mit Gold überziehen) *Schmuck* to gold-plate; (liter: Sonne, Schein) to bathe in gold, to turn golden; (fig: verschönern) *Zeit, Alter, Erinnerung* to enhance. **der Herbst vergoldet die Natur** autumn turns nature golden.

Vergolder(in f) m -s, - gilder.

vergoldet adj *Nüsse* gold-painted; *Buchseiten* gilded; *Schmuck* gold-plated;

Natur, Stadt, Erinnerung etc golden.
vergolten *ptp of* **vergelten.**
vergönnen* *vt (geh)* **jdm etw ~** not to begrudge sb sth; **es war ihm noch vergönnt, das zu sehen** she was granted the privilege of seeing that; **diese Freude war ihm noch/ nicht vergönnt** fate granted/did not grant him this pleasure.
vergöttern* *vt* to idolize.
Vergötterung *f* idolization.
vergraben* *irreg* I *vt* to bury. II *vr (Maulwurf etc)* to bury oneself; (*fig: zurückgezogen leben*) to hide oneself (away). **sich hinter seinen Büchern ~** to bury oneself in one's books.
vergrämen* *vt (verärgern, beleidigen)* to antagonize; (*vertreiben*) to alienate; (*verletzen*) to grieve. **jdm das Leben ~** to make life a misery for sb.
vergrämt *adj (kummervoll, bitter) Gesicht etc* troubled; (*verärgert*) angered.
vergrätzen* *vt (inf)* to vex.
vergraulen* *vt (inf)* to put off; (*vertreiben*) to scare off.
vergreifen* *vr irreg* 1. (*danebengreifen*) to make a mistake. **sich im Ton/Ausdruck ~** (*fig*) to adopt the wrong tone/use the wrong expression; *siehe* **vergriffen.**
  2. **sich an etw** (*dat*) **~** (*an fremdem Eigentum*) to misappropriate sth; (*euph: stehlen*) to help oneself to sth (*euph*); **sich an jdm ~** (*angreifen*) to lay hands on sb; (*geschlechtlich mißbrauchen*) to assault sb (sexually); **ich vergreife mich doch nicht an kleinen Kindern** (*hum inf*) that would be baby-snatching (*inf*).
vergreist *adj* senile.
Vergreisung *f (von Bevölkerung)* ageing; (*von Organismen*) senescence; (*von Mensch*) senility.
vergriffen I *ptp of* **vergreifen.** II *adj* unavailable; *Buch* out of print.
vergröbern* I *vt* to coarsen. II *vr* to become coarse.
vergrößern I *vt Raum, Gebäude, Fläche, Gebiet* to extend; *Abstand auch* to increase; *Maßstab, Wissen* to enlarge, to increase; *Bekanntenkreis* to enlarge; *Firma, Absatzmarkt* to expand; *Kapital, Mitgliederzahl, Anzahl* to increase; *Einfluß, Not, Probleme, Schmerz etc* to increase; *Fotografie* to enlarge, to blow up; (*Lupe, Brille*) to magnify.
  II *vr* to be extended; (*Abstand*) to increase; (*Maßstab*) to be enlarged, to increase; (*Wissen*) to increase, to expand; (*Bekanntenkreis*) to be enlarged, to be extended; (*Firma, Absatzmarkt*) to expand; (*zahlenmäßig*) to increase; (*sich verstärken*) to increase; (*Pupille, Gefäße*) to dilate; (*Organ*) to become enlarged. **wir wollen uns ~** (*inf*) we want to move to a bigger place.
  III *vi (Lupe, Brille)* to magnify.
Vergrößerung *f* 1. *siehe vb* extension; increase; enlargement; extension; expansion; magnification. **in 1.000facher ~** magnified 1,000 times. 2. (*von Pupille, Gefäß*) dilation; (*von Organ*) enlargement. 3. (*vergrößertes Bild*) enlargement.
Vergrößerungs|apparat *m* enlarger; **Vergrößerungsglas** *nt* magnifying glass.

vergucken* *vr (inf)* to see wrong (*inf*). **sich in jdn/etw ~** to fall for sb/sth (*inf*).
Vergünstigung *f (Vorteil)* privilege; (*Preisermäßigung*) reduction. **besondere ~en für Rentner** special rates for pensioners.
vergüten* *vt* 1. **jdm etw ~** *Unkosten* to reimburse sb for sth; *Preis* to refund sb sth; *Verlust, Schaden* to compensate sb for sth; *Arbeit, Leistung* to pay or recompense (*form*) sb for sth. 2. (*verbessern*) *Stahl* to temper; *Linse* to coat.
Vergütung *f siehe vt* 1. reimbursement; refunding; compensation; payment, recompense. 2. tempering; coating.
verhackstücken* *vt (inf) (kritisieren)* to tear apart, to rip to pieces (*inf*); *Musikstück* to murder (*inf*).
verhaften* *vt* to arrest. **unschuldig verhaftet werden** to be arrested and later proved innocent; **Sie sind verhaftet!** you are under arrest!
verhaftet *adj (geh)* **einer Sache** (*dat*) or **mit etw ~ sein** to be (closely) attached to sth; **einem Irrtum ~ sein** to be under a misapprehension.
Verhaftete(r) *mf decl as adj* person under arrest. **der ~ wurde abgeführt** the arrested man was taken away; **die zehn ~n** the ten people under arrest.
Verhaftung *f* arrest.
verhageln* *vi aux sein* to be damaged by hail; *siehe* **Petersilie.**
verhallen* *vi aux sein (Geräusch etc)* to die away; **ihr Ruf/ihre Warnung verhallte ungehört** (*fig*) her call/her warning went unheard *or* unheeded.
verhalten¹* *irreg* I *vt (geh: zurückhalten, unterdrücken) Atem* to hold; *Tränen, Urin* to hold back; *seine Schritte* to curb.
  II *vr* 1. (*sich benehmen*) to behave; (*handeln*) to act. **sich ruhig ~** to keep quiet; **wie man sich bei Hof verhält** how one conducts oneself at court.
  2. (*Sachen, Marktlage*) to be; (*Chem*) to react. **wie verhält sich die Sache?** how do things stand?; **2 verhält sich zu 4 wie 1 zu 2** 2 is to 4 as 1 is to 2.
  III *vr impers* **wie verhält es sich damit?** how do things stand?; **damit verhält es sich anders** the situation is different; **wenn sich das so verhält, …** if that is the case …
verhalten² I *adj* restrained; *Stimme* muted; *Atem* bated; *Wut* suppressed; *Schritte, Rhythmus* measured. II *adv sprechen* in a restrained manner; *sich äußern, lachen, weinen* with restraint.
Verhalten *nt* **-s,** *no pl (Benehmen)* behaviour; (*Vorgehen*) conduct; (*Chem*) reaction. *faires ~* fair conduct.
Verhaltenheit *f* restraint. **die ~ des Rhythmus** the measured rhythm.
Verhaltensforscher *m* ethologist; **Verhaltensforschung** *f* ethology; **verhaltensgestört** *adj* disturbed; **Verhaltensmaßregel** *f* rule of conduct; **Verhaltensmuster** *nt* behaviour pattern; **Verhaltenspsychologie** *f* behaviourism; **Verhaltensstörung** *f* behavioural disturbance; **Verhaltensweise** *f* behaviour.
Verhältnis *nt* 1. (*Proportion*) proportion; (*Math, Mischungs~*) ratio. **im ~ zu** in

relation *or* proportion to; **im ~ zu früher** (*verglichen mit*) in comparison with earlier times; **in einem/keinem ~ zu etw stehen** to be in/out of all proportion *or* to bear no relation to sth; **das ist im ~ wenig** (*im Vergleich*) this is proportionately very little; (*relativ*) that is comparatively *or* relatively little.

2. (*Beziehung*) relationship (*mit jdm/ etw* with sb/to sth); relations *pl* (*zu* with); (*zwischen Ländern, in Gruppen*) relations *pl* (*zu* with); (*Einstellung*) attitude (*zu* to). **ein freundschaftliches ~ zu jdm haben** to be on friendly terms with sb; **zu jdm/etw kein ~ finden können** not to be able to relate to sb/sth.

3. (*Liebes~*) affair; (*inf*) (*Geliebte*) lady-friend (*inf*); (*Geliebter*) friend. **ein ~ mit jdm haben** to have an affair with sb.

4. **~se** *pl* (*Umstände, Bedingungen*) conditions *pl*; (*finanzielle*) circumstances *pl*; **unter normalen ~sen** under normal circumstances; **so wie die ~se liegen ...** as things stand ...; **die akustischen ~se** the acoustics *pl*; **in ärmlichen ~sen leben/aus ärmlichen ~sen kommen** to live in poor conditions/ come from a poor background; **über seine ~se leben** to live beyond one's means; **das geht über meine ~se** that is beyond my means; **ich bin für klare ~se** I want to know how we stand; **für klare ~se sorgen, klare ~se schaffen** to get things straight.

verhältnismäßig I *adj* **1.** (*proportional*) proportional; (*esp Jur: angemessen*) proportionate, commensurate; **2.** (*relativ*) comparative, relative; (*inf: ziemlich*) reasonable; **II** *adv* **1.** (*proportional*) proportionally; **2.** (*relativ, inf: ziemlich*) relatively; **Verhältniswahl** *f* proportional representation *no art*; **Verhältniswahlrecht** *nt* (system of) proportional representation; **Verhältniswort** *nt* preposition.

verhandeln* I *vt* **1.** to negotiate. **2.** (*Jur*) *Fall* to hear. **II** *vi* **1.** to negotiate (*über* + *acc* about); (*inf: diskutieren*) to argue. **über den Preis läßt sich ~** (*inf*) we can discuss the price. **2.** (*Jur*) to hear a/the case. **gegen jdn/in einem Fall ~** to hear sb's/a case.

Verhandlung *f* **1.** negotiations *pl*; (*das Verhandeln*) negotiation. **die zur ~ stehende Frage** the question under negotiation; **mit jdm in ~(en) stehen** to be negotiating with sb, to be engaged in negotiations with sb; (**mit jdm**) **in ~(en) treten** to enter into negotiations (with sb); **~en führen** to negotiate; **ich lasse mich auf keine ~(en) ein** (*inf*) I don't propose to enter into any long debates.

2. (*Jur*) hearing; (*Strafprozeß*) trial.

Verhandlungsbasis *f* basis for negotiation(s); ~ **DM 2.500** (price) DM 2,500 or near offer; **verhandlungsbereit** *adj* ready or prepared to negotiate; **Verhandlungsbereitschaft** *f* readiness to negotiate; **die mangelnde ~** reluctance to negotiate; **verhandlungsfähig** *adj* (*Jur*) able to stand trial; **Verhandlungsgrundlage** *f* basis for negotiation(s); **Verhandlungspartner** *m* negotiating

party; **Verhandlungstisch** *m* negotiating table; **verhandlungs|unfähig** *adj* (*Jur*) unable to stand trial.

verhangen *adj* overcast.

verhängen* *vt* **1.** *Embargo, Strafe* to impose (*über* +*acc* on); *Ausnahmezustand, Notstand* to declare (*über* +*acc* in); (*Sport*) *Elfmeter etc* to award, to give.

2. (*zuhängen*) to cover (*mit* with); *Kruzifix, Statue* to veil.

Verhängnis *nt* (*schlimmes Schicksal*) undoing; (*Katastrophe*) disaster. **jdm zum** *or* **jds ~ werden** to prove *or* be sb's undoing; **er entging seinem ~ nicht** he could not escape his fate.

verhängnisvoll *adj* disastrous; *Irrtum, Fehler* auch, *Zögern, Entschlußlosigkeit* fatal; *Tag* fateful.

Verhängung *f siehe vt 1.* imposition; declaration; awarding, giving.

verharmlosen* *vt* to play down.

verhärmt *adj Mensch, Gesicht* careworn; *Ausdruck* worried.

verharren* *vi aux haben* *or* *sein* to pause. **auf einem Standpunkt/in** *or* **bei einem Entschluß ~** to adhere to a viewpoint/to a decision; **in seinem Stillschweigen ~** to maintain one's silence; (*hartnäckig*) to persist in one's silence.

verharschen* *vi aux sein* (*Schnee, Piste*) to crust.

verhärten* *vtr* (*alle Bedeutungen*) to harden. **sich** *or* **sein Herz gegen jdn/etw ~** to harden one's heart against sb/sth.

Verhärtung *f* hardening.

verhaspeln* *vr* (*inf*) to get into a muddle.

verhaßt *adj* hated; *Arbeit* auch, *Pflicht* hateful. **sich ~ machen** to make oneself hated (*bei* by); **das ist ihm ~** he hates that.

verhätscheln* *vt* to spoil, to pamper.

Verhau *m* **-(e)s, -e** (*zur Absperrung*) barrier; (*Käfig*) coop; (*Bretterbude etc*) shack; (*inf: Unordnung*) mess.

verhauen* *irreg* (*inf*) **I** *vt* **1.** (*verprügeln*) to beat up; (*zur Strafe*) to beat. **2.** *Klassenarbeit, Prüfung etc* to muff (*inf*). **II** *vr* **1.** (*sich prügeln*) to have a fight. **2.** (*sich irren*) to slip up (*inf*).

verheddern* *vr* (*inf*) to get tangled up; (*beim Sprechen*) to get in a muddle.

verheeren* *vt* to devastate; (*Truppen* auch) to lay waste.

verheerend I *adj* **1.** *Sturm, Folgen* devastating, disastrous; *Anblick* ghastly. **2.** (*inf: schrecklich*) frightful, ghastly (*all inf*). **II** *adv* (*inf: schrecklich*) frightfully (*inf*).

Verheerung *f* devastation *no pl*. **~(en) anrichten** to cause devastation.

verhehlen* *vt* to conceal, to hide. **jdm etw ~** to conceal *or* hide sth from sb; **ich möchte Ihnen nicht ~, daß ...** I have no wish to conceal the fact that ...

verheilen* *vi aux sein* (*Wunde*) to heal (up); (*fig*) to heal.

verheimlichen* *vt* to keep secret, to conceal (*jdm* from sb). **es läßt sich nicht ~, daß ...** it is impossible to conceal the fact that ...; **ich habe nichts zu ~** I have nothing to hide.

Verheimlichung *f* concealment; (*von Tatsache*) suppression.

verheiraten* I *vt* to marry (*mit, an* +*acc* to).

II vt to get married, to marry. **sich mit jdm ~** to marry sb, to get married to sb.

verheiratet adj married. **glücklich ~ sein** to be happily married; **mit jdm/etw** (hum inf) **~ sein** to be married to sb/sth.

Verheiratung f marriage.

verheißen* vt irreg to promise. **jdm eine große Karriere ~** to predict a great career for sb; **seine Miene verhieß nichts Gutes** his expression did not augur well; **das verheißt schönes Wetter** that heralds good weather.

Verheißung f promise. **das Land der ~** the Promised Land.

verheißungsvoll adj promising; Anfang auch auspicious; Blicke alluring. **wenig ~** unpromising; **mit ~en Worten** with promises.

verheizen* vt to burn, to use as fuel; (fig inf) Sportler to burn out; Minister, Untergebene to sacrifice for one's own ends. **Soldaten im Kriege ~** (inf) to send soldiers to the slaughter.

verhelfen* vi irreg **jdm zu etw ~** to help sb to get sth; **jdm zu seinem Glück ~** to help to make sb happy; **jdm zum Sieg ~** to help sb to victory.

verherrlichen* vt Gewalt, Krieg, Taten to glorify; Gott to praise; Tugenden to extol; (in Gedichten) to celebrate.

Verherrlichung f siehe vt glorification; praising; extolment; celebration.

verhetzen* vt to incite (to violence etc).

verheult adj Augen, Gesicht puffy, swollen from crying. **du siehst so ~ aus** you really look as if you have been crying.

verhexen* vt to bewitch; (Fee, Zauberer etc auch) to cast a spell over; (inf) Maschine etc to put a jinx on (inf). **jdn in etw** (acc) **~** to turn sb into sth (by magic); **der verhexte Prinz** the enchanted prince; **das verhexte Schloß** the bewitched castle; **heute ist alles wie verhext** (inf) there's a jinx on everything today (inf); **das ist doch wie verhext** (inf) it's maddening (inf).

verhindern* vt to prevent; Unglück auch to avert; Versuch, Plan to foil, to stop. **ich konnte es nicht ~, daß er die Wahrheit erfuhr** I couldn't prevent him from finding out the truth; **das läßt sich leider nicht ~** it can't be helped, unfortunately; **er war an diesem Abend** (dienstlich or geschäftlich) **verhindert** he was unable to come that evening (for reasons of work); **ein verhinderter Politiker** (inf) a would-be politician.

Verhinderung f siehe vt prevention; aversion; foiling, stopping. **im Falle seiner ~** if he is unable to come.

verhohlen adj concealed, secret; Gelächter, Schadenfreude auch, Gähnen suppressed. **kaum ~** barely concealed/suppressed.

verhöhnen* vt to mock, to deride.

verhohnepipeln* vt (inf) (verspotten) to send up (inf); (zum besten haben) to have on (inf).

Verhöhnung f mocking, ridiculing; (Bemerkung) gibe.

verhökern* vt (inf) to (inf).

Verhör nt -(e)s, -e questioning, interrogation; (bei Gericht) examination. **jdn ins ~ nehmen** to question or interrogate sb; (bei Gericht) to examine sb; (inf) to take sb to task; **jdn einem ~ unterziehen** (form) to subject sb to questioning or interrogation/ examination.

verhören* **I** vt to question, to interrogate; (inf) to quiz (inf). **II** vr to mishear.

verhüllen* **I** vt to veil; Haupt, Körperteil to cover; (fig auch) to mask, to disguise. **II** vr (Frau) to veil oneself; (Berge etc) to become veiled.

verhüllend adj Ausdruck euphemistic.

Verhüllung f **1.** siehe vt veiling; covering; masking, disguising. **2.** (die Bedeckung) veil; cover; mask, disguise. **3.** (Ausdruck) euphemism.

verhundertfachen* vtr to increase a hundredfold.

verhungern* vi aux sein to starve, to die of starvation; (inf: Hunger haben) to be starving (inf). **er sah völlig verhungert aus** he looked half-starved; (inf) he looked absolutely famished (inf); **ich bin am V~** (inf) I'm starving (inf); **jdn ~ lassen** to let sb starve (to death).

Verhungernde(r) mf decl as adj starving person/man/ woman.

Verhungerte(r) mf decl as adj person/man/ woman etc who has starved to death.

verhunzen* vt (inf) to ruin; Sprache, Lied auch to murder.

verhüten* vt to prevent. **das verhüte Gott!** God forbid!; **möge Gott ~, daß ...** God forbid that ...; **~de Maßnahmen** preventive measures; (zur Empfängnisverhütung) precautions.

verhütten vt to smelt.

Verhüttung f smelting.

Verhütung f prevention; (Empfängnis~) contraception.

Verhütungsmittel nt contraceptive.

verhutzelt adj Gesicht, Männlein wizened; Haut auch wrinkled; Obst shrivelled.

verifizierbar [verifi'tsi:ɐba:ɐ] adj verifiable.

verifizieren* [verifi'tsi:rən] vt to verify.

ver|innerlichen* vt to internalize; jdn to spiritualize.

Ver|innerlichung f internalization; (von Mensch, in Literatur) spiritualization.

ver|irren* vr to get lost, to lose one's way; (fig) to go astray; (Tier, Kugel) to stray. **ein verirrtes Schaf** (lit, fig) a lost sheep.

Ver|irrung f losing one's way no art; (fig) aberration.

verjagen* vt (lit, fig) to chase away; trübe Gedanken, Kummer auch to dispel.

verjähren* vi aux sein to come under the statute of limitations; (Anspruch) to be in lapse. **verjährtes Verbrechen** statutebarred crime; **das ist schon längst verjährt** (inf) that's all over and done with.

Verjährung f limitation; (von Anspruch) lapse.

Verjährungsfrist f limitation period.

verjazzen* [fɛɐ'dʒɛsn] vt to jazz up.

verjubeln* vt (inf) Geld to blow (inf).

verjüngen* **I** vt to rejuvenate; (jünger aussehen lassen) to make look younger; Baumbestand to regenerate. **eine Mannschaft/das Personal ~** to build up a younger team/ staff; **er kam (um Jahre) verjüngt aus dem Urlaub zurück** he came back from holiday looking years younger.

II vr **1.** to become younger; (*Haut, Erscheinung*) to become rejuvenated; (*jünger aussehen*) to look younger. **du hast dich verjüngt** (*inf*) you look (much) younger. **2.** (*schmaler werden*) to taper; (*Tunnel, Rohr*) to narrow.

Verjüngung f **1.** rejuvenation; (*von Baumbestand*) regeneration. **2.** *siehe* vr **2.** tapering; narrowing.

Verjüngungskur f rejuvenation cure. **hast du eine ~ gemacht?** (*hum*) have you had a face-lift? (*hum*).

verjuxen* vr (*inf*) *Geld* to blow (*inf*).

verkalken* vi *aux sein* (*Arterien*) to become hardened; (*Gewebe*) to calcify; (*Kessel, Wasserleitung etc*) to fur up, to become furred; (*inf: Mensch*) to become senile.

verkalkt adj (*inf*) senile.

verkalkulieren* f vr to miscalculate.

Verkalkung f *siehe* vi hardening; calcification; furring; (*inf*) senility.

verkannt adj unrecognized.

verkappt adj attr hidden; *Lungenentzündung* undiagnosed.

verkarsten* vi *aux sein* to develop to karst (*spec*).

verkatert adj (*inf*) hung-over *usu pred* (*inf*).

Verkauf m -(e)s, **Verkäufe 1.** sale; (*das Verkaufen*) selling. **zum ~ stehen** to be up for sale; **beim ~ des Hauses** when selling the house. **2.** (*Abteilung*) sales *sing, no art.*

verkaufen* **I** vti (*lit, fig*) to sell (*für, um* for). „*zu* ~" "for sale"; **jdm etw** or **etw an jdn ~** to sell sb sth, to sell sth to sb; **sie haben ihr Leben so teuer wie möglich verkauft** they sold their lives as dearly as possible; **er würde sogar seine Großmutter ~** he'd even sell his own grandmother; *siehe* **Straße, verraten, dumm.**

II vr **1.** (*Ware*) to sell; (*Mensch*) to sell oneself. **er hat sich ganz und gar an die Partei verkauft** he is committed body and soul to the party.

2. (*einen schlechten Kauf machen*) to make a bad buy. **damit habe ich mich verkauft** that was a bad buy.

3. (*fig: sich anpreisen*) to sell oneself.

Verkäufer(in f) m -s, - seller; (*in Geschäft*) sales or shop assistant, salesperson; (*im Außendienst*) salesman/ saleswoman/ salesperson; (*Jur: von Grundbesitz etc*) vendor.

verkäuflich adj sal(e)able, marketable; (*zu verkaufen*) for sale. **leicht** or **gut/ schwer ~** easy/hard to sell.

Verkaufs- in cpds sales; **Verkaufs|abteilung** f sales department; **Verkaufs|automat** m vending machine; **Verkaufsbedingungen** pl conditions of sale pl; **Verkaufsberater** m sales consultant; **Verkaufsbüro** nt sales office; **Verkaufsförderung** f sales promotion; (*Abteilung*) sales promotion department; **Verkaufsgenie** nt **ein ~ sein** to be a genius at selling things; **Verkaufsleiter** m sales manager; **verkaufs|offen** adj open for business; **~er Samstag** *Saturday on which the shops are open all day;* **Verkaufspersonal** nt sales personnel or staff; **Verkaufspreis** m retail price; **Verkaufsschlager** m big seller.

Verkehr m -(e)s, *no pl* **1.** traffic; (*Beförderung, Verkehrsmittel*) transport. **für den ~ freigeben, dem ~ übergeben** *Straße etc* to open to traffic; *Transportmittel* to bring into service; **den ~ regeln** to regulate the (flow of) traffic; **aus dem ~ ziehen** to withdraw from service.

2. (*Verbindung*) contact, communication; (*Umgang*) company; (*Geschlechts~*) intercourse. **in brieflichem ~ stehen** to correspond; **die Leute sind doch kein ~ für dich** those people aren't the right kind of company for you; **in seinem ~ mit Menschen** in his dealings with people; **den ~ mit jdm pflegen** (*form*) to associate with sb; **den ~ mit jdm abbrechen** to break off relations or contact with sb.

3. (*Geschäfts~, Handels~*) trade; (*Umsätze, Zahlungs~*) business; (*Post~*) service; (*Umlauf*) circulation. **etw in (den) ~ bringen/aus dem ~ ziehen** to put sth into/withdraw sth from circulation.

verkehren* **I** vi **1.** *aux haben* or *sein* (*fahren*) to run; (*Flugzeug*) to fly. **der Bus/das Flugzeug verkehrt regelmäßig zwischen A und B** the bus runs or goes or operates regularly/the plane goes or operates regularly between A and B.

2. (*Gast sein, Kontakt pflegen*) **bei jdm ~** to frequent sb's house, to visit sb (regularly); **mit jdm ~** to associate with sb; **in einem Lokal ~** to frequent a pub; **in Künstlerkreisen ~** to move in artistic circles, to mix with artists; **mit jdm brieflich/schriftlich ~** (*form*) to correspond with sb; **mit jdm (geschlechtlich) ~** to have (sexual) intercourse with sb.

II vt to turn (*in* +acc into). **etw ins Gegenteil ~** to reverse sth.

III vr to turn (*in* +acc into). **sich ins Gegenteil ~** to become reversed.

Verkehrs- in cpds traffic; **Verkehrs|ader** f artery, arterial road; **Verkehrs|ampel** f traffic lights pl; *siehe* **Ampel**; **Verkehrs|amt** nt divisional railway office; (*~büro*) tourist information office; **verkehrs|arm** adj *Zeit, Gebiet* quiet; **ein ~es Gebiet** an area with little traffic; **Verkehrs|aufkommen** nt volume of traffic; **Verkehrsbehinderung** f (*Jur*) obstruction (of traffic); **Verkehrsbetriebe** pl transport services pl; **Verkehrsbüro** nt tourist information office; **Verkehrschaos** nt chaos on the roads; **Verkehrsdelikt** nt traffic offence; **Verkehrs|erziehung** f road safety training; **Verkehrsflughafen** m (commercial) airport; **Verkehrsflugzeug** nt commercial aircraft; **Verkehrsfunk** m radio traffic service; **Verkehrsgefährdung** f (*Jur: verkehrswidriges Fahren*) dangerous driving; **eine ~ darstellen** to be a hazard to other traffic; **verkehrsgünstig** adj *Lage* convenient; *Ort, Viertel* conveniently situated; **Verkehrshindernis** nt (traffic) obstruction; **ein ~ sein** to cause an obstruction; **Verkehrs|insel** f traffic island; **Verkehrsknotenpunkt** m traffic junction; **Verkehrskontrolle** f traffic check; **bei jdm eine ~ machen** (*Polizei*) to stop sb; **Verkehrslärm** m traffic noise; **Verkehrsminister** m minister of transport; **Verkehrsministerium** nt ministry of transport, department of transportation (*US*); **Verkehrsmittel** *nt* means of transport *sing*; **öffentliche/private** ~ public/private transport; **Verkehrsnetz** *nt* traffic network; **Verkehrs|opfer** *nt* road casualty; **Verkehrspolizei** *f* traffic police *pl*; **Verkehrspolizist** *m* traffic policeman; **Verkehrsregel** *f* traffic regulation; **Verkehrsregelung** *f* traffic control; **verkehrsreich** *adj* Straße, Gegend busy; **~e Zeit** peak (traffic) time; **Verkehrsrowdy** *m* road-hog; **Verkehrsschild** *nt* road sign; **verkehrsschwach** *adj* Zeit off-peak; *Gebiet* with little traffic; **die Nachmittagsstunden sind sehr ~** there is very light traffic in the afternoons; **verkehrssicher** *adj* Fahrzeug roadworthy; **Verkehrssicherheit** *f* roadworthiness; **Verkehrssprache** *f* lingua franca; **Verkehrsstau** *m*, **Verkehrsstauung** *f* traffic jam; **Verkehrsstraße** *f* road open to traffic; **Verkehrsstrom** *m* flow of traffic; **Verkehrssünder** *m* (*inf*) traffic offender; **Verkehrsteilnehmer** *m* road-user; **Verkehrstote(r)** *mf* road casualty; **die Zahl der ~n** the number of deaths on the road; **verkehrstüchtig** *adj* Fahrzeug roadworthy; *Mensch* fit to drive; **Verkehrs|unfall** *m* road accident; **Verkehrs|unternehmen** *nt* transport company; **Verkehrs|unterricht** *m* traffic instruction; **verkehrs|untüchtig** *adj* Fahrzeug unroadworthy; *Mensch* unfit to drive; **Verkehrsverbindung** *f* link; (*Anschluß*) connection; **Verkehrsverbund** *m* combined transport authority; **Verkehrsver|ein** *m* tourist information office; **Verkehrsverhältnisse** *pl* traffic situation *sing*; **Verkehrsvolumen** *nt* volume of traffic; **Verkehrswacht** *f* road safety organization; **Verkehrsweg** *m* highway; **Verkehrswesen** *nt* transport and communications *no art*; **verkehrswidrig** *adj* contrary to road traffic regulations; **sich ~ verhalten** to break the road traffic regulations; **Verkehrszählung** *f* traffic census; **Verkehrszeichen** *nt* road sign.

verkehrt I *adj* wrong; Vorstellung auch, Welt topsy-turvy.

   II *adv* wrongly. **etw ~ (herum) anhaben** (*linke Seite nach außen*) to have sth on inside out; (*vorne nach hinten*) to have sth on back to front; **etw ~ halten** to hold sth wrongly; (*falsch herum*) to hold sth the wrong way round; (*oben nach unten*) to hold sth upside down; **die Möbel alle ~ stellen** (*an den falschen Platz*) to put all the furniture in the wrong place; **er ist ~ herum** (*inf: homosexuell*) he's bent (*inf*); **das ist gar nicht (so) ~** (*inf*) that can't be bad (*inf*); **der ist gar nicht (so) ~** (*inf*) he's not such a bad sort; **das V~e** the wrong thing; **das V~este, was du tun könntest** the worst thing you could do; **der/die V~e** the wrong person; **eines Tages wirst du an den V~en geraten** one day you'll get your fingers burned; **siehe Kaffee, Adresse.**

Verkehrung *f* reversal; (*von Rollen auch*) switching. **eine ~ ins Gegenteil** a complete reversal.

verkennen* *vt irreg* Lage, jdn etc to misjudge; (*unterschätzen auch*) to under-

estimate. **ein Dichter, der zeit seines Lebens verkannt wurde** a poet who remained unrecognized in his lifetime; **ich will nicht ~, daß ...** I would not deny that ...; **es ist nicht zu ~, daß ...** it is undeniable *or* cannot be denied that ...

Verkennung *f siehe vt* misjudgement; underestimation; **in ~ der wahren Sachlage ...** misjudging the real situation ...

verketten* I *vt* (*lit*) to chain (up); *Tür, Kiste* to put chains/a chain on; (*fig*) to link. **II** *vr* to become interlinked, to become bound up together. **verkettet sein** (*fig*) to be interlinked *or* bound up (together).

Verkettung *f* (*das Verketten*) chaining; (*Ketten*) chains *pl*; (*fig*) interconnection.

verketzern* *vt* to denounce.

Verketzerung *f* denunciation.

verkitten* *vt* to cement; Fenster to put putty round.

verklagen* *vt* to sue (*wegen* for), to take proceedings against (*wegen* for). **jdn auf etw** (*acc*) **~** to take sb to court for sth.

verklammern* I *vt* Wunde to apply clips to; (*Tech*) Bauteile to brace, to put braces round; (*fig*) to link. **II** *vr* (*Menschen*) to embrace; (*Hände*) to interlock.

Verklammerung *f siehe vb* **I** applying of clips (*gen* to); bracing; linking; embracing; interlocking.

verklären* I *vt* to transfigure. **II** *vr* to become transfigured.

verklärt *adj* transfigured.

Verklärung *f* transfiguration.

verklausulieren* (*rare*), **verklausulieren*** *vt* Vertrag to hedge in *or* around with (restrictive) clauses. **der Vertrag ist zu verklausuliert** the contract has too many qualifying clauses.

verkleben* I *vt* (*zusammenkleben*) to stick together; (*zukleben*) to cover (*mit* with); Tapeten to stick; Haare, Verband to make sticky; Wunde to put a plaster on.

   II *vi aux sein* (Wunde, Eileiter) to close; (*Augen*) to get gummed up; (*Mehl, Briefmarken, Bonbons*) to stick together.

verklebt *adj* Verband, Wunde sticky; Augen gummed up; Haare matted; Eileiter blocked.

verkleckern* *vt* (*inf*) to spill; (*fig*) Zeit, Energie, Geld to waste.

verkleiden* I *vt* **1.** to disguise; (*kostümieren*) to dress up, to put into fancy dress; (*fig*) Ideen, Absicht to disguise, to mask. **alle waren verkleidet** everyone was dressed up *or* was in fancy dress.

   2. (*verschalen*) Wand, Schacht, Tunnel to line; (*vertäfeln*) to panel; (*bedecken*) to cover; (*ausschlagen*) Kiste etc to line; (*verdecken*) Heizkörper to mask.

   II *vr* to disguise oneself; (*sich kostümieren*) to dress (oneself) up. **muß man sich ~?** do you have to wear fancy dress?

Verkleidung *f siehe vt* **1.** disguising; dressing up, putting into fancy dress; (*Kleidung*) disguise; (*Kostüm*) fancy dress. **2.** (*das Verkleiden, Material*) lining; panelling; covering; lining; masking.

verkleinern* I *vt* to reduce; Raum, Gebiet, Firma, (*Lupe, Brille*) to make smaller; Fotografie to reduce (in size); Maßstab to scale down; Abstand to decrease; Not,

Probleme, Schuld to minimize; *jds Leistungen, Verdienste* to belittle.

II *vr* to be reduced; (*Raum, Gebiet, Firma*) to become smaller; (*Maßstab*) to be scaled down; (*Abstand*) to decrease; (*Not, Probleme, Schuld*) to become less.

III *vi* (*Linse etc*) to make everything seem smaller.

Verkleinerung *f* **1.** *siehe vt* reduction; making smaller; reduction (in size); scaling down; decreasing; minimizing; belittling.
2. *siehe vr* reduction; becoming smaller; scaling down; decreasing; lessening.
3. (*Bild*) reduced size reproduction; (*Foto*) reduction; (*Wort*) diminutive (form); (*Mus*) diminution.

Verkleinerungsform *f* diminutive form.

verklemmen* *vr* to get *or* become stuck.

verklemmt I *adj* (*inf*) *Mensch* inhibited. **II** *adv* in an inhibited way; *lächeln* self-consciously.

verklickern* *vt* (*inf*) *jdm etw* ~ to make sth clear to sb.

verklingen* *vi irreg aux sein* to die *or* fade away; (*fig: Begeisterung etc*) to fade.

verkloppen* *vt* (*inf*) **1.** *jdn* ~ to give sb what-for (*inf*). **2.** (*verkaufen*) to flog (*Brit inf*), to sell.

verknacken* *vt* (*inf*) *jdn zu zwei Jahren/ einer Geldstrafe* ~ to do sb for (*inf*) *or* give sb two years/stick a fine on sb (*inf*); **verknackt werden** to be done (*inf*).

verknacksen* *vt* (**sich** *dat*) **den Knöchel** *or* **Fuß** ~ to twist one's ankle.

verknallen* (*inf*) **I** *vr* **sich** (**in jdn**) ~ to fall for sb (*inf*); **ich war damals unheimlich (in ihn) verknallt** I was head over heels in love (with him) then. **II** *vt Feuerwerkskörper* to let off; *Munition* to use up.

verknappen* **I** *vt* to cut back; *Rationen* to cut down (on). **II** *vr* to run short.

verknautschen* **I** *vt* to crush, to crumple. **II** *vir* (*vi: aux sein*) to crease.

verkneifen* *vr irreg* (*inf*) **sich** (*dat*) **etw** ~ to stop oneself (from) saying/doing *etc* sth; *Schmerzen* to hide sth; *Lächeln* to keep back sth; *Bemerkung* to bite back sth; **ich konnte mir das Lachen nicht** ~ I couldn't help laughing; **das kann ich mir** ~ I can manage without that (*iro*).

verkniffen I *ptp of* **verkneifen. II** *adj Gesicht, Miene* (*angestrengt*) strained; (*verbittert*) pinched.

verknöchern* *vi aux sein* (*lit, fig*) to ossify. **verknöchert** (*fig*) ossified, fossilized.

Verknöcherung *f* (*lit, fig*) ossification.

verknorpeln* *vi aux sein* to become cartilaginous.

verknoten* I *vt* to tie, to knot; (*inf*) *Paket* to tie up. **II** *vr* to become knotted.

verknüpfen* *vt* **1.** (*verknoten*) to knot *or* tie (together).
2. (*fig*) to combine; (*in Zusammenhang bringen*) to link, to connect; *Gedanken, Geschehnisse* to associate. **mit diesem Ort sind für mich schöne Erinnerungen verknüpft** this place has happy memories for me; **mit großen Ausgaben verknüpft sein** to involve a lot of expense.

Verknüpfung *f siehe vt* knotting *or* tying (together); combining, combination;

linking, connecting; association.

verknusen* *vt* (*inf*) **ich kann ihn/das nicht** ~ I can't stick him/that (*inf*).

verkochen* *vti* (*vi: aux sein*) (*Flüssigkeit*) to boil away; (*Kartoffeln, Gemüse*) to overboil.

verkohlen* I *vi aux sein* to char, to become charred; (*Braten*) to burn to a cinder. **II** *vt* **1.** *Holz* to char; (*Tech*) to carbonize.
2. (*inf*) *jdn* ~ to have sb on (*inf*).

verkommen¹* *vi irreg aux sein* **1.** (*Mensch*) to go to the dogs, to go to pieces; (*moralisch*) to become dissolute, to go to the bad; (*Kind*) to run wild. **zu etw** ~ to degenerate into sth.
2. (*Gebäude, Auto*) to become dilapidated, to fall to pieces; (*Stadt*) to become run-down; (*Gelände, Anlage etc*) to run wild.
3. (*nicht genutzt werden: Lebensmittel, Begabung, Fähigkeiten etc*) to go to waste; (*Lebensmittel*) to go bad.

verkommen² *adj Mensch* depraved; *Frau auch* abandoned; *Auto, Gebäude* dilapidated; *Garten* wild.

Verkommenheit *f, no pl siehe adj* depravity; dilapidation, dilapidated state; wildness.

verkonsumieren* *vt* (*inf*) to get through; *Essen, Getränke auch* to consume.

verkoppeln* *vt* to connect, to couple; *Grundbesitz* to combine, to pool; (*Space*) to link (up).

verkorken* *vt* to cork (up).

verkorksen* *vt* (*inf*) to make a mess *or* cock-up (*Brit sl*) of, to mess up (*inf*); *Kind* to screw up (*sl*). **sich** (*dat*) **den Magen** ~ to upset one's stomach.

verkorkst *adj* (*inf*) ruined; *Magen* upset; *Kind, Mensch* screwed up (*sl*). **eine völlig** ~**e Sache** a real mess.

verkörpern* *vt* to embody, to personify; (*Theat*) to play (the part of), to portray.

Verkörperung *f* embodiment; (*Mensch auch*) personification; (*Theat*) playing, portrayal.

verkosten* *vt* to taste.

verköstigen* *vt* to feed.

verkrachen* *vr* (*inf*) **sich** (**mit jdm**) ~ to fall out (with sb).

verkracht *adj* (*inf*) *Leben* ruined; *Typ, Mensch* dead-beat (*inf*); (*zerstritten*) *Nachbarn, Freunde* who have fallen out with each other; *siehe* **Existenz.**

verkraften* *vt* to cope with; (*seelisch*) *Schock, jds Tod etc auch*) to take; (*finanziell*) to afford, to manage; (*inf: essen, trinken können*) to manage.

verkrallen* *vr* (*Katze*) to dig *or* sink its claws in; (*Hände*) to clench up. **sich in etw** (*dat*) ~ (*Katze*) to dig *or* sink its claws into sth; (*Mensch*) to dig *or* sink one's fingers into sth.

verkrampfen* *vr* to become cramped; (*Hände*) to clench up; (*Mensch*) to go tense, to tense up. **verkrampft** (*fig*) tense.

Verkrampfung *f* (*lit, fig*) tenseness, tension. **seelische** ~ mental tension.

verkriechen* *vr irreg* to creep away; (*fig*) to hide (oneself away). **sich unter den** *or* **dem Tisch** ~ to crawl *or* creep under the table; **sich ins Bett** ~ (*inf*) to run off to bed, to retreat to one's bed; **am liebsten hätte ich mich vor Scham verkrochen** I wanted the ground to open up and swallow me.

verkrümeln* I vr (inf) to disappear. **II** vt to crumble.

verkrümmen* I vt to bend. **II** vr to bend; (Rückgrat) to become curved; (Holz) to warp; (Baum, Pflanze) to grow crooked.

verkrümmt adj bent; Wirbelsäule curved; Finger, Knochen, Bäume crooked; Holz warped.

Verkrümmung f bend (gen in), distortion (esp Tech); (von Holz) warp; (von Fingern, Knochen, Bäumen) crookedness no pl. ~ **der Wirbelsäule** curvature of the spine; ~ **der Hornhaut** (nach innen) incurvation of the cornea; (nach außen) excurvation of the cornea.

verkrüppeln* I vt to cripple. **II** vi aux sein to become crippled; (Zehen, Füße) to become deformed; (Baum etc) to grow stunted.

verkühlen* vr (inf) to catch a cold, to get a chill. **sich** (dat) **die Nieren** ~ to get a chill on the kidneys.

Verkühlung f (inf) chill. ~ **der Blase** chill on the bladder.

verkümmern* vi aux sein (Glied, Organ) to atrophy; (eingehen: Pflanze) to die; (Talent) to go to waste; (Schönheitssinn, Interesse etc) to wither away; (Mensch) to waste away. **emotionell/geistig** ~ to become emotionally/intellectually stunted; **wenn die natürlichen Instinkte im Menschen** ~ if man's natural instincts become stunted.

Verkümmerung f (von Organ, Muskel, Glied etc) atrophy; (fig) (von Talent) wasting away, atrophy; (von Gerechtigkeitssinn, Instinkten etc) atrophy.

verkünden* vt to announce; Urteil to pronounce; Evangelium to preach; Gesetz to promulgate; nichts Gutes, Unwetter etc to forebode, to presage (liter); Frühling, neue Zeit to herald.

Verkünder(in f) m -s, - **ein** ~ **des Evangeliums** a preacher of the gospel; **der** ~ **einer Friedensbotschaft** a harbinger or herald of peace.

verkündigen* vt to proclaim; (iro) to announce; Evangelium auch to preach, to propagate. **ich verkündige euch große Freude** (Bibl) I bring you tidings of great joy (Bibl).

Verkündigung f proclamation; (von Evangelium, von christlicher Lehre auch) preaching, propagation. **Mariä** ~ the Annunciation; (Tag auch) Lady Day.

Verkündung f siehe vt announcement; pronouncement; preaching; promulgation.

verkünsteln* vr (inf) to overdo it, to go to town (inf). **sich an etw** (dat) ~ to go to town on sth (inf), to overdo sth.

verkupfern* vt to copper(-plate).

verkuppeln* vt (pej) to pair off, to get paired off. **jdn an jdn** ~ (Zuhälter) to procure sb for sb.

verkürzen* I vt to shorten; (Art) to foreshorten; Strecke, Wege etc auch to cut; Abstand, Vorsprung to narrow; Zeit auch to reduce, to cut down; Aufenthalt to

cut short; Lebenserwartung auch, Haltbarkeit to reduce; Schmerzen, Leiden to end, to put an end to. **verkürzte Arbeitszeit** shorter working hours; **verkürzter Nebensatz** (Gram) elliptical subordinate clause.

II vr to be shortened; (Art) to become foreshortened; (Strecke, Zeit auch) to be cut; (Abstand) to be narrowed.

Verkürzung f **1.** siehe vb shortening; foreshortening; narrowing; reduction; cutting short; reduction; ending. **2.** (abgekürztes Wort) contraction.

verlachen* vt to ridicule, to deride, to laugh at.

Verladebrücke f loading bridge, gantry.

verladen* vt irreg to load; (Mil) (in Eisenbahn) to entrain; (auf Schiff) to embark; (in Flugzeug) to emplane. **die Güter vom Eisenbahnwaggon aufs Schiff** ~ to offload the goods from the train onto the ship.

Verladerampe f loading platform.

Verladung f siehe vt loading; entrainment; embarkation; emplaning.

Verlag m -(e)s, -e **1.** (Buch~) publishing house or company; (Zeitungs~) newspaper publisher's sing. **einen** ~ **finden** to find a publisher; **in** or **bei welchem** ~ **ist das erschienen?** who published it?; **der** ~ **zahlt nicht viel** the publishers do not pay much.

2. (Zwischenhandelsgeschäft) (firm of) distributors pl.

verlagern* I vt (lit, fig) Gewicht, Schwerpunkt, Betonung to shift; Interessen auch to transfer; (lit: an anderen Ort) to move. **II** vr (lit, fig) to shift; (Met: Tief, Hoch etc) to move; (fig: Problem, Frage) to change in emphasis (auf +acc to).

Verlagerung f siehe vb shift; transfer; moving, movement; change in emphasis.

Verlags|anstalt f publishing firm; **Verlagsbuchhandel** m publishing trade; **Verlagsbuchhändler** m publisher; **Verlagsbuchhandlung** f publishing firm, publisher; **Verlagshaus** nt publishing house; **Verlagsleiter** m publishing manager; **Verlagsprogramm** nt list; **Verlagsrecht** nt publishing rights pl; **Verlagswesen** nt publishing no art.

verlanden* vi aux sein to silt up; (durch Austrocknen) to dry up.

Verlandung f siehe vi silting up; drying up.

verlangen* I vt **1.** (fordern) to demand; (wollen) to want; Preis to ask; Qualifikationen, Erfahrung to require. **was verlangt der Kunde/das Volk?** what does the customer/do the people want?; **wieviel verlangst du für dein Auto?** how much are you asking for or do you want for your car?

2. (erwarten) to ask (von of). **ich verlange nichts als Offenheit und Ehrlichkeit** I am asking nothing but frankness and honesty; **es wird von jdm verlangt, daß ...** it is required or expected of sb that ...; **das ist nicht zuviel verlangt** it's not asking too much; **das ist ein bißchen viel verlangt** that's asking rather a lot.

3. (erfordern) to require, to call for.

4. (fragen nach) to ask for; Paß, Ausweis auch to ask to see. **Sie werden am**

Telefon verlangt you are wanted on the phone.

II *vi* ~ **nach** to ask for; (*sich sehnen nach*) to long for; (*stärker*) to crave.

III *vt impers* (*liter*) **es verlangt jdn nach jdm/etw** sb craves sth; (*nach der Heimat, Geliebten*) sb yearns for sb/sth.

Verlangen *nt* **-s, -** (*nach* for) desire; (*Sehnsucht*) yearning, longing; (*Begierde*) craving; (*Forderung*) request. **kein ~ nach etw haben** to have no desire *or* wish for sth; **auf ~** on demand; **auf ~ des Gerichts** by order of the court; **auf ~ der Eltern** at the request of the parents.

verlängern* I *vt* **1.** to extend; (*räumlich auch*) to lengthen, to make longer; (*Math*) *Strecke auch* to produce; (*zeitlich*) *Wartezeit, Aufenthalt auch, Leben, Schmerzen, Leiden etc* to prolong; *Hosenbein, Ärmel etc* to lengthen; *Paß, Abonnement etc* to renew. **die Suppe/Soße ~** (*fig inf*) to make the soup/gravy go further *or* stretch; **ein verlängertes Wochenende** a long weekend; *siehe* **Rücken.**
    2. (*Sport*) *Ball, Paß* to touch *or* play on (*zu jdm* to sb).
    II *vr* to be extended; (*räumlich auch*) to be lengthened; (*zeitlich auch, Leiden etc*) to be prolonged.
    III *vi* (*Sport*) to play on.

Verlängerung *f* **1.** *siehe vt 1.* extension; lengthening; prolonging, prolongation; lengthening; renewal.
    2. (*Gegenstand*) extension.
    3. (*Sport*) (*von Ball*) first-time pass; (*von Paß*) play-on (*zu* to); (*von Spielzeit*) extra time (*Brit*), overtime (*US*); (*nachgespielte Zeit*) injury time (*Brit*). **das Spiel geht in die ~** they're going to play extra time *etc*, they're going into extra time *etc*; **eine ~ von fünf Minuten** five minutes' extra time *etc.*

Verlängerungskabel *nt*, **Verlängerungsschnur** *f* (*Elec*) extension lead.

verlangsamen* I *vt* to slow down *or* up; *Geschwindigkeit auch* to reduce, to decelerate; *Produktion auch* to decelerate; *Entwicklung auch* to retard. **das Tempo/seine Schritte/die Fahrt ~** to slow down *or* up. **II** *vr* to slow down *or* up; to decelerate; to be retarded.

Verlangsamung *f siehe vb* slowing down *or* up; deceleration; retarding, retardation.

Verlaß *m* **-sses,** *no pl* **auf jdn/etw ist kein ~, es ist kein ~ auf jdn/etw** there is no relying on sb/sth, you can't rely on sb/sth.

verlassen¹* *irreg* **I** *vt* to leave; (*fig: Mut, Kraft, Hoffnung*) *jdn* to desert; (*im Stich lassen*) to desert, to abandon. **... und da verließen sie ihn** (*iro*) ... that's as far as it goes; (*bei Arbeit, Reparatur etc*) ... that's as far as I/he *etc* got.
    II *vr* **sich auf jdn/etw ~** to rely *or* depend on sb/sth; **darauf können Sie sich ~** you can be sure of that, you can depend on that, take my word for it.

verlassen² *adj* **1.** *Gegend, Ort, Straßen* deserted; (*öd*) desolate. **2.** *Mensch* (*allein gelassen*) deserted; (*einsam*) lonely, solitary. **einsam und ~** so all alone. **3.** (*ohne Besitzer*) *Haus, Fabrik* deserted; *Auto* abandoned.

Verlassenheit *f, no pl siehe adj 1.* desertedness; desolateness.

verläßlich *adj* reliable; *Mensch auch* dependable.

Verläßlichkeit *f siehe adj* reliability; dependability.

Verlaub *m*: **mit ~** (*old*) by your leave, with your permission; **mit ~ (zu sagen)** if you will pardon *or* forgive my saying so.

Verlauf *m* **-(e)s, Verläufe** course; (*Ausgang*) end, issue. **im ~ der Zeit** in the course of time; **im ~ des Tages/der Jahre/Monate** in *or* during the course of the day/over the (course of the) years/months; **im ~ der Verhandlung/Arbeit** in *or* during the course of the negotiations/work; **einen guten/schlechten ~ nehmen** to go well/badly; **den ~ einer Sache verfolgen/beobachten** to follow/observe the course (which) sth takes; **im weiteren ~ der Sache zeichnete sich folgende Tendenz ab** as things developed the following tendency became apparent.

verlaufen* *irreg* **I** *vi aux sein* **1.** (*ablaufen*) (*Tag, Prüfung*) to go; (*Feier, Demonstration*) to go off; (*Kindheit*) to pass; (*Untersuchung*) to proceed. **beschreiben Sie, wie diese Krankheit normalerweise verläuft** describe the course this illness usually takes; **die Verhandlung verlief in angespannter Atmosphäre** the negotiations took place in a tense atmosphere.
    2. (*sich erstrecken*) to run.
    3. (*auseinanderfließen, dial: schmelzen*) to run. **die Spur verlief im Sand/Wald** the track disappeared in the sand/forest; **~e Farben** runny colours; *siehe* **Sand.**
    II *vr* **1.** (*sich verirren*) to get lost.
    2. (*verschwinden*) (*Menschenmenge*) to disperse; (*Wasser auch*) to drain away; (*sich verlieren: Spur, Weg*) to disappear.

Verlaufsform *f* (*Gram*) progressive *or* continuous form.

verlaust *adj* lice-ridden.

verlautbaren* (*form*) **I** *vti* to announce. **es wird amtlich verlautbart, daß ...** it is officially announced that ..., a statement has been issued to the effect that ...; **etw ~ lassen** to let sth be announced *or* made known. **II** *vi impers* **es verlautbarte, daß ...** it has been reported that ...

Verlautbarung *f* announcement; (*inoffiziell*) report.

verlauten* I *vi* **etwas/nichts ~ lassen** to give an/no indication, to say something/nothing; **er hat ~ lassen, daß ...** he indicated that ...
    II *vi impers aux sein or haben* **es verlautet, daß ...** it is reported that ...; **wie aus Bonn verlautet** according to reports from Bonn.

verleben* *vt* to spend. **eine schöne Zeit ~ to** have a nice time.

verlebendigen* *vt* to liven up.

verlebt *adj* worn-out, dissipated.

verlegen¹* I *vt* **1.** (*an anderen Ort*) to transfer, to move.
    2. (*verschieben*) to postpone (*auf +acc* until); (*vorverlegen*) to bring forward (*auf +acc* to).
    3. (*an falschen Platz legen*) to mislay.
    4. (*anbringen*) *Kabel, Fliesen etc* to lay.

5. (*drucken lassen*) to publish.
II *vr* **sich auf etw** (*acc*) ~ to resort to sth;
er hat sich neuerdings auf Golf verlegt he
has taken to golf recently.

verlegen² *adj* **1.** embarrassed *no adv*. ~ **sah**
er zu Boden he looked at the floor in embarrassment. **2. um Worte/eine Antwort**
~ **sein** to be at a loss for words/an
answer; **um Geld** ~ **sein** to be financially
embarrassed.

Verlegenheit *f* **1.** *no pl* (*Betretenheit, Befan-*
genheit) embarrassment. **jdn in ~ bringen**
to embarrass sb; **in ~ kommen** *or* **geraten**
to get *or* become embarrassed.
    2. (*unangenehme Lage*) embarrassing
or awkward situation. **wenn er in finan-**
zieller ~ ist when he's in financial difficulties, when he's financially embarrassed; **ich bin (finanziell) zur Zeit leider**
etwas in ~ I'm afraid I'm rather short of
(funds) at the moment.

Verleger(in *f*) *m* **-s, -** publisher; (*Händler*)
distributor.

Verlegung *f* **1.** (*räumlich*) *siehe* **verlegen¹**
1. transfer, moving. **2.** (*zeitlich*) postponement (*auf* +*acc* until); (*Vor~*) bringing forward (*auf* +*acc* to). **3.** (*von Kabeln*
etc) laying.

verleiden* *vt* **jdm etw** ~ to spoil sth for
sb, to put sb off sth; **das ist mir jetzt schon**
verleidet you've/he's put me off it.

Verleih *m* **-(e)s, -e 1.** (*Unternehmen*) rental
or hire company; (*Auto~*) car rental *or*
hire; (*Film~*) distributor(s).
    2. (*das Verleihen*) renting (out), hiring
(out); (*Film~*) distribution.

verleihen* *vt irreg* **1.** (*verborgen*) to lend,
to loan (*an jdn* to sb); (*gegen Gebühr*) to
rent (out), to hire (out).
    2. (*zuerkennen*) to award (*jdm* (to) sb);
Titel, Ehrenbürgerrechte to confer, to bestow (*jdm* on sb); *Amt* to bestow (*jdm*
upon sb).
    3. (*geben, verschaffen*) to give; *Eigen-*
schaft, Klang, Note auch to lend.

Verleiher *m* **-s, -** hire *or* rental firm; (*von*
Kostümen etc) renter, hirer; (*von Filmen*)
distributor, (firm of) distributors *pl*; (*von*
Büchern) lender.

Verleihung *f siehe vt 1., 2.* **1.** lending, loan-
(ing); renting, rental, hire, hiring.
2. award(ing); conferment, conferring,
bestowal, bestowment.

verleiten* *vt* **1.** (*verlocken*) to tempt; (*ver-*
führen) to lead astray. **jdn zur Sünde** ~ to
lead sb into sin; **jdn zum Stehlen/Lügen** ~
to lead *or* encourage sb to steal/lie; **jdn zu**
einem Verbrechen ~ to lead *or* encourage
sb to commit a crime; **jdn zum Ungehor-**
sam ~ to encourage sb to be disobedient.
    2. (*veranlassen*) **jdn zu etw** ~ to lead sb
to sth; **jdn zu einem Irrtum** ~ to lead sb to
make *or* into making a mistake.

Verleitung *f* **1.** (*Verführung*) leading astray;
(*zum Lügen, Stehlen*) encouragement.

verlernen* *vt* to forget, to unlearn. **das Tan-**
zen ~ to forget how to dance.

verlesen* *irreg* **I** *vt* **1.** (*vorlesen*) to read
(out); *Namen auch* to call out. **2.** *Gemüse,*
Linsen, Früchte etc to sort; *Feldsalat* to
clean. **II** *vr* (*beim Vorlesen*) to make a
slip.

verletzbar *adj* (*lit, fig*) vulnerable.
Verletzbarkeit *f* (*lit, fig*) vulnerability.
verletzen* **I** *vt* **1.** (*verwunden*) to injure; (*in*
Kampf etc, mit Kugel, Messer) to wound;
(*fig*) *jdn* to hurt, to wound; *jds Stolz,*
Gefühle to hurt, to wound, to injure; *jds*
Ehrgefühl to injure, to offend; *jds Schön-*
heitssinn, zarte Ohren to offend. **das ver-**
letzt den guten Geschmack it offends
against good taste.
    2. *Gesetz* to break; *Pflicht, Rechte,*
Intimsphäre to violate.
    II *vr* to injure oneself.

verletzend *adj Bemerkung* hurtful.
verletzlich *adj* vulnerable.
Verletzlichkeit *f* vulnerability.
Verletzte(r) *mf decl as adj* injured person;
(*Unfall~ auch*) casualty; (*bei Kampf*)
wounded man. **die ~n** the injured/the
wounded; **es gab drei ~** three people were
injured *or* hurt/ wounded.
Verletzung *f* **1.** (*Wunde*) injury. **2.** *siehe vt*
(*das Verletzen*) injuring; wounding; (*fig*)
hurting, wounding; offending *etc*.

verleugnen* *vt* to deny; *Kind auch* to
disown. **ich kann es nicht ~, daß ...** I cannot deny that ...; **es läßt sich nicht ~, daß**
... there is no denying that ...; **er läßt sich**
immer vor ihr ~ he is never there to her;
sich (selbst) ~ to deny one's own self.

verleumden* *vt* to slander, to calumniate
(*form*); (*schriftlich*) to libel.
Verleumder(in *f*) *m* **-s, -** *siehe vt* slan-
derer; libeller.
verleumderisch *adj siehe vt* slanderous;
libellous.
Verleumdung *f* slandering; (*schriftlich*)
libelling; (*Bemerkung*) slander, calumny;
(*Bericht*) libel.

verlieben* *vr* to fall in love (*in* +*acc*
with). **das Kleid ist zum V~ (schön)** I love
that dress.

verliebt *adj Benehmen, Blicke, Worte*
amorous. (**in jdn/etw**) ~ **sein** to be in love
(with sb/sth); **die V~en** the courting
couple/couples, the lovers; *siehe* **Ohr.**
Verliebtheit *f* being in love. **in einem Mo-**
ment großer ~ feeling (all at once)
tremendously in love.

verlieren *pret* **verlor,** *ptp* **verloren I** *vt* to
lose; *Blätter auch* to shed. **jdn/etw aus**
dem Gedächtnis ~ to lose all memory of
sb/sth, to forget sb/sth; **kein Wort über**
jdn/etw ~ not to say a word about sb/sth;
wir brauchen kein Wort darüber zu ~ we
don't need to waste any words on it; **an**
ihm hast du nichts verloren he's no (great)
loss; **das/er hat hier nichts verloren** (*inf*)
that/he has no business to be here.
    II *vi* to lose. **sie hat an Schönheit/**
Charme verloren she's lost some of her
beauty/charm; **sie/die Altstadt** *etc* **hat sehr**
verloren she/the old town *etc* is not what
she/it *etc* used to be; **durch etw** ~ to lose
(something) by sth.
    III *vr* **1.** (*Menschen*) to lose each other;
(*Mensch: sich verirren*) to lose one's way.
    2. (*verschwinden*) to disappear; (*ver-*
hallen) to fade away, to die. **der Klang**
verlor sich in dem riesigen Saal the sound
was lost in the enormous room.
    3. (*fig*) (*geistesabwesend sein*) to

become lost to the world; (*abschweifen*) to lose one's train of thought. **sich in etw** (*acc*) ~ to become absorbed in sth; **sich in etw** (*dat*) ~ to get *or* become lost in sth; *siehe* **verloren.**

Verlierer(in *f*) *m* **-s, -** loser.

Verlies *nt* **-es, -e** dungeon.

verloben* I *vr* (*mit* to) to become *or* get engaged, to become betrothed (*old*). II *vt* **jdn mit jdm** ~ to betroth sb to sb (*old*); **verlobt sein** to be engaged *or* betrothed (*old*) (*mit* to).

Verlöbnis *nt* (*old*) *siehe* **Verlobung.**

Verlobte(r) *mf decl as adj* **mein ~r** my fiancé, my betrothed (*old*); **meine** ~ my fiancée, my betrothed (*old*); **die ~n** the engaged couple, the betrothed (*old*).

Verlobung *f* engagement, betrothal (*old*).

Verlobungs- *in cpds* engagement; **Verlobungs|anzeige** *f* engagement announcement; **Verlobungszeit** *f* engagement.

verlocken* *vti* to entice, to tempt.

verlockend *adj* enticing, tempting.

Verlockung *f* enticement, temptation; (*Reiz*) allure.

verlodern* *vi aux sein* (*geh*) to flare up and die.

verlogen *adj Mensch* lying, mendacious; *Komplimente, Versprechungen* false; *Moral, Freundlichkeit, Gesellschaft* hypocritical.

Verlogenheit *f siehe adj* mendacity; falseness; hypocrisy.

verlor *pret of* **verlieren.**

verloren I *ptp of* **verlieren.**
II *adj* **1.** lost; (*einsam auch*) forlorn; (*Cook*) *Eier* poached.
2. vain. **der ~e Sohn** (*Bibl*) the prodigal son; **jdn/etw** ~ **geben** to give sb/sth up for lost; **auf ~em Posten kämpfen** *or* **stehen** to be fighting a losing battle *or* a lost cause.

verlorengehen *vi sep irreg aux sein* to get *or* be lost; (*Zeit, Geld*) to be lost *or* wasted. **an ihm ist ein Sänger verlorengegangen** he would have made a (good) singer, he ought to have been a singer.

Verlorenheit *f* forlornness.

verlöschen* *pret* **verlosch,** *ptp* **verloschen** *vi aux sein* to go out; (*Inschrift, Farbe, Tinte*) to fade; (*Mond, Sterne*) to set; (*Erinnerung, Ruhm*) to fade (away). **sein Leben(slicht) ist verloschen** (*liter*) he has departed this life (*liter*).

verlosen* *vt* to raffle (off).

Verlosung *f* (*das Verlosen*) raffling; (*Lotterie*) raffle, draw; (*Ziehung*) draw.

verlöten* *vt* to solder. **einen** ~ (*sl: trinken*) to have a quickie (*inf*).

verlottern* *vi aux sein* (*inf*) (*Stadt, Restaurant*) to get *or* become run down; (*Garten*) to run wild; (*Mensch*) to go to the dogs; (*moralisch*) to go to the bad. **er verlottert immer mehr** he is sliding further and further downhill.

verlottert *adj* (*inf*) *Stadt* run-down; *Garten* wild; *Mensch, Aussehen* scruffy; (*moralisch*) dissolute.

Verlust *m* **-(e)s, -e** loss. **~e** *pl* losses *pl*; (*Tote auch*) casualties *pl*; (*bei Glücksspiel*) losses *pl*; **schwere ~e haben/machen** to sustain/make heavy losses; **mit** ~ **ver-**

kaufen to sell at a loss.

Verlust|anzeige *f* "lost" notice; **verlustbringend** *adj* loss-making; ~ **arbeiten** to work at a loss; **Verlustgeschäft** *nt* (*Firma*) loss-making business, loss-maker; **ich habe es schließlich verkauft, aber das war ein ~** I sold it eventually, but I made a loss *or* but at a loss.

verlustieren* *vr* (*hum*) to amuse oneself.

verlustig *adj* (*form*) **einer Sache** (*gen*) ~ **gehen** *or* **werden** to forfeit *or* lose sth; **jdn seiner Rechte für** ~ **erklären** to declare sb's rights forfeit.

vermachen* *vt* **jdm etw** ~ to leave *or* bequeath sth to sb; (*inf: gehen*) to bequeath sth to sb; **jdm etw als Schenkung** ~ to bequeath sth to sb.

Vermächtnis *nt* bequest, legacy; (*fig*) legacy.

vermählen* (*form*) I *vt* to marry, to wed. **frisch vermählt sein** to be newly married *or* wed(ded). II *vr* **sich** (*mit jdm*) ~ to marry *or* wed (sb); **„wir haben uns vermählt ..."** "the marriage is announced of ...".

Vermählte(r) *mf decl as adj* **die beiden ~n** the newly-married couple; **die/der soeben** ~ the bride/(bride)groom.

Vermählung *f* (*form*) marriage.

Vermählungs|anzeige *f* marriage announcement.

vermaledeit *adj* (*old*) (ac)cursed (*old*).

vermännlichen* I *vt* to masculinize, to make masculine. II *vi aux sein* (*Frauen*) to become masculine *or* like men, to adopt male characteristics.

Vermännlichung *f* masculinization.

vermanschen* *vt* (*inf*) to mash up.

vermarkten* *vt* to market; (*fig*) to commercialize.

Vermarktung *f* marketing; (*fig*) commercialization.

vermasseln* *vt* (*inf*) to ruin, to mess up (*inf*); *Prüfung, Klassenarbeit* to make a mess *or* cock-up (*Brit sl*) of.

Vermassung *f* loss of identity *or* individuality, de-individualization. **die** ~ **der Gesellschaft** the stereotyping of society.

vermauern* *vt* to wall *or* brick up.

vermehren* I *vt* to increase; (*fortpflanzen*) to breed; *Bakterien* to multiply. **vermehrt** increased; **diese Fälle treten vermehrt auf** these cases are occurring with increased *or* increasing frequency.
II *vr* to increase; (*sich fortpflanzen*) to reproduce, to breed; (*Bakterien*) to multiply; (*Pflanzen*) to propagate.

Vermehrung *f siehe vb* increase; reproduction, breeding; multiplying; propagation.

vermeidbar *adj* avoidable.

vermeiden* *vt irreg* to avoid; *Frage auch* to evade. ~, **daß eine Sache an die Öffentlichkeit dringt** to avoid letting a matter become public; **es läßt sich nicht** ~ it cannot be avoided *or* helped, it is inevitable *or* unavoidable; **es läßt sich nicht** ~, **daß ...** it is inevitable *or* unavoidable that ...; **nicht, wenn ich es** ~ **kann** not if I can avoid *or* help it; **er vermeidet keinen Streit** he's not one to avoid an argument.

Vermeidung *f* avoidance. **die** ~ **eines Skandals ist nur dann möglich, wenn ...** a scandal can only be avoided if ...; **zur** ~ **+ gen** *or* **von** to avoid.

Vermeil [vɛrˈmɛːj] *nt* **-s**, *no pl* gilded silver.

vermeinen* *vt* (*geh*) to think. **ich vermeinte, eine Stimme zu hören** I thought I heard a voice.

vermeintlich *adj attr* putative, supposed; *Täter, Vater eines Kindes* putative.

vermelden* *vt* **1.** (*liter: mitteilen*) to announce. **was hast du Neues zu ~?** (*hum*) what news do you have to announce *or* report? **2.** *Erfolg* to report.

vermengen* *vt* to mix; (*fig inf: durcheinanderbringen*) *Begriffe etc* to confuse.

Vermengung *f* mixing.

vermenschlichen* *vt* to humanize; (*als Menschen darstellen auch*) to anthropomorphize.

Vermenschlichung *f siehe vt* humanization; anthropomorphization.

Vermerk *m* **-(e)s, -e** note, remark; (*im Kalender auch*) entry; (*in Paß*) observation; (*postalisch*) remark; (*Stempel*) stamp.

vermerken* *vt* **1.** to make a note of, to note (down), to write down; (*in Paß, Karte*) *Namen, Datum etc* to record.
    2. (*zur Kenntnis nehmen*) to note, to make a (mental) note of. **jdm etw übel ~** to take sth amiss; **der Vorfall wurde peinlich vermerkt** the incident was noted with some embarrassment.

vermessen*¹* *irreg* **I** *vt* to measure; *Land, Gelände* to survey. **II** *vr* **1.** (*geh*) (*sich anmaßen*) to presume, to dare. **wie kann er sich ~, ...?** how dare he ...? **2.** (*falsch messen*) to measure wrongly.

vermessen² *adj* (*anmaßend*) presumptuous; *Diener* impudent; (*kühn*) *Unterfangen* bold.

Vermessenheit *f*, *no pl siehe adj* presumption, presumptuousness; impudence; boldness. **es wäre eine ~, das zu tun** that would be an act of some temerity.

Vermessung *f* measurement; (*von Land, Gelände*) survey.

Vermessungsamt *nt* land survey(ing) office; **Vermessungsingenieur** *m* land surveyor; **Vermessungsschiff** *nt* survey ship.

vermiesen* *vt* (*inf*) **jdm etw ~** to spoil sth for sb; **das hat mir den Urlaub vermiest** that spoiled my holiday.

vermietbar *adj* rentable. **schlecht ~** difficult to rent (out) *or* let (out) (*esp Brit*); **es ist nur als Büroraum ~** it can only be rented (out) as office premises.

vermieten* **I** *vt* to rent (out), to let (out) (*esp Brit*), to lease (*Jur*); *Boot, Auto* to rent (out), to hire (out), to lease (*Jur*). **Zimmer zu ~** room to let (*esp Brit*) *or* for rent. **II** *vi* to rent (out) *or* let (out) (*esp Brit*) a room/rooms.

Vermieter *m* **-s**, **-** lessor; (*von Wohnung etc*) landlord, lessor (*Jur*).

Vermieterin *f* landlady.

Vermietung *f siehe vt* renting (out), letting (out) (*esp Brit*); renting (out), rental, hiring (out).

vermindern* **I** *vt* to reduce, to decrease; *Zorn* to lessen; *Widerstandsfähigkeit, Reaktionsfähigkeit* to diminish to, to reduce;

Schmerzen to ease, to lessen, to reduce; (*Mus*) to diminish. **verminderte Zurechnungsfähigkeit** (*Jur*) diminished responsibility.
    II *vr siehe vt* to decrease; to lessen; to diminish; (*Schmerzen*) to ease off, to lessen, to decrease.

Verminderung *f siehe vb* reduction (*gen* of), decrease (*gen* in); lessening; diminution, reduction; easing, lessening, reduction.

verminen* *vt* to mine.

Verminung *f* mining.

vermischen* **I** *vt* to mix; *Tabaksorten, Teesorten etc* to blend. **vermischte Schriften** miscellaneous writings; „**Vermischtes**" "miscellaneous".
    II *vr* to mix; (*Rassen auch*) to interbreed; (*Elemente, Klänge, Farben*) to blend, to mingle. **wo sich Tradition und Fortschritt ~** where tradition and progress are blended (together) *or* combined.

Vermischung *f siehe vb* mixing, mixture; blending; interbreeding; blending, mingling; (*von Gefühlen, Stilebenen, Metaphern*) mixture.

vermissen* *vt* to miss. **vermißt werden** to be missing; **als vermißt gemeldet sein** to be reported missing; **ich vermisse zwei Teelöffel** two (of my) teaspoons are missing; **etw an jdm/etw ~** to find sth/sb lacking in sth; **wir haben dich bei der Party vermißt** we didn't see you at the party; **entschuldige, daß ich zu spät komme — wir hatten dich noch gar nicht vermißt** sorry I'm late — we hadn't even noticed you weren't here; **etw ~ lassen** to lack sth, to be lacking in sth.

Vermißtenanzeige *f* missing persons report. **eine ~ aufgeben** to report someone (as) missing.

Vermißte(r) *mf decl as adj* missing person.

vermitteln* **I** *vt* to arrange (*jdm* for sb); *Stelle, Briefpartner, Privatschüler* to find (*jdm* for sb); *Aushilfskräfte, Lehrer etc* to find jobs *or* positions for, to place; (*Telec*) *Gespräch* to put through, to connect; *Hypotheken, Kredite, Geschäfte* to arrange, to negotiate (*jdm* for sb); *Wertpapiere* to negotiate; *Lösung, Kompromiß, Waffenstillstand* to arrange, to negotiate, to mediate; *Gefühl, Bild, Idee, Einblick* to convey, to give (*jdm* to sb); *Verständnis* to give (*jdm* to sb); *Wissen* to impart (*jdm* to sb). **jdm etw ~** to get sth for sb; **kennen Sie jemanden, der Wohnungen vermittelt?** do you know (anybody who acts as) an agent for renting/ buying flats?; **ich kann dir eine billige Ferienwohnung ~** I can get you a cheap holiday flat; **wir ~ Wohnungen** we are agents for flats.
    II *vi* to mediate, to act as mediator *or* a go-between. **~d eingreifen** to intervene; **~de Worte** conciliatory words.

vermittels(t) *prep* **+gen** (*form*) by means of.

Vermittler(in *f*) *m* **-s**, **-** **1.** mediator, go-between. **2.** (*Comm*) agent; (*Fin, Heirats~*) broker; (*von Anleihe*) negotiator; (*Stellen~*) clerk in/manager of/person who works in an employment agency *or* bureau.

Vermittlergebühr *f* commission; (*Fin auch*) brokerage; **Vermittlerrolle** *f* role of mediator.

Vermittlung *f* **1.** *siehe vt* arranging, arrangement; finding; finding of jobs *or* positions (+*gen* for), placing; connection; negotiation; mediation; conveying; giving; imparting. **ich habe das Zimmer/die Stelle durch ~ eines Freundes bekommen** I got the room/job through (the agency of *form*) *or* via a friend; **durch seine freundliche ~** with his kind help; **zur ~ eines besseren Eindrucks** to give *or* convey a better impression.

2. (*Schlichtung*) mediation. **eine ~ zwischen den beiden ist mir leider nicht gelungen** unfortunately I was unable to reconcile them *or* to bring about a reconciliation between them.

3. (*Stelle, Agentur*) agency; (*Heirats~*) marriage bureau *or* agency; (*Wohnungs~*) estate agent's *or* agency (*Brit*), realtor (*US*); (*Arbeits~*) employment agency.

4. (*Telec*) (*Amt*) exchange; (*in Firma etc*) switchboard; (*Mensch*) operator.

Vermittlungs|amt *nt* (*Telec*) telephone exchange; **Vermittlungs|ausschuß** *m* mediation committee; **Vermittlungsbemühungen** *pl* efforts to mediate *pl*; **Vermittlungsgebühr** *f* commission; **Vermittlungsversuch** *m* attempt at mediation.

vermöbeln* *vt* (*inf*) to beat up; (*als Strafe*) to thrash.

vermocht *ptp of* **vermögen.**

vermodern* *vi aux sein* to moulder, to decay.

vermöge *prep* +*gen* (*liter*) by dint of.

vermögen *pret* **vermochte,** *ptp* **vermocht** *vt, v aux* (*geh*) **etw zu tun ~, (es) ~, etw zu tun** to be able to do sth, to be capable of doing sth; **er vermochte es nicht, sich von den Fesseln zu befreien** he was unable *or* was not able to free himself from the chains; **viel/wenig ~** to be capable of a lot/not to be capable of very much; **Geduld vermag viel bei ihm** patience works wonders with him.

Vermögen *nt* **-s,** **- 1.** (*Reichtum, viel Geld*) fortune. **das ist ein ~ wert** it's worth a fortune; **eine Frau, die ~ hat** a woman who has money, a woman of means; **die erste Frage war, ob ich ~ hatte** the first question was whether I had private means.

2. (*Besitz*) property. **mein ganzes ~ besteht aus ...** my entire assets consist of ...; **die Verteilung des ~s in einem Land** the distribution of wealth within a country.

3. (*Können*) ability, capacity; (*Macht*) power.

vermögend *adj* (*reich*) wealthy, well-off. **ein ~er Mann** a man of means, a wealthy man.

Vermögens|abgabe *f* property levy; **Vermögensbildung** *f* wealth formation by long-term saving with tax concessions; **Vermögens|erklärung** *f* statement of property; (*Wertpapiere*) statement of

assets; **Vermögenspolitik** *f* policy on the distribution of wealth; **Vermögenssteuer** *f* wealth tax; **Vermögensverhältnisse** *pl* financial *or* pecuniary circumstances *pl*; **Vermögensverteilung** *f* distribution of wealth; **Vermögenswerte** *pl* assets *pl*; **vermögenswirksam** *adj* profitable, profit-yielding; **Geld ~ investieren** to invest money profitably; **~e Leistungen** employer's contributions to tax-deductible savings scheme; **Vermögenszuwachs** *m* increase of wealth.

vermottet *adj* (*lit, fig*) moth-eaten.

vermummen* I *vt* to wrap up (warm). II *vr* **1.** to wrap (oneself) up (warm). **vermummte Gestalten in einer Winterlandschaft** muffled-up figures in a winter landscape. **2.** (*sich verkleiden*) to disguise. **eine vermummte Gestalt betrat den Raum** a cloaked figure entered the room.

Vermummung *f* disguise.

vermurksen* *vt* (*inf*) **etw ~/sich** (*dat*) **etw ~** to mess sth up (*inf*), to make a mess of sth.

vermuten* *vt* to suspect. **ich vermute es nur** that's only an assumption, I'm only assuming that; **wir haben ihn dort nicht vermutet** we did not expect *or* think to find/see *etc* him there; **es ist zu ~, daß ...** it may be supposed that ..., we may assume *or* presume that ...; **die Entwicklung läßt ~, daß ...** developments lead one to assume that *or* give rise to the suspicion *or* supposition that ...

vermutlich I *adj attr* presumable; *Täter* suspected. II *adv* presumably.

Vermutung *f* (*Annahme*) supposition, assumption; (*Mutmaßung*) conjecture; (*Verdacht*) suspicion. **die ~ liegt nahe, daß ...** there are grounds for the supposition *or* assumption that ...; **das sind alles nur ~en** that's pure conjecture, those are purely suppositions *or* assumptions; **auf ~en angewiesen sein** to have to rely on suppositions *or* assumptions *or* guesswork; **meine ~en waren richtig** my guess *or* suspicion was right.

vernachlässigen* I *vt* to neglect; (*Schicksal*) *jdn* to be unkind *or* harsh to. **das können wir ~** (*nicht berücksichtigen*) we can ignore that. II *vr* to neglect oneself *or* one's appearance.

Vernachlässigung *f siehe vt* neglect; (*Nichtberücksichtigung*) ignoring.

vernageln* *vt* to nail up. **etw mit Brettern ~** to board sth up.

vernagelt *adj* (*fig inf*) thick *no adv* (*inf*), wooden-headed (*inf*); (*engstirnig*) small-minded.

vernähen* *vt* to neaten; *Wunde* to stitch (up); (*verbrauchen*) to use up.

vernarben* *vi aux sein* to heal *or* close (up).

Vernarbung *f* healing. **eine gute ~** a good heal.

vernarren* *vr* (*inf*) **sich in jdn/etw ~** to fall for sb/sth, to be smitten by sb/sth; **in jdn/etw vernarrt sein** to be crazy (*inf*) *or* nuts (*sl*) about sb/sth, to be infatuated with sb.

Vernarrtheit *f, no pl* infatuation (*in* +*acc* with).

vernaschen* *vt Süßigkeiten* to eat up; *Geld* to spend on sweets; (*inf*) *Mädchen, Mann* to make it with (*inf*).

vernebeln* vt (Mil) to cover with a smoke screen; (fig) Tatsachen to obscure, to obfuscate (form); (inf) Zimmer to fug up. **die Dinge ~** to confuse the issue, to muddy the waters.

vernehmbar adj (hörbar) audible, perceptible.

vernehmen* vt irreg 1. (hören) to hear. 2. (erfahren) to hear, to learn. 3. (Jur) Zeugen, Angeklagte to examine; (Polizei) to question. **zu diesem Fall wurden fünfzig Zeugen vernommen** fifty witnesses were heard in connection with this case.

Vernehmen nt: **dem ~ nach** from what I/we etc hear; **gutem/sicherem ~ nach** according to well-informed/reliable sources.

vernehmlich adj clear, audible. **sich ~ räuspern** to clear one's throat audibly.

Vernehmung f (Jur: von Zeugen, Angeklagten) examination; (durch Polizei) questioning.

Vernehmungsbe|amte(r) m police interrogator; **vernehmungsfähig** adj able to be examined/questioned.

verneigen* vr to bow. **sich vor jdm/etw ~** (lit) to bow to sb/sth; (fig) to bow down before sb/sth.

Verneigung f bow, obeisance (form) (vor + dat before). **eine ~ machen** to bow.

verneinen* vti Frage to answer in the negative; (leugnen) Tatsache, Existenz Gottes etc to deny; These, Argument to dispute; (Gram, Logik) to negate. **die verneinte Form** the negative (form).

verneinend adj (auch Gram) negative. **er schüttelte ~ den Kopf** he shook his head.

Verneinung f (Leugnung) denial; (von These etc) disputing; (Gram, Philos) negation; (verneinte Form) negative. **die ~ meiner Frage** the negative answer to my question.

vernichten* vt (lit, fig) to destroy; Schädlinge, Menschheit auch to exterminate; Menschheit, Feind auch to annihilate.

vernichtend adj devastating; Blick auch withering; Niederlage crushing. **~ über jdn urteilen** to pass a devastating appraisal of sb; **jdn ~ schlagen** (Mil) to destroy sb utterly; (Sport) to beat sb hollow.

Vernichtung f siehe vt destruction; extermination; annihilation.

Vernichtungskrieg m war of extermination; **Vernichtungslager** nt extermination camp; **Vernichtungsmittel** nt insecticide; (Unkraut~) weedkiller; **Vernichtungsschlag** m devastating blow; **das war der ~ für die Regierung** that was the final blow for the government; **Vernichtungswaffe** f destructive or doomsday weapon.

vernickeln* vt to nickel-plate.

verniedlichen* vt to trivialize.

vernieten* vt to rivet.

Vernissage [vɛrnɪˈsaːʒə] f -, **-n** (Eröffnung) opening day.

Vernunft f -, no pl reason (auch Philos), good sense. **zur ~ kommen** to come to one's senses; **~ annehmen** to see reason; **nimm doch ~ an!** why don't you see reason?; **jdm ~ predigen** to reason with

sb; **gegen alle (Regeln der) ~** against all (the laws of) reason; **~ walten lassen** (geh) to let reason prevail; **~ beweisen** to show (good) sense or common sense; **etw mit ~ essen/trinken** to eat/drink sth with appreciation; **Kinder zur ~ erziehen** to bring children up to be sensible; siehe **bringen**.

vernunftbegabt adj rational, endowed with reason; **Vernunftbegriff** m concept of reason; **Vernunft|ehe** f (lit, fig) marriage of convenience; **vernunftgemäß** adv rationally, from a rational point of view; **Vernunftglaube(n)** m rationalism; **Vernunftgründe** pl rational grounds pl; **Vernunftheirat** f marriage of convenience.

vernünftig I adj sensible; (logisch denkend) rational; (inf) (ordentlich, anständig) decent; (annehmbar) reasonable. **sei doch ~!** be sensible or reasonable!; **ich kann keinen ~en Gedanken fassen** I can't think properly.

II adv siehe adj sensibly; rationally; decently; reasonably; (tüchtig) properly (inf). **~ reden** (inf) to speak properly; **er kann ganz ~ kochen** (inf) he can cook reasonably well.

Vernünftigkeit f sensibleness; (von Mensch auch) sense.

Vernunftmensch m rational person; **vernunftwidrig** adj irrational.

ver|öden* I vt (Med) Krampfadern to sclerose. **II** vi aux sein to become desolate; (sich entvölkern auch) to become deserted; (fig: geistig ~) to become stultified.

Ver|ödung f 1. desolation; (Entvölkerung) depopulation; (fig) stultification. 2. (Med: von Krampfadern) sclerosis.

ver|öffentlichen* vti to publish.

Ver|öffentlichung f publication.

ver|ordnen* vt 1. to prescribe, to order; Medikament to prescribe (jdm etw sth for sb). 2. (old: verfügen) to decree, to ordain.

Ver|ordnung f 1. (Med) prescription. **nach ~ des Arztes einzunehmen** to be taken as directed by the doctor. 2. (form: Verfügung) decree, ordinance.

verpachten* vt to lease, to rent out (an + acc to).

Verpächter m -s, - lessor.

Verpachtung f lease.

verpacken* vt to pack; (verbraucherrecht), (fig) Gedanken etc to package; (einwickeln) to wrap.

Verpackung f siehe vt packing; packaging; wrapping.

Verpackungsgewicht nt weight of packaging, tare (weight).

verpäppeln* vt (inf) to mollycoddle (inf), to pamper (inf).

verpassen* vt 1. (versäumen) to miss; Gelegenheit auch to waste; siehe **Anschluß**. 2. (inf: zuteilen) **jdm etw ~** to give sb sth; (aufzwingen) to make sb have sth; **jdm eins or eine or eine Ohrfeige/eine Tracht Prügel ~** to clout sb one (inf)/give sb a good hiding (inf); **jdm einen Denkzettel ~** to give sb something to think about (inf).

verpatzen* vt (inf) to spoil; Vereinbarung auch to mess up (inf).

verpennen* (inf) I vt Termin, Zeit to miss by oversleeping; Tag, Morgen etc to sleep through; Leben to sleep away; (fig: nicht bemerken) to sleep through. II vir to oversleep.

verpennt adj (inf) sleepy; (trottelig: Mensch) dozy. **ein ~er Typ** (Vielschläfer) a sleepyhead (inf); (Trottel) a dummy (inf).

verpesten* vt to pollute, to contaminate. **die Luft im Büro ~** (inf) to stink out the office.

Verpestung f pollution, contamination.

verpetzen* vt (inf) to tell or sneak on (inf) (bei to).

verpfänden* vt to pawn, to (put in) hock (inf); (Jur) to mortgage. **(jdm) sein Wort ~** (obs) to pledge one's word (to sb).

Verpfändung f pawning; (Jur) mortgage.

verpfeifen* vt irreg (inf) to grass on (bei to) (inf).

verpflanzen* vt (Bot, Med, fig) to transplant; Topfpflanzen to repot; Haut to graft.

Verpflanzung f siehe vt transplantation; repotting; grafting; (Med) transplant.

verpflegen* I vt to feed; (Mil) Heer auch to ration. II vr sich (selbst) ~ to feed oneself; (selbst kochen) to cook for oneself.

Verpflegung f 1. (das Verpflegen) catering; (Mil) rationing. **die ~ von 4 Leuten** feeding 4 people, catering for 4 people. 2. (Essen) food; (Mil) rations pl, provisions pl. **mit voller ~** including food; (mit Vollpension) with full board.

Verpflegungskosten pl cost of food sing.

verpflichten* I vt 1. (moralische Pflicht auferlegen) to oblige, to place under an obligation. **verpflichtet sein, etw zu tun, zu etw verpflichtet sein** to be obliged to do sth; **sich verpflichten fühlen, etw zu tun, sich zu etw verpflichtet fühlen** to feel obliged to do sth; **jdm verpflichtet sein** to be under an obligation to sb; **sich jdm verpflichtet fühlen** to feel under an obligation to sb.

2. (binden) to commit; (vertraglich, durch Eid, durch Handschlag etc) to bind. **verpflichtet sein, etw zu tun** to be committed to doing sth; **jdn auf die Verfassung ~** to make sb swear to uphold the constitution; **auf die Verfassung verpflichtet werden** to be sworn to uphold the constitution; **~d** Zusage, Unterschrift, Versprechen binding.

3. (einstellen) to engage; Sportler to sign on; (Mil) to enlist.

II vi (moralische Pflicht darstellen) to carry an obligation (zu etw to do sth); (bindend sein) to be binding. **das verpflichtet zu nichts** there is no obligation involved; siehe Adel.

III vr (moralisch) to make a commitment; (eidlich, vertraglich) to commit oneself; (Mil) to enlist, to sign up. **sich zu etw ~** to undertake to do sth; (vertraglich, eidlich) to commit oneself to doing sth.

Verpflichtung f 1. (das Verpflichten) obligation (zu etw to do sth); (Pflicht auch, finanzielle ~) commitment (zu etw to do sth); (Aufgabe) duty. **dienstliche ~en** official duties; **seinen ~en nachkommen** to fulfil one's obligations. 2. (Einstellung) engaging; (von Sportlern) signing on; (Mil) enlistment. 3. (das Sichverpflichten) (für, auf +acc for) signing on; (Mil) signing up.

verpfuschen* vt (inf) Arbeit etc to bungle; Leben, Erziehung, Urlaub etc to muck up (inf), to ruin.

verplanen* I vt Zeit to book up; Geld to budget. II vt to plan badly or wrongly; (falsch berechnen) to miscalculate.

verplappern* vr (inf) to open one's mouth too wide (inf).

verplaudern* I vt Zeit to talk or chat away. II vr (inf) to forget the time chatting.

verplempern* I vt (inf) Zeit to waste, to fritter away; Geld auch to squander. II vr to waste oneself.

verplomben* vt to seal.

verpönt adj frowned (up)on (bei by).

verprassen* vt to blow (inf) (für on). **etw sinnlos ~** to fritter sth away.

verprügeln* vt to put off, to intimidate.

verproviantieren* I vt to supply with food. II vr to get a food supply.

verprügeln* vt to thrash, to beat up.

verpuffen* vi aux sein to (go) pop; (fig) to fall flat.

verpulvern* vt (inf) to fritter away.

verpumpen* vt (inf) to lend out, to loan (an +acc to).

verpuppen* vr to pupate.

Verpuppung f pupation.

verpusten* vir (inf) to get one's breath back.

Verputz m -es, no pl plaster, plasterwork; (Rauhputz) roughcast.

verputzen* vt 1. to plaster; (mit Rauhputz) to roughcast. 2. (inf: aufessen) to polish off (inf), to demolish (inf).

verqualmen* vt Zimmer to fill with smoke; (inf) Zigaretten etc to smoke; Geld to spend on smoking. **ein verqualmtes Zimmer** a room full of smoke.

verquatschen* (inf) I vt to chat away. II vr 1. (lange plaudern) to forget the time chatting. 2. (Geheimnis ausplaudern) to open one's mouth too wide (inf).

verquellen* vi irreg aux sein to swell; (Holz auch) to warp. **verquollene Augen** puffy or swollen eyes.

verquer adv (inf) (jdm) ~ **gehen** to go wrong (for sb); **das kommt mir jetzt etwas ~** that could have come at a better time.

verquicken* I vt 1. (Chem) to amalgamate. 2. (fig) to bring together, to combine; (vermischen) to mix. **eng miteinander verquickt** closely related. II vr sich (miteinander) ~ to combine.

Verquickung f 1. amalgamation. 2. (fig) combination.

verquirlen* vt to whisk.

verrammeln* vt to barricade.

verramschen* vt (Comm) to sell off cheap; (inf auch) to flog (Brit inf).

Verrat m -(e)s, no pl betrayal (an +dat of); (Jur) treason (an +dat against). **~ an jdm üben** to betray sb.

verraten pret **verriet**, ptp **verraten** I vt 1. Geheimnis, Absicht, jdn to betray, to give away; (bekanntgeben, ausplaudern) to tell; (*fig: erkennen lassen*) to reveal, to show. **nichts ~**! don't say a word!; **er hat es ~** he let it out.

2. *Freunde, Vaterland, gute Sache etc* to betray (*an +acc* to). **~ und verkauft** (*inf*) well and truly sunk (*inf*).

II *vr* to give oneself away, to betray oneself.

Verräter(in *f*) *m* **-s, -** traitor (+*gen* to).

verräterisch *adj* treacherous, perfidious (*liter*); (*Jur*) treasonable; (*verdächtig*) *Blick, Lächeln etc* telling, telltale *attr*.

verrauchen* I *vi aux sein* (*fig: Zorn*) to blow over. **II** *vt Tabak, Zigarren etc* to smoke; *Geld* to spend on smoking.

verräuchern* *vt* to fill with smoke.

verraucht *adj* smoky, filled with smoke.

verrauschen* *vi aux sein* (*fig*) to die *or* fade away.

verrechnen* I *vt* (*begleichen*) to settle; *Scheck* to clear; *Lieferung, Leistungen, Guthaben* to credit/debit to an account; (*auszahlen*) to pay out; *Gutschein* to redeem. **etw mit etw ~** to balance sth with sth, to offset sth against sth.

II *vr* to miscalculate; (*Rechenfehler machen*) to make a mistake/mistakes; (*inf: sich täuschen*) to be mistaken. **sich um eine Mark ~** to be out by one mark.

Verrechnung *f siehe vt* settlement; clearing; crediting/ debiting to an account; paying out; redemption. „**nur zur ~**" "A/C payee only".

Verrechnungs|einheit *f* clearing unit; **Verrechnungsscheck** *m* crossed (*Brit*) *or* non-negotiable cheque; voucher check (*US*).

verrecken* *vi aux sein* (*vulg*) to die; (*elend sterben*) to die a wretched death. **er ist elend verreckt** he died like a dog (*inf*); **soll er doch ~**! let him bloody well die!; **zu Tausenden ~** to perish in their thousands; **etw nicht ums V~** *or* **ums V~ nicht tun** (*sl*) to damn well (*inf*) *or* bloody well (*Brit sl*) refuse to do sth.

verregnen *vi aux sein* to be spoilt *or* spoiled *or* ruined by rain.

verregnet *adj* rainy, wet.

verreiben* *vt irreg* to rub (*auf +dat* into); *Salbe* to massage (*auf +dat* into).

verreisen* *vi aux sein* to go away (on a trip *or* journey). **er ist verreist/ geschäftlich verreist** he's away, he's out of town/away on business; **mit dem Auto/der Bahn ~** to go on a car/train journey; (*in Urlaub*) to go on holiday by car/train.

verreißen* *vt irreg* (*kritisieren*) to tear to pieces.

verrenken* I *vt* to dislocate, to put out of joint; *Hals* to crick. **sich** (*dat*) **die Zunge ~** to twist one's tongue; **lieber sich den Bauch** *or* **Magen ~, als dem Wirt was schenken** (*prov*) waste not, want not (*prov*); **siehe Hals¹. II** *vr* to contort oneself.

Verrenkung *f* 1. contortion. **~en machen** to contort oneself. 2. (*Med: das Verrenken*) dislocation.

verrennen* *vr irreg* to get carried away. **sich in etw** (*acc*) **~** to get stuck on sth.

verrichten* *vt Arbeit* to perform, to carry out; *Andacht* to perform; *Gebet* to say;

siehe **Geschäft, Notdurft**.

Verrichtung *f siehe vt* performing, carrying out; performing; saying. **alltägliche/ häusliche ~en** routine *or* daily/domestic *or* household tasks.

verriegeln* *vt* to bolt.

verriet *pret of* **verraten**.

verringern* I *vt* to reduce; *Leistungen* to make deteriorate. **II** *vr* to decrease; (*Qualität auch, Leistungen*) to deteriorate; (*Abstand, Vorsprung auch*) to lessen, to diminish.

Verringerung *f siehe vb* reduction; decrease; deterioration; lessening, diminution.

verrinnen* *vi irreg aux sein* (*Wasser*) to trickle away (*in +dat* into); (*Zeit*) to elapse.

Verriß *m* **-sses, -sse** slating review.

verrohen* I *vt* to brutalize. **II** *vi aux sein* (*Mensch, Gesellschaft*) to become brutalized; (*Sitten*) to coarsen.

Verrohung *f* brutalization.

verrosten* *vi aux sein* to rust; (*fig: steif werden*) to get rusty. **verrostet** rusty.

verrotten* *vi aux sein* to rot; (*sich organisch zersetzen*) to decompose.

verrucht *adj* despicable, loathsome; *Tat auch* heinous; (*verrufen*) disreputable.

verrücken* *vt* to move, to disarrange.

verrückt *adj* 1. (*geisteskrank*) mad, insane. 2. (*inf*) crazy, mad. **~ auf** (+*acc*) *or* **nach** crazy *or* mad about (*inf*); **wie ~** like mad *or* crazy (*inf*); **die Leute kamen wie ~** loads of people came (*inf*); **so etwas V~es!** what a crazy idea!; **jdn ~ machen** to drive sb crazy *or* mad *or* wild; **~ werden** to go crazy; **bei dem Lärm kann man ja ~ werden** this noise is enough to drive you round the bend (*inf*); **ich werd' ~, (ich zieh aufs Land)!** (well,) I'll be blowed! (*inf*); **du bist wohl ~!** you must be crazy *or* mad!; **~ spielen** to play up.

Verrückte(r) *mf decl as adj* (*inf*) lunatic.

Verrücktheit *f* (*inf*) madness, craziness; (*Handlung*) mad *or* crazy thing.

Verrücktwerden *nt*: **zum ~** enough to drive one mad *or* crazy *or* round the bend (*inf*).

Verruf *m* **-(e)s**, *no pl* **in ~ kommen** *or* **geraten** to fall into disrepute; **jdn/etw in ~ bringen** to bring sb/sth into disrepute.

verrufen *adj* disreputable.

verrühren* *vt* to mix, to stir.

verrußen* *vi aux sein* to become sooty.

verrutschen* *vi aux sein* to slip.

Vers [fɛrs] *m* **-es, -e** verse (*auch Bibl*); (*Zeile*) line. **etw in ~e bringen** *or* **setzen** to put sth into verse; **~e machen** *or* **schmieden** (*inf*) to make up poems; **ich kann mir keinen ~ darauf machen** (*fig*) there's no rhyme or reason in it.

versachlichen* *vt* to objectify.

Versachlichung *f* objectification.

versacken* *vi aux sein* 1. (*lit*) to sink, to become submerged. 2. (*fig inf*) (*nicht wegkommen*) to stay on; (*herunterkommen*) to go downhill.

versagen* I *vt* **jdm/sich etw ~** to deny sb/ oneself sth; (*verweigern*) to refuse sb sth; **ich kann es mir nicht ~, eine Bemerkung zu machen** I can't refrain from making a comment; **etw ist jdm versagt** sth is denied sb, sb is denied sth; *siehe* **Dienst.**

 II *vi* to fail; (*Mensch: im Leben auch*) to be a failure; (*Gewehr*) to fail to function; (*Maschine auch*) to break down. **die Beine/Nerven** *etc* **versagten ihm** his legs/ nerves *etc* gave way; **da versagt diese Methode** this method doesn't work there.

Versagen *nt* **-s,** *no pl* failure; (*von Maschine*) breakdown. **menschliches ~** human error.

Versager *m* **-s, -** failure, flop (*inf*); (*Blindgänger, Sprengladung*) dud.

Versagung *f* denial; (*Entbehrung*) privation.

Versailler Vertrag [vɛrˈzaiə] *m* Treaty of Versailles.

versalzen* *vt* to put too much salt in/on, to oversalt; (*inf: verderben*) to spoil; *siehe* **Suppe.**

versammeln* **I** *vt* to assemble (*auch Mil*), to gather together; *Truppen auch* to rally, to muster. **Leute um sich ~** to gather people around *or* about one; **vor versammelter Mannschaft** (*inf*) in front of *or* before the assembled company.

 II *vr* to assemble; (*Parlament*) to sit; (*Ausschuß, Verein, Mitglieder*) to meet; (*Tagung*) to convene.

Versammlung *f* 1. (*Veranstaltung*) meeting; (*versammelte Menschen*) assembly. 2. *siehe vt* assembly, gathering (together); rallying, mustering. 3. *siehe vr* assembly; sitting; meeting; convening.

Versammlungsfreiheit *f* freedom of assembly; **Versammlungslokal** *nt* meeting place; **Versammlungsraum** *m* assembly room; **Versammlungsrecht** *nt* right of assembly; **Versammlungsverbot** *nt* prohibition of assembly.

Versand *m* **-(e)s,** *no pl* 1. (*das Versenden*) dispatch; (*das Vertreiben*) distribution. 2. (*Abteilung*) dispatch department. 3. (*inf: ~kaufhaus*) mail order firm.

Versand|abteilung *f* dispatch department; **Versandbahnhof** *m* dispatch station; **versandbereit** *adj* ready for dispatch; **Versandbuchhandel** *m* mail order book business.

versanden* *vi aux sein* to silt (up); (*fig*) to peter out, to fizzle out (*inf*).

versandfertig *adj siehe* **versandbereit**; **Versandgeschäft** *nt* 1. mail order firm. 2. *siehe* **Versandhandel**; **Versandgut** *nt* goods *pl* for dispatch; **Versandhandel** *m* mail order business; **Versandhaus** *nt* mail order firm *or* house; **Versandkosten** *pl* transport(ation) costs *pl*.

Versandung *f* silting (up); (*fig*) petering out, fizzling out (*inf*).

Versand|unternehmen *nt* mail order business; **Versandweg** *m* **auf dem ~** by mail order.

Versatz *m* **-es,** *no pl* 1. (*das Versetzen*) pawning. 2. (*Min*) packing, stowing.

versaubeuteln* *vt* (*inf*) 1. (*verlieren*) to go and lose (*inf*). 2. (*verderben*) to mess up (*inf*).

versauen* *vt* (*sl*) to mess up (*inf*).

versauern* *vi aux sein* (*inf*) to become frustrated.

versaufen* *vt irreg* (*inf*) *Geld* to spend on booze (*inf*). **seinen Verstand ~** to drink oneself silly.

versäumen* *vt* to miss; *Zeit* to lose; *Pflicht* to neglect; (*Sw: aufhalten*) *jdn* to delay, to hold up. **(es) ~, etw zu tun** to fail to do sth; **das Versäumte** what has been missed; **die versäumte Zeit aufholen** to make up for lost time.

Versäumnis *nt* (*Fehler, Nachlässigkeit*) failing; (*Unterlassung*) omission; (*versäumte Zeit, Sch*) absence (*gen* from); (*Jur*) default (*gen* in).

Versäumnis|urteil *nt* (*Jur*) judgement by default.

Versbau *m* versification, metrical structure.

verschachern* *vt* to sell off.

verschachtelt *adj Satz* encapsulated, complex. **ineinander ~** interlocking.

verschaffen* **I** *vt* **jdm etw ~** *Geld, Arbeit, Alibi* to provide *or* supply sb with sth *or* sth for sb; *Erleichterung, Genugtuung, Vergnügen* to give sb sth; *Ansehen* to earn sb sth; *siehe* **Ehre.**

 II *vr* **sich** (*dat*) **etw ~** to obtain sth; *Kenntnisse* to acquire sth; *Ansehen, Vorteil* to gain sth; *Ruhe, Respekt* to get sth; **sich mit Gewalt Zutritt ~** to force an entry *or* one's way in; **ich muß mir darüber Gewißheit/Klarheit ~** I must be certain about it/I must clarify the matter.

verschalen* *vt Wand* to panel; *Heizung etc* to box in, to encase; (*für Beton*) to build a framework *or* mould for. **II** *vi* (*für Beton*) to build a framework *or* mould.

Verschalung *f siehe vb* panelling; casing; building a framework *or* mould; (*Bretter*) framework, mould.

verschämt *adj* coy.

Verschämtheit *f* coyness.

verschandeln* *vt* to ruin.

Verschand(e)lung *f* ruining.

verschanzen* **I** *vt* (*Mil*) to fortify. **II** *vr* (*Mil, fig*) to entrench oneself (*hinter + dat* behind); (*sich verbarrikadieren*) to barricade oneself in (*in etw* (*dat*) sth); (*Deckung suchen*) to take cover (*hinter + dat* behind).

Verschanzung *f* 1. *siehe vb* fortification; entrenchment; barricading; taking cover. 2. (*Mil: Befestigung*) fortification.

verschärfen* **I** *vt Tempo, Aufmerksamkeit* to increase; *Gegensätze* to intensify; *Lage* to aggravate; *Spannungen* to heighten; *Kontrollen, Strafe, Gesetze, Maßnahmen* to tighten.

 II *vr siehe vt* to increase; to intensify; to become aggravated; to heighten, to mount; to become tighter.

verschärft **I** *adj siehe vb* increased; intensified; aggravated; heightened; tightened; *Arrest* close.

 II *adv* (*intensiver*) more intensively; (*strenger*) more severely; *prüfen* more closely. **~ aufpassen** to keep a closer watch; **~ kontrollieren** to keep a tighter control; **~ vorgehen** to take more stringent measures.

Verschärfung *f siehe vb* increase; intensification; aggravation; heightening, mounting; tightening.

verscharren* *vt* to bury.

verschätzen * *vr* to misjudge, to miscalculate (*in etw* (*dat*) sth). **sich um zwei Monate** ~ to be out by two months.

verschaukeln* *vt* (*inf*) to take for a ride (*inf*).

verscheiden* *vi irreg aux sein* (*geh*) to pass away, to expire.

verschenken* I *vt* (*lit, fig*) to give away. **sein Herz an jdn** ~ (*liter*) to give sb one's heart. II *vr* **sich an jdn** ~ to give oneself to sb.

verscherbeln* *vt* (*inf*) to flog (*Brit inf*).

verscherzen* *vr* **sich** (*dat*) **etw** ~ to lose *or* forfeit sth; **sich** (*dat*) **seine Chancen/jds Gunst** *or* **Wohlwollen** ~ to throw away one's chances/lose *or* forfeit sb's favour; **es sich** (*dat*) **mit jdm** ~ to spoil things (for oneself) with sb.

verscheuchen* *vt* to scare *or* frighten off *or* away; (*fig*) *Sorgen etc* to drive away.

verscheuern* *vt* (*inf*) to sell off.

verschicken* *vt* **1.** (*versenden*) to send out *or* off. **2.** (*zur Kur etc*) to send away. **3.** (*deportieren*) to deport.

Verschickung *f siehe vt* sending out *or* off; sending away; deportation.

Verschiebebahnhof *m* shunting yard; **Verschiebegleis** *nt* shunting track; **Verschiebelokomotive** *f* shunter.

verschieben* *irreg* I *vt* **1.** (*verrücken*) to move, to shift; *Truppen* to displace; (*Rail*) *Eisenbahnwagen* to shunt; *Perspektive* to alter, to shift. **2.** (*aufschieben*) to change; (*auf später*) to postpone, to put off, to defer (*um* for). **3.** (*inf*) *Waren, Devisen* to traffic in. II *vr* **1.** to move out of place; (*fig: Perspektive, Schwerpunkt*) to alter, to shift. **2.** (*zeitlich*) to be postponed *or* put off.

Verschiebung *f siehe vt* **1.** moving, shifting; displacement; shunting; alteration, shifting. **2.** postponement, deferment. **3.** trafficking.

verschieden I *adj* **1.** (*unterschiedlich*) different; (*unähnlich auch*) dissimilar; *Meinungen etc auch* differing. **die ~sten Sorten** many different kinds, all sorts; **das ist ganz** ~ (*wird* ~ *gehandhabt*) that varies, that just depends. **2.** *attr* (*mehrere, einige*) various, several. **da hört doch ~es auf!** (*inf*) that's a bit much (*inf*). **3.** (*substantivisch*) ~**e** *pl* various *or* several people; ~**es** several things; **V~es** different things; (*in Zeitungen, Listen*) miscellaneous. II *adv* differently. ~ **lang/breit/hoch sein** to vary *or* to be different in length/breadth/height.

verschieden|artig *adj* different; (*mannigfaltig*) various, diverse. **die ~sten Dinge** all sorts *or* manner of things.

Verschieden|artigkeit *f* different nature; (*Mannigfaltigkeit*) variety, diversity.

verschiedenemale *adv* several times.

verschiedenerlei *adj inv* **1.** *attr* many different, various. **2.** (*substantivisch*) many different things, various things.

Verschiedenheit *f* difference (*gen* of, in); (*Unähnlichkeit*) dissimilarity; (*Vielfalt*) variety.

verschiedentlich *adv* (*mehrmals*) on several occasions, several times; (*vereinzelt*) occasionally.

verschießen* *irreg* I *vt* **1.** *Munition* to use up; *Pfeile* to shoot off; (*inf*) *Fotos, Film auch* to take; *siehe* **Pulver**. **2.** (*Sport*) to miss. II *vr* (*inf*) **in jdn verschossen sein** to be crazy about sb (*inf*). III *vi aux sein* (*Stoff, Farbe*) to fade.

verschiffen* *vt* to ship; *Sträfling* to transport.

Verschiffung *f* shipment; (*von Sträflingen*) transportation.

verschimmeln* *vi aux sein* (*Nahrungsmittel*) to go mouldy; (*Leder, Papier etc*) to become mildewed. **verschimmelt** (*lit*) mouldy; mildewed, mildewy.

verschissen I *ptp of* **verscheißen**. II *adj* (*vulg*) *Unterhose* shitty (*sl*). **du hast bei mir** ~ (*sl*) I'm through with you (*inf*).

verschlafen* *irreg* I *vir* to oversleep. II *vt* *Termin* to miss by oversleeping; *Tag, Morgen* to sleep through; *Leben* to sleep away. III *adj* sleepy; (*trottelig*) *Mensch* dozy (*inf*).

Verschlag *m* **-(e), ¨e** (*abgetrennter Raum*) partitioned area; (*Schuppen*) shed; (*grob gezimmert*) shack; (*esp für Kaninchen*) hutch; (*am Haus*) lean-to; (*unter der Treppe*) glory-hole.

verschlagen¹* *vt irreg* **1.** (*nehmen*) *Atem* to take away. **das hat mir die Sprache** ~ it left me speechless. **2.** (*geraten lassen*) to bring. **auf eine einsame Insel** ~ **werden** to be cast up on a lonely island; **an einen Ort** ~ **werden** to end up somewhere. **3.** (*Sport*) *Ball* to mishit. **4.** (*verblättern*) *Seite, Stelle* to lose.

verschlagen² *adj* **1.** *Mensch, Blick, Tier etc* sly, artful. **2.** (*dial: lauwarm*) tepid.

Verschlagenheit *f siehe adj* **1.** slyness, artfulness. **2.** (*dial*) tepidness.

verschlammen* *vi aux sein* to silt up.

verschlampen* (*inf*) I *vt* **1.** (*verlieren*) to go and lose (*inf*). **2.** (*verkommen lassen*) to spoil. II *vi aux sein* (*Mensch*) to go to seed (*inf*).

verschlechtern* I *vt* to make worse, to worsen; *Zustand, Lage auch* to aggravate; *Qualität* to impair; *Aussicht* to diminish, to decrease. II *vr* to get worse, to worsen, to deteriorate; (*Leistungen auch*) to decline. **sich finanziell/beruflich** ~ to be worse off financially/to take a worse job.

Verschlechterung *f siehe vr* worsening, deterioration; decline. **eine finanzielle/ berufliche** ~ a financial setback/a retrograde step professionally.

verschleiern* I *vt* to veil; (*fig auch*) to disguise, to cover up; *Blick* to blur. II *vr* (*Frau*) to veil oneself; (*Himmel*) to become hazy; (*Blick*) to become blurred; (*träumerisch werden*) to become hazy; (*Stimme*) to become husky.

verschleiert *adj* *Frau* veiled; *Augen, Aussicht* misty; *Berge* misty, veiled in mist; *Stimme* husky; *Blick* blurred; (*träumerisch*) hazy; (*Phot*) foggy. **etw nur** ~ **sehen** to see sth only hazily.

Verschleierung *f siehe vt* veiling; disguising, covering up; blurring.

Verschleierungstaktik f cover-up (gen by); **Verschleierungsversuch** m attempt at covering up.

verschleifen* vt irreg to slur.

verschleimen* I vt to block or congest with phlegm. **verschleimt sein** (Patient) to be congested with phlegm. II vi aux sein to become congested with phlegm.

Verschleiß m -es, -e (lit, fig) wear and tear; (Verbrauch) consumption; (Verluste) loss. **ein ~ deiner Kräfte** a drain on your strength; **eingeplanter ~** built-in obsolescence; **ihr ~ an Männern** (hum) the rate she gets through men.

verschleißen pret **verschliß**, ptp **verschlissen** I vt to wear out; (verbrauchen) to use up. II vi aux sein to wear out; siehe **verschlissen**. III vr to wear out; (Menschen) to wear oneself out.

Verschleiß|erscheinung f sign of wear; **Verschleißprüfung** f wear test; **Verschleißteil** nt part subject to wear and tear.

verschleppen* vt 1. (entführen) jdn to abduct; Kunstschätze etc to carry off; (inf) etw to go off with. 2. (verbreiten) Seuche to spread, to carry. 3. (hinauszögern) Prozeß, Verhandlung to draw out, to protract; (Pol) Gesetzesänderung etc to delay; Krankheit to protract.

Verschleppte(r) mf decl as adj displaced person.

Verschleppung f siehe vt 1. abduction; carrying off. 2. spreading, carrying. 3. protraction; delay; protraction.

Verschleppungstaktik f delaying tactics pl.

verschleudern* vt (Comm) to dump; (vergeuden) Vermögen, Geld to squander.

verschließbar adj Dosen, Gläser etc closeable, sealable; Tür, Schublade, Zimmer etc lockable.

verschließen* irreg I vt 1. (abschließen) to lock (up); (fig) to close, to shut; (versperren) to bar; (mit Riegel) to bolt. **jdm etw ~** (fig) to deny sb sth; siehe **verschlossen**. 2. (wegschließen) to lock up or away. 3. (zumachen) to close; Glas auch, Karton auch, Brief to seal; (mit Pfropfen) Flasche to cork. **die Augen/Ohren/sein Herz (vor etw** dat) **~** to shut one's eyes/ears/heart (to sth).
II vr (Reize, Sprache, Möglichkeit) to be closed (dat to); (Mensch: reserviert sein) to shut oneself off (dat from). **sich vor jdm ~** to shut oneself off from sb; **sich einer Sache** (dat) **or gegen etw ~** to close one's mind to sth; **ich kann mich der Tatsache nicht ~, daß ...** I can't close my eyes to the fact that ...

verschlimmbessern* vt insep (hum) to make worse.

Verschlimmbesserung f (hum) worsening.

verschlimmern* I vt to make worse, to aggravate; Schmerzen auch to increase. II vr to get worse, to worsen.

Verschlimmerung f worsening; (von Schmerzen auch) increase.

verschlingen* irreg I vt 1. to entwine, to intertwine. **er stand mit verschlungenen Armen da** (rare) he stood there with his arms folded; **ein verschlungener Pfad** a winding path. 2. (fressen, gierig essen) to devour; (auffressen auch) to swallow up; (fig) (Welle, Dunkelheit) to engulf; (verbrauchen) Geld, Strom etc to eat up, to consume; (inf) Buch, jds Worte to devour. **jdn mit den Augen** or **Blicken ~** to devour sb with one's eyes.
II vr to become entwined or intertwined; (zu einem Knoten etc) to become entangled; (Därme) to become twisted.

verschliß pret of **verschleißen**.

verschlissen I ptp of **verschleißen**. II adj worn (out); Kleidung, Teppich, Material auch threadbare.

verschlossen I ptp of **verschließen**.
II adj closed; (mit Schlüssel) Tür, Fach etc locked; (mit Riegel) bolted; Dose auch, Briefumschlag sealed; (fig) (unzugänglich) reserved. **gut ~ aufbewahren** keep tightly closed; **etw bleibt jdm ~** sth is (a) closed (book) to sb; **ihr Wesen bleibt mir ~** she's a mystery to me; **hinter ~en Türen** behind closed doors; **wir standen vor ~er Tür** we were left standing on the doorstep.

Verschlossenheit f (von Mensch) reserve, reticence.

verschlucken* I vt to swallow; (fig auch) Wörter, Silben, Buchstaben to slur; Geld to consume; Schall to deaden; siehe **Erdboden**. II vr to swallow the wrong way; (fig) to splutter.

Verschluß m **-sses, -sse** 1. (Schloß) lock; (luft-, wasserdicht, für Zoll) seal; (Deckel, Klappe) top, lid; (Pfropfen, Stöpsel) stopper; (an Kleidung) fastener; (an Schmuck) catch; (an Tasche, Buch, Schuh) clasp. **etw unter ~ halten** to keep sth under lock and key. 2. (Phot) shutter; (an Waffe) breechblock. 3. (Med, Phon) occlusion.

verschlüsseln* vt to (put into) code, to encode.

Verschlüsselung, Verschlüßlung f coding.

Verschlußlaut m (Phon) plosive; **Verschlußsache** f item of classified information; **Verschlußsachen** pl classified information sing.

verschmachten* vi aux sein to languish (vor +dat for). **(vor Durst/Hitze) ~** (inf) to be dying of thirst/heat (inf).

verschmähen* vt to spurn, to scorn; Liebhaber to spurn, to reject. **verschmähte Liebe** unrequited love; **einen Whisky verschmähe ich nie** I never say no to a whisky.

verschmelzen* irreg I vi aux sein to melt together; (Metalle) to fuse; (Farben) to blend; (Betriebe etc) to merge; (fig) to blend (zu into). II vt 1. (verbinden) Metalle to fuse; Farben to blend; Betriebe, Firmen to merge. 2. Bruchflächen to smooth, to round off. 3. (fig) to unify (zu into).

Verschmelzung f 1. (Verbindung) fusion; (von Reizen, Eindrücken) blending; (von Farben) blending. 2. (von Bruchflächen) smoothing, rounding off. 3. (fig) (von Völkern, Begriffen etc) fusion. 4. (Comm) merger.

verschmerzen* *vt* to get over.

verschmieren* I *vt* 1. (*verstreichen*) *Salbe, Schmiere, Creme, Fett* to spread (*in + dat* over). 2. (*verputzen*) *Löcher* to fill in. 3. (*verwischen*) *Fenster, Gesicht* to smear; *Geschriebenes, Lippenstift, Schminke* to smudge. II *vi* to smudge.

verschmiert *adj Hände, Gesicht* smeary; *Schminke* smudged.

verschmitzt *adj* mischievous.

Verschmitztheit *f, no pl* mischievousness.

verschmutzen* I *vt* to dirty, to soil; *Luft, Wasser, Umwelt* to pollute; *Gewehr, Zündkerze* to foul; *Fahrbahn* to make muddy; (*Hund*) *Bürgersteig* to foul. II *vi aux sein* to get dirty; (*Luft, Wasser, Umwelt*) to become polluted.

verschmutzt *adj* dirty, soiled; *Luft etc* polluted. **stark** ~ very dirty, badly soiled; „~**e Fahrbahn**" "mud on road".

Verschmutzung *f* 1. *no pl siehe vt* dirtying, soiling; pollution; fouling; making muddy; fouling. 2. (*das Verschmutztsein*) dirtiness *no pl*; (*von Luft etc*) pollution.

verschnaufen* *vir* (*inf*) to have a breather, to have a rest.

Verschnaufpause *f* breather.

verschneiden* *vt irreg* 1. *Wein, Rum, Essigsorten* to blend. 2. (*stutzen*) *Flügel* to clip; *Hecke auch* to cut. 3. (*falsch schneiden*) *Kleid, Stoff* to cut wrongly; *Haar* to cut badly. 4. *Tiere* to geld.

verschneit *adj* snow-covered. **tief** ~ thick with snow.

Verschnitt *m* (*von Rum, Wein, Essig*) blend.

verschnörkelt *adj* ornate.

Verschnörkelung *f* (*Schnörkel*) flourish.

verschnupft *adj* (*inf*) 1. (*erkältet*) *Mensch* with a cold; *Nase* bunged up (*inf*). 2. (*usu pred: beleidigt*) peeved (*inf*).

verschnüren* *vt* to tie up.

verschollen *adj Schiff, Flugzeug, Mensch etc* missing, lost without trace; *Literaturwerk* forgotten. **ein lange ~er Freund** a long-lost friend; **er ist** ~ (*im Krieg*) he is missing, presumed dead; **V~e(r)** *m* missing person; (*Jur*) person presumed to be dead.

verschonen* *vt* to spare (*jdn von etw* sb sth); (*von Steuern auch*) to exempt. **verschone mich mit deinen Reden!** spare me your speeches!; **verschone mich damit!** spare me that!; **von etw verschont bleiben** to escape sth.

verschöne(r)n* *vt* to improve (the appearance of); *Wohnung, Haus, Zimmer* to brighten (up).

Verschönerung, Verschönung *f siehe vt* improvement; brightening up.

Verschonung *f* sparing; (*von Steuern*) exemption.

verschrammen* I *vt* to scratch. II *vi aux sein* to become *or* get scratched.

verschränken* *vt* to cross over; *Arme* to fold; *Beine* to cross; *Hände* to clasp; *Hölzer* to joggle; (*Stricken*) to cable.

Verschränkung *f* 1. (*das Verschränktsein*) fold. 2. *siehe vt* crossing over; folding; crossing; clasping; jogging; cabling.

verschrauben* *vt* to screw together.

verschrecken* *vt* to frighten *or* scare off.

verschreckt *adj* frightened, scared.

verschreiben* *irreg* I *vt* 1. (*verordnen*) to prescribe. 2. (*old*) **seine Seele dem Teufel** ~ to sign away one's soul to the devil. II *vr* 1. (*falsch schreiben*) to make a slip (of the pen). 2. **sich einer Sache** (*dat*) ~ to devote *or* dedicate oneself to sth; **sich dem Teufel** ~ to sell oneself to the devil.

Verschreibung *f* 1. (*Verordnung*) prescription. 2. (*Schreibfehler*) mistake, error.

verschreibungspflichtig *adj* only available on prescription, ethical.

verschrie(e)n *adj* notorious.

verschroben *adj* eccentric, odd.

Verschrobenheit *f, no pl* eccentricity.

verschrotten* *vt* to scrap.

Verschrottung *f* scrapping.

verschrumpeln* *vi aux sein* to shrivel.

verschüchtern* *vt* to intimidate.

verschulden* I *vt* (*schuldhaft verursachen*) to be to blame for, to be responsible for; *Unfall, Unglück* to cause. II *vi aux sein* (*in Schulden geraten*) to get into debt. **immer mehr** ~ to get deeper and deeper into debt; **verschuldet sein** to be in debt.

Verschulden *nt* -s, *no pl* fault. **durch eigenes** ~ through one's own fault; **ohne sein/mein** ~ through no fault of his (own)/ of my own *or* of mine.

Verschuldung *f* (*Schulden*) indebtedness.

verschütten* *vt* 1. *Flüssigkeit* to spill. 2. (*begraben*) **verschüttet werden** (*Mensch*) to be buried (alive); (*fig*) to be submerged.

verschüttet *adj* buried (alive); (*fig*) submerged.

verschwägert *adj* related (by marriage) (*mit* to).

Verschwägerung *f* relationship by marriage (*mit* to).

verschweigen* *vt irreg Tatsachen, Wahrheit etc* to hide, to conceal, to withhold (*jdm etw* sth from sb).

Verschweigen *nt* -s, *no pl* concealment, hiding, withholding. **das** ~ **der Wahrheit** concealing *or* withholding the truth.

Verschwelung *f* pyrolysis.

verschwenden* *vt* to waste (*auf or an + acc, für* on); (*leichtsinnig vertun*) *Geld* to squander.

Verschwender(in *f*) *m* -s, - spendthrift, squanderer.

verschwenderisch *adj* wasteful; *Leben* extravagant; (*üppig*) lavish, sumptuous; *Fülle* lavish. **mit etw** ~ **umgehen** to be lavish with sth.

Verschwendung *f* wastefulness. ~ **von Geld/Zeit** waste of money/time.

Verschwendungssucht *f, no pl* extravagance; **verschwendungssüchtig** *adj* (wildly) extravagant.

verschwiegen I *ptp of* **verschweigen**. II *adj Mensch* discreet; *Ort* secluded; *siehe* **Grab**.

Verschwiegenheit *f, no pl* (*von Mensch*) discretion; (*von Ort*) seclusion. **zur** ~ **verpflichtet** bound to secrecy.

verschwimmen* *vi irreg aux sein* to become blurred *or* indistinct. **es verschwamm ihr alles vor den Augen** everything went fuzzy *or* hazy; **ineinander** ~ **to** melt into one another, to merge (into one another); *siehe* **verschwommen.**

verschwinden* *vi irreg aux sein* to disappear, to vanish. **verschwinde!** clear off! (*inf*), away! (*liter*); **etw** ~ **lassen** (*Zauberer*) to make sth disappear *or* vanish; (*verstecken*) to dispose of sth; (*stehlen*) to steal *or* filch sth; **etw in etw** (*dat*) ~ **lassen** to slip sth into sth; **neben jdm/etw** ~ **to** pale into insignificance beside sb/sth, to be eclipsed by sb/sth; (*in bezug auf Größe*) to be dwarfed by sb/sth; (**mal**) ~ **müssen** (*euph inf*) to have to spend a penny (*inf*).

Verschwinden *nt* **-s,** *no pl* disappearance.

verschwindend *adj* Anzahl, Menge insignificant. ~ **wenig** very, very few; ~ **klein** minute.

verschwistert *adj* (*miteinander*) ~ **sein** to be brother and sister, to be siblings (*Soiol, Med etc*); (*Brüder*) to be brothers; (*Schwestern*) to be sisters; (*fig*) to be close; (*Städte*) to be twinned, to be twin towns; ~**e Seelen** (*liter*) kindred spirits.

verschwitzen* *vt* 1. *Kleidung* to make sweaty. 2. (*fig inf*) to forget.

verschwitzt *adj* sweat-stained; (*feucht*) sweaty; *Mensch* sweaty.

verschwollen *adj* swollen.

verschwommen I *ptp of* **verschwimmen.** II *adj Foto, Umrisse* blurred, fuzzy; *Berge* hazy, indistinct; *Erinnerung, Vorstellung* vague, hazy; *Argumente, Begriffe* woolly *no adv*, vague. **ich sehe alles** ~ everything looks hazy to me.

Verschwommenheit *f siehe adj* blurredness, fuzziness; haziness, indistinctness; vagueness, haziness; woolliness, vagueness.

verschworen I *ptp of* **verschwören.** II *adj* 1. *Gesellschaft* sworn. 2. *einer Sache* (*dat*) ~ **sein** to have given oneself over to sth.

verschwören* *vr irreg* 1. to conspire, to plot (*mit* with, *gegen* against). **sich zu etw** ~ to plot sth, to conspire to do sth; **sie haben sich zu einem Attentat gegen den Diktator verschworen** they are conspiring *or* plotting to assassinate the dictator; **alles hat sich gegen mich verschworen** (*fig*) there's a conspiracy against me.

2. (*sich verschreiben*) **sich einer Sache** (*dat*) ~ to give oneself over to sth.

Verschworene(r) *mf decl as adj* conspirator, plotter; (*fig*) ally, accomplice.

Verschwörer(in *f*) *m* **-s, -** conspirator.

Verschwörung *f* conspiracy, plot.

verschwunden I *ptp of* **verschwinden.** II *adj* missing, who/that has/had disappeared.

versechsfachen* I *vt* to multiply by six. II *vr* to increase sixfold.

versehen* *irreg* I *vt* 1. (*ausüben*) *Amt, Stelle etc* to occupy, to hold; *Dienst* to perform, to discharge (*form*); (*sich kümmern um*) to look after, to take care of; *Dienst* to provide. **den Dienst eines Kollegen** ~ to take a colleague's place, to perform a colleague's duties.

2. (*ausstatten*) **jdn mit etw** ~ to provide *or* supply sb with sth; (*ausrüsten auch*) to equip sb with sth; **etw mit etw** ~ to put sth

on/in sth; (*montieren*) to fit sth with sth; **ein Buch mit einem Umschlag** ~ to provide a book with a dust-jacket; **mit Blättern/Wurzeln/ Haaren** *etc* ~ **sein** to have leaves/roots/hairs *etc*; **mit Etiketten/ Wegweisern** ~ **sein** to be labelled/signposted; **mit allem reichlich/wohl** ~ **sein** to be well provided for.

3. (*Eccl*) **jdn (mit den Sterbesakramenten)** ~ to administer the last rites *or* sacraments to sb; **sich** ~ **lassen** to receive the last sacrament(s).

4. (*geben*) to give. **jdn mit einer Vollmacht** ~ to invest sb with full powers; **etw mit seiner Unterschrift** ~ to affix one's signature to sth (*form*), to sign sth; **etw mit einem Stempel/ Siegel** ~ to stamp sth/ to affix a seal to sth.

5. (*vernachlässigen*) to omit.

II *vr* 1. (*sich irren*) to be mistaken, to make a mistake.

2. **sich mit etw** ~ (*sich versorgen*) to provide oneself with sth; (*sich ausstatten*) to equip oneself with sth.

3. **ehe man sich's versieht** before you could turn round, before you could say Jack Robinson (*inf*).

Versehen *nt* **-s, -** (*Irrtum*) mistake, error; (*Unachtsamkeit*) inadvertence, oversight. **aus** ~ by mistake, inadvertently.

versehentlich I *adj attr* inadvertent; (*irrtümlich*) erroneous. II *adv* inadvertently.

versehren* *vt* (*verletzen*) to injure, to hurt; (*zum Invaliden machen*) to disable; (*beschädigen*) to damage.

Versehrtenrente *f* disability *or* invalidity pension; **Versehrtensport** *m* sport for the disabled.

Versehrte(r) *mf decl as adj* disabled person/ man/woman *etc*.

verselbständigen* *vr* to become independent.

versenden* *vt irreg or reg* to send; (*Comm auch*) to forward; *Kataloge, Heiratsanzeige etc* to send (out); (*verfrachten auch*) to ship.

Versendung *f siehe vt* sending; forwarding; sending out; shipment. **die** ~ **der Kataloge** sending (out) the catalogues.

versengen* *vt* 1. (*Sonne, mit Bügeleisen*) to scorch; (*Feuer*) to singe. 2. (*inf: verprügeln*) to thrash, to wallop (*inf*).

versenkbar *adj* that can be lowered; *Nähmaschine, Tischplatte* fold-away *attr*; *Scheinwerfer* retractable. **nicht** ~ **Schiff** unsinkable.

versenken* I *vt* 1. *Schatz, Behälter* to sink; *Leiche, Sarg* to lower; *Schiff auch* to send to the bottom; *das eigene Schiff* to scuttle. **die Hände in die Taschen** ~ to thrust one's hands into one's pockets; **den Kopf in ein Buch** ~ to bury one's head *or* to immerse oneself in a book.

2. *Schraube* to countersink; *Tischplatte* to fold away; (*Theat*) to lower. **eine Nähmaschine, die man** ~ **kann** a fold-away sewing-machine.

II *vr* **sich in etw** (*acc*) ~ to become immersed in sth; *in Gedanken auch, in Anblick* to lose oneself in sth.

Versenkung *f* 1. *siehe vt 1.* sinking; lowering; scuttling.

2. (*Theat*) trap(door).
3. (*das Sichversenken*) immersion. **jdn aus seiner ~ reißen** to tear sb from (his absorption *or* immersion in) his book/work *etc*; **innere/mystische ~** inner/mystic contemplation.
4. (*inf*) **in der ~ verschwinden** to vanish; (*berühmter Mensch, Buch etc*) to vanish *or* disappear from the scene, to sink into oblivion; **aus der ~ auftauchen** to re-appear; (*Mensch auch*) to re-emerge (on the scene).

Verseschmied *m* (*pej*) rhymester (*pej*), versifier (*pej*).

versessen *adj* (*fig*) **auf etw** (*acc*) **~ sein** to be very keen on sth, to be mad *or* crazy about sth (*inf*).

Versessenheit *f* keenness (*auf +acc* on).

versetzen* I *vt* **1.** (*umsetzen*) to move, to shift; *Pflanzen auch* to transplant; (*nicht geradlinig anordnen*) to stagger.
2. (*beruflich*) to transfer, to move. **jdn in einen höheren Rang ~** to promote sb, to move sb up; *siehe* **Ruhestand.**
3. (*Sch: in höhere Klasse*) to move *or* put up.
4. (*Typ, Mus*) to transpose.
5. (*inf*) (*verkaufen*) to flog (*Brit inf*), to sell; (*verpfänden*) to pawn, to hock (*inf*).
6. (*inf: nicht erscheinen*) **jdn ~** to stand sb up (*inf*).
7. (*fig: bringen*) **etw in Bewegung/Schwingung ~** to set sth in motion/to set sth swinging; **jdn in Wut/in fröhliche Stimmung ~** to send sb into a rage/to put sb in a cheerful mood; **jdn in Sorge/Unruhe ~** to worry/disturb sb; **jdn in Angst ~** to frighten sb, to make sb afraid; **jdn in die Lage ~, etw zu tun** to put sb in a position to do sth; **jdn in seine Jugend/in frühere Zeiten ~** to take *or* transport sb back to his youth/times gone by.
8. (*geben*) *Stoß, Schlag, Tritt etc* to give. **jdm einen Stich ~** (*fig*) to cut sb to the quick, to wound sb (deeply); *siehe* **Todesstoß.**
9. (*mischen*) to mix. **etw mit Alkohol ~** to add alcohol to sth.
10. (*antworten*) to retort.
II *vr* **1.** (*sich an andere Stelle setzen*) to move (to another place), to change places.
2. sich in jdn/in jds Lage/Gefühle ~ to put oneself in sb's place *or* position.
3. sich in eine frühere Zeit/seine Jugend *etc* **~** to take oneself back to *or* imagine oneself back in an earlier period/one's youth *etc.*

Versetzung *f* **1.** (*beruflich*) transfer. **seine ~ in einen höheren Rang** his promotion (to a higher grade/rank). **2.** (*Sch*) moving up, being put up. **3.** (*Mus, Typ*) transposition. **4.** (*nicht geradlinige Anordnung*) staggering. **5.** (*Vermischung*) mixing.

Versetzungszeichen *nt* (*Mus*) accidental; **Versetzungszeugnis** *nt* end-of-year report.

verseuchen* *vt* (*mit Bakterien*) to infect; (*mit Gas, Giftstoffen*) to contaminate; (*fig*) to contaminate, to poison.

Verseuchung *f siehe vt* infection; contamination *no pl*; poisoning *no pl.*

Versform *f* (*Poet*) verse form; **Versfuß** *m* (*Poet*) (metrical) foot.

Versicherer *m* **-s, -** insurer; (*bei Lebensversicherung auch*) assurer; (*bei Schiffen*) underwriter.

versichern* I *vt* **1.** (*bestätigen*) to assure; (*beteuern*) to affirm, to protest. **jdm ~, daß ...** to assure sb that ...; **jdm etw ~** to assure sb of sth; **seine Unschuld** to affirm *or* protest sth to sb.
2. (*geh*) **jdn einer Sache** (*gen*) **~** to assure sb of sth; **seien Sie versichert, daß ...** (you can *or* may) rest assured that ...
3. (*gegen Betrag*) to insure; *Leben auch* to assure.
II *vr* **1.** (*Versicherung abschließen*) to insure oneself (*mit* for); (*Lebensversicherung auch*) to take out a life insurance *or* assurance policy (*mit* of).
2. (*sich vergewissern*) to make sure.
3. sich jds/einer Sache ~ (*geh*) to secure sb/sth.

Versicherte(r) *mf decl as adj* insured/assured (party).

Versicherung *f* **1.** (*Bestätigung*) assurance; (*Beteuerung*) affirmation, protestation.
2. (*Feuer~ etc*) insurance; (*Lebens~ auch*) assurance.

Versicherungs|agent *m* (*Aus*) insurance agent; **Versicherungs|anstalt** *f* insurance company; **Versicherungsbeitrag** *m* **1.** (*bei staatlicher Versicherung etc*) insurance contribution; **2.** (*bei Haftpflichtversicherung etc*) insurance premium; **Versicherungsbetrug** *m* insurance fraud; **Versicherungsfall** *m* event of loss/ damage; **Versicherungsgesellschaft** *f* insurance/assurance company; **Versicherungskarte** *f* insurance card; **die grüne ~** (*Mot*) the green card; **Versicherungsmathematik** *f* actuarial theory; **Versicherungsnehmer** *m* (*form*) policy holder, insurant (*form*); **Versicherungspflicht** *f* compulsory insurance; **jeder Autofahrer unterliegt der ~** insurance is compulsory for every driver; **versicherungspflichtig** *adj* subject to compulsory insurance; **Versicherungspolice** *f* insurance/assurance policy; **Versicherungsprämie** *f* insurance premium; **Versicherungsschutz** *m* insurance cover; **Versicherungssumme** *f* sum insured/assured; **Versicherungsvertreter** *m* insurance agent; **Versicherungswert** *m* insurance value; **Versicherungswesen** *nt* insurance (business).

versickern* *vi aux sein* to seep away; (*fig*) (*Gespräch, Unterstützung*) to dry up; (*Interesse, Teilnahme*) to peter out.

versiebenfachen* I *vt* to multiply by seven.
II *vr* to increase sevenfold.

versiegeln* *vt* Brief, Tür to seal (up); *Parkett etc* to seal.

versiegen* *vi aux sein* (*Fluß, Quelle*) to dry up, to run dry; (*fig*) (*Gespräch, Unterstützung*) to dry up; (*Interesse*) to peter out; (*Tränen*) to dry up; (*gute Laune, Humor, Kräfte*) to fail. **nie ~der Humor** never-failing *or* irrepressible humour; **nie ~de Hoffnung** never-failing *or* undying hope.

versiert [ver-] *adj* experienced, practised. **in**

etw (*dat*) ~ **sein** to be experienced *or* (*in bezug auf Wissen*) (well) versed in sth.

Versiertheit [vɛr-] *f* experience (*in* + *dat* in); (*in bezug auf Wissen*) knowledge (*in* + *dat* of).

versilbern* *vt* (*silbern bemalen*) to paint silver; (*mit Silber überziehen*) to silver(-plate); (*fig inf: verkaufen*) to flog (*Brit inf*), to sell; (*fig liter: Mond*) to silver.

versinken; *vi irreg aux sein* (*untergehen*) to sink; (*Schiff auch*) to founder. **ich hätte im Boden** *or* **in der Erde/vor Scham** ~ **mögen** I wished the ground would (open and) swallow me up; **im Laster/Morast der Großstadt** ~ to sink into vice/into the mire of the big city; **in etw** (*acc*) ~ (*fig*) *in Trauer, Melancholie* to sink into sth; *in Anblick* to lose oneself in sth; *in Gedanken, Musik* to become immersed in sth, to lose oneself in sth; *siehe* **versunken.**

versinnbildlichen* *vt* to symbolize, to represent.

Version [vɛr'zio:n] *f* version.

versippt *adj* (*pej*) interrelated.

versklaven* [fɛɐ'skla:vn, -a:fn] *vt* (*lit, fig*) to enslave.

Versklavung *f* enslavement.

verslumen* [fɛɐ'slamən] *vi aux sein* to become slums/a slum.

Verslumung [fɛɐ'slamʊŋ] *f* deterioration into slums/a slum.

Versmaß *nt* metre.

versnoben* *vi aux sein* (*pej*) to become snobbish *or* a snob. **versnobt** snobbish, snobby (*inf*).

versoffen *adj* (*sl*) boozy (*inf*). **ein ~es Genie** a drunken genius.

versohlen* *vt* (*inf*) to spank (*inf*).

versöhnen* **I** *vt* to reconcile; (*besänftigen*) *jdn, Götter* to placate, to appease; (*fig*) *Unterschiede, jdn* to reconcile. ~**de Worte** conciliatory/placatory words; **das versöhnt einen dann wieder** it almost makes up for it.

    II *vr* to be(come) reconciled; (*Streitende*) to make it up. **sich mit Gott** ~ to make one's peace with God; **sich mit etw** ~ to reconcile oneself to sth.

versöhnlich *adj Mensch* conciliatory; *Laune, Ton auch* placatory; (*nicht nachtragend*) forgiving. **die Götter** ~ **stimmen** to placate *or* appease the gods.

Versöhnung *f* reconciliation; (*Beschwichtigung*) appeasement. **zur** ~ **opferte er den Göttern ...** to appease *or* placate the gods he sacrificed ...

Versöhnungsfest *nt*, **Versöhnungstag** *m* (*Rel*) Day of Atonement, Yom Kippur *no def art*; **Versöhnungspolitik** *f* policy of reconciliation.

versonnen *adj* (*in Gedanken verloren*) *Gesichtsausdruck* pensive, thoughtful; *Mensch auch* lost in thought; (*träumerisch*) *Blick* dreamy.

Versonnenheit *f siehe adj* pensiveness, thoughtfulness; dreaminess.

versorgen* **I** *vt* **1.** *Kinder, Tiere, Pflanzen, Haushalt* to look after, to take care of; (*bedienen*) *Heizung etc* to look after.

    2. (*beliefern*) to supply. **jdn mit etw** ~ (*versehen*) to provide *or* supply sb with sth.

3. (*unterhalten*) *Familie* to provide for, to support. **versorgt sein** to be provided for *or* taken care of.

    II *vr* **1. sich mit etw** ~ to provide oneself with sth.

    2. sich selbst ~ to look after *or* take care of oneself.

Versorgung *f siehe vt 1.-3.* **1.** care. **vielen Dank für die gute** ~ **meiner Katze/ Pflanzen** many thanks for taking such good care of my cat/plants.

    2. supply. **die** ~ **der Truppen (mit Munition)** supplying the troops (with ammunition); **Probleme mit der** ~ **haben** to have supply problems; **auf Grund der schlechten** ~ **der Truppen** because the troops were being poorly supplied.

    3. (*Unterhalt*) **die** ~ **im Alter/einer sechsköpfigen Familie** providing for one's old age/a family of six; **der Staat übernimmt die** ~ **der Waisen** the state undertakes to provide for the orphans.

versorgungsberechtigt *adj* entitled to maintenance; (*durch Staat*) entitled to (state) benefit; **Versorgungsbetrieb** *m* public utility; **Versorgungsempfänger** *m* recipient of state benefit; **Versorgungsfahrzeug** *nt* (*Mil*) supply vehicle; **Versorgungsflugzeug** *nt* supply plane; **Versorgungsgüter** *pl* supplies *pl*; **Versorgungsnetz** *nt* (*Wasser*~, *Gas*~ *etc*) (supply) grid; (*von Waren*) supply network; **Versorgungsschwierigkeiten** *pl* supply problems *pl*; **Versorgungstruppen** *pl* supply troops *pl*; **Versorgungsweg** *m* supply channel.

verspannen* **I** *vt* to brace, to stay, to guy. **II** *vr* (*Muskeln*) to tense up. **verspannt** tense(d up).

Verspannung *f* **1.** (*Seile etc*) bracing, stays *pl*. **2.** (*von Muskeln*) tenseness *no pl*.

verspäten* *vr* **1.** (*zu spät kommen*) to be late. **der Frühling hat sich verspätet** spring is late. **2.** (*nicht rechtzeitig wegkommen*) to be late leaving; (*aufgehalten werden*) to be delayed, to be held up.

verspätet *adj Zug, Flugzeug* delayed, late *pred*; *Ankunft, Eintreten, Frühling, Entwicklung* late; *Glückwunsch* belated; *Bewerbung* late, belated.

Verspätung *f* (*von Verkehrsmitteln*) delay; (*von Mensch*) late arrival; (*von Glückwunsch etc*) belatedness. **eine** ~ **der Pubertät/des Frühlings** late puberty/a late spring; (**10 Minuten**) ~ **haben** to be (10 minutes) late; **eine zweistündige** ~ **a delay** of two hours, a two-hour delay; **die** ~ **aufholen** to catch up lost time; **mit** ~ **abfahren/ankommen** to leave/arrive late; **ohne** ~ **ankommen** to arrive on time; **mit zwanzig Minuten** ~ twenty minutes late *or* (*von Verkehrsmitteln auch*) behind schedule; **mit sechsmonatiger** *etc* ~ six months *etc* late; (*nach Ablauf der Frist auch*) six months *etc* too late.

verspeisen* *vt* (*geh*) to consume.

verspekulieren* **I** *vt* to lose through speculation. **II** *vr* to ruin oneself by speculation; (*fig*) to miscalculate, to be out in one's speculations.

versperren* *vt* **1.** to block; *Weg auch* to bar; *Aussicht auch* to obstruct. **2.** (*dial: ver-*

schließen) to lock *or* close up.

verspielen* I *vt* (*lit, fig*) *Geld, Chancen* to gamble away; *Vorteile* to bargain away.

II *vi* (*fig*) **jetzt hast du verspielt** you've had it now (*inf*); **er hatte bei ihr verspielt** he was finished *or* he had had it (*inf*) as far as she was concerned.

verspielt *adj Kind, Katze etc* playful; *Frisur* pretty; *Muster, Kleid* pretty, dainty; *Verzierung* dainty.

verspinnen* *irreg* **I** *vt* (*zu Faden*) to spin; (*verbrauchen*) to use. **II** *vr* **die Larve verspinnt sich (zur Puppe)** the larva spins itself into *or* forms a cocoon; **sich in etw** (*dat*) ~ (*fig*) *in Ideen* to become immersed in sth; *in Lügen* to become embroiled *or* enmeshed in sth.

versponnen *adj* airy-fairy; *Ideen auch* wild *attr; Mensch* head-in-the-clouds *pred.*

verspotten* *vt* to mock; (*höhnisch*) to jeer at, to deride.

Verspottung *f* 1. *siehe vt* mocking; jeering, derision *all no indef art.* 2. (*spöttische Rede*) mockery *no indef art, no pl*; jeer, derision *no indef art, no pl.*

versprechen* *irreg* **I** *vt* 1. to promise (*jdm etw* sb sth). **aber er hat es doch versprochen!** but he promised!; **jdm/einander versprochen sein** (*obs*) to be betrothed (*old*) *or* promised to sb/each other (*old*); *siehe* **hoch, Blaue²**.
2. (*erwarten lassen*) to promise. **das verspricht interessant zu werden** it promises to be interesting; **das Wetter verspricht schön zu werden** the weather looks promising *or* promises to be good; **nichts Gutes** ~ to be ominous, to bode ill (*liter*).

II *vr* 1. (*erwarten*) **sich** (*dat*) **viel/wenig von jdm/etw** ~ to have high hopes/no great hopes of sb/sth; **was versprichst du dir davon?** what do you expect to achieve *or* gain (by that)?
2. (*falsch sagen, aussprechen*) to pronounce a word/words wrong(ly); (*etwas Nicht-Gemeintes sagen*) to make a slip (of the tongue) *or* a mistake.

Versprechen *nt* **-s,** - promise.

Versprecher *m* **-s,** - (*inf*) slip (of the tongue). **ein Freudscher** ~ a Freudian slip.

Versprechung *f* promise.

versprengen* *vt* 1. *Truppen, Soldaten* to disperse, to scatter. **versprengte Soldaten** scattered soldiers. 2. *Wasser* to sprinkle.

verspritzen* I *vt* 1. (*versprühen, verteilen*) to spray; (*versprengen*) to sprinkle; *Farbe* to spray on; (*zuspritzen*) *Fugen* to seal by injection moulding; (*fig*) *Tinte* to use up.
2. *Wasser* to splash, to sp(l)atter; *Farbe* to sp(l)atter.
II *vi aux sein* (*Wasser*) to spray; (*Fett*) to sp(l)atter.

versprühen* *vt* to spray; *Funken auch* to send up *or* out; (*verbrauchen*) to use. **Witz/Geist** ~ (*fig*) to scintillate.

verspüren* *vt* to feel, to be conscious of. **er verspürte keine Lust, zur Arbeit zu gehen** he felt no desire to go to work.

verstaatlichen* *vt* to nationalize.

Verstaatlichung *f* nationalization.

verstädtern* I *vt* to urbanize. **II** *vi aux sein* to become urbanized.

Verstädterung *f* urbanization.

verstand *pret of* **verstehen**.

Verstand *m* **-(e)s,** *no pl* (*Fähigkeit zu denken*) reason; (*Intellekt*) mind, intellect; (*Vernunft*) (common) sense; (*Urteilskraft*) (powers *pl* of) judgement. **das müßte dir dein** ~ **sagen** your common sense should tell you that; **den** ~ **verlieren** to lose one's mind; **hast du denn den** ~ **verloren?** have you taken leave of your senses?, are you out of your mind?; **jdn um den** ~ **bringen** to drive sb out of his mind; **nicht recht** *or* **ganz bei** ~ **sein** not to be in one's right mind; **zu** ~ **kommen** to come to one's senses; **das geht über meinen** ~ it's beyond me, it beats me (*inf*); **da steht einem der** ~ **still** (*fig inf*), **da bleibt einem der** ~ **stehen** (*fig inf*) the mind boggles (*inf*); **etw ohne** ~ **tun** to do sth mindlessly; **etw ohne** ~ **essen/trinken** not to pay attention to what one is eating/drinking; **etw mit** ~ **genießen/essen/trinken** to savour *or* relish sth.

verstanden *ptp of* **verstehen**.

Verstandes|ehe *f siehe* **Vernunftehe**; **Verstandeskraft** *f* mental *or* intellectual faculties *pl or* powers *pl*; **verstandesmäßig** *adj* rational; ~ **leuchtet das mir ein** it makes (rational) sense to me; **Verstandesmensch** *m* rational person.

verständig *adj* (*vernünftig*) sensible; (*einsichtig*) understanding.

verständigen* I *vt* to notify, to advise (*von* of, about). **II** *vr* to communicate (with each other); (*sich einigen*) to come to an understanding *or* agreement. **sich mit jdm** ~ to communicate with sb.

Verständigkeit *f siehe adj* sensibleness; understanding (*für* of).

Verständigung *f, no pl* 1. (*Benachrichtigung*) notification, advising. 2. (*das Sichverständigen*) communication *no indef art*. **die** ~ **am Telefon war schlecht** the (telephone) line was bad. 3. (*Einigung*) understanding, agreement.

Verständigungsbereitschaft *f* willingness *or* readiness to negotiate; **Verständigungsschwierigkeiten** *pl* communication difficulties *pl.*

verständlich *adj* (*begreiflich*) *Reaktion etc* understandable; (*intellektuell erfaßbar*) comprehensible; (*hörbar*) audible; (*klar*) *Erklärung, Ausdruck* intelligible. **allgemein** ~ readily comprehensible; **eine schwer** ~**e Unterscheidung** a distinction that is difficult to grasp *or* understand; **jdm etw** ~ **machen** to make sb understand sth; **sich** ~ **machen** to make oneself understood; (*sich klar ausdrücken*) to make oneself clear, to express oneself intelligibly; (*gegen Lärm*) to make oneself heard; **nicht** ~ incomprehensible; inaudible; unintelligible.

verständlicherweise *adv* understandably (enough).

Verständlichkeit *f, no pl* comprehensibility; (*Hörbarkeit*) audibility.

Verständnis *nt, no pl* 1. (*das Begreifen*) understanding (*für* of), comprehension (*für* of); (*Einfühlungsvermögen, Einsicht*) understanding (*für* for); (*Mitgefühl*) sympathy (*für* for). **für etw kein** ~ **haben**

to have no understanding/sympathy for sth; *für Probleme, Lage auch* to have no feeling for sth; **für so was habe ich kein ~** I have no time for that kind of thing; **dafür hast du mein vollstes ~** you have my fullest sympathy.

2. (*intellektuelles Erfassen*) (*für* of) understanding, comprehension. **mit ~ lesen/zuhören** to read/listen with understanding.

3. (*Kunst~ etc*) appreciation (*für* of).

4. (*Verständigung*) understanding.

verständnislos *adj* uncomprehending; *Gesicht, Blick auch* blank; (*ohne Mitgefühl*) unsympathetic (*für* towards); (*für Kunst*) unappreciative (*für* of); **verständnisvoll** *adj* understanding; (*mitfühlend auch*) sympathetic (*für* towards); *Blick* knowing *no pred*.

verstärken* I *vt Eindruck, Truppen*, (*Sport*) to reinforce; *Argumente, Mauer auch* to strengthen; *Spannung, Zweifel* to intensify, to increase; (*Chem*) to concentrate; (*Phot*) to intensify; (*Elec*) *Signal, Strom, Spannung* to boost, to amplify; *Stimme, Musik* to amplify.

II *vr* (*fig*) to intensify; (*sich vermehren*) to increase.

Verstärker *m* **-s, -** (*Rad, Elec*) amplifier; (*Telec*) repeater; (*von Signalen etc*) booster; (*Phot*) intensifier.

Verstärkung *f siehe vt* reinforcement; strengthening; intensification, increase; concentration; intensification; boosting; amplification.

verstauben* *vi aux sein* to get dusty *or* covered in dust; (*Möbel, Bücher auch, fig*) to gather dust. **verstaubt** dusty, covered in dust; (*fig*) *Ansichten* fuddy-duddy (*inf*).

verstauchen* *vt* to sprain. **sich** (*dat*) **die Hand/den Fuß** *etc* **~** to sprain one's hand/ankle *etc*.

Verstauchung *f* sprain; (*das Verstauchen*) spraining.

verstauen* *vt* (*in* +*dat* in(to)) *Gepäck* to load, to pack; (*Naut*) to stow; (*hum*) *Menschen* to pile, to pack.

Versteck *nt* **-(e)s, -e** hiding-place; (*von Verbrechern*) hide-out. **~ spielen** to play hide-and-seek.

verstecken* I *vt* to hide, to conceal (*vor* from).

II *vr* to hide, to conceal oneself. **sich vor** *or* **neben jdm ~ können/müssen** (*fig*) to be no match for sb; **sich vor jdm ~** to hide from sb; **sich vor** *or* **neben jdm nicht zu ~ brauchen** (*fig*) not to need to fear comparison with sb; **sich hinter etw** (*dat*) **~** (*fig*) to hide behind sth; **V~ spielen** to play hide-and-seek.

Versteckspiel *nt* (*lit, fig*) hide-and-seek.

versteckt *adj* **1.** (*lit: verborgen*) hidden; (*nicht leicht sichtbar*) *Eingang, Tür, Winkel* concealed; (*abgelegen auch*) *Ort* secret. **2.** (*fig*) *Lächeln, Blick* furtive; *Gähnen auch* disguised; *Andeutung* veiled; *Bedeutung* hidden, concealed.

verstehen *pret* **verstand** *ptp* **verstanden** I *vti* **1.** to understand; (*einsehen auch*) to see. **jdn/etw falsch** *or* **nicht recht ~** to misunderstand sb/sth; **versteh mich recht** don't misunderstand me, don't get me

wrong; **jdm zu ~ geben, daß ...** to give sb to understand that ...; **ein ~der Blick** a knowing look; (**ist das**) **verstanden?** (is that) understood?; *siehe* **Bahnhof, Spaß.**

2. (*hören*) to hear, to understand.

3. (*können, beherrschen*) to know; *Sprache auch* to understand. **es ~, etw zu tun** to know how to do sth; **etwas/nichts von etw ~** to know something/nothing about sth; *siehe* **Handwerk.**

4. (*auslegen*) to understand, to interpret, to see. **etw unter etw** (*dat*) **~** to understand sth by sth; **wie soll ich das ~?** how am I supposed to take that?; **das ist bildlich** *or* **nicht wörtlich zu ~** that isn't to be taken literally.

II *vr* **1.** to understand each other.

2. (*miteinander auskommen*) to get on *or* along (with each other *or* together). **sich mit jdm ~** to get on with sb.

3. (*klar sein*) to go without saying. **versteht sich!** (*inf*) of course!, naturally!; **das versteht sich von selbst** that goes without saying.

4. (*auffassen*) **sich als etw ~** to think of *or* see oneself as sth.

5. sich auf etw (*acc*) **~** to be (an) expert at sth, to be a dab hand at sth (*inf*).

6. sich zu etw ~ (*form*) to agree to sth.

7. (*Comm*) to be. **die Preise ~ sich einschließlich Lieferung** prices are inclusive of delivery.

versteifen* I *vt* to strengthen, to reinforce; (*Tech*) to strut; (*Comm*) to tighten; (*Sew*) to stiffen.

II *vr* to stiffen up; (*fig*) (*Haltung, Gegensätze*) to harden; (*Maßnahmen*) to tighten (up). **sich auf etw** (*acc*) **~** (*fig*) to become set on sth; **er hat sich darauf versteift** he is set on it.

Versteifung *f* (*fig*) (*von Haltung*) hardening; (*von Maßnahmen*) tightening (up); (*von Gegensätzen*) increasing intractability.

versteigen* *vr irreg* (*lit*) to get into difficulties (while climbing). **er hat sich zu der Behauptung verstiegen, daß ...** he presumed to claim that ...; *siehe* **verstiegen.**

versteigern* *vt* to auction (off). **etw ~ lassen** to put sth up for auction.

Versteigerung *f* (sale by) auction. **zur ~ kommen** to be put up for auction.

versteinern* I *vi aux sein* (*Geol*) (*Pflanzen, Tiere*) to fossilize; (*Holz*) to petrify; (*fig: Miene*) to harden. **versteinerte Pflanzen/Tiere** fossilized plants/animals; **wie versteinert** (**da**)**stehen** to stand there petrified. II *vr* (*fig*) *Miene* to harden; (*Lächeln*) to become fixed *or* set.

Versteinerung *f* fossilization; petrifaction, petrification; (*versteinertes Tier etc*) fossil; (*fig: von Miene*) hardening.

verstellbar *adj* adjustable. **in der Höhe ~** adjustable for height.

verstellen* I *vt* **1.** (*anders einstellen, regulieren*) to adjust; *Signal, Zahlen* to alter, to change; *Möbel, Gegenstände* to move *or* shift (out of position *or* place); (*in Unordnung bringen*) to put in the wrong place, to misplace; (*falsch einstellen*) to adjust wrongly; *Radio* to alter

the tuning of; *Uhr* to put wrong.
2. *Stimme* to disguise.
3. (*versperren*) to block, to obstruct; (*vollstellen*) *Zimmer* to clutter up.
II *vr* to move (out of position); (*fig*) to act *or* play a part; (*Gefühle verbergen*) to hide one's (true) feelings. **er kann sich gut ~** he's good at playing *or* acting a part.

Verstellung *f siehe vt* **1.** adjustment; alteration; moving *or* shifting (out of position) *no indef art*; misplacing *no indef art*.
2. disguise. **3.** blockage, obstruction; cluttering up. **4.** (*Vortäuschung*) pretending, feigning.

versterben *vi irreg aux sein* to die, to pass away *or* on.

versteuern *vt* to pay tax on. **versteuerte Waren/das versteuerte Einkommen** taxed goods/income; **das zu versteuernde Einkommen** taxable income.

Versteuerung *f, no pl* taxation.

verstiegen I *ptp of* **versteigen. II** *adj* (*fig: überspannt*) extravagant, fantastic; *Pläne, Ideen auch* high-flown.

Verstiegenheit *f* extravagance.

verstimmen *vt* (*lit*) to put out of tune; (*fig*) to put out, to disgruntle.

verstimmt *adj Klavier etc* out of tune; (*fig*) (*verdorben*) *Magen* upset; (*verärgert*) put out, disgruntled.

Verstimmung *f* disgruntlement; (*zwischen Parteien*) ill-feeling, ill-will.

verstockt *adj Kind, Wesen* obstinate, stubborn; *Sünder* unrepentant, unrepenting.

Verstocktheit *f, no pl siehe adj* obstinacy, stubbornness; unrepentance.

verstohlen *adj* furtive, surreptitious.

verstopfen *vt* to stop up; *Ohren auch* to plug; *Ausguß auch* to block (up); *Straße* to block, to jam.

verstopft *adj* blocked; *Straßen auch* jammed; *Nase* stuffed up, blocked (up); *Mensch* constipated.

Verstopfung *f* blockage; (*Verkehrsstauung*) jam; (*Med*) constipation.

Verstorbene(r) *mf decl as adj* deceased.

verstören *vt* to disturb.

verstört *adj* disturbed; (*vor Angst*) distraught.

Verstörtheit *f, no pl* disturbed state; (*vor Angst*) distraction; (*Verwirrung*) confusion.

Verstoß *m* **-es, ̈e** violation (*gegen* of); (*gegen Gesetz auch*) offence.

verstoßen *irreg* **I** *vt jdn* to disown, to repudiate. **jdn aus einer Gruppe ~** to expel sb from *or* throw sb out of a group.
II *vi* **gegen etw ~** to offend against sth; *gegen Gesetz, Regel auch* to contravene sth.

Verstoßene(r) *mf decl as adj* outcast.

verstreichen *irreg* **I** *vt Salbe, Farbe* to put on, to apply (*auf +dat* to); *Butter* to spread (*auf +dat* on); *Riß* to fill in; (*verbrauchen*) to use. **II** *vi aux sein* (*Zeit*) to pass (by), to elapse; (*Frist*) to expire.

verstreuen *vt* to scatter; (*versehentlich*) to spill. **seine Kleider/Spielsachen im ganzen Zimmer ~** to scatter *or* strew one's clothes/toys over the (whole) room.

verstricken **I** *vt* **1.** *Wolle* to use. **2.** (*fig*) to involve, to embroil, to mix up. **in eine**

Angelegenheit **verstrickt sein** to be mixed up *or* involved *or* embroiled in an affair.
II *vr* **1.** (*Wolle*) to knit (up). **2.** (*fig*) to become entangled, to get tangled up.

Verstrickung *f* (*fig*) entanglement.

verströmen *vt* (*lit, fig*) to exude; (*liter*) *sein Blut* to shed.

verstümmeln *vt* to mutilate, to maim; (*fig*) *Nachricht, Bericht* to garble, to distort; *Namen* to mutilate. **sich selbst ~** to mutilate oneself.

Verstümmelung *f siehe vt* mutilation, maiming *no pl*; garbling *no pl*, distortion; mutilation.

verstummen *vi aux sein* (*Mensch*) to go *or* fall silent, to stop talking; (*Geräusch, Gespräch, Musik, Beifall*) to cease, to stop; (*Wind, Glocken, Instrumente, Kritik*) to become silent *or* still (*liter*); (*langsam verklingen*) to die away; (*sich langsam legen*) to subside; (*Gewissen*) to subside. (*Gerüchte*) to subside. **jdn ~ lassen** (*Bemerkung, Einwurf*) to silence sb; **jdn/etw zum V~ bringen** to silence sb/sth; **vor Entsetzen ~** to be struck dumb *or* to be speechless with terror.

Versuch *m* **-(e)s, -e** attempt (*zu tun* at doing, *to* do); (*wissenschaftlich*) experiment, test; (*Test*) trial, test; (*Essay*) essay; (*Rugby*) try. **einen ~ machen** to make an attempt; to do *or* carry out an experiment/a trial; **mit jdm/etw einen ~ machen** to give sb/sth a try *or* trial; (*Forscher*) to do a trial/an experiment with sb/sth; **das käme auf einen ~ an** we'll have to have a try; **sie unternahm den ~, ihn umzustimmen** she made an attempt at changing *or* to change his mind; **wir sollten es auf einen ~ ankommen lassen** we should give it a try.

versuchen I *vt* **1.** (*auch vi: probieren, kosten*) to try; (*sich bemühen auch*) to attempt. **es mit etw ~** to try sth; **versuch's doch!** try, have a try; **es mit jdm ~** to give sb a try; **versuchter Mord/Diebstahl** attempted murder/theft.
2. (*in Versuchung führen*) to tempt. **sich versucht fühlen** to feel tempted; **versucht sein** to be tempted.
II *vr* **sich an** *or* **in etw** (*dat*) ~ to try one's hand at sth.

Versuchs|anstalt *f* research institute; **Versuchsballon** *m* sounding balloon; **einen ~ steigen lassen** (*fig*) to fly a kite; **Versuchsbedingungen** *pl* test conditions *pl*; **Versuchsbohrung** *f* experimental drilling; **Versuchskaninchen** *nt* (*lit*) laboratory rabbit; (*fig*) guinea-pig; **Versuchs|objekt** *nt* test object; (*fig: Mensch*) guinea-pig; **Versuchsperson** *f* test *or* experimental subject; **Versuchsreihe** *f* series of experiments; **Versuchsstadium** *nt* experimental stage; **Versuchsstrecke** *f* test track; **Versuchstier** *nt* laboratory animal; **versuchsweise** *adv* as a trial, on a trial basis; *einstellen, engagieren* on probation, on trial.

Versuchung *f* temptation (*auch Rel*). **jdn in ~ führen** to lead sb into temptation; **„und führe uns nicht in ~"** "and lead us not into temptation"; **in ~ geraten** *or* **kommen** to be tempted.

versumpfen* *vi aux sein* 1. (*Gebiet*) to become marshy *or* boggy. 2. (*fig inf*) (*verwahrlosen*) to go to pot (*inf*); (*lange zechen*) to get involved in a booze-up (*inf*).

versündigen* *vr* (*geh*) **sich an jdm/etw** ~ to sin against sb/sth; **sich an seiner Gesundheit** ~ to abuse one's health.

Versündigung *f* sin (*an* +*dat* against). **eine** ~ **an der Gesundheit** an abuse of one's health.

versunken I *ptp of* **versinken**. **II** *adj* sunken, submerged; *Kultur* submerged; (*fig*) engrossed, absorbed. **in Gedanken** ~ lost *or* immersed in thought; **völlig in diesen Anblick** ~ completely lost in *or* caught up in this sight.

Versunkenheit *f, no pl* (*fig*) engrossment. **seine** ~ **in diesen Anblick** his rapt contemplation of this sight.

versüßen* *vt* (*fig*) to sweeten. **jdm etw** ~ to sweeten sth for sb; *siehe* **Pille**.

vertagen* **I** *vti* to adjourn; (*verschieben*) to postpone, to defer (*auf* +*acc* until, till); (*Parl auch*) to prorogue (*form*). **II** *vr* to be adjourned, to adjourn.

Vertagung *f siehe vti* adjournment; postponement; prorogation (*form*).

vertäuen* *vt* (*Naut*) to moor.

vertauschbar *adj* exchangeable (*gegen* for); (*miteinander*) interchangeable.

vertauschen* *vt* 1. (*austauschen*) to exchange (*gegen or mit* for); (*miteinander*) to interchange; *Auto, Plätze* to change (*gegen or mit* for); (*Elec*) *Pole* to transpose. **vertauschte Rollen** reversed roles.
2. (*verwechseln*) *Hüte, Mäntel etc* to mix up. **seinen Mantel mit einem anderen** ~ to mistake another coat for one's own, to mix one's coat up with another.

Vertauschung *f* 1. (*Austausch*) exchange; (*von Auto, von Plätzen*) changing *no pl*; (*Elec: von Polen*) transposition. 2. (*Verwechslung*) mix-up; (*das Vertauschen*) mixing up.

verteidigen* **I** *vt* to defend. **II** *vr* to defend oneself (*auch Sport*); (*vor Gericht*) to conduct one's own defence. **III** *vi* (*Sport*) to defend; (*als Verteidiger spielen*) to be a defender.

Verteidiger(in *f*) *m* **-s, -** defender (*auch Sport*); (*Fürsprecher auch*) advocate; (*Anwalt*) defence lawyer. **der** ~ **des Angeklagten** the counsel for the defence, the defence counsel.

Verteidigung *f* (*alle Bedeutungen*) defence, defense (*US*). **zur** ~ **von** *or* **gen** in defence of; **zu ihrer/seiner eigenen** ~ in her/one's own defence; **jdn in die** ~ **drängen** to force sb onto the defensive.

Verteidigungs- *in cpds* defence; **Verteidigungsbündnis** *nt* defence alliance; **verteidigungsfähig** *adj* able to defend itself/oneself; **Verteidigungsfall** *m* case of defence; **Verteidigungsgemeinschaft** *f* defence community; **Verteidigungskrieg** *m* defensive war; **Verteidigungsminister** *m* Minister of Defence; **Verteidigungsministerium** *nt* Ministry of Defence; **Verteidigungsrede** *f* (*Jur*) speech for the defence; (*fig*) apologia; **Verteidigungsschlacht** *f* defensive battle; **Verteidigungsschrift** *f* (*Jur*)

(*written*) defence statement; (*fig*) apologia; **Verteidigungsspieler** *m* defence player, defender; **Verteidigungsstellung** *f* defensive position; **in** ~ **gehen** to adopt a defensive position; **Verteidigungssystem** *nt* defence system, defences *pl*; **Verteidigungswaffe** *f* defensive weapon; **Verteidigungswille** *m* spirit of resistance; **Verteidigungszustand** *m* defence alert; **Verteidigungszweck** *m* **für** ~**e, zu** ~**en** for defence purposes, for purposes of defence.

verteilen* **I** *vt* 1. (*austeilen*) (*an* +*acc* to, *unter* +*acc* among) to distribute; *Flugblätter auch* to hand out; *Essen* to dish out; *Süßigkeiten etc auch* to share *or* divide out; *Preise auch* to give out; (*Theat*) *Rollen* to allot, to allocate.
2. (*anordnen, aufteilen*) to distribute; *Investitionen, Lehrstoff* to spread (*über* +*acc* over); (*Mil*) to deploy; (*verstreuen*) to spread out; (*streichen*) *Aufstrich, Farbe etc* to spread; (*streuen*) *Sand, Zucker, Puder* to sprinkle.
II *vr* (*Zuschauer, Polizisten etc*) to spread (themselves) out; (*Bevölkerung*) to spread (itself) out; (*Mil: Truppen auch*) to deploy; (*Farbe, Wasser*) to spread (itself) out; (*Med: Bakterien, Metastasen*) to spread; (*Reichtum etc*) to be spread *or* distributed; (*zeitlich*) to be spread (*über* +*acc* over). **auf dem ganzen Platz verteilt** spread out over the square; **übers ganze Land verteilt** spread throughout the country.

Verteiler *m* **-s, -** 1. (*Comm, Aut*) distributor. 2. *siehe* **Verteilerschlüssel**.

Verteilerkopf *m* (*Aut*) distributor head; **Verteilernetz** *nt* (*Elec*) distribution system; (*Comm*) distribution network; **Verteilerschlüssel** *m* list of people to receive a copy.

Verteilung *f* distribution; (*Zuteilung*) allocation; (*Mil*) deployment; (*Theat*) casting.

verteuern* **I** *vt* to make dearer *or* more expensive, to increase *or* raise the price of. **II** *vr* to become dearer *or* more expensive, to increase in *or* go up in price.

Verteuerung *f* rise *or* increase in price.

verteufeln* *vt* to condemn.

verteufelt (*inf*) **I** *adj* *Lage, Angelegenheit* devilish (*inf*), tricky, awkward. ~**es Glück haben** to be damned *or* darned *or* deuced (*dated*) lucky (*inf*). **II** *adv* (*mit adj*) damned (*inf*), darned (*inf*), deuced (*dated inf*), devilish (*dated inf*); (*mit vb*) a lot.

Verteufelung *f* condemnation.

vertiefen* **I** *vt* *Graben, Loch etc* to deepen; (*fig*) *Eindruck auch* to heighten; *Kenntnis, Wissen auch* to extend; (*Sch*) *Unterrichtsstoff* to consolidate, to reinforce; (*Mus*) to flatten.
II *vr* (*lit, fig*) to deepen; (*fig: Lehrstoff*) to be consolidated *or* reinforced. **sich in etw** (*acc*) ~ (*fig*) to become engrossed *or* absorbed in sth; **in etw** (*acc*) **vertieft sein** (*fig*) to be engrossed *or* absorbed in sth; *siehe* **Gedanke**.

Vertiefung *f* 1. *siehe vt* deepening; heightening; extension; consolidation, reinforcement; flattening. 2. (*in Oberfläche*)

depression; (*im Boden auch*) dip, hollow.
3. (*Vertieftsein*) engrossment, absorption.
vertikal [vɛrtiˈkaːl] *adj* vertical.
Vertikale [vɛrtiˈkaːlə] *f* **-, -n** vertical line. **in der** ~**n** vertically, in a vertical plane.
vertilgen *vt* **1.** *Unkraut etc* to destroy, to eradicate, to kill off; *Ungeziefer auch* to exterminate. **2.** (*inf: aufessen*) to demolish (*inf*), to polish off (*inf*).
Vertilgung *f siehe vt 1.* destruction, eradication; extermination.
vertippen* (*inf*) **I** *vr* to make a typing error. **II** *vt* to mistype, to type wrongly.
vertonen* *vt* to set to music; *Theaterstück auch* to make a musical version of; *Film etc* to add a sound-track to.
Vertonung *f siehe vt* setting (to music); (*vertonte Fassung*) musical version, setting; adding a sound-track (*gen* to).
vertrackt *adj* (*inf*) awkward, tricky; (*verwickelt*) complicated, complex.
Vertrag *m* **-(e)s, ̈-e** contract; (*Abkommen*) agreement; (*Pol: Friedens~*) treaty. **mündlicher** ~ verbal *or* oral agreement; **laut** ~ under the terms of the contract; **jdn unter** ~ **nehmen** to contract sb; **unter** ~ **stehen** to be under contract.
vertragen* *irreg* **I** *vt* **1.** to take; (*aushalten auch*) to stand; (*dulden auch*) to tolerate, to endure, to stand for. **Eier vertrage ich nicht** *or* **kann ich nicht** ~ I can't take eggs, eggs don't agree with me; **so etwas kann ich nicht** ~ I can't stand that kind of thing; **er verträgt keinen Spaß** he can't take a joke; **viel** ~ **können** (*inf: Alkohol*) to be able to hold one's drink; **er verträgt nichts** (*inf*) he can't take his drink; **jd/etw könnte etw** ~ (*inf*) sb/sth could do with sth.
2. (*dial*) *Kleider* to wear out. ~ **sein** to be (well) worn.
II *vr* **sich** (**mit jdm**) ~ to get on *or* along (with sb); **sich wieder** ~ to be friends again; **sich mit etw** ~ (*Nahrungsmittel, Farbe*) to go with sth; (*Aussage, Verhalten*) to be consistent with sth; **diese Farben/Aussagen** ~ **sich nicht** these colours don't go together/these statements are inconsistent *or* not consistent.
vertraglich I *adj* contractual. **II** *adv* by contract; *festgelegt* in the/a contract. **ein** ~ **zugesichertes Recht** a contractual right.
verträglich *adj* (*friedlich, umgänglich*) peaceable, easy-going, amicable; *Speise* digestible; (*bekömmlich*) wholesome; *Medikament* well tolerated (*für* by). **gut** ~ easily digestible.
Verträglichkeit *f, no pl siehe adj* amicability; digestibility; wholesomeness.
Vertrags- *in cpds* of the/a contract/an agreement/a treaty; **Vertragsbruch** *m* breach of contract; breaking of an/the agreement; breaking of a/the treaty; **vertragsbrüchig** *adj* ~ **werden** to be in breach of contract; to break an/the agreement; to break a/the treaty; **Vertrags|entwurf** *m* draft contract/agreement/ treaty; **vertragsgemäß I** *adj* (as) stipulated in the contract/agreement/ treaty; **II** *adv* as stipulated in the contract/ agreement/treaty; **Vertragshändler** *m* concessionary, appointed retailer; **Vertragspartner** *m* party to a/the

contract/treaty; **vertragsschließend** *adj* contracting; **Vertragsspieler** *m* player under contract; **Vertragsstrafe** *f* penalty for breach of contract; **Vertragswerk** *nt* contract; treaty; **Vertragswerkstätte** *f* authorized repair shop; **vertragswidrig I** *adj* contrary to (the terms of) the contract/agreement/treaty; **II** *adv* in breach of contract/the agreement/the treaty.
vertrauen* *vi* **jdm/einer Sache** ~ to trust sb/ sth, to have trust in sb/sth; **auf jdn/etw** ~ to trust in sb/sth; **auf sein Glück** ~ to trust to luck; **sich** (*dat*) **selbst** ~ to have confidence in oneself.
Vertrauen *nt* **-s,** *no pl* trust, confidence (*zu, in* +*acc, auf* +*acc* in); (*Pol*) confidence. **voll** ~ full of confidence; **im** ~ (*gesagt*) strictly in confidence; **ich habe dir das im** ~ **gesagt** that's strictly in confidence, that's strictly between you and me; **im** ~ **darauf, daß ...** confident that ..., in the confidence that ...; **jdn ins** ~ **ziehen** to take sb into one's confidence.
vertrauen|erweckend *adj* **ein** ~**er Mensch/ Arzt** *etc* a person/doctor *etc* who inspires confidence; **einen** ~**en Eindruck machen/** ~ **aussehen** to inspire confidence.
Vertrauens|arzt *m* doctor who examines patients signed off sick for a lengthy period by their private doctor; **Vertrauens- bruch** *m* breach of confidence *or* trust; **Vertrauensfrage** *f* question *or* matter of trust; **die** ~ **stellen** (*Parl*) to ask for a vote of confidence; **Vertrauensmann** *m, pl* **Vertrauensleute** *or* **-männer** intermediary agent; (*Gewerkschaft*) shop steward; **Vertrauensperson** *f* someone to confide in, confidant(e); **Vertrauensposten** *m* position of trust; **Vertrauenssache** *f* (*vertrauliche Angelegenheit*) confidential matter; (*Frage des Vertrauens*) question *or* matter of trust; **vertrauensselig** *adj* trusting; (*leichtgläubig auch*) credulous; **Vertrauensseligkeit** *f* trustfulness; credulity; **Vertrauensstellung** *f* position of trust; **Vertrauensverhältnis** *nt* mutual trust *no indef art*; **persönliches** ~ relationship of personal trust; **vertrauensvoll** *adj* trusting; **wende dich** ~ **an mich** you know you can always turn to me (for help); **Vertrauensvotum** *nt* (*Parl*) vote of confidence; **vertrauenswürdig** *adj* trustworthy; **Vertrauenswürdigkeit** *f* trustworthiness.
vertraulich I *adj* **1.** *Angelegenheit, Ton, Gespräch* confidential. **2.** (*freundschaftlich*) friendly, matey (*inf*), pally (*inf*); (*plump~*) familiar. ~ **werden** to take liberties. **II** *adv* **1.** confidentially, in confidence. **2.** in a friendly/familiar way.
Vertraulichkeit *f* confidentiality; (*vertrauliche Mitteilung*) confidence; (*Aufdringlichkeit*) familiarity. **mit aller** ~ in strict(est) confidence; **plumpe/dreiste** ~ familiarity.
verträumt *adj* dreamy; (*idyllisch*) *Städtchen etc auch* sleepy.
vertraut *adj* intimate; *Freund auch* close; (*bekannt*) *Gesicht, Umgebung* familiar, well-known. **eine** ~**e Person** a close *or* an intimate friend; **sich mit etw** ~ **machen** to

familiarize *or* acquaint oneself with sth; **sich mit dem Gedanken ~ machen, daß ...** to get used to the idea that ...; **mit etw ~ sein** to be familiar *or* well acquainted with sth; **mit jdm ~ werden** to become friendly with sb.

Vertraute(r) *mf decl as adj* close *or* intimate friend, confidant(e).

Vertrautheit *f, no pl siehe adj* intimacy; closeness; familiarity.

vertreiben* *vt irreg* to drive away; *(aus Haus etc)* to drive *or* turn out *(aus* of); *(aus Land)* to drive out *(aus* of), to expel *(aus* from); *(aus Amt, von Stellung)* to oust; *Feind* to drive off, to repulse; *(fig) Sorgen, Schmerzen* to drive away, to banish; *(Comm) Waren* to sell. **ich wollte Sie nicht ~, bleiben Sie doch noch ein wenig** I didn't mean to chase *or* drive you away – do stay a bit longer; **ich wollte Sie nicht von Ihrem Platz ~** I didn't mean to take your seat; **jdm/sich die Zeit mit etw ~** to help sb pass the time/to pass (away) *or* while away the time with sth.

Vertreibung *f (aus* from) expulsion; *(aus Amt etc)* ousting; *(von Feind)* repelling.

vertretbar *adj* justifiable; *Theorie, Argument* defensible, tenable. **nicht ~** unjustifiable; indefensible, untenable.

vertreten* *vt irreg* **1.** *(jds Stelle, Dienst übernehmen) Kollegen, Arzt etc* to replace, to stand in for, to deputize for; *Schauspieler* to replace, to stand in for; *(fig: Funktion einer Sache übernehmen)* to replace.

2. *jds Interessen, Firma, Land, Wahlkreis* to represent; *Sache* to look after, to attend to; *(Rechtsanwalt) Klienten auch* to appear for; *Fall* to plead.

3. *(Comm) (Firma)* to be the agent for; *(Angestellter)* to represent.

4. *(verfechten, angehören) Standpunkt, Doktrin, Theorie* to support; *Meinung* to hold, to be of; *Ansicht* to take, to hold; *Kunstrichtung* to represent; *(rechtfertigen)* to justify *(vor* to).

5. ~ sein to be represented.

6. sich *(dat)* **den Fuß ~** to twist *or* strain one's ankle; **sich** *(dat)* **die Beine** *or* **Füße ~** *(inf)* to stretch one's legs.

Vertreter(in *f) m* **-s, -** . **1.** *(von Land, Firma etc)* representative; *(Comm) (Firma)* agent; *(Angestellter)* (sales) representative, rep *(inf).* **~ für Damenkleider** (sales) representative in ladies' wear; **ein übler ~** *(fig inf)* a nasty piece of work *(inf).*

2. *(Ersatz)* replacement; *(im Amt)* deputy; *(von Arzt)* locum.

3. *(Verfechter) (von Doktrin)* supporter, advocate; *(von Meinung)* holder; *(von Kunstrichtung)* representative.

Vertretung *f siehe vt 1.–4.* **1.** replacement. **die ~ (für jdn) übernehmen** to replace sb, to stand in for (for sb); **die ~ (für jdn) haben** to stand in (for sb), to deputize (for sb); **X spielt in ~** X is appearing for his/her place; **in ~** *(in Briefen)* on behalf of.

2. representation. **X übernimmt die ~ des Klienten/Falles** X is appearing for the client/pleading the case; **die ~ meiner Interessen** representing my interests.

3. *(Comm)* agency; representation.

4. supporting; holding; representation.

5. *siehe* **Vertreter(in) 1.,2.**

vertretungsweise *adv* as a replacement; *(bei Amtsperson)* as a deputy; **er übernimmt heute ~ meine Deutschstunde** he's taking my German lesson for me today.

Vertrieb *m* **-(e)s, -e 1.** *no pl* sales *pl.* **der ~ eines Produktes** the sale of a product; **den ~ für eine Firma haben** to have the (selling) agency for a firm. **2.** *(Abteilung einer Firma)* sales department.

Vertriebene(r) *mf decl as adj* displaced person, expellee *(form).*

Vertriebs|abteilung *f* sales department; **Vertriebsgesellschaft** *f* marketing company; **Vertriebskosten** *pl* marketing costs *pl*; **Vertriebsleiter** *m* sales manager.

vertrimmen* *vt (inf)* to belt *(inf).*

vertrinken* *vt irreg* to drink away.

vertrocknen* *vi aux sein* to dry out; *(Eßwaren)* to go dry; *(Pflanzen)* to wither, to shrivel; *(Quelle)* to dry up. **ein vertrockneter Typ** a dry old stick *(inf).*

vertrödeln* *vt (inf)* to fritter away.

vertrösten* **I** *vt* to put off. **jdn auf ein andermal/auf später ~** to put sb off. **II** *vr* to be content to wait *(auf +acc* for).

vertrotteln* *vi (inf) aux sein* to vegetate.

vertun* *irreg* **I** *vt* to waste. **II** *vr (inf)* to make a mistake *or* slip, to slip up *(inf).*

vertuschen* *vt* to hush up. **~, daß ...** to hush up the fact that ...; **etw vor jdm ~** to keep sth from sb.

ver|übeln* *vt* **jdm etw ~** not to be at all pleased with sb for doing sth, to take sth amiss; **ich hoffe, Sie werden mir die Frage nicht ~** I hope you won't mind my asking (this); **das kann ich dir nicht ~** I can't blame you for that.

ver|üben* *vt* to commit, to perpetrate *(form).*

ver|ulken* *vt (inf)* to make fun of, to take the mickey out of *(inf).*

ver|unglimpfen* *vt jdn* to disparage; *Ruf, Ehre, Worte auch* to decry.

Ver|unglimpfung *f* disparagement.

ver|unglücken* *vi aux sein (Mensch)* to have an accident; *(Fahrzeug)* to crash. *(fig inf: mißlingen)* to go wrong. **mit dem Flugzeug ~** to be in a plane crash; **mit dem Auto ~** to be in a car crash, to have a car accident; *siehe* **tödlich.**

ver|unglückt *adj (fig) Versuch, Aufführung etc* unsuccessful.

Ver|unglückte(r) *mf decl as adj* casualty, victim. **10 Tote, 20 ~** 10 dead, 20 injured.

ver|unreinigen* *vt Fluß, Luft, Wasser* to pollute; *(beschmutzen)* to dirty, to soil; *(euph: Hund etc)* to foul.

Ver|unreinigung *f siehe vt* pollution; dirtying, soiling; fouling; *(verunreinigter Zustand: von Wasser, Luft)* pollution.

ver|unsichern* *vt* to make unsure *or* uncertain *(in +dat* of). **jetzt hast du mich völlig verunsichert** I just don't know at all any more; **sie versuchten, ihn zu ~** they tried to throw him; **verunsichert** uncertain.

Ver|unsicherung *f (mangelnde Gewißheit)* uncertainty. **das führte zur ~ der Wähler/Schüler** it put the electors/pupils into a state of uncertainty.

ver|unstalten* *vt* to disfigure; *Landschaft*

auch to scar. **jdn** *or* **jds Gesicht** ~ to spoil *or* mar sb's looks.

Ver|unstaltung *f* disfigurement.

ver|untreuen* *vt* to embezzle, to misappropriate.

Ver|untreuung *f* embezzlement, misappropriation.

ver|unzieren* *vt Landschaft, Kunstwerk, Zimmer* to spoil. **jdn** *or* **jds Gesicht** ~ to spoil sb's looks.

ver|ursachen* *vt* to cause; *Schwierigkeiten auch* to create (*dat* for); *Entrüstung, Zorn auch* to provoke. **jdm große Kosten** ~ to cause sb a lot of expense.

Ver|ursacher(in *f*) *m* **-s,** - cause.

Ver|ursacherprinzip *nt* (*Umweltschutz*) polluter pays principle.

ver|urteilen* *vt* to condemn; (*Jur*) (*für schuldig befinden*) to convict (*für* of); (*zu Strafe*) to sentence. **jdn zu einer Geldstrafe von 1.000 DM** ~ to fine sb 1,000 DM, to impose a fine of 1,000 DM on sb; **jdn zum Tode** ~ to condemn *or* sentence (*Jur*) sb to death; **jdn zu einer Gefängnisstrafe** ~ to give sb a prison sentence.

ver|urteilt *adj* **zu etw** ~ **sein** (*Jur*) to be sentenced to sth; (*fig*) to be condemned to sth; **zum Tode** ~ condemned *or* sentenced (*Jur*) to death; *siehe* **Scheitern.**

Ver|urteilte(r) *mf decl as adj* convicted man/ woman, convict (*Jur*). **der zum Tode** ~ the condemned man.

Ver|urteilung *f siehe vt* condemnation; conviction; sentencing.

Verve ['vɛrvə] *f* **-,** *no pl* (*geh*) verve, spirit.

vervielfachen* *vtr* to multiply.

Vervielfachung *f* multiplication.

vervielfältigen* *vt* to duplicate; (*hektographieren auch*) to mimeograph; (*photokopieren auch*) to photocopy.

Vervielfältigung *f* **1.** *siehe vt* duplication; mimeographing; photocopying. **2.** (*Abzug*) copy; mimeograph; photocopy.

Vervielfältigungs|apparat *m* duplicating *or* copying machine, duplicator; **Vervielfältigungsgerät** *nt*, **Vervielfältigungsmaschine** *f siehe* **Vervielfältigungsapparat;** **Vervielfältigungsrecht** *nt* right of reproduction, copyright; **Vervielfältigungsverfahren** *nt* duplicating process, copying process.

vervierfachen* *vtr* to quadruple.

vervollkommnen* **I** *vt* to perfect. **II** *vr* to perfect oneself.

Vervollkommnung *f* perfection.

vervollständigen* **I** *vt* to complete; *Kenntnisse, gutes Essen auch* to round off; *Erlebnis* to make complete. **II** *vr* to be completed.

Vervollständigung *f siehe vt* completion; rounding off; completion.

verwachsen* **¹** *vi irreg aux sein* **1.** (*zusammenwachsen*) to grow (in) together, to grow into one; (*Narbe*) to heal over; (*Knochen*) to knit; (*Wunde*) to heal, to close (over). **mit etw** ~ to grow into sth. **2.** (*fig: Menschen, Gemeinschaft*) to grow closer (together). **zu etw** ~ to grow into sth; **mit etw** ~ *mit Arbeit, Aufgabe, Traditionen* to become caught up in sth; **mit etw** ~ **sein** to have very close ties with sth; **ein Volk, das mit seinen Traditionen**

~ **ist** a nation whose traditions are deeply rooted within it; **mit jdm** ~ **sein** to have become very close to sb.

verwachsen² *adj* **1.** *Mensch, Tier* deformed; *Glied auch, Pflanze* malformed; (*verkümmert*) stunted. **2.** (*überwuchert*) overgrown.

verwackeln* *vt* to blur.

verwählen* *vr* to misdial, to dial the wrong number.

verwahren* **I** *vt* (*aufbewahren*) to keep (safe). **jdm etw zu** ~ **geben** to give sth to sb for safekeeping. **II** *vr* **sich gegen etw** ~ to protest against sth.

verwahrlosen* *vi aux sein* to go to seed, to go to pot (*inf*); (*Gebäude auch*) to fall into disrepair; (*Mensch*) to let oneself go, to neglect oneself; (*verwildern*) to run wild; (*auf die schiefe Bahn geraten*) to fall into bad ways.

verwahrlost *adj* neglected; *Mensch, Äußeres auch* unkempt. **sittlich** ~ decadent.

Verwahrlosung *f, no pl siehe vi* neglect; dilapidation; neglect (of oneself); wildness; (*moralisch*) waywardness.

Verwahrung *f* **1.** *no pl* (*von Geld etc*) keeping; (*von Täter*) custody, detention. **die** ~ **eines Menschen in einem Heim** putting/ keeping a person in a home; **jdm etw in** ~ **geben, etw bei jdm in** ~ **geben** to give sth to sb for safekeeping; **etw in** ~ **nehmen** to take sth into safekeeping; **jdn in** ~ **nehmen** to take possession of sth; **jdn in** ~ **nehmen** to take sb into custody.

2. (*Einspruch*) protest. **gegen etw** ~ **einlegen** to lodge a protest against sth.

verwaisen* *vi aux sein* to become an orphan, to be orphaned; (*fig*) to be deserted *or* abandoned. **verwaist** orphaned; (*fig*) deserted, abandoned.

verwalten* *vt* to manage; *Firma auch* to run; *Angelegenheiten auch* to conduct; *Erbe, Vermögen auch* to administer; *Treuhandsgut* to hold in trust; *Amt* to hold; (*Pol*) *Provinz etc* to govern; (*Beamte*) to administer. **sich selbst** ~ (*Pol*) to be self-governing.

Verwalter(in *f*) *m* **-s,** - administrator; (*Treuhänder*) trustee, custodian.

Verwaltung *f* **1.** *siehe vt* management; running; conducting; administration; holding in trust; holding; government; administration.

2. (*Behörde, Abteilung*) administration; (*Haus~*) management. **städtische** ~ municipal authorities *pl.*

Verwaltungs|angestellte(r) *mf* admin-(istration) employee; **Verwaltungs|apparat** *m* administrative machinery; **Verwaltungsbe|amte(r)** *m* government (administration) official; **Verwaltungsbehörde** *f* . administration; **Verwaltungsbezirk** *m* administrative district; **Verwaltungsdienst** *m* admin-(istration); **Verwaltungsgebäude** *nt* admin(istration) building *or* block; **Verwaltungsgebühr** *f* administrative charge; **Verwaltungsgericht** *nt* Administrative Court; **Verwaltungskosten** *pl* administrative expenses *pl*; **Verwaltungsweg** *m* administrative channels *pl*; **auf dem** ~**e** through (the) administrative channels.

verwandelbar *adj* (*Math, Econ*) convertible.

verwandeln* I *vt* (*umformen*) to change, to transform; *Bett, Zimmer,* (*Math, Econ, Chem*) to convert; (*Theat*) *Szene* to change; (*Jur*) *Strafe* to commute; (*Rel*) *Brot, Wein auch* to transubstantiate. **jdn/ etw in etw** (*acc*) ~ to turn sb/sth into sth; (*verzaubern auch*) to change *or* transform sb/sth into sth; **die Vorlage** ~ (*Ftbl*) to score off the pass; **Müller verwandelte den Paß zum 2:0** Müller put the pass away to make it 2-0; **ein Gebäude in einen Trümmerhaufen** ~ to reduce a building to a pile of rubble; **er ist wie verwandelt** he's a changed man.

II *vi* (*Sport sl*) **zum 1:0** ~ to make it 1-0.

III *vr* to change; (*Zool*) to metamorphose. **sich in etw** (*acc*) *or* **zu etw** ~ to change *or* turn into sth; **Zeus hat sich in einen Stier verwandelt** Zeus turned *or* transformed himself into a bull.

Verwandlung *f* **1.** *siehe vt* transformation; conversion; change, changing; commuting; transubstantiation.
2. *siehe vr* change; metamorphosis; (*von Göttern, von der Natur*) transformation. **eine** ~ **durchmachen** to undergo a change *or* transformation.

verwandt I *ptp of* **verwenden.**

II *adj* **1.** related (*mit* to); (*Ling auch*) cognate; *siehe* **Ecke.**
2. (*fig*) (*mit* to) *Probleme, Methoden, Fragen, Wissenschaften* related, allied; *Philosophien, Kulturen, Gefühle auch* kindred *attr*; *Denker, Geister* kindred *attr*. ~**e Seelen** (*fig*) kindred spirits.

verwandte *pret of* **verwenden.**

Verwandte(r) *mf decl as adj* relation, relative.

Verwandtschaft *f* relationship; (*die Verwandten*) relations *pl*, relatives *pl*; (*fig*) affinity, kinship.

verwandtschaftlich *adj* family *attr*.

verwanzt *adj Betten, Kleider* bug-ridden, bug-infested; (*inf: mit Abhörgeräten*) bugged.

verwarnen* *vt* to caution, to warn.

Verwarnung *f* caution, warning; *siehe* **gebührenpflichtig.**

verwaschen *adj* faded (*in the wash*); (*verwässert*) *Farbe* watery; (*fig*) wishy-washy (*inf*), woolly (*inf*).

verwässern* *vt* to water down; (*fig auch*) to dilute.

Verwässerung *f* watering down; (*fig auch*) dilution.

verweben* *vt irreg* **1.** *auch reg Garne* to weave. **2.** (*lit, fig: verflechten*) to interweave (*mit, in* +*acc* with).

verwechseln* *vt Gegenstände* to mix up, to get muddled *or* mixed up; (*Personen, Menschen auch*) to confuse. **jdn (mit jdm)** ~ to confuse sb with sb; (*für jdn halten auch*) to mistake sb for sb; **entschuldigen Sie, ich habe Sie verwechselt** sorry – I thought you were *or* I (*mis*)took you for someone else; **zum V**~ **ähnlich sein** to be the spitting image of each other, to be as like as two peas in a pod; **ich habe meinen Schirm**

verwechselt I took somebody else's umbrella by mistake; **sie verwechselt mir und mich** (*lit*) she mixes up *or* confuses "mir" and "mich"; (*fig*) she doesn't know her grammar; *siehe* **mein.**

Verwechslung *f* confusion; (*Irrtum*) mistake. **die Polizei ist sicher, daß eine** ~ **völlig ausgeschlossen ist** the police are certain that there can be absolutely no mistake (about the culprit); **es kam deshalb zu einer** ~**, weil ...** there was a mix-up *or* confusion because ...; **das muß eine** ~ **sein, da muß es sich um eine** ~ **handeln** there must be some mistake.

verwegen *adj* daring, bold; (*tollkühn*) foolhardy, rash; (*keck*) cheeky, saucy. **den Hut** ~ **aufsetzen** to set one's hat at a jaunty *or* rakish angle.

Verwegenheit *f siehe adj* daring, boldness; foolhardiness, rashness; cheek(iness), sauciness.

verwehen* *vt Blätter* to blow away, to scatter; *Spur, Pfad* to cover over, to obliterate. **vom Winde verweht** gone with the wind. **II** *vi aux sein* (*geh*) (*Worte, Musik*) to be carried away, to drift away.

verwehren* *vt* (*geh*) **jdm etw** ~ to refuse *or* deny sb sth; **die neugebauten Häuser** ~ **ihnen jetzt den Blick auf ...** the newly built houses now bar their view of ...; **jdm** ~, **etw zu tun** to bar sb from doing sth; **es war ihm verwehrt, seine Kinder erwachsen zu sehen** he was denied seeing his children as adults.

Verwehung *f* (*Schnee*~) (snow)drift; (*Sand*~) (sand) drift.

verweichlichen* I *vt* **jdn** ~ to make sb soft; **ein verweichlichter Mensch** a weakling; **ein verweichlichtes Muttersöhnchen** a mollycoddled mother's boy. **II** *vi aux sein* to get *or* grow soft.

Verweichlichung *f* softness. **Zentralheizung führt zur** ~ central heating makes you soft.

verweigern* *vt* to refuse; *Befehl* to refuse to obey; *Kriegsdienst* to refuse to do. **jdm etw** ~ to refuse *or* deny sb sth; **er kann ihr keinen Wunsch** ~ he can refuse *or* deny her nothing; **die Annahme eines Briefes** ~ to refuse (to accept *or* to take delivery of) a letter; **das Pferd hat (das Hindernis) verweigert** the horse refused (at the fence *or* jump); **sich jdm** ~ (*euph*) to refuse (to have) intimacy with sb.

Verweigerung *f* refusal; (*von Hilfe, Auskunft etc auch*) denial. **die** ~ **einer Aussage** (*Jur*) refusal to make a statement; ~ **des Kriegsdienstes** refusal to do (one's) military service; ~ **des Gehorsams** disobedience.

verweilen* *vi* (*geh*) (*Mensch*) to stay; (*Blick*) to rest; (*Gedanken*) to dwell, to linger. **bei einer Sache** ~ to dwell on sth; **hier laßt uns** ~ let us linger *or* tarry (*liter*) here.

Verweilen *nt* **-s,** *no pl* (*geh*) stay. **sein** ~ **bei dem Gedanken/ Thema** his dwelling on the thought/theme; **hier ist meines** ~**s nicht mehr** (*liter*) I can no longer tarry here (*liter*).

verweint *adj Augen* tear-swollen; *Gesicht* tear-stained; *Mensch* with (a) tear-stained face. ~ **aussehen** to look as though one has (just) been crying.

Verweis m **-es, -e 1.** (*Rüge*) reprimand, rebuke, admonishment. **jdm einen ~ erteilen** or **aussprechen** to reprimand or rebuke or admonish sb. **2.** (*Hinweis*) reference (*auf +acc* to).

verweisen* irreg I vt **1.** (*hinweisen*) **jdn auf etw** (*acc*)/**an jdn ~** to refer sb to sth/sb. **2.** (*von der Schule*) to expel. **jdn des Landes** or **aus dem Lande ~** to expel sb (from the country); **jdn vom Platz** or **des Spielfeldes ~** to send sb off; **jdn auf den zweiten Platz ~** (*Sport*) to relegate sb to second place. **3.** (*Jur*) to refer (*an +acc* to). **II** vi **auf etw** (*acc*) ~ to refer to sth.

Verweisung f **1.** expulsion. **2.** (*Hinweis*) siehe **Verweis 2. 3.** (*Jur*) referral (*an + acc* to).

verwelken* vi aux sein (*Blumen*) to wilt; (*fig*) to fade. **ein verwelktes Gesicht** a worn face; siehe **welk.**

verweltlichen* vt to secularize.

Verweltlichung f secularization.

verwendbar adj usable (*zu* for). **das ist nur einmal ~** it can be used once only.

Verwendbarkeit f, no pl usability.

verwenden pret **verwendete** or **verwandte,** ptp **verwendet** or **verwandt** I vt to use; Methode, Mittel auch to employ; (*verwerten auch*) to make use of, to utilize. **Mühe/Fleiß auf etw** (*acc*) ~ to put effort/hard work into sth; **Zeit auf etw** (*acc*) ~ to spend time on sth. **II** vr **sich (bei jdm) für jdn ~** to intercede (with sb) or to approach sb on sb's behalf.

Verwendung f use; (*von Mitteln etc auch*) employment; (*von Zeit, Geld*) expenditure (*auf +acc* on). **keine ~ für etw haben** to have no use for sth; **für alles ~ haben** (*inf*) to have a use for everything; **~ finden** to have a use, to come in handy or useful; **für jdn/etw ~ finden** to find a use for sb/sth.

verwendungsfähig adj usable; **für etw ~ sein** to be suitable for sth; **Verwendungsmöglichkeit** f (possible) use.

verwerfen* irreg I vt **1.** (*ablehnen*) to reject; eigene Meinung, Ansicht to discard; (*Jur*) Klage, Antrag to dismiss; Urteil to quash; (*kritisieren*) Handlungsweise, Methode to condemn. **2.** Ball to lose. **II** vr **1.** (*Holz*) to warp; (*Geol*) to fault. **2.** (*Cards*) to misdeal. **III** vi Tier to abort.

verwerflich adj reprehensible.

Verwerflichkeit f reprehensibleness.

Verwerfung f **1.** siehe vt **1.** rejection; discarding; dismissal; quashing; condemnation. **2.** (*Geol*) fault; (*von Holz*) warping.

verwertbar adj usable.

Verwertbarkeit f usability.

verwerten* vt (*verwenden*) to make use of, to utilize; Reste to use, to make use of; Kenntnisse auch to exploit, to put to (good) use; Erfahrungen auch to turn to (good) account; (*kommerziell*) Erfindung, Material etc to exploit.

Verwertung f siehe vt utilization; using; exploitation.

verwesen* vi aux sein to decay; (*Fleisch*) to rot.

Verweser m **-s, -** administrator; (*Amts~*) deputy; (*Pfarr~*) locum (tenens).

Verwesung f, no pl decay. **in ~ übergehen** to start to decay.

verwetten* vt to gamble away.

verwickeln* I vt Fäden etc to tangle (up), to get tangled up. **jdn in etw** (*acc*) ~ to involve sb in sth; in Kampf, in dunkle Geschäfte auch to get sb mixed up in sth; in Skandal auch to get sb mixed up in sth, to embroil sb in sth. **II** vr (*Fäden etc*) to tangle (up), to become tangled. **sich in etw** (*acc*) ~ (*lit*) to become entangled in sth, to get caught up in sth; (*fig*) in Widersprüche to get oneself tangled up in sth; in Skandal auch to get mixed up or involved or embroiled in sth.

verwickelt adj (*fig inf*) (*schwierig*) involved, complicated, intricate; (*verwirrt*) Mensch fuddled, confused.

Verwick(e)lung f involvement (*in +acc* in); (*in Skandal auch*) embroilment; (*Komplikation*) complication; (*Verwirrung*) confusion; (*Theat, Liter*) intrigue, intricacy (of plot).

verwildern* vi aux sein (*Garten*) to become overgrown, to overgrow; (*Pflanzen*) to grow wild; (*Haustier*) to become wild; (*hum inf: Mensch*) to run wild.

verwildert adj wild; Haustier (which has) gone wild; Garten overgrown; Aussehen unkempt.

Verwilderung f (*von Garten*) overgrowing; (*von Haustieren*) becoming wild. **Zustand der ~** state of neglect.

verwinden* vt irreg to get over.

verwinkelt adj full of corners.

verwirken vt (*geh*) to forfeit.

verwirklichen* I vt to realize; Hoffnung auch to fulfil; Idee, Plan auch to put into effect, to translate into action; Wunsch, Traum auch to make come true, to turn into a reality. **II** vr to be realized; to be fulfilled; to be put into effect, to be translated into action; to come true, to become a reality; (*Mensch*) to fulfil oneself.

Verwirklichung f, no pl realization; (*von Hoffnung, Selbst~*) fulfilment.

verwirren* I vt **1.** Haar to tousle; to ruffle (up); Fäden etc to tangle (up). **2.** (*durcheinanderbringen*) to confuse; (*konfus machen*) to bewilder; (*aus der Fassung bringen auch*) to fluster; Sinne, Verstand auch to (be)fuddle. **II** vr (*Fäden etc*) to become tangled (up) or snarled up; (*Haare*) to become tousled or dishevelled; (*fig*) to become confused.

Verwirrung f (*Durcheinander, Verlegenheit*) confusion; (*Fassungslosigkeit auch*) bewilderment. **jdn in ~ bringen** to confuse/bewilder sb; (*verlegen machen*) to fluster sb.

verwirtschaften* vt to squander away.

verwischen* I vt (*verschmieren*) to smudge, to blur; (*lit, fig*) Spuren to cover over; (*fig*) Eindrücke, Erinnerungen to blur. **II** vr (*lit, fig*) to become blurred; (*Schrift etc auch*) to become smudged; (*Erinnerung auch*) to fade.

verwittern* *vi aux sein* to weather.
verwittert *adj Gestein* weathered; *Gesicht auch* weather-beaten.
Verwitterung *f* weathering.
verwitwet *adj* widowed. **Frau Meier, ~e Schulz** Mrs Meier, the widow of Mr Schulz.
verwohnen* *vt Wohnung* to run down; *Möbel* to wear out.
verwöhnen* I *vt* to spoil; *(Schicksal)* to smile upon. II *vr* to spoil oneself.
verwohnt *adj Wohnung* lived-in *pred*; *Möbel* battered.
verwöhnt *adj* spoilt, spoiled; *Kunde, Geschmack* discriminating. **vom Schicksal/von den Göttern ~** smiled upon by fate/the gods.
Verwöhnung *f, no pl* spoiling.
verworfen I *ptp of* verwerfen. II *adj (geh)* depraved, degenerate; *Blick* depraved.
Verworfenheit *f, no pl* depravity, degeneracy.
verworren *adj* confused, muddled; *(verwickelt)* complicated, involved, intricate.
Verworrenheit *f, no pl siehe adj* confusion; complicatedness, intricacy.
verwundbar *adj (lit, fig)* vulnerable.
Verwundbarkeit *f (lit, fig)* vulnerability.
verwunden* *vt* to wound; *(lit auch)* to injure.
verwunderlich *adj* surprising; *(stärker)* astonishing, amazing; *(sonderbar)* strange, odd. **es ist nicht ~, daß ...** it is no wonder *or* not surprising that ...
verwundern* I *vt* to astonish, to amaze. II *vr (über +acc* at) to be amazed *or* astonished, to wonder. **sich über etw** *(acc)* **sehr ~ müssen** to be most amazed at sth.
Verwunderung *f, no pl* astonishment, amazement. **zu meiner größten ~** to my great astonishment *or* amazement.
verwundet *adj (lit, fig)* wounded.
Verwundete(r) *mf decl as adj* casualty. **die ~n** *(Mil)* the wounded.
Verwundung *f* wound.
verwunschen *adj* enchanted.
verwünschen* *vt* 1. *(verfluchen)* to curse. **verwünscht** cursed, confounded. 2. *(in Märchen) (verzaubern)* to put *or* cast a spell on *or* over; *(verhexen)* to bewitch.
Verwünschung *f* 1. *(Fluch)* curse, oath. 2. *no pl (Verzauberung)* enchantment; *(Verhexung)* bewitchment.
verwurzelt *adj* **~ sein** *(Pflanze)* to be rooted; **(fest) in** *or* **mit etw** *(dat)* **~ sein** *(fig)* to be deeply rooted in sth.
Verwurzelung *f (lit)* rooting; *(fig)* rootedness.
verwüsten* *vt* to devastate, to ravage.
Verwüstung *f* devastation *no pl*, ravaging *no pl*. **die ~en durch den Sturm** the devastation caused by *or* the ravages of the storm; **~en anrichten** to inflict devastation.
verzagen* *vi (geh)* to become disheartened, to lose heart. **an etw** *(dat)* **~** to despair of sth; **nicht ~!** I don't despair.
verzagt *adj* disheartened, despondent.
Verzagtheit *f, no pl* despondency.
verzählen* *vr* to miscount, to count wrongly.
verzahnen* *vt Bretter* to dovetail; *Zahn-*

räder to cut teeth *or* cogs in, to gear; *(fig auch)* to (inter)link. **ineinander verzahnt sein** to mesh.
verzanken* *vr (inf)* to quarrel, to fall out.
verzapfen* *vt (inf) Unsinn* to come out with; *(pej) Gedichte, Artikel* to concoct.
verzärteln* *vt (pej)* to mollycoddle.
verzaubern* *vt (lit)* to cast a spell on *or* over, to put a spell on; *(fig) Mensch auch* to enchant. **jdn in etw** *(acc)* **~** to turn sb into sth; **eine verzauberte Prinzessin** an enchanted princess.
Verzauberung *f (lit, fig)* enchantment; *(Verhexung)* bewitchment. **die ~ des Prinzen in einen Frosch** turning the prince into a frog.
verzehnfachen* *vtr* to increase ten-fold.
Verzehr *m* **-(e)s**, *no pl* consumption.
verzehren* I *vt (form: lit, fig)* to consume. II *vr (geh)* to languish *(liter)*, to eat one's heart out. **sich vor Gram/Sorgen ~** to be consumed by grief/worries; **sich nach jdm ~** to pine for sb.
verzeichnen* *vt* 1. to record; *(aufzeichnen auch)* to note; *(in einer Liste auch)* to enter; *(St Ex) Kurse* to quote. **gewaltige Änderungen sind zu ~** enormous changes are to be noted; **Todesfälle waren nicht zu ~** there were no fatalities; **einen Erfolg zu ~ haben** to have scored a success; **in einer Liste ~** to list.
2. *(falsch zeichnen)* to draw wrong(ly); *(fig)* to misrepresent, to distort.
Verzeichnis *nt* index; *(Tabelle)* table; *(Namens~, esp amtlich)* register; *(Aufstellung)* list.
verzeihen *pret* **verzieh**, *ptp* **verziehen** *vti (vergeben)* to forgive; *(Gott, Gebieter)* to pardon; *(entschuldigen)* to excuse, to pardon. **jdm (etw) ~** to forgive sb (for sth); **das ist nicht zu ~** that's unforgivable; *(nicht zu entschuldigen auch)* that's inexcusable *or* unpardonable; **es sei dir noch einmal verziehen** you're forgiven *or* excused!, we'll forgive you!; **~ Sie!** excuse me!; *(als Entschuldigung auch)* I beg your pardon!; **~ Sie die Störung, ~ Sie, daß ich stören muß** excuse me for disturbing you.
verzeihlich *adj* forgivable; *(zu entschuldigen)* excusable, pardonable.
Verzeihung *f, no pl* forgiveness; *(Entschuldigung)* pardon. **~! excuse me!; *(als Entschuldigung auch)* sorry!; **(jdn) um ~ bitten** *(sich entschuldigen)* to apologize (to sb); **ich bitte vielmals um ~** I do apologize *(für* for).
verzerren* I *vt (lit, fig)* to distort; *Gesicht etc* to contort; *Sehne, Muskel* to strain, to pull. **etw verzerrt darstellen** *(fig)* to present a distorted picture of sth. II *vi (Lautsprecher, Spiegel etc)* to distort. III *vr* to become distorted; *(Gesicht etc)* to become contorted *(zu* in.)
Verzerrung *f (lit, fig)* distortion; *(von Gesicht etc)* contortion; *(von Muskel, Sehne)* straining, pulling; *(Statistik)* bias.
verzetteln* I *vt* 1. to waste; *Geld, Zeit etc auch* to fritter away; *Energie auch* to dissipate. 2. *Wörter, Bücher* to catalogue. II *vr* to waste a lot of time; *(bei Aufgabe, Diskussion)* to get bogged down.
Verzicht *m* **-(e)s**, **-e** renunciation *(auf +acc*

of); (*auf Anspruch*) abandonment (*auf +
acc* of); (*Opfer*) sacrifice; (*auf Recht,
Eigentum, Amt*) relinquishment (*auf +
acc* of); (*auf Thron*) abdication (*auf +acc*
of). **der ~ auf Zigaretten fällt ihm schwer**
he finds it hard to give up cigarettes; **ein ~,
der mir nicht schwerfällt** that's something
I can easily do without; **~ leisten** *or* **üben**
(*auf +acc*) (*form*) *siehe* **verzichten.**

verzichten* *vi* to do without; (*Opfer bringen*) to make sacrifices. **einer muß leider
~** somebody has to do without, I'm
afraid; **der Kandidat hat zugunsten eines
Jüngeren verzichtet** the candidate
stepped down in favour of a younger man;
danke, ich verzichte (*iro*) not for me,
thanks; **auf jdn/etw ~** (*ohne auskommen
müssen*) to do without sb/sth; *auf
Alkohol, Süßigkeiten etc auch* to abstain
from sth; (*aufgeben*) to give up sb/sth; *auf
Erbschaft, Eigentum* to renounce sth; *auf
Anspruch* to waive sth; *auf Recht* to relinquish sth; (*von etw absehen*) *auf Kommentar, Anzeige etc* to abstain from sth;
auf Kandidatur, Wiederwahl, Amt to
refuse sth; **auf den Thron ~** to abdicate;
auf jdn/etw ~ können to be able to do
without sb/sth; **auf Einzelheiten ~ können**
to be able to dispense with details.

verzieh *pret of* **verzeihen.**

verziehen¹* *irreg* **I** *vt* **1.** *Mund, Züge etc* to
twist (*zu* into). **das Gesicht ~** to pull *or*
make a face, to grimace; **den Mund ~** to
turn up one's mouth; **keine Miene ~** not to
turn a hair.
2. *Stoff* to pull out of shape, to stretch;
Chassis, Gestell to bend out of shape;
Holz to warp.
3. *Kinder* to spoil; *Tiere* to train badly.
4. *Pflanzen* to thin out.
II *vr* **1.** (*Stoff*) to go out of shape, to
stretch; (*Chassis*) to be bent out of shape;
(*Holz*) to warp.
2. (*Mund, Gesicht etc*) to twist (*zu*
into), to contort.
3. (*verschwinden*) to disappear (*auch
inf*); (*Gewitter*) to pass; (*Nebel, Wolken*)
to disperse.
III *vi aux sein* to move (*nach* to). **verzogen** (*Vermerk*) no longer at this
address; **falls Empfänger verzogen** in case
of change of address.

verziehen² *ptp of* **verzeihen.**

verzieren* *vt* to decorate; (*verschönern*) to
embellish; (*Mus*) to ornament.

Verzierung *f siehe vt* decoration; embellishment; ornamentation; (*Mus: verzierende
Noten*) ornament; *siehe* **abbrechen.**

verzinsbar *adj siehe* **verzinslich.**

verzinsen* **I** *vt* to pay interest on. **jdm sein
Kapital (mit** *or* **zu 5%) ~** to pay sb (5%)
interest on his/her capital; **das Geld wird
mit 3% verzinst** 3% interest is paid on the
money. **II** *vr sich* **(mit 6%) ~** to yield *or*
bear (6%) interest.

verzinslich *adj* interest-bearing *attr*, yielding *or* bearing interest. **~/fest ~ sein** to
yield *or* bear interest/a fixed rate of
interest; **zu 3%/einem hohen Satz ~** yielding *or* bearing 3% interest/a high rate of
interest; **nicht ~** free of interest.

Verzinsung *f* (*das Verzinsen*) payment of

interest (*+gen, von* on); (*Zinsertrag*)
interest (yield *or* return) (*+gen, von* on);
(*Zinssatz*) interest rate.

verzogen **I** *ptp of* **verziehen. II** *adj Kind*
spoilt; *Tier* badly trained.

verzögern* **I** *vt* to delay; (*verlangsamen*) to
slow down. **II** *vr* to be delayed.

Verzögerung *f* **1.** delay, hold-up. **2.** *no pl*
(*das Verzögern*) delaying; (*Ver-
langsamung*) slowing down; (*Phys*)
deceleration; (*Mil*) holding action.

Verzögerungstaktik *f* delaying tactics *pl*.

verzollen* *vt* to pay duty on. **diese Waren
müssen verzollt werden** you must pay duty
on these articles; **haben Sie etwas zu ~?**
have you anything to declare?; **verzollt**
duty-paid.

verzücken* *vt* to enrapture, to send into
raptures *or* ecstasies.

verzückt *adj* enraptured, ecstatic. **~
lauschte er der Musik** he listened enraptured to the music.

Verzückung *f, no pl* rapture, ecstasy. **in ~
geraten** to go into raptures *or* ecstasies
(*wegen* over).

Verzug *m* **1.** delay; (*Rückstand von Zahlung*) arrears *pl*. **ohne ~** without delay,
forthwith; **bei ~ (der Zahlungen)** on
default of payment; **im ~** in arrears *pl*; **mit
etw in ~ geraten** to fall behind with sth;
mit Zahlungen to fall into arrears with sth.
2. es ist Gefahr im ~ there's danger
ahead.

Verzugszinsen *pl* interest payable on arrears *sing*.

verzweifeln* *vi aux sein* to despair (*an +
dat* of). **am Leben ~** to despair of life; **nu ı
nicht ~!** don't despair!, don't give up!; **es
ist zum V~!** it makes you despair!, it
drives you to despair!

verzweifelt *adj Blick, Stimme etc* despair-
ing *attr*, full of despair; *Lage, Versuch,
Kampf etc* desperate. **ich bin (völlig) ~**
I'm in (the depths of) despair; (*ratlos*) I
just don't know what to do; **..., sagte er ~**
... he said despairingly.

Verzweiflung *f* (*Gemütszustand*) despair;
(*Ratlosigkeit*) desperation. **etw in seiner
or aus ~ tun** to do sth in desperation; **in ~
geraten** to despair; **jdn zur ~ treiben** to
drive sb to despair; *siehe* **bringen.**

Verzweiflungstat *f* act of desperation.

verzweigen* *vr* (*Bäume*) to branch (out);
(*Straße*) to branch (off); (*Leitung*) to
branch; (*Firma*) to establish branches;
(*Anat, fig*) to ramify.

verzweigt *adj Baum, Familie, Firma,
Straßennetz* branched; (*Anat, fig*)
ramified.

Verzweigung *f siehe vr* branching (out);
branching (off); branching; establishment
of branches; ramification.

verzwickt *adj* (*inf*) tricky.

Vesper¹ *f* **-, -n** (*Eccl*) vespers *pl*.

Vesper² *nt* **-s, -** (*dial*) (*auch ~pause, ~zeit*)
break; (*auch ~brot*) sandwiches *pl*.

vespern (*dial*) **I** *vt* (*essen*) to guzzle (*inf*). **II** *vi*
(*essen*) to guzzle things (*inf*); (*Pause
machen*) to have a break.

Vestibül [vɛsti'byːl] *nt* **-s, -e** (*dated, geh*)
vestibule.

Veteran [vetə'raːn] *m* **-en, -en** (*Mil, fig*)

veteran; (*Aut*) vintage car.

Veterinär [veteri'nɛːɐ] *m* (*old, form*) veterinary surgeon.

Veterinärmedizin [veteri'nɛːɐ-] *f* veterinary medicine.

Veto ['veːto] *nt* **-s, -s** veto; *siehe* **einlegen.**

Vetorecht ['veːto-] *nt* right of veto.

Vetter *m* **-s, -n** cousin; (*in Märchen*) Brother, Brer.

Vetternwirtschaft *f* (*inf*) nepotism.

Vexierbild [vɛ'ksiːɐ-] *nt* picture puzzle.

V-Form ['fau-] *f* V-shape. **in** ~ in a V-shape, in (the shape of) a V.

v-förmig ['fau-] *adj* V-shaped, in (the shape of) a V.

vgl. *abbr of* **vergleiche** cf.

v.H. *abbr of* **vom Hundert** per cent.

VHS [ˌfauhaː'|ɛs] *abbr of* **Volkshochschule.**

via ['viːa] *adv* via.

Viadukt [via'dʊkt] *m* **-(e)s, -e** viaduct.

Vibraphon [vibra'foːn] *nt* **-s, -e** vibraphone, vibraharp (*US*).

Vibration [vibra'tsioːn] *f* vibration.

Vibrator [vi'braːtɔr] *m* vibrator.

vibrieren* [vi'briːrən] *vi* to vibrate; (*Stimme*) to quiver, to tremble; (*schwanken: Ton*) to vary, to fluctuate.

Video ['viːdeo] *nt* **-s,** *no pl* video.

Video- ['viːdeo-] *in cpds* video; **Video-|aufnahme** *f* video recording; **Video-band** *nt* video-tape; **Videofilm** *m* video film; **Videogerät** *nt* video set; **Video-kamera** *f* video camera; **Videokassette** *f* video cassette; **Videokassetten-recorder** *m* video cassette recorder; **Videotelefon** *nt* videophone; **Videotext** *m* videotex; **Videothek** *f* **-, -en** video-tape library; **Video|überwachung** *f* closed-circuit television monitoring; **Video-verfahren** *nt* video *no art*.

Viech *nt* **-(e)s, -er** (*inf*) creature.

Viecherei *f* (*inf*) **1.** (*Quälerei*) torture *no indef art* (*inf*). **2.** (*grober Scherz*) rotten trick.

Vieh *nt* **-(e)s,** *no pl* **1.** (*Nutztiere*) livestock; (*Rinder auch*) cattle *pl.* **10 Stück** ~ 10 head of livestock/cattle. **2.** (*inf: Tier*) animal, beast (*usu hum*). **3.** (*pej inf: Mensch*) swine.

Viehbestand *m* livestock; **Viehfutter** *nt* (animal) fodder *or* feed; **Viehhandel** *m* livestock/cattle trade; **Viehhändler** *m* livestock/cattle dealer.

viehisch *adj* brutish; *Schmerzen* beastly; (*unzivilisiert*) *Benehmen* swinish. ~ **essen** to eat like a pig; ~ **hausen** to live like an animal/animals.

Viehmarkt *m* livestock/cattle market; **Viehsalz** *nt* (*für Tiere*) cattle salt; (*zum Streuen*) road salt; **Viehseuche** *f* livestock disease; **Viehtreiber** *m* drover; **Viehwagen** *m* cattle truck; **Viehweide** *f* pasture; **Viehzeug** *nt* (*inf*) animals *pl*, creatures *pl*; **Viehzucht** *f* (live)stock/cattle breeding.

viel *indef pron, adj, comp* **mehr,** *superl* **meiste(r, s)** *or adv* **am meisten 1.** *sing* (*adjektivisch*) a lot of, a great deal of; (*fragend, verneint auch*) much; (*substantivisch*) a lot, a great deal; (*fragend, verneint auch*) much. ~**es** a lot of things; ~**(es), was ...,**

~**(es) von dem, was ...** a lot *or* great deal of what ...; **in** ~**em, in** ~**er Hinsicht** *or* Beziehung in many respects; **mit** ~**em** with a lot of things; **um** ~**es besser** *etc* a lot *or* much *or* a great deal better *etc*; **sehr** ~ **(Geld** *etc*) a lot *or* a great deal (of money *etc*); **nicht sehr** ~ **(Geld** *etc*) not very much (money *etc*); **so** ~ **(Arbeit** *etc*) so much *or* such a lot (of work *etc*); **noch (ein)mal so** ~ **(Zeit** *etc*) as much (time *etc*) again; **zweimal so** ~ **(Arbeit** *etc*) twice as much (work *etc*); **gleich** ~ **(Gewinn** *etc*) the same amount (of profit *etc*); **ziemlich** ~ **(Schmutz** *etc*) rather a lot (of dirt *etc*); **ein bißchen** ~ **(Regen** *etc*) a bit too much (rain *etc*); **zu** ~ **(Brot** *etc*) too much (bread *etc*); **einer zu** ~ one too many; ~ **Erfolg!** good luck!, I wish you every success!; ~ **Spaß!** have fun!, enjoy yourself/yourselves!; ~ **Neues/Schönes** *etc* a lot of *or* many new/beautiful *etc* things; **das** ~**e/sein** ~**es Geld** all that/all his money; **das** ~ **Geld/Lesen** *etc* all this money/reading *etc*; ~ **zu tun haben** to have a lot to do; **er hält** ~**/nicht** ~ **von ihm/davon** he thinks a lot *or* a great deal/doesn't think much of him/it; **das will** ~**/nicht** ~ **heißen** *or* **sagen** that's saying a lot *or* a great deal/not saying much.

2. ~**e** *pl* (*adjektivisch*) many, a lot of, a great number of; (*substantivisch*) many, a lot; **es waren nicht** ~**e auf der Party** there weren't many (people) *or* a lot (of people) at the party; **da wir so** ~**e sind** since there are so many *or* such a lot of us; **davon gibt es nicht** ~**e/nicht mehr** ~**e** there aren't many *or* a lot about/ many *or* a lot left; **furchtbar** ~**e (Kinder/Bewerbungen** *etc*) a tremendous number *or* an awful lot (of children/applications *etc*); **so/zu** ~**e (Menschen/Fehler** *etc*) so/too many (people/mistakes *etc*); **er hat** ~**(e) Sorgen/Probleme** *etc* he has a lot of worries/problems *etc*; ~**e hundert Menschen** many hundreds of people; **die/seine** ~**en Fehler** *etc* the/his many mistakes *etc*; **die** ~**en Leute/Bücher!** all these people/books!; ~**e glauben, ...** many (people) *or* a lot of people believe ...; **und** ~**e andere** and many others.

3. (*adverbial: mit vb*) a lot, a great deal; (*fragend, verneint auch*) much. **er arbeitet** ~**/nicht** ~ he works a lot/doesn't work much; **er arbeitet zu/so** ~ he works too/so much *or* such a lot; **sie ist** ~ **krank/von zu Hause weg** she's ill/away a lot; **die Straße wird (sehr/nicht)** ~ **befahren** this street is (very/not very) busy; **dieses Thema wird** ~ **diskutiert** this subject is much debated; **sich** ~ **einbilden** to think a lot of oneself.

4. (*adverbial: mit adj, adv*) much, a lot. ~ **größer** *etc* much *or* a lot bigger *etc*; **nicht** ~ **anders** not very *or* much *or* a lot different; ~ **zu ...** much too ...; ~ **zu** ~ much *or* far too much; ~ ~ **e** far too many; **ich ginge** ~ **lieber ins Kino** I'd much rather go *or* I'd much prefer to go to the cinema.

vielbeschäftigt *adj attr* very busy; **vieldeutig** *adj* ambiguous; **Vieldeutigkeit** *f* ambiguity; **vieldiskutiert** *adj attr* much discussed; **Viel|eck** *nt* polygon; **viel|eckig** *adj* polygonal (*Math*), many-sided.

vielerlei *adj inv* **1.** various, all sorts of, many

different. **2.** (*substantivisch*) all kinds *or* sorts of things.

vieler|orts *adv* in many places.

vielfach I *adj* multiple *attr*, manifold. **ein ~er Millionär** a multimillionaire; **auf ~e Weise** in many various ways; **auf ~en Wunsch** at the request of many people; **um ein ~es besser** many times better.

II *adv* many times; (*in vielen Fällen*) in many cases; (*auf ~e Weise*) in many ways; (*inf: häufig*) frequently. **~ bewährt** tried and tested many times.

Vielfache(s) *nt decl as adj* (*Math*) multiple. **das kleinste gemeinsame ~** (*Math*) the least *or* lowest common multiple; **um ein ~s** many times over; **der Gewinn hat sich um ein ~s vermehrt/ist um ein ~s gestiegen** the profit has been multiplied several times.

Vielfalt *f* (great) variety.

vielfältig *adj* varied, diverse.

Vielfältigkeit *f, no pl* variety, diversity.

vielfarbig *adj* multicoloured; (*Tech*) polychrome *attr*, polychromatic; **Vielflächner** *m* **-s, -** (*Math*) polyhedron; **Vielfraß** *m* **-es, -e** (*Zool, fig*) glutton; **vielgehaßt** *adj attr* much-hated; **vielgekauft** *adj attr* frequently bought, much-purchased; **vielgeliebt** *adj attr* much-loved; **vielgenannt** *adj attr* much-cited, frequently mentioned; **vielgereist** *adj attr* much-travelled; **vielgeschmäht** *adj attr* much-maligned; **vielgestaltig** *adj* variously shaped, varied in shape and form, multiform (*form*); (*fig: mannigfaltig*) varied; **in ~er Weise** in multifarious ways; **vielglied(e)rig** *adj* having *or* with many parts; (*Math*) polynomial; **vielhundertmal** *adv* (*liter*) hundreds upon hundreds of times, many hundreds of times; **vielköpfig** *adj* many-headed, polycephalous (*Sci, form*); (*inf*) **Familie, Schar** large.

vielleicht *adv* **1.** perhaps; (*in Bitten auch*) by any chance. **ja, ~** yes, perhaps *or* maybe; **haben Sie ~ meinen Hund gesehen?** have you seen my dog by any chance?; **könnten Sie mir ~ sagen, wie spät es ist?** could you possibly tell me the time?; **~ könnten Sie so freundlich sein und ...?** perhaps you'd be so kind as to ...?; **~ sagst du mir mal, warum** you'd better tell me why; **~ hältst du mal den Mund!** keep your mouth shut; **hat er sich ~ verirrt/weh getan?** maybe he has got lost/hurt himself; **hast du ihm das ~ erzählt?** did you perhaps tell him that?; (*entsetzt: denn etwa*) you didn't tell him that, did you?; **~ hast du recht** perhaps you're right, you may be right, maybe you're right; **~, daß ...** it could be that ...

2. (*wirklich, tatsächlich, inf: verstärkend*) really. **soll ich ~ 24 Stunden arbeiten?!** am I supposed to work 24 hours then?; **erwartet sie ~ von uns, daß wir ...?!** does she really expect us to ...?; **willst du mir ~ erzählen, daß ...?!** do you really mean to tell me that ...?; **du bist ~ ein Idiot!** you really are an idiot!; **ich war ~ nervös!** I wasn't half nervous! (*inf*), was I nervous!, I was as nervous as anything (*inf*); **das ist ~ ein Haus!** that's what I call

a house! (*inf*), that's some house! (*inf*).

3. (*ungefähr*) perhaps, about.

vielmalig *adj attr* repeated.

vielmals *adv* **1.** (*in bestimmten Wendungen*) **danke ~!** thank you very much!, many thanks!; **ich bitte ~ um Entschuldigung!** I do apologize!; **er läßt ~ grüßen** he sends his best regards. **2.** (*liter: häufig*) many times, oft-times (*liter*).

vielmehr *adv* rather; (*sondern, nur*) just. **ich glaube ~, daß ...** rather I *or* I rather think that ...: **nicht dumm, ~ faul** lazy rather than stupid, not stupid just lazy.

vielsagend *adj* meaningful, significant; **jdn ~ ansehen** to give sb a meaningful look; **vielschichtig** *adj* (*fig*) complex; **vielseitig** *adj* (*lit*) many-sided; *Mensch, Gerät, Verwendung* versatile; *Interessen* varied; *Ausbildung* broad, all-round *attr*; **diese Beruf ist sehr ~** there are many different sides to this job; **~ interessiert/ anwendbar** *etc* to have varied interests/ many uses *etc*; **auf ~en Wunsch** by popular request; **vielsprachig** *adj* multilingual, polyglot; **er ist ~** he is multilingual *or* a polyglot; **vielstimmig** *adj* many-voiced; **vieltausendmal** *adv* (*liter*) thousands upon thousands of times, many thousands of times; **vielverheißend** *adj* promising, full of promise; **vielversprechend** *adj* promising, encouraging; **Vielvölkerstaat** *m* multinational state; **Vielweiberei** *f* polygamy, polygyny; **Vielzahl** *f* multitude; **eine ~ von Abbildungen** a wealth of illustrations.

Vielzweck- *in cpds* multipurpose.

vier *num* **1.** four. **die ersten/nächsten/letzten ~** the first/next/ last four; **sie ist ~ (Jahre)** she's four (years old); **mit ~ (Jahren)** at the age of four; **~ Millionen** four million; **es ist ~ (Uhr)** it's four (o'clock); **um/gegen ~ (Uhr)** *or* **~e** (*inf*) at/around four (o'clock); **~ Uhr ~** four minutes past four; **~/fünf Minuten vor/ nach ~** four minutes/five (minutes) to/past four; **halb ~** half past three; **~ Minuten vor/nach halb ~** twenty-six minutes past three/ twenty-six minutes to four; **für** *or* **auf ~ Tage** for four days; **in ~ Tagen** in four days, in four days' time; **~ zu drei** (*geschrieben* **4:3**) four-three, four to three, 4-3; **wir waren ~** *or* **zu ~t** *or* **zu ~en** *or* **unser ~** (*geh*) there were four of us, we were four in number (*form*); **wir fahren zu ~t in Urlaub** there are four of us going on holiday together, we are going on holiday as a foursome; **sie kamen zu ~t** *or* **~en** four of them came; **stellt euch ~ und ~** *or* **zu je ~** *or* **zu ~t** *or* **zu ~en auf** line up in fours; **eine Familie von ~en** (*inf*) a family of four; **Vater ~er Töchter** *or* **von ~ Töchtern** father of four daughters.

2. jdn unter ~ Augen sprechen to speak to sb in private *or* privately; **ein Gespräch unter ~ Augen** a private conversation *or* talk, a tête-à-tête; **jdn um ein Gespräch unter ~ Augen bitten** to ask to speak to sb privately *or* in private; **~ Augen sehen mehr als zwei** (*prov*) two heads are better than one (*prov*); **alle ~e von sich strecken** (*inf*) (*ausgestreckt liegen*) to stretch out; (*tot sein*) to have given up the ghost; **auf**

allen ~**en** (*inf*) on all fours; **sich auf seine** ~ **Buchstaben setzen** (*hum inf*) to sit oneself down; *siehe* **Wind, Wand, Hand.**

Vier *f* -, **-en** four; (*Buslinie etc*) (number) four. **die** ~ *pl* (*Pol*) the (Big) Four; **die Herz-**~ the four of hearts.

Vier|achser, 4achser *m* **-s,** - (*Aut*) four-axle vehicle; **vier|armig** *adj* with four arms; *Leuchter* with four branches; **vier-bändig** *adj* four-volume *attr*, in four volumes; **Vierbeiner** *m* **-s,** - (*hum*) four-legged friend (*hum*); **vierbeinig** *adj* four-legged; **vierblätt(e)rig** *adj* four-leaf *attr*, four-leaved; **vierdimensional** *adj* four-dimensional; **Vier|eck** *nt* four-sided figure, quadrilateral (*Math*); (*Rechteck*) rectangle; **vier|eckig** *adj* square; (*esp Math*) four-sided, quadrangular, quadrilateral; (*rechteckig*) rectangular; **vier|einhalb** *num* four and a half.

Vierer *m* **-s,** - (*Rudern, Sch*) four; (*Golf*) foursome; (*inf: Linie*) (number) four; (*inf: Lotto*) score of 4 correct; (*Aus, S Ger*) (*Ziffer*) four.

Viererbande *f* gang of four; **Viererbob** *m* four-man bob; **Vierergruppe** *f* group of four; **viererlei** *adj inv* **1.** *attr* Brot, Käse, Wein four kinds or sorts of; *Möglich-keiten, Fälle, Größen* four different; **2.** (*substantivisch*) four different things; (*vier Sorten*) four different kinds; **Vierer-pasch** *m* (all) fours *no indef art*; **Vierer-reihe** *f* row of four; **Vierertreffen** *nt* (*Pol*) (*der vier Mächte*) four-power conference, meeting of the four powers.

vierfach, vierfältig (*geh*), **4fach I** *adj* four-fold, quadruple (*esp Math*). **die** ~**e Größe/Menge/Anzahl** four times the size/amount/number; **in** ~**er Ausfertigung** in quadruplicate; **in** ~**er Vergrößerung** enlarged four times.

II *adv* four times, fourfold. **das Papier** ~ **legen** *or* **nehmen** to fold the paper in four; **den Faden** ~ **nehmen** to take four threads together; **er hat den Band** ~ he has four copies of the book; **das Produkt wird** ~ **geprüft** this product is checked four times, there's a quadruple *or* fourfold check on this product.

Vierfache(s) *nt decl as adj* four times the amount, quadruple (*Math*). **das** ~ **von jdm verdienen** to earn four times as much as sb; **das** ~ **von 3 ist 12** four times 3 is 12; **zwei um das** ~ **vermehren** to add two to the quadruple of two; **um das** ~ **zunehmen** to quadruple.

Vierfarbendruck *m* (*Verfahren*) four-colour printing; (*Erzeugnis*) four-colour print; **Vierfarb(en)stift** *m* four-colour pen; **Vierfelderwirtschaft** *f* four-course rotation; **Vierflach** *nt* **-(e)s, -e** (*Math*) tetrahedron; **vierflächig** *adj* Körper, Gebilde tetrahedral; **Vierfüßer** *m* **-s,** - *siehe* **Vierfüßler; vierfüßig** *adj* four-legged, quadruped(al) (*spec*); (*Poet*) tetrameter *attr*, with four feet; **Vierfüßler** *m* **-s,** - (*Zool*) quadruped, tetrapod (*spec*); **Vierganggetriebe** *nt* four-speed gearbox; **viergeschossig** *adj* four-storey *attr*, four storeyed; ~ **bauen** to build houses/offices *etc* with four storeys; **Vier-gespann** *nt* (*vier Tiere, Wagen mit vier*

Tieren) four-in-hand; (*Hist: Quadriga*) quadriga; (*vier Menschen*) foursome; **vierhändig** *adj* (*Mus*) four-handed; ~ **spielen** to play something for four hands; **vierhebig** *adj* (*Poet*) tetrameter; ~ **sein** to be a tetrameter.

vierhundert *num* four hundred.

Vierhundertjahrfeier *f* quatercentenary, quadricentennial (*US*).

vierhundertste(r, s) *adj* four hundredth.

vierhunderttausend *num* four hundred thousand.

Vierjahresplan *m* (*Econ*) four-year plan; **vierjährig, 4jährig** *adj* (*4 Jahre alt*) four-year-old *attr*; (*4 Jahre dauernd*) four-year *attr*, quadrennial; **ein** ~**es Kind** a four-year-old child, a child of four; **Vier-jährige(r)** *mf decl as adj* four-year-old; **Vierkampf** *m* (*Sport*) four-part competition; **vierkant** *adj, adv* (*Naut*) square; **Vierkant** *m or nt* **-(e)s, -e** (*Tech*) square; (*Math*) tetrahedron; **Vierkantholz** *nt* squared timber; **vierkantig** *adj* square(-headed); *siehe* **achtkantig; Vierkant-schlüssel** *m* square box spanner (*Brit*) *or* wrench; **vierköpfig** *adj* Ungeheuer four-headed; **eine** ~**e Familie** a family of four.

Vierling *m* quadruplet, quad (*inf*).

Viermächte|abkommen *nt* quadripartite *or* four-power agreement; **Viermächte-stadt** *f* city occupied by the four powers.

viermal *adv* four times; ~ **so viele** four times as many; **viermalig** *adj* done *or* repeated four times; ~**es Klingeln/**~**e Vorstellun-gen** four rings/performances; **nach** ~**em Versuch** after the fourth attempt; **nach** ~**er Aufforderung** after the fourth time of asking, after four repeated requests; **Vier-master** *m* **-s, -**(*Naut*) four-master; **Vier-mastzelt** *nt* four-poled tent; **viermonatig** *adj attr* Säugling four-month-old; *Ab-stände* four-monthly; *Lieferungsfrist, Aufenthalt* four months; **viermonatlich** I *adj attr* Erscheinen four-monthly; II *adv* erscheinen, sich wiederholen every four months; **viermotorig** *adj* four-engined; **Vierpfünder** *m* four-pounder; **vier-phasig** *adj* (*Elec*) four-phase.

Vierrad|antrieb *m* four-wheel drive; **Vier-radbremse** *f* four-wheel braking system.

vierräd(e)rig *adj* four-wheel *attr*, four-wheeled; **das Auto ist** ~ that car is a four-wheeler; **viersaitig** *adj* four-stringed; ~ **sein** to have four strings; **vierschrötig** *adj* burly; **vierseitig** *adj* four-sided; *Ab-kommen, Verhandlungen etc* quadripar-tite; *Brief, Broschüre* four-page *attr*; **Viersektorenstadt** *f* city divided into four sectors; **Viersilber** *m* **-s,** - (*Poet*) tetrasyllable; **viersilbig** *adj* four-syllable *attr*, quadrisyllabic, tetrasyllabic; **Viersit-zer** *m* **-s, -** four-seater; **viersitzig** *adj* four-seater *attr*, with four seats; ~ **sein** to be a four-seater, to have four seats; **vierspal-tig** *adj* four-column *attr*; ~ **sein** to have four columns; **Vierspänner** *m* **-s, -** four-in-hand; **vierspännig** *adj* Wagen four-horse *attr*; ~ **fahren** to drive a team of four horses *or* a four-in-hand; **viersprachig** *adj* Mensch, Wörterbuch quadrilingual; *Speisekarte* in four languages; ~ **aufwach-sen** to grow up speaking four languages;

das Buch wird ~ angeboten the book is available in four languages; **vierspurig** *adj* four-lane *attr*; **~ sein** to have four lanes; **vierstellig** *adj* four-figure *attr*; *(Math) Funktion, Dezimalbruch* four-place *attr*; **~ sein** to have four figures/places; **vierstimmig** *adj* four-part *attr*, for four voices; **~ singen** to sing a song for four voices; **vierstöckig** *adj Haus* four-storey *attr*, four-storeyed, four storeys high; **vierstrahlig** *adj Flugzeug* four-jet *attr*, four-engined; **vierstrophig** *adj Gedicht* four-verse *attr*, four-stanza *attr*; **~ sein** to have four verses *or* stanzas; **Vierstufenrakete** *f* four-stage rocket; **vierstufig** *adj* four-stage *attr*; **~ sein** to have four stages; **vierstündig** *adj attr Reise, Vortrag* four-hour; **vierstündlich I** *adj attr* four-hourly; **II** *adv* every four hours.

viert *adj* 1. **zu ~** *siehe* **vier.** 2. *siehe* **vierte(r, s).**

Viertagewoche *f* four-day week; **viertägig** *adj attr (4 Tage dauernd)* four-day; *(4 Tage alt)* four-day old; **viertäglich** *adj, adv* every four days; **Viertakter** *m* -s, - *(inf)*, **Viertaktmotor** *m* four-stroke (engine); **viertausend** *num* four thousand; **Viertausender** *m* -s, - *(Berg)* four-thousand-metre mountain.

vierte *adj siehe* **vierte(r, s).**

verteilen *vt* 1. *insep (Hist)* to quarter; 2. *sep siehe* **vierteln; vierteilig** *adj (mit vier einzelnen Teilen)* four-piece *attr*; *Roman* four-part *attr*, in four parts; **~ sein** to have four pieces/parts.

Viertel¹ ['fɪrtl] *nt (Sw auch m)* -s, -. 1. *(Bruchteil)* quarter; *(inf) (~pfund) =* quarter; *(~liter)* quarter-litre. **der Mond ist im ersten/letzten ~** the moon is in the first/last quarter; **ein ~ Wein/Butter** *etc* a quarter-litre of wine/quarter of butter *etc*. 2. *(Uhrzeit)* **(ein) ~ nach/vor sechs** (a) quarter past/to six; **(ein) ~ sechs** (a) quarter past five; **drei ~ sechs** (a) quarter to six; **es ist ~** it's (a) quarter past; **die Uhr schlug ~** the clock struck (a) quarter past *or* the quarter; *siehe* **akademisch.**

Viertel² ['fɪrtl] *nt* -s, - *(Stadtbezirk)* quarter, district.

viertel ['fɪrtl] *adj inv* quarter. **ein ~ Liter/Pfund** a quarter (of a) litre/pound; **drei ~ Liter** three quarters of a litre.

Viertel- ['fɪrtl-]: **Vierteldrehung** *f* quarter-turn; **Viertelfinale** *nt* quarter-finals *pl*; **Viertelfinalspiel** *nt* quarter-final.

Vierteljahr *nt* three months *pl*, quarter *(Comm, Fin)*.

Vierteljahres- *in cpds* quarterly; **Vierteljahresschrift** *f* quarterly.

Viertel- [fɪrtl-]: **Vierteljahrhundert** *nt* quarter of a century; **vierteljährig** *adj attr Kind* three-month-old; *Aufenthalt, Frist* three months'; **vierteljährlich I** *adj* quarterly; *Kündigung* three months' *attr*; **II** *adv* quarterly, every three months; **~ kündigen** to give three months' notice; **Viertelliter** *m or nt* quarter of a litre, quarter-litre.

vierteln ['fɪrtln] *vt (in vier Teile teilen)* to divide into four; *Kuchen, Apfel etc auch* to divide into quarters; *(durch vier teilen)* to divide by four; *Summe, Gewinn* to

quarter, to divide by four.

Viertel- ['fɪrtl-]: **Viertelnote** *f* crotchet *(Brit)*, quarter note *(US)*; **Viertelpause** *f* crotchet/quarter-note rest; **Viertelpfund** *nt =* quarter of a pound, quarter(-pound); **Viertelstunde** *f* quarter of an hour; **viertelstündig** *adj attr Abstand* quarter-hour, of a quarter of an hour; *Vortrag* lasting *or* of a quarter of an hour; **viertelstündlich I** *adj attr Abstand* quarter-hour, of a quarter of an hour; **II** *adv* every quarter of an hour, quarter-hourly; **Viertelton** *m* quarter tone.

viertens *adv* fourth(ly), in the fourth place.

Vierte(r) *mf decl as adj* fourth. **~r werden** to be *or* come fourth; **am V~n (des Monats)** on the fourth (of the month); **Karl IV** *or* **der ~** Charles IV *or* the Fourth.

vierte(r, s) *adj* fourth. **der ~ Oktober** the fourth of October; **den 4. Oktober** October 4th, October the fourth; **am ~n Oktober** on the fourth of October; **der ~ Stock** the fourth *(Brit) or* fifth *(US)* floor; **der ~ Stand** the Fourth Estate; **im ~n Kapitel/Akt** in the fourth chapter/act, in chapter/act four; **er war ~r im Rennen** he was *or* came fourth in the race; **als ~r durchs Ziel gehen** to be fourth at the finish; **du bist der ~, der mich das fragt** you're the fourth person to ask me that; **jeder ~ muß …** every fourth person/boy *etc* has to …

viertletzte(r, s) *adj* fourth (from) last.

Viertonner, 4tonner *m* -s, - *=* four-ton truck, four-tonner; **viertürig** *adj* four-door *attr*, with four doors; **~ sein** to have four doors; **Vierluhrzug, 4-Uhr-Zug** *m* four o'clock (train); **vierlundleinhalb** *num siehe* **viereinhalb; Vierlundsechzigstelnote** *f* hemidemisemiquaver *(Brit)*, sixty-fourth note *(US)*; **Vierlundsechzigstelpause** *f* hemidemisemiquaver/sixty-fourth note rest; **vierlundzwanzig** *num* twenty-four.

Vierung *f (Archit)* crossing.

Viervierteltakt [-'fɪrtl-] *m* four-four *or* common time.

Vierwaldstätter See *m* Lake Lucerne.

vierwertig *adj (Chem)* quadrivalent, tetravalent; *(Ling)* four-place; **vierwöchentlich** *adj, adv* every four weeks; **vierwöchig** *adj* four-week *attr*, four weeks long.

vierzehn ['fɪrtseːn] *num* fourteen. **~ Uhr 2** p.m.; *(auf Fahrplan, Mil)* fourteen hundred hours, 14.00; **~ Tage** two weeks, a fortnight *sing (Brit)*; **die V~ Punkte** *(Hist)* the Fourteen Points.

Vierzehn- ['fɪrtseːn-]: **Vierzehnlender** *m (Hunt)* fourteen-pointer; **vierzehntägig** *adj* two-week *attr*, lasting two weeks; **nach ~er Dauer** after two weeks *or* a fortnight *(Brit)*; **vierzehntäglich** *adj, adv* fortnightly *(Brit)*, every two weeks.

Vierzehntel ['fɪrtseːntl] *nt* -s, - fourteenth; *siehe* **Vierzigstel.**

vierzehnte(r, s) ['fɪrtseːntə(r, s)] *adj* fourteenth; *siehe* **vierte(r, s).**

Vierzeiler *m* -s, - four-line poem; *(Strophe)* four-line stanza, quatrain; **vierzeilig** *adj* four-line *attr*, of four lines; **~ sein** to have four lines.

vierzig ['fɪrtsɪç] *num* forty. **mit ~ (km/h) fahren** to drive at forty (kilometres an hour); **etwa ~ (Jahre alt)** about forty (years old); (*Mensch auch*) fortyish (*inf*); **mit ~ (Jahren)**, **mit V~** at forty (years of age); **Mitte (der) V~** in one's mid-forties; **über ~** over forty; **der Mensch über V~** *or* **~ people** *pl* over forty; **im Jahre ~** in forty; (*~ nach/vor Christi Geburt*) in (the year) forty (AD)/BC.

Vierzig ['fɪrtsɪç] *f* **-**, **-en** forty.

vierziger, 40er ['fɪrtsɪgɐ] *adj attr inv* **die ~ Jahre** the forties; **ein ~ Jahrgang** (*Mensch*) a person born in nineteen/eighteen forty; (*Wein*) a vintage forty.

Vierziger(in *f*) ['fɪrtsɪgɐ, -ərɪn] *m* **-s**, **-** (*Mensch*) forty-year-old; (*Wein*) wine of vintage forty; (*Aus, S Ger: Geburtstag*) fortieth (birthday). **die ~** *pl* (*Menschen*) people in their forties; **er ist Mitte der ~** he is in his mid-forties; **er ist in den ~n** he is in his forties; **in die ~ kommen** to be getting on for forty.

Vierziger- ['fɪrtsɪgɐ-]: **Vierzigerjahre** *pl* **die ~** one's forties; **vierzigerlei** *adv inv siehe* **viererlei** forty kinds *or* sorts of; forty different; forty different things; forty different kinds.

Vierzig- ['fɪrtsɪç-]: **vierzigfach I** *adj* fortyfold; **II** *adv* forty times; *siehe* **vierfach**; **vierzigjährig** *adj attr* (*40 Jahre alt*) forty-year-old; (*40 Jahre dauernd*) forty-year; **der ~e Gründungstag** the 40th anniversary (of the foundation); **ein V~er** a forty-year-old; **vierzigmal** *adv* forty times; **Vierzigpfennigmarke**, **40-Pfennig-Marke** *f* forty-pfennig stamp.

Vierzigstel ['fɪrtsɪçstl] *nt* **-s**, **-** fortieth. **ein ~ des Kuchens/der Summe** a fortieth (part) of the cake/the amount.

vierzigstel ['fɪrtsɪçstl] *adj inv* fortieth. **eine ~ Minute** a *or* one fortieth of a minute.

vierzigste(r, s) ['fɪrtsɪçstə(r, s)] *adj* fortieth.

Vierzigstundenwoche [fɪrtsɪç-] *f* fortyhour week.

Vierzimmerwohnung *f* four-room flat (*Brit*) *or* apartment; **Vierzylindermotor** *m* four-cylinder engine; **vierzylindrig** *adj* four-cylinder attr.

Vietcong [viet'kɔŋ] *m* **-**, **-(s)** Vietcong.

Vietnam [viet'nam] *nt* **-s** Vietnam.

Vietnamese [viɛtna'meːzə] *m* **-n**, **-n**, **Vietnamesin** *f* Vietnamese.

vietnamesisch [viɛtna'meːzɪʃ] *adj* Vietnamese.

Vigil [vi'giːl] *f* **-**, **-ien** [-iən] vigil.

Vignette [vɪn'jɛtə] *f* vignette.

Vikar [vi'kaːɐ] *m* curate; (*Sw Sch*) supply teacher.

Vikariat [vika'riaːt] *nt* curacy.

Viktorianisch [vɪkto'riaːnɪʃ] *adj* Victorian.

Viktualienmarkt [vɪk'tuaːliən-] *m* (*old*) food market.

Villa ['vɪla] *f* **-**, **Villen** villa.

Villenviertel ['vɪlən-] *nt* exclusive residential area.

Viola ['viːola] *f* **-**, **Violen** 1. (*Mus*) viola. 2. (*Bot*) violet.

Violett [vio'lɛt] *nt* **-s**, **-** purple, violet; (*im Spektrum, Regenbogen*) violet.

violett [vio'lɛt] *adj siehe n* purple, violet; violet.

Violine [vio'liːnə] *f* violin; *siehe* **Geige**.

Violinist(in *f*) [violi'nɪst(ɪn)] *m* violinist.

Violin- [vio'liːn-]: **Violinkonzert** *nt* violin concerto; (*Darbietung*) violin concert; **Violinschlüssel** *m* treble clef.

Violoncell *nt* **-s**, **-e**, **Violoncello** [violɔn'tʃɛl(o)] *nt* violoncello.

Viper ['viːpɐ] *f* **-**, **-n** viper, adder.

Viren ['viːrən] *pl of* **Virus.**

Virginiatabak [vɪr'giːnia-, vɪr'dʒiːnia-] *m* Virginia tobacco.

viril [vi'riːl] *adj* virile.

Virilität [virili'tɛːt] *f* virility.

Virologe [viro'loːgə] *m*, **Virologin** *f* virologist.

Virologie [virolo'giː] *f* virology.

virtuos [vɪr'tuoːs] *adj* virtuoso *attr*. **~ spielen** to give a virtuoso performance, to play like a virtuoso.

Virtuose [vɪr'tuoːzə] *m* **-n**, **-n**, **Virtuosin** *f* virtuoso.

Virtuosität [vɪrtuozi'tɛːt] *f*, *no pl* virtuosity.

virulent [viru'lɛnt] *adj* (*Med, fig*) virulent.

Virulenz [viru'lɛnts] *f* (*Med, fig*) virulence, virulency.

Virus ['viːrʊs] *nt or m* **-**, **Viren** virus.

Virus- ['viːrʊs-]: **Virus\|infektion** *f* viral *or* virus infection; **Viruskrankheit** *f* viral disease.

Visa ['viːza] *pl of* **Visum.**

Visage [vi'zaːʒə, (*Aus*) vi'zaːʒ] *f* **-**, **-n** (*pej*) face, physog (*dated inf*), (ugly) mug (*inf*); *siehe* **polieren.**

vis-à-vis [viza'viː] (*dated*) **I** *adv* opposite (*von* to). **II** *prep* + *dat* opposite (to).

Visavis [viza'viː] *nt* **-**, **-** (*dated*) person (sitting) opposite, vis-à-vis (*form*). **mein ~** the person opposite me.

Visen ['viːzən] *pl of* **Visum.**

Visier [vi'ziːɐ] *nt* **-s**, **-e** 1. (*am Helm*) visor. **mit offenem ~ kämpfen** to fight with an open visor; (*fig*) to be open and above board (in one's dealings). 2. (*an Gewehren*) sight. **jdn/etw ins ~ bekommen** to get sb/sth in one's sights.

visieren* [vi'ziːrən] *vi* **~ auf** (+*acc*) to take aim at.

Vision [vi'zioːn] *f* vision.

visionär [vizio'nɛːɐ] *adj* visionary.

Visionär [vizio'nɛːɐ] *m* visionary.

Visitation [vizita'tsioːn] *f* (*form*): (*Durchsuchung*) search, inspection.

Visite [vi'ziːtə] *f* **-**, **-n** (*Med*) (*im Krankenhaus*) round; (*zu Hause*) visit, house call. **um 9 Uhr ist ~** the doctors do their rounds at 9 o'clock; **~ machen** to do one's round; to do visits *or* house calls; (*dated inf*) to visit (*bei jdm* sb), to pay a visit (*bei* to).

Visitenkarte [vi'ziːtn-] *f* (*lit, fig*) visiting *or* calling (*US*) card.

viskos [vɪs'koːs], **viskös** [vɪs'køːs] *adj* viscous.

Viskose [vɪs'koːzə] *f* **-**, *no pl* viscose.

Viskosität [vɪskozi'tɛːt] *f* viscosity.

visuell [vi'zuɛl] *adj* visual.

Visum ['viːzʊm] *nt* **-s**, **Visa** *or* **Visen** visa.

Visumzwang ['viːzʊm-] *m* obligation to hold a visa. **für San Serife besteht ~** it is necessary to obtain a visa for San Serife.

vital [vi'taːl] *adj* vigorous, energetic; (*lebenswichtig*) vital.

Vitalität [vitali'tɛːt] *f* vitality, vigour.

Vitamin [vita'mi:n] *nt* -s, -e vitamin. ~ **B** (*lit*) vitamin B; (*fig inf*) contacts *pl*.

Vitamin- [vita'mi:n-]: **vitamin|arm** *adj* poor in vitamins; ~ **leben/essen** to live on/ have a vitamin-deficient diet; **Vitamin-bedarf** *m* vitamin requirement; **vitamin-C-haltig** *adj* containing vitamin C; **vitaminhaltig** *adj* containing vitamins; ~ **sein** to contain vitamins; **Vitaminmangel** *m* vitamin deficiency; **Vitaminmangel-krankheit** *f* disease due to a vitamin deficiency; **vitaminreich** *adj* rich in vitamins; **Vitaminspritze** *f* vitamin injection; (*fig*) shot in the arm (*fig inf*); **Vitaminstoß** *m* (massive) dose of vitamins.

Vitrine [vi'tri:nə] *f* (*Schrank*) glass cabinet; (*Schaukasten*) showcase, display case.

Vitriol [vitri'o:l] *nt* -s, -e vitriol.

Vivisektion [vivizɛk'tsio:n] *f* vivisection.

vivisezieren* [vivize'tsi:rən] *vti* to vivisect.

Vize ['fi:tsə] *m* -s, - (*inf*) number two (*inf*), second-in-command; (~*meister*) runner-up.

Vize- ['fi:tsə-] *in cpds* vice-; **Vizekanzler** *m* vice-chancellor; **Vizekönig** *m* viceroy; **Vizemeister** *m* runner-up; **Vizepräsident** *m* vice-president.

Vlies [fli:s] *nt* -es, -e fleece.

V-Mann ['fau-] *m* siehe **Verbindungs-mann.**

Vogel *m* -s, ⸚ (*lit, fig*) bird. **ein seltener ~** (*lit, fig*) a rare bird; **ein seltsamer** *etc* ~ (*inf*) a queer bird (*inf*) or customer (*inf*); **ein lustiger ~** (*inf*) a lively character (*inf*); ~ **friß oder stirb** (*prov*) do or die! (*prov*); **den ~ abschießen** (*inf*) to surpass everyone (*iro*); **einen ~ haben** (*inf*) to be crazy (*inf*), to have a screw loose (*inf*); **jdm den ~ zeigen** (*inf*) to tap one's forehead *to indicate to sb that he's not quite right in the head*, ≃ to give sb the V sign (*Brit*) or the finger (*US*).

Vogelbauer *nt* bird-cage; **Vogelbeere** *f* (*auch* **Vogelbeerbaum**) rowan(-tree), mountain ash; (*Frucht*) rowan(-berry).

Vögelchen, Vög(e)lein (*liter*) *nt* little bird.

Vogeldreck *m* bird droppings *pl*; **Vogel|ei** *nt* bird's egg; **Vogelfänger** *m* bird-catcher, fowler; **Vogelflug** *m* flight of birds; **Vogelfluglinie** *f* **in der ~** as the crow flies; **vogelfrei** *adj* (*Hist*) outlawed; **für ~ erklärt werden** to be outlawed *or* declared an outlaw/outlaws; **Vogelfutter** *nt* bird food; (*Samen*) birdseed; **Vogelkäfig** *m* bird-cage; (*auch* **Vogelhaus**) aviary; **Vogelkunde** *f* ornithology; **Vogelmännchen** *nt* cock (bird), male bird.

vögeln *vti* (*vulg*) to screw (*sl*).

Vogelnest *nt* bird's nest; **Vogelperspektive, Vogelschau** *f* bird's-eye view; (**ein Bild von**) **Ulan Bator aus der ~** a bird's-eye view of Ulan Bator; **Vogelscheuche** *f* (*lit, fig inf*) scarecrow; **Vogelschutz** *m* protection of birds; **Vogel-Strauß-Politik** *f* head-in-the-sand *or* ostrich-like policy; **Vogelwarte** *f* ornithological station; **Vogelweibchen** *nt* hen (bird), female bird; **Vogelzug** *m* (*Wanderung*) bird migration.

Vöglein *nt* (*liter*) little bird.

Vogt *m* -(e)s, ⸚e (*Hist*) (*Kirchen~*) church advocate; (*Reichs~*) protector; (*Land~*)

landvogt, governor; (*von Burg, Gut*) steward, bailiff.

Vokabel [vo'ka:bl] *f* -, -n *or* (*Aus*) *nt* -s, - word. ~**n** *pl* vocabulary *sing*, vocab *sing* (*Sch inf*).

Vokabelschatz [vo'ka:bl-] *m* vocabulary.

Vokabular [vokabu'la:ɐ̯] *nt* -s, -e vocabulary.

Vokal [vo'ka:l] *m* -s, -e vowel.

vokal [vo'ka:l] *adj* (*Mus*) vocal.

vokalisch [vo'ka:lɪʃ] *adj* (*Ling*) vocalic. ~**e Anlaute/Auslaute** initial/final vowels.

Vokalist(in *f*) [voka'lɪst(ɪn)] *m* (*Mus geh*) vocalist.

Vokalmusik [vo'ka:l-] *f* vocal music.

Vokativ ['vo:kati:f, voka'ti:f] *m* vocative.

Volant [vo'lã:] *m* -s, -s **1.** (*Stoffbesatz*) valance; (*am Rock, Kleid*) flounce. **2.** *auch nt* (*Aus, Sw, old: Lenkrad*) steering wheel.

Volk *nt* -(e)s, ⸚er **1.** *no pl* people *pl*; (*Nation auch*) nation; (*Volksmasse auch*) masses *pl*; (*inf: Gruppe*) crowd *pl*; (*pej: Pack*) rabble *pl*. **viel ~** lots of people *pl*, crowds *pl*; **etw unters ~ bringen** *Nachricht* to spread sth; *Geld* to spend sth; **da verkehrt ein ~!** there's a really strange crowd there!; *siehe* **Mann, fahrend.**

2. (*ethnische Gemeinschaft*) people *sing*. **die ⸚er Afrikas** the peoples of Africa; **ein ~ für sich sein** to be a race apart.

3. (*Zool*) colony.

Völkchen *nt* (*inf: Gruppe*) lot (*inf*), crowd. **ein ~ für sich sein** to be a race apart; **ein lustiges ~** a lively lot (*inf*) or bunch (*inf*) or crowd.

Völkerball *m* game for two teams where the object is to hit an opponent with a ball and thus put him out of the game; **Völkerbund** *m* (*Hist*) League of Nations; **Völkerkunde** *f* ethnology; **Völkerkundler(in** *f*) *m* -s, - ethnologist; **Völkermord** *m* genocide; **Völkerrecht** *nt* international law, law of nations; **völkerrechtlich I** *adj* *Vertrag, Entscheidung, Anerkennung* under international law; *Frage, Thema, Hinsicht, Standpunkt* of international law; *Anspruch, Haftung* international; **vom ~en Standpunkt** according to *or* under international law; ~**e Anerkennung eines Staates** recognition of a state; **II** *adv* *regeln, entscheiden* by international law; *klären* according to international law; *binden, sein* under international law; **Völkerverständigung** *f* international understanding; **Völkerwanderung** *f* (*Hist*) migration of the peoples; (*hum*) mass migration *or* exodus.

völkisch (*NS*) national.

volkreich *adj* populous.

Volks- *in cpds* popular; (*auf ein Land bezogen*) national; (*Pol, esp DDR*) people's; **Volks|abstimmung** *f* plebiscite; **Volks|armee** *f* (*DDR*) People's Army; **Volks|armist** *m* (*DDR*) soldier in the People's Army; **Volks|ausgabe** *f* popular edition; **Volksbefragung** *f* public opinion poll; **Volksbefreiungs-|armee** *f* people's liberation army; **Volksbegehren** *nt* petition for a referendum; **Volksbelustigung** *f* public entertainment; **Volksbibliothek** f public library; **Volksbildung** f national education; (*Erwachsenenbildung*) adult education; **Volksbrauch** m national custom; **Volksbücherei** f public library; **Volkscharakter** m national character; **Volksdemokratie** f people's democracy; **Volksdichter** m poet of the people; **Volksdichtung** f folk literature/poetry; **volks|eigen** adj (*DDR*) nationally-owned; (*in Namen*) People's Own; **Volks|eigentum** nt (*DDR*) national property, property of the people; **Volks|einkommen** nt national income; **Volks|empfinden** nt public feeling; **das gesunde** ~ popular sentiment; **Volks|entscheid** m referendum; **Volks|etymologie** f folk etymology; **Volksfeind** m enemy of the people; **volksfeindlich** adj hostile to the people; **Volksfest** nt public festival; (*Jahrmarkt*) funfair; **Volksfront** f (*Pol*) popular front; **Volksgerichtshof** m (*NS*) People's Court; **Volksgesundheit** f public health; **Volksglaube(n)** m popular belief; **Volksgruppe** f ethnic group; (*Minderheit*) ethnic minority; **Volksheld** m popular hero; (*Held des Landes*) national hero; **Volksherrschaft** f popular rule, rule of the people; **Volkshochschule** f adult education centre; **einen Kurs in der ~ machen** to do an adult education class; (*am Abend auch*) to do an evening class; **Volksjustiz** f popular justice; **Volkskunde** f folklore; **Volkskundler(in** f) m **-s, -** folklorist; **volkskundlich** adj folkloristic; **Volkslauf** m (*Sport*) open cross-country race; **Volkslied** nt folk song; **Volksmärchen** nt folktale; **Volksmeinung** f public or popular opinion; **Volksmenge** f crowd, mob (*pej*); **Volksmund** m vernacular; **im ~ nennt man das ...** this is popularly called ..., in the vernacular this is called ...; **Volksmusik** f folk music; **Volkspartei** f people's party; **Volkspoesie** f folk poetry; **Volkspolizei** f (*DDR*) People's Police; **Volkspolizist** m (*DDR*) member of the People's Police; **Volksrede** f (*inf*) (long) speech; **du sollst keine ~n halten!** (*inf*) I/we don't want any speeches!; **Volksrepublik** f people's republic; **Volkssage** f folk legend, folktale; **Volksschicht** f level of society, social stratum; **Volksschule** f (*dated*) ≈ elementary school (*Hist*), *school providing basic primary and secondary education*; **Volksschüler** m (*dated*) pupil at elementary school (*Hist*); **Volksschullehrer** m (*dated*) elementary school teacher (*Hist*); **Volksseele** f soul of the people; **die kochende ~** the seething or angry populace; **Volksseuche** f epidemic; **Volkssouveränität** f (*Pol*) sovereignty of the people; **Volkssprache** f everyday language, vernacular; **Volksstamm** m tribe; **Volksstimme** f voice of the people; **Volksstück** nt dialect folk play; **Volkssturm** m (*Hist*) Volkssturm, German territorial army; **Volkstanz** m folk dance; **Volkstheater** nt folk theatre; (*Gattung auch*) folk drama; **Volkstracht** f traditional costume; (*eines Landes*) national costume; **Volkstrauertag** m

national day of mourning, ≈ Remembrance Day (*Brit*), Veterans' Day (*US*); **Volkstribun** m (*Hist*) tribune (of the people); **volkstümlich** adj folk attr, folksy (*inf*); (*traditionell, überliefert*) traditional; (*beliebt*) popular; **etw ~ darstellen/ausdrücken** to popularize sth/ express oneself in plain language; **ein ~er König** a king with the common touch; **Volkstümlichkeit** f siehe adj folk character, folksiness (*inf*); tradition; popularity; (*von Darstellungs-, Ausdrucksweise*) popular appeal; (*von König*) common touch; **Volksverführer** m demagogue; **Volksverhetzung** f incitement (of the people); **Volksvermögen** nt national wealth; **Volksversammlung** f people's assembly; (*Kundgebung*) public gathering; **Volksvertreter** m representative or delegate of the people; **Volksvertretung** f representative body (of the people); **Volkswirt** m economist; **Volkswirtschaft** f national economy; (*Fach*) economics sing, political economy; **Volks- und Betriebswirtschaft** economics and business studies; **Volkswirtschaftler** m economist; **Volkswirtschaftslehre** f economics sing, political economy; **Volkszählung** f (national) census; **Volkszugehörigkeit** f ethnic origin.

voll I adj 1. (*gefüllt*) full. ~**er** +gen full of; ~ (**von** or **mit**) **etw** full of sth: (*bedeckt mit*) covered with sth; ~ **des Lobes** full of praise; **mit ~em Mund** with one's mouth full; **aus dem ~en schöpfen** to draw on unlimited resources.

2. (*ganz*) full; **Satz, Service, Erfolg** complete; **Woche, Jahr auch, Wahrheit** whole. **ein ~es Dutzend** a full or whole dozen; ~**e drei Jahre/Tage** three whole years/days, fully three years/ days; **die Uhr schlägt nur alle ~en Stunden** the clock only strikes the full hour; **die Zahl ist** ~ the numbers are complete; **die ~e Summe bezahlen** to pay the full sum or the sum in full; **in ~er Fahrt/~em Galopp/ ~em Lauf** at full speed/gallop/speed; **in ~er Größe** (*Bild*) life-size; (*bei plötzlicher Erscheinung etc*) large as life; **sich zu ~er Größe aufrichten** to draw oneself up to one's full height; **etw in seinem ~en Umfang** or **in seiner ~en Tragweite erkennen** to understand sth fully or with all its implications; ~**e Gewißheit über etw** (*acc*) **haben** to be completely or fully certain about sth; **im ~en Tageslicht** in full daylight; **in ~er Uniform** in full dress or uniform; **den Mund ~ nehmen** (*fig*) to exaggerate, to overdo it; **jdn nicht für ~ nehmen** not to take sb seriously; **aus ~em Halse** or ~**er Kehle** or **Brust singen** to sing at the top of one's voice; **etw mit ~em Recht tun** to be perfectly right to do sth; **mit dem ~en Namen unterschreiben** to sign one's name in full.

3. ~ **sein** (*inf*) (*satt*) to be full (up); (*betrunken*) to be plastered (*inf*) or tight (*inf*); ~ **wie ein Sack** or **eine Strandhaubitze** or **tausend Mann** absolutely plastered (*inf*), roaring drunk (*inf*).

4. **Gesicht, Busen etc** full; **Wangen** chubby; **Haar** thick. ~**er werden** to fill out.

5. *Stimme, Ton* full, rich; *Farbton* rich.
II *adv* fully; *(vollkommen auch)* completely. **~ und ganz** completely, wholly; **die Straße ist ~ gesperrt/wieder ~ befahrbar** the road is completely closed/completely free again; **eine Rechnung ~ bezahlen** to pay a bill in full; **~ hinter jdm/etw stehen** to be *or* stand fully behind sb/sth; **jdn etw ~ treffen** *(mit Stein, Bombe etc)* to score a direct hit on sb/sth; *(ins Gesicht)* to hit sb full in the face; **etw ~ ausnützen** to take full advantage of sth; **~ zuschlagen** *(inf)* to lam óut *(inf)*; **~ drinstecken** *(inf) (bei Arbeit)* to be in the middle of it; *(in unangenehmer Situation)* to be right in it; **~ (Stoff) gegen etw fahren** *(inf)* to run full tilt *or* slap-bang *(inf)* into sth; **nicht ~ dasein** *(inf)* to be not quite with it *(inf)*; **~ dabeisein** *(inf)* to be totally involved.

volladen *vt sep irreg getrennt:* **voll-laden** to load up. **vollgeladen** fully-laden.
voll|auf *adv* fully, completely. **~ genug** quite enough; **das genügt ~** that's quite enough; **~ zu tun haben** to have quite enough to do *(mit* with).
vollaufen *vi sep irreg aux sein getrennt:* **voll-laufen** to fill up. **etw ~ lassen** to fill sth (up); **sich ~ lassen** *(inf)* to get tanked up *(inf)*.
voll|automatisch *adj* fully automatic; **voll|automatisiert** *adj* fully automated; **Vollbad** *nt* (proper) bath; **Vollbart** *m* (full) beard; **vollberechtigt** *adj attr* with full rights; *Unterhändler* fully authorized; *Mitglied* full; **vollbeschäftigt** *adj* Arbeiter employed full-time; **Vollbeschäftigung** *f* full employment; **Vollbesitz** *m*: **im ~ +gen** in full possession of.
Vollblut *nt, no pl* thoroughbred.
Vollblut- *in cpds (lit: Tier)* thoroughbred; *(fig)* full-blooded.
Vollblüter *m* **-s, -** thoroughbred; **vollblütig** *adj* thoroughbred; *(fig)* full-blooded; **Vollbremsung** *f* emergency stop; **eine ~ machen** to slam on the brakes *(inf)*, to do an emergency stop; **vollbringen*** *vt insep irreg (ausführen)* to accomplish, to achieve; *Wunder* to work, to perform; **es ist vollbracht** *(Bibl)* it is done *(Bibl)*; **vollbusig** *adj* full-bosomed, bosomy *(inf)*.
Volldampf *m (Naut)* full steam. **mit ~** at full steam *or* speed; *(inf)* flat out; **mit ~ voraus** full steam *or* speed ahead; *(inf)* full tilt.
voll|enden* *insep* **I** *vt (abschließen)* to complete; *(liter) Leben* to bring to an end; *(vervollkommnen)* to make complete; *Geschmack* to round off.
II *vr (zum Abschluß kommen)* to come to an end; *(vollkommen werden)* to be completed; *(Liebe)* to be fulfilled.
voll|endet *adj (vollkommen)* completed; *Tugend, Schönheit* perfect; *Mensch* accomplished. **nach ~em 18. Lebensjahr** upon completion of one's 18th year; **~ Klavier spielen** to be an accomplished piano player; *siehe* **Tatsache.**
vollends *adv* **1.** *(völlig)* completely, altogether. **2.** *(besonders)* especially.
Voll|endung *f, no pl* completion; *(Vervollkommnung, Vollkommenheit)* perfec-

tion; *(von Liebe)* fulfilment.
voller *adj siehe* **voll.**
Völlerei *f* gluttony.
Volley ['vɔli] *m* **-s, -s** volley.
Volleyball ['vɔli-] *m* volleyball.
vollfett *adj* full fat; **Vollfettkäse** *m* full fat cheese; **vollfressen** *vr sep irreg (pej inf)* to stuff oneself *(inf)*.
vollführen* *vt insep* to execute, to perform; *Lärm,* *(fig) Theater* to create.
vollfüllen *vt sep* to fill (up); **Vollgas** *nt, no pl* full speed *or* throttle; **~ geben** to open it right up; *(mit Auto auch)* to put one's foot hard down; **mit ~ fahren** to drive at full throttle; **mit ~** *(fig inf)* full tilt; **Vollgefühl** *nt*: **im ~ +gen** fully aware of; **Vollgenuß** *m*: **im ~ +gen** in full enjoyment of; **vollgießen** *vt sep irreg (auffüllen)* to fill (up); **sie hat sich** *(dat)* **den Rock vollgegossen/mit Kaffee vollgegossen** *(inf)* she spilt it/coffee all over her skirt; **Vollgummireifen** *m* solid rubber tyre; **Voll|idiot** *m (inf)* complete idiot.
völlig **I** *adj* complete. **das ist mein ~er Ernst** I'm completely *or* absolutely serious. **II** *adv* completely. **es genügt ~** that's quite enough; **er hat ~ recht** he's absolutely right.
volljährig *adj* of age; **~ werden/sein** to come/be of age; **sie hat drei ~e Kinder** she has three children *or* age; **Volljährige(r)** *mf decl as adj* major; **Volljährigkeit** *f* majority *no art*; **Volljährigkeits|alter** *nt* age of majority; **vollkaskoversichert** *adj* comprehensively insured; **~ sein** to have fully comprehensive insurance; **Vollkasko(versicherung** *f) nt* fully comprehensive insurance; **vollklimatisiert** *adj* fully air-conditioned.
vollkommen **I** *adj* perfect; *(völlig)* complete, absolute. **sein Glück war ~** his happiness was complete. **II** *adv* completely.
Vollkommenheit *f, no pl siehe adj* perfection; completeness, absoluteness.
Vollkornbrot *nt* coarse wholemeal bread; **vollmachen** *sep* **I** *vt* **1.** *Gefäß* to fill (up); *Zahl, Dutzend* to make up; *Sammlung, Set* to complete; *siehe* **Maß¹**; **2.** *(inf) Hosen, Windeln* to fill; **sich** *(dat)* **die Hosen vollmachen** *(fig inf)* to wet oneself *(inf)*; **II** *vr (inf)* to get messed up *or* dirty; *(in die Hosen etc machen)* to fill one's pants/nappy/diaper.
Vollmacht *f* **-, -en** (legal) power *or* authority *no pl, no indef art*; *(Urkunde)* power of attorney. **jdm eine ~ erteilen** *or* **ausstellen** to give *or* grant sb power of attorney.
vollmast *adv* full mast; **auf ~** at full mast; **Vollmatrose** *m* able-bodied seaman; **Vollmilch** *f* full-cream milk; **Vollmilchschokolade** *f* full-cream milk chocolate; **Vollmond** *m* full moon; **heute ist ~** there's a full moon today; **Vollmondgesicht** *nt (inf)* moon-face; **vollmundig** *adj* Wein full-bodied; **Vollnarkose** *f* general anaesthetic; **vollpacken** *vt sep (lit, fig)* to pack full; **jdn** to load up; **Vollpension** *f* full board; **vollpfropfen** *vt sep (inf)* to cram full; **Vollrausch** *m* drunken stupor; **einen ~ haben** to be in a drunken stupor; **vollreif** *adj* fully ripe; **vollsaugen** *vr sep reg or irreg* to become saturated;

vollschenken *vt sep* to fill; **vollschlagen** *vr sep irreg* (*inf*) **sich** (*dat*) **den Bauch ~** to stuff oneself with food (*inf*); **vollschlank** *adj* plump, stout; **Mode für ~e Damen** fashion for the fuller figure *or* for ladies with a fuller figure; **vollschreiben** *vt sep irreg Heft, Seite* to fill (with writing); *Tafel* to cover (with writing); **Vollspur** *f* (*Rail*) standard gauge, standard-gauge track; **vollspurig** (*Rail*) **I** *adj* standard-gauge; **II** *adv* on standard-gauge track.

vollständig (*abbr* **vollst.**) **I** *adj* complete. *Sammlung, Satz auch* entire *attr*; *Adresse* full *attr*. **nicht ~** incomplete; **etw ~ machen** to complete sth; **etw ~ haben** to have sth complete. **II** *adv* completely, entirely.

Vollständigkeit *f, no pl* completeness. **der ~ halber** to complete the picture.

vollstopfen *vt sep* to cram full.

vollstreckbar *adj* enforceable, able to be carried out *or* executed. (*Jur*) **~e Urkunde** executory deed.

vollstrecken* *vt insep* to execute; *Todesurteil* to carry out; *Pfändung* to enforce. **~de Gewalt** executive (power); **ein Todesurteil an jdm ~** to execute sb.

Vollstrecker(in *f*) *m* **-s, -** executor; (*Frau auch*) executrix.

Vollstreckung *f siehe vt* execution; carrying out; enforcement.

Vollstreckungsbe|amte(r) *m* enforcement officer; **Vollstreckungsbefehl** *m* enforcement order, writ of execution.

volltanken *vti sep* to fill up; **bitte ~** fill her up, please; **volltönend** *adj* resonant, sonorous; **Volltreffer** *m* (*lit, fig*) bull's eye; **volltrunken** *adj* completely *or* totally drunk; **in ~em Zustand Auto fahren** to drive when drunk *or* in a drunken state; **Volltrunkenheit** *f* total inebriation; **Vollversammlung** *f* general meeting; (*von Stadtrat etc*) full meeting *or* assembly; **Vollwaise** *f* orphan; **vollwertig** *adj* full *attr*; *Stellung* equal; *Ersatz* (fully) adequate; **jdn als ~ behandeln/betrachten** to treat/regard sb as an equal; **vollzählig** *adj usu pred Satz, Anzahl, Mannschaft* complete; (*ausnahmslos anwesend*) all present *pred*; **um ~es Erscheinen wird gebeten** everyone is requested to attend; **~ versammelt sein** to be assembled in full force *or* strength.

vollziehen* *insep irreg* **I** *vt* to carry out; *Befehl auch* to execute; *Strafe, Urteil auch* to execute, to enforce; *Opferung, Trauung* to perform; *Bruch* to make; (*form*) *Ehe* to consummate. **die Unterschrift ~** (*form*) to sign; **die ~de Gewalt** the executive (power).

II *vr* to take place; (*Trauung*) to be performed.

Vollzug *m, no pl* **1.** *siehe vt* carrying out; execution; enforcement; performance; making; consummation. **2.** *siehe vr* completion; performance. **3.** (*Straf~*) penal system.

Vollzugs|anstalt *f* (*form*) penal institution; **Vollzugsbe|amte(r)** *m* (*form*) warder.

Volontariat [volɔnta'riaːt] *nt* **1.** (*Zeit*) practical training. **2.** (*Stelle*) post as a trainee.

Volontär(in *f*) [volɔn'tɛːɐ, -ərɪn] *m* trainee.

volontieren* [volɔn'tiːrən] *vi* to be training (*bei* with).

Volt [vɔlt] *nt* **-(e)s, -** volt.

Volte ['vɔltə] *f* **-, -n 1.** (*Fechten, Reiten*) volte. **2.** (*Cards*) sleight of hand.

voltigieren* [vɔlti'ʒiːrən] *vi* to perform exercises on horseback; (*im Zirkus*) to do trick-riding.

Volt- ['vɔlt-]: **Voltmeter** *nt* voltmeter; **Voltzahl** *f* voltage.

Volumen [vo'luːmən] *nt* **-s, -** *or* **Volumina 1.** (*lit, fig: Inhalt*) volume. **2.** (*obs: Schriftrolle, Band*) volume.

Volumgewicht [vo'luːm-] *nt* (*Phys*) volumetric weight.

voluminös [volumi'nøːs] *adj* (*geh*) voluminous.

vom *contr of* **von dem. ~ 10. September an** from the 10th September; **Bier ~ Faß** draught beer; **das kommt ~ Rauchen/ Trinken** that comes from smoking/ drinking; **ich kenne ihn nur ~ Sehen** I know him only by sight; **~ Kochen hat er keine Ahnung** he has no idea about cooking.

von *prep* +*dat* **1.** (*einen Ausgangspunkt angebend, räumlich, zeitlich*) from. **der Wind kommt ~ Norden** the wind comes from the North; **nördlich ~** to the North of; **~ München nach Hamburg** from Munich to Hamburg; **~ Hamburg sein** (*inf*) to be from Hamburg; **~ weit her** from a long way away; **~ ... aus** from ...; **~ Jugend/vom 10 Lebensjahr an** from early on/since he/she *etc* was ten years old; **~ diesem Tag/Punkt an** *or* **ab** from this day/point on(wards); **~ heute ab** *or* **an** from today; **Waren ~ 5 Mark an** *or* **ab** goods from 5 marks; **~ ... aus** from ...; **~ dort aus** from there; **etw ~ sich aus wissen/ tun** to know sth by oneself/do sth of one's own accord; **~ ... bis from ... to; ~ morgens bis abends** from morning till night; **~ ... zu** from ... to.

2. (*~... weg*) from. **etw ~ etw nehmen/ abreißen** to take/tear sth off sth; **~ der Straßenbahn abspringen** to jump off the tram; **alles ~ sich werfen** to throw everything down *or* aside; **~ der Stelle weichen** to move from the spot.

3. *in Verbindung mit adj, vb siehe auch dort.* (*Ursache, Urheberschaft ausdrückend, im Passiv*) by. **das Gedicht ist ~ Schiller** the poem is by Schiller; **ein Kleid ~ Dior** a Dior dress; **ein Kind ~ jdm kriegen** to have a child by sb; **das Kind ist ~ ihm** the child is his; **~ etw müde** tired from sth; **~ etw begeistert** enthusiastic about sth; **~ etw satt** full up with sth; **~ etw beeindruckt/überrascht** impressed/ surprised by sth.

4. (*partitiv, anstelle des Genitivs*) of. **jeweils zwei ~ zehn** two out of every ten; **ein Riese ~ einem Mann** (*inf*) a giant of a man; **ein Prachtstück ~ einem Hund** (*inf*) a magnificent (specimen of a) dog; **dieser Dummkopf ~ Gärtner ...!** (*inf*) that idiot of a gardener ...!

5. *in Verbindung mit n, adj, vb siehe auch dort.* (*Beschaffenheit, Eigenschaft etc ausdrückend, bestehend aus*) of. **~ 50 m Länge** 50 m in length; **im Alter ~ 50**

Jahren at the age of 50; **Kinder ~ 10 Jahren** ten-year-old children; **~ Bedeutung sein** to be of significance; **~ Dauer sein** to be lasting; **das ist sehr freundlich ~ Ihnen** that's very kind of you; **frei ~ etw sein** to be free of sth; **jdn ~ etw erlösen** to save sb from sth.

6. (*in Titel*) of; (*bei deutschem Adelstitel*) von. **die Königin ~ England** the queen of England; **Otto ~ Bismarck** Otto von Bismarck; **~ und zu Falkenburg** von Falkenburg; **ein „~ (und zu)" sein** to have a handle to one's name; **sich „~" schreiben** (*lit*) to have a "von" before one's name; **da kannst du dich aber „~" schreiben** (*fig*) you can be really proud of yourself (there).

7. (*über*) about. **er erzählte vom Urlaub** he talked about his holiday; **Geschichten vom Weihnachtsmann** stories about Father Christmas.

8. (*mit Fragepronomen*) from. **~ wo/wann/was** where/when/ what ... from, from where/when/what (*form*).

9. (*inf: in aufgelösten Kontraktionen*) **da weiß ich nichts ~** I don't know anything about it.

10. (*inf*) **~ wegen** no way! (*inf*); **~ wegen der Karte/dem Buch** (*incorrect*) about the map/the book.

von|einander *adv* of each other *or* one another; from each other *or* one another. **etwas/nichts ~ haben** to see something/nothing of each other *or* one another; (*Zusammensein genießen*) to be able/not to be able to enjoy each other's company; (*ähnlich aussehen*) to look/not to look like each other; (*sich im Wesen ähnlich sein*) to have a lot/nothing in common; **sich ~ trennen** to part *or* separate (from each other *or* one another); **sie hatten ~ die Nase voll** (*inf*) they were fed up with each other *or* one another.

vonnöten *adj*: **~ sein** to be necessary.

vonstatten *adv*: **~ gehen** (*stattfinden*) to take place; **wie geht so etwas ~?** what is the procedure for that?; **es ging alles gut ~** everything went well.

Vopo ['fo:po] *m* **-s, -s** *abbr of* **Volkspolizist.**

vor I *prep* +acc *or* dat **1.** +dat (*räumlich*) in front of; (*außerhalb von*) outside; (**~** *Hintergrund*) against; (*in Gegenwart von*) in front of; (*in jds Achtung*) in the eyes of; (*bei Reihenfolge*) before; (*bei Rangordnung*) before, ahead of. **der See/die Stadt lag ~ uns** the lake/town lay before us; **~ jdm herfahren/hergehen** to drive/walk in front of *or* ahead of sb; **~ der Kirche rechts abbiegen** turn right before the church; **~ der Stadt** outside the town; **~ einer Kommission/allen Leuten** before *or* in front of a commission/everyone; **~ Gott sind alle Menschen gleich** all people are equal before God *or* in God's sight; **sich ~ jdm/etw verneigen** (*lit*, *fig*) to bow before *or* to sb/sth; **~ allen Dingen/allem** above all.

2. +acc (*Richtung angebend*) in front of; (*außerhalb von*) outside. **ein Schlag ~ den Oberkörper** a blow on the chest.

3. +dat (*zeitlich*) before. **~ Christi**

Geburt before Christ, BC; **zwanzig (Minuten) ~ drei** twenty (minutes) to three, twenty (minutes) of three (*US*); **heute ~ acht Tagen** a week ago today; **das ist** *or* **liegt noch ~ uns** this is still to come; **ich war ~ ihm an der Reihe/da** I was in front of him/there before him; **~ einigen Tagen/langer Zeit/fünf Jahren** a few days/a long time/five years ago.

4. +acc **~ sich hin summen/lachen/sprechen** *etc* to hum/laugh/talk *etc* to oneself; **~ sich hin schreiben/arbeiten** to write/work away; **~ sich hin wandern** to wander on.

5. +dat **~ sich her** before one, in front of one; **er ließ die Schüler ~ sich her gehen** he let the pupils go in front (of him).

6. +dat (*Ursache angebend*) with. **~ Hunger sterben** to die of hunger; **~ Kälte zittern** to tremble with *or* from cold; **~ Schmerz laut schreien** to cry out with *or* in pain; **~ lauter Arbeit** for *or* because of work; **alles strahlt ~ Sauberkeit** everything is shining clean.

7. *in fester Verbindung mit n, vb, adj siehe auch dort.* **Schutz ~ jdm/etw suchen** to seek protection from sb/sth; **~ jdm/etw sicher sein** to be safe from sb/sth; **Achtung ~ jdm haben** to have respect for sb; **sich ~ jdm verstecken** to hide from sb.

II *adv* **1. ~ und zurück** backwards and forwards; **alle kleinen Kinder ~!** all small children to the front!; **wer Karten will, ~!** come up and get your tickets!; **Borussia ~, noch ein Tor!** come on Borussia, let's have another!

2. *siehe* **nach II 2.**

vor|ab *adv* to begin *or* start with. **lassen Sie mich ~ erwähnen ...** first let me mention ...

Vor|abdruck *m* preprint; **Vor|abend** *m* evening before; (*mit nachfolgendem Genitiv auch*) eve (*auch fig*); **das war am ~** that was the evening before; **am ~ der Hochzeit** (on) the evening before the wedding, on the eve of the wedding; **am ~ der Revolution** (*fig*) on the eve of revolution; **Vor|ahnung** *f* presentiment, premonition.

voran *adv* **1.** (*vorn, an der Spitze*) first. **ihm ~** in front of him **der Festzug mit der Kapelle ~** the parade, led by the band; **mit dem Kopf ~ fallen** to fall head first.

2. (*vorwärts*) forwards. **nur** *or* **immer ~** keep going; **immer langsam ~!** gently does it!

voran- *pref siehe auch* **voraus-; voran|bringen** *vt sep irreg* to make progress with; **vorangehen** *vi sep irreg aux sein* **1.** (*an der Spitze gehen*) to go first *or* in front; (*anführen auch*) to lead the way; (*fig: Einleitung etc*) to precede (*dat* sth); **jdm ~** to go ahead of sb; **2.** (*zeitlich vor jdm gehen*) to go on ahead; **jdn ~ lassen** to let sb go first; **3.** (*zeitlich*) **einer Sache** (*dat*) **~** to precede sth; **das Vorangegangene** what has gone before; **4.** *auch vi impers* (*Fortschritte machen*) to come on *or* along, to make progress *or* headway; **es will mit der Arbeit nicht so richtig ~** the work's not coming on *or* along very well; **vorangestellt** *adj* (*Gram*) preceding *attr*;

~ **sein** to precede; **vor|ankommen** *vi sep irreg aux sein* to get on *or* along, to make progress *or* headway; **im Leben/beruflich** ~ to get on in life/in one's job; **nur langsam** ~ to make slow progress *or* little headway.

Vor|anmeldung *f* appointment; (*von Telefongespräch*) booking; **ohne** ~ without an appointment/without booking; **Vor|anschlag** *m* estimate.

voranschreiten *vi sep irreg aux sein* (*geh*) (*lit*) to stride in front *or* ahead (*jdm* of sb); (*Zeit*) to march on; (*Fortschritte machen*) to progress; **voranstellen** *vt sep* to put *or* place in front (*dat* of); (*fig*) to give precedence (*dat* over).

Vor|anzeige *f* (*für Theaterstück*) advance notice; (*für Film*) trailer, preview (*US*); **Vor|arbeit** *f* preparatory *or* preliminary work, groundwork; **gute** ~ **leisten** to do good groundwork, to prepare the ground well; **vor|arbeiten** *sep* I *vi* (*inf*) to (do) work in advance; II *vt* to work in advance; III *vr* to work one's way forward; **Vor|arbeiter(in** *f*) *m* foreman; forewoman.

vorauf *adv* (*rare*) *siehe* **voran, voraus.**

voraus *adv* 1. (*voran*) in front (+*dat* of); (*Naut, fig*) ahead (+*dat* of). **er ist den anderen Schülern/seiner Zeit** ~ he is ahead of the other pupils/his time. 2. (*vorher*) **im** ~ in advance.

vorausberechnen* *vt sep* to predict; *Wahlergebnis auch* to forecast; *Kosten* to estimate; **vorausbestimmen*** *vt sep* to predict, to forecast; **vorausblicken** *vi sep* to look ahead; **vorausblickend** I *adj* foresighted; II *adv* with regard to the future; **vorausfahren** *vi sep irreg aux sein* (*an der Spitze*) to drive/go in front (*dat* of); (*früher*) to drive/go on ahead; **vorausgehen** *vi sep irreg aux sein siehe* **vorangehen 1.-3.**; **vorausgesetzt** I *ptp of* **voraussetzen**; II *adj* ~, (**daß**) ... provided (that) ...; **voraushaben** *vt sep irreg jdm etw/viel* ~ to have the advantage of sth/a great advantage over sb; **vorausplanen** *vti sep* to plan ahead; **Voraussage** *f* prediction; (*Wetter*~) forecast; **voraussagen** *vt sep* to predict (*jdm* for sb); (*prophezeien auch*) to prophesy; *Wahlergebnisse auch, Wetter* to forecast; **jdm die Zukunft** ~ to foretell sb's future; **vorausschauend** *adj, adv siehe* **vorausblickend**; **vorausschicken** *vt sep* to send on ahead *or* in advance (*dat* of); (*fig: vorher sagen*) to say in advance (*dat* of); **voraussehen** *vt sep irreg* to foresee; **ich habe es ja vorausgesehen, daß** ... I knew that ...; **das war vorauszusehen!** that was (only) to be expected!

voraussetzen *vt sep* to presuppose; (*als selbstverständlich, sicher annehmen*) *Interesse, Zustimmung, jds Liebe, Verständnis* to take for granted; (*erfordern*) *Qualifikation, Kenntnisse, Geduld etc* to require, to demand. **wenn wir einmal** ~, **daß** ... let us *or* if we assume that ...; **etw als selbstverständlich** ~ to take sth for granted; **etw als bekannt** ~ to assume that everyone knows sth.

Voraussetzung *f* prerequisite; (*Qualifikation*) qualification; (*Erfordernis*) require-

ment; (*Annahme*) assumption, premise. **unter der** ~, **daß** ... on condition that ...; **eine Mitarbeit hat zur** ~, **daß** ... a requirement of cooperation is that ...

Voraussicht *f* foresight; (*Erwartung*) anticipation; **aller** ~ **nach** in all probability; **in der** ~ **daß** ... anticipating that ...; **in kluger** *or* **weiser** ~ with great foresight *or* forethought; **voraussichtlich** I *adj* expected; II *adv* probably; **er wird** ~ **gewinnen** he is expected to win; ~ **wird es keine Schwierigkeiten geben** we don't anticipate *or* expect any difficulties; **Vorauszahlung** *f* payment in advance, advance payment.

Vorbau *m* porch; (*Balkon*) balcony; (*Min*) advancing working. **sie hat einen ganz schönen** ~ (*hum: vollbusig*) she's well-stacked (*inf*).

vorbauen *vi sep* (*Vorkehrungen treffen*) to take precautions. **einer Sache** (*dat*) ~ to provide against sth; *siehe* **klug.**

Vorbedacht *m*: **mit/ohne** ~ (*Überlegung*) with/without due care *or* consideration; (*Absicht*) intentionally/unintentionally; (*Jur*) with/without intent.

Vorbedingung *f* precondition.

Vorbehalt *m* **-(e)s, -e** reservation. **unter dem** ~, **daß** ... with the reservation that ...

vorbehalten* *vt sep irreg sich* (*dat*) **etw** ~ to reserve sth (for oneself); *Recht* to reserve sth; **jdm etw** ~ to leave sth (up) to sb; **diese Entscheidung ist** *or* **bleibt ihm** ~ this decision is left (up) to him; **alle Rechte** ~ all rights reserved; **Änderungen (sind)** ~ subject to alterations; **Irrtümer** ~ errors excepted.

vorbehaltlich, vorbehältlich *prep* +*gen* (*form*) subject to. ~ **Artikel 3** save as provided in paragraph 3 (*form*).

vorbehaltlos *adj* unconditional, unreserved. ~ **zustimmen** to agree without reservations.

vorbei *adv* 1. (*räumlich*) past, by. **er möchte hier** ~ he wants to go past *or* by; ~ **an** (+ *dat*) past; ~! (*nicht getroffen*) missed! 2. (*zeitlich*) ~ **sein** to be past; (*vergangen auch, beendet*) to be over *or* finished; (*Sorgen*) to be over; (*Schmerzen*) to be gone; **es ist schon 8 Uhr** ~ it's already past *or* after 8 o'clock; **damit ist es nun** ~ that's all over now; ~ **die schöne Zeit!** gone are the days!; **aus und** ~ over and done; ~ **ist** ~ what's past is past; (*reden wir nicht mehr davon*) let bygones be bygones.

vorbei- *pref* (*vorüber*) past; (*zu Besuch*) over; **vorbeibenehmen*** *vr sep irreg* (*inf*) *siehe* **danebenbenehmen; vorbeibringen** *vt sep irreg* (*inf*) to drop off *or* by *or* in; **vorbeidürfen** *vi sep irreg* (*inf*) to be allowed past; **dürfte ich bitte vorbei?** could I come *or* get past *or* by, please?; **vorbeifahren** *sep irreg* I *vi aux sein* (*an jdm/etw* sb/sth) to go/drive/sail past, to pass; **im V**~ in passing; II *vt* **ich kann dich ja schnell dort/bei ihnen** ~ (*inf*) I can run *or* drive you over there/to their place; **vorbeigehen** *vi sep irreg aux sein* 1. (*lit, fig*) (*an jdm/etw* sb/sth) to go past *or* by, to pass; **an etw** (*dat*) ~ (*fig: nicht beachten*) to overlook sth; **bei jdm** ~ (*inf*) to drop *or* call in on sb, to stop *or* drop by sb's house (*inf*); **eine Gelegenheit ~ lassen** to let an opportunity pass *or* slip by; **im V~** (*lit, fig*) in passing; **2.** (*vergehen*) to pass; (*Laune, Zorn auch*) to blow over; **3.** (*danebengehen*) (*an etw* (*dat*) sth) to miss; (*fig auch*) to bypass; **an der Wirklichkeit ~** (*Bericht etc*) to miss the truth; (*Mensch*) to be unrealistic; **vorbeikommen** *vi sep irreg aux sein* **1.** (*an jdm/etw* sb/ sth) to pass, to go past; (*an einem Hindernis*) to get past *or* by; **an einer Sache/ Aufgabe nicht ~** to be unable to avoid a thing/task; **wir kommen nicht an der Tatsache vorbei, daß ...** there's no escaping the fact that ...; **2. bei jdm ~** (*inf*) to drop *or* call in on sb, to stop *or* drop by sb's house (*inf*); **komm doch mal wieder vorbei!** (*inf*) drop *or* call in again sometime!, stop *or* drop by again sometime! (*inf*); **vorbeikönnen** *vi sep irreg* to be able to get past *or* by (*an etw* (*dat*) sth); **vorbeilassen** *vt sep irreg* to let past (*an jdm/ etw* sb/sth); **vorbeimarsch** *m* marchpast; **vorbeireden** *vi sep an etw* (*dat*) ~ to talk round sth; (*absichtlich*) to skirt sth; **aneinander ~** to talk at cross purposes; **vorbeischauen** *vi sep* (*inf*) *siehe* **vorbeikommen 2.**; **vorbeischießen** *vi sep irreg* **1.** *aux sein* (*an jdm/etw* sb/sth) to shoot past *or* by; (*an Kurve*) to overshoot; **2.** (*an Ziel etc*) to shoot wide (*an* +*dat* of), to miss (*an etw*(*dat*) sth); **vorbeiziehen** *vi sep irreg aux sein* (*an jdm/ etw* sb/sth) to file past; (*Truppen, Festzug etc*) to march past; (*Wolken, Rauch, Duft*) to drift past *or* by; **an jdm** *or* **vor jds innerem Auge ~** to go through sb's mind.

vorbelastet *adj* handicapped. **von den Eltern/vom Milieu her ~ sein** to be at a disadvantage because of one's parents/ background; **dazu will ich mich nicht äußern, da bin ich ~** I don't want to comment on that, I'm biased; *siehe* **erblich.**

Vorbemerkung *f* introductory *or* preliminary remark; (*kurzes Vorwort*) (short) preface *or* foreword.

vorbereiten* *sep* **I** *vt* to prepare. **auf etw** (*acc*) **vorbereitet sein** to be prepared for sth; **jdn** (*schonend*) **auf etw** (*acc*) ~ to prepare sb for sth. **II** *vr* (*Mensch*) to prepare (oneself) (*auf* +*acc* for); (*Ereignisse*) to be in the offing (*inf*).

vorbereitend *adj attr* preparatory, preliminary.

Vorbereitung *f* preparation. **~en (für** *or* **zu etw) treffen** to make preparations (for sth).

Vorbesprechung *f* preliminary meeting *or* discussion; **vorbestellen*** *vt sep* to order in advance; *Platz, Tisch, Zimmer, Karten auch* to book (in advance); to reserve; **Vorbestellung** *f* advance order; (*von Platz, Tisch, Zimmer*) (advance) booking; **vorbestraft** *adj* previously convicted; **er ist schon einmal/dreimal ~** he (already) has a previous conviction/three previous convictions; **Vorbestrafte(r)** *mf decl as adj* man/woman *etc* with a previous conviction *or* a record (*inf*); **vorbeten** *sep* **I** *vi* to lead the prayer/ prayers; **II** *vt jdm etw ~** (*lit*) to lead sb in sth; (*fig*

inf) to keep spelling sth out for sb (*inf*); **Vorbeter** *m* prayer leader.

Vorbeugehaft *f* preventive custody.

vorbeugen *sep* **I** *vi* (*einer Sache* (*dat*) sth) to prevent; *einer Möglichkeit, Fehlinterpretation, einem Fehler auch* to preclude. **~ ist besser als heilen** (*Prov*) prevention is better than cure (*prov*). **II** *vt Kopf, Oberkörper* to bend forward. **III** *vr* to lean *or* bend forward.

vorbeugend *adj* preventive.

Vorbeugung *f* prevention (*gegen, von* of). **zur ~** (*Med*) as a prophylactic.

Vorbild *nt* model; (*Beispiel*) example. **das diente ihm als ~ für seine Skulptur** his sculpture was modelled on this; **er/sein Verhalten kann uns zum ~ dienen** he/his behaviour is an example to us; **sich** (*dat*) **jdn zum ~ nehmen** to model oneself on sb; (*sich ein Beispiel nehmen an*) to take sb as an example; **jdn/etw als ~/leuchtendes ~ hinstellen** to hold sb/sth up as an example/a shining example.

vorbildlich *adj* exemplary. **sich ~ benehmen** to be on one's best behaviour.

Vorbildung *f* previous experience; (*schulisch*) educational background; **Vorbote** *m* (*fig*) harbinger, herald.

vorbringen *vt sep irreg* **1.** (*inf: nach vorn bringen*) to take up *or* forward; (*Mil*) to take up to the front.

2. (*äußern*) to say; *Plan* to propose; *Meinung, Wunsch, Forderung* to express, to state; *Klage, Beschwerde* to make, to lodge; *Entschuldigung* to make, to offer; *Einwand* to make, to raise; *Argument, Beweis* to produce, to bring forward; *Grund* to put forward. **können Sie dagegen etwas ~?** have you anything to say about it?; **was hast du zu deiner Entschuldigung vorzubringen?** what have you to say in your defence?

Vorbühne *f* apron; **Vordach** *nt* canopy; **vordatieren*** *vt sep* to postdate; *Ereignis* to predate, to antedate, to foredate.

vordem *adv* (*old*) in days of yore (*old, liter*), in olden days.

Vorder|achse *f* front axle; **Vorder|ansicht** *f* front view; **Vorder|asien** *nt* Near East; **in ~** in the Near East; **Vorderbein** *nt* foreleg; **Vorderdeck** *nt* foredeck.

vordere(r, s) *adj* front. **die ~ Seite des Hauses** the front of the house; **der V~ Orient** the Near East.

Vorderfront *f* frontage; **Vorderfuß** *m* forefoot; **Vordergrund** *m* foreground; (*fig auch*) fore(front); **sich in den ~ schieben** *or* **drängen** to push oneself to the fore(front); **im ~ stehen** (*fig*) to be to the fore; **in den ~ treten** to come to the fore; (*Mensch auch*) to step into the limelight; **vordergründig** *adj* (*fig*) (*oberflächlich*) superficial; (*vorrangig*) *Probleme, Fragen* central; **vorderhand** *adv* for the time being, for the present; **Vorderhaus** *nt* front-facing house; **Vorderlader** *m* **-s, -** muzzle-loader; **vorderlastig** *adj Schiff, Flugzeug* front-heavy; **Vorderlauf** *m* (*Hunt*) foreleg; **Vordermann** *m, pl* **-männer** person in front; **sein ~** the person in front of him; **jdn auf ~ bringen** (*fig inf*) to get sb to shape up; (*gesundheitlich*) to get sb fighting fit (inf); **Vorderpfote** f front paw; **Vorderrad** nt front wheel; **Vorderrad|antrieb** m front-wheel drive; **Vorderschinken** m shoulder of ham; **Vorderseite** f front; (von Münze) head, obverse; **Vordersitz** m front seat.

vorderste(r, s) adj superl of **vordere(r, s)** front(most). **der/die V~ in der Schlange** the first man/woman in the queue (Brit) or line (US).

Vordersteven m (Naut) stem; **Vorderteil** m or nt front; **Vordertür** f front door; **Vorderzimmer** nt front room.

vordrängen vr sep to push to the front. **sich in einer Schlange ~** to jump a queue (Brit), to push to the front of a line (US).

vordringen vi sep irreg aux sein to advance; (Mil, in den Weltraum auch) to penetrate (in +acc into). **bis zu jdm/etw ~** to reach sb/sth, to get as far as sb/sth.

vordringlich adj urgent, pressing.

Vordruck m form.

vor|ehelich adj attr premarital.

vor|eilig adj rash. **~e Schlüsse ziehen** to jump to conclusions; **~ urteilen** to be rash in one's judgement.

vor|einander adv (räumlich) in front of or before one another or each other; (einander gegenüber) face to face. **wir haben keine Geheimnisse ~** we have no secrets from each other; **Angst ~ haben** to be afraid of each other; **sie schämten sich ~** they were embarrassed with each other.

vor|eingenommen adj prejudiced, biased.

Vor|eingenommenheit f, no pl prejudice, bias.

vor|enthalten* vt sep irreg **jdm etw ~** to withhold sth from sb; Nachricht auch to keep sth from sb.

Vor|entscheidung f preliminary decision; (Sport: auch ~skampf, ~srunde) preliminary round or heat.

vor|erst adv for the time being, for the moment or present.

Vorfahr m -en, -en forefather, ancestor.

vorfahren sep irreg **I** vi aux sein **1.** to go or move forward, to move up; (in Auto auch) to drive forward.
2. (ankommen) to drive up. **den Wagen ~ lassen** to have the car brought (up), to send for or order the car.
3. (früher fahren) to go on ahead.
4. (an der Spitze fahren) to drive in front.
II vt **1.** (weiter nach vorn fahren) to move up or forward.
2. (vor den Eingang fahren) to drive up.

Vorfahrt f -, no pl right of way. **~ haben** to have (the) right of way; **die ~ beachten/nicht beachten** to observe/ignore the right of way; „,~ (be)achten" "give way" (Brit), "yield" (US); **(sich dat) die ~ erzwingen** to insist on one's right of way; **jdm die ~ nehmen** ignore sb's right of way.

vorfahrtsberechtigt adj having (the) right of way; **Vorfahrtsschild** nt give way (Brit) or yield (US) sign; **Vorfahrtsstraße** f major road; **Vorfahrtszeichen** nt give way (Brit) or yield (US) sign.

Vorfall m **1.** incident, occurrence. **2.** (Med) prolapse.

vorfallen vi sep irreg aux sein (sich ereignen)

to occur, to happen. **was ist während meiner Abwesenheit vorgefallen?** what's been happening while I've been away?

Vorfeld nt (Mil) territory situated in front of the main battle-line; (Aviat) apron; (fig) run-up (+gen to); **im ~ der Wahlen/Verhandlungen** as a run-up to the elections/in the preliminary stages of the negotiations; **vorfertigen** vt sep to prefabricate; **Vorfilm** m supporting film or programme; **Vorfinanzierung** f prefinancing; **vorfinden** vt sep irreg to find, to discover; **Vorfreude** f anticipation; **Vorfrühling** m early spring, foretaste of spring.

vorfühlen vi sep (fig) to put or send out (a few) feelers. **bei jdm ~** to sound sb out.

vorführen vt sep **1.** Angeklagten to bring forward; Zeugen auch to produce. **den Angeklagten dem Richter ~** to bring the accused before the judge.
2. (zeigen) to present; Film to show; Mode to model; Übung, (Vertreter) Modell, Gerät to demonstrate (dat to); Theaterstück auch, Kunststücke to perform (dat to or in front of).

Vorführraum m projection room.

Vorführung f presentation; (von Angeklagten, Zeugen etc) production no pl; (von Filmen) showing; (von Mode) modelling; (von Geräten, Modellen, Übungen) demonstration; (von Theaterstück, Kunststücken) performance.

Vorführwagen m demonstration model.

Vorgabe f handicap.

Vorgang m **1.** (Ereignis) event, occurrence; (Ablauf, Hergang) series or course of events. **jdm den genauen ~ eines Unfalls schildern** to tell sb exactly what happened in an accident. **2.** (biologischer, chemischer, technischer Prozeß) process. **3.** (form: Akten) file, dossier.

Vorgänger(in f) m s, - predecessor.

Vorgarten m front garden.

vorgaukeln vt sep **jdm etw ~** to lead sb to believe in sth; **jdm ~, daß ...** to lead sb to believe that ...; **er hat ihr ein Leben im Luxus vorgegaukelt** he led her to believe that he lived in luxury.

vorgeben vt sep irreg **1.** (vortäuschen) to pretend; (fälschlich beteuern) to profess. **sie gab Zeitmangel vor, um ...** she pretended to be pressed for time in order to ... **2.** (Sport) to give (a start of). **3.** (inf: nach vorn geben) to pass forward.

Vorgebirge nt foothills pl.

vorgeblich adj siehe **angeblich**.

vorgeburtlich adj attr prenatal.

vorgefaßt adj Meinung preconceived.

Vorgefühl nt anticipation; (böse Ahnung) presentiment, foreboding.

vorgehen vi sep irreg aux sein **1.** (handeln) to act, to proceed. **gerichtlich/energisch gegen jdn ~** to take legal proceedings or action/assertive action against sb.
2. (geschehen) to go on, to happen.
3. (Uhr) (frühere Zeit anzeigen) to be fast; (zu schnell gehen) to gain. **meine Uhr geht (zwei Minuten) vor** my watch is (two minutes) fast; **meine Uhr geht pro Tag zwei Minuten vor** my watch gains two minutes a day.

4. (*nach vorn gehen*) to go forward. **5.** (*als erster gehen*) to go first; (*früher gehen*) to go on ahead. **6.** (*den Vorrang haben*) to come first, to take precedence, to have priority.

Vorgehen *nt* **-s**, *no pl* action.

vorgelagert *adj* offshore; **es ist dem Kap ~** it lies off the Cape; **Vorgericht** *nt* hors d'oeuvre, starter (*Brit*); **vorgerückt** *adj Stunde* late; *Alter* advanced; **Vorgeschichte** *f* **1.** (*eines Falles*) past history; **2.** (*Urgeschichte*) prehistory, prehistoric times *pl*; **aus der ~** from prehistoric times; **vorgeschichtlich** *adj* prehistoric; **Vorgeschmack** *m* (*fig*) foretaste; **vorgeschritten** *adj siehe* **vorschreiten.**

Vorgesetzte(r) *mf decl as adj* superior.

vorgestern *adv* the day before yesterday. **von ~** (*fig*) antiquated; *Methoden, Ansichten auch, Kleidung* old-fashioned; **~ abend/morgen** the evening/morning before last; **~ mittag** midday the day before yesterday.

vorgreifen *vi sep irreg* to anticipate (*einer Sache* sth); (*verfrüht handeln*) to act prematurely. **jdm ~** to forestall sb.

Vorgriff *m* anticipation (*auf +acc* of); (*in Erzählung*) leap ahead. **verzeihen Sie mir den ~ auf (+acc)** ... excuse me for leaping ahead to ...

vorhaben *vt sep irreg* to intend; (*geplant haben*) to have planned. **was haben Sie heute vor?** what are your plans for today?, what do you intend doing today?; **ich habe morgen nichts vor** I've nothing planned *or* no plans for tomorrow; **hast du heute abend schon etwas vor?** have you already got something planned *or* are you already doing something this evening?; **wenn du nichts Besseres vorhast** ... if you've nothing better *or* else to do ...; **etw mit jdm/etw ~** to intend doing sth with sb/sth; (*etw geplant haben*) to have sth planned for sb/sth; **was hast du jetzt wieder vor?** what are you up to now?

Vorhaben *nt* plan; *Absicht* intention.

Vorhalle *f* (*von Tempel*) portico; (*Diele*) entrance hall, vestibule; (*Foyer*) foyer; (*von Parlament*) lobby.

vorhalten *sep irreg* **I** *vt* **1.** (*vorwerfen*) **jdm etw ~** to reproach sb with *or* for sth. **2.** (*als Beispiel*) **jdm jdn/etw ~** to hold sb/sth up to sb. **3.** (*vor den Körper halten*) to hold up; (*beim Niesen etc*) *Hand, Taschentuch* to put in front of one's mouth. **mit vorgehaltener Pistole** at pistol point; **sich** (*dat*) **ein Handtuch ~** to hold up a towel in front of oneself; *siehe* **Spiegel. II** *vi* (*anhalten*) to last.

Vorhaltung *f usu pl* reproach. **jdm/sich** (*wegen etw*) **~en machen** to reproach sb/oneself (with *or* for sth).

Vorhand *f* (*Sport*) forehand; (*von Pferd*) forehand; (*Cards*) lead.

vorhanden *adj* (*verfügbar*) available; (*existierend*) in existence, existing. **eine Dusche ist hier leider nicht ~** I'm afraid there isn't a shower here; **davon ist genügend/nichts mehr ~** there's plenty/no more of that.

Vorhang *m* **-s**, **Vorhänge** curtain. **die Schauspieler bekamen 10 Vorhänge** the actors got *or* took 10 curtain calls.

Vorhängeschloß *nt* padlock.

Vorhaus *nt* (*Aus*) hall; **Vorhaut** *f* foreskin, prepuce (*spec*).

vorher *adv* before(hand); (*früher*) before. **am Tage ~** the day before, the previous day; **man weiß ~ nie, wie die Sache ausgeht** one never knows beforehand *or* in advance how things will turn out; **konntest du das nicht ~ sagen?** couldn't you have said that earlier?

vorherbestimmen* *vt sep* to determine *or* ascertain in advance; *Schicksal, Zukunft* to predetermine; (*Gott*) to preordain; **es war ihm vorherbestimmt ...** he was predestined ...; **vorhergehen** *vi sep irreg aux sein* to go first *or* in front, to lead the way; (*fig*) to precede; **vorhergehend** *adj Tag, Ereignisse* preceding, previous.

vorherig [foːˈʔeːheˑrɪç, ˈfoːʔeːheˑrɪç] *adj attr* prior, previous; (*ehemalig*) former.

Vorherrschaft *f* predominance, supremacy; (*Hegemonie*) hegemony.

vorherrschen *vi sep* to predominate.

vorherrschend *adj* predominant; (*weitverbreitet*) prevalent; *Ansicht, Meinung auch* prevailing.

Vorhersage *f* forecast; **vorhersagen** *vt sep siehe* **voraussagen; vorhersehen** *vt sep irreg* to foresee.

vorhin *adv* just now.

vorhinein *adv:* **im ~** in advance.

Vorhof *m* forecourt; (*Anat: von Herz, Ohr*) vestibule; **Vorhölle** *f* limbo; **in der ~** in limbo; **Vorhut** *f* **-**, **-en** (*Mil*) vanguard, advance guard.

vorig *adj attr* (*früher*) *Besitzer, Wohnsitz* previous; (*vergangen*) *Jahr, Woche etc* last. **im ~en** (in the) above, earlier; **der/die/das ~e** the above(-mentioned); **die V~en** (*Theat*) the same.

Vorjahr *nt* previous year, year before; **vorjährig** *adj* of the previous year *or* year before; **vorjammern** *vti sep* **jdm (etwas) ~** to moan to sb (*von* about); **Vorkämpfer(in** *f*) *m* (*für* of) pioneer, champion; **vorkauen** *vt sep Nahrung* to chew; **jdm etw** (*acc*) **~** (*fig inf*) to spoon-feed sth to sb (*inf*); **Vorkaufsrecht** *nt* option of purchase *or* to buy.

Vorkehrung *f* precaution. **~en treffen** to take precautions.

Vorkenntnis *f* previous knowledge *no pl*; (*Erfahrung*) previous experience *no pl*.

vorknöpfen *vt sep* (*fig inf*) **sich** (*dat*) **jdn ~** to take sb to task; **den hat sich die Mafia vorgeknöpft** the Mafia got him.

vorkommen *vi sep irreg aux sein* **1.** *auch vi impers* (*sich ereignen*) to happen. **so etwas ist mir noch nie vorgekommen** such a thing has never happened to me before; **daß mir das nicht noch einmal vorkommt!** don't let it happen again!; **das soll nicht wieder ~** it won't happen again; **das kann schon mal ~** it can happen, it has been known to happen; (*das ist nicht ungewöhnlich*) that happens; **so was soll ~!** that's life! **2.** (*vorhanden sein, auftreten*) to occur; (*Pflanzen, Tiere*) to be found. **3.** (*erscheinen*) to seem. **das kommt mir bekannt/merkwürdig vor** that seems familiar/strange to me; **sich** (*dat*) **überflüssig/dumm** ~ to feel superfluous/ silly; **sich** (*dat*) **klug** ~ to think one is clever; **das kommt dir nur so vor** it just seems that way *or* like that to you; **wie kommst du mir eigentlich vor?** (*inf*) who do you think you are?

4. (*nach vorn kommen*) to come forward *or* to the front.

5. (*herauskommen*) to come out.

Vorkommen *nt* **-s, -** (*no pl: das Auftreten*) occurrence, incidence; (*Min*) deposit.

Vorkommnis *nt* incident, occurrence.

Vorkriegs- *in cpds* pre-war; **Vorkriegszeit** *f* pre-war period.

vorladen *vt sep irreg* (*bei Gericht*) to summons; *Zeugen auch* to subpoena.

Vorladung *f siehe vt* summons; subpoena.

Vorlage *f -, -n* **1.** *no pl* (*das Vorlegen*) (*von Dokument*) presentation, production; (*von Scheck, Schuldschein*) presentation; (*von Beweismaterial*) submission. **gegen** ~ **einer Sache** (*gen*) (up)on production *or* presentation of sth; **zahlbar bei** ~ payable on demand.

2. (*Muster*) (*zum Stricken*) pattern; (*Liter*) model. **etw von einer** ~ **abzeichnen/nach einer** ~ **machen** to copy sth.

3. (*Entwurf*) draft; (*Gesetzes*~) bill.

4. (*Ftbl*) through-ball. **das war eine tolle** ~ the ball was beautifully laid on.

5. (*Ski*) vorlage, forward lean (position).

Vorland *nt* (*der Alpen etc*) foothills *pl*; (*vor Deich*) foreshore.

vorlassen *vt sep irreg* **1.** (*inf*) **jdn** ~ (*nach vorn gehen lassen*) to let sb go in front; (*in der Schlange auch*) to let sb go first; **ein Auto** ~ (*einbiegen lassen*) to let a car in; (*überholen lassen*) to let a car pass, to let a car (go) past.

2. (*Empfang gewähren*) to allow in, to admit.

Vorlauf *m* **1.** (*Sport*) qualifying *or* preliminary heat/round. **2.** (*Chem: bei Destillation*) forerun. **3.** (*Tech: von Rad*) offset.

vorlaufen *vi sep irreg aux sein* (*inf*) (*vorauslaufen*) to run on ahead *or* in front; (*nach vorne laufen*) to run to the front.

Vorläufer *m* forerunner (*auch Ski*), precursor.

vorläufig I *adj* temporary; *Regelung auch* provisional; *Urteil* preliminary; *Verfügung des Gerichts* interim, provisional. **II** *adv* (*einstweilig*) temporarily; (*fürs erste*) for the time being, for the present, provisionally.

vorlaut *adj* cheeky, impertinent.

Vorleben *nt* past (life).

vorlegen *sep* **I** *vt* **1.** to present; *Entwurf, Doktorarbeit auch* to show, to produce; *Paß* to show, to produce; *Beweismaterial* to submit; *Zeugnisse, Bewerbungsunterlagen* to produce; *Schulzeugnis* to show; *Schularbeit auch* to hand in; (*Pol*) *Entwurf* to table (*Brit*), to introduce. **jdm etw zur Unterschrift** ~ to give *or* present sth to sb for signature *or* signing; **etw dem Parlament** ~ to lay sth before the house, to table sth (*Brit*); **jdm eine Frage** ~ to put a question to sb; **ein schnelles Tempo** ~ to go at a fast pace; **ein schnelleres Tempo** ~

to speed up, to quicken the pace.

2. *Speisen* to serve; (*hinlegen*) *Futter* to put down (*dat* for).

3. *Riegel* to put across, to shoot (across); *Schloß, Kette* to put on; (*inf: davorlegen*) to put in front.

4. (*Ftbl*) **jdm den Ball** ~ to lay the ball on for sb.

II *vr* to lean forward.

III *vi* (*Kellner*) to serve.

Vorleger *m* **-s, -** mat; (*Bett*~ *auch*) (bedside) rug.

vorlehnen *vr sep* to lean forward.

Vorleistung *f* (*Econ*) (*Vorausbezahlung*) advance (payment); (*finanzielle Aufwendung*) outlay *no pl* (*an* +*dat* on); (*vorausgehende Arbeit*) preliminary work; (*Pol*) prior concession.

vorlesen *vti sep irreg* to read aloud *or* out. **jdm** (**etw**) ~ to read (sth) to sb.

Vorleser *m* reader.

Vorlesung *f* (*Univ*) lecture; (*Vorlesungsreihe*) course (of lectures), lectures *pl*. **über etw** (*acc*) ~**en halten** to give (a course of) lectures on sth; ~**en hören** to go to lectures.

Vorlesungsbetrieb *m* lectures *pl*; **Vorlesungsverzeichnis** *nt* lecture timetable.

vorletzte(r, s) *adj* last but one, penultimate. **im** ~**n Jahr** the year before last.

Vorliebe *f* predilection, special liking, preference. **etw mit** ~ **tun** to particularly like doing sth.

vorliebnehmen *vi sep irreg* **mit jdm/etw** ~ to make do with sb/sth.

vorliegen *sep irreg* **I** *vi* (*zur Verfügung stehen: Beweise, Katalog, Erkenntnisse*) to be available; (*Urteil*) to be known; (*eingereicht, vorgelegt sein: Unterlagen, wissenschaftliche Arbeit*) to be in, to have come in; (*Pol*) (*Gesetzesvorlage*) to be before the house; (*Haushalt*) to be published, to be out; (*vorhanden sein*) (*Irrtum, Schuld etc*) to be; (*Symptome*) to be present; (*Gründe*) to be, to exist. **jdm** ~ (*Unterlagen, Akten etc*) to be with sb; **die Ergebnisse liegen der Kommission vor** the commission has the results; **das Beweismaterial liegt dem Gericht vor** the evidence is before the court; **etw liegt gegen jdn vor** sth is against sb; (*gegen Angeklagten*) sb is charged with sth.

II *vi impers* to be. **es liegen fünf Bewerbungen vor** there are *or* we have five applications; **es muß ein Irrtum** ~ there must be some mistake.

vorliegend *adj attr Gründe* existing; *Akten, Unterlagen, Typ* *Auflage* on hand; *Frage* at issue; *Angelegenheit, Probleme* in hand; *Ergebnisse* available. **im** ~**en Fall** in this *or* in the present case; **die uns** ~**en Ergebnisse** the results we have to hand.

vorlügen *vt sep irreg* **jdm etwas** ~ to lie to sb.

vormachen *vt sep* **1.** **jdm etw** ~ (*zeigen*) to show sb how to do sth, to demonstrate sth to sb; (*fig: als Beispiel dienen*) to show sb sth.

2. (*fig*) **jdm etwas** ~ (*täuschen*) to fool *or* kid (*inf*) sb; **ich lasse mir so leicht nichts** ~ you/he *etc* can't fool *or* kid (*inf*) me so easily; **er läßt sich** (*dat*) **von niemandem etwas** ~ nobody can fool him, he's nobody's fool; **mach mir doch nichts vor** don't try and fool *or* kid (*inf*) me; **sich** (*dat*) (**selbst**) **etwas** ~ to fool *or* kid (*inf*) oneself; *siehe* **Dunst.**

3. (*inf*) *Kette, Schürze, Riegel* to put on; *Brett* to put across.

Vormacht(stellung) *f* supremacy (*gegenüber* over). **eine** ~ **haben** to have supremacy.

vormalig *adj attr* former.

vormals *adv* formerly.

Vormarsch *m* (*Mil*) advance. **im** ~ **sein** to be on the advance, to be advancing; (*fig*) to be gaining ground.

Vormast *m* foremast.

vormerken *vt sep* to note down, to make a note of; (*bei Bestellung auch*) to take an order for; *Plätze* to reserve, to book. **ich werde Sie für Mittwoch** ~ I'll put you *or* your name down for Wednesday; **können Sie für mich 5 Exemplare** ~? can you put me down for 5 copies?, can you reserve 5 copies for me?

Vormittag *m* morning. **am** ~ in the morning.

vormittag *adv* **heute/gestern/morgen** ~ this/yesterday/ tomorrow morning.

vormittags *adv* in the morning; (*jeden Morgen*) in the morning(s).

Vormund *m* **-(e)s, -e** *or* **Vormünder** guardian. **ich brauche keinen** ~ (*fig*) I don't need anyone to tell me what to do.

Vormundschaft *f* guardianship, tutelage. **jdn unter** ~ **stellen** to place sb under the care of a guardian.

vorn *adv* **1.** in front. **von** ~ from the front; **nach** ~ (**ganz nach** ~) to the front; (*weiter nach* ~) forwards; **von weit** ~ from the very front; ~ **im Buch/in der Schlange/auf der Liste** at the front of the book/queue/at the top of the list; **sich** ~ **anstellen** to join the front of the queue (*Brit*) *or* line (*US*); ~ **im Bild** in the front of the picture; **nach** ~ **abgehen** (*Theat*) to exit at the front of the stage; **nach** ~ **laufen** to run to the front; ~ **bleiben** (*lit*) to stay in front; (*fig*) not to lag behind.

2. (*am Anfang*) **von** ~ from the beginning; **wie schon** ~ **erklärt** as explained above; **von** ~ **anfangen** to begin at *or* to start from the beginning; (*von neuem*) to start (all) over again, to start from scratch; (*neues Leben*) to start afresh, to make a fresh start.

3. (*am vorderen Ende*) at the front; (*Naut*) fore. **von** ~ from the front; **jdn von** ~ **sehen** to see sb's face; ~ **im Auto/Bus** in the front of the car/bus; **der Blinker** ~ the front indicator; **nach** ~ to the front; *fallen, ziehen* forwards.

4. (*auf der Vorderseite*) at the front. **das Buch ist** ~ **schmutzig** the front of the book is dirty; **ein nach** ~ **gelegenes Zimmer** a room facing the front; **ein Blick nach** ~ a look to the front.

5. (*weit entfernt*) **das Auto da** ~ the car in front *or* ahead there; **sie waren ziemlich weit** ~ they were quite far ahead *or* quite a long way ahead; (*Läufer auch*) they were quite a long way (out) in front *or*

quite a long way in the lead.

6. ich kann doch nicht ~ **und hinten gleichzeitig sein** I can't be everywhere at once; **sich von** ~**e bis von hinten bedienen lassen** to be waited on hand and foot; **er betrügt sie von** ~ **bis hinten** he deceives her front, left and centre.

Vornahme *f* **-, -n** (*form*) undertaking.

Vorname *m* Christian name, first name.

vorne *adv siehe* **vorn.**

vornehm *adj* **1.** (*von hohem Rang*) *Familie, Kreise* distinguished, high-ranking; (*von adliger Herkunft*) aristocratic, noble; (*kultiviert*) *Herr, Dame* distinguished, posh (*inf*); *Manieren, Art, Benehmen* genteel, refined; (*edel*) *Gesinnung, Charakter, Handeln* noble. **die** ~**e Gesellschaft** high society; **ihr seid mir eine** ~**e Gesellschaft!** (*iro*) you're a fine lot! (*inf*); **die** ~**e Welt, die V~en** fashionable society; **so was sagt/tut man nicht in** ~**en Kreisen** one doesn't say/do that in polite society; **ein** ~**er Besuch** a distinguished visitor; ~ **heiraten** to marry into high society; ~ **tun** (*pej inf*) to act posh (*inf*).

2. (*elegant, luxuriös*) *Wohngegend* fashionable, smart, posh (*inf*); *Haus* smart, posh (*inf*); *Geschäft* exclusive, posh (*inf*); *Kleid, Äußeres* elegant, stylish; *Auto* smart, posh (*inf*); *Geschmack* refined, exclusive.

3. (*dated*) **die** ~**ste Pflicht/Aufgabe** the first *or* foremost duty/task.

vornehmen *vt sep irreg* **1.** (*ausführen*) to carry out; *Test, Untersuchung auch* to do; *Umfrage, Änderungen auch* to make; *Messungen* to take.

2. (*in Angriff nehmen*) (**sich** *dat*) **etw** ~ to get to work on sth.

3. sich (*dat*) **etw** ~ (*planen, vorhaben*) to intend *or* mean to do sth; (*Vorsatz fassen*) to have resolved to do sth; **ich habe mir vorgenommen, das nächste Woche zu tun** I intend *or* mean to do that next week; **ich habe mir zuviel vorgenommen** I've taken on too much.

4. sich (*dat*) **jdn** ~ (*inf*) to have a word with sb.

Vornehmheit *f, no pl siehe adj* **1.** high rank; nobility; distinguished ways *pl*; refinement; nobility. **2.** smartness, poshness (*inf*); exclusiveness; elegance, stylishness; refinement.

vornehmlich **I** *adv* (*hauptsächlich, vor allem*) principally, especially, above all; (*vorzugsweise*) first and foremost. **II** *adj* principal, main, chief.

vorn(e)weg *adv* ahead, in front, first; (*als erstes*) first. **er geht immer** ~ he always walks on ahead *or* in front; **mit dem Mund** ~ **sein** (*inf*) to have a big mouth.

vornherein *adv:* **von** ~ from the start.

vorn|über *adv* forwards; ~ **fallen** to fall (over) forwards; **vornweg** *adv siehe* **vorn(e)weg.**

Vor|ort *m* (*Vorstadt*) suburb.

Vor|ortbahn *f* suburban line; (*für Berufsverkehr*) commuter line; **Vor|ortverkehr** *m* suburban traffic; (*von öffentlichen Verkehrsmitteln*) suburban service; **Vor|ortzug** *m* suburban train; (*im Berufsverkehr*) commuter train.

Vorplatz *m* forecourt; **Vorposten** *m* (*Mil*) outpost; **Vorprogramm** *nt* supporting bill *or* programme; **im** ~ on the supporting bill; **vorprogrammieren*** *vt sep* to preprogramme; (*fig auch*) to precondition; **vorprogrammiert** *adj Erfolg, Antwort* automatic; *Verhaltensweise* preprogrammed; *Weg* predetermined, preordained.

Vorrang *m* **-(e)s**, *no pl* **1.** ~ **haben** to have priority, to take precedence; **den** ~ **vor etw** (*dat*) **haben** to take precedence over sth; **jdm/einer Sache den** ~ **geben** *or* **einräumen** to give sb/a matter priority; **jdm/ einer Sache den** ~ **streitig machen** to challenge sb's/sth's pre-eminence.
2. (*Aus: Vorfahrt*) right of way.

vorrangig I *adj* of prime importance, priority *attr*. **II** *adv* as a matter of priority. **eine Angelegenheit** ~ **erledigen/behandeln** to give a matter priority treatment.

Vorrangstellung *f* pre-eminence *no indef art*.

Vorrat *m* **-(e)s**, **ⁿe** (*an* +*dat* of) stock, supply; (*von Waren*) stocks *pl*; (*an Lebensmitteln auch*) store, provisions *pl*; (*an Atomwaffen*) stockpile; (*Geld*) reserves *pl*; (*an Geschichten, Ideen*) stock. **heimlicher** ~ (secret) hoard; **etw auf** ~ **kaufen** to stock up with sth; **ⁿe anlegen** *or* **anschaffen** *or* **ansammeln** to lay in a stock *or* stocks *pl*; **solange der** ~ **reicht** (*Comm*) while stocks last; **etw auf** ~ **haben** to have sth in reserve; (*Comm*) to have sth in stock.

vorrätig *adj* in stock; (*verfügbar*) available. **etw nicht mehr** ~ **haben** to be out (of stock) of sth.

Vorratskammer *f* store cupboard; (*für Lebensmittel*) larder; **Vorratsraum** *m* store room; (*in Geschäft*) stock room.

Vorraum *m* anteroom; (*Büro*) outer office; (*von Gericht*) lobby; (*von Kino, Theater*) foyer.

vorrechnen *vt sep* **jdm etw** ~ to work out *or* reckon up *or* calculate sth for sb; **er rechnet mir dauernd vor, wieviel alles kostet** he's always pointing out to me how much everything costs; **jdm seine Fehler** ~ (*fig*) to enumerate sb's mistakes.

Vorrecht *nt* prerogative; (*Vergünstigung*) privilege.

Vorrede *f* (*Vorwort*) preface; (*Theat*) prologue; (*einleitende Rede*) introductory speech.

Vorredner *m* (*vorheriger Redner*) previous speaker; (*einleitender Redner*) introductory speaker. **mein** ~ **hat gesagt ...** the previous speaker said ...

Vorreiter *m* forerunner. **den** ~ **machen** to be the first to do sth.

vorrennen *vi sep irreg aux sein* (*inf*) (*voraus*) to run *or* race (on) ahead; (*nach vorn*) to run forward.

Vorrichtung *f* device, gadget.

vorrücken *sep* **I** *vt* to move forward; *Schachfigur* to advance, to move on.
II *vi aux sein* to move *or* go forward; (*Mil*) to advance; (*Sport, im Beruf etc*) to move up; (*Uhrzeiger*) to move on. **mit dem Stuhl** ~ to move one's chair forward; **in vorgerücktem Alter** in later life; **zu vor-**gerückter Stunde at a late hour.

Vorrunde *f* (*Sport*) preliminary *or* qualifying round; (*von Saison*) first part (of the season).

vorsagen *sep* **I** *vt* **jdm etw** ~ *Gedicht* to recite sth to sb; (*Sch*) *Antwort, Lösung* to tell sb sth. **II** *vi* (*Sch*) **jdm** ~ to tell sb the answer.

Vorsaison *f* low season, early (part of the) season.

Vorsänger *m* (*Eccl*) precentor; (*in Chor*) choir leader.

Vorsatz *m* (firm) intention. **mit** ~ (*Jur*) with intent; **den** ~ **haben, etw zu tun** to (firmly) intend to do sth; **den** ~ **fassen, etw zu tun** to make up one's mind to do sth, to resolve to do sth; **bei seinen Vorsätzen bleiben, seinen Vorsätzen treu bleiben** to keep to one's resolve *or* resolution.

Vorsatzblatt *nt* (*Typ*) endpaper.

vorsätzlich *adj* deliberate, intentional; *Lüge* deliberate; (*Jur*) wilful; *Mord* premeditated. **jdn** ~ **töten** to kill sb intentionally.

Vorsatzlinse *f* (*Phot*) ancillary lens.

Vorschau *f* preview; (*Film*) trailer; (*Wetter*~) forecast.

Vorschein *m*: **zum** ~ **bringen** (*lit: zeigen*) to produce; *Fleck* to show up; (*fig: deutlich machen*) to bring to light; **zum** ~ **kommen** (*lit: sichtbar werden*) to appear; (*fig: entdeckt werden*) to turn up, to come to light; (*Tatsachen*) to come to light, to come out.

vorschieben *vt sep irreg* **1.** (*davorschieben*) to push in front; *Riegel* to put across, to shoot (across); (*nach vorn schieben*) to push forward; *Unterlippe, Kinn* to stick out; *siehe* **Riegel**.
2. (*Mil*) *Truppen* to move forward. **vorgeschobener Posten** advance guard, advance party.
3. (*fig: vorschützen*) to put forward as a pretext *or* excuse.
4. jdn ~ to put sb forward as a front man.

vorschießen *sep irreg* **I** *vt* **jdm Geld** ~ to advance sb money. **II** *vi aux sein* to shoot forward.

Vorschiff *nt* forecastle, fo'c's'le.

Vorschlag *m* suggestion, proposal; (*Rat*) recommendation, advice; (*Angebot*) offer, proposition; (*Pol: von Kandidaten*) proposal. **auf** ~ **von** *or* +*gen* at *or* on the suggestion of; on the recommendation of; **das ist ein ~!** that's an idea!; **wäre das nicht ein ~?** how's that for an idea?

vorschlagen *vt sep irreg* to suggest, to propose. **jdn für ein Amt** ~ to propose *or* nominate sb for a post; **jdm ~, etw zu tun** to suggest that sb do(es) sth, to suggest to sb that he do(es) sth.

Vorschlaghammer *m* sledge-hammer.

Vorschlußrunde *f* (*Sport*) semi-final(s).

vorschnell *adj siehe* **voreilig**.

vorschreiben *vt sep irreg* **1.** (*befehlen*) to stipulate; (*gesetzlich, durch Bestimmungen, vertraglich auch*) to lay down; (*Med*) *Dosis* to prescribe. **jdm ~, wie/was ...** to dictate to sb how/what ...; **ich lasse mir nichts** ~ I won't be dictated to; **vorgeschriebene Lektüre** (*Sch, Univ*) prescribed texts.

2. (*lit*) to write out (*dat* for).

vorschreiten *vi sep irreg aux sein* to progress, to make progress. **im vorgeschrittenen Alter** at an advanced age; **zu vorgeschrittener Stunde** at a late hour.

Vorschrift *f* -, **-en** (*gesetzliche etc Bestimmung*) regulation, rule; (*Anweisung*) instruction, order, direction. **nach ~ des Arztes** according to doctor's orders *or* the doctor's instructions; **jdm ~en machen** to give sb orders, to dictate to sb; **ich lasse mir (von dir) keine ~en machen lassen** I won't be dictated to (by you), I won't take orders (from you); **Arbeit nach ~** work to rule; **das ist ~** that's the regulation.

vorschriftsmäßig I *adj* regulation *attr*; *Signal, Parken, Verhalten* correct, proper *attr*; (*Med*) *Dosis* prescribed; **II** *adv* (*laut Anordnung*) as instructed *or* directed; according to (the) regulations; (*Med*) as directed; **~ gekleidet sein** to be in regulation dress; **vorschriftswidrig** *adj, adv* contrary to (the) regulations; (*Med*) *Dosis* contrary to the prescription.

Vorschub *m*: **jdm ~ leisten** to encourage sb; **einer Sache** (*dat*) **~ leisten** to encourage *or* foster sth.

Vorschul|alter *nt* pre-school age.

Vorschule *f* nursery school; (*Vorschuljahr*) pre-school years *pl*.

Vorschul|erziehung *f* pre-school education.

vorschulisch *adj* pre-school *attr*.

Vorschuß *m* advance. **jdm einen ~ leisten** to give sb an advance.

Vorschußlorbeeren *pl* premature praise *sing*.

vorschützen *vt sep* to plead as an excuse, to put forward as a pretext; *Krankheit auch* to feign; *Unwissenheit* to plead. **er schützte vor, daß ...** he pretended that ...; *siehe* **Müdigkeit.**

vorschwärmen *vti sep* **jdm von jdm/etw ~** to go into raptures over sb/sth; **jdm ~, wie schön etw ist** to go into raptures over how beautiful sth is.

vorschweben *vi sep* **jdm schwebt etw vor** sb has sth in mind.

vorschwindeln *vt sep* **jdm etwas ~** to lie to sb; **jdm ~, daß ...** to lie to sb that ...

vorsehen *sep irreg* **I** *vt* (*planen*) to plan; (*zeitlich auch*) to schedule; *Gerät* to design; (*einplanen*) *Kosten, Anschaffungen* to provide *or* allow for; *Zeit* to allow; *Fall* to provide *or* cater for; (*im Gesetz, Vertrag*) to provide for. **etw für etw ~** (*bestimmen*) to intend sth for sth; *Geld* to earmark *or* destine sth for sth; **jdn für etw ~** (*beabsichtigen*) to have sb in mind for sth; (*bestimmen*) to designate sb for sth; **er ist für dieses Amt vorgesehen** we have him in mind for this post; **was haben wir für heute vorgesehen?** what is on the agenda today?, what have we planned for today?; **der Plan sieht vor, daß das Projekt bis September abgeschlossen ist** the project is scheduled to be finished by September.

II *vr* **1.** (*sich in acht nehmen*) to be careful, to watch out, to take care. **sich vor jdm/etw ~** to beware of sb/sth, to be wary of sb/sth; *vor Hund auch* to mind sth.

2. (*dated*) **sich mit etw ~** (*eindecken*) to lay in stocks of sth.

III *vi* (*sichtbar sein*) to appear. **hinter/unter etw** (*dat*) **~** to peep out from behind/under sth.

Vorsehung *f*, *no pl* Providence.

vorsetzen *sep* **I** *vt* **1.** (*nach vorn*) to move forward; *Fuß* to put forward; *Schüler* to move (up) to the front.

2. (*davorsetzen*) to put in front..**etw vor etw** (*acc*) **~** to put sth in front of sth *or* before sth.

3. jdm etw ~ (*geben*) to give sb sth, to put sth in front of sb; (*anbieten*) to offer sb sth; (*fig inf*) *Lügen, Geschichte, Erklärung* to serve *or* dish sth up to sb (*inf*).

II *vr* to (come/go and) sit in (the) front. **sich in die erste Reihe ~** to (come/go and) sit in the front row.

Vorsicht *f* -, *no pl* care; (*bei Gefahr*) caution; (*Überlegtheit*) circumspection, prudence; (*Behutsamkeit*) guardedness, wariness. **~ üben** to be careful; to exercise caution, to be cautious; to be circumspect *or* prudent; to be wary; **jdn zur ~ (er)mahnen** to advise sb to be careful/cautious/circumspect; **zur ~ raten** to advise caution; **~!** watch *or* look *or* mind out!; **,,~ bei Einfahrt des Zuges''** "stand back when the train approaches the platform"; **,,~ zerbrechlich''** "fragile – with care"; **,,~ Glas''** "glass – with care"; **,,~ nicht knicken''** "do not bend"; **,,~ Stufe''** "mind the step"; **mit ~** carefully; cautiously; prudently; guardedly, warily; **etw zur ~ tun** to do sth as a precaution, to do sth to be on the safe side; **was er sagt/dieser Artikel ist mit ~ zu genießen** you have to take what he says/this article with a pinch of salt (*inf*); **sie ist mit ~ zu genießen** (*inf*) she has to be handled with kid gloves; **~ ist besser als Nachsicht** (*Prov*) better safe than sorry; **~ ist die Mutter der Porzellankiste** (*inf*) better safe than sorry.

vorsichtig *adj* careful; (*besonnen*) cautious; (*überlegt*) prudent; *Äußerung auch* guarded, wary; (*mißtrauisch*) wary; *Schätzung* cautious, conservative.

vorsichtshalber *adv* as a precaution, to be on the safe side; **Vorsichtsmaßnahme, Vorsichtsmaßregel** *f* precaution, precautionary measure; **~n treffen** to take precautions *or* precautionary measures.

Vorsilbe *f* prefix; **vorsingen** *sep irreg* **I** *vti* **1.** (*vor Zuhören*) **jdm (etw) ~** to sing (sth) to sb; **ich singe nicht gern vor** I don't like singing to people *or* in front of people; **2.** (*als erster singen*) to sing first; **II** *vi* (*zur Prüfung*) to have a singing test; (*esp Theat: vor Einstellung*) to audition; **vorsintflutlich** *adj* (*inf*) antiquated, prehistoric (*hum*), antediluvian.

Vorsitz *m* chairmanship; (*Amt eines Präsidenten*) presidency. **unter dem ~ von** under the chairmanship of; **den ~ haben** *or* **führen (bei etw)** to be chairman (of sth); (*bei Sitzung*) to chair sth; **den ~ übernehmen** to take the chair.

vorsitzen *vi sep irreg* **einer Versammlung/Diskussion ~** to chair a meeting/discussion.

Vorsitzende(r) *mf decl as adj* chairman; (*von Firma auch*) president (*US*); (*von Verein*) president; (*von Partei, Gewerkschaft etc*) leader. **der ~** Mao Chairman Mao.

Vorsorge *f, no pl* (*Vorsichtsmaßnahme*) precaution; (*vorherplanende Fürsorge*) provision(s *pl no def art.* **zur ~** as a precaution; **~ tragen** to make provisions; **~ treffen** to take precautions; (*fürs Alter*) to make provisions.

vorsorgen *vi sep* to make provisions (*daß* so that). **für etw ~** to provide for sth, to make provisions for sth.

Vorsorge|untersuchung *f* (*Med*) medical check-up (for the detection of cancer).

vorsorglich I *adj* precautionary; *Mensch* cautious. **II** *adv* as a precaution, to be on the safe side.

Vorspann *m* **-(e)s, -e** (*von Film, Tonband*) leader; (*Film, TV: Titel und Namen*) opening credits *pl*; (*Press*) introductory or opening paragraph.

vorspannen *vt sep Pferde* to harness; (*Elec*) to bias. **jdn ~** (*fig*) to enlist sb's help, to rope sb in (*inf*).

Vorspeise *f* hors d'œuvre, starter.

vorspiegeln *vt sep* to feign, to sham; *Krankheit, Bedürftigkeit auch* to plead. **jdm ~, daß ...** to pretend to sb that ...

Vorspiegelung *f* pretence. **unter ~ von etw** under the pretence of sth; **das ist nur (eine) ~ falscher Tatsachen** (*hum*) it's all sham; *siehe* **Tatsache.**

Vorspiel *nt* (*Einleitung*) prelude; (*Ouvertüre*) overture; (*Theat*) prologue; (*Sport*) preliminary match/game; (*bei Geschlechtsverkehr*) foreplay; (*von Musiker*) performance; (*bei Prüfung*) practical (exam); (*bei Einstellung*) audition.

vorspielen *sep* **I** *vt* **1. jdm etw ~** (*Mus*) to play sth to or for sb; (*Theat*) to act sth to or for sb; (*fig*) to act out a sham of sth in front of sb; **jdm eine Szene ~** to play a scene to or for sb; **jdm eine Komödie ~** (*fig*) to play or act out a farce in front of sb; **jdm ~, daß ...** to pretend to sb that ...; **spiel mir doch nichts vor** don't try and put on an act, don't try and pretend to me. **2.** (*zuerst spielen*) to play first.

II *vi* (*vor Zuhörern*) to play; (*Mus, Theat*) (*zur Prüfung*) to do one's practical (exam); (*bei Einstellung*) to audition. **jdm ~** (*Mus*) to play for sb; (*Theat*) to act (a role) for or in front of sb; **jdn ~ lassen** (*bei Einstellung*) to audition sb.

Vorsprache *f* (*form: Besuch*) visit (*bei, auf* +dat to).

vorsprechen *sep irreg* **I** *vt* to say first; (*vortragen*) to recite. **jdm etw ~** to pronounce sth for sb, to say sth for sb; **wiederholt, was ich euch vorspreche** repeat after me. **II** *vi* **1.** (*form: jdn aufsuchen*) to call (*bei jdm* on sb). **bei** or **auf einem Amt ~** to call at an office. **2.** (*Theat*) to audition. **jdn ~ lassen** to audition sb.

vorspringen *vi sep irreg aux sein* to jump or leap out; (*vorwärts*) to jump or leap forward; (*herausragen*) to jut out, to project; (*Nase*) to be prominent; (*Kinn*) to be prominent, to protrude. **vor etw** (*dat*) **~** to jump or leap (out) in front of sth.

vorspringend *adj* projecting; *Nase* prominent; *Kinn, Backenknochen* prominent, protruding.

Vorsprung *m* **1.** (*Archit*) projection; (*Fels~*) ledge; (*von Küste*) promontory. **2.** (*Sport, fig: Abstand*) lead (*vor* +dat over); (*Vorgabe*) start. **jdm 2 Meter/10 Minuten ~ geben** to give sb a 2-metre/a 10-minute start, to give sb 2 metres'/10 minutes' start; **einen ~ vor jdm haben** to be ahead of sb; (*Sport auch*) to be leading sb, to be in the lead; **einen ~ vor jdm gewinnen** to gain a lead over sb, to get ahead of sb.

Vorstadt *f* suburb; **vorstädtisch** *adj* suburban.

Vorstand *m* **1.** (*leitendes Gremium*) board; (*von Firma*) board (of directors); (*von Verein*) committee; (*von Partei*) executive; (*von Akademie*) board (of governors). **2.** (*Leiter*) chairman, managing director.

Vorstandsmitglied *nt siehe* **Vorstand 1.** member of the board; committee member; member of the executive; member of the board; **Vorstandssitzung** *f* (*von Firma*) board meeting; (*von Partei*) executive meeting; **Vorstandswahl** *f* (*in Firma*) elections *pl* to the board; (*in Partei*) elections *pl* to the executive.

vorstehen *vi sep irreg aux haben or sein* **1.** (*hervorragen*) to project, to jut out; *Zähne* to stick out, to protrude; *Backenknochen, Kinn* to be prominent, to protrude; *Nase* to be prominent. **~de Zähne** protruding teeth, buck-teeth.

2. einer Sache ~ *dem Haushalt* to preside over sth; *einer Firma, einer Partei* to be the chairman of sth; *einer Schule* to be the head(master/mistress) (*Brit*) or principal (*US*) of sth; (*einem Geschäft*) to manage sth; *einer Abteilung* to be in charge of sth; *einem Amt* to hold sth.

Vorsteher(in *f*) *m* **-s, -** (*Kloster~*) abbot/abbess; (*Büro~*) manager; (*Gefängnis~*) governor; (*Gemeinde~*) chairman of parish council; (*dated Sch*) head(master/mistress (*Brit*), principal (*US*); (*Bahnhofs~*) station-master.

Vorsteherdrüse *f* prostate (gland).

Vorstehhund *m* pointer; (*langhaariger*) setter.

vorstellbar *adj* conceivable, imaginable. **das ist nicht ~** that is inconceivable or unimaginable.

vorstellen *sep* **I** *vt* **1.** (*nach vorn*) *Tisch, Stuhl, Auto* to move forward; *Bein* to put out; *Uhr* to put forward or on (*um by*).

2. (*inf: davorstellen*) **etw (vor etw** *acc*) **~** to put sth in front of sth; *Auto auch* to park sth in front of sth.

3. (*darstellen*) to represent; (*bedeuten*) to mean, to signify. **was soll das ~?** (*inf*) what is that supposed to be?; **etwas ~** (*fig*) (*gut aussehen*) to look good; (*Ansehen haben*) to count for something.

4. (*bekannt machen*) **jdn jdm ~** to introduce sb to sb.

5. (*bekanntmachen, vorführen*) to present; *Folgen, Gefahren* to point out (*jdm* to sb). **jdm etw ~** to show sb sth.

II *vr* **1. sich** (*dat*) **etw ~** to imagine sth;

stell dir mal vor just imagine; **das kann ich mir gut ~** I can imagine that well; **das muß man sich** (*dat*) **mal** (**bildlich** *or* **plastisch**) **~** just imagine *or* picture it!; **sich** (*dat*) **etw unter etw** (*dat*) **~** *Begriff, Wort* to understand sth by sth; **darunter kann ich mir nichts ~** it doesn't mean anything to me; **das Kleid ist genau, was ich mir vorgestellt hatte** the dress is just what I had in mind; **was haben Sie sich (als Gehalt) vorgestellt?** what (salary) did you have in mind?; **ich kann sie mir gut als Lehrerin ~** I can just imagine *or* see her as a teacher; **stell dir das nicht so einfach vor** don't think it's so easy; **so stelle ich mir einen gelungenen Urlaub vor** that's my idea of a successful holiday.

2. (*sich bekannt machen*) to introduce oneself (*jdm* to sb); (*bei Bewerbung*) to come/go for an interview; (*Antrittsbesuch machen*) to present oneself (*dat, bei* to).

vorstellig *adj* **bei jdm ~ werden** to go to sb; (*wegen Beschwerde*) to complain to sb, to lodge a complaint with sb.

Vorstellung *f* **1.** (*Gedanke*) idea; (*bildlich*) picture; (*Einbildung*) illusion; (*~skraft*) imagination. **in meiner ~ sah das größer aus** I imagined it bigger; **in meiner ~ ist Gott kein alter Mann** I don't picture God as an old man; **du hast falsche ~en** you are wrong (in your ideas); **es übertrifft alle ~en** it's incredible *or* unbelievable; **das entspricht ganz meiner ~** that is just how I imagined *or* saw it; **sich** (*dat*) **eine ~ von etw machen** to form an idea *or* (*Bild*) picture of sth; **du machst dir keine ~, wie schwierig das ist** you have no idea how difficult that is.

2. (*Theat etc*) performance; (*Film auch*) showing.

3. (*das Bekanntmachen*) (*zwischen Leuten*) introduction; (*bei Hofe*) presentation (*bei* at); (*Vorführung: von Geräten, neuem Artikel etc*) presentation; (*bei Bewerbung, Antrittsbesuch*) interview (*bei* with).

Vorstellungsgespräch *nt* interview; **Vorstellungskraft** *f* imagination; **Vorstellungsvermögen** *nt* powers of imagination *pl*.

Vorstopper *m* **-s, -** (*Ftbl*) centre-half.

Vorstoß *m* **1.** (*Vordringen*) venture; (*Mil*) advance, push; (*fig: Versuch*) attempt. **2.** (*Tech: an Rädern*) wheel rim; (*Sew*) edging; (*Litze*) braiding.

vorstoßen *sep irreg* **I** *vt* to push forward. **II** *vi aux sein* to venture; (*Sport*) to attack; (*Mil*) to advance. **ins All ~** (*Rakete, Mensch*) to venture into space.

Vorstrafe *f* previous conviction.

Vorstrafenregister *nt* criminal *or* police record; (*Kartei*) criminal *or* police records *pl*.

vorstrecken *vt sep* to stretch forward; *Arme* to stretch out; *Hand* to stretch *or* put out; *Krallen* to put out; (*fig*) *Geld* to advance (*jdm* sb).

Vorstufe *f* preliminary stage; (*von Entwicklung*) early stage.

Vortag *m* day before, eve. **am ~ der Konferenz** (on) the day before the conference, on the eve of the conference.

vortanzen *sep* **I** *vt* **jdm einen Tanz/die Schritte ~** to dance a dance/the steps for sb; (*zur Demonstration*) to demonstrate a dance/the steps for sb. **II** *vi* (*zur Demonstration*) to demonstrate a dance/step *etc* (*jdm* to sb); (*als Prüfung*) to dance (*jdm* in front of sb).

Vortänzer *m* leading dancer; (*Anführer eines Tanzes*) leader of the dance.

vortäuschen *vt etw Krankheit, Armut* to feign; *Schlag, Orgasmus* to fake.

Vortäuschung *f* pretence, fake. **die ~ einer Krankheit/eines Schlags** feigning an illness/faking a blow; **~ von Tatsachen** (*Jur*) misrepresentation of the facts; **unter ~ falscher Tatsachen** under false pretences; **das ist nur (eine) ~ falscher Tatsachen** (*hum*) that's all sham.

Vorteil *m* **-s, -e** advantage (*auch Sport*). **die Vor- und Nachteile** the pros and cons; **auf den eigenen ~ bedacht sein** to have an eye to one's own interests; **jdm gegenüber im ~ sein** to have an advantage over sb; **von ~ sein** to be advantageous; **das kann für dich nur von ~ sein** it can only be to your advantage; **ich habe dabei an deinen ~ gedacht** I was thinking of your interests; **im ~ sein** to have the advantage (*jdm gegenüber* over sb); **~e aus etw ziehen** to benefit from sth, to gain advantage from sth.

vorteilhaft *adj* advantageous; *Kleider* flattering; *Geschäft* lucrative, profitable. **~ aussehen** to look one's best; **etw ~ verkaufen** (*finanziell*) to sell sth for a profit; **ein ~er Kauf** a good buy, a bargain.

Vortrag *m* **-(e)s, Vorträge 1.** (*Vorlesung*) lecture; (*Bericht, Beschreibung*) talk. **einen ~ halten** to give a lecture/talk; **halt keine Vorträge** (*inf*) don't give a whole lecture.

2. (*Darbietung*) performance; (*eines Gedichtes*) reading, recitation; (*Mus: Solo~*) recital.

3. (*Art des Vortragens*) performance.

4. (*Fin*) balance carried forward.

vortragen *vt sep irreg* **1.** (*berichten*) to report; (*förmlich mitteilen*) *Fall, Angelegenheit* to present; *Forderungen* to present, to convey; *Beschwerde* to lodge; *Meinung* to express, to convey; *Wunsch* to express; (*einen Vortrag halten über*) to give a lecture/talk on.

2. (*vorsprechen*) *Gedicht* to recite; *Rede* to give; (*Mus*) to perform, to play; *Lied* to sing, to perform.

3. (*Fin*) to carry forward.

Vortragende(r) *mf decl as adj* lecturer; (*von Rede, Bericht*) speaker; (*von Musikstück, Lied etc*) performer.

Vortrags|abend *m* lecture evening; (*mit Gedichten*) poetry evening; (*mit Musik*) recital; **Vortragsreihe** *f* series of lectures.

vortrefflich *adj* excellent, splendid, superb. **Vortrefflichkeit** *f* excellence.

vortreten *vi sep irreg aux sein* **1.** (*lit*) to step forward, to come forward. **2.** (*hervorragen*) to project, to jut out; (*Augen*) to protrude. **~de Backenknochen** prominent cheek-bones.

Vortritt *m, no pl* precedence, priority; (*Sw: Vorfahrt*) right of way. **in etw** (*dat*) **den ~**

haben (*fig*) to have precedence in sth (*vor* +*dat* over); **jdm den ~ lassen** (*lit*) to let sb go first; (*fig auch*) to let sb go ahead.

Vortrupp *m* advance guard, advance party.

Vorturner *m* demonstrator (of gymnastic exercises); (*fig sl*) front man.

vorüber *adv* ~ **sein** (*räumlich, Jugend*) to be past; (*zeitlich auch, Gewitter, Winter, Kummer*) to be over; (*Schmerz*) to have gone.

vorüber- *pref siehe auch vorbei-*; **vorübergehen** *vi sep irreg aux sein* **1.** (*räumlich*) (*an etw* (*dat*) sth) to go past, to pass (by); **an jdm/etw ~** (*fig: ignorieren*) to ignore sb/sth; **2.** (*zeitlich*) to pass; (*Gewitter*) to blow over; **eine Gelegenheit ~ lassen** to let an opportunity slip; **3. an jdm ~** (*sich nicht bemerkbar machen*) to pass sb by; **an jdm nicht ~** (*Erlebnis etc*) to leave its/their mark on sb; **vorübergehend** *adj* (*flüchtig*) momentary, passing *attr*; *Krankheit* short; (*zeitweilig*) temporary.

Vor|urteil *nt* prejudice (*gegenüber* against). **das ist ein ~** it's prejudice; **~e haben** *or* **hegen, in ~en befangen sein** to be prejudiced.

vor|urteilsfrei, vor|urteilslos I *adj* unprejudiced; *Entscheidung, Verhalten auch* unbiased; **II** *adv* without prejudice; without bias; **Vor|urteilslosigkeit** *f* freedom from prejudice.

Vorväter *pl* forefathers, ancestors, forebears *all pl*; **Vorvergangenheit** *f* (*Gram*) pluperfect; **Vorverhandlung** *f* preliminary negotiations *or* talks *pl*; (*Jur*) preliminary hearing; **Vorverkauf** *m* (*Theat, Sport*) advance booking; **sich** (*dat*) **Karten im ~ besorgen** to buy tickets in advance; **Vorverkaufskasse, Vorverkaufsstelle** *f* advance booking office.

vorverlegen* *vt sep* **1.** *Termin* to bring forward. **2.** (*Mil*) to push forward. **das Feuer ~** to increase the range.

vorvorgestern *adv* (*inf*) three days ago; **vorvorig** *adj* (*inf*) **~e Woche/~es Jahr** the week/year before last; **vorvorletzte(r, s)** *adj* last but two.

vorwagen *vr sep* (*lit*) to venture forward; (*fig auch*) to venture.

Vorwahl *f* **1.** preliminary election; (*US*) primary. **2.** (*Telec*) dialling *or* area (*US*) code.

vorwählen *vt sep* (*Telec*) to dial first.

Vorwahlnummer *f* dialling *or* area (*US*) code.

Vorwand *m* **-(e)s, Vorwände** pretext, excuse. **unter dem ~, daß ...** under the pretext that ...

vorwärmen *vt sep* to pre-heat; *Teller* to heat.

Vorwarnung *f* (prior *or* advance) warning; (*Mil: vor Angriff*) early warning.

vorwärts *adv* forwards, forward. **~!** (*inf*) let's go (*inf*); (*Mil*) forward march!; **weiter ~** further ahead *or* on; **~ und rückwärts** backwards and forwards; **etw ~ und rückwärts kennen** (*fig inf*) to know sth backwards, to know sth inside out; **wir kamen nur langsam ~** we made slow progress; **Rolle/Salto ~** forward roll/somersault.

vorwärtsbringen *vt sep irreg* (*fig*) to ad-

vance; **jdn ~** to help sb to get on; **Vorwärtsgang** *m* forward gear; **vorwärtsgehen** *sep irreg aux sein* (*fig*) **I** *vi* to progress, to come on; (*Gesundheit*) to improve; **II** *vi impers* **es geht wieder vorwärts** things are looking up; **mit etw geht es vorwärts** sth is progressing *or* going well; **vorwärtskommen** *vi sep irreg aux sein* (*fig*) to make progress, to get on (*in, mit* with); (*beruflich, gesellschaftlich*) to get on; **im Leben/Beruf ~** to get on in life/one's job; **Vorwärtsverteidigung** *f* (*Mil*) forward defence.

Vorwäsche *f*, **Vorwaschgang** *m* prewash.

vorweg *adv* (*voraus, an der Spitze*) at the front; (*vorher*) before(hand); (*als erstes, von vornherein*) at the outset.

Vorwegnahme *f* **-, -n** anticipation; **vorwegnehmen** *vt sep irreg* to anticipate; **um das Wichtigste vorwegzunehmen** to come to the most important point first.

vorweisen *vt sep irreg* to show, to produce; *Zeugnisse* to produce. **etw ~ können** (*fig*) to have *or* possess sth.

vorwerfen *vt sep irreg* **1.** (*fig*) **jdm etw/Unpünktlichkeit ~** (*anklagen*) to reproach sb for sth/for being unpunctual; (*beschuldigen*) to accuse sb of sth/of being unpunctual; **jdm ~, daß er etw getan hat** to reproach sb for having done sth; **jdm ~, daß er etw nicht getan hat** to accuse sb of not having done sth; **das wirft er mir heute noch vor** he still holds it against me; **ich habe mir nichts vorzuwerfen** my conscience is clear.

2. (*lit*) *Tieren/Gefangenen* **etw ~** to throw sth down for the animals/prisoners.

Vorwerk *nt* (*von Gut*) outlying estate; (*von Burg*) outwork.

vorwiegend I *adj attr* predominant. **II** *adv* predominantly, mainly, chiefly.

vorwitzig *adj* (*keck*) cheeky; (*vorlaut*) forward, pert; (*dial: neugierig*) inquisitive.

Vorwort *nt* **-(e)s, -e** foreword; (*esp von Autor*) preface.

Vorwurf *m* **-(e)s, Vorwürfe** reproach; (*Beschuldigung*) accusation. **man machte ihm den ~ der Bestechlichkeit** he was accused of being open to bribery; **jdm/sich große Vorwürfe machen, daß ...** to reproach sb/oneself for ...; **ich habe mir keine Vorwürfe zu machen** my conscience is clear; **jdm etw zum ~ machen** to reproach sb with sth.

vorwurfsvoll *adj* reproachful.

vorzählen *vt sep* **jdm etw ~** to count sth out to sb; (*fig: auflisten*) to enumerate sth (to sb).

vorzaubern *vt sep* **jdm Kunststücke ~** to perform conjuring tricks for sb; **jdm etw ~** (*fig*) to conjure sth up for sb.

Vorzeichen *nt* (*Omen*) omen, sign; (*Math*) sign; (*Mus*) (*Kreuz/b*) sharp/flat (sign); (*vor einzelner Note*) accidental; (*von Tonart*) key-signature. **positives/negatives ~** (*Math*) plus/minus (sign); **mit umgekehrtem ~** (*fig*) the other way round; **unter dem gleichen ~** (*fig*) under the same circumstances.

vorzeichnen *vt sep Linien etc* to sketch *or* draw (out). **jdm etw ~** (*zum Nachmalen*) to sketch *or* draw sth out for sb; (*fig*) to map *or* mark sth out for sb.

vorzeigen *vt sep* to show, to produce; *Zeugnisse* to produce. **jdm die Hände ~ to** show sb one's hands.

Vorzeit *f* prehistoric times *pl.* **in der ~** in prehistoric times; (*vor langem*) in the dim and distant past; *siehe* **grau.**

vorzeiten *adv* (*liter*) in days gone by, in olden times.

vorzeitig *adj* early; *Geburt, Altern etc* premature.

Vorzeitigkeit *f* (*Gram*) anteriority.

vorzeitlich *adj* prehistoric; (*fig*) archaic.

vorziehen *vt sep irreg* **1.** (*hervorziehen*) to pull out; (*nach vorne ziehen*) *Stuhl etc* to pull up; (*Truppen* to move up; (*zuziehen*) *Vorhänge* to draw, to close. **etw hinter/ unter etw** (*dat*) **~** to pull sth out from behind/under sth.

2. (*fig*) (*lieber mögen*) to prefer; (*bevorzugen*) *jdn* to favour. **etw einer anderen Sache ~** to prefer sth to sth else; **es ~, etw zu tun** to prefer to do sth; (*allgemein gesehen*) to prefer doing sth.

3. (*zuerst behandeln, abfertigen*) to give priority to.

Vorzimmer *nt* anteroom; (*Büro*) outer office; (*Aus: Diele*) hall.

Vorzimmerdame *f* receptionist; **Vorzimmerwand** *f* (*Aus*) hall stand.

Vorzug¹ *m* **-(e)s, Vorzüge** preference; (*Vorteil*) advantage; (*gute Eigenschaft*) merit, asset. **einer Sache** (*dat*) **den ~ geben** (*form*) to prefer sth, to give sth preference; (*Vorranggeben*) to give sth precedence; **den ~ haben, daß …** to have the advantage that …; **ich hatte nicht den ~, ihn kennenzulernen** (*geh*) I did not have the privilege of meeting him.

Vorzug² *m* relief train.

vorzüglich [(*esp Aus*) 'fo:ɐtsy:klɪç] **I** *adj* excellent, superb; *Qualität, Arbeit auch*

exquisite; *siehe* **Hochachtung. II** *adv* excellently, superbly; (*vornehmlich*) especially, particularly.

Vorzugs|aktien *pl* (*St Ex*) preference shares *pl*; **Vorzugsbehandlung** *f* preferential treatment *no indef art*; **Vorzugsmilch** *f* milk with high fat content, ≈ gold-top milk (*Brit*); **vorzugsweise** *adv* preferably, by preference; (*hauptsächlich*) mainly, chiefly; **etw ~ trinken** to prefer to drink *or* drinking sth.

Vorzündung *f* (*Aut*) pre-ignition.

Voten ['vo:t(ə)n], **Vota** (*geh*) *pl of* **Votum.**

votieren* [vo'ti:rən] *vi* (*geh*) to vote.

Votiv- [vo'ti:f]: **Votivbild** *nt* votive picture; **Votivkapelle** *f* votive chapel; **Votivtafel** *f* votive tablet.

Votum ['vo:tʊm] *nt* **-s, Voten** *or* **Vota** (*geh*) vote.

Voyeur [voa'jø:ɐ] *m* voyeur.

VP [fau'pe:] *f* - *abbr of* **Volkspolizei.**

v.T. *abbr of* **vom Tausend.**

vulgär [vʊl'gɛ:ɐ] *adj* vulgar.

Vulgarität [vʊlgari'tɛ:t] *f* vulgarity.

Vulgärlatein [vʊl'gɛ:ɐ-] *nt* vulgar Latin.

Vulkan [vʊl'ka:n] *m* **-(e)s, -e** volcano. **auf einem ~ leben** (*fig*) to be living on the edge of a volcano; *siehe* **Tanz.**

Vulkan|ausbruch *m* volcanic eruption; **Vulkanfiber** *f* vulcanized fibre.

Vulkanisation [vʊlkaniza'tsio:n] *f* (*Tech*) vulcanization.

vulkanisch [vʊl'ka:nɪʃ] *adj* volcanic.

Vulkanisier|anstalt [vʊlkani'zi:r-] *f* vulcanization plant.

vulkanisieren* [vʊlkani'zi:rən] *vt* to vulcanize.

Vulva ['vʊlva] *f* -, **Vulven** vulva.

v.u.Z. *abbr of* **vor unserer Zeitrechnung** BC.

V-Waffen ['fau-] *pl siehe* **Vergeltungswaffen.**

W

W, w [ve:] *nt* -, - W, w.
W *abbr of* **Westen**.
Waage *f* -, **-n 1.** (*Gerät*) scales *pl*; (*Feder~, Apotheker~*) balance; (*für Lastwagen, Autos*) weighbridge. **eine ~** a pair of scales; **sich** (*dat*) **die ~ halten** (*fig*) to balance one another *or* each other; *siehe* **Zünglein**.
2. (*Astron, Astrol*) **die ~** Libra; **er ist (eine) ~** he's (a) Libra.
3. (*Sport: Stand~/Knie~*) horizontal single leg/knee stand.
Waagebalken *m* (balance *or* scale) beam.
waag(e)recht *adj* horizontal, level; *Linie, Ebene* horizontal; **Waag(e)rechte** *f* horizontal; **etw in die ~ bringen** to make sth horizontal *or* level.
Waagschale *f* (scale) pan, scale. **jedes Wort auf die ~ legen** to weigh every word (carefully); **jds Worte/etw auf die ~ legen** to take sb's words/sth literally; **sein ganzes Gewicht in die ~ werfen** (*fig*) to bring one's full weight to bear.
wabb(e)lig *adj Pudding, Gelee* wobbly; *Mensch* flabby.
wabbeln *vi* to wobble.
Wabe *f* -, **-n** honeycomb.
wabenförmig *adj* honeycombed; **Wabenhonig** *m* comb honey.
wabern *vi* (*geh*) to undulate; (*obs, dial: flackern*) to flicker.
wach *adj* awake *pred*; (*fig: aufgeweckt*) alert, wide-awake; *Nacht* sleepless, wakeful. **in ~em Zustand** in the waking state; **sich ~ halten** to keep *or* stay awake; **~ werden** to wake up; **~ liegen** to lie awake; **jdn ~ schütteln/küssen** to shake sb awake/ to wake sb with a kiss.
Wachablösung *f* changing of the guard; (*fig*) change of government; **Wachbataillon** *nt* guard battalion, guards *pl*; **Wachboot** *nt* patrol boat; **Wachdienst** *m* look-out, guard (duty); (*Mil*) guard (duty); (*Naut*) watch; **~ haben** to be on guard (duty); (*Naut*) to have the watch.
Wache *f* -, **-n 1.** *no pl* (*Wachdienst*) guard (duty). **auf ~** on guard (duty); (**bei jdm**) **~ halten** to keep guard *or* watch (over sb); (*Kranken~*) to keep watch (at sb's bedside), to watch over sb; (*Toten~*) to watch over sb; **~ stehen** *or* **schieben** (*inf*) to be on guard (duty); (*Dieb, Schüler etc*) to keep a look-out.
2. (*Mil*) (*Wachposten*) guard, sentry; (*Gebäude*) guard-house; (*Raum*) guard-room.
3. (*Naut: Personen, Dauer*) watch. **~ haben** to be on watch.
4. (*Polizei~*) (police) station.
wachen *vi* **1.** (*wach sein*) to be awake; (*nicht schlafen können*) to lie awake.
2. (*Wache halten*) to keep watch. **bei jdm ~** to sit up with sb, to keep watch by sb's bedside; **das W~ am Krankenbett** sitting

up with a/the patient *or* at a/the sickbed; **über etw** (*acc*) **~** to (keep) watch over sth; **über Verkehr** to supervise sth.
wachhabend *adj attr* duty; **Wachhabende(r)** *m decl as adj* (*Offizier*) duty officer; (*Naut*) watch; **wachhalten** *vt sep irreg* (*fig*) *Interesse etc* to keep alive *or* up; **Wachheit** *f* (*fig*) alertness; **Wachhund** *m* (*lit, fig*) watchdog; (*lit auch*) guard-dog; **Wachlokal** *nt* guard-room; **Wachmann** *m, pl* **-leute** watchman; (*Aus*) policeman; **Wachmannschaft** *f* men *or* squad on guard; (*Naut*) watch; **Wach|offizier** *m* (*Naut*) officer of the watch.
Wacholder *m* **-s,** - (*Bot*) juniper (tree).
Wacholderbeere *f* juniper berry; **Wacholderbranntwein** (*form*), **Wacholderschnaps** *m* spirit made from juniper berries, ≃ gin; **Wacholderstrauch** *m* juniper tree.
Wachposten *m siehe* **Wachtposten**; **wachrufen** *vt sep irreg* (*fig*) *Erinnerung etc* to call to mind, to evoke; **wachrütteln** *vt sep* (*fig*) to shake up, to (a)rouse; *Gewissen* to stir, to (a)rouse; **jdn aus seiner Apathie ~** to shake sb out of his apathy.
Wachs [vaks] *nt* **-es, -e** wax. **weich wie ~** as soft as butter; **meine Knie wurden weich wie ~** my knees turned to jelly; **~ in jds Händen sein** (*fig*) to be putty in sb's hands.
wachsam *adj* watchful, vigilant; (*vorsichtig*) on one's guard. **ein ~es Auge auf jdn/etw haben** to keep a watchful *or* sharp eye on sb/sth.
Wachsamkeit *f, no pl* watchfulness, vigilance; (*Vorsichtigkeit*) guardedness.
Wachs- ['vaks-]: **Wachsbild** *nt* waxen image; **Wachsbohne** *f* wax bean; **Wachsbuntstift** *m* wax crayon.
Wachschiff ['vax-] *nt* patrol ship.
wachsen[1] ['vaksn] *pret* **wuchs** [vu:ks], *ptp* **gewachsen** *vi aux sein* to grow; (*Spannung, Begeisterung auch*) to mount. **in die Breite/Länge ~** to broaden (out)/to lengthen, to get *or* grow broader/longer; **in die Höhe ~** to grow taller; (*Kind*) to shoot up (*inf*); **sich** (*dat*) **einen Bart/die Haare ~ lassen** to grow a beard/to let one's hair grow *or* to grow one's hair; **Sauerkraut kann ich mit ~der Begeisterung essen** I can eat sauerkraut till the cows come home (*hum inf*); **gut gewachsen** *Baum* well-grown; *Mensch* with *or* having a good figure; **wie gewachsen** with fat and gristle not removed; **er wächst mit** *or* **an seiner Verantwortung** (*fig*) he grows with his responsibility.
wachsen[2] ['vaksn] *vt* to wax.
wächsern ['vɛksən] *adj* (*lit, fig*) waxen.
Wachs- ['vaks-]: **Wachsfarbe** *f* **1.** (*Farbstift*) wax crayon; **2.** (*Farbstoff*) wax dye; **Wachsfarbstift** *m* wax crayon; **Wachsfigur** *f* wax figure; **Wachsfiguren-**

kabinett nt waxworks pl; **Wachskerze** f wax candle; **Wachslicht** nt night light; **Wachsmalstift** m, **Wachsmalkreide** f wax crayon; **Wachsmaske** f wax mask; **Wachsmatrize** f stencil; **Wachspapier** nt waxed paper; **Wachsstift** m wax crayon; **Wachsstock** m wax taper.

Wachstube ['vaxʃtuːbə] f guard-room; (von Polizei) duty room.

Wachstuch ['vaks-] nt oilcloth.

Wachstum ['vakstuːm] nt, no pl growth. im ~ zurückgeblieben stunted; eigenes ~ (des Winzers) from or grown in our own vineyards.

wachstumshemmend adj growth-inhibiting; **Wachstumshormon** nt growth hormone; **Wachstumspolitik** f growth policy; **Wachstumsrate** f (Biol, Econ) growth rate; **Wachstumsstörung** f disturbance of growth.

Wacht f -, -en (obs, liter) siehe **Wache.**

Wachtel f -, -n quail; (fig inf: Frau) silly goose (inf). alte ~ (inf) (unfreundlich) old hen (inf); (dumm) silly old goose (inf).

Wächter m -s, - guardian; (Nacht~) watchman; (Turm~) watch; (Museums~, Parkplatz~) attendant.

Wachtmeister m 1. (old Mil) sergeant; 2. (Polizist) (police) constable (Brit), patrolman (US); **Herr** ~ officer, constable (Brit); **Wachtposten** m sentry.

Wachtraum m daydream.

Wach(t)turm m watch-tower.

Wach- und Schließgesellschaft f security corps; **Wachzustand** m im ~ in the waking state.

wack(e)lig adj wobbly; Möbelstück auch rickety; Zahn, Schraube auch loose; (fig) Firma, Unternehmen shaky. ~ auf den Beinen sein (inf) (Patient) to be wobbly on one's legs, to be shaky; (alter Mensch) to be doddery.

Wackelkontakt m loose connection.

wackeln vi 1. to wobble; (zittern) to shake; (Zahn, Schraube) to be loose; (fig) (Thron) to totter; (Position) to be shaky. du hast gewackelt you wobbled/shook; (beim Fotografieren) you moved; mit den Ohren/Hüften/dem Kopf/Schwanz ~ to waggle one's ears/wiggle one's hips/wag one's head/its tail. 2. aux sein (langsam, unsicher gehen) to totter; (kleines Kind) to toddle.

wacker adj 1. (tapfer) brave, valiant. sich ~ halten (inf) to stand or hold one's ground; sich ~ schlagen (inf) to put up a brave fight; ~er Streiter (old, hum) doughty fighter (old). 2. (old: tüchtig) upright.

Wade f -, -n calf.

Wadenbein nt fibula; **Wadenkrampf** m cramp in the/one's calf; **Wadenstrumpf** m half stocking; **Wadenwickel** m (Med) compress around the leg.

Waffe f -, -n (lit, fig) weapon; (Schuß~) gun; (Mil: Waffengattung) arm. ~n (Mil) arms; ~n tragen to carry arms; zu den ~n rufen to call to arms; unter ~n (stehen) (to be) under arms; die ~n strecken (lit, fig) to lay down one's arms, to surrender; jdn mit seinen eigenen ~n schlagen (fig) to beat sb at his own game or with his own weapons.

Waffel f -, -n waffle; (Keks, Eis~) wafer; (Eistüte) cornet.

Waffel|eisen nt waffle iron; **Waffelstoff** m honeycomb cloth.

Waffen- in cpds arms; **Waffenbesitz** m possession of firearms; **Waffenbruder** m (old) comrade in arms (old); **Waffendienst** m (old) military service; **Waffengang** m (old Mil) passage at arms, armed encounter; (Univ) round; **Waffengattung** f (Mil) arm of the service; **Waffengewalt** f force of arms; mit ~ by force of arms; **Waffenhandel** m arms trade or traffic; (illegal auch) gunrunning; **Waffenhilfe** f military assistance; **Waffenlager** nt (von Armee) ordnance depot; (von Terroristen) cache; **Waffenlieferung** f supply of arms; **Waffenruhe** f ceasefire; **Waffenschein** m firearms or gun licence; **Waffenschmied** m (Hist) armourer; **Waffenschmuggel** m gunrunning, arms smuggling; **Waffen-SS** f (NS) Waffen-SS; **Waffenstillstand** m armistice.

wägbar adj (geh) ponderable. ein nicht ~es Risiko an imponderable risk.

Wägelchen nt dim of **Wagen.**

Wagemut m, no pl (geh) (heroic) daring or boldness; **wagemutig** adj daring, bold.

wagen I vt to venture; (riskieren) hohen Einsatz, sein Leben to risk; (sich getrauen) to dare. es ~, etw zu tun to venture to do sth; to risk doing sth; to dare (to) do sth; ich wag's I'll risk it, I'll take the risk or plunge; wer nicht wagt, der nicht gewinnt (Prov) nothing ventured, nothing gained (Prov).

II vr to dare. sich an etw (acc) ~ to venture to do sth; ich wage mich nicht daran I dare not do it; sich auf ein Gebiet ~ to venture into an area; er wagt sich nicht mehr aus dem Haus he doesn't venture out (of the house) any more, he doesn't dare leave the house any more.

Wagen m -s, - or (S Ger, Aus) - 1. (Personen~) car; (Liefer~) van; (Plan~) (covered) wag(g)on; (Zirkus~, Zigeuner~) caravan, wag(g)on; (Pferde~) wag(g)on, cart; (Kutsche) coach; (Puppen~, Kinder~) pram (Brit), baby carriage (US); (Hand~) (hand)cart; (Kofferkuli, Einkaufs~) trolley; (Schreibmaschinen~) carriage; (Straßenbahn~, Seilbahn~) car; (Eisenbahn~) coach (Brit), car, carriage (Brit). jdm an den ~ fahren (fig) to pick holes in sb; sich nicht vor jds ~ spannen lassen (fig) not to allow oneself to be used or made use of by sb. 2. (Astrol) der Große/Kleine ~ the Plough or (Big) Dipper/the Little Dipper.

wägen pret **wog** or **wägte**, ptp **gewogen** or **gewägt** vt (old, form) to weigh; (geh: bedenken auch) to ponder.

Wagenbauer m coach builder; **Wagenburg** f barricade (of wag(g)ons); **Wagenführer** m driver; **Wagenheber** m jack; **Wagenladung** f (von Lastwagen) lorryload (Brit), truckload; **Wagenlenker** m (Hist) charioteer; **Wagenpark** m fleet of cars/vans; **Wagenpflege** f care of the/one's car; **Wagenplane** f tarpaulin; **Wagenrad** nt cartwheel; (hum: Hut) picture hat; **Wagenrennen** nt (*Hist*) chariot racing; (*einzelner Wettkampf*) chariot race; **Wagenschlag** m (*von Kutsche*) carriage door; (*von Auto*) car door; **Wagenschmiere** f cart-grease; **Wagenwäsche** f car wash; (*das Waschen*) car washing.

Waggon [va'gõː, va'gɔŋ] m -s, -s (goods) wag(g)on (*Brit*), freight car (*US*); (*Ladung*) wag(g)onload/carload.

waggonweise [va'gõː-, va'gɔŋ-] adv by the wag(g)onload (*Brit*) or carload (*US*).

Waghals m daredevil; **waghalsig** adj foolhardy, daredevil attr; **Waghalsigkeit** f foolhardiness.

Wagner m -s, - (*dial*) coach builder.

Wagnis nt hazardous business; (*Risiko*) risk.

Wahl f -, -en 1. (*Auswahl*) choice. die ~ fiel auf ihn/dieses Buch he/this book was chosen; aus freier ~ of one's own free choice; wir hatten keine (andere) ~(, als) we had no alternative or choice (but); es gab/blieb keine andere ~(, als) there was no alternative (but); jdm die ~ lassen to leave (it up to) sb to choose; jdm etw zur ~ stellen to give sb the choice of sth; 3 Farben stehen zur ~ there is a choice of 3 colours; seine/eine ~ treffen to make one's/a choice or selection; du hast die ~ take your choice or pick; sie hat die ~, ob sie ... the choice is hers or it's up to her whether she ...; wer die ~ hat, hat die Qual (*Prov*) he is/you are etc spoilt for choice; siehe eng.
2. (*Pol etc*) election; (*Abstimmung*) vote; (*geheim*) ballot. geheime/freie ~ secret ballot/free elections; ~ durch Handerheben vote by (a) show of hands; (die) ~en (the) elections; seine ~ in den Vorstand/zum Präsidenten his election to the board/as president; zur ~ gehen to go to vote, to go to the polls; jdn zur ~ aufstellen or vorschlagen to propose sb or put sb up as a candidate (for election); sich zur ~ stellen to stand (as a candidate or at the/an election), to run (for parliament/ president etc); zur ~ gehen to go to the polls; zur ~ schreiten to take a vote or (geheim) ballot; die ~ annehmen to accept the or one's election.
3. (*Qualität*) quality. erste ~ top quality; Gemüse, Eier class or grade one; zweite/dritte ~ second/third quality; Gemüse, Eier class or grade two/three; Waren/Eier/Fleisch erster ~ top-quality goods/class- or grade-one eggs/prime meat.

Wahl|akt m polling; **Wahl|alter** nt voting age; **Wahl|aufruf** m election announcement; **Wahl|auftrag** m election brief; **Wahl|ausgang** m outcome of an/the election, election results pl; **Wahl|ausschuß** m election committee.

wählbar adj eligible (for office), able to stand at an/the election.

Wahlbenachrichtigung f polling card; **wahlberechtigt** adj entitled to vote; **Wahlbeteiligung** f poll; eine hohe ~ a heavy poll, a high or good turnout (at an/ the election); **Wahlbezirk** m ward.

wählen I vt 1. (*von* from, out of) to choose;

(*aus~ auch*) to select, to pick. seine Worte ~ to choose one's words, to select or pick one's words carefully; siehe gewählt.
2. (*Telec*) Nummer to dial.
3. Regierung, Sprecher etc to elect; (sich entscheiden für) Partei, Kandidaten to vote for. jdn ins Parlament/in den Vorstand ~ to elect or return sb to Parliament/to elect or vote sb onto the board; jdn zum Präsidenten ~ to elect sb president.
II vi 1. (*auswählen*) to choose.
2. (*Telec*) to dial.
3. (*Wahlen abhalten*) to hold elections; (*Stimme abgeben*) to vote. wann wird gewählt? when are the elections?; man darf ab 18 ~ you can vote at 18; ~ gehen to go to the polls, to go to vote.

Wähler(in f) m -s, - 1. (*Pol*) elector, voter. der or die ~ the electorate sing or pl, the electors pl. 2. (*Tech*) selector.

Wahl|ergebnis nt election result; (*Stimmenverteilung auch*) election returns pl.

Wähler|initiative f 1. pressure from the electorate. 2. (*Menschen*) pressure group.

wählerisch adj particular; Geschmack, Kunde discriminating. sei nicht so ~! don't be so choosy (*inf*) or fussy.

Wählerschaft f, no pl electorate sing or pl; (eines Wahlkreises) constituents pl.

Wählerstimme f vote; 10% der ~n 10% of the vote(s) or poll; **Wählerverzeichnis** nt electoral roll or register.

Wahlfach nt (*Sch*) option, optional subject; **Wahlfeldzug** m election(eering) campaign; **wahlfrei** adj (*Sch*) optional; **Wahlgang** m ballot; **Wahlgeheimnis** nt secrecy of the ballot; **Wahlgeschenk** nt pre-election present; **Wahlgesetz** nt electoral law; **Wahlheimat** f country of adoption or of (one's) choice; **Wahlhelfer** m (im Wahlkampf) electoral or election assistant; (bei der Wahl) polling officer; **Wahlkabine** f polling booth; **Wahlkampf** m election(eering) campaign; einen ~ führen to conduct an election campaign; **Wahlkreis** m constituency; **Wahlleiter** m returning officer (*Brit*); **Wahllokal** nt polling station; **Wahllokomotive** f (*inf*) vote-puller; **wahllos** I adj indiscriminate; II adv at random, haphazardly; (*nicht wählerisch*) indiscriminately; **Wahlmann** m, pl -männer delegate; **Wahlmöglichkeit** f choice, option; **Wahlpflicht** f electoral duty; seine ~ erfüllen to use one's vote; **Wahlplakat** nt election poster; **Wahlpropaganda** f election propaganda; **Wahlrecht** nt 1. (right to) vote; allgemeines ~ universal franchise or suffrage; das aktive ~ the right to vote; das passive ~ eligibility (for political office); mit 25 bekommt man das passive ~ at 25 one becomes eligible for political office; 2. (*Gesetze*) electoral law no def art; **Wahlrede** f election speech; **Wahlreform** f electoral reform.

Wählscheibe f dial.

Wahlsieg m electoral or election victory; **Wahlspruch** m 1. motto, watchword; 2. election slogan; **Wahlsystem** nt electoral system; **Wahltag** m election or polling day; **Wahl|urne** _f_ ballot box; **Wahlverfahren** _nt_ electoral procedure; **Wahlversammlung** _f_ election meeting; **Wahlversprechungen** _pl_ election promises _pl_; **Wahlverwandtschaft** _f (fig)_ affinity (_von_ between); **wahlweise** _adv_ alternatively; ~ **Kartoffeln oder Reis** (a) choice of potatoes or rice.

Wahlzeichen _nt (Telec)_ dialling tone.

Wahlzelle _f_ polling booth.

Wahn _m_ - (e)s, _no pl_ **1.** illusion, delusion. **in dem ~ leben, daß ...** to labour under the delusion that ... **2.** (_Manie_) mania.

Wahnbild _nt_ delusion, illusion.

wähnen (_geh_) **I** _vt_ to imagine (wrongly), to believe (wrongly). **wir wähnten ihn glücklich** we (wrongly) imagined _or_ believed him (to be) happy. **II** _vr_ **sich sicher/von allen verlassen ~** to imagine _or_ believe oneself (to be) safe/abandoned by all.

Wahnsinn _m, no pl_ **1.** (_old Psych_) insanity, lunacy, madness. **in ~ verfallen** to go mad _or_ insane.

2. (_Unvernunft_) madness, insanity. **das ist doch (heller) ~, so ein ~!** that's sheer madness _or_ idiocy!; **Mensch, ~ _or_ einfach ~!** (_sl: prima_) way _or_ far out! (_sl_).

3. religiöser ~ religious mania.

wahnsinnig **I** _adj_ **1.** (_old Psych_) insane, mad.

2. (_inf_) (_verrückt_) mad, crazy; (_attr: sehr groß, viel_) terrible, awful, dreadful. **eine ~e Arbeit/ein ~es Geld** a crazy _or_ incredible amount of work/money; **wie ~** (_inf_) like mad; **das macht mich ~** (_inf_) it's driving me mad _or_ crazy _or_ round the bend (_inf_); **~ werden** to go mad _or_ crazy _or_ round the bend (_inf_); **ich werde ~!** it's mind-blowing! (_sl_).

II _adv_ (_inf_) incredibly (_inf_). **~ verliebt** madly in love; **~ viele/viel** an incredible number/amount (_inf_).

Wahnsinnige(r) _mf decl as adj_ madman/madwoman, lunatic.

Wahnsinnigwerden _nt_ **zum ~** enough to drive you round the bend (_inf_).

Wahnvorstellung _f_ delusion; **Wahnwitz** _m, no pl_ utter _or_ sheer foolishness; **wahnwitzig** **I** _adj_ mad, crazy, lunatic _attr_; **II** _adv_ terribly, awfully.

wahr _adj Geschichte, Liebe, Glaube etc_ true; (_echt_) _Kunst, Glück etc auch_ real, genuine; _Freund, Freundschaft auch_ real; (_attr: wirklich_) real, veritable. **im ~sten Sinne des Wortes** in the true sense of the word; **daran ist kein ~es Wort** there's not a word of truth in it; **da ist etwas W~es dran** there's some truth in that; **da hast du ein ~es Wort gesprochen** (_inf_) that's very true, there's a lot of truth in that; **etw ~ machen** Pläne to make sth a reality; _Versprechung, Drohung_ to carry out; **~ werden** to come true; (_Hoffnung, Pläne auch_) to become a reality; **so ~ mir Gott helfe!** so help me God!; **so ~ ich hier stehe** as sure as I'm standing here, as sure as eggs are eggs (_inf_); **das darf _or_ kann doch nicht ~ sein!** (_inf_) it can't be true!; **das ist schon gar nicht mehr ~** (_inf_) that was ages ago; **das ist nicht der ~e Jakob _or_ Otto** (_inf_), **das ist nicht das W~e** (_inf_) it's no great shakes (_inf_).

währen _vt_ **1.** (_wahrnehmen_) _Interessen, Rechte_ to protect, to safeguard.

2. (_erhalten_) _Autorität, Ruf, Würde_ to preserve, to keep; _Geheimnis_ to keep; _gute Manieren_ to adhere to, to observe. **die Form/den Anstand ~** to adhere to correct form/to observe the proprieties.

währen _vi_ (_geh_) to last. **was lange währt, wird (endlich) gut** (_Prov_) a happy outcome is worth waiting for; _siehe_ **ehrlich**.

während **I** _prep_ +_gen or dat_ during. **~ eines Zeitraums** over a period of time; **~ der ganzen Nacht** all night long, all during the night, throughout the night. **II** _conj_ while; (_wohingegen auch_) whereas.

währenddem (_inf_), **währenddes** (_geh_), **währenddessen** _adv_ meanwhile, in the meantime.

wahrhaben _vt sep irreg_ **etw nicht ~ wollen** not to want to admit sth; **wahrhaft** **I** _adj_ (_ehrlich_) truthful; (_echt_) _Freund_ true, real; _Enttäuschung_ real; (_attr: wirklich_) real, veritable; **II** _adv_ really, truly; **wahrhaftig** **I** _adj_ (_geh_) (_aufrichtig_) truthful; _Gemüt_ honest; _Worte etc true_; **der ~e Gott** the true God; **~er Gott!** (_inf_) strewth! (_inf_); **II** _adv_ really; (_tatsächlich_) actually.

Wahrheit _f_ truth. **in ~** in reality; **die ~ sagen** to tell the truth; **um die ~ zu sagen** to tell the truth; **das schlägt der ~ ins Gesicht** that's patently untrue; **er nimmt es mit der ~ nicht so genau** (_inf_) you have to take what he says with a pinch of salt.

Wahrheitsbeweis _m_ (_Jur_) **den ~ antreten** to supply proof of the truth of a/one's statement; **wahrheitsgetreu** _adj Bericht_ truthful; _Darstellung_ faithful; **ein ~es Bild** (_fig_) a factual _or_ true picture; **Wahrheitsliebe** _f_ love of truth; **wahrheitsliebend** _adj_ truth-loving; (_ehrlich_) truthful.

wahrlich _adv_ really, indeed, verily (_Bibl_); (_garantiert_) certainly, definitely.

wahrnehmbar _adj_ perceptible, noticeable; **nicht ~** imperceptible, not noticeable; **mit bloßem Auge ~/nicht ~** visible/invisible to the naked eye; **wahrnehmen** _vt sep irreg_ **1.** (_mit den Sinnen erfassen_) to perceive; (_bemerken_) _Vorgänge, Veränderungen etc_ to be aware of; (_entdecken, erkennen_) _Geräusch, Licht auch_ to distinguish; _Geruch_ to detect; (_heraushören_) _Unterton, Stimmung_ to detect, to discern; **2.** (_nutzen, vertreten_) _Frist, Termin_ to observe; _Gelegenheit_ to take; _Interessen, Angelegenheiten, Rechte_ to look after; **Wahrnehmung** _f siehe vt_ **1.** perception; awareness; detection; **2.** observing; taking; looking after; **Wahrnehmungsvermögen** _nt_ perceptive faculty; **wahrsagen** _sep or insep_ **I** _vi_ to tell fortunes, to predict the future; **aus dem Kaffeesatz/aus den Karten ~** to read coffee grounds/cards; **jdm ~** to tell sb's fortune, to predict the future (to sb); **II** _vt_ (_jdm_) **die Zukunft ~** to tell sb's fortune, to predict the future (to sb); **er hat mir wahrgesagt, daß ...** he predicted (to me) that ...; **Wahrsager(in** _f_) _m_ **-s, -** fortuneteller, soothsayer (_old_); **Wahrsagerei** _f, no pl_ fortunetelling; **wahrsagerisch** _adj_ prophetic; **Wahrsagung** _f_ prediction.

wahrscheinlich I *adj* probable, likely; (*glaubhaft*) plausible. **es liegt im Bereich des W~en** it is quite within the bounds of probability. II *adv* probably. **er kommt ~ erst später** he probably won't come till later, he won't come till later most likely.

Wahrscheinlichkeit *f* probability, likelihood *no pl*; (*Glaubhaftigkeit*) plausibility. **mit großer ~, aller ~ nach, in aller ~** in all probability *or* likelihood.

Wahrscheinlichkeitsrechnung *f* probability calculus, theory of probabilities.

Wahrung *f, no pl* 1. (*Wahrnehmung*) protection, safeguarding. 2. (*Erhaltung*) preservation; (*von Geheimnis*) keeping.

Währung *f* currency.

Währungs- *in cpds* currency, monetary; **Währungsblock** *m* monetary bloc; **Währungs|einheit** *f* monetary unit; **Währungsfonds** *m* Monetary Fund; **Währungsparität** *f* mint par of exchange; **Währungsreform** *f* monetary *or* currency reform; **Währungsreserve** *f* monetary *or* currency reserve; **Währungsschlange** *f* (currency) snake.

Wahrzeichen *nt* (*von Stadt, Verein*) emblem; (*Gebäude, Turm etc*) symbol.

Waid- *in cpds siehe* **Weid-**.

Waise *f -, -n* orphan.

Waisenhaus *nt* orphanage; **Waisenkind** *nt* orphan; **Waisenknabe** *m* (*liter*) orphan (boy); **gegen dich ist er ein ~** *or* **Waisenkind** (*inf*) he's no match for you, you would run rings round him (*inf*); **Waisenrente** *f* orphan's allowance.

Wal *m -(e)s, -e* whale.

Wald *m -(e)s, ⁻er* wood(s *pl*); (*großer*) forest; (*no pl: ~land*) woodland(s *pl*), wooded country. **~ und Wiese/Feld** *or* **Flur** (*liter*) woods and meadows/fields; **ich glaub, ich steh im ~** (*inf*) I must be seeing/hearing things! (*inf*); **er sieht den ~ vor lauter Bäumen nicht** he can't see the wood for the trees (*prov*); **wie es in den ~ hineinschallt** *or* **wie man in den ~ hineinruft, so schallt es wieder heraus** (*Prov*) you get as much as you give.

Wald|ameise *f* red ant; **Wald|arbeiter** *m* forestry worker; (*Holzfäller*) lumberjack, woodman; **Waldbestand** *m* forest land; **Waldblume** *f* woodland flower; **Waldboden** *m* forest soil; **Waldbrand** *m* forest fire.

Wäldchen *nt dim of* **Wald** little wood.

Wald|erdbeere *f* wild strawberry; **Waldfrevel** *m* offence against the forest laws; **Waldhorn** *nt* (*Mus*) French horn.

waldig *adj* wooded, woody.

Waldland *nt* woodland(s *pl*); **Waldlauf** *m* cross-country running; (*einzelner Lauf*) cross-country run; **Waldlehrpfad** *m* nature trail; **Waldmeister** *m* (*Bot*) woodruff.

Waldorfsalat *m* (*Cook*) Waldorf salad; **Waldorfschule** *f* Rudolf Steiner School.

waldreich *adj* densely wooded; **Waldreichtum** *m* abundance of woods/forests; **Waldschrat** *m* wood gnome.

Waldung *f* (*geh*) woodland(s *pl*).

Waldvogel *m* woodland bird; **Waldweg** *m* woodland/forest path; **Waldwiese** *f* glade.

Wales [weɪlz] *nt* - Wales.

Walfang *m* whaling; **Walfangboot** *nt* whaler, whaling boat; **Walfänger** *m* (*Schiff, Mensch*) whaler; **Walfisch** *m* (*inf*) whale.

Walhall(a) ['valhal, val'hal(a)] *f -, no pl* (*Myth*) Valhalla.

Waliser(in *f)* *m -s, -* Welshman; Welsh woman.

walisisch *adj* Welsh.

walken *vt* Felle, Leder to tumble; *Wollgewebe* to full, to mill; *Blech* to flex.

Walkman ['vɔːkmən] *m -s, -s* (*Radio*) walkman.

Walküre *f -, -n* (*Myth, fig*) Valkyrie.

Wall *m -(e)s, ⁻e* embankment; (*Mil*) rampart; (*fig*) bulwark, rampart.

Wallach *m -(e)s, -e* gelding.

wallen *vi* (*liter*) (*Meer*) (*brodeln*) to surge, to seethe; (*fließen*) to flow; (*Dämpfe, Nebel*) to surge; (*fig: Blut*) to boil.

wallfahren *vi insep reg aux sein* to go on a pilgrimage.

Wallfahrer(in *f)* *m -s, -* pilgrim.

Wallfahrt *f* pilgrimage.

Wallfahrtskirche *f* pilgrimage church; **Wallfahrts|ort** *m*, **Wallfahrtsstätte** *f* place of pilgrimage.

Wallgraben *m* moat.

Wallis *nt* - Valais.

Walliser Alpen *pl* **die ~ ~** the Valais Alps *pl*.

Wallone *m -n, -n*, **Wallonin** *f* Walloon.

Wallung *f -, -en* 1. (*geh*) **das Meer war in ~** the sea was surging *or* seething; **in ~ geraten** (*See, Meer*) to begin to surge *or* seethe; (*vor Leidenschaft*) to be in a turmoil; (*vor Wut*) to fly into a rage *or* passion; **sein Blut geriet in ~** his blood began to surge through his veins; **jds Blut/ jdn in ~ bringen** to make sb's blood surge through his/her veins. 2. (*Med*) (hot) flush *usu pl*.

Walmdach *nt* (*Archit*) hipped roof.

Walnuß *f* walnut.

Walnußbaum *m* walnut (tree).

Walpurgisnacht *f* Walpurgis Night, Walpurgisnacht.

Walroß *nt -sses, -sse* walrus; (*pej: Mensch*) baby elephant (*inf*). **schnaufen wie ein ~** (*pej*) to puff like a grampus.

Walstatt *f* (*obs*) battlefield.

walten *vi* (*geh*) to prevail, to reign (*in +dat* over); (*wirken: Mensch, Naturkräfte*) to be at work. **über jdm/etw ~** to rule (over) sb/sth; **Vernunft ~ lassen** to let reason prevail; **Vorsicht/Milde/Gnade ~ lassen** to exercise caution/leniency/to show mercy; **das W~ Gottes** the workings of God; **das walte Gott** *or* (*inf*) **Hugo** amen (to that)!

Walzblech *nt* sheet metal.

Walze *f -, -n* roller; (*Schreibmaschinen~ auch*) platen; (*Drehorgel~*) barrel; (*von Spieluhr*) cylinder, drum. **auf die ~ gehen** (*old inf*) to go off on one's travels; **auf der ~ sein** (*old inf*) to be on the road.

walzen I *vt* to roll. II *vi* 1. *aux sein or haben* (*dated: tanzen*) to waltz. 2. *aux sein* (*old inf: wandern*) to tramp, to hike.

wälzen I *vt* 1. (*rollen*) to roll; (*Cook*) (*in Ei, Mehl*) to coat (*in +dat* with); (*in Butter, Petersilie*) to toss.

2. (*inf*) *Akten, Bücher* to pore over; *Probleme, Gedanken, Pläne* to turn over in one's mind. **die Schuld/Verantwortung auf jdn ~** to shift *or* shove (*inf*) the blame/responsibility onto sb.

II *vr* to roll; (*vor Schmerzen*) to writhe (*vor +dat* with); (*schlaflos im Bett*) to toss and turn; (*fig: Menschenmenge, Wassermassen*) to surge; (*im Schlamm*) to wallow.

walzenförmig *adj* cylindrical.

Walzer *m* **-s, -** waltz. **Wiener ~** Viennese waltz; **~ tanzen** to (dance the/a) waltz.

Wälzer *m* **-s, -** (*inf*) heavy *or* weighty tome (*hum*).

Walzermusik *f* waltz music; **Walzerschritt** *m* waltz step; **Walzertakt** *m* waltz time.

Walzstraße *f* rolling train; **Walzwerk** *nt* rolling mill.

Wampe *f* **-, -n** (*dial*) paunch.

Wams *nt* **-es, ⸚er** (*old, dial: Jacke*) jerkin; (*unter Rüstung*) gambeson; (*dial: Weste*) waistcoat (*Brit*), vest (*US*).

wand *pret of* **winden**[1].

Wand *f* **-, ⸚e** wall (*auch Anat*); (*nicht gemauerte Trenn~*) partition (wall); (*von Gefäß, Behälter, Schiff*) side; (*Fels~*) (rock) face; (*Wolken~*) bank of clouds; (*Biol*) septum (*spec*); (*fig*) barrier, wall. **spanische ~** (folding) screen; **etw an die ~ werfen** to throw sth against *or* at the wall; **~ an ~** wall to wall; **in seinen vier ⸚en** (*fig*) within one's own four walls; **weiß wie die ~** as white as a sheet; **wenn die ⸚e reden könnten!** if walls could speak; **man rennt bei denen gegen eine ~** with them you come up against a brick wall; **mit dem Kopf gegen die ~ rennen** (*fig*) to bang one's head against a brick wall; **jdn an die ~ drücken** (*fig*) to push *or* drive sb to the wall; **jdn an die ~ spielen** (*fig*) to outdo *or* outshine sb; (*Theat*) to steal the show from sb, to upstage sb; **jdn an die ~ stellen** (*fig*) to shoot sb, to send sb before the firing squad; **er lachte/tobte** *etc*, **daß die ⸚e wackelten** (*inf*) *or* **zitterten** (*inf*) he raised the roof (with his laughter/ranting and raving *etc*) (*inf*); **die ~** *or* **⸚e hochgehen** (*inf*) to go up the wall (*inf*).

Wandale *m* **-n, -n** (*Hist*) Vandal; *siehe* **hausen.**

Wandalismus *m siehe* **Vandalismus.**

Wandbehang *m* wall hanging; **Wandbewurf** *m* plaster(ing); (*Rauhputz*) roughcast; **Wandbord, Wandbrett** *nt* (wall) shelf.

Wandel *m* **-s,** *no pl* change. **im ~ der Zeiten** throughout the ages *or* the changing times; **im ~ der Jahrhunderte** down the centuries; *siehe* **Handel**[1].

Wandelanleihe *f* convertible loan; **wandelbar** *adj* changeable; **Wandelbarkeit** *f,* *no pl* changeability; **Wandelgang** *m* covered walk; **Wandelhalle** *f* foyer; (*im Parlament*) lobby; (*im Kurhaus*) pump room.

wandeln[1] *vtr* (*ändern*) to change.

wandeln[2] *vi aux sein* (*geh: gehen*) to walk, to stroll. **ein ~des Lexikon** (*hum*) a walking encyclopedia; **er ist die ~de Güte** he is goodness *or* kindness itself *or* personified; *siehe* **Leiche.**

Wanderausstellung *f* travelling *or* touring exhibition; **Wanderbühne** *f* touring company; (*Hist*) strolling players *pl*; **Wanderbursche** *m* (*obs*) journeyman; **Wanderdüne** *f* shifting *or* drifting (sand) dune.

Wanderer *m* **-s, -** hiker; (*esp Angehöriger eines Wandervereins*) rambler; (*old: Reisender*) traveller, wayfarer (*old*).

Wanderfalke *m* peregrine (falcon); **Wanderheuschrecke** *f* migratory locust; **Wanderjahre** *pl* years of travel; **Wanderkarte** *f* map of walks *or* trails; **Wanderkleidung** *f* hiking outfit; **Wanderleben** *nt* roving *or* wandering life; (*fig*) unsettled life; **Wanderleber** *f* floating liver; **Wanderlied** *nt* hiking song; **Wanderlust** *f* wanderlust.

wandern *vi aux sein* **1.** (*gehen*) to wander, to roam; (*old: reisen*) to travel, to journey; (*Wandervogel, Zigeuner*) to travel. **durchs Leben ~** (*liter*) to journey through life.

2. (*sich bewegen*) to move, to travel; (*Wolken, Gletscher*) to drift; (*Düne*) to shift, to drift; (*Med: Leber, Niere*) to float; (*Blick*) to rove, to roam, to wander; (*Gedanken*) to roam, to wander, to stray; (*weitergegeben werden*) to be passed (on).

3. (*Vögel, Tiere, Völker*) to migrate.

4. (*zur Freizeitgestaltung*) to hike; (*esp in Verein*) to ramble.

5. (*inf: ins Bett, in den Papierkorb, ins Feuer*) to go. **hinter Schloß und Riegel ~** to be put behind bars.

Wanderniere *f* floating kidney; **Wanderpokal** *m* challenge cup; **Wanderprediger** *m* itinerant preacher; **Wanderpreis** *m* challenge trophy; **Wanderratte** *f* brown rat.

Wanderschaft *f,* *no pl* travels *pl*. **auf (der) ~ sein** to be on one's travels; **auf ~ gehen** to go off on one's travels.

Wanderschuhe *pl* walking shoes *pl*.

Wandersmann *m, pl* **-leute** (*liter*) *siehe* **Wanderer.**

Wandertrieb *m* (*von Tier*) migratory instinct; (*Psych*) urge to travel, dromomania (*spec*); (*fig*) wanderlust, passion for travel; **Wandertruppe** *f* touring company; (*Hist*) strolling players *pl*.

Wanderung *f* **1.** (*Ausflug*) walk. **eine ~ machen** to go on a walk *or* hike *or* ramble. **2.** (*old: Reise, von Handwerksgesellen, fig liter: durchs Leben*) journey. **3.** (*von Vögeln, Tieren, Völkern, Phys*) migration; (*Sociol: Wohnortwechsel*) shift (in the population), population shift.

Wanderverein *m* rambling club; **Wandervogel** *m* (*Hist*) member of the Wandervogel youth movement; (*begeisterter Wanderer*) hiker; (*fig inf*) bird of passage, rolling stone (*inf*); **Wanderweg** *m* walk, trail, (foot)path; **Wanderzirkus** *m* travelling circus.

Wandgemälde *nt* mural, wall-painting; **Wandkalender** *m* wall calendar; **Wandkarte** *f* wall map; **Wandlampe** *f* wall lamp/light; **Wandleuchter** *m* wall bracket, sconce.

Wandlung *f* **1.** (*Wechsel, Wandel*) change; (*völlige Um~*) transformation. **~ zum**

Guten change for the better; **eine ~ durchmachen** to undergo a change. **2.** (*Eccl*) transubstantiation; (*Teil der Messe*) consecration. **3.** (*Jur*) cancellation of sale contract.

wandlungsfähig *adj* adaptable; *Schauspieler etc* versatile.

Wandmalerei *f* mural painting; (*Bild*) mural, wall-painting.

Wandrer(in *f*) *m* **-s, -** *siehe* **Wanderer.**

Wandschirm *m* screen; **Wandschrank** *m* wall cupboard; **Wandtafel** *f* (black)-board.

wandte *pret of* **wenden.**

Wandteller *m* wall plate; **Wandteppich** *m* tapestry, wall hanging; **Wanduhr** *f* wall clock; **Wandverkleidung** *f* wall covering; (*aus Holz*) panelling; **Wandzeitung** *f* wall news-sheet.

Wange *f-,* **-n 1.** (*geh*) cheek. **~ an ~** cheek to cheek. **2.** (*von Treppe*) stringboard.

Wankelmotor *m* Wankel engine.

Wankelmut *m*, **Wankelmütigkeit** *f* fickleness, inconstancy.

wankelmütig *adj* fickle, inconstant.

wanken *vi* **1.** (*schwanken*) (*Mensch, Gebäude*) to sway; (*Knie*) to shake, to wobble; (*Boden*) to rock; (*fig: Thron, Regierung*) to totter; (*unsicher sein/werden*) to waver, to falter; (*schwanken*) to vacillate. **nicht ~ und nicht weichen** not to move or budge an inch; **ins W~ geraten** (*lit*) to begin to sway/rock; (*fig*) to begin to totter/waver or falter/vacillate; **etw ins W~ bringen** (*lit*) to cause sth to sway/rock; (*fig*) *Thron, Regierung* to cause sth to totter; *Glauben, Mut* to shake sth; **jds Entschluß ins W~ bringen** to make sb waver in his decision. **2.** *aux sein* (*gehen*) to stagger; (*alter Mensch*) to totter.

wann *interrog adv* when. **~ ist er angekommen?** when did he arrive?; **~ kommt ihr?** when or (at) what time are you coming?; **~ (auch) immer** whenever; **bis ~ ist das fertig?** when will that be ready (by)?; **bis ~ gilt der Ausweis?** until when is the pass valid?, when is the pass valid until?; **seit ~ bist/hast du ...?** (*zeitlich*) how long have you been/had ...?; (*bezweifelnd, entrüstet etc*) since when are you/do you have ...?; **von ~ bis ~?** when?, during what times?

Wanne *f-,* **-n** bath; (*Bade~ auch*) (bath)-tub; (*Öl~*) reservoir; (*im Auto*) sump (*Brit*), oil pan (*US*).

Wannenbad *nt* bath.

Wanst *m* **-(e)s, -̈e** (*Zool: Pansen*) rumen; (*inf: dicker Bauch*) paunch (*inf*), belly (*inf*). **sich** (*dat*) **den ~ vollschlagen** (*inf*) to stuff oneself (*inf*).

Want *f-,* **-en** (*Naut*) shroud.

Wanze *f-,* **-n** (*Zool, inf: Abhörgerät*) bug.

Wappen *nt* **-s, -** coat of arms; (*auf Münze*) heads *no art*. **etw im ~ führen** to have or bear sth on one's coat of arms; (*fig*) to have sth as one's trademark.

Wappenkunde *f* heraldry; **Wappenschild** *m or nt* shield; **Wappenseite** *f* heads side; **Wappentier** *nt* heraldic animal.

wappnen *vr* (*fig*) **sich (gegen etw) ~** to prepare (oneself) (for sth); **gewappnet**

sein to be prepared or forearmed.

war *pret of* **sein¹**.

warb *pret of* **werben.**

ward (*old, liter*) *pret of* **werden I 3.** *and* **II.**

Ware *f-,* **-n** product; (*einzelne ~*) article; (*als Sammelbegriff*) goods *pl*, merchandise. **~n** *pl* goods *pl*; (*zum Verkauf auch*) merchandise *sing*, wares *pl* (*esp old, hum*).

wäre *pret subjunc of* **sein¹**.

Waren|angebot *nt* range of goods for sale; **Waren|aufzug** *m* goods hoist; **Waren|ausfuhr** *f* export of goods or merchandise; **Waren|austausch** *m* exchange or (*bei Tauschgeschäft*) barter of goods; **Warenbestand** *m* stocks *pl* of goods or merchandise; **Waren|einfuhr** *f* import of goods or merchandise; **Warenhaus** *nt* (department) store, emporium (*old*); **Warenlager** *nt* stocks *pl*; **Warenmuster** *nt*, **Warenprobe** *f* trade sample; **Waren|test** *m* test of goods; **Waren|umsatz** *m* turnover of goods or merchandise; **Warenzeichen** *nt* trade-mark.

warf *pret of* **werfen.**

warm *adj comp* **-̈er,** *superl* **-̈ste(r, s)** *or adv* **am -̈sten** (*lit, fig*) warm; *Wetter auch*, *Getränk, Speise*, (*auf Wasserhahn*) hot; (*sl: homosexuell*) queer (*pej inf*). **mir ist ~** I'm warm; **aus dem W~en in die Kälte kommen** to come out of the warm(th) into the cold; **das hält ~** it keeps you warm; **das macht ~** it warms you up; **das Essen ~ machen** to warm or heat up the food; **das Essen ~ stellen** to keep the food hot or warm; **nur einen ~en Händedruck bekommen** (*fig inf*) to get nothing for one's pains; **wie ~e Semmeln weggehen** (*inf*) to sell or go like hot cakes; **~ sitzen** to sit in a warm place; **sich ~ anziehen** to dress up warmly; **jdn/etw ~stens empfehlen** to recommend sth/sb warmly; **~ werden** (*fig inf*) to thaw out (*inf*); **mit jdm ~ werden** (*inf*) to get close to sb; **mit etw ~ werden** *mit Stelle* to get used to sth; *mit Stadt auch* to get to know sth.

Warmblut *nt* crossbreed; **Warmblüter** *m* **-s, -** warm-blooded animal; **warmblütig** *adj* warm-blooded.

Wärme *f-,* (*rare*) **-n** (*lit, fig*) warmth; (*von Wetter etc, Phys*) heat; (*Wetterlage*) warm weather. **10 Grad ~** 10 degrees above zero or above freezing; **ist das eine ~!** isn't it warm!; **komm in die ~** come into the warm(th); **mit ~** (*fig*) warmly.

wärmebeständig *adj* heat-resistant; **Wärmedämmung** *f* (*heat*) insulation; **Wärme|einheit** *f* thermal unit, unit of heat; **Wärme|energie** *f* thermal energy; **Wärmelehre** *f* theory of heat; **Wärmeleiter** *m* heat conductor; **Wärmemesser** *m* **-s, -** thermometer.

wärmen I *vt* to warm; *Essen, Kaffee etc* to warm or heat up. **II** *vi* (*Kleidung, Sonne*) to be warm; (*Ofen auch*) to provide warmth. **Schnaps wärmt** schnapps warms you up. **III** *vr* to warm oneself (up), to warm up. **sich gegenseitig ~** to keep each other warm.

Wärmepumpe *f* heat pump; **Wärmeregler** *m* thermostat; **Wärmespeicher** *m* storer of heat; (*Gerät*) heat storer or accumulator; **Wärmestrahlung** *f* thermal radiation, radiant heat; **Wärmetechnik** f heat technology; **Wärmeverlust** m heat loss.

Wärmflasche f hot-water bottle.

Warmfront f (Met) warm front; **warmhalten** vt sep irreg **sich** (dat) **jdn ~** (fig inf) to keep in with sb (inf); **Warmhalteplatte** f hot plate; **warmherzig** adj warm-hearted; **Warmherzigkeit** f warmheartedness; **warmlaufen** vi sep irreg aux **sein** to warm up; **Warmluft** f warm air; **Warmluftzufuhr** f inflow or influx of warm air; (von Heizung) warm air supply; **Warmmiete** f rent including heating.

Warmwasserbereiter m -s, - water heater; **Warmwasserheizung** f hot-water central heating; **Warmwasserleitung** f hot-water pipe; **Warmwasserspeicher** m hot-water tank; **Warmwasserversorgung** f hot-water supply.

Warn|anlage f warning system; **Warnblink|anlage** f flashing warning lights pl; (an Auto) hazard warning lights pl; **Warnblinkleuchte** f flashing warning light; **Warndrei|eck** nt warning triangle.

warnen vti to warn (vor + dat of). **die Polizei warnt vor Schneeglätte** the police have issued a warning of snow and ice on the roads; **jdn (davor) ~, etw zu tun** to warn sb against doing sth, to warn sb not to do sth; **vor Taschendieben wird gewarnt!** beware of pickpockets!

Warnkreuz nt warning cross (before level crossing); **Warnmeldung** f warning (announcement); **Warnruf** m warning cry; **Warnschild** nt warning sign; **Warnschuß** m warning shot; **Warnsignal** nt warning signal; **Warnstreik** m token strike.

Warnung f warning. **~ vor etw** warning about sth; **vor Gefahr** warning of sth.

Warnvorrichtung f warning system; **Warnzeichen** nt warning sign; (hörbar) warning signal.

Warschau nt -s Warsaw.

Warschauer-Pakt-Staaten pl Warsaw Pact states pl.

Warte f -, -n observation point; (fig) standpoint, viewpoint. **von jds ~ (aus)** (fig) from sb's point of view or sb's standpoint; **von seiner hohen ~ aus** (fig iro) from his lofty standpoint (iro).

Wartefrist f waiting period; (für Lieferung) delivery time; **Wartehalle** f waiting room; (im Flughafen) departure lounge; **Warteliste** f waiting list.

warten¹ vi to wait (auf + acc for). **warte mal!** hold on, wait a minute; (überlegend) let me see; **na warte!** (inf) just you wait!; **bitte ~** (Telec) hold the line please; (Zeichen) please wait; **da kannst du ~, bis du schwarz wirst** (inf), **da(rauf) kannst du lange ~** (iro) you can wait till the cows come home; **auf Antwort/Einlaß ~** to wait for an answer/to be let in; **mit dem Essen auf jdn ~** to wait for sb (to come) before eating; to wait with lunch/dinner etc for sb; **mit dem Essen nicht auf jdn ~** to eat without sb; **ich bin gespannt, was da auf mich wartet** I wonder what's waiting for me or what awaits me or what's in store for me there; **lange auf sich ~ lassen** to be a long time (in) coming; **nicht lange auf**

sich ~ lassen to be not long in coming; **das lange W~ hatte ihn müde gemacht** the long wait had made him tired.

warten² vt **1.** (liter: pflegen) Kinder etc to look after; Tiere to tend. **2.** Auto to service; Maschine auch to maintain.

Wärter(in f) m -s, - attendant; (Leuchtturm~, Tier~) keeper; (Kranken~) nurse, orderly; (Gefängnis~) warder/wardress (Brit), guard.

Warteraum m waiting room; **Wartesaal** m waiting room; **Wartezeit** f waiting period; (an Grenze, im Verkehr) wait; **Wartezimmer** nt waiting room.

Wartung f (von Auto) servicing; (von Maschine auch) maintenance.

wartungsfrei adj maintenance-free.

warum interrog adv why. **~ nicht?** why not?; **~ nicht gleich so!** that's better!; **nach dem W~ fragen** to ask why.

Warze f -, -n wart; (Brust~) nipple.

Warzenhof m (Anat) areola (spec); **Warzenschwein** nt warthog.

was I interrog pron **1.** what; (wieviel auch) how much. **~ kostet das?** how much is that?, what does or how much does that cost?; **~ ist** or **gibt's?** what is it?, what's up?; **~ ist, kommst du mit?** well, are you coming?; **sie kommt nicht — ~?** she's not coming — what?; **~ hast du denn?, ~ ist denn los?** what's the matter?, what's wrong?; **~ willst** or **hast du denn?** what are you talking about?; **~ denn?** (ungehalten) what (is it)?; (um Vorschlag bittend) but what?; **~ denn, bist du schon fertig?** what, are you finished already?; **das ist gut, ~?** (inf) that's good, isn't it or what (dated)?; **~ haben wir gelacht!** (inf) how we laughed!

2. (inf: warum) why, what ... for. **~ lachst du denn so?** what are you laughing for?, why are you laughing?

3. **~ für ...** what sort or kind of ...; **~ für ein Haus hat er?** what sort or kind of (a) house does he have?; **~ für ein schönes Haus!** what a lovely house!; **und ~ für ein Haus!** and what a house!; **~ für ein Wahnsinn!** what madness!

II rel pron (auf ganzen Satz bezogen) which. **das, ~ ...** that which ..., what ...; **ich weiß, ~ ich/er tun soll** I know what I should do or what to do/what he should do; **~ auch (immer)** whatever; **alles, ~ ...** everything or all (that) ...; **das Beste/ Schönste/wenige/einzige, ~ ich ...** the best/ prettiest/little/only thing (that) I ...; **lauf, ~ du kannst!** (inf) run as fast as you can!; **~ du immer hast!** you do go on!

III (inf) indef pron abbr of **etwas** something; (fragend, bedingend auch, verneint) anything; (unbestimmter Teil einer Menge) some; any. **(na), so ~!** well I never!; **so ~ von Blödheit** such stupidity; **kann ich dir ~ helfen?** (inf) can I give you a hand?; **ist (mit dir) ~?** is something the matter (with you)?

Wasch|anlage f (für Autos) car-wash; (Scheiben~) wipers pl; **Wasch|anleitung** f washing instructions pl; **Wasch|automat** m automatic washing machine; **waschbar** adj washable; **Waschbär** m rac(c)oon; **Waschbecken** nt wash-basin;

(*Schüssel*) wash-bowl; **Waschbenzin** *nt* benzine; **Waschbeutel** *m* sponge bag; **Waschbrett** *nt* wash-board; **Waschbütte** *f* wash-tub.

Wäsche *f* -, *no pl* **1.** washing; (*Schmutz~, bei Wäscherei*) laundry. **große/kleine** ~ **haben** to have a large/small amount of washing (to do); **bei** *or* **in der** ~ in the wash; **in der** ~ **sein** to be in the wash; **etw in die** ~ **geben** to put sth in the wash.

2. (*Bett~, Tisch~, Küchen~*) linen; (*Unter~*) underwear. **dumm aus der** ~ **gucken** (*inf*) to look stupid.

Wäschebeutel *m* dirty clothes bag; (*für Wäscherei*) laundry bag.

wasch|echt *adj* **Farbe** fast; **Stoff** *auch* colourfast; (*fig*) genuine, real.

Wäschegeschäft *nt* draper's (shop); **Wäscheklammer** *f* clothes-peg; **Wäscheknopf** *m* linen-covered button; **Wäschekorb** *m* dirty clothes basket; **Wäscheleine** *f* (clothes-)line; **Wäschemangel** *f* mangle.

waschen *pret* **wusch**, *ptp* **gewaschen I** *vt* to wash; **Gold etc** to pan. (**Wäsche**) ~ to do the washing; **etw warm/kalt** ~ to wash sth in hot/cold water; **sich** (*dat*) **die Hände/Haare etc** ~ to wash one's hands/hair *etc*; **W~ und Legen** (*beim Friseur*) shampoo and set.

II *vr* (*Mensch, Tier*) to wash (oneself/ itself); (*Stoff*) to wash. **das hat sich gewaschen** (*inf*) that really made itself felt, that really had an effect; **eine Geldbuße/Ohrfeige die sich gewaschen hat** (*inf*) a really heavy fine/hard box on the ears.

Wäschepuff *m* dirty clothes basket.

Wäscher *m* -s, - (*Gold~*) panner; (*Erz~*) washer. ~ **und Plätter** launderer.

Wäscherei *f* laundry.

Wäscherin *f* washerwoman; (*Berufsbezeichnung*) laundress.

Wäschesack *m* laundry bag; **Wäscheschleuder** *f* spin-drier; **Wäscheschrank** *m* linen cupboard; **Wäscheständer** *m* clothes-horse; **Wäschestärke** *f* starch; **Wäschetinte** *f* marking ink; **Wäschetrockner** *m* (*Ständer*) clothes-horse; (*Trockenautomat*) drier.

Waschfaß *nt* wash-tub; **Waschfrau** *f* washerwoman; **Waschgang** *m* stage of the washing programme; **Waschgelegenheit** *f* washing facilities *pl*; **Waschhandschuh** *m* flannel mitt; **Waschhaus** *nt* wash-house, laundry; **Waschkessel** *m* (wash-)boiler, copper; **Waschküche** *f* wash-room, laundry; (*inf: Nebel*) pea-souper (*inf*); **Waschlappen** *m* flannel; (*fürs Gesicht auch*) facecloth; (*inf: Feigling*) sissy (*inf*), softy (*inf*); **Waschlauge** *f* suds *pl*; **Waschleder** *nt* chamois leather; **Waschmaschine** *f* washing-machine; **waschmaschinenfest** *adj* machine-washable; **Waschmittel** *nt* detergent; **Waschpulver** *nt* washing-powder; **Waschraum** *m* wash-room; **Waschsalon** *m* laundry; (*zum Selbstwaschen*) launderette; **Waschschüssel** *f* wash-bowl, wash-basin; **Waschtag** *m* ~ **haben** to have one's wash-day; **Waschtisch** *m*, **Wasch-**

toilette *f* wash-stand.

Waschung *f* (*Rel, Med*) ablution.

Waschwasser *nt* washing water; **Waschweib** *nt* (*fig pej*) washerwoman; **Waschzettel** *m* (*Typ*) blurb; **Waschzeug** *nt* toilet *or* washing things *pl*; **Waschzuber** *m* wash-tub; **Waschzwang** *m* (*Psych*) obsession with washing oneself.

Wasser *nt* -s, - **1.** *no pl* water. **bei** ~ **und Brot** (*euph*) behind bars, in prison; **das ist** ~ **auf seine Mühle** (*fig*) this is all grist to his mill; **bis dahin fließt noch viel** ~ **den Bach** *or* **den Rhein** *etc* **hinunter** a lot of water will have flowed under the bridge by then; **dort wird auch nur mit** ~ **gekocht** (*fig*) they're no different from anybody else (there); **ihr kann er nicht das** ~ **reichen** (*fig*) he can't hold a candle to her, he's not a patch on her.

2. *pl* ~ (*Flüssigkeit*) (*Abwasch~ etc*) water; (*medizinisch*) lotion; (*Parfüm*) cologne, scent; (*Urin*) water, urine; (*Med: in Beinen etc*) fluid; (*Ab~*) sewage *no pl*. **das** ~ **läuft mir im Mund zusammen** my mouth is watering.

3. (~*masse, im Gegensatz zu Land*) water. **etw unter** ~ **setzen** to flood sth; **unter** ~ **stehen** to be flooded, to be under water; ~ **treten** (*beim Schwimmen*) to tread water; (*Med*) to paddle (*in cold water as a therapy*); **zu** ~ on the water *or* (*Meer*) sea; (*auf dem* ~*weg*) by water/sea; **ein Boot zu** ~ **lassen** to launch a boat; **ins** ~ **fallen** (*fig*) to fall through; **nahe ans** ~ **gebaut haben** (*inf*) to be inclined to tears; **ins** ~ **gehen** (*euph*) to drown oneself; **sich über** ~ **halten** (*fig*) to keep one's head above water; **er ist mit allen** ~**n gewaschen** he is a shrewd customer, he knows all the tricks.

4. (*Gezeiten*) tide. **das** ~ **kommt/läuft ab** the tide is coming in/going out.

wasser|abstoßend *adj* water-repellent; **wasser|arm** *adj* arid; **Wasser|armut** *f* aridity; **Wasser|aufbereitung** *f* treatment of water; **Wasserbad** *nt* (*Cook*) **im** ~ in a double boiler *or* bain-marie; **Wasserball** *m* **1.** (*no pl: Spiel*) water polo; **2.** (*Ball*) beach-ball; (*fürs Wasserballspiel*) water-polo ball; **Wasserbau** *m*, *no pl* hydraulic engineering; **Wasserbett** *nt* water-bed; **Wasserblase** *f* (water) blister; **Wasserbombe** *f* (*Mil*) depth charge; **Wasserburg** *f* castle built in water.

Wässerchen *nt* (*Parfüm*) scent, perfume; (*kosmetisch*) lotion, potion. **er sieht aus, als ob er kein** ~ **trüben könnte** he looks as if butter wouldn't melt in his mouth.

Wasserdampf *m* steam; **wasserdicht** *adj* (*lit, fig*) watertight; **Uhr, Stoff** *etc* waterproof; **Wasser|eimer** *m* bucket, pail; **Wasser|enthärter** *m* watersoftener; **Wasser|erhitzer** *m* waterheater; **Wasserfahrzeug** *nt* water-craft; **Wasserfall** *m* waterfall; **wie ein** ~ **reden** (*inf*) to talk nineteen to the dozen (*inf*); **Wasserfarbe** *f* water-colour; **wasserfest** *adj* waterproof; **Wasserfloh** *m* water-flea; **Wasserflugzeug** *nt* seaplane; **Wasserfrosch** *m* aquatic frog; **Wassergas** *nt* water-gas; **Wassergehalt**

m water content; **wassergekühlt** *adj* water-cooled; **Wasserglas** *nt* 1. (*Trinkglas*) water glass, tumbler; *siehe* **Sturm**; 2. *no pl* (*Chem*) water-glass; **Wasserglätte** *f* slippery roads due to surface water; **Wassergraben** *m* (*Sport*) water-jump; (*um Burg*) moat; **Wasserhahn** *m* water tap, faucet (*US*); (*Haupthahn*) stopcock; **wasserhaltig** *adj* (*Chem*) aqueous; ~ **sein** to contain water; **Wasserhärte** *f* hardness of water; **Wasserhaushalt** *m* (*Biol etc*) water balance; **Wasserhuhn** *nt* coot.

wässerig *adj* (*lit, fig*) watery; *Augen* pale-coloured; (*Chem*) aqueous. **jdm den Mund ~ machen** (*inf*) to make sb's mouth water.

Wasserjungfrau *f* (*Myth*) naiad; **Wasserkessel** *m* kettle; (*Tech*) boiler; **Wasserklosett** *nt* water-closet; **Wasserkopf** *m* water on the brain *no indef art*, hydrocephalus *no indef art* (*spec*); (*inf*) big head; **Wasserkraft** *f* water-power; **Wasserkraftwerk** *nt* hydroelectric power station; **Wasserkreislauf** *m* water cycle; **Wasserkresse** *f* watercress; **Wasserkühlung** *f* (*Aut*) water-cooling; **mit ~** water-cooled; **Wasserlassen** *nt* (*Med*) passing water, urination; **Wasserlatte** *f* (*vulg*) early-morning erection *or* hard-on (*sl*); **Wasserlauf** *m* watercourse; **Wasserleiche** *f* drowned body; **Wasserleitung** *f* (*Rohr*) water pipe; (*Anlagen*) plumbing *no pl*; (*inf: Hahn*) tap, faucet (*US*); **Wasserlilie** *f* water-lily; **Wasserlinie** *f* (*Naut*) water-line; **Wasserloch** *nt* water-hole; **wasserlöslich** *adj* water-soluble, soluble in water; **Wassermangel** *m* water shortage; **Wassermann** *m*, *pl* **-männer** 1. (*Myth*) water sprite; 2. (*Astrol*) Aquarius *no art*, Water-carrier; **~ sein** to be (an) Aquarius; **Wassermelone** *f* water-melon; **Wassermühle** *f* water-mill.

wassern *vi* (*Aviat*) to land on water *or* (*im Meer auch*) in the sea; (*Space*) to splash down.

wässern **I** *vt Heringe, Erbsen etc* to soak; (*Phot*) to rinse; (*bewässern*) *Pflanzen, Felder* to water. **II** *vi* (*Augen*) to water.

Wassernixe *f* (*Myth*) water-nymph; **Wasser|orgel** *f* hydraulic organ; **Wasserpfeife** *f* hookah, hubble-bubble; **Wasserpflanze** *f* aquatic plant; **Wasserpistole** *f* water-pistol; **Wasserpocken** *pl* (*Med*) chickenpox *sing*; **Wasserrad** *nt* water-wheel; **Wasserratte** *f* water-rat *or* -vole; (*inf: Kind*) water-baby; **wasserreich** *adj Gebiet* with plenty of water, abounding in water; *Fluß* containing a lot of water; **Wasserreservoir** *nt* reservoir; **Wasserrohr** *nt* water-pipe; **Wassersäule** *f* water column; **Wasserschaden** *m* water damage; **Wasserscheide** *f* watershed; **wasserscheu** *adj* scared of water; **Wasserscheu** *f* fear of water; (*Psych*) water phobia; **Wasserschildkröte** *f* turtle; **Wasserschlange** *f* 1. (*Zool*) water-snake; (*Myth*) (sea)serpent; 2. (*Astron*) Hydra; **Wasserschlauch** *m* (water) hose; (*Behälter*) skin; **Wasserschloß** *nt* castle surrounded by water;

Wasserski **I** *m* water-ski; **II** *nt* water-skiing; **Wasserspeier** *m* **-s, -** gargoyle; **Wasserspiegel** *m* (*Oberfläche*) surface of the water; (*Wasserstand*) water-level; **Wassersport** *m* **der ~** water sports *pl*; **Wasserspülung** *f* flush; **Klosett mit ~** flush toilet, water-closet; **Wasserstand** *m* water-level; **niedriger/hoher ~** low/high water; **Wasserstands|anzeiger** *m* water-level indicator; **Wasserstandsmeldungen** *pl* water-level *or* (*für Gezeiten*) tide report; **Wasserstiefel** *pl* wellington boots *pl*.

Wasserstoff *m* (*abbr* **H**) hydrogen.
wasserstoffblond *adj attr Haar* peroxide blonde; **Wasserstoffbombe** *f* hydrogen bomb, H-bomb; **Wasserstoffsuperoxid**, **Wasserstoffsuperoxyd** *nt* hydrogen peroxide.

Wasserstrahl *m* jet of water; **Wasserstraße** *f* waterway; **Wassersucht** *f* dropsy; **Wassertank** *m* water-tank; (*für WC*) cistern; **Wassertier** *nt* aquatic animal; **Wasserträger** *m* water-carrier; **Wassertreten** *nt* (*Sport*) treading water; (*Med*) paddling (*in cold water as therapy*); **Wassertropfen** *m* water-drop, drop of water; **Wasserturm** *m* water-tower; **Wasser|uhr** *f* (*Wasserzähler*) water-meter; (*Hist*) water-clock.

Wasserung *f* sea/water landing; (*Space*) splashdown.

Wässerung *f, no pl siehe* **wässern I** soaking, steeping; rinsing, washing; watering.

Wasserversorgung *f* water-supply; **Wasservogel** *m* waterfowl; **Wasserwaage** *f* spirit-level; **Wasserweg** *m* water-way; **auf dem ~** by water *or* (*Meer*) sea; **Wasserwelle** *f* water-wave; **Wasserwerfer** *m* water-cannon; **Wasserwerk** *nt* water-works *sing or pl*; **Wasserwirtschaft** *f* water-supply (and distribution); **Wasserzähler** *m* water-meter; **Wasserzeichen** *nt* watermark.

wäßrig *adj siehe* **wässerig.**

waten *vi aux sein* to wade.

Waterkant *f* **-,** *no pl* coast *esp* North Sea coast of Germany.

watscheln *vi aux sein* to waddle.

Watschen *f* **-, -** (*Aus, S Ger inf*) *siehe* **Ohrfeige.**

Watstiefel *m* wader.

Watt[1] *nt* **-s, -** (*Elec*) watt.

Watt[2] *nt* **-(e)s, -en** (*Geog*) mud-flats *pl*.

Watte *f* **-, -n** cotton wool, cotton (*US*); (*zur Polsterung*) padding, wadding. **jdn in ~ packen** (*fig inf*) to wrap sb in cotton wool.

Wattebausch *m* cotton-wool ball.

Wattenmeer *nt* mud-flats *pl*.

Wattestäbchen *nt* cotton(-wool) swab.

wattieren* *vt* to pad; (*füttern*) to line with padding; (*und absteppen*) *Stoff, Steppdecke* to quilt. **wattierte Umschläge/Jacken** padded envelopes/quilted jackets.

Wattierung *f siehe vt* padding; lining; quilting; (*die Füllung*) padding.

Wattsekunde *f* watt-second; **Wattzahl** *f* wattage.

wau wau *interj* bow-wow, woof-woof.

Wauwau *m* **-s, -s** (*baby-talk*) bow-wow (*baby-talk*).

WC [ve:'tse:] *nt* **-s, -s** WC.

weben pret **webte** or (liter, fig) **wob**, ptp **gewebt** or (liter, fig) **gewoben** vti (lit, fig) weave; Spinnennetz, Lügennetz to spin.

Weber(in f) m -s, - weaver.

Weberei f 1. no pl (das Weben) weaving. 2. (Betrieb) weaving mill. 3. (Zeug) woven article.

Weberknecht m (Zool) daddy-long-legs.

Webfehler m weaving flaw; **Webgarn** nt weaving yarn; **Webkante** f selvage, selvedge; **Webstuhl** m loom; **Webwaren** pl woven goods pl.

Wechsel ['vɛksl] m -s, ˙- 1. (Änderung) change; (abwechselnd) alternation; (Geld~) exchange; (der Jahreszeiten, Agr: Frucht~) rotation. **ein** ~ **der Wohnung/Schule** etc a change of address/ school etc; **der** ~ **von Tag und Nacht** the alternation of day and night; **im** ~ **der Zeiten** through the ages; **in buntem** ~ in motley succession. 2. (Sport) (Staffel~) (baton) change, change-over; (Ftbl etc) substitution. 3. (Fin) bill (of exchange); (inf: Geld-zuwendung) allowance. 4. (Hunt) trail used by game.

Wechsel- ['vɛksl-]: **Wechselbäder** pl alternating hot and cold baths pl; **Wechsel-balg** m changeling (child); (inf) little monster (inf); **Wechselbetrieb** m (Computers) either-way communication; **Wechselbeziehung** f correlation, interrelation; **in** ~ **zueinander stehen** to be correlated or interrelated; **Wechselfälle** pl vicissitudes pl; **Wechselfieber** nt (old) malaria; **Wechselgeld** nt change; **Wechselgesang** m antiphonal singing; **Wechselgespräch** nt dialogue; **wechselhaft** adj changeable; Schicksal, Mensch auch fickle, capricious; **Wechseljahre** pl menopause sing, change of life sing; **in die** ~ **kommen/in den** ~n **sein** to start the menopause/ be suffering from the menopause; **Wechselkurs** m rate of exchange.

wechseln ['vɛksln] **I** vt to change (in +acc into); (austauschen) to exchange; (Ftbl etc) to substitute (gegen for). **den Arzt** ~ to change doctors or one's doctor; **den Tisch/ die Schule/das Hemd** ~ to change tables/ schools/one's shirt; **die Farbe** ~ to change colour; **Briefe** ~ to correspond or be in correspondence (mit with); **die Wohnung** ~ to move house; **den Wohnsitz** ~ to move to another place; **können Sie (mir) 10 Mark** ~? can you change 10 marks (for me)?; **Wäsche zum W**~ a change of underwear.
II vi 1. to change; (Sport auch) to change over; (einander ablösen) to alternate. **ich kann Ihnen leider nicht** ~ I'm sorry, I don't have any change. 2. (Hunt) to pass by. **über die Straße** etc ~ to cross the road etc; **über die Grenze** ~ (Mensch) to cross the border.

wechselnd ['vɛkslnt] adj changing; (einander ablösend, ab~) alternating; Launen, Stimmungen changeable; Winde variable; Bewölkung variable, intermittent. **mit** ~**em Erfolg** with varying (degrees of) success; ~ **bewölkt** cloudy with sunny intervals.

Wechsel ['vɛksl-]: **Wechselprotest** m protest of a bill; **Wechselrahmen** m clip-on picture frame; **Wechselschalter** m (Elec) change-over switch; **wechsel-seitig** adj reciprocal; (gegenseitig auch) mutual; **Wechselseitigkeit** f siehe adj reciprocity; mutuality; **Wechselspiel** nt interplay; **Wechselstrom** m alternating current; **Wechselstube** f (foreign currency) exchange office; **wechselvoll** adj varied; **wechselweise** adv in turn, alternately; **Wechselwirkung** f interaction; **in** ~ **stehen** to interact.

Wechsler ['vɛkslɐ] m -s, - 1. (Automat) change machine, change dispenser. 2. (Mensch) money-changer.

Weck m -(e)s, -e (dial) (bread) roll; (Aus: Brot) loaf.

Weckdienst m (Telec) make-up service; (Mil) reveille. ~ **machen** to do reveille.

Wecke f -, -n, **Wecken** m -s, - (dial) (bread) roll.

wecken vt to wake (up), to waken; (fig) to arouse; Bedarf to create; Erinnerungen to bring back, to revive. **sich** ~ **lassen** to have sb wake one up; (telephonisch) to get an alarm call.

Wecken nt -s, no pl waking-up time; (Mil) reveille. **Ausgang bis zum** ~ overnight leave (until reveille).

Wecker m -s, - alarm clock. **jdm auf den** ~ **fallen** or **gehen** (inf) to get on sb's nerves or wick (sl), to drive sb up the wall (inf).

Weckglas ® nt preserving or Kilner ® jar; **Weckring** ® m rubber ring (for preserving jars); **Weckruf** m (Telec) alarm call; (Mil) reveille.

Wedel m -s, - fly whisk; (Fächer) fan; (Staub~ aus Federn) feather duster; (zum Besprengen) sprinkler; (Zweig) twig; (Eccl) ≈ palm leaf; (Bot: Blatt) frond.

wedeln I vi 1. (mit dem Schwanz) ~ (Hund) to wag its tail; **mit etw** ~ (winken) to wave sth; **mit dem Fächer** ~ to wave the fan. 2. (Ski) to wedel. **das W**~ wedel(l)ing.
II vt to waft.

weder conj ~ ... **noch** ... neither ... nor ...; **er ist** ~ **gekommen, noch hat er angerufen** he neither came nor phoned up; ~ **das eine noch das andere** (als Antwort) neither.

weg adv (fort) ~ **sein** (fortgegangen, abgefahren, verschwunden) to have or be gone; (nicht hier, entfernt) to be away; **weit** ~ **von hier** far (away) from here; ~ **(von hier)!** get away from here!; **let's get away from here**; ~ **mit euch!** away with you!, scram! (inf); **nichts wie** or **nur** ~ **von hier!** let's scram (inf); ~ **da!** (get) out of the way!; **immer** ~ **damit** throw or chuck it all out; **Hände** ~! hands off!; ~ **vom Fenster sein** (sl) to be out of the game (sl); siehe **wegsein** etc.

Weg m -(e)s, -e 1. (Pfad, Geh~, fig) path; (Wald~, Wander~ etc auch) track, trail; (Straße) road. **am** ~**e** by the wayside; **woher des** ~**(e)s?** (old) where have you come from?, whence comest thou? (obs); **wohin des** ~**(e)s?** (old) where are you going to?, whither goest thou? (obs); **des** ~**(e)s kommen** (old) to come walking/ riding etc up; **jdm in den** ~ **treten, jdm**

den ~ **versperren** or **verstellen** to block or bar sb's way; **jdm/einer Sache im ~ stehen** (fig) to stand in the way of sb/sth; **jdm Hindernisse** or **Steine in den ~ legen** (fig) to put obstructions in sb's way; **jdm nicht über den ~ trauen** (fig) not to trust sb an inch; **jdn aus dem ~ räumen** (fig) to get rid of sb; **etw aus dem ~ räumen** (fig) to remove sth; **Mißverständnisse** to clear sth up; **neue ~e beschreiten** (fig) to tread new paths; **den ~ des geringsten Widerstandes gehen** to follow the line of least resistance.

2. (lit, fig: Route) way; (Entfernung) distance; (Reise) journey; (zu Fuß) walk; (fig; zum Erfolg auch, Bildungs~) road. **ich muß diesen ~ jeden Tag zweimal gehen/fahren** I have to walk/drive this stretch twice a day; **auf dem ~ zu jdm/ nach einem Ort sein** to be on the or one's way to sb's/a place; **6 km ~** 6 kms away; **noch zwei Stunden/ein Stück ~ vor sich haben** to still have two hours/some distance to travel/to walk; **der lange ~ hat mich müde gemacht** the long journey or (zu Fuß) walk has tired me out; **jdn ein Stück ~(es) begleiten** (geh) to accompany sb part of the way; **mein erster ~ war zur Bank** the first thing I did was go to the bank; **jdn auf seinem letzten ~ begleiten** (euph) to pay one's last respects to sb; **seiner ~e gehen** (geh) (lit) to go on one's way; (fig) to go one's own way; **welchen ~ haben sie eingeschlagen?** (lit) what road did they take?; **einen neuen ~ einschlagen** (fig) to follow a new avenue; (beruflich) to follow a new career; **den falschen/ richtigen ~ einschlagen** (lit) to follow the wrong/right path or road or (fig) avenue; **jdm etw mit auf den ~ geben** (lit) to give sb sth to take with him/her etc; **jdm einen guten Rat mit auf den ~ geben** to give sb good advice to follow in life; **jdm/einer Sache aus dem ~ gehen** (lit) to get out of sb's way/the way of sth; (fig) to avoid sb/ sth; **jdm über den ~ laufen** (fig) to run into sb; **seinen ~ (im Leben/Beruf) machen** (fig) to make one's way in life/one's career; **seinen ~ nehmen** (fig) to take its/ their course; **etw in die ~e leiten** to arrange sth; **jdm/sich den ~ verbauen** to ruin sb's/one's chances or prospects (für of); **auf dem besten ~ sein, etw zu tun** to be well on the way to doing sth.

3. (Mittel, Art und Weise) way; (Methode) method. **auf welchem ~ kommt man am schnellsten zu Geld?** what's the fastest way of making or to make money?; **auf diesem ~e** this way; **auf diplomatischem ~e** through diplomatic channels; **auf gesetzlichem** or **legalen ~e** legally, by legal means; **auf künstlichem ~e** artificially, by artificial means; **siehe schriftlich.**

4. (inf: Besorgung) errand.

wegbekommen* vt sep irreg **1.** (entfernen, loswerden) to get rid of (von from); Klebstoff, Fleck etc to remove (von from), to get off; (von bestimmtem Ort) jdn, Hund to get away (von from). **2.** (inf: erhalten) to get; Grippe to catch.

Wegbereiter m precursor, forerunner; ~ **einer Sache** (gen) or **für etw sein** to pave

the way for sth; ~ **für jdn sein** to prepare the way for sb; **Wegbiegung** f turn, bend.

wegblasen vt sep irreg to blow away; **wie weggeblasen sein** (fig) to have vanished; **wegbleiben** vi sep irreg aux sein to stay away; (nicht mehr kommen) to stop coming; (Satz, Wort etc) to be left out or omitted; **sein W~** his absence; **wegbringen** vt sep irreg to take away; (zur Reparatur) to take in; **wegdenken** vt sep irreg: **sich** (dat) **etw ~** to imagine or picture things/the place/one's life etc without sth; **die Elektrizität ist aus unserem modernen Leben nicht mehr wegzudenken** we cannot imagine life today without electricity; **wegdiskutieren*** vt sep to explain away; **dieses Problem läßt sich nicht ~** talking about it won't make the problem go away; **wegdürfen** vi sep irreg to be allowed to go or leave; (inf: ausgehen dürfen) to be allowed to go out.

Wegegeld nt (Hist) (road) toll; **Wegelagerer** m -s, - highwayman; (zu Fuß) footpad.

wegen prep +gen or (inf) +dat because of, on account of; (infolge auch) due to. **jdn ~ einer Sache bestrafen/ verurteilen/ entlassen** etc to punish/sentence/dismiss etc sb for sth; **von ~!** (inf) you've got to be kidding! (inf); (Verbot auch) no way! (inf), no chance! (inf); **... aber von ~!** (inf) ... but not a bit of it! (inf); **er ist krank — von ~ krank!** (inf) he's ill — since when? (iro), what do you mean "ill"? (iro); ~ **mir** (inf) or **meiner** (obs) = **meinetwegen**; siehe **Amt, Recht.**

Wegerich m -s, -e (Bot) plantain.

wegfahren sep irreg **I** vi aux sein (abfahren) to leave; (Auto, Bus, Fahrer) to drive off or away; (im Boot) to sail away; (zum Einkaufen, als Ausflug) to go out; (verreisen) to go away. **II** vt Menschen, Gegenstände to take away; Fahrzeug to drive away; (umstellen) to move.

Wegfall m, no pl (Einstellung) discontinuation; (Aufhören) cessation (form); (Streichung) cancellation; (Unterbleiben) loss; (Auslassung) omission. **in ~ kommen** (form) to be discontinued; (Bestimmung) to cease to apply.

wegfallen vi sep irreg aux sein to be discontinued; (Bestimmung, Regelung) to cease to apply; (unterbleiben) to be lost; (überflüssig werden) to become no longer necessary; (ausgelassen werden) to be omitted. ~ **lassen** to discontinue; (auslassen) to omit.

wegfegen vt sep (lit, fig) to sweep away; **wegfliegen** vi sep irreg aux sein to fly away or off; (Hut) to fly off; (mit Flugzeug) to fly out; **wann bist du denn in Frankfurt weggeflogen?** when did you fly out of Frankfurt?; **wegführen** sep **I** vt to lead away; **II** vi **das führt zu weit (vom Thema) weg** that will lead or take us too far off the subject.

Weggabelung f fork (in the road), bifurcation (form).

Weggang m departure, leaving.

weggeben vt sep irreg (verschenken) to give away; (in Pflege geben) to have looked after. **eine kaputte Uhr ~** to take in a broken watch; **seine Wäsche (zum Waschen)** ~ to have one's washing done.

Weggefährte m (fig) companion.

weggehen vi sep irreg aux sein to go, to leave; (ausgehen) to go out; (inf: Fleck) to come off; (inf: Ware) to sell. **aus Heidelberg/aus dem Büro/von der Firma** ~ to leave Heidelberg/the office/the firm; **geh mir damit weg!** (inf) don't give me that! (inf).

Weggenosse m (lit, fig) companion.

weggucken sep I vi to look away. **II vt es wird dir schon niemand was** ~! (hum) we/they etc won't be seeing anything we/they etc haven't seen before (hum).

weghaben vt sep irreg (inf) (bekommen, verstanden haben) to have got; (entfernt haben) Fleck etc to have got rid of (inf). **jdn/etw** ~ **wollen** (inf) to want to get rid of sb/sth; **der hat was weg** (inf) he's really clever; **darin hat er was weg** (inf) he's pretty good at that; **du hast deine Strafe/deinen Denkzettel weg** you have had your punishment; **einen** ~ **haben** (sl) (verrückt sein) to be off one's head (inf), to have a screw loose (inf); (betrunken sein) to be tight (inf); siehe Fett, Ruhe, Teil.

weghelfen vi sep irreg siehe hinweghelfen; **wegholen** vt sep to take away; (abholen) to fetch; **wegjagen** vt sep to chase away, to drive away or off; Menschen auch to send packing (inf); (aus Land) to drive out.

wegkommen vi sep irreg aux sein (inf) **1.** (entfernt werden) to go; (abhanden kommen) to disappear; (weggehen können) to get away; (aus dem Haus) to get out. **was ich nicht brauche, kommt weg** what I don't want can go; **das Buch ist mir weggekommen** the book has disappeared, I've lost the book; **mach, daß du wegkommst!** make yourself scarce! (inf), hop it! (inf); **gut/schlecht (bei etw)** ~ to come off well/badly (with sth). **2.** siehe hinwegkommen.

Wegkreuz nt **1.** (Kruzifix) wayside cross; **2.** siehe **Wegkreuzung; Wegkreuzung** f crossroads.

wegkriegen vt sep (inf) siehe **wegbekommen 1.**; **weglassen** vt sep irreg (auslassen) to leave out; (nicht benutzen) not to use; (inf: gehen lassen) to let go; **ich lasse heute den Zucker im Kaffee weg** I won't have any sugar in my coffee today; **weglaufen** vi sep irreg aux sein to run away (vor +dat from); **seine Frau ist ihm weggelaufen** his wife has run away (from him) or run off (and left him); **das läuft (dir) nicht weg!** (fig hum) that can wait; **weglegen** vt sep (in Schublade etc) to put away; (zur Seite, zum späteren Verbrauch) to put aside; **wegleugnen** vt sep to deny.

wegmachen sep I vt (inf) to get rid of. **sie ließ sich (dat) das Kind** ~ (sl) she got rid of the baby (inf). **II** vi aux sein or haben (dial, inf) to get away (aus from), to get out (aus of).

wegmüssen vi sep irreg to have to go; (weggehen müssen auch) to have to leave or be off (inf); (entfernt werden) to have to be removed. **ich muß eine Zeitlang von/aus New York weg** I must get away from/get

out of New York for a while; **du mußt da weg, du behinderst ja den ganzen Verkehr** you'll have to move (from there), you're blocking all the traffic.

wegnehmen vt sep irreg to take (auch Chess); (fortnehmen, entfernen, entziehen) to take away; Fleck, Rost to get rid of, to remove; (absorbieren) Strahlen, Licht, Lärm to absorb; (verdecken) Licht, Sonne to block out; (beanspruchen) Zeit, Platz to take up. **Gas** ~ (Aut) to ease off the accelerator or gas (US); **fünf Tage vom Urlaub** ~ to take five days off the holiday; **die Bässe** ~ to turn down or reduce the bass; **jdm seine Kinder/Frau** ~ to take sb's children away from him/to steal sb's wife.

wegpacken vt sep to pack or put away; (inf: essen) to put away (inf); **wegputzen** vt sep to wipe away or off; (inf: essen) to polish off; **wegraffen** vt sep to snatch away; (liter: durch Tod) to carry off.

Wegrand m wayside, side of the path/road.

wegrasieren* vt sep to shave off; **er hat mir den vorderen Kotflügel wegrasiert** (fig inf) he took my front mudguard with him (hum); **wegräumen** vt sep to clear away; (in Schrank) to put away; **wegreißen** vt sep irreg to tear away (jdm from sb); Zweige to break off; (inf) Häuser etc to tear or pull down; **der Fluß hat die Brücke weggerissen** the river swept away the bridge; **wegrennen** vi sep irreg aux sein (inf) to run away; **wegretuschieren*** vt sep to spot out; **wegrücken** vti sep (vi: aux sein) to move away; **wegrufen** vt sep irreg to call away; **wegrutschen** vi sep aux sein (aus der Hand etc) to slip away; (auf Eis etc) to slide away; **mein Wagen ist mir weggerutscht** my car went into a skid; **wegschaffen** vt sep (beseitigen, loswerden) to get rid of; (wegräumen) to clear away; (wegtragen, wegfahren) to remove, to cart away (inf); (erledigen) Arbeit to get done; **wegschauen** vi sep siehe **wegsehen; wegschenken** vt sep (inf) to give away; **wegscheren** vr sep (inf) to clear out or shove off (inf); **wegschicken** vt sep Brief etc to send off or away; jdn to send away; (um etwas zu holen etc) to send off; **wegschleichen** vir sep irreg (vi: aux sein) to creep or steal away; **wegschleppen** sep I vt to drag or lug (inf) or haul away or off; (tragen) to carry off; **II** vr to drag or haul oneself away; **wegschließen** vt sep irreg to lock away; **wegschmeißen** vt sep irreg (inf) to chuck away (inf); **wegschnappen** vt sep (inf) **jdm etw** ~ to snatch sth (away) from sb; **die andere Kundin hat mir das Kleid weggeschnappt** the other customer snapped up the dress before I could; **jdm die Freundin/den Job** ~ to pinch sb's girlfriend/job (inf).

Wegschnecke f slug (of the genus Arionidae).

wegschütten vt sep to tip away; **wegschwemmen** vt sep to wash away; **wegsehen** vi sep irreg to look away; **über etw** (acc) ~ (lit) to look over sth; (fig inf) to overlook sth, to turn a blind eye to sth.

wegsein (Zusammenschreibung nur bei

infin und ptp) *vi sep irreg aux sein* (*inf*) to be out cold (*inf*); (*geistesabwesend*) to be not quite with it (*inf*); (*eingeschlafen*) to have dozed off; (*tot*) to be dead; (*begeistert*) to be really taken, to be bowled over (*von* by). **über etw** (*acc*) ~ to have got over sth; **er ist schon lange darüber weg** he got over it a long while ago.

wegsetzen *sep* **I** *vt* to move (away); (*wegstellen*) to put away.
 II *vr siehe* **hinwegsetzen 2.**
 III *vi aux sein or haben* **über etw** (*acc*) ~ to leap *or* jump over sth, to clear sth.

wegsollen *vi sep irreg* (*inf*) **das soll weg** that is to go; **warum soll mein Auto da weg?** why should my car be moved?; **wegspülen** *vt sep* to wash away; (*in der Toilette*) to flush away; **wegstecken** *vt sep* to put away; **einen** ~ (*sl*) to have it (off) (*sl*); **wegstehlen** *vr sep irreg* to steal away; **wegstellen** *vt sep* to put away; (*abstellen*) to put down; **wegsterben** *vi sep irreg aux sein* (*inf*) to die off; **jdm** ~ to die on sb (*inf*); **wegstoßen** *vt sep irreg* to push *or* shove away; (*mit Fuß*) to kick away.

Wegstrecke *f* (*rare*) stretch of road; **schlechte** ~ poor road surface; **Wegstunde** *f* (*old*) hour.

wegtragen *vt sep irreg* to carry away *or* off; **wegtreiben** *sep irreg* **I** *vt Boot etc* to carry away *or* off; (*vertreiben*) *Tier etc* to drive away *or* off; **II** *vi aux sein* to drift away; **wegtreten** *vi sep irreg aux sein* (*rare*) to step away *or* aside; (*Mil*) to fall out; (**lassen Sie**) ~! (*Mil*) dismiss!; **er ist (geistig) weggetreten** (*inf*) (*geistesabwesend*) he's miles away (*inf*); (*schwachsinnig*) he's soft in the head (*inf*)away; he's not all there (*inf*); **wegtun** *vt sep irreg* to put away; (*wegwerfen*) to throw away; (*verstecken*) to hide away; **tu die Hände weg!** take your hands off!

Wegwarte *f* (*Bot*) chicory; **wegweisend** *adj* pioneering *attr*, revolutionary, path-breaking (*US*); **Wegweiser** *m* **-s**, - sign; (*an einem Pfosten*) signpost; (*fig: Buch etc*) guide.

Wegwerf- *in cpds* disposable, throw-away.

wegwerfen *sep irreg* **I** *vt* to throw away; **weggeworfenes Geld** money down the drain; **II** *vr* **sich (an jdn)** ~ to waste oneself (on sb), to throw oneself away (on sb); **wegwerfend** *adj* dismissive, disdainful; **wegwischen** *vt sep* to wipe off; (*fig*) to dismiss; **wegwollen** *vi sep irreg* (*verreisen*) to want to go away; (*weggehen: von Haus, Party etc*) to want to leave *or* go; **wegzaubern** *vt sep* to make disappear (*lit* by magic/*fig* as if by magic).

Wegzehrung *f* (*liter*) provisions for the journey *pl*; (*Eccl*) viaticum.

wegziehen *sep irreg* **I** *vt* to pull away (*jdm* from sb); *Vorhang* to draw back. **II** *vi aux sein* to move away; (*Vögel*) to migrate.

Wegzug *m* move (*aus, von* (away) from).

weh **I** *adj* **1.** (*wund*) sore; (*geh: schmerzlich*) aching *attr*. **sie verspürte ein** ~**es Gefühl** (*geh*) her heart ached; **mir ist so** ~ **zumute** *or* **ums Herz** (*old, liter*) my heart is sore (*liter*), I am sore of heart (*oid*).
 2. ~ **tun** (*lit, fig*) to hurt; **mir tut der**

Rücken ~ my back hurts *or* is aching; **mir tut mein verbrannter Finger** ~ my finger hurts *or* is sore where I burnt it; **sich/jdm** ~ **tun** (*lit, fig*) to hurt oneself/sb; **es tut mir** ~, **dir das sagen zu müssen** it grieves me to have to tell you this; **was tut dir denn nun schon wieder** ~? what's the matter now?; **wo tut es denn** ~? (*fig inf*) what's your problem?, what's up? (*inf*); *siehe* **ach.**
 II *interj* (*geh, liter*) woe (*old*); (*bedauernd*) alas (*liter*), alack (*old*). **o** ~! oh dear!, oh, my goodness!; (*über jdn*) ~ **schreien** to lament (sb); ~ **mir!** woe is me! (*liter*); ~ **mir, wenn ...** woe betide me if ...

Weh *nt* **-(e)s, -e** (*old, liter*) woe; (*dumpfes Gefühl*) ache; (*Leid, Gram*) grief. **ein tiefes** ~ **erfüllte ihn** his heart ached.

wehe *interj* ~, **wenn du das tust** you'll be sorry *or* you'll regret it if you do that; **darf ich das anfassen?** — ~ **(ja!** can I touch? — you dare! (*inf*) ~ **dem, der ...!** woe betide anyone who ...!

Wehe *f* **-, -n 1.** (*Schnee*~ *etc*) drift. **2.** (*Geburts*~) ~**n** *pl* (*lit*) (labour) pains *pl*, contractions *pl*; (*fig*) birth pangs; **in den** ~**n liegen** to be in labour; **die** ~**n setzten ein** labour *or* the contractions started, she went into labour.

wehen **I** *vi* **1.** (*Wind*) to blow; (*Fahne*) to wave, to flutter; (*Haare*) to blow about. **der Geist der Aufklärung wehte durch Deutschland** (*geh*) the spirit of enlightenment was abroad *or* reigned in Germany; **es weht ein warmer Wind** there's a warm wind (blowing), a warm wind is blowing.
 2. *aux sein* (*Geruch, Klang*) to drift; (*Duft*) to waft.
 II *vt* to blow (*von* off); (*sanft*) to waft.

Wehgeschrei *nt* wailing, cries *pl* of woe (*liter*); **in** ~ **ausbrechen, ein** ~ **anstimmen** to start to wail, to give vent to one's woe (*liter*); **Wehklage** *f* (*liter*) lament(ation); **wehklagen** *vi insep* (*liter*) to lament, to wail; **über etw** (*acc*) ~ to lament (over) *or* bewail sth; **um jdn** ~ to lament the loss of sb; **wehleidig** *adj* over-sensitive to pain; (*jammernd*) whining *attr*, snivelling *attr*; (*voller Selbstmitleid*) sorry for oneself, self-pitying; **tu** *or* **sei nicht so** ~! don't be such a sissy!; stop feeling sorry for yourself; **Wehleidigkeit** *f siehe adj* over-sensitivity to pain; whininess; self-pity; **Wehmut** *f* **-**, *no pl* (*geh*) melancholy; (*Sehnsucht*) wistfulness; (*nach Vergangenem*) nostalgia; **wehmütig, wehmutsvoll** *adj siehe n* (*geh*) melancholy; wistful; nostalgic.

Wehr[1] *f* **-, -en 1.** (*Feuer*~) fire brigade *or* department (*US*). **2.** (*old*) (*Bollwerk*) defences *pl*; (*no pl: Widerstand*) defence. **mit** ~ **und Waffen** (*old*) in full panoply (*old*); **sich zur** ~ **setzen** to defend oneself.

Wehr[2] *nt* **-(e)s, -e** weir.

Wehr- *in cpds* defence, defense (*US*); **Wehrbeauftragte(r)** *m decl as adj* commissioner for the armed forces; **Wehrdienst** *m* military service; **jdn zum** ~ **einberufen** to call sb up, to draft sb (*US*); **wehr(dienst)pflichtig** *adj* liable for military service; **Wehr(dienst)pflichtige(r)** *mf decl as adj* person liable for military service; (*der schon eingezogen ist*) conscript, draftee (*US*); **Wehrdienstverweigerer** *m* conscientious objector.

wehren I *vr* to defend oneself; (*sich aktiv widersetzen*) to (put up a) fight. **sich gegen einen Plan** *etc* ~ to fight (against) a plan *etc*; **dagegen weiß ich mich zu** ~ I know how to deal with that.

II *vi* +*dat* (*geh*) to fight; (*Einhalt gebieten*) to check. **wehret den Anfängen!** these things must be nipped in the bud.

Wehr|ersatzdienst *m* alternative national service; **Wehr|etat** *m* defence budget; **wehrfähig** *adj* fit for military service, able-bodied; **Wehrgang** *m* walk along the battlements; **Wehrkirche** *f* fortified church; **wehrlos** *adj* defenceless; (*fig: gegenüber Gemeinheiten etc*) helpless; **jdm** ~ **ausgeliefert sein** to be at sb's mercy; **Wehrlosigkeit** *f* defencelessness; helplessness; **Wehrmacht** *f* armed forces *pl*; (*Hist*) Wehrmacht; **Wehrmann** *m, pl* **-männer** (*Sw*) soldier; **Wehrpaß** *m* service record (book); **Wehrpflicht** *f* (**allgemeine**) ~ (universal) conscription, compulsory military service; **wehrpflichtig** *adj siehe* **wehr(dienst)pflichtig**; **Wehrsold** *m* (military) pay; **Wehrturm** *m* fortified tower; **Wehr|übung** *f* reserve duty training exercise.

Wehweh *nt* **-s, -s** (*baby-talk*) hurt (place). **Wehwehchen** *nt* (*inf*) (minor) complaint. **seine tausend** ~ all his little aches and pains.

Weib *nt* **-(e)s, -er** woman, female (*pej*), broad (*US sl*); (*old, Bibl: Ehefrau*) wife; (*pej inf: Mann*) old woman. ~ **und Kind** (*old*) wife and children; **sie ist ein tolles** ~ (*inf*) she's quite a woman *or* quite a dame (*US inf*).

Weibchen *nt* (*Zool*) female; (*hum: Ehefrau*) little woman (*hum*); (*pej: nicht emanzipierte Frau*) dumb female.

Weiber|art *f* (*old, pej*) woman's way; **es ist** ~, ... it's a woman's way *or* the way of (a) woman ...; **Weiberfastnacht** *f* day during the carnival period when women assume control; **Weiberfeind** *m* womanhater, misogynist; **Weibergeschichten** *pl* sexploits *pl* (*hum*); (*Affären auch*) womanizing *sing*; **Weibergeschwätz** *nt* (*pej*) women's talk; **Weiberhaß** *m* (*inf*) misogyny; **Weiberheld** *m* (*pej*) ladykiller, womanizer; **Weiberhengst** *m* (*sl*) tail-chaser (*inf*); **Weibervolk** *nt* (*obs*) womenfolk *pl*; (*pej*) females *pl* (*pej*).

weibisch *adj* effeminate.

Weiblein *nt* little woman. **ein altes** ~ a little old woman, an old dear (*inf*).

weiblich *adj* (*Zool, Bot, von Frauen*) female; (*Gram, Poet, fraulich, wie Frauen*) feminine.

Weiblichkeit *f* femininity; (*Frauen*) women *pl*. **die holde** ~ (*hum*) the fair sex.

Weibsbild *nt* (*old*) woman; (*junges* ~) wench (*old*); (*pej auch*) female.

Weib(s)stück *nt* (*pej*) bitch (*inf*), cow (*inf*).

weibstoll ['vaips-] *adj* woman-mad.

weich *adj* soft (*auch fig, Ling, Phot*); Ei soft-boiled; Fleisch, Gemüse tender; (*geschmeidig*) Bewegungen smooth; Mensch (*nachgiebig*) soft; (*mitleidig*)

soft-hearted. ~ **landen** to land softly; (*auf* ~*em Untergrund*) to have a soft landing; ~ **werden** (*lit, fig*) to soften; **die Knie wurden mir** ~ I went weak at the knees; ~ **machen** to soften; **ein** ~**es Herz haben** to be soft-hearted, to have a soft heart; **eine** ~**e Birne** *or* **einen** ~**en Keks haben** (*sl*) to be soft in the head (*inf*).

Weich- *in cpds* soft; **Weichbild** *nt* **im** ~ **der Stadt** within the city/town precincts.

Weiche[1] *f* **-, -n 1.** *no pl siehe* **Weichheit. 2.** (*Seite*) side; (*von Tier auch*) flank.

Weiche[2] *f* **-, -n 1.** (*Rail*) points *pl* (*Brit*), switch (*US*). **die** ~**n stellen** (*lit*) to switch the points; (*fig*) to set the course. **2.** (*Ausweichstelle*) passing place.

weichen[1] *vti* (*vi: aux haben or sein*) to soak.

weichen[2] *pret* **wich**, *ptp* **gewichen** *vi aux sein* **1.** (*Mensch, Tier, Fahrzeug: weggehen*) to move; (*Armee, Mensch, Tier: zurück*~) to retreat (*dat, vor* +*dat* from); (*Platz machen, fig: nachgeben*) to give way (*dat* to). (**nicht**) **von jdm** *or* **jds Seite** ~ (not) to leave sb's side; **er wich nicht** *or* **keinen Schritt vom Wege** he did not deviate an inch; **sie wich nicht von der Stelle** she refused to *or* wouldn't budge (an inch); **die Angst ist von ihr gewichen** her fear has left her *or* disappeared.

2. (*Gefühl, Druck, Schmerz*) to ease, to abate; (*verschwinden*) to go.

Weichensteller *m* **-s, -** pointsman (*Brit*), switchman (*US*); (*fig*) guiding spirit, moving force (+*gen* behind).

weichgekocht *adj attr* Ei soft-boiled; Fleisch, Gemüse boiled until tender; Nudeln cooked until soft.

Weichheit *f, no pl siehe* **weich** softness; softness; tenderness; smoothness; softness; soft-heartedness, kindness.

weichherzig *adj* soft-hearted; **Weichherzigkeit** *f* soft-heartedness; **Weichholz** *nt* softwood; **Weichkäse** *m* soft cheese; **weichklopfen, weichkriegen** *vt sep* (*fig inf*) to soften up.

weichlich *adj* (*lit*) soft; (*fig*) weak; (*weibisch*) effeminate; (*verhätschelt*) soft. **ein Kind zu** ~ **erziehen** to mollycoddle a child.

Weichlichkeit *f* (*fig*) weakness; effeminacy; softness.

Weichling *m* (*pej*) weakling, softy (*inf*).

weichmachen *vt sep* (*fig*) to soften up; **Weichmacher** *m* (*Chem*) softener, softening agent; **weichschalig** *adj* softshelled; Apfel soft-skinned.

Weichsel ['vaiksl] *f* - Vistula.

weichspülen *vt sep* to condition; Wäsche to use (fabric) conditioner *or* softener on; **Weichspüler** *m* conditioner; (*für Wäsche auch*) (fabric) softener; **Weichteile** *pl* soft parts *pl*; (*sl: Geschlechtsteile*) privates *pl*, private parts *pl*; **Weichtier** *nt* mollusc; **Weichzeichner** *m* (*Phot*) soft-focusing lens.

Weide[1] *f* **-, -n** (*Bot*) willow.

Weide[2] *f* **-, -n** (*Agr*) pasture; (*Wiese*) meadow. **auf die** *or* **zur** ~ **treiben** to put out to pasture *or* to graze *or* to grass; **auf der** ~ **sein** to be grazing, to be out at pasture.

Weideland nt (Agr) pasture(land), grazing land, pasturage.

weiden I vi to graze. **II** vt to (put out to) graze, to put out to pasture. **seine Blicke** or **Augen an etw** (dat) ~ to feast one's eyes on sth. **III** vr **sich an etw** (dat) ~ (fig) to revel in; (sadistisch auch) to gloat over.

Weidenbaum m willow tree; **Weidenbusch** m willow bush; **Weidengerte** f willow rod or switch; (zum Korbflechten) osier, wicker; **Weidenkätzchen** nt (pussy) willow catkin; **Weidenkorb** m wicker basket; **Weidenlaubsänger** m chiffchaff; **Weidenrost** m cattle grid.

Weideplatz m pasture; **Weidewirtschaft** f (Econ) pastural agriculture.

weidgerecht adj in accordance with hunting principles.

weidlich adv (mit adj) pretty. **sich über etw** (acc) ~ **amüsieren** to be highly amused at sth; **etw** ~ **ausnutzen** to make full use of sth; **er hat sich** ~ **bemüht** he tried pretty hard.

Weidmann m, pl **-männer** (liter) huntsman, hunter; **weidmännisch I** adj huntsman's attr; **das ist nicht** ~ that's not done in hunting; **II** adv in a huntsman's manner; ausgebildet as a huntsman; **Weidmannsheil** interj (Hunt) good hunting; **Weidwerk** nt art of hunting.

weigern I vr to refuse. **II** vt (old) **jdm etw** ~ to deny sb sth.

Weigerung f refusal.

Weigerungsfall m (form) **im** ~ in case of refusal (form).

Weihbischof m suffragan bishop.

Weihe¹ f -, **-n** (Orn) harrier.

Weihe² f -, **-n** 1. (Eccl) consecration; (Priester~) ordination. **die niederen/ höheren** ~**n** minor/major orders. 2. (Einweihung) (eines Gebäudes) inauguration; (einer Brücke) (ceremonial) opening; (eines Denkmals) unveiling. 3. (Feierlichkeit) solemnity.

weihen I vt 1. (Eccl) Altar, Glocke, Kirche, Bischof to consecrate; Priester to ordain. **jdn zum Bischof/Priester** ~ to consecrate sb bishop/ordain sb priest. 2. Gebäude to inaugurate; Brücke to open; Denkmal to unveil. 3. (widmen) **etw jdm/einer Sache** ~ to dedicate sth to sb/sth; (Eccl auch), (sehr feierlich) to consecrate sth to sb/sth; **dem Tod(e)/Untergang geweiht** (liter) doomed (to die/fall). **II** vr +dat (liter) to devote or dedicate oneself to.

Weiher m -s, - pond.

Weihestätte f holy place; **weihevoll** adj (liter) solemn.

Weihnacht f -, no pl siehe **Weihnachten**.

Weihnachten nt -, - Christmas; (geschrieben auch) Xmas (inf). **fröhliche** or **gesegnete** ~**!** happy or merry Christmas!; (zu or an) ~ at Christmas; (zu or an) ~ **nach Hause fahren** to go home for Christmas; **weiße/ grüne** ~ (a) white Christmas/(a) Christmas without snow; **das ist ein Gefühl wie** ~(, **nur nicht so feierlich**) (iro inf) it's an odd feeling.

weihnachtlich adj Christmassy (inf), festive.

Weihnachts- in cpds Christmas; **Weihnachts|abend** m Christmas Eve; **Weihnachtsbaum** m Christmas tree; **Weihnachtsfeier** f Christmas celebration(s pl); **Weihnachts(feier)tag** m (erster) Christmas Day; (zweiter) Boxing Day; **Weihnachtsfest** nt Christmas; **Weihnachtsgans** f Christmas goose; **jdn ausnehmen wie eine** ~ (sl) to fleece sb (inf), to take sb to the cleaners (sl); **Weihnachtsgeld** nt Christmas money; (Weihnachtsgratifikation) Christmas bonus; (für Briefträger etc) Christmas box; **Weihnachtsgeschenk** nt Christmas present or gift; **Weihnachtsgeschichte** f Christmas story; **Weihnachtsgruß** m Christmas greeting; **Weihnachts|insel** f Christmas Island; **Weihnachtskaktus** m (Bot) Christmas cactus; **Weihnachtskarte** f Christmas card; **Weihnachtslied** nt (Christmas) carol; **Weihnachtsmann** m, pl **-männer** Father Christmas, Santa Claus; (pej inf) clown (pej inf); **Weihnachtsmärchen** nt (Christmas) pantomime; **Weihnachtsmarkt** m Christmas fair; **Weihnachtsspiel** nt nativity play; **Weihnachtsstern** m 1. (Bot) poinsettia; 2. (Rel) star of Bethlehem; **Weihnachtstag** m siehe **Weihnachts(feier)tag**; **Weihnachtsteller** m plate of biscuits, chocolates etc; **Weihnachtstisch** m table for Christmas presents; **Weihnachtszeit** f Christmas (time), Yuletide (old, liter), Christmas season (esp Comm).

Weihrauch m incense; **Weihrauchfaß** nt censer, thurible (form); **Weihwasser** nt holy water; **Weihwasserbecken** nt stoup, holy-water font.

weil conj because.

weiland adv (obs, hum) formerly. **Botho von Schmettwitz,** ~ **Leutnant der Kürassiere** Botho von Schmettwitz, formerly or erstwhile lieutenant of the cuirassiers.

Weilchen nt **ein** ~ a (little) while, a bit.

Weile f -, no pl while. **wir können eine** ~ **Karten spielen** we could play cards for a while; **vor einer (ganzen)** ~, **eine (ganze)** ~ **her** quite a while ago.

weilen vi (geh) to be; (bleiben) to stay, to tarry (poet). **er weilt nicht mehr unter uns** he is no longer with or among us.

Weiler m -s, - hamlet.

Weimarer Republik f Weimar Republic.

Wein m **-(e)s, -e** wine; (no pl: ~stöcke) vines pl; (no pl: ~trauben) grapes pl. **in Frankreich wächst viel** ~ there is a lot of winegrowing in France; **wilder** ~ Virginia creeper; **jdm reinen** or **klaren** ~ **einschenken** to tell sb the truth, to come clean with sb (inf); **im** ~ **ist Wahrheit** (Prov) in vino veritas (Prov).

Wein- in cpds (auf Getränk bezogen) wine; (auf Pflanze bezogen) vine; **Weinbau** m wine-growing, viniculture (form); **Weinbauer** m wine-grower; **Weinbeere** f grape; (Rosine) raisin; **Weinberg** m vineyard; **Weinbergschnecke** f snail; (auf Speisekarte) escargot; **Weinbrand** m brandy; **Weinbrennerei** f brandy distillery.

weinen vti to cry; (aus Trauer, Kummer auch) to weep (um for, über +acc over, *aus, vor +dat* with). **etw naß** ~ to make sth wet with one's tears; **sich** (*dat*) **die Augen rot** *or* **aus dem Kopf** ~ to cry one's eyes *or* heart out; **sich in den Schlaf** ~ to cry oneself to sleep; **es ist zum W~!, man könnte** ~! it's enough to make you weep!, it makes you want to weep *or* cry!; **leise** ~**d** weeping *or* crying softly; (*inf: kleinlaut*) rather crestfallen *or* subdued; (*inf: resigniert*) resignedly; (*iro inf: mir nichts, dir nichts*) with a shrug of the shoulders.

weinerlich *adj* whining, whiny (*inf*).

Wein|essig *m* wine vinegar; **Weinfaß** *nt* wine cask; **Weingarten** *m* vineyard; **Weingegend** *f* wine-growing area; **Weingeist** *m* spirits of wine (*old*), (ethyl) alcohol; **Weingummi** *nt or m* winegum; **Weingut** *nt* wine-growing estate, winery (*US*); **Weinhändler** *m* wine dealer; (*für Großhandel auch*) vintner; **Weinhandlung** *f* wine shop (*Brit*) *or* store; **Weinhaus** *nt* wine tavern, wine bar; (*Geschäft*) wine shop; **Weinheber** *m* -**s,** - wine cradle *or* basket; **Weinjahr** *nt* **ein gutes/schlechtes** ~ a good/bad year for wine; **Weinkarte** *f* wine list; **Weinkeller** *m* wine-cellar; (*Lokal*) wine bar *or* tavern; **Weinkelter** *f* wine press; **Weinkenner** *m* connoisseur of wine, wine connoisseur.

Weinkrampf *m* crying fit; (*Med*) uncontrollable fit of crying.

Weinküfer *m* cellarman; **Weinkultur** *f* wine culture; (*Weinbau*) wine-growing, viniculture (*form*); **Weinlage** *f* vineyard location; **Weinlaub** *nt* vine leaves *pl*; **Weinlaube** *f* vine arbour *or* bower; **Weinlaune** *f* **in einer** ~ **beschlossen sie ...** after a few glasses of wine they decided ...; **Weinlese** *f* grape harvest, vintage; **Weinlokal** *nt* wine bar; **Weinmonat** *m* grape-harvesting month; (*Oktober*) (month of) October; **Weinpanscher** *m* wine-adulterator, wine-doctorer (*inf*); **Weinpanscherei** *f* wine-adulterating, wine-doctoring (*inf*); **Weinprobe** *f* wine-tasting; **Weinprüfer** *m* wine taster; **Weinrebe** *f* (grape)vine; **weinrot** *adj* wine-red, claret; **Weinsäure** *f* (*Chem*) tartaric acid; **Weinschlauch** *m* wineskin; **weinselig** *adj* merry with wine; **Weinsorte** *f* sort *or* type of wine; **Weinstein** *m* tartar; **Weinstock** *m* vine; **Weinstube** *f* wine tavern *or* bar; **Weintraube** *f* grape; **Weinzwang** *m* obligation to order wine; **in diesem Restaurant ist** ~ you have to order wine in this restaurant.

weise *adj* (*geh*) wise. **die** ~**e Frau** (*old*) the midwife.

Weise *f* -, -**n 1.** (*Verfahren etc*) way, manner, fashion. **auf diese** ~ in this way; **auf geheimnisvolle** *etc* ~ in a mysterious *etc* way *or* manner *or* fashion, mysteriously *etc*; **auf jede (erdenkliche)** ~ in every conceivable way; **in gewisser/keiner** *or* **keinster** (*inf*) ~ in a/no way; **in der** ~, **daß ...** in such a way that ....

2. (*liter: Melodie*) tune, melody.

weisen *pret* **wies,** *ptp* **gewiesen** (*geh*) **I** *vt* **jdm etw** ~ (*lit, fig*) to show sb sth; **jdn aus dem Lande** ~ to expel sb; **jdn aus dem Saal** ~ to eject sb (from the hall); **jdn vom Feld** *or* **Platz** ~ (*Sport*) to order sb off (the field); (*als Strafe*) to send sb off; **jdn von**

der Schule ~ to expel sb (from school); **etw (weit) von sich** ~ (*fig*) to reject sth (emphatically); **jdn zur Ruhe/Ordnung** ~ (*form*) to order sb to be quiet/to behave himself; *siehe* **Hand.**

II *vi* to point (*nach* to(wards), *auf* +*acc* at).

Weise(r) *m decl as adj* wise man; (*Denker auch*) sage. **die drei** ~**n aus dem Morgenland** the three Wise Men from the East.

Weisheit *f* **1.** *no pl* wisdom. **das war der** ~ **letzter Schluß** that was all they/we *etc* came up with; **das ist auch nicht der** ~ **letzter Schluß** that's not exactly the ideal solution; **er glaubt, er hat die** ~ **mit Löffeln gegessen** *or* **gefressen** he thinks he knows it all.

2. (*weiser Spruch*) wise saying, pearl of wisdom (*usu iro*). **eine alte** ~ a wise old saying; **behalte deine** ~**(en) für dich!** keep your pearls of wisdom to yourself!

Weisheitszahn *m* wisdom tooth.

weismachen *vt sep* **jdm etw** ~ to make sb believe sth; **er wollte uns** ~, **daß ...** he would have us believe that ...; **wie konnten sie ihm** ~, **daß ...?** how could they fool him into believing that ...?; **das kannst du mir nicht** ~! you can't expect me to believe that.

weiß *adj* white. **ein** ~**es (Blatt) Papier** a blank *or* clean sheet of paper; **ein** ~**er Fleck (auf der Landkarte)** a blank area (on the map); **das W~e Haus** the White House; **das W~e Meer** the White Sea; **der W~e Nil** the White Nile; **W~er Sonntag** Low Sunday; **der** ~**e Sport** tennis; skiing; **der W~e Tod** death in the snow; ~ **werden** to go *or* turn white; (*Sachen auch*) to whiten; ~ **wie Kreide** *or* **die Wand** white as chalk *or* a sheet *or* a ghost; **das W~e des Eis** *or* **vom Ei/von drei Eiern** eggwhite/the white(s) of three eggs; **das W~e im Auge** the whites of one's/the eyes.

Weiß *nt* -**(es),** - white.

weissagen *vt insep* to prophesy, to foretell; **Weissager(in** *f) m* -**s,** - (*liter*) seer, prophet; **Weissagung** *f* prophecy.

Weißbier *nt* weissbier (*light, fizzy beer made using top-fermentation yeast*); **Weißbinder** *m* (*dial*) (*Böttcher*) cooper; (*Anstreicher*) house-painter; **Weißblech** *nt* tinplate; **weißblond** *adj* ash-blond(e); **Weißbluten** *nt*: **jdn bis zum** ~ **ausbeuten** to bleed sb white; **bis zum** ~ **zahlen müssen** to be bled white; **Weißbrot** *nt* white bread; (*Laib*) loaf of white bread, white loaf; **Weißbuch** *nt* (*Pol*) white paper; **Weißbuche** *f* (*Bot*) hornbeam; **Weißdorn** *m* (*Bot*) whitethorn.

Weiße *f* -, -**n 1.** (*Weißheit*) whiteness. **2.** *siehe* **Berliner².**

weißen *vt* to whiten; (*weiß tünchen*) to whitewash.

Weiße(r) *mf decl as adj* white, white man/woman. **die** ~**n** the whites, white people *pl*.

Weißfisch *m* whitefish; **Weißfuchs** *m* white fox; **weißglühend** *adj* white-hot, incandescent; **Weißglut** *f* white heat, incandescence; **jdn zur** ~ **bringen, jdn bis zur** ~ **reizen** to make sb livid (with rage), to make sb see red (*inf*); **Weißgold** *nt*

white gold; **weißhaarig** adj white-haired;
Weißherbst m ≃ rosé; **Weißkäse** m
(dial) siehe **Quark**; **Weißkohl** m, **Weiß-
kraut** nt (S Ger, Aus) white cabbage.
weißlich adj whitish.
Weißnäherin f (plain) seamstress; **Weiß-
rußland** nt White Russia; **Weißtanne** f
(Bot) silver fir; **Weißwal** m white whale;
Weißwandreifen m (Aut) whitewall
(tyre); **Weißwaren** pl linen sing; **weiß-
waschen** vtr sep irreg (fig, usu pej) sich/
jdn ~ to whitewash one's/sb's reputation;
Weißwein m white wine; **Weißwurst** f
veal sausage; **Weißzeug** nt linen.
Weisung f directive, instruction, direction; (Jur) ruling. **auf ~** on instructions;
ich habe ~, keine Auskünfte zu geben I
have instructions not to give any details.
Weisungsbefugnis f authority to issue
directives; **weisungsgebunden** adj subject to directives; **weisungsgemäß** adj
according to or as per instructions, as instructed or directed.
weit siehe auch **weiter** I adj 1. wide; (fig)
Begriff, Horizont etc broad; Pupille
dilated; Meer open; Gewissen elastic;
Herz big. **~e Kreise** or **Teile (der
Bevölkerung)** large sections or parts (of
the population); **im ~eren Sinne** in the
broader or wider sense; **das ist ein ~es
Feld** (fig) that is a big subject.
   2. (lang) Weg, Reise, Wurf etc long. **in
~en Abständen** widely spaced; (zeitlich)
at long intervals; **man hat hier eine ~e
Sicht** you can see a long way from here; **in
~er Ferne** far in the distance, in the far
distance; **das liegt (noch) in ~er Ferne** it's
still a long way away; (zeitlich auch) it's
still in the distant future.
   II adv **1.** far. **wie ~?** how far?; **~er** further, farther; **am
~esten** (the) furthest, (the) farthest; **wie
~ ist Bremen?** how far is Bremen?; **es ist
noch ~ bis Bremen** it's still a long way to
Bremen, there's still a long way to go till
Bremen; **3,60 m ~ springen** to jump 3m
60; **wie ~ bist du gesprungen?** how far did
you jump?; **~ und breit** for miles around;
~ ab or **weg (von)** far away (from); **ziemlich ~ am Ende** fairly near the end; **hast
du es noch ~ (nach Hause)?** have you got
a long way or far to go (to get home)?; **von
~em** from a long way away or off, from
afar (liter); **von ~ her** from a long way
away.
   2. (breit) verzweigt, herumkommen,
bekannt widely; offen, öffnen wide. **10 cm
~** 10 cm wide; **~ verbreitet** widespread.
   3. ~ entfernt far away or off, a long way
away or off; **~er entfernt** further or
farther away or off; **~ entfernt** or **gefehlt!**
far from it!
   4. (in Entwicklung) **~ fortgeschritten**
far or well advanced; **wie ~ bist du?** how
far have you got?; **wie ~ ist das Essen?**
how far have you/they etc got with the
food?; **so ~, so gut** so far so good; **er wird
es ~ bringen** he will go far; **er hat es ~
gebracht** he has come a long way, he has
got on in the world; **es so ~ bringen, daß
...** to bring it about that ...; **sie hat es so ~
gebracht, daß man sie entließ** she drove
them to the point of dismissing her; **jdn so**

~ bringen, daß ... to bring sb to the point
where ...
   5. (zeitlich) **(bis) ~ in die Nacht** (till)
well or far into the night; **~ zurückliegen**
to be a long way back, to be far back in the
past; **~ nach Mitternacht** well or long
after midnight.
   6. (fig: erheblich) (mit adj, adv) far;
(mit vb) by far. **das hat unsere Erwartungen ~ übertroffen** that far exceeded our
expectations; **~ über 60** well over 60; **bei
~em besser** etc **als** far better etc than,
better etc by far than; **bei ~em der beste**
far and away or by far the best; **bei ~em
nicht so gut** etc **(wie ...)** not nearly as good
etc (as ...), nowhere near as good etc (as
...); **bei ~em nicht!** not by a long shot (inf)
or chalk (inf) or way!
   7. (fig: andere Wendungen) **das ist nicht
~ her** (inf) that's not up to much (inf),
that's nothing to write home about (inf);
damit/mit ihm ist es nicht ~ her (inf) this/
he isn't up to much (inf), this/he isn't
much use; **das würde zu ~ führen** that
would be taking things too far; **zu ~ gehen**
to go too far; **das geht zu ~!** that's going
too far; **das Geld reicht nicht ~** the money
won't go far; **sein Einfluß reicht sehr ~** his
influence is far-reaching; **etw zu ~ treiben**
to carry sth too far.
weit∣ab adv **~ von** far (away) from; **weit-
∣aus** adv (vor compar) far; (vor superl)
(by) far, far and away; **weit∣ausholend**
adj Geste etc expansive; (fig) Erzählung
etc long-drawn-out, long-winded; **weit-
bekannt** adj attr widely known; **Weit-
blick** m (fig) vision, far-sightedness;
weitblickend adj (fig) far-sighted.
Weite¹ f -, -n (Entfernung, Ferne) distance; (Länge) length; (Größe) expanse;
(Durchmesser, Breite) width. **etw in der ~
ändern** to alter the width of sth; **in der ~
paßt das Hemd** the shirt fits as regards
width.
Weite² nt -n, no pl distance. **ins ~ gehen**
to go out into the distance; **das ~ suchen/
gewinnen** (liter) to take to one's heels/to
reach freedom.
weiten I vt to widen; (durch Ziehen auch)
to stretch. **II** vr to widen, to broaden
(auch fig); (Pupille, Gefäße) to dilate.
weiter I comp of **weit**.
   II adj (fig) further; (zusätzlich auch)
additional; (andere) other. **~e Auskünfte**
further information.
   III adv (noch hinzu) further; (außerdem) furthermore; (sonst) otherwise;
(nachher) afterwards. **nichts ~, ~ nichts**
(darüber hinaus nichts) nothing further or
more or else; **~ nichts?** is that all?; **nichts
~ or ~ nichts als ...** nothing more than ...,
nothing but ...; **ich brauche ~ nichts** that's
all I need, I don't need anything else;
wenn es ~ nichts ist, ... well, if that's all (it
is), ...; **außer uns war ~ niemand** or
niemand ~ da there was nobody else there
besides us; **nicht ~, ~ nicht** (eigentlich)
not really; **das stört ~ keinen** that doesn't
really bother anybody; **das hat ~ nichts zu
sagen** that doesn't really matter, that's
neither here nor there; **das macht ~ nichts**
it's not that or really important; **etw ~ tun**

to continue to do *or* continue doing sth, to go *or* carry on doing sth; **immer** ~ on and on; (*Anweisung*) keep on (going); (**nur**) **immer** ~! keep at it!; **und** ~? and then?; **was geschah (dann)** ~? what happened then *or* next?; **und so** ~ and so on *or* forth, et cetera; **und so** ~ **und so fort** and so on and so forth, et cetera et cetera.

weiter- *pref* (~*machen mit*) to carry on *or* go on *or* continue +*prp*, to continue to + *infin*; (*nicht aufhören mit*) to keep on *or* go on +*prp*; (*bei Bewegung, Beförderung, Reise etc*) *vb*+ on.

weiter|arbeiten *vi sep* to carry on *etc* working, to work on; **an einer Sache** (*dat*) ~ to do some more work on sth; **weiterbefördern*** *vt sep* to send on; **weiterbestehen*** *vi sep irreg* to continue to exist, to survive; **Weiterbestehen** *nt* continued existence; **weiterbilden** *vr sep* to continue one's education; **Weiterbildung** *f* continuation of one's education; (*an Hochschule*) further education; **weiterbringen** *vt sep irreg* to take further, to advance; **das bringt uns auch nicht weiter** that's not much help (to us), that doesn't get us any further; **weiterdenken** *sep irreg* **I** *vt* to think out (further); **II** *vi* to think it out; (*an Zukünftiges*) to think ahead; **weiter|empfehlen*** *vt sep irreg* to recommend (to one's friends *etc*); **weiter|entwickeln*** *sep* **I** *vt* to develop; *Idee* to develop (further); **II** *vr* to develop (zu into); **weiter|erzählen*** *vt sep* to carry on *etc* telling; *Geheimnis etc* to repeat, to pass on; **das hat er der ganzen Klasse weitererzählt** he told the whole class.

Weitere(s) *nt decl as adj* further details *pl*. **das** ~ the rest; **alles** ~ everything else, all the rest; **des w~n** in addition, furthermore; **bis auf w~s** for the time being; (*amtlich, auf Schildern etc*) until further notice; **im w~n** subsequently, afterwards.

weiterfahren *sep irreg* **I** *vt* to carry on *etc* driving, to keep on driving; **II** *vi aux sein* (*Fahrt fortsetzen*) to go on, to continue; (*durchfahren*) to drive on; (*weiterreisen*) to travel on; **Weiterfahrt** *f* continuation of the/one's journey; **weiterfliegen** *vi sep irreg aux sein* to fly on; **die Maschine fliegt in 10 Minuten weiter** the plane will take off again in 10 minutes; **Weiterflug** *m* continuation of the/one's flight; **Passagiere zum** ~ **nach ...** passengers continuing their flight to ...; **weiterführen** *sep* **I** *vt* to continue, to lead on; **das führt nicht weiter** (*fig*) that doesn't lead *or* get us anywhere; **weiterführend** *adj Schule* secondary; **Weitergabe** *f* passing on; (*von Informationen, Erbfaktoren auch*) transmission; **weitergeben** *vt sep irreg* to pass on; to transmit; **weitergehen** *vi sep irreg aux sein* to go on; **bitte** ~! (*Polizist etc*) move along *or* on (there), please!; **so kann es nicht** ~ (*fig*) things can't go on like this; **wie soll es nun** ~? what's going to happen now?; **weiterhelfen** *vi sep irreg* to help (along) (*jdm* sb); **weiterhin** *adv* (*außerdem*) furthermore, on top of that; **etw** ~ **tun** to carry on *etc* doing sth; **weiterkämpfen**

vi sep to fight on; **weiterkommen** *vi sep irreg aux sein* to get further; (*fig auch*) to make progress *or* headway; **nicht** ~ (*fig*) to be stuck *or* bogged down; **wir kommen einfach nicht weiter** we're just not getting anywhere; **Weiterkommen** *nt* advancement; **weiterkönnen** *vi sep irreg* to be able to carry on *or* go on *or* continue; **ich kann nicht weiter** I can't go on; (*bei Rätsel, Prüfung etc*) I'm stuck; **weiterlaufen** *vi sep irreg aux sein* to run/walk on; (*Film*) to go on; (*Betrieb, Produktion*) to go on, to continue; (*Gehalt*) to continue to be paid; (*Motor*) to keep on running; **den Motor** ~ **lassen** to leave the engine running; **weiterleben** *vi sep* to live on, to continue to live; **weiterleiten** *vt sep* to pass on (*an* +*acc* to); (*weiterbefördern, senden*) to forward; **weitermachen** *vti sep* to carry on (*etw* with sth), to continue; ~! carry on!; **weiterreichen** *vt sep* to pass on; **weiterreichend** *adj* further-reaching; **Weiterreise** *f* continuation of the/one's journey; **ich wünsche Ihnen eine gute** ~ I hope the rest of the journey goes well; **weiterrücken** *sep* **I** *vt* to move further along; **II** *vi aux sein* to move up, to move further along.

weiters *adv* (*Aus*) *siehe* **ferner.**

weitersagen *vt sep* to repeat, to pass on; ~! pass it on!; **nicht** ~! don't tell anyone!; **weitersenden** *sep irreg* **I** *vti* (*Rad, TV*) *siehe* **weiter-** to carry on *etc* broadcasting; **II** *vt* to forward.

Weiterungen *pl* (*form*) complications *pl*, difficulties *pl*. **unangenehme** ~ **zur Folge haben** to have unpleasant consequences.

weiterver|arbeiten* *vt sep* to process; **weiterverbreiten*** *sep* **I** *vt* to spread (further), to repeat, to propagate (*form*); **II** *vr* to spread (further); **weiterverfolgen*** *vt sep* *Idee* to pursue further; **Weiterverkauf** *m* resale; **nicht zum** ~ **bestimmt** not for resale; **weiterverkaufen*** *vti sep* to resell; **weitervermieten*** *vt sep* to sublet; **weiterwissen** *vi sep irreg* **nicht (mehr)** ~ not to know how to go on; (*bei Rätsel, Prüfung*) to be stuck; (*verzweifelt sein*) to be at one's wits' end; **weiterwollen** *vi sep irreg* to want to go on; **der Esel wollte einfach nicht weiter** the donkey simply wouldn't go any further.

weitestgehend I *adj superl of* **weitgehend.** **II** *adv* to the greatest possible extent.

weitgehend *comp* **weitgehender** *or* (*Aus*) **weitergehend,** *superl* **weitestgehend** *or* **weitgehendst I** *adj Vollmachten etc* far-reaching, extensive, wide; *Übereinstimmung etc* a large degree of; **er hatte viel** ~**ere Befürchtungen** his fears went a lot further than that; **II** *adv* to a great *or* large extent, largely; **weitgereist** *adj attr*, *comp* **weiter gereist,** *superl* **am weitesten gereist** widely travelled; **weitgesteckt** *adj attr* ambitious; **weitgreifend** *adj attr* far-reaching; **weither** *adv* (*auch* **von weither**) from a long way away, from far away, from afar (*liter*); **weithergeholt** *adj attr* far-fetched; **weitherzig** *adj* understanding, charitable; **weithin** *adv* over a long distance, for a long way; (*fig*) *bekannt, beliebt* widely; *unbekannt* largely; (*weitgehend*) to a large *or* great extent.

weitläufig *adj* 1. *Park, Gebäude* spacious; (*verzweigt*) rambling; *Dorf* covering a wide area, sprawling *attr*; (*fig*) *Erzählung* lengthy, long-drawn-out, long-winded. **etw ~ erzählen** to tell sth at (great) length. 2. *Verwandte* distant.

Weitläufigkeit *f siehe adj 1.* spaciousness; rambling nature; sprawling nature; length, long-windedness.

weitreichend *adj, comp* **weitreichender** *or* (*Aus*) **weiterreichend,** *superl* **weitestreichend** (*fig*) far-reaching; (*Mil*) long-range *attr*; **weitschauend** *adj* (*fig*) far-sighted; **weitschweifig** *adj* long-winded, circumlocutory, prolix (*form*); **Weitschweifigkeit** *f* long-windedness, prolixity (*form*); **weitsichtig** *adj* (*fig*) far-sightedness; **weitsichtig** *adj* (*Med*) long-sighted, far-sighted (*esp US*); (*fig*) far-sighted; **Weitsichtigkeit** *f* (*Med*) long-sightedness, far-sightedness (*esp US*); **weitspringen** *vi sep* (*infin only*) (*Sport*) to do the long jump *or* broad jump (*US*); **Weitspringen** *nt* (*Sport*) long-jumping, broad-jumping (*US*); **Weitspringer** *m* (*Sport*) long-jumper, broad-jumper (*US*); **Weitsprung** *m* (*Sport*) the long jump *or* broad jump (*US*); **weitverbreitet** *adj attr* widespread, common; *Ansicht auch* widely held; *Zeitung* with a wide circulation; **weitverzweigt** *adj attr* *Straßensystem* branching out in all directions; *Konzern* with many branches; **Weitwinkel|objektiv** *nt* wide-angle lens.

Weizen *m* **-s,** *no pl* wheat; *siehe* **Spreu.**

Weizenbier *nt* light, very fizzy beer made by using wheat, malt and top-fermentation yeast; **Weizenbrot** *nt* wheat(en) bread; **Weizenkeim|öl** *nt* (*Cook*) wheatgerm oil; **Weizenmehl** *nt* wheat(en) flour.

welch I *interrog pron inv* 1. (*geh: in Ausrufen*) what. **~ friedliches Bild!** what a peaceful scene!; **~ unbeschreibliche Wonne!** what indescribable bliss! 2. (*in indirekten Fragesätzen*) **~ (ein)** what.

II *rel pron inv* **X, Y und Z, ~ letztere(r, s) ...** (*obs, form*) X, Y and Z, the last of which/whom ...

welche(r, s) I *interrog pron* 1. (*adjektivisch*) what; (*bei Wahl aus einer begrenzten Menge*) which. **~r Mensch könnte behaupten ...?** what person could claim ...?; **~s Kleid soll ich anziehen, das rote oder das grüne?** which dress shall I wear, the red one or the green one? 2. (*substantivisch*) which (one). **~r von den beiden?** which (one) of the two?; **~s sind die Symptome dieser Krankheit?** what are the symptoms of this illness?; **es gibt viele schöne Frauen, aber ~ könnte sich mit Isabella vergleichen?** there are many beautiful women, but which of them could compare with Isabella? 3. (*in Ausrufen*) **~ Schande/Freude** *etc*! what (a) disgrace/what joy *etc*!

II *indef pron* some; (*in Fragen, konditional auch, verneint*) any. **es gibt ~, die glauben ...** there are some (people) who think ...; **ich habe keine Tinte/Äpfel, haben Sie ~?** I don't have any ink/apples,

do you have some *or* any? III *rel pron* (*rare*) (*Mensch*) who; (*Sache*) which, that. **~(r, s) auch immer** whoever/whichever/whatever.

welcherlei *interrog adj inv* (*geh*) what kind *or* sort of.

welches *pron siehe* **welche(r, s).**

Welfe *m* **-n, -n** (*Hist*) Guelph.

welk *adj Blume, Pflanze* wilted, faded; *Blatt* dead; (*fig*) *Schönheit* fading, wilting; *Haut, Gesicht* tired-looking; (*schlaff*) flaccid; *Hände* withered.

welken *vi aux sein* (*lit, fig*) to fade, to wilt; (*Haut, Gesicht*) to grow tired-looking; (*schlaff werden*) to sag.

Wellblech *nt* corrugated iron.

Welle *f* **-, -n** 1. wave (*auch fig, Phys, im Haar etc*); (*Rad: Frequenz*) wavelength. **sein Grab in den ~n finden** (*geh*) to go to a watery grave; **weiche ~** (*inf*) soft line; **(hohe) ~n schlagen** (*fig*) to create (quite) a stir. 2. (*fig: Mode*) craze. **die Neue ~** (*Film*) the nouvelle vague, the New Wave. 3. (*Tech*) shaft. 4. (*Sport*) circle.

wellen I *vt Haar* to wave; *Blech etc* to corrugate. II *vr* to be/become wavy. **gewelltes Haar** wavy hair.

wellen|artig *adj* wave-like; *Linie etc* wavy; **Wellenbad** *nt* swimming-pool with artificially induced waves; **Wellenbereich** *m* (*Phys, Telec*) frequency range; (*Rad*) waveband; **Wellenbrecher** *m* breakwater, groyne; **wellenförmig** I *adj* wave-like; *Linie* wavy; II *adv* in the form of waves; **Wellengang** *m, no pl* waves *pl*, swell; **starker ~** heavy sea(s) *or* swell; **leichter ~** light swell; **Wellenkamm** *m* crest (of a wave); **Wellenlänge** *f* (*Phys, Telec*) wavelength; **sich auf jds ~** (*acc*) **einstellen** (*inf*) to get on sb's wavelength (*inf*); **auf der gleichen ~ sein** *or* **liegen, die gleiche ~ haben** (*inf*) to be on the same wavelength (*inf*); **Wellenlinie** *f* wavy line; **Wellenreiten** *nt* (*Sport*) surfing; **Wellenschlag** *m* breaking of the waves; (*sanft auch*) lapping of the waves; (*heftig auch*) pounding of the waves; **Wellensittich** *m* budgerigar, budgie (*inf*).

Wellfleisch *nt* boiled pork; **Wellhornschnecke** *f* whelk.

wellig *adj Haar etc* wavy; *Oberfläche, Fahrbahn* uneven; *Hügelland* rolling, undulating.

Wellpappe *f* corrugated cardboard.

Welpe *m* **-n, -n** pup, whelp; (*von Wolf, Fuchs*) cub, whelp.

Wels *m* **-es, -e** catfish.

welsch *adj* 1. (*old*) Latin, Southern European; (*~sprachig*) Romance-speaking. 2. (*Sw*) (Swiss-)French. **die ~e Schweiz** French Switzerland.

Welschland *nt* (*Sw*) French Switzerland; **Welschschweizer** *m* (*Sw*) French Swiss; **welschschweizerisch** *adj* (*Sw*) Swiss-French.

Welt *f* **-, -en** (*lit, fig*) world. **die ~ im Kleinen/Großen** the microcosm/macrocosm; **die (große) weite ~** the big wide world; **der höchste Berg der ~** the highest mountain in the world, the world's highest mountain; **die ~ von heute/ morgen** the world of today/tomorrow, today's/tomorrow's world; **die ~ des Theaters/Kindes** the world of the theatre/ child, the theatre/ child's world; **die Alte/ Neue/Freie/Dritte ~** the Old/New/ Free/ Third World; **die große** *or* **vornehme ~** high society; **alle ~, Gott und die ~** everybody, the whole world, the world and his wife (*hum*); **eine ~ brach für ihn zusammen** his whole world collapsed about him *or* his ears, the bottom fell out of his world; **das ist doch nicht die ~** it isn't as important as all that; **davon** *or* **deswegen geht die ~ nicht unter** (*inf*) it isn't the end of the world; **das kostet doch nicht die ~** it won't cost the earth; **uns/sie trennen ~en, zwischen uns/ihnen liegen ~en** (*fig*) we/they are worlds apart; **auf der ~** in the world; **aus aller ~** from all over the world; **dieser Ort ist doch nicht aus der ~** this place isn't *that* cut off; **aus der ~ schaffen** to eliminate; **in aller ~** all over the world; **in alle ~ zerstreut** scattered all over the world *or* globe; **warum/wer in aller ~ ...?** why/who on earth *or* in the world ...?; **so geht es nun mal in der ~** that's the way of the world, that's the way things go; **in einer anderen ~ leben** to live in a different world; **in seiner eigenen ~ leben** to live in a world of one's own; **um nichts in der ~, nicht um alles in der ~** not for anything on earth, not for love (n)or money, not at any price; **fröhlich/finster in die ~ gucken** to look happy/gloomy; **ein Kind in die ~ setzen** to bring a child into the world; **ein Gerücht in die ~ setzen** to put about *or* spread a rumour; **ein Mann/eine Dame von ~** a man/woman of the world; **vor aller ~** publicly, in front of everybody, openly; **zur ~ bringen** to give birth to, to bring into the world; **auf die** *or* **zur ~ kommen** to come into the world, to be born.

Welt- *in cpds* world; **welt|abgewandt** *adj* withdrawn; **Welt|all** *nt, no pl* universe, cosmos; **Welt|alter** *nt* age, epoch; **welt-|anschaulich** *adj* ideological; **Welt-|anschauung** *f* philosophy of life; (*Philos, Pol*) world view, weltanschauung; **Welt|ausstellung** *f* world exhibition, world's fair; **Weltbank** *f* World Bank; **weltbekannt** *adj* world-famous; **weltberühmt** *adj* world-famous; *Schriftsteller, Künstler etc auch* world-renowned; **Weltbeste(r)** *mf* world's best; **weltbeste(r, s)** *adj attr* world's best; **Weltbestleistung** *f* world's best performance, world best (*inf*); **weltbewegend** *adj* world-shaking, world-shattering; **Weltbild** *nt* conception of the world; (*jds Ansichten*) philosophy, view of life; **Weltblatt** *nt* (*Press*) international (news)-paper; **Weltbürger** *m* citizen of the world, cosmopolitan; **Weltbürgertum** *nt* cosmopolitanism; **Weltdame** *f* woman of the world.

Weltenbummler *m* globetrotter; **Welten-raum** *m siehe* **Weltraum.**

Weltgewicht *nt* (*Boxen*) welterweight. **welt|erschütternd** *adj* world-shattering, world-shaking; **Weltflucht** *f* flight from

reality, escapism; **weltfremd** *adj* unworldly; **Weltfremdheit** *f* unworldliness; **Weltfriede(n)** *m* world peace; **Weltgeist** *m* (*Philos*) world spirit; **Weltgeistliche(r)** *m* secular priest; **Weltgeltung** *f* international standing, world-wide recognition; **Weltgericht** *nt* Last Judgement; **Weltgeschichte** *f* world history; **in der ~ herumfahren** (*inf*) to travel around all over the place; **weltgeschichtlich** *adj* **ein ~es Ereignis** an important event in the history of the world; **von ~er Bedeutung** of great significance in world history; **aus ~er Sicht** looked at from the point of view of world history; **Weltgesundheits-|organisation** *f* World Health Organization; **Weltgewerkschaftsbund** *m* World Federation of Trade Unions; **weltgewandt** *adj* sophisticated, well-versed in the ways of the world; **Weltgewandt-heit** *f* sophistication, experience in the ways of the world; **Welthandel** *m* world trade; **Weltherrschaft** *f* world domination; **Welthilfssprache** *f* international auxiliary language; **Weltkarte** *f* map of the world; **Weltkirchenrat** *m* World Council of Churches; **Weltklasse** *f* **ein Hochspringer der ~** a world-class high-jumper; **~ sein** to be world-class; (*inf*) to be great (*inf*) *or* fantastic (*inf*); **Weltkrieg** *m* world war; **der erste** *or* **Erste** (*abbr* **I.**)/ **zweite** *or* **Zweite** (*abbr* **II.**) **~** World War One/Two (*abbr* I/II), the First/Second World War; **Weltkugel** *f* globe; **Weltlauf** *m* way of the world; **weltlich** *adj* worldly, mundane; (*nicht kirchlich, geistlich*) secular; *Macht* temporal; **Weltliteratur** *f* world literature; **Weltmacht** *f* world power; **Weltmann** *m, pl* **-männer** man of the world; **weltmännisch** *adj* urbane, sophisticated; **Weltmarke** *f* name known all over the world; **Weltmarkt** *m* world market; **Weltmarktpreis** *m* world (market) price; **Weltmeer** *nt* ocean; **die sieben ~e** the seven seas; **Weltmeister** *m* world *or* world's (*US*) champion; **England/die englische Mannschaft ist ~** England/the English team are (the) world *or* world's (*US*) champions; **Weltmeisterschaft** *f* world *or* world's (*US*) championship; (*Ftbl*) World Cup; **welt|offen** *adj* liberal-minded, cosmopolitan; **Welt|offenheit** *f* cosmopolitan attitudes *pl*; **Welt|ordnung** *f* world order; **Weltpolitik** *f* world politics *pl*; **weltpolitisch** *adj* **eine/die ~e Entwicklung** a development in/the development of world politics; **von ~er Bedeutung** of importance in world politics; **~ gesehen, aus ~er Sicht** seen from the standpoint of world politics.

Weltraum *m* (outer) space.

Weltraum- *in cpds* space; **Weltraumfahrer** *m* space traveller; **Weltraumfahrt** *f* space travel; **Weltraumfahrzeug** *nt* spacecraft, spaceship; **Weltraumforschung** *f* space research; **Weltraumstation** *f* space station.

Weltreich *nt* empire; **Weltreise** *f* world tour, journey round the world; **eine ~ machen** to go round the world; **Welt-reisende(r)** *mf* globetrotter; **Weltrekord** *m* world *or* world's (*US*) record; **Welt-**

rekord|inhaber(in f), **Weltrekordler(in** f) m **-s,** - world or world's (US) record holder; **Weltreligion** f world religion; **Weltrevolution** f world revolution; **Weltruf** m world(-wide) reputation; ~ **haben** to have a world(-wide) reputation; **Weltruhm** m world fame; **Weltschmerz** m world-weariness, weltschmerz (liter); **Weltsicherheitsrat** m (Pol) (United Nations) Security Council; **Weltsprache** f world language; **Weltstadt** f international or cosmopolitan city, metropolis; **weltstädtisch** adj cosmopolitan; **Welt |umsegler** m **-s,** - circumnavigator (of the globe); (Sport) round-the-world yachtsman; **welt|umspannend** adj worldwide, global; **Welt|untergang** m (lit, fig) end of the world; **Weltverbesserer** m starry-eyed idealist; **weltweit** adj worldwide, global; **Weltwirtschaft** f world economy; **Weltwirtschaftskrise** f world economic crisis; **Weltwunder** nt die sieben ~ the Seven Wonders of the World; **er starrte mich an wie ein** ~ (fig) he stared at me as if I were from another planet or as if I were some kind of freak.

wem dat of **wer** I interrog pron who ... to, to whom. **mit/von** etc ~ ... who ... with/from etc, with/from etc whom; ~ **von euch soll ich den Schlüssel geben?** which (one) of you should I give the key to?, to which (one) of you should I give the key?

II rel pron (derjenige, dem) the person (who ...) to, the person to whom ...; (jeder, dem) anyone to whom ..., anyone ... to ~ ... **auch** (immer) whoever ... to, no matter who ... to.

III indef pron (inf: jemandem) to/for somebody; (mit prep, bestimmten Verben) somebody; (in Fragen, konditionalen Sätzen auch) (to/for) anybody.

Wemfall m dative (case).

wen acc of **wer** I interrog pron who, whom. **an** ~ **hast du geschrieben?** who did you write to?, to whom did you write?; ~ **von den Schülern kennst du?** which (one) of these pupils do you know?

II rel pron (derjenige, den) the person (who or whom); (jeder, den) anybody (who or whom). ~ ... **auch immer** whoever ...

III indef pron (inf: jemanden) (inf) somebody; (in Fragen, konditionalen Sätzen auch) anybody.

Wende f **-, -n** turn; (Veränderung) change; (Turnen: am Pferd) face or front vault. **die** ~ **vom 19. zum 20. Jahrhundert** the transition from the 19th to the 20th century.

Wendekreis m 1. tropic. **der nördliche** ~ (Geog), **der** ~ **des Krebses** (Astrol) the Tropic of Cancer; **der südliche** ~ (Geog), **der** ~ **des Steinbocks** (Astrol) the Tropic of Capricorn. 2. (Aut) turning circle.

Wendel f **-, -n** spiral, helix; (in Glühbirne etc) coil.

Wendeltreppe f spiral staircase.

Wendemarke f (Sport) turning mark.

wenden pret **wendete** or (liter) **wandte**, ptp **gewendet** or (liter) **gewandt** I vt 1. to turn (auch Sew); (auf die andere Seite) to turn (over); (in die entgegengesetzte Richtung) to turn (round); (Cook) to toss.

bitte ~! please turn over; **seinen Schritt gen Süden** ~ (liter) to turn or bend one's steps southwards (liter); **sie wandte kein Auge von ihm** (geh) she did not take her eyes off him; **wie man es auch wendet ...,** **man kann die Sache** or **es drehen und** ~, **wie man will ...** (fig) whichever way you (care to) look at it ...

2. (aufbringen) **Geld/Zeit an etw** (acc) ~ (geh) to spend money/time on sth; **viel Mühe/Sorgfalt** etc **an etw** (acc) ~ (geh) to devote a lot of effort/care etc to sth.

II vr 1. to turn (round); (Wetter, Glück) to change, to turn. **sich nach links/zum Gehen/zur Tür** ~ to turn to the left/to go/to the door; **sich ins Gegenteil** ~ to become the opposite; **seine Liebe/Freude** etc **wendete sich ins Gegenteil** his love/joy turned to hate/despair; **sich von jdm** ~ (esp Bibl) to turn from sb (liter); **sich zum Guten** or **Besseren/Schlimmeren** ~ to take a turn for the better/worse; **sich zum besten** ~ to turn out for the best.

2. **sich an jdn** ~ (um Auskunft) to consult sb; (um Hilfe) to turn to sb; (Buch, Fernsehserie etc) to be directed at sb, to be (intended) for sb; **sich gegen jdn/etw** ~ to come out against sb/sth, to oppose sb/sth.

III vi to turn (auch Sport); (umkehren) to turn round.

Wendeplatz m turning area or place; **Wendepunkt** m turning point; (Geometry) point of inflection.

wendig adj agile, nimble; Auto etc manoeuvrable; (fig) Mensch agile.

Wendigkeit f siehe adj agility, nimbleness; manoeuvrability; agility.

Wendung f 1. turn (auch Mil); (Veränderung) change. **eine interessante/unerwartete** ~ **nehmen** (fig) to take an interesting/unexpected turn; **eine** ~ **zum Besseren** or **Guten/Schlechten nehmen** to take a turn for the better/worse, to change for the better/worse; **einer Sache** (dat) **eine unerwartete/neue** ~ **geben** to give sth an unexpected/new turn; **eine interessante** etc ~ **trat ein** there was an interesting etc turn of events.

2. (Rede~) expression, phrase.

Wenfall m accusative (case).

wenig siehe auch **weniger, wenigste(r, s)**
I adj, indef pron 1. sing little; (unverändert alleinstehend) not much. **ich habe** ~ I have only a little; **(nur)** ~ **Geld** (only a) little money; **ich besitze nur** ~ I only own a few things, I don't own much, I own little; **hast du Zeit?** — ~! have you got time? — not much; **das ist** ~ that isn't much; **so** ~ so little; **du sagst so** ~ you're not saying much; **darüber weiß ich** ~ I don't know much about that, I know little about that; **mein** ~**es Geld** what little money I have; **das** ~**e Geld muß ausreichen** we'll have to make do with this small amount of money; **um ein** ~**es jünger (als)** (geh) a little younger (than); **es fehlte (nur)** ~, **und er wäre überfahren worden** he was very nearly run over; **wir haben nicht** ~ **Mühe damit gehabt** we had more than a little or no little difficulty with that; **er gibt sich mit** ~**(em) zufrieden** he is satisfied with a little; siehe **zuwenig**.

2. ~e pl (*ein paar*) a few; (*einschränkend: nicht viele*) few; **da wir nur ~e sind** as there are only a few of us, as we are only a few; **es ist ein Freund, wie es nur ~e gibt** there are few friends like him; **in ~en Tagen** in (just) a few days; **es sind nur noch ~e Stunden, bis ...** there are only a few hours to go until ...; **einige ~e Leute** a few people.

3. (*auch adv*) **ein ~ a** little; **ein ~ Salz/besser** a little salt/ better.

II *adv* little. **sie kommt (nur) ~ raus** she doesn't get out very often; **das überraschte ihn nicht ~** he was more than a little surprised; **~ besser** little better; **~ bekannt** little-known *attr*, little known *pred*; **~ mehr** little more, not much more; **~ erfreulich** not very pleasant.

weniger *comp of* **wenig I** *adj, indef pron* less; *pl* fewer. **~ werden** to get less and less; **mein Geld wird immer ~** my money is dwindling away; **~ wäre mehr gewesen** it's quality not quantity that counts.

II *adv* less. **ihr kommt es ~ auf die Liebe als (vielmehr) auf das Geld an** she's less interested in love than in money; **die Vorlesung war ~ lehrreich als belustigend** the lecture was not so much instructive as amusing; **das finde ich ~ schön!** that's not so nice!; **ich kann seinen Brief kaum lesen, noch viel ~ verstehen** I can hardly read his letter much less understand it; **je mehr ... desto** *or* **um so ~ ...** the more ... the less ...; **ich glaube ihm um so ~, weil ...** I believe him all the less because ...

III *conj, prep +acc or gen* less. **sieben ~ drei ist vier** seven less three is four.

Wenigkeit *f* (*dated: Kleinigkeit*) little, small amount. **meine ~** (*hum inf*) yours truly (*inf*); **und meine ~ hat er vergessen** and he forgot little me (*hum inf*).

wenigstens *adv* at least.

wenigste(r, s) *superl of* **wenig** *adj, indef pron*, **am ~n** *adv* least; *pl* fewest. **er hat von uns allen das ~** *or* **am ~n Geld** he has the least money of any of us; **sie hat von uns allen die ~n** *or* **am ~n Sorgen** she has the fewest worries of any of us; **das konnte er am ~n vertragen** he could tolerate that least of all; **die ~n (Leute) glauben das** very few (people) believe that; **das ist (doch) das ~, was du tun könntest** that's the (very) least you could do; **das ist noch das ~!** (*inf*) that's the least of it!; **er kam, als sie es am ~n erwartete** he came when she least expected it; **das am ~n!** that least of all!

wenn *conj* **1.** (*konditional, konzessiv bei Wünschen*) if. **~ er nicht gewesen wäre, hätte ich meine Stelle verloren** if it had not been *or* had it not been for him, I'd have lost my job; **selbst** *or* **und ~ ...** even if; **~ ... auch ...** even though *or* if ...; **~ ... gleich ...** (*geh*) although ..., even though ...; **~ er auch noch so dumm sein mag, ...** however stupid he may be, ...; **~ auch!** (*inf*) even so!, all the same!; **~ schon!** (*inf*) what of it?, so what? (*inf*); **~ es denn gar nicht anders geht** well, if there's no other way; **~ es schon sein muß** well, if that's the way it's got to be; **~ es nicht gut, ~ man mit vollem Magen schwimmt** it's not good

to swim on a full stomach; **~ man bedenkt, daß ...** when you consider that ..., considering ...; **~ wir erst die neue Wohnung haben** once we get the new flat; **~ ich doch** *or* **nur** *or* **bloß ...** if only I ...; **~ er nur da wäre!** if only he were *or* was here!; **~ ich das wüßte!** if only I knew!; **es ist, als** *or* **wie** (*inf*) **~ ...** it's as if ...; **außer ~** except if, unless; **~ du das schon machen willst, (dann) mach es wenigstens richtig** if you want to do it at least do it properly.

2. (*zeitlich*) when. **jedesmal** *or* **immer ~** whenever; **außer ~** except when, unless.

wenngleich *conj* (*geh*) although, even though; (*mit adj auch*) albeit (*form*).

wennschon *adv* (*inf*) **(na,) ~!** what of it?, so what? (*inf*); **~, dennschon!** in for a penny, in for a pound!, if you're going to do something at all, you might as well do it properly!

wer I *interrog pron* who. **~ von ...** which (one) of ...; **~ da?** (*Mil*) who goes there?

II *rel pron* (*derjenige, der*) the person who; (*jeder, der*) anyone *or* anybody who; (*esp in Sprichwörtern*) he who. **~ ... auch (immer)** whoever ...

III *indef pron* (*inf: jemand*) somebody, someone; (*in Fragen, konditionalen Sätzen auch*) anybody, anyone. **ist da ~?** is somebody *or* anybody there?; **~ sein** to be somebody (*inf*).

Werbe- *in cpds* advertising; **Werbe|abteilung** *f* publicity department; **Werbe|agentur** *f* advertising agency; **Werbe|antwort** *f* business reply card; **Werbefachmann** *m* advertising man; **Werbefeldzug** *m* advertising campaign; **Werbefernsehen** *nt* commercial television; (*Sendung*) TV advertisements *pl or* commercials *pl*; **Werbefilm** *m* advertising *or* promotional film; (*Spot*) (filmed) commercial; **Werbefunk** *m* (programme of) radio commercials *pl*; **Werbegag** *m* publicity stunt *or* gimmick; **Werbegemeinschaft** *f* joint advertising arrangement; **Werbegeschenk** *nt* gift (*from company*); (*zu Gekauftem*) free gift; **Werbekampagne** *f* publicity campaign; (*für Verbrauchsgüter*) advertising campaign; **werbekräftig** *adj* Aufmachung *etc* catchy; **ein ~er Slogan** an effective publicity slogan; **Werbeleiter** *m* advertising *or* publicity manager, head of advertising *or* promotions.

werben *pret* **warb**, *ptp* **geworben I** *vt* Mitglieder, Mitarbeiter to recruit; Kunden, Abonnenten, Stimmen to attract, to win; Soldaten to recruit, to enlist.

II *vi* to advertise. **für etw ~** to advertise sth, to promote sth; **für eine Partei ~** to try to get support for a party; **um Unterstützung ~** to try to enlist support; **um junge Wähler/neue Leser ~** to try to attract *or* woo young voters/new readers; **um ein Mädchen ~** to court *or* woo (*old*) a girl.

Werber *m* **-s, -** (*um Kunden, Wähler*) canvasser; (*um Mädchen*) suitor; (*für Mitglieder etc, Mil Hist*) recruiter, recruiting officer; (*inf: Werbefachmann*) advertising man, adman (*inf*).

werberisch I *adj* advertising *attr*,

promotional. **II** *adv* publicity-wise.

Werbeschrift *f* publicity leaflet; (*für Verbrauchsgüter*) advertising leaflet; **Werbeslogan** *m* publicity slogan; (*für Verbrauchsgüter*) advertising slogan; **Werbespot** *m* commercial; **Werbetext** *m* advertising copy *no pl*; **~e verfassen** to write (advertising) copy; **Werbetexter** *m* (advertising) copywriter; **Werbetrommel** *f*: **die ~ (für etw) rühren** (*inf*) to beat the big drum (for sth) (*inf*), to push sth (*inf*); **werbewirksam** *adj* effective (for advertising purposes); **der Skandal erwies sich als äußerst ~** the scandal proved to be excellent publicity *or* to have excellent publicity value; **Werbewirksamkeit** *f* publicity value.

werblich *adj* advertising *attr*, promotional. **~ gesehen** from an advertising point of view.

Werbung *f* (*esp Comm*) advertising; (*Werbeabteilung*) publicity department; (*Pol: Propaganda*) pre-election publicity; (*von Kunden, Stimmen*) winning, attracting; (*von Mitgliedern etc*) recruitment, recruiting; (*um Mädchen*) courting (*um* of). **~ für etw machen** to advertise sth.

Werbungskosten *pl* (*von Mensch*) professional outlay *sing or* expenses *pl*; (*von Firma*) business expenses *pl*.

Werdegang *m, no pl* development; (*beruflich*) career.

werden *pret* **wurde**, *ptp* **geworden** *aux sein* **I** *v aux* **1.** (*zur Bildung des Futurs und Konjunktivs*) **ich werde/wir werden es tun** I'll/we'll do it; **er wird/du wirst/ihr werdet es tun** he/you will do it, he'll/you'll do it; **ich werde das nicht tun** I shall not *or* shan't *or* will not *or* won't do that; **er wird das nicht tun** he will not *or* won't do that; **du wirst heute schön zu Hause bleiben!** you'll *or* you will stay at home today!; **es wird gleich regnen** it's going to rain; **wer wird denn gleich weinen!** you're not going to cry now, are you?; **wer wird denn gleich!** (*inf*) come on, now!; **er hat gesagt, er werde/würde kommen** he said he would *or* he'd come; **das würde ich gerne tun** I would *or* I'd gladly do that.

2. (*Ausdruck der Vermutung*) **sie wird wohl in der Küche sein** she will *or* she'll probably be in the kitchen; **er wird (wohl) ausgegangen sein** he will *or* he'll (probably) have gone out; **das wird etwa 20 Mark kosten** it will cost roughly 20 marks.

3. (*zur Bildung des Passivs*) *pret auch* **ward** (*old, liter*), *ptp* **worden** geschlagen **~** to be beaten; **er ist erschossen worden** he was shot/he has been shot; **das Haus wird (gerade) renoviert** the house is being redecorated (just now); **es wurde gesungen** there was singing; **hier wird nicht geraucht!** there's no smoking here; **in England wird links gefahren** in England people drive on the left; **mir wurde gesagt, daß ...** I was told ...

II *vi pret auch* **ward** (*old, liter*), *ptp* **geworden 1.** (*mit adj*) to become, to get; (*allmählich*) to grow. **verrückt/blind ~** to go crazy/blind; **rot/sauer/blaß/kalt ~** to turn *or* go red/sour/pale/ cold; **es wird**

kalt/dunkel/spät it's getting cold/dark/late; **mir wird kalt/warm** I'm getting cold/warm; **mir wird schlecht/wohl/besser** I feel bad/good/better; **anders ~ to change; die Fotos sind gut geworden** the photos have turned *or* come out nicely; **es wird schon wieder (gut) ~** it'll turn out all right.

2. (*mit Gleichsetzungsnominativen, Pronomen*) to become; (*sich verwandeln in auch*) to turn into; (*sein werden*) to be going to be. **Lehrer ~** to become a teacher; **was willst du einmal ~?** what do you want to be when you grow up?; **ich will Lehrer ~** I want to be *or* become a teacher; **Erster ~** to come *or* be first; **er ist nichts (Rechtes)/etwas geworden** he hasn't got anywhere/he's got somewhere in life, he hasn't made anything/he has made something of himself; **das ist nichts geworden** it came to nothing; **das wird bestimmt ein guter Eintopf** the stew is going to turn out nicely; **was soll das ~?** — **das wird ein Pullover** what's that going to be? — it's going to be a pullover; **es wird sicher ein Junge (~)** it's bound to be a boy; **... es werde Licht! und es ward Licht** (*Bibl*) ... let there be light, and there was light (*Bibl*).

3. (*mit Zeitangaben*) **es wird Zeit, daß er kommt** it's time (that) he came *or* (that) he was coming; **es wird Nacht** it's getting dark, night is falling; **es wird Tag** it's getting light, day is dawning; **es wird Winter** winter is coming; **es wurde 10 Uhr, und ...** 10 o'clock came, and ...; **es wird jetzt 13 Uhr** in a moment it will be 1 o'clock; **er wird am 8. Mai 36** he is *or* will be 36 on the 8th of May; **er ist gerade 40 geworden** he has just turned 40.

4. (*mit prep*) **was ist aus ihm geworden?** what has become of him?; **aus ihm ist ein großer Komponist geworden** he has become a great composer; **aus ihm ist nichts (Rechtes)/etwas geworden** he hasn't got anywhere/has got somewhere in life; **daraus wird nichts** that won't come to anything, nothing will come of that; **was wird daraus (~)?** what will come of it?; **zu etw ~** to turn into sth, to become sth; **zu Staub ~** to turn to dust; *siehe* **nichts**.

5. (*andere Wendungen*) **was nicht ist, kann noch ~** (*prov of*) my/your *etc* day will come; **was soll nun ~?** so what's going to happen now?, so what do we do now?; **es wird schon ~** (*inf*) it'll come out okay (*inf*) *or* all right in the end, everything'll turn out okay (*inf*) *or* all right; **es will einfach nicht ~** (*inf*) it's simply not working; **er wird mal wie sein Vater** he's going to be like his father; **wie sind die Fotos geworden?** how did the photos turn *or* come out?

Werden *nt* **-s**, *no pl* **1.** (*Entstehung*) development. **im ~ sein** to be in the making; **die lebenden Sprachen sind immer im ~ begriffen** living languages are in a state of continual development. **2.** (*Philos*) Becoming.

werdend *adj* nascent, emergent. **~e Mutter** expectant mother, mother-to-be.

Werfall *m* nominative (case).

werfen *pret* **warf**, *ptp* **geworfen I** *vt* **1.** to throw (*auch beim Ringkampf*) (*nach* at), to cast (*liter, Bibl*); *Tor, Korb* to score. **Bomben** ~ (*von Flugzeug*) to drop bombs; **eine Münze** ~ to toss a coin; **„nicht ~"** "handle with care"; **Bilder an die Wand** ~ to project pictures onto the wall; **etw auf jdn/etw** ~ to throw sth at sb/ sth; **etw auf den Boden/das Dach** ~ to throw sth to the ground, to throw sth on (to) the ground/roof; **die Sonne warf ihre Strahlen auf den See** the sun cast its rays on the lake; **die Tischlampe wirft ihr Licht auf ...** the table-lamp throws its light on ...; **die Laterne wirft ein helles Licht** the lantern gives off a bright light; **billige Waren auf den Markt** ~ to dump cheap goods on the market; **jdn aus der Firma/ dem Haus** *etc* ~ to throw *or* kick sb out (of the firm/house *etc*); **jdn ins Gefängnis** *etc* ~ to throw sb into prison *etc*; **etw in den Briefkasten** ~ to put sth in the letter box; **etw ins Gespräch/in die Debatte** ~ to throw sth into the conversation/debate *etc*; **etw aufs Papier** ~ (*geh*) to jot sth down.

  2. (*Junge kriegen*) to have, to throw.

  II *vi* **1.** to throw. **mit etw (auf jdn/etw)** ~ to throw sth (at sb/sth); **die Demonstranten, die auf Polizisten geworfen hatten** the demonstrators who had thrown things at the police; **mit Geld um sich** ~ (*inf*) to throw *or* chuck (*inf*) one's money about; **mit Komplimenten um sich** ~ to be free and easy *or* be lavish with one's compliments; **mit Fremdwörtern um sich** ~ to bandy foreign words about.

  2. (*Tier*) to have its young; (*Katze, Hund etc auch*) to have a litter, to litter; (*bei einzelnen Jungen*) to have a pup *etc*.

  III *vr* to throw oneself (*auf* +*acc* (up)on, at); (*Holz*) to warp; (*Metall, Asphalt etc*) to buckle. **sich auf eine Aufgabe** *etc* ~ to throw oneself into a task *etc*.

Werfer *m* **-s, -** thrower; (*Cricket*) bowler; (*Baseball*) pitcher.

Werft *f* **-, -en** shipyard; (*für Flugzeuge*) hangar.

Werft|arbeiter *m* shipyard worker.

Werg *nt* **-(e)s,** *no pl* tow.

Werk *nt* **-(e)s, -e 1.** (*Arbeit, Tätigkeit*) work *no indef art*; (*geh: Tat*) deed, act; (*Schöpfung, Kunst~, Buch*) work; (*Gesamt~*) works *pl*. **ein** ~ **wie das verdient unsere Förderung** work such as that deserves our support; **das ist sein** ~ this is his doing; **das** ~ **vieler Jahrzehnte** the work of many decades; **das** ~ **jahrelanger Arbeit** the product of many years of work; **die ~e Gottes** the works of God; **gute ~e tun** to do good works; **ein gutes** ~ **(an jdm) tun** to do a good deed (for sb); **du tätest ein gutes** ~**, wenn ...** (*auch hum*) you'd be doing me/him *etc* a good turn if ..., you'd be doing your good deed for the day if ... (*hum*); **ein** ~ **der Nächstenliebe** an act of charity; **ans** ~ **gehen, sich ans** ~ **machen, zu ~e gehen** (*geh*) to set to *or* go to work; **(frisch) ans** ~**!** (*old, liter*) to work!; **am** ~ **sein** to be at work; **etw ins** ~ **setzen** (*geh*) to set sth in motion; **wir müssen vorsichtig zu ~e gehen** we must proceed cautiously.

  2. (*Betrieb, Fabrik*) works *sing or pl*,

factory, plant. **ab** ~ (*Comm*) ex works.

Werk- *in cpds* works, factory; *siehe auch* **Werk(s)-;** **Werkbank** *f* workbench.

werkeln *vi* (*dated inf*) to potter about *or* around.

werken I *vi* to work, to be busy; (*handwerklich*) to do handicrafts. **W~** (*Sch*) handicrafts. **II** *vt* to make.

werkgetreu *adj* true *or* faithful to the original; **Werkhalle** *f* factory building; **Werklehrer** *m* woodwork/metalwork *etc* teacher, handicrafts teacher; **Werkleute** *pl* (*old, liter*) craftsmen *pl*, artisans *pl*; **Werkmeister** *m* foreman; **Werkschutz** *m* works *or* factory security service.

werks|eigen *adj* company *attr*; ~ **sein** to be company-owned, to belong to the company; **Werksgelände** *nt* works *or* factory premises *pl*; **Werksleiter** *m* works *or* factory director *or* manager; **Werksleitung** *f* works *or* factory management; **Werksspionage** *f* industrial espionage.

Werkstatt, Werkstätte *f* workshop (*auch fig*); (*für Autoreparaturen*) garage; (*von Künstler*) studio.

Werkstattwagen *m* breakdown truck, wrecker (*US*).

Werkstoff *m* material.

Werkstoffprüfer *m* materials tester; **Werkstoffprüfung** *f* testing of materials.

Werkstück *nt* (*Tech*) workpiece; **Werkstudent** *m* working student; ~ **sein** to work one's way through college.

Werk(s)verkehr *m* company transport; **Werk(s)wohnung** *f* company flat (*Brit*) *or* apartment.

Werktag *m* working day, workday.

werktäglich I *adj attr* Kleidung *etc* workaday. ~**e Öffnung** opening on workdays *or* working days. **II** *adv* (*werktags*) on workdays *or* working days.

werktags *adv* on workdays *or* working days.

werktätig *adj* working.

Werktätige(r) *mf decl as adj* working man/ woman. **die ~n** the working people *pl*.

Werktisch *m* work-table; **Werktreue** *f* faithfulness to the original; **Werk|unterricht** *m* handicraft lessons *pl*, woodwork/ metalwork *etc* instruction.

Werkzeug *nt* (*lit, fig*) tool.

Werkzeugkasten *m* toolbox; **Werkzeugmacher** *m* toolmaker; **Werkzeugmaschine** *f* machine tool; **Werkzeugstahl** *m* (*Tech*) tool steel.

Wermut *m* **-(e)s,** *no pl* **1.** (*Bot*) wormwood. **ein Tropfen** ~ (*fig geh*) a drop of bitterness. **2.** (*~wein*) vermouth.

Wermutbruder (*inf*), **Wermutpenner** (*sl*) *m* wino (*sl*).

Wermutstropfen *m* (*fig geh*) drop of bitterness.

wert *adj* **1.** (*old, form: Anrede*) dear. **Ihr ~es Schreiben** (*form*) your esteemed letter (*form*); **wie war doch gleich Ihr ~er Name?** (*form*) what was the name, sir/ madam?

  2. etw ~ **sein** to be worth sth; **nichts** ~ **sein** to be worthless *or* worth nothing; (*untauglich*) to be no good; **sie war ihm offenbar nicht viel** ~ she obviously didn't mean all that much to him; **er ist £ 100.000**

~ (*Press sl*) he is worth £100,000; **Berlin ist eine Reise** ~ Berlin is worth a visit; **einer Sache** (*gen*) ~ **sein** (*geh*) to be worthy of sth; **es ist der Mühe** ~ it's worth the trouble *or* it; **es ist nicht der Rede** ~ it's not worth mentioning; **er ist es nicht** ~, **daß man ihm vertraut** he doesn't deserve to be trusted; **er ist (es) nicht** ~, **daß wir ihn unterstützen** he is not worthy of *or* he does not deserve our support.

3. (*nützlich*) useful. **ein Auto ist viel** ~ a car is very useful; **das ist schon viel** ~ (*erfreulich*) that's very encouraging.

Wert *m* **-(e)s, -e** value; (*esp menschlicher*) worth; (*von Banknoten, Briefmarken*) denomination; (*-sache*) article of value, valuable object. ~**e** *pl* (*von Test, Analyse*) results *pl*; **einen** ~ **von DM 5 haben** to be worth DM 5, to have a value of DM 5; **im** ~**e von** to the value of, worth; **an** ~ **verlieren/zunehmen, im** ~ **sinken/steigen** to decrease/increase in value, to depreciate/appreciate (*esp Econ*); **eine Sache unter/über (ihrem wirklichen)** ~ **verkaufen** to sell sth for less/more than its true value; **er ist sich** (*dat*) **seines** ~**es sehr bewußt** he is very conscious of his value *or* importance; ~ **auf etw** (*acc*) **legen** (*fig*) to set great store by sth, to attach importance to sth; **ich lege** ~ **darauf festzustellen, daß ...** I think it important to establish that ...; **das hat keinen** ~ (*inf*) there's no point.

Wert|angabe *f* declaration of value; **Wert-|arbeit** *f* craftsmanship, workmanship; **wertbeständig** *adj* stable in value; **Wertbeständigkeit** *f* stability of value; **Wertbrief** *m* registered letter (*containing sth of value*).

werten *vti* (*einstufen*) to rate (*als* as); *Klassenarbeit etc* to grade; (*beurteilen*) to judge (*als* to be); (*Sport*) (*als gültig* ~) to allow; (*Punkte geben*) to give a score. **ein Tor** *etc* **nicht** ~ (*Ftbl etc*) to disallow a goal; **ohne (es)** ~ **zu wollen** ... without wanting to make any judgement (on it) ...

Wertgegenstand *m* object of value. ~**e** *pl* valuables *pl*.

Wertigkeit *f* (*Chem, Ling*) valency.

wertlos *adj* worthless, valueless; **Wertlosigkeit** *f* worthlessness; **Wertmarke** *f* ticket; (*zum Aufkleben*) stamp; **Wertmaßstab** *m*, **Wertmesser** *m* **-s, -** standard, yardstick; **Wertminderung** *f* reduction in value; **wertneutral** *adj* non-normative, value-free; **Wert|objekt** *nt siehe* **Wertgegenstand**; **Wert|ordnung** *f* system of values; **Wertpaket** *nt* registered parcel (*containing sth of value*); **Wertpapier** *nt* security, bond; **Wertpapiere** *pl* stocks and shares *pl*; **Wertpapierbörse** *f* stock exchange; **Wertsache** *f siehe* **Wertgegenstand**; **wertschätzen** *vt sep* (*liter*) to (hold in high) esteem; **Wertschätzung** *f* (*liter*) esteem, high regard; **Wertsteigerung** *f* increase in value; **Wertsystem** *nt* system of values, value system.

Wertung *f* **1.** evaluation, assessment; (*von Jury etc*) judging, scoring; (*Punkte*) score. **2.** (*das Werten*) *siehe* **werten** *vti* rating; grading; judging; allowing; scoring.

Wert|urteil *nt* value judgement.

wert|urteilsfrei *adj* free from value judgements; **Wert|urteilsfreiheit** *f* non-normativity.

wertvoll *adj* valuable; (*moralisch*) *Mensch* worthy, estimable.

Wertvorstellung *f* moral concept; **Wertzeichen** *nt* (*form*) postage stamp.

Werwolf *m* werewolf.

wes *pron* (*old*) **I** *gen of* **wer** whose. **II** *gen of* **was** of which.

Wesen *nt* **-s, -. 1.** *no pl* nature; (*Wesentliches*) essence. **es liegt im** ~ **einer Sache ...** it's in the nature of a thing ...; **das gehört zum** ~ **der Demokratie** it is of the essence of democracy.

2. *no pl* **sein** ~ **treiben** (*geh*) (*Dieb etc*) to be at work; (*Schalk etc*) to be up to one's tricks; (*Gespenst*) to be abroad; **viel** ~**s machen** (**um** *or* **von**) to make a lot of fuss (about).

3. (*Geschöpf*) being; (*tierisches* ~ *auch*) creature; (*Mensch*) person, creature. **das höchste** ~ the Supreme Being.

Wesens|art *f* nature, character; **wesensfremd** *adj* (*im Wesen verschieden*) different *or* dissimilar in nature; **das Lügen ist ihm völlig** ~ lying is completely foreign *or* alien to his nature; **wesensverwandt** *adj* related in character; **Wesensverwandtschaft** *f* relatedness of character; **Wesenszug** *m* characteristic, trait.

wesentlich I *adj* (*den Kern der Sache betreffend, sehr wichtig*) essential; (*grundlegend*) fundamental; (*erheblich*) substantial, considerable, appreciable; (*wichtig*) important. **das W~e** the essential part *or* thing; (*von dem, was gesagt wurde*) the gist; **im** ~**en** in essence, basically, essentially; (*im großen*) in the main.

II *adv* (*grundlegend*) fundamentally; (*erheblich*) considerably. **es ist mir** ~ **lieber, wenn wir ...** I would much rather we ...; **sie hat sich nicht** ~ **verändert** she hasn't changed much.

Wesfall *m* genitive case.

weshalb I *interrog adv* why. **II** *rel adv* which is why, for which reason. **der Grund,** ~ **...** the reason why ...; **das ist es ja,** ~ **...** that is why ...

Wesir *m* **-s, -e** vizi(e)r.

Wespe *f* **-, -n** wasp.

Wespennest *nt* wasp's nest; **in ein** ~ **stechen** (*fig*) to stir up a hornets' nest; **das war ein Stich ins** ~ (*fig*) that stirred up a hornets' nest; **Wespenstich** *m* wasp sting; **Wespentaille** *f* (*fig*) wasp waist.

wessen *pron* **I** *gen of* **wer 1.** *interrog* whose.

2. *rel, indef* ~ **Handschrift das auch (immer) sein mag, ...** no matter whose handwriting it may be, ...

II *gen of* **was** (*liter*) **1.** *interrog* ~ **hat man dich angeklagt?** of what have you been accused?

2. *rel, indef* ~ **man dich auch (immer) anklagt, ...** whatever they *or* no matter what they accuse you of ...

Wessenfall *m* genitive (case).

wessentwillen *interrog adv* (*geh*): **um** ~ for whose sake.

West *m* **-s,** *no pl* **1.** (*Naut, Met, liter*) west; *siehe* **Ost. 2.** (*liter:* ~*wind*) west wind.

West- *in cpds* (*in Ländernamen*) (*politisch*)

West; (*geographisch auch*) the West of ..., Western; (*bei Städten, Inseln*) West; **West|afrika** *nt* West Africa; **West-Berlin** *nt* West Berlin; **westdeutsch** *adj* (*Pol*) West German; (*Geog*) Western German; **Westdeutsche(r)** *mf* West German; **Westdeutschland** *nt* (*Pol*) West Germany, Western Germany; (*Geog*) the West of Germany.

Weste *f* -, -n waistcoat, vest (*US*). **eine reine** *or* **saubere** *or* **weiße ~ haben** (*fig*) to have a clean slate.

Westen *m* -s, *no pl* west; (*von Land*) West. **der ~** (*Pol*) the West; (*im Gegensatz zum Orient auch*) the Occident; **im ~** in the West; **in den ~** to the West; **von ~** from the West; **gen ~** (*liter*) westwards.

Westentasche *f* waistcoat *or* vest (*US*) pocket. **etw wie seine ~ kennen** (*inf*) to know sth like the back of one's hand (*inf*).

Westentaschenformat *nt* (*hum*) **ein X im ~ a** miniature X.

Western *m* -(s), - western.

West|europa *nt* Western Europe; **west|europäisch** *adj* West(ern) European; **~e Zeit** Greenwich Mean Time, Western European Time (*rare*); **die W~e Union** the Western European Union.

Westfale *m* -n, -n Westphalian.

Westfalen *nt* -s Westphalia.

Westfälin *f* Westphalian (woman).

westfälisch *adj* Westphalian. **der W~e Friede** (*Hist*) The Treaty of Westphalia.

westgermanisch *adj* (*Hist, Ling*) West Germanic; **Westgote** *m* (*Hist*) Visigoth; **West|indien** *nt* the West Indies *pl*; **west|indisch** *adj* West Indian; **die W~en Inseln** the West Indies *pl*; **Westküste** *f* west coast.

Westler *m* -s, - (*DDR inf*) westerner; (*Hist*) westernist.

westlich I *adj* western; *Kurs, Wind, Richtung* westerly; (*Pol*) Western. **der ~ste Ort** the westernmost place. **II** *adv* **~ von Hamburg** (to the) west of Hamburg. **III** *prep* +*gen* **des Rheins** (to the) west of the Rhine.

Westmächte *pl* (*Pol*) **die ~** the western powers *pl*; **Westmark** *f* (*inf*) West German mark; **Westnordwest** *m* west-north-west; **Westpolitik** *f* policy towards the west, western policy; **Westpreußen** *nt* West Prussia; **Westrom** *nt* (*Hist*) Western Roman Empire; **Westsektor** *m* western sector; **Westsüdwest** *m* west-south-west; **Westwall** *m* (*Hist*) Siegfried Line; **westwärts** *adv* westward(s), (to the) west; **Westwind** *m* west wind.

weswegen *interrog adv* why.

Wett|annahme(stelle) *f* betting office.

Wettbewerb *m* competition. **mit jdm in ~ stehen/treten** to be in/enter into competition with sb, to be competing/to compete with sb; **außer ~ teilnehmen** *or* **laufen** to take part hors concours *or* as a non-competitor.

Wettbewerber *m* competitor.

Wettbewerbsbeschränkung *f* restraint of trade; **wettbewerbsfähig** *adj* competitive; **Wettbewerbsteilnehmer** *m* competitor.

Wettbüro *nt* betting office.

Wette *f* -, -n bet (*auch Sport*); wager. **eine ~ machen** *or* **abschließen/annehmen** to make/take up *or* accept a bet; **eine ~ auf ein Pferd abschließen** to place a bet on a horse; **darauf gehe ich jede ~ ein** I'll bet you anything you like; **was gilt die ~?** what will you bet me?, what are you betting?; **die ~ gilt!** done!, you're on! (*inf*); **um die ~ laufen/schwimmen** to run/swim a race (with each other); **mit jdm um die ~ laufen** *or* **rennen** to race sb; **sie arbeiten/singen/schreien um die ~** they're working as hard as they can/singing at the tops of their voices/having a screaming competition.

Wett|eifer *m* competitive zeal, competitiveness.

wett|eifern *vi insep* **mit jdm um etw ~** to compete *or* contend *or* vie with sb for sth.

wetten *vti* to bet (*auch Sport*); to wager. **(wollen wir) ~?** (do you) want to bet?; **~, daß ich recht habe?** (I) bet you I'm right!; **so haben wir nicht gewettet!** that's not part of the deal *or* bargain!; **auf etw** (*acc*) **~** to bet on sth; **mit jdm ~** to bet with sb; **(mit jdm) (darauf) ~, daß ...** to bet (sb) that ...; **(mit jdm) um 5 Mark/eine Flasche Bier** *etc* **~** to bet (sb) 5 marks/a bottle of beer *etc*; **wir wetteten um einen Kasten Sekt** we bet each other a case of champagne; **gegen etw ~** to bet against sth; **ich wette 100 gegen 1 (darauf)(, daß ...)** I'll bet *or* lay (you) 100 to 1 (that ...); **ich wette meinen Kopf (darauf)(, daß ...)** I'll bet you anything (you like) (that ...).

Wetter[1] *m* -s, - better.

Wetter[2] *nt* -s, - 1. weather *no indef art*. **bei jedem ~** in all weathers; **bei so einem ~** in weather like this/that, in such weather; **das ist vielleicht ein ~!** (*inf*) what weather!; **was haben wir heute für ~?** what's the weather like today?; **wir haben herrliches ~** the weather's marvellous; **ein ~ zum Eierlegen** (*inf*) *or* **Heldenzeugen** (*inf*) fantastic weather (*inf*); **übers** *or* **vom ~ sprechen** to talk about the weather; **(bei jdm) gut ~ machen** (*inf*) to make up to sb; **(jdn) um gutes ~ bitten** (*inf*) to try to smooth things over (with sb).

2. (*Un~*) storm.

3. *usu pl* (*Min*) **schlagende ~** *pl* firedamp *sing*.

Wetter|amt *nt* weather *or* met(eorological) office; **Wetter|aussichten** *pl* weather outlook *sing* *or* prospects *pl*; **Wetterballon** *m* weather *or* meteorological balloon; **Wetterbe|obachtung** *f* meteorological observation; **Wetterbericht** *m* weather report; **Wetterbesserung** *f* improvement in the weather; **wetterbeständig** *adj* weatherproof; **wetterbestimmend** *adj* weather-determining; **~ sein** to determine the weather.

Wetterchen *nt* (*inf*) **das ist ja heute ein ~!** the weather's really great *or* fantastic today! (*inf*).

Wetterdienst *m* weather *or* meteorological service; **wetter|empfindlich** *adj* sensitive to (changes in) the weather; **Wetterfahne** *f* weather vane; **wetterfest** *adj* weatherproof; **Wetterfront** *f* front; **Wetterfrosch** *m* 1. *type of barometer*

using a frog; **2.** (*hum inf*) weatherman
(*inf*); **wetterfühlig** *adj* sensitive to
(changes in) the weather; **wetterge-
schützt** *adj* sheltered; **Wettergott** *m*
weather god; **der ~** (*hum*) the person up
there who controls the weather (*hum*);
Wetterhahn *m* weathercock;
Wetterhäuschen *nt* weather house *or*
box; **Wetterkarte** *f* weather map *or* chart;
Wetterkunde *f* meteorology;
Wetterlage *f* weather situation, state of
the weather; **wetterleuchten** *insep* **I** *vi
impers* **es wetterleuchtet** there's sheet
lightning; (*fig*) there's a storm brewing;
II *vi* (*fig*) **am Horizont wetterleuchtete
bereits die Revolution** the storm clouds of
revolution were already gathering on the
horizon; **Wetterleuchten** *nt* **-s,** *no pl*
sheet lightning; (*fig*) storm clouds *pl*;
Wettermeldung *f* weather *or* meteorological report.

wettern *vi* to curse and swear. **gegen** *or* **auf
etw** (*acc*) **~** to rail against sth.

Wetterprognose *f* (*Aus*) weather forecast;
Wetterprophet *m* (*hum*) weatherman
(*inf*); **Wetterregel** *f* weather maxim *or*
saying; **Wettersatellit** *m* weather
satellite; **Wetterschaden** *m* weather
damage; **Wetterscheide** *f* weather *or*
meteorological divide; **Wetterschiff** *nt*
weather ship; **Wetterseite** *f* windward
side, side exposed to the weather;
Wetterstation *f* weather *or* meteorological station; **Wettersturz** *m* sudden fall in
temperature and atmospheric pressure;
Wetter|umbruch (*esp Sw*), **Wetter-
|umschlag, Wetter|umschwung** *m* sud-
den change in the weather; **Wetter-
verhältnisse** *pl* weather conditions *pl*;
Wetterverschlechterung *f* deterioration
in *or* worsening of the weather; **Wetter-
voraussage, Wettervorhersage** *f*
weather forecast; **Wetterwarte** *f* weather
station; **wetterwendisch** *adj* (*fig*)
changeable, moody; **Wetterwolke** *f*
storm cloud.

Wettfahrt *f* race; **Wettkampf** *m* competition; **Wettkämpfer** *m* competitor;
Wettlauf *m* race; **einen ~ machen** to run
a race; **ein ~ mit der Zeit** a race against
time; **Wettläufer** *m* runner (in a/the
race).

wettmachen *vt sep* to make up for; *Verlust
etc* to make good; *Rückstand* to make up.

wettrennen *vi* (*infin only*) to run a race;
Wettrennen *nt* (*lit, fig*) race; **ein ~
machen** to run a race; **Wettrudern** *nt* boat
race; **Wettrüsten** *nt* arms race; **Wett-
schein** *m* betting slip; **Wettschuld** *f* betting debt; **Wettschwimmen** *nt* swimming
competition *or* contest; **Wettstreit** *m*
competition (*auch fig*), contest; **mit jdm
im ~ liegen** to compete with sb; **mit jdm
in ~ treten** to enter into competition with
sb.

wetzen I *vt* to whet. **II** *vi aux sein* (*inf*) to
scoot (*inf*).

Wetzstahl *m* steel; **Wetzstein** *m* whet-
stone.

WEZ [ve:|e:'tset] *abbr of* **Westeuro-
päische Zeit** GMT.

WGB [ve:ge:'be:] *abbr of* **Weltgewerk-
schaftsbund** WFTU.

Whisky ['vɪski] *m* **-s, -s** whisky, whiskey
(*US*); (*schottischer auch*) Scotch; (*irischer*)
whiskey; (*amerikanischer Mais~ auch*)
bourbon (whisk(e)y); (*amerikanischer
Roggen~ auch*) rye (whisk(e)y). **~ mit
Eis/(mit) Soda** whisky and ice *or* on the
rocks/and soda.

wich *pret of* **weichen²**.

Wichs [vɪks] *m* **-es, -e,** (*Aus*) *f* **-, -en in
vollem** *or* (*Aus*) **voller ~** (*Univ*) in full
dress, in full regalia.

Wichse ['vɪksə] *f* **-, -n 1.** (*dated: Schuh~*)
shoe polish. **schwarze ~** blacking (*dated*),
black shoe polish. **2.** *no pl* (*inf: Prügel*) **~
bekommen** to get a hiding (*inf*).

wichsen ['vɪksn] **I** *vt* **1.** *auch vi* (*dated*)
Schuhe to polish; (*mit schwarzer Wichse*)
to black (*dated*); *Schnurrbart, Boden etc*
to wax; *siehe* **gewichst. 2.** (*inf: prügeln*)
jdn (*ganz schön*) **~** to give sb a (good)
hiding (*inf*). **II** *vi* (*sl: onanieren*) to jerk *or*
toss off (*sl*), to (have a) wank (*Brit vulg*).

Wicht *m* **-(e)s, -e** (*Kobold*) goblin, wight
(*obs*); (*kleiner Mensch*) titch (*inf*);
(*Kind*) (little) creature. **ein armer ~** a
poor devil (*inf*) *or* wretch; (*Kind*) a poor
little thing *or* creature.

Wichtel *m* **-s, - 1.** (*auch ~männchen*)
gnome; (*Kobold*) goblin, imp; (*Heinzelmännchen*) brownie. **2.** (*bei Pfadfinderin-
nen*) brownie.

wichtig *adj* important. **eine ~e Miene
machen** to put on an air of importance;
sich ~ machen *or* **tun** to be full of one's
own importance, to be self-important *or*
pompous; **er will sich nur ~ machen** he
just wants to get attention; **sich selbst/etw
(zu) ~ nehmen** to take oneself/sth (too)
seriously; **du hast's aber ~!** (*inf*) what's all
the fuss about?; **~ tun** (*inf*), **sich** (*dat*) **~
vorkommen** to be full of oneself; **W~eres
zu tun haben** to have more important
things *or* better things to do; **nichts
W~eres zu tun haben** to have nothing
better to do; **das W~ste** (*die ~ste Sache*)
the most important thing; (*die ~sten Einzelheiten*) the most important details.

Wichtigkeit *f* importance. **einer Sache** (*dat*)
große *etc* **~ beimessen** *or* **beilegen** to place
great *etc* importance on sth.

Wichtigmacher(in *f*) (*Aus*), **Wichtig-
tuer(in** *f*) [-tuɐ, -ərɪn] *m* **-s, -** (*pej*) pompous ass (*inf*), stuffed shirt (*inf*).

Wichtigtuerei [-tu:ə'rai] *f* (*pej*) pomposity,
pompousness.

wichtigtuerisch [-tu:ərɪʃ] *adj* pompous.

Wicke *f* **-, -n** (*Bot*) vetch; (*Garten~*) sweet
pea.

Wickel *m* **-s, - 1.** (*Med*) compress. **2.** (*Rolle*)
reel, spool; (*Locken~*) roller, curler.
3. (*inf*) **jdn am** *or* **beim ~ packen** *or* **nehmen** *or* **kriegen/haben** to grab/have sb by
the scruff of the neck; (*fig auch*) to give sb a
good talking to (*inf*); (*stärker*) to have sb's
guts for garters (*inf*).

Wickelbluse *f* wrap-around blouse;
Wickelgamasche *f* puttee; **Wickelkind**
nt babe-in-arms; (*fig auch*) baby;
Wickelkommode *f* baby's changing unit.

wickeln I *vt* **1.** (*schlingen*) to wind (*um
round*); (*Tech*) *Spule, Transformator etc*

auch to coil; *Verband etc* to bind; *Haare, Locken* to put in rollers *or* curlers; *Zigarren* to roll; (*umschlagen*) to wrap. **sich** (*dat*) **eine Decke um die Beine ~** to wrap a blanket around one's legs; **wenn du das denkst, bist du schief gewickelt!** (*fig inf*) if you think that, you're very much mistaken; *siehe* **Finger.**

2. (*einwickeln*) to wrap (*in* +*acc* in); (*mit Verband*) to dress, to bandage. **einen Säugling ~** to put on a baby's nappy (*Brit*) *or* diaper (*US*); (*frisch ~*) to change a baby's nappy/diaper.

II *vr* to wrap oneself (*in* +*acc* in). **sich um etw ~** to wrap itself around sth; *Schlange, Pflanze* to wind itself around sth.

Wickelrock *m* wrap-around skirt; **Wickeltisch** *m* baby's changing table.

Widder *m* **-s, -** (*Zool*) ram; (*Astrol*) Aries; (*Mil, Hist*) battering ram. **er/sie ist (ein) ~** (*Astrol*) he's/she's an Arian *or* (*an*) Aries; **der ~** (*Astron, Astrol*) Aries, the Ram.

wider *prep* +*acc* (*geh*) against; (*entgegen auch*) contrary to. **~ Erwarten** contrary to expectations.

widerborstig *adj* contrary, perverse.

Widerborstigkeit *f* contrariness, perversity.

widerfahren *vi, vi impers insep irreg aux sein* +*dat* (*geh*) to happen (*jdm* to sb); (*Unglück etc*) to befall (*jdm* sb) (*liter*). **mir ist in meinem Leben schon viel Gutes ~** life has given me many good things.

Widerhaken *m* barb; (*an größerer Harpune*) fluke; **Widerhall** *m* echo, reverberation; (**bei jdm**) **keinen ~ finden** (*Interesse*) to meet with no response (from sb); (*Gegenliebe etc*) not to be reciprocated (by sb); **widerhallen** *vi sep or* (*rare*) *insep* to echo *or* reverberate (*von* with); **Widerklage** *f* counterclaim; **widerklingen** *vi sep irreg* to resound *or* ring (*von* with).

widerlegbar *adj* refutable, disprovable. **nicht ~** irrefutable.

widerlegen *vt insep Behauptung etc* to refute, to disprove; *jdn* to prove wrong. **Widerlegung** *f* refutation, disproving.

widerlich *adj* disgusting, revolting; *Mensch* repulsive; *Kopfschmerzen* nasty.

Widerlichkeit *f* (*widerliche Sache*) disgusting *or* revolting thing; (*von Mensch*) repulsiveness; (*von Kopfschmerzen*) nastiness. **die ~ des Anblicks/seines Benehmens** the disgusting *or* revolting sight/his disgusting *or* revolting behaviour.

widern *vt, vt impers* (*geh*) *siehe* **anwidern.**

widernatürlich *adj* unnatural; (*pervers auch*) perverted; **Widerpart** *m* (*old, geh: Gegner*) adversary, opponent; **widerrechtlich** *adj* unlawful, illegal; **etw ~ betreten** *Gelände* to trespass (up)on sth; *Gebäude* to enter sth unlawfully *or* illegally; **sich** (*dat*) **etw ~ aneignen** to misappropriate sth; **Widerrede** *f* **1.** *siehe* **Gegenrede; 2.** (*Widerspruch*) contradiction, argument; **keine ~!** no arguing!, don't argue!; **er duldet keine ~** he will not have any arguments about it; **ohne ~** without protest *or* demur.

Widerruf *m siehe vb* revocation, withdrawal, cancellation; retraction; with-

drawal; cancellation, countermand; recantation. **~ leisten** to recant; **bis auf ~** until revoked *or* withdrawn *or* cancelled.

widerrufen *insep irreg* **I** *vt Erlaubnis, Anordnung etc* to revoke (*auch Jur*), to withdraw, to cancel; *Aussage, Geständnis, Behauptung* to retract (*auch Jur*), to withdraw; *Befehl* to cancel, to countermand. **II** *vi* (*bei Verleumdung etc*) to withdraw; (*esp bei ketzerischen Behauptungen*) to recant.

widerruflich (*form*) **I** *adj* revocable, revokable. **II** *adv* until revoked *or* withdrawn.

Widersacher(in *f*) *m* **-s, -** adversary, antagonist, opponent; **Widerschein** *m* (*liter*) reflection; **widersetzen** *vr insep* **sich jdm/einer Sache ~** to oppose sb/sth; *einem Polizisten, der Festnahme* to resist sb/sth; *einem Befehl, einer Aufforderung* to refuse to comply with sth; **widersetzlich** *adj* contrary, obstreperous; *Befehlsempfänger* insubordinate; **Widersetzlichkeit** *f siehe adj* contrariness, obstreperousness; insubordination; **Widersinn** *m, no pl* absurdity, illogicality; **widersinnig** *adj* absurd, nonsensical; **widerspenstig** *adj* unruly, wilful; (*störrisch*) stubborn; (*fig*) unmanageable; *Haar* unruly, unmanageable; **„der W~en Zähmung"** "The Taming of the Shrew"; **Widerspenstigkeit** *f siehe adj* unruliness, wilfulness; stubbornness; unmanageableness; **widerspiegeln** *sep* **I** *vt* (*lit, fig*) to reflect; *Gegenstand auch* to mirror; **II** *vr* (*lit, fig*) to be reflected/mirrored; **Widerspieg(e)lung** *f* reflection; **Widerspiel** *nt* **das ~ der Kräfte** the play of forces.

widersprechen *insep irreg* **I** *vi* **jdm/einer Sache ~** to contradict sb/sth; (*nicht übereinstimmen mit*) *den Tatsachen etc auch* to be inconsistent with sth; **da muß ich aber ~** I've got to contradict you there; **das widerspricht meinen Grundsätzen** that goes *or* is against my principles.

II *vr* (*einander*) to contradict each other *or* one another; (*nicht übereinstimmen: Aussagen etc auch*) to be inconsistent, to conflict. **sich** (*dat*) (**selbst**) **~** to contradict oneself.

widersprechend *adj* (*sich or einander*) **~** contradictory, conflicting, inconsistent.

Widerspruch *m* **1.** (*Gegensätzlichkeit*) contradiction (*auch Philos*); (*Unvereinbarkeit auch*) inconsistency. **ein ~ in sich selbst** a contradiction in terms; **in** *or* **im ~ zu** contrary to; **in ~ zu** *or* **mit etw geraten** to come into conflict with sth, to contradict sth; **sich in ~ zu jdm/etw setzen** to go against sb/sth; **in** *or* **im ~ zu** *or* **mit etw stehen** to conflict with sth, to stand in contradiction to sth, to be contrary to sth. **2.** (*Widerrede*) contradiction, dissent; (*Protest*) protest; (*Ablehnung*) opposition. **kein ~!** don't argue!; **er duldet keinen ~** he won't have any argument; **es erhob sich ~** there was opposition (*gegen* to), there were protests (*gegen* against); **~ erheben** to protest.

widersprüchlich *adj* contradictory; *Erzählung, Theorie auch, Verhalten* inconsistent.

Widersprüchlichkeit *f siehe adj* contradiction, contradictoriness; inconsistency.

Widerspruchsgeist *m* spirit of opposition; **widerspruchslos I** *adj* (*unangefochten*) *Zustimmung, Annahme* unopposed; (*ohne Einwände*) *Zuhören, Befolgen von Anordnung* without contradiction; (*folgsam*) *Kind, Gehorchen* unprotesting; (*nicht widersprüchlich*) *Theorie, Mensch, Verhalten* consistent; **II** *adv siehe adj* without opposition; without contradiction; without protest; consistently; **widerspruchsvoll** *adj* full of contradictions; (*voller Unvereinbarkeiten*) full of inconsistencies.

Widerstand *m* -(e)s, ⁻e resistance (*auch Pol, Elec etc*); (*im 2. Weltkrieg*) Resistance; (*Ablehnung*) opposition; (*Elec: Bauelement*) resistor. **zum ~ aufrufen** to call upon people to resist; **gegen jdn/etw ~ leisten** to resist sb/sth, to put up *or* offer (*form*) resistance to sb/sth; **seine inneren ⁻e überwinden** to overcome one's inhibitions; **~ gegen die Staatsgewalt** obstructing an officer in the performance of his duties; *siehe* Weg.

Widerstandsbewegung *f* resistance movement; (*im 2. Weltkrieg*) Resistance movement; **widerstandsfähig** *adj* robust; *Pflanze* hardy; (*Med, Tech etc*) resistant (*gegen* to); **Widerstandsfähigkeit** *f siehe adj* robustness; hardiness; resistance (*gegen* to); **Widerstandskämpfer** *m* member of the resistance; (*im 2. Weltkrieg*) member of the Resistance, Resistance fighter; **Widerstandskraft** *f* (power of) resistance; **widerstandslos** *adj, adv* without resistance; **Widerstandsmesser** *m* -s, - (*Elec*) ohmmeter; **Widerstandsnest** *nt* (*Mil*) pocket of resistance.

widerstehen* *vi insep irreg* +*dat* to resist; (*standhalten*) to withstand. **einer Versuchung/einem Erdbeben ~ können** to be able to resist a temptation/withstand an earthquake.

widerstreben* *vi insep* +*dat* **jdm/einer Sache ~** (*Mensch*) to oppose sb/sth; **etw widerstrebt einer Sache** sth conflicts with sth; **jds sittlichem Empfinden/jds Interessen** *etc* ~ to go against sb's moral sense/sb's interests *etc*; **das widerstrebt mir** (*das möchte ich nicht tun*) I can't do things like that, I can't be like that; **es widerstrebt mir, so etwas zu tun** it goes against the grain to do anything like that.

Widerstreben *nt* -s, *no pl* reluctance. **nach anfänglichem ~** after some initial reluctance.

widerstrebend *adj* (*gegensätzlich*) *Interessen* conflicting; (*widerwillig, zögernd*) reluctant. **mit ~en Gefühlen** with (some) reluctance.

Widerstreit *m* (*geh*) conflict. **im** *or* **in ~ zu etw stehen** to be in conflict with sth.

widerstreitend *adj* (*geh*) (*einander*) ~ conflicting.

widerwärtig *adj* offensive; (*ekelhaft auch*) disgusting; *Aufgabe, Arbeit, Verhalten* objectionable. **etw ist jdm ~** sb finds sth offensive/disgusting/objectionable.

Widerwille *m* (*Abscheu, Ekel*) disgust (*gegen* for), revulsion; (*Abneigung*) distaste (*gegen* for), aversion (*gegen* to);

(*Widerstreben*) reluctance. **etw mit größtem ~n tun/trinken** to do sth with the greatest reluctance/drink sth with intense distaste.

widerwillig *adj* reluctant, unwilling.

Widerworte *pl* answering back *sing*. **~ geben** *or* **machen** to answer back; **er tat es ohne ~** he did it without protest.

widmen I *vt* **jdm etw ~** to dedicate sth to sb; (*schenken, verwenden auf*) to devote sth to sb.

II *vr* +*dat* to devote oneself to; (*sich kümmern um*) *den Gästen etc* to attend to; *einem Problem, einer Aufgabe* to apply oneself to, to attend to. **nun kann ich mich dir/dieser Aufgabe ganz ~** I can now give you/this task my undivided attention.

Widmung *f* (*in Buch etc*) dedication (*an* + *acc* to).

widrig *adj* adverse; *Winde, Umstände auch* unfavourable.

wie I *interrog adv* **1.** how. **~ anders ...?** how else ...?; **~ schwer/oft** *etc*? how heavy/often *etc*?; **~ viele?** how many?; **~ das?** how come?; **~ ist dir** (*zumute*)? how do you feel?; **aber frag' (mich) nicht ~!** but don't ask me how!; **~ wär's (mit uns beiden etc)** (*inf*) how about it? (*inf*); **wie wär's mit einem Whisky?** (*inf*) how about a whisky?

2. (*welcher Art*) **~ war's bei der Party/in Italien?** what was it like at the party/in Italy?, what was the party/Italy like?; **~ ist er (denn)?** what's he like?; **~ war das Wetter?** what was the weather like?, how was the weather?; **~ ist es eigentlich, wenn ...?** what's the situation if ...?, what happens if ...?; **~ war das (noch mal genau) mit dem Unfall?** what (exactly) happened in the accident?; **Sie wissen ja, ~ das so ist** well, you know how it is.

3. (*was*) **~ heißt er/das?** what's he/it called?; **~ nennt man das?** what is that called?; **~? what?; ~ bitte?, ~ war das?** (*inf*), **~ meinen** *or* **belieben?** (*inf*) sorry?, pardon?, come again? (*inf*); **~ bitte?!** (*entrüstet*) I beg your pardon!

4. (*in Ausrufen*) how. **und ~!, aber ~!** and how! (*inf*); **~ groß er ist!** how big he is!, isn't he big!; **~ schrecklich!** how terrible!; **~ haben wir gelacht, als ...** how we laughed when ...

5. (*nicht wahr*) eh. **das macht dir Spaß, ~?** you like that, don't you?; **das macht dir keinen Spaß, ~?** you don't like that, do you?

II *adv* **1.** (*relativ*) **die Art, ~ sie geht** the way (in which) she walks; **in dem Maße, ~ ...** to the same extent that ...; **es war ein Sonnenuntergang, ~ er noch nie einen gesehen hatte** it was a sunset the like of which he had never seen before.

2. (*in Verbindung mit auch*) **~ stark du auch sein magst** however strong you may be; **~ auch immer du das machen wirst** however you *or* whatever way you are going to do it; **~ sie auch alle heißen** whatever they're called.

III *conj* **1.** (*vergleichend*) (*wenn sich Vergleich auf adj, adv bezieht*) as; (*wenn sich Vergleich auf n bezieht, bei Apposition*) like. **so ... ~** as ... as; **so lang ~**

breit the same length and width, as long as it *etc* is wide; **weiß** ~ **Schnee** (as) white as snow; **mutig** ~ **ein Löwe** as brave as a lion; **eine Nase** ~ **eine Kartoffel** a nose like a potato; **ein Mann** ~ **er** a man like him, a man such as he (*form*); **in einer Lage** ~ **diese(r)** in a situation like this *or* such as this; **er ist Lehrer,** ~ **sein Vater es war** he is a teacher like his father was (*inf*) *or* as was his father; **T** ~ **Theodor** "t" as in "Tommy"; (*bei Rundfunk⋅ etc*) t for Tommy; ~ **gewöhnlich/immer** as usual/ always *or* ever; **ich fühlte mich** ~ **im Traum** I felt as if I were *or* was or like I (*inf*) was dreaming; ~ **sie nun (ein)mal ist,** **mußte sie …** the way she is she just had to …; ~ **du weißt/man sagt** as you know/they say; ~ **noch nie** as never before.

2. (*zum Beispiel*) ~ (**zum Beispiel** *or* **etwa**) such as (for example).

3. (*incorrect: als*) **größer/schöner** ~ bigger/more beautiful than; **nichts** ~ **Ärger** *etc* nothing but trouble *etc*.

4. (*und*) as well as. **Alte** ~ **Junge** old and young alike.

5. ~ **wenn** as if *or* though.

6. (*bei Verben der Gefühlsempfindung*) **er sah,** ~ **es geschah** he saw it happen; **sie spürte,** ~ **es kalt wurde** she felt it getting cold; **er hörte,** ~ **der Regen fiel** he heard the rain falling.

Wie nt -s, no pl das ~ **und Wann werden wir später besprechen** we'll talk about how and when later.

Wiedehopf m -(e)s, -e hoopoe.

wieder adv **1.** again. ~ **nüchtern/glücklich** *etc* sober/happy *etc* again; **immer** ~, ~ **und** ~ again and again; ~ **mal, (ein)mal** ~ (once) again; **komm doch** ~ **mal vorbei** come and see me/us again; ~ **ist ein Jahr vorbei** another year has passed; ~ **was anderes** *or* **Neues** something else again, something quite different; **wie, schon** ~? what, again?; ~ **da back** (again); **da bin ich** ~! I'm back!, here I am again!; **das ist auch** ~ **wahr** that's true; **da sieht man mal** ~, … it just shows …

2. (*in Verbindung mit vb*) again. **das fällt mir schon** ~ **ein** I'll remember it again; **das Boot tauchte** ~ **auf** the boat resurfaced; **wenn die Wunde** ~ **aufbricht** if the wound reopens.

Wieder- pref re; (*bei Verben*) (*erneut, noch einmal*) again; (*zurück*) back; **Wieder‖abdruck** m reprint; **Wieder‖aufbau** m (*lit, fig*) reconstruction, rebuilding; **der** ~ **nach dem Krieg/des Hauses** post-war reconstruction/the rebuilding of the house; **wieder‖aufbauen** vti sep to reconstruct, to rebuild; **wieder‖aufbereiten*** vt sep to recycle; *Atommüll* to reprocess; **wieder‖auf‖erstehen*** vi sep irreg aux sein to rise from the dead, to be resurrected; **Wieder‖auf‖erstehung** f resurrection; **wieder‖aufleben** vi sep aux sein to revive; **Wieder‖aufleben** nt revival; (*von Nationalismus etc auch*) resurgence; **wieder‖auflegen** vt sep to republish; **Wieder‖aufnahme** f **1.** (*von Tätigkeit, Gespräch etc*) resumption; (*von Beziehungen auch*) re-establishment; (*von Gedanken, Idee*) readoption; (*von

Thema) reversion (*gen* to); **die** ~ **des Verfahrens** (*Jur*) the reopening of proceedings; **2.** (*von verstoßenem Menschen*) taking back; (*im Verein etc*) readmittance, reacceptance; (*von Patienten*) readmission; **wieder‖aufnehmen** vt sep irreg **1.** to resume; *Beziehungen auch* to re-establish; *Gespräch auch, Gedanken, Idee, Hobby* to take up again; *Thema* to revert to; (*Jur*) *Verfahren* to reopen; **2.** *verstoßenen Menschen* to take back; (*in Verein etc*) to readmit, to reaccept; *Patienten* to readmit; **wieder‖aufrichten** vt sep (*fig*) *jdn* to give new heart to; **wieder‖aufrüsten** vti sep to rearm; **jdn moralisch** ~ to raise sb's morale; **Wieder‖aufrüstung** f rearmament; **Wieder‖ausfuhr** f re-export; **Wiederbeginn** m recommencement, restart; (*von Schule*) reopening; **wiederbekommen*** vt sep irreg to get back; **wiederbeleben*** vt sep to revive, to resuscitate; (*fig*) *Brauch etc* to revive, to resurrect; **Wiederbelebung** f resuscitation, revival; (*fig*) revival, resurrection; **Wiederbelebungsversuch** m attempt at resuscitation; (*fig*) attempt at revival; ~**e bei jdm anstellen** to attempt to revive *or* resuscitate sb.

wiederbeschaffen* vt sep to replace; (*zurückbekommen*) to recover.

Wiederbeschaffung f siehe vt replacement; recovery.

wiederbewaffnen* vr sep to rearm; **Wiederbewaffnung** f rearmament; **wieder‖einführen** vt sep to reintroduce; *Todesstrafe auch* to bring back; (*Comm*) *Waren* to reimport; **Wieder‖einführung** f reintroduction; **wieder‖eingliedern** vt sep to reintegrate (*in* +acc into); **Wieder‖eingliederung** f reintegration; **wieder‖einsetzen** vt sep to reinstate (*in* +acc in); **jdn als König** ~ to restore sb to the throne; **Wieder‖einsetzung** f reinstatement; (*von König*) restoration; **wieder‖einstellen** vt sep to re-employ, to re-engage; (*nach ungerechtfertigter Entlassung*) to reinstate; **Wieder‖einstellung** f siehe vt re-employment, re-engagement; reinstatement; **Wieder‖eintritt** m re-entry (*auch Space*) (*in* +acc into); **wieder‖entdecken*** vt sep (*lit, fig*) to rediscover; **Wieder‖entdeckung** f rediscovery; **wieder‖ergreifen*** vt sep irreg to recapture; **Wieder‖ergreifung** f recapture; **wieder‖erhalten*** vt sep irreg to recover; **wieder‖erkennen*** vt sep irreg to recognize; **das/er war nicht wieder‖zuerkennen** it/he was unrecognizable; **wieder‖erlangen*** vt sep to regain; *Eigentum* to recover; **Wieder‖erlangung** f siehe vt regaining; recovery; **wieder‖ernennen*** vt sep irreg to reappoint (*zu etw* (as) sth); **Wieder‖ernennung** f reappointment (*zu* as); **wieder‖eröffnen*** vti sep to reopen; **Wieder‖eröffnung** f reopening; **wieder‖erscheinen*** vi sep irreg aux sein to reappear; (*Buch etc*) to be republished; **wieder‖erstehen*** vi sep irreg aux sein to rise again; **wieder‖erwachen*** vi sep aux sein to reawake(n); **wieder‖erwecken*** vt sep to bring back to life, to revive (*auch fig*); **Wieder‖er‖

weckung *f* bringing back to life, revival (*auch fig*); **wiederfinden** *sep irreg* **I** *vt* to find again; (*fig*) *Selbstachtung, Mut etc* to regain; **die Sprache** ~ (*fig*) to find one's tongue again; **II** *vr* (*nach Schock*) to recover; **sich irgendwo** ~ to find oneself somewhere; **sich** *or* **einander** ~ to find each other again.

Wiedergabe *f* -, -n **1.** (*von Rede, Ereignis, Vorgang*) account, report; (*Beschreibung*) description; (*Wiederholung: von Äußerung etc*) repetition.
   2. (*Darbietung: von Stück etc*) rendering, rendition.
   3. (*Übersetzung*) rendering.
   4. (*Darstellung*) representation.
   5. (*Reproduktion*) (*von Gemälde, Farben, akustisch*) reproduction. **bei der** ~ in reproduction.
   6. (*Rückgabe*) return; (*von Rechten, Freiheit etc*) restitution.

Wiedergabegerät *nt* playback unit; **Wiedergabetreue** *f* fidelity of sound reproduction; **hohe** ~ high fidelity.

wiedergeben *vt sep irreg* **1.** *Gegenstand, Geld* to give back; (*fig*) *Rechte, Mut etc auch* to restore. **jdm ein Buch** ~ to give a book back to sb, to give sb his/her book back; **jdm die Freiheit** ~ to restore sb's freedom, to give sb back his freedom.
   2. (*erzählen*) to give an account of; (*beschreiben*) to describe; (*wiederholen*) to repeat. **seine Worte sind nicht wiederzugeben** his words are unrepeatable.
   3. *Gedicht* to recite; *Theaterstück, Musik* to perform.
   4. (*übersetzen*) to render.
   5. (*darstellen, porträtieren*) to represent.
   6. (*reproduzieren*) *Gemälde, Farbe, Ton* to reproduce.
   7. (*vermitteln*) *Bedeutung, Gefühl, Erlebnis* to convey.

wiedergeboren *adj* (*lit, fig*) reborn; ~ **werden** to be reborn; to be reincarnated; **Wiedergeburt** *f* (*lit, fig*) rebirth; reincarnation; **wiedergewinnen*** *vt sep irreg* (*lit, fig*) to regain; **jdn** to win back; *Land, Rohstoffe etc* to reclaim; *Geld, Selbstvertrauen* to recover; **wiedergrüßen** *vti sep* (**jdn**) ~ to return sb's greeting; (*einen ausgerichteten Gruß erwidern*) to send sb one's regards in return; **wiedergutmachen** *vt sep, ptp* **wiedergutgemacht** to make good; *Schaden* to compensate for; *Fehler* to rectify; *Beleidigung* to put right; (*sühnen*) to atone for; (*Pol*) to make reparations for; (*Jur*) to redress; **das ist nie wiedergutzumachen** that can never be put right; **Wiedergutmachung** *f* compensation; (*Sühne*) atonement; (*Pol*) reparations *pl*; (*Jur*) redress; **wiederhaben** *vt sep irreg* (*inf*) to have (got) back; **etw** ~ **wollen** to want sth back; **wiederherstellen** *vt sep, ptp* **wiederhergestellt** *Gebäude, Ordnung, Frieden, jds Gesundheit* to restore; *Beziehungen* to re-establish; *Patienten* to restore to health; **Wiederherstellung** *f siehe vt* restoration; re-establishment; restoration of sb's health.

wiederholbar *adj* repeatable. **leicht/schwer** ~ easy/hard to repeat; **das ist nicht** ~ that can't be repeated.

wiederholen[1]* *insep* **I** *vti* to repeat; (*zum zweiten Mal, mehrmals*) *Forderung etc* to reiterate; (*zusammenfassend*) to recapitulate; *Lernstoff* to revise; (*Film*) *Szene auch* to retake; (*Sport*) *Elfmeter etc* to retake, to take again; *Spiel* to replay. **wiederholt, was ich euch vorsage** repeat after me; (**eine Klasse** *or* **ein Jahr**) ~ (*Sch*) to repeat a year.
   II *vr* (*Mensch*) to repeat oneself; (*Thema, Ereignis*) to recur, to be repeated; (*Dezimalstelle*) to recur. **es wiederholt sich doch alles im Leben** life has a habit of repeating itself.

wiederholen[2] *vt sep* to get back.

wiederholt *adj* repeated. **zu ~en Malen** repeatedly, on repeated occasions; **zum ~en Male** once again.

Wiederholung *f* repetition; (*von Aufführung*) repeat performance; (*von Sendung*) repeat; (*in Zeitlupe*) replay; (*von Lernstoff*) revision; (*zum zweiten Mal, mehrmals: von Forderung etc*) reiteration; (*zusammenfassend*) recapitulation; (*von Filmszene*) retaking; (*Sport*) (*von Elfmeter*) retake; (*von Spiel*) replay.

Wiederholungsfall *m* **im** ~ should it recur; **Wiederholungskurs** *m* refresher course; **Wiederholungsspiel** *nt* (*Sport*) replay; **Wiederholungstaste** *f* repeat key; **Wiederholungstäter** *m* (*Jur*) (*bei erster Wiederholung*) second offender; (*bei ständiger Wiederholung*) persistent offender, recidivist (*Psych*); **Wiederholungszeichen** *nt* (*Mus*) repeat (mark); **Wiederholungszwang** *m* (*Psych*) recidivism; (*Sprachfehler*) palilalia (*spec*).

Wiederhören *nt* (**auf**) ~! (*am Telefon*) goodbye!; (*im Hörfunk*) goodbye for now!; **wiederkäuen** *sep* **I** *vt* to ruminate, to chew again; (*fig inf*) to go over again and again; **II** *vi* to ruminate, to chew the cud; (*fig inf*) to harp on; **Wiederkäuer** *m* **-s,** **-** ruminant.

Wiederkehr *f* -, *no pl* (*geh*) (*Rückkehr*) return; (*zweites, ständiges Vorkommen*) recurrence; (*von Datum, Ereignis*) anniversary. **die ewige** ~ the eternal recurrence.

wiederkehren *vi sep aux sein* (*zurückkehren*) to return; (*sich wiederholen, wieder vorkommen*) to recur, to be repeated.

wiederkehrend *adj* recurring. **regelmäßig/oft** ~ recurrent; **ein jährlich ~es Fest** an annual festival.

wiederkennen *vt sep irreg* (*inf*) to recognize; **wiederkommen** *vi sep irreg aux sein* (*lit, fig*) to come back, to return; **komm doch mal wieder!** you must come again!; **Wiederkunft** *f* -, *no pl* (*liter*) return; **die ~ Christi** the Second Coming; **Wiederschauen** *nt* (**auf**) ~! goodbye!, good day! (*form*); **wiedersehen** *vt sep irreg* to see again; (*wieder zusammentreffen mit auch*) to meet again; **wann sehen wir uns wieder?** when will we see each other *or* meet again?; **Wiedersehen** *nt* **-s,** **-** (*nach kürzerer Zeit*) (another) meeting; (*nach längerer Zeit*) reunion; **ich freue mich auf das** ~ **mit meinen Freunden/mit der**

Heimat I'm looking forward to seeing my friends/being back home again; **sie hofften auf ein baldiges** ~ they hoped to see each other *or* meet again soon; **(auf)** ~! goodbye!; **(auf)** ~ **sagen** to say goodbye; **Wiedertäufer** *m (Rel, Hist)* Anabaptist; **wiedertun** *vt sep irreg* to do again.

wiederum *adv* **1.** *(andrerseits)* on the other hand; *(allerdings)* though. **das ist** ~ **richtig, daran habe ich nicht gedacht** that's quite correct, I didn't think of that. **2.** *(geh: nochmals)* again, anew *(liter)*. **3.** *(seinerseits etc)* in turn. **er** ~ **wollte ...** he, for his part, wanted ...

wiederver|einigen* *sep* I *vt Menschen, Fraktionen* to reunite; *Kirche auch, Land* to reunify; II *vr* to reunite, to come together again; **Wiederver|einigung** *f* reunification; **wiederverheiraten*** *vr sep* to remarry; **Wiederverheiratung** *f* remarriage; **wiederverkaufen*** *vt sep* to resell; *(Einzelhändler)* to retail; **Wiederverkäufer** *m* reseller; *(Einzelhändler)* retailer; **wiederverwendbar** *adj* reusable; **wiederverwenden*** *vt sep* to reuse; **Wiederverwendung** *f* reuse; **wiederverwerten*** *vt sep* to reutilize, to reuse; **Wiederverwertung** *f* reutilization, reuse; **Wiederwahl** *f* re-election; **eine** ~ **ablehnen** to decline to run for re-election; **wenn es zu einer** ~ **der Partei kommt** if the party is returned again; **wiederwählen** *vt sep* to re-elect; **wiederzulassen** *vt sep irreg, Auto* to relicense; **Wiederzulassung** *f* relicensing.

Wiege *f* -, **-n** *(lit, fig, Tech)* cradle. **seine** ~ **stand in Schwaben** *(geh)* his birthplace was Swabia; **es ist mir/ihm auch nicht an der** ~ **gesungen worden, daß ...** no-one could have foreseen that ...; **das ist ihm (schon** *or* **gleich) in die** ~ **gelegt worden** he inherited it; **damals lagst du noch in der** ~ at that time you were still a babe-in-arms; **von der** ~ **bis zur Bahre** *(geh)* from the cradle to the grave.

Wiegemesser *nt* chopper, chopping knife. **wiegen¹** I *vt* **1.** to rock; *Kopf* to shake (slowly); *Hüften*, *(Wind) Äste etc* to sway. **~de Bewegung** swaying motion; **einen ~den Gang haben** to sway one's hips when one walks.

2. *(zerkleinern)* to chop up.

II *vr (Boot etc)* to rock (gently); *(Mensch, Äste etc)* to sway. **sich im Tanz** ~ to do an undulating dance; **sich in trügerischen Hoffnungen** ~ to nurture false hopes; *siehe* **gewiegt**.

wiegen² *pret* **wog**, *ptp* **gewogen** *vti* to weigh. **ein knapp gewogenes Kilo** something short of a kilo; **wieviel wiegst du?** what weight are you?, what do you weigh?; **schwer** ~ *(fig)* to carry a lot of weight; *(Irrtum)* to be serious; **gewogen und zu leicht befunden** *(Bibl, fig)* weighed and found wanting.

Wiegenfest *nt (geh)* birthday; **Wiegenkind** *nt (liter)* infant, babe-in-arms; **Wiegenlied** *nt* lullaby, cradle-song.

wiehern *vi* to neigh; *(leiser)* to whinny. **(vor Lachen)** ~ to bray with laughter; **das ist ja zum W~** *(inf)* that's dead funny *(inf)*.

Wien *nt* **-s** Vienna.

Wiener *adj attr* Viennese. ~ **Würstchen** frankfurter, wiener (sausage) *(esp US)*; ~ **Schnitzel** Wiener schnitzel.

Wiener(in *f)* *m* **-s**, - Viennese.

wienerisch *adj* Viennese. **das W~e** Viennese, the Viennese accent/dialect.

wienern *vti (usu pej)* to polish.

wies *pret of* **weisen**.

Wiese *f* -, **-n** meadow; *(inf: Rasen)* grass, lawn. **auf der grünen** ~ *(fig)* in the open countryside.

wiesehr *conj* ~ **... auch** however much.

Wiesel *nt* **-s**, - weasel. **schnell** *or* **flink wie ein** ~ quick as a flash; **laufen** *or* **rennen wie ein** ~ to run like a hare.

wieselflink I *adj* quick, quicksilver *attr*. II *adv* quick as a flash.

Wiesenblume *f* meadow flower; **Wiesengrund** *m (poet)* meadow, mead *(poet)*; **Wiesenrain** *m (liter)* meadow's edge; **Wiesenschaumkraut** *nt* lady's smock.

Wiesn *f* -, - *(dial)* fair.

wieso *interrog adv* why; *(aus welchem Grund auch)* how come *(inf)*. ~ **gehst du nicht?** how come you're not going? *(inf)*, why aren't you going?; ~ **nicht** why not; ~ **sagst du das?** why do you say that?; ~ **weißt du das?** how do you know that?

wieviel *interrog adv* how much; *(bei Mehrzahl)* how many. **(um)** ~ **größer** how much bigger.

wievielmal *interrog adv* how many times.

Wievielte(r) *m decl as adj (bei Datum)* **den** ~**n haben wir** *or* **der** ~ **ist heute?** what's the date today?; **am** ~**n (des Monats)?** what date?, what day of the month?

wievielte(r, s) *interrog adj* **das** ~ **Kind ist das jetzt?** how many children is that now?; **das** ~ **Kind bist du?** — **das zweite** which child are you? — the second; **der** ~ **Band fehlt?** which volume is missing?; **den** ~**n Platz hat er im Wettkampf belegt?** where did he come in the competition?; **als** ~**r ging er durchs Ziel?** what place did he come?; **das** ~ **Mal** *or* **zum** ~**n Mal bist du schon in England?** how often *or* how many times have you been to England?; **ich habe morgen Geburtstag! — der** ~ **ist es denn?** it's my birthday tomorrow! — how old will you be?

wieweit *conj siehe* **inwieweit**.

wiewohl *conj (old)* **1.** *siehe* **obwohl**. **2.** *(dafür aber auch)* and at the same time, as well as.

Wigwam *m or nt* **-s**, **-s** wigwam.

Wikinger *m* **-s**, - Viking.

Wikingerschiff *nt* longboat, Viking ship; **Wikingerzeit** *f* age of the Vikings, Viking age.

wild *adj* wild; *Stamm* savage; *Schönheit auch* rugged; *Kind auch, Haar* unruly; *(laut, ausgelassen)* boisterous; *(heftig) Kampf, (zornig) Blick* fierce, furious; *(ungesetzlich) Parken, Zelten etc* illegal; *Streik* wildcat *attr*, unofficial. ~**es Fleisch** proud flesh; **den** ~**en Mann spielen** *(inf)* *or* **machen** *(inf)* to come the heavy *(inf)*; **der W~e Westen** the Wild West; ~ **wachsen** to grow wild; ~ **ins Gesicht hängende Haare** wild, tousled hair hanging over one's face; **dann ging alles** ~ **durcheinander** there was chaos then; **wie** ~ **rennen/**

arbeiten *etc* to run/work *etc* like mad; ~ **drauflosreden/ drauflosschreiben** to talk nineteen to the dozen/to write furiously; **seid nicht so ~!** calm down a bit!; **jdn ~ machen** to make sb furious *or* mad (*inf*); (*esp vor Vergnügen etc*) to drive sb wild; ~ **werden** to go wild (*auch inf*); (*Kinder: ausgelassen werden*) to run wild; **der Bulle wurde ~** (*inf*) the bull was enraged; **ich könnte ~ werden** (*inf*) I could scream (*inf*); ~ **auf jdn/etw sein** (*inf*) to be wild *or* crazy *or* mad about sb/sth (*inf*); **das ist nicht so** *or* **halb so ~** (*inf*) never mind; ~ **entschlossen** (*inf*) really *or* dead (*inf*) determined.

Wild *nt* **-(e)s**, *no pl* (*Tiere, Fleisch*) game; (*Rot~*) deer; (*Fleisch von Rot~*) venison. **ein Stück ~** a head of game.

Wildbach *m* torrent; **Wildbahn** *f* hunting ground *or* preserve; **auf** *or* **in freier ~** in the wild; **Wildbestand** *m* game population, stock of game; **Wildbraten** *m* roast venison; **ein ~** a roast of venison; **Wildbret** *nt* **-s**, *no pl* game; (*von Rotwild*) venison; **Wilddieb** *m* poacher; **Wilddiebstahl** *m* poaching; **Wild|ente** *f* wild duck.

Wilde(r) *mf decl as adj* savage, wild man/ woman; (*fig*) madman, maniac. **die ~n** the savages.

Wilderei *f* poaching.

Wilderer *m* **-s**, - poacher.

wildern *vi* (*Mensch*) to poach; (*Hund etc*) to kill game. **~der Hund** dog which kills game.

Wildfang *m* **1.** (*Hunt*) (*Falke*) passage *or* wild-caught hawk; (*Tier*) animal captured in the wild; **2.** (*dated inf*) little rascal *or* devil, scamp; (*Mädchen*) tomboy; **Wildfleisch** *nt* game; (*von Rotwild*) venison; **Wildfraß** *m* damage caused by game; **wildfremd** *adj* (*inf*) completely strange; **~e Leute** complete strangers; **ein W~er, ein ~er Mensch** a complete stranger; **Wildfütterung** *f* feeding of game animals; **Wildgans** *f* wild goose; **Wildgehege** *nt* game enclosure *or* preserve; **Wildgeschmack** *m* gam(e)y taste.

Wildheit *f* wildness; (*von Stamm etc*) savagery; (*von Kind auch, von Haar*) unruliness; (*von Kampf, Blick*) fierceness; (*Leidenschaft*) wild passion.

Wildhüter *m* gamekeeper; **Wildkaninchen** *nt* wild rabbit; **Wildkatze** *f* wildcat; **wildlebend** *adj attr* wild, living in the wild; **Wildleder** *nt* suede; **wildledern** *adj* suede.

Wildnis *f* (*lit, fig*) wilderness. **Tiere der ~** wild animals; **in der ~ leben/geboren werden** to live/be born in the wild.

Wildpark *m* game park; (*für Rotwild*) deer park; **Wildreservat** *nt* game reserve; **wildromantisch** *adj* terribly romantic; **Wildsau** *f* wild sow; (*fig sl*) pig (*inf*); **Wildschutzgebiet** *nt* game preserve; **Wildschwein** *nt* wild boar *or* pig; **wildwachsend** *adj attr* wild(-growing); **Wildwasser** *nt* white water; **Wildwasserboot** *nt* fast-water canoe; **Wildwasserrennen** *nt* fast-water canoe race; **Wildwechsel** *m* path used by game *or* wild animals; (*bei Rotwild*) deer path;

„~" "wild animals"; **Wildwest** *no art* the wild west; **Wildwestfilm** *m* western; **Wildwestroman** *m* western; **Wildwuchs** *m* (*geh*) rank growth; (*fig*) proliferation.

Wilhelm ['vɪlhɛlm] *m* **-s** William. **falscher ~** (*inf*) toupee.

will 1. pers present of wollen².

Wille *m* **-ns**, *no pl* will; (*Absicht, Entschluß*) intention. **nach jds ~n** as sb wanted/ wants; (*von Architekt etc*) as sb intended/ intends; **wenn es nach ihrem ~n ginge** if she had her way; **das geschah gegen** *or* **wider meinen ~** that was done against my will; **er mußte wider ~n lachen** he couldn't help laughing; **jds ~n tun** to do sb's will; **seinen ~n durchsetzen** to get one's (own) way; **auf seinem ~n bestehen** to insist on having one's way; **jdm seinen ~n lassen** to let sb have his own way; **seinen eigenen ~n haben** to be self-willed, to have a mind of one's own; **beim besten ~n nicht** not with all the will *or* with the best will in the world; **ich hätte das beim besten ~n nicht machen können** I couldn't have done that for the life of me; **es war kein** *or* **nicht böser ~** there was no ill-will intended; **es war dein freier ~, das zu tun** it was your own decision to do that; **der gute ~** good will; **guten ~ns sein** to be full of good intentions; **alle Menschen, die guten ~ns sind** all people of good will; **jdm zu ~n sein** to comply with sb's wishes; (*Mädchen: sich hingeben*) to yield to sb, to let sb have his way with one; **sich** (*dat*) **jdn zu ~n machen** to bend sb to one's will, to force sb to do one's will; *Mädchen* to have one's way with sb; **wo ein ~ ist, ist auch ein Weg** (*Prov*) where there's a will there's a way (*Prov*).

willen *prep siehe* **um II**.

willenlos *adj* weak-willed, spineless; **völlig ~ sein** to have no will of one's own; **sich jdm ~ unterwerfen** to submit totally to sb; **jds ~es Werkzeug sein** to be sb's mere tool; **Willenlosigkeit** *f* weakness of will, spinelessness.

willens *adj* (*geh*) ~ **sein** to be willing *or* prepared.

Willens|akt *m* act of will; **Willens|anstrengung** *f* effort of will; **Willens|äußerung** *f* expression of will; **Willensfreiheit** *f* freedom of will; **Willenskraft** *f* willpower, strength of mind; **Willensmensch** *m* very determined person; **willensschwach** *adj* weak-willed; **Willensschwäche** *f* weakness of will; **willensstark** *adj* strong-willed, determined; **Willensstärke** *f* will-power.

willentlich *adj* wilful, deliberate.

willfahren *pret* **willfahrte**, *ptp* **willfahrt** *vi* +*dat* (*old, liter*) to please, to satisfy, to obey (*jdm* sb). **jds Wunsch** (*dat*) ~ to comply with sb's wish.

willfährig *adj* (*old, liter*) submissive, compliant. **jdm ~ sein** to submit to sb.

willig *adj* willing.

Willigkeit *f* willingness.

willkommen *adj* welcome. **du bist (mir) immer ~** you are always welcome; **jdn ~ heißen** to welcome *or* greet sb; **seid (herzlich) ~!** welcome, welcome!; **herzlich ~** welcome (*in* +*dat* to); **die Gelegenheit,**

das zu sagen/zu tun, ist mir ~ I welcome the opportunity of saying/doing this.

Willkommen nt -s, - welcome. **ein herzliches ~!** welcome indeed!

Willkommensgruß m greeting, welcome; **Willkommenstrunk** m welcoming drink, cup of welcome (old).

Willkür f -, no pl capriciousness; (politisch) despotism; (bei Entscheidungen, Handlungen) arbitrariness. **sie sind seiner ~ schutzlos preisgegeben** or **ausgeliefert** they are completely at his mercy; **das ist reinste ~** that is purely arbitrary or just a whim; **ein Akt der ~** an act of caprice/a despotic act/an arbitrary act.

Willkür|akt m siehe **Willkür** act of caprice; despotic act; arbitrary act; **Willkürherrschaft** f tyranny, despotic rule.

willkürlich adj **1.** arbitrary; Herrscher autocratic. **sie kann ~ Tränen produzieren** she can produce tears at will. **2.** Muskulatur voluntary.

Willkürmaßnahme f arbitrary measure.

wimmeln vi **1.** auch vi impers (in Mengen vorhanden sein) **der See wimmelt von Fischen, in dem See wimmelt es von Fischen** the lake is teeming with fish; **hier wimmelt es von Mücken/Pilzen/Menschen/ Fehlern** this place is swarming with midges/overrun with mushrooms/teeming with people/this is teeming with mistakes; **der Käse wimmelt von Maden** the cheese is crawling with maggots. **2.** aux sein (sich bewegen) to teem; (Menschen, Mücken, Ameisen auch) to swarm.

wimmern vi to whimper.

Wimpel m -s, - pennant.

Wimper f -, -n **1.** (eye)lash. **ohne mit der ~ zu zucken** (fig) without batting an eyelid. **2.** (Bot, Zool) cilium.

Wimperntusche f mascara.

Wimpertierchen nt ciliate.

Wind m -(e)s, -e **1.** wind. **bei** or **in ~ und Wetter** in all weathers; **~ und Wetter ausgesetzt sein** to be exposed to the elements; **der ~ dreht sich** the wind is changing direction; (fig) the climate is changing; **wissen/merken, woher der ~ weht** (fig) to know/notice the way the wind is blowing; **daher weht der ~!** (fig) so that's the way the wind is blowing; **seither weht ein anderer/frischer ~** (fig) things have changed since then; **ein neuer ~ weht durch das Land** (fig) the wind of change is blowing in the country; **frischen** or **neuen ~ in etw** (acc) **bringen** (fig) to breathe new life into sth; **mach doch nicht so einen ~** (inf) don't make such a to-do (inf); **viel ~ um etw machen** (inf) to make a lot of fuss or to-do (inf) about sth; **vor dem/gegen den ~ segeln** (lit) to sail with the wind (behind one)/into the wind; **den Mantel** or **das Mäntelchen** or **die Fahne** or **das Fähnchen nach dem ~! drehen** or **richten** to trim one's sails to the wind, to swim with the tide; **jdm den ~ aus den Segeln nehmen** (fig) to take the wind out of sb's sails; **sich** (dat) **den ~ um die Nase** or **Ohren wehen lassen** to see a bit of the world; **etw in den ~ schlagen** Warnungen, Rat to turn a deaf ear to sth; Vorsicht, Vernunft to throw or cast sth to the winds;

in den ~ reden to waste one's breath; **wer ~ sät, wird Sturm ernten** (Prov) sow the wind and reap the whirlwind (prov).
2. (Himmelsrichtung) wind (direction). **in alle (vier) ~e** to the four winds.
3. (Med: Blähung) wind. **einen ~ fahren** or **streichen lassen** to break wind.
4. (Hunt) wind. **von jdm/etw ~ nehmen** or **bekommen** to take or get the wind of sb/ sth; **von etw ~ bekommen** or **kriegen/ haben** (fig) to get/have wind of sth.

Windbeutel m cream puff; **Windbluse** f windcheater; **Windbö(e)** f gust of wind.

Winde[1] f -, -n (Tech) winch, windlass.

Winde[2] f -, -n (Bot) bindweed, convulvulus.

Wind|ei nt (fig) non-starter.

Windel f -, -n nappy (Brit), diaper (US). **damals lagst du noch in den ~n** you were still in nappies/diapers then; **noch in den ~n stecken** or **liegen** (fig) to be still in its infancy.

windeln I vt **ein Baby ~** to put a baby's nappy (Brit) or diaper (US) on; (neu ~) to change a baby or a baby's nappy/ diaper. **II** vi to put on nappies/a nappy (Brit) or diapers/a diaper (US).

windelweich adj **jdn ~ schlagen** or **hauen** (inf) to beat sb black and blue, to beat the living daylights out of sb.

winden[1] pret **wand**, ptp **gewunden I** vt to wind; Kranz to bind; (hoch~) Eimer, Last to winch. **jdm etw aus der Hand ~** to wrest sth out of sb's hand.
 II vr (Pflanze, Schlange) to wind (itself); (Bach) to wind, to meander; (Mensch) (durch Menge, Gestrüpp etc) to wind (one's way); (vor Schmerzen) to writhe (vor with, in); (vor Scham, Verlegenheit) to squirm (vor with, in); (fig: ausweichen) to try to wriggle out. **sich ~ wie ein (getretener) Wurm** to squirm.

winden[2] vi impers **es windet (sehr)** the wind is blowing (hard).

Windes|eile f **etw in** or **mit ~ tun** to do sth in no time (at all); **sich in** or **mit ~ verbreiten** to spread like wildfire.

Windfahne f (Met) windvane; **Windfang** m draught-excluder; (Raum) porch; **windgeschützt I** adj sheltered (from the wind); **II** adv in a sheltered place; **Windgeschwindigkeit** f wind speed; **Windhafer** m wild oat; **Windhauch** m breath of wind; **Windhose** f vortex; **Windhund** m **1.** (Hund) greyhound; (Afghanischer ~) Afghan (hound). **2.** (fig pej) rake.

windig adj windy; (fig) Bursche, Sache dubious, dodgy (inf).

Windjacke f windcheater; **Windjammer** m -s, - (Naut) windjammer; **Windkanal** m wind-tunnel; (an Orgel) wind-trunk; **Windkraft** f wind energy; **Windlicht** nt lantern; **Windloch** nt (Aviat) air-pocket; **Windmühle** f windmill; **gegen ~n (an)-kämpfen** (fig) to tilt at windmills; **Windmühlenflügel** m windmill sail or vane; **Windpocken** pl chickenpox sing; **Windrose** f (Naut) compass card; (Met) wind rose; **Windsack** m (Aviat) windsock, air-sock; (an Dudelsack etc) (pipe)bag; **Windschatten** m lee; (von Fahrzeugen) slipstream; **windschief** adj crooked;

Dach auch askew *pred*; **Windschirm** *m* windbreak; **windschlüpf(r)ig**, **windschnittig** *adj* streamlined; **Windschutzscheibe** *f* windscreen; (*Brit*), windshield (*US*); **Windseite** *f* windward side; **Windspiel** *nt* greyhound; **Windstärke** *f* strength of the wind; (*Met*) wind-force; **windstill** *adj* still, windless; *Platz, Ecke etc* sheltered; **wenn es völlig ~ ist** when there is no wind at all; **Windstille** *f* calm; **Windstoß** *m* gust of wind; **Windsurfbrett** *nt* windsurfer, surfboard; **Windsurfen** *nt* windsurfing; **Windsurfer(in** *f)* *m* wind surfer.

Windung *f* (*von Weg, Fluß etc*) meander; (*von Schlange*) coil; (*Anat: von Darm*) convolution; (*Tech: von Schraube*) thread; (*eine Umdrehung*) revolution; (*Elec: von Spule*) coil.

Wink *m* **-(e)s, -e** (*Zeichen*) sign; (*mit der Hand*) wave (*mit of*); (*mit dem Kopf*) nod (*mit of*); (*Hinweis, Tip*) hint, tip. **er gab mir einen ~, daß ich still sein sollte** he gave me a sign to be quiet.

Winkel *m* **-s, - 1.** (*Math*) angle; *siehe* **tot.**
   2. (*Tech*) square.
   3. (*Mil: Rangabzeichen*) stripe.
   4. (*fig: Stelle, Ecke*) corner; (*Plätzchen: esp von Land, Wald etc*) place, spot. **jdn/ etw in allen (Ecken und) ~n suchen** to look high and low for sb/sth.

Winkel|advokat *m* (*pej*) incompetent lawyer; **Winkel|eisen** *nt* angle iron; **winkelförmig** *adj* angled; **~ gebogen** bent at an angle; **Winkelfunktion** *f* (*Math*) trigonometrical function.

wink(e)lig *adj siehe* **winklig.**

Winkelmaß *nt* **1.** (*Astron*) Norma, the Level; **2.** (*Winkel*) square; **Winkelmesser** *m* **-s, -** protractor; **Winkelzug** *m* (*Trick*) dodge, trick; (*Ausflucht*) evasion.

winken *ptp* **gewinkt** *or* (*dial*) **gewunken** **I** *vi* to wave (*jdm* ~, *etw zu tun* to signal sb to do sth); **sie winkte mit einem Fähnchen/den Armen** she waved a flag/ her arms; **einem Taxi ~** to hail a taxi; **jdm winkt etw** (*fig: steht in Aussicht*) sb can expect sth; **bei der Verlosung ~ wertvolle Preise** valuable prizes are being offered in the draw; **dem Sieger winkt eine Reise nach Italien** the winner will receive (the attractive prize of) a trip to Italy; **ihm winkt das Glück** fortune *or* luck is smiling on him, luck is on his side.
   II *vt* to wave; (*esp Sport: anzeigen*) to signal; *Taxi, Kellner* to call. **jdn zu sich ~** to beckon sb over to one.

Winker *m* **-s, -** (*Aut*) indicator, trafficator.

Winker|alphabet *nt* semaphore alphabet.

winke-winke machen *vi* (*baby-talk*) to wave.

winklig *adj Haus, Altstadt* full of nooks and crannies; *Gasse* twisty, windy.

Winkzeichen *nt* signal; (*Mot*) hand signal; (*mit Fahne*) semaphore signal.

winseln *vti* to whimper; (*pej: um Gnade etc*) to grovel.

Winter *m* **-s, -** winter. **es ist/wird ~** winter is here *or* has come/is coming; **im/über den ~** in (the)/over the winter; **über den ~ kommen** to get through the winter.

Winter- *in cpds* winter; **Winter|anfang** *m* beginning of winter; **vor/ seit ~** before/ since the beginning of winter; **Winter|einbruch** *m* onset of winter; **winterfest** *adj* hardy; *Saat* winter *attr*; **Wintergarten** *m* winter garden; **Wintergetreide** *nt* winter crop; **Winterhalbjahr** *nt* winter; **im ~** from September to March; **im ~ 1976/77** in the winter of 1976/77; **winterhart** *adj Pflanzen* hardy; **Winterkälte** *f* cold winter weather; **in der größten ~** in the depths of winter; **Winterkleid** *nt* winter dress; (*Zool*) winter coat; (*liter: von Landschaft etc*) winter covering (of snow); **Winterkleidung** *f* winter clothing; **Winterlandschaft** *f* winter landscape; **winterlich** *adj* wintry; **~ gekleidet** dressed for winter; **Wintermonat** *m* winter month.

wintern *vi impers* (*liter*) **es winterte schon** winter was coming.

Winter|olympiade *f* Winter Olympics *pl*; **Winterpause** *f* winter break; **Winterreifen** *m* winter tyre.

winters *adv* in winter, in the wintertime.

Wintersaat *f* winter seed; **Winterschlaf** *m* (*Zool*) hibernation; **~ halten** to hibernate; **Winterschlußverkauf** *m* winter sale; **Wintersemester** *nt* winter semester; **Wintersonnenwende** *f* winter solstice; **Winterspiele** *pl* (*Olympische*) ~ Winter Olympic Games *or* Olympics *pl*; **Wintersport** *m* winter sports *pl*; (*Sportart*) winter sport; **in den ~ fahren** to go on a winter sports holiday.

winters|über *adv* in winter; **Winterszeit** *f* (*liter*) wintertime.

Wintertag *m* winter('s) day; **Winterwetter** *nt* winter weather; **Winterzeit** *f* winter time; (*Jahreszeit*) wintertime.

Winzer(in *f)* *m* **-s, -** wine-grower; (*Weinleser*) grape-picker.

winzig *adj* tiny. **ein ~es bißchen** a tiny little bit; **~ klein** minute, tiny little *attr*.

Winzigkeit *f* tininess.

Wipfel *m* **-s, -** treetop. **in den ~n der Bäume** in the treetops *or* tops of the trees.

Wippe *f* **-, -n** (*zum Schaukeln*) seesaw.

wippen *vi* (*auf und ab*) to bob up and down; (*hin und her*) to teeter; (*Schwanz*) to wag; (*mit Wippe schaukeln*) to seesaw. **mit dem Schwanz ~** to wag its tail; **mit dem Fuß ~** to jiggle one's foot; **in den Knien ~** to give at the knees; **~der Gang** bouncing gait.

wir *pers pron gen* **unser**, *dat* **uns**, *acc* **uns** we. **~ alle/beide/drei** all/both *or* the two/ the three of us; **~ als Betroffene/Kollegen** ... as those affected/as colleagues, we ...; **~ Armen/Kommunisten** we poor people/ we Communists; **immer sollen ~'s gewesen sein** everyone always blames us; **wer war das? — ~ nicht** who was that? — it wasn't us; **wer kommt noch mit? — ~/~ nicht** who's coming along? —we are/ not us; **wer ist da? — ~ (sind's)** who's there? — (it's) us; **trinken ~ erst mal einen** let's have a drink first; **~, Wilhelm, Kaiser von ...** we, William, Emperor of ...

wirb *imper sing of* **werben.**

Wirbel *m* **-s, - 1.** (*lit, fig*) whirl; (*in Fluß etc*) whirlpool, eddy; (*von Wind auch*) eddy; (*Drehung beim Tanz etc*) pirouette; (*der*

Gefühle, Ereignisse) turmoil; *(Aufsehen)* to-do. **im ~ des Festes** in the whirl *or* hurly-burly of the party; **(viel/großen) ~ machen/verursachen** to make/cause (a lot of/a big) commotion.

2. *(Haar~)* crown; *(nicht am Hinterkopf)* cowlick; *(auf Fingerkuppe, in Stein)* whorl.

3. *(Trommel~)* (drum) roll.

4. *(Anat)* vertebra.

5. *(an Saiteninstrument)* peg; *(an Fenster)* catch.

wirbellos *adj (Zool)* invertebrate. **die W~en** the invertebrates.

wirbeln¹ I *vi* **1.** *aux sein (Mensch, Wasser etc)* to whirl; *(Laub, Staub, Rauch etc auch)* to swirl. **2. mir wirbelt der Kopf** *(inf)* my head is spinning *or* reeling. **3.** *(Trommeln etc)* to roll. II *vt* **jdn, Wasser** to whirl; **Staub, Laub etc auch** to swirl.

Wirbelsäule *f (Anat)* spinal column; **Wirbelsturm** *m* whirlwind; **Wirbeltier** *nt* vertebrate; **Wirbelwind** *m* whirlwind; **wie der/ein ~** like a whirlwind.

wird *3. pers sing present of* **werden**.

wirf *imper sing of* **werfen**.

Wirform, Wir-Form *f* first person plural.

wirken¹ I *vi* **1.** *(geh: tätig sein) (Mensch)* to work; *(Einflüsse, Kräfte etc)* to be at work. **ich werde dahin ~, daß man ihn befördert** I will work for his promotion.

2. *(Wirkung haben)* to have an effect; *(erfolgreich sein)* to work. **als Gegengift/Katalysator ~** to work as an antidote/to act as a catalyst; **schalldämpfend/abführend ~** to have a soundproofing/laxative effect; **das wirkt auf viele als Provokation** many people see that as a provocation; **die Frau wirkt abstoßend auf mich** I find this woman repulsive; **eine stark ~de Droge** a strong drug.

3. *(einwirken) auf etw (acc) ~ (esp Chem)* to act on sth; **etw auf sich (acc) ~ lassen** to take sth in.

4. *(erscheinen)* to seem, to appear. **nervös/ruhig (auf jdn) ~** to give (sb) the impression of being nervous/calm, to seem nervous/calm (to sb).

5. *(zur Geltung kommen)* to be effective. **neben diesen Gardinen wirkt das Muster nicht (richtig)** the pattern loses its effect next to those curtains; **ich finde, das Bild wirkt** I think the picture has something; **die Musik wirkt erst bei einer gewissen Lautstärke** you only get the full effect of the music when it's played loud.

II *vt (geh: tun)* **Gutes** to do; **Wunder** to work; *siehe* **Wunder**.

wirken² *vt* **1.** *(liter)* **Teppiche, Stoffe** to weave. **2.** *(spec)* **Maschinentextilien** to knit. **Goldfäden durch etw ~** to work gold threads into sth.

Wirken *nt* **-s,** *no pl* work.

wirklich I *adj* real; *(tatsächlich auch)* **Sachverhalt, Aussage, Meinung etc** actual. **im ~en Leben** in real life.

2. *(echt)* real; **Freund** auch true.

II *adv* really. **ich wüßte gern, wie es ~ war** I would like to know what really happened; **ich war das ~ nicht** it really was not me; **~?/nein, ~?** *(als Antwort)* really?/what, really?; **er ist es ~** it really is

him; **~ und wahrhaftig** really and truly.

Wirklichkeit *f* reality. **~ werden** to come true; **in ~** in reality; **in ~ heißt er anders** his real name is different.

Wirklichkeitsform *f (Gram)* indicative; **wirklichkeitsfremd** *adj* unrealistic; **wirklichkeitsgetreu, wirklichkeitsnah** *adj* realistic; **etw ~ abbilden/erzählen** to paint a realistic picture/give a realistic account of sth.

Wirkmaschine *f* knitting machine.

wirksam *adj* effective. **~ bleiben** to remain in effect; **mit (dem)/am 1. Januar ~ werden** *(form: Gesetz)* to take effect on *or* from January 1st.

Wirksamkeit *f* effectiveness.

Wirkstoff *m (esp Physiol)* active substance.

Wirkung *f* effect *(bei* on); *(von Tabletten etc)* effects *pl*. **seine ~ tun** to have an effect; *(Droge)* to take effect; **ohne ~ bleiben** to have no effect; **an ~ verlieren** to lose its effect; **seine ~ verfehlen** not to have the desired effect; **mit ~ vom 1. Januar** *(form)* with effect from January 1st.

Wirkungsbereich *m (eines Menschen)* domain; *(von Atombombe, Golfstrom)* affected area; **der ~ des atlantischen Tiefs** the area affected by the Atlantic depression; **Wirkungsdauer** *f* period over which sth is effective; **Wirkungsfeld** *nt* field (of activity/interest *etc)*; **Wirkungskreis** *m* sphere of activity; **wirkungslos** *adj* ineffective; **Wirkungslosigkeit** *f* ineffectiveness; **Wirkungsstätte** *f (geh)* domain; **wirkungsvoll** *adj* effective.

Wirkwaren *pl* knitwear *sing*; *(Strümpfe etc auch)* hosiery *sing*.

wirr *adj* confused; **Blick** crazed; *(unordentlich)* **Haare, Fäden** tangled; **Gedanken, Vorstellungen** weird; *(unrealistisch, verstiegen)* wild. **er ist ~ im Kopf** *(geistig gestört)* he is confused in his mind; *(konfus)* he is confused *or* muddled; *(benommen: esp von Lärm)* his head is reeling *or* swimming; **mach mich nicht ~** don't confuse me; **alles lag ~ durcheinander** everything was in chaos; **das Haar hängt ihm ~ ins Gesicht** his hair is hanging all in tangles over his face; **sich ~ ausdrücken** to express oneself in a confused way.

Wirren *pl* confusion *sing*, turmoil *sing*.

Wirrkopf *m (pej)* muddle-head. **das sind alles ~e** they've all got crazy ideas.

Wirrwarr *m* **-s,** *no pl* confusion; *(von Stimmen)* hubbub; *(von Verkehr)* chaos *no indef art*; *(von Fäden, Haaren etc)* tangle.

Wirsing *m* **-s,** *no pl*, **Wirsingkohl** *m* savoy cabbage.

Wirt *m* **-(e)s, -e** *(Gastwirt, Untervermieter)* landlord; *(Biol)* host.

Wirtin *f* landlady; *(Gastgeberin)* hostess; *(Frau des Wirts)* landlord's wife.

Wirtschaft *f* **1.** *(Volks~)* economy; *(Handel, Geschäftsleben)* industry and commerce; *(Finanzwelt)* business world. **freie ~** free market economy; **er ist in der ~ tätig** he works in industry; he's a businessman; **ein Mann der ~** a man of industry and commerce; **seitens der ~ können wir keine Unterstützung erwarten** we can expect no support from the business world.

2. (*Gast~*) ≃ pub (*Brit*), public house (*Brit form*), saloon (*US*). **~!** (*inf*) waiter!
3. (*dated: Haushalt*) household. **jdm die ~ führen** to keep house for sb; **er gründete eine eigene ~** he set up house on his own.
4. (*dated: landwirtschaftlich*) farm.
5. (*inf: Zustände*) state of affairs. **du hast vielleicht eine ~ in deinem Haus/auf deinem Schreibtisch** a fine mess *or* state your house/desk is in; **eine schöne/saubere ~** (*iro*) a fine state of affairs.

wirtschaften I *vi* **1.** (*sparsam sein*) to economize. **gut ~ können** to be economical; **sparsam ~** to economize, to budget carefully; *siehe* Tasche.
2. (*den Haushalt führen*) to keep house.
3. (*inf: sich betätigen*) to busy oneself; (*gemütlich*) to potter about; (*herumfummeln*) to rummage about.
II *vt* **jdn/etw zugrunde ~** to ruin sb/sth financially.

Wirtschafter(in *f*) *m* **-s, -. 1.** (*Verwalter*) manager. **2.** (*im Haushalt, Heim etc*) housekeeper. **3.** (*dial: Wirtschaftler*) economist.

Wirtschaftler *m* **-s, -. 1.** (*Wissenschaftler*) economist. **2.** (*Mann der Wirtschaft*) businessman.

wirtschaftlich *adj* **1.** (*die Wirtschaft betreffend*) economic. **jdm geht es ~ gut/schlecht** sb is in a good/bad financial *or* economic position. **2.** (*sparsam*) economical; *Hausfrau* careful.

Wirtschaftlichkeit *f* economy; (*mit Genitiv*) economicalness.

Wirtschafts- in cpds economic; **Wirtschaftsaufschwung** *m* economic upswing *or* upturn; **Wirtschaftsberater** *m* business consultant; **Wirtschaftsbeziehungen** *pl* business relations *pl*; **Wirtschaftsdemokratie** *f* industrial democracy; **Wirtschaftsform** *f* economic system; **gemischte ~** mixed economy; **Wirtschaftsführer** *m* leading businessman/industrialist; **Wirtschaftsführung** *f* management; **Wirtschaftsgebäude** *nt* working quarters *pl*; **Wirtschaftsgeld** *nt* housekeeping (money); **Wirtschaftsgemeinschaft** *f* economic community; **Wirtschaftsgeographie** *f* economic geography; **Wirtschaftsgüter** *pl* economic goods *pl*; **Wirtschaftsgymnasium** *nt* grammar school which places emphasis on economics, law, management studies etc; **Wirtschaftshilfe** *f* economic aid; **Wirtschaftshochschule** *f* business school; **Wirtschaftskapitän** *m* (*inf*) captain of industry; **Wirtschaftskraft** *f* economic power; **Wirtschaftskrieg** *m* economic war/warfare; **Wirtschaftskriminalität** *f* fraudulent manipulation of trade and tax laws, ≈ white collar crimes *pl*; **Wirtschaftskrise** *f* economic crisis; **Wirtschaftslage** *f* economic situation; **Wirtschaftsleben** *nt* business life; **Persönlichkeiten des ~s** business personalities; **Wirtschaftsmacht** *f* economic power; **Wirtschaftsminister** *m* minister of trade and commerce; **Wirtschaftsministerium** *nt* ministry of trade and commerce; **Wirtschaftsordnung** *f* economic order *or* system; **Wirtschafts-**

politik *f* economic policy; **wirtschaftspolitisch** *adj* political-economic; **~ ist es unmöglich ...** in terms of economic policy it is impossible ...; **Wirtschaftsprüfer** *m* accountant; (*zum Überprüfen der Bücher*) auditor; **Wirtschaftsraum** *m* **1.** (*Agr*) working area; **2.** (*Econ*) economic area; **Wirtschaftsrecht** *nt* commercial *or* business law; **Wirtschaftsspionage** *f* industrial espionage; **Wirtschaftssystem** *nt* economic system; **Wirtschaftsteil** *m* business *or* financial section; **Wirtschaftstheorie** *f* economic theory; **Wirtschaftsunion** *f* economic union; **Wirtschaftsverband** *m* business *or* commercial association; **Wirtschaftswachstum** *nt* economic growth; **Wirtschaftswissenschaft** *f* economics *sing*; **Wirtschaftswissenschaftler** *m* economist; **Wirtschaftswunder** *nt* economic miracle; **Wirtschaftszeitung** *f* financial *or* business (news)paper; **Wirtschaftszweig** *m* branch of industry.

Wirtshaus *nt* ≃ pub (*Brit*), saloon (*US*); (*esp auf dem Land*) inn; **Wirtshausschlägerei** *f* pub brawl; **Wirtsleute** *pl* landlord and landlady; **Wirtsstube** *f* lounge; **Wirtstier** *nt* host (animal).

Wisch *m* **-(e)s, -e** (*pej inf*) piece of paper; (*mit Gedrucktem, Dokument*) piece of bumph (*inf*); (*Zettel mit Notiz*) note.

wischen I *vti* to wipe; (*mit Lappen reinigen*) to wipe clean. **mit einem Tuch über eine Schallplatte ~** to wipe a record with a cloth; **sie wischte ihm/sich den Schweiß mit einem Handtuch von der Stirn** she wiped the sweat from his/her brow with a towel; **Bedenken/Einwände (einfach) vom Tisch ~** (*fig*) to sweep aside thoughts/objections.
II *vi aux sein* (*sich schnell bewegen*) to whisk.
III *vt* (*inf*) **jdm eine ~** to clout sb one (*inf*); **eine gewischt bekommen** (*elektrischen Schlag*) to get a shock.

Wischer *m* **-s, -** (*Aut*) (windscreen) wiper.
Wischerblatt *nt* (*Aut*) wiper blade.
Wischiwaschi *nt* **-s**, *no pl* (*pej inf*) drivel (*inf*).
Wischlappen *m* cloth; (*für Fußboden*) floorcloth; (*dial: für Geschirr*) dishcloth; **Wischtuch** *nt* cloth; (*dial: für Geschirr*) dishcloth; **Wisch-Wasch-Automatik** *f* (*Aut*) wash-wipe.

Wisent *m* **-s, -e** bison.
Wismut *nt or* (*Aus*) *m* **-(e)s** (*abbr* Bi) bismuth.

wispern *vti* to whisper; (*unverständlich auch*) to mumble.
Wißbegier(de) *f* thirst for knowledge.
wißbegierig *adj Kind* eager to learn.

wissen *pret* **wußte**, *ptp* **gewußt I** *vti*
1. (*informiert sein*) to know (*von* about). **ich weiß (es) (schon)/nicht** I know/don't know; **weißt du schon das Neuste?** have you heard the latest?; **das weiß alle Welt/jedes Kind** (absolutely) everybody/any fool knows that; **als ob ich das wüßte!** how should I know?; **ich weiß von ihr** *or* **über sie nur, daß sie ...** I only know that she ...; **von jdm/etw nichts ~ wollen** not to be

interested in sb/sth; **er weiß es nicht anders/besser** he doesn't know any different/better; **er weiß zu genießen** he knows how to enjoy himself; **jdn/etw zu schätzen** ~ to appreciate sb/sth; **das mußt du (selbst)** ~ it's your decision; **das solltest du selber** ~ you ought to know; **das hättest du ja** ~ **müssen!** you ought to have realized that; **man kann nie** ~ you never know; **man weiß nie, wozu das (noch mal) gut ist** you never know when it will come in handy; **das** ~ **die Götter** (*inf*), **das weiß der Henker** (*inf*) God only knows; **weiß Gott** (*inf*) God knows (*inf*); **sich für weiß Gott was halten** (*inf*) to think one is somebody really special; **sie hält sich für wer weiß wie klug** (*inf*) she doesn't half think she's clever(*inf*); **... oder was weiß ich** (*inf*) ... or something; **... und was weiß ich noch alles** (*inf*) ... and whatever (*inf*); **er ist wieder wer weiß wo** (*inf*) goodness knows where he's got to again (*inf*); **(ja) wenn ich das wüßte!** goodness knows!; **wenn ich nur wüßte ...** if only I knew ...; **nicht, daß ich wüßte** not to my knowledge, not as far as I know; **gewußt wie/wo!** *etc* sheer brilliance!; **weißt du was?** (do) you know what?; **weißt du, ...** you know ...; **ja, weißt du** well, you see; **daß du es (nur) (gleich) weißt** just so you know; **ich weiß sie in Sicherheit/glücklich** I know that she is safe/happy; **ich wüßte die Angelegenheit gerne bald erledigt** I wish the matter to be settled soon; **was ich/er nicht weiß, macht mich/ihn nicht heiß** (*Prov*) what the eye does not see the heart cannot grieve over (*Prov*).

  2. (*kennen*) to know. **ich weiß keinen größeren Genuß, als ...** I know (of) no greater delight than ...

  3. (*erfahren*) **jdn etw** ~ **lassen** to let sb know sth, to tell sb sth.

  4. (*sich erinnern*) to remember; (*sich vor Augen führen*) to realize. **ich weiß seine Adresse nicht mehr** I can't remember his address; **weißt du noch, wie schön es damals war?** do you remember how lovely things were then?; **weißt du noch, damals im Mai/in Stone?** do you remember that May/the times in Stone?; **du mußt** ~, **daß ...** you must realize that ...

  II *vi* **um etw** (*acc*) ~ (*geh*), **von etw** ~ to know of *or* about sth; **ich/er weiß von nichts** I don't/he doesn't know anything about it; **... als ob er von nichts wüßte ...** as if he didn't know a thing.

Wissen *nt* -s, *no pl* knowledge. **meines** ~s to my knowledge; **etw ohne jds** ~ **tun** to do sth without sb's knowledge; **etw gegen** *or* **wider** (*geh*) (**sein**) **besseres** ~ **tun** to do sth against one's better judgement; **nach bestem** ~ **und Gewissen** to the best of one's knowledge and belief; **mit jds** ~ **und Willen** with sb's knowledge and consent; ~ **ist Macht** knowledge is power.

wissend *adj Blick etc* knowing.

Wissende(r) *mf decl as adj* (*Eingeweihter*) initiate. **die** ~**n schwiegen** those who knew kept silent.

Wissenschaft *f* science.

Wissenschaftler(in *f*), **Wissenschafter(in** *f*) (*old, Sw, Aus form*) *m* -s, - scien-

tist; (*Geistes*~) academic.

wissenschaftlich *adj* scientific; (*geistes*~) academic. **W**~**er Assistent** assistant lecturer; **W**~**er Rat** lecturer, assistant professor (*US*).

Wissenschaftlichkeit *f* scientific nature *or* character; (*in bezug auf Geisteswissenschaften*) academic nature *or* character. **der Arbeit mangelt es an** ~ this thesis lacks a scientific approach.

Wissenschaftslehre *f* epistemology.

Wissensdrang *m*, **Wissensdurst** *m* (*geh*) urge *or* thirst for knowledge; **Wissensgebiet** *nt* field (of knowledge); **Wissensstoff** *m* material; **das ist** ~ **der 3. Klasse** that's material learned in the 3rd form; **wissenswert** *adj* worth knowing; *Information auch* valuable; **das Buch enthält viel W**~**es** the book contains much valuable information.

wissentlich **I** *adj* deliberate. **II** *adv* knowingly, deliberately.

wittern **I** *vi* (*Wild*) to sniff the air. **II** *vt* (*Wild*) to scent, to get wind of; (*Riese, Teufel*) to smell; (*fig: ahnen*) *Gefahr etc* to sense.

Witterung *f* **1.** (*Wetter*) weather. **bei günstiger/guter** ~ if the weather is good. **2.** (*Hunt*) (*Geruch*) scent (*von* of); (*Geruchssinn*) sense of smell.

witterungsbeständig *adj* weather-proof; **Witterungslage** *f* weather; **Witterungs- |umschlag** *m* change in the weather.

Witwe *f* -, -**n** widow. ~ **werden** to be widowed.

Witwenjahr *nt* year of mourning; **Witwenrente** *f* widow's pension; **Witwenschaft** *f* widowhood; **Witwenschleier** *m* widow's veil; **Witwenstand** *m* widowhood; **Witwentröster** *m* (*pej inf*) widow chaser (*inf*); **Witwenverbrennung** *f* suttee.

Witwer *m* -s, - widower.

Witz *m* -es, -e **1.** (*Geist*) wit.
  2. (*Äußerung*) joke (*über* +*acc* about). **einen** ~ **machen** *or* **reißen** (*inf*) to make *or* crack a joke; **mach keine** ~**e!** don't be funny; **ich mach' keine** ~**e** I'm not being funny; **das soll doch wohl ein** ~ **sein, das ist doch wohl ein** ~ that must be a joke, he/you *etc* must be joking; **die Prüfung/der Preis war ein** ~ (*inf*) the exam/price was a joke.
  3. **der** ~ **an der Sache ist, daß ...** the great thing about it is that ...; **das ist der ganze** ~ that's the thing.

Witzblatt *nt* joke book; **Witzblattfigur** *f* (*fig inf*) joke figure; **Witzbold** *m* -(e)s, -e joker; (*unterhaltsamer Mensch*) comic; **du bist vielleicht ein** ~! (*iro*) you're a great one! (*iro*).

Witzelei *f* teasing *no pl*. **laß doch diese blöde** ~ stop teasing.

witzeln *vi* to joke (*über* +*acc* about).

Witzfigur *f* (*lit*) joke character; (*fig inf*) figure of fun.

witzig *adj* funny.

witzlos *adj* (*inf: unsinnig*) pointless, futile.

WNW *abbr of* **Westnordwest** WNW.

wo **I** *interrog, rel adv* where; (*irgendwo*) somewhere. **überall,** ~ wherever; ~ **könnte er anders** *or* ~ **anders könnte er**

sein als in der Kneipe? where else could he be but in the pub?; ~ **immer ... wherever** ...; **das muß doch hier ~ sein** (*inf*) it must be here somewhere; **der Tag/eine Zeit ~ ...** (*inf*) the day/a time when ...; **der Mann, ~ mich geschlagen hat** (*incorrect*) the man what hit me (*incorrect*); **ach** *or* **i ~!** (*inf*) nonsense!

II *conj* ~ **nicht/möglich** if not/possible; ~ **er doch wußte, daß ich nicht kommen konnte** when he knew I couldn't come; ~ **du doch in die Stadt gehst, könntest du ...?** (*inf*) seeing that you're going into town, could you ...?; ~ **ich gerade daran denke** (*inf*) while I'm thinking about it; **und das jetzt,** ~ **ich ...** (*inf*) and that now when ...

wo|anders *adv* somewhere else, elsewhere; **wo|andersher** *adv* from somewhere else *or* elsewhere; **wo|andershin** *adv* somewhere else, elsewhere.

wob *pret of* **weben**.

wobei *adv siehe auch* **bei 1.** *interrog* ~ **ist das passiert?** how did that happen?; ~ **hast du ihn erwischt?** what did you catch him at *or* doing?; ~ **seid ihr gerade?** what are you doing just now?; (*im Buch*) where are you at just now?

2. *rel* in which. **ich erzähle mal, was passiert ist,** ~ **ich allerdings das Unwichtige auslasse** I will tell you what happened but I will leave out all the unimportant details; ~ **man sehr aufpassen muß, daß man nicht betrogen wird/keinen Sonnenstich bekommt** and you have to be very careful that you don't get cheated/don't get sunburnt; ~ **mir gerade einfällt** which reminds me; **das Auto prallte gegen einen Baum,** ~ **der Fahrer schwer verletzt wurde** the car hit a tree severely injuring the driver.

Woche *f* -, **-n** week. **zweimal in der** ~ twice a week; **in dieser** ~ this week.

Wochenbericht *m* weekly report; **Wochenbett** *nt* **im** ~ **liegen** to be lying in (*old*); **im** ~ **sterben** to die in the weeks following childbirth; **Wochenbettfieber** *nt* puerperal fever.

Wochen|end- *in cpds* weekend; **Wochen|endausgabe** *f* weekend edition; **Wochen|endbeilage** *f* weekend supplement.

Wochen|ende *nt* weekend. **schönes ~!** have a nice weekend; **langes** *or* **verlängertes** ~ long weekend.

Wochenfluß *m* (*Med*) lochia (*spec*); **Wochenkarte** *f* weekly season ticket; **wochenlang** *adj, adv* for weeks; **nach ~em Warten** after waiting for weeks, after weeks of waiting; **Wochenlohn** *m* weekly wage; **Wochenmarkt** *m* weekly market; **Wochenschau** *f* newsreel; **Wochenschrift** *f* weekly (periodical); **Wochentag** *m* weekday (*including Saturday*); **wochentags** *adv* on weekdays.

wöchentlich I *adj* weekly. **II** *adv* weekly; (*einmal pro Woche*) once a week. **zwei Vormittage** ~ **kommen** to come two mornings a week; ~ **zweimal** twice a week; **sich** ~ **abwechseln** to take turns every week.

Wochenzeitschrift *f* weekly (magazine *or* periodical); **Wochenzeitung** *f* weekly (paper).

Wöchnerin *f* woman who has recently given birth, woman in childbed (*old*), puerpera (*spec*).

Wodka *m* -s, **-s** vodka.

wodurch *adv siehe auch* **durch 1.** *interrog* how. **2.** *rel* which. **alles,** ~ **sie glücklich geworden war ...** everything which had made her happy ...

wofür *adv siehe auch* **für 1.** *interrog* for what, what ... for; (*warum auch*) why. **2.** *rel* for which, which ... for.

wog *pret of* **wägen, wiegen**[2].

Woge *f* -, **-n** wave; (*fig auch*) surge. **wenn sich die Wogen geglättet haben** (*fig*) when things have calmed down.

wogegen *adv siehe auch* **gegen 1.** *interrog* against what, what ... against. ~ **ist dieses Mittel?** what's this medicine for? **2.** *rel* against which, which ... against.

wogen *vi* (*liter*) to surge (*auch fig*); (*Kornfeld*) to wave, to undulate; (*fig: Kampf*) to rage; (*Busen*) to heave.

woher *adv* **1.** *interrog* where ... from. ~ **weißt du das?** how do you (come to) know that?; ~ **kommt es eigentlich, daß ...** how is it that ...?, how come ... (*inf*); **ach ~!** (*dial inf*) nonsense! **2.** *rel* from which, where ... from.

wohin *adv* **1.** *interrog* where. ~, **bitte?,** ~ **soll's gehen?** where to?, where do you want to go?; ~ **so eilig?** where are you off to so fast *or* rushing off to?; ~ **damit?** where shall I/we put it? **2.** *rel* where. ~ **man auch schaut** wherever you look.

wohingegen *conj* whereas, while.

wohl I *adv* **1.** *comp* **-er,** *superl* **am -sten** (*angenehm zumute*) happy; (*gesund*) well. **sich ~/~er fühlen** to feel happy/happier; (*wie zu Hause*) to feel at home/more at home; (*gesundheitlich*) to feel well/better; **bei dem Gedanken ist mir nicht** ~ I'm not very happy at the thought; ~ **oder übel** whether one likes it or not, willy-nilly; ~ **dem, der ...** happy the man who ...; **es sich** (*dat*) ~ **gehen/sein/ergehen lassen** to enjoy oneself.

2. (*gut*) *comp* **besser,** *superl* **bestens** *or* **am besten** well. **nun ~!** now then!; **ich wünsche** ~ **gespeist/geruht zu haben** (*dated*) I do hope you have enjoyed your meal/had a pleasant sleep; **laßt es euch** ~ **schmecken!** I hope you like *or* enjoy it.

3. (*wahrscheinlich*) probably, no doubt; (*iro: bestimmt*) surely. **er ist** ~ **schon zu Hause** he's probably at home by now, no doubt he's at home by now; **das ist** ~ **nicht gut möglich** I should think it's unlikely; **es ist** ~ **anzunehmen, daß ...** it is to be expected that ...; **ich werde** ~ **noch ein Bier trinken gehen** I think I'll go out for a beer; **du bist ~ verrückt** you must be crazy!; **das ist doch** ~ **nicht dein Ernst!** surely you're not serious!, you can't be serious!

4. (*vielleicht*) perhaps, possibly; (*etwa*) about. **ob** ~ **noch jemand kommt?** I wonder if anybody else is coming?; **das mag** ~ **sein** that may well be; **willst du das ~ lassen!** will you stop that!

5. (*durchaus*) well. **das kann** ~ **mal vorkommen** that might well happen; **doch, das glaube ich** ~ I certainly do believe it; **sehr** ~ **(der Herr)!** (*old*) very good (sir).

II *conj* (*zwar*) **er hat es ~ versprochen, aber ...** he may have promised, but ...; **~, aber ...** that may well be, but ...

Wohl *nt* **-(e)s,** *no pl* welfare, well-being. **das öffentliche ~ und das ~ des einzelnen** the public weal *or* common weal and the welfare of the individual; **der Menschheit zum ~e** for the benefit of mankind; **das ~ und Weh(e)** the weal and the woe; **zu eurem ~** for your benefit *or* good; **zum ~!** cheers!; **auf dein ~!** your health!; **auf jds ~** (*acc*) **trinken** to drink sb's health.

wohl|an *interj* (*old, poet*) come *or* well now; **wohl|anständig** *adj* respectable; *Benehmen* proper, correct; **wohl|auf** I *adj pred* well, in good health; II *interj siehe* **wohlan**; **wohl|ausgewogen** *adj, comp* **besser ausgewogen,** *superl* **best|ausgewogen** (well) balanced; **Wohlbefinden** *nt* well-being; **wohlbegründet** *adj, comp* **besser begründet,** *superl* **bestbegründet** well-founded; *Maßnahme, Strafe* well-justified; **Wohlbehagen** *nt* feeling of well-being; **wohlbehalten** *adj Mensch* safe and sound; *Gegenstand* intact; **wohlbekannt** *adj, comp* **besser bekannt,** *superl* **bestbekannt** well-known; **sie ist mir ~** I know her well; **wohlbeleibt** *adj* (*hum*) stout, portly; **wohlberaten** *adj, comp* **besser beraten,** *superl* **bestberaten** well-advised; **wohldurchdacht** *adj, comp* **besser durchdacht,** *superl* **bestdurchdacht** well *or* carefully thought out; **Wohl|ergehen** *nt* **-s,** *no pl* welfare; **wohl|erwogen** *adj, comp* **besser erwogen,** *superl* **best|erwogen** well *or* carefully considered; **wohl|erworben** *adj* (*dated form*): **~e Rechte** vested rights *pl*; **wohl|erzogen** *adj, comp* **besser erzogen,** *superl* **best|erzogen** (*geh*) well-bred; *Kind* well-mannered; **~ sein/sich ~ benehmen** to be well-bred/well-mannered.

Wohlfahrt *f* **-,** *no pl* 1. (*old geh: Wohlergehen*) welfare. 2. (*Fürsorge*) welfare. **bei der ~ arbeiten** to do welfare work.

Wohlfahrts|amt *nt* (*dated, inf*) *siehe* **Sozialamt; Wohlfahrts|einrichtung** *f* social service; **Wohlfahrtsmarke** *f* charity stamp; **Wohlfahrts|organisation** *f* charity, charitable institution *or* organization; **Wohlfahrtspflege** *f* social *or* welfare work; **freie ~** voluntary social *or* welfare work; **Wohlfahrtsrente** *f* benefit pension; **Wohlfahrtsstaat** *m* welfare state; **Wohlfahrts|unterstützung** *f* (*dated*) *siehe* **Sozialhilfe.**

wohlfeil *adj, comp* **wohlfeiler,** *superl* **wohlfeilste(r, s)** (*old, liter*) inexpensive; **wohlgeboren** *adj* (*obs*) **Eure** *or* **Euer W~** Sir; **Wohlgefallen** *nt* **-s,** *no pl* satisfaction, pleasure; **sein ~ an etw** (*dat*) **haben** to take pleasure in sth; **sich in ~ auflösen** (*hum*) (*Freundschaft, Argument*) to peter out; (*Plan, Problem*) to vanish into thin air; **wohlgefällig** *adj* (*gefallend*) pleasing; (*zufrieden, erfreut*) well-pleased; **Gott ~** well-pleasing to God; **wohlgeformt** *adj, comp* **besser geformt,** *superl* **bestgeformt** well-shaped; *Körperteil* shapely; *Satz* well-formed; **Wohlgefühl** *nt* feeling *or* sense of well-being; **wohlgelit-**

ten *adj, comp* **wohlgelittener,** *superl* **wohlgelittenste(r, s)** (*geh*) well-liked; **wohlgemeint** *adj, comp* **besser gemeint,** *superl* **bestgemeint** well-meant, well-intentioned; **wohlgemerkt** *adv* mark you, mind (you); **wohlgemut** *adj, comp* **wohlgemuter,** *superl* **wohlgemuteste(r, s)** (*old, liter*) cheerful; **wohlgenährt** *adj, comp* **wohlgenährter,** *superl* **wohlgenährteste(r, s)** well-fed; **wohlge|ordnet** *adj, comp* **besser ge|ordnet,** *superl* **bestge|ordnet** (*geh*) well-ordered; *Leben auch* well-regulated; **wohlgeraten** *adj, comp* **wohlgeratener,** *superl* **wohlgeratenste(r, s)** (*geh*) *Kind* fine; *Werk* successful; **Wohlgeruch** *m* (*geh*) pleasant smell; (*von Garten, Blumen etc auch*) fragrance; **Wohlgeschmack** *m* (*geh*) flavour, pleasant taste; **wohlgesinnt** *adj, comp* **wohlgesinnter,** *superl* **wohlgesinnteste(r, s)** (*geh*) well-disposed (*dat* towards); *Worte* well-meaning; **wohlgestaltet** *adj, comp* **wohlgestalteter,** *superl* **wohlgestaltetste(r, s)** well-shaped, well-proportioned; **wohlgetan** *adj* (*old, liter*) well done *pred*; **wohlhabend** *adj, comp* **wohlhabender,** *superl* **wohlhabendste(r, s)** well-to-do, prosperous; **Wohlhabenheit** *f* prosperity, affluence.

wohlig *adj* pleasant; (*gemütlich*) cosy; *Ruhe* blissful. **~ rekelte er sich in der Sonne** he stretched luxuriously in the sun.

Wohlklang *m* (*geh*) melodious sound; **wohlklingend** *adj, comp* **wohlklingender,** *superl* **wohlklingendste(r, s)** pleasant (-sounding), melodious; **Wohlleben** *nt* (*geh*) life of luxury; **wohlmeinend** *adj, comp* **wohlmeinender,** *superl* **wohlmeinendste(r, s)** well-meaning; **wohlriechend** *adj, comp* **wohlriechender,** *superl* **wohlriechendste(r, s)** (*geh*) fragrant; **wohlschmeckend** *adj, comp* **wohlschmeckender,** *superl* **wohlschmeckendste(r, s)** (*geh*) palatable; **Wohlsein** *nt*: **zum/auf Ihr ~!** your health!

Wohlstand *m* **-(e)s,** *no pl* affluence, prosperity.

Wohlstandsbürger *m* (*pej*) member of the affluent society; **Wohlstandsgesellschaft** *f* affluent society; **Wohlstandskriminalität** *f* crimes typical of the affluent society; **Wohlstandsmüll** *m* refuse of the affluent society.

Wohltat *f* 1. (*Genuß*) relief. 2. (*Dienst, Gefallen*) favour; (*gute Tat*) good deed. **jdm eine ~ erweisen** to do sb a favour *or* a good turn.

Wohltäter(in *f*) *m* benefactor; benefactress.

wohltätig *adj* 1. charitable. 2. *siehe* **wohltuend.**

Wohltätigkeit *f* charity, charitableness.

Wohltätigkeitsbasar *m* charity bazaar; **Wohltätigkeitskonzert** *nt* charity concert; **Wohltätigkeitsver|ein** *m* charitable organization, charity; **Wohltätigkeitszweck** *m* charitable cause, good cause.

wohltuend *adj, comp* **wohltuender,** *superl* **wohltuendste(r, s)** (most) agreeable; **wohltun** *vi sep irreg* 1. (*angenehm sein*) to do good (*jdm* sb), to be beneficial (*jdm* to sb); **das tut wohl** that's good; **2.** (*old, liter: Gutes tun*) to benefit (*jdm* sb); **wohl|überlegt** *adj, comp* **besser überlegt,** *superl* **best|überlegt** well thought out; **etw ~ machen** to do sth after careful consideration; **wohl|unterrichtet** *adj attr* well-informed; **wohlverdient** *adj* well-deserved; *Belohnung, Ruhe etc auch* well-earned; **Wohlverhalten** *nt* (*usu iro*) good conduct *or* behaviour; **wohlverstanden** I *adj attr* (*geh*) well-understood; II *adv* mark *or* mind you; **wohlweislich** *adv* very wisely; **ich habe das ~ nicht gemacht** I was careful not to do that; **Wohlwollen** *nt* **-s,** *no pl* goodwill; **selbst bei dem größten ~** with the best will in the world; **jdn mit ~ betrachten** to regard sb benevolently; **sich** (*dat*) **jds ~ erwerben** to win sb's favour; **wohlwollend** *adj, comp* **wohlwollender,** *superl* **wohlwollendste(r, s)** benevolent; **jdm gegenüber ~ sein** to be kindly disposed towards sb.

Wohn|anhänger *m* caravan; **Wohnbau** *m, pl* **-ten** residential building; **Wohnbevölkerung** *f* residential population; **Wohnblock** *m, pl* **-s** block of flats, apartment house (*US*); **Wohndiele** *f* hall-cum-living-room; **Wohn|einheit** *f* accommodation unit.

wohnen *vi* **1.** to live; (*vorübergehend*) to stay. **wo ~ Sie?** what's your address?, where do you live/are you staying?; **er wohnt (in der) Friedrichstraße 11** he lives at (number) 11 Friedrichstraße; **wir ~ sehr schön** we have a very nice flat/house *etc*; **wir ~ da sehr schön** it's very nice where we live; **hier wohnt es sich gut, hier läßt es sich gut ~** it's a nice place to live/stay.
2. (*fig liter*) to dwell (*liter*), to live.

Wohnfläche *f* living space; **Wohngebäude** *nt siehe* **Wohnbau; Wohngebiet** *nt,* **Wohngegend** *f* residential area; **Wohngeld** *nt* a rent rebate; **Wohngemeinschaft** *f* (*Menschen*) people sharing a/the flat (*Brit*) *or* apartment/house; **unsere ~** the people I share a flat *etc* with; **in einer ~ leben** to share a flat *etc*; **wohnhaft** *adj* (*form*) resident; **Wohnhaus** *nt* residential building; **Wohnheim** *nt* (*esp für Arbeiter*) hostel; (*für Studenten*) hall (*of residence*), dormitory (*US*); (*für alte Menschen*) home; **Wohnküche** *f* kitchen-cum-living-room; **Wohnkultur** *f* style of home décor; **keine ~** to have no taste in home décor; **Wohnlage** *f* residential area; **unsere ~ ist schön/ungünstig** our house/apartment is nicely/awkwardly situated; **wohnlich** *adj* homely, cosy; **es sich** (*dat*) **~ machen** to make oneself comfortable; **Wohnlichkeit** *f* homeliness, cosiness; **Wohnmobil** *nt* **-s, -e** dormobile ®; **Wohn|objekt** *nt* (*Aus form*) accommodation unit; **Wohnort** *m* place of residence; **Wohnraum** *m* living-room; (*no pl: Wohnfläche*) living space; **Wohn-Schlafzimmer** *nt* bed-sitting-room; **Wohnsiedlung** *f* housing estate *or* scheme; **Wohnsilo** *m* (*pej*) concrete block; **Wohnsitz** *m* domicile; **ohne festen ~** of no fixed abode; **Wohnstube** *f siehe* **Wohnzimmer.**

Wohnung *f* flat (*Brit*), apartment; (*liter:*

von Tieren etc) habitation; (*Wohneinheit*) dwelling (*form*); (*Unterkunft*) lodging. **1.000 neue ~en** 1,000 new homes; **~ nehmen** (*form*) to take up residence (*form*); **freie ~ haben** to have free lodging.

Wohnungs|amt *nt* housing office; **Wohnungsbau** *m, no pl* house building *no def art;* **Wohnungsbauprogramm** *nt* housing programme; **Wohnungsbedarf** *m* housing requirements *pl;* **Wohnungsbesetzer(in** *f*) *m* **-s,** - squatter; **Wohnungs|inhaber** *m* householder, occupant; (*Eigentümer auch*) owner-occupier; **wohnungslos** *adj* (*form*) homeless; **Wohnungsmakler** *m* estate agent, real estate agent (*US*); **Wohnungsmangel** *m* housing shortage; **Wohnungsmarkt** *m* housing market; **Wohnungsmiete** *f* rent; **Wohnungsnot** *f* serious housing shortage *or* lack of housing; **Wohnungssuche** *f* flat-hunting (*Brit*); **auf ~ sein** to be looking for a flat (*Brit*) *or* apartment, to be flat-hunting (*Brit*); **Wohnungstausch** *m* exchange (*of flats/houses*); **Wohnungstür** *f* door (*to the flat* (*Brit*) *or* apartment); **Wohnungswechsel** *m* change of address; **Wohnungswesen** *nt* housing.
Wohnverhältnisse *pl* (*von Familie*) living conditions *pl;* (*in Stadt*) housing conditions *pl;* **Wohnviertel** *nt* residential area *or* district; **Wohnwagen** *m* caravan (*Brit*), trailer (*US*); **Wohnzimmer** *nt* living-room; **Wohnzwecke** *pl* residential purposes *pl.*

wölben I *vt* to curve; *Blech etc* to bend; *Dach etc* to vault.
II *vr* to curve; (*Asphalt*) to bend *or* buckle; (*Tapete*) to bulge out; (*Brust*) to swell; (*Stirn*) to be domed; (*Decke, Brücke*) to arch.
Wölbung *f* curvature; (*kuppelförmig*) dome; (*bogenförmig*) arch; (*von Körperteil*) curve; (*von Straße*) camber; (*von Tapete*) bulge.
Wolf *m* **-(e)s, =e 1.** wolf. **ein ~ im Schafspelz** a wolf in sheep's clothing; **mit den ~en heulen** (*fig*) to run with the pack.
2. (*Tech*) shredder; (*Fleisch~*) mincer (*Brit*), grinder (*US*). **jdn durch den ~ drehen** (*fig*) to put sb through his paces.
3. (*Med*) intertrigo *no art* (*spec*) (*inflammation of the skin between the buttocks*).
Wölfchen *nt dim of* **Wolf** wolf-cub.
Wölfin *f* she-wolf.
wölfisch *adj* wolfish.
Wölfling *m* (*Pfadfinder*) cub (scout).
Wolfram *nt* **-s,** *no pl* (*abbr* **W**) tungsten.
Wolfshund *m* Alsatian (*Brit*), German shepherd (*US*); **irischer ~** Irish wolfhound; **Wolfshunger** *m* (*fig inf*) ravenous hunger; **ich hatte einen ~** I was ravenous; **Wolfsmensch** *m* **1.** wolf child; **er war ein ~** he had been reared by wolves; **2.** (*Werwolf*) werewolf; **Wolfsmilch** *f* (*Bot*) spurge; **Wolfsrachen** *m* (*Med*) cleft palate; **Wolfsrudel** *nt* pack of wolves; **Wolfsspinne** *f* wolf spider.
Wölkchen *nt dim of* **Wolke.**
Wolke *f* **-, -n** (*lit, fig*) cloud; (*in Edelstein*) flaw. **aus allen ~n fallen** (*fig*) to be flabbergasted (*inf*); **das ist 'ne ~** (*inf*) it's fan-

tastic (*inf*); *siehe* **schweben.**

Wolkenbank *f* cloudbank; **Wolkenbildung** *f* cloud formation; **es kann zu ~ kommen** it may become cloudy *or* overcast; **Wolkenbruch** *m* cloudburst; **wolkenbruch|artig** *adj* torrential; **Wolkendecke** *f* cloud cover; **die Stadt liegt unter einer dichten ~** the town lies under a heavy layer of cloud; **Wolkenkratzer** *m* skyscraper; **Wolkenkuckucksheim** *nt* cloud-cuckoo-land; **wolkenlos** *adj* cloudless; **Wolkenmeer** *nt* (*liter*) sea of clouds; **Wolkenschicht** *f* layer of cloud, cloud layer; **wolkenverhangen** *adj* overcast; **Wolkenwand** *f* cloudbank.

wolkig *adj* cloudy.

Wolldecke *f* (woollen) blanket.

Wolle *f* -, **-n** wool. **in der ~ gefärbt** (*fig*) dyed-in-the-wool; **mit jdm in die ~ kommen** *or* **geraten, sich mit jdm in die ~ kriegen** (*fig inf*) to start squabbling with sb; **sich mit jdm in der ~ haben** (*fig inf*) to be at loggerheads with sb.

wollen[1] *adj attr* woollen.

wollen[2] *1. pers present* **will,** *pret* **wollte,** *ptp* **gewollt I** *vi* **1.** (*Willen zeigen, haben*) **er kann schon, wenn er nur will** he can (do it) if he really wants (to); **man muß nur ~** you simply have to have the will; **da ist nichts zu ~** there is nothing we/you can do (about it).

2. (*bereit, gewillt sein*) **wenn er will** if he wants to; **er will nicht so recht** he doesn't seem all that willing, he seems rather unwilling; **so Gott will** God willing.

3. (*mögen*) to want to, to like. **wenn man so will, wenn du so willst** if you like, as it were; **ganz wie du willst** just as you like; **wenn du willst, machen wir das so** if you want to *or* if you like, we'll do it that way; **ob du willst oder nicht** whether you like it or not.

4. (*an bestimmten Ort gehen etc*) to want to go. **ich will nach Hause/hier raus/weg** I want to go home/to get out of here/to get away; **er will unbedingt ins Kino** he is set on going *or* determined to go to the cinema; **wo willst du hin?** where do you want to go?; **zu wem ~ Sie?** whom do you want to see?

II *vt* **1.** to want. **er will doch nur dein Bestes** he only wants the best for you; **~, daß jd etw tut** to want sb to do sth; **was wollten sie denn von dir?** what did they want then?; **was willst du (noch) mehr!** what more do you want!; **ich weiß nicht, was du willst, das ist doch ausgezeichnet** I don't know what you're on about, it's excellent; **er hat gar nichts zu ~** he has no say at all; **ohne es zu ~** without wanting to; **das wollte ich nicht** (*war unbeabsichtigt*) I didn't mean to (do that); **was ~ sie?** what do they want?; *siehe* **gewollt.**

2. etw lieber ~ to prefer sth; **etw unbedingt ~** to want sth desperately.

3. (*bezwecken*) **etw mit etw ~** to want sth with sth, to want sth for sth; **was willst du mit dem Messer?** what are you doing with that knife?; **was ~ die Leute mit solchen Filmen?** what do people hope to achieve with films like that?

4. (*brauchen*) to want, to need.

III *modal aux vb ptp* **~ 1. etw haben ~** to want (to have) sth; **er will immer alles besser wissen** he thinks he knows it all; **was will man da schon machen/sagen?** what can you do/say?; **wenn man darauf noch Rücksicht nehmen wollte** if one were to take that into account too.

2. (*beabsichtigen*) **etw gerade tun ~** to be going to do sth; **wolltest du gerade weggehen?** were you just leaving?; **ich wollte schon gehen/gerade aufhören, als ...** I was just going to leave/just about to stop when ...

3. (*werden*) **das ~ wir doch erst mal sehen!** we'll have to see about that!

4. (*Anschein haben*) **es sieht aus, als wollte es regnen** it looks as if it's going to rain; **es will nicht besser/wärmer werden** it just won't get better/warmer; **es will und will nicht aufhören** it just goes on and on.

5. (*in bezug auf Behauptung*) **keiner wollte etwas gehört/ gesehen haben** nobody will admit to having heard/seen anything; **keiner will es gewesen sein** nobody will admit to it; **der Zeuge will den Dieb beobachtet haben** the witness claims to have seen the thief; **und so jemand will Lehrer sein!** and he calls himself a teacher.

6. (*in Wunsch, Aufforderung*) **ich wollte, ich wäre ...** I wish I were ...; **das wolle Gott verhüten** heaven forbid; **~ wir uns nicht setzen?** why don't we sit down?; **wir ~ beten!** let us pray; **wenn Sie bitte Platz nehmen ~** if you would care to sit down please; **wenn er mir das doch ersparen wollte!** if only he would spare me that!; **na, ~ wir gehen?** well, shall we go?; **darauf ~ wir mal anstoßen!** let's drink to that; **wir ~ mal nicht übertreiben/in Ruhe überlegen** let's not exaggerate/let's think about it calmly.

7. komme, was da wolle come what may; **sei er, wer er wolle** whoever he may be.

8. *impers* **es will mir nicht einleuchten, warum** I really can't see why; **es will mir scheinen, daß ...** it seems to me that ...

9. (*müssen*) **das will alles genauestens überlegt sein/werden** it all has to be most carefully considered; **die Pflanzen ~ oft gegossen werden** the plants have to be watered frequently.

Wollfaser *f* wool fibre; **Wollgarn** *nt* woollen yarn; **Wollgras** *nt* (*Bot*) cotton grass.

wollig *adj* woolly.

Wolljacke *f* cardigan; **Wollkämmerei** *f* **1.** (*Fabrik*) wool-carding shop; **2.** (*Tätigkeit*) wool-carding; **Wollknäuel** *nt* ball of wool; **Wollsachen** *pl* woollens *pl*; **Wollsiegel** *nt* Woolmark ®; **Wollstoff** *m* woollen material; **Wollstrumpf** *m* woollen stocking.

Wollust *f* -, *no pl* (*liter*) (*Sinnlichkeit*) sensuality, voluptuousness; (*Lüsternheit*) lust, lewdness, lasciviousness. **~ empfinden** to be in ecstasy; **etw mit wahrer ~ tun** (*fig*) to delight in doing sth.

wollüstig *adj* (*geh*) (*sinnlich*) sensual; *Frau auch* voluptuous; (*lüstern*) lascivious, lusty; (*verzückt, ekstatisch*) ecstatic. **seine**

~e **Freude an etw** (dat) **haben** (fig) to go into ecstasies over sth; **jdn ~ anblicken** to give sb a lascivious look.

Wollwaren pl woollen goods pl, woollens pl; **Wollwäsche** f washing woollens no art; (Artikel) woollens pl.

womit adv siehe auch mit **1.** interrog with what, what … with. **~ kann ich dienen?** what can I do for you?

2. rel with which; (auf ganzen Satz bezüglich) by which. **das ist es, ~ ich nicht einverstanden bin** that's what I don't agree with; **~ ich nicht sagen will, daß …** by which I don't mean or which doesn't mean to say that …; **~ man es auch versuchte …** whatever they tried to do it with …

womöglich adv possibly; siehe wo.

wonach adv siehe auch nach **1.** interrog after what, what … after. **~ sehnst du dich?** what do you long for?; **~ riecht das?** what does it smell of?; **~ sollen wir uns richten?** what should we go by?

2. rel **das Land, ~ du dich sehnst** the land for which you are longing or (which) you are longing for; **das war es, ~ ich mich erkundigen wollte** that was what I wanted to ask about.

Wonne f -, -n (geh) (Glückseligkeit) bliss no pl; (Vergnügen) joy, delight. **mit ~** with great delight; **das ist ihre ganze ~** that's all her joy; **die ~n der Liebe/~(n) des Paradieses** the joys or delights of love/ delights of paradise; **es ist eine wahre ~** it's a sheer delight.

Wonnegefühl nt blissful feeling; **Wonnemonat, Wonnemond** (poet) m May; **im ~ Mai** in the merry month of May; **Wonneschauer** m thrill of joy; **wonnevoll** adj Gefühl blissful; Kind, Anblick delightful; Gesichtsausdruck delighted; **~ lächeln** to smile with delight.

wonnig adj delightful; Gefühl, Ruhe blissful.

wonniglich adj (poet) Gefühl, Stunden blissful; Kind, Anblick delightful.

woran adv siehe auch an **1.** interrog **~ denkst du?** what are you thinking about?; **man weiß bei ihm nie, ~ man ist** you never know where you are with him; **~ liegt das?** what's the reason for it?; **~ ist er gestorben?** what did he die of?

2. rel (auf vorausgehenden Satz bezogen) by which. **das, ~ ich mich gerne erinnere** what I like to recall; **~ ich schon gedacht hatte** … which I'd already thought of; **~ ich merkte, daß …** which made me realize that …; **~ er auch immer gestorben ist …** whatever he died of …

worauf adv siehe auch auf **1.** interrog (räumlich) on what, what … on. **~ wartest du?** what are you waiting for?; **~ sollte ich mich freuen?** what do I have to look forward to?

2. rel (zeitlich) whereupon. **~ du dich verlassen kannst** of that you can be sure; **das ist etwas, ~ ich mich freue** that's something I'm looking forward to; **~ er einen Wutanfall bekam** whereupon he flew into a rage; **~ er sich auch beruft …** whatever his arguments are …

woraufhin rel adv whereupon.

woraus adv siehe auch aus **1.** interrog out of what, what … out of. **~ ist der Pullover?** what is the pullover made (out) of?; **schließt du das?** from what do you deduce that?

2. rel out of which, which … out of. **das Buch, ~ ich gestern vorgelesen habe** the book I was reading from yesterday; **~ ich schließe/gelernt habe, daß …** from which I conclude/have learned that …

worden ptp of **werden I 3.**

worin adv siehe auch in **1.** interrog in what, what … in. **~ war das eingewickelt?** what was it wrapped in?; **~ liegt der Unterschied/Vorteil?** what is the difference/advantage?

2. rel in which, which … in, wherein (form). **das ist etwas, ~ wir nicht übereinstimmen** that's something we don't agree on; **dann sagte er …, ~ ich mit ihm übereinstimme** then he said …, which is where I agree with him.

Wort nt -(e)s, -e **1.** pl usu ̈er (Vokabel) word. **ein ~ mit sechs Buchstaben** a word with six letters, a six-letter word; **~ für ~** word for word; siehe wahr.

2. (Äußerung) word. **nichts als ~e** nothing but words or talk; **genug der ~e!** enough talk!; **das ist ein ~!** wonderful!; **in ~ und Schrift** in speech and writing; **er beherrscht die Sprache in ~ und Schrift** he has a command of the written and spoken language; **in ~ und Tat** in word and deed; **~en Taten folgen lassen** to suit the action to the word(s); **mit einem ~** in a word; **mit anderen/ wenigen ~en** in other/a few words; **hast du/hat der Mensch (da noch) ~e!** it leaves you speechless; **kein ~ mehr** not another word; **kein ~ von etw sagen/erwähnen** not to say one word or a thing about sth; **ich verstehe kein ~!** I don't understand a word (of it); (hören) I can't hear a word (that's being said); **er sagte kein einziges ~** he didn't say a single word; **ein ~ mit jdm reden** to have a word with sb; **mit dir habe ich noch ein ~ zu reden!** I want a word with you!; **ein ernstes ~ mit jdm reden** to have a serious talk with sb; **kein ~ miteinander/mit jdm sprechen** not to say a word to each other/to sb; **sag doch ein ~!** say something!; **hättest du doch ein ~ gesagt** if only you had said something; **davon hat man mir kein ~ gesagt** they didn't tell me anything about it; **man kann sein eigenes ~ nicht (mehr) verstehen** or **hören** you can't hear yourself speak; **ein ~ gab das andere** one thing led to another; **jdm das ~** or **die ~e im Mund (her)umdrehen** to twist sb's words; **du sprichst ein großes or wahres ~ gelassen aus** how true, too true; **die passenden/keine ~e für etw finden** to find the right/no words for sth; **das rechte ~ zur rechten Zeit** the right word at the right time; **jdn mit schönen ~en abspeisen** to fob sb off; **jdm schöne ~e machen** to soft-soap sb; **auf ein ~!** a word!; **jdm aufs ~ glauben** to believe sb implicitly; **das glaub' ich dir aufs ~** I can well believe it; **ohne ein ~ (zu sagen)** without (saying) a word; **dein ~ in Gottes Ohr** let us hope so; **seine ~e galten dir** he meant you, he was talking about you; *siehe* **verlieren**.

3. *no pl (Rede, Recht zu sprechen)* **das ~ nehmen** to speak; *(bei Debatte auch)* to take the floor; **das große ~ haben** *or* **führen** *(inf)* to shoot one's mouth off *(inf)*; **das ~ an jdn richten** to address (oneself to) sb; **jdm ins ~ fallen** to interrupt sb; **jdm das ~ abschneiden** to cut sb short; **zu ~ kommen** to get a chance to speak; **ums ~ bitten, sich zu ~ melden** to ask to speak; **er hat das ~** it's his turn to speak; *(bei Debatte auch)* he has the floor; **jdm das ~ erteilen** *or* **geben** to allow sb to speak; *(in Debatte auch)* to allow sb to take the floor; **er hat mir das ~ verboten** he forbade me to speak.

4. *(Ausspruch)* saying; *(Zitat)* quotation; *(Rel)* Word. **ein ~, das er immer im Munde führt** one of his favourite sayings; **ein ~ Goethes/aus der Bibel** a quotation from Goethe/the Bible.

5. *(Text, Sprache)* words *pl*. **in ~en** in words; **in ~ und Bild** in words and pictures; **etw in ~e fassen** to put sth into words; **das geschriebene/gedruckte/gesprochene ~** the written/ printed/spoken word.

6. *(Befehl, Entschluß)* **das ~ des Vaters ist ausschlaggebend** the father's word is law; **das ~ des Königs** the king's command; **jdm aufs ~ gehorchen** *or* **folgen** to obey sb's every word; **dabei habe ich auch (noch) ein ~ mitzureden** *or* **mitzusprechen** I (still) have something to say about that too; **das letzte ~ ist noch nicht gesprochen** the final decision hasn't been taken yet.

7. *no pl (Versprechen)* word. **auf mein ~ I give (you) my word; **jdn beim ~ nehmen** to take sb at his word; **ich gebe mein ~ darauf** I give you my word on it; **sein ~ halten** to keep one's word.

Wort\|art *f (Gram)* part of speech; **Wortbedeutung** *f* meaning of a/the word; **Wortbildung** *f (Ling)* morphology; **Wortbruch** *m* **das wäre ein ~** that would be breaking your/my *etc* promise; **wortbrüchig** *adj* false; **~ werden** to break one's word.

Wörtchen *nt dim of* **Wort** little word. **da habe ich wohl ein ~ mitzureden** *(inf)* I think I have some say in that; **mit ihm habe ich noch ein ~ zu reden** *(inf)* I want a word with him.

Wörterbuch *nt* dictionary; **Wörterverzeichnis** *nt* vocabulary; *(von Spezialbegriffen)* glossary.

Wortfeld *nt* semantic field; **Wortfolge** *f (Gram)* word order; **Wortführer** *m* spokesman; **Wortgebühr** *f (Telec)* rate per word; **Wortgefecht** *nt* battle of words; **Wortgeplänkel** *nt* banter; **wortgetreu** *adj, adv* verbatim; **wortgewandt** *adj* eloquent; **Wortgut** *nt* vocabulary; **wortkarg** *adj* taciturn; **Wortkargheit** *f* taciturnity; **Wortklauber** *m* **-s, -** caviller, quibbler; **Wortklauberei** *f* cavilling, quibbling; **Wortkunde** *f* lexicology; *(Vokabelsammlung)* vocabulary; **Wortlaut** *m* wording; **im ~** verbatim; **folgenden ~ haben** to read as follows.

Wörtlein *nt dim of* **Wort**; *siehe* **Wörtchen**.

wörtlich *adj Bedeutung* literal; *Übersetzung, Wiedergabe etc auch* word-for-word; *Rede* direct. **etw ~ wiedergeben/abschreiben** to repeat/copy sth verbatim *or* word for word; **etw ~ übersetzen** to translate sth literally *or* word for word; **das darf man nicht so ~ nehmen** you mustn't take it literally; **das hat er ~ gesagt** those were his very *or* actual words.

wortlos I *adj* silent; **II** *adv* without saying a word; **Wortmeldung** *f* request to speak; **wenn es keine weiteren ~en gibt** if nobody else wishes to speak; **Wortprozessor** *m* word processor; **wortreich** *adj Rede, Erklärung etc* verbose, wordy; **sich ~ entschuldigen** to apologize profusely; **Wortreichtum** *m siehe adj* verbosity, wordiness; **Wortschatz** *m* vocabulary; **Wortschöpfung** *f* neologism; **Wortschwall** *m* torrent of words; **Wortsinn** *m* meaning of a/the word; **Wortspiel** *nt* pun, play on words; **Wortstellung** *f (Gram)* word order; **Wortverdrehung** *f* twisting of words; **Wortwahl** *f* choice of words; **Wortwechsel** *m* exchange (of words), verbal exchange; **Wortwitz** *m* pun; **wortwörtlich I** *adj* word-for-word; **II** *adv* word for word, quite literally.

worüber *adv siehe auch* **über 1.** *interrog* about what, what ... about; *(örtlich)* over what, what ... over.

2. *rel* about which, which ... about; *(örtlich)* over which, which ... over; *(auf vorausgehenden Satz bezogen)* which. **das Thema, ~ ich gerade einen Artikel habe** the subject I have just read an article about; **~ sie sich auch unterhalten, sie ...** whatever they talk about they ...

worum *adv siehe auch* **um 1.** *interrog* about what, what ... about. **~ handelt es sich?** what's it about? **2.** *rel* about which, which ... about. **~ die Diskussion auch geht, ...** whatever the discussion is about ...

worunter *adv siehe auch* **unter 1.** *interrog* under what, what ... under. **ich weiß nicht, ~ er leidet** I don't know what he is suffering from. **2.** *rel* under which, which ... under.

Wotan *m* **-s** *(Myth)* Wotan.

wovon *adv siehe auch* **von 1.** *interrog* from what, what ... from. **~ hat er das abgeleitet?** what did he derive that from?

2. *rel* from which, which ... from; *(auf vorausgehenden Satz bezogen)* about which, which ... about. **das ist ein Gebiet, ~ er viel versteht** that is a subject he knows a lot about; **~ du dich auch ernährst, ...** whatever you eat ...

wovor *adv siehe auch* **vor 1.** *interrog (örtlich)* before what, what ... before. **~ fürchtest du dich?** what are you afraid of?

2. *rel* before which, which ... before. **das Ereignis, ~ ich schon immer gewarnt habe** the event I have always warned you about; **~ du dich auch fürchtest, ...** whatever you're afraid of ...

wozu *adv siehe auch* **zu 1.** *interrog* to what, what ... to; *(warum)* why. **~ hast du dich entschlossen?** what have you decided on?; **~ soll das gut sein?** what's the point of that?; **~ denn das?** what for?; **~ denn?** why should I/you? *etc*.

2. *rel* to which, which ... to. **das, ~ ich am meisten neige** what I'm most inclined to do; **das Verfahren, ~ ich raten würde** the procedure I would advise; **..., ~ ich mich jetzt auch entschlossen habe** ... which I have now decided to do; **~ du dich auch entschließt, ...** whatever you decide (on) ...

Wrack *nt* **-s, -s** *or* (*rare*) **-e** wreck; (*fig*) (physical) wreck.

Wrasen *m* **-s, -** (*esp N Ger*) vapour.

wringen, *pret* **wrang**, *ptp* **gewrungen** *vti* to wring.

WSW *abbr of* **Westsüdwest** WSW.

Wucher *m* **-s,** *no pl* profiteering; (*bei Geldverleih*) usury. **das ist doch ~!** that's daylight robbery!

Wucherer(in *f*) *m* **-s, -** profiteer; (*Geldverleiher*) usurer.

Wuchergeschäft *nt* profiteering *no pl*; usury *no pl*.

wucherisch *adj* profiteering; *Geldverleih, Zinsen* usurious; *Bedingungen, Preis, Miete etc* exorbitant, extortionate.

Wuchermiete *f* exorbitant *or* extortionate rent.

wuchern *vi* 1. *aux sein or haben* (*Pflanzen*) to grow rampant, to proliferate; (*wildes Fleisch*) to proliferate; (*Bart, Haare*) to grow profusely. **in die Höhe ~** to shoot up(wards).
2. (*fig: sich verbreiten*) to be rampant.
3. (*Kaufmann etc*) to profiteer; (*Geldverleiher*) to practise usury. **mit seinen Talenten ~** (*fig*) to make the most of one's talents.

wuchernd *adj* proliferous; *Pflanzen auch* rampant.

Wucherpreis *m* exorbitant price. **~e bezahlen** to pay through the nose.

Wucherung *f* rank growth, proliferation; (*Med*) growth; (*wildes Fleisch*) proud flesh.

Wucherzins *m* exorbitant *or* usurious interest.

wuchs [vu:ks] *pret of* **wachsen¹**.

Wuchs [vu:ks] *m* **-es,** *no pl* (*Wachstum*) growth; (*Gestalt, Form*) stature; (*von Mensch*) build, stature.

Wucht *f* **-,** *no pl* 1. force; (*von Angriff auch*) brunt; (*Stoßkraft auch*) momentum; (*fig auch*) power. **mit aller ~** with all one's force *or* might; **mit voller ~** with full force.
2. (*inf: Menge*) load (*inf*). **eine ~ (Prügel)** a good hiding.
3. (*inf*) **er/das ist die** *or* **eine ~!** he's/that's smashing! (*inf*).

wuchten *vti* to heave.

wuchtig *adj* massive, solid; *Schlag* heavy, powerful; *Wein,* (*fig*) heavy.

Wühl|arbeit *f* (*fig pej*) subversive activities *pl*.

wühlen I *vi* 1. (*nach* for) to dig; (*Maulwurf etc*) to burrow; (*Schwein, Vogel*) to root. **im Bett ~** to toss and turn; **im Schmutz ~** (*fig*) to wallow in the mire.
2. (*suchen*) to rummage, to root (*nach etw* for sth). **in den Schubladen ~** to rummage *or* root through the drawers.
3. (*fig*) to gnaw (*in +dat* at).
4. (*inf: schwer arbeiten*) to slog (*inf*).

5. (*Untergrundarbeit leisten*) to stir things up.
II *vt* to dig, to burrow. **er wühlte seinen Kopf in die Kissen** he buried his face in the pillows.
III *vr* **sich durch die Menge/das Gestrüpp ~** to burrow one's way through the crowd/the undergrowth.

Wühler *m* **-s, -** 1. (*pej: Aufrührer*) agitator, subversive. 2. (*inf: schwer Arbeitender*) slogger (*inf*).

Wühlmaus *f* vole; (*fig pej*) subversive; **Wühltisch** *m* (*inf*) bargain counter.

Wulst *m* **-es,** ⸚**e** *or f*, ⸚**e** bulge; (*an Reifen*) bead; (*Archit*) torus; (*Her*) wreath. **ein ~ von Fett** a roll of fat.

wulstig *adj* bulging; *Rand, Lippen* thick.

Wulstlippen *pl* thick lips *pl*; **Wulstreifen** *m* bead tyre.

wummern *vi* (*inf*) (*dröhnen*) to rumble; (*pochen*) to drum. **an** *or* **gegen die Tür ~** to hammer at the door.

wund *adj* sore. **etw ~ kratzen/scheuern** to make sth sore by scratching/chafing it; **das Pferd/ich war vom Reiten ~ gescheuert** the horse/I was saddle-sore; **ein Tier ~ schießen** to wound an animal; **sich** (*dat*) **die Füße/Fersen ~ laufen** (*lit*) to get sore feet/heels from walking; (*fig*) to walk one's legs off; **sich** (*dat*) **die Finger ~ schreiben** (*fig*) to write one's fingers to the bone; **ein ~er Punkt, eine ~e Stelle** a sore point.

Wund|arzt *m* (*old*) surgeon; **Wundbenzin** *nt* surgical spirit; **Wundbrand** *m* gangrene.

Wunde *f* **-, -n** (*lit, fig*) wound. **alte ~n/eine alte ~ wieder aufreißen** (*fig*) to open up old sores; **an eine alte ~ rühren** (*fig geh*) to touch on a sore point; **(bei jdm) tiefe ~n schlagen** (*fig*) to scar sb; **den Finger auf die (brennende) ~ legen** (*fig*) to bring up a painful subject; **Salz in eine/jds ~ streuen** (*fig*) to turn the knife in the wound.

Wunder *nt* **-s, -** 1. (*übernatürliches Ereignis, Rel*) miracle; (*wunderbare Erscheinung*) wonder; (*Leistung auch*) marvel; (*erstaunlicher Mensch*) marvel. **~ tun** *or* **wirken** (*Rel*) to work miracles; **das grenzt an ein ~** it verges on the miraculous, it's almost a miracle; **durch ein ~** by a miracle; **nur durch ein ~ können sie noch gerettet werden** only a miracle can save them now; **die ~ der Natur/dieser Welt** the wonders of nature/this world; **ein architektonisches ~** an architectural miracle.
2. (*überraschendes Ereignis*) **~ tun** *or* **wirken** to do wonders; **es ist ein/kein ~, daß ...** it's a wonder/no wonder *or* small wonder that ...; **ist es ein ~, daß er dick ist?** is it any wonder that he's fat?; **kein ~** no wonder; *siehe* **blau**.

wunder *adv inv* **meine Eltern denken ~ was passiert ist/~ was über mein Privatleben** my parents think goodness knows what has happened/goodness knows what about my private life; **das hat er sich ~ wie einfach vorgestellt** he imagined it would be ever so easy; **er glaubt, ~ wer zu sein/~ was geleistet zu haben** he thinks he's

marvellous/done something marvellous; **er bildet sich ~ was ein** he thinks he's too wonderful for words.
wunderbar adj 1. (schön) wonderful, marvellous. 2. (übernatürlich, wie durch ein Wunder) miraculous.
wunderbarerweise adv miraculously.
Wunderding nt marvellous thing; **Wunderdoktor** m wonder doctor; (pej: Quacksalber) quack; **Wunderdroge** f (von Zauberer, Fee etc) miracle drug; (fig auch) wonder drug; **Wunderglaube** m belief in miracles; **wundergläubig** adj ~ **sein** to believe in miracles; **Wunderheiler** m wonder doctor; (pej) faith-healer; **Wunderhorn** nt (liter, Myth) magic horn; **wunderhübsch** adj wonderfully pretty, wondrously beautiful (liter); **Wunderkerze** f sparkler; **Wunderkind** nt child prodigy; **Wunderknabe** m (usu iro) wonder boy or child; **Wunderlampe** f magic lamp or lantern; **Wunderland** nt wonderland; **wunderlich** adj 1. (merkwürdig) strange, odd; 2. (wundersam) wondrous; **Wundermittel** nt miracle cure; (von Fee etc) magic potion.
wundern I vt, vt impers to surprise. **es wundert mich** or **mich wundert, daß er noch nicht hier ist** I'm surprised or it surprises me that he is not here yet; **das wundert mich nicht** I'm not surprised, that doesn't surprise me; **das würde mich nicht ~** I shouldn't be surprised.
II vr to be surprised (über +acc at). **du wirst dich ~!** you'll be amazed!; **du wirst dich noch einmal ~!** you're in for a shock or surprise!; **da wirst du dich aber ~!** you're in for a surprise; **ich muß mich doch sehr ~!** well, I am surprised (at you/him etc); **ich wundere mich über gar nichts mehr** nothing surprises me any more; **dann darfst/brauchst du dich nicht ~, wenn ...** then don't be surprised if ...
wundernehmen sep irreg I vi impers (geh) to be surprising; II vt impers to surprise; **wundersam** adj (liter) wondrous (liter); **wunderschön** adj beautiful, lovely; (herrlich auch) wonderful; **einen ~en guten Morgen/Tag** etc a very good morning/day etc to you; **Wundertäter** m miracle worker; **wundertätig** adj magic, miraculous; **Leben, Heilige** miracle-working; **~ wirken** to perform miracles; **Wundertier** nt (hum) weird and wonderful animal (hum); **Wundertüte** f surprise packet; **wundervoll** adj wonderful, marvellous; **Wunderwaffe** f wonder weapon; **Wunderwelt** f (im Märchen etc) magic world; (zauberhafte Umgebung) world of wonders; **die ~ der Mineralien** the wonderful world of minerals; **Wunderwerk** nt miracle, marvel.
Wundfieber nt traumatic fever; **wundgelegen** adj **ein ~er Patient** a patient with bedsores; **eine ~e Stelle** a bedsore; **~ sein** to have bedsores; **Wundheit** f soreness; **Wund|infektion** f wound infection; **wundliegen** vr sep irreg to get bedsores; **Wundmal** nt 1. (Rel) stigma; 2. (liter) scar; **Wundpflaster** nt adhesive plaster; **Wundrand** m edge (of a/the wound); **Wundsalbe** f ointment; **Wundsein** nt

soreness; **Wundstarrkrampf** m tetanus; **Wundversorgung** f dressing a/the wound/wounds; **Wundwatte** f surgical wool.
Wunsch m -(e)s, ¨e 1. wish; (sehnliches Verlangen) desire; (Bitte) request. **ein Pferd war schon immer mein ~** I've always wanted a horse; **nach ~** just as he/she etc wants/wanted; (wie geplant) according to plan, as planned; (nach Bedarf) as required; **auf ~ der Eltern** as his/her etc parents wish/ wished; **alles geht nach ~** everything is going smoothly; **von dem ~ beseelt sein, ...** to be filled with the desire ...; **hier ist der ~ der Vater des Gedankens** (prov) the wish is father to the thought (prov); **haben Sie (sonst) noch einen ~?** (beim Einkauf etc) is there anything else you would like or I can do for you?; **auf ~** by or on request; **auf jds (besonderen/ausdrücklichen) ~ hin** at sb's (special/express) request; **auf allgemeinen/vielfachen ~ hin** by popular request or demand; **jdm jeden ~ von or an den Augen ablesen** to anticipate sb's every wish.
2. usu pl (Glückwunsch) wish. **beste ~e zum Fest** the compliments of the season.
wünschbar adj (Sw) desirable.
Wunschbild nt ideal; **Wunschdenken** nt wishful thinking.
Wünschelrute f divining or dowsing rod.
Wünschelrutengänger(in f) m -s, - diviner, dowser.
wünschen I vt 1. **sich** (dat) **etw ~** to want sth; (den Wunsch äußern) to ask for sth; (im stillen: bei Sternschnuppe etc) to wish for sth; **ich wünsche mir das** I would like that, I want that; **ich wünsche mir, daß du ...** I would like you to ...; **das habe ich mir von meinen Eltern zu Weihnachten gewünscht** I asked my parents to give me that for Christmas, I asked for that for Christmas from my parents; **ich wünsche mir einen Mantel von dir** I'd like a coat from you; **he so wants it to be** or he hopes it will be successful; **was wünschst du dir?** what do you want?, what would you like?; (im Märchen) what is your wish?; **du darfst dir was (zum Essen) ~** you can say what you'd like (to eat); **du darfst dir etwas ~** (Wunsch frei haben) you can make a wish; (im Märchen auch) I'll give you a wish; **sie haben alles, was man sich** (dat) **nur ~ kann** they have everything you could possibly wish for.
2. **jdm etw ~** to wish sb sth; **jdm einen guten Morgen ~** to wish sb good morning; **wir ~ dir gute Besserung/eine gute Reise** we hope you get well soon/have a pleasant journey; **wir ~ gute Fahrt** we hope you have or we wish you a good journey; **jdm den Tod/die Pest an den Hals ~** (fig inf) to wish sb would die/drop dead (inf); **das würde ich meinem schlimmsten Feind nicht ~** (prov) I wouldn't wish that on my worst enemy.
3. (ersehnen, hoffen) to wish. **jdn fort/weit weg ~** to wish sb would go away/were far away; **es bleibt/wäre zu ~, daß ...** it is to be hoped that ...; **ich wünschte, ich hätte dich nie gesehen** I wish I'd never seen you.

4. (*begehren, verlangen*) to want. **was ~ Sie?** (*Diener*) yes, Sir/Madam?; (*in Geschäft*) what can I do for you?; (*in Restaurant*) what would you like?; **wen ~ Sie zu sprechen?** to whom would you like to speak?; **ich wünsche, daß du das machst** I want you to do that.

II *vi* (*begehren*) to wish. **Sie ~?** what can I do for you?; (*in Restaurant*) what would you like?; **ganz wie Sie ~** (just) as you wish *or* please *or* like; **zu ~/viel zu ~ übrig lassen** to leave something/a great deal to be desired.

III *vr* **sich in eine andere Lage/weit weg ~** to wish one were in a different situation/ far away.

wünschenswert *adj* desirable.

Wunschform *f* (*Gram*) optative (mood); **wunschgemäß I** *adj* requested; (*erwünscht*) desired; (*geplant*) planned; **II** *adv siehe adj* as requested; as desired; as planned; **Wunschkind** *nt* planned child; **unser Töchterchen war ein ~** our little daughter was planned; **Wunschkonzert** *nt* (*Rad*) musical request programme; **wunschlos** *adj* Mensch content(ed); *Glück* perfect; **~ glücklich** perfectly happy; **Wunschsatz** *m* (*Gram*) optative clause; **Wunschsendung** *f* (*Rad*) request programme; **Wunschtraum** *m* dream; (*Illusion*) illusion; **das ist doch bloß ein ~** that's just a pipe-dream; **Wunschzettel** *m* list of things one would like.

wupp (dich), wupps *interj* whoomph.

wurde *pret of* **werden.**

Würde *f* -, **-n 1.** *no pl* dignity. **~ bewahren** to preserve one's dignity; **unter aller ~ sein** to be beneath contempt; **unter jds ~** (*dat*) **sein** to be beneath sb *or* sb's dignity; **etw mit ~ tragen** to bear sth with dignity. **2.** (*Auszeichnung*) honour; (*Titel*) title; (*Amt*) rank.

würdelos *adj* undignified.

Würdelosigkeit *f* lack of dignity.

Würdenträger(in *f*) *m* -s, - dignitary.

würdevoll *adj siehe* **würdig 1.**

würdig *adj* **1.** (*würdevoll*) dignified. **sich ~ verhalten** to behave with dignity.

2. (*wert*) worthy. **jds/einer Sache ~/ nicht ~ sein** to be worthy/unworthy of sb/ sth; **sich jds/einer Sache ~ erweisen** *or* **zeigen** to prove oneself to be worthy of sb/ sth.

würdigen *vt* **1.** to appreciate; (*lobend erwähnen*) to acknowledge; (*respektieren*) to respect. **etw gebührend** *or* **nach Gebühr/richtig ~** to appreciate sth properly/fully; **etw zu ~ wissen** to appreciate sth.

2. (*geh: für würdig befinden*) **jdn einer Sache** (*gen*) **~** to deem sb worthy of sth; **jdn eines/keines Blickes/Grußes** *etc* **~** to deign/not to deign to look at/greet *etc* sb.

Würdigkeit *f* *no pl* **1.** *siehe* **Würde. 2.** (*Wertsein*) merit.

Würdigung *f* **1.** *siehe vt* appreciation; acknowledgement; respect. **2.** (*lobende Worte, Artikel*) appreciation. **3.** (*Ehrung*) honour.

Wurf *m* -(e)s, ⸚e **1.** throw; (*beim Kegeln etc*) bowl; (*gezielter ~, beim Handball etc*

auch) shot; (*beim Baseball*) pitch. **drei ~** *or* **~e zwei Mark** three goes *or* throws for two marks.

2. *no pl* (*das Werfen*) throwing. **beim ~** when throwing; **zum ~ ansetzen/ausholen** to get ready to throw.

3. (*fig: Erfolg*) success, hit (*inf*). **mit dem Film ist ihm ein großer ~ gelungen** this film is a great success *or* big hit (*inf*) for him; **einen großen ~ tun** to be very successful *or* have great success.

4. (*Zool*) litter; (*das Gebären*) birth.

5. (*Falten~*) fall. **einen eleganten ~ haben** to hang elegantly.

Würfel *m* -s, - **1.** (*auch Math*) cube. **etw in ~ schneiden** to dice sth, to cut sth into cubes. **2.** (*Spiel~*) dice, die (*form*). **die ~ sind gefallen** the die is cast; **~ spielen** to play at dice.

Würfelbecher *m* shaker; **Würfelbrett** *nt* dice board; **würfelförmig** *adj* cube-shaped, cubic (*esp Math*).

würf(e)lig *adj* cubic. **etw ~ schneiden** to cut sth into cubes.

würfeln I *vi* to throw, to have a throw; (*Würfel spielen*) to play at dice. **hast du schon gewürfelt?** have you had your throw *or* go?; **um etw ~** to throw dice for sth. **II** *vt* **1.** to throw. **2.** (*in Würfel schneiden*) to dice, to cut into cubes.

Würfelspiel *nt* (*Partie*) game of dice; (*Spielart*) dice; **beim ~** at dice; **Würfelspieler** *m* dice player; **Würfelzucker** *m* cube sugar.

Wurfgeschoß *nt* projectile, missile. **Wurfhammer** *m* (*Sport*) hammer; **Wurfmal** *nt* (*Baseball*) pitcher's mound; **Wurfmaschine** *f* (*Mil, Hist*) catapult; (*beim Tontaubenschießen*) trap; **Wurfmesser** *nt* throwing knife; **Wurfpfeil** *m* dart; **Wurfring** *m* quoit; **Wurfsendung** *f* circular; **Reklame durch ~en** direct advertising; **Wurfspeer, Wurfspieß** *m* javelin; **Wurftaube** *f* (*Sport*) clay pigeon; **Wurftaubenschießen** *nt* (*Sport*) clay pigeon shooting; **Wurfweite** *f* throwing range; (*von Geschütz*) mortar range.

Würge|engel *m siehe* **Würgengel; Würgegriff** *m* (*lit, fig*) stranglehold; **Würgemal** *nt* strangulation mark.

würgen I *vt* *jdn* to strangle, to throttle; (*fig: Angst*) to choke.

II *vi* **1.** (*mühsam schlucken*) to choke; (*Schlange*) to gulp. **an etw** (*dat*) **~** (*lit*) to choke on sth; (*fig*) (*an Kritik*) to find sth hard to swallow; (*an Arbeit*) to struggle over sth.

2. (*beim Erbrechen*) to retch. **ein W~ im Hals spüren** to feel one is going to be sick.

III *vt impers* **es würgte sie (im Hals** *etc*) she felt she was going to be sick; **mit Hängen und W~** by the skin of one's teeth.

Würg|engel *m* Angel of Death.

Würger *m* -s, - **1.** strangler. **2.** (*Orn*) shrike.

Wurm *m* -(e)s, ⸚er **1.** worm; (*Made*) maggot; (*poet: Schlange*) snake; (*Myth: Lind~*) dragon. **da ist** *or* **steckt** *or* **sitzt der ~ drin** (*fig inf*) there's something wrong somewhere; (*seltsam*) there's something odd about it; (*verdächtig*) there's something fishy about it (*inf*); *siehe* **winden.**

2. *auch nt (inf: Kind)* (little) mite.

Würmchen *nt dim of* **Wurm** little worm; *(inf: Kind)* (poor) little mite *or* thing.

wurmen *vt, vi impers (inf)* to rankle with.

Wurmfortsatz *m (Anat)* vermiform appendix; **Wurmfraß** *m, no pl* worm damage.

wurmig *adj* wormeaten; *(madig) Obst* maggoty.

Wurmkrankheit *f* worm disorder, helminthiasis *(spec)*; **Wurmkur** *f* worming treatment; **eine ~ machen** to have worm treatment; **Wurmloch** *nt* worm-hole; **Wurmmittel** *nt* vermicide, vermifuge; **Wurmstich** *m, no pl* worm-holes *pl*; **wurmstichig** *adj Holz* full of worm-holes; *(madig auch) Obst* maggoty.

Wurscht *etc (inf) siehe* **Wurst** *etc.*

Wurst *f -, ⁻e* sausage; *(wurstförmiges Gebilde auch)* roll; *(inf: Kot von Hund)* dog's mess *(inf)*. **jetzt geht es um die ~** *(fig inf)* the moment of truth has come *(inf)*; **mit der ~ nach der Speckseite** *or* **dem Schinken werfen** *(fig inf)* to cast a sprat to catch a mackerel; **es ist ihm ~** *or* **Wurscht** *(inf)* it's all the same to him.

Wurst|aufschnitt *m* assortment of sliced sausage; **Wurstbrot** *nt* open sausage sandwich; *(zusammengeklappt)* sausage sandwich; **Wurstbrühe** *f* sausage stock.

Würstchen *nt* **1.** *dim of* **Wurst** small sausage. **heiße** *or* **warme ~** hot sausages; *(in Brötchen)* ≈ hot dogs; **Frankfurter/ Wiener ~** frankfurters/wiener-wursts. **2.** *(pej: Mensch)* squirt *(inf)*, nobody. **ein armes ~** *(fig)* a poor soul.

Würstchenbude *f,* **Würstchenstand** *m* sausage stand; hot-dog stand.

Wurstelei *f (inf)* muddle.

wursteln *vi (inf)* to muddle along. **sich durchs Leben/die Schule ~** to muddle (one's way) through life/school.

Wurstfinger *pl (pej inf)* podgy fingers *pl*.

wurstig *adj (inf)* devil-may-care *attr*, couldn't-care-less *attr (inf)*. **sei doch nicht so ~!** don't be such a wet blanket! *(inf)*.

Wurstigkeit *f (inf)* devil-may-care *or* couldn't-care-less *(inf)* attitude.

Wurstkonserve *f* tinned *(Brit) or* canned sausages; **Wurstmaxe** *m -n, -n (inf)* ≈ man who sells sausages, hot-dog man *(inf)*; **Wurstring** *m* sausage ring; **Wurstsalat** *m* sausage salad; **Wurstwaren** *pl* sausages *pl*; **Wurstzipfel** *m* sausage-end.

Würze *f -, -n* **1.** *(Gewürz)* seasoning, spice; *(Aroma)* aroma; *(fig: Reiz)* spice; *siehe* **Kürze**. **2.** *(von Bier)* wort.

Wurzel *f -, -n* **1.** *(lit, fig)* root; *(Hand~)* wrist; *(Fuß~)* ankle. **etw mit der ~ ausreißen** to pull sth out by the root; **etw mit der ~ ausrotten** *(fig)* to eradicate sth; **~n schlagen** *(lit)* to root; *(fig: sich einleben)* to put down roots; *(an einem Ort hängenbleiben)* to grow roots.
2. *(Math)* root; *(~zeichen)* radical sign. **~n ziehen** to find the roots; **die ~ aus einer Größe ziehen** to find the root of a number; **(die) ~ aus 4 ist 2** the square root of 4 is 2; **die vierte ~ aus 16 ist 2** the fourth root of 16 is 2.
3. *(N Ger)* carrot.

Wurzelballen *m (Hort)* bale of roots, root bale; **Wurzelbehandlung** *f (von Zahn)* root treatment; **Wurzelbildung** *f* rooting; **Wurzelbürste** *f* (coarse) scrubbing brush; **Wurzel|entzündung** *f (an Zahn)* inflammation of the root/ roots; **Wurzelgemüse** *nt* root vegetables *pl*; **wurzellos** *adj Pflanze* without roots; *(fig auch)* rootless.

wurzeln *vi* **1.** *(lit, fig)* to be rooted. **in etw** *(dat)* **~** *(fig)* to be rooted in sth; *(verursacht sein)* to have its/their roots in sth. **2.** *(rare: Wurzeln schlagen)* to (take) root.

Wurzelresektion *f (Zahnmedizin)* root resection; **Wurzelstock** *m (Bot)* rhizome; **Wurzelwerk** *nt, no pl* **1.** root system, roots *pl*; **2.** *(Cook)* flavouring greens *pl*; **Wurzelzeichen** *nt (Math)* radical sign; **Wurzelziehen** *nt -s, no pl (Math)* root extraction.

würzen *vt* to season; *(fig)* to add spice to. **eine Geschichte mit etw ~** to season a story with sth.

würzig *adj Speise* tasty; *(scharf)* spicy; *Tabak, Geruch etc* aromatic; *Luft* fragrant, tangy; *Wein, Bier* full-bodied.

wusch *pret of* **waschen**.

Wuschelhaar *nt (inf)* mop of curly hair.

wusch(e)lig *adj (inf) Tier* shaggy; *Haare* fuzzy *(inf)*.

Wuschelkopf *m* **1.** *(Haare)* mop of curly hair. **2.** *(Mensch)* fuzzy-head *(inf)*.

wuselig *adj (dial) (lebhaft)* lively; *(unruhig)* fidgety; *(bewegt)* busy, bustling; *Ameisenhaufen* teeming.

wuseln *vi (dial)* **1.** *(belebt sein)* to be teeming. **2.** *aux sein (sich schnell bewegen)* to scurry.

wußte *pret of* **wissen**.

Wust *m -(e)s, no pl (inf) (Durcheinander)* jumble; *(Menge)* pile; *(unordentlicher Haufen)* heap; *(Kram, Gerümpel)* junk *(inf)*. **dieser ~ von Kleidern** this pile of clothes.

wüst *adj* **1.** *(öde)* desert *attr*, waste, desolate. **die Erde war ~ und leer** *(Bibl)* the earth was without form, and void.
2. *(unordentlich)* wild, chaotic; *Aussehen, Haar* wild. **~ aussehen** to look a real mess.
3. *(ausschweifend)* wild. **~ feiern** to have a wild party.
4. *(rüde) Beschimpfung, Beleidigung etc* vile. **jdn ~ beschimpfen** to use vile language to sb.
5. *(arg)* terrible, awful; *Übertreibung auch* wild.

Wüste *f -, -n (Geog)* desert; *(Ödland)* waste, wilderness *(liter)*; *(fig)* waste (land), wilderness, desert. **die ~ Gobi** the Gobi Desert; **jdn in die ~ schicken** *(fig)* to send sb packing *(inf)*.

wüsten *vi (inf)* **mit etw ~** to squander *or* waste sth; **mit seiner Gesundheit/seinen Kräften ~** to ruin one's health/strength.

Wüstenei *f* **1.** *(öde Gegend)* wasteland, desert. **2.** *(fig: wildes Durcheinander)* chaos.

Wüstenfuchs *m* desert fox; **Wüstenklima** *nt* desert climate; **Wüstenkönig** *m (poet)* king of the desert; **Wüstensand** *m* desert sand; **Wüstenschiff** *nt (poet)* ship of the desert *(poet)*, camel.

Wüstling *m (dated, iro)* lecher.

Wut f -, no pl **1.** (*Zorn, Raserei*) rage, fury; (*fig: der Elemente*) fury. **(auf jdn/etw) eine ~ haben** to be furious (with sb/sth), to be mad (at sb/sth); **eine ~ im Bauch haben** (*inf*) to be hopping mad (*inf*); **eine ~ haben/kriegen** or **bekommen** to be in/get into a rage; **in ~ geraten, von der ~ gepackt werden** to fly into a rage; **jdn in ~ bringen** or **versetzen** to infuriate sb.
   2. (*Verbissenheit*) frenzy. **mit einer wahren ~** as if possessed, like crazy (*inf*).

Wut|anfall m fit of rage; (*esp von Kind*) tantrum; **Wut|ausbruch** m outburst of rage or fury; (*esp von Kind*) tantrum.

wüten vi (*lit, fig*) (*toben*) to rage; (*zerstörerisch hausen*) to cause havoc; (*verbal*) to storm (*gegen* at); (*Menge*) to riot.

wütend adj furious, enraged; *Tier* enraged; *Menge* angry; *Kampf, Elemente* raging; (*fig*) *Schmerz, Haß etc* fierce. **~ raste der Stier auf ihn zu** the enraged bull raced towards him; **auf jdn/etw** (*acc*) **~ sein** to be mad at sb/sth; **über jdn/etw** (*acc*) **~ sein** to be furious about sb/sth.

wut|entbrannt adj furious, enraged. **~ hinausgehen** to leave in a fury or rage.

Wüterich m brute.

Wutgeheul nt howl of fury; **Wutgeschrei** nt cries pl of rage.

wutsch interj whoosh.

wutschäumend adj foaming with rage; **wutschnaubend** adj snorting with rage; **Wutschrei** m yell of rage; **wutverzerrt** adj distorted with rage.

Wutz f -, **-en** (*pej dial*) pig (*inf*).

Wz. abbr of **Warenzeichen**.

X

X, x [ɪks] *nt* -, - X, x. **Herr X** Mr X; **jdm ein X für ein U vormachen** to put one over on sb (*inf*); **er läßt sich kein X für ein U vormachen** he's not easily fooled.

x-Achse ['ɪks-] *f* x-axis.

Xanthippe [ksan'tɪpə] *f* -, **-n** (*fig inf*) shrew.

X-Beine ['ɪks-] *pl* knock-knees *pl.* ~ **haben** to be knockkneed.

x-beinig ['ɪks-] *adj* knock-kneed.

x-beliebig [ɪks-] *adj* any old (*inf*). **wir können uns an einem ~en Ort treffen** we can meet anywhere you like.

X-Chromosom ['ɪks-] *nt* X-chromosome.

Xenon *nt* **-s**, *no pl* (*abbr* **Xe**) xenon.

Xerographie [kserogra'fiː] *f* Xerox (copy).

xerographieren* [kserogra'fiːrən] *vti insep* to Xerox.

Xerokopie [kseroko'piː] *f* Xerox (copy).

xerokopieren* [kseroko'piːrən] *vti insep* to Xerox.

x-fach ['ɪks-] *adj* **die ~e Menge** (*Math*) n times the amount; **trotz ~er Ermahnungen** (*inf*) in spite of umpteen *or* n warnings (*inf*).

x-mal ['ɪks-] *adv* (*inf*) n (number of) times (*inf*), umpteen times (*inf*).

x-malig ['ɪks-] *adj* (*inf*) n number of (*inf*), umpteen (*inf*). **wenn ein ~er Weltmeister ...** when somebody who has been world champion n (number of) times or umpteen times ...

X-Strahlen ['ɪks-] *pl* (*dated*) X-rays *pl.*

x-te ['ɪkstə] *adj* (*Math*) nth; (*inf*) nth (*inf*), umpteenth (*inf*). **zum ~n Male, zum ~nmal** for the nth *or* umpteenth time (*inf*).

Xylophon [ksylo'foːn] *nt* **-s**, **-e** xylophone.

Y

Y, y ['ʏpsilɔn] *nt* -, - Y, y.
y-Achse ['ʏpsilɔn-] *f* y-axis.
Yacht [jaxt] *f* -, **-en** *siehe* **Jacht.**
Yankee ['jɛŋki] *m* -s, -s (*pej*) Yankee, Yank.
Yard [jaːɐt] *nt* -s, -s yard.
Y-Chromosom ['ʏpsilɔn-] *nt* Y-chromosome.
Yen [jɛn] *m* -(s), -(s) yen.
Yeti ['jeːti] *m* -s, -s Yeti, Abominable Snowman.
Yoga ['joːga] *m or nt* -(s) *siehe* **Joga.**

Yogi ['joːgi] *m* -s, -s *siehe* **Jogi.**
Yoghurt ['joːgʊrt] *m or nt* -s, -s *siehe* **Joghurt.**
Yo-Yo [jo'joː] *nt* -s, -s *siehe* **Jo-Jo.**
Ypsilon ['ʏpsilɔn] *nt* -(s), -s y; (*griechischer Buchstabe*) upsilon.
Ytong® ['yːtɔŋ] *m* -s, -s breezeblock.
Ytterbium [ʏ'tɛrbiʊm] *nt, no pl* (*abbr* **Yb**) ytterbium.
Yttrium ['ʏtriʊm] *nt, no pl* (*abbr* **Y**) yttrium.
Yucca ['jʊka] *f* -, -s yucca.

Z

Z, z [tsɛt] *nt* -, - Z, z.
Zack *m* -s, *no pl* (*inf*) **auf ~ bringen** to knock into shape (*inf*); **auf ~ sein** to be on the ball (*inf*).
zack *interj* (*inf*) pow, zap (*inf*). **~, ~!** chop-chop! (*inf*); **sei nicht so langsam, mach mal ein bißchen ~, ~** don't be so slow, get a move on (*inf*); **bei uns muß alles ~, ~ gehen** we have to do everything chop-chop (*inf*).
Zacke *f* -, **-n** point; (*von Gabel*) prong; (*von Kamm*) tooth; (*Berg~*) jagged peak; (*Auszackung*) indentation; (*von Fieber-kurve etc*) peak.
Zacken *m* -s, - 1. (*dial*) *siehe* **Zacke**. 2. *siehe* **Krone** 2. 3. (*inf: Nase*) conk (*inf*), beak (*inf*).
zacken *vt* to serrate; *Kleid, Saum, Papier* to pink; *siehe* **gezackt**.
Zackenlinie *f* jagged line; (*Zickzack*) zig-zag (line); **Zackenlitze** *f* ric-rac braid.
zackig *adj* 1. (*gezackt*) jagged; *Stern* pointed.
    2. (*inf*) *Soldat, Bursche* smart; *Tempo, Musik* brisk; *Team, Manager etc* dynamic, zippy (*inf*). **bring mir meine Hausschuhe, aber ein bißchen ~!** fetch me my slippers, and make it snappy (*inf*)!
zag *adj* (*liter*) *siehe* **zaghaft**.
zagen *vi* (*liter*) to be apprehensive, to hesitate; *siehe* **Zittern.**
zaghaft *adj* timid.
Zaghaftigkeit, Zagheit *f* timidity.
zäh *adj* tough; (*dickflüssig*) glutinous; (*schleppend*) *Verkehr etc* slow-moving; (*ausdauernd*) dogged, tenacious. **mit ~em Fleiß** doggedly, with dogged application.
Zäheit ['tsɛ:haɪt] *f*, *no pl* toughness.
zähflüssig *adj* thick, viscous; *Verkehr, Verhandlung* slow-moving.
Zähflüssigkeit *f* thickness, viscosity. **die ~ des Verkehrs** the slow-moving traffic.
Zähigkeit *f siehe* **zäh** toughness; glutinousness; doggedness, tenacity. **die ~ der Verhandlungen** the fact that the negotiations were so slow-moving.
Zahl *f* -, **-en** (*Math, Gram*) number; (*Verkaufs~, Maßangabe, bei Geldmengen etc auch*) figure; (*Ziffer auch*) numeral, figure. **~en nennen** to give figures; **wie waren die ~en im letzten Jahr?** what did the figures look like last year?; **sie hat ein gutes Gedächtnis für ~en** she has a good memory for figures *or* numbers; **eine fünfstellige ~** a five-figure number; **der ~ nach** numerically; **gut mit ~en umgehen können** to be good with figures, to be numerate; **die ~en stimmen nicht** the figures don't add up *or* tally; **~ oder Wappen** heads or tails; **100 an der ~** (*old*) 100 in number; **in großer ~** in large *or* great numbers; **die ~ ist voll** the numbers are complete; **in voller ~** in full number; **der**

Aufsichtsrat war in voller **~ versammelt** there was a full turn-out for the meeting of the board; **ohne ~** (*geh*) without number; **Leiden/Wonnen ohne ~** (*poet*) countless tribulations/joys.
zahlbar *adj* payable (*an +acc* to). **~ bei Lieferung** *or* **nach Erhalt** payable on *or* to be paid for on delivery *or* receipt.
zählbar *adj* countable.
Zählbrett, Zahlbrett *nt* money tray.
zählebig *adj* hardy, tough; (*fig*) *Gerücht, Vorurteil* persistent.
zahlen I *vi* to pay. **Herr Ober, (bitte) ~!** waiter, the bill (*Brit*) *or* check (*US*) please; **dort zahlt man gut/schlecht** the pay there is good/bad, they pay well/badly; **wenn er nicht bald zahlt, dann ... if** he doesn't pay up soon, then ...
    II *vt* (*bezahlen*) to pay. **was habe ich (Ihnen) zu ~?** what do I owe you?; **einen hohen Preis ~** (*lit, fig*) to pay a high price; **ich zahle dir ein Bier** I'll buy you a beer; **ich zahle dir den Flug/das Kino** I'll pay for your flight/for you (to go to the cinema); **laß mal, ich zahl's** no no, I'll pay *or* it's on me *or* it's my treat (*inf*).
zählen I *vi* 1. to count. **bis hundert ~** to count (up) to a hundred; **seine Verbrechen ~ nach Hunderten** (*geh*) his crimes run into hundreds.
    2. (*gehören*) **zu einer Gruppe/Menge ~** to be one of a group/set; **er zählt zu den besten Schriftstellern unserer Zeit** he ranks as one of the best authors of our time; **zu welcher Sprachengruppe zählt Gälisch?** to which language group does Gaelic belong?
    3. (*sich verlassen*) **auf jdn/etw ~** to count *or* rely on sb/sth.
    4. (*gelten*) to count.
    II *vt* to count. **jdn/etw zu einer Gruppe/Menge ~** to regard sb/sth as one of a group/set, to number *or* count sb/sth among a group/set; **seine Tage sind gezählt** his days are numbered; **sie zählt 27 Jahre** (*liter*) she is 27 years old; **Stanford zählt 12 000 Studenten** Stanford numbers *or* has 12,000 students; **bei diesem Spiel zählt der König 5 Punkte** in this game the King counts as 5 points.
Zahlen|akrobatik *f* (*inf*) juggling with statistics *or* figures, statistical sleight of hand; **Zahlen|angabe** *f* figure; **Zahlenbeispiel** *nt* numerical example; **Zahlenfolge** *f* order of numbers; **Zahlengedächtnis** *nt* memory for numbers; **Zahlenlehre** *f* arithmetic; **Zahlenlotterie** *f*, **Zahlenlotto** *nt siehe* **Lotto; zahlenmäßig** *adj* numerical; **etw ~ ausdrücken** to express sth in figures; **Zahlenmaterial** *nt* figures *pl*; **Zahlenmystik** *f* number mysticism; (*Astrol*) numerology; **Zahlenrätsel** *nt* number *or* numerical puzzle; **Zahlenreihe** *f* sequence of num-

bers; **Zahlenschloß** nt combination lock; **Zahlensinn** m head for figures; **Zahlensymbolik** f number symbolism; **Zahlentheorie** f (Math) theory of numbers, number theory; **Zahlenverhältnis** nt (numerical) ratio.

Zahler m -s, - payer.

Zähler m -s, - 1. (Math) numerator. 2. (Meßgerät) meter.

Zähler|ablesung f meter reading; **Zählerstand** m meter reading.

Zahlgrenze f fare stage; **Zahlkarte** f giro transfer form; **Zahlkellner** m waiter who presents the bill and collects payment.

zahllos adj countless, innumerable.

Zählmaß nt numerical measure, unit of measurement.

Zahlmeister m (Naut) purser; (Mil, fig) paymaster.

zahlreich adj numerous. **wir hatten mit einer ~eren Beteiligung gerechnet** we had expected more participants.

Zählrohr nt (Phys) Geiger counter.

Zahlstelle f payments office; **Zahltag** m payday.

Zahlung f payment. **eine einmalige ~ leisten** to make a lump-sum payment; **in ~ nehmen** to take in part-exchange or as a trade-in; **in ~ geben** to trade in, to give in part-exchange; **gegen eine ~ von $500 erhalten Sie ...** on payment of $500 you will receive ...

Zählung f count; (Volks~) census.

Zahlungs|abkommen nt payments agreement; **Zahlungs|anweisung** f giro transfer order; **Zahlungs|aufforderung** f request for payment; **Zahlungs|aufschub** m extension (of credit), moratorium (Jur); **Zahlungsbedingungen** pl terms (of payment) pl; **Zahlungsbefehl** m order to pay; **Zahlungsbilanz** f balance of payments; **Zahlungsempfänger** m payee; **Zahlungserleichterung** f more convenient method of payment; **~en** easy terms; **zahlungsfähig** adj able to pay; **Firma** solvent; **Zahlungsfähigkeit** f ability to pay; solvency; **Zahlungsfrist** f time or period allowed for payment; **zahlungskräftig** adj wealthy; **Zahlungsmittel** nt means sing of payment; (Münzen, Banknoten) currency; **gesetzliches ~** legal tender; **zahlungspflichtig** adj obliged to pay; **Zahlungsschwierigkeiten** pl financial difficulties pl; **Zahlungstermin** m date for payment; **zahlungsunfähig** adj unable to pay; **Firma** insolvent; **Zahlungsunfähigkeit** f inability to pay; insolvency; **Zahlungsverkehr** m payments pl, payment transactions pl; **Zahlungsverpflichtung** f obligation or liability to pay; **Zahlungsverzug** m default, arrears pl; **Zahlungsweise** f mode or method of payment; **Zahlungsziel** nt (Comm) period allowed for payment.

Zählwerk nt counter.

Zahlwort nt numeral; **Zahlzeichen** nt numerical symbol.

zahm adj (lit, fig) tame. **er ist schon ~er geworden** (inf) he has calmed down a bit (inf), he's a bit tamer now (inf).

zähmbar adj tam(e)able.

zähmen vt to tame; (fig) Leidenschaft, Bedürfnisse to control.

Zahmheit f tameness.

Zähmung f taming.

Zahn m -(e)s, -e 1. (Anat, Zacke) tooth; (von Briefmarke) perforation; (Rad~ auch) cog. **künstliche** or **falsche ~e** false teeth pl; **~e bekommen** or **kriegen** (inf) to cut one's teeth; **die ersten/zweiten ~e** one's milk teeth/second set of teeth; **die dritten ~e** (hum) false teeth; **diese Portion reicht** or **ist für den hohlen ~** (inf) that's hardly enough to satisfy a mouse (inf); **der ~ der Zeit** the ravages pl of time; **die ~e zeigen** (Tier) to bare one's teeth; (fig inf) to show one's teeth; **jdm einen ~ ziehen** (lit) to pull a tooth out, to extract a tooth; (fig) to put an idea out of sb's head; **ich muß mir einen ~ ziehen lassen** I've got to have a tooth out or extracted; **den ~ kannst du dir ruhig ziehen lassen!** you can put that idea right out of your head!; **jdm auf den ~ fühlen** (aushorchen) to sound sb out; (streng befragen) to grill sb, to give sb a grilling.

2. (sl: Geschwindigkeit) **einen ~ draufhaben** to be going like the clappers (inf).

Zahn|arzt m dentist; **Zahn|arzthelferin** f dental nurse; **zahn|ärztlich** adj dental; **sich in ~e Behandlung begeben** (form) to have dental treatment; **Zahnbehandlung** f dental treatment; **Zahnbelag** m plaque; **Zahnbett** nt socket (of a/the tooth); **Zahnbürste** f tooth brush; **Zahncreme** f toothpaste.

Zähnefletschen nt baring of teeth, snarling; **zähnefletschend** adj attr, adv snarling; **Zähneklappern** nt chattering of teeth; **zähneklappernd** adj attr, adv with teeth chattering; **Zähneknirschen** nt grinding one's teeth; (fig) gnashing of teeth; **zähneknirschend** adj attr, adv grinding one's teeth; (fig) gnashing one's teeth; **er fand sich ~ damit ab** he agreed with (a) bad grace.

zahnen vi to teethe, to cut one's teeth/a tooth. **das Z~** teething.

zähnen vt to tooth; Briefmarken to perforate.

Zahn|ersatz m dentures pl, set of dentures; **Zahnfäule** f tooth decay, caries sing; **Zahnfleisch** nt gum(s pl); **(nur noch) auf dem ~ gehen** or **kriechen** (inf) to be all-in (inf), to be on one's last legs (inf); **Zahnfleischbluten** nt bleeding of the gums; **Zahnfüllung** f filling; **Zahnhals** m neck of a tooth; **Zahnheilkunde** f dentistry; **Zahnklempner** m (hum) dentist; **Zahnklinik** f dental clinic or hospital; **Zahnkranz** m (Tech) gear rim; **Zahnkrone** f crown; **Zahnlaut** m (Ling) dental (consonant); **zahnlos** adj toothless; **Zahnlücke** f gap between one's teeth; **Zahnmedizin** f dentistry; **Zahnpasta** f toothpaste; **Zahnpflege** f dental hygiene; **Zahnprothese** f set of dentures; **Zahnputzglas** nt toothbrush glass; **Zahnrad** nt cogwheel, gear (wheel); **Zahnradbahn** f rack-railway (Brit), rack-railroad (US); **Zahnradgetriebe** or gear mechanism; row of teeth; **Zahnschein** m (inf) form for free dental treatment; **Zahnschmelz**

m (tooth) enamel; **Zahnschmerz** *m usu pl* toothache *no pl*; **Zahnseide** *f* dental floss; **Zahnspange** *f* brace; **Zahnstein** *m* tartar; **Zahnstocher** *m* -s, - toothpick; **Zahnstummel** *m* stump; **Zahntechniker** *m* dental technician.

Zahnung *f (Zähne, Gezahntsein)* teeth *pl*; *(von Briefmarken)* perforations *pl*; *(das Zähnen)* toothing; perforation.

Zahnwechsel *m* second dentition *(form)*; **Zahnweh** *nt* toothache; **Zahnwurzel** *f* root (of a/the tooth); **Zahnzement** *m* (dental) cement.

Zähre *f* -, -n *(old, poet)* tear.

Zaire [za'i:r] *nt* -s Zaire.

Zairer(in *f)* [za'i:rɐ, -ərɪn] *m* -s, - Zairean.

Zander *m* -s, - *(Zool)* pike-perch.

Zange *f* -, -n *(Flach~, Rund~)* (pair of) pliers *pl*; *(Kneif~)* (pair of) pincers *pl*; *(Greif~, Kohlen~, Zucker~)* (pair of) tongs *pl*; *(von Tier)* pincers *pl*; *(Med)* forceps *pl*; *(inf: Ringen)* double lock. **jdn in die ~ nehmen** *(Ringen)* to put a double lock on sb; *(Ftbl etc)* to sandwich sb; *(fig)* to put the screws on sb *(inf)*; **jetzt haben wir ihn in der ~** *(fig)* we've got him now.

Zangenbewegung *f (Mil)* pincer movement; **zangenförmig** *adj* pincer-shaped; **Zangengeburt** *f* forceps delivery; **Zangengriff** *m (Ringen)* double lock.

Zank *m* -(e)s, no *pl* squabble, quarrel, row. **zwischen ihnen gab es dauernd ~** they were continually squabbling *or* quarrelling *or* rowing; **~ und Streit** trouble and strife.

Zank|apfel *m (fig)* bone of contention.

zanken I *vi* to scold. **mit jdm ~** to scold sb, to tell sb off; *(ständig)* to nag sb; **um etw ~** to quarrel over sth. **II** *vr* to quarrel, to squabble, to row. **wir haben uns gezankt** we've had a row, we've quarrelled.

Zankerei *f* quarrelling, squabbling.

zänkisch *adj (streitsüchtig)* quarrelsome; *(tadelsüchtig) Frau* nagging *attr*, shrewish.

Zäpfchen *nt dim of* **Zapfen** small plug *etc*; *(Gaumen~)* uvula; *(Suppositorium)* suppository. **~-R** *(Ling)* uvular "r".

Zapfen *m* -s, - *(Spund)* bung, spigot; *(Pfropfen)* stopper, bung; *(Tannen~ etc, von Auge)* cone; *(Eis~)* icicle; *(Mech: von Welle, Lager etc)* journal; *(Holzverbindung)* tenon.

zapfen *vt* to tap, to draw. **dort wird das Pils frisch gezapft** they have draught Pilsener *or* Pilsener on draught *or* tap there.

Zapfenstreich *m (Mil)* tattoo, last post *(Brit)*, taps *sing (US)*. **den ~ blasen** to sound the tattoo; **der Große ~** the Ceremonial Tattoo; **um 12 Uhr ist ~** *(fig inf)* lights out is at 12 o'clock.

Zapfer *m* -s, - barman, tapster *(old)*.

Zapfhahn *m* tap; **Zapfsäule** *f* petrol pump *(Brit)*, gas pump *(US)*.

zapp(e)lig *adj* wriggly; *(unruhig)* fidgety.

zappeln *vi* to wriggle; *(Hampelmann)* to jiggle; *(unruhig sein)* to fidget. **er zappelte mit Armen und Beinen** he was all of a fidget, he couldn't sit still; **jdn ~ lassen** *(fig inf)* to keep sb in suspense; **in der Schlinge ~** *(fig)* to be caught in the net.

Zappelphilipp *m* -s, -e *or* -s fidget(er).

zappenduster *adj (inf)* pitch-black, pitch-dark. **wie sieht es denn mit euren Plänen aus? — ~** how are your plans working out? — grim; **dann ist es ~** you'll/we'll *etc* be in trouble *or* (dead) shtook *(sl)*.

Zar *m* -en, -en tsar, czar.

Zarewitsch *m* -(e)s, -e tsarevitch.

Zarge *f* -, -n frame; *(von Geige etc)* rib; *(von Plattenspieler)* plinth.

Zarin *f* tsarina, czarina.

Zarismus *m* tsarism.

zaristisch *adj* tsarist *no adv*.

zart *adj (weich) Haut, Flaum, (leise) Töne, Stimme* soft; *Braten, Gemüse* tender; *Porzellan, Blüte, Gebäck, Farben, Teint, (schwächlich) Gesundheit, Kind* delicate; *(feinfühlig) Gemüt, Gefühle* sensitive, tender, delicate; *(sanft) Wind, Berührung* gentle, soft. **mit jdm/etw ~ umgehen** to treat *or* handle sb/sth gently; **etw nur ~ andeuten** to hint at sth only gently; **nichts für ~e Ohren** not for tender *or* sensitive ears; **im ~en Alter von ...** at the tender age of ...; **das ~e Geschlecht** the gentle sex; **~ besaitet sein** to be very sensitive.

zartbesaitet *adj attr* highly sensitive; **zartbitter** *adj Schokolade* plain; **zartblau** *adj* pale blue; **zartfühlend** *adj* sensitive; **Zartgefühl** *nt* delicacy of feeling, sensitivity; **zartgliedrig** *adj* dainty; **zartgrün** *adj* pale green.

Zartheit *f siehe adj* softness; tenderness; delicacy, delicateness; sensitivity, tenderness, delicacy, delicateness; gentleness, softness.

zärtlich *adj* tender, affectionate, loving.

Zärtlichkeit *f* 1. no *pl* affection, tenderness. **2.** *(Liebkosung)* caress. **~en** *(Worte)* tender *or* loving words, words of love; **jdm ~en ins Ohr flüstern** to whisper sweet nothings in sb's ear.

Zaster *m* -s, no *pl (sl)* lolly *(inf)*, loot *(inf)*.

Zäsur *f* caesura; *(fig)* break.

Zauber *m* -s, - *(Magie)* magic; *(~bann)* (magic) spell; *(fig: Reiz)* magic, charm. **den ~ lösen** to break the spell; **fauler ~** *(inf)* humbug *no indef art*; **der ganze ~** *(inf)* the whole lot *(inf)*; **warum der ganze ~?** *(inf: Getue)* why all the fuss?

Zauberbann *m* (magic) spell.

Zauberei *f* 1. no *pl (das Zaubern)* magic. **2.** *(Zauberkunststück)* conjuring trick.

Zauberer *m* -s, - magician; *(in Märchen etc auch)* sorcerer, wizard; *(Zauberkünstler auch)* conjurer.

Zauberflöte *f* magic flute; **Zauberformel** *f* magic formula.

zauberhaft *adj* enchanting.

Zauberin *f* (female) magician; *(in Märchen etc auch)* enchantress, sorceress; *(Zauberkünstlerin auch)* (female) conjurer.

zauberisch *adj siehe* **zauberhaft.**

Zauberkraft *f* magic power; **Zauberkunst** *f* magic, conjuring; **Zauberkünstler** *m* conjurer, magician; **Zauberkunststück** *nt* conjuring trick; **Zaubermacht** *f* magical powers *pl*; **Zaubermittel** *nt* magical cure; *(Trank)* magic potion, philtre.

zaubern I *vi* to do *or* perform magic; *(Kunststück vorführen)* to do conjuring tricks. **ich kann doch nicht ~!** *(inf)* I'm not a magician!, I can't perform miracles! **II** *vt*

1. etw aus etw ~ to conjure sth out of sth. **2.** (*fig*) *Lösung, Essen* to produce as if by magic, to conjure up.

Zauberreich *nt* enchanted *or* magic realm; **Zauberspruch** *m* (magic) spell; **Zauberstab** *m* (magic) wand; **Zaubertrank** *m* magic potion, philtre; **Zaubertrick** *m* conjuring trick; **Zauberwesen** *nt* magical being; **Zauberwort** *nt* magic word; **Zauberwurzel** *f* mandrake root.

Zauderer *m* -s, - vacillator, irresolute person.

zaudern *vi* to hesitate, to vacillate. **etw ohne zu ~ tun** to do sth without hesitating *or* any hesitation.

Zaum *m* -(e)s, **Zäume** bridle. **einem Pferd den ~ anlegen** to put a bridle on a horse; **jdn/etw im ~ halten** (*fig*) to keep a tight rein on sb/sth, to keep sb/sth in check; **sich im ~ halten** (*fig*) to control oneself, to keep oneself in check; **seine Ungeduld/ seinen Zorn im ~ halten** (*fig*) to control *or* curb one's impatience/anger.

zäumen *vt* to bridle.
Zaumzeug *nt* bridle.

Zaun *m* -(e)s, **Zäune** fence. **einen Streit vom ~ brechen** to pick a quarrel, to start a fight.

Zaun|eidechse *f* sand lizard; **Zaungast** *m* sb who manages to get a free view of an event; **Zaunkönig** *m* (*Orn*) wren; **Zaunpfahl** *m* (fencing) post; **jdm einen Wink mit dem ~ geben** (*inf*) to give *or* drop sb a broad hint; **Zaunwinde** *f* (*Bot*) great bindweed.

zausen I *vt* to ruffle; *Haare* to tousle. **II** *vi* **in etw** (*dat*) **~** (*Wind*) to ruffle sth.

z. B. [tsɛtˈbeː] *abbr of* **zum Beispiel** eg.
ZDF [tsɛtdeːˈʔɛf] *nt* -s *abbr of* **Zweites Deutsches Fernsehen.**

Zebra *nt* -s, -s zebra.
Zebrastreifen *m* zebra crossing (*Brit*), pedestrian crossing *or* crosswalk (*US*).
Zebu *nt* -s, -s zebu.

Zechbruder *m* boozer (*inf*); (*Kumpan*) drinking-mate (*inf*), drinking-buddy (*inf*).
Zeche *f* -, -n **1.** (*Rechnung*) bill (*Brit*), check (*US*). **die (ganze) ~ (be)zahlen** (*lit, fig*) to foot the bill; **die ~ prellen** to leave without paying; **eine (hohe) ~ machen** to run up a (large) bill. **2.** (*Bergwerk*) (coal-)mine, pit, colliery.

zechen *vi* to booze (*inf*); (*Zechgelage abhalten*) to carouse.
Zecher(in *f*) *m* -s, - boozer (*inf*); (*bei einem Zechgelage*) carouser, reveller.
Zecherei *f* booze-up (*inf*); (*Zechgelage*) carousal.
Zechgelage *nt* carousal; **Zechkumpan** *m* drinking-mate (*inf*), drinking-buddy (*inf*); **Zechpreller** *m* -s, - *person who leaves without paying the bill at a restaurant, bar etc*; **Zechprellerei** *f* failure to pay the bill for drink or food consumed at a restaurant, bar etc; **Zechtour** *f* (*inf*) pub-crawl (*esp Brit inf*).
Zeck² *m* -(e)s, -en (*Aus*), **Zecke** *f* -, -n tick.
Zeder *f* -, -n cedar.
Zedern|öl *nt* cedarwood oil.
zedieren* *vt* (*Jur*) to cede, to assign, to transfer.
Zeh *m* -s, -en, **Zehe** *f* -, -n toe; (*Knob-*

lauch~) clove. **auf (den) ~en gehen/ schleichen** to tiptoe, to walk/creep on tiptoe; **sich auf die ~en stellen** to stand on tiptoe; **jdm auf die ~en treten** (*fig inf*) to tread on sb's toes.

Zehennagel *m* toenail; **Zehenspitze** *f* tip of the toe; **auf (den) ~n** on tiptoe, on tippy-toes (*US inf*); **auf (den) ~n gehen** to tiptoe, to walk on tiptoe.

zehn *num* ten. **(ich wette) ~ zu** *or* **gegen eins** (I bet) ten to one; *siehe auch* **vier.**
Zehn *f* -, -en ten; *siehe auch* **Vier.**
Zehner *m* -s, - **1.** (*Math*) ten; *siehe auch* **Vierer. 2.** (*inf*) (*Zehnpfennigstück*) tenpfennig piece, ten; (*Zehnmarkschein*) tenner (*inf*).
Zehnerbruch *m* decimal (fraction); **Zehnerpackung** *f* packet of ten; **Zehnersystem** *nt* decimal system.
Zehnfingersystem *nt* touch-typing method; **Zehnkampf** *m* (*Sport*) decathlon; **Zehnkämpfer** *m* decathlete; **zehnmal** *adv* ten times; *siehe auch* **viermal;** **Zehnmarkschein** *m* ten-mark note; **Zehnmeterbrett** *nt* ten-metre board.
Zehnt *m* -en, -en, **Zehnte(r)** *m* decl as adj (*Hist*) tithe.
zehntausend *num* ten thousand. **Z~e von Menschen** tens of thousands of people.
Zehntel *nt* -s, - tenth.
zehntel *adj* tenth.
zehntens *adv* tenth(ly), in the tenth place.
zehnte(r, s) *adj* tenth; *siehe auch* **vierte(r, s).**
zehren *vi* **1. von etw ~** (*lit*) to live off *or* on sth; (*fig*) to feed on sth. **2. an jdm/etw ~** *an Menschen, Kraft* to wear sb/sth out; *an Kraft auch* to sap sth; *an Nerven* to ruin sth; (*Anstrengung*) *am Herzen* to weaken sth; (*Kummer*) to gnaw at sth; *an Gesundheit* to undermine sth.
Zehrgeld *nt* (*old*) travelling monies *pl* (*old*).
Zeichen *nt* -s, - sign; (*Sci, algebraisch, auf Landkarte*) symbol; (*Schrift~*) character; (*An~: von Krankheit, Winter, Beweis: von Friedfertigkeit*) sign, indication; (*Hinweis, Signal*) signal; (*Erkennungs~*) identification; (*Lese~*) bookmark, marker; (*Vermerk*) mark; (*auf Briefköpfen*) reference; (*Satz~*) punctuation mark; (*Waren~*) trade mark. **wenn nicht alle ~ trügen** if I'm/we're *etc* not completely mistaken; **es ist ein ~ unserer Zeit, daß ...** it is a sign of the times that ...; **die ~ erkennen** to see the writing on the wall; **die ~ der Zeit erkennen** to recognize the mood of the times; **es geschehen noch ~ und Wunder!** (*hum*) wonders will never cease! (*hum*); **als** *or* **zum ~** as a sign; **ein ~ des Himmels** a sign from heaven; **als ~ von etw** as a sign *or* indication of sth; **zum ~, daß ...** as a sign that ..., to show that ...; **als ~ der Verehrung** as a mark *or* token of respect; **jdm ein ~ geben** *or* **machen** to give sb a signal *or* sign, to signal to sb; **etw zum ~ tun** to do sth as a signal, to signal by doing sth; **das ~ zum Aufbruch geben** to give the signal to leave; **unser/Ihr ~** (*form*) our/your reference; **seines ~s** (*old, hum*) by trade; **er ist im ~** *or* **unter dem ~ des Widders geboren** he was born under the sign of Aries; **unter dem ~ von etw**

stehen (*fig: Konferenz etc*) to take place against a background of sth; **1969 stand unter dem ~ der ersten Mondlandung** 1969 was the year of the first landing on the moon.

Zeichenblock *m* drawing *or* sketch pad; **Zeichenbrett** *nt* drawing-board; **Zeichendreieck** *nt* set-square; **Zeichenerklärung** *f* (*auf Fahrplänen etc*) key (to the symbols); (*auf Landkarte*) legend; **Zeichenfeder** *f* drawing-pen; **zeichenhaft** *adj* symbolic; **Zeichenheft** *nt* drawing-book; **Zeichenkohle** *f* charcoal; **Zeichenlehrer** *m* art teacher; **Zeichenpapier** *nt* drawing paper; **Zeichensaal** *m* art-room; **Zeichensetzung** *f* punctuation; **Zeichensprache** *f* sign language; **Zeichenstift** *m* drawing pencil; **Zeichensystem** *nt* notation; **Zeichentisch** *m* drawing table; **Zeichentrickfilm** *m* (animated) cartoon; **Zeichen|unterricht** *m* art; (*Unterrichtsstunde*) drawing *or* art lesson.

zeichnen I *vi* to draw; (*form: unter~*) to sign. **an dem Entwurf hat er lange gezeichnet** he has spent a long time drawing the blueprint; **gezeichnet: XY** signed, XY; **ich zeichne hochachtungsvoll** (*form*) I remain yours faithfully.

II *vt* **1.** (*abzeichnen*) to draw; (*entwerfen*) *Plan, Grundriß* to draw up, to draft; (*fig: porträtieren*) to portray, to depict.

2. (*kennzeichnen*) to mark. **das Gefieder des Vogels ist hübsch gezeichnet** the bird's plumage has attractive markings.

3. (*Fin*) *Betrag* to subscribe; *Aktien* to subscribe (for); *Anleihe* to subscribe to.

Zeichner(in *f*) *m* **-s, -** **1.** artist. **muß ein Maler auch immer ein guter ~ sein?** must a painter always be a good draughtsman too?; *siehe* **technisch. 2.** (*Fin*) subscriber (*von* to).

zeichnerisch I *adj Darstellung, Gestaltung* graphic(al). **sein ~es Können** his drawing ability. II *adv* ~ **begabt sein** to have a talent for drawing; **etw ~ erklären** to explain sth with a drawing.

Zeichnung *f* **1.** (*Darstellung*) drawing; (*Entwurf*) draft, drawing; (*fig: Schilderung*) portrayal, depiction. **2.** (*Muster*) patterning; (*von Gefieder, Fell*) markings *pl*. **3.** (*Fin*) subscription.

zeichnungsberechtigt *adj* authorized to sign; **Zeichnungsvollmacht** *f* authority to sign.

Zeigefinger *m* index finger, forefinger.

zeigen I *vi* to point. **nach Norden/rechts ~** to point north *or* to the north/to the right; **auf jdn/etw ~** to point at sb/sth; (*hinweisen auch*) to point to sb/sth.

II *vt* to show; (*Thermometer auch*) to be at *or* on, to indicate. **jdm etw ~** to show sb sth *or* sth to sb; **ich muß mir mal von jemandem ~ lassen, wie man das macht** I'll have to get someone to show me how to do it; **dem werd' ich's (aber) ~!** (*inf*) I'll show him!; **zeig mal, was du kannst!** let's see what you can do!, show us what you can do!

III *vr* to appear; (*Gefühle*) to show. **sich mit jdm ~** to let oneself be seen with sb;

in dem Kleid kann ich mich doch nicht ~ I can't be seen in a dress like that; **er zeigt sich nicht gern in der Öffentlichkeit** he doesn't like showing himself *or* being seen in public; **sich ~ als ...** to show *or* prove oneself to be ...; **er zeigte sich befriedigt** he was satisfied; **es zeigt sich, daß ...** it turns out that ...; **es zeigt sich (doch) wieder einmal, daß ...** it just goes to show; **es wird sich ~, wer recht hat** time will tell who is right, we shall see who's right; **das zeigt sich jetzt** it's beginning to show.

Zeiger *m* **-s, -** indicator, pointer; (*Uhr~*) hand. **der große/kleine ~** the big/little hand.

Zeiger|ausschlag *m* pointer *or* indicator deflection.

Zeigestock *m* pointer.

zeihen *pret* **zieh,** *ptp* **geziehen** *vt* (*old*) **jdn einer Sache** (*gen*) ~ to accuse sb of sth.

Zeile *f* **-, -n** line; (*Häuser~, Baum~ etc auch*) row. **davon habe ich keine ~ gelesen** I haven't read a single word of it; **zwischen den ~n lesen** to read between the lines; **vielen Dank für Deine ~n** many thanks for your letter; **jdm ein paar ~n schreiben** to write sb a few lines; (*Brief schreiben auch*) to drop sb a line.

Zeilen|abstand *m* line spacing; **Zeilenbauweise** *f* ribbon development; **Zeilenfang** *m* (*TV*) horizontal hold; **Zeilenhonorar** *nt* payment per line; ~ **bekommen** to be paid by the line; **Zeilenlänge** *f* length (of a/the line); **Zeilenschalter** *m* line spacer; **Zeilensetzmaschine** *f* Linotype machine ®; **zeilenweise** *adv* in lines; (*nach Zeilen*) by the line.

Zeisig *m* **-s, -e** (*Orn*) siskin.

Zeit *f* **-, -en 1.** time; (*Epoche*) age. **die gute alte ~** the good old days; **das waren noch ~en!** those were the days; **die ~en sind schlecht** times are bad; **die ~ Goethes** the age of Goethe; **die damalige ~ machte die Einführung neuer Methoden erforderlich** the situation at the time required the introduction of new methods; **wenn ~ und Umstände es erfordern** if circumstances demand it, if the situation requires it; **für alle ~en** for ever, for all time (*liter*); **etw für alle ~en entscheiden** to decide sth once and for all; **in seiner/ihrer besten ~** at his/her/its peak; **mit der ~ gehen** to move with the times; **vor jds** (*dat*) ~ before sb's time; **die ~ wurde mir lang** time hung heavy on my hands; **eine Stunde ~ haben** to have an hour (to spare); **wir haben noch zwei Stunden ~ bis ...** we have another two hours before ...; **Fräulein Glück, haben Sie vielleicht einen Augenblick ~?** Miss Glück, do you have a moment?; **sich** (*dat*) **für jdn/etw ~ nehmen** to devote time to sb/sth; **dafür muß ich mir mehr ~ nehmen** I need more time for that; **du hast dir aber reichlich ~ gelassen** you certainly took your time; **hier bin ich die längste ~ gewesen** it's about time *or* high time I was going; **damit hat es noch ~** there's no rush *or* hurry, there's plenty of time; **das hat ~ bis morgen** that can wait until tomorrow; **laß dir ~** take your time; **... aller ~en** ... of all time, ... ever; **auf bestimmte ~** for a certain length of time;

auf unbestimmte ~ for an indefinite period; **in letzter** ~ recently; **die ganze** ~ **über** the whole time; **mit der** ~ gradually, in time; **nach** ~ **bezahlt werden** to be paid by the hour; **die** ~ **heilt alle Wunden** (*Prov*) time is a great healer (*prov*); **auf** ~ **spielen** (*Sport*) to play for time; **es wird langsam** ~, **daß …** it's about time that …; **hast du (die) genaue** ~? do you have the exact time?; **in der** ~ **von 10 bis 12** between 10 and 12 (o'clock); **Vertrag auf** ~ fixed-term contract; **Beamter auf** ~ ≈ non-permanent civil servant; **Soldat auf** ~ soldier serving for a set time; **seit dieser** ~ since then; **zur** ~ *or* **zu** ~**en Königin Viktorias** in Queen Victoria's times; **zu der** ~, **als …** (at the time) when …; **zu der** ~, **als es noch einen Kaiser gab** in the days when there was still an emperor; **alles zu seiner** ~ (*Prov*) all in good time; **von** ~ **zu** ~ from time to time; **zur** ~ at the moment.
  2. (*Ling*) tense. **in welcher** ~ **steht das Verb?** what tense is the verb in?

zeit *prep* +*gen* ~ **meines/seines Lebens** in my/his lifetime.

Zeit|abschnitt *m* period (of time); **Zeit|alter** *nt* age; **das Goldene** ~ the golden age; **in unserem** ~ nowadays, in this day and age; **Zeit|angabe** *f* (*Datum*) date; (*Uhrzeit*) time (of day); **die** ~ **kommt vor der Ortsangabe** (*Gram*) time is given before place; **seine** ~**n sind sehr ungenau** his times are very imprecise; **Zeit|ansage** *f* (*Rad*) time check; (*Telec*) speaking clock; **Zeit|arbeit** *f* temp(orary) work/job; **Zeit|aufnahme** *f* (*Phot*) time exposure; **Zeit|aufwand** *m* time (*needed to complete a task*); **mit möglichst wenig** ~ taking as little time as possible; **Zeitbegriff** *m* conception of time; **Zeitbestimmung** *f* (*Gram*) designation of the tense of a verb; **Zeitbombe** *f* time bomb; **Zeitdruck** *m* pressure of time; **unter** ~ under pressure.

Zeitenfolge *f* (*Gram*) sequence of tenses; **Zeitenwende** *f* nach/vor der ~ anno Domini/before Christ.

Zeit|ersparnis *f* saving of time; **Zeitfrage** *f* question of time; **zeitgebunden** *adj* tied to *or* dependent on a particular time; *Mode* temporary; **Zeitgeist** *m* Zeitgeist, spirit of the times; **zeitgemäß** *adj* up-to-date; ~ **sein** to be in keeping with the times; **Zeitgenosse** *m* contemporary; **zeitgenössisch** *adj* contemporary; **Zeitgeschichte** *f* contemporary history; **Zeitgeschmack** *m* prevailing tastes *pl*; **Zeitgewinn** *m* gain in time; **zeitgleich I** *adj* *Erscheinungen* contemporaneous; *Läufer* with the same time; (*Film*) synchronized, in sync(h) (*inf*); **II** *adv* at the same time; ~ **den ersten Platz belegen** to tie for first place.

zeitig *adj, adv* early.

zeitigen *vt* (*geh*) *Ergebnis, Wirkung* to bring about; *Erfolg auch* to lead to. **Früchte** ~ to bear fruit.

Zeitkarte *f* season ticket; **Zeitkontrolle** *f* time study; **zeitkritisch** *adj* *Aufsatz, Artikel* full of comment on contemporary issues; **Zeitlang** *f* **eine** ~ a while, a time;

wir sind eine ~ **dort geblieben** we stayed there (for) a while *or* for a time; **zeitlebens** *adv* all one's life.

zeitlich I *adj* temporal; (*vergänglich auch*) transitory; (*chronologisch*) *Reihenfolge* chronological. **in kurzem/großem** ~**em Abstand** at short/long intervals (of time); **das Z~e segnen** (*euph: Mensch*) to depart this life; (*Sache*) to bite the dust (*inf*).
  II *adv* timewise (*inf*), from the point of view of time; (*chronologisch*) chronologically. **das kann sie** ~ **nicht einrichten** she can't fit that in (timewise *inf*), she can't find (the) time for that; **das paßt ihr** ~ **nicht** the time isn't convenient for her; ~ **zusammenfallen** to coincide; **die Uhren/Pläne** ~ **aufeinander abstimmen** to synchronize one's watches/plans.

Zeitlohn *m* hourly rate; ~ **bekommen** to be paid by the hour; **zeitlos** *adj* timeless; *Stil auch* which doesn't date; *Kleidung auch* classic; **Zeitlupe** *f* slow motion *no art*; **etw in (der)** ~ **zeigen** to show sth in slow motion; **Wiederholung in** ~ slow-motion replay; **Zeitlupen|aufnahme** *f* slow-motion shot; **Zeitlupentempo** *nt* slow speed; **im** ~ (*lit*) in slow motion; (*fig*) at a snail's pace; **Zeitmangel** *m* lack of time; **Zeitmaschine** *f* time machine; **Zeitmaß** *nt* tempo; **Zeitmesser** *m* -**s**, - timekeeper; **Zeitmessung** *f* timekeeping (*auch Sport*), measurement of time; **zeitnah** *adj* contemporary; *Problem auch* of our age; *Gottesdienst, Übersetzung auch* modern; *Bücher, Unterricht* relevant to present times; **Zeitnähe** *f siehe adj* contemporary nature; modernness; relevance to present times; **Zeitnehmer** *m* (*Sport, Ind*) timekeeper; **Zeitnot** *f* shortage of time; **in** ~ **sein** to be pressed for *or* short of time; **Zeitplan** *m* schedule, timetable; **Zeitpunkt** *m* (*Termin*) time; (*Augenblick auch*) moment; **zu diesem** ~ at that time; **den** ~ **für etw festlegen** to set a time for sth; **Zeitraffer** *m* -**s**, *no pl* time-lapse photography; **einen Film im** ~ **zeigen** to show a time-lapse film; **zeitraubend** *adj* time-consuming; **Zeitraum** *m* period of time; **in einem** ~ **von** ... over a period of ...; **Zeitrechnung** *f* calendar; **nach christlicher/jüdischer** ~ according to the Christian/Jewish calendar; **vor/nach unserer** ~ (*abbr* **v.u.Z./n.u.Z.**) (*esp DDR*) before Christ/anno Domini (*abbr* BC/AD); **Zeitschrift** *f* (*Illustrierte*) magazine; (*wissenschaftlich*) periodical, journal; **Zeitspanne** *f* period of time; **zeitsparend** *adj* timesaving; **Zeitstudie** *f* (*Ind*) time (and motion) study; **Zeittafel** *f* chronological table.

Zeitung *f* (news)paper. **er hat bei der** ~ **gearbeitet** he worked for a newspaper.

Zeitungs- *in cpds* newspaper; **Zeitungs|abonnement** *nt* subscription to a newspaper; **Zeitungs|anzeige** *f* newspaper advertisement; (*Familienanzeige*) announcement in the (news)paper; **Zeitungs|ausschnitt** *m* newspaper cutting; **Zeitungs|austräger** *m* newspaper carrier, ≈ paperboy/girl; **Zeitungsbeilage** *f* newspaper supplement; **Zeitungs|ente** *f* (*inf*) canard, false newspaper report;

Zeitungsfrau f (inf) newspaper carrier;
Zeitungshändler m newsagent, news-
dealer (US); **Zeitungsinserat** nt newspaper advertisement; **Zeitungsjunge** m
paperboy; **Zeitungskiosk** m newspaper
kiosk; **Zeitungskorrespondent** m newspaper correspondent; **Zeitungslesen** nt
reading the (news)paper no art; **er war
gerade beim** ~ he was just reading the
paper/papers; **Zeitungsleser** m newspaper reader; **Zeitungspapier** nt news-
print; (als Altpapier) newspaper; **Zei-
tungsredakteur** m newspaper editor;
Zeitungsroman m novel published in
serial form in a newspaper; **Zeitungs-
ständer** m magazine or newspaper rack;
Zeitungsverleger m newspaper publisher; **Zeitungswissenschaft** f journalism.
Zeitunterschied m time difference; **Zeit-
vergeudung** f waste of time; **Zeitverlust**
m loss of time; **das bedeutet mehrere Stunden** ~ this will mean wasting several
hours; **ohne** ~ without losing any time;
Zeitverschiebung f time-lag; **Zeitver-
schwendung** f waste of time; **Zeitvertreib** m way of passing the time; (Hobby)
pastime; **zum** ~ to pass the time, as a way
of passing the time; **zeitweilig** adj temporary; **zeitweise** adv at times; **und** ~
Regen with rain at times; **Zeitwert** m
(Fin) current value; (Meßergebnis) time;
Zeitwort nt verb; **Zeitzeichen** nt time signal; **Zeitzünder** m time fuse.
zelebrieren* vt to celebrate.
Zelebrität f (rare) celebrity.
Zellatmung f cellular respiration.
Zelle f -, -n cell (auch Sci, Pol); (Kabine)
cabin; (Telefon~) (phone) box (Brit) or
booth; (bei Flugzeug) airframe.
Zellgewebe nt cell tissue; **Zellkern** m
nucleus (of a/the cell).
Zellophan nt -s, no pl cellophane.
Zellstoff m cellulose; **Zellstoffwindel** f dis-
posable nappy (Brit) or diaper (US);
Zellteilung f cell division.
Zelluloid [auch -'lɔyt] nt -s, no pl celluloid.
Zellulose f -, -n cellulose.
Zellverschmelzung f cell fusion; **Zellwand**
f cell wall; **Zellwolle** f spun rayon.
Zelt nt -(e)s, -e tent; (Bier~, Fest~ etc
auch) marquee; (Indianer~) wigwam,
te(e)pee; (Zirkus~) big top; (liter: des
Himmels) canopy. **seine** ~e **aufschlagen/
abbrechen** (fig) to settle down/to pack
one's bags.
Zeltbahn f strip of canvas; **Zeltdach** nt tent-
roof; (Dachform) pyramid roof.
zelten vi to camp. **Z**~ **verboten** no camping.
Zelter m -s, - (Hist: Pferd) palfrey.
Zelter(in f) m -s, - camper.
Zelthering m tent peg; **Zeltlager** nt camp;
Zeltleben nt life under canvas; **Zeltmast**
m tent pole; **Zeltmission** f evangelistic
mission with a tent as its base; **Zeltpflock**
m tent peg; **Zeltplane** f tarpaulin;
Zeltplatz m camp site; **Zeltstange** f tent-
pole.
Zement m -(e)s, -e cement.
zementieren* vt to cement; (verputzen) to
cement over; Stahl to carburize (spec);
(fig) to reinforce; Freundschaft to cement.
Zement(misch)maschine f cement mixer.

Zenit m -(e)s, no pl (lit, fig) zenith. **die
Sonne steht im** ~ the sun is at its zenith.
zensieren* vt 1. auch vi (benoten) to mark.
einen Aufsatz mit einer Drei ~ to give an
essay a three. 2. (Bücher etc) to censor.
Zensor m censor.
Zensur f 1. (no pl: Kontrolle) censorship no
indef art; (Prüfstelle) censors pl; (esp bei
Film) board of censors. **eine** ~ **findet nicht
statt** there is no censorship, it is/they are
not censored; **durch die** ~ **gehen/einer** ~
unterliegen to be censored.
2. (Note) mark. **der Plan erhielt von der
Presse schlechte** ~en the plan got the
thumbs-down from the press (inf).
zensurieren* vt (Aus) to censor.
Zensus m -, - (Volkszählung) census.
Zentaur m -en, -en centaur.
Zentigrad m hundredth of a degree;
Zentigramm nt centigram(me);
Zentiliter m or nt centilitre; **Zentimeter**
m or nt centimetre; **Zentimetermaß** nt
(metric) tape measure.
Zentner m -s, - (metric) hundredweight;
(Aus, Sw) 100kg.
Zentnerlast f (fig) heavy burden; **mir fiel
eine** ~ **vom Herzen** it was a great weight
or load off my mind; **zentnerschwer** adj
(fig) heavy; ~ **auf jdm** or **jds Seele lasten**
to weigh sb down; **zentnerweise** adv by
the hundredweight.
zentral adj (lit, fig) central.
Zentral- in cpds central; **Zentralbank** f
central bank.
Zentrale f -, -n (von Firma etc, Mil) head
office; (für Taxis) headquarters sing or pl;
(für Busse etc) depot; (Schalt~) central
control (office); (Telefon~) exchange;
(von Firma etc) switchboard.
Zentralheizung f central heating.
Zentralisation f centralization.
zentralisieren* vt to centralize.
Zentralisierung f centralization.
Zentralismus m centralism.
zentralistisch adj centralist.
Zentralkomitee nt central committee;
Zentralnervensystem nt central nervous system; **Zentralverschluß** m leaf
shutter.
Zentren pl of **Zentrum**.
zentrieren* vt to centre.
zentrifugal adj centrifugal.
Zentrifugalkraft f centrifugal force.
Zentrifuge f -, -n centrifuge.
zentripetal adj centripetal.
Zentripetalkraft f centripetal force.
Zentrum nt -s, **Zentren** (lit, fig) centre
(Brit), center (US); (Innenstadt) (town)-
centre; (von Großstadt) (city) centre. **sie
wohnt im** ~ (der Stadt)/von Chicago she
lives in the (town)centre/in the
centre of Chicago, she lives downtown/in
downtown Chicago (US).
Zentrumspartei f (Hist) Centre party, German Catholic party representing the centre
politically.
Zephir (esp Aus), **Zephyr** m -s, -e (liter)
zephyr.
Zeppelin m -s, -e zeppelin.
Zepter nt -s, - sceptre. **das** ~ **führen** or
schwingen (inf) to wield the sceptre; (esp
Ehefrau) to rule the roost.

Zer *nt* **-s**; *no pl* (*abbr* Ce) cerium.

zerbeißen* *vt irreg* to chew; *Knochen, Bonbon, Keks etc* to crunch; (*beschädigen*) *Pantoffel etc* to chew to pieces; (*auseinanderbeißen*) *Kette, Leine* to chew through.

zerbersten* *vi irreg aux sein* to burst; (*Glas*) to shatter.

Zerberus *m* **-**, **-se 1.** *no pl* (*Myth*) Cerberus. **2.** (*fig hum*) watchdog.

zerbeulen* *vt* to dent. **zerbeult** battered.

zerbomben* *vt* to flatten with bombs, to bomb to smithereens (*inf*); *Gebäude auch* to bomb out. **zerbombt** *Stadt, Gebäude* bombed out; **zerbombt werden** to be flattened by bombs.

zerbrechen* *irreg* **I** *vt* (*lit*) to break into pieces; *Glas, Porzellan etc* to smash, to shatter; *Ketten* (*lit, fig*) to break, to sever; (*fig*) *Widerstand* to break down; *Lebenswillen* to destroy; *siehe* **Kopf.**
II *vi aux sein* to break into pieces; (*Glas, Porzellan etc*) to smash, to shatter; (*fig*) to be destroyed (*an* +*dat* by); (*Widerstand*) to collapse (*an* +*dat* in the face of). **er ist am Leben zerbrochen** he has been broken *or* destroyed by life.

zerbrechlich *adj* fragile; *Mensch auch* frail. „**Vorsicht** ~!" "fragile, handle with care".

Zerbrechlichkeit *f* fragility; (*von Mensch auch*) frailness.

zerbröckeln* *vti* to crumble.

zerdeppern* *vt* (*inf*) to smash.

zerdrücken* *vt* to squash, to crush; *Gemüse* to mash; (*zerknittern*) to crush, to crease.

Zeremonie [tseremo'ni:, -'mo:niə] *f* ceremony.

Zeremoniell *nt* **-s**, **-e** ceremonial.

zeremoniell *adj* ceremonial.

Zeremonienmeister [-'mo:niən-] *m* master of ceremonies.

zerfahren *adj* scatty; (*unkonzentriert*) distracted.

Zerfall *m* **-(e)s**, *no pl* disintegration; (*von Gebäude auch, von Atom*) decay; (*von Leiche, Holz etc*) decomposition; (*von Land, Kultur*) decline, decay, fall.

zerfallen* **I** *vi irreg aux sein* **1.** to disintegrate; (*Gebäude auch*) to decay, to fall into ruin; (*Atomkern*) to decay; (*auseinanderfallen auch*) to fall apart; (*Leiche, Holz etc*) to decompose; (*Reich, Kultur, Moral*) to decay, to decline. **zu Staub** ~ to crumble (in)to dust.
2. (*sich gliedern*) to fall (*in* +*acc* into).
II *adj* **1.** *Haus* tumble-down; *Gemäuer auch* crumbling.
2. (*verfeindet*) **mit jdm** ~ **sein** to have fallen out with sb; **mit sich** (*dat*) **und der Welt** ~ **sein** to be at odds with the world.

Zerfalls|erscheinung *f* sign of decay; **Zerfallsprodukt** *nt* daughter product.

zerfetzen* *vt* to tear or rip to pieces *or* shreds; *Brief etc* to rip up, to tear up (into little pieces); (*Geschoß*) *Arm etc* to mangle, to tear to pieces; (*fig*) to pull *or* tear to pieces.

zerfetzt *adj Hose* ragged, tattered; *Arm* lacerated.

zerfleddern*, **zerfledern*** *vt* (*inf*) to tatter, to get tatty (*inf*).

zerfleischen* **I** *vt* to tear limb from limb, to

tear to pieces. **II** *vt* (*fig*) **er zerfleischt sich in (Selbst)vorwürfen** he torments *or* tortures himself with self-reproaches; **sich gegenseitig** ~ to tear each other apart.

zerfließen* *vi irreg aux sein* (*Tinte, Make-up etc*) to run; (*Eis etc, fig: Reichtum etc*) to melt away. **in Tränen** ~ to dissolve into tears; **vor Mitleid** ~ to be overcome with pity.

zerfranst *adj* frayed.

zerfressen* *vt irreg* to eat away; (*Motten, Mäuse etc*) to eat; (*Säure, Rost auch*) to corrode; (*fig*) to consume. **die Säure hat ihr das Gesicht** ~ the acid burnt into her face; (**von Motten/Würmern**) ~ **sein** to be moth-/worm-eaten.

zerfurchen* *vt* to furrow.

zergehen* *vi irreg aux sein* to dissolve; (*schmelzen*) to melt. **auf der Zunge** ~ (*Gebäck etc*) to melt in the mouth; (*Fleisch*) to fall apart.

zergliedern* *vt* (*Biol*) to dissect; *Satz* to parse; (*fig*) to analyse.

Zergliederung *f siehe vt* dissection; parsing; analysis.

zerhacken* *vt* to chop up.

zerhauen* *vt irreg* to chop in two; (*in viele Stücke*) to chop up.

zerkauen* *vt* to chew; (*Hund*) *Leine* to chew up.

zerkleinern* *vt* to cut up; (*zerhacken*) to chop (up); (*zerbrechen*) to break up; (*zermahlen*) to crush.

zerklüftet *adj* rugged; *Mandeln* fissured. **tief** ~**es Gestein** rock with deep fissures, deeply fissured rock.

zerknautschen* *vt* (*inf*) to crease, to crumple.

zerknautscht *adj* (*inf*) *Kleidung* creased, crumpled; *Gesicht* (*faltig*) wizened.

zerknirscht *adj* remorseful, overcome with remorse.

Zerknirschung *f* remorse.

zerknittern* *vt* to crease, to crumple.

zerknittert *adj* **1.** *Kleid, Stoff* creased. **2.** (*inf*) (*schuldbewußt*) overcome with remorse.

zerknüllen* *vt* to crumple up, to scrunch up (*inf*).

zerkochen* *vti* (*vi: aux sein*) to cook to a pulp; (*zu lange kochen auch*) to overcook.

zerkratzen* *vt* to scratch.

zerkrümeln* *vt* to crumble; *Erde* to loosen.

zerlassen* *vt irreg* to melt.

zerlaufen* *vi irreg aux sein* to melt.

zerlegen* *vt* to take apart *or* to pieces; *Gerüst, Maschine auch* to dismantle; *Motor, Getriebe auch* to strip down; *Theorie, Argumente* to break down; (*Gram*) to analyse; (*Math*) to reduce (*in* +*acc* to); (*zerschneiden*) to cut up; *Geflügel, Wild* to carve up; (*Biol*) to dissect. **etw in seine Einzelteile** ~ to take sth to pieces; to dismantle sth completely; to strip sth down; to break sth down into its (individual) constituents; *Satz* to parse sth.

Zerlegung *f*, *no pl siehe vt* taking apart; dismantling; stripping down; breaking down; analysis; reduction; cutting up; carving up; dissection.

zerlesen *adj* well-thumbed.

zerlumpt *adj* ragged, tattered *no adv*.

zermahlen* *vt* to grind; (*in Mörser*) to crush.

zermalmen* *vt* (*lit, fig*) to crush; (*mit den Zähnen*) to crunch, to grind.

zermartern* *vt* sich (*dat*) **den Kopf** *or* **das Hirn** ~ to rack *or* cudgel one's brains.

zermürben* *vt* (*fig*) **jdn** ~ to wear sb down; **~d** wearing, trying.

Zermürbung *f* (*eines Gegners etc*) wearing down *no pl*, attrition.

Zermürbungskrieg *m* war of attrition; **Zermürbungstaktik** *f* tactics of attrition *pl*.

zernagen* *vt* to chew to pieces; (*Nagetiere*) to gnaw to pieces.

Zero ['ze:ro] *f* -, **-s** *or nt* **-s, -s** zero.

zerpflücken* *vt* (*lit, fig*) to pick to pieces.

zerplatzen* *vi aux sein* to burst; (*Glas*) to shatter.

zerquält *adj* tortured.

zerquetschen* *vt* to squash, to crush; (*mit Gabel*) Kartoffeln *etc* to mash.

Zerquetschte *pl* (*inf*) **10 Mark und ein paar** ~ 10 marks something (or other), 10 marks odd; **Hundert und ein paar** ~ a hundred odd.

zerraufen* *vt* to ruffle. **zerrauft** dishevelled.

Zerrbild *nt* (*lit: in Spiegel*) distorted picture *or* image; (*fig auch*) caricature; (*von Verhältnissen, System etc auch*) travesty.

zerreden* *vt* to flog to death (*inf*).

zerreiben* *vt irreg* to crumble, to crush; (*in Mörser etc*) to grind; (*fig*) to crush.

zerreißen* *irreg* I *vt* (*aus Versehen*) to tear; (*in Stücke*) to tear to pieces *or* shreds; *Faden, Seil etc* to break; (*absichtlich*) *Brief etc* to tear up; (*zerfleischen*) to tear apart *or* limb from limb; (*plötzlich aufreißen, durchbrechen*) *Wolkendecke, Stille etc* to rend (*liter*); (*fig*) *Land* to tear apart *or* in two; *Bindungen* to break. **es zerreißt mir das Herz** (*liter*) it is heart-breaking, it breaks my heart.

II *vi aux sein* (*Stoff*) to tear; (*Band, Seil etc*) to break.

III *vr* (*fig*) **ich könnte mich vor Wut** ~ I'm hopping (mad) (*inf*); **ich kann mich doch nicht** ~! I can't be in two places at once; **sich** ~, **(um) etw zu tun** to go to no end of trouble to do sth.

Zerreißprobe *f* (*lit*) pull test; (*fig*) real test. **eine** ~ **für ihre Ehe** *etc* a crucial test of their marriage *etc*.

zerren I *vt* to drag; *Sehne* to pull, to strain. **jdm/sich die Kleider vom Leib** ~ to tear the clothes from sb's body/to tear one's clothes off; **etw an die Öffentlichkeit** ~ to drag sth into the public eye. II *vi* **an etw** (*dat*) ~ to tug *or* pull at sth; **an den Nerven** ~ to be nerve-racking.

zerrinnen* *vi irreg aux sein* to melt (away); (*fig*) (*Träume, Pläne*) to melt *or* fade away; (*Geld, Vermögen*) to disappear. **jdm unter den Händen** *or* **zwischen den Fingern** ~ (*Geld*) to run through sb's hands like water.

zerrissen *adj* (*fig*) Volk, Partei strife-torn, disunited; *Mensch* (inwardly) torn.

Zerrissenheit *f siehe adj* disunity *no pl*; (inner) conflict.

Zerrspiegel *m* (*lit*) distorting mirror; (*fig*) travesty.

Zerrung *f* (*das Zerren: von Sehne, Muskel*) pulling. **eine** ~ a pulled ligament/muscle.

zerrupfen* *vt* to pick *or* pull to pieces.

zerrütten* *vt* to destroy, to ruin, to wreck; *Ehe* to break up, to destroy; *Geist* to destroy; *Nerven* to shatter. **eine zerrüttete Ehe/Familie** a broken marriage/home; **sich in einem zerrütteten Zustand befinden** to be in a very bad way.

zersägen* *vt* to saw up.

zerschellen* *vi aux sein* (*Schiff, Flugzeug*) to be dashed *or* smashed to pieces; (*Vase etc*) to smash (to pieces *or* smithereens). **das zerschellte Schiff** the wrecked ship.

zerschießen* *vt irreg* to shoot to pieces; (*durchlöchern*) to riddle with bullets.

zerschlagen* *irreg* I *vt* **1.** (*Mensch*) to smash (to pieces); (*Stein etc auch*) to shatter; (*auseinanderschlagen*) to break up. **2.** (*fig*) *Angriff, Widerstand* to crush; *Hoffnungen, Pläne* to shatter; *Spionagering, Vereinigung* to break.

II *vr* (*nicht zustande kommen*) to fall through; (*Hoffnung, Aussichten*) to be shattered.

III *adj pred* washed out (*inf*); (*nach Anstrengung, langer Reise etc*) shattered (*inf*), worn out. **ich wachte wie** ~ **auf** I woke up feeling washed out (*inf*).

Zerschlagung *f* (*fig*) suppression; (*von Hoffnungen, Plänen*) shattering.

zerschleißen* *pret* **zerschliß**, *ptp* **zerschlissen** *vti* (*usu ptp*) to wear out. **zerschlissene Kleider** worn-out *or* threadbare clothes.

zerschmeißen* *vt* (*inf*) *irreg* to shatter, to smash (to pieces).

zerschmelzen* *vi irreg aux sein* (*lit, fig*) to melt.

zerschmettern* *vt* (*lit, fig*) to shatter; *Feind* to crush; (*Sport*) *Gegner* to smash.

zerschneiden* *vt irreg* to cut; (*in zwei Teile*) to cut in two; (*in Stücke*) to cut up; (*verschneiden*) *Stoff* to cut wrongly; (*fig*) *Stille* to pierce.

zerschnippeln* *vt* (*inf*) to snip to pieces.

zerschrammen* *vt* Haut, Möbel to scratch to pieces.

zersetzen* I *vt* to decompose; (*Säure*) to corrode; (*fig*) to undermine, to subvert. II *vr* to decompose; (*durch Säure*) to corrode; (*fig*) to become undermined *or* subverted.

zersetzend *adj* (*fig*) subversive.

Zersetzung *f* (*Chem*) decomposition; (*durch Säure*) corrosion; (*fig: Untergrabung*) undermining, subversion; (*von Gesellschaft*) decline (*von in*), decay.

Zersetzungserscheinung *f* (*fig*) sign of decline *or* decay.

zersiedeln* *vt* to spoil (by development).

Zersied(e)lung *f* overdevelopment.

zerspalten* *vt* to split; *Gemeinschaft* to split up.

zersplittern* I vt to shatter; *Holz* to splinter; (*fig*) *Kräfte, Zeit* to dissipate, to squander; *Gruppe, Partei* to fragment.
  II vi aux sein to shatter; (*Holz, Knochen*) to splinter; (*fig*) to split up.
  III vr to shatter; (*Holz*) to splinter; (*fig*) to dissipate *or* squander one's energies; (*Gruppe, Partei*) to fragment, to become fragmented. **der Widerstand ist zu zersplittert** the opposition is too fragmented.

Zersplitterung f siehe vb shattering; splintering; dissipation; squandering; fragmentation.

zersprengen* vt to burst; (*fig*) *Volksmenge* to disperse, to scatter.

zerspringen* vi irreg aux sein to shatter; (*Saite*) to break; (*einen Sprung bekommen*) to crack. **in tausend Stücke ~** to shatter in(to) a thousand pieces; **das Herz wollte ihr vor Freude fast ~** (*liter*) her heart was bursting with joy.

zerstampfen* vt (*zertreten*) to stamp *or* trample on; (*zerkleinern*) to crush; (*im Mörser*) to grind, to pound; *Kartoffeln etc* to mash.

zerstäuben* vt to spray.

Zerstäuber m **-s, -** spray; (*Parfüm~ auch*) atomizer.

zerstechen* vt irreg **1.** (*Mücken*) to bite (all over); (*Bienen etc*) to sting (all over). **2.** *Material, Haut* to puncture; *Finger* to prick.

zerstieben* vi irreg aux sein to scatter; (*Wasser*) to spray.

zerstörbar adj destructible. **nicht ~** indestructible.

zerstören* I vt (*lit, fig*) to destroy; *Gebäude, Ehe, Glück auch* to wreck; (*verwüsten auch*) to ruin; (*Rowdys*) to vandalize; *Gesundheit* to wreck, to ruin.
  II vi to destroy.

Zerstörer m **-s, -** (*old Aviat*) fighter; (*Naut*) destroyer.

Zerstörer(in f) m **-s, -** destroyer.

zerstörerisch adj destructive.

Zerstörung f **1.** no pl siehe vt destruction; wrecking; ruining; vandalizing. **2.** (*von Krieg, Katastrophe etc*) destruction no pl, devastation no pl.

Zerstörungslust f delight in destruction; **Zerstörungstrieb** m destructive urge *or* impulse; **Zerstörungswerk** nt work of destruction.

zerstoßen* vt irreg **1.** (*zerkleinern*) to crush; (*im Mörser*) to pound, to grind. **2.** (*durch Stoßen beschädigen*) to damage; *Leder, Schuh* to scuff.

zerstreiten* vr irreg to quarrel, to fall out.

zerstreuen* I vt **1.** to scatter (*in +dat* over); *Volksmenge etc auch* to disperse; *Licht* to diffuse; (*fig*) to dispel, to allay.
  2. jdn ~ to take sb's mind off things, to divert sb.
  II vr **1.** (*sich verteilen*) to scatter; (*Menge auch*) to disperse; (*fig*) to be dispelled *or* allayed.
  2. (*sich ablenken*) to take one's mind off things; (*sich amüsieren*) to amuse oneself.

zerstreut adj (*fig*) *Mensch* absent-minded. **sie ist heute sehr ~** her mind is elsewhere today.

Zerstreutheit f, no pl absent-mindedness.

Zerstreuung f **1.** no pl siehe vt scattering; dispersal; diffusion; dispelling, allaying. **2.** (*Ablenkung*) diversion. **zur ~ as a** diversion.

zerstritten adj estranged. **mit jdm ~ sein** to be on very bad terms with sb.

zerstückeln* vt (*lit*) to cut up; *Leiche* to dismember; *Land* to divide *or* carve up; (*fig*) *Tag, Semester etc* to break up.

Zerstückelung f, no pl siehe vt cutting up; dismemberment; dividing up; breaking up.

zerteilen* vt to split up; (*in zwei Teile auch*) to divide; (*zerschneiden*) to cut up; *Wogen, Wolken* to part.

Zertifikat nt certificate.

zertrampeln* vt to trample on.

zertrennen* vt to sever, to cut through; (*auftrennen*) *Nähte* to undo; *Kleid* to undo the seams of.

zertreten* vt irreg to crush (underfoot); *Rasen* to ruin. **jdn wie einen Wurm ~** to grind sb into the ground.

zertrümmern* vt to smash; *Einrichtung* to smash up; *Gebäude auch, Hoffnungen, Ordnung* to wreck, to destroy; (*dated*) *Atom* to split.

Zervelatwurst [tsɛrvəˈlaːt-] f cervelat, German salami.

zerwühlen* vt to ruffle up, to tousle; *Bett, Kopfkissen* to rumple (up); (*aufwühlen*) *Erdboden* to churn up; (*Wildschwein etc*) to churn *or* root up.

Zerwürfnis nt row, disagreement.

zerzausen* vt to ruffle; *Haar* to tousle.

zerzaust adj windswept; *Haare auch* dishevelled, tousled.

Zeter nt: **~ und Mord(io) schreien** (*lit*) to scream blue murder (*inf*); (*fig*) to raise a hue and cry.

zetermordio: ~ schreien to scream blue murder (*inf*).

zetern vi (*pej*) to clamour; (*keifen*) to scold, to nag; (*jammern*) to moan.

Zett(t) nt **-s,** no pl (*sl*) gaol, jail. **jdn zu 10 Jahren ~ verurteilen** to send sb down for 10 years (*inf*).

Zettel m **-s, -** piece of paper; (*Notiz~*) note; (*Kartei~*) card; (*Anhänge~*) label; (*mit Angabe über Inhalt, Anschrift etc*) chit (*inf*), ticket; (*Bekanntmachung*) notice; (*Hand~*) leaflet, handbill (*esp US*); (*Formular*) form; (*Stimm~*) ballot paper; (*Bestell~*) coupon; (*Kassen~, Beleg*) receipt. **„~ ankleben verboten"** "stick no bills".

Zettelkartei f card index; **Zettelkasten** m file-card box; (*Zettelkartei*) card index; **Zettelkatalog** m card index; **Zettelwirtschaft** f (*pej*) **eine ~ haben** to have bits of paper everywhere.

Zeug nt **-(e)s,** no pl **1.** (*inf*) stuff no indef art, no pl; (*Ausrüstung auch*) gear (*inf*); (*Kleidung*) clothes pl, things pl (*inf*); (*mehrere Gegenstände auch, Gerüst*) things pl. **altes ~** junk, trash; **... und solches ~** ... and such things.
  2. (*inf: Unsinn*) nonsense, rubbish. **ein/dieses ~** a/this load of nonsense *or* rubbish; **dummes ~ reden** to talk a lot of nonsense *or* drivel (*inf*) *or* twaddle (*inf*); **rede**

kein dummes ~ don't talk nonsense.

3. (*Fähigkeit, Können*) **das** ~ **zu etw haben** to have (got) what it takes to be sth (*inf*); **er hat nicht das** ~ **dazu** he hasn't got what it takes (*inf*).

4. (*old*) (*Stoff*) material; (*Wäsche*) linen. **jdm etwas am** ~ **flicken** (*inf*) to tell sb what to do; **was das** ~ **hält** (*inf*) for all one is worth; *laufen* like mad; *fahren* like the blazes (*inf*); **sich für jdn ins** ~ **legen** (*inf*) to stand up for sb; **sich ins** ~ **legen** to go flat out; (*bei Arbeit auch*) to work flat out.

Zeuge *m* -n, -n (*Jur, fig*) witness (*gen* to). ~ **eines Unfalls/Gesprächs sein** to be a witness to an accident/a conversation; **sich als** ~ **zur Verfügung stellen** to come forward as a witness; **vor/ unter** ~n in front of witnesses; **Gott ist mein** ~ as God is my witness; **die** ~n Jehovas Jehovah's witnesses.

zeugen[1] *vt Kind* to father; (*Bibl*) to beget; (*fig geh*) to generate, to give rise to.

zeugen[2] *vi* **1.** (*vor +dat* to) (*aussagen*) to testify; (*vor Gericht auch*) to give evidence. **für/gegen jdn** ~ to testify *or* give evidence for/against sb. **2. von etw** ~ to show sth.

Zeugen|aussage *f* testimony; **Zeugenbank** *f* witness box, witness stand (*US*); **er sitzt auf der** ~ he's in the witness box *or* witness stand (*US*); **Zeugenbe|ein-flussung** *f* subornation of a witness/witnesses; **Zeugenstand** *m* witness box, witness stand (*US*); **in den** ~ **treten** to go into the witness box, to take the (witness) stand; **Zeugenvernehmung** *f* examination of the witness(es).

Zeughaus *nt* (*obs Mil*) arsenal, armoury.

Zeugin *f* witness.

Zeugnis *nt* **1.** (*esp liter: Zeugenaussage*) evidence. **für/gegen jdn** ~ **ablegen** to give evidence *or* to testify for/against sb; **für jds Ehrlichkeit** *etc* ~ **ablegen** to bear witness to sb's honesty *etc*; **falsches** ~ **ablegen, falsch** ~ **reden** (*Bibl*) to bear false witness.

2. (*fig: Beweis*) evidence.

3. (*Schul*~) report.

4. (*Bescheinigung*) certificate; (*von Arbeitgeber*) testimonial, reference. **gute** ~**se haben** to have good qualifications; (*von Arbeitgeber*) to have good references.

Zeugnis|abschrift *f* copy of one's report/ certificate/ testimonial; **Zeugnisheft** *nt* (*Sch*) report book **Zeugnispapiere** *pl* certificates *pl*; testimonials *pl*; **Zeugnis-verweigerungsrecht** *nt* right of a witness to refuse to give evidence.

Zeugs *nt* -, *no pl* (*pej inf*) *siehe* **Zeug 1., 2.**

Zeugung *f siehe* **zeugen**[1] fathering; begetting; generating.

Zeugungs|akt *m* act of procreation; (*fig*) creative act; **zeugungsfähig** *adj* fertile; **Zeugungsfähigkeit, Zeugungskraft** (*geh*) *f* fertility; **Zeugungs|organ** *nt* (*spec*) male reproductive organ; **zeugungs|unfähig** *adj* sterile; **Zeugungs-|unfähigkeit** *f* sterility.

Zeus *m* - (*Myth*) Zeus.

z.H(d). *abbr of* **zu Händen** att.

Zibebe *f* -, -n (*S Ger, Aus*) sultana.

Zichorie [tsɪˈçoːriə] *f* chicory.

Zicke *f* -, -n **1.** nanny goat. **2.** (*pej inf: Frau*) cow(*sl*), bitch(*sl*); (*prüde*) prude; (*albern*) silly thing.

Zicken *pl* (*inf*) nonsense *no pl*. **mach bloß keine** ~! no nonsense now!; ~ **machen** to make trouble.

zickig *adj* (*albern*) silly; (*prüde*) prudish.

Zicklein *nt* (*junge Ziege*) kid; (*junges Reh*) fawn.

Zickzack *m* -(e)s, -e zigzag. **z**~ *or* **im** ~ **laufen** to zigzag; ~ **nähen** to zigzag.

zickzackförmig *adj* zigzag; ~ **verlaufen** to zigzag; **Zickzackkurs** *m* zigzag course; (*von Hase etc*) zigzag path; **im** ~ **fahren/ laufen** to zigzag.

Ziege *f* -, -n **1.** goat; (*weiblich auch*) nanny-goat. **2.** (*pej inf: Frau*) cow (*sl*), bitch (*sl*).

Ziegel *m* -s, - (*Backstein*) brick; (*Dach*~) tile. **ein Dach mit** ~n **decken** to tile a roof.

Ziegelbau *m, pl* -ten brick building; **Ziegelbrenner** *m* brickmaker; (*von Dachziegeln*) tilemaker; **Ziegeldach** *nt* tiled roof.

Ziegelei *f* brickworks *sing or pl*; (*für Dachziegel*) tile-making works *sing or pl*.

ziegelrot *adj* brick-red; **Ziegelstein** *m* brick.

Ziegenbart *m* **1.** (*hum: Bart*) goatee (beard); **2.** (*Bot*) goat's-beard mushroom; **Ziegenbock** *m* billy goat; **Ziegenfell** *nt* goatskin; **Ziegenhirt(e)** *m* goatherd; **Ziegenkäse** *m* goat's milk cheese; **Ziegenleder** *nt* kid (-leather), kidskin; **Ziegenmilch** *f* goat's milk; **Ziegenpeter** *m* -s, - mumps *sing*.

zieh *pret of* **zeihen.**

Ziehbrücke *f* drawbridge; **Ziehbrunnen** *m* well; **Zieh|eltern** *pl* foster parents *pl*.

ziehen *pret* **zog,** *ptp* **gezogen I** *vt* **1.** to pull; (*heftig auch*) to tug; (*schleppen*) to drag; (*dehnen auch*) to stretch; *Hut* to raise; *Handbremse* to put on; *Choke, Starter* to pull out. **den Ring vom Finger** ~ to pull one's ring off (one's finger); **das Flugzeug nach oben/unten** ~ to put the plane into a climb/descent; **jdn nach unten** ~ to pull *or* (*fig*) drag sb down; **jdn auf die Seite** *or* **beiseite** ~ to take sb aside *or* to one side; **die Stirn kraus** *or* **in Falten** ~ to knit one's brow; **Wein auf Flaschen** ~ to bottle wine; **etw ins Komische** ~ to ridicule sth; **mußt du immer alles ins Ironische** ~? must you always be so ironical?; **unangenehme Folgen nach sich** ~ to have unpleasant consequences.

2. (*heraus*~) to pull out (*aus* of); *Zahn auch* to take out, to extract; *Fäden* to take out, to remove; *Korken, Schwert, Revolver auch* to draw; *Los, Spielkarte, (fig) Schlüsse* to draw; *Vergleich* to draw, to make; (*Math*) *Wurzel* to work out. **die Pflanze zieht ihre Nahrung aus dem Boden** the plant gets *or* draws its nourishment from the soil; **Zigaretten (aus dem Automaten)** ~ to get *or* buy cigarettes from the machine.

3. (*zeichnen*) *Kreis, Linie* to draw.

4. (*verlegen, anlegen*) *Kabel, Leitung etc* to lay; *Graben, Furchen* to dig; *Grenze, Mauer* to erect, to build. **Perlen auf eine Schnur** ~ to thread pearls.

5. (*herstellen*) *Draht, Kerzen* to make; (*züchten*) *Blumen* to grow; *Tiere* to breed.
6. die Mütze tiefer ins Gesicht ~ to pull one's hat further down over one's face; **die Vorhänge vors Fenster** ~ to pull the curtains; **den Mantel übers Kleid** ~ to pull one's coat on over one's dress.
7. *in Verbindungen mit n siehe auch dort.* **die Aufmerksamkeit** *or* **die Blicke auf sich** (*acc*) ~ to attract attention; **jds Haß auf sich** (*acc*) ~ to incur sb's hatred; **jdn ins Gespräch/in die Unterhaltung** ~ to bring sb into the conversation.

II *vi* **1.** (*zerren*) to pull. **an etw** (*dat*) ~ to pull (on *or* at) sth.
2. *aux sein* (*sich bewegen*) to move, to go; (*Soldaten, Volksmassen*) to march; (*durchstreifen*) to wander, to roam; (*Wolken*) to drift; (*Gewitter*) to move; (*Vögel*) to fly; (*während des Vogelzugs*) to migrate. **durch die Welt** ~ to wander through the world **in den Krieg/die Schlacht** ~ to go to war/battle; **heimwärts** ~ to make one's way home; **laß mich** ~ (*old, liter*) let me go; **die Jahre zogen ins Land** (*liter*) the years passed; **einen** ~ **lassen** (*sl*) to let one off (*sl*), to fart (*vulg*).
3. *aux sein* (*um~*) to move. **nach Bayern/München** ~ to move to Bavaria/ Munich; **zu jdm** ~ to move in with sb.
4. (*Feuer, Ofen, Pfeife*) to draw. **an der Pfeife/Zigarette** ~ to pull *or* puff on one's pipe/cigarette.
5. *aux sein* (*eindringen*) to penetrate (*in etw* (*acc*) sth).
6. (*mit Spielfigur*) to move; (*Cards*) to play; (*abheben*) to draw. **mit dem Turm** ~ to move the rook; **wer zieht?** whose move is it?
7. (*Cook*) (*Tee, Kaffee*) to draw; (*in Marinade*) to marinade; (*in Kochwasser*) to simmer.
8. (*Auto*) to pull.
9. (*inf: Eindruck machen*) **so was zieht beim Publikum/bei mir nicht** the public/I don't like that sort of thing; **so was zieht immer** that sort of thing always goes down well.

III *vi impers* **1. es zieht** there's a draught; **wenn es dir zieht** if you're in a draught, if you find it draughty; **mir zieht's im Nacken** there is *or* I can feel a draught round my neck; **in diesem Haus zieht es aus allen Ritzen** there are draughts everywhere in this house.
2. (*Schmerzen verursachen*) **mir zieht's im Rücken** my back hurts.

IV *vt impers* **mich zieht nichts in die Heimat** there is nothing to draw me home; **es zog ihn in die weite Welt** he felt drawn towards the big wide world.

V *vr* **1.** (*sich erstrecken*) to stretch; (*zeitlich*) to drag on (*in* + *acc* into). **dieses Thema zieht sich durch das ganze Buch** this theme runs throughout the whole book.
2. (*verlaufen*) **sich zickzackförmig durchs Land** ~ to zigzag through the countryside; **sich in Schlingen/ Serpentinen durch etw** ~ to twist *or* wind its way through sth.

3. (*sich dehnen*) to stretch; (*Klebstoff*) to be tacky; (*Käse*) to form strings; (*Holz*) to warp; (*Metall*) to bend.
4. sich an etw (*dat*) **aus dem Schlamm/in die Höhe** ~ to pull oneself out of the mud/ up on sth.

Ziehen *nt* **-s,** *no pl* (*Schmerz*) ache; (*im Unterleib*) dragging pain.
Ziehharmonika *f* concertina; (*mit Tastatur*) accordion; **Ziehkind** *nt* (*old*) foster-child; **Ziehmutter** *f* (*old*) foster-mother.
Ziehung *f* draw.
Ziehvater *m* (*old*) foster-father.
Ziel *nt* **-(e)s, -e 1.** (*Reise~*) destination; (*von Expedition auch*) goal; (*Absicht, Zweck*) goal, aim, objective; (*von Wünschen, Spott*) object. **mit dem** ~ **with the aim** *or* **intention; etw zum** ~ **haben** to have sth as one's goal *or* aim; **jdm/sich ein** ~ **stecken** *or* **setzen** to set sb/oneself a goal; **er hatte sich sein** ~ **zu hoch gesteckt** he had set his sights too high; **sich** (*dat*) **etw zum** ~ **setzen** to set sth as one's goal *etc*; **zum** ~ **kommen** *or* **gelangen** (*fig*) to reach *or* attain one's goal *etc*; **am** ~ **sein** to be at *or* to have reached one's destination; (*fig*) to have reached *or* achieved one's goal; **dieser Weg führte (ihn) nicht zum** ~ (*fig*) this avenue did not lead (him) to his goal.
2. (*Sport*) finish; (*bei Pferderennen auch*) finishing-post, winning-post; (*bei Rennen auch*) finishing-line. **durchs** ~ **gehen** to pass the winning- *or* finishing-post; to cross the finishing line.
3. (*Mil, Schießsport, fig*) target. **ins** ~ **treffen** to hit the target; **über das** ~ **hinausschießen** (*fig*) to overshoot the mark.
4. (*Comm: Frist*) credit period. **mit drei Monaten** ~ with a three-month credit period.
Zielbahnhof *m* destination; **Zielband** *nt* finishing-tape; **zielbewußt** *adj* purposeful, decisive; **Zielbewußtsein** *nt* purposefulness, decisiveness; **mangelndes** ~ lack of purpose.
zielen *vi* **1.** (*Mensch*) to aim (*auf* + *acc, nach* at); (*Waffe, Schuß*) to be aimed (*auf* + *acc* at).
2. (*fig: Bemerkung, Tat*) to be aimed *or* directed (*auf* + *acc* at). **ich weiß, worauf deine Bemerkungen** ~ I know what you're driving at; **das zielt auf uns** that's aimed at *or* meant for us, that's for our benefit.
zielend *adj* (*Gram*) *Zeitwort* transitive.
Zielfernrohr *nt* telescopic sight; **Zielfluggerät** *nt* homing indicator; **Zielfoto** *nt*, **Zielfotografie** *f* photograph of the finish; **Ermittlung des Siegers durch** ~ photo-finish; **Zielgerade** *f* home *or* finishing straight; **Zielgerät** *nt* (*Mil*) bomb-sight; **Zielgruppe** *f* target group; **Zielhafen** *m* port of destination; **Zielkonflikt** *m* conflict of aims; **Zielkurve** *f* final bend; **Ziellinie** *f* (*Sport*) finishing-line; **ziellos** *adj* aimless, purposeless; **Ziellosigkeit** *f* lack of purpose, purposelessness; **Zielort** *m* destination; **Zielrichter** *m* (*Sport*) finishing-line judge; **Zielscheibe** *f* target; (*von Spott auch*) object; **Zielsetzung** *f* target, objective; **zielsicher** *adj* unerring;

Handeln, Planen purposeful; ~ **auf jdn/ etw zugehen** to go straight up to sb/sth; **Zielsprache** *f* target language; **zielstrebig I** *adj Mensch, Handlungsweise* determined, single-minded; **II** *adv* full of determination, single-mindedness; **Zielstrebigkeit** *f* determination, single-mindedness; **Zielvorstellung** *f* objective.

ziemen I *vr, vr impers (geh)* **es ziemt sich nicht** it is not proper *or* seemly; **das ziemt sich nicht (für dich)** it is not proper (for you). **II** *vi (old)* **jdm** ~ to become sb.

ziemlich I *adj* **1.** *(old: geziemend)* proper, fitting.

2. *attr (beträchtlich) Anzahl, Strecke* considerable, fair; *Vermögen* sizable; *Genugtuung* reasonable. **das ist eine ~e Frechheit** that's a real cheek; **eine ~e Zeit/ Anstrengung/Arbeit** quite a time/an effort/a lot of work; **sie unterhielten sich mit ~er Lautstärke** they were talking quite loudly; **mit ~er Sicherheit** pretty *(inf)* or fairly certainly; **sagen, behaupten** with a reasonable *or* fair degree of certainty, with reasonable certainty.

II *adv* **1.** *(beträchtlich)* quite, pretty *(inf)*; *sicher, genau* reasonably. **sie hat sich ~ anstrengen müssen** she had to make quite an effort; **wir haben uns ~ beeilt** we've hurried quite a bit; ~ **lange** quite a long time, a fair time; ~ **viel** quite a lot.

2. *(inf: beinahe)* almost, nearly. **so ~** more or less; **so ~ alles** just about everything, more or less everything; **so ~ dasselbe** pretty well *(inf)* or much the same.

ziepen *vi* to chirp, to tweet, to cheep. **II** *vi impers (inf: weh tun)* **es ziept** it hurts. **III** *vt (inf: ziehen)* to pull, to tweak. **jdn an den Haaren** ~ to pull *or* tug sb's hair.

Zier *f -, no pl (old, poet) siehe* **Zierde.**

Zierat *m* **-(e)s, -e** *(geh)* decoration.

Zierde *f* **-, -n** ornament, decoration; *(Schmuckstück)* adornment; *(fig: Tugend)* virtue. **zur** ~ for decoration; **als alte Haus ist eine ~ der Stadt** the old house is one of the beauties of the town; **die ~ der Familie** *(fig)* a credit to the family.

zieren *vt* to adorn; *(fig: auszeichnen)* to grace.

II *vr (sich bitten lassen)* to make a fuss, to need a lot of pressing; *(Mädchen)* to act coyly; *(sich gekünstelt benehmen)* to be affected. **du brauchst dich nicht zu ~, es ist genügend da** there's no need to be polite, there's plenty there; **er zierte sich nicht lange und sagte ja** he didn't need much pressing before he agreed; **ohne sich zu ~** without having to be pressed; **zier dich nicht!** don't be shy *or* silly *(inf)*.

Ziererei *f* **-, no pl** *siehe vr* pretended hesitance; coyness; affectedness.

Zierfarn *m* decorative fern; **Zierfisch** *m* ornamental fish; **Ziergarten** *m* ornamental garden; **Ziergewächs** *nt* ornamental plant; **Ziergras** *nt* ornamental grass; **Zierleiste** *f* border; *(an Auto)* trim; *(an Möbelstück)* edging; *(an Wand)* moulding.

zierlich *adj* dainty; *Frau auch* petite; *Porzellanfigur etc* delicate.

Zierlichkeit *f siehe adj* daintiness; petiteness; delicateness.

Zierpflanze *f* ornamental plant; **Zierrat** *m siehe* **Zierat; Zierschrift** *f* ornamental lettering; **Zierstich** *m* embroidery stitch; **Zierstrauch** *m* ornamental shrub.

Ziesel *m* **-s, -** ground-squirrel, suslik.

Ziffer *f* **-, -n 1.** *(Zahlzeichen)* digit; *(Zahl)* figure, number. **römische/arabische ~n** roman/arabic numerals; **eine Zahl mit drei ~n** a three-figure number; **etw in ~n schreiben** to write sth in figures *or* numbers. **2.** *(eines Paragraphen)* clause.

Zifferblatt *nt (an Uhr)* dial, (clock) face; *(von Armbanduhr)* (watch)face.

zig *adj (inf)* umpteen *(inf)*.

zig- *pref (inf)* umpteen *(inf)*. **~hundert** umpteen hundred *(inf)*.

Zigarette *f* cigarette.

Zigaretten- *in cpds* cigarette; **Zigaretten|automat** *m* cigarette machine; **Zigaretten|etui** *nt* cigarette case; **Zigarettenkippe** *f* cigarette end, fag-end *(Brit inf)*; **Zigarettenlänge** *f auf or für eine ~ hinausgehen** to go out for a cigarette *or* smoke; **Zigarettenpapier** *nt* cigarette paper; **Zigarettenpause** *f* break for a cigarette *or* a smoke; **Zigarettenraucher** *m* cigarette smoker; **Zigarettenschachtel** *f* cigarette packet *or* *(US)* pack; **Zigarettenspitze** *f* cigarette-holder; **Zigarettenstummel** *m* cigarette end, fag-end *(Brit inf)*.

Zigarillo *m or nt* **-s, -s** cigarillo.

Zigarre *f* **-, -n 1.** cigar. **2.** *(inf: Verweis)* dressing-down. **jdm eine ~ verpassen** to give sb a dressing-down.

Zigarren- *in cpds* cigar; **Zigarren|abschneider** *m* **-s, -** cigar-cutter; **Zigarrenkiste** *f* cigar-box; **Zigarrenraucher** *m* cigar smoker; **Zigarrenspitze** *f* cigarholder; **Zigarrenstummel** *m* cigar butt.

Zigeuner(in *f)* *m* **-s, -** gypsy, gipsy; *(Rasse auch)* Romany; *(pej inf)* vagabond.

Zigeunerleben *nt* gypsy life; *(fig)* vagabond *or* rootless life.

zigeunern* *vi aux haben or (bei Richtungsangabe)* sein *(inf)* to rove, to roam.

Zigeunerschnitzel *nt (Cook)* cutlet served in a spicy sauce with green and red peppers; **Zigeunersprache** *f* Romany, Romany *or* Gypsy language; **Zigeunerwagen** *m* gypsy caravan.

zigmal *adv (inf)* umpteen times *(inf)*.

Zikade *f* cicada.

Zille *f* **-, -n** *(dial)* barge.

Zimbabwe *nt* **-s** Zimbabwe.

Zimbal *nt* **-s, -e** *or* **-s** cymbals.

Zimbel *f* **-, -n** *(Mus)* cymbal; *(Hackbrett)* cymbalon.

Zimmer *nt* **-s, -** room. ~ **frei** vacancies.

Zimmer|antenne *f* indoor aerial; **Zimmerbrand** *m* fire in a/the room; **Zimmerdecke** *f* ceiling.

Zimmerei *f* **1.** *(Handwerk)* carpentry. **2.** *(Werkstatt)* carpenter's shop.

Zimmer|einrichtung *f* furniture.

Zimmerer *m* **-s, -** carpenter.

Zimmerflucht *f* suite of rooms; **Zimmergeselle** *m* journeyman carpenter; **Zimmerhandwerk** *nt* carpentry, carpenter's trade; **Zimmerherr** *m (old)* (gentleman) lodger. **Zimmerkellner** *m* room-waiter; ~ **bitte 5 wählen** dial 5 for room-service;

Zimmerlautstärke f low volume; **Zimmerlehrling** m carpenter's apprentice, apprentice carpenter; **Zimmerlinde** f African hemp; **Zimmermädchen** nt chambermaid.

Zimmermann m, pl **-leute** carpenter. **jdm zeigen, wo der ~ das Loch gelassen hat** (inf) to show sb the door.

Zimmermeister m master carpenter.

zimmern I vt to make or build or construct from wood; (fig) Alibi to construct; Ausrede to make up. II vi to do woodwork or carpentry. **an etw** (dat) **~** (lit) to make sth from wood; (fig) to work on sth.

Zimmerpflanze f house plant; **Zimmersuche** f room hunting, hunting for rooms/a room; **auf ~ sein** to be looking for rooms/a room; **Zimmertemperatur** f room temperature; **Zimmertheater** nt small theatre; **Zimmervermittlung** f accomodation service.

zimperlich adj (überempfindlich) nervous (gegen about); (beim Anblick von Blut etc) squeamish; (prüde) prissy; (wehleidig) soft. **sei doch nicht so ~** don't be so silly; **du behandelst ihn viel zu ~** you're much too soft with him; **da ist er gar nicht (so) ~** he doesn't have any qualms about that; **da darf man nicht so ~ sein** you can't afford to be soft.

Zimperlichkeit f siehe adj nervousness; squeamishness; prissiness; softness. **keine ~ zeigen** to be hard(-hearted).

Zimt m **-(e)s, -e** 1. (Gewürz) cinnamon. 2. (fig inf: Kram) rubbish, garbage; (Unsinn auch) nonsense.

zimtfarben, zimtfarbig adj cinnamon-coloured; **Zimtstange** f stick of cinnamon; **Zimtzicke, Zimtziege** f (inf) stupid cow (sl).

Zink¹ nt **-(e)s**, no pl (abbr **Zn**) zinc.

Zink² m **-(e)s, -e(n)** (Mus) cornet.

Zinkblech nt sheet-zinc; **Zinkblende** f zincblende.

Zinke f **-, -n** (von Gabel) prong; (von Kamm, Rechen) tooth; (Holzzapfen) tenon.

Zinken m **-s, -** 1. (sl: Gaunerzeichen) secret mark. 2. (inf: Nase) hooter (inf).

zinken vt Karten to mark.

Zinkfarbe f zinc(-based) paint; **zinkhaltig** adj containing zinc; **~ sein** to contain zinc; **Zinksalbe** f zinc ointment; **Zinkweiß** nt Chinese white.

Zinn nt **-(e)s**, no pl 1. (abbr **Sn**) tin. 2. (Legierung) pewter. 3. (~produkte) pewter, pewterware.

Zinnbecher m pewter tankard.

Zinne f **-, -n** (Hist) merlon. **~n** (von Burg) battlements; (von Stadt) towers; (von Gebirgsmassiv) peaks, pinnacles.

Zinnfigur f pewter figure or statuette; **Zinngeschirr** nt pewterware; **Zinngießer** m pewterer.

Zinnie [-iə] f zinnia.

Zinnkraut nt horsetail.

Zinnober m **-s**, no pl 1. (Farbe) vermilion, cinnabar. 2. (inf) (Getue) fuss, commotion; (Kram) stuff (inf); (Unsinn) nonsense no indef art, rubbish no indef art. **macht keinen (solchen) ~** stop making such a fuss or commotion.

Zinnoberrot nt vermilion.

Zinnsoldat m tin soldier.

Zins¹ m **-es, -e** (Hist: Abgabe) tax; (S Ger, Aus, Sw) (Pacht~, Miet~) rent.

Zins² m **-es, -en** usu pl (Geld~) interest no pl. **~en bringen or tragen** to earn interest; **Darlehen zu 10% ~en** loan at 10% interest; **Kapital auf ~en legen** to invest capital at interest; **jdm etw mit ~en or mit ~ und Zinseszins zurückgeben** (fig) to pay sb back for sth with interest.

zinsen vi (Hist: Abgaben zahlen) to pay one's tax; (Sw: Pacht zahlen) to pay one's rent.

Zinsenkonto nt interest account.

Zinseszins m compound interest.

Zinseszinsrechnung f calculation of compound interest.

zinsfrei adj 1. (frei von Abgaben) tax-free; (S Ger, Aus, Sw) (pachtfrei, mietfrei) rent-free. 2. Darlehen interest-free; **Zinsfuß** m interest rate, rate of interest; **Zinsgefälle** nt difference between interest levels; **Zinsknechtschaft** f (Hist) siehe **Zinspflicht**; **zinslos** adj interest free; **Zinspflicht** f (Hist) obligation to pay tax; **zinspflichtig** adj (Hist) tax-paying; **~ sein** to be obliged to pay tax; **Zinspolitik** f interest policies pl; **Zinsrechnung** f calculation of interest; **Zinssatz** m interest rate, rate of interest; **Zinssenkung** f reduction in the interest rate; **Zinswucher** m usury.

Zionismus m Zionism.

Zionist(in f) m Zionist.

zionistisch adj Zionist.

Zipfel m **-s, -** (von Tuch, Decke, Stoff) corner; (von Mütze) point; (von Hemd, Jacke) tail; (am Saum) dip (an +dat in); (von Wurst) end; (von Land) tip. **etw am or beim rechten ~ packen** (fig inf) to go about or tackle sth the right way.

zipf(e)lig adj uneven.

Zipfelmütze f pointed cap or hat.

zipfeln vi (Rock) to be uneven.

Zipperlein nt **-s**, no pl (old, hum) gout.

Zipp(verschluß) m (Aus) zip (fastener).

Zirbeldrüse f pineal body.

Zirbelkiefer f Swiss or stone pine.

zirka adv about, approximately; (bei Datumsangaben) circa, about.

Zirkel m **-s, -** 1. (Gerät) pair of compasses, compasses pl; (Stech~) pair of dividers, dividers pl. 2. (lit, fig: Kreis) circle.

Zirkeldefinition f circular definition; **Zirkelkasten** m compasses case.

zirkeln vi (genau abmessen) to measure exactly. **wir haben gezirkelt und gemessen** we made all kinds of measurements.

Zirkelschluß m circular argument.

Zirkonium nt, no pl (abbr **Zr**) zirconium.

Zirkular nt **-s, -e** (old) circular.

Zirkulation f circulation.

zirkulieren* vi to circulate.

Zirkumflex m **-es, -e** (Ling) circumflex.

Zirkus m **-, -se** 1. circus. **in den ~ gehen** to go to the circus. 2. (inf: Getue, Theater) fuss, to-do (inf).

Zirkus- in cpds circus; **Zirkusartist** m circus performer or artiste; **Zirkuswagen** m circus caravan; **Zirkuszelt** nt big top.

zirpen vi to chirp, to cheep.

Zirrhose [tsɪˈroːzə] *f* -, -n cirrhosis.

Zirruswolke *f* cirrus (cloud).

zisch *interj* hiss; *(Rakete, Schnellzug etc)* whoosh.

zischeln *vi* to whisper.

zischen I *vi* 1. to hiss; *(Limonade)* to fizz; *(Fett, Wasser)* to sizzle. 2. *aux sein (inf: ab~)* to whizz.
II *vt* 1. (~d *sagen*) to hiss. 2. *(inf: trinken)* **einen ~** to have a quick one *(inf)*.

Zischlaut *m (Ling)* sibilant.

ziselieren* *vti* to chase.

Ziseleur [-ˈløːø] *m* engraver.

Zisterne *f* -, -n well.

Zisterzienser(in *f*) [tsɪstɛrˈtsiɛnsɐ, -ɔrɪn] *m* -s, - Cistercian (monk/nun).

Zitadelle *f* citadel.

Zitat *nt* -(e)s, -e quotation. **ein falsches ~** a misquotation; **~ ... Ende des ~s** quote ... unquote.

Zitatenlexikon *nt* dictionary of quotations; **Zitatensammlung** *f* collection of quotations; **Zitatenschatz** *m* store of quotations; *(Buch)* treasury of quotations.

Zither *f* -, -n zither.

Zitherspieler *m* zither-player.

zitieren* *vt* 1. to quote; *Beispiel auch* to cite. 2. *(vorladen, rufen)* to summon *(vor +acc* before, *an +acc,* zu to).

Zitronat *nt* candied lemon peel.

Zitrone *f* -, -n lemon; *(Getränk)* lemon drink; *(Baum)* lemon tree. **jdn wie eine ~ auspressen** *or* **ausquetschen** to squeeze sb dry.

Zitronenfalter *m* brimstone (butterfly); **zitronengelb** *adj* lemon yellow; **Zitronenlimonade** *f* lemonade; **Zitronenpresse** *f* lemon squeezer; **Zitronensaft** *m* lemon juice; **Zitronensäure** *f* citric acid; **Zitronenschale** *f* lemon peel; **Zitronenwasser** *nt* fresh lemon squash.

Zitrusfrucht *f* citrus fruit.

Zitter|aal *m* electric eel; **Zittergras** *nt* quaking grass; **Zittergreis** *m (inf)* old dodderer *(inf)*, doddering old man.

zitt(e)rig *adj* shaky.

zittern *vi* 1. *(vor +dat* with) to shake, to tremble; *(vor Kälte auch)* to shiver; *(vor Angst auch)* to quake; *(Stimme auch)* to quaver; *(Lippen, Blätter, Gräser)* to tremble, to quiver; *(Pfeil)* to quiver. **an allen Gliedern** *or* **am ganzen Körper ~** to shake *or* tremble all over; **mir ~ die Knie** my knees are shaking *or* trembling. 2. *(erschüttert werden)* to shake. 3. *(inf: Angst haben)* to tremble *or* shake with fear. **vor jdm ~** to be terrified of sb; **sie zittert jetzt schon vor der Englischarbeit** she's already trembling *or* terrified at the thought of the English test.

Zittern *nt* -s, *no pl siehe vi* 1. shaking, trembling; shivering; quaking; quavering; trembling, quivering; quivering. **ein ~ ging durch seinen Körper** a shiver ran through his body; **mit ~ und Zagen** in fear and trembling. 2. shaking. **ein ~** a tremor.

Zitterpappel *f* aspen (tree); **Zitterrochen** *m* electric ray.

zittrig *adj siehe* **zitt(e)rig.**

Zitze *f* -, -n teat, dug; *(sl: Brustwarze)* tit *(sl)*.

zivil [tsiˈviːl] *adj* 1. *(nicht militärisch)* civilian; *Schaden* non-military. **im ~en Leben** in civilian life, in civvy street *(inf)*; **~er Ersatzdienst** community service *(as alternative to military service)*; **~er Bevölkerungsschutz** civil defence. 2. *(inf: angemessen, anständig)* civil, friendly; *Bedingungen, Forderungen, Preise* reasonable.

Zivil [tsiˈviːl] *nt* -s, *no pl (bürgerliche Kleidung)* civilian clothes *pl,* civvies *pl (inf)*. **in ~** *Soldat* in civilian clothes *or* civvies; *(inf) Arzt etc* in mufti *(inf)*; **Polizist in ~** plain-clothes policeman.

Zivilberuf *m* civilian profession/trade; **Zivilbevölkerung** *f* civilian population; **Zivilcourage** *f* courage *(to stand up for one's beliefs)*; **der Mann hat ~** that man has the courage to stand up for his beliefs; **Zivildienst** *m* community *or* alternative service *(as alternative to military service)*; **Zivildienstleistende(r), Zivildienstpflichtge(r)** *m decl as adj* person doing community *or* alternative service; **Zivilehe** *f* civil marriage.

Zivile(r) [tsiˈviːlə, tsiˈviːlə] *mf decl as adj (inf)* plainclothes policeman/policewoman.

Zivilflughafen *m* civil airport; **Zivilgericht** *nt* civil court; **Zivilgesetzbuch** *nt (Sw)* code of civil law.

Zivilisation [tsiviliˈtsioːn] *f* civilization *(especially its technological aspects)*.

zivilisationskrankrank *adj* ~ **sein** to suffer from an illness produced by a civilized society; **Zivilisationskrankheit** *f* illness produced by a civilized society *or* caused by civilization.

zivilisatorisch [tsivilizaˈtoːrɪʃ] **I** *adj* of civilization. **II** *adv* in terms of civilization.

zivilisieren* [tsiviliˈziːrən] *vt* to civilize.

zivilisiert [tsiviliˈziːɐt] *adj* civilized.

Zivilist [tsiviˈlɪst] *m* civilian.

Zivilkammer *f* civil division; **Zivilkleidung** *f siehe* **Zivil; Zivilleben** *nt* civilian life, civvy street *(inf)*; **Zivilperson** *f* civilian; **Zivilprozeß** *m* civil action; **Zivilprozeßordnung** *f (Jur)* code of civil procedure; **Zivilrecht** *nt* civil law; **zivilrechtlich** *adj* civil law *attr*, of civil law; **etw ~ klären** to settle sth in a civil court; **jdn ~ verfolgen/belangen** to bring a civil action against sb; **Zivilrichter** *m* civil court judge; **Zivilsache** *f* matter for a civil court; **Zivilschutz** *m (Sw)* civil defence; **Zivilsenat** *m (Jur)* civil court of appeal; **Zivilstand** *m (Sw)* civilian status; **Zivilstands|amt** *nt (Sw)* registry office; **Ziviltrauung** *f* civil marriage; **Zivilverfahren** *nt* civil proceedings *pl*.

ZK [tsɛtˈkaː] *nt* -s, -s *abbr of* **Zentralkomitee.**

Znüni *m* -, - *(Sw)* morning break, ≈ elevenses *(Brit)*.

Zobel *m* -s, - 1. *(Zool)* sable. 2. *(auch ~pelz)* sable (fur).

zockeln *vi aux sein (inf) siehe* **zuckeln.**

Zofe *f* -, -n lady's maid; *(von Königin)* lady-in-waiting.

zog *pret of* **ziehen.**

zögern *vi* to hesitate. **er tat es ohne zu ~** he did it without hesitating *or* hesitation; **er zögerte lange mit der Antwort** he hesitated (for) a long time before replying; **sie zögerte nicht lange mit ihrer Zustimmung** she lost little time in agreeing.

Zögern nt -s, no pl hesitation. **ohne ~** without hesitation, unhesitatingly; **nach langem ~** after hesitating a long time.

zögernd adj hesitant, hesitating.

Zögling m (old, hum) pupil.

Zölibat nt or m -(e)s, no pl celibacy. **im ~ leben** to be celibate, to practise celibacy.

Zoll¹ m -(e)s, - (old: Längenmaß) inch. **jeder ~ ein König, ~ für ~ ein König** every inch a king.

Zoll² m -(e)s, ¨e 1. (Waren~) customs duty; (Brücken~, Straßen~) toll. **für etw ~ bezahlen** to pay (customs) duty on sth; **darauf liegt (ein) ~, darauf wird ~ erhoben** there is duty to pay on that. 2. (Stelle) der ~ customs pl.

Zoll|abfertigung f 1. (Vorgang) customs clearance. 2. (Dienststelle) customs post or checkpoint.

Zollager nt getrennt: **Zoll-lager** bonded warehouse; **Zoll|amt** nt customs house or office; **zoll|amtlich** adj customs attr; **~ geöffnet** opened by the customs; **Zollbe-|amte(r)** m customs officer or official; **Zollbehörde** f customs authorities pl, customs pl; **Zollbestimmung** f usu pl customs regulation; **zollbreit** adj one inch wide, inch-wide attr; **Zollbreit** m -, - inch; **keinen ~ zurückweichen** not to give or yield an inch; **Zoll|einnehmer** m -s, - (old) siehe **Zöllner**.

zollen vt **jdm Anerkennung/Achtung/ Bewunderung ~** to acknowledge/respect/ admire sb; **jdm Beifall ~** to applaud sb, to give sb applause; **jdm Dank ~** to extend or offer one's thanks to sb; **jdm seinen Tribut ~** to pay tribute to sb.

Zoll|erklärung f customs declaration; **Zollfahndung** f customs investigation department; **zollfrei** adj duty-free; **etw ~ einführen** to import sth free of duty; **Zollgrenzbezirk** m customs and border district; **Zollgrenze** f customs border or frontier; **Zoll|inhalts|erklärung** f customs declaration; **Zollkontrolle** f customs check.

Zöllner m -s, - (old, Bibl) tax collector; (inf: Zollbeamter) customs officer or official.

zollpflichtig adj dutiable; **Zollrecht** nt 1. (Hist) right to levy tolls; 2. (Jur) customs law; **Zollschranke** f customs barrier; **Zollstock** m ruler, inch rule; **Zolltarif** m customs tariff; **Zoll|union** f customs union.

Zone f -, -n zone; (von Fahrkarte) fare stage; (fig: von Mißtrauen etc) area. **blaue ~** (in Straßenverkehr) restricted parking area; **die ~** (dated inf) the Eastern Zone, East Germany.

Zonengrenzbezirk m border district (with East Germany); **Zonengrenze** f zonal border; **die ~** (inf) the border (with East Germany); **Zonenrandgebiet** nt border area (with East Germany); **Zonentarif** m (Fahrgeld) fare for a journey within a fare stage; (Post, Telec) zonal charge; **Zonenzeit** f zonal time.

Zoo [tsoː] m -s, -s zoo. **gestern waren wir im ~** we went to the zoo yesterday.

Zoologe [tsooˈloːgə] m -n, -n, **Zoologin** f zoologist.

Zoologie [tsooloˈgiː] f zoology.

zoologisch [tsooˈloːgɪʃ] adj zoological.

Zoom [zuːm] nt -s, -s zoom shot; (Objektiv) zoom lens.

zoomen [ˈzuːmən] I vt to zoom in on. II vi to zoom (in).

Zoom|objektiv [ˈzuːm-] nt zoom lens.

Zoonpolitikon [ˈtsoːɔn-] nt -, no pl political animal.

Zoowärter m zoo keeper.

Zopf m -(e)s, ¨e 1. (Haartracht) pigtail; (von Mädchen auch) plait. **das Haar in ~e flechten** to plait one's hair; **ein alter ~** (, der abgeschnitten werden müßte) (fig) an antiquated custom (that should be done away with). 2. (Gebäck) plait, plaited loaf.

Zopfband nt hair ribbon; **Zopfmuster** nt cable stitch; **Zopfspange** f clip.

Zorn m -(e)s, no pl anger, rage, wrath (liter). **der ~ Gottes** the wrath of God; **jds ~ fürchten** to fear sb's anger or wrath; **jds ~ heraufbeschwören** to incur sb's wrath; **jdn in ~ bringen** to anger or enrage sb; **wenn ihn der ~ überkommt** when he becomes angry or loses his temper; **in ~ geraten** or **ausbrechen** to fly into a rage, to lose one's temper; **der ~ packte ihn** he became angry, he flew into a rage; **im ~** in a rage, in anger; **in gerechtem ~** in righteous anger; **einen ~ auf jdn haben** to be furious with sb.

Zornes|ader f **auf seiner Stirn schwoll eine ~** he was so angry you could see the veins standing out on his forehead; **Zornes|ausbruch** m fit of anger or rage; **Zornesröte** f flush of anger.

zornig adj angry, furious. **(leicht) ~ werden** to lose one's temper (easily); **auf jdn ~ sein** to be angry or furious with sb; **ein ~er junger Mann** (fig) an angry young man.

Zote f -, -n dirty joke.

zotig adj dirty, filthy, smutty.

Zotte f -, -n 1. (Anat) villus. 2. (Haarsträhne) rat's tail (inf).

Zottel f -, -n (inf) rat's tail (inf); (Quaste) tassle.

Zottelhaar nt (inf) shaggy hair.

zottelig adj (inf) Haar shaggy.

zotteln vi aux sein (inf) to amble.

zottig adj Fell shaggy.

z.T. abbr of **zum Teil**.

Ztr. abbr of **Zentner**.

zu I prep + dat 1. (örtlich: Bewegung, Ziel) to. **~m Bahnhof** to the station; **~m Bäcker/Arzt gehen** to go to the baker's/ doctor's; **bis ~ as far as**; **(bis) ~m Bahnhof sind es 5 km** it's 5 kms to the station; **~ m Theater gehen** (fig) to go on the stage or into the theatre; **~m Militär gehen** to join the army, to join up.

2. (örtlich: Richtung bezeichnend) **~m Fenster herein/hinaus** in (at)/out of the window; **~r Tür hinaus/herein** out of/in the door; **~m Himmel weisen** to point heavenwards or up at the heavens; **~r Decke sehen** to look (up) at the ceiling; **~ jdm/etw hinaufsehen** to look up at sb/sth; **~ jdm herüber-/ hinübersehen** to look across at sb; **sie wandte sich/sah ~ ihm hin** she turned to(wards) him/looked towards him; **das Zimmer liegt ~r Straße hin** the

room looks out onto the street; **~m Meer hin** towards the sea; **~r Stadtmitte hin** towards the town/city centre.

3. (*örtlich: Lage*) at; (*bei Stadt*) in. **~ Frankfurt** (*old*) in Frankfurt; **der Dom ~ Köln** the cathedral in Cologne, Cologne cathedral; **der Reichstag ~ Worms** (*Hist*) the Diet of Worms; **~ Hause** at home; **seiner Linken saß ...** (*geh*) on his left sat ...; **~ beiden Seiten (des Hauses)** on both sides (of the house); **~ Lande und ~ Wasser** on land and sea; **jdm ~r Seite sitzen** (*geh*) to sit at sb's side.

4. (*bei Namen*) **der Graf ~ Ehrenstein** the Count of Ehrenstein; **Gasthof ~ goldenen Löwen** the Golden Lion (Inn).

5. (*Zusatz, Zusammengehörigkeit, Begleitung*) with. **Wein ~m Essen trinken** to drink wine with one's meal; **der Deckel ~ diesem Topf** the lid for this pan; **~r Gitarre singen** to sing to a/the guitar; **Lieder ~r Laute** songs accompanied by the lute; **die Melodie ~ dem Lied** the tune of the song; **Vorwort/Anmerkungen ~ etw** preface/notes to sth; **~ dem kommt noch, daß ich ...** on top of that I ...; **etw ~ etw legen** to put sth with sth; **sich ~ jdm setzen** to sit down next to or beside sb; **setz dich doch ~ uns** (come and) sit with us.

6. (*zeitlich*) at. **~ früher/später Stunde** at an early/late hour; **~ Mittag** (*am Mittag*) at midday or noon; (*bis Mittag*) by midday or noon; **~ Ostern** at Easter; **letztes Jahr ~ Weihnachten** last Christmas; **(bis) ~ 15. April/Donnerstag/Abend** until 15th April/Thursday/(this) evening; (*nicht später als*) by 15th April/Thursday/(this) evening; **der Wechsel ist ~m 15. April fällig** the allowance is due on 15th April; **~m 31. Mai kündigen** to give in one's notice for May 31st.

7. (*Bestimmung*) for. **Stoff ~ einem Kleid** material for a dress; **die Tür ~m Keller** the door to the cellar; **Milch ~m Kaffee** milk for coffee.

8. (*Zweck*) for. **Wasser ~m Waschen** water for washing; **Papier ~m Schreiben** paper to write on, writing paper; **ein Bett ~m Schlafen** a bed to sleep in; **der Knopf ~m Abstellen** the off-button; **die Luke ~m Einsteigen** the entrance-hatch; **das Zeichen ~m Aufbruch** the signal to leave; **etw ~r Antwort geben** to say sth in reply; **~r Einführung ...** by way of (an) introduction ...; **~r Einführung in den Problemkreis ...** as an introduction to the problems ...; **~ seiner Entschuldigung/~r Erklärung** in apology/explanation, by way of apology/explanation; **er sagte das nur ~ ihrer Beruhigung** he said that just to set her mind at rest; **~ nichts taugen, ~ nichts zu gebrauchen sein** to be no use at all, to be no earthly use (*inf*).

9. (*Anlaß*) **etw ~m Geburtstag/~ Weihnachten bekommen** to get sth for one's birthday/for Christmas; **ein Geschenk ~m Hochzeitstag** a wedding anniversary present; **~ Ihrem 60. Geburtstag** on the occasion of your 60th birthday (*form*); **jdm ~ etw gratulieren** to congratulate sb on sth; **jdn ~m Essen einladen** to invite sb for a meal; **~ Ihrem**

schweren Verlust on your sad loss; **Ausstellung ~m Jahrestag der Revolution** exhibition to mark the anniversary of the revolution; **~ dieser Frage möchte ich folgendes sagen** I should like to say the following to this question, on this I would like to say the following; **~m Thema Gleichberechtigung** on the subject of equal rights; **eine Rede ~m Schillerjahr** a speech (up)on the anniversary of Schiller's death/birth; **„Zum Realismusbegriff"** "On the Concept of Realism"; **jdn ~ etw vernehmen** to question or examine sb about sth.

10. (*Folge, Umstand*) **~ seinem Besten** for his own good; **~m Glück** luckily; **~ meiner Schande/Freude** *etc* to my shame/joy *etc*; **es ist ~m Lachen** it's really funny; **es ist ~m Weinen** it's enough to make you (want to) weep.

11. (*Art und Weise*) **~ Fuß/Pferd** on foot/horseback; **~ Schiff** by ship or sea; **~ deutsch** in German; **etw ~ einem hohen Preis verkaufen/versteigern** to sell sth at a high price/to bid up the price of sth.

12. *in festen Verbindungen mit n siehe auch dort.* **~m Beispiel** for example; **~ Hilfe!** help!; **jdm ~ Hilfe kommen** to come to sb's aid; **~ jds Gedächtnis, ~m Gedächtnis von jdm** in memory of sb, in sb's memory; **~m Lobe von jdm/etw** in praise of sb/sth; **~r Strafe** as a punishment; **~r Belohnung** as a reward; **~r Warnung** as a warning; **~r Beurteilung/Einsicht** for inspection; **~r Probe/Ansicht** on trial or test/approval; **~r Unterschrift** for signature or signing.

13. (*Veränderung*) into. **~ etw werden** to turn into sth; (*Mensch auch*) to become sth; **Leder ~ Handtaschen verarbeiten** to make handbags out of leather; **jdn/etw ~ etw machen** to make sb/sth (into) sth; **jdn ~m Manne machen** to make a man of sb; **~ Asche verbrennen** to burn to ashes; **(wieder) ~ Staub werden** to (re)turn to dust; **etw ~ Pulver zermahlen** to grind sth (in)to powder; **~ etw heranwachsen** to grow up into sth; **jdn ~m Major befördern** to promote sb to (the rank of) major.

14. (*als*) as. **jdn ~m König wählen** to choose sb as king; **jdn ~ etw ernennen** to nominate sb sth; **er machte mich ~ seinem Stellvertreter** he made me his deputy; **jdn ~m Freund haben** to have sb as a friend; **er machte sie ~ seiner Frau, er nahm sie ~r Frau** he made her his wife, he took her as his wife; **sich** (*dat*) **jdn/etw ~m Vorbild nehmen** to take sb/sth as one's example, to model oneself on sb/sth; **~m Künstler geboren sein** to be born to be an artist.

15. (*Verhältnis, Beziehung*) **Liebe ~ jdm** love for sb; **aus Freundschaft ~ jdm** because of one's friendship with sb; **Vertrauen ~ jdm/etw** trust in sb/sth; **meine Beziehung ~ ihm** my relationship with him.

16. **im Vergleich ~** in comparison with, compared with; **im Verhältnis ~** in relation to, in proportion to; **im Verhältnis drei ~ zwei** (*Math*) in the ratio (of) three to two; **drei ~ zwei** (*Sport*) three-two; **das Spiel steht 3 ~ 2** (*geschrieben* 3:2) the score is 3-2 (*gesprochen* three-two); **wir haben 4 ~ 3** (*geschrieben* **4:3**) **gewonnen** we won 4-3 *or* by 4 goals/games *etc* to 3.

17. (*bei Zahlenangaben*) **~ zwei Prozent** at two per cent; **wir verkaufen die Äpfel jetzt das Stück ~ 5 Pfennig** we're selling the apples now at *or* for 5 pfennigs each; **fünf (Stück) ~ 30 Pfennig** five for 30 pfennigs; **~ zwei Dritteln (gefüllt)** two-thirds (full); **~m halben Preis** at half price; **die Arbeit ist schon ~r Hälfte getan** the work is already half done; **~m ersten Male** for the first time; **~m ersten ..., ~m zweiten ...** (*Aufzählung*) first ..., second ...; **~m ersten, ~m zweiten, ~m dritten** (*bei Auktionen*) for the first time, for the second time, for the third time; *siehe* **bis²**.

18. (*mit Fragepronomen*) **~ wem wollen/gehen/sprechen Sie?** who do you want/who are you going to see/who are you talking to?; **~ was** (*inf*) (*Zweck*) for what; (*warum*) why.

19. (*inf: getrenntes ,,dazu")* **da komme ich nicht ~** I can't get round to it; *siehe* **da, dazu**.

II *adv* **1.** (*allzu*) too. **~ sehr** too much; **sie liebte ihn ~ sehr, als daß sie ihn verraten hätte** she loved him too much to betray him; **das war einfach ~ dumm!** (*inf*) it was so stupid!; **ich wäre ~ gern mitgekommen** I should have been only too pleased to come.

2. (*geschlossen*) shut, closed. **auf, ~** (*an Hähnen etc*) on, off; **Tür ~!** (*inf*) shut the door; *siehe* **zuhaben, zusein**.

3. (*inf: los, weiter*) **dann mal ~!** right, off we go!; **du wolltest mir was vorsingen, dann mal ~** you wanted to sing me something? right then, go ahead; **immer** *or* **nur ~!** just keep on!; **mach ~!** hurry up!, get a move on!, come on!

4. (*zeitlich*) *siehe* **ab.**

5. (*örtlich*) towards. **nach hinten ~** towards the back; **auf den Wald ~** towards the forest; **dem Ausgang ~** towards the exit.

III *conj* **1.** (*mit Infinitiv*) to. **etw ~ essen** sth to eat; **er hat ~ gehorchen** he has to do as he's told, he has to obey; **jdm befehlen** *or* **den Auftrag erteilen, etw ~ tun** to order sb to do sth; **das Material ist noch/nicht mehr ~ gebrauchen** the material is still/is no longer usable; **diese Rechnung ist bis Montag ~ bezahlen** this bill has to be paid by Monday; **~ stehen kommen** to come to a stop; **~ liegen kommen** to come to rest; **ich habe ~ arbeiten** I have to do some work, I have some work to do; **ohne es ~ wissen** without knowing it; **um besser sehen ~ können** in order to see better; **ich komme, um mich ~ verabschieden** I've come to say goodbye.

2. (*mit Partizip*) **noch ~ bezahlende Rechnungen** outstanding bills; **nicht ~ unterschätzende Probleme** problems (that are) not to be underestimated; **der ~ prüfende Kandidat, der ~ Prüfende** the candidate to be examined.

IV *adj* (*inf*) **die ~(n)e Tür** (*strictly incorrect*) the shut door; *siehe* **zusein.**

zu|aller|erst *adv* first of all; **zu|aller|letzt** *adv* last of all.

zubauen *vt sep* *Lücke* to fill in; *Platz, Gelände* to build up; *Blick* to block with buildings/a building.

Zubehör *nt or m* **-(e)s,** (*rare*) **-e** equipment *no pl*; (*Zusatzgeräte, Auto~*) accessories *pl*; (*~teile*) attachments *pl*, accessories *pl*; (*zur Kleidung*) accessories *pl*. **Küche mit allem ~** fully equipped kitchen.

Zubehörteil *nt* accessory, attachment.

zubeißen *vi sep irreg* to bite; (*beim Zahnarzt*) to bite (one's teeth) together. **der Hund faßte mich am Bein und biß zu** the dog got hold of my leg and sank his teeth into me.

zubekommen* *vt sep irreg* (*inf*) *Kleidung* to get done up; *Koffer auch, Tür, Fenster* to get shut *or* closed.

Zuber *m* **-s, -** (wash)tub.

zubereiten* *vt sep Essen* to prepare; *Arznei auch* to make up; *Cocktail* to mix.

Zubereitung *f* **1.** *siehe vt* preparation; making up; mixing.

2. (*Präparat*) preparation.

Zubettgehen *nt* **vor dem/beim/nach dem ~** before (going to) bed/on going to bed/ after going to bed.

zubilligen *vt sep* **jdm etw ~** to grant sb sth, to allow sb sth; **jdm mildernde Umstände ~** to recognize that there are/were mitigating circumstances for sb; **ich will ihm gerne ~, daß er sich bemüht hat** he certainly made an effort, I'll grant *or* allow him that.

zubinden *vt sep irreg* to tie up, to do up; *Schuhe auch* to lace up. **jdm die Augen ~** to blindfold sb.

zubleiben *vi sep irreg aux sein* (*inf*) to stay shut.

zublinzeln *vi sep* **jdm ~** to wink at sb.

zubringen *vt sep irreg* **1.** (*verbringen*) to spend.

2. (*dial inf: zumachen können*) *Knöpfe, Reißverschluß, Kleidung* to get done up; *Kiste, Koffer auch, Tür, Fenster* to get shut *or* closed.

Zubringer *m* **-s, - 1.** (*Tech*) conveyor. **2.** *siehe* **Zubringerstraße. 3.** **~(bus)** shuttle (bus); (*zum Flughafen*) airport bus; **~(flugzeug)** feeder plane.

Zubringerdienst *m* shuttle service; **Zubringerstraße** *f* feeder road.

Zubrot *nt* extra income. **ein kleines ~ verdienen** to earn a bit on the side (*inf*).

zubuttern *vt sep* (*inf*) (*zuschießen*) to contribute, to add on; (*zuzüglich bezahlen*) to pay out (on top).

Zucht *f* **-, -en 1.** (*Disziplin*) discipline. **~ und Ordnung** discipline; **jdn in strenge ~ nehmen** (*liter*) to take sb firmly in hand; **jdn in ~ halten** to keep a tight rein on sb.

2. *no pl* (*Auf~, das Züchten*) (*von Tieren*) breeding; (*von Pflanzen*) growing, cultivation; (*von Bakterien, Perlen*) culture; (*von Bienen*) keeping. **Tiere zur ~ halten** to keep animals for breeding; **die ~ von Bienen/Pferden** beekeeping/horse breeding.

3. (*~generation*) (*von Tieren*) breed, stock; (*von Pflanzen*) stock, variety; (*von Bakterien, Perlen*) culture.

Zuchtbulle *m* breeding bull; **Zucht|eber** *m* breeding boar.

züchten vt Tiere to breed; Bienen to keep; Pflanzen to grow, to cultivate; Perlen, Bakterien to cultivate; (fig) Haß to breed.

Züchter(in f) m -s, - (von Tieren) breeder; (von Pflanzen) grower, cultivator; (von Bienen) keeper; (von Perlen, Bakterien) culturist.

Zuchthaus nt (dated) prison (for capital offenders), penitentiary (US). **zu 7 Jahren ~ verurteilt werden** to be sentenced to 7 years' in prison or 7 years' imprisonment; **dafür bekommt man ~, darauf steht ~** you'll go to prison for that.

Zuchthäusler m -s, - (dated inf) convict, con (sl).

Zuchthausstrafe f prison sentence.

Zuchthengst m stud horse, breeding stallion.

züchtig adj (liter) (keusch, anständig) Mädchen modest, chaste; Benehmen modest; (tugendhaft) virtuous.

züchtigen vt (geh) to beat; (stärker, Jur) to flog; Schüler to use corporal punishment on (form), ≈ to cane.

Züchtigkeit f (liter) modesty, chasteness.

Züchtigung f siehe vt beating; flogging; caning. **körperliche ~** corporal punishment.

Zuchtmeister m (liter) disciplinarian; **Zuchtmittel** nt (old) disciplinary measure; **Zuchtperle** f cultured pearl; **Zuchtrute** f (fig) rod; **unter jds ~** (dat) **stehen** to be under sb's rod; **Zuchtstute** f broodmare, breeding mare; **Zuchttier** nt breeding animal, animal for breeding.

Züchtung f 1. siehe vt breeding; keeping; growing, cultivation; culture. 2. (Zuchtart) (Pflanzen) strain, variety; (Tiere) breed.

Zuchtvieh nt breeding cattle; **Zuchtwahl** f selective breeding; **natürliche ~** natural selection.

zuck interj siehe **ruck.**

Zuck m -s, no pl (Körperbewegung) sudden movement; (mit Augenlidern) flutter; (beim Ziehen) jerk, tug. **mit einem ~ war er/es verschwunden** he/it was gone in a flash.

zuckeln vi aux sein (inf) to plod; (Wagen etc) to trundle; (in Auto) to chug.

Zuckeltrab m jog trot. **im ~** at a jog trot.

zucken I vi 1. (nervös, krampfhaft) to twitch; (Augenlider auch) to flutter; (vor Schreck) to start; (vor Schmerzen) to flinch; (Fisch, verwundetes Tier) to thrash about. **er zuckte ständig mit dem Mund** his mouth kept twitching; **mit den Schultern or Achseln ~** to shrug (one's shoulders); **es zuckte um ihre Mundwinkel** the corner of her mouth twitched; **es zuckte mir in den Fingern, das zu tun** (fig) I was itching to do that; **es zuckte mir in der Hand** (fig) I was itching to hit him/her.
  2. (aufleuchten) (Blitz) to flash; (Flammen) to flare up. **die ~den Flammen** the flames flaring up.
  3. (weh tun) **der Schmerz zuckte (mir) durch den ganzen Körper** the pain shot right through my body or me; **es zuckte mir im Knie** (inf) I had a twinge in my knee.

II vt **die Achseln** or **Schultern ~** to shrug (one's shoulders).

zücken vt Degen, Schwert to draw; (inf: hervorziehen) Notizbuch, Bleistift, Brieftasche to pull or take out.

Zucker m -s, no pl 1. sugar. **ein Stück ~** a lump of sugar, a sugar lump; **du bist doch nicht aus** or **von ~!** (inf) don't be such a softie! (inf).
  2. (Med) (~gehalt) sugar; (Krankheit) diabetes sing. **~ haben** (inf) to be a diabetic.

Zuckerbäcker m (old, S Ger, Aus) confectioner; **Zuckerbäckerstil** m wedding-cake style; **Zuckerbrot** nt (obs) sweetmeat (old); **mit ~ und Peitsche** (prov) with a stick and a carrot; **Zuckerdose** f sugar basin or bowl; **Zucker|erbse** f mange-tout (pea); **Zuckerguß** m icing, frosting (esp US); **mit ~ überziehen** to ice, to frost; **ein Kuchen mit ~** an iced or a frosted cake; **Zuckerhut** m sugarloaf; **der ~ in Rio** the Sugar Loaf Mountain in Rio.

zuck(e)rig adj sugary.

Zuckerkand(is) m siehe **Kandis(zucker); zuckerkrank** adj diabetic; **Zuckerkranke(r)** mf decl as adj diabetic; **Zuckerkrankheit** f diabetes sing.

Zuckerl nt -s, -(n) (S Ger, Aus) sweet (Brit), candy (US).

Zuckerlecken nt: **das ist kein ~** (inf) it's no picnic (inf); **Zuckermelone** f muskmelon.

zuckern vt to sugar, to put sugar in. **zu stark gezuckert sein** to have too much sugar in it.

Zuckerplätzchen nt sugar-coated biscuit (Brit) or cookie (US); **Zuckerpuppe** f (dated inf) sweetie (inf); (als Anrede auch) sugar (inf), sweetie-pie (inf); **Zuckerraffinade** f refined sugar; **Zuckerraffinerie** f sugar refinery; **Zuckerrohr** nt sugar-cane; **Zuckerrübe** f sugar beet; **Zuckerspiegel** m (Med) (blood) sugar level; **Zuckerstange** f stick of rock (Brit) or candy (US); **Zuckerstreuer** m sugar sprinkler; **zuckersüß** adj (lit, fig) sugar-sweet, as sweet as sugar; **Zuckertüte** f siehe **Schultüte; Zuckerwasser** nt sugar(ed) water; **Zuckerwatte** f candy floss; **Zuckerwerk** (old) nt sweets pl (Brit), candies pl (US); **Zuckerzange** f sugar tongs pl.

zuckrig adj siehe **zuck(e)rig.**

Zuckung f (nervöse ~) twitch; (stärker: krampfhaft) convulsion; (von Muskeln auch) spasm; (von Augenlidern auch) flutter; (von sterbendem Tier) convulsive movement. **die letzten ~en** (lit, fig) the death throes.

Zudecke f (dial) cover (on bed).

zudecken vt sep to cover; jdn, Beine auch to cover up; (im Bett) to tuck up or in; Gestorbenen, Grube, Fleck auch to cover up or over. **jdn/sich (mit etw) ~** to cover sb/ oneself up (with sth); to tuck sb/oneself up (in sth).

zudem adv (geh) moreover, furthermore, in addition.

zudenken vt sep irreg (geh) **jdm etw ~** to intend or destine sth for sb; **das Schicksal hatte mir schwere Schläge zugedacht** Fate had some cruel blows in store for me; *siehe* **zugedacht**.

zudiktieren* *vt sep* (*inf*) *Strafe* to hand out.

zudrehen *sep* **I** *vt Wasserhahn etc* to turn off; (*zuwenden*) to turn (*dat* to). **II** *vr* to turn (*dat* to).

zudringlich *adj Mensch, Art* pushing, pushy (*inf*); *Nachbarn* intrusive. ~ **werden** (*zu einer Frau*) to make advances (*zu* to), to act improperly (*zu* towards).

Zudringlichkeit *f* pushiness (*inf*); intrusiveness; (*einer Frau gegenüber*) advances *pl*.

zudrücken *vt sep* to press shut; *Tür auch* to push shut. **jdm die Kehle** ~ to throttle sb; **einem dem die Augen** ~ to close a dead person's eyes.

zu|eignen *vt sep* (*geh*) *Buch, Gedicht* to dedicate (*jdm* to sb).

Zu|eignung *f* (*geh*) (*von Gedicht, Buch*) dedication.

zu|einander *adv* (*gegenseitig*) to each other, to one another; *Vertrauen* in each other, in one another; (*zusammen*) together. ~ **passen** to go together; (*Menschen*) to suit each other *or* one another, to be suited; **Braun und Grün passen gut** ~ brown and green go together well *or* go well together.

zu|einanderfinden *vi sep irreg* to find common ground; (*sich versöhnen*) to be reconciled; (*sich einanderstehen* *vi sep irreg* (*geh*) *siehe* **zusammenhalten**.

zu|erkennen* *vt sep irreg Preis* to award (*jdm* to sb); *Würde, Auszeichnung, Orden auch* to confer, to bestow (*jdm* on sb); *Sieg auch, Recht* to grant, to accord (*jdm etw* sb sth); (*vor Gericht*) *Entschädigung, Rente etc* to award (*jdm etw* sb sth). **ihm wurde der Preis zuerkannt** he was awarded the prize.

zu|erst *adv* 1. (*als erster*) first. **ich kam** ~ **an** I was the first to arrive, I arrived first; **wollen wir** ~ **essen?** shall we eat first?; ~ **an die Reihe kommen** to be first; ~ **bin ich Geschäftsmann, dann Privatmann** I am first and foremost a businessman, and only then a private individual; **das muß ich morgen früh** ~ **machen** I must do that first thing tomorrow (morning) *or* first thing in the morning.

2. (*zum ersten Mal*) first, for the first time.

3. (*anfangs*) at first. **er sprach** ~ **gar nicht** at first he didn't speak at all; ~ **muß man ...** to begin *or* start with you have to ...; first (of all) you have to ...

zu|erteilen* *vt sep siehe* **zuerkennen**.

zufächeln *vt sep* (*geh*) to fan. **sich/jdm Kühlung** ~ to fan oneself/sb.

zufahren *vi sep irreg aux sein* 1. **auf jdn** ~ to drive/ride towards sb; (*direkt*) to drive/ride up to sb; **auf etw** (*acc*) ~ to drive/ride towards sth, to head for sth; **er kam genau auf mich zugefahren** he drove/rode straight at *or* for me.

2. (*weiter-, losfahren*) **fahren Sie doch zu!** go on then!, get a move on then! (*inf*).

Zufahrt *f* approach (road); (*Einfahrt*) entrance; (*zu einem Haus*) drive(way). „**keine** ~ **zum Krankenhaus**" "no access to hospital".

Zufahrtsstraße *f* access road; (*zur*

Autobahn) approach road.

Zufall *m* chance, accident; (*Zusammentreffen*) coincidence. **das ist** ~ it's pure chance; **durch** ~ (quite) by chance *or* accident; **ich habe durch** ~ **gesehen, wie er das Geld in die Tasche gesteckt hat** I happened to see him putting the money in his pocket; **per** ~ (*inf*) by a (pure) fluke; **per** ~ **trafen wir uns im Bus** we happened to meet on the bus; **ein merkwürdiger** ~ a remarkable *or* strange coincidence; **es war reiner** ~, **daß ...** it was pure chance that ...; **es ist kein** ~, **daß ...** it's no accident that ...; **es war ein glücklicher** ~, **daß ...** it was lucky that ..., it was a stroke *or* bit of luck that ...; **welch ein** ~! what a coincidence!; **etw dem** ~ **überlassen** to leave sth to chance; **etw dem** ~ **verdanken** to owe sth to chance; **es hängt vom** ~ **ab, ob ...** it's a matter of chance whether ...

zufallen *vi sep irreg aux sein* 1. (*sich schließen*) (*Fenster etc*) to close, to shut. **die Tür fiel laut zu** the door slammed *or* banged shut; **ihm fielen beinahe die Augen zu** he could hardly *or* scarcely keep his eyes open.

2. **jdm** ~ (*zuteil werden: Erbe*) to pass to *or* devolve upon (*Jur*) sb; (*Preis etc*) to go to sb, to be awarded to sb; (*Aufgabe, Rolle*) to fall to *or* upon sb.

zufällig **I** *adj Chance attr*; *Ergebnis auch* accidental; *Zusammentreffen auch* accidental, accidental. **das war rein** ~ it was pure chance *or* purely by chance; **es ist nicht** ~, **daß er ...** it's no accident that he ...; **das kann doch nicht** ~ **gewesen sein** that can't have happened by chance; „**Ähnlichkeiten mit lebenden Personen sind rein** ~" "any similarities with persons living or dead are purely coincidental".

II *adv* 1. by chance; (*bei Zusammentreffen von Ereignissen auch*) coincidentally. **er ging** ~ **vorüber** he happened to be passing; **ich traf ihn** ~ **im Bus** I happened to meet him *or* I bumped *or* ran into him on the bus; **das habe ich ganz** ~ **gesehen** I just happened to see it, I saw it quite by chance *or* accident; **wir haben gestern darüber gesprochen, und heute habe ich** ~ **einen Artikel darüber gefunden** we were talking about it yesterday, and quite coincidentally I found an article on it; **wenn Sie das** ~ **wissen sollten** if you (should) happen to know; ~ **auf ein Zitat stoßen** to chance upon *or* happen to find a quotation.

2. (*in Fragen*) by any chance. **kannst du mir** ~ **10 Mark leihen?** can you lend me 10 marks by any chance?

zufälligerweise *adv siehe* **zufällig II**.

Zufälligkeit *f* 1. *siehe adj* chance nature; accidental nature; coincidence. 2. (*Statistik*) chance; (*Philos auch*) contingency.

Zufalls- *in cpds* chance; **Zufalls|auswahl** *f* random selection; **Zufallsbekanntschaft** *f* chance acquaintance; **Zufallsglaube** *m* fortuitism; **Zufallstreffer** *m* fluke; **einen** ~ **machen** to make a lucky choice; **Zufallstor** *nt* (*Sport*) lucky *or* fluke (*inf*) goal.

zufassen *vi sep* 1. (*zugreifen*) to take hold of it/them; (*Hund*) to make a grab; (*fig: schnell handeln*) to seize *or* grab an/the opportunity. **2.** (*helfen*) to lend a hand, to muck in (*inf*).

zu̲fliegen *vi sep irreg aux sein* **1. auf etw** (*acc*) ~ to fly towards *or* (*direkt*) into sth; **auf etw** (*acc*) **zugeflogen kommen** to come flying towards sth.

2. +*dat* to fly to. **der Vogel ist uns zugeflogen** the bird flew into our house/flat *etc*; „**grüner Wellensittich zugeflogen**" "green budgerigar found"; **alle Herzen flogen ihr zu** she won the heart(s) of everyone; **ihm fliegt alles nur so zu** (*fig*) everything comes so easily to him.

3. (*inf: Fenster, Tür*) to bang *or* slam shut.

zu̲fließen *vi sep irreg aux sein* +*dat* to flow to(wards); (*Süßwasser etc, fig: Geld*) to flow into. **das Wasser wird nie warm, weil immer kaltes zufließt** the water never gets warm because cold water is constantly flowing into it; **jdm Geld ~ lassen** to pour money into sb's coffers.

Zu̲flucht *f* refuge (*auch fig*), shelter (*vor* + *dat* from). **du bist meine letzte ~** (*fig*) you are my last hope *or* resort; **zu etw ~ nehmen** (*fig*) to resort to sth; **zu Lügen ~ nehmen** to take refuge in lying; **er findet ~ in seiner Musik** (*liter*) he finds refuge in his music.

Zu̲flucht|**ort** *m*, **Zu̲fluchtsstätte** *f* place of refuge; (*fig auch*) sanctuary.

Zu̲fluß *m* **1.** *no pl* (*lit, fig: Zufließen*) influx, inflow; (*Mech: Zufuhr*) supply. ~ **kalter Meeresluft** a stream of cold air from the sea. **2.** (*Nebenfluß*) affluent, tributary; (*zu Binnensee*) inlet.

zu̲flüstern *vti sep* **jdm** (**etw**) ~ to whisper (sth) to sb; (*Theat*) to prompt sb (with sth).

zufo̲lge *prep* +*dat or gen* (*von*) (*gemäß*) according to; (*auf Grund*) as a consequence *or* result of. **dem Bericht ~ , ~ des Berichtes** according to the report.

zufri̲eden *adj* contented, content. **ein ~es Gesicht machen** to look pleased; **~ lächeln** to smile contentedly; **mit jdm/etw ~ sein** to be satisfied *or* happy with sb/sth; **er ist nie ~** he's never content *or* satisfied; **er ist mit nichts ~** nothing pleases him, there's no pleasing him (*inf*); **es ~ sein** (*old*) to be well pleased.

zufri̲edengeben *vr sep irreg* **sich mit etw ~** to be content *or* satisfied with sth; **gib dich endlich zufrieden!** can't you be content with what you have?; **Zufri̲edenheit** *f* contentedness; (*Befriedigtsein*) satisfaction; **zu meiner ~** to my satisfaction; **zur allgemeinen ~** to everyone's satisfaction; **zufri̲edenlassen** *vt sep irreg* to leave alone *or* in peace; **laß mich damit zufrieden!** (*inf*) shut up about it! (*inf*); **zufri̲edenstellen** *vt sep* to satisfy; *Wünsche, Ehrgeiz auch* to gratify; *Kunden etc auch* to give satisfaction to; **schwer zufriedenzustellen sein** to be hard *or* difficult to please; **eine ~de Note** a satisfactory mark; **eine wenig ~de Antwort** a less than satisfactory answer.

zufri̲eren *vi sep irreg aux sein* to freeze (over).

zu̲fügen *vt sep* **1.** *Kummer, Leid* to cause; *Verlust auch* to inflict. **jdm Schaden ~ to**

harm sb; **jdm etw ~** to cause sb sth; to inflict sth on sb; **jdm eine Verletzung (mit einem Messer** *etc*) ~ to injure sb (with a knife *etc*); **was du nicht willst, daß man dir tu, das füg auch keinem andern zu** (*Prov*) do as you would be done by (*Prov*). **2.** (*inf*) *siehe* **hinzufügen**.

Zu̲fuhr *f* -, **-en** (*Versorgung*) supply (*in* + *acc, nach* to); (*Mil: Nachschub, von Stadt*) supplies *pl*; (*Met: von Luftstrom*) influx. **die ~ von Lebensmitteln** the supply of provisions, supplies of provisions; **jdm die ~ abschneiden** to cut off sb's supplies, to cut off supplies to sb.

zu̲führen *sep* **I** *vt* +*dat* **1.** (*versorgen mit, beliefern*) to supply. **jdm etw ~** to supply sb with sth; **etw seiner Bestimmung** (*dat*) ~ to put sth to its intended use.

2. (*bringen, zur Verfügung stellen*) to bring. **einem Geschäft Kunden ~** to bring customers to a business; **er führte ihm junge Mädchen zu** he supplied him with young girls; **dem Magen Nahrung ~** to supply food to the stomach; **jdn der gerechten Strafe ~** to give sb the punishment he/she deserves.

II *vi sep* **auf etw** (*acc*) ~ (*lit, fig*) to lead to.

Zu̲führung *f* **1.** *no pl* (*Versorgen, Beliefern*) supplying; (*Versorgung*) supply. **2.** (*Zuführungsleitung*) feed-pipe.

Zu̲fußgehen *nt, no pl* walking *no art*.

Zug¹ *m* **-(e)s,** **ë e 1.** *no pl* (*Ziehen*) (*an* +*dat* on, at) pull, tug; (*~kraft, Spannung*) tension. **2.** *no pl* (*Fortziehen: von Zugvögeln, Menschen*) migration; (*der Wolken*) drifting. **im ~e** (*im Verlauf*) in the course (*gen* of); **einen ~ durch die Kneipen machen** to do the rounds of the pubs/bars; **das ist der ~ der Zeit** it's a sign of the times, that's the way things are today; **dem ~ seines Herzens folgen** to follow the dictates of one's heart.

3. (*Luft~*) draught (*Brit*), draft (*US*); (*Atem~*) breath; (*an Zigarette, Pfeife*) pull, puff, drag; (*Schluck*) gulp, mouthful, swig (*inf*). **einen ~ machen** (*an Zigarette etc*) to take a pull *etc*; **das Glas in einem ~ leeren** to empty the glass with one gulp *or* in one go, to down the glass in one (*inf*); **da ist kein ~ drin** (*fig inf*) there's no go in it (*inf*); **etw in vollen ~en genießen** to enjoy sth to the full; **in den letzten ~en liegen** (*inf*) to be at one's last gasp (*inf*) *or* on one's last legs.

4. (*beim Schwimmen*) stroke; (*beim Rudern*) pull (*mit at*); (*Feder~*) stroke (of the pen); (*bei Brettspiel*) move. **einen ~ machen** (*beim Schwimmen*) to do a stroke; **~ um ~** (*fig*) step by step, stage by stage; (**nicht**) **zum ~e kommen** (*inf*) (not) to get a look-in (*inf*); **du bist am ~e** (*bei Brettspiel, fig*)it's your move *or* turn; **etw in großen ~en darstellen/umreißen** to outline sth, to describe/outline sth in broad *or* general terms.

5. (*~vorrichtung*) (*Klingel~*) bell-pull; (*Schnur am Anorak*) draw-string; (*bei Feuerwaffen*) groove; (*Orgel~*) stop.

6. (*Gruppe*) (*von Fischen*) shoal; (*Gespann von Ochsen etc*) team; (*von Vögeln*) flock, flight; (*von Menschen*) procession;

(*Mil*) platoon; (*Abteilung*) section.
7. (*Feld~*) expedition, campaign;
(*Fisch~*) catch, haul.

Zug² *m* **-(e)s, ⁻e** (*Eisenbahn~*) train;
(*Last~*) truck and trailer. **mit dem ~
fahren** to go/travel by train; **jdn zum ~
bringen** to take sb to the station *or* train,
to see sb off at the station; **im falschen ~
sitzen** (*fig inf*) to be on the wrong track,
to be barking up the wrong tree (*inf*).

Zug³ *m* **-(e)s, ⁻e** (*Gesichts~*) feature;
(*Charakter~ auch*) characteristic, trait;
(*sadistisch, brutal etc*) streak; (*Anflug*)
touch. **das ist ein/kein schöner ~ von ihm**
that's one of the nice things about him/
that's not one of his nicer characteristics;
das war kein schöner ~ von dir that wasn't
nice of you.

Zugabe *f* extra, bonus; (*Comm: Wer-
begeschenk etc*) free gift; (*Mus, Theat*)
encore. **~! ~!** encore! encore!, more!
more!

Zug|abstand *m* interval between trains;
Zug|abteil *nt* railway *or* train compart-
ment.

Zugang *m* **1.** (*Eingang, Einfahrt*) entrance;
(*auf Schild auch*) way in; (*Zutritt*) admittance, access; (*fig*) access. **~ zu einem
Tresor/Informationen** *etc* **haben** to have
access to a safe/information *etc*; **er hat/
findet keinen ~ zur Musik/ Kunst** *etc*
music/art *etc* doesn't mean anything to
him; „**kein ~**" "no admittance *or* entry".
2. (*von Patienten*) admission; (*von
Schülern*) intake; (*von Soldaten*) recruit
ment; (*von Waren*) receipt; (*von Büchern*)
acquisition; (*von Abonnements*) new subscription. **in dieser Schule haben wir die
meisten Zugänge im Herbst** our largest
intake at school is in autumn.

zugange *adj pred* (*esp N Ger*) **~ sein** (*beschäftigt*) to be busy; (*aufgestanden*) to be
up and about; (*euph: in Nebenzimmer etc*)
to be carrying on (*inf*).

zugänglich *adj* (*dat, für* to) (*erreichbar*)
Gelände, Ort accessible; (*verfügbar auch*)
Bücher, Dokumente available; *öffentliche
Einrichtungen* open; (*fig: umgänglich
auch*) *Mensch, Vorgesetzter* approachable. **eine private Sammlung der Allgemeinheit ~ machen** to open a private
collection to the public; **der Allgemeinheit
~ open** to the public; **er ist nur schwer ~,
er ist ein schwer ~er Mensch** (*fig*) he's not
very approachable; **für etw leicht/nicht ~
sein** to respond/not to respond to sth; *für
Komplimente, Annäherungsversuche,
guten Rat etc auch* to be/not to be amenable to sth.

Zugänglichkeit *f* (*Erreichbarkeit*)
accessibility; (*Verfügbarkeit*) availability;
(*Umgänglichkeit*) approachability. **die
leichte ~ dieser Dokumente** the availability of these documents; **ihre ~ für
Komplimente/Ironie** her responsiveness
to compliments/her re-
sponsiveness to irony.

Zugbegleiter *m* (*Rail*) **1.** guard (*Brit*), conductor (*US*); **2.** (*Zugfahrplan*) train time-
table; **Zugbrücke** *f* drawbridge.

zugeben *vt sep irreg* **1.** (*zusätzlich geben*) to
give as an extra *or* bonus; (*bei Verkauf*

auch) to throw in (*inf*). **jdm etw ~** to give
sb sth extra *or* as a bonus, to throw sth in
for sb (*inf*).
2. (*hinzufügen*) (*Cook*) to add; (*Mus,
Theat*) to do *or* perform as an encore.
3. (*zugestehen, einräumen*) to admit, to
acknowledge; (*eingestehen*) to admit (to),
to own up to. **er gab zu, es getan zu haben**
he admitted (to) having done it, he confessed *or* owned up to having done it; **jdm
gegenüber etw ~** to confess sth to sb;
zugegeben admittedly, granted; **gib's zu!**
admit it!

zugedacht *adj* **jdm ~ sein** to be intended *or*
destined *or* earmarked for sb; (*Geschenk*)
to be intended *or* meant for sb.

zugegebenermaßen *adv* admittedly.

zugegen *adv* (*geh*) **~ sein** to be present; **~**
to be in attendance (*form*).

zugehen *sep irreg aux sein* **I** *vi* **1.** (*Tür,
Deckel*) to shut, to close. **der Koffer geht
nicht zu** the case won't shut *or* close.
2. **auf jdn/etw ~** to approach sb/sth, to
go towards sb/sth; **direkt auf jdn/etw ~** to
go straight *or* right up to sb/sth; **es geht
nun auf den Winter zu** winter is drawing in
or near; **er geht schon auf die Siebzig zu**
he's getting on for *or* nearing *or* approaching seventy; **dem Ende ~** to draw to a
close, to near its end; (*Vorräte*) to be running out.
3. +*dat* (*Nachricht, Brief etc*) to reach.
mir ist gestern ein Brief zugegangen I
received a letter yesterday; **die Nachricht,
die ich Ihnen gestern habe ~ lassen** the
news I sent you yesterday; **der Polizei sind
schon mehrere Hinweise zugegangen** the
police have already received several
clues.
4. (*inf: weiter-, losgehen*) to get a move
on (*inf*).

II *vi impers* **1.** **dort geht es … zu** things
are … there; **es ging sehr lustig/fröhlich etc
zu** (*inf*) we/they *etc* had a great time (*inf*);
**du kannst dir nicht vorstellen, wie es dort
zugeht** you can't imagine what a carry-on
it is there (*inf*).
2. (*geschehen*) to happen. **hier geht es
nicht mit rechten Dingen zu** there's something odd going on here; **so geht es nun
einmal zu in der Welt** that's the way of the
world; **es müßte mit dem Teufel ⁻⁻, wenn
… it'll be very bad luck if …**

Zugehfrau *f* (*S Ger, Aus*) char(-woman)
(*Brit*), cleaning woman.

zugehören *vi sep irreg* +*dat* (*liter*) to
belong to.

zugehörig *adj attr* **1.** (*geh*) (*dazugehörend*)
accompanying; (*verbunden*) affiliated
(*dat* to).
2. (*old: gehörend*) belonging to.

Zugehörigkeit *f* **1.** (*zu Land, Glauben*) affiliation; (*Mitgliedschaft*) membership
(*zu* of). **2.** (*~sgefühl*) sense of belonging.

zugeknöpft *adj* (*fig inf*) *Mensch* close,
reserved.

Zugeknöpftheit *f* (*fig inf*) closeness,
reserve.

Zügel *m* **-s, -** rein (*auch fig*). **einem Pferd in
die ~ fallen** to seize a horse by the reins,
to seize a horse's reins; **die ~ anziehen** (*lit*)
to draw in the reins; (*fig*) to keep a tighter

rein (*bei* on); **die ~ fest in der Hand haben/behalten** (*fig*) to have/keep things firmly in hand *or* under control; **die ~ locker lassen** (*lit*) to slacken one's hold on the reins; (*fig*) to give free rein (*bei* to); **die ~ an sich** (*acc*) **reißen** (*fig*) to seize the reins; **seiner Wut/ seinen Gefühlen** *etc* **die ~ schießen lassen** (*fig*) to give full vent *or* free rein to one's rage/feelings *etc*; **jds Übermut/seinen Begierden ~ anlegen** (*liter*) to curb sb's over-exuberance/to curb *or* bridle one's desires.

zugelassen *adj* authorized; *Heilpraktiker* licensed, registered; *Kfz* licensed. **amtlich/staatlich ~ sein** to be authorized/ to be state-registered; **er ist an allen** *or* **für alle Gerichte ~** he is authorized to practise in any court; **eine nicht ~e Partei** an illegal party; **als Kassenarzt ~ sein** to be registered as a GP; **für Personenbeförderung nicht ~** not licensed to carry passengers.

zügellos *adj* (*fig*) unbridled *no adv*, unrestrained; **Zügellosigkeit** *f* (*fig*) lack of restraint, unrestraint; (*in sexueller Hinsicht*) promiscuity; (*esp Pol*) anarchy.

zügeln I *vt Pferd* to rein in; (*fig*) to curb, to check. **II** *vr* to restrain oneself.

Zügelung *f* **1.** *siehe vt* reining in; curbing, checking. **2.** *siehe vr* self-restraint.

zugenäht *adj*: **verflixt** *or* **verflucht und ~!** (*inf*) damn and blast! (*inf*).

Zugereiste(r) *mf decl as adj* (*S Ger*) newcomer.

zugesellen* *sep* **I** *vt* (*rare*) to give as a companion. **II** *vr* **sich jdm ~** (*Mensch*) to join sb; **seinem Bankrott gesellten sich dann noch familiäre Probleme zu** on top of his bankruptcy he had family problems.

zugestandenermaßen *adv* admittedly, granted.

Zugeständnis *nt* concession (*dat*, *an* +*acc* to). **er war zu keinem ~ bereit** he would make no concession(s).

zugestehen* *vt sep irreg* (*einräumen*) *Recht, Erlaß etc* to concede, to grant; (*zugeben*) to admit, to acknowledge. **jdm etw ~** (*einräumen*) to grant sb sth; **man gestand ihm zu, daß ...** it was admitted *or* acknowledged that ...; **zugestanden, Sie haben recht** you're right, I grant you (that), I admit you're right.

zugetan *adj* **jdm/einer Sache ~ sein** to be fond of sb/sth; **der dem Alkohol sehr ~e Major X** Major X who was very fond of alcohol; **der Hund war seinem Herrn sehr ~** the dog was very attached *or* devoted to his master.

Zugewanderte(r) *mf decl as adj* (*Admin*) newcomer.

zugewandt *adj* facing, overlooking. **der Zukunft** (*dat*) **~** turned toward(s) the future.

Zugewinn *m* increase.

Zugezogene(r) *mf decl as adj* newcomer.

zugfest *adj* (*Mech*) tension-proof; *Stahl* high-tensile; **Zugfestigkeit** *f* (*Mech*) tensile strength; **Zugfolge** *f* (*Rail*) succession of trains; **Zugführer** *m* **1.** (*Rail*) chief guard (*Brit*) *or* conductor (*US*); **2.** (*Mil*) platoon leader; **Zugfunk** *m* (*Rail*) train radio.

zugießen *vt sep irreg* (*hin~*) to add. **darf ich Ihnen noch (etwas Kaffee) ~?** may I pour you a little more (coffee)?; **er goß sich** (*dat*) **ständig wieder zu** he kept topping up his glass/cup.

zugig *adj* draughty (*Brit*), drafty (*US*).

zügig *adj* swift, speedy; *Tempo, Bedienung auch* brisk, rapid, smart; *Handschrift* smooth.

zugipsen *vt sep Loch* to plaster up, to fill (in).

Zugkraft *f* (*Mech*) tractive power; (*fig*) attraction, appeal; **zugkräftig** *adj* (*fig*) *Werbetext, Titel, Plakat* catchy, eye-catching; *Schauspieler* crowd-pulling *attr*, of wide appeal.

zugleich *adv* at the same time; (*ebenso auch*) both. **er ist ~ Gitarrist und Komponist** he is both a guitarist and a composer; **die älteste und ~ modernste Stadt des Landes** the country's oldest and at the same time most modern town.

Zugluft *f* draught (*Brit*), draft (*US*); **zuviel ~ bekommen** to be in too much of a draught; **Zugmaschine** *f* towing vehicle; (*von Sattelschlepper*) traction engine, tractor; **Zugnummer** *f* **1.** (*Rail*) train number; **2.** (*fig*) crowd puller, drawing card (*US*); **Zugpersonal** *nt* (*Rail*) train personnel; **Zugpferd** *nt* carthorse, draught (*Brit*) *or* draft (*US*) horse; (*fig*) crowd puller; **Zugpflaster** *nt* (*Med*) poultice.

zugreifen *vi sep irreg* **1.** (*schnell nehmen*) to grab it/them; (*fig*) to act fast *or* quickly, to get in quickly (*inf*); (*bei Tisch*) to help oneself. **greifen Sie bitte zu!** please help yourself!

2. (*fig: einschreiten*) to step in quickly, to act fast *or* quickly.

3. (*schwer arbeiten*) to put one's back into it *or* one's work, to get down to it *or* to work.

Zugriff *m* **1. durch raschen ~** by stepping in *or* acting quickly, by acting fast; **sich dem ~ der Polizei/Gerichte entziehen** to evade justice. **2.** (*Computers*) access.

Zugriffszeit *f* access time.

zugrunde *adv* **1. ~ gehen** to perish; **jdn/etw ~ richten** to destroy sb/sth; (*finanziell*) to ruin sb/sth; **er wird daran nicht ~ gehen** he'll survive; (*finanziell*) it won't ruin him.

2. einer Sache (*dat*) **~ liegen** to form the basis of sth, to underlie sth; **diesem Lied liegt ein Gedicht von Heine ~** this song is based on a poem by Heine; **etw einer Sache** (*dat*) **~ legen** to take sth as a basis for sth, to base sth on sth.

Zugrundelegung *f*, *no pl* **unter/bei ~ dieser Daten** taking these data as a basis; **zugrundeliegend** *adj attr* underlying.

Zugs- *in cpds* (*Aus*) *siehe* **Zug-**.

Zugtier *nt* draught animal.

zugucken *vi sep siehe* **zusehen**.

Zugunglück *nt* train accident.

zugunsten *prep* +*gen* (*bei Voranstellung*) *or dat* (*bei Nachstellung*) in favour of. **~ von** in favour of; **~ seines Bruders, seinem Bruder ~** in favour of his brother.

zugute *adv* **jdm etw ~ halten** to grant sb sth; (*Verständnis haben*) to make allowances for sth; **einer Sache/jdm ~ kommen** to come in useful for sth/to sb, to be of benefit to sth/sb; *(Geld, Erlös)* to benefit sth/sb; **das ist seiner Gesundheit ~ gekommen** his health benefited by *or* from it; **jdm etw ~ kommen lassen** to let sb have sth; **sich** *(dat)* **auf etw** *(acc)* **etwas ~ halten** *(geh)* to pride *or* preen oneself on sth.

Zugverbindung *f* train connection; **Zugverkehr** *m (Rail)* rail *or* train services *pl*; **starker ~** heavy rail traffic; **Zugvieh** *nt, no pl* draught *(Brit) or* draft *(US)* cattle; **Zugvogel** *m* migratory bird; *(fig)* bird of passage; **Zugwagen** *m* towing vehicle; **Zugzwang** *m (Chess)* zugzwang; *(fig)* tight spot; **jdn in ~ bringen** to put sb in zugzwang/on the spot; **in ~ geraten** to get into zugzwang/to be put on the spot; **unter ~ stehen** to be in zugzwang/in a tight spot.

zuhaben *sep irreg (inf)* **I** *vi* to be closed *or* shut.
II *vt irreg* to keep closed *or* shut; *Kleid, Mantel etc* to have done up. **jetzt habe ich den Koffer endlich zu** I've finally got the case shut.

zuhaken *vt sep* to hook up.

zuhalten *sep irreg* **I** *vt* to hold closed *or* shut *or* to. **sich** *(dat)* **die Nase ~** to hold one's nose; **sich** *(dat)* **die Augen/Ohren/den Mund ~** to put one's hands over one's eyes/ears/mouth, to cover one's eyes/ears/mouth with one's hands; **er hielt ihr beide Augen zu** he put his hands over her eyes.
II *vi* **auf etw** *(acc)* **~** to head *or* make straight for.

Zuhälter(in *f) m* **-s, -** pimp, procurer.
Zuhälterei *f* procuring, pimping.
Zuhältertyp *m (pej)* **mit so einem ~** with someone who looks like a pimp; **Zuhälterunwesen** *nt (pej)* procuring.

zuhanden *adv (form: Sw, Aus)* **1.** *(auch old)* to hand. **es ist mir ~ gekommen** it came to hand, it came into my hands. **2.** for the attention of. **~ (von) Herrn Braun** *or* **des Herrn Braun** *(rare)* for the attention of Mr Braun, attention Mr Braun.

zuhauen *sep irreg* **I** *vt* **1.** *Baumstamm* to hew; *Stein* to trim, to pare. **2.** *(inf) Tür etc* to slam *or* bang (shut). **II** *vi* **1.** *(mit Axt)* to strike; *(mit Fäusten, Schwert)* to strike out. **hau zu!** let him etc have it! **2.** *(inf: Tür, Fenster)* to slam *or* bang (shut).

zuhauf *adv (old)* in throngs, in droves. **~ liegen/legen** to lie/put in a heap *or* pile, to be piled up/to pile up.

zuhause *adv*, **zu Hause** *siehe* **Haus.**
Zuhause *nt* **-s**, *no pl* home.
Zuhausegebliebene(r) *mf decl as adj* he/she/those who stay/stayed at home.

zuheilen *vi sep aux sein* to heal up *or* over.
Zuhilfenahme *f:* **unter ~ von** *or* **+gen** with the aid *or* help of.
zuhinterst *adv* right at the back, at the very back.

zuhöchst *adv* **1.** *(ganz oben)* right at the top, at the very top. **2.** *(sehr)* highly, extremely.

zuhören *vi sep* to listen (*dat* to); *(lauschen, abhören auch)* to listen in (*dat* on to), to eavesdrop (*dat* on). **hör mal zu!** *(drohend)* now (just) listen (to me)!; **gut ~ können** to be a good listener; **hör mir**

mal genau zu! now listen carefully to me.
Zuhörer *m* listener. **die ~** *(das Publikum)* the audience *sing*; *(Radio~ auch)* the listeners.
Zuhörerschaft *f* audience; *(Rad auch)* listeners *pl*.

zuinnerst *adv* deeply. **tief ~** in his/her *etc* heart of hearts, deep down.
zujubeln *vi sep* **jdm ~** to cheer sb.

zukaufen *vt sep* **etw ~** to buy more (of) sth; **Einzelstücke ~** to buy extra separate parts.

zukehren *vt sep* to turn. **jdm das Gesicht ~** to turn to face sb, to turn one's face to *or* towards sb; **jdm den Rücken ~** *(lit, fig)* to turn one's back on sb.

zuklappen *vti sep (vi aux sein)* to snap shut; *(Tür, Fenster)* to click shut.

zukleben *vt sep Loch etc* to stick over *or* up; *Briefumschlag* to stick down; *Brief* to seal (up); *(mit Klebstoff, Klebeband)* to stick up.

zuknallen *vti sep (vi aux sein) (inf)* to slam *or* bang (shut).

zukneifen *vti sep irreg Augen* to screw up; *Mund* to shut tight(ly).

zuknöpfen *vt sep* to button (up).
zuknoten *vt sep* to knot up.

zukommen *vi sep irreg aux sein* **1.** **auf jdn/etw ~** to come towards *or* *(direkt)* up to sb/sth; **die Aufgabe, die nun auf uns zukommt** the task which is now in store for us, the task which now stands before *or* confronts us; **die Dinge/alles auf sich** *(acc)* **~ lassen** to take things as they come/to let everything take its course.
2. **jdm etw ~ lassen** *Brief etc* to send sb sth; *(schenken auch)*, *Hilfe* to give sb sth.
3. **+dat** *(geziemen, gebühren)* to befit, to become. **ein solches Verhalten kommt dir nicht zu** such behaviour doesn't become *or* befit you *or* ill becomes you; **es kommt Ihnen nicht zu, darüber zu entscheiden** it isn't up to you to decide this; **dieser Titel kommt ihm nicht zu** he has no right to this title; **diesem Treffen kommt große Bedeutung zu** this meeting is of (the) utmost importance.

zukriegen *vt sep (inf) siehe* **zubekommen.**
Zukunft *f* **-**, *no pl* **1.** **die ~** the future; **in ~** in future; **in ferner/ naher ~** in the remote *or* distant/near future; **das hat keine ~** it has no future, there's no future in it; **unsere gemeinsame ~** our future together; **in die ~ blicken** *or* **sehen** to look *or* see into the future; **wir müssen abwarten, was die ~ bringt** we must wait and see what the future holds *or* has in store; **das gilt für alle ~** that applies without exception from now on; **das bleibt der ~** *(dat)* **überlassen** that remains to be seen; **viel Glück für Ihre ~!** best wishes for the future!
2. *(Gram)* future (tense).

zukünftig I *adj* future. **der ~e Präsident/ Bischof** the president/bishop elect *or* designate; **meine Z~e** *(inf)*/**mein Z~er** *(inf)* my future wife/husband, my wife-/husband-to-be, my intended *(hum)*.
II *adv* in future, from now on.

Zukunftsforscher *m* futurologist; **Zukunftsforschung** *f* futurology; **Zukunftsglaube** *m* belief in the future; **zu-**

kunftsgläubig *adj* believing in the future; **Zukunftsmusik** *f (fig inf)* pie in the sky *(inf)*, Zukunftsmusik; **Zukunftspläne** *pl* plans *pl* for the future; **Zukunftsroman** *m (naturwissenschaftlich)* science fiction novel; *(gesellschaftspolitisch)* utopian novel; **zukunftsträchtig** *adj* with a promising future; **zukunftsweisend** *adj* forward-looking.

zulächeln *vi sep irreg* **jdm ~** to smile at sb.

Zulage *f* 1. *(Geld~)* extra *or* additional pay *no indef art*; *(Sonder~ auch)* bonus (payment); *(Gefahren~)* danger-money *no indef art*. **eine ~ von 100 Mark** an extra 100 marks pay; a bonus (payment) of 100 marks; 100 marks danger-money. 2. *(Gehaltserhöhung)* rise *(Brit)*, raise *(US)*; *(regelmäßig)* increment.

zulande *adv (dated)* **bei uns/euch ~** back home, where we/you come from *or* live, in our/your country.

zulangen *vi sep* 1. *(inf)* *(Dieb, beim Essen)* to help oneself *(auch fig)*. 2. *(dial: reichen)* to do *(inf)*. **haben Sie genug Geld? — es langt zu** have you enough money? — it'll do.

zulänglich *adj (geh)* adequate. **Zulänglichkeit** *f (geh)* adequacy.

zulassen *vt sep irreg* 1. *(Zugang gewähren)* to admit. 2. *(amtlich)* to authorize; *Arzt* to register; *Heilpraktiker* to register, to license; *Kraftfahrzeug* to license; *Rechtsanwalt* to call (to the bar), to admit (as a barrister *or* to the bar); *Prüfling* to admit. 3. *(dulden, gestatten)* to allow, to permit. **das läßt nur den Schluß zu, daß ...** that leaves *or* allows only one conclusion: that ...; **eine Ausnahme ~** *(Vorschriften)* to allow (of) *or* admit (of) *or* permit an exception; *(Mensch)* to allow *or* permit an exception; **sein Verhalten läßt keine andere Erklärung zu(, als daß)** there is no other explanation for his behaviour (but that); **das läßt mein Pflichtbewußtsein nicht zu** my sense of duty won't allow *or* permit *or* countenance that. 4. *(geschlossen lassen)* to leave *or* keep shut *or* closed.

zulässig *adj* permissible, permitted, allowed; *(amtlich auch)* authorized. **~e Abweichung** *(Tech)* tolerance, permissible variation; **~es Gesamtgewicht** *(Mot)* maximum laden weight; **~e Höchstgeschwindigkeit** (upper) speed limit; **~e Höchstbelastung** weight limit.

Zulassung *f* 1. *no pl (Gewährung von Zugang)* admittance, admission. 2. *no pl (amtlich)* authorization; *(von Kfz)* licensing; *(als Rechtsanwalt)* call to the bar; *(von Prüfling)* admittance *(form)*; *(als praktizierender Arzt)* registration. **Antrag auf ~ zu einer Prüfung** application to enter an examination; **seine ~ als Rechtsanwalt bekommen** to be called to the bar. 3. *(Dokument)* papers *pl*; *(von Kfz auch)* vehicle registration document; *(Lizenz)* licence.

Zulassungsbeschränkung *f (esp Univ)* restriction on admissions; **Zulassungsstelle** *f* registration office; **Zulassungs**

stopp *m (esp Univ)* block on admissions.

Zulauf *m, no pl* **großen ~ haben** *(Geschäft, Restaurant)* to be very popular; *(Arzt etc auch)* to be much sought after *or* in great demand; **die Aufführung hat sehr großen ~ gehabt** the performance drew large crowds.

zulaufen *vi sep irreg aux sein* 1. **auf jdn/etw ~** *or* **zugelaufen kommen** to run towards sb/sth, to come running towards sb/sth; *(direkt)* to run up to sb/sth. 2. *siehe* **spitz**. 3. *(Wasser etc)* to run in, to add. **laß noch etwas kaltes Wasser ~** run in *or* add some more cold water. 4. *(inf: sich beeilen)* to hurry (up). 5. *(Hund etc)* **jdm ~** to stray into sb's house/place; **eine zugelaufene Katze** a stray (cat).

zulegen *sep* I *vt* 1. *(dazulegen)* to put on. **legen Sie noch zwei Scheiben zu, bitte** please put on another two slices. 2. *Geld* to add; *(bei Verlustgeschäft)* to lose. **der Chef hat mir 50 DM im Monat zugelegt** the boss has given me DM 50 a month extra, the boss has given me an extra DM 50 a month; **die fehlenden 20 DM legte meine Mutter zu** my mother made up the remaining DM 20. 3. **etwas Tempo *or* einen Zahn** *(sl)* **~** *(inf)* to get a move on *(inf)*; *(sich anstrengen)* to get one's finger out *(sl)*. 4. *(inf: an Gewicht)* to put on. **er hat schon wieder 5 kg zugelegt** he's put on another 5 kg. II *vi (inf)* 1. *(an Gewicht)* to put on weight. 2. *(sich mehr anstrengen)* *(inf)* to pull one's finger out *(sl)*; *(Sport)* to step up the pace *(inf)*. III *vr* **sich** *(dat)* **etw ~** *(inf)* to get oneself sth; **er hat sich** *(dat)* **eine teure Pfeife zugelegt** he has treated himself to an expensive pipe; **er hat sich eine Braut/ Freundin zugelegt** *(hum)* he has got himself *or* has acquired a fiancée/girlfriend.

zuleide *adv (old)* **jdm etwas ~ tun** to do sb harm, to harm sb; **was hat er dir ~ getan?** what (harm) has he done to you?; **wer hat dir etwas ~ getan?** who has harmed you?

zuleiten *vt sep Wasser, Strom* to supply; *Schreiben, Waren* to send on, to forward. **Zuleitung** *f (Tech)* supply.

zuletzt *adv* 1. *(schließlich, endlich, zum Schluß)* in the end. **~ kam sie doch** she came in the end; **~ kam auch Gaston** in the end *or* finally Gaston came too; **wir blieben bis ~** we stayed to the very *or* bitter end; **ganz ~** right at the last moment, at the very last moment. 2. *(als letzte(r, s), an letzter Stelle, zum letzten Mal)* last. **ich kam ~** I came last, I was last to come; **wann haben Sie ihn ~ gesehen?** when did you last see him?; **ganz ~** last of all; **nicht ~ dank/wegen** not least thanks to/because of.

zuliebe *adv* **etw jdm ~ tun** to do sth for sb's sake *or* for sb; **das geschah nur ihr ~** it was done just for her.

Zulieferbetrieb, Zulieferer *m (Econ)* supplier; **Zuliefer|industrie** *f (Econ)* supply industry.

zum *contr of* **zu dem 1.** (*räumlich*) **geht es hier ~ Bahnhof?** is this the way to the station?; **Z~ Löwen** The Lion Inn. **2.** (*mit Infinitiv*) **~ Schwimmen/Essen gehen** to go swimming/to go and eat. **3.** (*Folge*) **es ist ~ Verrücktwerden/ Weinen** it's enough to drive you mad/ make you weep. **4.** (*Zweck*) **dies Gerät ist ~ Messen des Blutdrucks** this apparatus is for measuring (the) blood pressure. **5.** *in Verbindung mit vb siehe auch dort.* **~ Spießbürger/Verräter werden** to become bourgeois/a traitor.

zumachen *sep* **I** *vt* (*schließen*) to shut, to close; *Flasche* to close; *Brief* to seal; (*inf: auflösen*) *Laden etc* to close (down). **II** *vi* (*inf*) **1.** (*den Laden ~*) to close (down), to shut up shop; (*fig*) to pack *or* jack it in (*inf*), to call it a day. **2.** (*sich beeilen*) to get a move on (*inf*), to step on it (*inf*).

zumal I *conj* **~ (da)** especially *or* particularly as *or* since. **II** *adv* (*besonders*) especially, particularly.

zumauern *vt sep* to brick up, to wall up.

zumeist *adv* mostly, in the main, for the most part.

zumessen *vt sep irreg* (*geh*) to measure out (*jdm* for sb), to apportion (*jdm* to sb); *Essen* to dish out (*jdm* to sb); *Zeit* to allocate (*dat* for); *Schuld* to attribute (*jdm* to sb). **ihm wurde eine hohe Strafe zugemessen** he was dealt a stiff punishment; **dem darf man keine große Bedeutung ~** one can't attach too much importance to that.

zumindest *adv* at least. **er hätte mich ~ anrufen können** he could at least have phoned me, he could have phoned me at least, at least he could have phoned me.

zumutbar *adj* reasonable. **jdm** *or* **für jdn ~ sein** to be reasonable for sb; **es ist ihm (durchaus) ~, daß er das tut** he can reasonably be expected to do that.

Zumutbarkeit *f* reasonableness.

zumute *adv* **wie ist Ihnen ~?** how do you feel?; **mir ist traurig/ seltsam** *etc* **~** I feel sad/strange *etc*; **mir ist lächerlich/gar nicht lächerlich ~** I'm in a silly mood/I'm not in a laughing mood; **ihm war recht wohl ~** he felt wonderful *or* good; **mir war dabei gar nicht wohl ~** I didn't feel right about it, I felt uneasy about it.

zumuten *vt sep* **jdm etw ~** to expect *or* ask sth of sb; **das können Sie niemandem ~** you can't ask *or* expect that of anyone; **sich** (*dat*) **zuviel ~** to take on too much, to overdo things, to overtax oneself; **seinem Körper zuviel ~** to overtax oneself.

Zumutung *f* unreasonable demand; (*Unverschämtheit*) cheek, nerve (*inf*). **das ist eine ~!** that's a bit much!

zunächst I *adv* **1.** (*zuerst*) first (of all). **~ einmal** first of all. **2.** (*vorläufig*) for the time being, for the moment. **II** *prep* +*dat* (*rare*) (*neben*) next to.

zunageln *vt sep Fenster etc* to nail up; (*mit Brettern, Pappe etc*) to board up; *Sarg, Kiste etc* to nail down.

zunähen *vt sep* to sew up.

Zunahme *f* **-, -n** (*gen, an* +*dat* in) increase; (*Anstieg auch*) rise.

Zuname *m* surname, last name.

Zündblättchen *nt siehe* **Zündplättchen.**

zündeln *vi* to play (about) with fire. **mit Streichhölzern ~** to play (about) with matches.

zünden I *vi* to catch light *or* fire, to ignite; (*Pulver*) to ignite; (*Streichholz*) to light; (*Motor*) to fire; (*Sprengkörper*) to go off; (*fig*) to kindle enthusiasm. **dieses Streichholz zündet nicht** this match won't light; **hat es endlich bei dir gezündet?** (*inf*) has the penny finally dropped?, have you finally cottoned on? (*inf*).

II *vt* to ignite, to set alight; *Rakete* to fire; *Sprengkörper* to set off, to detonate; *Feuerwerkskörper* to let off.

zündend *adj* (*fig*) stirring, rousing; *Vorschlag* exciting.

Zunder *m* **-s, -** tinder; (*Schicht auf Metall*) scale (oxide); (*inf: Prügel*) good hiding (*inf*), thrashing. **wie ~ brennen** to burn like tinder; **~ kriegen/jdm ~ geben** (*inf*) to get/to give sb a good hiding (*inf*) *or* thrashing.

Zünder *m* **-s, -. 1.** igniter; (*für Sprengstoff, Bombe, Torpedo etc*) fuse; (*für Mine*) detonator. **2.** *pl* (*Aus, inf: Zündhölzer*) matches *pl.*

Zunderschwamm *m* (*Bot*) touchwood.

Zündflamme *f* pilot light; **Zündfunke** *m* (*Aut*) ignition spark; **Zündholz** *nt* match(-stick); **ein ~ anreiben** to strike a match; **Zündhütchen** *nt* percussion cap; **Zündkabel** *nt* (*Aut*) plug lead; **Zündkapsel** *f* detonator; **Zündkerze** *f* (*Aut*) spark(ing) plug; **Zündplättchen** *nt* (*für Spielzeugpistole*) cap; **Zündschloß** *nt* (*Aut*) ignition lock; **Zündschlüssel** *m* (*Aut*) ignition key; **Zündschnur** *f* fuse; **Zündspule** *f* ignition *or* spark coil; **Zündstoff** *m* inflammable *or* flammable (*esp US*) matter; (*Sprengstoff*) explosives *pl*, explosive material; (*fig*) inflammatory *or* explosive stuff.

Zündung *f* ignition; (*Zündvorrichtung bei Sprengkörpern*) detonator, detonating device. **die ~ ist nicht richtig eingestellt** (*Aut*) the timing is out *or* wrongly set; **die ~ einstellen** (*Aut*) to adjust the timing.

Zündverteiler *m* (*Aut*) distributor; **Zündvorrichtung** *f* igniting device, detonator; **Zündzeitpunkt** *m* moment of ignition.

zunehmen *vi sep irreg* **I** *vi* (*an* Zahl *etc*, beim Stricken) to increase; (*anwachsen auch*) to grow; (*Tage*) to draw out; (*an Weisheit, Erfahrung etc*) to gain (*an* +*dat* in); (*Mensch: an Gewicht*) to put on *or* gain weight; (*Mond*) to wax. **im Z~ sein** to be on the increase; (*Mond*) to be waxing; **der Wind nimmt** (*an Stärke*) **zu** the wind is increasing *or* getting up.

II *vt* (*Mensch: an Gewicht*) to gain, to put on. **ich habe 2 kg/viel zugenommen** I've gained *or* put on 2 kg/a lot of weight.

zunehmend I *adj* increasing, growing; *Mond* crescent. **bei** *or* **mit ~em Alter** with advancing age; **wir haben ~en Mond** there is a crescent moon; **in ~em Maße** to an increasing degree.

II *adv* increasingly. **~ an Einfluß gewinnen** to gain increasing influence.

zuneigen *sep* +*dat* **I** *vi* to be inclined

towards. **ich neige der Ansicht zu, daß ...** I am inclined to think that ...; **jdm zugeneigt sein** (*geh*) to be well disposed towards sb.

II *vr* to lean towards; (*fig: Glück etc*) to favour. **sich dem Ende ~** (*geh*) (*Tag etc*) to be drawing to a close; (*knapp werden: Vorräte etc*) to be running out.

Zuneigung *f* affection. **eine starke ~ zu jdm empfinden** to feel strong affection towards sb; **~ zu jdm fassen** to take a liking to sb, to grow fond of sb.

Zunft *f* -, **-̈e** (*Hist*) guild; (*hum inf*) brotherhood. **die ~ der Bäcker/Fleischer** *etc* the bakers'/butchers' *etc* guild.

Zunftbrief *m* (*Hist*) guild charter; **Zunftgenosse** *m* guildsman.

zünftig *adj* **1.** (*Hist*) belonging to a guild. **2.** (*fachmännisch*) *Arbeit etc* expert, professional; *Kleidung* professional(-looking); (*inf: ordentlich, regelrecht*) proper; (*inf: gut, prima*) great. **eine ~e Ohrfeige** a hefty box on the ears.

Zunft- (*Hist*): **Zunftmeister** *m* master of a/ the guild, guild master; **Zunftwesen** *nt* guild system, system of guild.

Zunge *f* -, **-n** tongue; (*Mus: von Fagott, Akkordeon*) reed; (*von Waage*) pointer; (*geh: Sprache*) tongue; (*Zool: See~*) sole. **mit der ~ anstoßen** to lisp; **das brennt auf der ~** that burns the tongue; **jdm die ~ herausstrecken** to put *or* stick one's tongue out at sb; **die ~ herausstrecken** (*beim Arzt*) to put out one's tongue; **eine böse** *or* **giftige/scharfe** *or* **spitze/lose ~ haben** to have an evil/a sharp/a loose tongue; **böse ~n behaupten, ...** malicious gossip has it ...; **eine feine ~ haben** to be a gourmet, to have a discriminating palate; **sich** (*dat*) **die ~ abbrechen** (*fig*) to tie one's tongue in knots; **das Wort liegt mir auf der ~** the word is on the tip of my tongue; **es lag mir auf der ~ zu sagen, daß ...** it was on the tip of my tongue to say that ...; **der Wein löste ihm die ~** the wine loosened his tongue; **mir hängt die ~ zum Hals heraus** (*inf*) my tongue is hanging out; **ein Lyriker polnischer** (*gen*) **~** a poet of the Polish tongue; **alle Länder arabischer** (*gen*) **~** all Arabic-speaking countries.

züngeln *vi* (*Schlange*) to dart its tongue in and out; (*Flamme*) to lick.

Zungenbelag *m* coating of the tongue; **Zungenbrecher** *m* tongue-twister; **zungenfertig** *adj* (*geh*) eloquent, fluent; (*pej*) glib; **Zungenkuß** *m* French kiss; **Zungenlaut** *m* (*Ling*) lingual (sound); **Zungenpfeife** *f* (*Mus*) reed pipe; **Zungen-R** *nt* (*Ling*) trilled *or* rolled "r"; **Zungenrücken** *m* back of the tongue; **Zungenschlag** *m* (*durch Alkohol*) slur; (*Mus*) tonguing; **ein falscher ~** an unfortunate turn of phrase; **zwei Töne mit ~ spielen** to tongue two notes; **Zungenspitze** *f* tip of the tongue.

Zünglein *nt dim of* **Zunge** tongue; (*rare: der Waage*) pointer. **das ~ an der Waage sein** (*fig*) to tip the scales; (*Pol*) to hold the balance of power.

zunichte *adv* **~ machen/werden** (*geh*) to wreck, to ruin/to be wrecked, to be ruined; *Hoffnungen auch* to shatter, to destroy/to be shattered, to be destroyed.

zunicken *vi sep* **jdm ~** to nod to *or* at sb; **jdm freundlich/ aufmunternd ~** to give sb a friendly/encouraging nod.

zunutze *adv* **sich** (*dat*) **etw ~ machen** (*verwenden*) to make use of, to utilize; (*ausnutzen*) to capitalize on, to take advantage of.

zu|oberst *adv* on *or* at the (very) top, right on *or* at the top.

zu|ordnen *vt sep* +*dat* to assign to. **ein Tier einer Gattung ~** to assign an animal to a species; **jdn/etw jdm ~** to assign sb/sth to sb; **diesen Dichter ordnet man der Romantik zu** this poet is classified as a Romantic(ist); **wie sind diese Begriffe einander zugeordnet?** how are these concepts related (to each other)?

Zu|ordnung *f siehe vt* assignment; classification, relation.

zupacken *vi sep* (*inf*) **1.** (*zugreifen*) to make a grab for it *etc*. **2.** (*bei der Arbeit*) to knuckle down (to it), to get down to it. **3.** (*helfen*) **mit ~** to give me/them *etc* a hand.

zupaß, zupasse *adv* **jdm ~ kommen** (*Mensch, Hilfe*) to have come at the right time; **dieser Holzblock kommt mir ~** this block of wood is just what I needed.

zupfen *vti* to pick; *Saite auch* to pluck; *Unkraut* to pull (up); (*auseinanderziehen*) *Fäden, Maschen* to pull, to stretch. **jdn am Ärmel** *etc* **~** to tug at sb's sleeve *etc*; **sich** (*dat or acc*) **am Bart/Ohr** *etc* **~** to pull at one's beard/ear *etc*.

Zupf|instrument *nt* (*Mus*) plucked string instrument.

zuprosten *vi sep* **jdm ~** to raise one's glass to sb, to drink sb's health.

zur *contr of* **zu der.** **~ Schule gehen** to go to school; **jdn ~ Tür bringen** to see sb to the door; **~ See fahren** to go to sea; **,,Gasthof ~ Post"** The Post Inn; **~ Zeit** at the moment; **~ Weihnachtszeit** at Christmastime; **~ Orientierung** for orientation; **~ Abschreckung** as a deterrent.

zuraten *vi sep irreg* **jdm ~, etw zu tun** to advise sb to do sth; **er hat mich gefragt, ob er ins Ausland gehen soll, und ich habe ihm zugeraten** he asked me whether he should go abroad and I said he should; **ich will weder ~ noch abraten** I won't advise you one way or the other; **auf sein Z~** (*hin*) on his advice.

Zürcher(in *f*) *m* **-s, -** native of Zurich.

zurechnen *vt sep* **1.** (*inf: dazurechnen*) to add to. **2.** (*fig: zuordnen*) (*dat* with) to class, to include; *Kunstwerk etc* (*dat* to) to attribute, to ascribe.

zurechnungsfähig *adj* of sound mind; (*esp Jur, fig inf*) compos mentis *pred*; **Zurechnungsfähigkeit** *f* soundness of mind; **verminderte ~** diminished responsibility; **ich muß manchmal an seiner ~ zweifeln!** (*inf*) I sometimes wonder if he's quite compos mentis (*inf*).

zurechtfinden *vr sep irreg* to find one's way (*in* +*dat* around); **sich in der Welt nicht mehr ~** not to be able to cope with the world any longer; **ich finde mich in dieser Tabelle nicht zurecht** I can't make head nor tail of this table; **sich mit etw ~** to get the hang of sth (*inf*); (*durch Gewöhnung*) to get used to sth; **zurechtkommen** *vi sep irreg aux sein* **1.** (*rechtzeitig kommen*) to come in time; **ich bin gerade noch zum Zug zurechtgekommen** I just made it to the train in time; **2.** (*fig*) to get on; (*schaffen, bewältigen*) to cope; (*genug haben*) to have enough; **kommen Sie ohne das zurecht?** (*inf*) can you manage without it?; **er kam nie zurecht im Leben** he was never able to cope with life; **3.** (*finanziell*) to manage; **mit 80 Mark am Tag kann man gut ~** you can manage easily on 80 marks a day; **zurechtlegen** *vt sep irreg* to lay *or* get out ready; **sich** (*dat*) **etw ~** to lay *or* get sth out ready; (*fig*) to work sth out; **sich** (*dat*) **alle Argumente ~** to marshal all one's arguments; **das hast du dir (bloß) zurechtgelegt!** (*gedeutet*) that's just your interpretation; (*erfunden*) you just made that up!; **zurechtmachen** *vt sep* (*inf*) **1.** *Zimmer, Essen etc* to prepare, to get ready; *Bett* to make up; **2.** (*anziehen*) to dress; (*schminken*) to make up; **sich ~** to get dressed *or* ready; to put on one's make-up; **zurechtrücken** *vt sep Brille, Hut etc* to adjust; *Stühle etc* to straighten (up), to put straight; (*fig*) to straighten out, to put straight; **zurechtsetzen** *sep* **I** *vt* **sich** (*dat*) **den Hut/die Brille ~** to adjust *or* straighten one's hat/glass; **II** *vr* to settle oneself; **zurechtstutzen** *vt sep* to trim, to cut; *Hecke auch* to clip; (*fig*) to lick into shape; **zurechtweisen** *vt sep irreg* (*form*) to rebuke; *Schüler etc* to reprimand; **Zurechtweisung** *f siehe vt* rebuke; reprimand.

zureden *vi sep* **jdm ~** (*ermutigen*) to encourage sb; (*überreden*) to persuade sb; **wenn du ihm gut zuredest, hilft er dir** if you talk to him nicely, he'll help you; **sie hat ihrem Vater so lange zugeredet, bis er...** she kept on at her father till he...; **auf mein Z~** (**hin**) with my encouragement; (*Überreden*) with my persuasion; **freundliches Z~** friendly persuasion.

zureichen *sep* **I** *vt* **jdm etw ~** to hand *or* pass sth to sb. **II** *vi* to be enough *or* sufficient; **ein ~der Grund** a sufficient *or* adequate reason.

zureiten *sep irreg* **I** *vt Pferd* to break in. **II** *vi aux sein* (*weiterreiten*) to ride on; (*schneller*) to ride faster. **auf jdn/etw ~** *or* **zugeritten kommen** to ride toward(s) *or* (*direkt*) up to sb/sth.

Zureiter(in *f*) *m* **-s, -** roughrider; (*für Wildpferde auch*) broncobuster (*US*).

Zürich *nt* **-s** Zurich.

Züricher(!in *f*) *m* **-s, -** *siehe* **Zürcher(in)**.

Zürichsee *m* Lake Zurich.

zurichten *vt sep* **1.** *Essen etc* to prepare; *Stein, Holz* to square; *Leder, Pelz, Stoff* to finish, to dress; (*Typ*) to justify. **2.** (*beschädigen, verunstalten*) to make a mess of; (*verletzen*) to injure; **jdn übel ~** to knock sb about, to beat sb up.

Zurichtung *f* (*Typ*) justifying, justification; (*von Geweben, Pelzen*) dressing, finishing.

zuriegeln *vt sep* to bolt (shut).

zürnen *vi* (*geh*) **jdm ~** to be angry with sb; **dem Schicksal ~** to rage against fate.

zurren *vt* (*Naut*) to lash; *Deckladung, Beiboot etc* to lash down.

Zurschaustellung *f* display, exhibition.

zurück *adv* back; (*mit Zahlungen*) behind; (*fig: zurückgeblieben*) (*von Kind*) backward. **in Mathematik** (**sehr**) **~ sein** (*fig*) to be (really) behind in maths; **fünf Punkte ~** (*Sport*) five points behind; **~ nach** *etc* back to *etc*; **~! get back!; ~ an Absender** return to sender; **ich bin in zehn Minuten wieder ~** I will be back (again) in 10 minutes; **ein paar Jahre ~** a few years back *or* ago; **hinter jdm ~ sein** (*fig*) to lie behind sb; **es gibt kein Z~** (**mehr**) there's no going back.

zurückbehalten* *vt sep irreg* to keep (back); **er hat Schäden/einen Schock ~** he suffered lasting damage/lasting shock; **zurückbekommen*** *vt sep irreg* **1.** to get back; **2.** (*inf: heimgezahlt bekommen*) **das wirst du (von mir) ~!** I'll get my own back on you for that!; **zurückberufen*** *vt sep irreg* to recall; **zurückbeugen** *sep* **I** *vt* to bend back; **II** *vr* to lean *or* bend back; **zurückbilden** *vr sep* (*Geschwür*) to recede; (*Muskel*) to become wasted, to atrophy; (*Biol*) to regress.

zurückbleiben *vi sep irreg aux sein* **1.** (*an einem Ort*) to stay *or* remain behind; (*weiter hinten gehen*) to stay (back) behind.

2. (*übrigbleiben: Rest, Rückstand*) to be left; (*als Folge von Krankheit etc: Schaden, Behinderung*) to remain. **er blieb als Waise/Witwer zurück** he was left an orphan/a widower.

3. (*nicht Schritt halten, auch fig*) to fall behind; (*Uhr*) to lose; (*in Entwicklung*) to be retarded *or* backward; (*Sport*) to be behind. **20 Meter ~** to be 20 metres behind; **ihre Leistung blieb hinter meinen Erwartungen zurück** her performance did not come up to my expectations.

zurückblenden *vi sep* (*lit, fig*) to flash back (*auf* +*acc* to); **zurückblicken** *vi sep* to look back (*auf* +*acc* at); (*fig*) to look back (*auf* +*acc* on); **zurückbringen** *vt sep irreg* (*wieder herbringen*) to bring back (*lit, fig*); (*wieder wegbringen*) to take back; **zurückdatieren*** *vt sep* to backdate; **zurückdenken** *vi sep irreg* to think back (*an* +*acc* to); **so weit ich ~ kann** as far as I can recall *or* remember; **wenn man so zurückdenkt** when I think back; **zurückdrängen** *vt sep* to force *or* push back; (*Mil*) to drive back, to repel; (*fig: eindämmen*) to repress, to restrain; **zurückdrehen** *vt sep* to turn back; *Uhr* to put back; **die Uhr ~** (*fig*) to turn *or* put back the clock; **zurückdürfen** *vi sep irreg* (*inf*) to be allowed back; **zurück|erhalten*** *vt sep irreg* to have returned; **zurück|er|innern*** *vr sep* to remember, to recall (*an* +*acc* sth); **sich bis zu seinem 5. Lebensjahr/bis 1945 ~ können** to be able to remember being 5 years old/as far back as 1945; **zurück|er|obern*** *vt sep* (*Mil*) to recapture, to retake, to reconquer; (*fig*) *Wahlkreis etc* to win back; **zurück|erstatten*** *vt sep siehe* **rückerstatten;** **zurück|erwarten*** *vt sep* **jdn ~** to expect

sb back; **zurückfahren** sep irreg I vi aux
sein 1. to go back, to return; (als Fahrer
auch) to drive back; 2. (zurückweichen)
to start back; II vt to drive back.

zurückfallen vi sep irreg aux sein to fall
back; (Sport) to drop back; (fig: Umsätze
etc) to fall, to drop (back); (fig: an Besitzer) to revert (an +acc to); (in Leistungen)
to fall behind; (Schande, Vorwurf etc) to
reflect (auf +acc on). **er fällt immer
wieder in den alten Fehler zurück** he always lapses back into his old mistake; **das
würde auf deine Eltern ~** that would
reflect (badly) on your parents.

zurückfinden vi sep irreg to find the or
one's way back; **findest du allein zurück?**
can you find your own way back?; **er fand
zu sich selbst/zu Gott zurück** he found
himself again/he found his way back to
God; **zurückfliegen** vti sep irreg (vi aux
sein) to fly back; **zurückfließen** vi sep
irreg aux sein (lit, fig) to flow back;
zurückfordern vt sep etw ~ to ask for sth
back; (stärker) to demand sth back;
zurückfragen sep I vt etw ~ to ask sth
back or in return; II vi to ask something or
a question back; (wegen einer Auskunft)
to check back.

zurückführen sep I vt 1. (zurückbringen) to
lead back.
2. (ableiten aus) to put down to. **etw auf
seine Ursache ~** to put sth down to its
cause; **etw auf eine Formel/Regel ~** to
reduce sth to a formula/rule; **das ist darauf
zurückzuführen, daß ...** that can be put
down to the fact that ...
3. (bis zum Ursprung zurückverfolgen)
to trace back.
II vi to lead back. **es führt kein Weg
zurück** there's no way back; (fig) there's
no going back.

zurückgeben vt sep irreg to give back, to
return; Wechselgeld to give back; Ball,
Kompliment, Beleidigung to return; (erwidern) to retort, to rejoin. **er gab mir/der
Bibliothek das Buch zurück** he gave the
book back or returned the book to me/
returned the book to the library; **dieser
Erfolg gab ihm seine Zuversicht wieder
zurück** this success gave him back or re-
stored his confidence.

zurückgeblieben adj geistig/ körperlich ~
mentally/physically retarded.

zurückgehen vi sep irreg aux sein 1. to go
back, to return (nach, in +acc to); (fig: in
der Geschichte etc) to go back (auf +acc,
in +acc to); (seinen Ursprung haben) to
go back to (auf +acc to). **er ging zwei
Schritte zurück** he stepped back two
paces, he took two steps back; **Waren/
Essen etc ~ lassen** to send back goods/
food etc; **der Brief ging ungeöffnet zurück**
the letter was returned unopened.
2. (zurückweichen) to retreat, to fall
back; (fig: abnehmen) (Hochwasser,
Schwellung, Vorräte, Preise etc) to go
down; (Geschäft, Umsatz) to fall off;
(Seuche, Schmerz, Sturm) to die down. **im
Preis ~** to fall or drop in price.

zurückgesetzt adj neglected; (dial) Waren
reduced, marked down; **zurückgezogen**
I adj Mensch withdrawn, retiring; Lebens-

weise secluded; II adv in seclusion; **er lebt
sehr ~** he lives a very secluded life;
Zurückgezogenheit f seclusion; **zurück-
greifen** vi sep irreg (fig) to fall back (auf
+acc upon); (zeitlich) to go back (auf +
acc to); **da müßte ich weit ~** I would have
to go back a long way; **zurückhaben** vt
sep irreg (inf) to have (got Brit) back; **ich
will mein Geld ~** I want my money back;
hast du das Buch schon zurück? have you
got (Brit) or gotten (US) the book back
yet?

zurückhalten sep irreg I vt (daran hindern,
sich zu entfernen) to hold back; (nicht
durchlassen, aufhalten) jdn to hold up, to
detain; (nicht freigeben) Manuskript,
Film, Informationen to withhold; (eindämmen) Gefühle, Ärger etc to restrain,
to suppress; (unterdrücken) Tränen, Orgasmus to keep or hold back. **jdn von etw
(dat) ~** to keep sb from sth.
II vr (sich beherrschen) to contain or
restrain oneself, to control oneself; (reserviert sein) to be retiring or withdrawn; (im
Hintergrund bleiben) to keep in the background; (bei Verhandlung, Demonstration etc) to keep a low profile. **ich mußte
mich schwer ~** I had to take a firm grip on
myself; **Sie müssen sich beim Essen sehr ~**
you must cut down a lot on what you eat.
III vi mit etw ~ (verheimlichen) to hold
sth back.

zurückhaltend adj 1. (beherrscht, kühl)
restrained; (reserviert) reserved; (vorsichtig) cautious, guarded; Börse dull.
sich ~ über etw (acc) äußern to be
restrained in one's comments about sth;
das Publikum reagierte ~ the audience's
response was restrained.
2. (nicht großzügig) sparing. **mit Tadel
or Kritik nicht ~ sein** to be unsparing in
one's criticism.

Zurückhaltung f siehe adj 1. restraint;
reserve; caution; dullness; **sich (dat) ~
auferlegen** to exercise restraint; **zurück-
holen** vt sep to fetch back; Geld to get
back; **jdn ~** (fig) to ask sb to come back;
zurückkämmen vt sep to comb back;
zurückkehren vi sep aux sein to return or
come back (von, aus from); to return or
go back (nach, zu to); **zurückkommen** vi
sep irreg aux sein (lit, fig) to come back, to
return; (Bezug nehmen) to refer (auf +
acc to); **der Brief kam zurück** the letter
was returned or came back; **ich werde
später auf deinen Vorschlag/dieses
Angebot ~** I'll come back to your
suggestion/this offer later; **zurückkön-
nen** vi sep irreg (inf) to be able to go back;
ich kann nicht mehr zurück (fig) there's
no going back; **zurückkriegen** vt sep
(inf) siehe **zurückbekommen**; **zurücklassen** vt sep irreg 1. (hinterlassen) to
leave; (liegenlassen) to leave behind; (fig:
übertreffen) to leave behind, to outstrip;
(Leichtathletik) to leave behind, to outdistance; 2. (inf: zurückkehren lassen) to
allow back, to allow to come/go back or to
return; **Zurücklassung** f: **unter ~ all
seiner Habseligkeiten** etc leaving behind
all one's possessions etc.

zurücklegen sep I vt 1. to put back.

2. *Kopf* to lay *or* lean back.

3. *(aufbewahren, reservieren)* to put aside *or* to one side; *(sparen)* to put away, to lay aside. **jdm etw ~** to keep sth for sb.

4. *Strecke* to feed back, to do. **er hat schon ein ganzes Stück auf seinem Weg zum Diplomaten zurückgelegt** he has already gone a long way towards becoming a diplomat.

II *vr* to lie back.

zurücklehnen *vtr sep* to lean back; **zurückleiten** *vt sep* to lead back; *Postsendung* to return; *Wasser etc* to feed back, to run back; **zurückliegen** *vi sep irreg (örtlich)* to be behind; **der Unfall liegt etwa eine Woche zurück** the accident was about a week ago, it is about a week since the accident; **es liegt zwanzig Jahre zurück, daß ...** it is twenty years since ...; **zurückmelden** *vtr sep* to report back; **zurückmüssen** *vi sep irreg (inf)* to have to go back; **Zurücknahme** *f* -, **-n** withdrawal *(auch Jur, Mil); (von Entscheidung)* reversal; *(von Aussage auch)* retraction; **wir bitten um ~ dieser Sendung** we ask you to accept the return of this consignment.

zurücknehmen *vt sep irreg* to take back; *(Mil)* to withdraw; *Verordnung etc* to revoke; *Entscheidung* to reverse; *Angebot* to withdraw; *Auftrag, Bestellung* to cancel; *(Sport) Spieler* to bring *or* call back; *Schachzug* to go back on. **sein Wort/Versprechen ~** to go back on *or* break one's word/promise; **ich nehme alles zurück und behaupte das Gegenteil** I take it all back.

zurückpfeifen *vt sep irreg Hund etc* to whistle back; **jdn ~** *(fig inf)* to bring sb back into line; **zurückprallen** *vi sep aux sein* to rebound, to bounce back; *(Geschoß)* to ricochet; *(Strahlen, Hitze)* to be reflected; **von etw ~** to bounce/ricochet/be reflected off sth; **vor Schreck ~** to recoil in horror; **zurückreichen** *sep* **I** *vt Gegenstand* to hand *or* pass back; **II** *vi Erinnerung, Tradition etc* to go back (in + *acc* to); **zurückkreisen** *vi sep aux sein* to travel back, to return; **zurückreißen** *vt sep irreg* to pull back; **zurückrollen** *vti sep (vi: aux sein)* to roll back; **zurückrufen** *vti sep irreg* to call back; *(am Telefon auch)* to ring back; *(aus Urlaub, Botschafter, fehlerhafte Autos)* to recall; **jdn ins Leben ~** to bring sb back to life; **jdm etw in die Erinnerung/ins Gedächtnis ~** to conjure sth up for sb; **sich** *(dat)* **etw in die Erinnerung/ins Gedächtnis ~** to recall sth, to call sth to mind; **zurückschallen** *vi sep* to re-echo, to resound; **zurückschalten** *vi sep* to change back; **zurückschaudern** *vi sep aux sein* to shrink back *or* recoil (*vor* + *dat* from); **zurückschauen** *vi sep (lit, fig)* to look back (*auf* + *acc (lit)* at, *(fig)* on); **zurückscheuen** *vi sep aux sein* to shy away (*vor* + *dat* from); **vor nichts ~** to stop at nothing; **zurückschicken** *vt sep* to send back; **jdm etw ~** to send sth back to sb, to send sb sth back; **zurückschieben** *vt sep irreg* to push back.

zurückschlagen *sep irreg* **I** *vt* **1.** to knock

away; *(mit Schläger) Ball* to return, to hit back; *Feind, Angriff etc* to beat back, to beat off, to repulse.

2. *(umschlagen) Gardinen* to pull back; *Decke* to fold back; *Kragen* to turn down; *Schleier* to lift; *Buchseiten* to leaf back.

II *vi (lit, fig)* to hit back; *(Mil, fig)* to retaliate, to strike back; *(Flamme)* to flare back; *(Pendel)* to swing back.

zurückschnellen *vi sep aux sein* to spring back; **zurückschrauben** *vt sep* to screw back; *(fig inf) Erwartungen* to lower; **seine Ansprüche ~** to lower one's sights; **zurückschrecken** *vi sep irreg aux sein or haben* to shrink back, to start back, to recoil; *(fig)* to shy away (*vor* + *dat* from); **vor nichts ~** to stop at nothing; **zurücksehen** *vi sep irreg* to look back; **auf etw** *(acc) ~ (fig)* to look back on sth; **zurücksehnen** *vr sep* to long to return (*nach* to); **sich nach der guten alten Zeit ~** to long for the good old days; **zurücksenden** *vt sep irreg* to send back, to return.

zurücksetzen *sep* **I** *vt* **1.** *(nach hinten)* to move back; *Auto* to reverse, to back.

2. *(an früheren Platz)* to put back.

3. *(dial) Preis, Waren* to reduce, to mark down.

4. *(fig: benachteiligen)* to neglect.

II *vr* to sit back. **er setzte sich zwei Reihen zurück** he sat two rows back.

III *vi (mit Fahrzeug)* to reverse.

Zurücksetzung *f (fig: Benachteiligung)* neglect; **von ~ der Mädchen kann keine Rede sein** there's no question of the girls being neglected; **zurückspringen** *vi sep irreg aux sein* to leap *or* jump back; *(fig: Häuserfront)* to be set back; **zurückstecken** *sep* **I** *vt* to put back; **II** *vi* **1.** *(weniger Ansprüche stellen)* to lower one's expectations; *(weniger ausgeben)* to cut back; **2.** *(nachgeben, einlenken)* to backtrack.

zurückstehen *vi sep irreg* **1.** *(Haus etc)* to stand back.

2. *(an Leistung etc)* to be behind *(hinter jdm* sb).

3. *(verzichten)* to miss out; *(ausgelassen werden)* to be left out.

4. *(hintangesetzt werden)* to take second place. **hinter etw** *(dat) ~* to take second place to sth; **sie muß immer hinter ihm ~** she always comes off worse than he does.

zurückstellen *vt sep* **1.** *(an seinen Platz, Uhr)* to put back; *(nach hinten)* to move back.

2. *Waren* to put aside *or* by.

3. *(Aus: zurücksenden)* to send back, to return.

4. *(fig) Schüler* to keep down; *(Mil: vom Wehrdienst)* to defer. **jdn vom Wehrdienst ~** to defer sb's military service.

5. *(fig: verschieben)* to defer; *Pläne auch* to shelve; *Bedenken etc* to put aside; *Sport, Privatleben, Hobbys etc* to spend less time on. **persönliche Interessen ~** to put one's own interests last.

Zurückstellung *f* **1.** *(Aus: Zurücksendung)* return; **2.** *(Aufschub, Mil)* deferment; **3.** *(Hintanstellung)* **unter ~ seiner eigenen Interessen** putting his own interests last

or aside; **zurückstoßen** *sep irreg* I *vt*
1. (*wegstoßen*) to push back; (*fig*) to
reject; **2.** (*fig: abstoßen*) to put off; II *vti*
(*Aut: zurücksetzen*) to reverse, to back;
zurückstrahlen *sep* I *vt* to reflect; II *vi* to
be reflected; **zurückstreichen** *vt sep
irreg* **sich** (*dat*) **das Haar** ~ to smooth
one's hair back; **zurückstreifen** *vt sep
Ärmel etc* to pull up; **zurückstufen** *vt sep*
to downgrade; **zurücktragen** *vt sep irreg*
1. to carry *or* take back; **2.** (*inf*) *siehe*
zurückbringen.
zurücktreten *sep irreg* I *vi aux sein*
1. (*zurückgehen*) to step back. **bitte** ~!
stand back, please!; **einen Schritt** ~ to
take a step back.
  2. (*Regierung*) to resign; (*von einem
Amt*) to step down.
  3. (*von einem Vertrag etc*) to withdraw
(*von* from), to back out (*von* of). **von
einem Recht** ~ to renounce a right.
  4. (*fig: geringer werden*) to decline, to
diminish; (*Wald*) to recede; (*an Wichtigkeit verlieren*) to fade (in importance);
(*im Hintergrund bleiben*) to come second
(*hinter jdm/etw* to sb/sth).
  II *vti* (*mit Fuß*) to kick back.
zurück|übersetzen* *vt sep* to translate
back; **zurückverfolgen*** *vt sep* (*fig*) to
trace back, to retrace; **zurückversetzen***
sep I *vt* **1.** (*in seinen alten Zustand*) to
restore (*in +acc* to); (*in eine andere Zeit*)
to take back (*in +acc* to); **wir fühlten uns
ins 18. Jahrhundert zurückversetzt** we felt
as if we had been taken back *or* transported to the 18th century; **2.** *Beamte etc* to
transfer back; *Schüler* to move down (*in +
acc* into); II *vr* to think oneself back (*in +
acc* to); **zurückweichen** *vi sep irreg aux
sein* (*vor +dat* from) (*erschrocken*) to
shrink back; (*ehrfürchtig*) to stand back;
(*nachgeben*) to retreat; (*vor Verantwortung, Hindernis*) to shy away; (*Mil*) to
withdraw, to fall back; (*Hochwasser*) to
recede, to subside; **zurückweisen** *vt sep
irreg* to reject; *Geschenk, Angebot etc
auch* to refuse; *Gäste, Bittsteller* to turn
away; *Angriff* to repel, to repulse; (*Jur*)
Klage, Berufung auch to dismiss; (*an der
Grenze*) to turn back; **Zurückweisung**
f siehe vt rejection; refusal; turning away;
repulsion; dismissal; turning back; **zu-
rückwerfen** *vt sep irreg Ball, Kopf* to
throw back; *Feind* to repulse, to repel;
Strahlen, Schall to reflect; (*fig: wirtschaftlich, gesundheitlich*) to set back (*um* by);
zurückwirken *vi sep* to react (*auf +acc*
upon); **zurückwollen** *vi sep* (*inf*) to want
to go back; **zurückzahlen** *vt sep* to repay,
to pay back; *Schulden auch* to pay off;
Spesen etc to refund; **das werde ich ihm** ~
(*fig*) I'll pay him back for that!
zurückziehen *sep irreg* I *vt* to pull *or* draw
back; *Hand, Fuß* to pull *or* draw away *or*
back; *Truppen* to pull back; (*rückgängig
machen*) *Antrag, Bemerkung, Klage etc* to
withdraw.
  II *vr* to retire, to withdraw; (*sich zur
Ruhe begeben*) to retire; (*Mil*) to withdraw, to retreat; (*vom Geschäft, von der
Politik etc*) to retire (*von, aus* from). **sich
von jdm** ~ to withdraw from sb; **sich von**

der Welt ~ to retire from the world.
  III *vi aux sein* to move back; (*Truppen*)
to march back; (*Vögel*) to fly back.
Zurückziehung *f* withdrawal, retraction;
zurückzucken *vi sep aux sein* to recoil, to
start back; (*Hand, Fuß*) to jerk back.
Zuruf *m* shout, call; (*aufmunternd*) cheer.
durch ~ **abstimmen** *or* **wählen** to vote by
acclamation; ~**e** shouts.
zurufen *vti sep irreg* **jdm etw** ~ to shout sth
to *or* at sb; (*feierlich*) to call sth out to sb;
jdm anfeuernd ~ to cheer sb.
zurzeit *adv* (*Aus, Sw*) at present, at the
moment; *siehe* **Zeit.**
Zusage *f* -**, -n 1.** (*Zustimmung*) assent, consent. **2.** (*Verpflichtung*) undertaking,
commitment. **3.** (*Annahme*) acceptance;
(*Bestätigung*) confirmation. **4.** (*Versprechen*) promise, pledge. **ich kann
Ihnen keine** ~**n machen** I can't make you
any promises.
zusagen *sep* I *vt* **1.** (*versprechen*) to
promise; (*bestätigen*) to confirm. **er hat
sein Kommen fest zugesagt** he has
promised firmly that he will come.
  2. jdm etw auf den Kopf ~ (*inf*) to tell
sb sth outright; **ich kann ihm auf den Kopf**
~, **wenn er mich belügt** I can tell by his
face when he's lying.
  II *vi* **1.** (*annehmen*) (**jdm**) ~ to accept.
  2. (*gefallen*) **jdm** ~ to appeal to sb; **das
will mir gar nicht** ~ I don't like it one little
bit.
zusammen *adv* together. **alle/alles** ~ all
together; **wir haben das Buch** ~
geschrieben we have written the book
together *or* between us; **wir hatten** ~ **100
Mark zum Ausgeben** between us we had
100 marks to spend; **wir bestellten uns** ~
eine Portion we ordered one portion between us; ~ **mit** together *or* along with;
mit jdm ~ **sein** to be together with sb;
(*euph*) to be with sb; **das macht** ~ **50
Mark** that comes to *or* makes 50 marks all
together *or* in all; **er zahlt mehr als wir alle**
~ he pays more than all of us *or* the rest
of us put together.
Zusammen|arbeit *f* co-operation; (*mit dem
Feind*) collaboration; **in** ~ **mit** in co-
operation with; **zusammen|arbeiten** *vi
sep* to co-operate, to work together; (*mit
dem Feind*) to collaborate.
zusammenballen *sep* I *vt Schnee, Lehm* to
make into a ball; *Papier* to screw up into
a ball. II *vr* (*sich ansammeln*) to
accumulate; (*Menge*) to mass (together);
(*Mil*) to be concentrated *or* massed.
Zusammenballung *f* accumulation;
zusammenbauen *vt sep* to assemble, to
put together; **etw wieder** ~ to reassemble
sth; **zusammenbeißen** *vt sep irreg* **die
Zähne** ~ (*lit*) to clench one's teeth; (*fig*) to
grit one's teeth; **zusammenbekommen***
vt sep irreg siehe **zusammenkriegen;
zusammenbinden** *vt sep irreg* to tie *or*
bind together; **zusammenbleiben** *vi sep
irreg aux sein* to stay together; **zusam-
menbrauen** *sep* I *vt* (*inf*) to concoct, to
brew (up); II *vr* (*Gewitter, Unheil etc*) to
be brewing.
zusammenbrechen *vi sep irreg aux sein*
(*Gebäude*) to cave in; (*Brücke auch*) to

give way; (*Wirtschaft*) to collapse; (*Widerstand*) to crumble; (*zum Stillstand kommen*) (*Verkehr etc*) to come to a standstill *or* halt; (*Verhandlungen, Telefonverbindung, Mil: Angriff*) to break down; (*Elec: Spannung*) to fail; (*Mensch*) to break down; (*vor Erschöpfung*) to collapse.

zusammenbringen *vt sep irreg* **1.** (*sammeln*) to bring together, to collect; *Geld* to raise.

2. (*inf: zustande bringen*) to manage; *Gedanken* to collect; *Worte, Sätze* to put together; (*ins Gedächtnis zurückrufen*) to remember; (*zusammenkriegen, -bauen*) to get together.

3. (*in Kontakt bringen*) *Stoffe* to bring into contact with each other; *Menschen* to bring together. **wieder** ~ (*versöhnen*) to reconcile, to bring back together.

Zusammenbruch *m* (*von Beziehungen, Kommunikation*) breakdown; (*fig*) collapse; (*Nerven~*) breakdown.

zusammendrängen *sep* **I** *vt Menschen* to crowd *or* herd together; (*fig*) *Ereignisse, Fakten* to condense.

II *vr* (*Menschen*) to crowd (together); (*Mil: Truppen*) to be concentrated *or* massed. **die ganze Handlung des Stücks drängt sich im letzten Akt zusammen** all the action of the play is concentrated into the last act.

zusammenfahren *sep irreg* **I** *vi aux sein* **1.** (*zusammenstoßen*) to collide; **2.** (*erschrecken*) to start; (*vor Schmerz*) to flinch; **II** *vt* (*inf*) **1.** (*überfahren*) to run over; **2.** *Fahrzeug* to crash, to wreck;

Zusammenfall *m* (*von Ereignissen*) coincidence.

zusammenfallen *vi sep irreg aux sein* **1.** (*einstürzen*) to collapse; (*Hoffnungen*) to be shattered. **in sich** (*acc*) ~ (*lit, fig*) to collapse; (*Hoffnungen*) to be shattered; (*Lügengebäude auch*) to fall apart. **2.** (*niedriger werden, sich senken*) to go down. **die Glut war (in sich) zusammengefallen** the fire had died down. **3.** (*durch Krankheit etc*) to wither away. **er sah ganz zusammengefallen aus** he looked very decrepit. **4.** (*Ereignisse*) to coincide.

zusammenfalten *vt sep* to fold up.

zusammenfassen *sep* **I** *vt* **1.** to combine (*zu* in); (*vereinigen*) to unite; (*Math*) to sum; (*Mil*) *Truppen* to concentrate. **2.** *Bericht etc* to summarize. **II** *vi* (*das Fazit ziehen*) to summarize, to sum up. **ein** ~**der Bericht** a summary, a résumé; ~**d kann man sagen, …** to sum up *or* in summary, one can say …; **wenn ich kurz** ~ **darf** just to sum up.

Zusammenfassung *f* **1.** *siehe vt* **1.** combination; union; summing; concentration; **2.** (*Überblick*) summary, synopsis, résumé; (*von Abhandlung*) abstract;

zusammenfegen *vt sep* to sweep together; **zusammenfinden** *vr sep irreg* to meet; (*sich versammeln*) to congregate; **zusammenflicken** *vt sep* to patch together; (*inf*) *Verletzten* to patch up (*inf*); **zusammenfließen** *vi sep irreg aux sein* to flow together, to meet; (*Farben*) to run together; **Zusammenfluß** *m* con-

fluence; **zusammenfügen** *sep* **I** *vt* to join together; (*Tech*) to fit together; **etw zu etw** ~ to join/fit sth together to make sth; **II** *vt* to fit together; **sich gut** ~ (*fig*) to turn out well; **zusammengehen** *vi sep* to bring together; *Familie* to reunite; **zusammengehen** *vi sep irreg aux sein* **1.** (*sich vereinen*) to unite; (*Linien etc*) to meet; **2.** (*dial: einlaufen: Wäsche*) to shrink; **3.** (*inf: sich verbinden lassen*) to go together; **zusammengehören*** *vi sep* (*Menschen, Städte, Firmen etc*) to belong together; (*Gegenstände*) to go together, to match; (*als Paar*) to form a pair; (*Themen etc*) to go together; **zusammengehörig** *adj Kleidungsstücke etc* matching; (*verwandt*) related, connected; ~ **sein** to match; to be related *or* connected; **Zusammengehörigkeit** *f* (*Einheit*) unity, identity; **Zusammengehörigkeitsgefühl** *nt* (*in Gemeinschaft*) communal spirit; (*esp Pol*) feeling of solidarity; (*in Mannschaft*) team spirit; (*in Familie*) sense of a common bond.

zusammengesetzt *adj* **aus etw** ~ **sein** to consist of sth, to be composed of sth; ~**es Wort/Verb** compound (word)/verb; ~**e Zahl** compound *or* complex number; ~**er Satz** complex sentence.

zusammengewürfelt *adj* oddly assorted, motley; *Mannschaft* scratch *attr*; **ein bunt** ~**er Haufen** a motley crowd; **zusammengießen** *vt sep irreg* to pour together; **zusammenhaben** *vt sep irreg* (*inf*) **etw** ~ to have got sth together; *Geld auch* to have raised sth; **Zusammenhalt** *m, no pl* (*Tech*) (cohesive) strength; (*einer Erzählung*) coherence, cohesion; (*fig: in einer Gruppe*) cohesion; (*esp Pol*) solidarity; (*fig: einer Mannschaft*) team spirit.

zusammenhalten *sep irreg* **I** *vt* **1.** to hold together; (*inf*) *Geld etc* to hold on to. **2.** (*nebeneinanderhalten*) to hold side by side. **II** *vi* to hold together; (*fig: Freunde, Gruppe etc*) to stick *or* stay together.

Zusammenhang *m* (*Beziehung*) connection (*von, zwischen* +*dat* between); (*Wechselbeziehung*) correlation (*von, zwischen* +*dat* between); (*Verflechtung*) interrelation (*von, zwischen* +*dat* between); (*von Ideen auch, von Geschichte*) coherence; (*im Text*) context. **etw mit etw in** ~ **bringen** to connect sth with sth; **im** *or* **in** ~ **mit etw stehen** to be connected with sth; **etw aus dem** ~ **reißen** to take sth out of its context; **nicht im** ~ **mit etw stehen** to have no connection with sth.

zusammenhängen *sep* **I** *vt Kleider in Schrank etc* to hang (up) together. **II** *vi irreg* to be joined (together), (*fig*) to be connected. ~**d** *Rede, Erzählung* coherent; **das hängt damit zusammen, daß** … that is connected with the fact that …

zusammenhang(s)los I *adj* incoherent, disjointed; (*weitschweifig auch*) rambling; **II** *adv* incoherently.

zusammenhauen *vt sep irreg* (*inf*) **1.** (*zerstören*) to smash to pieces; **jdn** ~ to beat sb up (*inf*); **2.** (*fig: pfuschen*) to knock together; *Geschriebenes* to scribble (down); **zusammenheften** *vt sep* (*mit Heftklammern*) to staple together; (*Sew*) to tack together; **zusammenheilen** *vi sep aux sein* (*Wunde*) to heal (up); (*Knochen*) to knit (together); **zusammenkauern** *vr sep* (*vor Kälte*) to huddle together; (*vor Angst*) to cower; **zusammenkehren** *vt sep* to sweep together; **zusammenketten** *vt sep* to chain together; (*fig*) to bind together; **Zusammenklang** *m* (*Mus, fig geh*) harmony, accord; **zusammenklappbar** *adj* folding; *Stuhl, Tisch auch* collapsible.

zusammenklappen *sep* I *vt Messer, Stuhl etc* to fold up; *Schirm* to shut. **die Hacken ~** to click one's heels. II *vi aux sein* **1.** (*Stuhl etc*) to collapse. **2.** (*fig inf*) to flake out (*inf*); (*nach vorne*) to double up.

zusammenkleben *vti sep* (*vi: aux haben or sein*) to stick together; **zusammenklingen** *vi sep irreg* to sound together; (*fig: Farben etc*) to harmonize; **zusammenkneifen** *vt sep irreg Lippen etc* to press together; *Augen* to screw up; *Mund* pinched; **zusammenknoten** *vt sep* to knot *or* tie together.

zusammenkommen *vi sep irreg aux sein* to meet (together), to come together; (*Umstände*) to combine; (*fig: sich einigen*) to agree, to come to an agreement; (*fig: sich ansammeln*) (*Schulden etc*) to mount up, to accumulate; (*Geld bei einer Sammlung*) to be collected. **er kommt viel mit Menschen zusammen** he meets a lot of people; **wir kommen zweimal jährlich zusammen** we meet *or* we get together twice a year; **heute kommt wieder mal alles zusammen** (*inf*) it's all happening at once today.

zusammenkoppeln *vt sep Anhänger, Wagen* to couple together; (*Space*) to dock; **zusammenkrachen** *vi sep aux sein* (*inf*) **1.** (*einstürzen*) to crash down; (*fig: Börse, Wirtschaft*) to crash; **2.** (*zusammenstoßen: Fahrzeuge*) to crash (into each other); **zusammenkrampfen** *vr* (*Hände*) to clench; (*Muskel*) to tense up; **da krampfte sich mein Herz zusammen** my heart nearly stopped; **zusammenkratzen** *vt sep* to scrape *or* scratch together; (*fig inf*) *Geld etc* to scrape together; **zusammenkriegen** *vt sep* (*inf*) to get together; *Wortlaut etc* to remember; *Geld, Spenden* to collect; **Zusammenkunft** *f* -, **-künfte** meeting; (*von mehreren auch*) gathering; (*zwanglos*) gettogether; **zusammenläppern** *vr sep* (*inf*) to add *or* mount up; **zusammenlassen** *vt sep irreg* to leave together.

zusammenlaufen *vi sep irreg aux sein* **1.** (*an eine Stelle laufen*) to gather; (*Flüssigkeit*) to collect. **2.** (*Flüsse etc*) to flow together, to meet; (*Farben*) to run together; (*Math*) to intersect, to meet; (*Straßen*) to converge; (*fig: Fäden etc*) to meet.

zusammenleben *sep* I *vi* to live together. II *vr* to learn to live with each other.

Zusammenleben *nt* living together *no art*; (*von Ländern etc*) co-existence. **das ~ der Menschen** the social life of man; **mein ~ mit ihm war ...** living with him was ...; **das menschliche ~** social existence.

zusammenlegen *sep* I *vt* **1.** (*falten*) to fold (up). **2.** (*stapeln*) to pile *or* heap together.

3. (*vereinigen*) to combine, to merge; *Grundstücke* to join; *Termine, Veranstaltungen* to hold together *or* at the same time; (*zentralisieren*) to centralize. **sie legten ihr Geld zusammen** they pooled their money, they clubbed together. II *vi* (*Geld gemeinsam aufbringen*) to club together, to pool one's money. **für ein Geschenk ~** to club together for a present.

Zusammenlegung *f* (*Vereinigung*) amalgamation, merging; (*von Grundstücken*) joining; (*Zentralisierung*) centralization; **zusammenleimen** *vt sep* to glue together; **zusammenlügen** *vt sep irreg* (*inf*) to make up, to concoct; **was der** (**sich** *dat*) **wieder zusammenlügt!** the stories he makes up!; **zusammennageln** *vt sep* to nail together; **zusammennähen** *vt sep* to sew *or* stitch together.

zusammennehmen *sep irreg* I *vt* to gather up *or* together; *Mut* to summon up, to muster up; *Gedanken* to collect. **alles zusammengenommen** all together, all in all.

II *vr* (*sich zusammenreißen*) to pull oneself together, to get a grip on oneself; (*sich beherrschen*) to control oneself, to take a grip on oneself.

zusammenpacken *sep* I *vt* to pack up together; **pack (deine Sachen) zusammen!** get packed!; II *vi siehe* **einpacken II**; **zusammenpassen** *vi sep* (*Menschen*) to suit each other, to be suited to each other; (*Farben, Stile*) to go together; **gut/überhaupt nicht ~** to go well together/not to go together at all; **zusammenpferchen** *vt sep* to herd together; (*fig*) to pack together; **Zusammenprall** *m* collision; (*fig*) clash; **zusammenprallen** *vi sep aux sein* to collide; (*fig*) to clash; **zusammenpressen** *vt sep* to press *or* squeeze together; (*verdichten*) to compress; **zusammenraffen** *vt sep* **1.** to bundle together; *Röcke* to gather up; **2.** (*fig*) *Mut* to summon up, to muster (up); **3.** (*fig pej: anhäufen*) to amass, to pile up; **zusammenraufen** *vr sep* to get it all together (*sl*), to achieve a viable working relationship; **zusammenrechnen** *vt sep* to add *or* total up; **alles zusammengerechnet** all together; (*fig*) all in all.

zusammenreimen *sep* I *vt* (*inf*) **sich** (*dat*) **den Rest ~** to put two and two together; **das kann ich mir nicht ~** I can't make head or tail of this, I can't figure it out at all; II *vr* to make sense. **wie reimt sich das zusammen?** it doesn't make sense.

zusammenreißen *sep irreg* I *vr* to pull oneself together; II *vt* **die Hacken ~** to click one's heels; **zusammenrollen** *sep* I *vt* to roll up; *Teppich etc* to curl up; (*Igel*) to roll *or* curl (itself) up (into a ball); (*Schlange*) to coil up; **zusammenrotten** *vr sep* (*pej*) (*esp Jugendliche*) to gang up (*gegen* against); (*esp heimlich*) to band together (*gegen* against); (*in aufrührerischer Absicht*) to form a mob; **Zusammenrottung** *f* **1.** *siehe vr* ganging up; banding together; formation of a mob; **2.** (*Gruppe*) (*esp von Jugendlichen*) gang; (*in aufrührerischer Absicht*) mob; (*Jur*) riotous assembly; **zusammenrücken** *sep* I *vt Möbel etc* to move closer together; *(schreiben)* Wörter *etc* to close up; **II** *vi aux sein* to move up closer, to move closer together; **zusammenrufen** *vt sep irreg* to call together; **zusammensacken** *vi sep aux sein* auseinander **zusammensinken; in sich** *(dat)* ~ *(lit)* to collapse; *(fig) (bei Nachricht etc)* to seem to crumble; **zusammenscharen** *vr sep* to gather; *(Menschen auch)* to congregate; **Zusammenschau** *f* overall view; **erst in der** ~ ... only when you view everything as a whole ...; **zusammenscheißen** *vt sep irreg (sl)* **jdn** ~ to give sb a bollocking *(sl)*; **zusammenschießen** *vt sep irreg* to shoot up, to riddle with bullets, to shoot to pieces; *(mit Artillerie)* to pound to pieces.

zusammenschlagen *sep irreg* **I** *vt* **1.**(*aneinanderschlagen*) to knock *or* bang *or* strike together; *Becken* to clash; *Hacken* to click; *Hände* to clap. **2.** *(falten)* to fold up. **3.** *(verprügeln)* to beat up; *(zerschlagen)* Einrichtung to smash up, to wreck. **II** *vi aux sein* **über jdm/etw** ~ *(Wellen etc)* to close over sb/sth; *(stärker)* to engulf sb/sth; *(fig: Unheil etc)* to descend upon sb/sth, to engulf sb/sth.

zusammenschließen *vr sep irreg* to join together, to combine, *(Comm)* to amalgamate, to merge; **sich gegen jdn** ~ to band together against sb; **Zusammenschluß** *m siehe vr* joining together, combining; amalgamation, merger; *(von politischen Gruppen)* amalgamation; **zusammenschnüren** *vt sep* to tie up; **dieser traurige Anblick schnürte mir das Herz zusammen** this pitiful sight made my heart bleed; **zusammenschrecken** *vi sep irreg aux sein* to start.

zusammenschreiben *vt sep irreg* **1.** Wörter *(orthographisch)* to write together; *(im Schriftbild)* to join up. **2.** *(pej: verfassen)* to scribble down. **was der für einen Mist zusammenschreibt** what a load of rubbish he writes. **3.** *(inf: durch Schreiben verdienen)* **sich** *(dat)* **ein Vermögen** ~ to make a fortune with one's writing.

zusammenschrumpfen *vi sep aux sein* to shrivel up; *(fig)* to dwindle *(auf +acc* to); **zusammenschustern** *vt (pej) sep* to throw together; **zusammenschweißen** *vt sep (lit, fig)* to weld together; **Zusammensein** *nt* being together *no art; (von Gruppe)* get-together.

zusammensetzen *sep* **I** *vt* **1.** Schüler *etc* to put *or* seat together.

2. Gerät, Gewehr to put together, to assemble *(zu* to make).

II *vr* **1.** to sit together; *(um etwas zu besprechen, zu trinken etc)* to get together. **sich mit jdm (am Tisch)** ~ to join sb (at their table); **sich gemütlich** ~ to have a cosy get-together; **sich auf ein Glas Wein** ~ to get together over a glass of wine.

2. sich ~ **aus** to consist of, to be composed *or* made up of.

Zusammensetzung *f* putting together; *(von Gerät auch)* assembly; *(Struktur)* composition, make-up; *(Mischung)* mixture, combination *(aus* of); *(Gram)* compound; **das Team in dieser** ~ the team, in this line-up; **zusammensinken** *vi sep*

irreg aux sein **(in sich** *dat)* ~ to slump; *(Gebäude)* to cave in; **zusammengesunken** *(vor Kummer etc)* bowed; **Zusammenspiel** *nt (Mus)* ensemble playing; *(Theat)* ensemble acting; *(Sport)* teamwork; *(fig auch)* co-operation, teamwork; *(von Kräften etc)* interaction; **zusammenstauchen** *vt sep (inf)* to give a dressing-down *(inf)*; **zusammenstecken** *sep* **I** *vt Einzelteile* to fit together; *(mit Nadeln etc)* to pin together; **die Köpfe** ~ *(inf)* to put their/our *etc* heads together; *(flüstern)* to whisper to each other; **II** *vi (inf)* to be together; **immer** ~ to be inseparable, to be as thick as thieves *(pej inf)*; **zusammenstehen** *vi sep irreg* to stand together *or* side by side; *(Gegenstände)* to be together *or* side by side; *(fig)* to stand by each other.

zusammenstellen *vt sep* to put together; *(nach einem Muster, System)* to arrange; *Bericht, Programm auch, (sammeln) Daten* to compile; *Liste, Fahrplan* to draw up; *Rede* to draft; *Sammlung auch, Gruppe* to assemble; *(Sport) Mannschaft* to pick.

Zusammenstellung *f* **1.** *siehe vt* putting together; arranging; compiling; drawing up; drafting; assembling; picking. **2.** *(nach Muster, System)* arrangement; *(von Daten, Programm)* compilation; *(Liste)* list; *(Zusammensetzung)* composition; *(Übersicht)* survey; *(Gruppierung)* assembly, group; *(von Farben)* combination.

zusammenstoppeln *vt sep (inf)* to throw together; **sich** *(dat)* **eine Rede** *etc* ~ to throw a speech *etc* together; **Zusammenstoß** *m* collision, crash; *(Mil, fig: Streit)* clash.

zusammenstoßen *sep irreg* **I** *vi aux sein (zusammenprallen)* to collide; *(Mil, fig: sich streiten)* to clash; *(sich treffen)* to meet; *(gemeinsame Grenze haben)* to adjoin. **mit jdm** ~ to collide with sb; to bump into sb; *(fig)* to clash with sb; **sie stießen mit den Köpfen zusammen** they banged *or* bumped their heads together; **mit der Polizei** ~ to clash with the police.

II *vt* to knock together. **er stieß sie mit den Köpfen zusammen** he banged *or* knocked their heads together.

zusammenstreichen *vt sep irreg* to cut (down) *(auf +acc* to); **zusammenströmen** *vi sep aux sein (Flüsse)* to flow into one another, to flow together; *(Menschen)* to flock *or* swarm together; **zusammenstückeln** *vt sep* to patch together; **zusammenstürzen** *vi sep aux sein (einstürzen)* to collapse, to tumble down; **zusammensuchen** *vt sep* to collect (together); **sich** *(dat)* **etw** ~ to find sth; **zusammentragen** *vt sep irreg (lit, fig)* to collect; **zusammentreffen** *vi sep irreg aux sein (Menschen)* to meet; *(Ereignisse)* to coincide; **mit jdm** ~ to meet sb; **Zusammentreffen** *nt* meeting; *(esp zufällig)* encounter; *(zeitlich)* coincidence; **zusammentreten** *vi sep irreg aux sein (Verein etc)* to meet; *(Parlament auch)* to assemble; *(Gericht)* to sit; **Zusammentritt** *m siehe vi* meeting; as-

sembly; session; **zusammentrommeln** vt
sep (inf) to round up (inf); **zusammen-
tun** sep irreg I vt (inf) to put together;
(vermischen) to mix; **II** vr to get together;
zusammenwachsen vi sep irreg aux sein
to grow together; (zuheilen: Wunde) to
heal (up), to close; (Knochen) to knit;
(fig) to grow close; **zusammengewachsen
sein** (Knochen) to be joined or fused;
zusammenwerfen vt sep irreg **I** to throw
together; (fig) (durcheinanderbringen) to
mix or jumble up; (in einen Topf werfen)
to lump together; **zusammenwirken** vi
sep to combine, to act in combination;
zusammenzählen vt sep to add up.
zusammenziehen sep irreg **I** vt **1.** to draw
or pull together; (verengen) to narrow;
Augenbrauen to knit. **ein Loch in einem
Strumpf** ~ to mend a hole in a stocking
(by pulling the sides together and sewing it
up); **der saure Geschmack zog ihm den
Mund zusammen** he screwed up his mouth
at the bitter taste.
2. (fig) Truppen, Polizei to assemble.
3. (Math) Zahlen to add together;
mathematischen Ausdruck to reduce.
II vr (esp Biol, Sci) to contract; (enger
werden) to narrow; (Wunde) to close
(up); (Gewitter, Unheil) to be brewing.
III vi aux sein to move in together. **mit
jdm** ~ to move in (together) with sb.
zusammenzucken vi sep aux sein to start.
Zusatz m addition; (Bemerkung) additional remark; (zu Gesetz, Vertrag etc)
rider; (zu Testament) codicil; (Gram)
appositive expression; (Verb~) separable
element; (Beimischung auch) admixture,
additive. **durch/nach** ~ **von etw** by/after
adding sth, with or by/after the addition of
sth.
Zusatz- in cpds additional, supplementary;
Zusatzbestimmung f supplementary
provision; **Zusatzgerät** nt attachment.
zusätzlich I adj additional; (weiter auch)
added attr, further attr; (ergänzend auch)
supplementary. **II** adv in addition.
Zusatzmittel nt, **Zusatzstoff** m additive;
Zusatzversicherung f additional or
supplementary insurance; **Zusatzzahl** f
additional number, seventh number in
Lotto.
zuschanden adv (geh) ~ **machen** (fig) to
ruin, to wreck; **ein Auto** ~ **fahren** to wreck
a car; **ein Pferd** ~ **reiten** to ruin a horse;
~ **werden** (fig) to be wrecked or ruined.
zuschanzen vt sep (inf) **jdm etw** ~ to make
sure sb gets sth.
zuschauen vi sep siehe zusehen.
Zuschauer m -s, - spectator (auch Sport);
(TV) viewer; (Theat) member of the
audience; (Beistehender) onlooker. **die** ~
pl the spectators pl; (esp Ftbl auch) the
crowd sing; (TV) the (television)
audience sing, the viewers; (Theat) the
audience sing; **wie viele** ~ **waren da?**
(Sport) how many spectators were there?;
(esp Ftbl auch) how large was the crowd?
Zuschauerkulisse f (Sport) crowd;
Zuschauerraum m auditorium; **Zu-
schauertribüne** f (esp Sport) stand;
Zuschauerzahl f attendance figure;
(Sport auch) gate.

zuschicken vt sep jdm etw ~ to send sth to
sb or sb sth; (mit der Post auch) to mail sth
to sb; **sich** (dat) **etw** ~ **lassen** to send for
sth; **etw zugeschickt bekommen** to receive
sth (by post), to get sth sent to one.
zuschieben vt sep irreg **1.** jdm etw ~ to
push sth over to sb; (heimlich) to slip sb
sth; (fig: zuschanzen) to make sure sb
gets sth; **jdm die Verantwortung/Schuld** ~
to put the responsibility/blame on sb.
2. (schließen) Tür, Fenster to slide shut;
Schublade to push shut.
zuschießen sep irreg **I** vt **1.** jdm den Ball ~
to kick the ball over to sb.
2. Geld etc to contribute. **Geld für etw**
~ to put money towards sth; **jdm 100
Mark** ~ to give sb 100 marks towards it/
sth.
II vi aux sein (inf) **auf jdn** ~ or **zu-
geschossen kommen** to rush or shoot up
to sb.
Zuschlag m **1.** (Erhöhung) extra charge,
surcharge (esp Comm, Econ); (Rail)
supplement, supplementary charge;
(~skarte) supplementary ticket.
2. (Tech) addition.
3. (bei Versteigerung) acceptance of a
bid; (Auftragserteilung) acceptance of a/
the tender. **jdm den** ~ **erteilen** (form) or
geben to knock down the lot or item to sb;
(nach Ausschreibung) to award the
contract to sb; **er erhielt den** ~ the lot
went to him; (nach Ausschreibung) he obtained or was awarded the contract.
zuschlagen sep irreg **I** vt **1.** Tür, Fenster to
slam (shut), to bang shut. **die Tür hinter
sich** (dat) ~ to slam the door behind one.
2. (Sport: zuspielen) jdm den Ball ~ to
hit the ball to sb.
3. (bei Versteigerung) jdm etw ~ to
knock sth down to sb; **einer Firma einen
Vertrag** ~ to award a contract to a firm.
4. Gebiet to annex (dat to).
II vi **1.** (kräftig schlagen) to strike (auch
fig); (losschlagen) to hit out. **schlag zu!** hit
me/him/it etc!; **das Schicksal hat entsetzlich zugeschlagen** (geh) fate has struck a
terrible blow.
2. aux sein (Tür) to slam (shut), to bang
shut.
Zuschlag(s)- (Rail): **zuschlag(s)frei**
adj Zug not subject to a supplement;
Zuschlag(s)karte f (Rail) supplementary ticket (for trains on which a supplement is payable); **zuschlag(s)pflichtig**
adj Zug subject to a supplement.
zuschließen sep irreg **I** vt to lock; Laden to
lock up. **II** vi to lock up.
zuschnallen vt sep to fasten, to buckle;
Koffer to strap up.
zuschnappen vi sep **1.** (zubeißen) **der
Hund schnappte zu** the dog snapped at
me/him etc. **2.** aux sein (Schloß) to snap or
click shut.
zuschneiden vt sep irreg to cut to size; (Sew)
to cut out. **auf etw** (acc) **zugeschnitten sein**
(fig) to be geared to sth; **auf jdn/etw genau
zugeschnitten sein** (lit, fig) to be tailor-
made for sb/sth.
Zuschneider m cutter.
zuschneien vi sep aux sein to snow in or up.
Zuschnitt m **1.** no pl (Zuschneiden) cutting.

2. (*Form*) cut; (*fig*) calibre.

zuschnüren *vt sep* to tie up; *Schuhe, Mieder* to lace up. **die Angst schnürte ihm die Kehle zu** he was choked with fear; **jdm das Herz ~** to make sb's heart bleed.

zuschrauben *vt sep Hahn etc* to screw shut; *Deckel etc* to screw on. **eine Flasche ~** to screw on the top of a bottle.

zuschreiben *vt sep irreg* **1.** (*inf: hin~*) to add.
2. (*übertragen*) to transfer, to sign over (*dat* to).
3. (*fig*) to ascribe, to attribute (*dat* to). **das hast du dir selbst zuzuschreiben** you've only got yourself to blame; **das ist nur seiner Dummheit/ihrem Geiz zuzuschreiben** that can only be put down to his stupidity/her meanness.

Zuschrift *f* letter; (*auf Anzeige*) reply.

zuschulden *adv*: **sich** (*dat*) **etwas ~ kommen lassen** to do something wrong; **solange man sich nichts ~ kommen läßt** as long as you don't do anything wrong.

Zuschuß *m* subsidy, grant; (*nicht amtlich*) something towards it, contribution; (*esp regelmäßig von Eltern*) allowance. **einen ~ zu etw gewähren** *or* **geben** to give a subsidy for sth; to make a contribution towards sth; **mit einem kleinen ~ von meinen Eltern kann ich ...** if my parents give me something towards it I can ...

Zuschußbetrieb *m* loss-making concern; **Zuschußgeschäft** *nt* loss-making deal; (*inf: Zuschußunternehmen*) loss-making business.

zuschustern *vt sep* (*inf*) **jdm etw ~** to make sure sb gets sth.

zuschütten *vt sep* to fill in *or* up; (*hin~*) to add.

zusehen *vi sep irreg* **1.** to watch; (*unbeteiligter Zuschauer sein*) to look on; (*etw dulden*) to sit back *or* stand by (and watch). **jdm/einer Sache ~** to watch sb/sth; **bei etw ~** to watch sth; (*etw dulden*) to sit back *or* stand by and watch sth; **jdm bei der Arbeit ~** to watch sb working; **ich habe nur zugesehen** I was only a spectator *or* an onlooker; **durch bloßes Z~** just by watching; **bei näherem Z~** when you watch/I watched *etc* more closely.
2. (*dafür sorgen*) **~, daß ...** to see to it that ..., to make sure (that) ...; **sieh mal zu!** (*inf*) see what you can do.

zusehends *adv* visibly; (*merklich auch*) noticeably, appreciably; (*rasch*) rapidly. **~ im Verfall begriffen sein** to be in rapid decline.

Zuseher(in *f*) *m* **-s, -** (*Aus TV*) viewer.

zusein *vi sep irreg aux sein* (*Zusammenschreibung nur bei infin und ptp*) (*inf*) to be shut *or* closed; (*sl: betrunken sein*) to have had a skinful (*inf*).

zusenden *vt sep irreg* to send, to forward; *Geld auch* to remit (*form*).

zusetzen *sep* **I** *vt* (*hinzufügen*) to add; (*inf: verlieren*) *Geld* to shell out (*inf*), to pay out. **er setzt immer (Geld) zu** (*inf*) he's always having to shell out (*inf*) *or* pay out; **er hat nichts mehr zuzusetzen** (*inf*) he has nothing in reserve.
II *vi* **jdm ~** (*unter Druck setzen*) to lean on sb (*inf*); *dem Gegner, Feind* to harass

sb, to press sb hard; (*drängen*) to badger *or* pester sb; (*schwer treffen*) to hit sb hard, to affect sb (badly); (*Kälte, Krankheit etc*) to take a lot out of sb.

zusichern *vt sep* **jdm etw ~** to assure sb of sth, to promise sb sth; **mir wurde zugesichert, daß ...** I was assured *or* promised that ...

Zusicherung *f* assurance, promise.

Zuspätkommende(r) *mf decl as adj* latecomer.

zusperren *vt sep* (*S Ger, Aus, Sw*) (*zuschließen*) to lock; *Haus, Laden* to lock up; (*verriegeln*) to bolt.

Zuspiel *nt* (*Sport*) passing.

zuspielen *vt sep Ball* to pass (*dat* to). **jdm etw ~** (*fig*) to pass sth on to sb; (*der Presse*) to leak sth to sb.

zuspitzen *sep* **I** *vt Stock etc* to sharpen. **zugespitzt** sharpened; *Turm etc* pointed; (*fig*) exaggerated. **II** *vr* to be pointed; (*fig: Lage, Konflikt*) to intensify. **die Lage spitzt sich immer mehr zu** the situation is coming to a head.

Zuspitzung *f* (*fig*) worsening.

zusprechen *sep irreg* **I** *vt* (*Jur*) *Preis, Gewinn etc* to award; *Kind* to award *or* grant custody of. **das Kind wurde dem Vater zugesprochen** the father was granted custody (of the child); **jdm Mut/Trost ~** (*fig*) to encourage/comfort sb.
II *vi* **1.** **jdm (gut/besänftigend) ~** to talk *or* speak (nicely/ gently) to sb.
2. dem Essen/Wein *etc* **tüchtig** *or* **kräftig ~** to tuck into the food/wine *etc*.

Zuspruch *m, no pl* **1.** (*Worte*) words *pl*; (*Aufmunterung*) (words *pl* of) encouragement; (*Rat*) advice; (*tröstlich*) (words *pl* of) comfort.
2. (*Anklang*) (**großen**) **~ finden** *or* **haben, sich großen ~s erfreuen** to be (very) popular; (*Stück, Film*) to meet with general acclaim; (*Anwalt, Arzt*) to be (very) much in demand.

Zustand *m* state; (*von Haus, Ware, Auto, Med*) condition; (*Lage*) state of affairs, situation. **Zustände** *pl* conditions; (*von Mensch*) fits; **in gutem/schlechtem ~** in good/poor condition; (*Mensch auch*) in good/bad shape; (*Haus*) in good/bad repair; **in ungepflegtem/baufälligem ~** in a state of neglect/disrepair; **in angetrunkenem ~** under the influence of alcohol; **eine Frau in ihrem ~ ...** a woman in her condition ...; **er war wirklich in einem üblen ~** he really was in a bad way; (*seelisch*) he really was in a state; **Zustände bekommen** *or* **kriegen** (*inf*) to have a fit (*inf*), to hit the roof (*inf*); **das ist doch kein ~** that's not right; **das sind ja schöne Zustände!** (*iro*) that's a fine state of affairs! (*iro*); **das sind ja Zustände!** (*inf*) it's terrible.

zustande *adv* **1.** **~ bringen** to manage; *Arbeit* to get done; *Ereignis, Frieden etc* to bring about, to achieve; **es ~ bringen, daß jd etw tut** to (manage to) get sb to do sth.
2. **~ kommen** (*erreicht werden*) to be achieved; (*geschehen*) to come about; (*stattfinden*) to take place; (*Plan etc*) to materialize; (*Gewagtes, Schwieriges*) to come off.

Zustandekommen *nt siehe* **zustande 2.**, *gebrauche Verbalkonstruktion.*

zuständig *adj* (*verantwortlich*) responsible; (*entsprechend*) *Amt etc* appropriate, relevant; (*Kompetenz habend*) competent (*form, Jur*). **dafür ist er ~** that's his responsibility; **der dafür ~e Beamte** the official responsible for *or* in charge of such matters; **~ sein** (*Jur*) to have jurisdiction; **in erster Instanz ~ sein** (*Jur*) to have original jurisdiction.

Zuständigkeit *f* **1.** (*Kompetenz*) competence; (*Jur auch*) jurisdiction; (*Verantwortlichkeit*) responsibility. **2.** *siehe* **Zuständigkeitsbereich.**

Zuständigkeitsbereich *m* area of responsibility; (*Jur*) jurisdiction, competence. **das fällt/fällt nicht in unseren ~** that is/isn't our responsibility; (*Jur*) that is within/outside our jurisdiction (*Jur*).

zustatten *adj* **jdm ~ kommen** (*geh*) to come in useful for sb.

zustecken *vt sep* **1.** *Kleid etc* to pin up *or* together. **2. jdm etw ~** to slip sb sth.

zustehen *vi sep irreg* **etw steht jdm zu** sb is entitled to sth; **darüber steht mir kein Urteil zu** it's not for me *or* up to me to judge that; **es steht ihr nicht zu, das zu tun** it's not for her *or* up to her to do that.

zusteigen *vi sep irreg aux sein* to get on, to board; to join *or* board the train/flight/ship. **noch jemand zugestiegen?** (*in Bus*) any more fares, please?; (*in Zug*) tickets please!

Zustellbereich *m* postal district; **Zustelldienst** *m* delivery service.

zustellen *vt sep* **1.** *Brief* to deliver; (*Jur*) to serve (*jdm etw* sb with sth). **2.** *Tür etc* to block.

Zusteller(in *f*) *m* **-s, -** deliverer; (*Jur*) server; (*Briefträger*) postman.

Zustellgebühr *f* delivery charge.

Zustellung *f* delivery; (*Jur*) service (of a writ).

Zustellungs|urkunde *f* (*Jur*) writ of summons.

zusteuern *sep* **I** *vi aux sein* **auf etw** (*acc*) **~, einer Sache** (*dat*) **~** (*geh*) (*lit, fig*) to head for sth; (*im Gespräch*) to steer towards sth. **II** *vt* (*beitragen*) to contribute (*zu* to).

zustimmen *vi sep* (*einer Sache dat*) **~** to agree (to sth); (*einwilligen*) to consent (to sth); (*billigen*) to approve (of sth); **jdm** (**in einem Punkt**) **~** to agree with sb (on a point); **einer Politik ~** to endorse a policy; **dem kann man nur ~** I/we *etc* quite agree with you/him *etc*; **er nickte ~d** he nodded in agreement; **eine ~de Antwort** an affirmative answer.

Zustimmung *f* (*Einverständnis*) agreement, assent; (*Einwilligung*) consent; (*Beifall*) approval. **seine ~ geben/verweigern** *or* **versagen** (*geh*) to give/refuse one's consent *or* assent; **allgemeine ~ finden** to meet with general approval; **das fand meine ~** I agreed with it completely.

zustoßen *sep irreg* **I** *vt Tür etc* to push shut. **II** *vi* **1.** to plunge a knife/sword *etc* in; (*Stier, Schlange*) to strike. **stoß zu!** go on, stab him/her *etc*!; **der Mörder hatte** (**mit dem Messer**) **dreimal zugestoßen** the murderer had stabbed him/her *etc* three times. **2.** (*passieren*) *aux sein* **jdm ~** to happen to sb; **wenn mir einmal etwas zustößt ...** (*euph*) if anything should happen to me ...; **ihm muß etwas zugestoßen sein** he must have had an accident, something must have happened to him.

Zustrom *m, no pl* (*fig: Menschenmenge*) (*hineinströmend*) influx; (*herbeiströmend*) stream (of visitors *etc*); (*Andrang*) crowd, throng; (*Met*) inflow. **großen ~ haben** to be very popular, to have crowds of people coming to it/them *etc*.

zutage *adj* **etw ~ fördern** to unearth sth (*auch hum*); (*aus Wasser*) to bring sth up; **etw ~ bringen** (*fig*) to bring sth to light, to reveal sth; (*offen*) **~ liegen** to be clear *or* evident; **~ kommen** *or* **treten** (*lit, fig*) to come to light, to be revealed.

Zutaten *pl* (*Cook*) ingredients *pl*; (*fig*) accessories *pl*, extras *pl*.

zuteil *adv* (*geh*) **jdm wird etw ~** sb is granted sth, sth is granted to sb; **mir wurde die Ehre ~, zu ...** I was given *or* had the honour of ...; **jdm etw/große Ehren ~ werden lassen** to give sb sth/bestow great honours upon sb.

zuteilen *vt sep* (*jdm* to sb) *Wohnung, Aktien* to allocate; *Rolle, Aufgabe auch* to allot; *Arbeitskraft* to assign. **etw zugeteilt bekommen** to be allocated sth; *Aufgabe etc auch* to be assigned sth; *Lebensmittel* to be apportioned sth.

Zuteilung *f siehe vt* allocation; allotment; assignment; apportionment. **Fleisch gab es nur auf ~** meat was only available on rations.

zutiefst *adv* deeply. **er war ~ betrübt** he was greatly saddened.

zutragen *sep irreg* **I** *vt* to carry (*jdm* to sb); (*fig: weitersagen*) to report (*jdm* to sb). **II** *vr* (*liter*) to take place.

Zuträger *m* informer.

zuträglich *adj* good (*dat* for), beneficial (*dat* to); (*förderlich auch*) conducive (*dat* to). **ein der Gesundheit ~es Klima** a salubrious climate, a climate conducive to good health.

zutrauen *vt sep* **jdm etw ~** (*Aufgabe, Tat*) to believe *or* think sb (is) capable of (doing) sth; **sich** (*dat*) **~, etw zu tun** to think one can do sth *or* is capable of doing sth; **sich** (*dat*) **zuviel ~** to overrate one's own abilities; (*sich übernehmen*) to take on too much; **sich** (*dat*) **nichts ~** to have no confidence in oneself; **den Mut/die Intelligenz** (**dazu**) **traue ich ihr nicht zu** I don't credit her with *or* I don't believe she has the courage/intelligence to do it; **das hätte ich ihm nie zugetraut!** I would never have thought him capable of it!; (*bewundernd auch*) I never thought he had it in him!; **jdm viel/wenig ~** to think/not to think a lot of sb, to have/not to have a high opinion of sb; **ich traue ihnen viel** *or* **einiges/alles zu** (*Negatives*) I wouldn't put much/anything past them; **das ist ihm zuzutrauen!** (*iro*) I could well believe it (of him)!; (*esp als Antwort auf Frage*) I wouldn't put it past him!

Zutrauen *nt* **-s**, *no pl* confidence (*zu* in). **zu**

jdm ~ fassen to begin to trust sb.
zutraulich *adj Kind* trusting; *Tier* friendly.
Zutraulichkeit *f siehe adj* trusting nature;
friendliness.
zutreffen *vi sep irreg (gelten)* to apply *(auf
+acc, für* to); *(richtig sein)* to be accurate
or correct; *(wahr sein)* to be true, to be the
case. **es trifft nicht immer zu, daß ...** it
doesn't always follow that ...; **das trifft zu**
that is so.
zutreffend *adj (richtig)* accurate; *(auf etw ~)*
applicable. **Z~es bitte unterstreichen** underline where applicable *or* appropriate.
zutrinken *vi sep irreg* **jdm ~** to drink to sb;
(mit Trinkspruch) to toast sb.
Zutritt *m, no pl (Einlaß)* admission, admittance, entry; *(Zugang)* access. **kein ~, ~
verboten** no admittance *or* entry; **freien ~
zu einer Veranstaltung haben** to be admitted to an event free of charge; **~
bekommen** *or* **erhalten, sich ~ verschaffen**
to gain admission *or* admittance *(zu* to);
jdm ~ gewähren *(geh)* to admit sb; **jdm
den ~ verwehren** *or* **verweigern** to refuse
sb admission *or* admittance.
zutun *vt sep irreg* **1. ich habe die ganze Nacht
kein Auge zugetan** I didn't sleep a wink all
night. **2.** *(inf: hinzufügen)* to add *(dat* to).
Zutun *nt, no pl* assistance, help. **es geschah
ohne mein ~** I did not have a hand in the
matter.
zu|ungunsten *prep (vor n)* +*gen, (old:
nach n)* +*dat* to the disadvantage of.
zu|unterst *adv* right at the bottom.
zuverlässig *adj* reliable; *(verläßlich)
Mensch auch* dependable; *(vertrauens-
würdig auch)* trustworthy. **aus ~er Quelle**
from a reliable source; **etw ~ wissen** to
know sth for sure *or* for certain.
Zuverlässigkeit *f siehe adj* reliability;
dependability; trustworthiness.
Zuversicht *f, no pl* confidence; *(religiös)*
faith, trust. **die feste ~ haben, daß ...** to be
quite confident that ..., to have every confidence that ...; **in der festen ~, daß ...**
confident that ...
zuversichtlich *adj* confident.
Zuversichtlichkeit *f* confidence.
zuviel *adj, adv* too much; *(inf: zu viele)* too
many. **viel ~** much *or* far too much; **besser
~ als zuwenig** better too much than too
little; **wenn's dir ~ wird, sag Bescheid** say
if it gets too much for you; **ihm ist alles ~**
(inf) it's all too much for him; **da krieg' ich
~** *(inf)* I blow my top *(inf)*; **einer/zwei etc
~ one/two etc** too many; **einen/ein paar ~
trinken** *(inf)* to drink *or* have *(inf)* one/a
few too many; **was ~ ist, ist ~** that's just
too much, there's a limit to everything;
ein Z~ an etw *(dat)* an excess of sth.
zuvor *adv* before; *(zuerst)* beforehand. **im
Jahr ~** the year before, in the previous
year; **am Tage ~** the day before, on the
previous day.
zuvorderst *adv* right at the front.
zuvörderst *adv (old)* first and foremost.
zuvorkommen *vi sep irreg aux sein* +*dat* to
anticipate; *(verhindern) einer Gefahr,
unangenehmen Fragen etc* to forestall.
jemand ist uns zuvorgekommen somebody beat us to it.
zuvorkommend *adj* courteous; *(gefällig)*

obliging; *(hilfsbereit)* helpful.
Zuvorkommenheit *f, no pl siehe adj* courtesy, courteousness; obligingness; helpfulness.
Zuwachs ['tsu:vaks] *m* **-es, Zuwächse
1.** *no pl (Wachstum)* growth *(an* +*dat* of).
2. *(Höhe, Menge des Wachstums)* increase *(an* +*dat* in). **~ bekommen** *(inf: ein
Baby)* to have an addition to the family;
ein Kleid auf ~ kaufen *(inf)* to buy a dress
big enough to last.
zuwachsen ['tsu:vaksən] *vi sep irreg aux
sein* **1.** *(Öffnung, Loch)* to grow over;
(Garten etc, hum Gesicht) to become
overgrown; *(Aussicht)* to become blocked
(by trees *etc*). **2.** *(Wunde)* to heal (over);
(esp Econ, Gewinn etc) to accrue *(jdm* to
sb).
Zuwachs- ['tsu:vaks-]: **Zuwachsquote,
Zuwachsrate** *f* rate of increase.
Zuwanderer *m* immigrant.
zuwandern *vi sep aux sein* to immigrate.
Zuwanderung *f* immigration.
zuwarten *vi sep* to wait.
zuwege *adv* **etw ~ bringen** to manage sth;
(erreichen) to achieve *or* accomplish sth;
es ~ bringen, daß jd etw tut to (manage
to) get sb to do sth; **gut/schlecht ~ sein**
(inf) to be in good/bad *or* poor health.
zuweilen *adv (geh)* (every) now and then,
occasionally, from time to time.
zuweisen *vt sep irreg* to assign, to allocate
(jdm etw sth to sb).
zuwenden *sep irreg* **I** *vt* **1.** *(lit, fig)* to turn
(dat to, towards); *(fig: völlig widmen)* to
devote *(dat* to). **jdm das Gesicht ~** to turn
to face sb, to turn one's face towards sb;
jdm seine ganze Liebe ~ to bestow all
one's affections on sb; **die dem Park
zugewandten Fenster** the windows facing
the park.
    2. jdm Geld *etc* **~** to give sb money *etc*.
II *vr* **sich jdm/einer Sache ~** to turn to
(face) sb/sth; *(fig)* to turn to sb/sth; *(sich
widmen)* to devote oneself to sb/sth.
Zuwendung *f* **1.** *(fig: das Sichzuwenden)*
turning *(zu* to); *(Liebe)* care. **2.** *(Geldsumme)* sum (of money); *(Beitrag)* financial contribution; *(Schenkung)* donation.
zuwenig *adj* too little, not enough; *(inf: zu
wenige)* too few, not enough. **du schläfst
~** you don't get enough sleep; **einer/zwei**
etc **~** one/two *etc* too few; **ein Z~ an etw**
a lack of sth.
zuwerfen *vt sep irreg* **1.** *(schließen) Tür* to
slam (shut). **2.** *(auffüllen) Graben* to fill
up. **3.** *(hinwerfen)* **jdm etw ~** to throw sth
to sb; **jdm einen Blick ~** to cast a glance
at sb; **jdm Blicke ~** to make eyes at sb.
zuwider *adj* **1. er/das ist mir ~** I find him/
that unpleasant; *(stärker)* I detest *or*
loathe him/that; *(ekelerregend)* I find him/
that revolting.
    2. *(liter: entgegen)* **dem Gesetz ~** con-
trary to *or* against the law; **etw einem
Befehl ~ tun** to do sth in defiance of an
order.
zuwiderhandeln *vi sep* +*dat (geh)* to go
against; *einem Verbot, Befehl auch* to
defy; **dem Gesetz** to contravene, to
violate; *einem Prinzip auch* to violate;
Zuwiderhandelnde(r) *mf decl as adj*

(form) offender, transgressor, violator *(esp US)*; **Zuwiderhandlung** *f (form)* contravention, violation; **zuwiderlaufen** *vi sep irreg aux sein +dat* to run counter to, to go directly against.

zuwinken *vi sep jdm* ~ to wave to sb; *(Zeichen geben)* to signal to sb.

zuzahlen *sep I vt* **10 Mark** ~ to pay another 10 marks. **II** *vi* to pay extra.

zuzählen *vt sep (inf) (addieren)* to add; *(einbeziehen)* to include *(zu* in).

zuzeiten *adv (old)* at times.

zuziehen *sep irreg* **I** *vt* **1.** *Vorhang* to draw; *Tür* to pull shut; *Knoten, Schlinge* to pull tight, to tighten; *Arzt etc* to call in, to consult. **einen weiteren Fachmann** ~ to get a second opinion.

2. sich *(dat)* **jds Zorn/Haß** *etc* ~ to incur sb's anger/hatred *etc*; **sich** *(dat)* **eine Krankheit** ~ *(form)* to contract an illness; **sich** *(dat)* **eine Verletzung** ~ *(form)* to sustain an injury.

II *vr (Schlinge etc)* to tighten, to pull tight.

III *vi aux sein* to move in, to move into the area. **er ist kürzlich aus Berlin zugezogen** he has recently moved here from Berlin; **auf die Stadt** *etc* ~ to move towards the town *etc*.

Zuzug *m (Zustrom)* influx; *(von Familie etc)* arrival *(nach* in), move *(nach* to).

zuzüglich *prep +gen* plus.

zuzwinkern *vi sep jdm* ~ to wink at sb, to give sb a wink.

Zvieri ['tsfi:ri] *m or nt* **-s**, *no pl (Sw)* afternoon snack.

zwang *pret of* **zwingen**.

Zwang *m* **-(e)s,** ⁻**e** *(Notwendigkeit)* compulsion; *(Gewalt)* force; *(Verpflichtung)* obligation; *(Hemmnis)* constraint. **einem inneren** ~ **folgen** to obey an inner compulsion; **das ist** ~ that is compulsory; **der** ~ **der Ereignisse** the pressure of events; **gesellschaftliche** ⁻**e** social constraints; **unter** ~ *(dat)* **stehen/handeln** to be/act under duress; **etw ohne** ~ **tun** to do sth without being forced to; **auf jdn** ~ **ausüben** to exert pressure on sb; **sich** *(dat)* ~ **antun** to force oneself to be something one isn't; *(sich zurückhalten)* to restrain oneself *(etw nicht zu tun* from doing sth); **tu dir keinen** ~ **an** don't feel you have to be polite; *(iro)* don't force yourself; **darf ich rauchen? — ja, tu dir keinen** ~ **an** may I smoke? — feel free; **sie tut ihren Gefühlen keinen** ~ **an** she doesn't hide her feelings; **dem Gesetz** ~ **antun** to stretch the law; **der** ~ **des Gesetzes/der Verhältnisse** the force of the law/of circumstances; **allen** ~ **ablegen** to dispense with all formalities; **er brauchte sich** *(dat)* **keinen** ~ **aufzuerlegen** he didn't need to make a big effort.

zwängen *vt* to force; *mehrere Sachen (in Koffer etc)* to cram. **sich in/durch etw** *(acc)* ~ to squeeze into/through sth.

zwanghaft *adj (Psych)* compulsive. **zwanglos** *adj (ohne Förmlichkeit)* informal; *(locker, unbekümmert)* casual, free and easy; *(frei)* free; **in** ~**er Folge,** ~ **at** irregular intervals; **da geht es recht** ~ **zu** *(im Hotel, Club)* things are very informal

there; *(bei der Arbeit auch)* things are very relaxed there; **Zwanglosigkeit** *f siehe adj* informality; casualness; freeness.

Zwangs|**abgabe** *f (Econ)* compulsory levy *or* charge; **Zwangs**|**anleihe** *f* compulsory *or* forced loan; **zwangsbewirtschaftet** *adj* controlled; *Wohnraum* rent-controlled; **Zwangsbewirtschaftung** *f* *(economic)* control; *(von Wohnraum)* rent control; **die** ~ **aufheben** to decontrol the economy/rents; **Zwangs**|**einweisung** *f* compulsory hospitalization; **Zwangs**|**enteignung** *f* compulsory expropriation; **Zwangs**|**ernährung** *f* force feeding; **Zwangsjacke** *f (lit, fig)* straitjacket; **jdn in eine** ~ **stecken** to put sb in a straitjacket, to straitjacket sb; **Zwangslage** *f* predicament, dilemma; **zwangsläufig** *adj* inevitable, unavoidable; **das mußte ja** ~ **so kommen** that had to happen, it was inevitable that that would happen; **Zwangsläufigkeit** *f* inevitability, unavoidability; **zwangsmäßig** *adj (form)* compulsory; **Zwangsmaßnahme** *f* compulsory measure; *(Pol)* sanction; **Zwangsmittel** *nt* means of coercion; *(Pol)* sanction; **Zwangsneurose** *f* obsessional neurosis; **Zwangspensionierung** *f* compulsory retirement; **Zwangsräumung** *f* compulsory evacuation; **zwangs**|**umsiedeln** *vt, ptp* **zwangs**|**umgesiedelt** *infin, ptp only* to displace (by force); **Zwangsverkauf** *m* (en)forced sale; **zwangsverpflichtet** *adj* drafted *(zu* into); **Zwangsverschickung** *f* deportation; **zwangsversteigern*** *vt infin, ptp only* to put (sth) up for compulsory auction; **Zwangsversteigerung** *f* compulsory auction; **Zwangsvollstreckung** *f* execution; **Zwangsvorführung** *f (Jur)* enforced appearance in court; **Zwangsvorstellung** *f (Psych)* obsession, obsessive idea; **zwangsweise I** *adv* compulsorily; **II** *adj* compulsory; **Zwangswirtschaft** *f* Government *or* State control.

zwanzig *num* twenty; *siehe auch* **vierzig**. **Zwanzig** *f* **-, -en** twenty; *siehe auch* **Vierzig**. **Zwanziger** *m* **-s, -** *(Mann)* twenty-year-old; *(zwischen 20 und 30)* man in his twenties; *(inf: Geldschein)* twenty mark *etc* note; *siehe auch* **Vierziger(in)**.

Zwanzigerpackung *f* packet *or* pack *(US)* of twenty.

Zwanzigmarkschein *m* twenty mark note.

zwanzigste(r, s) *adj* twentieth; *siehe auch* **vierzigste(r, s)**.

zwar *adv* **1.** *(wohl)* **er war** ~ **Zeuge des Unfalls, kann sich aber nicht mehr so genau erinnern** he did witness the accident *or* it's true he witnessed the accident but he can't remember much about it any more; **sie ist** ~ **sehr schön/krank, aber ...** it's true she's very beautiful/ill but ..., she may be very beautiful/ill but ...; **ich weiß** ~, **daß es schädlich ist, aber ...** I do know it's harmful but ...

2. *(erklärend, betont)* **und** ~ in fact, actually; **er ist tatsächlich gekommen, und** ~ **um 4 Uhr** he really did come, at 4 o'clock actually *or* in fact; **er hat mir das**

anders erklärt, und ~ so: ... he explained it differently to me(, like this) ...; **und ~ einschließlich** ... inclusive of ...; **er haßt ihn, und ~ so sehr, daß** ... he hates him so much that ...; **ich werde ihm schreiben, und ~ noch heute** I'll write to him and I'll do it today *or* this very day.

Zweck *m* **-(e)s, -e 1.** (*Ziel, Verwendung*) purpose. **einem ~ dienen** to serve a purpose; **einem guten ~ dienen** to be for *or* in a good cause; **Spenden für wohltätige ~e** donations to charity; **seinen ~ erfüllen** to serve its/one's purpose; **das entspricht nicht meinen ~en** that won't serve my purpose. **2.** (*Sinn*) point. **was soll das für einen ~ haben?** what's the point of that?; **das hat keinen ~** there is no point in it, it's pointless; **es hat keinen ~, darüber zu reden** there is no point (in) talking about it, it's pointless talking about it; **es hat ja doch alles keinen ~ mehr** there is no point (in) *or* it's pointless going on any more; **das ist ja der ~ der Übung** that's the point of the exercise, that's what it's all about (*inf*). **3.** (*Absicht*) aim. **zum ~ der Völkerverständigung** (in order) to promote understanding between nations; **zu welchem ~?** for what purpose?, to what end?; **zu diesem ~** to this end, with this aim in view; **einen ~ verfolgen** to have a specific aim.

Zweckbau *m, pl* **-ten** functional building; **zweckbedingt** *adj* determined by its function; **zweckdienlich** *adj* (*zweckentsprechend*) appropriate; (*nützlich*) useful; **~e Hinweise** (any) relevant information.

Zwecke *f* **-, -n** tack; (*Schuh~*) nail; (*Reiß~*) drawing-pin (*Brit*), thumbtack (*US*).

zweck|entfremden *vt insep* to use sth in a way in which it wasn't intended to be used; **etw als etw ~** to use sth as sth; **Zweck|entfremdung** *f* misuse; **zweck|entsprechend** *adj* appropriate; **etw ~ benutzen** to use sth properly *or* correctly, to put sth to its proper *or* correct use; **zweckfrei** *adj Forschung etc* pure; **zweckgebunden** *adj* for a specific purpose, appropriated (*spec*) *no adv*; **zwecklos** *adj* pointless, useless, futile, of no use; **es ist ~ hierzubleiben** it's pointless *etc* staying here, there's no point (in) staying here; **Zwecklosigkeit** *f, no pl* pointlessness, uselessness, futility; **zweckmäßig** *adj* (*nützlich*) useful; (*wirksam*) effective; (*ratsam*) advisable, expedient (*form*); (*zweckentsprechend*) *Arbeitskleidung etc* suitable; **Zweckmäßigkeit** *f siehe adj* usefulness; effectiveness, efficacy; advisability, expediency (*form*); suitability; **Zweckmäßigkeits|erwägung** *f* consideration of expediency; **Zweck|optimismus** *m* calculated optimism; **Zweckpessimismus** *m* calculated pessimism; **Zweckpropaganda** *f* calculated propaganda.

zwecks *prep* +*gen* (*form*) for the purpose of. **~ Wiederverwendung** for re-use.

zweckwidrig *adj* inappropriate.

zwei *num* two. **wir ~ (beiden** *inf*) the two of us, we two, us two (*inf*); **das ist so sicher**

wie ~ mal ~ vier ist (*inf*) you can bet on that (*inf*); **dazu gehören ~** (*inf*) it takes two; **da kann man ~ draus machen** (*fig inf*) it's quite incredible; **~ Gesichter haben** (*fig*) to be two-faced; *siehe* **vier, Dritte(r)**.

Zwei *f* **-, -en** two; *siehe auch* **Vier**.

Zwei- *in cpds siehe auch* **Vier-**; **Zwei|achser** *m* **-s, -** two-axle vehicle; **zwei|achsig** *adj* two-axled; **Zwei|akter** *m* **-s, -** (*Theat*) two-act play *or* piece; **zwei|armig** *adj* (*Physiol*) with two arms; (*Tech*) with two branches; **zwei|atomig** *adj* (*Phys*) diatomic; **Zweibeiner** *m* **-s, -** (*hum inf*) human being; **die ~** human beings, the bipeds (*hum*); **zweibeinig** *adj* two-legged, biped(al) (*spec*); **Zweibettzimmer** *nt* twin room; **zweideutig** *adj* ambiguous, equivocal; (*schlüpfrig*) suggestive; **~e Reden führen** to use a lot of doubles entendres; **Zweideutigkeit** *f* **1.** *siehe adj* ambiguity, equivocalness; suggestiveness; risqué nature; **2.** (*Bemerkung*) ambiguous *or* equivocal remark, double entendre; (*Witz*) risqué joke; **zweidimensional** *adj* two-dimensional; **Zweidrittelmehrheit** *f* (*Parl*) two-thirds majority; **zwei|eiig** *adj Zwillinge* non-identical, fraternal (*spec*).

Zweier *m* **-s, -** two; (*Sch dial*) good; (*Zweipfennigstück*) two pfennig piece; *siehe auch* **Vierer**.

Zweier- (*Sport*): **Zweierbob** *m* two-man bob; **Zweierkajak** *m or nt* (*Kanu*) double kayak; (*Disziplin*) kayak pairs.

zweierlei *adj inv* **1.** *attr Brot, Käse, Wein* two kinds *or* sorts of; *Möglichkeiten, Größen, Fälle* two different. **auf ~ Art** in two different ways; **~ Handschuhe/Strümpfe** *etc* odd gloves/socks *etc.* **2.** (*substantivisch*) two different things; (*2 Sorten*) two different kinds.

Zweierreihe *f* two rows *pl.* **~n** rows of twos; **in ~n marschieren** to march two abreast *or* in twos.

zweifach *adj* double; (*zweimal*) twice. **in ~er Ausfertigung** in duplicate; **~ gesichert** doubly secure; **ein Tuch ~ legen** to lay a cloth double.

Zweifamilienhaus *nt* two family house; **Zweifarbendruck** *m* (*Typ*) two-colour print; (*Verfahren*) two-colour printing; **zweifarbig** *adj* two-colour, two-tone; **etw ~ anstreichen** to paint sth in two (different) colours.

Zweifel *m* **-s, -** doubt. **außer ~** beyond doubt; **im ~** in doubt; **ohne ~** without doubt, doubtless; **über allen ~ erhaben** beyond all (shadow of a) doubt; **da kann es gar keinen ~ geben** there can be no doubt about it; **es besteht kein ~, daß** ... there is no doubt that ...; **~ an etw** (*dat*) **haben** to have one's doubts about sth; **da habe ich meine ~** I have my doubts, I'm doubtful; **etw in ~ ziehen** to call sth into question, to challenge sth; **ich bin mir im ~, ob ich das tun soll** I'm in two minds *or* I'm doubtful whether I should do that; **ich weiß es nicht mehr ganz genau, ich bin mir im ~** I don't know exactly any more, I'm unsure *or* uncertain.

zweifelhaft *adj* doubtful; (*verdächtig auch*) dubious. **von ~em Wert** of doubtful *or* debatable value; **es ist ~, ob ...** it is doubt-ful *or* questionable whether ...

zweifellos I *adv* without (a) doubt, undoubt-edly, unquestionably; *(als Antwort)* un-doubtedly. **er hat ~ recht** he is undoubt-edly *or* unquestionably right, without (a) doubt he is right. **II** *adj Sieger etc* undis-puted.

zweifeln *vi* to doubt. **an etw/jdm ~** to doubt sth/sb; *(skeptisch sein auch)* to be scepti-cal about sth/sb; **daran ist nicht zu ~** there's no doubt about it; **ich zweifle nicht, daß ...** I do not doubt *or* I have no doubt that ...; **ich zweifle noch, wie ich mich entscheiden soll** I am still in two minds about it.

Zweifelsfall *m* doubtful *or* borderline case; **im ~** in case of doubt, when in doubt; *(inf: gegebenenfalls)* if need be, if necessary; **zweifelsfrei I** *adj* unequivocal; **II** *adv* beyond (all) doubt; **zweifels|ohne** *adv* undoubtedly, without (a) doubt.

Zweifler(in *f)* *m* **-s,** - sceptic.

zweiflerisch *adj* sceptical.

zweiflüg(e)lig *adj Tür, Tor* double; *Insekt* two-winged, dipterous *(spec)*; **Zweiflüg-ler** *m* **-s,** - *(Zool)* dipteran *(spec)*; **Zwei-frontenkrieg** *m* war/warfare on two fronts.

Zweig *m* **-(e)s, -e 1.** *(Ast)* branch, bough *(liter)*; *(dünner, kleiner)* twig. **2.** *(fig)* *(von Wissenschaft, Familie etc, Rail)* branch; *(Abteilung)* department.

Zweigbahn *f* branch-line; **Zweigbetrieb** *m* branch.

zweigeschlechtig *adj (Biol)* hermaphro-ditic; **Zweigeschlechtigkeit** *f (Biol)* hermaphroditism; **Zweigespann** *nt* carriage and pair; *(fig inf)* duo, two-man band *(hum inf)*; **zweigestrichen** *adj (Mus)* **das ~e C/A** the C (an octave) above middle C/the A an octave above middle C.

Zweiggeschäft *nt* branch.

zweigleisig *adj* double tracked, double-track *attr*; **~ fahren** *(lit)* to be double-tracked; *(fig inf)* to have two strings to one's bow; **~ argumentieren** to argue along two different lines; **zweigliedrig** *adj (fig)* bipartite; *(Admin) System* two-tier; *(Math)* binominal.

Zweiglinie *f* branch line; **Zweig-niederlassung** *f* subsidiary; **Zweigpost-|amt** *nt* sub-post office; **Zweigstelle** *f* branch (office); **Zweigstellenleiter** *m* (branch) manager; **Zweigwerk** *nt (Fa-brik)* branch.

zweihöck(e)rig *adj Kamel* two-humped.

zweihundert *num* two hundred.

Zweihundertjahrfeier *f* bicentenary, bi-centennial.

zweijährig *adj* **1.** *attr Kind etc* two-year-old *attr*, two years old; *(Dauer)* two-year *attr*, of two years. **mit ~er Verspätung** two years late. **2.** *(Bot) Pflanze* biennial.

zweijährlich I *adj* two-yearly *attr*, biennial, every two years. **II** *adv* biennially, every two years; every other year.

Zweikammersystem *nt (Pol)* two-chamber *or* bicameral system; **Zwei-kampf** *m* single combat; *(Duell)* duel; **jdn zum ~ (heraus)fordern** to challenge sb to

a duel; **zweiköpfig** *adj* two-headed; **Zweikreisbremse** *f* dual-circuit brake.

zweimal *adv* twice. **~ jährlich** *or* **im Jahr/ täglich** *or* **am Tag** twice yearly *or* a year/ twice daily *or* a day; **sich** *(dat)* **etw ~ über-legen** to think twice about sth; **das lasse ich mir nicht ~ sagen** I don't have to be told twice.

zweimalig *adj attr* twice repeated. **nach ~er Aufforderung** after being told twice; **nach ~er Wiederholung konnte er den Text auswendig** after twice repeating the text he knew it (off) by heart.

Zweimannboot *nt* two-man boat; **Zwei-markstück** *nt* two-mark piece; **Zwei-master** *m* **-s,** - two-master; **zweimonatig** *adj attr* **1.** *(Dauer)* two-month *attr*, of two months; **2.** *Säugling etc* two-month-old *attr*, two months old; **zweimonatlich I** *adj* every two months, bimonthly *(esp Comm, Admin)*; **II** *adv* every two months, bimonthly *(esp Comm, Admin)*, every other month; **Zweimonatsschrift** *f* bimonthly; **zweimotorig** *adj* twin-engined; **Zweiparteiensystem** *nt* two-party system; **Zweipfennigstück** *nt* two-pfennig piece; **Zweiphasenstrom** *m* two-phase current; **zweipolig** *adj (Elec)* double-pole, bipolar; **Zweipunktgurt** *m* diagonal (safety *or* seat) belt; **Zweirad** *nt (form)* two-wheeled vehicle, two-wheeler; *(Fahrrad)* (bi)cycle; *(für Kinder)* two-wheeler, bicycle; **zweiräd(e)rig** *adj* two-wheeled; **Zweireiher** *m* **-s,** - double-breasted suit *etc*; **Zweisamkeit** *f (liter, hum)* togetherness; **zweischläfig, zwei-schläf(e)rig** *adj* double; **zweischneidig** *adj* two-edged, double-edged *(auch fig)*; **das ist ein ~es Schwert** *(fig)* it cuts both ways; **zweiseitig I** *adj Vertrag etc* bilateral, bipartite; *Kleidungsstück* reversible; **II** *adv* on two sides; **ein ~ trag-barer Anorak** a reversible anorak; **zwei-silbig** *adj* disyllabic; **ein ~es Wort** a disyl-lable *(spec)*, a disyllabic word; **Zweisit-zer** *m* **-s,** - *(Aut, Aviat)* two-seater; **zwei-sitzig** *adj* two-seater *attr*; **zweispaltig** *adj* double-columned, in two columns; **Zwei-spänner** *m* **-s,** - carriage and pair; **zwei-spännig** *adj* drawn by two horses; **~ fah-ren** to drive (in) a carriage and pair; **zweisprachig** *adj Mensch, Wörterbuch* bilingual; *Land auch* two-language *attr*; *Dokument* in two languages; **Zwei-sprachigkeit** *f* bilingualism; **zweispurig** *adj* double-tracked, double-track *attr*; *Autobahn* two-laned, two-lane *attr*; **zwei-stellig** *adj Zahl* two-digit *attr*, with two digits; **~er Dezimalbruch** number with two decimal places; **zweistimmig** *adj (Mus)* for two voices, two-part *attr*; **~ sin-gen** to sing in two parts; **zweistöckig** *adj* two-storey *attr*, two-storeyed; **~ bauen** to build houses/offices *etc* with two storeys; **~e Wohnung** duplex (apartment) *(US)*; *siehe auch* **doppelstöckig**; **zweistrahlig** *adj Flugzeug* twin-jet *attr*; **Zweistrom-land** *nt*: **das ~** Mesopotamia; **zweistufig** *adj* two-stage; *System auch* two-tier; *Plan auch* two-phase; *Scheibenwischer, Schalt-getriebe* two-speed; **zweistündig** *adj* two-hour *attr*, of two hours; **zweistündlich**

adj, adv every two hours, two-hourly.

zweit *adv:* **zu ~** (*in Paaren*) in twos; **wir gingen zu ~ spazieren** the two of us went for a walk; **ich gehe lieber zu ~ ins Kino** I prefer going to the cinema with somebody *or* in a twosome; **das Leben zu ~ ist billiger** two people can live more cheaply than one; **das Leben zu ~** living with someone; *siehe auch* **vier.**

zweitägig *adj* two-day *attr*, of two days; **Zweitakter** *m* **-s, -** (*inf*) two-stroke (*inf*); **Zweitaktergemisch** *nt* two-stroke mixture; **Zweitaktmotor** *m* two-stroke engine.

zweit|älteste(r, s) *adj* second eldest *or* oldest. **unser Z~r** our second (child *or* son).

zweitausend *num* two thousand; **das Jahr ~** the year two thousand; **Zweitausendjahrfeier** *f* bimillenary.

Zweit|ausfertigung *f* (*form*) copy, duplicate; **Zweit|auto** *nt* second car; **zweitbeste(r, s)** *adj* second best; **er ist der Z~** he is the second best.

zweiteilen *vt sep, infin, ptp only* to divide (into two); **zweiteilig** *adj Roman* two-part *attr*, in two parts; *Plan* two-stage; *Kleidungsstück* two-piece; *Formular etc* two-part *attr*, in two sections; **Zweiteilung** *f* division.

Zweit|empfänger *m* (*Rad, TV*) second set.

zweitens *adv* secondly; (*bei Aufzählungen auch*) second.

zweite(r, s) *adj* second. **~ Klasse** (*Rail etc*) second class; **~r Klasse fahren** to travel second(-class); **Bürger ~r Klasse** second-class citizen(s); **jeden ~n Tag** every other *or* second day; **jeder ~** (*lit, inf: sehr viele*) every other; **zum ~n** secondly; **ein ~r Caruso** another Caruso; **in ~r Linie** secondly; *siehe auch* **erste(r, s), vierte(r, s).**

Zweite(r) *mf decl as adj* second; (*Sport etc*) runner-up. **wie kein z~r** as no-one else can, like nobody else.

Zweitfrisur *f* wig; **Zweitgerät** *nt* (*Rad, TV*) second set; **zweitgrößte(r, s)** *adj* second biggest/largest; *Stadt auch* second; **zweithöchste(r, s)** *adj* second highest/tallest; (*fig: im Rang*) second most senior; **zweitklassig** *adj* (*fig*) second-class, second-rate (*esp pej*); **zweitletzte(r, s)** *adj* last but one *attr, pred*; (*in Reihenfolge auch*) penultimate; **zweitrangig** *adj siehe* **zweitklassig; Zweitschrift** *f* copy; **Zweitstimme** *f* second vote.

Zwei- (*Aut*): **Zweitürer** *m* **-s, -** two-door; **zweitürig** *adj* two-door.

Zweitwagen *m* second car; **Zweitwohnung** *f* second home.

Zwei|unddreißigstel *nt*, **Zwei|unddreißigstelnote** *f* (*Mus*) demisemiquaver (*Brit*), thirty-second note (*US*); **Zwei|unddreißigstelpause** *f* (*Mus*) demisemiquaver rest (*Brit*), thirty-second note rest (*US*).

Zweivierteltakt *m* (*Mus*) two-four time; **zweiwertig** *adj* (*Chem*) bivalent, divalent; (*Ling*) two-place; **zweiwöchentlich** *adj, adv* twice a week, twice weekly; **zweiwöchig** *adj* two-week *attr*, of two weeks; **Zweizeiler** *m* **-s, -** (*Liter*) couplet; **zweizeilig** *adj* two-lined; (*Typ*) *Abstand* double-spaced; **~ schreiben** to double-

space; **Zweizimmerwohnung** *f* two-room(ed) flat (*Brit*) *or* apartment; **Zweizüger** *m* (*Chess*) **-s, -** two-mover; **Zweizylinder** *m* two-cylinder; **Zweizylindermotor** *m* two-cylinder engine.

Zwerchfell *nt* (*Anat*) diaphragm. **jdm das ~ massieren** (*hum inf*) to make sb split his/her sides (laughing) (*inf*).

zwerchfell|erschütternd *adj* side-splitting (*inf*).

Zwerg(in *f*) *m* **-(e)s, -e** dwarf; (*Garten~*) gnome; (*fig: Knirps*) midget.

zwergenhaft *adj* dwarfish; (*fig*) diminutive, minute.

Zwerghuhn *nt* bantam; **Zwergpinscher** *m* pet terrier; **Zwergpudel** *m* toy poodle; **Zwergschule** *f* (*Sch inf*) village school; **Zwergstaat** *m* miniature state; **Zwergvolk** *nt* pygmy tribe; **Zwergwuchs** *m* stunted growth, dwarfism; **zwergwüchsig** *adj attr* dwarfish.

Zwetschge *f* **-, -n** plum.

Zwetschgenschnaps *m*, **Zwetschgenwasser** *nt* plum brandy.

Zwetschke *f* **-, -n** (*Aus*) **1.** *siehe* **Zwetschge. 2. seine/die sieben ~n (ein)packen** (*inf*) to pack one's bags (and go).

Zwickel *m* **-s, -** (*Sew*) gusset; (*am Segel*) gore; (*Archit*) spandrel.

zwicken I *vt* (*inf, Aus*) (*kneifen*) to pinch; (*leicht schmerzen*) to hurt; (*esp S Ger: ärgern*) to bother. **II** *vi* to pinch; (*leicht schmerzen*) to hurt.

Zwicker *m* **-s, -** pince-nez.

Zwickmühle *f* (*beim Mühlespiel*) double mill. **in der ~ sitzen** (*fig*) to be in a catch-22 situation (*inf*), to be in a dilemma.

Zwieback *m* **-(e)s, -e** *or* **-e** rusk.

Zwiebel *f* **-, -n** onion; (*Blumen~*) bulb; (*hum inf: Uhr*) watch; (*Haarknoten*) tight bun.

zwiebelförmig *adj* bulbiform; **Zwiebelkuppel** *f* (*Archit*) imperial roof; **Zwiebelkuchen** *m* onion tart; **Zwiebelmuster** *nt* onion pattern.

zwiebeln *vt* (*inf*) **jdn ~** to drive *or* push sb hard; (*schikanieren*) to harass sb; **er hat uns so lange gezwiebelt, bis wir das Gedicht konnten** he kept (on) at us until we knew the poem.

Zwiebelring *m* onion ring; **Zwiebelschale** *f* onion-skin; **Zwiebelsuppe** *f* onion soup; **Zwiebelturm** *m* onion tower.

zwiefach, zwiefältig *adj* (*old*) *siehe* **zweifach; Zwiegespräch** *nt* dialogue; **ein ~ mit sich selbst** an internal dialogue; (*laut*) a soliloquy; **Zwielicht** *nt, no pl* twilight; (*abends auch*) dusk; (*morgens*) half-light; **ins ~ geraten sein** (*fig*) to appear in an unfavourable light; **zwielichtig** *adj* (*fig*) shady; **Zwiespalt** *m* (*pl rare*) (*der Natur, der Gefühle etc*) conflict; (*zwischen Menschen, Parteien etc*) rift, gulf; **ich bin im ~ mit mir, ob ich ...** I'm in conflict with myself whether to ...; **in ~ mit jdm geraten** to come into conflict with sb; **zwiespältig** *adj Gefühle* mixed, conflicting *attr*; **mein Eindruck war ~** my impressions were very mixed; **ein ~er Mensch** a man/woman of contradictions; **Zwiesprache** *f* dialogue; **~ mit jdm/etw halten** to commune with sb/sth; **Zwietracht** *f* **-, no pl** discord; **~ säen** to sow (the seeds of) discord.

Zwille f -, -n (N Ger) catapult (Brit), slingshot (US).

Zwilling m -s, -e twin; (Gewehr) double-barrelled gun; (Chem: Doppelkristall) twin crystal. **die ~e** (Astrol) Gemini, the Twins; (Astron) Gemini; **~ sein** (Astrol) to be (a) Gemini.

Zwillingsbruder m twin brother; **Zwillingsformel** f (Ling) dual expression, set phrase with two elements; **Zwillingspaar** nt twins pl; **Zwillingsreifen** m (Aut) double or twin tyres; **Zwillingsschwester** f twin sister.

Zwingburg f (Hist, fig) stronghold, fortress.

Zwinge f -, -n (Tech) (screw) clamp; (am Stock) tip, ferrule; (an Schirm) tip; (an Werkzeuggriff) ferrule.

zwingen pret **zwang**, ptp **gezwungen** I vt **1.** to force, to compel. **jdn ~, etw zu tun** to force or compel sb to do sth; (Mensch auch) to make sb do sth; **jdn zu etw ~** to force sb to do sth; **sie ist dazu gezwungen worden** she was forced or compelled or made to do it; **ich lasse mich nicht (dazu) ~** I shan't be forced (to do it or into it), I don't/shan't respond to force; **jdn an den Verhandlungstisch ~** to force sb to the bargaining table; **jdn zum Handeln ~** to force sb into action or to act; **jdn zum Gehorsam ~** to force or compel sb to obey, to make sb obey; **die Regierung wurde zum Rücktritt gezwungen** the government was forced or compelled to step down; **man kann niemanden zu seinem Glück ~** you can't force people.

2. (inf: bewältigen) Essen, Arbeit to manage.

II vr to force oneself. **sich ~, etw zu tun** to force oneself to do sth, to make oneself do sth.

III vi **zum Handeln/Umdenken ~** to force or compel us/them etc to act/rethink; **diese Tatsachen ~ zu der Annahme, daß ...** these facts force or compel one to assume that ...

zwingend adj Notwendigkeit urgent; (logisch notwendig) necessary; Schluß, Beweis, Argumente conclusive; Argument cogent; Gründe compelling. **daß B aus A resultiert, ist nicht ~** it isn't necessarily so or the case that B results from A; **etwas ~ darlegen** to present sth conclusively.

Zwinger m -s, - (Käfig) cage; (Bären~) bear-pit; (Hunde~) kennel spl; (von Burg) (outer) ward.

Zwingherr m (Hist, fig) oppressor, tyrant.

zwinkern vi to blink; (um jdm etw zu bedeuten) to wink; (lustig) to twinkle. **mit den Augen ~** to blink (one's eyes)/wink/twinkle.

zwirbeln vt Bart to twirl; Schnur to twist.

Zwirn m -s, -e (strong) thread, yarn.

zwirnen vti to twist. **dieses Handtuch ist gezwirnt** this towel is made of strong thread.

Zwirnsfaden m thread. **an einem ~ hängen** (inf) to hang by a thread; **über einen ~ stolpern** (inf) to be caught out by a trifle; **dünn wie ein ~** (as) thin as a rake.

zwischen prep +dat or (mit Bewegungsverben) +acc between; (in bezug auf mehrere

auch) among. **mitten ~** right in the middle or midst of; **die Liebe ~ den beiden** the love between the two of them; **die Kirche stand ~ Bäumen** the church stood among(st) trees.

Zwischen|akt m (Theat) interval, intermission; **Zwischen|akt(s)musik** f interlude; **Zwischen|applaus** m (Theat) spontaneous applause (during the performance); **Zwischen|aufenthalt** m stopover; **Zwischenbemerkung** f interjection; (Unterbrechung) interruption; **wenn Sie mir eine kurze ~ erlauben** if I may just interrupt; **Zwischenbericht** m interim report; **Zwischenbescheid** m provisional notification no indef art; **zwischenbetrieblich** adj (DDR) inter-company attr, between companies; **Zwischenbilanz** f (Comm) interim balance; (fig) provisional appraisal; **eine ~ ziehen** (fig) to take stock provisionally; **Zwischenblutung** f (Med) breakthrough or intermenstrual (spec) bleeding; **Zwischenbuchhandel** m intermediate book trade; **Zwischendeck** nt (Naut) 'tween deck; **im ~** 'tween decks, between the decks; **Zwischendecke** f false ceiling; **Zwischending** nt cross (between the two), hybrid; **zwischendrin** adv (dial) **1.** siehe **zwischendurch**; **2.** siehe **dazwischen**; **zwischendurch** adv **1.** (zeitlich) in between times; (inzwischen) (in the) meantime; (nebenbei) on the side; **er macht ~ mal Pausen** he keeps stopping for a break in between times; **das mache ich so ~** I'll do that on the side; **Schokolade für ~** chocolate for between meals; **2.** (örtlich) in between; **Zwischen|eiszeit** f (Geol) interglacial period; **Zwischen|ergebnis** nt interim result; (von Untersuchung auch) interim findings; (Sport) latest score; **Zwischenfall** m incident; **ohne ~** without incident, smoothly; **es kam zu schweren ~en** there were serious incidents, there were clashes; **Zwischenfrage** f question; **Zwischenfutter** nt (Sew) interlining; **Zwischengas** nt, no pl (Aut) **~ geben** to double-declutch; **Zwischengericht** nt (Cook) entrée; **Zwischengeschoß** nt mezzanine (floor); **Zwischenglied** nt (lit, fig) link; **Zwischengröße** f in-between size; **Zwischenhandel** m intermediate trade; **Zwischenhändler** m middleman; **Zwischenhirn** nt (Anat) interbrain, diencephalon (spec); **Zwischenhoch** nt (Met) ridge of high pressure; **Zwischenkiefer(knochen)** m (Anat) intermaxillary (bone); **Zwischenlager** nt interim storage; **zwischenlagern** vt sep to put into interim storage; **zwischenlanden** vi sep aux sein (Aviat) to stop over or off; **Zwischenlandung** f (Aviat) stopover; **Zwischenlauf** m (Sport) intermediate heat; **Zwischenlösung** f temporary or interim or provisional solution; **Zwischenmahlzeit** f snack (between meals); **zwischenmenschlich** adj attr interhuman; **Zwischenmusik** f interlude; **Zwischenprüfung** f intermediate examination; **Zwischenraum** m gap, space; (Wort-, Zeilenabstand) space;

(*zeitlich*) interval; **ein** ~ **von 5 m, 5 m** ~ a gap/space of 5m, a 5m gap/space; **Zwischenring** *m* (*Phot*) adapter; **Zwischenruf** *m* interruption; ~e heckling; **einen Redner durch** ~**e stören** to heckle a speaker; **Zwischenrufer(in** *f*) *m* heckler; **Zwischenrunde** *f* (*esp Sport*) intermediate round; **Zwischensatz** *m* (*Gram*) inserted *or* parenthetic clause, parenthesis; **zwischenschalten** *vt sep* (*Elec*) to insert; (*fig*) to interpose, to put in between; **Zwischenschalter** *m* (*Elec*) interruptor; **Zwischenschaltung** *f*(*Elec*) insertion; (*fig*) interposition; **Zwischensohle** *f* midsole; **Zwischenspiel** *nt* (*Mus*) intermezzo; (*Theat, fig*) interlude; **Zwischenspurt** *m* (*Sport*) short burst (of speed); **einen** ~ **einlegen** to put in a burst of speed; **zwischenstaatlich** *adj attr* international; (*zwischen Bundesstaaten*) interstate; **Zwischenstadium** *nt* intermediate stage; **Zwischenstation** *f* (intermediate) stop; **in London machten wir** ~ we stopped off in London; **Zwischenstecker** *m* (*Elec*) adaptor (plug); **Zwischenstellung** *f* intermediate position; **Zwischenstück** *nt* connection, connecting piece; **Zwischenstufe** *f* (*fig*) *siehe* **Zwischenstadium**; **Zwischensumme** *f* subtotal; **Zwischentext** *m* inserted text; **Zwischentitel** *m* (*Film etc*) title link; **Zwischenton** *m* (*Farbe*) shade; ~e (*fig*) nuances; **Zwischenträger(in** *f*) *m* informer, telltale; **Zwischen|urteil** *nt* (*Jur*) interlocutory decree; **Zwischenvorhang** *m* (*Theat*) drop scene; **Zwischenwand** *f* dividing wall; (*Stellwand*) partition; **Zwischenwirt** *m* (*Biol*) intermediate host; **Zwischenzähler** *m* (*Elec*) intermediate meter; **Zwischenzeit** *f* **1.** (*Zeitraum*) interval; **in der** ~ (in the) meantime, in the interim; **2.** (*Sport*) intermediate time; **zwischenzeitlich** *adv* (in the) meantime; **Zwischenzeugnis** *nt* interim report; (*Sch*) half-yearly report.

Zwist *m* **-es,** (*rare*) **-e** (*geh*) discord, discordance; (*Fehde, Streit*) dispute, strife *no indef art.* **den alten** ~ **begraben** to bury the hatchet; **mit jdm über etw** (*acc*) **in** ~ (*acc*) **geraten** to become involved in a dispute with sb about *or* over sth.

Zwistigkeit *f usu pl* dispute.

zwitschern *vti* to twitter, to chir(ru)p; (*Lerche*) to warble. ~**d sprechen** to twitter; **Z**~ twittering, chir(ru)ping; warbling; **einen** ~ (*inf*) to have a drink.

Zwitter *m* **-s, -** hermaphrodite; (*fig*) cross (*aus* between).

Zwitterbildung *f* hermaphroditism; **Zwitterblüte** *f* (*Bot*) hermaphrodite; **zwitterhaft** *adj* hermaphroditic.

zwitt(e)rig *adj* hermaphroditic; (*Bot auch*) androgynous.

zwo *num* (*Telec, inf*) two.

zwölf *num* twelve. **die** ~ **Apostel** the twelve apostles; **die Z**~ **Nächte** the Twelve Days of Christmas; ~ **Uhr mittags/nachts** (12

o'clock) noon *or* midday/midnight; **fünf Minuten vor** ~ (*fig*) at the eleventh hour; **davon gehen** ~ **aufs Dutzend** they're ten a penny (*inf*); *siehe auch* **vier.**

Zwölf- *in cpds siehe auch* **Vier-; Zwölfender** *m* **-s, -** (*Hunt*) royal; **zwölffach** *adj* twelve-fold; *siehe auch* **vierfach**; **Zwölffingerdarm** *m* duodenum; **ein Geschwür am** ~ a duodenal ulcer; **Zwölfkampf** *m* (*Sport*) twelve-exercise event; **Zwölfmeilenzone** *f* twelve-mile zone.

zwölftens *adv* twelfth(ly), in twelfth place.

zwölfte(r, s) *adj* twelfth; *siehe auch* **vierte(r, s).**

Zwölftöner *m* **-s, -** (*Mus*) twelve-tone composer.

Zwölftonmusik *f* twelve-tone music; **Zwölftonreihe** *f* twelve-tone row *or* series.

zwote(r, s) *adj* (*Telec, inf*) *siehe* **zweite(r, s).**

Zyankali [tsyaːnˈkaːli] *nt* **-s,** *no pl* (*Chem*) potassium cyanide.

Zygote *f* **-, -n** (*Biol*) zygote.

Zykladen *pl* (*Geog*) Cyclades *pl*.

Zyklame *f* **-, -n** (*Aus*), **Zyklamen** *nt* **-s, -** (*spec*) cyclamen.

zyklisch I *adj* cyclic(al). **II** *adv* cyclically.

Zyklon[1] *m* **-s, -e** cyclone.

Zyklon[2] *nt* **-s,** *no pl* (*Chem*) cyanide-based poison, cyanide.

Zyklone *f* **-, -n** (*Met*) depression, low(-pressure area).

Zyklop *m* **-en, -en** (*Myth*) Cyclops.

Zyklotron [ˈtsyːklotroːn, ˈtsyk-] *nt* **-s, -e** (*Phys*) cyclotron.

Zyklus [ˈtsyːklʊs] *m* **-, Zyklen** [ˈtsyːklən] cycle.

Zykluszeit [ˈtsyːklʊs-]*f*(*Datenverarbeitung*) store cycle time.

Zylinder *m* **-s, - 1.** (*Math, Tech*) cylinder; (*Lampen*~) chimney. **2.** (*Hut*) top-hat, topper (*inf*).

Zylinderblock *m* (*Aut*) engine *or* cylinder block; **Zylinderdichtungsring** *m* (*Aut*) cylinder ring; **zylinderförmig** *adj siehe* **zylindrisch; Zylinderkopf** *m* (*Aut*) cylinder head; **Zylinderkopfdichtung** *f* cylinder head gasket; **Zylindermantel** *m* (*Tech*) cylinder jacket; **Zylinderschloß** *nt* cylinder lock.

zylindrisch *adj* cylindrical.

Zymbal [ˈtsymbal] *nt* **-s, -e** (*Mus*) cymbal.

Zyniker(in *f*) [ˈtsyːnikɐ, -ərɪn] *m* **-s, -** cynic.

zynisch [ˈtsyːnɪʃ] *adj* cynical.

Zynismus *m* cynicism.

Zypern [ˈtsyːpɐn] *nt* **-s** Cyprus.

Zypresse *f* (*Bot*) cypress.

Zypr(i)er(in *f*) [ˈtsyːprɐ, -ərɪn, ˈtsyːpriɐ, -iərɪn] *m* **-s, -** (*rare*), **Zypriot(in** *f*) *m* **-en, -en** Cypriot.

zypriotisch, zyprisch [ˈtsyːprɪʃ] *adj* Cyprian, Cypriot.

Zyste [ˈtsʏstə] *f* **-, -n** cyst.

Zytologie *f* (*Biol*) cytology.

Zytoplasma *nt* (*Biol*) cytoplasm.

z.Z(t). *abbr of* **zur Zeit.**

Anhang

Appendix

German irregular verbs

The forms of compound verbs (beginning with the prefixes *auf-, ab-, be-, er-, zer-, etc*) are the same as for the simplex verb.

The past participle of modal auxiliary verbs (dürfen, müssen *etc*) is replaced by the infinitive form when following another infinitive form, eg ich habe gehen dürfen; non-modal use: ich habe gedurft.

The formation of the present subjunctive is regular, requiring the following endings to be added to the verb stem:

ich seh-e	ich sei
du seh-est	du seist, du seiest (*liter*)
er seh-e	er sei
wir seh-en	wir sei-en
ihr seh-et	ihr sei-et
sie seh-en	sie sei-en

Infinitive	Present Indicative 2nd pers sing; 3rd pers sing	Imperfect Indicative	Imperfect Sub- junctive	Imperative sing; pl	Past Participle
backen	bäckst, backst; bäckt, backt	backte, buk (*old*)	backte, büke (*old*)	back(e); backt	gebacken
befehlen	befiehlst; befiehlt	befahl	beföhle, befähle	befiehl; befehlt	befohlen
beginnen	beginnst; beginnt	begann	begänne; begönne (*rare*)	beginn(e); beginnt	begonnen
beißen	beißt; beißt	biß	bisse	beiß(e); beißt	gebissen
bergen	birgst; birgt	barg	bärge	birg; bergt	geborgen
bersten	birst; birst	barst	bärste	birst; berstet	geborsten
bewegen (*veranlassen*)	bewegst; bewegt	bewog	bewöge	beweg(e); bewegt	bewogen
biegen	biegst; biegt	bog	böge	bieg(e); biegt	gebogen
bieten	bietest; bietet	bot	böte	biet(e); bietet	geboten
binden	bindest; bindet	band	bände	bind(e); bindet	gebunden
bitten	bittest; bittet	bat	bäte	bitt(e); bittet	gebeten
blasen	bläst; bläst	blies	bliese	blas(e); blast	geblasen
bleiben	bleibst; bleibt	blieb	bliebe	bleib(e); bleibt	geblieben
bleichen (*vi, old*)	bleichst; bleicht	blich (*old*)	bliche	bleich(e); bleicht	geblichen
braten	brätst; brät	briet	briete	brat(e); bratet	gebraten
brechen	brichst; bricht	brach	bräche	brich; brecht	gebrochen
brennen	brennst; brennt	brannte	brennte (*rare*)	brenn(e); brennt	gebrannt
bringen	bringst; bringt	brachte	brächte	bring(e); bringt	gebracht
denken	denkst; denkt	dachte	dächte	denk(e); denkt	gedacht
dingen	dingst; dingt	dang	dingte	ding; dingt	gedungen
dreschen	drischst; drischt	drosch, drasch (*old*)	drösche, dräsche (*old*)	drisch; drescht	gedroschen
dringen	dringst; dringt	drang	dränge	dring(e); dringt	gedrungen
dünken	dünkt, deucht (*old*)	dünkte, deuchte (*old*)	dünkte, deuchte (*old*)		gedünkt, gedeucht (*old*)

Infinitive	Present Indicative 2nd pers sing; 3rd pers sing	Imperfect Indicative	Imperfect Subjunctive	Imperative sing; pl	Past Participle
dürfen	1st darf; 2nd darfst; 3rd darf	durfte	dürfte		gedurft; (after infin) dürfen
empfangen	empfängst; empfängt	empfing	empfinge	empfang(e); empfangt	empfangen
empfehlen	empfiehlst; empfiehlt	empfahl	empföhle, empfähle (rare)	empfiehl; empfehlt	empfohlen
empfinden	empfindest; empfindet	empfand	empfände	empfind(e); empfindet	empfunden
essen	ißt; ißt	aß	äße	iß; eßt	gegessen
fahren	fährst; fährt	fuhr	führe	fahr(e); fahrt	gefahren
fallen	fällst; fällt	fiel	fiele	fall(e); fallt	gefallen
fangen	fängst; fängt	fing	finge	fang(e); fangt	gefangen
fechten	fichtst, fichst (inf); ficht	focht	föchte	ficht; fechtet	gefochten
finden	findest; findet	fand	fände	find(e); findet	gefunden
flechten	flichtst; flichst (inf); flicht	flocht	flöchte	flicht; flechtet	geflochten
fliegen	fliegst; fliegt	flog	flöge	flieg(e); fliegt	geflogen
fliehen	fliehst; flieht	floh	flöhe	flieh(e); flieht	geflohen
fließen	fließt; fließt	floß	flösse	fließ(e); fließt	geflossen
fressen	frißt; frißt	fraß	fräße	friß; freßt	gefressen
frieren	frierst; friert	fror	fröre	frier(e); friert	gefroren
gären	gärst; gärt	gor, gärte (esp fig)	gäre, gärte (esp fig)	gär(e); gärt	gegoren, gegärt (esp fig)
gebären	gebierst; gebiert	gebar	gebäre	gebier; gebärt	geboren
geben	gibst; gibt	gab	gäbe	gib; gebt	gegeben
gedeihen	gedeihst; gedeiht	gedieh	gediehe	gedeih(e); gedeiht	gediehen
gehen	gehst; geht	ging	ginge	geh(e); geht	gegangen
gelingen	gelingt	gelang	gelänge	geling(e) (rare); gelingt (rare)	gelungen
gelten	giltst; gilt	galt	gölte, gälte	gilt (rare); geltet (rare)	gegolten
genesen	genest; genest	genas	genäse	genese; genest	genesen
genießen	genießt; genießt	genoß	genösse	genieß(e); genießt	genossen
geschehen	geschieht	geschah	geschähe	geschieh; gescheht	geschehen
gewinnen	gewinnst; gewinnt	gewann	gewönne, gewänne	gewinn(e); gewinnt	gewonnen
gießen	gießt; gießt	goß	gösse	gieß(e); gießt	gegossen
gleichen	gleichst; gleicht	glich	gliche	gleich(e); gleicht	geglichen
gleiten	gleitest; gleitet	glitt	glitte	gleit(e); gleitet	geglitten
glimmen	glimmst; glimmt	glomm, glimmte (rare)	glömme, glimmte (rare)	glimm(e); glimmt	geglommen, geglimmt (rare)
graben	gräbst; gräbt	grub	grübe	grab(e); grabt	gegraben
greifen	greifst; greift	griff	griffe	greif(e); greift	gegriffen
haben	hast; hat	hatte	hätte	hab(e); habt	gehabt

Infinitive	Present Indicative 2nd pers sing; 3rd pers sing	Imperfect Indicative	Imperfect Subjunctive	Imperative sing; pl	Past Participle
halten	hältst; hält	hielt	hielte	halt(e); haltet	gehalten
hängen	hängst; hängt	hing	hinge	häng(e); hängt	gehangen
hauen	haust; haut	haute, hieb	haute, hiebe	hau(e); haut	gehauen, gehaut (*dial*)
heben	hebst; hebt	hob, hub (*old*)	höbe, hübe (*old*)	heb(e); hebt	gehoben
heißen	heißt; heißt	hieß	hieße	heiß(e); heißt	geheißen
helfen	hilfst; hilft	half	hülfe, hälfe (*rare*)	hilf; helft	geholfen
kennen	kennst; kennt	kannte	kennte	kenn(e); kennt	gekannt
kiesen	kiest; kiest	kor, kieste	köre, kieste	kies(e); kiest	gekoren
klimmen	klimmst; klimmt	klomm, klimmte	klömme, klimmte	klimm(e); klimmt	geklimmt, geklommen
klingen	klingst; klingt	klang	klänge	kling(e); klingt	geklungen
kneifen	kneifst; kneift	kniff	kniffe	kneif(e); kneift	gekniffen
kommen	kommst; kommt	kam	käme	komm(e); kommt	gekommen
können	1st kann; 2nd kannst; 3rd kann	konnte	könnte		gekonnt; (*after infin*) können
kreischen	kreischst; kreischt	kreischte, krisch (*old, hum*)	kreischte, krische (*old, hum*)	kreisch(e); kreischt	gekreischt, gekrischen (*old, hum*)
kriechen	kriechst, kreuchst (*obs, poet*); kriecht, kreucht (*obs, poet*)	kroch	kröche	kriech(e); kriecht	gekrochen
küren	kürst; kürt	kürte, kor (*rare*)	kürte, köre (*rare*)	kür(e); kürt	gekürt, gekoren (*rare*)
laden[1]	lädst; lädt	lud	lüde	lad(e); ladet	geladen
laden[2]	lädst, ladest (*dated, dial*); lädt, ladet (*dated, dial*)	lud	lüde	lad(e); ladet	geladen
lassen	läßt; läßt	ließ	ließe	laß; laßt	gelassen; (*after infin*) lassen
laufen	läufst; läuft	lief	liefe	lauf(e); lauft	gelaufen
leiden	leidest; leidet	litt	litte	leid(e); leidet	gelitten
leihen	leihst; leiht	lieh	liehe	leih(e); leiht	geliehen
lesen	liest; liest	las	läse	lies; lest	gelesen
liegen	liegst; liegt	lag	läge	lieg(e); liegt	gelegen
löschen	lischst; lischt	losch	lösche	lisch; löscht	geloschen
lügen	lügst; lügt	log	löge	lüg(e); lügt	gelogen
mahlen	mahlst; mahlt	mahlte	mahlte	mahl(e); mahlt	gemahlen
meiden	meidest; meidet	mied	miede	meid(e); meidet	gemieden

Infinitive	Present Indicative 2nd pers sing; 3rd pers sing	Imperfect Indicative	Imperfect Sub- junctive	Imperative sing; pl	Past Participle
melken	melkst, milkst; melkt, milkt	molk, melkte (old)	mölke	melk(e), milk; melkt	gemolken, gemelkt (rare)
messen	mißt; mißt	maß	mäße	miß; meßt	gemessen
mißlingen	mißlingt	mißlang	mißlänge		mißlungen
mögen	1st mag; 2nd magst; 3rd mag	mochte	möchte		gemocht; (after infin) mögen
müssen	1st muß; 2nd mußt; 3rd muß	mußte	müßte		gemußt; (after infin) müssen
nehmen	nimmst; nimmt	nahm	nähme	nimm; nehmt	genommen
nennen	nennst; nennt	nannte	nennte (rare)	nenn(e); nennt	genannt
pfeifen	pfeifst; pfeift	pfiff	pfiffe	pfeif(e); pfeift	gepfiffen
pflegen	pflegst; pflegt	pflegte, pflog (old)	pflegte, pflöge (old)	pfleg(e); pflegt	gepflegt, gepflogen (old)
preisen	preist; preist	pries	priese	preis(e); preis(e)t	gepriesen
quellen	quillst; quillt	quoll	quölle	quill (rare); quellt	gequollen
raten	rätst; rät	riet	riete	rat(e); ratet	geraten
reiben	reibst; reibt	rieb	riebe	reib(e); reibt	gerieben
reißen	reißt; reißt	riß	risse	reiß(e); reißt	gerissen
reiten	reitest; reitet	ritt	ritte	reit(e); reitet	geritten
rennen	rennst; rennt	rannte	rennte (rare)	renn(e); rennt	gerannt
riechen	riechst; riecht	roch	röche	riech(e); riecht	gerochen
ringen	ringst; ringt	rang	ränge	ring(e); ringt	gerungen
rinnen	rinnst; rinnt	rann	ränne, rönne (rare)	rinn(e); rinnt	geronnen
rufen	rufst; ruft	rief	riefe	ruf(e); ruft	gerufen
saufen	säufst; säuft	soff	söffe	sauf(e); sauft	gesoffen
saugen	saugst; saugt	sog, saugte	söge, saugte	saug(e); saugt	gesogen, gesaugt
schaffen	schaffst; schafft	schuf	schüfe	schaff(e); schafft	geschaffen
schallen	schallst; schallt	schallte, scholl (rare)	schallte, schölle (rare)	schall(e); schallt	geschallt
scheiden	scheidest; scheidet	schied	schiede	scheide; scheidet	geschieden
scheinen	scheinst; scheint	schien	schiene	schein(e); scheint	geschienen
scheißen	scheißt; scheißt	schiß	schisse	scheiß(e); scheißt	geschissen
schelten	schiltst; schilt	schalt	schölte	schilt; scheltet	gescholten
scheren	scherst; schert	schor, scherte (rare)	schöre	scher(e); schert	geschoren, geschert (rare)
schieben	schiebst; schiebt	schob	schöbe	schieb(e); schiebt	geschoben
schießen	schießt; schießt	schoß	schösse	schieß(e); schießt	geschossen

Infinitive	Present Indicative 2nd pers sing; 3rd pers sing	Imperfect Indicative	Imperfect Sub- junctive	Imperative sing; pl	Past Participle
schinden	schindest; schindet	schindete, schund (rare)	schünde	schind(e); schindet	geschunden
schlafen	schläfst; schläft	schlief	schljefe	schlaf(e); schlaft	geschlafen
schlagen	schlägst; schlägt	schlug	schlüge	schlag(e); schlagt	geschlagen
schleichen	schleichst; schleicht	schlich	schliche	schleich(e); schleicht	geschlichen
schleifen	schleifst; schleift	schliff	schliffe	schleif(e); schleift	geschliffen
schleißen	schleißt; schleißt	schliß; (vt auch) schleißte	schlisse; schleißte	schleiß(e); schleißt	geschlissen; (vt auch) geschleißt
schließen	schließt; schließt	schloß	schlösse	schließ(e); schließt	geschlossen
schlingen	schlingst; schlingt	schlang	schlänge	schling(e); schlingt	geschlun- gen
schmeißen	schmeißt; schmeißt	schmiß	schmisse	schmeiß(e); schmeißt	geschmis- sen
schmelzen	schmilzt; schmilzt	schmolz	schmölze	schmilz; schmelzt	geschmol- zen
schnauben	schnaubst; schnaubt	schnaubte, schnob (old)	schnaubte, schnöbe (old)	schnaub(e); schnaubt	geschnaubt, geschnoben (old)
schneiden	schneid(e)st; schneidet	schnitt	schnitte	schneid(e); schneidet	geschnit- ten
schrecken	schrickst; schrickt	schreckte, schrak	schreckte, schräke	schrick; schreckt	geschreckt, geschrok- ken (old)
schreiben	schreibst; schreibt	schrieb	schriebe	schreib(e); schreibt	geschrieben
schreien	schreist; schreit	schrie	schrie	schrei(e); schreit	geschrien, geschrieen
schreiten	schreitest; schreitet	schritt	schritte	schreit(e); schreitet	geschritten
schweigen	schweigst; schweigt	schwieg	schwiege	schweig(e); schweigt	geschwie- gen
schwellen	schwillst; schwillt	schwoll	schwölle	schwill; schwellt	geschwol- len
schwim- men	schwimmst; schwimmt	schwamm	schwöm- me, schwämme (rare)	schwimm(e); schwimmt	geschwom- men
schwinden	schwindest; schwindet	schwand	schwände	schwind(e); schwindet	geschwun- den
schwingen	schwingst; schwingt	schwang	schwänge	schwing(e); schwingt	geschwun- gen
schwören	schwörst; schwört	schwor	schwüre, schwöre (rare)	schwör(e); schwört	geschworen
sehen	siehst; sieht	sah	sähe	sieh(e); seht	gesehen; (after infin) sehen

1349

Infinitive	Present Indicative 2nd pers sing; 3rd pers sing	Imperfect Indicative	Imperfect Subjunctive	Imperative sing; pl	Past Participle
sein	1st bin; 2nd bist; 3rd ist; pl 1st sind; 2nd seid; 3rd sind	war	wäre	sei; seid	gewesen
senden	sendest; sendet	sandte, sendete	sendete	send(e); sendet	gesandt, gesendet
sieden	siedest; siedet	siedete, sott	siedete, sötte	sied(e); siedet	gesiedet, gesotten
singen	singst; singt	sang	sänge	sing(e); singt	gesungen
sinken	sinkst; sinkt	sank	sänke	sink(e); sinkt	gesunken
sinnen	sinnst; sinnt	sann	sänne	sinn(e); sinnt	gesonnen
sitzen	sitzt; sitzt	saß	säße	sitz(e); sitzt	gesessen
sollen	1st soll; 2nd sollst; 3rd soll	sollte	sollte		gesollt; (after infin) sollen
spalten	spaltest; spaltet	spaltete	spalte	spalt(e); spaltet	gespalten, gespaltet
speien	speist; speit	spie	spiee	spei(e); speit	gespie(e)n
spinnen	spinnst; spinnt	spann	spönne, spänne	spinn(e); spinnt	gesponnen
spleißen	spleißt; spleißt	spliß	splisse	spleiß(e); spleißt	gesplissen
sprechen	sprichst; spricht	sprach	spräche	sprich; sprecht	gesprochen
sprießen	sprießt; sprießt	sproß, sprießte	sprösse	sprieß(e); sprießt	gesprossen, gesprießt
springen	springst; springt	sprang	spränge	spring(e); springt	gesprungen
stechen	stichst; sticht	stach	stäche	stich; stecht	gestochen
stecken (vi)	steckst; steckt	steckte, stak	steckte, stäke (rare)	steck(e); steckt	gesteckt
stehen	stehst; steht	stand	stünde, stände	steh; steht	gestanden
stehlen	stiehlst; stiehlt	stahl	stähle, stöhle (obs)	stiehl; stehlt	gestohlen
steigen	steigst; steigt	stieg	stiege	steig; steigt	gestiegen
sterben	stirbst; stirbt	starb	stürbe	stirb; sterbt	gestorben
stieben	stiebst; stiebt	stob, stiebte	stöbe, stiebte	stieb(e); stiebt	gestoben, gestiebt
stinken	stinkst; stinkt	stank	stänke	stink(e); stinkt	gestunken
stoßen	stößt; stößt	stieß	stieße	stoß(e); stoßt	gestoßen
streichen	streichst; streicht	strich	striche	streich(e); streicht	gestrichen
streiten	streitest; streitet	stritt	stritte	streit(e); streitet	gestritten
tragen	trägst; trägt	trug	trüge	trag(e); tragt	getragen
treffen	triffst; trifft	traf	träfe	triff; trefft	getroffen
treiben	treibst; treibt	trieb	triebe	treib; treibt	getrieben
treten	trittst; tritt	trat	träte	tritt; tretet	getreten
triefen	triefst; trieft	triefte, troff (geh)	triefte, tröffe (geh)	trief(e); trieft	getrieft, getroffen (rare)
trinken	trinkst; trinkt	trank	tränke	trink; trinkt	getrunken
trügen	trügst; trügt	trog	tröge	trüg(e); trügt	getrogen

Infinitive	Present Indicative 2nd pers sing; 3rd pers sing	Imperfect Indicative	Imperfect Subjunctive	Imperative sing; pl	Past Participle
tun	*1st* tue; *2nd* tust; *3rd* tut	tat	täte	tu(e); tut	getan
verderben	verdirbst; verdirbt	verdarb	verdürbe	verdirb; verderbt	verdorben
verdrießen	verdrießt; verdrießt	verdroß	verdrösse	verdrieß(e); verdrießt	verdrossen
vergessen	vergißt; vergißt	vergaß	vergäße	vergiß; vergeßt	vergessen
verlieren	verlierst; verliert	verlor	verlöre	verlier(e); verliert	verloren
verzeihen	verzeihst; verzeiht	verzieh	verziehe	verzeih(e); verzeiht	verziehen
wachsen	wächst; wächst	wuchs	wüchse	wachs(e); wachst	gewachsen
wägen	wägst; wägt	wog, wägte (*rare*)	wöge, wägte (*rare*)	wäg(e); wägt	gewogen, gewägt (*rare*)
waschen	wäschst; wäscht	wusch	wüsche	wasche(e); wascht	gewaschen
weben	webst; webt	webte, wob (*liter, fig*)	webte, wöbe (*liter, fig*)	web(e); webt	gewebt, gewoben (*liter, fig*)
weichen	weichst; weicht	wich	wiche	weich(e); weicht	gewichen
weisen	weist; weist	wies	wiese	weis(e); weist	gewiesen
wenden	wendest; wendet	wendete, wandte (*geh*)	wendete	wend(e); wendet	gewendet, gewandt
werben	wirbst; wirbt	warb	würbe	wirb; werbt	geworben
werden	wirst; wird	wurde, ward (*old, liter*)	würde	werde; werdet	geworden; (*after ptp*) worden
werfen	wirfst; wirft	warf	würfe	wirf; werft	geworfen
wiegen	wiegst; wiegt	wog	wöge	wieg(e); wiegt	gewogen
winden	windest; windet	wand	wände	wind(e); windet	gewunden
winken	winkst; winkt	winkte	winkte	wink(e); winkt	gewinkt, gewunken (*dial*)
wissen	*1st* weiß; *2nd* weißt; *3rd* weiß	wußte	wüßte	wisse (*liter*); wisset (*liter*)	gewußt
wollen	*1st* will; *2nd* willst; *3rd* will	wollte	wollte	wolle (*liter*); wollt	gewollt; (*after infin*) wollen
wringen	wringst; wringt	wrang	wränge	wring(e); wringt	gewrungen
zeihen	zeihst; zeiht	zieh	ziehe	zeih(e); zeiht	geziehen
ziehen	ziehst; zieht	zog	zöge	zieh(e); zieht	gezogen
zwingen	zwingst; zwingt	zwang	zwänge	zwing(e); zwingt	gezwungen

A short guide to German grammar

Article

There are three genders in German: masculine, feminine and neuter. The article indicates the gender of a noun. The following diagram shows the articles and their declensions.

	definite article				indefinite article			
	m	f	nt	pl	m	f	nt	pl
nominative	der	die	das	die	ein	eine	ein	*plural form*
accusative	den	die	das	die	einen	eine	ein	*of nouns*
genitive	des	der	des	der	eines	einer	eines	*is used with-*
dative	dem	der	dem	den	einem	einer	einem	*out article*

Noun

There are three declensions for German nouns, i. e. the strong, the weak and the mixed declension. Some nouns are declined like adjectives.

Nouns which end in *s, sch, ß, z* always have an *-es* in the genitive singular, e.g. Hals – Halses, Busch – Busches, Kuß – Kusses, Reiz – Reizes.

Nouns ending in *ß* change this to *-ss* when it follows a short vowel, e. g. der Kuß – des Kusses – die Küsse but keep it after a long vowel, e. g. der Fuß – des Fußes – die Füße.

1. strong masculine and neuter nouns

	plural in ~ e	plural in ~̈ e	plural in ~ er	plural in ~̈ er
singular				
nominative	der Tag	der Traum	das Kind	das Dach
accusative	den Tag	den Traum	das Kind	das Dach
genitive	des Tag(e)s	des Traum(e)s	des Kind(e)s	des Dach(e)s
dative	dem Tag(e)	dem Traum(e)	dem Kind(e)	dem Dach(e)
plural				
nominative	die Tage	die Träume	die Kinder	die Dächer
accusative	die Tage	die Träume	die Kinder	die Dächer
genitive	der Tage	der Träume	der Kinder	der Dächer
dative	den Tagen	den Träumen	den Kindern	den Dächern

	plural in	plural without ending		
	~ s	∴	~	~
singular				
nominative	das Echo	der Vogel	der Tischler	der Lappen
accusative	das Echo	den Vogel	den Tischler	den Lappen
genitive	des Echos	des Vogels	des Tischlers	des Lappens
dative	dem Echo	dem Vogel	dem Tischler	dem Lappen
plural				
nominative	die Echos	die Vögel	die Tischler	die Lappen
accusative	die Echos	die Vögel	die Tischler	die Lappen
genitive	der Echos	der Vögel	der Tischler	der Lappen
dative	den Echos	den Vögeln	den Tischlern	den Lappen

2. strong feminine nouns

	plural in ∴ e	plural without ending	plural in ~ s
singular			
nominative	die Wand	die Mutter	die Bar
accusative	die Wand	die Mutter	die Bar
genitive	der Wand	der Mutter	der Bar
dative	der Wand	der Mutter	der Bar
plural			
nominative	die Wände	die Mütter	die Bars
accusative	die Wände	die Mütter	die Bars
genitive	der Wände	der Mütter	der Bars
dative	den Wänden	den Müttern	den Bars

3. weak masculine nouns

singular			
nominative	der Bauer	der Bär	der Hase
accusative	den Bauern	den Bären	den Hasen
genitive	des Bauern	des Bären	des Hasen
dative	dem Bauern	dem Bären	dem Hasen
plural			
nominative	die Bauern	die Bären	die Hasen
accusative	die Bauern	die Bären	die Hasen
genitive	der Bauern	der Bären	der Hasen
dative	den Bauern	den Bären	den Hasen

4. weak feminine nouns

singular				
nominative	die Uhr	die Feder	die Gabe	die Ärztin
accusative	die Uhr	die Feder	die Gabe	die Ärztin
genitive	der Uhr	der Feder	der Gabe	der Ärztin
dative	der Uhr	der Feder	der Gabe	der Ärztin
plural				
nominative	die Uhren	die Federn	die Gaben	die Ärztinnen
accusative	die Uhren	die Federn	die Gaben	die Ärztinnen
genitive	der Uhren	der Federn	der Gaben	der Ärztinnen
dative	den Uhren	den Federn	den Gaben	den Ärztinnen

5. mixed masculine and neuter nouns

decline as strong nouns in the singular and weak nouns in the plural.

singular				
nominative	das Auge	das Ohr	der Name	das Herz
accusative	das Auge	das Ohr	den Namen	das Herz
genitive	des Auges	des Ohr(e)s	des Namens	des Herzens
dative	dem Auge	dem Ohr(e)	dem Namen	dem Herzen
plural				
nominative	die Augen	die Ohren	die Namen	die Herzen
accusative	die Augen	die Ohren	die Namen	die Herzen
genitive	der Augen	der Ohren	der Namen	der Herzen
dative	den Augen	den Ohren	den Namen	den Herzen

6. nouns declined as adjectives

masculine		
singular		
nominative	der Reisende	ein Reisender
accusative	den Reisenden	einen Reisenden
genitive	des Reisenden	eines Reisenden
dative	dem Reisenden	einem Reisenden
plural		
nominative	die Reisenden	Reisende
accusative	die Reisenden	Reisende
genitive	der Reisenden	Reisender
dative	den Reisenden	Reisenden

feminine		
singular		
nominative	die Reisende	eine Reisende
accusative	die Reisende	eine Reisende
genitive	der Reisenden	einer Reisenden
dative	der Reisenden	einer Reisenden
plural		
nominative	die Reisenden	Reisende
accusative	die Reisenden	Reisende
genitive	der Reisenden	Reisender
dative	den Reisenden	Reisenden

neuter		
singular		
nominative	das Neugeborene	ein Neugeborenes
accusative	das Neugeborene	ein Neugeborenes
genitive	des Neugeborenen	eines Neugeborenen
dative	dem Neugeborenen	einem Neugeborenen
plural		
nominative	die Neugeborenen	Neugeborene
accusative	die Neugeborenen	Neugeborene
genitive	der Neugeborenen	Neugeborener
dative	den Neugeborenen	Neugeborenen

7. Declension of proper names

The genitive of the proper names of people, cities, countries etc takes two forms.
1. When used with an article the word remains unchanged, e. g. **des Aristoteles, der Bertha, des schönen Berlin.**
2. When used without an article an 's' is added to the noun, e. g. **die Straßen Berlins, Marias Hut, Olafs Auto.** When the noun ends in *s, ß, x* or *z* an apostrophe is added, e. g. **Aristoteles' Schriften, die Straßen Calais'.**
In cases where there are several names the -s is added to the last one, e. g. **Johann Wolfgang Goethes.**
Where the name is preceded by a noun only the name is declined, e. g. **Kaiser Wilhelms.**

Words in apposition following the name are declined like the noun, e. g. **Karl der Große,** *acc* **Karl den Großen,** *gen* **Karls des Großen,** *dat* **Karl dem Großen.**

Family names have an -s in the plural, e. g. **die Schnorrs.** When they end in *s, ß, x, z* and -ens is added, e. g. **die Schmitzens.**
Names of roads, buildings, companies, ships, newspapers and organisations are always declined.

Adjectives

Most adjectives have an undeclined basic form and declined forms where endings are added to the basic form according to number, gender, article and case.

There are three declensions for adjectives, i.e. the strong, the weak and the mixed declension.

1. The strong declension

is used where there is no article or pronoun or the adjective is not preceded by a word which shows the case (e.g. *manch(e), mehrere* etc), or after cardinal numbers and *ein paar, ein bißchen.*

	m	f	nt
singular			
nominative	guter Wein	schöne Frau	liebes Kind
accusative	guten Wein	schöne Frau	liebes Kind
genitive	guten Wein(e)s	schöner Frau	lieben Kindes
dative	gutem Wein(e)	schöner Frau	liebem Kind(e)
plural			
nominative	gute Weine	schöne Frauen	liebe Kinder
accusative	gute Weine	schöne Frauen	liebe Kinder
genitive	guter Weine	schöner Frauen	lieber Kinder
dative	guten Weinen	schönen Frauen	lieben Kindern

2. The weak form

is used where there is a definite article or after any word which adequately shows the case of the noun (e.g. *diese(r, s), folgende(r, s)* etc).

	m	f	nt
singular			
nominative	der gute Wein	die schöne Frau	das liebe Kind
accusative	den guten Wein	die schöne Frau	das liebe Kind
genitive	des guten Wein(e)s	der schönen Frau	des lieben Kindes
dative	dem guten Wein(e)	der schönen Frau	dem lieben Kind(e)
plural			
nominative	die guten Weine	die schönen Frauen	die lieben Kinder
accusative	die guten Weine	die schönen Frauen	die lieben Kinder
genitive	der guten Weine	der schönen Frauen	der lieben Kinder
dative	den guten Weinen	den schönen Frauen	den lieben Kindern

3. The mixed form

is used in the singular with masculine and neuter *ein, kein,* and the possessive pronouns *mein, dein, sein, unser, euer, ihr.*

	m	...nt
singular		
nominative	ein guter Wein	ein liebes Kind
accusative	einen guten Wein	ein liebes Kind
genitive	eines guten Wein(e)s	eines lieben Kindes
dative	einem guten Wein(e)	einem lieben Kind

4. Adjectives ending in -abel, -ibel, -el

drop the -e- when declined.

	miserabel	penibel	heikel
singular			
nominative	ein miserabler Stil	eine penible Frau	ein heikles Problem
accusative	einen miserablen Stil	eine penible Frau	ein heikles Problem
genitive	eines miserablen Stils	einer peniblen Frau	eines heiklen Problems
dative	einem miserablen Stil	einer peniblen Frau	einem heiklen Problem
plural			
nominative	miserable Stile	penible Frauen	heikle Probleme
accusative	miserable Stile	penible Frauen	heikle Probleme
genitive	miserabler Stile	penibler Frauen	heikler Probleme
dative	miserablen Stilen	peniblen Frauen	heiklen Problemen

5. Adjectives ending in -er, -en

usually keep the -e- when declined, except:
in an elevated literary style,

finster   **seine finstren Züge**

and in adjectives of foreign origin.

makaber   **eine makabre Geschichte**

integer   **ein integrer Beamter**

6. Adjectives ending in -auer, -euer

usually drop the -e- when declined.

teuer   **ein teures Geschenk**

sauer   **saure Gurken**

7. Adjectives ending in -ß

change ß to ss in the declined forms when it follows a stressed short vowel

kraß   **ein krasser Fehler**

naß   **eine nasse Hose**

but keeps ß after stressed long vowel.

groß   **mein großer Bruder**

bloß   **eine bloße Formalität**

Comparison

1. Adjectives and adverbs add -er for the comparative before the declensional endings.

schön – schöner

eine schöne Frau – eine schönere Frau

2. Most adjectives add *-ste(r, s)* for the superlative.

> **schön – schönste(r, s)**
> **ein schöner Tag – der schönste Tag**

3. Adjectives and adverbs of one syllable or with the stress on the final syllable add *-e* before the superlative ending:
always if they end in *-s, -ß, -st, -x, -z,*
usually if they end in *-d, -t, -sch.*

> **spitz**   *adj* **spitzeste(r, s)**
>   *adv* **am spitzesten**
> **gerecht**   *adj* **gerechteste(r, s)**
>   *adv* **am gerechtesten**

The same applies if they are used with a prefix or in compounds, regardless of where the stress falls.

> **unsanft**   *adj* **unsanfteste(r, s)**
>   *adv* **am unsanftesten**

4. Monosyllabic adjectives with the root vowels *a, o, u* usually take an umlaut in the comparative and superlative.

> **arm – ärmer – ärmste(r, s)**
> **groß – größer – größte(r, s)**
> **klug – klüger – klügste(r, s)**

There is never an umlaut in the comparative and superlative of adjectives

- with a diphtong

> **faul – fauler – faulste(r, s)**

- with the endings *-e, -el, -en, -er*

> **lose – loser – loseste(r, s)**
> **heikel – heikler – heikelste(r, s)**
> **offen – offener – offenste(r, s)**
> **lecker – leckerer – leckerste(r, s)**

- with the suffixes *-bar, -haft, -ig, -lich, -sam*

> **dankbar – dankbarer – dankbarste(r, s)**
> **schwatzhaft – schwatzhafter – schwatzhafteste(r, s)**
> **schattig – schattiger – schattigste(r, s)**
> **stattlich – stattlicher – stattlichste(r, s)**
> **sorgsam – sorgsamer – sorgsamste(r, s)**

- which are participles

> **überraschend – überraschender – überraschendste(r, s)**
> **überrascht – überraschter – überraschteste(r, s)**

- which are foreign loan words.

> **banal – banaler – banalste(r, s)**
> **interessant – interessanter – interessanteste(r, s)**
> **famos – famoser – famoseste(r, s)**

5. Irregular comparison of adjectives and adverbs

gut	besser	beste(r, s)
viel	mehr	meiste(r, s)
gern	lieber	am liebsten
bald	eher	am ehesten

Irregular comparative and superlative forms are given in the German-English section of the dictionary, including those of adjectives and adverbs with the vowels *-a, -o, -u* which take an umlaut.

Adverb

For the adverbial use of adjectives the unchanged basic form of the adjective is used.

> **er singt gut**
> **sie schreibt schön**
> **er läuft schnell**

The comparative of the adverb follows the rules given for the adjective.

> **er singt besser**
> **sie schreibt schöner**
> **er läuft schneller**

Most adverbs form the superlative according to the pattern *am ...sten*.

> **er singt am besten**
> **sie schreibt am schönsten**
> **er läuft am schnellsten**

Verbs

Present Tense

1. Regular verbs (weak conjugation)

	machen	legen	sagen	vierteln
ich	mache	lege	sage	viertele
du	machst	legst	sagst	viertelst
er				
sie	macht	legt	sagt	viertelt
es				
wir	machen	legen	sagen	vierteln
ihr	macht	legt	sagt	viertelt
sie	machen	legen	sagen	vierteln

Verbs where the stem ends in *s, ss, ß, z*

	rasen	hassen	küssen	rußen	reizen
ich	rase	hasse	küsse	ruße	reize
du	rast	haßt	küßt	rußt	reizt
er					
sie	rast	haßt	küßt	rußt	reizt
es					
wir	rasen	hassen	küssen	rußen	reizen
ihr	rast	haßt	küßt	rußt	reizt
sie	rasen	hassen	küssen	rußen	reizen

Verbs where the stem ends in *d, t,* consonant + *m,* consonant + *n* add an -*e* in the 2nd person singular

	reden	wetten	atmen	trocknen
ich	rede	wette	atme	trockne
du	redest	wettest	atmest	trocknest
er				
sie	redet	wettet	atmet	trocknet
es				
wir	reden	wetten	atmen	trocknen
ihr	redet	wettet	atmet	trocknet
sie	reden	wetten	atmen	trocknen

Verbs where the stem ends in an unstressed -*el* or -*er* omit the -*e*- in the first person singular
angeln – ich angle
zittern – ich zittre

2. Irregular verbs (strong conjugation) often change their radical vowel

	tragen	blasen	laufen	essen
ich	trage	blase	laufe	esse
du	trägst	bläst	läufst	ißt
er				
sie	trägt	bläst	läuft	ißt
es				
wir	tragen	blasen	laufen	essen
ihr	tragt	blast	lauft	eßt
sie	tragen	blasen	laufen	essen

Irregular forms are given in the dictionary section and in the list of irregular verbs.

Imperfect Tense

1. Regular verbs

	machen	vierteln	hassen	rußen	reizen
ich	machte	viertelte	haßte	rußte	reizte
du	machtest	vierteltest	haßtest	rußtest	reiztest
er					
sie	machte	viertelte	haßte	rußte	reizte
es					
wir	machten	viertelten	haßten	rußten	reizten
ihr	machtet	vierteltet	haßtet	rußtet	reiztet
sie	machten	viertelten	haßten	rußten	reizten

Verbs where the stem ends in *d*, *t*, consonant + *m*, consonant + *n*

	reden	wetten	atmen	trocknen
ich	redete	wettete	atmete	trocknete
du	redetest	wettetest	atmetest	trocknetest
er				
sie	redete	wettete	atmete	trocknete
es				
wir	redeten	wetteten	atmeten	trockneten
ihr	redetet	wettetet	atmetet	trocknetet
sie	redeten	wetteten	atmeten	trockneten

2. Irregular verbs

	tragen	blasen	laufen	essen
ich	trug	blies	lief	aß
du	trugst	bliest	liefst	aßt
er				
sie	trug	blies	lief	aß
es				
wir	trugen	bliesen	liefen	aßen
ihr	trugt	bliest	lieft	aßt
sie	trugen	bliesen	liefen	aßen

Irregular forms are given in the dictionary section and in the list of irregular verbs.

Perfect Tense

The perfect tense is formed from the present tense of the auxiliary verbs *haben* or *sein* and the past participle.

1. **sein** is used with verbs of motion and verbs that indicate a transition from one state into another.

	radeln	fahren	verdummen	sterben
ich	bin geradelt	bin gefahren	bin verdummt	bin gestorben
du	bist geradelt	bist gefahren	bist verdummt	bist gestorben
er				
sie	ist geradelt	ist gefahren	ist verdummt	ist gestorben
es				
wir	sind geradelt	sind gefahren	sind verdummt	sind gestorben
ihr	seid geradelt	seid gefahren	seid verdummt	seid gestorben
sie	sind geradelt	sind gefahren	sind verdummt	sind gestorben

2. **haben** is used with transitive, reflexive and impersonal verbs and most intransitive verbs when they indicate the duration of a state.

	legen	sich freuen	regnen	leben
ich	habe gelegt	habe mich gefreut		habe gelebt
du	hast gelegt	hast dich gefreut		hast gelebt
er sie es	hat gelegt	hat sich gefreut	es hat geregnet	hat gelebt
wir	haben gelegt	haben uns gefreut		haben gelebt
ihr	habt gelegt	habt euch gefreut		habt gelebt
sie	haben gelegt	haben sich gefreut		haben gelebt

All German verbs which take *sein* as the auxiliary are marked *aux sein* in the dictionary section. Where the auxiliary is not stated *haben* is used.

Pluperfect

The pluperfect is formed from the preterite form of *haben* or *sein* and the past participle. For the use of *haben* or *sein* the same rules apply as for the perfect tense.

	fahren	sterben	legen	leben
ich	war gefahren	war gestorben	hatte gelegt	hatte gelebt
du	warst gefahren	warst gestorben	hattest gelegt	hattest gelebt
er sie es	war gefahren	war gestorben	hatte gelegt	hatte gelebt
wir	waren gefahren	waren gestorben	hatten gelegt	hatten gelebt
ihr	wart gefahren	wart gestorben	hattet gelegt	hattet gelebt
sie	waren gefahren	waren gestorben	hatten gelegt	hatten gelebt

Auxiliary verbs

Present Tense

	sein	haben	werden
ich	bin	habe	werde
du	bist	hast	wirst
er sie es	ist	hat	wird
wir	sind	haben	werden
ihr	seid	habt	werdet
sie	sind	haben	werden

Imperfect Tense and Past Participle

	sein	haben	werden
ich	war	hatte	wurde
du	warst	hattest	wurdest
er			
sie	war	hatte	wurde
es			
wir	waren	hatten	wurden
ihr	wart	hattet	wurdet
sie	waren	hatten	wurden
Participle	bin gewesen	habe gehabt	bin geworden

Modal Auxiliaries

Present Tense

	können	dürfen	mögen	müssen	sollen	wollen
ich	kann	darf	mag	muß	soll	will
du	kannst	darfst	magst	mußt	sollst	willst
er						
sie	kann	darf	mag	muß	soll	will
es						
wir	können	dürfen	mögen	müssen	sollen	wollen
ihr	könnt	dürft	mögt	müßt	sollt	wollt
sie	können	dürfen	mögen	müssen	sollen	wollen

Imperfect Tense

	können	dürfen	mögen	müssen	sollen	wollen
ich	konnte	durfte	mochte	mußte	sollte	wollte
du	konntest	durftest	mochtest	mußtest	solltest	wolltest
er						
sie	konnte	durfte	mochte	mußte	sollte	wollte
es						
wir	konnten	durften	mochten	mußten	sollten	wollten
ihr	konntet	durftet	mochtet	mußtet	solltet	wolltet
sie	konnten	durften	mochten	mußten	sollten	wollten

Perfect Tense

können	ich habe gekonnt
dürfen	ich habe gedurft
mögen	ich habe gemocht
müssen	ich habe gemußt
sollen	ich habe gesollt
wollen	ich habe gewollt

The past participle of modal auxiliaries is replaced by the infinitive form when it follows another infinitive form, e. g. ich habe gehen können, ich habe fragen dürfen etc.

Present Participle

The present participle is formed by adding -d to the infinitive, e. g. **singend, lachend, küssend, rußend, trocknend.**

Past Participle

The past participle of regular verbs is formed by adding the prefix ge-and the ending -t to the stem.

machen	– **gemacht**
legen	– **gelegt**
sagen	– **gesagt**
vierteln	– **geviertelt**
rasen	– **gerast**
hassen	– **gehaßt**
küssen	– **geküßt**
rußen	– **gerußt**
reizen	– **gereizt**
reden	– **geredet**
wetten	– **gewettet**
trocknen	– **getrocknet**

Verbs which end in -ieren and compound verbs with the prefixes be-, em-, ent-, er-, ver-, zer- omit the ge-. They are marked in the German-English section with an asterisk*.

manövrieren*	– **manövriert**
betreuen*	– **betreut**
empören*	– **empört**
entgiften*	– **entgiftet**
ersetzen*	– **ersetzt**
vertrösten*	– **vertröstet**
zerreden*	– **zerredet**

Inseparable compound verbs also omit the ge-. They are marked insep and with an asterisk*.

übersetzen*	– **übersetzt**
durchwaten*	– **durchwatet**
unterlegen*	– **unterlegt**
umarmen*	– **umarmt**

The past participle of separable compound verbs is formed by adding ge-between prefix and stem and the ending t to the stem.

anbeten	– **angebetet**
durchmachen	– **durchgemacht**
überschnappen	– **übergeschnappt**
umdeuten	– **umgedeutet**

All German verbs beginning with a prefix which can be used separably are marked sep or insep as appropriate in the dictionary section. Irregular forms are given with the simplex verb. All irregular forms of simplex verbs are given in the dictionary section and in the list of irregular verbs.

Future Tense

The future tense is formed with the conjugated forms of the auxiliary *werden* and the infinitive.

	legen	fahren	sein	haben	können
ich	werde legen	werde fahren	werde sein	werde haben	werde können
du	wirst legen	wirst fahren	wirst sein	wirst haben	wirst können
er sie es	wird legen	wird fahren	wird sein	wird haben	wird können
wir	werden legen	werden fahren	werden sein	werden haben	werden können
ihr	werdet legen	werdet fahren	werdet sein	werdet haben	werdet können
sie	werden legen	werden fahren	werden sein	werden haben	werden können

Subjunctive

The present subjunctive is formed by adding *-e, -est, -e, -en, -et, -en* to the stem of the verb.

	legen	hassen	küssen	reden
ich	lege	hasse	küsse	rede
du	legest	hassest	küssest	redest
er sie es	lege	hasse	küsse	rede
wir	legen	hassen	küssen	reden
ihr	leget	hasset	küsset	redet
sie	legen	hassen	küssen	reden

Irregular verbs which have an umlaut or change of vowel in their indicative forms do not change in the subjunctive

indicative:	**du fällst, du gibst**
subjunctive:	**du fallest, du gebest**

Auxiliary verbs *sein, haben, werden*

	sein	haben	werden
ich	sei	habe	werde
du	seist	habest	werdest
er sie es	sei	habe	werde
wir	seien	haben	werden
ihr	seiet	habet	werdet
sie	seien	haben	werden

Modal auxiliary verbs

	können	dürfen	mögen	müssen	sollen	wollen
ich	könne	dürfe	möge	müsse	solle	wolle
du	könnest	dürfest	mögest	müssest	sollest	wollest
er sie es	könne	dürfe	möge	müsse	solle	wolle
wir	können	dürfen	mögen	müssen	sollen	wollen
ihr	könn(e)t	dürf(e)t	mög(e)t	müss(e)t	soll(e)t	woll(e)t
sie	können	dürfen	mögen	müssen	sollen	wollen

The imperfect subjunctive

1. The forms for regular verbs are identical to the imperfect indicative forms.

2. Irregular verbs
   with *i* or *ie* in the imperfect indicative keep it in the imperfect subjunctive

	gehen/ging	rufen/rief	greifen/griff
ich	ginge	riefe	griffe
du	ging(e)st	rief(e)st	griff(e)st
er sie es	ginge	riefe	griffe
wir	gingen	riefen	griffen
ihr	ging(e)t	rief(e)t	griff(e)t
sie	gingen	riefen	griffen

Verbs which have the vowels *a, o, u* in the imperfect indicative add an umlaut

	singen/ sang	fliegen/ flog	fahren/ fuhr	sein/ war	haben/ hatte	werden/ wurde
ich	sänge	flöge	führe	wäre	hätte	würde
du	säng(e)st	flög(e)st	führ(e)st	wär(e)st	hättest	würdest
er sie es	sänge	flöge	führe	wäre	hätte	würde
wir	sängen	flögen	führen	wären	hätten	würden
ihr	säng(e)t	flög(e)t	führ(e)t	wär(e)t	hättet	würdet
sie	sängen	flögen	führen	wären	hätten	würden

The imperfect subjunctive of all irregular verbs is given in the list of irregular verbs.

Conditional

The conditional is formed from the imperfect subjunctive of *werden* and the infinitive.

	legen	fahren
ich	würde legen	würde fahren
du	würdest legen	würdest fahren
er		
sie	würde legen	würde fahren
es		
wir	würden legen	würden fahren
ihr	würdet legen	würdet fahren
sie	würden legen	würden fahren

Passive

The passive is formed from *werden* and the past participle.

present tense	ich werde geliebt	ich werde geschlagen
preterite	ich wurde geliebt	ich wurde geschlagen

Imperative

1. The imperative of **regular verbs** for the familiar form of address *(du, ihr)* is usually formed in the singular by adding an *-e* and in the plural by adding a *-t* to the stem of the verb. (The plural form is identical to the 2nd person plural present tense).
   For the polite form of address *(Sie)* the inversion of the normal word order is used.

infinitive	singular	plural	polite form
schreiben	schreibe	schreibt	schreiben Sie
singen	singe	singt	singen Sie
trinken	trinke	trinkt	trinken Sie
atmen	atme	atmet	atmen Sie
,reden	rede	redet	reden Sie

Verbs with the ending *-eln, -ern* may omit the *-e* in the singular.

infinitive	singular	plural	polite form
sammeln	samm(e)le	sammelt	sammeln Sie
fördern	förd(e)re	fördert	fördern Sie
handeln	hand(e)le	handelt	handeln Sie

Verbs where the stem ends in *m* or *n* preceded by *m, n, r, l, h* may omit the final *-e* in the singular.

infinitive	singular	plural	polite form
kämmen	kämm(e)	kämmt	kämmen Sie
rennen	renn(e)	rennt	rennen Sie
lernen	lern(e)	lernt	lernen Sie
qualmen	qualm(e)	qualmt	qualmen Sie
rühmen	rühm(e)	rühmt	rühmen Sie

Where *m* or *n* is preceded by another consonant, the final *-e* is obligatory, e. g. **atme, rechne.**

2. Irregular verbs which do not have a vowel change to *-i* or *-ie* in the present tense follow the same rules given for the regular verbs. The imperatives are given in the list of irregular verbs.

Vowel change to *-i* or *-ie*

infinitive	singular	plural
lesen	lies	lest
werfen	wirf	werft
sterben	stirb	sterbt
essen	iß	eßt
sehen	sieh	seht

Auxiliary verbs *sein, haben, werden*

infinitive	singular	plural
sein	sei	seid
haben	habe	habt
werden	werde	werdet

Personal pronouns

nominative	accusative	genitive	dative
ich	mich	meiner	mir
du	dich	deiner	dir
er	ihn	seiner	ihm
sie	sie	ihrer	ihr
es	es	seiner	ihm
wir	uns	unser	uns
ihr	euch	euer	euch
sie	sie	ihrer	ihnen

Reflexive pronouns

ich wasche mich	wir waschen uns
du wäscht dich	ihr wascht euch
er wäscht sich	sie waschen sich
sie wäscht sich	
es wäscht sich	

Possessive Pronouns

1. adjectival

	m	f	nt	pl
1st pers sing				
nominative	mein	meine	mein	meine
accusative	meinen	meine	mein	meine
genitive	meines	meiner	meines	meiner
dative	meinem	meiner	meinem	meinen
2nd pers sing	dein	deine	dein	deine
		declined like mein		
3rd pers sing m	sein	seine	sein	seine
		declined like mein		
3rd pers sing f	ihr	ihre	ihr	ihre
		declined like mein		
3rd pers sing nt	sein	seine	sein	seine
		declined like mein		
1st pers pl				
nominative	unser	uns(e)re	unser	uns(e)re
accusative	uns(e)ren, unsern	uns(e)re	unser	uns(e)re
genitive	uns(e)res	uns(e)rer	uns(e)res	uns(e)rer
dative	uns(e)rem, unserm	uns(e)rer	uns(e)rem, unserm	uns(e)ren, unsern
2nd pers pl				
nominative	euer	eure	euer	eure
accusative	euren	eure	euer	eure
genitive	eures	eurer	eures	eurer
dative	eurem	eurer	eurem	euren
3rd pers pl				
nominative	ihr	ihre	ihr	ihre
accusative	ihren	ihre	ihr	ihre
genitive	ihres	ihrer	ihres	ihrer
dative	ihrem	ihrer	ihrem	ihren

2. substantival

referring to	m	f	nt	pl
1st pers sing	meiner	meine	mein(e)s	meine
2nd pers sing	deiner	deine	dein(e)s	deine
3rd pers sing m, nt	seiner	seine	sein(e)s	seine
3rd pers sing f	ihrer	ihre	ihr(e)s	ihre
1st pers pl	uns(e)rer	uns(e)re	uns(e)res	uns(e)re
2nd pers pl	eurer	eure	eures, euers	eure
3rd pers pl	ihrer	ihre	ihr(e)s	ihre

Demonstrative Pronouns

	m	f	nt	pl
nominative	dieser	diese	dieses	diese
accusative	diesen	diese	dieses	diese
genitive	dieses	dieser	dieses	dieser
dative	diesem	dieser	diesem	diesen
nominative	jener	jene	jenes	jene
accusative	jenen	jene	jenes	jene
genitive	jenes	jener	jenes	jener
dative	jenem	jener	jenem	jenen
nominative	derjenige	diejenige	dasjenige	diejenigen
accusative	denjenigen	diejenige	dasjenige	diejenigen
genitive	desjenigen	derjenigen	desjenigen	derjenigen
dative	demjenigen	derjenigen	demjenigen	denjenigen
nominative	derselbe	dieselbe	dasselbe	dieselben
accusative	denselben	dieselbe	dasselbe	dieselben
genitive	desselben	derselben	desselben	derselben
dative	demselben	derselben	demselben	denselben

The definite article *der, die, das* is also used as a demonstrative pronoun.

Relative Pronouns

	m	f	nt	pl
nominative	welcher	welche	welches	welche
accusative	welchen	welche	welches	welche
genitive	dessen	deren	dessen	deren
dative	welchem	welcher	welchem	welchen

Instead of *welche(r, s)*, especially in less formal contexts, *der, die, das* is frequently used in relative clauses. *Wer* and *was* can also be used as relative pronouns.

Interrogative Pronouns

	persons	things
nominative	wer	was
accusative	wen	was
genitive	wessen	wessen
dative	wem	–

	m	f	nt	pl
nominative	welcher	welche	welches	welche
accusative	welchen	welche	welches	welche
genitive	welches	welcher	welches	welcher
dative	welchem	welcher	welchem	welchen

Prepositions

The prepositions **bis, durch, betreffend, für, gegen, je, ohne, pro, um, wider** are always used with the accusative case.

The prepositions **ab, aus, außer, bei, binnen, entgegen, entsprechend, gegenüber, gemäß, mit, nach, nächst, nahe, nebst, samt, seit, von, zu, zufolge, zuwider** are always used with the dative case. *Gegenüber, entgegen, and entsprechend* can be placed before or after the noun or pronoun.

The prepositions **an, auf, entlang, hinter, in, neben, über, unter, vor, zwischen** are used with either the accusative or the dative case.
The accusative is used where motion, change of position or movement in a certain direction is implied in the sentence.

Er legte sich ins Bett.

The dative is used where a stationary position is implied.

Er lag im Bett.

It is shown throughout the dictionary section which cases are to be used.

Numerals – Zahlwörter

1. Cardinal numbers — Grundzahlen

0 nought, cipher, zero *null*
1 one *eins*
2 two *zwei*
3 three *drei*
4 four *vier*
5 five *fünf*
6 six *sechs*
7 seven *sieben*
8 eight *acht*
9 nine *neun*
10 ten *zehn*
11 eleven *elf*
12 twelve *zwölf*
13 thirteen *dreizehn*
14 fourteen *vierzehn*
15 fifteen *fünfzehn*
16 sixteen *sechszehn*
17 seventeen *siebzehn*
18 eighteen *achtzehn*
19 nineteen *neunzehn*
20 twenty *zwanzig*
21 twenty-one *einundzwanzig*
22 twenty-two *zweiundzwanzig*
23 twenty-three *dreiundzwanzig*
30 thirty *dreißig*
31 thirty-one *einunddreißig*
32 thirty-two *zweiunddreißig*
33 thirty-three *dreiunddreißig*
40 forty *vierzig*
41 forty-one *einundvierzig*
50 fifty *fünfzig*
51 fifty-one *einundfünfzig*
60 sixty *sechzig*
61 sixty-one *einundsechzig*
70 seventy *siebzig*
71 seventy-one *einundsiebzig*
80 eighty *achtzig*
81 eighty-one *einundachtzig*
90 ninety *neunzig*
91 ninety-one *einundneunzig*
100 one hundred *hundert*
101 hundred and one *hundert(und)eins*
102 hundred and two *hundert(und)zwei*
110 hundred and ten *hundert(und)zehn*
200 two hundred *zweihundert*
300 three hundred *dreihundert*
451 four hundred and fifty-one *vierhundert(und)einundfünfzig*
1000 a (*or* one) thousand *tausend*
2000 two thousand *zweitausend*
10 000 ten thousand *zehntausend*
1 000 000 a (*or* one) million *eine Million*
2 000 000 two million *zwei Millionen*
1 000 000 000 (*Brit*) a (*or* one) milliard, (*US*) billion *eine Milliarde*
1 000 000 000 000 (*Brit*) a (*or* one) billion, (*US*) trillion *eine Billion*

2. Ordinal numbers — Ordnungszahlen

1. first *erste*
2. second *zweite*
3. third *dritte*
4. fourth *vierte*
5. fifth *fünfte*
6. sixth *sechste*
7. seventh *sieb(en)te*
8. eighth *achte*
9. ninth *neunte*
10. tenth *zehnte*
11. eleventh *elfte*
12. twelfth *zwölfte*
13. thirteenth *dreizehnte*
14. fourteenth *vierzehnte*
15. fifteenth *fünfzehnte*
16. sixteenth *sechzehnte*
17. seventeenth *siebzehnte*
18. eighteenth *achtzehnte*
19. nineteenth *neunzehnte*
20. twentieth *zwanzigste*
21. twenty-first *einundzwanzigste*
22. twenty-second *zweiundzwanzigste*
23. twenty-third *dreiundzwanzigste*
30. thirtieth *dreißigste*
31. thirty-first *einunddreißigste*
40. fortieth *vierzigste*
41. forty-first *einundvierzigste*
50. fiftieth *fünfzigste*
51. fifty-first *einundfünfzigste*

60. sixtieth
   sechzigste
61. sixty-first
   einundsechzigste
70. seventieth
   siebzigste
71. seventy-first
   einundsiebzigste
80. eightieth
   achtzigste
81. eighty-first
   einundachtzigste
90. ninetieth
   neunzigste
100. (one) hundredth
   hundertste
101. hundred and first
   hundertunderste

200. two hundredth
   zweihundertste
300. three hundredth
   dreihundertste
451. four hundred and fifty-first
   vierhundert(und)einundfünfzigste
1000. (one) thousandth
   tausendste
1100. (one) thousand and (one) hundreth
   tausend(und)einhundertste
2000. two thousandth
   zweitausendste
100 000. (one) hundred thousandth
   einhunderttausendste
1 000 000. millionth
   millionste
10 000 000. ten millionth
   zehnmillionste

3. Fractions — Bruchzahlen

$\frac{1}{2}$ one (*or* a) half *ein halb*
$\frac{1}{3}$ one (*or* a) third *ein Drittel*
$\frac{1}{4}$ one (*or* a) fourth (*or* a quarter) *ein Viertel*
$\frac{1}{5}$ one (*or* a) fifth *ein Fünftel*
$\frac{1}{10}$ one (*or* a) tenth *ein Zehntel*
$\frac{1}{100}$ one hundredth *ein Hundertstel*
$\frac{1}{1000}$ one thousandth *ein Tausendstel*
$\frac{1}{1 000 000}$ one millionth *ein Millionstel*
$\frac{2}{3}$ two thirds *zwei Drittel*

$\frac{3}{4}$ three fourths, three quarters *drei Viertel*
$\frac{2}{5}$ two fifths *zwei Fünftel*
$\frac{3}{10}$ three tenths *drei Zehntel*
$1\frac{1}{2}$ one and a half *anderthalb*
$2\frac{1}{2}$ two and a half *zwei(und)einhalb*
$5\frac{3}{8}$ five and three eighths *fünf drei achtel*
1,1 one point one (1.1) *eins Komma eins*

4. Multiples — Vervielfältigungszahlen

single *einfach*
double *zweifach*
threefold, treble, triple *dreifach*
fourfold, quadruple *vierfach*
fivefold *fünffach*
(one) hundredfold *hundertfach*

German Weights and Measures

Amtliche deutsche Maße und Gewichte

		Symbol	multiple of unit
Linear measures	**Längenmaße**	Zeichen	Vielfaches der Einheit
nautical mile	*Seemeile*	sm	1852 m
kilometre	*Kilometer*	km	1000 m
metre	*Meter*	m	Grundeinheit
decimetre	*Dezimeter*	dm	0,1 m
centimetre	*Zentimeter*	cm	0,01 m
millimetre	*Millimeter*	mm	0,001 m
Square measures	**Flächenmaße**		
square kilometre	*Quadratkilometer*	km^2	100 000 m^2
hectare	*Hektar*	ha	10 000 m^2
are	*Ar*	a	100 m^2
square metre	*Quadratmeter*	m^2	1 m^2
square decimetre	*Quadratdezimeter*	dm^2	0,01 m^2
square centimetre	*Quadratzentimeter*	cm^2	0,0001 m^2
square millimetre	*Quadratmillimeter*	mm^2	0,000 001 m^2
Cubic and dry measures	**Kubik- und Hohlmaße**		
cubic metre	*Kubikmeter*	m^3	1 m^3
hectolitre	*Hektoliter*	hl	0,1 m^3
cubic decimetre	*Kubikdezimeter*	dm^3	0,001 m^3
litre	*Liter*	l	
cubic centimetre	*Kubikzentimeter*	cm^3	0,000 001 m^3
Weights	**Gewichte**		
ton	*Tonne*	t	1000 kg
–	*Doppelzentner*	dz	100 kg
kilogramme	*Kilogramm*	kg	1000 g
gramme	*Gramm*	g	1 g
milligramme	*Milligramm*	mg	0,001 g

Temperature conversion

Temperaturumrechnung

Fahrenheit — Celsius		Celsius — Fahrenheit	
°F	°C	°C	°F
0	−17.8	−10	14
32	0	0	32
50	10	10	50
70	21.1	20	68
90	32.2	30	86
98.4	37	37	98.4
212	100	100	212

subtract 32 and multiply by $\frac{5}{9}$
zur Umrechnung 32 abziehen und mit $\frac{5}{9}$ multiplizieren

multiply by $\frac{9}{5}$ and add 32
zur Umrechnung mit $\frac{9}{5}$ multiplizieren und 32 addieren

Federal Republic of Germany – Bundesrepublik Deutschland

Länder and their capitals – Länder und Hauptstädte

Baden-Württemberg	Stuttgart
Bayern	München
Bremen	Bremen
Hamburg	Hamburg
Hessen	Wiesbaden
Niedersachsen	Hannover
Nordrhein-Westfalen	Düsseldorf
Rheinland-Pfalz	Mainz
Saarland	Saarbrücken
Schleswig-Holstein	Kiel
Berlin (West)	Berlin (West)

The constitution of 1950 according to which Berlin (West) is a Land of the Federal Republik does not presently apply.
Die Verfassung von 1950 weist Berlin (West) als Land der Bundesrepublik aus, doch gilt diese Bestimmung gegenwärtig nicht.

Austria – Österreich

Bundesländer and their capitals – Bundesländer und Hauptstädte

Burgenland	Eisenstadt
Kärnten	Klagenfurt
Niederösterreich	Wien (administrative seat, Verwaltungssitz)
Oberösterreich	Linz
Salzburg	Salzburg
Steiermark	Graz
Tirol	Innsbruck
Vorarlberg	Bregenz
Wien	Wien

Switzerland – Schweiz

Cantons and their principal towns – Kantone und Hauptorte

Aargau	Aarau
Appenzell Außerrhoden	Herisau
Appenzell Innerrhoden	Appenzell
Basel-Landschaft	Liestal
Basel-Stadt	Basel
Bern	Bern
Freiburg	Freiburg
Genf	Genf
Glarus	Glarus
Graubünden	Chur
Jura	Delémont
Luzern	Luzern
Neuenburg	Neuenburg
Sankt Gallen	Sankt Gallen
Schaffhausen	Schaffhausen
Schwyz	Schwyz
Solothurn	Solothurn
Tessin	Bellinzona
Thurgau	Frauenfeld
Unterwalden nid dem Wald (Nidwalden)	Stans
Unterwalden ob dem Wald (Obwalden)	Sarnen
Uri	Altdorf
Waadt	Lausanne
Wallis	Sitten
Zug	Zug
Zürich	Zürich

Common Forenames and their shortened forms
Geläufige Vornamen und ihre Kurzformen

Women's names — Frauennamen

Adele
Adelheid
Agathe
Agnes
Alexandra
Amalie [-iə]
Amanda
Andrea
Angelika [aŋˈgeːlika]
Anita
Anja
Anke
Anna, Anne
Anneliese
Annemarie
Anette
Antje
Antonie [-iə]
Astrid
Ate
Barbara
Bärbel (von Barbara)
Beate
Bert(h)a
Bettina
Bianca
Birgit
Brigitte
Brunhilde
Cäcilie [tsɛˈtsiːliə]
Carina
Carola
Charlotte [ʃarˈlɔtə]
Christa
Christel (von Christiane)
Christiane
Claudia
Cordula
Corinna
Cornelia
Dagmar
Daniela
Daphne
Diana
Dietlinde
Dora
Doris
Dorothea
Dorothee
Edda
Edith

Eleonore
Elfriede
Elisabeth
Elke
Ellen
Elsa, Else
Elvira [ɛlˈviːra]
Emilie [-iə]
Emma
Erika
Erna
Esther
Eva [ˈeːfa, ˈeːva]
Evelin(e) [ˈeːvəliːn]
Franziska
Frieda
Friedel
Friederike
Gabi (von Gabriele)
Gabriele
Genoveva [genoˈfeːfa]
Gerda
Gerlinde
Gertraud(e)
Gertrud(e)
Gisela
Grete(l) (von Margarete)
Gudrun
Gundula
Hanna (von Johanna)
Hannelore
Hedwig
Heide, Heidi
Heidrun
Heike
Helene
Helga
Henriette
Hermine
Hert(h)a
Hilde, Hilda
Hildegard
Ida
Ilona
Ilse (von Elisabeth)
Ina
Ines
Inge (von Ingeborg)
Ingeborg
Ingrid
Irene

Iris
Irma (von *Irmgard*)
Irmgard
Isabella
Jakobine
Johanna
Josefa
Josefine
Judith
Julia
Jutta (von *Judith*)
Kamilla
Karin
Karla
Karoline
Katharina
Käthe (von *Katharina*)
Katja
Kerstin
Kirsten
Klara
Klementine
Klothilde
Konstanze
Laura
Lea
Lena, Lene (von *Magdalene, Helene*)
Leonore
Leopoldine
Liesa, Lieschen ['li:sçən], Liese (von *Elisabeth*)
Lieselotte
Lilli
Lore (von *Eleonore*)
Lotte, Lotti (von *Charlotte*)
Luise
Luzia
Lydia ['ly:dia]
Magda (von *Magdalena*)
Magdalena
Manuela
Margarete
Margit (von *Margarete*)
Margot
Maria
Marianne
Marie
Marion
Marlene
Martha
Martina
Mathilde
Mechthild(e)

Melanie
Michaela
Mirjam
Monika
Nadine
Nadja
Natalie [-iə]
Nicole [ni'kɔl]
Nora
Olga
Ottilie [-iə]
Pamela
Patrizia
Paula
Petra
Pia
Regine
Renate
Rita
Rosa
Rosalinde
Rose
Rosemarie
Roswitha
Ruth
Sabine
Sandra
Sara(h)
Sibylle [zi'bɪlə]
Sieglinde
Sigrid
Silvia ['zɪlvia]
Sofie
Sonja
Stefanie, Stephanie
Susanne
Sylvia ['zɪlvia]
Tanja
Thea
Thekla
Therese, Theresia
Trude (von *Gertrud*)
Ulla (von *Ursula, Ulrike*)
Ulrike
Ursel (von *Ursula*)
Ursula
Ute
Vera ['ve:ra]
Verena [ve're:na]
Veronika [ve'ro:nika]
Viktoria [vɪk'to:ria]
Waltraud
Wiltrud

Men's names — Männernamen

Abel
Abraham
Achim
Adam
Adolf
Albert
Alexander
Alfons
Alfred
Alois
Andreas
Anton
Armin
Arno
Arnold
Art(h)ur
Axel
August
Benedikt
Benjamin
Benno
Bernd (von *Bernhard*)
Bernhard
Bert(h)old
Bodo
Bruno
Burkhard
Christian
Christoph
Clemens
Daniel ['da:niɛl]
David ['da:vɪt, -fɪt]
Detlef
Dieter
Dietmar
Dietrich
Dominik
Eberhard
Eckart
Eckehard
Edgar
Edmund
Eduard
Egon
Ehrhard
Elmar
Emil
Erhard
Erich
Ernst
Erwin
Eugen
Ewald
Felix
Ferdinand

Florian
Franz
Fridolin
Friedel
Frieder
Friedrich
Fritz
Gebhard
Georg
Gerd (von *Gerhard*)
Gerhard
Gernot
Gottfried
Gotthold
Gottlieb
Götz (von *Gottfried*)
Gregor
Guido [*oder* 'gi:do]
Gunter
Günter
Gustav
Hannes (von *Johannes*)
Hans (von *Johannes*)
Hänschen ['hɛnsçən]
Harald
Hartmut
Heiner (von *Heinrich*)
Heini (von *Heinrich*)
Heino (von *Heinrich*)
Heinrich
Heinz (von *Heinrich*)
Helmut(h)
Herbert
Hermann
Hieronymus [hie'ro:nymʊs]
Horst
Hubert
Hugo
Ingo ['ɪŋgo]
Jakob
Jan
Jason
Jens
Joachim
Jochen (von *Joachim*)
Johannes
Jonas
Jonathan
Jörg (von *Georg*)
Josef
Julius
Jürgen
Karl
Karlheinz
Kasimir

Kaspar
Kilian
Klaus (von *Nikolaus*)
Klemens
Knut
Konrad
Konstantin
Kunibert
Kurt
Leo
Leonhard
Leopold
Lorenz
Lothar
Ludwig
Lutz (von *Ludwig*)
Manfred
Mario
Markus
Martin
Matthäus
Matthias
Max (von *Maximilian*)
Maximilian
Michael ['mıçaɛl]
Michel (von *Michael*)
Moritz
Nikolaus
Nils (von *Nikolaus*)
Norbert
Olaf
Oliver ['o:livɐ]
Oskar
Oswald
Ot(t)mar
Otto
Ottokar
Parzival
Patrick
Paul
Peter
Philip(p)
Raimund
Rainer
Ralf
Reiner
Reinhold
Reinold

Richard
Robert
Roland
Rolf (von *Rudolf*)
Rudi (von *Rudolf*)
Rüdiger
Rudolf
Samson
Samuel ['za:muɛl]
Sebastian
Siegfried
Siegmund
Simon
Stefan, Stephan
Sven [svɛn]
Theo (von *Theobald, Theodor*)
Theobald
Theodor
Thilo (von *Dietrich*)
Thomas
Tobias
Toni
Torsten
Tristan
Udo
Ulf
Uli (von *Ulrich*)
Ulrich
Urban
Uwe
Valentin ['valɛnti:n]
Viktor ['vıktɔr]
Vinzenz ['vıntsɛnts]
Volker
Waldemar
Walt(h)er
Werner
Wilfried
Wilhelm
Willi (von *Wilhelm*)
Willibald
Winfried
Wolf
Wolfgang
Wolfram
Xaver ['ksa:vɐ]
Zacharias

The German Alphabet – Das deutsche Alphabet

	pronunci-ation Aussprache	German deutsch	international international	aviation Luftfahrt	NATO NATO
A	a:	Anton	Amsterdam	Alfa	Alfa
Ä	ɛ:	Ärger	–	–	–
B	be:	Berta	Baltimore	Bravo	Bravo
C	tse:	Cäsar	Casablanca	Coca	Charlie
CH	'tse:ha:	Charlotte	–	–	–
D	de:	Dora	Danemark	Delta	Delta
E	e:	Emil	Edison	Echo	Echo
F	ɛf	Friedrich	Florida	Foxtrot	Foxtrot
G	ge:	Gustav	Gallipoli	Golf	Golf
H	ha:	Heinrich	Havana	Hotel	Hotel
I	i:	Ida	Italia	India	India
J	jɔt	Julius	Jerusalem	Juliet	Juliet
K	ka:	Kaufmann	Kilogramme	Kilo	Kilo
L	ɛl	Ludwig	Liverpool	Lima	Lima
M	ɛm	Martha	Madagaskar	Metro	Mike
N	ɛn	Nordpol	New York	Nectar	November
O	o:	Otto	Oslo	Oscar	Oscar
Ö	ø:	Ökonom	–	–	–
P	pe:	Paula	Paris	Papa	Papa
Q	ku:	Quelle	Quebec	Quebec	Quebec
R	ɛr	Richard	Roma	Romeo	Romeo
S	ɛs	Samuel	Santiago	Sierra	Sierra
Sch	'ɛstse:ha:	Schule	–	–	–
T	te:	Theodor	Tripoli	Tango	Tango
U	u:	Ulrich	Upsala	Union	Uniform
Ü	y:	Übermut	–	–	–
V	fau	Viktor	Valencia	Victor	Victor
W	ve:	Wilhelm	Washington	Whisky	Whisky
X	ɪks	Xanthippe	Xanthippe	Extra	X-ray
Y	'ʏpsilɔn	Ypsilon	Yokohama	Yankee	Yankee
Z	tsɛt	Zacharias	Zürich	Zulu	Zulu

When using the phonetic alphabet one says:
Bei der Benutzung des Buchstabieralphabets wird gesagt: D wie Dora

Notes

Notizen

Notes

Notizen

Notes

Notizen

Notes

Notizen

Abkürzungen

Abbreviations

abbr	Abkürzung	*abbreviation*	*emph*	betont	*emphatic*
acc	Akkusativ	*accusative*	*esp*	besonders	*especially*
adj	Adjektiv	*adjective*	*etw*	etwas	*something*
Admin	Verwaltung	*administration*	*euph*	Euphemismus	*euphemism*
adv	Adverb	*adverb*	*f*	Femininum	*feminine*
Agr	Landwirtschaft	*agriculture*	*fashion*	Mode	
Anat	Anatomie	*anatomy*	*fig*	figurativ	*figurative*
Archeol	Archäologie	*archaeology*	*Fin*	Finanzen	*finance*
Archit	Architektur	*architecture*	*Fishing*	Fischerei	
art	Artikel	*article*	*Forest*	Forstwesen	*forestry*
Art	Kunst	*art*	*form*	förmlich	*formal*
Astrol	Astrologie	*astrology*	*Ftbl*	Fußball	*football*
Astron	Astronomie	*astronomy*	*geh*	gehoben	*elevated*
attr	attributiv	*attributive*	*gen*	Genitiv	*genitive*
Aus	österreichisch	*Austrian*	*Geog*	Geographie	*geography*
Austral	australisch	*Australian*	*Geol*	Geologie	*geology*
Aut	Kraftfahr-zeugwesen	*automo-biles*	*Gram*	Grammatik	*grammar*
aux	Hilfsverb	*auxiliary*	*Her*	Heraldik	*heraldry*
Aviat	Luftfahrt	*aviation*	*Hist*	Geschichte	*history*
baby-talk	Kindersprache		*Hort*	Gartenbau	*horticulture*
Bibl	biblisch	*biblical*	*hum*	scherzhaft	*humorous*
Biol	Biologie	*biology*	*Hunt*	Jagd	*hunting*
Bot	Botanik	*botany*	*imper*	Imperativ	*imperative*
BRD	Bundesrepu-blik Deutsch-land	*Federal Re-public of Germany*	*impers*	unpersönlich	*impersonal*
			Ind	Industrie	*industry*
Brit	britisch	*British*	*indef*	unbestimmt	*indefinite*
			indir obj	Dativobjekt	*indirect ob-ject*
Build	Hoch- und Tiefbau	*building*	*inf*	umgangs-sprachlich	*informal*
Cards	Kartenspiel				
Chem	Chemie	*chemistry*	*infin*	Infinitiv	*infinitive*
Chess	Schach		*insep*	untrennbar	*inseparable*
Comm	Handel	*commerce*	*Insur*	Versiche-rungswesen	*insurance*
comp	Komparativ	*comparative*	*interj*	Interjektion	*interjection*
conj	Konjunktion	*conjunction*	*interrog*	interrogativ	*interrogative*
contr	Zusammen-ziehung	*contraction*	*inv*	unveränderlich	*invariable*
			Ir	irisch	*Irish*
Cook	Kochen	*cooking*	*iro*	ironisch	*ironical*
cpd	Kompositum	*compound*	*irreg*	unregelmäßig	*irregular*
dat	Dativ	*dative*	*jd, jds*	jemand, jeman-	
dated	altmodisch		*jdm, jdn*	des, jemandem, jemanden	*somebody, somebody's*
DDR	Deutsche De-mokratische	*German De-mocratic*	*Jur*	Rechtswesen	*law*
	Republik	*Republic*	*Ling*	Sprachwissen-schaft	*linguistics*
decl	dekliniert	*declined*			
def	bestimmt	*definite*	*lit*	wörtlich	*literal*
dem	demonstrativ	*demonstrative*	*liter*	literarisch	*literary*
dial	Dialekt	*dialect*	*Liter*	Literatur	*literature*
dim	Verkleinerung	*diminutive*	*m*	Maskulinum	*masculine*
dir obj	Akkusativob-jekt	*direct ob-ject*	*Math*	Mathematik	*mathematics*
			Measure	Maß	
Eccl	kirchlich	*ecclesiastic*	*Mech*	Mechanik	*mechanics*
Econ	Volkswirtschaft	*economics*	*Med*	Medizin	*medicine*
Elec	Elektrizität	*electricity*	*Met*	Meteorologie	*meteorology*